Processo Civil

- Med. Prov. 854/2018 (Antecipação de honorários periciais)
- Lei 4.673/1965 (Bens penhorados em execuções fiscais)

Eleitoral

- Lei 13.488/2017 (Reforma política-eleitoral)
- Lei 10.609/2002 (Equipe de transição)
- Dec. 2.814/1998 (Ressarcimento fiscal pela propaganda eleitoral)
- Lei 4.410/1964 (Prioridade dos feitos eleitorais)

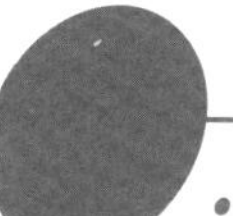

Financeiro

- Lei 13.155/2015 (Responsabilidade fiscal e financeira no futebol)
- LC 62/1989 (Fundos de participação)

Tributário

- Dec. 9.354/2018 (Foro, laudêmio e taxa)
- Res. CGSN 140/2018 (Simples Nacional)
- Lei 12.402/2011 (Obrigações tributárias de consórcios)
- Dec. 7.574/2011 (Créditos tributários da União)
- Dec. 6.759/2009 (Jurisdição aduaneira)
- Dec. 6.306/2007 (IOF)
- Lei 9.393/1996 (ITR e Títulos da dívida agrária)
- Lei 8.847/1994 (ITR)
- Lei 8.022/1990 (Administração das receitas federais)
- Dec.-Lei 2.398/1987 (Foro, laudêmio e taxa de imóvel da União)
- Dec.-Lei 1.578/1977 (IE)
- Dec.-Lei 822/1969 (Recursos de decisão administrativa fiscal)
- Dec.-Lei 37/1966 (II)

Estatutos

- Lei 13.022/2014 (Estatuto Geral das Guardas Municipais)
- Lei 9.474/1997 (Estatuto dos Refugiados)
- Res. AG/RES. 448 (Corte Interamericana de Direitos Humanos)
- Res. AG/RES. 447 (Comissão Interamericana de Direitos Humanos)

ATUALIZAÇÃO LEGISLATIVA PERIÓDICA

- Disponível para consulta até 31.12.2019
- Acesse o site da Editora e cadastre seu e-mail para recebimento

VADE MECUM *Jus*PODIVM 2019

de Legislação Complementar

VADE MECUM *Jus*PODIVM 2019

de Legislação Complementar

Organização:

Carmem Becker

3ª edição reformulada atualizada ampliada

www.editorajuspodivm.com.br

www.editorajuspodivm.com.br

Rua Território Rio Branco, 87 – Pituba – CEP: 41830-530 – Salvador – Bahia
Tel: (71) 3045.9051
• Contato: https://www.editorajuspodivm.com.br/sac

Capa: Ana Caquetti

Fechamento desta edição: 03.01.2019.

• A Editora *JusPODIVM* passou a publicar esta obra a partir da 3.ª edição.

V123 Vade Mecum JusPODIVM de Legislação Complementar. – 3. ed. reformulada, atual. e ampl. – Salvador: Editora JusPodivm, 2019.
2.064 p.

ISBN 978-85-442-2533-2
Inclui índices.

1. Legislação Complementar. I. Título.

CDD 340

APRESENTAÇÃO

O Vade Mecum costuma ser caracterizado como uma coletânea das principais leis vigentes no país, rigorosamente selecionadas e atualizadas para pesquisa diária dos operadores do Direito e para aperfeiçoamento do estudo daqueles que se candidatam ao Exame da OAB ou buscam, por meio de concursos, acesso a cargos e funções no serviço público. Contudo, acaba-se defrontando-se com um grande problema, que é o limite de espaço físico para a compilação, em uma só obra, da vasta legislação editada, fazendo-se necessária a anexação de vários outros livros com legislações específicas, em geral, repetindo-se o conteúdo, a fim de que se possa ter acesso a um completo material de pesquisa.

Pensando nisso, a Editora JusPODIVM optou por apresentar um material que reunisse em um só volume toda a legislação acessória mais importante de cada uma das áreas do Direito, oferecendo aos leitores **uma obra diferenciada**, com o objetivo de simplificar tanto o manuseio e o deslocamento do material quanto o acesso a um rico conteúdo para estudo e consulta.

É assim que a Editora JusPODIVM traz a lume o seu ***Vade Mecum JusPODIVM de Legislação Complementar***, rigorosamente atualizado, que tem por objetivo proporcionar fácil acesso, junto a nosso Vade Mecum JusPODIVM, a um compêndio completo de legislação para o dia a dia daqueles que atuam nos mais variados campos do Direito, bem como aos graduandos, concurseiros e candidatos ao Exame da OAB.

Sob essa perspectiva, organizamos o conteúdo deste livro disponibilizando a **legislação complementar individualizada por espécies normativas em ordem cronológica** – data de publicação da norma. Trazemos também um **índice alfabético-temático** de assuntos de todas as normas, abrangendo a Legislação Complementar e Internacional e Atos Normativos mais importantes com a indicação do assunto e a referência normativa, além dos Regimentos Internos do TST e TSE e das Súmulas do CFOAB, TNU, FONAJE, FONAJEF e CARF. As **atualizações e normas de 2018** estão destacadas para facilitar a pesquisa ao conteúdo mais recente.

Este único volume reúne a legislação referente a todas as áreas específicas do Direito e, embora pensado preferencialmente para acompanhar o nosso *Vade Mecum JusPODIVM*, complementa perfeitamente qualquer Vade Mecum tradicional impresso.

Esperamos ter alcançado esse intento e nos comprometemos a continuar pesquisando e acrescentando, a cada edição, mais conteúdo relevante, de forma a atender nossos leitores. Desde já, agradecemos sua participação, já que críticas e sugestões são sempre bem-vindas e consideradas para as futuras edições.

É com grande prazer, assim, que apresentamos aos leitores mais um completo repertório para consulta legislativa, esperando que os acompanhe no dia a dia a caminho do sucesso. Contem conosco!

A Editora

LISTA DE ABREVIATURAS

ABNT Associação Brasileira de Normas Técnicas
Ac. Acórdão
ABIN Agência Brasileira de Inteligência
ADCT Ato das Disposições Constitucionais Transitórias
ADC Ação Direta de Constitucionalidade
ADIn Ação Direta de Inconstitucionalidade
ADECON Ação Direta de Constitucionalidade
ADPF Arguição de Descumprimento de Preceito Fundamental
AFRMM Adicional ao Frete para a Renovação da Marinha Mercante
AGNU Assembleia Geral das Nações Unidas
AGU Advocacia-Geral da União
Ag. Reg. Agravo Regimental
ANA Agência Nacional de Águas
ANAC Agência Nacional de Aviação Civil
ANEEL Agência Nacional de Energia Elétrica
ANP Agência Nacional de Petróleo
ANS Agência Nacional de Saúde Suplementar
ANTAQ Agência Nacional de Transportes Aquaviários
ANTP Agência Nacional de Transportes Públicos
ANTT Agência Nacional de Transportes Terrestres
ANVISA Agência Nacional de Vigilância Sanitária
art. artigo
arts. artigos
BACEN Banco Central do Brasil
CADE Conselho Administrativo de Defesa Econômica
CAR Cadastro Ambiental Rural
CBA Código Brasileiro de Aeronáutica
c/c combinado com
CC/1916 Código Civil de 1916
CC/2002 Código Civil de 2002
CCom Código Comercial
CD Câmara dos Deputados
CDC Código de Defesa do Consumidor
CE Código Eleitoral
CEF Caixa Econômica Federal
CNEN Comissão Nacional de Energia Nuclear
CETRAN Conselho Estadual de Trânsito
CF Constituição Federal
CFDD Fundo de Defesa de Direitos Difusos
CFM Conselho Federal de Medicina
CFOAB Conselho Federal da OAB
CGIT Corregedoria-Geral da Justiça do Trabalho
CJF Conselho da Justiça Federal
CLT Consolidação das Leis do Trabalho
CN Congresso Nacional
CNDH Conselho Nacional dos Direitos Humanos
CNDT Certidão Negativa de Débitos Trabalhistas
CNDU Conselho Nacional de Desenvolvimento Urbano
CNH Carteira Nacional de Habilitação
CNJ Conselho Nacional de Justiça
CNMP Conselho Nacional do Ministério Público
CNPE Conselho Nacional de Política Energética
CNSP Conselho Nacional de Seguros Privados
CONAMA Conselho Nacional do Meio Ambiente
CONMETRO Conselho Nacional de Metrologia, Normatização e Qualidade Industrial
CONTRAN Conselho Nacional de Trânsito
CP Código Penal
CPC Código de Processo Civil
CPM Código Penal Militar
CPMF Contribuição Provisória sobre Movimentação ou Transmissão de Valores e de Créditos e Direitos de Natureza Financeira

CPP Código de Processo Penal
CPPM Código de Processo Penal Militar
CPR Cédula de Produto Rural
CRFB Constituição da República Federativa do Brasil
CRLV Certificado de Registro e Licenciamento de Veículo
CRPS Conselho de Recursos da Previdência Social
CRV Certificado de Registro de Veículo
CSLL Contribuição Social sobre o Lucro Líquido
CTB Código de Trânsito Brasileiro
CTN Código Tributário Nacional
CVM Comissão de Valores Mobiliários
Dec. Decreto
Dec.-Lei Decreto-Lei
Dec. Leg. Decreto Legislativo
Del. Deliberação
DF Distrito Federal
DJ Diário da Justiça
DJe Diário da Justiça eletrônico
DENATRAN Departamento Nacional de Trânsito
DETRAN Departamento de Trânsito
DNER Departamento Nacional de Estradas de Rodagem
DNIT Departamento Nacional de Infraestrutura de Transporte
DOU Diário Oficial da União
DPVAT Seguro Obrigatório de Danos Pessoais Causados por Veículos Automotores de Via Terrestre, ou por sua Carga, a Pessoas Transportadas ou Não
DSST Departamento de Segurança e Saúde no Trabalho
EAOAB Estatuto da Advocacia e da Ordem dos Advogados do Brasil
EC Emenda Constitucional
ECA Estatuto da Criança e do Adolescente
EIRELI Empresa Individual de Responsabilidade Limitada
En. Enunciado
Est. Estatuto
ER Emenda Regimental
ERE Embargos em Recurso Extraordinário
FAPI Fundos de Aposentadoria Programada Individual
FAT Fundo de Amparo ao Trabalhador
FGTS Fundo de Garantia do Tempo de Serviço
FNIT Fundo Nacional de Infraestrutura de Transportes
FNSP Fundo Nacional de Segurança Pública
FUNPEN Fundo Penitenciário Nacional
FUNSET Fundo Nacional de Segurança e Educação do Trânsito
HC *Habeas corpus*
HD *Habeas data*
IBAMA Instituto Brasileiro do Meio Ambiente e dos Recursos Naturais Renováveis
ICMS Imposto sobre Operações Relativas à Circulação de Mercadorias e sobre Prestações de Serviços de Transporte Interestadual, Intermunicipal e de Comunicação
ICT Instituição Científica e Tecnológica
IE Imposto de Exportação
II Imposto de Importação
inc. inciso
INCRA Instituto Nacional de Colonização e Reforma Agrária
INMETRO Instituto Nacional de Metrologia, Normatização e Qualidade Industrial
Inq. Inquérito
INSS Instituto Nacional do Seguro Social
Instr. Norm. Instrução Normativa
IOF Imposto sobre Operações Financeiras
IPI Imposto sobre Produtos Industrializados
IPVA Imposto sobre a Propriedade de Veículo Automotor
ITR Imposto sobre a Propriedade Territorial Rural
j. julgamento
JEC Juizado Especial Cível
JECrim Juizado Especial Criminal
JEF Juizado Especial Federal
LAM Letra de Arrendamento Mercantil
LC Lei Complementar
LCP Lei das Contravenções Penais
Lei. Del. Lei Delegada
LEF Lei de Execuções Fiscais
LEP Lei de Execuções Penais
LINDB Lei de Introdução às Normas do Direito Brasileiro
LRP Lei de Registros Públicos
Med. Caut. Medida Cautelar
Med. Prov. Medida Provisória
MJ Ministério da Justiça

MP	Ministério Público
MTPS	Ministério do Trabalho e Previdência Social
MPU	Ministério Público da União
OAB	Ordem dos Advogados do Brasil
OIT	Organização Internacional do Trabalho
OJ	Orientação Jurisprudencial
Orient. Norm.	Orientação Normativa
p.	página
PASEP	Programa de Formação do Patrimônio do Servidor Público
PEC	Proposta de Emenda à Constituição
PERT-SN	Programa Especial de Regularização Tributária das Microempresas e Empresas de Pequeno Porte Optantes pelo Simples Nacional
PIS	Programa de Integração Social
PR	Presidente da República
PGR	Procurador-Geral da República
PMCMV	Programa Minha Casa, Minha Vida
PN	Precedente Normativo
PNATER	Política Nacional de Assistência Técnica e Extensão Rural para a Agricultura Familiar e Reforma Agrária
PND	Programa Nacional de Desestatização
PNGC	Plano Nacional de Gerenciamento Costeiro
Port.	Portaria
pp.	páginas
PREVIC	Superintendência Nacional de Previdência Complementar
Proj. Lei	Projeto de Lei
PRONATEC	Programa Nacional de Acesso ao Ensino Técnico e Emprego
PRONATER	Programa Nacional de Assistência Técnica e Extensão Rural na Agricultura Familiar e na Reforma Agrária
PRORELIT	Programa de Redução de Litígios Tributários
PRORURAL	Programa de Assistência ao Trabalhador Rural
p.u.	parágrafo único
RDC	Regime Diferenciado de Contratações Públicas
RE	Recurso Extraordinário
RECAP	Regime Especial de Aquisição de Bens de Capital para Empresas Exportadoras
RFB	República Federativa do Brasil
REFIS	Programa de Recuperação fiscal
REINTEGRA	Regime Especial de Reintegração de Valores Tributários para as Empresas Exportadoras
RENACH	Registro Nacional de Condutores Habilitados
RENAINF	Registro Nacional de Infrações de Trânsito
RENAVAM	Registro Nacional de Veículos Automotores
RenovaBio	Política Nacional de Biocombustíveis
RENFOR	Rede Nacional de Formação e Habilitação de Condutores
RENUCLEAR	Regime Especial de Incentivos para o Desenvolvimento de Usinas Nucleares
REPES	Regime Especial de Tributação para a Plataforma de Exportação de Serviços de Tecnologia da Informação
REPORTO	Regime Tributário para a Modernização e Ampliação da Estrutura Portuária
Res.	Resolução
Res. Adm.	Resolução Administrativa
Res. Norm.	Resolução Normativa
REsp	Recurso Especial
REspe	Recurso Especial Eleitoral
REURB	Regularização Fundiária Urbana
RHC	Recurso de Habeas Corpus
RISTF	Regimento Interno do Supremo Tribunal Federal
RISTJ	Regimento Interno do Superior Tribunal de Justiça
RTU	Regime de Tributação Unificada
SDI-1	Subseção I, da Seção Especializada em Dissídios Individuais do TST
SDI-2	Subseção II, da Seção Especializada em Dissídios Individuais do TST
SDC	Seção de Dissídios Coletivos
SDE	Secretaria de Direito Econômico
SEAE	Secretaria de Acompanhamento Econômico
SENAR	Serviço Nacional de Aprendizagem Rural
SECEX	Secretaria de Comércio Exterior
SEFIT	Secretaria de Fiscalização do Trabalho
SF	Senado Federal
SIPRON	Sistema de Proteção ao Programa Nuclear Brasileiro
SIT	Secretaria de Inspeção do Trabalho
SNDC	Sistema Nacional de Defesa do Consumidor
SNT	Sistema Nacional de Trânsito
SRT	Secretaria de Relações do Trabalho

ss.	seguintes
SS	Suspensão de Segurança
SRFB	Secretaria da Receita Federal do Brasil
STF	Supremo Tribunal Federal
STJ	Superior Tribunal de Justiça
STM	Superior Tribunal Militar
Súm.	Súmula
Súm. Vinc.	Súmula Vinculante
SUSEP	Superintendência de Seguros Privados
TCU	Tribunal de Contas da União
TR	Taxa Referencial
TFR	Tribunal Federal de Recursos
TIPI	Tabela de Incidência de IPI
TJ	Tribunal de Justiça
TRF	Tribunal Regional Federal
TSE	Tribunal Superior Eleitoral
TST	Tribunal Superior do Trabalho
UFIR	Unidade Fiscal de Referência
URV	UNIDADE REAL DE VALOR
v.	volume
ZEE	Zoneamento Ecológico-Econômico do Brasil

ÍNDICE GERAL

LEI N. 4.594, DE 29 DE DEZEMBRO DE 1964 ... 62
Regula a profissão de corretor de seguros.

LEI N. 4.619, DE 28 DE ABRIL DE 1965 ... 64
Dispõe sobre a ação regressiva da União contra seus Agentes.

LEI N. 4.673, DE 15 DE JUNHO DE 1965 ... 64
Aplica aos bens penhorados em execuções fiscais as normas de impenhorabilidade do art. 942 do Código do Processo Civil.

LEI N. 4.725, DE 13 DE JULHO DE 1965 ... 64
Estabelece normas para o processo dos dissídios coletivos, e dá outras providências.

LEI N. 4.738, DE 14 DE JULHO DE 1965 ... 65
Estabelece novos casos de inelegibilidades, com fundamento no artigo 2º da Emenda Constitucional número 14.

LEI N. 4.923, DE 23 DE DEZEMBRO DE 1965 ... 66
Institui o Cadastro Permanente das Admissões e Dispensas de Empregados, Estabelece Medidas Contra o Desemprego e de Assistência aos Desempregados, e dá outras Providências.

LEI N. 4.950-A, DE 22 DE ABRIL DE 1966 ... 68
Dispõe sobre a remuneração de profissionais diplomados em Engenharia, Química, Arquitetura, Agronomia e Veterinária.

LEI N. 5.010, DE 30 DE MAIO DE 1966 ... 68
Organiza a Justiça Federal de primeira instância, e dá outras providências.

LEI N. 5.085, DE 27 DE AGOSTO DE 1966 ... 73
Reconhece aos trabalhadores avulsos o direito a férias.

LEI N. 5.143, DE 20 DE OUTUBRO DE 1966 ... 73
Institui o Imposto sobre Operações Financeiras, regula a respectiva cobrança, dispõe sobre a aplicação das reservas monetárias oriundas de sua receita, e dá outras providências.

LEI N. 5.197, DE 3 DE JANEIRO DE 1967 ... 74
Dispõe sobre a proteção à fauna e dá outras providências.

LEI N. 5.249, DE 9 DE FEVEREIRO DE 1967 ... 76
Dispõe sobre a ação pública de crimes de responsabilidade.

LEI N. 5.553, DE 6 DE DEZEMBRO DE 1968 ... 76
Dispõe sobre a apresentação e uso de documentos de identificação pessoal.

LEI N. 5.559, DE 11 DE DEZEMBRO DE 1968 ... 76
Estende o direito ao salário-família instituído pela Lei n. 4.266, de 3 de outubro de 1963, e dá outras providências.

LEI N. 5.621, DE 4 DE NOVEMBRO DE 1970 ... 77
Regulamenta o artigo 144, § 5º, da Constituição e dá outras providências.

LEI N. 5.638, DE 3 DE DEZEMBRO DE 1970 ... 77
Dispõe sobre o processo e julgamento das ações trabalhistas de competência da Justiça Federal, e dá outras providências.

LEI N. 5.709, DE 7 DE OUTUBRO DE 1971 ... 77
Regula a aquisição de imóvel rural por estrangeiro residente no país ou pessoa jurídica estrangeira autorizada a funcionar no Brasil, e dá outras providências.

LEI N. 5.778, DE 16 DE MAIO DE 1972 ... 78
Dispõe sobre o processo e julgamento das representações de que trata a alínea "d" do § 3º do art. 15 da Constituição Federal e dá outras providências.

LEI N. 5.811, DE 11 DE OUTUBRO DE 1972 ... 78
Dispõe sobre o regime de trabalho dos empregados nas atividades de exploração, perfuração, produção e refinação de petróleo, industrialização do xisto, indústria petroquímica e transporte de petróleo e seus derivados por meio de dutos.

LEI N. 5.836, DE 5 DE DEZEMBRO DE 1972 79
Dispõe sobre o Conselho de Justificação e dá outras providências.

LEI N. 5.862, DE 12 DE DEZEMBRO DE 1972 80
Autoriza o Poder Executivo a constituir a empresa pública denominada Empresa Brasileira de Infraestrutura Aeroportuária - Infraero, e dá outras providências.

LEI N. 5.868, DE 12 DE DEZEMBRO DE 1972 81
Cria o Sistema Nacional de Cadastro Rural, e dá outras providências.

LEI N. 5.970, DE 11 DE DEZEMBRO DE 1973 82
Exclui da aplicação do disposto nos artigos 6º, inciso I, 64 e 169, do Código de Processo Penal, os casos de acidente de trânsito, e, dá outras providências.

LEI N. 5.972, DE 11 DE DEZEMBRO DE 1973 82
Regula o procedimento para o registro da propriedade de bens imóveis discriminados administrativamente ou possuídos pela União.

LEI N. 5.974, DE 11 DE DEZEMBRO DE 1973 83
Dispõe sobre a competência criminal para o processo e julgamento dos membros do Ministério Público da União.

LEI N. 6.007, DE 19 DEZEMBRO DE 1973 83
Estabelece normas para fixação do número de Deputados à Câmara dos Deputados e às Assembleias Legislativas.

LEI N. 6.091, DE 15 DE AGOSTO DE 1974 83
Dispõe sobre o fornecimento gratuito de transporte, em dias de eleição, a eleitores residentes nas zonas rurais, e dá outras providências.

LEI N. 6.094, DE 30 DE AGOSTO DE 1974 84
Define, para fins de Previdência Social, a atividade de Auxiliar de Condutor Autônomo de Veículo Rodoviário, e dá outras providências.

LEI N. 6.185, DE 11 DE DEZEMBRO DE 1974 84
Dispõe sobre os servidores públicos civis da Administração Federal direta e autárquica, segundo a natureza jurídica do vínculo empregatício, e dá outras providências.

LEI N. 6.192, DE 19 DE DEZEMBRO DE 1974 85
Dispõe sobre restrições a brasileiros naturalizados, e dá outras providências.

LEI N. 6.226, DE 14 DE JULHO DE 1975 85
Dispõe sobre a contagem recíproca de tempo de serviço público federal e de atividade privada, para efeito de aposentadoria.

LEI N. 6.236, DE 18 DE SETEMBRO DE 1975 85
Determina providências para cumprimento da obrigatoriedade do alistamento eleitoral.

LEI N. 6.313, DE 16 DE DEZEMBRO DE 1975 85
Dispõe sobre títulos de crédito à exportação e dá outras providências.

LEI N. 6.321, DE 14 DE ABRIL DE 1976 86
Dispõe sobre a dedução, do lucro tributável para fins de imposto sobre a renda das pessoas jurídicas, do dobro das despesas realizadas em programas de alimentação do trabalhador.

LEI N. 6.383, DE 7 DE DEZEMBRO DE 1976 86
Dispõe sobre o processo discriminatório de terras devolutas da União, e dá outras providências.

LEI N. 6.439, DE 1º DE SETEMBRO DE 1977 88
Institui o Sistema Nacional de Previdência e Assistência Social e dá outras providências.

LEI N. 6.448, DE 11 DE OUTUBRO DE 1977 90
Dispõe sobre a organização política e administrativa dos Municípios dos Territórios Federais, e dá outras providências.

LEI N. 6.453, DE 17 DE OUTUBRO DE 1977 93
Dispõe sobre a responsabilidade civil por danos nucleares e a responsabilidade criminal por atos relacionados com atividades nucleares e dá outras providências.

LEI N. 6.454, DE 24 DE OUTUBRO DE 1977 94
Dispõe sobre a denominação de logradouros, obras, serviços e monumentos públicos, e dá outras providências.

LEI N. 6.463, DE 9 DE NOVEMBRO DE 1977 95
Torna obrigatória a declaração de preço total nas vendas a prestação, e dá outras providências.

LEI N. 6.513, DE 20 DE DEZEMBRO DE 1977 95
Dispõe sobre a criação de Áreas Especiais e de Locais de Interesse Turístico; sobre o Inventário com finalidades turísticas dos bens de valor cultural e natural; acrescenta inciso ao art. 2º da Lei n. 4.132, de 10 de setembro de 1962; altera a redação e acrescenta dispositivo à Lei n. 4.717, de 29 de junho de 1965; e dá outras providências.

LEI N. 6.530, DE 12 DE MAIO DE 1978 97
Dá nova regulamentação à profissão de Corretor de Imóveis, disciplina o funcionamento de seus órgãos de fiscalização e dá outras providências.

LEI N. 6.533, DE 24 DE MAIO DE 1978 99
Dispõe sobre a regulamentação das profissões de Artistas e de técnico em Espetáculos de Diversões, e dá outras providências.

LEI N. 6.538, DE 22 DE JUNHO DE 1978 100
Dispõe sobre os serviços postais.

LEI N. 6.567, DE 24 DE SETEMBRO DE 1978 103
Dispõe sobre regime especial para exploração e o aproveitamento das substâncias minerais que especifica e dá outras providências.

LEI N. 6.615, DE 16 DE DEZEMBRO DE 1978 104
Dispõe sobre a regulamentação da profissão de Radialista e dá outras providências.

LEI N. 6.634, DE 2 DE MAIO DE 1979 106
Dispõe sobre a faixa de fronteira, altera o Decreto-Lei n. 1.135, de 3 de dezembro de 1970, e dá outras providências.

LEI N. 6.704, DE 26 DE OUTUBRO DE 1979 106
Dispõe sobre o seguro de crédito à exportação e dá outras providências.

LEI N. 6.729, DE 28 DE NOVEMBRO DE 1979 107
Dispõe sobre a concessão comercial entre produtores e distribuidores de veículos automotores de via terrestre.

LEI N. 6.739, DE 5 DE DEZEMBRO DE 1979 110
Dispõe sobre a matrícula e o registro de imóveis rurais e dá outras providências.

LEI N. 6.803, DE 2 DE JULHO DE 1980 111
Dispõe sobre as diretrizes básicas para o zoneamento industrial nas áreas críticas de poluição, e dá outras providências.

LEI N. 6.822, DE 22 DE SETEMBRO DE 1980 112
Dispõe sobre a cobrança executiva dos débitos fixados em acórdãos do Tribunal de Contas da União, e dá outras providências.

LEI N. 6.840, DE 3 NOVEMBRO DE 1980 112
Dispõe sobre títulos de crédito comercial e dá outras providências.

LEI N. 6.858, DE 24 DE NOVEMBRO DE 1980 112
Dispõe sobre o pagamento, aos dependentes ou sucessores, de valores não recebidos em vida pelos respectivos titulares.

LEI N. 6.894, DE 16 DE DEZEMBRO DE 1980 113
Dispõe sobre a inspeção e a fiscalização da produção e do comércio de fertilizantes, corretivos, inoculantes, estimulantes ou biofertilizantes, remineralizadores e substratos para plantas, destinados à agricultura, e dá outras providências.

LEI N. 6.902, DE 27 DE ABRIL DE 1981 113
Dispõe sobre a criação de Estações Ecológicas, Áreas de Proteção Ambiental e dá outras providências.

LEI N. 6.932, DE 7 DE JULHO DE 1981 114
Dispõe sobre as atividades do médico residente e dá outras providências.

LEI N. 6.986, DE 13 DE ABRIL DE 1982 115
Altera a denominação da categoria funcional de Inspetor do Trabalho, dispõe sobre o pagamento de Gratificação de Produtividade nos casos que menciona, eleva as multas previstas na Consolidação das Leis do Trabalho e dá outras providências.

LEI N. 6.996, DE 7 DE JUNHO DE 1982 115
Dispõe sobre a utilização de processamento eletrônico de dados nos serviços eleitorais e dá outras providências.

LEI N. 6.999, DE 7 DE JUNHO DE 1982 116
Dispõe sobre a requisição de servidores públicos pela Justiça Eleitoral e dá outras providências.

LEI N. 7.064, DE 6 DE DEZEMBRO DE 1982 117
Dispõe sobre a situação de trabalhadores contratados ou transferidos para prestar serviços no exterior.

LEI N. 7.070, DE 20 DE DEZEMBRO DE 1982 118
Dispõe sobre pensão especial para os deficientes físicos que especifica e dá outras providencias.

LEI N. 7.089, DE 23 DE MARÇO DE 1983 118
Veda a cobrança de juros de mora sobre título cujo vencimento se dê em feriado, sábado ou domingo.

LEI N. 7.102, DE 20 DE JUNHO DE 1983 118
Dispõe sobre segurança para estabelecimentos financeiros, estabelece normas para constituição e funcionamento das empresas particulares que exploram serviços de vigilância e de transporte de valores, e dá outras providências.

LEI N. 7.115, DE 29 DE AGOSTO DE 1983 120
Dispõe sobre prova documental nos casos que indica e dá outras providências.

LEI N. 7.116, DE 29 DE AGOSTO DE 1983 120
Assegura validade nacional as Carteiras de Identidade regula sua expedição e dá outras providências.

LEI N. 7.144, DE 23 DE NOVEMBRO DE 1983 121
Estabelece prazo para prescrição do direito de ação contra atos relativos a concursos para provimento de cargos e empregos na Administração Federal Direta e nas Autarquias Federais.

LEI N. 7.173, DE 14 DE DEZEMBRO DE 1983 121
Dispõe sobre o estabelecimento e funcionamento de jardins zoológicos e dá outras providencias.

LEI N. 7.195, DE 12 DE JUNHO DE 1984 121
Dispõe sobre a responsabilidade civil das Agências de Empregados Domésticos.

LEI N. 7.238, DE 29 DE OUTUBRO DE 1984 121
Dispõe sobre a manutenção da correção automática semestral dos salários, de acordo com o Índice Nacional de Preços ao Consumidor - INPC, e revoga dispositivos do Decreto-Lei n. 2.065, de 26 de outubro de 1983.

LEI N. 7.365, DE 13 DE SETEMBRO DE 1985 122
Dispõe sobre a fabricação de detergentes não biodegradáveis.

LEI N. 7.377, DE 30 DE SETEMBRO DE 1985 122
Dispõe sobre o Exercício da Profissão de Secretário, e dá outras Providências.

LEI N. 7.433, DE 18 DE DEZEMBRO DE 1985 123
Dispõe sobre os requisitos para a lavratura de escrituras públicas e dá outras providências.

LEI N. 7.437, DE 20 DE DEZEMBRO DE 1985 123
Inclui, entre as contravenções penais a prática de atos resultantes de preconceito de raça, de cor, de sexo ou de estado civil, dando nova redação à Lei n. 1.390, de 3 de julho de 1951 - Lei Afonso Arinos.

LEI N. 7.444, DE 20 DE DEZEMBRO DE 1985 124
Dispõe sobre a implantação do processamento eletrônico de dados no alistamento eleitoral e a revisão do eleitorado e dá outras providências.

LEI N. 7.474, DE 8 DE MAIO DE 1986 124
Dispõe sobre medidas de segurança aos ex-Presidentes da República, e dá outras providências.

LEI N. 7.524, DE 17 DE JULHO DE 1986 125
Dispõe sobre a manifestação, por militar inativo, de pensamento e opinião políticos ou filosóficos.

LEI N. 7.542, DE 26 DE SETEMBRO DE 1986 125
Dispõe sobre a pesquisa, exploração, remoção e demolição de coisas ou bens afundados, submersos, encalhados e perdidos em águas sob jurisdição nacional, em terreno de marinha e seus acrescidos e em terrenos marginais, em decorrência de sinistro, alijamento ou fortuna do mar, e dá outras providências.

LEI N. 7.565, DE 19 DE DEZEMBRO DE 1986 127
Dispõe sobre o Código Brasileiro de Aeronáutica.

LEI N. 7.627, DE 10 DE NOVEMBRO DE 1987 148
Dispõe sobre a eliminação de autos findos nos órgãos da Justiça do Trabalho, e dá outras providências.

LEI N. 7.643, DE 18 DE DEZEMBRO DE 1987 148
Proíbe a pesca de cetáceo nas águas jurisdicionais brasileiras, e dá outras providências.

LEI N. 7.644, DE 18 DE DEZEMBRO DE 1987 148
Dispõe sobre a regulamentação da atividade de mãe social e dá outras providências.

LEI N. 7.661, DE 16 DE MAIO DE 1988 149
Institui o Plano Nacional de Gerenciamento Costeiro e dá outras providências.

LEI N. 7.684, DE 2 DE DEZEMBRO DE 1988 150
Estabelece as condições para emissão de Letras Hipotecárias.

LEI N. 7.701, DE 21 DE DEZEMBRO DE 1988 150
Dispõe sobre a especialização de Turmas dos Tribunais do Trabalho em processos coletivos e dá outras providências.

LEI N. 7.711, DE 22 DE DEZEMBRO DE 1988 151
Dispõe sobre formas de melhoria da administração tributária e dá outras providências.

LEI N. 7.713, DE 22 DE DEZEMBRO DE 1988 152
Altera a legislação do imposto de renda e dá outras providências.

LEI N. 7.735, DE 22 DE FEVEREIRO DE 1989 157
Dispõe sobre a extinção de órgão e de entidade autárquica, cria o Instituto Brasileiro do Meio Ambiente e dos Recursos Naturais Renováveis e dá outras providências.

LEI N. 7.766, DE 11 DE MAIO DE 1989 157
Dispõe sobre o ouro, ativo financeiro, e sobre seu tratamento tributário.

LEI N. 7.797, DE 10 DE JULHO DE 1989 158
Cria o Fundo Nacional de Meio Ambiente e dá outras providências.

LEI N. 7.802, DE 11 DE JULHO DE 1989 158
Dispõe sobre a pesquisa, a experimentação, a produção, a embalagem e rotulagem, o transporte, o armazenamento, a comercialização, a propaganda comercial, a utilização, a importação, a exportação, o destino final dos resíduos e embalagens, o registro, a classificação, o controle, a inspeção e a fiscalização de agrotóxicos, seus componentes e afins, e dá outras providências.

LEI N. 7.805, DE 18 DE JULHO DE 1989 160
Altera o Decreto-Lei n. 227, de 28 de fevereiro de 1967, cria o regime de permissão de lavra garimpeira, extingue o regime de matrícula, e dá outras providências.

LEI N. 7.810, DE 30 DE AGOSTO DE 1989 161
Dispõe sobre a redução de impostos na importação.

LEI N. 7.827, DE 27 DE SETEMBRO DE 1989 162
Regulamenta o art. 159, inciso I, alínea c, da Constituição Federal, institui o Fundo Constitucional de Financiamento do Norte - FNO, o Fundo Constitucional de Financiamento do Nordeste - FNE e o Fundo Constitucional de Financiamento do Centro-Oeste - FCO, e dá outras providências.

LEI N. 7.855, DE 24 DE OUTUBRO DE 1989 166
Altera a Consolidação das Leis do Trabalho, atualiza os valores das multas trabalhistas, amplia sua aplicação, institui o Programa de Desenvolvimento do Sistema Federal de Inspeção do Trabalho e dá outras providências.

LEI N. 7.886, DE 20 DE NOVEMBRO DE 1989 166
Regulamenta o art. 43 do Ato das Disposições Constitucionais Transitórias e dá outras providências.

LEI N. 7.940, DE 20 DE DEZEMBRO DE 1989 167
Institui a Taxa de Fiscalização dos mercados de títulos e valores mobiliários, e dá outras providências.

LEI N. 7.990, DE 28 DE DEZEMBRO DE 1989 167
Institui, para os Estados, Distrito Federal e Municípios, compensação financeira pelo resultado da exploração de petróleo ou gás natural, de recursos hídricos para fins de geração de energia elétrica, de recursos minerais em seus respectivos territórios, plataformas continental, mar territorial ou zona econômica exclusiva, e dá outras providências.

LEI N. 8.003, DE 14 DE MARÇO DE 1990 168
Altera a legislação dos impostos de importação e sobre produtos industrializados, da taxa de fiscalização instituída pela Lei n. 7.944, de 1989, da contribuição social instituída pela Lei n. 7.689, de 1988, e do Imposto sobre o Lucro Líquido de que trata o art. 35 da Lei n. 7.713, de 1988.

LEI N. 8.012, DE 4 DE ABRIL DE 1990 168
Dispõe sobre o pagamento de tributos de competência da União.

LEI N. 8.016, DE 8 DE ABRIL DE 1990 169
Dispõe sobre a entrega das quotas de participação dos Estados e do Distrito Federal na arrecadação do Imposto sobre Produtos Industrializados de que trata o inciso II do art. 159 da Constituição Federal.

LEI N. 8.019, DE 11 DE ABRIL DE 1990 169
Altera a legislação do Fundo de Amparo ao Trabalhador (FAT), e dá outras providências.

LEI N. 8.022, DE 12 DE ABRIL DE 1990 170
Altera o sistema de administração das receitas federais, e dá outras providências.

LEI N. 8.025, DE 12 DE ABRIL DE 1990 170
Dispõe sobre a alienação de bens imóveis residenciais de propriedade da União, e dos vinculados ou incorporados ao FRHB, situados no Distrito Federal, e dá outras providências.

LEI N. 8.027, DE 12 DE ABRIL DE 1990 172
Dispõe sobre normas de conduta dos servidores públicos civis da União, das Autarquias e das Fundações Públicas, e dá outras providências.

LEI N. 8.029, DE 12 DE ABRIL DE 1990 173
Dispõe sobre a extinção e dissolução de entidades da administração Pública Federal, e dá outras providências.

LEI N. 8.032, DE 12 DE ABRIL DE 1990 176
Dispõe sobre a isenção ou redução de impostos de importação, e dá outras providências.

LEI N. 8.033, DE 12 DE ABRIL DE 1990 177
Altera, mediante conversão em lei das Medidas Provisórias n. 160, de 15 de março de 1990, e 171, de 17 de março de 1990, a legislação do Imposto sobre Operações Financeiras, instituindo incidências de caráter transitório sobre os atos que menciona, e dá outras providências.

LEI N. 8.073, DE 30 DE JULHO DE 1990 178
Estabelece a Política Nacional de Salários e dá outras providências.

LEI N. 8.080, DE 19 DE SETEMBRO DE 1990 178
Dispõe sobre as condições para a promoção, proteção e recuperação da saúde, a organização e o funcionamento dos serviços correspondentes e dá outras providências.

LEI N. 8.085, DE 23 DE OUTUBRO DE 1990 184
Dispõe sobre o Imposto de Importação.

LEI N. 8.134, DE 27 DE DEZEMBRO DE 1990 184
Altera a legislação do Imposto de Renda e dá outras providências.

LEI N. 8.159, DE 8 DE JANEIRO DE 1991 186
Dispõe sobre a política nacional de arquivos públicos e privados e dá outras providências.

LEI N. 8.166, DE 11 DE JANEIRO DE 1991 187
Dispõe sobre a não incidência do Imposto de Renda sobre lucros ou dividendos distribuídos a residentes ou domiciliados no exterior, doados a instituições sem fins lucrativos.

LEI N. 8.171, DE 17 DE JANEIRO DE 1991 187
Dispõe sobre a política agrícola.

LEI N. 8.177, DE 1º DE MARÇO DE 1991 ... 193
Estabelece regras para a desindexação da economia e dá outras providências.

LEI N. 8.257, DE 26 DE NOVEMBRO DE 1991 ... 196
Dispõe sobre a expropriação das glebas nas quais se localizem culturas ilegais de plantas psicotrópicas e dá outras providências.

LEI N. 8.315, DE 23 DE DEZEMBRO DE 1991 ... 197
Dispõe sobre a criação do Serviço Nacional de Aprendizagem Rural (Senar) nos termos do art. 62 do Ato das Disposições Constitucionais Transitórias.

LEI N. 8.350, DE 28 DE DEZEMBRO DE 1991 ... 197
Dispõe sobre gratificações de representações na Justiça Eleitoral.

LEI N. 8.383, DE 30 DE DEZEMBRO DE 1991 ... 197
Institui a Unidade Fiscal de Referência, altera a legislação do imposto de renda e dá outras providências.

LEI N. 8.402, DE 8 DE JANEIRO DE 1992 ... 206
Restabelece os incentivos fiscais que menciona e dá outras providências.

LEI N. 8.443, DE 16 DE JULHO DE 1992 ... 207
Dispõe sobre a Lei Orgânica do Tribunal de Contas da União e dá outras providências.

LEI N. 8.457, DE 4 DE SETEMBRO DE 1992 ... 214
Organiza a Justiça Militar da União e regula o funcionamento de seus Serviços Auxiliares.

LEI N. 8.541, DE 23 DE DEZEMBRO DE 1992 ... 222
Altera a legislação do Imposto de Renda e dá outras providências.

LEI N. 8.617, DE 4 DE JANEIRO DE 1993 ... 227
Dispõe sobre o mar territorial, a zona contígua, a zona econômica exclusiva e a plataforma continental brasileiros, e dá outras providências.

LEI N. 8.620, DE 5 DE JANEIRO DE 1993 ... 227
Altera as Leis n. 8.212 e 8.213, de 24 de julho de 1991, e dá outras providências.

LEI N. 8.629, DE 25 DE FEVEREIRO DE 1993 ... 229
Dispõe sobre a regulamentação dos dispositivos constitucionais relativos à reforma agrária, previstos no Capítulo III, Título VII, da Constituição Federal.

LEI N. 8.647, DE 13 DE ABRIL DE 1993 ... 233
Dispõe sobre a vinculação do servidor público civil, ocupante de cargo em comissão sem vínculo efetivo com a Administração Pública Federal, ao Regime Geral de Previdência Social e dá outras providências.

LEI N. 8.716, DE 11 DE OUTUBRO DE 1993 ... 233
Dispõe sobre a garantia do salário mínimo e dá outras providências.

LEI N. 8.730, DE 10 DE NOVEMBRO DE 1993 ... 234
Estabelece a obrigatoriedade da declaração de bens e rendas para o exercício de cargos, empregos e funções nos Poderes Executivo, Legislativo e Judiciário, e dá outras providências.

LEI N. 8.745, DE 9 DE DEZEMBRO DE 1993 ... 234
Dispõe sobre a contratação por tempo determinado para atender a necessidade temporária de excepcional interesse público, nos termos do inciso IX do art. 37 da Constituição Federal, e dá outras providências.

LEI N. 8.748, DE 9 DE DEZEMBRO DE 1993 ... 236
Altera a legislação reguladora do processo administrativo de determinação e exigência de créditos tributários da União, e dá outras providências.

LEI N. 8.842, DE 4 DE JANEIRO DE 1994 ... 237
Dispõe sobre a política nacional do idoso, cria o Conselho Nacional do Idoso e dá outras providências.

LEI N. 8.844, DE 20 DE JANEIRO DE 1994 ... 238
Dispõe sobre a fiscalização, apuração e cobrança judicial das contribuições e multas devidas ao Fundo de Garantia do Tempo de Serviço (FGTS).

LEI N. 8.846, DE 21 DE JANEIRO DE 1994 ... 238
Dispõe sobre a emissão de documentos fiscais e o arbitramento da receita mínima para efeitos tributários, e dá outras providências.

LEI N. 8.847, DE 28 DE JANEIRO DE 1994 239
Dispõe sobre o Imposto sobre a Propriedade Territorial Rural (ITR) e dá outras providências.

LEI N. 8.850, DE 28 DE JANEIRO DE 1994 239
Altera a Lei n. 8.383, de 30 de dezembro de 1991 e dá outras providências.

LEI N. 8.852, DE 4 DE FEVEREIRO DE 1994 239
Dispõe sobre a aplicação dos arts. 37, incisos XI e XII, e 39, § 1º, da Constituição Federal, e dá outras providências.

LEI N. 8.868, DE 14 DE ABRIL DE 1994 240
Dispõe sobre a criação, extinção e transformação de cargos efetivos e em comissão, nas Secretarias do Tribunal Superior Eleitoral e dos Tribunais Regionais Eleitorais e dá outras providências.

LEI N. 8.870, DE 15 DE ABRIL DE 1994 241
Altera dispositivos das Leis n. 8.212 e 8.213, de 24 de julho de 1991, e dá outras providências.

LEI N. 8.880, DE 27 DE MAIO DE 1994 243
Dispõe sobre o Programa de Estabilização Econômica e o Sistema Monetário Nacional, institui a Unidade Real de Valor (URV) e dá outras providências.

LEI N. 8.894, DE 21 DE JUNHO DE 1994 247
Dispõe sobre o Imposto sobre Operações de Crédito, Câmbio e Seguro, ou relativas a Títulos e Valores Mobiliários, e dá outras providências.

LEI N. 8.929, DE 22 DE AGOSTO DE 1994 247
Institui a Cédula de Produto Rural, e dá outras providências.

LEI N. 8.961, DE 23 DE DEZEMBRO DE 1994 248
Dispõe sobre a isenção do imposto de importação na hipótese que menciona.

LEI N. 8.981, DE 20 DE JANEIRO DE 1995 249
Altera a legislação tributária Federal e dá outras providências.

LEI N. 8.985, DE 7 DE FEVEREIRO DE 1995 257
Concede, na forma do inciso VIII do art. 48 da Constituição Federal, anistia aos candidatos às eleições de 1994, processados ou condenados com fundamento na legislação eleitoral em vigor, nos casos que especifica.

LEI N. 8.989, DE 24 DE FEVEREIRO DE 1995 257
Dispõe sobre a Isenção do Imposto sobre Produtos Industrializados - IPI, na aquisição de automóveis para utilização no transporte autônomo de passageiros, bem como por pessoas portadoras de deficiência física, e dá outras providências.

LEI N. 9.008, DE 21 DE MARÇO DE 1995 258
Cria, na estrutura organizacional do Ministério da Justiça, o Conselho Federal de que trata o art. 13 da Lei n. 7.347, de 24 de julho de 1985, altera os arts. 4º, 39, 82, 91 e 98 da Lei n. 8.078, de 11 de setembro de 1990, e dá outras providências.

LEI N. 9.012, DE 30 DE MARÇO DE 1995 259
Proíbe as instituições oficiais de crédito de conceder empréstimos, financiamentos e outros benefícios a pessoas jurídicas em débito com o FGTS.

LEI N. 9.021, DE 30 DE MARÇO DE 1995 259
Dispõe sobre a implementação da autarquia Conselho Administrativo de Defesa Econômica (Cade), criada pela Lei n. 8.884, de 11 de junho de 1994, e dá outras providências.

LEI N. 9.028, DE 12 DE ABRIL DE 1995 259
Dispõe sobre o exercício das atribuições institucionais da Advocacia-Geral da União, em caráter emergencial e provisório, e dá outras providências.

LEI N. 9.049, DE 18 DE MAIO DE 1995 262
Faculta o registro, nos documentos pessoais de identificação, das informações que especifica.

LEI N. 9.055, DE 1º DE JUNHO DE 1995 263
Disciplina a extração, industrialização, utilização, comercialização e transporte do asbesto/amianto e dos produtos que o contenham, bem como das fibras naturais e artificiais, de qualquer origem, utilizadas para o mesmo fim e dá outras providências.

LEI N. 9.065, DE 20 DE JUNHO DE 1995 ... 263
Dá nova redação a dispositivos da Lei n. 8.981, de 20 de janeiro de 1995, que altera a legislação tributária federal, e dá outras providências.

LEI N. 9.069, DE 29 DE JUNHO DE 1995 ... 265
Dispõe sobre o Plano Real, o Sistema Monetário Nacional, estabelece as regras e condições de emissão do REAL e os critérios para conversão das obrigações para o REAL, e dá outras providências.

LEI N. 9.074, DE 7 DE JULHO DE 1995 ... 270
Estabelece normas para outorga e prorrogações das concessões e permissões de serviços públicos e dá outras providências.

LEI N. 9.093, DE 12 DE SETEMBRO DE 1995 ... 275
Dispõe sobre feriados.

LEI N. 9.138, DE 29 DE NOVEMBRO DE 1995 ... 275
Dispõe sobre o crédito rural, e dá outras providências.

LEI N. 9.140, DE 4 DE DEZEMBRO DE 1995 ... 277
Reconhece como mortas pessoas desaparecidas em razão de participação, ou acusação de participação, em atividades políticas, no período de 2 de setembro de 1961 a 15 de agosto de 1979, e dá outras providências.

LEI N. 9.250, DE 26 DE DEZEMBRO DE 1995 ... 278
Altera a legislação do imposto de renda das pessoas físicas e dá outras providências.

LEI N. 9.259, DE 9 DE JANEIRO DE 1996 ... 282
Acrescenta parágrafo único ao art. 10, dispõe sobre a aplicação dos arts. 49, 56, incisos III e IV, e 57, inciso III, da Lei n. 9.096, de 19 de setembro de 1995, e dá nova redação ao § 1º do art. 1º da Lei n. 1.533, de 31 de dezembro de 1951.

LEI N. 9.274, DE 7 DE MAIO DE 1996 ... 282
Dispõe sobre anistia relativamente às eleições de 3 de outubro e de 15 de novembro dos anos de 1992 e 1994.

LEI N. 9.277, DE 10 DE MAIO DE 1996 ... 283
Autoriza a União a delegar aos municípios, estados da Federação e ao Distrito Federal a administração e exploração de rodovias e portos federais.

LEI N. 9.289, DE 4 DE JULHO DE 1996 ... 283
Dispõe sobre as custas devidas à União, na Justiça Federal de primeiro e segundo graus e dá outras providências.

LEI N. 9.294, DE 15 DE JULHO DE 1996 ... 284
Dispõe sobre as restrições ao uso e à propaganda de produtos fumígeros, bebidas alcoólicas, medicamentos, terapias e defensivos agrícolas, nos termos do § 4º do art. 220 da Constituição Federal.

LEI N. 9.295, DE 19 DE JULHO DE 1996 ... 286
Dispõe sobre os serviços de telecomunicações e sua organização, sobre o órgão regulador e dá outras providências.

LEI N. 9.311, DE 24 DE OUTUBRO DE 1996 ... 286
Institui a Contribuição Provisória sobre Movimentação ou Transmissão de Valores e de Créditos e Direitos de Natureza Financeira - CPMF, e dá outras providências.

LEI N. 9.316, DE 22 DE NOVEMBRO DE 1996 ... 289
Altera a legislação do imposto de renda e da contribuição social sobre o lucro líquido.

LEI N. 9.363, DE 13 DE DEZEMBRO DE 1996 ... 289
Dispõe sobre a instituição de crédito presumido do Imposto sobre Produtos Industrializados, para ressarcimento do valor do PIS/PASEP e COFINS nos casos que especifica, e dá outras providências.

LEI N. 9.393, DE 19 DE DEZEMBRO DE 1996 ... 290
Dispõe sobre o Imposto sobre a Propriedade Territorial Rural - ITR, sobre pagamento da dívida representada por Títulos da Dívida Agrária e dá outras providências.

LEI N. 9.394, DE 20 DE DEZEMBRO DE 1996 ... 292
Estabelece as diretrizes e bases da educação nacional.

LEI N. 9.424, DE 24 DE DEZEMBRO DE 1996 303
Dispõe sobre o Fundo de Manutenção e Desenvolvimento do Ensino Fundamental e de Valorização do Magistério, na forma prevista no art. 60, § 7º, do Ato das Disposições Constitucionais Transitórias, e dá outras providências.

LEI N. 9.427, DE 26 DE DEZEMBRO DE 1996 303
Institui a Agência Nacional de Energia Elétrica - ANEEL, disciplina o regime das concessões de serviços públicos de energia elétrica e dá outras providências.

LEI N. 9.430, DE 27 DE DEZEMBRO DE 1996 308
Dispõe sobre a legislação tributária federal, as contribuições para a seguridade social, o processo administrativo de consulta e dá outras providências.

LEI N. 9.432, DE 8 DE JANEIRO DE 1997 321
Dispõe sobre a ordenação do transporte aquaviário e dá outras providências.

LEI N. 9.433, DE 8 DE JANEIRO DE 1997 322
Institui a Política Nacional de Recursos Hídricos, cria o Sistema Nacional de Gerenciamento de Recursos Hídricos, regulamenta o inciso XIX do art. 21 da Constituição Federal, e altera o art. 1º da Lei n. 8.001, de 13 de março de 1990, que modificou a Lei n. 7.990, de 28 de dezembro de 1989.

LEI N. 9.440, DE 14 DE MARÇO DE 1997 326
Estabelece incentivos fiscais para o desenvolvimento regional e dá outras providências.

LEI N. 9.449, DE 14 DE MARÇO DE 1997 329
Reduz o imposto de importação para os produtos que especifica e dá outras providências.

LEI N. 9.452, DE 20 DE MARÇO DE 1997 331
Determina que as Câmaras Municipais sejam obrigatoriamente notificadas da liberação de recursos federais para os respectivos Municípios e dá outras providências.

LEI N. 9.454, DE 7 DE ABRIL DE 1997 331
Institui o número único de Registro de Identidade Civil e dá outras providências.

LEI N. 9.465, DE 7 DE JULHO DE 1997 331
Dispõe sobre fornecimento gratuito de registro extemporâneo de nascimento.

LEI N. 9.472, DE 16 DE JULHO DE 1997 331
Dispõe sobre a organização dos serviços de telecomunicações, a criação e funcionamento de um órgão regulador e outros aspectos institucionais, nos termos da Emenda Constitucional n. 8, de 1995.

LEI N. 9.474, DE 22 DE JULHO DE 1997 343
Define mecanismos para a implementação do Estatuto dos Refugiados de 1951, e determina outras providências.

LEI N. 9.477, DE 24 DE JULHO DE 1997 345
Institui o Fundo de Aposentadoria Programada Individual - Fapi e o Plano de Incentivo à Aposentadoria Programada Individual, e dá outras providências.

LEI N. 9.478, DE 6 DE AGOSTO DE 1997 346
Dispõe sobre a política energética nacional, as atividades relativas ao monopólio do petróleo, institui o Conselho Nacional de Política Energética e a Agência Nacional do Petróleo e dá outras providências.

LEI N. 9.482, DE 13 DE AGOSTO DE 1997 356
Dispõe sobre a administração do Instituto de Resseguros do Brasil - IRB, sobre a transferência e a transformação de suas ações, e dá outras providências.

LEI N. 9.491, DE 9 DE SETEMBRO DE 1997 357
Altera procedimentos relativos ao Programa Nacional de Desestatização, revoga a Lei n. 8.031, de 12 de abril de 1990, e dá outras providências.

LEI N. 9.493, DE 10 DE SETEMBRO DE 1997 360
Concede isenção do Imposto sobre Produtos Industrializados - IPI na aquisição de equipamentos, máquinas, aparelhos e instrumentos, dispõe sobre período de apuração e prazo de recolhimento do referido imposto para as microempresas e empresas de pequeno porte, e estabelece suspensão do IPI na saída de bebidas alcoólicas, acondicionadas para venda a granel, dos estabelecimentos produtores e dos estabelecimentos equiparados a industrial.

LEI N. 9.532, DE 10 DE DEZEMBRO DE 1997 361
Altera a legislação tributária federal e dá outras providências.

LEI N. 9.537, DE 11 DE DEZEMBRO DE 1997 368
Dispõe sobre a segurança do tráfego aquaviário em águas sob jurisdição nacional e dá outras providências.

LEI N. 9.539, DE 12 DE DEZEMBRO DE 1997 370
Dispõe sobre a Contribuição Provisória sobre Movimentação ou Transmissão de Valores e de Créditos e Direitos de Natureza Financeira - CPMF.

LEI N. 9.615, DE 24 DE MARÇO DE 1998 370
Institui normas gerais sobre desporto e dá outras providências.

LEI N. 9.676, DE 30 DE JUNHO DE 1998 381
Dispõe sobre a periodicidade de recolhimento das contribuições previdenciárias arrecadadas pelo Instituto Nacional do Seguro Social - INSS.

LEI N. 9.701, DE 17 DE NOVEMBRO DE 1998 381
Dispõe sobre a base de cálculo da Contribuição para o Programa de Integração Social - PIS devida pelas pessoas jurídicas a que se refere o § 1º do art. 22 da Lei n. 8.212, de 24 de julho de 1991, e dá outras providências.

LEI N. 9.703, DE 17 DE NOVEMBRO DE 1998 382
Dispõe sobre os depósitos judiciais e extrajudiciais de tributos e contribuições federais.

LEI N. 9.704, DE 17 DE NOVEMBRO DE 1998 382
Institui normas relativas ao exercício, pelo Advogado-Geral da União, de orientação normativa e de supervisão técnica sobre os órgãos jurídicos das autarquias federais e das fundações instituídas e mantidas pela União.

LEI N. 9.710, DE 19 DE NOVEMBRO DE 1998 383
Dispõe sobre medidas de fortalecimento do Sistema Financeiro Nacional e dá outras providências.

LEI N. 9.717, DE 27 DE NOVEMBRO DE 1998 383
Dispõe sobre regras gerais para a organização e o funcionamento dos regimes próprios de previdência social dos servidores públicos da União, dos Estados, do Distrito Federal e dos Municípios, dos militares dos Estados e do Distrito Federal e dá outras providências.

LEI N. 9.718, DE 27 DE NOVEMBRO DE 1998 384
Altera a Legislação Tributária Federal.

LEI N. 9.719, DE 27 DE NOVEMBRO DE 1998 387
Dispõe sobre normas e condições gerais de proteção ao trabalho portuário, institui multas pela inobservância de seus preceitos, e dá outras providências.

LEI N. 9.720, DE 30 DE NOVEMBRO DE 1998 388
Dá nova redação a dispositivos da Lei n. 8.742, de 7 de dezembro de 1993, que dispõe sobre a organização da Assistência Social, e dá outras providências.

LEI N. 9.755, DE 16 DE DEZEMBRO DE 1998 388
Dispõe sobre a criação de "homepage" na "Internet", pelo Tribunal de Contas da União, para divulgação dos dados e informações que especifica, e dá outras providências.

LEI N. 9.766, DE 18 DE DEZEMBRO DE 1998 388
Altera a legislação que rege o Salário-Educação, e dá outras providências.

LEI N. 9.779, DE 19 DE JANEIRO DE 1999 389
Altera a legislação do Imposto sobre a Renda, relativamente à tributação dos Fundos de Investimento Imobiliário e dos rendimentos auferidos em aplicação ou operação financeira de renda fixa ou variável, ao Sistema Integrado de Pagamento de Impostos e Contribuições das Microempresas e das Empresas de Pequeno Porte - SIMPLES, à incidência sobre rendimentos de beneficiários no exterior, bem assim a legislação do Imposto sobre Produtos Industrializados - IPI, relativamente ao aproveitamento de créditos e à equiparação de atacadista a estabelecimento industrial, do Imposto sobre Operações de Crédito, Câmbio e Seguros ou Relativas a Títulos e Valores Mobiliários - IOF, relativamente às operações de mútuo, e da Contribuição Social sobre o Lucro Líquido, relativamente às despesas financeiras, e dá outras providências.

LEI N. 9.782, DE 26 DE JANEIRO DE 1999 390
Define o Sistema Nacional de Vigilância Sanitária, cria a Agência Nacional de Vigilância Sanitária, e dá outras providências.

LEI N. 9.787, DE 10 DE FEVEREIRO DE 1999 394

Altera a Lei n. 6.360, de 23 de setembro de 1976, que dispõe sobre a vigilância sanitária, estabelece o medicamento genérico, dispõe sobre a utilização de nomes genéricos em produtos farmacêuticos e dá outras providências.

LEI N. 9.791, DE 24 DE MARÇO DE 1999 395

Dispõe sobre a obrigatoriedade de as concessionárias de serviços públicos estabelecerem ao consumidor e ao usuário datas opcionais para o vencimento de seus débitos.

LEI N. 9.795, DE 27 DE ABRIL DE 1999 395

Dispõe sobre a educação ambiental, institui a Política Nacional de Educação Ambiental e dá outras providências.

LEI N. 9.796, DE 5 DE MAIO DE 1999 397

Dispõe sobre a compensação financeira entre o Regime Geral de Previdência Social e os regimes de previdência dos servidores da União, dos Estados, do Distrito Federal e dos Municípios, nos casos de contagem recíproca de tempo de contribuição para efeito de aposentadoria, e dá outras providências.

LEI N. 9.797, DE 6 DE MAIO DE 1999 398

Dispõe sobre a obrigatoriedade da cirurgia plástica reparadora da mama pela rede de unidades integrantes do Sistema Único de Saúde - SUS nos casos de mutilação decorrentes de tratamento de câncer.

LEI N. 9.800, DE 26 DE MAIO DE 1999 398

Permite às partes a utilização de sistema de transmissão de dados para a prática de atos processuais.

LEI N. 9.801, DE 14 DE JUNHO DE 1999 398

Dispõe sobre as normas gerais para perda de cargo público por excesso de despesa e dá outras providências.

LEI N. 9.832, DE 14 DE SETEMBRO DE 1999 399

Proíbe o uso industrial de embalagens metálicas soldadas com liga de chumbo e estanho para acondicionamento de gêneros alimentícios, exceto para produtos secos ou desidratados.

LEI N. 9.867, DE 10 DE NOVEMBRO DE 1999 399

Dispõe sobre a criação e o funcionamento de Cooperativas Sociais, visando à integração social dos cidadãos, conforme especifica.

LEI N. 9.870, DE 23 DE NOVEMBRO DE 1999 399

Dispõe sobre o valor total das anuidades escolares e dá outras providências.

LEI N. 9.876, DE 26 DE NOVEMBRO DE 1999 400

Dispõe sobre a contribuição previdenciária do contribuinte individual, o cálculo do benefício, altera dispositivos das Leis n. 8.212 e 8.213, ambas de 24 de julho de 1991, e dá outras providências.

LEI N. 9.883, DE 7 DE DEZEMBRO DE 1999 400

Institui o Sistema Brasileiro de Inteligência, cria a Agência Brasileira de Inteligência - ABIN, e dá outras providências.

LEI N. 9.959, DE 27 DE JANEIRO DE 2000 402

Altera a legislação tributária federal e dá outras providências.

LEI N. 9.961, DE 28 DE JANEIRO DE 2000 402

Cria a Agência Nacional de Saúde Suplementar - ANS e dá outras providências.

LEI N. 9.962, DE 22 DE FEVEREIRO DE 2000 406

Disciplina o regime de emprego público do pessoal da Administração federal direta, autárquica e fundacional, e dá outras providências.

LEI N. 9.964, DE 10 DE ABRIL DE 2000 406

Institui o Programa de Recuperação Fiscal - Refis e dá outras providências, e altera as Leis n. 8.036, de 11 de maio de 1990, e 8.844, de 20 de janeiro de 1994.

LEI N. 9.966, DE 28 DE ABRIL DE 2000 408

Dispõe sobre a prevenção, o controle e a fiscalização da poluição causada por lançamento de óleo e outras substâncias nocivas ou perigosas em águas sob jurisdição nacional e dá outras providências.

LEI N. 9.984, DE 17 DE JULHO DE 2000 411
Dispõe sobre a criação da Agência Nacional de Águas - ANA, entidade federal de implementação da Política Nacional de Recursos Hídricos e de coordenação do Sistema Nacional de Gerenciamento de Recursos Hídricos, e dá outras providências.

LEI N. 9.986, DE 18 DE JULHO DE 2000 415
Dispõe sobre a gestão de recursos humanos das Agências Reguladoras e dá outras providências.

LEI N. 10.001, DE 4 DE SETEMBRO DE 2000 416
Dispõe sobre a prioridade nos procedimentos a serem adotados pelo Ministério Público e por outros órgãos a respeito das conclusões das comissões parlamentares de inquérito.

LEI N. 10.098, DE 19 DE DEZEMBRO DE 2000 416
Estabelece normas gerais e critérios básicos para a promoção da acessibilidade das pessoas portadoras de deficiência ou com mobilidade reduzida, e dá outras providências.

LEI N. 10.147, DE 21 DE DEZEMBRO DE 2000 418
Dispõe sobre a incidência da contribuição para os Programas de Integração Social e de Formação do Patrimônio do Servidor Público - PIS/Pasep, e da Contribuição para o Financiamento da Seguridade Social - Cofins, nas operações de venda dos produtos que especifica.

LEI N. 10.168, DE 29 DE DEZEMBRO DE 2000 419
Institui contribuição de intervenção de domínio econômico destinada a financiar o Programa de Estímulo à Interação Universidade-Empresa para o Apoio à Inovação e dá outras providências.

LEI N. 10.169, DE 29 DE DEZEMBRO DE 2000 419
Regula o § 2º do art. 236 da Constituição Federal, mediante o estabelecimento de normas gerais para a fixação de emolumentos relativos aos atos praticados pelos serviços notariais e de registro.
O Presidente da República. Faço saber que o Congresso Nacional decreta e eu sanciono a seguinte Lei:

LEI N. 10.179, DE 6 DE FEVEREIRO DE 2001 420
Dispõe sobre os títulos da dívida pública de responsabilidade do Tesouro Nacional, consolidando a legislação em vigor sobre a matéria.

LEI N. 10.185, DE 12 DE FEVEREIRO DE 2001 421
Dispõe sobre a especialização das sociedades seguradoras em planos privados de assistência à saúde e dá outras providências.

LEI N. 10.189, DE 14 DE FEVEREIRO DE 2001 421
Dispõe sobre o Programa de Recuperação Fiscal - Refis.

LEI N. 10.194, DE 14 DE FEVEREIRO DE 2001 422
Dispõe sobre a instituição de sociedades de crédito ao microempreendedor, altera dispositivos das Leis n. 6.404, de 15 de dezembro de 1976, 8.029, de 12 de abril de 1990, e 8.934, de 18 de novembro de 1994, e dá outras providências.

LEI N. 10.198, DE 14 DE FEVEREIRO DE 2001 422
Dispõe sobre a regulação, fiscalização e supervisão dos mercados de títulos ou contratos de investimento coletivo, e dá outras providências.

LEI N. 10.201, DE 14 DE FEVEREIRO DE 2001 423
Institui o Fundo Nacional de Segurança Pública - FNSP, e dá outras providências.

LEI N. 10.208, DE 23 DE MARÇO DE 2001 423
Acresce dispositivos à Lei n. 5.859, de 11 de dezembro de 1972, que dispõe sobre a profissão de empregado doméstico, para facultar o acesso ao Fundo de Garantia do Tempo de Serviço - FGTS e ao seguro-desemprego.

LEI N. 10.214, DE 27 DE MARÇO DE 2001 424
Dispõe sobre a atuação das câmaras e dos prestadores de serviços de compensação e de liquidação, no âmbito do sistema de pagamentos brasileiro, e dá outras providências.

LEI N. 10.216, DE 16 DE ABRIL DE 2001 425
Dispõe sobre a proteção e os direitos das pessoas portadoras de transtornos mentais e redireciona o modelo assistencial em saúde mental.

LEI N. 10.220, DE 11 DE ABRIL DE 2001 425
Institui normas gerais relativas à atividade de peão de rodeio, equiparando-o a atleta profissional.

LEI N. 10.233, DE 5 DE JUNHO DE 2001 425
Dispõe sobre a reestruturação dos transportes aquaviário e terrestre, cria o Conselho Nacional de Integração de Políticas de Transporte, a Agência Nacional de Transportes Terrestres, a Agência Nacional de Transportes Aquaviários e o Departamento Nacional de Infraestrutura de Transportes, e dá outras providências.

LEI N. 10.276, DE 10 DE SETEMBRO DE 2001 437
Dispõe sobre o ressarcimento das contribuições para os Programas de Integração Social e de Formação do Patrimônio do Servidor Público - PIS/PASEP e para a Seguridade Social - COFINS incidentes sobre insumos utilizados na fabricação de produtos destinados à exportação.

LEI N. 10.300, DE 31 DE OUTUBRO DE 2001 437
Proíbe o emprego, o desenvolvimento, a fabricação, a comercialização, a importação, a exportação, a aquisição, a estocagem, a retenção ou a transferência, direta ou indiretamente, de minas terrestres antipessoal.

LEI N. 10.308, DE 20 DE NOVEMBRO DE 2001 437
Dispõe sobre a seleção de locais, a construção, o licenciamento, a operação, a fiscalização, os custos, a indenização, a responsabilidade civil e as garantias referentes aos depósitos de rejeitos radioativos, e dá outras providências.

LEI N. 10.309, DE 22 DE NOVEMBRO DE 2001 439
Dispõe sobre a assunção pela União de responsabilidades civis perante terceiros no caso de atentados terroristas ou atos de guerra contra aeronaves de empresas aéreas brasileiras.

LEI N. 10.331, DE 18 DE DEZEMBRO DE 2001 439
Regulamenta o inciso X do art. 37 da Constituição, que dispõe sobre a revisão geral e anual das remunerações e subsídios dos servidores públicos federais dos Poderes Executivo, Legislativo e Judiciário da União, das autarquias e fundações públicas federais.

LEI N. 10.336, DE 19 DE DEZEMBRO DE 2001 439
Institui Contribuição de Intervenção no Domínio Econômico incidente sobre a importação e a comercialização de petróleo e seus derivados, gás natural e seus derivados, e álcool etílico combustível (Cide), e dá outras providências.

LEI N. 10.421, DE 15 DE ABRIL DE 2002 442
Estende à mãe adotiva o direito à licença-maternidade e ao salário-maternidade, alterando a Consolidação das Leis do Trabalho, aprovada pelo Decreto-Lei n. 5.452, de 1º de maio de 1943, e a Lei n. 8.213, de 24 de julho de 1991.

LEI N. 10.426, DE 24 DE ABRIL DE 2002 442
Altera a legislação tributária federal e dá outras providências.

LEI N. 10.438, DE 26 DE ABRIL DE 2002 443
Dispõe sobre a expansão da oferta de energia elétrica emergencial, recomposição tarifária extraordinária, cria o Programa de Incentivo às Fontes Alternativas de Energia Elétrica (Proinfa), a Conta de Desenvolvimento Energético (CDE), dispõe sobre a universalização do serviço público de energia elétrica, dá nova redação às Leis n. 9.427, de 26 de dezembro de 1996, n. 9.648, de 27 de maio de 1998, n. 3.890-A, de 25 de abril de 1961, n. 5.655, de 20 de maio de 1971, n. 5.899, de 5 de julho de 1973, n. 9.991, de 24 de julho de 2000, e dá outras providências.

LEI N. 10.451, DE 10 DE MAIO DE 2002 449
Altera a legislação tributária federal e dá outras providências.

LEI N. 10.485, DE 3 DE JULHO DE 2002 450
Dispõe sobre a incidência das contribuições para os Programas de Integração Social e de Formação do Patrimônio do Servidor Público (PIS/Pasep) e da Contribuição para o Financiamento da Seguridade Social (Cofins), nas hipóteses que menciona, e dá outras providências.

LEI N. 10.519, DE 17 DE JULHO DE 2002 451
Dispõe sobre a promoção e a fiscalização da defesa sanitária animal quando da realização de rodeio e dá outras providências.

LEI N. 10.560, DE 13 DE NOVEMBRO DE 2002 452
Dispõe sobre o tratamento tributário dispensado às empresas de transporte aéreo, e dá outras providências.

LEI N. 10.603, DE 17 DE DEZEMBRO DE 2002 452
Dispõe sobre a proteção de informação não divulgada submetida para aprovação da comercialização de produtos e dá outras providências.

LEI N. 10.609, DE 20 DE DEZEMBRO DE 2002 453

Dispõe sobre a instituição de equipe de transição pelo candidato eleito para o cargo de Presidente da República, cria cargos em comissão, e dá outras providências.

LEI N. 10.610, DE 20 DE DEZEMBRO DE 2002 454

Dispõe sobre a participação de capital estrangeiro nas empresas jornalísticas e de radiodifusão sonora e de sons e imagens, conforme o § 4º do art. 222 da Constituição, altera os arts. 38 e 64 da Lei n. 4.117, de 27 de agosto de 1962, o § 3º do art. 12 do Decreto-Lei n. 236, de 28 de fevereiro de 1967, e dá outras providências.

LEI N. 10.636, DE 30 DE DEZEMBRO DE 2002 455

Dispõe sobre a aplicação dos recursos originários da Contribuição de Intervenção no Domínio Econômico - Cide incidente sobre a importação e a comercialização de petróleo e seus derivados, gás natural e seus derivados, e álcool etílico combustível, atendendo o disposto no § 2º do art. 1º da Lei n. 10.336, de 19 de dezembro de 2001, cria o Fundo Nacional de Infraestrutura de Transportes - FNIT e dá outras providências.

LEI N. 10.650, DE 16 DE ABRIL DE 2003 455

Dispõe sobre o acesso público aos dados e informações existentes nos órgãos e entidades integrantes do Sisnama.

LEI N. 10.666, DE 8 DE MAIO DE 2003 456

Dispõe sobre a concessão da aposentadoria especial ao cooperado de cooperativa de trabalho ou de produção e dá outras providências.

LEI N. 10.676, DE 22 DE MAIO DE 2003 457

Dispõe sobre a contribuição para o Programa de Integração Social e de Formação do Patrimônio do Servidor Público - PIS/PASEP e da Contribuição para Seguridade Social - COFINS devidas pelas sociedades cooperativas em geral.

LEI N. 10.744, DE 9 DE OUTUBRO DE 2003 457

Dispõe sobre a assunção, pela União, de responsabilidades civis perante terceiros no caso de atentados terroristas, atos de guerra ou eventos correlatos, contra aeronaves de matrícula brasileira operadas por empresas brasileiras de transporte aéreo público, excluídas as empresas de táxi aéreo.

LEI N. 10.753, DE 30 DE OUTUBRO DE 2003 458

Institui a Política Nacional do Livro.

LEI N. 10.755, DE 3 DE NOVEMBRO DE 2003 459

Estabelece multa em operações de importação, e dá outras providências.

LEI N. 10.779, DE 25 DE NOVEMBRO DE 2003 459

Dispõe sobre a concessão do benefício de seguro desemprego, durante o período de defeso, ao pescador profissional que exerce a atividade pesqueira de forma artesanal.

LEI N. 10.814, DE 15 DE DEZEMBRO DE 2003 460

Estabelece normas para o plantio e comercialização da produção de soja geneticamente modificada da safra de 2004, e dá outras providências.

LEI N. 10.823, DE 19 DE DEZEMBRO DE 2003 461

Dispõe sobre a subvenção econômica ao prêmio do Seguro Rural e dá outras providências.

LEI N. 10.831, DE 23 DE DEZEMBRO DE 2003 461

Dispõe sobre a agricultura orgânica e dá outras providências.

LEI N. 10.836, DE 9 DE JANEIRO DE 2004 462

Cria o Programa Bolsa Família e dá outras providências.

LEI N. 10.842, DE 20 DE FEVEREIRO DE 2004 464

Cria e transforma cargos e funções nos Quadros de Pessoal dos Tribunais Regionais Eleitorais, destinados às Zonas Eleitorais.

LEI N. 10.850, DE 25 DE MARÇO DE 2004 465

Atribui competências à Agência Nacional de Saúde Suplementar - ANS e fixa as diretrizes a serem observadas na definição de normas para implantação de programas especiais de incentivo à adaptação de contratos anteriores à Lei n. 9.656, de 3 de junho de 1998.

LEI N. 10.865, DE 30 DE ABRIL DE 2004 465
Dispõe sobre a Contribuição para os Programas de Integração Social e de Formação do Patrimônio do Servidor Público e a Contribuição para o Financiamento da Seguridade Social incidentes sobre a importação de bens e serviços e dá outras providências.

LEI N. 10.869, DE 13 DE MAIO DE 2004 473
Altera a Lei n. 10.683, de 28 de maio de 2003, que dispõe sobre a organização da Presidência da República e dos Ministérios, e dá outras providências.

LEI N. 10.870, DE 19 DE MAIO DE 2004 474
Institui a Taxa de Avaliação in loco das instituições de educação superior e dos cursos de graduação e dá outras providências.

LEI N. 10.871, DE 20 DE MAIO DE 2004 475
Dispõe sobre a criação de carreiras e organização de cargos efetivos das autarquias especiais denominadas Agências Reguladoras, e dá outras providências.

LEI N. 10.881, DE 9 DE JUNHO DE 2004 480
Dispõe sobre os contratos de gestão entre a Agência Nacional de Águas e entidades delegatárias das funções de Agências de Águas relativas à gestão de recursos hídricos de domínio da União e dá outras providências.

LEI N. 10.887, DE 18 DE JUNHO DE 2004 481
Dispõe sobre a aplicação de disposições da Emenda Constitucional n. 41, de 19 de dezembro de 2003, altera dispositivos das Leis n. 9.717, de 27 de novembro de 1998, 8.213, de 24 de julho de 1991, 9.532, de 10 de dezembro de 1997, e dá outras providências.

LEI N. 10.890, DE 2 DE JULHO DE 2004 483
Autoriza, em caráter excepcional, a antecipação da transferência de recursos prevista no art. 1º-A da Lei n. 10.336, de 19 de dezembro de 2001, nas condições que especifica.

LEI N. 10.892, DE 13 DE JULHO DE 2004 483
Altera os arts. 8º e 16 da Lei n. 9.311, de 24 de outubro de 1996, que institui a Contribuição Provisória sobre Movimentação ou Transmissão de Valores e de Créditos e Direitos de Natureza Financeira - CPMF, e dá outras providências.

LEI N. 10.893, DE 13 DE JULHO DE 2004 484
Dispõe sobre o Adicional ao Frete para a Renovação da Marinha Mercante - AFRMM e o Fundo da Marinha Mercante - FMM, e dá outras providências.

LEI N. 10.925, DE 23 DE JULHO DE 2004 488
Reduz as alíquotas do PIS/PASEP e da COFINS incidentes na importação e na comercialização do mercado interno de fertilizantes e defensivos agropecuários e dá outras providências.

LEI N. 10.964, DE 28 DE OUTUBRO DE 2004 491
Dá nova redação a dispositivos das Leis de n. 8.010, de 29 de março de 1990, e 8.032, de 12 de abril de 1990, para estender a cientistas e pesquisadores a isenção tributária relativa a bens destinados à pesquisa científica e tecnológica; e faculta a inscrição no Sistema Integrado de Pagamento de Impostos e Contribuições das Microempresas e das Empresas de Pequeno Porte - SIMPLES, das pessoas jurídicas que especifica.

LEI N. 10.996, DE 15 DE DEZEMBRO DE 2004 492
Altera a legislação tributária federal e as Leis n. 10.637, de 30 de dezembro de 2002, e 10.833, de 29 de dezembro de 2003.

LEI N. 10.999, DE 15 DE DEZEMBRO DE 2004 492
Autoriza a revisão dos benefícios previdenciários concedidos com data de início posterior a fevereiro de 1994 e o pagamento dos valores atrasados nas condições que especifica.

LEI N. 11.033, DE 21 DE DEZEMBRO DE 2004 496
Altera a tributação do mercado financeiro e de capitais; institui o Regime Tributário para Incentivo à Modernização e à Ampliação da Estrutura Portuária - REPORTO; altera as Leis n. 10.865, de 30 de abril de 2004, 8.850, de 28 de janeiro de 1994, 8.383, de 30 de dezembro de 1991, 10.522, de 19 de julho de 2002, 9.430, de 27 de dezembro de 1996, e 10.925, de 23 de julho de 2004; e dá outras providências.

LEI N. 11.051, DE 29 DE DEZEMBRO DE 2004 498
Dispõe sobre o desconto de crédito na apuração da Contribuição Social sobre o Lucro Líquido - CSLL e da Contribuição para o PIS/Pasep e Cofins não cumulativas e dá outras providências.

LEI N. 11.053, DE 29 DE DEZEMBRO DE 2004 501
Dispõe sobre a tributação dos planos de benefícios de caráter previdenciário e dá outras providências.

LEI N. 11.116, DE 18 DE MAIO DE 2005 502
Dispõe sobre o Registro Especial, na Secretaria da Receita Federal do Ministério da Fazenda, de produtor ou importador de biodiesel e sobre a incidência da Contribuição para o PIS/Pasep e da Cofins sobre as receitas decorrentes da venda desse produto; altera as Leis n. 10.451, de 10 de maio de 2002, e 11.097, de 13 de janeiro de 2005; e dá outras providências.

LEI N. 11.182, DE 27 DE SETEMBRO DE 2005 503
Cria a Agência Nacional de Aviação Civil - ANAC, e dá outras providências.

LEI N. 11.196, DE 21 DE NOVEMBRO DE 2005 507
Institui o Regime Especial de Tributação para a Plataforma de Exportação de Serviços de Tecnologia da Informação - REPES, o Regime Especial de Aquisição de Bens de Capital para Empresas Exportadoras - RECAP e o Programa de Inclusão Digital; dispõe sobre incentivos fiscais para a inovação tecnológica; altera o Decreto-Lei n. 288, de 28 de fevereiro de 1967, o Decreto n. 70.235, de 6 de março de 1972, o Decreto-Lei n. 2.287, de 23 de julho de 1986, as Lei n. 4.502, de 30 de novembro de 1964, 8.212, de 24 de julho de 1991, 8.245, de 18 de outubro de 1991, 8.387, de 30 de dezembro de 1991, 8.666, de 21 de junho de 1993, 8.981, de 20 de janeiro de 1995, 8.987, de 13 de fevereiro de 1995, 8.989, de 24 de fevereiro de 1995, 9.249, de 26 de dezembro de 1995, 9.250, de 26 de dezembro de 1995, 9.311, de 24 de outubro de 1996, 9.317, de 5 de dezembro de 1996, 9.430, de 27 de dezembro de 1996, 9.718, de 27 de novembro de 1998, 10.336, de 19 de dezembro de 2001, 10.438, de 26 de abril de 2002, 10.485, de 3 de julho de 2002, 10.637, de 30 de dezembro de 2002, 10.755, de 3 de novembro de 2003, 10.833, de 29 de dezembro de 2003, 10.865, de 30 de abril de 2004, 10.925, de 23 de julho de 2004, 10.931, de 2 de agosto de 2004, 11.033, de 21 de dezembro de 2004, 11.051, de 29 de dezembro de 2004, 11.053, de 29 de dezembro de 2004, 11.101, de 9 de fevereiro de 2005, 11.128, de 28 de junho de 2005, e a Medida Provisória n. 2.199-14, de 24 de agosto de 2001; revoga a Lei n. 8.661, de 2 de junho de 1993, e dispositivos das Lei n. 8.668, de 25 de junho de 1993, 8.981, de 20 de janeiro de 1995, 10.637, de 30 de dezembro de 2002, 10.755, de 3 de novembro de 2003, 10.865, de 30 de abril de 2004, 10.931, de 2 de agosto de 2004, e da Medida Provisória n. 2.158-35, de 24 de agosto de 2001; e dá outras providências.

LEI N. 11.204, DE 5 DE DEZEMBRO DE 2005 519
Altera a Lei n. 10.683, de 28 de maio de 2003, que dispõe sobre a organização da Presidência da República e dos Ministérios; autoriza a prorrogação de contratos temporários firmados com fundamento no art. 23 da Lei n. 10.667, de 14 de maio de 2003; altera o art. 4º da Lei n. 8.745, de 9 de dezembro de 1993, e a Lei n. 11.182, de 27 de setembro de 2005; e dá outras providências.

LEI N. 11.250, DE 27 DE DEZEMBRO DE 2005 520
Regulamenta o inciso III do § 4º do art. 153 da Constituição Federal.

LEI N. 11.312, DE 27 DE JUNHO DE 2006 520
Reduz a zero as alíquotas do imposto de renda e da Contribuição Provisória sobre Movimentação ou Transmissão de Valores e de Créditos e Direitos de Natureza Financeira - CPMF nos casos que especifica; altera a Lei n. 9.311, de 24 de outubro de 1996; e dá outras providências.

LEI N. 11.326, DE 24 DE JULHO DE 2006 521
Estabelece as diretrizes para a formulação da Política Nacional da Agricultura Familiar e Empreendimentos Familiares Rurais.

LEI N. 11.350, DE 5 DE OUTUBRO DE 2006 522
Regulamenta o § 5º do art. 198 da Constituição, dispõe sobre o aproveitamento de pessoal amparado pelo parágrafo único do art. 2º da Emenda Constitucional n. 51, de 14 de fevereiro de 2006, e dá outras providências.

LEI N. 11.371, DE 28 DE NOVEMBRO DE 2006 525
Dispõe sobre operações de câmbio, sobre registro de capitais estrangeiros, sobre o pagamento em lojas francas localizadas em zona primária de porto ou aeroporto, sobre a tributação do arrendamento mercantil de aeronaves, sobre a novação dos contratos celebrados nos termos do § 1º do art. 26 da Lei n. 9.491, de 9 de setembro de 1997, altera o Decreto n. 23.258, de 19 de outubro de 1933, a Lei n. 4.131, de 3 de setembro de 1962, o Decreto-Lei n. 1.455, de 7 de abril de 1976, e revoga dispositivo da Medida Provisória n. 303, de 29 de junho de 2006.

LEI N. 11.380, DE 1º DE DEZEMBRO DE 2006 526
Institui o Registro Temporário Brasileiro para embarcações de pesca estrangeiras arrendadas ou afretadas, a casco nu, por empresas, armadores de pesca ou cooperativas de pesca brasileiras e dá outras providências.

LEI N. 11.438, DE 29 DE DEZEMBRO DE 2006 527
Dispõe sobre incentivos e benefícios para fomentar as atividades de caráter desportivo e dá outras providências.

LEI N. 11.445, DE 5 DE JANEIRO DE 2007 528
Estabelece diretrizes nacionais para o saneamento básico; altera as Leis n. 6.766, de 19 de dezembro de 1979, 8.036, de 11 de maio de 1990, 8.666, de 21 de junho de 1993, 8.987, de 13 de fevereiro de 1995; revoga a Lei n. 6.528, de 11 de maio de 1978; e dá outras providências.

LEI N. 11.473, DE 10 DE MAIO DE 2007 536
Dispõe sobre cooperação federativa no âmbito da segurança pública e revoga a Lei n. 10.277, de 10 de setembro de 2001.

LEI N. 11.481, DE 31 DE MAIO DE 2007 537
Dá nova redação a dispositivos das Leis n. 9.636, de 15 de maio de 1998, 8.666, de 21 de junho de 1993, 11.124, de 16 de junho de 2005, 10.406, de 10 de janeiro de 2002 - Código Civil, 9.514, de 20 de novembro de 1997, e 6.015, de 31 de dezembro de 1973, e dos Decretos-Leis n. 9.760, de 5 de setembro de 1946, 271, de 28 de fevereiro de 1967, 1.876, de 15 de julho de 1981, e 2.398, de 21 de dezembro de 1987; prevê medidas voltadas à regularização fundiária de interesse social em imóveis da União; e dá outras providências.

LEI N. 11.484, DE 31 DE MAIO DE 2007 538
Dispõe sobre os incentivos às indústrias de equipamentos para TV Digital e de componentes eletrônicos semicondutores e sobre a proteção à propriedade intelectual das topografias de circuitos integrados, instituindo o Programa de Apoio ao Desenvolvimento Tecnológico da Indústria de Semicondutores - PADIS e o Programa de Apoio ao Desenvolvimento Tecnológico da Indústria de Equipamentos para a TV Digital - PATVD; altera a Lei n. 8.666, de 21 de junho de 1993; e revoga o art. 26 da Lei n. 11.196, de 21 de novembro de 2005.

LEI N. 11.488, DE 15 DE JUNHO DE 2007 544
Cria o Regime Especial de Incentivos para o Desenvolvimento da Infraestrutura - REIDI; reduz para 24 (vinte e quatro) meses o prazo mínimo para utilização dos créditos da Contribuição para o PIS/Pasep e da Contribuição para o Financiamento da Seguridade Social - COFINS decorrentes da aquisição de edificações; amplia o prazo para pagamento de impostos e contribuições; altera a Medida Provisória n. 2.158-35, de 24 de agosto de 2001, e as Leis n. 9.779, de 19 de janeiro de 1999, 8.212, de 24 de julho de 1991, 10.666, de 8 de maio de 2003, 10.637, de 30 de dezembro de 2002, 4.502, de 30 de novembro de 1964, 9.430, de 27 de dezembro de 1996, 10.426, de 24 de abril de 2002, 10.833, de 29 de dezembro de 2003, 10.892, de 13 de julho de 2004, 9.074, de 7 de julho de 1995, 9.427, de 26 de dezembro de 1996, 10.438, de 26 de abril de 2002, 10.848, de 15 de março de 2004, 10.865, de 30 de abril de 2004, 10.925, de 23 de julho de 2004, 11.196, de 21 de novembro de 2005; revoga dispositivos das Leis n. 4.502, de 30 de novembro de 1964, 9.430, de 27 de dezembro de 1996, e do Decreto-Lei n. 1.593, de 21 de dezembro de 1977; e dá outras providências.

LEI N. 11.508, DE 20 DE JULHO DE 2007 546
Dispõe sobre o regime tributário, cambial e administrativo das Zonas de Processamento de Exportação, e dá outras providências.

LEI N. 11.530, DE 24 DE OUTUBRO DE 2007 548
Institui o Programa Nacional de Segurança Pública com Cidadania - PRONASCI e dá outras providências.

LEI N. 11.631, DE 27 DE DEZEMBRO DE 2007 549
Dispõe sobre a Mobilização Nacional e cria o Sistema Nacional de Mobilização - SINAMOB.

LEI N. 11.634, DE 27 DE DEZEMBRO DE 2007 550
Dispõe sobre o direito da gestante ao conhecimento e a vinculação à maternidade onde receberá assistência no âmbito do Sistema Único de Saúde.

LEI N. 11.636, DE 28 DE DEZEMBRO DE 2007 550
Dispõe sobre as custas judiciais devidas no âmbito do Superior Tribunal de Justiça.

LEI N. 11.652, DE 7 DE ABRIL DE 2008 551
Institui os princípios e objetivos dos serviços de radiodifusão pública explorados pelo Poder Executivo ou outorgados a entidades de sua administração indireta; autoriza o Poder Executivo a constituir a Empresa Brasil de Comunicação - EBC; altera a Lei n. 5.070, de 7 de julho de 1966; e dá outras providências.

LEI N. 11.685, DE 2 DE JUNHO DE 2008 554
Institui o Estatuto do Garimpeiro e dá outras providências.

LEI N. 11.692, DE 10 DE JUNHO DE 2008 555
Dispõe sobre o Programa Nacional de Inclusão de Jovens - Projovem, instituído pela Lei n. 11.129, de 30 de junho de 2005; altera a Lei n. 10.836, de 9 de janeiro de 2004; revoga dispositivos das Leis n. 9.608, de 18 de fevereiro de 1998, 10.748, de 22 de outubro de 2003, 10.940, de 27 de agosto de 2004, 11.129, de 30 de junho de 2005, e 11.180, de 23 de setembro de 2005; e dá outras providências.

LEI N. 11.697, DE 13 DE JUNHO DE 2008 556
Dispõe sobre a organização judiciária do Distrito Federal e dos Territórios e revoga as Leis n. 6.750, de 10 de dezembro de 1979, 8.185, de 14 de maio de 1991, 8.407, de 10 de janeiro de 1992, e 10.801, de 10 de dezembro de 2003, exceto na parte em que instituíram e regularam o funcionamento dos serviços notariais e de registro no Distrito Federal.

LEI N. 11.718, DE 20 DE JUNHO DE 2008 564
Acrescenta artigo à Lei n. 5.889, de 8 de junho de 1973, criando o contrato de trabalhador rural por pequeno prazo; estabelece normas transitórias sobre a aposentadoria do trabalhador rural; prorroga o prazo de contratação de financiamentos rurais de que trata o § 6º do art. 1º da Lei n. 11.524, de 24 de setembro de 2007; e altera as Leis n. 8.171, de 17 de janeiro de 1991, 7.102, de 20 de junho de 1993, 9.017, de 30 de março de 1995, e 8.212 e 8.213, ambas de 24 de julho de 1991.

LEI N. 11.727, DE 23 DE JUNHO DE 2008 564
Dispõe sobre medidas tributárias destinadas a estimular os investimentos e a modernização do setor de turismo, a reforçar o sistema de proteção tarifária brasileiro, a estabelecer a incidência de forma concentrada da Contribuição para o PIS/Pasep e da Contribuição para o Financiamento da Seguridade Social - Cofins na produção e comercialização de álcool; altera as Leis n. 10.865, de 30 de abril de 2004, 11.488, de 15 de junho de 2007, 9.718, de 27 de novembro de 1998, 11.196, de 21 de novembro de 2005, 10.637, de 30 de dezembro de 2002, 10.833, de 29 de dezembro de 2003, 7.689, de 15 de dezembro de 1988, 7.070, de 20 de dezembro de 1982, 9.250, de 26 de dezembro de 1995, 9.430, de 27 de dezembro de 1996, 9.249, de 26 de dezembro de 1995, 11.051, de 29 de dezembro de 2004, 9.393, de 19 de dezembro de 1996, 8.213, de 24 de julho de 1991, 7.856, de 24 de outubro de 1989, e a Medida Provisória n. 2.158-35, de 24 de agosto de 2001; e dá outras providências.

LEI N. 11.732, DE 30 DE JUNHO DE 2008 566
Altera as Leis n. 11.508, de 20 de julho de 2007, que dispõe sobre o regime tributário, cambial e administrativo das Zonas de Processamento de Exportação, e 8.256, de 25 de novembro de 1991, que cria áreas de livre comércio nos municípios de Boa Vista e Bonfim, no Estado de Roraima; e dá outras providências.

LEI N. 11.773, DE 17 DE SETEMBRO DE 2008 567
Dispõe sobre a apuração do imposto de renda na fonte incidente sobre rendimentos de prestação de serviços de transporte rodoviário internacional de carga, auferidos por transportador autônomo pessoa física, residente na República do Paraguai, considerado como sociedade unipessoal nesse País.

LEI N. 11.774, DE 17 DE SETEMBRO DE 2008 567
Altera a legislação tributária federal, modificando as Leis n. 10.865, de 30 de abril de 2004, 11.196, de 21 de novembro de 2005, 11.033, de 21 de dezembro de 2004, 11.484, de 31 de maio de 2007, 8.850, de 28 de janeiro de 1994, 8.383, de 30 de dezembro de 1991, 9.481, de 13 de agosto de 1997, 11.051, de 29 de dezembro de 2004, 9.493, de 10 de setembro de 1997, 10.925, de 23 de julho de 2004; e dá outras providências.

LEI N. 11.882, DE 23 DE DEZEMBRO DE 2008 569
Dispõe sobre as operações de redesconto pelo Banco Central do Brasil, autoriza a emissão da Letra de Arrendamento Mercantil - LAM, altera a Lei n. 6.099, de 12 de setembro de 1974, e dá outras providências.

LEI N. 11.898, DE 8 DE JANEIRO DE 2009 570
Institui o Regime de Tributação Unificada - RTU na importação, por via terrestre, de mercadorias procedentes do Paraguai; e altera as Leis n. 10.637, de 30 de dezembro de 2002, e 10.833, de 29 de dezembro de 2003.

LEI N. 11.901, DE 12 DE JANEIRO DE 2009 571
Dispõe sobre a profissão de Bombeiro Civil e dá outras providências.

LEI N. 11.904, DE 14 DE JANEIRO DE 2009 572
Institui o Estatuto de Museus e dá outras providências.

LEI N. 11.908, DE 3 DE MARÇO DE 2009 575
Autoriza o Banco do Brasil S.A. e a Caixa Econômica Federal a constituírem subsidiárias e a adquirirem participação em instituições financeiras sediadas no Brasil; altera as Leis n. 7.940, de 20 de dezembro de 1989, 10.637, de 30 de dezembro de 2002, 11.524, de 24 de setembro de 2007, e 11.774, de 17 de setembro de 2008; e dá outras providências.

LEI N. 11.934, DE 5 DE MAIO DE 2009 576
Dispõe sobre limites à exposição humana a campos elétricos, magnéticos e eletromagnéticos; altera a Lei n. 4.771, de 15 de setembro de 1965; e dá outras providências.

LEI N. 11.941, DE 27 DE MAIO DE 2009 578
Altera a legislação tributária federal relativa ao parcelamento ordinário de débitos tributários; concede remissão nos casos em que especifica; institui regime tributário de transição, alterando o Decreto n. 70.235, de 6 de março de 1972, as Leis n. 8.212, de 24 de julho de 1991, 8.213, de 24 de julho de 1991, 8.218, de 29 de agosto de 1991, 9.249, de 26 de dezembro de 1995, 9.430, de 27 de dezembro de 1996, 9.469, de 10 de julho de 1997, 9.532, de 10 de dezembro de 1997, 10.426, de 24 de abril de 2002, 10.480, de 2 de julho de 2002, 10.522, de 19 de julho de 2002, 10.887, de 18 de junho de 2004, e 6.404, de 15 de dezembro de 1976, o Decreto-Lei n. 1.598, de 26 de dezembro de 1977, e as Leis n. 8.981, de 20 de janeiro de 1995, 10.925, de 23 de julho de 2004, 10.637, de 30 de dezembro de 2002, 10.833, de 29 de dezembro de 2003, 11.116, de 18 de maio de 2005, 11.732, de 30 de junho de 2008, 10.260, de 12 de julho de 2001, 9.873, de 23 de novembro de 1999, 11.171, de 2 de setembro de 2005, 11.345, de 14 de setembro de 2006; prorroga a vigência da Lei n. 8.989, de 24 de fevereiro de 1995; revoga dispositivos das Leis n. 8.383, de 30 de dezembro de 1991, e 8.620, de 5 de janeiro de 1993, do Decreto-Lei n. 73, de 21 de novembro de 1966, das Leis n. 10.190, de 14 de fevereiro de 2001, 9.718, de 27 de novembro de 1998, e 6.938, de 31 de agosto de 1981, 9.964, de 10 de abril de 2000, e, a partir da instalação do Conselho Administrativo de Recursos Fiscais, os Decretos n. 83.304, de 28 de março de 1979, e 89.892, de 2 de julho de 1984, e o art. 112 da Lei n. 11.196, de 21 de novembro de 2005; e dá outras providências.

LEI N. 11.945, DE 4 DE JUNHO DE 2009 582
Altera a legislação tributária federal e dá outras providências.

LEI N. 11.952, DE 25 DE JUNHO DE 2009 584
Dispõe sobre a regularização fundiária das ocupações incidentes em terras situadas em áreas da União, no âmbito da Amazônia Legal; altera as Leis n. 8.666, de 21 de junho de 1993, e 6.015, de 31 de dezembro de 1973; e dá outras providências.

LEI N. 11.959, DE 29 DE JUNHO DE 2009 588
Dispõe sobre a Política Nacional de Desenvolvimento Sustentável da Aquicultura e da Pesca, regula as atividades pesqueiras, revoga a Lei n. 7.679, de 23 de novembro de 1988, e dispositivos do Decreto-Lei n. 221, de 28 de fevereiro de 1967, e dá outras providências.

LEI N. 11.961, DE 2 DE JULHO DE 2009 591
Dispõe sobre a residência provisória para o estrangeiro em situação irregular no território nacional e dá outras providências.

LEI N. 11.971, DE 6 DE JULHO DE 2009 592
Dispõe sobre as certidões expedidas pelos Ofícios do Registro de Distribuição e Distribuidores Judiciais.

LEI N. 11.977, DE 7 DE JULHO DE 2009 592
Dispõe sobre o Programa Minha Casa, Minha Vida - PMCMV e a regularização fundiária de assentamentos localizados em áreas urbanas; altera o Decreto-Lei n. 3.365, de 21 de junho de 1941, as Leis n. 4.380, de 21 de agosto de 1964, 6.015, de 31 de dezembro de 1973, 8.036, de 11 de maio de 1990, e 10.257, de 10 de julho de 2001, e a Medida Provisória n. 2.197-43, de 24 de agosto de 2001; e dá outras providências.

LEI N. 12.023, DE 27 DE AGOSTO DE 2009 599
Dispõe sobre as atividades de movimentação de mercadorias em geral e sobre o trabalho avulso.

LEI N. 12.086, DE 6 DE NOVEMBRO DE 2009 599
Dispõe sobre os militares da Polícia Militar do Distrito Federal e do Corpo de Bombeiros Militar do Distrito Federal; altera as Leis n. 6.450, de 14 de outubro de 1977, 7.289, de 18 de dezembro de 1984, 7.479, de 2 de junho de 1986, 8.255, de 20 de novembro de 1991, e 10.486, de 4 de julho de 2002; revoga as Leis n. 6.302, de 15 de dezembro de 1975, 6.645, de 14 de maio de 1979, 7.491, de 13 de junho de 1986, 7.687, de 13 de dezembro de 1988, 7.851, de 23 de outubro de 1989, 8.204, de 8 de julho de 1991, 8.258, de 6 de dezembro de 1991, 9.054, de 29 de maio de 1995, e 9.237, de 22 de dezembro de 1995; revoga dispositivos das Leis n. 7.457, de 9 de abril de 1986, 9.713, de 25 de novembro de 1998, e 11.134, de 15 de julho de 2005; e dá outras providências.

LEI N. 12.097, DE 24 DE NOVEMBRO DE 2009 608

Dispõe sobre o conceito e a aplicação de rastreabilidade na cadeia produtiva das carnes de bovinos e de búfalos.

LEI N. 12.099, DE 27 DE NOVEMBRO DE 2009 609

Dispõe sobre a transferência de depósitos judiciais e extrajudiciais de tributos e contribuições federais para a Caixa Econômica Federal; e altera a Lei n. 9.703, de 17 de novembro de 1998.

LEI N. 12.101, DE 27 DE NOVEMBRO DE 2009 609

Dispõe sobre a certificação das entidades beneficentes de assistência social; regula os procedimentos de isenção de contribuições para a seguridade social; altera a Lei n. 8.742, de 07 de dezembro de 1993; revoga dispositivos das Leis n. 8.212, de 24 de julho de 1991, 9.429, de 26 de dezembro de 1996, 9.732, de 11 de dezembro de 1998, 10.684, de 30 de maio de 2003, e da Medida Provisória n. 2.187-13, de 24 de agosto de 2001; e dá outras providências.

LEI N. 12.106, DE 2 DE DEZEMBRO DE 2009 614

Cria, no âmbito do Conselho Nacional de Justiça, o Departamento de Monitoramento e Fiscalização do Sistema Carcerário e do Sistema de Execução de Medidas Socioeducativas e dá outras providências.

LEI N. 12.127, DE 17 DE DEZEMBRO DE 2009 615

Cria o Cadastro Nacional de Crianças e Adolescentes Desaparecidos.

LEI N. 12.154, DE 23 DE DEZEMBRO DE 2009 615

Cria a Superintendência Nacional de Previdência Complementar - PREVIC e dispõe sobre o seu pessoal; inclui a Câmara de Recursos da Previdência Complementar na estrutura básica do Ministério da Previdência Social; altera disposições referentes a auditores-fiscais da Receita Federal do Brasil; altera as Leis n. 11.457, de 16 de março de 2007, e 10.683, de 28 de maio de 2003; e dá outras providências.

LEI N. 12.187, DE 29 DE DEZEMBRO DE 2009 620

Institui a Política Nacional sobre Mudança do Clima - PNMC e dá outras providências.

LEI N. 12.188, DE 11 DE JANEIRO DE 2010 621

Institui a Política Nacional de Assistência Técnica e Extensão Rural para a Agricultura Familiar e Reforma Agrária - PNATER e o Programa Nacional de Assistência Técnica e Extensão Rural na Agricultura Familiar e na Reforma Agrária - PRONATER, altera a Lei n. 8.666, de 21 de junho de 1993, e dá outras providências.

LEI N. 12.192, DE 14 DE JANEIRO DE 2010 623

Dispõe sobre o depósito legal de obras musicais na Biblioteca Nacional.

LEI N. 12.212, DE 20 DE JANEIRO DE 2010 623

Dispõe sobre a Tarifa Social de Energia Elétrica; altera as Leis n. 9.991, de 24 de julho de 2000, 10.925, de 23 de julho de 2004, e 10.438, de 26 de abril de 2002; e dá outras providências.

LEI N. 12.249, DE 11 DE JUNHO DE 2010 624

Institui o Regime Especial de Incentivos para o Desenvolvimento de Infraestrutura da Indústria Petrolífera nas Regiões Norte, Nordeste e Centro-Oeste - Repenec; cria o Programa Um Computador por Aluno - PROUCA e institui o Regime Especial de Aquisição de Computadores para Uso Educacional - RECOMPE; prorroga benefícios fiscais; constitui fonte de recursos adicional aos agentes financeiros do Fundo da Marinha Mercante - FMM para financiamentos de projetos aprovados pelo Conselho Diretor do Fundo da Marinha Mercante - CDFMM; institui o Regime Especial para a Indústria Aeronáutica Brasileira - RETAERO; dispõe sobre a Letra Financeira e o Certificado de Operações Estruturadas; ajusta o Programa Minha Casa Minha Vida - PMCMV; altera as Leis n. 8.248, de 23 de outubro de 1991, 8.387, de 30 de dezembro de 1991, 11.196, de 21 de novembro de 2005, 10.865, de 30 de abril de 2004, 11.484, de 31 de maio de 2007, 11.488, de 15 de junho de 2007, 9.718, de 27 de novembro de 1998, 9.430, de 27 de dezembro de 1996, 11.948, de 16 de junho de 2009, 11.977, de 7 de julho de 2009, 11.326, de 24 de julho de 2006, 11.941, de 27 de maio de 2009, 5.615, de 13 de outubro de 1970, 9.126, de 10 de novembro de 1995, 11.110, de 25 de abril de 2005, 7.940, de 20 de dezembro de 1989, 9.469, de 10 de julho de 1997, 12.029, de 15 de setembro de 2009, 12.189, de 12 de janeiro de 2010, 11.442, de 5 de janeiro de 2007, 11.775, de 17 de setembro de 2008, os Decretos-Leis n. 9.295, de 27 de maio de 1946, 1.040, de 21 de outubro de 1969, e a Medida Provisória n. 2.158-35, de 24 de agosto de 2001; revoga as Leis n. 7.944, de 20 de dezembro de 1989, 10.829, de 23 de dezembro de 2003, o Decreto-Lei n. 423, de 21 de janeiro de 1969; revoga dispositivos das Leis n. 8.003, de 14 de março de 1990, 8.981, de 20 de janeiro de 1995, 5.025, de 10 de junho de 1966, 6.704, de 26 de outubro de 1979, 9.503, de 23 de setembro de 1997; e dá outras providências.

LEI N. 12.254, DE 15 DE JUNHO DE 2010 638
Dispõe sobre o reajuste dos benefícios mantidos pela Previdência Social em 2010 e 2011 e altera a Lei n. 8.213, de 24 de julho de 1991.

LEI N. 12.270, DE 24 DE JUNHO DE 2010 638
Dispõe sobre medidas de suspensão de concessões ou outras obrigações do País relativas aos direitos de propriedade intelectual e outros, em casos de descumprimento de obrigações do Acordo Constitutivo da Organização Mundial do Comércio.

LEI N. 12.305, DE 2 DE AGOSTO DE 2010 640
Institui a Política Nacional de Resíduos Sólidos; altera a Lei n. 9.605, de 12 de fevereiro de 1998; e dá outras providências.

LEI N. 12.334, DE 20 DE SETEMBRO DE 2010 647
Estabelece a Política Nacional de Segurança de Barragens destinadas à acumulação de água para quaisquer usos, à disposição final ou temporária de rejeitos e à acumulação de resíduos industriais, cria o Sistema Nacional de Informações sobre Segurança de Barragens e altera a redação do art. 35 da Lei n. 9.433, de 8 de janeiro de 1997, e do art. 4º da Lei n. 9.984, de 17 de julho de 2000.

LEI N. 12.350, DE 20 DE DEZEMBRO DE 2010 649
Dispõe sobre medidas tributárias referentes à realização, no Brasil, da Copa das Confederações Fifa 2013 e da Copa do Mundo Fifa 2014; promove desoneração tributária de subvenções governamentais destinadas ao fomento das atividades de pesquisa tecnológica e desenvolvimento de inovação tecnológica nas empresas; altera as Leis n. 11.774, de 17 de setembro de 2008, 10.182, de 12 de fevereiro de 2001, 9.430, de 27 de dezembro de 1996, 7.713, de 22 de dezembro de 1988, 9.959, de 27 de janeiro de 2000, 10.887, de 18 de junho de 2004, 12.058, de 13 de outubro de 2009, 10.865, de 30 de abril de 2004, 10.931, de 2 de agosto de 2004, 12.024, de 27 de agosto de 2009, 9.504, de 30 de setembro de 1997, 10.996, de 15 de dezembro de 2004, 11.977, de 7 de julho de 2009, e 12.249, de 11 de junho de 2010, os Decretos-Leis n. 37, de 18 de novembro de 1966, e 1.455, de 7 de abril de 1976; revoga dispositivos das Leis n. 11.196, de 21 de novembro de 2005, 8.630, de 25 de fevereiro de 1993, 9.718, de 27 de novembro de 1998, e 10.833, de 29 de dezembro de 2003; e dá outras providências.

LEI N. 12.351, DE 22 DE DEZEMBRO DE 2010 656
Dispõe sobre a exploração e a produção de petróleo, de gás natural e de outros hidrocarbonetos fluidos, sob o regime de partilha de produção, em áreas do pré-sal e em áreas estratégicas; cria o Fundo Social - FS e dispõe sobre sua estrutura e fontes de recursos; altera dispositivos da Lei n. 9.478, de 6 de agosto de 1997; e dá outras providências.

LEI N. 12.353, DE 28 DE DEZEMBRO DE 2010 662
Dispõe sobre a participação de empregados nos conselhos de administração das empresas públicas e sociedades de economia mista, suas subsidiárias e controladas e demais empresas em que a União, direta ou indiretamente, detenha a maioria do capital social com direito a voto e dá outras providências.

LEI N. 12.382, DE 25 DE FEVEREIRO DE 2011 663
Dispõe sobre o valor do salário-mínimo em 2011 e a sua política de valorização de longo prazo; disciplina a representação fiscal para fins penais nos casos em que houve parcelamento do crédito tributário; altera a Lei n. 9.430, de 27 de dezembro de 1996; e revoga a Lei n. 12.255, de 15 de junho de 2010.

LEI N. 12.402, DE 2 DE MAIO DE 2011 663
Regula o cumprimento de obrigações tributárias por consórcios que realizarem contratações de pessoas jurídicas e físicas; acresce dispositivos à Lei n. 10.168, de 29 de dezembro de 2000, que institui contribuição de intervenção de domínio econômico destinada a financiar o Programa de Estímulo à Interação Universidade-Empresa para o Apoio à Inovação; altera as Leis n. 12.249, de 11 de junho de 2010, e 9.532, de 10 de dezembro de 1997, e o Decreto-Lei n. 1.593, de 21 de dezembro de 1977; e dá outras providências.

LEI N. 12.408, DE 25 DE MAIO DE 2011 664
Altera o art. 65 da Lei n. 9.605, de 12 de fevereiro de 1998, para descriminalizar o ato de grafitar, e dispõe sobre a proibição de comercialização de tintas em embalagens do tipo aerossol a menores de 18 (dezoito) anos.

LEI N. 12.431, DE 24 DE JUNHO DE 2011 664
Dispõe sobre a incidência do imposto sobre a renda nas operações que especifica; altera as Leis n. 11.478, de 29 de maio de 2007, 6.404, de 15 de dezembro de 1976, 9.430, de 27 de dezembro de 1996, 12.350, de 20 de dezembro de 2010, 11.196, de 21 de novembro de 2005, 8.248, de 23 de outubro de 1991, 9.648, de 27 de maio de 1998, 11.943, de 28 de maio de 2009, 9.808, de 20 de julho de 1999, 10.260, de 12 de julho de 2001, 11.096, de 13 de janeiro de 2005, 11.180, de 23 de setembro de 2005, 11.128, de 28 de junho de 2005, 11.909,

de 4 de março de 2009, 11.371, de 28 de novembro de 2006, 12.249, de 11 de junho de 2010, 10.150, de 21 de dezembro de 2000, 10.312, de 27 de novembro de 2001, e 12.058, de 13 de outubro de 2009, e o Decreto-Lei n. 288, de 28 de fevereiro de 1967; institui o Regime Especial de Incentivos para o Desenvolvimento de Usinas Nucleares (Renuclear); dispõe sobre medidas tributárias relacionadas ao Plano Nacional de Banda Larga; altera a legislação relativa à isenção do Adicional ao Frete para Renovação da Marinha Mercante (AFRMM); dispõe sobre a extinção do Fundo Nacional de Desenvolvimento; e dá outras providências.

LEI N. 12.436, DE 6 DE JULHO DE 2011 669
Veda o emprego de práticas que estimulem o aumento de velocidade por motociclistas profissionais.

LEI N. 12.467, DE 26 DE AGOSTO DE 2011 669
Dispõe sobre a regulamentação do exercício da profissão de Sommelier.

LEI N. 12.469, DE 26 DE AGOSTO DE 2011 669
Altera os valores constantes da tabela do Imposto sobre a Renda da Pessoa Física e altera as Leis n. 11.482, de 31 de maio de 2007, 7.713, de 22 de dezembro de 1988, 9.250, de 26 de dezembro de 1995, 9.656, de 3 de junho de 1998, e 10.480, de 2 de julho de 2002.

LEI N. 12.484, DE 8 DE SETEMBRO DE 2011 670
Dispõe sobre a Política Nacional de Incentivo ao Manejo Sustentado e ao Cultivo do Bambu e dá outras providências.

LEI N. 12.485, DE 12 DE SETEMBRO DE 2011 670
Dispõe sobre a comunicação audiovisual de acesso condicionado; altera a Medida Provisória n. 2.228-1, de 06 de setembro de 2001, e as Leis n. 11.437, de 28 de dezembro de 2006, 5.070, de 07 de julho de 1966, 8.977, de 06 de janeiro de 1995, e 9.472, de 16 de julho de 1997; e dá outras providências.

LEI N. 12.487, DE 15 DE SETEMBRO DE 2011 675
Institui, no âmbito do Ministério da Educação, o plano especial de recuperação da rede física escolar pública, com a finalidade de prestar assistência financeira para recuperação das redes físicas das escolas públicas estaduais, do Distrito Federal e municipais afetadas por desastres.

LEI N. 12.505, DE 11 DE OUTUBRO DE 2011 676
Concede anistia aos policiais e bombeiros militares dos Estados de Alagoas, de Goiás, do Maranhão, de Minas Gerais, da Paraíba, do Piauí, do Rio de Janeiro, de Rondônia, de Sergipe, do Tocantins, da Bahia, do Ceará, de Mato Grosso, de Pernambuco, do Rio Grande do Norte, de Roraima, de Santa Catarina, do Amazonas, do Pará, do Acre, de Mato Grosso do Sul, do Paraná e do Distrito Federal.

LEI N. 12.512, DE 14 DE OUTUBRO DE 2011 676
Institui o Programa de Apoio à Conservação Ambiental e o Programa de Fomento às Atividades Produtivas Rurais; altera as Leis n. 10.696, de 02 de julho de 2003, 10.836, de 09 de janeiro de 2004, e 11.326, de 24 de julho de 2006.

LEI N. 12.513, DE 26 DE OUTUBRO DE 2011 679
Institui o Programa Nacional de Acesso ao Ensino Técnico e Emprego (Pronatec); altera as Leis n. 7.998, de 11 de janeiro de 1990, que regula o Programa do Seguro-Desemprego, o Abono Salarial e institui o Fundo de Amparo ao Trabalhador (FAT), n. 8.212, de 24 de julho de 1991, que dispõe sobre a organização da Seguridade Social e institui Plano de Custeio, n. 10.260, de 12 de julho de 2001, que dispõe sobre o Fundo de Financiamento ao Estudante do Ensino Superior, e n. 11.129, de 30 de junho de 2005, que institui o Programa Nacional de Inclusão de Jovens (ProJovem); e dá outras providências.

LEI N. 12.514, DE 28 DE OUTUBRO DE 2011 681
Dá nova redação ao art. 4º da Lei n. 6.932, de 07 de julho de 1981, que dispõe sobre as atividades do médico-residente; e trata das contribuições devidas aos conselhos profissionais em geral.

LEI N. 12.528, DE 18 DE NOVEMBRO DE 2011 682
Cria a Comissão Nacional da Verdade no âmbito da Casa Civil da Presidência da República.

LEI N. 12.546, DE 14 DE DEZEMBRO DE 2011 683
Institui o Regime Especial de Reintegração de Valores Tributários para as Empresas Exportadoras (Reintegra); dispõe sobre a redução do Imposto sobre Produtos Industrializados (IPI) à indústria automotiva; altera a incidência das contribuições previdenciárias devidas pelas empresas que menciona; altera as Leis n. 11.774, de 17 de setembro de 2008, n. 11.033, de 21 de dezembro de 2004, n. 11.196, de 21 de novembro de 2005, n. 10.865, de 30 de abril de 2004, n. 11.508, de 20 de julho de 2007, n. 7.291, de 19 de dezembro de 1984, n. 11.491, de 20 de junho de 2007, n. 9.782, de 26 de janeiro de 1999, e n. 9.294, de 15 de julho de 1996, e a Medida Provisória n. 2.199-14, de 24 de agosto de 2001; revoga o art. 1º da Lei n. 11.529, de 22 de outubro de 2007, e o art. 6º do Decreto-Lei n. 1.593, de 21 de dezembro de 1977, nos termos que especifica; e dá outras providências.

LEI N. 12.598, DE 22 DE MARÇO DE 2012 688
Estabelece normas especiais para as compras, as contratações e o desenvolvimento de produtos e de sistemas de defesa; dispõe sobre regras de incentivo à área estratégica de defesa; altera a Lei n. 12.249, de 11 de junho de 2010; e dá outras providências.

LEI N. 12.618, DE 30 DE ABRIL DE 2012 690
Institui o regime de previdência complementar para os servidores públicos federais titulares de cargo efetivo, inclusive os membros dos órgãos que menciona; fixa o limite máximo para a concessão de aposentadorias e pensões pelo regime de previdência de que trata o art. 40 da Constituição Federal; autoriza a criação de 3 (três) entidades fechadas de previdência complementar, denominadas Fundação de Previdência Complementar do Servidor Público Federal do Poder Executivo (Funpresp-Exe), Fundação de Previdência Complementar do Servidor Público Federal do Poder Legislativo (Funpresp-Leg) e Fundação de Previdência Complementar do Servidor Público Federal do Poder Judiciário (Funpresp-Jud); altera dispositivos da Lei n. 10.887, de 18 de junho de 2004; e dá outras providências.

LEI N. 12.649, DE 17 DE MAIO DE 2012 694
Reduz a zero as alíquotas da Contribuição para o PIS/Pasep, da Contribuição para o Financiamento da Seguridade Social (Cofins), da Contribuição para o PIS/Pasep - Importação e da Cofins - Importação incidentes sobre a importação e a receita de venda no mercado interno dos produtos que menciona; altera as Leis n. 10.865, de 30 de abril de 2004, 10.522, de 19 de julho de 2002, 8.989, de 24 de fevereiro de 1995, 5.991, de 17 de dezembro de 1973, 10.451, de 10 de maio de 2002, e 11.051, de 29 de dezembro de 2004; e revoga dispositivos das Leis n. 10.637, de 30 de dezembro de 2002, e 10.833, de 29 de dezembro de 2003.

LEI N. 12.665, DE 13 DE JUNHO DE 2012 694
Dispõe sobre a criação de estrutura permanente para as Turmas Recursais dos Juizados Especiais Federais; cria os respectivos cargos de Juízes Federais; e revoga dispositivos da Lei n. 10.259, de 12 de julho de 2001.

LEI N. 12.711, DE 29 DE AGOSTO DE 2012 695
Dispõe sobre o ingresso nas universidades federais e nas instituições federais de ensino técnico de nível médio e dá outras providências.

LEI N. 12.725, DE 16 DE OUTUBRO DE 2012 695
Dispõe sobre o controle da fauna nas imediações de aeródromos.

LEI N. 12.731, DE 21 DE NOVEMBRO DE 2012 697
Institui o Sistema de Proteção ao Programa Nuclear Brasileiro - SIPRON e revoga o Decreto-Lei n. 1.809, de 7 de outubro de 1980.

LEI N. 12.732, DE 22 DE NOVEMBRO DE 2012 697
Dispõe sobre o primeiro tratamento de paciente com neoplasia maligna comprovada e estabelece prazo para seu início.

LEI N. 12.734, DE 30 DE NOVEMBRO DE 2012 697
Modifica as Leis n. 9.478, de 6 de agosto de 1997, e n. 12.351, de 22 de dezembro de 2010, para determinar novas regras de distribuição entre os entes da Federação dos royalties e da participação especial devidos em função da exploração de petróleo, gás natural e outros hidrocarbonetos fluidos, e para aprimorar o marco regulatório sobre a exploração desses recursos no regime de partilha.

LEI N. 12.764, DE 27 DE DEZEMBRO DE 2012 697
Institui a Política Nacional de Proteção dos Direitos da Pessoa com Transtorno do Espectro Autista; e altera o § 3º do art. 98 da Lei n. 8.112, de 11 de dezembro de 1990.

LEI N. 12.787, DE 11 DE JANEIRO DE 2013 698
Dispõe sobre a Política Nacional de Irrigação; altera o art. 25 da Lei n. 10.438, de 26 de abril de 2002; revoga as Leis n. 6.662, de 25 de junho de 1979, 8.657, de 21 de maio de 1993, e os Decretos-Leis n. 2.032, de 9 de junho de 1983, e 2.369, de 11 de novembro de 1987; e dá outras providências.

LEI N. 12.790, DE 14 DE MARÇO DE 2013 701
Dispõe sobre a regulamentação do exercício da profissão de comerciário.

LEI N. 12.794, DE 2 DE ABRIL DE 2013 702
Altera a Lei n. 12.546, de 14 de dezembro de 2011, quanto à contribuição previdenciária de empresas dos setores industriais e de serviços; permite depreciação de bens de capital para apuração do Imposto de Renda; institui o; altera a Lei n. 12.598, de 22 de março de 2012, quanto à abrangência do Regime Especial Tributário para a Indústria de Defesa; altera a incidência da Contribuição para o PIS/Pasep e da Cofins na

comercialização da laranja; reduz o Imposto de Renda devido pelo prestador autônomo de transporte de carga; altera as Leis n. 12.715, de 17 de setembro de 2012, 7.713, de 22 de dezembro de 1988, 10.925, de 23 de julho de 2004, e 9.718, de 27 de novembro de 1998; e dá outras providências.

LEI N. 12.810, DE 15 DE MAIO DE 2013 703
Dispõe sobre o parcelamento de débitos com a Fazenda Nacional relativos às contribuições previdenciárias de responsabilidade dos Estados, do Distrito Federal e dos Municípios; altera as Leis n. 8.212, de 24 de julho de 1991, 9.715, de 25 de novembro de 1998, 11.828, de 20 de novembro de 2008, 10.522, de 19 de julho de 2002, 10.222, de 9 de maio de 2001, 12.249, de 11 de junho de 2010, 11.110, de 25 de abril de 2005, 5.869, de 11 de janeiro de 1973 - Código de Processo Civil, 6.404, de 15 de dezembro de 1976, 6.385, de 7 de dezembro de 1976, 6.015, de 31 de dezembro de 1973, e 9.514, de 20 de novembro de 1997; e revoga dispositivo da Lei n. 12.703, de 7 de agosto de 2012.

LEI N. 12.813, DE 16 DE MAIO DE 2013 705
Dispõe sobre o conflito de interesses no exercício de cargo ou emprego do Poder Executivo federal e impedimentos posteriores ao exercício do cargo ou emprego; e revoga dispositivos da Lei n. 9.986, de 18 de julho de 2000, e das Medidas Provisórias n. 2.216-37, de 31 de agosto de 2001, e 2.225-45, de 4 de setembro de 2001.

LEI N. 12.815, DE 5 DE JUNHO DE 2013 707
Dispõe sobre a exploração direta e indireta pela União de portos e instalações portuárias e sobre as atividades desempenhadas pelos operadores portuários; altera as Leis n. 5.025, de 10 de junho de 1966, 10.233, de 5 de junho de 2001, 10.683, de 28 de maio de 2003, 9.719, de 27 de novembro de 1998, e 8.213, de 24 de julho de 1991; revoga as Leis n. 8.630, de 25 de fevereiro de 1993, e 11.610, de 12 de dezembro de 2007, e dispositivos das Leis n. 11.314, de 3 de julho de 2006, e 11.518, de 5 de setembro de 2007; e dá outras providências.

LEI N. 12.849, DE 2 DE AGOSTO DE 2013 712
Dispõe sobre a obrigatoriedade de as fábricas de produtos que contenham látex natural gravarem em suas embalagens advertência sobre a presença dessa substância.

LEI N. 12.854, DE 26 DE AGOSTO DE 2013 713
Fomenta e incentiva ações que promovam a recuperação florestal e a implantação de sistemas agroflorestais em áreas rurais desapropriadas e em áreas degradadas, nos casos que especifica.

LEI N. 12.858, DE 9 DE SETEMBRO DE 2013 713
Dispõe sobre a destinação para as áreas de educação e saúde de parcela da participação no resultado ou da compensação financeira pela exploração de petróleo e gás natural, com a finalidade de cumprimento da meta prevista no inciso VI do caput do art. 214 e no art. 196 da Constituição Federal; altera a Lei n. 7.990, de 28 de dezembro de 1989; e dá outras providências.

LEI N. 12.859, DE 10 DE SETEMBRO DE 2013 713
Institui crédito presumido da Contribuição para o PIS/Pasep e da Contribuição para o Financiamento da Seguridade Social (Cofins) na venda de álcool, inclusive para fins carburantes; altera as Leis n. 9.718, de 27 de novembro de 1998, 10.865, de 30 de abril de 2004, 11.196, de 21 de novembro de 2005, e 9.532, de 10 de dezembro de 1997, e a Medida Provisória n. 2.199-14, de 24 de agosto de 2001, para dispor sobre a incidência das referidas contribuições na importação e sobre a receita decorrente da venda no mercado interno de insumos da indústria química nacional que especifica; revoga o § 2º do art. 57 da Lei n. 11.196, de 21 de novembro de 2005; e dá outras providências.

LEI N. 12.860, DE 11 DE SETEMBRO DE 2013 714
Dispõe sobre a redução a 0 (zero) das alíquotas da Contribuição para o PIS/Pasep e da Cofins incidentes sobre as receitas decorrentes da prestação de serviços de transporte público coletivo rodoviário, metroviário, ferroviário e aquaviário de passageiros.

LEI N. 12.865, DE 9 DE OUTUBRO DE 2013 714
Autoriza o pagamento de subvenção econômica aos produtores da safra 2011/2012 de cana-de-açúcar e de etanol que especifica e o financiamento da renovação e implantação de canaviais com equalização da taxa de juros; dispõe sobre os arranjos de pagamento e as instituições de pagamento integrantes do Sistema de Pagamentos Brasileiro (SPB); autoriza a União a emitir, sob a forma de colocação direta, em favor da Conta de Desenvolvimento Energético (CDE), títulos da dívida pública mobiliária federal; estabelece novas condições para as operações de crédito rural oriundas de, ou contratadas com, recursos do Fundo Constitucional de Financiamento do Nordeste (FNE); altera os prazos previstos nas Leis n. 11.941, de 27 de maio de 2009, e n. 12.249, de 11 de junho de 2010; autoriza a União a contratar o Banco do Brasil S.A. ou suas subsidiárias para atuar na gestão de recursos, obras e serviços de engenharia relacionados ao desenvolvimento de projetos, modernização, ampliação, construção ou reforma da rede integrada e especializada para atendimento da

mulher em situação de violência; disciplina o documento digital no Sistema Financeiro Nacional; disciplina a transferência, no caso de falecimento, do direito de utilização privada de área pública por equipamentos urbanos do tipo quiosque, trailer, feira e banca de venda de jornais e de revistas; altera a incidência da Contribuição para o PIS/Pasep e da Cofins na cadeia de produção e comercialização da soja e de seus subprodutos; altera as Leis n. 12.666, de 14 de junho de 2012, 5.991, de 17 de dezembro de 1973, 11.508, de 20 de julho de 2007, 9.503, de 23 de setembro de 1997, 9.069, de 29 de junho de 1995, 10.865, de 30 de abril de 2004, 12.587, de 3 de janeiro de 2012, 10.826, de 22 de dezembro de 2003, 10.925, de 23 de julho de 2004, 12.350, de 20 de dezembro de 2010, 4.870, de 1º de dezembro de 1965 e 11.196, de 21 de novembro de 2005, e o Decreto n. 70.235, de 6 de março de 1972; revoga dispositivos das Leis n. 10.865, de 30 de abril de 2004, 10.925, de 23 de julho de 2004, 12.546, de 14 de dezembro de 2011, e 4.870, de 1º de dezembro de 1965; e dá outras providências.

LEI N. 12.867, DE 10 DE OUTUBRO DE 2013 719
Regula a profissão de árbitro de futebol e dá outras providências.

LEI N. 12.869, DE 15 DE OUTUBRO DE 2013 719
Dispõe sobre o exercício da atividade e a remuneração do permissionário lotérico e dá outras providências.

LEI N. 12.870, DE 15 DE OUTUBRO DE 2013 720
Dispõe sobre o exercício da atividade profissional de vaqueiro.

LEI N. 12.973, DE 13 DE MAIO DE 2014 720
Altera a legislação tributária federal relativa ao Imposto sobre a Renda das Pessoas Jurídicas - IRPJ, à Contribuição Social sobre o Lucro Líquido - CSLL, à Contribuição para o PIS/Pasep e à Contribuição para o Financiamento da Seguridade Social - Cofins; revoga o Regime Tributário de Transição - RTT, instituído pela Lei n. 11.941, de 27 de maio de 2009; dispõe sobre a tributação da pessoa jurídica domiciliada no Brasil, com relação ao acréscimo patrimonial decorrente de participação em lucros auferidos no exterior por controladas e coligadas; altera o Decreto-Lei n. 1.598, de 26 de dezembro de 1977 e as Leis n. 9.430, de 27 de dezembro de 1996, 9.249, de 26 de dezembro de 1995, 8.981, de 20 de janeiro de 1995, 4.506, de 30 de novembro de 1964, 7.689, de 15 de dezembro de 1988, 9.718, de 27 de novembro de 1998, 10.865, de 30 de abril de 2004, 10.637, de 30 de dezembro de 2002, 10.833, de 29 de dezembro de 2003, 12.865, de 9 de outubro de 2013, 9.532, de 10 de dezembro de 1997, 9.656, de 3 de junho de 1998, 9.826, de 23 de agosto de 1999, 10.485, de 3 de julho de 2002, 10.893, de 13 de julho de 2004, 11.312, de 27 de junho de 2006, 11.941, de 27 de maio de 2009, 12.249, de 11 de junho de 2010, 12.431, de 24 de junho de 2011, 12.716, de 21 de setembro de 2012, e 12.844, de 19 de julho de 2013; e dá outras providências.

LEI N. 12.974, DE 15 DE MAIO DE 2014 730
Dispõe sobre as atividades das Agências de Turismo.

LEI N. 12.986, DE 2 DE JUNHO DE 2014 731
Transforma o Conselho de Defesa dos Direitos da Pessoa Humana em Conselho Nacional dos Direitos Humanos - CNDH; revoga as Leis n. 4.319, de 16 de março de 1964, e 5.763, de 15 de dezembro de 1971; e dá outras providências.

LEI N. 12.990, DE 9 DE JUNHO DE 2014 733
Reserva aos negros 20% (vinte por cento) das vagas oferecidas nos concursos públicos para provimento de cargos efetivos e empregos públicos no âmbito da administração pública federal, das autarquias, das fundações públicas, das empresas públicas e das sociedades de economia mista controladas pela União.

LEI N. 13.021, DE 8 DE AGOSTO DE 2014 733
Dispõe sobre o exercício e a fiscalização das atividades farmacêuticas.

LEI N. 13.022, DE 8 DE AGOSTO DE 2014 734
Dispõe sobre o Estatuto Geral das Guardas Municipais.

LEI N. 13.033, DE 24 DE SETEMBRO DE 2014 735
Dispõe sobre a adição obrigatória de biodiesel ao óleo diesel comercializado com o consumidor final; altera as Leis n. 9.478, de 6 de agosto de 1997, e 8.723, de 28 de outubro de 1993; revoga dispositivos da Lei n. 11.097, de 13 de janeiro de 2005; e dá outras providências.

LEI N. 13.043, DE 13 DE NOVEMBRO DE 2014 736
Dispõe sobre os fundos de índice de renda fixa, sobre a responsabilidade tributária na integralização de cotas de fundos ou clubes de investimento por meio da entrega de ativos financeiros, sobre a tributação das operações de empréstimos de ativos financeiros e sobre a isenção de imposto sobre a renda na alienação de ações de empresas pequenas e médias; prorroga o prazo de que trata a Lei n. 12.431, de 24.06.2011; altera

as Leis n. 10.179, de 6.02.2001, 12.431, de 24.06.2011, 9.718, de 27.11.1998, 10.637, de 30.12.2002, 10.833, de 29.12.2003, 12.996, de 18.06.2014, 11.941, de 27.05.2009, 12.249, de 11.06.2010, 10.522, de 19.07.2002, 12.546, de 14.12.2011, 11.774, de 17.09.2008, 12.350, de 20.12.2010, 9.430, de 27.12.1996, 11.977, de 7.07.2009, 12.409, de 25.05.2011, 5.895, de 19.06.1973, 11.948, de 16.06.2009, 12.380, de 10.01.2011, 12.087, de 11.11.2009, 12.712, de 30.08.2012, 12.096, de 24.11.2009, 11.079, de 30.12.2004, 11.488, de 15.06.2007, 6.830, de 22.09.1980, 9.532, de 10.12.1997, 11.196, de 21.11.2005, 10.147, de 21.12.2000, 12.860, de 11.09.2013, 9.393, de 19.12.1996, 9.250, de 26.12.1995, 12.598, de 21.03.2012, 12.715, de 17.09.2012, 11.371, de 28.11.2006, 9.481, de 13.08.1997, 12.688, de 18.07.2012, 12.101, de 27.11.2009, 11.438, de 29.12.2006, 11.478, de 29.05.2007, 12.973, de 13.05.2014, 11.033, de 21.12.2004, 9.782, de 26.01.1999, 11.972, de 6.07.2009, 5.991, de 17.12.1973, 10.406, de 10.01.2002, 9.514, de 20.11.1997, 11.775, de 17.09.2008, 10.150, de 21.12.2000, e 10.865, de 30.04.2004, e o Decreto-Lei n. 911, de 1º.10.1969; revoga dispositivos do Decreto-Lei n. 1.569, de 8.08.1977, das Leis n. 5.010, de 30.05.1966, e 8.666, de 21.06.1993, da Medida Provisória n. 2.158-35, de 24.08.2001, e do Decreto-Lei n. 1.598, de 26.12.1977; e dá outras providências.

LEI N. 13.081, DE 2 DE JANEIRO DE 2015 744
Dispõe sobre a construção e a operação de eclusas ou de outros dispositivos de transposição hidroviária de níveis em vias navegáveis e potencialmente navegáveis; altera as Leis n. 9.074, de 7 de julho de 1995, 9.984, de 17 de julho de 2000, 10.233, de 5 de junho de 2001, e 12.712, de 30 de agosto de 2012; e dá outras providências.

LEI N. 13.109, DE 25 DE MARÇO DE 2015 744
Dispõe sobre a licença à gestante e à adotante, as medidas de proteção à maternidade para militares grávidas e a licença-paternidade, no âmbito das Forças Armadas.

LEI N. 13.116, DE 20 DE ABRIL DE 2015 745
Estabelece normas gerais para implantação e compartilhamento da infraestrutura de telecomunicações e altera as Leis n. 9.472, de 16 de julho de 1997, 11.934, de 5 de maio de 2009, e 10.257, de 10 de julho de 2001.

LEI N. 13.123, DE 20 DE MAIO DE 2015 747
Regulamenta o inciso II do § 1º e o § 4º do art. 225 da Constituição Federal, o Artigo 1, a alínea j do Artigo 8, a alínea c do Artigo 10, o Artigo 15 e os §§ 3º e 4º do Artigo 16 da Convenção sobre Diversidade Biológica, promulgada pelo Decreto n. 2.519, de 16 de março de 1998; dispõe sobre o acesso ao patrimônio genético, sobre a proteção e o acesso ao conhecimento tradicional associado e sobre a repartição de benefícios para conservação e uso sustentável da biodiversidade; revoga a Medida Provisória n. 2.186-16, de 23 de agosto de 2001; e dá outras providências.

LEI N. 13.155, DE 4 DE AGOSTO DE 2015 753
Estabelece princípios e práticas de responsabilidade fiscal e financeira e de gestão transparente e democrática para entidades desportivas profissionais de futebol; institui parcelamentos especiais para recuperação de dívidas pela União, cria a Autoridade Pública de Governança do Futebol - APFUT; dispõe sobre a gestão temerária no âmbito das entidades desportivas profissionais; cria a Loteria Exclusiva - LOTEX; altera as Leis n. 9.615, de 24 de março de 1998, 8.212, de 24 de julho de 1991, 10.671, de 15 de maio de 2003, 10.891, de 9 de julho de 2004, 11.345, de 14 de setembro de 2006, e 11.438, de 29 de dezembro de 2006, e os Decretos-Leis n.3.688, de 3 de outubro de 1941, e 204, de 27 de fevereiro de 1967; revoga a Medida Provisória n. 669, de 26 de fevereiro de 2015; cria programa de iniciação esportiva escolar; e dá outras providências.

LEI N. 13.178, DE 22 DE OUTUBRO DE 2015 757
Dispõe sobre a ratificação dos registros imobiliários decorrentes de alienações e concessões de terras públicas situadas nas faixas de fronteira; e revoga o Decreto-Lei n. 1.414, de 18.08.1975, e a Lei n. 9.871, de 23.11.1999

LEI N. 13.202, DE 8 DE DEZEMBRO DE 2015 757
Institui o Programa de Redução de Litígios Tributários - Prorelit; autoriza o Poder Executivo federal a atualizar monetariamente o valor das taxas que indica; altera as Leis n. 12.873, de 24 de outubro de 2013, 8.212, de 24 de julho de 1991, 8.213, de 24 de julho de 1991, 9.250, de 26 de dezembro de 1995, e 12.546, de 14 de dezembro de 2011; e dá outras providências.

LEI N. 13.257, DE 8 DE MARÇO DE 2016 759
Dispõe sobre as políticas públicas para a primeira infância e altera a Lei n. 8.069, de 13 de julho de 1990 (Estatuto da Criança e do Adolescente), o Decreto-Lei n. 3.689, de 3 de outubro de 1941 (Código de Processo Penal), a Consolidação das Leis do Trabalho (CLT), aprovada pelo Decreto-Lei n. 5.452, de 1º de maio de 1943, a Lei n. 11.770, de 9 de setembro de 2008, e a Lei n. 12.662, de 5 de junho de 2012.

LEI N. 13.259, DE 16 DE MARÇO DE 2016 760

Altera as Leis n. 8.981, de 20 de janeiro de 1995, para dispor acerca da incidência de imposto sobre a renda na hipótese de ganho de capital em decorrência da alienação de bens e direitos de qualquer natureza, e 12.973, de 13 de maio de 2014, para possibilitar opção de tributação de empresas coligadas no exterior na forma de empresas controladas; e regulamenta o inciso XI do art. 156 da Lei n. 5.172, de 25 de outubro de 1966 - Código Tributário Nacional.

LEI N. 13.271, DE 15 DE ABRIL DE 2016 761

Dispõe sobre a proibição de revista íntima de funcionárias nos locais de trabalho e trata da revista íntima em ambientes prisionais.

LEI N. 13.311, DE 11 DE JULHO DE 2016 761

Institui, nos termos do caput do art. 182 da Constituição Federal, normas gerais para a ocupação e utilização de área pública urbana por equipamentos urbanos do tipo quiosque, trailer, feira e banca de venda de jornais e de revistas.

LEI N. 13.428, DE 30 DE MARÇO DE 2017 761

Altera a Lei n. 13.254, de 13 de janeiro de 2016, que "Dispõe sobre o Regime Especial de Regularização Cambial e Tributária (RERCT) de recursos, bens ou direitos de origem lícita, não declarados ou declarados incorretamente, remetidos, mantidos no exterior ou repatriados por residentes ou domiciliados no País".

LEI N. 13.432, DE 11 DE ABRIL DE 2017 761

Dispõe sobre o exercício da profissão de detetive particular.

LEI N. 13.439, DE 27 DE ABRIL DE 2017 762

Cria o Programa Cartão Reforma e dá outras providências.

LEI N. 13.444, DE 11 DE MAIO DE 2017 763

Dispõe sobre a Identificação Civil Nacional (ICN).

LEI N. 13.448, DE 5 DE JUNHO DE 2017 764

Estabelece diretrizes gerais para prorrogação e relicitação dos contratos de parceria definidos nos termos da Lei n. 13.334, de 13 de setembro de 2016, nos setores rodoviário, ferroviário e aeroportuário da administração pública federal, e altera a Lei n. 10.233, de 5 de junho de 2001, e a Lei n. 8.987, de 13 de fevereiro de 1995.

LEI N. 13.451, DE 16 DE JUNHO DE 2017 767

Dispõe sobre a competência da Superintendência da Zona Franca de Manaus (Suframa) para regular e controlar a importação e o ingresso de mercadorias, com incentivos fiscais, na Zona Franca de Manaus, nas áreas de livre comércio e na Amazônia Ocidental e institui a Taxa de Controle de Incentivos Fiscais (TCIF) e a Taxa de Serviços (TS).

LEI N.13.475, DE 28 DE AGOSTO DE 2017 768

Dispõe sobre o exercício da profissão de tripulante de aeronave, denominado aeronauta; e revoga a Lei n. 7.183, de 5 de abril de 1984.

LEI N. 13.477, DE 30 DE AGOSTO DE 2017 774

Dispõe sobre a instalação de cerca eletrificada ou energizada em zonas urbana e rural.

LEI N. 13.488, DE 6 DE OUTUBRO DE 2017 774

Altera as Leis n. 9.504, de 30 de setembro de 1997 (Lei das Eleições), 9.096, de 19 de setembro de 1995, e 4.737, de 15 de julho de 1965 (Código Eleitoral), e revoga dispositivos da Lei n. 13.165, de 29 de setembro de 2015 (Minirreforma Eleitoral de 2015), com o fim de promover reforma no ordenamento político-eleitoral.

LEI N. 13.502, DE 1º DE NOVEMBRO DE 2017 775

Estabelece a organização básica dos órgãos da Presidência da República e dos Ministérios; altera a Lei n. 13.334, de 13 de setembro de 2016; e revoga a Lei n. 10.683, de 28 de maio de 2003, e a Medida Provisória n. 768, de 2 de fevereiro de 2017.

LEI N. 13.575, DE 26 DE DEZEMBRO DE 2017 785

Cria a Agência Nacional de Mineração (ANM); extingue o Departamento Nacional de Produção Mineral (DNPM); altera as Leis n. 11.046, de 27 de dezembro de 2004, e 10.826, de 22 de dezembro de 2003; e revoga a Lei n. 8.876, de 2 de maio de 1994, e dispositivos do Decreto-Lei n. 227, de 28 de fevereiro de 1967 (Código de Mineração).

LEI N. 13.576, DE 26 DE DEZEMBRO DE 2017 788

Dispõe sobre a Política Nacional de Biocombustíveis (RenovaBio) e dá outras providências.

LEI N. 13.589, DE 4 DE JANEIRO DE 2018 791
Dispõe sobre a manutenção de instalações e equipamentos de sistemas de climatização de ambientes.

LEI N. 13.601, DE 9 DE JANEIRO DE 2018 791
Regulamenta o exercício da profissão de Técnico em Biblioteconomia.

LEI N. 13.606, DE 9 DE JANEIRO DE 2018 791
Institui o Programa de Regularização Tributária Rural (PRR) na Secretaria da Receita Federal do Brasil e na Procuradoria-Geral da Fazenda Nacional; altera as Leis n. 8.212, de 24 de julho de 1991, 8.870, de 15 de abril de 1994, 9.528, de 10 de dezembro de 1997, 13.340, de 28 de setembro de 2016, 10.522, de 19 de julho de 2002, 9.456, de 25 de abril de 1997, 13.001, de 20 de junho de 2014, 8.427, de 27 de maio de 1992, e 11.076, de 30 de dezembro de 2004, e o Decreto-Lei n. 2.848, de 7 de dezembro de 1940 (Código Penal); e dá outras providências.

LEI N. 13.631, DE 1º DE MARÇO DE 2018 795
Dispõe sobre a contratação, o aditamento, a repactuação e a renegociação de operações de crédito, a concessão de garantia pela União e a contratação com a União realizadas com fundamento nas Leis Complementares n. 156, de 28 de dezembro de 2016, e 159, de 19 de maio de 2017, e sobre a realização de termos aditivos a contratos de refinanciamento celebrados com a União com fundamento na Lei Complementar n. 148, de 25 de novembro de 2014.

LEI N. 13.636, DE 20 DE MARÇO DE 2018 795
Dispõe sobre o Programa Nacional de Microcrédito Produtivo Orientado (PNMPO); e revoga dispositivos das Leis n. 11.110, de 25 de abril de 2005, e 10.735, de 11 de setembro de 2003.

LEI N. 13.643, DE 3 DE ABRIL DE 2018 797
Regulamenta as profissões de Esteticista, que compreende o Esteticista e Cosmetólogo, e de Técnico em Estética.

LEI N. 13.650, DE 11 DE ABRIL DE 2018 797
Dispõe sobre a certificação das entidades beneficentes de assistência social, na área de saúde, de que trata o art. 4º da Lei n. 12.101, de 27 de novembro de 2009; e altera as Leis n. 12.101, de 27 de novembro de 2009, e 8.429, de 2 de junho de 1992.

LEI N. 13.653, DE 18 DE ABRIL DE 2018 797
Dispõe sobre a regulamentação da profissão de arqueólogo e dá outras providências.

LEI N. 13.656, DE 30 DE ABRIL DE 2018 798
Isenta os candidatos que especifica do pagamento de taxa de inscrição em concursos para provimento de cargo efetivo ou emprego permanente em órgãos ou entidades da administração pública direta e indireta da União.

LEI N. 13.667, DE 17 DE MAIO DE 2018 798
Dispõe sobre o Sistema Nacional de Emprego (Sine), criado pelo Decreto n. 76.403, de 8 de outubro de 1975.

LEI N. 13.675, DE 11 DE JUNHO DE 2018 800
Disciplina a organização e o funcionamento dos órgãos responsáveis pela segurança pública, nos termos do § 7º do art. 144 da Constituição Federal; cria a Política Nacional de Segurança Pública e Defesa Social (PNSPDS); institui o Sistema Único de Segurança Pública (Susp); altera a Lei Complementar n. 79, de 7 de janeiro de 1994, a Lei n. 10.201, de 14 de fevereiro de 2001, e a Lei n. 11.530, de 24 de outubro de 2007; e revoga dispositivos da Lei n. 12.681, de 4 de julho de 2012.

LEI N. 13.684, DE 21 DE JUNHO DE 2018 805
Dispõe sobre medidas de assistência emergencial para acolhimento a pessoas em situação de vulnerabilidade decorrente de fluxo migratório provocado por crise humanitária; e dá outras providências.

LEI N. 13.690, DE 10 DE JULHO DE 2018 806
Altera a Lei n. 13.502, de 1º de novembro de 2017, que dispõe sobre a organização básica da Presidência da República e dos Ministérios, para criar o Ministério da Segurança Pública, e as Leis nos 11.134, de 15 de julho de 2005, e 9.264, de 7 de fevereiro de 1996; e revoga dispositivos da Lei n. 11.483, de 31 de maio de 2007.

LEI N. 13.691, DE 10 DE JULHO DE 2018 807
Dispõe sobre o exercício da profissão de físico e dá outras providências.

LEI N. 13.695, DE 12 DE JULHO DE 2018 807
Regulamenta a profissão de corretor de moda.

LEI N. 13.696, DE 12 DE JULHO DE 2018 808
Institui a Política Nacional de Leitura e Escrita.

LEI N. 13.703, DE 8 DE AGOSTO DE 2018 808
Institui a Política Nacional de Pisos Mínimos do Transporte Rodoviário de Cargas.

LEI N. 13.726, DE 8 DE OUTUBRO DE 2018 809
Racionaliza atos e procedimentos administrativos dos Poderes da União, dos Estados, do Distrito Federal e dos Municípios e institui o Selo de Desburocratização e Simplificação.

LEI N. 13.731, DE 8 DE NOVEMBRO DE 2018 809
Dispõe sobre mecanismos de financiamento para a arborização urbana e a recuperação de áreas degradadas.

LEI N. 13.752, DE 26 DE NOVEMBRO DE 2018 810
Dispõe sobre o subsídio dos Ministros do Supremo Tribunal Federal.

LEI N. 13.753, DE 26 DE NOVEMBRO DE 2018 810
Dispõe sobre o subsídio do Procurador-Geral da República.

LEI N. 13.755, DE 10 DE DEZEMBRO DE 2018 810
Estabelece requisitos obrigatórios para a comercialização de veículos no Brasil; institui o Programa Rota 2030 - Mobilidade e Logística; dispõe sobre o regime tributário de autopeças não produzidas; e altera as Leis n. 9.440, de 14 de março de 1997, 12.546, de 14 de dezembro de 2011, 10.865, de 30 de abril de 2004, 9.826, de 23 de agosto de 1999, 10.637, de 30 de dezembro de 2002, 8.383, de 30 de dezembro de 1991, e 8.989, de 24 de fevereiro de 1995, e o Decreto-Lei n. 288, de 28 de fevereiro de 1967.

LEI N. 13.756, DE 12 DE DEZEMBRO DE 2018 813
Dispõe sobre o Fundo Nacional de Segurança Pública (FNSP), sobre a destinação do produto da arrecadação das loterias e sobre a promoção comercial e a modalidade lotérica denominada apostas de quota fixa; altera as Leis n. 8.212, de 24 de julho de 1991, 9.615, de 24 março de 1998, 10.891, de 9 de julho de 2004, 11.473, de 10 de maio de 2007, e 13.675, de 11 de junho de 2018; e revoga dispositivos das Leis n. 6.168, de 9 de dezembro de 1974, 6.717, de 12 de novembro de 1979, 8.313, de 23 de dezembro de 1991, 9.649, de 27 de maio de 1998, 10.260, de 12 de julho de 2001, 11.345, de 14 de setembro de 2006, e 13.155, de 4 de agosto de 2015, da Lei Complementar n. 79, de 7 de janeiro de 1994, e dos Decretos-Leis n. 204, de 27 de fevereiro de 1967, e 594, de 27 de maio de 1969, as Leis n. 6.905, de 11 de maio de 1981, 9.092, de 12 de setembro de 1995, 9.999, de 30 de agosto de 2000, 10.201, de 14 de fevereiro de 2001, e 10.746, de 10 de outubro de 2003, e os Decretos-Leis n. 1.405, de 20 de junho de 1975, e 1.923, de 20 de janeiro de 1982.

LEI N. 13.775, DE 20 DE DEZEMBRO DE 2018 819
Dispõe sobre a emissão de duplicata sob a forma escritural; altera a Lei n. 9.492, de 10 de setembro de 1997; e dá outras providências.

▪ LEIS COMPLEMENTARES

LEI COMPLEMENTAR N. 7, DE 7 DE SETEMBRO DE 1970 823
Institui o Programa de Integração Social, e dá outras providências.

LEI COMPLEMENTAR N. 8, DE 3 DE DEZEMBRO DE 1970 823
Institui o Programa de Formação do Patrimônio do Servidor Público, e dá outras providências.

LEI COMPLEMENTAR N. 11, DE 25 DE MAIO DE 1971 824
Institui o Programa de Assistência ao Trabalhador Rural, e dá outras providências.

LEI COMPLEMENTAR N. 16, DE 30 DE OUTUBRO DE 1973 826
Altera a redação de dispositivos da Lei Complementar n. 11, de 25 de maio de 1971, e dá outras providências.

LEI COMPLEMENTAR N. 17, DE 12 DE DEZEMBRO DE 1973 826
Dispõe sobre o Programa de Integração Social de que trata a Lei Complementar n. 7, de 7 de setembro de 1970, e dá outras providências.

LEI COMPLEMENTAR N. 24, DE 7 DE JANEIRO DE 1975 826
Dispõe sobre os convênios para a concessão de isenções do imposto sobre operações relativas à circulação de mercadorias, e dá outras providências.

LEI COMPLEMENTAR N. 26, DE 11 DE SETEMBRO DE 1975 827
Altera disposições da legislação que regula o Programa de Integração Social (PIS) e o Programa de Formação do Patrimônio do Servidor Público (PASEP).

LEI COMPLEMENTAR N. 61, DE 26 DE DEZEMBRO DE 1989 828
Estabelece normas para a participação dos Estados e do Distrito Federal no produto da arrecadação do Imposto sobre Produtos Industrializados IPI, relativamente às exportações.

LEI COMPLEMENTAR N. 62, DE 28 DE DEZEMBRO DE 1989 828
Estabelece normas sobre o cálculo, a entrega e o controle das liberações dos recursos dos Fundos de Participação e dá outras providências.

LEI COMPLEMENTAR N. 63, DE 11 DE JANEIRO DE 1990 829
Dispõe sobre critérios e prazos de crédito das parcelas do produto da arrecadação de impostos de competência dos Estados e de transferências por estes recebidos, pertencentes aos Municípios, e dá outras providências.

LEI COMPLEMENTAR N. 65, DE 15 DE ABRIL DE 1991 831
Define, na forma da alínea a do inciso X do art. 155 da Constituição, os produtos semielaborados que podem ser tributados pelos Estados e Distrito Federal, quando de sua exportação para o exterior.

LEI COMPLEMENTAR N. 79, DE 7 DE JANEIRO DE 1994 831
Cria o Fundo Penitenciário Nacional - FUNPEN, e dá outras providências.

LEI COMPLEMENTAR N. 90, DE 1º DE OUTUBRO DE 1997 832
Determina os casos em que forças estrangeiras possam transitar pelo território nacional ou nele permanecer temporariamente.

LEI COMPLEMENTAR N. 91, DE 22 DE DEZEMBRO DE 1997 833
Dispõe sobre a fixação dos coeficientes do Fundo de Participação dos Municípios.

LEI COMPLEMENTAR N. 97, DE 9 DE JUNHO DE 1999 833
Dispõe sobre as normas gerais para a organização, o preparo e o emprego das Forças Armadas.

LEI COMPLEMENTAR N. 103, DE 14 DE JULHO DE 2000 836
Autoriza os Estados e o Distrito Federal a instituir o piso salarial a que se refere o inciso V do art. 7º da Constituição Federal, por aplicação do disposto no parágrafo único do seu art. 22.

LEI COMPLEMENTAR N. 108, DE 29 DE MAIO DE 2001 836
Dispõe sobre a relação entre a União, os Estados, o Distrito Federal e os Municípios, suas autarquias, fundações, sociedades de economia mista e outras entidades públicas e suas respectivas entidades fechadas de previdência complementar, e dá outras providências.

LEI COMPLEMENTAR N. 110, DE 29 DE JUNHO DE 2001 837
Institui contribuições sociais, autoriza créditos de complementos de atualização monetária em contas vinculadas do Fundo de Garantia do Tempo de Serviço - FGTS e dá outras providências.

LEI COMPLEMENTAR N. 115, DE 26 DE DEZEMBRO DE 2002 839
Altera as Leis Complementares n. 87, de 13 de setembro de 1996, e 102, de 11 de julho de 2000.

LEI COMPLEMENTAR N. 118, DE 9 DE FEVEREIRO DE 2005 840
Altera e acrescenta dispositivos à Lei n. 5.172, de 25 de outubro de 1966 - Código Tributário Nacional, e dispõe sobre a interpretação do inciso I do art. 168 da mesma Lei.

LEI COMPLEMENTAR N. 121, DE 9 DE FEVEREIRO DE 2006 840
Cria o Sistema Nacional de Prevenção, Fiscalização e Repressão ao Furto e Roubo de Veículos e Cargas e dá outras providências.

LEI COMPLEMENTAR N. 126, DE 15 DE JANEIRO DE 2007 841
Dispõe sobre a política de resseguro, retrocessão e sua intermediação, as operações de cosseguro, as contratações de seguro no exterior e as operações em moeda estrangeira do setor securitário; altera o Decreto-Lei n. 73, de 21 de novembro de 1966, e a Lei n. 8.031, de 12 de abril de 1990; e dá outras providências.

LEI COMPLEMENTAR N. 130, DE 17 DE ABRIL DE 2009 843
Dispõe sobre o Sistema Nacional de Crédito Cooperativo e revoga dispositivos das Leis n. 4.595, de 31 de dezembro de 1964, e 5.764, de 16 de dezembro de 1971.

LEI COMPLEMENTAR N. 141, DE 13 DE JANEIRO DE 2012 844
Regulamenta o § 3º do art. 198 da Constituição Federal para dispor sobre os valores mínimos a serem aplicados anualmente pela União, Estados, Distrito Federal e Municípios em ações e serviços públicos de saúde; estabelece os critérios de rateio dos recursos de transferências para a saúde e as normas de fiscalização, avaliação e controle das despesas com saúde nas 3 (três) esferas de governo; revoga dispositivos das Leis n. 8.080, de 19 de setembro de 1990, e 8.689, de 27 de julho de 1993; e dá outras providências.

LEI COMPLEMENTAR N. 156, DE 28 DE DEZEMBRO DE 2016 848
Estabelece o plano de auxílio aos Estados e ao Distrito Federal e medidas de estímulo ao reequilíbrio fiscal; e altera a Lei Complementar n. 148, de 25 de novembro de 2014, a Lei n. 9.496, de 11 de setembro de 1997, a Medida Provisória n. 2.192-70, de 24 de agosto de 2001, a Lei n. 8.727, de 5 de novembro de 1993, e a Lei Complementar n.101, de 4 de maio de 2000.

LEI COMPLEMENTAR N. 160, DE 7 DE AGOSTO DE 2017 850
Dispõe sobre convênio que permite aos Estados e ao Distrito Federal deliberar sobre a remissão dos créditos tributários, constituídos ou não, decorrentes das isenções, dos incentivos e dos benefícios fiscais ou financeiro-fiscais instituídos em desacordo com o disposto na alínea "g" do inciso XII do § 2º do art. 155 da Constituição Federal e a reinstituição das respectivas isenções, incentivos e benefícios fiscais ou financeiro-fiscais; e altera a Lei n. 12.973, de 13 de maio de 2014.

LEI COMPLEMENTAR N. 162, DE 6 DE ABRIL DE 2018 851
Institui o Programa Especial de Regularização Tributária das Microempresas e Empresas de Pequeno Porte optantes pelo Simples Nacional (Pert-SN).

▪ **DECRETOS**

DECRETO N. 1.102, DE 21 DE NOVEMBRO DE 1903 855
Institui regras para o estabelecimento de empresas de armazéns gerais, determinando os direitos e obrigações dessas empresas.

DECRETO N. 3.708, DE 10 DE JANEIRO DE 1919 859
Regula a Constituição de Sociedades por Quotas de Responsabilidade Limitada.

DECRETO N. 21.981, DE 19 DE OUTUBRO DE 1932 859
Regula a profissão de Leiloeiro ao território da República.

DECRETO N. 24.643, DE 10 DE JULHO DE 1934 862
Decreta o Código de Águas.

DECRETO N. 24.778, DE 14 DE JULHO DE 1934 871
O Chefe do Governo Provisório da República dos Estados Unidos do Brasil, usando das atribuições que lhe confere o art. 1º do Decreto n. 19.398, de 11 de novembro de 1930;

DECRETO N. 3.079, DE 15 DE SETEMBRO DE 1938 872
Regulamenta o Decreto-Lei n. 58, de 10 de dezembro de 1937, que dispõe sobre o loteamento e a venda de terrenos para pagamento em prestações.

DECRETO N. 27.048, DE 12 DE AGOSTO DE 1949 874
Aprova o regulamento da Lei n. 605, de 5 de janeiro de 1949, que dispõe sobre o repouso semanal remunerado e o pagamento de salário nos dias feriados civis e religiosos.

DECRETO N. 1.232, DE 22 DE JUNHO DE 1962 876
Regulamenta a profissão de Aeroviário.

DECRETO N. 53.153, DE 10 DE DEZEMBRO DE 1963 878
Aprova o Regulamento do Salário-Família do Trabalhador.

DECRETO N. 55.762, DE 17 DE FEVEREIRO DE 1965 880
Regulamenta a Lei n. 4.131, de 3 de setembro de 1952, modificada pela Lei n. 4.390, de 29 de agosto de 1964.

DECRETO N. 56.900, DE 23 DE SETEMBRO DE 1965 884
Dispõe sobre o regimento de corretagem de seguros na forma da Lei n. 4.594, de 29 de dezembro de 1964, e dá outras providências.

DECRETO N. 56.903, DE 24 DE SETEMBRO DE 1965 884
Regulamenta a profissão de corretor de Seguros de Vida e de Capitalização, de conformidade com o artigo 32 da Lei n. 4.594, de 29 de dezembro de 1964.

DECRETO N. 57.155, DE 3 DE NOVEMBRO DE 1965 885
Expede nova regulamentação da Lei n. 4.090, de 13 de julho de 1962, que institui a gratificação de Natal para os trabalhadores, com as alterações introduzidas pela Lei n. 4.749, de 12 de agosto de 1965.

DECRETO N. 59.900, DE 30 DE DEZEMBRO DE 1966 886
Regulamenta o Decreto-Lei n. 57, de 18 de novembro de 1966 e dá outras providências.

DECRETO N. 60.459, DE 13 DE MARÇO DE 1967 887
Regulamenta o Decreto-Lei n. 73, de 21 de novembro de 1966, com as modificações introduzidas pelos Decretos-Lei n. 168, de 14 de fevereiro de 1967, e n. 296, de 28 de fevereiro de 1967.

DECRETO N. 63.912, DE 26 DE DEZEMBRO DE 1968 893
Regula o pagamento da gratificação de Natal ao trabalhador avulso e dá outras providências.

DECRETO N. 64.567, DE 22 DE MAIO DE 1969 893
Regulamenta dispositivos do Decreto-Lei n. 486, de 3 de março de 1969, que dispõem sobre a escrituração e livros mercantis e dá outras providências.

DECRETO N. 71.885, DE 9 DE MARÇO DE 1973 894
Aprova o Regulamento da Lei número 5.859, de dezembro de 1972, que dispõe sobre a profissão de empregado doméstico, e dá outras providências.

DECRETO N. 73.626, DE 12 DE FEVEREIRO DE 1974 895
Aprova Regulamento da Lei n. 5.889, de 8 de junho de 1973.

DECRETO N. 73.841, DE 13 DE MARÇO DE 1974 897
Regulamenta a Lei n. 6.019, de 3 de janeiro de 1974, que dispõe sobre o trabalho temporário.

DECRETO N. 75.445, DE 6 DE MARÇO DE 1975 898
Dispõe sobre os Conselhos de Contribuintes do Ministério da Fazenda e dá outras providências.

DECRETO N. 76.322, DE 22 DE SETEMBRO DE 1975 899
Aprova o Regulamento Disciplinar da Aeronáutica (RDAER)

DECRETO N. 76.900, DE 23 DE DEZEMBRO DE 1975 905
Institui a Relação Anual de Informações Sociais - Rais e dá outras providências.

DECRETO N. 80.271, DE 1º DE SETEMBRO DE 1977 905
Regulamenta a concessão de férias anuais remuneradas aos trabalhadores avulsos e dá outras providências.

DECRETO N. 81.871, DE 29 DE JUNHO DE 1978 906
Regulamenta a Lei n. 6.530, de 12 de maio de 1978, que dá nova regulamentação à profissão de Corretor de Imóveis, disciplina o funcionamento de seus órgãos de fiscalização e dá outras providências.

DECRETO N. 83.304, DE 28 DE MARÇO DE 1979 908
Institui a Câmara Superior de Recursos Fiscais e dá outras providências.

DECRETO N. 84.702, DE 13 DE MAIO DE 1980 909
Simplifica a prova de quitação de tributos, contribuições, anuidades e outros encargos, e restringe a exigência de certidões no âmbito da Administração Federal.

DECRETO N. 85.845, DE 26 DE MARÇO DE 1981 909
Regulamenta a Lei n. 6.858, de 24 de novembro de 1980, que dispõe sobre o pagamento, aos dependentes ou sucessores, de valores não recebidos em vida pelos respectivos titulares.

DECRETO N. 86.309, DE 24 DE AGOSTO DE 1981 910
Reajuste os limites das faixas de números de habitantes de que trata o § 2º do artigo 91 da Lei n. 5.172, de 25 de outubro de 1966.

DECRETO N. 86.649, DE 25 DE NOVEMBRO DE 1981 910
Regulamenta a Lei n. 6.899, de 8 de abril de 1981, que determina a aplicação de correção monetária nos débitos oriundos de decisão judicial.

DECRETO N. 87.043, DE 22 DE MARÇO DE 1982 910
Regulamenta o Decreto-Lei n. 1.422, de 23 de outubro de 1975, que dispõe sobre o cumprimento do artigo 178 da Constituição por empresas e empregadores de toda natureza, mediante a manutenção do ensino de 1º grau gratuito ou recolhimento da contribuição do Salário-Educação.

DECRETO N. 87.620, DE 21 DE SETEMBRO DE 1982 912
Dispõe sobre o procedimento administrativo para reconhecimento da aquisição, por usucapião especial, de imóveis rurais compreendidos em terras devolutas.

DECRETO N. 88.545, DE 26 DE JULHO DE 1983 912
Aprova o Regulamento Disciplinar para a Marinha e dá outras providências.

DECRETO N. 89.339, DE 31 DE JANEIRO DE 1984 916
Regulamenta o disposto nos artigos 5º, § 2º, 9º §§ 1º a 4º e 12 da Lei n. 7.064, de 6 de dezembro de 1982, que dispõe sobre a situação de trabalhadores contratados ou transferidos para prestar serviços no exterior.

DECRETO N. 90.927, DE 7 DE FEVEREIRO DE 1985 917
Regulamenta a assiduidade profissional dos trabalhadores avulsos que menciona e dá outras providências.

DECRETO N. 91.152, DE 15 DE MARÇO DE 1985 918
Cria o Conselho de Recursos do Sistema Financeiro Nacional e dá outras providências.

DECRETO N. 91.271, DE 29 DE MAIO DE 1985 918
Veda a concessão, por entidades estatais, de aval, fiança ou outras garantias.

DECRETO N. 95.247, DE 17 DE NOVEMBRO DE 1987 918
Regulamenta a Lei n. 7.418, de 16 de dezembro de 1985, que institui o Vale-Transporte, com a alteração da Lei n. 7.619, de 30 de setembro de 1987.

DECRETO N. 98.961, DE 15 DE JANEIRO DE 1990 920
Dispõe sobre expulsão de estrangeiro condenado por tráfico de entorpecente e drogas afins.

DECRETO N. 98.973, DE 21 DE FEVEREIRO DE 1990 920
Aprova o Regulamento do Transporte Ferroviário de Produtos Perigosos, e dá outras providências.

DECRETO N. 99.274, DE 6 DE JUNHO DE 1990 924
Regulamenta a Lei n. 6.902, de 27 de abril de 1981, e a Lei n. 6.938, de 31 de agosto de 1981, que dispõem, respectivamente sobre a criação de Estações Ecológicas e Áreas de Proteção Ambiental e sobre a Política Nacional do Meio Ambiente, e dá outras providências.

DECRETO N. 99.476, DE 24 DE AGOSTO DE 1990 928
Simplifica o cumprimento de exigência de prova de quitação de tributos e contribuições federais e outras imposições pecuniárias compulsórias.

DECRETO N. 99.684, DE 8 DE NOVEMBRO DE 1990 928
Consolida as normas regulamentares do Fundo de Garantia do Tempo de Serviço (FGTS).

DECRETO N. 5, DE 14 DE JANEIRO DE 1991 934
Regulamenta a Lei n. 6.321, de 14 de abril de 1976, que trata do Programa de Alimentação do Trabalhador, revoga o Decreto n. 78.676, de 8 de novembro de 1976 e dá outras providências.

DECRETO N. 325, DE 1º DE NOVEMBRO DE 1991 935
Disciplina a comunicação, ao Ministério Público Federal, da prática de ilícitos penais previstos na legislação tributária e de crime funcional contra a ordem tributária e dá outras providências.

DECRETO N. 542, DE 26 DE MAIO DE 1992 935
Define bens de pequeno valor, para efeito da não incidência do imposto de renda sobre ganhos de capital e dá outras providências.

DECRETO N. 566, DE 10 DE JUNHO DE 1992 935
Aprova o Regulamento do Serviço Nacional de Aprendizagem Rural (Senar)

DECRETO N. 767, DE 5 DE MARÇO 1993 937
Dispõe sobre as atividades de controle interno da Advocacia-Geral da União, e dá outras providências.

DECRETO N. 908, DE 31 DE AGOSTO DE 1993 937
Fixa diretrizes para as negociações coletivas de trabalho de que participam as entidades estatais que menciona e dá outras providências.

DECRETO N. 1.035, DE 30 DE DEZEMBRO DE 1993 938
Dispõe sobre o recolhimento do Adicional de Indenização do Trabalhador Portuário Avulso, e dá outras providências.

DECRETO N. 1.054, DE 7 DE FEVEREIRO DE 1994 938
Regulamenta o reajuste de preços nos contratos da Administração Federal direta e indireta, e dá outras providências.

DECRETO N. 1.093, DE 23 DE MARÇO DE 1994 939
Regulamenta a Lei Complementar n. 79, de 7 de janeiro de 1994, que cria o Fundo Penitenciário Nacional (Funpen), e dá outras providências.

DECRETO N. 1.171, DE 22 DE JUNHO DE 1994 940
Aprova o Código de Ética Profissional do Servidor Público Civil do Poder Executivo Federal.

DECRETO N. 1.306, DE 9 DE NOVEMBRO DE 1994 941
Regulamenta o Fundo de Defesa de Direitos Difusos, de que tratam os arts. 13 e 20 da Lei n. 7.347, de 24 de julho de 1985, seu conselho gestor e dá outras providências.

DECRETO N. 1.480, DE 3 DE MAIO DE 1995 942
Dispõe sobre os procedimentos a serem adotados em casos de paralisações dos serviços públicos federais, enquanto não regulado o disposto no art. 37, inciso VII, da Constituição.

DECRETO N. 1.572, DE 28 DE JULHO DE 1995 942
Regulamenta a mediação na negociação coletiva de natureza trabalhista e dá outras providências.

DECRETO N. 1.655, DE 3 DE OUTUBRO DE 1995 943
Define a competência da Polícia Rodoviária Federal, e dá outras providências.

DECRETO N. 1.800, DE 30 DE JANEIRO DE 1996 943
Regulamenta a Lei n. 8.934, de 18 de novembro de 1994, que dispõe sobre o Registro Público de Empresas Mercantis e Atividades Afins e dá outras providências.

DECRETO N. 1.886, DE 29 DE ABRIL DE 1996 950
Regulamenta disposições da Lei n. 8.630, de 25 de fevereiro de 1993, e dá outras providências.

DECRETO N. 1.983, DE 14 DE AGOSTO DE 1996 950
Institui, no âmbito do Departamento de Polícia Federal do Ministério da Justiça e da Diretoria-Geral de Assuntos Consulares, Jurídicos e de Assistência a Brasileiros no Exterior do Ministério das Relações Exteriores, o Programa de Modernização, Agilização, Aprimoramento e Segurança da Fiscalização do Tráfego Internacional e do Passaporte Brasileiro (Promasp), e aprova o Regulamento de Documentos de Viagem.

DECRETO N. 2.138, DE 29 DE JANEIRO DE 1997 953
Dispõe sobre a compensação de créditos tributários com créditos do sujeito passivo decorrentes de restituição ou ressarcimento de tributos ou contribuições, a ser efetuada pela Secretaria da Receita Federal.

DECRETO N. 2.181, DE 20 DE MARÇO DE 1997 954
Dispõe sobre a organização do Sistema Nacional de Defesa do Consumidor - SNDC, estabelece as normas gerais de aplicação das sanções administrativas previstas na Lei n. 8.078, de 11 de setembro de 1990, revoga o Decreto n. 861, de 09 julho de 1993, e dá outras providências.

DECRETO N. 2.210, DE 22 DE ABRIL DE 1997 959
Regulamenta o Decreto-Lei n. 1.809, de 7 de outubro de 1980, que instituiu o Sistema de Proteção ao Programa Nuclear Brasileiro (Sepron), e dá outras providências.

DECRETO N. 2.259, DE 20 DE JUNHO DE 1997 962
Regulamenta a legislação do imposto de renda na parte relativa a incentivos fiscais.

DECRETO N. 2.335, DE 6 DE OUTUBRO DE 1997 962
Constitui a Agência Nacional de Energia Elétrica - Aneel, autarquia sob regime especial, aprova sua Estrutura Regimental e o Quadro Demonstrativo dos Cargos em Comissão e Funções de Confiança e dá outras providências.

DECRETO N. 2.338, DE 7 DE OUTUBRO DE 1997 967
Aprova o Regulamento da Agência Nacional de Telecomunicações e dá outras providências.

DECRETO N. 2.346, DE 10 DE OUTUBRO DE 1997 973
Consolida normas de procedimentos a serem observadas pela Administração Pública Federal em razão de decisões judiciais, regulamenta os dispositivos legais que menciona, e dá outras providências.

DECRETO N. 2.455, DE 14 DE JANEIRO DE 1998 974
Implanta a Agência Nacional do Petróleo - ANP, autarquia sob regime especial, aprova sua Estrutura Regimental e o Quadro Demonstrativo dos Cargos em Comissão e Funções de Confiança e dá outras providências.

DECRETO N. 2.487, DE 2 DE FEVEREIRO DE 1998 977
Dispõe sobre a qualificação de autarquias e fundações como Agências Executivas, estabelece critérios e procedimentos para a elaboração, acompanhamento e avaliação dos contratos de gestão e dos planos estratégicos de reestruturação e de desenvolvimento institucional das entidades qualificadas e dá outras providências.

DECRETO N. 2.488, DE 2 DE FEVEREIRO DE 1998 978
Define medidas de organização administrativa específicas para as autarquias e fundações qualificadas como Agências Executivas e dá outras providências.

DECRETO N. 2.490, DE 4 DE FEVEREIRO DE 1998 978
Regulamenta a Lei n. 9.601, de 21 de janeiro de 1998, que dispõe sobre o contrato de trabalho por prazo determinado e dá outras providências.

DECRETO N. 2.553, DE 16 DE ABRIL DE 1998 979
Regulamenta os arts. 75 e 88 a 93 da Lei n. 9.279, de 14 de maio de 1996, que regula direitos e obrigações relativos à propriedade industrial.

DECRETO N. 2.730, DE 10 DE AGOSTO DE 1998 980
Dispõe sobre o encaminhamento ao Ministério Público Federal da representação Fiscal para fins penais de que trata o art. 83 da Lei n. 9.430, de 27 de dezembro de 1996.

DECRETO N. 2.745, DE 24 DE AGOSTO DE 1998 980
Aprova o Regulamento do Procedimento Licitatório Simplificado da Petróleo Brasileiro S.A. - Petrobras previsto no art. 67 da Lei n. 9.478, de 6 de agosto de 1997.

DECRETO N. 2.814, DE 22 DE OUTUBRO DE 1998 986
Regulamenta o art. 99 da Lei n. 9.504, de 30 de setembro de 1997, para efeito de ressarcimento fiscal pela propaganda eleitoral gratuita relativa às eleições de 4 de outubro de 1998.

DECRETO N. 2.850, DE 27 DE NOVEMBRO DE 1998 986
Disciplina os procedimentos pertinentes aos depósitos judiciais e extrajudiciais, de valores de tributos e contribuições federais administrados pela Secretaria da Receita Federal, de que trata a Lei n. 9.703, de 17 de novembro de 1998.

DECRETO N. 3.029, DE 16 DE ABRIL DE 1999 987
Aprova o Regulamento da Agência Nacional de Vigilância Sanitária, e dá outras providências.

DECRETO N. 3.100, DE 30 DE JUNHO DE 1999 991
Regulamenta a Lei n. 9.790, de 23 de março de 1999, que dispõe sobre a qualificação de pessoas jurídicas de direito privado, sem fins lucrativos, como Organizações da Sociedade Civil de Interesse Público, institui e disciplina o Termo de Parceria, e dá outras providências

DECRETO N. 3.112, DE 6 DE JULHO DE 1999 993
Dispõe sobre a regulamentação da Lei n. 9.796, de 5 de maio de 1999, que versa sobre compensação financeira entre o Regime Geral de Previdência Social e os regimes próprios de previdência dos servidores da União, dos Estados, do Distrito Federal e dos Municípios, na contagem recíproca de tempo de contribuição para efeito de aposentadoria, e dá outras providências.

DECRETO N. 3.151, DE 23 DE AGOSTO DE 1999 995
Disciplina a prática dos atos de extinção e de declaração de desnecessidade de cargos públicos, bem assim a dos atos de colocação em disponibilidade remunerada e de aproveitamento de servidores públicos em decorrência da extinção ou da reorganização de órgãos ou entidades da Administração Pública Federal direta, autárquica e fundacional.

DECRETO N. 3.298, DE 20 DE DEZEMBRO DE 1999 996
Regulamenta a Lei n. 7.853, de 24 de outubro de 1989, dispõe sobre a Política Nacional para a Integração da Pessoa Portadora de Deficiência, consolida as normas de proteção, e dá outras providências.

DECRETO N. 3.327, DE 5 DE JANEIRO DE 2000 1000
Aprova o Regulamento da Agência Nacional de Saúde Suplementar - ANS, e dá outras providências.

DECRETO N. 3.431, DE 24 DE ABRIL DE 2000 1005
Regulamenta a execução do Programa de Recuperação Fiscal - REFIS.

DECRETO N. 3.447, DE 5 DE MAIO DE 2000 1009
Delega competência ao Ministro de Estado da Justiça para resolver sobre a expulsão de estrangeiro do País e sua revogação, na forma do art. 66 da Lei n. 6.815, de 19 de agosto de 1980, republicada por determinação do art. 11 da Lei n. 6.964, de 9 de dezembro de 1981.

DECRETO N. 3.555, DE 8 DE AGOSTO DE 2000 1009
Aprova o Regulamento para a modalidade de licitação denominada pregão, para aquisição de bens e serviços comuns.

DECRETO N. 3.712, DE 27 DE DEZEMBRO DE 2000 1011
Dispõe sobre o Programa de Recuperação Fiscal - REFIS.

DECRETO N. 3.722, DE 9 DE JANEIRO DE 2001 1012
Regulamenta o art. 34 da Lei n. 8.666, de 21 de junho de 1993, e dispõe sobre o Sistema de Cadastramento Unificado de Fornecedores - SICAF.

DECRETO N. 3.724, DE 10 DE JANEIRO DE 2001 1012
Regulamenta o art. 6º da Lei Complementar n. 105, de 10 de janeiro de 2001, relativamente à requisição, acesso e uso, pela Secretaria da Receita Federal, de informações referentes a operações e serviços das instituições financeiras e das entidades a elas equiparadas.

DECRETO N. 3.913, DE 11 DE SETEMBRO DE 2001 1014
Dispõe sobre a apuração e liquidação dos complementos de atualização monetária de saldos de contas vinculadas do Fundo de Garantia do Tempo de Serviço - FGTS, de que trata a Lei Complementar n. 110, de 29 de junho de 2001.

DECRETO N. 3.914, DE 11 DE SETEMBRO DE 2001 1016
Dispõe sobre a regulamentação das contribuições sociais instituídas pela Lei Complementar n. 110, de 29 de junho de 2001.

DECRETO N. 4.066, DE 27 DE DEZEMBRO DE 2001 1016
Reduz as alíquotas específicas e o limite de dedução da Contribuição de Intervenção do Domínio Econômico (Cide), instituída pela Lei 10.336, de 19 de dezembro de 2001, para os produtos que especifica.

DECRETO N. 4.074, DE 4 DE JANEIRO DE 2002 1017
Regulamenta a Lei n. 7.802, de 11 de julho de 1989, que dispõe sobre a pesquisa, a experimentação, a produção, a embalagem e rotulagem, o transporte, o armazenamento, a comercialização, a propaganda comercial, a utilização, a importação, a exportação, o destino final dos resíduos e embalagens, o registro, a classificação, o controle, a inspeção e a fiscalização de agrotóxicos, seus componentes e afins, e dá outras providências.

DECRETO N. 4.195, DE 11 DE ABRIL DE 2002 1026
Regulamenta a Lei n. 10.168, de 29 de dezembro de 2000, que institui contribuição de intervenção no domínio econômico destinada a financiar o Programa de Estímulo à Interação Universidade-Empresa para Apoio à Inovação, e a Lei n. 10.332, de 19 de dezembro de 2001, que institui mecanismos de financiamento para programas de ciência e tecnologia, e dá outras providências.

DECRETO N. 4.199, DE 16 DE ABRIL DE 2002 1027
Dispõe sobre a prestação de informações institucionais relativas à Administração Pública Federal a partidos políticos, coligações e candidatos à Presidência da República até a data da divulgação oficial do resultado final das eleições.

DECRETO N. 4.281, DE 25 DE JUNHO DE 2002 1028
Regulamenta a Lei n. 9.795, de 27 de abril de 1999, que institui a Política Nacional de Educação Ambiental, e dá outras providências.

DECRETO N. 4.297, DE 10 DE JULHO DE 2002 1029
Regulamenta o art. 9º, inciso II, da Lei n. 6.938, de 31 de agosto de 1981, estabelecendo critérios para o Zoneamento Ecológico-Econômico do Brasil - ZEE, e dá outras providências.

DECRETO N. 4.334, DE 12 DE AGOSTO DE 2002 1031
Dispõe sobre as audiências concedidas a particulares por agentes públicos em exercício na Administração Pública Federal direta, nas autarquias e fundações públicas federais.

DECRETO N. 4.339, DE 22 DE AGOSTO DE 2002 1031
Institui princípios e diretrizes para a implementação da Política Nacional da Biodiversidade.

DECRETO N. 4.340, DE 22 DE AGOSTO DE 2002 1040
Regulamenta artigos da Lei n. 9.985, de 18 de julho de 2000, que dispõe sobre o Sistema Nacional de Unidades de Conservação da Natureza - SNUC, e dá outras providências.

DECRETO N. 4.346, DE 26 DE AGOSTO DE 2002 1043
Aprova o Regulamento Disciplinar do Exército (R-4) e dá outras providências.

DECRETO N. 4.376, DE 13 DE SETEMBRO DE 2002 1055
Dispõe sobre a organização e o funcionamento do Sistema Brasileiro de Inteligência, instituído pela Lei n. 9.883, de 7 de dezembro de 1999, e dá outras providências.

DECRETO N. 4.382, DE 19 DE SETEMBRO DE 2002 1056
Regulamenta a tributação, fiscalização, arrecadação e administração do Imposto sobre a Propriedade Territorial Rural - ITR.

DECRETO N. 4.489, DE 28 DE NOVEMBRO DE 2002 1064
Regulamenta o art. 5º da Lei Complementar n. 105, de 10 de janeiro de 2001, no que concerne à prestação de informações à Secretaria da Receita Federal do Ministério da Fazenda, pelas instituições financeiras e as entidades a elas equiparadas, relativas às operações financeiras efetuadas pelos usuários de seus serviços

DECRETO N. 4.523, DE 17 DE DEZEMBRO DE 2002 1065
Regulamenta o arrolamento de bens para interposição de recurso voluntário no processo administrativo de determinação e exigência de créditos tributários da União.

DECRETO N. 4.524, DE 17 DE DEZEMBRO DE 2002 1065
Regulamenta a Contribuição para o PIS/Pasep e a Cofins devidas pelas pessoas jurídicas em geral.

DECRETO N. 4.552, DE 27 DE DEZEMBRO DE 2002 1074
Aprova o Regulamento da Inspeção do Trabalho.

DECRETO N. 4.565, DE 1º JANEIRO DE 2003 1077
Reduz as alíquotas da Contribuição de Intervenção no Domínio Econômico incidente sobre a importação e a comercialização de petróleo e seus derivados, gás natural e seus derivados, e álcool etílico combustível (Cide), instituída pela Lei 10.336, de 19 de dezembro de 2001, e dá outras providências.

DECRETO N. 4.680, DE 24 DE ABRIL DE 2003 1078
Regulamenta o direito à informação, assegurado pela Lei n. 8.078, de 11 de setembro de 1990, quanto aos alimentos e ingredientes alimentares destinados ao consumo humano ou animal que contenham ou sejam produzidos a partir de organismos geneticamente modificados, sem prejuízo do cumprimento das demais normas aplicáveis.

DECRETO N. 4.711, DE 29 DE MAIO DE 2003 1078
Dispõe sobre a coordenação do Sistema Nacional de Trânsito.

DECRETO N. 4.732, DE 10 DE JUNHO DE 2003 1078
Dispõe sobre a Câmara de Comércio Exterior - Camex, da Presidência da República.

DECRETO N. 4.751, DE 17 DE JUNHO DE 2003 1081
Dispõe sobre o Fundo PIS-PASEP, criado pela Lei Complementar n. 26, de 11 de setembro de 1975, sob a denominação de PIS-PASEP, e dá outras providências.

DECRETO N. 4.840, DE 17 DE SETEMBRO DE 2003 1082
Regulamenta a Medida Provisória n. 130, de 17 de setembro de 2003, que dispõe sobre a autorização para desconto de prestações em folha de pagamento, e dá outras providências.

DECRETO N. 4.940, DE 29 DE DEZEMBRO DE 2003 1083
Reduz as alíquotas da Contribuição de Intervenção no Domínio Econômico incidente sobre as correntes de hidrocarbonetos líquidos não destinadas à formulação de gasolina ou diesel.

DECRETO N. 4.942, DE 30 DE DEZEMBRO DE 2003 1084
Regulamenta o processo administrativo para apuração de responsabilidade por infração à legislação no âmbito do regime da previdência complementar, operado pelas entidades fechadas de previdência complementar, de que trata o art. 66 da Lei Complementar n. 109, de 29 de maio de 2001, a aplicação das penalidades administrativas, e dá outras providências.

DECRETO N. 5.035, DE 5 DE ABRIL DE 2004 1089
Regulamenta a Lei n. 10.744, de 9 de outubro de 2003, que dispõe sobre a assunção, pela União, de responsabilidades civis perante terceiros no caso de atentados terroristas, atos de guerra ou eventos correlatos, contra aeronaves de matrícula brasileira e operadas por empresas brasileiras de transporte aéreo público, excluídas as empresas de táxi aéreo.

DECRETO N. 5.059, DE 30 DE ABRIL DE 2004 1089
Reduz as alíquotas da Contribuição para o PIS/Pasep e da Cofins incidentes sobre a importação e a comercialização de gasolina, óleo diesel, gás liquefeito de petróleo (GLP) e querosene de aviação.

DECRETO N. 5.060, DE 30 DE ABRIL DE 2004 1090
Reduz as alíquotas da Contribuição de Intervenção no Domínio Econômico incidente sobre a importação e a comercialização de petróleo e seus derivados, gás natural e seus derivados, e álcool etílico combustível (CIDE), instituída pela Lei n.10.336, de 19 de dezembro de 2001, e dá outras providências.

DECRETO N. 5.062, DE 30 DE ABRIL DE 2004 1090
Fixa coeficiente para redução das alíquotas específicas do PIS/Pasep e da Cofins de que tratam os arts. 51 e 52 da Lei n. 10.833, de 29 de dezembro de 2003.

DECRETO N. 5.085, DE 19 DE MAIO DE 2004 1091
Define as ações continuadas de assistência social.

DECRETO N. 5.109, DE 17 DE JUNHO DE 2004 1091
Dispõe sobre a composição, estruturação, competências e funcionamento do Conselho Nacional dos Direitos do Idoso - CNDI, e dá outras providências.

DECRETO N. 5.113, DE 22 DE JUNHO DE 2004 1092
Regulamenta o art. 20, inciso XVI, da Lei n. 8.036, de 11 de maio de 1990, que dispõe sobre o Fundo de Garantia do Tempo de Serviço - FGTS, e dá outras providências.

DECRETO N. 5.162, DE 29 DE JULHO DE 2004 1093
Fixa coeficiente para redução das alíquotas específicas do PIS/Pasep e da Cofins de que tratam os arts. 51 e 52 da Lei n. 10.833, de 29 de dezembro 2003, nos casos em que especifica.

DECRETO N. 5.171, DE 6 DE AGOSTO DE 2004 1093
Regulamenta os §§ 10 e 12 do art. 8º e o inciso IV do art. 28 da Lei n. 10.865, de 30 de abril de 2004, que dispõe sobre a Contribuição para o PIS/Pasep-Importação e a Cofins -Importação e dá outras providências.

DECRETO N. 5.289, DE 29 DE NOVEMBRO DE 2004 1094
Disciplina a organização e o funcionamento da administração pública federal, para desenvolvimento do programa de cooperação federativa denominado Força Nacional de Segurança Pública, e dá outras providências.

DECRETO N. 5.294, DE 1º DE DEZEMBRO DE 2004 1095
Fixa a lotação dos Adidos, Adjuntos e Auxiliares de Adidos Militares junto às representações diplomáticas no exterior, e dá outras providências.

DECRETO N. 5.296, DE 2 DE DEZEMBRO DE 2004 1096
Regulamenta as Leis n. 10.048, de 8 de novembro de 2000, que dá prioridade de atendimento às pessoas que especifica, e 10.098, de 19 de dezembro de 2000, que estabelece normas gerais e critérios básicos para a promoção da acessibilidade das pessoas portadoras de deficiência ou com mobilidade reduzida, e dá outras providências.

DECRETO N. 5.300, DE 7 DE DEZEMBRO DE 2004 1103
Regulamenta a Lei n. 7.661, de 16 de maio de 1988, que institui o Plano Nacional de Gerenciamento Costeiro - PNGC, dispõe sobre regras de uso e ocupação da zona costeira e estabelece critérios de gestão da orla marítima, e dá outras providências.

DECRETO N. 5.313, DE 16 DE DEZEMBRO DE 2004 1107
Regulamenta o art. 3º-A da Lei n. 9.608, de 18 de fevereiro de 1998, que dispõe sobre o serviço voluntário.

DECRETO N. 5.411, DE 6 DE ABRIL DE 2005 1107
Autoriza a integralização de cotas no Fundo Garantidor de Parcerias Público-Privadas - FGP, mediante ações representativas de participações acionárias da União em sociedades de economia mista disponíveis para venda e dá outras providências.

DECRETO N. 5.440, DE 4 DE MAIO DE 2005 1108
Estabelece definições e procedimentos sobre o controle de qualidade da água de sistemas de abastecimento e institui mecanismos e instrumentos para divulgação de informação ao consumidor sobre a qualidade da água para consumo humano.

DECRETO N. 5.450, DE 31 DE MAIO DE 2005 1109
Regulamenta o pregão, na forma eletrônica, para aquisição de bens e serviços comuns, e dá outras providências.

DECRETO N. 5.483, DE 30 DE JUNHO DE 2005 1113
Regulamenta, no âmbito do Poder Executivo Federal, o art. 13 da Lei 8.429, de 02 de junho de 1992, institui a sindicância patrimonial e dá outras providências.

DECRETO N. 5.504, DE 5 DE AGOSTO DE 2005 1113
Estabelece a exigência de utilização do pregão, preferencialmente na forma eletrônica, para entes públicos ou privados, nas contratações de bens e serviços comuns, realizadas em decorrência de transferências voluntárias de recursos públicos da União, decorrentes de convênios ou instrumentos congêneres, ou consórcios públicos.

DECRETO N. 5.591, DE 22 DE NOVEMBRO DE 2005 1114
Regulamenta dispositivos da Lei n. 11.105, de 24 de março de 2005, que regulamenta os incisos II, IV e V do § 1º do art. 225 da Constituição, e dá outras providências.

DECRETO N. 5.602, DE 6 DE DEZEMBRO DE 2005 1120
Regulamenta o Programa de Inclusão Digital instituído pela Lei n. 11.196, de 21 de novembro de 2005.

DECRETO N. 5.691, DE 3 DE FEVEREIRO DE 2006 1121
Dispõe sobre as máquinas, aparelhos, instrumentos e equipamentos importados por pessoas jurídicas estabelecidas na Zona Franca de Manaus, objeto da suspensão da exigência da Contribuição para o PIS/PASEP-Importação e da COFINS-Importação, na forma do art. 50 da Lei n. 11.196, de 21 de novembro de 2005.

DECRETO N. 5.790, DE 25 DE MAIO DE 2006 1121
Dispõe sobre a composição, estruturação, competências e funcionamento do Conselho das Cidades - ConCidades, e dá outras providências.

DECRETO N. 5.903, DE 20 DE SETEMBRO DE 2006 1122
Regulamenta a Lei n. 10.962, de 11 de outubro de 2004, e a Lei n. 8.078, de 11 de setembro de 1990.

DECRETO N. 5.934, DE 18 DE OUTUBRO DE 2006 1123
Estabelece mecanismos e critérios a serem adotados na aplicação do disposto no art. 40 da Lei n. 10.741, de 1º de outubro de 2003 (Estatuto do Idoso), e dá outras providências.

DECRETO N. 5.940, DE 25 DE OUTUBRO DE 2006 1124
Institui a separação dos resíduos recicláveis descartados pelos órgãos e entidades da administração pública federal direta e indireta, na fonte geradora, e a sua destinação às associações e cooperativas dos catadores de materiais recicláveis, e dá outras providências.

DECRETO N. 5.987, DE 19 DE DEZEMBRO DE 2006 1124
Dispõe sobre a compensação da Cide-Combustíveis por pessoas jurídicas importadoras ou adquirentes de hidrocarbonetos líquidos não destinados à formulação de gasolina ou diesel.

DECRETO N. 6.003, DE 28 DE DEZEMBRO DE 2006 1125
Regulamenta a arrecadação, a fiscalização e a cobrança da contribuição social do salário-educação, a que se referem o art. 212, § 5º, da Constituição, e as Leis n. 9.424, de 24 de dezembro de 1996, e 9.766, de 18 de dezembro de 1998, e dá outras providências.

DECRETO N. 6.017, DE 17 DE JANEIRO DE 2007 1126
Regulamenta a Lei n. 11.107, de 6 de abril de 2005, que dispõe sobre normas gerais de contratação de consórcios públicos.

DECRETO N. 6.022, DE 22 DE JANEIRO DE 2007 1130
Institui o Sistema Público de Escrituração Digital - Sped.

DECRETO N. 6.029, DE 1º DE FEVEREIRO DE 2007 1131
Institui Sistema de Gestão da Ética do Poder Executivo Federal, e dá outras providências.

DECRETO N. 6.038, DE 7 DE FEVEREIRO DE 2007 1133
Institui o Comitê Gestor do Simples Nacional - CGSN, e dá outras providências.

DECRETO N. 6.042, DE 12 DE FEVEREIRO DE 2007 1133
Altera o Regulamento da Previdência Social, aprovado pelo Decreto n. 3.048, de 6 de maio de 1999, disciplina a aplicação, acompanhamento e avaliação do Fator Acidentário de Prevenção - FAP e do Nexo Técnico Epidemiológico, e dá outras providências.

DECRETO N. 6.049, DE 27 DE FEVEREIRO DE 2007 1134
Aprova o Regulamento Penitenciário Federal.

DECRETO N. 6.063, DE 20 DE MARÇO DE 2007 1139
Regulamenta, no âmbito federal, dispositivos da Lei n. 11.284, de 2 de março de 2006, que dispõe sobre a gestão de florestas públicas para a produção sustentável, e dá outras providências.

DECRETO N. 6.103, DE 30 DE ABRIL DE 2007 1143
Antecipa para 2 de maio de 2007 a aplicação do Decreto n. 70.235, de 6 de março de 1972, relativamente aos prazos processuais e à competência para julgamento em primeira instância, de processos administrativo-fiscais relativos às contribuições de que tratam os arts. 2º e 3º da Lei n. 11.457, de 16 de março de 2007, e dá outras providências.

DECRETO N. 6.117, DE 22 DE MAIO DE 2007 1143
Aprova a Política Nacional sobre o Álcool, dispõe sobre as medidas para redução do uso indevido de álcool e sua associação com a violência e criminalidade, e dá outras providências.

DECRETO N. 6.160, DE 20 DE JULHO DE 2007 1145
Regulamenta os §§ 1º e 2º do art. 23 da Lei n. 9.074, de 7 de julho de 1995, com vistas à regularização das cooperativas de eletrificação rural como permissionárias de serviço público de distribuição de energia elétrica, e dá outras providências.

DECRETO N. 6.170, DE 25 DE JULHO DE 2007 1145
Dispõe sobre as normas relativas às transferências de recursos da União mediante convênios e contratos de repasse, e dá outras providências.

DECRETO N. 6.214, DE 26 DE SETEMBRO DE 2007 1149
Regulamenta o benefício de prestação continuada da assistência social devido à pessoa com deficiência e ao idoso de que trata a Lei n. 8.742, de 7 de dezembro de 1993, e a Lei n. 10.741, de 1º de outubro de 2003, acresce parágrafo ao art. 162 do Decreto n. 3.048, de 6 de maio de 1999, e dá outras providências.

DECRETO N. 6.260, DE 20 DE NOVEMBRO DE 2007 1155
Dispõe sobre a exclusão do lucro líquido, para efeito de apuração do lucro real e da base de cálculo da Contribuição Social sobre o Lucro Líquido - CSLL, dos dispêndios efetivados em projeto de pesquisa científica e tecnológica e de inovação tecnológica a ser executado por Instituição Científica e Tecnológica - ICT.

DECRETO N. 6.262, DE 20 DE NOVEMBRO DE 2007 1156
Dispõe sobre a simplificação de procedimentos para importação de bens destinados à pesquisa científica e tecnológica.

DECRETO N. 6.306, DE 14 DE DEZEMBRO DE 2007 1156
Regulamenta o Imposto sobre Operações de Crédito, Câmbio e Seguro, ou relativas a Títulos ou Valores Mobiliários - IOF.

DECRETO N. 6.381, DE 27 DE FEVEREIRO DE 2008 1166
Regulamenta a Lei n. 7.474, de 8 de maio de 1986, que dispõe sobre medidas de segurança aos ex-Presidentes da República, e dá outras providências.

DECRETO N. 6.433, DE 15 DE ABRIL DE 2008 1166
Institui o Comitê Gestor do Imposto sobre a Propriedade Territorial Rural - CGITR e dispõe sobre a forma de opção de que trata o inciso III do § 4º do art. 153 da Constituição, pelos Municípios e pelo Distrito Federal, para fins de fiscalização e cobrança do Imposto sobre a Propriedade Territorial Rural - ITR, e dá outras providências.

DECRETO N. 6.451, DE 12 DE MAIO DE 2008 1167
Regulamenta o art. 56 da Lei Complementar n. 123, de 14 de dezembro de 2006, que dispõe sobre a constituição do Consórcio Simples por microempresas e empresas de pequeno porte optantes pelo Simples Nacional.

DECRETO N. 6.539, DE 18 DE AGOSTO DE 2008 1168
Estabelece critérios para o enquadramento de projeto de instalação, de diversificação ou modernização total, e de ampliação ou modernização parcial de empreendimento, para efeito de redução do imposto sobre a renda e adicional, calculados com base no lucro da exploração.

DECRETO N. 6.629, DE 4 DE NOVEMBRO DE 2008 1169
Regulamenta o Programa Nacional de Inclusão de Jovens - Projovem, instituído pela Lei n. 11.129, de 30 de junho de 2005, e regido pela Lei n. 11.692, de 10 de junho de 2008, e dá outras providências.

DECRETO N. 6.660, DE 21 DE NOVEMBRO DE 2008 1176
Regulamenta dispositivos da Lei n. 11.428, de 22 de dezembro de 2006, que dispõe sobre a utilização e proteção da vegetação nativa do Bioma Mata Atlântica.

DECRETO N. 6.759, DE 5 DE FEVEREIRO DE 2009 1181
Regulamenta a administração das atividades aduaneiras, e a fiscalização, o controle e a tributação das operações de comércio exterior.

DECRETO N. 6.761, DE 5 DE FEVEREIRO DE 2009 1252
Dispõe sobre a aplicação da redução a zero da alíquota do imposto sobre a renda incidente sobre os rendimentos de beneficiários residentes ou domiciliados no exterior, e dá outras providências.

DECRETO N. 6.814, DE 6 DE ABRIL DE 2009 1253
Regulamenta a Lei n. 11.508, de 20 de julho de 2007, que dispõe sobre o regime tributário, cambial e administrativo das Zonas de Processamento de Exportação - ZPE.

DECRETO N. 6.877, DE 18 DE JUNHO DE 2009 1254
Regulamenta a Lei n. 11.671, de 8 de maio de 2008, que dispõe sobre a inclusão de presos em estabelecimentos penais federais de segurança máxima ou a sua transferência para aqueles estabelecimentos, e dá outras providências.

DECRETO N. 6.906, DE 21 DE JULHO DE 2009 1255
Estabelece a obrigatoriedade de prestação de informações sobre vínculos familiares pelos agentes públicos que especifica.

DECRETO N. 6.924, DE 5 DE AGOSTO DE 2009 1255
Institui o Prêmio de "Boas Práticas na Aplicação, Divulgação ou Implementação da Lei Maria da Penha".

DECRETO N. 6.944, DE 21 DE AGOSTO DE 2009 1255
Estabelece medidas organizacionais para o aprimoramento da administração pública federal direta, autárquica e fundacional, dispõe sobre normas gerais relativas a concursos públicos, organiza sob a forma de sistema as atividades de organização e inovação institucional do Governo Federal, e dá outras providências.

DECRETO N. 7.052, DE 23 DE DEZEMBRO DE 2009 1259
Regulamenta a Lei n. 11.770, de 09 de setembro de 2008, que cria o Programa Empresa Cidadã, destinado à prorrogação da licença-maternidade, no tocante a empregadas de pessoas jurídicas.

DECRETO N. 7.153, DE 9 DE ABRIL DE 2010 1259
Dispõe sobre a representação e a defesa extrajudicial dos órgãos e entidades da administração federal junto ao Tribunal de Contas da União, por intermédio da Advocacia-Geral da União.

DECRETO N. 7.174, DE 12 DE MAIO DE 2010 1260
Regulamenta a contratação de bens e serviços de informática e automação pela administração pública federal, direta ou indireta, pelas fundações instituídas ou mantidas pelo Poder Público e pelas demais organizações sob o controle direto ou indireto da União.

DECRETO N. 7.179, DE 20 DE MAIO DE 2010 1261
Institui o Plano Integrado de Enfrentamento ao Crack e outras Drogas, cria o seu Comitê Gestor, e dá outras providências.

DECRETO N. 7.212, DE 15 DE JUNHO DE 2010 1262
Regulamenta a cobrança, fiscalização, arrecadação e administração do Imposto sobre Produtos Industrializados - IPI.

DECRETO DE 15 DE SETEMBRO DE 2010 1321
Institui o Plano de Ação para Prevenção e Controle do Desmatamento e das Queimadas no Bioma Cerrado - PPCerrado, altera o Decreto de 03 de julho de 2003, que institui Grupo Permanente de Trabalho Interministerial para os fins que especifica.

DECRETO N. 7.404, DE 23 DE DEZEMBRO DE 2010 1322

Regulamenta a Lei n. 12.305, de 2 de agosto de 2010, que institui a Política Nacional de Resíduos Sólidos, cria o Comitê Interministerial da Política Nacional de Resíduos Sólidos e o Comitê Orientador para a Implantação dos Sistemas de Logística Reversa, e dá outras providências.

DECRETO N. 7.508, DE 28 DE JUNHO DE 2011 1329

Regulamenta a Lei n. 8.080, de 19 de setembro de 1990, para dispor sobre a organização do Sistema Único de Saúde - SUS, o planejamento da saúde, a assistência à saúde e a articulação interfederativa, e dá outras providências.

DECRETO N. 7.546, DE 2 DE AGOSTO DE 2011 1331

Regulamenta o disposto nos §§ 5º a 12 do art. 3º da Lei n. 8.666, de 21 de junho de 1993, e institui a Comissão Interministerial de Compras Públicas.

DECRETO N. 7.555, DE 19 DE AGOSTO DE 2011 1332

Regulamenta os arts. 14 a 20 da Lei n. 12.546, de 14 de dezembro de 2011, que dispõem sobre a incidência do Imposto sobre Produtos Industrializados - IPI, no mercado interno e na importação, relativo aos cigarros classificados no código 2402.20.00 da Tabela de Incidência do Imposto sobre Produtos Industrializados - Tipi, e dá outras providências.

DECRETO N. 7.572, DE 28 DE SETEMBRO DE 2011 1333

Regulamenta dispositivos da Medida Provisória n. 535, de 2 de junho de 2011, que tratam do Programa de Apoio à Conservação Ambiental - Programa Bolsa Verde.

DECRETO N. 7.574, DE 29 DE SETEMBRO DE 2011 1335

Regulamenta o processo de determinação e de exigência de créditos tributários da União, o processo de consulta relativo à interpretação da legislação tributária e aduaneira, à classificação fiscal de mercadorias, à classificação de serviços, intangíveis e de outras operações que produzam variações no patrimônio e de outros processos que especifica, sobre matérias administradas pela Secretaria da Receita Federal do Brasil.

DECRETO N. 7.578, DE 11 DE OUTUBRO DE 2011 1349

Regulamenta as medidas tributárias referentes à realização, no Brasil, da Copa das Confederações FIFA 2013 e da Copa do Mundo FIFA 2014 de que trata a Lei n. 12.350, de 20 de dezembro de 2010.

DECRETO N. 7.581, DE 11 DE OUTUBRO DE 2011 1353

Regulamenta o Regime Diferenciado de Contratações Públicas - RDC, de que trata a Lei n. 12.462, de 4 de agosto de 2011.

DECRETO N. 7.619, DE 21 DE NOVEMBRO DE 2011 1363

Regulamenta a concessão de crédito presumido do Imposto sobre Produtos Industrializados - IPI na aquisição de resíduos sólidos.

DECRETO N. 7.626, DE 24 DE NOVEMBRO DE 2011 1363

Institui o Plano Estratégico de Educação no âmbito do Sistema Prisional.

DECRETO N. 7.674, DE 20 DE JANEIRO DE 2012 1364

Dispõe sobre o Subsistema de Relações de Trabalho no Serviço Público Federal.

DECRETO N. 7.721, DE 16 DE ABRIL DE 2012 1364

Dispõe sobre o condicionamento do recebimento da assistência financeira do Programa de Seguro-Desemprego à comprovação de matrícula e frequência em curso de formação inicial e continuada ou de qualificação profissional, com carga horária mínima de cento e sessenta horas.

DECRETO N. 7.725, DE 21 DE MAIO DE 2012 1365

Altera as Notas Complementares NC (87-2), NC (87-4), NC (87-5) e NC (87-7) da Tabela de Incidência do Imposto sobre Produtos Industrializados - TIPI, aprovada pelo Decreto n. 7.660, de 23 de dezembro de 2011, e dispõe sobre a devolução ficta dos produtos nelas referidos.

DECRETO N. 7.746, DE 5 DE JUNHO DE 2012 1365

Regulamenta o art. 3º da Lei n. 8.666, de 21 de junho de 1993, para estabelecer critérios e práticas para a promoção do desenvolvimento nacional sustentável nas contratações realizadas pela administração pública federal direta, autárquica e fundacional e pelas empresas estatais dependentes, e institui a Comissão Interministerial de Sustentabilidade na Administração Pública - CISAP.

DECRETO N. 7.777, DE 24 DE JULHO DE 2012 1366
Dispõe sobre as medidas para a continuidade de atividades e serviços públicos dos órgãos e entidades da administração pública federal durante greves, paralisações ou operações de retardamento de procedimentos administrativos promovidas pelos servidores públicos federais.

DECRETO N. 7.783, DE 7 DE AGOSTO DE 2012 1366
Regulamenta a Lei n. 12.663, de 05 de junho de 2012, que dispõe sobre as medidas relativas à Copa das Confederações FIFA 2013, à Copa do Mundo FIFA 2014 e à Jornada Mundial da Juventude - 2013.

DECRETO N. 7.788, DE 15 DE AGOSTO DE 2012 1367
Regulamenta o Fundo Nacional de Assistência Social, instituído pela Lei n. 8.742, de 7 de dezembro de 1993, e dá outras providências.

DECRETO N. 7.791, DE 17 DE AGOSTO DE 2012 1368
Regulamenta a compensação fiscal na apuração do Imposto sobre a Renda da Pessoa Jurídica - IRPJ pela divulgação gratuita da propaganda partidária e eleitoral, de plebiscitos e referendos.

DECRETO N. 7.794, DE 20 DE AGOSTO DE 2012 1369
Institui a Política Nacional de Agroecologia e Produção Orgânica.

DECRETO N. 7.808, DE 20 DE SETEMBRO DE 2012 1370
Cria a Fundação de Previdência Complementar do Servidor Público Federal do Poder Executivo - Funpresp-Exe, dispõe sobre sua vinculação no âmbito do Poder Executivo e dá outras providências.

DECRETO N. 7.819, DE 3 DE OUTUBRO DE 2012 1370
Regulamenta os arts. 40 a 44 da Lei n. 12.715, de 17 de setembro de 2012, que dispõe sobre o Programa de Incentivo à Inovação Tecnológica e Adensamento da Cadeia Produtiva de Veículos Automotores - INOVAR-AUTO, e os arts. 5º e 6º da Lei n. 12.546, de 14 de dezembro de 2011, que dispõe sobre redução do Imposto sobre Produtos Industrializados, na hipótese que especifica.

DECRETO N. 7.827, DE 16 DE OUTUBRO DE 2012 1377
Regulamenta os procedimentos de condicionamento e restabelecimento das transferências de recursos provenientes das receitas de que tratam o inciso II do caput do art. 158, as alíneas "a" e "b" do inciso I e o inciso II do caput do art. 159 da Constituição, dispõe sobre os procedimentos de suspensão e restabelecimento das transferências voluntárias da União, nos casos de descumprimento da aplicação dos recursos em ações e serviços públicos de saúde de que trata a Lei Complementar n. 141, de 13 de janeiro de 2012, e dá outras providências.

DECRETO N. 7.828, DE 16 DE OUTUBRO DE 2012 1380
Regulamenta a incidência da contribuição previdenciária sobre a receita devida pelas empresas de que tratam os arts. 7º a 9º da Lei n. 12.546, de 14 de dezembro de 2011.

DECRETO N. 7.829, DE 17 DE OUTUBRO DE 2012 1381
Regulamenta a Lei n. 12.414, de 9 de junho de 2011, que disciplina a formação e consulta a bancos de dados com informações de adimplemento, de pessoas naturais ou de pessoas jurídicas, para formação de histórico de crédito.

DECRETO N. 7.830, DE 17 DE OUTUBRO DE 2012 1383
Dispõe sobre o Sistema de Cadastro Ambiental Rural, o Cadastro Ambiental Rural, estabelece normas de caráter geral aos Programas de Regularização Ambiental, de que trata a Lei n. 12.651, de 25 de maio de 2012, e dá outras providências.

DECRETO N. 7.845, DE 14 DE NOVEMBRO DE 2012 1385
Regulamenta procedimentos para credenciamento de segurança e tratamento de informação classificada em qualquer grau de sigilo, e dispõe sobre o Núcleo de Segurança e Credenciamento

DECRETO N. 7.860, DE 6 DE DEZEMBRO DE 2012 1389
Cria a Comissão Nacional para Assuntos de Praticagem, com o objetivo de elaborar propostas sobre regulação de preços, abrangência das zonas e medidas de aperfeiçoamento relativas ao serviço de praticagem; e altera o Decreto n. 2.596, de 18 de maio de 1998.

DECRETO N. 7.861, DE 6 DE DEZEMBRO DE 2012 1389
Institui a Comissão Nacional das Autoridades nos Portos - CONAPORTOS, dispõe sobre a atuação integrada dos órgãos e entidades públicos nos portos organizados e instalações portuárias, e dá outras providências.

DECRETO N. 7.871, DE 21 DE DEZEMBRO DE 2012 1390
Dispõe sobre as condições de delegação da exploração de aeródromos civis públicos por meio de autorização.

DECRETO N. 7.872, DE 26 DE DEZEMBRO DE 2012 ... 1391
Regulamenta a Lei n. 12.382, de 25 de fevereiro de 2011, que dispõe sobre o valor do salário-mínimo e a sua política de valorização de longo prazo.

DECRETO N. 7.892, DE 23 DE JANEIRO DE 2013 ... 1391
Regulamenta o Sistema de Registro de Preços previsto no art. 15 da Lei n. 8.666, de 21 de junho de 1993.

DECRETO N. 7.897, DE 1º DE FEVEREIRO DE 2013 ... 1395
Regulamenta a constituição de gravames e ônus sobre ativos financeiros e valores mobiliários em operações realizadas no âmbito do mercado de valores mobiliários ou do sistema de pagamentos brasileiro, de que trata o parágrafo único do art. 63-A da Lei n. 10.931, de 2 de agosto de 2004.

DECRETO N. 7.920, DE 15 DE FEVEREIRO DE 2013 ... 1395
Cria o Conselho Interministerial de Estoques Públicos de Alimentos - CIEP, com objetivo de definir as condições para aquisição e liberação de estoques públicos de alimentos.

DECRETO N. 7.921, DE 15 DE FEVEREIRO DE 2013 ... 1395
Regulamenta a aplicação do Regime Especial de Tributação do Programa Nacional de Banda Larga para Implantação de Redes de Telecomunicações - REPNBL-Redes, de que trata a Lei n. 12.715, de 17 de setembro de 2012.

DECRETO N. 7.922, DE 18 DE FEVEREIRO DE 2013 ... 1397
Regulamenta as Gratificações de Qualificação - GQ, instituídas pelas Leis n. 9.657 de 3 de junho de 1998, n. 10.871, de 20 de maio de 2004, n. 11.046, de 27 de dezembro de 2004, n. 11.171, de 2 de setembro de 2005, n. 11.355, de 19 de outubro de 2006, n. 11.356, de 19 de outubro de 2006, n. 11.357, de 19 de outubro de 2006, n. 11.539, de 8 de novembro de 2007, e n. 11.907, de 2 de fevereiro de 2009, e dá outras providências.

DECRETO N. 7.943, DE 5 DE MARÇO DE 2013 ... 1404
Institui a Política Nacional para os Trabalhadores Rurais Empregados.

DECRETO N. 7.950, DE 12 DE MARÇO DE 2013 ... 1405
Institui o Banco Nacional de Perfis Genéticos e a Rede Integrada de Bancos de Perfis Genéticos.

DECRETO N. 7.957, DE 12 DE MARÇO DE 2013 ... 1406
Institui o Gabinete Permanente de Gestão Integrada para a Proteção do Meio Ambiente; regulamenta a atuação das Forças Armadas na proteção ambiental; altera o Decreto n. 5.289, de 29 de novembro de 2004, e dá outras providências.

DECRETO N. 7.958, DE 13 DE MARÇO DE 2013 ... 1406
Estabelece diretrizes para o atendimento às vítimas de violência sexual pelos profissionais de segurança pública e da rede de atendimento do Sistema Único de Saúde.

DECRETO N. 7.963, DE 15 DE MARÇO DE 2013 ... 1407
Institui o Plano Nacional de Consumo e Cidadania e cria a Câmara Nacional das Relações de Consumo.

DECRETO N. 7.970, DE 28 DE MARÇO DE 2013 ... 1408
Regulamenta dispositivos da Lei n. 12.598, de 22 de março de 2012, que estabelece normas especiais para as compras, as contratações e o desenvolvimento de produtos e sistemas de defesa, e dá outras providências.

DECRETO N. 7.984, DE 8 DE ABRIL DE 2013 ... 1410
Regulamenta a Lei n. 9.615, de 24 de março de 1998, que institui normas gerais sobre desporto.

DECRETO N. 7.988, DE 17 DE ABRIL DE 2013 ... 1417
Regulamenta os arts. 1º a 13 da Lei n. 12.715, de 17 de setembro de 2012, que dispõem sobre o Programa Nacional de Apoio à Atenção Oncológica - Pronon e o Programa Nacional de Apoio à Atenção da Saúde da Pessoa com Deficiência - PRONAS/PCD.

DECRETO N. 8.033, DE 27 DE JUNHO DE 2013 ... 1418
Regulamenta o disposto na Lei n. 12.815, de 5 de junho de 2013, e as demais disposições legais que regulam a exploração de portos organizados e de instalações portuárias.

DECRETO N. 8.058, DE 26 DE JULHO DE 2013 ... 1425
Regulamenta os procedimentos administrativos relativos à investigação e à aplicação de medidas antidumping; e altera o Anexo II ao Decreto n. 7.096, de 4 de fevereiro de 2010, que aprova a Estrutura Regimental e o Quadro Demonstrativo dos Cargos em Comissão e das Funções Gratificadas do Ministério do Desenvolvimento, Indústria e Comércio Exterior.

DECRETO N. 8.084, DE 26 DE AGOSTO DE 2013 1440
Regulamenta a Lei n. 12.761, de 27 de dezembro de 2012, que institui o Programa de Cultura do Trabalhador e cria o vale-cultura.

DECRETO N. 8.122, DE 16 DE OUTUBRO DE 2013 1442
Regulamenta o Regime Especial Tributário para a Indústria de Defesa - Retid, instituído pela Lei n. 12.598, de 22 de março de 2012.

DECRETO N. 8.176, DE 27 DE DEZEMBRO DE 2013 1443
Dispõe sobre a obrigatoriedade de exibição de obras audiovisuais cinematográficas brasileiras.

DECRETO N. 8.235, DE 5 DE MAIO DE 2014 1444
Estabelece normas gerais complementares aos Programas de Regularização Ambiental dos Estados e do Distrito Federal, de que trata o Decreto n. 7.830, de 17 de outubro de 2012, institui o Programa Mais Ambiente Brasil, e dá outras providências.

DECRETO N. 8.242, DE 23 DE MAIO DE 2014 1445
Regulamenta a Lei n. 12.101, de 27 de novembro de 2009, para dispor sobre o processo de certificação das entidades beneficentes de assistência social e sobre procedimentos de isenção das contribuições para a seguridade social.

DECRETO N. 8.364, DE 17 DE NOVEMBRO DE 2014 1452
Regulamenta o Fórum Permanente das Microempresas e Empresas de Pequeno Porte.

DECRETO N. 8.368, DE 2 DE DEZEMBRO DE 2014 1452
Regulamenta a Lei n. 12.764, de 27 de dezembro de 2012, que institui a Política Nacional de Proteção dos Direitos da Pessoa com Transtorno do Espectro Autista.

DECRETO N. 8.373, DE 11 DE DEZEMBRO DE 2014 1453
Institui o Sistema de Escrituração Digital das Obrigações Fiscais, Previdenciárias e Trabalhistas - eSocial e dá outras providências.

DECRETO N. 8.415, DE 27 DE FEVEREIRO DE 2015 1453
Regulamenta a aplicação do Regime Especial de Reintegração de Valores Tributários para as Empresas Exportadoras - Reintegra.

DECRETO N. 8.424, DE 31 DE MARÇO DE 2015 1454
Regulamenta a Lei n. 10.779, de 25 de novembro de 2003, para dispor sobre a concessão do benefício de seguro-desemprego, durante o período de defeso, ao pescador profissional artesanal que exerce sua atividade exclusiva e ininterruptamente.

DECRETO N. 8.425, DE 31 DE MARÇO DE 2015 1456
Regulamenta o parágrafo único do art. 24 e o art. 25 da Lei n. 11.959, de 29 de junho de 2009, para dispor sobre os critérios para inscrição no Registro Geral da Atividade Pesqueira e para a concessão de autorização, permissão ou licença para o exercício da atividade pesqueira.

DECRETO N. 8.426, DE 1º DE ABRIL DE 2015 1458
Restabelece as alíquotas da Contribuição para o PIS/PASEP e da COFINS incidentes sobre receitas financeiras auferidas pelas pessoas jurídicas sujeitas ao regime de apuração não cumulativa das referidas contribuições.

DECRETO N. 8.428, DE 2 DE ABRIL DE 2015 1458
Dispõe sobre o Procedimento de Manifestação de Interesse a ser observado na apresentação de projetos, levantamentos, investigações ou estudos, por pessoa física ou jurídica de direito privado, a serem utilizados pela administração pública.

DECRETO N. 8.437, DE 22 DE ABRIL DE 2015 1460
Regulamenta o disposto no art. 7º, caput, inciso XIV, alínea "h", e parágrafo único, da Lei Complementar n. 140, de 8 de dezembro de 2011, para estabelecer as tipologias de empreendimentos e atividades cujo licenciamento ambiental será de competência da União.

DECRETO N. 8.441, DE 29 DE ABRIL DE 2015 1462
Dispõe sobre as restrições ao exercício de atividades profissionais aplicáveis aos representantes dos contribuintes no Conselho Administrativo de Recursos Fiscais e a gratificação de presença de que trata a Lei n. 5.708, de 4 de outubro de 1971.

DECRETO N. 8.442, DE 29 DE ABRIL DE 2015 1462
Regulamenta os art. 14 a art. 36 da Lei n. 13.097, de 19 de janeiro de 2015, que tratam da incidência do Imposto sobre Produtos Industrializados - IPI, da Contribuição para o PIS/Pasep e da Contribuição para o Financiamento da Seguridade Social - Cofins, no mercado interno e na importação, sobre produtos dos Capítulos 21 e 22 da Tabela de Incidência do Imposto sobre Produtos Industrializados - Tipi.

DECRETO N. 8.479, DE 6 DE JULHO DE 2015 1465
Regulamenta o disposto na Medida Provisória n. 680, de 6 de julho de 2015, que institui o Programa de Proteção ao Emprego.

DECRETO N. 8.516, DE 10 DE SETEMBRO DE 2015 1465
Regulamenta a formação do Cadastro Nacional de Especialistas de que tratam o § 4º e § 5º do art. 1º da Lei n. 6.932, de 7 de julho de 1981, e o art. 35 da Lei n. 12.871, de 22 de outubro de 2013.

DECRETO N. 8.533, DE 30 DE SETEMBRO DE 2015 1466
Regulamenta o disposto no art. 9º-A da Lei n. 10.925, de 23 de julho de 2004, que dispõe sobre o crédito presumido da Contribuição para os Programas de Integração Social e de Formação do Patrimônio do Servidor Público - PIS/Pasep e da Contribuição para o Financiamento da Seguridade Social - Cofins relativo à aquisição de leite in natura, e institui o Programa Mais Leite Saudável.

DECRETO N. 8.535, DE 1º DE OUTUBRO DE 2015 1468
Dispõe sobre a contratação de serviços de instituições financeiras pelos órgãos e entidades do Poder Executivo federal.

DECRETO N. 8.614, DE 22 DE DEZEMBRO DE 2015 1469
Regulamenta a Lei Complementar n. 121, de 9 de fevereiro de 2006, para instituir a Política Nacional de Repressão ao Furto e Roubo de Veículos e Cargas e para disciplinar a implantação do Sistema Nacional de Prevenção, Fiscalização e Repressão ao Furto e Roubo de Veículos e Cargas.

DECRETO N. 8.772, DE 11 DE MAIO DE 2016 1470
Regulamenta a Lei n. 13.123, de 20 de maio de 2015, que dispõe sobre o acesso ao patrimônio genético, sobre a proteção e o acesso ao conhecimento tradicional associado e sobre a repartição de benefícios para conservação e uso sustentável da biodiversidade.

DECRETO N. 8.777, DE 11 DE MAIO DE 2016 1484
Institui a Política de Dados Abertos do Poder Executivo federal.

DECRETO N. 8.789, DE 29 DE JUNHO DE 2016 1486
Dispõe sobre o compartilhamento de bases de dados na administração pública federal.

DECRETO N. 8.950, DE 29 DE DEZEMBRO DE 2016 1486
Aprova a Tabela de Incidência do Imposto sobre Produtos Industrializados - TIPI.

DECRETO N. 9.036, DE 20 DE ABRIL DE 2017 1487
Dispõe sobre a priorização de políticas de fomento aos projetos de empreendimentos públicos dos Estados, do Distrito Federal e dos Municípios.

DECRETO N. 9.041, DE 2 DE MAIO DE 2017 1487
Regulamenta a Lei n. 12.351, de 22 de dezembro de 2010, para dispor sobre o direito de preferência da Petróleo Brasileiro S.A. - Petrobras atuar como operadora nos consórcios formados para exploração e produção de blocos a serem contratados sob o regime de partilha de produção.

DECRETO N. 9.046, DE 5 DE MAIO DE 2017 1487
Dispõe sobre as condições para a contratação plurianual de obras, bens e serviços, no âmbito do Poder Executivo federal.

DECRETO N. 9.084, DE 29 DE JUNHO DE 2017 1488
Regulamenta o Programa Cartão Reforma, instituído pela Lei n. 13.439, de 27 de abril de 2017.

DECRETO N. 9.094, DE 17 DE JULHO DE 2017 1490
Dispõe sobre a simplificação do atendimento prestado aos usuários dos serviços públicos, ratifica a dispensa do reconhecimento de firma e da autenticação em documentos produzidos no País e institui a Carta de Serviços ao Usuário.

DECRETO N. 9.175, DE 18 DE OUTUBRO DE 2017 1491
Regulamenta a Lei n. 9.434, de 4 de fevereiro de 1997, para tratar da disposição de órgãos, tecidos, células e partes do corpo humano para fins de transplante e tratamento.

DECRETO N. 9.190, DE 1º DE NOVEMBRO DE 2017 1496
Regulamenta o disposto no art. 20 da Lei n. 9.637, de 15 de maio de 1998.

DECRETO N. 9.194, DE 7 DE NOVEMBRO DE 2017 1498
Dispõe sobre a remessa de créditos constituídos pelas autarquias e fundações públicas federais para a Procuradoria-Geral Federal.

DECRETO N. 9.246, DE 21 DE DEZEMBRO DE 2017 1499
Concede indulto natalino e comutação de penas e dá outras providências.

DECRETO N. 9.271, DE 25 DE JANEIRO DE 2018 1501
Regulamenta a outorga de contrato de concessão no setor elétrico associada à privatização de titular de concessão de serviço público de geração de energia elétrica, nos termos da Lei n. 9.074, de 7 de julho de 1995.

DECRETO N. 9.277, DE 5 DE FEVEREIRO DE 2018 1502
Dispõe sobre a identificação do solicitante de refúgio e sobre o Documento Provisório de Registro Nacional Migratório.

DECRETO N. 9.278, DE 5 DE FEVEREIRO DE 2018 1502
Regulamenta a Lei n. 7.116, de 29 de agosto de 1983, que assegura validade nacional às Carteiras de Identidade e regula sua expedição.

DECRETO N. 9.283, DE 7 DE FEVEREIRO DE 2018 1504
Regulamenta a Lei n. 10.973, de 2 de dezembro de 2004, a Lei n. 13.243, de 11 de janeiro de 2016, o art. 24, § 3º, e o art. 32, § 7º, da Lei n. 8.666, de 21 de junho de 1993, o art. 1º da Lei n. 8.010, de 29 de março de 1990, e o art. 2º, caput, inciso I, alínea "g", da Lei n. 8.032, de 12 de abril de 1990, e altera o Decreto n. 6.759, de 5 de fevereiro de 2009, para estabelecer medidas de incentivo à inovação e à pesquisa científica e tecnológica no ambiente produtivo, com vistas à capacitação tecnológica, ao alcance da autonomia tecnológica e ao desenvolvimento do sistema produtivo nacional e regional.

DECRETO N. 9.287, DE 15 DE FEVEREIRO DE 2018 1516
Dispõe sobre a utilização de veículos oficiais pela administração pública federal direta, autárquica e fundacional.

DECRETO N. 9.290, DE 21 DE FEVEREIRO DE 2018 1517
Regulamenta a Lei n. 7.827, de 27 de setembro de 1989, para estabelecer a sistemática de cálculo e apropriação da taxa de administração a que fazem jus os bancos administradores dos Fundos Constitucionais de Financiamento.

DECRETO N. 9.292, DE 23 DE FEVEREIRO DE 2018 1518
Estabelece as características dos títulos da Dívida Pública Mobiliária Federal e dá outras providências.

DECRETO N. 9.296, DE 1º DE MARÇO DE 2018 1520
Regulamenta o art. 45 da Lei n. 13.146, de 6 de julho de 2015, que institui a Lei Brasileira de Inclusão da Pessoa com Deficiência - Estatuto da Pessoa com Deficiência.

DECRETO N. 9.309, DE 15 DE MARÇO DE 2018 1521
Regulamenta a Lei n. 11.952, de 25 de junho de 2009, para dispor sobre a regularização fundiária das áreas rurais, e dá outras providências.

DECRETO N. 9.310, DE 15 DE MARÇO DE 2018 1526
Institui as normas gerais e os procedimentos aplicáveis à Regularização Fundiária Urbana e estabelece os procedimentos para a avaliação e a alienação dos imóveis da União.

DECRETO N. 9.311, DE 15 DE MARÇO DE 2018 1538
Regulamenta a Lei n. 8.629, de 25 de fevereiro de 1993, e a Lei n. 13.001, de 20 de junho de 2014, para dispor sobre o processo de seleção, permanência e titulação das famílias beneficiárias do Programa Nacional de Reforma Agrária.

DECRETO N. 9.328, DE 3 DE ABRIL DE 2018 1543
Institui a Estratégia Brasil Amigo da Pessoa Idosa.

DECRETO N. 9.354, DE 25 DE ABRIL DE 2018 1544
Regulamenta o art. 1º do Decreto-Lei n. 2.398, de 21 de dezembro de 1987, que dispõe sobre foros, laudêmios e taxas de ocupação relativas a imóveis de propriedade da União, e o art. 11-B da Lei n. 9.636, de 15 de maio de 1998, que dispõe sobre a regularização, a administração, o aforamento e a alienação de bens imóveis de domínio da União.

DECRETO N. 9.373, DE 11 DE MAIO DE 2018 1545
Dispõe sobre a alienação, a cessão, a transferência, a destinação e a disposição final ambientalmente adequadas de bens móveis no âmbito da administração pública federal direta, autárquica e fundacional.

DECRETO N. 9.405, DE 11 DE JUNHO DE 2018 1546
Dispõe sobre o tratamento diferenciado, simplificado e favorecido às microempresas e às empresas de pequeno porte, previsto no art. 122 da Lei n. 13.146, de 6 de julho de 2015 - Lei Brasileira de Inclusão da Pessoa com Deficiência (Estatuto da Pessoa com Deficiência).

DECRETO N. 9.406, DE 12 DE JUNHO DE 2018 1547
Regulamenta o Decreto-Lei n. 227, de 28 de fevereiro de 1967, a Lei n. 6.567, de 24 de setembro de 1978, a Lei n. 7.805, de 18 de julho de 1989, e a Lei n. 13.575, de 26 de dezembro de 2017.

DECRETO N. 9.424, DE 26 DE JUNHO DE 2018 1552
Regulamenta o inciso V do caput do art. 17 da Lei n. 8.629, de 25 de fevereiro de 1993, que dispõe sobre a concessão de créditos de instalação de projetos de assentamento aos beneficiários do Programa Nacional de Reforma Agrária.

DECRETO N. 9.427, DE 28 DE JUNHO DE 2018 1555
Reserva aos negros trinta por cento das vagas oferecidas nas seleções para estágio no âmbito da administração pública federal direta, autárquica e fundacional.

DECRETO N. 9.450, DE 24 DE JULHO DE 2018 1555
Institui a Política Nacional de Trabalho no âmbito do Sistema Prisional, voltada à ampliação e qualificação da oferta de vagas de trabalho, ao empreendedorismo e à formação profissional das pessoas presas e egressas do sistema prisional, e regulamenta o § 5º do art. 40 da Lei n. 8.666, de 21 de junho de 1993, que regulamenta o disposto no inciso XXI do caput do art. 37 da Constituição e institui normas para licitações e contratos da administração pública firmados pelo Poder Executivo federal.

DECRETO N. 9.451, DE 26 DE JULHO DE 2018 1556
Regulamenta o art. 58 da Lei n. 13.146, de 6 de julho de 2015, que institui a Lei Brasileira de Inclusão da Pessoa com Deficiência - Estatuto da Pessoa com Deficiência.

DECRETO N. 9.455, DE 1º DE AGOSTO DE 2018 1558
Regulamenta, para o Exército, o disposto nos § 1º e § 2º do art. 10 da Lei n. 6.880, de 9 de dezembro de 1980, para dispor sobre a convocação e a incorporação de brasileiros com reconhecida competência técnico-profissional ou com notória cultura científica no serviço ativo do Exército, em caráter voluntário e temporário.

DECRETO N. 9.489, DE 30 DE AGOSTO DE 2018 1558
Regulamenta, no âmbito da União, a Lei n. 13.675, de 11 de junho de 2018, para estabelecer normas, estrutura e procedimentos para a execução da Política Nacional de Segurança Pública e Defesa Social.

DECRETO N. 9.492, DE 5 DE SETEMBRO DE 2018 1563
Regulamenta a Lei n. 13.460, de 26 de junho de 2017, que dispõe sobre participação, proteção e defesa dos direitos do usuário dos serviços públicos da administração pública federal, institui o Sistema de Ouvidoria do Poder Executivo federal, e altera o Decreto n. 8.910, de 22 de novembro de 2016, que aprova a Estrutura Regimental e o Quadro Demonstrativo dos Cargos em Comissão e das Funções de Confiança do Ministério da Transparência, Fiscalização e Controladoria-Geral da União.

DECRETO N. 9.493, DE 5 DE SETEMBRO DE 2018 1565
Aprova o Regulamento para a Fiscalização de Produtos Controlados.

DECRETO N. 9.507, DE 21 DE SETEMBRO DE 2018 1574
Dispõe sobre a execução indireta, mediante contratação, de serviços da administração pública federal direta, autárquica e fundacional e das empresas públicas e das sociedades de economia mista controladas pela União.

DECRETO N. 9.574, DE 22 DE NOVEMBRO DE 2018 1576
Consolida atos normativos editados pelo Poder Executivo federal que dispõem sobre gestão coletiva de direitos autorais e fonogramas, de que trata a Lei n. 9.610, de 19 de fevereiro de 1998.

DECRETO N. 9.579, DE 22 DE NOVEMBRO DE 2018 1580
Consolida atos normativos editados pelo Poder Executivo federal que dispõem sobre a temática do lactente, da criança e do adolescente e do aprendiz, e sobre o Conselho Nacional dos Direitos da Criança e do Adolescente, o Fundo Nacional para a Criança e o Adolescente e os programas federais da criança e do adolescente, e dá outras providências.

DECRETO N. 9.589, DE 29 DE NOVEMBRO DE 2018 1591
Dispõe sobre os procedimentos e os critérios aplicáveis ao processo de liquidação de empresas estatais federais controladas diretamente pela União.

DECRETO N. 9.600, DE 5 DE DEZEMBRO DE 2018 1593
Consolida as diretrizes sobre a Política Nuclear Brasileira.

DECRETO N. 9.609, DE 12 DE DEZEMBRO DE 2018 1594
Regulamenta a Lei n. 13.756, de 12 de dezembro de 2018, para dispor sobre o Conselho Gestor do Fundo Nacional de Segurança Pública e a gestão dos recursos do Fundo Nacional de Segurança Pública.

DECRETO N. 9.612, DE 17 DE DEZEMBRO DE 2018 1596
Dispõe sobre políticas públicas de telecomunicações.

DECRETO N. 9.630, DE 26 DE DEZEMBRO DE 2018 1598
Institui o Plano Nacional de Segurança Pública e Defesa Social e dá outras providências.

DECRETO N. 9.637, DE 26 DE DEZEMBRO DE 2018 1599
Institui a Política Nacional de Segurança da Informação, dispõe sobre a governança da segurança da informação, e altera o Decreto n. 2.295, de 4 de agosto de 1997, que regulamenta o disposto no art. 24, caput, inciso IX, da Lei n. 8.666, de 21 de junho de 1993, e dispõe sobre a dispensa de licitação nos casos que possam comprometer a segurança nacional.

▪ DECRETOS-LEIS

DECRETO-LEI N. 58, DE 10 DE DEZEMBRO DE 1937 1605
Dispõe sobre o loteamento e a venda de terrenos para pagamento em prestações.

DECRETO-LEI N. 341, DE 17 DE MARÇO DE 1938 1606
Regula a apresentação de documentos, por estrangeiros, ao Registro de Comércio e dá outras providências.

DECRETO-LEI N. 2.612, DE 20 DE SETEMBRO DE 1940 1607
Dispõe sobre o registo do penhor rural

DECRETO-LEI N. 3.200, DE 19 DE ABRIL DE 1941 1608
Dispõe sobre a organização e proteção da família.

DECRETO-LEI N. 3.240, DE 8 DE MAIO DE 1941 1610
Sujeita a sequestro os bens de pessoas indiciadas por crimes de que resulta prejuízo para a fazenda pública, e outros.

DECRETO-LEI N. 5.384, DE 8 DE ABRIL DE 1943 1610
Dispõe sobre os beneficiários do seguro de vida.

DECRETO-LEI N. 6.259, DE 10 DE FEVEREIRO DE 1944 1611
Dispõe sobre o serviço de loterias, e dá outras providências.

DECRETO-LEI N. 7.485, DE 23 DE ABRIL DE 1945 1614
Dispõe sobre a prova do casamento nas habilitações aos benefícios do seguro social, e dá outras providências.

DECRETO-LEI N. 9.085, DE 25 DE MARÇO DE 1946 1614
Dispõe sobre o registro civil das pessoas jurídicas.

DECRETO-LEI N. 9.215, DE 30 DE ABRIL DE 1946 1615
Proíbe a prática ou exploração de jogos de azar em todo o território nacional.

DECRETO-LEI N. 9.760, DE 5 DE SETEMBRO DE 1946 1615
Dispõe sobre os bens imóveis da União e dá outras providências.

DECRETO-LEI N. 37, DE 18 DE NOVEMBRO DE 1966 1626
Dispõe sobre o imposto de importação, reorganiza os serviços aduaneiros e dá outras providências.

DECRETO-LEI N. 41, DE 18 DE NOVEMBRO DE 1966 1637
Dispõe sobre a dissolução de sociedades civis de fins assistenciais.

DECRETO-LEI N. 57, DE 18 DE NOVEMBRO DE 1966 1637
Altera dispositivos sobre lançamento e cobrança do Imposto sobre a Propriedade Territorial Rural, institui normas sobre arrecadação da Dívida Ativa correspondente, e dá outras providências.

DECRETO-LEI N. 70, DE 21 DE NOVEMBRO DE 1966 1638
Autoriza o funcionamento de associações de poupança e empréstimo, institui a cédula hipotecária e dá outras providências.

DECRETO-LEI N. 167, DE 14 DE FEVEREIRO DE 1967 1641
Dispõe sobre títulos de crédito rural e dá outras providências.

DECRETO-LEI N. 200, DE 25 DE FEVEREIRO DE 1967 1645
Dispõe sobre a organização da Administração Federal, estabelece diretrizes para a Reforma Administrativa e dá outras providências.

DECRETO-LEI N. 221, DE 28 DE FEVEREIRO DE 1967 1657
Dispõe sobre a proteção e estímulos à pesca e dá outras providências.

DECRETO-LEI N. 227, DE 28 DE FEVEREIRO DE 1967 1658
Dá nova redação ao Decreto-Lei n. 1.985, de 29 de janeiro de 1940 (Código de Minas).

DECRETO-LEI N. 261, DE 28 DE FEVEREIRO DE 1967 1666
Dispõe sobre as sociedades de capitalização e dá outras providências.

DECRETO-LEI N. 271, DE 28 DE FEVEREIRO DE 1967 1667
Dispõe sobre loteamento urbano, responsabilidade do loteador, concessão de uso e espaço aéreo e dá outras providências.

DECRETO-LEI N. 288, DE 28 DE FEVEREIRO DE 1967 1667
Altera as disposições da Lei n. 3.173 de 6 de junho de 1957 e regula a Zona Franca de Manaus.

DECRETO-LEI N. 305, DE 28 DE FEVEREIRO DE 1967 1670
Dispõe sobre a legalização dos livros de escrituração das operações mercantis.

DECRETO-LEI N. 368, DE 19 DE DEZEMBRO DE 1968 1671
Dispõe sobre efeitos de débitos salariais e dá outras providências.

DECRETO-LEI N. 406, DE 31 DE DEZEMBRO DE 1968 1671
Estabelece normas gerais de direito financeiro, aplicáveis aos impostos sobre operações relativas à circulação de mercadorias e sobre serviços de qualquer natureza, e dá outras providências.

DECRETO-LEI N. 413, DE 9 DE JANEIRO DE 1969 1674
Dispõe sobre títulos de crédito industrial e dá outras providências.

DECRETO-LEI N. 486, DE 3 DE MARÇO DE 1969 1678
Dispõe sobre escrituração e livros mercantis e dá outras providências.

DECRETO-LEI N. 509, DE 20 DE MARÇO DE 1969 1679
Dispõe sobre a transformação do Departamento dos Correios e Telégrafos em empresa pública, e dá outras providências.

DECRETO-LEI N. 552, DE 25 DE ABRIL DE 1969 1679
Dispõe sobre a concessão de vista ao Ministério Público nos processos de habeas corpus.

DECRETO-LEI N. 691, DE 18 DE JULHO DE 1969 1680
Dispõe sobre a não aplicação, aos contratos de técnicos estrangeiros, com estipulação de pagamento de salários em moeda estrangeira, de diversas disposições da legislação trabalhista, e dá outras providências.

DECRETO-LEI N. 779, DE 21 DE AGOSTO DE 1969 1680
Dispõe sobre a aplicação de normas processuais trabalhistas à União Federal, aos Estados, Municípios, Distrito Federal e Autarquias ou Fundações de direito público que não explorem atividade econômica.

DECRETO-LEI N. 822, DE 5 DE SETEMBRO DE 1969 1680
Extingue a garantia de instância nos recursos de decisão administrativa fiscal e dá outras providências.

DECRETO-LEI N. 857, DE 11 DE SETEMBRO DE 1969 1680
Consolida e altera a legislação sobre moeda de pagamento de obrigações exequíveis no Brasil.

DECRETO-LEI N. 858, DE 11 DE SETEMBRO DE 1969 1681
Dispõe sobre a cobrança e a correção monetária dos débitos fiscais nos casos de falência e dá outras providências.

DECRETO-LEI N. 900, DE 29 DE SETEMBRO DE 1969 1681
Altera disposições do Decreto-Lei n. 200, de 25 de fevereiro de 1967, e dá outras providências.

DECRETO-LEI N. 972, DE 17 DE OUTUBRO DE 1969 1681
Dispõe sobre o exercício da profissão de jornalista.

DECRETO-LEI N. 1.269, DE 18 DE ABRIL DE 1973 1683
Estabelece isenção do Imposto sobre Operações Financeiras, altera o Decreto-lei n. 37, de 18 de novembro de 1966, e dá outras providências.

DECRETO-LEI N. 1.413, DE 14 DE AGOSTO DE 1975 1683
Dispõe sobre o controle da poluição do meio ambiente provocada por atividades industriais.

DECRETO-LEI N. 1.422, DE 23 DE OUTUBRO DE 1975 1683
Dispõe sobre o Salário-Educação.

DECRETO-LEI N. 1.578, DE 11 DE OUTUBRO DE 1977 1684
Dispõe sobre o imposto sobre a exportação, e dá outras providências.

DECRETO-LEI N. 1.593, DE 21 DE DEZEMBRO DE 1977 1684
Altera a legislação do Imposto sobre Produtos Industrializados, em relação aos casos que especifica, e dá outras providências.

DECRETO-LEI N. 1.715, DE 22 DE NOVEMBRO DE 1979 1687
Regula a expedição de certidão de quitação de tributos federais e extingue a declaração de devedor remisso.

DECRETO-LEI N. 1.755, DE 31 DE DEZEMBRO DE 1979 1687
Dispõe sobre a arrecadação e restituição das receitas federais, e dá outras providências.

DECRETO-LEI N. 1.783, DE 18 DE ABRIL DE 1980 1688
Dispõe sobre o Imposto sobre Operações de Crédito, Câmbio e Seguro, e sobre Operações relativas a Títulos e Valores Mobiliários.

DECRETO-LEI N. 1.804, DE 3 DE SETEMBRO DE 1980 1688
Dispõe sobre tributação simplificada das remessas postais internacionais.

DECRETO-LEI N. 1.852, DE 27 DE JANEIRO DE 1981 1688
Regula a distribuição aos Municípios da parcela do imposto sobre transmissão de bens imóveis e de direitos a eles relativos.

DECRETO-LEI N. 1.881, DE 27 DE AGOSTO DE 1981 1688
Altera a Lei n. 5.172, de 25 de outubro de 1966, cria a Reserva do Fundo de Participação dos Municípios - FPM a dá outras providências.

DECRETO-LEI N. 1.940, DE 25 DE MAIO DE 1982 1689
Institui contribuição social, cria o Fundo de Investimento Social (FINSOCIAL) e dá outras providências.

DECRETO-LEI N. 2.108, DE 27 DE FEVEREIRO DE 1984 1689
Concede isenção dos impostos de importação e sobre produtos industrializados nos casos que especifica.

DECRETO-LEI N. 2.120, DE 14 DE MAIO DE 1984 1690
Dispõe sobre o tratamento tributário relativo à bagagem.

DECRETO-LEI N. 2.186, DE 20 DE DEZEMBRO DE 1984 1690
Institui o imposto sobre serviços de comunicações, e dá outras providências.

DECRETO-LEI N. 2.321, DE 25 DE FEVEREIRO DE 1987 1691
Institui, em defesa das finanças públicas, regime de administração especial temporária, nas instituições financeiras privadas e públicas não federais, e dá outras providências.

DECRETO-LEI N. 2.398, DE 21 DE DEZEMBRO DE 1987 1692
Dispõe sobre foros, laudêmios e taxas de ocupação relativas a imóveis de propriedade da União, e dá outras providências.

DECRETO-LEI N. 2.407, DE 5 DE JANEIRO DE 1988 1694
Dispõe sobre a isenção do Imposto sobre Operações de Crédito, Câmbio e Seguro, e sobre Operações relativas a Título de Valores Mobiliários (IOF) nas Operações de Financiamento relativas à habitação.

DECRETO-LEI N. 2.434, DE 19 DE MAIO DE 1988 1694
Dispõe sobre a isenção ou redução de impostos na importação de bens e dá outras providências.

DECRETO-LEI N. 2.472, DE 1º DE SETEMBRO DE 1988 1694
Altera disposições da legislação aduaneira, consubstanciada no Decreto-Lei n. 37, de 18 de novembro de 1966, e dá outras providências.

▪ MEDIDAS PROVISÓRIAS

MEDIDA PROVISÓRIA N. 2.158-35, DE 24 DE AGOSTO DE 2001 1699

Altera a legislação das Contribuições para a Seguridade Social - COFINS, para os Programas de Integração Social e de Formação do Patrimônio do Servidor Público - PIS/PASEP e do Imposto sobre a Renda, e dá outras providências.

MEDIDA PROVISÓRIA N. 2.159-70, DE 24 DE AGOSTO DE 2001 1705

Altera a legislação do imposto de renda e dá outras providências.

MEDIDA PROVISÓRIA N. 2.178-36, DE 24 DE AGOSTO DE 2001 1706

Dispõe sobre o repasse de recursos financeiros do Programa Nacional de Alimentação Escolar, institui o Programa Dinheiro Direto na Escola, altera a Lei n. 9.533, de 10 de dezembro de 1997, que dispõe sobre programa de garantia de renda mínima, institui programas de apoio da União às ações dos Estados e Municípios, voltadas para o atendimento educacional, e dá outras providências.

MEDIDA PROVISÓRIA N. 2.197-43, DE 24 DE AGOSTO DE 2001 1707

Dispõe sobre a adoção de medidas relacionadas com o Sistema Financeiro da Habitação - SFH, altera as Leis n. 4.380, de 21 de agosto de 1964, 8.036, de 11 de maio de 1990, e 8.692, de 28 de julho de 1993, e dá outras providências.

MEDIDA PROVISÓRIA N. 2.199-14, DE 24 DE AGOSTO DE 2001 1707

Altera a legislação do imposto sobre a renda no que se refere aos incentivos fiscais de isenção e de redução, define diretrizes para os incentivos fiscais de aplicação de parcela do imposto sobre a renda nos Fundos de Investimentos Regionais, e dá outras providências.

MEDIDA PROVISÓRIA N. 2.200-2, DE 24 DE AGOSTO DE 2001 1708

Institui a infraestrutura de Chaves Públicas Brasileira - ICP-Brasil, transforma o Instituto Nacional de Tecnologia da Informação em autarquia, e dá outras providências.

MEDIDA PROVISÓRIA N. 2.228-1, DE 6 DE SETEMBRO DE 2001 1709

Estabelece princípios gerais da Política Nacional do Cinema, cria o Conselho Superior do Cinema e a Agência Nacional do Cinema - ANCINE, institui o Programa de Apoio ao Desenvolvimento do Cinema Nacional - PRODECINE, autoriza a criação de Fundos de Financiamento da Indústria Cinematográfica Nacional - FUNCINES, altera a legislação sobre a Contribuição para o Desenvolvimento da Indústria Cinematográfica Nacional e dá outras providências.

MEDIDA PROVISÓRIA N. 854, DE 3 DE OUTUBRO DE 2018 1717

Dispõe sobre a antecipação do pagamento dos honorários periciais nas ações em que o Instituto Nacional do Seguro Social seja parte e que tramitem nos Juizados Especiais Federais.

MEDIDA PROVISÓRIA N. 856, DE 13 DE NOVEMBRO DE 2018 1717

Delega à Agência Nacional de Energia Elétrica - Aneel a responsabilidade pela contratação de prestador emergencial e temporário do serviço público de distribuição de energia elétrica.

MEDIDA PROVISÓRIA N. 866, DE 20 DE DEZEMBRO DE 2018 1718

Autoriza a criação da empresa pública NAV Brasil Serviços de Navegação Aérea S.A.

▪ ATOS NORMATIVOS

PROVIMENTO CNJ N. 30, DE 16 DE ABRIL DE 2013 1723

Disciplina a recepção e protesto de cheques, nas hipóteses que relaciona, visando coibir fraudes que possam acarretar prejuízos aos devedores ou a terceiros.

RESOLUÇÃO CNJ N. 213, DE 15 DE DEZEMBRO DE 2015 1723

Dispõe sobre a apresentação de toda pessoa presa à autoridade judicial no prazo de 24 horas.

RESOLUÇÃO CNJ N. 230, DE 22 DE JUNHO DE 2016 1730

Orienta a adequação das atividades dos órgãos do Poder Judiciário e de seus serviços auxiliares às determinações exaradas pela Convenção Internacional sobre os Direitos das Pessoas com Deficiência e seu Protocolo Facultativo e pela Lei Brasileira de Inclusão da Pessoa com Deficiência por meio – entre outras medidas – da convolação em resolução a Recomendação CNJ 27, de 16.12.2009, bem como da instituição de Comissões Permanentes de Acessibilidade e Inclusão.

RESOLUÇÃO CJF N. 458, DE 4 DE OUTUBRO DE 2017 1734
Dispõe sobre a regulamentação, no âmbito da Justiça Federal de primeiro e segundo graus, dos procedimentos relativos à expedição de ofícios requisitórios, ao cumprimento da ordem cronológica dos pagamentos, às compensações, ao saque e ao levantamento dos depósitos.

RESOLUÇÃO CJF N. 459, DE 5 DE OUTUBRO DE 2017 1738
Dispõe sobre a regulamentação dos procedimentos relativos à expedição de ofícios requisitórios pelos Centros Judiciais de Solução de Conflitos e Cidadania - CEJUSCONs e pelas demais unidades de conciliação, em procedimentos pré-processuais, no âmbito da Justiça Federal de primeiro e segundo graus.

INSTRUÇÃO NORMATIVA N. 45, DE 7 DE MARÇO DE 2018 1739
Dispõe sobre os efeitos da revogação do art. 72 da Lei Complementar n. 123, de 14 de dezembro de 2006, no nome empresarial das microempresas e empresas de pequeno porte, e revoga o art. 5º, III, "e" e "f", e o art. 14 da Instrução Normativa DREI n. 15, de 5 de dezembro de 2013; e o art. 2º e parágrafo único da Instrução Normativa DREI n. 36, de 3 de março de 2017.

PROVIMENTO CNJ N. 67 , DE 26 DE MARÇO DE 2018 1739
Dispõe sobre os procedimentos de conciliação e de mediação nos serviços notariais e de registro do Brasil.

RESOLUÇÃO CGSN N. 140, DE 22 DE MAIO DE 2018 1742
Dispõe sobre o Regime Especial Unificado de Arrecadação de Tributos e Contribuições devidos pelas Microempresas e Empresas de Pequeno Porte (Simples Nacional).

- **REGIMENTOS INTERNOS**

TRIBUNAL SUPERIOR ELEITORAL 1773

RESOLUÇÃO N. 4.510, DE 29 DE SETEMBRO DE 1952 1773
Regimento Interno do Tribunal Superior Eleitoral.

TRIBUNAL SUPERIOR DO TRABALHO 1781

RESOLUÇÃO ADMINISTRATIVA N. 1.937, DE 20 DE NOVEMBRO DE 2017 1781
Aprova o Regimento Interno do Tribunal Superior do Trabalho.

- **LEGISLAÇÃO INTERNACIONAL**

DECRETO N. 18.871, DE 13 DE AGOSTO DE 1929 1809
Promulga a Convenção de direito internacional privado, de Havana. (Código de Bustamante)

DECRETO N. 18.956, DE 22 DE OUTUBRO DE 1929 1822
Promulga seis convenções de direito internacional publico, aprovadas pela Sexta Conferência internacional americana.

DECRETO N. 42.628, DE 13 DE NOVEMBRO DE 1957 1823
Promulga a Convenção sobre Asilo Diplomático, assinada em Caracas a 28 de março de 1954.

DECRETO N. 98.386, DE 9 DE DEZEMBRO DE 1989 1824
Promulga a Convenção Interamericana para Prevenir e Punir a Tortura.

DECRETO N. 99.710, DE 21 DE NOVEMBRO DE 1990 1826
Promulga a Convenção sobre os Direitos da Criança.

DECRETO N. 1.925, DE 10 DE JUNHO DE 1996 1831
Promulga a Convenção Interamericana sobre Prova e Informação acerca do Direito Estrangeiro, concluída em Montevidéu, Uruguai, em 8 de maio de 1979.

DECRETO N. 40, DE 15 DE FEVEREIRO DE 1991 1832
Promulga a Convenção Contra a Tortura e Outros Tratamentos ou Penas Cruéis, Desumanos ou Degradantes.

DECRETO N. 591, DE 6 DE JULHO DE 1992 1836
Atos Internacionais. Pacto Internacional sobre Direitos Econômicos, Sociais e Culturais. Promulgação.

DECRETO N. 592, DE 6 DE JULHO DE 1992 1838
Atos Internacionais. Pacto Internacional sobre Direitos Civis e Políticos. Promulgação.

DECRETO N. 1.355, DE 30 DE DEZEMBRO DE 1994 1843
Promulgo a Ata Final que Incorpora os Resultados da Rodada Uruguai de Negociações Comerciais Multilaterais do GATT.

DECRETO N. 1.899, DE 9 DE MAIO DE 1996 1855
Promulga a Convenção Interamericana sobre Cartas Rogatórias, de 30 de janeiro de 1975.

DECRETO N. 1.902, DE 9 DE MAIO DE 1996 1856
Promulga a Convenção Interamericana sobre Arbitragem Comercial Internacional, de 30 de janeiro de 1975.

DECRETO N. 2.427, DE 17 DE DEZEMBRO DE 1997 1857
Promulga a Convenção Interamericana sobre Personalidade e Capacidade de Pessoas Jurídicas no Direito Internacional Privado, concluída em La Paz, em 24 de maio de 1984.

DECRETO N. 2.519, DE 16 DE MARÇO DE 1998 1858
Promulga a Convenção sobre Diversidade Biológica, assinada no Rio de Janeiro, em 05 de junho de 1992.

DECRETO N. 2.652, DE 1º DE JULHO DE 1998 1865
Promulga a Convenção-Quadro das Nações Unidas sobre Mudança do Clima, assinada em Nova York, em 9 de maio de 1992.

DECRETO N. 3.167, DE 14 DE SETEMBRO DE 1999 1871
Promulga a Convenção sobre a Prevenção e Punição de Crimes Contra Pessoas que Gozam de Proteção Internacional, inclusive Agentes Diplomáticos, concluída em Nova York, em 14 de dezembro de 1973, com a reserva prevista no parágrafo 2º do art. 13 da Convenção.

DECRETO N. 4.210, DE 24 DE ABRIL DE 2002 1873
Promulga o Protocolo de Ushuaia sobre Compromisso Democrático no Mercosul, Bolívia e Chile.

DECRETO N. 4.410, DE 7 DE OUTUBRO DE 2002 1873
Promulga a Convenção Interamericana contra a Corrupção, de 29 de março de 1996, com reserva para o art. XI, parágrafo 1º, inciso "c".

DECRETO N. 4.463, DE 8 DE NOVEMBRO DE 2002 1876
Promulga a Declaração de Reconhecimento da Competência Obrigatória da Corte Interamericana de Direitos Humanos, sob reserva de reciprocidade, em consonância com o art. 62 da Convenção Americana sobre Direitos Humanos (Pacto de São José), de 22 de novembro de 1969.

DECRETO N. 4.982, DE 9 DE FEVEREIRO DE 2004 1876
Promulga o Protocolo de Olivos para a Solução de Controvérsias no Mercosul.

DECRETO N. 5.017, DE 12 DE MARÇO DE 2004 1882
Promulga o Protocolo Adicional à Convenção das Nações Unidas contra o Crime Organizado Transnacional Relativo à Prevenção, Repressão e Punição do Tráfico de Pessoas, em Especial Mulheres e Crianças.

DECRETO N. 5.639, DE 26 DE DEZEMBRO DE 2005 1884
Promulga a Convenção Interamericana contra o Terrorismo, assinada em Barbados, em 3 de junho de 2002.

DECRETO N. 5.919, DE 3 DE OUTUBRO DE 2006 1886
Promulga a Convenção Interamericana sobre o Cumprimento de Sentenças Penais no Exterior, concluída em Manágua, em 9 de junho de 1993, com reserva à primeira parte do parágrafo 2º do Artigo VII, relativa à redução dos períodos de prisão ou de cumprimento alternativo da pena.

DECRETO N. 6.105, DE 30 DE ABRIL DE 2007 1888
Promulga o Protocolo Constitutivo do Parlamento do Mercosul, aprovado pela Decisão n. 23/05, do Conselho do Mercado Comum, assinado pelos Governos da República Federativa do Brasil, da República Argentina, da República do Paraguai e da República Oriental do Uruguai, em Montevidéu.

DECRETO N. 6.949, DE 25 DE AGOSTO DE 2009 1891
Promulga a Convenção Internacional sobre os Direitos das Pessoas com Deficiência e seu Protocolo Facultativo, assinados em Nova York, em 30 de março de 2007.

DECRETO N. 7.940, DE 20 DE FEVEREIRO DE 2013 1899
Promulga o Protocolo Adicional ao Acordo-Quadro sobre Meio Ambiente do MERCOSUL em Matéria de Cooperação e Assistência frente a Emergências Ambientais, adotado pela Decisão 14/04 do Conselho do Mercado Comum, em 7 de julho de 2004.

DECRETO N. 7.944, DE 6 DE MARÇO DE 2013 1900
Promulga a Convenção n. 151 e a Recomendação n. 159 da Organização Internacional do Trabalho sobre as Relações de Trabalho na Administração Pública, firmadas em 1978.

DECRETO N. 8.343, DE 13 DE NOVEMBRO DE 2014 1902
Promulga a Convenção sobre o Acesso Internacional à Justiça, firmada pela República Federativa do Brasil, em Haia, em 25 de outubro de 1980.

DECRETO N. 8.501, DE 18 DE AGOSTO DE 2015 1905
Promulga a Convenção para a Redução dos Casos de Apatridia, firmada em Nova Iorque, em 30 de agosto de 1961.

DECRETO N. 8.660, DE 29 DE JANEIRO DE 2016 1907
Promulga a Convenção sobre a Eliminação da Exigência de Legalização de Documentos Públicos Estrangeiros, firmada pela República Federativa do Brasil, em Haia, em 5 de outubro de 1961.

DECRETO N. 9.289, DE 21 DE FEVEREIRO DE 2018 1908
Promulga o Protocolo de Emenda ao Acordo sobre Aspectos dos Direitos de Propriedade Intelectual Relacionados ao Comércio, adotado pelo Conselho-Geral da Organização Mundial do Comércio, em 6 de dezembro de 2005.

CARTA DA TERRA 1909

DECLARAÇÃO DO RIO SOBRE MEIO AMBIENTE E DESENVOLVIMENTO 1911

- **ESTATUTOS**

ESTATUTO DA COMISSÃO INTERAMERICANA DE DIREITOS HUMANOS 1912

ESTATUTO DA CORTE INTERAMERICANA DE DIREITOS HUMANOS 1914

- **SÚMULAS**

TURMA NACIONAL DE UNIFORMIZAÇÃO DA JURISPRUDÊNCIA DOS JUIZADOS ESPECIAIS FEDERAIS 1919

FONAJE - FÓRUM NACIONAL DOS JUIZADOS ESPECIAIS 1921

FONAJEF - FÓRUM NACIONAL DOS JUIZADOS ESPECIAIS FEDERAIS 1926

ORDEM DOS ADVOGADOS DO BRASIL 1930

CONSELHO ADMINISTRATIVO DE RECURSOS FISCAIS 1931

- **ANEXO**

LEI N. 13.785, DE 27 DE DEZEMBRO DE 2018 1939
Determina o registro de veículo pelo guia de turismo que for adquirente de veículo ou que utilizar veículo próprio, de cônjuge ou de dependente, no desempenho de suas atividades profissionais e estabelece regras a serem observadas pelo guia-motorista na execução dos serviços de transporte turístico.

LEI N. 13.787, DE 27 DE DEZEMBRO DE 2018 1939
Dispõe sobre a digitalização e a utilização de sistemas informatizados para a guarda, o armazenamento e o manuseio de prontuário de paciente.

DECRETO N. 9.640, DE 27 DE DEZEMBRO DE 2018 1939
Regulamenta a Cota de Reserva Ambiental, instituída pelo art. 44 da Lei n. 12.651, de 25 de maio de 2012.

DECRETO N. 9.660, DE 1º DE JANEIRO DE 2019 1942
Dispõe sobre a vinculação das entidades da administração pública federal indireta.

DECRETO N. 9.661, DE 1º DE JANEIRO DE 2019 1944
Regulamenta a Lei n. 13.152, de 29 de julho de 2015, que dispõe sobre o valor do salário mínimo e a sua política de valorização de longo prazo.

DECRETO N. 9.662, DE 1º DE JANEIRO DE 2019 1944
Aprova a Estrutura Regimental e o Quadro Demonstrativo dos Cargos em Comissão e das Funções de Confiança do Ministério da Justiça e Segurança Pública, remaneja cargos em comissão e funções de confiança e transforma cargos em comissão do Grupo-Direção e Assessoramento Superiores - DAS.

DECRETO N. 9.663, DE 1º DE JANEIRO DE 2019 1953
Aprova o Estatuto do Conselho de Controle de Atividades Financeiras - Coaf

MEDIDA PROVISÓRIA N. 870, DE 1º DE JANEIRO DE 2019 1956
Estabelece a organização básica dos órgãos da Presidência da República e dos Ministérios.

ÍNDICE TEMÁTICO

ÍNDICE TEMÁTICO

Índice Alfabético da Legislação

A

ABUSO DE AUTORIDADE
- ação *pública de crimes de responsabilidade* - Lei n. 5.249, de 9.2.1967

AÇÃO REGRESSIVA
- União contra seus agentes - Lei n. 4.619, de 28.4.1965

ACIDENTES DE TRÂNSITO
- exclui aplicação dos arts. 6º, I, 64 e 169, CPP - Lei n. 5.970, de 11.11.1973

AÇÕES TRABALHISTAS
- de competência da Justiça Federal - Lei n. 5.638, de 3.12.1970

ADMINISTRAÇÃO PÚBLICA
- atos e procedimentos administrativos, racionalização - Lei n. 13.726, de 8.10.2018
- bases de dados, compartilhamento - Decreto n. 8.789, de 29.6.2016
- direta, contratação por tempo determinado para atender a necessidade temporária de excepcional interesse público - Lei n. 8.745, de 9.12.1993
- direta, autárquica e fundacional, atos de extinção e declaração de desnecessidade de cargos públicos, e colocação em disponibilidade remunerada e aproveitamento de servidores públicos em decorrência da extinção ou da reorganização de órgãos ou entidades - Decreto n. 3.151, de 23.8.1999
- direta, autárquica e fundacional, audiências concedidas a particulares por agentes públicos em exercício - Decreto n. 4.334, de 12.8.2002
- direta, autárquica e fundacional, contratação de bens e serviços de informática e automação - Decreto n. 7.174, de 12.5.2010
- direta, autárquica e fundacional, critérios e práticas para a promoção do desenvolvimento nacional sustentável nas contratações - Decreto n. 7.746, de 5.6.2012
- direta, autárquica e fundacional, execução indireta, mediante contratação, de serviços - Decreto n. 9.507, de 21.9.2018
- direta, autárquica e fundacional, medidas organizacionais para o aprimoramento e normas gerais relativas a concursos públicos - Decreto n. 6.944, de 21.8.2009
- direta, autárquica e fundacional, regime de emprego público - Lei n. 9.962, de 22.2.2000
- direta, autárquica e fundacional, utilização de veículos oficiais - Decreto n. 9.287, de 15.2.2018
- extinção e dissolução de entidades - Lei n. 8.029, de 12.4.1990
- federal, transferências de recursos da União mediante convênios e contratos de repasse - Decreto n. 6.170, de 25.7.2007
- indireta, vinculação das entidades - Decreto n. 9.660/2019.
- organização - Decreto-Lei n. 200, de 25.2.1967; Decreto-Lei n. 900, de 29.9.1969
- Procedimento de Manifestação de Interesse na apresentação de projetos, levantamentos, investigações ou estudos, por pessoa física ou jurídica de direito privado - Decreto n. 8.428, de 2.4.2015
- reajuste de preços nos contratos - Decreto n. 1.054, de 7.2.1994

ADMINISTRAÇÃO TRIBUTÁRIA
- formas de melhoria - Lei n. 7.711, de 22.12.1988
- garantia de instância nos recursos de decisão administrativa fiscal, independência - Decreto-Lei n. 822, de 5.9.1969
- sistema de administração das receitas federais - Lei n. 8.022, de 12.4.1990

ADCT
- art. 43, regulamento - Lei n. 7.886, de 20.11.1989

ADOÇÃO
- mãe adotiva, extensão do direito à licença-maternidade e ao salário-maternidade - Lei n. 10.421, de 15.4.2002

ADVOCACIA-GERAL DA UNIÃO - AGU
- atividades de controle interno - Decreto n. 767, de 5.3.1993
- exercício das atribuições institucionais - Lei n. 9.028, de 12.4.1995
- representação e defesa extrajudicial dos órgãos e entidades da administração federal junto ao TCU - Decreto n. 7.153, de 9.4.2010

ADVOGADO-GERAL DA UNIÃO
- exercício de orientação normativa e supervisão técnica sobre os órgãos jurídicos das autarquias federais e fundações instituídas e mantidas pela União - Lei n. 9.704, de 17.11.1998

AERÓDROMOS
- condições de delegação da exploração por meio de autorização - Decreto n. 7.871, de 21.12.2012

AERONÁUTICA
- Código brasileiro - Lei n. 7.565, de 19.12.1986
- Regime Especial para a Indústria Aeronáutica Brasileira - RETAERO, instituição - Lei n. 12.249, de 11.6.2010
- regulamento disciplinar - Decreto n. 76.322, de 22.9.1975

AERONAUTA
- exercício da profissão - Lei n.13.475, de 28.8.2017

AEROVIÁRIO
- exercício da profissão - Decreto n. 1.232, de 22.6.1962

AGÊNCIA NACIONAL DE ÁGUAS - ANA
- criação - Lei n. 9.984, de 17.7.2000
- contratos de gestão com entidades delegatárias das funções de gestão de recursos hídricos de domínio da União - Lei n. 10.881, de 9.6.2004

AGÊNCIA NACIONAL DE AVIAÇÃO CIVIL - ANAC
- criação - Lei n. 11.182, de 27.9.2005

AGÊNCIA NACIONAL DE ENERGIA ELÉTRICA - ANEEL
- constituição - Decreto n. 2.335, de 6.10.1997
- delegação da responsabilidade pela contratação de prestador emergencial e temporário - Medida Provisória n. 856, de 13.11.2018

AGÊNCIA NACIONAL DE MINERAÇÃO - ANM
- criação - Lei n. 13.575, de 26.12.2017

AGÊNCIA NACIONAL DO PETRÓLEO - ANP,
- implantação - Decreto n. 2.455, de 14.1.1998

AGÊNCIA NACIONAL DE SAÚDE SUPLEMENTAR - ANS
- atribuição de competências - Lei n. 10.850, de 25.3.2004
- criação - Lei n. 9.961, de 28.1.2000
- regulamento - Decreto n. 3.327, de 5.1.2000

AGÊNCIA NACIONAL DE TELECOMUNICAÇÕES
- regulamento - Decreto n. 2.338, de 7.10.1997

AGÊNCIA NACIONAL DE TRANSPORTES AQUAVIÁRIOS- ANTAQ
- criação - Lei n. 10.233, de 5.6.2001

AGÊNCIA NACIONAL DE TRANSPORTES TERRESTRES - ANTT
- criação - Lei n. 10.233, de 5.6.2001

AGÊNCIA NACIONAL DE VIGILÂNCIA SANITÁRIA
- regulamento - Decreto n. 3.029, de 16.4.1999

AGÊNCIAS EXECUTIVAS
- medidas de organização administrativa específicas para as autarquias e fundações qualificadas - Decreto n. 2.488, de 2.2.1998
- qualificação de autarquias e fundações - Decreto n. 2.487, de 2.2.1998

AGÊNCIAS REGULADORAS

- criação de carreiras e organização de cargos efetivos - Lei n. 10.871, de 20.5.2004

- gestão de recursos humanos - Lei n. 9.986, de 18.7.2000

AGENTE COMUNITÁRIO DE SAÚDE E DE AGENTE DE COMBATE ÀS ENDEMIAS

- regulamento - Lei n. 11.350, de 5.10.2006

AGRICULTURA

- familiar, diretrizes para a formulação da política - Lei n. 11.326, de 24.7.2006

- familiar, Política Nacional de Assistência Técnica e Extensão Rural para a Agricultura Familiar e Reforma Agrária - PNATER, instituição - Lei n. 12.188, de 11.1.2010

- familiar, Programa Nacional de Assistência Técnica e Extensão Rural na Agricultura Familiar e na Reforma Agrária - PRONATER, instituição - Lei n. 12.188, de 11.1.2010

- fertilizantes, corretivos, inoculantes, estimulantes ou biofertilizantes, remineralizadores e substratos para plantas, Inspeção e fiscalização da produção e comércio - Lei n. 6.894, de 16.12.1980

- orgânica, disciplina - Lei n. 10.831, de 23.12.2003

- Política Nacional de Agroecologia e Produção Orgânica - Decreto n. 7.794, de 20.8.2012

AGROTÓXICOS

- pesquisa, experimentação, produção, embalagem e rotulagem, transporte, armazenamento, comercialização, propaganda comercial, utilização, importação, exportação, destino final dos resíduos e embalagens, registro, classificação, controle, inspeção e fiscalização - Lei n. 7.802, de 11.7.1989

- regulamento da Lei 7.802/1989 - Decreto n. 4.074, de 4.1.2002

ÁGUAS

- Código - Decreto n. 24.643, de 10.7.1934

- controle de qualidade da água de sistemas de abastecimento e mecanismos para divulgação de informação ao consumidor sobre a qualidade da água para consumo humano - Decreto n. 5.440, de 4.5.2005

ÁLCOOL

- Política Nacional - Decreto n. 6.117, de 22.5.2007

ALIMENTOS

- condições para aquisição e liberação de estoques públicos - Decreto n. 7.920, de 15.2.2013

- Programa Nacional de Alimentação Escolar, repasse de recursos financeiros - Medida Provisória n. 2.178-36, de 24.8.2001

ALFÂNDEGAS

- reforma da tarifa - Lei n. 3.244, de 14.8.1957

ALISTAMENTO ELEITORAL

- cumprimento da obrigatoriedade - Lei n. 6.236, de 18.9.1975

- processamento eletrônico de dados - Lei n. 7.444, de 20.12.1985

AMAZÔNIA LEGAL

- regularização fundiária das ocupações em terras situadas em áreas da União, no âmbito da - Lei n. 11.952, de 25.6.2009

- regulamento - Decreto n. 9.309, de 15.3.2018

ANISTIA

- policiais e bombeiros militares - Lei n. 12.505, de 11.10.2011

ANUIDADES ESCOLARES

- valor total - Lei n. 9.870, de 23.11.1999

AQUAVIÁRIO

- segurança do tráfego em águas sob jurisdição nacional - Lei n. 9.537, de 11.12.1997

- transporte, ordenação - Lei n. 9.432, de 8.1.1997

- transporte, reestruturação, criação da Agência Nacional de Transportes Terrestres - ANTT e da Agência Nacional de Transportes Aquaviários - ANTAQ - Lei n. 10.233, de 5.6.2001

AQUICULTURA E PESCA

- critérios para inscrição no Registro Geral da Atividade Pesqueira e para a concessão de autorização, permissão ou licença para o exercício da atividade - Decreto n. 8.425, de 31.3.2015

- política nacional de desenvolvimento sustentável e regulamento das atividades pesqueiras - Lei n. 11.959, de 29.6.2009

- proteção e estímulos à pesca - Decreto-Lei n. 221, de 28.2.1967

- registro temporário brasileiro para embarcações de pesca estrangeiras - Lei n. 11.380, de 1º.12.2006

ÁRBITRO DE FUTEBOL

- regulamento da profissão - Lei n. 12.867, de 10.10.2013

ÁREAS ESPECIAIS E LOCAIS DE INTERESSE TURÍSTICO

- criação - Lei n. 6.513, de 20.12.1977

ÁREAS PÚBLICAS URBANAS

- normas gerais para ocupação e utilização por equipamentos urbanos do tipo quiosque, trailer, feira e banca de venda de jornais e de revistas - Lei n. 13.311, de 11.7.2016

ARMAZÉNS GERAIS

- regras para o estabelecimento - Decreto n. 1.102, de 21.11.1903

ARQUIVOS PÚBLICOS

- política nacional - Lei n. 8.159, de 8.1.1991

ARTISTAS E TÉCNICOS EM ESPETÁCULOS DE DIVERSÕES

- regulamento da profissão - Lei n. 6.533, de 24.5.1978

ARQUEÓLOGO

- regulamento da profissão - Lei n. 13.653, de 18.4.2018

ASBESTO/AMIANTO

- extração, industrialização, utilização, comercialização e transporte - Lei n. 9.055, de 1º.6.1995

ASSISTÊNCIA SOCIAL

- ações continuadas, definição - Decreto n. 5.085, de 19.5.2004

- benefício de prestação continuada, deficientes e idosos - Decreto n. 6.214, de 26.9.2007

- legislação alteradora - Lei n. 9.720, de 30.11.1998

- regulamento do Fundo Nacional de Assistência Social - Decreto n. 7.788, de 15.8.2012

ASSOCIAÇÕES DE CLASSES

- representação perante autoridades administrativas e justiça ordinária - Lei n. 1.134, de 14.6.1950

ASSOCIAÇÕES DE POUPANÇA E EMPRÉSTIMO

- autoriza o funcionamento - Decreto-Lei n. 70, de 21.11.1966

ATIVIDADE NUCLEAR

- responsabilidade civil por danos nucleares e responsabilidade criminal por atos relacionados - Lei n. 6.453, de 17.10.1977

ATIVIDADES POLÍTICAS

- reconhece como mortas pessoas desaparecidas em razão de participação, ou acusação de participação - Lei n. 9.140, de 4.12.1995

ATOS PROCESSUAIS

- sistema de transmissão de dados, utilização - Lei n. 9.800, de 26.5.1999

AUTOMÓVEIS

- auxiliares de condutores autônomos de veículos rodoviários, cessão, em regime de colaboração, contribuição para RGPS - Lei n. 6.094, de 30.8.1974

AVAL, FIANÇA OU OUTRAS GARANTIAS

- concessão por entidades estatais, vedação - Decreto n. 91.271, de 29.5.1985

B

BAGAGEM

- tratamento tributário - Decreto-Lei n. 2.120, de 14.5.1984

BAMBU

- política nacional de incentivo ao manejo sustentado e ao cultivo - Lei n. 12.484, de 8.9.2011

BANCO DO BRASIL S.A. E CAIXA ECONÔMICA FEDERAL

- autorização para constituírem subsidiárias e adquirirem participação em instituições financeiras sediadas no Brasil - Lei n. 11.908, de 3.3.2009

BANCOS DE DADOS

- regulamento da Lei 12.414/2011 (informações de adimplemento para formação de histórico de crédito) - Decreto n. 7.829, de 17.10.2012

BANDA LARGA

plano nacional - medidas tributárias - Lei n. 12.431, de 24.6.2011

- Regime Especial de Tributação do Programa Nacional de Banda Larga para Implantação de Redes de Telecomunicações - REPNBL-Redes - Decreto n. 7.921, de 15.2.2013

BARRAGENS
- construção e operação de eclusas ou de outros dispositivos de transposição hidroviária de níveis em vias navegáveis e potencialmente navegáveis - Lei n. 13.081, de 2.1.2015
- Política Nacional de Segurança de Barragens destinadas à acumulação de água para quaisquer usos - Lei n. 12.334, de 20.9.2010

BENS
- afundados, submersos, encalhados e perdidos, pesquisa, exploração, remoção e demolição - Lei n. 7.542, de 26.9.1986
- de pessoas indiciadas por crimes de que resulta prejuízo para a Fazenda Pública, sequestro - Decreto-Lei n. 3.240, de 8.5.1941
- imóveis da União, disciplina - Decreto-Lei n. 9.760, de 5.9.1946
- imóveis da União, registro de propriedade - Lei n. 5.972, de 11.12.1973
- imóveis da União, alienação, disciplina - Lei n. 8.025, de 12.4.1990
- imóveis da União, procedimentos para a avaliação e alienação - Decreto n. 9.310, de 15.3.2018
- imóveis da União, regularização, administração, aforamento e alienação - Decreto n. 9.354, de 25.4.2018
- imóveis do Fundo do Regime Geral de Previdência Social, alienação - Lei n. 11.481, de 31.5.2007
- móveis, alienação, cessão, transferência, destinação e disposição final ambientalmente adequadas de bens móveis no âmbito da administração pública - Decreto n. 9.373, de 11.5.2018

BIBLIOTECONOMIA
- exercício da profissão de Técnico - Lei n. 13.601, de 9.1.2018

BIOCOMBUSTÍVEIS
- Política Nacional de Biocombustíveis - RenovaBio - Lei n. 13.576, de 26.12.2017

BIODIESEL
- adição obrigatória ao óleo diesel comercializado com o consumidor final - Lei n. 13.033, de 24.9.2014
- registro especial de produtor ou importador - Lei n. 11.116, de 18.5.2005

BOLSA FAMÍLIA
- criação do programa - Lei n. 10.836, de 9.1.2004

BOMBEIRO CIVIL
- exercício da profissão - Lei n. 11.901, de 12.1.2009

BOVINOS E BÚFALOS
- conceito e aplicação de rastreabilidade na cadeia produtiva - Lei n. 12.097, de 24.11.2009

BRASILEIROS NATURALIZADOS
- restrições - Lei n. 6.192, de 19.12.1974

C

CADASTRO AMBIENTAL RURAL - CAR
- disciplina - Decreto n. 7.830, de 17.10.2012

CADASTRO RURAL
- sistema nacional - Lei n. 5.868, de 12.12.1972
- normas gerais complementares aos Programas de Regularização Ambiental dos Estados e do Distrito Federal e instituição do Programa Mais Ambiente Brasil - Decreto n. 8.235, de 5.5.2014

CÂMARA DE COMÉRCIO EXTERIOR - CAMEX
- disciplina - Decreto n. 4.732, de 10.6.2003

CÂMARA SUPERIOR DE RECURSOS FISCAIS
- instituição - Decreto n. 83.304, de 28.3.1979

CÂMARAS MUNICIPAIS
- notificação da liberação de recursos federais para os respectivos Municípios - Lei n. 9.452, de 20.3.1997

CAMPOS ELÉTRICOS, MAGNÉTICOS E ELETROMAGNÉTICOS
- limites à exposição humana - Lei n. 11.934, de 5.5.2009

CANA-DE-AÇÚCAR
- subvenção econômica aos produtores da safra 2011/2012 de cana-de-açúcar e de etanol que especifica e financiamento da renovação e implantação de canaviais com equalização da taxa de juros - Lei n. 12.865, de 9.10.2013

CAPITAIS ESTRANGEIROS
- definição - Lei n. 4.131, de 3.9.1962
- disciplina, registro - Lei n. 11.371, de 28.11.2006

CARGO PÚBLICO
- normas gerais para perda por excesso de despesa - Lei n. 9.801, de 14.6.1999

CARTA DA TERRA

CASAMENTO
- religioso, efeitos civis - Lei n. 1.110, de 23.5.1950

CÉDULA DE PRODUTO RURAL - CPR
- emissão - Lei n. 8.929, de 22.8.1994

CÉDULA HIPOTECÁRIA
- instituição - Decreto-Lei n. 70, de 21.11.1966

CERCA ELETRIFICADA OU ENERGIZADA
- instalação em zonas urbana e rural - Lei n. 13.477, de 30.8.2017

CETÁCEOS
- pesca nas águas jurisdicionais brasileiras - Lei n. 7.643, de 18.12.1987

CHEQUE
- recepção e protesto - Provimento CNJ n. 30, de 16.4.2013

CIENTISTAS E PESQUISADORES
- extensão de isenção tributária relativa a bens destinados à pesquisa científica e tecnológica - Lei n. 10.964, de 28.10.2004

CINEMA
- obrigatoriedade de exibição de obras audiovisuais cinematográficas brasileiras - Decreto n. 8.176, de 27.12.2013
- Política Nacional do Cinema, princípios gerais, Funcine - Medida Provisória n. 2.228-1, de 6.9.2001

CLIMA
- Política Nacional sobre Mudança do Clima - PNMC - Lei n. 12.187, de 29.12.2009

CLIMATIZAÇÃO
- manutenção de instalações e equipamentos de sistemas de climatização de ambientes - Lei n. 13.589, de 4.1.2018

COMERCIÁRIO
- exercício da profissão - Lei n. 12.790, de 14.3.2013

COMISSÃO INTERAMERICANA DE DIREITOS HUMANOS
- estatuto - Resolução AG/RES. 447 (IX-O/79)

COMISSÃO NACIONAL DA VERDADE
- criação - Lei n. 12.528, de 18.11.2011

COMISSÕES PARLAMENTARES DE INQUÉRITO
- prioridade nos procedimentos a serem adotados pelo Ministério Público e por outros órgãos - Lei n. 10.001, de 4.9.2000

COMPUTADOR
- Programa Um Computador por Aluno - PROUCA, criação - Lei n. 12.249, de 11.6.2010
- Regime Especial de Aquisição de Computadores para Uso Educacional - RECOMP, instituição - Lei n. 12.249, de 11.6.2010

COMUNICAÇÃO AUDIOVISUAL DE ACESSO CONDICIONADO
- disciplina - Lei n. 12.485, de 12.9.2011

CONCESSÃO COMERCIAL
- entre produtores e distribuidores de veículos automotores de via terrestre - Lei n. 6.729, de 28.11.1979

CONCESSÃO DE USO ESPECIAL PARA FINS DE MORADIA, A CONCESSÃO DE DIREITO REAL DE USO E DIREITO DE SUPERFÍCIE
- objetos de garantia real - Lei n. 11.481, de 31.5.2007

CONCURSO PÚBLICO
- isenção de taxa - Lei n. 13.656, de 30.4.2018

CONSELHO ADMINISTRATIVO DE DEFESA ECONÔMICA - CADE
- implementação da autarquia - Lei n. 9.021, de 30.3.1995

CONSELHO ADMINISTRATIVO DE RECURSOS FISCAIS
- representantes, restrições ao exercício de atividades profissionais e gratificação de presença - Decreto n. 8.441, de 29.4.2015

CONSELHO DAS CIDADES - CONCIDADES
composição, estruturação, competências e funcionamento - Decreto n. 5.790, de 25.5.2006

CONSELHOS DE CONTRIBUINTES
- disciplina - Decreto n. 75.445, de 6.3.1975

CONSELHO DE JUSTIFICAÇÃO

- disciplina - Lei n. 5.836, de 5.12.1972

CONSELHO DE RECURSOS DO SISTEMA FINANCEIRO NACIONAL

- criação - Decreto n. 91.152, de 15.3.1985

CONSELHO DE CONTROLE DE ATIVIDADES FINANCEIRAS - COAF

- estatuto - Decreto n. 9.663, de 1º.01.2019

CONSELHO NACIONAL DE JUSTIÇA - CNJ

- Departamento de Monitoramento e Fiscalização do Sistema Carcerário e do Sistema de Execução de Medidas Socioeducativas, criação - Lei n. 12.106, de 2.12.2009

CONSELHO NACIONAL DOS DIREITOS HUMANOS - CNDH

- transformação do Conselho de Defesa dos Direitos da Pessoa Humana - Lei n. 12.986, de 2.6.2014

CONSÓRCIOS

- que realizam contratações de pessoas jurídicas e físicas, cumprimento de obrigações tributárias - Lei n. 12.402, de 2.5.2011
- regulamento da Lei 11.107/2005 (normas gerais de contratação) - Decreto n. 6.017, de 17.1.2007

CONSUMIDOR

- direito à informação quanto aos alimentos e ingredientes alimentares destinados ao consumo humano ou animal que contenham ou sejam produzidos a partir de organismos geneticamente modificados - Decreto n. 4.680, de 24.4.2003
- regulamento das Leis 8.078/1990 e 10.962/2004 (informação adequada e clara sobre produtos e serviços) - Decreto n. 5.903, de 20.9.2006
- Sistema Nacional de Defesa do Consumidor - SNDC, organização - Decreto n. 2.181, de 20.3.1997

CONSUMO

- Plano Nacional de Consumo e Cidadania e criação da Câmara Nacional das Relações de Consumo - Decreto n. 7.963, de 15.3.2013

CONTRATO DE TRABALHO POR PRAZO DETERMINADO

- regulamento da Lei 9.601/1998 - Decreto n. 2.490, de 4.2.1998

CONTRAVENÇÕES

- dos arts. 58 e 60 do Dec.-Lei 2.259/1944 - Lei n. 1.508, de 19.12.1951

CONTRIBUIÇÃO PROVISÓRIA SOBRE MOVIMENTAÇÃO OU TRANSMISSÃO DE VALORES E DE CRÉDITOS E DIREITOS DE NATUREZA FINANCEIRA - CPMF

- instituição - Lei n. 9.311, de 24.10.1996
- legislação alteradora - Lei n. 10.892, de 13.7.2004
- prazo - Lei n. 9.539, de 12.12.1997
- redução a zero de alíquotas nos casos que especifica - Lei n. 11.312, de 27.6.2006

CONTRIBUIÇÃO SOCIAL SOBRE O LUCRO LÍQUIDO - CSLL

- desconto de crédito na apuração - Lei n. 11.051, de 29.12.2004
- exclusão do lucro líquido, para efeito de apuração do lucro real e da base de cálculo da CSLL, dos dispêndios efetivados em projeto de pesquisa científica e tecnológica e de inovação tecnológica a ser executado por ICT - Decreto n. 6.260, de 20.11.2007
- legislação alteradora - Lei n. 9.316, de 22.11.1996

CONTRIBUIÇÃO DE INTERVENÇÃO DE DOMÍNIO ECONÔMICO - CIDE

- antecipação da transferência de recursos aos Estados e DF em cujas áreas ocorrer dano na infraestrutura de transportes em função de situação de emergência ou estado de calamidade pública - Lei n. 10.890, de 2.7.2004
- aplicação dos recursos originários da Cide incidente sobre a importação e a comercialização de petróleo e seus derivados, gás natural e seus derivados, e álcool etílico combustível - Lei n. 10.636, de 30.12.2002
- combustíveis, compensação por pessoas jurídicas importadoras ou adquirentes de hidrocarbonetos líquidos não destinados à formulação de gasolina ou diesel - Decreto n. 5.987, de 19.12.2006
- destinada a financiar o Programa de Estímulo à Interação Universidade-Empresa para o Apoio à Inovação - Lei n. 10.168, de 29.12.2000
- destinada a financiar o Programa de Estímulo à Interação Universidade-Empresa para o Apoio à Inovação - regulamento da Lei 10.168/2000 - Decreto n. 4.195, de 11.4.2002
- incidente sobre importação e comercialização de petróleo e derivados, gás natural e derivados, e álcool etílico combustível (Cide) - Lei n. 10.336, de 19.12.2001
- redução das alíquotas específicas e do limite de dedução da Cide instituída pela Lei 10.336/2001 - Decreto n. 4.066, de 27.12.2001 e Decreto n. 4.565, de 1º.1.2003
- redução das alíquotas incidentes sobre a importação e a comercialização de petróleo e seus derivados, gás natural e seus derivados, e álcool etílico combustível (CIDE), instituída pela Lei 10.336/2001 - Decreto n. 5.060, de 30.4.2004
- redução das alíquotas incidentes sobre as correntes de hidrocarbonetos líquidos não destinadas à formulação de gasolina ou diesel - Decreto n. 4.940, de 29.12.2003

CONVENÇÃO CONTRA A TORTURA E OUTROS TRATAMENTOS OU PENAS CRUÉIS, DESUMANAS OU DEGRADANTES

- promulgação - Decreto n. 40, de 15.2.1991

CONVENÇÃO DE DIREITO INTERNACIONAL PRIVADO

- promulgação - Decreto n. 18.871, de 13.8.1929

CONVENÇÃO DE HAVANA SOBRE TRATADOS

- promulgação - Decreto n. 18.956, de 22.10.1929

CONVENÇÃO INTERAMERICANA CONTRA A CORRUPÇÃO

- promulgação - Decreto n. 4.410, de 7.10.2002

CONVENÇÃO INTERAMERICANA CONTRA O TERRORISMO

- promulgação - Decreto n. 5.639, de 26.12.2005

CONVENÇÃO INTERAMERICANA PARA PREVENIR E PUNIR A TORTURA

- promulgação - Decreto n. 98.386, de 9.12.1989

CONVENÇÃO INTERAMERICANA SOBRE ARBITRAGEM COMERCIAL INTERNACIONAL

- promulgação - Decreto n. 1.902, de 9.5.1996

CONVENÇÃO INTERAMERICANA SOBRE CARTAS ROGATÓRIAS

- promulgação - Decreto n. 1.899, de 9.5.1996

CONVENÇÃO INTERAMERICANA SOBRE O CUMPRIMENTO DE SENTENÇAS PENAIS NO EXTERIOR

- promulgação - Decreto n. 5.919, de 3.10.2006

CONVENÇÃO INTERAMERICANA SOBRE PERSONALIDADE E CAPACIDADE DE PESSOAS JURÍDICAS NO DIREITO INTERNACIONAL PRIVADO

- promulgação - Decreto n. 2.427, de 17.12.1997

CONVENÇÃO INTERAMERICANA SOBRE PROVA E INFORMAÇÃO ACERCA DO DIREITO ESTRANGEIRO

- promulgação - Decreto n. 1.925, de 10.6.1996

CONVENÇÃO N. 151 SOBRE AS RELAÇÕES DE TRABALHO NA ADMINISTRAÇÃO PÚBLICA, 1978

- promulgação - Decreto n. 7.944, de 6.3.2013

CONVENÇÃO PARA A REDUÇÃO DOS CASOS DE APATRIDIA

- promulgação - Decreto n. 8.501, de 18.8.2015

CONVENÇÃO-QUADRO DAS NAÇÕES UNIDAS SOBRE MUDANÇA DO CLIMA / MRE

- promulgação - Decreto n. 2.652, de 1º.7.1998

CONVENÇÃO SOBRE A ELIMINAÇÃO DA EXIGÊNCIA DE LEGALIZAÇÃO DE DOCUMENTOS PÚBLICOS ESTRANGEIROS

- promulgação - Decreto n. 8.660, de 29.1.2016

CONVENÇÃO SOBRE A PREVENÇÃO E PUNIÇÃO DE CRIMES CONTRA PESSOAS QUE GOZAM DE PROTEÇÃO INTERNACIONAL, INCLUSIVE AGENTES DIPLOMÁTICOS

- promulgação - Decreto n. 3.167, de 14.9.1999

CONVENÇÃO SOBRE ASILO DIPLOMÁTICO

- promulgação - Decreto n. 42.628, de 13.11.1957

CONVENÇÃO SOBRE DIVERSIDADE BIOLÓGICA - CDB

- promulgação - Decreto n. 2.519, de 16.3.1998

CONVENÇÃO SOBRE O ACESSO INTERNACIONAL À JUSTIÇA

- promulgação - Decreto n. 8.343, de 13.11.2014

CONVENÇÃO SOBRE OS DIREITOS DA CRIANÇA

- promulgação - Decreto n. 99.710, de 21.11.1990

CONVENÇÃO SOBRE OS DIREITOS DAS PESSOAS COM DEFICIÊNCIA

- promulgação - Decreto n. 6.949, de 25.8.2009

CONTRIBUIÇÕES PREVIDENCIÁRIAS

- de responsabilidade dos Estados, DF e Municípios, parcelamento de débitos com a Fazenda Nacional - Lei n. 12.810, de 15.5.2013

COOPERATIVAS DE CRÉDITO

- Sistema Nacional de Crédito Cooperativo, disciplina - Lei Complementar n. 130, de 17.4.2009

COOPERATIVAS DE TRABALHO

- concessão da aposentadoria especial ao cooperado - Lei n. 10.666, de 8.5.2003

COOPERATIVAS SOCIAIS

- criação e funcionamento - Lei n. 9.867, de 10.11.1999

COPA DAS CONFEDERAÇÕES FIFA 2013 E DA COPA DO MUNDO FIFA 2014

- legislação alteradora da Lei 12.663/2012 - Decreto n. 7.783, de 7.8.2012
- medidas tributárias - Lei n. 12.350, de 20.12.2010
- regulamento das medidas tributárias - Decreto n. 7.578, de 11.10.2011

CORPO HUMANO

- disposição de órgãos, tecidos, células e partes para fins de transplante e tratamento - Decreto n. 9.175, de 18.10.2017

CORTE INTERAMERICANA DE DIREITOS HUMANOS

- estatuto - Res. AG/RES. N. 448 (IX-O/79).

CORRETOR

- de moda - exercício da profissão - Lei n. 13.695, de 12.7.2018
- imóveis - regulamento da Lei 6.530/1978 - Decreto n. 81.871, de 29.6.1978
- imóveis - regulamento da profissão - Lei n. 6.530, de 12.5.1978
- seguros, regulamento da profissão - Lei n. 4.594, de 29.12.1964
- seguros de vida e de capitalização, regulamento da profissão - Decreto n. 56.903, de 24.9.1965

CORTE INTERAMERICANA DE DIREITOS HUMANOS

Declaração de Reconhecimento da Competência Obrigatória - Decreto n. 4.463, de 8.11.2002

COTA DE RESERVA AMBIENTAL - CRA

- regulamento - Decreto n. 9.640, de 27.12.2018.

CRÉDITO GARANTIDO POR HIPOTECA OU PENHOR

- objeto de penhora - Decreto n. 24.778, de 14.7.1934

CRÉDITO RURAL

- disciplina - Lei n. 9.138, de 29.11.1995

CRÉDITO TRIBUTÁRIO

- antecipação da aplicação do Decreto 70.235/1972 - Decreto n. 6.103, de 30.4.2007
- arrolamento de bens para interposição de recurso voluntário no processo administrativo de determinação e exigência - Decreto n. 4.523, de 17.12.2002
- compensação de créditos tributários com créditos do sujeito passivo decorrentes de restituição ou ressarcimento de tributos ou contribuições, a ser efetuada pela SRFB - Decreto n. 2.138, de 29.1.1997
- convênio que permite aos Estados e DF deliberar sobre a remissão dos créditos tributários, constituídos ou não, decorrentes das isenções, dos incentivos e dos benefícios fiscais ou financeiro-fiscais instituídos em desacordo com o disposto na alínea "g" do inciso XII do § 2º do art. 155 da Constituição Federal e a reinstituição das respectivas isenções, incentivos e benefícios fiscais ou financeiro-fiscais - Lei Complementar n. 160, de 7.8.2017
- interpretação do inciso I do art. 168 do CTN - Lei Complementar n. 118, de 9.2.2005
- processo administrativo de determinação e exigência, alteração da legislação reguladora - Lei n. 8.748, de 9.12.1993
- regulamento do processo de determinação e de exigência de créditos tributários da União - Decreto n. 7.574, de 29.9.2011

CRIANÇAS E ADOLESCENTES

- consolidação de atos normativos editados pelo Poder Executivo federal que dispõem sobre a temática - Decreto n. 9.579, de 22.11.2018
- desaparecidos, cadastro nacional - Lei n. 12.127, de 17.12.2009
- políticas *públicas para a primeira infância* - Lei n. 13.257, de 8.3.2016
- Programa Nacional de Inclusão de Jovens - Projovem - Decreto n. 6.629, de 4.11.2008

D

DÉBITOS SALARIAIS

- efeitos - Decreto-Lei n. 368, de 19.12.1968

DECISÕES JUDICIAIS

- consolidação de normas de procedimentos a serem observadas pela administração pública federal em razão de - Decreto n. 2.346, de 10.10.1997
- débitos decorrentes de, correção monetária - Decreto n. 86.649, de 25.11.1981

DECLARAÇÃO DO RIO SOBRE MEIO AMBIENTE E DESENVOLVIMENTO

DEFICIÊNCIA FÍSICA

- pensão especial para deficientes - Lei n. 7.070, de 20.12.1982

DEFESA

- alteração - Lei n. 12.794, de 2.4.2013
- normas especiais para compras, contratações e desenvolvimento de produtos e de sistemas de defesa; regras de incentivo à área estratégica de - Lei n. 12.598, de 22.3.2012
- Regime Especial Tributário para a Indústria de Defesa - Retid - Decreto n. 8.122, de 16.10.2013
- regulamento da Lei 12.598/2012 - Decreto n. 7.970, de 28.3.2013

DENOMINAÇÃO

- logradouros, obras, serviços e monumentos públicos - Lei n. 6.454, de 24.10.1977

DEPARTAMENTO DOS CORREIOS E TELÉGRAFOS

- transformação em empresa pública - Decreto-Lei n. 509, de 20.3.1969

DEPÓSITOS

- dinheiro e valores em estabelecimentos bancários e comerciais - Lei n. 370, de 4.1.1937
- judiciais e extrajudiciais de tributos e contribuições federais - Lei n. 9.703, de 17.11.1998
- judiciais e extrajudiciais de tributos e contribuições federais, disciplina procedimentos da Lei 9.703/1998 - Decreto n. 2.850, de 27.11.1998
- judiciais e extrajudiciais de tributos e contribuições federais, transferência para a CEF - Lei n. 12.099, de 27.11.2009
- regular e voluntário de bens de qualquer espécie - Lei n. 2.313, de 3.9.1954

DEPUTADOS

- número à Câmara dos Deputados e às Assembleias Legislativas - Lei n. 6.007, de 19.12.1973

DESENVOLVIMENTO REGIONAL

- incentivos fiscais - Lei n. 9.440, de 14.3.1997

DESPORTO

- incentivos e benefícios para fomentar as atividades - Lei n. 11.438, de 29.12.2006
- normas gerais - Lei n. 9.615, de 24.3.1998
- princípios *e práticas de responsabilidade fiscal e financeira e de gestão transparente e democrática para entidades desportivas profissionais de futebol* - Lei n. 13.155, de 4.8.2015
- regulamento da Lei 9.615/1998 - Decreto n. 7.984, de 8.4.2013

DETERGENTE

- biodegradável - Lei n. 7.365, de 13.9.1985

DETETIVE PARTICULAR

- exercício da profissão - Lei n. 13.432, de 11.4.2017

DIREITO DE REUNIÃO

- disciplina - Lei n. 1.207, de 25.10.1950

DIREITOS AUTORAIS E FONOGRAMAS

- consolidação de atos normativos editados pelo Poder Executivo federal - Decreto n. 9.574, de 22.11.2018

DISSÍDIOS COLETIVOS

- normas para o processo - Lei n. 4.725, de 13.7.1965

DISTRITO FEDERAL E TERRITÓRIOS

- organização judiciária - Lei n. 11.697, de 13.6.2008

DOCUMENTOS

- fiscais - Lei n. 8.846, de 21.1.1994
- identificação pessoal - Lei n. 5.553, de 6.12.1968

DROGAS

- Plano Integrado de Enfrentamento ao Crack e outras Drogas - Decreto n. 7.179, de 20.5.2010

DUMPING

- procedimentos administrativos relativos à investigação e à aplicação de medidas antidumping, regulamento - Decreto n. 8.058, de 26.7.2013

DUPLICATA ESCRITURAL

- emissão - Lei n. 13.775, de 20.12.2018

Índice Alfabético da Legislação

E

ECONOMIA

- regras para a desindexação - Lei n. 8.177, de 1º.3.1991

EDUCAÇÃO AMBIENTAL

- Política Nacional - Lei n. 9.795, de 27.4.1999
- regulamento da Lei 9.795/1999 - Decreto n. 4.281, de 25.6.2002

EDUCAÇÃO NACIONAL

- diretrizes e bases - Lei n. 9.394, de 20.12.1996

ELEIÇÕES

- fornecimento gratuito de transporte, em dias de eleição, a eleitores residentes nas zonas rurais - Lei n. 6.091, de 15.12.1974

ELEITORAL

- anistia - Lei n. 9.274, de 7.5.1996
- legislação alteradora - Lei n. 9.259, de 9.1.1996
- prestação de informações institucionais relativas à Administração Pública Federal a partidos políticos, coligações e candidatos à Presidência da República até a data da divulgação oficial do resultado final das eleições - Decreto n. 4.199, de 16.4.2002
- prioridade dos feitos - Lei n. 4.410, de 24.9.1964
- propaganda eleitoral gratuita, ressarcimento fiscal - Decreto n. 2.814, de 22.10.1998
- reforma no ordenamento político-eleitoral - Lei n. 13.488, de 6.10.2017

EMBALAGENS METÁLICAS

- acondicionamento de gêneros alimentícios, vedação - Lei n. 9.832, de 14.9.1999

EMPREGADOS

- admissões e dispensas - Lei n. 4.923, de 23.12.1965
- atividades de exploração, perfuração, produção e refinação de petróleo, industrialização do xisto, indústria petroquímica e transporte de petróleo e seus derivados por meio de dutos, regime de trabalho - Lei n. 5.811, de 11.10.1972
- cabineiros de elevador, trabalho diário - Lei n. 3.270, de 30.9.1957
- domésticos, acesso ao FGTS e seguro-desemprego - Lei n. 10.208, de 23.3.2001
- domésticos, regulamento - Decreto n. 71.885, de 9.3.1973
- domésticos, responsabilidade civil das agências - Lei n. 7.195, de 12.6.1984
- participação nos conselhos de administração das empresas públicas e sociedades de economia mista - Lei n. 12.353, de 28.12.2010
- porteiros, zeladores, faxineiros e serventes de prédios de apartamentos residenciais - Lei n. 2.757, de 23.4.1956
- vendedores, viajantes ou pracistas - Lei n. 3.207, de 18.7.1957

EMPRESA BRASILEIRA DE INFRAESTRUTURA AEROPORTUÁRIA - INFRAERO

- constituição - Lei n. 5.862, de 12.12.1972

EMPRESA CIDADÃ

- regulamento da Lei 11.770/2008 (criação) - Decreto n. 7.052, de 23.12.2009

EMPRESAS ESTATAIS FEDERAIS

- controladas diretamente pela União, procedimentos e critérios aplicáveis ao processo de liquidação - Decreto n. 9.589, de 29.11.2018

EMPRESAS JORNALÍSTICAS E DE RADIODIFUSÃO SONORA E DE SONS E IMAGENS

- participação de capital estrangeiro - Lei n. 10.610, de 20.12.2002

ENERGIA ELÉTRICA

- Agência Nacional de Energia Elétrica - ANEEL, instituição - Lei n. 9.427, de 26.12.1996
- constituição - Decreto n. 2.335, de 6.10.1997
- cooperativas de eletrificação rural - Decreto n. 6.160, de 20.7.2007
- emergencial - Lei n. 10.438, de 26.4.2002
- regime das concessões de serviços públicos de energia elétrica - Lei n. 9.427, de 26.12.1996
- tarifa social - Lei n. 12.212, de 20.1.2010
- outorga de contrato de concessão associada à privatização de titular de concessão de serviço público de geração de energia elétrica, regulamento - Decreto n. 9.271, de 25.1.2018

ENERGIA NUCLEAR

- política nacional - Lei n. 4.118, de 27.8.1962
- Política Nuclear Brasileira, consolidação das diretrizes - Decreto n. 9.600, de 5.12.2018
- rejeitos radioativos, seleção de locais, construção, licenciamento, operação, fiscalização, custos, indenização, responsabilidade civil e garantias referentes aos depósitos - Lei n. 10.308, de 20.11.2001
- Sistema de Proteção ao Programa Nuclear Brasileiro - SIPRON, instituição - Lei n. 12.731, de 21.11.2012
- regulamento do Dec.-Lei 1.809/1980 (revogado pela Lei 12.731/2012) - Decreto n. 2.210, de 22.4.1997

ENTIDADES BENEFICENTES DE ASSISTÊNCIA SOCIAL

- certificação - Lei n. 12.101, de 27.11.2009
- forma de comprovação do requisito: "celebrar contrato, convênio ou instrumento congênere com o gestor do SUS" - Lei 13.650, de 11.4.2018
- regulamento - Decreto n. 8.242, de 23.5.2014

ESCOLAS

- públicas estaduais , recuperação - Lei n. 12.487, de 15.9.2011

ESCRITURAS PÚBLICAS

- requisitos para lavratura - Lei n. 7.433, de 18.12.1985

ESTAÇÕES ECOLÓGICAS E ÁREAS DE PROTEÇÃO AMBIENTAL

- regulamento - Decreto n. 99.274, de 6.6.1990

ESTÉTICA

- regulamenta as profissões de Esteticista, que compreende o Esteticista e Cosmetólogo, e de
Técnico em Estética - Lei n. 13.643, de 3.4.2018

ESTRANGEIRO

- apresentação de documentos ao Registro de Comércio - Decreto-Lei n. 341, de 17.3.1938
- em situação irregular no território nacional, residência provisória - Lei n. 11.961, de 2.7.2009
- expulsão do condenado por tráfico de entorpecente e drogas afins - Decreto n. 98.961, de 15.1.1990
- expulsão e revogação, competência do Ministro da Justiça - Decreto n. 3.447, de 5.5.2000
- não aplicação, aos contratos de técnicos, com estipulação de pagamento de salários em moeda estrangeira, de diversas disposições da legislação trabalhista - Decreto-Lei n. 691, de 18.7.1969

EXECUÇÃO FISCAL

- impenhorabilidade dos bens penhorados - Lei n. 4.673, de 15.6.1965

EXÉRCITO

- convocação e incorporação de brasileiros com reconhecida competência técnico-profissional ou com notória cultura científica no serviço ativo do Exército, em caráter voluntário e temporário - Decreto n. 9.455, de 1º.8.2018
- regulamento disciplinar - Decreto n. 4.346, de 26.8.2002

EXPROPRIAÇÃO

- glebas nas quais se localizem culturas ilegais de plantas psicotrópicas - Lei n. 8.257, de 26.11.1991

EX-PRESIDENTES DA REPÚBLICA

- medidas de segurança - Lei n. 7.474, de 8.5.1986
- regulamento - Decreto n. 6.381, de 27.2.2008

F

FAIXAS DE FRONTEIRA

- disciplina - Lei n. 6.634, de 2.5.1979
- ratificação dos registros imobiliários decorrentes de alienações e concessões de terras públicas situadas nas faixas de fronteira - Lei n. 13.178, de 22.10.2015

FALÊNCIA

- cobrança e correção monetária dos débitos fiscais - Decreto-Lei n. 858, de 11.9.1969

FAMÍLIA

- organização e proteção, disciplina - Decreto-Lei n. 3.200, de 19.4.1941

FARMACÊUTICA

- exercício e fiscalização da atividade - Lei n. 13.021, de 8.8.2014

FAUNA

- imediações de aeródromos, controle - Lei n. 12.725, de 16.10.2012
- proteção - Lei n. 5.197, de 3.1.1967

FERIADOS
- cobrança de juros de mora sobre título com vencimento em - Lei n. 7.089, de 23.3.1983
- disciplina - Lei n. 9.093, de 12.9.1995
- nacionais - Lei n. 662, de 6.4.1949

FISCAL DO TRABALHO
- denominação e gratificação de produtividade - Lei n. 6.986, de 13.4.1982

FÍSICO
- exercício da profissão - Lei n. 13.691, de 10.7.2018

FLORESTAS
- públicas, gestão para a produção sustentável - Decreto n. 6.063, de 20.3.2007
- recuperação e implantação de sistemas agroflorestais em áreas rurais desapropriadas e degradadas - Lei n. 12.854, de 26.8.2013

FORÇAS ARMADAS
- normas gerais para organização, preparo e emprego - Lei Complementar n. 97, de 9.6.1999

FOROS, LAUDÊMIOS E TAXAS
- disciplina - Decreto-Lei n. 2.398, de 21.12.1987
- regulamento do art. 1º do Dec.-Lei 2.398/1987 - Decreto n. 9.354, de 25.4.2018

FUNDO DE INVESTIMENTO SOCIAL - FINSOCIAL
- instituição - Decreto-Lei n. 1.940, de 25.5.1982

FUNDO DE AMPARO AO TRABALHADOR - FAT
- consolidação das normas regulamentares - Decreto n. 99.684, de 8.11.1990
- legislação alteradora - Lei n. 8.019, de 11.4.1990

FUNDO DE DEFESA DE DIREITOS DIFUSOS - CFDD
- Conselho Federal Gestor - Lei n. 9.008, de 21.3.1995
- regulamento - Decreto n. 1.306, de 9.11.1994

FUNDO DE GARANTIA DO TEMPO DE SERVIÇO - FGTS
- apuração e liquidação dos complementos de atualização monetária de saldos de contas vinculadas - Decreto n. 3.913, de 11.9.2001
- contribuição social devida pelos empregadores em caso de despedida de empregado sem justa causa - Lei Complementar n. 110, de 29.6.2001
- contribuição social devida pelos empregadores em caso de despedida de empregado sem justa causa - regulamento da Lei Complementar 110/2001 - Decreto n. 3.914, de 11.9.2001
- fiscalização, apuração e cobrança judicial das contribuições e multas - Lei n. 8.844, de 20.1.1994
- pessoas jurídicas em débito, vedação empréstimos, financiamentos e outros benefícios - Lei n. 9.012, de 30.3.1995
- regulamento do art. 20, XVI, da Lei 8.036/1990 - Decreto n. 5.113, de 22.6.2004

FUNDO DE MANUTENÇÃO E DESENVOLVIMENTO DO ENSINO FUNDAMENTAL E DE VALORIZAÇÃO DO MAGISTÉRIO
- disciplina - Lei n. 9.424, de 24.12.1996

FUNDO DE PARTICIPAÇÃO DOS MUNICÍPIOS
- fixação dos coeficientes - Lei Complementar n. 91, de 22.12.1997
- legislação alteradora - Decreto-Lei n. 1.881, de 27.8.1981
- reajuste dos limites das faixas de números de habitantes - Decreto n. 86.309, de 24.8.1981

FUNDO NACIONAL DE DESENVOLVIMENTO
- extinção - Lei n. 12.431, de 24.6.2011

FUNDO NACIONAL DE SEGURANÇA PÚBLICA - FNSP
- disciplina - Lei n. 13.756, de 12.12.2018
- instituição - Lei n. 10.201, de 14.2.2001 (Esta lei foi revogada pela Lei 13.756/2018. Mantivemos, todavia, sua transcrição nesta edição em razão do art. 43 da lei revogadora, que diz: "Os instrumentos de transferência de recursos do FNSP celebrados com fundamento na Lei n. 10.201, de 14 de fevereiro de 2001, serão por ela regidos até o fim de sua vigência".)
- regulamento - Decreto n. 9.609, de 12.12.2018

FUNDOS CONSTITUCIONAIS
- sistemática de cálculo e apropriação da taxa de administração a que fazem jus os bancos administradores - Decreto n. 9.290, de 21.2.2018

FUNDOS DE ÍNDICE DE RENDA FIXA
- disciplina - Lei n. 13.043, de 13.11.2014

FUNDOS DE APOSENTADORIA PROGRAMADA INDIVIDUAL - FAPI
- instituição - Lei n. 9.477, de 24.7.1997

FUNDOS DE PARTICIPAÇÃO
- normas sobre o cálculo, a entrega e o controle das liberações dos recursos - Lei Complementar n. 62, de 28.12.1989

G

GARIMPEIRO
- estatuto - Lei n. 11.685, de 2.6.2008

GESTANTE
- direito ao conhecimento e vinculação à maternidade onde receberá assistência no âmbito do SUS - Lei n. 11.634, de 27.12.2007

GRAFITE
- descriminalização e proibição de comercialização de tintas em embalagens do tipo aerossol a menores de 18 anos - Lei n. 12.408, de 25.5.2011

GRATIFICAÇÃO DE NATAL
- nova regulamentação - Decreto n. 57.155, de 3.11.1965
- trabalhador avulso, regulamento - Decreto n. 63.912, de 26.12.1968

GRATIFICAÇÕES DE QUALIFICAÇÃO - GQ
- regulamento - Decreto n. 7.922, de 18.2.2013

GUARDAS MUNICIPAIS
Estatuto geral - Lei n. 13.022, de 8.8.2014

GUIA DE TURISMO
- registro de veículo e regras para execução dos serviços de transporte turístico - Lei n. 13.785, de 27-12-2018

H

HABITAÇÃO
- sistema financeiro para aquisição da casa própria - Lei n. 4.380, de 21.8.1964

HONORÁRIOS PERICIAIS
- antecipação do pagamento nas ações em que o INSS seja parte e que tramitem nos Juizados Especiais Federais - Medida Provisória n. 854, de 3.10.2018

I

IDENTIDADE
- documentos pessoais de identificação, registro de informações - Lei n. 9.049, de 18.5.1995
- Identificação Civil Nacional - ICN - Lei n. 13.444, de 11.5.2017
- número único - Lei n. 9.454, de 7.4.1997
- regulamento da Lei 7.116/1983 - Decreto n. 9.278, de 5.2.2018
- validade nacional das Carteiras e regulamento da expedição - Lei n. 7.116, de 29.8.1983

IDOSO
- Conselho Nacional dos Direitos do Idoso - CNDI, composição, estruturação, competências e funcionamento - Decreto n. 5.109, de 17.6.2004
- Estratégia Brasil Amigo da Pessoa Idosa - Decreto n. 9.328, de 3.4.2018
- política nacional - Lei n. 8.842, de 4.1.1994
- transporte coletivo interestadual - Decreto n. 5.934, de 18.10.2006

IMÓVEIS RURAIS
- aquisição por estrangeiro residente no país ou pessoa jurídica estrangeira autorizada a funcionar no Brasil - Lei n. 5.709, de 7.10.1971
- matrícula e registro - Lei n. 6.739, de 5.12.1979

IMPORTAÇÃO
- multa em operações - Lei n. 10.755, de 3.11.2003

IMPOSTO DE CONSUMO
- disciplina - Lei n. 4.502, de 30.11.1964

IMPOSTO DE EXPORTAÇÃO
- disciplina - Decreto-Lei n. 1.578, de 11.10.1977

IMPOSTO DE IMPORTAÇÃO
- alteração de alíquotas - Lei n. 8.085, de 23.10.1990
- bens de procedência estrangeira, isenções e reduções - Decreto-Lei n. 2.434, de 19.5.1988
- bens importados, sem cobertura cambial, por pessoa física residente no País, que os tenha ganho pelo seu desempenho em competição ou concurso internacional de cunho científico, cultural ou desportivo, isenção - Decreto-Lei n. 2.108, de 27.2.1984
- disciplina e reorganização dos serviços aduaneiros - Decreto-Lei n. 37, de 18.11.1966

- equipamentos, máquinas, veículos, aparelhos e instrumentos, e acessórios, sobressalentes e ferramentas, redução - Lei n. 7.810, de 30.8.1989

- isenções ou reduções - Lei n. 8.032, de 12.4.1990; Lei n. 8.961, de 23.12.1994; Lei n. 9.449, de 14.3.1997

- legislação alterada - Lei n. 8.003, de 14.3.1990; Decreto-Lei n. 2.472, de 1º.9.1988

IMPOSTO DE RENDA

- apuração na fonte sobre rendimentos de prestação de serviços de transporte rodoviário internacional de carga, auferidos por transportador autônomo pessoa física, residente na República do Paraguai, considerado como sociedade unipessoal nesse País - Lei n. 11.773, de 17.9.2008

- definição de bens de pequeno valor, para efeito da não incidência sobre ganhos de capital - Decreto n. 542, de 26.5.1992

- incentivos fiscais, regulamento - Decreto n. 2.259, de 20.6.1997

- incidência na hipótese de ganho de capital em decorrência da alienação de bens e direitos de qualquer natureza, e opção de tributação de empresas coligadas no exterior na forma de empresas controladas - Lei n. 13.259, de 16.3.2016

- incidência nas operações que especifica - Lei n. 12.431, de 24.6.2011

- legislação alterada - Lei n. 7.713, de 22.12.1988; Lei n. 8.134, de 27.12.1990; Lei n. 8.383, de 30.12.1991; Lei n. 8.541, de 23.12.1992; Lei n. 8.981, de 20.1.1995; Lei n. 9.065, de 20.6.1995; Lei n. 9.250, de 26.12.1995; Lei n. 9.316, de 22.11.1996; Lei n. 9.532, de 10.12.1997; Lei n. 9.779, de 19.1.1999; Lei n. 9.959, de 27.1.2000; Lei n. 10.426, de 24.4.2002; Lei n. 12.973, de 13.5.2014; Medida Provisória n. 2.158-35, de 24.8.2001; Medida Provisória n. 2.159-70, de 24.8.2001; Medida Provisória n. 2.199-14, de 24.8.2001

- não incidência sobre lucros ou dividendos distribuídos a residentes ou domiciliados no exterior, doados a instituições sem fins lucrativos - Lei n. 8.166, de 11.1.1991

- pessoa jurídica, compensação fiscal pela divulgação gratuita da propaganda partidária e eleitoral, de plebiscitos e referendos - Decreto n. 7.791, de 17.8.2012

- pessoa jurídica, dedução, do lucro tributável, do dobro das despesas realizadas em programas de alimentação do trabalhador - Lei n. 6.321, de 14.4.1976

- redução a zero de alíquotas nos casos que especifica - Lei n. 11.312, de 27.6.2006

- redução a zero da alíquota incidente sobre os rendimentos de beneficiários residentes ou domiciliados no exterior - Decreto n. 6.761, de 5.2.2009

- redução, critérios para o enquadramento de projeto de instalação, diversificação ou modernização total, e de ampliação ou modernização parcial de empreendimento, calculados com base no lucro da exploração - Decreto n. 6.539, de 18.8.2008

- tabela, alteração de valores - Lei n. 12.469, de 26.8.2011

IMPOSTO SOBRE OPERAÇÕES RELATIVAS À CIRCULAÇÃO DE MERCADORIAS E SOBRE PRESTAÇÕES DE SERVIÇOS DE TRANSPORTE INTERESTADUAL, INTERMUNICIPAL E DE COMUNICAÇÃO - ICMS

- normas gerais de direito financeiro - Decreto-Lei n. 406, de 31.12.1968

- convênios para a concessão de isenções - Lei Complementar n. 24, de 7.1.1975

- legislação alterada - Lei Complementar n. 115, de 26.12.2002

IMPOSTO SOBRE OPERAÇÕES FINANCEIRAS - IOF

- alíquotas - Lei n. 8.894, de 21.6.1994; Decreto-Lei n. 1.783, de 18.4.1980

- instituição - Lei n. 5.143, de 20.10.1966

- legislação alterada, instituindo incidências transitórias - Lei n. 8.033, de 12.4.1990

- operações de crédito mediante conhecimento de depósito e warrant, representativos de mercadorias depositadas, para exportação, em entrepostos aduaneiros, isenção - Decreto-Lei n. 1.269, de 18.4.1973

- operações de financiamento relativas à habitação, isenção - Decreto-Lei n. 2.407, de 5.1.1988

- regulamento - Decreto n. 6.306, de 14.12.2007

IMPOSTO SOBRE A PROPRIEDADE TERRITORIAL RURAL - ITR

- Comitê Gestor do Imposto sobre a Propriedade Territorial Rural - CGITR - Decreto n. 6.433, de 15.4.2008

- disciplina - Lei n. 8.847, de 28.1.1994; Lei n. 9.393, de 19.12.1996

- fiscalização, convênios - Lei n. 11.250, de 27.12.2005

- lançamento, cobrança e normas sobre arrecadação da Dívida Ativa correspondente - Decreto-Lei n. 57, de 18.11.1966

- regulamento do Dec.-Lei 57/1966 - Decreto n. 59.900, de 30.12.1966

- regulamenta tributação, fiscalização, arrecadação e administração - Decreto n. 4.382, de 19.9.2002

IMPOSTO SOBRE TRANSMISSÃO DE BENS IMÓVEIS

- distribuição das parcelas - Decreto-Lei n. 1.852, de 27.1.1981

IMPOSTO SOBRE PRODUTOS INDUSTRIALIZADOS - IPI

- alteração das Notas Complementares NC (87-2), NC (87- 4), NC (87-5) e NC (87-7) da TIPI - Decreto n. 7.725, de 21.5.2012

- bens de procedência estrangeira, isenções e reduções - Decreto-Lei n. 2.434, de 19.5.1988

- bens importados, sem cobertura cambial, por pessoa física residente no País, que os tenha ganho pelo seu desempenho em competição ou concurso internacional de cunho científico, cultural ou desportivo, isenção - Decreto-Lei n. 2.108, de 7.2.1984

- cobrança, fiscalização, arrecadação e administração - Decreto n. 7.212, de 15.6.2010

- concessão de crédito presumido na aquisição de resíduos sólidos - Decreto n. 7.619, de 21.11.2011

- crédito presumido para ressarcimento do valor do PIS/PASEP e COFINS - Lei n. 9.363, de 13.12.1996

- devido pelos importadores e pelas pessoas jurídicas que procedam à industrialização e comercialização dos produtos classificados nos Capítulos 21 e 22 da TIPI - Decreto n. 8.442, de 29.4.2015

- entrega das quotas de participação dos Estados e DF - Lei n. 8.016, de 8.4.1990

- equipamentos, máquinas, veículos, aparelhos e instrumentos, e acessórios, sobressalentes e ferramentas, redução - Lei n. 7.810, de 30.8.1989; Lei n. 9.493, de 10.9.1997

- incidência relativa a cigarros - Decreto n. 7.555, de 19.8.2011

- legislação alterada - Lei n. 8.003, de 14.3.1990; Lei n. 8.850, de 28.1.1994; Decreto-Lei n. 1.593, de 21.12.1977

- participação dos Estados e do DF no produto da arrecadação - Lei Complementar n. 61, de 26.12.1989

- Tabela de Incidência - aprovação - Decreto n. 8.950, de 29.12.2016

IMPOSTO SOBRE SERVIÇOS DE COMUNICAÇÕES

- instituição - Decreto-Lei n. 2.186, de 20.12.1984

IMPOSTOS DE COMPETÊNCIA DOS ESTADOS

- critérios e prazos de crédito das parcelas do produto da arrecadação e de transferências por estes recebidos, pertencentes aos Municípios - Lei Complementar n. 63, de 11.1.1990

INCENTIVOS FISCAIS

- restabelecimento - Lei n. 8.402, de 8.1.1992

INCONSTITUCIONALIDADE

- declaração para efeitos do art. 7º, VII, CF - Lei n. 4.337, de 1º.6.1964

INDULTO NATALINO

- concessão - Decreto n. 9.246, de 21.12.2017

INELEGIBILIDADES

- casos - Lei n. 4.738, de 14.7.1965

INFORMAÇÃO

- Política Nacional de Segurança da Informação - Dec. 9.637, de 26.12.2018

INFRAESTRUTURA DE CHAVES PÚBLICAS BRASILEIRA - ICP-BRASIL

- instituição - Medida Provisória n. 2.200-2, de 24.8.2001

INSTITUIÇÕES DE EDUCAÇÃO SUPERIOR E CURSOS DE GRADUAÇÃO

- taxa de avaliação *in loco* - Lei n. 10.870, de 19.5.2004

INSTITUIÇÕES FINANCEIRAS

- contratação por órgãos e entidades do Poder Executivo federal - Decreto n. 8.535, de 1º.10.2015

- informações à SRFB relativas às operações financeiras efetuadas pelos usuários de seus serviços - Decreto n. 4.489, de 28.11.2002

- regime de administração especial temporária - Decreto-Lei n. 2.321, de 25.2.1987

- requisição, acesso e uso, pela SRFB, de informações referentes a operações e serviços - Decreto n. 3.724, de 10.1.2001

INSTITUTO BRASILEIRO DO MEIO AMBIENTE E DOS RECURSOS NATURAIS RENOVÁVEIS- IBAMA

- criação - Lei n. 7.735, de 22.2.1989

INSTITUTO DE RESSEGUROS DO BRASIL - IRB

- administração - Lei n. 9.482, de 13.8.1997

INTELIGÊNCIA
- Sistema Brasileiro e criação da ABIN - Lei n. 9.883, de 7.12.1999
- organização e funcionamento do Sistema - Decreto n. 4.376, de 13.9.2002

INTERVENÇÃO
- domínio econômico - Lei Delegada n. 4, de 26.9.1962
- Municípios, processo e julgamento das representações - Lei n. 5.778, de 16.5.1972

IRRIGAÇÃO
- política nacional - Lei n. 12.787, de 11.1.2013

J

JARDINS ZOOLÓGICOS
- estabelecimento e funcionamento - Lei n. 7.173, de 14.12.1983

JOGOS DE AZAR
- prática ou exploração de jogos de azar em todo o território nacional, proibição - Decreto-Lei n. 9.215, de 30.4.1946

JORNALISTA
- exercício da profissão - Decreto-Lei n. 972, de 17.10.1969

JUIZADOS ESPECIAIS
- federais, estrutura permanente para as Turmas Recursais - Lei n. 12.665, de 13.6.2012

JURISDIÇÃO ADUANEIRA
- administração das atividades aduaneiras, e fiscalização, controle e tributação das operações de comércio exterior - Decreto n. 6.759, de 5.2.2009

JUROS MORATÓRIOS
- pagamento pela União, Estados, DF, Municípios e autarquias - Lei n. 4.414, de 24.9.1964

JUSTIÇA DO TRABALHO
- eliminação de autos findos - Lei n. 7.627, de 10.11.1987
- turmas dos Tribunais, especialização - Lei n. 7.701, de 21.12.1988

JUSTIÇA ELEITORAL
- cargos efetivos e em comissão, criação, extinção e transformação - Lei n. 8.868, de 14.4.1994
- cargos e funções destinados às Zonas Eleitorais - Lei n. 10.842, de 20.2.2004
- gratificações de representações - Lei n. 8.350, de 28.12.1991
- requisição de servidores públicos - Lei n. 6.999, de 7.6.1982

JUSTIÇA FEDERAL
- primeira instância, organização - Lei n. 5.010, de 30.5.1966
- de primeiro e segundo graus, custas devidas à União - Lei n. 9.289, de 4.7.1996

JUSTIÇA MILITAR DA UNIÃO
- organização - Lei n. 8.457, de 4.9.1992

L

LÁTEX NATURAL
- obrigatoriedade de as fábricas de produtos que contenham a substância gravarem em suas embalagens advertência sobre sua presença - Lei n. 12.849, de 2.8.2013

LEGISLAÇÃO TRIBUTÁRIA
- legislação alteradora - Lei n. 11.774, de 17.9.2008; Lei n. 11.941, de 27.5.2009; Lei n. 11.945, de 4.6.2009
- federal, contribuições para a seguridade social e processo administrativo de consulta - Lei n. 9.430, de 27.12.1996; Lei n. 10.996, de 15.12.2004

LEILOEIRO
- regulamento da profissão - Decreto n. 21.981, de 19.10.1932

LEI MARIA DA PENHA
- Prêmio de Boas Práticas na Aplicação, Divulgação ou Implementação - Decreto n. 6.924, de 5.8.2009

LEITURA E ESCRITA
- política nacional - Lei n. 13.696, de 12.7.2018

LETRA DE ARRENDAMENTO MERCANTIL - LAM
- autoriza emissão - Lei n. 11.882, de 23.12.2008

LETRA FINANCEIRA E CERTIFICADO DE OPERAÇÕES ESTRUTURADAS
- disciplina - Lei n. 12.249, de 11.6.2010

LETRAS HIPOTECÁRIAS
- condições para emissão - Lei n. 7.684, de 2.12.1988

LICENÇAS
- *à* gestante e à adotante, medidas de proteção à maternidade para militares grávidas e licença-paternidade, no âmbito das Forças Armadas - Lei n. 13.109, de 25.3.2015

LICITAÇÕES
- regulamento do art. 3º, §§ 5º a 12, Lei 8.666/1993 (aplicação de margem de preferência) - Decreto n. 7.546, de 2.8.2011

LIVRO
- política nacional - Lei n. 10.753, de 30.10.2003

LIVROS MERCANTIS
- disciplina - Decreto-Lei n. 486, de 3.3.1969
- legalização - Decreto-Lei n. 305, de 28.2.1967
- regulamenta escriturações - Decreto n. 64.567, de 22.5.1969

LOTEAMENTO E VENDA DE TERRENOS
- disciplina - Decreto-Lei n. 58, de 10.12.1937
- regulamento - Decreto n. 3.079, de 15.9.1938
- urbano - Decreto-Lei n. 271, de 28.2.1967

LOTERIAS
- destinação do produto da arrecadação, promoção comercial e modalidade lotérica denominada apostas de quota fixa - Lei n. 13.756, de 12.12.2018
- disciplina - Decreto-Lei n. 6.259, de 10.2.1944
- permissionário, exercício da atividade e a remuneração - Lei n. 12.869, de 15.10.2013

M

MÃE SOCIAL
- regulamentação da atividade - Lei n. 7.644, de 18.12.1987

MAR TERRITORIAL, ZONA CONTÍGUA E PLATAFORMA CONTINENTAL
- disciplina - Lei n. 8.617, de 4.1.1993

MARINHA
- mercante, Adicional ao Frete para a Renovação da Marinha Mercante - AFRMM, disciplina - Lei n. 10.893, de 13.7.2004
- mercante, Adicional ao Frete para a Renovação da Marinha Mercante - AFRMM, legislação alteradora - Lei n. 12.431, de 24.6.2011
- mercante, Fundo da Marinha Mercante - FMM, constitui fonte de recursos adicional aos agentes financeiros - Lei n. 12.249, de 11.6.2010
- regulamento disciplinar - Decreto n. 88.545, de 26.7.1983

MATA ATLÂNTICA
- regulamento de dispositivos da Lei 11.428/2006 - Decreto n. 6.660, de 21.11.2008

MÉDICO RESIDENTE
- atividades - Lei n. 6.932, de 7.7.1981
- Cadastro Nacional de Especialistas - Decreto n. 8.516, de 10.9.2015
- legislação alteradora - Lei n. 12.514, de 28.10.2011

MEIO AMBIENTE
- arborização urbana e recuperação de áreas degradadas - Lei 13.731, de 8.11.2018
- empreendimentos e atividades cujo licenciamento ambiental será de competência da União - Decreto n. 8.437, de 22.4.2015
- estações ecológicas e áreas de proteção ambiental, criação - Lei n. 6.902, de 27.4.1981
- proteção ambiental - Decreto n. 7.957, de 12.3.2013

MEDIDAS LIMINARES
- liberação de bens, mercadorias ou coisas de procedência estrangeira - Lei n. 2.770, de 4.5.1956

MERCADO FINANCEIRO E DE CAPITAIS
- alteração da tributação - Lei n. 11.033, de 21.12.2004

MICROCRÉDITO PRODUTIVO
- Programa Nacional de Microcrédito Produtivo Orientado - PNMPO, disciplina - Lei n. 13.636, de 20.3.2018

MICROEMPREENDEDOR

- instituição de sociedades de crédito ao - Lei n. 10.194, de 14.2.2001

MICROEMPRESA

- efeitos da revogação do art. 72 da Lei Complementar n. 123, de 14.12.2006, no nome empresarial - Instrução Normativa DREI n. 45, de 7.3.2018
- Fórum Permanente das Microempresas e Empresas de Pequeno Porte - regulamento - Decreto n. 8.364, de 17.11.2014
- Regime Especial Unificado de Arrecadação de Tributos e Contribuições - Resolução CGSN n. 140, de 22.5.2018
- tratamento diferenciado, simplificado e favorecido previsto no art. 122 da Lei 13.146/2015 - Decreto n. 9.405, de 11.6.2018

MILITAR

- inativo, manifestação de pensamento e opinião políticos ou filosóficos - Lei n. 7.524, de 17.7.1986

MINAS TERRESTRES ANTIPESSOAL

- emprego, desenvolvimento, fabricação, comercialização, importação, exportação, aquisição, estocagem, retenção ou transferência, vedação - Lei n. 10.300, de 31.10.2001

MINERAÇÃO

- Código - Decreto-Lei n. 227, de 28.2.1967
- regulamento do Dec.-Lei 227/1967 e das Leis 6.567/1978, 7.805/1989, e 13.575/2017 - Decreto n. 9.406, de 12.6.2018

MINISTÉRIO DA JUSTIÇA E SEGURANÇA PÚBLICA

- Estrutura Regimental - Decreto n. 9.662, de 1º.01.2019

MINISTÉRIO PÚBLICO

- vista nos processos de *habeas corpus* - Decreto-Lei n. 552, de 25.4.1969

MINISTÉRIO PÚBLICO DA UNIÃO

- competência criminal para o processo e julgamento dos membros - Lei n. 5.974, de 11.12.1973

MINISTÉRIO PÚBLICO FEDERAL

- comunicação da prática de ilícitos penais previstos na legislação tributária e de crime funcional contra a ordem tributária - Decreto n. 325, de 1º.11.1991
- encaminhamento da representação fiscal para fins penais - Decreto n. 2.730, de 10.8.1998

MOBILIZAÇÃO NACIONAL

- disciplina - Lei n. 11.631, de 27.12.2007

MOEDA DE PAGAMENTO DE OBRIGAÇÕES EXEQUÍVEIS NO BRASIL

- consolidação da legislação - Decreto-Lei n. 857, de 11.9.1969

MONUMENTOS

arqueológicos ou pré-históricos - Lei n. 3.924, de 26.7.1961

MOTOCICLISTA

- profissional, práticas que estimulem o aumento de velocidade, vedação - Lei n. 12.436, de 6.7.2011

MULHER

- casada, situação - Lei n. 4.121, de 27.8.1962

MUNICÍPIOS

- dos Territórios Federais, organização política e administrativa - Lei n. 6.448, de 11.10.1977

MUSEUS

- estatuto - Lei n. 11.904, de 14.1.2009

MÚSICO

- exercício da profissão - Lei n. 3.857, de 22.12.1960

N

NASCIMENTO

- registro extemporâneo, fornecimento gratuito - Lei n. 9.465, de 7.7.1997

NAV BRASIL SERVIÇOS DE NAVEGAÇÃO AÉREA S.A.

- criação, em decorrência da cisão parcial da Empresa Brasileira de Infraestrutura Aeroportuária - INFRAERO - Medida Provisória n. 866, de 20.12.2018

NEGOCIAÇÕES COLETIVAS DE TRABALHO

- de que participam as entidades estatais que menciona - Decreto n. 908, de 31.8.1993
- mediação nas de natureza trabalhista - Decreto n. 1.572, de 28.7.1995

NORMAS PROCESSUAIS TRABALHISTAS

- aplicação à União, Estados, Municípios, DF e autarquias ou fundações de direito público que não explorem atividade econômica - Decreto-Lei n. 779, de 21.8.1969

O

OBRAS MUSICAIS

- depósito legal na Biblioteca Nacional - Lei n. 12.192, de 14.1.2010

OFÍCIOS DO REGISTRO DE DISTRIBUIÇÃO E DISTRIBUIDORES JUDICIAIS

- requisitos obrigatórios das certidões - Lei n. 11.971, de 6.7.2009

ONCOLOGIA

- mama, cirurgia plástica reparadora pela rede do SUS - Lei n. 9.797, de 6.5.1999
- neoplasia maligna, primeiro tratamento e prazo para início - Lei n. 12.732, de 22.11.2012
- Programa Nacional de Apoio à Atenção Oncológica - Pronon - Decreto n. 7.988, de 17.4.2013

ORDEM DOS MÚSICOS DO BRASIL

- criação - Lei n. 3.857, de 22.12.1960

ORGANISMOS GENETICAMENTE MODIFICADOS - OGM

- direito à informação quanto aos alimentos e ingredientes alimentares destinados ao consumo humano ou animal que contenham ou sejam produzidos a partir de - Decreto n. 4.680, de 24.4.2003
- regulamento de dispositivos da Lei n. 11.105/2005 - Decreto n. 5.591, de 22.11.2005

ORGANIZAÇÃO JUDICIÁRIA

- competência - Lei n. 5.621, de 4.11.1970

ORGANIZAÇÃO MUNDIAL DE COMÉRCIO

- acordo constitutivo, promulgação - Decreto n. 1.355, de 30.12.1994

ORGANIZAÇÕES DA SOCIEDADE CIVIL DE INTERESSE PÚBLICO

- qualificação - Decreto n. 3.100, de 30.6.1999

ORGANIZAÇÕES SOCIAIS

- Programa Nacional de Publicização - PNP destinado à absorção de atividades desenvolvidas por entidades ou órgãos da União pelas organizações sociais qualificadas - Dec. 9.190, de 1º.11.2017

OURO

- ativo financeiro - Lei n. 7.766, de 11.5.1989

P

PACTO INTERNACIONAL SOBRE DIREITOS CIVIS E POLÍTICOS

- promulgação - Decreto n. 592, de 6.7.1992

PACTO INTERNACIONAL SOBRE DIREITOS ECONÔMICOS, SOCIAIS E CULTURAIS

- promulgação - Decreto n. 591, de 6.7.1992

PARCERIA PÚBLICO-PRIVADA

- diretrizes gerais para prorrogação e relicitação dos contratos de parceria definidos nos termos da Lei 13.334/ 2016, nos setores rodoviário, ferroviário e aeroportuário da administração pública federal - Lei n. 13.448, de 5.6.2017
- integralização de cotas no Fundo Garantidor de Parcerias Público-Privadas - FGP, mediante ações representativas de participações acionárias da União em sociedades de economia mista disponíveis para venda - Decreto n. 5.411, de 6.4.2005

PASSAPORTE

- Programa de Modernização, Agilização, Aprimoramento e Segurança da Fiscalização do Tráfego Internacional e do passaporte Brasileiro (Promasp) e regulamento de documentos de viagem - Decreto n. 1.983, de 14.8.1996

PATRIMÔNIO GENÉTICO

- acesso, proteção e acesso ao conhecimento tradicional associado e repartição de benefícios para conservação e uso sustentável da biodiversidade - Lei n. 13.123, de 20.5.2015
- Política Nacional da Biodiversidade - Decreto n. 4.339, de 22.8.2002
- regulamento da Lei 13.123/2015 - Decreto n. 8.772, de 11.5.2016

PEÃO DE RODEIO

- atividade, normas gerais - Lei n. 10.220, de 11.4.2001

PENHOR

- rural e cédula pignoratícia - Lei n. 492, de 30.8.1937
- rural, registro - Decreto-Lei n. 2.612, de 20.9.1940
- produtos agrícolas - Lei n. 2.666, de 6.12.1955

PERFIS GENÉTICOS

Banco Nacional e Rede Integrada - Decreto n. 7.950, de 12.3.2013

PESQUISA CIENTÍFICA E TECNOLÓGICA

- simplificação de procedimentos para importação de bens - Decreto n. 6.262, de 20.11.2007

medidas de incentivo à inovação e à pesquisa científica e tecnológica no ambiente produtivo, com vistas à capacitação tecnológica, ao alcance da autonomia tecnológica e ao desenvolvimento do sistema produtivo nacional e regional - Decreto n. 9.283, de 7.2.2018

PESSOAS EM SITUAÇÃO DE VULNERABILIDADE POR FLUXO MIGRATÓRIO PROVOCADO POR CRISE HUMANITÁRIA

- medidas de assistência emergencial para acolhimento - Lei 13.684, de 21.6.2018

PESSOAS PORTADORAS DE DEFICIÊNCIA

- adequação das atividades dos órgãos do Poder Judiciário e de seus serviços auxiliares às determinações exaradas pela Convenção Internacional sobre os Direitos das Pessoas com Deficiência - Resolução CNJ n. 230, de 22.6.2016
- concepção e a implementação dos projetos arquitetônicos de hotéis, pousadas e estruturas similares, regulamento do art. 45 da Lei 13.146/2015 - Decreto n. 9.296, de 1º.3.2018
- normas gerais e critérios básicos para a promoção da acessibilidade das pessoas portadoras de deficiência ou com mobilidade reduzida - Lei n. 10.098, de 19.12.2000
- preceitos de acessibilidade relativos ao projeto e à construção de edificação de uso privado multifamiliar, regulamento do art. 58 da Lei 13.146/2015 - Decreto n. 9.451, de 26.7.2018
- Programa Nacional de Apoio à Atenção da Saúde da Pessoa com Deficiência - PRONAS/PCD - Decreto n. 7.988, de 17.4.2013
- regulamento da Lei 7.853/1989 - Decreto n. 3.298, de 20.12.1999
- regulamento das Leis 10.048/2000 (prioridade de atendimento) e 10.098/2000 (promoção da acessibilidade) - Decreto n. 5.296, de 2.12.2004

PESSOAS PORTADORAS DE TRANSTORNOS MENTAIS

- proteção e direitos - Lei n. 10.216, de 16.4.2001

PESSOAS PORTADORAS DE TRANSTORNOS DO ESPECTRO AUTISTA

- política nacional de proteção dos direitos - Lei n. 12.764, de 27.12.2012
- regulamento - Decreto n. 8.368, de 2.12.2014

PETRÓLEO BRASILEIRO S.A. - PETROBRAS

- Regulamento do Procedimento Licitatório Simplificado - Decreto n. 2.745, de 24.8.1998

PETRÓLEO E GÁS NATURAL

- destinação para as áreas de educação e saúde de parcela da participação no resultado ou da compensação financeira pela exploração - Lei n. 12.858, de 9.9.2013
- exploração e produção de petróleo, gás natural e outros hidrocarbonetos fluidos, sob o regime de partilha de produção, em áreas do pré-sal e em áreas estratégicas - Lei n. 12.351, de 22.12.2010
- novas regras de distribuição entre os entes da Federação dos *royalties* e da participação especial devidos em função da exploração de petróleo, gás natural e outros hidrocarbonetos fluidos, e para aprimorar o marco regulatório sobre a exploração desses recursos no regime de partilha - Lei n. 12.734, de 30.11.2012
- Petrobras, direito de preferência para atuar como operadora nos consórcios formados para exploração e produção de blocos a serem contratados sob o regime de partilha de produção - Decreto n. 9.041, de 2.5.2017
- Regime Especial de Incentivos para o Desenvolvimento de Infraestrutura da Indústria Petrolífera nas Regiões Norte, Nordeste e Centro-Oeste - Repenec, instituição - Lei n. 12.249, de 11.6.2010

PIS/PASEP/COFINS

- contribuições devidas pelas pessoas jurídicas em geral, regulamento - Decreto n. 4.524, de 17.12.2002
- contribuições devidas pelas sociedades cooperativas em geral - Lei n. 10.676, de 22.5.2003
- contribuições incidentes sobre a importação de bens e serviços - Lei n. 10.865, de 30.4.2004
- contribuições incidentes sobre a importação de bens e serviços, regulamenta §§ 10 e 12 do art. 8º e o inciso IV do art. 28 da Lei 10.865/2004 - Decreto n. 5.171, de 6.8.2004
- crédito presumido na venda de álcool, inclusive para fins carburantes - Lei n. 12.859, de 10.9.2013
- desconto de crédito na apuração - Lei n. 11.051, de 29.12.2004
- devidos pelos importadores e pelas pessoas jurídicas que procedam à industrialização e comercialização dos produtos classificados nos Capítulos 21 e 22 da TIPI - Decreto n. 8.442, de 29.4.2015
- fixa coeficiente para redução das alíquotas específicas de que tratam os arts. 51 e 52 da Lei 10.833/2003 - Decreto n. 5.062, de 30.4.2004; Decreto n. 5.162, de 29.7.2004
- Fundo PIS-PASEP - Decreto n. 4.751, de 17.6.2003
- incidência na venda de produtos que especifica - Lei n. 10.147, de 21.12.2000
- incidência na venda de biodiesel - Lei n. 11.116, de 18.5.2005
- incidência nas hipóteses que menciona - Lei n. 10.485, de 3.7.2002
- legislação alteradora - Lei n. 9.718, de 27.11.1998; Medida Provisória n. 2.158-35, de 24.8.2001
- redução de alíquotas incidentes na importação e comercialização do mercado interno de fertilizantes e defensivos agropecuários - Lei n. 10.925, de 23.7.2004
- redução de alíquotas incidentes na importação e comercialização de gasolina, óleo diesel, gás liquefeito de petróleo (GLP) e querosene de aviação - Decreto n. 5.059, de 30.4.2004
- redução a zero nas alíquotas incidentes na rotulagem das embalagens de papel destinado à impressão de livros e periódicos, por meios físicos ou eletrônicos - Lei n. 12.649, de 17.5.2012
- redução a zero nas alíquotas incidentes sobre as receitas decorrentes da prestação de serviços de transporte público coletivo rodoviário, metroviário, ferroviário e aquaviário de passageiros - Lei n. 12.860, de 11.9.2013
- ressarcimento das contribuições incidentes sobre insumos utilizados na fabricação de produtos destinados à exportação - Lei n. 10.276, de 10.9.2001
- restabelecimento de alíquotas incidentes sobre receitas financeiras de pessoas jurídicas sujeitas ao regime de apuração não cumulativa das referidas contribuições - Decreto n. 8.426, de 1º.4.2015

PISO SALARIAL

- a que se refere o inciso V do art. 7º da Constituição Federal, instituição pelos Estados e DF - Lei Complementar n. 103, de 14.7.2000

PLANO DE AÇÃO PARA PREVENÇÃO E CONTROLE DO DESMATAMENTO E DAS QUEIMADAS NO BIOMA CERRADO - PPCERRADO

- instituição - Decreto de 15.9.2010

PLANO DE AUXÍLIO AOS ESTADOS E AO DF

- instituição - Lei Complementar n. 156, de 28.12.2016

PLANO DE BENEFÍCIOS DE CARÁTER PREVIDENCIÁRIO

- tributação - Lei n. 11.053, de 29.12.2004

PLANO NACIONAL DE GERENCIAMENTO COSTEIRO - PNGC

- instituição - Lei n. 7.661, de 16.5.1988
- regulamento - Decreto n. 5.300, de 7.12.2004

PLANO REAL

- disciplina - Lei n. 9.069, de 29.6.1995

PODER EXECUTIVO

- federal, conflito de interesses no exercício de cargo ou emprego e impedimentos posteriores ao exercício - Lei n. 12.813, de 16.5.2013
- federal, contratação plurianual de obras, bens e serviços - Decreto n. 9.046, de 5.5.2017
- federal, declaração existência de vínculo matrimonial, companheirismo ou parentesco consanguíneo ou afim, em linha reta ou colateral, até o terceiro grau - Decreto n. 6.906, de 21.7.2009
- federal, Política de Dados Abertos - Decreto n. 8.777, de 11.5.2016
- federal, procedimentos para credenciamento de segurança e tratamento de informação classificada em qualquer grau de sigilo - Decreto n. 7.845, de 14.11.2012
- federal, Subsistema de Relações de Trabalho - Decreto n. 7.674, de 20.1.2012
- sistema de gestão da ética - Decreto n. 6.029, de 1º.2.2007

POLÍCIA

- servidores do Departamento Federal de Segurança Pública - Lei n. 3.313, de 14.11.1957

POLÍCIA MILITAR E CORPO DE BOMBEIROS MILITAR DO DISTRITO FEDERAL

- disciplina - Lei n. 12.086, de 6.11.2009

POLÍCIA RODOVIÁRIA FEDERAL

- competência - Decreto n. 1.655, de 3.10.1995

POLÍTICA AGRÍCOLA

- disciplina - Lei n. 8.171, de 17.1.1991

POLÍTICA ENERGÉTICA NACIONAL

- disciplina - Lei n. 9.478, de 6.8.1997

POLÍTICAS PÚBLICAS

- prioritárias - Decreto n. 9.036, de 20.4.2017

POLUIÇÃO

- atividades industriais, controle - Decreto-Lei n. 1.413, de 14.8.1975
- lançamento de óleo e outras substâncias nocivas ou perigosas em águas sob jurisdição nacional, prevenção, controle e fiscalização - Lei n. 9.966, de 28.4.2000
- zoneamento industrial nas áreas críticas - Lei n. 6.803, de 2.7.1980

PRATICAGEM

- Comissão Nacional para Assuntos de Praticagem, elaborar propostas sobre regulação de preços, abrangência das zonas e medidas de aperfeiçoamento relativas ao serviço - Decreto n. 7.860, de 6.12.2012

PRECATÓRIOS

- regulamentação, no âmbito da Justiça Federal de primeiro e segundo graus, dos procedimentos relativos à expedição de ofícios requisitórios, ao cumprimento da ordem cronológica dos pagamentos, às compensações, ao saque e ao levantamento dos depósitos - Resolução CJF n. 458, de 4.10.2017
- regulamentação dos procedimentos relativos à expedição de ofícios requisitórios pelos Centros Judiciais de Solução de Conflitos e Cidadania - CEJUSCONs e pelas demais unidades de conciliação, em procedimentos pré-processuais, no âmbito da Justiça Federal de primeiro e segundo graus - Resolução CJF 459, de 5.10.2017

PREGÃO

- aquisição de bens e serviços comum, regulamento - Decreto n. 3.555, de 8.8.2000
- forma eletrônica, regulamento - Decreto n. 5.450, de 31.5.2005
- forma eletrônica preferencial, exigência de utilização para entes públicos ou privados, nas contratações de bens e serviços comuns, em decorrência de transferências voluntárias de recursos públicos da União, decorrentes de convênios ou instrumentos congêneres, ou consórcios públicos - Decreto n. 5.504, de 5.8.2005

PRESCRIÇÃO

- direito de ação, atos relativos a concursos para Administração federal direta e autarquias federais - Lei n. 7.144, de 23.11.1983

PRESIDÊNCIA DA REPÚBLICA

- instituição de equipe de transição pelo candidato eleito - Lei n. 10.609, de 20.12.2002
- organização, alteração, criação do Ministério da Segurança Pública - Lei 13.690, de 10.7.2018
- organização básica - Lei n. 13.502, de 1º.11.2017 (Med. Prov. 870, de 1º.01.2019)
- organização e prorrogação de contratos temporários- Lei n. 11.204, de 5.12.2005

PRESOS

- apresentação à autoridade judicial no prazo de 24 horas - Resolução CNJ n. 213, de 15.12.2015
- inclusão em estabelecimentos penais federais de segurança máxima ou transferência para aqueles estabelecimentos - Decreto n. 6.877, de 18.6.2009

PRESTAÇÕES

- autorização para desconto em folha de pagamento - Decreto n. 4.840, de 17.9.2003

PREVIDÊNCIA COMPLEMENTAR

- Fundação de Previdência Complementar do Servidor Público Federal do Poder Executivo - Funpresp-Exe, criação - Decreto n. 7.808, de20.9.2012
- regime de previdência complementar para os servidores públicos federais titulares de cargo efetivo, instituição - Lei n. 12.618, de 30.4.2012
- relação entre a União, Estados, DF e Municípios, suas autarquias, fundações, sociedades de economia mista e outras entidades públicas e suas respectivas entidades fechadas - Lei Complementar n. 108, de 29.5.2001
- processo administrativo para apuração de responsabilidade por infração à legislação - Decreto n. 4.942, de 30.12.2003
- Superintendência Nacional de Previdência Complementar - PREVIC, criação - Lei n. 12.154, de 23.12.2009

PREVIDÊNCIA SOCIAL

- benefícios mantidos em 2010 e 2011, reajuste - Lei n. 12.254, de 15.6.2010
- benefícios previdenciários concedidos com data de início posterior a fevereiro de 1994 e pagamento dos valores atrasados - Lei n. 10.999, de 15.12.2004
- compensação financeira entre RGPS e regimes da União, Estados, DF e Municípios, nos casos de contagem recíproca de tempo de contribuição - Lei n. 9.796, de 5.5.1999
- compensação financeira entre RGPS e regimes da União, Estados, DF e Municípios, nos casos de contagem recíproca de tempo de contribuição - regulamento da Lei 9.796/1999
- contribuinte individual, contribuição - Lei n. 9.876, de 26.11.1999
- legislação alteradora - Lei n. 8.620, de 5.1.1993; Lei n. 8.870, de 15.4.1994; Decreto n. 6.042, de 12.2.2007
- periodicidade de recolhimento das contribuições previdenciárias arrecadadas pelo INSS - Lei n. 9.676, de 30.6.1998
- proventos de aposentadoria e pensões - Lei n. 10.887, de 18.6.2004
- regimes próprios de previdência social, regras gerais para organização e funcionamento - Lei n. 9.717, de 27.11.1998

PRISÃO

- Fundo Penitenciário Nacional - FUNPEN, criação - Lei Complementar n. 79, de 7.1.1994
- Fundo Penitenciário Nacional - FUNPEN, regulamento - Decreto n. 1.093, de 23.3.1994
- Plano Estratégico de Educação no âmbito do Sistema Prisional - Decreto n. 7.626, de 24.11.2011
- Política Nacional de Trabalho no âmbito do Sistema Prisional - Decreto n. 9.450, de 24.7.2018
- Regulamento Penitenciário Federal - Decreto n. 6.049, de 27.2.2007

PRISÃO ESPECIAL

- dirigentes de entidades sindicais de todos os graus - Lei n. 2.860, de 31.8.1956
- pilotos de aeronaves mercantes nacionais - Lei n. 3.988, de 24.11.1961
- servidores do Departamento Federal de Segurança Pública - Lei n. 3.313, de 14.11.1957

PROCURADOR-GERAL DA REPÚBLICA

- subsídio mensal - Lei n. 13.753, de 26.11.2018

PROCURADORIA-GERAL FEDERAL

- cobrança extrajudicial ou judicial de créditos tributários e não tributários constituídos pelas autarquias e fundações públicas federais - Decreto n. 9.194, de 7.11.2017

PRODUTOS CONTROLADOS

- regulamento para a fiscalização - Decreto n. 9.493, de 5.9.2018

PRODUTOS FUMÍGEROS, BEBIDAS ALCOÓLICAS, MEDICAMENTOS, TERAPIAS E DEFENSIVOS AGRÍCOLAS

- restrições ao uso e à propaganda - Lei n. 9.294, de 15.7.1996

PRODUTOS PERIGOSOS

- transporte ferroviário - Decreto n. 98.973, de 21.2.1990

PRODUTOS SEMIELABORADOS

- que podem ser tributados pelos Estados e DF quando de sua exportação para o exterior - Lei Complementar n. 65, de 15.4.1991

PROGRAMA BOLSA VERDE

- disciplina - Decreto n. 7.572, de 28.9.2011

PROGRAMA CARTÃO REFORMA

- criação - Lei n. 13.439, de 27.4.2017
- regulamento - Decreto n. 9.084, de 29.6.2017

PROGRAMA DE ALIMENTAÇÃO DO TRABALHADOR

- regulamento da Lei 6.321/1976 - Decreto n. 5, de 14.1.1991

PROGRAMA DE APOIO À CONSERVAÇÃO AMBIENTAL

- instituição - Lei n. 12.512, de 14.10.2011

PROGRAMA DE ASSISTÊNCIA AO TRABALHADOR RURAL - PRORURAL

- instituição - Lei Complementar n. 11, de 25.5.1971
- legislação alteradora - Lei Complementar n. 16, de 30.10.1973

PROGRAMA DE FOMENTO ÀS ATIVIDADES PRODUTIVAS RURAIS
- instituição - Lei n. 12.512, de 14.10.2011

PROGRAMA DE FORMAÇÃO DO PATRIMÔNIO DO SERVIDOR PÚBLICO - PASEP
- instituição - Lei Complementar n. 8, de 3.12.1970
- legislação alteradora - Lei Complementar n. 26, de 11.9.1975

PROGRAMA DE INCLUSÃO DIGITAL
- instituição - Lei n. 11.196, de 21.11.2005
- regulamento - Decreto n. 5.602, de 6.12.2005
- máquinas, aparelhos, instrumentos e equipamentos importados por pessoas jurídicas estabelecidas na Zona Franca de Manaus, objeto da suspensão da exigência da Contribuição para o PIS/PASEP-Importação e da COFINS-Importação, na forma do art. 50 da Lei 11.196/2005 - Decreto n. 5.691, de 3.2.2006

PROGRAMA DE INTEGRAÇÃO SOCIAL - PIS
- acréscimo de adicional à parcela relativa à contribuição com recursos próprios da empresa - Lei Complementar n. 17, de 12.12.1973
- base de cálculo devida por pessoas jurídicas- Lei n. 9.701, de 17.11.1998
- instituição - Lei Complementar n. 7, de 7.9.1970
- legislação alteradora - Lei Complementar n. 26, de 11.9.1975

PROGRAMA DE RECUPERAÇÃO FISCAL - REFIS
- instituição - Lei n. 9.964, de 10.4.2000
- parcelamento - Lei n. 10.189, de 14.2.2001
- reabertura do prazo, disciplina - Decreto n. 3.712, de 27.12.2000
- regulamento - Decreto n. 3.431, de 24.4.2000

PROGRAMA DE REDUÇÃO DE LITÍGIOS TRIBUTÁRIOS - PRORELIT
- instituição - Lei n. 13.202, de 8.12.2015

PROGRAMA DE REGULARIZAÇÃO TRIBUTÁRIA RURAL - PRR
- instituição - Lei n. 13.606, de 9.1.2018

PROGRAMA ESPECIAL DE REGULARIZAÇÃO TRIBUTÁRIA DAS MICROEMPRESAS E EMPRESAS DE PEQUENO PORTE OPTANTES PELO SIMPLES NACIONAL - PERT-SN
- instituição - Lei Complementar n. 162, de 6.4.2018

PROGRAMA MAIS LEITE SAUDÁVEL
- instituição - Decreto n. 8.533, de 30.9.2015

PROGRAMA MINHA CASA, MINHA VIDA - PMCMV
- ajuste - Lei n. 12.249, de 11.6.2010
- disciplina - Lei n. 11.977, de 7.7.2009

PROGRAMA NACIONAL DE ACESSO AO ENSINO TÉCNICO E EMPREGO - PRONATEC
- instituição - Lei n. 12.513, de 26.10.2011

PROGRAMA NACIONAL DE DESESTATIZAÇÃO - PND
- alteração - Lei n. 9.491, de 9.9.1997

PROGRAMA NACIONAL DE INCLUSÃO DE JOVENS - PROJOVEM
- disciplina - Lei n. 11.692, de 10.6.2008

PRONTUÁRIOS DE PACIENTES
- digitalização e utilização de sistemas informatizados para guarda, armazenamento e manuseio - Lei n. 13.787, de 27.12.2018

PROPRIEDADE INDUSTRIAL
- regulamento da Lei 9.279/1996 (arts. 75 e 88 a 93) - Decreto n. 2.553, de 16.4.1998

PROPRIEDADE INTELECTUAL
- medidas de suspensão de concessões ou outras obrigações do País em casos de descumprimento de obrigações do Acordo Constitutivo da OMC - Lei n. 12.270, de 24.6.2010

PROTOCOLO ADICIONAL À CONVENÇÃO DAS NAÇÕES UNIDAS CONTRA O CRIME ORGANIZADO TRANSNACIONAL RELATIVO À PREVENÇÃO, REPRESSÃO E PUNIÇÃO DO TRÁFICO DE PESSOAS, EM ESPECIAL MULHERES E CRIANÇAS
- promulgação - Decreto n. 5.017, de 12.3.2004

PROTOCOLO ADICIONAL AO ACORDO QUADRO SOBRE MEIO AMBIENTE DO MERCOSUL EM MATÉRIA DE COOPERAÇÃO E ASSISTÊNCIA FRENTE A EMERGÊNCIAS AMBIENTAIS
- promulgação - Decreto n. 7.940, de 20.2.2013

PROTOCOLO CONSTITUTIVO DO PARLAMENTO DO MERCOSUL
- promulgação - Decreto n. 6.105, de 30.4.2007

PROTOCOLO DE EMENDA AO ACORDO SOBRE ASPECTOS DOS DIREITOS DE PROPRIEDADE INTELECTUAL RELACIONADOS AO COMÉRCIO
- promulgação - Decreto n. 9.289, de 21.2.2018

PROTOCOLO DE OLIVOS PARA A SOLUÇÃO DE CONTROVÉRSIAS NO MERCOSUL
- promulgação - Decreto n. 4.982, de 9.2.2004

PROTOCOLO DE USHUAIA SOBRE COMPROMISSO DEMOCRÁTICO NO MERCOSUL, BOLÍVIA E CHILE
- promulgação - Decreto n. 4.210, de 24.4.2002

PROVA
- de quitação de tributos, contribuições, anuidades e outros encargos, e restringe a exigência de certidões no âmbito da Administração Federal - Decreto n. 84.702, de 13.5.1980
- de quitação de tributos, multas e outros encargos fiscais - Decreto-Lei n. 1.715, de 22.11.1979
- de quitação de tributos e contribuições federais, simplifica o cumprimento de exigência - Decreto n. 99.476, de 24.8.1990
- do casamento nas habitações aos benefícios do seguro social - Decreto-Lei n. 7.485, de 23.4.1945
- documental - Lei n. 7.115, de 29.8.1983

Q

QUOTAS
- negros, 20% das vagas em concursos públicos para cargos efetivos e empregos públicos na administração pública federal, autarquias, fundações públicas, empresas públicas e sociedades de economia mista controladas pela União - Lei n. 12.990, de 9.6.2014
- negros, 30% das vagas oferecidas nas seleções para estágio no âmbito da administração pública federal direta, autárquica e fundacional - Decreto n. 9.427, de 28.6.2018

R

RACISMO
- inclusão, entre as contravenções penais de atos resultantes de preconceito de raça, cor, sexo ou estado civil - Lei n. 7.437, de 20.12.1985

RADIALISTA
- regulamento da profissão - Lei n. 6.615, de 16.12.1978

RECEITAS FEDERAIS
- arrecadação e restituição - Decreto-Lei n. 1.755, de 31.12.1979

REGISTRO PÚBLICO DE EMPRESAS MERCANTIS E ATIVIDADES AFINS
- regulamento da Lei 8.934/1994 - Decreto n. 1.800, de 30.1.1996

RELAÇÃO ANUAL DE INFORMAÇÕES SOCIAIS - RAIS
- instituição - Decreto n. 76.900, de 23.12.1975

RECURSOS
- hídricos, Política Nacional - Lei n. 9.433, de 8.1.1997
- hídricos, Agência Nacional de Águas - ANA, criação - Lei n. 9.984, de 17.7.2000
- hídricos e minerais, compensação financeira - Lei n. 7.990, de 28.12.1989

REFÚGIO
- Estatuto dos Refugiados, mecanismos para implementação - Lei n. 9.474, de 22.7.1997
- identificação do solicitante e Documento Provisório de Registro Nacional Migratório - Decreto n. 9.277, de 5.2.2018

REVISTA ÍNTIMA
- proibição em funcionárias nos locais de trabalho e trata da revista íntima em ambientes prisionais - Lei n. 13.271, de 15.4.2016

REFORMA AGRÁRIA
- concessão de créditos de instalação de projetos de assentamento, regulamenta o inciso V do art. 17 da Lei 8.629/1993 - Decreto n. 9.424, de 26.6.2018
- processo de seleção, permanência e titulação das famílias beneficiárias do Programa Nacional de Reforma Agrária - Decreto n. 9.311, de 15.3.2018
- regulamentação dos dispositivos constitucionais - Lei n. 8.629, de 25.2.1993

REGIME DE TRIBUTAÇÃO UNIFICADA - RTU
- instituição na importação, por via terrestre, de mercadorias procedentes do Paraguai - Lei n. 11.898, de 8.1.2009

REGIME DIFERENCIADO DE CONTRATAÇÕES PÚBLICAS - RDC
- regulamento - Decreto n. 7.581, de 11.10.2011

REGIME ESPECIAL DE AQUISIÇÃO DE BENS DE CAPITAL PARA EMPRESAS EXPORTADORAS - RECAP

- instituição - Lei n. 11.196, de 21.11.2005

REGIME ESPECIAL DE INCENTIVOS PARA O DESENVOLVIMENTO DA INFRAESTRUTURA - REIDI

- criação - Lei n. 11.488, de 15.6.2007

REGIME ESPECIAL DE INCENTIVOS PARA O DESENVOLVIMENTO DE USINAS NUCLEARES - RENUCLEAR

- instituição - Lei n. 12.431, de 24.6.2011

REGIME ESPECIAL DE REGULARIZAÇÃO CAMBIAL E TRIBUTÁRIA - RERCT

- alteração - Lei n. 13.428, de 30.3.2017

REGIME ESPECIAL DE REINTEGRAÇÃO DE VALORES TRIBUTÁRIOS PARA AS EMPRESAS EXPORTADORAS - REINTEGRA

- alteração - Lei n. 12.794, de 2.4.2013
- instituição - Lei n. 12.546, de 14.12.2011
- regulamento da aplicação do Reintegra - Decreto n. 8.415, de 27.2.2015
- regulamento da contribuição previdenciária sobre a receita devida pelas empresas - Decreto n. 7.828, de 16.10.2012

REGIME ESPECIAL DE TRIBUTAÇÃO PARA A PLATAFORMA DE EXPORTAÇÃO DE SERVIÇOS DE TECNOLOGIA DA INFORMAÇÃO - REPES

- instituição - Lei n. 11.196, de 21.11.2005

REGIME TRIBUTÁRIO PARA INCENTIVO À MODERNIZAÇÃO E À AMPLIAÇÃO DA ESTRUTURA PORTUÁRIA - REPORTO

- instituição - Lei n. 11.033, de 21.12.2004

REGISTRO CIVIL

- retificações, rito sumaríssimo - Lei n. 3.764, de 25.4.1960

REGISTRO DE GRAVAMES E ÔNUS

- constituição sobre ativos financeiros e valores mobiliários em operações realizadas no âmbito do mercado de valores mobiliários ou do sistema de pagamentos brasileiro, regulamento - Decreto n. 7.897, de 1º.2.2013

REGISTRO DE PREÇOS

- regulamenta o Sistema de Registro de Preços previsto no art. 15 da Lei 8.666/1993 - Decreto n. 7.892, de 23.1.2013

REGULARIZAÇÃO FUNDIÁRIA URBANA - REURB

- normas gerais e procedimentos aplicáveis - Decreto n. 9.310, de 15.3.2018

REMESSAS POSTAIS INTERNACIONAIS

- tributação simplificada - Decreto-Lei n. 1.804, de 3.9.1980

REPRESENTAÇÕES DIPLOMÁTICAS NO EXTERIOR

- lotação dos Adidos, Adjuntos e Auxiliares de Adidos Militares - Decreto n. 5.294, de 1º.12.2004

REPOUSO SEMANAL REMUNERADO

- regulamento - Decreto n. 27.048, de 12.8.1949

RESÍDUOS RECICLÁVEIS

- separação dos descartados pelos órgãos e entidades da administração pública federal direta e indireta, na fonte geradora, e destinação às associações e cooperativas dos catadores - Decreto n. 5.940, de 25.10.2006

RESÍDUOS SÓLIDOS

- política nacional, instituição - Lei n. 12.305, de 2.8.2010
- regulamento - Decreto n. 7.404, de 23.12.2010

RODEIO

- defesa sanitária animal - Lei n. 10.519, de 17.7.2002

RODOVIAS E PORTOS

- administração e exploração, delegação pela União a Estados e DF - Lei n. 9.277, de 10.5.1996
- atuação integrada dos órgãos e entidades públicos nos portos organizados e instalações portuária - Decreto n. 7.861, de 6.12.2012
- portos e instalações, exploração direta e indireta pela União e atividades desempenhadas pelos operadores portuários - Lei n. 12.815, de 5.6.2013
- regulamento da Lei 12.815/2013 - Decreto n. 8.033, de 27.6.2013

S

SALÁRIO

- manutenção da correção automática semestral - Lei n. 7.238, de 29.10.1984
- política de valorização de longo prazo - Lei n. 12.382, de 25.2.2011
- política de valorização de longo prazo, regulamento - Decreto n. 7.872, de 26.12.2012
- política nacional - Lei n. 8.073, de 30.7.1990

SALÁRIO-EDUCAÇÃO

- arrecadação, fiscalização e cobrança, regulamento - Decreto n. 6.003, de 28.12.2006
- disciplina - Decreto-Lei n. 1.422, de 23.10.1975
- legislação alteradora - Lei n. 9.766, de 18.12.1998
- regulamento do Dec.-Lei 1.422/1975 - Decreto n. 87.043, de 22.3.1982

SALÁRIO-FAMÍLIA

- extensão aos filhos inválidos de qualquer idade - Lei n. 5.559, de 11.12.1968
- regulamento - Decreto n. 53.153, de 10.12.1963
- trabalhador - Lei n. 4.266, de 3.10.1963

SALÁRIO MÍNIMO

- diplomados pelos cursos regulares superiores mantidos pelas Escolas de Engenharia, de Química, de Arquitetura, de Agronomia e de Veterinária - Lei n. 4.950-A, de 22.4.1966
- garantia - Lei n. 8.716, de 11.10.1993
- médicos e cirurgiões dentistas - Lei n. 3.999, de 15.12.1961
- valor 2019 - Decreto n. 9.661, de 1º.01.2019

SANEAMENTO BÁSICO

- diretrizes nacionais - Lei n. 11.445, de 5.1.2007

SAÚDE

- procedimentos de suspensão e restabelecimento das transferências voluntárias da União - Decreto n. 7.827, de 16.10.2012
- valores mínimos a serem aplicados anualmente pela União, Estados, DF e Municípios em ações e serviços públicos de saúde - Lei Complementar n. 141, de 13.1.2012

SECRETÁRIO

- exercício da profissão - Lei n. 7.377, de 30.9.1985

SEGURANÇA

- estabelecimentos financeiros, empresas particulares de serviços de vigilância e transporte de valores - Lei n. 7.102, de 20.6.1983

SEGURANÇA PÚBLICA

- cooperação federativa - Lei n. 11.473, de 10.5.2007
- Força Nacional de Segurança Pública, disciplina organização e funcionamento da administração pública federal, para desenvolvimento do programa - Decreto n. 5.289, de 29.11.2004
- Fundo Nacional de Segurança Pública - FNSP - Lei n. 13.756, de 12.12.2018
- organização e o funcionamento dos órgãos responsáveis - Lei n. 13.675, de 11.6.2018
- Plano Nacional de Segurança Pública e Defesa Social - PNSP - Decreto n. 9.630, de 26.12.2018
- Programa Nacional de Segurança Pública com Cidadania - PRONASCI - Lei n. 11.530, de 24.10.2007
- regulamento da Lei 13.675/2018 (execução da Política Nacional de Segurança Pública e Defesa Social) - Decreto n. 9.489, de 30.8.2018

SEGURO

- crédito à exportação - Lei n. 6.704, de 26.10.1979
- de vida, beneficiários - Decreto-Lei n. 5.384, de 8.4.1943
- política de resseguro, retrocessão e sua intermediação, operações de cosseguro, contratações de seguro no exterior e operações em moeda estrangeira do setor securitário - Lei Complementar n. 126, de 15.1.2007
- regimento de corretagem - Decreto n. 56.900, de 23.9.1965
- rural - subvenção econômica ao prêmio - Lei n. 10.823, de 19.12.2003
- Sistema Nacional de Seguros Privados, regulamento - Decreto n. 60.459, de 13.3.1967

SEGURO-DESEMPREGO

- condicionamento do recebimento da assistência financeira à comprovação de matrícula e frequência em curso de formação inicial e continuada ou de qualificação profissional - Decreto n. 7.721, de 16.4.2012
- durante o período de defeso, ao pescador profissional que exerce a atividade pesqueira de forma artesanal - Lei n. 10.779, de 25.11.2003
- durante o período de defeso, ao pescador profissional que exerce a atividade pesqueira de forma artesanal, regulamento - Decreto n. 8.424, de 31.3.2015

- regulamento do Programa de Proteção ao Emprego - PPE - Decreto n. 8.479, de 6.7.2015

SERVIÇO NACIONAL DE APRENDIZAGEM RURAL

- regulamento - Decreto n. 566, de 10.6.1992

SERVIÇO MILITAR

- lei - Lei n. 4.375, de 17.8.1964

SERVIÇO NACIONAL DE APRENDIZAGEM RURAL

- criação - Lei n. 8.315, de 23.12.1991

SERVIÇO VOLUNTÁRIO

- regulamento do art. 3º-A da Lei 9.608/1998 - Decreto n. 5.313, de 16.12.2004

SERVIÇOS ELEITORAIS

- processamento eletrônico de dados - Lei n. 6.996, de 7.6.1982

SERVIÇOS NOTARIAIS

- normas gerais para a fixação de emolumentos - Lei n. 10.169, de 29.12.2000
- procedimentos de conciliação e de mediação - Provimento CNJ n. 67, de 26.3.2018

SERVIÇOS POSTAIS

- disciplina - Lei n. 6.538, de 22.6.1978

SERVIÇOS PRESTADOS NO EXTERIOR

- regulamento - Decreto n. 89.339, de 31.1.1984
- situação de trabalhadores contratados ou transferidos - Lei n. 7.064, de 6.12.1982

SERVIÇOS PÚBLICOS

- concessionárias, datas opcionais para vencimento de débitos - Lei n. 9.791, de 24.3.1999
- federais, medidas para a continuidade de atividades e serviços durante greves, paralisações ou operações de retardamento de procedimentos administrativos promovidas pelos servidores públicos federais - Decreto n. 7.777, de 24.7.2012
- federais, procedimentos a serem adotados em casos de paralisações - Decreto n. 1.480, de 3.5.1995
- radiodifusão, explorados pelo Poder Executivo ou outorgados a entidades de sua administração indireta, princípios e objetivos - Lei n. 11.652, de 7.4.2008
- regulamento da Lei 13.460/2017 (participação, proteção e defesa dos direitos do usuário dos serviços públicos) - Decreto n. 9.492, de 5.9.2018
- usuários, simplificação do atendimento, ratifica a dispensa do reconhecimento de firma e da autenticação em documentos produzidos no País e institui a Carta de Serviços ao Usuário - Decreto n. 9.094, de 17.7.2017

SERVIDORES PÚBLICOS

- administração federal direta e autárquica, segundo a natureza jurídica do vínculo empregatício - Lei n. 6.185, de 11.12.1974
- administração pública direta, indireta e fundacional, retribuição pecuniária - Lei n. 8.852, de 4.2.1994
- civis, do Poder Executivo, código de ética - Decreto n. 1.171, de 22.6.1994
- civis, normas de conduta - Lei n. 8.027, de 12.4.1990
- civis, ocupantes de cargo em comissão sem vínculo efetivo com a Administração Pública Federal, vinculação ao RGPS - Lei n. 8.647, de 13.4.1993
- concessões e permissões, outorga e prorrogações - Lei n. 9.074, de 7.7.1995
- declaração de bens e rendas, obrigatoriedade - Lei n. 8.730, de 10.11.1993
- remuneração e subsídios, revisão anual - Lei n. 10.331, de 18.12.2001

SIMPLES NACIONAL

- Comitê Gestor do Simples Nacional - CGSN, instituição - Decreto n. 6.038, de 7.2.2007
- Consórcio Simples - Decreto n. 6.451, de 12.5.2008

SINDICÂNCIA PATRIMONIAL

- instituição - Decreto n. 5.483, de 30.6.2005

SINDICATOS

- dirigentes de entidades sindicais de todos os graus, prisão especial - Lei n. 2.860, de 31.8.1956

SISTEMA DE CADASTRAMENTO UNIFICADO DE FORNECEDORES - SICAF

- disciplina e regulamento do art. 34 da Lei 8.666/1993 - Decreto n. 3.722, de 9.1.2001

SISTEMA DE ESCRITURAÇÃO DIGITAL DAS OBRIGAÇÕES FISCAIS, PREVIDENCIÁRIAS E TRABALHISTAS - ESOCIAL

- instituição - Decreto n. 8.373, de 11.12.2014

SISTEMA DE PAGAMENTOS BRASILEIRO

- atuação das câmaras e dos prestadores de serviços de compensação e de liquidação - Lei n. 10.214, de 27.3.2001
- normas aplicáveis aos arranjos e às instituições que passam a integrar o sistema - Lei n. 12.865, de 9.10.2013

SISTEMA FINANCEIRO DA HABITAÇÃO - SFH

- adoção de medidas relacionadas - Medida Provisória n. 2.197-43, de 24.8.2001

SISTEMA FINANCEIRO NACIONAL

- medidas de fortalecimento - Lei n. 9.710, de 19.11.1998

SISTEMA NACIONAL DE PREVIDÊNCIA E ASSISTÊNCIA SOCIAL

- Lei n. 6.439, de 1º.9.1977

SISTEMA NACIONAL DE TRÂNSITO

- coordenação - Decreto n. 4.711, de 29.5.2003

SISTEMA NACIONAL DE UNIDADES DE CONSERVAÇÃO DA NATUREZA - SNUC

- regulamento artigos da Lei 9.985/2000 - Decreto n. 4.340, de 22.8.2002

SISTEMA NACIONAL DO MEIO AMBIENTE - SISNAMA

- acesso *público aos dados e informações* - Lei n. 10.650, de 16.4.2003

SISTEMA PÚBLICO DE ESCRITURAÇÃO DIGITAL - SPED

- instituição - Decreto n. 6.022, de 22.1.2007

SISTEMA ÚNICO DE SAÚDE - SUS

- condições para a promoção, proteção e recuperação da saúde, a organização e o funcionamento dos serviços correspondentes - Lei n. 8.080, de 19.9.1990
- regulamento da Lei 8.080/2011 - Decreto n. 7.508, de 28.6.2011

SOCIEDADES CIVIS DE FINS ASSISTENCIAIS

- dissolução - Decreto-Lei n. 41, de 18.11.1966

SOCIEDADES DE CAPITALIZAÇÃO

- disciplina - Decreto-Lei n. 261, de 28.2.1967

SOCIEDADES POR QUOTAS DE RESPONSABILIDADE LIMITADA

- constituição - Decreto n. 3.708, de 10.1.1919

SOCIEDADES SEGURADORAS

- especialização em planos privados de assistência à saúde - Lei n. 10.185, de 12.2.2001

SOJA

- normas para plantio e comercialização da produção geneticamente modificada - Lei n. 10.814, de 15.12.2003

SOMMELIER

- exercício da profissão - Lei n. 12.467, de 26.8.2011

SUBSTÂNCIAS MINERAIS

- regime especial para exploração e aproveitamento - Lei n. 6.567, de 24.9.1978

SUPERINTENDÊNCIA DA ZONA FRANCA DE MANAUS - SUFRAMA

- competência para regular e controlar a importação e o ingresso de mercadorias, com incentivos fiscais, na Zona Franca de Manaus, nas áreas de livre comércio e na Amazônia Ocidental - Lei n. 13.451, de 16.6.2017

SUPERIOR TRIBUNAL DE JUSTIÇA

- custas judiciais devidas no âmbito do - Lei n. 11.636, de 28.12.2007

SUPREMO TRIBUNAL FEDERAL

- subsídio mensal de Ministro - Lei n. 13.752, de 26.11.2018

T

TELECOMUNICAÇÕES

- Código - Lei n. 4.117, de 27.8.1962
- disciplina - Lei n. 9.295, de 19.7.1996
- normas gerais para implantação e compartilhamento da infraestrutura - Lei n. 13.116, de 20.4.2015
- organização dos serviços, criação e funcionamento de um órgão regulador e outros aspectos institucionais - Lei n. 9.472, de 16.7.1997
- políticas públicas, disciplina - Decreto n. 9.612, de 17.12.2018

TEMPO DE SERVIÇO

- público federal e de atividade privada, contagem recíproca - Lei n. 6.226, de 14.7.1975

TERRAS DEVOLUTAS
- processo discriminatório - Lei n. 6.383, de 7.12.1976
- procedimento administrativo para reconhecimento da aquisição, por usucapião especial, de imóveis rurais compreendidos em - Decreto n. 87.620, de 21.9.1982

TERRITÓRIO NACIONAL
- casos em que forças estrangeiras podem nele transitar ou permanecer temporariamente - Lei Complementar n. 90, de 1º.10.1997

TERRORISMO
- assunção pela União de responsabilidades civis perante terceiros no caso de atentados ou atos de guerra contra aeronaves de empresas aéreas brasileiras - Lei n. 10.309, de 22.11.2001
- assunção, pela União, de responsabilidades civis perante terceiros no caso de atentados, atos de guerra ou eventos correlatos, contra aeronaves de matrícula brasileira operadas por empresas brasileiras de transporte aéreo público, excluídas as empresas de táxi aéreo - Lei n. 10.744, de 9.10.2003
- regulamento da Lei 10.744/2003 - Decreto n. 5.035, de 5.4.2004

TESOURO NACIONAL
- títulos da dívida pública, consolidação da legislação - Lei n. 10.179, de 6.2.2001

TÍTULOS DA DÍVIDA PÚBLICA MOBILIÁRIA FEDERAL
- características - Decreto n. 9.292, de 23.2.2018

TÍTULO DE CRÉDITO
- *à* exportação - Lei n. 6.313, de 16.12.1975
- comercial - Lei n. 6.840, de 3.11.1980
- industrial, disciplina - Decreto-Lei n. 413, de 9.1.1969
- rural, disciplina - Decreto-Lei n. 167, de 14.2.1967

TÍTULOS OU CONTRATOS DE INVESTIMENTO COLETIVO
- regulação, fiscalização e supervisão dos mercados - Lei n. 10.198, de 14.2.2001

TRABALHADOR AVULSO
- assiduidade profissional - Decreto n. 90.927, de 7.2.1985
- direito a férias - Lei n. 5.085, de 27.8.1966
- férias anuais remuneradas - Decreto n. 80.271, de 1º.9.1977
- movimentação de mercadorias em geral - Lei n. 12.023, de 27.8.2009
- portuário, recolhimento do adicional de indenização - Decreto n. 1.035, de 30.12.1993
- portuário, regulamenta disposições da Lei 8.630/1993 - Decreto n. 1.886, de 29.4.1996

TRABALHO
- inspeção, regulamento - Decreto n. 4.552, de 27.12.2002

TRABALHO PORTUÁRIO
- normas e condições gerais de proteção - Lei n. 9.719, de 27.11.1998

TRANSPORTE AÉREO
- tratamento tributário dispensado *às empresas* - Lei n. 10.560, de 13.11.2002

TRANSPORTE RODOVIÁRIO DE CARGAS
- Política Nacional de Pisos Mínimos - Lei n. 13.703, de 8.8.2018

TRABALHADOR RURAL
- contrato por pequeno prazo; normas transitórias sobre a aposentadoria; prorroga prazo de contratação de financiamentos rurais - Lei n. 11.718, de 20.6.2008
- Política Nacional para os Trabalhadores Rurais Empregados - Decreto n. 7.943, de 5.3.2013
- regulamento da Lei 5.889/1973 - Decreto n. 73.626, de 12.2.1974

TRABALHO TEMPORÁRIO
- regulamento da Lei 6.019/1974 - Decreto n. 73.841, de 13.3.1974

TRIBUNAL DE CONTAS DA UNIÃO
- cobrança executiva dos débitos fixados em acórdãos - Lei n. 6.822, de 22.9.1980
- criação de homepage - Lei n. 9.755, de 16.12.1998
- Lei Orgânica - Lei n. 8.443, de 16.7.1992

TRIBUNAL MARÍTIMO
- disciplina - Lei n. 2.180, de 5.2.1954

TRIBUNAL SUPERIOR DO TRABALHO
- regimento interno - Resolução Administrativa TST n. 1.937, de 20.11.2017

TRIBUNAL SUPERIOR ELEITORAL
- regimento interno - Resolução TSE n. 4.510, de 29.9.1952

TRIBUTOS
- de competência da União - Lei n. 8.012, de 4.4.1990

TROPAS BRASILEIRAS
- remessa para o exterior - Lei n. 2.953, de 17.11.1956

TURISMO
- agências, disciplina das atividades - Lei n. 12.974, de 15.5.2014
- medidas tributárias para estimular investimentos e modernização - Lei n. 11.727, de 23.6.2008

TV DIGITAL
- incentivos às indústrias de equipamentos - Lei n. 11.484, de 31.5.2007

U

USO COMERCIAL DESLEAL
- proteção de informação não divulgada submetida para aprovação da comercialização de produtos - Lei n. 10.603, de 17.12.2002

UNIDADE FISCAL DE REFERÊNCIA - UFIR
- criação - Lei n. 8.383, de 30.12.1991

UNIDADE REAL DE VALOR - URV
- criação - Lei n. 8.880, de 27.5.1994

UNIVERSIDADES FEDERAIS E INSTITUIÇÕES FEDERAIS DE ENSINO TÉCNICO DE NÍVEL MÉDIO
- ingresso - Lei n. 12.711, de 29.8.2012

V

VALE-CULTURA
- regulamento - Decreto n. 8.084, de 26.8.2013

VALE-TRANSPORTE
- regulamento da Lei 7.418/1985 - Decreto n. 95.247, de 17.11.1987

VALORES
- não recebidos em vida, pagamento aos dependentes - Lei n. 6.858, de 24.11.1980
- não recebidos em vida, pagamento aos dependentes, regulamento - Decreto n. 85.845, de 26.3.1981
- remessa para o exterior - Lei n. 4.131, de 3.9.1962
- remessa para o exterior, regulamento - Decreto n. 55.762, de 17.2.1965

VAQUEIRO
- exercício da atividade - Lei n. 12.870, de 15.10.2013

VEÍCULOS
- requisitos obrigatórios para a comercialização no Brasil - Lei n. 13.755, de 10.12.2018
- Sistema Nacional de Prevenção, Fiscalização e Repressão ao Furto e Roubo de Veículos e Cargas, criação - Lei Complementar n. 121, de 9.2.2006
- Programa de Incentivo à Inovação Tecnológica e Adensamento da Cadeia Produtiva de Veículos Automotores - INOVAR-AUTO, regulamento - Decreto n. 7.819, de 3.10.2012
- regulamento da Lei Complementar 121/2006 (Política Nacional de Repressão ao Furto e Roubo de Veículos e Cargas) - Decreto n. 8.614, de 22.12.2015

VENDAS
- a prestação, declaração de preço total - Lei n. 6.463, de 9.11.1977

VIGILÂNCIA SANITÁRIA
- legislação alteradora - Lei n. 9.787, de 10.2.1999
- Sistema Nacional e criação da - Lei n. 9.782, de 26.1.1999

VIOLÊNCIA SEXUAL
- atendimento às vítimas - Decreto n. 7.958, de 13.3.2013

Z

ZONA FRANCA DE MANAUS
- regulamento - Decreto-Lei n. 288, de 28.2.1967

ZONAS DE PROCESSAMENTO DE EXPORTAÇÃO
- legislação alteradora - Lei n. 11.732, de 30.6.2008
- regime tributário, cambial e administrativo - Lei n. 11.508, de 20.7.2007
- regulamento da Lei 11.508/2007 - Decreto n. 6.814, de 6.4.2009

ZONEAMENTO ECOLÓGICO-ECONÔMICO DO BRASIL - ZEE
- critérios; regulamento do art. 9º, II, Lei 6.938/1981 - Decreto n. 4.297, de 10.7.2002

LEIS

LEI DELEGADA N. 4, DE 26 DE SETEMBRO DE 1962

Dispõe sobre a intervenção no domínio econômico para assegurar a livre distribuição de produtos necessários ao consumo do povo.

▸ *DOU*, 27.09.1962, retificada no *DOU*, 02.10.1962.

▸ Dec. 51.644-A/1962 (Regulamenta esta lei.)

O Presidente da República. Faço saber que, no uso da delegação constante do Decreto Legislativo número 9, de 27 de agosto de 1962, decreto à seguinte lei:

ART. 1º A União, na forma do art. 146 da Constituição, fica autorizada, a intervir no domínio econômico para assegurar a livre distribuição de mercadorias e serviços essenciais ao consumo e uso do povo, nos limites fixados nesta lei.

Parágrafo único. A intervenção se processará, também, para assegurar o suprimento dos bens necessários às atividades agropecuárias, da pesca e indústrias do País.

ART. 2º A intervenção consistirá:

I - na compra, armazenamento, distribuição e venda de:

a) gêneros e produtos alimentícios;

b) gado vacum, suíno, ovino e caprino, destinado ao abate;

c) aves e pescado próprios para alimentação;

d) tecidos e calçados de uso popular;

e) medicamentos;

f) Instrumentos e ferramentas de uso individual;

g) máquinas, inclusive caminhões, "jipes", tratores, conjuntos motomecanizados e peças sobressalentes, destinadas às atividades agropecuárias;

h) arames, farpados e lisas, quando destinados a emprêgo nas atividades rurais;

i) artigos sanitários e artefatos industrializados, de uso doméstico;

j) cimento e laminados de ferro, destinados à construção de casas próprias, de tipo popular, e as benfeitorias rurais;

k) produtos e materiais indispensáveis à produção de bens de consumo popular.

II - na fixação de preços e no controle do abastecimento, neste compreendidos a produção, transporte, armazenamento e comercialização;

III - na desapropriação de bens, por interesse social; ou na requisição de serviços, necessários à realização dos objetivos previstos nesta lei;

IV - na promoção de estímulos, à produção.

§ 1º A aquisição far-se-á no País ou no estrangeiro, quando insuficiente produção nacional; a venda, onde verificar a escassez.

§ 2º Não podem ser objeto de desapropriação, com amparo nesta lei, animais de serviço ou destinados à reprodução.

ART. 3º Os produtos adquiridos por compra ou desapropriação serão entregues ao consumidor através de:

a) empresas estatais especializadas;

b) organismos federais, estaduais ou municipais, de administração direta ou indireta;

c) entidades privadas, de comprovada idoneidade.

ART. 4º Nas compras e desapropriações, efetuadas nos termos desta lei, o imposto de vendas e consignações será pago pelo vendedor ou pelo desapropriado.

ART. 5º Na execução desta lei, não serão permitidas discriminações de caráter geográfico ou de grupos e pessoas, dentro do mesmo setor de produção e comércio.

ART. 6º Para o controle do abastecimento de mercadorias ou serviços e fixação de preços, são os órgãos incumbidos da aplicação desta lei, autorizados a:

I - regular e disciplinar, no território nacional a circulação e distribuição dos bens sujeitos ao regime desta lei, podendo, inclusive, proibir a sua movimentação, e ainda estabelecer prioridades para o transporte e armazenamento, sempre que o interesse público o exigir;

II - regular e disciplinar a produção, distribuição e consumo das matérias-primas, podendo requisitar meios de transporte e armazenamento;

III - tabelar os preços máximos de mercadorias e serviços essenciais em relação aos revendedores;

IV - tabelar os preços máximos e estabelecer condições de venda de mercadorias ou serviços, a fim de impedir lucros excessivos, inclusive diversões públicas populares;

V - estabelecer o racionamento dos serviços essenciais e dos bens mencionados no art. 2º, inciso I, desta lei, em casos de guerra, calamidade ou necessidade pública;

VI - assistir as cooperativas, ligadas à produção ou distribuição de gêneros alimentícios, na obtenção preferencial das mercadorias de que necessitem;

VII - manter estoque de mercadorias;

VIII - superintender e fiscalizar através de agentes federais, em todo o País, a execução das medidas adotadas e os serviços que estabelecer.

ART. 7º Os preços dos bens desapropriados, quando objeto de tabelamento em vigor, serão pagos previamente em moeda corrente e não poderão ser arbitrados em valor superior ao do respectivo tabelamento. (Redação dada pelo Dec.-Lei 422/1969.)

Parágrafo único. Quando o bem desapropriado não for sujeito a prévio tabelamento, os preços serão arbitrados tendo em vista o custo médio nos locais de produção ou de venda. (Redação dada pelo Dec.-Lei 422/1969.)

ART. 8º A imissão na posse dos bens desapropriados será efetivada, liminarmente, antes da citação do réu, no foro da situação dos bens, mediante prévio deposito judicial do respectivo preço que, na hipótese do parágrafo único do art. 7º, será fixado por perito nomeado pelo juiz. (Redação dada pelo Dec.-Lei 422/1969.)

ART. 9º Os produtos adquiridos, por compra ou desapropriação, serão entregues ao consumo pelos preços tabelados.

Parágrafo único. As vendas aos distribuidores serão feitas com redução percentual e uniforme dos preços tabelados.

ART. 10. Compete à União dispor normativamente, sobre as condições e oportunidade de uso dos poderes conferidos nesta lei, cabendo aos Estados a execução das normas baixadas e a fiscalização do seu cumprimento, sem prejuízo de idênticas atribuições fiscalizadoras reconhecidas à União.

§ 1º A União exercerá suas atribuições através de ato do Poder Executivo ou por intermédio dos órgãos federais a que atribuir tais poderes.

§ 2º Na falta de instrumentos administrativos adequados, por parte dos Estados, a União encarregar-se-á dessa execução e fiscalização.

§ 3º No Distrito Federal e nos Territórios a União exercerá todas as atribuições para a aplicação desta lei.

ART. 11 Fica sujeito à multa de 150 a 200.000 Unidades Fiscais de Referência - UFIR, vigente na data da infração, sem prejuízo das sanções penais que couberem na forma da lei, aquele que: (Redação dada pela Lei 8.881/1994.)

a) vender ou expuser à venda mercadorias ou contratar ou oferecer serviços por preços superiores aos oficialmente tabelados, aos fixados pelo órgão ou entidade competente, aos estabilizados em regime legal de controle ou ao limite de variações previsto em plano de estabilização econômica, assim como aplicar fórmulas de reajustamento de preços diversas daquelas que forem pelos mesmos estabelecidas; (Redação dada pela Lei 7.784/1989.)

b) sonegar gêneros ou mercadorias, recusar vendê-los ou os retiver para fins de especulação; (Redação dada pela Lei 7.784/1989.)

c) não mantiver afixada, em lugar visível e de fácil leitura, tabela de preços dos gêneros e mercadorias, serviços ou diversões públicas populares; (Redação dada pela Lei 7.784/1989.)

d) favorecer ou preferir comprador ou freguês, em detrimento de outros, ressalvados os sistemas de entrega ao consumo por intermédio de distribuidores ou revendedores; (Redação dada pela Lei 7.784/1989.)

e) negar ou deixar de fornecer a fatura ou nota, quando obrigatório; (Redação dada pela Lei 7.784/1989.)

f) produzir, expuser ou vender mercadoria cuja embalagem, tipo, especificação, peso ou composição, transgrida determinações legais, ou não corresponda à respectiva classificação oficial ou real; (Redação dada pela Lei 7.784/1989.)

g) efetuar vendas ou ofertas de venda, compras ou ofertas de compra que incluam uma prestação oculta, caracterizada pela imposição de transporte, seguro e despesas ou recusa de entrega na fábrica, sempre que esta caracterize alteração imotivada nas condições costumeiramente praticadas, visando burlar o tabelamento de preços; (Redação dada pela Lei 7.784/1989.)

h) emitir fatura, duplicata ou nota de venda que não corresponda à mercadoria vendida em quantidade ou qualidade, ou, ainda, aos serviços efetivamente contratados; (Redação dada pela Lei 7.784/1989.)

i) subordinar a venda de um produto à compra simultânea de outro produto ou à compra de uma quantidade imposta; (Redação dada pela Lei 7.784/1989.)

j) dificultar ou impedir a observância das resoluções que forem baixadas em decorrência desta Lei; (Redação dada pela Lei 7.784/1989.)

k) sonegar documentos ou comprovantes exigidos para apuração de custo de produção e de venda, ou impedir ou dificultar exames contábeis que forem julgados necessários, ou deixar de fornecer esclarecimentos que forem exigidos; (Redação dada pela Lei 7.784/1989.)

l) fraudar as regras concernentes ao controle oficial de preços mediante qualquer artifício ou meio, inclusive pela alteração, sem modificação essencial ou de qualidade, de elementos como a embalagem, denominação, marca (griffe), especificações técnicas, volume ou peso dos produtos, mercadorias e gêneros; (Redação dada pela Lei 7.784/1989.)

m) exigir, cobrar ou receber qualquer vantagem ou importância adicional a valores relativos a preços tabelados, congelados, fixados, administrados ou controlados pelo Poder Público; (Redação dada pela Lei 7.784/1989.)

n) descumprir ato de intervenção, norma ou condição de comercialização ou industrialização estabelecidas; (Incluída pela Lei 7.784/1989.)

o) organizar, promover ou participar de boicote no comércio de gêneros alimentícios ou, quando obrigado por contrato em regime de concessão, no comércio de produtos industrializados, deixar de retirá-los de fábrica, dificultando a sua distribuição ao consumidor; (Incluída pela Lei 7.784/1989.)

p) impedir a produção, comercialização ou distribuição de bens ou a prestação de serviços no País; (Incluída pela Lei 7.784/1989.)

q) promover ajuste ou acordo entre empresas ou entre pessoas vinculadas a tais empresas ou interessados no objeto de suas atividades, que possibilite fraude à livre concorrência, atuação lesiva à economia nacional ou ao interesse geral dos consumidores; (Incluída pela Lei 7.784/1989.)

r) aplicar fórmulas de reajustamento de preços proibidas por lei, regulamento, instrução ministerial, órgão ou entidade competente; (Incluída pela Lei 7.784/1989.)

s) fazer repercutir, nos preços de insumos, produtos ou serviços, aumentos havidos em outros setores, quando tais aumentos não os alcancem, ou fazê-los incidir acima de percentual que compõe seus custos; (Incluída pela Lei 7.784/1989.)

t) negar-se a vender insumo ou matéria-prima à produção de bens essenciais; (Incluída pela Lei 7.784/1989.)

u) monopolizar ou conspirar com outras pessoas para monopolizar qualquer atividade de comércio em prejuízo da competitividade, mesmo através da aquisição, direta ou indireta, de controle acionário de empresa concorrente. (Incluída pela Lei 7.784/1989.)

§ 1º Requerer a não liberação ou recusar, em justa causa, quota de mercadoria ou de produtos essenciais, liberada por órgão ou entidade oficial, de forma a frustrar o seu consumo, implicará, além da multa a que se refere este artigo, diminuição da quota na proporção da recusa. (Incluída pela Lei 7.784/1989.)

§ 2º Na aplicação da multa a que se refere este artigo, levar-se-á em conta o porte da empresa e as circunstâncias em que a infração foi praticada. (Incluída pela Lei 7.784/1989.)

ART. 12. Nos casos de infração das alíneas *a*, *b* e *c* do artigo 11 desta lei, poderá ser determinada a interdição do estabelecimento por um prazo de três a noventa dias, cabendo ao órgão ou entidade incumbido da execução desta lei fixar a competência para a prática do ato de interdição. (Redação dada pelo Dec.-Lei 422/1969.)

§ 1º O interditado poderá, sem efeito suspensivo, recorrer da interdição através de petição endereçada ao dirigente máximo do órgão a que estiver subordinado quem determinou a medida. (Incluído pelo Dec.-Lei 422/1969.)

§ 2º A autoridade competente para apreciar o recurso terá o prazo de quarenta e oito horas para confirmar ou suspender a interdição. (Incluído pelo Dec.-Lei 422/1969.)

§ 3º Findo o prazo previsto no parágrafo anterior sem que seja apreciado o recurso, considerar-se-á automaticamente suspensa a interdição. (Incluído pelo Dec.-Lei 422/1969.)

§ 4º O interditado poderá, antes do fechamento das portas do estabelecimento, dele retirar os gêneros perecíveis. (Incluído pelo Dec.-Lei 422/1969.)

§ 5º Responderão solidariamente pelo pagamento das multas e pelas demais penalidades os proprietários, os administradores os gerentes, os signatários da fatura, nota ou caderno de venda, ou quem, de direito ou de fato estabelecimento, efetuar a venda. (Incluído pelo Dec.-Lei 422/1969.)

ART. 13. O infrator será autuado independentemente da presença de testemunhas, devendo constar do instrumento a sua assinatura ou a declaração feita pelo autuante, de sua recusa. (Redação dada pelo Dec.-Lei 2.339/1987.)

§ 1º O auto de infração será lavrado em três vias, devendo a primeira e a segunda dar entrada no órgão local incumbido da aplicação da lei, dentro do prazo de 24 (vinte e quatro) horas, entregando-se a terceira via, mediante recibo, ao autuado.

§ 2º O autuado, no prazo de 10 (dez) dias, apresentará defesa, juntando ou indicando as provas que tiver. Findo esse prazo, com ou sem a defesa, juntadas ou indicadas as provas, o processo será encaminhado ao responsável pelo órgão local incumbido da aplicação da lei para, em 5 (cinco) dias, homologar o auto de infração e arbitrar a multa.

ART. 14. Homologado o auto de infração e arbitrada a multa, será o autuado notificado para pagá-la no prazo de 10 (dez) dias.

ART. 15. No prazo de 10 (dez) dias da data da entrega da notificação ao infrator, este, desde que deposite metade do valor da multa, poderá, recorrer à autoridade a que estiver subordinado o prolator da decisão.

ART. 16. Feito o depósito, o processo será encaminhado ao prolator, o qual confirmará ou reformará a decisão antes de remetê-lo "ex officio", à instância final.

ART. 17. Se a decisão final mantiver a multa ou reduzi-la, o depósito converter-se-á, automaticamente, em pagamento, até a quantia depositada, restituindo-se ao infrator o excesso depositado.

Parágrafo único. Se o valor da multa for superior ao depósito o infrator pagará o saldo no prazo de 10 (dez) dias.

ART. 18. Decorrido o prazo, sem que seja feito o depósito ou o pagamento, o valor do débito será inscrito como dívida ativa, valendo a certidão de inscrição para a cobrança pelo rito dos executivos fiscais.

ART. 19. São competência para julgar os processos e impor as sanções previstas nesta lei:

a) os responsáveis pelos órgãos estaduais que forem incumbidos de sua execução;

b) os responsáveis pelos órgãos locais das instituições federais que, nas Unidades da Federação, sejam incumbidos da execução desta lei.

ART. 20. As multas aplicadas pelos órgãos estaduais constituirão receita da respectiva Unidade da Federação.

ART. 21. As cominações previstas nesta lei cumulam-se com as sanções penais e são, umas e outras, independentes entre si, bem assim, as instâncias administrativas, civil e penal.

ART. 22. Esta lei será regulamentada no prazo de 60 (sessenta) dias contados de sua publicação.

ART. 23. Enquanto não expressamente revogadas continuam em vigor ao resoluções, portarias, determinações, ordens de serviço e mais atos baixados pela COFAP e seus órgãos auxiliares.

ART. 24. A vigência desta lei não prejudicará os processos civis fiscais criminais e inquéritos administrativos, instaurados no regime da Lei n. 1.522, de 26 de dezembro de 1951 e suas alterações.

ART. 25. Esta lei entrará em vigor 30 (trinta) dias após a sua publicação, revogadas, na mesma data, a Lei n. 1.522, de 26 de dezembro de 1951, suas alterações e outras disposições em contrário, ressalvando-se a continuação dos serviços por ela criados, os quais, serão extintos à medida que forem substituídos pelos novos serviços.

Brasília, 26 de setembro de 1962;
141º da Independência e 74º da República.
JOÃO GOULART

LEI N. 370, DE 4 DE JANEIRO DE 1937

Dispõe sobre o dinheiro e objetos de valor depositados nos estabelecimentos bancários e comerciais.

▸ Texto conforme publicação oficial.

O Presidente da Republica dos Estados Unidos do Brasil: Faço saber que o Poder Legislativo decreta e eu sanciono a seguinte lei:

ART. 1º Consideram-se abandonados o dinheiro e os objectos de ouro, platina, prata e pedras preciosas, depositados em quaesquer estabelecimentos bancarios, commerciaes ou industriaes e nas Caixas Economicas, quando a conta de deposito tiver ficado sem movimento e não objectos não houverem sido reclamados durante 30 annos, contados do deposito.

ART. 2º O dinheiro e os objectos, nas condições previstas no artigo antecedente, serão recolhidos ao Thesouro Nacional pelos bancos, casas bancarias, empresas o estabelecimentos commerciaes ou industriaes e caixas economicas, que os houverem recebido, si dentro de seis mezes da data da vigencia desta lei o interessado não movimentar o deposito, (ilegível) exigir a entrega dos objectos, ou não declarar expressa (ilegível) deseja continuem em poder do depositario.

ART. 3º Findo o prazo de seis mezes, a que allude o preceito anterior, os bancos, empresas e estabelecimentos e caixas economicas, incumbidos da guarda do dinheiro e objectos referidos nesta lei, farão o seu recolhimento ao Thesouro Nacional, sempre e á medida que, em relação a cada deposito, se verificar a hypothese prevista no art. 1º

ART. 4º O Presidente da Republica, dentro de 30 dias da data desta lei, expedirá regulamento para sua execução podendo comminar multa até 50:000$ (cincoenta contos de réis) aos institutos de credito, estabelecimentos, empresas e quaesquer outras pessôas que deixarem de fazer, quando obrigatorio, o recolhimento exigido nesta lei, ou que procurarem por qualquer modo occultar a existencia do deposito, ou impedir ou embaraçar o recolhimento.

ART. 5º Revogam-se as disposições em contrario.

Rio de Janeiro, 4 de janeiro de 1937,
116º da Independencia e 49º da Republica.
GETÚLIO VARGAS.

LEI N. 492, DE 30 DE AGOSTO DE 1937

Regula o penhor rural e a cédula pignoratícia.

▸ *DOU*, 1º.09.1937.

O Presidente da República. Faço saber que o Poder Legislativo decreta e eu sanciono a seguinte lei:

CAPÍTULO I
DO PENHOR RURAL

ART. 1º Constitui-se o penhor rural pelo vínculo real, resultante do registro, por via do qual agricultores ou criadores sujeitam suas culturas ou animais ao cumprimento de obrigações, ficando como depositários daqueles ou destes.

Parágrafo único. O penhor rural compreende o penhor agrícola e o penhor pecuário, conforme a natureza da coisa dada em garantia.

ART. 2º Contrata-se o penhor rural por escritura pública ou por escritura particular, transcrita no registro imobiliário da comarca em que estiverem, situados os bens ou animais empenhados, para valimento contra terceiros.

§ 1º A escritura particular pode ser feita e assinada ou somente assinada pelos contratantes, sendo subscrita por duas testemunhas.

§ 2º A escritura deve declarar:

I - os nomes, prenomes, estado, nacionalidade, profissão e domicílio dos contratantes;

II - o total da dívida ou sua estimação;

III - o prazo fixado para o pagamento;

IV - a taxa dos juros, se houver;

V - as cousas ou animais dados em garantia, com as suas especificações, de molde a individualizá-las;

VI - a denominação, confrontação e situação da propriedade agrícola onde se encontrem as coisas ou animais empenhados, bem assim a data da escritura de sua aquisição, ou arrendamento, e número de sua transcrição imobiliária;

VII - as demais estipulações usuais no contrato mútuo.

ART. 3º Pode ajustar-se o penhor rural em garantia de obrigação de terceiro, ficando as coisas ou animais em poder do proprietário e sob sua responsabilidade, não lhe sendo lícito, como depositário, dispor das mesmas, senão com o consentimento escrito do credor.

§ 1º No caso de falecimento do devedor ou do terceiro penhorante, depositários das coisas ou animais empenhados, pode o credor requerer ao juiz competente a sua imediata remoção para o poder do depositário, que nomear.

§ 2º Assiste ao credor ou endossatário da cédula rural pignoratícia direito para, sempre que lhe convier, verificar o estado das coisas ou animais dados em garantia, inspecionando-os onde se acharem, por si ou por interposta pessoa, e de solicitar a respeito informações escritas do devedor.

§ 3º A provada resistência ou recusa deste ou de quem ofereceu a garantia ao cumprimento do disposto no parágrafo anterior, importa, se ao credor convier, no vencimento da dívida e sua imediata exigibilidade.

§ 4º Em caso de abandono das coisas ou animais empenhados, pode o credor, autorizando o juiz competente, encarregar-se de os guardar, administrar e conservar.

ART. 4º Independe o penhor rural do consentimento do credor hipotecário, mas não lhe prejudica o direito de prelação, nem restringe a extensão da hipoteca, ao ser executada.

§ 1º Pode o devedor, independentemente de consentimento do credor, constituir novo penhor rural se o valor dos bens ou dos animais exceder ao da dívida anterior, ressalvada para esta a prioridade de pagamento.

§ 2º Paga uma das dívidas, subsiste a garantia para a outra, em sua totalidade.

§ 3º As coisas e animais dados em penhor garantem ao credor, em privilégio especial, a importância da dívida, os juros, as despesas e as demais obrigações constantes da escritura.

ART. 5º Entre os direitos do credor pignoratício especificados no escritura compreendem-se ainda:

I - o valor do seguro dos bens ou dos animais empenhados no caso de seu perecimento;

II - a indenização a que estiver sujeito o causador da perda ou deterioração dos bens ou animais empenhados, podendo exigir do devedor a satisfação do prejuízo sofrido por vício ou defeito oculto;

III - o preço da desapropriação ou da requisição dos bens ou animais, em caso de utilidade ou necessidade pública.

SECÇÃO I
DO PENHOR AGRÍCOLA

ART. 6º Podem ser objeto de penhor agrícola:

I - colheitas pendentes ou em via de formação, quer resultem de prévia cultura, quer de produção espontânea do solo;

II - frutos armazenados, em ser, ou beneficiados e acondicionados para venda;

III - madeira das matas, preparada para o corte, ou em toras, ou já serrada e lavrada;

IV - lenha cortada ou carvão vegetal;

V - máquinas e instrumentos agrícolas.

ART. 7º O prazo do penhor agrícola não excederá de dois anos, prorrogável por mais dois, devendo ser mencionada, no contrato, à época da colheita da cultura apenhada e, embora vencido, subsiste a garantia enquanto subsistirem os bens que a constituem. (Alterado pelo Dec.-Lei 4.360/1942.)

§ 1º Sendo objeto do penhor agrícola a colheita pendente ou em via de formação, abrange ele a colheita imediatamente seguinte no caso de frustrar-se ou ser insuficiente a dada em garantia. Quando, porém, não quiser ou não puder o credor, notificado com 15 dias de antecedência, financiar a nova safra, fica o devedor com o direito de estabelecer com terceiro novo penhor, em quantia máxima equivalente ao primitivo contrato, considerando-se, qualquer excesso apurado na colheita, apenhado à liquidação da dívida anterior.

§ 2º Nesse caso, não chegando as partes e ajustá-lo, assiste ao credor o direito de, exibindo a prova do tanto quanto a colheita se lhe consignou, ou se apurou, ou de ter-se frustrado no todo ou em parte, requerer ao juiz competente da situação da propriedade agrícola que faça expedir mandado para a averbação de estender-se o penhor à colheita imediata.

§ 3º Da decisão do juiz cabe o recurso de agravo de petição para a Corte de Apelação, interposto pelo credor ou pelo devedor.

§ 4º A prorrogação do prazo de vencimento da dívida garantida por penhor agrícola se efetua por simples escrito, assinado pelas partes e averbado à margem da transcrição respectiva.

ART. 8º Pode-se estipular, na escritura de penhor agrícola, que os frutos, tanto que colhidos e convenientemente preparados para o transporte, sejam remetidos pelo devedor ao credor, ou para que se torne simples depositário deles, ou para que os venda, por conta e segundo as instruções do devedor ou os usos e costumes da praça, marcando-se os prazos e quantidades das remessas.

Parágrafo único. Nesse caso, o credor, sujeito às obrigações e investido dos direitos de comissário, prestará contas ao devedor de cada venda que for realizando.

ART. 9º Não vale o contrato de penhor agrícola celebrado pelo locatário, arrendatário, colono ou qualquer prestador de serviços, sem o consentimento expresso do proprietário agrícola, dado previamente ou no ato dia constituição do penhor.

Parágrafo único. Na parceria rural, o penhor somente pode ajustar-se com o consentimento do outro parceiro e recai somente sobre os animais do devedor, salvo estipulação diversa.

SECÇÃO II
DO PENHOR PECUÁRIO

ART. 10. Podem ser objeto de penhor pecuário os animais que se criam pascendo para a indústria pastoril, agrícola ou de laticínios, em qualquer de suas modalidades, ou de que sejam eles simples acessórios ou pertences de sua exploração.

Parágrafo único. Deve a escritura, sob pena de nulidade designar os animais com, a maior precisão, indicando o lugar onde se encontrem e o destino que têm, mencionando de cada um a espécie, denominação comum ou científica, raça, grau de mestiçagem, marca, sinal, nome, se tiver todos os característicos por que se identifique.

ART. 11. É o penhor pecuário ajustável independentemente do penhor agrícola; nada, porém, se opõe a que se celebre conjuntamente com ele, para a garantia da mesma dívida, ficando, neste caso, subordinado à disciplina deste, no qual se integra.

Parágrafo único. Como o agrícola, o penhor pecuário independe de outorga uxória.

ART. 12. Não pode o devedor vender o gado, nem qualquer dos animais empenhados, sem prévio, consentimento escrito do credor.

§ 1º Quando o devedor pretenda vendê-los ou, por negligente, ameace prejudicar ao credor, pode este requerer se depositem os animais sob a guarda de terceiro ou exigir que incontinenti se lhe pague a dívida.

§ 2º Os animais da mesma espécie, comprados para substituir os mortos, ficam sub-rogados no penhor, que se estende às crias dos empenhados.

§ 3º Esta substituição presume-se, mas não vale contra terceiros se não constar de menção adicional ao respectivo contrato.

ART. 13. O penhor pecuário não admite prazo maior de três anos, mas pode ser prorrogado por igual período, averbando-se a prorrogação na transcrição respectiva. (Alterado pelo Dec.-Lei 4.360/1942.)

Parágrafo único. Vencida a prorrogação, deve o penhor reconstituído, se não executado.

CAPÍTULO II
DA CÉDULA RURAL PIGNORATÍCIA

ART. 14. A escritura pública ou particular, de penhor rural deve ser apresentada ao oficial do registro imobiliário da circunscrição ou comarca, em que estiver situada a propriedade agrícola em que se encontrem os bens ou animais dados em garantia, afim de ser transcrito, no livro e pela forma por que se transcreve o penhor agrícola.

Parágrafo único. Quando contraído por escritura particular, dela se tiram tantas vias quantas julgadas convenientes, de modo a ficar uma com as firmas reconhecidas, arquivada no cartório do registro imobiliário.

ART. 15. Feita a transcrição da escritura de penhor rural, em qualquer de suas modalidades, pode o oficial do registro imobiliário se o credor lhe solicitar, expedir em seu favor, averbando-o à margem da respectiva transcrição, e entregar-lhe, mediante recibo, uma cédula rural pignoratícia, destacando-a, depois de preenchida e por ambos assinada, do livro próprio.

§ 1º Haverá, em cada cartório de registro imobiliário, um livro talão de cédulas rurais pignoratícias, de folhas duplas e de igual conteúdo, de modelo anexo, numerado e rubricado pela autoridade judiciária competente, contendo cada uma:

I - a desinência do Estado, comarca, município, distrito ou circunscrição;

II - o número e data da emissão;

III - os nomes do devedor e do credor;

IV - a importância da dívida, seus juros e data do vencimento;

V - a denominação e individualização da propriedade agrícola em que se acham os bens ou animais empenhados, indicando a data e tabelião em que se passou a escritura de aquisição ou arrendamento daquela ou o título por que se operou, número da transcrição respectiva, data, livro e página em que esta se efetuou;

VI - a identificação e a quantidade dos bens e dos animais empenhados;

VII - a data e o número da transcrição do penhor rural;

VIII - as assinaturas, de próprio punho, nas duas folhas, do oficial e do credor;

IX - qualquer compromisso anterior nos casos dos arts. 4º, § 1º e 6º, I.

§ 2º Se o credor pignoratício não souber ou não puder assinar, será o título assinado por procurador, com poderes especiais, ficando a procuração, por instrumento público, arquivada em cartório.

ART. 16. A cédula rural pignoratícia é transferível, sucessivamente, por endosso em preto, em que à ordem de pagamento se acrescente o nome ou firma do endossante, seu domicílio, a data e a assinatura do endossante. O primeiro endossante só pode ser o credor pignoratício.

§ 1º O endosso é puro e simples, reputando-se não escrita qualquer cláusula condicional ou restritiva; e investe o endossatário nos direitos do endossante contra os signatários anteriores, solidariamente, e o contra o devedor pignoratício.

§ 2º O endosso parcial é nulo.

§ 3º O endosso cancelado é inexistente, mas hábil para justificar a série das transmissões do título.

§ 4º O endossante responde pela legitimidade da cédula rural pignoratícia da existência das coisas ou animais empenhados.

§ 5º O endosso pode ser garantido por aval.

ART. 17. Expedindo a cédula rural pignoratícia, dá o oficial, imediatamente, por carta, mediante recibo, aviso ao credor pignoratício, e os endossatários devem apresentar-lhe para que, averbando o endosso à margem da transcrição, nela o anote.

Parágrafo único. Ao averbar o endosso, o oficial averbará os anteriores ainda não anotados.

ART. 18. Emitida a cédula rural pignoratícia, passa a escritura de penhor a fazer parte dela, do modo que os direitos do credor se exercem pelo endossatário, em cujo poder se encontre, e inválido é o pagamento porventura efetuado pelo devedor sem que o título lhe seja restituído ou sem que nele registre o endossatário o pagamento parcial realizado, dando recibo em separado, para o mesmo efeito.

§ 1º Quando o empréstimo estabelecido na escritura do penhor rural for entregue em parcelas periódicas ao devedor será permitida a expedição de várias cédulas pignoratícias, conforme as quantias e prazos acordados, devendo, porém, constar nas respectivas cédulas o número da transcrição da escritura e a quantia, total do penhor contratado.

§ 2º Não podem os bens, nem os animais empenhados ser objeto de penhora, arresto, sequestro ou outra medida judicial, desde que expedida a cédula. rural pignoratícia, obrigado o devedor, sob pena de responder pelos prejuízos resultantes, a denunciar aos oficiais incumbidos da diligência, para que a não efetuem, ou ao juiz da causa, a existência do título, juntando o aviso recebido ao tempo de sua expedição.

ART. 19. É a cédula rural pignoratícia a resgatável a qualquer tempo, desde que se efetue o pagamento de sua importância, mais os juros devidos até ao dia da liquidação; e em caso de recusa por parte do endossatário constante do registro, pode o devedor fazer a consignação judicial da importância total da dívida capital e juros até ao dia do depósito, citado aquele e notificado o oficial do registo imobiliário competente para o cancelamento da transcrição e anotação no verso da folha do talão arquivando a respectiva contra fé, de que constará o teor do termo de depósito.

Parágrafo único. A consignação judicial libera os bens ou animais empenhados, sub-rogando-se o vínculo real pignoratício quantia depositada.

ART. 20. Tentando o devedor ou o terceiro, como depositário legal, desviar, no todo ou em parte, ou vender, sem consentimento do credor pignoratício ou do endossatário da cédula rural pignoratícia os bens ou animais empenhados, tem este direito para requerer ao juiz que os remova para o poder do depositário público, se houver, ou particular, que nomear, correndo todas as custas e despesas por conta do devedor.

Parágrafo único. Desviados ou vendidos, com infração do disposto, neste artigo, pode o juiz determinar-lhe o sequestro, cuja concessão importa no vencimento da dívida e sua exigibilidade.

ART. 21. Cancela-se a transcrição do penhor rural:

I - a requerimento do credor e do devedor, conjuntamente, se não expedida a cédula rural pignoratícia;

II - pela apresentação da cédula rural pignoratícia, caso em que o oficial, depois de lançar, no verso da primeira via, no livre talão, o cancelamento, a devolverá ao apresentante com anotação idêntica;

III - pela consignação judicial da importância total da dívida. capital e juros, até ao dia do depósito;

IV - por sentença judicial.

CAPÍTULO III
DA EXCUSSÃO PIGNORATÍCIA

ART. 22. Vencida e não paga a cédula rural pignoratícia, o seu portador, como endossatário, deve apresentá-la ao devedor, nos três dias seguintes, a fim de ser resgatada.

§ 1º A apresentação pode ser feita por via do oficial de protestos, pessoalmente ao devedor, ou por carta, mediante recibo, em que lhe dê o aviso de achar-se em seu cartório, afim de resgatada sob pena de protesto.

§ 2º Findo o prazo de três dias, sem pagamento, o oficial tirará nos três dias seguintes, o instrumento do protesto, com as formalidades do protesto cambial, dando dele aviso a todos os endossantes, naquele prazo, por carta registrada, na impossibilidade ou dificuldade de fazer a notificação pessoal.

§ 3º Se o devedor pignoratício, por não encontrado tiver de ser citado por edital, neste não se mencionarão os nomes dos endossantes,

§ 4º A falta de interposição do protesto desonera os endossantes de qualquer responsabilidade pelo pagamento da cédula rural pignoratícia.

ART. 23. Tirado o protesto, o devedor é citado para, no prazo de quarenta e oito horas, que correrá em cartório, a conta do momento da entrega, neste, da fé de citação, efetuar o pagamento ou depositar, em juízo, as coisas ou animais empenhados.

§ 1º A petição inicial é instruída com a cédula rural pignoratícia e instrumento de protesto.

§ 2º Quando o penhor tiver sido dado por terceiro, será este o citado para efetuar o depósito, em prazo igual, se não tiver sido o pagamento efetuado.

§ 3º Não realizado o depósito, pode o credor requerer o sequestro dos bens ou animais empenhados, dando-se-lhes depositário judicial.

§ 4º Efetuada a prisão preventiva, o juiz determina ao escrivão tire, em cinco dias, traslado dos autos e imediatamente o encaminhe ao juiz criminal competente, se também ele não tiver jurisdição criminal e competência para o processo, caso em que o instaurará.

§ 5º Recebido e autuado o traslado no juízo criminal, o promotor público oferece a denúncia para o devido processo, na forma da lei.

§ 6º O credor pignoratício ou o endossatário pode apresentar queixa, antes de dada a denúncia, e o promotor público aditá-la e promover as diligências que julgar necessárias, sem prejuízo das de iniciativa do queixoso.

§ 7º Se o querelante não der andamento ao processo, incumbe ao promotor público der-lhe movimento.

ART. 24. O credor pignoratício, quando não expedida a cédula rural, juntando uma das vias da escritura particular ou certidão da pública, pode praticar as diligências constantes do art. 23 e parágrafos, independentemente de protesto.

ART. 25. Feito o deposito ou sequestro, tem o devedor o prazo de seis dias para defender-se por via de embargos.

§ 1º Sendo estes irrelevantes, pode o juiz desprezá-los, condenando o devedor ao pagamento pedido, despesas judiciais e custas.

§ 2º Sendo relevantes pode recebê-los e mandar contestar, dando ao processo o curso sumário.

§ 3º Nas hipóteses dos parágrafos anteriores, mandará o juiz expedir, incontinente, alvará para a venda dos bens ou animais empenhados, insuspensível sob qualquer pretexto ou por qualquer recurso, respondendo ele e o escrivão, solidariamente, pelo retardamento.

§ 4º Provado, documentalmente, o pagamento, o juiz julgando extinta a ação mandará cancelar a transcrição do Penhor, condenando o autor nas despesas judiciais e custas.

ART. 26. Se tiver sido ajustada a venda amigável, esta se fará nos termos convencionados e sempre que possível por corretor oficial.

Parágrafo único. A venda judicial se realizará em leilão público, por leiloeiro, ou, onde não existir, pelo porteiro dos auditórios ou quem suas vezes fizer.

ART. 27. No caso de venda amigável, se o resultado se mostrar insuficiente para o pagamento integral da dívida, assiste ao credor o direito de prosseguir na excussão penhorando tantos dos bens do devedor, quantos bastarem, seguindo-se como na ação executiva.

§ 1º Procede-se, nesse caso, ao cancelamento da transcrição, por mandado judicial.

§ 2º Se a excussão tiver sido de cédula pignoratícia, o endossante prestará, em juízo, contas da execução, citando a todos os coobrigados para a impugnarem se quiserem, por embargos, que serão processados como na ação de prestação de contas.

ART. 28. No caso de venda judicial, o preço será depositado em juízo e levantado pelo exequente, depois de efetuada o pagamento:

I - das custas e despesas judiciais;

II - dos impostos devidos.

§ 1º O saldo, se houver, se restitui ao credor.

§ 2º Pela importância que faltar para o pagamento integral da divida, seus juros, despesas, custas, tem o endossatário ação executiva contra o devedor pignoratício e os endossantes, avalistas ou coobrigados, todos solidariamente responsáveis; a ação pode ser proposta contra todos conjuntamente ou contra cada um ou alguns separadamente, como lhe convier.

§ 3º Cada endossatário tem direito de reaver do seu endossante, por ação executiva, a importância que pagar.

§ 4º Se os bens, em leilão público, não encontrarem licitantes, é permitido ao credor requerer-lhes a adjudicação, pela avaliação constante do contrato ou pela que, em juízo, se fizer, prosseguindo na ação pelo saldo creditício.

ART. 29. Perde o direito e ação contra os coobrigados no pagamento de cédula rural pignoratícia, por efeito de endosso ou de aval, o endossatário último, se não praticar as diligências do art. 23 e seguintes dentro em quinze dias depois de tirado o instrumento do protesto.

ART. 30. Não se suspende a execução do penhor pela morte ou pela falência do devedor, prosseguindo contra os herdeiros e o síndico ou liquidatário.

COPÍTULO IV
DAS DISPOSIÇÕES GERAIS

ART. 31. Aplicam-se ao penhor rural, no que lhe for pertinente, as disposições sobre os direitos reais de garantia e os contratos de sua instituição.

ART. 32. (Revogado pelo Dec.-Lei 182/1938.)

ART. 33. A garantia subsidiária de penhor para a cédula rural ou título cujo devedor, aceitante ou emitente exerça a sua atividade na agricultura ou pecuária ou em indústrias derivadas ou conexas, e cujo endossante, seja firma bancária idônea, confere-lhe o direito de redesconto, sem outro limite, em importância ou garantia, que o estabelecido pelo Conselho da Carteira de Redesconto para as cooperativas e, em um máximo de 50% dos capitais e fundos de reserva, para cada Banco.

ART. 34. Pela transcrição do penhor rural as custas do oficial do registro imobiliário são as do regimento em vigor, em hipótese alguma excedente de 50$000; pela expedição da cédula rural pignoratícia, de 10$000; e pela averbação dos endossos, 5$000, cada vez, cabendo-lhe importância igual pelo cancelamento da transcrição.

- Execução suspensa pela RSF 48/1965.

Parágrafo único. O oficial não pode, sob pena de responsabilidade, recusar ou demorar a transcrição e a expedição da cédula rural pignoratícia.

ART. 35. O devedor, ou o terceiro que der os seus bens ou animais em garantia, da dívida, que os desviar, abandonar ou permitir que se depreciem ou venham a perecer, fica sujeito às penas de depositário infiel.

Parágrafo único. Pratica o crime de estelionato e fica sujeito às penas do art. 338 da Consolidação das Leis Penais aquele que fizer declarações falsas acerca da quantidade, de qualidade e dos caraterísticos dos bens ou animais empenhados ou omitir, na escritura, e, declaração de estarem eles já sujeitos ao vínculo de outro penhor.

ART. 36. Entrará esta lei em execução trinta dias depois de publicada no Diário Oficial da União, revogadas as disposições em contrário.

Rio de Janeiro, 30 de agosto de 1937, 116º da Independência e 49º da República.

GETÚLIO VARGAS.

(MODELO) A QUE SE REFERE O § 1º DO ART. 15.

Estado de..............................

Comarca de..............................

Município de..............................

Distrito de..............................

.... Circunscrição.

N. ....

CÉDULA RURAL PIGNORATÍCIA

expedida, nos termos da Lei n........., de...... de.............. de 1937, em favor de......................... .... por efeito da transcrição, sob n....... à pag....... do livro n........., de......de..............de 193.... do Cartório do Registro Imobiliário da Comarca de......................, da escritura......... de......de..................de 193...., por via da qu al......................................, brasileiro, agricultor, domiciliado em......................, constituindo-se--lhe devedor da quantia de.................. contos de réis (Rs.......... $000), se obrigou a fazer-lhe o devido pagamento, com os juros de..........por cento (....%) ao ano, no dia...... de................ de 193...., dando-lhe em penhor......... os seguintes :.. ....

Os..............empenhados se acham depositados em poder do devedor, na propriedade agrícola denominada..................... situada nesta comarca e município, bairro de.................. distrito de.................., e adquirida por escritura de...... de.....................de 193......, das notas do ......tabelião (L. N.......fls......) desta comarca, transcrita, sob N. ...... em ......de................de 193....

O Oficial ....

O Credor ....

LEI N. 662, DE 6 DE ABRIL DE 1949

Declara feriados nacionais os dias 1º de janeiro, 1º de maio, 7 de setembro, 15 de novembro e 25 de dezembro.

- *DOU*, 13.04.1949.
- Lei 605/1949 (Repouso semanal remunerado e o pagamento de salário nos dias feriados civis e religiosos).
- Dec. 83.842/1979 (Delega competência ao Ministro do Trabalho para autorizar o funcionamento de empresas aos domingos e feriados civis e religiosos).

O Presidente da República: Faço saber que o Congresso Nacional decreta e eu sanciono a seguinte Lei:

ART. 1º São feriados nacionais os dias 1º de janeiro, 21 de abril, 1º de maio, 7 de setembro, 2 de novembro, 15 de novembro e 25 de dezembro. (Redação dada pela Lei 10.607/2002.)

ART. 2º Só serão permitidas nos feriados nacionais atividades privadas e administrativas absolutamente indispensáveis.

ART. 3º Os chamados "pontos facultativos" que os Estados, Distrito Federal ou os Municípios decretarem não suspenderão as horas normais do ensino nem prejudicarão os atos da vida forense, dos tabeliães e dos cartórios de registro.

ART. 4º Esta Lei entrará em vigor na data de sua publicação, revogadas as disposições em contrário.

Brasília, 6 de abril de 1949; 128º da Independência e 61º da República.

EURICO GASPAR DUTRA

LEI N. 1.110, DE 23 DE MAIO DE 1950

Regula o reconhecimento dos efeitos civis ao casamento religioso.

- *DOU*, 27.05.1950.
- *Lei 6.015/1973 (Registros públicos).*

O Presidente da República. Faço saber que o Congresso Nacional decreta e eu sanciono a seguinte Lei:

ART. 1º O casamento religioso equivalerá ao Civil se observadas as prescrições desta Lei (Constituição Federal, art. 163, § 1º e 2º).

HABILITAÇÃO PRÉVIA

ART. 2º Terminada a habilitação para o casamento perante o oficial do registro civil (Código Civil artigos 180 a 182 e seu parágrafo) é facultado aos nubentes, para se casarem perante a autoridade civil ou ministro religioso requerer a certidão de que estão habilitados na forma da lei civil, deixando-a obrigatoriamente em poder da autoridade celebrante, para ser arquivada.

ART. 3º Dentro nos três meses imediatos à entrega da certidão, a que se refere o artigo anterior (Código Civil, art. 181, § 1º), o celebrante do casamento religioso ou qualquer interessado poderá requerer a sua inscrição, no registro público.

§ 1º A prova do ato do casamento religioso, subscrita pelo celebrante conterá os requisitos constante dos incisos do art. 81 do Decreto n. 4.857, de 09 de novembro de 1939 exceto o de número 5 (Lei dos Registros Públicos).

§ 2º O oficial de registro civil anotará a entrada no prazo do requerimento e, dentro em vinte e quatro horas, fará a inscrição.

HABILITAÇÃO POSTERIOR

ART. 4º Os casamentos religiosos, celebrados sem a prévia habilitação perante o oficial do registro público, anteriores ou posteriores à presente Lei, poderão ser inscrito desde que apresentados pelos nubentes, com o requerimento de inscrição, a prova do ato religioso e os documentos exigidos pelo art. 180 do Código Civil.

Parágrafo único. Se a certidão do ato do casamento religioso não contiver os requisitos constantes dos incisos do art. 81 do Decreto n. 4.857, de 09 de novembro de 1939, exceto o de número 5 (Lei dos Registros Públicos), os requerentes deverão suprir os que faltarem.

ART. 5º Processado a habilitação dos requerentes e publicados os editais, na forma do disposto no Código Civil, o oficial do registro certificará que está findo o processo de habilitação sem nada que impeça o registro do casamento religioso já realizado.

ART. 6º No mesmo dia, o juiz ordenará a inscrição do casamento religioso de acordo com a prova do ato religioso e os dados constantes do processo tendo em vista o disposto no art. 81 do Decreto n. 4.857, de 09 de novembro de 1939 (Lei dos Registros Públicos).

DISPOSIÇÕES FINAIS

ART. 7º A inscrição produzirá os efeitos jurídicos a contar do momento da celebração do casamento.

ART. 8º A inscrição no Registro Civil revalida os atos praticados com omissão de qualquer das formalidades exigidas, ressalvado o disposto nos artigos 207 e 209 do Código Civil.

ART. 9º As ações, para invalidar efeitos civis de casamento religioso, obedecerão exclusivamente aos preceitos da lei civil.

ART. 10. São derrogados os artigos 4º e 5º do Decreto-Lei n. 3.200, de 19 de abril de 1941, e revogadas a Lei n. 379, de 16 de janeiro de 1937, e demais disposições em contrário.

Rio de Janeiro, 23 de maio de 1950; 129º da Independência e 62º da República.

EURICO G. DUTRA

LEI N. 1.134, DE 14 DE JUNHO DE 1950

Faculta representação perante as autoridades administrativas e a justiça ordinária dos associados de classes que especifica.

‣ *DOU*, 20.06.1950.

O Congresso Nacional decreta e eu, Nereu Ramos, Presidente do Senado Federal, promulgo, nos termos do artigo 70, § 4º, da Constituição Federal, a seguinte Lei:

ART. 1º Às associações de classes existentes na data da publicação desta Lei, sem nenhum caráter político, fundadas nos termos do Código Civil e enquadradas nos dispositivos constitucionais, que congreguem funcionários ou empregados de empresas industriais da União, administradas ou não por ela, dos Estados, dos Municípios e de entidades autárquicas, de modo geral, é facultada a representação coletiva ou individual de seus associados, perante as autoridades administrativas e a justiça ordinária.

‣ Refere-se ao CC/1916.

ART. 2º A essas associações, que passam a ter as prerrogativas de órgãos de colaboração com o Estado, no estudo e na solução dos problemas que se relacionem com a classe que representam, é permitido, mediante consignação em folha de pagamento de seus associados, o desconto de mensalidades sociais.

ART. 3º A presente Lei entrará em vigor na data da sua publicação.

ART. 4º Revogam-se as disposições em contrário.

Senado Federal ,14 de junho de 1950.

NEREU RAMOS

LEI N. 1.207, DE 25 DE OUTUBRO DE 1950

Dispõe sobre o direito de reunião.

‣ *DOU*, 27.10.1950.

O Presidente da República: Faço saber que o Congresso Nacional decreta e eu sanciono a seguinte Lei:

ART. 1º Sob nenhum pretexto poderá qualquer agente do Poder Executivo intervir em reunião pacífica e sem armas, convocada para casa particular ou recinto fechado de associação, salvo no caso do § 15 do artigo 141 da Constituição Federal, ou quando a convocação se fizer para prática de ato proibido por lei.

§ 1º No caso da convocação para prática de ato proibido, a autoridade policial poderá impedi-la, e, dentro de dois dias, exporá ao Juiz competente os motivos por que a reunião foi impedida ou suspensa. O Juiz ouvirá o promotor da reunião ao qual dará o prazo de dois dias para defesa. Dentro de dois dias o Juiz proferirá sentença da qual caberá apelação que será recebida somente no efeito devolutivo. (Redação dada pela Lei 6.071/1974.)

§ 2º Se a autoridade não fizer no prazo legal a exposição determinada no § 1º, poderá o promotor da reunião impetrar mandado de segurança.

ART. 2º A infração de qualquer preceito do artigo anterior e seus parágrafos sujeita o agente do Poder Executivo à pena de seis meses a um ano de reclusão e perda do emprego, nos termos do art. 189 da Constituição Federal.

ART. 3º No Distrito Federal e nas cidades a autoridade policial de maior categoria, ao começo de cada ano, fixará as praças destinadas a comício e dará publicidade a esse ato. Qualquer modificação só entrará em vigor dez dias depois de publicada.

§ 1º Se a fixação se fizer em lugar inadequado que importe, de fato, em frustrar o direito de reunião, qualquer indivíduo poderá reclamar da autoridade policial indicação de lugar adequado. Se a autoridade, dentro de dois dias não o fizer, ou indicar lugar inadequado, poderá o reclamante impetrar ao Juiz competente mandado de segurança que lhe garanta o direito de comício, embora não pretenda, no momento realizá-lo. Em tal caso, caberá ao Juiz indicar o lugar apropriado, se a policia, modificando o seu ato, não o fizer.

§ 2º A celebração do comício, em praça fixada para tal fim, independe de licença da policia; mas o promotor do mesmo, pelo menos vinte e quatro horas antes da sua realização, deverá fazer a devida comunicação à autoridade policial, a fim de que esta lhe garanta, segundo a prioridade do aviso, o direito contra qualquer que no mesmo dia, hora e lugar, pretenda celebrar outro comício.

ART. 4º Esta Lei entrará em vigor na data da sua publicação, revogadas as disposições em contrário.

Rio de Janeiro, em 25 de outubro de 1950; 129º da Independência e 62º da República.

EURICO G. DUTRA

LEI N. 1.508, DE 19 DE DEZEMBRO DE 1951

Regula o Processo das Contravenções definidas nos artigos 58 e 60 do Decreto-lei n. 2.259, de 10 de fevereiro de 1944.

‣ *DOU*, 20.12.1951.

O Presidente da República. Faço saber que o Congresso Nacional decreta e eu sanciono a seguinte Lei:

ART. 1º O procedimento sumário das contravenções definidas nos arts. 58 e seu § 1º e 60 do Decreto-lei n. 6.259, de 10 de fevereiro de 1944, pode ser iniciado por auto de flagrante, denúncia do Ministério Público, ou portaria da autoridade policial ou do juiz.

ART. 2º O auto de flagrante será lavrado por determinação da autoridade judiciária ou policial a que for apresentado o preso, observando-se o disposto no art. 304, do Código do Processo Penal; e, quando policial a autoridade, será por ela imediatamente remetido ao Juiz.

§ 1º Lavrado o auto de flagrante pelo juiz ou recebido o que for remetido pela polícia, o juiz designará, incontinenti, para daí a cinco dias, a audiência de instrução e julgamento, notificados da designação o Ministério Público, o réu e seu defensor, designando curador para o réu menor.

§ 2º O réu, por seu defensor ou curador, poderá requerer, dentro do prazo de três dias anteriores à audiência, sejam ouvidas as testemunhas de defesa, em número não superior a três, pedindo sejam notificadas, ou declarando que comparecerão independente de notificação.

§ 3º Na audiência de instrução e julgamento, o juiz ouvirá o réu e as testemunhas por ele arroladas. Em seguida, realizar-se-ão os debates e será proferida a sentença, de acordo com o que estatui o art. 538, §§ 2º e 3º, do Código do Processo Penal.

ART. 3º Quando o processo se iniciar por denúncia do Ministério Público, recebida esta, o juiz designará audiência de instrução e julgamento e mandará citar o réu, observando-se o disposto no § 2º do artigo precedente. (Alterado pela Lei 7.187/1984.)

Parágrafo único. Depois de interrogado o réu e inquiridas as testemunhas, o juiz dará a palavra pelo tempo de 20 (vinte) minutos, sucessivamente, ao representante do Ministério Público e ao defensor do réu e em seguida, ou no prazo de 5 (cinco) dias, proferirá a sentença. (Alterado pela Lei 7.187/1984.)

ART. 4º O mesmo procedimento será observado quando a ação for promovida por portaria do juiz. Nesse caso, a portaria conterá a designação da audiência e rol das testemunhas de acusação. Funcionará na audiência de instrução e julgamento o representante do Ministério Público, ao qual, desde então, incumbirá movimentar o processo em todos os seus termos.

ART. 5º Quando a ação penal se iniciar por portaria da autoridade policial, observar-se-á o disposto no art. 536 do Código do Processo Penal. Depois de ouvido o Ministério Público, designará o juiz dia e hora para a audiência de instrução e julgamento, nos termos do disposto nos §§ 2º e 3º do Art. 2º desta lei.

ART. 6º Quando qualquer do povo provocar a iniciativa do Ministério Público, nos termos do art. 27 do Código do Processo Penal, para o processo tratado nesta lei, a representação, depois do registro pelo distribuidor do juízo, será por este enviada, incontinenti, ao Promotor Público, para os fins legais.

Parágrafo único. Se a representação for arquivada, poderá o seu autor interpor recurso no sentido estrito.

ART. 7º São revogadas as disposições em contrário, e, especialmente, o disposto no art. 58, § 3º, do Decreto-lei n. 6.259, de 10 de fevereiro de 1944.

ART. 8º Esta lei entrará em vigor na data da sua publicação.

Rio de Janeiro, 19 de dezembro de 1951; 130º da Independência e 63º da República.

GETÚLIO VARGAS

LEI N. 2.180, DE 5 DE FEVEREIRO DE 1954

Dispõe sobre o Tribunal Marítimo.

‣ *DOU*, 08.02.1954

O Presidente da República. Faço saber que o Congresso Nacional decreta e eu sanciono a seguinte Lei:

TÍTULO I

CAPÍTULO I
DA ORGANIZAÇÃO DO TRIBUNAL MARÍTIMO

ART. 1º O Tribunal Marítimo, com jurisdição em todo o território nacional, órgão, autônomo, auxiliar do Poder Judiciário, vinculado ao Ministério da Marinha no que se refere ao provimento de pessoal militar e de recursos orçamentários para pessoal e material destinados ao seu funcionamento, tem como atribuições julgar os acidentes e fatos da navegação marítima, fluvial e lacustre e as questões relacionadas com tal atividade, especificadas nesta Lei. (Redação dada pela Lei 5.056/1966.)

ART. 2º O Tribunal Marítimo compor-se-á de sete juízes a saber: (Redação dada pelo Decreto-Lei 25/1966.)

a) um Presidente, Oficial-General do Corpo da Armada da ativa ou na inatividade; (Redação dada pela Lei 8.391/1991.)

b) dois Juízes Militares, Oficiais de Marinha, na inatividade; e (Redação dada pela Lei 8.391/1991.)

c) quatro Juízes Civis. (Redação dada pelo Decreto-Lei 25/1966.)

§ 1º O Presidente do Tribunal Marítimo, indicado pelo Ministro da Marinha dentre os Oficiais-Generais do Corpo da Armada, da ativa ou na inatividade, será de livre nomeação do Presidente da República, com mandato de dois anos, podendo ser reconduzido, respeitado, porém, o limite de idade estabelecido para a permanência no Serviço Público. (Redação dada pela Lei 8.391/1991.)

§ 2º As nomeações dos Juízes Militares e Civis serão feitas pelo Presidente da República, mediante proposta do Ministro da Marinha, e atendidas as seguintes condições: (Redação dada pelo Decreto-Lei 25/1966.)

a) para Juízes Militares, Capitão-de-Mar-e-Guerra ou Capitão-de-Fragata da ativa ou na inatividade, sendo um deles do Corpo da Armada e outro do Corpo de Engenheiros e Técnicos Navais, subespecializado em máquinas ou casco. (Redação dada pela Lei 8.391/1991.)

b) para Juízes Civis: (Incluído pelo Decreto-Lei 25/1966.)

1) dois bacharéis em Direito, de reconhecida idoneidade, com mais de cinco anos de prática forense e idade compreendida entre trinta e cinco e quarenta e oito anos, especializado um deles em Direito Marítimo e o outro em Direito Internacional Público; (Incluído pelo Decreto-Lei 25/1966.)

2) Um especialista em armação de navios e navegação comercial, de reconhecida idoneidade e competência, com idade compreendida entre trinta e cinco e quarenta e oito anos e com mais de cinco anos de exercício de cargo de direção em empresa de navegação marítima; (Incluído pelo Decreto-Lei 25/1966.)

3) Um Capitão-de-Longo-Curso da Marinha Mercante, de reconhecida idoneidade e competência, com idade compreendida entre trinta e cinco e quarenta e oito anos e com mais de cinco anos de efetivo comando em navios brasileiros de longo curso, sem punição decorrente de julgamento em tribunal hábil. (Incluído pelo Decreto-Lei 25/1966.)

§ 3º A indicação a ser feita pelo Ministro da Marinha para os cargos de Presidente e de Juiz Militar deverá ser acompanhada, se se tratar de oficial da Ativa, da declaração dos indicados de que concordam com a mesma. (Redação dada pelo Decreto-Lei 25/1966.)

§ 4º Os Juízes Civis serão nomeados mediante aprovação em concurso de títulos e provas, realizado perante banca examinadora constituída pelo Presidente do Tribunal Marítimo; por um Juiz do Tribunal Marítimo, escolhido em escrutínio secreto; por um representante da Procuradoria do Tribunal Marítimo, designado pelo Ministro da Marinha e, conforme for o caso, por um especialista em Direito Marítimo ou em Direito Internacional Público, escolhido pelo Conselho Federal da Ordem dos Advogados do Brasil, ou por um representante da Comissão de Marinha Mercante, designado pelo Presidente da referida Comissão. (Redação dada pelo Decreto-Lei 25/1966.)

§ 5º Quando na ativa, haverá transferência para a inatividade: (Redação dada pela Lei 8.391/1991.)

I - do Presidente, após dois anos de afastamento, sendo agregado ao respectivo Corpo no período anterior a esse prazo; (Incluído pela Lei 8.391/1991.)

II - dos Juízes Militares, logo após a nomeação, na forma da legislação em vigor. (Incluído pela Lei 8.391/1991.)

§ 6º Os Juízes Militares, referidos na letra "b" do *caput* deste artigo, terão mandato de quatro anos, podendo ser reconduzidos, respeitado, porém, o limite de idade estabelecido para a permanência no serviço público. (Redação dada pela Lei 9.527/1997.)

§ 7º Os Juízes Civis ficam impedidos de exercer advocacia ou de prestar serviços profissionais em favor de partes interessadas nas atividades de navegação. (Incluído pelo Decreto-Lei 25/1966.)

§ 8º Será eleito bienalmente um Vice-Presidente dentre os Juízes Militares e Civis, em escrutínio secreto. (Incluído pelo Decreto-Lei 25/1966.)

§ 9º Os Juízes Civis, referidos na letra "c" do *caput* deste artigo, conservar-se-ão em seus cargos até atingirem a idade limite para permanência no serviço público. (Incluído pela Lei 9.527/1997.)

ART. 3º Os Juízes Militares e Civis terão suplentes indicados pelo Ministro da Marinha e nomeados pelo Presidente da República, com mandato de três anos, podendo ser reconduzidos, e que funcionarão quando convocados pelo Presidente do Tribunal, nos casos previstos no Regimento Interno. (Redação dada pelo Decreto-Lei 25/1966.)

§ 1º Os suplentes dos Juízes Militares serão Oficiais inativos da Marinha. (Redação dada pela Lei 8.391/1991.)

§ 2º Para a nomeação dos suplentes de que trata este artigo deverão ser observadas as mesmas condições estabelecidas no § 2º do Art. 2º desta lei, atendida a ressalva feita no parágrafo anterior. (Redação dada pelo Decreto-Lei 25/1966.)

§ 3º Nenhum direito ou vantagem terá o suplente, além de vencimento do cargo de substituto, e somente durante o seu impedimento legal. (Incluído pelo Decreto-Lei 25/1966.)

ARTS. 4º a 7º (Revogados pela Lei 7.642/1987.)

ART. 8º Não poderão ter assento no Tribunal Marítimo, simultaneamente, parentes ou afins até o segundo grau.

§ 1º A proibição estende-se aos adjuntos de procurador e advogados de ofício.

§ 2º A incompatibilidade resolver-se-á antes da posse contra o último nomeado, ou contra o mais moço caso sejam da mesma data as nomeações.

ART. 9º Para a execução dos serviços processuais, técnicos e administrativos, o Tribunal Marítimo terá uma Secretaria constituída de quatro (4) Divisões. (Redação dada pela Lei 5.056/1966.)

CAPÍTULO II
DA JURISDIÇÃO E COMPETÊNCIA

ART. 10. O Tribunal Marítimo exercerá jurisdição sobre:

a) embarcações mercantes de qualquer nacionalidade, em águas brasileiras;

b) embarcações mercantes brasileiras em alto mar, ou em águas estrangeiras;

c) embarcações mercantes estrangeiras em alto mar, no caso de estarem envolvidas em qualquer acidente marítimo ou incidente de navegação, no qual tenha pessoa física brasileira perdido a vida ou sofrido ferimentos graves, ou que tenham provocado danos graves a navios ou a instalações brasileiras ou ao meio marinho, de acordo com as normas do Direito Internacional; (Redação dada pela Lei 9.578/1997.)

d) o pessoal da Marinha Mercante brasileira;

e) os marítimos estrangeiros, em território ou águas territoriais brasileiras;

f) os proprietários, armadores, locatários, carregadores, agentes e consignatários de embarcações brasileiras e seus prepostos;

g) agentes ou consignatários no Brasil de empresa estrangeira de navegação;

h) empreiteiros ou proprietários de estaleiros, carreiras, diques ou oficinas de construção ou reparação naval e seus prepostos.

i) os proprietários, armadores, locatários, carregadores, consignatários, e seus prepostos, no Brasil, de embarcações mercantes estrangeiras; (Incluído pela Lei 9.578/1997.)

j) os empreiteiros e proprietários de construções executadas sob, sobre e às margens das águas interiores e do mar territorial brasileiros, sob e sobre a zona econômica exclusiva e a plataforma continental brasileiras e que, por erro ou inadequação de projeto ou execução ou pela não observância de especificações técnicas de materiais, métodos e processos adequados, ou, ainda, por introduzir modificações estruturais não autorizadas nas obras originais, atentem contra a segurança da navegação; (Incluído pela Lei 9.578/1997.)

l) toda pessoa jurídica ou física envolvida, por qualquer forma ou motivo, em acidente ou fato da navegação, respeitados os demais instrumentos do Direito Interno e as normas do Direito Internacional; (Incluído pela Lei 9.578/1997.)

m) ilhas artificiais, instalações estruturas, bem como embarcações de qualquer nacionalidade empregadas em operações relacionadas com pesquisa científica marinha, prospecção, exploração, produção, armazenamento e beneficiamento dos recursos naturais, nas águas interiores, no mar territorial, na zona econômica exclusiva e na plataforma continental brasileiros, respeitados os acordos bilaterais ou multilaterais firmados pelo País e as normas do Direito Internacional. (Incluído pela Lei 9.578/1997.)

ART. 11. Considera-se embarcação mercante toda construção utilizada como meio de transporte por água, e destinada à indústria da navegação, quaisquer que sejam as suas características e lugar de tráfego.

Parágrafo único. Ficam-lhe equiparados:

a) os artefatos flutuantes de habitual locomoção em seu emprego;

b) as embarcações utilizadas na praticagem, no transporte não remunerado e nas atividades religiosas, científicas, beneficentes, recreativas e desportivas;

c) as empregadas no serviço público, exceto as da Marinha de Guerra;

d) as da Marinha de Guerra, quando utilizadas total ou parcialmente no transporte remunerado de passageiros ou cargas;

e) as aeronaves durante a flutuação ou em voo, desde que colidam ou atentem de qualquer maneira contra embarcações mercantes.

f) os navios de Estados estrangeiros utilizados para fins comerciais. (Incluído pela Lei 9.578/1997.)

ART. 12. O pessoal da Marinha Mercante considera-se constituído:

a) por todos quantos exercem atividades a bordo das embarcações mercantes;

b) pelo pessoal da praticagem;

c) pelos que trabalham em estaleiros, diques, carreiras e oficinas de construção e reparação naval;

d) pelo pessoal das administrações dos portos organizados;

e) pelos trabalhadores de estiva e capatazia;

f) pelos pescadores;

g) pelos armadores.

h) pelos mergulhadores; (Incluído pela Lei 9.578/1997.)

i) pelos amadores. (Incluído pela Lei 9.578/1997.)

Parágrafo único. Equiparam-se aos marítimos aqueles que, sem matrícula, estejam de fato em qualquer função que deva ser exercida por marítimo.

ART. 13. Compete ao Tribunal Marítimo:

I - julgar os acidentes e fatos da navegação;

a) definindo-lhes a natureza e determinando-lhes as causas, circunstâncias e extensão;

b) indicando os responsáveis e aplicando-lhes as penas estabelecidas nesta lei;

c) propondo medidas preventivas e de segurança da navegação;

II - manter o registro geral:

a) da propriedade naval;

b) da hipoteca naval e demais ônus sobre embarcações brasileiras;

c) dos armadores de navios brasileiros.

ART. 14. Consideram-se acidentes da navegação:

a) naufrágio, encalhe, colisão, abalroação, água aberta, explosão, incêndio, varação, arribada e alijamento;

b) avaria ou defeito no navio nas suas instalações, que ponha em risco a embarcação, as vidas e fazendas de bordo.

ART. 15. Consideram-se fatos da navegação:

a) o mau aparelhamento ou a impropriedade da embarcação para o serviço em que é utilizada, e a deficiência da equipagem;

b) a alteração da rota;

c) a má estimação da carga, que sujeite a risco a segurança da expedição;

d) a recusa injustificada de socorro a embarcação em perigo;

e) todos os fatos que prejudiquem ou ponham em risco a incolumidade e segurança da embarcação, as vidas e fazendas de bordo.

f) o emprego da embarcação, no todo ou em parte, na prática de atos ilícitos, previstos em lei como crime ou contravenção penal, ou lesivos à Fazenda Nacional. (Incluído pela Lei 5.056/1966.)

ART. 16. Compete ainda ao Tribunal Marítimo:

a) determinar a realização de diligências necessárias ou úteis à elucidação de fatos e acidentes da navegação;

b) delegar atribuições de instrução;

c) proibir ou suspender por medida de segurança o tráfego de embarcações, assim como ordenar pelo mesmo motivo o desembarque ou a suspensão de qualquer marítimo;

d) processar e julgar recursos interpostos nos termos desta lei;

e) dar parecer nas consultas concernentes à Marinha Mercante, que lhe forem submetidas pelo Governo.

f) funcionar, quando nomeado pelos interessados, como juízo arbitral nos litígios patrimoniais consequentes a acidentes ou fatos da navegação;

g) propor ao Governo que sejam concedidas recompensas honoríficas ou pecuniárias àqueles que tenham prestado serviços relevantes à Marinha Mercante, ou hajam praticado atos de humanidade nos acidentes e fatos da navegação submetidos a julgamento;

h) sugerir ao Governo quaisquer modificações à legislação da Marinha Mercante, quando aconselhadas pela observação de fatos trazidos à sua apreciação;

i) executar, ou fazer executar, as suas decisões definitivas;

j) dar posse aos seus membros e conceder-lhes licença;

k) elaborar, votar, interpretar e aplicar o seu regimento.

l) eleger seu Vice-Presidente. (Incluído pela Lei 5.056/1966.)

ART. 17. Na apuração da responsabilidade por fatos e acidentes da navegação, cabe ao Tribunal Marítimo investigar:

a) se o capitão, o prático, o oficial de quarto, outros membros da tripulação ou quaisquer outras pessoas foram os causadores por dolo ou culpa;

b) se foram fielmente cumpridas, para evitar abalroação, as regras estabelecidas em convenção internacional vigente, assim como as regras especiais baixadas pela autoridade marítima local, e concernentes à navegação nos portos, rios e águas interiores;

c) se deixou de ser cumprida a obrigação de prestar assistência, e se o acidente na sua extensão teria sido evitado com a assistência solicitada em tempo, mas não prestada;

d) se foram fielmente aplicadas as disposições de convenção concernentes à salvaguarda da vida humana no mar e as das leis e regulamentos complementares;

e) se o proprietário, armador ou afretador infringiu a lei ou os regulamentos, instruções, usos e costumes pertinentes aos deveres que a sua qualidade lhes impõe em relação à navegação e atividades conexas;

f) se nos casos de acidentes ou fato da navegação de que possa resultar a classificação de danos e despesas como avaria comum, se apresentam os requisitos que autorizam a regulação.

ART. 18. As decisões do Tribunal Marítimo quanto à matéria técnica referente aos acidentes e fatos da navegação têm valor probatório e se presumem certas, sendo porém suscetíveis de reexame pelo Poder Judiciário. (Redação dada pela Lei 9.578/1997.)

ART. 19. Sempre que se discutir em juízo uma questão decorrente de matéria da competência do Tribunal Marítimo, cuja parte técnica ou técnico-administrativa couber nas suas atribuições, deverá ser juntada aos autos a sua decisão definitiva. (Redação dada pela Lei 5.056/1966.)

ART. 20. Não corre a prescrição contra qualquer dos interessados na apuração e nas consequências dos acidentes e fatos da navegação por água enquanto não houver decisão definitiva do Tribunal Marítimo.

ART. 21. Nos processos instaurados perante o Tribunal Marítimo em que houver crime ou contravenção a punir, nem esta nem aquele impedem o julgamento do que for da sua competência, mas finda a sua ação, ou desde logo, sem prejuízo dela, serão remetidas, em traslado, as peças necessárias à ação da Justiça.

CAPÍTULO III
DAS ATRIBUIÇÕES DO PRESIDENTE

ART. 22. Compete ao presidente:

a) dirigir os trabalhos do Tribunal, presidir às sessões, propor as questões e apurar o vencido;

b) votar somente em caso de empate;

c) distribuir os processos e consultas pelos juízos e proferir os despachos de expedientes;

d) convocar sessões extraordinárias;

e) ordenar a restauração de autos perdidos;

f) admitir recursos, designando-lhes relator;

g) deferir ou denegar o registro da propriedade marítima e a averbação de hipoteca e demais ônus reais sobre embarcações bem como o registro de armadores nacionais;

h) representar o Tribunal e dirigir, coordenar e controlar os seus serviços;

i) praticar todos os atos de direção decorrentes da legislação em vigor para os servidores públicos federais; (Redação dada pela Lei 5.056/1966.)

j) exercer as demais atribuições fixadas no regimento do Tribunal.

k) propor ao Presidente da República, por intermédio do Ministro da Marinha, os servidores que devam ocupar os cargos em Comissão, bem como os que devam ser promovidos. (Incluído pela Lei 5.056/1966.)

Parágrafo único. Ao vice-presidente cabe substituir o presidente em suas faltas e impedimentos.

ART. 23. O Presidente terá um assistente de sua confiança, designado dentre os funcionários do Tribunal. (Redação dada pelo Decreto-Lei 25/1966.)

CAPÍTULO IV
DAS ATRIBUIÇÕES DOS JUÍZES

ART. 24. Ao juiz do Tribunal Marítimo compete:

a) dirigir os processos que lhe forem distribuídos, proferindo neles os despachos interlocutórios;

b) presidir aos atos de instrução, funcionando como interrogante;

c) orientar os processos por forma a assegurar-lhes andamento rápido sem prejuízo da defesa dos interessados e da finalidade do Tribunal;

d) requisitar de qualquer repartição pública, entidade autárquica e paraestatal, sociedade de economia mista e, em geral, de qualquer empresa vinculada à indústria da navegação e serviços complementares ou conexos, informações, esclarecimentos, documentos e o mais necessário à instrução dos processos;

e) admitir a defesa bem com a intervenção de terceiros interessados ou prejudicados nos processos de que for relator;

f) apresentar ao Tribunal os processos prontos para julgamento;

g) discutir as questões, e julgá-las, atendendo aos fatos e circunstâncias emergentes dos autos, ainda que não alegados pelas partes e formando livremente, na apreciação da prova, o seu convencimento;

h) justificar o voto por escrito, quando vencido e servir de relator quando vencedor;

i) relatar as consultas que lhe forem distribuídas;

j) exercer as demais atribuições fixadas no regimento do Tribunal.

ART. 25. O juiz suplente, em exercício, terá as atribuições e vantagens do juiz efetivo.

ART. 26. O juiz que se declarar suspeito ou impedido motivará o despacho. Se a suspeição ou o impedimento for de natureza íntima, comunicará os motivos ao presidente do Tribunal.

ART. 27. É vedado ao juiz do Tribunal Marítimo:

a) exercer, ainda que em disponibilidade, qualquer outra função pública, salvo o magistério secundário e superior e os casos previstos na Constituição para os magistrados sob pena de perda do cargo;

b) exercer atividade político-partidária.

CAPÍTULO V
DOS ÓRGÃOS AUXILIARES

SEÇÃO I
DA PROCURADORIA

ARTS. 28. e 29. (Revogados pela Lei 7.642/1987).

SEÇÃO II
DOS ADVOGADOS DE OFÍCIO

ART. 30. (Revogado pela Lei 7.642/1987).

SEÇÃO III
DOS ADVOGADOS E SOLICITADORES

ART. 31. O patrocínio das causas no Tribunal Marítimo é privativo dos advogados e solicitadores provisionados, inscritos em qualquer seção da Ordem dos Advogados do Brasil.

Parágrafo único. As proibições e impedimentos de advocacia no Tribunal Marítimo regem-se pelo disposto no Regulamento da Ordem dos Advogados do Brasil.

CAPÍTULO VI
DA SECRETARIA

ART. 32. A Secretaria é o órgão de execução dos serviços processuais, técnicos e administrativos decorrentes das atribuições do Tribunal; será dirigida por um bacharel em Direito que exercerá o cargo de Diretor-Geral e terá a seguinte composição: (Redação dada pela Lei 5.056/1966.)

I - Divisão de Acidentes e Fatos da Navegação; (Redação dada pela Lei 5.056/1966.)

II - Divisão de Registro da Propriedade Marítima; (Redação dada pela Lei 5.056/1966.)

III - Divisão de Jurisprudência e Documentação; e (Redação dada pela Lei 5.056/1966.)

IV - Divisão de Administração. (Redação dada pela Lei 5.056/1966.)

V - Serviços Auxiliares.

§ 1º Os trabalhos e encargos das divisões e serviços da Secretaria serão, segundo sua natureza e vulto, distribuídos em seções e turmas, na forma do que for disposto pelo regimento do Tribunal.

§ 2º As atribuições do Diretor-Geral da Secretaria, das divisões, serviços, seções e turmas serão minuciosamente fixadas no Regimento Interno. (Redação dada pela Lei 5.056/1966.)

TÍTULO II

CAPÍTULO I
DO INQUÉRITO SOBRE ACIDENTES OU FATOS DA NAVEGAÇÃO

ART. 33. Sempre que chegar ao conhecimento de uma capitania de portos qualquer acidente ou fato da navegação será instaurado inquérito.

§ 1º Será competente para o inquérito:

a) a capitania em cuja jurisdição tiver ocorrido o acidente ou fato da navegação;

b) a capitania do primeiro porto de escala ou arribada da embarcação;

c) a capitania do porto de inscrição da embarcação;

d) qualquer outra capitania designada pelo Tribunal.

§ 2º Se qualquer das capitanias a que se referem as alíneas a, b e c, do parágrafo precedente não abrir inquérito dentro de cinco dias contados daquele em que houver tomado conhecimento do acidente ou fato da navegação, a providência será determinada pelo Ministro da Marinha ou pelo Tribunal Marítimo, sendo a decisão deste adotada mediante provocação da Procuradoria, dos interessados ou de qualquer dos juízes.

ART. 34. Verificar-se-á a competência por prevenção desde que, sendo mais de uma capitania competente, houver uma delas em primeiro lugar, tomado conhecimento do acidente ou fato da navegação, iniciando, desde logo, o inquérito.

Parágrafo único. Qualquer dúvida sobre a competência para a instauração de inquérito será dirimida, sumariamente, pelo Tribunal Marítimo.

ART. 35. São elementos essenciais nos inquéritos sobre acidentes e fatos da navegação:

a) comunicação ou relatório do capitão ou mestre da embarcação, ou parte de qualquer dos interessados, ou determinação *ex officio*;

b) depoimento do capitão ou mestre, do prático e das pessoas da tripulação que tenham conhecimento do acidente ou fato da navegação a ser apurado;

c) depoimento de qualquer testemunha idônea;

d) esclarecimento dos depoentes e acareação de uns com outros, quando necessário;

e) cópias autênticas dos lançamentos diários de navegação e máquina, referentes ao acidente ou fato a ser apurado, e a um período de pelo menos vinte e quatro horas anteriores a tal acidente ou fato, salvo no caso de embarcação dispensada dos lançamentos aludidos quando serão investigados e reconstituídos os pormenores da navegação, rumos, manobras, sinais, etc., mediante depoimentos do capitão ou mestre, e tripulante;

f) exame pericial feito depois do acidente ou fato da navegação, e juntada do respectivo laudo ao inquérito;

g) juntada ao inquérito dos últimos termos de vistoria a que se houver submetido a embarcação, em seco e flutuando, antes do acidente ou fato a ser apurado, bem como cópia do termo de inscrição, caso a embarcação não seja registrada no Tribunal Marítimo;

h) juntado ao inquérito, sempre que possível, do manifesto de carga, com esclarecimentos sobre a forma pela qual se achava tal carga estivada, e, se tiver havido alijamento, juntada ainda ao inquérito de informações concretas sobre a natureza e quantidade da carga alijada e sobre o cumprimento das prescrições legais a esse respeito.

Parágrafo único. A autoridade encarregada do inquérito poderá:

a) ordenar diligências suscetíveis de contribuir para o esclarecimento da matéria investigada;

b) requisitar de outra qualquer autoridade informações e documentos que não possam ser obtidos das autoridades navais.

ART. 36. Poderá o Tribunal Marítimo baixar provimento em que fixe, para cada acidente ou fato da navegação, a matéria a ser apurada pela capitania de portos que haja de proceder ao inquérito.

ART. 37. Cabe à autoridade encarregada do inquérito, quando concluídas as diligências, fazer no prazo de dez dias um minucioso relatório do que tiver sido apurado.

ART. 38. Sempre que o relatório da autoridade encarregada do inquérito apontar possíveis responsáveis pelo acidente ou fato da navegação, terão eles o prazo de dez dias contado daquele em que se der ciência das conclusões do relatório, para a apresentação de defesa prévia.

ART. 39. O inquérito, encerrado, será enviado com urgência ao Tribunal Marítimo.

ART. 40. Quando ocorre sinistro com embarcação brasileira em águas estrangeiras, o inquérito será realizado pela autoridade consular da zona, a qual cumprirá também efetuar todas as diligências determinadas pelo Tribunal Marítimo.

Parágrafo único. Cumpre ao cônsul que abrir o inquérito:

I - nomear peritos para os exames técnicos necessários, obedecendo a escolha à seguinte ordem:

a) dois oficiais da armada nacional, caso haja algum navio de guerra no porto ou em águas da sua jurisdição;

b) dois capitães de marinha mercante estrangeira;

II - ordenar, em nome do Tribunal Marítimo, mediante prévia comunicação a este, o desembarque imediato do capitão ou de qualquer membro da tripulação, quando tal providência for essencial aos interesses nacionais e à apuração da responsabilidade do sinistro.

CAPÍTULO II
DO PROCESSO SOBRE ACIDENTE OU FATO DA NAVEGAÇÃO

SEÇÃO I
DISPOSIÇÕES GERAIS

ART. 41. O processo perante o Tribunal Marítimo se inicia: (Redação dada pela Lei 5.056/1966.)

I - por iniciativa da Procuradoria; (Incluído pela Lei 5.056/1966.)

II - por iniciativa da parte interessada; (Incluído pela Lei 5.056/1966.)

III - por decisão do próprio Tribunal. (Incluído pela Lei 5.056/1966.)

§ 1º O caso do número II dar-se-á: (Incluído pela Lei 5.056/1966.)

a) por meio de representação, devidamente instruída, quando se tratar de acidente ou fato da navegação, no decorrer dos trinta (30) dias subsequentes ao prazo de cento e oitenta (180) dias da sua ocorrência, se até o final deste, não houver entrado no Tribunal o inquérito respectivo; (Incluído pela Lei 5.056/1966.)

b) Por meio de representação, nos autos de inquérito, dentro do prazo de dois (2) meses, contado do dia em que os autos voltarem da Procuradoria, quando a promoção for pelo arquivamento, ou ainda no curso do processo dentro do prazo de três (3) meses, contado do dia da abertura da instrução, ou até a data de seu encerramento, se menor for a sua duração. (Incluído pela Lei 5.056/1966.)

§ 2º No caso da alínea *a* do parágrafo anterior, se achar o Tribunal que há elementos suficientes, determinará o prosseguimento e tomará as providências para o recebimento do inquérito, cujos autos serão incorporados aos da representação, procedendo-se, então, na forma do art. 42 e dos ulteriores termos processuais. (Incluído pela Lei 5.056/1966.)

§ 3º Em se tratando da hipótese prevista na primeira parte da alínea *b*, do § 1º, os autos permanecerão em Secretaria durante aquele prazo, findo o que serão conclusos ao relator. (Incluído pela Lei 5.056/1966.)

§ 4º Em qualquer caso, porém, os prazos fixados no § 1º são peremptórios e só serão contemplados uma vez, não se renovando em outras fases de instrução que porventura venham a ocorrer. (Incluído pela Lei 5.056/1966.)

ART. 42. Feita a distribuição e a autuação, em se tratando de inquérito ou de representação, o relator designado dará vista dos autos à Procuradoria, para que esta, em dez (10) dias, contados daquele em que os tiver recebido, oficie por uma das formas seguintes: (Redação dada pela Lei 5.056/1966.)

a) oferecendo representação ou pronunciando-se sobre a que tenha sido oferecida pela parte; (Incluído pela Lei 5.056/1966.)

b) pedindo em parecer fundamentado, o arquivamento do inquérito; (Incluído pela Lei 5.056/1966.)

c) opinando pela incompetência do Tribunal e requerendo a remessa dos autos a quem de direito. (Incluído pela Lei 5.056/1966.)

Parágrafo único. (Suprimido pela Lei 5.056/1966.)

ART. 43. (Revogado pela Lei 5.056/1966.)

ART. 44. As representações oriundas do mesmo inquérito constituirão processos conexos, que terão o mesmo relator e serão instruídos e julgados conjuntamente.

ART. 45. Nos feitos de iniciativas privada, a representação ou contestação só poderá ser oferecido por quem tiver legítimo interesse econômico ou moral no julgamento do acidente ou fato da navegação.

ART. 46. No curso da ação privada é lícito às partes desistirem, mas o processo prosseguirá, nos termos em que o Tribunal decidir na homologação, como se fosse de iniciativa da Procuradoria. (Redação dada pela Lei 5.056/1966.)

ART. 47. No processo iniciado em virtude de representação do interessado, admitir-se-á o litisconsórcio ativo ou passivo, fundado na comunhão ou identidade de interesse.

§ 1º O direito de promover os atos dos processos, cabe indistintamente a qualquer dos litisconsortes, e quando um deles citar ou intimar a parte contrária, deverá também citar ou intimar os colitigantes.

§ 2º Quando o litígio tiver de ser resolvido de modo uniforme para todos os litisconsortes, serão representados pelos demais os revéis ou foragidos, ou os que houverem perdido algum prazo.

§ 3º Quando a decisão puder influir na relação jurídica entre qualquer das partes e terceiro, será lícito a este intervir em qualquer fase do processo como litisconsorte, aceitando a causa no estado em que ela se encontrar.

ART. 48. No processo de ação pública, qualquer interessado poderá intervir apenas como assistente da Procuradoria ou do acusado.

§ 1º O assistente será admitido enquanto a decisão não passar em julgado, e receberá a causa no estado em que ela se achar.

§ 2º O correpresentante não poderá, no mesmo processo, intervir como assistente da Procuradoria.

§ 3º Ao assistente será permitido propor meios de prova, requerer perguntas às testemunhas, participar do debate oral, arrazoar os recursos interpostos pelo assistido e recorrer, por sua vez, caso não o tenha feito o assistido.

§ 4º O fato prosseguirá independentemente de nova intimação do assistente, quando este, uma vez intimado, deixar de comparecer a qualquer dos atos processuais, sem motivo de força maior.

ART. 49. Recebida pelo Tribunal a representação, o relator do processo o fará prosseguir nos termos desta lei.

ART. 50. Quando a Procuradoria requerer o arquivamento do processo, o Tribunal, se julgar improcedentes as razões invocadas para o pedido, ordenará a volta do processo à Procuradoria, a fim de que esta proceda na forma da letra c do art. 28.

ART. 51. Quando a Procuradoria opinar pela incompetência do Tribunal, o processo será concluso ao relator, que o apresentará ao Tribunal para seu conhecimento e decisão.

Parágrafo único. Se o Tribunal afirma a sua competência na espécie, será o processo enviado à Procuradoria, que deverá proceder na forma das letras a ou b do art. 28.

ART. 52. Nos casos do art. 50 e parágrafo único do art. 56, o procurador terá o prazo de cinco dias para oferecer representação.

SEÇÃO II
DA CITAÇÃO

ART. 53. Recebida a representação ou negado o arquivamento do inquérito, determinará o relator a notificação do acusado: por mandado ou com hora certa, se residente no Estado da Guanabara; por delegação de atribuições ao Capitão do Porto em cuja jurisdição residir o representado, se fora daquele Estado; por delegação de atribuições ao agente consular brasileiro em cujo país residir o representado, se fora do Brasil; e por edital, se ignorado, desconhecido ou incerto o local de permanência. (Redação dada pela Lei 5.056/1966.)

ART. 54. Será necessária a citação, sob pena de nulidade, no início da causa ou da execução, caso em que se fará por guia de sentença.

ART. 55. A citação, a notificação e a intimação serão cumpridas com as formalidades estabelecidas no regimento do Tribunal.

SEÇÃO III
DA DEFESA

ART. 56. Dentro em quinze dias da notificação poderá o notificado oferecer defesa escrita, juntando e indicando os meios de prova que entender convenientes.

Parágrafo único. A decisão do Tribunal só poderá versar sobre os fatos constantes da representação ou da defesa.

SEÇÃO IV
DA PROVA

ART. 57. São admissíveis no Tribunal todas as espécies de prova reconhecidas em direito.

ART. 58. O fato alegado por uma das partes que a outra não contestar será admitido como verídico, se o contrário não resultar do conjunto das provas. A prova do inquérito será aceita enquanto não destruída por prova contrária.

ART. 59. O Juiz ou o Tribunal poderá ouvir terceiro a quem as partes ou testemunhas se hajam referido como sabedor de fatos ou circunstâncias que influam na decisão do feito, ou ordenar que exibam documento que a esta interesse.

ART. 60. Independerão de provas os fatos notórios.

ART. 61. Aquele que alegar direito estadual, municipal, costumeiro, singular ou estrangeiro, deverá provar-lhe o teor e a vigência salvo se o Tribunal dispensar a prova.

ART. 62. No exame das provas de atos e contratos, guardar-se-á o que em geral e especialmente prescrevem as leis que os regulam.

ART. 63. A prova que tiver de produzir-se fora da sede do Tribunal será feita mediante delegação de atribuições de instrução ao capitão de portos ou agente consular brasileiro.

ART. 64. No que concerne às diversas espécies de provas serão obedecidas as regras do processo comum, na forma estabelecida pelo regimento do Tribunal.

CAPÍTULO III
DAS RAZÕES FINAIS

ART. 65. Finda a instrução, será aberta vista dos autos por 10 (dez) dias, sucessivamente, ao autor e ao representando para que aduzam, por escrito, alegações finais, e em seguida serão os autos conclusos ao relator para pedido de julgamento.

ART. 66. Antes de pedir julgamento, o relator:

a) mandará sanar qualquer omissão legal ou processual;

b) ordenará, de ofício, qualquer diligência ou prova necessária ao esclarecimento da causa.

ART. 67. O relator terá 10 (dez) dias a fim de estudar os autos que lhe forem conclusos para pedido de julgamento afora o tempo consumido nos atos a que se refere o artigo precedente.

CAPÍTULO IV
DO JULGAMENTO

ART. 68. O julgamento do processo obedecerá às seguintes normas:

a) relatório;

b) sustentação das alegações finais, sucessivamente, pelas partes;

c) conhecimento das preliminares suscitadas e dos agravos;

d) discussão da matéria em julgamento;

e) decisão, iniciando-se a votação pelo relator, e seguido este pelos demais juízes, a partir do mais moderno no cargo.

§ 1º Antes de iniciada a votação, poderá qualquer juiz pedir vista do processo até a sessão imediata e, excepcionalmente, pelo prazo que lhe for concedido pelo Tribunal.

§ 2º Iniciada a votação, nenhum juiz poderá mais se manifestar, salvo para justificar o voto.

ART. 69. Proferido o julgamento, o presidente anunciará a decisão, designado para redigir o acórdão ao relator ou vencido este, ao juiz cujo voto tiver prevalecido.

ART. 70. Se houver empate, o presidente desempatará de acordo com a sua convicção.

ART. 71. O Tribunal só poderá deliberar com a presença de, pelo menos, metade e mais um dos seus membros, sendo as questões decididas por maioria de votos. (Redação dada pela Lei 5.056/1966.)

ART. 72. O julgamento poderá ser convertido em diligência a critério do Tribunal em virtude de proposta de um dos juízes, apresentada antes de iniciar-se a votação.

Parágrafo único. A diligência será promovida pelo relator e, uma vez cumprida, ouvidas as partes, será o processo submetido ao plenário para prosseguimento do julgamento.

ART. 73. O acórdão será publicado em sessão do Tribunal, nos dez dias seguintes ao julgamento, remetendo-se cópia para a publicação no órgão oficial.

ART. 74. Em todos os casos de acidente ou fato da navegação, o acórdão conterá:

a) a definição da natureza do acidente ou fato e as circunstâncias em que se verificou;

b) a determinação das causas;

c) a fixação das responsabilidades, a sanção e o fundamento desta;

d) a indicação das medidas preventivas e de segurança da navegação, quando for o caso.

TÍTULO III

▸ Revogado pela Lei n. 7.652/1988.

CAPÍTULO I
DO REGISTRO DA PROPRIEDADE NAVAL

ARTS. 75 a 91. (Revogados pela Lei 7.652/1988.)

CAPÍTULO II
DO REGISTRO DA HIPOTECA NAVAL E OUTROS ÔNUS

ARTS. 92 a **100.** (Revogados pela Lei 7.652 /1988.)

CAPÍTULO III
DO REGISTRO DOS ARMADORES

ART. 101. (Revogado pela Lei 5.056/1966.)

CAPÍTULO IV
DO CANCELAMENTO DO REGISTRO

ARTS. 102 a **104.** (Revogados pela Lei 7.652 /1988.)

TÍTULO IV

CAPÍTULO I
DOS RECURSOS

ART. 105. Os recursos admitidos são os seguintes:

a) embargos de nulidade ou infringentes;

b) agravo;

c) embargos de declaração.

CAPÍTULO II
DOS EMBARGOS INFRINGENTES

ART. 106. É passível de embargos a decisão final sobre o mérito do processo, versando os embargos exclusivamente matéria nova, ou baseando-se em prova posterior ao encerramento da fase probatória, ou ainda, quando não unânime a decisão, e, neste caso, serão os embargos restritos à matéria objeto da divergência.

ART. 107. Os embargos, que deverão ser opostos nos dez dias seguintes ao da publicação do acórdão no órgão oficial, serão deduzidos por artigos.

ART. 108. Admitido o recurso e designado novo relator, o embargado terá o prazo de dez dias para oferecer a impugnação.

§ 1º O prazo para o preparo do recurso será de três dias contados da ciência do recebimento, sob pena de deserção.

§ 2º Se a Procuradoria oficiar no processo somente como fiscal da lei, terá, por último, vista dos autos para dizer sobre os embargos.

§ 3º A seguir, os autos serão conclusos ao relator para pedido de julgamento.

ART. 109. No julgamento dos embargos observar-se-á o estabelecido no art. 68.

ART. 110. Desprezados os embargos, e publicado o acórdão no órgão oficial, a decisão produzirá todos os efeitos.

CAPÍTULO III
DO AGRAVO

ART. 111. Caberá agravo para o Tribunal por simples petição:

I - Dos despachos e decisões dos juízes:

a) que não admitirem a intervenção de terceiro na causa como litisconsorte ou assistente;

b) que concederem ou denegarem inquirição e outros meios de prova;

c) que concederem grandes ou pequenas dilações para dentro ou fora do país;

d) que deferirem, denegarem, ou renovarem o benefício da gratuidade.

II - dos despachos e decisões do presidente:

a) que admitirem ou não recurso ou apenas o fizerem em parte;

b) que julgarem ou não reformados autos perdidos em que não havia ainda decisão final;

c) sobre erros de contas ou custas;

d) que concederem ou denegarem registro.

ART. 112. O agravo é restrito ao ponto de que se agravou, ao qual o Tribunal deverá limitar a sua decisão, de que não haverá embargos.

§ 1º O recurso terá efeito suspensivo, tão somente, porém, em relação ao ponto agravado.

§ 2º O prazo para a interposição do agravo, será de cinco (5) dias e o seu processamento na forma do Código de Processo Civil, arts. 844 e 845, incisos e parágrafos. (Redação dada pela Lei 5.056/1966.)

§ 3º No Tribunal o agravo será distribuído a um juiz desimpedido que pedirá sua inclusão em pauta para julgamento, com preferência nos trabalhos do dia, quando o relatará. (Redação dada pela Lei 5.056/1966.)

§ 4º Provido ou não o recurso, os autos baixarão ao relator do feito principal, para o seu prosseguimento. (Redação dada pela Lei 5.056/1966.)

CAPÍTULO IV
DOS EMBARGOS DE DECLARAÇÃO

ART. 113. Às decisões do Tribunal podem ser opostos embargos de declaração no prazo de quarenta e oito horas, contados da publicação no órgão oficial, quando apresentarem ambiguidades, obscuridade, contradição ou omissão.

ART. 114. Os embargos de declaração serão deduzidos em requerimento de que devem constar os pontos em que a decisão for ambígua, contraditória ou omissa.

§ 1º Se a petição não apontar qualquer dessas condições, será desde logo indeferida.

§ 2º O julgamento de embargos de declaração terá preferência na pauta dos trabalhos do dia.

CAPÍTULO V
DA EXECUÇÃO

ART. 115. Para cumprimento de decisão do Tribunal Marítimo será expedida guia com os seguintes requisitos:

a) o nome da autoridade que a manda cumprir;

b) a indicação da autoridade incumbida do seu cumprimento;

c) o nome e a qualificação do responsável;

d) a transcrição da parte decisória, e a indicação do órgão oficial que publicou na íntegra o acórdão;

e) as assinaturas do presidente e do diretor da Secretaria.

ART. 116. A guia de sentença será restituída ao Tribunal com declaração escrita do seu cumprimento, feita pela autoridade a quem foi remetida.

Parágrafo único. Se a autoridade incumbida do cumprimento não o puder efetuar restituirá a guia com declaração negativa.

ART. 117. Quando a pena for a de multa e das custas, devidamente apuradas, a guia será expedida à repartição encarregada da inscrição das dívidas fiscais para a cobrança executiva.

ART. 118. Quando a pena imposta não for a de multa, e se referir a estrangeiro domiciliado fora do país, além da remessa da guia de sentença à autoridade competente, far-se-á comunicação ao representante consular.

ART. 119. Serão responsáveis pelo pagamento das multas impostas a estrangeiros domiciliados fora do Brasil, e das custas processuais respectivas, os representantes eventuais da embarcação.

ART. 120. Nas guias de sentença, serão incluídas, para cobrança, as custas processuais vencidas.

TÍTULO V

CAPÍTULO I
DAS PENALIDADES

‣ (Redação dada pela Lei 8.969/1994.)

ART. 121. A inobservância dos preceitos legais que regulam a navegação será reprimida com as seguintes penas: (Redação dada pela Lei 8.969/1994.)

I - repreensão, medida educativa concernente à segurança da navegação ou ambas; (Redação dada pela Lei 8.969/1994.)

II - suspensão de pessoal marítimo; (Redação dada pela Lei 8.969/1994.)

III - interdição para o exercício de determinada função; (Redação dada pela Lei 8.969/1994.)

IV - cancelamento da matrícula profissional e da carteira de amador; (Redação dada pela Lei 8.969/1994.)

V - proibição ou suspensão do tráfego da embarcação; (Redação dada pela Lei 8.969/1994.)

VI - cancelamento do registro de armador; (Redação dada pela Lei 8.969/1994.)

VII - multa, cumulativamente ou não, com qualquer das penas anteriores. (Redação dada pela Lei 8.969/1994.)

§ 1º A suspensão de pessoal marítimo será por prazo não superior a doze meses. (Redação dada pela Lei 8.969/1994.)

§ 2º A interdição não excederá a cinco anos. (Redação dada pela Lei 8.969/1994.)

§ 3º A proibição ou suspensão do tráfego da embarcação cessará logo que deixem de existir os motivos que a determinaram, ou, no caso de falta de registro das embarcações obrigadas a tal procedimento, logo que seja iniciado o processo de registro da propriedade. (Redação dada pela Lei 8.969/1994.)

§ 4º Em relação a estrangeiro, a pena de cancelamento da matrícula profissional será convertida em proibição para o exercício de função em águas sob jurisdição nacional. (Redação dada pela Lei 8.969/1994.)

§ 5º A multa será aplicada pelo Tribunal, podendo variar de onze a quinhentas e quarenta e três Unidades Fiscais de Referência (UFIR), ressalvada a elevação do valor máximo nos casos previstos nesta lei. (Incluído pela Lei 8.969/1994.)

§ 6º As penalidades de multa previstas nesta lei serão convertidas em Unidade Real de Valor - URV, ou no padrão monetário que vier a ser instituído, observados os critérios estabelecidos em lei para a conversão de valores expressos em UFIR. (Incluído pela Lei 8.969/1994.)

ART. 122. Por preceitos legais e reguladores da navegação entendem-se todas as disposições de convenções e tratados, leis, regulamentos e portarias, como também os usos e costumes, instruções, exigências e notificações das autoridades, sobre a utilização de embarcações, tripulação, navegação e atividades correlatas. (Redação dada pela Lei 8.969/1994.)

CAPÍTULO II
DO CANCELAMENTO DA MATRÍCULA

‣ (Redação dada pela Lei 8.969/1994.)

ART. 123. O Tribunal pode ordenar o cancelamento da matrícula profissional de pessoal da marinha mercante e da carteira de amador ou a interdição para o exercício de determinada função, quando provado: (Redação dada pela Lei 8.969/1994.)

I - que o acidente ou fato da navegação foi causado com dolo; (Redação dada pela Lei 8.969/1994.)

II - que o acidente ou fato ocorreu achando-se o responsável em estado de embriaguez ou sob efeito de qualquer outra substância entorpecente; (Redação dada pela Lei 8.969/1994.)

III - que, tratando-se de embarcação brasileira, foi praticado contrabando, em águas estrangeiras, ocasionando o confisco da embarcação ou da sua carga; (Redação dada pela Lei 8.969/1994.)

IV - que a falta de assistência causou a perda de vida. (Redação dada pela Lei 8.969/1994.)

CAPÍTULO III
DA SUSPENSÃO OU MULTA

‣ Redação dada pela Lei 8.969/1994.

ART. 124. O Tribunal poderá aplicar a pena de suspensão ou multa, ou ambas cumulativamente, às pessoas que lhe estão jurisdicionadas, quando ficar provado que o acidente ou fato da navegação ocorreu por: (Redação dada pela Lei 8.969/1994.)

I - erro da navegação, de manobra ou de ambos; (Redação dada pela Lei 8.969/1994.)

II - deficiência da tripulação; (Redação dada pela Lei 8.969/1994.)

III - má estivação da carga; (Redação dada pela Lei 8.969/1994.)

IV - haver carga no convés, impedindo manobras de emergência, ou prejudicando a estabilidade da embarcação; (Redação dada pela Lei 8.969/1994.)

V - avarias ou vícios próprios conhecidos e não revelados à autoridade, no casco, máquinas, instrumentos e aparelhos; (Redação dada pela Lei 8.969/1994.)

VI - recusa de assistência, sem motivo, à embarcação em perigo iminente, do qual tenha resultado sinistro; (Redação dada pela Lei 8.969/1994.)

VII - inexistência de aparelhagem de socorro, ou de luzes destinadas a prevenir o risco de abalroações; (Redação dada pela Lei 8.969/1994.)

VIII - ausência de recursos destinados a garantir a vida dos passageiros ou tripulantes; (Redação dada pela Lei 8.969/1994.)

IX - prática do que, geralmente, se deva omitir ou omissão do que, geralmente, se deva praticar. (Redação dada pela Lei 8.969/1994.)

§ 1º O Tribunal poderá aplicar, até o décuplo, a pena de multa ao proprietário, armador, operador, locatário, afretador ou carregador, convencido da responsabilidade, direta ou indireta, nos casos a que se referem este artigo e o anterior, bem como na inobservância dos deveres que a sua qualidade lhe impõe em relação à navegação e atividades conexas. (Redação dada pela Lei 8.969/1994.)

§ 2º Essa responsabilidade não exclui a do pessoal marítimo que transigir com os armadores na prática daquelas infrações. (Redação dada pela Lei 8.969/1994.)

ART. 125. Quando provado que a estiva foi feita em desacordo com as instruções do comandante, piloto, mestre, contramestre e qualquer outro preposto do armador, resultando da infração dano à embarcação ou à carga, a empresa estivadora, o estivador, ou ambos, serão punidos com a multa prevista no § 5º do art. 121, isolada ou cumulativamente com a pena de suspensão. (Redação dada pela Lei 8.969/1994.)

ART. 126. Quando provado vício da embarcação, decorrente da mão de obra ou do material empregado pelo empreiteiro, estaleiro, carreira, dique ou oficina de construção ou de reparação naval, em desacordo com as exigências legais, o responsável será punido com a multa prevista no § 5º do art. 121. (Redação dada pela Lei 8.969/1994.)

Parágrafo único. A falta de pagamento da multa importará na suspensão das licenças para construção ou reparação naval. (Incluído pela Lei 8.969/1994.)

CAPÍTULO IV
DA APLICAÇÃO DA PENA

‣ Redação dada pela Lei 8.969/1994.

ART. 127. Cabe ao Tribunal, atendendo aos antecedentes e à personalidade do responsável, à intensidade do dolo ou ao grau da culpa, às circunstâncias e consequências da infração: (Redação dada pela Lei 8.969/1994.)

I - determinar a pena aplicável dentre as cominadas alternativamente; (Incluído pela Lei 8.969/1994.)

II - fixar, dentro dos limites legais, a quantidade da pena aplicável. (Incluído pela Lei 8.969/1994.)

§ 1º Na fixação da pena de multa, o Tribunal deverá atender, principalmente, à situação econômica do infrator. (Incluído pela Lei 8.969/1994.)

§ 2º A multa poderá ser aumentada até o dobro, se o Tribunal julgar que, em virtude da situação econômica do infrator, é ineficaz, embora aplicada no máximo. (Incluído pela Lei 8.969/1994.)

§ 3º Aos infratores em geral assegurar-se-ão o contraditório e a ampla defesa, com os meios e recursos a ela inerentes. (Incluído pela Lei 8.969/1994.)

ART. 128. O Tribunal poderá substituir as penas de multa e suspensão pela de repreensão, toda vez que somente encontrar atenuantes a favor do responsável. (Redação dada pela Lei 8.969/1994.)

ART. 129. A pena de suspensão, cancelamento da matrícula e da carteira de habilitação de amador ou de interdição em que incorrer a tripulação de embarcação estrangeira será aplicada somente com relação ao exercício de suas funções em águas sob jurisdição nacional. (Redação dada pela Lei 8.969/1994.)

ART. 130. A pena de multa prevista nesta lei será aplicada ainda nos casos de dolo ou fraude nos registros mantidos pelo Tribunal. (Redação dada pela Lei 8.969/1994.)

Parágrafo único. A competência para aplicar a penalidade, nos casos deste artigo, será do Presidente do Tribunal. (Incluído pela Lei 8.969/1994.)

ART. 131. A multa deverá ser paga dentro de dez dias, depois da ciência da guia de sentença, prazo esse que, no entanto, poderá ser excepcionalmente dilatado. (Redação dada pela Lei 8.969/1994.)

Parágrafo único. Caso a multa seja elevada para as posses do infrator, poderá ser permitido que o pagamento se efetue em quotas mensais, até dentro de um ano, no máximo. (Incluído pela Lei 8.969/1994.)

ART. 132. O Tribunal poderá converter a multa em suspensão, quando se apresentarem razões que o justifiquem. (Redação dada pela Lei 8.969/1994.)

Parágrafo único. Para a conversão, a cada quatro Ufir corresponderá um dia de suspensão, atribuindo-se tantos dias de suspensão quantas daquelas frações estiverem contidas no valor da multa, arredondando-se para um mês, quando o resultado apurado for menor do que trinta dias. (Redação dada pela Lei 8.969/1994.)

ART. 133. Não se executará a pena de multa quando ela incidir sobre os recursos indispensáveis à manutenção do infrator e sua família. (Redação dada pela Lei 8.969/1994.)

Parágrafo único. Se, no entanto, o infrator for reincidente, aplicar-se-á o disposto no artigo anterior. (Redação dada pela Lei 8.969/1994.)

ART. 134. Suspender-se-á a execução da pena de multa, se ao infrator sobrevier doença que o incapacite para o trabalho e este não dispuser de outras fontes de recursos. (Redação dada pela Lei 8.969/1994.)

Parágrafo único. Proceder-se-á à cobrança caso o infrator volte ao exercício de sua atividade. (Redação dada pela Lei 8.969/1994.)

ART. 135. Agravarão sempre a pena, quando de per si não constituam a própria infração, as seguintes circunstâncias: (Redação dada pela Lei 8.969/1994.)

I - a reincidência; (Incluído pela Lei 8.969/1994.)

II - a ação ou omissão da qual tenha resultado perda de vida; (Incluído pela Lei 8.969/1994.)

III - a coação ou abuso de autoridade ou poder inerente ao cargo, posto ou função; (Incluído pela Lei 8.969/1994.)

IV - o pânico a bordo, quando evitável ou reprimível; (Incluído pela Lei 8.969/1994.)

V - a desobediência a ordem legal, emanada de superior hierárquico; (Incluído pela Lei 8.969/1994.)

VI - a ausência do posto, quando em serviço; (Incluído pela Lei 8.969/1994.)

VII - o concurso em ato que tenha agravado a extensão do dano; (Incluído pela Lei 8.969/1994.)

VIII - a instigação a cometer a infração; (Incluído pela Lei 8.969/1994.)

IX - a execução da infração mediante paga ou promessa de recompensa; (Incluído pela Lei 8.969/1994.)

X - ter praticado a infração para assegurar ou facilitar a execução, a ocultação, a impunidade ou a obtenção de vantagem de outra infração; (Incluído pela Lei 8.969/1994.)

XI - a embriaguez e o uso de substância entorpecente, salvo se decorrer de caso fortuito ou de força maior; (Incluído pela Lei 8.969/1994.)

XII - ser a infração praticada no exterior; (Incluído pela Lei 8.969/1994.)

XIII - resultar da infração poluição ou qualquer outra forma de dano ao meio aquático. (Incluído pela Lei 8.969/1994.)

ART. 136. Verificar-se-á reincidência quando o agente cometer outra infração, depois de definitivamente condenado por infração anterior. (Redação dada pela Lei 8.969/1994.)

§ 1º A reincidência será específica, se as infrações forem da mesma natureza. (Incluído pela Lei 8.969/1994.)

§ 2º Considerar-se-ão da mesma natureza as infrações estabelecidas em um só dispositivo legal, bem como as que, embora estabelecidas em dispositivos diversos, apresentarem pelos atos que as constituírem, ou pelos seus motivos determinantes, os mesmos caracteres fundamentais. (Incluído pela Lei 8.969/1994.)

§ 3º O decurso de tempo a ser observado na aplicação do agravamento da pena, por reincidência, é de cinco anos, devendo ser considerado como marco inicial de contagem: (Incluído pela Lei 8.969/1994.)

I - nas hipóteses de repreensão, medida educativa concernente à segurança da navegação, ou ambas, a data em que transitar em julgado o acórdão do Tribunal; (Incluído pela Lei 8.969/1994.)

II - na hipótese de multa, o dia do seu pagamento ou, se tiver sido concedido o parcelamento, o da última parcela paga; (Incluído pela Lei 8.969/1994.)

III - nas hipóteses de suspensão e interdição, após o último dia de cumprimento da pena; (Incluído pela Lei 8.969/1994.)

IV - em qualquer caso, a data da extinção da pena. (Incluído pela Lei 8.969/1994.)

ART. 137. A reincidência específica importará na aplicação da pena de multa ou de suspensão, acrescida do dobro da fixada para a pena-base, somadas as circunstâncias agravantes, quando for o caso, observados os limites estabelecidos no art. 121 e seus parágrafos. (Incluído pela Lei 8.969/1994.)

ART. 138. A reincidência genérica importará na aplicação da pena de multa ou suspensão, acrescida da metade da fixada para a pena-base, somadas as circunstâncias agravantes, quando for o caso, observados os limites do art. 121 e seus parágrafos. (Redação dada pela Lei 8.969/1994.)

ART. 139. Serão sempre circunstâncias atenuantes da pena: (Redação dada pela Lei 8.969/1994.)

I - ser o agente menor de vinte e um anos ou maior de setenta anos; (Redação dada pela Lei 8.969/1994.)

II - terem sido de somenos importância os efeitos da infração cometida; (Redação dada pela Lei 8.969/1994.)

III - a ignorância, ou a errada compreensão da lei, quando escusável; (Incluído pela Lei 8.969/1994.)

IV - ter o agente: (Incluído pela Lei 8.969/1994.)

a) procurado, por sua espontânea vontade e com eficiência, logo após o acidente ou fato da navegação, minorar-lhe as consequências; (Incluído pela Lei 8.969/1994.)

b) cometido a infração sob coação a que podia resistir, ou sob violenta emoção por influência externa não provocada; (Incluído pela Lei 8.969/1994.)

c) cometido a infração em estado de esgotamento físico, resultante de trabalho extraordinário; (Incluído pela Lei 8.969/1994.)

d) confessado, espontaneamente, a autoria do fato. (Incluído pela Lei 8.969/1994.)

ART. 140. Em concurso de agravantes e atenuantes, a pena deverá aproximar-se do limite indicado pelas circunstâncias preponderantes, entendendo-se como tais as que resultarem dos motivos determinantes da infração, da personalidade do agente e da reincidência. (Redação dada pela Lei 8.969/1994.)

ART. 141. A pena que tenha de ser aumentada ou diminuída dentro de determinados limites é a que o Tribunal aplicaria se não existisse causa de aumento ou de diminuição. (Redação dada pela Lei 8.969/1994.)

Parágrafo único. Em concurso das causas de aumento ou de diminuição da pena, as mesmas compensar-se-ão. (Incluído pela Lei 8.969/1994.)

ART. 142. Quando o agente, mediante mais de uma ação ou omissão, praticar duas ou mais infrações, idênticas ou não, aplicar-se-ão, cumulativamente, as penas em que houver incorrido. (Redação dada pela Lei 8.969/1994.)

Parágrafo único. Quando o agente, mediante mais de uma ação ou omissão, praticar duas ou mais infrações da mesma espécie, e pelas condições de tempo e lugar, maneira de execução e outras semelhantes, deverem as infrações subsequentes ser havidas como continuação da primeira, ser-lhe-á imposta a pena de uma só das infrações, se idênticas, ou a mais grave, se diversas, aumentada, em qualquer caso, de um sexto a dois terços. (Incluído pela Lei 8.969/1994.)

ART. 143. A ignorância ou a errada compreensão da lei, quando escusáveis, ou quando as consequências da infração atingirem o próprio agente de forma tão grave que a sanção administrativa se torne desnecessária, poderão, excepcionalmente, resultar na não aplicação de pena. (Redação dada pela Lei 8.969/1994.)

ART. 144. Os casos omissos serão resolvidos por Resolução do Tribunal Marítimo. (Redação dada pela Lei 8.969/1994.)

ART. 145. Nos casos de ignorância ou de errada compreensão da lei, quando escusáveis, poderá a pena, excepcionalmente, deixar de ser aplicada.

ART. 146. Nos casos omissos observar-se-ão os dispositivos da legislação comum, no que forem aplicáveis.

TÍTULO VI

CAPÍTULO I
DO QUADRO DO TRIBUNAL MARÍTIMO

ART. 147. O Tribunal Marítimo terá o seu Quadro próprio de Pessoal. (Redação dada pela Lei 5.056/1966.)

Parágrafo único. Dentro de cento e vinte (120) dias a contar da publicação desta Lei o Poder Executivo submeterá à aprovação do Congresso Nacional o novo Quadro de Pessoal do Tribunal, que lhe será proposto pelo seu Juiz-Presidente, através do Ministro da Marinha. (Incluído pela Lei 5.056/1966.)

CAPÍTULO II
DISPOSIÇÃO ESPECIAIS

ART. 148. Os juízes do Tribunal Marítimo gozarão da inamovibilidade e das deferências devidas ao seu cargo.

Parágrafo único. O tempo de serviço prestado ao Tribunal, na vigência das leis anteriores, será contado para todos os efeitos como de serviço público federal.

ART. 149. (Revogado pelo Decreto-Lei 25/1966.)

ART. 150. (Revogado pela Lei 7.642/1987.)

ART. 151. Aos demais funcionários do Tribunal e no que concerne ao aproveitamento de cargos, direitos e vantagens, deveres e responsabilidades, aplicam-se as disposições da legislação que estiver para os servidores públicos federais, com as alterações decorrentes da presente lei.

ART. 152. Fica estabelecido para o Tribunal o regime das férias coletivas.

Parágrafo único. O período de trinta dias, contado a partir do primeiro dia útil do mês de janeiro, será de férias para o Tribunal, que somente se reunirá para assuntos de alta relevância, por convocação extraordinária do Juiz-Presidente. (Redação dada pela Lei 9.527/1997.)

ART. 153. (Revogado pela Lei 7.642/1987.)

ART. 154. O retardamento de processo por parte de juiz, procurador, adjunto de procurador ou advogado de ofício, determinará a perda de tantos dias de vencimentos quantos os excedidos dos prazos estabelecidos nesta lei, descontados no mês imediato àquele em que se verificar a falta.

Parágrafo único. O desconto far-se-á pela repartição pagadora, à vista de certidão, que o Secretário do Tribunal lhe remeterá *ex officio*, sob pena de multa de Cr$ 500,00 (quinhentos cruzeiros), imposta por autoridade fiscal, sem prejuízo da de falta de exação no cumprimento do dever.

CAPÍTULO III
DISPOSIÇÕES FINAIS

ART. 155. Nos casos de matéria processual omissos nesta lei, serão observadas as disposições das leis de processo que estiverem em vigor.

ART. 156. Nos processos da competência do Tribunal Marítimo haverá custas que serão recolhidas na forma da legislação fazendária em vigor. (Redação dada pela Lei 5.056/1966.)

§ 1º O Tribunal organizará o seu Regimento de Custas e o submeterá à aprovação do Presidente da República no prazo de cento e vinte (120) dias, a contar da publicação desta lei. (Redação dada pela Lei 5.056/1966.)

§ 2º O referido Regimento de Custas deverá ser vinculado ao valor do maior salário-mínimo vigente no País e atualizável de acordo com os reajustamentos daquele valor. (Redação dada pela Lei 5.056/1966.)

ART. 157. O Tribunal Marítimo deverá, no prazo de noventa (90) dias, contados da publicação desta lei, ter elaborado o seu Regimento Interno para submetê-lo ao Presidente da República. (Redação dada pela Lei 5.056/1966.)

Parágrafo único. O Regimento Interno entrará em vigor no prazo de noventa (90) dias, para o País, e cento e vinte (120) dias, para o exterior, a contar da data de sua publicação no órgão oficial. (Incluído pela Lei n. 5.056/1966)

ART. 158. Revogam-se as disposições em contrário.

Rio de Janeiro, 5 de fevereiro de 1954; 133º da Independência e 66º da República.

GETÚLIO VARGAS

LEI N. 2.313, DE 3 DE SETEMBRO DE 1954

Dispõe sobre os prazos dos contratos de depósito regular e voluntário de bens de qualquer espécie, e dá outras providências.

- *DOU*, 13.9.1954.
- Dec. 40.395/1956 (Regulamenta esta lei.)

O Congresso Nacional decreta e eu promulgo, nos termos do art. 70, § 4º, da Constituição Federal, a seguinte lei:

ART. 1º Os contratos de depósito regular e voluntário de bens de qualquer espécie extinguem-se no prazo de 25 (vinte e cinco) anos, podendo, entretanto, ser renovados por expressa aquiescência das partes.

§ 1º Extintos esses contratos, pelo decurso do prazo, os bens depositados serão recolhidos ao Tesouro Nacional e, aí, devidamente relacionados, em nome dos seus proprietários, permanecerão, se não forem estes reclamados no prazo de 5 (cinco) anos, findo o qual se incorporarão ao patrimônio nacional.

§ 2º Por ocasião desse recolhimento ao Tesouro Nacional, os depositários deles darão conhecimento aos interessados por meio de publicidade no *"Diário Oficial"*, e na imprensa local, onde houver, pelo menos 3 (três) vezes.

ART. 2º Os créditos resultantes de contratos de qualquer natureza, que se encontrarem em poder de estabelecimentos bancários, comerciais e industriais e nas Caixas Econômicas, e não forem reclamados ou movimentadas as respectivas contas pelos credores por mais de 25 (vinte e cinco) anos serão recolhidos, observado o disposto no § 2º do art. 1º ao Tesouro Nacional e aí escriturados em conta especial, sem juros, à disposição dos seus proprietários ou de seus sucessores, durante 5 (cinco) anos, em cujo termo se transferirão ao patrimônio nacional.

§ 1º Excetuam-se do disposto neste artigo os depósitos populares feitos nos estabelecimentos mencionados, que são imprescritíveis e os casos para os quais a lei determine prazo de prescrição menor de 25 (vinte e cinco) anos.

§ 2º Valerá como reclamação dos créditos e movimentação das contas a apresentação ou remessa, aos ditos estabelecimentos, da caderneta para contagem e lançamentos de juros, ou de qualquer documento pelo qual os credores acusem ciência dos seus saldos ou queiram deles conhecer, ressalvado também os meios idôneos admitidos em lei.

§ 3º Suspendem-se os prazos acima estipulados em tempo de guerra, pelo tempo que esta durar, em favor dos credores, a serviço das forças armadas dentro ou fora do país.

ART. 3º Revogam-se as disposições em contrário.

Senado Federal,
em 3 de setembro de 1954.
Alexandre Marcondes Filho
Vice-Presidente do Senado Federal,
no Exercício da Presidência

LEI N. 2.666, DE 6 DE DEZEMBRO DE 1955

Dispõe sobre o penhor dos produtos agrícolas.

▸ *DOU*, 13.12.1955.

O Vice-Presidente do Senado Federal, no exercício do cargo de Presidente da República, faço saber que o Congresso Nacional decreta e eu sanciono a seguinte Lei:

ART. 1º Independe de tradição efetiva o penhor mercantil dos produtos agrícolas existentes em estabelecimentos destinados ao seu benefício ou transformação.

§ 1º Em caso de dúvida quanto à identificação do produto apenhado em face de outros da mesma espécie existentes no local, o vínculo real incidirá sôbre a quantidade equivalente de bens da mesma natureza, de propriedade e em poder de estabelecimento que responderá como fiel depositário sob as penas da lei.

§ 2º Aplicam-se ao penhor constante deste artigo as disposições que regem o penhor rural, inclusive os atos de registro.

ART. 2º O benefício ou a transformação dos gêneros agrícolas, dados em penhor rural ou mercantil, não extinguem o vínculo real que se transfere para os produtos e subprodutos resultantes de tais operações.

ART. 3º A validade do penhor celebrado pelo arrendatário, comandatário, parceiro agricultor, condômino, usufrutuário ou fiduciário independe da anuência do proprietário, consorte nu-proprietário ou fideicomissário do imóvel de situação dos bens dados em garantia.

§ 1º Em caso de arrendamento ou comodato, o prazo do penhor só poderá ultrapassar o da locação se nisso aquiescer o locador ou comodante.

§ 2º O penhor outorgado pelo parceiro agricultor só incidirá sôbre a parte dos frutos ou bens que lhe couberem pelo contrato de parceria, admitida a sua constituição apenas, quando não houver no citado contrato expressa proibição à sua outorga, ou exigência de prévia anuência de parceiro proprietário.

§ 3º Se o imóvel estiver indiviso o penhor só incidirá sôbre os bens correspondentes à parte ideal do apenhante.

§ 4º Se o usufruto ou fideicomisso cessarem antes de paga a dívida, existindo a garantia, o nu-proprietário ou fideicomissário só terão direito a esta se resgatarem a obrigação.

ART. 4º Os frutos pendentes, em formação ou percebidos de imóveis clausulados de inalienabilidade ou impenhorabilidade poderão ser dados em penhor rural.

ART. 5º Esta lei entrará em vigor na data de sua publicação, revogadas as disposições em contrário.

Rio de Janeiro, 6 de dezembro de 1955;
134º da Independência e 67º da República.
NEREU RAMOS

LEI N. 2.757, DE 23 DE ABRIL DE 1956

Dispõe sobre a situação dos empregados porteiros, zeladores, faxineiros e serventes de prédios de apartamentos residenciais.

O Presidente da República. Faço saber que o Congresso Nacional decreta e eu sanciono a seguinte lei:

ART. 1º São excluídos das disposições da letra "a" do art. 7º do Decreto-Lei n. 5.452, de 1º de maio de 1943, e do art. 1º do Decreto-Lei n. 3.078, de 27 de fevereiro de 1941, os empregados porteiros, zeladores, faxineiros e serventes de prédios de apartamentos residenciais, desde que a serviço da administração do edifício e não de cada condômino em particular.

ART. 2º São considerados representantes dos empregadores nas reclamações ou dissídios movimentos na Justiça do Trabalho os síndicos eleitos entre os condôminos.

ART. 3º Os condôminos responderão, proporcionalmente, pelas obrigações previstas nas leis trabalhistas, inclusive as judiciais e extrajudiciais.

ART. 4º Esta lei entrará em vigor na data de sua publicação, revogadas as disposições em contrário.

Rio de Janeiro, 23 de abril de 1956, 135º da Independência e 68º da República.
JUSCELINO KUBITSCHEK

LEI N. 2.770, DE 4 DE MAIO DE 1956

Suprime a concessão de medidas liminares nas ações e procedimentos judiciais de qualquer natureza que visem a liberação de bens, mercadorias ou coisas de procedência estrangeira, e dá outras providências.

▸ *DOU*, 05.05.1956.

O Presidente da República. Faço saber que o Congresso Nacional decreta e eu sanciono a seguinte lei:

ART. 1º Nas ações e procedimentos judiciais de qualquer natureza, que visem obter a liberação de mercadorias, bens ou coisas de qualquer espécie procedentes do estrangeiro, não se concederá, em caso algum, medida preventiva ou liminar que, direta ou indiretamente importe na entrega da mercadoria, bem ou coisa.

ART. 2º No curso da lide ou enquanto pender recurso, mesmo sem efeito suspensivo, da sentença ou acórdão, a execução de julgado que determinar a entrega ou a vinda do exterior de mercadorias, bens ou coisas de qualquer natureza, não será ordenada pelo juiz ou Tribunal antes que o autor ou requerente preste garantias de restituição do respectivo valor, para o caso de, afinal, decair da ação ou procedimento.

§ 1º As garantias referidas neste artigo consistirão no oferecimento de fiança bancária idônea, aceita pela autoridade alfandegária competente, ou de caução em títulos da Dívida Pública Federal, de valor nominal correspondente a 150% (cento e cinquenta por cento) *"ad-valorem"* das mercadorias, bens e coisas objeto de litígio, na forma do art. 6º, § 4º, da Lei número 2.145, de 29 de dezembro de 1953.

§ 2º O valor exigível, tanto para a fiança bancária quanto para a caução, de que trata o parágrafo anterior, será comprovado com documento expedido pela Carteira de Comércio Exterior, do qual constarão todos os dados indispensáveis à precisa caracterização da mercadoria, bem ou coisa.

ART. 3º As sentenças que julgarem a liquidação por arbitramento ou artigos nas execuções de sentenças ilíquidas contra a União, o Estado ou o Município, ficam sujeitas ao duplo grau de jurisdição. (Redação dada pela Lei 6.071/1974.)

ART. 4º As disposições desta lei, que entrará em vigor na data de sua publicação, inclusive quanto à sua obrigatoriedade nos Estados estrangeiros, revogado, para esse efeito, o § 1º do art. 1º do Decreto-lei n. 4.657, de 4 de setembro de 1942, se aplicam aos processos em curso.

ART. 5º Revogam-se as disposições em contrário.

Rio de Janeiro, em 4 de maio de 1956;
135º da Independência e 68º da República.
JUSCELINO KUBITSHEK

LEI N. 2.860, DE 31 DE AGOSTO DE 1956

Estabelece Prisão Especial para os Dirigentes de Entidades Sindicais e para o Empregado do Exercício de Representação Profissional ou no Cargo de Administração Sindical.

▸ *DOU*, 03.09.1956.

O Presidente da República. Faço saber que o Congresso Nacional decreta e eu sanciono a seguinte Lei:

ART. 1º Terão direito à prisão especial os dirigentes de entidades sindicais de todos os graus e representativas de empregados, empregadores, profissionais liberais, agentes e trabalhadores autônomos.

ART. 2º O empregado eleito para a função de representação profissional ou para cargo de administração sindical, quando sujeito a prisão antes de condenação definitiva, será recolhido a prisão especial à disposição da autoridade competente.

ART. 3º Esta Lei entrará em vigor na data de sua publicação, revogadas as disposições em contrário.

Rio de Janeiro, em 31 de agosto de 1956;
135º da Independência e 68º da República.
JUSCELINO KUBITSCHEK

LEI N. 2.953, DE 17 DE NOVEMBRO DE 1956

Fixa normas para remessa de tropas brasileiras para o exterior.

▸ *DOU*, 20.11.1956

O Presidente da República. Faço saber que o Congresso Nacional decreta e eu sanciono a seguinte Lei:

ART. 1º A remessa de força armada, terrestre, naval ou aérea para fora do território nacional, sem declaração de guerra e em cumprimento de obrigações assumidas pelo Brasil como membro de organizações internacionais ou em virtude de tratados, convenções, acordos, resoluções de consulta, planos de defesa, ou quaisquer outros entendimentos diplomáticos ou militares, só será feita, nos termos da Constituição, com autorização do Congresso Nacional.

Parágrafo único. O disposto neste artigo não se aplica aos casos constitucionais de repulsa à invasão ou à agressão estrangeira. (Constituição Federal, art. 7º, n. II e art. 87, n. VIII, *in fine*).

ART. 2º Não necessita da autorização prevista no artigo anterior o movimento de fôrças terrestres, navais e aéreas processado dentro da zona de segurança aérea e marítima, definida pelos órgãos militares competentes, como necessária à proteção e à defesa do litoral brasileiro.

ART. 3º Esta lei entrará em vigor na data de sua publicação, revogadas as disposições em contrário.

Rio de Janeiro, em 17 de novembro de 1956; 135º da Independência e 68º da República.

JUSCELINO KUBITSCHEK

LEI N. 3.207, DE 18 DE JULHO DE 1957

Regulamenta as atividades dos empregados vendedores, viajantes ou pracistas.

‣ *DOU*, 22.07.1957.

O Presidente da República. Faço saber que o Congresso Nacional decreta e eu sanciono a seguinte Lei:

ART. 1º As atividades dos empregados vendedores, viajantes ou pracistas serão reguladas pelos preceitos desta lei, sem prejuízo das normas estabelecidas na Consolidação das Leis do Trabalho - Decreto-Lei número 5.452, de 1 de maio de 1943 - no que lhes for aplicável.

ART. 2º O empregado vendedor terá direito à comissão avençada sobre as vendas que realizar. No caso de lhe ter sido reservada expressamente, com exclusividade, uma zona de trabalho, terá esse direito sobre as vendas ali realizadas diretamente pela empresa ou por um preposto desta.

§ 1º A zona de trabalho do empregado vendedor poderá ser ampliada ou restringida de acordo com a necessidade da empresa, respeitados os dispositivos desta lei quanto à irredutibilidade da remuneração.

§ 2º Sempre que, por conveniência da empresa empregadora, for o empregado viajante transferido da zona de trabalho, com redução de vantagens, ser-lhe-á assegurado, como mínimo de remuneração, um salário correspondente à média dos 12 (doze) últimos meses, anteriores à transferência.

ART. 3º A transação será considerada aceita se o empregador não a recusar por escrito, dentro de 10 (dez) dias, contados da data da proposta. Tratando-se de transação a ser concluída com comerciante ou empresa estabelecida noutro Estado ou no estrangeiro, o prazo para aceitação ou recusa da proposta de venda será de 90 (noventa) dias podendo, ainda, ser prorrogado, por tempo determinado, mediante comunicação escrita feita ao empregado.

ART. 4º O pagamento de comissões e percentagem deverá ser feito mensalmente, expedindo a empresa, no fim de cada mês, a conta respectiva com as cópias das faturas correspondentes aos negócios concluídos.

Parágrafo único. Ressalva-se às partes interessadas fixar outra época para o pagamento de comissões e percentagens, o que, no entanto, não poderá exceder a um trimestre, contado da aceitação do negócio, sendo sempre obrigatória a expedição, pela empresa, da conta referida neste Artigo.

ART. 5º Nas transações em que a empresa se obrigar por prestações sucessivas, o pagamento das comissões e percentagens será exigível de acordo com a ordem de recebimento das mesmas.

ART. 6º A cessação das relações de trabalho, ou a inexecução voluntária do negócio pelo empregador, não prejudicará a percepção das comissões e percentagens devidas.

ART. 7º Verificada a insolvência do comprador, cabe ao empregador o direito de estornar a comissão que houver pago.

ART. 8º Quando for prestado serviço de inspeção e fiscalização pelo empregado vendedor, ficará a empresa vendedora obrigada ao pagamento adicional de 1/10 (um décimo) da remuneração atribuída ao mesmo.

ART. 9º O empregado vendedor viajante não poderá permanecer em viagem por tempo superior a 6 (seis) meses consecutivos. Em seguida a cada viagem haverá um intervalo para descanso, calculado na base de 3 (três) dias por mês da viagem realizada, não podendo, porém, ultrapassar o limite de 15 (quinze) dias.

ART. 10. Caracterizada a relação de emprego, aplicam-se os preceitos desta lei a quantos exercerem funções iguais, semelhantes ou equivalentes aos empregados-viajantes, embora sob outras designações.

ART. 11. Esta lei entrará em vigor na data de sua publicação, revogadas as disposições em contrário.

Rio de janeiro, em 18 de julho de 1957; 136º da Independência e 69º da República.

JUSCELINO KUBITSCHEK

LEI N. 3.244, DE 14 DE AGOSTO DE 1957

Dispõe sobre a reforma da tarifa das alfândegas, e dá outras providências.

‣ *DOU*, 14.08.1957.

O Presidente da República. Faço saber que o Congresso Nacional decreta e eu sanciono a seguinte lei:

CAPÍTULO I
DA INCIDÊNCIA

Art.1º Está sujeita ao imposto de importação a mercadoria estrangeira que entrar em território nacional.

§ 1º Não se aplicará o disposto neste artigo à mercadoria estrangeira destinada a outro país, em trânsito regular pelo território nacional, trafegando por via usual ao comércio internacional.

§ 2º Considerar-se-á igualmente entrada no território nacional, para os efeitos deste artigo, a mercadoria manifestada, cuja falta for apurada no ato de descarga ou de conferência do manifesto, sem prejuízo das sanções cabíveis.

CAPÍTULO II
DA ALÍQUOTA

ART.2º O Imposto sobre a Importação será cobrado na forma estabelecida por esta Lei e pela Tarifa Aduaneira do Brasil, por meio de alíquota *"ad valorem"* ou específica, ou pela conjugação de ambas. (Alterado pelo Dec.-Lei 2.434/1988.)

Parágrafo único. A alíquota específica poderá ser determinada em moeda nacional ou estrangeira, podendo ser alterada de acordo com o disposto no Art.3º, modificado pelo art. 5º do Decreto-Lei n. 63, de 21 de novembro de 1966, e pelo Art.1º do Decreto-Lei n. 2.162, de 19 de setembro de 1984. (Alterado pelo Dec.-Lei 2.434/1988.)

ART.3º Poderá ser alterada dentro dos limites máximo e mínimo do respectivo capítulo, a alíquota relativa a produto:

a) cujo nível tarifário venha a se revelar insuficiente ou excessivo ao adequado cumprimento dos objetivos da Tarifa;

b) cuja produção interna for de interesse fundamental estimular;

c) que haja obtido registro de similar;

d) de país que dificultar a exportação brasileira para seu mercado, ouvido previamente o Ministério das Relações Exteriores;

e) de país que desvalorizar sua moeda ou conceder subsídio à exportação, de forma a frustrar os objetivos da Tarifa.

§ 1º Nas hipóteses dos itens "a", "b" e "c" a alteração da alíquota, em cada caso, não poderá ultrapassar, para mais ou para menos, a 30% (trinta por cento) *"ad valorem"*.

‣ Dec.-Lei 1.169/1971 (Estabelece normas interpretativas do Dec.-Lei 1.154/1971, que instituiu a Nomenclatura Brasileira de Mercadorias, assegura o prazo de vigência do Dec.-Lei 398/1968, resguarda a validade das decisões do Conselho de Política Aduaneira, e mantém seus poderes).

‣ Dec.-Lei 2.162/1984 (Altera o limite máximo para elevação das alíquotas da Tarifa Aduaneira no Brasil).

‣ Lei 8.085/1990 (Dispõe sobre o Imposto de Importação).

§ 2º Na ocorrência de "dumping", a alíquota poderá ser elevada até o limite capaz de neutralizá-lo.

ART. 4º Quando não houver produção nacional de matéria-prima e de qualquer produto de base, ou a produção nacional desses bens for insuficiente para atender ao consumo interno, poderá ser concedida isenção ou redução do imposto para a importação total ou complementar, conforme o caso. (Alterado pelo Dec.-Lei 63/1966.)

§ 1º A isenção ou redução do imposto, conforme as características de produção e de comercialização, e a critério do Conselho de Política Aduaneira, será concedida: (Alterado pelo Dec.-Lei 63/1966.)

a) mediante comprovação da inexistência de produção nacional, e, havendo produção, mediante prova, anterior ao desembaraço aduaneiro, de aquisição de quota determinada do produto nacional na respectiva fonte, ou comprovação de recusa, incapacidade ou impossibilidade de fornecimento em prazo e a preço normal; (Acrescentado pelo Dec.-Lei 63/1966.)

b) por meio de estabelecimento de quotas tarifárias globais e/ou por período determinado, que não ultrapasse um ano, ou quotas percentuais em relação ao consumo nacional. (Acrescentado pelo Dec.-Lei 63/1966.)

§ 2º A concessão será de caráter geral em relação a cada espécie de produto, garantida a aquisição integral de produção nacional, observada, quanto ao preço, a definição do art. 3º, do Decreto-Lei n. 37, de 18 de novembro de 1966. (Alterado pelo Dec.-Lei 63/1966.)

§ 3º Quando, por motivo de escassez no mercado interno, se tornar imperiosa a aquisição no exterior, de gêneros alimentícios de primeira necessidade, de matérias-primas e de outros produtos de base, poderá ser concedida para a sua importação, por ato do Conselho de Política Aduaneira, isenção do imposto de importação e da taxa de despacho aduaneiro, ouvidos os órgãos ligados à execução da política do abastecimento e da produção. (Acrescentado pelo Dec.-Lei 63/1966.)

§ 4º Será no máximo de um ano, a contar da emissão, o prazo de validade dos comprovantes da aquisição da quota de produto nacional prevista neste artigo e nas notas correlatas da Tarifa Aduaneira. (Acrescentado pelo Dec.-Lei 63/1966.)

§ 5º A isenção do imposto de importação sobre matéria-prima e outro qualquer produto de base, industrializado ou não, mesmo os de aplicação direta, somente poderá beneficiar a importação complementar da produção nacional se observadas as normas deste artigo. (Acrescentado pelo Dec.-Lei 63/1966.)

CAPÍTULO III
DA BASE DE CÁLCULO

ARTS. 5º a 10. (Revogados pelo Dec.-Lei 730/1969.)

CAPÍTULO IV
DA CLASSIFICAÇÃO

ART. 11. A mercadoria que, a primeira vista, estiver contida em mais de uma posição da Tarifa, classificar-se-á de acordo com as seguintes normas:

a) a posição com descrição mais específica terá preferência sobre a de caráter geral;

b) a mercadoria mista ou composta, e a constituída pela montagem ou reunião de matérias ou artigos heterogêneos, não abrangidas pelo item "a", seguirão o regime da matéria ou artigo que lhe conferir caráter essencial;

c) a mercadoria que permanecer em mais de uma posição, apesar da aplicação das normas dos itens "a" e "b", será classificada na de alíquota mais elevada;

d) a parte ou peça sem classificação própria na Tarifa e identificável como pertencente a determinado aparelho, obra ou objeto, seguirá o regime do todo.

ARTS. 12 a 14. (Revogados pelo Dec.-Lei 37/1966.)

CAPÍTULO V
DO RECIPIENTE, ENVOLTÓRIO OU EMBALAGEM

ART. 15. O recipiente, envoltório ou embalagem, estará sujeito ao imposto, de acordo com sua classificação própria na Tarifa, se não for normalmente usado no acondicionamento da mercadoria ou se tiver, no mercado nacional, valor superior ao do conteúdo.

Parágrafo único. Quando no mesmo envoltório ou embalagem houver mercadorias heterogêneas, o valor ou peso respectivo será repartido proporcionalmente ao imposto por elas devido.

ART. 16. Considerar-se-á:

a) peso líquido, o da mercadoria, excluído o recipiente, envoltório ou embalagem;

b) peso bruto, o da mercadoria, com o seu recipiente, envoltório ou embalagem.

CAPÍTULO VI
DA BAGAGEM

ART. 17. (Revogado pelo Dec.-Lei 37/1966.)

ARTS. 18 a 20. (Vetados).

CAPÍTULO VII
DO CONSELHO DE POLÍTICA ADUANEIRA

ART. 21. É instituído, no Ministério da Fazenda, o Conselho de Política Aduaneira.

ART. 22. Competirá privativamente ao Conselho:

- Dec.-Lei 1.299/1973 (dispõe sobre acréscimo às alíquotas do imposto de importação).

a) determinar a alíquota específica, na forma do art. 2º; (Alterado pelo Dec.-Lei 2.434/1988.)

b) modificar qualquer alíquota do imposto, na forma do art. 3º;

c) estabelecer, anualmente, a quota de aquisição de matéria-prima ou qualquer produto de base e a correspondente isenção ou redução do imposto, na forma do art. 4º;

d) estabelecer a pauta do valor mínimo, na forma do art. 9º;

e) atualizar a nomenclatura da Tarifa e nela introduzir correções;

f) reconhecer a similaridade da produção nacional, na forma das disposições pertinentes do Decreto-Lei n. 37, de 18 de novembro de 1966. (Alterado pelo Dec.-Lei 730/1969.)

g) coordenar, no âmbito interno, os trabalhos preparatórios das negociações tarifárias em acordos internacionais, assim como opinar sobre extensão e retirada de concessões tarifárias outorgadas, respeitadas as disposições da Lei n. 5.025, de 10 de junho de 1966. (Acrescentado pelo Dec.-Lei 730/1969.)

Parágrafo único. A alteração de alíquota, a que se referem as letras "a" e "b" do art. 3º, será precedida de audiência realizada entre os interessados nas principais praças do país, por período não inferior a 30 (trinta) dias.

ART. 23. Competirá igualmente ao Conselho;

a) propor alterações na legislação aduaneira;

b) opinar sobre a concessão de favor aduaneiro em convênio internacional;

c) emitir parecer sobre projeto de lei, quando solicitado por qualquer Comissão da Câmara dos Deputados ou do Senado Federal;

d) participar do exame de qualquer outro problema relacionado com a formulação e execução da política aduaneira.

ART. 24. O Conselho será integrado por pessoas de ilibada reputação, com notórios conhecimentos em assuntos econômicos e financeiros, e constituído de:

a) um membro-presidente, indicado pelo Ministro da Fazenda e nomeado pelo Presidente da República;

- Lei 3.995/1961 (Aprova o Plano Diretor da SUDENE, para o ano de 1961).

b) 9 (nove) membros, sendo 6 (seis) efetivos e 3 (três) suplentes, escolhidos na forma do § 1º deste artigo;

c) 3 (três) membros, sendo 2 (dois) efetivos e um suplente, indicados pela Confederação Nacional do Comércio;

d) 3 (três) membros, sendo 2 (dois) efetivos e um suplente, indicados pela Confederação Nacional da Indústria;

e) 3 (três) membros, sendo 2 (dois) efetivos e um suplente, indicados pela Confederação Rural Brasileira;

f) um membro efetivo e um suplente, indicados em lista quádrupla pelas Confederações Nacionais dos Trabalhadores no Comércio, na Indústria, nos Transportes Marítimos e nos Terrestres.

§ 1º Os membros efetivos da alíneas "a" e "b" serão escolhidos entre os servidores dos setores governamentais ligados, diretamente, à execução da política econômica e financeira.

§ 2º Os membros do Conselho a que se referem as letras "b", "c", "d", e "e" deste artigo, serão nomeados por decreto do Presidente da República, pelo prazo de 4 (quatro) anos, renováveis pela metade, de 2 (dois) em 2 (dois) anos, podendo ser reconduzidos até 2 (duas) vezes. Os suplentes servirão por convocação do Presidente nos impedimentos dos correspondentes membros efetivos.

§ 3º No período inicial, a metade dos membros será nomeada por 2 (dois) anos.

§ 4º Os membros a que se refere o item "b" serão indicados pelo Ministro da Fazenda, e os dos itens "c", "d" e "e", pelas respectivas Confederações, estes em lista tríplice para cada cargo.

§ 5º O Presidente e o Vice-Presidente, este eleito pelo Conselho dentre os membros indicados pelas Confederações, terão o mandato de 2 (dois) anos.

ART. 25. O Conselho funcionará com a presença de 2/3 (dois terços) de seus membros, sendo as decisões tomadas por maioria.

§ 1º Quando versarem sobre matéria das letras "d" e "e" do art. 3º, as decisões serão tomadas por maioria de 2/3 (dois terços) de seus membros.

§ 2º O Presidente terá o voto de desempate.

ART. 26. O Conselho reunir-se-á, ordinariamente, duas vezes por semana e, extraordinariamente, mediante convocação do Presidente ou por deliberação da maioria de seus membros.

§ 1º As sessões do Conselho serão públicas, salvo deliberação em contrário da maioria de seus membros.

§ 2º O Conselho poderá autorizar, por decisão própria ou por solicitação, a audiência de técnicos e interessados nos assuntos sob exame.

ART. 27. As deliberações do Conselho sobre as matérias do Art. 22 entrarão em vigor dentro do prazo de 15 (quinze) dias da data da publicação do ato do Ministro da Fazenda que as houver homologado.

§ 1º Se denegar a homologação, o Ministro da Fazenda, dentro do prazo de 30 (trinta) dias, restituirá o processo ao Conselho, acompanhado das razões da impugnação, o qual só poderá confirmar a deliberação anterior com o voto da maioria de 2/3 (dois terços) de seus membros.

§ 2º Confirmada a deliberação anterior, ou na ausência de decisão do Ministro da Fazenda, dentro do prazo do parágrafo anterior, será a deliberação do Conselho posta em vigor por ato do respectivo Presidente, na forma e no prazo deste artigo.

ART. 28. Ficam criados, no quadro do Ministério da Fazenda, os seguintes cargos em comissão:

CC-1 - 1 (um) Presidente do Conselho de Política Aduaneira;

CC-3 - 1 (um) Secretário Executivo do Conselho de Política Aduaneira

ART. 29. O Presidente, demais membros e o Secretário-Executivo, do Conselho de Política Aduaneira, perceberão, por sessão realizada, até o máximo de 12 (doze) por mês, gratificação correspondente a 30% (trinta por cento) da importância fixada para o Nível 1 da escala de vencimentos dos servidores públicos civis do Poder Executivo. (Alterado pelo Dec.-Lei 37/1966.)

Parágrafo único. O não comparecimento à sessão ou a ausência no ato de votação, mesmo por motivo justificado, importará na perda da gratificação de presença..

ART. 30. Perderá automaticamente o cargo o membro do Conselho que deixar de comparecer sem motivo justificado, a mais de 3 (três) sessões por mês, ou a mais de 1/5 (um quinto) das sessões durante um ano.

§ 1º Dentro de 10 (dez) dias da ocorrência de vaga de membro do Conselho, o Presidente fará a devida comunicação:

a) ao Ministro da Fazenda, no caso de membro a que se refere a letra "b", do art. 24; e

b) à Confederação competente, no caso de membro a que se referem as letras "c", "d" e "e" do art. 24.

§ 2º A nomeação em caso de vaga superveniente obedecerá ao sistema estabelecido no art. 24, e será feita pelo prazo restante do mandato.

§ 3º O Conselho poderá conceder licença ao membro que a requerer, pelo prazo máximo de 120 (cento e vinte) dias.

ART. 31. O Conselho terá uma secretaria técnica, dirigida por um secretário executivo, e integrada por servidores lotados ou requisitados na forma da legislação em vigor.

§ 1º O secretário executivo participará, sem direito a voto, das sessões do Conselho e perceberá a gratificação de presença a que se refere o art. 29.

§ 2º Os assessores e auxiliares técnicos, em exercício na secretaria técnica, perceberão gratificação arbitrada pelo Ministro da Fazenda.

ART. 32. Dentro de 180 (cento e oitenta) dias da data da publicação desta lei, o Poder Executivo remeterá ao Congresso Nacional projeto de lei, dispondo sobre a criação do quadro de servidores, atribuições e organização da secretaria técnica do Conselho de Política Aduaneira.

Parágrafo único. Enquanto não for convertido em lei o projeto a que se refere este artigo, o Ministro da Fazenda poderá contratar para a secretaria técnica economistas e outros técnicos, dentro dos limites do quadro aprovado pelo Presidente da República.

CAPÍTULO VIII
DAS PENALIDADES

ARTS. 33 a **35.** (Revogados pelo Dec.-Lei 37/1966.)

ART. 36. 20% (vinte por cento) das multas aplicadas na forma dos artigos 33 e 34 serão adjudicados ao funcionário que houver apurado a falta.

Parágrafo único. Quando a fraude for apurada mediante denúncia, a quota adjudicada ao funcionário será dividida, em partes iguais, com o denunciante.

CAPÍTULO IX
DISPOSIÇÕES GERAIS E TRANSITÓRIAS

ART. 37. Será concedida remissão total ou parcial do imposto relativo a produto utilizado na composição de outro a exportar ("draw-back"), nos termos do Regulamento a ser baixado por proposta do Conselho de Política Aduaneira, revogado o Decreto n. 904, de 28 de julho de 1934.

ART. 38. Será abolida a partir de 1º de janeiro de 1958, a fatura consular, aplicando-se à fatura comercial, no que couber, o regulamento aprovado pelo Decreto n. 22.717, de 16 de maio de 1933, revogado o regime de multas previsto no referido decreto.

§ 1º A fatura comercial conterá as indicações a serem estabelecidas em Regulamento, e será visada pela autoridade consular, mediante pagamento dos emolumentos previstos no referido decreto e apresentação do certificado de licença expedido pela Carteira de Comércio Exterior do Banco do Brasil, ou, no caso do art. 55, da prova de cobertura cambial emitida pela Carteira de Câmbio do Banco do Brasil.

§ 2º Ressalvados os casos previstos em lei ou Regulamento, o visto consular constitui condição essencial ao desembaraço aduaneiro sob pena de pagamento de multa equivalente a 20% (vinte por cento) do valor da mercadoria, sem prejuízo de outras penalidades combinadas em lei, não importando, todavia, na aprovação dos dados relativos à natureza, quantidade e preço da mercadoria, constantes da fatura comercial.

§ 3º Além dos elementos indispensáveis ao despacho aduaneiro, a nota de importação deverá conter outras indicações para fins estatísticos, ou ser acompanhada de formulário especial com a mesma finalidade, na forma estabelecida em Regulamento.

ART. 39. (Vetado)

ART. 40. Nenhuma vantagem pecuniária poderá ser adjudicada a qualquer funcionário, decorrente de decisão exarada por força de cargo ou função que esteja exercendo.

ART. 41. (Vetado)

ART. 42. Excetuada a hipótese de depósito ou fiança previstos no § 3º do Art. 6º, ou para garantia de entrância em recurso fiscal, só haverá desembaraço aduaneiro com suspensão temporária do pagamento do imposto devido, mediante termo de responsabilidade, nos casos previstos por esta lei e mais os seguintes:

a) franquia temporária;

b) pelo prazo máximo de um ano, a importação de determinado equipamento ou conjunto de equipamento, sem similar nacional e considerado de interesse para o desenvolvimento econômico do país, quando objeto de projeto de lei enviado ao Congresso Nacional, com mensagem do Poder Executivo.

- Lei 3.768/1960 (Prorroga, por doze meses, a contar de 06.06.1960, o prazo dos termos de responsabilidade assinados, na forma desta alínea).

ART. 43. A nota de importação, a guia comprobatória, a nota de diferença e qualquer outro formulário aduaneiro, em qualquer número de vias, poderão ser preenchidos à máquina.

ART. 44. Será suspensa por 6 (seis) meses, a contar da data da apresentação do pedido de registro de similar, a aplicação da nota 183 da Tarifa.

Parágrafo único. O disposto neste artigo não se aplicará à importação cujo câmbio haja sido fechado antes da data da apresentação do pedido de registro.

ART. 45. Estará isenta do imposto de importação a parte ou peça complementar de unidade a ser completada no país, que for importada por fabricante de veículo nacional, com plano aprovado pelo Poder Executivo até 31 de dezembro de 1957, mediante a apresentação de documento comprobatório da aquisição do câmbio correspondente, que será feita por importância igual ao custo da unidade monetária estrangeira, calculado com base na média ponderada resultante dos leilões da respectiva categoria de importação no semestre anterior à data da publicação desta lei.

§ 1º A isenção não abrangerá parte ou peça com similar nacional registrado.

§ 2º Os favores previstos neste artigo expirarão a 30 de junho de 1959.

ART. 46. Na época oportuna, o Conselho de Política Aduaneira fixará a redução do imposto a ser concedida a partir de 1º de julho de 1959, segundo o grau de nacionalização atingido pelos fabricantes a que se refere o artigo anterior ou que tiverem planos de fabricação aprovados depois de 31 de dezembro de 1957.

ART. 47. O limite de alteração de alíquota *"ad valorem"*, previsto no § 1º do art. 3º, vigorará a partir de dois anos após a data da publicação desta lei.

ART. 48. Enquanto for indispensável conjugar a Tarifa com medidas de controle cambial, objetivando selecionar as importações em função das exigências do desenvolvimento econômico do país, as mercadorias serão agrupadas em duas categorias; geral e especial.

§ 1º Serão incluídos na categoria geral as matérias-primas, os equipamentos e outros bens de produção, assim como os bens de consumo genérico, para os quais não haja suprimento satisfatório no mercado interno.

§ 2º Serão incluídos na categoria especial os bens de consumo restrito e outros bens de qualquer natureza, cujo suprimento ao mercado interno seja satisfatório.

§ 3º Só será permitida licitação específica para importação de determinas mercadorias, nos seguintes casos;

a) quando se tratar de mercadorias da categoria especial;

b) quando indispensável à execução de convênios bilaterais de comércio.

ART. 49. A classificação inicial dos produtos, nas duas categorias de importação a que se refere o artigo anterior, será estabelecida por ato do Ministro da Fazenda, no prazo de 30 (trinta) dias, a contar da data da publicação desta lei.

Parágrafo único. Qualquer alteração posterior nessa classificação será da competência exclusiva do Conselho de Política Aduaneira, obedecido o disposto no Art. 27, revogado o art. 5º da Lei n. 2.145, de 29 de dezembro de 1953.

ART. 50. Nenhuma importação poderá ser feita a custo de câmbio inferior ao relativo às mercadorias da categoria geral a que se refere o art. 48 desta lei.

§ 1º Excluem-se da regra deste artigo as seguintes operações:

a) importação de papel de imprensa e do papel importado pelas empresas editoras ou impressoras de livros, destinado à confecção destes, bem como dos produtos a que se refere o inciso VI do art. 7º da Lei n. 2.145, de 29 de dezembro de 1953, alterado pelo art. 56 desta lei, preenchidas as condições estabelecidas na Lei 1.336, de 18 de junho de 1951;

b) (Revogada pela Lei 5.067/1966.)

c) importação de trigo e petróleo e derivados a que se refere a Lei n. 2.975, de 27 de novembro de 1956;

d) importação de equipamentos, peças e sobressalentes sem similar nacional registrado, destinados à pesquisa e produção de petróleo bruto;

e) importação de equipamentos, peças e sobressalentes, sem similar nacional registrado, destinados às empresas jornalísticas e editoras de livros, assim como a investimentos considerados essenciais ao processo de desenvolvimento econômico ou à segurança nacional, de acordo com critérios estabelecidos pelo Conselho da Superintendência da Moeda e do Crédito, ouvido, conforme o caso, o Conselho Nacional de Economia, que levará em conta as exigências específicas das regiões menos desenvolvidas do país, (Vetado).

§ 2º As operações a que se refere o parágrafo anterior serão realizadas dentro das verbas fixadas nos orçamentos de câmbio, previstos no art. 12 da Lei n. 1.807, de 7 de janeiro de 1953, e não poderão ser efetuadas a custo de câmbio inferior ao que resultar da média ponderada das bonificações pagas aos exportadores mais a taxa resultante de paridade declarada ao Fundo Monetário Internacional.

§ 3º Para a importação de papel, a que se refere a letra "a" do parágrafo 1º deste artigo, a diferença entre o custo decorrente da taxa de paridade declarada ao Fundo Monetário Internacional e o previsto no parágrafo 2º, será reajustada semestralmente em incrementos de 10% (dez por cento) para as empresas editoras ou impressoras de livros e para os jornais e revistas cujo peso atual não ultrapasse 80 (oitenta) gramas, e em incrementos de 25% (vinte e cinco por cento) para os demais.

§ 4º As importações a que se refere o § 1º se processarão em obediência ao princípio estabelecido no art. 4º.

§ 5º A importação dos equipamentos, peças e sobressalentes, destinados às empresas jornalísticas, a que se refere a letra "e" do § 1º, será processada com audiência prévia do órgão sindical que congrega os beneficiários referidos

ART. 51. As transferências financeiras para o exterior se processarão pelo marcado de taxas livres, a que se refere o art. 2º da Lei n. 1.807, de 7 de janeiro de 1953.

§ 1º Excluem-se da regra deste artigo as seguintes operações:

I - pagamento de compromissos financeiros da União, dos Estados, do Distrito Federal e dos Municípios, quando não envolverem, direta ou indiretamente, cobertura ou financiamento de importações;

II - pagamento de serviços relativos às atividades a que se refere a letra "d" do § 1º do art. 50;

III - amortização e juros de empréstimos, créditos e financiamentos:

a) registrados ou que, ainda em processo de registro até a data desta lei, venham a ser aprovados pela Superintendência da Moeda e do Crédito, de acordo com a letra "c" do art. 1º da Lei n. 1.807, de 7 de janeiro de 1953;

b) relativos às importações a que se referem as letras "d" e "e" do § 1º do art. 50 desta lei;

c) relativos à importação de equipamentos não incluídos nos itens anteriores, desde que aprovada pelo Conselho da Superintendência da Moeda e do Crédito, dentro das possibilidades do orçamento do câmbio.

§ 2º O pagamento dos compromissos, a que se referem os incisos I, II, III do parágrafo anterior, será efetuado de conformidade com o disposto no § 2º do art. 50, exceto quanto aos relativos à letra "c" do inciso III, cuja taxa cambial não poderá ser inferior à da categoria geral de importação.

ART. 52. As operações a que se referem os parágrafos primeiros dos arts. 50, 51 e 58 serão realizadas de conformidade com critérios estabelecidos pelo Conselho da Superintendência da Moeda e do Crédito ou por deliberação específica do próprio Conselho, e dependerão, para serem executadas, de prévia publicação do "Diário Oficial" da qual constará:

I - Natureza da operação;

II - nome do beneficiário;

III - valor da operação em moeda estrangeira;

IV - taxa de câmbio concedida;

V - diferença entre o valor da operação à taxa cambial favorecida e o equivalente à taxa de câmbio da categoria geral ou do mercado livre, conforme o caso;

VI - valor em moeda estrangeira, da produção nacional e o montante, em cruzeiros, do subsídio na hipótese do art. 58.

ART. 53. Enquanto existir o regime de licitação cambial, só será admitido ágio mínimo para leilão de moeda inconversível, calculado na base de uma percentagem do custo médio total das moedas de conversibilidade livre ou limitada.

ART. 54. No regime de duas categorias de importação, a taxa de conversão a que se refere o art. 10, será fixada, para todas as mercadorias, com base no custo médio da moeda estrangeira, na categoria geral de importação, a que se refere o § 1º do Art. 48.

§ 1º No primeiro ano de vigência desta lei, a taxa de conversão será reajustada trimestralmente.

§ 2º Para o primeiro trimestre, a taxa de conversão não poderá ultrapassar o custo médio da unidade monetária estrangeira, nas duas primeiras categorias de importação, anteriores à vigência desta lei

ART. 55. Independerá de licença a importação do produto da categoria geral com cobertura de câmbio livremente obtida na licitação respectiva..

ART. 56. O art. 7º da Lei n. 2.145, de 29 de dezembro de 1953, passa a vigorar com a seguinte redação:

› O art. 7º da Lei 2.145/1953 foi revogado pelo Dec.-Lei 37/1966.

ART. 57. É mantido, no que não contrariar essa lei, o regime que regula o intercâmbio comercial com o exterior, estabelecido pela Lei n. 2.145, de 29 de dezembro de 1953, (Vetado).

ART. 58. (Revogado pela Lei 5.067/1966.)

ART. 59. De acordo com a letra "a", § 3º do Art. 48, a Carteira de Câmbio do Banco do Brasil S.A. fará realizar licitação específica para automóveis de passageiros, de peso até 1.600 quilos e valor FOB, não superior a US$ 2.300,00 (dois mil e trezentos dólares) ou equivalente a outra moeda, nos limites mínimos de US$ 12.000.000,00 (doze milhões de dólares) no primeiro ano e US$ 8.000.000,00 (oito milhões de dólares) no segundo ano, ou equivalente em outras moedas, mediante leilões mensais e dentro de verbas fixadas no orçamento de câmbio, a que se refere o art. 12 da Lei n. 1.807, de 7 de janeiro de 1953.

§ 1º O preço a que se refere esse artigo será o do veículo montado, atendido o que dispõe o parágrafo único do Art. 5º.

§ 2º As importações de que trata este artigo poderão também ser feitas por fabricantes ou montadores daqueles veículos, desde que os carros venham completamente desmontados (CKD) e com as omissões em peso indicadas no § 3º deste artigo.

§ 3º Aos fabricantes e montadores, que se valerem do disposto no parágrafo anterior, serão concedidas reduções no valor do imposto de importação, proporcionalmente às omissões em peso de acordo com a seguinte tabela:

Omissões em peso Redução no imposto de importação

15% (quinze por cento) 40% (quarenta por cento)

25% (vinte e cinco por cento) 60% (sessenta por cento)

35% (trinta e cinco por cento) 70% (setenta por cento)

45% (quarenta e cinco por cento) 80% (oitenta por cento)

mais de 45% (quarenta e cinco por cento) 90% (noventa por cento)

§ 4º Para fins aduaneiros, o valor do veículo desmontado, com as reduções em peso do que trata o parágrafo anterior, será determinado pelo Conselho da Política Aduaneira, de acordo com o disposto na letra "d" do art. 22.

§ 5º Para gozar os benefícios de que tratam os parágrafos 2º e 3º deste artigo, os fabricantes ou montadores deverão submeter ao Ministério da Viação o seu plano de fabricação ou montagem.

§ 6º O automóvel importado e montado, na forma dos parágrafos 2º e 3º deste artigo, não poderá ser vendido com margem de lucro superior a 18% (dezoito por cento) para o montador e 18% (dezoito por cento) para o revendedor, sob pena de perda das vantagens decorrentes deste mesmo artigo.

§ 7º Para obtenção das reduções no imposto de importação, previstas no § 3º deste artigo, o fabricante ou montador fará, perante o Ministério da Viação e Obras Públicas a comprovação de compra das peças ou partes de fabricação nacional, correspondente às omissões.

§ 8º O custo da unidade monetária estrangeira, para as importações a que se refere este artigo, não poderá ser inferior a Cr$ 100,00 (cem cruzeiros) por dólar americano ou equivalente em outras moedas.

ART. 60. (Revogado pela Lei 6.562/1978).

› Art. 2º, Lei 6.562/1978 (legislação alteradora).

ART. 61. O Conselho de Política Aduaneira será instalado dentro de 30 (trinta) dias da data da publicação desta lei.

ART. 62. O Poder Executivo deverá, no prazo de um ano, a contar da data de publicação desta lei:

I - remeter ao Congresso Nacional, com base em proposta do Conselho de Política Aduaneira, projeto de lei que reexamine e atualize a legislação geral e específica sobre isenção e redução de imposto;

II - promover as gestões necessárias à atualização dos acordos internacionais em matéria de tratamento aduaneiro e que importem na aplicação de imposto diferente do estabelecido na Tarifa;

III - atualizar e consolidar as disposições da legislação aduaneira não revogadas por esta lei.

§ 1º Em caso de acordo ainda não ratificado pelo Congresso Nacional, até a data da publicação desta lei, o Poder Executivo promoverá novas gestões, no sentido de ajustar suas cláusulas às disposições desta lei.

§ 2º Ficam revogadas as isenções concedidas pelo Decreto-Lei n. 300, de 24 de fevereiro de 1938 e leis posteriores, ressalvadas, (Vetado) as que beneficiarem, (Vetado) expressamente, (Vetado) entidades, empresas ou pessoas.

ART. 63. O Ministério da Fazenda tomará as providências necessárias para que, dentro do prazo de um ano, a contar da data da publicação desta lei, os trabalhos de exame e julgamento dos recursos fiscais a cargo do Conselho Superior de Tarifa estejam regularizados, podendo para esse fim:

I - elevar, temporária ou permanentemente, até o triplo, o número atual de membros do referido Conselho, distribuídos em tantas Câmaras quantas necessárias, inclusive para os fins do Art. 60;

II - suspender ou dispensar membro do Conselho que não cumprir os prazos fixados em regulamento.

ART. 64. Aos servidores lotados nas repartições aduaneiras, assim como aos do Laboratório Nacional de Análises e suas seções regionais, será distribuída uma percentagem, calculada sobre a respectiva arrecadação do imposto de importação, em quotas proporcionais aos respectivos vencimentos.

§ 1º A percentagem será fixada anualmente, por ato do Ministro da Fazenda, podendo ser variável para cada repartição ou categoria de repartição, de forma a assegurar equidade em sua distribuição.

§ 2º A quota atribuída mensalmente a cada servidor não poderá ser superior a 100% (cem por cento) dos respectivos vencimentos ou salários e será incluída nos proventos respectivos, desde que conte mais de cinco anos de efetivo exercício nas repartições a que se refere este artigo.

§ 3º O montante das quotas a serem distribuídas a todos os servidores não poderá exceder a três por cento (3%) da receita anual do imposto de importação, calculada com base na previsão orçamentária de cada exercício.

ART. 65. São extintos o imposto sobre transferência de fundos para o exterior e qualquer tributo incidente sobre a mercadoria importada, cobrado por ocasião do respectivo despacho aduaneiro, exclusive o imposto de consumo e o imposto único sobre combustíveis e lubrificantes.

ART. 66. Em substituição aos tributos extintos na forma do artigo anterior, fica criada a taxa de despacho aduaneiro de 5% (cinco por cento) sobre o valor da mercadoria importada, exclusive as gravadas pelo imposto único sobre combustíveis e lubrificantes.

- Dec.-Lei 37/1966 (Dispõe sobre o imposto de importação, reorganiza os serviços aduaneiros).
- Lei 3.943/1961 (Isenta da taxa de 5% prevista neste artigo, materiais importados pela sociedade civil pioneira "Pioneiras Sociais", com sede no DF.
- Lei 4.582/1964 (Concede isenção dos impostos de importação e de consumo para centros telefônicos automáticos a serem importados pelas Companhias Telefônicas de Valinhos, em Valinhos, e Empresa Telefônica Araraense S.A., em Araras, ambas no Estado de São Paulo, e pela Companhia Telefônica de Goiás, em Goiás, Estado de Goiás).
- Lei 4.599/1965 (Isenta da taxa de despacho aduaneiro, a que se refere este artigo a importação de camioneta doada à Federação das Sociedades de Defesa Contra a Lepra).

§ 1º O produto da taxa terá a seguinte destinação:

- Dec.-lei 615/1969 (Institui o Fundo Federal de Desenvolvimento Ferroviário).

Fundo de Marinha Mercante - 32% (trinta e dois por cento)
Fundo de Previdência Social - 18% (dezoito por cento)
Fundo Naval - 15% (quinze por cento)
Fundo aeronáutico - 15% (quinze por cento)
Fundo Federal de Eletrificação - 10% (dez por cento)
Concessionários de portos - 6% (seis por cento).
Fundo de Reaparelhamento das Repartições aduaneiras - 3,5 (três e meio por cento).
Caixa de Crédito da Pesca - 0,5 (meio por cento).

§ 2º Enquanto não for criado o Fundo de Marinha Mercante, a parcela do produto da taxa que lhe é destinada será depositada, em conta especial, no Banco Nacional do Desenvolvimento Econômico, para aplicação, conforme a lei determinar.

§ 3º Ressalvado o disposto no parágrafo anterior, a distribuição do produto da taxa será feita a partir de 1958, prevalecendo, no corrente exercício, as dotações constantes do orçamento vigente

ART. 67. Ficam isentos de imposto de consumo os veículos automotores tipo jipe, camionetas de carga ou de uso misto.

ART. 68. Fica extinta qualquer discriminação do imposto de consumo entre o produto nacional e o estrangeiro, prevalecendo sempre a alíquota prevista para o primeiro.

ART. 69. Fica extinta a Comissão de Similares da Alfândega, transferidas as suas atribuições ao Conselho de Política Aduaneira.

Parágrafo único. Os arquivos e expediente da Comissão de Similares deverão ser encaminhados ao Conselho de Política Aduaneira.

ART. 70. Para apuração da regularidade do pagamento do imposto devido sobre mercadorias, bens ou coisas procedentes do estrangeiro e entrados no território nacional, a ação das autoridades aduaneiras encarregadas desse controle poderá estender-se a qualquer ponto do país, de acordo com as instruções que forem baixadas pelo Ministro da Fazenda.

ART. 71. (Vetado).

Parágrafo único. (Vetado).

ART. 72. É o Poder Executivo autorizado a abrir o crédito especial de Cr$ 300.000.000,00 (trezentos milhões de cruzeiros) para ocorrer as despesas com:

a) instalação e funcionamento do Conselho de Política Aduaneira;

b) reaparelhamento das repartições aduaneiras, inclusive do Laboratório Nacional de Análises;

c) Ajuda de custo, passagens e diárias dos integrantes da delegação brasileira encarregada de promover novas negociações com as partes contratantes do Acordo Geral Sobre Tarifas e Comércio (GATT);

d) qualquer outra providência indispensável à implantação da nova Tarifa, inclusive encargos de pessoal e material decorrentes da aplicação desta lei.

Parágrafo único. Este crédito será automaticamente registrado pelo Tribunal de Contas e distribuído ao Tesouro Nacional.

ART. 73. Será garantido o desembaraço alfandegário no regime vigente na data da publicação desta lei:

- Lei 4.230/1963 (Concede isenção de direitos aduaneiros, adicional de 10%, imposto de consumo e mais taxas alfandegárias para equipamento importado pela Empresa Telefônica Aquidauanense Limitada, Companhia Telefônica de Valinhos e Empresa de Melhoramentos de Andradina - EMA - Construtora S.A.).

a) à mercadoria já licenciada pela Carteira de Comércio Exterior (CACEX);

b) à que for importada com base em promessa de venda de câmbio anteriormente licitada ou concedida;

c) à excluída do regime de licença prévia, desde que a respectiva cobertura cambial, na forma do regulamento aprovado pelo Decreto n. 32.285, de 19 de dezembro de 1953 (art. 62, inciso II), esteja assegurada por documento já expedido pela Carteira de Câmbio do Banco do Brasil - Fiscalização Bancária (FIBAN);

d) a que por lei anterior esteja isenta de licença prévia e possa ser paga pelo mercado de taxa livre, desde que tenha sido embarcada antes da data de vigência da presente Lei.

ART. 74. (Vetado).

ART. 75. A designação dos membros das Comissões de Tarifa das Alfândegas será feita pelos respectivos Inspetores e submetida à aprovação do Diretor das Rendas Aduaneiras.

ARTS. 76 e **77.** (Vetados).

ART. 78. Revogadas as disposições em contrário, esta lei entrará em vigor na data de sua publicação, inclusive quanto à sua obrigatoriedade nos Estados Estrangeiros, revogado por esse único efeito o disposto no § 1º do Art. 1º do Decreto-Lei n. 4.657, de 4 de setembro de 1942.

Rio de Janeiro, em 14 de agosto de 1957; 136º da Independência e 69º da República.

JUSCELINO KUBITSCHEK

LEI N. 3.270, DE 30 DE SETEMBRO DE 1957

Fixa em seis (6) o número de horas de trabalho diário dos cabineiros de elevador e dá outras providências.

O Presidente da República. Faço saber que o Congresso Nacional decreta e eu sanciono a seguinte Lei:

ART. 1º É fixado em seis (6) o número de horas de trabalho diário dos cabineiros de elevador.

Parágrafo único. É vetado a empregador e empregado qualquer acordo visando ao aumento das horas de trabalho fixadas no art. 1º desta lei.

ART. 2º Esta lei entrará em vigor na data de sua publicação, revogadas as disposições em contrário.

Rio de Janeiro, em 30 de setembro de 1957; 136º da Independência e 69º da República.

JUSCELINO KUBITSCHEK

LEI N. 3.313, DE 14 DE NOVEMBRO DE 1957

Assegura aos servidores do Departamento Federal de Segurança Pública, com exercício de atividade estritamente policial, prisão especial, aposentadoria aos 25 anos de serviço e promoção post-mortem.

- *DOU*, 16.11.1957.

O Presidente da República. Faço saber que o Congresso Nacional decreta e eu sanciono a seguinte Lei:

ART. 1º Os servidores do Departamento Federal de Segurança Pública, que exerçam (vetado) atividade estritamente policial, terão direito a:

I - prisão especial no quartel da corporação ou repartição em que servirem;

II - aposentaria com vencimentos integrais, ao completarem 25 (vinte e cinco) anos de serviço (artigo 191, § 4º, da Constituição Federal).

§ 1º Em caso de prisão, os servidores, de que trata esta lei, ficarão à disposição do juízo criminal sob a responsabilidade da autoridade designada pelo Chefe de Polícia para custodiá-los.

§ 2º Para os efeitos da aposentadoria dos servidores, a que se refere esta lei será computado apenas o tempo de serviço em função estritamente policial (VETADO).

ART. 2º Vetado.

ART. 3º Esta lei entrará em vigor na data de sua publicação, revogadas as disposições em contrário.

Rio de Janeiro, em 14 de novembro de 1957; 136º da Independência e 69º da República.

JUSCELINO KUBITSCHEK

LEI N. 3.764, DE 25 DE ABRIL DE 1960

Estabelece rito sumaríssimo para retificações no registro civil.

- *DOU*, 28.04.1960, retificado em 03.05.1960.

O Presidente da República. Faço saber que o Congresso Nacional decreta e eu sanciono a seguinte Lei:

ART. 1º A retificação de registro de pessoa natural poderá ser processada no próprio cartório onde se encontrar o assentamento, mediante petição assinada pelo interessado, ou procurador, independentemente do pagamento de selos e taxas.

ART. 2º Recebida a petição, protocolada e autuada, o oficial de registro a submeterá com documentos ao órgão do Ministério Público e fará os autos conclusos ao juiz togado da circunscrição, que despachará em quarenta e oito (48) horas.

§ 1º Quando a prova depender de dados existentes no próprio cartório, poderá o oficial certificá-lo nos autos.

§ 2º A identidade do requerente e a veracidade de suas declarações poderão ser atestadas pelo próprio oficial ou por duas testemunhas idôneas.

ART. 3º Deferido o pedido, o oficial averbará a retificação à margem do registro, mencionando número do protocolo, a data da decisão e seu trânsito em julgado.

ART. 4º Entendendo o juiz que o pedido exige maior indagação, ou sendo impugnado pelo órgão do Ministério Público, mandará distribuir os autos a um dos cartórios judiciais da circunscrição, procedendo-se à retificação na forma da lei processual, assistida por advogado.

ART. 5º Os atos praticados no cartório do registro vencerão emolumentos, conforme regimento de custas, dispensado delas o requerente reconhecidamente pobre.

Parágrafo único. Quando o erro do registro for atribuível ao oficial, não lhes serão devidos emolumentos pela retificação.

ART. 6º Esta lei entrará em vigor na data de sua publicação, revogadas as disposições em contrário.

Brasília, 25 de abril de 1960; 139º da Independência e 72º da República.

JUSCELINO KUBITSCHEK

LEI N. 3.857, DE 22 DE DEZEMBRO DE 1960

Cria a Ordem dos Músicos do Brasil e dispõe sobre a regulamentação do exercício da profissão de músico e dá outras providências.

▸ *DOU*, 23.12.1960.

O Presidente da República. Faço saber que o Congresso Nacional decreta e eu sanciono a seguinte Lei:

CAPÍTULO I
DA ORDEM DOS MÚSICOS DO BRASIL

ART. 1º Fica criada a Ordem dos Músicos do Brasil com a finalidade de exercer, em todo o país, a seleção, a disciplina, a defesa da classe e a fiscalização do exercício da profissão do músico, mantidas as atribuições específicas do Sindicato respectivo.

ART. 2º A Ordem dos Músicos do Brasil, com forma federativa, compõe-se do Conselho Federal dos Músicos e de Conselhos Regionais, dotados de personalidade jurídica de direito público e autonomia administrativa e patrimonial.

ART. 3º A Ordem dos Músicos do Brasil exercerá sua jurisdição em todo o país, através do Conselho Federal, com sede na capital da República.

§ 1º No Distrito Federal e nas capitais de cada Estado haverá um Conselho Regional.

§ 2º Na capital dos Territórios onde haja, pelo menos, 25 (vinte e cinco) músicos, poderá instalar-se um Conselho Regional.

ART. 4º O Conselho Federal dos Músicos será composto de 9 (nove) membros e de igual número de suplentes, brasileiros natos ou naturalizados.

Parágrafo único. Os membros do Conselho Federal serão eleitos por escrutínio secreto e maioria absoluta de votos, em assembleia dos delegados dos Conselhos Regionais.

ART. 5º São atribuições do Conselho Federal:

a) organizar o seu regimento interno;

b) aprovar os regimentos internos organizados pelos Conselhos Regionais;

c) eleger a sua diretoria;

d) preservar a ética profissional, promovendo as medidas acauteladoras necessárias;

e) promover quaisquer diligências ou verificações, relativas ao funcionamento dos Conselhos Regionais dos Músicos, nos Estados ou Territórios e Distrito Federal e adotar, quando necessárias, providências convenientes a bem da sua eficiência e regularidade, inclusive a designação de diretoria provisória;

f) propor ao Governo Federal a emenda ou alteração do Regulamento desta lei;

g) expedir as instruções necessárias ao bom funcionamento dos Conselhos Regionais;

h) tomar conhecimento de quaisquer dúvidas suscitadas pelos Conselhos Regionais e dirimi-las;

i) julgar os recursos interpostos das decisões dos Conselhos Regionais;

j) fixar a anuidade a vigorar em cada Conselho Regional, por proposta deste;

k) aprovar o orçamento;

l) preparar a prestação de contas a ser encaminhada ao Tribunal de Contas.

ART. 6º O mandato dos membros do Conselho Federal dos Músicos será honorífico e durará 3 (três) anos, renovando-se o terço anualmente, a partir do 4º ano da primeira gestão.

ART. 7º Na primeira reunião ordinária de cada ano do Conselho Federal, será eleita a sua diretoria, que é a mesma da Ordem dos Músicos do Brasil, composta de presidente, vice-presidente, secretário-geral, primeiro e segundo secretários e tesoureiros, na forma do regimento.

ART. 8º Ao presidente do Conselho Federal compete a direção do mesmo Conselho, representá-lo ativa e passivamente em juízo ou fora dele e velar pela conservação do decoro e da independência dos Conselhos Regionais dos Músicos e pelo livre exercício legal dos direitos de seus membros.

ART. 9º O secretário-geral terá a seu cargo a secretaria permanente do Conselho Federal.

ART. 10. O patrimônio do Conselho Federal será constituído de:

a) 20% (vinte por cento) pagos pelo Fundo Social Sindical, deduzidos da totalidade da cota ao mesmo atribuída, do imposto sindical pago pelos músicos, na forma do art. 590, da Consolidação das Leis do Trabalho;

b) 1/3 (um terço) da taxa de expedição das carteiras profissionais;

c) 1/3 (um terço) das multas aplicadas pelos Conselhos Regionais;

d) doações e legados;

e) subvenções oficiais;

f) bens e valores adquiridos;

g) 1/3 (um terço) das anuidades percebidas pelos Conselhos Regionais.

ART. 11. Os Conselhos Regionais serão compostos de 6 (seis) membros, quando o Conselho tiver até 50 (cinquenta) músicos inscritos; de 9 (nove) até 150 (cento e cinquenta) músicos inscritos; de 15 (quinze), até 300 (trezentos) músicos inscritos, e 21 (vinte e um), quando exceder desse número.

ART. 12. Os membros dos Conselhos Regionais dos Músicos serão eleitos em escrutínio secreto, em assembleia dos inscritos de cada região que estejam em pleno gozo de seus direitos.

§ 1º As eleições para os Conselhos Regionais serão feitas sem discriminação de cargos, que serão providos na primeira reunião ordinária, de cada ano, dos referidos órgãos.

§ 2º O mandato dos membros dos Conselhos Regionais será honorífico, privativo de brasileiro nato ou naturalizado e durará 3 (três) anos, renovando-se o terço anualmente, a partir do 4º ano da primeira gestão.

ART. 13. A diretoria de cada Conselho Regional será composta de presidente, vice-presidente, primeiro e segundo secretários e tesoureiro.

Parágrafo único. Nos Conselhos Regionais onde o quadro abranger menos de 20 (vinte) músicos inscritos, poderão ser suprimidos os cargos de vice-presidente e os de primeiro e segundo secretários, ou alguns destes.

ART. 14. São atribuições dos Conselhos Regionais:

a) deliberar sobre a inscrição e cancelamento no quadro do Conselho cabendo recurso no prazo de 30 (trinta) dias, contados da ciência, para o Conselho Federal;

b) manter um registro dos músicos, legalmente habilitados, com exercício na respectiva região;

c) fiscalizar o exercício da profissão de músicos;

d) conhecer, apreciar e decidir sobre os assuntos atinentes à ética profissional impondo as penalidades que couberem;

e) elaborar a proposta do seu regimento interno, submetendo-a à aprovação do Conselho Federal;

f) aprovar o orçamento anual;

g) expedir carteira profissional;

h) velar pela conservação da honra e da independência do Conselho e pelo livre exercício legal dos direitos dos músicos;

i) publicar os relatórios anuais de seus trabalhos e as relações dos profissionais registrados;

j) exercer os atos de jurisdição que por lei lhes sejam cometidos;

k) admitir a colaboração dos sindicatos e associações profissionais, nas matérias previstas nas letras anteriores;

l) eleger um delegado-eleitor para a assembleia referida no art. 80 parágrafo único.

ART. 15. O patrimônio dos Conselhos Regionais será constituído de:

a) taxa de inscrição;

b) 2/3 (dois terços) da taxa de expedição de carteiras profissionais;

c) 2/3 (dois terços) das anuidades pagas pelos músicos inscritos no Conselho Regional;

d) 2/3 (dois terços) das multas aplicadas de acordo com a alínea "c", do artigo 19;

e) doações e legados;

f) subvenções oficiais;

g) bens e valores adquiridos.

ART. 16. Os músicos só poderão exercer a profissão depois de regularmente registrados no órgão competente do Ministério da Educação e Cultura e no Conselho Regional dos Músicos sob cuja jurisdição estiver compreendido o local de sua atividade.

ART. 17. Aos profissionais registrados de acordo com esta lei, serão entregues as carteiras profissionais que os habilitarão ao exercício da profissão de músico em todo o país.

§ 1º A carteira a que alude este artigo valerá como documento de identidade e terá fé pública;

§ 2º No caso de o músico ter de exercer temporariamente a sua profissão em outra jurisdição, deverá apresentar a carteira profissional para ser visada pelo presidente do Conselho Regional desta jurisdição;

§ 3º Se o músico inscrito no Conselho Regional de um Estado passar a exercer por mais de 90 (noventa) dias atividade em outro estado, deverá requerer inscrição no Conselho Regional da jurisdição deste.

ART. 18. Todo aquele que, mediante anúncios, cartazes, placas, cartões comerciais ou quaisquer outros meios de propaganda se propuser ao exercício da profissão de músico, em qualquer de seus gêneros e especialidades, fica sujeito às penalidades aplicáveis ao exercício ilegal da profissão, se não estiver devidamente registrado.

ART. 19. As penas disciplinares aplicáveis são as seguintes:

a) advertência;

b) censura;

c) multa;

d) suspensão do exercício profissional até 30 (trinta) dias;

e) cassação do exercício profissional *ad referendum* do Conselho Federal.

§ 1º Salvo os casos de gravidade manifesta que exijam aplicação imediata da penalidade mais grave, a imposição das penas obedecerá à gradação deste artigo.

§ 2º Em matéria disciplinar, o Conselho Regional deliberará de ofício ou em consequência de representação de autoridade, de qualquer músico inscrito ou de pessoa estranha ao Conselho, interessada no caso.

§ 3º À deliberação do Conselho precederá, sempre, audiência do acusado sendo-lhe dado defensor no caso de não ser encontrado, ou for revel.

§ 4º Da imposição de qualquer penalidade caberá recurso no prazo de 30 (trinta) dias, contados da ciência, para o Conselho Federal, sem efeito suspensivo, salvo os casos das alíneas c, d e e, deste artigo, em que o efeito será suspensivo.

§ 5º Além do recurso previsto no parágrafo anterior, não caberá qualquer outro de natureza administrativa ressalvada aos interessados a via judiciária para as ações cabíveis.

§ 6º As denúncias contra membros dos Conselhos Regionais só serão recebidas quando devidamente assinadas e acompanhadas da indicação de elementos comprobatórios do alegado.

ART. 20. Constituem a assembleia geral de cada Conselho Regional os músicos inscritos, que se achem no pleno gozo de seus direitos e tenham aí a sede principal de sua atividade profissional.

Parágrafo único. A assembleia geral será dirigida pelo presidente e os secretários do Conselho Regional respectivo.

ART. 21. À assembleia geral compete:

I - discutir e votar o relatório e contas da diretoria, devendo, para esse fim, reunir-se ao menos uma vez por ano, sendo, nos anos em que se tenha de realizar a eleição do Conselho Regional, de 30 (trinta) a 45 (quarenta e cinco) dias antes da data fixada para essa eleição;

II - autorizar a alienação de imóveis do patrimônio do Conselho;

III - elaborar e alterar a tabela de emolumentos cobrados pelos serviços prestados *ad referendum* do Conselho Federal;

IV - deliberar sobre as questões ou consultas submetidas à sua decisão pelo Conselho ou pela diretoria.

V - eleger um delegado e um suplente para a eleição dos membros e suplentes do Conselho Federal.

ART. 22. A assembleia geral, em primeira convocação reunir-se-á com a maioria absoluta de seus membros e em segunda convocação, com qualquer número de membros presentes.

Parágrafo único. As deliberações serão tomadas por maioria de votos dos presentes.

ART. 23. O voto é pessoal e obrigatório em toda eleição, salvo doença ou ausência comprovada plenamente.

§ 1º Por falta injustificada à eleição incorrerá o membro do Conselho na multa de Cr$ 200,00 (duzentos cruzeiros) dobrada na reincidência.

§ 2º Os músicos que se encontrarem fora da sede das eleições, por ocasião destas, poderão dar seu voto em dupla sobrecarta, opaca, fechada e remetida pelo correio, sob registro, acompanhada por ofício, com firma reconhecida dirigido ao presidente do Conselho Federal.

§ 3º Serão computadas as cédulas recebidas com as formalidades do parágrafo precedente, até o momento de encerrar-se a votação. A sobrecarta maior será aberta pelo presidente do Conselho, que depositará a sobrecarta menor na urna sem violar o segredo do voto;

§ 4º As eleições serão anunciadas no órgão oficial e em jornal de grande circulação, com 30 (trinta) dias de antecedência.

§ 5º As eleições serão feitas por escrutínio secreto, perante o Conselho, podendo quando haja mais de duzentos votantes, determinar-se locais diversos para o recebimento dos votos, permanecendo neste caso, em cada local, dois diretores ou músicos inscritos, designados pelo Conselho.

§ 6º Em cada eleição, os votos serão recebidos durante 6 (seis) horas contínuas, pelo menos.

ART. 24. Instalada a Ordem dos Músicos do Brasil será estabelecido o prazo de 6 (seis) meses para a inscrição daqueles que já se encontrem no exercício da profissão.

ART. 25. O músico que, na data da publicação desta lei, estiver, há mais de seis meses, sem exercer atividade musical, deverá comprovar o exercício anterior da profissão de música, para poder registrar-se na Ordem dos Músicos do Brasil.

ART. 26. A Ordem dos Músicos do Brasil instituirá:

a) cursos de aperfeiçoamento profissional;

b) concursos;

c) prêmios de viagens no território nacional e no exterior;

d) bolsas de estudos;

e) serviços de cópia de partituras sinfônicas dramáticas, premiados em concurso.

ART. 27. O Poder Executivo providenciará a entrega ao Conselho Federal dos Músicos, logo após a publicação da presente lei, de 40% (quarenta por cento) pagos pelo fundo social, sindical, deduzidos da totalidade da quota atribuída ao mesmo, do imposto sindical pago pelos músicos na forma do artigo 590 da Consolidação das Leis do Trabalho.

Parágrafo único. A instalação da Ordem dos Músicos do Brasil será promovida por uma comissão composta de um representante do Ministério da Educação e Cultura, do Ministério do Trabalho, Indústria e Comércio, da União dos Músicos do Brasil, da Escola Nacional de Música, da Academia Brasileira de Música e 2 (dois) representantes das entidades sindicais.

CAPÍTULO II
DAS CONDIÇÕES PARA O EXERCÍCIO PROFISSIONAL

ART. 28. É livre o exercício da profissão de músico, em todo o território nacional, observados o requisito da capacidade técnica e demais condições estipuladas em lei;

a) aos diplomados pela Escola Nacional de Música da Universidade do Brasil ou por estabelecimentos equiparados ou reconhecidos;

b) aos diplomados pelo Conservatório Nacional de Canto Orfeônico;

c) aos diplomados por conservatórios, escolas ou institutos estrangeiros de ensino superior de música, legalmente reconhecidos, desde que tenham revalidados os seus diplomas no país na forma da lei;

d) aos professores catedráticos e aos maestros de renome internacional que dirijam ou tenham dirigido orquestras ou c0ros oficiais;

e) aos alunos dos dois últimos anos, dos cursos de composição, regência ou de qualquer instrumento da Escola Nacional de Música ou estabelecimentos equiparados ou reconhecidos;

f) aos músicos de qualquer gênero ou especialidade que estejam em atividade profissional devidamente comprovada, na data da publicação da presente lei;

g) aos músicos que forem aprovados em exame prestado perante banca examinadora, constituída de três especialistas, no mínimo, indicados pela Ordem e pelos sindicatos de músicos do local e nomeados pela autoridade competente do Ministério do Trabalho, Indústria e Comércio.

§ 1º Aos músicos a que se referem as alíneas f e g deste artigo será concedido certificado que os habilite ao exercício da profissão.'

§ 2º Os músicos estrangeiros ficam dispensados das exigências deste artigo, desde que sua permanência no território nacional não ultrapasse o período de 90 (noventa) dias e sejam:

a) compositores de música erudita ou popular;

b) regentes de orquestra sinfônica, ópera, bailado ou coro, de comprovada competência;

c) integrantes de conjuntos orquestrais, operísticos, folclóricos, populares ou típicos;

d) pianistas, violinistas, violoncelistas, cantores ou instrumentistas virtuoses de outra especialidade, a critério do órgão instituído pelo art. 27 desta lei.

ART. 29. Os músicos profissionais para os efeitos desta lei, se classificam em:

a) compositores de música erudita ou popular;

b) regentes de orquestras sinfônicas, óperas, bailados, operetas, orquestras mistas, de salão, ciganas, jazz, jazz-sinfônico, conjuntos corais e bandas de música;

c) diretores de orquestras ou conjuntos populares;

d) instrumentais de todos os gêneros e especialidades;

e) cantores de todos os gêneros e especialidades;

f) professores particulares de música;

g) diretores de cena lírica;

h) arranjadores e orquestradores;

i) copistas de música.

ART. 30. Incumbe privativamente ao compositor de música erudita e ao regente:

a) exercer cargo de direção nos teatros oficiais de ópera ou bailado;

b) exercer cargos de direção musical nas estações de rádio ou televisão;

c) exercer cargo de direção musical nas fábricas ou empresas de gravações fonomecânicas;

d) ser consultor técnico das autoridades civis e militares em assuntos musicais;

e) exercer cargo de direção musical nas companhias produtoras de filmes cinematográficos e do Instituto Nacional de Cinema Educativo;

f) dirigir os conjuntos musicais contratados pelas companhias nacionais de navegação;

g) ser diretor musical das fábricas de gravações fonográficas;

h) dirigir a seção de música das bibliotecas públicas;

i) dirigir estabelecimentos de ensino musical;

j) ser diretor técnico dos teatros de ópera ou bailado e dos teatros musicados;

k) ser diretor musical da seção pesquisas folclóricas do Museu Nacional do Índio;

l) ser diretor musical das orquestras sinfônicas oficiais e particulares;

m) ensaiar e dirigir orquestras sinfônicas;

n) preparar e dirigir espetáculos teatrais de ópera bailado ou opereta;

o) ensaiar e dirigir conjuntos corais ou folclóricos;

p) ensaiar e dirigir bandas de música;

q) ensaiar e dirigir orquestras populares;

r) lecionar matérias teóricas musicais a domicílio ou em estabelecimentos de ensino primário, secundário ou superior, regularmente organizados.

§ 1º É obrigatória a inclusão do compositor de música erudita e regente nas comissões artísticas e culturais de ópera, bailado ou quaisquer outras de natureza musical;

§ 2º Na localidade em que não houver compositor de música erudita ou regente, será permitido o exercício das atribuições previstas neste artigo a profissional diplomado em outra especialidade musical.

ART. 31. Incumbe privativamente ao diretor de orquestra ou conjunto popular:

a) assumir a responsabilidade da eficiência artística do conjunto;

b) ensaiar e dirigir orquestras ou conjuntos populares.

Parágrafo único. O diretor de orquestra ou conjuntos populares, a que se refere este artigo, deverá ser diplomado em composição e regência pela Escola Nacional de Música ou estabelecimento equiparado ou reconhecido.

ART. 32. Incumbe privativamente ao cantor:

a) realizar recitais individuais;

b) participar como solista, de orquestras sinfônicas ou populares;

c) participar de espetáculos de ópera ou operetas;

d) participar de conjuntos corais ou folclóricos;

e) lecionar, a domicílio ou em estabelecimento de ensino regularmente organizado, a matéria de sua especialidade, se portador de diploma do Curso de Formação de Professores da Escola Nacional de Música ou de estabelecimento do ensino equiparado ou reconhecido.

ART. 33. Incumbe privativamente ao instrumentista:

a) realizar recitais individuais;

b) participar como solista de orquestras sinfônicas ou populares;

c) integrar conjuntos de música de câmera;

d) participar de orquestras sinfônicas, dramáticas, religiosas ou populares, ou de bandas de música;

e) ser acompanhador, se organista, pianista, violinista ou acordeonista;

f) lecionar, a domicílio ou em estabelecimento de ensino regularmente organizado, o instrumento de sua especialidade, se portador de diploma do Curso de Formação de Professores da Escola Nacional de Música ou estabelecimento equiparado ou reconhecido.

§ 1º As atribuições constantes das alíneas c, d, e, f, g, h, k, o e q do art. 30 são extensivas aos profissionais de que trata este artigo.

§ 2º As atribuições referidas neste artigo são extensivas ao compositor, quando instrumentista.

ART. 34. Ao diplomado em matérias musicais teóricas compete lecionar a domicílio ou em estabelecimentos de ensino regularmente organizados, a disciplina de sua especialidade.

ART. 35. Somente os portadores de diploma do Curso de Formação de Professores da Escola Nacional de Música, do Curso de Professor do Conservatório Nacional de Canto Orfeônico ou de estabelecimentos equiparados ou reconhecidos poderão lecionar as matérias das escolas primárias e secundárias.

ART. 36. Somente os portadores de diploma do Curso de Formação de Professores da Escola Nacional de Música ou estabelecimentos equiparados ou reconhecidos poderão lecionar as matérias das escolas de ensino superior.

ART. 37. Ao diplomado em declamação lírica incumbe, privativamente, ensaiar, dirigir e montar óperas e operetas.

Parágrafo único. As atribuições constantes deste artigo são extensivas aos estrangeiros portadores de diploma de *metteur-em-scène* ou *régisseur*.

ART. 38. Incumbe privativamente ao arranjador ou orquestrador:

a) fazer arranjos musicais de qualquer gênero para coral, orquestra sinfônica, conjunto de câmera e banda de música;

b) fazer arranjos, para conjuntos populares ou regionais;

c) fazer o fundo musical de programas montados em emissoras de rádio ou televisão e em gravações fonomecânicas.

ART. 39. Incumbe ao copista:

a) executar trabalhos de cópia de música;

b) fazer transposição de partituras e partes de orquestra.

ART. 40. É condição essencial para o provimento de cargo público privativo de músico o cumprimento pelo candidato das disposições desta lei.

Parágrafo único. No provimento de cargo público privativo de músico terá preferência, em igualdade de condições, o músico diplomado.

CAPÍTULO III
DA DURAÇÃO DO TRABALHO

ART. 41. A duração normal do trabalho dos músicos não poderá exceder de 5 (cinco) horas, excetuados os casos previstos nesta lei.

§ 1º O tempo destinado aos ensaios será computado no período de trabalho.

§ 2º Com exceção do destinado à refeição, que será de 1 (uma) hora, os demais intervalos que se verificarem, na duração normal do trabalho ou nas prorrogações serão computados como de serviço efetivo.

ART. 42. A duração normal do trabalho poderá ser elevada:

I - a 6 (seis) horas, nos estabelecimentos de diversões públicas, tais como - cabarés, boates, dancings, táxi-dancings, salões de danças e congêneres, onde atuem 2 (dois) ou mais conjuntos.

II - excepcionalmente, a 7 (sete) horas, nos casos de força maior, ou festejos populares e serviço reclamado pelo interesse nacional.

§ 1º A hora de prorrogação, nos casos previstos do item II deste artigo, será remunerada com o dobro do valor do salário normal.

§ 2º Em todos os casos de prorrogação do período normal de trabalho, haverá obrigatoriamente, um intervalo para repouso de 30 (trinta) minutos, no mínimo.

§ 3º As prorrogações de caráter permanente deverão ser precedidas de homologação da autoridade competente.

ART. 43. Nos espetáculos de ópera, bailado e teatro musicado, a duração normal do trabalho, para fins de ensaios, poderá ser dividida em dois períodos, separados por intervalo de várias horas, em benefício do rendimento artístico e desde que a tradição e a natureza do espetáculo assim o exijam.

Parágrafo único. Nos ensaios gerais, destinados à censura oficial, poderá ser excedida a duração normal do trabalho.

ART. 44. Nos espetáculos de teatro musicado, como revista, opereta e outros gêneros semelhantes, os músicos receberão uma diária por sessão excedente das normais.

ART. 45. O músico das empresas nacionais de navegação terá um horário especial de trabalho, devendo participar, obrigatoriamente, de orquestra ou como solista:

a) nas horas do almoço ou jantar;

b) das 21 às 22 horas;

c) nas entradas e saídas dos portos, desde que esse trabalho seja executado depois das 7 e antes das 22 horas.

Parágrafo único. O músico de que trata este artigo ficará dispensado de suas atividades durante as permanências das embarcações nos portos, desde que não haja passageiros a bordo.

ART. 46. A cada período de seis dias consecutivos de trabalho corresponderá um dia de descanso obrigatório e remunerado, que constará do quadro de horário afixado pelo empregador.

ART. 47. Em seguida a cada período diário de trabalho, haverá um intervalo de 11 (onze) horas, no mínimo, destinado ao repouso.

ART. 48. O tempo em que o músico estiver à disposição do empregador será computado como de trabalho efetivo.

CAPÍTULO IV
DO TRABALHO DOS MÚSICOS ESTRANGEIROS

ART. 49. As orquestras, os conjuntos musicais, os cantores e concertistas estrangeiros só poderão exibir-se no território nacional, a juízo do Ministério do Trabalho, Indústria e Comércio, e pelo prazo máximo de 90 (noventa) dias depois de legalizada sua permanência no país, na forma da legislação vigente.

§ 1º As orquestras, os conjuntos musicais e os cantores de que trata este artigo só poderão exibir-se:

a) em teatros, como atração artística;

b) em empresas de radiodifusão e de televisão, em cassinos, boates e demais estabelecimentos de diversão, desde que tais empresas ou estabelecimentos contratem igual, número de profissionais brasileiros, pagando-lhes remuneração de igual valor.

§ 2º Ficam dispensados da exigência constante da parte final da alínea b, do parágrafo anterior as empresas e os estabelecimentos que mantenham orquestras, conjuntos, cantores e concertistas nacionais.

§ 3º As orquestras, os conjuntos musicais, os cantores e concertistas de que trata este artigo não poderão exercer atividades profissionais diferentes daquelas para o exercício das quais tenham vindo ao país.

ART. 50. Os músicos estrangeiros aos quais se refere o § 2º do art. 1º desta lei poderão trabalhar sem o registro na Ordem dos Músicos do Brasil, criada pelo art. 27, desde que tenham sido contratados na forma do art. 7º, alínea d, do Decreto-Lei n. 7.967, de 18 de setembro de 1945.

ART. 51. Terminados os prazos contratuais e desde que não haja acordo em contrário, os empresários ficarão obrigados a reconduzir os músicos estrangeiros aos seus pontos de origem.

ART. 52. Os músicos devidamente registrados no país, só trabalharão nas orquestras estrangeiras, em caráter provisório e em caso de força maior ou de enfermidade comprovada de qualquer dos componentes das mesmas não podendo o substituto em nenhuma hipótese, perceber proventos inferiores ao do substituído.

ART. 53. Os contratos celebrados com os músicos estrangeiros Somente serão registrados no órgão competente do Ministério do Trabalho, Indústria e Comércio, depois de provada a realização do pagamento pelo contratante da taxa de 10% (dez por cento) sobre o valor do contrato e o recolhimento da mesma ao Banco do Brasil em nome da Ordem dos Músicos do Brasil e do sindicato local, em partes iguais.

Parágrafo único. No caso de contratos celebrados com base, total ou parcialmente, em percentagens de bilheteria, o recolhimento previsto será feito imediatamente após o término de cada espetáculo.

CAPÍTULO V
DA FISCALIZAÇÃO DO TRABALHO

ART. 54. Para os efeitos da execução e, consequentemente, da fiscalização do trabalho dos músicos, os empregadores são obrigados:

a) a manter afixado, em lugar visível, no local de trabalho, quadro discriminativo do horário dos músicos em serviço;

b) a possuir livro de registro de empregados destinado às anotações relativas à identidade, inscrição na Ordem dos Músicos do Brasil, número da carteira profissional, data de admissão e saída, condições de trabalho, férias e obrigações da lei de acidentes do trabalho, nacionalização, além de outras estipuladas em lei.

ART. 55. A fiscalização do trabalho dos músicos, ressalvada a competência privativa da Ordem dos Músicos do Brasil quanto ao exercício profissional, compete, no Distrito Federal, ao Departamento Nacional do Trabalho, e, nos Estados e Territórios, às respectivas Delegacias Regionais, obedecidas as normas fixadas pelos artigos 626 e seguintes da Consolidação das Leis do Trabalho.

CAPÍTULO VI
DAS PENALIDADES

ART. 56. O infrator de qualquer dispositivo desta lei será punido com a multa de Cr$ 1.000.00 (um mil cruzeiros) a Cr$ 10.000,00 (dez mil cruzeiros), de acordo com a gravidade da infração e a juízo da autoridade competente, aplicada em dobro, na reincidência.

ART. 57. A oposição do empregador sob qualquer pretexto, à fiscalização dos preceitos desta lei constitui infração grave, passível de multa de Cr$ 10.000,00 (dez mil cruzeiros) aplicada em dobro, na reincidência.

Parágrafo único. No caso de habitual infração dos preceitos desta lei será agravada a penalidade podendo, inclusive ser determinada a interdição do estabelecimento ou suspensão da atividade exercida em qualquer local pelo empregador.

ART. 58. O processo de autuação, por motivo de infração dos dispositivos reguladores do trabalho do músico, constantes desta lei, assim como o dos recursos apresentados pelas partes autuadas obedecerá às normas constantes do Título VII, da Consolidação das Leis do Trabalho.

CAPÍTULO VII
DISPOSIÇÕES GERAIS E TRANSITÓRIAS

ART. 59. Consideram-se empresas empregadoras para os efeitos desta lei:

a) os estabelecimentos comerciais, teatrais e congêneres, bem como as associações recreativas, social, ou desportivas;

b) os estúdios de gravação, radiodifusão, televisão ou filmagem;

c) as companhias nacionais de navegação;

d) toda organização ou instituição que explore qualquer gênero de diversão, franqueada ao público, ou privativa de associados.

ART. 60. Aos músicos profissionais aplicam-se todos os preceitos da legislação de assistência e proteção do trabalho, assim como da previdência social.

ART. 61. Para os fins desta lei, não será feita nenhuma distinção entre o trabalho do músico e do artista músico a que se refere o Decreto número 5.492, de 16 de julho de 1928, e seu Regulamento, desde que este profissional preste serviço efetivo ou transitório a empregador, sob a dependência deste e mediante qualquer forma de remuneração ou salário, inclusive "cachet" pago com continuidade.

ART. 62. Salvo o disposto no artigo 1º, § 2º, será permitido o trabalho do músico estrangeiro, respeitadas as exigências desta lei, desde que não exista no país profissional habilitado na especialidade.

ART. 63. Os contratantes de quaisquer espetáculos musicais deverão preencher os necessários requisitos legais e efetuar, no ato do contrato, um depósito no Banco do Brasil, à ordem da autoridade competente do Ministério do Trabalho, Indústria e Comércio, da importância igual a uma semana dos ordenados de todos os profissionais contratados.

§ 1º Quando não houver na localidade agência do Banco do Brasil, o depósito será efetuado na Coletoria Federal.

§ 2º O depósito a que se refere este artigo Somente poderá ser levantado por ordem da autoridade competente do Ministério do Trabalho, Indústria e Comércio, mediante provas de quitação do pagamento das indenizações decorrentes das leis de proteção ao trabalho das taxas de seguro sobre acidentes do trabalho, das contribuições de previdência social e de outras estabelecidas por lei.

ART. 64. Os músicos serão segurados obrigatórios do Instituto de Aposentadoria e Pensões dos Comerciários excetuados os das empresas de navegação que se filiarão ao Instituto de Aposentadoria e Pensões dos Marítimos.

§ 1º Os músicos cuja atividade for exercida sem vínculo de emprego contribuirão obrigatoriamente sobre salário-base fixado, em cada região do país, de acordo com o padrão de vida local, pelo Ministro do Trabalho, Indústria e Comércio, mediante proposta do Instituto e ouvido o Serviço Atuarial do Ministério.

§ 2º O salário-base será fixado para vigorar por um ano, considerando-se prorrogado por mais um ano, se finda a vigência, não houver sido alterado.

ART. 65. Na aplicação dos dispositivos legais relativos à nacionalização do trabalho, será apenas computado, quanto às orquestras, o total dos músicos a serviço da empresa, para os efeitos do art. 354 e respectivo parágrafo único, da Consolidação das Leis do Trabalho.

ART. 66. Todo contrato de músicos profissionais ainda que por tempo determinado e a curto prazo seja qual for a modalidade da remuneração, obriga ao desconto e recolhimento das contribuições de previdência social e do imposto sindical, por parte dos contratantes.

ART. 67. Os componentes das orquestras ou conjuntos estrangeiros não poderão se fazer representar por substitutos, sem a prévia concordância do contratante, salvo motivo de fôrça maior, devidamente comprovado importando em inadimplemento contratual a ausência ao trabalho sem o consentimento referido.

ART. 68. Nenhum contrato de músico, orquestra ou conjunto nacional e estrangeiro, será registrado sem o comprovante do pagamento do Imposto Sindical devido em razão de contrato anterior.

ART. 69. Os contratos dos músicos deverão ser encaminhados, para fins de registro, ao órgão competente do Ministério do Trabalho, Indústria e Comércio, diretamente pelos interessados ou pelos respectivos órgãos de classe, que poderão apresentar as impugnações que julgarem cabíveis.

ART. 70. Serão nulos de pleno direito quaisquer acordos destinados a burlar os dispositivos desta lei, sendo vedado por motivo de sua vigência, aos empregadores rebaixar salários ou demitir empregados.

ART. 71. A presente lei entrará em vigor na data de sua publicação.

ART. 72. Revogam-se as disposições em contrário.

Brasília, em 22 de dezembro de 1960; 139º da Independência e 72º da República.

JUSCELINO KUBITSCHEK.

LEI N. 3.924, DE 26 DE JULHO DE 1961

Dispõe sobre os monumentos arqueológicos e pré-históricos.

▸ *DOU*, 27.07.1961, retificado em 28.07.1961.

O Presidente da República. Faço saber que o Congresso Nacional decreta e eu sanciono a seguinte Lei:

ART. 1º Os monumentos arqueológicos ou pré-históricos de qualquer natureza existentes no território nacional e todos os elementos que neles se encontram ficam sob a guarda e proteção do Poder Público, de acordo com o que estabelece o art. 175 da Constituição Federal.

Parágrafo único. A propriedade da superfície, regida pelo direito comum, não inclui a das jazidas arqueológicas ou pré-históricas, nem a dos objetos nelas incorporados na forma do art. 152 da mesma Constituição.

ART. 2º Consideram-se monumentos arqueológicos ou pré-históricos:

a) as jazidas de qualquer natureza, origem ou finalidade, que representem testemunhos de cultura dos paleoameríndios do Brasil, tais como sambaquis, montes artificiais ou tesos, poços sepulcrais, jazigos, aterrados, estearias e quaisquer outras não especificadas aqui, mas de significado idêntico a juízo da autoridade competente.

b) os sítios nos quais se encontram vestígios positivos de ocupação pelos paleoameríndios tais como grutas, lapas e abrigos sob rocha;

c) os sítios identificados como cemitérios, sepulturas ou locais de pouso prolongado ou de aldeiamento, "estações" e "cerâmios", nos quais se encontram vestígios humanos de interesse arqueológico ou paleoetnográfico;

d) as inscrições rupestres ou locais como sulcos de polimentos de utensílios e outros vestígios de atividade de paleoameríndios.

ART. 3º São proibidos em todo o território nacional, o aproveitamento econômico, a destruição ou mutilação, para qualquer fim, das jazidas arqueológicas ou pré-históricas conhecidas como sambaquis, casqueiros, concheiros, birbigueiras ou sernambis, e bem assim dos sítios, inscrições e objetos enumerados nas alíneas *b*, *c* e *d* do artigo anterior, antes de serem devidamente pesquisados, respeitadas as concessões anteriores e não caducas.

ART. 4º Toda a pessoa, natural ou jurídica que, na data da publicação desta lei, já estiver procedendo, para fins econômicos ou outros, à exploração de jazidas arqueológicas ou pré-históricas, deverá comunicar à Diretoria do Patrimônio Histórico Nacional, dentro de sessenta (60) dias, sob pena de multa de Cr$ 10.000,00 a Cr$ 50.000,00 (dez mil a cinquenta mil cruzeiros), o exercício dessa atividade, para efeito de exame, registro, fiscalização e salvaguarda do interesse da ciência.

ART. 5º Qualquer ato que importe na destruição ou mutilação dos monumentos a que se refere o art. 2º desta lei, será considerado crime contra o Patrimônio Nacional e, como tal, punível de acordo com o disposto nas leis penais.

ART. 6º As jazidas conhecidas como sambaquis, manifestadas ao governo da União, por intermédio da Diretoria do Patrimônio Histórico e Artístico Nacional, de acordo com o art. 4º e registradas na forma do artigo 27 desta lei, terão precedência para estudo e eventual aproveitamento, em conformidade com o Código de Minas.

ART. 7º As jazidas arqueológicas ou pré-históricas de qualquer natureza, não manifestadas e registradas na forma dos arts. 4º e 6º desta lei, são consideradas, para todos os efeitos bens patrimoniais da União.

CAPÍTULO II
DAS ESCAVAÇÕES ARQUEOLÓGICAS REALIZADAS POR PARTICULARES

ART. 8º O direito de realizar escavações para fins arqueológicos, em terras de domínio público ou particular, constitui-se mediante permissão do Governo da União, através da Diretoria do Patrimônio Histórico e Artístico Nacional, ficando obrigado a respeitá-lo o proprietário ou possuidor do solo.

ART. 9º O pedido de permissão deve ser dirigido à Diretoria do Patrimônio Histórico e Artístico Nacional, acompanhado de indicação exata do local, do vulto e da duração aproximada dos trabalhos a serem executados, da prova de idoneidade técnico-científica e financeira do requerente e do nome do responsável pela realização dos trabalhos.

Parágrafo único. Estando em condomínio a área em que se localiza a jazida, somente poderá requerer a permissão o administrador ou cabecel, eleito na forma do Código Civil.

ART. 10. A permissão terá por título uma portaria do Ministro da Educação e Cultura, que será transcrita em livro próprio da Diretoria do Patrimônio Histórico e Artístico Nacional, e na qual ficarão estabelecidas as condições a serem observadas ao desenvolvimento das escavações e estudos.

ART. 11. Desde que as escavações e estudos devam ser realizados em terreno que não pertença ao requerente, deverá ser anexado ao seu pedido o consentimento escrito do proprietário do terreno ou de quem esteja em uso e gozo desse direito.

§ 1º As escavações devem ser necessariamente executadas sob a orientação do permissionário, que responderá, civil, penal e administrativamente, pelos prejuízos que causar ao Patrimônio Nacional ou a terceiros.

§ 2º As escavações devem ser realizadas de acordo com as condições estipuladas no instrumento de permissão, não podendo o responsável, sob nenhum pretexto, impedir a inspeção dos trabalhos por delegado especialmente designado pela Diretoria do Patrimônio Histórico e Artístico Nacional, quando for julgado conveniente.

§ 3º O permissionário fica obrigado a informar à Diretoria do Patrimônio Histórico e Artístico Nacional, trimestralmente, sobre o andamento das escavações, salvo a ocorrência de fato excepcional, cuja notificação deverá ser feita imediatamente, para as providências cabíveis.

ART. 12. O Ministro da Educação e Cultura poderá cassar a permissão, concedida, uma vez que:

a) não sejam cumpridas as prescrições da presente lei e do instrumento de concessão da licença;

b) sejam suspensos os trabalhos de campo por prazo superior a doze (12) meses, salvo motivo de força maior, devidamente comprovado;

c) no caso de não cumprimento do § 3º do artigo anterior.

Parágrafo único. Em qualquer dos casos acima enumerados, o permissionário não terá direito à indenização alguma pelas despesas que tiver efetuado.

CAPÍTULO III
DAS ESCAVAÇÕES ARQUEOLÓGICAS REALIZADAS POR INSTITUIÇÕES, CIENTÍFICAS ESPECIALIZADAS DA UNIÃO DOS ESTADOS E DOS MUNICÍPIOS

ART. 13. A União, bem como os Estados e Municípios mediante autorização federal, poderão proceder a escavações e pesquisas, no interesse da arqueologia e da pré-história em terrenos de propriedade particular, com exceção das áreas muradas que envolvem construções domiciliares.

Parágrafo único. À falta de acordo amigável com o proprietário da área onde situar-se a jazida, será esta declarada de utilidade pública e autorizada a sua ocupação pelo período necessário à execução dos estudos, nos termos do art. 36 do Decreto-lei n. 3.365, de 21 de junho de 1941.

ART. 14. No caso de ocupação temporária do terreno, para realização de escavações nas jazidas declaradas de utilidade pública, deverá ser lavrado um auto, antes do início dos estudos, no qual se descreva o aspecto exato do local.

§ 1º Terminados os estudos, o local deverá ser restabelecido, sempre que possível, na sua feição primitiva.

§ 2º Em caso de escavações produzirem a destruição de um relevo qualquer, essa obrigação só terá cabimento quando se comprovar que, desse aspecto particular do terreno, resultavam incontestáveis vantagens para o proprietário.

ART. 15. Em casos especiais e em face do significado arqueológico excepcional das jazidas, poderá ser promovida a desapropriação do imóvel, ou parte dele, por utilidade pública, com fundamento no art. 5º, alíneas *K* e *L* do Decreto-lei n. 3.365, de 21 de junho de 1941.

ART. 16. Nenhum órgão da administração federal, dos Estados ou dos Municípios, mesmo no caso do art. 28 desta lei, poderá realizar escavações arqueológicas ou pré-históricas, sem prévia comunicação à Diretoria do Patrimônio Histórico e Artístico Nacional, para fins de registro no cadastro de jazidas arqueológicas.

Parágrafo único. Dessa comunicação deve constar, obrigatoriamente, o local, o tipo ou a designação da jazida, o nome do especialista encarregado das escavações, os indícios que determinaram a escolha do local e, posteriormente, uma súmula dos resultados obtidos e do destino do material coletado.

CAPÍTULO IV
DAS DESCOBERTAS FORTUITAS

ART. 17. A posse e a salvaguarda dos bens de natureza arqueológica ou pré-histórica constituem, em princípio, direito imanente ao Estado.

ART. 18. A descoberta fortuita de quaisquer elementos de interesse arqueológico ou pré-histórico, histórico, artístico ou numismático, deverá ser imediatamente comunicada à Diretoria do Patrimônio Histórico e Artístico Nacional, ou aos órgãos oficiais autorizados, pelo autor do achado ou pelo proprietário do local onde tiver ocorrido.

Parágrafo único. O proprietário ou ocupante do imóvel onde se tiver verificado o achado, é responsável pela conservação provisória da coisa descoberta, até pronunciamento e deliberação da Diretoria do Patrimônio Histórico e Artístico Nacional.

ART. 19. A infringência da obrigação imposta no artigo anterior implicará na apreensão sumária do achado, sem prejuízo da responsabilidade do inventor pelos danos que vier a causar ao Patrimônio Nacional, em decorrência da omissão.

CAPÍTULO V
DA REMESSA, PARA O EXTERIOR, DE OBJETOS DE INTERESSE ARQUEOLÓGICO OU PRÉ-HISTÓRICO, HISTÓRICO, NUMISMÁTICO OU ARTÍSTICO

ART. 20. Nenhum objeto que apresente interesse arqueológico ou pré-histórico, numismático ou artístico poderá ser transferido para o exterior, sem licença expressa da Diretoria do Patrimônio Histórico e Artístico Nacional, constante de uma "guia" de liberação na qual serão devidamente especificados os objetos a serem transferidos.

ART. 21. A inobservância da prescrição do artigo anterior implicará na apreensão sumária do objeto a ser transferido, sem prejuízo das demais cominações legais a que estiver sujeito o responsável.

Parágrafo único. O objeto apreendido, razão deste artigo, será entregue à Diretoria do Patrimônio Histórico e Artístico Nacional.

CAPÍTULO VI
DISPOSIÇÕES GERAIS

ART. 22. O aproveitamento econômico das jazidas, objeto desta lei, poderá ser realizado na forma e nas condições prescritas pelo Código de Minas, uma vez concluída a sua exploração científica, mediante parecer favorável da Diretoria do Patrimônio Histórico e Artístico Nacional ou do órgão oficial autorizado.

Parágrafo único. De todas as jazidas será preservada sempre que possível ou conveniente, uma parte significativa, a ser protegida pelos meios convenientes, como blocos testemunhos.

ART. 23. O Conselho de Fiscalização das Expedições Artísticas e Científicas encaminhará à Diretoria do Patrimônio Histórico e Artístico Nacional qualquer pedido de cientista estrangeiro, para realizar escavações arqueológicas ou pré-históricas, no país.

ART. 24. Nenhuma autorização de pesquisa ou de lavra para jazidas, de calcáreo de concha, que possua as características de monumentos arqueológicos ou pré-históricos, poderá ser concedida sem audiência prévia da Diretoria do Patrimônio Histórico e Artístico Nacional.

ART. 25. A realização de escavações arqueológicas ou pré-históricas, com infringência de qualquer dos dispositivos desta lei, dará lugar à multa de Cr$ 5.000,00 (cinco mil cruzeiros) a Cr$ 50.000,00 (cinquenta mil cruzeiros), sem prejuízo de sumária apreensão e consequente perda, para o Patrimônio Nacional, de todo o material e equipamento existentes no local.

ART. 26. Para melhor execução da presente lei, a Diretoria do Patrimônio Histórico e Artístico Nacional poderá solicitar a colaboração de órgãos federais, estaduais, municipais, bem como de instituições que tenham, entre os seus objetivos específicos, o estudo e a defesa dos monumentos arqueológicos e pré-históricos.

ART. 27. A Diretoria do Patrimônio Histórico e Artístico Nacional manterá um Cadastro dos monumentos arqueológicos do Brasil, no qual serão registradas todas as jazidas manifestadas, de acordo com o disposto nesta lei, bem como das que se tornarem conhecidas por qualquer via.

ART. 28. As atribuições conferidas ao Ministério da Educação e Cultura, para o cumprimento desta lei, poderão ser delegadas a qualquer unidade da Federação, que disponha de serviços técnico-administrativos especialmente organizados para a guarda, preservação e estudo das jazidas arqueológicas e pré-históricas, bem como de recursos suficientes para o custeio e bom andamento dos trabalhos.

Parágrafo único. No caso deste artigo, o produto das multas aplicadas e apreensões de material legalmente feitas, reverterá em benefício do serviço estadual organizado para a preservação e estudo desses monumentos.

ART. 29. Aos infratores desta lei serão aplicadas as sanções dos artigos 163 a 167 do Código Penal, conforme o caso, sem prejuízo de outras penalidades cabíveis.

ART. 30. O Poder Executivo baixará, no prazo de 180 dias, a partir da vigência desta lei, a regulamentação que for julgada necessária à sua fiel execução.

ART. 31. Esta lei entrará em vigor na data de sua publicação, revogadas as disposições em contrário.

Brasília, em 26 de julho de 1961; 140º da Independência e 73º da República.

JÂNIO QUADROS

LEI N. 3.988, DE 24 DE NOVEMBRO DE 1961

Estende aos pilotos de aeronaves mercantes nacionais a regalia concedida pelo art. 295, do Código de Processo Penal, que trata de prisão especial.

▸ *DOU*, 11.12.1961, retificado em 15.12.1961.

O Presidente da República. Faço saber que o Congresso Nacional decreta e eu sanciono a seguinte lei:

ART. 1º Aos pilotos de aeronaves mercantes nacionais, que já tiverem exercido efetivamente as funções de comando, estende-se a regalia concedida pelo art. 295 do Código de Processo Penal.

ART. 2º Esta lei entrará em vigor na data de sua publicação, revogadas as disposições em contrário.

Brasília, 24 de novembro de 1961; 140º da Independência e 73º da República.

JOÃO GOULART

LEI N. 3.999, DE 15 DE DEZEMBRO DE 1961

Altera o salário-mínimo dos médicos e cirurgiões dentistas.

▸ *DOU*, 21.12.1961.

O Presidente da República. Faço saber que o Congresso Nacional decreta e eu sanciono a seguinte Lei:

ART. 1º O salário-mínimo dos médicos passa a vigorar nos níveis e da forma estabelecida na presente lei.

ART. 2º A classificação de atividades ou tarefas, desdobrando-se por funções, será a seguinte:

a) médicos (seja qual for a especialidade);

b) auxiliares (auxiliar de laboratorista e radiologista e internos).

ART. 3º Não se compreende na classificação de atividades ou tarefas, previstas nesta lei (obrigando ao pagamento de remuneração) o estágio efetuado para especialização ou melhoria de tirocínio, desde que não exceda ao prazo máximo de seis meses e permita a sucessão regular no quadro de beneficiados.

ART. 4º É salário-mínimo dos médicos a remuneração mínima, permitida por lei, pelos serviços profissionais prestados por médicos, com a relação de emprego, a pessoas físicas ou jurídicas de direito privado.

ART. 5º Fica fixado o salário-mínimo dos médicos em quantia igual a três vezes e o dos auxiliares a duas vezes mais o salário-mínimo comum das regiões ou sub-regiões em que exercerem a profissão.

ART. 6º O disposto no art. 5º aplica-se aos médicos que, não sujeitos ao horário previsto na alínea *a* do artigo 8º, prestam assistência domiciliar por conta de pessoas físicas ou jurídicas de direito privado, como empregados destas, mediante remuneração por prazo determinado.

ART. 7º Sempre que forem alteradas as tabelas do salário-mínimo comum, nas localidades onde o salário-mínimo geral corresponder a valor inferior a metade da soma do mais alto e do mais baixo salário-mínimo em vigor no país, o salário-mínimo dos médicos será reajustado para valor correspondente a três vezes e o dos auxiliares para duas vezes mais esta metade.

ART. 8º A duração normal do trabalho, salvo acordo escrito que não fira de modo algum o disposto no artigo 12, será:

a) para médicos, no mínimo de duas horas e no máximo de quatro horas diárias;

b) para os auxiliares será de quatro horas diárias.

§ 1º Para cada noventa minutos de trabalho gozará o médico de um repouso de dez minutos.

§ 2º Aos médicos e auxiliares que contratarem com mais de um empregador, é vedado o trabalho além de seis horas diárias.

§ 3º Mediante acordo escrito, ou por motivo de força maior, poderá ser o horário normal acrescido de horas suplementares, em número não excedente de duas.

§ 4º A remuneração da hora suplementar não será nunca inferior a 25% (vinte e cinco por cento) à da hora normal.

ART. 9º O trabalho noturno terá remuneração superior à do diurno e, para esse efeito, sua remuneração terá um acréscimo de 20% (vinte por cento), pelo menos, sobre a hora diurna.

ART. 10. O profissional, designado para servir fora da cidade ou vila para a qual tenha sido contratado, não poderá:

a) perceber importância inferior a do nível mínimo de remuneração que vigore naquela localidade;

b) sofrer redução, caso se observe nível inferior.

ART. 11. As modificações futuras de critério territorial para a fixação dos salários-mínimos comuns, em tabelas, aproveitarão, também, para os dos médicos.

ART. 12. Na hipótese do ajuste ou contrato de trabalho ser incluído à base-hora, o total da remuneração devida não poderá perfazer quantia inferior a vinte e cinco (25) vezes o valor da soma das duas (2) primeiras horas, conforme o valor horário calculado para a respectiva localidade.

ART. 13. São aplicáveis ao salário-mínimo dos médicos as disposições de caráter geral, sobre o salário-mínimo, constantes, do Decreto-Lei número 5.452, de 1º de maio de 1943 (CLT).

ART. 14. A aplicação da presente lei não poderá ser motivo de redução de salário, nem prejudicará a situação de direito adquirido.

ART. 15. Os cargos ou funções de chefias de serviços médicos somente poderão ser exercidos por médicos, devidamente habilitados na forma da lei.

ART. 16. A partir da vigência da presente lei, o valor das indenizações estaduais na C. L. T., que venham, a ser devidas, será desde logo calculado e pago de conformidade com os níveis de remuneração nela fixados.

ART. 17. (Revogado pelo Dec.-Lei 66/1966.)

ART. 18. Aos médicos que exerçam a profissão como empregados de mais de um empregador é permitido contribuir, cumulativamente, na base dos salários efetivamente recebidos nos diversos empregos, até o máximo de dez vezes o maior salário-mínimo geral vigente para os trabalhadores não abrangidos por esta lei, cabendo aos respectivos empregadores recolher as suas cotas, na proporção dos salários pagos.

ART. 19. As instituições de fins beneficentes e caritativos, que demonstrem não poder suportar o pagamento dos níveis mínimos de salários instituídos na presente lei, será facultado requerer ao Conselho Nacional do Serviço Social isenção total ou redução dos mesmos salários.

§ 1º A isenção, para ser concedida, deve subordinar-se à audiência do órgão sindical e da Associação Médica Brasileira, por intermédio de sua federada regional e, bem assim, do Serviço de Estatística da Previdência e do Trabalho, do Ministério do Trabalho e da Previdência Social.

§ 2º A isenção poderá ser declarada, em cada caso, na fase da execução da sentença proferida em litígio trabalhista, pelo Juízo ou Tribunal competente, podendo, contudo, a execução ser reaberta, independente de qualquer prazo prescricional, sempre que o interessado prove alteração superveniente das condições econômicas da instituição.

ART. 20. Os benefícios desta lei estendem-se aos profissionais da medicina e seus auxiliares que trabalham ou venham a trabalhar em organizações industriais e agrícolas, localizadas em zonas urbanas e rurais.

§ 1º As empresas que já tenham serviço médico-social organizado, conservarão seus médicos e auxiliares com as vantagens decorrentes desta lei, levando-se em consideração o tempo de serviço, as distâncias e outros fatores que possam influir na organização do horário, de acordo com as necessidades do serviço.

ART. 21. São automaticamente nulos todos os contratos de trabalho que, de qualquer forma, visem a elidir a presente lei.

ART. 22. As disposições desta lei são extensivas aos cirurgiões dentistas, inclusive aos que trabalham em organizações sindicais.

ART. 23 Esta lei entrará em vigor na data de sua publicação, revogadas as disposições em contrário.

Brasília, em 21 de dezembro de 1961; 140º da Independência e 73º da República.

JOÃO GOULART

LEI N. 4.117, DE 27 DE AGOSTO DE 1962

Institui o Código Brasileiro de Telecomunicações.

- *DOU*, 05.10.1962, retificado em 31.12.1962.
- Lei 9.472/1997 (Dispõe sobre a organização dos serviços de telecomunicações, a criação e funcionamento de um órgão regulador e outros aspectos institucionais, nos termos da EC 8/1995.)

O Presidente da República. Faço saber que o Congresso Nacional decreta e eu sanciono a seguinte Lei:

CAPÍTULO I INTRODUÇÃO

ART. 1º Os serviços de telecomunicações em todo o território do País, inclusive águas territoriais e espaço aéreo, assim como nos lugares em que princípios e convenções internacionais lhes reconheçam extraterritorialidade obedecerão aos preceitos da presente lei e aos regulamentos baixados para a sua execução.

ART. 2º Os atos internacionais de natureza normativa, qualquer que seja a denominação adotada, serão considerados tratados ou convenções e só entrarão em vigor a partir de sua aprovação pelo Congresso Nacional.

Parágrafo único. O Poder Executivo enviará ao Congresso Nacional no prazo de 180 (cento e oitenta) dias, a contar da data da assinatura, os atos normativos sobre telecomunicações, anexando-lhes os respectivos regulamentos, devidamente traduzidos.

ART. 3º Os atos internacionais de natureza administrativa entrarão em vigor na data estabelecida em sua publicação depois de aprovados pelo Presidente da República (art. 29, al) (Partes mantidas pelo Congresso Nacional.)

CAPÍTULO II DAS DEFINIÇÕES

ART. 4º Para os efeitos desta lei, constituem serviços de telecomunicações a transmissão, emissão ou recepção de símbolos, caracteres, sinais, escritos, imagens, sons ou informações de qualquer natureza, por fio, rádio, eletricidade, meios óticos ou qualquer outro processo eletromagnético. Telegrafia é o processo de telecomunicação destinado à transmissão de escritos, pelo uso de um código de sinais. Telefonia é o processo de telecomunicação destinado à transmissão da palavra falada ou de sons.

§ 1º Os termos não definidos nesta lei têm o significado estabelecido nos atos internacionais aprovados pelo Congresso Nacional.

§ 2º Os contratos de concessão, as autorizações e permissões serão interpretados e executados de acordo com as definições vigentes na época em que os mesmos tenham sido celebrados ou expedidos. (Partes mantidas pelo Congresso Nacional.)

ART. 5º Quanto ao seu âmbito, os serviços de telecomunicações se classificam em:

a) serviço interior, estabelecido entre estações brasileiras, fixas ou móveis, dentro dos limites da jurisdição territorial da União;

b) serviço internacional, estabelecido entre estações brasileiras, fixas ou móveis, e estações estrangeiras, ou estações brasileiras móveis, que se achem fora dos limites da jurisdição territorial da União.

ART. 6º Quanto aos fins a que se destinam, as telecomunicações assim se classificam:

a) serviço público, destinado ao uso do público em geral;

b) serviço público restrito, facultado ao uso dos passageiros dos navios, aeronaves, veículos em movimento ou ao uso do público em localidades ainda não atendidas por serviço público de telecomunicação;

c) serviço limitado, executado por estações não abertas à correspondência pública e destinado ao uso de pessoas físicas ou jurídicas nacionais. Constituem serviço limitado entre outros:

1) o de segurança, regularidade, orientação e administração dos transportes em geral;

2) o de múltiplos destinos;

3) o serviço rural;

4) o serviço privado;

d) serviço de radiodifusão, destinado a ser recebido direta e livremente pelo público em geral, compreendendo radiodifusão sonora e televisão;

e) serviço de radioamador, destinado a treinamento próprio, intercomunicação e investigações técnicas, levadas a efeito por amadores, devidamente autorizados, interessados na radiotécnica unicamente a título pessoal e que não visem a qualquer objetivo pecuniário ou comercial;

f) serviço especial, relativo a determinados serviços de interesse geral, não abertos à correspondência pública e não incluídos nas definições das alíneas anteriores, entre os quais:

1) o de sinais horários;

2) o de frequência padrão;

3) o de boletins meteorológicos;

4) o que se destine a fins científicos ou experimentais;

5) o de música funcional;

6) o de Radiodeterminação.

ART. 7º Os meios, através dos quais se executam os serviços de telecomunicações, constituirão troncos e redes contínuos, que formarão o Sistema Nacional de Telecomunicações.

§ 1º O Sistema Nacional de Telecomunicações será integrado por troncos e redes a eles ligados.

§ 2º Objetivando a estruturação e o emprego do Sistema Nacional de Telecomunicações, o Governo estabelecerá as normas técnicas e as condições de tráfego mútuo a serem compulsoriamente observadas pelos executores dos serviços, segundo o que for especificado nos Regulamentos.

ART. 8º Constituem troncos do Sistema Nacional de Telecomunicações os circuitos portadores comuns, que interligam os centros principais de telecomunicações.

§ 1º Circuitos portadores comuns são aqueles que realizam o transporte integrado de diversas modalidades de telecomunicações.

§ 2º Centros principais de telecomunicações são aqueles nos quais se realiza a concentração e distribuição das diversas modalidades de telecomunicações, destinadas ao transporte integrado.

§ 3º Entendem-se por urbanas as redes telefônicas situadas dentro dos limites de um município ou do Distrito Federal, e por interurbanas as intermunicipais dentro dos limites de um Estado ou Território.

ART. 9º O Conselho Nacional de Telecomunicações ao planejar o Sistema Nacional de Telecomunicações, discriminará os troncos e os centros principais de telecomunicações. (Partes mantidas pelo Congresso Nacional.)

§ 1º Na discriminação a que se refere este artigo serão incluídas, na medida das possibilidades e conveniências entre os centros principais de telecomunicação, a Capital da República e as Capitais de todos os Estados e Territórios. (Partes mantidas pelo Congresso Nacional.)

§ 2º O Conselho Nacional de Telecomunicações estabelecerá as prioridades, segundo as quais se procederá à instalação dos troncos e redes do Sistema Nacional de Telecomunicações. (Partes mantidas pelo Congresso Nacional.)

CAPÍTULO III DA COMPETÊNCIA DA UNIÃO

ART. 10. Compete privativamente à União:

I - manter e explorar diretamente:

a) os serviços dos troncos que integram o Sistema Nacional de Telecomunicações, inclusive suas conexões internacionais; (Partes mantidas pelo Congresso Nacional.)

b) os serviços públicos de telégrafos, de telefones interestaduais e de radiocomunicações, ressalvadas as exceções constantes desta lei, inclusive quanto aos de radiodifusão e ao serviço internacional;

II - fiscalizar os Serviços de telecomunicações por ela concedidos, autorizados ou permitidos.

ART. 11. Compete, também, à União: fiscalizar os serviços de telecomunicações concedidos, permitidos ou autorizados pelos Estados ou Municípios, em tudo que disser respeito à observância das normas gerais estabelecidas nesta lei e a integração desses serviços no Sistema Nacional de Telecomunicações.

ART. 12. As concessões feitas na faixa de 150 (cento e cinquenta) quilômetros estabelecida na Lei n. 2.597, de 12 de setembro de 1955 obedecerão às normas fixadas na referida lei, observando-se iguais restrições relativamente aos serviços explorados pela União.

ART. 13. Dentro dos seus limites respectivos, os Estados e Municípios poderão organizar, regular e executar serviços de telefones, diretamente ou mediante concessão, obedecidas as normas gerais fixadas pelo Conselho Nacional de Telecomunicações.

CAPÍTULO IV DO CONSELHO NACIONAL DE TELECOMUNICAÇÕES

ART. 14. É criado o Conselho Nacional de Telecomunicações (C.O.N.T.E.L.), com a organização e competência definidas nesta lei, diretamente subordinado ao Presidente da República. (Partes mantidas pelo Congresso Nacional.)

ART. 15. O Conselho Nacional de Telecomunicações terá um Presidente de livre nomeação do Presidente da República e será constituído:

a) do Diretor do Departamento dos Correios e Telégrafos, em exercício no referido cargo, o qual pode ser representado por pessoa escolhida entre os membros de seu Gabinete ou Diretores de sua repartição; (Partes mantidas pelo Congresso Nacional.)

b) de 3 (três) membros indicados, respectivamente, pelos Ministros da Guerra, Marinha e Aeronáutica;

c) de 1 (um) membro indicado pelo Chefe do Estado Maior das Forças Armadas;

d) de 4 (quatro) membros indicados, respectivamente, pelos Ministros da Justiça e Negócios Interiores, da Educação e Cultura, das Relações Exteriores e da Indústria e Comércio;

e) de 3 (três) representantes dos 3 (três) maiores partidos políticos, segundo a respectiva representação na Câmara dos Deputados no início da legislatura, indicados pela direção nacional de cada agremiação. (Partes mantidas pelo Congresso Nacional.)

f) do diretor da empresa pública que terá a seu cargo a exploração dos troncos do Sistema Nacional de Telecomunicações e serviços correlatos, o qual pode ser representado por pessoa escolhida entre os membros de seu Gabinete ou Diretores da empresa; (Partes mantidas pelo Congresso Nacional.)

g) do Diretor Geral do Departamento Nacional de Telecomunicações, sem direito a voto. (Partes mantidas pelo Congresso Nacional.)

§ 1º Se os três partidos a que se refere a alínea "e" estiveram todos apoiando o Governo, o partido de menor representação será substituído pelo maior partido de oposição, com representação na Câmara dos Deputados. (Partes mantidas pelo Congresso Nacional.)

§ 2º Os representantes dos partidos políticos de que trata este artigo serão indicados até 30 (trinta) dias após o início de cada legislatura. (Partes mantidas pelo Congresso Nacional.)

ART. 16. O mandato dos membros do Conselho mencionado nas alíneas *b, c, d,* e *e* terá a duração de 4 (quatro) anos. (Partes mantidas pelo Congresso Nacional.)

Parágrafo único. Será de dois anos apenas o primeiro mandato dos membros indicados nas alíneas *b* e... observado o disposto no § 2º do artigo anterior. (Partes mantidas pelo Congresso Nacional.)

ART. 17. Em caso de vaga, o membro que for nomeado em substituição, exercerá o mandato até o fim do período que caberia ao substituído.

Parágrafo único. É vedada a substituição dos membros do Conselho no decurso do mandato, salvo por justa causa verificada mediante inquérito administrativo, sob pena de nulidade das decisões tomadas com o voto do substituto.

ART. 18. O membro do Conselho que faltar, sem motivo justo, a 3 (três) reuniões consecutivas, perderá automaticamente o cargo.

§ 1º O Regimento Interno do Conselho disporá sobre a justificação das faltas.

§ 2º Serão nulas as deliberações de que participar, com voto decisivo, membro que tenha incorrido nas sanções deste artigo, incidindo o presidente, que houver admitido esse voto, em perda imediata de seu cargo.

ART. 19. O presidente será substituído, em seus impedimentos, pelo vice-presidente eleito pelo Conselho dentre seus membros.

Parágrafo único. O presidente tem voto de qualidade nas deliberações do Conselho.

ART. 20. Os membros do Conselho, ao se empossarem, devem fazer prova de quitação do imposto sobre a renda, declaração de bens e rendas próprias, de suas esposas e dependentes, renovando-as em 30 de julho de cada ano.

§ 1º Os documentos constantes dessas declarações serão lacrados e arquivados.

§ 2º O exame desses documentos só será admitido por determinação do Presidente da República ou do Poder Judiciário.

ART. 21. (Revogado pela Lei 5.535/1968.)

ART. 22. (Revogado pela Lei 5.535/1968.)

ART. 23. Nenhum membro do Conselho ou servidor, que, no mesmo tenha exercício, poderá fazer parte de qualquer empresa, companhia, sociedade ou firma, que tenha por objetivo comercial a telecomunicação como diretor, técnico, consultor, advogado, perito, acionista, cotista, debenturista, sócio ou assalariado, nem tão pouco ter qualquer interesse direto ou indireto na manufatura ou venda de matéria aplicável a telecomunicação. (Partes mantidas pelo Congresso Nacional.)

§ 1º A infração deste artigo - devidamente comprovada, acarretará a perda imediata do mandato no Conselho.

§ 2º Caberá ao Conselho tomar conhecimento das denúncias feitas nesse sentido e, quando por dois terços de seus votos, entender comprovadas as acusações, encaminhar ao Presidente da República o pedido de nomeação do substitutivo.

ART. 24. Das deliberações do Conselho caberá pedido de reconsideração para o mesmo e, em instância superior, recurso para o Ministro das Comunicações, salvo das deliberações tomadas sob a sua presidência, quando será dirigido diretamente ao Presidente da República. (Redação dada pela Lei 5.535/1968.)

§ 1º As decisões serão tomadas por maioria absoluta de votos dos representantes que compõem o Conselho, considerando-se unânimes tão somente as que contarem com a totalidade destes. (Redação dada pela Lei 5.535/1968.)

§ 2º O pedido de reconsideração ou o recurso de que trata este artigo deve ser apresentado no prazo de trinta (30) dias contados da notificação feita ao interessado, por telegrama ou carta registrada um e outro com aviso de recebimento, ou da publicação dessa notificação feita no Diário Oficial da União. (Redação dada pela Lei 5.535/1968.)

§ 3º O recurso terá efeito suspensivo. (Redação dada pela Lei 5.535/1968.)

ART. 25. O Departamento Nacional de Telecomunicações é a secretaria executiva do Conselho e terá a seguinte organização administrativa: (Partes mantidas pelo Congresso Nacional.)

I - Divisão de Engenharia (Partes mantidas pelo Congresso Nacional.)

II - Divisão Jurídica (Partes mantidas pelo Congresso Nacional.)

III - Divisão Administrativa (Partes mantidas pelo Congresso Nacional.)

IV - Divisão de Estatística (Partes mantidas pelo Congresso Nacional.)

V - Divisão de Fiscalização (Partes mantidas pelo Congresso Nacional.)

VI - Delegacias Regionais. (Partes mantidas pelo Congresso Nacional.)

ART. 26. O território nacional fica dividido em oito Distritos, a cada um dos quais corresponderá uma Delegacia Regional, com sede, respectivamente em (Partes mantidas pelo Congresso Nacional.)

Brasília (DF) (Partes mantidas pelo Congresso Nacional.)

Belém (PA) (Partes mantidas pelo Congresso Nacional.)

Recife (PE) (Partes mantidas pelo Congresso Nacional.)

Salvador (BA) (Partes mantidas pelo Congresso Nacional.)

Rio de Janeiro (GB) (Partes mantidas pelo Congresso Nacional.)

São Paulo (SP) (Partes mantidas pelo Congresso Nacional.)

Pôrto Alegre (RS) (Partes mantidas pelo Congresso Nacional.)

Campo Grande (MT) (Partes mantidas pelo Congresso Nacional.)

Parágrafo único. Cada Distrito terá a jurisdição delimitada pelo Conselho. (Partes mantidas pelo Congresso Nacional.)

ART. 27. São criados, no Conselho, os cargos de provimento em comissão constantes da tabela anexa. (Partes mantidas pelo Congresso Nacional.)

ART. 28. Os membros do Conselho, o seu presidente, o diretor geral os diretores de divisão e os delegados regionais serão cidadãos brasileiros de reputação ilibada e notórios conhecimentos de assuntos ligados aos diversos ramos das telecomunicações. (Partes mantidas pelo Congresso Nacional.)

ART. 29. Compete ao Conselho Nacional de Telecomunicações:

a) elaborar o seu Regimento Interno;

b) organizar, na forma da lei os serviços de sua administração;

c) elaborar o plano nacional de telecomunicações e proceder à sua revisão, pelo menos, de cinco em cinco anos, para a devida aprovação pelo Congresso Nacional; (Partes mantidas pelo Congresso Nacional.)

d) adotar medidas que assegurem a continuidade dos serviços de telecomunicações, quando as concessões, autorizações ou permissões não forem renovadas ou tenham sido cassadas, e houver interesse público na continuação desses serviços;

e) promover, orientar e coordenar o desenvolvimento das telecomunicações, bem como a constituição, organização, articulação e expansão dos serviços públicos de telecomunicações; (Partes mantidas pelo Congresso Nacional.)

f) estabelecer as prioridades previstas no art. 9º, § 2º, desta lei. (Partes mantidas pelo Congresso Nacional.)

g) propor ou promover as medidas adequadas à execução da presente lei;

h) fiscalizar o cumprimento das obrigações decorrentes das concessões, autorizações e permissões de serviços de telecomunicações e aplicar as sanções que estiverem na sua alçada;

i) rever os contratos de concessão ou atos de autorização ou permissão, por efeito da aprovação, pelo Congresso, de atos internacionais;

j) fiscalizar as concessões, autorizações e permissões em vigor; opinar sobre a respectiva renovação e propor a declaração de caducidade e perempção;

l) estudar os temas a serem debatidos pelas delegações brasileiras, nas conferências e reuniões internacionais de telecomunicações, sugerindo e propondo diretrizes;

m) estabelecer normas para a padronização da escrita e contabilidade das empresas que explorem serviços de telecomunicação;

n) promover e superintender o tombamento dos bens e a perícia contábil das empresas concessionárias ou permissionárias de serviços de telecomunicação, e das empresas subsidiárias, associadas ou dependentes delas, ou a elas vinculadas, inclusive das que sejam controladas por acionistas estrangeiros ou tenham como acionistas pessoas jurídicas com sede no estrangeiro, com o objetivo de determinação do investimento efetivamente realizado e do conhecimento de todos os elementos, que concorram para a imposição do custo do serviço, requisitando para esse fim os funcionários federais que possam contribuir para a apuração desses dados;

o) estabelecer normas técnicas dentro das leis e regulamentos em vigor, visando à eficiência e integração dos serviços no sistema nacional de telecomunicações;

p) propor ao Presidente da República o valor das taxas a serem pagas pela execução dos serviços concedidos, autorizados ou permitidos, e destinadas ao custeio do serviço de fiscalização;

q) cooperar para o desenvolvimento do ensino técnico profissional dos ramos pertinentes à telecomunicação;

r) promover e estimular o desenvolvimento da indústria de equipamentos de telecomunicações, dando preferência àqueles cujo capital na sua maioria, pertençam a acionistas brasileiros;

s) estabelecer ou aprovar normas técnicas e especificações a serem observadas na planificação da produção industrial e na fabricação de peças, aparelhos e equipamentos utilizados nos serviços de telecomunicações;

t) sugerir normas para censura nos serviços de telecomunicações, em caso de declaração de estado de sítio;

u) fiscalizar a execução dos convênios firmados pelo Governo brasileiro com outros países;

v) encaminhar à autoridade superior os recursos regularmente interpostos de seus atos, decisões ou resoluções;

x) outorgar ou renovar quaisquer permissões e autorizações de serviço de radiodifusão de caráter local (art. 33, § 5º) e opinar sobre a outorga ou renovação de concessões e autorizações (art. 34, §§ 1º e 3º);

z) estabelecer normas, fixar critérios e taxas para redistribuição de tarifa nos casos de tráfego mútuo entre as empresas de telecomunicações de todo o País;

aa) expedir certificados de licença para o funcionamento das estações de radiocomunicação e radiodifusão uma vez verificado, em vistoria, o atendimento às condições técnicas exigidas;

ab) estabelecer as qualificações necessárias ao desempenho de funções técnicas e operacionais pertinentes às telecomunicações, expedindo os certificados correspondentes;

ac) solicitar a prestação de serviços de quaisquer repartições ou autarquias federais;

ad) aplicar as penas de multa e suspensão à estação de radiodifusão que transmitir ou utilizar, total ou parcialmente, as emissões de estações congêneres sem prévia autorização;

ae) fiscalizar, durante as retransmissões de radiodifusão, a declaração do prefixo ou indicativo e a localização da estação emissora e da estação de origem;

af) fiscalizar o cumprimento, por parte das emissoras de radiodifusão, das finalidades e obrigações de programação, definidas no art. 38;

ag) estabelecer ou aprovar normas técnicas e especificações para a fabricação e uso de quaisquer instalações ou equipamentos elétricos que possam vir a causar interferências prejudiciais aos serviços de telecomunicações, incluindo-se nessa disposição as linhas de transmissão de energia e as estações e subestações transformadoras;

ah) propor ao Presidente do Conselho a imposição das penas da competência do Conselho;

ai) opinar sobre a aplicação da pena de cassação ou de suspensão, quando fundada em motivos de ordem técnica;

aj) propor, em parecer fundamentado, a declaração da caducidade ou perempção, da concessão, autorização ou permissão;

al) opinar sobre os atos internacionais de natureza administrativa, antes de sua aprovação pelo Presidente da República (artigo 3º); (Partes mantidas pelo Congresso Nacional.)

am) aprovar as especificações das redes telefônicas de exploração ou concessão estadual ou municipal.

CAPÍTULO V
DOS SERVIÇOS DE TELECOMUNICAÇÕES

ART. 30. Os serviços de telégrafos, radiocomunicações e telefones interestaduais estão sob a jurisdição da União, que explorará diretamente os troncos integrantes do Sistema Nacional de Telecomunicações, e poderá explorar diretamente ou através de concessão, autorização ou permissão, as linhas e canais subsidiários.

§ 1º Os troncos que constituem o Sistema Nacional de Telecomunicações serão explorados pela União através de empresa pública, com os direitos, privilégios e prerrogativas do Departamento dos Correios e Telégrafos, a qual avocará todos os serviços processados pelos referidos troncos, à medida que expirarem as concessões ou autorizações vigentes ou que se tornar conveniente a revogação das autorizações sem prazo determinado.

§ 2º Os serviços telefônicos explorados pelo Estado ou Município, diretamente ou através de concessão ou autorização, a partir do momento em que se ligarem direta ou indiretamente a serviços congêneres existentes em outra unidade federativa, ficarão sob fiscalização do Conselho Nacional de Telecomunicações, que terá poderes para determinar as condições de tráfego mútuo, a redistribuição das taxas daí resultante, e as normas e especificações a serem obedecidas na operação e instalação desses serviços, inclusive para fixação das tarifas.

ART. 31. Os serviços internacionais de telecomunicações serão explorados pela União diretamente ou através de concessão outorgada, sem caráter exclusivo para instalação e operação de estações em pontos determinados do território nacional, com o fim único de estabelecer serviço público internacional.

Parágrafo único. As estações dos concessionários serão ligadas ao Serviço Nacional de Telecomunicações, através do qual será encaminhado e recebido o tráfego telegráfico e telefônico para os locais não compreendidos na concessão.

ART. 32. Os serviços de radiodifusão, nos quais se compreendem os de televisão, serão executados diretamente pela União ou através de concessão, autorização ou permissão.

ART. 33. Os serviços de telecomunicações, não executados diretamente pela União, poderão ser explorados por concessão, autorização ou permissão, observadas as disposições desta Lei. (Alterado pela Lei 13.424/2017.)

§ 1º Na atribuição de frequência para a execução dos serviços de telecomunicações serão levadas em consideração:

a) o emprego ordenado e econômico do *spectrum* eletromagnético;

b) as consignações de frequências anteriormente feitas, objetivando evitar interferência prejudicial.

§ 2º Considera-se interferência qualquer emissão, irradiação ou indução que obstrua, total ou parcialmente, ou interrompa repetidamente serviços radioelétricos.

§ 3º Os prazos de concessão, permissão e autorização serão de dez anos para o serviço de radiodifusão sonora e de quinze anos para o de televisão, podendo ser renovados por períodos sucessivos e iguais. (Alterado pela Lei 13.424/2017.)

§§ 4º a 6º (Revogados). (Alterado pela Lei 13.424/2017.)

ART. 34. As novas concessões ou permissões para o serviço de radiodifusão serão precedidas de edital, publicado com sessenta dias de antecedência pelo órgão competente do Poder Executivo, convidando as entidades interessadas a apresentar suas propostas em prazo determinado. (Alterado pela Lei 13.424/2017.)

a) a *c)* (Revogadas). (Alterado pela Lei 13.424/2017.)

§ 1º A outorga da concessão ou permissão é prerrogativa do Presidente da República, depois de ouvido o órgão competente do Poder Executivo sobre as propostas e requisitos exigidos pelo edital e de publicado o respectivo parecer. (Alterado pela Lei 13.424/2017.)

§ 2º Terão preferência para a concessão as pessoas jurídicas de direito público interno, inclusive universidades.

§ 3º As disposições do presente artigo regulam as novas autorizações de serviços de caráter local no que lhes forem aplicáveis.

ART. 35. As concessões e autorizações não têm caráter de exclusividade, e se restringem, quando envolvem a utilização de radiofrequência, ao respectivo uso sem limitação do direito, que assiste à União, de executar, diretamente, serviço idêntico.

ART. 36. O funcionamento das estações de telecomunicações fica subordinado a prévia licença, de que constarão as respectivas características, e que só será expedida depois de verificada a observância de todas as exigências legais.

§ 1º A vistoria, para as estações de radiodifusão, após o atendimento das condições legais a que se refere este artigo e do registro do contrato de concessão pelo Tribunal de Contas, deverá ser procedida dentro de 30 (trinta) dias após a data da entrada do pedido de vistoria, e, aprovada esta, o fornecimento da licença para funcionamento não poderá ser retardado por mais de 30 (trinta) dias.

§ 2º O disposto neste artigo não se aplica às redes por fio do Departamento dos Correios e Telégrafos e das estradas de ferro, cumprindo-lhes, todavia, comunicar ao Conselho Nacional de Telecomunicações a data da inauguração e as características da estação, para inscrição no cadastro e ulterior verificação.

§ 3º Expirado o prazo da concessão ou autorização, perde, automaticamente, a sua validade a licença para o funcionamento da estação.

ART. 37. Os serviços de telecomunicações podem ser desapropriados, ou requisitados nos termos do artigo 141, § 16, da Constituição, e das leis vigentes. (Partes mantidas pelo Congresso Nacional.)

Parágrafo único. No cálculo da indenização serão deduzidos os favores cambiais e fiscais concedidos pela União e pelos Estados.

ART. 38. Nas concessões, permissões ou autorizações para explorar serviços de radiodifusão, serão observados, além de outros requisitos, os seguintes preceitos e cláusulas: (Redação dada pela Lei 10.610/2002.)

a) pelo menos 70% (setenta por cento) do capital total e do capital votante deverá pertencer, direta ou indiretamente, a brasileiros natos ou naturalizados há mais de dez anos, que exercerão obrigatoriamente a gestão das atividades e estabelecerão o conteúdo da programação; (Alterado pela Lei 13.424/2017.)

b) as alterações contratuais ou estatutárias deverão ser encaminhadas ao órgão competente do Poder Executivo, no prazo de sessenta dias a contar da realização do ato, acompanhadas de todos os documentos que comprovam atendimento à legislação em vigor, nos termos regulamentares; (Alterado pela Lei 13.424/2017.)

c) a transferência da concessão ou permissão de uma pessoa jurídica para outra depende, para sua validade, de prévia anuência do órgão competente do Poder Executivo; (Alterado pela Lei 13.424/2017.)

d) os serviços de informação, divertimento, propaganda e publicidade das empresas de radiodifusão estão subordinadas às finalidades educativas e culturais inerentes à radiodifusão, visando aos superiores interesses do País;

e) as emissoras de radiodifusão sonora são obrigadas a retransmitir, diariamente, no horário compreendido entre as dezenove horas e as vinte e duas horas, exceto aos sábados, domingos e feriados, o programa oficial de informações dos Poderes da República, ficando reservados sessenta minutos ininterruptos, assim distribuídos: vinte e cinco minutos para o Poder Executivo, cinco minutos para o Poder Judiciário, dez minutos para o Senado Federal e vinte minutos para a Câmara dos Deputados; (Alterado pela Lei 13.644/2018.)

f) as empresas, não só através da seleção de seu pessoal, mas também das normas de trabalho observadas nas estações emissoras devem criar as condições mais eficazes para que se evite a prática de qualquer das infrações previstas na presente lei;

g) a mesma pessoa não poderá participar da administração ou da gerência de mais de uma concessionária, permissionária ou autorizada do mesmo tipo de serviço de radiodifusão, na mesma localidade (Redação dada pela Lei 10.610/2002.)

h) as emissoras de radiodifusão, inclusive televisão, deverão cumprir sua finalidade informativa, destinando um mínimo de 5% (cinco por cento) de seu tempo para transmissão de serviço noticioso.

i) as concessionárias e permissionárias de serviços de radiodifusão deverão apresentar, até o último dia útil de cada ano, ao órgão do Poder Executivo expressamente definido pelo Presidente da República e aos órgãos de registro comercial ou de registro civil de pessoas jurídicas, declaração com a composição de seu capital social, incluindo a nomeação dos brasileiros natos ou naturalizados há mais de dez anos titulares, direta ou indiretamente, de pelo menos setenta por cento do capital total e do capital votante. (Incluída pela Lei 10.610/2002.)

j) declaração de que nenhum dos dirigentes e sócios da entidade se encontra condenado em decisão transitada em julgado ou proferida por órgão judicial colegiado nos ilícitos previstos nas alíneas b, c, d, e, f, g, h, i, j, k, l, m, n, o, p e q do inciso I do art. 1º da Lei Complementar no 64, de 18 de maio de 1990. (Acrescentada pela Lei 13.424/2017.)

§ 1º Não poderá exercer a função de diretor ou gerente de concessionária, permissionária ou autorizada de serviço de radiodifusão quem esteja no gozo de imunidade parlamentar ou de foro especial. (Redação dada pela Lei 10.610/2002.)

§ 2º (Revogado). (Alterado pela Lei 13.424/2017.)

§ 3º A falsidade das informações prestadas nos termos da alínea j deste artigo sujeitará os responsáveis às sanções penais, civis e administrativas cabíveis. (Alterado pela Lei 13.424/2017.)

§ 4º O programa de que trata a alínea e do *caput* deste artigo deverá ser retransmitido sem cortes, com início: (Acrescentado pela Lei 13.644/2018.)

I - às dezenove horas, horário oficial de Brasília, pelas emissoras educativas; (Acrescentado pela Lei 13.644/2018.)

II - entre as dezenove horas e as vinte e duas horas, horário oficial de Brasília, pelas emissoras educativas vinculadas aos Poderes Legislativos federal, estadual ou municipal, nos dias em que houver sessão deliberativa no plenário da respectiva Casa Legislativa. (Acrescentado pela Lei 13.644/2018.)

§ 5º Os casos excepcionais de flexibilização ou dispensa de retransmissão do programa serão regulamentados pelo Poder Executivo. (Acrescentado pela Lei 13.644/2018.)

§ 6º As emissoras de radiodifusão sonora são obrigadas a veicular, diariamente, às dezenove horas, exceto aos sábados, domingos e feriados, inserção informativa sobre horário de retransmissão do programa de que trata a alínea e do *caput* deste artigo. (Acrescentado pela Lei 13.644/2018.)

ART. 39. As estações de radiodifusão, nos 90 (noventa) dias anteriores às eleições gerais do País ou da circunscrição eleitoral, onde tiverem sede, reservarão diariamente 2 (duas) horas à propaganda partidária gratuita, sendo uma delas durante o dia e outra entre 20 (vinte) e 23 (vinte e três) horas e destinadas, sob critério de rigorosa rotatividade, aos diferentes partidos e com proporcionalidade no tempo de acordo com as respectivas legendas no Congresso Nacional e Assembleias Legislativas.

§ 1º Para efeito deste artigo a distribuição dos horários a serem utilizados pelos diversos partidos será fixada pela Justiça Eleitoral, ouvidos os representantes das direções partidárias.

§ 2º Requerida aliança de partidos, a rotatividade prevista no parágrafo anterior será alternada entre os partidos requerentes de alianças diversas.

§ 3º O horário não utilizado por qualquer partido será redistribuído pelos demais, não sendo permitida cessão ou transferência.

§ 4º Caberá à Justiça Eleitoral disciplinar as divergências oriundas da aplicação deste artigo.

ART. 40. As estações de rádio ficam obrigadas, a divulgar, 60 (sessenta) dias antes das eleições mencionadas no artigo anterior, os comunicados da Justiça Eleitoral até o máximo de tempo de 30 (trinta) minutos.

ART. 41. As estações de rádio e de televisão não poderão cobrar, na publicidade política, preços superiores aos em vigor, nos 6 (seis) meses anteriores, para a publicidade comum.

ART. 42. É o Poder Executivo autorizado a constituir uma entidade autônoma, sob a forma de empresa pública, de cujo capital participem exclusivamente pessoas jurídicas de direito público interno, bancos e empresas governamentais, com o fim de explorar industrialmente serviços de telecomunicações postos, nos termos da presente lei, sob o regime de exploração direta da União.

§ 1º A entidade a que se refere este artigo ampliará progressivamente seus encargos, de acordo com as diretrizes elaboradas pelo Conselho Nacional de Telecomunicações, mediante:

a) transferência, por decreto do Poder Executivo, de serviços hoje executados pelo Departamento dos Correios e Telégrafos;

b) incorporação de serviços hoje explorados mediante concessão ou autorização, à medida que estas sejam extintas;

c) desapropriação de serviços existentes, na forma da legislação vigente. (Partes mantidas pelo Congresso Nacional.)

§ 2º O Presidente da República nomeará uma comissão para organizar a nova entidade e a ela incorporar os bens móveis e imóveis pertencentes à União, atualmente sob a administração do Departamento dos Correios e Telégrafos aplicados nos serviços transferidos.

§ 3º A entidade poderá contratar pessoal de acordo com a legislação trabalhista, recrutado dentro ou fora do país, para exercer as funções de natureza técnico-especializada, relativas às instalação e uso de equipamentos especiais.

§ 4º A entidade poderá requisitar do Departamento dos Correios e Telégrafos o pessoal de que necessite para o seu funcionamento, correndo o pagamento respectivo à conta de seus recursos próprios. (Partes mantidas pelo Congresso Nacional.)

§ 5º Os recursos da nova entidade serão constituídos:

a) das tarifas cobradas pela prestação de seus serviços;

b) dos recursos do Fundo Nacional de Telecomunicações criado no art. 51 desta lei, cuja aplicação obedecerá ao Plano Nacional de Telecomunicações elaborado pelo Conselho Nacional de Telecomunicações e aprovado por decreto do Presidente da República;

c) das dotações consignadas no Orçamento Geral da União;

d) do produto de operações de crédito, juros de depósitos bancários, rendas de bens patrimoniais, venda de materiais inservíveis ou de bens patrimoniais.

§ 6º A arrecadação das taxas de outras fontes de receita será efetuada diretamente pela entidade ou mediante convênios e acordos com órgãos do Poder Público.

ART. 43. As tarifas devidas pela utilização dos serviços de telecomunicações prestados pela entidade serão fixadas pelo Conselho Nacional de Telecomunicações de forma a remunerar sempre os custos totais dos serviços, as amortizações do capital investido e a formação dos fundos necessários à conservação, reposição, modernização dos equipamentos e ampliações dos serviços.

ART. 44. É vedada a concessão ou autorização do serviço de radiodifusão a sociedades por ações ao portador, ou a empresas que não sejam constituídas exclusivamente dos brasileiros a que se referem as alíneas I e II do art. 129 da Constituição Federal.

ART. 45. A cada modalidade de telecomunicação corresponderá uma concessão, autorização ou permissão distinta que será considerada isoladamente para efeito da fiscalização e das contribuições previstas nesta lei.

ART. 46. Os Estados e Territórios Federais poderão obter permissão para o serviço telegráfico interior limitado, sob sua direta administração e responsabilidade, dentro dos respectivos limites e destinado exclusivamente a comunicações oficiais.

ART. 47. Nenhuma estação de radiodifusão, de propriedade da União, dos Estados, Territórios ou Municípios ou nas quais possuam essas pessoas de direito público maioria de cotas ou ações, poderá ser utilizada para fazer propaganda política ou difundir opiniões favoráveis ou contrárias a qualquer partido político, seus órgãos, representantes ou candidatos, ressalvado o disposto na legislação eleitoral.

ART. 48. Nenhuma estação de radiodifusão poderá transmitir ou utilizar, total ou parcialmente, as emissões de estações congêneres, nacionais ou estrangeiras, sem estar por estas previamente autorizada. Durante a irradiação, a estação dará a conhecer que se trata de retransmissão ou aproveitamento de transmissão alheia, declarando, além do próprio indicativo e localização, os da estação de origem.

ART. 49. A qualquer particular pode ser dada, pelo Conselho Nacional de Telecomunicações permissão para executar serviço limitado, para uso privado, entre duas localidades ou em uma mesma cidade, de telex, *fac-simile* ou processo semelhante. (Partes mantidas pelo Congresso Nacional.)

Parágrafo único. Só será permitido o telex internacional desde que os serviços para o Brasil sejam executados através da Rede Nacional de Telecomunicações e assegurado o recolhimento, pelo permissionário, das taxas terminais brasileiras e das de execução do trabalho pela União. (Partes mantidas pelo Congresso Nacional.)

ART. 50. As concessões e autorizações para a execução de serviços de telecomunicações poderão ser revistas sempre que se fizer necessária a sua adaptação a cláusula de atos internacionais aprovados pelo Congresso Nacional ou a leis supervenientes de atos, observado o disposto no art. 141, § 3º da Constituição Federal.

CAPÍTULO VI
DO FUNDO NACIONAL DE TELECOMUNICAÇÕES

ART. 51. (Revogado pelo Dec.-Lei 2.186/1984.)

a) a *c)* - (Revogadas pelo Dec.-Lei 2.186/1984.)

CAPÍTULO VII
DAS INFRAÇÕES E PENALIDADES

ART. 52. A liberdade de radiodifusão não exclui a punição dos que praticarem abusos no seu exercício.

ART. 53. Constitui abuso, no exercício de liberdade da radiodifusão, o emprego desse meio de comunicação para a prática de crime ou contravenção previstos na legislação em vigor no País, inclusive: (Redação dada pelo Decreto-Lei 236/1968.)

a) incitar a desobediência às leis ou decisões judiciárias; (Redação dada pelo Decreto-Lei 236/1968.)

b) divulgar segredos de Estado ou assuntos que prejudiquem a defesa nacional; (Redação dada pelo Decreto-Lei 236/1968.)

c) ultrajar a honra nacional; (Redação dada pelo Decreto-Lei 236/1968.)

d) fazer propaganda de guerra ou de processos de subversão da ordem política e social; (Redação dada pelo Dec.-Lei 236/1968.)

e) promover campanha discriminatória de classe, cor, raça ou religião; (Redação dada pelo Dec.-Lei 236/1968.)

f) insuflar a rebeldia ou a indisciplina nas forças armadas ou nas organizações de segurança pública; (Redação dada pelo Dec.-Lei 236/1968.)

g) comprometer as relações internacionais do País; (Redação dada pelo Dec.-Lei 236/1968.)

h) ofender a moral familiar, pública, ou os bons costumes; (Redação dada pelo Dec.-Lei 236/1968.)

i) caluniar, injuriar ou difamar os Poderes Legislativos, Executivo ou Judiciário ou os respectivos membros; (Redação dada pelo Dec.-Lei 236/1968.)

j) veicular notícias falsas, com perigo para a ordem pública, econômica e social; (Redação dada pelo Dec.-Lei 236/1968.)

l) colaborar na prática de rebeldia desordens ou manifestações proibidas. (Incluído pelo Dec.-Lei 236/1968)

Parágrafo único. Se a divulgação das notícias falsas houver resultado de erro de informação e fôr objeto de desmentido imediato, a nenhuma penalidade ficará sujeita a concessionária ou permissionária. (Partes mantidas pelo Congresso Nacional.)

ART. 54. São livres as críticas e os conceitos desfavoráveis, ainda que veementes, bem como a narrativa de fatos verdadeiros, guardadas as restrições estabelecidas em lei, inclusive de atos de qualquer dos poderes do Estado. (Partes mantidas pelo Congresso Nacional.)

ART. 55. É inviolável a telecomunicação nos termos desta lei. (Partes mantidas pelo Congresso Nacional.)

ART. 56. Pratica crime de violação de telecomunicação quem, transgredindo lei ou regulamento, exiba autógrafo ou qualquer documento do arquivo, divulgue ou comunique, informe ou capte, transmita a outrem ou utilize o conteúdo, resumo, significado, interpretação, indicação ou efeito de qualquer comunicação dirigida a terceiro.

§ 1º Pratica, também, crime de violação de telecomunicações quem ilegalmente receber, divulgar ou utilizar, telecomunicação interceptada.

§ 2º Somente os serviços fiscais das estações e postos oficiais poderão interceptar telecomunicação.

I - A recepção de telecomunicação dirigida por quem diretamente ou como cooperação esteja legalmente autorizado;

II - O conhecimento dado:

a) ao destinatário da telecomunicação ou a seu representante legal;

b) aos intervenientes necessários ao curso da telecomunicação;

c) ao comandante ou chefe, sob cujas ordens imediatas estiver servindo;

d) aos fiscais do Governo junto aos concessionários ou permissionários;

e) ao juiz competente, mediante requisição ou intimação deste.

Parágrafo único. Não estão compreendidas nas proibições contidas nesta lei as radiocomunicações destinadas a ser livremente recebidas, as de amadores, as relativas a navios e aeronaves em perigo, ou as transmitidas nos casos de calamidade pública.

ART. 57. Não constitui violação de telecomunicação:

I - A recepção de telecomunicação dirigida por quem diretamente ou como cooperação esteja legalmente autorizado;

II - O conhecimento dado:

a) ao destinatário da telecomunicação ou a seu representante legal;

b) aos intervenientes necessários ao curso da telecomunicação;

c) ao comandante ou chefe, sob cujas ordens imediatas estiver servindo;

d) aos fiscais do Governo junto aos concessionários ou permissionários;

e) ao juiz competente, mediante requisição ou intimação deste.

Parágrafo único. Não estão compreendidas nas proibições contidas nesta lei as radiocomunicações destinadas a ser livremente recebidas, as de amadores, as relativas a navios e aeronaves em perigo, ou as transmitidas nos casos de calamidade pública.

ART. 58. Nos crimes de violação da telecomunicação, a que se referem esta Lei e o artigo 151 do Código Penal, caberão, ainda as seguintes penas: (Substituído pelo Dec.-Lei 236/1967.)

I - Para as concessionárias ou permissionárias as previstas nos artigos 62 e 63, se culpados por ação ou omissão e independentemente da ação criminal.

II - Para as pessoas físicas:

a) 1 (um) a 2 (dois) anos de detenção ou perda de cargo ou emprego, apurada a responsabilidade em processo regular, iniciado com o afastamento imediato do acusado até decisão final;

b) para autoridade responsável por violação da telecomunicação, as penas previstas na legislação em vigor serão aplicadas em dobro;

c) serão suspensos ou cassados, na proporção da gravidade da infração, os certificados dos operadores profissionais e dos amadores responsáveis pelo crime de violação da telecomunicação.

ART. 59. As penas por infração desta lei são: (Substituído pelo Dec.-Lei 236/1967.)

a) multa, até o valor.......NCR$ 10.000,00; (Incluído pelo Dec.-Lei 236/1967.)

b) suspensão, até trinta (30) dias; (Incluído pelo Dec.-Lei 236/1967.)

c) cassação; (Incluído pelo Dec.-Lei 236/1967.)

d) detenção; (Incluído pelo Dec.-Lei 236/1967.)

§ 1º Nas infrações em que, o juízo do CONTEL, não se justificar a aplicação de pena, o infrator será advertido, considerando-se a advertência como agravante na aplicação de penas por inobservância do mesmo ou de outro preceito desta Lei. (Incluído pelo Dec.-Lei 236, de 28.2.1967)

§ 2º A pena de multa poderá ser aplicada isolada ou conjuntamente, com outras sanções especiais estatuídas nesta Lei. (Incluído pelo Dec.-Lei 236/1967.)

§ 3º O valor das multas será atualizado de 3 em 3 anos, de acordo com os níveis de correção monetária. (Incluído pelo Dec.-Lei 236/1967.)

ART. 60. A aplicação das penas desta Lei compete: (Substituído pelo Dec.-Lei 236/1967)

a) ao CONTEL: multa e suspensão, em qualquer caso; cassação, quando se tratar de permissão; (Incluído pelo Dec.-Lei 236/1967.)

b) ao Presidente da República: cassação, mediante representação do CONTEL em parecer fundamentado. (Incluído pelo Dec.-Lei 236/1967.)

ART. 61. A pena será imposta de acordo com a infração cometida, considerados os seguintes fatores: (Substituído pelo Dec.-Lei 236/1967)

a) gravidade da falta;

b) antecedentes da entidade faltosa;

c) reincidência específica.

ART. 62. A pena de multa poderá ser aplicada por infração de qualquer dispositivo legal ou quando a concessionária ou permissionária não houver cumprido, dentro do prazo estipulado, exigência que tenha sido feita pelo CONTEL. (Substituído pelo Dec.-Lei 236/1967)

ART. 63. A pena de suspensão poderá ser aplicada nos seguintes casos: (Substituído pelo Dec.-Lei 236/1967)

a) infração dos artigos 38, alíneas a, b, c, e, g e h; 53, 57, 71 e seus parágrafos;

b) infração à liberdade de manifestação do pensamento e de informação (Lei n. 5.250 de 9 de fevereiro de 1967);

c) quando a concessionária ou permissionária não houver cumprido, dentro do prazo estipulação, exigência que lhe tenha sido feita pelo.....CONTEL;

d) quando seja criada situação de perigo de vida;

e) utilização de equipamentos diversos dos aprovados ou instalações fora das especificações técnicas constantes da portaria que as tenha aprovado;

f) execução de serviço para o qual não está autorizado. (Incluído pelo Dec.-Lei 236/1967.)

Parágrafo único. No caso das letras *d*, *e* e *f* deste artigo poderá ser determinada a interrupção do serviço pelo agente fiscalizador, "ad-referedum" do CONTEL.

ART. 64. A pena de cassação poderá ser imposta nos seguintes casos: (Substituído pelo Dec.-Lei 236/1967)

a) infringência do artigo 53; (Incluído pelo Dec.-Lei 236/1967.)

b) reincidência em infração anteriormente punida com suspensão; (Incluído pelo Dec.-Lei 236/1967.)

c) interrupção do funcionamento por mais de trinta (30) dias consecutivos, exceto quando tenha, para isso, obtido autorização prévia do CONTEL; (Incluído pelo Dec.-Lei 236/1967.)

d) superveniência da incapacidade legal, técnica, financeira ou econômica para execução dos serviços da concessão ou permissão; (Incluído pelo Dec.-Lei 236/1967.)

e) não haver a concessionária ou permissionária, no prazo estipulado, corrigido as irregularidades motivadoras da suspensão anteriormente importa; (Incluído pelo Dec.-Lei 236/1967.)

f) não haver a concessionária ou permissionária cumprido as exigências e prazos estipulados, até o licenciamento definitivo de sua estação. (Incluído pelo Dec.-Lei 236/1967.)

g) não observância, pela concessionária ou permissionária, das disposições contidas no art. 222, *caput* e seus §§ 1º e 2º, da Constituição. (Incluído pela Lei 10.610/2002.)

ART. 65. O CONTEL promoverá as medidas cabíveis, punindo ou propondo a punição, por iniciativa própria ou sempre que receber representação de qualquer autoridade. (Substituído pelo Dec.-Lei 236/1967)

ART. 66. Antes de decidir da aplicação de qualquer das penalidades previstas, o CONTEL notificará a interessada para exercer o direito de defesa, dentro do prazo de 5 (cinco) dias, contados do recebimento da notificação. (Substituído pelo Dec.-Lei 236/1967)

§ 1º A repetição da falta no período decorrido entre o recebimento da notificação e a tomada de decisão, será considerada como reincidência e, no caso das transgressões citadas no artigo 53, o Presidente do CONTEL suspenderá a emissora provisoriamente.

§ 2º Quando a representação for feita por uma das autoridades a seguir relacionadas, o Presidente do CONTEL verificará "in limine" sua procedência, podendo deixar de ser feita a notificação a que se refere este artigo:

I - Em todo o Território nacional: (Incluído pelo Dec.-Lei 236/1967.)

a) Mesa da Câmara dos Deputados ou do Senado Federal; (Incluído pelo Dec.-Lei 236/1967.)

b) Presidente do Supremo Tribunal Federal; (Incluído pelo Dec.-Lei 236/1967.)

c) Ministros de Estado; (Incluído pelo Dec.-Lei 236/1967.)

d) Secretário Geral do Conselho de Segurança Nacional; (Incluído pelo Dec.-Lei 236/1967.)

e) Procurador Geral da República; (Incluído pelo Dec.-Lei 236/1967.)

f) Chefe do Estado Maior das Forças Armadas. (Incluído pelo Dec.-Lei 236/1967.)

II - Nos Estados: (Incluído pelo Dec.-Lei 236/1967.)

a) Mesa da Assembleia Legislativa; (Incluído pelo Dec.-Lei 236/1967.)

b) Presidente do Tribunal de Justiça; (Incluído pelo Dec.-Lei 236/1967.)

c) Secretário de Assuntos Relativos à Justiça; (Incluído pelo Dec.-Lei 236/1967.)

d) Chefe do Ministério Público Estadual. (Incluído pelo Dec.-Lei 236/1967.)

III - Nos Municípios: (Incluído pelo Dec.-Lei 236/1967.)

a) Mesa da Câmara Municipal; (Incluído pelo Dec.-Lei 236/1967.)

b) Prefeito Municipal. (Incluído pelo Dec.-Lei 236/1967.)

ART. 67. A perempção da concessão ou autorização será declarada pelo Presidente da República, precedendo parecer do Conselho Nacional de Telecomunicações, se a concessionária ou permissionária decair do direito à renovação (Substituído pelo Dec.-Lei 236/1967)

Parágrafo único. O direito a renovação decorre do cumprimento pela empresa, de seu contrato de concessão ou permissão, das exigências legais e regulamentares, bem como das finalidades educacionais, culturais e morais a que se obrigou, e de persistirem a possibilidade técnica e o interesse público em sua existência. (Incluído pelo Dec.-Lei 236/1967.)

ART. 68. A caducidade de concessão ou da autorização será declarada pelo Presidente da República, precedendo parecer do Conselho Nacional de Telecomunicações, nos seguintes casos: (Substituído pelo Dec.-Lei 236/1967)

a) quando a concessão ou a autorização decorra de convênio com outro país, cuja denúncia a torne inexequível;

b) quando expirarem os prazos de concessão ou autorização decorrente de convênio com outro país, sendo inviável a prorrogação.

Parágrafo único. A declaração de caducidade só se dará se for impossível evitá-la por convênio com qualquer país ou por inexistência comprovada de frequência no Brasil que possa ser atribuída à concessionária ou permissionária, a fim de que não cesse seu funcionamento. (Incluído pelo Dec.-Lei 236/1967.)

ART. 69. A declaração da perempção ou da caducidade, quando viciada por ilegalidade, abuso do poder ou pela desconformidade com os ou motivos alegados, titulará o prejudicado a postular reparação do seu direito perante o Judiciário. (Substituído pelo Dec.-Lei 236/1967)

ART. 70. Constitui crime punível com a pena de detenção de 1 (um) a 2 (dois) anos, aumentada da metade se houver dano a terceiro, a instalação ou utilização de telecomunicações, sem observância do disposto nesta Lei e nos regulamentos. (Substituído pelo Dec.-Lei 236/1967)

Parágrafo único. Precedendo ao processo penal, para os efeitos referidos neste artigo, será liminarmente procedida a busca e apreensão da estação ou aparelho ilegal.

ART. 71. Toda irradiação será gravada e mantida em arquivo durante as 24 horas subsequentes ao encerramento dos trabalhos diários de emissora. (Substituído pelo Dec.-Lei 236/1967)

§ 1º As Emissoras de televisão poderão gravar apenas o som dos programas transmitidos.

§ 2º As emissoras deverão conservar em seus arquivos os textos dos programas, inclusive noticiosos devidamente autenticados pelos responsáveis, durante 60 (sessenta) dias.

§ 3º As gravações dos programas políticos, de debates, entrevistas pronunciamentos da mesma natureza e qualquer irradiação não registrada em texto, deverão ser conservadas em arquivo pelo prazo de 20 (vinte) dias depois de transmitidas, para as concessionárias ou permissionárias até 1 kw e 30 (trinta) dias para as demais.

§ 4º As transmissões compulsoriamente estatuídas por lei serão gravadas em material fornecido pelos interessados. (Incluído pelo Dec.-Lei 236/1967.)

ART. 72. A autoridade que impedir ou embaraçar a liberdade da radiodifusão ou da televisão fora dos casos autorizados em lei, incidirá no que couber, na sanção do artigo 322 do Código Penal. (Substituído pelo Dec.-Lei 236/1967)

ARTS. 73 a 99. (Revogados pelo Dec.-Lei 236/1967.)

CAPÍTULO VIII
DAS TAXAS E TARIFAS

ART. 100. A execução de qualquer serviço de telecomunicações, por meio de concessão, autorização ou permissão, está sujeita ao pagamento de taxas cujo valor será fixado em lei.

ART. 101. Os critérios para determinação da tarifa dos serviços de telecomunicações, excluídas as referentes à Radiodifusão, serão fixados pelo Conselho Nacional de Telecomunicações de modo a permitirem:

a) cobertura das despesas de custeio;

b) justa remuneração do capital;

c) melhoramentos e expansão dos serviços (Constituição, art. 151, parágrafo único).

§ 1º As tarifas dos serviços internacionais obedecerão aos mesmos princípios deste artigo, observando-se o que estiver ou vier a ser estabelecido em acordos e convenções a que o Brasil esteja obrigado.

§ 2º Nenhuma tarifa entrará em vigor sem prévia aprovação pelo Conselho Nacional de Telecomunicações.

ART. 102. A parte da tarifa que se destinar a melhoramentos e expansão dos serviços de telecomunicações, de que trata o art. 101, letra c, será escriturada em rubrica especial na contabilidade da empresa.

ART. 103. Não poderão ser incluídos na composição do custo do serviço, para efeito da revisão ou fixação tarifária:

a) despesas de publicidade das concessionárias e permissionárias;

b) assistência técnica devida a empresas que pertençam a holding, de que faça parte também a concessionária ou permissionária;

c) honorários advocatícios, ou despesas com pareceres, quando a empresa possua órgãos técnicos permanentes para o serviço forense;

d) despesa com peritos da parte, sempre que no quadro da empresa figurem pessoas habilitadas para a perícia em questão;

e) vencimentos de diretores ou chefes de serviços, no que vierem a exceder a remuneração atribuída, no serviço federal, ao Ministro de Estado;

f) despesas não cobradas com serviços de qualquer natureza que a lei não haja tornado gratuitos, ou que não tenham sido dispensados de pagamento em resolução do Conselho Nacional de Telecomunicações, publicada no Diário Oficial.

Parágrafo único. A publicação de editais ou de notícias de evidente interesse público, não se incluirá na redação da letra a desde que previamente autorizada pelo Conselho Nacional de Telecomunicações e distribuída uniformemente por todos os jornais diários.

ART. 104. Será adotada tarifa especial para os programas educativos dos Estados, Municípios e Distrito Federal, assim como para as instituições privadas de ensino e de cultura.

ART. 105. Na ocorrência de novas modalidades do serviço, poderá o Governo até que a lei disponha a respeito, adotar taxas e tarifas provisórias, calculadas na base das que são cobradas em serviço análogo ou fixadas para a espécie em regulamento internacional.

ART. 106. A tarifa do serviço telegráfico público interior será constituída de uma taxa fixa por grupo de palavras ou fração, e de taxa de percurso por palavra. A tarifa dos serviços telefônicos, de foto-telegramas, de telex e outros congêneres, terá por base a ocupação do circuito e a distância entre as estações.

ART. 107. No serviço telegráfico público internacional a União terá direito às taxas de terminal e de trânsito brasileiras.

ART. 108. Em relação à que for cobrada pela União em serviço interior idêntico, a tarifa dos concessionários e permissionários, deverá ser:

a) igual, no serviço telegráfico das estradas de ferro;

b) nunca inferior nos casos de serviço público restrito interior;

c) sempre mais elevada, nos demais casos.

ART. 109. No serviço público telegráfico interior em tráfego mútuo entre redes da União e de estradas de ferro, a pró-rateação das taxas obedecerá ao que for estipulado pelo Conselho Nacional de Telecomunicações.

Parágrafo único. Os convênios serão aprovados pelo Conselho Nacional de Telecomunicações e o rateio das taxas obedecerá às normas por ele estabelecidas.

ART. 110. Nos serviços de telegramas e radiocomunicações de múltiplos destinos será cobrada a tarifa que vigorar para a imprensa.

ART. 111. A tarifa dos radiotelegramas internacionais será estabelecida segundo os respectivos regulamentos, considerando-se, porém, serviço público interior para esse efeito os radiotelegramas diretamente permutados entre as estações brasileiras fixas ou móveis e as estações brasileiras móveis que se acharem fora da jurisdição territorial do Brasil.

ART. 112. As disposições sobre tarifas somente têm aplicação nos casos de serviços remunerados.

Parágrafo único. O orçamento consignará anualmente dotação suficiente para cobertura das despesas correspondentes às taxas postais-telegráficas resultantes dos serviços dos órgãos dos Poderes Executivo, Legislativo e Judiciário.

ART. 113. Os concessionários e permissionários não poderão cobrar tarifas diferentes das que para os mesmos destinos no exterior e pela mesma via, estejam em vigor nas estações do Departamento de Correios e Telégrafos.

DISPOSIÇÕES GERAIS E TRANSITÓRIAS

ART. 114. Ficam revogados os dispositivos em vigor referentes ao registro de aparelhos receptores de radiodifusão.

ART. 115. São anistiadas as dívidas pelo não pagamento de taxa de registro de aparelhos receptores de radiodifusão, devendo o Poder Executivo providenciar o imediato cancelamento dessas dívidas, inclusive as já inscritas e ajuizadas.

ART. 116. Regulamentada esta lei, constituído e instalado o Conselho Nacional de Telecomunicações, ficará extinta a Comissão Técnica de Rádio, transferindo-se o seu pessoal, arquivo, expediente e instalações para o Conselho Nacional de Telecomunicações.

ART. 117. As concessões e autorizações para os serviços de radiodifusão em funcionamento ficam automaticamente mantidas pelos prazos fixados no art. 33, § 3º, desta lei.

ART. 118. O Conselho Nacional de Telecomunicações procederá, imediatamente, ao levantamento das concessões, autorizações e permissões, propondo ao Presidente da República a extinção daquelas cujos serviços não estiverem funcionando por culpa dos concessionários.

ART. 119. Até que seja aprovado o seu Quadro de Pessoal os serviços a cargo do Conselho Nacional de Telecomunicações serão executados por servidores públicos civis e militares, requisitados na forma da legislação em vigor.

ART. 120. Após a sua instalação, o Conselho Nacional de Telecomunicações proporá, dentro de 90 (noventa) dias, a organização dos quadros de seus serviços e órgãos.

ART. 121. O Conselho Nacional de Telecomunicações procederá à revisão dos contratos das empresas de telecomunicações que funcionam no país, observando:

a) a padronização de todos os contratos, observadas as circunstâncias peculiares a cada tipo de serviço;

b) a fixação de prazo para as concessionárias autorizadas a funcionar no país se adaptarem aos preceitos da presente lei e às disposições do seu respectivo regulamento.

ART. 122. É o Departamento dos Correios e Telégrafos dispensado de no último dia do ano, recolher a conta de "restos a pagar", as importâncias empenhadas na aquisição de material ou na contratação ou ajuste de serviços de terceiros, não entregues ou não concluídos antes daquela data.

§ 1º As importâncias serão depositadas no Banco do Brasil, em conta vinculada com o fornecedor, só podendo ser liberadas quando certificado o recebimento.

§ 2º A conta vinculada mencionará especificamente a data limite de entrega ou de conclusão dos serviços.

§ 3º 30 (trinta) dias após a data limite e não tendo o Departamento dos Correios e Telégrafos liberado a conta, o Banco do Brasil recolherá o depósito à conta de "restos a pagar" da União.

ART. 123. As disposições legais e regulamentares que disciplinam os serviços de telecomunicações não colidentes com esta lei e não revogadas ou derrogadas, explícita ou implicitamente, pela mesma, deverão ser consolidadas pelo Poder Executivo.

ART. 124. O tempo destinado na programação das estações de radiodifusão, à publicidade comercial, não poderá exceder de 25% (vinte e cinco por cento) do total.

ART. 125. O Departamento dos Correios e Telégrafos continuará a exercer as atribuições de fiscalização e a efetuar a arrecadação das atuais taxas, prêmios e contribuições, até que o Conselho Nacional de Telecomunicações esteja devidamente aparelhado para o exercício destas atribuições.

ART. 126. Enquanto não houver serviços telefônicos entre Brasília e as demais regiões do país, em condições de atender aos membros do Congresso Nacional em assuntos relacionados com o exercício de seus mandatos, o Conselho Nacional de Telecomunicações deverá reservar frequências para serem utilizadas por estações transmissoras e receptoras particulares, com aquele objetivo, observados os preceitos legais e regulamentares que disciplinam a matéria.

ART. 127. É o Poder Executivo autorizado a abrir, no Ministério da Fazenda, o crédito especial de Cr$ 30.000.000,00 (trinta milhões de cruzeiros) destinado a atender, no corrente exercício, às despesas de qualquer natureza com a instalação e funcionamento do Conselho Nacional de Telecomunicações.

DISPOSIÇÕES FINAIS

ART. 128. Esta lei entrará em vigor na data de sua publicação e deverá ser regulamentada, por ato do Poder Executivo, dentro de 90 (noventa) dias.

ART. 129. Revogam-se as disposições em contrário.

Brasília, 27 de agosto de 1962; 141º da Independência e 74º da República.

JOÃO GOULART

- Optamos, nesta edição, pela não publicação dos Anexos.

LEI N. 4.118, DE 27 DE AGOSTO DE 1962

Dispõe sobre a política nacional de energia nuclear, cria a Comissão Nacional de Energia Nuclear, e dá outras providências.

- *DOU*, 19.09.1962, retificado em 25.09.1962.
- Lei 4.156/1962 (Altera a legislação sobre o Fundo Federal de Eletrificação) e Dec. 57.617/1966 (regulamento).
- Lei 5.824/1972 (Dispõe sobre empréstimo compulsório, em favor da Centrais Elétricas Brasileiras S.A. - Eletrobras).
- LC 13/1972 (Autoriza a instituição de empréstimo compulsório em favor da Centrais Elétricas Brasileiras S.A. - Eletrobras).
- Dec. 51.726/1963 (Regulamenta a execução desta lei.)
- Dec. de 15.02.1991 (Mantém concessões, permissões e autorizações nos casos que menciona).
- Dec. de 8.12.1993 (Dispõe sobre a transferência da sede da Comissão Nacional de Energia Nuclear (CNEN) para o Município do Rio de Janeiro).
- Dec. 5.667/2006 (Aprova a Estrutura Regimental e o Quadro Demonstrativo dos Cargos em Comissão e das Funções Gratificadas da Comissão Nacional de Energia Nuclear - CNEN).
- Dec.-Lei 1.982/1982 (Dispõe sobre o exercício das atividades nucleares incluídas no monopólio da União, o controle do desenvolvimento de pesquisas no campo da energia nuclear).

O Presidente da República. Faço saber que o Congresso Nacional decreta e eu sanciono a seguinte Lei:

CAPÍTULO I
DISPOSIÇÕES PRELIMINARES

ART. 1º Constituem monopólio da União:

- Dec.-Lei 1.982/1982 (Dispõe sobre o exercício das atividades nucleares incluídas no monopólio da União, o controle do desenvolvimento de pesquisas no campo da energia nuclear).

I - A pesquisa e lavra das jazidas de minérios nucleares localizados no território nacional;

II - O comércio dos minérios nucleares e seus concentrados; dos elementos nucleares e seus compostos; dos materiais físseis e férteis, dos radioisótopos artificiais e substanciais e substâncias radioativas das três séries naturais; dos subprodutos nucleares;

III - A produção de materiais nucleares e suas industrializações.

Parágrafo único. Compete ao Poder Executivo, VETADO, orientar a Política Nacional de Energia Nuclear.

ART. 2º Para os efeitos da presente lei são adotadas as seguintes definições:

Elemento nuclear: É todo elemento químico que possa ser utilizado na libertação de energia em reatores nucleares ou que possa dar origem a elementos químicos que possa ser utilizados para esse fim.

Periodicamente, o Poder Executivo, por proposta da Comissão Nacional de Energia Nuclear, especificará os elementos que devem ser considerados nucleares, além do urânio natural e do tório.

Mineral nuclear: É todo mineral que contenham em sua composição um ou mais elementos nucleares.

Minério nuclear: É toda concentração natural de mineral nuclear na qual o elemento ou elementos nucleares ocorrem em proporção e condições tais que permitam sua exploração econômica.

Urânio enriquecido nos isótopos 235 ou 233: É o Urânio que contém o isótopo 235, o isótopo 233, ou ambos, em tal quantidade que a razão entre a soma das quantidades desses isótopos e a do isótopo 238 seja superior à razão entre a quantidade do isótopo 235 e a do isótopo 238 existente no urânio natural.

Material nuclear: com esta designação se compreendem os elementos nucleares ou seus subprodutos (elementos transurânicos, (U-233) em qualquer forma de associação (i.e. metal, liga ou combinação química).

Material fértil: com essa designação se compreendem: o urânio natural; o urânio cujo teor em isótopo 235 é inferior ao que se encontra na natureza: o tório; qualquer dos materiais anteriormente citados sob a forma de metal, liga, composto químico ou concentrado; qualquer outro material que contenha um ou mais dos materiais supracitados em concentração que venha a ser estabelecida pela Comissão Nacional de Energia Nuclear; e qualquer outro material que venha a ser subsequentemente considerado como material fértil pela Comissão Nacional de Energia Nuclear.

Material físsil especial: Com essa designação se compreendem: o plutônio 239; o urânio 233; o urânio enriquecido nos isótopos 235 ou 233; qualquer material que contenham um ou mais dos materiais supracitados; qualquer material físsil que venha a ser subsequentemente classificado como material físsil especial pela Comissão Nacional de Energia Nuclear. A expressão material físsil especial não se aplica porém ao material fértil.

Subproduto nuclear: É todo material (radioativo ou não) resultante de processo destinado à produção ou utilização de material físsil especial, ou todo material (com exceção do material físsil especial), formado por exposição de quaisquer elementos químicos à radiação libertada nos processos de produção ou de utilização de materiais físseis especiais.

Parágrafo único. A Comissão Nacional de Energia Nuclear classificará (quando necessário) os minérios nucleares para os efeitos do disposto neste artigo.

CAPÍTULO II
DA COMISSÃO NACIONAL DE ENERGIA NUCLEAR

SEÇÃO I
DOS FINS

ART. 3º Fica criada a Comissão Nacional de Energia Nuclear (C.N.E.N.), como autarquia federal, com autonomia administrativa e financeira, VETADO.

ARTS. 4º e 5º. (Revogados pela Lei 6.189/1974).

ART. 6º A Comissão Nacional de Energia Nuclear poderá contratar os serviços de pessoas físicas ou jurídicas, públicas ou privadas para a execução das medidas previstas nos itens II e V do art. 4º desta lei, exceto para a operação de reatores de potência, mantendo em todos os casos a fiscalização e controle de execução.

ART. 7º Fica o Poder Executivo autorizado a garantir, diretamente, ou por intermédio do Banco Nacional de Desenvolvimento Econômico, os créditos externos obtidos na conformidade do inciso VIII do art. 4º desta lei.

ART. 8º Para realização de seus objetivos, a Comissão é autorizada a promover a organização de laboratórios, institutos e outros estabelecimentos de pesquisa científica a ela subordinadas técnica e administrativamente, bem como a operar em regime de cooperação com outras instituições existentes no País.

SEÇÃO II
DA CONSTITUIÇÃO DA COMISSÃO

ART. 9º A Comissão Nacional de Energia Nuclear será constituída por cinco (5) Membros, dos quais um será o Presidente.

Parágrafo único. O Presidente e os demais Membros da CNEN serão nomeados pelo Poder Executivo, dentre pessoas de reconhecida idoneidade moral e capacidade administrativa em setores científicos ou técnicos.

ART. 10. Os Membros da CNEN serão nomeados por um período de cinco (5) anos, sendo facultada sua recondução.

§ 1º Na composição da CNEN efetuada logo após a promulgação desta lei, as nomeações serão feitas por períodos iniciais diferentes de um, dois, três, quatro e cinco anos. Os decretos de nomeação deverão estabelecer para cada Membro nomeado o período e a data na qual o mesmo terá início.

§ 2º O Membro da CNEN designado para ocupar vaga ocorrida durante os períodos acima estabelecidos terminará o período de Membro substituído.

§ 3º Mediante representação motivada da CNEN que deliberará por maioria absoluta de seus componentes, o Poder Executivo poderá demitir, por ineficiência, negligência no cumprimento do dever ou malversação, qualquer de seus Membros.

ART. 11. São condições para nomeação de Membros da CNEN:

a) ser brasileiro (art. 129, itens I e II da Constituição Federal);

b) ter elevada conduta moral e reconhecida capacidade técnica;

c) não ter interesses particulares diretos ou indiretos, na prospecção, pesquisa, lavra, industrialização e comércio de materiais nucleares no uso industrial da energia nuclear e suas aplicações;

d) não ter tido nos últimos três anos, a qualquer título, interesses financeiros - ligados às atividades da CNEN;

e) não possuir, quando de sua posse, ações de quaisquer empresas subsidiárias criadas pela CNEN:

f) deixar de exercer qualquer outro tipo de atividade, VETADO, particular. Não se inclui nesta proibição o magistério superior (Constituição Federal art. 185).

ART. 12. O Presidente da CNEN representá-la-á em todas as suas relações externas e será substituído, em seus impedimentos, por um dos Membros da Comissão por ele designado.

Parágrafo único. Os trabalhos da CNEN serão regulados no Regimento Interno.

ART. 13. As deliberações da CNEN serão tomadas por maioria de votos de seus Membros cabendo ao Presidente, além do voto comum o de desempate.

ART. 14. Os servidores públicos civis e os empregados de autarquias e sociedades de economia mista nomeados Membros da Comissão ou designados para nela servirem, serão licenciados, contando como de efetivo serviço o período que servirem na Comissão para todos os efeitos. VETADO.

Parágrafo único. Os militares designados para servir na CNEN, serão considerados em função da natureza ou interesse militar para os fins dispostos nos arts. 24, letra " e " e 29, letra " i ", da Lei n. 1.316, de 20 de janeiro de 1951 e o tempo que os mesmos passarem na referida Comissão será considerado de efetivo serviço para efeito do art. 54 da Lei número 2.370 de 9.12.54.

ART. 15. Os membros da CNEN perceberão vencimentos correspondentes ao símbolo 1-C.

ART. 16. Para a elaboração de seus estudos e planos, a CNEN poderá requisitar, na forma da legislação em vigor, ou contratar, pessoal científico e técnico especializado nacional ou estrangeiro, bem como constituir comissões consultivas para assuntos especializados.

Parágrafo único. (Vetado).

SEÇÃO III
DO PATRIMÔNIO E SUA UTILIZAÇÃO

ART. 17. O patrimônio da CNEN será formado:

a) pelos bens e direitos que lhe forem doados ou por ela adquiridos;

b) pelo saldo de rendas próprias ou de recursos orçamentários, quando transferidos para a conta patrimonial.

Parágrafo único. Serão transferidos para o patrimônio da CNEN os bens do Conselho Nacional de Pesquisas que de comum acordo entre os dois órgãos, devam sê-lo em razão da atividade anterior da Comissão de Energia Atômica do mesmo Conselho.

ART. 18. A CNEN poderá adquirir os bens necessários à realização de seus fins, mas só poderá vendê-lo, mediante autorização do Poder Executivo.

SEÇÃO IV
DO FUNDO NACIONAL DE ENERGIA NUCLEAR

ART. 19. É instituído um Fundo Nacional de Energia Nuclear destinado ao desenvolvimento das aplicações da Energia Nuclear, e que será administrado e movimentado pela Comissão.

ART. 20. Constituirão o Fundo Nacional de Energia Nuclear:

a) doze por cento (12%) do produto da arrecadação do Fundo Federal de Eletrificação criado pela Lei número 2.308, de 31 de agosto de 1954;

b) os créditos especialmente concedidos para tal fim;

c) o saldo de dotações orçamentárias da CNEN;

d) o saldo de créditos especiais abertos por lei;

e) quaisquer rendas e receitas eventuais.

§ 1º A parcela do Fundo Federal de Eletrificação, de que trata a letra (a) deste artigo será entregue pelo Banco Nacional do Desenvolvimento Econômico à CNEN - em quotas trimestrais.

SEÇÃO V
DO REGIME FINANCEIRO DA CNEN

ART. 21. Os recursos destinados às atividades da CNEN serão provenientes de:

a) dotações orçamentárias que lhe forem atribuídas pela União;

b) arrecadação do Fundo Nacional de Energia Nuclear;

c) renda da aplicação de bens patrimoniais;

d) receita resultante de todas as operações e atividades da Comissão;

e) créditos especiais abertos por Lei;

f) produtos de alienação de bens patrimoniais;

g) legados, donativos e outras rendas, que por natureza ou força de lei, lhe devam competir:

h) quantias provenientes de empréstimos bancários de entidades oficiais ou privadas e de qualquer outra forma de crédito ou financiamento.

ART. 22. A dotação correspondente a cada exercício financeiro constará do orçamento da União, com título próprio, para ser entregue à Comissão em quotas, semestrais antecipadas e que serão depositadas, para movimentação, em conta corrente em instituição oficial de crédito.

ART. 23. A CNEN organizará anualmente sua proposta de orçamento, justificando-a com indicação do plano de trabalho correspondente e submetendo-a à aprovação do Poder Executivo.

ART. 24. A CNEN prestará contas, anualmente, ao Tribunal de Contas da União.

Parágrafo único. A prestação de contas das despesas efetuadas com atividades que tenham sido consideradas de caráter sigiloso, poderá ser feita sigilosamente, a critério da CNEN, adotando-se um processo especial que o resguarde.

SEÇÃO VI
DISPOSIÇÕES GERAIS

ARTS. 25 e 26. (Revogados pela Lei 6.571/1978.)

ART. 27. O caráter sigiloso das atividades da CNEN será estabelecido pela Comissão, quando julgar necessário, caso não tenha sido determinado préviamente por órgãos com autoridade para fazê-lo.

Parágrafo único. A desclassificação do caráter sigiloso poderá ser feita pelo órgão que a tiver estabelecido, por sua própria iniciativa ou por solicitação fundamentada pela Comissão.

ART. 28. As atividades da CNEN que não se revistam de caráter sigiloso, poderão ser divulgadas sob a forma que a Comissão julgar mais apropriada à informação e ao setor da opinião pública a que esta se destina.

Parágrafo único. A divulgação de informações que posam afetar a segurança nacional, só será feita após consulta ao Conselho de Segurança Nacional.

ART. 29. Serão isentos de impostos e taxas, os aparelhos, instrumentos, máquinas, instalações, matérias-primas, produtos semimanufaturados ou manufaturados e quaisquer outros materiais importados pela CNEN em consequência de seu programa de trabalho.

Parágrafo único. A isenção só se tornará efetiva após a publicação no Diário Oficial, de Portaria do Ministro da Fazenda, discriminando a quantidade, qualidade, valor e procedência dos bens isentos.

ART. 30. A CNEN gozará dos seguintes privilégios:

a) seus bens e rendas não serão passíveis de penhora, arresto, sequestro ou embargo;

b) serão extensivos às suas obrigações, dívidas ou encargos passivos, os prazos de prescrição de que goza a Fazenda Nacional;

c) poderá adquirir, por compra ou permuta, bens da União, independente de hasta pública;

d) ser-lhe-á assegurada a via executiva fiscal da União, bem como gozará de quaisquer processos especiais a essa extensivos na cobrança de seus créditos, gozando seus representantes dos privilégios e prazos atribuídos aos procuradores da União, com exclusão, entretanto, de quaisquer percentagens, e sendo idêntico ao da União o regime de custas;

e) as certidões, cópias autênticas, ofícios e todos os atos dela emanados terão fé pública;

f) gozará de isenção tributária.

CAPÍTULO III
DOS MINERAIS E MINÉRIOS NUCLEARES

DISPOSIÇÕES GERAIS

ART. 31. As minas e jazidas de substâncias de interesse para a produção de energia atômica constituem reservas nacionais, consideradas essenciais à segurança do País e são mantidas no domínio da União como bens imprescritíveis e inalienáveis.

ARTS. 32 e 33. (Revogados pela Lei 6.189/1974.)

CAPÍTULO IV
DO COMÉRCIO DE MATERIAIS NUCLEARES

ARTS. 34 a 37. (Revogados pela Lei 6.189/1974.)

ART. 38. A CNEN é autorizada a adquirir fora do País os materiais ou equipamentos que interessem ao desenvolvimento e utilização da energia nuclear, ou contratar serviços com o mesmo fim, podendo para isso, utilizar os fundos de que disponha ou outros que lhe sejam atribuídos.

Parágrafo único. Para atender às importações de que trata a presente lei, o Conselho de Superintendência da Moeda e do Crédito reservará verba especial nos orçamentos de câmbio.

ART. 39. A exportação ou importação clandestina dos materiais nucleares enumerados no artigo 34, constitui crime contra a Segurança Nacional.

ART. 40. É proibida a posse ou transferência de material nuclear, inclusive subprodutos, sem autorização expressa da CNEN, mesmo no comércio interno; pena de perda das vantagens ou produtos e reclusão de um (1) a quatro (4) anos para os responsáveis.

CAPÍTULO V
DISPOSIÇÕES TRANSITÓRIAS

ART. 41. A CNEN poderá celebrar convênios com órgãos de pesquisa para auxiliar-lhes a atividade.

ART. 42. O Poder Executivo promoverá a revisão dos acordos ou convênios internacionais em vigor e dos contratos existentes com empresas particulares, para adaptá-los aos termos desta lei.

ART. 43. É autorizado o Poder Executivo a abrir, VETADO, um crédito especial de três bilhões de cruzeiros (Cr$3.000.000.000,00), a fim de atender, no corrente exercício, às despesas decorrentes da execução do programa da CNEN.

ART. 44. Esta lei entrará em vigor na data de sua publicação, revogadas as disposições em contrário.

Brasília, 27 de agosto de 1962; 141º da Independência e 74º da República.

JOÃO GOULART

LEI N. 4.121, DE 27 DE AGOSTO DE 1962

Dispõe sobre a situação jurídica da mulher casada.

- *DOU*, 03.09.1962.

O Presidente da República. Faço saber que o Congresso Nacional decreta e eu sanciono a seguinte Lei:

ART. 1º Os artigos 6º, 233, 240, 242, 246, 248, 263, 269, 273, 326, 380, 393, 1.579 e 1.611 do Código Civil e 469 do Código do Processo Civil, passam a vigorar com a seguinte redação:

- Alterações promovidas no texto do referido Código.
- Refere-se ao CC/1916.

ART. 2º A mulher, tendo bens ou rendimentos próprios, será obrigada, como no regime da separação de bens (art. 277 do Código Civil), a contribuir para as despesas comuns, se os bens comuns forem insuficientes para atendê-las.

- Refere-se ao CC/1916.
- Art. 1.688, CC/2002.

ART. 3º Pelos títulos de dívida de qualquer natureza, firmados por um só dos cônjuges, ainda que casado pelo regime de comunhão universal, somente responderão os bens particulares do signatário e os comuns até o limite de sua meação.

ART. 4º Esta lei entrará em vigor 45 (quarenta e cinco) dias após a sua publicação, revogadas as disposições em contrário.

Brasília, 27 de agosto de 1962; 141º da Independência e 74º da República.

JOÃO GOULART

LEI N. 4.131, DE 3 DE SETEMBRO DE 1962

Disciplina a aplicação do capital estrangeiro e as remessas de valores para o exterior e dá outras providências.

- *DOU*, 27.09.1962, retificado em 28.09.1962.
- Lei 4.390/1964 (Altera esta lei).
- Lei 9.069/1995 (Dispõe sobre o Plano Real, o Sistema Monetário Nacional, estabelece as regras e condições de emissão do REAL e os critérios para conversão das obrigações para o REAL) e
- Dec. 55.762/1965 (Regulamenta esta lei.)
- Dec. 91.152/1985 (Cria o Conselho de Recursos do Sistema Financeiro Nacional).

Faço saber que o Congresso Nacional decretou, o Presidente da República sancionou, nos termos do § 2º do art. 70 da Constituição Federal, e eu, Auro Moura Andrade, Presidente do Senado Federal, promulgo, de acordo com o disposto no § 4º do mesmo artigo da Constituição, a seguinte Lei:

ART. 1º Consideram-se capitais estrangeiros, para os efeitos desta lei, os bens, máquinas e equipamentos, entrados no Brasil sem dispêndio inicial de divisas, destinados à produção de bens ou serviços, bem como os recursos financeiros ou monetários, introduzidos no país, para aplicação em atividades econômicas desde que, em ambas as hipóteses, pertençam a pessoas físicas ou jurídicas residentes, domiciliadas ou com sede no exterior.

ART. 2º Ao capital estrangeiro que se investir no País, será dispensado tratamento jurídico idêntico ao concedido ao capital nacional em igualdade de condições, sendo vedadas quaisquer discriminações não previstas na presente lei.

DO REGISTRO DOS CAPITAIS, REMESSAS E REINVESTIMENTOS

ART. 3º Fica instituído, na Superintendência da Moeda e do Crédito, um serviço especial de registro de capitais estrangeiros, qualquer que seja sua forma de ingresso no País, bem como de operações financeiras com o exterior, no qual serão registrado:

a) os capitais estrangeiros que ingressarem no País sob a forma de investimento direto ou de empréstimo, quer em moeda, quer em bens;

b) as remessas feitas para o exterior com o retorno de capitais ou como rendimentos desses capitais, lucros, dividendos, juros, amortizações, bem como as de *royalties*, ou por qualquer outro título que implique transferência de rendimentos para fora do País;

c) os reinvestimentos de lucros dos capitais estrangeiros;

d) as alterações do valor monetário do capital das empresas procedidas de acordo com a legislação em vigor.

Parágrafo único. O registro dos reinvestimentos a que se refere a letra "c" será devido, ainda que se trate de pessoa jurídica com sede no Brasil mas filiada a empresas estrangeiras ou controlada por maioria de ações pertencentes a pessoas físicas ou jurídicas com residência ou sede no estrangeiro.

ART. 4º O registro de capitais estrangeiros será efetuado na moeda do país de origem, e o de reinvestimento de lucro simultaneamente em moedas nacional e na moeda do país para o qual poderiam ter sido remetidos, realizada a conversão à taxa cambial do período durante o qual foi comprovadamente efetuado o reinvestimento. (Redação dada pela Lei 4.390/1964.)

Parágrafo único. Se o capital for representado por bens, o registro será feito pelo seu preço no país de origem ou, na falta de comprovantes satisfatórios, segundo os valores apurados na contabilidade da empresa receptora do capital ou ainda pelo critério de avaliação que for determinado em regulamento. (Redação dada pela Lei 4.390/1964.)

ART. 5º O registro do investimento estrangeiro será requerido dentro de trinta dias da data de seu ingresso no País e independente do pagamento de qualquer taxa ou emolumento. No mesmo prazo, a partir da data de aprovação do respectivo registro contábil, pelo órgão competente da empresa, proceder-se-á ao registro dos reinvestimentos de lucros. (Redação dada pela Lei 4.390/1964.)

§ 1º Os capitais estrangeiros e respectivos reinvestimentos de lucros já existentes no País, também estão sujeitos a registro, o qual será requerido por seus proprietários ou responsáveis pelas empresas em que estiverem aplicados, dentro do prazo de 180 (cento e oitenta) dias, da data da publicação desta lei. (Renumerado pela Lei 4.390/1964.)

§ 2º O Conselho da Superintendência da Moeda e do Crédito determinará quais os comprovantes a serem exigidos para concessão do registro dos capitais de que trata o parágrafo anterior. (Incluído pela Lei 4.390/1964.)

ART. 6º A Superintendência da Moeda e do Crédito tomará as providências necessárias para que o registro dos dados a que se referem os artigos anteriores seja mantido atualizado, ficando as empresas obrigadas a prestar as informações que ela lhes solicitar.

Parágrafo único. O não fornecimento das informações regulamentares exigidas, ou a prestação de informações falsas, incompletas, incorretas ou fora dos prazos e das condições previstas na regulamentação em vigor constituem infrações sujeitas à multa prevista no art. 58 desta Lei. (Incluído pela Med. Prov. 2.224/2001.)

ART. 7º Consideram-se reinvestimentos para os efeitos desta lei, os rendimentos auferidos por empresas estabelecidas no País e atribuídos a residentes e domiciliados no exterior, e que forem reaplicados nas mesmas empresas de que procedem ou em outro setor da economia nacional. (Redação dada pela Lei 4.390/1964.)

DAS REMESSAS DE JUROS, "ROYALTIES" E POR ASSISTÊNCIA TÉCNICA

ART. 8º As remessas de juros de empréstimos, créditos e financiamentos serão consideradas como amortização do capital na parte que excederem da taxa de juros constante ao contrato respectivo e de seu respectivo registro, cabendo à SUMOC impugnar e recusar a parte da taxa que exceder à taxa vigorante no mercado financeiro de onde procede o empréstimo, crédito ou financiamento, na data de sua realização, para operações do mesmo tipo e condições.

ART. 9º As pessoas físicas e jurídicas que desejarem fazer transferências para o exterior a título de lucros, dividendos, juros, amortizações, *royalties* assistência técnica científica, administrativa e semelhantes, deverão submeter aos órgãos competentes da SUMOC e da Divisão do Imposto sobre a Renda, os contratos e documentos que forem considerados necessários para justificar a remessa. (Redação dada pela Lei 4.390/1964.)

§ 1º As remessas para o exterior dependem do registro da empresa na SUMOC e de prova de pagamento do imposto de renda que for devido. (Renumerado do parágrafo único pela Lei 4.390/1964.)

§ 2º Em casos de registros requeridos e ainda não concedidos, nem denegados, a realização das transferências de que trata este artigo poderá ser feita dentro de 1 (um) ano, a partir da data desta lei, mediante termo de responsabilidade assinado pelas empresas interessadas, prazo este prorrogável 3 (três) vezes consecutivas, por ato do Presidente da República, em face de exposição do Ministro da Fazenda. (Incluído pela Lei 4.390/1964.)

› Dec. de 15.02.1991 (Mantém concessões, permissões e autorizações nos casos que menciona).

§ 3º No caso previsto pelo parágrafo anterior, as transferências sempre dependerão de prova de quitação do Imposto de Renda. (Incluído pela Lei 4.390/1964.)

ART. 10. A Superintendência da Moeda e do Crédito poderá, quando considerar necessário, verificar a assistência técnica, administrativa ou semelhante, prestada a empresas estabelecidas no Brasil, que impliquem remessas de divisas para o exterior, tendo em vista apurar a efetividade dessa assistência. (Redação dada pela Lei 4.390/1964.)

ART. 11. Os pedidos de registro de contrato, para efeito de transferências financeiras para o pagamento dos *royalties*, devido pelo uso de patentes, marcas de indústria e comércio ou outros títulos da mesma espécie, serão instruídos com certidão probatória da assistência e vigência, no Brasil, dos respectivos privilégios concedidos pelo Departamento Nacional de Propriedade Industrial, bem como de documento hábil probatório de que eles não caducaram no País de origem. (Redação dada pela Lei 4.390/1964.)

ART. 12. As somas das quantias devidas a título de *royalties* pela exploração de patentes de invenção, ou uso das marcas de indústria e de comércio e por assistência técnica, científica, administrativa ou semelhante, poderão ser deduzidas, nas declarações de renda, para o efeito do art. 37 do Decreto n. 47.373, de 07.12.1959, até o limite máximo de cinco por cento (5%) da receita bruta do produto fabricado ou vendido.

§ 1º Serão estabelecidos e revistos periodicamente, mediante ato do Ministro da Fazenda, os coeficientes percentuais admitidos para as deduções a que se refere este artigo, considerados os tipos de produção ou atividades reunidos em grupos, segundo o grau de essencialidade.

§ 2º As deduções de que este artigo trata, serão admitidas quando comprovadas as despesas de assistência técnica, científica, administrativa ou semelhantes, desde que efetivamente prestados tais serviços, bem como mediante o contrato de cessão ou licença de uso de marcas e de patentes de invenção, regularmente registrado no País, de acordo com as prescrições do Código de Propriedade Industrial.

§ 3º As despesas de assistência técnica, científica, administrativa e semelhantes, somente poderão ser deduzidas nos cinco primeiros anos do funcionamento da empresa ou da introdução de processo especial de produção, quando demonstrada sua necessidade, podendo este prazo ser prorrogado até mais cinco anos, por autorização do Conselho da Superintendência do Conselho da Superintendência da Moeda e do Crédito.

ART. 13. Serão consideradas, como lucros distribuídos e tributados, de acordo com os arts. 43 e 44, as quantias devidas a título de *royalties* pela exploração de patentes de invenção e por assistência de patentes de invenção e por assistência técnica, científica, administrativa ou semelhante, que não satisfizerem as condições ou excederem os limites previstos no artigo anterior.

Parágrafo único. Também será tributado de acordo com os arts. 43 e 44 o total das quantias devidas a pessoas físicas ou jurídicas residentes ou sediadas no exterior, a título de uso de marcas de indústria e de comércio.

ART. 14. Não serão permitidas remessas para pagamentos de *royalties*, pelo uso de patentes de invenção e de marcas de indústria ou de comércio, entre filial ou subsidiária de empresa estabelecida no Brasil e sua matriz com sede no exterior ou quando a maioria do capital da empresa no Brasil, pertença ao aos titulares do recebimento dos *royalties* no estrangeiro.

Parágrafo único. Nos casos de que trata este artigo não é permitida a dedução prevista no art. 12 (doze).

ART. 15. (Revogado pelo Dec.-Lei 37/1966.)

ART. 16. Fica o Governo autorizado a celebrar acordos de cooperação administrativa com países estrangeiros, visando ao intercâmbio de informações de interesse fiscal e cambial, tais como remessas de lucros e *royalties*, pagamento de serviços de assistência técnica e semelhantes, valor de bens importados, alugueis de filmes cinematográficos, máquinas etc., bem como de quaisquer outros elementos que sirvam de base à incidência de tributos.

Parágrafo único. O Governo procurará celebrar, com os Estados e Municípios, acordos ou convênios de cooperação fiscal, visando a uma ação coordenada dos controles fiscais exercidos pelas repartições federais, estaduais e municipais, a fim de alcançar maior eficiência na fiscalização e arrecadação de quaisquer tributos e na repressão à evasão e sonegação fiscais.

DOS BENS E DEPÓSITOS NO EXTERIOR E DAS NORMAS DE CONTABILIDADE

ARTS. 17 a 19. (Revogados pelo Dec.-Lei 94/1966.)

ART. 20. Por ato regulamentar, o Poder Executivo estabelecerá planos de contas e normas gerais de contabilidade, padronizadas para grupos homogêneos de atividades adaptáveis às necessidades e possibilidades das empresas de diversas dimensões.

Parágrafo único. Aprovados, por ato regulamentar, o plano de contas e as normas gerais contábeis a elas aplicáveis, todas as pessoas jurídicas do respectivo grupo de atividades serão obrigadas a observá-los em sua contabilidade, dentro dos prazos previstos em regulamento, que deverão permitir a adaptação ordenada dos sistemas em prática.

ART. 21. É obrigatória, nos balanços das empresas, inclusive sociedades anônimas, a discriminação da parcela de capital e dos créditos pertencentes a pessoas físicas ou jurídicas, residentes, domiciliadas ou com sede no exterior, registrados na Superintendência da Moeda e do Crédito.

ART. 22. Igual discriminação será feita na conta de lucros e perdas, para evidenciar a parcela de lucros, dividendos, juros e outros quaisquer proventos atribuídos a pessoas físicas ou jurídicas, residentes, domiciliadas ou com sede no estrangeiro cujos capitais estejam registrados na Superintendência da Moeda e do Crédito.

DISPOSITIVOS CAMBIAIS

ART. 23. As operações cambiais no mercado de taxa livre serão efetuadas através de estabelecimentos autorizados a operar em câmbio, com a intervenção de corretor oficial quando previsto em lei ou regulamento, respondendo ambos pela identidade do cliente, assim como pela correta classificação das informações por este prestadas, segundo normas fixadas pela Superintendência da Moeda e do Crédito.

§ 1º As operações que não se enquadrem claramente nos itens específicos do Código de Classificação adotado pela SUMOC, ou sejam classificáveis em rubricas residuais, como "Outros" e "Diversos", só poderão ser realizadas através do Banco do Brasil S.A.

§ 2º Constitui infração imputável individualmente ao estabelecimento bancário, ao corretor e ao cliente a declaração de falsa identidade no formulário que, segundo o modelo determinado pelo Banco Central do Brasil, será exigido em cada operação, assinado pelo cliente e visado pelo estabelecimento bancário e pelo corretor que nela intervierem. (Alterado pela Lei 13.506/2017.)

§ 3º Constitui infração, de responsabilidade exclusiva do cliente, a declaração de informações falsas no formulário a que se refere o § 2º deste artigo. (Alterado pela Lei 13.506/2017.)

§ 4º Constitui infração imputável individualmente ao estabelecimento bancário e ao corretor que intervierem na operação a classificação em desacordo com as normas fixadas pelo Banco Central do Brasil das informações prestadas pelo cliente no formulário a que se refere o § 2º deste artigo. (Alterado pela Lei 13.506/2017.)

§ 5º (Revogado). (Alterado pela Lei 13.506/2017.)

§ 6º O texto do presente artigo constará obrigatoriamente do formulário a que se refere o § 2º.

§ 7º A utilização do formulário a que se refere o § 2º deste artigo não é obrigatória nas operações de compra e de venda de moeda estrangeira de até o equivalente a US$ 10.000,00 (dez mil dólares norte-americanos), sendo autorizado ao Poder Executivo aumentar esse valor por ato normativo. (Alterado pela Lei 13.017/2014.)

ART. 24. Cumpre aos estabelecimentos bancários autorizados a operar em câmbio, transmitir á Superintendência da Moeda e do Crédito, diariamente, informações sobre o montante de compra e venda de câmbio, com a especificação de suas finalidades, segundo a classificação estabelecida.

Parágrafo único. Quando os compradores ou vendedores de câmbio forem pessoas jurídicas, as informações estatísticas devem corresponder exatamente aos lançamentos contábeis correspondentes, destas empresas.

ART. 25. Os estabelecimentos bancários que deixarem de informar o montante exato das operações realizadas estarão sujeitos a multa, nos termos do art. 58 desta Lei. (Alterado pela Lei 13.506/2017.)

Parágrafo único. (Revogado). (Alterado pela Lei 13.506/2017.)

ART. 26. No caso de infrações repetidas, o inspetor-geral de Bancos solicitará ao Diretor Executivo da Superintendência da Moeda e do Crédito o cancelamento da autorização para operar em câmbio, do estabelecimento bancário por elas responsável, cabendo a decisão final ao Conselho da Superintendência da Moeda e do Crédito.

ART. 27. O Conselho da Superintendência da Moeda e do Crédito poderá determinar que as operações cambiais referentes a movimentos de capital sejam efetuadas, no todo ou em parte, em mercado financeiro de câmbio, separado do mercado de exportação e importação, sempre que a situação cambial assim o recomendar.

ART. 28. Sempre que ocorrer grave desequilíbrio no balanço de pagamento ou houver sérias razões para prever a eminência de tal situação, poderá o Conselho da Superintendência da Moeda e do Crédito impor restrições, por prazo limitado à importação e às remessas de rendimentos dos capitais estrangeiros e para este fim outorgar ao Banco do Brasil monopólio total ou parcial das operações de câmbio. (Redação dada pela Lei 4.390/1964.)

§ 1º No caso previsto neste artigo, ficam vedadas as remessas a título de retorno de capitais e limitada a remessa de seus lucros, até 10% (dez por cento) ao ano, sobre o capital e reinvestimentos registrados na moeda do país de origem nos termos dos artigos 3º e 4º desta lei. (Redação dada pela Lei 4.390/1964.)

§ 2º Os rendimentos que excederem a percentagem fixada pelo Conselho da Superintendência da Moeda e do Crédito, de acordo com o parágrafo anterior, deverão ser comunicados a esta Superintendência, a qual, na hipótese de se prolongar por mais de um exercício a restrição a que se refere este artigo poderá autorizar a remessa, no exercício seguinte, das quantias relativas ao excesso, quando os lucros nele auferidos não atingirem aquele limite. (Redação dada pela Lei 4.390/1964.)

§ 3º Nos mesmos casos deste artigo, poderá o Conselho da Superintendência da Moeda e do Crédito limitar a remessa de quantias a título de pagamento de *royalties* e assistência técnica, administrativa ou semelhante até o limite máximo cumulativo anual de 5% (cinco por cento) da receita bruta da empresa. (Redação dada pela Lei 4.390/1964.)

§ 4º Ainda nos casos deste artigo fica o Conselho da SUMOC autorizado a baixar instruções, limitando as despesas cambiais com "Viagens Internacionais". (Redação dada pela Lei 4.390/1964.)

§ 5º Não haverá, porém, restrições para as remessas de juros e quotas de amortização, constantes de contrato de empréstimo, devidamente registrados. (Redação dada pela Lei 4.390/1964.)

ART. 29. Sempre que se tornar aconselhável economizar a utilização das reservas de câmbio, é o Poder Executivo autorizado a exigir temporariamente, mediante instrução do Conselho da Superintendência da Moeda e do Crédito, um encargo financeiro, de caráter estritamente monetário, que recairá sobre as transferências financeiras, até o máximo de 10% (dez por cento) sobre o valor dos produtos importados e até 50% (cinquenta por cento) sobre o valor de qualquer transferência financeira, inclusive para despesas com "Viagens Internacionais".

Parágrafo único. (Revogado pela Lei 4.390/1964.)

ART. 30. As importâncias arrecadadas por meio do encargo financeiro, previsto no artigo anterior, constituirão reserva monetária em cruzeiros, mantida na Superintendência da Moeda e do Crédito, em caixa própria, e será utilizada, quando julgado oportuno, exclusivamente na compra de ouro e de divisas, para reforço das reservas e disponibilidades cambiais.

ARTS. 31 a 33. (Revogados pela Lei 4.390/1964.)

ART. 34. Em qualquer circunstância e qualquer que seja o regime cambial vigente não poderão ser concedidas às compras de câmbio para remessa de lucros, juros, *royalties*, assistência técnica, retorno de capitais, condições mais favoráveis do que as que se aplicarem às remessas para pagamento de importações da categoria geral de que trata a Lei n. 3.244, de 14.08.1957.

ART. 35. A nomeação dos titulares dos órgãos que integram a o Conselho da Superintendência da Moeda e do Crédito passa a depender de prévia aprovação do Senado Federal, excetuada a dos Ministros de Estado.

ART. 36. Os Membros do Conselho da Superintendência da Moeda e do Crédito ficam obrigados a fazer declaração de bens e rendas próprias e de suas esposas e dependentes, até 30 (trinta) de abril de cada ano, devendo estes documentos ser examinados e arquivados no Tribunal de Contas da União, que comunicará o fato ao Senado Federal.

Parágrafo único. Os servidores da Superintendência da Moeda e do Crédito que tiverem responsabilidade e encargos regulamentares nos trabalhos relativos ao registro de capitais estrangeiros ou de sua fiscalização nos termos desta lei, ficam igualmente obrigados à declaração de e rendas previstas neste artigo.

DISPOSIÇÕES REFERENTES AO CRÉDITO

ART. 37. O Tesouro Nacional e as entidades oficiais de crédito público da União e dos Estados, inclusive sociedades de economia mista por eles controladas, só poderão garantir empréstimos, créditos ou financiamentos obtidos no exterior, por empresas cuja maioria de capital com direito a voto pertença a pessoas não residentes no País, mediante autorização em decreto do Poder Executivo.

ART. 38. As empresas com maioria de capital estrangeiro, ou filiais de empresas sediadas no exterior, não terão acesso ao crédito das entidades e estabelecimentos mencionados no artigo anterior até o início comprovado de suas operações, excetuados projetos considerados de alto interesse para a economia nacional, mediante autorização especial do Conselho de Ministros.

ART. 39. As entidades, estabelecimentos de crédito, a que se refere o artigo 37, só poderão conceder empréstimos, créditos ou financiamentos para novas inversões a serem realizadas no ativo fixo de empresa cuja maioria de capital, com direito a voto, pertença a pessoas não residentes no País, quando elas estiverem aplicadas em setores de atividades e regiões econômicas de alto interesse nacional, definidos e enumerados em decreto do Poder Executivo, mediante audiência do Conselho Nacional de Economia.

- Lei 5.331/1967 (Inclui, na competência do Ministério do Planejamento e Coordenação Geral, atribuição do extinto Conselho Nacional de Economia).
- Dec. 2.233/1997 (Dispõe sobre os setores das atividades econômicas excluídos das restrições previstas neste artigo).

Parágrafo único. Também a aplicação de recursos provenientes de fundos públicos de investimentos, criados por lei, obedecerá à regra estabelecida neste artigo.

ART. 40. As sociedades de financiamento e de investimentos somente poderão colocar no mercado nacional de capitais, ações e títulos emitidos pelas empresas controladas por capital estrangeiro ou subordinadas a empresas com sede no estrangeiro, que tiverem assegurado o direito de voto.

DISPOSITIVOS FISCAIS

ART. 41. Estão sujeitos aos descontos de imposto de renda na fonte, nos termos da presente lei, os seguintes rendimentos:

a) os dividendos de ações ao portador e quaisquer bonificações a elas atribuídas;

b) os interesses e quaisquer outros rendimentos e proventos de títulos ao portador, denominados "Partes Beneficiárias" ou "Partes de Fundador";

c) os lucros, dividendos e quaisquer outros benefícios e interesse de ações nominativas ou de quaisquer títulos nominativos do capital de pessoas jurídicas, percebidos por pessoas físicas ou jurídicas residentes, domiciliadas ou com sede no exterior, ou por filiais ou subsidiárias de empresas estrangeiras.

ART. 42. As pessoas jurídicas que tenham predominância de capital estrangeiro ou sejam filiais ou subsidiárias de empresas com sede no exterior ficam sujeitas às normas e às alíquotas do imposto de renda estabelecidas na legislação deste tributo.

ART. 43. O montante dos lucros e dividendos líquidos relativos a investimentos em moeda estrangeira, distribuídos a pessoas físicas e jurídicas, residentes ou com sede no exterior, fica sujeito a um imposto suplementar de renda, sempre que a média das distribuições em um triênio, encerrado a partir de 1984, exceder a 12% (doze por cento) do capital e reinvestimentos registrados nos termos dos artigos 3º e 4º desta Lei. (Redação dada pelo Dec.-Lei 2.073/1983.)

- Lei 8.383/1991 (Institui a Unidade Fiscal de Referência, altera a legislação do imposto de renda).
- Lei 10.192/2001 (Dispõe sobre medidas complementares ao Plano Real).
- Lei 10.522/2002 (Dispõe sobre o Cadastro Informativo dos créditos não quitados de órgãos e entidades federais).

§ 1º O imposto suplementar de que trata este artigo será cobrado de acordo com a seguinte tabela: (Incluído pela Lei 4.390/1964.)

entre 12% e 15% de lucros sobre o capital e reinvestimentos	40% (quarenta por cento);
entre 15% e 25% de lucros	50% (cinquenta por cento);
acima de 25% de lucros	60% (sessenta por cento).

§ 2º O disposto neste artigo não se aplica aos dividendos e lucros reinvestidos no País nos termos do artigo 7º desta Lei. (Redação dada pelo Dec.-Lei 2.073/1983.)

§ 3º O imposto suplementar será recolhido pela fonte pagadora e debitado ao beneficiário para desconto por ocasião das distribuições subsequentes. (Incluído pelo Dec.-Lei 2.073/1983.)

ART. 44. (Revogado pela Lei 8.383/1991.)

ART. 45. (Revogado pela Lei 8.685/1993.)

ART. 46. Os lucros provenientes da venda de propriedades imóveis, inclusive da cessão de direitos, quando o proprietário for pessoa física ou jurídica residente ou com sede no exterior, ficam sujeitos a imposto às taxas previstas pelo art. 43.

ART. 47. Os critérios fixados para a importação de máquinas e equipamentos usados serão os mesmos, tanto para os investidores e empresas estrangeiras como para os nacionais.

ART. 48. Autorizada uma importação de máquinas e equipamentos usados, gozará de regime cambial idêntico ao vigorante para a importação de máquinas e equipamentos novos.

ART. 49. O Conselho de Política Aduaneira disporá da faculdade de reduzir ou aumentar, até 30% (trinta por cento) as alíquotas do imposto que recaiam sobre máquinas e equipamentos, atendendo às peculiaridades das regiões a que se destinam, à concentração industrial em que venham a ser empregados e ao grau de utilização das máquinas e equipamentos antes de efetivar-se a importação.

Parágrafo único. Quando as máquinas e equipamentos forem transferidos da região a que inicialmente se destinavam, deverão os responsáveis pagar ao físico a quantia correspondente à redução do imposto de que elas gozaram quando de sua importação, sempre que removidas para zonas em que a redução não seria concedida.

OUTRAS DISPOSIÇÕES

ART. 50. Aos bancos estrangeiros, autorizados a funcionar no Brasil, serão aplicadas as mesmas vedações ou restrições equivalente às que a legislação vigorante nas praças em que tiverem sede suas matrizes impõe aos bancos brasileiros que neles desejam estabelecer-se.

Parágrafo único. O Conselho da Superintendência da Moeda e do Crédito baixará as instruções necessárias para que o disposto no presente artigo seja cumprido, no prazo de dois anos, em relação aos bancos estrangeiros já em funcionamento no País.

ART. 51. Aos bancos estrangeiros cujas matrizes tenham sede em praças em que a legislação imponha restrições ao funcionamento de bancos brasileiros, fica vedado adquirir mais de 30% (trinta por cento) das ações com direito a voto, de bancos nacionais.

ART. 52. Na execução de um programa de planejamento geral, ouvido o Conselho Nacional de Economia, o Conselho de Ministros estabelecerá uma classificação de atividades econômicas, segundo o seu grau de interesse para a economia nacional.

Parágrafo único. Essa classificação e suas eventuais alterações serão promulgadas mediante decreto e vigorarão por períodos não inferiores a três anos.

ART. 53. O Conselho de Ministros poderá estabelecer, mediante decreto, ouvido o Conselho Nacional de Economia:

I - que a inversão de capitais estrangeiros, em determinadas atividades, se faça com observância de uma escala de prioridade, em benefício de regiões menos desenvolvidas do país;

II - que os capitais assim investidos sejam isentos, em maior ou menor grau, das restrições previstas no artigo 28;

III - que idêntico tratamento se aplique aos capitais investidos em atividades consideradas de maior interesse para a economia nacional.

ART. 54. Fica o Conselho de Ministros autorizado a promover entendimentos e convênios com as nações integrantes da Associação Latino-Americana de Livre Comércio tendentes à adoção por elas de uma legislação uniforme, em relação ao tratamento a ser dispensado aos capitais estrangeiros.

ART. 55. A SUMOC realizará, periodicamente, em colaboração com o Instituto Brasileiro de Geografia e Estatística, o censo dos capitais estrangeiros aplicados no País.

ART. 56. Os censos deverão realizar-se nas datas dos Recenseamentos Gerais do Brasil, registrando a situação das empresas e capitais estrangeiros, em 31 de dezembro do ano anterior.

ART. 57. Caberá à SUMOC elaborar o plano e os formulários do censo o plano e os formulários do censo a que se referem os artigos anteriores, de modo a permitir uma análise completa da situação, movimentos e resultados dos capitais estrangeiros.

Parágrafo único. Com base nos censos realizados, a SUMOC elaborará relatório contendo ampla e pormenorizada exposição ao Conselho de Ministros e ao Congresso Nacional.

ART. 58. (Revogado pela Lei 13.506/2017.)

ART. 59. Esta lei entrará em vigor na data de sua publicação, revogadas as disposições em contrário.

Brasília, 3 de setembro de 1962; 141º da Independência e 74º da República.

AURO MOURA ANDRADE
PRESIDENTE DO SENADO FEDERAL

LEI N. 4.266, DE 3 DE OUTUBRO DE 1963

Institui o salário família do trabalhador.

- *DOU*, 08.10.1963.
- Lei 5.559/1968 (Estende o direito ao salário-família instituído por esta lei.).
- Dec. 53.153/1963 (Regulamenta esta lei).

O Presidente da República. Faço saber que o Congresso Nacional decreta e eu sanciono a seguinte lei:

ART. 1º O salário-família, instituído por esta lei, será devido, pelas empresas vinculadas à Previdência Social, a todo empregado, como tal definido na Consolidação das Leis do Trabalho, qualquer que seja o valor e a forma de sua remuneração, e na proporção do respectivo número de filhos.

ART. 2º O salário-família será pago sob a forma de uma quota percentual, calculada sobre o valor do salário-mínimo local, arredondado esta para o múltiplo de mil seguinte, por filho menor de qualquer condição, até 14 anos de idade.

ART. 3º O custeio do salário-família será feito mediante o sistema de compensação, cabendo a cada empresa, qualquer que seja o número e o estado civil de seus empregados, recolher, para esse fim, ao Instituto ou Institutos de Aposentadoria e Pensões a que estiver vinculada, a contribuição que for fixada em correspondência com o valor da quota percentual referida no art. 2º.

§ 1º A contribuição de que trata este artigo corresponderá a uma percentagem incidente sobre o salário-mínimo local multiplicado pelo número total de empregados da empresa, observados os mesmos prazos de recolhimento, sanções administrativas e penais e demais condições estabelecidas com relação às contribuições destinada ao custeio da Previdência Social.

§ 2º As contribuições recolhidas pelas empresas, nos termos deste artigo, constituirão, em cada Instituto, um "Fundo de Compensação do Salário-Família", em regime de repartição anual, cuja destinação será exclusivamente a de custeio do pagamento das quotas, não podendo a parcela relativa às respectivas despesas de administração exceder de 0,5% (meio por cento) do total do mesmo Fundo.

- Art. 19, Lei 5.890/1973 ("Fica extinto o "Fundo de Compensação do Salário-Família" criado pelo § 2º do artigo 3º da Lei n. 4.266, de 3 de outubro de 1963, mantidas as demais disposições da referida lei, passando as diferenças existentes a constituir receita ou encargo do Instituto Nacional de Previdência Social).

ART. 4º O pagamento das quotas do salário-família será feito pelas próprias empresas, mensalmente, aos seus empregados, juntamente com o do respectivo salário, nos termos do artigo 2º.

§ 1º Quando os pagamentos forem semanais ou por outros períodos, as quotas serão pagas juntamente com o último relativo ao mês.

§ 2º Para efeito do pagamento das quotas, exigirão as empresas, dos empregados, as certidões de nascimento dos filhos, que a isto os habilitam.

§ 3º As certidões expedidas para os fins do § 2º deste artigo são isentas de selo, taxas ou emolumentos de qualquer espécie, assim como o reconhecimento de firmas a elas referente, quando necessário.

§ 4º Dos pagamentos de quotas feitos, guardarão as empresas os respectivos comprovantes, bem como as certidões, para o efeito da fiscalização dos Institutos, no tocante ao reembolso a que se refere o art. 5º.

ART. 5º As empresas serão reembolsadas, mensalmente, dos pagamentos das quotas feitos aos seus empregados, na forma desta lei, mediante desconto do valor respectivo no tal das contribuições recolhidas ao Instituto ou Institutos de Aposentadoria e Pensões a que forem vinculadas.

ART. 6º A fixação do salário-mínimo, de que trata o Capítulo II do Título II da Consolidação das Leis do Trabalho, terá por base unicamente as necessidades normais do trabalhador sem filhos, considerando-se atendido, com o pagamento do salário-família instituído por esta lei, o preceituado no art. 157, n. I, da Constituição Federal.

ART. 7º Ficam fixados, pelo período de 3 (três) anos, os seguintes valores relativos à presente lei:

I - de 5% (cinco por cento) para cada quota percentual a que trata o art. 3º.

§ 1º Se, findo o período previsto neste artigo, não forem revistos os valores nele fixados, continuarão a vigorar até que isto se venha a efetuar.

§ 2º A qualquer alteração no valor de uma das percentagens deverá corresponder proporcionalmente o da outra, de modo a que seja assegurado o perfeito equilíbrio do custeio do sistema, no regime de repartição anual.

ART. 8º Os empregados abrangidos pela presente lei ficam excluídos do campo de aplicação do Decreto-Lei n. 3.200, de 19 de abril de 1941, no tocante ao abono às famílias numerosas.

ART. 9º As quotas do salário-família não se incorporarão, para nenhum efeito, ao salário ou remuneração devidos aos empregados.

ART. 10. Esta lei entrará em vigor a partir do primeiro dia do mês que se seguir ao decurso de 30 (trinta) dias, contados da data de sua publicação.

Parágrafo único. Dentro do prazo referido neste artigo, o Poder Executivo expedirá o Regulamento desta lei.

ART. 11. Revogam-se as disposições em contrário.

Brasília, 3 de outubro de 1963; 142º da Independência e 75º da República.

JOÃO GOULART

LEI N. 4.337, DE 1º DE JUNHO DE 1964

Regula a declaração de inconstitucionalidade para os efeitos do artigo 7º, n. VII, da Constituição Federal.

- *DOU*, 04.06.1964.
- Lei 5.778/1972 (Processo e julgamento das representações de que trata o art. 15, § 3º, d, CF).
- Lei 8.038/1990 (Institui normas procedimentais para os processos que especifica, perante o STF e STJ).
- Lei 9.868/1999 (Dispõe sobre o processo e julgamento da ADIn e ADECON perante o STF).

O Presidente da República. Faço saber que o Congresso Nacional decreta e eu sanciono a seguinte Lei;

ART. 1º Cabe ao Procurador-Geral da República, ao ater conhecimento de ato dos poderes estaduais que infrinja qualquer dos princípios estatuídos no artigo 7º, inciso VII, da Constituição Federal, promover a declaração de inconstitucionalidade perante o Supremo Tribunal Federal.

ART. 2º Se o conhecimento da inconstitucionalidade resultar de representação que lhe seja dirigida por qualquer interessado, o Procurador-Geral da República terá o prazo de 30 (trinta) dias, a contar do recebimento da representação, para apresentar a arguição perante o Supremo Tribunal Federal.

ART. 3º O relator que for designado ouvirá, em 30 (trinta) dias, os órgãos que hajam elaborado ou praticado o ato arguido e, findo esse termo, terá prazo igual para apresentar o relatório.

ART. 4º Apresentado o relatório, do qual se remeterá cópia a todos os Ministros, o Presidente designará dia para que o Tribunal Pleno decida a espécie, cientes os interessados.

Parágrafo único. Na sessão de julgamento, findo o relatório, poderão usar da palavra, na forma do Regimento Interno do Tribunal, o Procurador-Geral da República, sustentando a arguição, e o Procurador dos órgãos estatuais interessados, defendendo a constitucionalidade do ato impugnado.

ART. 5º Se, ao receber os autos, ou no curso do Processo, o Ministro Relator entender que a decisão de espécie é urgente em face de relevante interesse de ordem pública, poderá requerer, com prévia ciência das partes, a imediata convocação do Tribunal, e este, sentindo-se esclarecido, poderá suprimir os prazos do artigo 3º desta lei e proferir seu pronunciamento, com as cautelas do artigo 200 da Constituição Federal.

ART. 6º Só caberão embargos, que se processarão na forma da legislação em vigor, quando, na decisão, forem 3 (três) ou mais os votos divergentes.

ART. 7º Se a decisão final for pela inconstitucionalidade, o Presidente do Supremo Tribunal Federal imediatamente a comunicará aos órgãos estaduais interessados e, publicado que seja o acórdão, levá-lo-á ao conhecimento do Congresso Nacional para os fins dos artigos 8º, parágrafo único, e 13 da Constituição Federal.

ART. 8º Caso não sejam suficientes as providências determinadas no artigo anterior e, sem prejuízo da iniciativa que possa competir ao Poder Legislativo, o Procurador-Geral da República para que seja decretada a intervenção federal nos termos do art. 8º, parágrafo único da Constituição Federal.

ART. 9º Revogam-se as disposições em contrário, especialmente a Lei n. 2.271, de 22.07.1954, entrando a presente lei em vigor na data de sua publicação.

Brasília, 1º de julho de 1964; 143º da Independência e 76º da República.

H. CASTELLO BRANCO

LEI N. 4.375, DE 17 DE AGOSTO DE 1964

Lei do Serviço Militar.

- *DOU*, 03.09.1965.
- Dec. 57.654/1966 (Regulamenta esta Lei).

Faço saber que o Congresso Nacional decreta e eu sanciono a seguinte Lei:

TÍTULO I
DA NATUREZA, OBRIGATORIEDADE E DURAÇÃO DO SERVIÇO MILITAR

CAPÍTULO I
DA NATUREZA E OBRIGATORIEDADE DO SERVIÇO MILITAR

ART. 1º O Serviço Militar consiste no exercício de atividades específicas desempenhadas nas Forças Armadas - Exército, Marinha e Aeronáutica - e compreenderá, na mobilização, todos os encargos relacionados com a defesa nacional.

ART. 2º Todos os brasileiros são obrigados ao Serviço Militar, na forma da presente Lei e sua regulamentação.

- Art. 143, CF.

§ 1º A obrigatoriedade do Serviço Militar dos brasileiros naturalizados ou por opção será definida na regulamentação da presente Lei.

§ 2º As mulheres ficam isentas do Serviço Militar em tempo de paz, de acordo com suas aptidões, sujeitas aos encargos do interesse da mobilização.

ART. 3º O Serviço Militar inicial será prestado por classes constituídas de brasileiros nascidos entre 1º de janeiro e 31 de dezembro, no ano em que completarem 19 (dezenove) anos de idade.

§ 1º A classe será designada pelo ano de nascimento dos cidadãos que a constituem.

§ 2º A prestação do Serviço Militar dos brasileiros compreendidos no § 1º deste artigo será fixada na regulamentação da presente Lei.

ART. 4º Os brasileiros nas condições previstas nesta Lei prestarão o Serviço Militar incorporados em Organizações da Ativa das Forças Armadas ou matriculados em Órgãos de Formação de Reserva.

Parágrafo único. O Serviço prestado nas Polícias Militares, Corpos de Bombeiros e outras corporações encarregadas da segurança pública será considerado de interesse militar. O ingresso nessas corporações dependerá de autorização de autoridade militar competente e será fixado na regulamentação desta Lei.

CAPÍTULO II
DA DURAÇÃO DO SERVIÇO MILITAR

ART. 5º A obrigação para com o Serviço Militar, em tempo de paz, começa no 1º dia de janeiro do ano em que o cidadão completar 18 (dezoito) anos de idade e subsistirá até 31 de dezembro do ano em que completar 45 (quarenta e cinco) anos.

§ 1º Em tempo de guerra, esse período poderá ser ampliado, de acordo com os interesses da defesa nacional.

§ 2º Será permitida a prestação do Serviço Militar como voluntário, a partir dos 17 (dezessete) anos de idade.

ART. 6º O Serviço Militar inicial dos incorporados terá a duração normal de 12 (doze) meses.

§ 1º Os Ministros da Guerra, da Marinha e da Aeronáutica poderão reduzir até 2 (dois) meses ou dilatar até 6 (seis) meses a duração do tempo do Serviço Militar inicial dos cidadãos incorporados às respectivas Forças Armadas.

§ 2º Mediante autorização do Presidente da República, a duração do tempo do Serviço Militar inicial poderá: (Redação dada pelo Dec.-Lei 549/1969.)

a) ser dilatada por prazo superior a 18 (dezoito) meses, em caso de interesse nacional; (Incluído pelo Dec.-Lei 549/1969.)

b) ser reduzida de período superior a 2 (dois) meses desde que solicitada, justificadamente, pelo Ministério Militar interessado. (Incluído pelo Dec.-Lei 549/1969.)

§ 3º Durante o período de dilação do tempo de Serviço Militar, prevista nos parágrafos anteriores, as praças por ela abrangidas serão consideradas engajadas.

ART. 7º O Serviço Militar dos matriculados em Órgãos de Formação de Reserva terá a duração prevista nos respectivos regulamentos.

ART. 8º A contagem de tempo de Serviço Militar terá início no dia da incorporarão.

Parágrafo único. Não será computado como tempo de serviço o período que o incorporado levar no cumprimento de sentença passada em julgado.

TÍTULO II
DA DIVISÃO TERRITORIAL E DOS ÓRGÃOS DE DIREÇÃO E EXECUÇÃO DO SERVIÇO MILITAR

CAPÍTULO I
DA DIVISÃO TERRITORIAL

ART. 9º O território nacional, para efeito do Serviço Militar, empreende:

a) Juntas de Serviço Militar, correspondentes aos Municípios Administrativos;

b) Delegacias de Serviço Militar, abrangendo uma ou mais Juntas de Serviço Militar;

c) Circunscrições de Serviço Militar, abrangendo diversas Delegacias de Serviço Militar, situadas, tanto quanto possível, no mesmo Estado;

d) Zonas de Serviço Militar, abrangendo duas ou mais Circunscrições do Serviço Militar, que serão fixadas na regulamentação da presente Lei.

§ 1º O Distrito Federal e os Territórios Federais, exceto Fernando de Noronha, são, para os efeitos desta Lei, equiparados a Estados, e as suas divisões administrativos, a Municípios. O Território de Fernando de Noronha, para o mesmo fim, fica equiparado a Município.

§ 2º Os Municípios serão considerados tributários ou não tributários, conforme sejam ou não designados contribuintes à convocação para o Serviço Militar inicial.

§ 3º Compete ao Estado-Maior das Forças Armadas (EMFA), mediante propostas dos Ministros Militares, planejar anualmente a tributação referida neste artigo.

CAPÍTULO II
DOS ÓRGÃOS DE DIREÇÃO E EXECUÇÃO DO SERVIÇO MILITAR

ART. 10. Ao Estado-Maior das Forças Armadas (EMFA), caberá a direção geral do Serviço Militar.

ART. 11. Os órgãos de direção e execução, no âmbito de cada Força, serão fixados pela regulamentação da presente Lei.

§ 1º Nos Municípios Administrativos, as Juntas de Serviço Militar, como órgãos de execução, serão presididas pelos prefeitos, tendo como secretários um funcionário municipal ou agente estatístico local, um e outro, de reconhecida idoneidade moral.

§ 2º Nos Municípios onde houver Tiro-de-Guerra, os prefeitos ficam dispensados da presidência das JSM que, neste caso, caberá ao Diretor do TG, tendo como secretário instrutor, designado na forma da regulamentação desta Lei.

§ 3º A responsabilidade de instalação e manutenção das JSM, em qualquer caso, é da alçada do Município Administrativo.

TÍTULO III
DO RECRUTAMENTO PARA O SERVIÇO MILITAR

CAPÍTULO I
DO RECRUTAMENTO

ART. 12. O recrutamento para o Serviço Militar compreende:

a) seleção;

b) convocação;

c) incorporação ou matrícula nos Órgãos de Formação de Reserva;

d) voluntariado.

CAPÍTULO II
DA SELEÇÃO

ART. 13. A seleção, quer da classe a ser convocada, quer dos voluntários, será realizada dentro dos seguintes aspectos:

a) físico;

b) cultural;

c) psicológico;

d) moral.

Parágrafo único. Para fins de seleção ou regularização de sua situação militar, todos os brasileiros deverão apresentar-se, no ano em que completarem 18 (dezoito) anos de idade, independentemente de Editais, Avisos ou Notificações, em local e época que forem fixados, na regulamentação da presente lei, quando serão alistados.

ART. 14. A seleção será realizada por Comissões de Seleção, para isso especialmente designadas pelas autoridades competentes. Essas Comissões serão constituídas por militares da ativa ou da reserva e, se necessário, completadas por civis devidamente qualificados.

Parágrafo único. O funcionamento dessas Comissões e as condições de execução da seleção obedecerão a normas fixadas na regulamentação da presente lei.

ART. 15. Os critérios para a seleção serão fixados pelo Estado-Maior das Forças Armadas (EMFA), de acordo com os requisitos apresentados pelas Forças Armadas, *de per si*.

CAPÍTULO III
DA CONVOCAÇÃO

ART. 16. Serão convocados anualmente, para prestar o Serviço Militar inicial nas Forças Armadas, os brasileiros pertencentes a uma única classe.

ART. 17. A classe convocada será constituída dos brasileiros que completarem 19 (dezenove) anos de idade entre 1º de janeiro e 31 de dezembro do ano em que deverão ser incorporados em Organização Militar da Ativa ou matriculados em Órgãos de Formação de Reserva.

§ 1º Os brasileiros das classes anteriores ainda em débito com o serviço militar, bem como os médicos, farmacêuticos, dentistas e veterinários possuidores de Certificado de Dispensa de Incorporação, sujeitam-se às mesmas obrigações impostas aos da classe convocada, sem prejuízo das sanções que lhes forem aplicáveis na forma desta Lei e de seu regulamento. (Redação dada pela Lei 12.336/2010.)

§ 2º Por Organização Militar da Ativa, entendem-se os Corpos de Tropa, Repartições, Estabelecimentos, Navios, Bases Navais ou Aéreas e qualquer outra unidade tática ou administrativa que faça parte do todo orgânico do Exército, da Marinha ou da Aeronáutica.

§ 3º Órgãos de Formação de Reserva é a denominação genérica dada aos órgãos de formação de oficiais, graduados e soldados para a reserva.

§ 4º As subunidades-quadros com a finalidade de formar soldados especialistas e graduados de fileira e especialistas, destinados não só à ativa como à reserva, são consideradas, conforme o caso, como Organização Militar da Ativa ou Órgão de Formação de Reserva.

ART. 18. Será elaborado anualmente pelo Estado-Maior das Forças Armadas (EMFA), com participação dos Ministérios Militares, um Plano Geral de Convocação para o Serviço Militar inicial, que regulará as condições de recrutamento da classe a incorporar no ano seguinte, nas Forças Armadas.

ART. 19. Em qualquer época, tenham ou não prestado o Serviço Militar, poderão os brasileiros ser objeto de convocação de emergência, em condições determinadas pelo Presidente da República, para evitar a perturbação da ordem ou para sua manutenção, ou, ainda, em caso de calamidade pública.

Parágrafo único. Os Ministros Militares poderão convocar pessoal da reserva para participação em exercícios, manobras e aperfeiçoamento de conhecimentos militares.

CAPÍTULO IV
DA INCORPORAÇÃO E DA MATRÍCULA NOS ÓRGÃOS DE FORMAÇÃO DE RESERVA

ART. 20. Incorporação é o ato de inclusão do convocado ou voluntário em uma Organização Militar da Ativa das Forças Armadas.

ART. 21. Tanto quanto possível, os convocados serão incorporados em Organização Militar da Ativa localizada no Município de sua residência.

Parágrafo único. Só nos casos de absoluta impossibilidade de preencher os seus próprios claros, será permitida a transferência de convocados de uma para outra Zona de Serviço Militar.

ART. 22. Matrícula é o ato de admissão do convocado ou voluntário em qualquer Escola, Centro, Curso de Formação de Militar da Ativa, ou Órgão de Formação de Reserva.

§ 1º Os brasileiros matriculados em Escolas Superiores ou no último ano do Ciclo Colegial do Ensino Médio, quando convocados para o Serviço Militar, inicial, serão considerados com prioridade para matricula ou incorporação nos Órgãos de Formação de Reservas, existentes na Guarnição Militar onde os mesmos estiverem frequentando Cursos, satisfeitas as demais condições de seleção previstas nos regulamentos desses Órgãos.

§ 2º Caberá ao EMFA, em ligação com os Ministros Militares, designar os municípios constitutivos de cada uma das guarnições militares, para os efeitos desta Lei.

ART. 23. Os convocados de que tratam os parágrafos do artigo anterior, embora não incorporados, ficam sujeitos, durante a prestação do Serviço Militar, às atividades correlatas à manutenção da ordem interna.

CAPÍTULO V
DOS REFRATÁRIOS, INSUBMISSOS E VOLUNTÁRIOS

ART. 24. O brasileiro que não se apresentar para a seleção durante a época de seleção do contingente de sua classe ou que, tendo-o feito, se ausentar sem a ter completado, será considerado refratário.

ART. 25. O convocado selecionado e designado para incorporação ou matrícula, que não se apresentar à Organização Militar que lhe for designada, dentro do prazo marcado ou que, tendo-o feito, se ausentar antes do ato oficial de incorporação ou matrícula, será declarado insubmisso.

Parágrafo único. A expressão "convocado à incorporação", constante do Código Penal Militar (art. 159), aplica-se ao selecionado para convocação e designado para a incorporação ou matrícula em Organização Militar, o qual deverá apresentar-se no prazo que lhe for fixado.

ART. 26. Aos refratários e insubmissos serão aplicadas as sanções previstas nesta Lei, sem prejuízo do que, sobre os últimos, estabelece o Código Penal Militar.

§ 1º Os insubmissos, quando apresentados, serão submetidos à seleção e, as considerados aptos, obrigatoriamente incorporados.

§ 2º Em igualdade de condições, na Seleção a que forem submetidos, os refratários, ao se apresentarem, terão prioridade para incorporação.

ART. 27. Os Ministros Militares poderão, em qualquer época do ano, autorizar a aceitação de voluntários, reservistas ou não.

TÍTULO IV
DAS ISENÇÕES, DO ADIAMENTO DE INCORPORAÇÃO E DA DISPENSA DE INCORPORAÇÃO

CAPÍTULO I
DAS ISENÇÕES

ART. 28. São isentos do Serviço Militar:

a) por incapacidade física ou mental definitiva, em qualquer tempo, os que forem julgados inaptos em seleção ou inspeção e considerados irrecuperáveis para o Serviço Militar nas Forças Armadas;

b) em tempo de paz, por incapacidade moral, os convocados que estiverem cumprindo sentença por crime doloso, os que depois de incorporados forem expulsos das fileiras e os que, quando da relação, apresentarem indícios de incompatibilidade que, comprovados em exame ou sindicância, revelem incapacidade moral para integrarem as Forças Armadas.

Parágrafo único. A reabilitação dos incapazes poderá ser feita *ex officio* ou a requerimento do interessado, segundo normas fixadas na regulamentação desta Lei.

CAPÍTULO II
DO ADIANTAMENTO DE INCORPORAÇÃO

ART. 29. Poderão ter a incorporação adiada:

a) por 1 (um) ou 2 (dois) anos, os candidatos às Escolas de Formação de Oficiais da Ativa, ou Escola, Centro ou Curso de Formação de Oficiais da Reserva das Forças Armadas, desde que satisfaçam na época da seleção, ou possam vir a satisfazer, dentro desses prazos, as condições de escolaridade exigidas para o ingresso nos citados órgãos de formação de oficiais;

b) pelo tempo correspondente à duração do curso, os que estiverem matriculados em Institutos de Ensino destinados à formação de sacerdotes e ministros de qualquer religião ou de membros de ordens religiosas regulares;

c) os que se encontrarem no exterior e o comprovem, ao regressarem ao Brasil;

d) os matriculados em Cursos de Formação de Oficiais das Polícias Militares e Corpos de Bombeiros, até o término ou interrupção do curso;

e) os que estiverem matriculados ou que se candidatarem à matrícula em institutos de ensino (IEs) destinados à formação, residência médica ou pós-graduação de médicos, farmacêuticos, dentistas e veterinários até o término ou a interrupção do curso. (Redação dada pela Lei 12.336/2010.)

§ 1º Aqueles que tiverem sua incorporação adiada, nos termos da letra *a* deste artigo, destinados à matrícula nas escolas de Formação de Oficiais da Ativa e que não se matricularem, terão prioridade para matrícula nas Escolas, Centros ou Cursos de Formação de Oficiais da Reserva; aqueles destinados a Escolas, Centros ou Cursos de Formação de Oficiais da Reserva terão prioridade, satisfeitas as condições, para matrícula nesses órgãos e, caso não se apresentem, findos os prazos concedidos, ou não satisfaçam as condições de matrícula, terão prioridade para a incorporação em unidades de tropa.

§ 2º Aqueles que tiverem a incorporação adiada, nos termos da letra *b*, se interromperem o curso eclesiástico, concorrerão à incorporação com a 1ª classe a ser convocada, e, se concluírem, serão dispensados do Serviço Militar obrigatório.

§ 3º Aqueles compreendidos nos termos da letra *d*, em caso de interrupção do curso, deverão ser apresentadas às Circunscrições de Serviço Militar, para regularizar a sua situação militar.

§ 4º Aqueles que tiverem a incorporação adiada, nos termos da letra e deste artigo, e concluírem os respectivos cursos terão a situação militar regulada em lei especial. Os que não terminarem os cursos, e satisfeitas as demais condições, terão prioridade para matrícula nos órgãos de Formação de Reserva ou incorporação em unidade da ativa, conforme o caso.

§ 5º As normas de abstenção de adiamento serão fixadas na regulamentação da presente Lei.

CAPÍTULO III
DA DISPENSA DE INCORPORAÇÃO

ART. 30. São dispensados de incorporação os brasileiros da classe convocada:

a) residentes há mais de um ano, referido à data de início da época de seleção, em Município não tributário ou em zona rural de Município somente tributário de órgão de Formação de Reserva;

b) residentes em Municípios tributários, excedentes às necessidades das Forças Armadas;

c) matriculados em Órgão de Formação de Reserva;

d) matriculados em Estabelecimentos de Ensino Militares, na forma estabelecida pela regulamentação desta Lei;

e) operários, funcionários ou empregados de estabelecimentos ou empresas industriais de interesse militar, de transporte e de comunicações, que forem, anualmente, declarados diretamente relacionados com a Segurança Nacional pelo Estado-Maior das Forças Armadas (EMFA),

f) arrimos de família, enquanto durar essa situação;

g) (Vetado).

§ 1º Quando os convocados de que trata a letra e forem dispensados de incorporação, esta deverá ser solicitada pelos estabelecimentos ou empresas amparadas, até o início da seleção da classe respectiva, de acordo com a regulamentação da presente Lei.

§ 2º Os dispensados de incorporação de que trata a letra c, que, por motivo justo e na forma da regulamentação desta Lei não tiverem aproveitamento ou forem designados, serão rematriculados no ano seguinte; no caso de reincidência, ficarão obrigados a apresentar-se à seleção, para a incorporação no ano imediato.

§ 3º Os dispensados de incorporação de que trata a letra *c*, desligados por motivo de faltas não justificadas, serão incorporados na forma do parágrafo anterior.

§ 4º Os dispensados de incorporação de que tratam as letras *d* e *e*, que respectivamente interromperem o curso ou deixarem o emprego ou função, durante o período de serviço de sua classe, serão submetidos à seleção com a classe seguinte.

§ 5º Os cidadãos de que trata a letra b ficarão, durante o período de serviço da classe a que pertencem, à disposição da autoridade militar competente, para atender à chamada complementar destinada ao preenchimento dos claros das Organizações Militares já existentes ou daquelas que vierem a ser criadas.

§ 6º Aqueles que tiverem sido dispensados da incorporação e concluírem os cursos em IEs destinados à formação de médicos, farmacêuticos, dentistas e veterinários poderão ser convocados para a prestação do serviço militar. (Incluído pela Lei 12.336/2010.)

TÍTULO V
DAS INTERRUPÇÕES E DAS PRORROGAÇÕES DO SERVIÇO MILITAR

CAPÍTULO I
DA INTERRUPÇÃO

ART. 31. O serviço ativo das Forças Armadas será interrompido:

a) pela anulação da incorporação;

b) pela desincorporação;

c) pela expulsão;

d) pela deserção.

§ 1º A anulação da incorporação ocorrerá em qualquer época, nos casos em que tenham sido verificadas irregularidades no recrutamento, inclusive relacionados com a seleção em condições fixadas na regulamentação da presente Lei.

§ 2º A desincorporação ocorrerá:

a) por moléstia em consequência da qual o incorporado venha a faltar ao serviço durante 90 (noventa) dias, consecutivos ou não, hipótese em que será excluído e terá sua situação militar fixada na regulamentação da presente Lei;

b) por aquisição das condições de arrimo após a incorporação, obedecidas as disposições de regulamentação da presente Lei;

c) por moléstia ou acidente que torne o incorporado definitivamente incapaz para o Serviço Militar; o incorporado nessas condições será excluído e isento definitivamente do Serviço Militar;

d) por condenação irrecorrível, resultante de prática de crime comum de caráter culposo; o incorporado nessas condições será excluído, entregue à autoridade civil competente e terá sua situação militar fixada na regulamentação da presente Lei.

§ 3º A expulsão ocorrerá:

a) por condenação irrecorrível resultante da prática de crime comum ou militar, de caráter doloso;

b) pela prática de ato contra a moral pública, pundonor militar ou falta grave que, na forma da Lei ou de Regulamentos Militares, caracterize seu autor como indigno de pertencer às Forças Armadas;

c) pelo ingresso no mau comportamento contumaz, de forma a tornar-se inconveniente à disciplina e à permanência nas fileiras.

§ 4º O incorporado que responder a processo no Foro Comum será apresentado à autoridade competente que o requisitar e dela ficará à disposição, em xadrez de organização militar, no caso de prisão preventiva. Após passada em julgado a sentença condenatória, será entregue à autoridade competente.

§ 5º O incorporado que responder a processo no Foro Militar permanecerá na sua unidade, mesmo, como excedente.

ART. 32. A interrupção do Serviço Militar dos convocados matriculados em órgãos de Formação de Reserva, atendido o disposto nos parágrafos 2º e 3º do art. 30, obedecerá às normas fixadas nos respectivos regulamentos.

CAPÍTULO II
DAS PRORROGAÇÕES DO SERVIÇO MILITAR

ART. 33. Aos incorporados que concluírem o tempo de serviço a que estiverem obrigados poderá, desde que o requeiram, ser concedida prorrogação desse tempo, uma ou mais vezes, como engajados ou reengajados, segundo as conveniências da Força Armada interessada.

Parágrafo único. Os prazos e condições de engajamento ou reengajamento serão fixados em Regulamentos, baixados pelos Ministérios da Guerra, da Marinha e da Aeronáutica.

TÍTULO VI
DO LICENCIAMENTO, DA RESERVA DOS CERTIFICADOS DE ALISTAMENTO DE RESERVISTA, DE DISPENSA DE INCORPORAÇÃO E DE ISENÇÃO

CAPÍTULO I
DO LICENCIAMENTO

ART. 34. O licenciamento das praças que integram o contingente anual se processará de acordo com as normas estabelecidas pelos Ministérios da Guerra, da Marinha e da Aeronáutica, nos respectivos Planos de Licenciamento.

Parágrafo único. Os licenciados terão direito, dentro de 30 (trinta) dias que se seguirem ao licenciamento, ao transporte e alimentação por conta da União até o lugar, dentro do país, onde tinham sua residência ao serem convocados.

CAPÍTULO II
DA RESERVA

ART. 35. A Reserva, no que concerne às praças, será constituída pelos reservistas de 1ª e 2ª categorias.

Parágrafo único. A inclusão na Reserva de 1ª e 2ª categorias obedecerá aos interesses de cada uma das Forças Armadas e será fixada na regulamentação da presente Lei.

ART. 36. Os dispensados de incorporação, para efeito do § 3º do art. 181 da Constituição da República, são considerados em dia com o Serviço Militar inicial.

CAPÍTULO III
DOS CERTIFICADOS DE AIISTAMENTO MILITAR, DE RESERVISTA, DE DISPENSA DE INCORPORAÇÃO E DE ISENÇÃO

ART. 37. O Certificado de Alistamento Militar é o documento comprovante da apresentação para a prestação do Serviço Militar inicial, fornecido gratuitamente pelas autoridades indicadas em regulamentação da presente Lei.

ART. 38. O Certificado de Reservista é o documento comprovante de inclusão do cidadão na Reserva do Exército da Marinha ou da Aeronáutica e será de formato único para as três Forças Armadas.

Parágrafo único. Todo brasileiro a ser incluído na Reserva, receberá gratuitamente, da autoridade militar competente, o Certificado de Reservista correspondente à respectiva categoria.

ART. 39. Aos brasileiros isentos do Serviço Militar será fornecido, pela autoridade militar competente, o Certificado de Isenção.

Parágrafo único. O Certificado de Isenção será fornecido gratuitamente.

ART. 40. Aos brasileiros dispensados de incorporação, será fornecido, pela autoridade militar competente, um Certificado de Dispensa de Incorporação.

Parágrafo único. O fornecimento de Certificado de Dispensa de Incorporação será feito mediante pagamento da taxa militar respectiva.

ART. 40-A. O Certificado de Isenção e o Certificado de Dispensa de Incorporação dos brasileiros concluintes dos cursos de Medicina, Farmácia, Odontologia e Veterinária terão validade até a diplomação e deverão ser revalidados pela região militar competente para ratificar a dispensa ou recolhidos, no caso de incorporação, a depender da necessidade das Forças Armadas. (Incluído pela Lei 12.336/2010.)

ART. 41. A entrega do Certificado às praças expulsas será feita no próprio ato de expulsão, na forma da legislação em vigor.

ART. 42. É vedado, a quem quer que seja, reter Certificados de Alistamento, de Reservista, de Isenção ou de Dispensa de Incorporação, ou incluí-los em processo burocrático, ressalvados os casos de suspeita de fraude de pessoa ou da coisa e o que dispõe o art. 55 desta Lei.

ART. 43. Os modelos de Certificados, sua impressão, distribuição, escrituração, autenticidade e mais particularidades serão estabelecidos na regulamentação desta Lei.

TÍTULO VII
DAS INFRAÇÕES E PENALIDADES

CAPÍTULO ÚNICO

ART. 44. As infrações da presente Lei, caracterizadas como crime definido na legislação penal militar, implicarão em processos e julgamento dos infratores pela Justiça Militar, quer sejam militares, quer civis.

ART. 45. As multas estabelecidas nesta Lei serão aplicadas sem prejuízo da ação penal ou de punição disciplinar que couber em cada caso.

Parágrafo único. As multas serão calculadas em relação ao menor Valor de Referência, fixado com apoio no artigo 2º da Lei n. 6.205, de 29 de abril de 1975; a multa mínima terá o valor de 1/17 (um dezessete avos) deste Valor de Referência, arredondado para a unidade de cruzeiros imediatamente superior. (Redação dada pelo Dec.-Lei 1.786/1980.)

ART. 46. Incorrerá na multa mínima quem:

a) não se apresentar nos prazos previstos no art. 13 e seu parágrafo único. (Redação dada pela Lei 4.754/1965.)

b) for considerado refratário;

c) na qualidade de reservista, deixar de cumprir a obrigação constante nas alíneas *c* e *d* do art. 65. (Redação dada pela Lei 4.754/1965.)

ART. 47. Incorrerá na multa correspondente a três vezes a multa mínima quem:

a) alterar ou inutilizar Certificados de Alistamento, de Reservista, de Dispensa de Incorporação ou de Isenção ou for responsável por qualquer destas ocorrências;

b) sendo civil e não exercendo função pública ou em entidade autárquica, deixar de cumprir qualquer obrigação imposta pela presente Lei ou sua regulamentação, para cuja infração não esteja prevista outra multa nesta Lei;

c) na qualidade de reservista, deixar de cumprir o dispositivo na letra *a do* art. 65. (Redação dada pela Lei 4.754/1965.)

d) sendo reservista, não comunicar a mudança de domicílio até 60 (sessenta) dias após sua realização, ou o fizer erradamente em qualquer ocasião.

ART. 48. Incorrerá na multa correspondente a cinco vezes a multa mínima, o refratário que se não apresentar à seleção:

a) pela segunda vez;

b) em cada uma das demais vezes,

ART. 49. Incorrerá na multa correspondente a dez vezes a multa mínima quem:

a) no exercício de função pública de qualquer natureza, seja autoridade civil ou militar, dificultar ou retardar, por prazo superior a vinte (20) dias, sem motivo justificado, qualquer informação ou diligência solicitada pelos órgãos do Serviço Militar;

b) fizer declarações falsas aos órgãos do Serviço Militar;

c) sendo militar ou escrivão de registro civil, ou em exercício de função pública, em autarquia ou em sociedade de economia mista, deixar de cumprir, nos prazos, estabelecidos - qualquer obrigação imposta pela presente Lei ou sua regulamentação - para cuja infração não esteja prevista pena especial.

Parágrafo único. Em casos de reincidência, a multa será elevada ao dobro.

ART. 50. Incorrerá na multa correspondente a vinte e cinco vezes a multa mínima quem:

a) o Chefe de repartição pública, civil ou militar, Chefe de repartição autárquica ou de economia mista chefe de órgão com função prevista nesta Lei, ou quem legalmente for investido de encargos relacionados com o Serviço Militar, retiver, sem motivo justificado, documento de situação militar, ou recusar recebimento de petição e justificação;

b) os responsáveis pela inobservância de qualquer das prescrições do artigo 74 da presente lei. (Redação dada pela Lei 4.754/1965.)

ART. 51. Incorrerá na multa correspondente a cinquenta vezes a multa mínima a autoridade que prestar informações inverídicas ou fornecer documento que habilite o seu possuidor a obter indevidamente o certificado de Alistamento de Reservista, de Dispensa de Incorporação e de Isenção de Serviço Militar.

Parágrafo único. Em casos de reincidência, a multa será elevada ao dobro.

ART. 52. Os brasileiros, no exercício de função pública, quer em caráter efetivo ou interino, quer em estágio probatório ou em comissão, e extranumerários de qualquer modalidade, da União, dos Estados, dos Territórios, dos Municípios e da Prefeitura do Distrito Federal, quando insubmissos, ficarão suspensos do cargo ou função ou emprego, e privados de qualquer remuneração enquanto não regularizarem sua situação militar.

Parágrafo único. O disposto neste artigo aplica-se aos servidores empregados das entidades autárquicas, das sociedades de economia mista e das empresas concessionárias de serviço público.

ART. 53. Os convocados que forem condenados ao pagamento de multa, e não possuírem recursos para atendê-lo, sofrerão o desconto do valor da mesma, quando forem incorporados.

Parágrafo único. Ficarão isentos de pagamento de taxas e de multas aqueles que provarem impossibilidade de pagá-las, na forma da regulamentação da presente lei.

ART. 54. As multas de que trata este Capítulo serão aplicadas pelas autoridades competentes de qualquer das Forças Armadas.

§ 1º Da imposição administrativa da multa caberá recurso à autoridade militar imediatamente superior, dentro de 15 (quinze) dias a contar da data em que o infrator dela tiver ciência, se depositar, previamente, no órgão militar investido deste encargo, a quantia correspondente à multa, a qual será ulteriormente restituída, se for o caso.

§ 2º Se o infrator for militar, ou exercer função pública, a multa será descontada dos seus vencimentos, proventos ou ordenados e comunicado o desconto ao órgão que a aplicou, observadas as prescrições de leis e regulamentos em vigor.

ART. 55. O Alistado, o Reservista, o Dispensado de Incorporação ou o Isento de Serviço Militar, que incorrer em multa terá o respectivo certificado retido pelo órgão competente das Forças Armadas, enquanto não efetuar o pagamento.

TÍTULO VIII
DOS ÓRGÃOS DE FORMAÇÃO DE RESERVAS

CAPÍTULO ÚNICO

ART. 56. Os Ministros Militares poderão criar órgãos para formação de Oficiais, Graduados e Soldados a fim de satisfazer às necessidades da reserva.

Parágrafo único. A formação de Oficiais, Graduados e Soldados para a Reserva poderá ser feita em órgãos especialmente criados para este fim, em Escolas de Nível Superior e Médio, inclusive técnico-profissionais, ou em Subunidades-quadros.

ART. 57. As condições de matrícula e o funcionamento dos órgãos de formação de Oficiais, Graduados e Soldados para a Reserva serão fixadas na regulamentação desta Lei, de acordo com os interesses de cada uma das Forças Armadas.

Parágrafo único. Os Órgãos de Formação de Reserva terão organização e regulamento próprios, deles devendo constar, obrigatoriamente, a responsabilidade do emprego, na forma do art. 23 da presente lei, orientação, funcionamento, fiscalização e eficiência da instrução.

ART. 58. A criação e localização dos Órgãos de Formação de Reserva obedecerão, em princípio, a disponibilidade de convocados habilitados às diferentes necessidades de Oficiais, Graduados e Soldados e às disponibilidades de meios de cada uma das Forças Armadas.

ART. 59. Os Órgãos de Formação de (Vetado.) Reserva, Subunidades-quadros, Tiros-de-Guerra e outros se destinam também, a atender à instrução militar dos convocados não incorporados em organizações militares da ativa das Forças Armadas.

Estes Órgãos serão localizados de modo a satisfazer às exigências dos planos militares e, sempre que possível, às conveniências dos municípios, quando se tratar de Tiros-de-Guerra.

§ 1º Os Tiros de Guerra terão sede, material, móveis, utensílios e polígono de tiro providos, pelas Prefeituras Municipais, sem no entanto ficarem subordinados ao executivo municipal. Tais sejam o interesse e as possibilidades dos Municípios, estes poderão assumir outros ônus do funcionamento daqueles Órgãos de Formação da Reserva, mediante convênios com os Ministérios Militares. (Redação dada pelo Dec.-Lei 899/1969.)

§ 2º Os instrutores, armamento, munição e outros artigos julgados necessários à instrução dos Tiros de Guerra serão fornecidos pelas Forças Armadas, cabendo aos instrutores a responsabilidade de conservação do material distribuído. As Forças Armadas poderão fornecer fardamento aos alunos, quando carentes de recursos. (Redação dada pelo Dec.-Lei 899/1969.)

§ 3º Quando, por qualquer motivo, não funcionar, o Tiro-de-Guerra, durante dois anos consecutivos, será extinto.

TÍTULO IX
DISPOSIÇÕES GERAIS

CAPÍTULO I
DOS DIREITOS DOS CONVOCADOS E RESERVISTAS

ART. 60. Os funcionários públicos federais, estaduais ou municipais, bem como os empregados, operários ou trabalhadores, qualquer que seja a natureza da entidade em que exerçam as suas atividades, quando incorporados ou matriculados em Órgão de Formação de Reserva, por motivo de convocação para prestação do Serviço Militar inicial estabelecido pelo art. 16, desde que para isso forçados a abandonarem o cargo ou emprego, terão assegurado o retorno ao cargo ou emprego respectivo, dentro dos 30 (trinta) dias que se seguirem ao licenciamento, ou término de curso, salvo se declararem, por ocasião da incorporação ou matrícula, não pretender a ele voltar.

§ 1º Esses convocados, durante o tempo em que estiverem incorporados a organizações militares da Ativa ou matriculados em órgãos de formação de Reserva, nenhuma remuneração, vencimento ou salário perceberão das organizações a que pertenciam. (Redação dada pela Lei 4.754/1965.)

§ 2º Perderá o direito de retorno ao emprego, cargo ou função que exercia ao ser incorporado, o convocado que engajar.

§ 3º Compete ao Comandante, Diretor ou Chefe de Organização Militar em que for incorporado ou matriculado o convocado, comunicar sua pretensão à entidade a que caiba reservar a função, cargo ou emprego e, bem assim, se for o caso, o engajamento concedido; essas comunicações deverão ser feitas dentro de 20 (vinte) dias que se seguirem à incorporação ou concessão do engajamento.

§ 4º Todo convocado matriculado em Órgão de Formação de Reserva que seja obrigado a faltar a suas atividades civis, por Força de exercício ou manobras, ou reservista que seja chamado, para fins de exercício de apresentação das reservas ou cerimônia cívica, do Dia do Reservista, terá suas faltas abonadas para todos os efeitos. (Redação dada pelo Dec.-Lei 715/1969.)

ART. 61. Os brasileiros, quando incorporados por motivo de convocação para manobras, exercícios, manutenção da ordem interna ou guerra, terão assegurado o retorno ao cargo, função ou emprego que exerciam ao serem convocados e garantido o direito à percepção de 2/3 (dois terços) da respectiva remuneração, durante o tempo em que permanecerem incorporados; vencerão pelo Exército, Marinha ou Aeronáutica apenas as gratificações regulamentares.

§ 1º Aos convocados fica assegurado o direito de optar pelos vencimentos, salários ou remuneração que mais lhes convenham.

§ 2º Perderá a garantia e o direito assegurado por este artigo o incorporado que obtiver engajamento.

§ 3º Compete ao Comandante, Diretor ou Chefe da Organização Militar em que for incorporado o convocado comunicar, à entidade a que caiba reservar a função, cargo ou emprego, a sua pretensão, opção quanto aos vencimentos e, se for o caso o engajamento concedido; a comunicação relativa ao retorno à função deverá ser feita dentro dos 30 (trinta) dias que se seguirem à incorporação; as mais, tão logo venham a ocorrer.

ART. 62. Terão direito ao transporte por conta da União, dentro do território nacional:

a) os convocados selecionados e designados para incorporação, da sede do Município em que residem à da Organização Militar para que forem designados;

b) os convocados de que trata a alínea anterior que, por motivos estranhos à sua vontade, devam retornar aos Municípios de residência;

c) os convocados licenciados que, até 30 (trinta) dias após o licenciamento, desejarem retomar às localidades em que residiam ao serem incorporados.

Parágrafo único. Os convocados de que trata este artigo perceberão as etapas fixadas na legislação própria, correspondentes aos dias de viagem.

ART. 63. Os convocados contarão, de acordo com o estabelecido na Legislação Militar, para efeito de aposentadoria, o tempo de serviço ativo prestado nas Forças Armadas, quando a elas incorporados.

Parágrafo único. Igualmente será computado para efeito de aposentadoria o serviço prestado pelo convocado matriculado em Órgão de Formação de Reserva na base de 1 (um) dia para período de 8 (oito) horas de instrução, desde que concluam com aproveitamento a sua formação.

ART. 64. Em caso de infração às disposições desta Lei, relativamente à exigência de estar em dia com as obrigações militares, poderá o interessado dirigir-se às autoridades militares fixadas na regulamentação desta Lei, tendo em vista sobreguardar seus direitos ou interesses.

CAPÍTULO II
DOS DEVERES DOS RESERVISTAS

ART. 65. Constituem deveres do Reservista:

a) apresentar-se, quando convocado, no local e prazo que lhe tiverem sido determinados;

b) comunicar, dentro de 60 (sessenta) dias, pessoalmente ou por escrito, à Organização Militar mais próxima, as mudanças de residência;

c) apresentar-se, anualmente, no local e data que forem fixados, para fins de exercício de apresentação das reservas ou cerimônia cívica do Dia do Reservista;

d) comunicar à Organização Militar a que estiver vinculado, a conclusão de qualquer curso técnico ou científico, comprovada pela apresentação do respectivo instrumento legal, e bem assim, qualquer ocorrência que se relacione com o exercício de qualquer função de caráter técnico ou científico;

e) apresentar ou entregar à autoridade militar competente o documento de quitação com o Serviço Militar de que for possuidor, para fins de anotações, substituições ou arquivamento, de acordo com o prescrito nesta Lei e na sua regulamentação.

CAPÍTULO III
DAS AUTORIDADES PARTICIPANTES DA EXECUÇÃO DESTA LEI

ART. 66. Participarão da execução da presente lei:

a) Estado-Maior das Forças Armadas, Ministérios Civis e Militares e as repartições que lhes são subordinadas;

b) os Estados, Territórios e Municípios e as repartições que lhes são subordinadas;

c) os titulares e serventuários da Justiça;

d) os cartórios de registro civil de pessoas naturais;

e) as entidades autárquicas e sociedades de economia mista;

f) os estabelecimentos de ensino, públicos ou particulares, de qualquer natureza;

g) as empresas, companhias e instituições de qualquer natureza.

Parágrafo único. Essa participação consistirá:

a) obrigatoriedade, na remessa de informações estabelecidas na regulamentação desta Lei;

b) mediante anuência ou acordo, na instalação de postos de recrutamento e criação de outros serviços ou encargos nas repartições ou estabelecimentos civis, federais, estaduais ou municipais.

ART. 67 As autoridades ou os responsáveis pelas repartições incumbidas da fiscalização do exercício profissional não poderão conceder a carteira profissional nem registrar diplomas de profissões liberais a brasileiros, sem que esses apresentem, previamente, prova de que estão em dia com as obrigações militares, obedecido o disposto nos arts. 74 e 75 desta Lei. (Redação dada pela Lei 4.754/1965.)

CAPÍTULO IV
DO FUNDO DO SERVIÇO MILITAR

ART. 68. É criado o Fundo do Serviço Militar, destinado a:

a) permitir à melhoria das instalações e o provimento de material de instrução para os Órgãos de Formação de Reserva das Forças Armadas, que não disponham de verbas próprias suficientes.

b) prover os órgãos do Serviço Militar de meios que melhor lhes permitam cumprir suas finalidades;

c) propiciar os recursos materiais para a criação de novos órgãos de formação de reservas;

d) proporcionar fundos adicionais como reforço às verbas previstas a para socorrer a outras despesas relacionadas com a execução do Serviço Militar.

Parágrafo único. O Fundo do Serviço Militar, constituído das receitas provenientes da arrecadação das multas prescritas na presente lei e da Taxa Militar, será administrado pelos órgãos fixados na regulamentação da presente lei.

ART. 69. A Taxa Militar será cobrada, pelo valor da multa mínima, aos convocados que obtiverem adiamento de incorporação, concedida na forma do regulamento desta Lei, ou àqueles a quem for concedido o certificado de Dispensa de incorporação.

Parágrafo único. Não será cobrada a Taxa Militar aos cidadãos que provarem impossibilidade de pagá-la, na forma da regulamentação da presente lei.

ART. 70. As multas e Taxa Militar serão pagas em selos próprios a serem emitidos pelo Ministério da Fazenda.

ART. 71. A receita proveniente do Fundo do Serviço Militar será escriturada pelo Tesouro Nacional, sob o título desse Fundo.

Parágrafo único. Esse Título constará do Orçamento Geral da União;

a) na Receita - como Renda Ordinária - Diversas Rendas - Estado-Maior das Forças Armadas (EMFA) - Fundo do Serviço Militar;

b) na Despesa - em dotação própria para o Estado-Maior das Forças Armadas (EMFA), que a distribuirá de acordo com os encargos próprios e de cada uma das Forças Armadas.

ART. 72. Independente dos recursos provenientes das multas e Taxa Militar, serão anualmente fixadas, no orçamento do Estado-Maior das Forças Armadas e dos Ministérios Militares, dotações destinadas às despesas para execução desta Lei, no que se relacionar com os trabalhos de recrutamento, publicidade do Serviço Militar e administração das Reservas.

CAPÍTULO V
DISPOSIÇÕES DIVERSAS

ART. 73. Para efeito do Serviço Militar, cessará a incapacidade civil do menor, na data em que completar 17 (dezessete) anos.

ART. 74. Nenhum brasileiro, entre 1º de janeiro do ano em que completar 19 (dezenove), e 31 de dezembro do ano em que completar 45 (quarenta e cinco) anos de idade, poderá, sem fazer prova de que está em dia com as suas obrigações militares:

a) obter passaporte ou prorrogação de sua validade;

b) ingressar como funcionário, empregado ou associado em instituição, empresa ou associação oficial ou oficializada ou subvencionada ou cuja existência ou funcionamento dependa de autorização ou reconhecimento do Governo Federal, Estadual, dos Territórios ou Municipal;

c) assinar contrato com o Governo Federal, Estadual, dos Territórios ou Municipal;

d) prestar exame ou matricular-se em qualquer estabelecimento de ensino;

e) obter carteira profissional, matrícula ou inscrição para o exercício de qualquer função e licença de indústria e profissão;

f) inscrever-se em concurso para provimento de cargo público;

g) exercer, a qualquer título, sem distinção de categoria, ou forma de pagamento, qualquer função ou cargo público:

I - estipendiado pelos cofres públicos federais, estaduais ou municipais;

II - de entidades paraestatais e das subvencionadas ou mantidas pelo poder público;

h) receber qualquer prêmio ou favor do Governo Federal, Estadual, dos Territórios ou Municipal;

ART. 75. Constituem prova de estar o brasileiro em dia com as suas obrigações militares:

a) o Certificado de Alistamento, nos limites da sua validade;

b) o Certificado de Reservista;

c) o Certificado de Isenção;

d) o Certificado de Dispensa de Incorporação.

§ 1º Outros documentos comprobatórios da situação militar do brasileiro, poderão ser estabelecidos na regulamentação desta Lei.

§ 2º A regulamentação da presente lei poderá discriminar anotações periódicas ou não, a serem feitas nos Certificados acima.

§ 3º Para os concluintes de curso de ensino superior de Medicina, Farmácia, Odontologia e Veterinária, o Certificado de Dispensa de Incorporação de que trata a alínea *d do caput* deste artigo deverá ser revalidado pela região militar respectiva, ratificando a dispensa, ou recolhido, no caso de incorporação, a depender da necessidade das Forças Armadas, nos termos da legislação em vigor. (Incluído pela Lei 12.336/2010.)

ART. 76. A transferência de reservista de uma Força Armada para outra será fixada na regulamentação da presente lei.

ART. 77. Os Ministros Militares deverão, no dia 16 de dezembro, considerado Dia do Reservista, determinar a realização de solenidades nas corporações das respectivas Forças Armadas, visando a homenagear aquele que, civil, foi o maior propugnador pelo Serviço Militar - Olavo Bilac; a despertar os sentimentos cívicos e a consolidar os de solidariedade e camaradagem militar.

ART. 78. Ressalvados os casos de infração desta Lei, ficam isentos de selo, taxa, custas e emolumentos de qualquer natureza, as petições e, bem assim, certidões e outros documentos destinados a instruir processos concernentes ao Serviço Militar.

ART. 79. Os secretários das Juntas de Serviço Militar receberão uma gratificação pro labore por certificado entregue. O valor e o pagamento da gratificação serão objeto da regulamentação desta Lei.

ART. 80. O Estado-Maior das Forças Armadas (EMFA) designará uma Comissão Interministerial para, no prazo de 90 (noventa) dias, apresentar um anteprojeto de regulamentação desta Lei.

ART. 81. Esta lei revoga as Leis n. 1.200-50, 1.585-52, 4.027-61, Decreto-Lei n. 9.500-46 e demais disposições em contrário e só entra em vigor após a sua regulamentação.

Brasília, em 17 de agosto de 1964;
143º da Independência e 76º da República.
H. CASTELO BRANCO

LEI N. 4.380, DE 21 DE AGOSTO DE 1964

Institui a correção monetária nos contratos imobiliários de interesse social, o sistema financeiro para aquisição da casa própria, cria o Banco Nacional da Habitação (BNH), e Sociedades de Crédito Imobiliário, as Letras Imobiliárias, o Serviço Federal de Habitação e Urbanismo e dá outras providências.

- *DOU*, 11.09.1964.
- Lei 8.692/1993 (Define planos de reajustamento dos encargos mensais e dos saldos devedores nos contratos de financiamentos habitacionais no âmbito do Sistema Financeiro da Habitação).

▸ Dec. 91.152/1985 (Cria o Conselho de Recursos do Sistema Financeiro Nacional).

CAPÍTULO I
DA COORDENAÇÃO DOS ÓRGÃOS PÚBLICOS E DA INICIATIVA PRIVADA

ART. 1º O Governo Federal, através do Ministro de Planejamento, formulará a política nacional de habitação e de planejamento territorial, coordenando a ação dos órgãos públicos e orientando a iniciativa privada no sentido de estimular a construção de habitações de interesse social e o financiamento da aquisição da casa própria, especialmente pelas classes da população de menor renda.

ART. 2º O Governo Federal intervirá no setor habitacional por intermédio:

I - do Banco Nacional da Habitação;

II - do Serviço Federal de Habitação e Urbanismo;

III - das Caixas Econômicas Federais, IPASE, das Caixas Militares, dos órgãos federais de desenvolvimento regional e das sociedades de economia mista.

ART. 3º Os órgãos federais enumerados no artigo anterior exercerão de preferência atividades de coordenação, orientação e assistência técnica e financeira, ficando reservados:

I - aos Estados e Municípios, com a assistência dos órgãos federais, a elaboração e execução de planos diretores, projetos e orçamentos para a solução dos seus problemas habitacionais;

II - à iniciativa privada, a promoção e execução de projetos de construção de habitações segundo as diretrizes urbanísticas locais.

§ 1º Será estimulada a coordenação dos esforços, na mesma área ou local, dos órgãos públicos federais, estaduais e municipais, bem como das iniciativas privadas, de modo que se obtenha a concentração e melhor utilização dos recursos disponíveis.

§ 2º A execução dos projetos somente caberá aos órgãos federais para suprir a falta de iniciativa local, pública ou privada.

ART. 4º Terão prioridade na aplicação dos recursos:

I - a construção de conjuntos habitacionais destinados à eliminação de favelas, mocambos e outras aglomerações em condições sub-humanas de habitação;

II - os projetos municipais ou estaduais que com as ofertas de terrenos já urbanizados e dotados dos necessários melhoramentos, permitirem o início imediato da construção de habitações;

III - os projetos de cooperativas e outras formas associativas de construção de casa própria;

IV - os projetos da iniciativa privada que contribuam para a solução de problemas habitacionais ...(Vetado);

V - a construção de moradia a população rural. (Parte mantida pelo Congresso Nacional)

CAPÍTULO II
DA CORREÇÃO MONETÁRIA DOS CONTRATOS IMOBILIÁRIOS

ART. 5º Observado o disposto na presente lei, os contratos de vendas ou construção de habitações para pagamento a prazo ou de empréstimos para aquisição ou construção de habitações poderão prever o reajustamento das prestações mensais de amortização e juros, com a consequente correção do valor monetário da dívida toda a vez que o salário mínimo legal for alterado.

§ 1º O reajustamento será baseado em índice geral de preços mensalmente apurado ou adotado pelo Conselho Nacional de Economia que reflita adequadamente as variações no poder aquisitivo da moeda nacional.

§ 2º O reajustamento contratual será efetuado ...(Vetado)... na mesma proporção da variação do índice referido no parágrafo anterior:

a) desde o mês da data do contrato até o mês da entrada em vigor do nôvo nível de salário-mínimo, no primeiro reajustamento após a data do contrato;

b) entre os meses de duas alterações sucessivas do nível de salário-mínimo nos reajustamentos subsequentes ao primeiro.

§ 3º Cada reajustamento entrará em vigor após 60 (sessenta) dias da data de vigência da alteração do salário-mínimo que o autorizar e a prestação mensal reajustada vigorará até nôvo reajustamento.

§ 4º Do contrato constará, obrigatoriamente, na hipótese de adotada a cláusula de reajustamento, a relação original entre a prestação mensal de amortização e juros e o salário-mínimo em vigor na data do contrato.

§ 5º Durante a vigência do contrato, a prestação mensal reajustada não poderá exceder em relação ao salário-mínimo em vigor, a percentagem nele estabelecida.

§ 6º Para o efeito de determinar a data do reajustamento e a percentagem referida no parágrafo anterior, tomar-se-á por base o salário-mínimo da região onde se acha situado o imóvel.

§ 7º (Vetado).

§ 8º (Vetado).

§ 9º O disposto neste artigo, quando o adquirente for servidor público ou autárquico poderá ser aplicado tomando como base a vigência da lei que lhes altere os vencimentos.

ART. 6º O disposto no artigo anterior somente se aplicará aos contratos de venda, promessa de venda, cessão ou promessa de cessão, ou empréstimo que satisfaçam às seguintes condições:

a) tenham por objeto imóveis construídos, em construção, ou cuja construção, seja simultaneamente contratada, cuja área total de construção, entendida como a que inclua paredes e quotas-partes comuns, quando se tratar de apartamento, de habitação coletiva ou vila, não ultrapasse 100 (cem) metros quadrados;

b) o valor da transação não ultrapasse 200 (duzentas) vezes o maior salário-mínimo vigente no país;

c) ao menos parte do financiamento, ou do preço a ser pago, seja amortizado em prestações mensais sucessivas, de igual valor, antes do reajustamento, que incluam amortizações e juros;

d) além das prestações mensais referidas na alínea anterior, quando convencionadas prestações intermediárias, fica vedado o reajustamento das mesmas, e do saldo devedor a elas correspondente;

e) os juros convencionais não excedem de 10% ao ano;

f) se assegure ao devedor, comprador, promitente comprador, cessionário ou promitente cessionário o direito a liquidar antecipadamente a dívida em forma obrigatoriamente prevista no contrato, a qual poderá prever a correção monetária do saldo devedor, de acôrdo com os índices previstos no § 1º do artigo anterior.

Parágrafo único. As restrições dos incisos a e b não obrigam as entidades integrantes do sistema financeiro da habitação, cujas aplicações, a este respeito, são regidas pelos artigos 11 e 12.

ART. 7º Após 180 dias da concessão do "habite-se", caracterizando a conclusão da construção, nenhuma unidade residencial pode ser vendida, ou prometida vender ou ceder, com o benefício de pagamentos regidos pelos artigos 5º e 6º desta Lei.

§ 1º Para os efeitos desse artigo equipara-se ao "habite-se" das autoridades municipais a ocupação efetiva da unidade residencial.

§ 2º O disposto neste artigo não se aplica os imóveis já construídos, cuja alienação seja contratada, nos termos dos artigos 5º e 6º, pelos respectivos titulares, desde que estes incorporem ao capital de Sociedade de Crédito Imobiliário o preço da transação.

§ 3º Aos imóveis de propriedade das pessoas jurídicas de direito público ou de sociedade de economia mista, de que o Poder Público seja majoritário, não se aplica o disposto neste artigo.

§ 4º A restrição deste artigo não se aplicará àquele que, não sendo proprietário, promitente comprador ou promitente cessionário de mais de uma habitação, desejar aliená-la de modo a adquirir outra, na forma dos artigos 5º e 6º desta lei, desde que a aquisição seja de qualquer forma contratada simultaneamente com a alienação.

§ 5º Não se aplicam as restrições deste artigo aos imóveis ocupados há mais de 2 (dois) anos pelo locatário que pretender adquiri-lo mediante financiamento de qualquer dos agentes financeiros do Sistema Financeiro de Habitação, desde que os recursos obtidos pelo locador sejam utilizados na construção de novas habitações, conforme normas regulamentares a serem baixadas pelo Banco Nacional de Habitação ou que permaneçam depositados no Sistema Financeiro de Habitação, pelo prazo mínimo de 5 (cinco) anos. (Incluído pela Lei 5.455/1968.)

CAPÍTULO III
DO SISTEMA FINANCEIRO, DA HABITAÇÃO DE INTERESSE SOCIAL

SEÇÃO I
ÓRGÃOS COMPONENTES DO SISTEMA

ART. 8º O sistema financeiro da habitação, destinado a facilitar e promover a construção e a aquisição da casa própria ou moradia, especialmente pelas classes de menor renda da população, será integrado. (Redação dada pela Lei 8.245/1991.)

I - pelos bancos múltiplos; (Incluído pela Lei 11.977/2009.)

II - pelos bancos comerciais; (Incluído pela Lei 11.977/2009.)

III - pelas caixas econômicas; (Incluído pela Lei 11.977/2009.)

IV - pelas sociedades de crédito imobiliário; (Incluído pela Lei 11.977/2009.)

V - pelas associações de poupança e empréstimo; (Incluído pela Lei 11.977/2009.)

VI - pelas companhias hipotecárias; (Incluído pela Lei 11.977/2009.)

VII - pelos órgãos federais, estaduais e municipais, inclusive sociedades de economia mista em que haja participação majoritária do poder público, que operem, de acordo com o disposto nesta Lei, no financiamento de habitações e obras conexas; (Incluído pela Lei 11.977/2009.)

VIII - pelas fundações, cooperativas e outras formas associativas para construção ou aquisição da casa própria sem finalidade de lucro, que se constituirão de acordo com as diretrizes desta Lei; (Incluído pela Lei 11.977/2009.)

IX - pelas caixas militares; (Incluído pela Lei 11.977/2009.)

X - pelas entidades abertas de previdência complementar; (Incluído pela Lei 11.977/2009.)

XI - pelas companhias securitizadoras de crédito imobiliário; e (Incluído pela Lei 11.977/2009.)

XII - por outras instituições que venham a ser consideradas pelo Conselho Monetário Nacional como integrantes do Sistema Financeiro da Habitação.(Incluído pela Lei 11.977/2009.)

Parágrafo único. O Conselho da Superintendência da Moeda e do Crédito fixará as normas que regulam as relações entre o sistema financeiro da habitação e o restante do sistema financeiro nacional, especialmente quanto à possibilidade, às condições e aos limites de aplicação de recursos da rede bancária em letras imobiliárias, emitidas, nos termos desta lei, pelo Banco Nacional da Habitação.

SEÇÃO II
DAS APLICAÇÕES DO SISTEMA
FINANCEIRO DA HABITAÇÃO

ART. 9º Todas as aplicações do sistema, terão por objeto, fundamentalmente a aquisição de casa para residência do adquirente, sua família e seus dependentes, vedadas quaisquer aplicações em terrenos não construídos, salvo como parte de operação financeira destinada à construção da mesma.

§ 1º (Revogado pela Med. Prov. 2.197-43/2001.)

§ 2º Após 180 dias da concessão do "habite-se", caracterizando a conclusão da construção, nenhuma unidade residencial pode ser objeto de aplicação pelo sistema financeiro da habitação, equiparando-se ao "habite-se" das autoridades municipais a ocupação efetiva da unidade residencial.

§ 3º O disposto no parágrafo anterior não se aplicará aos imóveis já construídos, que sejam alienados a partir desta lei por seus proprietários ou promitentes compradores por motivo de aquisição de outro imóvel que satisfaça às condições desta lei para ser objeto de aplicação pelo sistema financeiro de habitação.

ART. 10. Todas as aplicações do sistema financeiro da habitação revestirão a forma de créditos reajustáveis de acordo com os artigos 5º e 6º desta Lei.

§ 1º Os financiamentos para aquisição ou construção de habitações e as vendas a prazo de habitações, efetuadas pelas Caixas Econômicas ...(Vetado)... e outras autarquias ...(Vetado)... ou por sociedades de economia mista ...(Vetado)... estabelecerão, obrigatoriamente, o reajustamento do saldo devedor e das prestações de amortização e juros, obedecidas as disposições dos artigos 5º e 6º.

§ 2º As entidades estatais, inclusive as sociedades de economia mista, em que o Poder Público seja majoritário, adotarão, nos seus financiamentos, critérios e classificação dos candidatos aprovados pelo Banco Nacional de Habitação, ouvido o Serviço Federal de Habitação e Urbanismo, e darão, obrigatoriamente, ampla publicidade das inscrições e dos financiamentos concedidos.

§ 3º Os órgãos federais deverão aplicar os recursos por eles arrecadados para o sistema financeiro da habitação, até 50% no Estado de origem dos recursos, redistribuindo o restante pelas unidades federativas compreendidas em regiões de menor desenvolvimento econômico.

ART. 11. Os recursos destinados ao setor habitacional pelas entidades estatais, inclusive sociedades de economia mista de que o Poder Público seja majoritário, distribuir-se-ão, permanentemente, da seguinte forma: (Redação dada pela Lei 4.864/1965).

I - em habitações de valor unitário inferior a 100 (cem) vezes o maior salário-mínimo mensal, vigente no País, uma percentagem mínima dos recursos a ser fixada, bienalmente, pelo Banco Nacional de Habitação, em função das condições do mercado e das regiões, e por instituição ou tipo de instituição. (Redação dada pela Lei 4.864/1965).

II - em habitações de valor unitário compreendido entre 300 (trezentas) e 400 (quatrocentas) vezes o maior salário-mínimo, vigente no País, no máximo, 20% (vinte por cento) dos recursos, vedadas as aplicações em habitações de valor unitário superior a 400 (quatrocentas) vezes o maior salário-mínimo citado. (Redação dada pela Lei 4.864/1965).

§ 1º Dentro do limite de recursos obrigatoriamente aplicados em habitações de valor unitário inferior a 100 (cem) vezes o maior salário-mínimo do País, o Banco Nacional de Habitação fixará, para cada região ou localidade, a percentagem mínima de recursos que devem ser aplicados no financiamento de projetos destinados à eliminação de favelas, mocambos e outras aglomerações em condições sub-humanas de habitação. (Redação dada pela Lei 4.864/1965).

§ 2º Nas aplicações a que se refere o inciso II, a parcela financiada do valor do imóvel não poderá ultrapassar 80% (oitenta por cento) do mesmo. (Redação dada pela Lei 4.864/1965).

§ 3º Os recursos aplicados ou com aplicação contratada, no setor habitacional, na data da publicação desta Lei, pelas entidades estatais, inclusive sociedades de economia mista, não serão computadas nas percentagens de aplicação a que se refere este artigo. (Redação dada pela Lei 4.864/1965).

§ 4º O disposto neste artigo não se aplica aos processos das Caixas Econômicas Federais, Caixas Militares e IPASE, já deferidos pelos órgãos e autoridades competentes, na data da publicação desta Lei. (Redação dada pela Lei 4.864/1965).

§ 5º Em função das condições de mercado e das regiões, o Banco Nacional de Habitação poderá alterar os critérios de distribuição das aplicações previstas no inciso II deste artigo. (Incluído pela Lei 4.864/1965).

ART. 12. Os recursos aplicados pelas entidades privadas integrantes do sistema financeiro da habitação se distribuirão permanentemente da seguinte forma:

I - no mínimo 60% (sessenta por cento) dos recursos deverão estar aplicados em habitações de valor unitário inferior a 300 (trezentas) vezes o maior salário-mínimo mensal vigente no País; (Redação dada pela Lei 4.864/1965).

II - no máximo 20% (vinte por cento) dos recursos poderão estar aplicados em habitações de valor unitário superior a 400 (quatrocentas) vezes o maior salário-mínimo mensal vigente no País; (Redação dada pela Lei 4.864/1965).

III - serão vedadas as aplicações em habitações de valor unitário superior a 500 (quinhentas) vezes o maior salário-mínimo mensal vigente no País. (Redação dada pela Lei 4.864/1965).

Parágrafo único. Nas aplicações a que se refere o inciso II, a parcela financiada do valor do imóvel não poderá ultrapassar de 80% do mesmo.

ART. 13. A partir do 3º ano da aplicação da presente lei, o Banco Nacional da Habitação poderá alterar os critérios de distribuição das aplicações previstas nos artigos anteriores.

ART. 14. (Revogado pela Med. Prov. 2.197-43/2001.)

SEÇÃO III
DOS RECURSOS DO SISTEMA
FINANCEIRO DA HABITAÇÃO

ART. 15. As entidades integrantes do sistema financeiro da Habitação poderão assegurar reajustamento monetário nas condições previstas no artigo 5º.

I - aos depósitos no sistema que obedeça às normas gerais fixadas pelo Banco Nacional da Habitação cujo prazo não poderá ser inferior a um ano, e que não poderão ser movimentados com cheques;

II - aos financiamentos contraídos no país ou no exterior para a execução de projetos de habitações, desde que observem os limites e as normas gerais estabelecidas pelo Banco Nacional da Habitação;

III - as letras imobiliárias emitidas nos termos desta Lei pelo Banco Nacional da Habitação ou pelas sociedades de crédito imobiliário.

§ 1º Em relação às Caixas Econômicas Federais e a outras entidades do sistema, que não operem exclusivamente no setor habitacional, o reajustamento previsto neste artigo somente poderá ser assegurado aos depósitos e empréstimos das suas carteiras especializadas no setor habitacional.

§ 2º O sistema manterá depósitos especiais de acumulação de poupanças para os pretendentes a financiamento de casa própria, cujos titulares terão preferência na obtenção desses financiamentos, obedecidas as condições gerais estabelecidas pelo Banco Nacional da Habitação.

§ 3º Todos os financiamentos externos e acordos de assistência técnica relacionados com a habitação, dependerão da aprovação prévia do Banco Nacional da Habitação e não poderão estar condicionados à utilização de patentes, licenças e materiais de procedência estrangeira.

ART. 15-A. É permitida a pactuação de capitalização de juros com periodicidade mensal nas operações realizadas pelas entidades integrantes do Sistema Financeiro da Habitação - SFH. (Incluído pela Lei 11.977/2009.)

§ 1º No ato da contratação e sempre que solicitado pelo devedor será apresentado pelo credor, por meio de planilha de cálculo que evidencie de modo claro e preciso, e de fácil entendimento e compreensão, o seguinte conjunto de informações: (Incluído pela Lei 11.977/2009.)

I - saldo devedor e prazo remanescente do contrato; (Incluído pela Lei 11.977/2009.)

II - taxa de juros contratual, nominal e efetiva, nas periodicidades mensal e anual; (Incluído pela Lei 11.977/2009.)

III - valores repassados pela instituição credora às seguradoras, a título de pagamento de prêmio de seguro pelo mutuário, por tipo de seguro; (Incluído pela Lei 11.977/2009.)

IV - taxas, custas e demais despesas cobradas juntamente com a prestação, discriminadas uma a uma; (Incluído pela Lei 11.977/2009.)

V - somatório dos valores já pagos ou repassados relativos a: (Incluído pela Lei 11.977/2009.)

a) juros; (Incluído pela Lei 11.977/2009.)

b) amortização; (Incluído pela Lei 11.977/2009.)

c) prêmio de seguro por tipo de seguro; (Incluído pela Lei 11.977/2009.)

d) taxas, custas e demais despesas, discriminando por tipo; (Incluído pela Lei 11.977/2009.)

VI - valor mensal projetado das prestações ainda não pagas, pelo prazo remanescente do contrato, e o respectivo somatório, decompostos em juros e amortizações; (Incluído pela Lei 11.977/2009.)

VII - valor devido em multas e demais penalidades contratuais quando houver atraso no pagamento da prestação. (Incluído pela Lei 11.977/2009.)

§ 2º No cômputo dos valores de que trata o inciso VI do § 1º, a instituição credora deve desconsiderar os efeitos de eventual previsão contratual de atualização monetária do saldo devedor ou das prestações. (Incluído pela Lei 11.977/2009.)

ART. 15-B. Nas operações de empréstimo ou financiamento realizadas por instituições integrantes do Sistema Financeiro da Habitação que prevejam pagamentos por meio de prestações periódicas, os sistemas de amortização do saldo devedor poderão ser livremente pactuados entre as partes. (Incluído pela Lei 11.977/2009.)

§ 1º O valor presente do fluxo futuro das prestações, compostas de amortização do principal e juros, geradas pelas operações de que trata o *caput*, deve ser calculado com a utilização da taxa de juros pactuada no contrato, não podendo resultar em valor diferente ao do empréstimo ou do financiamento concedido. (Incluído pela Lei 11.977/2009.)

§ 2º No caso de empréstimos e financiamentos com previsão de atualização monetária do saldo devedor ou das prestações, para fins de apuração do valor presente de que trata o § 1º, não serão considerados os efeitos da referida atualização monetária. (Incluído pela Lei 11.977/2009.)

§ 3º Nas operações de empréstimo ou financiamento de que dispõe o *caput* é obrigatório o oferecimento ao mutuário do Sistema de Amortização Constante - SAC e de, no mínimo, outro sistema de amortização que atenda o disposto nos §§ 1º e 2º, entre eles o Sistema de Amortização Crescente - SACRE e o Sistema Francês de Amortização (Tabela Price). (Incluído pela Lei 11.977/2009.)

CAPÍTULO IV
DO BANCO NACIONAL DA HABITAÇÃO

ART. 16. Fica criado, vinculado ao Ministério da Fazenda, o Banco Nacional da Habitação (BNH), que terá personalidade jurídica de Direito Público, patrimônio próprio e autonomia administrativa, gozando de imunidade tributária.

§ 1º O Banco Nacional da Habitação poderá instalar agências em todo o território nacional, mas operará de preferência, usando como agentes e representantes as Caixas Econômicas Federais e Estaduais, os bancos oficiais e de economia mista e as demais entidades integrantes do sistema financeiro da habitação.

§ 2º O Banco Nacional da Habitação poderá utilizar-se da rêde bancária comercial nas localidades em que não haja agentes ou representantes das entidades referidas no parágrafo anterior.

ART. 17. O Banco Nacional da Habitação terá por finalidade:

I - orientar, disciplinar e controlar o sistema financeiro da habitação;

II - incentivar a formação de poupanças e sua canalização para o sistema financeiro da habitação;

III - disciplinar o acesso das sociedades de crédito imobiliário ao mercado nacional de capitais;

IV - manter serviços de redesconto e de seguro para garantia das aplicações do sistema financeiro da habitação e dos recursos a ele entregues;

V - manter serviços de seguro de vida de renda temporária para os compradores de imóveis objeto de aplicações do sistema;

VI - financiar ou refinanciar a elaboração e execução de projetos promovidos por entidades locais ...(Vetado)... de conjuntos habitacionais, obras e serviços correlatos;

VII - refinanciar as operações das sociedades de crédito imobiliário;

VIII - financiar ou refinanciar projetos relativos a ...(Vetado)... instalação e desenvolvimento da indústria ...(Vetado)... de materiais de construção e pesquisas tecnológicas, necessárias à melhoria das condições habitacionais do país ...(Vetado).

Parágrafo único. O Banco Nacional da Habitação operará exclusivamente como órgão orientador, disciplinador e de assistência financeira, sendo-lhe vedado operar diretamente em financiamento, compra e venda ou construção de habitações, salvo para a venda dos terrenos referidos no artigo 26 ou para realização de bens recebidos em liquidação de garantias.

ART. 18. Compete ao Banco Nacional da Habitação:

I - autorizar e fiscalizar o funcionamento das sociedades de crédito imobiliário;

II - fixar as condições gerais quanto a limites, prazos, retiradas, juros e seguro obrigatório das contas de depósito no sistema financeiro da habitação;

III - estabelecer as condições gerais a que deverão satisfazer as aplicações do Sistema Financeiro da Habitação quanto a garantias, juros, prazos, limites de risco e valores máximos de financiamento e de aquisição dos imóveis financiados no âmbito do Sistema Financeiro da Habitação. (Redação dada pela Med. Prov. 2.197-43/2001.)

IV - fixar os limites, em relação ao capital e reservas, dos depósitos recebidos e dos empréstimos tomados pelas Sociedades de Crédito Imobiliário;

V - fixar os limites mínimos de diversificações de aplicações a serem observados pelas entidades integrantes do sistema financeiro da habitação;

VI - fixar os limites de emissão e as condições de colocação, vencimento e juros das Letras Imobiliárias, bem como as condições dos seguros de suas emissões;

VII - fixar as condições e os prêmios dos seguros de depósitos e de aplicações a que serão obrigadas as entidades integrantes do sistema financeiro da habitação;

VIII - fixar as condições gerais de operação da sua carteira de redesconto das aplicações do sistema financeiro da habitação;

IX - determinar as condições em que a resseguradora privada nacional operará nas várias modalidades de seguro previstas na presente lei;

X - (Vetado);

XI - exercer as demais atribuições previstas nesta lei.

Parágrafo único No exercício de suas atribuições, o Banco Nacional da Habitação obedecerá aos limites globais e as condições gerais fixadas pelo Conselho da Superintendência da Moeda e do Crédito, com o objetivo de subordinar o sistema financeiro de habitação à política financeira, monetária e econômica em execução pelo Governo Federal.

ART. 19. O Banco Nacional da Habitação ...(Vetado)... poderá receber depósitos:

a) de entidades governamentais, autárquicas, para estatais e de economia mista;

b) das entidades integrantes do sistema financeiro da habitação;

c) que resultarem de operações realizadas pelo Banco ou que a elas estejam diretamente vinculadas.

ART. 20. Mediante autorização do Ministro da Fazenda, o Banco Nacional da Habitação poderá tomar empréstimos, no país ou no exterior, a fim de obter recursos para a realização das suas finalidades.

§ 1º Os empréstimos internos referidos neste artigo poderão ser corrigidos de acôrdo com o artigo 5º ou revestir a forma de Letras Imobiliárias.

§ 2º O Ministro da Fazenda poderá dar a garantia do Tesouro Nacional aos empréstimos referidos neste artigo, até um saldo devedor total, em cada momento, de um trilhão de cruzeiros para os empréstimos internos e US$300 milhões, o equivalente em outras moedas, para os empréstimos em moeda estrangeira.

§ 3º O limite em cruzeiros constante do parágrafo anterior será anualmente reajustado pelos índices referidos no artigo 5º.

ART. 21. O Serviço Social da Indústria (SESI) e o Serviço Social do Comércio (SESC) inclusive os Departamentos Regionais, aplicarão anualmente na aquisição de Letras Imobiliárias de emissão do Banco Nacional da Habitação, a partir do exercício de 1965, 20% (vinte por cento) das receitas compulsórias a eles vinculadas.

§ 1º (Vetado).

§ 2º O Ministro da Fazenda fixará periodicamente a percentagem dos depósitos das Caixas Econômicas Federais, que deverá ser obrigatoriamente aplicada em depósitos no BNH. (Renumerado pela Lei 5.455/1968.)

ART. 22. Todas as empresas do país que mantenham empregados sujeitos a desconto para Institutos de Aposentadorias e Pensões são obrigadas a contribuir com a percentagem de 1% mensal sobre o montante das suas folhas de pagamento para a constituição do capital do Banco Nacional da Habitação.

§ 1º A cobrança dessa percentagem obedecerá aos dispositivos da legislação vigente sobre as contribuições previdenciárias.

§ 2º Os Institutos de Aposentadoria e Pensões recolherão, mensalmente, ao Banco Nacional da Habitação o produto da arrecadação prevista neste artigo, descontada a taxa correspondente às despesas de administração fixada de comum acordo entre o DNPS e o Banco Nacional da Habitação.

§ 3º O recolhimento a que se refere o presente artigo será devido a partir do segundo mês após a promulgação desta Lei.

§ 4º Na forma a ser estabelecida em regulamento a ser baixado pelo BNH, as empresas abrangidas por este artigo poderão deduzir a importância correspondente a 50% do valor das aplicações que façam em planos de habitação destinados à casa própria de seus empregados, da contribuição prevista neste artigo.

§ 5º Os planos a que se refere o parágrafo anterior dependem de prévia aprovação e execução, controlada pelo BNH, diretamente ou por delegação.

§ 6º Não estão obrigados ao recolhimento da contribuição prevista neste artigo as instituições de educação e de assistência social, amparadas pela Lei n. 3.193, de 4 de julho de 1957, e Lei n. 3.577, de 4 de julho de 1959, bem como pelo Decreto número 1.117, de 1º de junho de 1962. (Incluído pela Lei 5.127/1966.)

ART. 23. A construção de prédios residenciais, cujo custo seja superior a 850 vezes o maior salário-mínimo vigente no País, considerado esse custo para cada unidade residencial, seja em prédio individual, seja em edifícios de apartamentos ou vilas, fica sujeita ao pagamento de uma subscrição pelo proprietário, promitente comprador ou promitente cessionário do respectivo terreno, de letras imobiliárias emitidas pelo Banco Nacional de Habitação, com as características do art. 45 desta Lei. (Redação dada pela Lei 4.864/1965).

§ 1º O montante dessa subscrição será de 5% (cinco por cento) sobre o valor da construção, quando esta estiver entre os limites de 850 e 1.150 vezes o maior salário-mínimo vigente no País à época da concessão do respectivo "habite-se" e de 10% (dez por cento) sobre a que exceder de tal limite. (Redação dada pela Lei 4.864/1965).

§ 2º As autoridades municipais, antes de concederem o "habite-se" para os prédios residenciais, exigirão do construtor uma declaração do seu custo efetivo e, quando for o caso, do proprietário comprovação de cumprimento do disposto no presente artigo. (Redação dada pela Lei 4.864/1965).

§ 3º Só poderão gozar dos benefícios e vantagens previstos na presente Lei os municípios que obedecerem ao disposto neste artigo. (Redação dada pela Lei 4.864/1965).

ART. 24. O Banco Nacional da Habitação poderá operar em:

I - prestação de garantia em financiamento obtido, no país ou no exterior, pelas entidades integrantes do sistema financeiro da habitação destinados a execução de projetos de habitação de interesse social;

II - carteira de seguro dos créditos resultantes da venda ou construção de habitação a prazo ou de empréstimos para aquisição ou construção de habitações;

III - carteira de seguro dos depósitos nas entidades integrantes do sistema financeiro da habitação;

IV - carteira de redesconto para assegurar a liquidez do sistema financeiro da habitação;

V - carteira de seguro de vida de renda temporária dos adquirentes, financiados pelo sistema financeiro da habitação;

VI - carteira de seguro de resgate e pagamento de juros das Letras Imobiliárias emitidas pelas sociedades de crédito imobiliário;

VII - financiamento ou refinanciamento da elaboração ou execução de projetos de construção de conjuntos habitacionais ...(Vetado) ... instalação e desenvolvimento da indústria ...(Vetado)... de materiais de construção e pesquisas tecnológicas;

VIII - refinanciamento parcial dos créditos concedidos pelas sociedades de crédito imobiliário.

§ 1º O Banco Nacional da Habitação somente operará ... (Vetado)... para aplicação dos recursos disponíveis, depois de asseguradas as reservas técnicas necessárias às operações referidas nos incisos I a VI, inclusive.

§ 2º Os recursos disponíveis do Banco Nacional da Habitação serão mantidos em depósito no Banco do Brasil S.A. ... (Vetado).

§ 3º Dos recursos recolhidos ao Banco Nacional da Habitação, serão destinadas anualmente as verbas necessárias ao custeio das atividades do Serviço Federal da Habitação e Urbanismo. (Vetado).

ART. 25. O capital do Banco Nacional de Habitação pertencerá integralmente à União Federal.

Parágrafo único. O capital inicial do Banco Nacional da Habitação será de Cr$ 1 bilhão de cruzeiros.

ART. 26. O Poder Executivo transferirá, dentro de um ano, para o patrimônio do Banco Nacional da Habitação, terrenos de propriedade da União Federal que não sejam necessários aos serviços públicos federais ou que possam ser vendidos, para realizar recursos líquidos destinados ao aumento do Capital do Banco, desde que se prestem à construção de conjuntos residenciais de interesse social.

§ 1º O Banco poderá igualmente receber dos Governos Estaduais, Municipais e particulares ou de entidades de direito privado, estes sob a forma de doações, terras ou terrenos rurais ou urbanos, apropriados para a construção de imóveis.

§ 2º No caso de doações previstas no parágrafo anterior nenhum ônus recairá sobre o doador de terras ou terrenos recebidos pelo Banco.

ART. 27. O Banco Nacional da Habitação será administrado por um Conselho de Administração e uma Diretoria, cujos membros serão nomeados pelo Presidente da República e aprovados pelo Senado Federal.

§ 1º O Conselho de Administração será composto de:

a) o Presidente do Banco Nacional da Habitação, como seu Presidente, e com voto de qualidade;

b) de seis a nove Conselheiros, com mandato de 3 anos cada um;

c) os Diretores do Banco.

§ 2º A Diretoria será composta de:

a) o Presidente do Banco Nacional da Habitação, demissível ad nutum;

b) o Diretor-Superintendente com mandato de 4 anos;

c) dois a cinco Diretores com mandato de 4 anos.

ART. 28. Os membros da Diretoria e três dos membros do Conselho de Administração serão escolhidos dentre cidadãos de reconhecida idoneidade moral e comprovada capacidade em assuntos econômico-financeiros, sendo dois outros membros do Conselho de Administração escolhidos dentre os especialistas, respectivamente, em assuntos de saúde pública, de previdência social, e o sexto, o Superintendente do Serviço Federal de Habitação e Urbanismo.

§ 1º (Vetado).

§ 2º Os Conselheiros serão anualmente renovados pelo têrço e na composição inicial, 1/3 terá mandato de um ano, 1/3 mandato de dois anos e 1/3 mandato de três anos.

§ 3º Na composição inicial da Diretoria, metade dos diretores terá mandato de dois anos.

ART. 29. Compete ao Conselho de Administração:

I - organizar e modificar o regimento interno do Banco, que será aprovado por ato do Ministro da Fazenda;

II - decidir sobre a orientação geral das operações do Banco;

III - exercer as atribuições normativas do Banco, como órgão da orientação, disciplina e controle do sistema financeiro da habitação;

IV - aprovar os orçamentos de custeio, recursos e aplicações do Banco e as normas gerais a serem observadas nos seus serviços;

V - distribuir os serviços do Banco entre os Diretores, observado o disposto nesta Lei;

VI - criar ou extinguir cargo e funções, fixando os respectivos vencimentos e vantagens, mediante proposta do Diretor-Superintendente, bem como dirimir dúvidas quanto aos direitos, vantagens e deveres dos servidores, podendo ainda baixar o Regulamento do Pessoal do Banco;

VII - examinar e aprovar os balancetes e balanços do Banco, financeiros e patrimoniais;

VIII - escolher substitutos no caso de vaga ou impedimento dos Diretores, até que o Presidente da República o faça em caráter efetivo;

IX - examinar e dar parecer sobre a prestação anual das contas do Banco;

X - deliberar sobre os assuntos que lhe forem submetidos pela Diretoria.

ART. 30. Compete à Diretoria:

I - decidir sobre todos os assuntos da direção executiva do Banco, de acôrdo com o seu Regimento Interno;

II - aprovar as operações do Banco, que excedam os limites fixados pelo Regimento Interno para cada Diretor.

ART. 31. Compete ao Presidente do Banco:

I - representar o Banco em suas relações com terceiros em juízo ou fora dele, sem prejuízo do disposto no artigo 29;

II - convocar extraordinariamente o Conselho e a Diretoria, sempre que necessário;

III - enviar ao Tribunal de Contas, até 31 de janeiro de cada ano, as contas dos administradores do Banco relativas ao exercício anterior, para os fins do artigo 77, II, da Constituição;

IV - enviar ao Tribunal de Contas, até 31 de janeiro de cada ano as contas gerais do Banco relativas ao exercício anterior.

ART. 32. Compete ao Diretor-Superintendente:

I - substituir o Presidente nos seus impedimentos ocasionais, sem prejuízo do exercício normal de suas funções;

II - administrar e dirigir os negócios ordinários do Banco decidindo das operações que se contiverem no limite da sua competência, de acordo com o Regimento Interno;

III - outorgar e aceitar escrituras, ou assinar contratos, conjuntamente com o Presidente ou outro Diretor;

IV - designar, conjuntamente com o Presidente, procuradores com poderes especiais, agentes ou representantes do Banco;

V - praticar os atos referentes à administração do pessoal, podendo delegar poderes, salvo quando se tratar de nomeação, promoção ou demissão;

VI - superintender e coordenar os serviços dos diferentes setôres do Banco e zelar pelo fiel cumprimento das deliberações do Conselho de Administração e da Diretoria;

VII - prover, interinamente, até que o Presidente da República o faça em caráter efetivo, as vagas dos membros do Conselho de Administração, cuja substituição não esteja prevista no Regulamento do Banco.

ART. 33. Os Diretores referidos no artigo 27, § 2º, alínea c terão as atribuições que forem determinadas no Regimento Interno.

ART. 34. O pessoal contratado pelo Banco será regido pela Consolidação das Leis do Trabalho e legislação complementar e admitido mediante concurso de provas ou de provas e títulos.

§ 1º Poderão ser requisitados pelo Banco servidores dos quadros do serviço público federal, das autarquias federais, ou de sociedades de economia mista, controladas pelo Governo Federal.

§ 2º (Vetado).

CAPÍTULO V
DAS SOCIEDADES DE CRÉDITO IMOBILIÁRIO

ART. 35. As Sociedades de crédito imobiliário são instituições de crédito especializado, dependem de autorização do Banco Nacional da Habitação para funcionar, e estão sujeitas a permanente fiscalização do Governo Federal, através do referido Banco e da Superintendência da Moeda e do Crédito.

§ 1º As sociedades de crédito imobiliário se organizarão sob a forma anônima de ações nominativas, observando nos atos de sua constituição todos os dispositivos legais aplicáveis, mas só poderão dar início às suas atividades após publicação, no Diário Oficial da União, da autorização do Banco Nacional da Habitação.

§ 2º As sociedades de crédito imobiliário serão constituídas com o capital mínimo de 100 milhões de cruzeiros em moeda corrente, na forma da legislação que rege as sociedades anônimas, mas a emissão de autorização para funcionar dependerá da integralização mínima de 50%, mediante débito do BNH.

§ 3º O limite mínimo referido no parágrafo anterior será anualmente atualizado, com base nos índices de que trata o artigo 5º, § 1º.

ART. 36. A autorização para funcionar será concedida por tempo indeterminado, enquanto a sociedade observar as disposições legais e regulamentares em vigor.

§ 1º Somente poderão ser membros dos órgãos da administração e do Conselho Fiscal das sociedades de crédito imobiliário, pessoas de reconhecida idoneidade moral e comercial, sendo que dois diretores deverão comprovar capacidade financeira e técnica.

§ 2º Os diretores somente poderão ser investidos nos seus cargos depois da aprovação pelo Banco Nacional da Habitação, à vista das provas exigidas pela SUMOC para investimento de diretores de estabelecimento bancário em geral.

§ 3º A responsabilidade dos administradores de sociedade de crédito imobiliário é a mesma prevista na lei para os diretores de bancos.

§ 4º A expressão "crédito imobiliário", constará obrigatoriamente da denominação das sociedades referidas neste artigo.

§ 5º As sociedades de crédito imobiliário enviarão para publicação até o 10º dia de cada mês, no Diário Oficial do estado onde funcionarem, os balancetes mensais.

ART. 37. Ficarão sujeitos à prévia aprovação do Banco Nacional da Habitação:

I - as alterações dos estatutos sociais das sociedades de crédito imobiliário;

II - a abertura de agências ou escritórios das referidas sociedades;

III - a cessação de operações da matriz ou das dependências das referidas sociedades.

ART. 38. Os pedidos de autorização para funcionamento, alteração estatutária, abertura ou fechamento de agências ou dependências e aprovação de administradores deverão ser decididos pelo Banco Nacional da Habitação, dentro de 120 dias da sua apresentação e das decisões do Banco caberá recurso voluntário para o Ministro da Fazenda.

Parágrafo único. O regulamento discriminará a documentação a ser apresentada, com os requerimentos referidos neste artigo, podendo o Banco Nacional da Habitação fazer as exigências que considerar de interesse para a apreciação do pedido e fixar prazo razoável para o seu atendimento.

ART. 39. As sociedades de crédito imobiliário somente poderão operar em financiamentos para construção, venda ou aquisição de habitações, mediante:

I - abertura de crédito a favor de empresários que promovam projetos de construção de habitações para venda a prazo;

II - abertura de crédito para a compra ou construção de casa própria com liquidação a prazo de crédito utilizado;

III - desconto, mediante cessão de direitos de receber a prazo o preço da construção ou venda de habitações;

IV - outras modalidades de operações autorizadas pelo Banco Nacional da Habitação.

§ 1º Cada sociedade de crédito imobiliário somente poderá operar com imóveis situados na área geográfica para a qual for autorizada a funcionar.

§ 2º As sociedades de crédito imobiliário não poderão operar em compra e venda ou construção de imóveis, salvo para liquidação de bens que tenham recebido em pagamento dos seus créditos ou no caso dos imóveis necessários a instalação de seus serviços.

§ 3º Nas suas operações as sociedades de crédito imobiliário observarão as normas desta lei e as expedidas pelo Banco Nacional da Habitação, com relação aos limites do valor unitário, prazo, condições de pagamento, juros, garantias, seguro, ágio e deságios na colocação de Letras Imobiliárias e diversificação de aplicações.

§ 4º As disponibilidades das sociedades de crédito imobiliário serão mantidas em depósito no Banco Nacional da Habitação, no Banco do Brasil S.A., nos demais bancos oficiais da União e dos Estados e nas Caixas Econômicas ...(Vetado).

ART. 40. As sociedades de crédito imobiliário não poderão:

a) receber depósitos de terceiros que não sejam proprietários de ações nominativas, a não ser nas condições e nos limites autorizados pelo Banco Nacional da Habitação;

b) tomar empréstimos em moeda nacional ou estrangeira, a não ser nas condições mínimas de prazo e nos limites máximos, em relação ao capital e reservas, estabelecidos pelo Banco Nacional da Habitação;

c) emitir Letras Imobiliárias em valor superior aos limites máximos aprovados pelo Banco Nacional da Habitação em relação ao capital e reservas e ao montante dos créditos em carteira;

d) admitir a movimentação de suas contas por meio de cheques contra ela girados ou emitir cheques na forma do Decreto n. 24.777, de 14 de junho de 1934;

e) possuir participação em outras empresas.

§ 1º O Banco Nacional da Habitação fixará o limite de recursos de terceiros que as sociedades poderão receber, até o máximo de 15 vezes os recursos próprios.

§ 2º O Banco Nacional da Habitação fixará também os limites mínimos de prazo dos vencimentos dos recursos de terceiros recebidos pela sociedade em relação aos prazos de suas aplicações.

ART. 41. O Banco Nacional de Habitação e a SUMOC manterão fiscalização permanente e ampla das Sociedades de Crédito Imobiliário podendo para isso, a qualquer tempo, examinar livros de registros, papéis e documentação de qualquer natureza, atos e contratos.

§ 1º As sociedades são obrigadas a prestar toda e qualquer informação que lhes for solicitada pelo Banco Nacional da Habitação ou pela SUMOC.

§ 2º A recusa, a criação de embaraços, a divulgação ou fornecimento de informações falsas sobre as operações e as condições financeiras da sociedade serão punidas na forma da lei.

§ 3º O Banco Nacional da Habitação e a SUMOC manterão sigilo com relação a documentos e informações que as sociedades de crédito imobiliário lhe fornecerem.

ART. 42. As sociedades de crédito imobiliário são obrigadas a observar o plano de contas e as normas de contabilização aprovadas pelo Banco Nacional da Habitação, bem como a divulgar, em seus relatórios semestrais, as informações mínimas exigidas pelo Banco Nacional da Habitação, quanto às suas condições financeiras.

§ 1º As sociedades de crédito imobiliário são obrigadas a enviar ao Banco Nacional de Habilitação, até o último dia do mês seguinte, cópia do balancete do mês anterior, do balanço semestral e da demonstração de lucros e perdas, bem como prova de envio para publicação das atas de assembleias gerais, dentro de 30 dias da realização destas.

§ 2º O BNH poderá exigir quando a seu critério, considerar necessário, que Sociedades de Crédito Imobiliário se sujeitem à auditoria externa por empresas especializadas por ele aprovadas.

§ 3º As sociedades de crédito imobiliário mencionarão em sua publicidade os respectivos capitais realizados, suas reservas e o total de recursos mutuados aplicados, constantes de seu último balancete mensal.

ART. 43. (Revogado pela Lei 13.506/2017.)

CAPÍTULO VI
LETRAS IMOBILIÁRIAS

ARTS. 44 a 53. (Revogados pela Lei 13.137/2015.)

CAPÍTULO VII
DO SERVIÇO FEDERAL DE HABITAÇÃO E URBANISMO

ART. 54. A Fundação da Casa Popular, criada pelo Decreto-lei n. 9.218, de 1º de maio de 1946, passa a constituir com o seu patrimônio, revogada a legislação que lhe concerne, o "Serviço Federal de Habitação e Urbanismo", entidade autárquica ... (Vetado).

§ 1º O Serviço Federal de Habitação e Urbanismo será dirigido por um Superintendente ..... (Vetado).

§ 2º O Superintendente, de notória competência em matéria de habitação e urbanismo, será nomeado ...(Vetado)... pelo Conselho de Administração do Banco Nacional de Habitação.

§ 3º (Vetado).

§ 4º Ficam extintos o Conselho Central, o Conselho Técnico e a Junta de Contrôle da Fundação da Casa Popular.

§ 5º Os servidores do Serviço Nacional de Habitação e Urbanismo serão admitidos no regime da legislação trabalhista ...(Vetado).

§ 6º Os servidores da atual Fundação da Casa Popular serão aproveitados no Serviço Nacional de Habitação e Urbanismo ou em outros serviços de igual regime. (Parte mantida pelo Congresso Nacional)

ART. 55. O Serviço Federal de Habitação e Urbanismo terá as seguintes atribuições:

a) promover pesquisas e estudos relativos ao deficit habitacional, aspectos do planejamento físico, técnico e socioeconômico da habitação;

b) promover, coordenar e prestar assistência técnica a programas regionais e municipais de habitação de interesse social, os quais deverão necessariamente ser acompanhados de programas educativos e de desenvolvimento e organização de comunidade;

c) fomentar o desenvolvimento da indústria de construção, através de pesquisas e assistência técnica, estimulando a iniciativa regional e local;

d) incentivar o aproveitamento de mão de obra e dos materiais característicos de cada região;

e) estimular a organização de fundações, cooperativas, mútuas e outras formas associativas em programas habitacionais, propiciando-lhes assistência técnica;

f) incentivar a investigação tecnológica, a formação de técnicos, em qualquer nível, relacionadas com habitação e urbanismo;

g) prestar assistência técnica aos Estados e Municípios na elaboração dos planos diretores, bem como no planejamento da desapropriação por interesse social, de áreas urbanas adequadas a construção de conjuntos habitacionais;

h) promover, em colaboração com o Instituto Brasileiro de Geografia e Estatística, a realização de estatísticas sobre a habitação no país;

i) (Vetado);

j) prestar assistência técnica aos Estados, aos Municípios e às empresas do país para constituição, organização e implantação de entidades de caráter público, de economia mista ou privadas, que terão por objetivo promover a execução de planos habitacionais ou financiá-los, inclusive assisti-los para se candidatarem aos empréstimos do Banco Nacional da Habitação ou das sociedades de crédito imobiliário;

l) prestar assistência técnica na elaboração de planos de emergência, intervindo na normalização de situações provocadas por calamidades públicas;

m) estabelecer normas técnicas para a elaboração de Planos Diretores, de acordo com as peculiaridades das diversas regiões do país;

n) assistir aos municípios na elaboração ou adaptação de seus Planos Diretores às normas técnicas a que se refere o item anterior.

§ 1º Os municípios que não tiverem códigos de obras adaptados às normas técnicas do Serviço Federal de Habitação e Urbanismo ou que aprovarem projetos e planos habitacionais em desacordo com as mesmas normas, não poderão receber recursos provenientes de entidades governamentais, destinados a programas de habitação e urbanismo.

§ 2º (Vetado).

ART. 56. A organização administrativa do Serviço Federal de Habitação e Urbanismo será estabelecida em decreto, devendo ser prevista a sua descentralização regional.

Parágrafo único. (Vetado).

CAPÍTULO VIII
DISPOSIÇÕES GERAIS E TRANSITÓRIAS

ART. 57. (Revogado pelo Dec.-Lei 1.338/1974.)

ART. 58. Ficam isentos do Imposto de Renda, até 31 de dezembro de 1970, os lucros e rendimentos auferidos pelas pessoas físicas ou jurídicas, resultantes de operações de construção e primeira transação, inclusive alienação e locação, relativos aos prédios residenciais que vierem a ser construídos no Distrito Federal, cujo valor não ultrapasse 60 (sessenta) vezes o salário-mínimo da região.

Parágrafo único. Ficam igualmente isentos os mesmos imóveis, pelo mesmo prazo, dos impostos de transmissão, "causa mortis" e "*inter vivos*" relativos à primeira transferência de propriedade.

ART. 59. São isentos de imposto de selo:

a) a emissão, colocação, transferência, cessão, endosso, inscrição ou averbação de letras imobiliárias;

b) os atos e contratos, de qualquer natureza, entre as entidades que integram o sistema financeiro da habitação;

c) os contratos de que participem entidades integrantes do sistema financeiro da habitação, e que tenham por objeto habitações de menos de 50 metros quadrados, não incluídas as partes comuns, se for o caso, e de valor inferior a 60 vezes o maior salário-mínimo legal vigente no país;

d) os contratos de construção, venda, ou promessa de venda a prazo, promessa de cessão e hipoteca, de habitações que satisfaçam aos requisitos da alínea anterior.

ART. 60. A aplicação da presente lei, pelo seu sentido social, far-se-á de modo a que sejam simplificados todos os processo e métodos pertinentes às respectivas transações, objetivando principalmente:

I - o maior rendimento dos serviços e a segurança e rapidez na tramitação dos processos e papéis;

II - economia de tempo e de emolumentos devidos aos Cartórios;

III - simplificação das escrituras e dos critérios para efeito do Registro de Imóveis.

ART. 61. Para plena consecução do disposto no artigo anterior, as escrituras deverão consignar exclusivamente as cláusulas, termos ou condições variáveis ou específicas.

§ 1º As cláusulas legais, regulamentares, regimentais ou, ainda, quaisquer normas administrativas ou técnicas e, portanto, comuns a todos os mutuários não figurarão expressamente nas respectivas escrituras.

§ 2º As escrituras, no entanto, consignarão obrigatoriamente que as partes contratantes adotam e se comprometem a cumprir as cláusulas, termos e condições a que se refere o parágrafo anterior, sempre transcritas, verbum ad verbum, no respectivo Cartório ou Ofício, mencionado inclusive o número do Livro e das folhas do competente registro.

§ 3º Aos mutuários, ao receberem os respectivos traslados de escritura, será obrigatoriamente entregue cópia, impressa ou mimeografada, autenticada, do contrato padrão constante das cláusulas, termos e condições referidas no parágrafo 1º deste artigo.

§ 4º Os Cartórios de Registro de Imóveis, obrigatoriamente, para os devidos efeitos legais e jurídicos, receberão, autenticadamente, das pessoas jurídicas mencionadas na presente Lei, o instrumento a que se refere o parágrafo anterior, tudo de modo a facilitar os competentes registros.

§ 5º Os contratos de que forem parte o Banco Nacional de Habitação ou entidades que integrem o Sistema Financeiro da Habitação, bem como as operações efetuadas por determinação da presente Lei, poderão ser celebrados por instrumento particular, os quais poderão ser impressos, não se aplicando aos mesmos as disposições do art. 134, II, do Código Civil, atribuindo-se o caráter de escritura pública, para todos os fins de direito, aos contratos particulares firmados pelas entidades acima citados até a data da publicação desta Lei. (Incluído pela Lei 5.049/1966).

§ 6º Os contratos de que trata o parágrafo anterior serão obrigatoriamente rubricados por todas as partes em todas as suas folhas. (Incluído pela Lei 5.049/1966).

§ 7º Todos os contratos, públicos ou particulares, serão obrigatoriamente transcritos no Cartório de Registro de Imóveis competente, dentro do prazo de 15 (quinze) dias, a contar da data de sua assinatura, devendo tal obrigação figurar como cláusula contratual. (Incluído pela Lei n. 5.049, de 1966).

ART. 62. Os oficiais do Registro de Imóveis inscreverão obrigatoriamente, os contratos de promessa de venda, promessa de cessão ou de hipoteca celebrados de acordo com a presente Lei, declarando expressamente que os valores deles constantes são meramente estimativos, estando sujeitos os saldos devedores, assim como as prestações mensais, às correções do valor, determinadas nesta Lei.

§ 1º Mediante simples requerimento, firmado por ambas as partes contratantes, os Oficiais do Registro de Imóveis averbarão, à margem das respectivas inscrições, as correções de valores determinados por esta Lei, com indicação do novo valor do preço ou da dívida e do saldo respectivo, bem como da nova prestação contratual.

§ 2º Se o promitente comprador, promitente cessionário ou mutuário se recusar a assinar o requerimento de averbação das correções verificadas, ficará, não obstante, obrigado ao pagamento da nova prestação, podendo a entidade financiadora, se lhe convier, rescindir o contrato, com notificação prévia no prazo de 90 dias.

ART. 63. Os órgãos da administração federal, centralizada ou descentralizada ficam autorizados a firmar acordos ou convênios com as entidades estaduais e municipais, buscando sempre a plena execução da presente Lei e o máximo de cooperação interadministrativa.

ART. 64. O Banco Nacional da Habitação poderá promover desapropriações por utilidade pública ou por interesse social.

ART. 65. A partir da data da vigência desta Lei as Carteiras Imobiliárias dos Institutos de Aposentadoria e Pensões não poderão iniciar novas operações imobiliárias e seus segurados passarão a ser atendidos de conformidade com este diploma legal.

§ 1º Institutos de Aposentadoria e Pensões, as Autarquias em geral, as Fundações e as Sociedades de Economia Mista, inclusive a Petrobrás S.A e o Banco do Brasil S.A., efetuarão, no prazo máximo de 12 (doze) meses, a venda de seus conjuntos e unidades residenciais, em consonância com o Sistema Financeiro da Habitação de que trata esta Lei, de acordo com as instruções expedidas, no prazo de 90 (noventa) dias, conjuntamente, pelo Banco Nacional de Habitação e Departamento Nacional da Previdência Social. (Redação dada pela Lei 5.049/1996).

§ 2º Os recursos provenientes da alienação de que trata o parágrafo anterior serão aplicados na aquisição ou construção de imóveis destinados à instalação de órgãos do Instituto. (Redação dada pela Lei 5.455/1968.)

§ 3º Não sendo oportuna a aplicação prevista no parágrafo anterior, os recursos serão aplicados em Letras Imobiliárias, cuja liquidação se fará em 24 (vinte e quatro) parcelas mensais consecutivas, para a aquisição ou construção de edifícios-sede. (Incluído pela Lei 5.455/1968.)

§ 4º Os órgãos referidos no § 1º deste artigo que possuam unidades residenciais em Brasília, conjuntamente com a Caixa Econômica Federal de Brasília, submeterão à aprovação do Presidente da República, por intermédio do Ministro do Planejamento e Coordenação Econômica, no prazo de 90 (noventa) dias, sugestões e normas, em consonância com o sistema Financeiro da Habitação, referentes à sua alienação. (Redação dada pela Lei n. 5.049, de 1996). (Renumerado pela Lei 5.455/1968.)

§ 5º Os órgãos de que trata o parágrafo anterior, celebrarão convênio com a Caixa Econômica Federal de Brasília, incumbindo-a da alienação, aos respectivos ocupantes, dos imóveis residenciais que possuírem no Distrito Federal, devendo o produto da operação constituir fundo rotativo destinado a novos investimentos em construções residenciais em Brasília, assegurado às entidades convenientes rateio financeiro anual, que lhes permita a retirada de valores correspondentes no mínimo, a cinquenta por cento (50%) da renda líquida atual, efetivamente realizada, com a locação de tais imóveis. (Renumerado pela Lei 5.455/1968.)

§ 6º Os imóveis residenciais que deixarem de ser alienados aos ocupantes, por desinteresse ou impossibilidade legal dos mesmos, serão objeto de aquisição pela União que poderá para resgatá-los, solicitar a abertura de crédito especial, dar em pagamento imóveis não necessários aos seus serviços ou ações de sua propriedade em empresas de economia mista, mantida, nesta hipótese, a situação majoritária da União. (Renumerado pela Lei 5.455/1968.)

§ 7º A administração dos imóveis adquiridos pela União, na forma do parágrafo anterior, será feita pelo Serviço do Patrimônio da União. (Renumerado pela Lei 5.455/1968.)

§ 8º Realizadas as operações previstas no parágrafo primeiro, extinguir-se-ão as Carteiras Imobiliárias dos IAPs. (Renumerado pela Lei 5.455/1968.)

§ 9º Os atuais inquilinos ou ocupantes de imóveis residenciais dos IAPs e, sucessivamente, os seus contribuintes, estes inscritos e classificados de acordo com a legislação vigente, terão preferência no atendimento pelos órgãos estatais integrantes do sistema financeiro da habitação. (Renumerado pela Lei 5.455/1968.)

ART. 66. O Ministro do Planejamento adotará as medidas necessárias para a criação de um Fundo de Assistência Habitacional objetivando o financiamento às populações de renda insuficiente, destinando-lhes recursos próprios.

ART. 67. O Banco Nacional da Habitação e o Serviço Federal de Habitação e Urbanismo deverão publicar mensalmente a relação dos servidores admitidos ao seu serviço, a qualquer título, no mês anterior à publicação.

ART. 68. O Poder Executivo baixará os regulamentos necessários à execução desta Lei, inclusive os relativos à extinção dos órgãos federais que vêm exercendo funções e atividades que possam ser por elas reguladas, podendo incorporar serviços, órgãos e departamentos, dispondo sobre a situação dos respectivos servidores e objetivando o enquadramento dos órgãos federais que integram o sistema financeiro da habitação.

Parágrafo único. Dentro do prazo de noventa (90) dias, o Poder Executivo baixará os atos necessários à adaptação do funcionamento das Caixas Econômicas Federais, Caixas Militares e IPASE aos dispositivos desta Lei.

ART. 69. O contrato de promessa de cessão de direitos relativos a imóveis não loteados, sem cláusula de arrependimento e com emissão de posse, uma vez inscrita no Registro Geral de Imóveis, atribui ao promitente cessionário direito real oponível a terceiro e confere direito a obtenção compulsória da escritura definitiva de cessão, aplicando-se, neste caso, no que couber, o disposto no artigo 16 do Decreto-lei n. 58, de 10 de dezembro de 1937, e no artigo 346 do Código do Processo Civil.

Parágrafo único. O disposto neste artigo se aplica aos contratos em via de execução compulsória, em qualquer instância.

ART. 70. Fica assegurada às Caixas Econômicas Federais, na forma em que o Poder Executivo regulamentar, dentro do prazo previsto no parágrafo único do artigo 68, a exploração da Loteria Federal.

Parágrafo único. (Revogado pelo Dec.-Lei 204/1967.)

ART. 71. Fica o Poder Executivo autorizado a abrir, pelo Ministério da Fazenda, crédito especial no montante de Cr$ 1 bilhão, com vigência durante três anos, destinado à integralização gradativa do capital do Banco Nacional da Habitação.

ART. 72. Esta lei entrará em vigor na data da sua publicação, revogadas as disposições em contrário.

Brasília, 21 de agosto de 1964; 143º da Independência e 76º da República.

H. CASTELLO BRANCO

LEI N. 4.410, DE 24 DE SETEMBRO DE 1964

Institui prioridade para os feitos eleitorais, e dá outras providências.

▸ *DOU*, 29.09.1964.

O Presidente da República, faço saber que o Congresso Nacional decreta e eu sanciono a seguinte lei:

ART. 1º Os feitos eleitorais terão prioridade na participação do Ministério Público e na dos juízes de todas as Justiças e instâncias, ressalvados os processos de *habeas corpus* e mandado de segurança.

§ 1º Consideram-se feitos eleitorais as questões levadas à Justiça que tenham por objeto o provimento ou o exercício dos cargos eletivos.

§ 2º Na segunda instância, para a referida prioridade ser cumprida, serão convocadas sessões extraordinárias quando preciso.

ART. 2º Os que infringirem o disposto no art. 1º cometem o crime de responsabilidade.

ART. 3º Esta lei entrará em vigor na data de sua publicação, revogadas as disposições em contrário.

Brasília, 24 de setembro de 1964; 143º da Independência e 76º da República.

H. CASTELLO BRANCO

LEI N. 4.414, DE 24 DE SETEMBRO DE 1964

Regula o pagamento de juros moratórios pela União, pelos Estados, Distrito Federal, Municípios e autarquias.

▸ *DOU*, 29.9.1964.

O Presidente da República, faço saber que o Congresso Nacional decreta e eu sanciono a seguinte lei:

ART. 1º A União, os Estados, o Distrito Federal, os Municípios e as autarquias, quando condenados a pagar juros de mora, por este responderão na forma do direito civil.

ART. 2º Ficam revogados o art. 3º do Decreto n. 22.785, de 31 de maio de 1933, e todas as demais disposições legais em contrário ao estabelecido nesta lei.

Brasília, 24 de setembro de 1964; 143º da Independência e 76º da República.

H. CASTELLO BRANCO

LEI N. 4.502, DE 30 DE NOVEMBRO DE 1964

Dispõe Sobre o Imposto de Consumo e reorganiza a Diretoria de Rendas Internas.

▸ *DOU*, 30.11.1964, retificado em 20.01.1965 e 23.03.1965.

O Presidente da República. Faço saber que o Congresso Nacional decreta e eu sanciono a seguinte Lei:

TÍTULO I
DO IMPOSTO

CAPÍTULO I
DA INCIDÊNCIA

ART. 1º O Imposto de Consumo incide sobre os produtos industrializados compreendidos na Tabela anexa.

ART. 2º Constitui fato gerador do Imposto:

I - quanto aos produtos de procedência estrangeira o respectivo desembaraço aduaneiro;

II - quanto aos de produção nacional, a saída do respectivo estabelecimento produtor.

§ 1º Quando a industrialização se der no próprio local de consumo ou de utilização do produto, fora de estabelecimento produtor, o fato gerador considerar-se-á ocorrido no momento em que ficar concluída a operação industrial.

§ 2º O Imposto é devido sejam quais forem as finalidades a que se destine o produto ou o título jurídico a que se faça a importação ou de que decorra a saída do estabelecimento produtor.

§ 3º Para efeito do disposto no inciso I, considerar-se-á ocorrido o respectivo desembaraço aduaneiro da mercadoria que constar como tendo sido importada e cujo extravio ou avaria venham a ser apurados pela autoridade fiscal, inclusive na hipótese de mercadoria sob regime suspensivo de tributação. Acrescentado pela Lei 10.833/2003.)

ART. 3º Considera-se estabelecimento produtor todo aquele que industrializar produtos sujeitos ao Imposto.

Parágrafo único. Para os efeitos deste artigo, considera-se industrialização qualquer operação de que resulte alteração da natureza, funcionamento, utilização, acabamento ou apresentação do produto, salvo:

I - o conserto de máquinas, aparelhos e objetos pertencentes a terceiros;

II - o acondicionamento destinado apenas ao transporte do produto;

III - O preparo de medicamentos oficinais ou magistrais, manipulados em farmácias, para venda no varejo, diretamente e consumidor, assim como a montagem de óculos, mediante receita médica. (Acrescentado pelo Dec.-Lei 1.199/1971.)

IV - a mistura de tintas entre si, ou com concentrados de pigmentos, sob encomenda do consumidor ou usuário, realizada em estabelecimento varejista, efetuada por máquina automática ou manual, desde que fabricante e varejista não sejam empresas interdependentes, controladora, controlada ou coligadas. (Acrescentado pela Lei 9.493/1997.)

ART. 4º Equiparam-se a estabelecimento produtor, para todos os efeitos desta Lei:

I - os importadores e os arrematantes de produtos de procedência estrangeira;

II - as filiais e demais estabelecimentos que exercerem o comércio de produtos importados, industrializados ou mandados industrializar por outro estabelecimento do mesmo contribuinte; (Alterado pela Lei 9.532/1997.)

III - os que enviarem a estabelecimento de terceiro, matéria-prima, produto intermediário, moldes, matrizes ou modelos destinados à industrialização de produtos de seu comércio.

IV - os que efetuem vendas por atacado de matérias-primas, produtos intermediários, embalagens, equipamentos e outros bens de produção. (Acrescentado pelo Dec.-Lei 34/1966.)

V - (Revogado pela Lei 9.532/1997.)

§ 1º O regulamento conceituará para efeitos fiscais, operações de venda e bens compreendidos no inciso IV deste artigo. (Acrescentado pelo Dec.-Lei 34/1966.)

§ 2º Excluem-se do disposto no inciso II os estabelecimentos que operem exclusivamente na venda a varejo. (Renumerado pelo Dec.-Lei 34/1966.)

ART. 5º Para os feitos do artigo 2º: (Alterado pelo Dec.-Lei 1.133/1970.)

I - considera-se saído do estabelecimento industrial ou equiparado a industrial o produto: (Alterado pelo Dec.-Lei 1.133/1970.)

a) que for vendido por intermédio de ambulantes, armazéns gerais ou outros depositários; (Alterado pelo Dec.-Lei 1.133/1970.)

b) que, antes de entrar em estabelecimento do importador ou do arrematante de produtos de procedências estrangeira, seja, por estes, remetido a terceiros, (Alterado pelo Dec.-Lei 1.133/1970.)

c) que for remetido a estabelecimento diferente daquele que o tenha mandado industrializar pôr encomenda sem que o mesmo produto haja entrado no estabelecimento encomendante; (Alterado pelo Dec.-Lei 1.133/1970.)

d) que permanecer no estabelecimento decorridos 3 (três) dias da data da emissão da respectiva "nota fiscal. (Alterado pelo Dec.-Lei 1.133/1970.)

e) objeto de operação de venda, que for consumido ou utilizado dentro do estabelecimento industrial. (Acrescentado pela Lei 9.532/1997.)

II - não se considera saída do estabelecimento produtor:

a) a remessa de matérias-primas ou produtos intermediários para serem industrializados em estabelecimentos do mesmo contribuinte ou de terceiros, desde que o produto resultante tenha que retornar ao estabelecimento de origem;

b) o retorno do produto industrializado ao estabelecimento de origem, na forma da alínea anterior, se o remetente não tiver utilizado, na respectiva industrialização, outras matérias-primas ou produtos intermediários por ele adquiridos ou produzidos, e desde que o produto industrializado se destine a comércio, a nova industrialização ou a emprego no acondicionamento de outros.

CAPÍTULO II
DAS ISENÇÕES

ART. 6º (Suprimido pelo Dec.-Lei 34/1966.)

ART. 7º São também isentos:

I - os produtos exportados para o exterior, na forma das instruções baixadas pelo Ministério da Fazenda;

II - produtos industrializados pelas entidades a que se refere a artigo 31, inciso V letra b da Constituição Federal, quando exclusivamente para uso próprio ou para distribuição gratuita a seus assistidos tendo em vista suas finalidades, e desde que obtida declaração de isenção exigida no artigo 2º da Lei n. 3.193, de 4 de julho de 1957;

III - os produtos industrializados por estabelecimentos públicos e autárquicos federais, estaduais ou municipais, quando não se destinarem ao comércio;

IV - os produtos industrializados pelos estabelecimentos particulares de ensino, quando para fornecimento gratuito aos alunos;

V - as amostras de diminuto ou de nenhum valor comercial, assim considerados os fragmentos ou parte de qualquer mercadoria, em quantidade estritamente necessária para dar a conhecer sua natureza espécie e qualidade, para distribuição gratuita, desde que tragam, em caracteres bem visíveis, declaração neste sentido;

VI - as amostras dos tecidos de qualquer largura até 0,45m de comprimento para os tecidos de algodão estampado e 0,30m para os demais, desde que contenham impressa ou a carimbo a indicação "sem valor comercial" da qual ficam dispensadas aquelas até 0,25m e 0,15m;

VII - os pés isolados de calçados, quando conduzidos por viajantes dos respectivos estabelecimentos, como mostruários, desde que contenham, gravada no solado, a declaração "amostra para viajante";

VIII - as obras de escultura, quando vendidas por seus autores;

IX - (Suprimido pelo Dec.-Lei 34/1966.)

X e **XI** - (Revogados pela Lei 9.532/1997.)

XII - o papel destinado exclusivamente à impressão de jornais, periódicos, livros e músicas;

XIII e **XIV** - (Revogados pela Lei 9.532/1997.)

XV - os caixões funerários;

XVI - os produtos de origem mineral, inclusive os que tiverem sofrido beneficiamento para eliminação de impurezas, através de processos químicos, desde que sujeitos ao Imposto único;

XVII - as preparações que constituem típicos inseticidas, carrapaticidas, herbicidas e semelhantes, segundo lista organizada pelo órgão competente do Ministério da Fazenda, ouvidos o Ministério da Agricultura e outros órgãos técnicos;

XVIII - as embarcações de mais de 100 toneladas brutas de registro, excetuadas as de caráter esportivo e recreativo;

XIX - os barcos de pesca produzidos ou adquiridos pelas Colônias ou Cooperativas de Pescadores, para distribuição ou venda a seus associados;

XX a **XXII** - (Revogados pela Lei 9.532/1997.)

XXIII - (Revogado pelo Dec.-Lei 400/1968.)

XXIV - (Revogado pelo Dec.-Lei 104/1967.)

XXV - (Revogado pela Lei 9.532/1997.)

XXVI - panelas e outros artefatos rústicos de uso doméstico fabricados de pedra ou de barro bruto, apenas umedecido e amassado, com ou sem vidramento de sal; (Alterado pelo Dec.-Lei 34/1966.)

XXVII - (Revogado pela Lei 9.532/1997.)

XXVIII - chapéus, roupas e proteção, de couro, próprios para tropeiros; (Acrescentado pelo Dec.-Lei 34/1966.)

XXIX a **XXXV** - (Revogados pela Lei 9.532/1997.)

XXXVI - material bélico, quando de uso privativo das Forças Armadas e vendido à União; (Acrescentado pelo Dec.-Lei 34/1966.) Lei 5.330/1967 (Inclui, nas isenções do imposto sobre produtos industrializados, material bélico e aeronaves de uso militar).

XXXVII - as aeronaves de uso militar, suas partes e peças, quando vendidas à União. (Acrescentado pelo Dec.-Lei 34/1966.)

- Lei 5.330/1967 (Inclui, nas isenções do imposto sobre produtos industrializados, material bélico e aeronaves de uso militar).

§ 1º No caso do inciso I, quando a exportação for efetuada diretamente pelo produtor, fica assegurado o ressarcimento, por compensação, do Imposto relativo às matérias-primas e produtos intermediários efetivamente utilizados na respectiva industrialização, ou por via de restituição, quando não for possível a recuperação pelo sistema de crédito.'

§ 2º No caso do inciso XII, a cessão do papel só poderá ser feita a outro jornal, revista ou editora, mediante prévia autorização da repartição arrecadadora competente, respondendo o primeiro cedente por qualquer infração que se verificar com relação ao produto.

ART. 8º São ainda isentos do Imposto, nos termos, limites e condições aplicáveis para efeito de isenção do Imposto de importação, os produtos de procedência estrangeira:

I - importados pela União, Estados, Distrito Federal, Municípios, autarquias e demais entidades que gozam de isenção tributária na forma da Constituição;

II - importados por missões diplomáticas e representações, no país de organismos internacionais de que o Brasil seja membro;

III - que constituírem a bagagem de passageiros e imigrantes;

IV - importados pelas sociedades de economia mista, nos termos expressos das leis pertinentes;

V - que constituírem equipamentos destinados a investimentos essenciais ao processo de desenvolvimento econômico do país, especialmente das regiões menos desenvolvidas;

VI - importados sob o regime de *draw-back* .

Parágrafo único. No caso da bagagem referida no inciso III deste artigo, será entregue ao passageiros ou integrante, como comprovante, uma via da "declaração de bagagem" devidamente visada pela repartição ou funcionário que efetuar o desembaraço".

ART. 9º Salvo disposição expressa de lei, as isenções do Imposto se referem ao produto e não ao respectivo produtor ou adquirente.

§ 1º Se a imunidade, a isenção ou a suspensão for condicionada à destinação do produto, e a este for dado destino diverso, ficará o responsável pelo fato sujeito ao pagamento do imposto e da penalidade cabível, como se a imunidade, a isenção ou a suspensão não existissem. (Alterado pela Lei 9.532/1997.)

§ 2º Salvo comprovado intuito de fraude, se a mudança da destinação se der após um ano da ocorrência do fato gerador que obrigaria ao pagamento do Imposto se inexistisse a isenção, poderá o tributo ser recolhido sem multa antes do fato modificador da destinação, não sendo devido se, da ocorrência do fato gerador da mudança de destinação, tiverem decorridos mais de três anos.

§ 3º As isenções concedidas pela legislação vigente a empresas a instituições, públicas ou privadas, se restringem aos produtos por elas diretamente produzidos ou importados, para seu próprio uso.

CAPÍTULO III
DA CLASSIFICAÇÃO DOS PRODUTOS

ART. 10. Na Tabela anexa, os produtos estão classificados em alíneas, capítulos, subcapítulos, posições e incisos.

§ 1º O código numérico e o texto relativo aos capítulos e posições correspondem aos usados pela nomenclatura aprovada pelo Conselho de Cooperação Aduaneira de Bruxelas.

§ 2º As Posições não reproduzidas na Tabela correspondem a produtos não sujeitos ao Imposto.

§ 3º Quando uma posição figurar na Tabela com redação diferente da usada pela Nomenclatura de Bruxelas, entende-se que o novo texto restringe o conteúdo da referida posição.

ART. 11. A classificação dos produtos nas alíneas, capítulos, subcapítulos, posições e incisos da Tabela far-se-á de conformidade com as seguintes regras:

1ª o texto dos títulos de cada alínea, capítulo ou subcapítulo tem apenas valor indicativo, sendo a classificação determinada legalmente pelos dizeres das posições e incisos pelas Notas de cada uma das alíneas, capítulos e, supletivamente, pelas regras que se seguem.

2ª A menção de uma matéria numa determinada posição da Tabela entende-se como a ela se referindo, quer esteja em estado puro, quer misturada ou associada a outras. A menção de um produto, como sendo de determinada matéria, a ele diz respeito, mesmo que constituído apenas parcialmente dessa matéria. A classificação de um produto, quando misturado ou composto de mais de uma matéria, será efetuada de acordo com a regra seguinte.

3ª Quando, aplicada a regra 2ª ou em qualquer outro caso, o produto possa ser incluído em duas ou mais posições, sua classificação efetuar-se-á, sucessiva e excludentemente, na ordem seguinte:

a) na posição em que tiver descrição mais específica;

b) na posição da matéria ou artigo que lhe conferir caráter essencial, quando o produto for misturado, composto de diferentes matérias ou constituído pela reunião de diversos artigos;

c) na posição que dê lugar a aplicação da alíquota mais elevada.

4ª Quando uma Nota de uma alínea ou capítulo previr a exclusão de certos produtos, fazendo referência a outras alíneas ou capítulos ou a determinadas posições, a exclusão alcançará, salvo disposição em contrário, todos os produtos incluídos nessas alíneas, capítulos ou posições, mesmo que a enumeração seja incompleta.

§ 1º A parte ou peça sem classificação própria na Tabela e identificável como pertencente a determinado produto, seguirá o regime do todo.

§ 2º Os conjuntos ou estojos de objetos sortidos quando acondicionados em um mesmo envoltório ou embalagem para assim serem vendidos no varejo, serão classificados na posição do objeto sujeito à alíquota mais elevada.

§ 3º O recipiente, envoltório ou embalagem que, pelo seu alto valor, esteja em desproporção com o do produto que acondiciona, determinará a classificação deste, sempre que isso importe na aplicação de alíquota mais elevada.

ART. 12. As Notas Explicativas da Nomenclatura referida no § 1º do artigo 10, atualizada até junho de 1966, constituem elementos de informação para a correta interpretação das Notas e do texto das Posições constantes da Tabela Anexa. (Alterado pelo Dec.-Lei 34/1966.)

CAPÍTULO IV
DO CÁLCULO DO IMPOSTO

ART. 13. O Imposto será calculado mediante aplicação das alíquotas constantes da Tabela anexa sobre o valor tributável dos produtos na forma estabelecida neste Capítulo.

ART. 14. Salvo disposição em contrário, constitui valor tributável: (Alterado pela Lei 7.798/1989.)

I - quanto aos produtos de procedência estrangeira, para o cálculo efetuado na ocasião do despacho;

a) o preço da arrematação, no caso de produto vendido em leilão;

b) o valor que servir de base, ou que serviria se o produto tributado fosse para o cálculo dos tributos aduaneiros, acrescido de valor deste e dos ágios e sobretaxas cambiais pagos pelo importador;

II - quanto aos produtos nacionais, o valor total da operação de que decorrer a saída do estabelecimento industrial ou equiparado a industrial. (Alterado pela Lei 7.798/1989.)

§ 1º O valor da operação compreende o preço do produto, acrescido do valor do frete e das demais despesas acessórias, cobradas ou debitadas pelo contribuinte ao comprador ou destinatário. (Alterado pela Lei 7.798/1989.)

§ 2º Não podem ser deduzidos do valor da operação os descontos, diferenças ou abatimentos, concedidos a qualquer título, ainda que incondicionalmente. (Alterado pela Lei 7.798/1989.)

- RSF 01/2017 (Suspende, nos termos do art. 52, X, CF, a execução deste parágrafo, com a redação conferida pelo art. 15 da Lei 7.798/1989).

§ 3º Será também considerado como cobrado ou debitado pelo contribuinte, ao comprador ou destinatário, para efeitos do disposto no § 1º, o valor do frete, quando o transporte for realizado ou cobrado por firma coligada, controlada ou controladora (Lei n. 6.404) ou interligada (Decreto-Lei n. 1.950) do estabelecimento contribuinte ou por firma com a qual este tenha relação de interdependência, mesmo quando o frete seja subcontratado. (Acrescentado pela Lei 7.798/1989.)

§ 4º Será acrescido ao valor da operação o valor das matérias-primas, produtos intermediários e material de embalagem, nos casos de remessa de produtos industrializados por encomenda, desde que não se destinem a comércio, a emprego na industrialização ou no acondicionamento de produtos tributados, quando esses insumos tenham sido fornecidos pelo próprio encomendante, salvo se se tratar de insumos usados. (Acrescentado pela Lei 7.798/1989.)

ART. 15. o valor tributável não poderá ser inferior:

I - ao preço corrente no mercado atacadista da praça do remetente, quando o produto for remetido a outro estabelecimento da mesma pessoa jurídica ou a estabelecimento de terceiro incluído no artigo 42 e seu parágrafo único; (Alterado pelo Dec.-Lei 34/1966.)

II - a 90% (noventa por cento) do preço de venda aos consumidores, não inferior ao previsto no inciso anterior, quando o produto for remetido a outro estabelecimento da mesma empresa, desde que o destinatário opere exclusivamente na venda a varejo; (Alterado pela Lei 9.532/1997.)

III - ao custo do produto, acrescido das margens de lucro normal da empresa fabricante e do revendedor e, ainda, das demais parcelas que deverão ser adicionadas ao preço da operação, no caso de produtos saídos do estabelecimento industrial, ou do que lhe seja equiparado, com destino a comerciante autônomo, ambulante ou não, para venda direta a consumidor. (Acrescentado pela Dec.-Lei 1.593/1977.)

§§ 1º e 2º (Revogados pela Lei 7.798/1989.)

ART. 16. Se a saída do produto do estabelecimento produtor ou revendedor se der a título de locação ou decorrer de operação a título gratuito, assim considerada também aquela que, em virtude de não transferir a propriedade do produto, não importe em fixar-lhe o preço, o Imposto será calculado sobre o valor tributável definido nos incisos I e II do artigo anterior, consideradas as hipóteses neles previstas.

ART. 17. Ressalvada a avaliação contraditória na forma do art. 109, o fisco poderá arbitrar o valor tributável ou qualquer dos seus elementos nos termos dos arts 14 e 15 quando sejam omissos ou não mereçam fé os documentos expedidos pelas partes, ou, tratando-se de operação a título gratuito, quando inexistir ou for de difícil apuração o valor previsto no artigo anterior.

ART. 18. Aplica-se ao cálculo do Imposto devido pela saída dos produtos de precedência estrangeira dos estabelecimentos importadores ou arrematantes, o disposto nos arts. 14, inciso II, 15, 16 e 17.

CAPÍTULO V
DO LANÇAMENTO E DO PAGAMENTO DO IMPOSTO

SEÇÃO I
DO LANÇAMENTO

ART. 19. O Imposto será lançado pelo próprio contribuinte:

I) na guia de recolhimento;

a) por ocasião do despacho de produtos de procedência estrangeira, nos casos de importação e de arrematação em leilão;

b) antes do pagamento, no caso do art. 81;

II - na nota fiscal:

a) por ocasião da saída do produto do respectivo estabelecimento produtor, ressalvadas as hipóteses previstas nas alíneas " a " e " b " do inciso II, do art. 5º;

b) no momento de conclusão da operação industrial, na hipótese do § 1º do art. 2º, e por ocasião do consumo ou da utilização do produto, da exposição à venda ou da venda, respectivamente, nos casos das alíneas " a ", " b " e " c " do inciso I, do artigo, 5º.

Parágrafo único. Quando, em virtude de contrato escrito ocorrer reajustamento de preços, o Imposto correspondente ao acréscimo de valor será lançado em nota-fiscal dentro de (três) 3 dias da data em que o reajustamento se efetivar. (Acrescentado pelo Dec.-Lei 34/1966.)

ART. 20. O lançamento consistirá na descrição da operação que o originar e do produto a que se referir, na classificação fiscal deste no cálculo do Imposto devido e no registro de seu valor, em parcela destacada, na guia ou na nota fiscal em que deva ser efetuado.

Parágrafo único. O lançamento é de exclusiva responsabilidade do contribuinte.

ART. 21. A autoridade administrativa efetuará de ofício o lançamento mediante a instauração do processo fiscal, quando o contribuinte não o fizer na época própria ou fizer em desacordo com as normas desta lei.

§ 1º O lançamento considerar-se-á efetuado quando passar em julgado a decisão proferida no processo respectivo.

§ 2º Antes de qualquer iniciativa da autoridade, o contribuinte poderá corrigir a omissão ou erro, comunicando o fato à repartição e procedendo, se for o caso, na forma do art. 81.

ART. 22. O lançamento regularmente homologado, ou o efetuado de ofício, será definitivo e inalterável ressalvados os casos de vício expressamente previstos na legislação reguladora do processo administrativo tributário.

ART. 23. Considera-se como não efetuado o lançamento:

I - quando feito em desacordo com as normas desta Seção;

II - quando realizado em documento considerado, por esta lei, sem valor legal;

III - quando o produto a que se referir for considerado como não identificado com o descrito nos documentos respectivos.

SEÇÃO II
DO PAGAMENTO DO IMPOSTO

ART. 24. O Imposto será recolhido por guia, ao órgão arrecadador competente, na forma estabelecida nesta lei e em regulamento.

ART. 25. A importância a recolher será o montante do Imposto relativo aos produtos saídos do estabelecimento, em cada mês, diminuído do montante do Imposto relativo aos produtos nele entrados, no mesmo período, obedecidas as especificações e normas que o regulamento estabelecer. (Acrescentado pela Dec.-Lei 1.136/1970.)

§ 1º O direito de dedução só é aplicável aos casos em que os produtos entrados se destinem à comercialização, industrialização ou acondicionamento e desde que os mesmos produtos ou os que resultarem do processo industrial sejam tributados na saída do estabelecimento. (Acrescentado pela Dec.-Lei 1.136/1970.)

§ 2º (Revogado pelo Dec.-Lei 2.433/1988.)

§ 3º O Regulamento disporá sobre a anulação do crédito ou o restabelecimento do débito correspondente ao imposto deduzido, nos casos em que os produtos adquiridos saiam do estabelecimento com isenção do tributo ou os resultantes da industrialização estejam sujeitos à alíquota zero, não estejam tributados ou gozem de isenção, ainda que esta seja decorrente de uma operação no mercado interno equiparada a exportação, ressalvados os casos expressamente contemplados em lei. (Alterado pela Lei 7.798/1989.)

ART. 26. O recolhimento do Imposto far-se-á:

I - antes da saída do produto da repartição que processar o despacho - nos casos de importação e de arrematação em leilão de produtos de procedência estrangeiro;

II - (Revogado pelo Dec.-Lei 623/1969)

III - Até o último dia da quinzena do segundo mês subsequente àquele em que houver ocorrido o fato gerador - nos demais casos, excetuado o disposto nos parágrafos deste artigo. (Alterado pelo Dec.-Lei 326/1967.)

§ 1º Os contribuintes do Imposto sobre produtos industrializados das posições 22.02 (refrigerantes, etc.), 22.03 (cervejas), 25.23 (cimento etc.), 43.02 a 43.04 (peles etc.) e 71.01 a 71.15 (pérolas, etc.), recolherão o tributo até o último dia da quinzena subsequente ao mês em que houve ocorrido o fato gerador. (Acrescentado pelo Dec.-Lei 326/1967.)

§ 2º Os contribuintes do Imposto sobre Produtos Industrializados da Posição 24.02.00.00 (Fumo) da respectiva Tabela da Incidência, recolherão o tributo até o décimo dia da quinzena subsequente àquela em que houver ocorrido a fato gerador. (Alterado pela Lei 7.450/1985.)

§ 3º Os contribuintes do Imposto sobre Produtos Industrializados das Subposições 87.02.01.00, 87.02.02.00, 87.02.05.00 e 87.02.06.00 da respectiva Tabela de Incidência recolherão o tributo até o último dia útil do mês seguinte àquele em que houver ocorrido o fato gerador. (Acrescentado pela Lei 7.450/1985.)

ART. 27. Quando ocorrer saldo credor de Imposto num mês, será ele transportado para o mês seguinte, sem prejuízo da obrigação de o contribuinte apresentar ao órgão arrecadador, dentro do prazo legal previsto para o recolhimento, a guia demonstrativa desse saldo. (Alterado pelo Dec.-Lei 34/1966.)

ART. 28. Não será permitido o recolhimento do Imposto referente a uma quinzena sem que o contribuinte comprove, com relação à quinzena anterior, o pagamento efetuado, a existência de saldo credor ou a instauração de processo fiscal para apuração do débito.

ART. 29. O recolhimento espontâneo, fora do prazo legal, somente poderá ser feito com as multas previstas no art. 81 mediante requerimento-guia de modelo oficial.

ART. 30. Ocorrendo devolução do produto ao estabelecimento produtor, devidamente comprovada, nos termos que estabelecer o regulamento, o contribuinte poderá creditar-se pelo valor do Imposto que sobre ele incidiu quando da sua saída.

CAPÍTULO VI
DA RESTITUIÇÃO

ART. 31. A restituição do Imposto ocorrerá:

I - no caso de pagamento indevido;

II - quando houver impossibilidade de utilização de crédito pelo produtor, na hipótese prevista no § 1º do art. 7º.

Parágrafo único. A restituição processar-se-á a requerimento do contribuinte, na forma da legislação especial reguladora da matéria.

ART. 32. A restituição do Imposto indevidamente pago fica subordinada à prova, pelo contribuinte, de que o mesmo Imposto não foi recebido de terceiro.

Parágrafo único. O terceiro, que faça prova de haver pago o Imposto ao contribuinte nos termos deste artigo, sub-roga-se no direito daquele à respectiva restituição.

ART. 33. A restituição total ou parcial do Imposto dá lugar à restituição, na mesma proporção, dos juros de mora e das penalidades pecuniárias, salvo as referentes a infrações de caráter formal que não se devam reputar prejudicadas pela causa assecuratória da restituição.

TÍTULO II
DOS CONTRIBUINTES E DOS RESPONSÁVEIS TRIBUTÁRIOS

CAPÍTULO I
DOS CONTRIBUINTES

ART. 34. É contribuinte do Imposto do Consumo toda pessoa natural ou jurídica de direito público ou privado que, por sujeição direta ou por substituição, seja obrigada ao pagamento do tributo.

ART. 35. São obrigados ao pagamento do Imposto

I - como contribuinte originário:

a) o produtor, inclusive os que lhe são equiparados pelo art. 4º - com relação aos produtos tributados que real ou ficticiamente, saírem de seu estabelecimento observadas as exceções previstas nas alíneas " a "e " b " do inciso II do art. 5º.

b) o importador e o arrematante de produtos de procedência estrangeira - com relação aos produtos tributados que importarem ou arrematarem.

II - Como contribuinte substituto:

a) o transportador com relação aos produtos tributados que transportar desacompanhados da documentação comprobatória de sua procedência;

b) qualquer possuidor - com relação aos produtos tributados cuja posse mantiver para fins de venda ou industrialização, nas mesmas condições da alínea anterior.

c) o industrial ou equiparado, mediante requerimento, nas operações anteriores, concomitantes ou posteriores às saídas que promover, nas hipóteses e condições estabelecidas pela Secretaria da Receita Federal. (Acrescentado pela Lei 9.430/1996.)

§ 1º Nos casos das alíneas *a* e *b* do inciso II deste artigo, o pagamento do imposto não exclui a responsabilidade por infração do contribuinte originário quando este for identificado, e será considerado como efetuado fora do prazo, para todos os efeitos legais. (Renumerado do parágrafo único pela Lei 9.430/1996.)

§ 2º Para implementar o disposto na alínea *c* do inciso II, a Secretaria da Receita Federal poderá instituir regime especial de suspensão do imposto. (Acrescentado pela Lei 9.430/1996.)

CAPÍTULO II
DOS RESPONSÁVEIS TRIBUTÁRIOS

SEÇÃO II
DOS SUCESSORES

ARTS. 36 a **38.** (Suprimidos pelo Dec.-Lei 34/1966.)

SEÇÃO II
DOS TERCEIROS RESPONSÁVEIS
(SUPRIMIDO PELO DEC.-LEI 34/1966.)

ART. 39. (Suprimido pelo Dec.-Lei 34/1966.)

CAPÍTULO III
DA CAPACIDADE JURÍDICA TRIBUTÁRIA

ART. 40 A capacidade jurídica para ser sujeito passivo da obrigação tributária decorre exclusivamente do fato de se encontrar a pessoa nas condições previstas nesta lei e no seu regulamento, ou nos atos administrativos de caráter normativo destinados a completá-los, como dando lugar à referida obrigação.

Parágrafo único. São irrelevantes para excluir a responsabilidade de cumprimento da obrigação ou a decorrente de sua inobservância:

I - as causas que, de acordo com o direito privado, excluam ou limitem a capacidade jurídica das pessoas naturais;

II - a irregularidade formal da constituição das pessoas jurídicas de direito privado e das firmas individuais, bastando que configurem uma unidade econômica ou profissional;

III - a inexistência de estabelecimento fixo, a sua clandestinidade ou a precariedade de suas instalações;

IV - a inabitualidade no exercício da atividade ou na prática dos atos que deem origem, à tributação ou à imposição da pena.

CAPÍTULO IV
DO DOMICÍLIO FISCAL

ART. 41. Para os efeitos de cumprimento da obrigação tributária e de determinação da competência das autoridades administrativas considera-se domicílio fiscal do sujeito passivo direto ou indireto:

I - se pessoa jurídica, de direito privado ou público, ou firma individual - o lugar de situação do seu estabelecimento ou repartição, ou, se houver mais de um ou de uma, ou daquele ou daquela que for responsável pelo cumprimento da obrigação tributária de que se tratar;

II - se comerciante ambulante - o lugar da sede principal de seus negócios ou, na impossibilidade de determinação, o local de sua residência habitual ou qualquer dos lugares em que exercer a sua atividade, quando não tiver residência certa ou conhecida;

III - se pessoa natural não compreendida nos incisos anteriores - o lugar da prática dos atos ou da ocorrência dos fatos que deem origem à tributação ou à imposição de penalidade, ou, na sua falta ou dificuldade de determinação sucessivamente, pela ordem indicada, o local da sede habitual de seus negócios, e da sua residência habitual ou o lugar onde for encontrada.

Parágrafo único. O domicílio do fiador é o mesmo do devedor originário.

CAPÍTULO V
DAS FIRMAS INTERDEPENDENTES

ART. 42. Para os efeitos desta lei, considera-se existir relação de interdependência entre duas firmas:

I - quando uma delas tiver participação na outra de quinze por cento ou mais do capital social, por si, seus sócios ou acionistas, bem assim por intermédio de parentes destes até o segundo grau e respectivos cônjuges, se a participação societária for de pessoa física. (Alterado pela Lei 7.798/1989.)

II - quando, de ambas, uma mesma pessoa fizer parte, na qualidade de diretor ou de sócio que exerçam funções de gerência, ainda que essas funções sejam exercidas sob outra denominação;

III - Quando uma delas tiver vendido ou consignado à outra, no ano anterior, mais de 20% (vinte por cento) no caso de distribuição com exclusividade em determinada área do território nacional, e mais de 50% (cinquenta por cento), nos demais casos, do volume das vendas dos produtos tributados de sua fabricação, importação ou arrematação.

Parágrafo único. Considera-se ainda haver interdependência entre duas firmas, com relação a determinado produto:

I - quando uma delas for a única adquirente, por qualquer forma ou título inclusive por padronagem, marca ou tipo de um ou de mais de um dos produtos, industrializados, importados ou arrematados pela outra;

II - quando uma delas vender à outra produto tributado de sua fabricação, importação, ou arrematação, mediante contrato de comissão, participação e ajustes semelhantes.

TÍTULO III
DAS OBRIGAÇÕES ACESSÓRIAS

CAPÍTULO I
DA ROTULAGEM, MARCAÇÃO E CONTROLE DOS PRODUTOS

ART. 43. O fabricante é obrigado a rotular ou marcar seus produtos e os volumes que os acondicionarem, em lugar visível, indicando a sua firma ou a sua marca fabril registrada, a situação da fábrica produtora (localidade, rua e número) a expressão "Indústria Brasileira" e outros dizeres que forem necessários à identificação e ao controle fiscal do produto, na forma do regulamento.

§ 1º Os produtos isentos conterão ainda, em caracteres visíveis, a expressão - "Isento do Imposto de Consumo" - e a marcação do preço de venda no varejo quando a isenção decorrer dessa circunstância; as amostras de produtos farmacêuticos, conterão a expressão "Amostra Grátis".

§ 2º As indicações do *caput* deste artigo e de seu § 1º serão feitas na forma do regulamento, podendo ser substituídas por outros elementos que possibilitem a classificação e controle fiscal dos produtos. (Alterado pela Lei 11.196/2005.)

§ 3º O reacondicionador indicará ainda o nome do Estado ou país produtor, conforme o produto seja nacional ou estrangeiro.

§ 4º A rotulagem ou marcação será feita antes da saída do produto do respectivo estabelecimento produtor.

§ 5º A indicação da origem dos produtos, consubstanciada na expressão "Indústria Brasileira" poderá ser dispensada em casos especiais, de conformidade com as normas que a esse respeito forem baixadas pelo Conselho Nacional do Comércio Exterior, para atender às exigências do mercado importador estrangeiro. (Acrescentado pela Lei 6.137/1974.)

ART. 44. Os rótulos de produtos fabricados no Brasil serão escritos exclusivamente em idioma nacional, excetuados apenas os nomes dos produtos e outras expressões que não tenham correspondência em português, desde que constituam, aqueles nomes, marcas registradas no Departamento Nacional da Propriedade Industrial.

§ 1º Esta disposição não se aplica aos produtos especificamente destinados a exportação, cuja rotulagem ou marcação poderá ser adaptada às exigências do mercado estrangeiro importador. (Renumerado do parágrafo único e alterado pelo Dec.-Lei 1.118/1970.)

§ 2º Para os produtos destinados à Zona Franca de Manaus, prevalece o disposto no *"caput"* deste artigo. (Alterado pelo Dec.-Lei 1.118/1970.)

ART. 45. É proibido:

I - importar, fabricar, possuir, - aplicar, vender ou expor à venda, rótulos, etiquetas, cápsulas ou invólucros que se prestem a indicar, como estrangeiro, produto nacional, ou vice-versa;

II - importar produto estrangeiro com rótulo escrito, no todo ou em parte, em língua portuguesa, sem mencionar o país de origem;

III - empregar rótulo que indique falsamente a procedência ou a qualidade do produto;

IV - adquirir, possuir, vender ou expor à venda produto rotulado, etiquetado ou embalado nas condições dos números anteriores.

ART. 46. O regulamento poderá determinar, ou autorizar que o Ministério da Fazenda, pelo seu órgão competente, determine a rotulagem, marcação ou numeração, pelos importadores, arrematantes, comerciantes ou repartições fazendárias, de produtos estrangeiros cujo controle entenda necessário, bem como prescrever, para estabelecimentos produtores e comerciantes de determinados produtos nacionais, sistema diferente de rotulagem, etiquetagem obrigatoriedade de numeração ou aplicação de selo especial que possibilite o seu controle quantitativo.

§ 1º (Revogado pela Lei 12.995/2014.)

§ 2º A falta de rotulagem ou marcação do produto ou de aplicação do selo especial, ou o uso de selo impróprio ou aplicado em desacordo com as normas regulamentares, importará em considerar o produto respectivo como não identificado com o descrito nos documentos fiscais; (Alterado pela Lei 9.532/1997.)

§ 3º O regulamento disporá sobre o controle dos selos especiais fornecidos ao contribuinte e por ele utilizados, caracterizando-se, nas quantidades correspondentes: (Acrescentado pelo Dec.-Lei 34/1966.)

a) como saída de produtos sem a emissão de nota-fiscal, a falta que for apurada no estoque de selos; (Acrescentado pelo Dec.-Lei 34/1966.)

b) como saída de produtos sem a aplicação do selo, o excesso verificado. (Acrescentado pelo Dec.-Lei 34/1966.)

§ 4º Em qualquer das hipóteses das alíneas *a* e *b*, do parágrafo anterior, além da multa cabível, será exigido o respectivo Imposto, que, no caso de produtos de diferentes preços, será calculado com base no de preço mais elevado da linha de produção, desde que não seja possível identificar-se o produto e o respectivo preço a que corresponder o selo em excesso ou falta. (Acrescentado pelo Dec.-Lei 34/1966.)

CAPÍTULO II
DO DOCUMENTÁRIO FISCAL

SEÇÃO I
DAS NOTAS FISCAIS

ART. 47. É obrigatória a emissão de nota-fiscal em todas as operações tributáveis que importem em saídas de produtos tributados ou isentos dos estabelecimentos industriais ou dos estabelecimentos comerciais atacadistas, e ainda nas operações referidas nas alíneas *a* e *b* do inciso II do art. 5º (Alterado pelo Dec.-Lei 34/1966.)

ART. 48. A nota fiscal obedecerá ao modelo que o regulamento estabelecer e conterá as seguintes indicações mínimas:

I - denominação "Nota Fiscal" e número de ordem;

II - nome, endereço e número de inscrição do emitente;

III - natureza da operação;

IV - nome e endereço do destinatário;

V - data e via da nota e data da saída do produto do estabelecimento emitente;

VI - discriminação dos produto pela quantidade, marca, tipo, modelo, número, espécie, qualidade e demais elementos que permitam a sua perfeita identificação, assim como o preço unitário e total da operação, e o preço de venda no varejo quando o cálculo do Imposto estiver ligado a este ou dele decorrer isenção;

VII - classificação fiscal do produto e valor do Imposto sobre ele incidente;

VIII - nome e endereço do transportador e forma de acondicionamento do produto (marca, numeração, quantidade, espécie e peso dos volumes).

§ 1º Serão impressas as indicações do inciso I e a relativa à via da nota.

§ 2º A indicação do inciso VII, referente à classificação fiscal do produto, é obrigatória apenas para os contribuintes, e a relativa ao valor do imposto é defesa àqueles que não sejam legalmente obrigados ao seu recolhimento.

§ 3º A nota fiscal poderá conter outras indicações de interesse do emitente, desde que não prejudiquem a clareza do documento, podendo, inclusive, ser adaptada para substituir as faturas.

ART. 49. As notas fiscais serão numeradas em ordem crescente e enfeixadas em blocos uniformes, não podendo ser emitidas fora da ordem no mesmo bloco, nem extraídas de bloco novo sem que se tenha esgotado o de numeração imediatamente inferior.

§ 1º É permitido o uso simultâneo de duas ou mais séries de notas fiscais, desde que se distingam por letras maiúsculas em seriação alfabética impressa, facultado ao fisco, restringir o número de séries, quando usadas em condições que não ofereçam segurança de fiscalização.

§ 2º É obrigatório o uso de talonário de série especial para os fabricantes de produtos isentos e para os comerciantes de produtos de procedência estrangeira, contendo, respectivamente, impressa, em cada nota, a declaração - "Nota de Produto isento do Imposto de Consumo" - ou -"Nota de Produto Estrangeiro" -, com separação, ainda, no último caso, entre os produtos de importação própria e os adquiridos no mercado interno.

§ 3º A nota de produto estrangeiro a que se refere o parágrafo anterior conterá ainda, em coluna própria, a indicação do número do livro de registro de estoque e da respectiva folha, ou o número da ficha que o substituir, em que o produto tenha sido lançado na escrita fiscal do emitente.

§ 4º Também é obrigatório o uso de talonário da série especial e distinta para cada ambulante quando os fabricantes, importadores ou arrematantes realizarem vendas por esse sistema.

ART. 50. As notas fiscais serão extraídas a máquina ou manuscritas a tinta ou lápis-tinta, por decalque a carbono ou em papel carbonado, no número de vias estabelecido pelo regulamento, devendo todos os seus dizeres e Indicações estar bem legível, inclusive nas cópias.

§ 1º O regulamento poderá permitir, com as cautelas e formalidades que estabelecer, o uso de notas fiscais emitidas mecanicamente ou datilografadas, inclusive pelo sistema de formulário contínuo em sanfonas, desde que, em qualquer caso, contenham todos os dizeres do modelo oficial.

§ 2º A primeira via da nota acompanhará o produto e será entregue pelo transportador ao destinatário, que a reterá para exibição ao fisco quando por este exigida, e a última via ficará presa ao bloco e arquivada em poder do emitente, também para efeito de fiscalização.

§ 3º A primeira via da nota que acompanhar o produto deverá estar, durante o percurso do estabelecimento do remetente ao do destinatário, em condições de ser exibida aos agentes fiscais em qualquer instante, para conferência da mercadoria nela especificada e da exatidão do lançamento do respectivo Imposto.

§ 4º Cada estabelecimento, seja matriz, sucursal, filial, depósito, agência ou representação da mesma pessoa, terá o seu talonário próprio.

ART. 51. É vedada a emissão de nota fiscal que não corresponda à saída efetiva do produto nela descrito do estabelecimento emitente, ressalvados os seguintes casos:

I. a saída de partes do produto desmontado, cuja unidade não possa ser transportada de uma só vez, desde que o Imposto, de acordo com as normas desta lei, deva incidir sobre o todo;

II. a saída ficta do produto, prevista no inciso I do art. 5º.

Parágrafo único. No caso do inciso I, será emitida, sem lançamento de Imposto, nota-fiscal relativa ao todo. Nas saídas parciais, emitir-se-ão as notas-fiscais correspondentes, aplicando-se sobre o valor de cada remessa a alíquota, relativa ao todo. (Alterado pelo Dec.-Lei 34/1966.)

ART. 52. Os talões de notas fiscais destinados a uso dos contribuintes e dos comerciantes de produtos estrangeiros serão autenticados, antes de sua utilização, mediante os processos e formalidades que o regulamento estabelecer.

ART. 53. Serão consideradas, para efeitos fiscais, sem valor legal, e servirão de prova apenas em favor do fisco, as notas fiscais que não satisfizerem as exigências dos incisos I, II, IV e V do artigo 48, bem como as que não contiverem, dentre as indicações exigidas no inciso IV, as necessárias à identificação e classificação do produto e ao cálculo do Imposto devido. (Alterado pelo Dec.-Lei 34/1966.)

SEÇÃO II
DA GUIA DE TRÂNSITO

ARTS. 54 e **55.** (Suprimidos pelo Dec.-Lei 34/1966.)

CAPÍTULO III
DA ESCRITA FISCAL

SEÇÃO I
DOS LIVROS

ART. 56. Os contribuintes e outros sujeitos passivos que o regulamento indicar dentre os previstos nesta lei, são obrigados a possuir, de acordo com a atividade que exercerem e os produtos que industrializarem, importarem, movimentarem, venderem, adquirirem ou receberem, livros fiscais para o registro da produção, estoque, movimentação, entrada e saída de produtos tributados ou isentos, bem como para controle de Imposto a pagar ou a creditar e para registro dos respectivos documentos.

§ 1º O regulamento estabelecerá os modelos dos livros e indicará os que competem a cada contribuinte ou pessoa obrigada.

§ 2º Os livros conterão termos de abertura e de encerramento assinados pela firma possuidora e as folhas numeradas tipograficamente, e serão autenticadas pela repartição fazendária competente, antes de sua utilização.

§ 3º O Ministério da Fazenda, por seu órgão competente, tomadas as necessárias cautelas, poderá autorizar, a título precário, o uso de fichas em substituição aos livros.

§ 4º Constituem instrumentos auxiliares da escrita fiscal do contribuinte e das pessoas obrigadas à escrituração, os livros da contabilidade geral, as notas fiscais, as guias de trânsito e de recolhimento do Imposto e todos os documentos, ainda que pertencentes ao arquivo de terceiros, que se relacionem com os lançamentos nela feitos.

§ 5º O Departamento de Rendas Internas poderá permitir, mediante as condições que estabelecer, e resguardada a segurança do controle fiscal, que, com as adaptações necessárias, livros ou elementos de contabilidade geral do contribuinte, substituam os livros e documentário fiscal previstos nesta lei. (Acrescentado pelo Dec.-Lei 34/1966.)

ART. 57. Cada estabelecimento, seja matriz, sucursal, filial, depósito, agência ou representante, terá escrituração fiscal própria, vedada a sua centralização, inclusive no estabelecimento matriz.

§ 1º Os livros e os documentos que servirem de base à sua escrituração serão conservados nos próprios estabelecimentos, para serem exibidos à fiscalização quando exigidos, durante o prazo de cinco anos ou até que ocorra a prescrição dos créditos tributários decorrentes das operações a que se refiram, se esta verificar-se em prazo maior.

§ 2º Nos casos de transferência de firma ou de local, feitas as necessárias anotações, continuarão a ser usados os mesmos livros fiscais, salvo motivo especial que aconselhe o seu cancelamento e a exigência de novos, a critério do fisco.

§ 3º O prazo previsto no parágrafo 1º, deste artigo, interrompe-se por qualquer exigência fiscal, relacionada com as operações a que se refiram os livros ou documentos, ou com os créditos tributários deles decorrentes.

SEÇÃO II
DA ESCRITURAÇÃO

ART. 58. A escrituração dos livros fiscais far-se-á em ordem cronológica e com a necessária clareza, asseio e exatidão, de modo a não deixar dúvidas, devendo o movimento diário ser lançado dentro de três dias e encerrado nos prazos fixados nos respectivos modelos ou no regulamento desta lei.

§ 1º Os dados constantes dos livros da escrita fiscal, quanto ao registro da produção, são sujeitos a tolerância de quebras admissíveis para cada espécie tributada, segundo critério que for determinado pelo órgão competente do Ministério da Fazenda.

§ 2º Em casos especiais, poderá o Ministério da Fazenda, por seu órgão competente, no interesse da fiscalização, estabelecer a unidade de medida que deva ser utilizada para o registro da produção de determinados produtos.

ART. 59. O regulamento e os modelos oficiais estabelecerão as normas de autenticação, uso e escrituração dos livros e fichas, de forma a assegurar a maior clareza e exatidão dos lançamentos, o perfeito controle do pagamento do Imposto e os elementos necessários à organização da estatística da produção industrial

Parágrafo único. Poderá, ainda, o órgão competente do Ministério da Fazenda baixar normas complementares de escrituração, bem como alterar os modelos em uso, visando disciplinar as peculiaridades de cada caso com relação à atividade dos contribuintes e demais obrigados e à natureza dos produtos de sua indústria ou comércio.

CAPÍTULO IV
DAS OBRIGAÇÕES DOS TRANSPORTADORES, ADQUIRENTES E DEPOSITÁRIOS DE PRODUTOS

SEÇÃO I
DAS OBRIGAÇÕES DOS TRANSPORTADORES

ART. 60. Os transportadores não poderão aceitar despachos ou efetuar o transporte de produtos que não estiverem acompanhados dos documentos exigidos por esta lei ou por seu regulamento.

Parágrafo único. A proibição estende-se aos casos de manifesto desacordo entre os volumes e a sua descriminação nos documentos, à falta de descrição ou descrição incompleta que impossibilite ou dificulte a identificação dos volumes, e à falta de indicação do nome e endereço do remetente ou do destinatário.

ART. 61. Os transportadores prestarão aos funcionários fiscais todo o concurso para facilitar-lhes o exame dos documentos e das mercadorias em despacho, já despachadas ou em trânsito, sendo pessoalmente responsáveis pelo extravio dos documentos que lhes tenham sido entregues pelo remetente dos produtos.

Parágrafo único. Se um mesmo documento se referir a produtos que devam ser transportados por mais de um veículo, o documento deverá acompanhar o primeiro veículo cabendo ao transportador a obrigação de fazer, nos manifestos respectivos, anotações claras e precisas na forma que o regulamento estabelecer.

SEÇÃO II
DAS OBRIGAÇÕES DOS ADQUIRENTES E DEPOSITÁRIOS

ART. 62. Os fabricantes, comerciantes e depositários que receberem ou adquirirem para industrialização, comércio ou depósito, ou para emprego ou utilização nos respectivos estabelecimentos, produtos tributados ou isentos, deverão examinar se eles se acham devidamente rotulados ou marcados ou, ainda, selados se estiverem sujeitos ao selo de controle, bem como se estão acompanhados dos documentos exigidos e se estes satisfazem a todas as prescrições legais e regulamentares.

§ 1º Verificada qualquer falta, os interessados, a fim de se eximirem de responsabilidade, darão conhecimento à repartição competente, dentro de oito dias do recebimento do produto, ou antes do início do consumo ou da venda, se este se der em prazo menor, avisando, ainda, na mesma ocasião o fato ao remetente da mercadoria.

§ 2º No caso de falta do documento fiscal que comprove a procedência do produto e identifique o remetente pelo nome e endereço, ou de produto que não se encontre selado, rotulado ou marcado quando exigido o selo de controle, a rotulagem ou a marcação, não poderá o destinatário recebê-lo, sob pena de ficar responsável pelo pagamento do imposto, se exigível, e sujeito às sanções cabíveis. (Alterado pela Lei 9.532/1997.)

ART. 63. As pessoas mencionadas no artigo anterior são obrigadas a franquear, aos agentes do fisco, os seus estabelecimentos, depósitos, dependências e móveis, permitindo-lhes o mais amplo exame dos produtos, documentos e livros fiscais e comerciais.

TÍTULO IV
DAS INFRAÇÕES E DAS PENALIDADES

CAPÍTULO I
DAS INFRAÇÕES

ART. 64. Constitui infração toda ação ou omissão, voluntária ou involuntária, que importe em inobservância, por parte do sujeito passivo de obrigação tributária, positiva ou negativa, estabelecida ou disciplinada por esta lei, por seu regulamento ou pelos atos administrativos de caráter normativo destinados a complementá-los.

§ 1º O Regulamento e os atos administrativos não poderão estabelecer ou disciplinar obrigações nem definir frações ou cominar penalidades que não estejam autorizadas ou previstas em lei.

§ 2º Salvo disposição expressa em contrário, a responsabilidade por infrações independe da intenção do agente ou do responsável da efetividade, natureza e extensão dos efeitos do ato.

ART. 65. As infrações serão apuradas mediante processo administrativo que terá por base o auto ou a representação, conforme a verificação da falta se dê no serviço externo de fiscalização ou no serviço interno das repartições.

CAPÍTULO II
DAS PENALIDADES

SEÇÃO I
DAS ESPÉCIES DE PENALIDADES

ART. 66. As infrações serão punidas com as seguintes penas, aplicáveis separada ou cumulativamente:

I - multa;

II - perda da mercadoria

III - proibição de transformar com as repartições públicas ou autárquicas federais e com os estabelecimentos bancários controlados pela União;

IV - sujeição a sistema especial de fiscalização;

V - cassação de regimes ou controles especiais estabelecidos em benefício dos sujeitos passivos.

SEÇÃO II
DA APLICAÇÃO E GRADUAÇÃO DAS PENALIDADES

ART. 67. Compete à autoridade julgadora, atendendo aos antecedentes do infrator, aos motivos determinantes da infração e à gravidade de suas consequências efetivas ou potenciais;

I - determinar a pena ou as penas aplicáveis ao infrator;

II - fixar, dentro dos limites legais, a quantidade da pena aplicável.

ART. 68. A autoridade fixará a pena de multa partindo da pena básica estabelecida para a infração, como se atenuantes houvesse, só a majorando em razão das circunstâncias agravantes ou qualificativas provadas no processo. (Alterado pelo Dec.-Lei 34/1966.)

§ 1º São circunstâncias agravantes: (Alterado pelo Dec.-Lei 34/1966.)

I - a reincidência; (Alterado pelo Dec.-Lei 34/1966.)

II - o fato de o Imposto, não lançado ou lançado a menos, referir-se a produto cuja tributação e classificação fiscal já tenham sido objeto de decisão passada em julgado, proferida em consulta formulada pelo infrator; (Alterado pelo Dec.-Lei 34/1966.)

III - a inobservância de instruções dos agentes fiscalizadores sobre a obrigação violada, anotada nos livros e documentos fiscais do sujeito passivo; (Alterado pelo Dec.-Lei 34/1966.)

IV - qualquer circunstância que demonstre a existência de artifício doloso na prática da infração, ou que importe em agravar as suas consequências ou em retardar o seu conhecimento pela autoridade fazendária. (Alterado pelo Dec.-Lei 34/1966.)

§ 2º São circunstâncias qualificativas a sonegação, a fraude e o conluio. (Alterado pelo Dec.-Lei 34/1966.)

ART. 69. (Revogado pela Lei 11.488/2007.)

ART. 70. Considera-se reincidência a nova infração da legislação do Imposto do Consumo, cometida pela mesma pessoa natural ou jurídica ou pelos sucessores referidos nos incisos III e IV do artigo 36, dentro de cinco anos da data em que passar em julgado, administrativamente, a decisão condenatória referente à infração anterior.

Parágrafo único. Diz-se a reincidência:

I - genérica, quando as infrações são de natureza diversa;

II - específica, quando as infrações são da mesma natureza, assim entendidas as que tenham a mesma capitulação legal e as referentes a obrigações tributárias previstas num mesmo capítulo desta lei.

ART. 71. Sonegação é toda ação ou omissão dolosa tendente a impedir ou retardar, total ou parcialmente, o conhecimento por parte da autoridade fazendária:

I - da ocorrência do fato gerador da obrigação tributária principal, sua natureza ou circunstâncias materiais;

II - das condições pessoais de contribuinte, suscetíveis de afetar a obrigação tributária principal ou o crédito tributário correspondente.

ART. 72. Fraude é toda ação ou omissão dolosa tendente a impedir ou retardar, total ou parcialmente, a ocorrência do fato gerador da obrigação tributária principal, ou a excluir ou modificar as suas características essenciais, de modo a reduzir o montante do Imposto devido a evitar ou diferir o seu pagamento.

ART. 73. Conluio é o ajuste doloso entre duas ou mais pessoas naturais ou jurídicas, visando qualquer dos efeitos referidos nos arts. 71 e 72.

ART. 74. Apurando-se, no mesmo processo, a prática de duas ou mais infrações pela mesma pessoa natural ou jurídica, aplicam-se cumulativamente, no grau correspondente, as penas a elas cominadas, se as infrações não forem idênticas ou quando ocorrerem as hipóteses previstas no art. 85 e em seu parágrafo.

§ 1º Se idênticas as infrações e sujeitas à pena de multas fixas, previstas no art. 84, aplica-se, no grau correspondente, a pena cominada a uma delas, aumentada de 10% (dez por cento) para cada repetição da falta, consideradas, em conjunto, as circunstâncias qualificativas e agravantes, como se de uma só infração se tratasse. (Vide Decreto-Lei n. 34, de 1966)

§ 2º Se a pena cominada for a de perda da mercadoria ou de multa proporcional ao valor do Imposto ou do produto a que se referirem as infrações, consideradas, em conjunto, as circunstâncias qualificativas e agravantes, como se de uma só infração se tratasse. (Vide Decreto-Lei n. 34, de 1966)

§ 3º Quando se tratar de infração continuada, em relação à qual tenham sido lavrados diversos autos ou representações, serão eles reunidos em um só processo, para imposição da pena.

§ 4º Não se considera infração continuada a repetição de falta já arrolada em processo fiscal de cuja instauração o infrator tenha sido intimado.

ART. 75. Se do processo se apurar a responsabilidade de duas ou mais pessoas, será imposta a cada uma delas a pena relativa à infração que houver cometido.

ART. 76. Não serão aplicadas penalidades:

I - aos que, antes de qualquer procedimento fiscal, procurarem espontaneamente, a repartição fazendária competente, para denunciar a falta e sanar a irregularidade, ressalvados os casos previstos no art. 81, nos incisos I e II do art. 83 e nos incisos I, II e III do art. 87;

II - enquanto prevalecer o entendimento - aos que tiverem agido ou pago o Imposto:

a) de acordo com interpretação fiscal constante de decisão irrecorrível de última instância administrativa, proferida em processo fiscal, inclusive de consulta, seja ou não parte o interessado;

b) de acordo com interpretação fiscal constante de decisão de primeira instância, proferida em processo fiscal, inclusive de consulta, em que o interessado for parte;

c) de acordo com interpretação fiscal constante de circulares instruções, portarias, ordens de serviço e outros atos interpretativos baixados pelas autoridades fazendárias competentes.

ART. 77. A aplicação da penalidade fiscal e o seu cumprimento não dispensam, em caso algum, o pagamento do Imposto devido, nem prejudicam a aplicação das penas cominadas para o mesmo fato pela legislação criminal, e vice-versa.

ART. 78. O direito de impor penalidade extingue-se em cinco anos, contados da data da infração.

§ 1º O prazo estabelecido neste artigo interrompe-se por qualquer notificação ou exigência administrativa feita ao sujeito passivo, com referência ao Imposto que tenham deixado de pagar ou à infração que haja cometido, recomeçado a correr a partir da data em que este procedimento se tenha verificado.

§ 2º Não corre o prazo enquanto o processo de cobrança estiver pendente de decisão, inclusive nos casos de processos fiscais instaurados, ainda em fase de preparo ou de julgamento.

§ 3º A interrupção do prazo mencionado no parágrafo primeiro só poderá ocorrer uma vez.

ART. 79. O valor da multa será reduzido de 30% (trinta por cento), e o processo respectivo considerar-se-á findo administrativamente, se o infrator, conformando-se com a decisão de primeira instância, efetuar o pagamento das importâncias exigidas no prazo previsto para a interposição do recurso. (Alterado pelo Dec.-Lei 34/1966.)

Parágrafo único. Perderá o infrator o direito à redução prevista neste artigo se procurar a via judicial para contraditar a exigência. (Acrescentado pelo Dec.-Lei 34/1966.)

SEÇÃO III
DAS MULTAS

ART. 80. A falta de lançamento do valor, total ou parcial, do imposto sobre produtos industrializados na respectiva nota fiscal ou a falta de recolhimento do imposto lançado sujeitará o contribuinte à multa de ofício de 75% (setenta e cinco por cento) do valor do imposto que deixou de ser lançado ou recolhido. (Alterado pela Lei 11.488/2007.)

I a **III** - (revogados); (Alterado pela Lei 11.488/2007.)

§ 1º No mesmo percentual de multa incorrem: (Alterado pela Lei 11.488/2007.)

I - os fabricantes de produtos isentos que não emitirem ou emitirem de forma irregular, as notas fiscais a que são obrigados;

II - os remetentes que, nos casos previstos no artigo 54, deixarem de emitir, ou emitirem de forma irregular, a guia de trânsito a que são obrigados;

III - os que transportarem produtos tributados ou isentos, desacompanhados da documentação comprobatória de sua procedência;

IV - os que possuírem, nas condições do inciso anterior, produtos tributados ou isentos, para fins de venda ou industrialização;

V - os que indevidamente destacarem o Imposto na nota fiscal, ou o lançarem a maior.

§ 2º Nos casos do parágrafo anterior, quando o produto for isento ou a sua saída do estabelecimento não obrigar a lançamento, as multas serão calculadas sobre o valor do Imposto que, de acordo com as regras de classificação e de cálculo estabelecidas nesta lei, incidiria se o produto ou a operação fossem tributados.

§ 3º Na hipótese do inciso V do § 1º, a multa regular-se-á pelo valor do Imposto indevidamente destacado ou lançado, e não será aplicada se o responsável, já tendo recolhido, antes do procedimento fiscal, a importância irregularmente lançada, provar que a infração decorreu de erro escusável, a juízo da autoridade julgadora, ficando, porém, neste caso, vedada a respectiva restituição.

§ 4º As multas deste artigo aplicam-se, inclusive, aos casos equiparados por esta lei à falta de lançamento ou de recolhimento do Imposto, desde que para o fato não seja cominada penalidade específica.

§ 5º A falta de identificação do contribuinte originário ou substituto não exclui a aplicação das multas previstas neste artigo e em seus parágrafos, cuja cobrança, juntamente com a do Imposto que for devido, será efetivada pela venda em leilão da mercadoria a que se referir a infração, aplicando-se, ao processo respectivo, o disposto no § 3º do artigo 87.

§ 6º O percentual de multa a que se refere o *caput* deste artigo, independentemente de outras penalidades administrativas ou criminais cabíveis, será: (Acrescentado pela Lei 11.488/2007.)

I - aumentado de metade, ocorrendo apenas uma circunstância agravante, exceto a reincidência específica; (Acrescentado pela Lei 11.488/2007.)

II - duplicado, ocorrendo reincidência específica ou mais de uma circunstância agravante e nos casos previstos nos arts. 71, 72 e 73 desta Lei. (Acrescentado pela Lei 11.488/2007.)

§ 7º Os percentuais de multa a que se referem o *caput* e o § 6º deste artigo serão aumentados de metade nos casos de não atendimento pelo sujeito passivo, no prazo marcado, de intimação para prestar esclarecimentos. (Acrescentado pela Lei 11.488/2007.)

§ 8º A multa de que trata este artigo será exigida: (Acrescentado pela Lei 11.488/2007.)

I - juntamente com o imposto quando este não houver sido lançado nem recolhido; (Acrescentado pela Lei 11.488/2007.)

II - isoladamente nos demais casos. (Acrescentado pela Lei 11.488/2007.)

§ 9º Aplica-se à multa de que trata este artigo o disposto nos §§ 3º e 4º do art. 44 da Lei n. 9.430, de 27 de dezembro de 1996. (Acrescentado pela Lei 11.488/2007.)

ART. 81. (Revogado pelo Dec.-Lei 1.736/1979.)

ART. 82. A inobservância das prescrições do artigo 62 e de seus parágrafos, pelos adquirentes e depositários ali mencionados, sujeitá-los-á às mesmas penas cominadas ao produtor ou remetente dos produtos pela falta apurada, considerada, porém, para efeito de fixação e graduação da penalidade, o capital registrado daqueles responsáveis.

ART. 83. Incorrem em multa igual ao valor comercial da mercadoria ou ao que lhe é atribuído na nota fiscal, respectivamente:

- Dec.-Lei 326/1967 (Dispõe sobre o recolhimento do imposto sobre produtos industrializados).

I - Os que entregarem ao consumo, ou consumirem produto de procedência estrangeira introduzido clandestinamente no País ou importado irregular ou fraudulentamente ou que tenha entrado no estabelecimento, dele saído ou nele permanecido desacompanhado da nota de importação ou da nota-fiscal, conforme o caso; (Alterado pelo Dec.-Lei n. 400/1968.)

II - Os que emitirem, fora dos casos permitidos nesta Lei, nota-fiscal que não corresponda à saída efetiva, de produto nela descrito, do estabelecimento emitente, e os que, em proveito próprio ou alheio, utilizarem, receberem ou registrarem essa nota para qualquer efeito, haja ou não destaque do Imposto e ainda que a nota se refira a produto isento. (Alterado pelo Dec.-Lei n. 400/1968.)

§ 1º No caso do inciso I, a pena não prejudica a que for aplicável ao comprador ou recebedor do produto, e no caso do inciso II, é independente da que for cabível pela falta ou insuficiência de recolhimento do Imposto, em razão da utilização da nota, não podendo, em qualquer dos casos, o mínimo da multa aplicada ser inferior ao grau máximo da pena prevista no artigo seguinte para a classe de capital do infrator.

§ 2º Incorre na multa de 50% (cinquenta por cento) do valor comercial da mercadoria o transportador que conduzir produto de procedência estrangeira que saiba, ou deva presumir pelas circunstâncias do caso, ter sido introduzido clandestinamente no país ou importado irregular ou fraudulentamente.

§ 3º (Revogado pela Lei 9.532/1997.)

I a III - (Revogados pela Lei 9.532/1997.)

ART. 84. Os que praticarem infração a dispositivo desta Lei ou de seu Regulamento, para a qual não seja prevista pena proporcional ao valor do Imposto ou do produto, ou de perda da mercadoria, serão punidos com multas compreendidas entre os limites mínimo de Cr$ 20.000 (vinte mil cruzeiros) e máximo de Cr$ 500.000 (quinhentos mil cruzeiros) (Alterado pelo Dec.-Lei 34/1966.)

§ 1º O Regulamento disporá sobre a aplicação das penalidades, fixando-lhes as penas básicas, conforme a gravidade da infração e o dispositivo infringido. (Alterado pelo Dec.-Lei 34/1966.)

§ 2º (Revogado pela Lei 9.532/1997.)

§ 3º (Suprimido pelo Dec.-Lei 34/1966.)

ART. 85. Ficam sujeitos à multa de cinco vezes o limite máximo da pena prevista no art. 84, aqueles que simularem, viciarem ou falsificarem documentos ou a escrituração de seus livros fiscais ou comerciais, ou utilizarem documentos falsos para iludir a fiscalização ou fugir ao pagamento do Imposto, se outra maior não couber por falta de lançamento ou pagamento do tributo. (Alterado pelo Dec.-Lei 34/1966.)

Parágrafo único. Na mesma pena incorre quem, por qualquer meio ou forma, desacatar os agentes do fisco, ou embaraçar, dificultar ou impedir a sua atividade fiscalizadora, sem prejuízo de qualquer outra penalidade cabível por infração a esta lei ou seu Regulamento. (Alterado pelo Dec.-Lei 34/1966.)

ART. 86. Em nenhum caso a multa aplicada poderá ser inferior ao limite mínimo previsto no art. 84. (Alterado pelo Dec.-Lei 34/1966.)

SEÇÃO IV
DA PERDA DA MERCADORIA

ART. 87. Incorre na pena de perda da mercadoria o proprietário de produtos de procedência estrangeira, encontrados fora da zona fiscal aduaneira, em qualquer situação ou lugar, nos seguintes casos:

I - quando o produto, tributado ou não, tiver sido introduzido clandestinamente no país ou importado irregular ou fraudulentamente;

II - quando o produto, sujeito ao Imposto de consumo, estiver desacompanhado da nota de importação ou de leilão, se em poder do estabelecimento importador ou arrematante, ou de nota fiscal emitida com obediência a todas as exigências desta lei, se em poder de outros estabelecimentos ou pessoas, ou ainda, quando estiver acompanhado de nota fiscal emitida por firma inexistente.

III - (Suprimido pelo Dec.-Lei 400/1968.)

§ 1º Se o proprietário não for conhecido ou identificado, considera-se como tal, para os efeitos deste artigo, o possuidor ou detentor da mercadoria.

§ 2º O fato de não serem conhecidas ou identificadas as pessoas a que se referem este artigo e o seu parágrafo 1º, não obsta a aplicação da penalidade, considerando-se, no caso, a mercadoria como abandonada.

§ 3º Na hipótese do parágrafo anterior, em qualquer tempo, antes ocorrida a prescrição, o processo poderá ser reaberto exclusivamente para apuração da autoria, vedada a discussão de qualquer outra matéria ou a alteração do julgado quando à infração, a prova de sua existência, à penalidade aplicada e os fundamentos jurídicos da condenação.

§ 4º No caso do inciso II deste artigo, a nota fiscal será substituída pela guia de trânsito se ocorre qualquer das hipóteses previstas no artigo 54.

SEÇÃO V
DA PROIBIÇÃO DE TRANSACIONAR

ART. 88. Os devedores, inclusive os fiadores, declarados remissos, são proibidos de transacionar, a qualquer título, com as repartições públicas ou autárquicas federais e com os estabelecimentos bancários controlados pela União.

§ 1º A proibição de transacionar, constante deste artigo, compreende o recebimento de quaisquer quantias ou créditos que os devedores tiverem com a União e suas autarquias; a participação em concorrência, coleta ou tomada de preços; o despacho de mercadorias nas repartições fazendárias; a celebração de contratos de qualquer natureza, inclusive de abertura de crédito e levantamento de empréstimos nas Caixas Econômicas Federais e nos demais estabelecimentos bancários constituídos em autarquias federais ou controlados pela União; e quaisquer outros atos que importem em transação.

§ 2º A declaração de remisso será feito pelo órgão arrecadador local, após decorridos trinta dias da data em que se tornar irrecorrível, na esfera administrativa, a decisão condenatória desde que o devedor não tenha feito prova de pagamento da dívida ou de ter iniciado em juízo, a competente ação anulatória do ato administrativo, com o depósito da importância em litígio, em dinheiro ou em títulos da dívida pública federal na repartição arrecadadora de seu domicílio fiscal.

§ 3º No caso do parágrafo anterior, a autoridade, sob pena de responsabilidade administrativa e penal fará a declaração nos 15 (quinze) dias seguintes ao término do prazo ali referido, publicando a decisão no órgão oficial ou, na sua falta, comunicando-a, para o mesmo fim, à repartição competente com sede na capital do Estado sem prejuízo da afixação em lugar visível do prédio da repartição".

SEÇÃO VI
DA SUJEIÇÃO A SISTEMA ESPECIAL DE FISCALIZAÇÃO

ART. 89. O sujeito passivo que repetidamente reincidir em infração da legislação do Imposto de consumo poderá ser submetido, pelo órgão competente do Ministério da Fazenda, a regime especial de fiscalização.

Parágrafo único. O regime especial de fiscalização será disciplinado no regulamento desta lei.

SEÇÃO VII
DA CASSAÇÃO DE REGIMES OU CONTROLES ESPECIAIS

ART. 90. Os regimes ou controles especiais de pagamento do Imposto, de uso de documentos ou de escrituração, de rotulagem ou marcação dos produtos ou quaisquer outros, previstos nesta lei ou no seu regulamento, quando estabelecidos em benefício dos sujeitos passivos, serão cassados se os beneficiários procederem de modo fraudulento no gozo das respectivas concessões.

Parágrafo único. É competente para a cassação a mesma autoridade que o for para a concessão, cabendo recurso à autoridade superior.

TÍTULO V
DA FISCALIZAÇÃO

CAPÍTULO I
DISPOSIÇÕES GERAIS

ART. 91. A direção dos serviços de fiscalização do Imposto de consumo compete, em geral, ao Departamento de Rendas Internas.

Parágrafo único. A execução dos serviços incumbe, nos limites de suas jurisdições, aos órgão regionais do Departamento e aos seus agentes fiscalizadores.

ART. 92. Para efeito de fiscalização, serão os Estados divididos em circunscrições fiscais e estas em seções.

ART. 93. A fiscalização externa compete aos agentes fiscais do Imposto de consumo e nos casos previstos em lei, aos fiscais auxiliares de impostos internos.

Parágrafo único. O disposto neste artigo não exclui a admissibilidade de denúncia apresentada por particulares nem a apreensão, por qualquer pessoa, de produtos de procedência estrangeira encontrados fora dos estabelecimentos comerciais e industriais, desacompanhados da documentação fiscal comprobatória de sua entrada legal no país ou de seu trânsito regular no território nacional.

ART. 94. A fiscalização será exercida sobre todas as pessoas naturais ou jurídicas, contribuintes ou não que forem sujeitos passivos de obrigações tributárias previstas na legislação do Imposto de consumo, inclusive sobre as que gozarem de imunidade tributária ou de isenção de caráter pessoal.

Parágrafo único. As pessoas a que se refere este artigo exibirão aos agentes fiscalizadores, sempre que exigido, os produtos, os livros fiscais e comerciais e todos os documentos ou papéis, em uso ou já arquivados, que forem julgados necessários à fiscalização e lhes franquearão os seus estabelecimentos, depósitos, dependências e móveis, a qualquer hora do dia ou da noite, se à noite estiverem funcionando.

ART. 95. Os agentes fiscalizadores que procederem a diligências de fiscalização lavrarão, além do auto de infração que couber, termos circunstanciados de início e de conclusão de cada uma delas, nos quais consignarão as datas inicial e final do período fiscalizado, a relação dos livros e documentos comerciais e fiscais exibidos e tudo mais que seja de interesse para a fiscalização.

§ 1º Os termos a que se refere este artigo serão lavrados, sempre que possível, em um dos livros fiscais exibidos; quando lavrados em separado, deles se entregará, ao contribuinte ou pessoa sujeita à fiscalização, cópia autenticada pelo autor da diligência.

§ 2º Quando vítimas de embaraço ou desacato no exercício de suas funções, ou quando seja necessário à efetivação de medidas acauteladoras do interesse do fisco, ainda que não se configure fato definido em lei como crime ou contravenção, os agentes fiscalizadores, diretamente ou através das repartições a que pertencerem, poderão requisitar o auxílio da força pública federal, estadual ou municipal.

ART. 96. Os agentes fiscais do Imposto de consumo e os fiscais auxiliares de impostos internos terão direito a portar armas para sua defesa pessoal, em todo o território nacional.

Parágrafo único. O direito ao porte de arma constará da carteira funcional que for expedida pela repartição a que estiver subordinado o funcionário.

ART. 97. Mediante intimação escrita são obrigados a prestar às autoridades fiscalizadoras todas as informações de que disponham com relação aos produtos, negócios ou atividades de terceiros:

I - os tabeliães, escrivães e demais serventuários de ofício;

II - os bancos, casas bancárias, Caixas Econômicas e semelhantes;

III - as empresas transportadoras e os transportadores singulares;

IV - os corretores, leiloeiros e despachantes oficiais;

V - os inventariantes;

VI - os síndicos, comissários e liquidatários;

VII - as repartições públicas e autárquicas federais as entidades paraestatais e de economia mista;

VIII - todas as demais pessoas naturais ou jurídicas cujas atividades envolvam negócios ligados ao Imposto de consumo.

ART. 98. Sem prejuízo do disposto na legislação criminal, é vedada a divulgação para qualquer fim por parte da Fazenda Nacional ou de seus funcionários, de qualquer informação obtida em razão do ofício sobre a situação econômica ou financeira e sobre a natureza e o estado dos negócios ou atividades dos contribuintes ou de terceiros.

Parágrafo único. Excetuam-se do disposto neste artigo únicamente os casos de requisição do Poder Legislativo e de autoridade judicial no interesse da Justiça e os de prestação mútua de assistência para a fiscalização dos tributos respectivos e de permuta de informações entre os diversos setores da Fazenda Pública da União e entre estas e a dos Estados, do Distrito Federal e dos Municípios.

CAPÍTULO II
DOS PRODUTOS E EFEITOS FISCAIS EM SITUAÇÃO IRREGULAR

ART. 99. Serão apreendidas e apresentadas à repartição competente, mediante as formalidades legais, as mercadorias, rótulos, selos, notas fiscais e guias, em contravenção às disposições da legislação do Imposto de consumo, e todas as coisas móveis que forem necessárias à comprovação das infrações.

§ 1º Se não for possível efetuar a remoção das mercadorias ou objetos apreendidos, o apreensor, tomadas as necessárias cautelas, incumbirá da sua guarda ou depósito pessoa idônea ou o próprio infrator mediante termo de depósito.

§ 2º Salvo nos casos de infração punida com a pena de perda da mercadoria ou quando esta constituir a garantia da cobrança do crédito fiscal (§ 5º do art. 80), se a prova das faltas, existentes em livros ou documentos, fiscais ou comerciais, ou verificadas através deles, independer da verificação da mercadoria será feita a apreensão, somente do documento que contiver a infração ou que comprovar a sua existência.

ART. 100. Havendo prova ou suspeita fundada de que as coisas a que se refere o artigo anterior se encontram em residência particular ou em dependência de estabelecimento comercial, industrial, profissional ou qualquer outra utilizada como moradia, todas as necessárias cautelas para evitar a sua remoção clandestina, será promovida a busca e apreensão judicial, se o morador ou detentor, pessoalmente intimado, recusar-se a fazer a sua entrega.

ART. 101. No caso de suspeita de estarem em situação irregular as mercadorias que devam ser expedidas nas estações de empresas ferroviárias, fluviais, marítimas ou aéreas, serão tomadas as medidas necessárias à retenção dos volumes pela empresa transportadora na estação do destino.

§ 1º As empresas a que se refere este artigo farão imediata comunicação do fato ao órgão fiscalizador do lugar de destino e aguardarão, durante cinco dias úteis, as providências respectivas.

§ 2º Se a suspeita ocorrer na ocasião da descarga, a empresa transportadora agirá pela forma indicada no final deste artigo e no seu parágrafo 1º.

ART. 102. As mercadorias de procedência estrangeira encontradas nas condições previstas no artigo 87 e nos seus incisos I, II e III, serão apreendidas, intimando-se imediatamente, o seu proprietário, possuidor ou detentor a apresentar, no prazo de 24 horas, os documentos comprobatórios de sua entrada legal no país ou de seu trânsito regular no território nacional, lavrando-se de tudo os necessários termos.

§ 1º Na hipótese de falta de registro da mercadoria nos livros ou fichas de controle quantitativo próprios, comprovada no ato da apreensão, ou quando a mercadoria estiver acompanhada de documentação que não atenda às exigências desta Lei, será dispensada a intimação preliminar prevista neste artigo.

§ 2º Verificando-se as hipóteses do parágrafo anterior, ou decorrido o prazo da intimação sem que sejam apresentados os documentos exigidos ou se estes não satisfizerem aos requisitos legais, será lavrado o competente auto de infração, que servirá de base ao processo fiscal para a aplicação da penalidade de perda da mercadoria.

§ 3º Transitada em julgado a decisão condenatória, serão as mercadorias vendidas em leilão, competindo ao arrematante pagar o Imposto devido.

ART. 103. Ressalvados os casos previstos no artigo anterior e os de produtos falsificados, adulterados ou deteriorados, as mercadorias apreendidas poderão ser restituídas antes do julgamento definitivo do processo, a requerimento da parte, depois de sanadas as irregularidades que motivaram a apreensão e mediante depósito na repartição competente, do valor do Imposto e do máximo da multa aplicável, ou prestação de fiança idônea, quando cabível, ficando retidos os espécimes necessários ao esclarecimento do processo.

§ 1º Tratando-se de mercadoria de fácil deterioração, a retenção dos espécimes poderá ser dispensada, consignando-se minuciosamente no termo da entrega, com a assinatura do interessado, o estado da mercadoria e as faltas determinantes da apreensão.

§ 2º As mercadorias e os objetos que, depois do julgamento definitivo do processo, não forem retirados dentro de trinta dias, contados da data da intimação do último despacho, considerar-se-ão abandonados e serão vendidos em leilão, recolhendo-se o produto deste aos cofres públicos.

§ 3º Os produtos falsificados, adulterados ou deteriorados serão inutilizados, logo que a decisão do processo tiver passado em julgado.

ART. 104. Quando a mercadoria apreendida for de fácil deterioração, a repartição convidará o interessado a retirá-la, no prazo que fixar, observado o disposto no artigo anterior, sob pena de perda da mesma.

Parágrafo único. Desatendida a intimação ou nos casos de infração punida com a pena de perda da mercadoria, esta será imediatamente arrolada para leilão, procedendo-se, posteriormente, ao preparo e julgamento do processo que terá andamento preferencial, e conservando-se em depósito as importâncias arrecadadas, até final decisão.

ART. 105. As mercadorias e os objetos apreendidos que estiverem depositados em poder do negociante que vier a falir, não serão arrecadados na massa, mas removidos para outro local a pedido do chefe da repartição arrecadadora.

ART. 106. Os laudos do Laboratório Nacional de Análises e do Instituto Nacional de Tecnologia, nos aspectos técnicos de competência desses órgãos, serão adotados pela Administração, nos processos fiscais, como nas consultas, salvo se comprovada sua improcedência perante a autoridade julgadora.

CAPÍTULO III
DO EXAME DA ESCRITA FISCAL E COMERCIAL

ART. 107. No interesse da Fazenda Nacional os agentes fiscais do Imposto de consumo procederão ao exame da escrita geral das pessoas sujeitas à fiscalização referidas no artigo 97.

§ 1º No caso de recusa, o agente fiscalizador, diretamente, ou por intermédio da repartição, providenciará junto ao representante do Ministério Público para que se faça a exibição judicial dos livros e documentos sem prejuízo da lavratura do auto de infração que couber por embaraço à fiscalização.

§ 2º Se a recusa referir-se à exibição de livros comerciais registrados, procederá às providências previstas no parágrafo anterior, intimando com prazo não inferior a 72 horas, para que seja feita a apresentação, salvo se, estando os livros no estabelecimento fiscalizado, não apresentar, o responsável, motivo que justifique a sua atitude.

§ 3º Se pelos livros apresentados não se puder apurar convenientemente o movimento comercial do estabelecimento, colher-se-ão os elementos necessários através de exame de livros ou documentos de outros estabelecimentos que com o fiscalizado transacionem, ou nos despachos, livros e papéis de empresas de transporte, suas estações ou agências, ou noutras fontes subsidiárias.

ART. 108. Constituem elementos subsidiários para o cálculo da produção o correspondente pagamento do Imposto de consumo dos estabelecimentos industriais, o valor ou quantidade da matéria-prima ou secundária adquirida e empregada na industrialização dos produtos, o das despesas gerais efetivamente feitas, o da mão de obra empregada e o dos demais componentes do custo da produção, assim como as variações dos estoques de matérias-primas ou secundárias.

§ 1º Apurada qualquer diferença, será exigido o respectivo Imposto de consumo, que, no caso, de fabricante de produtos sujeitos a alíquotas diversas, será calculado com base na mais elevada quando não for possível fazer a separação pelos elementos da escrita do contribuinte.

§ 2º Apuradas, também, receitas cuja origem não seja comprovada, será sobre elas, exigido o Imposto de consumo, mediante adoção do critério estabelecido no parágrafo anterior.

ART. 109. O funcionário que tiver de realizar exame de escrita convidará o proprietário do estabelecimento ou seu representante a acompanhar o exame ou indicar pessoa que o faça e, em caso de recusa, fará constar do processo essa ocorrência.

§ 1º Se o interessado, mesmo que tenha firmado por si ou por seu representante o auto ou termo respectivo, não se conformar com o resultado do exame, poderá requerer outro, indicando em seu requerimento, de forma precisa a discordância e as razões e provas que tiver, bem como o nome e endereço do seu perito.

§ 2º Deferido o pedido, o chefe da repartição designará outro funcionário para, como perito da Fazenda, preceder, juntamente com o perito indicado pelo interessado, a novo exame desde que ouvido o autor do procedimento, persista este em suas conclusões anteriores.

§ 3º Se as conclusões dos peritos forem divergentes, prevalecerá a que for coincidente com o exame impugnado não havendo coincidência, será nomeado, pela autoridade preparadora, funcionário do Ministério da Fazenda ou, na sua falta, de qualquer outro Ministério para desempatar.

§ 4º As disposições dos parágrafos anteriores aplicam-se, no que couberem, aos casos em que o contribuinte não concordar com o valor atribuído à mercadoria para efeito de cálculo do Imposto ou de aplicação da multa.

ART. 110. Salvo quando for indispensável à defesa dos interesses da Fazenda Nacional, não serão apreendidos os livros da escrita fiscal ou comercial.

TÍTULO VI
DISPOSIÇÕES FINAIS E TRANSITÓRIAS

ART. 111. A atual Diretoria das Rendas Internas, do Ministério da Fazenda, passa a denominar-se Departamento de Rendas Internas, competindo-lhe especificamente:

I - dirigir, superintender, orientar e coordenar os serviços de aplicação das leis fiscais relacionadas com os impostos de consumo e selo, assim como os demais tributos não compreendidos nas atribuições das Diretorias de Rendas Aduaneiras e do Imposto de Renda;

II - promover o controle e fiscalização da cobrança dos tributos incluídos no âmbito de sua competência;

III - fiscalizar as empresas autorizadas a realizar vendas de bens imóveis e mercadorias, por meio de sorteios, distribuição de prêmios, quinhões, bonificações e processos semelhantes;

IV - Interpretar as leis e regulamentos fiscais relacionados com suas atribuições, decidindo sobre os casos omissos e baixando os atos esclarecedores;

V - Julgar:

a) em primeira instância, através de seus órgãos regionais - os processos fiscais, inclusive de consulta, relativo aos tributos incluídos no âmbito de sua competência, excetuados os referentes à falta de pagamento do Imposto de consumo verificada por ocasião do despacho de mercadoria estrangeira, os quais, com o rito aduaneiro em primeira instância, serão da competência da repartição que efetuar o despacho, de cuja decisão caberá recurso para o Segundo Conselho de Contribuintes;

b) em única instância, através de seu órgão central - as consultas relativas aos tributos de sua competência formuladas pelos órgãos centrais do Serviço Público e Autarquia Federal, das Sociedades de Economia Mista, controladas pela União, e das entidades de classe de âmbito nacional;

c) em segunda e última instância através de seu órgão central - as consultas julgadas em primeira instância pelos seus órgãos regionais.

§ 1º A competência para o preparo dos processos referidos no inciso V deste artigo será fixada em Regulamento.

§ 2º O Departamento de Rendas Internas contará, para o exercício de suas atribuições, com Delegacias e Inspetorias, regionais e seccionais, cuja competência, sede e jurisdição serão estabelecidas em Regimento aprovado por decreto do Poder Executivo.

§ 3º A medida em que forem sendo instalados os órgãos a que se refere o parágrafo anterior, passarão a integrar o Departamento de Rendas Internas os serviços de sua competência que estiverem a cargo das Recebedorias Federais, Delegacias Fiscais e Alfândegas.

ART. 112. Fica o Poder Executivo autorizado a criar as funções gratificadas necessárias à reestruturação do Departamento de Rendas Internas e a fixar-lhes os respectivos símbolos, observados os princípios de hierarquia e analogia de funções, assim como sua importância e complexidade.

ART. 113. Serão da competência do Diretor do Departamento de Rendas Internas a designação dos delegados e inspetores, regionais e seccionais, bem como a movimentação interna do pessoal lotado no mesmo Departamento.

ART. 114. Atendendo às necessidades do serviço e respeitada a distribuição numérica de cada Estado, os Agentes Fiscais de Rendas Internas, dos níveis 18-E e 17-D, poderão ser lotados indistintamente nas capitais dos Estados de primeira categoria e categoria especial.

§ 1º O provimento por remoção será limitado a metade dos claros verificados para efeito de promoção.

§ 2º Fica assegurada aos atuais ocupantes dos cargos do nível 18-E a permanência no Estado da Guanabara, admitida, porém, a remoção a pedido ou por permuta.

§ 3º Serão lotados no Distrito Federal pelo menos dois (2) agentes fiscais de rendas internas nível 18-E. VETADO.

ART. 115. A expressão "firma", quando empregado em sentido geral nesta lei, compreende, além das firmas individuais, todos os tipos de sociedades, quer funcionem sob uma razão social ou sob uma designação ou denominação particular.

ART. 116. Salvo disposição em contrário, os prazos previstos nesta lei serão contados em dias corridos e, na sua contagem, excluir-se-á o dia do começo e incluir-se-á o do vencimento. Se este cair em domingo, feriado nacional ou local, ponto facultativo ou data em que, por qualquer motivo, não funcione a repartição onde deva ser cumprida a obrigação, o prazo considerar-se-á prorrogado até o primeiro dia útil subsequente.

ART. 117. Fica extinto o adicional de 10% (dez por cento) sobre bebidas, de que tratam os Decretos-Leis n. 6.785, de 11 de agosto de 1944 e 9.846, de 12 de setembro de 1946.

ART. 118. É mantida a Junta Consultiva do Imposto de Consumo, criada pelo Decreto-lei n. 7.404, de 22 de março de 1945.

ART. 119. Por ato do Ministro da Fazenda, o recolhimento quinzenal do Imposto, previsto no inciso III do artigo 26, poderá passar a mensal, a realizar-se na primeira quinzena do mês seguinte ao da saída dos produtos do estabelecimento produtor.

Parágrafo único. A medida poderá ser global, para todos os contribuintes, ou especial, para determinadas classes de produtos.

ART. 120. Continua em vigor, no que não tenha sido alterada expressamente por esta lei, a legislação relativa à série de classes do agente fiscal de Imposto de consumo e a classe de fiscal auxiliar de impostos internos, suas atribuições, direitos e deveres.

Parágrafo único. A série de classes de agente fiscal do Imposto de consumo passa a denominar-se "agente fiscal de rendas internas".

ART. 121. Ficam revogados, no que não tenham sido mantidos expressamente por esta lei, o decreto lei n. 7.404, de 22 de março de 1945, e as leis posteriores que o modificaram, ressalvadas as disposições referentes ao processo fiscal e as que se apliquem também a outros tributos ou disciplinem matéria estranha ao Imposto de consumo.

Parágrafo único. Até que seja instituído e implantado o cadastro geral dos contribuintes, continuará a ser exigida a patente de registro na forma da legislação atual, expedida, porém, gratuitamente.

ART. 122. Os que, em 1º de janeiro de 1965, possuírem estampilhas do Imposto de consumo deverão recolhê-las, dentro de noventa dias, à repartição arrecadadora local, por meio de guia, para exame de sua legitimidade pela Casa da Moeda e posterior restituição de seu valor.

ART. 123. Na regulamentação desta lei o Poder Executivo disciplinará, de maneira clara e minuciosa, toda a matéria relativa ao Imposto de consumo, sua arrecadação e fiscalização, instituirá os modelos de documento e livros fiscais, ou alterará os já existentes prescrevendo as normas necessárias à sua escrituração e a clareza e segurança de seus lançamentos; e adotará toda as cautelas de ordem fiscal tendentes a evitar a evasão do Imposto.

Parágrafo único. Para fins exclusivamente estatísticos, poderá ainda o Poder Executivo, com relação à Tabela anexa, agrupar, de forma diferente, os capítulos nas alíneas, com ou sem alteração do número destas, e desdobrar as posições em novos incisos, sem ampliação do campo de incidência ou alteração das alíquotas do Imposto.

ART. 124. (Vetado).

ART. 125. Aos fabricantes, sujeitos ao pagamento do Imposto de Consumo pelo sistema de selagem direta ou pelo sistema misto, de selagem direta e por guia, que já procederam no regime das leis anteriores, à dedução dos impostos pagos sobre as matérias-primas que concorreram para produção de artigos de seu fabrico, fica assegurado o direito expresso no artigo 5º da alteração 1º da Lei número 3.520, de 30 de dezembro de 1958, desde então até a data de início de vigência da presente lei.

ART. 126. Nos exercícios de 1965 a 1967, o Imposto incidente sobre tecidos e confecções será devido na seguinte forma:

I - quanto aos produtos das posições 61.01 a 61.04; em 1965 e 1966 - 6% e, em 1967 8%.

II - quando aos das posições 50.09, 51.04 53.11 a 53.13; 54.05; 55.07 a 55.09e 56.07; em 1965 e 1966 - 12% e em 1967 - 11%.

ART. 127. Esta lei entrara em vigor, no dia 1º de janeiro de 1965, revogadas as disposições em contrário.

Brasília, 30 de novembro de 1964; 143º da Independência e 76º da República.

H. CASTELLO BRANCO

- Optamos, nesta edição, pela não publicação dos Anexos.

LEI N. 4.594, DE 29 DE DEZEMBRO DE 1964

Regula a profissão de corretor de seguros.

- *DOU*, 05.01.1965.
- Dec. 70.076/1972 (Autoriza a SUSEP, a expedir normas regulamentares pertinentes a fiscalização de entidades que operam em seguros).
- Dec. 56.900/1965 (Dispõe sobre o regime de corretagem de seguros na forma desta lei).

O Presidente da República. Faço saber que o Congresso Nacional decreta e eu sanciono a seguinte Lei:

CAPÍTULO I
DO CORRETOR DE SEGUROS E DA SUA HABILITAÇÃO PROFISSIONAL

ART. 1º O corretor de seguros, seja pessoa física ou jurídica, é o intermediário legalmente autorizado a angariar e a promover contratos de seguros, admitidos pela legislação vigente, entre as Sociedades de Seguros e as pessoas físicas ou jurídicas, de direito público ou privado.

ART. 2º O exercício da profissão de corretor de seguros depende da prévia obtenção do título de habilitação, o qual será concedido pelo Departamento Nacional de Seguros Privados e Capitalização, nos termos desta lei.

Parágrafo único. O número de corretores de seguro é ilimitado.

ART. 3º O interessado na obtenção do título a que se refere o artigo anterior, o requererá ao Departamento Nacional de Seguros Privados e Capitalização, indicando o ramo de seguro a que se pretenda dedicar, provando documentalmente:

a) ser brasileiro ou estrangeiro com residência permanente;

b) estar quite com o serviço militar, quando se tratar de brasileiro ou naturalizado;

c) não haver sido condenado por crimes a que se referem as Seções II, III e IV do Capítulo VI do Título I; os Capítulos I, II, III, IV, V, VI e VII do Título II; o Capítulo V do Título VI; Capítulos I, II e III do Título VIII; os Capítulos I, II, III e IV do Título X e o Capítulo I do Título XI, parte especial do Código Penal;

d) não ser falido;

e) ter habilitação técnico-profissional referente aos ramos requeridos.

§ 1º Se se tratar de pessoa jurídica deverá a requerente provar que está organizada segundo as leis brasileiras, ter sede no país, e que seus diretores, gerentes ou administradores preencham as condições deste artigo.

§ 2º Satisfeitos pelo requerente os requisitos deste artigo terá ele direito a imediata obtenção do título.

ART. 4º O cumprimento da exigência da alínea "e" do artigo anterior poderá consistir na observância comprovada de qualquer das seguintes condições:

a) haver concluído curso técnico profissional de seguros, oficial ou reconhecido; (Redação dada pela Lei 7.278/1984.)

b) apresentar atestado de exercício profissional anterior a esta Lei, fornecido pelo sindicato de classe ou pelo Departamento Nacional de Seguros Privados e Capitalização. (Redação dada pela Lei 7.278/1984.)

c) apresentar atestado de exercício profissional anterior a esta lei, fornecido pelo sindicato de classe ou pelo Departamento Nacional de Seguros Privados e Capitalização.

ART. 5º O corretor, seja pessoa física ou jurídica, antes de entrar no exercício da profissão deverá:

a) (revogada pela LC 137/2010).

b) estar quite com o imposto sindical.

c) inscrever-se para o pagamento do imposto de Indústrias e Profissões.

ART. 6º Não se poderá habilitar novamente como corretor aquele cujo título de habilitação profissional houver sido cassado, nos termos do artigo 24.

ART. 7º O título de habilitação de corretor de seguros será expedido pelo Departamento Nacional de Seguros Privados e Capitalização e publicado no Diário Oficial da República.

ART. 8º O atestado, a que se refere a alínea "c" do art. 4º, será concedido na conformidade das informações e documentos colhidos pela Diretoria do Sindicato, e dele deverão constar os dados de identidade do pretendente, bem como as indicações relativas ao tempo de exercício nos diversos ramos de seguro e as empresas a que tiver servido.

§ 1º Da recusa do Sindicato em fornecer o atestado acima referido, cabe recurso, no prazo de 60 dias, para o Departamento Nacional de Seguros Privados e Capitalização.

§ 2º Os motivos da recusa do atestado, quando se fundarem em razões que atentem à honra do interessado, terão caráter sigiloso e somente poderão ser certificados a pedido de terceiros por ordem judicial ou mediante requisição do Departamento Nacional de Seguros Privados e Capitalização.

ART. 9º Nos municípios onde não houver sindicatos da respectiva categoria, delegacias ou seções desses sindicatos, poderá o atestado ser fornecido pelo sindicato da localidade mais próxima.

ART. 10. Os sindicatos organizarão e manterão registro dos corretores e respectivos prepostos, habilitados na forma desta lei, com os assentamentos essenciais sobre a habilitação legal e o "curriculum vitae " profissional de cada um.

Parágrafo único. Para os efeitos deste artigo, o Departamento Nacional de Seguros Privados e Capitalização fornecerá aos interessados os dados necessários.

ART. 11. Os sindicatos farão publicar semestralmente, no Diário Oficial da União e dos Estados, a relação devidamente atualizada dos corretores e respectivos prepostos habilitados.

CAPÍTULO II
DOS PREPOSTOS DOS CORRETORES

ART. 12. O corretor de seguros poderá ter prepostos de sua livre escolha bem como designar, entre eles, o que o substitua nos impedimentos ou faltas.

Parágrafo único. Os prepostos serão registrados no Departamento Nacional de Seguros Privados e Capitalização, mediante requerimento do corretor e preenchimento dos requisitos exigidos pelo art. 3º.

CAPÍTULO III
DOS DIREITOS E DEVERES

ART. 13. Só ao corretor de seguros devidamente habilitado nos termos desta lei e que houver assinado a proposta, deverão ser pagas as corretagens admitidas para cada modalidade de seguro, pelas respectivas tarifas, inclusive em caso de ajustamento de prêmios.

§ 1º Nos casos de alterações de prêmios por erro de cálculo na proposta ou por ajustamentos negativos, deverá o corretor restituir a diferença da corretagem.

§ 2º Nos seguros efetuados diretamente entre o segurador e o segurado, sem interveniência de corretor, não haverá corretagem a pagar.

ART. 14. O corretor deverá ter o registro devidamente autenticado pelo Departamento Nacional de Seguros Privados e Capitalização das propostas que encaminhar às Sociedades de Seguros, com todos os assentamentos necessários à elucidação completa dos negócios em que intervier.

ART. 15. O corretor deverá recolher incontinenti à Caixa da Seguradora o prêmio que porventura tiver recebido do segurado para pagamento de seguro realizado por seu intermédio.

ART. 16. Sempre que for exigido pelo Departamento Nacional de Seguros Privados e Capitalização e no prazo por ele determinado, os corretores e prepostos deverão exibir os seus registros bem como os documentos nos quais se baseiam os lançamentos feitos.

ART. 17. É vedado aos corretores e aos prepostos:

a) aceitarem ou exercerem empregos de pessoa jurídica de direito público, inclusive de entidade paraestatal;

b) serem sócios, administradores, procuradores, despachantes ou empregados de empresa de seguros.

Parágrafo único. O impedimento previsto neste artigo é extensivo aos sócios e diretores de empresa de corretagem.

CAPÍTULO IV
DA ACEITAÇÃO DAS PROPOSTAS DE SEGUROS

ART. 18. As sociedades de seguros, por suas matrizes, filiais, sucursais, agências ou representantes, só poderão receber proposta de contrato de seguros:

a) por intermédio de corretor de seguros devidamente habilitado;

b) diretamente dos proponentes ou seus legítimos representantes.

ART. 19. Nos casos de aceitação de propostas pela forma a que se refere a alínea "*b*" do artigo anterior, a importância habitualmente cobrada a título de comissão e calculada de acordo com a tarifa respectiva será recolhida ao Fundo de Desenvolvimento Educacional do Seguro, administrado pela Fundação Escola Nacional de Seguros (Funenseg), que se destinará à criação e manutenção de: (Redação dada pela Lei 6.317/1975.)

a) escolas e cursos de formação e aperfeiçoamento profissional de corretores de seguros e prepostos; (Incluída pela Lei 6.317/1975.)

b) bibliotecas especializadas. (Incluída pela Lei 6.317/1975.)

§ 1º As empresas de seguros escriturarão essa importância em livro devidamente autenticado pela Superintendência de Seguros Privados (Susep) e recolherão diretamente à Funenseg as importâncias arrecadadas, no prazo de 30 (trinta) dias de seu efetivo recebimento, cabendo à Susep fiscalizar a regularidade de tais créditos. (Redação dada pela Lei 6.317/1975.)

§ 2º A criação e funcionamento dessas instituições ficarão a cargo do Instituto de Resseguros do Brasil, que arrecadará essas importâncias diretamente das entidades seguradoras.

CAPÍTULO V
DAS PENALIDADES

ART. 20. O corretor responderá profissional e civilmente pelas declarações inexatas contidas em propostas por ele assinadas, independentemente das sanções que forem cabíveis a outros responsáveis pela infração.

ART. 21. Os corretores de seguros, independentemente de responsabilidade penal e civil em que possam incorrer no exercício de suas funções, são passíveis das penas disciplinares de multa, suspensão e destituição.

ART. 22. Incorrerá na pena de multa de Cr$ 5.000,00 a Cr$ 10.000,00 e, na reincidência, em suspensão pelo tempo que durar a infração, o corretor que deixar de cumprir o disposto nos arts 16 e 17.

ART. 23. Incorrerá em pena de suspensão das funções, de 30 a 180 dias, o corretor que infringir as disposições desta lei, quando não foi cominada pena de multa ou destituição.

ART. 24. Incorrerá em pena de destituição o corretor que sofrer condenação penal por motivo de ato praticado no exercício da profissão.

ART. 25. Ficam sujeitos à multa correspondente a 25% do prêmio anual da respectiva apólice, e ao dobro no caso de reincidência, as empresas de seguro e corretores que, transgredindo o art. 14 desta lei e as disposições do Decreto-lei n. 2.063, de 7 de março de 1940, concederem, sob qualquer forma, vantagens que importem no tratamento desigual dos segurados.

ART. 26. O processo para cominação das penalidades previstas nesta lei reger-se-á, no que for aplicável, pelos arts. 167, 168, 169, 170 e 171 do Decreto-lei n. 2.063, de 7 de março de 1940.

CAPÍTULO VI
DA REPARTIÇÃO FISCALIZADORA

ART. 27. Compete ao Departamento Nacional de Seguros Privados e Capitalização aplicar as penalidades previstas nesta lei e fazer cumprir as suas disposições.

CAPÍTULO VII
DISPOSIÇÕES GERAIS

ART. 28. A presente lei é aplicável aos territórios estaduais nos quais existem Sindicatos de Corretores de Seguros legalmente constituídos.

ART. 29. Não se enquadram nos efeitos desta lei as operações de cosseguro e de resseguro entre as Empresas seguradoras.

ART. 30. Nos Municípios onde não houver corretor legalmente habilitado, as propostas de contratos de seguro relativos a bens e interesses de pessoas físicas ou jurídicas nele domiciliadas continuarão a ser encaminhadas às empresas seguradoras por corretor de seguros ou por qualquer cidadão, indiferentemente, mantido o regime de livre concorrência na mediação do contrato de seguro em vigor na data da publicação desta lei.

§ 1º As comissões, devidas pela mediação de contratos de seguro de pessoa física ou jurídica, domiciliada nos Municípios a que se refere este artigo e neles agenciados e assinados, continuarão também a ser pagas ao intermediário da proposta, seja corretor habilitado ou não.

§ 2º As companhias seguradoras deverão encaminhar instruções, nos termos da presente lei, a fim de, os referidos corretores possam se habilitar e se registrar, dando ciência dessa providência ao sindicato de classe mais próximo.

CAPÍTULO VIII
DISPOSIÇÕES TRANSITÓRIAS

ART. 31. Os corretores, já em atividade de sua profissão quando da vigência desta lei, poderão continuar a exercê-la desde que apresentem ao Departamento Nacional de Seguros Privados e Capitalização seus requerimentos, acompanhados dos documentos exigidos pelas alíneas a , c e d do art. 3º, c do art. 4º, e prova da observância do disposto no art. 5º.

ART. 32. Dentro de noventa dias, a contar da vigência desta lei, o Poder Executivo regulamentará as profissões de corretor de seguro de vida e de capitalização, obedecidos os princípios estabelecidos na presente lei.

- Dec. 56.906/1965 (Regulamenta a profissão de corretor de Seguros de Vida e de Capitalização).

ART. 33. Esta lei entra em vigor na data de sua publicação.

ART. 34. Revogam-se as disposições em contrário.

Brasília, 29 de dezembro de 1964;
143º da Independência e 76º da República.
H. CASTELLO BRANCO

LEI N. 4.619, DE 28 DE ABRIL DE 1965

Dispõe sobre a ação regressiva da União contra seus Agentes.

- *DOU*, 30.4.1965.

O Presidente da República. Faço saber que o Congresso Nacional decreta e eu sanciono a seguinte Lei:

ART. 1º Os Procuradores da República são obrigados a propor as competentes ações regressivas contra os funcionários de qualquer categoria declarados culpados por haverem causado a terceiros lesões de direito que a Fazenda Nacional, seja condenada judicialmente a reparar.

Parágrafo único. Considera-se funcionário para os efeitos desta lei, qualquer pessoa investida em função pública, na esfera Administrativa, seja qual for a forma de investidura ou a natureza da função.

ART. 2º O prazo para ajuizamento da ação regressiva será de sessenta dias a partir da data em que transitar em julgado a condenação imposta à Fazenda.

ART. 3º A não obediência, por ação ou omissão, ao disposto nesta lei, apurada em processo regular, constitui falta de exação no cumprimento do dever.

ART. 4º A competência para iniciar a ação regressiva cabe ao Procurador lotado no Estado em que haja corrido o processo judicial cuja decisão contra a Fazenda haja transitado em julgado.

§ 1º No Distrito Federal e nos Estados em que funcionem mais de um Procurador, a obrigação cabe ao que tenha funcionado no feito de que tenha resultado a condenação da Fazenda; e se mais de um houver funcionado, qualquer deles terá competência para propor a consequente ação regressiva contra, o funcionário ou pessoa investida em função pública, incorrendo todos na mesma falta, se nenhum deles intentar a referida ação.

§ 2º Ocorrendo a falta coletiva prevista no § 1º deste artigo, o Procurador-Geral designará um dos Procuradores para propor imediatamente a ação regressiva.

ART. 5º A cessação, por qualquer forma, do exercício da função pública, não exclui o funcionário, ou pessoa nela investida, da responsabilidade perante a Fazenda.

ART. 6º A liquidação do que for devido pelo funcionário estável à Fazenda Nacional poderá ser feita mediante desconto em folha de pagamento, o qual não excederá de uma quinta parte, da importância de seu vencimento ou remuneração.

ART. 7º Esta lei entrará em vigor na data de sua publicação, revogadas as disposições em contrário.

Brasília, 28 de abril de 1965;
144º da Independência e 77º da República.
H. CASTELLO BRANCO

LEI N. 4.673, DE 15 DE JUNHO DE 1965

Aplica aos bens penhorados em execuções fiscais as normas de impenhorabilidade do art. 942 do Código do Processo Civil.

- *DOU*, 18.06.1965.
- Refere-se ao CPC/1939. V. art. 833, NCPC.

O Presidente da República. Faço saber que o Congresso Nacional decreta e eu sanciono a seguinte Lei:

ART. 1º Nas execuções fiscais promovidas nos termos do Decreto-Lei n. 960, de 1938, aplicam-se, quanto aos bens e direitos objeto de penhora, as cláusulas de impenhorabilidade prevista no art. 942 do Código do Processo Civil.

- Refere-se ao CPC/1939. V. art. 833, NCPC.
- O Dec.-Lei 960/1938 dispõe sobre a cobrança judicial da dívida ativa da Fazenda Pública, em todo o território nacional.

ART. 2º O executado nomeará bens à penhora, obedecendo-se à gradação prevista no Código do Processo Civil.

ART. 3º Esta Lei entra em vigor na data de sua publicação.

ART. 4º Revogam-se as disposições em contrário.

Brasília, 15 de junho de 1965;
144º da Independência e 77º da República.
H. CASTELLO BRANCO

LEI N. 4.725, DE 13 DE JULHO DE 1965

Estabelece normas para o processo dos dissídios coletivos, e dá outras providências.

- *DOU*, 13.07.1965.

O Presidente da República. Faço saber que o Congresso Nacional decreta e eu sanciono a seguinte lei:

ART. 1º A Justiça do Trabalho, no processo dos dissídios coletivos, entre categorias profissionais e econômicas, observará as normas previstas na Consolidação das Leis do Trabalho (arts. 856 a 874), com as alterações subsequentes e as constantes desta lei.

ART. 2º A sentença tomará por base o índice resultante da reconstituição do salário real médio da categoria nos últimos 24 (vinte e quatro) meses anteriores ao término da vigência do último acordo ou sentença normativa adaptando as taxas encontradas às situações configuradas pela ocorrência conjunta ou separadamente dos seguintes fatores: (Redação dada pela Lei 4.903/1965.)

- Dec. 57.627/1966 (Regulamenta este artigo).

a) repercussão dos reajustamentos salariais na comunidade e na economia nacional; (Redação dada pela Lei 4.903/1965.)

b) adequação do reajuste às necessidades mínimas de sobrevivência do assalariado e de sua família; (Redação dada pela Lei 4.903/1965.)

c) (Vetado.) (Incluída pela Lei 4.903/1965.)

d) perda do poder aquisitivo médio real ocorrido entre a data da entrada da representação e a da sentença; (Incluída pela Lei 4.903/1965.)

e) necessidade de considerar a correção de distorções salariais para assegurar adequada hierarquia salarial, na categoria profissional dissidente e, subsidiariamente, no conjunto das categorias profissionais, como medida de equidade social. (Incluída pela Lei 4.903/1965.)

§ 1º A partir de 1 de julho de 1966 se acrescentará ao índice referido neste artigo o percentual que traduza o aumento da produtividade nacional no ano anterior, segundo os dados do Conselho Nacional de Economia, observando o seu ajustamento ao aumento da produtividade da empresa ou empresas componentes da respectiva categoria econômica. (Redação dada pela Lei 4.903/1965.)

§ 2º (Vetado.)

§ 3º As normas e condições estabelecidas por sentença terão vigência a partir da data da publicação de suas conclusões no órgão oficial da Justiça do Trabalho (Incluído pela Lei 4.903/1965.)

ART. 3º A Justiça do Trabalho e o Ministério Público do Trabalho poderão solicitar a colaboração dos seguintes órgãos:

1 - Conselho Nacional de Economia;

2 - Fundação Getúlio Vargas;

3 - Ministério do Trabalho e Previdência Social, por seus departamentos competentes, especialmente:

a) Serviço de Estatística e Previdência do Trabalho;

b) Conselho Nacional de Política Salarial;

c) Departamento Nacional de Emprego e Salários.

ART. 4º Sendo partes, nos dissídios coletivos, empresas que dependam, para atendimento dos novos encargos salariais resultantes da sentença, da decisão de órgãos do Poder Executivo competentes para a fixação das tarifas e taxas, o Juiz solicitará àqueles órgãos os cálculos de incidência de majoração salarial nos valores de taxas, como elemento elucidativo da sentença a ser proferida.

Parágrafo único. o órgão competente, para efetuar o cálculo de que trata este artigo, terá o prazo de 15 (quinze) dias para atender à solicitação do Juiz.

ART. 5º Na apreciação de dissídios coletivos suscitados pelos empregados da Marinha Mercante, dos portos e da Rede Ferroviária Federal S/A, os Tribunais do Trabalho observarão as seguintes normas:

a) serão excluídos aqueles que não estão sujeitos aos preceitos da Consolidação das Leis do Trabalho (Lei número 3.115, de 1957, art. 15; Lei número 3.780, de 1960; Lei n. 4.564, de 1964) e tenham a sua remuneração fixada por lei;

b) (Vetado.)

c) não será concedido aumento salarial, se a empresa se encontrar em regime deficitário, (Vetado.)

ART. 6º Os recursos das decisões proferidas nos dissídios coletivos terão efeito meramente devolutivo.

§ 1º O Presidente do Tribunal Superior do Trabalho poderá dar efeito suspensivo ao recurso, a requerimento do recorrente em petição fundamentada. Do despacho caberá agravo para o Pleno, no prazo de 5 (cinco) dias, de conformidade com o disposto no Regimento Interno do Tribunal. (Redação dada pela Lei 4.903/1965.)

§ 2º O Tribunal "ad quem" deverá julgar o recurso no prazo de 60 (sessenta) dias, improrrogavelmente.

§ 3º O provimento do recurso não importará na restituição dos salários ou vantagens pagos, em execução do julgado.

ART. 7º (Revogado pela Lei 5.451/1968.)

ART. 8º O Conselho Nacional de Política Salarial, que funcionará sob a presidência do

Ministro do Trabalho e Previdência Social, como órgão de assessoria do Poder Executivo na formulação e execução de sua política salarial, e cuja composição e atribuições constarão de decreto do Presidente da República, poderá, para execução dos serviços de sua Secretaria Executiva, requisitar servidores públicos, nos termos da legislação em vigor, bem como admitir pessoal temporário, sujeito às normas da Consolidação das Leis do Trabalho.

- Lei 4.923/1965 (Institui o cadastro permanente das admissões e dispensas de empregados, estabelece medidas contra o desemprego e de assistência aos desempregados).

Parágrafo único. A remuneração do pessoal admitido nos termos deste artigo, bem como as gratificações a serem pagas ao pessoal requisitado, constarão de tabela anualmente aprovada pelo Ministro do Trabalho e Previdência Social, dentro do limite dos recursos atribuídos ao Conselho Nacional de Política Salarial.

ART. 9º Para atender às despesas com o funcionamento da Secretaria Executiva do Conselho Nacional de Política Salarial, fica o Poder Executivo autorizado a abrir ao Ministério do Trabalho e Previdência Social o crédito especial de Cr$ 60.000.000 (sessenta milhões de cruzeiros).

ART. 10. Os ajustamentos de salário fixados em decisões da Justiça do Trabalho, aprovados em julgamento de dissídios coletivos ou em acordos homologados, serão aplicados, automaticamente, nas mesmas condições estabelecidas para os integrantes das categorias profissionais litigantes ou interessadas, aos empregados das próprias entidades suscitantes e suscitadas, observadas as peculiaridades que lhes sejam inerentes, ficando, desde logo, autorizado o reajustamento das respectivas verbas orçamentárias.

ART. 11. A assistência aos trabalhadores prevista no art. 500 da Consolidação das Leis do Trabalho aprovada pelo Decreto-lei n. 5.452, de 1º de maio de 1943, e na Lei n. 4.066, de 28 de maio de 1962, será gratuita, vedada aos órgãos e autoridades a quem for solicitada a cobrança de qualquer importância para o atendimento de custas, taxas, emolumentos, remuneração ou a qualquer título.

ART. 12. Nenhum reajustamento de salário será homologado ou determinado pela Justiça do Trabalho antes de decorrido um ano do último acordo ou dissídio coletivo, não sendo possível a inclusão da cláusula de antecipação do aumento salarial durante o prazo de vigência da sentença normativa.

Parágrafo único. (Revogado pelo Dec.-Lei 424/19690)

ART. 13. Esta lei entrará em vigor na data de sua publicação, revogadas as disposições em contrário.

Brasília, 13 de julho de 1965; 144º da Independência e 77º da República.

H. CASTELLO BRANCO

LEI N. 4.738, DE 14 DE JULHO DE 1965

Estabelece novos casos de inelegibilidades, com fundamento no artigo 2º da Emenda Constitucional número 14.

- *DOU*, 12.05.1966.
- Ato Complementar 9/1966 (Dispõe sobre a inscrição de candidatos nas eleições indiretas).

O Presidente da República, faço saber que o Congresso Nacional decreta e eu sanciono a seguinte lei:

ART. 1º Além dos que estejam compreendidos nos casos previstos nos artigos 138, 139 e 140 da Constituição Federal, com as modificações das Emendas Constitucionais n. 9 e 14, são inelegíveis:

I - Para Presidente e Vice-Presidente da República:

a) os que participem da organização ou do funcionamento de qualquer partido político ou associação, cujo programa ou ação contrarie o regime democrático, baseado na pluralidade dos partidos e na garantia dos direitos fundamentais do homem (artigo 141, § 13, da Constituição Federal);

b) os que, pública ou ostensivamente, façam parte, ou sejam adeptos de partido político cujo registro tenha sido cassado com fundamento no art. 141, § 13, da Constituição Federal VETADO;

c) os que integram partidos políticos vinculados, por subordinação, a partido ou governo estrangeiro;

d) os que hajam atentado, em detrimento do regime democrático, contra os direitos individuais, concernentes à vida, à liberdade e à propriedade (Constituição Federal, artigo 141);

e) os que, por atos do Comando Supremo da Revolução, ou por aplicação do art. 10 do Ato Institucional, perderam seus mandatos eletivos, ou foram impedidos de exercê-los;

f) os Presidentes e Vice-Presidentes da República, os Governadores e Vice-Governadores, os Prefeitos e Vice-Prefeitos declarados impedidos para o exercício dos respectivos cargos, por deliberação do Congresso Nacional, das Assembleias Legislativas ou das Câmaras Municipais;

g) os membros do Poder Legislativo que perderem os mandatos em virtude do disposto no art. 48, §§ 1º e 2º, da Constituição Federal, desde que o motivo que deu causa à punição os incompatibilize para o exercício de mandato eletivo, em face do disposto na Constituição, na Emenda Constitucional n. 14 ou nesta Lei;

h) os que, por ato de subversão ou de improbidade na administração pública ou privada, tenham sido condenados à destituição do cargo, função ou emprego, em virtude de sentença judiciária transitada em julgado, ou mediante inquérito administrativo processado regularmente, em que se lhes tenha assegurado ampla defesa VETADO;

i) os que, nos casos previstos em lei, forem declarados indignos do oficialato ou com ele incompatíveis (Constituição Federal, art. 182, § 2º), VETADO;

j) os que, nos casos determinados em lei, venham a ser privados, por sentença judiciária irrecorrível, proferida no curso do processo eleitoral, do direito a elegibilidade, por haver atentado contra o regime democrático, a exação e a probidade administrativas ou a lisura e a normalidade das eleições;

l) os que tenham VETADO comprometido, por si ou por outrem, a lisura e a normalidade de eleição, através de abuso do poder econômico, de ato de corrupção ou de influência no exercício de cargo ou função pública, ou venham a comprometê-las, pela prática dos mesmos abusos, atos ou influência;

m) os que tenham exercido, até 3 (três) meses antes da eleição, cargo ou função de direção nas empresas públicas, nas entidades autárquicas, nas empresas concessionárias de serviço público, ou em organizações da União, ou sujeitas ao seu controle;

n) os que, dentro dos 3 (três) meses anteriores ao pleito hajam ocupado postos de direção nas empresas de que tratam os arts. 3º e 5º da Lei n. 4.137, de 10 de setembro de 1962, quando, pelo âmbito e natureza de suas atividades, possam tais empresas influir na economia nacional;

o) os que detenham o controle de empresa ou grupo de empresas que opere, no País, nas condições monopolísticas previstas no parágrafo único do art. 5º da Lei citada na letra anterior, se, até 6 (seis) meses antes do pleito, não apresentarem à Justiça Eleitoral a prova de que fizeram cessar o abuso do poder econômico apurado, ou de que transferiram, por forma regular, o controle das referidas empresas ou grupo de empresas;

p) os que tenham, dentro dos três meses anteriores ao pleito, ocupado lugares na direção ou na representação de sociedades ou empresas estrangeiras;

q) até 3 (três) meses depois de afastados das funções, os presidentes, diretores, superintendentes das sociedades, empresas ou estabelecimentos que gozem, sob qualquer forma, de vantagens asseguradas pela União, ou que tenham exclusivamente por objeto operações financeiras e façam publicamente apelo à poupança e ao crédito, inclusive através de cooperativas;

r) os que hajam dirigido, dentro dos 3 (três) meses anteriores ao pleito, sociedades ou empresas cuja atividade consista na execução de obras, na prestação de serviços ou no fornecimento de bens por conta ou sob controle da União;

s) até 3 (três) meses depois de cessadas as funções, os magistrados federais, os membros do Ministério Público, os Chefes das Casas Civil e Militar da Presidência da República e os Prefeitos;

t) até 3 (três) meses depois de afastados do exercício das funções, os membros do Tribunal de Contas da União.

II - Para Governador e Vice-Governador:

a) os membros das Assembleias Legislativas que, nos termos das Constituições estaduais, tenham perdido os mandatos;

b) até 3 (três) meses depois de afastados do exercício das funções, os membros dos Tribunais de Contas Estaduais e os membros do Ministério Público;

c) até 3 (três) meses depois de cessadas definitivamente as funções, os presidentes, diretores, superintendentes das sociedades, empresas ou estabelecimentos que gozem, sob qualquer forma, de vantagens asseguradas pelo Estado, ou que tenham exclusivamente por objeto operações financeiras e façam publicamente apelo à poupança e ao crédito;

d) os que tenham exercido, dentro dos 3 (três) meses anteriores ao pleito, cargo ou função de direção em empresas públicas, entidades autárquicas, sociedades de economia mista estaduais, empresas concessionárias de serviço público e nas fundações sob controle do Estado;

e) no que lhes for aplicável, por identidade de situação, os inelegíveis a que se referem as alíneas *a* a *t* do n. 1 deste artigo.

III - Para Prefeito e Vice-Prefeito:

a) os que tenham sido, dentro dos três meses anteriores à eleição, presidente, superintendente ou diretor de empresas públicas, sociedades de economia mista e entidades autônomas, de âmbito municipal;

b) os membros das Câmaras Municipais que, na conformidade da Constituição e das leis, hajam perdido os mandatos;

c) os que não tenham tido, nos 2 (dois) últimos anos, antes da eleição, o domicílio eleitoral no município, salvo os que exercerem mandato de deputado estadual, pelo menos, em 1 (uma) legislatura;

d) no que lhes for aplicável, por identidade de situação, os inelegíveis a que se refere o n. II deste artigo.

IV - Para a Câmara dos Deputados e o Senado Federal, as pessoas a que se referem os n. I e II, nas mesmas condições em ambos estabelecidas, fixados os prazos de desincompatibilização, quando for o caso, em até 3 (três) meses depois de cessadas VETADO as funções.

V - Para as Assembleias Legislativas, as pessoas a que se referem os números I e II, nas mesmas condições em ambos estabelecidas, fixados os prazos de desincompatibilização, quando for o caso, em até 2 (dois) meses, na forma nos mesmos prevista.

VI - Para as Câmaras Municipais:

a) o Prefeito que houver exercido o cargo, por qualquer tempo, no período imediatamente anterior, e bem assim o que lhe tenha sucedido, ou, dentro dos 3 (três) meses anteriores ao pleito, o haja substituído;

b) as autoridades policiais com jurisdição no município dentro dos 2 (dois) meses anteriores ao pleito, e as pessoas a que se refere a alínea *"a"* do n. III;

c) as pessoas mencionadas na alínea *"b"* do n. III e, no que por identidade de situação lhes for aplicável, os inelegíveis a que se refere o n. II.

§ 1º Os preceitos deste artigo aplicam-se aos titulares, assim efetivos como interinos, dos cargos mencionados.

§ 2º O candidato se desincompatibilizará na data do registro se este for feito antes do termo final do respectivo prazo, de acordo com a lei eleitoral.

ART. 2º Prevalecerão pelo prazo de 4 (quatro) anos, contados da data do ato, fato ou decisão que as determinar, as inelegibilidades previstas nas alíneas *"d"* a *"l"* do n. I, alínea *"a"* do n. II e alínea *"a"* do n. III, salvo o caso de suspensão dos direitos políticos por prazo maior.

ART. 3º A reincidência nos casos mencionados nesta Lei permitirá nova arguição de inelegibilidade.

ART. 4º São inelegíveis para Governador, Vice-Governador, Senador, Deputado Federal e Deputado Estadual aqueles que não tiverem domicílio eleitoral no Estado ou Território durante 4 (quatro) anos, VETADO.

ART. 5º São inelegíveis até 31 de dezembro de 1965 os Ministros de Estado que serviram em qualquer período compreendido entre 23 de janeiro de 1963 e 31 de março de 1964.

Parágrafo único. Excetuam-se os que estejam desempenhando mandato legislativo e os que hajam ocupado ministérios militares.

ART. 6º São inelegíveis até 31 de dezembro de 1966 os que estavam ocupando cargo de Secretário de Estado nos últimos 12 (doze) meses do exercício de Governadores suspensos ou impedidos em decorrência do Ato Institucional ou por decisão da respectiva Assembleia Legislativa.

ART. 7º São de competência da Justiça Eleitoral o conhecimento e a decisão das arguições de inelegibilidade (art. 119, n. VI, da Constituição Federal).

§ 1º Caberá aos partidos políticos ou ao Ministério Público, no prazo de 5 (cinco) dias, contados da publicação do requerimento de registro de candidato, a iniciativa das arguições de inelegibilidade.

§ 2º A arguição de inelegibilidade, quando de iniciativa de partido político, será imediatamente reduzida a termo, assinado pelo arguente e por duas testemunhas e, dentro de 24 (vinte e quatro) horas, remetido ao Ministério Público.

§ 3º Verificada a procedência da arguição, à vista dos elementos da convicção oferecidos, o Ministério Público apresentará, no prazo de 3 (três) dias, impugnação ao registro do candidato. Se, porém, requerer o arquivamento da arguição, o juiz ou o tribunal, em caso de indeferimento, determinará o seguimento do processo.

§ 4º Da decisão que deferir o pedido de arquivamento caberá, sem efeito suspensivo, recurso que, interposto dentro de 48 (quarenta e oito) horas, deverá ser, em igual prazo, remetido à superior instância, que o julgará no prazo de 10 (dez) dias, contados da data de seu recebimento.

§ 5º A arguição de inelegibilidade, quando de iniciativa do Ministério Público, processar-se-á desde logo como impugnação.

§ 6º Não poderá apresentar impugnação ao registro de candidato o membro do Ministério Público que, nos 4 (quatro) anos anteriores, tenha disputado cargo eletivo, integrado diretório político ou exercido atividade político-partidária.

ART. 8º Feita a impugnação ao registro do candidato, terá este, com a assistência de partido interessado, o prazo de 3 (três) dias para contestá-la, podendo juntar documentos e requerer a produção de outras provas.

‣ Ato Complementar 9/1966.

ART. 9º Decorrido o prazo para a contestação, o juiz ou tribunal marcará, em seguida, prazo não superior a 10 (dez) dias para que sejam ouvidas as testemunhas do impugnante e do impugnado e realizadas as diligências que determinar *"ex officio"* ou a requerimento das partes.

‣ Ato Complementar 9/1966.

ART. 10. Dentro de 48 (quarenta e oito) horas, contadas da terminação do prazo a que se refere o artigo anterior, o impugnante e o impugnado poderão apresentar alegações.

‣ Ato Complementar 9/1966.

ART. 11. Conclusos os autos dentro de 24 (vinte e quatro) horas, o juiz ou tribunal terá o prazo de 5 (cinco) dias para proferir a decisão.

‣ Ato Complementar 9/1966.

§ 1º O juiz formará sua convicção pela livre apreciação da prova, atendendo aos fatos e circunstâncias constantes do processo, ainda que não alegados pelas partes.

§ 2º O juiz indicará na sentença ou despacho os fatos e circunstâncias que motivaram o seu convencimento.

ART. 12. O juiz poderá ouvir terceiro, a quem as partes ou testemunhas hajam feito referências como conhecedor de fatos ou circunstâncias que influam na decisão da causa.

§ 1º Quando documento necessário à formação da prova se achar em poder de terceiro, o juiz poderá, ouvido o terceiro, ordenar o respectivo depósito ou designar audiência especial, a fim de ouvir o requerente e o terceiro, proferindo despacho logo em seguida.

§ 2º Se o terceiro, sem justa causa, não exibir o documento ou não comparecer à audiência, será contra ele instaurado processo por crime de desobediência.

ART. 13. Da decisão que julgar o candidato elegível ou inelegível, poderá ser interposto recurso, por petição fundamentada, dentro de 5 (cinco) dias, contados da data de sua publicação, ou intimação.

‣ Ato Complementar 9/1966.

ART. 14. Será de 15 (quinze) dias o prazo para julgamento do recurso na instância superior.

‣ Ato Complementar 9/1966.

ART. 15. A arguição de inelegibilidade será feita:

I - perante o Tribunal Superior Eleitoral, se se tratar de candidatos a Presidente e Vice-Presidente da República;

II - perante os Tribunais Regionais Eleitorais, quanto a candidatos a Senador, Deputado Federal, Governadores e Vice-Governadores e Deputado Estadual;

III - perante os Juízes Eleitorais, relativamente a Vereador, Prefeito e Vice-Prefeito e Juiz de Paz.

ART. 16. Declarada, por decisão judiciária transitada em julgado, a inelegibilidade do candidato, ser-lhe-á negado o registro, ou cancelado, se já tiver sido feito. Será nulo o diploma, se já expedido.

ART. 17. Declarada a inelegibilidade de candidato já registrado, é facultado ao Partido, ou aliança de partidos, que requereu o registro, dar-lhe substituto, mesmo que a decisão passada em julgado tenha sido proferida após o termo final do prazo de registro.

ART. 18. A declaração de inelegibilidade de candidato a Presidente da República, Governador e Prefeito não alcançará o candidato a Vice-Presidente, Vice-Governador e Vice-Prefeito, salvo se for também declarado inelegível.

ART. 19. Anteriormente a qualquer eleição majoritária, e no prazo de 5 (cinco) dias depois de transitada em julgado a decisão de inelegibilidade, poderá o Partido, ou aliança de partidos interessados, requerer o registro de outro candidato.

ART. 20. Ocorrendo, após a eleição, o cancelamento do registro ou a nulidade do diploma do candidato eleito por maioria absoluta, realizar-se-á nova eleição 60 (sessenta) dias após a decisão passada em julgado.

ART. 21. Constitui crime eleitoral a arguição de inelegibilidade, ou a impugnação do registro de candidato, feita com motivação falsa, ou, graciosamente, por espírito de emulação, mero capricho ou erro grosseiro.

Pena - Detenção de 2 (dois) meses a 1 (um) ano e pagamento de multa de 10 (dez) a 20 (vinte) vezes o maior salário-mínimo mensal.

ART. 22. O Tribunal Superior Eleitoral expedirá instruções para a fiel execução desta Lei.

ART. 23. Esta Lei entra em vigor na data de sua publicação.

ART. 24. Revogam-se as disposições em contrário.

Brasília, 15 de julho de 1965; 144º da Independência e 77º da República.

H. CASTELLO BRANCO

LEI N. 4.923, DE 23 DE DEZEMBRO DE 1965

Institui o Cadastro Permanente das Admissões e Dispensas de Empregados, Estabelece Medidas Contra o Desemprego e de Assistência aos Desempregados, e dá outras Providências.

‣ *DOU*, 29.12.1965, retificado em 26.01.1966.

O Presidente da República. Faço saber que o Congresso Nacional decreta e eu sanciono a seguinte Lei:

ART. 1º Fica instituído, em caráter permanente, no Ministério do Trabalho e Previdência Social, o registro das admissões e dispensas de empregados nas empresas abrangidas pelo sistema da Consolidação das Leis do Trabalho.

§ 1º As empresas que dispensarem ou admitirem empregados ficam obrigadas a fazer a respectiva comunicação às Delegacias Regionais do Trabalho, mensalmente, até o dia sete do mês subsequente ou como estabelecido em regulamento, em relação nominal por estabelecimento, da qual constará também a indicação da Carteira de Trabalho e Previdência Social ou, para os que ainda não a possuírem, nos termos da lei, os dados indispensáveis à sua identificação pessoal. (Renumerado do parágrafo único pela Med. Prov. 2.164-41/2001.)

§ 2º O cumprimento do prazo fixado no § 1º será exigido a partir de 1º de janeiro de 2001. (incluído pela Med. Prov. 2.164-41/2001.)

ART. 2º A empresa que, em face de conjuntura econômica, devidamente comprovada, se encontrar em condições que recomendem, transitoriamente, a redução da jornada normal ou do número de dias do trabalho, poderá fazê-lo, mediante prévio acordo com a entidade sindical representativa dos seus empregados, homologado pela Delegacia Regional do Trabalho, por prazo certo, não excedente de 3 (três) meses, prorrogável, nas mesmas condições, se ainda indispensável, e sempre de modo que a redução do salário mensal resultante não seja superior a 25% (vinte e cinco por cento) do salário contratual, respeitado o salário-mínimo regional e reduzidas proporcionalmente a remuneração e as gratificações de gerentes e diretores.

§ 1º Para o fim de deliberar sobre o acordo, a entidade sindical profissional convocará assembleia geral dos empregados diretamente interessados, sindicalizados ou não, que decidirão por maioria de votos, obedecidas as normas estatutárias.

§ 2º Não havendo acordo, poderá a empresa submeter o caso à Justiça do Trabalho, por intermédio da Junta de Conciliação e Julgamento ou, em sua falta, do Juiz de Direito, com jurisdição na localidade. Da decisão de primeira instância caberá recurso ordinário, no prazo de 10 (dez) dias, para o Tribunal Regional do Trabalho da correspondente Região, sem efeito suspensivo.

§ 3º A redução de que trata o artigo não é considerada alteração unilateral do contrato individual de trabalho para os efeitos do disposto no art. 468 da Consolidação das Leis do Trabalho.

ART. 3º As empresas que tiverem autorização para redução de tempo de trabalho, nos termos do art. 2º e seus parágrafos, não poderão, até 6 (seis) meses depois da cessação desse regime admitir novos empregados, antes de readmitirem os que tenham sido dispensados pelos motivos que hajam justificado a citada redução ou comprovarem que não atenderam, no prazo de 8 (oito) dias, ao chamado para a readmissão.

§ 1º O empregador notificará diretamente o empregado para reassumir o cargo, ou, por intermédio da sua entidade sindical, se desconhecida sua localização, correndo o prazo de 8 (oito) dias a partir da data do recebimento da notificação pelo empregado ou pelo órgão de classe, conforme o caso.

§ 2º O disposto neste artigo não se aplica aos cargos de natureza técnica.

ART. 4º É igualmente vedado às empresas mencionadas no art. 3º, nas condições e prazos nele contidos, trabalhar em regime de horas extraordinárias, ressalvadas estritamente as hipóteses previstas no art. 61, e seus parágrafos 1º e 2º, da Consolidação das Leis do Trabalho.

ART. 5º Fica o Poder Executivo autorizado a instituir, de acordo com o disposto nos artigos seguintes e na forma que for estabelecida em regulamento, um plano de assistência aos trabalhadores que, após 120 (cento e vinte) dias consecutivos de serviço na mesma empresa, se encontrarem desempregados ou venham a se desempregar, por dispensa sem justa causa ou por fechamento total ou parcial da empresa.

- Lei 6.181/1974 (Altera o art. 600 da CLT, amplia a destinação do Fundo de Assistência ao Desempregado).

§ 1º A assistência a que se refere este artigo será prestada pelas Delegacias Regionais do Trabalho e consistirá num auxílio em dinheiro, não excedente de 80% (oitenta por cento) do salário-mínimo local devido, até o prazo máximo de 6 (seis) meses, a partir do mês seguinte àquele a que corresponder o número de meses computados no cálculo da indenização paga na forma da legislação trabalhista, observadas as bases que forem estabelecidas no regulamento, dentro das possibilidades do Fundo de que trata o artigo 6º. (Redação dada pela Lei 5.737/1971.)

§ 2º Será motivo de cancelamento do pagamento do auxílio a recusa, por parte do desempregado, de outro emprego apropriado ou de readmissão, na hipótese prevista no art. 3º na empresa de que tiver sido dispensado.

§ 3º O auxílio a que se refere o § 1º não é acumulável com o salário nem com quaisquer dos benefícios concedidos pela Previdência Social, não sendo, outrossim, devido quando o trabalhador tiver renda própria de qualquer natureza que lhe assegure a subsistência.

§ 4º É condição essencial à percepção do auxílio a que se refere o § 1º o registro do desempregado no órgão competente, conforme estabelecer o regulamento desta Lei.

§ 5º Nos casos de emergência ou de grave situação social, poderá o Fundo de Assistência ao Desempregado, a que se refere o artigo 6º e mediante expressa autorização do Ministro do Trabalho e Previdência Social, prestar ajuda financeira a trabalhadores desempregados, na hipótese da impossibilidade do seu reemprego imediato. (Incluído pelo Dec.-Lei 1.107/1970.)

ART. 6º Para atender ao custeio do plano a que se refere o art. 5, fica o Poder Executivo autorizado a constituir um Fundo de Assistência ao Desempregado, pelo qual exclusivamente correrão as respectivas despesas.

Parágrafo único. A integralização do Fundo de que trata este artigo se fará conforme dispuser o regulamento de que trata o art. 5º:

a) pela contribuição das empresas correspondente a 1% (um por cento) sobre a base prevista no § 3º do art. 2º da Lei n. 4.357, de 16 de julho de 1964, ficando reduzida para 2% (dois por cento) a percentagem ali estabelecida para o Fundo de Indenizações Trabalhistas;

b) por 2/3 (dois terços) da conta "Emprego e Salário" a que alude o art. 18 da Lei n. 4.589, de 11 de dezembro de 1964.

ART. 7º O atual Departamento Nacional de Emprego e Salário, do Ministério do Trabalho e Previdência Social, criado pelo art. 2º da Lei n. 4.589, de 11 de dezembro de 1964 fica desdobrado em Departamento Nacional de Mão de Obra (DNMO) e Departamento Nacional de Salário (DNS).

§ 1º Caberão ao DNMO as atribuições referidas nos itens V a X do art. 4º e no art. 20 da lei mencionada neste artigo; ao DNS as referidas nos itens I a IV e a ambos a referida no item XI do art. 4º da mesma lei.

§ 2º Caberão ainda ao DNMO as atribuições transferidas ao Ministério do Trabalho e Previdência Social, segundo o disposto nos artigos 115, item V e 116, da Lei n. 4.504, de 30 de novembro de 1964 (Estatuto da Terra), na forma que se dispuser em regulamento.

§ 3º Aplica-se ao DNMO o disposto no parágrafo único do art. 3º da Lei n. 4.589, ficando criado um cargo de Diretor-Geral em comissão, símbolo 2-C, processando-se o respectivo custeio pela forma prevista no art. 26 da mesma lei.

§ 4º Passa a denominar-se de Conselho Consultivo de Mão de obra (CCMO) o Conselho referido no art. 5º da Lei n. 4.589, o qual funcionará junto ao DNMO, sob a presidência do respectivo Diretor- Geral, para os assuntos relativos a emprego.

§ 5º A atribuição mencionada no art. 6º da Lei n. 4.589 passa a ser exercida pelo Conselho Nacional de Política Salarial (CNPS), criado pelo art. 8º da Lei n. 4.725, de 13 de julho de 1965, o qual, quando reunido para exercê-la, terá a composição acrescida com os representantes das categorias econômicas e profissionais, que integram a CCMO, de que trata o § 4º deste artigo.

§ 6º Enquanto as Delegacias Regionais do Trabalho não estiverem convenientemente aparelhadas, a atribuição mencionada no item I, letras "e" e "f" do art. 14 da Lei n. 4.589, continuará a cargo do IBGE, com o qual se articularão os órgãos respectivos do Ministério.

§ 7º As Delegacias Regionais do Trabalho no Estado da Guanabara e no Estado de São Paulo passarão a categoria especial, alterados os atuais cargos de Delegado Regional, símbolos 4-C e 3-C, respectivamente, para símbolo 2-C, do mesmo modo que o cargo de Diretor, símbolo 5-C, do Serviço de Estatística da Previdência e Trabalho, para símbolo 3-C.

ART. 8º O Ministério do Trabalho e Previdência Social, através do Departamento Nacional de Mão de Obra, organizará agências de colocação de mão de obra, sobretudo nas regiões mais atingidas pelo desemprego, com a colaboração, para isto, do INDA, do IBRA, das entidades sindicais de empregados e empregadores e suas delegacias, do SESI, SESC, SENAI, SENAC e LBA.

ART. 9º Ressalvada a decisão que vier a ser tomada consoante o disposto no art. 16 da Lei n. 4.589, de 11 de dezembro de 1964, a conta especial "Emprego e Salário" de que trata o seu art. 18, inclusive os saldos transferidos de um para outro exercício, continuará a ser utilizada, nos exercícios de 1966 e seguintes, pela forma nele prevista, revogado seu parágrafo único, com exclusão, porém, das despesas com vencimentos e vantagens fixas do pessoal, já incluídas, de acordo com o art. 19 da mesma lei, na lei orçamentária do exercício de 1966 e observado o disposto nos parágrafos deste artigo.

§ 1º da conta de que trata este artigo, destinar-se-ão:

a) 2/3 (dois terços) ao custeio do "Fundo de Assistência ao Desemprego", de acordo com o disposto no art. 6º da presente lei;

b) 1/3 (um terço), para completar a instalação e para funcionamento dos órgãos criados, transformados ou atingidos pela mencionada Lei n. 4.589, com as alterações referidas no art. 7º desta Lei, e, em especial, para o reaparelhamento das Delegacias Regionais do Trabalho com o respectivo Serviço de Coordenação dos Órgãos Regionais, e das Delegacias de Trabalho Marítimo, assim como para complementar a confecção e distribuição de Carteiras Profissionais, de modo que se lhes assegure a plena eficiência dos serviços notadamente os da Inspeção do Trabalho, com a mais ampla descentralização local dos mesmos.

§ 2º A partir de 1º de janeiro de 1966, as atribuições referidas no art. 17 da Lei n. 4.589, passarão a ser exercidas pelo Departamento de Administração do Ministério do Trabalho e Previdência Social, através de seus órgãos administrativos, cabendo ao respectivo Diretor- Geral a de que trata a letra "d" do mesmo artigo.

§ 3º O Grupo de Trabalho de que trata o art. 17 da Lei n. 4.589, no prazo de 120 (cento e vinte) dias, após o encerramento do exercício, apresentará sua prestação de contas para encaminhamento ao Tribunal de Contas, de acordo com o disposto no § 1º do art. 16 do regulamento aprovado pelo Decreto n. 55.784, de 19 de fevereiro de 1965, promovendo no mesmo prazo a transferência de seu acervo aos órgãos competentes do Ministério.

ART. 10. A falta da comunicação a que se refere o parágrafo único do art. 1º desta Lei, no prazo ali estipulado, importará na aplicação automática de multa no valor de 1/3 (um terço) do salário-mínimo regional, por empregado, de competência da Delegacia Regional do Trabalho. (Redação dada pela Lei 193/1967.)

Parágrafo único. A multa prevista no artigo ficará reduzida para 1/9 (um nono) e 1/6 (um sexto) do salário-mínimo regional, por empregado, quando, antes de qualquer procedimento fiscal por parte do Ministério do Trabalho e Previdência Social, a comunicação for feita, respectivamente, dentro de 30 (trinta) ou 60 (sessenta) dias, após o término do prazo fixado. (Incluído pela Lei 193/1967.)

ART. 11. A empresa que mantiver empregado não registrado, nos termos do art. 41 e seu parágrafo único da Consolidação das Leis do Trabalho, incorrerá na multa de valor igual a um salário-mínimo regional, por trabalhador não registrado, acrescido de igual valor em cada reincidência. (Redação dada pela Lei 193/1967.)

ART. 12. Dentro de 30 (trinta) dias da publicação desta Lei será constituída uma Comissão de Estudo do Seguro-Desemprego, com 3 (três) representantes dos trabalhadores, 3 (três) dos empregadores, indicados em conjunto pelas Confederações Nacionais respectivas, e 3 (três) do Poder Executivo cada qual com direito a um voto, sob a presidência do Diretor-Geral do DNMO, para elaborar, no prazo de 120 (cento e vinte) dias improrrogáveis, anteprojeto de Lei de Seguro-Desemprego.

§ 1º A Comissão, tão logo instalada, utilizando os Fundos a que se refere a letra "a" do § 1º do art. 9º, contratará uma Assessoria, composta de sociólogos, atuários, economistas, estatísticos e demais pessoal que se faça preciso, para fazer os estudos técnicos apropriados, que permitam delimitar as necessidades de seguro e possibilidades de seu financiamento.

§ 2º O disposto nos artigos 5º, 6º, 9º e seu § 1º vigorará até que o Seguro-Desemprego seja estabelecido por lei federal.

§ 3º Os Fundos referidos nas letras "a" e "b" do § 1º do art. 9º, que apresentem saldo, serão transferidos à entidade que ficar com os encargos decorrentes do Seguro-Desemprego, quando este for estabelecido por lei federal.

ART. 13. O regulamento a que se refere o art. 5º será expedido pelo Poder Executivo, no prazo de 30 (trinta) dias, a contar da vigência desta Lei.

ART. 14. Esta Lei entra em vigor na data de sua publicação.

ART. 15. Revogam-se as disposições em contrário.

Brasília, 23 de dezembro de 1965;
144º da Independência e 77º da República.
H. CASTELLO BRANCO

LEI N. 4.950-A, DE 22 DE ABRIL DE 1966

Dispõe sobre a remuneração de profissionais diplomados em Engenharia, Química, Arquitetura, Agronomia e Veterinária.

- *DOU*, 29.04.1966.
- Res. SF 12/1971. (Suspende, por inconstitucionalidade, a execução desta lei em relação aos servidores públicos sujeitos ao regime estatutário).

Faço saber que o Congresso Nacional aprovou e manteve, após veto presidencial, e eu, Auro Moura Andrade, Presidente do Senado Federal, de acordo com o disposto no § 4º do art. 70, da Constituição Federal, promulgo a seguinte Lei:

ART. 1º O salário-mínimo dos diplomados pelos cursos regulares superiores mantidos pelas Escolas de Engenharia, de Química, de Arquitetura, de Agronomia e de Veterinária é o fixado pela presente Lei.

ART. 2º O salário-mínimo fixado pela presente Lei é a remuneração mínima obrigatória por serviços prestados pelos profissionais definidos no art. 1º, com relação de emprego ou função, qualquer que seja a fonte pagadora.

ART. 3º Para os efeitos desta Lei as atividades ou tarefas desempenhadas pelos profissionais enumerados no art. 1º são classificadas em:

a) atividades ou tarefas com exigência de 6 (seis) horas diárias de serviço;

b) atividades ou tarefas com exigência de mais de 6 (seis) horas diárias de serviço.

Parágrafo único. A jornada de trabalho é a fixada no contrato de trabalho ou determinação legal vigente.

ART. 4º Para os efeitos desta Lei os profissionais citados no art. 1º são classificados em:

a) diplomados pelos cursos regulares superiores mantidos pelas Escolas de Engenharia, de Química, de Arquitetura, de Agronomia e de Veterinária com curso universitário de 4 (quatro) anos ou mais;

b) diplomados pelos cursos regulares superiores mantidos pelas Escolas de Engenharia, de Química, de Arquitetura, de Agronomia e de Veterinária com curso universitário de menos de 4 (quatro) anos.

ART. 5º Para a execução das atividades e tarefas classificadas na alínea a do art. 3º, fica fixado o salário-base mínimo de 6 (seis) vezes o maior salário-mínimo comum vigente no País, para os profissionais relacionados na alínea a do art. 4º, e de 5 (cinco) vezes o maior salário-mínimo comum vigente no País, para os profissionais da alínea b do art. 4º.

ART. 6º Para a execução de atividades e tarefas classificadas na alínea b do art. 3º, a fixação do salário-base mínimo será feito tomando-se por base o custo da hora fixado no art. 5º desta Lei, acrescidas de 25% as horas excedentes das 6 (seis) diárias de serviços.

ART. 7º A remuneração do trabalho noturno será feita na base da remuneração do trabalho diurno, acrescida de 25% (vinte e cinco por cento).

ART. 8º Esta Lei entrará em vigor na data da sua publicação, revogadas as disposições em contrário.

Brasília, 22 de abril de 1966;
145º da Independência e 78º da República.
AURO MOURA ANDRADE
PRESIDENTE DO SENADO FEDERAL

LEI N. 5.010, DE 30 DE MAIO DE 1966

Organiza a Justiça Federal de primeira instância, e dá outras providências.

- *DOU*, 1º.06.1966, retificado em 14.06 e 04.07.1966.
- Dec.-Lei 31/1966 (Prorroga o período de vigência do crédito especial autorizado por esta lei)
- Dec.-Lei 253/1967 (Legislação alteradora.)
- Lei 7.631/1987 (Dispõe sobre a reestruturação da Justiça Federal de Primeira Instância).
- Lei 7.727/1989 (Dispõe sobre a composição inicial dos Tribunais Regionais Federais e sua instalação, cria os respectivos quadros de pessoal).

O Presidente da República. Faço saber que o Congresso Nacional decreta e eu sanciono a seguinte lei:

CAPÍTULO I
DISPOSIÇÕES PRELIMINARES

ART. 1º A administração da Justiça Federal de primeira instância nos Estados, no Distrito Federal e nos Territórios, compete a Juízes Federais e Juízes Federais Substitutos, com a colaboração dos órgãos auxiliares instituídos em lei e pela forma nela estabelecida.

ART. 2º Os Estados, o Distrito Federal e os Territórios, para os fins desta Lei, são agrupados nas seguintes Regiões Judiciárias:

1ª Centro-Oeste: Distrito Federal - Goiás - Mato Grosso - Minas Gerais e Território de Rondônia;

2ª Norte: Acre - Amazonas - Maranhão - Pará - Território do Amapá e Território de Roraima;

3ª Nordeste: Alagoas, Ceará, Paraíba, Pernambuco e Território de Fernando de Noronha, Piauí, Rio Grande do Norte e Sergipe. (Alterado pela Lei 5.345/1967.)

4ª Leste: Bahia - Espírito Santo - Guanabara e Rio de Janeiro;

5ª Sul: Paraná - Rio Grande do Sul - Santa Catarina e São Paulo.

ART. 3º Cada um dos Estados e Territórios, bem como o Distrito Federal, constituirá uma Seção Judiciária, tendo por sede a respectiva Capital.

Parágrafo único. O Território de Fernando de Noronha compreender-se-á na Seção Judiciária do Estado de Pernambuco.

CAPÍTULO II
DO CONSELHO DA JUSTIÇA FEDERAL

ART. 4º A Justiça Federal terá um Conselho integrado pelo Presidente, Vice-Presidente e três Ministros do Tribunal Federal de Recursos, eleitos por dois anos.

Parágrafo único. Quando escolher os três Ministros que integrarão o Conselho, o Tribunal Federal de Recursos indicará, dentre eles, o Corregedor-Geral e elegerá, também, os respectivos Suplentes.

ART. 5º O Conselho da Justiça Federal funcionará junto ao Tribunal Federal de Recursos.

ART. 6º Ao Conselho da Justiça Federal compete:

I - conhecer de correição parcial requerida pela parte ou pela Procuradoria da República, no prazo de cinco dias, contra ato ou despacho do Juiz de que não caiba recurso, ou comissão que importe erro de ofício ou abuso de poder. (Alterado pelo Dec.-Lei 253/1967.)

II - determinar, mediante provimento, as providências necessárias ao regular funcionamento da Justiça e à disciplina forense;

III - organizar e fazer realizar concursos para o provimento dos cargos de Juiz Federal Substituto e dos serviços auxiliares da Justiça Federal;

IV - propor ao Presidente da República, por intermédio do Ministério da Justiça e Negócios Interiores, a nomeação dos candidatos aprovados em concurso, obedecida a ordem de classificação, e os demais atos de provimento e vacância dos cargos de Juiz Federal Substituto e de servidor da Justiça Federal;

V - conceder licenças e férias aos Juízes;

VI - conceder licenças aos servidores da Justiça Federal, por prazo superior a noventa dias e praticar os demais atos de administração e disciplina do pessoal, sem prejuízo da ação do Corregedor-Geral, e dos Juízes Federais;

VII - proceder a correições gerais ordinárias, de dois em dois anos, em todos os Juízos e respectivas Secretarias, e, extraordinárias, quando julgar necessário;

VIII - elaborar e fazer publicar, anualmente até 30 de março, relatório circunstanciado dos serviços forenses de primeira instância, relativos ao ano anterior;

IX - estabelecer normas para a distribuição dos feitos em primeira instância;

X - fixar a competência administrativa dos Juízes;

XI - especializar Varas, fixar sede de Vara fora da Capital e atribuir competência pela natureza dos feitos a determinados Juízes (artigo 12);

XII - determinar a forma pela qual os Juízes Federais substitutos deverão auxiliar os Juízes Federais (artigo 14);

XIII - regular a distribuição dos feitos entre os Juízes Federais e entre estes os Juízes Federais Substitutos (artigo 16);

XIV - prover sobre as substituições dos Juízes (artigo 16);

XV - aplicar penas disciplinares aos Juízes e servidores da Justiça Federal;

XVI - determinar, mediante proposta do Diretor do Foro, a lotação dos serviços auxiliares da Seção Judiciária (artigo 38, parágrafo único);

XVII - elaborar o seu Regimento e submetê-lo à aprovação do Tribunal Federal de Recursos.

ART. 7º Dos atos e decisões do Conselho da Justiça Federal não caberá recurso administrativo.

ART. 8º O Conselho da Justiça Federal poderá delegar competência a Juízes Federais para correições gerais ou extraordinárias na Região a que pertencerem.

ART. 9º O relator da correição parcial poderá ordenar a suspensão, até trinta dias, do ato ou despacho impugnado, quando de sua execução possa decorrer dano irreparável.

CAPÍTULO III
DOS JUÍZES FEDERAIS

SEÇÃO I
DA JURISDIÇÃO E COMPETÊNCIA

ART. 10. Estão sujeitos à Jurisdição da Justiça Federal:

I - as causas em que a União ou entidade autárquica federal for interessada como autora, ré, assistente ou opoente, exceto as de falência e de acidentes de trabalho;

II - as causas entre Estados estrangeiros e pessoa domiciliada no Brasil;

III - as causas fundadas em tratado ou em contrato da União com Estado estrangeiro ou com organismo internacional;

IV - as questões de Direito Marítimo e de navegação, inclusive a aérea;

V - os crimes políticos e os praticados em detrimento de bens, serviços ou interesses da União, ou de entidades autárquicas federais, ressalvada a competência da Justiça Militar e da Justiça Eleitoral;

VI - os crimes que constituem objeto de tratado ou de convenção internacional e os praticados a bordo de navios ou aeronaves, ressalvada a competência da Justiça Militar;

VII - os crimes contra a organização do trabalho e o exercício do direito de greve;

VIII - os *habeas-corpus* em matéria criminal de sua competência ou quando a coação provier de autoridade federal, ressalvada a competência dos órgãos superiores da Justiça da União;

IX - os mandados de segurança contra ato de autoridade federal, excetuados os casos do artigo 101, I, i, e o artigo 104, I, a da Constituição - Emenda Constitucional n. 16 (artigos 2º e 7º);

X - os processos e atos referentes à nacionalidade (Constituição, artigos 129 e 130).

ART. 11. A jurisdição dos Juízes Federais de cada Seção Judiciária abrange toda a área territorial nela compreendida.

Parágrafo único. Os Juízes, no exercício de sua jurisdição e no interesse da Justiça, poderão deslocar-se de sua sede para qualquer ponto da Seção.

ART. 12. Nas Seções Judiciárias em que houver mais de uma Vara, poderá o Conselho da Justiça Federal fixar-lhes sede em cidade diversa da Capital, especializar Varas e atribuir competência por natureza de feitos a determinados Juízes.

ART. 13. Compete aos Juízes Federais:

I - processar e julgar, em primeira instância, as causas sujeitas à jurisdição da Justiça Federal (artigo 10), ressalvado o disposto no artigo 15;

II - abrir, rubricar e encerrar os livros das respectivas Secretarias;

III - inspecionar, pelo menos uma vez por ano os serviços a cargo das Secretarias, providenciando no sentido de evitar ou punir erros, omissões ou abusos;

IV - dar conhecimento imediato da inspeção realizada ao Corregedor-Geral, em ofício reservado, solicitando-lhe as providências cabíveis;

V - fornecer, anualmente, dados para a organização de estatísticas;

VI - processar e julgar as suspeições arguidas, contra os auxiliares do Juízo;

VII - aplicar penas disciplinares aos servidores do próprio Juízo;

VIII - apresentar, anualmente, relatório circunstanciado dos trabalhos sob sua jurisdição.

IX - requisitar força federal ou estadual necessária ao cumprimento de suas decisões; (Alterado pela Lei 5.345/1967.)

ART. 14. Aos Juízes Federais Substitutos incumbe substituir os Juízes Federais nas suas férias, licenças e impedimentos eventuais e auxiliá-los, em caráter permanente, inclusive na instrução e julgamento de feitos, na forma que o Conselho da Justiça Federal estabelecer.

ART. 15. Nas Comarcas do interior onde não funcionar Vara da Justiça Federal (artigo 12), os Juízes Estaduais são competentes para processar e julgar:

- Dec.-Lei 488/1969 (Dispõe sobre a aplicação do art. 4º do Dec.-Lei n. 474/1969).

I - (Revogado pela Lei 13.043/2014.)

II - as vistorias e justificações destinadas a fazer prova perante a administração federal, centralizada ou autárquica, quando o requerente for domiciliado na Comarca;

III - os feitos ajuizados contra instituições previdenciárias por segurados ou beneficiários residentes na Comarca, que se referirem a benefícios de natureza pecuniária.

IV - as ações de qualquer natureza, inclusive os processos acessórios e incidentes a elas relativos, propostas por sociedades de economia mista com participação majoritária federal contra pessoas domiciliadas na Comarca, ou que versem sôbre bens nela situados. (Acrescentado pelo Dec.-Lei 30/1966.)

Parágrafo único. Sem prejuízo do disposto no art. 42 desta Lei e no art. 1.213 do Código de Processo Civil, poderão os Juízes e auxiliares da Justiça Federal praticar atos e diligências processuais no território de qualquer dos Municípios abrangidos pela seção, subseção ou circunscrição da respectiva Vara Federal. (Acrescentado pela Lei 10.772/2003.)

SEÇÃO II
DA DISTRIBUIÇÃO

ART. 16. A distribuição dos feitos entre os Juízes, bem como sua substituição, será anualmente, regulada pelo Conselho da Justiça Federal, em provimento publicado no primeiro dia útil de dezembro, no Diário Oficial da União e no Boletim da Justiça Federal das Seções Judiciárias.

- Dec.-Lei 253/1967 (Legislação alteradora.)

Parágrafo único. A distribuição far-se-á em audiência pública, mediante rodízio, sempre por sorteio, obedecida a seguinte classificação:

I - ações ordinárias;

II - mandados de segurança;

III - executivos fiscais;

IV - ações executivas;

V - ações diversas;

VI - feitos não contenciosos;

VII - ações criminais;

VIII - *habeas corpus*;

IX - procedimentos criminais diversos.

SEÇÃO III
DO NÚMERO E DA INVESTIDURA

ART. 17. O número de Juízes Federais e de Juízes Federais Substitutos, para cada Seção, será o constante do Anexo I, desta Lei.

ART. 18. Os Juízes de uma Seção Judiciária não poderão substituir os de outra, salvo na mesma Região, em caso de impedimento, nem poderão ser removidos senão a pedido, com a aprovação do Tribunal Federal de Recursos, ou na hipótese do artigo 34.

ART. 19. Os Juízes Federais serão nomeados pelo Presidente da República, dentre os nomes indicados, em lista quíntupla, pelo Supremo Tribunal Federal.

§ 1º O Supremo Tribunal Federal, para a organização da lista escolherá:

a) três dentre nove nomes de Juízes Federais Substitutos propostos pelo Tribunal Federal de Recursos;

b) dois nomes de bacharéis em direito, com mais de trinta e menos de sessenta anos de idade, de notório merecimento e reputação ilibada, e oito (8) anos, no mínimo de efetivo exercício na advocacia, no Ministério Público, na magistratura ou no magistério superior.

§ 2º Se recair a nomeação em um dos nomes escolhidos na forma da alínea b do parágrafo anterior, a lista quíntupla, para o provimento da vaga subsequente, será composta exclusivamente de Juízes Federais Substitutos.

ART. 20. O provimento do cargo de Juiz Federal Substituto far-se-á mediante concurso público, de provas e títulos realizado na sede da Seção onde ocorrer a vaga, ou, a critério do Conselho de Justiça Federal, em outra sede de Seção da mesma Região.

ART. 21. Com o pedido de inscrição o candidato apresentará:

I - certidão que comprove ter mais de vinte e oito e menos de cinquenta anos de idade;

II - prova de estar em dia com as obrigações concernentes ao serviço militar;

III - título de eleitor e prova de ter cumprido seus deveres eleitorais;

IV - diploma de bacharel em direito, devidamente registrado;

V - certidão que comprove o exercício, por 2 (dois) anos, de advocacia ou de cargo para o qual se exija o diploma de bacharel em Direito; (Alterado pela Lei 7.595/1987.)

VI - certidão negativa dos distribuidores criminais dos lugares em que haja residido nos últimos cinco anos;

VII - folha corrida;

VIII - quaisquer títulos que entenda devam ser apreciados.

Parágrafo único. O limite máximo de idade, previsto no inciso I, não prevalecerá para magistrados e membros do Ministério Público.

ART. 22. O Conselho da Justiça Federal sindicará a vida pregressa dos candidatos e, em sessão secreta, independente de motivação, e conclusivamente, admitirá ou denegará a inscrição.

Parágrafo único. Os candidatos admitidos serão submetidos a exame de saúde e psicotécnico.

- Lei 5.677/1971 (Dispõe sobre o Quadro de Juízes e o Quadro Permanente da Justiça Federal de Primeira Instância, extingue as seções Judiciárias dos Territórios do Amapá, de Roraima e de Rondônia).
- Lei 7.595/1987 (Dispõe sobre a reestruturação da Justiça Federal de Primeira instância).

Parágrafo único. Os candidatos admitidos serão submetidos a exame de saúde e psicotécnico.

ART. 23. O Conselho da Justiça Federal organizará os pontos e o regulamento do concurso e os fará publicar, com antecedência mínima de trinta dias, no Diário Oficial dos Estados e Territórios da Região em que o concurso se deva realizar e no Diário da Justiça da União.

- Dec.-Lei 253/1967 (Legislação alteradora.)

ART. 24. O concurso constará de prova escrita e oral.

Parágrafo único. As matérias das provas escritas e oral serão fixadas pelo Conselho de Justiça Federal, no regulamento mencionado no artigo anterior. (Acrescentado pela Lei 7.595/1987.)

ART. 25. A Comissão Examinadora, designada pelo Conselho de Justiça Federal, será constituída de 3 (três) Ministros do Tribunal Federal de Recursos, um Professor de Faculdade de Direito, oficial ou reconhecida, e um advogado indicado pelo Conselho Federal da Ordem dos Advogados do Brasil - OAB e será presidida pelo Ministro mais antigo. (Alterado pela Lei 7.595/1987.)

ART. 26. O prazo de validade do concurso para Juiz Federal Substituto será de três anos.

ART. 27. Os Juízes Federais e os Juízes Federais Substitutos tomarão posse perante o Presidente do Conselho da Justiça Federal.

Parágrafo único. É permitida a posse por procuração.

SEÇÃO IV
DOS DEVERES E SANÇÕES

ART. 28. É vedado aos Juízes Federais e Juízes Federais Substitutos:

I - exercer atividade político-partidária;

II - participar de gerência ou administração de empresa industrial ou comercial;

III - exercer comércio ou participar de sociedade comercial, inclusive de sociedade de economia mista, de que o poder público tenha participação majoritária, exceto como acionista, cotista ou comanditário;

IV - exercer função de árbitro ou de juiz, fora dos casos previstos em lei.

ART. 29. Os Juízes Federais e os Juízes Federais Substitutos enviarão, anualmente, ao Conselho da Justiça Federal, cópia da sua declaração de bens apresentada a repartição do imposto de renda.

ART. 30. Os Juízes Federais e os Juízes Federais Substitutos deverão residir na cidade que for sede da Vara em que servirem, não podendo, quando em exercício e nos dias de expediente, ausentar-se sem autorização do Corregedor-Geral.

ART. 31. Os Juízes usarão toga durante as audiências.

ART. 32. Os Juízes Federais e os Juízes Federais Substitutos devem comparecer, nos dias úteis, a sede dos seus Juízos e aí permanecer durante o expediente, salvo, quando em cumprimento de diligência judicial.

ART. 33. Pelas faltas disciplinares cometidas, ficam os Juízes sujeitos às penas de advertência e de censura, aplicadas pelo Conselho da Justiça Federal ou pelo Corregedor-Geral, conforme o caso.

Parágrafo único. A advertência e a censura serão feitas por escrito, sempre em caráter reservado, e registradas nos assentamentos do Juiz.

ART. 34. O Tribunal Federal de Recursos, ocorrendo motivo de interesse público, poderá, pelo voto de dois têrços de seus membros efetivos, propor a remoção ou a disponibilidade do Juiz Federal ou do Juiz Federal Substituto, assegurada, no último caso, a defesa (Constituição, artigo 95, § 4º).

CAPÍTULO IV
DOS SERVIÇOS AUXILIARES DA JUSTIÇA FEDERAL

SEÇÃO I
DA ORGANIZAÇÃO

ART. 35. Os serviços auxiliares da Justiça Federal serão organizados em Secretarias, uma para cada Vara, com as atribuições estabelecidas nesta Lei.

ART. 36. Os quadros de Pessoal dos serviços auxiliares da Justiça Federal compor-se-ão dos seguintes cargos: (Alterado pelo Dec.-Lei 253/1967.)

I - Chefe de Secretaria; (Alterado pelo Dec.-Lei 253/1967.)

II - Oficial Judiciário; (Alterado pelo Dec.-Lei 253/1967.)

III - Distribuidor; (Alterado pelo Dec.-Lei 253/1967.)

IV - Contador; (Alterado pelo Dec.-Lei 253/1967.)

V - Distribuidor-Contador; (Alterado pelo Dec.-Lei 253/1967.)

VI - Depositário-avaliador-Leiloeiro; (Alterado pelo Dec.-Lei 253/1967.)

VII - Auxiliar Judiciário; (Alterado pelo Dec.-Lei 253/1967.)

VIII - Oficial de Justiça; (Alterado pelo Dec.-Lei 253/1967.)

IX - Porteiro; (Acrescentado pelo Dec.-Lei 253/1967.)

X - Auxiliar de Portaria; (Acrescentado pelo Dec.-Lei 253/1967.)

XI - Servente. (Acrescentado pelo Dec.-Lei 253/1967.)

§ 1º Os cargos enumerados neste artigo são isolados e de provimento efetivo, e serão providos mediante concurso público de provas, organizado pelo Conselho da Justiça Federal. (Alterado pelo Dec.-Lei 253/1967.)

§ 2º Os cargos de Distribuidor e de Contador constarão, apenas, da lotação das Secretarias das Sessões Judiciárias onde houver mais de uma Vara e nessas Seções, poderá ser criada Secretaria destinada aos serviços administrativos do Diretor do Foro, junto à qual funcionará o Distribuidor, além dos servidores necessários à execução de seus encargos. (Alterado pelo Dec.-Lei 253/1967.)

§ 3º O regulamento do concurso conterá a relação dos documentos exigidos para a inscrição, a discriminação das matérias e dos pontos para as provas, e será organizado pelo Conselho da Justiça Federal. (Alterado pelo Dec.-Lei 253/1967.)

§ 4º O concurso realizar-se-á na Seção Judiciária em que ocorrer a vaga, nos termos do edital publicado, com a antecedência mínima de trinta dias, no "Boletim da Justiça Federal" do "Diário Oficial" dos Estados ou Territórios que compõem a respectiva região, e no "Diário da Justiça", e, somente neste no Distrito Federal. (Alterado pelo Dec.-Lei 253/1967.)

§ 5º São requisitos para o provimento do cargo de Chefe de Secretaria ser Bacharel em Direito e ter menos de quarenta e cinco anos de idade. (Acrescentado pelo Dec.-Lei 253/1967.)

ART. 37. Nos concursos a que se refere o artigo anterior em caso de igualdade de classificação, terá preferência para a nomeação o candidato que tiver pertencido à Fôrça Expedicionária Brasileira.

Parágrafo único. Poderão ser aproveitados no provimento dos cargos criados nesta Lei os ex-Combatentes que tenham participado das operações de guerra no segundo conflito mundial, considerando-se o nível intelectual compatível com o respectivo cargo.

ART. 38. Os servidores da Justiça Federal tomarão posse perante o Juiz Diretor do Foro.

ART. 39. Cada uma das Seções Judiciárias terá o seu quadro próprio de pessoal, com o número de cargos constante do Anexo II desta Lei.

Parágrafo único. Na Seção onde houver mais de uma Vara, a lotação do pessoal será determinada pelo Conselho da Justiça Federal, mediante proposta do Diretor do Foro.

ART. 40. O Chefe de Secretaria, em suas licenças, férias e impedimentos será substituído pelo Oficial Judiciário designado pelo Juiz.

SEÇÃO II
DAS ATRIBUIÇÕES DA SECRETARIA

ART. 41. À Secretaria compete:

I - receber e autuar petições, movimentar feitos, guardar e conservar processos e demais papéis que transitarem pelas Varas;

II - protocolar e registrar os feitos, e fazer anotações sôbre seu andamento;

III - registrar as sentenças em livro próprio;

IV - remeter à Instância Superior os processos em grau de recurso;

V - preparar o expediente para despachos e audiências;

VI - exibir os processos para consulta pelos advogados e prestar informações sôbre os feitos e seu andamento;

VII - expedir certidões extraídas de autos, livros, fichas e demais papéis sob sua guarda;

VIII - enviar despachos e demais atos judiciais para publicação oficial;

IX - realizar diligências determinadas pelos Juízes e Corregedores;

X - fazer a conta e a selagem correspondentes às custas dos processos, bem assim quaisquer cálculos previstos em lei;

XI - efetuar a liquidação dos julgados, na execução de sentença, quando for o caso;

XII - receber em depósito, guardar e avaliar bens penhorados ou apreendidos por determinação judicial;

XIII - expedir guias para o recolhimento à repartição competente de quantias devidas à Fazenda Pública;

XIV - realizar praças ou leilões judiciais;

XV - fornecer dados para estatísticas;

XVI - cadastrar o material permanente da Vara respectiva;

XVII - executar quaisquer atos determinados pelo Conselho da Justiça Federal, Corregedor-Geral, Diretor do Foro ou Juiz da Vara.

ART. 42. Os atos e diligências da Justiça Federal poderão ser praticados em qualquer Comarca do Estado ou Território pelos Juízes locais ou seus auxiliares, mediante a exibição de ofício ou mandado em forma regular.

§ 1º Somente se expedirá precatória, quando, por essa forma, for mais econômica e expedita a realização do ato ou diligência.

§ 2º As diligências em outras Seções sempre que possível, serão solicitadas por via telegráfica ou postal com aviso de recepção.

§ 3º As malas dos serviços da Justiça Federal terão franquia postal e gozarão de preferência em quaisquer serviços públicos de transporte.

§ 4º A Justiça Federal gozará, também, de franquia telegráfica.

ART. 43. Os oficiais de justiça terão carteira de identificação, visada pelo juiz da vara em que servirem e terão passe livre, quando em exercício de suas funções, nas empresas de transportes da respectiva Seção Judiciária.

ART. 44. Mediante ordem judicial específica, os Oficiais de Justiça terão livre acesso aos registros imobiliários, bem como aos livros e documentos bancários, para o cumprimento de mandado de penhora, sequestro, arresto, busca ou apreensão de bens ou dinheiro em favor da União ou de suas autarquias.

CAPÍTULO V
DAS CUSTAS E DESPESAS DO PROCESSO

ART. 45. As custas serão pagas na primeira instância, pela forma estabelecida no Regimento, e compreenderão todos os atos do processo, inclusive a subida do recurso, dela ficando isentos os beneficiados com a Justiça gratuita. Na segunda instância não serão devidas custas, salvo nas certidões e traslados. (Alterado pelo Dec.-Lei 253/1967.)

Parágrafo único. As custas recebidas serão relacionadas e recolhidas, semanalmente, pelo Chefe da Secretaria, à repartição federal arrecadadora competente, mediante guia visada pelo Juiz, como renda extraordinária da União. (Alterado pelo Dec.-Lei 253/1967.)

ART. 46. A União e suas autarquias estão isentas do pagamento de custas.

ART. 47. Os chefes de Secretaria de Vara e os Diretores de Secretaria de Tribunais ficarão sujeitos à multa de um quinto do valor das custas do processo, quando este não for remetido à Superior instância ou devolvido ao Juízo de origem, dentro em quinze dias, contados, respectivamente, do despacho ordinatório da subida do recurso ou do trânsito em julgado da decisão superior.

Parágrafo único. A multa prevista neste artigo será aplicada, de ofício ou a requerimento do interessado, pelo Juiz da Vara ou pelo Presidente do Tribunal, e recolhida por guia com recibo nos autos, sob pena de suspensão do pagamento dos vencimentos do infrator, até a satisfação dessa exigência.

CAPÍTULO VI
DOS VENCIMENTOS E VANTAGENS DOS JUÍZES E SERVIDORES DA JUSTIÇA FEDERAL

ART. 48. Os Juízes Federais e os Juízes Federais Substitutos terão os vencimentos fixados no Anexo III desta Lei.

ART. 49. Os vencimentos dos servidores da Justiça Federal corresponderão aos valores dos símbolos, constantes do Anexo IV desta Lei.

ART. 50. Além do vencimento fixado para os respectivos cargos, os Juízes e os servidores da Justiça Federal perceberão gratificação adicional por tempo de serviço, na base de cinco por cento (5%), por quinquênio de efetivo exercício, até sete quinquênios (Lei n. 4.345, de 26 de junho de 1964, artigo 10) e salário-família, nas mesmas condições estabelecidas para os servidores públicos em geral.

CAPÍTULO VII
DISPOSIÇÕES GERAIS

ART. 51. As férias dos Juízes serão individuais e de sessenta dias, gozadas de uma só vez, obedecida a escala organizada pelo Conselho da Justiça Federal.

Parágrafo único. Não haverá férias forenses coletivas.

ART. 52. Aos Juízes e servidores da Justiça Federal aplicam-se, no que couber, as disposições do Estatuto dos Funcionários Públicos Civis da União.

ART. 53. Os Juízes e servidores da Justiça Federal serão contribuintes obrigatórios do IPASE, facultado aos primeiros contribuir para o Montepio Federal.

ART. 54. Os serviços judiciários funcionarão nos locais e horários estabelecidos pelo Conselho da Justiça Federal.

ART. 55. O Juiz é responsável pelo regular andamento dos feitos sob sua jurisdição e pelo bom funcionamento dos serviços auxiliares que lhe estiverem subordinados.

ART. 56. Nas Seções Judiciárias onde houver mais de um Juiz Federal, o Conselho da Justiça Federal designará um deles, anualmente, para exercer as funções de Diretor do Foro e Corregedor permanente dos serviços auxiliares não vinculados diretamente às Varas.

ART. 57. A União fará publicar no Diário Oficial de cada Estado ou Território o "Boletim da Justiça Federal" no qual serão divulgados os atos da respectiva Seção Judiciária, para os efeitos previstos em lei.

ART. 58. A União e as autarquias federais consignarão, obrigatoriamente, em seus orçamentos, dotações para atender ao pagamento de despesas decorrentes de sentenças judiciárias.

§ 1º Esgotada a dotação, o Presidente do Tribunal Federal de Recursos proporá a abertura de créditos extraorçamentários para os fins indicados neste artigo.

§ 2º As autoridades competentes deverão tomar as medidas necessárias à abertura de créditos, a fim de permitir que as dívidas regularmente inscritas, no Tribunal Federal de Recursos, sejam liquidadas no prazo de cento e vinte dias.

ART. 59. Os pagamentos devidos pela União e pelas autarquias federais em virtude de sentença judiciária far-se-ão na ordem de apresentação dos precatórios e à conta dos créditos respectivos, sendo proibida a designação de casos ou de pessoas nas dotações orçamentárias e nos créditos extraorçamentários abertos para esse fim.

Parágrafo único. As dotações orçamentárias e os créditos abertos serão consignados ao Poder Judiciário, recolhendo-se as importâncias ao Banco do Brasil, em conta especial, à disposição do Presidente do Tribunal Federal de Recursos, a quem caberá expedir as ordens de pagamento, segundo as possibilidades do depósito.

ART. 60. Na Seção Judiciária em que houver apenas uma Vara, o Juiz Federal integrará o Tribunal Regional Eleitoral, tendo como suplente o Juiz Federal Substituto.

Parágrafo único. Quando houver mais de uma Vara, o Tribunal Federal de Recursos, indicará, com o seu suplente, o Juiz Federal que integrará o Tribunal Regional Eleitoral.

ART. 61. Na Seção em que houver Varas da Justiça Federal especializadas em matéria criminal, a estas caberá o processo e julgamento dos mandados de segurança e de quaisquer ações ou incidentes relativos a apreensão de mercadorias entradas ou saídas irregularmente do país ficando o Juiz prevento para o procedimento penal do crime de contrabando ou descaminho (Código Penal, artigo 334).

ART. 62. Além dos fixados em lei, serão feriados na Justiça Federal, inclusive nos Tribunais Superiores:

I - os dias compreendidos entre 20 de dezembro e 6 de janeiro, inclusive;

II - os dias da Semana Santa, compreendidos entre a quarta-feira e o Domingo de Páscoa;

III - os dias de segunda e terça-feira de Carnaval;

IV - os dias 11 de agosto, 1º e 2 de novembro e 8 de dezembro. (Acrescentado pela Lei 6.741/1979.)

ART. 63. O Tribunal Federal de Recursos organizará, para orientação da Justiça Federal de Primeira Instância, e dos interessados, Súmulas de sua jurisprudência, aprovadas pelo seu plenário, fazendo-as publicar, regularmente, no "Diário da Justiça" da União e nos Boletins da Justiça Federal das Seções.

§ 1º Poderão ser inscritos na súmula os enunciados correspondentes às decisões firmadas por unanimidade dos membros componentes do Tribunal, num caso, ou por maioria qualificada, em dois julgamentos concordantes, pelo menos.

§ 2º Os enunciados da Súmula prevalecem e serão revistos, no que couber, segundo a forma estabelecida no Regimento do Supremo Tribunal Federal.

ART. 64. Nos seus impedimentos temporários excedentes de trinta dias, ou quando necessário, os membros do Tribunal Federal de Recursos serão substituídos por Juízes Federais convocados na forma prevista no seu Regimento.

ART. 65. A polícia judiciária federal será exercida pelas autoridades policiais do Departamento Federal de Segurança Pública, observando-se, no que couber, as disposições do Código de Processo Penal (Decreto-Lei n. 3.689, de 3 de outubro de 1941), da Lei n. 4.483, de 16 de novembro de 1964 e demais normas legais aplicáveis ao processo penal.

ART. 66. O prazo para conclusão do inquérito policial será de quinze dias, quando o indiciado estiver preso, podendo ser prorrogado por mais quinze dias, a pedido, devidamente fundamentado, da autoridade policial e deferido pelo Juiz a que competir o conhecimento do processo.

Parágrafo único. Ao requerer a prorrogação do prazo para conclusão do inquérito, a autoridade policial deverá apresentar o preso ao Juiz.

ART. 67. A autoridade policial deverá remeter, em vinte e quatro horas, cópia do auto de prisão em flagrante ao Procurador da República que funcionar junto ao Juiz competente para o procedimento criminal.

ART. 68. Da expedição de alvará de soltura o Chefe de Secretaria dará imediato conhecimento ao Procurador da República.

ART. 69. O parágrafo único do art. 21 do Código de Processo Penal passa a ter a seguinte redação:

> "Parágrafo único. A incomunicabilidade, que não excederá de três dias, será decretada por despacho fundamentado do Juiz, a requerimento da autoridade policial, ou do órgão do Ministério Público, respeitado, em qualquer hipótese, o disposto no artigo 89, inciso III, do Estatuto da Ordem dos Advogados do Brasil (Lei n. 4.215, de 27 de abril de 1963)".

ART. 70. A União intervirá, obrigatoriamente, nas causas em que figurarem, como autores ou réus, os partidos políticos, excetuadas as de competência da Justiça Eleitoral, e as sociedades de economia mista ou empresas públicas com participação majoritária federal, bem assim os órgãos autônomos especiais e fundações criados por lei federal.

ART. 71. Caberá ao Tribunal Federal de Recursos, em sessão plenária, julgar os mandados de segurança contra ato ou decisão do Conselho da Justiça Federal.

ART. 72. É vedada, sob pena de nulidade, a nomeação de cônjuge ou de parente até o 2º grau, consanguíneo ou afim do Juiz Federal, para cargo dos serviços auxiliares da Seção Judiciária em que servir.

CAPÍTULO VIII
DISPOSIÇÕES TRANSITÓRIAS

ART. 73. Dentro de vinte dias, a contar da publicação desta Lei, o Tribunal Federal de Recursos constituirá o Conselho da Justiça Federal, que passará a funcionar imediatamente.

ART. 74. As primeiras nomeações de Juízes Federais e de Juízes Federais Substitutos serão feitas por livre escolha do Presidente da República, dentre brasileiros de saber jurídico e reputação ilibada.

› Lei 6.044/1974 (Dispõe sobre a disponibilidade e aposentadoria dos membros da magistratura federal).

§ 1º A nomeação do Juiz Federal e do Juiz Federal Substituto será precedida do assentimento do Senado Federal.

§ 2º Para o primeiro provimento dos cargos dos serviços auxiliares da Justiça Federal poderão ser aproveitados servidores estáveis da União, inclusive das Secretarias dos Tribunais Federais e das Varas da Fazenda Federal do Distrito Federal, e, ainda, servidores estáveis das Varas da Fazenda Nacional dos Estados.

§ 3º - Nas Seções Judiciárias em que houver mais de uma Vara, os decretos de nomeação dos Juízes Federais designarão as Varas de que serão Titulares. (Acrescentado pelo Dec.-Lei 253/1967.)

ART. 75. Os Juízes Federais e os Juízes Federais Substitutos tomarão posse e entrarão no exercício dos respectivos cargos no prazo improrrogável de vinte dias, contados da publicação do ato de nomeação.

ART. 75. Os Juízes Federais e os Juízes Federais Substitutos tomarão posse e entrarão em exercício, dentro em sessenta dias, contados da publicação do decreto de nomeação cabendo ao Ministro Presidente do Conselho da Justiça Federal designar a data para esse ato. (Alterado pelo Dec.-Lei 253/1967.)

ART. 76. Na Seção Judiciária onde existir apenas uma Vara, o seu titular presidirá a comissão de instalação da Justiça Federal, composta do Juiz Federal Substituto, de um Procurador da República e de um advogado militante, indicado pelo Conselho Seccional da Ordem dos Advogados do Brasil, com a incumbência de:

I - escolher e indicar o prédio onde funcionará a Justiça Federal;

II - preparar as minutas dos atos ou contratos necessários ao uso ou locação do prédio;

III - apresentar ao Conselho o orçamento para a instalação das Varas e Serviços Auxiliares;

IV - providenciar a compra de material, mobiliário, máquinas e utensílios;

V - adotar medidas para o funcionamento provisório;

VI - executar os encargos cometidos pelo Conselho.

§ 1º Nas Seções onde existir pluralidade de Varas, integrarão a Comissão os demais Juízes Federais, sob a presidência do titular da Primeira Vara.

§ 2º Os servidores nomeados na forma do art. 74, § 2º tomarão posse perante o Juiz titular da Vara única, ou da primeira Vara, e colaboração nos atos de instalação da Justiça Federal.

ART. 77. Os livros e arquivos dos atuais cartórios das Varas da Justiça local, privativas dos feitos da Fazenda Nacional, passarão para as Varas Federais do mesmo número das Seções judiciárias, respectivas.

Parágrafo único. Nas Seções Judiciárias onde não for exequível a medida prevista neste artigo, o Diretor do Foro proverá a respeito.

ART. 78. As Secretarias abrirão novos livros ou fichas nos quais registrarão os feitos recebidos dos Cartórios da Justiça local e os que lhe forem distribuídos diretamente.

ART. 79. Nas Seções Judiciárias providas de mais de uma Vara, enquanto não for criado o cargo de Distribuidor, o Diretor do Foro designará um Oficial Judiciário para exercer as atribuições a ele pertinentes, cabendo-lhe, ainda, o recebimento, guarda e conservação dos livros e papéis que constituem o arquivo dos atuais Distribuidores dos Feitos da Fazenda Nacional.

ART. 80. Enquanto não forem nomeados e empossados os Juízes a que se refere o artigo 94, inciso II, *in fine*, da Constituição, com a nova redação que lhe deu o artigo 6º do Ato Institucional n. 2 continuarão a funcionar nos feitos da competência da Justiça Federal os Juízes Estaduais aos quais a legislação anterior atribua essa jurisdição.

§ 1º Essa competência residual temporária não cessará, depois da posse do titular federal, nos processos cuja instrução houver sido iniciada em audiência, quer perante as Varas Especiais dos Feitos da Fazenda Nacional, quer perante as Varas da Justiça comum, em todos os feitos que passaram para a competência da Justiça Federal.

§ 2º Os serventuários e auxiliares da Justiça Estadual servirão, igualmente, nos feitos de que trata este artigo, até a posse dos titulares federais.

§ 3º No período compreendido entre a cessação da competência residual dos Juízes Estaduais, salvo nos feitos a que já estejam vinculados, e a efetiva instalação da Justiça Federal, ou de uma de suas Varas, onde houver mais de uma ficam suspensos os prazos de prescrição e de decadência que dentro nele se vencerem. (Acrescentado pelo Dec.-Lei 253/1967.)

ART. 81. Os processos que passaram para a competência da Justiça Federal somente lhe serão remetidos após o pagamento das custas dos atos até então praticados, e por quem forem elas devidas, ou por qualquer interessado.

ART. 82. O Supremo Tribunal Federal e o Tribunal Federal de Recursos farão baixar, de ofício, e independente do pagamento de custas aos Juízos de origem, dentro de trinta dias da publicação desta Lei, os processos com decisão passada em julgado, recurso deserto ou desistência homologada.

ART. 83. Serão declaradas perémptas, e arquivadas, por despacho, as ações propostas contra a União e suas autarquias, que estejam paralisadas há mais de um ano, se, dentro de trinta dias, contados da publicação desta Lei, não forem cumpridas as diligências determinadas aos autores.

ART. 84. Serão arquivados, cancelando-se a dívida respectiva, os executivos fiscais inferiores à metade do maior salário-mínimo vigente no país.

ART. 85. Enquanto a União não possuir estabelecimentos penais, a custódia de presos à disposição da Justiça Federal e o cumprimento de penas por ela impostas far-se-ão nos dos Estados, do Distrito Federal e dos Territórios.

ART. 86. Serão conservados no exercício dos seus cargos os Distribuidores das extintas Varas da Fazenda Pública do Estado da Guanabara. (Alterado pelo Dec.-Lei 253/1967.)

§ 1º Seus cargos serão extintos à medida que se vagarem e os servidores em exercício nos ofícios que se extinguirem serão aproveitados no que for compatível com as respectivas habilitações em vagas que ocorrerem nos quadros da Justiça Federal, Seção da Guanabara, devendo ser aposentados se contarem 30 (trinta) ou mais anos de serviço, e não forem aproveitados.

§ 2º Poderão, ainda, os referidos servidores ser aproveitados, a juízo do Governo do Estado da Guanabara, nos quadros da Justiça Estadual.

§ 3º Os servidores e serventuários da Justiça do antigo Distrito Federal que, com a mudança da Capital Federal para Brasília, passaram a integrar os serviços judiciários do Estado da Guanabara, e que, em decorrência desta Lei, pela perda de suas atribuições, venham a ser aposentados ou postos em disponibilidade pelo Governo local, terão seus proventos de aposentadoria ou disponibilidade pagos pela União, nos termos da legislação federal em vigor, respeitado, em qualquer hipótese, o limite fixado pelo artigo 13 da Lei n. 4.863, de 29 de novembro de 1965.

§ 4º Ocorrendo a hipótese prevista no parágrafo anterior, os serventuários e servidores perceberão os proventos de aposentadoria próprios a seus cargos atuais, acrescidos da média aritmética das percentagens recebidas pela cobrança da dívida ativa da União Federal e Autarquias durante os últimos 36 (trinta e seis) meses, contados regressivamente do dia em que a aposentadoria ou a disponibilidade for decretada.

ART. 87. O Conselho da Justiça Federal, dentro de trinta dias a contar de sua instalação, enviará ao Poder Executivo anteprojeto de lei que institua o Regimento de Custas.

§ 1º Até que entre em vigor o Regimento de Custas da Justiça Federal, aplicar-se-á, em cada Seção Judiciária, o Regimento de Custas da Justiça Estadual respectiva, vedada ao Juiz a percepção de percentagens ou custas, a qualquer título.

§ 2º O Conselho da Justiça Federal fará, anualmente, a revisão do Regimento, propondo as alterações que se fizerem necessárias pela aplicação dos índices de correção monetária. (Renumerado do § 3º pelo Dec.-Lei 253/1967.)

ART. 88. São criados, no quadro da Justiça Federal:

I - quarenta e quatro cargos de Juiz Federal;

II - quarenta e quatro cargos de Juiz Federal Substituto;

III - quarenta e quatro cargos de Chefe de Secretaria;

IV - cento e dez cargos de Oficial Judiciário;

V - vinte e nove cargos de Depositário-avaliador;

VI - noventa e oito cargos de Auxiliar Judiciário;

VII - cento e sessenta e um cargos de Oficial de Justiça;

VIII - quarenta e quatro cargos de Porteiro;

IX - oitenta e oito cargos de Auxiliar de Portaria;

X - cento e dezesseis cargos de Servente.

ART. 89. São criados, no Ministério Público Federal junto à Justiça comum, três cargos, em comissão, de Subprocurador-Geral da República.

§ 1º Os cargos a que se refere este artigo terão a designação de terceiro, quarto e quinto Subprocurador-Geral da República, e seus ocupantes funcionarão mediante designação do Procurador-Geral da República.

§ 2º Os atuais ocupantes da primeira e segunda Subprocuradorias-Gerais da República continuarão com a mesma sede e com as atribuições previstas, quanto ao primeiro, nos artigos 33 e 34 da Lei n. 1.341, de 30 de janeiro de 1951, e, quanto ao segundo, no artigo 90, inciso I, da Lei n. 3.754, de 14 de abril de 1960.

ART. 90. São criados na carreira do Ministério Público Federal, junto à Justiça comum:

I - nove cargos de Procurador da República de Primeira Categoria;

II - treze cargos de Procurador da República de Segunda Categoria;

III - vinte cargos de Procurador da República de Terceira Categoria.

§ 1º Os cargos a que se refere este artigo, assim como os demais cargos já existentes na carreira do Ministério Público Federal junto à Justiça comum, serão lotados nos Estados, no Distrito Federal e nos Territórios mediante decreto do Poder Executivo.

§ 2º Os cargos de Procurador da República a que se refere este artigo, serão providos no nível inicial da carreira, mediante concurso de Títulos e Provas a ser realizado dentro de cento e oitenta (180) dias a contar da publicação desta Lei.

ART. 91. São aproveitados, nos cargos, ora criados, de Procurador da República de 3ª Categoria, os atuais Procuradores da República Adjuntos, ficando extintos os seus cargos.

- Dec.-Lei 1.045/1969 (Dispõe sobre a opção e aproveitamento em caráter definitivo de servidores que exerçam cargo de Procurador da República, nos termos desta lei).

§ 1º O cargo de Procurador da República de 3ª Categoria passa a constituir o grau inicial da carreira do Ministério Público Federal junto à Justiça comum.

§ 2º As atribuições pertinentes aos cargos de Procurador de 3ª Categoria criados por esta Lei e não providos pela forma prevista neste artigo serão exercidas, até que haja candidatos aprovados em concurso, por Assistentes e Procuradores dos serviços jurídicos da União e de suas autarquias, ou do Ministério Público do Distrito Federal.

§ 3º Poderão ainda os servidores a que se refere o parágrafo anterior exercer as atribuições dos cargos de Procurador de 1ª e 2ª Categorias, ora criados e não providos em razão de recusa de promoção.

§ 4º Para o cumprimento do que dispõem os §§ 2º e 3º, fica o Procurador-Geral da República autorizado a fazer as necessárias requisições às autoridades competentes.

ART. 92. Enquanto não for promulgada a nova Lei Orgânica do Ministério Público Federal, compete aos Subprocuradores-Gerais e aos Procuradores da República, conforme o caso, e na forma determinada pelo Procurador-Geral da República, promover ação penal e intervir em todos os feitos criminais sujeitos à jurisdição da Justiça Federal.

ART. 93. São criados, no Ministério Público da União junto à Justiça Militar, dois cargos de Promotor de Primeira Categoria, que funcionarão na Procuradoria-Geral da Justiça Militar.

ART. 94. É o Poder Executivo autorizado a abrir, pelo Ministério da Justiça e Negócios Interiores, o crédito especial de Cr$7.000.000.000 (sete bilhões de cruzeiros), para atender às despesas decorrentes da execução desta Lei.

Parágrafo único. O crédito a que se refere este artigo será registrado pelo Tribunal de Contas e automaticamente distribuído ao Tesouro Nacional.

ART. 95. Esta Lei entrará em vigor na data de sua publicação.

ART. 96. Revogam-se as disposições em contrário.

H. CASTELLO BRANCO

- Optamos, nesta edição, pela não publicação dos Anexos.

LEI N. 5.085, DE 27 DE AGOSTO DE 1966

Reconhece aos trabalhadores avulsos o direito a férias.

- Lei 1.890/1953 (Aplica dispositivos da CLT aos mensalistas e diaristas da União, Estados, Distrito Federal, Territórios, Municípios e Autarquias).
- Lei 3.780/1960 (Dispõe sobre a classificação de cargos do serviço civil do Poder Executivo e estabelece os vencimentos Correspondentes).
- Dec.-Lei 1.535/1977 (Altera o Capítulo IV do Título III da CLT, relativo a férias).
- Dec. 80.271/1977 (Regulamenta concessão de férias para trabalhadores avulsos).

O Presidente da República. Faço saber que o Congresso Nacional decreta e eu sanciono a seguinte Lei:

ART. 1º É reconhecido aos trabalhadores avulsos, inclusive aos estivadores, conferentes e consertadores de carga e descarga, vigias portuários, arrumadores e ensacadores de café e de cacau, o direito a férias anuais remuneradas, aplicando-se aos mesmos, no que couber, as disposições constantes das Seções I a V, do Capítulo IV, do Título II, artigos 130 a 147, da Consolidação das Leis do Trabalho, aprovada pelo Decreto-lei n. 5.452, de 01.05.1943.

ART. 2º As férias serão pagas pelos empregadores que adicionarão, ao salário normal do trabalhador avulso, uma importância destinada a esse fim.

ART. 3º Os sindicatos representativos das respectivas categorias profissionais agirão como intermediários, recebendo as importâncias correspondentes às férias, fiscalizado o preenchimento das condições, legais e regulamentares, aquisitivas do direito, e efetuando o pagamento das férias aos trabalhadores, sindicalizados ou não, que fizerem jus a elas.

ART. 4º O Poder Executivo, dentro de 60 (sessenta) dias, regulamentará a presente lei, fixando o "quantum" percentual a ser acrescido ao salário para o pagamento das férias, que deverá ter em vista a relação existente entre o número de dias e horas trabalhadas e os referentes às férias, e estabelecendo a importância a ser recebida pelos sindicatos para atender às necessárias despesas de administração.

ART. 5º Esta lei entra em vigor na data de sua publicação.

ART. 6º Revogam-se as disposições em contrário.

Brasília, 27 de agosto de 1966; 145º da Independência e 78º da República.

CASTELLO BRANCO

LEI N. 5.143, DE 20 DE OUTUBRO DE 1966

Institui o Imposto sobre Operações Financeiras, regula a respectiva cobrança, dispõe sobre a aplicação das reservas monetárias oriundas de sua receita, e dá outras providências.

- *DOU*, 24.10.1966.
- Dec. 6.306/2007 (Regulamenta o Imposto sobre Operações de Crédito, Câmbio e Seguro, ou relativas a Títulos ou Valores Mobiliários - IOF.)

O Presidente da República. Faço saber que o Congresso Nacional decreta e eu sanciono a seguinte Lei:

ART. 1º O Imposto sobre Operações Financeiras incide nas operações de crédito e seguro, realizadas por instituições financeiras e seguradoras, e tem como fato gerador:

I - no caso de operações de crédito, a entrega do respectivo valor ou sua colocação à disposição do interessado;

II - no caso de operações de seguro, o recebimento do prêmio.

ART. 2º Constituirá a base do imposto:

I - nas operações de crédito, o valor global dos saldos das operações de empréstimo, de abertura de crédito, e de desconto de títulos, apurados mensalmente;

II - nas operações de seguro, o valor global dos prêmios recebidos em cada mês.

ART. 3º O imposto será cobrado com as seguintes alíquotas:

I - empréstimos sob qualquer modalidade, as aberturas de crédito, e os descontos de títulos - 0,3%;

II - seguro de vida e congêneres e de acidentes pessoais e do trabalho - 1,0%;

III - seguros de bens, valores, coisas e outros não especificados, excluídos o resseguro, o seguro de crédito à exportação e o de transporte de mercadorias em viagens internacionais: - 2,0%.

ART. 4º São contribuintes do imposto os tomadores de crédito e os segurados: (Redação dada pelo Dec.-Lei 914/1969.)

I - no caso do inciso I do artigo 1º, a instituição financeira, referida no artigo 17 da Lei n. 4.595, de 31 de dezembro de 1964, que realiza a operação como supridora de valores ou crédito, ou efetua o desconto;

II - no caso do inciso II do artigo 1º o segurador.

ART. 5º São responsáveis pela cobrança do imposto e pelo seu recolhimento ao Banco Central do Brasil, ou a quem este determinar, nos prazos fixados pelo Conselho Monetário Nacional: (Redação dada pelo Dec.-Lei 914/1969.)

I - Nas operações de crédito, as instituições financeiras a que se refere o artigo 17 da Lei n. 4.595, de 31 de dezembro de 1964; (Incluído pelo Dec.-Lei 914/1969.)

II - Nas operações de seguro, o segurador ou as instituições financeiras a quem este encarregar da cobrança dos prêmios. (Incluído pelo Dec.-Lei 914/1969.)

ART. 6º Sem prejuízo da pena criminal que couber serão punidos com:

I - multa de 30 a 100% do valor do imposto devido, a falta de recolhimento do imposto no prazo fixado;

II - multa de valor equivalente a 500 (quinhentas) Obrigações do Tesouro Nacional - OTN: a falsificação ou adulteração de guia, livro ou outro papel necessário ao registro ou ao recolhimento do imposto ou a coautoria na prática de qualquer dessas infrações; (Redação dada pelo Dec.-Lei 2.391/1987.)

III - multa de valor equivalente a 350 (trezentos e cinquenta) Obrigações do Tesouro Nacional - OTN: o embaraço ou impedimento da ação fiscalizadora ou a recusa de exibição de livros, guias ou outro papel necessário ao registro ou ao recolhimento do imposto, quando solicitado pela fiscalização; (Redação dada pelo Dec.-Lei 2.391/1987.)

IV - multa de valor equivalente a 20 (vinte) Obrigações do Tesouro nacional - OTN: qualquer outra infração prevista no Regulamento. (Redação dada pelo Dec.-Lei 2.391/1987.)

Parágrafo único. Na hipótese do inciso III será imposta cumulativamente a penalidade que couber, se for apurada a prática de outra infração.

ART. 7º A instituição financeira ou seguradora, que, antes de qualquer procedimento fiscal, recolher espontaneamente o imposto fora do prazo previsto, ficará sujeita à multa de 20% (vinte por cento) do imposto, a qual será incluída na mesma guia correspondente ao tributo, sem necessidade de autorização ou despacho. (Redação dada pelo Dec.-Lei 914/1969.)

Parágrafo único. O pagamento do imposto, sem a multa a que se refere este artigo, importará na aplicação das penalidades do artigo 6º. (Redação dada pelo Dec.-Lei 914/1969.)

ART. 8º A fiscalização da aplicação desta lei caberá ao Banco Central da República do Brasil, que poderá delegá-la, no todo ou em parte, ao Departamento Nacional de Seguros Privados e Capitalização do Ministério da Indústria e do Comércio, no que respeita às operações previstas nos incisos II e III do artigo 3º, ou a outros órgãos ou autoridades em todo o País ou apenas em certas regiões, segundo entenda conveniente.

ART. 9º O Conselho Monetário Nacional baixará normas para execução do presente Decreto-Lei, estabelecendo inclusive o processo fiscal aplicável às controvérsias a respeito do imposto. (Redação dada pelo Dec.-Lei 914/1969.)

§ 1º Enquanto não for expedida a regulamentação de que trata este artigo, aplicar-se-ão as normas de processo fiscal relativas ao Imposto sobre Produtos Industrializados. (Incluído pelo Dec.-Lei 914/1969.)

§ 2º O julgamento dos processos contraditórios caberá: (Incluído pelo Dec.-Lei 914/1969.)

I - em primeira instância, ao órgão ou autoridade que o Conselho Monetário Nacional designar; (Incluído pelo Dec.-Lei 914/1969.)

II - em segunda instância, ao Terceiro Conselho de Contribuintes. (Incluído pelo Dec.-Lei 914/1969.)

ART. 10. O Conselho Monetário nacional poderá desdobrar as hipóteses de incidência modificar ou eliminar as alíquotas e alterar as bases de cálculo do imposto, observado no caso de aumento, o limite máximo do dobro daquela que resultar das normas desta lei.

ART. 11. Do produto da arrecadação do imposto será destacada uma parcela, não superior a 2%, destinada às despesas de custeio do Banco Central da República do Brasil na substituição da taxa de fiscalização referida no § 1º do artigo 16 da Lei n. 4.595, de 31 de dezembro de 1964, que fica extinta.

ART. 12. A receita líquida do imposto se destinará à formação de reservas monetárias, as quais serão aplicadas pelo Banco Central do Brasil na intervenção nos mercados de câmbio e de títulos, na assistência a instituições financeiras, particularmente ao Banco Nacional do Desenvolvimento Econômico, e em outros fins, conforme estabelecer o Conselho Monetário Nacional. (Redação dada pelo Dec.-Lei 1.342/1974.)

§ 1º Em casos excepcionais, visando a assegurar a normalidade dos mercados financeiro e de capitais ou a resguardar os legítimos interesses de depositantes, investidores e demais credores acionistas e sócios minoritários, poderá o Conselho Monetário Nacional autorizar o Banco Central do Brasil a aplicar recursos das reservas monetárias: (Incluído pelo Dec.-Lei 1.342/1974.)

a) na recomposição do patrimônio de instituições financeiras e de sociedades integrantes do sistema de distribuição no mercado de capitais, referidas nos incisos I, III e IV do artigo 5º da Lei n. 4.728, de 14 de julho de 1965, com o saneamento de seus ativos e passivos; (Incluída pelo Dec.-Lei 1.342/1974.)

b) no pagamento total ou parcial do passivo de qualquer das instituições ou sociedades referidas na alínea precedente, mediante as competentes cessões e transferências dos correspondentes créditos, direitos e ações, a serem efetivadas pelos respectivos titulares ao Banco Central do Brasil, caso decretada a intervenção na instituição ou sociedade ou a sua liquidação extrajudicial, nos termos da legislação vigente. (Incluída pelo Dec.-Lei 1.342/1974.)

§ 2º Na hipótese da alínea a do parágrafo anterior, poderá o Banco Central do Brasil deixar de decretar a intervenção na instituição ou sociedade, ou a sua liquidação extrajudicial, se entender que as providências a serem adotadas possam conduzir à completa normalização da situação da empresa. (Incluído pelo Dec.-Lei 1.342/1974.)

ART. 13. As vinculações da receita do Imposto do Selo, de que tratam o artigo 4º da Lei n. 3.519, de 30 de dezembro de 1958, e o artigo 6º da Lei n. 3.736, de 22 de março de 1960, passarão a ser feitas com base na arrecadação do Imposto sobre Produtos Industrializados correspondente à posição n. 24.02 da Tabela anexa à Lei n. 4.502, de 30 de novembros de 1964.

ART. 14. Os casos omissos nesta lei serão resolvidos pelo Conselho Monetário Nacional.

ART. 15. São revogadas as leis relativas ao Imposto do Selo e as disposições em contrário, e o art. 11 da Lei n. 1.002 de 24 de dezembro de 1949, observado o seguinte:

- Lei 5.143/1966 (Institui o Imposto sobre Operações Financeiras, regula a respectiva cobrança, dispõe sobre a aplicação das reservas monetárias oriundas de sua receita).

I - aplicar-se-á a legislação vigente à época em que se constituiu a obrigação tributária, no caso de exigência do imposto cujo fato gerador tenha ocorrido até 31 de dezembro de 1966;

II - a complementação periódica do Imposto do Selo deixará de ser obrigatória a partir de 1º de janeiro de 1967, ainda que a ocorrência do respectivo fato gerador seja anterior à vigência desta lei;

III - as sanções previstas na Lei n. 4.505, de 30 de novembro de 1964, regulamentada pelo Decreto n. 55.852, de 22 de março de 1965, aplicam-se às infrações das respectivas normas ocorridas durante a sua vigência, ainda que se relacionem com hipóteses de incidência que esta lei revoga.

ART. 16. A partir da data da publicação desta lei, o Ministro da Fazenda, por proposta do Conselho Monetário Nacional poderá reduzir ou suprimir o Imposto do Selo sobre operações de câmbio.

ART. 17. O Conselho Monetário Nacional poderá permitir que a assinatura no cheque seja impressa, por processo mecânico, atendidas as cautelas que estabelecer.

ART. 18. Esta lei entrará em vigor no dia 1º de janeiro de 1967, salvo quanto aos artigos 16 e 17, que vigorarão a partir da data de sua publicação.

Brasília, em 20 de outubro de 1965; 145º da Independência e 78º da República.

H. CASTELLO BRANCO

LEI N. 5.197, DE 3 DE JANEIRO DE 1967

Dispõe sobre a proteção à fauna e dá outras providências.

- *DOU*, 05.01.1967.
- Lei 7.173/1983 (Dispõe sobre o estabelecimento de funcionamento de jardins zoológicos).
- Lei 9.605/1998 (Lei dos Crimes Ambientais).
- Lei 10.519/2002 (Dispõe sobre a promoção e a fiscalização da defesa sanitária animal quando da realização de rodeio).
- Lei 11.794/2008 (Estabelece procedimentos para o uso científico de animais).
- Dec.-Lei 221/1967 (Lei da Proteção e Estímulos à Pesca).

O Presidente da República. Faço saber que o Congresso Nacional decreta e eu sanciono a seguinte Lei:

ART. 1º Os animais de quaisquer espécies, em qualquer fase do seu desenvolvimento e que vivem naturalmente fora do cativeiro, constituindo a fauna silvestre, bem como seus ninhos, abrigos e criadouros naturais são propriedades do Estado, sendo proibida a sua utilização, perseguição, destruição, caça ou apanha.

§ 1º Se peculiaridades regionais comportarem o exercício da caça, a permissão será estabelecida em ato regulamentador do Poder Público Federal.

§ 2º A utilização, perseguição, caça ou apanha de espécies da fauna silvestre em terras de domínio privado, mesmo quando permitidas na forma do parágrafo anterior, poderão ser igualmente proibidas pelos respectivos proprietários, assumindo estes a responsabilidade de fiscalização de seus domínios. Nestas áreas, para a prática do ato de caça é necessário o consentimento expresso ou tácito dos proprietários, nos termos dos arts. 594, 595, 596, 597 e 598 do Código Civil.

- Refere-se ao CC/1916.

ART. 2º É proibido o exercício da caça profissional.

- Dec. 6.514/2008. (Dispõe sobre as infrações e sanções administrativas ao meio ambiente e estabelece o processo administrativo federal para apuração destas infrações).

ART. 3º É proibido o comércio de espécimes da fauna silvestre e de produtos e objetos que impliquem a sua caça, perseguição, destruição ou apanha.

› Dec. 6.514/2008 (Dispõe sobre as infrações e sanções administrativas ao meio ambiente e estabelece o processo administrativo federal para apuração destas infrações).

§ 1º Excetuam-se os espécimes provenientes legalizados.

§ 2º Será permitida mediante licença da autoridade competente, a apanha de ovos, larvas e filhotes que se destinem aos estabelecimentos acima referidos, bem como a destruição de animais silvestres considerados nocivos à agricultura ou à saúde pública.

§ 3º O simples desacompanhamento de comprovação de procedência de peles ou outros produtos de animais silvestres, nos carregamentos de via terrestre, fluvial, marítima ou aérea, que se iniciem ou transitem pelo País, caracterizará, de imediato, o descumprimento do disposto no *caput* deste artigo. (Incluído pela Lei 9.111/1995.)

ART. 4º Nenhuma espécie poderá ser introduzida no País, sem parecer técnico oficial favorável e licença expedida na forma da Lei.

ART. 5º (Revogado pela Lei 9.985/2000.)

ART. 6º O Poder Público estimulará:

a) a formação e o funcionamento de clubes e sociedades amadoristas de caça e de tiro ao voo objetivando alcançar o espírito associativista para a prática desse esporte.

b) a construção de criadouros destinados à criação de animais silvestres para fins econômicos e industriais.

ART. 7º A utilização, perseguição, destruição, caça ou apanha de espécimes da fauna silvestre, quando consentidas na forma desta Lei, serão considerados atos de caça.

ART. 8º O Órgão público federal competente, no prazo de 120 dias, publicará e atualizará anualmente:

a) a relação das espécies cuja utilização, perseguição, caça ou apanha será permitida indicando e delimitando as respectivas áreas;

b) a época e o número de dias em que o ato acima será permitido;

c) a quota diária de exemplares cuja utilização, perseguição, caça ou apanha será permitida.

Parágrafo único. Poderão ser igualmente, objeto de utilização, caça, perseguição ou apanha os animais domésticos que, por abandono, se tornem selvagens ou ferais.

ART. 9º Observado o disposto no artigo 8º e satisfeitas as exigências legais, poderão ser capturados e mantidos em cativeiro, espécimes da fauna silvestre.

ART. 10. A utilização, perseguição, destruição, caça ou apanha de espécimes da fauna silvestre são proibidas.

a) com visgos, atiradeiras, fundas, bodoques, veneno, incêndio ou armadilhas que maltratem a caça;

b) com armas a bala, a menos de três quilômetros de qualquer via térrea ou rodovia pública;

c) com armas de calibre 22 para animais de porte superior ao tapiti (*sylvilagus brasiliensis*);

d) com armadilhas, constituídas de armas de fogo;

e) nas zonas urbanas, suburbanas, povoados e nas estâncias hidrominerais e climáticas;

f) nos estabelecimentos oficiais e açudes do domínio público, bem como nos terrenos adjacentes, até a distância de cinco quilômetros;

g) na faixa de quinhentos metros de cada lado do eixo das vias férreas e rodovias públicas;

h) nas áreas destinadas à proteção da fauna, da flora e das belezas naturais;

i) nos jardins zoológicos, nos parques e jardins públicos;

j) fora do período de permissão de caça, mesmo em propriedades privadas;

l) à noite, exceto em casos especiais e no caso de animais nocivos;

m) do interior de veículos de qualquer espécie.

ART. 11. Os clubes ou Sociedades Amadoristas de Caça e de tiro ao voo poderão ser organizados distintamente ou em conjunto com os de pesca, e só funcionarão validamente após a obtenção da personalidade jurídica, na forma da Lei civil e o registro no órgão público federal competente.

ART. 12. As entidades a que se refere o artigo anterior deverão requerer licença especial para seus associados transitarem com arma de caça e de esporte, para uso em suas sedes durante o período defeso e dentro do perímetro determinado.

ART. 13. Para exercício da caça, é obrigatória a licença anual, de caráter específico e de âmbito regional, expedida pela autoridade competente.

Parágrafo único. A licença para caçar com armas de fogo deverá ser acompanhada do porte de arma emitido pela Polícia Civil.

ART. 14. Poderá ser concedida a cientistas, pertencentes a instituições científicas, oficiais ou oficializadas, ou por estas indicadas, licença especial para a coleta de material destinado a fins científicos, em qualquer época.

› Dec. 6.514/2008 (Dispõe sobre as infrações e sanções administrativas ao meio ambiente e estabelece o processo administrativo federal para apuração destas infrações).

§ 1º Quando se tratar de cientistas estrangeiros, devidamente credenciados pelo país de origem, deverá o pedido de licença ser aprovado e encaminhado ao órgão público federal competente, por intermédio de instituição científica oficial do país.

§ 2º As instituições a que se refere este artigo, para efeito da renovação anual da licença, darão ciência ao órgão público federal competente das atividades dos cientistas licenciados no ano anterior.

§ 3º As licenças referidas neste artigo não poderão ser utilizadas para fins comerciais ou esportivos.

§ 4º Aos cientistas das instituições nacionais que tenham por Lei, a atribuição de coletar material zoológico, para fins científicos, serão concedidas licenças permanentes.

ART. 15. O Conselho de Fiscalização das Expedições Artísticas e Científicas do Brasil ouvirá o órgão público federal competente toda vez que, nos processos em julgamento, houver matéria referente à fauna.

ART. 16. Fica instituído o registro das pessoas físicas ou jurídicas que negociem com animais silvestres e seus produtos.

ART. 17. As pessoas físicas ou jurídicas, de que trata o artigo anterior, são obrigadas à apresentação de declaração de estoques e valores, sempre que exigida pela autoridade competente.

› Dec. 6.514/2008 (Dispõe sobre as infrações e sanções administrativas ao meio ambiente e estabelece o processo administrativo federal para apuração destas infrações).

Parágrafo único. O não cumprimento do disposto neste artigo, além das penalidades previstas nesta lei obriga o cancelamento do registro.

ART. 18. É proibida a exportação para o Exterior, de peles e couros de anfíbios e répteis, em bruto.

ART. 19. O transporte interestadual e para o Exterior, de animais silvestres, lepidópteros, e outros insetos e seus produtos depende de guia de trânsito, fornecida pela autoridade competente.

Parágrafo único. Fica isento dessa exigência o material consignado a Instituições Científicas Oficiais.

ART. 20. As licenças de caçadores serão concedidas mediante pagamento de uma taxa anual equivalente a um décimo do salário-mínimo mensal.

Parágrafo único. Os turistas pagarão uma taxa equivalente a um salário-mínimo mensal, e a licença será válida por 30 dias.

ART. 21. O registro de pessoas físicas ou jurídicas, a que se refere o art. 16, será feito mediante o pagamento de uma taxa equivalente a meio salário-mínimo mensal.

Parágrafo único. As pessoas físicas ou jurídicas de que trata este artigo pagarão a título de licença, uma taxa anual para as diferentes formas de comércio até o limite de um salário-mínimo mensal.

ART. 22. O registro de clubes ou sociedades amadoristas, de que trata o art. 11, será concedido mediante pagamento de uma taxa equivalente a meio salário-mínimo mensal.

Parágrafo único. As licenças de trânsito com arma de caça e de esporte, referidas no art. 12, estarão sujeitas ao pagamento de uma taxa anual equivalente a um vigésimo do salário-mínimo mensal.

ART. 23. Far-se-á, com a cobrança da taxa equivalente a dois décimos do salário-mínimo mensal, o registro dos criadouros.

ART. 24. O pagamento das licenças, registros e taxas previstos nesta Lei, será recolhido ao Banco do Brasil S. A. em conta especial, a crédito do Fundo Federal Agropecuário, sob o título "Recursos da Fauna".

ART. 25. A União fiscalizará diretamente pelo órgão executivo específico, do Ministério da Agricultura, ou em convênio com os Estados e Municípios, a aplicação das normas desta Lei, podendo, para tanto, criar os serviços indispensáveis.

Parágrafo único. A fiscalização da caça pelos órgãos especializados não exclui a ação da autoridade policial ou das Forças Armadas por iniciativa própria.

ART. 26. Todos os funcionários, no exercício da fiscalização da caça, são equiparados aos agentes de segurança pública, sendo-lhes assegurado o porte de armas.

ART. 27. Constitui crime punível com pena de reclusão de 2 (dois) a 5 (cinco) anos a violação do disposto nos arts. 2º, 3º, 17 e 18 desta lei. (Redação dada pela Lei 7.653/1988.)

§ 1º É considerado crime punível com a pena de reclusão de 1 (um) a 3 (três) anos a violação do disposto no artigo 1º e seus §§ 4º, 8º e suas alíneas *a, b,* e *c,* 10 e suas alíneas *a, b, c, d, e, f, g, h, i, j, l,* e *m,* e 14 e seu § 3º desta lei. (Incluído pela Lei 7.653/1988.)

§ 2º Incorre na pena prevista no *caput* deste artigo quem provocar, pelo uso direto ou indireto de agrotóxicos ou de qualquer outra substância química, o perecimento de espécimes da fauna ictiológica existente em rios, lagos, açudes, lagoas, baías ou mar territorial brasileiro. (Incluído pela Lei 7.653/1988.)

§ 3º Incide na pena prevista no § 1º deste artigo quem praticar pesca predatória, usando instrumento proibido, explosivo, erva ou sustância química de qualquer natureza. (Incluído pela Lei 7.653/1988.)

§ 4º (Revogado pela Lei 7.679/1988.)

§ 5º Quem, de qualquer maneira, concorrer para os crimes previstos no *caput* e no § 1º deste artigo incidirá nas penas a eles cominadas. (Incluído pela Lei 7.653/1988.)

§ 6º Se o autor da infração considerada crime nesta lei for estrangeiro, será expulso do País, após o cumprimento da pena que lhe for imposta, (Vetado), devendo a autoridade judiciária ou administrativa remeter, ao Ministério da Justiça, cópia da decisão cominativa da pena aplicada, no prazo de 30 (trinta) dias do trânsito em julgado de sua decisão. (Incluído pela Lei 7.653/1988.)

ART. 28. Além das contravenções estabelecidas no artigo precedente, subsistem os dispositivos sobre contravenções e crimes previstos no Código Penal e nas demais leis, com as penalidades neles contidas.

ART. 29. São circunstâncias que agravam a pena afora, aquelas constantes do Código Penal e da Lei das Contravenções Penais, as seguintes:

a) cometer a infração em período defeso à caça ou durante à noite;

b) empregar fraude ou abuso de confiança;

c) aproveitar indevidamente licença de autoridade;

d) incidir a infração sobre animais silvestres e seus produtos oriundos de áreas onde a caça é proibida.

ART. 30. As penalidades incidirão sobre os autores, sejam eles:

a) direto;

b) arrendatários, parceiros, posseiros, gerentes, administradores, diretores, promitentes, compradores ou proprietários das áreas, desde que praticada por prepostos ou subordinados e no interesse dos proponentes ou dos superiores hierárquicos;

c) autoridades que por ação ou omissão consentirem na prática do ato ilegal, ou que cometerem abusos do poder.

Parágrafo único. Em caso de ações penais simultâneas pelo mesmo fato, iniciadas por várias autoridades. O juiz reunirá os processos na jurisdição em que se firmar a competência.

ART. 31. A ação penal independe de queixa mesmo em se tratando de lesão em propriedade privada, quando os bens atingidos, são animais silvestres e seus produtos, instrumentos de trabalho, documentos e atos relacionados com a proteção da fauna disciplinada nesta Lei.

ART. 32. São autoridades competentes para instaurar, presidir e proceder a inquéritos policiais, lavrar autos de prisão em flagrante e intentar a ação penal, nos casos de crimes ou de contravenções previstas nesta Lei ou em outras leis que tenham por objeto os animais silvestres seus produtos instrumentos e documentos relacionados com os mesmos as indicadas no Código de Processo Penal.

ART. 33. A autoridade apreenderá os produtos da caça e/ou da pesca bem como os instrumentos utilizados na infração, e se estes, por sua natureza ou volume, não puderem acompanhar o inquérito, serão entregues ao depositário público local, se houver e, na sua falta, ao que for nomeado pelo juiz. (Redação dada pela Lei 7.653/1988.)

Parágrafo único. Em se tratando de produtos perecíveis, poderão ser os mesmos doados a instituições científicas, penais, hospitais e /ou casas de caridade mais próximas. (Redação dada pela Lei 7.653/1988.)

ART. 34. Os crimes previstos nesta lei são inafiançáveis e serão apurados mediante processo sumário, aplicando-se no que couber, as normas do Título II, Capítulo V, do Código de Processo Penal. (Redação dada pela Lei 7.653/1988.)

ART. 35. Dentro de dois anos a partir da promulgação desta Lei, nenhuma autoridade poderá permitir a adoção de livros escolares de leitura que não contenham textos sobre a proteção da fauna, aprovados pelo Conselho Federal de Educação.

§ 1º Os Programas de ensino de nível primário e médio deverão contar pelo menos com duas aulas anuais sobre a matéria a que se refere o presente artigo.

§ 2º Igualmente os programas de rádio e televisão deverão incluir textos e dispositivos aprovados pelo órgão público federal competente, no limite mínimo de cinco minutos semanais, distribuídos ou não, em diferentes dias.

ART. 36. Fica instituído o Conselho Nacional de Proteção à fauna, com sede em Brasília, como órgão consultivo e normativo da política de proteção à fauna do País.

‣ Dec. 97.633/1989 (Dispõe sobre o Conselho Nacional de Proteção à Fauna - CNPF).

Parágrafo único. O Conselho, diretamente subordinado ao Ministério da Agricultura, terá sua composição e atribuições estabelecidas por decreto do Poder Executivo.

ART. 37. O Poder Executivo regulamentará a presente Lei no que for Julgado necessário à sua execução.

ART. 38. Esta Lei entra em vigor na data de sua publicação, revogados o Decreto-Lei 5.894, de 20 de outubro de 1943, e demais disposições em contrário.

Brasília, 03 de janeiro de 1967, 146º da Independência e 70º da República.

H. CASTELLO BRANCO

LEI N. 5.249, DE 9 DE FEVEREIRO DE 1967

Dispõe sobre a ação pública de crimes de responsabilidade.

‣ *DOU*, 10.02.1967

O Presidente da República. Faço saber que o Congresso Nacional decreta e eu sanciono a seguinte Lei:

ART. 1º A falta de representação do ofendido, nos casos de abusos previstos na Lei n. 4.898, de 9 de dezembro de 1965, na obsta a iniciativa ou o curso de ação pública.

ART. 2º A presente Lei entra em vigor na data de sua publicação.

ART. 3º Revogam-se as disposições em contrário.

Brasília, 9 de fevereiro de 1967; 146º da Independência e 79º da República.

H. CASTELLO BRANCO

LEI N. 5.553, DE 6 DE DEZEMBRO DE 1968

Dispõe sobre a apresentação e uso de documentos de identificação pessoal.

‣ *DOU*, 10.12.1968.

O Presidente da República. Faço saber que o Congresso Nacional decreta e eu sanciono a seguinte Lei:

ART. 1º A nenhuma pessoa física, bem como a nenhuma pessoa jurídica, de direito público ou de direito privado, é lícito reter qualquer documento de identificação pessoal, ainda que apresentado por fotocópia autenticada ou pública-forma, inclusive comprovante de quitação com o serviço militar, título de eleitor, carteira profissional, certidão de registro de nascimento, certidão de casamento, comprovante de naturalização e carteira de identidade de estrangeiro.

ART. 2º Quando, para a realização de determinado ato, for exigida a apresentação de documento de identificação, a pessoa que fizer a exigência fará extrair, no prazo de até 5 (cinco) dias, os dados que interessarem devolvendo em seguida o documento ao seu exibidor.

§ 1º Além do prazo previsto neste artigo, somente por ordem judicial poderá ser retirado qualquer documento de identificação pessoal. (Renumerado pela Lei 9.453/1997.)

§ 2º Quando o documento de identidade for indispensável para a entrada de pessoa em órgãos públicos ou particulares, serão seus dados anotados no ato e devolvido o documento imediatamente ao interessado. (Incluído pela Lei 9.453/1997.)

ART. 3º Constitui contravenção penal, punível com pena de prisão simples de 1 (um) a 3 (três) meses ou multa de NCR$ 0,50 (cinquenta centavos) a NCR$ 3,00 (três cruzeiros novos), a retenção de qualquer documento a que se refere esta Lei.

Parágrafo único. Quando a infração for praticada por preposto ou agente de pessoa jurídica, considerar-se-á responsável quem houver ordenado o ato que ensejou a retenção, a menos que haja, pelo executante, desobediência ou inobservância de ordens ou instruções expressas, quando, então, será este o infrator.

ART. 4º O Poder Executivo regulamentará a presente Lei dentro do prazo de 60 (sessenta) dias, a contar da data de sua publicação.

ART. 5º Revogam-se as disposições em contrário.

Brasília, 6 de dezembro de 1968; 147º da Independência e 80º da República.

A. COSTA E SILVA

LEI N. 5.559, DE 11 DE DEZEMBRO DE 1968

Estende o direito ao salário-família instituído pela Lei n. 4.266, de 3 de outubro de 1963, e dá outras providências.

‣ *DOU*, 12.12.1968.

O Presidente da República, faço saber que o Congresso Nacional decreta e eu sanciono a seguinte Lei:

ART. 1º Fica estendido aos filhos inválidos de qualquer idade o salário-família instituído pela Lei 4.266/1963.

ART. 2º O empregado aposentado por invalidez ou por velhice pelo sistema geral da previdência social tem direito ao salário-família instituído pela Lei n. 4.266, de 3 de outubro de 1963.

Parágrafo único. Aos demais empregados aposentados pelo sistema geral da previdência social que já contem ou venham a completar 65 (sessenta e cinco) anos de idade se do sexo masculino, ou de 60 (sessenta) anos de idade, se do sexo feminino, é assegurado o mesmo direito de que trata este artigo.

ART. 3º O salário-família a que se referem os artigos 1º e 2º e seu parágrafo correrá por conta do "Fundo de Compensação do Salário-Família", criado pelo art. 3º, § 2º da Lei n. 4.266, de 3 de outubro de 1963, e será pago pelo INPS simultaneamente com as mensalidades de aposentadoria.

ART. 4º As cotas do salário-família não se incorporarão, para nenhum efeito à aposentadoria.

ART. 5º Esta Lei entrará em vigor no primeiro dia do segundo mês seguinte ao de sua publicação, sem prejuízo das alterações a serem introduzidas no "Regulamento do Salário-Família do Trabalhador" para atender ao que nela se dispõe.

› Dec. 53.153/1963 (Aprova o Regulamento do Salário-Família do Trabalhador").

ART. 6º Revogam-se as disposições em contrário.

Brasília, 11 de dezembro de 1968; 147º da Independência e 80º da República.

A. COSTA E SILVA

LEI N. 5.621, DE 4 DE NOVEMBRO DE 1970

Regulamenta o artigo 144, § 5º, da Constituição e dá outras providências.

› *DOU*, 05.11.1970.

O Presidente da República. Faço saber que o Congresso Nacional decreta e eu sanciono a seguinte Lei:

ART. 1º Caberá aos Tribunais de Justiça dos Estados dispor em resolução aprovada pela maioria absoluta de seus membros sobre a divisão e organização judiciárias.

› Art. 125, § 1º, CF.
› Art. 70, ADCT.

ART. 2º As alterações na divisão e organização judiciárias do Estados somente poderão ser feitas de cinco em cinco anos, contados da vigência da primeira modificação posterior a esta Lei.

ART. 3º As alterações a que alude o artigo antecedente entrarão em vigor a 1º de janeiro do ano inicial de cada quinquênio.

§ 1º A alteração imediatamente subsequente a esta Lei vigorará a partir de 1º de janeiro do ano seguinte ao de sua promulgação.

§ 2º Se no quinquênio posterior ao da última alteração não for adotada modificação na divisão e organização judiciárias do Estado, esta poderá ser realizada a qualquer tempo, vigindo a 1º de janeiro do ano seguinte, quando se iniciará a contagem do novo quinquênio.

ART. 4º Ressalvado o disposto na Constituição (art. 115, II, e 144, § 6º), deverão ser enviadas ao Governador do Estado, para a iniciativa do processo legislativo, as resoluções dos Tribunais de Justiça que implicarem em:

I - criação de cargos, funções ou empregos públicos;

II - aumento de vencimentos ou da despesa pública;

III - disciplina do regime jurídico dos servidores;

IV - forma e condições de provimento de cargos;

V - condições para aquisição de estabilidade.

ART. 5º A divisão judiciária compreende a criação, a alteração e a extinção das seções, circunscrições, comarcas, termos e distritos judiciários, bem como a sua classificação.

› Art. 97, LC 35/1979 (Lei Orgânica da Magistratura Nacional).

Parágrafo único. Para a criação a alteração, a extinção ou a classificação das comarcas e outras divisões judiciárias os Estados observarão critérios uniformes com base em:

I - extensão territorial;

II - número de habitantes;

III - número de eleitores;

IV - receita tributária;

V - movimento forense.

ART. 6º Respeitada a legislação federal, a organização judiciária compreende:

› Art. 95, LC 35/1979 (Lei Orgânica da Magistratura Nacional).

I - constituição, estrutura, atribuições e competência dos Tribunais, bem como de seus órgãos de direção e fiscalização;

› Art. 128, § 5º, CF.
› Lei 8.625/1993 (Lei Orgânica do Ministério Público).

II - constituição, classificação, atribuições e competência dos Juízes e Varas;

› Art. 21, III, LC 35/1979 (Lei Orgânica da Magistratura Nacional).

III - organização e disciplina da carreira dos magistrados;

IV - organização, classificação, disciplina e atribuições dos serviços auxiliares da justiça, inclusive Tabelionatos e ofícios de registros públicos.

§ 1º Não se incluem na organização judiciária:

I - a organização e disciplina da carreira do Ministério Público;

II - a elaboração dos regimentos internos dos Tribunais.

ART. 7º Esta Lei entra em vigor na data de sua publicação, revogadas as disposições em contrário.

Brasília, 04 de novembro de 1970; 149º da Independência e 82º da República.

EMÍLIO G. MÉDICI

LEI N. 5.638, DE 3 DE DEZEMBRO DE 1970

Dispõe sobre o processo e julgamento das ações trabalhistas de competência da Justiça Federal, e dá outras providências.

› *DOU*, 04.12.1970.

O Presidente da República. Faço saber que o Congresso Nacional decreta e eu sanciono a seguinte Lei:

ART. 1º As ações trabalhistas em que sejam partes a União, suas autarquias e as empresas públicas federais serão processadas e julgadas pelos Juízos da Justiça Federal, nos termos do art. 110, da Constituição, observado, no que couber, o disposto no Título X da Consolidação das Leis do Trabalho, aprovada pelo Decreto-Lei n. 5.452, de 1º de maio de 1943, e no Decreto-Lei n. 779, de 21 de agosto de 1969.

Parágrafo único. O recurso ordinário cabível da decisão de primeira instância processar-se-á consoante o Capítulo VI do Título X da Consolidação das Leis do Trabalho, competindo-lhe o julgamento ao Tribunal Federal de Recursos, conforme dispuser o respectivo Regimento Interno.

ART. 2º Os processos de dissídios individuais em que forem partes a União, autarquia e empresas públicas federais, em tramitação na Justiça do Trabalho a 30 de outubro de 1969, serão remetidos ao Juiz Federal competente salvo os que já tiverem a instrução iniciada.

§ 1º Serão processadas e julgadas pela Justiça do Trabalho as ações Trabalhistas em que forem partes a União, autarquias e empresas públicas federais cuja instrução teve início antes de 30 de outubro de 1969, assim como as execuções das sentenças que, nelas, haja proferido ou venha a proferir, e as ações rescisórias de seus julgados.

§ 2º Julgar-se-ão pelos Tribunais Regionais do Trabalho os recursos, interpostos ou que se interpuserem, cabíveis em ações ou execuções de sentenças de que trata o § 1º

§ 3º Serão julgados pelo Tribunal Superior do Trabalho:

I - os recursos de revista interpostos de acórdãos dos Tribunais Regionais do Trabalho, bem como os agravos de Instrumento correspondentes;

II - os embargos às decisões de suas turmas.

§ 4º O recurso interposto, sob o fundamento de inobservância da Constituição, para o Supremo Tribunal Federal, de acórdão do Tribunal Superior do Trabalho, processar-se-á por este.

ART. 3º As ações trabalhistas em que forem partes as sociedades de economia mista ou as fundações criadas por lei federal somente passarão à competência da Justiça Federal se a União nelas intervier como assistente ou oponente.

ART. 4º Esta Lei entra em vigor na data de sua publicação, revogadas as disposições em contrário.

Brasília, 3 de dezembro de 1970; 149º da Independência e 82º da República.

EMÍLIO G. MÉDICI

LEI N. 5.709, DE 7 DE OUTUBRO DE 1971

Regula a aquisição de imóvel rural por estrangeiro residente no país ou pessoa jurídica estrangeira autorizada a funcionar no Brasil, e dá outras providências.

› *DOU*, 11.10.1971.
› Dec. 74.965/1974 (Regulamenta esta lei.)

O Presidente da República. Faço saber que o Congresso Nacional decreta e eu sanciono a seguinte Lei:

ART. 1º O estrangeiro residente no País e a pessoa jurídica estrangeira autorizada a funcionar no Brasil só poderão adquirir imóvel rural na forma prevista nesta Lei.

§ 1º Fica, todavia, sujeita ao regime estabelecido por esta Lei a pessoa jurídica brasileira da qual participem, a qualquer título, pessoas estrangeiras físicas ou jurídicas que tenham a maioria do seu capital social e residam ou tenham sede no Exterior.

§ 2º As restrições estabelecidas nesta Lei não se aplicam aos casos de sucessão legítima, ressalvado o disposto no art. 7º. (Redação dada pela Lei 6.572/1978.)

ART. 2º (Revogado pela Lei 6.815/1980.)

§§ 1º a 4º (Revogados pela Lei 6.815/1980.)

ART. 3º A aquisição de imóvel rural por pessoa física estrangeira não poderá exceder a 50 (cinquenta) módulos de exploração indefinida, em área contínua ou descontínua.

§ 1º Quando se tratar de imóvel com área não superior a 3 (três) módulos, a aquisição será livre, independendo de qualquer autorização ou licença, ressalvadas as exigências gerais determinadas em lei.

§ 2º O Poder Executivo baixará normas para a aquisição de área compreendida entre 3 (três) e 50 (cinquenta) módulos de exploração indefinida.

› Lei 8.629/1993 (Dispõe sobre a regulamentação dos dispositivos constitucionais relativos à reforma agrária, previstos no Capítulo III, Título VII, da Constituição Federal).

§ 3º O Presidente da República, ouvido o Conselho de Segurança Nacional, poderá aumentar o limite fixado neste artigo.

ART. 4º Nos loteamentos rurais efetuados por empresas particulares de colonização, a aquisição e ocupação de, no mínimo, 30% (trinta por cento) da área total serão feitas obrigatoriamente por brasileiros.

ART. 5º As pessoas jurídicas estrangeiras referidas no art. 1º desta Lei só poderão adquirir imóveis rurais destinados à implantação de projetos agrícolas, pecuários, industriais, ou de colonização, vinculados aos seus objetivos estatutários.

§ 1º Os projetos de que trata este artigo deverão ser aprovados pelo Ministério da Agricultura, ouvido o órgão federal competente de desenvolvimento regional na respectiva área.

§ 2º Sobre os projetos de caráter industrial será ouvido o Ministério da Indústria e Comércio.

ART. 6º Adotarão obrigatoriamente a forma nominativa as ações de sociedades anônimas:

I - que se dediquem a loteamento rural;

II - que explorem diretamente áreas rurais; e

III - que sejam proprietárias de imóveis rurais não vinculados a suas atividades estatutárias.

Parágrafo único. A norma deste artigo não se aplica às entidades mencionadas no art. 4º do Decreto-Lei n. 200, de 25 de fevereiro de 1967, com a redação que lhe foi dada pelo Decreto-Lei n. 900, de 29 de setembro de 1969.

ART. 7º A aquisição de imóvel situado em área considerada indispensável à segurança nacional por pessoa estrangeira, física ou jurídica, depende do assentimento prévio da Secretaria-Geral do Conselho de Segurança Nacional.

ART. 8º Na aquisição de imóvel rural por pessoa estrangeira, física ou jurídica, é da essência do ato a escritura pública.

ART. 9º Da escritura relativa à aquisição de área rural por pessoas físicas estrangeiras constará, obrigatoriamente:

I - menção do documento de identidade do adquirente;

II - prova de residência no território nacional; e

III - quando for o caso, autorização do órgão competente ou assentimento prévio da Secretaria-Geral do Conselho de Segurança Nacional.

Parágrafo único. Tratando-se de pessoa jurídica estrangeira, constará da escritura a transcrição do ato que concedeu autorização para a aquisição da área rural, bem como dos documentos comprobatórios de sua constituição e de licença para seu funcionamento no Brasil.

ART. 10. Os Cartórios de Registro de Imóveis manterão cadastro especial, em livro auxiliar, das aquisições de terras rurais por pessoas estrangeiras, físicas e jurídicas, no qual deverá constar:

I - menção do documento de identidade das partes contratantes ou dos respectivos atos de constituição, se pessoas jurídicas;

II - memorial descritivo do imóvel, com área, características, limites e confrontações; e

III - transcrição da autorização do órgão competente, quando for o caso.

ART. 11. Trimestralmente, os Cartórios de Registros de Imóveis remeterão, sob pena de perda do cargo, à Corregedoria da Justiça dos Estados a que estiverem subordinados e ao Ministério da Agricultura, relação das aquisições de áreas rurais por pessoas estrangeiras, da qual constem os dados enumerados no artigo anterior.

Parágrafo único. Quando se tratar de imóvel situado em área indispensável à segurança nacional, a relação mencionada neste artigo deverá ser remetida também à Secretaria-Geral do Conselho de Segurança Nacional.

ART. 12. A soma das áreas rurais pertencentes a pessoas estrangeiras, físicas ou jurídicas, não poderá ultrapassar a um quarto da superfície dos Municípios onde se situem, comprovada por certidão do Registro de Imóveis, com base no livro auxiliar de que trata o art. 10.

§ 1º As pessoas da mesma nacionalidade não poderão ser proprietárias, em cada Município, de mais de 40% (quarenta por cento) do limite fixado neste artigo.

§ 2º Ficam excluídas das restrições deste artigo as aquisições de áreas rurais:

I - inferiores a 3 (três) módulos;

II - que tiverem sido objeto de compra e venda, de promessa de compra e venda, de cessão ou de promessa de cessão, mediante escritura pública ou instrumento particular devidamente protocolado no Registro competente, e que tiverem sido cadastradas no INCRA em nome do promitente comprador, antes de 10 de março de 1969;

III - quando o adquirente tiver filho brasileiro ou for casado com pessoa brasileira sob o regime de comunhão de bens.

§ 3º O Presidente da República poderá, mediante decreto, autorizar a aquisição além dos limites fixados neste artigo, quando se tratar de imóvel rural vinculado a projetos julgados prioritários em face dos planos de desenvolvimento do País.

ART. 13. O art. 60 da Lei n. 4.504, de 30 de novembro de 1964, passa a vigorar com a seguinte redação:

- Alteração promovida no texto da referida lei.

ART. 14. Salvo nos casos previstos em legislação de núcleos coloniais, onde se estabeleçam em lotes rurais, como agricultores, estrangeiros imigrantes, é vedada, a qualquer título, a doação de terras da União ou dos Estados a pessoas estrangeiras, físicas ou jurídicas.

ART. 15. A aquisição de imóvel rural, que viole as prescrições desta Lei, é nula de pleno direito. O tabelião que lavrar a escritura e o oficial de registro que a transcrever responderão civilmente pelos danos que causarem aos contratantes, sem prejuízo da responsabilidade criminal por prevaricação ou falsidade ideológica. O alienante está obrigado a restituir ao adquirente o preço do imóvel.

ART. 16. As sociedades anônimas, compreendidas em quaisquer dos incisos do *caput* do art. 6º, que já estiverem constituídas à data do início da vigência desta Lei, comunicarão, no prazo de 6 (seis) meses, ao Ministério da Agricultura a relação das áreas rurais de sua propriedade ou exploração.

§ 1º As sociedades anônimas, indicadas neste artigo, que não converterem em nominativas suas ações ao portador, no prazo de 1 (um) ano do início da vigência desta Lei, reputar-se-ão irregulares, ficando sujeitas à dissolução, na forma da lei, por iniciativa do Ministério Público.

§ 2º No caso de empresas concessionárias de serviço público, que possuam imóveis rurais não vinculados aos fins da concessão, o prazo de conversão das ações será de 3 (três) anos.

§ 3º As empresas concessionárias de serviço público não estão obrigadas a converter em nominativas as ações ao portador, se dentro do prazo de 3 (três) anos, contados da vigência desta Lei, alienarem os imóveis rurais não vinculados aos fins da concessão.

ART. 17. As pessoas jurídicas brasileiras que, até 30 de janeiro de 1969, tiverem projetos de colonização aprovados nos termos do art. 61 da Lei n. 4.504, de 30 de novembro de 1964, poderão, mediante autorização do Presidente da República, ouvido o Ministério da Agricultura, concluí-los e outorgar escrituras definitivas, desde que o façam dentro de 3 (três) anos e que a área não exceda, para cada adquirente, 3 (três) módulos de exploração indefinida.

ART. 18. São mantidas em vigor as autorizações concedidas, com base nos Decretos-Leis n. 494, de 10 de março de 1969, e 924, de 10 de outubro de 1969, em estudos e processos já concluídos, cujos projetos tenham sido aprovados pelos órgãos competentes.

ART. 19. O Poder Executivo baixará, dentro de 90 (noventa) dias, o regulamento para execução desta Lei.

ART. 20. Esta Lei entrará em vigor na data de sua publicação.

ART. 21. Revogam-se os Decretos-Leis n. 494, de 10 de março de 1969, e 924, de 10 de outubro de 1969, e demais disposições em contrário.

EMÍLIO G. MÉDICI

LEI N. 5.778, DE 16 DE MAIO DE 1972

Dispõe sobre o processo e julgamento das representações de que trata a alínea "d" do § 3º do art. 15 da Constituição Federal e dá outras providências.

- *DOU*, 18.05.1972.
- Refere-se à CF/1967. V. art. 35, IV, CF/1988.

O Presidente da República. Faço saber que o Congresso Nacional decreta e eu sanciono a seguinte Lei:

ART. 1º O processo e o julgamento das representações de que trata a alínea "d" do § 3º do art. 15 da Constituição Federal regulam-se, no que for aplicável, pela Lei n. 4.337, de 1º de junho de 1964, excetuado o seu art. 6º.

ART. 2º O relator da representação poderá, a requerimento do chefe do Ministério Público estadual e mediante despacho fundamentado, suspender liminarmente o ato impugnado.

ART. 3º Esta Lei entra em vigor na data de sua publicação.

Brasília, 16 de maio de 1972;
151º da Independência e 84º da República.
EMÍLIO G. MÉDICI

LEI N. 5.811, DE 11 DE OUTUBRO DE 1972

Dispõe sobre o regime de trabalho dos empregados nas atividades de exploração, perfuração, produção e refinação de petróleo, industrialização do xisto, indústria petroquímica e transporte de petróleo e seus derivados por meio de dutos.

- *DOU*, 16.10.1972.
- Lei 7.855/1989 (Altera a Consolidação das Leis do Trabalho, atualiza os valores das multas trabalhistas, amplia sua aplicação, institui o Programa de Desenvolvimento do Sistema Federal de Inspeção do Trabalho).

O Presidente da República. Faço saber que o Congresso Nacional decreta e eu sanciono a seguinte Lei:

ART. 1º O regime de trabalho regulado nesta lei é aplicável aos empregados que prestam serviços em atividades de exploração, perfuração, produção e refinação de petróleo, bem como na industrialização do xisto, na indústria petroquímica e no transporte de petróleo e seus derivados por meio de dutos.

ART. 2º Sempre que for imprescindível à continuidade operacional, o empregado será mantido em seu posto de trabalho em regime de revezamento.

§ 1º O regime de revezamento em turno de 8 (oito) horas será adotado nas atividades previstas no art. 1º, ficando a utilização do turno de 12 (doze) horas restrita às seguintes situações especiais:

a) atividades de exploração, perfuração, produção e transferência de petróleo do mar;

b) atividades de exploração, perfuração e produção de petróleo em áreas terrestres distantes ou de difícil acesso.

§ 2º Para garantir a normalidade das operações ou para atender a imperativos de segurança industrial, poderá ser exigida, mediante o pagamento previsto no item II do art. 3º, a disponibilidade do empregado no local de trabalho ou nas suas proximidades, durante o intervalo destinado a repouso e alimentação.

ART. 3º Durante o período em que o empregado permanecer no regime de revezamento em turno de 8 (oito) horas, ser-lhe-ão assegurados os seguintes direitos:

I - Pagamento do adicional de trabalho noturno na forma do art. 73 da Consolidação das Leis do Trabalho;

II - Pagamento em dobro da hora de repouso e alimentação suprimida nos termos do § 2º do art. 2º;

III - Alimentação gratuita, no posto de trabalho, durante o turno em que estiver em serviço;

IV - Transporte gratuito para o local de trabalho;

V - Direito a um repouso de 24 (vinte e quatro) horas consecutivas para cada 3 (três) turnos trabalhados.

Parágrafo único. Para os empregados que já venham percebendo habitualmente da empresa pagamento à conta de horas de repouso e alimentação ou de trabalho noturno, os respectivos valores serão compensados nos direitos a que se referem os itens I e II deste artigo.

ART. 4º Ao empregado que trabalhe no regime de revezamento em turno de 12 (doze) horas, ficam assegurados, além dos já previstos nos itens I, II, III e IV do art. 3º, os seguintes direitos:

I - Alojamento coletivo gratuito e adequado ao seu descanso e higiene;

II - Repouso de 24 (vinte e quatro) horas consecutivas para cada turno trabalhado.

ART. 5º Sempre que for imprescindível à continuidade operacional durante as 24 (vinte e quatro) horas do dia, o empregado com responsabilidade de supervisão das operações previstas no art. 1º, ou engajado em trabalhos de geologia de poço, ou, ainda, em trabalhos de apoio operacional às atividades enumeradas nas alíneas "a" e "b" do § 1º do art. 2º, poderá ser mantido no regime de sobreaviso.

§ 1º Entende-se por regime de sobreaviso aquele que o empregado permanece à disposição do empregador por um período de 24 (vinte quatro) horas para prestar assistência aos trabalhos normais ou atender as necessidades ocasionais de operação.

§ 2º Em cada jornada de sobreaviso, o trabalho efetivo não excederá de 12 (doze) horas.

ART. 6º Durante o período em que permanecer no regime de sobreaviso, serão assegurados ao empregado, além dos já previstos nos itens III e IV do art. 3º e I do art. 4º, os seguintes direitos:

I - Repouso de 24 (vinte quatro) horas consecutivas para cada período de 24 (vinte quatro) horas em que permanecer de sobreaviso;

II - Remuneração adicional correspondente a, no mínimo, 20% (vinte por cento) do respectivo salário-básico, para compensar a eventualidade de trabalho noturno ou a variação de horário para repouso e alimentação.

Parágrafo único. Considera-se salário-básico a importância fixa mensal correspondente à retribuição do trabalho prestado pelo empregado na jornada normal de trabalho, antes do acréscimo de vantagens, incentivos ou benefícios, a qualquer título.

ART. 7º A concessão de repouso na forma dos itens V do art. 3º, II do art. 4º e I do art. 6º quita a obrigação patronal relativa ao repouso semanal remunerado de que trata a Lei n. 605, de 5 de janeiro de 1949.

ART. 8º O empregado não poderá permanecer em serviço, no regime de revezamento previsto para as situações especiais de que tratam as alíneas "a" e "b" do § 1º do art. 2º, nem no regime estabelecido no art. 5º, por período superior a 15 (quinze) dias consecutivos.

ART. 9º Sempre que, por iniciativa do empregador, for alterado o regime de trabalho do empregado, com redução ou supressão das vantagens inerentes aos regimes instituídos nesta lei, ser-lhe-á assegurado o direito à percepção de uma indenização.

Parágrafo único. A indenização de que trata o presente artigo corresponderá a um só pagamento igual à média das vantagens previstas nesta lei, percebidas nos últimos 12 (doze) meses anteriores à mudança, para cada ano ou fração igual ou superior a 6 (seis) meses de permanência do regime de revezamento ou de sobreaviso.

ART. 10. A variação de horários, em escalas de revezamento diurno, noturno ou misto, será estabelecida pelo empregador com obediência aos preceitos desta lei.

Parágrafo único. Não constituirá alteração ilícita a exclusão do empregado do regime de revezamento, cabendo-lhe exclusivamente, nesta hipótese o pagamento previsto no art. 9º.

ART. 11. Os atuais regimes de trabalho, nas atividades previstas no art. 1º, bem como as vantagens a eles inerentes, serão ajustados às condições estabelecidas nesta lei, de forma que não ocorra redução de remuneração.

Parágrafo único. A aplicação do disposto neste artigo ao empregado que cumpra jornada inferior a 8 (oito) horas dependerá de acordo individual ou coletivo, assegurados, em tal caso, exclusivamente, os direitos constantes desta lei.

ART. 12. As disposições desta lei se aplicam a situações análogas, definidas em regulamento.

ART. 13. Esta Lei entrará em vigor na data de sua publicação, revogadas as disposições em contrário.

Brasília, 11 de outubro de 1972;
151º da Independência e 84º da República.
EMÍLIO G. MÉDICI

LEI N. 5.836, DE 5 DE DEZEMBRO DE 1972

Dispõe sobre o Conselho de Justificação e dá outras providências.

› *DOU*, 06.12.1972.

O Presidente da República. Faço saber que o Congresso Nacional decreta e eu sanciono a seguinte Lei:

ART. 1º O Conselho de Justificação é destinado a julgar, através de processo especial, da incapacidade do oficial das Forças Armadas - militar de carreira - para permanecer na ativa, criando-lhe, ao mesmo tempo, condições para se justificar.

Parágrafo único. O Conselho de Justificação pode, também, ser aplicado ao oficial da reserva remunerada ou reformado, presumivelmente incapaz de permanecer na situação de inatividade em que se encontra.

ART. 2º É submetido a Conselho de Justificação, a pedido ou *ex officio* o oficial das forças armadas:

I - acusado oficialmente ou por qualquer meio lícito de comunicação social de ter:

a) procedido incorretamente no desempenho do cargo;

b) tido conduta irregular; ou

c) praticado ato que afete a honra pessoal, o pundonor militar ou o decoro da classe;

II - considerado não habilitado para o acesso, em caráter provisório, no momento em que venha a ser objeto de apreciação para ingresso em Quadro de Acesso ou Lista de Escolha;

III - afastado do cargo, na forma do Estatuto dos Militares por se tornar incompatível com o mesmo ou demonstrar incapacidade no exercício de funções militares a ele inerentes, salvo se o afastamento é decorrência de fatos que motivem sua submissão a processo;

IV - condenado por crime de natureza dolosa, não previsto na legislação especial concernente a segurança do Estado, em Tribunal civil ou militar, a pena restrita de liberdade individual até 2 (dois) anos, tão logo transite em julgado a sentença; ou

V - pertencente a partido político ou associação, suspensos ou dissolvidos por força de disposição legal ou decisão judicial, ou que exerçam atividades prejudiciais ou perigosas à segurança nacional.

Parágrafo único. É considerado, entre outros, para os efeitos desta Lei, pertencente a partido ou associação a que se refere este artigo o oficial das Forças Armadas que, ostensiva ou clandestinamente:

a) estiver inscrito como seu membro;

b) prestar serviços ou angariar valores em seu benefício;

c) realizar propaganda de suas doutrinas; ou

d) colaborar, por qualquer forma, mas sempre de modo inequívoco ou doloso, em suas atividades.

ART. 3º O oficial da ativa das Forças Armadas, ao ser submetido a Conselho de Justificação, é afastado do exercício de suas funções:

I - automaticamente, nos casos dos itens IV e V, do artigo 2º; e

II - a critério do respectivo Ministro, no caso do item I, do artigo 2º.

ART. 4º A nomeação do Conselho de Justificação é da competência:

I - do Ministro da Força Armada a que pertence o oficial a ser julgado; e

II - do Comandante do Teatro de Operações ou de Zona de Defesa ou dos mais altos comandantes das Forças Singulares isoladas, para os oficiais sob seu comando e no caso de fatos ocorridos na área de sua jurisdição, quando em campanha no país ou no exterior.

§ 1º As autoridades referidas neste artigo podem, com base nos antecedentes do oficial a ser julgado e na natureza ou falta de consistência dos fatos arguidos, considerar, desde logo, improcedente a acusação e indeferir, em consequência, o pedido de nomeação do Conselho de Justificação.

§ 2º O indeferimento do pedido de nomeação do Conselho de Justificação, devidamente fundamentado, deve ser publicado oficialmente e transcrito nos assentamentos do oficial, se este é da ativa.

ART. 5º O Conselho de Justificação é composto de 3 (três) oficiais, da ativa, da Força Armada do justificante, de posto superior ao seu.

§ 1º O membro mais antigo do Conselho de Justificação, no mínimo um oficial superior da ativa, e o presidente, o que lhe segue em antiguidade é o interrogante e relator, e o mais moderno, o escrivão.

§ 2º Não podem fazer parte do Conselho de Justificação:

a) o oficial que formulou a acusação;

b) os oficiais que tenham entre si, com o acusador ou com o acusado, parentesco

LEIS

consanguíneo ou afim, na linha reta ou até quarto grau de consanguinidade colateral ou de natureza civil; e

c) os oficiais subalternos.

§ 3º Quando o justificante é oficial-general cujo posto não permita a nomeação de membros do Conselho de Justificação com posto superior, estes serão nomeados dentre os oficiais daquele posto, da ativa ou na inatividade, mais antigos que o justificante.

§ 4º Quando o justificante é oficial da reserva remunerada ou reformado, um dos membros do Conselho de Justificação pode ser da reserva remunerada.

ART. 6º O Conselho de Justificação funciona sempre com a totalidade de seus membros, em local onde a autoridade nomeante julgue melhor indicado para à apuração do fato.

ART. 7º Reunido o Conselho de Justificação, convocado previamente por seu presidente, em local, dia e hora designados com antecedência presente o justificante, o presidente manda proceder a leitura e a situação dos documentos que constituíram o ato de nomeação do Conselho; em seguida, ordena a qualificação e o interrogatório do justificante, o que é reduzido a auto, assinado por todos os membros do Conselho e pelo Justificante, fazendo-se a juntada de todos os documentos por este oferecidos.

Parágrafo único. Quando o justificante é oficial da reserva remunerada ou reformado e não é localizado ou deixa de atender a intimação por escrito para comparecer perante o Conselho de Justificação:

a) a intimação é publicada em órgão de divulgação na área do domicílio do justificante; e

b) o processo corre à revelia, se não atender à publicação.

ART. 8º Aos membros do Conselho de Justificação é lícito reperguntar ao justificante e às testemunhas sobre o objeto da acusação e propor diligências para o esclarecimento dos fatos.

ART. 9º Ao justificante é assegurada ampla defesa, tendo ele após o interrogatório, prazo de 5 (cinco) dias para oferecer suas razões por escrito, devendo o Conselho de Justificação fornecer-lhe o libelo acusatório, onde se contenham com minúcias o relato dos fatos e a descrição dos atos que lhe são imputados.

▸ Art. 5º, LV, CF.

§ 1º O justificante deve estar presente a todas as sessões do Conselho de Justificação, exceto à sessão secreta de deliberação do relatório.

§ 2º Em sua defesa, pode o justificante requerer a produção, perante o Conselho de Justificação, de todas as provas permitidas no Código de Processo Penal Militar.

▸ Dec.-Lei 1.002/1969 (Código de Processo Penal Militar).

§ 3º As provas a serem realizadas mediante Carta Precatória são efetuadas por intermédio da autoridade militar ou, na falta desta, da autoridade judiciária local.

ART. 10. O Conselho de Justificação pode inquirir o acusador ou receber, por escrito, seus esclarecimentos, ouvindo, posteriormente, a respeito, o justificante.

ART. 11. O Conselho de Justificação dispõe de um prazo de 30 (trinta) dias, a contar da data de sua nomeação, para a conclusão de seus trabalhos, inclusive remessa do relatório.

Parágrafo único. A autoridade nomeante, por motivos excepcionais, pode prorrogar até 20 (vinte) dias o prazo de conclusão dos trabalhos.

ART. 12. Realizadas todas as diligências, o Conselho de Justificação passa a deliberar, em sessão secreta, sobre o relatório a ser redigido.

§ 1º O relatório, elaborado pelo escrivão e assinado por todos os membros do Conselho de Justificação, deve julgar se o justificante:

a) é, ou não, culpado da acusação que lhe foi feita; ou

b) no caso de item II, do artigo 2º está ou não, sem habilitação para o acesso, em caráter definitivo; ou

c) no caso do item IV, do artigo 2º, levados em consideração os preceitos de aplicação da pena previstos no Código Penal Militar, está, ou não, incapaz de permanecer na ativa ou na situação em que se encontra na inatividade.

▸ Dec.-Lei 1.001/1969 (Código Penal Militar).

§ 2º A deliberação do Conselho de Justificação é tomada por maioria de votos de seus membros.

§ 3º Quando houver voto vencido é facultada sua justificação por escrito.

§ 4º Elaborado o relatório, com um termo de encerramento, o Conselho de Justificação remete o processo ao Ministro Militar respectivo, através da autoridade nomeante, se for ocaso.

ART. 13. Recebidos os autos do processo do Conselho de Justificação, o Ministro Militar, dentro do prazo de 20 (vinte) dias, aceitando ou não seu julgamento e, neste último caso, justificando os motivos de seu despacho, determina:

I - o arquivamento do processo, se considera procedente a justificação;

II - a aplicação de pena disciplinar se considera contravenção ou transgressão disciplinar a razão pela qual o oficial foi julgado culpado;

III - na forma do Estatuto dos Militares, e conforme o caso, a transferência do acusado para a reserva remunerada ou os atos necessários à sua efetivação pelo Presidente da República, se o oficial foi considerado não habilitado para o acesso em caráter definitivo;

IV - a remessa do processo ao auditor competente, se considera crime a razão pela qual o oficial foi considerado culpado;

V - a remessa do processo ao Superior Tribunal Militar:

a) se a razão pela qual o oficial foi julgado culpado está previsto nos itens I, III e V do artigo 2º; ou

b) se, pelo crime cometido prevista nos itens IV do artigo 2º o oficial foi julgado incapaz de permanecer na ativa ou na inatividade.

Parágrafo único. O despacho que julgou procedente a justificação deve ser publicado oficialmente e transcrito nos assentamentos do oficial, se este é ativa.

ART. 14. É da competência do Superior Tribunal Militar julgar, em instância única, os processos oriundos de Conselhos de Justificação, a ele remetidos por Ministro Militar.

ART. 15. No Superior Tribunal Militar, distribuído o processo, é o mesmo relatado por um dos Ministros que, antes, deve abrir prazo de 5 (cinco) dias para a defesa se manifestar por escrito sobre a decisão do Conselho de Justificação.

Parágrafo único. Concluída esta fase é o processo submetido a julgamento.

ART. 16. O Superior Tribunal Militar, caso julgue provado que o oficial é culpado de ato ou fato previsto nos itens I, III e V, do artigo 2º ou que, pelo crime cometido, previsto no item IV, do artigo 2º, é incapaz de permanecer na ativa ou na inatividade, deve, conforme o caso:

I - declará-lo indigno do oficialato ou com ele incompatível, determinando a perda de seu posto e patente; ou

II - determinar sua reforma.

§ 1º A reforma do oficial é efetuada no posto que possui na ativa, com proventos proporcionais ao tempo de serviço.

§ 2º A reforma do oficial ou sua demissão *ex officio* consequente da perda de posto e patente, conforme o caso, é efetuado pelo Ministro Militar respectivo ou encaminhada ao Presidente da República, tão logo seja publicado o acórdão do Superior Tribunal Militar.

ART. 17. Aplicam-se a esta Lei, subsidiariamente, as normas do Código de Processo Penal Militar.

ART. 18. Prescrevem em 6 (seis) anos, computados na data em que foram praticados, os casos previstos nesta Lei.

Parágrafo único. Os casos também previstos no Código Penal Militar como crime prescrevem nos prazos nele estabelecidos.

ART. 19. Esta Lei entra em vigor na data de sua publicação, revogada a Lei n. 5.300, de 29 de junho de 1967 e demais disposições em contrário.

Brasília, 05 de dezembro de 1972; 151º da Independência e 84º da República.

Emílio G. Médici

LEI N. 5.862, DE 12 DE DEZEMBRO DE 1972

Autoriza o Poder Executivo a constituir a empresa pública denominada Empresa Brasileira de Infraestrutura Aeroportuária - Infraero, e dá outras providências.

▸ *DOU*, 13.12.1972.

▸ Dec. 8.756/2016 (Dispõe sobre a atribuição de infraestrutura aeroportuária à Infraero).

O Presidente da República, faço saber que o Congresso Nacional decreta e eu sanciono a seguinte Lei:

ART. 1º Fica o Poder Executivo autorizado a constituir uma empresa pública, na forma definida no inciso II do artigo 5º, do Decreto-Lei n. 200, de 25 de fevereiro de 1967, alterado pelo Decreto-Lei n. 900, de 29 de setembro de 1969, denominada Empresa Brasileira de Infraestrutura Aeroportuária - Infraero, vinculada ao Ministério da Aeronáutica.

Parágrafo único. A Infraero terá sede e foro na Capital Federal e o prazo de sua duração será indeterminado.

ART. 2º A Infraero terá por finalidade implantar, administrar, operar e explorar industrial e comercialmente a infraestrutura aeroportuária que lhe for atribuída pela Secretaria de Aviação Civil da Presidência da República. (Alterado pela Lei 12.462/2011.)

§ 1º A atribuição prevista no *caput* poderá ser realizada mediante ato administrativo ou por meio de contratação direta da Infraero pela União, nos termos de regulamento. (Alterado pela Lei 13.319/2016.)

§ 2º Para cumprimento de seu objeto social, a Infraero é autorizada a: (Alterado pela Lei 13.319/2016.)

I - criar subsidiárias; (Alterado pela Lei 13.319/2016.)

II - participar, em conjunto com suas subsidiárias, minoritariamente ou majoritariamente, de outras sociedades públicas ou privadas; (Alterado pela Lei 13.319/2016.)

III - transferir para o Comando da Aeronáutica, do Ministério da Defesa, subsidiária que tenha como objeto a navegação aérea. (Acrescentado pela Lei 13.319/2016.)

§ 3º As subsidiárias e as sociedades de que tratam os incisos I e II do § 2º poderão atuar também no exterior. (Alterado pela Lei 13.319/2016.)

ART. 3º Para a realização de sua finalidade compete, ainda, à Infraero:

I - superintender técnica, operacional e administrativamente as unidades da infraestrutura aeroportuária;

II - criar agências, escritórios ou dependência em todo o território nacional;

III - gerir a participação acionária do Governo Federal nas suas empresas subsidiárias;

IV - promover a captação de recursos em fontes internas e externas, a serem aplicados na administração, operação, manutenção, expansão e aprimoramento da infraestrutura aeroportuária;

V - preparar orçamentos-programa de suas atividades e analisar os apresentados por suas subsidiárias, compatibilizando-os com o seu, considerados os encargos de administração, manutenção e novos investimentos, e encaminhá-los ao Ministério da Aeronáutica, para justificar a utilização de recursos do Fundo Aeroviário;

VI - representar o Governo Federal nos atos, contratos e convênios existentes e celebrar outros, julgados convenientes pelo Ministério da Aeronáutica, com os Estados da Federação, Territórios Federais, Municípios e entidades públicas e privadas, para os fins previstos no artigo anterior;

VII - promover a constituição de subsidiárias para gerir unidades de infraestrutura aeroportuária cuja complexidade exigir administração descentralizada;

VIII - executar ou promover a contratação de estudos, planos, projetos, obras e serviços relativos às suas atividades;

IX - executar ou promover a contratação de estudos, planos, projetos, obras e serviços de interesse do Ministério da Aeronáutica, condizentes com seus objetivos, para os quais forem destinados recursos especiais;

X - celebrar contratos e convênios com órgãos da Administração Direta e Indireta do Ministério da Aeronáutica, para prestação de serviços técnicos especializados;

XI - promover a formação, treinamento e aperfeiçoamento de pessoal especializado, necessário às suas atividades;

XII - promover e coordenar junto aos órgãos competentes as medidas necessárias para instalação e permanência dos serviços de segurança, polícia, alfândega e saúde nos aeroportos internacionais, supervisionando-as e controlando-as para que sejam fielmente executadas;

XIII - promover a execução de outras atividades relacionadas com a sua finalidade.

ART. 4º Para a participação da União no capital da Infraero:

I - Fica o Poder Executivo autorizado a transferir para o patrimônio da Infraero:

a) a totalidade das ações e créditos que a União tenha ou venha a ter em empresas correlatas ou afins com a infraestrutura aeroportuária;

b) outros bens necessários e úteis ao seu funcionamento.

II - O Poder Executivo providenciará a abertura de crédito especial de até Cr$10.000.000,00 (dez milhões de cruzeiros).

ART. 5º O Presidente da República designará, por indicação do Ministro da Aeronáutica, o representante da União nos atos constitutivos da empresa.

§ 1º Os atos constitutivos serão precedidos das seguintes providências, a cargo de comissão especialmente designada pelo Ministro da Aeronáutica:

I - arrolamento dos bens, direitos e ações de que trata o artigo anterior;

II - avaliação dos bens, direitos e ações arrolados;

III - elaboração do projeto de Estatutos;

IV - Plano de absorção gradativa de encargos;

V - proposta de todas as demais medidas necessárias ao funcionamento da empresa.

§ 2º Os atos constitutivos compreenderão:

I - aprovação das avaliações dos bens, direitos e ações arrolados;

II - aprovação do Plano de absorção gradativa de encargos;

III - aprovação dos Estatutos.

§ 3º A constituição da Infraero, bem como posteriores modificações, serão aprovadas por atos do Ministro da Aeronáutica.

ART. 6º Os recursos da Infraero serão constituídos de:

I - tarifas aeroportuárias arrecadadas nos aeroportos por ela diretamente administrados, com exceção daquelas relativas ao uso das comunicações e dos auxílios à navegação aérea em rota;

II - verbas orçamentárias e recursos do Fundo Aeroviário a ela destinados pelo Ministério da Aeronáutica;

III - créditos especiais que lhe forem destinados;

IV - rendimentos decorrentes de sua participação em outras empresas;

V - produto de operações de crédito, juros e venda de bens patrimoniais ou de materiais inservíveis;

VI - recursos recebidos como retribuição pela prestação de assistência técnica, especializada ou administrativa;

VII - recursos provenientes de outras fontes.

ART. 6º-A. A contratação de bens e serviços pela Infraero e suas controladas, a exemplo dos procedimentos facultados à Petrobras no art. 67 da Lei n. 9.478, de 6 de agosto de 1997, bem como as permissões e concessões de uso de áreas, instalações e equipamentos aeroportuários observarão procedimento licitatório simplificado, a ser definido em decreto do Presidente da República. (Acrescentado pela Lei 12.833/2012.)

ART. 7º O pessoal dos Quadros da Empresa será admitido por concurso ou prova de habilitação em regime empregatício subordinado à legislação trabalhista e às normas consignadas no Regulamento do Pessoal da Empresa.

§ 1º Para a execução de tarefas de natureza técnica ou especializada, a Infraero poderá contratar pessoas físicas ou jurídicas, observados os preceitos da legislação civil ou da trabalhista.

§ 2º Ao servidor público que, para ingressar na Empresa por concurso ou prova de habilitação, tenha-se exonerado de cargo público efetivo, será garantido o respectivo tempo de serviço para efeito de prestação do sistema geral de previdência social.

ART. 8º Fica o Ministério da Aeronáutica autorizado a constituir empresas subsidiárias da Infraero, para a realização de seus objetivos.

Parágrafo único. A Arsa - Aeroportos do Rio de Janeiro Sociedade Anônima, autorizada a ser constituída pela Lei n. 5.580, de 25 de maio de 1970, passará à condição de subsidiária da Infraero.

ART. 9º A Infraero poderá promover desapropriação nos termos da legislação em vigor sendo-lhe facultado transferir o domínio e a posse dos bens desapropriados às suas subsidiárias desde que mantida a destinação prevista no ato de declaração de utilidade pública.

ART. 10. A União intervirá obrigatoriamente, em todas as causas em que for parte a Infraero, inclusive nos litígios trabalhistas.

ART. 11. Esta lei entrará em vigor na data de sua publicação, revogadas as disposições em contrário.

Brasília, 12 de dezembro de 1972; 151º da Independência e 84º da República.

EMÍLIO G. MÉDICI

LEI N. 5.868, DE 12 DE DEZEMBRO DE 1972

Cria o Sistema Nacional de Cadastro Rural, e dá outras providências.

- *DOU*, 14.02.1972.
- Dec. 72.106/1973 (Regulamenta esta lei.)

O Presidente da República. Faço saber que o Congresso Nacional decreta e eu sanciono a seguinte Lei:

ART. 1º É instituído o Sistema Nacional de Cadastro Rural, que compreenderá:

I - Cadastro de Imóveis Rurais;

II - Cadastro de Proprietários e Detentores de Imóveis Rurais;

III - Cadastro de Arrendatários e Parceiros Rurais;

IV - Cadastro de Terras Públicas.

V - Cadastro Nacional de Florestas Públicas. (Incluído pela Lei 11.284/2006.)

§ 1º As revisões gerais de cadastros de imóveis a que se refere o § 4º do art. 46 da Lei n. 4.504, de 30 de novembro de 1964, serão realizadas em todo o País nos prazos fixados em ato do Poder Executivo, para fins de recadastramento e de aprimoramento do Sistema de Tributação da Terra - STT e do Sistema Nacional de Cadastro Rural - SNCR. (Redação dada pela Lei 10.267/2001.)

§ 2º Fica criado o Cadastro Nacional de Imóveis Rurais - CNIR, que terá base comum de informações, gerenciada conjuntamente pelo INCRA e pela Secretaria da Receita Federal, produzida e compartilhada pelas diversas instituições públicas federais e estaduais produtoras e usuárias de informações sobre o meio rural brasileiro. (Incluído pela Lei 10.267/2001.)

§ 3º A base comum do CNIR adotará código único, a ser estabelecido em ato conjunto do INCRA e da Secretaria da Receita Federal, para os imóveis rurais cadastrados de forma a permitir sua identificação e o compartilhamento das informações entre as instituições participantes. (Incluído pela Lei 10.267/2001.)

§ 4º Integrarão o CNIR as bases próprias de informações produzidas e gerenciadas pelas instituições participantes, constituídas por dados específicos de seus interesses, que poderão por elas ser compartilhados, respeitadas as normas regulamentadoras de cada entidade. (Incluído pela Lei 10.267/2001.)

ART. 2º Ficam obrigados a prestar declaração de cadastro, nos prazos e para os fins a que se refere o artigo anterior, todos os proprietários, titulares de domínio útil ou possuidores a qualquer título de imóveis rurais que sejam ou possam ser destinados à exploração agrícola, pecuária, extrativa vegetal ou agroindustrial, como definido no item I do Art. 4º do Estatuto da Terra.

§ 1º O não cumprimento do disposto neste artigo sujeitará o contribuinte ao lançamento *ex officio* dos tributos e contribuições devidas, aplicando-se as alíquotas máximas para seu cálculo, além de multas e demais cominações legais.

§ 2º Não incidirão multa e correção monetária sobre os débitos relativos a imóveis rurais cadastrados ou não, até 25 (vinte e cinco) módulos, desde que o pagamento do principal se efetue no prazo de 180 (cento e oitenta) dias, a partir da vigência desta Lei.

§ 3º Ficam também obrigados todos os proprietários, os titulares de domínio útil ou os possuidores a qualquer título a atualizar a declaração de cadastro sempre que houver alteração nos imóveis rurais, em relação à área ou à titularidade, bem como nos casos de preservação, conservação e proteção de recursos naturais. (Incluído pela Lei 10.267/2001.)

ART. 3º O Instituto Nacional de Colonização e Reforma Agrária - INCRA, fornecerá o Certificado de Cadastro de Imóveis Rurais e o de Arrendatários e Parceiros Rurais, na forma prevista nesta Lei.

Parágrafo único. Os documentos expedidos pelo INCRA, para fins cadastrais, não fazem prova de propriedade ou de direitos a ela relativos.

ART. 4º Pelo Certificado de Cadastro que resultar de alteração requerida pelo contribuinte, emissão de segundas vias do certificado, certidão de documentos cadastrais, ou quaisquer outros relativos à situação fiscal do contribuinte, o INCRA cobrará uma remuneração pelo regime de preços públicos segundo tabela anual aprovada pelo Ministro da Agricultura.

ART. 5º São isentas do Imposto sobre a Propriedade Territorial Rural:

I - as áreas de preservação permanente onde existam florestas formadas ou em formação;

II - as áreas reflorestadas com essências nativas.

Parágrafo único. O INCRA, ouvido o Instituto Brasileiro de Desenvolvimento Florestal - IBDF, em Instrução Especial aprovada pelo Ministro da Agricultura, baixará as normas disciplinadoras da aplicação do disposto neste artigo.

ART. 6º

‣ Execução suspensa pela RSF 313/1983.

Parágrafo único.

‣ Execução suspensa pela RSF 313/1983.

ART. 7º O Imposto sobre a Propriedade Territorial Rural não incidirá sobre as glebas rurais de área não excedente a 25 (vinte e cinco) hectares, quando as cultive, só, ou com sua família, o proprietário que não possua outro imóvel (§ 6º do Art. 21 da Constituição Federal).

§ 1º Para gozar da imunidade prevista neste artigo, o proprietário, ao receber o Certificado de Cadastro, declarará, perante o INCRA, que preenche os requisitos indispensáveis à sua concessão.

§ 2º Verificada a qualquer tempo a falsidade da declaração, o proprietário ficará sujeito às cominações do § 1º do Art. 2º desta Lei.

ART. 8º Para fins de transmissão, a qualquer título, na forma do Art. 65 da Lei número 4.504, de 30 de novembro de 1964, nenhum imóvel rural poderá ser desmembrado ou dividido em área de tamanho inferior à do módulo calculado para o imóvel ou da fração mínima de parcelamento fixado no § 1º deste artigo, prevalecendo a de menor área.

§ 1º A fração mínima de parcelamento será:

a) o módulo correspondente à exploração hortigranjeira das respectivas zonas típicas, para os Municípios das capitais dos Estados;

b) o módulo correspondente às culturas permanentes para os demais Municípios situados nas zonas típicas A, B e C;

c) o módulo correspondente à pecuária para os demais Municípios situados na zona típica D.

§ 2º Em Instrução Especial aprovada pelo Ministro da Agricultura, o INCRA poderá estender a outros Municípios, no todo ou em parte, cujas condições demográficas e socioeconômicas o aconselhem, a fração mínima de parcelamento prevista para as capitais dos Estados.

§ 3º São considerados nulos e de nenhum efeito quaisquer atos que infrinjam o disposto neste artigo não podendo os serviços notariais lavrar escrituras dessas áreas, nem ser tais atos registrados nos Registros de Imóveis, sob pena de responsabilidade administrativa, civil e criminal de seus titulares ou prepostos. (Redação dada pela Lei 10.267/2001.)

§ 4º O disposto neste artigo não se aplica: (Alterado pela Lei 13.001/2014.)

I - aos casos em que a alienação da área destine-se comprovadamente a sua anexação ao prédio rústico, confrontante, desde que o imóvel do qual se desmembre permaneça com área igual ou superior à fração mínima do parcelamento; (Alterado pela Lei 13.001/2014.)

II - à emissão de concessão de direito real de uso ou título de domínio em programas de regularização fundiária de interesse social em áreas rurais, incluindo-se as situadas na Amazônia Legal; (Alterado pela Lei 13.001/2014.)

III - aos imóveis rurais cujos proprietários sejam enquadrados como agricultor familiar nos termos da Lei n. 11.326, de 24 de julho de 2006; ou (Alterado pela Lei 13.001/2014.)

IV - ao imóvel rural que tenha sido incorporado à zona urbana do Município. (Alterado pela Lei 13.001/2014.)

§ 5º O disposto neste artigo aplica-se também às transações celebradas até esta data e ainda não registradas em Cartório, desde que se enquadrem nas condições e requisitos ora estabelecidos.

ART. 9º O valor mínimo do imposto a que se refere o art. 50 e parágrafos 1 a 4, da Lei número 4.504, de 30 de novembro de 1964, será de 01/30 (um trinta avos) do maior salário mínimo vigente no País em 1 de janeiro do exercício fiscal correspondente.

ART. 10. Os coeficientes de progressividade e regressividade de que tratam os parágrafos do art. 50 da Lei número 4.504, de 30 de novembro de 1964, não serão aplicados às áreas do imóvel que, comprovadamente, sejam utilizados em exploração mineral, ou que forem destinados a programas e projetos de colonização particular, desde que satisfeitas as exigências e requisitos regulamentares.

ART. 11. O Poder Executivo, no prazo de 30 (trinta) dias, regulamentará a aplicação desta Lei.

ART. 12. Esta Lei entrará em vigor na data de sua publicação, revogadas as disposições em contrário, em especial os parágrafos 1 e 2 do art. 5º, e os artigos 7, 11, 14 e 15, e seus parágrafos, do Decreto-Lei número 57, de 18 de novembro de 1966, o parágrafo 4 do art. 5º do Decreto-Lei número 1.146, de 31 de dezembro de 1970, e o art. 39 da Lei número 4.771, de 15 de setembro de 1965.

‣ RSF 9/2005. (Suspende, em parte, a execução deste artigo, no ponto em que revogou o art. 15 do Dec.-Lei 57/1966).

Brasília, 12 de dezembro de 1972; 151º da Independência e 84º da República.

EMÍLIO G. MÉDICI

LEI N. 5.970, DE 11 DE DEZEMBRO DE 1973

Exclui da aplicação do disposto nos artigos 6º, inciso I, 64 e 169, do Código de Processo Penal, os casos de acidente de trânsito, e, dá outras providências.

‣ *DOU*, 12.12.1973.

O Presidente da República. Faço saber que o Congresso Nacional decreta e eu sanciono a seguinte Lei:

ART. 1º Em caso de acidente de trânsito, a autoridade ou agente policial que primeiro tomar conhecimento do fato poderá autorizar, independentemente de exame do local, a imediata remoção das pessoas que tenham sofrido lesão, bem como dos veículos nele envolvidos, se estiverem no leito da via pública e prejudicarem o tráfego.

Parágrafo único. Para autorizar a remoção, a autoridade ou agente policial lavrará boletim da ocorrência, nele consignado o fato, as testemunhas que o presenciaram e todas as demais circunstâncias necessárias ao esclarecimento da verdade.

ART. 2º Esta lei entra em vigor na data de sua publicação, revogadas as disposições em contrário.

Brasília, 11 de dezembro de 1973; 152º da Independência e 85º da República.

EMÍLIO G. MÉDICI

LEI N. 5.972, DE 11 DE DEZEMBRO DE 1973

Regula o procedimento para o registro da propriedade de bens imóveis discriminados administrativamente ou possuídos pela União.

‣ *DOU*, 13.12.1973.

O Presidente da República. Faço saber que o Congresso Nacional decreta e eu sanciono a seguinte Lei:

ART. 1º O Poder Executivo promoverá o registro da propriedade de bens imóveis da União: (Redação dada pela Lei 9.821/1999.)

I - discriminados administrativamente, de acordo com a legislação vigente;

II - possuídos ou ocupados por órgãos da Administração Federal e por unidades militares, durante vinte anos, sem interrupção nem oposição.

ART. 2º O requerimento da União, firmado pelo Procurador da Fazenda Nacional e dirigido ao Oficial do Registro da circunscrição imobiliária da situação do imóvel, será instruído com:

I - decreto do Poder Executivo, discriminando o imóvel, cujo texto consigne:

1º a circunscrição judiciária ou administrativa, em que está situado o imóvel, conforme o critério adotado pela legislação local;

2º a denominação do imóvel, se rural; rua e número, se urbano;

3º as características e as confrontações do imóvel;

4º o título de transmissão ou a declaração da destinação pública do imóvel nos últimos vinte anos;

5º quaisquer outras circunstâncias de necessária publicidade e que possam afetar direito de terceiros.

II - certidão lavrada pelo Serviço do Patrimônio da União (S.P.U.), atestando a inexistência de contestação ou de reclamação feita administrativamente, por terceiros, quanto ao domínio e à posse do imóvel registrando.

Parágrafo único. A transcrição do decreto mencionado neste artigo independerá do prévio registro do título anterior quando inexistente ou quando for anterior ao Código Civil

(Lei número 3.071, de 1º de janeiro de 1916). (Redação dada pela Lei 6.282/1975.)

ART. 3º Nos quinze dias seguintes à data do protocolo do requerimento da União, o Oficial do Registro verificará se o imóvel descrito se acha lançado em nome de outrem. Inexistindo registro anterior, o oficial procederá imediatamente à transcrição do decreto de que trata o artigo 2º, que servirá de título aquisitivo da propriedade do imóvel pela União. Estando o imóvel lançado em nome de outrem, o Oficial do Registro, dentro dos cinco dias seguintes ao vencimento daquele prazo, remeterá o requerimento da União, com a declaração de dúvida, ao Juiz Federal competente para decidi-la.

ART. 4º Ressalvadas as disposições especiais constantes desta lei, a dúvida suscitada pelo Oficial será processada e decidida nos termos previstos na legislação sobre Registros Públicos, podendo o Juízo ordenar, de ofício ou a requerimento da União, a notificação de terceiro para, no prazo de dez dias, impugnar o registro com os documentos que entender.

ART. 5º Decidindo o Juiz que a dúvida improcede, o respectivo escrivão remeterá, incontinenti, certidão do despacho ao Oficial, que procederá logo ao registro do imóvel, declarando, na coluna das anotações, que a dúvida se houve como improcedente, arquivando-se o respectivo processo.

ART. 6º A sentença proferida da dúvida não impedirá ao interessado o recurso à via judiciária, para a defesa de seus legítimos interesses.

ART. 7º Esta lei entrará em vigor na data de sua publicação, revogadas as disposições em contrário.

Brasília, 11 de dezembro de 1973; 152º da Independência e 85º da República.

EMÍLIO G. MÉDICI

LEI N. 5.974, DE 11 DE DEZEMBRO DE 1973

Dispõe sobre a competência criminal para o processo e julgamento dos membros do Ministério Público da União.

› *DOU*, 13.12.1975

O Presidente da República. Faço saber que o Congresso Nacional decreta e eu sanciono a seguinte Lei:

ART. 1º Compete, originariamente, ao Tribunal Federal de Recursos processar e julgar os membros do Ministério Público da União nas infrações penais comuns.

Parágrafo único. O disposto neste artigo não se aplica aos crimes da competência da Justiça Militar, da Justiça Eleitoral e do Tribunal do Júri.

ART. 2º Esta Lei entrará em vigor na data de sua publicação, revogadas as disposições em contrário.

Brasília, 11 de dezembro de 1973; 152º da Independência e 85º da República.

EMÍLIO G. MÉDICI

LEI N. 6.007, DE 19 DEZEMBRO DE 1973

Estabelece normas para fixação do número de Deputados à Câmara dos Deputados e às Assembleias Legislativas.

› *DOU*, 21.12.1973.

O Presidente da República. Faço saber que o Congresso Nacional decreta e eu sanciono a seguinte Lei:

ART. 1º O Tribunal Superior Eleitoral, com base no número de eleitores alistados até o dia 30 de junho do ano da eleição, declarará o número de Deputados, por Estado, à Câmara dos Deputados e às Assembleias Legislativas, observados os artigos 13, § 6º, e 39, §§ 2º e 3º da Constituição Federal.

§ 1º O número de Deputados será fixado no prazo de trinta dias, contados a partir da data estabelecida neste artigo.

§ 2º Para o cômputo do número de eleitores, só serão considerados os alistamentos e transferências de títulos já deferidos pelos Juízes Eleitorais, ou em grau de recurso pelos Tribunais Eleitorais, até 30 de junho do ano da eleição.

ART. 2º Esta Lei entrará em vigor na data de sua publicação, revogadas as disposições em contrário.

Brasília, 19 de dezembro de 1973; 152º da Independência e 85º da República.

EMÍLIO G. MÉDICI

LEI N. 6.091, DE 15 DE AGOSTO DE 1974

Dispõe sobre o fornecimento gratuito de transporte, em dias de eleição, a eleitores residentes nas zonas rurais, e dá outras providências.

› *DOU*, 15.08.1974

O Presidente da República. Faço saber que o Congresso Nacional decreta e eu sanciono a seguinte Lei:

ART. 1º Os veículos e embarcações, devidamente abastecidos e tripulados, pertencentes à União, Estados, Territórios e Municípios e suas respectivas autarquias e sociedades de economia mista, excluídos os de uso militar, ficarão à disposição da Justiça Eleitoral para o transporte gratuito de eleitores em zonas rurais, em dias de eleição.

§ 1º Excetuam-se do disposto neste artigo os veículos e embarcações em número justificadamente indispensável ao funcionamento de serviço público insusceptível de interrupção.

§ 2º Até quinze dias antes das eleições, a Justiça Eleitoral requisitará dos órgãos da administração direta ou indireta da União, dos Estados, Territórios, Distrito Federal e Municípios os funcionários e as instalações de que necessitar para possibilitar a execução dos serviços de transporte e alimentação de eleitores previstos nesta Lei.

ART. 2º Se a utilização de veículos pertencentes às entidades previstas no art. 1º não for suficiente para atender ao disposto nesta Lei, a Justiça Eleitoral requisitará veículos e embarcações a particulares, de preferência os de aluguel.

Parágrafo único. Os serviços requisitados serão pagos, até trinta dias depois do pleito, a preços que correspondam aos critérios da localidade. A despesa correrá por conta do Fundo Partidário.

ART. 3º Até cinquenta dias antes da data do pleito, os responsáveis por todas as repartições, órgãos e unidades do serviço público federal, estadual e municipal oficiarão à Justiça Eleitoral, informando o número, a espécie e lotação dos veículos e embarcações de sua propriedade, e justificando, se for o caso, a ocorrência da exceção prevista no parágrafo 1º do art. 1º desta Lei.

§ 1º Os veículos e embarcações à disposição da Justiça Eleitoral deverão, mediante comunicação expressa de seus proprietários, estar em condições de ser utilizados, pelo menos, vinte e quatro horas antes das eleições e circularão exibindo de modo bem visível, dístico em letras garrafais, com a frase: "A serviço da Justiça Eleitoral."

§ 2º A Justiça Eleitoral, à vista das informações recebidas, planejará a execução do serviço de transporte de eleitores e requisitará aos responsáveis pelas repartições, órgãos ou unidades, até trinta dias antes do pleito, os veículos e embarcações necessários.

ART. 4º Quinze dias antes do pleito, a Justiça Eleitoral divulgará, pelo órgão competente, o quadro geral de percursos e horários programados para o transporte de eleitores, dele fornecendo cópias aos partidos políticos.

§ 1º O transporte de eleitores somente será feito dentro dos limites territoriais do respectivo município e quando das zonas rurais para as mesas receptoras distar pelo menos dois quilômetros.

§ 2º Os partidos políticos, os candidatos, ou eleitores em número de vinte, pelo menos, poderão oferecer reclamações em três dias contados da divulgação do quadro.

§ 3º As reclamações serão apreciadas nos três dias subsequentes, delas cabendo recurso sem efeito suspensivo.

§ 4º Decididas as reclamações, a Justiça Eleitoral divulgará, pelos meios disponíveis, o quadro definitivo.

ART. 5º Nenhum veículo ou embarcação poderá fazer transporte de eleitores desde o dia anterior até o posterior à eleição, salvo:

I - a serviço da Justiça Eleitoral;

II - coletivos de linhas regulares e não fretados;

III - de uso individual do proprietário, para o exercício do próprio voto e dos membros da sua família;

IV - o serviço normal, sem finalidade eleitoral, de veículos de aluguel não atingidos pela requisição de que trata o art. 2º.

ART. 6º A indisponibilidade ou as deficiências do transporte de que trata esta Lei não eximem o eleitor do dever de votar.

Parágrafo único. Verificada a inexistência ou deficiência de embarcações e veículos, poderão os órgãos partidários ou os candidatos indicar à Justiça Eleitoral onde há disponibilidade para que seja feita a competente requisição.

ART. 7º O eleitor que deixar de votar e não se justificar perante o Juiz Eleitoral até sessenta dias após a realização da eleição incorrerá na multa de três a dez por cento sobre o salário mínimo da região, imposta pelo Juiz Eleitoral e cobrada na forma prevista no art. 367, da Lei 4.737, de 15 de julho de 1965.

ART. 8º Somente a Justiça Eleitoral poderá, quando imprescindível, em face da absoluta carência de recursos de eleitores da zona rural, fornecer-lhes refeições, correndo, nesta hipótese, as despesas por conta do Fundo Partidário.

ART. 9º É facultado aos Partidos exercer fiscalização nos locais onde houver transporte e fornecimento de refeições a eleitores.

ART. 10. É vedado aos candidatos ou órgãos partidários, ou a qualquer pessoa, o fornecimento de transporte ou refeições aos eleitores da zona urbana.

ART. 11. Constitui crime eleitoral:

I - descumprir, o responsável por órgão, repartição ou unidade do serviço público, o dever imposto no art. 3º, ou prestar, informação inexata que vise a elidir, total ou parcialmente, a contribuição de que ele trata:

Pena - detenção de quinze dias a seis meses e pagamento de 60 a 100 dias - multa;

II - desatender à requisição de que trata o art. 2º:

Pena - pagamento de 200 a 300 dias-multa, além da apreensão do veículo para o fim previsto;

III - descumprir a proibição dos artigos 5º, 8º e 10º;

Pena - reclusão de quatro a seis anos e pagamento de 200 a 300 dias-multa (art. 302 do Código Eleitoral);

IV - obstar, por qualquer forma, a prestação dos serviços previstos nos arts. 4º e 8º desta Lei, atribuídos à Justiça Eleitoral:

Pena - reclusão de 2 (dois) a 4 (quatro) anos;

V - utilizar em campanha eleitoral, no decurso dos 90 (noventa) dias que antecedem o pleito, veículos e embarcações pertencentes à União, Estados, Territórios, Municípios e respectivas autarquias e sociedades de economia mista:

Pena - cancelamento do registro do candidato ou de seu diploma, se já houver sido proclamado eleito.

Parágrafo único. O responsável, pela guarda do veículo ou da embarcação, será punido com a pena de detenção, de 15 (quinze) dias a 6 (seis) meses, e pagamento de 60 (sessenta) a 100 (cem) dias-multa.

ART. 12. A propaganda eleitoral, no rádio e na televisão, circunscrever-se-á, única e exclusivamente, ao horário gratuito disciplinado pela Justiça Eleitoral, com a expressa proibição de qualquer propaganda paga.

Parágrafo único. Será permitida apenas a divulgação paga, pela imprensa escrita, do *curriculum vitae* do candidato e do número do seu registro na Justiça Eleitoral, bem como do partido a que pertence.

ART. 13. São vedados e considerados nulos de pleno direito, não gerando obrigação de espécie alguma para a pessoa jurídica interessada, nem qualquer direito para o beneficiário, os atos que, no período compreendido entre os noventa dias anteriores à data das eleições parlamentares e o término, respectivamente, do mandato do Governador do Estado importem em nomear, contratar, designar, readaptar ou proceder a quaisquer outras formas de provimento de funcionário ou servidor na administração direta e nas autarquias, empresas públicas e sociedades de economia mista dos Estados e Municípios, salvo os cargos em comissão, e da magistratura, do Ministério Público e, com aprovação do respectivo Órgão Legislativo, dos Tribunais de Contas e os aprovados em concursos públicos homologados até a data da publicação desta lei.

§ 1º Excetuam-se do disposto no artigo:

I - nomeação ou contratação necessárias à instalação inadiável de serviços públicos essenciais, com prévia e expressa autorização do governador ou Prefeito;

II - nomeação ou contratação de técnico indispensável ao funcionamento do serviço público essencial.

§ 2º O ato com a devida fundamentação será publicado no respectivo órgão oficial.

ART. 14. A Justiça Eleitoral instalará, trinta dias antes do pleito, na sede de cada Município, Comissão Especial de Transporte e Alimentação, composta de pessoas indicadas pelos Diretórios Regionais dos Partidos Políticos Nacionais, com a finalidade de colaborar na execução desta lei.

§ 1º Para compor a Comissão, cada Partido indicará três pessoas, que não disputem cargo eletivo.

§ 2º É facultado a candidato, em Município de sua notória influência política, indicar ao Diretório do seu Partido, pessoa de sua confiança para integrar a Comissão.

ART. 15. Os Diretórios Regionais, até quarenta dias antes do pleito, farão as indicações de que trata o artigo 14 desta lei.

ART. 16. O eleitor que deixar de votar por se encontrar ausente de seu domicílio eleitoral deverá justificar a falta, no prazo de 60 (sessenta) dias, por meio de requerimento dirigido ao Juiz Eleitoral de sua zona de inscrição, que mandará anotar o fato, na respectiva folha individual de votação.

§ 1º O requerimento, em duas vias, será levado, em sobrecarta aberta, a agência postal, que, depois de dar andamento à 1ª via, aplicará carimbo de recepção na 2ª, devolvendo-a ao interessado, valendo esta como prova para todos os efeitos legais.

§ 2º Estando no exterior, no dia em que se realizarem eleições, o eleitor terá o prazo de 30 (trinta) dias, a contar de sua volta ao País, para a justificação.

ARTS. 17 a 25. (Revogados pela Lei 7.493/1986).

ART. 26. O Poder Executivo é autorizado a abrir o crédito especial de Cr$ 20.000.000,00 (vinte milhões de cruzeiros) destinado ao Fundo Partidário, para atender às despesas decorrentes da aplicação desta Lei na eleição de 15 de novembro de 1974.

Parágrafo único. A abertura do crédito autorizado neste artigo será compensada mediante a anulação de dotações constantes no Orçamento para o corrente exercício, de que trata a Lei n. 5.964, de 10 de novembro de 1973.

ART. 27. Sem prejuízo do disposto no inciso XVII do artigo 30 do Código Eleitoral (Lei n. 4.737, de 15 de julho de 1965), o Tribunal Superior Eleitoral expedirá, dentro de 15 dias da data da publicação desta Lei, as instruções necessárias a sua execução.

ART. 28. Esta Lei entra em vigor na data de sua publicação, revogadas as disposições em contrário.

Brasília, 15 de agosto de 1974; 153º da Independência e 86º da República.

ERNESTO GEISEL

LEI N. 6.094, DE 30 DE AGOSTO DE 1974

Define, para fins de Previdência Social, a atividade de Auxiliar de Condutor Autônomo de Veículo Rodoviário, e dá outras providências.

- *DOU*, 02.09.1974.

O Presidente da República. Faço saber que o Congresso Nacional decreta e eu sanciono a seguinte Lei:

ART. 1º É facultada ao Condutor Autônomo de Veículo Rodoviário a cessão do seu automóvel, em regime de colaboração, no máximo a dois outros profissionais.

§ 1º Os auxiliares de condutores autônomos de veículos rodoviários contribuirão para o Regime Geral de Previdência Social de forma idêntica à dos contribuintes individuais. (Alterado pela Lei 12.765/2012. Vigência: após decorridos 90 dias da data de sua publicação oficial.)

§ 2º O contrato que rege as relações entre o autônomo e os auxiliares é de natureza civil, não havendo qualquer vínculo empregatício nesse regime de trabalho. (Alterado pela Lei 12.765/2012. Vigência: após decorridos 90 dias da data de sua publicação oficial.)

§ 3º As autoridades estaduais competentes fornecerão ao motorista colaborador identidade que o qualifique como tal.

§ 4º A identidade será fornecida mediante requerimento do interessado, com a concordância do proprietário do veículo.

ART. 2º Esta Lei entrará em vigor na data de sua publicação, revogadas as disposições em contrário.

Brasília, 30 de agosto de 1974; 153º da Independência e 86º da República.

ERNESTO GEISEL

LEI N. 6.185, DE 11 DE DEZEMBRO DE 1974

Dispõe sobre os servidores públicos civis da Administração Federal direta e autárquica, segundo a natureza jurídica do vínculo empregatício, e dá outras providências.

- *DOU*, 13.12.1974.
- Lei 7.391/1985 (Dispõe sobre a aplicação do estabelecido no art. 2º da Lei n. 6.185/1974, que dispõe sobre o regime jurídico dos servidores públicos civis da Administração Federal direta e das autarquias federais).
- Lei 7.662/1988 (Faculta aos servidores públicos federais a opção pelo regime de que trata a Lei 1.711/1952).
- Lei 8.112/1990 (Regime jurídico dos servidores públicos civis da União).

O Presidente da República. Faço saber que o Congresso Nacional decreta e eu sanciono a seguinte Lei:

ART. 1º Os servidores públicos civis da Administração Federal direta e autárquica reger-se-ão por disposições estatutárias ou pela legislação trabalhista em vigor.

ART. 2º Para as atividades inerentes ao Estado como Poder Público sem correspondência no setor privado, compreendidas nas áreas de Segurança Pública, Diplomacia, Tributação, Arrecadação e Fiscalização de Tributos Federais e Contribuições Previdenciárias, Procurador da Fazenda Nacional, Controle Interno, e no Ministério Público, só se nomearão servidores cujos deveres, direitos e obrigações sejam os definidos em Estatuto próprio, na forma do art. 109 da Constituição Federal. (Redação dada pela Lei 6.856/1980.)

ART. 3º Para as atividades não compreendidas no artigo precedente só se admitirão servidores regidos pela legislação trabalhista, sem os direitos de greve e sindicalização, aplicando-se-lhes as normas que disciplinam o Fundo de Garantia do Tempo de Serviço.

Parágrafo único. Os servidores a que se refere este artigo serão admitidos para cargos integrantes do Plano de Classificação, com a correspondente remuneração.

ART. 4º A juízo do Poder Executivo, nos casos e condições que especificar, inclusive quanto à fonte de custeio, os funcionários públicos estatutários poderão optar pelo regime do artigo 3º.

§ 1º Será computado, para o gozo dos direitos assegurados na legislação trabalhista e de previdência social, inclusive para efeito de carência, o tempo de serviço anteriormente prestado à Administração Pública pelo funcionário que fizer a opção referida neste artigo.

§ 2º A contagem do tempo de serviço de que trata o parágrafo anterior far-se-á segundo as normas pertinentes ao regime estatutário, computando-se em dobro, para fins de aposentadoria, os períodos de licença especial não gozada, cujo direito haja sido adquirido sob o mesmo regime.

ART. 5º Os encargos sociais de natureza contributiva, da União e das respectivas autarquias, em relação ao pessoal regido pela legislação trabalhista, restringir-se-ão às contribuições para o Instituto Nacional de Previdência Social, inclusive as incidentes sobre o 13º (décimo-terceiro) salário, às cotas do salário-família e aos depósitos para o Fundo de Garantia do Tempo de Serviço, nos termos das respectivas legislações.

Parágrafo único. Dos orçamentos da União e das autarquias deverão constar, as dotações necessárias ao custeio dos encargos de que trata este artigo.

ART. 6º Os atuais funcionários que não fizerem a opção prevista no artigo 4º serão mantidos no regime estatutário.

ART. 7º Esta Lei entrará em vigor na data de sua publicação, revogados os § § 1º e 2º do artigo 3º, da Lei n. 5.886, de 31 de maio de 1973; o parágrafo único, do artigo 3º, da Lei n. 5.914, de 31 de agosto de 1973; o parágrafo único, do artigo 3º, da Lei n. 5.921, de 19 de setembro de 1973; o parágrafo único, do artigo 4º da Lei n. 5.968, de 11 de dezembro de 1973; o parágrafo único, do artigo 3º, da Lei n. 5.990, de 17 de dezembro de 1973, e demais disposições em contrário.

Brasília, 11 de dezembro de 1974; 153º da Independência e 86º da República.

ERNESTO GEISEL

LEI N. 6.192, DE 19 DE DEZEMBRO DE 1974

Dispõe sobre restrições a brasileiros naturalizados, e dá outras providências.

‣ *DOU*, 20.12.1974.

O Presidente da República. Faço saber que o Congresso Nacional decreta e eu sanciono a seguinte Lei:

ART. 1º É vedada qualquer distinção entre brasileiros natos e naturalizados.

ART. 2º A condição de "brasileiro nato", exigida em leis ou decretos, para qualquer fim, fica modificada para a de "brasileiro".

ART. 3º Não serão admitidos a registro os atos de constituição de sociedade comercial ou civil que contiverem restrição a brasileiro naturalizado.

ART. 4º Nos documentos públicos, a indicação da nacionalidade brasileira alcançada mediante naturalização far-se-á sem referência a esta circunstância.

ART. 5º A violação do disposto no artigo 1º desta Lei constitui contravenção penal, punida com as penas de prisão simples de quinze dias a três meses e multa igual a três vezes o valor do maior salário-mínimo vigente no País.

ART. 6º Esta Lei entrará em vigor na data de sua publicação, revogadas as disposições em contrário.

Brasília, 19 de dezembro de 1974; 153º da Independência e 86º da República.

ERNESTO GEISEL

LEI N. 6.226, DE 14 DE JULHO DE 1975

Dispõe sobre a contagem recíproca de tempo de serviço público federal e de atividade privada, para efeito de aposentadoria.

‣ *DOU*, 15.07.1975.

‣ Dec. 3.048/1999 (Aprova o Regulamento da Previdência Social).

O Presidente da República. Faço saber que o Congresso Nacional decreta e eu sanciono a seguinte Lei:

ART. 1º Os funcionários públicos civis de órgãos da Administração Federal Direta e das Autarquias Federais que houverem completado 5 (cinco) anos de efetivo exercício terão computado, para efeito de aposentadoria por invalidez, por tempo de serviço e compulsória, na forma da Lei n. 1.711, de 28 de outubro de 1952, o tempo de serviço prestado em atividade vinculada ao regime da Lei n. 3.807, de 26 de agosto de 1960, e legislação subsequente.

ART. 2º Os segurados do Instituto Nacional de Previdência Social (INPS) que já houverem realizado 60 (sessenta) contribuições mensais terão computado, para todos os benefícios previstos na Lei n. 3.807, de 26 de agosto de 1960, com as alterações contidas na Lei n. 5.890, de 8 de junho de 1973, ressalvado o disposto no artigo 6º, o tempo de serviço público prestado à administração Federal Direta e às Autarquias Federais.

ART. 3º O disposto nesta Lei estender-se-á aos servidores públicos civis e militares, inclusive autárquicos, dos Estados e Municípios que assegurem, mediante legislação - própria, a contagem do tempo de serviço prestado em atividade regida pela Lei n. 3.807, de 26 de agosto de 1960, para efeito de aposentadoria por invalidez, por tempo de serviço e compulsória, pelos cofres estaduais ou municipais. (Redação dada pela Lei 6.864/1980.)

ART. 4º Para efeitos desta Lei, o tempo de serviço ou de atividades, conforme o caso, será computado de acordo com a legislação pertinente, observadas as seguintes normas:

I - não será admitida a contagem de tempo de serviço em dobro ou em outras condições especiais;

II - é vedada a acumulação de tempo de serviço público com o de atividades privadas, quando concomitante;

III - não será contado por um sistema, o tempo de serviço que já tenha servido de base para a concessão de aposentadoria pelo outro sistema;

IV - o tempo de serviço, anterior ou posterior à filiação obrigatória à Previdência Social, dos segurados - empregadores, empregados domésticos, trabalhadores autônomos, e o de atividade dos religiosos, de que trata a Lei n. 6.696, de 8 de outubro de 1979, somente será contado se for recolhida a contribuição correspondente ao período de atividade, com os acréscimos legais na forma a ser fixada em regulamento. (Redação dada pela Lei 6.864/1980.)

ART. 5º A aposentadoria por tempo de serviço, com o aproveitamento da contagem recíproca, autorizada por esta Lei, somente será concedida ao funcionário público federal ou ao segurado do Instituto Nacional de Previdência Social (INPS), que contar ou venha a completar 35 (trinta e cinco) anos de serviço, ressalvadas as hipóteses expressamente previstas na Constituição Federal, de redução para 30 (trinta) anos de serviço, se mulher ou Juiz, e para 25 (vinte e cinco) anos, se ex-combatente.

Parágrafo único. Se a soma dos tempos de serviço ultrapassar os limites previstos neste artigo, o excesso não será considerado para qualquer efeito.

ART. 6º O segurado do sexo masculino, beneficiado pela contagem recíproca de tempo de serviço na forma desta Lei, não fará jus ao abono mensal de que trata o item II, do § 4º, do artigo 10, da Lei n. 5.890, de 8 de junho de 1973.

ART. 7º As disposições da presente Lei aplicam-se aos segurados do Serviço de Assistência e Seguro Social dos Economiários (Sasse), observadas as normas contidas no artigo 9º.

ART. 8º As aposentadorias e demais benefícios de que tratam os artigos 1º e 2º, resultantes da contagem recíproca de tempo de serviço prevista nesta Lei, serão concedidos e pagos pelo sistema a que pertencer o interessado ao requerê-los e seu valor será calculado na forma da legislação pertinente.

Parágrafo único. O ônus financeiro decorrente caberá, conforme o caso, integralmente ao Tesouro Nacional, à Autarquia Federal ou ao Sasse, à conta de dotações orçamentárias próprias, ou ao INPS, à conta de recursos que lhe forem consignados pela União, na forma do inciso IV, do artigo 69, da Lei n. 3.807, de 26 de agosto de 1960, com a redação que lhe deu a Lei n. 5.890, de 8 de junho de 1973.

ART. 9º A contagem de tempo de serviço prevista nesta Lei, não se aplica às aposentadorias já concedidas nem aos casos de opção regulados pelas Leis n. 6.184 e 6.185, de 11 de dezembro de 1974, em que serão observadas as disposições específicas.

ART. 10. Esta Lei entrará em vigor no primeiro dia do terceiro mês seguinte ao de sua publicação, revogados a Lei n. 3.841, de 15 de dezembro de 1960, o Decreto-Lei n. 367, de 19 de dezembro de 1968, e demais disposições em contrário.

Brasília, 14 de julho de 1975; 154º da Independência e 87º da República.

ERNESTO GEISEL

LEI N. 6.236, DE 18 DE SETEMBRO DE 1975

Determina providências para cumprimento da obrigatoriedade do alistamento eleitoral.

‣ *DOU*, 19.09.1975.

O Presidente da República, faço saber que o Congresso Nacional decreta e eu sanciono a seguinte Lei:

ART. 1º A matrícula, em qualquer estabelecimento de ensino, público ou privado, de maior de dezoito anos alfabetizado, só será concedida ou renovada mediante a apresentação do título de eleitor do interessado.

§ 1º O diretor, professor ou responsável por curso de alfabetização de adolescentes e adultos encaminhará o aluno que o concluir ao competente juiz eleitoral, para obtenção do título de eleitor.

§ 2º A inobservância do disposto no parágrafo anterior sujeitará os responsáveis às penas previstas no artigo 9º do Código Eleitoral.

ART. 2º Os eleitores do Distrito Federal, enquanto não se estabelecer o seu direito de voto, ficam dispensados de todas as exigências legais a que se sujeitam os portadores de títulos eleitorais.

ART. 3º Os serviços de rádio, televisão e cinema educativos, participantes do Plano de Alfabetização Funcional e Educação Continuada de Adolescentes e Adultos, encarecerão em seus programas as vantagens atribuídas ao cidadão eleitor, no pleno gozo de seus direitos civis e políticos, e informarão da obrigatoriedade do alistamento e do voto, para os brasileiros de ambos os sexos.

ART. 4º Esta Lei entrará em vigor na data de sua publicação, revogadas as disposições em contrário.

Brasília, 18 de setembro de 1975; 154º da Independência e 87º da República.

ERNESTO GEISEL

LEI N. 6.313, DE 16 DE DEZEMBRO DE 1975

Dispõe sobre títulos de crédito à exportação e dá outras providências.

‣ *DOU*, 17.12.1975.

O Presidente Da República, faço saber que o Congresso Nacional decreta e eu sanciono a seguinte Lei:

ART. 1º As operações de financiamento à exportação ou à produção de bens para exportação, bem como às atividades de apoio e complementação integrantes e fundamentais da exportação, realizadas por instituições financeiras, poderão ser representadas por Cédula Crédito à Exportação e por Nota de Crédito à Exportação com características idênticas, respectivamente, à Cédula de

Crédito Industrial e à Nota de Crédito Industrial, instituídas pelo Decreto-Lei n. 413, de 9 de janeiro de 1969.

Parágrafo único. A Cédula de Crédito à Exportação e a Nota de Crédito à Exportação poderão ser emitidas por pessoas físicas e jurídicas, que se dediquem a qualquer das atividades referidas neste artigo.

ART. 2º Os financiamentos efetuados por meio de Cédula de Crédito à Exportação e da Nota de Crédito à Exportação ficarão isentos do imposto sobre operações financeiras de que trata a Lei n. 5.143, de 20 de outubro de 1966.

- Lei 8.402/1992 (Restabelece os incentivos fiscais que menciona).
- Dec. 6.306/2007 (Regulamenta o IOF).

ART. 3º Serão aplicáveis à Cédula de Crédito à Exportação, respectivamente, os dispositivos do Decreto-Lei n. 413, de 9 de janeiro de 1969, referente à Cédula de Crédito Industrial e à Nota de Crédito Industrial.

- Art. 2º, Lei 8.522/1992 (Extingue as parcelas devidas à União, do produto da arrecadação dos emolumentos sobre a inscrição e averbação das Cédulas de Créditos à Exportação criadas por este artigo).

ART. 4º O registro da Cédula de Crédito à Exportação será feito no mesmo livro e observados os requisitos aplicáveis à Cédula Industrial.

ART. 5º A Cédula de Crédito à Exportação e a Nota de Crédito à Exportação obedecerão aos modelos anexos ao Decreto-Lei n. 413, de 9 de janeiro de 1969, respeitada, porém, em cada caso, a respectiva denominação.

ART. 6º Esta Lei entrará em vigor na data de sua publicação, revogadas as disposições em contrário.

Brasília, 16 de dezembro de 1975; 154º da Independência e 87º da República.

ERNESTO GEISEL

LEI N. 6.321, DE 14 DE ABRIL DE 1976

Dispõe sobre a dedução, do lucro tributável para fins de imposto sobre a renda das pessoas jurídicas, do dobro das despesas realizadas em programas de alimentação do trabalhador.

- *DOU*, 19.04.1976.
- Lei 7.418/1985 (Institui o Vale-Transporte).
- Dec.-Lei 2.296/1986 (Concede estímulos aos programas de previdência privada, para incentivar a formação de poupança de longo prazo).
- Dec. 5/1991 (Regulamenta esta lei).

O Presidente da República. Faço saber que o Congresso Nacional decreta e eu sanciono a seguinte Lei:

ART. 1º As pessoas jurídicas poderão deduzir, do lucro tributável para fins do imposto sobre a renda o dobro das despesas comprovadamente realizadas no período base, em programas de alimentação do trabalhador, previamente aprovados pelo Ministério do Trabalho na forma em que dispuser o Regulamento desta Lei.

- Dec.-Lei 2.397/1987 (Altera a legislação do Imposto de Renda das pessoas jurídicas).

§ 1º A dedução a que se refere o *caput* deste artigo não poderá exceder em cada exercício financeiro, isoladamente, a 5% (cinco por cento) e cumulativamente com a dedução de que trata a Lei n. 6.297, de 15 de dezembro de 1975, a 10% (dez por cento) do lucro tributável.

§ 2º As despesas não deduzidas no exercício financeiro correspondente poderão ser transferidas para dedução nos dois exercícios financeiros subsequentes.

ART. 2º Os programas de alimentação a que se refere o artigo anterior deverão conferir prioridade ao atendimento dos trabalhadores de baixa renda e limitar-se-ão aos contratos pela pessoa jurídica beneficiária.

§ 1º O Ministério do Trabalho articular-se-á com o Instituto Nacional de Alimentação e Nutrição - INAN, para efeito do exame e aprovação dos programas a que se refere a presente Lei. (Renumerado pela Med. Prov. 2.164-41/ 2001.)

§ 2º As pessoas jurídicas beneficiárias do Programa de Alimentação do Trabalhador - PAT poderão estender o benefício previsto nesse Programa aos trabalhadores por elas dispensados, no período de transição para um novo emprego, limitada a extensão ao período de seis meses. (Renumerado pela Med. Prov. 2.164-41/ 2001.)

§ 3º As pessoas jurídicas beneficiárias do PAT poderão estender o benefício previsto nesse Programa aos empregados que estejam com contrato suspenso para participação em curso ou programa de qualificação profissional, limitada essa extensão ao período de cinco meses. (Renumerado pela Med. Prov. 2.164-41/ 2001.)

ART. 3º Não se inclui como salário de contribuição a parcela paga *in natura*, pela empresa, nos programas de alimentação aprovados pelo Ministério do Trabalho.

ART. 4º O Poder Executivo regulamentará a presente Lei no prazo de 60 (sessenta) dias.

ART. 5º Esta Lei entrará em vigor na data de sua publicação, revogadas as disposições em contrário.

Brasília, 14 de abril de 1976; 155º da Independência e 88º da República.

ERNESTO GEISEL

LEI N. 6.383, DE 7 DE DEZEMBRO DE 1976

Dispõe sobre o processo discriminatório de terras devolutas da União, e dá outras providências.

- *DOU*, 09.12.1976.

O Presidente da República. Faço saber que o Congresso Nacional decreta e eu sanciono a seguinte Lei:

CAPÍTULO I
DAS DISPOSIÇÕES PRELIMINARES

ART. 1º O processo discriminatório das terras devolutas da União será regulado por esta Lei.

Parágrafo único. O processo discriminatório será administrativo ou judicial.

CAPÍTULO II
DO PROCESSO ADMINISTRATIVO

ART. 2º O processo discriminatório administrativo será instaurado por Comissões Especiais constituídas de três membros, a saber: um bacharel em direito do Serviço Jurídico do Instituto Nacional de Colonização e Reforma Agrária - INCRA, que a presidirá; um engenheiro agrônomo e um outro funcionário que exercerá as funções de secretário.

§ 1º As Comissões Especiais serão criadas por ato do presidente do Instituto Nacional de Colonização e Reforma Agrária - INCRA, e terão jurisdição e sede estabelecidas no respectivo ato de criação, ficando os seus presidentes investidos de poderes de representação da União, para promover o processo discriminatório administrativo previsto nesta Lei.

§ 2º O Instituto Nacional de Colonização e Reforma Agrária - INCRA, no prazo de 30 (trinta) dias após a vigência desta Lei, baixará Instruções Normativas, dispondo, inclusive, sobre o apoio administrativo às Comissões Especiais.

ART. 3º A Comissão Especial instruirá inicialmente o processo com memorial descritivo da área, no qual constará:

I - o perímetro com suas características e confinância, certa ou aproximada, aproveitando, em princípio, os acidentes naturais;

II - a indicação de registro da transcrição das propriedades;

III - o rol das ocupações conhecidas;

IV - o esboço circunstanciado da gleba a ser discriminada ou seu levantamento aerofotogramétrico;

V - outras informações de interesse.

ART. 4º O presidente da Comissão Especial convocará os interessados para apresentarem, no prazo de 60 (sessenta) dias e em local a ser fixado no edital de convocação, seus títulos, documentos, informações de interesse e, se for o caso, testemunhas.

§ 1º Consideram-se de interesse as informações relativas à origem e sequência dos títulos, localização, valor estimado e área certa ou aproximada das terras de quem se julgar legítimo proprietário ou ocupante; suas confrontações e nome dos confrontantes; natureza, qualidade e valor das benfeitorias; culturas e criações nelas existentes; financiamento e ônus incidentes sobre o imóvel e comprovantes de impostos pagos, se houver.

§ 2º O edital de convocação conterá a delimitação perimétrica da área a ser discriminada com suas características e será dirigido, nominalmente, a todos os interessados, proprietários, ocupantes, confinantes certos e respectivos cônjuges, bem como aos demais interessados incertos ou desconhecidos.

§ 3º O edital deverá ter a maior divulgação possível, observado o seguinte procedimento:

a) afixação em lugar público na sede dos municípios e distritos, onde se situar a área nele indicada;

b) publicação simultânea, por duas vezes, no Diário Oficial da União, nos órgãos oficiais do Estado ou Território Federal e na imprensa local, onde houver, com intervalo mínimo de 8 (oito) e máximo de 15 (quinze) dias entre a primeira e a segunda.

§ 4º O prazo de apresentação dos interessados será contado a partir da segunda publicação no Diário Oficial da União.

ART. 5º A Comissão Especial autuará e processará a documentação recebida de cada interessado, em separado, de modo a ficar bem caracterizado o domínio ou a ocupação com suas respectivas confrontações.

§ 1º Quando se apresentarem dois ou mais interessados no mesmo imóvel, ou parte dele, a Comissão Especial procederá à apensação dos processos.

§ 2º Serão tomadas por termo as declarações dos interessados e, se for o caso, os depoimentos de testemunhas previamente arroladas.

ART. 6º Constituído o processo, deverá ser realizada, desde logo, obrigatoriamente, a vistoria para identificação dos imóveis e, se forem necessárias, outras diligências.

ART. 7º Encerrado o prazo estabelecido no edital de convocação, o presidente da Comissão Especial, dentro de 30 (trinta) dias improrrogáveis, deverá pronunciar-se sobre as alegações, títulos de domínio, documentos dos interessados e boa-fé das ocupações, mandando lavrar os respectivos termos.

ART. 8º Reconhecida a existência de dúvida sobre a legitimidade do título, o presidente da Comissão Especial reduzirá a termo as irregularidades encontradas, encaminhando-o à Procuradoria do Instituto Nacional de

Colonização e Reforma Agrária - INCRA, para propositura da ação competente.

ART. 9º Encontradas ocupações, legitimáveis ou não, serão lavrados os respectivos termos de identificação, que serão encaminhados ao órgão competente do Instituto Nacional de Colonização e Reforma Agrária - INCRA, para as providências cabíveis.

ART. 10. Serão notificados, por ofício, os interessados e seus cônjuges para, no prazo não inferior a 8 (oito) nem superior a 30 (trinta) dias, a contar da juntada ao processo do recibo de notificação, celebrarem com a União os termos cabíveis.

ART. 11. Celebrado, em cada caso, o termo que couber, o presidente da Comissão Especial designará agrimensor para, em dia e hora avençados com os interessados, iniciar o levantamento geodésico e topográfico das terras objeto de discriminação, ao fim da qual determinará a demarcação das terras devolutas, bem como, se for o caso, das retificações objeto de acordo.

§ 1º Aos interessados será permitido indicar um perito para colaborar com o agrimensor designado.

§ 2º A designação do perito, a que se refere o parágrafo anterior, deverá ser feita até a véspera do dia fixado para início do levantamento geodésico e topográfico.

ART. 12. Concluídos os trabalhos demarcatórios, o presidente da Comissão Especial mandará lavrar o termo de encerramento da discriminação administrativa, do qual constarão, obrigatoriamente:

I - o mapa detalhado da área discriminada;

II - o rol de terras devolutas apuradas, com suas respectivas confrontações;

III - a descrição dos acordos realizados;

IV - a relação das áreas com titulação transcrita no Registro de Imóveis, cujos presumidos proprietários ou ocupantes não atenderam ao edital de convocação ou à notificação (artigos 4º e 10 desta Lei);

V - o rol das ocupações legitimáveis;

VI - o rol das propriedades reconhecidas; e

VII - a relação dos imóveis cujos títulos suscitaram dúvidas.

ART. 13. Encerrado o processo discriminatório, o Instituto Nacional de Colonização e Reforma Agrária - INCRA providenciará o registro, em nome da União, das terras devolutas discriminadas, definidas em lei, como bens da União.

Parágrafo único. Caberá ao oficial do Registro de Imóveis proceder à matrícula e ao registro da área devoluta discriminada em nome da União.

ART. 14. O não atendimento ao edital de convocação ou à notificação (artigos 4º e 10 da presente Lei) estabelece a presunção de discordância e acarretará imediata propositura da ação judicial prevista no art. 19, II.

Parágrafo único. Os presumíveis proprietários e ocupantes, nas condições do presente artigo, não terão acesso ao crédito oficial ou aos benefícios de incentivos fiscais, bem como terão cancelados os respectivos cadastros rurais junto ao órgão competente.

ART. 15. O presidente da Comissão Especial comunicará a instauração do processo discriminatório administrativo a todos os oficiais de Registro de Imóveis da jurisdição.

ART. 16. Uma vez instaurado o processo discriminatório administrativo, o oficial do Registro de Imóveis não efetuará matrícula, registro, inscrição ou averbação estranhas à discriminação, relativamente aos imóveis situados, total ou parcialmente, dentro da área discriminada, sem que desses atos tome prévio conhecimento o presidente da Comissão Especial.

Parágrafo único. Contra os atos praticados com infração do disposto no presente artigo, o presidente da Comissão Especial solicitará que a Procuradoria do Instituto Nacional de Colonização e Reforma Agrária - INCRA utilize os instrumentos previstos no Código de Processo Civil, incorrendo o oficial do Registro de Imóveis infrator nas penas do crime de prevaricação.

ART. 17. Os particulares não pagam custas no processo administrativo, salvo para serviços de demarcação e diligências a seu exclusivo interesse.

CAPÍTULO III
DO PROCESSO JUDICIAL

ART. 18. O Instituto Nacional de Colonização e Reforma Agrária - INCRA fica investido de poderes de representação da União, para promover a discriminação judicial das terras devolutas da União.

ART. 19. O processo discriminatório judicial será promovido:

I - quando o processo discriminatório administrativo for dispensado ou interrompido por presumida ineficácia;

II - contra aqueles que não atenderem ao edital de convocação ou à notificação (artigos 4º e 10 da presente Lei); e

III - quando configurada a hipótese do art. 25 desta Lei.

Parágrafo único. Compete à Justiça Federal processar e julgar o processo discriminatório judicial regulado nesta Lei.

ART. 20. No processo discriminatório judicial será observado o procedimento sumaríssimo de que trata o Código de Processo Civil.

§ 1º A petição inicial será instruída com o memorial descritivo da área, de que trata o art. 3º desta Lei.

§ 2º A citação será feita por edital, observados os prazos e condições estabelecidos no art. 4º desta Lei.

ART. 21. Da sentença proferida caberá apelação somente no efeito devolutivo, facultada a execução provisória.

ART. 22. A demarcação da área será procedida, ainda que em execução provisória da sentença, valendo esta, para efeitos de registro, como título de propriedade.

Parágrafo único. Na demarcação observar-se-á, no que couber, o procedimento prescrito nos artigos 959 a 966 do Código de Processo Civil.

- Refere-se ao CPC/1973. V. arts. 574 a 587, NCPC.

ART. 23. O processo discriminatório judicial tem caráter preferencial e prejudicial em relação às ações em andamento, referentes a domínio ou posse de imóveis situados, no todo ou em parte, na área discriminada, determinando o imediato deslocamento da competência para a Justiça Federal.

Parágrafo único. Nas ações em que a União não for parte, dar-se-á, para os efeitos previstos neste artigo, a sua intervenção.

CAPÍTULO IV
DAS DISPOSIÇÕES GERAIS E FINAIS

ART. 24. Iniciado o processo discriminatório, não poderão alterar-se quaisquer divisas na área discriminada, sendo defesa a derrubada da cobertura vegetal, a construção de cercas e transferências de benfeitorias a qualquer título, sem assentimento do representante da União.

ART. 25. A infração ao disposto no artigo anterior constituirá atentado, cabendo a aplicação das medidas cautelares previstas no Código de Processo Civil.

ART. 26. No processo discriminatório judicial os vencidos pagarão as custas a que houverem dado causa e participarão pro rata das despesas da demarcação, considerada a extensão da linha ou linhas de confrontação com as áreas públicas.

ART. 27. O processo discriminatório previsto nesta Lei aplicar-se-á, no que couber, às terras devolutas estaduais, observado o seguinte:

I - na instância administrativa, por intermédio de órgão estadual específico, ou através do Instituto Nacional de Colonização e Reforma Agrária - INCRA, mediante convênio;

II - na instância judicial, na conformidade do que dispuser a Lei de Organização Judiciária local.

ART. 28. Sempre que se apurar, através de pesquisa nos registros públicos, a inexistência de domínio particular em áreas rurais declaradas indispensáveis à segurança e ao desenvolvimento nacionais, a União, desde logo, as arrecadará mediante ato do presidente do Instituto Nacional de Colonização e Reforma Agrária - INCRA, do qual constará:

I - a circunscrição judiciária ou administrativa em que está situado o imóvel, conforme o critério adotado pela legislação local;

II - a eventual denominação, as características e confrontações do imóvel.

§ 1º A autoridade que promover a pesquisa, para fins deste artigo, instruirá o processo de arrecadação com certidão negativa comprobatória da inexistência de domínio particular, expedida pelo Cartório de Registro de Imóveis, certidões do Serviço do Patrimônio da União e do órgão estadual competente que comprovem não haver contestação ou reclamação administrativa promovida por terceiros, quanto ao domínio e posse do imóvel.

§ 2º As certidões negativas mencionadas neste artigo consignarão expressamente a sua finalidade.

ART. 29. O ocupante de terras públicas, que as tenha tornado produtivas com o seu trabalho e o de sua família, fará jus à legitimação da posse de área contínua até 100 (cem) hectares, desde que preencha os seguintes requisitos:

I - não seja proprietário de imóvel rural;

II - comprove a morada permanente e cultura efetiva, pelo prazo mínimo de 1 (um) ano.

§ 1º A legitimação da posse de que trata o presente artigo consistirá no fornecimento de uma Licença de Ocupação, pelo prazo mínimo de mais 4 (quatro) anos, findo o qual o ocupante terá a preferência para aquisição do lote, pelo valor histórico da terra nua, satisfeitos os requisitos de morada permanente e cultura efetiva e comprovada a sua capacidade para desenvolver a área ocupada.

§ 2º Aos portadores de Licenças de Ocupação, concedidas na forma da legislação anterior, será assegurada a preferência para aquisição de área até 100 (cem) hectares, nas condições do parágrafo anterior, e, o que exceder esse limite, pelo valor atual da terra nua.

§ 3º A Licença de Ocupação será intransferível *inter vivos* e inegociável, não podendo ser objeto de penhora e arresto.

ART. 30. A Licença de Ocupação dará acesso aos financiamentos concedidos pelas instituições financeiras integrantes do Sistema Nacional de Crédito Rural.

LEIS

§ 1º As obrigações assumidas pelo detentor de Licença de Ocupação serão garantidas pelo Instituto Nacional de Colonização e Reforma Agrária - INCRA.

§ 2º Ocorrendo inadimplência do favorecido, o Instituto Nacional de colonização e Reforma Agrária - INCRA cancelará a Licença de Ocupação e providenciará a alienação do imóvel, na forma da lei, a fim de ressarcir-se do que houver assegurado.

ART. 31. A União poderá, por necessidade ou utilidade pública, em qualquer tempo que necessitar do imóvel, cancelar a Licença de Ocupação e imitir-se na posse do mesmo, promovendo, sumariamente, a sua desocupação no prazo de 180 (cento e oitenta) dias.

§ 1º As benfeitorias existentes serão indenizadas pela importância fixada através de avaliação pelo Instituto Nacional de Colonização e Reforma Agrária - INCRA, considerados os valores declarados para fins de cadastro.

§ 2º Caso o interessado se recuse a receber o valor estipulado, o mesmo será depositado em juízo.

§ 3º O portador da Licença de Ocupação, na hipótese prevista no presente artigo, fará jus, se o desejar, à instalação em outra gleba da União, assegurada a indenização, de que trata o § 1º deste artigo, e computados os prazos de morada habitual e cultura efetiva da antiga ocupação.

ART. 32. Não se aplica aos imóveis rurais o disposto nos artigos 19 a 31, 127 a 133, 139, 140 e 159 a 174 do Decreto-Lei n. 9.760, de 5 de setembro de 1946.

ART. 33. Esta Lei entrará em vigor na data de sua publicação, aplicando-se, desde logo, aos processos pendentes.

ART. 34. Revogam-se a Lei n. 3.081, de 22 de dezembro de 1956, e as demais disposições em contrário.

Brasília, 7 de dezembro de 1976; 155º da Independência e 88º da República.

ERNESTO GEISEL

LEI N. 6.439, DE 1º DE SETEMBRO DE 1977

Institui o Sistema Nacional de Previdência e Assistência Social e dá outras providências.

- *DOU*, 2.9.1977.
- Lei 8.689/1993 (Extinção do INAMPS).
- Lei 11.457/2011 (Super-Receita).
- Dec. 9.104/2017 (Aprova a Estrutura Regimental e o Quadro Demonstrativo dos Cargos em Comissão e das Funções de Confiança do INSS).

O Presidente da República. Faço saber que o Congresso Nacional decreta e eu sanciono a seguinte Lei:

TÍTULO I
DO SISTEMA NACIONAL DE PREVIDÊNCIA E ASSISTÊNCIA SOCIAL

ART. 1º Fica instituído o Sistema Nacional de Previdência e Assistência Social - SINPAS, sob a orientação, coordenação e controle do Ministério da Previdência e Assistência Social - MPAS, com a finalidade de integrar as seguintes funções atribuídas às entidades referidas nesta Lei:

I - concessão e manutenção de benefícios, e prestação de serviços;

II - custeio de atividades e programas;

III - gestão administrativa, financeira e patrimonial.

ART. 2º São mantidos, com o respectivo custeio, na forma da legislação própria, os regimes de benefícios e serviços dos trabalhadores urbanos e rurais, e dos funcionários públicos civis da União, atualmente a cargo do Instituto Nacional de Previdência Social - INPS, do Fundo de Assistência ao Trabalhador Rural - FUNRURAL e do Instituto de Previdência e Assistência dos Servidores do Estado - IPASE.

ART. 3º Ficam criadas as seguintes autarquias vinculadas ao MPAS:

I - Instituto Nacional de Assistência Médica da Previdência Social - INAMPS;

II - Instituto de Administração Financeira da Previdência e Assistência Social - IAPAS.

ART. 4º Integram o SINPAS as seguintes entidades:

I - Instituto Nacional de Previdência Social - INPS;

II - Instituto Nacional de Assistência Médica da Previdência Social - INAMPS;

III - Fundação Legião Brasileira de Assistência - LBA;

IV - Fundação Nacional do Bem-Estar do Menor FUNABEM;

V - Empresa de Processamento de Dados da Previdência Social - DATAPREV;

VI - Instituto de Administração Financeira da Previdência e Assistência Social - IAPAS.

§ 1º Integra, também, o SINPAS, na condição de órgão autônomo da estrutura do MPAS, a Central de Medicamentos - CEME.

§ 2º As entidades do SINPAS têm sede e foro no Distrito Federal, podendo, entretanto, manter provisoriamente sede e foro na cidade do Rio de Janeiro, Estado do Rio de Janeiro, até que, a critério do Poder Executivo, possam ser transferidas para o Distrito Federal.

TÍTULO II
DAS ENTIDADES DO SISTEMA NACIONAL DE PREVIDÊNCIA E ASSISTÊNCIA SOCIAL

CAPÍTULO I
DO INSTITUTO NACIONAL DE PREVIDÊNCIA SOCIAL

ART. 5º Ao INPS compete conceder e manter os benefícios e outras prestações em dinheiro, inclusive as atualmente a cargo do IPASE e do FUNRURAL, e os serviços não redistribuídos por força desta Lei a outra entidade, de acordo com os seguintes programas:

I - programas de previdência social urbana, abrangendo os benefícios e outras prestações em dinheiro e os serviços de assistência complementar, reeducativa e de readaptação profissional, inclusive os relativos a acidentes do trabalho, devidos aos trabalhadores urbanos e seus dependentes, e aos servidores públicos federais regidos pela legislação trabalhista, na forma da Lei Orgânica da Previdência Social - LOPS (Lei n. 3.807, de 26 de agosto de 1960) e legislação complementar e da Lei n. 6.367, de 19 de outubro de 1976;

II - programas de previdência social dos servidores do Estado, abrangendo os benefícios em dinheiro devidos aos dependentes dos funcionários públicos civis filiados ao IPASE, na forma de sua atual legislação;

III - programas de previdência social rural, abrangendo os benefícios em dinheiro do Programa de Assistência ao Trabalhador Rural - PRORURAL, e os decorrentes de acidente do Trabalho, inclusive a assistência complementar, reeducativa e de readaptação profissional, devida aos trabalhadores rurais e seus dependentes, na forma da atual legislação do FUNRURAL (Lei Complementar n. 11, de 25 de maio de 1971, e Lei Complementar n. 16, de 30 de outubro de 1973) e da Lei n. 6.195, de 19 de dezembro de 1974, e ainda os benefícios em dinheiro e os serviços de readaptação profissional devidos aos empregadores rurais e seus dependentes, na forma da Lei n. 6.260, de 6 de novembro de 1975;

IV - programa de amparo financeiro a idosos e inválidos, abrangendo as prestações em dinheiro devidas na forma da Lei n. 6.179, de 11 de dezembro de 1974.

CAPÍTULO II
DO INSTITUTO NACIONAL DE ASSISTÊNCIA MÉDICA DA PREVIDÊNCIA SOCIAL

ART. 6º Ao INANPS compete prestar assistência médica, de acordo com os seguintes programas:

I - programas de assistência médica aos trabalhadores urbanos, abrangendo os serviços de natureza clínica, cirúrgica, farmacêutica e odontológica, e assistência complementar, devidos os segurados do atual INPS e respectivos dependentes, na forma do disposto nos itens I e IV do artigo anterior;

II - programas de assistência médica aos servidores do Estado, abrangendo os serviços de natureza clínica, cirúrgica, farmacêutica e odontológica, devidos aos funcionários públicos civis da União e de suas autarquias e do Distrito Federal, e respectivos dependentes, na forma do disposto no item II do artigo anterior;

III - programas de assistência médica aos rurais, abrangendo os serviços de saúde e a assistência médica devidos, respectivamente, aos trabalhadores e aos empregadores rurais, na forma do disposto no item III do artigo anterior;

IV - programas especiais de assistência médica, abrangendo os serviços médicos atualmente mantidos pela Fundação Legião Brasileira de Assistência - LBA e os que forem prestados em determinadas regiões à população carente, seja ou não beneficiária da previdência social, mediante convênios com instituições públicas que assegurem ao INAMPS os necessários recursos.

§ 1º A assistência médica de que trata este artigo será prestada a cada categoria de beneficiários na forma das respectivas legislações e com a amplitude que as condições locais e os recursos próprios permitirem.

§ 2º Fica o Poder Executivo autorizado a instituir um esquema de participação direta dos beneficiários, em função do seu nível de renda, no custeio dos serviços médicos de que se utilizarem e dos medicamentos que lhes forem fornecidos em ambulatórios.

§ 3º No esquema de participação, de que trata o parágrafo anterior, o Poder Executivo poderá considerar outros fatores, além do nível de renda, tais como a natureza da doença, o vulto das despesas gerais e o porte do custeio.

§ 4º A assistência médica e farmacêutica aos acidentados do trabalho não está sujeita às limitações nem ao esquema de participação dos parágrafos anteriores.

§ 5º A participação a que se referem os §§ 2º e 3º não será exigida dos beneficiários que perceberem remuneração ou benefícios até 5 (cinco) valores de referência.

ART. 7º Os programas de assistência médica a cargo do INAMPS serão organizados de forma a manter inteira compatibilidade com o Sistema Nacional de Saúde, nos termos da Lei n. 6.229, de 17 de julho de 1975, e com as normas de saúde pública constantes da legislação própria.

ART. 8º Os atuais hospitais do IPASE atenderão prioritariamente aos funcionários públicos civis da União e de suas autarquias, do Distrito Federal, aos membros e funcionários do Poder Legislativo e do Poder Judiciário, bem como aos respectivos dependentes.

CAPÍTULO III
DA FUNDAÇÃO LEGIÃO BRASILEIRA DE ASSISTÊNCIA

ART. 9º A LBA compete prestar assistência social à população carente, mediante programas de desenvolvimento social e de atendimento às pessoas, independentemente da vinculação destas a outra entidade do SINPAS.

Parágrafo único. Os serviços de assistência complementar não prestados diretamente pelo INPS e pelo INAMPS aos seus beneficiários poderão ser executados pela LBA conforme se dispuser em regulamento.

CAPÍTULO IV
DA FUNDAÇÃO NACIONAL DO BEM-ESTAR DO MENOR

ART. 10. A FUNABEM compete promover a execução da política nacional do bem-estar do menor.

ART. 11. Os programas a cargo das entidades estaduais ou municipais de assistência ao menor poderão ser subvencionados, em caráter suplementar, com recursos da FUNABEM.

CAPÍTULO V
DA EMPRESA DE PROCESSAMENTO DE DADOS DA PREVIDÊNCIA SOCIAL

ART. 12. A DATAPREV competem a análise de sistemas, a programação e execução de serviços de tratamento da informação, o processamento de dados através de computação eletrônica e o desempenho de outras atividades correlatas de interesse da previdência e assistência social.

Parágrafo único. A critério do Ministro da Previdência e Assistência Social e sem prejuízo das atividades do SINPAS, a DATAPREV poderá prestar serviços a terceiros.

CAPÍTULO VI
DO INSTITUTO DE ADMINISTRAÇÃO FINANCEIRA DA PREVIDÊNCIA E ASSISTÊNCIA SOCIAL

ART. 13. Ao IAPAS compete:

I - promover a arrecadação, fiscalização e cobrança das contribuições e demais recursos destinados à previdência e assistência social;

II - realizar as aplicações patrimoniais e financeiras aprovadas pela direção do Fundo a que se refere o artigo 19;

III - distribuir às entidades do SINPAS os recursos que lhes forem destinados em conformidade com o Plano Plurianual de Custeio do SINPAS, a que se refere o artigo 18;

IV - acompanhar a execução orçamentária e o fluxo de caixa das demais entidades do SINPAS;

V - promover a execução e fiscalização das obras e serviços objeto de programas e projetos aprovados pelas entidades do SINPAS.

§ 1º São atribuídos ao IAPAS os atuais poderes, competências e atribuições do INPS, do FUNRURAL, do IPASE e das demais entidades do SINPAS para arrecadar, fiscalizar e cobrar as contribuições e demais recursos destinados à previdência e assistência social, e aplicar as sanções previstas para os casos de inobservância das normas legais respectivas.

§ 2º O IAPAS poderá, de acordo com plano previamente aprovado pelo Ministro da Previdência e Assistência Social:

I - adquirir os bens necessários ao seu próprio funcionamento e ao das demais entidades do SINPAS, desde que lhe outorguem poderes para tal;

II - alienar, permutar ou arrendar os seus próprios bens ou, mediante outorga de poderes, os das demais entidades do SINPAS, quando não vinculados às respectivas atividades essenciais.

§ 3º A receita proveniente da alienação e arrendamento dos bens de que trata o item II do parágrafo anterior será recolhida ao Fundo referido no artigo 19, podendo destinar-se ao custeio dos programas a cargo das respectivas entidades ou ser aplicada de acordo com plano previamente aprovado pelo Ministro da Previdência e Assistência Social, respeitado o disposto no artigo 16.

TÍTULO III
DO PATRIMÔNIO E DOS RECURSOS

ART. 14. Em decorrência do disposto nesta Lei, o patrimônio de cada uma das entidades do SINPAS será constituído:

I - o do INPS por seus bens não transferidos a outra entidade do SINPAS e pelos bens que o IPASE e o FUNRURAL atualmente utilizam na concessão de benefícios e outras prestações em dinheiro e na prestação de assistência complementar e de reeducação e readaptação profissional;

II - o do INAMPS pelos bens que o INPS, o FUNRURAL, a LBA e o IPASE atualmente utilizam na prestação de assistência médica;

III - o da LBA por seus bens não transferidos a outras entidades do SINPAS e pelos bens que o INPS, o FUNRURAL e o IPASE atualmente utilizam na prestação de assistência social;

IV - o da FUNABEM por seus atuais bens;

V - o da DATAPREV por seus atuais bens;

VI - o do IAPAS pelos bens atualmente utilizados nos serviços de arrecadação e fiscalização e na administração patrimonial e financeira do INPS, do FUNRURAL e do IPASE, bem como por aqueles que não forem atribuídos a nenhuma das demais entidades do SINPAS por força da distribuição de competências prevista nesta Lei.

§ 1º Integrarão, também, o patrimônio das entidades do SINPAS quaisquer outros bens que venham a adquirir para uso próprio ou que lhes sejam transferidos com essa finalidade.

§ 2º A transferência de bens móveis e direitos de uma para outra entidade do SINPAS se fará por ato do Ministro da Previdência e Assistência Social.

§ 3º O Ministro da Previdência e Assistência Social disciplinará a utilização comum do patrimônio das entidades do SINPAS tendo em vista a economia de gastos e a integração de serviços.

§ 4º Os bens doados às entidades de previdência e assistência social continuarão sujeitos aos encargos porventura impostos pelos respectivos doadores, cabendo às entidades a que forem redistribuídos dar cumprimento a esses encargos.

ART. 15. Fica o Poder Executivo autorizado a promover a transferência, de uma para outra entidade do SINPAS, de bens imóveis e de direitos a eles relativos.

§ 1º Para o cumprimento das formalidades legais junto ao registro de imóveis, o MPAS relacionará, descreverá e caracterizará os imóveis redistribuídos entre as entidades do SINPAS.

§ 2º O registro relativo a bens imóveis será efetuado a requerimento da entidade interessada, valendo como instrumento os atos do MPAS a que se refere o parágrafo anterior.

ART. 16. A receita e o patrimônio das entidades do SINPAS destinam-se a manter, desenvolver e garantir as suas atividades, na forma da legislação em vigor.

ART. 17. Constituem receita das entidades do SINPAS:

I - as contribuições previdenciárias dos segurados e das empresas, inclusive as relativas ao seguro de acidentes do trabalho, e as calculadas sobre o valor da produção e da propriedade rural;

II - a contribuição da União destinada ao Fundo de Liquidez da Previdência Social - FLPS;

III - as dotações orçamentárias específicas;

IV - os juros, correção monetária, multas e outros acréscimos legais devidos à previdência social;

V - as receitas provenientes da prestação de serviços e fornecimento ou arrendamento de bens;

VI - as receitas patrimoniais, industriais e financeiras;

VII - a remuneração recebida por serviços de arrecadação, fiscalização e cobrança prestados a terceiros;

VIII - as doações, legados, subvenções e outras receitas eventuais;

IX - as demais receitas das entidades de previdência e assistência social integrantes do SINPAS.

§ 1º Os recursos de que trata o item II destinam-se ao pagamento de pessoal e às despesas de administração geral do INPS, do INAMPS e do IAPAS, bem como a cobrir eventuais insuficiências financeiras verificadas na execução das atividades a cargo do SINPAS, hipótese em que deverão ser suplementados na forma da legislação em vigor.

§ 2º Nas dotações a que se refere o item III deste artigo, a União incluirá recursos para a complementação do custeio dos benefícios em dinheiro e da assistência médica prestada aos funcionários públicos civis federais, inclusive aos membros e funcionários do Poder Legislativo e do Poder Judiciário.

ART. 18. Será aprovado por decreto do Presidente da República, mediante proposta do Ministério da Previdência e Assistência Social, o Plano Plurianual de Custeio do SINPAS, dele devendo obrigatoriamente constar:

I - o regime financeiro adotado;

II - os recursos destinados aos benefícios em dinheiro e ao seguro de acidentes do trabalho;

III - o valor das reservas;

IV - os limites dos recursos destinados à assistência médica;

V - os limites dos recursos destinados aos demais programas de previdência e assistência social;

VI - os limites das despesas de pessoal e administração geral.

§ 1º Com relação aos programas e orçamentos anuais, aplica-se o disposto nos artigos 15, § 3º e 16 do Decreto-lei n. 200, de 25 de fevereiro de 1967.

§ 2º Ficam assegurados aos programas dos trabalhadores e empregadores rurais os recursos que atualmente lhes são destinados pela legislação do FUNRURAL, os quais não poderão ser reduzidos sob qualquer hipótese.

ART. 19. A receita das entidades do SINPAS constituirá o Fundo de Previdência e Assistência Social - FPAS, de natureza contábil e financeira, que será administrado por um colegiado integrado pelos dirigentes daquelas

LEIS

entidades sob a presidência do Ministro da Previdência e Assistência Social.

Parágrafo único. Ao colegiado a que se refere o *caput* deste artigo compete:

I - pronunciar-se sobre as propostas orçamentárias das entidades do SINPAS e respectivas alterações;

II - aprovar previamente o Plano Plurianual de Custeio do SINPAS;

III - aprovar os programas de aplicação patrimonial e financeira do SINPAS e respectivas alterações;

IV - aprovar programas especiais de previdência e assistência social.

ART. 20. A receita de cada entidade do SINPAS será representada pelos recursos que lhe forem atribuídos no Plano Plurianual de Custeio do SINPAS para custeio dos programas e atividades a seu cargo.

TÍTULO IV
DAS DISPOSIÇÕES GERAIS E TRANSITÓRIAS

ART. 21. O Ministro da Previdência e Assistência Social deverá submeter à aprovação do Presidente da República as lotações e os quadros e tabelas de pessoal das autarquias integrantes do SINPAS, observadas as normas legais e regulamentares que disciplinam a sistemática de classificação de cargos em vigor.

§ 1º Os servidores das entidades vinculadas ao MPAS, inclusive os das extintas, que, na data em que entrar em vigor esta Lei, ocuparem cargos ou empregos integrantes da lotação de órgãos cujas competências forem transferidas para qualquer das entidades do SINPAS, passarão, automaticamente, a ter exercício nas novas entidades, nas mesmas localidades, sem alteração do respectivo regime jurídico e sem prejuízo de direitos e vantagens.

§ 2º Os servidores estatutários que excederem as lotações de que trata este artigo serão objeto de proposta de redistribuição para outros órgãos ou entidades da administração federal, através do DASP.

§ 3º Até que seja efetivada a medida prevista no *caput* deste artigo, poderá o Ministro da Previdência e Assistência Social, no interesse do serviço:

I - movimentar os servidores de uma para outra entidade integrante do SINPAS, independentemente da respectiva lotação;

II - remanejar entre as entidades do SINPAS os seus atuais cargos e funções de direção e assessoramento, respeitados os quantitativos existentes, e adaptar à nova situação as respectivas nomenclatura e classificação, observada sua posição hierárquica na entidade.

ART. 22. A contribuição devida pelos atuais funcionários do INPS, nos termos do item II do artigo 69 da Lei Orgânica da Previdência Social - LOPS, para custeio da assistência patronal, será devida também por seus servidores regidos pela legislação trabalhista e por todos os servidores das demais entidades do SINPAS, os quais terão direito aos benefícios e serviços da assistência patronal.

Parágrafo único. As entidades do SINPAS farão constar de seus orçamentos recursos correspondentes a até 3% (três por cento) da dotação orçamentária de pessoal, para custeio da assistência patronal a ser prestada aos seus servidores.

ART. 23. O Conselho de Recursos da Previdência Social - CRPS e as Juntas de Recursos da Previdência Social JRPS têm sua competência ampliada para apreciar os dissídios relativos aos interesses dos beneficiários, inclusive os filiados ao IPASE, das empresas, dos trabalhadores e empregadores rurais e dos empregados e empregadores domésticos, assim como os referentes à Cota de Previdência.

§ 1º Para efeito do disposto neste artigo, fica assegurada a participação de representantes dos empregados e empregadores rurais na composição do CRPS e das JRPS, conforme se dispuser em regulamento.

§ 2º Enquanto não for expedida a regulamentação a que se refere o § 1º, e até que sejam realizadas eleições para composição dos respectivos colegiados, os atuais membros classistas do Conselho Diretor e das Comissões Revisoras do FUNRURAL passarão a fazer parte do CRPS e das JRPS, respectivamente.

ART. 24. As entidades do SINPAS poderão promover desapropriação na forma da legislação em vigor.

ART. 25. Em caso de calamidade pública, perigo público iminente ou ameaça de paralisação das atividades de interesse da população a cargo das entidades do SINPAS, o Poder Executivo poderá requisitar os bens e serviços essenciais à sua continuidade, assegurada ao proprietário indenização ulterior.

Parágrafo único. Quando a requisição acarretar intervenção em estabelecimentos fornecedores de bens ou prestadores de serviços, com afastamento dos respectivos dirigentes, fica assegurada a estes remuneração igual à que for paga aos interventores.

ART. 26. O INPS, o INAMPS e o IAPAS gozarão, em sua plenitude, inclusive no que se refere a seus bens, rendas, serviços, direitos e ações, das regalias, privilégios e imunidades da União, nos termos do § 1º do artigo 19 da Constituição.

Parágrafo único. A LBA e a FUNABEM, além da imunidade a que se refere o artigo 19, item III, letra "c", da Constituição, gozarão das regalias e privilégios das autarquias federais.

ART. 27. Concluída a implantação definitiva do SINPAS, nos termos do art. 33, ficarão extintos o IPASE e o FUNRURAL, transferindo-se de pleno direito seus bens, direitos e obrigações para as entidades a que, na forma desta Lei, são atribuídas suas atuais competências.

§ 1º A forma de atendimento dos trabalhadores e empregadores rurais, através de Representações Locais e pelo sistema de convênios com instituições, tais com hospitais, prefeituras municipais, sindicatos das categorias profissionais e econômicas, prelazias e entidades filantrópicas, será mantida, continuando os prestadores desse atendimento a identificá-lo mediante utilização da sigla FUNRURAL.

§ 2º Os quadros de pessoal do IPASE e do FUNRURAL serão mantidos em vigor e movimentados pelo Ministro da Previdência e Assistência Social, até que se adote a providência a que se refere o *caput* do artigo 21.

ART. 28. Ficam criados os cargos de Presidente do INAMPS, código DAS-101.5, e de Presidente do IAPAS, código DAS-101.5.

ART. 29. O Poder Executivo institucionalizará a LBA e a FUNABEM, vinculando os respectivos patrimônios à consecução das suas finalidades, como definidas nesta Lei.

ART. 30. Os contribuintes da previdência e assistência social continuarão a cumprir suas obrigações na forma da legislação atual até que seja implantado o IAPAS.

Parágrafo único. Enquanto não for aprovado o primeiro plano de custeio a que se refere o artigo 18, caberá ao Ministro da Previdência e Assistência Social atribuir a cada entidade os recursos necessários à execução das atividades a seu cargo, os quais, em relação aos programas de responsabilidade de cada uma delas, não poderão ser fixados em valores inferiores aos do último exercício.

ART. 31. (Revogado pelo Dec.-Lei n. 1.910/1981.)

ART. 32. Ressalvadas as exceções estabelecidas nesta Lei, os direitos e obrigações das entidades do SINPAS, qualquer que seja sua natureza, serão exercidos ou cumpridos, conforme o caso, pelas entidades a que são redistribuídas as respectivas competências.

§ 1º Caberá ao Ministro da Previdência e Assistência Social dirimir dúvidas sobre a competência das entidades do SINPAS para proferir decisão nos processos em curso.

§ 2º A redistribuição de competências decorrente desta Lei não afetará o andamento das causas ajuizadas até a data de sua entrada em vigor, mantida a representação ativa ou passiva das várias entidades até a definitiva implantação do SINPAS.

§ 3º O exercício de direitos ou o cumprimento de obrigações decorrentes de decisão proferida nas causas de que trata o parágrafo anterior caberá à entidade interessada no feito, salvo se for atribuído a outra entidade em decorrência da redistribuição de competências estabelecida por esta Lei.

ART. 33. O Poder Executivo baixará o regulamento desta Lei e tomará providências para a organização das novas entidades, a reformulação das remanescentes e a liquidação das extintas, com declaração da extinção de sua personalidade jurídica, a fim de que o SINPAS seja efetivamente implantado até 1º de julho de 1978.

ART. 34. Esta Lei entrará em vigor no primeiro dia do mês seguinte ao de sua publicação.

ART. 35. Revogam-se as disposições em contrário.

Brasília, em 1º de setembro de 1977; 156º da Independência e 89º da República.
ERNESTO GEISEL

LEI N. 6.448, DE 11 DE OUTUBRO DE 1977

Dispõe sobre a organização política e administrativa dos Municípios dos Territórios Federais, e dá outras providências.

▸ *DOU*, 13.10.1977.

O Presidente da República. Faço saber que o Congresso Nacional decreta e eu sanciono a seguinte Lei:

TÍTULO I
DA ORGANIZAÇÃO MUNICIPAL

CAPÍTULO I
DA CRIAÇÃO DO MUNICÍPIO

ART. 1º A organização política e administrativa dos Municípios dos Territórios Federais obedecerá ao disposto nesta Lei.

ART. 2º Os Territórios Federais são divididos em Municípios e estes em Distritos.

Parágrafo único. O nome do Município será o de sua sede, que terá a categoria de cidade, e o Distrito designar-se-á pelo nome da respectiva sede, que terá a categoria de vila.

ART. 3º Mantidos os atuais Municípios, são requisitos mínimos para a criação de novos:

I - população estimada superior a 10.000 (dez mil) habitantes;

II - eleitorado não inferior a 10% (dez por cento) da população;

III - centro urbano com número de residências superior a 500 (quinhentas);

IV - receita tributária anual não inferior à menor quota do Fundo de Participação dos Municípios, distribuída, no exercício anterior, a qualquer outro Município do País.

§ 1º Os Municípios e Distritos somente poderão ser criados em lei a ser votada no ano anterior às eleições municipais, para vigorar a partir de janeiro do ano seguinte.

§ 2º O processo de criação do Município terá início mediante representação dirigida ao Governador do Território, assinada, no mínimo, por um quinto do número de eleitores residentes ou domiciliados na área que se deseja desmembrar.

§ 3º Não será criado novo Município, desde que esta medida importe, para o Município ou Municípios de origem, na perda dos requisitos desta Lei.

§ 4º Os requisitos exigidos nos itens I e III, serão apurados pela Fundação Instituto Brasileiro de Geografia e Estatística; no item II, pelo Tribunal Regional Eleitoral em cuja circunscrição esteja incluído o Território e o no item IV, pelo órgão fazendário federal.

§ 5º O Governador do Território solicitará, aos órgãos de que trata o parágrafo anterior, as informações sobre os requisitos dos incisos I a IV, e do § 2º deste artigo, a serem prestadas no prazo de 60 (sessenta) dias, a contar da data do recebimento do pedido.

ART. 4º Cumpridos os requisitos do artigo anterior, o Governador do Território encaminhará o pedido, devidamente instruído, ao Ministro de Estado do Interior, que o submeterá ao Presidente da República, a quem cabe determinar a realização da consulta plebiscitária, adotando-se, no que couber, a sistemática da Lei Complementar que dispõe sobre a criação de Municípios dos Estados.

ART. 5º Caberá ao Presidente da República, a iniciativa da lei de criação de Municípios, nos Territórios Federais.

ART. 6º A lei de criação de Municípios nos Territórios Federais mencionará:

I - o nome, que será também o da sua sede;

II - a comarca a que pertence;

III - o ano da instalação;

IV - os limites territoriais;

V - os distritos, se houver, com os respectivos limites territoriais.

ART. 7º Na fixação das linhas divisórias intermunicipais e interdistritais, deverão ser observadas as seguintes normas:

I - em nenhuma hipótese serão consideradas incorporadas ou, a qualquer título, subordinadas a um Município, áreas compreendidas em Territórios limítrofes;

II - as superfícies d'água, marítimas, fluviais ou lacustres não quebram a continuidade territorial;

III - dar-se-á preferência, para delimitação, às linhas naturais, facilmente reconhecíveis;

IV - na inexistência ou impossibilidade de linhas naturais, utilizar-se-á linha reta, cujos extremos sejam pontos, naturais ou não, facilmente reconhecíveis e dotados de condições de fixidez.

ART. 8º Não haverá, nos Territórios, mais de uma cidade ou vila com a mesma designação, devendo ser evitada a utilização de topônimos já existentes no País.

SEÇÃO I
DA INSTALAÇÃO DO MUNICÍPIO

ART. 9º Os Municípios serão instalados com a posse do Prefeito e dos Vereadores.

ART. 10. A sessão de instalação do Município terá caráter solene, será presidida pelo Juiz de Direito da Comarca ou, na sua falta ou impedimento, pelo Juiz da Comarca mais próxima, que fará a declaração de instalação, dando, em seguida, posse aos Vereadores.

§ 1º O Prefeito será empossado durante a sessão de instalação do Município, pelo Governador do Território, ou pela autoridade por este designada.

§ 2º A ata da sessão de instalação do Município, assinada pelo Juiz de Direito e demais autoridades presentes, será publicada no Diário Oficial da União.

SEÇÃO II
DA ADMINISTRAÇÃO MUNICIPAL

ART. 11. Até que tenha legislação própria, vigorará, no novo Município, a legislação do Município de origem.

ART. 12. O novo Município será administrado, até a sua instalação, por Prefeito nomeado pelo Governador do Território.

ART. 13. Enquanto não for votado o Regimento Interno, a Câmara do novo Município adotará o da Câmara do Município do qual foi desmembrado.

CAPÍTULO II
DA AUTONOMIA E DA COMPETÊNCIA DOS MUNICÍPIOS

ART. 14. Os Municípios dos Territórios têm todos os direitos e prerrogativas assegurados, na Constituição e nas leis federais, aos Municípios dos Estados.

ART. 15. Aos Municípios dos Territórios Federais compete prover tudo quanto respeite ao seu peculiar interesse, especialmente no que concerne:

I - à eleição dos Vereadores;

II - às necessidades da sua administração;

III - à instituição e arrecadação dos tributos de sua competência e à aplicação das suas rendas, sem prejuízo da obrigatoriedade de prestar contas e publicar balancetes, nos prazos fixados em lei;

IV - à organização dos serviços públicos locais.

CAPÍTULO III
DA ORGANIZAÇÃO POLÍTICA DO MUNICÍPIO

ART. 16. São órgãos do Município, o Legislativo e o Executivo.

§ 1º O Órgão Legislativo é exercido pela Câmara Municipal e o Executivo, pelo Prefeito.

§ 2º Salvo as exceções previstas na Constituição Federal, é vedado a qualquer dos órgãos delegar atribuições, e o cidadão investido na função de um deles não poderá exercer a de outro.

SEÇÃO I
DA CÂMARA MUNICIPAL

ART. 17. A Câmara Municipal se compõe de Vereadores eleitos pelo voto direto e secreto, pelo período de 4 (quatro) anos.

Parágrafo único. O número de Vereadores será de 9 (nove) nos Municípios das Capitais e de 5 (cinco) nos demais, acrescentando-se mais um para cada 30.00 (trinta mil) habitantes do Município, não podendo ultrapassar, respectivamente, o número de 15 (quinze) e de 9 (nove) Vereadores. (Alterado pela Lei 6.988/1982.)

ART. 18. São condições de elegibilidade para Vereador:

I - ser brasileiro;

II - ser maior de vinte e um anos;

III - estar no exercício dos direitos políticos;

IV - contar, à data de sua eleição, pelo menos um ano de domicílio eleitoral no Município, no período imediatamente anterior à eleição.

ART. 19. As inelegibilidades, para o cargo de Vereador, são aquelas estabelecidas na Constituição Federal e na Lei Complementar pertinente.

ART. 20. Os Vereadores, desde a posse, são impedidos de:

I - celebrar contrato com a União, o Território ou o Município, ou órgão de sua administração indireta ou com empresa concessionária de serviço público federal, territorial ou municipal, inclusive fundações instituídas pelo Poder Público, salvo quando o contrato obedecer a cláusulas uniformes;

II - exercer a gerência ou administração de firma beneficiada por privilégio ou favor concedido pelo Município;

III - patrocinar causas contra a municipalidade e pleitear, perante a mesma, interesse de terceiro, como advogado ou procurador.

§ 1º Não perde o mandato o Vereador nomeado Secretário Municipal ou Secretário de Governo.

§ 2º Nos casos previstos neste artigo, nos de licença por mais de quatro meses ou nos de vaga, será convocado o suplente e, na falta deste, o fato será comunicado ao Juiz Eleitoral competente, para as providências de direito.

§ 3º O Vereador licenciado, nos termos do parágrafo anterior, não poderá reassumir o exercício do mandato antes ao término da licença.

ART. 21. Compete à Câmara Municipal deliberar, com a sanção do Prefeito, sobre tudo o que respeite ao peculiar interesse do Município, e especialmente:

I - dispor sobre normas de tributação municipal e estabelecer critérios gerais para a fixação dos preços de seus serviços e atividades, assim como das tarifas dos serviços concedidos;

II - conceder isenção de impostos em caráter geral;

III - orçar a receita e fixar a despesa do Município, observado, quando couber, o critério fixado na Constituição, na parte referente ao Orçamento;

IV - criar, alterar e extinguir cargos públicos, fixando-lhes os vencimentos;

V - autorizar operações de crédito, obedecida a legislação federal em vigor;

VI - autorizar a concessão de serviços públicos, a aquisição de bens e a permuta ou alienação de imóveis do Município, respeitada a legislação federal aplicável;

VII - aprovar os planos de desenvolvimento municipal e as normas urbanísticas do Município;

VIII - expedir normas de política administrativa nas matérias de competência do Município.

ART. 22. Compete, privativamente, à Câmara:

I - eleger, bienalmente, sua Mesa, bem como destituí-la, na forma regimental; (Alterado pela Lei 7.160/1983.)

II - organizar os serviços de sua Secretaria e dar provimento aos respectivos cargos;

III - elaborar o seu Regimento Interno;

IV - conceder ao Prefeito licença para afastamento do cargo e para ausentar-se do Município por mais de 30 (trinta) dias;

V - representar ao Governador contra atos do Prefeito, que configurem ilícitos penais ou administrativos, ou nos casos de comprovada ineficiência;

VI - apreciar vetos do Prefeito;

VII - convocar o Prefeito para prestar esclarecimentos, especificando a matéria e fixando dia e hora para o comparecimento;

VIII - solicitar informações pertinentes à matéria que esteja sob apreciação;

IX - aprovar, no prazo de 30 (trinta) dias do recebimento, consórcio ou convênio de que o Município seja parte, e que envolvam recursos municipais;

X - julgar, no prazo de 60 (sessenta) dias, após o recebimento, as contas do Prefeito;

XI - declarar a perda ou extinção de mandato, na forma regimental.

ART. 23. Excetuados os casos previstos nesta Lei, as deliberações da Câmara serão tomadas por maioria simples, presente, pelo menos, a maioria absoluta dos seus membros.

Parágrafo único. Dependem de voto favorável de, no mínimo 2/3 (dois terços) de seus membros, as deliberações da Câmara sobre:

I - cassação de mandato de Vereador;

II - matéria vetada;

III - destituição de membro da Mesa.

ART. 24. O Prefeito poderá enviar à Câmara projetos sobre qualquer matéria, com a solicitação expressa de serem apreciados dentro de 30 (trinta) dias, justificada a importância da matéria e a urgência da medida.

Parágrafo único. Esgotado o prazo a que se refere este artigo, sem que haja deliberação da Câmara, o projeto será considerado aprovado.

ART. 25. As Câmaras Municipais reunir-se-ão, anualmente, em 4 (quatro) períodos legislativos ordinários, não podendo, cada um deles, ultrapassar a 6 (seis) semanas.

Parágrafo único. As datas de instalação dos períodos legislativos ordinários serão estabelecidas pelos regimentos internos das Câmaras Municipais.

ART. 26. As Câmaras Municipais reunir-se-ão, extraordinariamente, quando convocadas, com prévia declaração de motivos:

I - pelo Prefeito;

II - pela maioria absoluta dos Vereadores.

Parágrafo único. Quando da convocação extraordinária, o Presidente marcará a reunião com antecedência de, no mínimo, 5 (cinco) dias, mediante comunicação direta aos Vereadores, por protocolo, e edital afixado na porta principal do edifício da Câmara e publicado na imprensa local, se houver.

ART. 27. Aplica-se aos Vereadores dos Municípios dos Territórios o disposto na lei federal sobre responsabilidade.

SEÇÃO II
DO PROCESSO LEGISLATIVO

ART. 28. O processo legislativo compreende a elaboração de:

I - leis ordinárias;

II - decretos legislativos;

III - resoluções.

ART. 29. A iniciativa dos projetos a serem submetidos à Câmara cabe a qualquer Vereador e ao Prefeito, sendo da competência privativa deste a proposta orçamentária e os projetos que disponham sobre matéria financeira, criem, alterem ou extingam cargos, funções ou empregos públicos, aumentem vencimentos ou vantagens dos servidores municipais ou importem em aumento de despesa ou redução da receita.

Parágrafo único. Não serão permitidas emendas que importem em aumento das despesas previstas:

a) nos projetos da competência privativa do Prefeito;

b) nos projetos referentes à organização dos serviços administrativos da Câmara Municipal.

ART. 30. Aprovado o projeto, na forma regimental, será ele, no prazo de 15 (quinze) dias úteis, enviado ao Prefeito que, em igual prazo, deverá sancioná-lo e promulgá-lo, ou então vetá-lo, se o considerar contrário ao interesse do Município ou infringente da Constituição ou de lei federal.

§ 1º Decorrido o prazo sem a manifestação do Prefeito, considerar-se-á sancionado o Projeto, sendo obrigatória a sua promulgação pelo Presidente da Câmara, no prazo de 5 (cinco) dias, sob pena de responsabilidade.

§ 2º O veto poderá ser total ou parcial, devendo, neste caso, abranger o texto do artigo, parágrafo, inciso, item, número ou alínea.

§ 3º A apreciação do veto pela Câmara deverá ser feita dentro de 15 (quinze) dias de seu recebimento em uma só discussão e votação, em escrutínio secreto.

§ 4º Se o veto não for apreciado, no prazo estabelecido no parágrafo anterior, considerar-se-á acolhido pela Câmara.

§ 5º Se aprovada, a matéria vetada será promulgada pelo Presidente da Câmara, dentro de 10 (dez) dias, entrando em vigor na data em que for publicada.

SEÇÃO III
DO PREFEITO MUNICIPAL

ART. 31. O Prefeito Municipal será nomeado pelo Governador do Território, nos termos da Constituição Federal.

ART. 32. São condições de nomeação para Prefeito:

I - ser brasileiro;

II - estar no exercício dos direitos políticos e civis;

III - ser maior de 21 (vinte e um) anos.

ART. 33. Ao Prefeito é vedado, desde a posse:

I - exercer cargo, função ou emprego público da União, do Território, do Município, bem como de autarquia, empresa pública, sociedade de economia mista e fundações instituídas pelo Poder Público;

II - celebrar contrato com Município, Território ou a União, com órgão de sua administração indireta ou com empresa concessionária de serviço público municipal, territorial ou federal, inclusive fundações instituídas pelo Poder Público, salvo quando o contrato obedecer a cláusulas uniformes;

III - ser proprietário, sócio ou diretor de empresa beneficiada com privilégio ou favor concedidos pelo Município;

IV - patrocinar causas contra a municipalidade e pleitear, perante a mesma, interesse de terceiros, como advogado ou procurador.

ART. 34. Compete ao Prefeito:

I - representar o Município em Juízo ou fora dele;

II - sancionar e promulgar, dentro de 15 (quinze) dias úteis de seu recebimento, os projetos aprovados pela Câmara, ou vetá-los nos termos desta Lei;

III - apresentar à Câmara projetos sobre todos os assuntos de interesse do Município, bem como a proposta justificada do orçamento municipal para o exercício seguinte;

IV - propor à Câmara a criação e a extinção de cargos, funções ou empregos públicos;

V - prestar à Câmara, pessoalmente ou por escrito, dentro de 30 (trinta) dias, as informações que lhe forem regularmente solicitadas. (Alterado pela Lei 6.921/1981.)

VI - apresentar à Câmara, até o dia 30 de março, as contas do exercício anterior, acompanhadas de relatório circunstanciado das atividades da administração municipal no período, sugerindo as providências que julgar necessárias;

VII - prestar contas aos órgãos competentes e nos casos previstos em lei;

VIII - nomear, promover, exonerar ou demitir, pôr em disponibilidade, conceder licença e aposentar servidores, observadas as leis municipais aplicáveis e, na sua falta, em caráter supletivo, a legislação federal pertinente;

IX - fazer arrecadar as rendas municipais, zelando pela sua guarda e exata aplicação;

X - fixar as tarifas dos serviços públicos concedidos e dos serviços e atividades explorados pelo Município, de acordo com os critérios gerais aprovados pela Câmara Municipal;

XI - autorizado pela Câmara Municipal, contrair empréstimos e fazer outras operações de crédito;

XII - colocar à disposição da Câmara, até o dia 25 (vinte e cinco) de cada mês, a parcela correspondente ao duodécimo de sua dotação orçamentária;

XIII - convocar extraordinariamente a Câmara Municipal;

XIV - decretar e promover desapropriações;

XV - permitir, a título precário, a exploração de serviços de utilidade pública;

XVI - fazer publicar os atos oficiais;

XVII - solicitar o auxílio das autoridades policiais do Território, para garantia do cumprimento de leis municipais e de suas decisões.

ART. 35. Os subsídios do Prefeito serão fixados pelo Governador do Território, atendidas as possibilidades do erário municipal, podendo ser revistos anualmente.

Parágrafo único. Ao servidor público, nomeado Prefeito, fica assegurada a opção pelos vencimentos do seu cargo efetivo.

ART. 36. Aplica-se aos Prefeitos dos Municípios, no que couber, o disposto na lei federal sobre responsabilidade.

CAPÍTULO IV
DA ADMINISTRAÇÃO FINANCEIRA

ART. 37. Na deliberação orçamentária anual de cada Município, sem prejuízo de outras disposições de lei federal, serão observados os preceitos seguintes:

I - nenhum orçamento poderá inserir dispositivos estranhos à fixação da despesa e à previsão da receita, salvo a autorização para abertura de crédito por antecipação de receita, aplicação do saldo e o modo de cobrir déficit existente;

II - as despesas de capital obedecerão ao orçamento plurianual de investimentos;

III - constituem vedações, no orçamento e na sua execução, o estorno de verbas, a concessão de crédito ilimitado, a abertura de crédito especial ou suplementar, sem prévia deliberação e sem indicação da receita correspondente, e a realização de despesas que excedam as verbas votadas pela Câmara Municipal, salvo as autorizadas em crédito extraordinário;

IV - o orçamento, dividido em corrente e de capital, compreenderá as despesas e receitas de todos os órgãos da administração, tanto direta quanto indireta, excluídas somente as entidades que não recebem subvenções ou transferências à conta do orçamento;

V - a receita e a despesa dos órgãos da administração indireta serão incluídas no orçamento anual, em forma de dotações globais, não importando esta determinação, em prejuízo de sua autonomia na gestão de seus recursos;

VI - a previsão da receita compreenderá todas as rendas e suprimentos de fundos, incluído o produto das operações de crédito;

VII - nenhum tributo terá sua arrecadação vinculada a determinado órgão, fundo ou despesa, ressalvado aquele que, por lei, passe a constituir receita do orçamento de capital, vedada, neste caso, sua aplicação no custeio de despesas correntes;

VIII - o projeto, o programa, a obra ou a despesa, cuja execução exceda um exercício financeiro, não poderão ter verba expressamente enunciada no orçamento anual, nem ter início ou contratação sem prévia inclusão no orçamento plurianual de investimentos, ou sem prévia deliberação que autorize e fixe o montante das verbas anualmente consignadas no orçamento, no curso de sua realização e conclusão;

IX - o montante da despesa autorizada, em cada exercício financeiro, não poderá ser superior ao total das receitas previstas para o mesmo período, salvo as despesas que corram à conta de créditos extraordinários, ou no caso de corretivo de recessão econômica, se o permitir a lei federal;

X - se a execução orçamentária, no curso do exercício financeiro, demonstrar a probabilidade de déficit superior a 10 (dez) por cento do total da receita estimada, ao Prefeito cumpre propor à Câmara Municipal as providências necessárias ao restabelecimento do equilíbrio orçamentário;

XI - compete ao Prefeito a iniciativa das deliberações orçamentárias e das que abram crédito, fixem vencimentos e vantagens dos servidores municipais, concedam subvenção ou auxílio, ou de qualquer modo autorizem, criem ou aumentem a despesa pública;

XII - nenhuma emenda que acarrete aumento de despesa global ou de cada órgão, plano ou programa, ou vise a modificar o seu montante, poderá ser objeto de deliberação;

XIII - o projeto de deliberação orçamentária anual será enviado pelo Prefeito à Câmara Municipal, até o dia 1º de outubro, e se, até o dia 1º de dezembro, a Câmara não o devolver para sanção, será promulgado;

XIV - toda operação de crédito para antecipação da receita, autorizada no orçamento anual, não poderá exceder a quarta parte da receita prevista para o exercício financeiro e, obrigatoriamente, será liquidada até 30 (trinta) dias depois do encerramento deste;

XV - a deliberação que autorizar operação de crédito, a ser liquidada em exercício financeiro subsequente, fixará as dotações a serem incluídas no orçamento anual, para os respectivos serviços de juros, amortização e resgate.

ART. 38. A fiscalização da administração financeira do Município será feita pela Câmara Municipal.

ART. 39. Não apresentadas as contas pelo Prefeito, no prazo previsto nesta Lei, a Câmara constituirá uma comissão para realizar a tomada de contas, dando ciência ao Governador.

ART. 40. Verificada a existência de irregularidade nas contas do Prefeito, a Câmara representará ao Governador e ao Conselho Territorial, bem como à autoridade judicial, para efeito de apuração de responsabilidade criminal.

ART. 41. Consideram-se automaticamente aprovadas as contas do Prefeito que não forem julgadas no prazo a que se refere o item X, do artigo 22, desta Lei.

Parágrafo único. O prazo de exame das contas será suspenso durante a realização de diligência que tenha sido solicitada ao Prefeito.

ART. 42. As contas relativas à aplicação de recursos recebidos diretamente do Governo do Território ou da União serão prestadas pelo Prefeito, ao Governador, bem como ao Tribunal de Contas da União, na forma da lei, sem prejuízo da sua inclusão na prestação geral de contas à Câmara.

TÍTULO II
DAS DISPOSIÇÕES GERAIS E TRANSITÓRIAS

ART. 43. Logo após a posse, a Câmara Municipal será instalada, sob a presidência do Vereador mais idoso, procedendo-se imediatamente, à eleição da Mesa.

ART. 44. As primeiras eleições nos Municípios que vierem a ser criados realizar-se-ão, simultaneamente, com a renovação das Câmaras Municipais em funcionamento.

ART. 45. É vedada a participação de servidores municipais no produto da arrecadação de tributos e multas, inclusive da dívida ativa.

ART. 46. Esta Lei não se aplica ao Território Federal de Fernando de Noronha.

ART. 47. Independentemente da comprovação dos requisitos previstos nesta Lei, ficam criados, no Território Federal de Rondônia, os seguintes Municípios:

I - Ariquemes;

II - Ji-Paraná;

III - Cacoal;

IV - Pimenta Bueno;

V - Vilhena.

§ 1º Os limites da área de cada Município, ora criado, serão fixados em Decreto do Poder Executivo.

§ 2º Só a lei poderá alterar os limites da área do Município, fixados nos termos do parágrafo anterior.

ART. 48. A instalação dos Municípios, ora criados, far-se-á de acordo com esta Lei, após as eleições dos Vereadores a serem realizadas, simultaneamente, com as eleições municipais em todo o País.

ART. 49. Os Municípios criados no artigo 47, cujos Prefeitos serão, desde logo, nomeados pelo Governador do Território, continuarão pertencendo à Comarca do Município de origem até que lei especial disponha sobre a Organização Judiciária dos Territórios.

§ 1º Os Prefeitos nomeados poderão:

I - expedir atos necessários à instalação e a administração do Município;

II - propor ao Conselho Territorial, com aprovação do Governador do Território Federal, a criação de tabela provisória de pessoal;

III - nomear, dispensar e punir, na forma da lei, o pessoal de que trata o inciso anterior;

IV - solicitar, com aprovação do Conselho Territorial, recursos ao Território Federal;

V - celebrar acordos, convênios e contratos, para execução de serviços e obras municipais;

VI - submeter à apreciação do Conselho Territorial, com a assistência e aprovação do Governo do Território Federal, o Plano anual das atividades administrativas a serem realizadas durante cada exercício que preceder a instalação dos Municípios, discriminando-se a receita e a despesa estimadas para esse fim;

VII - aplicar, no que couber, a legislação do Município de origem.

§ 2º A receita tributária ou originária, arrecadada na área dos novos Municípios, será neles aplicada, para efeito da execução do plano anual referido no inciso VI, do § 1º, deste artigo.

§ 3º A prestação das contas dos Prefeitos, referentes a cada exercício que preceder a instalação dos Municípios, será feita ao Conselho Territorial.

§ 4º As contas do exercício imediatamente anterior ao da instalação dos Municípios serão submetidas, no prazo de 30 (trinta) dias contados da data de sua instalação, ao julgamento das Câmaras de Vereadores eleitas simultaneamente com as dos demais Municípios do Território.

ART. 50. Os subsídios dos Prefeitos nomeados serão fixados pelo Governador do Território Federal.

ART. 51. O Tribunal de Contas da União, desde que solicitado pela Secretaria de Planejamento da Presidência da República, disporá sobre as quotas do Fundo de Participação, quando devidas aos Municípios criados na conformidade deste Título.

ART. 52. Esta Lei entrará em vigor na data de sua publicação, revogadas as disposições em contrário.

Brasília, 11 de outubro de 1977;
156º da Independência e 89º da República.
ERNESTO GEISEL

LEI N. 6.453, DE 17 DE OUTUBRO DE 1977

Dispõe sobre a responsabilidade civil por danos nucleares e a responsabilidade criminal por atos relacionados com atividades nucleares e dá outras providências.

▸ *DOU*, 18.10.1977.

O Presidente da República. Faço saber que o Congresso Nacional decreta e eu sanciono a seguinte Lei:

CAPÍTULO I
DAS DEFINIÇÕES

ART. 1º Para os efeitos desta Lei considera-se:

I - "operador", a pessoa jurídica devidamente autorizada para operar instalação nuclear;

II - "combustível nuclear", o material capaz de produzir energia, mediante processo autossustentado de fissão nuclear;

III - "produtos ou rejeitos radioativos", os materiais radioativos obtidos durante o processo de produção ou de utilização de combustíveis nucleares, ou cuja radioatividade se tenha originado da exposição às irradiações inerentes a tal processo, salvo os radioisótopos que tenham alcançado o estágio final de elaboração e já se possam utilizar para fins científicos, médicos, agrícolas, comerciais ou industriais;

IV - "material nuclear", o combustível nuclear e os produtos ou rejeitos radioativos;

V - "reator nuclear", qualquer estrutura que contenha combustível nuclear, disposto de tal maneira que, dentro dela, possa ocorrer processo autossustentado de fissão nuclear, sem necessidade de fonte adicional de nêutrons;

VI - "instalação nuclear":

a) o reator nuclear, salvo o utilizado como fonte de energia em meio de transporte, tanto para sua propulsão como para outros fins;

b) a fábrica que utilize combustível nuclear para a produção de materiais nucleares ou na qual se proceda a tratamento de materiais nucleares, incluídas as instalações de reprocessamento de combustível nuclear irradiado;

c) o local de armazenamento de materiais nucleares, exceto aquele ocasionalmente usado durante seu transporte;

VII - "dano nuclear", o dano pessoal ou material produzido como resultado direto ou indireto das propriedades radioativas, da sua combinação com as propriedades tóxicas ou com outras características dos materiais nucleares, que se encontrem em instalação nuclear, ou dela procedentes ou a ela enviados;

VIII - "acidente nuclear", o fato ou sucessão de fatos da mesma origem, que cause dano nuclear;

IX - "radiação ionizante", a emissão de partículas alfa, beta, nêutrons, íons acelerados ou raios X ou gama, capazes de provocar a formação de íons no tecido humano.

ART. 2º Várias instalações nucleares situadas no mesmo local e que tenham um único operador poderão ser consideradas, pela Comissão Nacional de Energia Nuclear, como uma só instalação nuclear.

ART. 3º Será também considerado dano nuclear o resultante de acidente nuclear combinado com outras causas, quando não se puderem distinguir os danos não nucleares.

CAPÍTULO II
DA RESPONSABILIDADE CIVIL POR DANOS NUCLEARES

ART. 4º Será exclusiva do operador da instalação nuclear, nos termos desta Lei, independentemente da existência de culpa, a responsabilidade civil pela reparação de dano nuclear causado por acidente nuclear:

I - ocorrido na instalação nuclear;

II - provocado por material nuclear procedente de instalação nuclear, quando o acidente ocorrer:

a) antes que o operador da instalação nuclear a que se destina tenha assumido, por contrato escrito, a responsabilidade por acidentes nucleares causados pelo material;

b) na falta de contrato, antes que o operador da outra instalação nuclear haja assumido efetivamente o encargo do material;

III - provocado por material nuclear enviado à instalação nuclear, quando o acidente ocorrer:

a) depois que a responsabilidade por acidente provocado pelo material lhe houver sido transferida, por contrato escrito, pelo operador da outra instalação nuclear;

b) na falta de contrato, depois que o operador da instalação nuclear houver assumido efetivamente o encargo do material a ele enviado.

ART. 5º Quando responsáveis mais de um operador, respondem eles solidariamente, se impossível apurar-se a parte dos danos atribuível a cada um, observado o disposto nos artigos 9º a 13.

ART. 6º Uma vez provado haver o dano resultado exclusivamente de culpa da vítima, o operador será exonerado, apenas em relação a ela, da obrigação de indenizar.

ART. 7º O operador somente tem direito de regresso contra quem admitiu, por contrato escrito, o exercício desse direito, ou contra a pessoa física que, dolosamente, deu causa ao acidente.

ART. 8º O operador não responde pela reparação do dano resultante de acidente nuclear causado diretamente por conflito armado, hostilidades, guerra civil, insurreição ou excepcional fato da natureza.

ART. 9º A responsabilidade do operador pela reparação do dano nuclear é limitada, em cada acidente, ao valor correspondente a um milhão e quinhentas mil Obrigações Reajustáveis do Tesouro Nacional.

Parágrafo único. O limite fixado neste artigo não compreende os juros de mora, os honorários de advogado e as custas judiciais.

ART. 10. Se a indenização relativa a danos causados por determinado acidente nuclear exceder ao limite fixado no artigo anterior, proceder-se-á ao rateio entre os credores, na proporção de seus direitos.

§ 1º No rateio, os débitos referentes a danos pessoais serão executados separada e preferentemente aos relativos a danos materiais. Após seu pagamento, ratear-se-á o saldo existente entre os credores por danos materiais.

§ 2º Aplica-se o disposto neste artigo quando a União, organização internacional ou qualquer entidade fornecer recursos financeiros para ajudar a reparação dos danos nucleares e a soma desses recursos com a importância fixada no artigo anterior for insuficiente ao pagamento total da indenização devida.

ART. 11. As ações em que se pleiteiem indenizações por danos causados por determinado acidente nuclear deverão ser processadas e julgadas pelo mesmo Juízo Federal, fixando-se a prevenção jurisdicional segundo as disposições do Código de Processo Civil. Também competirá ao Juízo prevento a instauração, *ex-officio*, do procedimento do rateio previsto no artigo anterior.

ART. 12. O direito de pleitear indenização com o fundamento nesta Lei prescreve em 10 (dez) anos, contados da data do acidente nuclear.

Parágrafo único. Se o acidente for causado por material subtraído, perdido ou abandonado, o prazo prescricional contar-se-á do acidente, mas não excederá a 20 (vinte) anos contados da data da subtração, perda ou abandono.

ART. 13. O operador da instalação nuclear é obrigado a manter seguro ou outra garantia financeira que cubra a sua responsabilidade pelas indenizações por danos nucleares.

§ 1º A natureza da garantia e a fixação de seu valor serão determinadas, em cada caso, pela Comissão Nacional de Energia Nuclear, no ato da licença de construção ou da autorização para a operação.

§ 2º Ocorrendo alteração na instalação, poderão ser modificados a natureza e o valor da garantia.

§ 3º Para a determinação da natureza e do valor da garantia, levar-se-ão em conta o tipo, a capacidade, a finalidade, a localização de cada instalação, bem como os demais fatores previsíveis.

§ 4º O não cumprimento, por parte do operador, da obrigação prevista neste artigo acarretará a cassação da autorização.

§ 5º A Comissão Nacional de Energia Nuclear poderá dispensar o operador, da obrigação a que se refere o *caput* deste artigo, em razão dos reduzidos riscos decorrentes de determinados materiais ou instalações nucleares.

ART. 14. A União garantirá, até o limite fixado no artigo 9º, o pagamento das indenizações por danos nucleares de responsabilidade do operador, fornecendo os recursos complementares necessários, quando insuficientes os provenientes do seguro ou de outra garantia.

ART. 15. No caso de acidente provocado por material nuclear ilicitamente possuído ou utilizado e não relacionado a qualquer operador, os danos serão suportados pela União, até o limite fixado no artigo 9º, ressalvado o direito de regresso contra a pessoa que lhes deu causa.

ART. 16. Não se aplica a presente Lei às hipóteses de dano causado por emissão de radiação ionizante quando o fato não constituir acidente nuclear.

ART. 17. As indenizações pelos danos causados aos que trabalham com material nuclear ou em instalação nuclear serão reguladas pela legislação especial sobre acidentes do trabalho.

ART. 18. O disposto nesta Lei não se aplica às indenizações relativas a danos nucleares sofridos:

I - pela própria instalação nuclear;

II - pelos bens que se encontrem na área da instalação, destinados ao seu uso;

III - pelo meio de transporte no qual, ao produzir-se o acidente nuclear, estava o material que o ocasionou.

CAPÍTULO III
DA RESPONSABILIDADE CRIMINAL

ART. 19. Constituem crimes na exploração e utilização de energia nuclear os descritos neste Capítulo, além dos tipificados na legislação sobre segurança nacional e nas demais leis.

ART. 20. Produzir, processar, fornecer ou usar material nuclear sem a necessária autorização ou para fim diverso do permitido em lei.
Pena: reclusão, de quatro a dez anos.

ART. 21. Permitir o responsável pela instalação nuclear sua operação sem a necessária autorização.
Pena: reclusão, de dois a seis anos.

ART. 22. Possuir, adquirir, transferir, transportar, guardar ou trazer consigo material nuclear, sem a necessária autorização.
Pena: reclusão, de dois a seis anos.

ART. 23. Transmitir ilicitamente informações sigilosas, concernentes à energia nuclear.
Pena: reclusão, de quatro a oito anos.

ART. 24. Extrair, beneficiar ou comerciar ilegalmente minério nuclear.
Pena: reclusão, de dois a seis anos.

ART. 25. Exportar ou importar, sem a necessária licença, material nuclear, minérios nucleares e seus concentrados, minérios de interesse para a energia nuclear e minérios e concentrados que contenham elementos nucleares.
Pena: reclusão, de dois a oito anos.

ART. 26. Deixar de observar as normas de segurança ou de proteção relativas à instalação nuclear ou ao uso, transporte, posse e guarda de material nuclear, expondo a perigo a vida, a integridade física ou o patrimônio de outrem.
Pena: reclusão, de dois a oito anos.

ART. 27. Impedir ou dificultar o funcionamento de instalação nuclear ou o transporte de material nuclear.
Pena: reclusão, de quatro a dez anos.

ART. 28. Esta Lei entrará em vigor na data de sua publicação.

ART. 29. Revogam-se as disposições em contrário.

Brasília, em 17 de outubro de 1977;
156º da Independência e 89º da República.

ERNESTO GEISEL

LEI N. 6.454, DE 24 DE OUTUBRO DE 1977

Dispõe sobre a denominação de logradouros, obras, serviços e monumentos públicos, e dá outras providências.

- *DOU*, 24.10.1977.

O Presidente da Republica, faço saber que o Congresso Nacional decreta e eu sanciono a seguinte Lei.

ART. 1º É proibido, em todo o território nacional, atribuir nome de pessoa viva ou que tenha se notabilizado pela defesa ou exploração de mão de obra escrava, em qualquer modalidade, a bem público, de qualquer natureza, pertencente à União ou às pessoas jurídicas da administração indireta. (Alterado pela Lei 12.781/2013).

ART. 2º É igualmente vedada a inscrição dos nomes de autoridades ou administradores em placas indicadores de obras ou em veículo de propriedade ou a serviço da Administração Pública direta ou indireta.

ART. 3º As proibições constantes desta Lei são aplicáveis às entidades que, a qualquer título, recebam subvenção ou auxílio dos cofres públicos federais.

ART. 4º A infração ao disposto nesta Lei acarretará aos responsáveis a perda do cargo ou função pública que exercerem, e, no caso do artigo 3º, a suspensão da subvenção ou auxílio.

ART. 5º Esta Lei entra em vigor na data de sua publicação, revogadas as disposições em contrário.

Brasília, 24 de outubro de 1977; 156º da Independência e 89º da República.

ERNESTO GEISEL

LEI N. 6.463, DE 9 DE NOVEMBRO DE 1977

Torna obrigatória a declaração de preço total nas vendas a prestação, e dá outras providências.

- *DOU*, 10.11.1977.

O Presidente da República. Faço saber que o Congresso Nacional decreta e eu sanciono a seguinte Lei:

ART. 1º Nas vendas a prestação de artigos de qualquer natureza e na respectiva publicidade escrita e falada será obrigatória a declaração do preço de venda à vista da mercadoria, o número e o valor das prestações, a taxa de juros mensal e demais encargos financeiros a serem pagos pelo comprador, incidentes sobre as vendas a prestação. (Redação dada pela Lei 8.979/1995.)

ART. 2º O valor do acréscimo cobrado nas vendas a prestação, em relação ao preço de venda a vista da mercadoria, não poderá ser superior ao estritamente necessário para a empresa atender às despesas de operação com seu departamento de crédito, adicionada a taxa de custo dos financiamentos das instituições de crédito autorizadas a funcionar no País.

Parágrafo único. O limite percentual máximo do valor do acréscimo cobrado nas vendas a prazo, em relação ao preço da venda a vista da mercadoria, será fixado e regulado através de atos do Ministro da Fazenda.

ART. 3º As empresas e casas comerciais que infringirem as disposições desta Lei serão impostas multas nos valores que forem fixados pelo Ministério da Fazenda.

ART. 4º Dentro de 90 (noventa) dias, o Ministério da Fazenda expedirá instruções regulando a fiscalização e o comércio de que trata esta Lei, bem como fixará os valores das multas a que se refere o Art. 3º.

ART. 5º Esta Lei entrará em vigor na data de sua publicação, revogadas as disposições em contrário.

Brasília, em 09 de novembro de 1.977; 156º da Independência e 89º da República.

ERNESTO GEISEL

LEI N. 6.513, DE 20 DE DEZEMBRO DE 1977

Dispõe sobre a criação de Áreas Especiais e de Locais de Interesse Turístico; sobre o Inventário com finalidades turísticas dos bens de valor cultural e natural; acrescenta inciso ao art. 2º da Lei n. 4.132, de 10 de setembro de 1962; altera a redação e acrescenta dispositivo à Lei n. 4.717, de 29 de junho de 1965; e dá outras providências.

- *DOU*, 22.12.1977.
- Dec. 86.176/1981 (Regulamenta esta lei).

O Presidente da República. Faço saber que o Congresso Nacional decreta e eu sanciono a seguinte Lei:

CAPÍTULO I
DAS ÁREAS E DOS LOCAIS DE INTERESSE TURÍSTICO

ART. 1º Consideram-se de interesse turístico as Áreas Especiais e os Locais instituídos na forma da presente Lei, assim como os bens de valor cultural e natural, protegidos por legislação específica, e especialmente:

I - os bens de valor histórico, artístico, arqueológico ou pré-histórico;

II - as reservas e estações ecológicas;

III - as áreas destinadas à proteção dos recursos naturais renováveis;

IV - as manifestações culturais ou etnológicas e os locais onde ocorram;

V - as paisagens notáveis;

VI - as localidades e os acidentes naturais adequados ao repouso e à prática de atividades recreativas, desportivas ou de lazer;

VII - as fontes hidrominerais aproveitáveis;

VIII - as localidades que apresentem condições climáticas especiais;

IX - outros que venham a ser definidos, na forma desta Lei.

ART. 2º Poderão ser instituídos, na forma e para os fins da presente Lei:

I - Áreas Especiais de Interesse Turístico;

II - Locais de Interesse Turístico.

ART. 3º Áreas Especiais de Interesse Turístico são trechos contínuos do território nacional, inclusive suas águas territoriais, a serem preservados e valorizados no sentido cultural e natural, e destinados à realização de planos e projetos de desenvolvimento turístico.

ART. 4º Locais de Interesse Turístico são trechos do território nacional, compreendidos ou não em Áreas especiais, destinados por sua adequação ao desenvolvimento de atividades turísticas, e à realização de projetos específicos, e que compreendam:

I - bens não sujeitos a regime específico de proteção;

II - os respectivos entornos de proteção e ambientação.

§ 1º Entorno de proteção é o espaço físico necessário ao acesso do público ao Local de Interesse Turístico e à sua conservação, manutenção e valorização.

§ 2º Entorno de ambientação é o espaço físico necessário à harmonização do local de Interesse Turístico com a paisagem em que se situar.

ART. 5º A ação do Governo Federal, para a execução da presente Lei, desenvolver-se-á especialmente por intermédio dos seguintes órgãos e entidades:

I - Empresa Brasileira de Turismo (Embratur) vinculada ao Ministério da Indústria e do Comércio;

II - Instituto do Patrimônio Histórico e Artístico Nacional (IPHAN), do Ministério da Educação e Cultura;

III - Instituto Brasileiro Desenvolvimento Florestal (IBDF), do Ministério da Agricultura;

IV - Secretaria Especial do Meio Ambiente (Sema), do Ministério do Interior;

V - Comissão Nacional de Regiões Metropolitanas e Política Urbana (CNPU), organismo interministerial criado pelo Decreto n. 74.156, de 6 de junho de 1974;

VI - Superintendência do Desenvolvimento da Pesca (Sudepe), do Ministério da Agricultura.

Parágrafo único. Sem prejuízo das atribuições que lhes confere a legislação específica, os órgãos e entidades mencionados neste artigo atuarão em estreita colaboração, dentro da respectiva esfera de competência, para a execução desta Lei e dos atos normativos dela decorrentes.

ART. 6º A Embratur implantará e manterá permanentemente atualizado o Inventário das Áreas Especiais de Interesse Turístico, dos Locais de Interesse Turístico e dos bens culturais e naturais protegidos por legislação específica.

§ 1º A Embratur promoverá entendimentos com os demais órgãos e entidades mencionados no art. 5º, com o objetivo de se definirem os bens culturais e naturais protegidos, que possam ter utilização turística, e os usos turísticos compatíveis com os mesmos bens.

§ 2º Os órgãos e entidades mencionados nos incisos II a VI do art. 5º enviarão à Embratur, para fins de documentação e informação, cópia de todos os elementos necessários à identificação dos bens culturais e naturais sob sua proteção, que possam ter uso turístico.

ART. 7º Compete à Embratur realizar, *ad referendum* do Conselho Nacional de Turismo - CNTur - as pesquisas, estudos e levantamentos necessários à declaração de Área Especial ou Local de Interesse Turístico:

I - de ofício;

II - por solicitação de órgãos da administração direta ou indireta, federal, estadual, metropolitana ou municipal; ou

III - por solicitação de qualquer interessado.

§ 1º Em qualquer caso, compete à Embratur determinar o espaço físico a analisar.

§ 2º Nos casos em que o espaço físico a analisar contenha, no todo ou em parte, bens ou áreas sujeitos a regime específico de proteção, os órgãos ou entidades nele diretamente interessados participarão obrigatoriamente das pesquisas, estudos e levantamentos a que se refere este artigo.

§ 3º Serão ouvidos previamente o Serviço de Patrimônio da União (SPU), do Ministério da Fazenda, e o Instituto Brasileiro de Desenvolvimento Florestal (IBDF), do Ministério da Agricultura, sempre que o espaço físico a analisar contenha imóvel sob suas respectivas áreas de competência, constituindo-se, para o caso de bens do IBDF, o projeto de manejo dos Parques e Reservas a precondição à sua utilização para fins turísticos.

§ 4º Quando o espaço físico a analisar estiver situado em área de fronteira, a Embratur notificará previamente o Ministério das Relações Exteriores, para os fins cabíveis; no caso de áreas fronteiriças de potencial interesse turístico comum, a Embratur, se o julgar conveniente, poderá também sugerir ao Ministério das Relações Exteriores a realização de gestões junto ao governo do país limítrofe, com vistas a uma possível ação coordenada deste em relação à parte situada em seu território.

ART. 8º A Embratur notificará os proprietários dos bens compreendidos no espaço físico a analisar do início das pesquisas, estudos e levantamentos.

§ 1º Os proprietários dos bens referidos neste artigo ficarão, desde a notificação, responsáveis pela sua integridade, ressalvando-se:

I - a responsabilidade estabelecida por força da legislação federal específica de proteção do patrimônio natural e cultural;

II - as obras necessárias à segurança, higiene e conservação dos bens, exigidas pelas autoridades competentes.

§ 2º Serão igualmente notificadas as autoridades federais, estaduais, metropolitanas e municipais interessadas, para o fim de assegurar a observância das diretrizes a que se refere o § 4º.

§ 3º As notificações a que se refere o presente artigo serão feitas:

I - diretamente aos proprietários, quando conhecidos;

II - diretamente aos órgãos e entidades mencionados no parágrafo anterior, na pessoa de seus dirigentes;

III - em qualquer caso, por meio de publicação no *Diário Oficial* da União e nos dos Estados, nos quais estiver compreendido o espaço físico a analisar.

§ 4º Das notificações a que se refere este artigo, constarão diretrizes gerais provisórias para uso e ocupação do espaço físico, durante o período das pesquisas, estudos e levantamentos.

ART. 9º Os efeitos das notificações cessarão:

I - na data da publicação da resolução do CNTur, nos casos de pronunciamento negativo;

II - 180 (cento e oitenta) dias após a publicação da notificação no *Diário Oficial* da União, na ausência de pronunciamento do CNTur, dentro desse prazo;

III - 360 (trezentos e sessenta) dias após a publicação da notificação no *Diário Oficial* da União, caso não se tenha efetivada, até então, a declaração de Área Especial ou de local de Interesse Turístico.

ART. 10. A Embratur fica autorizada a firmar os convênios e contratos que se fizerem necessários à realização das pesquisas, estudos e levantamentos a que se refere o art. 7º.

CAPÍTULO II
DAS ÁREAS ESPECIAIS DE INTERESSE TURÍSTICO

ART. 11. As Áreas Especiais de Interesse Turístico serão instituídas por decreto do Poder Executivo, mediante proposta do CNTur, para fins de elaboração e execução de planos e programas destinados a:

I - promover o desenvolvimento turístico;

II - assegurar a preservação e valorização do patrimônio cultural e natural;

III - estabelecer normas de uso e ocupação do solo;

IV - orientar a alocação de recursos e incentivos necessários a atender aos objetivos e diretrizes da presente Lei.

ART. 12. As Áreas Especiais de Interesse Turístico serão classificadas nas seguintes categorias:

I - Prioritárias : áreas de alta potencialidade turística, que devam ou possam ser objeto de planos e programas de desenvolvimento turístico, em virtude de:

a) ocorrência ou iminência de expressivos fluxos de turistas visitantes;

b) existência de infraestrutura turística urbana satisfatória, ou possibilidade de sua implementação;

c) necessidade da realização de planos e projetos de preservação ou recuperação dos Locais de Interesse Turístico nelas incluídos;

d) realização presente ou iminente de obras públicas ou privadas, que permitam ou assegurem acesso à área, ou a criação da infraestrutura mencionada na alínea *b* ;

e) conveniência de prevenir ou corrigir eventuais distorções do uso do solo, causadas pela realização presente ou iminente de obras públicas ou privadas, ou pelo parcelamento e ocupação do solo.

II - De Reserva : áreas de elevada potencialidade turística, cujo aproveitamento deva ficar na dependência:

a) da implantação dos equipamentos de infraestrutura indispensáveis;

b) da efetivação de medidas que assegurem a preservação do equilíbrio ambiental e a proteção ao patrimônio cultural e natural ali existente;

c) de providências que permitam regular, de maneira compatível com a alínea precedente, os fluxos de turistas e visitantes e as atividades, obras e serviços permissíveis.

ART. 13. Do ato que declarar Área Especial de Interesse Turístico, da categoria Prioritária, constarão:

I - seus limites;

II - as principais características que lhe conferirem potencialidade turística;

III - o prazo de formulação dos planos e programas que nela devam ser executados e os órgãos e entidades federais por eles responsáveis;

IV - as diretrizes gerais de uso e ocupação do solo que devam vigorar até a aprovação dos planos e programas, observada a competência específica dos órgãos e entidades mencionados no art. 5º;

V - as atividades, obras e serviços permissíveis, vedados ou sujeitos a parecer prévio, até a aprovação dos planos e programas, observado o disposto no inciso anterior quanto à competência dos órgãos ali mencionados.

§ 1º Incluir-se-ão entre os responsáveis pela elaboração dos planos e programas, os órgãos e entidades enumerados nos incisos II a VI, do art. 5º, que tiverem interesse direto na área.

§ 2º O prazo referido no inciso III poderá ser prorrogado, a juízo do Poder Executivo, até perfazer o limite máximo de 2 (dois) anos, contados da data de publicação do decreto que instituir a Área Especial de Interesse Turístico.

§ 3º Respeitados o prazo previsto no ato declaratório e suas eventuais prorrogações, conforme o parágrafo anterior, compete ao CNTur aprovar os planos e programas ali referidos.

§ 4º O decurso dos prazos previstos nos parágrafos anteriores, sem que os planos e programas tenham sido aprovados pelo CNTur, importará na caducidade da declaração de Área Especial de Interesse Turístico.

ART. 14. A supervisão da elaboração e da implementação dos planos e programas caberá a uma Comissão Técnica de Acompanhamento, constituída de representantes:

I - da Embratur;

II - dos demais órgãos e entidades referidos no art. 5º, com interesse direto na área;

III - dos governos estaduais e municipais interessados, e da respectiva região metropolitana, quando for o caso.

ART. 15. Constarão obrigatoriamente dos planos e programas:

I - as normas que devam ser observadas, a critério dos órgãos referidos nos incisos II a VI, do art. 5º, sob cuja jurisdição estiverem, a fim de assegurar a preservação, restauração, recuperação ou valorização, conforme o caso, do patrimônio cultural ou natural existente, e dos aspectos sociais que lhe forem próprios;

II - diretrizes de desenvolvimento urbano e de ocupação do solo, condicionadas aos objetivos enumerados no inciso anterior e aos planos de desenvolvimento urbano e metropolitano que tenham sido aprovados pelos órgãos federais competentes;

III - indicação de recursos e fontes de financiamento disponíveis para implementação dos mesmos planos e programas.

ART. 16. Os planos e programas aprovados serão encaminhados aos órgãos e entidades competentes para sua implementação, nos níveis federal, estadual, metropolitano e municipal.

ART. 17. Do ato que declarar Área Especial de Interesse Turístico, da categoria de Reserva, constarão:

I - seus limites;

II - as principais características que lhe conferirem potencialidade turística;

III - os órgãos e entidades que devam participar da preservação dessas características;

IV - as diretrizes gerais de uso e ocupação do solo e exploração econômica, que devam prevalecer enquanto a Área Especial estiver classificada como de Reserva, observada a responsabilidade estabelecida por força da legislação federal de proteção dos bens culturais e naturais;

V - atividades, obras e serviços permissíveis, vedados ou sujeitos a parecer prévio.

Parágrafo único. Os órgãos e entidades federais, estaduais, metropolitanos e municipais coordenar-se-ão com a Embratur e com os órgãos mencionados no inciso III deste artigo, sempre que seus projetos, qualquer que seja sua natureza, possam implicar em alteração das características referidas no inciso II, deste artigo.

CAPÍTULO III
DOS LOCAIS DE INTERESSE TURÍSTICO

ART. 18. Os Locais de Interesse Turístico serão instituídos por resolução do CNTur, mediante proposta da Embratur para fins de disciplina de seu uso e ocupação, preservação, proteção e ambientação.

ART. 19. As resoluções do CNTur, que declararem Locais de Interesse Turístico, indicarão:

I - seus limites;

II - os entornos de proteção e ambientação;

III - os principais aspectos e características do Local;

IV - as normas gerais de uso e ocupação do Local, destinadas a preservar aqueles aspectos e características, a com eles harmonizar as edificações e construções, e a propiciar a ocupação e o uso do Local de forma com eles compatível.

CAPÍTULO IV
DA AÇÃO DOS ESTADOS E MUNICÍPIOS

ART. 20. A Embratur fica autorizada a firmar os convênios que se fizerem necessários, com os governos estaduais e municipais interessados, para:

I - execução, nos respectivos territórios, e no que for de sua competência, desta Lei e dos atos normativos dela decorrentes;

II - elaboração e execução dos planos e programas a que se referem os arts. 12 e seguintes;

III - compatibilização de sua ação, respeitando-se as respectivas esferas de competência e os interesses peculiares do Estado, dos municípios e da região metropolitana interessados.

Parágrafo único. A Embratur fica também autorizada a firmar convênios com órgãos e entidades federais, estaduais, metropolitanas e municipais visando à preservação do patrimônio cultural e natural, sempre com a participação do Instituto do Patrimônio Histórico e Artístico Nacional (IPHAN), respeitado o disposto no art. 6º, § 1º.

ART. 21. Poderão ser instituídas Áreas Especiais de Interesse Turístico e locais de Interesse Turístico, complementarmente, a nível estadual, metropolitano ou municipal, nos termos da legislação própria, observadas as diretrizes fixadas na presente Lei.

ART. 22. Declarados, a nível federal, Área Especial de Interesse Turístico, ou Local de Interesse Turístico, os órgãos e entidades mencionados no art. 5º prestarão toda a assistência necessária aos governos estaduais e municipais interessados, para compatibilização de sua legislação com as diretrizes, planos e programas decorrentes da presente Lei.

ART. 23. A Embratur e os órgãos, entidades e agências federais que tenham programas de apoio à atividade turística darão prioridade, na concessão de quaisquer estímulos fiscais ou financeiros, aos Estados e Municípios que hajam compatibilizado sua legislação com a presente Lei, e aos empreendimentos neles localizados.

CAPÍTULO V PENALIDADES

ART. 24. Além da ação penal cabível, a modificação não autorizada, a destruição, a desfiguração, ou o desvirtuamento de sua feição original, no todo ou em parte, das Áreas Especiais de Interesse Turístico ou dos Locais de Interesse Turístico, sujeitam o infrator às seguintes penalidades:

I - multa de valor equivalente a até Cr$ 782.739,15 (setecentos e oitenta e dois mil, setecentos e trinta e nove cruzeiros e quinze centavos); (Redação dada pela Lei 8.181/1991.)

II - interdição de atividade ou de utilização incompatível com os usos permissíveis das Áreas Especiais de Interesse Turístico ou dos Locais de Interesse Turístico;

III - embargo de obra;

IV - obrigação de reparar os danos que houver causado; restaurar que houver danificado, reconstituir o que houver alterado ou desfigurado;

V - demolição de construção ou remoção de objeto que interfira com os entornos de proteção e ambientação do Local de Interesse Turístico.

ART. 25. As penalidades referidas no artigo anterior serão aplicadas pela Embratur.

§ 1º As penalidades dos incisos II a V, do art. 24, poderão ser aplicadas cumulativamente com a do inciso I.

§ 2º (Revogado pela Lei 8.181/1991.)

I e II - (Revogados pela Lei 8.181/1991.)

§ 3º Nos casos de bens culturais e naturais sob a proteção do IPHAN, do IBDF e da SEMA, aplicar-se-ão as penalidades constantes da respectiva legislação específica.

ART. 26. Aplicadas as penalidades dos incisos II a V, do art. 24, a Embratur comunicará o fato à autoridade competente, requisitando desta as providências necessárias, inclusive meios judiciais ou policiais, se for o caso, para efetivar a medida.

ART. 27. Quando o infrator for pessoa jurídica, as pessoas físicas que, de qualquer forma, houverem concorrido para a prática do ato punível na forma da presente Lei, ficam igualmente sujeitas às penalidades do art. 24, inciso I.

ART. 28. O produto das multas constituirá renda própria do órgão que houver aplicado a penalidade.

CAPÍTULO VI DISPOSIÇÕES FINAIS

ART. 29. Dos instrumentos de alienação de imóveis situados em Áreas Especiais de Interesse Turístico, ou em Locais de Interesse Turístico, constará obrigatoriamente, sob pena de nulidade, o respectivo ato declaratório, ainda que por meio de referência.

ART. 30. Os órgãos e entidades da administração direta ou indireta, federal, estadual, metropolitana ou municipal, compatibilizarão os planos, programas e projetos de investimentos, que devam realizar em Áreas Especiais de Interesse Turístico ou em Locais de Interesse Turístico, com os dispositivos e diretrizes da presente Lei ou dela decorrentes.

Parágrafo único. A aprovação de planos e projetos submetidos aos órgãos, entidades e agências governamentais, e que devam realizar-se em Áreas Especiais de Interesse Turístico, ou em Locais de Interesse Turístico, será condicionada à verificação da conformidade dos referidos planos e projetos com as diretrizes da presente Lei e com os atos dela decorrentes.

ART. 31. O art. 2º da Lei n. 4.132, de 10 de setembro de 1962, passa a vigorar acrescido do inciso seguinte:

"Art. 2º [...]

VIII - a utilização de áreas, locais ou bens que, por suas características, sejam apropriados ao desenvolvimento de atividades turísticas."

ART. 32. A Embratur promoverá as desapropriações e servidões administrativas decretadas pelo Poder Executivo, com fundamento no interesse turístico.

ART. 33. O § 1º do art. 1º da Lei n. 4.717, de 29 de junho de 1965, passa a ter a seguinte redação:

- Alteração promovida no texto da referida lei.

ART. 34. O art. 5º, da Lei n. 4.717, de 29 de junho de 1965, passa a vigorar acrescido do seguinte parágrafo:

- Alteração promovida no texto da referida lei.

ART. 35. O Poder Executivo regulamentará a presente Lei no prazo de 180 (cento e oitenta) dias, a contar da data de sua publicação.

ART. 36. A presente Lei entrará em vigor na data de sua publicação.

ART. 37. Revogam-se as disposições em contrário.

Brasília, em 20 de dezembro de 1977; 156º da Independência e 89º da República.

ERNESTO GEISEL

LEI N. 6.530, DE 12 DE MAIO DE 1978

Dá nova regulamentação à profissão de Corretor de Imóveis, disciplina o funcionamento de seus órgãos de fiscalização e dá outras providências.

- *DOU*, 15.05.1978, retificado em 25.01.1979.
- Dec. 81.871/1978 (Regulamenta esta lei).
- Dec. 5.595/1928 (Autoriza a dar nova regulamentação às classes dos corretores de mercadorias e de navios no DF).

O Presidente da República. Faço saber que o Congresso Nacional decreta e eu sanciono a seguinte Lei:

ART. 1º O exercício da profissão de Corretor de Imóveis, no território nacional, é regido pelo disposto na presente lei.

ART. 2º O exercício da profissão de Corretor de Imóveis será permitido ao possuidor de título de Técnico em Transações Imobiliárias.

ART. 3º Compete ao Corretor de Imóveis exercer a intermediação na compra, venda, permuta e locação de imóveis, podendo, ainda, opinar quanto à comercialização imobiliária.

Parágrafo único. As atribuições constantes deste artigo poderão ser exercidas, também, por pessoa jurídica inscrita nos termos desta lei.

ART. 4º A inscrição do Corretor de Imóveis e da pessoa jurídica será objeto de Resolução do Conselho Federal de Corretores de Imóveis.

ART. 5º O Conselho Federal e os Conselhos Regionais são órgãos de disciplina e fiscalização do exercício da profissão de Corretor de Imóveis, constituídos em autarquia, dotada de personalidade jurídica de direito público, vinculada ao Ministério do Trabalho, com autonomia administrativa, operacional e financeira.

ART. 6º As pessoas jurídicas inscritas no Conselho Regional de Corretores de Imóveis sujeitam-se aos mesmos deveres e têm os mesmos direitos das pessoas físicas nele inscritas.

§ 1º As pessoas jurídicas a que se refere este artigo deverão ter como sócio gerente ou diretor um Corretor de Imóveis individualmente inscrito. (Renumerado do parágrafo único pela Lei 13.097/2015.)

§ 2º O corretor de imóveis pode associar-se a uma ou mais imobiliárias, mantendo sua autonomia profissional, sem qualquer outro vínculo, inclusive empregatício e previdenciário, mediante contrato de associação específico, registrado no Sindicato dos Corretores de Imóveis ou, onde não houver sindicato instalado, registrado nas delegacias da Federação Nacional de Corretores de Imóveis. (Acrescentado pela Lei 13.097/2015.)

§ 3º Pelo contrato de que trata o § 2º deste artigo, o corretor de imóveis associado e a imobiliária coordenam, entre si, o desempenho de funções correlatas à intermediação imobiliária e ajustam critérios para a partilha dos resultados da atividade de corretagem, mediante obrigatória assistência da entidade sindical. (Acrescentado pela Lei 13.097/2015.)

§ 4º O contrato de associação não implica troca de serviços, pagamentos ou remunerações entre a imobiliária e o corretor de imóveis associado, desde que não configurados os elementos caracterizadores do vínculo empregatício previstos no art. 3º da Consolidação das Leis do Trabalho - CLT, aprovada pelo Decreto-Lei n. 5.452, de 1º de maio de 1943. (Acrescentado pela Lei 13.097/2015.)

ART. 7º Compete ao Conselho Federal e aos Conselhos Regionais representar, em juízo ou fora dele, os legítimos interesses da categoria profissional, respeitadas as respectivas áreas de competência.

ART. 8º O Conselho Federal terá sede e foro na Capital da República e jurisdição em todo o território nacional.

ART. 9º Cada Conselho Regional terá sede e foro na Capital do Estado, ou de um dos Estados ou Territórios da jurisdição, a critério do Conselho Federal.

ART. 10. O Conselho Federal será composto por dois representantes, efetivos e suplentes, de cada Conselho Regional, eleitos dentre os seus membros.

ART. 11. Os Conselhos Regionais serão compostos por vinte e sete membros efetivos e igual número de suplentes, eleitos em chapa pelo sistema de voto pessoal indelegável, secreto e obrigatório, dos profissionais inscritos, sendo aplicável ao profissional que deixar de votar, sem causa justificada, multa em valor máximo equivalente ao da anuidade. (Alterado pela Lei 10.795/2003.)

Parágrafo único. (Revogado pela Lei 10.795/2003.)

ART. 12. Somente poderão ser membros do Conselho Regional os Corretores de Imóveis com inscrição principal na jurisdição há mais de dois anos e que não tenham sido condenados por infração disciplinar.

ART. 13. Os Conselhos Federal e Regionais serão administrados por uma diretoria, eleita dentre os seus membros.

§ 1º A diretoria será composta de um presidente, dois vice-presidentes, dois secretários e dois tesoureiros.

§ 2º Junto aos Conselhos Federal e Regionais funcionará um Conselho Fiscal, composto de três membros, efetivos e suplentes, eleitos dentre os seus membros.

ART. 14. Os membros do Conselho Federal e dos Conselhos Regionais terão mandato de três anos.

ART. 15. A extinção ou perda de mandato de membro do Conselho Federal e dos Conselhos Regionais ocorrerá:

I - por renúncia;

II - por superveniência de causa de que resulte o cancelamento da inscrição;

III - por condenação a pena superior a dois anos, em virtude de sentença transitada em julgado;

IV - por destituição de cargo, função ou emprego, mencionada à prática de ato de improbidade na administração pública ou privada, em virtude de sentença transitada em julgado;

V - por ausência, sem motivo justificado, a três sessões consecutivas ou seis intercaladas em cada ano.

ART. 16. Compete ao Conselho Federal:

I - eleger sua diretoria;

II - elaborar e alterar seu regimento;

III - aprovar o relatório anual, o balanço e as contas de sua diretoria, bem como a previsão orçamentária para o exercício seguinte;

IV - criar e extinguir Conselhos Regionais e Sub-regiões, fixando-lhes a sede e jurisdição;

V - baixar normas de ética profissional;

VI - elaborar contrato padrão para os serviços de corretagem de imóveis, de observância obrigatória pelos inscritos;

VII - fixar as multas, anuidades e emolumentos devidos aos Conselhos Regionais;

VIII - decidir as dúvidas suscitadas pelos Conselhos Regionais;

IX - julgar os recursos das decisões dos Conselhos Regionais;

X - elaborar o regimento padrão dos Conselhos Regionais;

XI - homologar o regimento dos Conselhos Regionais;

XII - aprovar o relatório anual, o balanço e as contas dos Conselhos Regionais;

XIII - credenciar representante junto aos Conselhos Regionais, para verificação de irregularidades e pendências acaso existentes;

XIV - intervir temporariamente nos Conselhos Regionais, nomeando diretoria provisória, até que seja regularizada a situação ou, se isso não ocorrer, até o término do mandato:

a) se comprovada irregularidade na administração;

b) se tiver havido atraso injustificado no recolhimento da contribuição;

XV - destituir diretor de Conselho Regional, por ato de improbidade no exercício de suas funções;

XVI - promover diligências, inquéritos ou verificações sobre o funcionamento dos Conselhos Regionais e adotar medidas para sua eficiência e regularidade;

XVII - baixar resoluções e deliberar sobre os casos omissos.

§ 1º Na fixação do valor das anuidades referidas no inciso VII deste artigo, serão observados os seguintes limites máximos: (Acrescentado pela Lei 10.795/2003.)

I - pessoa física ou firma individual: R$ 285,00 (duzentos e oitenta e cinco reais); (Acrescentado pela Lei 10.795/2003.)

II - pessoa jurídica, segundo o capital social: (Acrescentado pela Lei 10.795/2003.)

a) até R$ 25.000,00 (vinte e cinco mil reais): R$ 570,00 (quinhentos e setenta reais); (Acrescentado pela Lei 10.795/2003.)

b) de R$ 25.001,00 (vinte e cinco mil e um reais) até R$ 50.000,00 (cinquenta mil reais): R$ 712,50 (setecentos e doze reais e cinquenta centavos); (Acrescentado pela Lei 10.795/2003.)

c) de R$ 50.001,00 (cinquenta mil e um reais) até R$ 75.000,00 (setenta e cinco mil reais): R$ 855,00 (oitocentos e cinquenta e cinco reais); (Acrescentado pela Lei 10.795/2003.)

d) de R$ 75.001,00 (setenta e cinco mil e um reais) até R$ 100.000,00 (cem mil reais): R$ 997,50 (novecentos e noventa e sete reais e cinquenta centavos); (Acrescentado pela Lei 10.795/2003.)

e) acima de R$ 100.000,00 (cem mil reais): R$ 1.140,00 (mil, cento e quarenta reais). (Acrescentado pela Lei 10.795/2003.)

§ 2º Os valores correspondentes aos limites máximos estabelecidos no § 1º deste artigo serão corrigidos anualmente pelo índice oficial de preços ao consumidor. (Acrescentado pela Lei 10.795/2003.)

ART. 17. Compete aos Conselhos Regionais:

I - eleger sua diretoria;

II - aprovar o relatório anual, o balanço e as contas de sua diretoria, bem como a previsão orçamentária para o exercício seguinte, submetendo essa matéria à consideração do Conselho Federal;

III - propor a criação de sub-regiões, em divisões territoriais que tenham um número mínimo de Corretores de Imóveis inscritos, fixado pelo Conselho Federal;

IV - homologar, obedecidas as peculiaridades locais, tabelas de preços de serviços de corretagem para uso dos inscritos, elaboradas e aprovadas pelos sindicatos respectivos;

V - decidir sobre os pedidos de inscrição de Corretor de Imóveis e de pessoas jurídicas;

VI - organizar e manter o registro profissional das pessoas físicas e jurídicas inscritas;

VII - expedir carteiras profissionais e certificados de inscrição;

VIII - impor as sanções previstas nesta lei;

IX - baixar resoluções, no âmbito de sua competência.

ART. 18. Constituem receitas do Conselho Federal:

I - a percentagem de vinte por cento sobre as anuidades e emolumentos arrecadados pelos Conselhos Regionais;

II - a renda patrimonial;

III - as contribuições voluntárias;

IV - as subvenções e dotações orçamentárias.

ART. 19. Constituem receitas de cada Conselho Regional:

I - as anuidades, emolumentos e multas;

II - a renda patrimonial;

III - as contribuições voluntárias;

IV - as subvenções e dotações orçamentárias.

ART. 20. Ao Corretor de Imóveis e à pessoa jurídica inscritos nos órgãos de que trata a presente lei é vedado:

I - prejudicar, por dolo ou culpa, os interesses que lhe forem confiados;

II - auxiliar, ou por qualquer meio facilitar, o exercício da profissão aos não inscritos;

III - anunciar publicamente proposta de transação a que não esteja autorizado através de documento escrito;

IV - fazer anúncio ou impresso relativo à atividade de profissional sem mencionar o número de inscritos;

V - anunciar imóvel loteado ou em condomínio sem mencionar o número de registro do loteamento ou da incorporação no Registro de Imóveis;

VI - violar o sigilo profissional;

VII - negar aos interessados prestação de contas ou recibo de quantias ou documentos que lhe tenham sido entregues a qualquer título;

VIII - violar obrigação legal concernente ao exercício da profissão;

IX - praticar, no exercício da atividade profissional, ato que a lei defina como crime ou contravenção;

X - deixar de pagar contribuição ao Conselho Regional.

ART. 21. Compete ao Conselho Regional aplicar aos Corretores de Imóveis e pessoas jurídicas as seguintes sanções disciplinares;

I - advertência verbal;

II - censura;

III - multa;

IV - suspensão da inscrição, até noventa dias;

V - cancelamento da inscrição, com apreensão da carteira profissional.

§ 1º Na determinação da sanção aplicável, orientar-se-á o Conselho pelas circunstâncias de cada caso, de modo a considerar leve ou grave a falta.

§ 2º A reincidência na mesma falta determinará a agravação da penalidade.

§ 3º A multa poderá ser acumulada com outra penalidade e, na hipótese de reincidência na mesma falta, aplicar-se-á em dobro.

§ 4º A pena de suspensão será anotada na carteira profissional do Corretor de Imóveis ou responsável pela pessoa jurídica e se este não a apresentar para que seja consignada a penalidade, o Conselho Nacional poderá convertê-la em cancelamento da inscrição.

ART. 22. Aos servidores dos Conselhos Federal e Regionais de Corretores de Imóveis aplica-se o regime jurídico das Leis do Trabalho.

ART. 23. Fica assegurado aos Corretores de Imóveis, inscritos nos termos da Lei n. 4.116, de 27 de agosto de 1962, o exercício da profissão, desde que o requeiram conforme o que for estabelecido na regulamentação desta lei.

ART. 24. Esta lei será regulamentada no prazo de trinta dias a partir da sua vigência.

ART. 25. Esta lei entrará em vigor na data da sua publicação.

ART. 26. Revogam-se as disposições em contrário, especialmente a Lei n. 4.116, de 27 de agosto de 1962.

Brasília, 12 de maio de 1978; 157º da Independência e 90º da República.

ERNESTO GEISEL

LEI N. 6.533, DE 24 DE MAIO DE 1978

Dispõe sobre a regulamentação das profissões de Artistas e de técnico em Espetáculos de Diversões, e dá outras providências.

- *DOU*, 26.5.1978, retificado em 28.6.1978.
- Lei 9.610/1998 (Altera, atualiza e consolida a legislação sobre direitos autorais).
- Dec. 82.385/1978 (Regulamenta esta lei).

O Presidente da República. Faço saber que o Congresso Nacional decreta e eu sanciono a seguinte Lei:

ART. 1º O exercício das profissões de Artista e de Técnico em Espetáculos de Diversões é regulado pela presente Lei.

ART. 2º Para os efeitos desta lei, é considerado:

I - Artista, o profissional que cria, interpreta ou executa obra de caráter cultural de qualquer natureza, para efeito de exibição ou divulgação pública, através de meios de comunicação de massa ou em locais onde se realizam espetáculos de diversão pública;

II - Técnico em Espetáculos de Diversões, o profissional que, mesmo em caráter auxiliar, participa, individualmente ou em grupo, de atividade profissional ligada diretamente à elaboração, registro, apresentação ou conservação de programas, espetáculos e produções.

Parágrafo único. As denominações e descrições das funções em que se desdobram as atividades de Artista e de Técnico em Espetáculos de Diversões constarão do regulamento desta lei.

ART. 3º Aplicam-se as disposições desta lei às pessoas físicas ou jurídicas que tiverem a seu serviço os profissionais definidos no artigo anterior, para realização de espetáculos, programas, produções ou mensagens publicitárias.

Parágrafo único. Aplicam-se, igualmente, as disposições desta Lei às pessoas físicas ou jurídicas que agenciem colocação de mão-de-obra de profissionais definidos no artigo anterior.

ART. 4º As pessoas físicas ou jurídicas de que trata o artigo anterior deverão ser previamente inscritas no Ministério do Trabalho.

ART. 5º Não se incluem no disposto nesta Lei os Técnicos em Espetáculos de Diversões que prestam serviços a empresa de radiodifusão.

ART. 6º O exercício das profissões de Artista e de Técnico em Espetáculos de Diversões requer prévio registro na Delegacia Regional do Trabalho do Ministério do Trabalho, o qual terá validade em todo o território nacional.

ART. 7º Para registro do Artista ou do Técnico em Espetáculos de Diversões, é necessário a apresentação de:

I - diploma de curso superior de Diretor de Teatro, Coreógrafo, Professor de Arte Dramática, ou outros cursos semelhantes, reconhecidos na forma da Lei; ou

II - diploma ou certificado correspondentes às habilitações profissionais de 2º Grau de Ator, Contrarregra, Cenotécnico, Sonoplasta, ou outras semelhantes, reconhecidas na forma da Lei; ou

III - atestado de capacitação profissional fornecido pelo Sindicato representativo das categorias profissionais e, subsidiariamente, pela Federação respectiva.

§ 1º A entidade sindical deverá conceder ou negar o atestado mencionado no item III, no prazo de 3 (três) dias úteis, podendo ser concedido o registro, ainda que provisório, se faltar manifestação da entidade sindical, nesse prazo.

§ 2º Da decisão da entidade sindical que negar a concessão do atestado mencionado no item III deste artigo, caberá recurso para o Ministério do Trabalho, até 30 (trinta) dias, a contar da ciência.

ART. 8º O registro de que trata o artigo anterior poderá ser concedido a título provisório, pelo prazo máximo de 1 (um) ano, com dispensa do atestado a que se refere o item III do mesmo artigo, mediante indicação conjunta dos Sindicatos de empregadores e de empregados.

ART. 9º O exercício das profissões de que trata esta Lei exige contrato de trabalho padronizado, nos termos de instruções a serem expedidas pelo Ministério do trabalho.

§ 1º O contrato de trabalho será visado pelo Sindicato representativo da categoria profissional e, subsidiariamente, pela Federação respectiva, como condição para registro no Ministério do Trabalho, até a véspera da sua vigência.

§ 2º A entidade sindical deverá visar ou não o contrato, no prazo máximo de 2 (dois) dias úteis, findos os quais ele poderá ser registrado no Ministério do Trabalho, se faltar a manifestação sindical.

§ 3º Da decisão da entidade sindical que negar o visto, caberá recurso para o Ministério do Trabalho.

ART. 10. O contrato de trabalho conterá, obrigatoriamente:

I - qualificação das partes contratantes;

II - prazo de vigência;

III - natureza da função profissional, com definição das obrigações respectivas;

IV - título do programa, espetáculo ou produção, ainda que provisório, com indicação do personagem nos casos de contrato por tempo determinado;

V - locais onde atuará o contratado, inclusive os opcionais;

VI - jornada de trabalho, com especificação do horário e intervalo de repouso;

VII - remuneração e sua forma de pagamento;

VIII - disposição sobre eventual inclusão do nome do contratado no crédito de apresentação, cartazes, impressos e programas;

IX - dia de folga semanal;

X - ajuste sobre viagens e deslocamentos;

XI - período de realização de trabalhos complementares, inclusive dublagem, quando posteriores a execução do trabalho de interpretação objeto do contrato;

XII - número da Carteira de Trabalho e Previdência Social.

Parágrafo único. Nos contratos de trabalho por tempo indeterminado deverá constar, ainda, cláusula relativa ao pagamento de adicional, devido em caso de deslocamento para prestação de serviço fora da cidade ajustada no contrato de trabalho.

ART. 11. A cláusula de exclusividade não impedirá o Artista ou Técnico em Espetáculos de Diversões de prestar serviços a outro empregador em atividade diversa da ajustada no contrato de trabalho, desde que em outro meio de comunicação, e sem que se caracterize prejuízo para o contratante com o qual foi assinada a cláusula de exclusividade.

ART. 12. O empregador poderá utilizar trabalho de profissional, mediante nota contratual, para substituição de Artista ou de Técnico em Espetáculos de Diversões, ou para prestação de serviço caracteristicamente eventual, por prazo não superior a 7 (sete) dias consecutivos, vedada a utilização desse mesmo profissional, nos 60 (sessenta) dias subsequentes, por essa forma, pelo mesmo empregador.

Parágrafo único. O Ministério do Trabalho expedirá instruções sobre a utilização da nota contratual e aprovará seu modelo.

ART. 13. Não será permitida a cessão ou promessa de cessão de direitos autorais e conexos decorrentes da prestação de serviços profissionais.

Parágrafo único. Os direitos autorais e conexos dos profissionais serão devidos em decorrência de cada exibição da obra.

ART. 14. Nas mensagens publicitárias, feitas para cinema, televisão ou para serem divulgadas por outros veículos, constará do contrato de trabalho, obrigatoriamente:

I - o nome do produtor, do anunciante e, se houver, da agência de publicidade para quem a mensagem é produzida;

II - o tempo de exploração comercial da mensagem;

III - o produto a ser promovido;

IV - os veículos através dos quais a mensagem será exibida;

V - as praças onde a mensagem será veiculada;

VI - o tempo de duração da mensagem e suas características.

ART. 15. O contrato de trabalho e a nota contratual serão emitidos com numeração sucessiva e em ordem cronológica.

Parágrafo único. Os documentos de que trata este artigo serão firmados pelo menos em duas vias pelo contratado, ficando uma delas em seu poder.

ART. 16. O profissional não poderá recusar-se à auto dublagem, quando couber.

Parágrafo único. Se o empregador ou tomador de serviços preferir a dublagem por terceiros, ela só poderá ser feita com autorização, por escrito, do profissional, salvo se for realizada em língua estrangeira.

ART. 17. A utilização de profissional contratado por agência de locação de mão-de-obra, obrigará o tomador de serviço solidariamente pelo cumprimento das obrigações legais e contratuais, se se caracterizar a tentativa, pelo tomador de serviço, de utilizar a agência para fugir às responsabilidades e obrigações decorrentes desta Lei ou de contrato.

ART. 18. O comparecimento do profissional na hora e no lugar da convocação implica a percepção integral do salário, mesmo que o trabalho não se realize por motivo independente de sua vontade.

ART. 19. O profissional contratado por prazo determinado não poderá rescindir o contrato de trabalho sem justa causa, sob pena de ser obrigado a indenizar o em pregador dos prejuízos que desse fato lhe resultarem.

Parágrafo único. A indenização de que trata este artigo não poderá exceder àquela a que teria direito o empregado em idênticas condições.

ART. 20. Na rescisão sem justa causa, no distrato e na cessação do contrato de trabalho, o empregado poderá ser assistido pelo Sindicato representativo da categoria e, subsidiariamente, pela Federação respectiva, respeitado o disposto no artigo 477 da Consolidação das Leis do Trabalho.

ART. 21. A jornada normal de trabalho dos profissionais de que trata esta Lei, terá nos setores e atividades respectivos, as seguintes durações:

I - Radiodifusão, fotografia e gravação: 6 (seis) horas diárias, com limitação de 30 (trinta) horas semanais;

II - Cinema, inclusive publicitário, quando em estúdio: 6 (seis) horas diárias;

III - Teatro: a partir de estréia do espetáculo terá a duração das sessões, com 8 (oito) sessões semanais;

IV - Circo e variedades: 6 (seis) horas diárias, com limitação de 36 (trinta e seis) horas semanais;

V - Dublagem: 6 (seis) horas diárias, com limitação de 40 (quarenta) horas semanais.

§ 1º O trabalho prestado além das limitações diárias ou das sessões semanais previstas neste artigo será considerado extraordinário, aplicando-se-lhe o disposto nos artigos 59 a 61 da Consolidação das Leis do Trabalho.

§ 2º A jornada normal será dividida em 2 (dois) turnos, nenhum dos quais poderá exceder de 4 (quatro) horas, respeitado o intervalo previsto na Consolidação das Leis do Trabalho.

§ 3º Nos espetáculos teatrais e circenses, desde que sua natureza ou tradição o exijam, o intervalo poderá, em benefício do rendimento artístico, ser superior a 2 (duas) horas.

§ 4º Será computado como trabalho efetivo o tempo em que o empregado estiver à disposição do empregador, a contar de sua apresentação no local de trabalho, inclusive o período destinado a ensaios, gravações, dublagem, fotografias, caracterização, e todo àquele que exija a presença do Artista, assim como o destinado a preparação do ambiente, em termos de cenografia, iluminação e montagem de equipamento.

§ 5º Para o Artista, integrante de elenco teatral, a jornada de trabalho poderá ser de 8 (oito) horas, durante o período de ensaio, respeitado o intervalo previsto na Consolidação das Leis do Trabalho.

ART. 22. Na hipótese de exercício concomitante de funções dentro de uma mesma atividade, será assegurado ao profissional um adicional mínimo de 40% (quarenta por cento), pela função acumulada, tomando-se por base a função melhor remunerada.

Parágrafo único. É vedada a acumulação de mais de duas funções em decorrência do mesmo contrato de trabalho.

ART. 23. Na hipótese de trabalho executado fora do local constante do contrato de trabalho, correrão à conta do empregador, além do salário, as despesas de transporte e de alimentação e hospedagem, até o respectivo retorno.

ART. 24. É livre a criação interpretativa do Artista e do Técnico em Espetáculos de Diversões, respeitado o texto da obra.

ART. 25. Para contratação de estrangeiro domiciliado no exterior, exigir-se-á prévio recolhimento de importância equivalente a 10% (dez por cento) do valor total do ajuste à Caixa Econômica Federal em nome da entidade sindical da categoria profissional.

ART. 26. O fornecimento de guarda-roupa e demais recursos indispensáveis ao cumprimento das tarefas contratuais será de responsabilidade do empregador.

ART. 27. Nenhum Artista ou Técnico em Espetáculos de Diversões será obrigado a interpretar ou participar de trabalho possível de pôr em risco sua integridade física ou moral.

ART. 28. A contratação de figurante não qualificado profissionalmente, para atuação esporádica, determinada pela necessidade de características artísticas da obra, poderá ser feita pela forma da indicação prevista no artigo 8º.

ART. 29. Os filhos dos profissionais de que trata esta Lei, cuja atividade seja itinerante, terão assegurada a transferência da matrícula e consequente vaga nas escolas públicas locais de 1º e 2º Graus, e autorizada nas escolas particulares desses níveis, mediante apresentação de certificado da escola de origem.

ART. 30. Os textos destinados à memorização, juntamente com o roteiro de gravação ou plano de trabalho, deverão ser entregues ao profissional com antecedência mínima de 72 (setenta e duas) horas, em relação ao início dos trabalhos.

ART. 31. Os profissionais de que trata esta Lei têm penhor legal sobre o equipamento e todo o material de propriedade do empregador, utilizado na realização de programa, espetáculo ou produção, pelo valor das obrigações não cumpridas pelo empregador.

ART. 32. É assegurado o direito ao atestado de que trata o item III do artigo 7º ao Artista ou Técnico em Espetáculos de Diversões que, até a data da publicação desta Lei tenha exercido, comprovadamente, a respectiva profissão.

ART. 33. As infrações ao disposto nesta Lei serão punidas com multa de 2 (duas) a 20 (vinte) vezes o maior valor de referência previsto no artigo 2º, parágrafo único da Lei n.6.205, de 29 de abril de 1975, calculada à razão de um valor de referência por empregado em situação irregular.

Parágrafo único. Em caso de reincidência, embaraço ou resistência à fiscalização, emprego de artifício ou simulação com o objetivo de fraudar a Lei, a multa será aplicada em seu valor máximo.

ART. 34. O empregador punido na forma do artigo anterior, enquanto não regularizar a situação que deu causa à autuação, e não recolher, multa aplicada, após esgotados os recursos cabíveis, não poderá:

I - receber qualquer benefício, incentivo ou subvenção concedidos por órgãos públicos;

II - obter liberação para exibição de programa, espetáculo, ou produção, pelo órgão ou autoridade competente.

ART. 35. Aplicam-se aos Artistas e Técnicos em Espetáculos de Diversões as normas da legislação do trabalho, exceto naquilo que for regulado de forma diferente nesta Lei.

ART. 36. O Poder Executivo regulamentará esta Lei no prazo de 60 (sessenta) dias a contar da data de sua publicação.

ART. 37. Esta Lei entrará em vigor no dia 19 de agosto de 1978, revogadas as disposições em contrário, especialmente o art. 35, o § 2º do art. 480, o parágrafo único do art. 507 e o art. 509 da Consolidação das Leis do Trabalho, aprovada pelo Decreto-Lei n.5.452, de 1943, a Lei n.101, de 1947, e a Lei n.301, de 1948.

Brasília, em 24 de maio de 1978; 157º da Independência e 90º da República.

ERNESTO GEISEL

LEI N. 6.538, DE 22 DE JUNHO DE 1978

Dispõe sobre os serviços postais.

- *DOU*, 23.06.1978.
- Lei 11.668/2008 (Dispõe sobre o exercício da atividade de franquia postal).

O Presidente da República. Faço saber que o Congresso Nacional decreta e eu sanciono a seguinte Lei:

DISPOSIÇÃO PRELIMINAR

ART. 1º Esta Lei regula os direitos e obrigações concernentes ao serviço postal e ao serviço de telegrama em todo o território do País, incluídos as águas territoriais e o espaço aéreo, assim como nos lugares em que princípios e convenções internacionais lhes reconheçam extraterritorialidade.

Parágrafo único. O serviço postal e o serviço de telegrama internacionais são regidos também pelas convenções e acordos internacionais ratificados ou aprovados pelo Brasil.

TÍTULO I
DAS DISPOSIÇÕES GERAIS

ART. 2º O serviço postal e o serviço de telegrama são explorados pela União, através de empresa pública vinculada ao Ministério das Comunicações.

§ 1º Compreende-se no objeto da empresa exploradora dos serviços:

a) planejar, implantar e explorar o serviço postal e o serviço de telegrama;

b) explorar atividades correlatas;

c) promover a formação e o treinamento de pessoal sério ao desempenho de suas atribuições;

d) exercer outras atividades afins, autorizadas pelo Ministério das Comunicações.

§ 2º A empresa exploradora dos serviços, mediante autorização do Poder Executivo, pode constituir subsidiárias para a prestação de serviços compreendidos no seu objeto.

§ 3º A empresa exploradora dos serviços, atendendo a conveniências técnicas e econômicas, e sem prejuízo de suas atribuições e responsabilidades, pode celebrar contratos e convênios objetivando assegurar a prestação dos serviços, mediante autorização do Ministério das Comunicações.

§ 4º Os recursos da empresa exploradora dos serviços são constituídos:

a) da receita proveniente da prestação dos serviços;

b) da venda de bens compreendidos no seu objeto;

c) dos rendimentos decorrentes da participação societária em outras empresas;

d) do produto de operações de créditos;

e) de dotações orçamentárias;

f) de valores provenientes de outras fontes.

§ 5º A empresa exploradora dos serviços tem sede no Distrito Federal.

§ 6º A empresa exploradora dos serviços pode promover desapropriações de bens ou direitos, mediante ato declamatório de sua utilidade pública, pela autoridade federal.

§ 7º O Poder Executivo regulamentará a exploração de outros serviços compreendidos no objeto da empresa exploradora que vierem a ser criados.

ART. 3º A empresa exploradora é obrigada a assegurar a continuidade dos serviços, observados os índices de confiabilidade, qualidade, eficiência e outros requisitos fixados pelo Ministério das Comunicações.

ART. 4º É reconhecido a todos o direito de haver a prestação do serviço postal e do serviço de telegrama, observadas as disposições legais e regulamentares.

ART. 5º O sigilo da correspondência é inviolável.

Parágrafo único. A ninguém é permitido intervir no serviço postal ou no serviço de telegrama, salvo nos casos e na forma previstos em lei.

ART. 6º As pessoas encarregadas do serviço postal ou do serviço de telegrama são obrigadas a manter segredo profissional sobre a existência de correspondência e do conteúdo de mensagem de que tenham conhecimento em razão de suas funções.

Parágrafo único. Não se considera violação do segredo profissional, indispensável à manutenção do sigilo de correspondência a divulgação do nome do destinatário de objeto postal ou de telegrama que não tenha podido ser entregue por erro ou insuficiência de endereço.

TÍTULO II
DO SERVIÇO POSTAL

ART. 7º Constitui serviço postal o recebimento, expedição, transporte e entrega de objetos de correspondência, valores e encomendas, conforme definido em regulamento.

§ 1º São objetos de correspondência:

a) carta;

b) cartão-postal;

c) impresso;

d) cecograma;

e) pequena - encomenda.

§ 2º Constitui serviço postal relativo a valores:

a) remessa de dinheiro através de carta com valor declarado;

b) remessa de ordem de pagamento por meio de vale-postal;

c) recebimento de tributos, prestações, contribuições e obrigações pagáveis à vista, por via postal.

§ 3º Constitui serviço postal relativo a encomendas a remessa e entrega de objetos, com ou sem valor mercantil, por via postal.

ART. 8º São atividades correlatas ao serviço postal:

I - venda de selos, peças filatélicas, cupões resposta internacionais, impressos e papéis para correspondência;

II - venda de publicações divulgando regulamentos, normas, tarifas, listas de código de endereçamento e outros assuntos referentes ao serviço postal.

III - exploração de publicidade comercial em objetos correspondência.

Parágrafo único. A inserção de propaganda e a comercialização de publicidade nos formulários de uso no serviço postal, bem como nas listas de código de endereçamento postal, e privativa da empresa exploradora do serviço postal.

ART. 9º São exploradas pela União, em regime de monopólio, as seguintes atividades postais:

I - recebimento, transporte e entrega, no território nacional, e a expedição, para o exterior, de carta e cartão-postal;

II - recebimento, transporte e entrega, no território nacional, e a expedição, para o exterior, de correspondência agrupada:

III - fabricação, emissão de selos e de outras fórmulas de franqueamento postal.

§ 1º Dependem de prévia e expressa autorização da empresa exploradora do serviço postal;

a) venda de selos e outras fórmulas de franqueamento postal;

b) fabricação, importação e utilização de máquinas de franquear correspondência, bem como de matrizes para estampagem de selo ou carimbo postal.

§ 2º Não se incluem no regime de monopólio:

a) transporte de carta ou cartão-postal, efetuado entre dependências da mesma pessoa jurídica, em negócios de sua economia, por meios próprios, sem intermediação comercial;

b) transporte e entrega de carta e cartão-postal; executados eventualmente e sem fins lucrativos, na forma definida em regulamento.

ART. 10. Não constitui violação de sigilo da correspondência postal a abertura de carta:

I - endereçada a homônimo, no mesmo endereço;

II - que apresente indícios de conter objeto sujeito a pagamento de tributos;

III - que apresente indícios de conter valor não declarado, objeto ou substância de expedição, uso ou entrega proibidos;

IV - que deva ser inutilizada, na forma prevista em regulamento, em virtude de impossibilidade de sua entrega e restituição.

Parágrafo único. Nos casos dos incisos II e III a abertura será feita obrigatoriamente na presença do remetente ou do destinatário.

ART. 11. Os objetos postais pertencem ao remetente até a sua entrega a quem de direito.

§ 1º Quando a entrega não tenha sido possível em virtude de erro ou insuficiência de endereço, o objeto permanecerá à disposição do destinatário, na forma definida em regulamento.

§ 2º Quando nem a entrega, nem a restituição tenham sido possíveis, o objeto será inutilizado, conforme disposto em regulamento.

§ 3º Os impressos sem registro, cuja entrega não tenha sido possível, serão inutilizados, na forma prevista em regulamento.

ART. 12. O regulamento disporá sobre as condições de aceitação, encaminhamento e entrega dos objetos postais, compreendendo, entre outras, código de endereçamento, formato, limites de peso, valor e dimensões, acondicionamento, franqueamento e registro.

§ 1º Todo objeto postal deve conter, em caracteres latinos e algarismos arábicos e no sentido de sua maior dimensão, o nome do destinatário e seu endereço completo.

§ 2º Sem prejuízo do disposto neste artigo, podem ser usados caracteres e algarismos do idioma do país de destino.

ART. 13. Não é aceito nem entregue:

I - objeto com peso, dimensões, volume, formato, endereçamento, franqueamento ou acondicionamento em desacordo com as normas regulamentares ou com as previstas em convenções e acordos internacionais aprovados pelo Brasil;

II - substância explosiva, deteriorável, fétida, corrosiva ou facilmente inflamável, cujo transporte constitua perigo ou possa danificar outro objeto;

III - cocaína, ópio, morfina, demais estupefacientes e outras substâncias de uso proibido;

IV - objeto com endereço, dizeres ou desenho injuriosos, Ameaçadores, ofensivos a moral ou ainda contrários a ordem pública ou aos interesses do País;

V - animal vivo, exceto os admitidos em convenção internacional ratificada pelo Brasil;

VI - planta viva;

VII - animal morto;

VIII - objeto cujas indicações de endereçamento não permitam assegurar a correta entrega ao destinatário;

IX - objeto cuja circulação no País, exportação ou importação, estejam proibidos por ato de autoridade competente.

§ 1º A infringência a qualquer dos dispositivos de que trata este artigo acarretará a apreensão ou retenção do objeto, conforme disposto em regulamento, sem prejuízo das sanções penais cabíveis.

§ 2º O remetente de qualquer objeto postal é responsável, perante a empresa exploradora do serviço postal, pela danificação produzida em outro objeto em virtude de inobservância de dispositivos legais e regulamentares, desde que não tenha havido erro ou negligência da empresa exploradora do serviço postal ou do transporte.

ART. 14. O objeto postal, além de outras distinções que venham a ser estabelecidas em regulamento, se classifica:

I - quanto ao âmbito:

a) nacional - postado no território brasileiro e a ele destinado.

b) internacional - quando em seu curso intervier unidade postal fora da jurisdição nacional.

II - quanto à postagem:

a) simples - quando postado em condições ordinárias,

b) qualificado - quando sujeito a condição especial de tratamento, quer por solicitação do remetente, quer por exigência de dispositivo regulamentar.

III - quanto ao local de entrega:

a) de entrega interna - quando deva ser procurado e entregue em unidade de atendimento da empresa exploradora.

b) de entrega externa - quando deva ser entregue no endereço indicado pelo remetente.

ART. 15. A empresa exploradora do serviço postal é obrigada a manter, em suas unidades de atendimento, à disposição dos usuários, a lista dos códigos de endereçamento postal.

§ 1º A edição de listas dos códigos de endereçamento postal é da competência exclusiva da empresa exploradora do serviço postal, que pode contratá-la com terceiros, bem como autorizar sua reprodução total ou parcial.

§ 2º A edição ou reprodução total ou parcial da lista de endereçamento postal fora das condições regulamentares, sem expressa autorização da empresa exploradora do serviço postal, sujeita quem a efetue à busca e apreensão, dos exemplares e documentos a eles pertinentes, além da indenização correspondente ao valor da publicidade neles inserta.

§ 3º É facultada a edição de lista de endereçamento postal sem finalidade comercial e de distribuição gratuita, conforme disposto em regulamento.

ART. 16. Compete à empresa exploradora do serviço postal definir o tema ou motivo dos selos postais, e programar sua emissão, conservadas as disposições do regulamento.

ART. 17. A empresa exploradora ao serviço postal responde, na forma prevista em regulamento, pela perda ou danificação de objeto postal, devidamente registrado, salvo nos casos de:

I - força maior;

II - confisco ou destruição por autoridade competente;

III - não reclamação nos prazos previstos em regulamento.

ART. 18. A condução de malas postais é obrigatória em veículos, embarcações e aeronaves em todas as empresas de transporte, ressalvados os motivos de segurança, sempre que solicitada por autoridade competente, mediante justa remuneração, na forma da lei.

§ 1º O transporte de mala postal tem prioridade logo após o passageiro e respectiva bagagem.

§ 2º No transporte de malas postais e malotes de correspondência agrupada, não incide o imposto sobre Transporte Rodoviário.

ART. 19. Para embarque e desembarque de malas postais, coleta e entrega de objetos postais, é permitido o estacionamento de viatura próximo às unidades postais e caixas de coleta, bem como nas plataformas de embarque e desembarque e terminais de carga, nas condições estabelecidas em regulamento.

ART. 20. Nos edifícios residenciais, com mais de um pavimento e que não disponham de portaria, é obrigatória a instalação de caixas individuais para depósito de objetos de correspondência.

ART. 21. Nos estabelecimentos bancários, hospitalares e de ensino, empresas industriais e comerciais, escritórios, repartições públicas, associações e outros edifícios não residenciais de ocupação coletivo, deve ser instalado, obrigatoriamente, no recinto de entrada, em pavimento térreo, local destinado ao recebimento de objetos de correspondência.

ART. 22. Os responsáveis pelos edifícios, sejam os administradores, os gerentes, os porteiros, zeladores ou empregados são credenciados a receber objetos de correspondência endereçados a qualquer de suas unidades, respondendo pelo seu extravio ou violação.

ART. 23. As autoridades competentes farão constar dos códigos de obras disposições referentes às condições previstas nos artigos 20 e 21 para entrega de objetos de correspondência, como condição de "habite-se".

ART. 24. Na construção de terminais rodoviários, ferroviários, marítimos e aéreos, a empresa exploradora do serviço postal deve ser consultada quanto à reserva de área para embarque, desembarque e triagem de malas postais.

TÍTULO III
DO SERVIÇO DE TELEGRAMA

ART. 25. Constitui serviço de telegrama o recebimento, transmissão e entrega de mensagens escritas, conforme definido em regulamento.

ART. 26. São atividades correlatas ao serviço de telegrama:

I - venda de publicações divulgando regulamentos, normas, tarifas, e outros assuntos referentes ao serviço de telegrama;

II - exploração de publicidade comercial em formulários de telegrama.

Parágrafo único. A inserção de propaganda e a comercialização de publicidade nos formulários de uso no serviço de telegrama é privativa da empresa exploradora do serviço de telegrama.

ART. 27. O serviço público de telegrama é explorado pela União em regime de monopólio.

ART. 28. Não constitui violação do sigilo de correspondência o conhecimento do texto de telegrama endereçado a homônimo, no mesmo endereço.

ART. 29. Não é aceito nem entregue telegrama que:

I - seja anônimo;

II - contenha dizeres injuriosos, ameaçadores, ofensivos à moral, ou ainda, contrários à ordem pública e aos interesses do País;

III - possa contribuir para a perpetração de crime ou contravenção ou embaraçar ação da justiça ou da administração;

IV - contenha notícia alarmante, reconhecidamente falsa;

V - Esteja em desacordo com disposições legais ou convenções e acordos internacionais ratificados ou aprovados pelo Brasil.

§ 1º Não se considera anônimo o telegrama transmitido sem assinatura, por permissão regulamentar.

§ 2º Podem ser exigidas identificação e assinatura do expedidor do telegrama, não se responsabilizando, em qualquer caso, a empresa expedidora pelo conteúdo da mensagem.

§ 3º O telegrama que, por infração de dispositivo legal, não deva ser transmitido ou entregue será considerado apreendido.

§ 4º O telegrama que, por indício de infração de dispositivo legal, ou por mandado judicial, deva ser entregue depois de satisfeitos formalidades exigíveis será considerado retido.

§ 5º Quando o telegrama não puder ser entregue, o ato será comunicado ao expedidor.

ART. 30. O telegrama, além de outras categorias que venham a ser estabelecidas em regulamento, se classifica:

I - Quanto ao âmbito:

a) nacional - expedido no território brasileiro e a ele destinado;

b) internacional - quando, em seu curso, intervier estação fora da jurisdição nacional

II - Quanto a linguagem:

a) corrente - texto compreensível pelo sentido que apresenta;

b) cifrada - texto redigido em linguagem codificada, com chave previamente registrada.

III - Quanto à apresentação:

a) simples - que deva ter curso e entrega sem condições especiais de tratamento;

b) urgente - que deva ter prioridade de transmissão e entrega, quer a pedido do expedidor, quer por exigência de dispositivo regulamentar.

IV - Quanto à entrega:

a) de entrega interna - quando deve ser procurado e entregue em unidade de atendimento da empresa exploradora do serviço;

b) de entrega externa - quando deva ser entregue no endereço indicado pelo expedidor.

§ 1º Na redação de telegrama em linguagem corrente podem ser utilizados, além do português, os idiomas especificados quando deva ser procurado e entregue em unidade de atendimento da empresa exploradora do serviço;

§ 2º Para expedição de telegrama em linguagem cifrada, salvo nos casos previstos em regulamento, e obrigatória a indicação do código, previamente registrado, utilizado na sua redação, podendo seu trafego ser suspenso pelo Ministro das Comunicações, quando o interesse público o exigir.

§ 3º A empresa exploradora do serviço de telegrama responde pelos atrasos ocorridos na transmissão ou entrega de telegrama, nas condições definidas em regulamento.

ART. 31. Para a constituição da rede de transmissão de telegrama, é assegurada à empresa exploradora do serviço de telegrama, a utilização dos meios de telecomunicações das empresas exploradoras de serviços públicos de telecomunicações, bem como suas conexões internacionais, mediante justa remuneração.

TÍTULO IV
DA REMUNERAÇÃO DOS SERVIÇOS

ART. 32. O serviço postal e o serviço de telegrama são remunerados através de tarifas, de preços, além de prêmios *"ad valorem"* com relação ao primeiro, aprovados pelo Ministério das Comunicações.

ART. 33. Na fixação das tarifas, preços e prêmios *"ad valorem"*, são levados em consideração natureza, âmbito, tratamento e demais condições de prestação dos serviços.

§ 1º As tarifas e os preços devem proporcionar:

a) cobertura dos custos operacionais;

b) expansão e melhoramento dos serviços.

§ 2º Os prêmios *"ad valorem"* são fixados em função do valor declarado nos objetos postais.

ART. 34. É vedada a concessão de isenção ou redução subjetiva das tarifas, preços e prêmios *"ad valorem"*, ressalvados os casos de calamidade pública e os previstos nos atos internacionais devidamente ratificados, na forma do disposto em regulamento.

ART. 35. A empresa exploradora do serviço postal aplicará a pena de multa, em valor não superior a 2 (dois) valores padrão de referência, na forma prevista em regulamento, a quem omitir a declaração de valor de objeto postal sujeito a esta exigência.

TÍTULO V
DOS CRIMES CONTRA O SERVIÇO POSTAL E O SERVIÇO DE TELEGRAMA

Falsificação de selo, fórmula de franqueamento ou vale-postal

ART. 36. Falsificar, fabricando ou adulterando, selo, outra fórmula de franqueamento ou vale-postal:

Pena: reclusão, até oito anos, e pagamento de cinco a quinze dias-multa.

Uso de selo, fórmula de franqueamento ou vale-postal falsificados

Parágrafo único. Incorre nas mesmas penas quem importa ou exporta, adquire, vende, troca, cede, empresta, guarda, fornece, utiliza ou restitui à circulação, selo, outra fórmula de franqueamento ou vale-postal falsificados.

Supressão de sinais de utilização

ART. 37. Suprimir, em selo, outra fórmula de franqueamento ou vale-postal, quando legítimos, com o fim de torná-los novamente utilizáveis; carimbo ou sinal indicativo de sua utilização:

Pena: reclusão, até quatro anos, e pagamento de cinco a quinze dias-multa.

Forma assimilada

§ 1º Incorre nas mesmas penas quem usa, vende, fornece ou guarda, depois de alterado, selo, outra fórmula de franqueamento ou vale-postal.

§ 2º Quem usa ou restitui a circulação, embora recebido de boa fé, selo, outra fórmula de franqueamento ou vale-postal, depois de conhecer a falsidade ou alteração, incorre na pena de detenção, de três meses a um ano, ou pagamento de três a dez dias-multa.

Petrechos de falsificaçao de selo, fórmula de franqueamento ou vale-postal

ART. 38. Fabricar, adquirir, fornecer, ainda que gratuitamente, possuir, guardar, ou colocar em circulação objeto especialmente destinado à falsificação de selo, outra fórmula de franqueamento ou vale-postal.

Pena: reclusão, até três anos, e pagamento de cinco a quinze dias-multa.

Reprodução e adulteração de peça filatélica

ART. 39. Reproduzir ou alterar selo ou peça filatélica de valor para coleção, salvo quando a reprodução ou a alteração estiver visivelmente anotada na face ou no verso do selo ou peça: Pena: detenção, até dois anos, e pagamento de três a dez dias-multa.

Forma assimilada

Parágrafo único. Incorre nas mesmas penas, quem, para fins de comércio, faz uso de selo ou peça filatélica de valor para coleção, ilegalmente reproduzidos ou alterados.

Violação de correspondência

ART. 40. Devassar indevidamente o conteúdo de correspondência fechada dirigida a outrem: Pena: detenção, até seis meses, ou pagamento não excedente a vinte dias-multa.

Sonegação ou destruição de correspondência.

§ 1º Incorre nas mesmas penas quem se apossa indevidamente de correspondência alheia, embora não fechada, para sonegá-la ou destruí-la, no todo ou em parte.

Aumento de pena

§ 2º As penas aumentam-se da metade se há dano para outrem.

Quebra do segredo profissional

ART. 41. Violar segredo profissional, indispensável à manutenção do sigilo da correspondência mediante:

I - divulgação de nomes de pessoas que mantenham, entre si, correspondência;

II - divulgação, no todo ou em parte, de assunto ou texto de correspondência de que, em razão ao ofício, se tenha conhecimento;

III - revelação do nome de assinante de caixa postal ou o número desta, quando houver pedido em contrario do usuário;

IV - revelação do modo pelo qual ou do local especial em que qualquer pessoa recebe correspondência ;

Pena: detenção de três meses a um ano, ou pagamento não excedente a cinquenta dias-multa.

Violação do privilégio postal da união

ART. 42. Coletar, transportar, transmitir ou distribuir, sem observância das condições legais, objetos de qualquer natureza sujeitos ao monopólio da União, ainda que pagas as tarifas postais ou de telegramas.

Pena: detenção, até dois meses, ou pagamento não excedente a dez dias-multa.

Forma assimilada

Parágrafo único. Incorre nas mesmas penas quem promova ou facilite o contra bando postal ou pratique qualquer ato que importe em violação do monopólio exercido pela União sobre os serviços postais e de telegramas.

Agravação de pena

ART. 43. Os crimes contra o serviço postal, ou serviço de telegrama quando praticados por pessoa prevalecendo-se do cargo, ou em abuso da função, terão pena agravada.

Pessoa jurídica

ART. 44. Sempre que ficar caracterizada a vinculação de pessoa jurídica em crimes contra o serviço postal ou serviço de telegrama, a responsabilidade penal incidirá também sobre o dirigente da empresa que, de qualquer modo tenha contribuído para a pratica do crime.

Representação

ART. 45. A autoridade administrativa, a partir da data em que tiver ciência da prática de crime relacionado com o serviço postal ou com o serviço de telegrama, é obrigada a representar, no prazo de 10 (dez) dias, ao Ministério Público Federal contra o autor ou autores do ilícito penal, sob pena de responsabilidade.

Provas documentais e periciais

ART. 46. O Ministério das Comunicações colaborará com a entidade policial, fornecendo provas que forem colhidas em inquéritos ou processos administrativos e, quando possível, indicando servidor para efetuar perícias e acompanhar os agentes policiais em suas diligências.

TÍTULO VI
DAS DEFINIÇÕES

ART. 47. Para os efeitos desta Lei, são adotadas as seguintes definições:

CARTA - objeto de correspondência, com ou sem envoltório, sob a forma de comunicação escrita, de natureza administrativa, social, comercial, ou qualquer outra, que contenha informação de interesse específico do destinatário.

CARTÃO-POSTAL - objeto de correspondência, de material consistente, sem envoltório, contendo mensagem e endereço.

CECOGRAMA - objeto de correspondência impresso em relevo, para uso dos cegos. Considera-se também cecograma o material impresso para uso dos cegos.

CÓDIGO DE ENDEREÇAMENTO POSTAL - conjunto de números, ou letras e números, gerados segundo determinada lógica, que identifiquem um local.

CORRESPONDÊNCIA - toda comunicação de pessoa a pessoa, por meio de carta, através da via postal, ou por telegrama.

CORRESPONDÊNCIA AGRUPADA - reunião, em volume, de objetos da mesma ou de diversas naturezas, quando, pelo menos um deles, for sujeito ao monopólio postal, remetidos a pessoas jurídicas de direito público ou privado e/ou suas agências, filiais ou representantes.

CUPÃO-RESPOSTA INTERNACIONAL - título ou documento de valor postal permutável em todo país membro da União Postal Universal por um ou mais selos postais, destinados a permitir ao expedidor pagar para seu correspondente no estrangeiro o franqueamento de uma carta para resposta.

ENCOMENDA - objeto com ou sem valor mercantil, para encaminhamento por via postal.

ESTAÇÃO - um ou vários transmissores ou receptores, ou um conjunto de transmissores e receptores, incluindo os equipamentos acessórios necessários, para assegurar um serviço de telecomunicação em determinado local.

FÓRMULA DE FRANQUEAMENTO - representação material de pagamento de prestação de um serviço postal.

FRANQUEAMENTO POSTAL - pagamento de tarifa e, quando for o caso, do prêmio, relativos a objeto postal. diz-se também da representação da tarifa.

IMPRESSO - reprodução obtida sobre material de uso corrente na imprensa, editado em vários exemplares idênticos.

OBJETO POSTAL - qualquer objeto de correspondência, valor ou encomenda encaminhado por via postal.

PEQUENA ENCOMENDA - objeto de correspondência, com ou sem valor mercantil, com peso limitado, remetido sem fins comerciais.

PREÇO - remuneração das atividades conotadas ao serviço postal ou ao serviço de telegrama.

PRÊMIO - importância fixada percentualmente sobre o valor declarado dos objetos postais, a ser paga pelos usuários de determinados serviços para cobertura de riscos.

REGISTRO - forma de postagem qualificada, na qual o objeto é confiado ao serviço postal contra emissão de certificado.

SELO - estampilha postal, adesiva ou fixa, bem com a estampa produzida por meio de máquina de franquear correspondência, destinadas a comprovar o pagamento da prestação de um serviço postal.

TARIFA - valor, fixado em base unitária, pelo qual se determina a importância a ser paga pelo usuário do serviço postal ou do serviço de telegramas.

TELEGRAMA - mensagem transmitida por sinalização elétrica ou radioelétrica, ou qualquer outra forma equivalente, a ser convertida em comunicação escrita, para entrega ao destinatário.

VALE-POSTAL - título emitido por uma unidade postal à vista de um depósito de quantia para pagamento na mesma ou em outra unidade postal.

Parágrafo único. São adotadas, no que couber, para os efeitos desta Lei, as definições estabelecidas em convenções e acordos internacionais.

DISPOSIÇÕES FINAIS

ART. 48. O Poder Executivo baixará os decretos regulamentares decorrentes desta Lei em prazo não superior a 1 (um) ano, a contar da data de sua publicação, permanecendo em vigor as disposições constantes dos atuais e que não tenham sido, explícita ou implicitamente, revogados ou derrogados.

ART. 49. Esta Lei entrará em vigor na data de sua publicação, revogadas as disposições em contrário.

Brasília, 22 de junho de 1978; 157º da Independência e 90º da República.

ERNESTO GEISEL

LEI N. 6.567, DE 24 DE SETEMBRO DE 1978

Dispõe sobre regime especial para exploração e o aproveitamento das substâncias minerais que especifica e dá outras providências.

- *DOU*, 26.09.1978.
- Dec. 9.406/2018 (Regulamenta esta lei).

O Presidente da República. Faço saber que o Congresso Nacional decreta e eu sanciono a seguinte Lei:

ART. 1º Poderão ser aproveitados pelo regime de licenciamento, ou de autorização e concessão, na forma da lei: (Alterado pela Lei 8.982/1995.)

I - areias, cascalhos e saibros para utilização imediata na construção civil, no preparo de agregados e argamassas, desde que não sejam submetidos a processo industrial de beneficiamento, nem se destinem como matéria-prima à indústria de transformação; (Acrescentado pela Lei 8.982/1995.)

II - rochas e outras substâncias minerais, quando aparelhadas para paralelepípedos, guias, sarjetas, moirões e afins; (Acrescentado pela Lei 8.982/1995.)

III - argilas usadas no fabrico de cerâmica vermelha; (Acrescentado pela Lei 8.982/1995.)

IV - rochas, quando britadas para uso imediato na construção civil e os calcários empregados como corretivo de solo na agricultura. (Acrescentado pela Lei 8.982/1995.)

Parágrafo único. O aproveitamento das substâncias minerais referidas neste artigo fica adstrito à área máxima de cinquenta hectares. (Acrescentado pela Lei 8.982/1995.)

ART. 2º O aproveitamento mineral por licenciamento é facultado exclusivamente ao proprietário do solo ou a quem dele tiver expressa autorização, salvo se a jazida situar-se em imóveis pertencentes a pessoa jurídica de direito público, bem como na hipótese prevista no § 1º do art. 10.

ART. 3º O licenciamento depende da obtenção, pelo interessado, de licença específica, expedida pela autoridade administrativa local, no município de situação da jazida, e da efetivação do competente registro no Departamento Nacional da Produção Mineral (D.N.P.M.), do Ministério das Minas e Energia, mediante requerimento cujo processamento será disciplinado em portaria do Diretor-Geral desse órgão, a ser expedida no prazo de 60 (sessenta) dias da publicação desta Lei.

Parágrafo único. Tratando-se de aproveitamento de jazida situada em imóvel pertencente a pessoa jurídica de direito público, o licenciamento ficará sujeito ao prévio assentimento desta e, se for o caso, à audiência da autoridade federal sob cuja jurisdição se achar o imóvel, na forma da legislação específica.

ART. 4º O requerimento de registro de licença sujeita o interessado ao pagamento de emolumentos em quantia correspondente a 12 (doze) vezes o valor atualizado da Obrigação Reajustável do Tesouro Nacional (ORTN), a qual deverá ser antecipadamente recolhida ao Banco do Brasil S.A., à conta do Fundo Nacional de Mineração-Parte Disponível, Instituído pela Lei n. 4.425, de 08 de outubro de 1964.

ART. 5º Da instrução do requerimento de registro da licença deverá constar, dentre outros elementos, a comprovação da nacionalidade brasileira do interessado, pessoa natural, ou registro da sociedade no órgão de registro de comércio de sua sede, se se tratar de pessoa jurídica, bem assim da inscrição do requerente no órgão próprio do Ministério da Fazenda, como contribuinte do imposto único sobre minerais, e memorial descritivo da área objetivada na licença.

Parágrafo único. O licenciamento fica adstrito à área máxima de 50 (cinquenta) hectares.

ART. 6º Será autorizado pelo Diretor-Geral do D.N.P.M. e efetuado em livro próprio o registro da licença, do qual se formalizará extrato a ser publicado no Diário Oficial da União, valendo como título do licenciamento.

Parágrafo único. Incumbe à autoridade municipal exercer vigilância para assegurar que o aproveitamento da substância mineral só se efetive depois de apresentado ao órgão local competente o título de licenciamento de que trata este artigo.

ART. 7º O licenciado é obrigado a comunicar, imediatamente, ao D.N.P.M. a ocorrência de qualquer substância mineral útil não compreendida no licenciamento.

§ 1º Se julgada necessária a realização de trabalhos de pesquisa, em razão das novas substâncias ocorrentes na área, o D.N.P.M. expedirá ofício ao titular, concedendo-lhe o prazo de 60 (sessenta) dias, contado da publicação da respectiva intimação no Diário Oficial da União, para requerer a competente autorização, na forma do art. 16 do Código de Mineração.

§ 2º O plano de pesquisa pertinente deverá abranger as novas substâncias minerais ocorrentes, bem como as constantes do título de licenciamento, com a finalidade de determinar-se o potencial econômico da área.

§ 3º Decorrido o prazo fixado no § 1º, sem que haja o licenciado formulado requerimento de autorização de pesquisa, será determinado a cancelamento do registro da licença, por ato do Diretor-Geral do D.N.P.M., publicado no Diário Oficial da União.

§ 4º O aproveitamento de substância mineral, de que trata o art. 1º, não constante do título de licenciamento, dependerá da obtenção, pelo interessado, de nova licença e da efetivação de sua averbação à margem do competente registro no D.N.P.M.

ART. 8º A critério do D.N.P.M., poderá ser exigida a apresentação de plano de aproveitamento econômico da jazida, observado o disposto no art. 39 do Código de Mineração.

Parágrafo único. Na hipótese prevista neste artigo, aplicar-se-á ao titular do licenciamento o disposto no art. 47 do Código de Mineração.

ART. 9º O titular do licenciamento é obrigado a apresentar ao D.N.P.M., até 31 de março de cada ano, relatório simplificado das atividades desenvolvidas no ano anterior, consoante for estabelecido em portaria do Diretor-Geral desse órgão.

ART. 10. Será ainda determinado o cancelamento do registro de licença, por ato do Diretor-Geral do D.N.P.M., publicado no Diário Oficial da União, nos casos de:

I - insuficiente produção da jazida, considerada em relação às necessidades do mercado consumidor;

II - suspensão, sem motivo justificado, dos trabalhos de extração, por prazo superior a 6 (seis) meses;

III - aproveitamento de substâncias minerais não abrangidas pelo licenciamento, após advertência.

§ 1º Publicado o ato determinativo do cancelamento do registro de licença, a habilitação ao aproveitamento da jazida, sob o regime de licenciamento, estará facultada a qualquer interessado, independentemente de autorização do proprietário do solo, observados os demais requisitos previstos nesta Lei.

§ 2º É vedado ao proprietário do solo, titular do licenciamento cujo registro haja sido cancelado, habilitar-se ao aproveitamento da jazida na forma do parágrafo anterior.

ART. 11. O titular do licenciamento obtido nas circunstâncias de que trata o § 1º do artigo anterior é obrigado a pagar ao proprietário do solo renda pela ocupação do terreno e indenização pelos danos ocasionados ao imóvel, em decorrência do aproveitamento da jazida, observado, no que couber, o disposto no art. 27 do Código de Mineração.

ART. 12. (Revogado pela Lei 8.982/1995.)

Parágrafo único. (Revogado pela Lei 8.982/1995.)

ART. 13. Os requerimentos de autorização de pesquisa de substâncias minerais integrantes da Classe II e de argilas empregadas no fabrico de cerâmica vermelha, pendentes de decisão, serão arquivados por despacho do Diretor-Geral do D.N.P.M., assegurada aos respectivos interessados a restituição dos emolumentos que hajam sido pagos.

ART. 14. Nos processos referentes a requerimentos de registro de licença, pendentes de decisão, os interessados deverão recolher, no prazo de 60 (sessenta) dias a partir da entrada em vigor desta Lei, os emolumentos pertinentes, nos termos do art. 4º, e apresentar ao D.N.P.M., dentro do mesmo prazo, o respectivo comprovante, sob pena do indeferimento do pedido.

ART. 15. O item II do art. 22 (vetado) do Decreto-Lei n. 227, de 28 de fevereiro de 1967, alterado pelo Decreto-lei n. 318, de 14 de março de 1967 e pela Lei n. 6.403, de 15 de dezembro de 1976, passam a vigorar com a seguinte redação:

- Alterações promovidas no texto da referida lei.

ART. 16. Esta Lei entra em vigor na data de sua publicação.

ART. 17. Revogam-se as disposições em contrário, especialmente o art. 8º do Decreto-Lei n. 227, de 28 de fevereiro de 1967, alterado pela Lei n. 6.403, de 15 de dezembro de 1976.

Brasília, em 24 de setembro de 1978; 157º da Independência e 90º da República.

ERNESTO GEISEL

LEI N. 6.615, DE 16 DE DEZEMBRO DE 1978

Dispõe sobre a regulamentação da profissão de Radialista e dá outras providências.

- *DOU*, 19.12.1978.
- Lei 9.610/1998 (Altera, atualiza e consolida a legislação sobre direitos autorais).
- Dec. 84.134/1979 (Regulamenta esta lei).

O Presidente da República. Faço saber que o Congresso Nacional decreta e eu sanciono a seguinte Lei:

ART. 1º O exercício da profissão de Radialista é regulado pela presente Lei.

ART. 2º Considera-se Radialista o empregado de empresa de radiodifusão que exerça uma das funções em que se desdobram as atividades mencionadas no art. 4º.

ART. 3º Considera-se empresa de radiodifusão, para os efeitos desta Lei, aquela que explora serviços de transmissão de programas e mensagens, destinada a ser recebida livre e gratuitamente pelo público em geral, compreendendo a radiodifusão sonora (rádio) e radiodifusão de sons e imagens (televisão).

Parágrafo único. Considera-se, igualmente, para os efeitos desta lei, empresa de radiodifusão:

a) a que explore serviço de música funcional ou ambiental e outras que executem, por quaisquer processos, transmissões de rádio ou de televisão;

b) a que se dedique, exclusivamente, à produção de programas para empresas de radiodifusão;

c) a entidade que execute serviços de repetição ou de retransmissão de radiodifusão;

d) a entidade privada e a fundação mantenedora que executem serviços de radiodifusão, inclusive em circuito fechado de qualquer natureza;

e) as empresas ou agências de qualquer natureza destinadas, em sua finalidade, a produção de programas, filmes e dublagens, comerciais ou não, para serem divulgados através das empresas de radiodifusão.

ART. 4º A profissão de Radialista compreende as seguintes atividades:

I - Administração;

II - Produção;

III - Técnica.

§ 1º As atividades de administração compreendem somente as especializadas, peculiares às empresas de radiodifusão.

§ 2º As atividades de produção se subdividem nos seguintes setores:

a) autoria;

b) direção;

c) produção;

d) interpretação;

e) dublagem;

f) locução

g) caracterização;

h) cenografia.

§ 3º As atividades técnicas se subdividem nos seguintes setores:

a) direção;

b) tratamento e registros sonoros;

c) tratamento e registros visuais;

d) montagem e arquivamento;

e) transmissão de sons e imagens;

f) revelação e copiagem de filmes;

g) artes plásticas e animação de desenhos e objetos;

h) manutenção técnica.

§ 4º As denominações e descrições das funções em que se desdobram as atividades e os setores mencionados nos §§ 1º, 2º e 3º, a serem previstas e atualizadas em regulamento, deverão considerar: (Alterado pela Lei 13.424/2017.)

I - as ocupações e multifuncionalidades geradas pela digitalização das emissoras de radiodifusão, novas tecnologias, equipamentos e meios de informação e comunicação; (Acrescentado pela Lei 13.424/2017.)

II - exclusivamente as funções técnicas ou especializadas, próprias das atividades de empresas de radiodifusão. (Acrescentado pela Lei 13.424/2017.)

ART. 5º Não se incluem no disposto nesta Lei os Atores e Figurantes que prestam serviços a empresas de radiodifusão.

ART. 6º O exercício da profissão de Radialista requer prévio registro na Delegacia Regional do Trabalho do Ministério do Trabalho, qual terá validade em todo o território nacional.

Parágrafo único. O pedido de registro, de que trata este artigo, poderá ser encaminhado através do sindicato representativo da categoria profissional ou da federação respectiva.

ART. 7º Para registro do Radialista, é necessário a apresentação de:

I - diploma de curso superior, quando existente para as funções em que se desdobram as atividades de Radialista, fornecido por escola reconhecida na forma da lei; ou

II - diploma ou certificado correspondente às habilitações profissionais ou básicas de 2º Grau, quando existente para as funções em que se desdobram as atividades de Radialista, fornecido por escola reconhecida na forma da lei; ou

III - atestado de capacitação profissional conforme dispuser a regulamentação desta Lei.

ART. 8º O contrato de trabalho, quando por tempo determinado, deverá ser registrado no Ministério do Trabalho, até a véspera da sua vigência, e conter, obrigatoriamente:

I - a qualificação completa das partes contrates;

II - prazo de vigência;

III - a natureza do serviço;

IV - o local em que será prestado o serviço;

V - cláusula relativa à exclusividade e transferibilidade;

VI - a jornada de trabalho, com especificação do horário e intervalo de repouso;

VII - a remuneração e sua forma de pagamento;

VIII - especificação quanto à categoria de transporte e hospedagem assegurada em caso de prestação de serviços fora do local onde foi contratado;

IX - dia de folga semanal;

X - número da Carteira de Trabalho e Previdência Social.

§ 1º O contrato de trabalho de que trata este artigo será visado pelo sindicato representativo da categoria profissional ou pela federação respectiva, como condição para registro no Ministério do Trabalho.

§ 2º A entidade sindical deverá visar ou não o contrato, no prazo máximo de 2 (dois) dias úteis, findos os quais ele poderá ser registrado no Ministério do Trabalho, se faltar a manifestação sindical.

§ 3º Da decisão da entidade sindical que negar o visto, caberá recurso para o Ministério do Trabalho.

ART. 9º No caso de se tratar de rede de radiodifusão, de propriedade ou controle de um mesmo grupo, deverá ser mencionado na Carteira de Trabalho e Previdência Social o nome da emissora na qual será prestado o serviço.

Parágrafo único. Quando se tratar de emissora de Onda Tropical pertencente à mesma concessionária e que transmita simultânea, integral e permanentemente a programação de emissora de Onda Média, serão mencionados os nomes das duas emissoras.

ART. 10. Para contratação de estrangeiro, domiciliado no exterior, exigir-se-á prévio recolhimento de importância equivalente a 10% (dez por cento) do valor total do ajuste à Caixa Econômica Federal, a título de contribuição sindical, em nome da entidade sindical da categoria profissional.

ART. 11. A utilização de profissional, contratado por agência de locação de mão-de-obra, obrigará o tomador de serviço, solidariamente, pelo cumprimento das obrigações legais e contratuais, se se caracterizar a tentativa pelo tomador de serviço, de utilizar a agência para fugir às responsabilidades e obrigações decorrentes desta Lei ou do contrato de trabalho.

ART. 12. Nos contratos de trabalho por tempo determinado, para produção de mensagens publicitárias, feitas para rádio e televisão, constará obrigatoriamente do contrato de trabalho:

I - o nome do produtor, do anunciante e, se houver, da agência de publicidade para quem a mensagem é produzida;

II - o tempo de exploração comercial da mensagem;

III - o produto a ser promovido;

IV - os meios de comunicação através dos quais a mensagem será exibida;

V - o tempo de duração da mensagem e suas características.

ART. 13. Na hipótese de exercício de funções acumuladas dentro de um mesmo setor em que se desdobram as atividades mencionadas no art. 4º, será assegurado ao Radialista um adicional mínimo de:

I - 40% (quarenta por cento), pela função acumulada, tomando-se por base a função melhor remunerada, nas emissoras de potência igual ou superior a 10 (dez) quilowatts e, nas empresas equiparadas segundo o parágrafo único do art. 3º;

II - 20% (vinte por cento), pela função acumulada, tomando-se por base a função melhor remunerada, nas emissoras de potência inferior a 10 (dez) quilowatts e, superior a 1 (um) quilowatt;

III - 10% (dez por cento), pela função acumulada, tomando-se por base a função melhor remunerada, nas emissoras de potência igual ou inferior a 1 (um) quilowatt.

ART. 14. Não será permitido, por força de um só contrato de trabalho, o exercício para diferentes setores, dentre os mencionados no art. 4º.

ART. 15. Quando o exercício de qualquer função for acumulado com responsabilidade de chefia, o Radialista fará jus a um acréscimo de 40% (quarenta por cento) sobre o salário.

ART. 16. Na hipótese de trabalho executado fora do local constante do contrato de trabalho, correrão à conta do empregador, além do salário, as despesas de transportes e de alimentação e hospedagem, até o respectivo retorno.

ART. 17. Não será permitida a cessão ou promessa de cessão dos direitos de autor e dos que lhes são conexos, de que trata a Lei n. 5.988, de 14 de dezembro de 1973, decorrentes da prestação de serviços profissionais.

Parágrafo único. Os direitos autorais e conexos dos profissionais serão devidos em decorrência de cada exibição da obra.

ART. 18. A duração normal do trabalho do Radialista é de:

I - 5 (cinco) horas para os setores de autoria e de locução;

II - 6 (seis) horas para os setores de produção, interpretação, dublagem, tratamento e registros sonoros, tratamento e registros visuais, montagem e arquivamento, transmissão de sons e imagens, revelação e copiagem de filmes, artes plásticas e animação de desenhos e objetos e manutenção técnica;

III - 7 (sete) horas para os setores de cenografia e caracterização, deduzindo-se desse tempo 20 (vinte) minutos para descanso, sempre que se verificar um esforço contínuo de mais de 3 (três) horas;

IV - 8 (oito) horas para os demais setores.

Parágrafo único. O trabalho prestado, além das limitações diárias previstas nos itens acima, será considerado trabalho extraordinário, aplicando-lhe o disposto nos arts. 59 a 61 da Consolidação das Leis do Trabalho (CLT).

ART. 19. Será considerado como serviço efetivo o período em que o Radialista permanecer à disposição do empregador.

ART. 20. assegurada ao Radialista uma folga semanal remunerada de 24 (vinte e quatro) horas consecutivas, de preferência aos domingos.

Parágrafo único. As empresas organizarão escalas de revezamento de maneira a favorecer o empregado com um repouso dominical mensal, pelo menos, salvo quando, pela natureza do serviço, a atividade do Radialista for desempenhada habitualmente aos domingos.

ART. 21. A jornada de trabalho dos Radialistas, que prestem serviços em condições de insalubridade ou periculosidade, poderá ser organizada em turnos, respeitada a duração semanal do trabalho, desde que previamente autorizado pelo Ministério do Trabalho.

ART. 22. A cláusula de exclusividade não impedirá o Radialista de prestar serviços a outro empregador, desde que em outro meio de comunicação, e sem que se caracterize prejuízo para o primeiro contratante.

ART. 23. Os textos destinados a memorização, juntamente com o roteiro da gravação ou plano de trabalho, deverão ser entregues ao profissional com antecedência mínima de 24 (vinte e quatro) horas, em relação ao início dos trabalhos.

ART. 24. Nenhum profissional será obrigado a participar de qualquer trabalho que coloque em risco sua integridade física ou moral.

ART. 25. O fornecimento de guarda-roupa de mais recursos indispensáveis ao cumprimento das tarefas contratuais será de responsabilidade do empregador.

ART. 26. A empresa não poderá obrigar o Radialista a fazer uso de uniformes durante o desempenho de suas funções, que contenham símbolos, marcas ou qualquer mensagem de caráter publicitário.

Parágrafo único. Não se incluem nessa proibição os símbolos ou marcas identificadores do empregador.

ART. 27. As infrações ao disposto nesta Lei serão punidas com multa de 2 (duas) a 20 (vinte) vezes o maior valor de referência previsto no art. 2º, parágrafo único, da Lei n. 6.205, de 29 de abril de 1975, calculada a razão de um valor de referência por empregado em situação irregular.

Parágrafo único. Em caso de reincidência, embaraço ou resistência à fiscalização, emprego de artifício ou simulação com objetivo de fraudar a lei, a multa será aplicada em seu valor máximo.

ART. 28. O empregador punido na forma do artigo anterior, enquanto não regularizar a situação que deu causa à autuação, e não recolher a multa aplicada, após esgotados os recursos cabíveis não poderá receber benefício, incentivo ou subvenção concedidos por órgãos públicos.

ART. 29. É assegurado o registro, a que se refere o art. 6º, ao Radialista que, até a data da publicação desta Lei, tenha exercido, comprovadamente, a respectiva profissão.

ART. 30. Aplicam-se ao Radialista as normas da legislação do trabalho, exceto naquilo que for incompatível com as disposições desta Lei.

ART. 31. São inaplicáveis a órgãos da Administração Pública, direta ou indireta, as disposições constantes do § 1º do art. 8º e do art. 10 desta Lei.

ART. 32. O Poder Executivo expedirá o regulamento desta Lei.

ART. 33. Esta Lei entrará em vigor 90 (noventa) dias após sua publicação.

ART. 34. Revogam-se as disposições em contrário.

Brasília, em 16 de dezembro de 1978; 157º da Independência e 90º da República.

ERNESTO GEISEL

LEI N. 6.634, DE 2 DE MAIO DE 1979

Dispõe sobre a faixa de fronteira, altera o Decreto-Lei n. 1.135, de 3 de dezembro de 1970, e dá outras providências.

- *DOU*, 03.05.1979
- Dec. 85.064/1980 (Regulamenta esta lei).

O Presidente da República. Faço saber que o Congresso Nacional decreta e eu sanciono a seguinte Lei:

ART. 1º É considerada área indispensável à Segurança Nacional a faixa interna de 150 Km (cento e cinquenta quilômetros) de largura, paralela à linha divisória terrestre do território nacional, que será designada como Faixa de Fronteira.

ART. 2º Salvo com o assentimento prévio do Conselho de Segurança Nacional, será vedada, na Faixa de Fronteira, a prática dos atos referentes a:

I - alienação e concessão de terras públicas, abertura de vias de transporte e instalação de meios de comunicação destinados à exploração de serviços de radiodifusão de sons ou radiodifusão de sons e imagens;

II - Construção de pontes, estradas internacionais e campos de pouso;

III - estabelecimento ou exploração de indústrias que interessem à Segurança Nacional, assim relacionadas em decreto do Poder Executivo.

IV - instalação de empresas que se dedicarem às seguintes atividades:

a) pesquisa, lavra, exploração e aproveitamento de recursos minerais, salvo aqueles de imediata aplicação na construção civil, assim classificados no Código de Mineração;

b) colonização e loteamento rurais;

V - transações com imóvel rural, que impliquem a obtenção, por estrangeiro, do domínio, da posse ou de qualquer direito real sobre o imóvel;

VI - participação, a qualquer título, de estrangeiro, pessoa natural ou jurídica, em pessoa jurídica que seja titular de direito real sobre imóvel rural;

§ 1º O assentimento prévio, a modificação ou a cassação das concessões ou autorizações serão formalizados em ato da Secretaria-Geral do Conselho de Segurança Nacional, em cada caso.

§ 2º Se o ato da Secretaria-Geral do Conselho de Segurança Nacional for denegatório ou implicar modificação ou cassação de atos anteriores, da decisão caberá recurso ao Presidente da República.

§ 3º Os pedidos de assentimento prévio serão instituídos com o parecer do órgão federal controlador da atividade, observada a legislação pertinente em cada caso.

§ 4º Excetua-se do disposto no inciso V, a hipótese de constituição de direito real de garantia em favor de instituição financeira, bem como a de recebimento de imóvel em liquidação de empréstimo de que trata o inciso II do art. 35 da Lei n. 4.595, de 31 de dezembro de 1964. (Acrescentado pela Lei 13.097/2015.)

ART. 3º Na faixa de Fronteira, as empresas que se dedicarem às indústrias ou atividades previstas nos itens III e IV do artigo 2º deverão, obrigatoriamente, satisfazer às seguintes condições:

I - pelo menos 51% (cinquenta e um por cento) do capital pertencer a brasileiros;

II - pelo menos 2/3 (dois terços) de trabalhadores serem brasileiros; e

III - caber a administração ou gerência a maioria de brasileiros, assegurados a estes os poderes predominantes.

Parágrafo único. No caso de pessoa física ou empresa individual, só a brasileiro será permitido o estabelecendo ou exploração das indústrias ou das atividades referidas neste artigo.

ART. 4º As autoridades, entidades e serventuários públicos exigirão prova do assentimento prévio do Conselho de Segurança Nacional para prática de qualquer ato regulado por esta lei.

Parágrafo único. Os tabeliães e Oficiais do Registro de Imóveis, bem como os servidores das Juntas Comerciais, quando não derem fiel cumprimento ao disposto neste artigo, estarão sujeitos à multa de até 10% (dez por cento) sobre o valor do negócio irregularmente realizado, independentemente das sanções civis e penais cabíveis.

ART. 5º As Juntas Comerciais não poderão arquivar ou registrar contrato social, estatuto ou ato constitutivo de sociedade, bem como suas eventuais alterações, quando contrariarem o disposto nesta Lei.

ART. 6º Os atos previstos no artigo 2º, quando praticados sem o prévio assentimento do Conselho de Segurança Nacional, serão nulos de pleno direito e sujeitarão os responsáveis à multa de até 20% (vinte por cento) do valor declarado do negócio irregularmente realizado.

ART. 7º Competirá à Secretaria-Geral do Conselho de Segurança Nacional solicitar, dos órgãos competentes, a instauração de inquérito destinado a apurar as infrações às disposições desta Lei.

ART. 8º A alienação e a concessão de terras públicas, na faixa de Fronteira, não poderão exceder de 3000 ha (três mil hectares), sendo consideradas como uma só unidade as alienações e concessões feitas a pessoas jurídicas que tenham administradores, ou detentores da maioria do capital comuns.

§ 1º O Presidente da República, ouvido o Conselho de Segurança Nacional e mediante prévia autorização do Senado Federal, poderá autorizar a alienação e a concessão de terras públicas acima do limite estabelecido neste artigo, desde que haja manifesto interesse para a economia regional.

§ 2º A alienação e a concessão de terrenos urbanos reger-se-ão por legislação específica.

ART. 9º Toda vez que existir interesse para a Segurança Nacional, a união poderá concorrer com o custo, ou parte deste, para a construção de obras públicas a cargo dos Municípios total ou parcialmente abrangidos pela Faixa de Fronteira.

§ 1º (Revogado pela Med. Prov. 2.216-37/2001).

§ 2º Os recursos serão repassados diretamente às Prefeituras Municipais, mediante a apresentação de projetos específicos.

ART. 10. Anualmente, o Desembargador-Corregedor da Justiça Estadual, ou magistrado por ele indicado, realizará correção nos livros dos Tabeliães e Oficiais do Registro de Imóveis, nas comarcas dos respectivos Estados que possuírem municípios abrangidos pelo Faixa de Fronteira, para verificar o cumprimento desta Lei, determinando, de imediato, as providências que forem necessárias.

Parágrafo único. Nos Territórios Federais, a correção prevista neste artigo será realizada pelo Desembargador - Corregedor da Justiça do Distrito Federal e dos Territórios.

ART. 11. O § 3º do artigo 6º do Decreto-Lei n. 1.135, de 3 de dezembro de 1970, passa a vigorar com a seguinte redação:

"Art. 6º [...]

§ 3º Caberá recurso ao Presidente da República dos atos de que trata o parágrafo anterior, quando forem denegatórios ou implicarem a modificação ou cassação de atos já praticados."

ART. 12. Esta Lei entrará em vigor na data de sua publicação, revogadas a Lei n. 2.597, de 12 de setembro de 1955, e demais disposições em contrário.

Brasília, 2 de maio de 1979; 158º da Independência e 91º da República.

JOÃO B. DE FIGUEIREDO

LEI N. 6.704, DE 26 DE OUTUBRO DE 1979

Dispõe sobre o seguro de crédito à exportação e dá outras providências.

- *DOU*, 29.10.1979.
- Dec. 3.937/2001 (Regulamenta esta lei.)

O Presidente da República. Faço saber que o Congresso Nacional decreta e eu sanciono a seguinte Lei:

ART. 1º O Seguro de Crédito à Exportação tem a finalidade de garantir as operações de crédito à exportação contra os riscos comerciais, políticos e extraordinários que possam afetar: (Redação dada pela Lei 11.786/2008.)

I - a produção de bens e a prestação de serviços destinados à exportação brasileira; (Incluído pela Lei 11.786/2008.)

II - as exportações brasileiras de bens e serviços. (Incluído pela Lei 11.786/2008.)

III - as exportações estrangeiras de bens e serviços, desde que estejam associadas a exportações brasileiras de bens e serviços ou contenham componentes produzidos ou serviços prestados por empresas brasileiras, com o correspondente compartilhamento de risco com agências de crédito à exportação estrangeiras, seguradoras, resseguradoras, instituições financeiras e organismos internacionais, observado o disposto no art. 4º. (Acrescentado pela Lei 13.292/2016.)

§ 1º O Seguro de Crédito à Exportação poderá ser utilizado por exportadores e por instituições financeiras, agências de crédito à exportação, seguradoras, resseguradoras, fundos de investimento e organismos internacionais que financiarem, refinanciarem ou garantirem a produção de bens e a prestação de serviços destinados à exportação brasileira e as exportações brasileiras de bens e serviços, assegurado tratamento diferenciado, simplificado e favorecido para as micro e pequenas empresas nos termos do regulamento. (Alterado pela Lei 13.292/2016.)

§ 2º Nas operações destinadas ao setor aeronáutico em que a análise do risco recair sobre pessoa jurídica diversa do devedor da operação de crédito à exportação, o Seguro de Crédito à Exportação poderá garantir os riscos comerciais, políticos e extraordinários a ela relacionados, conforme dispuser o regulamento desta Lei. (Incluído pela Lei 12.837/2013).

§ 3º Aplica-se subsidiariamente ao Seguro de Crédito à Exportação o disposto na Lei n. 10.406, de 10 de janeiro de 2002 (Código Civil), em especial o art. 206. (Acrescentado pela Lei 13.292/2016.)

§ 4º Enquadram-se no disposto no § 1º as exportações brasileiras de bens e serviços previstas no art. 6º, inciso I, da Lei n. 9.826, de 23 de agosto de 1999. (Acrescentado pela Lei 13.292/2016.)

ART. 2º (Revogado pela Lei 12.249/2010.)

ART. 3º (Revogado pela Lei 11.281/2006.)

ART. 4º A União poderá: (Redação dada pela Lei 11.281/2006.)

I - conceder garantia da cobertura dos riscos comerciais e dos riscos políticos e extraordinários assumidos em virtude do Seguro de Crédito à Exportação - SCE, conforme dispuser o Regulamento desta Lei; e (Incluído pela Lei 11.281/2006.)

II - contratar instituição habilitada a operar o SCE para a execução de todos os serviços a ele relacionados, inclusive análise, acompanhamento, gestão das operações de prestação de garantia e de recuperação de créditos sinistrados. (Incluído pela Lei 11.281/2006.)

III - contratar a Agência Brasileira Gestora de Fundos Garantidores e Garantias S.A. - ABGF para a execução de todos os serviços relacionados ao seguro de crédito à exportação, inclusive análise, acompanhamento, gestão das operações de prestação de garantia e de recuperação de créditos sinistrados. (Incluído pela Lei 12.712/2012).

§ 1º (Revogado pela Lei 11.281/2006.)

§ 2º Nas hipóteses de contratação a que se referem os incisos II e III do *caput*, a justificativa do preço na remuneração da contratada terá como base padrões internacionais, podendo incluir parcela variável atrelada: (Acrescentado pela Lei 13.292/2016.)

I - a percentual sobre o preço de cobertura das operações, a ser definido pelo Ministério da Fazenda; (Acrescentado pela Lei 13.292/2016.)

II - à performance alcançada pelo Seguro de Crédito à Exportação, inclusive no segmento de seguro para micro, pequenas e médias empresas; (Acrescentado pela Lei 13.292/2016.)

III - à sustentabilidade atuarial do Fundo de Garantia à Exportação (FGE), previsto na Lei n. 9.818, de 23 de agosto de 1999; ou (Acrescentado pela Lei 13.292/2016.)

IV - ao preço praticado por congêneres privadas. (Acrescentado pela Lei 13.292/2016.)

§ 3º A União, com recursos do Fundo de Garantia à Exportação (FGE), poderá assumir despesas, em âmbito judicial ou extrajudicial, com o intuito de evitar ou limitar eventuais indenizações no âmbito do Seguro de Crédito à Exportação. (Acrescentado pela Lei 13.292/2016.)

§ 4º O prêmio do Seguro de Crédito à Exportação poderá ser pago: (Acrescentado pela Lei 13.292/2016.)

I - no momento da concessão do Seguro de Crédito à Exportação; (Acrescentado pela Lei 13.292/2016.)

II - por ocasião de cada embarque de bens ou exportação de serviços; (Acrescentado pela Lei 13.292/2016.)

III - a cada desembolso de recursos no âmbito de contrato de financiamento à exportação; ou (Acrescentado pela Lei 13.292/2016.)

IV - de forma parcelada. (Acrescentado pela Lei 13.292/2016.)

§ 5º A indenização do Seguro de Crédito à Exportação poderá ser paga de acordo com o cronograma de pagamentos da operação de crédito à exportação ou em parcela única, a critério da União. (Acrescentado pela Lei 13.292/2016.)

§ 6º Nas situações previstas no inciso III do *caput* e no § 1º, ambos do art. 1º, poderá haver compartilhamento de risco entre a União e agências de crédito à exportação estrangeiras, seguradoras, resseguradoras, instituições financeiras e organismos internacionais, com o objetivo de fornecer cobertura contra os riscos comerciais, políticos e extraordinários no âmbito de uma mesma operação de crédito à exportação, independentemente do país de origem das exportações de bens e serviços, observado o seguinte: (Acrescentado pela Lei 13.292/2016.)

I - a União poderá conceder garantia de cobertura de riscos às exportações brasileiras de bens e serviços que componham operações de crédito a exportações garantidas pelas instituições listadas neste parágrafo, permitida a adesão às condições de cobertura ou de garantia praticadas por essas instituições, de acordo com a legislação local, observados as regras e os princípios da Constituição Federal; (Acrescentado pela Lei 13.292/2016.)

II - a União poderá conceder garantia de cobertura de riscos às operações de crédito à exportação compostas por exportações nacionais e estrangeiras de bens e serviços, desde que seja beneficiária de cobertura equivalente, emitida pelas instituições listadas neste parágrafo, na proporção das exportações estrangeiras de bens e serviços que tenham sido objeto da garantia de cobertura da União. (Acrescentado pela Lei 13.292/2016.)

§ 7º Eventuais litígios entre a União e as instituições listadas no § 6º, no âmbito do compartilhamento de riscos, serão resolvidos perante o foro brasileiro ou submetidos a arbitragem. (Acrescentado pela Lei 13.292/2016.)

ART. 5º Para atender à responsabilidade assumida pelo Ministério da Fazenda, na forma do art. 4º desta Lei, o Orçamento Geral da União consignará, anualmente, dotação específica àquele Ministério. (Redação dada pela Lei 11.281/2006.)

ART. 6º Às operações de Seguro de Crédito à Exportação, bem como à empresa especializada nesse ramo, não se aplicam as limitações contidas no art. 9º da Lei n. 5.627, de 1º de dezembro de 1970, nem as disposições do Decreto-Lei n. 73, de 21 de novembro de 1966, exceto quanto à competência do Conselho Nacional de Seguros Privados - CNSP, da Superintendência de Seguros Privados - Susep e do Instituto de Resseguros do Brasil - IRB.

ART. 7º Nas operações do Seguro de Crédito à Exportação, garantidas pela União, não serão devidas comissões de corretagem. (Redação dada pela Lei 9.818/1999.)

ART. 8º O Presidente da República poderá autorizar a subscrição de ações, por entidades da Administração Indireta da União, no capital de empresa que se constituir para os fins previstos no art. 2º desta Lei, não podendo essa participação acionária, no seu conjunto, ultrapassar de 49% (quarenta e nove por cento) do respectivo capital social.

ART. 9º O Poder Executivo baixará o regulamento desta Lei, o qual poderá definir as condições de obrigatoriedade do Seguro de Crédito à Exportação.

ART. 10. A presente Lei entrará em vigor na data de sua publicação, revogada, a partir da expedição do seu regulamento, a Lei n. 4.678, de 16 de junho de 1965, bem assim quaisquer outros preceitos relativos ao Seguro de Crédito à Exportação, e demais disposições em contrário.

Brasília, 26 de outubro de 1979; 158º da Independência e 91º da República.

JOÃO FIGUEIREDO

LEI N. 6.729, DE 28 DE NOVEMBRO DE 1979

Dispõe sobre a concessão comercial entre produtores e distribuidores de veículos automotores de via terrestre.

› *DOU*, 29.11.1990.

O Presidente da República. Faço saber que o Congresso Nacional decreta e eu sanciono a seguinte Lei:

ART. 1º A distribuição de veículos automotores, de via terrestre, efetivar-se-á através de concessão comercial entre produtores e distribuidores disciplinada por esta Lei e, no que não a contrariem, pelas convenções nela previstas e disposições contratuais.

ART. 2º Consideram-se: (Redação dada pela Lei 8.132/1990.)

I - produtor, a empresa industrial que realiza a fabricação ou montagem de veículos automotores; (Redação dada pela Lei 8.132/1990.)

II - distribuidor, a empresa comercial pertencente à respectiva categoria econômica, que realiza a comercialização de veículos automotores, implementos e componentes novos, presta assistência técnica a esses produtos e exerce outras funções pertinentes à atividade; (Redação dada pela Lei 8.132/1990.)

III - veículo automotor, de via terrestre, o automóvel, caminhão, ônibus, trator, motocicleta e similares; (Redação dada pela Lei 8.132/1990.)

IV - implemento, a máquina ou petrecho que se acopla o veículo automotor, na interação de suas finalidades; (Redação dada pela Lei 8.132/1990.)

V - componente, a peça ou conjunto integrante do veículo automotor ou implemento de série; (Redação dada pela Lei 8.132/1990.)

VI - máquina agrícola, a colheitadeira, a debulhadora, a trilhadeira e demais aparelhos similares destinados à agricultura, automotrizes ou acionados por trator ou outra fonte externa; (Redação dada pela Lei 8.132/1990.)

VII - implemento agrícola, o arado, a grade, a roçadeira e demais petrechos destinados à agricultura; (Redação dada pela Lei 8.132/1990.)

VIII - serviço autorizado, a empresa comercial que presta serviços de assistência a proprietários de veículos automotores, assim como a empresa que comercializa peças e componentes. (Incluído pela Lei 8.132/1990.)

§ 1º Para os fins desta Lei: (Redação dada pela Lei 8.132/1990.)

a) intitula-se também o produtor de concedente e o distribuidor de concessionário; (Redação dada pela Lei 8.132/1990.)

b) entende-se por trator aquele destinado a uso agrícola, capaz também de servir a outros fins, excluídos os tratores de esteira, as motoniveladoras e as máquinas rodoviárias para outras destinações; (Redação dada pela Lei 8.132/1990.)

c) caracterizar-se-ão as diversas classes de veículos automotores pelas categorias econômicas de produtores e distribuidores, e os produtos, diferenciados em cada marca, pelo produtor e sua rede de distribuição, em conjunto. (Redação dada pela Lei 8.132/1990.)

§ 2º Excetuam-se da presente lei os implementos e máquinas agrícolas caracterizados neste artigo, incisos VI e VII, que não sejam fabricados por produtor definido no inciso I. (Redação dada pela Lei 8.132/1990.)

ART. 3º Constitui objeto de concessão:

I - a comercialização de veículos automotores, implementos e componentes fabricados ou fornecidos pelo produtor;

II - a prestação de assistência técnica a esses produtos, inclusive quanto ao seu atendimento ou revisão;

III - o uso gratuito de marca do concedente, como identificação.

§ 1º A concessão poderá, em cada caso:

a) ser estabelecida para uma ou mais classes de veículos automotores;

b) vedar a comercialização de veículos automotores novos fabricados ou fornecidos por outro produtor.

§ 2º Quanto aos produtos lançados pelo concedente:

a) se forem da mesma classe daqueles compreendidos na concessão, ficarão nesta incluídos automaticamente;

b) se forem de classe diversa, o concessionário terá preferência em comercializá-los, se atender às condições prescritas pelo concedente para esse fim.

§ 3º É facultado ao concessionário participar das modalidades auxiliares de venda que o concedente promover ou adotar, tais como consórcios, sorteios, arrendamentos mercantis e planos de financiamento.

ART. 4º Constitui direito do concessionário também a comercialização de:

I - implementos e componentes novos produzidos ou fornecidos por terceiros, respeitada, quanto aos componentes, a disposição do art. 8º;

II - mercadorias de qualquer natureza que se destinem a veículo automotor, implemento ou à atividade da concessão;

III - veículos automotores e implementos usados de qualquer marca.

Parágrafo único. Poderá o concessionário ainda comercializar outros bens e prestar outros serviços, compatíveis com a concessão.

ART. 5º São inerentes à concessão: (Redação dada pela Lei 8.132/1990.)

I - área operacional de responsabilidade do concessionário para o exercício de suas atividades; (Redação dada pela Lei 8.132/1990.)

II - distâncias mínimas entre estabelecimentos de concessionários da mesma rede, fixadas segundo critérios de potencial de mercado. (Redação dada pela Lei 8.132/1990.)

§ 1º A área poderá conter mais de um concessionário da mesma rede. (Redação dada pela Lei 8.132/1990.)

§ 2º O concessionário obriga-se à comercialização de veículos automotores, implementos, componentes e máquinas agrícolas, de via terrestre, e à prestação de serviços inerentes aos mesmos, nas condições estabelecidas no contrato de concessão comercial, sendo-lhe defesa a prática dessas atividades, diretamente ou por intermédio de prepostos, fora de sua área demarcada. (Redação dada pela Lei 8.132/1990.)

§ 3º O consumidor, à sua livre escolha, poderá proceder à aquisição dos bens e serviços a que se refere esta Lei em qualquer concessionário.

§ 4º Em convenção de marca serão fixados os critérios e as condições para ressarcimento da concessionária ou serviço autorizado que prestar os serviços de manutenção obrigatórios pela garantia do fabricante, vedada qualquer disposição de limite à faculdade prevista no parágrafo anterior. (Redação dada pela Lei 8.132/1990.)

ART. 6º É assegurada ao concedente a contratação de nova concessão: (Redação dada pela Lei 8.132/1990.)

I - se o mercado de veículos automotores novos da marca, na área delimitada, apresentar as condições justificadoras da contratação que tenham sido ajustadas entre o produtor e sua rede de distribuição; (Redação dada pela Lei 8.132/1990.)

II - pela necessidade de prover vaga de concessão extinta. (Redação dada pela Lei 8.132/1990.)

§ 1º Na hipótese do inciso I deste artigo, o concessionário instalado na área concorrerá com os demais interessados, em igualdade de condições. (Redação dada pela Lei 8.132/1990.)

§ 2º A nova contratação não se poderá estabelecer em condições que de algum modo prejudiquem os concessionários da marca. (Redação dada pela Lei 8.132/1990.)

ART. 7º Compreende-se na concessão a quota de veículos automotores assim estabelecida:

I - o concedente estimará sua produção destinada ao mercado interno para o período anual subsequente, por produto diferenciado e consoante a expectativa de mercado da marca;

II - a quota corresponderá a uma parte da produção estimada, compondo-se de produtos diferenciados, e independentes entre si, inclusive quanto às respectivas quantidades;

III - o concedente e o concessionário ajustarão a quota que a este caberá, consoante a respectiva capacidade empresarial e desempenho de comercialização e conforme a capacidade do mercado de sua área demarcada.

§ 1º O ajuste da quota independe dos estoques mantidos pelo concessionário, nos termos da presente Lei.

§ 2º A quota será revista anualmente, podendo reajustar-se conforme os elementos constantes dos incisos deste artigo e a rotatividade dos estoques do concessionário.

§ 3º Em seu atendimento, a quota de veículos automotores comportará ajustamentos decorrentes de eventual diferença entre a produção efetiva e a produção estimada.

§ 4º É facultado incluir na quota os veículos automotores comercializados através das modalidades auxiliares de venda a que se refere o art. 3º, § 3º.

ART. 8º Integra a concessão o índice de fidelidade de compra de componentes dos veículos automotores que dela faz parte, podendo a convenção de marca estabelecer percentuais de aquisição obrigatória pelos concessionários. (Redação dada pela Lei 8.132/1990.)

Parágrafo único. Não estão sujeitas ao índice de fidelidade de compra ao concedente as aquisições que o concessionário fizer: (Redação dada pela Lei 8.132/1990.)

a) de acessórios para veículos automotores; (Redação dada pela Lei 8.132/1990.)

b) de implementos de qualquer natureza e máquinas agrícolas. (Redação dada pela Lei 8.132/1990.)

ART. 9º Os pedidos do concessionário e os fornecimentos do concedente deverão corresponder à quota de veículos automotores e enquadrar-se no índice de fidelidade de componentes.

§ 1º Os fornecimentos do concedente se circunscreverão a pedidos formulados por escrito e respeitarão os limites mencionados no art. 10, §§ 1º e 2º.

§ 2º O concedente deverá atender ao pedido no prazo fixado e, se não o fizer, poderá o concessionário cancelá-lo.

§ 3º Se o concedente não atender os pedidos de componentes, o concessionário ficará desobrigado do índice de fidelidade a que se refere o art. 8º, na proporção do desatendimento verificado.

ART. 10. O concedente poderá exigir do concessionário a manutenção de estoque proporcional à rotatividade dos produtos novos, objeto da concessão, e adequado à natureza dos clientes do estabelecimento, respeitados os limites prescritos nos §§ 1º e 2º seguintes.

§ 1º É facultado ao concessionário limitar seu estoque:

a) de veículos automotores em geral a sessenta e cinco por cento e de caminhões em particular a trinta por cento da atribuição mensal das respectivas quotas anuais por produto diferenciado, ressalvado o disposto na alínea *b* seguinte;

b) de tratores, a quatro por cento da quota anual de cada produto diferenciado;

c) de implementos, a cinco por cento do valor das respectivas vendas que houver efetuado nos últimos doze meses;

d) de componentes, o valor que não ultrapasse o preço pelo qual adquiriu aqueles que vendeu a varejo nos últimos três meses.

§ 2º Para efeito dos limites previstos no parágrafo anterior, em suas alíneas *a* e *b*, a cada seis meses será comparada a quota com a realidade do mercado do concessionário, segundo a comercialização por este efetuada, reduzindo-se os referidos limites na proporção de eventual diferença a menor das vendas em relação às atribuições mensais, consoante os critérios estipulados entre produtor e sua rede de distribuição.

§ 3º O concedente reparará o concessionário do valor do estoque de componentes que alterar ou deixar de fornecer, mediante sua recompra por preço atualizado à rede de distribuição ou substituição pelo sucedâneo ou por outros indicados pelo concessionário, devendo a reparação dar-se em um ano da ocorrência do fato.

ART. 11. O pagamento do preço das mercadorias fornecidas pelo concedente não poderá ser exigido, no todo ou em parte, antes do faturamento, salvo ajuste diverso entre o concedente e sua rede de distribuição.

Parágrafo único. Se o pagamento da mercadoria preceder a sua saída, esta se dará até o sexto dia subsequente àquele ato.

ART. 12. O concessionário só poderá realizar a venda de veículos automotores novos diretamente a consumidor, vedada a comercialização para fins de revenda.

Parágrafo único. Ficam excluídas da disposição deste artigo:

a) operações entre concessionários da mesma rede de distribuição que, em relação à respectiva quota, não ultrapassem quinze por cento quanto a caminhões e dez por cento quanto aos demais veículos automotores;

b) vendas que o concessionário destinar ao mercado externo.

ART. 13. É livre o preço de venda do concessionário ao consumidor, relativamente aos bens e serviços objeto da concessão dela decorrentes. (Redação dada pela Lei 8.132/1990.)

§ 1º Os valores do frete, seguro e outros encargos variáveis de remessa da mercadoria ao concessionário e deste ao respectivo adquirente deverão ser discriminados, individualmente, nos documentos fiscais pertinentes. (Incluído pela Lei 8.132/1990.)

§ 2º Cabe ao concedente fixar o preço de venda aos concessionários, preservando sua uniformidade e condições de pagamento para toda a rede de distribuição. (Incluído pela Lei 8.132/1990.)

ART. 14. (Revogado pela Lei 8.132/1990.)

ART. 15. O concedente poderá efetuar vendas diretas de veículos automotores.

I - independentemente da atuação ou pedido de concessionário:

a) à Administração Pública, direta ou indireta, ou ao Corpo Diplomático;

b) a outros compradores especiais, nos limites que forem previamente ajustados com sua rede de distribuição;

II - através da rede de distribuição:

a) às pessoas indicadas no inciso I, alínea *a*, incumbindo o encaminhamento do pedido a concessionário que tenha esta atribuição;

b) a frotistas de veículos automotores, expressamente caracterizados, cabendo unicamente aos concessionários objetivar vendas desta natureza;

c) a outros compradores especiais, facultada a qualquer concessionário a apresentação do pedido.

§ 1º Nas vendas diretas, o concessionário fará jus ao valor da contraprestação relativa aos serviços de revisão que prestar, na hipótese do inciso I, ou ao valor da margem de comercialização correspondente à mercadoria vendida, na hipótese do inciso II deste artigo.

§ 2º A incidência das vendas diretas através de concessionário, sobre a respectiva quota de veículos automotores, será estipulada entre o concedente e sua rede de distribuição.

ART. 16. A concessão compreende ainda o resguardo de integridade da marca e dos interesses coletivos do concedente e da rede de distribuição, ficando vedadas:

I - prática de atos pelos quais o concedente vincule o concessionário a condições de subordinação econômica, jurídica ou administrativa ou estabeleça interferência na gestão de seus negócios;

II - exigência entre concedente e concessionário de obrigação que não tenha sido constituída por escrito ou de garantias acima do valor e duração das obrigações contraídas;

III - diferenciação de tratamento entre concedente e concessionário quanto a encargos financeiros e quanto a prazo de obrigações que se possam equiparar.

ART. 17. As relações objeto desta Lei serão também reguladas por convenção que, mediante solicitação do produtor ou de qualquer uma das entidades adiante indicadas, deverão ser celebradas com força de lei, entre:

I - as categorias econômicas de produtores e distribuidores de veículos automotores, cada uma representada pela respectiva entidade civil ou, na falta desta, por outra entidade competente, qualquer delas sempre de âmbito nacional, designadas convenções das categorias econômicas;

II - cada produtor e a respectiva rede de distribuição, esta através da entidade civil de âmbito nacional que a represente, designadas convenções da marca.

§ 1º Qualquer dos signatários dos atos referidos neste artigo poderá proceder ao seu registro no Cartório competente do Distrito Federal e à sua publicação no *Diário Oficial da União*, a fim de valerem contra terceiros em todo território nacional.

§ 2º Independentemente de convenções, a entidade representativa da categoria econômica ou da rede de distribuição da respectiva marca poderá diligenciar a solução de dúvidas e controvérsias, no que tange às relações entre concedente e concessionário.

ART. 18. Celebrar-se-ão convenções das categorias econômicas para:

I - explicitar princípios e normas de interesse dos produtores e distribuidores de veículos automotores;

II - declarar a entidade civil representativa de rede de distribuição;

III - resolver, por decisão arbitral, as questões que lhe forem submetidas pelo produtor e a entidade representativa da respectiva rede de distribuição;

IV - disciplinar, por juízo declaratório, assuntos pertinentes às convenções da marca, por solicitação de produtor ou entidade representativa da respectiva rede de distribuição.

ART. 19. Celebrar-se-ão convenções da marca para estabelecer normas e procedimentos relativos a:

I - atendimento de veículos automotores em garantia ou revisão (art. 3º, inciso II);

II - uso gratuito da marca do concedente (art. 3º, inciso III);

III - inclusão na concessão de produtos lançados na sua vigência e modalidades auxiliares de venda (art. 3º § 2º, alínea *a*; § 3º);

IV - Comercialização de outros bens e prestação de outros serviços (art. 4º, parágrafo único);

V - fixação de área demarcada e distâncias mínimas, abertura de filiais e outros estabelecimentos (art. 5º, incisos I e II; § 4º);

VI - venda de componentes em área demarcada diversa (art. 5º, § 3º);

VII - novas concessões e condições de mercado para sua contratação ou extinção de concessão existente (art. 6º, incisos I e II);

VIII - quota de veículos automotores, reajustes anuais, ajustamentos cabíveis, abrangência quanto a modalidades auxiliares de venda (art. 7º, §§ 1º, 2º, 3º e 4º) e incidência de vendas diretas (art. 15, § 2º);

IX - pedidos e fornecimentos de mercadoria (art. 9º);

X - estoques do concessionário (art. 10 e §§ 1º e 2º);

XI - alteração de época de pagamento (art. 11);

XII - cobrança de encargos sobre o preço da mercadoria (art. 13, parágrafo único);

XIII - margem de comercialização, inclusive quanto a sua alteração em casos excepcionais (art. 14 e parágrafo único), seu percentual atribuído a concessionário de domicílio do comprador (art. 5º § 2º);

XIV - vendas diretas, com especificação de compradores especiais, limites das vendas pelo concedente sem mediação de concessionário, atribuição de faculdade a concessionários para venda à Administração Pública e ao Corpo Diplomático, caracterização de frotistas de veículos automotores, valor de margem de comercialização e de contraprestação de revisões, demais regras de procedimento (art. 15, § 1º);

XV - regime de penalidades gradativas (art. 22, § 1º);

XVI - especificação de outras reparações (art. 24, inciso IV);

XVII - contratações para prestação de assistência técnica e comercialização de componentes (art. 28);

XVIII - outras matérias previstas nesta Lei e as que as partes julgarem de interesse comum.

ART. 20. A concessão comercial entre produtores e distribuidores de veículos automotores será ajustada em contrato que obedecerá forma escrita padronizada para cada marca e especificará produtos, área demarcada, distância mínima e quota de veículos automotores, bem como as condições relativas a requisitos financeiros, organização administrativa e contábil, capacidade técnica, instalações, equipamentos e mão de obra especializada do concessionário.

ART. 21. A concessão comercial entre produtor e distribuidor de veículos automotores será de prazo indeterminado e somente cessará nos termos desta Lei.

Parágrafo único. O contrato poderá ser inicialmente ajustado por prazo determinado, não inferior a cinco anos, e se tornará automaticamente de prazo indeterminado se nenhuma das partes manifestar à outra a intenção de não prorrogá-lo, antes de cento e oitenta dias do seu termo final e mediante notificação por escrito devidamente comprovada.

ART. 22. Dar-se-á a resolução do contrato:

I - por acordo das partes ou força maior;

II - pela expiração do prazo determinado, estabelecido no início da concesseão, salvo se prorrogado nos termos do artigo 21, parágrafo único;

III - por iniciativa da parte inocente, em virtude de infração a dispositivo desta Lei, das convenções ou do próprio contrato, considerada infração também a cessação das atividades do contraente.

§ 1º A resolução prevista neste artigo, inciso III, deverá ser precedida da aplicação de penalidades gradativas.

§ 2º Em qualquer caso de resolução contratual, as partes disporão do prazo necessário à extinção das suas relações e das operações do concessionário, nunca inferior a cento e vinte dias, contados da data da resolução.

ART. 23. O concedente que não prorrogar o contrato ajustado nos termos do art. 21, parágrafo único, ficará obrigado perante o concessionário a:

I - readquirir-lhe o estoque de veículos automotores e componentes novos, estes em sua embalagem original, pelo preço de venda à rede de distribuição, vigente na data de reaquisição:

II - comprar-lhe os equipamentos, máquinas, ferramental e instalações à concessão, pelo preço de mercado correspondente ao estado em que se encontrarem e cuja aquisição o concedente determinara ou dela tivera ciência por escrito sem lhe fazer oposição imediata e documentada, excluídos desta obrigação os imóveis do concessionário.

Parágrafo único. Cabendo ao concessionário a iniciativa de não prorrogar o contrato, ficará desobrigado de qualquer indenização ao concedente.

ART. 24. Se o concedente der causa à rescisão do contrato de prazo indeterminado, deverá reparar o concessionário:

I - readquirindo-lhe o estoque de veículos automotores, implementos e componentes novos, pelo preço de venda ao consumidor, vigente na data da rescisão contratual;

II - efetuando-lhe a compra prevista no art. 23, inciso II;

III - pagando-lhe perdas e danos, à razão de quatro por cento do faturamento projetado para um período correspondente à soma de uma parte fixa de dezoito meses e uma variável de três meses por quinquênio de vigência da concessão, devendo a projeção tomar por base o valor corrigido monetariamente do faturamento de bens e serviços concernentes a concessão, que o concessionário tiver realizado nos dois anos anteriores à rescisão;

IV - satisfazendo-lhe outras reparações que forem eventualmente ajustadas entre o produtor e sua rede de distribuição.

ART. 25. Se a infração do concedente motivar a rescisão do contrato de prazo determinado, previsto no art. 21, parágrafo único, o concessionário fará jus às mesmas reparações estabelecidas no artigo anterior, sendo que:

I - quanto ao inciso III, será a indenização calculada sobre o faturamento projetado até o término do contrato e, se a concessão não tiver alcançado dois anos de vigência, a projeção tomará por base o faturamento até então realizado;

II - quanto ao inciso IV, serão satisfeitas as obrigações vicendas até o termo final do contrato rescindido.

ART. 26. Se o concessionário der causa à rescisão do contrato, pagará ao concedente a indenização correspondente a cinco por cento do valor total das mercadorias que dele tiver adquirido nos últimos quatro meses de contrato.

ART. 27. Os valores devidos nas hipóteses dos artigos 23, 24, 25 e 26 deverão ser pagos dentro de sessenta dias da data da extinção da concessão e, no caso de mora, ficarão sujeitos a correção monetária e juros legais, a partir do vencimento do débito.

ART. 28. O concedente poderá contratar, com empresa reparadora de veículos ou vendedora de componentes, a prestação de serviços de assistência ou a comercialização daqueles, exceto a distribuição de veículos novos, dando-lhe a denominação de serviço autorizado. (Redação dada pela Lei 8.132/1990.)

Parágrafo único. Às contratações a que se refere este artigo serão aplicados, no que couber, os dispositivos desta Lei. (Redação dada pela Lei 8.132/1990.)

ART. 29. As disposições do art. 66 da Lei n. 4.728, de 14 de julho de 1965, com a redação dada pelo Decreto Lei n. 911, de 1º de outubro de 1969, não se aplicam às operações de compra de mercadorias pelo concessionário, para fins de comercialização.

ART. 30. A presente Lei aplica-se às situações existentes entre concedentes e concessionários, sendo consideradas nulas as cláusulas dos contratos em vigor que a contrariem.

§ 1º As redes de distribuição e os concessionários individualmente continuarão a manter os direitos e garantias que lhes estejam assegurados perante os respectivos produtores por ajustes de qualquer natureza, especialmente no que se refere a áreas demarcadas e quotas de veículos automotores, ressalvada a competência da convenção da marca para modificação de tais ajustes.

§ 2º As entidades civis a que se refere o art. 17, inciso II, existentes à data em que esta Lei entrar em vigor, representarão a respectiva rede de distribuição.

ART. 31. Tornar-se-ão de prazo indeterminado, nos termos do art. 21, as relações contratuais entre produtores e distribuidores de veículos automotores que já tiverem somado três anos de vigência à data em que a presente Lei entrar em vigor.

ART. 32. Se não estiver completo o lapso de três anos a que se refere o artigo anterior, o distribuidor poderá optar:

I - pela prorrogação do prazo do contrato vigente por mais cinco anos, contados na data em que esta Lei entrar em vigor;

II - pela conservação do prazo contratual vigente.

§ 1º A opção a que se refere este artigo deverá ser feita em noventa dias, contados da data em que esta Lei entrar em vigor, ou até o término do contrato, se menor prazo lhe restar.

§ 2º Se a opção não se realizar, prevalecerá o prazo contratual vigente.

§ 3º Tornar-se-á de prazo indeterminado, nos termos do art. 21, o contrato que for prorrogado até cento e oitenta dias antes do vencimento dos cinco anos, na hipótese do inciso I, ou até a data do seu vencimento, na hipótese do inciso II ou do § 2º, deste artigo.

§ 4º Aplicar-se-á o disposto no art. 23, se o contrato não for prorrogado nos prazos mencionados no parágrafo anterior.

ART. 33. Esta Lei entrará em vigor na data de sua publicação, revogadas as disposições em contrário.

Brasília, em 28 de novembro de 1979; 158º da Independência e 91º da República.

João Figueiredo

LEI N. 6.739, DE 5 DE DEZEMBRO DE 1979

Dispõe sobre a matrícula e o registro de imóveis rurais e dá outras providências.

‣ *DOU*, 06.12.1979.

O Presidente da República. Faço saber que o Congresso Nacional, decreta e eu sanciono a seguinte Lei:

ART. 1º A requerimento de pessoa jurídica de direito público ao Corregedor-Geral da Justiça, são declarados inexistentes e cancelados a matrícula e o registro de imóvel rural vinculado a título nulo de pleno direito, ou feitos em desacordo com o art. 221 e seguintes da Lei n. 6.015, de 31 de dezembro de 1973, alterada pela Lei n. 6.216, de 30 de junho de 1975.

‣ A Lei 6.015/1973 dispõe sobre os registros públicos.

§ 1º Editado e cumprido o ato, que deve ser fundamentado em provas irrefutáveis, proceder-se-á, no quinquídio subsequente, à notificação pessoal:

a) da pessoa cujo nome constava na matrícula ou no registro cancelados;

b) do titular do direito real, inscrito ou registrado, do imóvel vinculado ao registro cancelado.

§ 2º Havendo outros registros, em cadeia com o registro cancelado, os titulares de domínio do imóvel e quem tenha sobre o bem direitos reais inscritos ou registrados serão também notificados, na forma prevista neste artigo.

§ 3º Inviável a notificação prevista neste artigo ou porque o destinatário não tenha sido encontrado, far-se-á por edital:

a) afixado na sede da Comarca ou do Tribunal de Justiça respectivos; e

b) publicado uma vez na imprensa oficial e três vezes e com destaque, em jornal de grande circulação da sede da Comarca, ou, se não houver, da Capital do Estado ou Território.

§ 4º O edital será afixado e publicado no prazo de 30 (trinta) dias, contados da data, em que for cumprido o ato do Corregedor-Geral.

ART. 2º A retificação de registro sempre será feita por serventuário competente, mediante despacho judicial, como dispõe o art. 213 da Lei n. 6.015, de 31 de dezembro de 1973, alterada pela Lei n. 6.216, de 30 de junho de 1975, e, quando feito em livro impróprio, será procedida por determinação do Corregedor-Geral, na forma do art. 1º.

‣ A Lei 6.015/1973 dispõe sobre os registros públicos.

ART. 3º A parte interessada, se inconformada com o Provimento, poderá ingressar com ação anulatória, perante o Juiz competente, contra a pessoa jurídica de direito público que requereu o cancelamento, ação que não sustará os efeitos deste, admitido o registro da citação, nos termos do art. 167, I, 21, da Lei n. 6.015, de 31 de dezembro de 1973, alterado pela Lei n. 6.216, de 30 de junho de 1975.

‣ A Lei 6.015/1973 dispõe sobre os registros públicos.

Parágrafo único. Da decisão proferida, caberá apelação e, quando contrária ao requerente do cancelamento, ficará sujeita ao duplo grau de jurisdição.

ART. 4º Nas ações anulatórias de registro ou de matrícula de imóvel rural, a citação será pessoal aos réus residentes na Comarca e por edital aos demais.

§ 1º Aplicam-se, quando editalícia a citação, os arts. 232 e 233 do Código de Processo Civil.

‣ Refere-se ao Código de Processo Civil/1973. V. arts. 256 e ss., NCPC.

§ 2º O edital será, ainda, publicado, por 2 (duas) vezes, no espaço de 15 (quinze) dias, em jornal de grande circulação da Capital do Estado ou do Território.

ART. 5º O Corregedor-Geral, quando em inspeção ou correição verificar a ocorrência de graves irregularidades, determinará exames ou vistorias nos respectivos livros de registros, no prazo máximo de 30 (trinta) dias.

§ 1º Na impossibilidade material da realização em Cartório, das diligências previstas neste artigo, o Corregedor-Geral requisitará o livro pelo prazo máximo de 30 (trinta) dias.

§ 2º Apurada a existência de matrícula ou registro de imóveis rurais, ou retificações abrangidas pelos arts. 1º e 2º desta Lei, e nos quais esteja envolvido interesse de pessoa jurídica de direito público, será esta cientificada de todo o teor das irregularidades, no prazo de 30 (trinta) dias, contados do término da inspeção ou correição.

§ 3º Cancelados o registro e a matrícula ou procedida a retificação, o Corregedor-Geral enviará, no prazo de 15 (quinze) dias, ao Representante do Ministério Público, cópia do ato, para as providências cabíveis.

ART. 6º Sem prejuízo das sanções previstas na Lei da Organização Judiciária da Unidade Federativa respectiva, considera-se incurso nas penas previstas no art. 319 e conexos do Código Penal Brasileiro quem levar a termo matrícula e registro ou retificação sem exigir a apresentação de título formalmente válido segundo o art. 221 da Lei n. 6.015, de 31 de dezembro de 1973, alterada pela Lei n. 6.216, de 30 de junho de 1975.

› A Lei 6.015/1973 dispõe sobre os registros públicos.

Parágrafo único. O disposto neste artigo não será aplicável quando a matrícula ou o registro houverem sido objeto de dúvida decidida pelo Juiz ou se a retificação decorreu de ordem judicial.

ART. 7º Os títulos de posse ou quaisquer documentos de ocupação, legitimamente outorgados por órgão do Poder Público Estadual, continuarão a produzir os efeitos atribuídos pela legislação vigente à época de suas expedições e configuram situação jurídica constituída, nos termos do art. 5º, alínea *b* do Decreto-Lei n. 1.164, de 1º de abril de 1971.

› O Dec.-Lei 1.164/1971 foi revogado pelo Dec.-Lei 2.375/1987, que dispõe sobre terras públicas.

ART. 8º Os Corregedores-Gerais deverão providenciar para que, no prazo de 60 (sessenta) dias após a publicação desta Lei, todos os Oficiais, de Registro de Imóveis recebam seu texto integral.

ART. 8º-A. A União, o Estado, o Distrito Federal ou o Município prejudicado poderá promover, via administrativa, a retificação da matrícula, do registro ou da averbação feita em desacordo com o art. 225 da Lei n. 6.015, de 31 de dezembro de 1973, quando a alteração da área ou dos limites do imóvel importar em transferência de terras públicas. (Acrescentado pela Lei 10.267/2001.)

› A Lei 6.015/1973 dispõe sobre os registros públicos.

§ 1º O Oficial do Registro de Imóveis, no prazo de cinco dias úteis, contado da prenotação do requerimento, procederá à retificação requerida e dela dará ciência ao proprietário, nos cinco dias seguintes à retificação. (Acrescentado pela Lei 10.267/2001.)

§ 2º Recusando-se a efetuar a retificação requerida, o Oficial Registrador suscitará dúvida, obedecidos os procedimentos estabelecidos em lei. (Acrescentado pela Lei 10.267/2001.)

§ 3º Nos processos de interesse da União e de suas autarquias e fundações, a apelação de que trata o art. 202 da Lei n. 6.015, de 31 de dezembro de 1973, será julgada pelo Tribunal Regional Federal respectivo. (Acrescentado pela Lei 10.267/2001.)

§ 4º A apelação referida no § 3º poderá ser interposta, também, pelo Ministério Público da União. (Acrescentado pela Lei 10.267/2001.)

ART. 8º-B. Verificado que terras públicas foram objeto de apropriação indevida por quaisquer meios, inclusive decisões judiciais, a União, o Estado, o Distrito Federal ou o Município prejudicado, bem como seus respectivos órgãos ou entidades competentes, poderão, à vista de prova da nulidade identificada, requerer o cancelamento da matrícula e do registro na forma prevista nesta Lei, caso não aplicável o procedimento estabelecido no art. 8ºA. (Acrescentado pela Lei 10.267/2001.)

§ 1º Nos casos de interesse da União e de suas autarquias e fundações, o requerimento será dirigido ao Juiz Federal da Seção Judiciária competente, ao qual incumbirão os atos e procedimentos cometidos ao Corregedor Geral de Justiça. (Acrescentado pela Lei 10.267/2001.)

§ 2º Caso o Corregedor Geral de Justiça ou o Juiz Federal não considere suficientes os elementos apresentados com o requerimento, poderá, antes de exarar a decisão, promover as notificações previstas nos parágrafos do art. 1º desta Lei, observados os procedimentos neles estabelecidos, dos quais dará ciência ao requerente e ao Ministério Público competente. (Acrescentado pela Lei 10.267/2001.)

§ 3º Caberá apelação da decisão proferida: (Acrescentado pela Lei 10.267/2001.)

I - pelo Corregedor Geral, ao Tribunal de Justiça; (Acrescentado pela Lei 10.267/2001.)

II - pelo Juiz Federal, ao respectivo Tribunal Regional Federal. (Acrescentado pela Lei 10.267/2001.)

§ 4º Não se aplica o disposto no art. 254 da Lei n. 6.015, de 31 de dezembro de 1973, a títulos que tiverem matrícula ou registro cancelados na forma deste artigo. (Acrescentado pela Lei 10.267/2001.)

› A Lei 6.015/1973 dispõe sobre os registros públicos.

ART. 8º-C. É de oito anos, contados do trânsito em julgado da decisão, o prazo para ajuizamento de ação rescisória relativa a processos que digam respeito a transferência de terras públicas rurais. (Acrescentado pela Lei 10.267/2001.)

ART. 9º Esta Lei entrará em vigor 60 (sessenta) dias após a sua publicação, revogadas as disposições em contrário.

Brasília, em 05 de dezembro de 1979; 158º da Independência e 91º da República.

JOÃO FIGUEIREDO

LEI N. 6.803, DE 2 DE JULHO DE 1980

Dispõe sobre as diretrizes básicas para o zoneamento industrial nas áreas críticas de poluição, e dá outras providências.

› *DOU*, 03.07.1980.

O Presidente da República. Faço saber que o Congresso Nacional decreta e eu sanciono a seguinte Lei:

ART. 1º Nas áreas críticas de poluição a que se refere o art. 4º do Decreto-Lei n. 1.413, de 14 de agosto de 1975, as zonas destinadas à instalação de indústrias serão definidas em esquema de zoneamento urbano, aprovado por lei, que compatibilize as atividades industriais com a proteção ambiental.

§ 1º As zonas de que trata este artigo serão classificadas nas seguintes categorias:

a) zonas de uso estritamente industrial;

b) zonas de uso predominantemente industrial;

c) zonas de uso diversificado.

§ 2º As categorias de zonas referidas no parágrafo anterior poderão ser divididas em subcategorias, observadas as peculiaridades das áreas críticas a que pertençam e a natureza das indústrias nelas instaladas.

§ 3º As indústrias ou grupos de indústrias já existentes, que não resultarem confinadas nas zonas industriais definidas de acordo com esta Lei, serão submetidas à instalação de equipamentos especiais de controle e, nos casos mais graves, à relocalização.

ART. 2º As zonas de uso estritamente industrial destinam-se, preferencialmente, à localização de estabelecimentos industriais cujos resíduos sólidos, líquidos e gasosos, ruídos, vibrações, emanações e radiações possam causar perigo à saúde, ao bem-estar e à segurança das populações, mesmo depois da aplicação de métodos adequados de controle e tratamento de efluentes, nos termos da legislação vigente.

§ 1º As zonas a que se refere este artigo deverão:

I - situar-se em áreas que apresentem elevadas capacidade de assimilação de efluentes e proteção ambiental, respeitadas quaisquer restrições legais ao uso do solo;

II - localizar-se em áreas que favoreçam a instalação de infraestrutura e serviços básicos necessários ao seu funcionamento e segurança;

III - manter, em seu contorno, anéis verdes de isolamento capazes de proteger as zonas circunvizinhas contra possíveis efeitos residuais e acidentes;

§ 2º É vedado, nas zonas de uso estritamente industrial, o estabelecimento de quaisquer atividades não essenciais às suas funções básicas, ou capazes de sofrer efeitos danosos em decorrência dessas funções.

ART. 3º As zonas de uso predominantemente industrial destinam-se, preferencialmente, à instalação de indústrias cujos processos, submetidos a métodos adequados de controle e tratamento de efluentes, não causem incômodos sensíveis às demais atividades urbanas e nem perturbem o repouso noturno das populações.

Parágrafo único. As zonas a que se refere este artigo deverão:

I - localizar-se em áreas cujas condições favoreçam a instalação adequada de infraestrutura de serviços básicos necessária a seu funcionamento e segurança;

II - dispor, em seu interior, de áreas de proteção ambiental que minimizem os efeitos da poluição, em relação a outros usos.

ART. 4º As zonas de uso diversificado destinam-se à localização de estabelecimentos industriais, cujo processo produtivo seja complementar das atividades do meio urbano ou rural que se situem, e com elas se compatibilizem, independentemente do uso de métodos especiais de controle da poluição, não ocasionando, em qualquer caso, inconvenientes à saúde, ao bem-estar e à segurança das populações vizinhas.

ART. 5º As zonas de uso industrial, independentemente de sua categoria, serão classificadas em:

I - não saturadas;

II - em vias de saturação;

III - saturadas;

ART. 6º O grau de saturação será aferido e fixado em função da área disponível para uso industrial da infraestrutura, bem como dos padrões e normas ambientais fixadas pela Secretaria Especial do Meio Ambiente - SEMA e pelo Estado e Município, no limite das respectivas competências.

› A Lei 7.708/1989 determinou a alteração de Secretaria Especial do Meio Ambiente - SEMA por Instituto Brasileiro do Meio Ambiente e Recursos Naturais Renováveis - IBAMA.

§ 1º Os programas de controle da poluição e o licenciamento para a instalação, operação ou aplicação de indústrias, em áreas críticas de poluição, serão objeto de normas diferenciadas, segundo o nível de saturação, para cada categoria de zona industrial.

§ 2º Os critérios baseados em padrões ambientais, nos termos do disposto neste artigo, serão estabelecidos tendo em vista as zonas não saturadas, tornando-se mais restritivos, gradativamente, para as zonas em via de saturação e saturadas.

§ 3º Os critérios baseados em área disponível e infraestrutura existente, para aferição de grau de saturação, nos termos do disposto neste artigo, em zonas de uso predominantemente industrial e de uso diversificado, serão fixados pelo Governo do Estado, sem prejuízo da legislação municipal aplicável.

ART. 7º Ressalvada a competência da União e observado o disposto nesta Lei, o Governo do Estado, ouvidos os Municípios interessados, aprovará padrões de uso e ocupação do solo, bem como de zonas de reserva ambiental, nas quais, por suas características culturais, ecológicas, paisagísticas, ou pela necessidade de preservação de mananciais e proteção de áreas especiais, ficará vedada a localização de estabelecimentos industriais.

ART. 8º A implantação de indústrias que, por suas características, devam ter instalações próximas às fontes de matérias-primas situadas fora dos limites fixados para as zonas de uso industrial obedecerá a critérios a serem estabelecidos pelos Governos Estaduais, observadas as normas contidas nesta Lei e demais dispositivos legais pertinentes.

ART. 9º O licenciamento para implantação, operação e ampliação de estabelecimentos industriais, nas áreas críticas de poluição, dependerá da observância do disposto nesta Lei, bem como do atendimento das normas e padrões ambientais definidos pela SEMA, pelos organismos estaduais e municipais competentes, notadamente quanto às seguintes características dos processos de produção:

I - emissão de gases, vapores, ruídos, vibrações e radiações;

II - riscos de explosão, incêndios, vazamentos danosos e outras situações de emergência;

III - volume e qualidade de insumos básicos, de pessoal e de tráfego gerados;

IV - padrões de uso e ocupação do solo;

V - disponibilidade nas redes de energia elétrica, água, esgoto, comunicações e outros;

VI - horários de atividade.

Parágrafo único. O licenciamento previsto no *caput* deste artigo é da competência dos órgãos estaduais de controle da poluição e não exclui a exigência de licenças para outros fins.

ART. 10. Caberá aos Governos Estaduais, observado o disposto nesta Lei e em outras normas legais em vigor:

I - aprovar a delimitação, a classificação e a implantação de zonas de uso estritamente industrial e predominantemente industrial;

II - definir, com base nesta Lei e nas normas baixadas pela Sema, os tipos de estabelecimentos industriais que poderão ser implantados em cada uma das categorias de zonas industriais a que se refere o § 1º do art. 1º desta Lei;

III - instalar e manter, nas zonas a que se refere o item anterior, serviços permanentes de segurança e prevenção de acidentes danosos ao meio ambiente;

IV - fiscalizar, nas zonas de uso estritamente industrial e predominantemente industrial, o cumprimento dos padrões e normas de proteção ambiental;

V - administrar as zonas industriais de sua responsabilidade direta ou quando esta responsabilidade decorrer de convênios com a União.

§ 1º Nas Regiões Metropolitanas, as atribuições dos Governos Estaduais previstas neste artigo serão exercidas através dos respectivos Conselhos Deliberativos.

§ 2º Caberá exclusivamente à União, ouvidos os Governos Estadual e Municipal interessados, aprovar a delimitação e autorizar a implantação de zonas de uso estritamente industrial que se destinem à localização de polos petroquímicos, cloroquímicos, carboquímicos, bem como a instalações nucleares e outras definidas em lei.

§ 3º Além dos estudos normalmente exigíveis para o estabelecimento de zoneamento urbano, a aprovação das zonas a que se refere o parágrafo anterior, será precedida de estudos especiais de alternativas e de avaliações de impacto, que permitam estabelecer a confiabilidade da solução a ser adotada.

§ 4º Em casos excepcionais, em que se caracterize o interesse público, o Poder Estadual, mediante a exigência de condições convenientes de controle, e ouvidos a SEMA, o Conselho Deliberativo da Região Metropolitana e, quando for o caso, o Município, poderá autorizar a instalação de unidades industriais fora das zonas de que trata o § 1º do artigo 1º desta Lei.

ART. 11. Observado o disposto na Lei Complementar n. 14, de 8 de junho de 1973, sobre a competência dos Órgãos Metropolitanos, compete aos Municípios:

I - instituir esquema de zoneamento urbano, sem prejuízo do disposto nesta Lei;

II - baixar, observados os limites da sua competência, normas locais de combate à poluição e controle ambiental.

ART. 12. Os órgãos e entidades gestores de incentivos governamentais e os bancos oficiais condicionarão a concessão de incentivos e financiamentos às indústrias, inclusive para participação societária, à apresentação da licença de que trata esta Lei.

Parágrafo único. Os projetos destinados à relocalização de indústrias e à redução da poluição ambiental, em especial aqueles em zonas saturadas, terão condições especiais de financiamento, a serem definidos pelos órgãos competentes.

ART. 13. Esta Lei entrará em vigor na data de sua publicação.

ART. 14. Revogam-se as disposições em contrário.

Brasília, em 2 de julho de 1980;
159º da Independência e 92º da República.
JOÃO FIGUEIREDO

LEI N. 6.822, DE 22 DE SETEMBRO DE 1980

Dispõe sobre a cobrança executiva dos débitos fixados em acórdãos do Tribunal de Contas da União, e dá outras providências.

- *DOU*, 23.09.1980, retificado em 29.09.1980.

O Presidente da República. Faço saber que o Congresso Nacional decreta e eu sanciono a seguinte Lei:

ART. 1º As decisões do Tribunal de Contas da União condenatórias de responsáveis em débito para com a Fazenda Pública tornam a dívida líquida e certa e têm força executiva, cumprindo ao Ministério Público Federal, ou, nos Estados e Municípios, a quem dele as vezes fizer, ou aos procuradores das entidades da administração indireta, promover a sua cobrança executiva, independentemente de quaisquer outras formalidades, na forma do disposto na alínea *c* do artigo 50 do Decreto-Lei n. 199, de 25 de fevereiro de 1967.

ART. 2º Incluem-se entre os responsáveis mencionados no artigo anterior os da administração indireta, os das fundações instituídas ou mantidas pela União e os abrangidos pelos artigos 31, item X, e 43 do Decreto-Lei n. 199, de 25 de fevereiro de 1967, e pelo artigo 183 do Decreto-Lei n. 200, de 25 de fevereiro de 1967, bem como os administradores de quaisquer recursos originários de transferências federais.

ART. 3º As multas impostas pelo Tribunal de Contas da União, nos casos previstos no artigo 53 do Decreto-Lei n. 199, de 25 de fevereiro de 1967, após fixadas em decisão definitiva, serão, também, objeto de cobrança executiva, na forma estabelecida no artigo 1º.

ART. 4º Esta Lei entrará em vigor na data de sua publicação, revogadas as disposições em contrário.

Brasília, em 22 de setembro de 1980; 159º da Independência e 92º da República.
JOÃO FIGUEIREDO

LEI N. 6.840, DE 3 NOVEMBRO DE 1980

Dispõe sobre títulos de crédito comercial e dá outras providências.

- *DOU*, 04.11.1980.

O Presidente da República. Faço saber que o Congresso Nacional decreta e eu sanciono a seguinte Lei:

ART. 1º As operações de empréstimo concedidas por instituições financeiras a pessoa física ou jurídica que se dedique a atividade comercial ou de prestação de serviços poderão ser representadas por Cédula de Crédito Comercial e por nota de Crédito Comercial.

ART. 2º A aplicação de crédito decorrente da operação de que trata o artigo anterior poderá ser ajustada em orçamento assinado pelo financiado e autenticado pela instituição financeira, dele devendo constar expressamente qualquer alteração que convencionarem.

Parágrafo único. Na hipótese deste artigo, far-se-á, na cédula, menção do orçamento, que a ela ficará vinculado.

ART. 3º Para os efeitos desta Lei, será dispensada a descrição a que se refere o inciso V do artigo 14 do Decreto-Lei n. 413, de 9 de janeiro de 1969, quando a garantia se constituir através de penhor de títulos de crédito, hipótese em que se estabelecerá apenas o valor global.

ART. 4º A não identificação dos bens objeto da alienação fiduciária cedular não retira a eficácia da garantia, que incidirá sobre outros de mesmo gênero, quantidade e qualidade.

ART. 5º Aplicam-se à Cédula de Crédito Comercial e à Nota de Crédito Comercial as normas do Decreto-Lei n. 413, de 9 de janeiro 1969, inclusive quanto aos modelos anexos àquele diploma, respeitadas, em cada caso, a respectiva denominação e as disposições desta Lei.

ART. 6º Esta Lei entrará em vigor na data de sua publicação, revogadas as disposições em contrário.

Brasília, em 3 de novembro de 1980; 159º da Independência e 92º da República.
JOÃO FIGUEIREDO

LEI N. 6.858, DE 24 DE NOVEMBRO DE 1980

Dispõe sobre o pagamento, aos dependentes ou sucessores, de valores não recebidos em vida pelos respectivos titulares.

- *DOU*, 25.11.1980, retificado *DOU*, 26.11.1980.
- Dec. 85.845/1981 (Regulamenta esta lei).
- Dec.-Lei 2.292/1986 (Dispõe sobre a instituição, em benefício do trabalhador, de planos de poupança e investimento - PAIT).

O Presidente da República. Faço saber que o Congresso Nacional decreta e eu sanciono a seguinte Lei:

ART. 1º Os valores devidos pelos empregadores aos empregados e os montantes das contas individuais do Fundo de Garantia do Tempo de Serviço e do Fundo de Participação PIS-PASEP, não recebidos em vida pelos respectivos titulares, serão pagos, em quotas iguais, aos dependentes habilitados perante a Previdência Social ou na forma da legislação específica dos servidores civis e militares, e, na sua falta, aos sucessores previstos na lei civil, indicados em alvará judicial, independentemente de inventário ou arrolamento.

§ 1º As quotas atribuídas a menores ficarão depositadas em caderneta de poupança, rendendo juros e correção monetária, e só serão disponíveis após o menor completar 18 (dezoito) anos, salvo autorização do juiz para aquisição de imóvel destinado à residência do menor e de sua família ou para dispêndio necessário à subsistência e educação do menor.

§ 2º Inexistindo dependentes ou sucessores, os valores de que trata este artigo reverterão em favor, respectivamente, do Fundo de Previdência e Assistência Social, do Fundo de Garantia do Tempo de Serviço ou do Fundo de Participação PIS-PASEP, conforme se tratar de quantias devidas pelo empregador ou de contas de FGTS e do Fundo PIS PASEP.

ART. 2º O disposto nesta Lei se aplica às restituições relativas ao Imposto de Renda e outros tributos, recolhidos por pessoa física, e, não existindo outros bens sujeitos a inventário, aos saldos bancários e de contas de cadernetas de poupança e fundos de investimento de valor até 500 (quinhentas) Obrigações do Tesouro Nacional.

Parágrafo único. Na hipótese de inexistirem dependentes ou sucessores do titular, os valores referidos neste artigo reverterão em favor do Fundo de Previdência e Assistência Social.

ART. 3º Esta Lei entrará em vigor na data de sua publicação.

ART. 4º Revogam-se as disposições em contrário.

Brasília, 24 de novembro de 1980; 159º da Independência e 92º da República.

JOÃO FIGUEIREDO

LEI N. 6.894, DE 16 DE DEZEMBRO DE 1980

Dispõe sobre a inspeção e a fiscalização da produção e do comércio de fertilizantes, corretivos, inoculantes, estimulantes ou biofertilizantes, remineralizadores e substratos para plantas, destinados à agricultura, e dá outras providências.

- Ementa alterada pela Lei 12.890/2013.
- *DOU*, 17.12.1980.
- Dec. 4.954/2004 (Regulamenta esta lei.)

O Presidente da República. Faço saber que o Congresso Nacional decreta e eu sanciono a seguinte Lei:

ART. 1º A inspeção e a fiscalização da produção e do comércio de fertilizantes, corretivos, inoculantes, estimulantes ou biofertilizantes, remineralizadores e substratos para plantas, destinados à agricultura, são regidos pelas disposições desta Lei. (Alterado pela Lei 12.890/2013.)

ART. 2º A inspeção e a fiscalização previstas nesta Lei serão realizadas pelo Ministério da Agricultura.

Parágrafo único. O Ministério da Agricultura poderá delegar a fiscalização do comércio aos Estados, ao Distrito Federal e aos Territórios.

ART. 3º Para efeitos desta Lei, considera-se:

a) fertilizante, a substância mineral ou orgânica, natural ou sintética, fornecedora de um ou mais nutrientes vegetais;

b) corretivo, o material apto a corrigir uma ou mais características desfavoráveis do solo;

c) inoculante, a substância que contenha micro-organismos com a atuação favorável ao desenvolvimento vegetal. (Redação dada pela Lei 6.934/1981.)

d) estimulante ou biofertilizante, o produto que contenha princípio ativo apto a melhorar, direta ou indiretamente, o desenvolvimento das plantas.

e) remineralizador, o material de origem mineral que tenha sofrido apenas redução e classificação de tamanho por processos mecânicos e que altere os índices de fertilidade do solo por meio da adição de macro e micronutrientes para as plantas, bem como promova a melhoria das propriedades físicas ou físico-químicas ou da atividade biológica do solo; (Acrescentada pela Lei 12.890/2013.)

f) substrato para plantas, o produto usado como meio de crescimento de plantas. (Acrescentada pela Lei 12.890/2013.)

ART. 4º As pessoas físicas ou jurídicas que produzam ou comercializem fertilizantes, corretivos, inoculantes, estimulantes ou biofertilizantes, remineralizadores e substratos para plantas são obrigadas a promover o seu registro no Ministério da Agricultura, Pecuária e Abastecimento, conforme dispuser o regulamento. (Alterado pela Lei 12.890/2013.)

§ 1º (Vetado).

§ 2º Os produtos a que se refere este artigo deverão ser igualmente registrados no Ministério da Agricultura.

§ 3º Para a obtenção dos registros a que se refere este artigo, quando se tratar de atividade de produção industrial, será exigida a assistência técnica permanente de profissional habilitado, com a consequente responsabilidade funcional. (Incluído pela Lei 6.934/1981.)

ART. 5º A infração às disposições desta Lei acarretará, nos termos previstos em regulamento, e independentemente de medidas cautelares, a aplicação das seguintes sanções: (Redação dada pela Lei 6.934/1981.)

I - advertência;

II - multa igual a 5 (cinco) vezes o valor das diferenças para menos, entre o teor dos macronutrientes primários indicados no registro do produto e os resultados apurados na análise, calculada sobre o lote de fertilizante produzido, comercializado ou estocado;

III - multa de até 1.000 (mil) vezes o maior valor de referência estabelecido na forma da Lei n. 6.205, de 29 de abril de 1975, aplicável em dobro nos casos de reincidência genérica ou específica; (Redação dada pela Lei n. 6.934, de 1981)

IV - condenação do produto; (Redação dada pela Lei 6.934/1981.)

V - inutilização do produto; (Redação dada pela Lei 6.934/1981.)

VI - suspensão do registro; (Redação dada pela Lei 6.934/1981.)

VII - cancelamento do registro; (Redação dada pela Lei 6.934/1981.)

VIII - interdição, temporária ou definitiva, do estabelecimento. (Redação dada pela Lei 6.934/1981.)

§ 1º A multa poderá ser aplicada isolada ou cumulativamente com outras sanções.

§ 2º A aplicação das sanções previstas neste artigo não prejudicará a apuração das responsabilidades civil ou penal das pessoas físicas e jurídicas e dos profissionais mencionados no § 3º do art. 4º. (Redação dada pela Lei 6.934/1981.)

ART. 6º A inspeção e a fiscalização serão retribuídas, respectivamente, por preços públicos e taxas calculadas com base no maior valor de referência resultante da Lei n. 6.205, de 29 de abril de 1975, de acordo com a tabela anexa. (Redação dada pela Lei 6.934/1981.)

- Dec.-Lei 1.899/1981 (Institui taxas relativas a atividades agropecuárias de competência do Ministério da Agricultura).

§ 1º A inspeção será efetuada sempre que houver solicitação por parte das pessoas físicas ou jurídicas referidas nesta Lei. (Redação dada pela Lei 6.934/1981.)

§ 2º Nos termos do regulamento, o Ministro de Estado da Agricultura estabelecerá os valores e a forma de recolhimento dos preços públicos.

§ 3º Para efeito do disposto neste artigo, considera-se: (Incluído pela Lei 6.934/1981.)

a) inspeção - a constatação das condições higiênico-sanitárias e técnicas dos produtos ou estabelecimentos; (Incluída pela Lei 6.934/1981.)

b) fiscalização - a ação externa e direta dos órgãos do Poder Público destinada à verificação do cumprimento das disposições aplicáveis ao caso. (Incluída pela Lei 6.934/1981.)

ART. 7º O Poder Executivo determinará as providências que forem necessárias ao controle da inspeção e da fiscalização previstas nesta Lei.

ART. 8º Esta Lei entrará em vigor na data de sua publicação.

ART. 9º Revogam-se a Lei n. 6.138, de 8 de novembro de 1974, e demais disposições em contrário.

Brasília, em 16 de dezembro de 1980; 159º da Independência e 92º da República.

JOÃO FIGUEIREDO

- Optamos, nesta edição, pela não publicação do anexo.

LEI N. 6.902, DE 27 DE ABRIL DE 1981

Dispõe sobre a criação de Estações Ecológicas, Áreas de Proteção Ambiental e dá outras providências.

- *DOU*, 28.04.1981.
- Dec. 99.274/1990 (Regulamenta esta lei).

O Presidente da República. Faço saber que o Congresso Nacional decreta e eu sanciono a seguinte Lei:

ART. 1º Estações Ecológicas são áreas representativas de ecossistemas brasileiros, destinadas à realização de pesquisas básicas e aplicadas de Ecologia, à proteção do ambiente natural e ao desenvolvimento da educação conservacionista.

§ 1º 90% (noventa por cento) ou mais da área de cada Estação Ecológica será destinada, em caráter permanente, e definida em ato do Poder Executivo, à preservação integral da biota.

§ 2º Na área restante, desde que haja um plano de zoneamento aprovado, segundo se dispuser em regulamento, poderá ser autorizada a realização de pesquisas ecológicas que venham a acarretar modificações no ambiente natural.

§ 3º As pesquisas científicas e outras atividades realizadas nas Estações Ecológicas levarão sempre em conta a necessidade de não colocar em perigo a sobrevivência das populações das espécies ali existentes.

ART. 2º As Estações Ecológicas serão criadas pela União, Estados e Municípios, em terras de seus domínios, definidos, no ato de criação, seus limites geográficos e o órgão responsável pela sua administração.

ART. 3º Nas áreas vizinhas às Estações Ecológicas serão observados, para a proteção da biota local, os cuidados a serem estabelecidos em regulamento, e na forma prevista nas Leis n. 4.771, de 15 de setembro de 1965, e 5.197, de 03 de janeiro de 1967.

ART. 4º As Estações Ecológicas serão implantadas e estruturadas de modo a permitir estudos comparativos com as áreas da mesma região ocupadas e modificadas pelo homem, a fim de obter informações úteis ao planejamento regional e ao uso racional de recursos naturais.

ART. 5º Os órgãos federais financiadores de pesquisas e projetos no campo da ecologia darão atenção especial aos trabalhos científicos a serem realizados nas Estações Ecológicas.

ART. 6º Caberá ao Ministério do Interior, através do Instituto Brasileiro do Meio Ambiente e Recursos Naturais Renováveis - IBAMA, zelar pelo cumprimento da destinação das Estações Ecológicas, manter organizado o cadastro das que forem criadas e promover a realização de reuniões científicas, visando à elaboração de planos e trabalhos a serem nelas desenvolvidos. (Redação dada pela Lei 7.804/1989.)

- Lei 7.804/1989 (A Secretaria Especial do Meio Ambiente - SEMA passou a ser denominada Instituto Brasileiro do Meio Ambiente e Recursos Naturais Renovaveis - IBAMA).

ART. 7º As Estações Ecológicas não poderão ser reduzidas nem utilizadas para fins diversos daqueles para os quais foram criadas.

§ 1º Na área reservada às Estações Ecológicas será proibido:

a) presença de rebanho de animais domésticos de propriedade particular;

b) exploração de recursos naturais, exceto para fins experimentais, que não importem em prejuízo para a manutenção da biota nativa, ressalvado o disposto no § 2º do art. 1º;

c) porte e uso de armas de qualquer tipo;

d) porte e uso de instrumentos de corte de árvores;

e) porte e uso de redes de apanha de animais e outros artefatos de captura.

§ 2º Quando destinados aos trabalhos científicos e à manutenção da Estação, a autoridade responsável pela sua administração poderá autorizar o uso e o porte dos objetos mencionados nas alíneas *c*, *d* e *e* do parágrafo anterior.

§ 3º A infração às proibições estabelecidas nesta Lei sujeitará o infrator à apreensão do material proibido, pelo prazo de 1 (um) a 2 (dois) anos, e ao pagamento de indenização pelos danos causados.

§ 4º As penalidades previstas no parágrafo anterior serão aplicadas pela Administração da Estação Ecológica.

ART. 8º O Poder Executivo, quando houver relevante interesse público, poderá declarar determinadas áreas do Território Nacional como de interesse para a proteção ambiental, a fim de assegurar o bem-estar das populações humanas e conservar ou melhorar as condições ecológicas locais.

ART. 9º Em cada Área de Proteção Ambiental, dentro dos princípios constitucionais que regem o exercício do direito de propriedade, o Poder Executivo estabelecerá normas, limitando ou proibindo:

a) a implantação e o funcionamento de indústrias potencialmente poluidoras, capazes de afetar mananciais de água;

b) a realização de obras de terraplenagem e a abertura de canais, quando essas iniciativas importarem em sensível alteração das condições ecológicas locais;

c) o exercício de atividades capazes de provocar uma acelerada erosão das terras e/ou um acentuado assoreamento das coleções hídricas;

d) o exercício de atividades que ameacem extinguir na área protegida as espécies raras da biota regional.

§ 1º O Instituto Brasileiro do Meio Ambiente e Recursos Naturais Renováveis, ou órgão equivalente no âmbito estadual, em conjunto ou isoladamente, ou mediante convênio com outras entidades, fiscalizará e supervisionará as Áreas de Proteção Ambiental. (Redação dada pela Lei 7.804/1989.)

- Lei 7.804/1989 (A Secretaria Especial do Meio Ambiente - SEMA passou a ser denominada Instituto Brasileiro do Meio Ambiente e Recursos Naturais Renovaveis - IBAMA).

§ 2º Nas Áreas de Proteção Ambiental, o não cumprimento das normas disciplinadoras previstas neste artigo sujeitará os infratores ao embargo das iniciativas irregulares, à medida cautelar de apreensão do material e das máquinas usadas nessas atividades, à obrigação de reposição e reconstituição, tanto quanto possível, da situação anterior e a imposição de multas graduadas de Cr$ 200,00 (duzentos cruzeiros) a Cr$ 2.000,00 (dois mil cruzeiros), aplicáveis, diariamente, em caso de infração continuada, e reajustáveis de acordo com os índices das ORTNs - Obrigações Reajustáveis do Tesouro Nacional.

§ 3º As penalidades previstas no parágrafo anterior serão aplicadas por iniciativa do Instituto Brasileiro do Meio Ambiente e Recursos Naturais Renováveis ou do órgão estadual correspondente e constituirão, respectivamente, receita da União ou do Estado, quando se tratar de multas. (Redação dada pela Lei 7.804/1989.)

- Lei 7.804/1989 (A Secretaria Especial do Meio Ambiente - SEMA passou a ser denominada Instituto Brasileiro do Meio Ambiente e Recursos Naturais Renovaveis - IBAMA).

§ 4º Aplicam-se às multas previstas nesta Lei as normas da legislação tributária e do processo administrativo fiscal que disciplinam a imposição e a cobrança das penalidades fiscais.

ART. 10. Esta Lei entrará em vigor na data de sua publicação.

ART. 11. Revogam-se as disposições em contrário.

Brasília, em 27 de abril de 1981; 160º da Independência e 93º da República.

JOÃO FIGUEIREDO

LEI N. 6.932, DE 7 DE JULHO DE 1981

Dispõe sobre as atividades do médico residente e dá outras providências.

- *DOU*, 09.07.1981.
- Dec. 85.845/1981 (Regulamenta esta lei).
- Dec.-Lei 2.429/1988 (Altera a legislação do imposto de renda).
- Dec.-Lei 2.292/1986 (Dispõe sobre a instituição, em benefício do trabalhador, de planos de poupança e investimento (PAIT).
- Dec. 8.516/2015 (Regulamenta a formação do Cadastro Nacional de Especialistas de que tratam o § 4º e § 5º do art. 1º da Lei n. 6.932, de 07.07.1981, e o art. 35 da Lei n. 12.871, de 22.10.2013.)

O Presidente da República. Faço saber que o Congresso Nacional decreta e eu sanciono a seguinte Lei:

ART. 1º A Residência Médica constitui modalidade de ensino de pós-graduação, destinada a médicos, sob a forma de cursos de especialização, caracterizada por treinamento em serviço, funcionando sob a responsabilidade de instituições de saúde, universitárias ou não, sob a orientação de profissionais médicos de elevada qualificação ética e profissional.

§ 1º As instituições de saúde de que trata este artigo somente poderão oferecer programas de Residência Médica depois de credenciadas pela Comissão Nacional de Residência Médica.

§ 2º É vedado o uso da expressão residência médica para designar qualquer programa de treinamento médico que não tenha sido aprovado pela Comissão Nacional de Residência Médica.

§ 3º A Residência Médica constitui modalidade de certificação das especialidades médicas no Brasil. (Acrescentado pela Lei 12.871/2013.)

§ 4º As certificações de especialidades médicas concedidas pelos Programas de Residência Médica ou pelas associações médicas submetem-se às necessidades do Sistema Único de Saúde (SUS). (Acrescentado pela Lei 12.871/2013.)

§ 5º As instituições de que tratam os §§ 1º a 4º deste artigo deverão encaminhar, anualmente, o número de médicos certificados como especialistas, com vistas a possibilitar o Ministério da Saúde a formar o Cadastro Nacional de Especialistas e parametrizar as ações de saúde pública. (Acrescentado pela Lei 12.871/2013.)

ART. 2º Para a sua admissão em qualquer curso de Residência Médica o candidato deverá submeter-se ao processo de seleção estabelecido pelo programa aprovado pela Comissão Nacional de Residência Médica.

ART. 3º O médico residente admitido no programa terá anotado no contrato padrão de matrícula:

a) a qualidade de médico residente, com a caracterização da especialidade que cursa;

b) o nome da instituição responsável pelo programa;

c) a data de início e a prevista para o término da residência;

d) o valor da bolsa paga pela instituição responsável pelo programa.

ART. 4º Ao médico-residente é assegurado bolsa no valor de R$ 2.384,82 (dois mil, trezentos e oitenta e quatro reais e oitenta e dois centavos), em regime especial de treinamento em serviço de 60 (sessenta) horas semanais. (Redação dada pela Lei 12.514/ 2011.)

§ 1º O médico-residente é filiado ao Regime Geral de Previdência Social - RGPS como contribuinte individual. (Redação dada pela Lei 12.514/ 2011.)

§ 2º O médico-residente tem direito, conforme o caso, à licença-paternidade de 5 (cinco) dias ou à licença-maternidade de 120 (cento e vinte) dias. (Redação dada pela Lei 12.514/ 2011.)

§ 3º A instituição de saúde responsável por programas de residência médica poderá prorrogar, nos termos da Lei n. 11.770, de 9 de setembro de 2008, quando requerido pela médica-residente, o período de licença-maternidade em até 60 (sessenta) dias. (Redação dada pela Lei 12.514/ 2011.)

§ 4º O tempo de residência médica será prorrogado por prazo equivalente à duração do afastamento do médico-residente por motivo de saúde ou nas hipóteses dos §§ 2º e 3º. (Redação dada pela Lei 12.514/ 2011.)

§ 5º A instituição de saúde responsável por programas de residência médica oferecerá ao médico-residente, durante todo o período de residência: (Redação dada pela Lei 12.514/ 2011.)

I - condições adequadas para repouso e higiene pessoal durante os plantões; (Incluído pela Lei 12.514/ 2011.)

II - alimentação; e (Incluído pela Lei 12.514/ 2011.)

III - moradia, conforme estabelecido em regulamento. (Incluído pela Lei 12.514/ 2011.)

§ 6º O valor da bolsa do médico-residente poderá ser objeto de revisão anual. (Incluído pela Lei 12.514/ 2011.)

ART. 5º Os programas dos cursos de Residência Médica respeitarão o máximo de 60 (sessenta) horas semanais, nelas incluídas um máximo de 24 (vinte e quatro) horas de plantão.

§ 1º O médico residente fará jus a um dia de folga semanal e a 30 (trinta) dias consecutivos de repouso, por ano de atividade.

§ 2º Os programas dos cursos de Residência Médica compreenderão, num mínimo de 10% (dez por cento) e num máximo de 20% (vinte por cento) de sua carga horária, atividades teórico-práticas, sob a forma de sessões atualizadas, seminários, correlações clínico-patológicas ou outras, de acordo com os programas pré-estabelecidos.

ART. 6º Os programas de Residência Médica credenciados na forma desta Lei conferirão títulos de especialistas em favor dos médicos residentes neles habilitados, os quais constituirão comprovante hábil para fins legais junto ao sistema federal de ensino e ao Conselho Federal de Medicina.

ART. 7º A interrupção do programa de Residência Médica por parte do médico residente, seja qual for a causa, justificada ou não, não o exime da obrigação de, posteriormente, completar a carga horária total de atividade prevista para o aprendizado, a fim de obter o comprovante referido no artigo anterior, respeitadas as condições iniciais de sua admissão.

ART. 8º A partir da publicação desta Lei, as instituições de saúde que mantenham programas de Residência Médica terão um prazo máximo de 6 (seis) meses para submetê-los à aprovação da Comissão Nacional de Residência Médica.

ART. 9º Esta Lei será regulamentada no prazo de 90 (noventa) dias contados de sua publicação.

ART. 10. Esta Lei entrará em vigor na data de sua publicação.

ART. 11. Revogam-se as disposições em contrário.

Brasília, em 07 de julho de 1981; 160º da Independência e 93º da República.

JOÃO FIGUEIREDO

LEI N. 6.986, DE 13 DE ABRIL DE 1982

Altera a denominação da categoria funcional de Inspetor do Trabalho, dispõe sobre o pagamento de Gratificação de Produtividade nos casos que menciona, eleva as multas previstas na Consolidação das Leis do Trabalho e dá outras providências.

› *DOU*, 14.04.1982.

O Presidente da República. Faço saber que o Congresso Nacional decreta e eu sanciona a seguinte Lei:

ART. 1º A categoria funcional de Inspetor do Trabalho, código NS-933 ou LT-NS-933, do Grupo-Outras Atividades de Nível Superior, constante do Anexo IV do Decreto-lei n. 1.445, de 13 de fevereiro de 1976, passa a denominar-se Fiscal do Trabalho, código NS-933 ou LT-NS-933, com as referências de vencimento ou salário por classe, escalonadas na forma do Anexo à presente Lei.

ART. 2º Os atuais cargos efetivos e empregos permanentes de Inspetor do Trabalho, vagos ou ocupados, do Quadro ou Tabela Permanente do Ministério do Trabalho, passarão, mediante reclassificação, a integrar a categoria funcional de Fiscal do Trabalho.

Parágrafo único. O servidor abrangido por este artigo será mantido na mesma referência de vencimento ou salário do cargo ou emprego em que se encontrar, salvo se estiver em referência inferior à NS-08, inicial prevista para a classe "A" da categoria, caso em que será nesta localizado.

ART. 3º A Gratificação de Produtividade, instituída pelo Decreto-lei n. 1.445, de 13 de fevereiro de 1976 será paga aos servidores integrantes da categoria funcional de Fiscal do Trabalho, do Grupo-Outras Atividades de Nível Superior, código NS-933 ou LT-NS-933, observadas as disposições desta Lei.

§ 1º A Gratificação de que trata este artigo será atribuída em função da produtividade do servidor, aferida em razão dos encargos assumidos e das atividades desempenhadas, inerentes às funções de fiscalização do trabalho.

§ 2º A Gratificação de Produtividade corresponderá a percentuais de 40% (quarenta por cento), 60% (sessenta por cento) ou 80% (oitenta por cento) do vencimento ou salário fixado para o cargo efetivo ou emprego permanente ocupado pelo servidor.

§ 3º O percentual médio das Gratificações individuais concedidas em cada órgão será de, no máximo, 60% (sessenta por cento).

§ 4º (Revogado pelo Dec.-Lei 2.246/1985).

ART. 4º Os critérios e bases para a concessão da Gratificação de Produtividade e os correspondentes percentuais serão fixados pelo Ministro de Estado ou autoridade delegada.

ART. 5º Os servidores integrantes da categoria funcional de Fiscal do Trabalho, no exercício de cargo em omissão ou função de confiança do Grupo-Direção e Assessoramento Superiores, de função de Nível Superior do Grupo-Direção e Assistência Intermediárias ou de Função de Assessoramento Superior a que se refere o art. 122 do Decreto-lei n. 200, de 25 de fevereiro de 1967, farão jus à Gratificação de Produtividade calculada sobre a referência correspondente ao cargo efetivo ou emprego permanente, desde que haja correlação com as atribuições do respectivo cargo ou emprego.

Parágrafo único. Nas hipóteses deste artigo, o total percebido pelo servidor, a título de vencimento ou salário, Representação Mensal e Gratificação de Produtividade, não poderá ultrapassar a retribuição fixada para o símbolo do cargo em comissão ou função de confiança DAS-4, observada hierarquia salarial estabelecida em regulamento.

ART. 6º A Gratificação de Produtividade, concedida na forma desta Lei, aplicam-se, no que couber, as disposições do Decreto-lei n. 1.709, de 31 de outubro de 1979, especialmente o disposto no seu art. 5º.

ART. 7º As multas por infração aos preceitos da Consolidação das Leis do Trabalho ficam elevadas em 10 (dez) vezes o seu valor.

ART. 8º As despesas decorrentes desta Lei serão atendidas à conta dos recursos orçamentários próprios do Ministério do Trabalho.

ART. 9º Esta Lei entra em vigor na data de sua publicação, exceto o art. 7º, que entrará em vigor no prazo de 90 (noventa) dias, a contar do primeiro dia do mês seguinte ao da sua publicação.

ART. 10. Revogam-se as disposições em contrário.

Brasília, em 13 de abril de 1982; 161º da Independência e 94º da República.

JOÃO FIGUEIREDO

› Optamos, nesta edição, pela não publicação do Anexo.

LEI N. 6.996, DE 7 DE JUNHO DE 1982

Dispõe sobre a utilização de processamento eletrônico de dados nos serviços eleitorais e dá outras providências.

› *DOU*, 08.06.1982

O Presidente da República, faço saber que o Congresso Nacional decreta e eu sanciono a seguinte Lei:

ART. 1º Os Tribunais Regionais Eleitorais, nos Estados em que for autorizado pelo Tribunal Superior Eleitoral, poderão utilizar processamento eletrônico de dados nos serviços eleitorais, na forma prevista nesta Lei.

§ 1º A autorização do Tribunal Superior Eleitoral será solicitada pelo Tribunal Regional Eleitoral interessado, que, previamente, ouvirá os Partidos Políticos.

§ 2º O pedido de autorização poderá referir-se ao alistamento eleitoral, à votação e à apuração, ou a apenas uma dessas fases, em todo o Estado, em determinadas Zonas Eleitorais ou em parte destas.

ART. 2º Concedida a autorização, o Tribunal Regional Eleitoral, em conformidade com as condições e peculiaridades locais, executará os serviços de processamento eletrônico de dados diretamente ou mediante convênio ou contrato.

§ 1º Os serviços de que trata este artigo deverão ser executados de acordo com definições e especificações fixadas pelo Tribunal Superior Eleitoral.

§ 2º (Revogado pela Lei 7.444/1985.)

ART. 3º Ao setor da Secretaria do Tribunal Regional Eleitoral responsável pelos serviços de processamento eletrônico de dados compete:

I - preencher as fórmulas dos títulos e documentos eleitorais;

II - confeccionar relações de eleitores destinadas aos Cartórios Eleitorais e aos Partidos Políticos;

III - manter atualizado o cadastro geral de eleitores do Estado;

IV - manter atualizado o cadastro de filiação partidária, expedindo relações destinadas aos Partidos Políticos e à Justiça Eleitoral;

V - expedir comunicações padronizadas e previamente programadas nos processos de alistamento, transferência ou cancelamento de inscrições;

VI - contar votos, ou totalizar resultados já apurados, expedindo relações ou boletins destinados à Justiça Eleitoral e aos Partidos Políticos;

VII - calcular quociente eleitoral, quociente partidário e distribuição de sobras, indicando os eleitos;

VIII - preencher diplomas e expedir relações com os resultados finais de cada pleito, destinados à Justiça Eleitoral e aos Partidos Políticos;

IX - executar outras tarefas que lhe forem atribuídas por instruções do Tribunal Superior Eleitoral.

ART. 4º O alistamento se faz mediante a inscrição do eleitor.

Parágrafo único. Para efeito de inscrição, domicílio eleitoral é o lugar de residência ou moradia do requerente, e, verificado ter o alistando mais de uma, considerar-se-á domicílio qualquer delas.

ART. 5º O alistando apresentará em cartório, ou em local previamente designado, requerimento em formulário que obedecerá a modelo aprovado pelo Tribunal Superior Eleitoral.

Parágrafo único. O escrivão, o funcionário ou o preparador, recebendo o formulário e documentos, determinará que o alistando date e assine o requerimento, e, ato contínuo, atestará terem sido a data e a assinatura lançadas na sua presença.

ART. 6º O pedido de inscrição do eleitor será instruído com um dos seguintes documentos:

I - carteira de identidade;

II - certificado de quitação de serviço militar;

III - carteira emitida pelos órgãos criados por lei federal, controladores do exercício profissional;

IV - certidão de idade extraída do Registro Civil;

V - instrumento público do qual se infira, por direito, ter o requerente idade superior a 18 (dezoito) anos e do qual conste, também, os demais elementos necessários à sua qualificação;

VI - documento do qual se infira a nacionalidade brasileira, originária ou adquirida, do requerente.

§ 1º A restituição de qualquer documento não poderá ser feita antes de despachado o requerimento pelo Juiz Eleitoral.

§ 2º Sempre que, com o documento, for apresentada cópia, o original será devolvido no ato, feita a autenticação pelo próprio funcionário do Cartório Eleitoral, mediante aposição de sua assinatura no verso da cópia.

§ 3º O documento poderá ser apresentado em cópia autenticada por tabelião, dispensando-se, nessa hipótese, nova conferência com o documento original.

ART. 7º Despachado o requerimento de inscrição pelo Juiz Eleitoral, o setor da Secretaria do Tribunal Regional Eleitoral responsável pelos serviços de processamento eletrônico de dados enviará ao Cartório Eleitoral, que as fornecerá aos Partidos Políticos, relações dos eleitores inscritos originariamente ou por transferência, com os respectivos endereços, assim como dos pedidos indeferidos ou convertidos em diligência.

§ 1º Do despacho que indeferir o requerimento de inscrição, caberá recurso interposto pelo alistando no prazo de 5 (cinco) dias e, do que o deferir, poderá recorrer qualquer delegado de Partido Político no prazo de 10 (dez) dias.

§ 2º As relações a que se refere o *caput* deste artigo serão fornecidas aos Partidos Políticos nos dias 1º (primeiro) e 15 (quinze) de cada mês, ou no 1º (primeiro) dia útil seguinte, datas em que começarão a correr os prazos mencionados no parágrafo anterior, ainda que tenham sido exibidas ao alistando antes dessas datas e mesmo que os Partidos não as retirem.

ART. 8º A transferência do eleitor só será admitida se satisfeitas as seguintes exigências:

I - entrada do requerimento no Cartório Eleitoral do novo domicílio até 100 (cem) dias antes da data da eleição;

II - transcurso de, pelo menos, 1 (um) ano da inscrição anterior;

III - residência mínima de 3 (três) meses no novo domicílio, declarada, sob as penas da lei, pelo próprio eleitor.

Parágrafo único. O disposto nos incisos II e III deste artigo não se aplica à transferência de título eleitoral de servidor público civil, militar, autárquico, ou de membro de sua família, por motivo de remoção ou transferência.

ART. 9º (Revogado pela Lei 7.663/1988.)

Parágrafo único. (Revogado pela Lei 7.663/1988.)

I a IV - (Revogados pela Lei 7.663/1988.)

ART. 10. Na votação poderá ser utilizada cédula de acordo com modelo aprovado pelo Tribunal Superior Eleitoral.

ART. 11. O Tribunal Superior Eleitoral estabelecerá o número de eleitores das seções eleitorais em função do número de cabinas nelas existentes.

Parágrafo único. Cada seção eleitoral terá, no mínimo, duas cabinas.

ART. 12. Nas seções das Zonas Eleitorais em que o alistamento se fizer pelo processamento eletrônico de dados, as folhas individuais de votação serão substituídas por listas de eleitores, emitidas por computador, das quais constarão, além do nome do eleitor, os dados de qualificação indicados pelo Tribunal Superior Eleitoral.

§ 1º Somente poderão votar fora da respectiva seção os mesários, os candidatos e os fiscais ou delegados de Partidos Políticos, desde que eleitores do Município e de posse do título eleitoral.

§ 2º Ainda que não esteja de posse do seu título, o eleitor será admitido a votar desde que seja inscrito na seção, conste da lista dos eleitores e exiba documento que comprove sua identidade.

§ 3º Os votos dos eleitores mencionados nos parágrafos anteriores não serão tomados em separado.

§ 4º O voto em separado será recolhido em invólucro especial e somente será admitido quando houver dúvida quanto à identidade ou inscrição do eleitor, ou quando da lista não constar nome de eleitor que apresentar título correspondente à seção.

§ 5º A validade dos votos tomados em separado, das seções de um mesmo Município, será examinada em conjunto pela Junta Apuradora, independentemente da apuração dos votos contidos nas urnas.

ART. 13. O Tribunal Superior Eleitoral poderá autorizar a criação de Juntas Apuradoras Regionais, nos termos das instruções que baixar.

ART. 14. A apuração poderá ser iniciada a partir do recebimento da primeira urna, prolongando-se pelo tempo necessário, observado o prazo máximo de 10 (dez) dias.

Parágrafo único. Ultrapassada a fase de abertura da urna, as cédulas programadas para a apuração através da computação serão eletronicamente processadas, caso em que os Partidos poderão manter fiscais nos locais destinados a esse fim.

ART. 15. Incorrerá nas penas do art. 315 do Código Eleitoral quem, no processamento eletrônico das cédulas, alterar resultados, qualquer que seja o método utilizado.

ART. 16. (Revogado pela Lei 9.096/1995.)

§ 1º Deferida a filiação, a Comissão Executiva, no prazo de 3 (três) dias, enviará o formulário à Justiça Eleitoral.

§ 2º Estando em vigor a inscrição eleitoral, será emitido, por processo eletrônico, cartão de filiado para o eleitor, e incluído o seu nome nas relações destinadas ao Partido Político e ao Cartório Eleitoral.

ART. 17. Os arts. 6º e 8º e o parágrafo único do art. 9º desta Lei também serão aplicados nas Zonas Eleitorais em que o alistamento continuar a ser efetuado na forma prevista no Código Eleitoral.

ART. 18. O Tribunal Superior Eleitoral expedirá as instruções que se fizerem necessárias para o cumprimento desta Lei, inclusive divulgando entre os Partidos Políticos, os Juízes e os Cartórios Eleitorais manuais de procedimentos detalhando a nova sistemática.

ART. 19. Esta Lei entra em vigor na data de sua publicação.

ART. 20. Revogam-se as disposições em contrário.

Brasília, em 07 de junho de 1982; 161º da Independência e 94º da República.

JOÃO FIGUEIREDO

LEI N. 6.999, DE 7 DE JUNHO DE 1982

Dispõe sobre a requisição de servidores públicos pela Justiça Eleitoral e dá outras providências.

› *DOU*, 08.06.1982.

O Presidente da República, faço saber que o Congresso Nacional decreta e eu sanciono a seguinte Lei:

ART. 1º O afastamento de servidores públicos da União, dos Estados, do Distrito Federal, dos Territórios, dos Municípios e das autarquias, para prestar serviços à Justiça Eleitoral, dar-se-á na forma estabelecias por esta Lei.

ART. 2º As requisições para os Cartórios Eleitorais deverão recair em servidor lotado na área de jurisdição do respectivo Juízo Eleitoral, salvo em casos especiais, a critério do Tribunal Superior Eleitoral.

§ 1º As requisições serão feitas pelo prazo de 1 (um) ano, prorrogável, e não excederão a 1 (um) servidor por 10.000 (dez mil) ou fração superior a 5.000 (cinco mil) eleitores inscritos na Zona Eleitoral.

§ 2º Independentemente da proporção prevista no, parágrafo anterior, admitir-se-á a requisição de 1 (um) servidor.

ART. 3º No caso de acúmulo ocasional de serviço na Zona Eleitoral e observado o disposto no art. 2º e seus parágrafos desta Lei, poderão ser requisitados outros servidores pelo prazo máximo e improrrogável de 6 (seis) meses.

§ 1º Os limites estabelecidos nos parágrafos do artigo anterior só poderão ser excedidos em casos excepcionais, a juízo do Tribunal Superior Eleitoral.

§ 2º Esgotado o prazo de 6 (seis) meses, o servidor será desligado automaticamente da Justiça Eleitoral, retomando a sua repartição de origem.

§ 3º Na hipótese prevista neste artigo, somente após decorrido 1 (um) ano poderá haver nova requisição do mesmo servidor.

ART. 4º Exceto no caso de nomeação para cargo em comissão, as requisições para as Secretarias dos Tribunais Eleitorais, serão feitas por prazo certo, não excedente de 1 (um) ano.

Parágrafo único. Esgotado o prazo fixado neste artigo, proceder-se-á na forma dos §§ 2º e 3º do artigo anterior.

ART. 5º Os servidores atualmente requisitados para as Secretarias dos Tribunais Eleitorais poderão ter suas requisições renovadas anualmente.

ART. 6º Os servidores atualmente requisitados para os Cartórios Eleitorais, em número excedente ao fixado nos limites estabelecidos no art. 2º desta Lei, deverão ser desligados pelos respectivos Tribunais, no prazo de 30 (trinta) dias a contar da data da publicação desta Lei, retornando as suas repartições de origem.

ART. 7º Ressalvada a hipótese do artigo anterior, os prazos de requisição dos servidores atualmente a disposição da Justiça Eleitoral consideram-se iniciados na data da entrada em vigor desta Lei.

ART. 8º Salvo na hipótese de nomeação para cargo em comissão, não serão requisitados ocupantes de cargos isolados, de cargos ou empregos técnicos ou científicos, e de quaisquer cargos ou empregos do magistério federal, estadual ou municipal.

ART. 9º O servidor requisitado para o serviço eleitoral conservará os direitos e vantagens inerentes ao exercício de seu cargo ou emprego.

ART. 10. (Vetado.).

ART. 11. Esta Lei entra em vigor na data de sua publicação.

ART. 12. Revogam-se as Leis n. 6.678, de 14 de agosto de 1979, e n. 6.862, de 26 de novembro de 1980, e as demais disposições em contrário.

Brasília, em 07 de junho de 1982; 161º da Independência e 94º da República.

JOÃO FIGUEIREDO

LEI N. 7.064, DE 6 DE DEZEMBRO DE 1982

Dispõe sobre a situação de trabalhadores contratados ou transferidos para prestar serviços no exterior.

› *DOU*, 07.12.1982.

O Presidente da República. Faço saber que o Congresso Nacional decreta e eu sanciono a seguinte Lei:

CAPÍTULO I INTRODUÇÃO (ART. 1º)

ART. 1º Esta Lei regula a situação de trabalhadores contratados no Brasil ou transferidos por seus empregadores para prestar serviço no exterior. (Redação dada pela Lei 11.962/2009.)

Parágrafo único. Fica excluído do regime desta Lei o empregado designado para prestar serviços de natureza transitória, por período não superior a 90 (noventa) dias, desde que:

a) tenha ciência expressa dessa transitoriedade;

b) receba, além da passagem de ida e volta, diárias durante o período de trabalho no exterior, as quais, seja qual for o respectivo valor, não terão natureza salarial.

CAPÍTULO II DA TRANSFERÊNCIA

ART. 2º Para os efeitos desta Lei, considera-se transferido:

I - o empregado removido para o exterior, cujo contrato estava sendo executado no território brasileiro;

II - o empregado cedido à empresa sediada no estrangeiro, para trabalhar no exterior, desde que mantido o vínculo trabalhista com o empregador brasileiro;

III - o empregado contratado por empresa sediada no Brasil para trabalhar a seu serviço no exterior.

ART. 3º A empresa responsável pelo contrato de trabalho do empregado transferido assegurar-lhe-á, independentemente da observância da legislação do local da execução dos serviços:

I - os direitos previstos nesta Lei;

II - a aplicação da legislação brasileira de proteção ao trabalho, naquilo que não for incompatível com o disposto nesta Lei, quando mais favorável do que a legislação territorial, no conjunto de normas e em relação a cada matéria.

Parágrafo único. Respeitadas as disposições especiais desta Lei, aplicar-se-á a legislação brasileira sobre Previdência Social, Fundo de Garantia por Tempo de Serviço - FGTS e Programa de Integração Social - PIS/PASEP.

ART. 4º Mediante ajuste escrito, empregador e empregado fixarão os valores do salário-base e do adicional de transferência.

§ 1º O salário-base ajustado na forma deste artigo fica sujeito aos reajustes e aumentos compulsórios previstos na legislação brasileira.

§ 2º O valor do salário-base não poderá ser inferior ao mínimo estabelecido para a categoria profissional do empregado.

§ 3º Os reajustes e aumentos compulsórios previstos no § 1º incidirão exclusivamente sobre os valores ajustados em moeda nacional.

ART. 5º O salário-base do contrato será obrigatoriamente estipulado em moeda nacional, mas a remuneração devida durante a transferência do empregado, computado o adicional de que trata o artigo anterior, poderá, no todo ou em parte, ser paga no exterior, em moeda estrangeira.

§ 1º Por opção escrita do empregado, a parcela da remuneração a ser paga em moeda nacional poderá ser depositada em conta bancária.

§ 2º É assegurada ao empregado, enquanto estiver prestando serviços no exterior, a conversão e remessa dos correspondentes valores para o local de trabalho, observado o disposto em regulamento.

› Dec. 89.339/1984 (Regulamenta o disposto nos artigos 5º, § 2º, 9º §§ 1º a 4º e 12 desta lei).

ART. 6º Após 2 (dois) anos de permanência no exterior, será facultado ao empregado gozar anualmente férias no Brasil, correndo por conta da empresa empregadora, ou para a qual tenha sido cedido, o custeio da viagem.

§ 1º O custeio de que trata este artigo se estende ao cônjuge e aos demais dependentes do empregado com ele residentes.

§ 2º O disposto neste artigo não se aplicará ao caso de retorno definitivo do empregado antes da época do gozo das férias.

ART. 7º O retorno do empregado ao Brasil poderá ser determinado pela empresa quando:

I - não se tornar mais necessário ou conveniente o serviço do empregado no exterior;

II - der o empregado justa causa para a rescisão do contrato.

Parágrafo único. Fica assegurado ao empregado seu retorno ao Brasil, ao término do prazo da transferência ou, antes deste, na ocorrência das seguintes hipóteses:

a) após 3 (três) anos de trabalho contínuo;

b) para atender à necessidade grave de natureza familiar, devidamente comprovada;

c) por motivo de saúde, conforme recomendação constante de laudo médico;

d) quando der o empregador justa causa para a rescisão do contrato;

e) na hipótese prevista no inciso I deste artigo.

ART. 8º Cabe à empresa o custeio do retorno do empregado.

Parágrafo único. Quando o retorno se verificar, por iniciativa do empregado, ou quando der justa causa para rescisão do contrato, ficará ele obrigado ao reembolso das respectivas despesas, ressalvados os casos previstos no parágrafo único do artigo anterior.

ART. 9º O período de duração da transferência será computado no tempo de serviço do empregado para todos os efeitos da legislação brasileira, ainda que a lei local de prestação do serviço considere essa prestação como resultante de um contrato autônomo e determine a liquidação dos direitos oriundos da respectiva cessação.

§ 1º Na hipótese de liquidação de direitos prevista neste artigo, a empresa empregadora fica autorizada a deduzir esse pagamento dos depósitos do FGTS em nome do empregado, existentes na conta vinculada de que trata o art. 2º da Lei n. 5.107, de 13 de setembro de 1966.

› Dec. 89.339/1984 (Regulamenta o disposto nos artigos 5º, § 2º, 9º §§ 1º a 4º e 12 desta lei).

§ 2º Se o saldo da conta a que se refere o parágrafo anterior não comportar a dedução ali mencionada, a diferença poderá ser novamente deduzida do saldo dessa conta quando da cessação, no Brasil, do respectivo contrato de trabalho.

› Dec. 89.339/1984 (Regulamenta o disposto nos artigos 5º, § 2º, 9º §§ 1º a 4º e 12 desta lei).

§ 3º As deduções acima mencionadas, relativamente ao pagamento em moeda estrangeira, serão calculadas mediante conversão em cruzeiros ao câmbio do dia em que se operar o pagamento.

› Dec. 89.339/1984 (Regulamenta o disposto nos artigos 5º, § 2º, 9º §§ 1º a 4º e 12 desta lei).

§ 4º O levantamento pelo empregador, decorrente da dedução acima prevista, dependerá de homologação judicial.

› Dec. 89.339/1984 (Regulamenta o disposto nos artigos 5º, § 2º, 9º §§ 1º a 4º e 12 desta lei).

ART. 10. O adicional de transferência, as prestações *"in natura"*, bem como quaisquer outras vantagens a que fizer jus o empregado em função de sua permanência no exterior, não serão devidas após seu retorno ao Brasil.

ART. 11. Durante a prestação de serviços no exterior não serão devidas, em relação aos empregados transferidos, as contribuições referentes a: Salário-Educação, Serviço Social da Indústria, Serviço Social do Comércio, Serviço Nacional de Aprendizagem Comercial, Serviço Nacional de Aprendizagem Industrial e Instituto Nacional de Colonização e de Reforma Agrária.

CAPÍTULO III DA CONTRATAÇÃO POR EMPRESA ESTRANGEIRA

ART. 12. A contratação de trabalhador, por empresa estrangeira, para trabalhar no exterior está condicionada à prévia autorização do Ministério do Trabalho.

› Dec. 89.339/1984 (Regulamenta o disposto nos artigos 5º, § 2º, 9º §§ 1º a 4º e 12 desta lei).

ART. 13. A autorização a que se refere o art. 12 somente poderá ser dada à empresa de cujo capital participe, em pelo menos 5% (cinco por cento) pessoa jurídica domiciliada no Brasil.

ART. 14. Sem prejuízo da aplicação das leis do país da prestação dos serviços, no que respeita a direitos, vantagens e garantias trabalhistas e previdenciárias, a empresa estrangeira assegurará ao trabalhador os direitos a ele conferidos neste Capítulo.

ART. 15. Correrão obrigatoriamente por conta da empresa estrangeira as despesas de viagem de ida e volta do trabalhador ao exterior, inclusive a dos dependentes com ele residentes.

ART. 16. A permanência do trabalhador no exterior não poderá ser ajustada por período superior a 3 (três) anos, salvo quando for assegurado a ele e a seus dependentes o direito de gozar férias anuais no Brasil, com despesas de viagem pagas pela empresa estrangeira.

ART. 17. A empresa estrangeira assegurará o retorno definitivo do trabalhador ao Brasil quando:

I - houver terminado o prazo de duração do contrato, ou for o mesmo rescindido;

II - por motivo de saúde do trabalhador, devidamente comprovado por laudo médico oficial que o recomende.

ART. 18. A empresa estrangeira manterá no Brasil procurador bastante, com poderes especiais de representação, inclusive o de receber citação.

ART. 19. A pessoa jurídica domiciliada no Brasil a que alude o art. 13 será solidariamente responsável com a empresa estrangeira por todas as obrigações decorrentes da contratação do trabalhador.

ART. 20. O aliciamento de trabalhador domiciliado no Brasil, para trabalhar no exterior, fora do regime desta Lei, configurará o crime previsto no art. 206 do Código Penal Brasileiro.

CAPÍTULO IV
DISPOSIÇÕES COMUNS E FINAIS

ART. 21. As empresas de que trata esta Lei farão, obrigatoriamente, seguro de vida e acidentes pessoais a favor do trabalhador, cobrindo o período a partir do embarque para o exterior, até o retorno ao Brasil.

Parágrafo único. O valor do seguro não poderá ser inferior a 12 (doze) vezes o valor da remuneração mensal do trabalhador.

ART. 22. As empresas a que se refere esta Lei garantirão ao empregado, no local de trabalho no exterior ou próximo a ele, serviços gratuitos e adequados de assistência médica e social.

ART. 23. Serão regulamentadas no prazo de 90 (noventa) dias as disposições dos artigos 5º, § 2º; 9º, parágrafos 1º e 4º; e 12.

ART. 24. Esta Lei entra em vigor na data de sua publicação, revogadas as disposições em contrário.

Brasília, 6 de dezembro de 1982; 161º da Independência e 94º da República.

JOÃO FIGUEIREDO

LEI N. 7.070, DE 20 DE DEZEMBRO DE 1982

Dispõe sobre pensão especial para os deficientes físicos que especifica e dá outras providencias.

- *DOU*, 21.12.1982.
- Lei 8.686/1993 (Dispõe sobre o reajustamento da pensão especial aos deficientes físicos portadores da Síndrome de Talidomida, instituída por esta lei).

O Presidente da República. Faço saber que o Congresso Nacional decreta e eu sanciono a seguinte Lei:

ART. 1º Fica o Poder Executivo autorizado a conceder pensão especial, mensal, vitalícia e intransferível, aos portadores da deficiência física conhecida como "Síndrome da Talidomida" que a requererem, devida a partir da entrada do pedido de pagamento no Instituto Nacional de Previdência Social - INPS.

§ 1º O valor da pensão especial, reajustável a cada ano posterior à data da concessão segundo o índice de Variação das Obrigações Reajustáveis do Tesouro Nacional ORTN, será calculado, em função dos pontos indicadores da natureza e do grau da dependência resultante da deformidade física, à razão, cada um, de metade do maior salário mínimo vigente no País.

§ 2º Quanto à natureza, a dependência compreenderá a incapacidade para o trabalho, para a deambulação, para a higiene pessoal e para a própria alimentação, atribuindo-se a cada uma 1 (um) ou 2 (dois) pontos, respectivamente, conforme seja o seu grau parcial ou total.

ART. 2º A percepção do benefício de que trata esta Lei dependerá unicamente da apresentação de atestado médico comprobatório das condições constantes do artigo anterior, passado por junta médica oficial para esse fim constituída pelo Instituto Nacional de Previdência Social, sem qualquer ônus para os interessados.

ART. 3º A pensão especial de que trata esta Lei, ressalvado o direito de opção, não é acumulável com rendimento ou indenização que, a qualquer título, venha a ser pago pela União a seus beneficiários, salvo a indenização por dano moral concedida por lei específica. (Redação dada pela Lei 12.190/2010.)

§ 1º O benefício de que trata esta Lei é de natureza indenizatória, não prejudicando eventuais benefícios de natureza previdenciária, e não poderá ser reduzido em razão de eventual aquisição de capacidade laborativa ou de redução de incapacidade para o trabalho, ocorridas após a sua concessão. (Incluído pela Lei 9.528/1997) (Renumerado pela Med. Prov. 2.187-13/2001.)

§ 2º O beneficiário desta pensão especial, maior de trinta e cinco anos, que necessite de assistência permanente de outra pessoa e que tenha recebido pontuação superior ou igual a seis, conforme estabelecido no § 2º do art. 1º desta Lei, fará jus a um adicional de vinte e cinco por cento sobre o valor deste benefício. (Incluído pela Med. Prov. 2.187-13/2001.)

§ 3º Sem prejuízo do adicional de que trata o § 2º, o beneficiário desta pensão especial fará jus a mais um adicional de trinta e cinco por cento sobre o valor do benefício, desde que comprove pelo menos: (Incluído pela Lei 10.877/2004.)

I - vinte e cinco anos, se homem, e vinte anos, se mulher, de contribuição para a Previdência Social; (Incluído pela Lei 10.877/2004.)

II - cinquenta e cinco anos de idade, se homem, ou cinquenta anos de idade, se mulher, e contar pelo menos quinze anos de contribuição para a Previdência Social. (Incluído pela Lei 10.877/2004.)

ART. 4º A pensão especial será mantida e paga pelo Instituto Nacional de Previdência Social, por conta do Tesouro Nacional.

Parágrafo único. O Tesouro Nacional porá à disposição da Previdência Social, à conta de dotações próprias consignadas no Orçamento da União, os recursos necessários ao pagamento da pensão especial, em cotas trimestrais, de acordo com a programação financeira da União.

ART. 4º-A. Ficam isentos do imposto de renda a pensão especial e outros valores recebidos em decorrência da deficiência física de que trata o *caput* do art. 1º desta Lei, observado o disposto no art. 2º desta Lei, quando pagos ao seu portador. (Incluído pela Lei 11.727/2008.)

Parágrafo único. A documentação comprobatória da natureza dos valores de que trata o *caput* deste artigo, quando recebidos de fonte situada no exterior, deve ser traduzida por tradutor juramentado. (Incluído pela Lei 11.727/2008.)

ART. 5º Esta Lei entra em vigor na data de sua publicação.

ART. 6º Revogam-se as disposições em contrário.

Brasília, em 20 de dezembro de 1982; 161º da Independência e 94º da República.

JOÃO FIGUEIREDO

LEI N. 7.089, DE 23 DE MARÇO DE 1983

Veda a cobrança de juros de mora sobre título cujo vencimento se dê em feriado, sábado ou domingo.

O Presidente da República, faço saber que o Congresso Nacional decreta e eu sanciono a seguinte Lei:

ART. 1º Fica proibida a cobrança de juros de mora, por estabelecimentos bancários e instituições financeiras, sobre títulos de qualquer natureza, cujo vencimento se dê em sábado, domingo ou feriado, desde que seja quitado no primeiro dia subsequente.

ART. 2º (Vetado).

ART. 3º A inobservância do disposto nos artigos anteriores sujeitará os infratores à aplicação das penalidades previstas no art. 44 da Lei n. 4.595, de 31 de dezembro de 1964.

ART. 4º Esta Lei entra em vigor na data de sua publicação.

ART. 5º Revogam-se as disposições em contrário.

Brasília, em 23 de março de 1983; 162º da Independência e 95º da República.

JOÃO FIGUEIREDO

LEI N. 7.102, DE 20 DE JUNHO DE 1983

Dispõe sobre segurança para estabelecimentos financeiros, estabelece normas para constituição e funcionamento das empresas particulares que exploram serviços de vigilância e de transporte de valores, e dá outras providências.

- DOU, 21.06.1983.
- Dec. 89.056/1983 (Regulamenta esta lei.).

O Presidente da República. Faço saber que o Congresso Nacional decreta e eu sanciono a seguinte lei:

ART. 1º É vedado o funcionamento de qualquer estabelecimento financeiro onde haja guarda de valores ou movimentação de numerário, que não possua sistema de segurança com parecer favorável à sua aprovação, elaborado pelo Ministério da Justiça, na forma desta lei. (Alterado pela Lei 9.017/1995.)

- Art. 16, Lei 9.017/1995 (As competências estabelecidas nos arts. 1º, 6º e 7º desta lei ao Ministério da Justiça, serão exercidas pelo Departamento de Polícia Federal).

§ 1º Os estabelecimentos financeiros referidos neste artigo compreendem bancos oficiais ou privados, caixas econômicas, sociedades de crédito, associações de poupança, suas agências, postos de atendimento, subagências e seções, assim como as cooperativas singulares de crédito e suas respectivas dependências. (Renumerado do parágrafo único com nova redação pela Lei n. 11.718, de 2008)

§ 2º O Poder Executivo estabelecerá, considerando a reduzida circulação financeira, requisitos próprios de segurança para as cooperativas singulares de crédito e suas dependências que contemplem, entre outros, os seguintes procedimentos: (Acrescentado pela Lei 11.718/2008.)

I - dispensa de sistema de segurança para o estabelecimento de cooperativa singular de crédito que se situe dentro de qualquer edificação que possua estrutura de segurança instalada em conformidade com o art. 2º desta Lei; (Acrescentado pela Lei 11.718/2008.)

II - necessidade de elaboração e aprovação de apenas um único plano de segurança por cooperativa singular de crédito, desde que detalhadas todas as suas dependências; (Acrescentado pela Lei 11.718/2008.)

III - dispensa de contratação de vigilantes, caso isso inviabilize economicamente a existência do estabelecimento. (Acrescentado pela Lei 11.718/2008.)

§ 3º Os processos administrativos em curso no âmbito do Departamento de Polícia Federal observarão os requisitos próprios de segurança para as cooperativas singulares de crédito e suas dependências. (Acrescentado pela Lei 11.718/2008.)

ART. 2º O sistema de segurança referido no artigo anterior inclui pessoas adequadamente preparadas, assim chamadas vigilantes; alarme capaz de permitir, com segurança, comunicação entre o estabelecimento financeiro e outro da mesma instituição, empresa de vigilância ou órgão policial mais próximo; e, pelo menos, mais um dos seguintes dispositivos:

I - equipamentos elétricos, eletrônicos e de filmagens que possibilitem a identificação dos assaltantes;

II - artefatos que retardem a ação dos criminosos, permitindo sua perseguição, identificação ou captura; e

III - cabina blindada com permanência ininterrupta de vigilante durante o expediente para o público e enquanto houver movimentação de numerário no interior do estabelecimento.

Parágrafo único. (Revogado pela Lei 9.017/1995.)

ART. 2º-A. As instituições financeiras e demais instituições autorizadas a funcionar pelo Banco Central do Brasil, que colocarem à disposição do público caixas eletrônicos, são obrigadas a instalar equipamentos que inutilizem as cédulas de moeda corrente depositadas no interior das máquinas em caso de arrombamento, movimento brusco ou alta temperatura. (Acrescentado pela Lei 13.654/2018.)

§ 1º Para cumprimento do disposto no *caput* deste artigo, as instituições financeiras poderão utilizar-se de qualquer tipo de tecnologia existente para inutilizar as cédulas de moeda corrente depositadas no interior dos seus caixas eletrônicos, tais como: (Acrescentado pela Lei 13.654/2018.)

I - tinta especial colorida; (Acrescentado pela Lei 13.654/2018.)

II - pó químico; (Acrescentado pela Lei 13.654/2018.)

III - ácidos insolventes; (Acrescentado pela Lei 13.654/2018.)

IV - pirotecnia, desde que não coloque em perigo os usuários e funcionários que utilizam os caixas eletrônicos; (Acrescentado pela Lei 13.654/2018.)

V - qualquer outra substância, desde que não coloque em perigo os usuários dos caixas eletrônicos. (Acrescentado pela Lei 13.654/2018.)

§ 2º Será obrigatória a instalação de placa de alerta, que deverá ser afixada de forma visível no caixa eletrônico, bem como na entrada da instituição bancária que possua caixa eletrônico em seu interior, informando a existência do referido dispositivo e seu funcionamento. (Acrescentado pela Lei 13.654/2018.)

§ 3º O descumprimento do disposto acima sujeitará as instituições financeiras infratoras às penalidades previstas no art. 7º desta Lei. (Acrescentado pela Lei 13.654/2018.)

§ 4º As exigências previstas neste artigo poderão ser implantadas pelas instituições financeiras de maneira gradativa, atingindo-se, no mínimo, os seguintes percentuais, a partir da entrada em vigor desta Lei: (Acrescentado pela Lei 13.654/2018.)

I - nos municípios com até 50.000 (cinquenta mil) habitantes, 50% (cinquenta por cento) em nove meses e os outros 50% (cinquenta por cento) em dezoito meses; (Acrescentado pela Lei 13.654/2018.)

II - nos municípios com mais de 50.000 (cinquenta mil) até 500.000 (quinhentos mil) habitantes, 100% (cem por cento) em até vinte e quatro meses; (Acrescentado pela Lei 13.654/2018.)

III - nos municípios com mais de 500.000 (quinhentos mil) habitantes, 100% (cem por cento) em até trinta e seis meses. (Acrescentado pela Lei 13.654/2018.)

ART. 3º A vigilância ostensiva e o transporte de valores serão executados: (Alterado pela Lei 9.017/1995.)

I - por empresa especializada contratada; ou (Alterado pela Lei 9.017/1995.)

II - pelo próprio estabelecimento financeiro, desde que organizado e preparado para tal fim, com pessoal próprio, aprovado em curso de formação de vigilante autorizado pelo Ministério da Justiça e cujo sistema de segurança tenha parecer favorável à sua aprovação emitido pelo Ministério da Justiça. (Alterado pela Lei 9.017/1995.)

Parágrafo único. Nos estabelecimentos financeiros estaduais, o serviço de vigilância ostensiva poderá ser desempenhado pelas Polícias Militares, a critério do Governo da respectiva Unidade da Federação. (Alterado pela Lei 9.017/1995.)

ART. 4º O transporte de numerário em montante superior a vinte mil Ufir, para suprimento ou recolhimento do movimento diário dos estabelecimentos financeiros, será obrigatoriamente efetuado em veículo especial da própria instituição ou de empresa especializada. (Alterado pela Lei 9.017/1995.)

ART. 5º O transporte de numerário entre sete mil e vinte mil Ufirs poderá ser efetuado em veículo comum, com a presença de dois vigilantes. (Alterado pela Lei 9.017/1995.)

ART. 6º Além das atribuições previstas no art. 20, compete ao Ministério da Justiça: (Alterado pela Lei 9.017/1995.)

- Art. 16, Lei 9.017/1995 (As competências estabelecidas nos arts. 1º, 6º e 7º desta lei ao Ministério da Justiça, serão exercidas pelo Departamento de Polícia Federal).

I - fiscalizar os estabelecimentos financeiros quanto ao cumprimento desta lei; (Alterado pela Lei 9.017/1995.)

II - encaminhar parecer conclusivo quanto ao prévio cumprimento desta lei, pelo estabelecimento financeiro, à autoridade que autoriza o seu funcionamento; (Alterado pela Lei 9.017/1995.)

III - aplicar aos estabelecimentos financeiros as penalidades previstas nesta lei.

Parágrafo único. Para a execução da competência prevista no inciso I, o Ministério da Justiça poderá celebrar convênio com as Secretarias de Segurança Pública dos respectivos Estados e Distrito Federal. (Alterado pela Lei 9.017/1995.)

ART. 7º O estabelecimento financeiro que infringir disposição desta lei ficará sujeito às seguintes penalidades, conforme a gravidade da infração e levando-se em conta a reincidência e a condição econômica do infrator: (Alterado pela Lei 9.017/1995.)

- Art. 16, Lei 9.017/1995 (As competências estabelecidas nos arts. 1º, 6º e 7º desta lei ao Ministério da Justiça, serão exercidas pelo Departamento de Polícia Federal).

I - advertência; (Alterado pela Lei 9.017/1995.)

II - multa, de mil a vinte mil Ufirs; (Alterado pela Lei 9.017/1995.)

III - interdição do estabelecimento. (Alterado pela Lei 9.017/1995.)

ART. 8º Nenhuma sociedade seguradora poderá emitir, em favor de estabelecimentos financeiros, apólice de seguros que inclua cobertura garantindo riscos de roubo e furto qualificado de numerário e outros valores, sem comprovação de cumprimento, pelo segurado, das exigências previstas nesta Lei.

Parágrafo único. As apólices com infringência do disposto neste artigo não terão cobertura de resseguros pelo Instituto de Resseguros do Brasil.

ART. 9º Nos seguros contra roubo e furto qualificado de estabelecimentos financeiros, serão concedidos descontos sobre os prêmios aos segurados que possuírem, além dos requisitos mínimos de segurança, outros meios de proteção previstos nesta Lei, na forma de seu regulamento.

ART. 10. São considerados como segurança privada as atividades desenvolvidas em prestação de serviços com a finalidade de: (Alterado pela Lei 8.863/1994.)

I - proceder à vigilância patrimonial das instituições financeiras e de outros estabelecimentos, públicos ou privados, bem como a segurança de pessoas físicas; (Acrescentado pela Lei 8.863/1994.)

II - realizar o transporte de valores ou garantir o transporte de qualquer outro tipo de carga. (Acrescentado pela Lei 8.863/1994.)

§ 1º Os serviços de vigilância e de transporte de valores poderão ser executados por uma mesma empresa. (Renumerado do parágrafo único pela Lei 8.863/1994.)

§ 2º As empresas especializadas em prestação de serviços de segurança, vigilância e transporte de valores, constituídas sob a forma de empresas privadas, além das hipóteses previstas nos incisos do *caput* deste artigo, poderão se prestar ao exercício das atividades de segurança privada a pessoas; a estabelecimentos comerciais, industriais, de prestação de serviços e residências; a entidades sem fins lucrativos; e órgãos e empresas públicas. (Acrescentado pela Lei 8.863/1994.)

§ 3º Serão regidas por esta lei, pelos regulamentos dela decorrentes e pelas disposições da legislação civil, comercial, trabalhista, previdenciária e penal, as empresas definidas no parágrafo anterior. (Acrescentado pela Lei 8.863/1994.)

§ 4º As empresas que tenham objeto econômico diverso da vigilância ostensiva e do transporte de valores, que utilizem pessoal de quadro funcional próprio, para execução dessas atividades, ficam obrigadas ao cumprimento do disposto nesta lei e demais legislações pertinentes. (Acrescentado pela Lei 8.863/1994.)

§§ 5º e 6º (Vetados). (Acrescentado pela Lei 8.863/1994.)

ART. 11. A propriedade e a administração das empresas especializadas que vierem a se constituir são vedadas a estrangeiros.

ART. 12. Os diretores e demais empregados das empresas especializadas não poderão ter antecedentes criminais registrados.

ART. 13. O capital integralizado das empresas especializadas não pode ser inferior a cem mil Ufirs. (Alterado pela Lei 9.017/1995.)

ART. 14. São condições essenciais para que as empresas especializadas operem nos Estados, Territórios e Distrito Federal:

I - autorização de funcionamento concedida conforme o art. 20 desta Lei; e

II - comunicação à Secretaria de Segurança Pública do respectivo Estado, Território ou Distrito Federal.

ART. 15. Vigilante, para os efeitos desta lei, é o empregado contratado para a execução das atividades definidas nos incisos I e II do *caput* e §§ 2º, 3º e 4º do art. 10. (Alterado pela Lei 8.863/1994.)

ART. 16. Para o exercício da profissão, o vigilante preencherá os seguintes requisitos:

I - ser brasileiro;

II - ter idade mínima de 21 (vinte e um) anos;

III - ter instrução correspondente à quarta série do primeiro grau;

IV - ter sido aprovado, em curso de formação de vigilante, realizado em estabelecimento com funcionamento autorizado nos termos desta lei. (Alterado pela Lei 8.863/1994.)

V - ter sido aprovado em exame de saúde física, mental e psicotécnico;

VI - não ter antecedentes criminais registrados; e

VII - estar quite com as obrigações eleitorais e militares.

Parágrafo único. O requisito previsto no inciso III deste artigo não se aplica aos vigilantes admitidos até a publicação da presente Lei.

ART. 17. O exercício da profissão de vigilante requer prévio registro no Departamento de Polícia Federal, que se fará após a apresentação dos documentos comprobatórios das situações enumeradas no art. 16. (Alterado pela Med. Prov. 2.184-23/2001.)

ART. 18. O vigilante usará uniforme somente quando em efetivo serviço.

ART. 19. É assegurado ao vigilante:

I - uniforme especial às expensas da empresa a que se vincular;

II - porte de arma, quando em serviço;

III - prisão especial por ato decorrente do serviço;

IV - seguro de vida em grupo, feito pela empresa empregadora.

ART. 20. Cabe ao Ministério da Justiça, por intermédio do seu órgão competente ou mediante convênio com as Secretarias de Segurança Pública dos Estados e Distrito Federal: (Alterado pela Lei 9.017/1995.)

I - conceder autorização para o funcionamento:

a) das empresas especializadas em serviços de vigilância;

b) das empresas especializadas em transporte de valores; e

c) dos cursos de formação de vigilantes;

II - fiscalizar as empresas e os cursos mencionados dos no inciso anterior;

III - aplicar às empresas e aos cursos a que se refere o inciso I deste artigo as penalidades previstas no art. 23 desta Lei;

IV - aprovar uniforme;

V - fixar o currículo dos cursos de formação de vigilantes;

VI - fixar o número de vigilantes das empresas especializadas em cada unidade da Federação;

VII - fixar a natureza e a quantidade de armas de propriedade das empresas especializadas e dos estabelecimentos financeiros;

VIII - autorizar a aquisição e a posse de armas e munições; e

IX - fiscalizar e controlar o armamento e a munição utilizados.

X - rever anualmente a autorização de funcionamento das empresas elencadas no inciso I deste artigo. (Acrescentado pela Lei 8.863/1994.)

Parágrafo único. As competências previstas nos incisos I e V deste artigo não serão objeto de convênio. (Alterado pela Lei 9.017/1995.)

ART. 21. As armas destinadas ao uso dos vigilantes serão de propriedade e responsabilidade:

I - das empresas especializadas;

II - dos estabelecimentos financeiros quando dispuserem de serviço organizado de vigilância, ou mesmo quando contratarem empresas especializadas.

ART. 22. Será permitido ao vigilante, quando em serviço, portar revólver calibre 32 ou 38 e utilizar cassetete de madeira ou de borracha.

Parágrafo único. Os vigilantes, quando empenhados em transporte de valores, poderão também utilizar espingarda de uso permitido, de calibre 12, 16 ou 20, de fabricação nacional.

ART. 23. As empresas especializadas e os cursos de formação de vigilantes que infringirem disposições desta Lei ficarão sujeitos às seguintes penalidades, aplicáveis pelo Ministério da Justiça, ou, mediante convênio, pelas Secretarias de Segurança Pública, conforme a gravidade da infração, levando-se em conta a reincidência e a condição econômica do infrator:

I - advertência;

II - multa de quinhentas até cinco mil Ufirs: (Alterado pela Lei 9.017/1995.)

III - proibição temporária de funcionamento; e

IV - cancelamento do registro para funcionar.

Parágrafo único. Incorrerão nas penas previstas neste artigo as empresas e os estabelecimentos financeiros responsáveis pelo extravio de armas e munições.

ART. 24. As empresas já em funcionamento deverão proceder à adaptação de suas atividades aos preceitos desta Lei no prazo de 180 (cento e oitenta) dias, a contar da data em que entrar em vigor o regulamento da presente Lei, sob pena de terem suspenso seu funcionamento até que comprovem essa adaptação.

ART. 25. O Poder Executivo regulamentará esta Lei no prazo de 90 (noventa) dias a contar da data de sua publicação.

ART. 26. Esta Lei entra em vigor na data de sua publicação.

ART. 27. Revogam-se os Decretos-Leis n. 1.034, de 21 de outubro de 1969, e n. 1.103, de 6 de abril de 1970, e as demais disposições em contrário.

Brasília, em 20 de junho de 1983; 162º da Independência e 95º da República.

JOÃO FIGUEIREDO

LEI N. 7.115, DE 29 DE AGOSTO DE 1983

Dispõe sobre prova documental nos casos que indica e dá outras providências.

- *DOU*, 30.08.1995.
- Lei 1.060/1950 (Estabelece normas para a concessão de assistência judiciária aos necessitados).
- Lei 7.510/1986 (Altera Lei 1.060/1950).
- Art. 1.062, III, NCPC.

O Presidente da República, faço saber que o Congresso Nacional decreta e eu sanciono a seguinte Lei:

ART. 1º A declaração destinada a fazer prova de vida, residência, pobreza, dependência econômica, homonímia ou bons antecedentes, quando firmada pelo próprio interesse ou por procurador bastante, e sob as penas da Lei, presume-se verdadeira.

Parágrafo único. O dispositivo neste artigo não se aplica para fins de prova em processo penal.

ART. 2º Se comprovadamente falsa a declaração, sujeitar-se-á o declarante às sanções civis, administrativas e criminais previstas na legislação aplicável.

ART. 3º A declaração mencionará expressamente a responsabilidade do declarante.

ART. 4º Esta Lei entra em vigor na data de sua publicação.

ART. 5º Revogam-se as disposições em contrário.

Brasília, em 29 de agosto de 1983; 162º da Independência e 95º da República.

JOÃO FIGUEIREDO

LEI N. 7.116, DE 29 DE AGOSTO DE 1983

Assegura validade nacional as Carteiras de Identidade regula sua expedição e dá outras providências.

- *DOU*, 30.08.1983, retificado, *DOU*, 21.12.1983.
- Dec. 9.278/2018 (Regulamenta esta lei).

O Presidente da República. Faço saber que o Congresso Nacional decreta e eu sanciono a seguinte Lei:

ART. 1º A Carteira de Identidade emitida por órgãos de Identificação dos Estados, do Distrito Federal e dos Territórios tem fé pública e validade em todo o território nacional.

ART. 2º Para a expedição da Carteira de Identidade de que trata esta Lei não será exigida do interessado a apresentação de qualquer outro documento, além da certidão de nascimento ou de casamento.

§ 1º A requerente do sexo feminino apresentará obrigatoriamente a certidão de casamento, caso seu nome de solteira tenha sido alterado em consequência do matrimônio.

§ 2º O brasileiro naturalizado apresentará o Certificado de Naturalização.

§ 3º É gratuita a primeira emissão da Carteira de Identidade. (Incluído pela Lei 12.687/2012.)

ART. 3º A Carteira de Identidade conterá os seguintes elementos:

a) Armas da República e inscrição "República Federativa do Brasil";

b) nome da Unidade da Federação;

c) identificação do órgão expedidor;

d) registro geral no órgão emitente, local e data da expedição;

e) nome, filiação, local e data de nascimento do identificado, bem como, de forma resumida, a comarca, cartório, livro, folha e número do registro de nascimento;

f) fotografia, no formato 3 x 4 cm, assinatura e impressão digital do polegar direito do identificado;

g) assinatura do dirigente do órgão expedidor.

ART. 4º Desde que o interessado o solicite a Carteira de Identidade conterá, além dos elementos referidos no art. 3º desta Lei, os números de inscrição do titular no Programa de Integração Social - PIS ou no Programa de Formação do Patrimônio do Servidor Público - PASEP e no Cadastro de Pessoas Físicas do Ministério da Fazenda.

§ 1º O Poder Executivo Federal poderá aprovar a inclusão de outros dados opcionais na Carteira de Identidade.

§ 2º A inclusão na Carteira de Identidade dos dados referidos neste artigo poderá ser parcial e dependerá exclusivamente da apresentação dos respectivos documentos com probatórios.

ART. 5º A Carteira de Identidade do português beneficiado pelo Estatuto da Igualdade será expedida consoante o disposto nesta Lei, devendo dela constar referência a sua nacionalidade e à Convenção promulgada pelo Decreto n. 70.391, de 12 de abril de 1972.

ART. 6º A Carteira de Identidade fará prova de todos os dados nela incluídos, dispensando a apresentação dos documentos que lhe deram origem ou que nela tenham sido mencionados.

ART. 7º A expedição de segunda via da Carteira de Identidade será efetuada mediante simples solicitação do interessado, vedada qualquer outra exigência, além daquela prevista no art. 2º desta Lei.

ART. 8º A Carteira de Identidade de que trata esta Lei será expedida com base no processo de identificação datiloscópica.

ART. 9º A apresentação dos documentos a que se refere o art. 2º desta Lei poderá ser feita por cópia regularmente autenticada.

ART. 10. O Poder Executivo Federal aprovará o modelo da Carteira de Identidade e expedirá as normas complementares que se fizerem necessárias ao cumprimento desta Lei.

ART. 11. As Carteiras de Identidade emitidas anteriormente à vigência desta Lei continuarão válidas em todo o território nacional.

ART. 12. Esta Lei entra em vigor na data de sua publicação.

ART. 13. Revogam-se as disposições em contrário.

Brasília, em 29 de agosto de 1983;
162º da Independência e 95º da República.
JOÃO FIGUEIREDO

LEI N. 7.144, DE 23 DE NOVEMBRO DE 1983

Estabelece prazo para prescrição do direito de ação contra atos relativos a concursos para provimento de cargos e empregos na Administração Federal Direta e nas Autarquias Federais.

› *DOU*, 24.11.1983

O Presidente da República. Faço saber que o Congresso Nacional decreta e eu sanciono a seguinte Lei:

ART. 1º Prescreve em 1 (um) ano, a contar da data em que for publicada a homologação do resultado final, o direito de ação contra quaisquer atos relativos a concursos para provimento de cargos e empregos na Administração Federal Direta e nas Autarquias Federais.

ART. 2º Decorrido o prazo mencionado no artigo anterior, e inexistindo ação pendente, as provas e o material inservível poderão ser incinerados.

ART. 3º Esta Lei entra em vigor na data de sua publicação.

ART. 4º Revogam-se as disposições em contrário.

Brasília, em 23 de novembro de 1983;
162º da Independência e 95º da República.
JOÃO FIGUEIREDO

LEI N. 7.173, DE 14 DE DEZEMBRO DE 1983

Dispõe sobre o estabelecimento e funcionamento de jardins zoológicos e dá outras providencias.

› *DOU*, 15.12.1983.

O Presidente da República. Faço saber que o Congresso Nacional decreta e eu sanciono a seguinte Lei:

ART. 1º Para os efeitos desta lei, considera-se jardim zoológico qualquer coleção de animais silvestres mantidos vivos em cativeiro ou em semiliberdade e expostos à visitação pública.

ART. 2º Para atender a finalidades socioculturais e objetivos científicos, o Poder Público Federal poderá manter ou autorizar a instalação e o funcionamento de jardins zoológicos.

§ 1º Os Governos dos Estados, Municípios, Distrito Federal e Territórios poderão instalar e manter jardins zoológicos, desde que seja cumprido o que nesta lei se dispõe.

§ 2º Excepcionalmente, e uma vez cumpridas as exigências estabelecidas nesta lei e em regulamentações complementares, poderão funcionar jardins zoológicos pertencentes a pessoas jurídicas ou físicas.

ART. 3º O reconhecimento oficial do jardim zoológico não significa, quanto aos exemplares da fauna indígena, nenhuma transferência de propriedade por parte do Estado em razão do que dispõe o art. 1º da Lei n. 5.197, de 3 de janeiro de 1967.

ART. 4º Será estabelecida em ato do órgão federal competente classificação hierárquica para jardins zoológicos de acordo com gabaritos de dimensões, instalações, organização, recursos médico-veterinários, capacitação financeira, disponibilidade de pessoal científico, técnico e administrativo e outras características.

ART. 5º Os estabelecimentos enquadrados no art. 1º da presente lei são obrigados a se registrarem no Instituto Brasileiro de Desenvolvimento Florestal - IBDF, mediante requerimento instruído com todas as características de situação e funcionamento que possuam.

Parágrafo único. O registro, com classificação hierárquica, representa uma licença de funcionamento para jardim zoológico e poderá ser cassado temporária ou permanentemente, a critério do IBDF, no caso de infração ao disposto na presente lei e à proteção à fauna em geral.

ART. 6º O enquadramento, na classificação mencionada no art. 4º da presente lei, poderá ser revisto para atualização, mediante requerimento do interessado ou por iniciativa do IBDF.

ART. 7º As dimensões dos jardins zoológicos e as respectivas instalações deverão atender aos requisitos mínimos de habitabilidade, sanidade e segurança de cada espécie, atendendo às necessidades ecológicas, ao mesmo tempo garantindo a continuidade do manejo e do tratamento indispensáveis à proteção e conforto do público visitante.

ART. 8º O funcionamento de cada alojamento está condicionado ao respectivo certificado de "habite-se" que será fornecido após a devida inspeção, pelo IBDF.

ART. 9º Cada alojamento não poderá comportar número maior de exemplares do que aquele estabelecido e aprovado pela autoridade que concedeu o registro.

ART. 10. Os jardins zoológicos terão obrigatoriamente a assistência profissional permanente de, no mínimo, médico-veterinário e um biologista.

ART. 11. A aquisição ou coleta de animais da fauna indígena para os jardins zoológicos dependerá sempre de licença prévia do IBDF, respeitada a legislação vigente.

ART. 12. A importação de animais da fauna alienígena para os Jardins zoológicos dependerá:

a) do cumprimento do artigo 4º da Lei n. 5.197, de 3 de janeiro de 1967;

b) da comprovação de atestado de sanidade fornecido por órgão credenciado do país de origem;

c) do atendimento às exigências da quarentena estabelecidas pelo IBDF;

d) da obediência à legislação em vigor e aos compromissos internacionais existentes.

ART. 13. Os locais credenciados pelo IBDF para atender às exigências da quarentena poderão cobrar os serviços profissionais prestados a terceiros, comprometendo-se a prestar assistência médico-veterinária diária.

ART. 14. Os jardins zoológicos terão um livro de registro para seu acervo faunístico, integralmente rubricado pelo IBDF, no qual constarão todas as aquisições, nascimentos, transferências e óbitos dos animais, com anotação da procedência e do destino e que ficará à disposição do poder público para fiscalização.

ART. 15. Os jardins zoológicos poderão cobrar ingressos dos visitantes, bem como auferir renda da venda de objetos, respeitadas as disposições da legislação vigente.

ART. 16. É permitida aos jardins zoológicos a venda de seus exemplares da fauna alienígena, vedadas quaisquer transações com espécies da fauna indígena.

§ 1º A título excepcional e sempre dependendo de autorização prévia do IBDF poderá ser colocado à venda o excedente de animais pertencentes à fauna indígena que tiver comprovadamente nascido em cativeiro nas instalações do jardim zoológico.

§ 2º Nos mesmos termos do parágrafo primeiro deste artigo poderá o excedente ser permutado com indivíduos de instituições afins do país e do exterior.

ART. 17. Fica permitida aos jardins zoológicos a cobrança de multas administrativas de até um salário mínimo mensal local, por danos causados pelo visitante aos animais.

ART. 18. O Poder Executivo Federal baixará os atos necessários à execução desta lei.

ART. 19. Esta lei entra em vigor na data de sua publicação.

ART. 20. Revogam-se as disposições em contrário.

Brasília, em 14 de dezembro de 1983;
162º da Independência e 95º da República.
JOÃO FIGUEIREDO

LEI N. 7.195, DE 12 DE JUNHO DE 1984

Dispõe sobre a responsabilidade civil das Agências de Empregados Domésticos.

› *DOU*, 13.06.1984.

O Presidente da República. Faço saber que o Congresso Nacional decreta e eu sanciono a seguinte Lei:

ART. 1º As agências especializadas na indicação de empregados domésticos são civilmente responsáveis pelos atos ilícitos cometidos por estes no desempenho de suas atividades.

ART. 2º No ato da contratação, a agência firmará compromisso com o empregador, obrigando-se a reparar qualquer dano que venha a ser praticado pelo empregado contratado, no período de 1 (um) ano.

ART. 3º Esta Lei entra em vigor na data de sua publicação.

ART. 4º Revogam-se as disposições em contrário.

Brasília, 12 de junho de 1984;
163º da Independência e 96º da República.
JOÃO FIGUEIREDO

LEI N. 7.238, DE 29 DE OUTUBRO DE 1984

Dispõe sobre a manutenção da correção automática semestral dos salários, de acordo com o Índice Nacional de Preços ao Consumidor - INPC, e revoga dispositivos do Decreto-Lei n. 2.065, de 26 de outubro de 1983.

› *DOU*, 31.10.1982.

O Presidente da República. Faço saber que o Congresso Nacional decreta e eu sanciono a seguinte Lei:

ART. 1º O valor monetário dos salários será corrigido semestralmente, de acordo com Índice Nacional de Preços ao Consumidor - INPC, variando o fator de aplicação na forma desta Lei.

ART. 2º A correção efetuar-se-á segundo a diversidade das faixas salariais e cumulativamente, observados os seguintes critérios:

I - até 3 (três) vezes o valor do salário mínimo, multiplicando-se o salário ajustado por um fator correspondente a 1.0 (uma unidade) da variação semestral do Índice Nacional de Preços ao Consumidor - INPC;

II - acima de 3 (três) salários mínimos aplicar-se-á, até o limite do inciso anterior, a regra nele contida e, no que exceder, o fator 0,8 (oito décimos).

§ 1º Para os fins deste artigo, o Poder Executivo publicará, mensalmente, a variação do Índice Nacional de Preços ao Consumidor - INPC, ocorrido nos seis meses anteriores.

§ 2º O Poder Executivo colocará à disposição da Justiça do Trabalho e das entidades sindicais os elementos básicos utilizados para a fixação do Índice Nacional de Preços ao Consumidor - INPC.

ART. 3º A correção de valores monetários dos salários, na forma do artigo anterior, independerá de negociação coletiva e poderá ser reclamada, individualmente, pelos empregados.

§ 1º Para a correção a ser feita no mês, será utilizada a variação a que se refere o § 1º do art. 2º desta Lei, publicada no mês anterior.

§ 2º Será facultado aos Sindicatos, independente da outorga de poderes dos integrantes da respectiva categoria profissional, apresentar reclamação na qualidade de substituto processual de seus associados, com o objetivo de assegurar a percepção dos valores salariais corrigidos na forma do artigo anterior.

ART. 4º A contagem de tempo para fins de correção salarial será feita a partir da data-base da categoria profissional.

§ 1º Entende-se por data-base, para fins desta Lei, a data de início de vigência de acordo ou convenção coletiva, ou sentença normativa.

§ 2º Os empregados que não estejam incluídos numa das hipóteses do parágrafo anterior terão como data-base a data do seu último aumento ou reajustamento de salário, ou, na falta desta, a data de início de vigência de seu contrato de trabalho.

ART. 5º O salário do empregado admitido após a correção salarial da categoria será atualizado na subsequente revisão, proporcionalmente ao número de meses a partir da admissão.

Parágrafo único A regra deste artigo não se aplica às empresas que adotem quadro de pessoal organizado em carreira, no qual a correção incida sobre os respectivos níveis ou classes de salários.

ART. 6º A correção do valor monetário dos salários dos empregados que trabalham em regime de horário parcial será calculada proporcionalmente à correção de seu salário por hora de trabalho.

§ 1º Para o cálculo da correção do salarial por hora de trabalho, aplicar-se-á o disposto no art. 2º desta Lei, substituindo-se o salário do trabalhador pelo seu salário por hora de trabalho e o salário mínimo pelo salário mínimo-hora.

§ 2º (Vetado.)

ART. 7º A correção monetária a que se referem os arts. 1º e 2º desta Lei não se estende as remunerações variáveis, percebidas com base em comissões percentuais pré-ajustadas, aplicando-se, porém, à parte fixa do salário misto percebido pelo empregado assim remunerado.

ART. 8º A correção dos valores monetários dos salários de trabalhadores avulsos, negociados para grupos de trabalhadores, diretamente, pelas suas entidades sindicais, será efetuada de acordo com o disposto no art. 2º desta Lei.

Parágrafo único No caso de trabalhadores avulsos, cuja remuneração seja disciplinada pelo Conselho Nacional de Política Salarial - CNPS, a data-base será de sua última revisão salarial.

ART. 9º O empregado dispensado, sem justa causa, no período de 30 (trinta) dias que antecede a data de sua correção salarial, terá direito à indenização adicional equivalente a um salário mensal, seja ele optante ou não pelo Fundo de Garantia do Tempo de Serviço - FGTS.

ART. 10. Ficam mantidas as datas-bases das categorias profissionais, para efeito de negociações coletivas com finalidade de obtenção de aumentos de salários e de estabelecimento de cláusulas que regulem condições especiais de trabalho.

Parágrafo único. Os aumentos coletivos de salários serão reajustados por um ano, não podendo ocorrer revisão a esse título, antes de vencido aquele prazo.

ART. 11. Mediante convenção, acordo coletivo ou sentença normativa, fica ainda facultado complementar a correção de salário que se refere o inciso II do art. 2º desta Lei até o limite de 100% (cem por cento).

§ 1º Poderão ser estabelecidos percentuais diferentes para os empregados, segundo os níveis de remuneração.

§ 2º A convenção coletiva poderá fixar níveis diversos para a correção e o aumento dos salários, em empresas de diferentes portes, sempre que razões de caráter econômico justificarem essa diversificação, ou excluir as empresas que comprovarem sua incapacidade econômica para suportar esse aumento.

§ 3º Será facultado à empresa não excluída do campo de incidência do aumento determinado na forma deste artigo, comprovar, na ação de cumprimento, sua incapacidade econômica, para efeito de sua exclusão ou colocação em nível compatível com suas possibilidades.

ART. 12. Parcela suplementar poderá ser negociada entre empregados e empregadores, por ocasião da data-base, com fundamento no acréscimo de produtividade da categoria, parcela essa que terá por limite superior, fixado pelo Poder Executivo, a variação do produto interno bruto - PIB, real *per capita*.

ART. 13. As empresas não poderão repassar para os preços de seus produtos ou serviços a parcela suplementar de aumento salarial de que trata o artigo anterior, sob pena de:

I - suspensão temporária de concessão de empréstimos e financiamentos por instituições financeiras oficiais;

II - revisão de concessão de incentivos fiscais e de tratamentos tributários especiais.

ART. 14. Garantida a correção automática prevista no art. 2º desta Lei, as empresas públicas, as sociedades de economia mista, as fundações instituídas ou mantidas pelo Poder Público, as entidades governamentais cujo regime de remuneração do pessoal não obedeça integralmente ao disposto na Lei n. 5.645, de 10 de dezembro de 1970, e legislação complementar, as empresas privadas subvencionadas pelo Poder Público, as concessionárias de serviços públicos federais e demais empresas sob controle direto ou indireto do Poder Público somente poderão celebrar contratos coletivos de trabalho, de natureza econômica, ou conceder aumentos coletivos de salários, nos termos das Resoluções do Conselho Nacional de Política Salarial - CNPS.

§ 1º As disposições deste artigo aplicam-se aos trabalhadores avulsos, cuja remuneração seja disciplinada pelo Conselho Nacional de Política Salarial.

§ 2º Quando se tratar de trabalhadores avulsos da orla marítima subordinados à Superintendência Nacional da Marinha Mercante - SUNAMAM, compete a esta rever os salários, inclusive taxas de produção.

§ 3º A inobservância das disposições deste artigo, por parte de dirigentes de entidades sujeitas à jurisdição do Tribunal de Contas da União, poderá, a critério da referida Corte, ser considerada ato irregular de gestão e acarretar, para os infratores, inabilitação temporária para o exercício de cargo em comissão ou função de confiança nos órgãos ou entidades da administração direta ou indireta e nas fundações sob supervisão ministerial.

§ 4º Na hipótese de dissídio coletivo que envolva entidade referida no *caput* deste artigo, quando couber e sob pena de inépcia, a petição inicial será acompanhada de parecer do Conselho Nacional de Política Salarial - CNPS, relativo à possibilidade, ou não, de acolhimento, sob aspectos econômico e financeiro da proposta de acordo.

§ 5º O parecer a que se refere o parágrafo anterior deverá ser substituído pela prova documental de que, tendo sido solicitado há mais de 30 (trinta) dias, não foi proferido pelo Conselho Nacional de Política Salarial - CNPS.

ART. 15. As categorias cuja data-base tenha ocorrido nos últimos três meses anteriores a vigência desta Lei, será facultada a negociação de que trata o art. 11 quando da próxima correção automática semestral de salários, para viger no semestre subsequente.

ART. 16. Esta Lei entra em vigor na data de sua publicação.

ART. 17. Revogam-se as disposições em contrário, em especial os artigos 24 a 42 do Decreto-Lei n. 2.065, de 26 de outubro de 1983.

Brasília, em 29 de outubro de 1 984;
163º da Independência e 96º da República.
JOÃO FIGUEIREDO

LEI N. 7.365, DE 13 DE SETEMBRO DE 1985

Dispõe sobre a fabricação de detergentes não biodegradáveis.

▸ *DOU*, 16.09.1985.

O Presidente da República. Faço saber que o Congresso Nacional decreta e eu sanciono a seguinte Lei:

ART. 1º As empresas industriais do setor de detergentes somente poderão produzir detergentes não poluidores (biodegradáveis).

ART. 2º A partir da vigência desta Lei, fica proibida a importação de detergentes não biodegradáveis.

ART. 3º Esta Lei entra em vigor na data de sua publicação.

ART. 4º Revogam-se as disposições em contrário

Brasília, 13 de setembro de 1985;
164º da Independência e 97º da República.
JOSÉ SARNEY

LEI N. 7.377, DE 30 DE SETEMBRO DE 1985

Dispõe sobre o Exercício da Profissão de Secretário, e dá outras Providências.

▸ *DOU*, 1º.10.1985.

O Presidente da República. Faço saber que o Congresso Nacional decreta e eu sanciono a seguinte Lei:

ART. 1º O exercício da profissão de Secretário é regulado pela presente Lei.

ART. 2º Para os efeitos desta lei, é considerado:

I - Secretário-Executivo: (Redação dada pela Lei 9.261/1996.)

a) o profissional diplomado no Brasil por Curso Superior de Secretariado, legalmente reconhecido, ou diplomado no exterior por Curso Superior de Secretariado, cujo diploma seja revalidado na forma da lei; (Redação dada pela Lei 9.261/1996.)

b) portador de qualquer diploma de nível superior que, na data de início da vigência desta lei, houver comprovado, através de declarações de empregadores, o exercício efetivo, durante pelo menos trinta e seis meses, das atribuições mencionadas no art. 4º desta lei; (Redação dada pela Lei 9.261/1996.)

II - Técnico em Secretariado: (Redação dada pela Lei 9.261/1996.)

a) o profissional portador de certificado de conclusão de Curso de Secretariado, em nível de 2º grau; (Redação dada pela Lei 9.261/1996.)

b) o portador de certificado de conclusão do 2º grau que, na data da vigência desta lei, houver comprovado, através de declarações de empregadores, o exercício efetivo, durante pelo menos trinta e seis meses, das atribuições mencionadas no art. 5º desta lei. (Redação dada pela Lei 9.261/1996.)

ART. 3º É assegurado o direito ao exercício da profissão aos que, embora não habilitados nos termos do artigo anterior, contem pelo menos cinco anos ininterruptos ou dez anos intercalados de exercício de atividades próprias de secretaria, na data da vigência desta lei. (Redação dada pela Lei 9.261/1996.)

ART. 4º São atribuições do Secretário Executivo:

I - planejamento, organização e direção de serviços de secretaria;

II - assistência e assessoramento direto a executivos;

III - coleta de informações para a consecução de objetivos e metas de empresas;

IV - redação de textos profissionais especializados, inclusive em idioma estrangeiro;

V - interpretação e sintetização de textos e documentos;

VI - taquigrafia de ditados, discursos, conferências, palestras de explanações, inclusive em idioma estrangeiro;

VII - versão e tradução em idioma estrangeiro, para atender às necessidades de comunicação da empresa;

VIII - registro e distribuição de expedientes e outras tarefas correlatas;

IX - orientação da avaliação e seleção da correspondência para fins de encaminhamento à chefia;

X - conhecimentos protocolares.

ART. 5º São atribuições do Técnico em Secretarido:

I - organização e manutenção dos arquivos de secretaria;

II - classificação, registro e distribuição da correspondência;

III - redação e datilografia de correspondência ou documentos de rotina, inclusive em idioma estrangeiro;

IV - execução de serviços típicos de escritório, tais como recepção, registro de compromissos, informações e atendimento telefônico.

ART. 6º O exercício da profissão de Secretário requer prévio registro na Delegacia Regional do Trabalho do Ministério do Trabalho e far-se-á mediante a apresentação de documento comprobatório de conclusão dos cursos previstos nos incisos I e II do Art. 2º desta lei e da Carteira de Trabalho e Previdência Social - CTPS.

Parágrafo único. No caso dos profissionais incluídos no art. 3º, a prova da atuação será feita por meio de anotações na Carteira de Trabalho e Previdência Social e através de declarações das empresas nas quais os profissionais tenham desenvolvido suas respectivas atividades, discriminando as atribuições a serem confrontadas com os elencos especificados nos artigos 4º e 5º. (Redação dada pela Lei 9.261/1996.)

ART. 7º Esta lei entra em vigor na data de sua publicação.

ART. 8º Revogam-se as disposições em contrário.

Brasília, 30 de setembro de 1985; 164º da Independência e 97º da República.

JOSÉ SARNEY

LEI N. 7.433, DE 18 DE DEZEMBRO DE 1985

Dispõe sobre os requisitos para a lavratura de escrituras públicas e dá outras providências.

- *DOU*, 19.12.1985.
- Dec. 93.240/1986 (Regulamenta esta lei).

O Presidente da República. Faço saber que o Congresso Nacional decreta e eu sanciono a seguinte Lei:

ART. 1º Na lavratura de atos notariais, inclusive os relativos a imóveis, além dos documentos de identificação das part.es, somente serão apresentados os documentos expressamente determinados nesta Lei.

§ 1º O disposto nesta Lei se estende, onde couber, ao instrumento particular a que se refere o art. 61 da Lei n. 4.380, de 21 de agosto de 1964, modificada pela Lei n. 5.049, de 29 de Junho de 1966.

§ 2º O Tabelião consignará no ato notarial a apresentação do documento comprobatório do pagamento do Imposto de Transmissão *inter vivos*, as certidões fiscais e as certidões de propriedade e de ônus reais, ficando dispensada sua transcrição. (Alterado pela Lei 13.097/2015.)

§ 3º Obriga-se o Tabelião a manter, em Cartório, os documentos e certidões de que trata o parágrafo anterior, no original ou em cópias autenticadas.

ART. 2º Ficam dispensados, na escritura pública de imóveis urbanos, sua descrição e caracterização, desde que constem, estes elementos, da certidão do Cartório do Registro de Imóveis.

§ 1º Na hipótese prevista neste Artigo, o instrumento consignará exclusivamente o número do registro ou matrícula no Registro de Imóveis, sua completa localização, logradouro, número, bairro, cidade, Estado e os documentos e certidões constantes do § 2º do art. 1º desta mesma Lei.

§ 2º Para os fins do disposto no parágrafo único do art. 4º da Lei n. 4.591, de 16 de dezembro de 1964, modificada pela Lei n. 7.182, de 27 de março de 1984, considerar-se-á prova de quitação a declaração feita pelo alienante ou seu procurador, sob as penas da Lei, a ser expressamente consignada nos instrumentos de alienação ou de transferência de direitos.

ART. 3º Esta Lei será aplicada, no que couber, aos casos em que o instrumento público recair sobre coisas ou bens cuja aquisição haja sido feita através de documento não sujeito a matrícula no Registro de Imóveis.

ART. 4º Esta Lei entra em vigor na data de sua publicação.

ART. 5º Revogam-se as disposições em contrário.

Brasília, em 18 de dezembro de 1985; 164º da Independência e 97º da República.

JOSÉ SARNEY

LEI N. 7.437, DE 20 DE DEZEMBRO DE 1985

Inclui, entre as contravenções penais a prática de atos resultantes de preconceito de raça, de cor, de sexo ou de estado civil, dando nova redação à Lei n. 1.390, de 3 de julho de 1951 - Lei Afonso Arinos.

- *DOU*, 23.12.1985.
- Dec.-Lei 3.688/1941 (Lei das Contravenções Penais).
- Lei 1.390/1951 (Inclui entre as contravenções penais a prática de atos resultantes de preconceitos de raça ou de cor).

O Presidente da República. Faço saber que o Congresso Nacional decreta e eu sanciono a seguinte Lei:

ART. 1º Constitui contravenção, punida nos termos desta lei, a prática de atos resultantes de preconceito de raça, de cor, de sexo ou de estado civil.

ART. 2º Será considerado agente de contravenção o diretor, gerente ou empregado do estabelecimento que incidir na prática referida no artigo 1º desta lei.

Das Contravenções

ART. 3º Recusar hospedagem em hotel, pensão, estalagem ou estabelecimento de mesma finalidade, por preconceito de raça, de cor, de sexo ou de estado civil.

Pena - prisão simples, de 3 (três) meses a 1 (um) ano, e multa de 3 (três) a 10 (dez) vezes o maior valor de referência (MVR).

ART. 4º Recusar a venda de mercadoria em lojas de qualquer gênero ou o atendimento de clientes em restaurantes, bares, confeitarias ou locais semelhantes, abertos ao público, por preconceito de raça, de cor, de sexo ou de estado civil.

Pena - Prisão simples, de 15 (quinze) dias a 3 (três) meses, e multa de 1 (uma) a 3 (três) vezes o maior valor de referência (MVR).

ART. 5º Recusar a entrada de alguém em estabelecimento público, de diversões ou de esporte, por preconceito de raça, de cor, de sexo ou de estado civil.

Pena - Prisão simples, de 15 (quinze dias a 3 (três) meses, e multa de 1 (uma) a 3 (três) vezes o maior valor de referência (MVR).

ART. 6º Recusar a entrada de alguém em qualquer tipo de estabelecimento comercial ou de prestação de serviço, por preconceito de raça, de cor, de sexo ou de estado civil.

Pena - prisão simples, de 15 (quinze) dias e 3 (três) meses, e multa de 1 (uma) a 3 (três) vezes o maior valor de referência (MVR).

ART. 7º Recusar a inscrição de aluno em estabelecimento de ensino de qualquer curso ou grau, por preconceito de raça, de cor, de sexo ou de estado civil.

Pena - prisão simples, de 3 (três) meses a 1 (um) ano, e multa de 1(uma) a três) vezes o maior valor de referência (MVR).

Parágrafo único. Se se tratar de estabelecimento oficial de ensino, a pena será a perda do cargo para o agente, desde que apurada em inquérito regular.

ART. 8º Obstar o acesso de alguém a qualquer cargo público civil ou militar, por preconceito de raça, de cor, de sexo ou de estado civil.

Pena - perda do cargo, depois de apurada a responsabilidade em inquérito regular, para o funcionário dirigente da repartição de que dependa a inscrição no concurso de habilitação dos candidatos.

ART. 9º Negar emprego ou trabalho a alguém em autarquia, sociedade de economia mista, empresa concessionária de serviço público ou empresa privada, por preconceito de raça, de cor, de sexo ou de estado civil.

Pena - prisão simples, de 3 (três) meses a 1 (um) ano, e multa de 1 (uma) a 3 (três) vezes o maior valor de referência (MVR), no caso de empresa privada; perda do cargo para o responsável pela recusa, no caso de autarquia, sociedade de economia mista e empresa concessionária de serviço público.

ART. 10. Nos casos de reincidência havidos em estabelecimentos particulares, poderá o juiz determinar a pena adicional de suspensão do funcionamento, por prazo não superior a 3 (três) meses.

ART. 11. Esta lei entra em vigor na data de sua publicação.

ART. 12. Revogam-se as disposições em contrário.

Brasília, 20 de dezembro de 1985; 164º da Independência e 97º da República.

JOSÉ SARNEY

LEI N. 7.444, DE 20 DE DEZEMBRO DE 1985

Dispõe sobre a implantação do processamento eletrônico de dados no alistamento eleitoral e a revisão do eleitorado e dá outras providências.

- *DOU*, 23.12.1985

O Presidente da República. Faço saber que o Congresso Nacional decreta e eu sanciono a seguinte Lei:

ART. 1º O alistamento eleitoral será feito mediante processamento eletrônico de dados.

Parágrafo único. Em cada Zona Eleitoral, enquanto não for implantada o processamento eletrônico de dados, o alistamento continuará a ser efetuado na forma da legislação em vigor na data desta Lei.

ART. 2º Ao adotar o sistema de que trata o artigo anterior, a Justiça Eleitoral procederá, em cada Zona, à revisão dos eleitores inscritos, bem como à conferência e à atualização dos respectivos registros, que constituirão, a seguir, cadastros mantidos em computador.

ART. 3º A revisão do eleitorado prevista no art. 2º desta Lei far-se-á, de conformidade com instruções baixadas pelo Tribunal Superior Eleitoral, mediante a apresentação do título eleitoral pelos eleitores inscritos na Zona e preenchimento do formulário adotado para o alistamento de que trata o art. 1º.

§ 1º A revisão do eleitorado, que poderá realizar-se, simultaneamente, em mais de uma Zona ou em várias Circunscrições, será procedida, sempre, de ampla divulgação, processando-se em prazo marcado pela Justiça Eleitoral, não inferior a 30 (trinta) dias.

§ 2º Sem prejuízo do disposto no § 1º deste artigo, a Justiça Eleitoral poderá fixar datas especiais e designar previamente locais para a apresentação dos eleitores inscritos.

§ 3º Ao proceder-se à revisão, ficam anistiados os débitos dos eleitores inscritos na Zona, em falta para com a Justiça Eleitoral.

§ 4º Em cada Zona, vencido o prazo de que trata o § 1º deste artigo, cancelar-se-ão as inscrições correspondentes aos títulos que não forem apresentados à revisão.

ART. 4º Para a conferência e atualização dos registros eleitorais a que se refere o art. 2º desta Lei, a Justiça Eleitoral poderá utilizar, também, informações pertinentes, constantes de cadastros de qualquer natureza, mantidos por órgãos federais, estaduais ou municipais.

Parágrafo único. Os órgãos aludidos neste artigo ficam obrigados a fornecer à Justiça Eleitoral, gratuitamente, as informações solicitadas.

ART. 5º Para o alistamento, na forma do art. 1º desta Lei, o alistando apresentará em Cartório, ou em local previamente designado, requerimento em formulário que obedecerá a modelo aprovado pelo Tribunal Superior Eleitoral.

§ 1º O escrivão, o funcionário ou o preparador, recebendo o formulário e os documentos, datará o requerimento e determinará que o alistando nele aponha sua assinatura, ou, se não souber assinar, a impressão digital de seu polegar direito, atestando, a seguir, terem sido a assinatura ou a impressão digital lançadas na sua presença.

§ 2º O requerimento de inscrição será instruído com um dos seguintes documentos:

I - carteira de identidade, expedida por órgão oficial competente;

II - certificado de quitação do serviço militar;

III - carteira emitida pelos órgãos criados por lei federal, controladores do exercício profissional;

IV - certidão de idade, extraída do Registro Civil;

V - instrumento público do qual se infira, por direito, ter o requerente a idade mínima de 18 (dezoito) anos e do qual constem, também, os demais elementos necessários à sua qualificação;

VI - documento do qual se infira a nacionalidade brasileira, originaria ou adquirida, do requerente.

§ 3º Será devolvido o requerimento que não contenha os dados constantes do modelo oficial, na mesma ordem, em caracteres inequívocos.

§ 4º Para o alistamento, na forma deste artigo, é dispensada a apresentação de fotografia do alistando.

ART. 6º Implantado o sistema previsto no art. 1º desta Lei, o título eleitoral será emitido por computador.

§ 1º O Tribunal Superior Eleitoral aprovará o modelo do título e definirá o procedimento a ser adotado, na Justiça Eleitoral, para sua expedição.

§ 2º Aos eleitores inscritos, em cada Zona, após a revisão e conferência de seu registro, na conformidade do art. 3º e parágrafos desta Lei, será expedido nova título eleitoral, na forma deste artigo.

ART. 7º A Justiça Eleitoral executará os serviços previstos nesta Lei, atendidas as condições e peculiaridades locais, diretamente ou mediante convênio ou contrato.

Parágrafo único. Os convênios ou contratos de que cuida este artigo somente poderão ser ajustados com entidades da Administração Direta ou Indireta da União, dos Estados, do Distrito Federal ou dos Municípios, ou com empresas cujo capital seja exclusivamente nacional.

ART. 8º Para a implantação do alistamento mediante processamento de dados e revisão do eleitorado nos termos desta lei, a Justiça Eleitoral poderá requisitar servidores federais, estaduais ou municipais, bem como utilizar instalações e serviços de órgãos da União, dos Estados, do Distrito Federal, dos Territórios e Municípios.

ART. 9º O Tribunal Superior Eleitoral baixará as instruções necessárias à execução desta Lei, especialmente, para definir:

I - a administração e a utilização dos cadastros eleitorais em computador, exclusivamente, pela Justiça Eleitoral;

II - a forma de solicitação e de utilização de informações constantes de cadastras mantidos por órgãos federais, estaduais ou municipais, visando resguardar sua privacidade;

III - as condições gerais para a execução direta ou mediante convênio ou contrato, dos serviços de alistamento, revisão do eleitorado, conferência e atualização dos registros eleitorais, inclusive de coleta de informações e transporte de documentos eleitorais, quando necessário, das Zonas Eleitorais até os Centros de Processamento de Dados;

IV - o acompanhamento e a fiscalização pelos partido políticos, da execução dos serviços de que trata este Lei;

V - a programação e o calendário de execução dos serviços;

VI - a forma de divulgação do alistamento eleitoral e da revisão do eleitorado, em cada Zona e Circunscrição, atendidas as peculiaridades locais;

VII - qualquer outra especificação necessária à execução dos serviços de que trata esta Lei.

ART. 10 Fica o Poder Executivo autorizado a abrir, para a Justiça Eleitoral, à disposição do Tribunal Superior Eleitoral, o crédito especial de Cr$ 600.000.000.000 (seiscentos bilhões de cruzeiros), destinado a atender às despesas decorrentes desta Lei.

ART. 11 Esta Lei entra em vigor na data de sua publicação.

ART. 12 Revogam-se as disposições em contrário, especialmente o § 2º do art. 2º da Lei n. 6.996, de 7 de junho de 1932.

Brasília, em 20 de dezembro de 1985; 164º da Independência e 97º da República.

JOSÉ SARNEY

LEI N. 7.474, DE 8 DE MAIO DE 1986

Dispõe sobre medidas de segurança aos ex-Presidentes da República, e dá outras providências.

- *DOU*, 09.05.1986.
- Dec. 6.381/2008 (Regulamenta esta lei.)

Faço saber que o Congresso Nacional decretou, o Presidente da Câmara dos Deputados no exercício do cargo de Presidente da República, nos termos do § 2º do artigo 59, da Constituição Federal, sancionou, e eu, José Fragelli, Presidente do Senado Federal, nos termos do § 5º do artigo 59, da Constituição Federal, promulgo a seguinte

ART. 1º O Presidente da República, terminado o seu mandato, tem direito a utilizar os serviços de quatro servidores, para segurança e apoio pessoal, bem como a dois veículos oficiais com motoristas, custeadas as despesas com dotações próprias da Presidência da República. (Redação dada pela Lei 8.889/1994.)

§ 1º Os quatro servidores e os motoristas de que trata o *caput* deste artigo, de livre indicação do ex-Presidente da República, ocuparão cargos em comissão do Grupo-Direção e Assessoramento Superiores - DAS, até o nível 4, ou gratificações de representação, da estrutura da Presidência da República. (Redação dada pela Lei 10.609/2002.)

§ 2º Além dos servidores de que trata o *caput*, os ex-Presidentes da República poderão contar, ainda, com o assessoramento de dois servidores ocupantes de cargos em comissão do Grupo-Direção e Assessoramento

Superiores - DAS, de nível 5. (Redação dada pela Lei 10.609/2002.)

ART. 2º O Ministério da Justiça responsabilizar-se-á pela segurança dos candidatos à Presidência da República, a partir da homologação em convenção partidária.

ART. 3º Esta lei entra em vigor na data de sua publicação.

ART. 4º Revogam-se as disposições em contrário.

Senado Federal, em 8 de maio de 1986.

SENADOR JOSÉ FRAGELLI

PRESIDENTE

LEI N. 7.524, DE 17 DE JULHO DE 1986

Dispõe sobre a manifestação, por militar inativo, de pensamento e opinião políticos ou filosóficos.

› *DOU*, 18.07.1986.

O Presidente da República. Faço saber que o Congresso Nacional decreta e eu sanciono a seguinte lei:

ART. 1º Respeitados os limites estabelecidos na lei civil, é facultado ao militar inativo, independentemente das disposições constantes dos Regulamentos Disciplinares das Forças Armadas, opinar livremente sobre assunto político, e externar pensamento e conceito ideológico, filosófico ou relativo à matéria pertinente ao interesse público.

Parágrafo único. A faculdade assegurada neste artigo não se aplica aos assuntos de natureza militar de caráter sigiloso e independe de filiação político-partidária.

ART. 2º O disposto nesta lei aplica-se ao militar agregado a que se refere a alínea b do § 1º do art. 150 da Constituição Federal.

ART. 3º Esta lei entra em vigor na data de sua publicação.

ART. 4º Revogam-se as disposições em contrário.

Brasília, 17 de julho de 1986; 165º da Independência e 98º da República.

JOSÉ SARNEY

LEI N. 7.542, DE 26 DE SETEMBRO DE 1986

Dispõe sobre a pesquisa, exploração, remoção e demolição de coisas ou bens afundados, submersos, encalhados e perdidos em águas sob jurisdição nacional, em terreno de marinha e seus acrescidos e em terrenos marginais, em decorrência de sinistro, alijamento ou fortuna do mar, e dá outras providências.

› *DOU*, 29.09.1986 e retificado em 25.03.1987.

O Presidente da República. Faço saber que o Congresso Nacional decreta e eu sanciono a seguinte lei:

ART. 1º As coisas ou bens afundados, submersos, encalhados e perdidos em águas sob jurisdição nacional, em terrenos de marinha e seus acrescidos e em terrenos marginais, em decorrência de sinistro, alijamento ou fortuna do mar, ficam submetidos às disposições desta lei.

ART. 2º Compete ao Ministério da Marinha a coordenação, o controle e a fiscalização das operações e atividades de pesquisa, exploração, remoção e demolição de coisas ou bens afundados, submersos, encalhados e perdidos em águas sob jurisdição nacional, em terrenos de marinha e seus acrescidos e em terrenos marginais, em decorrência de sinistro, alijamento ou fortuna do mar.

Parágrafo único. O Ministro da Marinha poderá delegar a execução de tais serviços a outros órgãos federais, estaduais, municipais e, por concessão, a particulares, em áreas definidas de jurisdição.

ART. 3º As coisas ou bens referidos no art. 1º desta lei serão considerados como perdidos quando o seu responsável:

I - declarar à Autoridade Naval que o considera perdido;

II - não for conhecido, estiver ausente ou não manifestar sua disposição de providenciar, de imediato, a flutuação ou recuperação da coisa ou bem, mediante operação de assistência e salvamento.

ART. 4º O responsável por coisas ou bens referidos no art. 1º desta lei poderá solicitar à Autoridade Naval licença para pesquisá-los, explorá-los, removê-los ou demoli-los, no todo ou em parte.

ART. 5º A Autoridade Naval, a seu exclusivo critério, poderá determinar ao responsável por coisas ou bens, referidos no art. 1º desta lei, sua remoção ou demolição, no todo ou em parte, quando constituírem ou vierem a constituir perigo, obstáculo à navegação ou ameaça de danos a terceiros ou ao meio ambiente.

Parágrafo único. A Autoridade Naval fixará prazos para início e término da remoção ou demolição, que poderão ser alterados, a seu critério.

ART. 6º O direito estabelecido no art. 4º desta lei prescreverá em 5 (cinco) anos, a contar da data do sinistro, alijamento ou fortuna do mar.

Parágrafo único. O prazo previsto neste artigo ficará suspenso quando:

I - o responsável iniciar a remoção ou demolição;

II - a Autoridade Naval determinar a remoção ou demolição;

III - a remoção ou demolição for interrompida mediante protesto judicial.

ART. 7º Decorrido o prazo de 5 (cinco) anos, a contar da data do sinistro, alijamento ou fortuna do mar, sem que o responsável pelas coisas ou bens referidos no art. 1º desta lei tenha solicitado licença para sua remoção ou demolição, será considerado como presunção legal de renúncia à propriedade, passando as coisas ou os bens ao domínio da União.

ART. 8º O responsável pelas coisas ou pelos bens referidos no art. 1º desta lei poderá ceder a terceiros seus direitos de disposição sobre os mesmos.

§ 1º O cedente e o cessionário são solidariamente responsáveis pelos riscos ou danos à segurança da navegação, a terceiros e ao meio ambiente, decorrentes da existência das coisas ou dos bens referidos no art. 1º ou consequentes das operações de sua remoção ou demolição.

§ 2º A cessão deverá ser comunicada à Autoridade Naval, sob pena de ser anulado o ato.

ART. 9º A determinação de remoção ou demolição de que trata o art. 5º desta lei será feita:

I - por intimação pessoal, quando o responsável tiver paradeiro conhecido no País;

II - por edital, quando o responsável tiver paradeiro ignorado, incerto ou desconhecido, quando não estiver no País, quando se furtar à intimação pessoal e quando for desconhecido.

§ 1º A intimação de responsável estrangeiro deverá ser feita através de edital, enviando-se cópia à Embaixada ou ao Consulado de seu país de origem, ou, caso seu paradeiro seja conhecido, à Embaixada ou Consulado do país em que residir.

§ 2º O edital, com prazo de 15 (quinze) dias, será publicado, uma vez, no *Diário Oficial da União*, em jornal de grande circulação da capital da Unidade da Federação onde se encontrem as coisas ou os bens, em jornal da cidade portuária mais próxima ou de maior importância do Estado e em jornal do Rio de Janeiro, caso as coisas ou os bens se encontrem afastados da costa ou nas proximidades de ilhas oceânicas.

ART. 10. A Autoridade Naval poderá assumir as operações de pesquisa, exploração, remoção ou demolição das coisas ou bens referidos no art. 1º desta lei, por conta e risco de seu responsável, caso este não tenha providenciado ou conseguido realizar estas operações dentro dos prazos legais estabelecidos.

ART. 11. A Autoridade Naval determinará que o responsável, antes de dar início à pesquisa, exploração, remoção ou demolição solicitadas ou determinadas, das coisas ou dos bens referidos no art. 1º desta lei adote providências imediatas e preliminares para prevenir, reduzir ou controlar os riscos ou danos à segurança da navegação, a terceiros e ao meio ambiente.

§ 1º A providência determinada deverá consistir:

I - na manutenção, se possível, a bordo, ou em local próximo à embarcação, de seu Comandante ou de um Oficial ou um Tripulante; e

II - na demarcação ou sinalização das coisas ou dos bens.

§ 2º Na falta de atendimento imediato de tais providências, ou quando for impraticável ou não houver tempo para intimar o responsável, a Autoridade Naval poderá adotar providências por conta e risco do responsável.

ART. 12. A Autoridade Naval poderá empregar seus próprios meios ou autorizar terceiros para executarem as operações de pesquisa, exploração, remoção ou demolição de coisas ou bens referidos no art. 1º desta lei, no exercício do direito a que se referem o art. 10 e o § 2º do art. 11.

§ 1º No contrato com terceiro ou na autorização a estes dada poderá constar cláusula determinando o pagamento no todo ou em parte, com as coisas ou os bens recuperados, ou removidos, ressalvado o direito do responsável de reaver a posse até 30 (trinta) dias após a recuperação, mediante pagamento do valor da fatura, do seguro ou de mercado, o que for maior, da mesma coisa ou bem, além do pagamento do que faltar para reembolso integral das despesas havidas ou contratadas para a operação executada.

§ 2º Na falta de disposição em contrário no contrato ou autorização ou sendo a recuperação feita pela Autoridade Naval, as coisas ou os bens resgatados, nacionais ou nacionalizados, serão imediatamente vendidos em licitação ou hasta pública, dando-se preferência na arrematação àquele que efetuou a remoção ou recuperação, ressalvado o direito do responsável de reaver sua posse, na forma e no prazo estabelecidos no parágrafo anterior.

ART. 13. O responsável pelas coisas ou bens referidos no art. 1º desta lei, seu cessionário e o segurador, que tenham coberto especificamente os riscos de pesquisa, exploração, remoção ou demolição das coisas ou bens, permanecerão solidariamente responsáveis:

I - pelos danos que venham provocar, direta ou indiretamente, à segurança da navegação, a terceiros ou ao meio ambiente, até que as coisas ou os bens sejam removidos ou demolidos, ou até que sejam incorporados ao domínio da União pelo decurso do prazo de 5 (cinco) anos a contar do sinistro; e

II - pelo que faltar para reembolsar ou indenizar a União, quando a Autoridade Naval tiver atuado conforme disposto no art. 10 e no § 2º do art. 11.

§ 1º No caso de uma embarcação, o seu responsável responderá, solidariamente, com o responsável pela carga, pelos danos que esta carga possa provocar à segurança da navegação, a terceiros e ao meio ambiente.

§ 2º No caso de haver saldo a favor do responsável pelas coisas ou pelos bens, após a disposição das coisas e dos bens recuperados, e depois de atendido o disposto no inciso II deste artigo, o saldo será mantido pela Autoridade Naval, à disposição do interessado, até 5 (cinco) anos a contar da data do sinistro, depois do que será considerado como receita da União.

§ 3º As responsabilidades de que tratam o inciso I e o § 1º deste artigo permanecerão, mesmo nos casos em que os danos sejam decorrentes de operações realizadas pela Autoridade Naval, nos termos do art. 10 e do § 2º do art. 11.

ART. 14. No caso de embarcação que contiver carga e que em decorrência de sinistro ou fortuna do mar se encontrar em uma das situações previstas no art. 1º desta lei, será adotado o seguinte procedimento:

I - não havendo manifestação de interesse por parte do responsável pela carga, o responsável pela embarcação poderá solicitar autorização para remoção ou recuperação da carga ou ser intimado pela Autoridade Naval a remover a carga, juntamente com a embarcação ou separadamente dela;

II - o responsável pela carga poderá solicitar à Autoridade Naval autorização para sua remoção ou recuperação, independente de pedido por parte do responsável pela embarcação.

§ 1º A Autoridade Naval poderá, a seu critério, exigir a remoção da carga intimando o seu responsável e o responsável pela embarcação, junta ou separadamente.

§ 2º A Autoridade Naval poderá negar autorização ao responsável pela carga, para sua remoção ou recuperação, quando, a seu critério, concluir haver sério risco de resultar em modificação de situação em relação à embarcação, que venha a tornar mais difícil ou onerosa a sua remoção.

§ 3º A Autoridade Naval, ao assumir a operação de remoção da embarcação, poderá aceitar, a seu critério, a colaboração ou participação do responsável interessado pela recuperação da carga.

ART. 15. Ao solicitar autorização para a pesquisa, exploração, remoção ou demolição das coisas ou bens referidos no art. 1º desta lei, o responsável deverá indicar:

I - os meios de que dispõe, ou que pretende obter, para a realização das operações;

II - a data em que pretende dar início às operações e a data prevista para o seu término;

III - o processo a ser empregado; e

IV - se a recuperação será total ou parcial.

§ 1.º A Autoridade Naval poderá vetar o uso de meios ou processos que, a seu critério, representem riscos inaceitáveis para a segurança da navegação, para terceiros ou para o meio ambiente.

§ 2º A Autoridade Naval poderá condicionar a autorização à remoção, pelo responsável, de todas as coisas ou bens, e não parte deles, bem como de seus acessórios e remanescentes ou, quando se tratar de embarcação, também de sua carga.

§ 3º A Autoridade Naval fiscalizará as operações e, na hipótese de que o responsável venha a abandoná-las sem completar a remoção do todo determinado, poderá substituí-lo nos termos do art. 10.

ART. 16. A Autoridade Naval poderá conceder autorização para a remoção ou exploração, no todo ou em parte, de coisas ou bens referidos no art. 1º desta lei, que tenham passado ao domínio da União.

§ 1º O pedido de autorização para exploração ou remoção deverá ser antecedido por pedido de autorização para pesquisa de coisas ou bens.

§ 2º Havendo mais de um pedido de exploração ou remoção, em relação à mesma coisa ou bem, apresentados no prazo de intimação ou do edital a que se refere o § 3º deste artigo, terão preferência, independente de prazos para início e fim das operações, mas desde que ofereçam as mesmas condições econômicas para a União:

I - em primeiro lugar, aquele que, devidamente autorizado a pesquisar, tenha localizado a coisa ou o bem;

II - em segundo lugar, o antigo responsável pela coisa ou pelo bem.

§ 3º Para que possam manifestar sua preferência, se assim o desejarem, deverão aqueles mencionados nos incisos I e II do § 2º deste artigo ser intimados, pessoalmente ou por edital, obedecendo-se no que couber, as regras estabelecias no art. 9º e seus parágrafos. O custo das intimações ou da publicação de editais correrá por conta dos interessados.

§ 4º Nas intimações ou editais será estabelecido o prazo de 15 (quinze) dias para que aqueles mencionados nos incisos I e II do § 2º deste artigo manifestem seu desejo de preferência. Manifestada a preferência, a Autoridade Naval decidirá de acordo com o que dispõe § 2º deste artigo.

§ 5º Poderá ser concedida autorização para realizar operações e atividades de pesquisa, exploração, remoção ou demolição, no todo ou em parte, de coisas e bens referidos nesta Lei, que tenham passado ao domínio da União, a pessoa física ou jurídica nacional ou estrangeira com comprovada experiência em atividades de pesquisa, localização ou exploração de coisas e bens submersos, a quem caberá responsabilizar-se por seus atos perante a Autoridade Naval. (Alterado pela Lei 10.166/2000.)

ART. 17. A Autoridade Naval, quando for de seu interesse, poderá pesquisar, explorar, remover e demolir quaisquer coisas ou bens referidos no art. 1º desta lei, já incorporados ao domínio da União.

ART. 18. A Autoridade Naval, no exame de solicitação de autorização para pesquisa, exploração ou remoção de coisas ou bens referidos no art. 1º desta lei, levará em conta os interesses da preservação do local, das coisas ou dos bens de valor artístico, de interesse histórico ou arqueológico, a segurança da navegação e o perigo de danos a terceiros e ao meio ambiente.

Parágrafo único. A autorização de pesquisa não dá ao interessado o direito de alterar o local em que foi encontrada a coisa ou bem, suas condições, ou de remover qualquer parte.

ART. 19. A Autoridade Naval, ao conceder autorização para pesquisa, fixará, a seu critério, prazos para seu início e término.

§ 1º A Autoridade Naval, a seu critério, poderá autorizar que mais de um interessado efetue pesquisas e tente a localização de coisas ou bens.

§ 2º O autorizado a realizar operações de pesquisa manterá a Autoridade Naval informada do desenvolvimento das operações e, em especial, de seus resultados e achados.

ART. 20. As coisas e os bens resgatados de valor artístico, de interesse histórico ou arqueológico permanecerão no domínio da União, não sendo passíveis de apropriação, doação, alienação direta ou por meio de licitação pública, o que deverá constar do contrato ou do ato de autorização elaborado previamente à remoção. (Alterado pela Lei 10.166/2000.)

§ 1º O contrato ou o ato de autorização previsto no *caput* deste artigo deverá ser assinado pela Autoridade Naval, pelo concessionário e por um representante do Ministério da Cultura. (Acrescentado pela Lei 10.166/2000.)

§ 2º O contrato ou o ato de autorização poderá estipular o pagamento de recompensa ao concessionário pela remoção dos bens de valor artístico, de interesse histórico ou arqueológico, a qual poderá se constituir na adjudicação de até quarenta por cento do valor total atribuído às coisas e bens como tais classificados. (Acrescentado pela Lei 10.166/2000.)

§ 3º As coisas e bens resgatados serão avaliados por uma comissão de peritos, convocada pela Autoridade Naval e ouvido o Ministério da Cultura, que decidirá se eles são de valor artístico, de interesse cultural ou arqueológico e atribuirá os seus valores, devendo levar em consideração os preços praticados no mercado internacional. (Acrescentado pela Lei 10.166/2000.)

§ 4º Em qualquer hipótese, é assegurada à União a escolha das coisas e bens resgatados de valor artístico, de interesse histórico ou arqueológico, que serão adjudicados. (Acrescentado pela Lei 10.166/2000.)

ART. 21. O contrato ou ato de autorização de remoção ou exploração poderá prever como pagamento ao concessionário, ressalvado o disposto no art. 20 desta lei, *in fine:*

I - soma em dinheiro;

II - soma em dinheiro proporcional ao valor de mercado das coisas e bens que vierem a ser recuperados, até o limite de setenta por cento, aplicando-se, para definição da parcela em cada caso, o disposto no § 1º deste artigo; (Alterado pela Lei 10.166/2000.)

III - adjudicação de parte das coisas e bens que vierem a ser resgatados, até o limite de setenta por cento, aplicando-se, também, para a definição da parcela em cada caso, o disposto no § 1º deste artigo; (Alterado pela Lei 10.166/2000.)

IV - pagamento a ser fixado diante do resultado de remoção ou exploração, conforme as regras estabelecidas para fixação de pagamento por assistência e salvamento, no que couber.

§ 1º A atribuição da parcela que caberá ao concessionário dependerá do grau de dificuldade e da complexidade técnica requeridas para realizar as atividades de localização, exploração, remoção, preservação e restauração, a serem aferidas pela Autoridade Naval. (Alterado pela Lei 10.166/2000.)

§ 2º As coisas e os bens resgatados, dependendo de sua natureza e conteúdo, deverão ser avaliados com base em critérios predominantes nos mercados nacional e internacional, podendo os valores atribuídos, a critério da Autoridade Naval, ser aferidos por organizações renomadas por sua atuação no segmento específico. (Alterado pela Lei 10.166/2000.)

§ 3º O valor das coisas ou dos bens que vierem a ser removidos poderá ser fixado no contrato ou no ato de concessão antes do início ou depois do término das operações de remoção.

ART. 22. A Autoridade Naval poderá cancelar a autorização se:

I - o autorizado não tiver dado início às operações dentro do prazo estabelecido no ato de autorização, ou, no curso das operações, não apresentar condições para lhes dar continuidade;

II - verificar, durante as operações, o surgimento de riscos inaceitáveis para a segurança da navegação, de danos a terceiros, inclusive aos que estiverem trabalhando nas operações, e ao meio ambiente;

III - verificar, durante as operações, que o processo ou os meio empregados estão causando ou poderão causar prejuízo às coisas ou aos bens de valor artístico, de interesse histórico arqueológico, ou danificar local que deva ser preservado pelos mesmos motivos.

Parágrafo único. Nenhum pagamento será devido ao autorizado pelo cancelamento da autorização, salvo quando já tenha havido coisas ou bens, desprovidos de valor artístico e de interesse histórico ou arqueológico, recuperados, situação em que tais coisas ou bens poderão ser adjudicados ou entregue o produto de sua venda, mesmo que em proporção inferior ao previsto no contrato ou ato de autorização, para pagamento e compensação do autorizado.

ART. 23. Independente da forma de pagamento contratada, toda e qualquer coisa ou bem recuperados mesmos os destituídos de valor artístico e de interesse histórico ou arqueológico, deverão ser entregues, tão logo recuperados, à Autoridade Naval. O autorizado, como depositário, será o responsável pela guarda e conservação dos bens recuperados, até efetuar a sua entrega.

ART. 24. O autorizado para uma remoção, quando na autorização constar que a coisa ou o bem deve ser totalmente removido, permanecerá responsável pela operação até sua completa remoção. A Autoridade Naval poderá intimá-lo a completar a remoção, nos prazos estabelecidos na autorização, bem como poderá substituí-lo, por sua conta e risco, para terminar a remoção, se necessário.

ART. 25. O autorizado ou contratado estará sujeito às mesmas regras de responsabilidade que se aplicam, na forma do art. 13 desta lei, ao responsável, ao seu cessionário e ao segurador autorizados ou compelidos a efetuar remoção ou demolição de coisas ou de bens, referidos no art. 1º.

ART. 26. A Autoridade Naval poderá exigir, do interessado e requerente de autorização para pesquisa, uma caução, em valor por ela arbitrado, como garantia das responsabilidades do autorizado.

ART. 27. Nos casos em que exista interesse público na remoção ou demolição de embarcações ou quaisquer outras coisas ou bens referidos no art. 1º desta lei, e já incorporados ao domínio da União, a Autoridade Naval poderá vendê-los, em licitação ou hasta pública, a quem se obrigue a removê-los ou demoli-los no prazo por ela determinado.

ART. 28. Aquele que achar quaisquer coisas ou bens referidos no art. 1º desta lei, em águas sob jurisdição nacional, em terrenos de marinha a seus acrescidos e em terrenos marginais, não estando presente o seu responsável, fica obrigado a:

I - não alterar a situação das referidas coisas ou bens, salvo se for necessário para colocá-los em segurança; e

II - comunicar imediatamente o achado à Autoridade Naval, fazendo a entrega das coisas e dos bens que tiver colocado em segurança e dos quais tiver a guarda ou posse.

Parágrafo único. A quem achar coisas ou bens nos locais estabelecidos no art. 1º, não caberá invocar em seu benefício as regras da Lei n. 3.071, de 1º de janeiro de 1916 - Código Civil Brasileiro - que tratam da invenção e do tesouro.

ART. 29. As coisas e os bens referidos no art. 1º desta lei, encontrados nas condições previstas no artigo anterior, serão arrecadados e ficarão sob a custódia da Autoridade Naval, que poderá entregá-los, quando nacionais ou nacionalizados, aos seus responsáveis.

§ 1º As coisas e os bens que ainda não tenham sido alienados pela Autoridade Naval, poderão ser reclamados e entregues aos seus responsáveis, pagando o interessado as custas e despesas de guarda e conservação.

§ 2º Não sendo as coisas e os bens reclamados por seus responsáveis, no prazo de 30 (trinta) dias da arrecadação, a Autoridade Naval poderá declará-los perdidos.

§ 3º As coisas e os bens de difícil guarda e conservação poderão ser alienados em licitação ou hasta pública pela Autoridade Naval. O produto da alienação será guardado por aquela Autoridade Naval pelo prazo de 6 (seis) meses, à disposição do responsável pela coisa ou bem. Decorrido o prazo, o produto da alienação será convertido em receita da União.

ART. 30. As coisas e os bens de que trata o art. 1º desta lei, quando identificados pela Autoridade Naval como de procedência estrangeira e não incorporados ao domínio da União por força do art. 32, serão encaminhados à Secretaria da Receita Federal para aplicação da legislação fiscal pertinente.

ART. 31. As autorizações concedidas, até a data da promulgação desta lei, para a pesquisa, exploração ou remoção de coisas ou bens referidos no art. 1º não ficarão prejudicadas, ficando os interessados, no entanto, sujeitos às normas desta lei.

ART. 32. As coisas ou bens afundados, submersos, encalhados e perdidos em águas sob jurisdição nacional, em terrenos de marinha e seus acrescidos e em terrenos marginais, em decorrência de sinistro, alijamento ou fortuna do mar ocorrido há mais de 20 (vinte) anos da data de publicação desta lei, cujos responsáveis não venham a requerer autorização para pesquisa com fins de remoção, demolição ou exploração, no prazo de 1 (um) ano a contar da data da publicação desta lei, serão considerados, automaticamente, incorporados ao domínio da União.

§ 1º Os destroços de navios de casco de madeira afundados nos séculos XVI, XVII e XVIII ter-se-ão como automaticamente incorporados ao domínio da União, independentemente, do decurso de prazo de 1 (um) ano fixado no *caput* deste artigo. (Renumerado do parágrafo único pela Lei 10.166/2000.)

§ 2º É livre, dependendo apenas de comunicação à Autoridade Naval e desde que não represente riscos inaceitáveis para a segurança da navegação, para terceiros ou para o meio ambiente, a realização de excursões de turismo submarino, com turistas mergulhadores nacionais e estrangeiros, em sítios arqueológicos já incorporados ao domínio da União, quando promovidas por conta e responsabilidade de empresas devidamente cadastradas na Marinha do Brasil e no Instituto Brasileiro de Turismo, sendo vedada aos mergulhadores a remoção de qualquer bem ou parte deste. (Acrescentado pela Lei 10.166/2000.)

ART. 33. Das decisões proferidas, nos termos desta lei, caberá pedido de reconsideração à própria Autoridade Naval ou recurso à instância imediatamente superior àquela que proferiu a decisão, sem efeito suspensivo.

Parágrafo único. Para fins do disposto nesta lei, o Ministro da Marinha é considerado a instância final, na esfera da Administração Pública, para recursos às decisões da Autoridade Naval.

ART. 34. São consideradas Autoridades Navais, para fins desta lei, as do Ministério da Marinha, conforme as atribuições definidas nos respectivos regulamentos.

ART. 35. O Ministro da Marinha, sem prejuízo da aplicação imediata do estabelecido nesta lei, baixará e manterá atualizadas instruções necessárias à sua execução.

ART. 36. As infrações aos dispositivos desta lei sujeitam os infratores às sanções cabíveis ao Decreto-Lei n. 72.848, de 7 de dezembro de 1940 - Código Penal, sem prejuízo da aplicação de outras previstas na legislação vigente.

ART. 37. Esta lei entra em vigor na data de sua publicação.

ART. 38. Ficam revogados os arts. 731 a 739 da Lei n. 556, de 25 de junho de 1850 - Código Comercial Brasileiro; o art. 5º do Decreto-Lei n. 1.284, de 18 de maio de 1939; o Decreto-Lei n. 235, de 2 de fevereiro de 1938; o Decreto-Lei n. 8.256, de 30 de novembro de 1945, com as alterações introduzidas pela Lei n. 1.471, de 21 de novembro de 1951, a alínea *p* do art. 3º da Lei n. 4.213, de 14 de fevereiro de 1963; o Título XXI do Livro V do Decreto-Lei n. 1.608, de 18 de setembro de 1939 (arts. 769 a 771) e o inciso XV do art. 1.218 da Lei n. 5.869, de 11 de janeiro de 1973 - Código de Processo Civil e demais disposições em contrário.

Brasília, 26 de setembro de 1986; 165º da Independência e 98º da República.

JOSÉ SARNEY

LEI N. 7.565, DE 19 DE DEZEMBRO DE 1986

Dispõe sobre o Código Brasileiro de Aeronáutica.

- *DOU*, 20.12.1986.
- Dec. 8.265/2014 (Regulamenta o CBA no tocante às aeronaves sujeitas à medida de destruição no período de 12.06 a 17.07.2014.)

O Presidente da República. Faço saber que o Congresso Nacional decreta e eu sanciono a seguinte Lei:

TÍTULO I
INTRODUÇÃO

CAPÍTULO I
DISPOSIÇÕES GERAIS

ART. 1º O Direito Aeronáutico é regulado pelos Tratados, Convenções e Atos Internacionais de que o Brasil seja parte, por este Código e pela legislação complementar.

§ 1º Os Tratados, Convenções e Atos Internacionais, celebrados por delegação do Poder Executivo e aprovados pelo Congresso Nacional, vigoram a partir da data neles prevista para esse efeito, após o depósito ou troca das respectivas ratificações, podendo, mediante cláusula expressa, autorizar a aplicação provisória de suas disposições pelas autoridades aeronáuticas, nos limites de suas atribuições, a partir da assinatura (artigos 14, 204 a 214).

§ 2º Este Código se aplica a nacionais e estrangeiros, em todo o Território Nacional, assim como, no exterior, até onde for admitida a sua extraterritorialidade.

§ 3º A legislação complementar é formada pela regulamentação prevista neste Código, pelas leis especiais, decretos e normas sobre matéria aeronáutica (artigo 12).

ART. 2º Para os efeitos deste Código consideram-se autoridades aeronáuticas competentes as do Ministério da Aeronáutica, conforme as atribuições definidas nos respectivos regulamentos.

CAPÍTULO II
DISPOSIÇÕES DE DIREITO INTERNACIONAL PRIVADO

ART. 3º Consideram-se situadas no território do Estado de sua nacionalidade:

I - as aeronaves militares, bem como as civis de propriedade ou a serviço do Estado, por este diretamente utilizadas (artigo 107, §§ 1º e 3º);

II - as aeronaves de outra espécie, quando em alto mar ou região que não pertença a qualquer Estado.

Parágrafo único. Salvo na hipótese de estar a serviço do Estado, na forma indicada no item I deste artigo, não prevalece a extraterritorialidade em relação à aeronave privada, que se considera sujeita à lei do Estado onde se encontre.

ART. 4º Os atos que, originados de aeronave, produzirem efeito no Brasil, regem-se por suas leis, ainda que iniciados no território estrangeiro.

ART. 5º Os atos que, provenientes da aeronave, tiverem início no Território Nacional, regem-se pelas leis brasileiras, respeitadas as leis do Estado em que produzirem efeito.

ART. 6º Os direitos reais e os privilégios de ordem privada sobre aeronaves regem-se pela lei de sua nacionalidade.

ART. 7º As medidas assecuratórias de direito regulam-se pela lei do país onde se encontrar a aeronave.

ART. 8º As avarias regulam-se pela lei brasileira quando a carga se destinar ao Brasil ou for transportada sob o regime de trânsito aduaneiro (artigo 244, § 6º).

ART. 9º A assistência, o salvamento e o abalroamento regem-se pela lei do lugar em que ocorrerem (artigos 23, § 2º, 49 a 65).

Parágrafo único. Quando pelo menos uma das aeronaves envolvidas for brasileira, aplica-se a lei do Brasil à assistência, salvamento e abalroamento ocorridos em região não submetida a qualquer Estado.

ART. 10. Não terão eficácia no Brasil, em matéria de transporte aéreo, quaisquer disposições de direito estrangeiro, cláusulas constantes de contrato, bilhete de passagem, conhecimento e outros documentos que:

I - excluam a competência de foro do lugar de destino;

II - visem à exoneração de responsabilidade do transportador, quando este Código não a admite;

III - estabeleçam limites de responsabilidade inferiores aos estabelecidos neste Código (artigos 246, 257, 260, 262, 269 e 277).

TÍTULO II
DO ESPAÇO AÉREO E SEU USO PARA FINS AERONÁUTICOS

CAPÍTULO I
DO ESPAÇO AÉREO BRASILEIRO

ART. 11. O Brasil exerce completa e exclusiva soberania sobre o espaço aéreo acima de seu território e mar territorial.

ART. 12. Ressalvadas as atribuições específicas, fixadas em lei, submetem-se às normas (artigo 1º, § 3º), orientação, coordenação, controle e fiscalização do Ministério da Aeronáutica:

I - a navegação aérea;

II - o tráfego aéreo;

III - a infraestrutura aeronáutica;

IV - a aeronave;

V - a tripulação;

VI - os serviços, direta ou indiretamente relacionados ao voo.

ART. 13. Poderá a autoridade aeronáutica deter a aeronave em voo no espaço aéreo (artigo 18) ou em pouso no território brasileiro (artigos 303 a 311), quando, em caso de flagrante desrespeito às normas de direito aeronáutico (artigos 1º e 12), de tráfego aéreo (artigos 14, 16, § 3º, 17), ou às condições estabelecidas nas respectivas autorizações (artigos 14, §§ 1º, 3º e 4º, 15, §§ 1º e 2º, 19, parágrafo único, 21, 22), coloque em risco a segurança da navegação aérea ou de tráfego aéreo, a ordem pública, a paz interna ou externa.

CAPÍTULO II
DO TRÁFEGO AÉREO

ART. 14. No tráfego de aeronaves no espaço aéreo brasileiro, observam-se as disposições estabelecidas nos Tratados, Convenções e Atos Internacionais de que o Brasil seja parte (artigo 1º, § 1º), neste Código (artigo 1º, § 2º) e na legislação complementar (artigo 1º, § 3º).

§ 1º Nenhuma aeronave militar ou civil a serviço de Estado estrangeiro e por este diretamente utilizada (artigo 3º, I) poderá, sem autorização, voar no espaço aéreo brasileiro ou aterrissar no território subjacente.

§ 2º É livre o tráfego de aeronave dedicada a serviços aéreos privados (artigos 177 a 179), mediante informações prévias sobre o voo planejado (artigo 14, § 4º).

§ 3º A entrada e o tráfego, no espaço aéreo brasileiro, da aeronave dedicada a serviços aéreos públicos (artigo 175), dependem de autorização, ainda que previstos em acordo bilateral (artigos 203 a 213).

§ 4º A utilização do espaço aéreo brasileiro, por qualquer aeronave, fica sujeita às normas e condições estabelecidas, assim como às tarifas de uso das comunicações e dos auxílios à navegação aérea em rota (artigo 23).

§ 5º Estão isentas das tarifas previstas no parágrafo anterior as aeronaves pertencentes aos aeroclubes.

§ 6º A operação de aeronave militar ficará sujeita às disposições sobre a proteção ao voo e ao tráfego aéreo, salvo quando se encontrar em missão de guerra ou treinamento em área específica.

ART. 15. Por questão de segurança da navegação aérea ou por interesse público, é facultado fixar zonas em que se proíbe ou restringe o tráfego aéreo, estabelecer rotas de entrada ou saída, suspender total ou parcialmente o tráfego, assim como o uso de determinada aeronave, ou a realização de certos serviços aéreos.

§ 1º A prática de esportes aéreos tais como balonismo, volovelismo, asas voadoras e similares, assim como os voos de treinamento, far-se-ão em áreas delimitadas pela autoridade aeronáutica.

§ 2º A utilização de veículos aéreos desportivos para fins econômicos, tais como a publicidade, submete-se às normas dos serviços aéreos públicos especializados (artigo 201).

ART. 16 Ninguém poderá opor-se, em razão de direito de propriedade na superfície, ao sobrevoo de aeronave, sempre que este se realize de acordo com as normas vigentes.

§ 1º No caso de pouso de emergência ou forçado, o proprietário ou possuidor do solo não poderá opor-se à retirada ou partida da aeronave, desde que lhe seja dada garantia de reparação do dano.

§ 2º A falta de garantia autoriza o sequestro da aeronave e a sua retenção até que aquela se efetive.

§ 3º O lançamento de coisas, de bordo de aeronave, dependerá de permissão prévia de autoridade aeronáutica, salvo caso de emergência, devendo o Comandante proceder de acordo com o disposto no artigo 171 deste Código.

§ 4º O prejuízo decorrente do sobrevoo, do pouso de emergência, do lançamento de objetos ou alijamento poderá ensejar responsabilidade.

ART. 17. É proibido efetuar, com qualquer aeronave, voos de acrobacia ou evolução que possam constituir perigo para os ocupantes do aparelho, para o tráfego aéreo, para instalações ou pessoas na superfície.

Parágrafo único. Excetuam-se da proibição, os voos de prova, produção e demonstração quando realizados pelo fabricante ou por unidades especiais, com a observância das normas fixadas pela autoridade aeronáutica.

ART. 18. O Comandante de aeronave que receber de órgão controlador de voo ordem para pousar deverá dirigir-se, imediatamente, para o aeródromo que lhe for indicado e nele efetuar o pouso.

§ 1º Se razões técnicas, a critério do Comandante, impedirem de fazê-lo no aeródromo indicado, deverá ser solicitada ao órgão controlador a determinação de aeródromo alternativo que ofereça melhores condições de segurança.

§ 2º No caso de manifesta inobservância da ordem recebida, a autoridade aeronáutica poderá requisitar os meios necessários para interceptar ou deter a aeronave.

§ 3º Na hipótese do parágrafo anterior, efetuado o pouso, será autuada a tripulação e apreendida a aeronave (artigos 13 e 303 a 311).

§ 4º A autoridade aeronáutica que, excedendo suas atribuições e sem motivos relevantes, expedir a ordem de que trata o *caput* deste artigo, responderá pelo excesso cometido, sendo-lhe aplicada a pena de suspensão por prazo que variará de 30 (trinta) a 90 (noventa) dias, conversíveis em multa.

ART. 19. Salvo motivo de força maior, as aeronaves só poderão decolar ou pousar em aeródromo cujas características comportarem suas operações.

Parágrafo único. Os pousos e decolagens deverão ser executados, de acordo com procedimentos estabelecidos, visando à segurança do tráfego, das instalações aeroportuárias e vizinhas, bem como a segurança e bem-estar da população que, de alguma forma, possa ser atingida pelas operações.

ART. 20. Salvo permissão especial, nenhuma aeronave poderá voar no espaço aéreo brasileiro, aterrissar no território subjacente ou dele decolar, a não ser que tenha:

I - marcas de nacionalidade e matrícula, e esteja munida dos respectivos certificados de matrícula e aeronavegabilidade (artigos 109 a 114);

II - equipamentos de navegação, de comunicações e de salvamento, instrumentos, cartas e manuais necessários à segurança do voo, pouso e decolagem;

III - tripulação habilitada, licenciada e portadora dos respectivos certificados, do Diário de Bordo (artigo 84, parágrafo único) da lista de passageiros, manifesto de carga ou relação de mala postal que, eventualmente, transportar.

Parágrafo único. Pode a autoridade aeronáutica, mediante regulamento, estabelecer as condições para voos experimentais, realizados pelo fabricante de aeronave, assim como para os voos de translado.

ART. 21. Salvo com autorização especial de órgão competente, nenhuma aeronave poderá transportar explosivos, munições, arma de fogo, material bélico, equipamento destinado a levantamento aerofotogramétrico ou de prospecção, ou ainda quaisquer outros objetos ou substâncias consideradas perigosas para a segurança pública, da própria aeronave ou de seus ocupantes.

Parágrafo único. O porte de aparelhos fotográficos, cinematográficos, eletrônicos ou nucleares, a bordo de aeronave, poderá ser impedido quando a segurança da navegação aérea ou o interesse público assim o exigir.

CAPÍTULO III
ENTRADA E SAÍDA DO ESPAÇO AÉREO BRASILEIRO

ART. 22. Toda aeronave proveniente do exterior fará, respectivamente, o primeiro pouso ou a última decolagem em aeroporto internacional.

Parágrafo único. A lista de aeroportos internacionais será publicada pela autoridade aeronáutica, e suas denominações somente poderão ser modificadas mediante lei federal, quando houver necessidade técnica dessa alteração.

ART. 23. A entrada no espaço aéreo brasileiro ou o pouso, no território subjacente, de aeronave militar ou civil a serviço de Estado estrangeiro sujeitar-se-á às condições estabelecidas (artigo 14, § 1º).

§ 1º A aeronave estrangeira, autorizada a transitar no espaço aéreo brasileiro, sem pousar no território subjacente, deverá seguir a rota determinada (artigo 14, §§ 1º, 2º, 3º e 4º).

§ 2º A autoridade aeronáutica poderá estabelecer exceções ao regime de entrada de aeronave estrangeira, quando se tratar de operação de busca, assistência e salvamento ou de voos por motivos sanitários ou humanitários.

ART. 24. Os aeroportos situados na linha fronteiriça do território brasileiro poderão ser autorizados a atender ao tráfego regional, entre os países limítrofes, com serviços de infraestrutura aeronáutica, comuns ou compartilhados por eles.

Parágrafo único. As aeronaves brasileiras poderão ser autorizadas a utilizar aeroportos situados em países vizinhos, na linha fronteiriça ao Território Nacional, com serviços de infraestrutura aeronáutica comuns ou compartilhados.

TÍTULO III
DA INFRAESTRUTURA AERONÁUTICA

CAPÍTULO I
DISPOSIÇÕES GERAIS

ART. 25. Constitui infraestrutura aeronáutica o conjunto de órgãos, instalações ou estruturas terrestres de apoio à navegação aérea, para promover-lhe a segurança, regularidade e eficiência, compreendendo:

I - o sistema aeroportuário (artigos 26 a 46);

II - o sistema de proteção ao voo (artigos 47 a 65);

III - o sistema de segurança de voo (artigos 66 a 71);

IV - o sistema de Registro Aeronáutico Brasileiro (artigos 72 a 85);

V - o sistema de investigação e prevenção de acidentes aeronáuticos (artigos 86 a 93);

VI - o sistema de facilitação, segurança e coordenação do transporte aéreo (artigos 94 a 96);

VII - o sistema de formação e adestramento de pessoal destinado à navegação aérea e à infraestrutura aeronáutica (artigos 97 a 100);

VIII - o sistema de indústria aeronáutica (artigo 101);

IX - o sistema de serviços auxiliares (artigos 102 a 104);

X - o sistema de coordenação da infraestrutura aeronáutica (artigo 105).

§ 1º A instalação e o funcionamento de quaisquer serviços de infraestrutura aeronáutica, dentro ou fora do aeródromo civil, dependerão sempre de autorização prévia de autoridade aeronáutica, que os fiscalizará, respeitadas as disposições legais que regulam as atividades de outros Ministérios ou órgãos estatais envolvidos na área.

§ 2º Para os efeitos deste artigo, sistema é o conjunto de órgãos e elementos relacionados entre si por finalidade específica, ou por interesse de coordenação, orientação técnica e normativa, não implicando em subordinação hierárquica.

CAPÍTULO II
DO SISTEMA AEROPORTUÁRIO

SEÇÃO I
DOS AERÓDROMOS

ART. 26. O sistema aeroportuário é constituído pelo conjunto de aeródromos brasileiros, com todas as pistas de pouso, pistas de táxi, pátio de estacionamento de aeronave, terminal de carga aérea, terminal de passageiros e as respectivas facilidades.

Parágrafo único. São facilidades: o balisamento diurno e noturno; a iluminação do pátio; serviço contraincêndio especializado e o serviço de remoção de emergência médica; área de pré-embarque, climatização, ônibus, ponte de embarque, sistema de esteiras para despacho de bagagem, carrinhos para passageiros, pontes de desembarque, sistema de ascenso-descenso de passageiros por escadas rolantes, orientação por circuito fechado de televisão, sistema semiautomático anunciador de mensagem, sistema de som, sistema informativo de voo, climatização geral, locais destinados a serviços públicos, locais destinados a apoio comercial, serviço médico, serviço de salvamento aquático especializado e outras, cuja implantação seja autorizada ou determinada pela autoridade aeronáutica.

ART. 27. Aeródromo é toda área destinada a pouso, decolagem e movimentação de aeronaves.

ART. 28. Os aeródromos são classificados em civis e militares.

§ 1º Aeródromo civil é o destinado ao uso de aeronaves civis.

§ 2º Aeródromo militar é o destinado ao uso de aeronaves militares.

§ 3º Os aeródromos civis poderão ser utilizados por aeronaves militares, e os aeródromos militares, por aeronaves civis, obedecidas as prescrições estabelecidas pela autoridade aeronáutica.

ART. 29. Os aeródromos civis são classificados em públicos e privados.

ART. 30. Nenhum aeródromo civil poderá ser utilizado sem estar devidamente cadastrado.

▸ Art. 21, Dec. 7.871/2012 (Dispõe sobre as condições de delegação da exploração de aeródromos civis públicos por meio de autorização).

§ 1º Os aeródromos públicos e privados serão abertos ao tráfego através de processo, respectivamente, de homologação e registro.

▸ Art. 5º, Dec. 7.871/2012 (Dispõe sobre as condições de delegação da exploração de aeródromos civis públicos por meio de autorização).

§ 2º Os aeródromos privados só poderão ser utilizados com permissão de seu proprietário, vedada a exploração comercial.

ART. 31. Consideram-se:

I - Aeroportos os aeródromos públicos, dotados de instalações e facilidades para apoio de operações de aeronaves e de embarque e desembarque de pessoas e cargas;

II - Helipontos os aeródromos destinados exclusivamente a helicópteros;

III - Heliportos os helipontos públicos, dotados de instalações e facilidades para apoio de operações de helicópteros e de embarque e desembarque de pessoas e cargas.

ART. 32. Os aeroportos e heliportos serão classificados por ato administrativo que fixará as características de cada classe.

Parágrafo único. Os aeroportos destinados às aeronaves nacionais ou estrangeiras na realização de serviços internacionais, regulares ou não regulares, serão classificados como aeroportos internacionais (artigo 22).

ART. 33. Nos aeródromos públicos que forem sede de Unidade Aérea Militar, as esferas de competência das autoridades civis e militares, quanto à respectiva administração, serão definidas em regulamentação especial.

SEÇÃO II
DA CONSTRUÇÃO E UTILIZAÇÃO DE AERÓDROMOS

ART. 34. Nenhum aeródromo poderá ser construído sem prévia autorização da autoridade aeronáutica.

ART. 35. Os aeródromos privados serão construídos, mantidos e operados por seus proprietários, obedecidas as instruções, normas e planos da autoridade aeronáutica (artigo 30).

ART. 36. Os aeródromos públicos serão construídos, mantidos e explorados:

I - diretamente, pela União;

II - por empresas especializadas da Administração Federal Indireta ou suas subsidiárias, vinculadas ao Ministério da Aeronáutica;

III - mediante convênio com os Estados ou Municípios;

IV - por concessão ou autorização.

§ 1º A fim de assegurar uniformidade de tratamento em todo o território nacional, a construção, administração e exploração, sujeitam-se às normas, instruções, coordenação e controle da autoridade aeronáutica, ressalvado o disposto no art. 36-A. (Alterado pela Lei 13.097/2015.)

§ 2º A operação e a exploração de aeroportos e heliportos, bem como dos seus serviços auxiliares, constituem atividade monopolizada da União, em todo o Território Nacional, ou das entidades da Administração Federal Indireta a que se refere este artigo, dentro das áreas delimitadas nos atos administrativos que lhes atribuírem bens, rendas, instalações e serviços.

§ 3º Compete à União ou às entidades da Administração Indireta a que se refere este artigo, estabelecer a organização administrativa dos aeroportos ou heliportos, por elas explorados, indicando o responsável por sua administração e operação, fixando-lhe as atribuições e determinando as áreas e serviços que a ele se subordinam.

§ 4º O responsável pela administração, a fim de alcançar e manter a boa qualidade operacional do aeroporto, coordenará as atividades dos órgãos públicos que, por disposição legal, nele devam funcionar.

§ 5º Os aeródromos públicos, enquanto mantida a sua destinação específicas pela União, constituem universidades e patrimônios autônomos, independentes do titular do domínio dos imóveis onde estão situados (artigo 38).

ART. 36-A. A autoridade de aviação civil poderá expedir regulamento específico para aeródromos públicos situados na área da Amazônia Legal, adequando suas operações às condições locais, com vistas a promover o fomento regional, a integração social, o atendimento de comunidades isoladas, o acesso à saúde e o apoio a operações de segurança. (Acrescentado pela Lei 13.097/2015.)

ART. 37. Os aeródromos públicos poderão ser usados por quaisquer aeronaves, sem distinção de propriedade ou nacionalidade, mediante o ônus da utilização, salvo se, por motivo operacional ou de segurança, houver restrição de uso por determinados tipos de aeronaves ou serviços aéreos.

Parágrafo único. Os preços de utilização serão fixados em tabelas aprovadas pela autoridade aeronáutica, tendo em vista as facilidades colocadas à disposição das aeronaves, dos passageiros ou da carga, e o custo operacional do aeroporto.

SEÇÃO III
DO PATRIMÔNIO AEROPORTUÁRIO

ART. 38. Os aeroportos constituem universalidades, equiparadas a bens públicos federais, enquanto mantida a sua destinação específica, embora não tenha a União a propriedade de todos os imóveis em que se situam.

§ 1º Os Estados, Municípios, entidades da Administração Indireta ou particulares poderão contribuir com imóveis ou bens para a construção de aeroportos, mediante a constituição de patrimônio autônomo que será considerado como universalidade.

§ 2º Quando a União vier a desativar o aeroporto por se tornar desnecessário, o uso dos bens referidos no parágrafo anterior será restituído ao proprietário, com as respectivas acessões.

ART. 38-A. O operador aeroportuário poderá fazer a remoção de aeronaves, de equipamentos e de outros bens deixados nas áreas aeroportuárias sempre que restrinjam a operação, a ampliação da capacidade ou o regular funcionamento do aeroporto ou ocasionem riscos sanitários ou ambientais. (Acrescentado pela Lei 13.319/2016.)

§ 1º O disposto no *caput* aplica-se também a aeronaves, equipamentos e outros bens integrantes de massa falida, mediante comunicação ao juízo competente. (Acrescentado pela Lei 13.319/2016.)

§ 2º As despesas realizadas com as providências de que trata este artigo serão reembolsadas pelos proprietários dos bens e, em caso de falência, constituirão créditos extraconcursais a serem pagos pela massa. (Acrescentado pela Lei 13.319/2016.)

SEÇÃO IV
DA UTILIZAÇÃO DE
ÁREAS AEROPORTUÁRIAS

ART. 39. Os aeroportos compreendem áreas destinadas:

I - à sua própria administração;

II - ao pouso, decolagem, manobra e estacionamento de aeronaves;

III - ao atendimento e movimentação de passageiros, bagagens e cargas;

IV - aos concessionários ou permissionários dos serviços aéreos;

V - ao terminal de carga aérea;

VI - aos órgãos públicos que, por disposição legal, devam funcionar nos aeroportos internacionais;

VII - ao público usuário e estacionamento de seus veículos;

VIII - aos serviços auxiliares do aeroporto ou do público usuário;

IX - ao comércio apropriado para aeroporto.

ART. 40. Dispensa-se do regime de concorrência pública a utilização de áreas aeroportuárias pelos concessionários ou permissionários dos serviços aéreos públicos, para suas instalações de despacho, escritório, oficina e depósito, ou para abrigo, reparação e abastecimento de aeronaves.

§ 1º O termo de utilização será lavrado e assinado pelas partes em livro próprio, que poderá ser escriturado, mecanicamente, em folhas soltas.

§ 2º O termo de utilização para a construção de benfeitorias permanentes deverá ter prazo que permita a amortização do capital empregado.

§ 3º Na hipótese do parágrafo anterior, se a administração do aeroporto necessitar da área antes de expirado o prazo, o usuário terá direito à indenização correspondente ao capital não amortizado.

§ 4º Em qualquer hipótese, as benfeitorias ficarão incorporadas ao imóvel e, findo o prazo, serão restituídas, juntamente com as áreas, sem qualquer indenização, ressalvado o disposto no parágrafo anterior.

§ 5º Aplica-se o disposto neste artigo e respectivos parágrafos aos permissionários de serviços auxiliares.

ART. 41. O funcionamento de estabelecimentos empresariais nas áreas aeroportuárias de que trata o artigo 39, IX, depende de autorização da autoridade aeronáutica, com exclusão de qualquer outra, e deverá ser ininterrupto durante as 24 (vinte e quatro) horas de todos os dias, salvo determinação em contrário da administração do aeroporto.

Parágrafo único. A utilização das áreas aeroportuárias no caso deste artigo sujeita-se à licitação prévia, na forma de regulamentação baixada pelo Poder Executivo.

ART. 42. À utilização de áreas aeroportuárias não se aplica a legislação sobre locações urbanas.

SEÇÃO V
DAS ZONAS DE PROTEÇÃO

ART. 43. As propriedades vizinhas dos aeródromos e das instalações de auxílio à navegação aérea estão sujeitas a restrições especiais.

Parágrafo único. As restrições a que se refere este artigo são relativas ao uso das propriedades quanto a edificações, instalações, culturas agrícolas e objetos de natureza permanente ou temporária, e tudo mais que possa embaraçar as operações de aeronaves ou causar interferência nos sinais dos auxílios à radionavegação ou dificultar a visibilidade de auxílios visuais.

ART. 44. As restrições de que trata o artigo anterior são as especificadas pela autoridade aeronáutica, mediante aprovação dos seguintes planos, válidos, respectivamente, para cada tipo de auxílio à navegação aérea:

I - Plano Básico de Zona de Proteção de Aeródromos;

II - Plano de Zoneamento de Ruído;

III - Plano Básico de Zona de Proteção de Helipontos;

IV - Planos de Zona de Proteção e Auxílios à Navegação Aérea.

§ 1º De conformidade com as conveniências e peculiaridades de proteção ao voo, a cada aeródromo poderão ser aplicados Planos Específicos, observadas as prescrições, que couberem, dos Planos Básicos.

§ 2º O Plano Básico de Zona de Proteção de Aeródromos, o Plano Básico de Zoneamento de Ruído, o Plano de Zona de Proteção de Helipontos e os Planos de Zona de Proteção e Auxílios à Navegação Aérea serão aprovados por ato do Presidente da República.

§ 3º Os Planos Específicos de Zonas de Proteção de Aeródromos e Planos Específicos de Zoneamento de Ruído serão aprovados por ato do Ministro da Aeronáutica e transmitidos às administrações que devam fazer observar as restrições.

§ 4º As Administrações Públicas deverão compatibilizar o zoneamento do uso do solo, nas áreas vizinhas aos aeródromos, às restrições especiais, constantes dos Planos Básicos e Específicos.

§ 5º As restrições especiais estabelecidas aplicam-se a quaisquer bens, quer sejam privados ou públicos.

§ 6º A responsabilidade pela instalação, operação e manutenção dos equipamentos de sinalização de obstáculos será do proprietário, titular do domínio útil ou possuidor das propriedades a que se refere o art. 43. (Acrescentado pela Lei 13.133/ 2015.)

§ 7º O descumprimento do disposto no § 6º implicará a cominação de multa diária por infração aos preceitos deste Código, nos termos do art. 289, sem prejuízo da instalação, manutenção ou reparo do equipamento de sinalização pela autoridade competente, a expensas do infrator. (Acrescentado pela Lei 13.133/ 2015.)

ART. 45. A autoridade aeronáutica poderá embargar a obra ou construção de qualquer natureza que contrarie os Planos Básicos ou os Específicos de cada aeroporto, ou exigir a eliminação dos obstáculos levantados em desacordo com os referidos planos, posteriormente à sua publicação, por conta e risco do infrator, que não poderá reclamar qualquer indenização.

ART. 46. Quando as restrições estabelecidas impuserem demolições de obstáculos levantados antes da publicação dos Planos Básicos ou Específicos, terá o proprietário direito à indenização.

CAPÍTULO III
DO SISTEMA DE PROTEÇÃO AO VOO

SEÇÃO I
DAS VÁRIAS ATIVIDADES DE PROTEÇÃO AO VOO

ART. 47. O Sistema de Proteção ao Voo visa à regularidade, segurança e eficiência do fluxo de tráfego no espaço aéreo, abrangendo as seguintes atividades:

I - de controle de tráfego aéreo;

II - de telecomunicações aeronáuticas e dos auxílios à navegação aérea;

III - de meteorologia aeronáutica;

IV - de cartografia e informações aeronáuticas;

V - de busca e salvamento;

VI - de inspeção em voo;

VII - de coordenação e fiscalização do ensino técnico específico;

VIII - de supervisão de fabricação, reparo, manutenção e distribuição de equipamentos terrestres de auxílio à navegação aérea.

ART. 48. O serviço de telecomunicações aeronáuticas classifica-se em:

I - fixo aeronáutico;

II - móvel aeronáutico;

III - de radionavegação aeronáutica;

IV - de radiodifusão aeronáutica;

V - móvel aeronáutico por satélite;

VI - de radionavegação aeronáutica por satélite.

Parágrafo único. O serviço de telecomunicações aeronáuticas poderá ser operado:

a) diretamente pelo Ministério da Aeronáutica;

b) mediante autorização, por entidade especializada da Administração Federal Indireta, vinculada àquele Ministério, ou por pessoas jurídicas ou físicas dedicadas às atividades aéreas, em relação às estações privadas de telecomunicações aeronáuticas.

SEÇÃO II
DA COORDENAÇÃO DE BUSCA, ASSISTÊNCIA E SALVAMENTO

ART. 49. As Atividades de Proteção ao Voo abrangem a coordenação de busca, assistência e salvamento.

ART. 50. O Comandante da aeronave é obrigado a prestar assistência a quem se encontrar em perigo de vida no mar, no ar ou em terra, desde que o possa fazer sem perigo para a aeronave, sua tripulação, seus passageiros ou outras pessoas.

ART. 51. Todo Comandante de navio, no mar, e qualquer pessoa, em terra, são obrigados, desde que o possam fazer sem risco para si ou outras pessoas, a prestar assistência a quem estiver em perigo de vida, em consequência de queda ou avaria de aeronave.

ART. 52. A assistência poderá consistir em simples informação.

ART. 53. A obrigação de prestar socorro, sempre que possível, recai sobre aeronave em voo ou pronta para partir.

ART. 54. Na falta de outros recursos, o órgão do Ministério da Aeronáutica, encarregado de coordenar operações de busca e salvamento, poderá, a seu critério, atribuir a qualquer aeronave, em voo ou pronta para decolar, missão específica nessas operações.

ART. 55. Cessa a obrigação de assistência desde que o obrigado tenha conhecimento de que foi prestada por outrem ou quando dispensado pelo órgão competente do Ministério da Aeronáutica a que se refere o artigo anterior.

ART. 56. A não prestação de assistência por parte do Comandante exonera de responsabilidade o proprietário ou explorador da aeronave, salvo se tenham determinado a não prestação do socorro.

ART. 57. Toda assistência ou salvamento prestado com resultado útil dará direito à remuneração correspondente ao trabalho e à eficiência do ato, nas seguintes bases:

I - considerar-se-ão, em primeiro lugar:

a) o êxito obtido, os esforços, os riscos e o mérito daqueles que prestaram socorro;

b) o perigo passado pela aeronave socorrida, seus passageiros, sua tripulação e sua carga;

c) o tempo empregado, as despesas e prejuízos suportados tendo em conta a situação especial do assistente.

II - em segundo lugar, o valor das coisas recuperadas.

§ 1º Não haverá remuneração:

a) se o socorro for recusado ou se carecer de resultado útil;

b) quando o socorro for prestado por aeronave pública.

§ 2º O proprietário ou armador do navio conserva o direito de se prevalecer do abandono, ou da limitação de responsabilidade fixada nas leis e convenções em vigor.

ART. 58. Todo aquele que, por imprudência, negligência ou transgressão, provocar a movimentação desnecessária de recursos de busca e salvamento ficará obrigado a indenizar a União pelas despesas decorrentes dessa movimentação, mesmo que não tenha havido perigo de vida ou solicitação de socorro.

ART. 59. Prestada assistência voluntária, aquele que a prestou somente terá direito à remuneração se obtiver resultado útil, salvando pessoas ou concorrendo para salvá-las.

ART. 60. Cabe ao proprietário ou explorador indenizar a quem prestar assistência a passageiro ou tripulante de sua aeronave.

ART. 61. Se o socorro for prestado por diversas aeronaves, embarcações, veículos ou pessoas envolvendo vários interessados, a remuneração será fixada em conjunto pelo Juiz, e distribuída segundo os critérios estabelecidos neste artigo.

§ 1º Os interessados devem fazer valer seus direitos à remuneração no prazo de 6 (seis) meses, contado do dia do socorro.

§ 2º Decorrido o prazo, proceder-se-á ao rateio.

§ 3º Os interessados que deixarem fluir o prazo estabelecido no § 1º sem fazer valer seus direitos ou notificar os obrigados, só poderão exercitá-los sobre as importâncias que não tiverem sido distribuídas.

ART. 62. A remuneração não excederá o valor que os bens recuperados tiverem no final das operações de salvamento.

ART. 63. O pagamento da remuneração será obrigatório para quem usar aeronave sem o consentimento do seu proprietário ou explorador.

Parágrafo único. Provada a negligência do proprietário ou explorador, estes responderão, solidariamente, pela remuneração.

ART. 64. A remuneração poderá ser reduzida ou suprimida se provado que:

I - os reclamantes concorreram voluntariamente ou por negligência para agravar a situação de pessoas ou bens a serem socorridos;

II - se, comprovadamente, furtaram ou tornaram-se cúmplices de furto, extravio ou atos fraudulentos.

ART. 65. O proprietário ou explorador da aeronave que prestou socorro pode reter a carga até ser paga a cota que lhe corresponde da remuneração da assistência ou salvamento, mediante entendimento com o proprietário da mesma ou com a seguradora.

CAPÍTULO IV
DO SISTEMA DE SEGURANÇA DE VOO

SEÇÃO I
DOS REGULAMENTOS E REQUISITOS DE SEGURANÇA DE VOO

ART. 66. Compete à autoridade aeronáutica promover a segurança de voo, devendo estabelecer os padrões mínimos de segurança:

I - relativos a projetos, materiais, mão-de-obra, construção e desempenho de aeronaves, motores, hélices e demais componentes aeronáuticos; e

II - relativos à inspeção, manutenção em todos os níveis, reparos e operação de aeronaves, motores, hélices e demais componentes aeronáuticos.

§ 1º Os padrões mínimos serão estabelecidos em Regulamentos Brasileiros de Homologação Aeronáutica, a vigorar a partir de sua publicação.

§ 2º Os padrões poderão variar em razão do tipo ou destinação do produto aeronáutico.

ART. 67. Somente poderão ser usadas aeronaves, motores, hélices e demais componentes aeronáuticos que observem os padrões e requisitos previstos nos Regulamentos de que trata o artigo anterior, ressalvada a operação de aeronave experimental.

§ 1º Poderá a autoridade aeronáutica, em caráter excepcional, permitir o uso de componentes ainda não homologados, desde que não seja comprometida a segurança de voo.

§ 2º Considera-se aeronave experimental a fabricada ou montada por construtor amador, permitindo-se na sua construção o emprego de materiais referidos no parágrafo anterior.

§ 3º Compete à autoridade aeronáutica regulamentar a construção, operação e emissão de Certificado de Marca Experimental e Certificado de Autorização de Voo Experimental para as aeronaves construídas por amadores.

SEÇÃO II
DOS CERTIFICADOS DE HOMOLOGAÇÃO

ART. 68. A autoridade aeronáutica emitirá certificado de homologação de tipo de aeronave, motores, hélices e outros produtos aeronáuticos que satisfizerem as exigências e requisitos dos Regulamentos.

§ 1º Qualquer pessoa interessada pode requerer o certificado de que trata este artigo, observados os procedimentos regulamentares.

§ 2º A emissão de certificado de homologação de tipo de aeronave é indispensável à obtenção do certificado de aeronavegabilidade.

§ 3º O disposto neste artigo e seus §§ 1º e 2º aplica-se aos produtos aeronáuticos importados, os quais deverão receber o certificado correspondente no Brasil.

ART. 69. A autoridade aeronáutica emitirá os certificados de homologação de empresa destinada à fabricação de produtos aeronáuticos, desde que o respectivo sistema de fabricação e controle assegure que toda unidade fabricada atenderá ao projeto aprovado.

Parágrafo único. Qualquer interessado em fabricar produto aeronáutico, de tipo já certificado, deverá requerer o certificado de homologação de empresa, na forma do respectivo Regulamento.

ART. 70. A autoridade aeronáutica emitirá certificados de homologação de empresa destinada à execução de serviços de revisão, reparo e manutenção de aeronave, motores, hélices e outros produtos aeronáuticos.

§ 1º Qualquer oficina de manutenção de produto aeronáutico deve possuir o certificado de que trata este artigo, obedecido o procedimento regulamentar.

§ 2º Todo explorador ou operador de aeronave deve executar ou fazer executar a manutenção de aeronaves, motores, hélices e demais componentes, a fim de preservar as condições de segurança do projeto aprovado.

§ 3º A autoridade aeronáutica cancelará o certificado de aeronavegabilidade se constatar a falta de manutenção.

§ 4º A manutenção, no limite de até 100 (cem) horas, das aeronaves pertencentes aos aeroclubes que não disponham de oficina homologada, bem como das aeronaves mencionadas no § 4º, do artigo 107, poderá ser executada por mecânico licenciado pelo Ministério da Aeronáutica.

ART. 71. Os certificados de homologação, previstos nesta Seção, poderão ser emendados, modificados, suspensos ou cassados sempre que a segurança de voo ou o interesse público o exigir.

Parágrafo único. Salvo caso de emergência, o interessado será notificado para, no prazo que lhe for assinado, sanar qualquer irregularidade verificada.

CAPÍTULO V SISTEMA DE REGISTRO AERONÁUTICO BRASILEIRO

SEÇÃO I DO REGISTRO AERONÁUTICO BRASILEIRO

ART. 72. O Registro Aeronáutico Brasileiro será público, único e centralizado, destinando-se a ter, em relação à aeronave, as funções de:

I - emitir certificados de matrícula, de aeronavegabilidade e de nacionalidade de aeronaves sujeitas à legislação brasileira;

II - reconhecer a aquisição do domínio na transferência por ato entre vivos e dos direitos reais de gozo e garantia, quando se tratar de matéria regulada por este Código;

III - assegurar a autenticidade, inalterabilidade e conservação de documentos inscritos e arquivados;

IV - promover o cadastramento geral.

§ 1º É obrigatório o fornecimento de certidão do que constar do Registro.

§ 2º O Registro Aeronáutico Brasileiro será regulamentado pelo Poder Executivo.

ART. 73. Somente são admitidos a registro:

I - escrituras públicas, inclusive as lavradas em consulados brasileiros;

II - documentos particulares, com fé pública, assinados pelas partes e testemunhas;

III - atos autênticos de países estrangeiros, feitos de acordo com as leis locais, legalizados e traduzidos, na forma da lei, assim como sentenças proferidas por tribunais estrangeiros após homologação pelo Supremo Tribunal Federal;

IV - cartas de sentença, formais de partilha, certidões e mandados extraídos de autos de processo judicial.

ART. 74. No Registro Aeronáutico Brasileiro serão feitas:

I - a matrícula de aeronave, em livro próprio, por ocasião de primeiro registro no País, mediante os elementos constantes do título apresentado e da matrícula anterior, se houver;

II - a inscrição:

a) de títulos, instrumentos ou documentos em que se institua, reconheça, transfira, modifique ou extinga o domínio ou os demais direitos reais sobre aeronave;

b) de documentos relativos a abandono, perda, extinção ou alteração essencial de aeronave;

c) de atos ou contratos de exploração ou utilização, assim como de arresto, sequestro, penhora e apreensão de aeronave.

III - a averbação na matrícula e respectivo certificado das alterações que vierem a ser inscritas, assim como dos contratos de exploração, utilização ou garantia;

IV - a autenticação do Diário de Bordo de aeronave brasileira;

V - a anotação de usos e práticas aeronáuticas que não contrariem a lei, a ordem pública e os bons costumes.

ART. 75. Poderá ser cancelado o registro, mediante pedido escrito do proprietário, sempre que não esteja a aeronave ou os motores gravados, e com o consentimento por escrito do respectivo credor fiduciário, hipotecário ou daquele em favor de quem constar ônus real.

Parágrafo único. Nenhuma aeronave brasileira poderá ser transferida para o exterior se for objeto de garantia, a não ser com a expressa concordância do credor.

ART. 76. Os emolumentos, relativos ao registro, serão pagos pelo interessado, de conformidade com normas aprovadas pelo Ministério da Aeronáutica.

SEÇÃO II DO PROCEDIMENTO DE REGISTRO DE AERONAVES

ART. 77. Todos os títulos levados a registro receberão no Protocolo o número que lhes competir, observada a ordem de entrada.

ART. 78. O número de ordem determinará a prioridade do título, e esta a preferência dos direitos dependentes do registro.

ART. 79. O título de natureza particular apresentado em via única será arquivado no Registro Aeronáutico Brasileiro, que fornecerá certidão do mesmo, ao interessado.

ART. 80. Protocolizado o título, proceder-se-á aos registros, prevalecendo, para efeito de prioridade, os títulos prenotados no Protocolo sob número de ordem mais baixo.

ART. 81. No Protocolo será anotada, à margem da prenotação, a exigência feita pela autoridade aeronáutica.

Parágrafo único. Opondo-se o interessado, o processo será solucionado pelo órgão competente do Ministério da Aeronáutica, com recurso à autoridade aeronáutica superior.

ART. 82. Cessarão automaticamente os efeitos da prenotação se, decorridos 30 (trinta) dias do seu lançamento no Protocolo, não tiver o título sido registrado por omissão do interessado em atender às exigências legais.

ART. 83. Em caso de permuta, serão feitas as inscrições nas matrículas correspondentes, sob um único número de ordem no Protocolo.

ART. 84. O Diário de Bordo será apresentado ao Registro Aeronáutico Brasileiro para autenticação dos termos de abertura, encerramento e número de páginas.

Parágrafo único. O Diário de Bordo deverá ser encadernado e suas folhas numeradas, contendo na primeira e na última, respectivamente, o termo de abertura e encerramento com o número de suas páginas, devidamente autenticados pelo Registro Aeronáutico Brasileiro.

ART. 85. O Registro Aeronáutico Brasileiro assentará em livro próprio ex *officio* ou a pedido da associação de classe interessada os costumes e práticas aeronáuticas que não contrariem a lei ou os bons costumes, após a manifestação dos órgãos jurídicos do Ministério da Aeronáutica.

CAPÍTULO VI SISTEMA DE INVESTIGAÇÃO E PREVENÇÃO DE ACIDENTES AERONÁUTICOS - SIPAER

▸ Redação dada pela Lei 12.970/2014.

SEÇÃO I DA INVESTIGAÇÃO SIPAER

ART. 86. Compete ao Sistema de Investigação e Prevenção de Acidentes Aeronáuticos planejar, orientar, coordenar, controlar e executar as atividades de investigação e de prevenção de acidentes Aeronáuticos.

§ 1º (Vetado).

§ 2º A investigação de quaisquer outros acidentes relacionados com a infraestrutura aeronáutica, desde que não envolva aeronaves, não está abrangida nas atribuições próprias da Comissão de Investigação de Acidentes Aeronáuticos.

§§ 3º a **6º** (Vetados).

ART. 86-A. A investigação de acidentes e incidentes aeronáuticos tem por objetivo único a prevenção de outros acidentes e incidentes por meio da identificação dos fatores que tenham contribuído, direta ou indiretamente, para a ocorrência e da emissão de recomendações de segurança operacional. (Acrescentado pela Lei 12.970/2014.)

Parágrafo único. Em qualquer fase da investigação, poderão ser emitidas recomendações de segurança operacional. (Acrescentado pela Lei 12.970/2014.)

ART. 87. A prevenção de acidentes aeronáuticos é da responsabilidade de todas as pessoas, naturais ou jurídicas, envolvidas com a fabricação, manutenção, operação e circulação de aeronaves, bem assim com as atividades de apoio da infraestrutura aeronáutica no território brasileiro.

ART. 88. Toda pessoa que tiver conhecimento de qualquer acidente de aviação ou da existência de restos ou despojos de aeronave tem o dever de comunicá-lo à autoridade pública mais próxima e pelo meio mais rápido.

Parágrafo único. A autoridade pública que tiver conhecimento do fato ou nele intervier, comunicá-lo-á imediatamente, sob pena de responsabilidade por negligência, à autoridade aeronáutica mais próxima do acidente.

ART. 88-A. A investigação Sistema de Investigação e Prevenção de Acidentes Aeronáuticos - SIPAER englobará práticas, técnicas, processos, procedimentos e métodos empregados para a identificação de atos, condições ou circunstâncias que, isolada ou conjuntamente, representem risco à integridade de pessoas, aeronaves e outros bens, unicamente em proveito da prevenção de acidentes aeronáuticos, incidentes aeronáuticos e ocorrências de solo. (Acrescentado pela Lei 12.970/2014.)

§ 1º A investigação Sipaer deverá considerar fatos, hipóteses e precedentes conhecidos na identificação dos possíveis fatores contribuintes para a ocorrência ou o agravamento das consequências de acidentes aeronáuticos, incidentes aeronáuticos e ocorrências de solo. (Acrescentado pela Lei 12.970/2014.)

§ 2º A autoridade de investigação Sipaer poderá decidir por não proceder à investigação Sipaer ou interrompê-la, se já em andamento, nos casos em que for constatado ato ilícito doloso relacionado à causalidade do sinistro e em que a investigação não trouxer proveito à prevenção de novos acidentes ou incidentes aeronáuticos, sem prejuízo da comunicação à autoridade policial competente. (Acrescentado pela Lei 12.970/2014.)

ART. 88-B. A investigação Sipaer de um determinado acidente, incidente aeronáutico ou ocorrência de solo deverá desenvolver-se de forma independente de quaisquer outras investigações sobre o mesmo evento, sendo vedada a participação nestas de qualquer pessoa que esteja participando ou tenha participado da primeira. (Acrescentado pela Lei 12.970/2014.)

ART. 88-C. A investigação Sipaer não impedirá a instauração nem suprirá a necessidade de outras investigações, inclusive para fins de prevenção, e, em razão de objetivar a preservação de vidas humanas, por intermédio da segurança do transporte aéreo, terá precedência sobre os procedimentos concomitantes ou não das demais investigações no tocante ao acesso e à guarda de itens de interesse da investigação. (Acrescentado pela Lei 12.970/2014.)

ART. 88-D. Se, no curso de investigação Sipaer, forem encontrados indícios de crime, relacionados ou não à cadeia de eventos do acidente, far-se-á a comunicação à autoridade policial competente. (Acrescentado pela Lei 12.970/2014.)

ART. 88-E. Mediante pedido da autoridade policial ou judicial, a autoridade de investigação Sipaer colocará especialistas à disposição para os exames necessários às diligências sobre o acidente aeronáutico com aeronave civil, desde que: (Acrescentado pela Lei 12.970/2014.)

I - não exista, no quadro de pessoal do órgão solicitante, técnico capacitado ou equipamento apropriado para os exames requeridos; (Acrescentado pela Lei 12.970/2014.)

II - a autoridade solicitante discrimine os exames a serem feitos; (Acrescentado pela Lei 12.970/2014.)

III - exista, no quadro de pessoal da autoridade de investigação Sipaer, técnico capacitado e equipamento apropriado para os exames requeridos; e (Acrescentado pela Lei 12.970/2014.)

IV - a entidade solicitante custeie todas as despesas decorrentes da solicitação. (Acrescentado pela Lei 12.970/2014.)

Parágrafo único. O pessoal colocado à disposição pela autoridade de investigação Sipaer não poderá ter participado da investigação Sipaer do mesmo acidente. (Acrescentado pela Lei 12.970/2014.)

SEÇÃO II
DA COMPETÊNCIA PARA A INVESTIGAÇÃO SIPAER

ART. 88-F. A investigação de acidente com aeronave de Força Armada será conduzida pelo respectivo Comando Militar e, no caso de aeronave militar estrangeira, pelo Comando da Aeronáutica ou conforme os acordos vigentes. (Acrescentado pela Lei 12.970/2014.)

Parágrafo único. (Vetado).

ART. 88-G. A investigação Sipaer de acidente com aeronave civil será conduzida pela autoridade de investigação Sipaer, a qual decidirá sobre a composição da comissão de investigação Sipaer, cuja presidência caberá a profissional habilitado e com credencial Sipaer válida. (Acrescentado pela Lei 12.970/2014.)

§ 1º A autoridade de investigação Sipaer requisitará dos órgãos e entidades competentes, com precedência sobre outras requisições, os laudos, autos de exames, inclusive autópsias, e cópias de outros documentos de interesse para a investigação Sipaer. (Acrescentado pela Lei 12.970/2014.)

§ 2º À comissão de investigação Sipaer, nos limites estabelecidos pela autoridade de investigação Sipaer, ficará assegurado o acesso à aeronave acidentada, a seus destroços e a coisas que por ela eram transportadas, bem como a dependências, equipamentos, documentos e quaisquer outros elementos necessários à investigação, onde se encontrarem. (Acrescentado pela Lei 12.970/2014.)

§ 3º A responsabilidade pela inobservância do disposto nos §§ 1º e 2º deste artigo será apurada mediante processo administrativo disciplinar, se do fato não resultar crime. (Acrescentado pela Lei 12.970/2014.)

§ 4º Caberá, nos casos urgentes, a busca e apreensão, por meio do órgão de representação judicial da União, aplicando-se a Lei no 5.869, de 11 de janeiro de 1973 - Código de Processo Civil. (Acrescentado pela Lei 12.970/2014.)

§ 5º Em caso de acidente aeronáutico, incidente aeronáutico ou ocorrência de solo com aeronave civil, a autoridade de investigação Sipaer terá prioridade no embarque em aeronaves civis brasileiras empregadas no transporte aéreo público. (Acrescentado pela Lei 12.970/2014.)

§ 6º No intuito de prover celeridade à investigação Sipaer, a prioridade prevista no § 5º deste artigo será exercida mediante a apresentação de credencial emitida pela autoridade de investigação Sipaer, no aeroporto de embarque, ao representante da empresa requisitada. (Acrescentado pela Lei 12.970/2014.)

ART. 88-H. A investigação Sipaer de acidente aeronáutico será concluída com a emissão do relatório final, documento que representa o pronunciamento da autoridade de investigação Sipaer sobre os possíveis fatores contribuintes de determinado acidente aeronáutico e apresenta recomendações unicamente em proveito da segurança operacional da atividade aérea. (Acrescentado pela Lei 12.970/2014.)

Parágrafo único. O relatório final de acidente com aeronave de Força Armada será aprovado pelo comandante do respectivo Comando Militar. (Acrescentado pela Lei 12.970/2014.)

SEÇÃO III
DO SIGILO PROFISSIONAL E DA PROTEÇÃO À INFORMAÇÃO

ART. 88-I. São fontes Sipaer: (Acrescentado pela Lei 12.970/2014.)

I - gravações das comunicações entre os órgãos de controle de tráfego aéreo e suas transcrições; (Acrescentado pela Lei 12.970/2014.)

II - gravações das conversas na cabine de pilotagem e suas transcrições; (Acrescentado pela Lei 12.970/2014.)

III - dados dos sistemas de notificação voluntária de ocorrências; (Acrescentado pela Lei 12.970/2014.)

IV - gravações das comunicações entre a aeronave e os órgãos de controle de tráfego aéreo e suas transcrições; (Acrescentado pela Lei 12.970/2014.)

V - gravações dos dados de voo e os gráficos e parâmetros deles extraídos ou transcritos ou extraídos e transcritos; (Acrescentado pela Lei 12.970/2014.)

VI - dados dos sistemas automáticos e manuais de coleta de dados; e (Acrescentado pela Lei 12.970/2014.)

VII - demais registros usados nas atividades Sipaer, incluindo os de investigação. (Acrescentado pela Lei 12.970/2014.)

§ 1º Em proveito da investigação Sipaer, a autoridade de investigação Sipaer terá precedência no acesso e na custódia das fontes citadas no *caput*. (Acrescentado pela Lei 12.970/2014.)

§ 2º A fonte de informações de que trata o inciso III do *caput* e as análises e conclusões da investigação Sipaer não serão utilizadas para fins probatórios nos processos judiciais e procedimentos administrativos e somente serão fornecidas mediante requisição judicial, observado o art. 88-K desta Lei. (Acrescentado pela Lei 12.970/2014.)

§ 3º Toda informação prestada em proveito de investigação Sipaer e de outras atividades afetas ao Sipaer será espontânea e baseada na garantia legal de seu exclusivo uso para fins de prevenção. (Acrescentado pela Lei 12.970/2014.)

§ 4º Salvo em proveito de investigação Sipaer e de outras atividades de prevenção, será vedado ao profissional do Sipaer revelar suas fontes e respectivos conteúdos, aplicando-se-lhe o disposto no art. 207 do Decreto-Lei n. 3.689, de 3 de outubro de 1941 - Código de Processo Penal, e no art. 406 da Lei n. 5.869, de 11 de janeiro de 1973 - Código de Processo Civil. (Acrescentado pela Lei 12.970/2014.)

› Refere-se ao Código de Processo Civil/1973. V. art. 448, NCPC.

ART. 88-J. As fontes e informações Sipaer que tiverem seu uso permitido em inquérito ou em processo judicial ou procedimento administrativo estarão protegidas pelo sigilo processual. (Acrescentado pela Lei 12.970/2014.)

ART. 88-K. Para o uso das fontes Sipaer como prova, nos casos permitidos por esta Lei, o juiz decidirá após oitiva do representante judicial da autoridade Sipaer, que deverá se pronunciar no prazo de 72 (setenta e duas) horas. (Acrescentado pela Lei 12.970/2014.)

ART. 88-L. A autoridade Sipaer, ou a quem esta delegar, poderá decidir sobre a conveniência de divulgar, sem prejuízo à prevenção de acidentes e às previsões legais, informações relativas às investigações Sipaer em andamento e às respectivas fontes Sipaer. (Acrescentado pela Lei 12.970/2014.)

SEÇÃO IV
DO ACESSO AOS DESTROÇOS DE AERONAVE

ART. 88-M. A aeronave civil envolvida em acidente, incidente aeronáutico ou ocorrência de solo poderá ser interditada pela autoridade de investigação Sipaer, observando-se que: (Acrescentado pela Lei 12.970/2014.)

I - o auto de interdição será assinado pela autoridade de investigação Sipaer e, se possível, pelo operador da aeronave ou seu representante; (Acrescentado pela Lei 12.970/2014.)

II - mediante autorização da autoridade de investigação Sipaer, a aeronave interditada poderá funcionar para efeito de manutenção; e (Acrescentado pela Lei 12.970/2014.)

III - o operador permanecerá responsável pelo adimplemento de quaisquer obrigações que incidam sobre a aeronave. (Acrescentado pela Lei 12.970/2014.)

ART. 88-N. Exceto para efeito de salvar vidas, preservação da segurança das pessoas ou preservação de evidências, nenhuma aeronave acidentada, seus destroços ou coisas que por ela eram transportadas podem ser vasculhados ou removidos, a não ser com a autorização da autoridade de investigação Sipaer, que deterá a guarda dos itens de interesse para a investigação até a sua liberação nos termos desta Lei. (Acrescentado pela Lei 12.970/2014.)

ART. 88-O. A autoridade policial competente deve isolar e preservar o local do acidente ou incidente aéreo, inclusive a aeronave acidentada e seus destroços, para a coleta de provas, até a liberação da aeronave ou dos destroços tanto pelas autoridades aeronáuticas quanto por eventuais agentes de perícia criminal responsáveis pelas respectivas investigações. (Acrescentado pela Lei 12.970/2014.)

ART. 88-P. Em coordenação com a autoridade de investigação Sipaer, ficará assegurado a outros órgãos, inclusive da autoridade de aviação civil e da polícia judiciária, o acesso à aeronave acidentada, aos seus destroços ou a coisas que por ela eram transportadas, somente podendo haver manipulação ou retenção de quaisquer objetos do acidente com anuência da autoridade de investigação Sipaer. (Acrescentado pela Lei 12.970/2014.)

ART. 88-Q. O dever de remoção de aeronave envolvida em acidente, de destroços e de bens transportados, em qualquer parte, será do explorador da aeronave, que arcará com as despesas decorrentes. (Acrescentado pela Lei 12.970/2014.)

§ 1º Nos aeródromos públicos, caso o explorador não providencie tempestivamente a remoção da aeronave ou dos seus destroços, caberá à administração do aeródromo fazê-lo, imputando-se àquele a indenização das despesas. (Acrescentado pela Lei 12.970/2014.)

§ 2º Visando à proteção do meio ambiente, à segurança, à saúde e à preservação de propriedade pública e privada, o explorador da aeronave acidentada deverá providenciar e custear a higienização do local, dos bens e dos destroços quando, pelo lugar ou estado em que se encontrarem, não puderem ser removidos. (Acrescentado pela Lei 12.970/2014.)

§ 3º Será proibida a venda dos destroços, partes, peças, componentes e motores antes de eles terem sido liberados pela autoridade de investigação Sipaer e, se houver, pelo responsável pela investigação policial, depois de observadas as demais exigências legais e regulamentares. (Acrescentado pela Lei 12.970/2014.)

ART. 88-R. Os interessados na custódia dos destroços deverão habilitar-se perante a autoridade de investigação Sipaer, do início da investigação Sipaer até 90 (noventa) dias após a sua conclusão, por meio de pedido ao juiz da causa, que julgará sobre seu cabimento e interesse. (Acrescentado pela Lei 12.970/2014.)

§ 1º Caso mais de um interessado habilite-se na forma do *caput*, os destroços serão encaminhados àquele que primeiro se habilitou, sendo todos os juízos habilitados notificados da decisão de custódia, por meio de comunicação oficial da autoridade de investigação Sipaer. (Acrescentado pela Lei 12.970/2014.)

§ 2º Os custos de transporte dos destroços ficarão a cargo do interessado, que deverá prover o transporte em até 90 (noventa) dias do deferimento de sua custódia, e, se esgotado tal prazo, o próximo interessado, na ordem de preferência, será chamado. (Acrescentado pela Lei 12.970/2014.)

§ 3º Esgotados os interessados habilitados, sem realizarem a retirada dos destroços, no prazo previsto no § 2º, ou se não houver interessado habilitado, o proprietário da aeronave acidentada, consignado no Registro Aeronáutico Brasileiro, será notificado, por meio de carta com aviso de recebimento, para proceder, em 90 (noventa) dias da notificação, à retirada dos destroços. (Acrescentado pela Lei 12.970/2014.)

§ 4º Não sendo encontrado o proprietário, havendo recusa da carta com aviso de recebimento ou retornando esta sem a assinatura do notificado ou de seu representante legal, a autoridade de investigação Sipaer publicará edital, na imprensa oficial e no sítio oficial do órgão na rede mundial de computadores, internet, estabelecendo o prazo de 90 (noventa) dias para o proprietário proceder à retirada dos destroços, sob seus ônus e responsabilidade. (Acrescentado pela Lei 12.970/2014.)

§ 5º Esgotados os prazos de retirada dos destroços pelo proprietário, nos termos dos §§ 1º a 4º, os itens poderão ser utilizados para a instrução ou destruídos pela autoridade de investigação Sipaer, sendo que, no último caso, os resíduos poderão ser alienados como sucata. (Acrescentado pela Lei 12.970/2014.)

§ 6º Para a aferição do cumprimento do prazo de manifestação de interesse e da ordem de preferência, será considerada a data de ingresso do pedido judicial no protocolo da autoridade de investigação Sipaer. (Acrescentado pela Lei 12.970/2014.)

ART. 89. (Revogado pela Lei 12.970/2014.)

ART. 90. Sempre que forem acionados os serviços de emergência de aeroporto para a prestação de socorro, o custo das despesas decorrentes será indenizado pelo explorador da aeronave socorrida.

ART. 91. (Revogado pela Lei 12.970/2014.)

ART. 92. (Revogado pela Lei 12.970/2014.)

ART. 93. A correspondência transportada por aeronave acidentada deverá ser entregue, o mais rápido possível, à entidade responsável pelo serviço postal, que fará a devida comunicação à autoridade aduaneira mais próxima, no caso de remessas postais internacionais.

CAPÍTULO VII
SISTEMA DE FACILITAÇÃO, SEGURANÇA DA AVIAÇÃO CIVIL E COORDENAÇÃO DO TRANSPORTE AÉREO

SEÇÃO I
DA FACILITAÇÃO DO TRANSPORTE AÉREO

ART. 94. O sistema de facilitação do transporte aéreo, vinculado ao Ministério da Aeronáutica, tem por objetivo estudar as normas e recomendações pertinentes da Organização de Aviação Civil Internacional - OACI e propor aos órgãos interessados as medidas adequadas a implementá-las no País, avaliando os resultados e sugerindo as alterações necessárias ao aperfeiçoamento dos serviços aéreos.

SEÇÃO II
DA SEGURANÇA DA AVIAÇÃO CIVIL

ART. 95. O Poder Executivo deverá instituir e regular a Comissão Nacional de Segurança da Aviação Civil.

§ 1º A Comissão mencionada no *caput* deste artigo tem como objetivos:

I - assessorar os órgãos governamentais, relativamente à política e critérios de segurança;

II - promover a coordenação entre:

a) os serviços de controle de passageiros;

b) a administração aeroportuária;

c) o policiamento;

d) as empresas de transporte aéreo;

e) as empresas de serviços auxiliares.

§ 2º Compete, ainda, à referida Comissão determinar as normas e medidas destinadas a prevenir e a enfrentar ameaças e atos contra a aviação civil e as instalações correlatas.

SEÇÃO III
DA COORDENAÇÃO DO TRANSPORTE AÉREO CIVIL

ART. 96. O Poder Executivo regulamentará o órgão do sistema de coordenação do transporte aéreo civil, a fim de:

I - propor medidas visando a:

a) assegurar o desenvolvimento harmônico do transporte aéreo, no contexto de programas técnicos e econômico-financeiros específicos;

b) acompanhar e fiscalizar a execução desses programas.

II - apreciar, sob os aspectos técnico-aeronáuticos e econômico-financeiros, os pedidos de importação e exportação de aeronaves civis e propor instruções para o incentivo da indústria nacional de natureza aeroespacial.

CAPÍTULO VIII
SISTEMA DE FORMAÇÃO E ADESTRAMENTO DE PESSOAL

SEÇÃO I
DOS AEROCLUBES

ART. 97. Aeroclube é toda sociedade civil com patrimônio e administração próprios, com serviços locais e regionais, cujos objetivos principais são o ensino e a prática da aviação civil, de turismo e desportiva em todas as suas modalidades, podendo cumprir missões de emergência ou de notório interesse da coletividade.

§ 1º Os serviços aéreos prestados por aeroclubes abrangem as atividades de:

I - ensino e adestramento de pessoal de voo;

II - ensino e adestramento de pessoal da infraestrutura aeronáutica;

III - recreio e desportos.

§ 2º Os aeroclubes e as demais entidades afins, uma vez autorizadas a funcionar, são considerados como de utilidade pública.

SEÇÃO II
DA FORMAÇÃO E ADESTRAMENTO DE PESSOAL DE AVIAÇÃO CIVIL

ART. 98. Os aeroclubes, escolas ou cursos de aviação ou de atividade a ela vinculada (artigo 15, §§ 1º e 2º) somente poderão funcionar com autorização prévia de autoridade aeronáutica.

§ 1º As entidades de que trata este artigo, após serem autorizadas a funcionar, são consideradas de utilidade pública.

§ 2º A formação e o adestramento de pessoal das Forças Armadas serão estabelecidos em legislação especial.

ART. 99. As entidades referidas no artigo anterior só poderão funcionar com a prévia autorização do Ministério da Aeronáutica.

Parágrafo único. O Poder Executivo baixará regulamento fixando os requisitos e as condições para a autorização e o funcionamento dessas entidades, assim como para o registro dos respectivos professores, aprovação de cursos, expedição e validade dos certificados de conclusão dos cursos e questões afins.

SEÇÃO III
DA FORMAÇÃO E ADESTRAMENTO DE PESSOAL DESTINADO À INFRAESTRUTURA AERONÁUTICA

ART. 100. Os programas de desenvolvimento de ensino e adestramento de pessoal civil vinculado à infraestrutura aeronáutica compreendem a formação, aperfeiçoamento e especialização de técnicos para todos os elementos indispensáveis, imediata ou mediatamente, à navegação aérea, inclusive à fabricação, revisão e manutenção de produtos aeronáuticos ou relativos à proteção ao (omissão do Diário Oficial).

Parágrafo único. Cabe à autoridade aeronáutica expedir licença ou certificado de controladores de tráfego aéreo e de outros profissionais dos diversos setores de atividades vinculadas à navegação aérea e à infraestrutura aeronáutica.

CAPÍTULO IX
SISTEMA DE INDÚSTRIA AERONÁUTICA

ART. 101. A indústria aeronáutica, constituída de empresas de fabricação, revisão, reparo e manutenção de produto aeronáutico ou relativo à proteção ao voo depende de registro e de homologação (artigos 66 a 71).

CAPÍTULO X
DOS SERVIÇOS AUXILIARES

ART. 102. São serviços auxiliares:

I - as agências de carga aérea, os serviços de rampa ou de pista nos aeroportos e os relativos à hotelaria nos aeroportos;

II - os demais serviços conexos à navegação aérea ou à infraestrutura aeronáutica, fixados, em regulamento, pela autoridade aeronáutica.

§ 1º (Vetado).

§ 2º Serão permitidos convênios entre empresas nacionais e estrangeiras, para que cada uma opere em seu respectivo país, observando-se suas legislações específicas.

ART. 103. Os serviços de controle aduaneiro nos aeroportos internacionais serão executados de conformidade com lei específica.

ART. 104. Todos os equipamentos e serviços de terra utilizados no atendimento de aeronaves, passageiros, bagagem e carga são de responsabilidade dos transportadores ou de prestadores autônomos de serviços auxiliares.

CAPÍTULO XI
SISTEMA DE COORDENAÇÃO DA INFRAESTRUTURA AERONÁUTICA

ART. 105. Poderá ser instalado órgão ou Comissão com o objetivo de:

I - promover o planejamento integrado da infraestrutura aeronáutica e sua harmonização com as possibilidades econômico-financeiras do País;

II - coordenar os diversos sistemas ou subsistemas;

III - estudar e propor as medidas adequadas ao funcionamento harmônico dos diversos sistemas ou subsistemas;

IV - coordenar os diversos registros e homologações exigidos por lei.

TÍTULO IV
DAS AERONAVES

CAPÍTULO I
DISPOSIÇÕES GERAIS

ART. 106. Considera-se aeronave todo aparelho manobrável em voo, que possa sustentar-se e circular no espaço aéreo, mediante reações aerodinâmicas, apto a transportar pessoas ou coisas.

Parágrafo único. A aeronave é bem móvel registrável para o efeito de nacionalidade, matrícula, aeronavegabilidade (artigos 72, I, 109 e 114), transferência por ato entre vivos (artigos 72, II e 115, IV), constituição de hipoteca (artigos 72, II e 138), publicidade (artigos 72, III e 117) e cadastramento geral (artigo 72, V).

ART. 107. As aeronaves classificam-se em civis e militares.

§ 1º Consideram-se militares as integrantes das Forças Armadas, inclusive as requisitadas na forma da lei, para missões militares (artigo 3º, I).

§ 2º As aeronaves civis compreendem as aeronaves públicas e as aeronaves privadas.

§ 3º As aeronaves públicas são as destinadas ao serviço do Poder Público, inclusive as requisitadas na forma da lei; todas as demais são aeronaves privadas.

§ 4º (Revogado pela Lei 12.887/2013.)

§ 5º Salvo disposição em contrário, os preceitos deste Código não se aplicam às aeronaves militares, reguladas por legislação especial (artigo 14, § 6º).

CAPÍTULO II
DA NACIONALIDADE, MATRÍCULA E AERONAVEGABILIDADE

SEÇÃO I
DA NACIONALIDADE E MATRÍCULA

ART. 108. A aeronave é considerada da nacionalidade do Estado em que esteja matriculada.

ART. 109. O Registro Aeronáutico Brasileiro, no ato da inscrição, após a vistoria técnica, atribuirá as marcas de nacionalidade e matrícula, identificadoras da aeronave.

§ 1º A matrícula confere nacionalidade brasileira à aeronave e substitui a matrícula anterior, sem prejuízo dos atos jurídicos realizados anteriormente.

§ 2º Serão expedidos os respectivos certificados de matrícula e nacionalidade e de aeronavegabilidade.

ART. 110. A matrícula de aeronave já matriculada em outro Estado pode ser efetuada pelo novo adquirente, mediante a comprovação da transferência da propriedade; ou pelo explorador, mediante o expresso consentimento do titular do domínio.

Parágrafo único. O consentimento do proprietário pode ser manifestado, por meio de mandato especial, em cláusula do respectivo contrato de utilização de aeronave, ou em documento separado.

ART. 111. A matrícula será provisória quando:

I - feita pelo explorador, usuário, arrendatário, promitente-comprador ou por quem, sendo possuidor, não tenha a propriedade, mas tenha o expresso mandato ou consentimento do titular do domínio da aeronave;

II - o vendedor reserva, para si a propriedade da aeronave até o pagamento total do preço ou até o cumprimento de determinada condição, mas consente, expressamente, que o comprador faça a matrícula.

§ 1º A ocorrência da condição resolutiva, estabelecida no contrato, traz como consequência o cancelamento da matrícula, enquanto a quitação ou a ocorrência de condição suspensiva autoriza a matrícula definitiva.

§ 2º O contrato de compra e venda, a prazo, desde que o vendedor não reserve para si a propriedade, enseja a matrícula definitiva.

ART. 112. As marcas de nacionalidade e matrícula serão canceladas:

I - a pedido do proprietário ou explorador quando deva inscrevê-la em outro Estado, desde que não exista proibição legal (artigo 75 e Parágrafo único);

II - *ex officio* quando matriculada em outro país;

III - quando ocorrer o abandono ou perecimento da aeronave.

ART. 113. As inscrições constantes do Registro Aeronáutico Brasileiro serão averbadas no certificado de matrícula da aeronave.

SEÇÃO II
DO CERTIFICADO DE AERONAVEGABILIDADE

ART. 114. Nenhuma aeronave poderá ser autorizada para o voo sem a prévia expedição do correspondente certificado de aeronavegabilidade que só será válido durante o prazo estipulado e enquanto observadas as condições obrigatórias nele mencionadas (artigos 20 e 68, § 2º).

§ 1º São estabelecidos em regulamento os requisitos, condições e provas necessários à obtenção ou renovação do certificado, assim como o prazo de vigência e casos de suspensão ou cassação.

§ 2º Poderão ser convalidados os certificados estrangeiros de aeronavegabilidade que atendam aos requisitos previstos no regulamento de que trata o parágrafo anterior, e às condições aceitas internacionalmente.

CAPÍTULO III
DA PROPRIEDADE E EXPLORAÇÃO DA AERONAVE

SEÇÃO I
DA PROPRIEDADE DA AERONAVE

ART. 115. Adquire-se a propriedade da aeronave:

I - por construção;

II - por usucapião;

III - por direito hereditário;

IV - por inscrição do título de transferência no Registro Aeronáutico Brasileiro;

V - por transferência legal (artigos 145 e 190).

§ 1º Na transferência da aeronave estão sempre compreendidos, salvo cláusula expressa em contrário, os motores, equipamentos e instalações internas.

§ 2º Os títulos translativos da propriedade de aeronave, por ato entre vivos, não transferem o seu domínio, senão da data em que se inscreverem no Registro Aeronáutico Brasileiro.

ART. 116. Considera-se proprietário da aeronave a pessoa natural ou jurídica que a tiver:

I - construído, por sua conta;

II - mandado construir, mediante contrato;

III - adquirido por usucapião, por possuí-la como sua, baseada em justo título e boa-fé, sem interrupção nem oposição durante 5 (cinco) anos;

IV - adquirido por direito hereditário;

V - inscrito em seu nome no Registro Aeronáutico Brasileiro, consoante instrumento público ou particular, judicial ou extrajudicial (artigo 115, IV).

§ 1º Deverá constar da inscrição e da matrícula o nome daquele a quem, no título de aquisição, for transferida a propriedade da aeronave.

§ 2º Caso a inscrição e a matrícula sejam efetuadas por possuidor que não seja titular da propriedade da aeronave, deverá delas constar o nome do proprietário e a averbação do seu expresso mandato ou consentimento.

ART. 117. Para fins de publicidade e continuidade, serão também inscritos no Registro Aeronáutico Brasileiro:

I - as arrematações e adjudicações em hasta pública;

II - as sentenças de divórcio, de nulidade ou anulações de casamento quando nas respectivas partilhas existirem aeronaves;

III - as sentenças de extinção de condomínio;

IV - as sentenças de dissolução ou liquidação de sociedades, em que haja aeronaves a partilhar;

V - as sentenças que, nos inventários, arrolamentos e partilhas, adjudicarem aeronaves em pagamento de dívidas da herança;

VI - as sentenças ou atos de adjudicação, assim como os formais ou certidões de partilha na sucessão legítima ou testamentária;

VII - as sentenças declaratórias de usucapião.

ART. 118. Os projetos de construção, quando por conta do próprio fabricante, ou os contratos de construção quando por conta de quem a tenha contratado serão inscritos no Registro Aeronáutico Brasileiro.

§ 1º No caso de hipoteca de aeronave em construção mediante contrato, far-se-ão, ao mesmo tempo, a inscrição do respectivo contrato de construção e a da hipoteca.

§ 2º No caso de hipoteca de aeronave em construção por conta do fabricante faz-se, no mesmo ato, a inscrição do projeto de construção e da respectiva hipoteca.

§ 3º Quando não houver hipoteca de aeronave em construção, far-se-á a inscrição do projeto construído por ocasião do pedido de matrícula.

ART. 119. As aeronaves em processo de homologação, as destinadas à pesquisa e desenvolvimento para fins de homologação e as produzidas por amadores estão sujeitas à emissão de certificados de autorização de voo experimental e de marca experimental (artigos 17, Parágrafo único, e 67, § 1º).

ART. 120. Perde-se a propriedade da aeronave pela alienação, renúncia, abandono, perecimento, desapropriação e pelas causas de extinção previstas em lei.

§ 1º Ocorre o abandono da aeronave ou de parte dela quando não for possível determinar sua legítima origem ou quando manifestar-se o proprietário, de modo expresso, no sentido de abandoná-la.

§ 2º Considera-se perecida a aeronave quando verificada a impossibilidade de sua recuperação ou após o transcurso de mais de 180 (cento e oitenta) dias a contar da data em que dela se teve a última notícia oficial.

§ 3º Verificado, em inquérito administrativo, o abandono ou perecimento da aeronave, será cancelada *ex officio* a respectiva matrícula.

ART. 121. O contrato que objetive a transferência da propriedade de aeronave ou a constituição sobre ela de direito real poderá ser elaborado por instrumento público ou particular.

Parágrafo único. No caso de contrato realizado no exterior aplica-se o disposto no artigo 73, item III.

SEÇÃO II
DA EXPLORAÇÃO E DO EXPLORADOR DE AERONAVE

ART. 122. Dá-se a exploração da aeronave quando uma pessoa física ou jurídica, proprietária ou não, a utiliza, legitimamente, por conta própria, com ou sem fins lucrativos.

ART. 123. Considera-se operador ou explorador de aeronave:

I - a pessoa jurídica que tem a concessão dos serviços de transporte público regular ou a autorização dos serviços de transporte público não regular, de serviços especializados ou de táxi-aéreo;

II - o proprietário da aeronave ou quem a use diretamente ou através de seus prepostos, quando se tratar de serviços aéreos privados;

III - o fretador que reservou a condução técnica da aeronave, a direção e a autoridade sobre a tripulação;

IV - o arrendatário que adquiriu a condução técnica da aeronave arrendada e a autoridade sobre a tripulação.

ART. 124. Quando o nome do explorador estiver inscrito no Registro Aeronáutico Brasileiro, mediante qualquer contrato de utilização, exclui-se o proprietário da aeronave da responsabilidade inerente à exploração da mesma.

§ 1º O proprietário da aeronave será reputado explorador, até prova em contrário, se o nome deste não constar no Registro Aeronáutico Brasileiro.

§ 2º Provando-se, no caso do parágrafo anterior, que havia explorador, embora sem ter o seu nome inscrito no Registro Aeronáutico Brasileiro, haverá solidariedade do explorador e do proprietário por qualquer infração ou dano resultante da exploração da aeronave.

CAPÍTULO IV
DOS CONTRATOS SOBRE AERONAVE

SEÇÃO I
DO CONTRATO DE CONSTRUÇÃO DE AERONAVE

ART. 125. O contrato de construção de aeronave deverá ser inscrito no Registro Aeronáutico Brasileiro.

Parágrafo único. O contrato referido no *caput* deste artigo deverá ser submetido à fiscalização do Ministério da Aeronáutica, que estabelecerá as normas e condições de construção.

ART. 126. O contratante que encomendou a construção da aeronave, uma vez inscrito o seu contrato no Registro Aeronáutico Brasileiro, adquire, originariamente, a propriedade da aeronave, podendo dela dispor e reavê-la do poder de quem quer que injustamente a possua.

SEÇÃO II
DO ARRENDAMENTO

ART. 127. Dá-se o arrendamento quando uma das partes se obriga a ceder à outra, por tempo determinado, o uso e gozo de aeronave ou de seus motores, mediante certa retribuição.

ART. 128. O contrato deverá ser feito por instrumento público ou particular, com a assinatura de duas testemunhas, e inscrito no Registro Aeronáutico Brasileiro.

ART. 129. O arrendador é obrigado:

I - a entregar ao arrendatário a aeronave ou o motor, no tempo e lugar convencionados, com a documentação necessária para o voo, em condições de servir ao uso a que um ou outro se destina, e a mantê-los nesse estado, pelo tempo do contrato, salvo cláusula expressa em contrário;

II - a garantir, durante o tempo do contrato, o uso pacífico da aeronave ou do motor.

Parágrafo único. Pode o arrendador obrigar-se, também, a entregar a aeronave equipada e tripulada, desde que a direção e condução técnica fiquem a cargo do arrendatário.

ART. 130. O arrendatário é obrigado:

I - a fazer uso da coisa arrendada para o destino convencionado e dela cuidar como se sua fosse;

II - a pagar, pontualmente, o aluguel, nos prazos, lugar e condições acordadas;

III - a restituir ao arrendador a coisa arrendada, no estado em que a recebeu, ressalvado o desgaste natural decorrente do uso regular.

ART. 131. A cessão do arrendamento e o subarrendamento só poderão ser realizados por contrato escrito, com o consentimento expresso do arrendador e a inscrição no Registro Aeronáutico Brasileiro.

ART. 132. A não inscrição do contrato de arrendamento ou de subarrendamento determina que o arrendador, o arrendatário e o subarrendatário, se houver, sejam responsáveis pelos danos e prejuízos causados pela aeronave.

SEÇÃO III
DO FRETAMENTO

ART. 133. Dá-se o fretamento quando uma das partes, chamada fretador, obriga-se para com a outra, chamada afretador, mediante o pagamento por este, do frete, a realizar uma ou mais viagens preestabelecidas ou durante certo período de tempo, reservando-se ao fretador o controle sobre a tripulação e a condução técnica da aeronave.

ART. 134. O contrato será por instrumento público ou particular, sendo facultada a sua inscrição no Registro Aeronáutico Brasileiro (artigos 123 e 124).

ART. 135. O fretador é obrigado:

I - a colocar à disposição do afretador aeronave equipada e tripulada, com os documentos necessários e em estado de aeronavegabilidade;

II - a realizar as viagens acordadas ou a manter a aeronave à disposição do afretador, durante o tempo convencionado.

SEÇÃO IV
DO ARRENDAMENTO MERCANTIL DE AERONAVE

ART. 136. O afretador é obrigado:

I - a limitar o emprego da aeronave ao uso para o qual foi contratada e segundo as condições do contrato;

II - a pagar o frete no lugar, tempo e condições acordadas.

ART. 137. O arrendamento mercantil deve ser inscrito no Registro Aeronáutico Brasileiro, mediante instrumento público ou particular com os seguintes elementos:

I - descrição da aeronave com o respectivo valor;

II - prazo do contrato, valor de cada prestação periódica, ou o critério para a sua determinação, data e local dos pagamentos;

III - cláusula de opção de compra ou de renovação contratual, como faculdade do arrendatário;

IV - indicação do local, onde a aeronave deverá estar matriculada durante o prazo do contrato.

§ 1º Quando se tratar de aeronave proveniente do exterior, deve estar expresso o consentimento em que seja inscrita a aeronave no Registro Aeronáutico Brasileiro com o cancelamento da matrícula primitiva, se houver.

§ 2º Poderão ser aceitas, nos respectivos contratos, as cláusulas e condições usuais nas operações de leasing internacional, desde que não contenha qualquer cláusula contrária à Constituição Brasileira ou às disposições deste Código.

CAPÍTULO V
DA HIPOTECA E ALIENAÇÃO FIDUCIÁRIA DE AERONAVE

SEÇÃO I
DA HIPOTECA CONVENCIONAL

ART. 138. Poderão ser objeto de hipoteca as aeronaves, motores, partes e acessórios de aeronaves, inclusive aquelas em construção.

§ 1º Não pode ser objeto de hipoteca, enquanto não se proceder à matrícula definitiva, a aeronave inscrita e matriculada provisoriamente, salvo se for para garantir o contrato, com base no qual se fez a matrícula provisória.

§ 2º A referência à aeronave, sem ressalva, compreende todos os equipamentos, motores, instalações e acessórios, constantes dos respectivos certificados de matrícula e aeronavegabilidade.

§ 3º No caso de incidir sobre motores, deverão eles ser inscritos e individuados no Registro Aeronáutico Brasileiro, no ato da inscrição da hipoteca, produzindo esta os seus efeitos ainda que estejam equipando aeronave hipotecada a distinto credor, exceto no caso de haver nos respectivos contratos cláusula permitindo a rotatividade dos motores.

§ 4º Concluída a construção, a hipoteca estender-se-á à aeronave se recair sobre todos os componentes; mas continuará a gravar, apenas, os motores e equipamentos individuados, se somente sobre eles incidir a garantia.

§ 5º Durante o contrato, o credor poderá inspecionar o estado dos bens, objeto da hipoteca.

ART. 139. Só aquele que pode alienar a aeronave poderá hipotecá-la e só a aeronave que pode ser alienada poderá ser dada em hipoteca.

ART. 140. A aeronave comum a 2 (dois) ou mais proprietários só poderá ser dada em hipoteca com o consentimento expresso de todos os condôminos.

ART. 141. A hipoteca constituir-se-á pela inscrição do contrato no Registro Aeronáutico Brasileiro e com a averbação no respectivo certificado de matrícula.

ART. 142. Do contrato de hipoteca deverão constar:

I - o nome e domicílio das partes contratantes;

II - a importância da dívida garantida, os respectivos juros e demais consectários legais, o termo e lugar de pagamento;

III - as marcas de nacionalidade e matrícula da aeronave, assim como os números de série de suas partes componentes;

IV - os seguros que garantem o bem hipotecado.

§ 1º Quando a aeronave estiver em construção, do instrumento deverá constar a descrição de conformidade com o contrato, assim como a etapa da fabricação, se a hipoteca recair sobre todos os componentes; ou a individuação das partes e acessórios se sobre elas incidir a garantia.

§ 2º No caso de contrato de hipoteca realizado no exterior, devem ser observadas as indicações previstas no artigo 73, item III.

ART. 143. O crédito hipotecário aéreo prefere a qualquer outro, com exceção dos resultantes de:

I - despesas judiciais, crédito trabalhista, tributário e proveniente de tarifas aeroportuárias;

II - despesas por socorro prestado; gastos efetuados pelo comandante da aeronave, no exercício de suas funções, quando indispensáveis à continuação da viagem; e despesas efetuadas com a conservação da aeronave.

Parágrafo único. A preferência será exercida:

a) no caso de perda ou avaria da aeronave, sobre o valor do seguro;

b) no caso de destruição ou inutilização, sobre o valor dos materiais recuperados ou das indenizações recebidas de terceiros;

c) no caso de desapropriação, sobre o valor da indenização.

SEÇÃO II
DA HIPOTECA LEGAL

ART. 144. Será dada em favor da União a hipoteca legal das aeronaves, peças e equipamentos adquiridos no exterior com aval, fiança ou qualquer outra garantia do Tesouro Nacional ou de seus agentes financeiros.

ART. 145. Os bens mencionados no artigo anterior serão adjudicados à União, se esta o requerer no Juízo Federal, comprovando:

I - a falência, insolvência, liquidação judicial ou extrajudicial, antes de concluído o pagamento do débito garantido pelo Tesouro Nacional ou seus agentes financeiros;

II - a ocorrência dos fatos previstos no artigo 189, I e II deste Código.

ART. 146. O débito que tenha de ser pago pela União ou seus agentes financeiros, vencido ou vincendo, será cobrado do adquirente ou da massa falida pelos valores despendidos por ocasião do pagamento.

§ 1º A conversão da moeda estrangeira, se for o caso, será feita pelo câmbio do dia, observada a legislação complementar pertinente.

§ 2º O valor das aeronaves adjudicadas à União será o da data da referida adjudicação.

§ 3º Do valor do crédito previsto neste artigo será deduzido o valor das aeronaves adjudicadas à União, cobrando-se o saldo.

§ 4º Se o valor das aeronaves for maior do que as importâncias despendidas ou a despender, pela União ou seus agentes financeiros, poderá aquela vender em leilão as referidas aeronaves pelo valor da avaliação.

§ 5º Com o preço alcançado, pagar-se-ão as quantias despendidas ou a despender, e o saldo depositar-se-á, conforme o caso, em favor da massa falida ou liquidante.

§ 6º Se no primeiro leilão não alcançar lance superior ou igual à avaliação, far-se-á, no mesmo dia, novo leilão condicional pelo maior preço.

§ 7º Se o preço alcançado no leilão não for superior ao crédito da União, poderá esta optar pela adjudicação a seu favor.

ART. 147. Far-se-á *ex officio* a inscrição no Registro Aeronáutico Brasileiro:

I - da hipoteca legal;

II - da adjudicação de que tratam os artigos 145, 146, § 7º e 190 deste Código.

Parágrafo único. Os atos jurídicos, de que cuida o artigo, produzirão efeitos ainda que não levados a registro no tempo próprio.

SEÇÃO III
DA ALIENAÇÃO FIDUCIÁRIA

ART. 148. A alienação fiduciária em garantia transfere ao credor o domínio resolúvel e a posse indireta da aeronave ou de seus equipamentos, independentemente da respectiva tradição, tornando-se o devedor o possuidor direto e depositário com todas as responsabilidades e encargos que lhe incumbem de acordo com a lei civil e penal.

ART. 149. A alienação fiduciária em garantia de aeronave ou de seus motores deve ser feita por instrumento público ou particular, que conterá:

I - o valor da dívida, a taxa de juros, as comissões, cuja cobrança seja permitida, a cláusula penal e a estipulação da correção monetária, se houver, com a indicação exata dos índices aplicáveis;

II - a data do vencimento e o local do pagamento;

III - a descrição da aeronave ou de seus motores, com as indicações constantes do registro e dos respectivos certificados de matrícula e de aeronavegabilidade.

§ 1º No caso de alienação fiduciária de aeronave em construção ou de seus componentes, do instrumento constará a descrição conforme o respectivo contrato e a etapa em que se encontra.

§ 2º No caso do parágrafo anterior, o domínio fiduciário transferir-se-á, no ato do registro, sobre as partes componentes, e estender-se-á à aeronave construída, independente de formalidade posterior.

ART. 150. A alienação fiduciária só tem validade e eficácia após a inscrição no Registro Aeronáutico Brasileiro.

ART. 151. No caso de inadimplemento da obrigação garantida, o credor fiduciário poderá alienar o objeto da garantia a terceiros e aplicar o respectivo preço no pagamento do seu crédito e das despesas decorrentes da cobrança, entregando ao devedor o saldo, se houver.

§ 1º Se o preço não bastar para pagar o crédito e despesas, o devedor continuará obrigado pelo pagamento do saldo.

§ 2º Na falência, liquidação ou insolvência do devedor, fica assegurado ao credor o direito de pedir a restituição do bem alienado fiduciariamente.

§ 3º O proprietário fiduciário ou credor poderá proceder à busca e apreensão judicial do bem alienado fiduciariamente, diante da mora ou inadimplemento do credor.

ART. 152. No caso de falência, insolvência, liquidação judicial ou extrajudicial do adquirente ou importador, sem o pagamento do débito para com o vendedor, e de ter o Tesouro Nacional ou seus agentes financeiros de pagá-lo, a União terá o direito de receber a quantia despendida com as respectivas despesas e consectários legais, deduzido o valor das aeronaves, peças e equipamentos, objeto da garantia, procedendo-se de conformidade com o disposto em relação à hipoteca legal (artigos 144 e 145).

CAPÍTULO VI
DO SEQUESTRO, DA PENHORA E APREENSÃO DA AERONAVE

SEÇÃO I
DO SEQUESTRO DA AERONAVE

ART. 153. Nenhuma aeronave empregada em serviços aéreos públicos (artigo 175) poderá ser objeto de sequestro.

Parágrafo único. A proibição é extensiva à aeronave que opera serviço de transporte não regular, quando estiver pronta para partir e no curso de viagem da espécie.

ART. 154. Admite-se o sequestro:

I - em caso de desapossamento da aeronave por meio ilegal;

LEIS

II - em caso de dano à propriedade privada provocado pela aeronave que nela fizer pouso forçado.

Parágrafo único. Na hipótese do inciso II, não será admitido o sequestro se houver prestação de caução suficiente a cobrir o prejuízo causado.

SEÇÃO II
DA PENHORA OU
APREENSÃO DA AERONAVE

ART. 155. Toda vez que, sobre aeronave ou seus motores, recair penhora ou apreensão, esta deverá ser averbada no Registro Aeronáutico Brasileiro.

§ 1º Em caso de penhora ou apreensão judicial ou administrativa de aeronaves, ou seus motores, destinados ao serviço público de transporte aéreo regular, a autoridade judicial ou administrativa determinará a medida, sem que se interrompa o serviço.

§ 2º A guarda ou depósito de aeronave penhorada ou de qualquer modo apreendida judicialmente far-se-á de conformidade com o disposto nos artigos 312 a 315 deste Código.

TÍTULO V
DA TRIPULAÇÃO

CAPÍTULO I
DA COMPOSIÇÃO DA TRIPULAÇÃO

ART. 156. São tripulantes as pessoas devidamente habilitadas que exercem função a bordo de aeronaves.

§ 1º A função remunerada a bordo de aeronaves, nacionais ou estrangeiras, quando operadas por empresa brasileira no formato de intercâmbio, é privativa de titulares de licenças específicas emitidas pela autoridade de aviação civil brasileira e reservada a brasileiros natos ou naturalizados. (Alterado pela Lei 13.319/2016.)

§ 2º A função não remunerada, a bordo de aeronave de serviço aéreo privado (artigo 177) pode ser exercida por tripulantes habilitados, independente de sua nacionalidade.

§ 3º No serviço aéreo internacional poderão ser empregados comissários estrangeiros, contanto que o número não exceda 1/3 (um terço) dos comissários a bordo da mesma aeronave.

ART. 157. Desde que assegurada a admissão de tripulantes brasileiros em serviços aéreos públicos de determinado país, deve-se promover acordo bilateral de reciprocidade.

ART. 158. A juízo da autoridade aeronáutica poderão ser admitidos como tripulantes, em caráter provisório, instrutores estrangeiros, na falta de tripulantes brasileiros.

Parágrafo único. O prazo do contrato de instrutores estrangeiros, de que trata este artigo, não poderá exceder de 6 (seis) meses.

ART. 159. Na forma da regulamentação pertinente e de acordo com as exigências operacionais, a tripulação constituir-se-á de titulares de licença de voo e certificados de capacidade física e de habilitação técnica, que os credenciem ao exercício das respectivas funções.

CAPÍTULO II
DAS LICENÇAS E CERTIFICADOS

ART. 160. A licença de tripulantes e os certificados de habilitação técnica e de capacidade física serão concedidos pela autoridade aeronáutica, na forma de regulamentação específica.

Parágrafo único. A licença terá caráter permanente e os certificados vigorarão pelo período neles estabelecido, podendo ser revalidados.

ART. 161. Será regulada pela legislação brasileira a validade da licença e o certificado de habilitação técnica de estrangeiros, quando inexistir convenção ou ato internacional vigente no Brasil e no Estado que os houver expedido.

Parágrafo único. O disposto no *caput* do presente artigo aplica-se a brasileiro titular de licença ou certificado obtido em outro país.

ART. 162. Cessada a validade do certificado de habilitação técnica ou de capacidade física, o titular da licença ficará impedido do exercício da função nela especificada.

ART. 163. Sempre que o titular de licença apresentar indício comprometedor de sua aptidão técnica ou das condições físicas estabelecidas na regulamentação específica, poderá ser submetido a novos exames técnicos ou de capacidade física, ainda que válidos estejam os respectivos certificados.

Parágrafo único. Do resultado dos exames acima especificados caberá recurso dos interessados à Comissão técnica especializada ou à junta médica.

ART. 164. Qualquer dos certificados de que tratam os artigos anteriores poderá ser cassado pela autoridade aeronáutica se comprovado, em processo administrativo ou em exame de saúde, que o respectivo titular não possui idoneidade profissional ou não está capacitado para o exercício das funções especificadas em sua licença.

Parágrafo único. No caso do presente artigo, aplica-se o disposto no parágrafo único do artigo 163.

CAPÍTULO III
DO COMANDANTE DE AERONAVE

ART. 165. Toda aeronave terá a bordo um Comandante, membro da tripulação, designado pelo proprietário ou explorador e que será seu preposto durante a viagem.

Parágrafo único. O nome do Comandante e dos demais tripulantes constarão do Diário de Bordo.

ART. 166. O Comandante é responsável pela operação e segurança da aeronave.

§ 1º O Comandante será também responsável pela guarda de valores, mercadorias, bagagens despachadas e mala postal, desde que lhe sejam asseguradas pelo proprietário ou explorador condições de verificar a quantidade e estado das mesmas.

§ 2º Os demais membros da tripulação ficam subordinados, técnica e disciplinarmente, ao Comandante da aeronave.

§ 3º Durante a viagem, o Comandante é o responsável, no que se refere à tripulação, pelo cumprimento da regulamentação profissional no tocante a:

I - limite da jornada de trabalho;

II - limites de voo;

III - intervalos de repouso;

IV - fornecimento de alimentos.

ART. 167. O Comandante exerce autoridade inerente à função desde o momento em que se apresenta para o voo até o momento em que entrega a aeronave, concluída a viagem.

Parágrafo único. No caso de pouso forçado, a autoridade do Comandante persiste até que as autoridades competentes assumam a responsabilidade pela aeronave, pessoas e coisas transportadas.

ART. 168 Durante o período de tempo previsto no artigo 167, o Comandante exerce autoridade sobre as pessoas e coisas que se encontrem a bordo da aeronave e poderá:

I - desembarcar qualquer delas, desde que comprometa a boa ordem, a disciplina, ponha em risco a segurança da aeronave ou das pessoas e bens a bordo;

II - tomar as medidas necessárias à proteção da aeronave e das pessoas ou bens transportados;

III - alijar a carga ou parte dela, quando indispensável à segurança de voo (artigo 16, § 3º).

Parágrafo único. O Comandante e o explorador da aeronave não serão responsáveis por prejuízos ou consequências decorrentes de adoção das medidas disciplinares previstas neste artigo, sem excesso de poder.

ART. 169. Poderá o Comandante, sob sua responsabilidade, adiar ou suspender a partida da aeronave, quando julgar indispensável à segurança do voo.

ART. 170. O Comandante poderá delegar a outro membro da tripulação as atribuições que lhe competem, menos as que se relacionem com a segurança do voo.

ART. 171. As decisões tomadas pelo Comandante na forma dos artigos 167, 168, 169 e 215, parágrafo único, inclusive em caso de alijamento (artigo 16, § 3º), serão registradas no Diário de Bordo e, concluída a viagem, imediatamente comunicadas à autoridade aeronáutica.

Parágrafo único. No caso de estar a carga sujeita a controle aduaneiro, será o alijamento comunicado à autoridade fazendária mais próxima.

ART. 172. O Diário de Bordo, além de mencionar as marcas de nacionalidade e matrícula, os nomes do proprietário e do explorador, deverá indicar para cada voo a data, natureza do voo (privado aéreo, transporte aéreo regular ou não regular), os nomes dos tripulantes, lugar e hora da saída e da chegada, incidentes e observações, inclusive sobre infraestrutura de proteção ao voo que forem de interesse da segurança em geral.

Parágrafo único. O Diário de Bordo referido no *caput* deste artigo deverá estar assinado pelo piloto Comandante, que é o responsável pelas anotações, aí também incluídos os totais de tempos de voo e de jornada.

ART. 173. O Comandante procederá ao assento, no Diário de Bordo, dos nascimentos e óbitos que ocorrerem durante a viagem, e dele extrairá cópia para os fins de direito.

Parágrafo único. Ocorrendo mal súbito ou óbito de pessoas, o Comandante providenciará, na primeira escala, o comparecimento de médicos ou da autoridade policial local, para que sejam tomadas as medidas cabíveis.

TÍTULO VI
DOS SERVIÇOS AÉREOS

CAPÍTULO I
INTRODUÇÃO

ART. 174. Os serviços aéreos compreendem os serviços aéreos privados (artigos 177 a 179) e os serviços aéreos públicos (artigos 180 a 221).

ART. 175. Os serviços aéreos públicos abrangem os serviços aéreos especializados públicos e os serviços de transporte aéreo público de passageiro, carga ou mala postal, regular ou não regular, doméstico ou internacional.

§ 1º A relação jurídica entre a União e o empresário que explora os serviços aéreos públicos pauta-se pelas normas estabelecidas neste Código e legislação complementar e pelas condições da respectiva concessão ou autorização.

§ 2º A relação jurídica entre o empresário e o usuário ou beneficiário dos serviços é contratual, regendo-se pelas respectivas normas previstas neste Código e legislação complementar, e, em se tratando de transporte público internacional, pelo disposto nos Tratados e Convenções pertinentes (artigos 1º, § 1º; 203 a 213).

§ 3º No contrato de serviços aéreos públicos, o empresário, pessoa física ou jurídica, proprietário ou explorador da aeronave, obriga-se, em nome próprio, a executar determinados serviços aéreos, mediante remuneração, aplicando-se o disposto nos artigos 222 a 245 quando se tratar de transporte aéreo regular.

ART. 176. O transporte aéreo de mala postal poderá ser feito, com igualdade de tratamento, por todas as empresas de transporte aéreo regular, em suas linhas, atendendo às conveniências de horário, ou mediante fretamento especial.

§ 1º No transporte de remessas postais o transportador só é responsável perante a Administração Postal na conformidade das disposições aplicáveis às relações entre eles.

§ 2º Salvo o disposto no parágrafo anterior, as disposições deste Código não se aplicam ao transporte de remessas postais.

CAPÍTULO II
SERVIÇOS AÉREOS PRIVADOS

ART. 177. Os serviços aéreos privados são os realizados, sem remuneração, em benefício do próprio operador (artigo 123, II) compreendendo as atividades aéreas:

I - de recreio ou desportivas;

II - de transporte reservado ao proprietário ou operador da aeronave;

III - de serviços aéreos especializados, realizados em benefício exclusivo do proprietário ou operador da aeronave.

ART. 178. Os proprietários ou operadores de aeronaves destinadas a serviços aéreos privados, sem fins comerciais, não necessitam de autorização para suas atividades aéreas (artigo 14, § 2º).

§ 1º As aeronaves e os operadores deverão atender aos respectivos requisitos técnicos e a todas as disposições sobre navegação aérea e segurança de voo, assim como ter, regularmente, o seguro contra danos às pessoas ou bens na superfície e ao pessoal técnico a bordo.

§ 2º As aeronaves de que trata este artigo não poderão efetuar serviços aéreos de transporte público (artigo 267, § 2º).

ART. 179. As pessoas físicas ou jurídicas que, em seu único e exclusivo benefício, se dediquem à formação ou adestramento de seu pessoal técnico, poderão fazê-lo mediante a anuência da autoridade aeronáutica.

CAPÍTULO III
SERVIÇOS AÉREOS PÚBLICOS

SEÇÃO I
DA CONCESSÃO OU AUTORIZAÇÃO PARA OS SERVIÇOS AÉREOS PÚBLICOS

ART. 180. A exploração de serviços aéreos públicos dependerá sempre da prévia concessão, quando se tratar de transporte aéreo regular, ou de autorização no caso de transporte aéreo não regular ou de serviços especializados.

ART. 181. A concessão somente será dada à pessoa jurídica brasileira que tiver:

> A Med. Prov. 863/2018 determinou a seguinte alteração:
> Art. 181. A concessão ou a autorização somente será concedida a pessoa jurídica constituída sob as leis brasileiras, com sede e administração no País.

I - sede no Brasil;

> A Med. Prov. 863/2018 determinou a revogação deste inciso.

II - pelo menos 4/5 (quatro quintos) do capital com direito a voto, pertencente a brasileiros, prevalecendo essa limitação nos eventuais aumentos do capital social;

> A Med. Prov. 863/2018 determinou a revogação deste inciso.

III - direção confiada exclusivamente a brasileiros.

> A Med. Prov. 863/2018 determinou a revogação deste inciso.

§ 1º As ações com direito a voto deverão ser nominativas se se tratar de empresa constituída sob a forma de sociedade anônima, cujos estatutos deverão conter expressa proibição de conversão das ações preferenciais sem direito a voto em ações com direito a voto.

> A Med. Prov. 863/2018 determinou a revogação deste parágrafo.

§ 2º Pode ser admitida a emissão de ações preferenciais até o limite de 2/3 (dois terços) do total das ações emitidas, não prevalecendo as restrições não previstas neste Código.

> A Med. Prov. 863/2018 determinou a revogação deste parágrafo.

§ 3º A transferência a estrangeiro das ações com direito a voto, que estejam incluídas na margem de 1/5 (um quinto) do capital a que se refere o item II deste artigo, depende de aprovação da autoridade aeronáutica.

> A Med. Prov. 863/2018 determinou a revogação deste parágrafo.

§ 4º Desde que a soma final de ações em poder de estrangeiros não ultrapasse o limite de 1/5 (um quinto) do capital, poderão as pessoas estrangeiras, naturais ou jurídicas, adquirir ações do aumento de capital.

> A Med. Prov. 863/2018 determinou a revogação deste parágrafo.

ART. 182. A autorização pode ser outorgada:

> A Med. Prov. 863/2018 determinou a revogação deste artigo.

I - às sociedades anônimas nas condições previstas no artigo anterior;

II - às demais sociedades, com sede no País, observada a maioria de sócios, o controle e a direção de brasileiros.

Parágrafo único. Em se tratando de serviços aéreos especializados de ensino, adestramento, investigação, experimentação científica e de fomento ou proteção ao solo, ao meio ambiente e similares, pode a autorização ser outorgada, também, a associações civis.

ART. 183. As concessões ou autorizações serão regulamentadas pelo Poder Executivo e somente poderão ser cedidas ou transferidas mediante anuência da autoridade competente.

SEÇÃO II
DA APROVAÇÃO DOS ATOS CONSTITUTIVOS E SUAS ALTERAÇÕES

ART. 184. Os atos constitutivos das sociedades de que tratam os artigos 181 e 182 deste Código, bem como suas modificações, dependerão de prévia aprovação da autoridade aeronáutica, para serem apresentados ao Registro do Comércio.

> A Med. Prov. 863/2018 determinou a revogação deste artigo.

Parágrafo único. A aprovação de que trata este artigo não assegura à sociedade qualquer direito em relação à concessão ou autorização para a execução de serviços aéreos.

ART. 185. A sociedade concessionária ou autorizada de serviços públicos de transporte aéreo deverá remeter, no 1º (primeiro) mês de cada semestre do exercício social, relação completa:

> A Med. Prov. 863/2018 determinou a revogação deste artigo.

I - dos seus acionistas, com a exata indicação de sua qualificação, endereço e participação social;

II - das transferências de ações, operadas no semestre anterior, com a qualificação do transmitente e do adquirente, bem como do que representa, percentualmente, a sua participação social.

§ 1º Diante dessas informações, poderá a autoridade aeronáutica:

I - considerar sem validade as transferências operadas em desacordo com a lei;

II - determinar que, no período que fixar, as transferências dependerão de aprovação prévia.

§ 2º É exigida a autorização prévia, para a transferência de ações:

I - que assegurem ao adquirente ou retirem do transmitente o controle da sociedade;

II - que levem o adquirente a possuir mais de 10% (dez por cento) do capital social;

III - que representem 2% (dois por cento) do capital social;

IV - durante o período fixado pela autoridade aeronáutica, em face da análise das informações semestrais a que se refere o § 1º, item II, deste artigo;

V - no caso previsto no artigo 181, § 3º.

ART. 186. As empresas de que tratam os artigos 181 e 182, tendo em vista a melhoria dos serviços e maior rendimento econômico ou técnico, a diminuição de custos, o bem público ou o melhor atendimento dos usuários, poderão fundir-se ou incorporar-se.

> A Med. Prov. 863/2018 determinou a revogação deste artigo.

§ 1º A consorciação, a associação e a constituição de grupos societários serão permitidas tendo em vista a exploração dos serviços de manutenção de aeronaves, os serviços de características comuns e a formação, treinamento e aperfeiçoamento de tripulantes e demais pessoal técnico.

§ 2º Embora pertencendo ao mesmo grupo societário, uma empresa não poderá, fora dos casos previstos no *caput* deste artigo, explorar linhas aéreas cuja concessão tenha sido deferida a outra.

§ 3º Todos os casos previstos no *caput* e no § 1º deste artigo só se efetuarão com a prévia autorização do Ministério da Aeronáutica.

SEÇÃO III
DA INTERVENÇÃO, LIQUIDAÇÃO E FALÊNCIA DE EMPRESA CONCESSIONÁRIA DE SERVIÇOS AÉREOS PÚBLICOS

ART. 187. Não podem impetrar concordata as empresas que, por seus atos constitutivos, tenham por objeto a exploração de serviços aéreos de qualquer natureza ou de infraestrutura aeronáutica.

ART. 188. O Poder Executivo poderá intervir nas empresas concessionárias ou autorizadas, cuja situação operacional, financeira ou econômica ameace a continuidade dos serviços, a eficiência ou a segurança do transporte aéreo.

§ 1º A intervenção visará ao restabelecimento da normalidade dos serviços e durará enquanto necessária à consecução do objetivo.

§ 2º Na hipótese de ser apurada, por perícia técnica, antes ou depois da intervenção, a impossibilidade do restabelecimento da normalidade dos serviços:

I - será determinada a liquidação extrajudicial, quando, com a realização do ativo puder ser atendida pelo menos a metade dos créditos;

II - será requerida a falência, quando o ativo não for suficiente para atender pelo menos à metade dos créditos, ou quando houver fundados indícios de crimes falenciais.

ART. 189. Além dos previstos em lei, constituem créditos privilegiados da União nos processos de liquidação ou falência de empresa de transporte aéreo:

I - a quantia despendida pela União para financiamento ou pagamento de aeronaves e produtos aeronáuticos adquiridos pela empresa de transporte aéreo;

II - a quantia por que a União se haja obrigado, ainda que parceladamente, para pagamento de aeronaves e produtos aeronáuticos, importados pela empresa de transporte aéreo.

ART. 190. Na liquidação ou falência de empresa de transporte aéreo, serão liminarmente adjudicadas à União, por conta e até o limite do seu crédito, as aeronaves e produtos aeronáuticos adquiridos antes da instauração do processo:

I - com a contribuição financeira da União, aval, fiança ou qualquer outra garantia desta ou de seus agentes financeiros;

II - pagos no todo ou em parte pela União ou por cujo pagamento ela venha a ser responsabilizada após o início do processo.

§ 1º A adjudicação de que trata este artigo será determinada pelo Juízo Federal, mediante a comprovação, pela União, da ocorrência das hipóteses previstas nos itens I e II deste artigo.

§ 2º A quantia correspondente ao valor dos bens referidos neste artigo será deduzida do montante do crédito da União, no processo de cobrança executiva, proposto pela União contra a devedora, ou administrativamente, se não houver processo judicial.

ART. 191. Na expiração normal ou antecipada das atividades da empresa, a União terá o direito de adquirir, diretamente, em sua totalidade ou em partes, as aeronaves, peças e equipamentos, oficinas e instalações aeronáuticas, pelo valor de mercado.

SEÇÃO IV
DO CONTROLE E FISCALIZAÇÃO DOS SERVIÇOS AÉREOS PÚBLICOS

ART. 192. Os acordos entre exploradores de serviços aéreos de transporte regular, que impliquem em consórcio, pool, conexão, consolidação ou fusão de serviços ou interesses, dependerão de prévia aprovação da autoridade aeronáutica.

ART. 193. Os serviços aéreos de transporte regular ficarão sujeitos às normas que o Governo estabelecer para impedir a competição ruinosa e assegurar o seu melhor rendimento econômico podendo, para esse fim, a autoridade aeronáutica, a qualquer tempo, modificar frequências, rotas, horários e tarifas de serviços e outras quaisquer condições da concessão ou autorização.

ART. 194. As normas e condições para a exploração de serviços aéreos não regulares (artigos 217 a 221) serão fixadas pela autoridade aeronáutica, visando a evitar a competição desses serviços com os de transporte regular, e poderão ser alteradas quando necessário para assegurar, em conjunto, melhor rendimento econômico dos serviços aéreos.

Parágrafo único. Poderá a autoridade aeronáutica exigir a prévia aprovação dos contratos ou acordos firmados pelos empresários de serviços especializados (artigo 201), de serviço de transporte aéreo regular ou não regular, e operadores de serviços privados ou desportivos (artigos 15, § 2º e 178, § 2º), entre si, ou com terceiros.

ART. 195. Os serviços auxiliares serão regulados de conformidade com o disposto nos artigos 102 a 104.

ART. 196. Toda pessoa, natural ou jurídica, que explorar serviços aéreos, deverá dispor de adequadas estruturas técnicas de manutenção e de operação, próprias ou contratadas, devidamente homologadas pela autoridade aeronáutica.

Parágrafo único. O explorador da aeronave, através de sua estrutura de operações, deverá, a qualquer momento, fornecer aos órgãos do Sistema de Proteção ao Voo (artigos 47 a 65), os elementos relativos ao voo ou localização da aeronave.

ART. 197. A fiscalização será exercida pelo pessoal que a autoridade aeronáutica credenciar.

Parágrafo único. Constituem encargos de fiscalização as inspeções e vistorias em aeronaves, serviços aéreos, oficinas, entidades aerodesportivas e instalações aeroportuárias, bem como os exames de proficiência de aeronautas e aeroviários.

ART. 198. Além da escrituração exigida pela legislação em vigor, todas as empresas que explorarem serviços aéreos deverão manter escrituração específica, que obedecerá a um plano uniforme de contas, estabelecido pela autoridade aeronáutica.

Parágrafo único. A receita e a despesa de atividades afins ou subsidiárias não poderão ser escrituradas na contabilidade dos serviços aéreos.

ART. 199. A autoridade aeronáutica poderá, quando julgar necessário, mandar proceder a exame da contabilidade das empresas que explorarem serviços aéreos e dos respectivos livros, registros e documentos.

ART. 200. Toda empresa nacional ou estrangeira de serviço de transporte aéreo público regular obedecerá às tarifas aprovadas pela autoridade aeronáutica.

Parágrafo único. No transporte internacional não regular, a autoridade aeronáutica poderá exigir que o preço do transporte seja submetido a sua aprovação prévia.

CAPÍTULO IV
DOS SERVIÇOS AÉREOS ESPECIALIZADOS

ART. 201. Os serviços aéreos especializados abrangem as atividades aéreas de:

I - aerofotografia, aerofotogrametria, aerocinematografia, aerotopografia;

II - prospecção, exploração ou detectação de elementos do solo ou do subsolo, do mar, da plataforma submarina, da superfície das águas ou de suas profundezas;

III - publicidade aérea de qualquer natureza;

IV - fomento ou proteção da agricultura em geral;

V - saneamento, investigação ou experimentação técnica ou científica;

VI - ensino e adestramento de pessoal de voo;

VII - provocação artificial de chuvas ou modificação de clima;

VIII - qualquer modalidade remunerada, distinta do transporte público.

ART. 202. Obedecerão a regulamento especial os serviços aéreos que tenham por fim proteger ou fomentar o desenvolvimento da agricultura em qualquer dos seus aspectos, mediante o uso de fertilizantes, semeadura, combate a pragas, aplicação de inseticidas, herbicidas, desfolhadores, povoamento de águas, combate a incêndios em campos e florestas e quaisquer outras aplicações técnicas e científicas aprovadas.

CAPÍTULO V
DO TRANSPORTE AÉREO REGULAR

SEÇÃO I
DO TRANSPORTE AÉREO REGULAR INTERNACIONAL

ART. 203. Os serviços de transporte aéreo público internacional podem ser realizados por empresas nacionais ou estrangeiras.

Parágrafo único. A exploração desses serviços sujeitar-se-á:

a) às disposições dos tratados ou acordos bilaterais vigentes com os respectivos Estados e o Brasil;

b) na falta desses, ao disposto neste Código.

Da Designação de Empresas Brasileiras

ART. 204. O Governo Brasileiro designará as empresas para os serviços de transporte aéreo internacional.

§ 1º Cabe à empresa ou empresas designadas providenciarem a autorização de funcionamento, junto aos países onde pretendem operar.

§ 2º A designação de que trata este artigo far-se-á com o objetivo de assegurar o melhor rendimento econômico no mercado internacional, estimular o turismo receptivo, contribuir para o maior intercâmbio político, econômico e cultural.

Da Designação e Autorização de Empresas Estrangeiras

ART. 205. Para operar no Brasil, a empresa estrangeira de transporte aéreo deverá:

I - ser designada pelo Governo do respectivo país;

II - obter autorização de funcionamento no Brasil (artigos 206 a 211);

III - obter autorização para operar os serviços aéreos (artigos 212 e 213).

Parágrafo único. A designação é ato de Governo a Governo, pela via diplomática, enquanto os pedidos de autorização, a que se referem os itens II e III deste artigo são atos da própria empresa designada.

Da Autorização para Funcionamento

ART. 206. O pedido de autorização para funcionamento no País será instruído com os seguintes documentos:

I - prova de achar-se a empresa constituída conforme a lei de seu país;

II - o inteiro teor de seu estatuto social ou instrumento constitutivo equivalente;

III - relação de acionistas ou detentores de seu capital, com a indicação, quando houver, do nome, profissão e domicílio de cada um e número de ações ou quotas de participação, conforme a natureza da sociedade;

IV - cópia da ata da assembleia ou do instrumento jurídico que deliberou sobre o funcionamento no Brasil e fixou o capital destinado às operações no território brasileiro;

V - último balanço mercantil legalmente publicado no país de origem;

VI - instrumento de nomeação do representante legal no Brasil, do qual devem constar poderes para aceitar as condições em que é dada a autorização (artigo 207).

ART. 207. As condições que o Governo Federal achar conveniente estabelecer em defesa dos interesses nacionais constarão de termo de aceitação assinado pela empresa requerente e integrarão o decreto de autorização.

Parágrafo único. Um exemplar do órgão oficial que tiver feito a publicação do decreto e de todos os documentos que o instruem será arquivado no Registro de Comércio da localidade onde vier a ser situado o estabelecimento principal da empresa, juntamente com a prova do depósito, em dinheiro, da parte do capital destinado às operações no Brasil.

ART. 208. As empresas estrangeiras autorizadas a funcionar no País são obrigadas a ter permanentemente representante no Brasil, com plenos poderes para tratar de quaisquer assuntos e resolvê-los definitivamente, inclusive para o efeito de ser demandado e receber citações iniciais pela empresa.

Parágrafo único. No caso de falência decretada fora do País, perdurarão os poderes do representante até que outro seja nomeado, e os bens e valores da empresa não serão liberados para transferência ao exterior, enquanto não forem pagos os credores domiciliados no Brasil.

ART. 209. Qualquer alteração que a empresa estrangeira fizer em seu estatuto ou atos constitutivos dependerá de aprovação do Governo Federal para produzir efeitos no Brasil.

ART. 210. A autorização à empresa estrangeira para funcionar no Brasil, de que trata o artigo 206, poderá ser cassada:

I - em caso de falência;

II - se os serviços forem suspensos, pela própria empresa, por período excedente a 6 (seis) meses;

III - nos casos previstos no decreto de autorização ou no respectivo Acordo Bilateral;

IV - nos casos previstos em lei (artigo 298).

ART. 211. A substituição da empresa estrangeira que deixar de funcionar no Brasil ficará na dependência de comprovação, perante a autoridade aeronáutica, do cumprimento das obrigações a que estava sujeita no País, salvo se forem assumidas pela nova empresa designada.

Da Autorização para Operar

ART. 212. A empresa estrangeira, designada pelo governo de seu país e autorizada a funcionar no Brasil, deverá obter a autorização para iniciar, em caráter definitivo, os serviços aéreos internacionais, apresentando à autoridade aeronáutica:

a) os planos operacional e técnico, na forma de regulamentação da espécie;

b) as tarifas que pretende aplicar entre pontos de escala no Brasil e as demais escalas de seu serviço no exterior;

c) o horário que pretende observar.

ART. 213. Toda modificação que envolva equipamento, horário, frequência e escalas no Território Nacional, bem assim a suspensão provisória ou definitiva dos serviços e o restabelecimento de escalas autorizadas, dependerá de autorização da autoridade aeronáutica, se não for estabelecido de modo diferente em Acordo Bilateral.

Parágrafo único. As modificações a que se refere este artigo serão submetidas à autoridade aeronáutica com a necessária antecedência.

Da Autorização de Agência de Empresa Estrangeira que Não Opere Serviços Aéreos no Brasil

ART. 214. As empresas estrangeiras de transporte aéreo que não operem no Brasil não poderão funcionar no Território Nacional ou nele manter agência, sucursal, filial, gerência, representação ou escritório, salvo se possuírem autorização para a venda de bilhete de passagem ou de carga, concedida por autoridade competente.

§ 1º A autorização de que trata este artigo estará sujeita às normas e condições que forem estabelecidas pelo Ministério da Aeronáutica.

§ 2º Não será outorgada autorização a empresa cujo país de origem não assegure reciprocidade de tratamento às congêneres brasileiras.

§ 3º O representante, agente, diretor, gerente ou procurador deverá ter os mesmos poderes de que trata o artigo 208 deste Código.

SEÇÃO II
DO TRANSPORTE DOMÉSTICO

ART. 215. Considera-se doméstico e é regido por este Código, todo transporte em que os pontos de partida, intermediários e de destino estejam situados em Território Nacional.

Parágrafo único. O transporte não perderá esse caráter se, por motivo de força maior, a aeronave fizer escala em território estrangeiro, estando, porém, em território brasileiro os seus pontos de partida e destino.

ART. 216. Os serviços aéreos de transporte público doméstico são reservados às pessoas jurídicas brasileiras.

CAPÍTULO VI
DOS SERVIÇOS DE TRANSPORTE AÉREO NÃO REGULAR

ART. 217. Para a prestação de serviços aéreos não regulares de transporte de passageiro, carga ou mala postal, é necessária autorização de funcionamento do Poder Executivo, a qual será intransferível, podendo estender-se por período de 5 (cinco) anos, renovável por igual prazo.

ART. 218. Além da nacionalidade brasileira, a pessoa interessada em obter a autorização de funcionamento, deverá indicar os aeródromos e instalações auxiliares que pretende utilizar, comprovando:

I - sua capacidade econômica e financeira;

II - a viabilidade econômica do serviço que pretende explorar;

III - que dispõe de aeronaves adequadas, pessoal técnico habilitado e estruturas técnicas de manutenção, próprias ou contratadas;

IV - que fez os seguros obrigatórios.

ART. 219. Além da autorização de funcionamento, de que tratam os artigos 217 e 218, os serviços de transporte aéreo não regular entre pontos situados no País, ou entre ponto no Território Nacional e outro em país estrangeiro, sujeitam-se à permissão correspondente.

ART. 220. Os serviços de táxi-aéreo constituem modalidade de transporte público aéreo não regular de passageiro ou carga, mediante remuneração convencionada entre o usuário e o transportador, sob a fiscalização do Ministério da Aeronáutica, e visando a proporcionar atendimento imediato, independente de horário, percurso ou escala.

ART. 221. As pessoas físicas ou jurídicas, autorizadas a exercer atividade de fomento da aviação civil ou desportiva, assim como de adestramento de tripulantes, não poderão realizar serviço público de transporte aéreo, com ou sem remuneração (artigos 267, § 2º; 178, § 2º e 179).

TÍTULO VII
DO CONTRATO DE TRANSPORTE AÉREO

CAPÍTULO I
DISPOSIÇÕES GERAIS

ART. 222. Pelo contrato de transporte aéreo, obriga-se o empresário a transportar passageiro, bagagem, carga, encomenda ou mala postal, por meio de aeronave, mediante pagamento.

Parágrafo único. O empresário, como transportador, pode ser pessoa física ou jurídica, proprietário ou explorador da aeronave.

ART. 223. Considera-se que existe um só contrato de transporte, quando ajustado num único ato jurídico, por meio de um ou mais bilhetes de passagem, ainda que executado, sucessivamente, por mais de um transportador.

ART. 224. Em caso de transporte combinado, aplica-se às aeronaves o disposto neste Código.

ART. 225. Considera-se transportador de fato o que realiza todo o transporte ou parte dele, presumidamente autorizado pelo transportador contratual e sem se confundir com ele ou com o transportador sucessivo.

ART. 226. A falta, irregularidade ou perda do bilhete de passagem, nota de bagagem ou conhecimento de carga não prejudica a existência e eficácia do respectivo contrato.

CAPÍTULO II
DO CONTRATO DE TRANSPORTE DE PASSAGEIRO

SEÇÃO I
DO TRANSPORTE AÉREO REGULAR INTERNACIONAL

ART. 227. No transporte de pessoas, o transportador é obrigado a entregar o respectivo bilhete individual ou coletivo de passagem, que deverá indicar o lugar e a data da emissão, os pontos de partida e destino, assim como o nome dos transportadores.

ART. 228. O bilhete de passagem terá a validade de 1 (um) ano, a partir da data de sua emissão.

ART. 229. O passageiro tem direito ao reembolso do valor já pago do bilhete se o transportador vier a cancelar a viagem.

ART. 230. Em caso de atraso da partida por mais de 4 (quatro) horas, o transportador providenciará o embarque do passageiro, em voo que ofereça serviço equivalente para o mesmo destino, se houver, ou restituirá, de imediato, se o passageiro o preferir, o valor do bilhete de passagem.

ART. 231. Quando o transporte sofrer interrupção ou atraso em aeroporto de escala por período superior a 4 (quatro) horas, qualquer que seja o motivo, o passageiro poderá optar pelo endosso do bilhete de passagem ou pela imediata devolução do preço.

Parágrafo único. Todas as despesas decorrentes da interrupção ou atraso da viagem, inclusive transporte de qualquer espécie, alimentação e hospedagem, correrão por conta do transportador contratual, sem prejuízo da responsabilidade civil.

ART. 232. A pessoa transportada deve sujeitar-se às normas legais constantes do bilhete ou afixadas à vista dos usuários, abstendo-se de ato que cause incômodo ou prejuízo aos passageiros, danifique a aeronave, impeça ou dificulte a execução normal do serviço.

ART. 233. A execução do contrato de transporte aéreo de passageiro compreende as operações de embarque e desembarque, além das efetuadas a bordo da aeronave.

§ 1º Considera-se operação de embarque a que se realiza desde quando o passageiro, já despachado no aeroporto, transpõe o limite da área destinada ao público em geral e entra na respectiva aeronave, abrangendo o percurso feito a pé, por meios mecânicos ou com a utilização de viaturas.

§ 2º A operação de desembarque inicia-se com a saída de bordo da aeronave e termina no ponto de intersecção da área interna do aeroporto e da área aberta ao público em geral.

SEÇÃO II
DA NOTA DE BAGAGEM

ART. 234. No contrato de transporte de bagagem, o transportador é obrigado a entregar ao passageiro a nota individual ou coletiva correspondente, em 2 (duas) vias, com a indicação do lugar e data de emissão, pontos de partida e destino, número do bilhete de passagem, quantidade, peso e valor declarado dos volumes.

§ 1º A execução do contrato inicia-se com a entrega ao passageiro da respectiva nota e termina com o recebimento da bagagem.

§ 2º Poderá o transportador verificar o conteúdo dos volumes sempre que haja valor declarado pelo passageiro.

§ 3º Além da bagagem registrada, é facultado ao passageiro conduzir objetos de uso pessoal, como bagagem de mão.

§ 4º O recebimento da bagagem, sem protesto, faz presumir o seu bom estado.

§ 5º Procede-se ao protesto, no caso de avaria ou atraso, na forma determinada na seção relativa ao contrato de carga.

CAPÍTULO III
DO CONTRATO DE TRANSPORTE AÉREO DE CARGA

ART. 235. No contrato de transporte aéreo de carga, será emitido o respectivo conhecimento, com as seguintes indicações:

I - o lugar e data de emissão;

II - os pontos de partida e destino;

III - o nome e endereço do expedidor;

IV - o nome e endereço do transportador;

V - o nome e endereço do destinatário;

VI - a natureza da carga;

VII - o número, acondicionamento, marcas e numeração dos volumes;

VIII - o peso, quantidade e o volume ou dimensão;

IX - o preço da mercadoria, quando a carga for expedida contrapagamento no ato da entrega, e, eventualmente, a importância das despesas;

X - o valor declarado, se houver;

XI - o número das vias do conhecimento;

XII - os documentos entregues ao transportador para acompanhar o conhecimento;

XIII - o prazo de transporte, dentro do qual deverá o transportador entregar a carga no lugar do destino, e o destinatário ou expedidor retirá-la.

ART. 236. O conhecimento aéreo será feito em 3 (três) vias originais e entregue pelo expedidor com a carga.

§ 1º A 1ª via, com a indicação "do transportador", será assinada pelo expedidor.

§ 2º A 2ª via, com a indicação "do destinatário", será assinada pelo expedidor e pelo transportador e acompanhará a carga.

§ 3º A 3ª via será assinada pelo transportador e por ele entregue ao expedidor, após aceita a carga.

ART. 237. Se o transportador, a pedido do expedidor, fizer o conhecimento, considerar-se-á como tendo feito por conta e em nome deste, salvo prova em contrário.

ART. 238. Quando houver mais de um volume, o transportador poderá exigir do expedidor conhecimentos aéreos distintos.

ART. 239. Sem prejuízo da responsabilidade penal, o expedidor responde pela exatidão das indicações e declarações constantes do conhecimento aéreo e pelo dano que, em consequência de suas declarações ou indicações irregulares, inexatas ou incompletas, vier a sofrer o transportador ou qualquer outra pessoa.

ART. 240. O conhecimento faz presumir, até prova em contrário, a conclusão do contrato, o recebimento da carga e as condições do transporte.

ART. 241. As declarações contidas no conhecimento aéreo, relativas a peso, dimensões, acondicionamento da carga e número de volumes, presumem-se verdadeiras até prova em contrário; as referentes à quantidade, volume, valor e estado da carga só farão prova contra o transportador, se este verificar sua exatidão, o que deverá constar do conhecimento.

ART. 242. O transportador recusará a carga desacompanhada dos documentos exigidos ou cujo transporte e comercialização não sejam permitidos.

ART. 243. Ao chegar a carga ao lugar do destino, deverá o transportador avisar ao destinatário para que a retire no prazo de 15 (quinze) dias a contar do aviso, salvo se estabelecido outro prazo no conhecimento.

§ 1º Se o destinatário não for encontrado ou não retirar a carga no prazo constante do aviso, o transportador avisará ao expedidor para retirá-la no prazo de 15 (quinze) dias, a partir do aviso, sob pena de ser considerada abandonada.

§ 2º Transcorrido o prazo estipulado no último aviso, sem que a carga tenha sido retirada, o transportador a entregará ao depósito público por conta e risco do expedidor, ou, a seu critério, ao leiloeiro, para proceder à venda em leilão público e depositar o produto líquido no Banco do Brasil S/A., à disposição do proprietário, deduzidas as despesas de frete, seguro e encargos da venda.

§ 3º No caso de a carga estar sujeita a controle aduaneiro, o alijamento a que se refere o § 1º deste artigo será comunicado imediatamente à autoridade fazendária que jurisdicione o aeroporto do destino da carga.

ART. 244. Presume-se entregue em bom estado e de conformidade com o documento de transporte a carga que o destinatário haja recebido sem protesto.

§ 1º O protesto far-se-á mediante ressalva lançada no documento de transporte ou mediante qualquer comunicação escrita, encaminhada ao transportador.

§ 2º O protesto por avaria será feito dentro do prazo de 7 (sete) dias a contar do recebimento.

§ 3º O protesto por atraso será feito dentro do prazo de 15 (quinze) dias a contar da data em que a carga haja sido posta à disposição do destinatário.

§ 4º Em falta de protesto, qualquer ação somente será admitida se fundada em dolo do transportador.

§ 5º Em caso de transportador sucessivo ou de transportador de fato o protesto será encaminhado aos responsáveis (artigos 259 e 266).

§ 6º O dano ou avaria e o extravio de carga importada ou em trânsito aduaneiro serão apurados de acordo com a legislação específica (artigo 8º).

ART. 245. A execução do contrato de transporte aéreo de carga inicia-se com o recebimento e persiste durante o período em que se encontra sob a responsabilidade do transportador, seja em aeródromo, a bordo da aeronave ou em qualquer lugar, no caso de aterrissagem forçada, até a entrega final.

Parágrafo único. O período de execução do transporte aéreo não compreende o transporte terrestre, marítimo ou fluvial, efetuado fora de aeródromo, a menos que hajam sido feitos para proceder ao carregamento, entrega, transbordo ou baldeação de carga (artigo 263).

TÍTULO VIII
DA RESPONSABILIDADE CIVIL

CAPÍTULO I
DA RESPONSABILIDADE CONTRATUAL

SEÇÃO I
DISPOSIÇÕES GERAIS

ART. 246. A responsabilidade do transportador (artigos 123, 124 e 222, Parágrafo único), por danos ocorridos durante a execução do contrato de transporte (artigos 233, 234, § 1º, 245), está sujeita aos limites estabelecidos neste Título (artigos 257, 260, 262, 269 e 277).

ART. 247. É nula qualquer cláusula tendente a exonerar de responsabilidade o transportador ou a estabelecer limite de indenização inferior ao previsto neste Capítulo, mas a nulidade da cláusula não acarreta a do contrato, que continuará regido por este Código (artigo 10).

ART. 248. Os limites de indenização, previstos neste Capítulo, não se aplicam se for provado que o dano resultou de dolo ou culpa grave do transportador ou de seus prepostos.

§ 1º Para os efeitos deste artigo, ocorre o dolo ou culpa grave quando o transportador ou seus prepostos quiseram o resultado ou assumiram o risco de produzi-lo.

§ 2º O demandante deverá provar, no caso de dolo ou culpa grave dos prepostos, que estes atuavam no exercício de suas funções.

§ 3º A sentença, no Juízo Criminal, com trânsito em julgado, que haja decidido sobre a existência do ato doloso ou culposo e sua autoria, será prova suficiente.

ART. 249. Não serão computados nos limites estabelecidos neste Capítulo, honorários e despesas judiciais.

ART. 250. O responsável que pagar a indenização desonera-se em relação a quem a receber (artigos 253 e 281, parágrafo único).

Parágrafo único. Fica ressalvada a discussão entre aquele que pagou e os demais responsáveis pelo pagamento.

ART. 251. Na fixação de responsabilidade do transportador por danos a pessoas, carga, equipamento ou instalações postos a bordo da aeronave aplicam-se os limites dos dispositivos deste Capítulo, caso não existam no contrato outras limitações.

SEÇÃO II
DO PROCEDIMENTO EXTRAJUDICIAL

ART. 252. No prazo de 30 (trinta) dias, a partir das datas previstas no artigo 317, I, II, III e IV, deste Código, o interessado deverá habilitar-se ao recebimento da respectiva indenização.

ART. 253. Nos 30 (trinta) dias seguintes ao término do prazo previsto no artigo anterior, o responsável deverá efetuar aos habilitados os respectivos pagamentos com recursos próprios ou com os provenientes do seguro (artigo 250).

ART. 254. Para os que não se habilitarem tempestivamente ou cujo processo esteja na dependência de cumprimento, pelo interessado, de exigências legais, o pagamento a que se refere o artigo anterior deve ocorrer nos 30 (trinta) dias seguintes à satisfação daquelas.

ART. 255. Esgotado o prazo a que se referem os artigos 253 e 254, se não houver o responsável ou a seguradora efetuado o pagamento, poderá o interessado promover, judicialmente, pelo procedimento sumaríssimo (artigo 275, II, letra e, do CPC), a reparação do dano.

SEÇÃO III
DA RESPONSABILIDADE POR DANO A PASSAGEIRO

ART. 256. O transportador responde pelo dano decorrente:

I - de morte ou lesão de passageiro, causada por acidente ocorrido durante a execução do contrato de transporte aéreo, a bordo de aeronave ou no curso das operações de embarque e desembarque;

II - de atraso do transporte aéreo contratado.

§ 1º O transportador não será responsável:

a) no caso do item I, se a morte ou lesão resultar, exclusivamente, do estado de saúde do passageiro, ou se o acidente decorrer de sua culpa exclusiva;

b) no caso do item II, se ocorrer motivo de força maior ou comprovada determinação da autoridade aeronáutica, que será responsabilizada.

§ 2º A responsabilidade do transportador estende-se:

a) a seus tripulantes, diretores e empregados que viajarem na aeronave acidentada, sem prejuízo de eventual indenização por acidente de trabalho;

b) aos passageiros gratuitos, que viajarem por cortesia.

ART. 257. A responsabilidade do transportador, em relação a cada passageiro e tripulante, limita-se, no caso de morte ou lesão, ao valor correspondente, na data do pagamento, a 3.500 (três mil e quinhentas) Obrigações do Tesouro Nacional - OTN, e, no caso de atraso do transporte, a 150 (cento e cinquenta) Obrigações do Tesouro Nacional - OTN.

§ 1º Poderá ser fixado limite maior mediante pacto acessório entre o transportador e o passageiro.

§ 2º Na indenização que for fixada em forma de renda, o capital par a sua constituição não poderá exceder o maior valor previsto neste artigo.

ART. 258. No caso de transportes sucessivos, o passageiro ou seu sucessor só terá ação contra o transportador que haja efetuado o transporte no curso do qual ocorrer o acidente ou o atraso.

Parágrafo único. Não se aplica o disposto neste artigo se, por estipulação expressa, o primeiro transportador assumir a responsabilidade por todo o percurso do transporte contratado.

ART. 259. Quando o transporte aéreo for contratado com um transportador e executado por outro, o passageiro ou sucessores poderão demandar tanto o transportador contratual como o transportador de fato, respondendo ambos solidariamente.

SEÇÃO IV
DA RESPONSABILIDADE POR DANOS À BAGAGEM

ART. 260. A responsabilidade do transportador por dano, consequente da destruição, perda ou avaria da bagagem despachada ou conservada em mãos do passageiro, ocorrida durante a execução do contrato de transporte aéreo, limita-se ao valor correspondente a 150 (cento e cinquenta) Obrigações do Tesouro Nacional - OTN, por ocasião do pagamento, em relação a cada passageiro.

ART. 261. Aplica-se, no que couber, o que está disposto na seção relativa à responsabilidade por danos à carga aérea (artigos 262 a 266).

SEÇÃO V
DA RESPONSABILIDADE POR DANOS À CARGA

ART. 262. No caso de atraso, perda, destruição ou avaria de carga, ocorrida durante a execução do contrato do transporte aéreo, a responsabilidade do transportador limita-se ao valor correspondente a 3 (três) Obrigações do Tesouro Nacional - OTN por quilo, salvo declaração especial de valor feita pelo expedidor e mediante o pagamento de taxa suplementar, se for o caso (artigos 239, 241 e 244).

ART. 263. Quando para a execução do contrato de transporte aéreo for usado outro meio de transporte, e houver dúvida sobre onde ocorreu o dano, a responsabilidade do transportador será regida por este Código (artigo 245 e Parágrafo único).

ART. 264. O transportador não será responsável se comprovar:

I - que o atraso na entrega da carga foi causado por determinação expressa de autoridade aeronáutica do voo, ou por fato necessário, cujos efeitos não era possível prever, evitar ou impedir;

II - que a perda, destruição ou avaria resultou, exclusivamente, de um ou mais dos seguintes fatos:

a) natureza ou vício próprio da mercadoria;

b) embalagem defeituosa da carga, feita por pessoa ou seus prepostos;

c) ato de guerra ou conflito armado;

d) ato de autoridade pública referente à carga.

ART. 265. A não ser que o dano atinja o valor de todos os volumes, compreendidos pelo conhecimento de transporte aéreo, somente será considerado, para efeito de indenização, o peso dos volumes perdidos, destruídos, avariados ou entregues com atraso.

ART. 266. Poderá o expedidor propor ação contra o primeiro transportador e contra aquele que haja efetuado o transporte, durante o qual ocorreu o dano, e o destinatário contra este e contra o último transportador.

Parágrafo único. Ocorre a solidariedade entre os transportadores responsáveis perante, respectivamente, o expedidor e o destinatário.

CAPÍTULO II
DA RESPONSABILIDADE POR DANOS EM SERVIÇOS AÉREOS GRATUITOS

ART. 267. Quando não houver contrato de transporte (artigos 222 a 245), a responsabilidade civil por danos ocorridos durante a execução dos serviços aéreos obedecerá ao seguinte:

I - no serviço aéreo privado (artigos 177 a 179), o proprietário da aeronave responde por danos ao pessoal técnico a bordo e às pessoas e bens na superfície, nos limites previstos, respectivamente, nos artigos 257 e 269 deste Código, devendo contratar seguro correspondente (artigo 178, §§ 1º e 2º);

II - no transporte gratuito realizado por empresa de transporte aéreo público, observa-se o disposto no artigo 256, § 2º, deste Código;

III - no transporte gratuito realizado pelo Correio Aéreo Nacional, não haverá indenização por danos à pessoa ou bagagem a bordo, salvo se houver comprovação de culpa ou dolo dos operadores da aeronave.

§ 1º No caso do item III deste artigo, ocorrendo a comprovação de culpa, a indenização sujeita-se aos limites previstos no Capítulo anterior, e no caso de ser comprovado o dolo, não prevalecem os referidos limites.

§ 2º Em relação a passageiros transportados com infração do § 2º do artigo 178 e artigo 221, não prevalecem os limites deste Código.

CAPÍTULO III
DA RESPONSABILIDADE PARA COM TERCEIROS NA SUPERFÍCIE

ART. 268. O explorador responde pelos danos a terceiros na superfície, causados, diretamente, por aeronave em voo, ou manobra, assim como por pessoa ou coisa dela caída ou projetada.

§ 1º Prevalece a responsabilidade do explorador quando a aeronave é pilotada por seus prepostos, ainda que exorbitem de suas atribuições.

§ 2º Exime-se o explorador da responsabilidade se provar que:

I - não há relação direta de causa e efeito entre o dano e os fatos apontados;

II - resultou apenas da passagem da aeronave pelo espaço aéreo, observadas as regras de tráfego aéreo;

III - a aeronave era operada por terceiro, não preposto nem dependente, que iludiu a razoável vigilância exercida sobre o aparelho;

IV - houve culpa exclusiva do prejudicado.

§ 3º Considera-se a aeronave em voo desde o momento em que a força motriz é aplicada para decolar até o momento em que termina a operação de pouso.

§ 4º Tratando-se de aeronave mais leve que o ar, planador ou asa voadora, considera-se em voo desde o momento em que se desprende da superfície até aquele em que a ela novamente retorne.

§ 5º Considera-se em manobra a aeronave que estiver sendo movimentada ou rebocada em áreas aeroportuárias.

ART. 269. A responsabilidade do explorador estará limitada:

I - para aeronaves com o peso máximo de 1.000kg (mil quilogramas), à importância correspondente a 3.500 (três mil e quinhentas) OTN - Obrigações do Tesouro Nacional;

II - para aeronaves com peso superior a 1.000kg (mil quilogramas), à quantia correspondente a 3.500 (três mil e quinhentas) OTN - Obrigações do Tesouro Nacional, acrescida de 1/10 (um décimo) do valor de cada OTN - Obrigação do Tesouro Nacional por quilograma que exceder a 1.000 (mil).

Parágrafo único. Entende-se por peso da aeronave o autorizado para decolagem pelo certificado de aeronavegabilidade ou documento equivalente.

ART. 270. O explorador da aeronave pagará aos prejudicados habilitados 30% (trinta por cento) da quantia máxima, a que estará obrigado, nos termos do artigo anterior, dentro de 60 (sessenta) dias a partir da ocorrência do fato (artigos 252 e 253).

§ 1º Exime-se do dever de efetuar o pagamento o explorador que houver proposto ação para isentar-se de responsabilidade sob a alegação de culpa predominante ou exclusiva do prejudicado.

§ 2º O saldo de 70% (setenta por cento) será rateado entre todos os prejudicados habilitados, quando após o decurso de 90 (noventa) dias do fato, não pender qualquer processo de habilitação ou ação de reparação do dano (artigos 254 e 255).

ART. 271. Quando a importância total das indenizações fixadas exceder ao limite de responsabilidade estabelecido neste Capítulo, serão aplicadas as regras seguintes:

I - havendo apenas danos pessoais ou apenas danos materiais, as indenizações serão reduzidas proporcionalmente aos respectivos montantes;

II - havendo danos pessoais e materiais, metade da importância correspondente ao limite máximo de indenização será destinada a cobrir cada espécie de dano; se houver saldo, será ele utilizado para complementar indenizações que não tenham podido ser pagas em seu montante integral.

ART. 272. Nenhum efeito terão os dispositivos deste Capítulo sobre o limite de responsabilidade quando:

I - o dano resultar de dolo ou culpa grave do explorador ou de seus prepostos;

II - seja o dano causado pela aeronave no solo e com seus motores parados;

III - o dano seja causado a terceiros na superfície, por quem esteja operando ilegal ou ilegitimamente a aeronave.

CAPÍTULO IV
DA RESPONSABILIDADE POR ABALROAMENTO

ART. 273. Consideram-se provenientes de abalroamento os danos produzidos pela colisão de 2 (duas) ou mais aeronaves, em voo ou em manobra na superfície, e os produzidos às pessoas ou coisas a bordo, por outra aeronave em voo.

ART. 274. A responsabilidade pela reparação dos danos resultantes do abalroamento cabe ao explorador ou proprietário da aeronave causadora, quer a utilize pessoalmente, quer por preposto.

ART. 275. No abalroamento em que haja culpa concorrente, a responsabilidade dos exploradores é solidária, mas proporcional à gravidade da falta.

Parágrafo único. Não se podendo determinar a proporcionalidade, responde cada um dos exploradores em partes iguais.

ART. 276. Constituem danos de abalroamento, sujeitos à indenização:

I - os causados a pessoas e coisas a bordo das aeronaves envolvidas;

II - os sofridos pela aeronave abalroada;

III - os prejuízos decorrentes da privação de uso da aeronave abalroada;

IV - os danos causados a terceiros, na superfície.

Parágrafo único. Incluem-se no ressarcimento dos danos as despesas, inclusive judiciais, assumidas pelo explorador da aeronave abalroada, em consequência do evento danoso.

ART. 277. A indenização pelos danos causados em consequência do abalroamento não excederá:

I - aos limites fixados nos artigos 257, 260 e 262, relativos a pessoas e coisas a bordo, elevados ao dobro;

II - aos limites fixados no artigo 269, referentes a terceiros na superfície, elevados ao dobro;

III - ao valor dos reparos e substituições de peças da aeronave abalroada, se recuperável, ou de seu valor real imediatamente anterior ao evento, se inconveniente ou impossível a recuperação;

IV - ao décimo do valor real da aeronave abalroada imediatamente anterior ao evento, em virtude da privação de seu uso normal.

ART. 278. Não prevalecerão os limites de indenização fixados no artigo anterior:

I - se o abalroamento resultar de dolo ou culpa grave específico do explorador ou de seus prepostos;

II - se o explorador da aeronave causadora do abalroamento tiver concorrido, por si ou por seus prepostos, para o evento, mediante ação ou omissão violadora das normas em vigor sobre tráfego aéreo;

III - se o abalroamento for consequência de apossamento ilícito ou uso indevido da aeronave, sem negligência do explorador ou de seus prepostos, os quais, neste caso, ficarão eximidos de responsabilidade.

ART. 279. O explorador de cada aeronave será responsável, nas condições e limites previstos neste Código, pelos danos causados:

I - pela colisão de 2 (duas) ou mais aeronaves;

II - por 2 (duas) ou mais aeronaves conjunta ou separadamente.

Parágrafo único. A pessoa que sofrer danos, ou os seus beneficiários, terão direito a ser indenizados, até a soma dos limites correspondentes a cada uma das aeronaves, mas nenhum explorador será responsável por soma que exceda os limites aplicáveis às suas aeronaves, salvo se sua responsabilidade for ilimitada, por ter sido provado que o dano foi causado por dolo ou culpa grave (§ 1º do artigo 248).

CAPÍTULO V
DA RESPONSABILIDADE DO CONSTRUTOR AERONÁUTICO E DAS ENTIDADES DE INFRAESTRUTURA AERONÁUTICA

ART. 280. Aplicam-se, conforme o caso, os limites estabelecidos nos artigos 257, 260, 262, 269 e 277, à eventual responsabilidade:

I - do construtor de produto aeronáutico brasileiro, em relação à culpa pelos danos decorrentes de defeitos de fabricação;

II - da administração de aeroportos ou da Administração Pública, em serviços de infraestrutura, por culpa de seus operadores, em acidentes que causem danos a passageiros ou coisas.

CAPÍTULO VI
DA GARANTIA DE RESPONSABILIDADE

ART. 281. Todo explorador é obrigado a contratar o seguro para garantir eventual indenização de riscos futuros em relação:

I - aos danos previstos neste Título, com os limites de responsabilidade civil nele estabelecidos (artigos 257, 260, 262, 269 e 277) ou contratados (§ 1º do artigo 257 e parágrafo único do artigo 262);

II - aos tripulantes e viajantes gratuitos equiparados, para este efeito, aos passageiros (artigo 256, § 2º);

III - ao pessoal técnico a bordo e às pessoas e bens na superfície, nos serviços aéreos privados (artigo 178, § 2º, e artigo 267, I);

IV - ao valor da aeronave.

Parágrafo único. O recebimento do seguro exime o transportador da responsabilidade (artigo 250).

ART. 282. Exigir-se-á do explorador de aeronave estrangeira, para a eventual reparação de danos a pessoas ou bens no espaço aéreo ou no território brasileiro:

a) apresentação de garantias iguais ou equivalentes às exigidas de aeronaves brasileiras;

b) o cumprimento das normas estabelecidas em Convenções ou Acordos Internacionais, quando aplicáveis.

ART. 283. A expedição ou revalidação do certificado de aeronavegabilidade só ocorrerá diante da comprovação do seguro, que será averbado no Registro Aeronáutico Brasileiro e respectivos certificados.

Parágrafo único. A validade do certificado poderá ser suspensa, a qualquer momento, se comprovado que a garantia deixou de existir.

ART. 284. Os seguros obrigatórios, cuja expiração ocorrer após o inicio do voo, consideram-se prorrogados até o seu término.

ART. 285. Sob pena de nulidade da cláusula, nas apólices de seguro de vida ou de seguro de acidente, não poderá haver exclusão de riscos resultantes do transporte aéreo.

Parágrafo único. Em se tratando de transporte aéreo, as apólices de seguro de vida ou de seguro de acidentes não poderão conter cláusulas que apresentem taxas ou sobretaxas maiores que as cobradas para os transportes terrestres.

ART. 286. Aquele que tiver direito à reparação do dano poderá exercer, nos limites da indenização que lhe couber, direito próprio sobre a garantia prestada pelo responsável (artigos 250 e 281, Parágrafo único).

CAPÍTULO VII
DA RESPONSABILIDADE CIVIL NO TRANSPORTE AÉREO INTERNACIONAL

ART. 287. Para efeito de limite de responsabilidade civil no transporte aéreo internacional, as quantias estabelecidas nas Convenções Internacionais de que o Brasil faça parte serão convertidas em moeda nacional, na forma de regulamento expedido pelo Poder Executivo.

TÍTULO IX
DAS INFRAÇÕES E PROVIDÊNCIAS ADMINISTRATIVAS

CAPÍTULO I
DOS ÓRGÃOS ADMINISTRATIVOS COMPETENTES

ART. 288. O Poder Executivo criará órgão com a finalidade de apuração e julgamento das infrações previstas neste Código e na legislação complementar, especialmente as relativas a tarifas e condições de transporte, bem como de conhecimento dos respectivos recursos.

§ 1º A competência, organização e funcionamento do órgão a ser criado, assim como o procedimento dos respectivos processos, serão fixados em regulamento.

§ 2º Não se compreendem na competência do órgão a que se refere este artigo as infrações sujeitas à legislação tributária.

CAPÍTULO II
DAS PROVIDÊNCIAS ADMINISTRATIVAS

ART. 289. Na infração aos preceitos deste Código ou da legislação complementar, a autoridade aeronáutica poderá tomar as seguintes providências administrativas:

I - multa;

II - suspensão de certificados, licenças, concessões ou autorizações;

III - cassação de certificados, licenças, concessões ou autorizações;

IV - detenção, interdição ou apreensão de aeronave, ou do material transportado;

V - intervenção nas empresas concessionárias ou autorizadas.

ART. 290. A autoridade aeronáutica poderá requisitar o auxílio da força policial para obter a detenção dos presumidos infratores ou da aeronave que ponha em perigo a segurança pública, pessoas ou coisas, nos limites do que dispõe este Código.

ART. 291. Toda vez que se verifique a ocorrência de infração prevista neste Código ou na legislação complementar, a autoridade aeronáutica lavrará o respectivo auto, remetendo-o à autoridade ou ao órgão competente para a apuração, julgamento ou providência administrativa cabível.

§ 1º Quando a infração constituir crime, a autoridade levará, imediatamente, o fato ao conhecimento da autoridade policial ou judicial competente.

§ 2º Tratando-se de crime, em que se deva deter membros de tripulação de aeronave que realize serviço público de transporte aéreo, a autoridade aeronáutica, concomitantemente à providência prevista no parágrafo anterior, deverá tomar as medidas que possibilitem a continuação do voo.

ART. 292. É assegurado o direito à ampla defesa e a recurso a quem responder a procedimentos instaurados para a apuração e julgamento das infrações às normas previstas neste Código e em normas regulamentares.

§ 1º O mesmo direito será assegurado no caso de providências administrativas necessárias à apuração de fatos irregulares ou delituosos.

§ 2º O procedimento será sumário, com efeito suspensivo.

ART. 293. A aplicação das providências ou penalidades administrativas, previstas neste Título, não prejudicará nem impedirá a imposição, por outras autoridades, de penalidades cabíveis.

ART. 294. Será solidária a responsabilidade de quem cumprir ordem exorbitante ou indevida do proprietário ou explorador de aeronave, que resulte em infração deste Código.

ART. 295. A multa será imposta de acordo com a gravidade da infração, podendo ser acrescida da suspensão de qualquer dos certificados ou da autorização ou permissão.

ART. 296. A suspensão será aplicada para período não superior a 180 (cento e oitenta) dias, podendo ser prorrogada uma vez por igual período.

ART. 297. A pessoa jurídica empregadora responderá solidariamente com seus prepostos, agentes, empregados ou intermediários, pelas infrações por eles cometidas no exercício das respectivas funções.

ART. 298. A empresa estrangeira de transporte aéreo que opere no País será sujeita à multa e, na hipótese de reincidência, à suspensão ou cassação da autorização de funcionamento no caso de não atender:

I - aos requisitos prescritos pelas leis e regulamentos normalmente aplicados, no que se refere ao funcionamento de empresas de transporte aéreo;

II - às leis e regulamentos relativos à:

a) entrada e saída de aeronaves;

b) sua exploração ou navegação durante a permanência no território ou espaço aéreo brasileiro;

c) entrada ou saída de passageiros;

d) tripulação ou carga;

e) despacho;

f) imigração;

g) alfândega;

h) higiene;

i) saúde.

III - às tarifas, itinerários, frequências e horários aprovados; às condições contidas nas respectivas autorizações; à conservação e manutenção de seus equipamentos de voo no que se relaciona com a segurança e eficiência do serviço; à proibição de embarcar ou desembarcar passageiro ou carga em voo de simples trânsito;

IV - à legislação interna, em seus atos e operações no Brasil, em igualdade com as congêneres nacionais.

CAPÍTULO III
DAS INFRAÇÕES

ART. 299. Será aplicada multa de (vetado) até 1.000 (mil) valores de referência, ou de suspensão ou cassação de quaisquer certificados de matrícula, habilitação, concessão, autorização, permissão ou homologação expedidos segundo as regras deste Código, nos seguintes casos:

I - procedimento ou prática, no exercício das funções, que revelem falta de idoneidade profissional para o exercício das prerrogativas dos certificados de habilitação técnica;

II - execução de serviços aéreos de forma a comprometer a ordem ou a segurança pública, ou com violação das normas de segurança dos transportes;

III - cessão ou transferência da concessão, autorização ou permissão, sem licença da autoridade aeronáutica;

IV - transferência, direta ou indireta, da direção ou da execução dos serviços aéreos concedidos ou autorizados;

V - fornecimento de dados, informações ou estatísticas inexatas ou adulteradas;

VI - recusa de exibição de livros, documentos contábeis, informações ou estatísticas aos agentes da fiscalização;

VII - prática reiterada de infrações graves;

VIII - atraso no pagamento de tarifas aeroportuárias além do prazo estabelecido pela autoridade aeronáutica;

IX - atraso no pagamento de preços específicos pela utilização de áreas aeroportuárias, fora do prazo estabelecido no respectivo instrumento.

ART. 300. A cassação dependerá de inquérito administrativo no curso do qual será assegurada defesa ao infrator.

ART. 301. A suspensão poderá ser por prazo até 180 (cento e oitenta) dias, prorrogáveis por igual período.

ART. 302. A multa será aplicada pela prática das seguintes infrações:

I - infrações referentes ao uso das aeronaves:

a) utilizar ou empregar aeronave sem matrícula;

b) utilizar ou empregar aeronave com falsas marcas de nacionalidade ou de matrícula, ou sem que elas correspondam ao que consta do Registro Aeronáutico Brasileiro - RAB;

c) utilizar ou empregar aeronave em desacordo com as prescrições dos respectivos certificados ou com estes vencidos;

d) utilizar ou empregar aeronave sem os documentos exigidos ou sem que estes estejam em vigor;

e) utilizar ou empregar aeronave em serviço especializado, sem a necessária homologação do órgão competente;

f) utilizar ou empregar aeronave na execução de atividade diferente daquela para a qual se achar licenciado;

g) utilizar ou empregar aeronave com inobservância das normas de tráfego aéreo, emanadas da autoridade aeronáutica;

h) introduzir aeronave no País, ou utilizá-la sem autorização de sobrevoo;

i) manter aeronave estrangeira em Território Nacional sem autorização ou sem que esta haja sido revalidada;

j) alienar ou transferir, sem autorização, aeronave estrangeira que se encontre no País em caráter transitório, ressalvados os casos de execução judicial ou de medida cautelar;

k) transportar, ciente do conteúdo real, carga ou material perigoso ou proibido, ou em desacordo com as normas que regulam o trânsito de materiais sujeitos a restrições;

l) lançar objetos ou substâncias sem licença da autoridade aeronáutica, salvo caso de alijamento;

m) trasladar aeronave sem licença;

n) recuperar ou reconstruir aeronave acidentada, sem a liberação do órgão competente;

o) realizar voo com peso de decolagem ou número de passageiros acima dos máximos estabelecidos;

p) realizar voo com equipamento para levantamento aerofotogramétrico, sem autorização do órgão competente;

q) transportar passageiro em lugar inadequado da aeronave;

r) realizar voo sem o equipamento de sobrevivência exigido;

s) realizar voo por instrumentos com aeronave não homologada para esse tipo de operação;

t) realizar voo por instrumentos com tripulação inabilitada ou incompleta;

u) realizar voo solo para treinamento de navegação sendo aluno ainda não habilitado para tal;

v) operar aeronave com plano de voo visual, quando as condições meteorológicas estiverem abaixo dos mínimos previstos para esse tipo de operação;

w) explorar sistematicamente serviços de táxi-aéreo fora das áreas autorizadas;

x) operar radiofrequências não autorizadas, capazes de causar interferência prejudicial ao serviço de telecomunicações aeronáuticas.

II - infrações imputáveis a aeronautas e aeroviários ou operadores de aeronaves:

a) preencher com dados inexatos documentos exigidos pela fiscalização;

b) impedir ou dificultar a ação dos agentes públicos, devidamente credenciados, no exercício de missão oficial;

c) pilotar aeronave sem portar os documentos de habilitação, os documentos da aeronave ou os equipamentos de sobrevivência nas áreas exigidas;

d) tripular aeronave com certificado de habilitação técnica ou de capacidade física vencidos, ou exercer a bordo função para a qual não esteja devidamente licenciado ou cuja licença esteja expirada;

e) participar da composição de tripulação em desacordo com o que estabelece este Código e suas regulamentações;

f) utilizar aeronave com tripulante estrangeiro ou permitir a este o exercício de qualquer função a bordo, em desacordo com este Código ou com suas regulamentações;

g) desobedecer às determinações da autoridade do aeroporto ou prestar-lhe falsas informações;
h) infringir as Condições Gerais de Transporte ou as instruções sobre tarifas;
i) desobedecer aos regulamentos e normas de tráfego aéreo;
j) inobservar os preceitos da regulamentação sobre o exercício da profissão;
k) inobservar as normas sobre assistência e salvamento;
l) desobedecer às normas que regulam a entrada, a permanência e a saída de estrangeiro;
m) infringir regras, normas ou cláusulas de Convenções ou atos internacionais;
n) infringir as normas e regulamentos que afetem a disciplina a bordo de aeronave ou a segurança de voo;
o) permitir, por ação ou omissão, o embarque de mercadorias sem despacho, de materiais sem licença, ou efetuar o despacho em desacordo com a licença, quando necessária;
p) exceder, fora dos casos previstos em lei, os limites de horas de trabalho ou de voo;
q) operar a aeronave em estado de embriaguez;
r) taxiar aeronave para decolagem, ingressando na pista sem observar o tráfego;
s) retirar-se de aeronave com o motor ligado sem tripulante a bordo;
t) operar aeronave deixando de manter fraseologia-padrão nas comunicações radiotelefônicas;
u) ministrar instruções de voo sem estar habilitado.

III - infrações imputáveis à concessionária ou permissionária de serviços aéreos:
a) permitir a utilização de aeronave sem situação regular no Registro Aeronáutico Brasileiro - RAB, ou sem observância das restrições do certificado de navegabilidade;
b) permitir a composição de tripulação por aeronauta sem habilitação ou que, habilitado, não esteja com a documentação regular;
c) permitir o exercício, em aeronave ou em serviço de terra, de pessoal não devidamente licenciado ou com a licença vencida;
d) firmar acordo com outra concessionária ou permissionária, ou com terceiros, para estabelecimento de conexão, consórcio pool ou consolidação de serviços ou interesses, sem consentimento expresso da autoridade aeronáutica;
e) não observar as normas e regulamentos relativos à manutenção e operação das aeronaves;
f) explorar qualquer modalidade de serviço aéreo para a qual não esteja devidamente autorizada;
g) deixar de comprovar, quando exigida pela autoridade competente, a contratação dos seguros destinados a garantir sua responsabilidade pelos eventuais danos a passageiros, tripulantes, bagagens e cargas, bem assim, no solo a terceiros;
h) aceitar, para embarque, mercadorias sem licença das autoridades competentes ou em desacordo com a regulamentação que disciplina o trânsito dessas mercadorias;
i) ceder ou transferir ações ou partes de seu capital social, com direito a voto, sem consentimento expresso da autoridade aeronáutica, quando necessário (artigo 180);
j) deixar de dar publicidade aos atos sociais de publicação obrigatória;
k) deixar de recolher, na forma e nos prazos da regulamentação respectiva, as tarifas, taxas, preços públicos e contribuições a que estiver obrigada;
l) recusar a exibição de livro, documento, ficha ou informação sobre seus serviços, quando solicitados pelos agentes da fiscalização aeronáutica;
m) desrespeitar convenção ou ato internacional a que estiver obrigada;
n) não observar, sem justa causa, os horários aprovados;
o) infringir as normas que disciplinam o exercício da profissão de aeronauta ou de aeroviário;
p) deixar de transportar passageiro com bilhete marcado ou com reserva confirmada ou, de qualquer forma, descumprir o contrato de transporte;
q) infringir as tarifas aprovadas, prometer ou conceder, direta ou indiretamente, desconto, abatimento, bonificação, utilidade ou qualquer vantagem aos usuários, em função da utilização de seus serviços de transporte;
r) simular como feita, total ou parcialmente, no exterior, a compra de passagem vendida no País, a fim de burlar a aplicação da tarifa aprovada em moeda nacional;
s) promover qualquer forma de publicidade que ofereça vantagem indevida ao usuário ou que lhe forneça indicação falsa ou inexata acerca dos serviços, induzindo-o em erro quanto ao valor real da tarifa aprovada pela autoridade aeronáutica;
t) efetuar troca de transporte por serviços ou utilidades, fora dos casos permitidos;
u) infringir as Condições Gerais de Transporte, bem como as demais normas que dispõem sobre os serviços aéreos;
v) deixar de informar à autoridade aeronáutica a ocorrência de incidente ou acidente envolvendo aeronave sob sua responsabilidade; (Alterado pela Lei 12.970/2014.)
w) deixar de apresentar nos prazos previstos o Resumo Geral dos resultados econômicos e estatísticos, o Balanço e a Demonstração de lucros e perdas;
x) deixar de requerer dentro do prazo previsto a inscrição de atos exigidos pelo Registro Aeronáutico Brasileiro;
y) deixar de apresentar, semestralmente, a relação de acionistas;
z) deixar de apresentar, semestralmente, a relação de transferências.

IV - infrações imputáveis a empresas de manutenção, reparação ou distribuição de aeronaves e seus componentes:
a) inobservar instruções, normas ou requisitos estabelecidos pela autoridade aeronáutica;
b) inobservar termos e condições constantes dos certificados de homologação e respectivos adendos;
c) modificar aeronave ou componente, procedendo à alteração não prevista por órgão homologador;
d) executar deficientemente serviço de manutenção ou de distribuição de componentes, de modo a comprometer a segurança do voo;
e) deixar de cumprir os contratos de manutenção ou inobservar os prazos assumidos para execução dos serviços de manutenção e distribuição de componentes;
f) executar serviços de manutenção ou de reparação em desacordo com os manuais da aeronave, ou em aeronave acidentada, sem liberação do órgão competente;
g) deixar de notificar ao órgão competente para homologação de produtos aeronáuticos, dentro do prazo regulamentar, qualquer defeito ou mau funcionamento que tenha afetado a segurança de algum voo em particular e que possa repetir-se em outras aeronaves.

V - infrações imputáveis a fabricantes de aeronaves e de outros produtos aeronáuticos:
a) inobservar prescrições e requisitos estabelecidos pela autoridade aeronáutica, destinados à homologação de produtos aeronáuticos;
b) inobservar os termos e condições constantes dos respectivos certificados de homologação;
c) alterar projeto de tipo aprovado, da aeronave ou de outro produto aeronáutico, sem que a modificação tenha sido homologada pela autoridade aeronáutica;
d) deixar de notificar ao órgão competente para homologação de produtos aeronáuticos, dentro do prazo regulamentar, qualquer defeito ou mau funcionamento, acidente ou incidente de que, de qualquer modo, tenha ciência, desde que esse defeito ou mau funcionamento venha a afetar a segurança de voo e possa repetir-se nas demais aeronaves ou produtos aeronáuticos cobertos pelo mesmo projeto de tipo aprovado;
e) descumprir ou deixar de adotar, após a notificação a que se refere o número anterior e dentro do prazo estabelecido pelo órgão competente, as medidas de natureza corretiva ou sanadora de defeitos e mau funcionamento.

VI - infrações imputáveis a pessoas naturais ou jurídicas não compreendidas nos grupos anteriores:
a) executar ou utilizar serviços técnicos de manutenção, modificação ou reparos de aeronaves e de seus componentes, em oficina não homologada;
b) executar serviços de recuperação ou reconstrução em aeronave acidentada, sem liberação do órgão competente;
c) executar serviços de manutenção ou de reparação de aeronave e de seus componentes, sem autorização do órgão competente;
d) utilizar-se de aeronave sem dispor de habilitação para sua pilotagem;
e) executar qualquer modalidade de serviço aéreo sem estar devidamente autorizado;
f) construir campo de pouso sem licença, utilizar campo de pouso sem condições regulamentares de uso, ou deixar de promover o registro de campo de pouso;
g) implantar ou explorar edificação ou qualquer empreendimento em área sujeita a restrições especiais, com inobservância destas;
h) prometer ou conceder, direta ou indiretamente, qualquer modalidade de desconto, prêmio, bonificação, utilidade ou vantagem aos adquirentes de bilhete de passagem ou frete aéreo;
i) promover publicidade de serviço aéreo em desacordo com os regulamentos aeronáuticos, ou com promessa ou artifício que induza o público em erro quanto às reais condições do transporte e de seu preço;
j) explorar serviços aéreos sem concessão ou autorização;
k) vender aeronave de sua propriedade, sem a devida comunicação ao Registro Aeronáutico Brasileiro - RAB, ou deixar de atualizar, no RAB, a propriedade de aeronave adquirida;
l) instalar ou manter em funcionamento escola ou curso de aviação sem autorização da autoridade aeronáutica;
m) deixar o proprietário ou operador de aeronave de recolher, na forma e nos prazos da respectiva regulamentação, as tarifas, taxas, preços públicos ou contribuições a que estiver obrigado.

CAPÍTULO IV
DA DETENÇÃO, INTERDIÇÃO E APREENSÃO DE AERONAVE

ART. 303. A aeronave poderá ser detida por autoridades aeronáuticas, fazendárias ou da Polícia Federal, nos seguintes casos:

› Dec. 5.144/2004 (Regulamenta os §§ 1º, 2º e 3º do art. 303 do CBA no que concerne às aeronaves hostis ou suspeitas de tráfico de substâncias entorpecentes e drogas afins).

I - se voar no espaço aéreo brasileiro com infração das convenções ou atos internacionais, ou das autorizações para tal fim;

II - se, entrando no espaço aéreo brasileiro, desrespeitar a obrigatoriedade de pouso em aeroporto internacional;

III - para exame dos certificados e outros documentos indispensáveis;

IV - para verificação de sua carga no caso de restrição legal (artigo 21) ou de porte proibido de equipamento (parágrafo único do artigo 21);

V - para averiguação de ilícito.

§ 1º A autoridade aeronáutica poderá empregar os meios que julgar necessários para compelir a aeronave a efetuar o pouso no aeródromo que lhe for indicado.

§ 2º Esgotados os meios coercitivos legalmente previstos, a aeronave será classificada como hostil, ficando sujeita à medida de destruição, nos casos dos incisos do *caput* deste artigo e após autorização do Presidente da República ou autoridade por ele delegada. (Incluído pela Lei 9.614/1998).

› arts. 1º e 2º, Dec. 8.265/2014 (Delega ao Comandante da Aeronáutica a competência de que trata este parágrafo e mantém aplicável o Dec. 5.144/2004 para a hipótese nele prevista.)

§ 3º A autoridade mencionada no § 1º responderá por seus atos quando agir com excesso de poder ou com espírito emulatório. (Renumerado do § 2º para § 3º com nova redação pela Lei 9.614/1998).

ART. 304. Quando, no caso do item IV, do artigo anterior, for constatada a existência de material proibido, explosivo ou apetrechos de guerra, sem autorização, ou contrariando os termos da que foi outorgada, pondo em risco a segurança pública ou a paz entre as Nações, a autoridade aeronáutica poderá reter o material de que trata este artigo e liberar a aeronave se, por força de lei, não houver necessidade de apreendê-la.

§ 1º Se a aeronave for estrangeira e a carga não puser em risco a segurança pública ou a paz entre as Nações, poderá a autoridade aeronáutica fazer a aeronave retornar ao país de origem pela rota e prazo determinados, sem a retenção da carga.

§ 2º Embora estrangeira a aeronave, se a carga puser em risco a segurança pública e a paz entre os povos, poderá a autoridade aeronáutica reter o material bélico e fazer retornar a aeronave na forma do disposto no parágrafo anterior.

ART. 305. A aeronave pode ser interditada:

I - nos casos do artigo 302, I, alíneas a até n; II, alíneas c, d, g e j; III, alíneas a, e, f e g; e V, alíneas a a e;

II - durante a investigação de acidente em que estiver envolvida.

§ 1º Efetuada a interdição, será lavrado o respectivo auto, assinado pela autoridade que a realizou e pelo responsável pela aeronave.

§ 2º Será entregue ao responsável pela aeronave cópia do auto a que se refere o parágrafo anterior.

ART. 306. A aeronave interditada não será impedida de funcionar, para efeito de manutenção.

ART. 307. A autoridade aeronáutica poderá interditar a aeronave, por prazo não superior a 15 (quinze) dias, mediante requisição da autoridade aduaneira, de Polícia ou de saúde.

Parágrafo único. A requisição deverá ser motivada, de modo a demonstrar justo receio de que haja lesão grave e de difícil reparação a direitos do Poder Público ou de terceiros; ou que haja perigo à ordem pública, à saúde ou às instituições.

ART. 308. A apreensão da aeronave dar-se-á para preservar a eficácia da detenção ou interdição, e consistirá em mantê-la estacionada, com ou sem remoção para hangar, área de estacionamento, oficina ou lugar seguro (artigos 155 e 309).

ART. 309. A apreensão de aeronave só se dará em cumprimento à ordem judicial, ressalvadas outras hipóteses de apreensão previstas nesta Lei.

ART. 310. Satisfeitas as exigências legais, a aeronave detida, interditada ou apreendida será imediatamente liberada.

ART. 311. Em qualquer dos casos previstos neste Capítulo, o proprietário ou explorador da aeronave não terá direito à indenização.

CAPÍTULO V
DA CUSTÓDIA E GUARDA DE AERONAVE

ART. 312. Em qualquer inquérito ou processo administrativo ou judicial, a custódia, guarda ou depósito de aeronave far-se-á de conformidade com o disposto neste Capítulo.

ART. 313. O explorador ou o proprietário de aeronaves entregues em depósito ou a guarda de autoridade aeronáutica responde pelas despesas correspondentes.

§ 1º Incluem-se no disposto neste artigo:

I - os depósitos decorrentes de apreensão;

II - os sequestros e demais medidas processuais acautelatórias;

III - a arrecadação em falência, qualquer que seja a autoridade administrativa ou judiciária que a determine;

IV - a apreensão decorrente de processos administrativos ou judiciários.

§ 2º No caso do § 2º do artigo 303, o proprietário ou o explorador da aeronave terá direito à restituição do que houver pago, acrescida de juros compensatórios e indenizações por perdas e danos.

§ 3º No caso do parágrafo anterior, caberá ação regressiva contra o Poder Público cuja autoridade houver agido com excesso de poder ou com espírito emulatório.

ART. 314. O depósito não excederá o prazo de 2 (dois) anos.

§ 1º Se, no prazo estabelecido neste artigo não for autorizada a entrega da aeronave, a autoridade aeronáutica poderá efetuar a venda pública pelo valor correspondente, para ocorrer às despesas com o depósito.

§ 2º Não havendo licitante ou na hipótese de ser o valor apurado com a venda inferior ao da dívida, a aeronave será adjudicada ao Ministério da Aeronáutica, procedendo-se ao respectivo assentamento no Registro Aeronáutico Brasileiro - RAB.

§ 3º O disposto neste artigo não se aplica ao depósito decorrente de processo administrativo de natureza fiscal.

ART. 315. Será obrigatório o seguro da aeronave entregue ao depósito, a cargo do explorador ou proprietário.

TÍTULO X
DOS PRAZOS EXTINTIVOS

ART. 316. Prescreve em 6 (seis) meses, contados da tradição da aeronave, a ação para haver abatimento do preço da aeronave adquirida com vício oculto, ou para rescindir o contrato e reaver o preço pago, acrescido de perdas e danos.

ART. 317. Prescreve em 2 (dois) anos a ação:

I - por danos causados a passageiros, bagagem ou carga transportada, a contar da data em que se verificou o dano, da data da chegada ou do dia em que devia chegar a aeronave ao ponto de destino, ou da interrupção do transporte;

II - por danos causados a terceiros na superfície, a partir do dia da ocorrência do fato;

III - por danos emergentes no caso de abalroamento a partir da data da ocorrência do fato;

IV - para obter remuneração ou indenização por assistência e salvamento, a contar da data da conclusão dos respectivos serviços, ressalvado o disposto nos parágrafos do artigo 61;

V - para cobrar créditos, resultantes de contratos sobre utilização de aeronave, se não houver prazo diverso neste Código, a partir da data em que se tornem exigíveis;

VI - de regresso, entre transportadores, pelas quantias pagas por motivo de danos provenientes de abalroamento, ou entre exploradores, pelas somas que um deles haja sido obrigado a pagar, nos casos de solidariedade ou ocorrência de culpa, a partir da data do efetivo pagamento;

VII - para cobrar créditos de um empresário de serviços aéreos contra outro, decorrentes de compensação de passagens de transporte aéreo, a partir de quando se tornem exigíveis;

VIII - por danos causados por culpa da administração do aeroporto ou da Administração Pública (artigo 280), a partir do dia da ocorrência do fato;

IX - do segurado contra o segurador, contado o prazo do dia em que ocorreu o fato, cujo risco estava garantido pelo seguro (artigo 281);

X - contra o construtor de produto aeronáutico, contado da ocorrência do dano indenizável.

Parágrafo único. Os prazos de decadência e de prescrição, relativamente à matéria tributária, permanecem regidos pela legislação específica.

ART. 318. Se o interessado provar que não teve conhecimento do dano ou da identidade do responsável, o prazo começará a correr da data em que tiver conhecimento, mas não poderá ultrapassar de 3 (três) anos a partir do evento.

ART. 319. As providências administrativas previstas neste Código prescrevem em 2 (dois) anos, a partir da data da ocorrência do ato ou fato que as autorizar, e seus efeitos, ainda no caso de suspensão, não poderão exceder esse prazo.

Parágrafo único. O disposto no *caput* deste artigo não se aplica aos prazos definidos no Código Tributário Nacional.

ART. 320. A intervenção e liquidação extrajudicial deverão encerrar-se no prazo de 2 (dois) anos.

Parágrafo único. Ao término do prazo de 2 (dois) anos, a partir do primeiro ato, qualquer interessado ou membro do Ministério Público, poderá requerer a imediata venda dos bens em leilão público e o rateio do produto entre os credores, observadas as preferências e privilégios especiais.

ART. 321. O explorador de serviços aéreos públicos é obrigado a conservar, pelo prazo de 5 (cinco) anos, os documentos de transporte aéreo ou de outros serviços aéreos.

TÍTULO XI
DISPOSIÇÕES FINAIS E TRANSITÓRIAS

ART. 322. Fica autorizado o Ministério da Aeronáutica a instalar uma Junta de Julgamento da Aeronáutica com a competência de julgar, administrativamente, as infrações e demais questões dispostas neste Código, e mencionadas no seu artigo 1º, (vetado).

§§ 1º a **3º** (vetados).

§ 4º O Poder Executivo, através de decreto, regulamentará a organização e o funcionamento da Junta de Julgamento da Aeronáutica.

ART. 323. Este Código entra em vigor na data de sua publicação.

ART. 324. Ficam revogados o Decreto-Lei n. 32, de 18 de novembro de 1966, o Decreto-Lei n. 234, de 28 de fevereiro de 1967, a Lei n. 5.448, de 4 de junho de 1968, a Lei n. 5.710, de 7 de outubro de 1971, a Lei n. 6.298, de 15 de dezembro de 1975, a Lei n. 6.350, de 7 de julho de 1976, a Lei n. 6.833, de 30 de setembro de 1980, a Lei n. 6.997, de 7 de junho de 1982, e demais disposições em contrário.

Brasília, 19 de dezembro de 1986.
165º da Independência e 98º da República.
JOSÉ SARNEY

LEI N. 7.627, DE 10 DE NOVEMBRO DE 1987

Dispõe sobre a eliminação de autos findos nos órgãos da Justiça do Trabalho, e dá outras providências.

▸ *DOU*, 11.11.1987.

O Presidente da República. Faço saber que o Congresso Nacional decreta e eu sanciono a seguinte lei:

ART. 1º Fica facilitado aos Tribunais do Trabalho determinar a eliminação, por incineração, destruição mecânica ou por outro meio adequado, de autos findos há mais de 5 (cinco) anos, contado o prazo da data do arquivamento do processo.

ART. 2º A eliminação de autos findos, nos termos do disposto no artigo anterior, será decidida pelo Tribunal Pleno, mediante proposta circunstanciada do seu Presidente.

Parágrafo único. Os feitos arquivados nas Juntas de Conciliação e Julgamento poderão ser eliminados, atendidas as mesmas condições, mediante proposta do respectivo Titular, aprovada pelo Pleno do Tribunal a que estiver o órgão subordinado.

ART. 3º Deliberada a eliminação, o Presidente do Tribunal, para conhecimento dos interessados, fará publicar a decisão em órgão oficial de imprensa, por 2 (duas) vezes, com prazo de 60 (sessenta) dias.

§ 1º É lícito às partes interessadas requerer, às suas expensas, o desentranhamento dos documentos que juntaram aos autos, certidões ou cópias de peças do processo ou a microfilmagem total ou parcial do mesmo.

§ 2º Se, a juízo da autoridade competente, houver, nos autos, documentos de valor histórico, serão eles recolhidos em arquivo próprio, no Tribunal respectivo.

ART. 4º Esta Lei entra em vigor na data de sua publicação.

ART. 5º Revogam-se as disposições em contrário.

Brasília, 10 de novembro de 1987;
166º da Independência e 99º da República.
JOSÉ SARNEY

LEI N. 7.643, DE 18 DE DEZEMBRO DE 1987

Proíbe a pesca de cetáceo nas águas jurisdicionais brasileiras, e dá outras providências.

▸ *DOU*, 21.12.1987.

O Presidente da República. Faço saber que o Congresso Nacional decreta e eu sanciono a seguinte lei:

ART. 1º Fica proibida a pesca, ou qualquer forma de molestamento intencional, de toda espécie de cetáceo nas águas jurisdicionais brasileiras.

ART. 2º A infração ao disposto nesta lei será punida com a pena de 2 (dois) a 5 (cinco) anos de reclusão e multa de 50 (cinquenta) a 100 (cem) Obrigações do Tesouro Nacional - OTN, com perda da embarcação em favor da União, em caso de reincidência.

ART. 3º O Poder Executivo regulamentará esta lei no prazo de 60 (sessenta) dias, contados de sua publicação.

ART. 4º Esta lei entra em vigor na data de sua publicação.

ART. 5º Revogam-se as disposições em contrário.

Brasília, 18 de dezembro de 1987;
166º da Independência e 99º da República.
JOSÉ SARNEY

LEI N. 7.644, DE 18 DE DEZEMBRO DE 1987

Dispõe sobre a regulamentação da atividade de mãe social e dá outras providências.

▸ *DOU*, 21.12.1987.

O Presidente da República. Faço saber que o Congresso Nacional decreta e eu sanciono a seguinte Lei:

ART. 1º As instituições sem finalidade lucrativa, ou de utilidade pública de assistência ao menor abandonado, e que funcionem pelo sistema de casas-lares, utilizarão mães sociais visando a propiciar ao menor as condições familiares ideais ao seu desenvolvimento e reintegração social.

ART. 2º Considera-se mãe social, para efeito desta Lei, aquela que, dedicando-se à assistência ao menor abandonado, exerça o encargo em nível social, dentro do sistema de casas-lares.

ART. 3º Entende-se como casa-lar a unidade residencial sob responsabilidade de mãe social, que abrigue até 10 (dez) menores.

§ 1º As casas-lares serão isoladas, formando, quando agrupadas, uma aldeia assistencial ou vila de menores.

§ 2º A instituição fixará os limites de idade em que os menores ficarão sujeitos às casas-lares.

§ 3º Para os efeitos dos benefícios previdenciários, os menores residentes nas casas-lares e nas Casas da Juventude são considerados dependentes da mãe social a que foram confiados pela instituição empregadora.

ART. 4º São atribuições da mãe social:

I - propiciar o surgimento de condições próprias de uma família, orientando e assistindo os menores colocados sob seus cuidados;

II - administrar o lar, realizando e organizando as tarefas a ele pertinentes;

III - dedicar-se, com exclusividade, aos menores e à casa-lar que lhes forem confiados.

Parágrafo único. A mãe social, enquanto no desempenho de suas atribuições, deverá residir, juntamente com os menores que lhe forem confiados, na casa-lar que lhe for destinada.

ART. 5º À mãe social ficam assegurados os seguintes direitos:

I - anotação na Carteira de Trabalho e Previdência Social;

II - remuneração, em valor não inferior ao salário mínimo;

III - repouso semanal remunerado de 24 (vinte e quatro) horas consecutivas;

IV - apoio técnico, administrativo e financeiro no desempenho de suas funções;

V - 30 (trinta) dias de férias anuais remuneradas nos termos do que dispõe o capítulo IV, da Consolidação das Leis do Trabalho;

VI - benefícios e serviços previdenciários, inclusive, em caso de acidente do trabalho, na qualidade de segurada obrigatória;

VII - gratificação de Natal (13º salário);

VIII - Fundo de Garantia do Tempo de Serviço ou indenização, nos termos da legislação pertinente.

ART. 6º O trabalho desenvolvido pela mãe social é de caráter intermitente, realizando-se pelo tempo necessário ao desempenho de suas tarefas.

ART. 7º Os salários devidos à mãe social serão reajustados de acordo com as disposições legais aplicáveis, deduzido o percentual de alimentação fornecida pelo empregador.

ART. 8º A candidata ao exercício da profissão de mãe social deverá submeter-se a seleção e treinamento específicos, a cujo término será verificada sua habilitação.

§ 1º O treinamento será composto de um conteúdo teórico e de uma aplicação prática, esta sob forma de estágio.

§ 2º O treinamento e estágio a que se refere o parágrafo anterior não excederão de 60 (sessenta) dias, nem criarão vínculo empregatício de qualquer natureza.

§ 3º A estagiária deverá estar segurada contra acidentes pessoais e receberá alimentação, habitação e bolsa de ajuda para vestuário e despesas pessoais.

§ 4º O Ministério da Previdência e Assistência Social assegurará assistência médica e hospitalar à estagiária.

ART. 9º São condições para admissão como mãe social:

a) idade mínima de 25 (vinte e cinco) anos;

b) boa sanidade física e mental;

c) curso de primeiro grau, ou equivalente;

d) ter sido aprovada em treinamento e estágio exigidos por esta Lei;

e) boa conduta social;

f) aprovação em teste psicológico específico.

ART. 10. A instituição manterá mães sociais para substituir as efetivas durante seus períodos de afastamento do serviço.

§ 1º A mãe social substituta, quando não estiver em efetivo serviço de substituição, deverá residir na aldeia assistencial e cumprir tarefas determinadas pelo empregador.

§ 2º A mãe social, quando no exercício da substituição, terá direito à retribuição percebida pela titular e ficará sujeita ao mesmo horário de trabalho.

ART. 11. As instituições que funcionam pelo sistema de casas-lares manterão, além destas, Casas de Juventude, para jovens com mais de 13 (treze) anos de idade, os quais encaminharão ao ensino profissionalizante.

Parágrafo único. O ensino a que se refere o *caput* deste artigo poderá ser ministrado em comum, em cada aldeia assistencial ou em várias dessas aldeias assistenciais reunidas, ou, ainda, em outros estabelecimentos de ensino, públicos ou privados, conforme julgar conveniente a instituição.

ART. 12. Caberá à administração de cada aldeia assistencial providenciar a colocação dos menores no mercado de trabalho, como estagiários, aprendizes ou como empregados, em estabelecimentos públicos ou privados.

Parágrafo único. As retribuições percebidas pelos menores nas condições mencionadas no *caput* deste artigo serão assim distribuídas e destinadas:

I - até 40% (quarenta por cento) para a casa-lar a que estiverem vinculados, revertidos no custeio de despesas com manutenção do próprio menor;

II - 40% (quarenta por cento) para o menor destinados a despesas pessoais;

III - até 30% (trinta por cento) para depósito em caderneta de poupança ou equivalente, em nome do menor, com assistência da instituição mantenedora, e que poderá ser levantado pelo menor a partir dos 18 (dezoito) anos de idade.

ART. 13. Extinto o contrato de trabalho, a mãe social deverá retirar-se da casa-lar que ocupava, cabendo à entidade empregadora providenciar a imediata substituição.

ART. 14. As mães sociais ficam sujeitas às seguintes penalidades aplicáveis pela entidade empregadora:

I - advertência;

II - suspensão;

III - demissão.

Parágrafo único. Em caso de demissão sem justa causa, a mãe social será indenizada, na forma da legislação vigente, ou levantará os depósitos do Fundo de Garantia por Tempo de Serviço, com os acréscimos previstos em lei.

ART. 15. As casas-lares e as aldeias assistenciais serão mantidas exclusivamente com rendas próprias, doações, legados, contribuições e subvenções de entidades públicas ou privadas, vedada a aplicação em outras atividades que não sejam de seus objetivos.

ART. 16. Fica facultado a qualquer entidade manter casas-lares, desde que cumprido o disposto nesta Lei.

ART. 17. Por menor abandonado entende-se, para os efeitos desta Lei, o "menor em situação irregular" pela morte ou abandono dos pais, ou, ainda, pela incapacidade destes.

ART. 18. As instituições que mantenham ou coordenem o sistema de casas-lares para o atendimento gratuito de menores abandonados, registradas como tais no Conselho Nacional do Serviço Social, ficam isentas do recolhimento dos encargos patronais à previdência social.

ART. 19. Às relações do trabalho previstas nesta Lei, no que couber, aplica-se o disposto nos capítulos I e IV do Título II, Seções IV, V e VI do Capítulo IV do Título III e nos Títulos IV e VII, todos da Consolidação das Leis do Trabalho - CLT.

ART. 20. Incumbe às autoridades competentes do Ministério do Trabalho e do Ministério da Previdência e Assistência Social, observadas as áreas de atuação, a fiscalização do disposto nesta Lei, competindo à Justiça do Trabalho dirimir as controvérsias entre empregado e empregador.

ART. 21. Esta Lei entra em vigor na data de sua publicação.

ART. 22. Revogam-se as disposições em contrário.

Brasília, 18 de dezembro de 1987; 166º da Independência e 99º da República.

JOSÉ SARNEY

LEI N. 7.661, DE 16 DE MAIO DE 1988

Institui o Plano Nacional de Gerenciamento Costeiro e dá outras providências.

- *DOU*, 18.05.1998.
- Dec. 5.300/2004 (Regulamenta esta lei).

O Presidente da República. Faço saber que o Congresso Nacional decreta e eu sanciono a seguinte lei:

ART. 1º Como parte integrante da Política Nacional para os Recursos do Mar - PNRM e Política Nacional do Meio Ambiente - PNMA, fica instituído o Plano Nacional de Gerenciamento Costeiro - PNGC.

ART. 2º Subordinando-se aos princípios e tendo em vista os objetivos genéricos da PNMA, fixados respectivamente nos arts. 2º e 4º da Lei n. 6.938, de 31 de agosto de 1981, o PNGC visará especificamente a orientar a utilização nacional dos recursos na Zona Costeira, de forma a contribuir para elevar a qualidade da vida de sua população, e a proteção do seu patrimônio natural, histórico, étnico e cultural.

Parágrafo único. Para os efeitos desta lei, considera-se Zona Costeira o espaço geográfico de interação do ar, do mar e da terra, incluindo seus recursos renováveis ou não, abrangendo uma faixa marítima e outra terrestre, que serão definida pelo Plano.

ART. 3º O PNGC deverá prever o zoneamento de usos e atividades na Zona Costeira e dar prioridade à conservação e proteção, entre outros, dos seguintes bens:

I - recursos naturais, renováveis e não renováveis; recifes, parcéis e bancos de algas; ilhas costeiras e oceânicas; sistemas fluviais, estuarinos e lagunares, baías e enseadas; praias; promontórios, costões e grutas marinhas; restingas e dunas; florestas litorâneas, manguezais e pradarias submersas;

II - sítios ecológicos de relevância cultural e demais unidades naturais de preservação permanente;

III - monumentos que integrem o patrimônio natural, histórico, paleontológico, espeleológico, arqueológico, étnico, cultural e paisagístico.

ART. 4º O PNGC será elaborado e, quando necessário, atualizado por um Grupo de Coordenação, dirigido pela Secretaria da Comissão Interministerial para os Recursos do Mar - SECIRM, cuja composição e forma de atuação serão definidas em decreto do Poder Executivo.

§ 1º O Plano será submetido pelo Grupo de Coordenação à Comissão Interministerial para os Recursos do Mar - CIRM, à qual caberá aprová-lo, com audiência do Conselho Nacional do Meio Ambiente - CONAMA.

§ 2º O Plano será aplicado com a participação da União, dos Estados, dos Territórios e dos Municípios, através de órgãos e entidades integradas ao Sistema Nacional do Meio Ambiente - SISNAMA.

ART. 5º O PNGC será elaborado e executado observando normas, critérios e padrões relativos ao controle e à manutenção da qualidade do meio ambiente, estabelecidos pelo CONAMA, que contemplem, entre outros, os seguintes aspectos: urbanização; ocupação e uso do solo, do subsolo e das águas; parcelamento e remembramento do solo; sistema viário e de transporte; sistema de produção, transmissão e distribuição de energia; habitação e saneamento básico; turismo, recreação e lazer; patrimônio natural, histórico, étnico, cultural e paisagístico.

§ 1º Os Estados e Municípios poderão instituir, através de lei, os respectivos Planos Estaduais ou Municipais de Gerenciamento Costeiro, observadas as normas e diretrizes do Plano Nacional e o disposto nesta lei, e designar os órgãos competentes para a execução desses Planos.

§ 2º Normas e diretrizes sobre o uso do solo, do subsolo e das águas, bem como limitações à utilização de imóveis, poderão ser estabelecidas nos Planos de Gerenciamento Costeiro, Nacional, Estadual e Municipal, prevalecendo sempre as disposições de natureza mais restritiva.

ART. 6º O licenciamento para parcelamento e remembramento do solo, construção, instalação, funcionamento e ampliação de atividades, com alterações das características naturais da Zona Costeira, deverá observar, além do disposto nesta Lei, as demais normas específicas federais, estaduais e municipais, respeitando as diretrizes dos Planos de Gerenciamento Costeiro.

§ 1º A falta ou o descumprimento, mesmo parcial, das condições do licenciamento previsto neste artigo serão sancionados com interdição, embargo ou demolição, sem prejuízo da cominação de outras penalidades previstas em lei.

§ 2º Para o licenciamento, o órgão competente solicitará ao responsável pela atividade a elaboração do estudo de impacto ambiental e a apresentação do respectivo Relatório de Impacto Ambiental - RIMA, devidamente aprovado, na forma da lei.

ART. 7º A degradação dos ecossistemas, do patrimônio e dos recursos naturais da Zona Costeira implicará ao agente a obrigação de reparar o dano causado e a sujeição às penalidades previstas no art. 14 da Lei n. 6.938, de 31 de agosto de 1981, elevado o limite máximo da multa ao valor correspondente a 100.000 (cem mil) Obrigações do Tesouro Nacional - OTN, sem prejuízo de outras sanções previstas em lei.

Parágrafo único. As sentenças condenatórias e os acordos judiciais (vetado), que dispuserem sobre a reparação dos danos ao meio ambiente pertinentes a esta lei, deverão ser comunicados pelo órgão do Ministério Público ao CONAMA.

ART. 8º Os dados e as informações resultantes do monitoramento exercido sob responsabilidade municipal, estadual ou federal na Zona Costeira comporão o Subsistema "Gerenciamento Costeiro", integrante do Sistema Nacional de Informações sobre o Meio Ambiente - SINIMA.

Parágrafo único. Os órgãos setoriais e locais do SISNAMA, bem como universidades e demais instituições culturais, científicas e tecnológicas encaminharão ao Subsistema os dados relativos ao patrimônio natural, histórico, étnico e cultural, à qualidade do meio ambiente e a estudos de impacto ambiente, da Zona Costeira.

ART. 9º Para evitar a degradação ou o uso indevido dos ecossistemas, do patrimônio e dos recursos naturais da Zona Costeira, o PNGC poderá prever a criação de unidades de conservação permanente, na forma da legislação em vigor.

ART. 10. As praias são bens públicos de uso comum do povo, sendo assegurado, sempre, livre e franco acesso a elas e ao mar, em qualquer direção e sentido, ressalvados os trechos considerados de interesse de segurança nacional ou incluídos em áreas protegidas por legislação específica.

§ 1º Não será permitida a urbanização ou qualquer forma de utilização do solo na Zona Costeira que impeça ou dificulte o acesso assegurado no *caput* deste artigo.

§ 2º A regulamentação desta lei determinará as características e as modalidades de acesso que garantam o uso público das praias e do mar.

§ 3º Entende-se por praia a área coberta e descoberta periodicamente pelas águas, acrescida da faixa subsequente de material detrítico, tal como areias, cascalhos, seixos e pedregulhos, até o limite onde se inicie a vegetação natural, ou, em sua ausência, onde comece um outro ecossistema.

ART. 11. O Poder Executivo regulamentará esta lei, no que couber, no prazo de 180 (cento e oitenta) dias.

ART. 12. Esta lei entra em vigor na data de sua publicação.

ART. 13. Revogam-se as disposições em contrário.

Brasília, 16 de maio de 1988; 167º da Independência e 100º da República.

JOSÉ SARNEY

LEI N. 7.684, DE 2 DE DEZEMBRO DE 1988

Estabelece as condições para emissão de Letras Hipotecárias.

▸ DOU, 05.12.1988.

Faço saber que o Presidente da República adotou a Medida Provisória n. 16, de 1988, que o Congresso Nacional aprovou, e eu, Humberto Lucena, Presidente do Senado Federal, para os efeitos do disposto no parágrafo único do art. 62 da Constituição Federal, promulgo a seguinte Lei:

ART. 1º As Instituições Financeiras, autorizadas a conceder créditos hipotecários, poderão sacar, independentemente de tradição efetiva, letras da mesma espécie, garantidas por créditos hipotecários, conferindo aos seus tomadores direito de crédito pelo valor nominal, atualização monetária e juros nelas estipulados.

§ 1º A letra hipotecária poderá ser emitida sob a forma nominativa, endossável ou ao portador.

§ 2º O certificado da letra conterá as seguintes declarações:

a) o nome da instituição financeira emitente e as assinaturas de seus representantes;

b) o número de ordem, o local e a data de emissão;

c) a denominação "Letra Hipotecária";

d) o valor nominal e a data de vencimentos;

e) a forma, a periodicidade e o local de pagamento do principal, da atualização monetária e dos juros;

f) os juros, que poderão ser fixos ou flutuantes;

g) a identificação dos créditos hipotecários caucionados e seu valor;

h) a denominação ao portador ou o nome do titular, se nominativa, e a declaração de que a letra é transferível por endosso, se endossável.

§ 3º A critério do credor poderá ser dispensada a emissão de certificado, ficando registrada sob a forma escritural da instituição emissora.

ART. 2º As letras hipotecárias poderão contar com garantia fidejussória adicional de instituição financeira.

ART. 3º A letra hipotecária poderá ser garantida por um ou mais créditos hipotecários, mas a soma do principal das letras hipotecárias emitidas pela instituição financeira não excederá, em hipótese algumas, o valor total dos créditos hipotecários em poder dessa instituição.

§ 1º A letra hipotecária não poderá ter prazo de vencimento superior ao prazo dos créditos hipotecários que lhe servem de garantia.

§ 2º O crédito hipotecário caucionado poderá ser substituído por outro crédito da mesma natureza, por iniciativa do emissor, no caso de liquidação ou vencimento antecipados, ou por solicitação do credor da letra.

ART. 4º O endossante da letra hipotecária responderá pela veracidade do título, mas contra ele não será admitido direito de cobrança regressiva.

ART. 5º O Banco Central do Brasil estabelecerá o prazo mínimo a ser observado pelas instituições financeiras para resgate de letras hipotecárias e poderá determinar que sua emissão seja exclusiva dos integrantes do Sistema Financeiro da Habitação, bem como estará autorizado a baixar normas necessárias ao cumprimento do disposto nesta Lei.

ART. 6º Consideram-se válidos, para os fins desta Lei, os atos praticados durante a vigência do Decreto-Lei n. 2.478, de 27 de setembro de 1988, mantidos os efeitos deles decorrentes.

▸ O Dec.-Lei 2.478/1988 foi transformado na Med. Prov. 6, reeditada pela Med. Prov. 16/1988, e convertida nesta lei.

ART. 7º Esta Lei entra em vigor na data de sua publicação.

ART. 8º Ficam revogados os artigos 25 a 30 do Decreto-Lei n. 2.287, de 23 de julho de 1986, e as disposições em contrário.

Senado Federal, 2 de dezembro de 1988; 167º da Independência e 100º da República.

HUMBERTO LUCENA

LEI N. 7.701, DE 21 DE DEZEMBRO DE 1988

Dispõe sobre a especialização de Turmas dos Tribunais do Trabalho em processos coletivos e dá outras providências.

▸ *DOU*, 22.12.1988.

O Presidente da República. Faço saber que o Congresso Nacional decreta e eu sanciono a seguinte Lei:

ART. 1º O Tribunal Superior do Trabalho, nos processos de sua competência, será dividido em turmas e seções especializadas para a conciliação e julgamento de dissídios coletivos de natureza econômica ou jurídica e de dissídios individuais, respeitada a paridade da representação classista.

Parágrafo único. O Regimento Interno do Tribunal disporá sobre a constituição e o funcionamento de cada uma das seções especializadas do Tribunal Superior do Trabalho, bem como sobre o número, composição e funcionamento das respectivas Turmas do Tribunal. Caberá ao Presidente do Tribunal Superior do Trabalho presidir os atos de julgamento das seções especializadas, delas participando o Vice- Presidente e o Corregedor-Geral, este quando não estiver ausente em função corregedora.

ART. 2º Compete à seção especializada em dissídios coletivos, ou seção normativa:

I - originariamente:

a) conciliar e julgar os dissídios coletivos que excedam a jurisdição dos Tribunais Regionais do Trabalho e estender ou rever suas próprias sentenças normativas, nos casos previstos em lei;

b) homologar as conciliações celebradas nos dissídios coletivos de que trata a alínea anterior;

c) julgar as ações rescisórias propostas contra suas sentenças normativas;

d) julgar os mandados de segurança contra os atos praticados pelo Presidente do Tribunal ou por qualquer dos Ministros integrantes da seção especializada em processo de dissídio coletivo; e

e) julgar os conflitos de competência entre Tribunais Regionais do Trabalho em processos de dissídio coletivo.

II - em última instância julgar:

a) os recursos ordinários interpostos contra as decisões proferidas pelos Tribunais Regionais do Trabalho em dissídios coletivos de natureza econômica ou jurídica;

b) os recursos ordinários interpostos contra as decisões proferidas pelos Tribunais Regionais do Trabalho em ações rescisórias e mandados de segurança pertinentes a dissídios coletivos;

c) os embargos infringentes interpostos contra decisão não unânime proferida em processo de dissídio coletivo de sua competência originária, salvo se a decisão atacada estiver em consonância com procedente jurisprudencial do Tribunal Superior do Trabalho ou da Súmula de sua jurisprudência predominante;

d) os embargos de declaração opostos aos seus acórdãos e os agravos regimentais pertinentes aos dissídios coletivos;

e) as suspeições arguidas contra o Presidente e demais Ministros que integram a seção, nos feitos pendentes de sua decisão; e

f) os agravos de instrumento interpostos contra despacho denegatório de recurso ordinário nos processos de sua competência.

ART. 3º Compete à Seção de Dissídios Individuais julgar:

I - originariamente:

a) as ações rescisórias propostas contra decisões das Turmas do Tribunal Superior do Trabalho e suas próprias, inclusive as anteriores à especialização em seções; e

b) os mandados de segurança de sua competência originária, na forma da lei.

II - em única instância:

a) os agravos regimentais interpostos em dissídios individuais; e

b) os conflitos de competência entre Tribunais Regionais e aqueles que envolvem Juízes de Direito investidos da jurisdição trabalhista e Juntas de Conciliação e Julgamento em processos de dissídio individual.

III - em última instância:

a) os recursos ordinários interpostos contra decisões dos Tribunais Regionais em processos de dissídio individual de sua competência originária;

b) os embargos das decisões das Turmas que divergirem entre si, ou das decisões proferidas pela Seção de Dissídios Individuais; (Redação dada pela Lei 11.496/2007.)

c) os agravos regimentais de despachos denegatórios dos Presidentes das Turmas, em matéria de embargos, na forma estabelecida no Regimento Interno;

d) os embargos de declaração opostos aos seus acórdãos;

e) as suspeições arguidas contra o Presidente e demais Ministros que integram a seção, nos feitos pendentes de julgamento; e

f) os agravos de instrumento interpostos contra despacho denegatório de recurso ordinário em processo de sua competência.

ART. 4º É da competência do Tribunal Pleno do Tribunal Superior do Trabalho:

a) a declaração de inconstitucionalidade ou não de lei ou de ato normativo do Poder Público;

b) aprovar os enunciados da Súmula da jurisprudência predominante em dissídios individuais;

c) julgar os incidentes de uniformização da jurisprudência em dissídios individuais;

d) aprovar os precedentes da jurisprudência predominante em dissídios coletivos;

e) aprovar as tabelas de custas e emolumentos, nos termos da lei; e *f)* elaborar o Regimento Interno do Tribunal e exercer as atribuições administrativas previstas em lei ou na Constituição Federal.

ART. 5º As Turmas do Tribunal Superior do Trabalho terão, cada uma, a seguinte competência:

a) julgar os recursos de revista interpostos de decisões dos Tribunais Regionais do Trabalho, nos casos previstos em lei;

b) julgar, em última instância, os agravos de instrumento dos despachos de Presidente de Tribunal Regional que denegarem seguimento a recurso de revista, explicitando em que efeito a revista deve ser processada, caso providos;

c) julgar, em última instância, os agravos regimentais; e

d) julgar os embargos de declaração opostos aos seus acórdãos.

ART. 6º Os Tribunais Regionais do Trabalho que funcionarem divididos em Grupos de Turmas promoverão a especialização de um deles com a competência exclusiva para a conciliação e julgamento de dissídios coletivos, na forma prevista no *"caput"* do art. 1º desta Lei.

Parágrafo único. O Regimento Interno disporá sobre a constituição e funcionamento do Grupo Normativo, bem como dos demais Grupos de Turmas de Tribunal Regional do Trabalho.

ART. 7º Das decisões proferidas pelo Grupo Normativo dos Tribunais Regionais do Trabalho, caberá recurso ordinário para o Tribunal Superior do Trabalho.

§ 1º O Juiz relator ou o redator designado disporá de 10 (dez) dias para redigir o acórdão.

§ 2º Não publicado o acórdão nos 20 (vinte) dias subsequentes ao julgamento, poderá qualquer dos litigantes ou o Ministério Público do Trabalho interpor recurso ordinário, fundado, apenas, na certidão de Julgamento, inclusive com pedido de efeito suspensivo, pagas as custas, se for o caso. Publicado o acórdão, reabrir-se-á o prazo para o aditamento do recurso interposto.

§ 3º Interposto o recurso na forma do parágrafo anterior, deverão os recorrentes comunicar o fato à Corregedoria-Geral, para as providências legais cabíveis.

§ 4º Publicado o acórdão, quando as partes serão consideradas intimadas, seguir-se-á o procedimento recursal como previsto em lei, com a intimação pessoal do Ministério Público, por qualquer dos seus procuradores.

§ 5º Formalizado o acordo pelas partes e homologado pelo Tribunal, não caberá qualquer recurso, salvo por parte do Ministério Público.

§ 6º A sentença normativa poderá ser objeto de ação de cumprimento a partir do 20º (vigésimo) dia subsequente ao do julgamento, fundada no acórdão ou na certidão de julgamento, salvo se concedido efeito suspensivo pelo Presidente do Tribunal Superior do Trabalho.

ART. 8º O disposto no art. 7º e respectivos parágrafos desta Lei aplica- se aos demais Tribunais Regionais do Trabalho não divididos em grupos de Turmas.

ART. 9º O efeito suspensivo deferido pelo Presidente do Tribunal Superior do Trabalho terá eficácia pelo prazo improrrogável de 120 (cento e vinte) dias contados da publicação, salvo se o recurso ordinário for julgado antes do término do prazo.

ART. 10. Nos dissídios coletivos de natureza econômica ou jurídica de competência originária ou recursal da seção normativa do Tribunal Superior do Trabalho, a sentença poderá ser objeto de ação de cumprimento com a publicação da certidão de julgamento.

ART. 11. Nos processos de dissídio coletivo, o Ministério Público emitirá parecer escrito, ou protestará pelo pronunciamento oral, na audiência ou sessão de julgamento.

ART. 12. O art. 896 da Consolidação das Leis do Trabalho - CLT, aprovada pelo Decreto-Lei número 5.452, de 1º de maio de 1943, passa a ter a seguinte redação:

- Alterações promovidas no texto da CLT.

ART. 13. O depósito recursal de que trata o art. 899 e seus parágrafos da Consolidação das Leis do Trabalho fica limitado, no recurso ordinário, a 20 (vinte) vezes o valor de referência e, no de revista, a 40 (quarenta) vezes o referido valor de referência. Será considerado valor de referência aquele vigente à data da interposição do recurso, devendo ser complementado o valor total de 40 (quarenta) valores, no caso de revista.

ART. 14. O Regimento Interno dos Tribunais Regionais do Trabalho deverá dispor sobre a súmula da respectiva jurisprudência predominante e sobre o incidente de uniformização, inclusive os pertinentes às leis estaduais e normas coletivas.

ART. 15. Esta Lei entra em vigor na data de sua publicação.

ART. 16. Revogam-se as disposições em contrário da Consolidação das Leis do Trabalho e da legislação especial.

Brasília, 21 de dezembro de 1988; 167º da Independência e 100º da República.

JOSÉ SARNEY

LEI N. 7.711, DE 22 DE DEZEMBRO DE 1988

Dispõe sobre formas de melhoria da administração tributária e dá outras providências.

- *DOU*, 23.12.1988.
- Lei 11.598/2007 (Estabelece diretrizes e procedimentos para a simplificação e integração do processo de registro e legalização de empresários e de pessoas jurídicas, cria a Rede Nacional para a Simplificação do Registro e da Legalização de Empresas e Negócios - REDESIM).

O Presidente da República. Faço saber que o Congresso Nacional decreta e eu sanciono a seguinte Lei:

ART. 1º Sem prejuízo do disposto em leis especiais, a quitação de créditos tributários exigíveis, que tenham por objeto tributos e penalidades pecuniárias, bem como contribuições federais e outras imposições pecuniárias compulsórias, será comprovada nas seguintes hipóteses:

- ADIn 394-1. O STF, por unanimidade, conheceu parcialmente da ação direta e, na parte conhecida, julgou-a procedente para declarar a inconstitucionalidade do art. 1º, I, III e IV, e §§ 1º, 2º e 3º da Lei 7.711/88, explicitando-se a revogação do inciso II do artigo 1º da referida lei pela Lei 8.666/93, no que concerne à regularidade fiscal (DJ, 20.03.2009).

I - transferência de domicílio para o exterior;

- ADIn 394-1. O STF, por unanimidade, conheceu parcialmente da ação direta e, na parte conhecida, julgou-a procedente para declarar a inconstitucionalidade do art. 1º, I, III e IV, e §§ 1º, 2º e 3º da Lei 7.711/88, explicitando-se a revogação do inciso II do artigo 1º da referida lei pela Lei 8.666/93, no que concerne à regularidade fiscal (DJ, 20.03.2009).

II - habilitação e licitação promovida por órgão da administração federal direta, indireta ou fundacional ou por entidade controlada direta ou indiretamente pela União;

III - registro ou arquivamento de contrato social, alteração contratual e distrato social perante o registro público competente, exceto quando praticado por microempresa, conforme definida na legislação de regência;

- ADIn 394-1. O STF, por unanimidade, conheceu parcialmente da ação direta e, na parte conhecida, julgou-a procedente para declarar a inconstitucionalidade do art. 1º, I, III e IV, e §§ 1º, 2º e 3º da Lei 7.711/88, explicitando-se a revogação do inciso II do artigo 1º da referida lei pela Lei 8.666/93, no que concerne à regularidade fiscal (DJ, 20.03.2009).

IV - quando o valor da operação for igual ou superior ao equivalente a 5.000 (cinco mil) obrigações do Tesouro Nacional - OTNs:

- ADIn 394-1. O STF, por unanimidade, conheceu parcialmente da ação direta e, na parte conhecida, julgou-a procedente para declarar a inconstitucionalidade do art. 1º, I, III e IV, e §§ 1º, 2º e 3º da Lei 7.711/88, explicitando-se a revogação do inciso II do artigo 1º da referida lei pela Lei 8.666/93, no que concerne à regularidade fiscal (DJ, 20.03.2009).

a) registro de contrato ou outros documentos em Cartórios de Registro de Títulos e Documentos;

- ADIn 394-1. O STF, por unanimidade, conheceu parcialmente da ação direta e, na parte conhecida, julgou-a procedente para declarar a inconstitucionalidade do art. 1º, I, III e IV, e §§ 1º, 2º e 3º da Lei 7.711/88, explicitando-se a revogação do inciso II do artigo 1º da referida lei pela Lei 8.666/93, no que concerne à regularidade fiscal (DJ, 20.03.2009).

b) registro em Cartório de Registro de Imóveis;

- ADIn 394-1. O STF, por unanimidade, conheceu parcialmente da ação direta e, na parte conhecida, julgou-a procedente para declarar a inconstitucionalidade do art. 1º, I, III e IV, e §§ 1º, 2º e 3º da Lei 7.711/88, explicitando-se a revogação do inciso II do artigo 1º da referida lei pela Lei 8.666/93, no que concerne à regularidade fiscal (DJ, 20.03.2009).

c) operação de empréstimo e de financiamento junto a instituição financeira, exceto quando destinada a saldar dívidas para com as Fazendas Nacional, Estaduais ou Municipais.

- ADIn 394-1. O STF, por unanimidade, conheceu parcialmente da ação direta e, na parte conhecida, julgou-a procedente para declarar a inconstitucionalidade do art. 1º, I, III e IV, e §§ 1º, 2º e 3º da Lei 7.711/88, explicitando-se a revogação do inciso II do artigo 1º da referida lei pela Lei 8.666/93, no que concerne à regularidade fiscal (DJ, 20.03.2009).

§ 1º Nos casos das alíneas a e b do inciso IV, a exigência deste artigo é aplicável às partes intervenientes.

- ADIn 394-1. O STF, por unanimidade, conheceu parcialmente da ação direta e, na parte conhecida, julgou-a procedente para declarar a inconstitucionalidade do art. 1º, I, III e IV, e §§ 1º, 2º e 3º da Lei 7.711/88, explicitando-se a revogação do inciso II do artigo 1º da referida lei pela Lei 8.666/93, no que concerne à regularidade fiscal (DJ, 20.03.2009).

§ 2º Para os fins de que trata este artigo, a Secretaria da Receita Federal, segundo normas a serem dispostas em Regulamento, remeterá periodicamente aos órgãos ou entidades sob a responsabilidade das quais se realizarem os atos mencionados nos incisos III e IV relação dos contribuintes com débitos que se tornarem definitivos na instância administrativa, procedendo às competentes exclusões, nos casos de quitação ou garantia da dívida.

- ADIn 394-1. O STF, por unanimidade, conheceu parcialmente da ação direta e, na parte conhecida, julgou-a procedente para declarar a inconstitucionalidade do art. 1º, I, III e IV, e §§ 1º, 2º e 3º da Lei 7.711/88, explicitando-se a revogação do inciso II do artigo 1º da referida lei pela Lei 8.666/93, no que concerne à regularidade fiscal (DJ, 20.03.2009).

§ 3º A prova de quitação prevista neste artigo será feita por meio de certidão ou outro documento hábil, emitido pelo órgão competente.

- ADIn 394-1. O STF, por unanimidade, conheceu parcialmente da ação direta e, na parte conhecida, julgou-a procedente para declarar a inconstitucionalidade do art. 1º, I, III e IV, e §§ 1º, 2º e 3º da Lei 7.711/88, explicitando-se a revogação do inciso II do artigo 1º da referida lei pela Lei 8.666/93, no que concerne à regularidade fiscal (DJ, 20.03.2009).

ART. 2º Fica autorizado o Ministério da Fazenda a estabelecer convênio com as Fazendas Estaduais e Municipais para extensão àquelas esferas de governo das hipóteses previstas no art. 1º desta Lei.

ART. 3º A partir do exercício de 1989 fica instituído programa de trabalho de "Incentivo à Arrecadação da Dívida Ativa da União", constituído de projetos destinados ao incentivo da arrecadação, administrativa ou judicial, de receitas inscritas como Dívida Ativa da União, à implementação, desenvolvimento e modernização de redes e sistemas de processamento de dados, no custeio de taxas, custas e emolumentos relacionados com a execução fiscal e a defesa judicial da Fazenda Nacional e sua representação em Juízo, em causas de natureza fiscal, bem assim diligências, publicações, pro labore de peritos técnicos, de êxito, inclusive a seus procuradores e ao Ministério Público Estadual e de avaliadores e contadores, e aos serviços relativos a penhora de bens e a remoção e depósito de bens penhorados ou adjudicados à Fazenda Nacional.

- Lei 7.923/1989 (Dispõe sobre os vencimentos, salários, soldos e demais retribuições dos servidores civis e militares do Poder Executivo, na Administração Direta, nas Autarquias, nas Fundações Públicas e nos extintos Territórios).
- Dec. 98.135/1989 (Regulamenta este artigo.)

Parágrafo único. O produto dos recolhimentos do encargo de que trata o art. 1º Decreto-Lei n. 1.025, de 21 de outubro de 1969, modificado pelo art. 3º do Decreto-Lei n. 1.569, de 8 de agosto de 1977, art. 3º do Decreto-Lei n. 1.645, de 11 de dezembro de 1978, e art. 12 do Decreto-Lei n. 2.163, de 19 de setembro de 1984, será recolhido ao Fundo a que se refere o art. 4º, em subconta especial, destinada a atender a despesa com o programa previsto neste artigo e que será gerida pelo Procurador-Geral da Fazenda Nacional, de acordo com o disposto no art. 6º desta Lei.

ART. 4º A partir do exercício de 1989, o produto da arrecadação de multas, inclusive as que fazem parte do valor pago por execução da dívida ativa e de sua respectiva correção monetária, incidentes sobre os tributos e contribuições administrados pela Secretaria da Receita Federal e próprios da União, constituirá receita do Fundo instituído pelo Decreto-Lei n. 1.437, de 17 de dezembro de 1975, excluídas as transferências tributárias constitucionais para Estados, Distritos Federal e Municípios.

- Lei 7.923/1989 (Dispõe sobre os vencimentos, salários, soldos e demais retribuições dos servidores civis e militares do Poder Executivo, na Administração Direta, nas Autarquias, nas Fundações Públicas e nos extintos Territórios).

ART. 5º (Revogado pela Lei 10.593/2002).

§§ 1º e **2º** (Revogados pela Lei 10.593/2002).

ART. 6º O Poder Executivo estabelecerá por decreto as normas, planos, critérios, condições e limites para a aplicação do Fundo de que tratam os arts. 3º e 4º, e ato do Ministro da Fazenda o detalhará.

§ 1º O Poder Executivo encaminhará ao Poder Legislativo relatório semestral detalhado relativo à aplicação desse Fundo, inclusive especificando metas e avaliando os resultados.

§ 2º Em nenhuma hipótese o incentivo ou retribuição adicional poderá caracterizar participação direta proporcional ao valor cobrado ou fiscalizado.

§ 3º O incentivo ou retribuição adicional mensal observará o limite estabelecido no art. 37, item XI da Constituição Federal.

ART. 7º A receita preventiva de multas, bem assim de juros de mora, relativa aos impostos constitutivos dos Fundos de Participação de Estados, Distrito Federal e Municípios, são partes integrantes deles na proporção estabelecida na Constituição Federal.

ART. 8º O inciso III do art. 8º do Decreto-Lei n. 1.437, de 17 de dezembro de 1975, passa a vigorar com a seguinte redação:

"III - receitas diversas, decorrentes de atividades próprias da Secretaria da Receita Federal; e".

- O Dec.-Lei 1.437/1975 dispõe sobre a base de cálculo do imposto sobre produtos industrializados, relativo aos produtos de procedência estrangeira que indica.

ART. 9º Esta Lei entra em vigor na data de sua publicação.

ART. 10º Revogam-se o inciso II do art. 8º do Decreto-Lei n. 1.437, de 17 de dezembro de 1975, e demais disposições em contrário.

Brasília, 22 de dezembro de 1988; 167º da Independência e 100º da República.

JOSÉ SARNEY

LEI N. 7.713, DE 22 DE DEZEMBRO DE 1988

Altera a legislação do imposto de renda e dá outras providências.

- *DOU*, 23.12.1998.
- Lei 12.794/2013 (Altera a Lei 12.546/2011, quanto à contribuição previdenciária de empresas dos setores industriais e de serviços; permite depreciação de bens de capital para apuração do Imposto de Renda; institui o Regime Especial de Incentivo ao Desenvolvimento da Infraestrutura da Indústria de Fertilizantes).

O Presidente da República. Faço saber que o Congresso Nacional decreta e eu sanciono a seguinte Lei:

ART. 1º Os rendimentos e ganhos de capital percebidos a partir de 1º de janeiro de 1989, por pessoas físicas residentes ou domiciliados no Brasil, serão tributados pelo imposto de renda na forma da legislação vigente, com as modificações introduzidas por esta Lei.

ART. 2º O imposto de renda das pessoas físicas será devido, mensalmente, à medida em que os rendimentos e ganhos de capital forem percebidos.

ART. 3º O imposto incidirá sobre o rendimento bruto, sem qualquer dedução, ressalvado o disposto nos arts. 9º a 14 desta Lei.

- Lei 8.023/1990 (Altera a legislação do Imposto de Renda sobre o resultado da atividade rural).

§ 1º Constituem rendimento bruto todo o produto do capital, do trabalho ou da combinação de ambos, os alimentos e pensões percebidos em dinheiro, e ainda os proventos de qualquer natureza, assim também entendidos os acréscimos patrimoniais não correspondentes aos rendimentos declarados.

§ 2º Integrará o rendimento bruto, como ganho de capital, o resultado da soma dos ganhos auferidos no mês, decorrentes de alienação de bens ou direitos de qualquer natureza, considerando-se como ganho a diferença positiva entre o valor de transmissão do bem ou direito e o respectivo custo de aquisição corrigido monetariamente, observado o disposto nos arts. 15 a 22 desta Lei.

§ 3º Na apuração do ganho de capital serão consideradas as operações que importem alienação, a qualquer título, de bens ou direitos ou cessão ou promessa de cessão de direitos à sua aquisição, tais como as realizadas por compra e venda, permuta, adjudicação, desapropriação, dação em pagamento, doação, procuração em causa própria, promessa de compra e venda, cessão de direitos ou promessa de cessão de direitos e contratos afins.

§ 4º A tributação independe da denominação dos rendimentos, títulos ou direitos, da localização, condição jurídica ou nacionalidade da fonte, da origem dos bens produtores da renda, e da forma de percepção das rendas ou proventos, bastando, para a incidência do imposto, o benefício do contribuinte por qualquer forma e a qualquer título.

§ 5º Ficam revogados todos os dispositivos legais concessivos de isenção ou exclusão, da base de cálculo do imposto de renda das pessoas físicas, de rendimentos e proventos de qualquer natureza, bem como os que autorizam redução do imposto por investimento de interesse econômico ou social.

§ 6º Ficam revogados todos os dispositivos legais que autorizam deduções cedulares ou abatimentos da renda bruta do contribuinte, para efeito de incidência do imposto de renda.

ART. 4º Fica suprimida a classificação por cédulas dos rendimentos e ganhos de capital percebidos pelas pessoas físicas.

ART. 5º Salvo disposição em contrário, o imposto retido na fonte sobre rendimentos e ganhos de capital percebidos por pessoas físicas será considerado redução do apurado na forma dos arts. 23 e 24 desta Lei.

ART. 6º Ficam isentos do imposto de renda os seguinte rendimentos percebidos por pessoas físicas:

I - a alimentação, o transporte e os uniformes ou vestimentas especiais de trabalho, fornecidos gratuitamente pelo empregador a seus empregados, ou a diferença entre o preço cobrado e o valor de mercado;

II - as diárias destinadas, exclusivamente, ao pagamento de despesas de alimentação e pousada, por serviço eventual realizado em município diferente do da sede de trabalho;

III - o valor locativo do prédio construído, quando ocupado por seu proprietário ou cedido gratuitamente para uso do cônjuge ou de parentes de primeiro grau;

IV - as indenizações por acidentes de trabalho;

V - a indenização e o aviso prévio pagos por despedida ou rescisão de contrato de trabalho, até o limite garantido por lei, bem como o montante recebido pelos empregados e diretores, ou respectivos beneficiários, referente aos depósitos, juros e correção monetária creditados em contas vinculadas, nos termos da legislação do Fundo de Garantia do Tempo de Serviço;

VI - o montante dos depósitos, juros, correção monetária e quotas-partes creditados em contas individuais pelo Programa de Integração Social e pelo Programa de Formação do Patrimônio do Servidor Público;

VII - os seguros recebidos de entidades de previdência privada decorrentes de morte ou invalidez permanente do participante. (Redação dada pela Lei 9.250/1995.)

VIII - as contribuições pagas pelos empregadores relativas a programas de previdência privada em favor de seus empregados e dirigentes;

IX - os valores resgatados dos Planos de Poupança e Investimento - PAIT, de que trata o Decreto-Lei n. 2.292, de 21 de novembro de 1986, relativamente à parcela correspondente às contribuições efetuadas pelo participante;

X - as contribuições empresariais a Plano de Poupança e Investimento - PAIT, a que se refere o art. 5º, § 2º, do Decreto-Lei n. 2.292, de 21 de novembro de 1986;

XI - o pecúlio recebido pelos aposentados que voltam a trabalhar em atividade sujeita ao regime previdenciário, quando dela se afastarem, e pelos trabalhadores que ingressarem nesse regime após completarem sessenta anos de idade, pago pelo Instituto Nacional de Previdência Social ao segurado ou a seus dependentes, após sua morte, nos termos do art. 1º da Lei n. 6.243, de 24 de setembro de 1975;

XII - as pensões e os proventos concedidos de acordo com os Decretos-Leis, n. 8.794 e 8.795, de 23 de janeiro de 1946, e Lei n. 2.579, de 23 de agosto de 1955, e art. 30 da Lei n. 4.242, de 17 de julho de 1963, em decorrência de reforma ou falecimento de ex-combatente da Força Expedicionária Brasileira;

XIII - capital das apólices de seguro ou pecúlio pago por morte do segurado, bem como os prêmios de seguro restituídos em qualquer caso, inclusive no de renúncia do contrato;

XIV - os proventos de aposentadoria ou reforma motivada por acidente em serviço e os percebidos pelos portadores de moléstia profissional, tuberculose ativa, alienação mental, esclerose múltipla, neoplasia maligna, cegueira, hanseníase, paralisia irreversível e incapacitante, cardiopatia grave, doença de Parkinson, espondiloartrose anquilosante, nefropatia grave, hepatopatia grave, estados avançados da doença de Paget (osteíte deformante), contaminação por radiação, síndrome da imunodeficiência adquirida, com base em conclusão da medicina especializada, mesmo que a doença tenha sido contraída depois da aposentadoria ou reforma; (Redação dada pela Lei n. 11.052, de 2004)

XV - os rendimentos provenientes de aposentadoria e pensão, de transferência para a reserva remunerada ou de reforma pagos pela Previdência Social da União, dos Estados, do Distrito Federal e dos Municípios, por qualquer pessoa jurídica de direito público interno ou por entidade de previdência privada, a partir do mês em que o contribuinte completar 65 (sessenta e cinco) anos de idade, sem prejuízo da parcela isenta prevista na tabela de incidência mensal do imposto, até o valor de: (Redação dada pela Lei 11.482/2007.)

a) R$ 1.313,69 (mil, trezentos e treze reais e sessenta e nove centavos), por mês, para o ano-calendário de 2007; (Incluído pela Lei 11.482/2007.)

b) R$ 1.372,81 (mil, trezentos e setenta e dois reais e oitenta e um centavos), por mês, para o ano-calendário de 2008; (Incluído pela Lei 11.482/2007.)

c) R$ 1.434,59 (mil, quatrocentos e trinta e quatro reais e cinquenta e nove centavos), por mês, para o ano-calendário de 2009; (Incluído pela Lei 11.482/2007.)

d) R$ 1.499,15 (mil, quatrocentos e noventa e nove reais e quinze centavos), por mês, para o ano-calendário de 2010; (Redação dada pela Lei 12.469/2011.)

e) R$ 1.566,61 (mil, quinhentos e sessenta e seis reais e sessenta e um centavos), por mês, para o ano-calendário de 2011; (Incluída pela Lei 12.469/2011.)

f) R$ 1.637,11 (mil, seiscentos e trinta e sete reais e onze centavos), por mês, para o ano-calendário de 2012; (Incluída pela Lei 12.469/2011.)

g) R$ 1.710,78 (mil, setecentos e dez reais e setenta e oito centavos), por mês, para o ano-calendário de 2013; (Incluída pela Lei 12.469/2011.)

h) R$ 1.787,77 (mil, setecentos e oitenta e sete reais e setenta e sete centavos), por mês, para o ano-calendário de 2014 e nos meses de janeiro a março do ano-calendário de 2015; e (Acrescentado pela Lei 13.149/2015.)

i) R$ 1.903,98 (mil, novecentos e três reais e noventa e oito centavos), por mês, a partir do mês de abril do ano-calendário de 2015; (Acrescentado pela Lei 13.149/2015.)

XVI - o valor dos bens adquiridos por doação ou herança;

XVII - os valores decorrentes de aumento de capital:

a) mediante a incorporação de reservas ou lucros que tenham sido tributados na forma do art. 36 desta Lei;

b) efetuado com observância do disposto no art. 63 do Decreto-Lei n. 1.598, de 26 de dezembro de 1977, relativamente aos lucros apurados em períodos-base encerrados anteriormente à vigência desta Lei;

XVIII - a correção monetária de investimentos, calculada aos mesmos índices aprovados para os Bônus do Tesouro Nacional - BTN, e desde que seu pagamento ou crédito ocorra em intervalos não inferiores a trinta dias; (Redação dada pela Lei 7.799/1989.)

XIX - a diferença entre o valor de aplicação e o de resgate de quotas de fundos de aplicações de curto prazo;

XX - ajuda de custo destinada a atender às despesas com transporte, frete e locomoção do beneficiado e seus familiares, em caso de remoção de um município para outro, sujeita à comprovação posterior pelo contribuinte.

XXI - os valores recebidos a título de pensão quando o beneficiário desse rendimento for portador das doenças relacionadas no inciso XIV deste artigo, exceto as decorrentes de moléstia profissional, com base em conclusão da medicina especializada, mesmo que a doença tenha sido contraída após a concessão da pensão. (Incluído pela Lei 8.541/1992.)

- Lei 9.250/1995 (Altera a legislação do imposto de renda das pessoas físicas).

XXII - os valores pagos em espécie pelos Estados, Distrito Federal e Municípios, relativos ao Imposto sobre Operações relativas à Circulação de Mercadorias e sobre Prestações de Serviços de Transporte Interestadual e Intermunicipal e de Comunicação - ICMS e ao Imposto sobre Serviços de Qualquer Natureza - ISS, no âmbito de programas de concessão de crédito voltados ao estímulo à solicitação de documento fiscal na aquisição de mercadorias e serviços. (Incluído pela Lei 11.945/2009.)

XXIII - o valor recebido a título de vale-cultura. (Incluído pela Lei n. 12.761, de 2012)

Parágrafo único. O disposto no inciso XXII do *caput* deste artigo não se aplica aos prêmios recebidos por meio de sorteios, em espécie, bens ou serviços, no âmbito dos referidos programas. (Incluído pela Lei 11.945/2009.)

ART. 7º Ficam sujeito à incidência do imposto de renda na fonte, calculado de acordo com o disposto no art. 25 desta Lei:

- Lei 8.134/1990 (Altera a legislação do Imposto de Renda).
- Lei 8.383/1991 (Institui a Unidade Fiscal de Referência, altera a legislação do imposto de renda).
- Lei 8.848/1994 (Altera a legislação do imposto sobre a renda e proventos de qualquer natureza).
- Lei 9.250/1995 (Altera a legislação do imposto de renda das pessoas físicas).

I - os rendimentos do trabalho assalariado, pagos ou creditados por pessoas físicas ou jurídicas;

II - os demais rendimentos percebidos por pessoas físicas, que não estejam sujeitos à tributação exclusiva na fonte, pagos ou creditados por pessoas jurídicas.

§ 1º O imposto a que se refere este artigo será retido por ocasião de cada pagamento ou crédito e, se houver mais de um pagamento ou crédito, pela mesma fonte pagadora, aplicar-se-á a alíquota correspondente à soma dos rendimentos pagos ou creditados à pessoa física no mês, a qualquer título.

§ 2º (Revogado pela Lei 8.218/1991.)

§ 3º (Vetado.)

ART. 8º Fica sujeito ao pagamento do imposto de renda, calculado de acordo com o disposto no art. 25 desta Lei, a pessoa física que receber de outra pessoa física, ou de fontes situadas no exterior, rendimentos e ganhos de capital que não tenham sido tributados na fonte, no País.

- Lei 8.012/1990 (Dispõe sobre o pagamento de tributos de competência da União).
- Lei 8.134/1990 (Altera a legislação do Imposto de Renda).
- Lei 8.383/1991 (Institui a Unidade Fiscal de Referência, altera a legislação do imposto de renda).
- Lei 8.848/1994 (Altera a legislação do imposto sobre a renda e proventos de qualquer natureza).
- Lei 9.250/1995 (Altera a legislação do imposto de renda das pessoas físicas).

§ 1º O disposto neste artigo se aplica, também, aos emolumentos e custas dos serventuários da justiça, como tabeliães, notários, oficiais públicos e outros, quando não forem remunerados exclusivamente pelos cofres públicos.

§ 2º O imposto de que trata este artigo deverá ser pago até o último dia útil da primeira quinzena do mês subsequente ao da percepção dos rendimentos.

ART. 9º Quando o contribuinte auferir rendimentos da prestação de serviços de transporte, em veículo próprio locado, ou adquirido com reservas de domínio ou alienação fiduciária, o imposto de renda incidirá sobre:

I - 10% (dez por cento) do rendimento bruto, decorrente do transporte de carga; (Alterado pela Lei 12.794/2012.)

II - sessenta por cento do rendimento bruto, decorrente do transporte de passageiros.

Parágrafo único. O percentual referido no item I deste artigo aplica-se também sobre o rendimento bruto da prestação de serviços com trator, máquina de terraplenagem, colheitadeira e assemelhados.

ART. 10. O imposto incidirá sobre dez por cento do rendimento bruto auferido pelos garimpeiros matriculados nos termos do art. 73 do Decreto-Lei n. 227, de 28 de fevereiro de 1967, remunerado pelo art. 2º do Decreto-Lei n. 318, de 14 de março de 1967, na venda a empresas legalmente habilitadas de metais preciosos, pedras preciosas e semipreciosas por eles extraídos.

Parágrafo único. A prova de origem dos rendimentos de que trata este artigo far-se-á com base na via da nota de aquisição destinada ao garimpeiro pela empresa compradora.

ART. 11 Os titulares dos serviços notariais e de registro a que se refere o art. 236 da Constituição da República, desde que mantenham escrituração das receitas e das despesas, poderão deduzir dos emolumentos recebidos, para efeito da incidência do imposto:

I - a remuneração paga a terceiros, desde que com vínculo empregatício, inclusive encargos trabalhistas e previdenciários;

II - os emolumentos pagos a terceiros;

III - as despesas de custeio necessárias à manutenção dos serviços notariais e de registro.

§ 1º Fica ainda assegurada aos odontólogos a faculdade de deduzir, da receita decorrente do exercício da respectiva profissão, as despesas com a aquisição do material odontológico por eles aplicadas nos serviços prestados aos seus pacientes, assim como as despesas com o pagamento dos profissionais dedicados à prótese e à anestesia, eventualmente utilizados na prestação dos serviços, desde que, em qualquer caso, mantenham escrituração das receitas e despesas realizadas. (Incluído pela Lei 7.975/1989.)

§ 2º (Vetado.)

ART. 12. (Revogado pela Lei 13.149/2015.)

ART. 12-A. Os rendimentos recebidos acumuladamente e submetidos à incidência do imposto sobre a renda com base na tabela progressiva, quando correspondentes a anos-calendário anteriores ao do recebimento, serão tributados exclusivamente na fonte, no mês do recebimento ou crédito, em separado dos demais rendimentos recebidos no mês. (Alterado pela Lei 13.149/2015.)

§ 1º O imposto será retido pela pessoa física ou jurídica obrigada ao pagamento ou pela instituição financeira depositária do crédito e calculado sobre o montante dos rendimentos pagos, mediante a utilização de tabela progressiva resultante da multiplicação da quantidade de meses a que se refiram os rendimentos pelos valores constantes da tabela progressiva mensal correspondente ao mês do recebimento ou crédito. (Incluído pela Lei 12.350/2010.)

§ 2º Poderão ser excluídas as despesas, relativas ao montante dos rendimentos tributáveis, com ação judicial necessárias ao seu recebimento, inclusive de advogados, se tiverem sido pagas pelo contribuinte, sem indenização. (Incluído pela Lei 12.350/2010.)

§ 3º A base de cálculo será determinada mediante a dedução das seguintes despesas relativas ao montante dos rendimentos tributáveis: (Incluído pela Lei 12.350/2010.)

I - importâncias pagas em dinheiro a título de pensão alimentícia em face das normas do Direito de Família, quando em cumprimento de decisão judicial, de acordo homologado judicialmente ou de separação ou divórcio consensual realizado por escritura pública; e (Incluído pela Lei 12.350/2010.)

II - contribuições para a Previdência Social da União, dos Estados, do Distrito Federal e dos Municípios. (Incluído pela Lei 12.350/2010.)

§ 4º Não se aplica ao disposto neste artigo o constante no art. 27 da Lei n. 10.833, de 29 de dezembro de 2003, salvo o previsto nos seus §§ 1º e 3º. (Incluído pela Lei 12.350/2010.)

§ 5º O total dos rendimentos de que trata o *caput*, observado o disposto no § 2º, poderá integrar a base de cálculo do Imposto sobre a Renda na Declaração de Ajuste Anual do ano-calendário do recebimento, à opção irretratável do contribuinte. (Incluído pela Lei 12.350/2010.)

§ 6º Na hipótese do § 5º, o Imposto sobre a Renda Retido na Fonte será considerado antecipação do imposto devido apurado na Declaração de Ajuste Anual. (Incluído pela Lei 12.350/2010.)

§ 7º Os rendimentos de que trata o *caput*, recebidos entre 1º de janeiro de 2010 e o dia anterior ao de publicação da Lei resultante da conversão da Medida Provisória n. 497, de 27 de julho de 2010, poderão ser tributados na forma deste artigo, devendo ser informados na Declaração de Ajuste Anual referente ao ano-calendário de 2010. (Incluído pela Lei 12.350/2010.)

§ 8º (Vetado.) (Incluído pela Lei 12.350/2010.)

§ 9º A Secretaria da Receita Federal do Brasil disciplinará o disposto neste artigo. (Incluído pela Lei 12.350/2010.)

ART. 12-B. Os rendimentos recebidos acumuladamente, quando correspondentes ao ano-calendário em curso, serão tributados, no mês do recebimento ou crédito, sobre o total dos rendimentos, diminuídos do valor das despesas com ação judicial necessárias ao seu recebimento, inclusive de advogados, se tiverem sido pagas pelo contribuinte, sem indenização. (Acrescentado pela Lei 13.149/2015.)

ARTS. 13 e **14.** (Revogados pela Lei 8.383/1991.)

ART. 15. (Revogado pela Lei 7.774/1989.)

ART. 16. O custo de aquisição dos bens e direitos será o preço ou valor pago, e, na ausência deste, conforme o caso:

I - o valor atribuído para efeito de pagamento do imposto de transmissão;

II - o valor que tenha servido de base para o cálculo do Imposto de Importação acrescido do valor dos tributos e das despesas de desembaraço aduaneiro;

III - o valor da avaliação do inventário ou arrolamento;

IV - o valor de transmissão, utilizado na aquisição, para cálculo do ganho de capital do alienante;

V - seu valor corrente, na data da aquisição.

§ 1º O valor da contribuição de melhoria integra o custo do imóvel.

§ 2º O custo de aquisição de títulos e valores mobiliários, de quotas de capital e dos bens fungíveis será a média ponderada dos custos unitários, por espécie, desses bens.

§ 3º No caso de participação societária resultantes de aumento de capital por incorporação de lucros e reservas, que tenham sido tributados na forma do art. 36 desta Lei, o custo de aquisição é igual à parcela do lucro ou reserva capitalizado, que corresponder ao sócio ou acionista beneficiário.

§ 4º O custo é considerado igual a zero no caso das participações societárias resultantes de aumento de capital por incorporação de lucros e reservas, no caso de partes beneficiárias adquiridas gratuitamente, assim como de qualquer bem cujo valor não possa ser determinado nos termos previsto neste artigo.

ART. 17. O valor de aquisição de cada bem ou direito, expresso em cruzados novos, apurado de acordo com o artigo anterior, deverá ser corrigido monetariamente, a partir da data do pagamento, da seguinte forma: (Redação dada pela Lei 7.959/1989.)

I - até janeiro de 1989, pela variação da OTN; (Incluído pela Lei 7.959/1989.)

II - nos meses de fevereiro a abril de 1989, pelas seguintes variações: em fevereiro, 31,2025%; em março, 30,5774%; e em abril, 9,2415%; (Incluído pela Lei 7.959/1989.)

III - a partir de maio de 1989, pela variação do BTN. (Incluído pela Lei 7.959/1989.)

§ 1º Na falta de documento que comprove a data do pagamento, no caso de bens e direitos adquiridos até 31 de dezembro de 1988, a conversão poderá ser feita pelo valor da OTN no mês de dezembro do ano em que este tiver constado pela primeira vez na declaração de bens. (Redação dada pela Lei 7.959/1989.)

§ 2º Os bens ou direitos da mesma espécie, pagos em datas diferentes, mas que constem agrupadamente na declaração de bens, poderão ser convertidos na forma do parágrafo anterior, desde que tomados isoladamente em relação ao ano da aquisição.

§ 3º No caso do parágrafo anterior, não sendo possível identificar o ano dos pagamentos, a conversão será efetuada tomando-se por base o ano da aquisição mais recente.

§ 4º No caso de aquisição com pagamento parcelado, a correção monetária será efetivada em relação a cada parcela. (Redação dada pela Lei 7.799/1989.)

ART. 18. Para apuração do valor a ser tributado, no caso de alienação de bens imóveis, poderá ser aplicado um percentual de redução sobre o ganho de capital apurado, segundo o ano de aquisição ou incorporação do bem, de acordo com a seguinte tabela:

▸ Lei 8.023/1990 (Altera a legislação do Imposto de Renda sobre o resultado da atividade rural).

Ano de Aquisição ou Incorporação	Percentual de Redução	Ano de Aquisição ou Incorporação	Percentual de Redução
Até 1969	100	1979	50%
1970	95%	1980	45%
1971	90%	1981	40%
1972	85%	1982	35%
1973	80%	1983	30%
1974	75%	1984	25%
1975	70%	1985	20%
1976	65%	1986	15%
1977	60%	1987	10%
1978	55%	1988	5%

Parágrafo único. Não haverá redução, relativamente aos imóveis cuja aquisição venha ocorrer a partir de 1º de janeiro de 1989.

ART. 19. Valor da transmissão é o preço efetivo de operação de venda ou da cessão de direitos, ressalvado o disposto no art. 20 desta Lei.

Parágrafo único. Nas operações em que o valor não se expressar em dinheiro, o valor da transmissão será arbitrado segundo o valor de mercado.

ART. 20. A autoridade lançadora, mediante processo regular, arbitrará o valor ou preço, sempre que não mereça fé, por notoriamente diferente do de mercado, o valor ou preço informado pelo contribuinte, ressalvada, em caso de contestação, avaliação contraditória, administrativa ou judicial.

Parágrafo único. (Vetado).

ART. 21. Nas alienações a prazo, o ganho de capital será tributado na proporção das parcelas recebidas em cada mês, considerando-se a respectiva atualização monetária, se houver.

ART. 22. Na determinação do ganho de capital serão excluídos:

- Lei 8.023/1990 (Altera a legislação do Imposto de Renda sobre o resultado da atividade rural).

I - o ganho de capital decorrente da alienação do único imóvel que o titular possua, desde que não tenha realizado outra operação nos últimos cinco anos e o valor da alienação não seja superior ao equivalente a trezentos mil BTN no mês da operação. (Redação dada pela Lei 8.134/1990.)

- Lei 8.218/1991 (Dispõe sobre Impostos e Contribuições Federais, Disciplina a Utilização de Cruzados Novos).

II - (Revogado pela Lei 8.014/1990.)

III - as transferências causa mortis e as doações em adiantamento da legítima;

IV - o ganho de capital auferido na alienação de bens de pequeno valor, definido pelo Poder executivo.

Parágrafo único. Não se considera ganho de capital o valor decorrente de indenização por desapropriação para fins de reforma agrária, conforme o disposto no § 5º do art. 184 da Constituição Federal, e de liquidação de sinistro, furto ou roubo, relativo a objeto segurado.

ARTS. 23 e 24. (Revogados pela Lei 8.134/1990.)

ART. 25. O imposto será calculado, observado o seguinte: (Redação dada pela Lei 8.269/1991.)

I - se o rendimento mensal for de até Cr$ 750.000,00, será deduzida uma parcela correspondente a Cr$ 250.000,00 e, sobre o saldo remanescente incidirá alíquota de 10%; (Redação dada pela Lei 8.269/1991.)

II - se o rendimento mensal for superior a Cr$ 750.000,00, será deduzida uma parcela correspondente a Cr$ 550.000,00 e, sobre o saldo remanescente incidirá alíquota de 25%. (Redação dada pela Lei 8.269/1991.)

§ 1º Na determinação da base de cálculo sujeita a incidência do imposto poderão ser deduzidos: (Redação dada pela Lei 8.269/1991.)

a) Cr$ 20.000,00 por dependente, até o limite de cinco dependentes; (Redação dada pela Lei 8.269/1991.)

b) Cr$ 250.000,00, correspondentes à parcela isenta dos rendimentos provenientes de aposentadoria e pensão, transferência para reserva remunerada ou reforma pagos pela Previdência Social da União, dos Estados, do Distrito Federal e dos Municípios, ou por qualquer pessoa jurídica de direito público interno, a partir do mês em que o contribuinte completar sessenta e cinco anos de idade; (Redação dada pela Lei 8.269/1991.)

c) o valor da contribuição paga, no mês, para a Previdência Social da União, dos Estados, do Distrito Federal e dos Municípios; (Redação dada pela Lei 8.269/1991.)

d) o valor da pensão judicial paga. (Redação dada pela Lei 8.269/1991.)

§ 2º As disposições deste artigo aplicam-se aos pagamentos efetuados a partir de 1º de dezembro de 1991. (Redação dada pela Lei 8.269/1991.)

ART. 26. O valor da Gratificação de Natal (13º salário) a que se referem as Leis n. 4.090, de 13 de julho de 1962, e de n. 4.281, de 8 de novembro de 1963, e o art. 10 do Decreto-Lei n. 2.413, de 10 de fevereiro de 1988, será tributado à mesma alíquota (art. 25) a que estiver sujeito o rendimento mensal do contribuinte, antes de sua inclusão.

- Lei 7.959/1989 (Altera a legislação do Imposto de Renda).

ART. 27. (Revogado pela Lei 9.250/1995.)

ARTS. 28 e 29. (Revogados pela Lei 8.134/1990.)

ART. 30. Permanecem em vigor as isenções de que tratam os arts. 3º a 7º do Decreto-Lei n. 1.380, de 23 de dezembro de 1974, e o art. 5º da Lei n. 4.506, de 30 de novembro de 1964.

ART. 31. Ficam sujeitos à incidência do imposto de renda na fonte, calculado de acordo com o disposto no art. 25 desta Lei, relativamente à parcela correspondente às contribuições cujo ônus não tenha sido do beneficiário ou quando os rendimentos e ganhos de capital produzidos pelo patrimônio da entidade de previdência não tenham sido tributados na fonte: (Redação dada pela Lei 7.751/1989.)

I - as importâncias pagas ou creditadas a pessoas físicas, sob a forma de resgate, pecúlio ou renda periódica, pelas entidades de previdência privada;

II - os valores resgatados dos Planos de Poupança e Investimento - PAIT de que trata o Decreto-Lei n. 2.292, de 21 de novembro de 1986.

§ 1º O imposto será retido por ocasião do pagamento ou crédito, pela entidade de previdência privada, no caso do inciso I, pelo administrador da carteira, fundo ou clube PAIT, no caso do inciso II.

§ 2º (Vetado).

ART. 32. Ficam sujeitos à incidência do imposto de renda na fonte, à alíquota de vinte e cinco por cento:

I - os benefícios líquidos resultantes da amortização antecipada, mediante sorteio, dos títulos de economia denominados capitalização;

II - os benefícios atribuídos aos portadores de títulos de capitalização nos lucros da empresa emitente.

§ 1º A alíquota prevista neste artigo será de quinze por cento em relação aos prêmios pagos aos proprietários e criadores de cavalos de corrida.

§ 2º O imposto de que trata este artigo será considerado:

a) antecipação do devido na declaração de rendimentos, quando o beneficiário for pessoa jurídica tributada com base no lucro real;

b) devido exclusivamente na fonte, nos demais casos, inclusive quando o beneficiário for pessoa jurídica isenta.

§ 3º (Vetado).

ART. 33. Ressalvado o disposto em normas especiais, no caso de ganho de capital auferido por residente ou domiciliado no exterior, o imposto será devido, à alíquota de vinte e cinco por cento, no momento da alienação do bem ou direito.

Parágrafo único. O imposto deverá ser pago no prazo de quinze dias contados da realização da operação ou por ocasião da remessa, sempre que esta ocorrer antes desse prazo.

ART. 34. Na inexistência de outros bens sujeitos a inventário ou arrolamento, os valores relativos ao imposto de renda e outros tributos administrados pela Secretaria da Receita Federal, bem como o resgate de quotas dos fundos fiscais criados pelos Decretos-Leis n. 157, de 10 de fevereiro de 1967, e 880, de 18 de setembro de 1969, não recebidos em vida pelos respectivos titulares, poderão ser restituídos ao cônjuge, filho e demais dependentes do contribuinte falecido, inexigível a apresentação de alvará judicial.

Parágrafo único. Existindo outros bens sujeitos a inventário ou arrolamento, a restituição ao meeiro, herdeiros ou sucessores, far-se-á na forma e condições do alvará expedido pela autoridade judicial para essa finalidade.

ART. 35. O sócio quotista, o acionista ou titular da empresa individual ficará sujeito ao imposto de renda na fonte, à alíquota de oito por cento, calculado com base no lucro líquido apurado pelas pessoas jurídicas na data do encerramento do período-base.

- Res. SF 82/1996 (Suspensa, em parte, a execução da Lei 7.713/1988, no que diz respeito à expressão "o acionista" contida neste artigo).

§ 1º Para efeito da incidência de que trata este artigo, o lucro líquido do período-base apurado com observância da legislação comercial, será ajustado pela:

a) adição do valor das provisões não dedutíveis na determinação do lucro real, exceto a provisão para o imposto de renda;

b) adição do valor da reserva de reavaliação, baixado no curso do período-base, que não tenha sido computado no lucro líquido;

c) exclusão do valor, corrigido monetariamente, das provisões adicionadas, na forma da alínea a, que tenham sido baixadas no curso do período-base, utilizando-se a variação do BTN Fiscal. (Redação dada pela Lei 7.799/ 1989.)

d) compensação de prejuízos contábeis apurados em balanço de encerramento de período-base anterior, desde que tenham sido compensados contabilmente, ressalvado o disposto no § 2º deste artigo.

e) exclusão do resultado positivo de avaliação de investimentos pelo valor de patrimônio líquido; (Incluída pela Lei 7.959/1989.)

f) exclusão dos lucros e dividendos derivados de investimentos avaliados pelo custo de aquisição, que tenham sido computados como receita; (Incluída pela Lei 7.959/1989.)

g) adição do resultado negativo da avaliação de investimentos pelo valor de patrimônio líquido. (Incluída pela Lei 7.959/1989.)

§ 2º Não poderão ser compensados os prejuízos:

a) que absorverem lucros ou reservas que não tenham sido tributados na forma deste artigo;

b) absorvidos na redução de capital que tenha sido aumentado com os benefícios do art. 63 do Decreto-Lei n. 1.598, de 26 de dezembro de 1977.

§ 3º O disposto nas alíneas a e c do § 1º não se aplica em relação às provisões admitidas pela Comissão de Valores Mobiliários, Banco Central do Brasil e Superintendência de Seguros Privados, quando contribuídas por pessoas jurídicas submetidas à orientação normativa dessas entidades.

§ 4º O imposto de que trata este artigo:

a) será considerado devido exclusivamente na fonte, quando o beneficiário do lucro for pessoa física;

b) (Revogada pela Lei 7.759/1989.)

c) poderá ser compensado com o imposto incidente na fonte sobre a parcela dos lucros apurados pelas pessoas jurídicas, que corresponder à participação de beneficiário, pessoa física ou jurídica, residente ou domiciliado no exterior.

§ 5º É dispensada a retenção na fonte do imposto a que se refere este artigo sobre a parcela do lucro líquido que corresponder à participação de pessoa jurídica imune ou isenta do imposto de renda.(Redação dada pela Lei 7.730/1989.)

§ 6º O disposto neste artigo se aplica em relação ao lucro líquido apurado nos períodos-base encerrados a partir da data da vigência desta Lei.

ART. 36. Os lucros que forem tributados na forma do artigo anterior, quando distribuídos, não estarão sujeitos à incidência do imposto de renda na fonte.

Parágrafo único. Incide, entretanto, o imposto de renda na fonte;

a) em relação aos lucros que não tenham sido tributados na forma do artigo anterior;

b) no caso de pagamento, crédito, entrega, emprego ou remessa de lucros, quando o beneficiário for residente ou domiciliado no exterior.

ART. 37. O imposto a que se refere o art. 36 desta lei será convertido em número de OTN, pelo valor desta no mês de encerramento do período-base e deverá ser pago até o último dia útil do quarto mês subsequente ao do encerramento do período-base.

ART. 38. O disposto no art. 63 do Decreto-Lei n. 1.598, de 26 de dezembro de 1977, somente se aplicará aos lucros e reservas relativos a resultados de períodos-base encerrados à data da vigência desta Lei.

ART. 39. O disposto no art. 36 desta Lei não se aplicará às sociedades civis de que trata o art. 1º do Decreto-Lei n. 2.397, de 21 de dezembro de 1987.

ART. 40. Fica sujeita ao pagamento do imposto de renda à alíquota de dez por cento, a pessoa física que auferir ganhos líquidos nas operações realizadas nas bolsas de valores, de mercadorias, de futuros e assemelhadas, ressalvado o disposto no inciso II do art. 22 desta Lei. (Redação dada pela Lei 7.751/1989.)

- Lei 8.012/1990 (Dispõe sobre o pagamento de tributos de competência da União).

§ 1º Considera-se ganho líquido o resultado positivo auferido nas operações ou contratos liquidados em cada mês, admitida a dedução dos custos e despesas efetivamente incorridos, necessários à realização das operações, e à compensação das perdas efetivas ocorridas no mesmo período.

§ 2º O ganho líquido será constituído: (Redação dada pela Lei 7.730/1989.)

a) no caso dos mercados à vista, pela diferença positiva entre o valor de transmissão do ativo e o custo de aquisição do mesmo; (Redação dada pela Lei 7.730/1989.)

b) no caso do mercado de opções: (Redação dada pela Lei 7.730/1989.)

1. nas operações tendo por objeto a opção, a diferença positiva apurada entre o valor das posições encerradas ou não exercidas até o vencimento da opção; (Redação dada pela Lei 7.730/1989.)

2. nas operações de exercício, a diferença positiva apurada entre o valor de venda à vista ou o preço médio à vista na data do exercício e o preço fixado para o exercício, ou a diferença positiva entre o preço do exercício acrescido do prêmio e o custo de aquisição; (Redação dada pela Lei 7.730/1989.)

c) no caso dos mercados a termo, a diferença positiva apurada entre o valor da venda à vista ou o preço médio à vista na data da liquidação do contrato a termo e o preço neste estabelecido;

d) no caso dos mercados futuros, o resultado líquido positivo dos ajustes diários apurados no período.

§ 3º Se o contribuinte apurar resultado negativo no mês será admitida a sua apropriação nos meses subsequente. (Redação dada pela Lei 7.730/1989.)

§ 4º O imposto deverá ser pago até o último dia útil da primeira quinzena do mês subsequente ao da percepção dos rendimentos.

§ 5º (Revogado pela Lei 8.014/1990.)

§ 6º O Poder Executivo poderá baixar normas para apuração e demonstração de ganhos líquidos, bem como autorizar a compensação de perdas entre dois ou mais mercados ou modalidades operacionais, previstos neste artigo.

ART. 41. As deduções de despesas, bem como a compensação de perdas previstas no artigo anterior, serão admitidas exclusivamente para as operações realizadas em mercados organizados, geridos ou sob a responsabilidade de instituição credenciada pelo Poder Executivo e com objetivos semelhantes aos das bolsas de valores, de mercadorias ou de futuros.

ART. 42. (Revogado pela Lei 8.134/1990.)

ART. 43. Fica sujeito à incidência do imposto de renda na fonte, à alíquota de sete inteiros e cinco décimos por cento, o rendimento bruto produzido por quaisquer aplicações financeiras. (Alterado pela Lei 7.738/1989.)

§ 1º O disposto neste artigo aplica-se, também, às operações de financiamento realizadas em bolsas de valores, de mercadorias, de futuros ou assemelhadas. (Alterado pela Lei 7.738/1989.)

§ 2º O disposto neste artigo não se aplica ao rendimento bruto auferido: (Alterado pela Lei 7.738/1989.)

a) em aplicações em fundos de curto prazo, tributados nos termos do Decreto-Lei n. 2.458, de 25 de agosto de 1988; (Alterado pela Lei 7.738/1989.)

b) em operações financeiras de curto prazo, assim consideradas as de prazo inferior a noventa dias, que serão tributadas às seguintes alíquotas, sobre o rendimento bruto: (Alterado pela Lei 7.738/1989.)

1. quando a operação se iniciar e encerrar no mesmo dia, quarenta por cento; (Alterado pela Lei 7.738/1989.)

2. nas demais operações, dez por cento, quando o beneficiário se identificar e trinta por cento, quando o beneficiário não se identificar. (Alterado pela Lei 7.738/1989.)

§ 3º Nas operações tendo por objeto Letras Financeiras do Tesouro - LFT ou títulos estaduais e municipais a elas equiparados, o imposto de renda na fonte será calculado à alíquota de: (Alterado pela Lei 7.738/1989.)

a) quarenta por cento, em se tratando de operação de curto prazo; e (Alterado pela Lei 7.738/1989.)

b) vinte e cinco por cento, quando o prazo da operação for igual ou superior a noventa dias. (Alterado pela Lei 7.738/1989.)

§ 4º A base de cálculo do imposto de renda na fonte sobre as operações de que trata o § 3º será constituída pelo rendimento que exceder a remuneração calculada com base na taxa referencial acumulada da Letra Financeira do Tesouro no período, divulgada pelo Banco Central do Brasil. (Alterado pela Lei 7.738/1989.)

§ 5º O imposto de renda será retido pela fonte pagadora: (Alterado pela Lei 7.738/1989.)

a) em relação aos juros de depósitos em cadernetas de poupança, na data do crédito ou pagamento; (Alterado pela Lei 7.738/1989.)

b) em relação às operações de financiamento realizadas em bolsas de valores, de mercadorias, de futuros e assemelhadas, na liquidação; (Alterado pela Lei 7.738/1989.)

c) nos demais casos, na data da cessão, liquidação ou resgate, ou nos pagamentos periódicos de rendimentos. (Alterado pela Lei 7.738/1989.)

§ 6º Nas aplicações em fundos em condomínio, exceto os de curto prazo, ou clubes de investimento, efetuadas até 31 de dezembro de 1988, o rendimento real será determinado tomando-se por base o valor da quota em 1º de janeiro de 1989, facultado à administradora optar pela tributação do rendimento no ato da liquidação ou resgate do título ou aplicação, em substituição à tributação quando do resgate das quotas. (Alterado pela Lei 7.738/1989.)

§ 7º A alíquota de que trata o *caput* aplicar-se-á aos rendimentos de títulos, obrigações ou aplicações produzidas a partir do período iniciado em 16 de janeiro de 1989, mesmo quando adquiridos ou efetuadas anteriormente a esta data. (Alterado pela Lei 7.738/1989.)

§ 8º As alíquotas de que tratam os §§ 2º e 3º, incidentes sobre rendimentos auferidos em operações de curto prazo, são aplicáveis às operações iniciadas a partir de 13 de fevereiro de 1989. (Alterado pela Lei 7.738/1989.)

ART. 44. O imposto de que trata o artigo anterior será considerado:

I - antecipação do devido na declaração de rendimentos, quando o beneficiário for pessoa jurídica tributada com base no lucro real;

II - devido exclusivamente na fonte nos demais casos, inclusive quando o beneficiário for pessoa jurídica isenta, observado o disposto no art. 47 desta lei.

ART. 45. (Revogado pela Lei 8.134/1990.)

ART. 46. (Revogado pela Lei 7.730/1989.)

ART. 47. Fica sujeito à incidência do imposto de renda exclusivamente na fonte, à alíquota de trinta por cento, todo rendimento real ou ganho de capital pago a beneficiário não identificado.

ART. 48. A tributação de que tratam os arts. 7º, 8º e 23 não se aplica aos rendimentos e ganhos de capital tributados na forma dos arts. 41 e 47 desta Lei.

ART. 49. O disposto nesta Lei não se aplica aos rendimentos da atividade agrícola e pastoril, que serão tributados na forma da legislação específica.

ART. 50. (Vetado.)

ART. 51. A isenção do imposto de renda de que trata o art. 11, item I, da Lei n. 7.256, de 27 de novembro de 1984, não se aplica à empresa que se encontre nas situações previstas no art. 3º, itens I a V, da referida Lei, nem às empresas que prestem serviços profissionais de corretor, despachante, ator, empresário e produtor de espetáculos públicos, cantor, músico, médico, dentista, enfermeiro, engenheiro, físico, químico, economista, contador, auditor, estatístico, administrador, programador, analista de sistema, advogado, psicólogo, professor, jornalista, publicitário, ou assemelhados, e qualquer outra profissão cujo exercício dependa de habilitação profissional legalmente exigida.

ART. 52. A falta ou insuficiência de recolhimento do imposto ou de quota deste, nos prazos fixados nesta Lei, apresentada ou não a declaração, sujeitará o contribuinte às multas e acréscimos previstos na legislação do imposto de renda.

ART. 53. Os juros e as multas serão calculados sobre o imposto ou quota, observado o seguinte: (Redação dada pela Lei 7.799/1989.)

a) quando expresso em BTN serão convertidos em cruzados novos pelo valor do BTN no mês do pagamento; (Incluída pela Lei n. 7.799, de 1989)

b) quando expresso em BTN Fiscal, serão convertidos em cruzados novos pelo valor do BTN Fiscal no dia do pagamento.(Incluída pela Lei 7.799/1989.)

ART. 54. Fica o Poder Executivo autorizado a implantar medidas de estímulo à eficiência da atividade fiscal em programas especiais de fiscalização.

ART. 55. Fica reduzida para um por cento a alíquota aplicável às importâncias pagas ou creditadas, a partir do mês de janeiro de 1989, a pessoas jurídicas, civis ou mercantis, pela prestação de serviços de limpeza, conservação, segurança, vigilância e por locação de mão-de-obra de que trata o art. 3º do Decreto-Lei n. 2.462, de 30 de agosto de 1988.

ART. 56. (Revogado pela Lei 9.430/1996.)

ART. 57. Esta Lei entra em vigor em 1º de janeiro de 1989.

ART. 58. Revogam-se o art. 50 da Lei n. 4.862, de 29 de novembro de 1965, os arts. 1º a 9º do Decreto-Lei n. 1.510, de 27 de dezembro de 1976, os arts. 65 e 66 do Decreto-Lei n. 1.598, de 26 de dezembro de 1977, os arts. 1º a 4º do Decreto-Lei n. 1.641, de 7 de dezembro de 1978, os arts. 12 e 13 do Decreto-Lei n. 1.950, de 14 de julho de 1982, os arts. 15 e 100 da Lei n. 7.450, de 23 de dezembro de 1985, o art. 18 do Decreto-Lei n. 2.287, de 23 de julho de 1986, o item IV e o parágrafo único do art. 12 do Decreto-Lei n. 2.292, de 21 de novembro de 1986, o item III do art. 2º do Decreto-Lei n. 2.301, de 21 de novembro de 1986, o item III do art. 7º do Decreto-Lei n. 2.394, de 21 de dezembro de 1987, e demais disposições em contrário.

Brasília, 22 de dezembro de 1988; 167º da Independência e 100º da República.

JOSÉ SARNEY

LEI N. 7.735, DE 22 DE FEVEREIRO DE 1989

Dispõe sobre a extinção de órgão e de entidade autárquica, cria o Instituto Brasileiro do Meio Ambiente e dos Recursos Naturais Renováveis e dá outras providências.

- *DOU*, 23.02.1989.
- Conversão da Med. Prov. 34/1989.

Faço saber que o Presidente da República adotou a Medida Provisória n. 34, de 1989, que o Congresso Nacional aprovou, e eu, Nelson Carneiro, Presidente do Senado Federal, para os efeitos do disposto no parágrafo único do art. 62 da Constituição Federal, promulgo a seguinte Lei:

ART. 1º Ficam extintas:

I - a Secretaria Especial do Meio Ambiente - SEMA, órgão subordinado ao Ministério do Interior, instituída pelo Decreto n. 73.030, de 30 de outubro de 1973;

II - a Superintendência do Desenvolvimento da Pesca - SUDEPE, autarquia vinculada ao Ministério da Agricultura, criada pela Lei Delegada n. 10, de 11 de outubro de 1962.

ART. 2º É criado o Instituto Brasileiro do Meio Ambiente e dos Recursos Naturais Renováveis - IBAMA, autarquia federal dotada de personalidade jurídica de direito público, autonomia administrativa e financeira, vinculada ao Ministério do Meio Ambiente, com a finalidade de: (Redação dada pela Lei 11.516/2007.)

I - exercer o poder de polícia ambiental; (Incluído pela Lei 11.516/2007.)

II - executar ações das políticas nacionais de meio ambiente, referentes às atribuições federais, relativas ao licenciamento ambiental, ao controle da qualidade ambiental, à autorização de uso dos recursos naturais e à fiscalização, monitoramento e controle ambiental, observadas as diretrizes emanadas do Ministério do Meio Ambiente; e (Incluído pela Lei 11.516/2007.)

III - executar as ações supletivas de competência da União, de conformidade com a legislação ambiental vigente. (Incluído pela Lei 11.516/2007.)

ART. 3º O Instituto Brasileiro do Meio Ambiente e dos Recursos Naturais Renováveis - Ibama, será administrado por 1 (um) Presidente e 5 (cinco) Diretores, designados em comissão pelo Presidente da República. (Redação dada pela Lei 7.957/1989.)

ART. 4º O patrimônio, os recursos orçamentários, extraorçamentários e financeiros, a competência, as atribuições, o pessoal, inclusive inativos e pensionistas, os cargos, funções e empregos da Superintendência da Borracha - SUDHEVEA e do Instituto Brasileiro de Desenvolvimento Florestal - IBDF, extintos pela Lei n. 7.732, de 14 de fevereiro de 1989, bem assim os da Superintendência do Desenvolvimento da Pesca - SUDEPE e da Secretaria Especial do Meio Ambiente - SEMA são transferidos para o Instituto Brasileiro do Meio Ambiente e dos Recursos Naturais Renováveis, que os sucederá, ainda, nos direitos, créditos e obrigações, decorrentes de lei, ato administrativo ou contrato, inclusive nas respectivas receitas.

§ 1º O Ministro de Estado do Interior submeterá ao Presidente da República a estrutura resultante das transferências referidas neste artigo e o quadro unificado de pessoal, com as transformações e remuneração inerente aos seus cargos, empregos e funções, mantido o regime jurídico dos servidores.

§ 2º No caso de ocorrer duplicidade ou superposição de atribuições, dar-se-á a extinção automática do cargo ou função considerado desnecessário.

§ 3º Até que sejam aprovados a estrutura e o quadro previstos no § 1º, as atividades da SEMA e das entidades referidas neste artigo, sem solução de continuidade, permanecerão desenvolvidas pelos seus órgãos, como unidades integrantes do Instituto criado pelo artigo 2º.

ART. 5º O Poder Executivo, no prazo de 90 (noventa) dias, contato da vigência desta Lei, adotará as providências necessárias à fiel execução deste ato.

ART. 6º Esta Lei entra em vigor na data de sua publicação.

ART. 7º Revogam-se as disposições em contrário.

Senado Federal, 22 de fevereiro de 1989; 168º da Independência e 101º da República.

SENADOR NELSON CARNEIRO
PRESIDENTE

LEI N. 7.766, DE 11 DE MAIO DE 1989

Dispõe sobre o ouro, ativo financeiro, e sobre seu tratamento tributário.

- *DOU*, 12.05.1989.
- Dec. 6.306/2007 (Regulamenta o IOF).

O Presidente da República. Faço saber que o Congresso Nacional decreta e eu sanciono a seguinte Lei:

ART. 1º O ouro em qualquer estado de pureza, em bruto ou refinado, quando destinado ao mercado financeiro ou à execução da política cambial do País, em operações realizadas com a interveniência de instituições integrantes do Sistema Financeiro Nacional, na forma e condições autorizadas pelo Banco Central do Brasil, será desde a extração, inclusive, considerado ativo financeiro ou instrumento cambial.

§ 1º Enquadra-se na definição deste artigo:

I - o ouro envolvido em operações de tratamento, refino, transporte, depósito ou custódia, desde que formalizado compromisso de destiná-lo ao Banco Central do Brasil ou à instituição por ele autorizada.

II - as operações praticadas nas regiões de garimpo onde o ouro é extraído, desde que o ouro na saída do Município tenha o mesmo destino a que se refere o inciso I deste parágrafo.

§ 2º As negociações com o ouro, ativo financeiro, de que trata este artigo, efetuada nos pregões das bolsas de valores, de mercadorias, de futuros ou assemelhadas, ou no mercado de balcão com a interveniência de instituição financeira autorizada, serão consideradas operações financeiras.

ART. 2º Para os efeitos desta Lei, as cooperativas ou associações de garimpeiros, desde que regularmente constituídas, serão autorizadas pelo Banco Central do Brasil a operarem com ouro.

Parágrafo único. As operações com ouro, facultadas às cooperativas ou associações de garimpeiros, restringem-se, exclusivamente, à sua compra na origem e à venda ao Banco Central do Brasil, ou à instituição por ele autorizada.

ART. 3º A destinação e as operações a que se referem os arts. 1º e 2º desta Lei serão comprovadas mediante notas fiscais ou documentos que identifiquem tais operações.

§ 1º O transporte do ouro, ativo financeiro, para qualquer parte do território nacional, será acobertado exclusivamente por nota fiscal integrante da documentação fiscal mencionada.

§ 2º O ouro acompanhado por documentação fiscal irregular será objeto de apreensão pela Secretaria da Receita Federal.

ART. 4º O ouro destinado ao mercado financeiro sujeita-se, desde sua extração inclusive, exclusivamente à incidência do imposto sobre operações de crédito, câmbio e seguro, ou relativas a títulos ou valores mobiliários.

Parágrafo único. A alíquota desse imposto será de 1% (um por cento), assegurada a transferência do montante arrecadado, nos termos do art. 153, § 5º, incisos I e II, da Constituição Federal.

ART. 5º (Vetado).

ART. 6º Tratando-se de ouro oriundo do exterior, considera-se Município e Estado de origem e de ingresso do ouro no País.

ART. 7º A pessoa jurídica adquirente fará constar, da nota fiscal de aquisição, o Estado, o Distrito Federal, ou o Território e o Município de origem do ouro.

ART. 8º O fato gerador do imposto é a primeira aquisição do ouro, ativo financeiro, efetuada por instituição autorizada, integrante do Sistema Financeiro Nacional.

Parágrafo único. Tratando-se de ouro físico oriundo do exterior, ingressado no País, o fato gerador é o seu desembaraço aduaneiro.

ART. 9º A base de cálculo do imposto é o preço de aquisição do ouro, desde que dentro dos limites de variação da cotação vigente no mercado doméstico, no dia da operação.

Parágrafo único. Tratando-se de ouro físico oriundo do exterior, o preço de aquisição, em moeda nacional, será determinado com base no valor de mercado doméstico na data do desembaraço aduaneiro.

ART. 10. Contribuinte do imposto é a instituição autorizada que efetuar a primeira aquisição do ouro, ativo financeiro.

ART. 11. O imposto será pago até o último dia útil da primeira quinzena do mês subseqüente ao da ocorrência do fato gerador.

Parágrafo único. A entidade arrecadadora repassará ao Estado, Distrito Federal ou Município, conforme a origem do ouro, o produto da arrecadação, na proporção do estabelecido no § 5º do art. 153 da Constituição Federal, no prazo de 30 (trinta) dias, encaminhando uma cópia dos documentos de arrecadação ao Departamento Nacional de Produção Mineral.

ART. 12. O recolhimento do imposto será efetuado no município produtor ou no município em que estiver localizado o estabelecimento-matriz do contribuinte, devendo ser indicado, no documento de arrecadação, o Estado, o Território ou o Distrito Federal e o Município, conforme a origem do ouro.

ART. 13. os rendimentos e ganhos de capital decorrentes de operações com ouro, ativo financeiro, sujeitam-se às mesmas normas de incidência do imposto de renda aplicáveis aos demais rendimentos e ganhos de capital resultantes de operações no mercado financeiro.

Parágrafo único. O ganho de capital em operações com ouro não considerado ativo financeiro será determinado segundo o disposto no art. 3º, § 2º, da Lei n. 7.713, de 22 de dezembro de 1988.

ART. 14. Esta Lei entra em vigor na data de sua publicação.

ART. 15 Revogam-se as disposições em contrário

Brasília, 11 de maio de 1989; 168º da Independência e 101º da República.

JOSÉ SARNEY

LEI N. 7.797, DE 10 DE JULHO DE 1989

Cria o Fundo Nacional de Meio Ambiente e dá outras providências.

- *DOU*, 11.07.1989.
- Lei 7.347/1985 (Lei da Ação Civil Pública).
- Dec. 3.524/2000 (Regulamenta esta lei).

O Presidente da República. Faço saber que o Congresso Nacional decreta e eu sanciono a seguinte Lei:

ART. 1º Fica instituído o Fundo Nacional de Meio Ambiente, com o objetivo de desenvolver os projetos que visem ao uso racional e sustentável de recursos naturais, incluindo a manutenção, melhoria ou recuperação da qualidade ambiental no sentido de elevar a qualidade de vida da população brasileira.

ART. 2º Constituirão recursos do Fundo Nacional de Meio Ambiente de que trata o art. 1º desta Lei:

I - dotações orçamentárias da União;

II - recursos resultantes de doações, contribuições em dinheiro, valores, bens móveis e imóveis, que venha a receber de pessoas físicas e jurídicas;

III - rendimentos de qualquer natureza, que venha a auferir como remuneração decorrente de aplicações do seu patrimônio;

IV - outros, destinados por lei.

Parágrafo único. (Revogado pela Lei 8.134/1990.)

ART. 3º Os recursos do Fundo Nacional de Meio Ambiente deverão ser aplicados através de órgãos públicos dos níveis federal, estadual e municipal ou de entidades privadas cujos objetivos estejam em consonância com os objetivos do Fundo Nacional de Meio Ambiente, desde que não possuam as referidas entidades fins lucrativos:

ART. 4º O Fundo Nacional do Meio Ambiente é administrado pela Secretaria do Meio Ambiente da Presidência da República, de acordo com as diretrizes fixadas pelo Conselho de Governo, sem prejuízo das competências do CONAMA. (Redação dada pela Lei 8.024/1990.)

ART. 5º Serão consideradas prioritárias as aplicações de recursos financeiros de que trata esta Lei, em projetos nas seguintes áreas:

I - Unidade de Conservação;

II - Pesquisa e Desenvolvimento Tecnológico;

III - Educação Ambiental;

IV - Manejo e Extensão Florestal;

V - Desenvolvimento Institucional;

VI - Controle Ambiental;

VII - Aproveitamento Econômico Racional e Sustentável da Flora e Fauna Nativas.

§ 1º Os programas serão periodicamente revistos, de acordo com os princípios e diretrizes da política nacional de meio ambiente, devendo ser anualmente submetidos ao Congresso Nacional.

§ 2º Sem prejuízo das ações em âmbito nacional, será dada prioridade aos projetos que tenham sua área de atuação na Amazônia Legal ou no Pantanal Mato-Grossense. (Alterado pela Lei 13.156/2015.)

ART. 6º Dentro de 90 (noventa) dias, a contar da data da publicação desta Lei, a Secretaria de Planejamento e Coordenação da Presidência da República - SEPLAN/PR e o Instituto Brasileiro do Meio Ambiente e Recursos Naturais Renováveis - IBAMA regulamentarão o Fundo Nacional de Meio Ambiente, fixando as normas para a obtenção e distribuição de recursos, assim como as diretrizes e os critérios para sua aplicação.

ART. 7º Esta Lei entra em vigor na data de sua publicação.

ART. 8º Revogam-se as disposições em contrário.

Brasília, 10 de julho de 1989; 168º da Independência e 101º da República.

JOSÉ SARNEY

LEI N. 7.802, DE 11 DE JULHO DE 1989

Dispõe sobre a pesquisa, a experimentação, a produção, a embalagem e rotulagem, o transporte, o armazenamento, a comercialização, a propaganda comercial, a utilização, a importação, a exportação, o destino final dos resíduos e embalagens, o registro, a classificação, o controle, a inspeção e a fiscalização de agrotóxicos, seus componentes e afins, e dá outras providências.

- *DOU*, 12.07.1989.
- Dec. 4.074/2002 (Regulamenta esta lei.)
- Dec. 8.133/2013 (Dispõe sobre a declaração de estado de emergência fitossanitária ou zoossanitária de que trata a Lei 12.873/2013.)

O Presidente da República, faço saber que o Congresso Nacional decreta e eu sanciono a seguinte Lei:

ART. 1º A pesquisa, a experimentação, a produção, a embalagem e rotulagem, o transporte, o armazenamento, a comercialização, a propaganda comercial, a utilização, a importação, a exportação, o destino final dos resíduos e embalagens, o registro, a classificação, o controle, a inspeção e a fiscalização de agrotóxicos, seus componentes e afins, serão regidos por esta Lei.

ART. 2º Para os efeitos desta Lei, consideram-se:

I - agrotóxicos e afins:

a) os produtos e os agentes de processos físicos, químicos ou biológicos, destinados ao uso nos setores de produção, no armazenamento e beneficiamento de produtos agrícolas, nas pastagens, na proteção de florestas, nativas ou implantadas, e de outros ecossistemas e também de ambientes urbanos, hídricos e industriais, cuja finalidade seja alterar a composição da flora ou da fauna, a fim de preservá-las da ação danosa de seres vivos considerados nocivos;

b) substâncias e produtos, empregados como desfolhantes, dessecantes, estimuladores e inibidores de crescimento;

II - componentes: os princípios ativos, os produtos técnicos, suas matérias-primas, os ingredientes inertes e aditivos usados na fabricação de agrotóxicos e afins.

ART. 3º Os agrotóxicos, seus componentes e afins, de acordo com definição do art. 2º desta Lei, só poderão ser produzidos, exportados, importados, comercializados e utilizados, se previamente registrados em órgão federal, de acordo com as diretrizes e exigências dos órgãos federais responsáveis pelos setores da saúde, do meio ambiente e da agricultura.

§ 1º Fica criado o registro especial temporário para agrotóxicos, seus componentes e afins, quando se destinarem à pesquisa e à experimentação.

§ 2º Os registrantes e titulares de registro fornecerão, obrigatoriamente, à União, as inovações concernentes aos dados fornecidos para o registro de seus produtos.

§ 3º Entidades públicas e privadas de ensino, assistência técnica e pesquisa poderão realizar experimentação e pesquisas, e poderão fornecer laudos no campo da agronomia, toxicologia, resíduos, química e meio ambiente.

§ 4º Quando organizações internacionais responsáveis pela saúde, alimentação ou meio ambiente, das quais o Brasil seja membro integrante ou signatário de acordos e convênios, alertarem para riscos ou desaconselharem o uso de agrotóxicos, seus componentes e afins, caberá à autoridade competente tomar imediatas providências, sob pena de responsabilidade.

§ 5º O registro para novo produto agrotóxico, seus componentes e afins, será concedido se a sua ação tóxica sobre o ser humano e o meio ambiente for comprovadamente igual ou menor do que a daqueles já registrados, para o mesmo fim, segundo os parâmetros fixados na regulamentação desta Lei.

§ 6º Fica proibido o registro de agrotóxicos, seus componentes e afins:

a) para os quais o Brasil não disponha de métodos para desativação de seus componentes, de modo a impedir que os seus resíduos remanescentes provoquem riscos ao meio ambiente e à saúde pública;

b) para os quais não haja antídoto ou tratamento eficaz no Brasil;

c) que revelem características teratogênicas, carcinogênicas ou mutagênicas, de acordo com os resultados atualizados de experiências da comunidade científica;

d) que provoquem distúrbios hormonais, danos ao aparelho reprodutor, de acordo com procedimentos e experiências atualizadas na comunidade científica;

e) que se revelem mais perigosos para o homem do que os testes de laboratório, com animais, tenham podido demonstrar, segundo critérios técnicos e científicos atualizados;

f) cujas características causem danos ao meio ambiente.

ART. 4º As pessoas físicas e jurídicas que sejam prestadoras de serviços na aplicação de agrotóxicos, seus componentes e afins, ou que os produzam, importem, exportem ou comercializem, ficam obrigadas a promover os seus registros nos órgãos competentes, do Estado ou do Município, atendidas as diretrizes e exigências dos órgãos federais responsáveis que atuam nas áreas da saúde, do meio ambiente e da agricultura.

Parágrafo único. São prestadoras de serviços as pessoas físicas e jurídicas que executam trabalho de prevenção, destruição e controle de seres vivos, considerados nocivos, aplicando agrotóxicos, seus componentes e afins.

ART. 5º Possuem legitimidade para requerer o cancelamento ou a impugnação, em nome próprio, do registro de agrotóxicos e afins, arguindo prejuízos ao meio ambiente, à saúde humana e dos animais:

I - entidades de classe, representativas de profissões ligadas ao setor;

II - partidos políticos, com representação no Congresso Nacional;

III - entidades legalmente constituídas para defesa dos interesses difusos relacionados à proteção do consumidor, do meio ambiente e dos recursos naturais.

§ 1º Para efeito de registro e pedido de cancelamento ou impugnação de agrotóxicos e afins, todas as informações toxicológicas de contaminação ambiental e comportamento genético, bem como os efeitos no mecanismo hormonal, são de responsabilidade do estabelecimento registrante ou da entidade impugnante e devem proceder de laboratórios nacionais ou internacionais.

§ 2º A regulamentação desta Lei estabelecerá condições para o processo de impugnação ou cancelamento do registro, determinando que o prazo de tramitação não exceda 90 (noventa) dias e que os resultados apurados sejam publicados.

§ 3º Protocolado o pedido de registro, será publicado no *Diário Oficial da União* um resumo do mesmo.

ART. 6º As embalagens dos agrotóxicos e afins deverão atender, entre outros, aos seguintes requisitos:

I - devem ser projetadas e fabricadas de forma a impedir qualquer vazamento, evaporação, perda ou alteração de seu conteúdo e de modo a facilitar as operações de lavagem, classificação, reutilização e reciclagem; (Redação dada pela Lei 9.974/2000.)

II - os materiais de que forem feitas devem ser insuscetíveis de ser atacados pelo conteúdo ou de formar com ele combinações nocivas ou perigosas;

III - devem ser suficientemente resistentes em todas as suas partes, de forma a não sofrer enfraquecimento e a responder adequadamente às exigências de sua normal conservação;

IV - devem ser providas de um lacre que seja irremediavelmente destruído ao ser aberto pela primeira vez.

§ 1º O fracionamento e a reembalagem de agrotóxicos e afins com o objetivo de comercialização somente poderão ser realizados pela empresa produtora, ou por estabelecimento devidamente credenciado, sob responsabilidade daquela, em locais e condições previamente autorizados pelos órgãos competentes. (Incluído pela Lei 9.974/2000.)

§ 2º Os usuários de agrotóxicos, seus componentes e afins deverão efetuar a devolução das embalagens vazias dos produtos aos estabelecimentos comerciais em que foram adquiridos, de acordo com as instruções previstas nas respectivas bulas, no prazo de até um ano, contado da data de compra, ou prazo superior, se autorizado pelo órgão registrante, podendo a devolução ser intermediada por postos ou centros de recolhimento, desde que autorizados e fiscalizados pelo órgão competente. (Incluído pela Lei 9.974/2000.)

§ 3º Quando o produto não for fabricado no País, assumirá a responsabilidade de que trata o § 2º a pessoa física ou jurídica responsável pela importação e, tratando-se de produto importado submetido a processamento industrial ou a novo acondicionamento, caberá ao órgão registrante defini-la. (Incluído pela Lei 9.974/2000.)

§ 4º As embalagens rígidas que contiverem formulações miscíveis ou dispersíveis em água deverão ser submetidas pelo usuário à operação de tríplice lavagem, ou tecnologia equivalente, conforme normas técnicas oriundas dos órgãos competentes e orientação constante de seus rótulos e bulas. (Incluído pela Lei 9.974/2000.)

§ 5º As empresas produtoras e comercializadoras de agrotóxicos, seus componentes e afins, são responsáveis pela destinação das embalagens vazias dos produtos por elas fabricados e comercializados, após a devolução pelos usuários, e pela dos produtos apreendidos pela ação fiscalizatória e dos impróprios para utilização ou em desuso, com vistas à sua reutilização, reciclagem ou inutilização, obedecidas as normas e instruções dos órgãos registrantes e sanitário-ambientais competentes. (Incluído pela Lei 9.974/2000.)

§ 6º As empresas produtoras de equipamentos para pulverização deverão, no prazo de cento e oitenta dias da publicação desta Lei, inserir nos novos equipamentos adaptações destinadas a facilitar as operações de tríplice lavagem ou tecnologia equivalente. (Incluído pela Lei 9.974/2000.)

ART. 7º Para serem vendidos ou expostos à venda em todo o território nacional, os agrotóxicos e afins são obrigados a exibir rótulos próprios e bulas, redigidos em português, que contenham, entre outros, os seguintes dados: (Redação dada pela Lei 9.974/2000.)

I - indicações para a identificação do produto, compreendendo:

a) o nome do produto;

b) o nome e a percentagem de cada princípio ativo e a percentagem total dos ingredientes inertes que contém;

c) a quantidade de agrotóxicos, componentes ou afins, que a embalagem contém, expressa em unidades de peso ou volume, conforme o caso;

d) o nome e o endereço do fabricante e do importador;

e) os números de registro do produto e do estabelecimento fabricante ou importador;

f) o número do lote ou da partida;

g) um resumo dos principais usos do produto;

h) a classificação toxicológica do produto;

II - instruções para utilização, que compreendam:

a) a data de fabricação e de vencimento;

b) o intervalo de segurança, assim entendido o tempo que deverá transcorrer entre a aplicação e a colheita, uso ou consumo, a semeadura ou plantação, e a semeadura ou plantação do cultivo seguinte, conforme o caso;

c) informações sobre o modo de utilização, incluídas, entre outras: a indicação de onde ou sobre o que deve ser aplicado; o nome comum da praga ou enfermidade que se pode com ele combater ou os efeitos que se pode obter; a época em que a aplicação deve ser feita; o número de aplicações e o espaçamento entre elas, se for o caso; as doses e os limites de sua utilização;

d) informações sobre os equipamentos a serem usados e a descrição dos processos de tríplice lavagem ou tecnologia equivalente, procedimentos para a devolução, destinação, transporte, reciclagem, reutilização e inutilização das embalagens vazias e efeitos sobre o meio ambiente decorrentes da destinação inadequada dos recipientes; (Redação dada pela Lei 9.974/2000.)

III - informações relativas aos perigos potenciais, compreendidos:

a) os possíveis efeitos prejudiciais sobre a saúde do homem, dos animais e sobre o meio ambiente;

b) precauções para evitar danos a pessoas que os aplicam ou manipulam e a terceiros, aos animais domésticos, fauna, flora e meio ambiente;

c) símbolos de perigo e frases de advertência padronizados, de acordo com a classificação toxicológica do produto;

d) instruções para o caso de acidente, incluindo sintomas de alarme, primeiros socorros, antídotos e recomendações para os médicos;

IV - recomendação para que o usuário leia o rótulo antes de utilizar o produto.

§ 1º Os textos e símbolos impressos nos rótulos serão claramente visíveis e facilmente legíveis em condições normais e por pessoas comuns.

§ 2º Fica facultada a inscrição, nos rótulos, de dados não estabelecidos como obrigatórios, desde que:

I - não dificultem a visibilidade e a compreensão dos dados obrigatórios;

II - não contenham:

a) afirmações ou imagens que possam induzir o usuário a erro quanto à natureza, composição, segurança e eficácia do produto, e sua adequação ao uso;

b) comparações falsas ou equívocas com outros produtos;

c) indicações que contradigam as informações obrigatórias;

d) declarações de propriedade relativas à inocuidade, tais como "seguro", "não venenoso", "não tóxico"; com ou sem uma frase complementar, como: "quando utilizado segundo as instruções";

e) afirmações de que o produto é recomendado por qualquer órgão do Governo.

§ 3º Quando, mediante aprovação do órgão competente, for juntado folheto complementar que amplie os dados do rótulo, ou que contenha dados que obrigatoriamente deste devessem constar, mas que nele não couberam, pelas dimensões reduzidas da embalagem, observar-se-á o seguinte:

I - deve-se incluir no rótulo frase que recomende a leitura do folheto anexo, antes da utilização do produto;

II - em qualquer hipótese, os símbolos de perigo, o nome do produto, as precauções e instruções de primeiros socorros, bem como o nome e o endereço do fabricante ou importador devem constar tanto do rótulo como do folheto.

ART. 8º A propaganda comercial de agrotóxicos, componentes e afins, em qualquer meio de comunicação, conterá, obrigatoriamente, clara advertência sobre os riscos do produto à saúde dos homens, animais e ao meio ambiente, e observará o seguinte:

I - estimulará os compradores e usuários a ler atentamente o rótulo e, se for o caso, o folheto, ou a pedir que alguém os leia para eles, se não souberem ler;

II - não conterá nenhuma representação visual de práticas potencialmente perigosas, tais como a manipulação ou aplicação sem equipamento protetor, o uso em proximidade de alimentos ou em presença de crianças;

III - obedecerá ao disposto no inciso II do § 2º do art. 7º desta Lei.

ART. 9º No exercício de sua competência, a União adotará as seguintes providências:

I - legislar sobre a produção, registro, comércio interestadual, exportação, importação, transporte, classificação e controle tecnológico e toxicológico;

II - controlar e fiscalizar os estabelecimentos de produção, importação e exportação;

III - analisar os produtos agrotóxicos, seus componentes e afins, nacionais e importados;

IV - controlar e fiscalizar a produção, a exportação e a importação.

ART. 10. Compete aos Estados e ao Distrito Federal, nos termos dos arts. 23 e 24 da Constituição Federal, legislar sobre o uso, a produção, o consumo, o comércio e o armazenamento dos agrotóxicos, seus componentes e afins, bem como fiscalizar o uso, o consumo, o comércio, o armazenamento e o transporte interno.

ART. 11. Cabe ao Município legislar supletivamente sobre o uso e o armazenamento dos agrotóxicos, seus componentes e afins.

ART. 12. A União, através dos órgãos competentes, prestará o apoio necessário às ações de controle e fiscalização, à Unidade da Federação que não dispuser dos meios necessários.

ART. 12-A. Compete ao Poder Público a fiscalização: (Incluído pela Lei 9.974/2000.)

I - da devolução e destinação adequada de embalagens vazias de agrotóxicos, seus componentes e afins, de produtos apreendidos pela ação fiscalizadora e daqueles impróprios para utilização ou em desuso; (Incluído pela Lei 9.974/2000.)

II - do armazenamento, transporte, reciclagem, reutilização e inutilização de embalagens vazias e produtos referidos no inciso I. (Incluído pela Lei 9.974/2000.)

ART. 13. A venda de agrotóxicos e afins aos usuários será feita através de receituário próprio, prescrito por profissionais legalmente habilitados, salvo casos excepcionais que forem previstos na regulamentação desta Lei.

ART. 14. As responsabilidades administrativa, civil e penal pelos danos causados à saúde das pessoas e ao meio ambiente, quando a produção, comercialização, utilização, transporte e destinação de embalagens vazias de agrotóxicos, seus componentes e afins, não cumprirem o disposto na legislação pertinente, cabem: (Redação dada pela Lei 9.974/2000.)

a) ao profissional, quando comprovada receita errada, displicente ou indevida;

b) ao usuário ou ao prestador de serviços, quando proceder em desacordo com o receituário ou as recomendações do fabricante e órgãos registrantes e sanitário-ambientais; (Redação dada pela Lei 9.974/2000.)

c) ao comerciante, quando efetuar venda sem o respectivo receituário ou em desacordo com a receita ou recomendações do fabricante e órgãos registrantes e sanitário-ambientais; (Redação dada pela Lei 9.974/2000.)

d) ao registrante que, por dolo ou por culpa, omitir informações ou fornecer informações incorretas;

e) ao produtor, quando produzir mercadorias em desacordo com as especificações constantes do registro do produto, do rótulo, da bula, do folheto e da propaganda, ou não der destinação às embalagens vazias em conformidade com a legislação pertinente; (Redação dada pela Lei 9.974/2000.)

f) ao empregador, quando não fornecer e não fizer manutenção dos equipamentos adequados à proteção da saúde dos trabalhadores ou dos equipamentos na produção, distribuição e aplicação dos produtos.

ART. 15. Aquele que produzir, comercializar, transportar, aplicar, prestar serviço, der destinação a resíduos e embalagens vazias de agrotóxicos, seus componentes e afins, em descumprimento às exigências estabelecidas na legislação pertinente estará sujeito à pena de reclusão, de dois a quatro anos, além de multa. (Redação dada pela Lei n. 9.974, de 2000.)

ART. 16. O empregador, profissional responsável ou o prestador de serviço, que deixar de promover as medidas necessárias de proteção à saúde e ao meio ambiente, estará sujeito à pena de reclusão de 2 (dois) a 4 (quatro) anos, além de multa de 100 (cem) a 1.000 (mil) MVR. Em caso de culpa, será punido com pena de reclusão de 1 (um) a 3 (três) anos, além de multa de 50 (cinquenta) a 500 (quinhentos) MVR.

ART. 17. Sem prejuízo das responsabilidades civil e penal cabíveis, a infração de disposições desta Lei acarretará, isolada ou cumulativamente, nos termos previstos em regulamento, independente das medidas cautelares de estabelecimento e apreensão do produto ou alimentos contaminados, a aplicação das seguintes sanções:

I - advertência;

II - multa de até 1000 (mil) vezes o Maior Valor de Referência - MVR, aplicável em dobro em caso de reincidência;

III - condenação de produto;

IV - inutilização de produto;

V - suspensão de autorização, registro ou licença;

VI - cancelamento de autorização, registro ou licença;

VII - interdição temporária ou definitiva de estabelecimento;

VIII - destruição de vegetais, partes de vegetais e alimentos, com resíduos acima do permitido;

IX - destruição de vegetais, partes de vegetais e alimentos, nos quais tenha havido aplicação de agrotóxicos de uso não autorizado, a critério do órgão competente.

Parágrafo único. A autoridade fiscalizadora fará a divulgação das sanções impostas aos infratores desta Lei.

ART. 18. Após a conclusão do processo administrativo, os agrotóxicos e afins, apreendidos como resultado da ação fiscalizadora, serão inutilizados ou poderão ter outro destino, a critério da autoridade competente.

Parágrafo único. Os custos referentes a quaisquer dos procedimentos mencionados neste artigo correrão por conta do infrator.

ART. 19. O Poder Executivo desenvolverá ações de instrução, divulgação e esclarecimento, que estimulem o uso seguro e eficaz dos agrotóxicos, seus componentes e afins, com o objetivo de reduzir os efeitos prejudiciais para os seres humanos e o meio ambiente e de prevenir acidentes decorrentes de sua utilização imprópria.

Parágrafo único. As empresas produtoras e comercializadoras de agrotóxicos, seus componentes e afins, implementarão, em colaboração com o Poder Público, programas educativos e mecanismos de controle e estímulo à devolução das embalagens vazias por parte dos usuários, no prazo de cento e oitenta dias contado da publicação desta Lei. (Incluído pela Lei 9.974/2000.)

ART. 20. As empresas e os prestadores de serviços que já exercem atividades no ramo de agrotóxicos, seus componentes e afins, têm o prazo de até 6 (seis) meses, a partir da regulamentação desta Lei, para se adaptarem às suas exigências.

Parágrafo único. Aos titulares do registro de produtos agrotóxicos que têm como componentes os organoclorados será exigida imediata reavaliação de seu registro, nos termos desta Lei.

ART. 21. O Poder Executivo regulamentará esta Lei no prazo de 90 (noventa) dias, contado da data de sua publicação.

ART. 22. Esta Lei entra em vigor na data de sua publicação.

ART. 23. Revogam-se as disposições em contrário.

Brasília, 11 de julho de 1989; 168º da Independência e 101º da República.

JOSÉ SARNEY

LEI N. 7.805, DE 18 DE JULHO DE 1989

Altera o Decreto-Lei n. 227, de 28 de fevereiro de 1967, cria o regime de permissão de lavra garimpeira, extingue o regime de matrícula, e dá outras providências.

- *DOU*, 20.07.1989 e retificada no *DOU*, 11.10.1989.
- Dec. 9.406/2018 (Regulamenta esta lei).

O Presidente da República. Faço saber que o Congresso Nacional decreta e eu sanciono a seguinte Lei:

ART. 1º Fica instituído o regime de permissão de lavra garimpeira.

Parágrafo único. Para os efeitos desta Lei, o regime de permissão de lavra garimpeira é o aproveitamento imediato de jazimento mineral que, por sua natureza, dimensão, localização e utilização econômica, possa ser lavrado, independentemente de prévios trabalhos de pesquisa, segundo critérios fixados pelo Departamento Nacional de Produção Mineral - DNPM.

ART. 2º A permissão de lavra garimpeira em área urbana depende de assentimento da autoridade administrativa local, no Município de situação do jazimento mineral.

ART. 3º A outorga da permissão de lavra garimpeira depende de prévio licenciamento ambiental concedido pelo órgão ambiental competente.

ART. 4º A permissão de lavra garimpeira será outorgada pelo Diretor-Geral do Departamento Nacional de Produção Mineral - DNPM, que regulará, mediante portaria, o respectivo procedimento para habilitação.

ART. 5º A permissão de lavra garimpeira será outorgada a brasileiro, a cooperativa de garimpeiros, autorizada a funcionar como empresa de mineração, sob as seguintes condições:

I - a permissão vigorará por até 5 (cinco) anos, podendo, a critério do Departamento Nacional de Produção Mineral - DNPM, ser sucessivamente renovada;

II - o título é pessoal e, mediante anuência do Departamento Nacional de Produção Mineral - DNPM, transmissível a quem satisfizer os requisitos desta Lei. Quando outorgado a cooperativa de garimpeiros, a transferência dependerá ainda de autorização expressa da Assembleia Geral;

III - a área permissionada não poderá exceder 50 (cinquenta) hectares, salvo quando outorgada a cooperativa de garimpeiros.

ART. 6º Se julgar necessária a realização de trabalhos de pesquisa, o Departamento Nacional de Produção Mineral - DNPM, de ofício ou por solicitação do permissionário, intimá-lo-á a apresentar projetos de pesquisa, no prazo de 90 (noventa) dias, contado da data da publicação de intimação do Diário Oficial da União.

Parágrafo único. Em caso de inobservância, pelo interessado, do prazo a que se refere o *caput* deste artigo, o Departamento Nacional de Produção Mineral - DNPM cancelará a permissão ou reduzir-lhe-á a área.

ART. 7º A critério do Departamento Nacional de Produção Mineral - DNPM, será admitida a permissão de lavra garimpeira em área de manifesto de mina ou de concessão de lavra, com autorização do titular, quando houver viabilidade técnica e econômica no aproveitamento por ambos os regimes.

§ 1º Havendo recusa por parte do titular da concessão ou do manifesto, o Departamento Nacional de Produção Mineral - DNPM conceder-lhe-á o prazo de 90 (noventa) dias para que apresente projeto de pesquisa para efeito de futuro aditamento de nova substância ao título original, se for o caso.

§ 2º Decorrido o prazo de que trata o parágrafo anterior sem que o titular haja apresentado o projeto de pesquisa, o Departamento Nacional de Produção Mineral - DNPM poderá conceder a permissão de lavra garimpeira.

ART. 8º A critério do Departamento Nacional de Produção Mineral - DNPM, será admitida a concessão de lavra em área objeto de permissão de lavra garimpeira, com autorização do titular, quando houver viabilidade técnica e econômica no aproveitamento por ambos os regimes.

ART. 9º São deveres do permissionário de lavra garimpeira:

I - iniciar os trabalhos de extração no prazo de 90 (noventa) dias, contado da data da publicação do título no Diário Oficial da União, salvo motivo justificado;

II - extrair somente as substâncias minerais indicadas no título;

III - comunicar imediatamente ao Departamento Nacional de Produção Mineral - DNPM a ocorrência de qualquer outra substância mineral não incluída no título, sobre a qual, nos casos de substâncias e jazimentos garimpáveis, o titular terá direito a aditamento ao título permissionado;

IV - executar os trabalhos de mineração com observância das normas técnicas e regulamentares, baixadas pelo Departamento Nacional de Produção Mineral - DNPM e pelo órgão ambiental competente;

V - evitar o extravio das águas servidas, drenar e tratar as que possam ocasionar danos a terceiros;

VI - diligenciar no sentido de compatibilizar os trabalhos de lavra com a proteção do meio ambiente;

VII - adotar as providências exigidas pelo Poder Público;

VIII - não suspender os trabalhos de extração por prazo superior a 120 (cento e vinte) dias, salvo motivo justificado;

IX - apresentar ao Departamento Nacional de Produção Mineral - DNPM, até o dia 15 de março de cada ano, informações quantitativas da produção e comercialização, relativas ao ano anterior; e

X - responder pelos danos causados a terceiros, resultantes, direta ou indiretamente, dos trabalhos de lavra.

§ 1º O não cumprimento das obrigações referidas no *caput* deste artigo sujeita o infrator às sanções de advertência e multa, previstas nos incisos I e II do art. 63 do Decreto-Lei n. 227, de 28 de fevereiro de 1967, e de cancelamento da permissão.

§ 2º A multa inicial variará de 10 (dez) a 200 (duzentas) vezes o Maior Valor de Referência - MVR, estabelecido de acordo com o disposto no art. 2º da Lei n. 6.205, de 29 de abril de 1975, devendo as hipóteses e os respectivos valores ser definidos em portaria do Diretor-Geral do Departamento Nacional de Produção Mineral - DNPM.

§ 3º A permissão de lavra garimpeira será cancelada, a juízo do Departamento Nacional de Produção Mineral - DNPM, na hipótese de que trata o parágrafo único do art. 6º desta Lei.

§ 4º O disposto no § 1º deste artigo não exclui a aplicação das sanções estabelecidas na legislação ambiental.

ART. 10. Considera-se garimpagem a atividade de aproveitamento de substâncias minerais garimpáveis, executadas no interior de áreas estabelecidas para este fim, exercida por brasileiro, cooperativa de garimpeiros, autorizada a funcionar como empresa de mineração, sob o regime de permissão de lavra garimpeira.

§ 1º São considerados minerais garimpáveis o ouro, o diamante, a cassiterita, a columbita, a tantalita e wolframita, nas formas aluvionar, eluvionar e coluvial; a sheelita, as demais gemas, o rutilo, o quartzo, o berilo, a muscovita, o espodumênio, a lepidolita, o feldspato, a mica e outros, em tipos de ocorrência que vierem a ser indicados, a critério do Departamento Nacional de Produção Mineral - DNPM.

§ 2º O local em que ocorre a extração de minerais garimpáveis, na forma deste artigo, será genericamente denominado garimpo.

ART. 11. O Departamento Nacional de Produção Mineral - DNPM estabelecerá as áreas de garimpagem, levando em consideração a ocorrência de bem mineral garimpável, o interesse do setor mineral e as razões de ordem social e ambiental.

ART. 12. Nas áreas estabelecidas para garimpagem, os trabalhos deverão ser realizados preferencialmente em forma associativa, com prioridade para as cooperativas de garimpeiros.

ART. 13. A criação de áreas de garimpagem fica condicionada à prévia licença do órgão ambiental competente.

ART. 14. Fica assegurada às cooperativas de garimpeiros prioridade para obtenção de autorização ou concessão para pesquisa e lavra nas áreas onde estejam atuando, desde que a ocupação tenha ocorrido nos seguintes casos:

I - em áreas consideradas livres, nos termos do Decreto-Lei n. 227, de 28 de fevereiro de 1967;

II - em áreas requeridas com prioridade, até a entrada em vigor desta Lei;

III - em áreas onde sejam titulares de permissão de lavra garimpeira.

§ 1º A cooperativa comprovará, quando necessário, o exercício anterior da garimpagem na área.

§ 2º O Departamento Nacional de Produção Mineral - DNPM promoverá a delimitação da área e proporá sua regulamentação na forma desta Lei.

ART. 15. Cabe ao Poder Público favorecer a organização da atividade garimpeira em cooperativas, devendo promover o controle, a segurança, a higiene, a proteção ao meio ambiente na área explorada e a prática de melhores processos de extração e tratamento.

ART. 16. A concessão de lavras depende de prévio licenciamento do órgão ambiental competente.

ART. 17. A realização de trabalhos de pesquisa e lavra em áreas de conservação dependerá de prévia autorização do órgão ambiental que as administre.

ART. 18. Os trabalhos de pesquisa ou lavra que causarem danos ao meio ambiente são passíveis de suspensão temporária ou definitiva, de acordo com parecer do órgão ambiental competente.

ART. 19. O titular de autorização de pesquisa, de permissão de lavra garimpeira, de concessão de lavra, de licenciamento ou de manifesto de mina responde pelos danos causados ao meio ambiente.

ART. 20. O beneficiamento de minérios em lagos, rios e quaisquer correntes de água só poderá ser realizado de acordo com a solução técnica aprovada pelos órgãos competentes.

ART. 21. A realização de trabalhos de extração de substâncias minerais, sem a competente permissão, concessão ou licença, constitui crime, sujeito a penas de reclusão de 3 (três) meses a 3 (três) anos e multa.

Parágrafo único. Sem prejuízo da ação penal cabível, nos termos deste artigo, a extração mineral realizada sem a competente permissão, concessão ou licença acarretará a apreensão do produto mineral, das máquinas, veículos e equipamentos utilizados, os quais, após transitada em julgado a sentença que condenar o infrator, serão vendidos em hasta pública e o produto da venda recolhido à conta do Fundo Nacional de Mineração, instituído pela Lei n. 4.425, de 8 de outubro de 1964.

ART. 22. Fica extinto o regime de matrícula de que tratam o inciso III, do art. 2º, e o art. 73 do Decreto-Lei n. 227, de 28 de fevereiro de 1967.

Parágrafo único. Os certificados de matrícula em vigor terão validade por mais 6 (seis) meses, contados da data de publicação desta Lei.

ART. 23. A permissão de lavra garimpeira de que trata esta Lei:

a) não se aplica a terras indígenas;

b) quando na faixa de fronteira, além do disposto nesta Lei, fica ainda sujeita aos critérios e condições que venham a ser estabelecidos, nos termos do inciso III, do § 1º, do art. 91, da Constituição Federal.

ART. 24. O Poder Executivo regulamentará esta Lei no prazo de 120 (cento e vinte) dias, contados da data de sua publicação.

ART. 25. Esta Lei entra em vigor na data de sua publicação.

ART. 26. Revogam-se as disposições em contrário.

Brasília, 18 de julho de 1989; 168º da Independência e 101º da República.

JOSÉ SARNEY

LEI N. 7.810, DE 30 DE AGOSTO DE 1989

Dispõe sobre a redução de impostos na importação.

- Conversão da Med. Prov. 78/1989.
- *DOU*, 31.8.1989.

Faço saber que o Presidente da República adotou a Medida Provisória n. 78, de 1989, que o Congresso Nacional aprovou, e eu, Nelson Carneiro, Presidente do Senado Federal, para os efeitos do disposto no parágrafo único do art. 62 da Constituição Federal, promulgo a seguinte Lei:

ART. 1º É concedida redução de 80% (oitenta por cento) dos impostos de importação e sobre produtos industrializados incidentes sobre os equipamentos, máquinas, veículos, aparelhos e instrumentos, e seus respectivos acessórios, sobressalentes e ferramentas, importados por empresas concessionárias de serviço de transporte ferroviário ou metroviário, de passageiros ou de carga, desde que sem similar nacional e destinados a emprego exclusivo na execução dos referidos serviços.

Parágrafo único. A redação de que trata este artigo aplica-se, igualmente, às importações dos bens nele mencionados, realizadas por empresa usuária de serviços de transporte ferroviário e que integrem o ativo permanente da importadora, desde que cumulativamente: (Acrescentado pela Lei 8.003/1991).

I - a prestação de serviços seja realizada por empresa concessionária de serviços de transporte ferroviário de carga, mediante contrato de prazo não inferior a dois anos; e (Acrescentado pela Lei 8.003/1991).

II - os bens importados se destinem, exclusivamente, a uso na prestação dos serviços contratados. (Acrescentado pela Lei 8.003/1991).

ART. 2º Esta Lei entra em vigor na data de sua publicação.

ART. 3º Revogam-se as disposições em contrário.

Senado Federal, 30 de agosto de 1989; 168º da Independência e 101º da República.

NELSON CARNEIRO

LEI N. 7.827, DE 27 DE SETEMBRO DE 1989

Regulamenta o art. 159, inciso I, alínea c, da Constituição Federal, institui o Fundo Constitucional de Financiamento do Norte - FNO, o Fundo Constitucional de Financiamento do Nordeste - FNE e o Fundo Constitucional de Financiamento do Centro-Oeste - FCO, e dá outras providências.

- *DOU*, 28.9.1989.
- Dec. 6.306/2007 (Regulamenta o IOF).
- Dec. 9.290/2018 (Regulamenta esta lei para estabelecer a sistemática de cálculo e apropriação da taxa de administração a que fazem jus os bancos administradores dos Fundos Constitucionais de Financiamento).

O Presidente da Câmara dos Deputados, no exercício do cargo de Presidente da República. Faço saber que o Congresso Nacional decreta e eu sanciono a seguinte Lei:

ART. 1º Ficam criados o Fundo Constitucional de Financiamento do Norte - FNO, o Fundo Constitucional de Financiamento do Nordeste - FNE e o Fundo Constitucional de Financiamento do Centro-Oeste - FCO, para fins de aplicação dos recursos de que trata a alínea c do inciso I do art. 159 da Constituição Federal, os quais se organizarão e funcionarão nos termos desta Lei.

I - Das Finalidades e Diretrizes Gerais

ART. 2º Os Fundos Constitucionais de Financiamento do Norte, Nordeste e Centro-Oeste têm por objetivo contribuir para o desenvolvimento econômico e social das regiões Norte, Nordeste e Centro-Oeste, através das instituições financeiras federais de caráter regional, mediante a execução de programas de financiamento aos setores produtivos, em consonância com os respectivos planos regionais de desenvolvimento.

§ 1º Na aplicação de seus recursos, os Fundos Constitucionais de Financiamento do Norte, Nordeste e Centro-Oeste ficarão a salvo das restrições de controle monetário de natureza conjuntural e deverão destinar crédito diferenciado dos usualmente adotados pelas instituições financeiras, em função das reais necessidades das regiões beneficiárias.

§ 2º No caso da região Nordeste, o Fundo Constitucional de Financiamento do Nordeste inclui a finalidade específica de financiar, em condições compatíveis com as peculiaridades da área, atividades econômicas do semiárido, às quais destinará metade dos recursos ingressados nos termos do art. 159, inciso I, alínea c, da Constituição Federal.

ART. 3º Respeitadas as disposições dos Planos Regionais de Desenvolvimento, serão observadas as seguintes diretrizes na formulação dos programas de financiamento de cada um dos Fundos:

I - concessão de financiamento aos setores produtivos das regiões beneficiadas; (Alterado pela Lei 13.530/2017.)

II - ação integrada com instituições federais sediadas nas regiões;

III - tratamento preferencial às atividades produtivas de pequenos e miniprodutores rurais e pequenas e microempresas, às de uso intensivo de matérias-primas e mão de obra locais e as que produzam alimentos básicos para consumo da população, bem como aos projetos de irrigação, quando pertencentes aos citados produtores, suas associações e cooperativas;

IV - preservação do meio ambiente;

V - adoção de prazos e carência, limites de financiamento, juros e outros encargos diferenciados ou favorecidos, em função dos aspectos sociais, econômicos, tecnológicos e espaciais dos empreendimentos;

VI - conjugação do crédito com a assistência técnica, no caso de setores tecnologicamente carentes;

VII - orçamentação anual das aplicações dos recursos;

VIII - uso criterioso dos recursos e adequada política de garantias, com limitação das responsabilidades de crédito por cliente ou grupo econômico, de forma a atender a um universo maior de beneficiários e assegurar racionalidade, eficiência, eficácia e retorno às aplicações;

IX - apoio à criação de novos centros, atividades e polos dinâmicos, notadamente em áreas interioranas, que estimulem a redução das disparidades intrarregionais de renda;

X - proibição de aplicação de recursos a fundo perdido.

XI - programação anual das receitas e despesas com nível de detalhamento que dê transparência à gestão dos Fundos e favoreça a participação das lideranças regionais com assento no conselho deliberativo das superintendências regionais de desenvolvimento; (Acrescentado pela LC 129/2009.)

XII - ampla divulgação das exigências de garantia e de outros requisitos para a concessão de financiamento; (Alterado pela Lei 13.530/2017.)

XIII - concessão de financiamento a estudantes regularmente matriculados em cursos superiores não gratuitos, de que trata a Lei n. 10.260, de 12 de julho de 2001. (Acrescentado pela Lei 13.530/2017.)

II - Dos Beneficiários

ART. 4º São beneficiários dos recursos dos fundos constitucionais de financiamento do Norte, do Nordeste e do Centro-Oeste: (Alterado pela Lei 13.530/2017.)

I - produtores e empresas, pessoas físicas e jurídicas, e cooperativas de produção que, de acordo com as prioridades estabelecidas nos planos regionais de desenvolvimento, desenvolvam atividades produtivas nos setores agropecuário, mineral, industrial, agroindustrial, de empreendimentos comerciais e de serviços das regiões Norte, Nordeste e Centro-Oeste; (Acrescentado pela Lei 13.530/2017.)

II - estudantes regularmente matriculados em cursos superiores e de educação profissional, técnica e tecnológica não gratuitos que contribuirão para o desenvolvimento do setor produtivo das regiões Norte, Nordeste e Centro-Oeste, de acordo com as prioridades estabelecidas nos planos regionais de desenvolvimento. (Acrescentado pela Lei 13.530/2017.)

§ 1º Os Fundos Constitucionais de Financiamento poderão financiar empreendimentos de infraestrutura econômica, inclusive os de iniciativa de empresas públicas não dependentes de transferências financeiras do Poder Público, considerados prioritários para a economia em decisão do respectivo conselho deliberativo. (Alterado pela Lei 11.775/2008.)

§ 2º No caso de produtores e empresas beneficiárias de fundos de incentivos regionais ou setoriais, a concessão de financiamentos de que trata esta Lei fica condicionada à regularidade da situação para com a Comissão de Valores Mobiliários - CVM e os citados fundos de incentivos. (Alterado pela Lei 11.775/2008.)

§ 3º (Revogado pela Lei 12.716/2012.)

§ 4º Os estudantes e os cursos mencionados no inciso II do *caput* deste artigo deverão atender aos requisitos estabelecidos no art. 1º da Lei n. 10.260, de 12 de julho de 2001. (Acrescentado pela Lei 13.530/2017.)

ART. 5º Para efeito de aplicação dos recursos, entende-se por:

I - Norte, a região compreendida pelos Estados do Acre, Amazonas, Amapá, Pará, Roraima, Rondônia, e Tocantins;

II - Nordeste, a região abrangida pelos Estados do Maranhão, Piauí, Ceará, Rio Grande do Norte, Paraíba, Pernambuco, Alagoas, Sergipe e Bahia, além das partes dos Estados de Minas Gerais e Espírito Santo incluídas na área de atuação da Sudene; (Alterado pela Lei 9.808/1999.)

III - Centro-Oeste, a região de abrangência dos Estados de Mato Grosso, Mato Grosso do Sul, Goiás e Distrito Federal;

IV - semiárido, a região natural inserida na área de atuação da Superintendência de Desenvolvimento do Nordeste - Sudene, definida em portaria daquela Autarquia. (Alterado pela LC 125/2007.)

III - Dos Recursos e Aplicações

ART. 6º Constituem fontes de recursos dos Fundos Constitucionais de Financiamento do Norte, Nordeste e Centro-Oeste:

I - 3% (três por cento) do produto da arrecadação do imposto sobre renda e proventos de qualquer natureza e do imposto sobre produtos industrializados, entregues pela União, na forma do art. 159, inciso I, alínea c da Constituição Federal;

II - os retornos e resultados de suas aplicações;

III - o resultado da remuneração dos recursos momentaneamente não aplicados, calculado com base em indexador oficial;

IV - contribuições, doações, financiamentos e recursos de outras origens, concedidos por entidades de direito público ou privado, nacionais ou estrangeiras;

V - dotações orçamentárias ou outros recursos previstos em lei.

Parágrafo único. Nos casos dos recursos previstos no inciso I deste artigo, será observada a seguinte distribuição:

I - 0,6% (seis décimos por cento) para o Fundo Constitucional de Financiamento do Norte;

II - 1,8% (um inteiro e oito décimos por cento) para o Fundo Constitucional de Financiamento do Nordeste; e

III - 0,6% (seis décimos por cento) para o Fundo Constitucional de Financiamento do Centro-Oeste.

ART. 7º A Secretaria do Tesouro Nacional liberará ao Ministério da Integração Nacional, nas mesmas datas e, no que couber, segundo a mesma sistemática adotada na transferência dos recursos dos Fundos de Participação dos Estados, do Distrito Federal e dos Municípios, os valores destinados aos Fundos Constitucionais de Financiamento do Norte, do Nordeste e do Centro-Oeste, cabendo ao Ministério da Integração Nacional, observada essa mesma sistemática, repassar os recursos diretamente em favor das instituições federais de caráter regional e do Banco do Brasil S.A. (Alterado pela Lei 10.177/2001.)

Parágrafo único. O Ministério da Fazenda informará, mensalmente, ao Ministério da Integração Nacional, às respectivas superintendências regionais de desenvolvimento e aos bancos administradores dos Fundos Constitucionais de Financiamento a soma da arrecadação do imposto sobre a renda e proventos de qualquer natureza e do imposto sobre produtos industrializados, o valor das liberações efetuadas para cada Fundo, bem como a previsão de datas e valores das 3 (três) liberações imediatamente subsequentes. (Alterado pela LC 125/2007.)

ART. 8º Os Fundos gozarão de isenção tributária, estando os seus resultados, rendimentos e operações de financiamento livres de qualquer tributo ou contribuição, inclusive o imposto sobre operações de crédito, imposto sobre renda e proventos de qualquer natureza e as contribuições do PIS, Pasep e Finsocial.

ART. 9º Observadas as diretrizes estabelecidas pelo Ministério da Integração Nacional, os bancos administradores poderão repassar recursos dos Fundos Constitucionais a outras instituições autorizadas a funcionar pelo Banco Central do Brasil, com capacidade técnica comprovada e com estrutura operacional e administrativa aptas a realizar, em segurança e no estrito cumprimento das diretrizes e normas estabelecidas, programas de crédito especificamente criados com essa finalidade. (Alterado pela Lei 10.177/2001.)

§ 1º Respeitado o disposto no *caput* deste artigo, caberá aos Conselhos Deliberativos das Superintendências Regionais de Desenvolvimento definir o montante de recursos dos respectivos Fundos Constitucionais de Financiamento a serem repassados a outras instituições financeiras autorizadas a funcionar pelo Banco Central do Brasil. (Acrescentado pela Lei 13.682/2018.)

§ 2º As instituições financeiras beneficiárias dos repasses deverão devolver aos bancos administradores, de acordo com o cronograma de reembolso das operações aprovadas pelo respectivo Conselho Deliberativo da Superintendência de Desenvolvimento de cada região, os valores relativos às prestações vencidas, independentemente do pagamento pelo tomador final. (Acrescentado pela Lei 13.682/2018.)

§ 3º Aos bancos cooperativos e às confederações de cooperativas de crédito, em conformidade com o § 5º do art. 2º da Lei Complementar n. 130, de 17 de abril de 2009, no seu conjunto, sob seu risco exclusivo, fica assegurado, tão somente no caso do FCO, o repasse de 10% (dez por cento) dos recursos previstos para cada exercício ou o valor efetivamente demandado por essas instituições, o que for menor. (Acrescentado pela Lei 13.682/2018.)

§ 4º O montante do repasse de que trata este artigo terá como teto o limite de crédito da instituição beneficiária do repasse perante o banco administrador dos recursos dos Fundos Constitucionais de Financiamento, observadas as boas práticas bancárias. (Acrescentado pela Lei 13.682/2018.)

ART. 9º-A. Os recursos dos Fundos Constitucionais poderão ser repassados aos próprios bancos administradores, para que estes, em nome próprio e com seu risco exclusivo, realizem as operações de crédito autorizadas por esta Lei e pela Lei n. 10.177, de 12 de janeiro de 2001. (Acrescentado pela Med. Prov. 2.196-3/2001.)

§ 1º O montante dos repasses a que se refere o *caput* estará limitado a proporção do patrimônio líquido da instituição financeira, fixada pelo Conselho Monetário Nacional. (Acrescentado pela Med. Prov. 2.196-3/2001.)

§ 2º O retorno dos recursos aos Fundos Constitucionais se subordina à manutenção da proporção a que se refere o § 3º e independe do adimplemento, pelos mutuários, das obrigações contratadas pelas instituições financeiras com tais recursos. (Acrescentado pela Med. Prov. 2.196-3/2001.)

§ 3º O retorno dos recursos aos Fundos Constitucionais, em decorrência de redução do patrimônio líquido das instituições financeiras, será regulamentado pelo Conselho Monetário Nacional. (Acrescentado pela Med. Prov. 2.196-3/2001.)

§ 4º Nas operações realizadas nos termos deste artigo: (Acrescentado pela Med. Prov. 2.196-3/2001.)

I - serão observados os encargos estabelecidos na Lei n. 10.177, de 12 de janeiro de 2001; e (Alterado pela Lei 13.682/2018.)

II - o *del credere* das instituições financeiras: (Acrescentado pela Med. Prov. 2.196-3/2001.)

a) fica limitado a seis por cento ao ano; (Acrescentado pela Med. Prov. 2.196-3/2001.)

b) está contido nos encargos a que se refere o inciso I; e (Acrescentado pela Med. Prov. 2.196-3/2001.)

c) será reduzido em percentual idêntico ao percentual garantido por fundos de aval. (Acrescentado pela Med. Prov. 2.196-3/2001.)

§ 5º Os saldos diários das disponibilidades relativas aos recursos transferidos nos termos do *caput* serão remunerados pelas instituições financeiras com base na taxa extramercado divulgada pelo Banco Central do Brasil. (Acrescentado pela Med. Prov. 2.196-3/2001.)

§ 6º Os recursos transferidos e utilizados em operações de crédito serão remunerados pelos encargos pactuados com os mutuários, deduzido o *del credere* a que se refere o § 4º, inciso II; (Acrescentado pela Med. Prov. 2.196-3/2001.)

§ 7º Os bancos administradores deverão manter sistema que permita consolidar as disponibilidades e aplicações dos recursos, independentemente de estarem em nome do Fundo Constitucional ou da instituição financeira. (Acrescentado pela Med. Prov. 2.196-3/2001.)

§ 8º As instituições financeiras, nas operações de financiamento realizadas nos termos deste artigo, gozam da isenção tributária a que se refere o art. 8º desta Lei. (Acrescentado pela Med. Prov. 2.196-3/2001.)

§ 9º Poderão ser considerados, para os efeitos deste artigo, os valores que já tenham sido repassados às instituições financeiras e as operações de crédito respectivas. (Acrescentado pela Med. Prov. 2.196-3/2001.)

§ 10. Na hipótese do § 9º: (Acrescentado pela Med. Prov. 2.196-3/2001.)

I - não haverá risco de crédito para as instituições financeiras nas operações contratadas até 30 de novembro de 1998; (Acrescentado pela Med. Prov. 2.196-3/2001.)

II - nas operações contratadas de 1º de dezembro de 1998 a 30 de junho de 2001, o risco de crédito das instituições financeiras fica limitado a cinquenta por cento; e (Acrescentado pela Med. Prov. 2.196-3/2001.)

III - o *del credere* das instituições financeiras, mantendo-se inalterados os encargos pactuados com os mutuários: (Acrescentado pela Med. Prov. 2.196-3/2001.)

a) fica reduzido a zero para as operações a que se refere o inciso I; e (Acrescentado pela Med. Prov. 2.196-3/2001.)

b) fica limitado a três por cento para as operações a que se refere o inciso II. (Acrescentado pela Med. Prov. 2.196-3/2001.)

§ 11. Para efeito do cálculo da taxa de administração a que fazem jus os bancos administradores, serão deduzidos do patrimônio líquido dos Fundos Constitucionais os valores repassados às instituições financeiras, nos termos deste artigo. (Acrescentado pela Med. Prov. 2.196-3/2001.)

IV - Dos Encargos Financeiros

ARTS. 10 a 12. (Revogados pela Lei 9.126/1995.)

V - Da Administração

ART. 13. A administração dos Fundos Constitucionais de Financiamento do Norte, Nordeste e Centro-Oeste será distinta e autônoma e, observadas as atribuições previstas em lei, exercida pelos seguintes órgãos: (Alterado pela Lei 10.177/2001.)

I - Conselho Deliberativo das Superintendências de Desenvolvimento da Amazônia, do Nordeste e do Centro-Oeste; (Alterado pela LC 129/2009.)

II - Ministério da Integração Nacional; e (Alterado pela Lei 10.177/2001.)

III - instituição financeira de caráter regional e Banco do Brasil S.A. (Acrescentado pela Lei 10.177/2001.)

ART. 14. Cabe ao Conselho Deliberativo da respectiva superintendência de desenvolvimento das regiões Norte, Nordeste e Centro-Oeste: (Alterado pela LC 125/2007.)

I - estabelecer, anualmente, as diretrizes, prioridades e programas de financiamento dos Fundos Constitucionais de Financiamento, em consonância com o respectivo plano regional de desenvolvimento; (Alterado pela LC 125/2007.)

II - aprovar, anualmente, até o dia 15 de dezembro, os programas de financiamento de cada Fundo para o exercício seguinte, estabelecendo, entre outros parâmetros, os tetos de financiamento por mutuário; (Alterado pela LC 125/2007.)

III - avaliar os resultados obtidos e determinar as medidas de ajustes necessárias ao cumprimento das diretrizes estabelecidas e à adequação das atividades de financiamento às prioridades regionais; (Alterado pela LC 125/2007.)

IV - encaminhar o programa de financiamento para o exercício seguinte, a que se refere o inciso II do *caput* deste artigo, juntamente com o resultado da apreciação e o parecer aprovado pelo Colegiado, à Comissão Mista permanente de que trata o § 1º do art. 166 da Constituição Federal, para conhecimento e acompanhamento pelo Congresso Nacional. (Acrescentado pela LC 125/2007.)

§ 1º Até o dia 30 de outubro de cada ano, as instituições financeiras federais de caráter regional encaminharão, à apreciação do Conselho Deliberativo da respectiva superintendência de desenvolvimento regional, a proposta de aplicação dos recursos relativa aos programas de financiamento para o exercício seguinte, a qual será aprovada até 15 de dezembro. (Alterado pela Lei 13.682/2018.)

§ 2º Na data prevista no § 1º deste artigo, as instituições financeiras administradoras deverão informar àquelas previstas no art. 9º desta Lei os limites disponíveis para repasse a cada uma, e os valores deverão ser apurados segundo critérios de avaliação fornecidos previamente pelas instituições administradoras às instituições tomadoras dos recursos. (Acrescentado pela Lei 13.682/2018.)

§ 3º Para fins do disposto no § 2º deste artigo, as instituições beneficiárias dos repasses deverão habilitar-se até a data prevista no § 1º deste artigo perante as instituições financeiras administradoras. (Acrescentado pela Lei 13.682/2018.)

§ 4º As instituições financeiras administradoras somente reservarão a parcela de que trata o § 3º do art. 9º desta Lei às instituições financeiras beneficiárias que cumprirem a exigência do § 3º deste artigo. (Acrescentado pela Lei 13.682/2018.)

ART. 14-A. Cabe ao Ministério da Integração Nacional estabelecer as diretrizes e orientações gerais para as aplicações dos recursos dos Fundos Constitucionais de Financiamento do Norte, Nordeste e Centro-Oeste, de forma a compatibilizar os programas de financiamento com as orientações da política macroeconômica, das políticas setoriais e da Política Nacional de Desenvolvimento Regional. (Acrescentado pela LC 125/2007.)

Parágrafo único. O Ministério da Integração Nacional exercerá as competências relativas aos Conselhos Deliberativos das Superintendências de Desenvolvimento das Regiões Norte e Nordeste, de que trata o art. 14 desta Lei, até que sejam instalados os mencionados Conselhos. (Acrescentado pela Lei 11.524/2007.)

ART. 15. São atribuições de cada uma das instituições financeiras federais de caráter regional e do Banco do Brasil S.A., nos termos da lei: (Alterado pela Lei 10.177/2001.)

I - aplicar os recursos e implementar a política de concessão de crédito de acordo com os programas aprovados pelos respectivos Conselhos Deliberativos; (Alterado pela Lei 10.177/2001.)

II - definir normas, procedimentos e condições operacionais próprias da atividade bancária, respeitadas, dentre outras, as diretrizes constantes dos programas de financiamento aprovados pelos Conselhos Deliberativos de cada Fundo; (Alterado pela Lei 10.177/2001.)

III - analisar as propostas em seus múltiplos aspectos, inclusive quanto à viabilidade econômica e financeira do empreendimento, mediante exame da correlação custo/benefício, e quanto à capacidade futura de reembolso do financiamento almejado, para, com base no resultado dessa análise, enquadrar as propostas nas faixas de encargos e deferir créditos; (Alterado pela LC 125/2007.)

IV - formalizar contratos de repasses de recursos na forma prevista no art. 9º desta Lei, respeitados os limites previstos no § 3º do referido dispositivo; (Alterado pela Lei 13.682/2018.)

V - prestar contas sobre os resultados alcançados, desempenho e estado dos recursos e aplicações ao Ministério da Integração Nacional e aos respectivos conselhos deliberativos; (Alterado pela LC 125/2007.)

VI - exercer outras atividades inerentes à aplicação dos recursos, à recuperação dos créditos, inclusive nos termos definidos nos arts. 15-B, 15-C e 15-D, e à renegociação de dívidas, de acordo com as condições estabelecidas pelo Conselho Monetário Nacional. (Alterado pela Lei 12.793/2013.)

§ 1º O Conselho Monetário Nacional, por meio de proposta do Ministério da Integração Nacional, definirá as condições em que os bancos administradores poderão renegociar dívidas, limitando os encargos financeiros de renegociação aos estabelecidos no contrato de origem da operação inadimplida. (Acrescentado pela Lei 12.793/2013.)

§ 2º Até o dia 30 de setembro de cada ano, as instituições financeiras de que trata o *caput* encaminharão ao Ministério da Integração Nacional e às respectivas superintendências regionais de desenvolvimento, para análise, a proposta dos programas de financiamento para o exercício seguinte. (Acrescentado pela Lei 12.793/2013.)

ART. 15-A. (Revogado pela LC 125/2007.)

ART. 15-B. Ficam convalidadas as liquidações de dívida efetuadas pelas instituições financeiras federais administradoras dos Fundos Constitucionais, que tenham sido realizadas em conformidade com as práticas e regulamentações bancárias das respectivas instituições e que tenham sido objeto de demanda judicial, recebidas pelo equivalente financeiro do valor dos bens passíveis de penhora dos devedores diretos e respectivos garantes, relativamente a operações concedidas com recursos dos Fundos Constitucionais de Financiamento, de que trata esta Lei. (Acrescentado pela Lei 11.945/2009.)

§ 1º Para os efeitos desta Lei, considera-se liquidada a dívida pelo equivalente financeiro do valor dos bens passíveis de penhora quando obtida mediante o desconto a uma taxa real que corresponda ao custo de oportunidade do Fundo que tenha provido os recursos financiadores da dívida liquidada, pelo tempo estimado para o desfecho da ação judicial, aplicada sobre o valor de avaliação dos referidos bens. (Acrescentado pela Lei 11.945/2009.)

§ 2º A convalidação referida no *caput* deste dispositivo resultará na anotação de restrição que impossibilitará a contratação de novas operações nas instituições financeiras federais, ressalvada a hipótese de o devedor inadimplente recolher ao respectivo Fundo financiador da operação o valor atualizado equivalente à diferença havida entre o que pagou na renegociação e o que deveria ter sido pago caso incidissem no cálculo os encargos de normalidade em sua totalidade, quando então poderá ser baixada a aludida anotação. (Acrescentado pela Lei 11.945/2009.)

§ 3º As instituições financeiras federais administradoras dos Fundos Constitucionais deverão apresentar relatório ao Ministério da Integração Nacional, com a indicação dos quantitativos renegociados sob a metodologia referida no *caput*. (Acrescentado pela Lei 11.945/2009.)

§ 4º O disposto neste artigo somente se aplica aos devedores que tenham investido corretamente os valores financiados, conforme previsto nos respectivos instrumentos de crédito. (Acrescentado pela Lei 11.945/2009.)

ART. 15-C. As instituições financeiras federais poderão, nos termos do art. 15-B e parágrafos, proceder à liquidação de dívidas em relação às propostas cujas tramitações tenham sido iniciadas em conformidade com as práticas e regulamentações bancárias de cada instituição financeira federal. (Acrescentado pela Lei 11.945/2009.)

ART. 15-D. Os administradores dos Fundos Constitucionais ficam autorizados a liquidar dívidas pelo equivalente financeiro do valor atual dos bens passíveis de penhora, observando regulamentação específica dos respectivos Conselhos Deliberativos, a qual deverá respeitar, no que couber, os critérios estabelecidos no art. 15-B. (Acrescentado pela Lei 11.945/2009.)

ART. 16. O Banco da Amazônia S.A. - Basa, o Banco do Nordeste do Brasil S.A. - BNB e o Banco do Brasil S.A. - BB são os administradores do Fundo Constitucional de Financiamento do Norte - FNO, do Fundo Constitucional de Financiamento do Nordeste - FNE e do Fundo Constitucional de Financiamento do Centro-Oeste - FCO, respectivamente.

§ 1º O Banco do Brasil S.A. transferirá a administração, patrimônio, operações e recursos do Fundo Constitucional de Financiamento do Centro-Oeste - FCO para o Banco de Desenvolvimento do Centro-Oeste, após sua instalação e entrada em funcionamento, conforme estabelece o art. 34, § 11, do Ato das Disposições Constitucionais Transitórias.

§ 2º (Revogado pela Lei 10.177/2001.)

ART. 17. (Revogado implicitamente pela Lei n. 10.177/2001, que revogou o art. 13 da Lei n. 9.126/1995.)

ART. 17-A. Os bancos administradores do FNO, do FNE e do FCO farão jus a taxa de administração sobre o patrimônio líquido dos respectivos Fundos, apropriada mensalmente, nos seguintes percentuais: (Acrescentado pela Lei 13.682/2018.)

I - 3% (três por cento) ao ano, no exercício de 2018; (Acrescentado pela Lei 13.682/2018.)

II - 2,7% (dois inteiros e sete décimos por cento) ao ano, no exercício de 2019; (Acrescentado pela Lei 13.682/2018.)

III - 2,4% (dois inteiros e quatro décimos por cento) ao ano, no exercício de 2020; (Acrescentado pela Lei 13.682/2018.)

IV - 2,1% (dois inteiros e um décimo por cento) ao ano, no exercício de 2021; (Acrescentado pela Lei 13.682/2018.)

V - 1,8% (um inteiro e oito décimos por cento) ao ano, no exercício de 2022; e (Acrescentado pela Lei 13.682/2018.)

VI - 1,5% (um inteiro e cinco décimos por cento) ao ano, a partir de 1º de janeiro de 2023. (Acrescentado pela Lei 13.682/2018.)

§ 1º Para efeitos do cálculo da taxa de administração a que se refere o *caput* deste artigo, serão deduzidos do patrimônio líquido apurado para o mês de referência: (Acrescentado pela Lei 13.682/2018.)

I - os saldos dos recursos do FNO, do FNE e do FCO de que trata o art. 4º da Lei n. 9.126, de

10 de novembro de 1995; (Acrescentado pela Lei 13.682/2018.)

II - os valores repassados ao banco administrador nos termos do § 11 do art. 9º-A desta Lei; e (Acrescentado pela Lei 13.682/2018.)

III - os saldos das operações contratadas na forma do art. 6º-A da Lei n. 10.177, de 12 de janeiro de 2001, conforme regulamentado pelo Conselho Monetário Nacional. (Acrescentado pela Lei 13.682/2018.)

§ 2º Os bancos administradores farão jus ao percentual de 0,35% (trinta e cinco centésimos por cento) ao ano sobre os saldos dos recursos do FNO, do FNE e do FCO de que trata o art. 4º da Lei n. 9.126, de 10 de novembro de 1995. (Acrescentado pela Lei 13.682/2018.)

§ 3º O montante a ser recebido pelos bancos administradores em razão da taxa de administração de que trata este artigo, deduzido o valor a que se refere o § 2º deste artigo, poderá ser acrescido em até 20% (vinte por cento), com base no fator de adimplência referente aos empréstimos com risco operacional assumido integralmente pelo Fundo ou compartilhado entre os bancos administradores e o Fundo, calculado de acordo com a metodologia de apuração do provisionamento para risco de crédito aplicável ao crédito bancário. (Acrescentado pela Lei 13.682/2018.)

§ 4º A taxa de administração de que trata o *caput* deste artigo somada à remuneração de que trata o § 2º deste artigo ficam limitadas, em cada mês, a 20% (vinte por cento) do valor acumulado, até o mês de referência, das transferências de que trata a alínea c do inciso I do *caput* do art. 159 da Constituição Federal, realizadas pela União a cada um dos bancos administradores, descontados os valores pagos nos meses anteriores referentes à taxa de administração de que trata o *caput* deste artigo e ao percentual de que trata o § 2º deste artigo. (Acrescentado pela Lei 13.682/2018.)

§ 5º Ato conjunto dos Ministros de Estado da Fazenda e da Integração Nacional regulamentará o fator de adimplência de que trata o § 3º deste artigo, que será divulgado pelo Ministério da Fazenda. (Acrescentado pela Lei 13.682/2018.)

§ 6º Ato do Presidente da República regulamentará a sistemática do cálculo e da apropriação da taxa de administração a que fazem jus os bancos administradores do FNO, do FNE e do FCO. (Acrescentado pela Lei 13.682/2018.)

VI - Do Controle e Prestação de Contas

ART. 18. Cada Fundo terá contabilidade própria, registrando todos os atos e fatos a ele referentes, valendo-se, para tal, do sistema contábil da respectiva instituição financeira federal de caráter regional, no qual deverão ser criados e mantidos subtítulos específicos para esta finalidade, com apuração de resultados à parte.

ART. 18-A. Observadas as orientações gerais estabelecidas pelo Ministério da Integração Nacional, as Superintendências de Desenvolvimento da Amazônia, do Nordeste e do Centro-Oeste são responsáveis pelo funcionamento de ouvidorias para atender às sugestões e reclamações dos agentes econômicos e de suas entidades representativas quanto às rotinas e aos procedimentos empregados na aplicação dos recursos do respectivo Fundo Constitucional de Financiamento. (Alterado pela Lei 12.719/2012.)

§ 1º As ouvidorias a que se refere o *caput* deste artigo terão seu funcionamento guiado por regulamento próprio, que estabelecerá as responsabilidades e as possibilidades das partes envolvidas, reservando-se às instituições financeiras a obrigação de fornecimento das informações e justificações necessárias à completa elucidação dos fatos ocorridos e à superação dos problemas detectados e pendências existentes. (Acrescentado pela Lei 12.716/2012.)

§ 2º Cabe ao Conselho Deliberativo das Superintendências de Desenvolvimento da Amazônia, do Nordeste e do Centro-Oeste estabelecer o regulamento para o funcionamento da ouvidoria do respectivo Fundo. (Acrescentado pela Lei 12.716/2012.)

§ 3º O ouvidor de cada Fundo será nomeado, por proposta da Superintendência Regional de Desenvolvimento, pelo respectivo Conselho Deliberativo, do qual participará com direito à voz. (Acrescentado pela Lei 12.716/2012.)

§ 4º No prazo de até 30 (trinta) dias de sua solicitação, o tomador de financiamento tem o direito de receber do banco administrador uma ficha completa de cada uma de suas operações de crédito, com a discriminação de todos os lançamentos desde sua contratação. (Acrescentado pela Lei 12.716/2012.)

§ 5º As entidades representativas dos produtores rurais poderão, nos termos do regulamento previsto no § 1º, assistir aos tomadores na obtenção de informações sobre as pendências em suas operações de crédito e promover reuniões de conciliação entre os agentes econômicos e os bancos administradores. (Acrescentado pela Lei 12.716/2012.)

§ 6º A participação das entidades representativas dos produtores rurais, nos termos do § 5º, não exclui nem mitiga a responsabilidade primária dos bancos administradores em divulgar e disseminar as informações acerca das operações de crédito. (Acrescentado pela Lei 12.716/2012.)

§ 7º Caso o banco administrador não atenda à solicitação prevista no § 4º, a respectiva ouvidoria assumirá a responsabilidade pela solicitação e informará ao Conselho Deliberativo em sua primeira reunião após esse fato, cabendo ao Presidente do Banco Administrador justificar o não atendimento ou a demora em fazê-lo. (Acrescentado pela Lei 12.716/2012.)

ART. 19. As instituições financeiras federais de caráter regional farão publicar semestralmente os balanços dos respectivos Fundos, devidamente auditados.

ART. 20. Os bancos administradores dos Fundos Constitucionais de Financiamento apresentarão, anualmente, ao Ministério da Integração Nacional e às respectivas Superintendências Regionais de Desenvolvimento relatório circunstanciado sobre as atividades desenvolvidas e os resultados obtidos pelos respectivos Fundos. (Alterado pela Lei 13.682/2018.)

§ 1º O exercício financeiro de cada Fundo coincidirá com o ano civil, para fins de apuração de resultados e apresentação de relatórios.

§ 2º Deverá ser contratada auditoria externa, às expensas do Fundo, para certificação do cumprimento das disposições constitucionais e legais estabelecidas, além do exame das contas e outros procedimentos usuais de auditagem.

§ 3º Os bancos administradores deverão colocar à disposição dos órgãos de fiscalização competentes os demonstrativos, com posições de final de mês, dos recursos, aplicações e resultados dos Fundos respectivos.

§ 4º O relatório de que trata o *caput* deste artigo, acompanhado das demonstrações contábeis, devidamente auditadas, será encaminhado pelo respectivo conselho deliberativo da superintendência do desenvolvimento, juntamente com sua apreciação, às comissões que tratam da questão das desigualdades inter-regionais de desenvolvimento na Câmara dos Deputados e no Senado Federal, para efeito de fiscalização e controle. (Alterado pela LC 129/2009.)

§ 5º O relatório de que trata o *caput* deste artigo, acompanhado das demonstrações contábeis, devidamente auditadas, será encaminhado pelo respectivo conselho deliberativo de desenvolvimento regional, juntamente com sua apreciação, a qual levará em consideração o disposto no § 4º deste artigo, à Comissão Mista permanente de que trata o § 1º do art. 166 da Constituição Federal, para efeito de fiscalização e controle, devendo ser apreciado na forma e no prazo do seu regimento interno. (Alterado pela LC 125/2007.)

§ 6º Do montante de recursos a que se refere o inciso II do art. 6º desta Lei, será destinada anualmente a parcela de até 0,01% (um centésimo por cento) para contratação e pagamento, pelas respectivas Superintendências de Desenvolvimento Regional, de atividades de avaliação dos impactos econômicos e sociais decorrentes da aplicação dos recursos dos Fundos, de forma a permitir a aferição da eficácia, da eficiência e da efetividade desses recursos, de acordo com as diretrizes definidas conjuntamente pelo Ministério da Integração Nacional e pelo Ministério da Fazenda, a ser descontada de cada Fundo Constitucional de Financiamento na proporção definida no parágrafo único do referido art. 6º. (Acrescentado pela Lei 13.682/2018.)

§ 7º O conjunto mínimo de informações que deve constar do relatório a que se refere o *caput* deste artigo e sua estrutura serão definidos em ato conjunto dos Ministros de Estado da Integração Nacional e da Fazenda, com indicadores qualitativos e quantitativos que permitam a mensuração do desempenho, consoante os propósitos e os resultados da política de aplicação dos recursos dos Fundos. (Acrescentado pela Lei 13.682/2018.)

VII - Das Disposições Gerais e Transitórias

ART. 21. Até a aprovação da proposta prevista no inciso I do art. 14 desta Lei, ficam as instituições financeiras federais de caráter regional autorizadas a aplicar os recursos dos respectivos Fundos de acordo com as diretrizes gerais estabelecidas no art. 3º desta Lei.

§ 1º Dentro de 60 (sessenta) dias, a partir da publicação desta Lei, as instituições financeiras federais de caráter regional apresentarão, aos Conselhos Deliberativos das respectivas superintendências de desenvolvimento regional, as propostas de programas de financiamento de que trata o parágrafo único do art. 14 desta Lei, as quais deverão ser aprovadas até 60 (sessenta) dias após o recebimento.

§ 2º As operações realizadas antes da aprovação de que trata o parágrafo anterior, pelas instituições financeiras federais de caráter regional, com os recursos dos Fundos Constitucionais de Financiamento do Norte, Nordeste e Centro-Oeste, ficam ao abrigo desta Lei, inclusive para efeito de eventuais benefícios financeiros.

ART. 22. Esta Lei entra em vigor na data de sua publicação.

ART. 23. Revogam-se as disposições em contrário.

Brasília, 27 de setembro de 1989; 168º da Independência e 101º da República.

ANTÔNIO PAES DE ANDRADE

LEIS

LEI N. 7.855, DE 24 DE OUTUBRO DE 1989

Altera a Consolidação das Leis do Trabalho, atualiza os valores das multas trabalhistas, amplia sua aplicação, institui o Programa de Desenvolvimento do Sistema Federal de Inspeção do Trabalho e dá outras providências.

- *DOU*, 25.10.1989.
- Conversão da Med. Prov. 89/1989.
- Lei Delegada 13/1992 (Institui Gratificações de Atividade para os servidores civis do Poder Executivo, revê vantagens).

O Presidente da República. Faço saber que o Congresso Nacional decreta e eu sanciono a seguinte Lei:

ART. 1º A Consolidação das Leis do Trabalho, aprovada pelo Decreto-Lei n. 5.452, de 1º de maio de 1943 (CLT), passa a vigorar com as seguintes alterações:

- Alterações promovidas no texto da CLT.

ART. 2º O valor das multas administrativas decorrentes da violação das normas trabalhistas, previstas na CLT e legislação extravagante, será, na data da publicação desta Lei, triplicado e, em seguida, expresso em quantidade de BTN.

Parágrafo único. O disposto neste artigo não se aplica às multas constantes do Capítulo V do Título II da CLT, que terão seus valores convertidos em quantidades de BTN, nem às previstas nos arts. 153 e 477, § 8º, com a redação dada por esta Lei.

ART. 3º Acarretarão a aplicação de multa de 160 BTN, por trabalhador prejudicado, dobrada no caso de reincidência, as infrações ao disposto:

I - na Lei n. 4.090, de 13 de julho de 1962, que dispõe sobre a Gratificação de Natal;

II - na Lei n. 5.811, de 11 de outubro de 1972, que dispõe sobre o regime de trabalho nas atividades petrolíferas;

III - na Lei n. 6.019, de 3 de janeiro de 1974, que dispõe sobre o trabalho temporário nas empresas urbanas;

IV - na Lei n. 7.183, de 5 de abril de 1984; que regula o exercício da profissão de aeronauta;

V - na Lei n. 7.418, de 16 de dezembro de 1985, alterada pela Lei n. 7.619, de 30 de setembro de 1987, que instituiu o Vale-Transporte; e

VI - no Decreto-Lei n. 2.284, de 10 de março de 1986, que instituiu o Seguro-Desemprego.

ART. 4º O salário pago fora dos prazos previstos em lei, acordos ou convenções coletivas e sentenças normativas sujeitará o infrator a multa administrativa de 160 BTN por trabalhador prejudicado, salvo motivo de força maior (art. 501 da CLT).

ART. 5º As multas previstas na legislação trabalhista serão, quando for o caso, e sem prejuízo das demais cominações legais, agravadas até o grau máximo, nos casos de artifício, ardil, simulação, desacato, embaraço ou resistência a ação fiscal, levando-se em conta, além das circunstâncias atenuantes ou agravantes, a situação econômico-financeira do infrator e os meios a seu alcance para cumprir a lei.

ART. 6º O valor das multas não recolhidas no prazo previsto no § 3º do art. 636 da CLT será atualizado monetariamente pelo BTN Fiscal, acrescido de juros de mora de um por cento ao mês calendário, na forma da legislação aplicada aos tributos federais, até a data do seu efetivo pagamento.

§ 1º Não será considerado reincidente o empregador que não for novamente autuado por infração ao mesmo dispositivo, decorrido dois anos da imposição da penalidade.

§ 2º A fiscalização, a autuação e o processo de imposição das multas reger-se-ão pelo Título VII da CLT.

§ 3º Será observado o critério de dupla visita nas empresas com até dez empregados, salvo quando for constatada infração por falta de registro de empregado, anotação de sua Carteira de Trabalho e Previdência Social e na ocorrência de fraude, resistência ou embaraço à fiscalização.

§ 4º Na empresa que for autuada, após obedecido o disposto no parágrafo anterior, não será mais observado o critério da dupla visita em relação ao dispositivo infringido.

ART. 7º Fica instituído o Programa de Desenvolvimento do Sistema Federal de Inspeção do trabalho, destinado a promover e desenvolver as atividade de inspeção das normas de proteção, segurança e medicina do trabalho.

§ 1º O Ministro de Estado do Trabalho estabelecerá os princípios norteadores do Programa que terá como objetivo principal assegurar o reconhecimento do vínculo empregatício do trabalhador e os direitos dele decorrentes e, para maior eficiência em sua operacionalização, fará observar o critério de rodízios dos agentes de Inspeção do Trabalho na forma prevista no Regulamento da Inspeção do Trabalho.

§ 2º O deferimento da gratificação a que se refere o Decreto-Lei n. 2.357, de 28 de agosto de 1987, com as alterações introduzidas pelos artigos 11 e 12 do Decreto-Lei n. 2.365, de 27 de outubro de 1987, é estendido aos servidores pertencentes às seguintes funcionais integrantes do Grupo Outras Atividades de Nível Superior (NS 900), instituído na conformidade da Lei n. 5.645, de 10 de dezembro de 1970:

- Lei 7.923/1989 (Dispõe sobre os vencimentos, salários, soldos e demais retribuições dos servidores civis e militares do Poder Executivo, na Administração Direta, nas Autarquias, nas Fundações Públicas e nos extintos Territórios).

a) Fiscal do Trabalho - Códigos NS-933 e LT-NS-933;

b) Médico do Trabalho - Códigos NS-903 e LT-NS-903, quando no efetivo exercício de funções de inspeções de medicina do trabalho;

c) Engenheiro - Códigos NS-916 e LT-NS-916, quando no efetivo exercício de funções de inspeção da segurança do trabalho; e

d) Assistente Social - Códigos NS-930 e LT-NS-930, quando no efetivo exercício de funções de inspeção do trabalho das mulheres e menores.

§ 3º À gratificação de que trata o parágrafo anterior será atribuída até o máximo de 2.800 pontos por servidor correspondente cada ponto a 0,285% do respectivo vencimento básico, mediante ato do Ministro de Estado do Trabalho, que fixará a pontuação proporcionalmente à jornada legal de trabalho das referidas categorias.

ART. 8º O § 1º do artigo 5º da Lei n. 7.418, de 16 de dezembro de 1985, modificado pela Lei n. 7.619, de 30 de setembro de 1987, passa a ter a seguinte redação:

- Alteração promovida no texto da referida lei.

ART. 9º (Vetado).

ART. 10. Os efeitos financeiros decorrentes da publicação desta Lei terão início em 1º de outubro de 1989.

ART. 11. As despesas com a execução do disposto nesta Lei correrão à conta das dotações próprias constantes do Orçamento Geral da União.

ART. 12. Esta Lei entra em vigor na data de sua publicação.

ART. 13. Revogam-se o parágrafo único do art. 16, os artigos 18, 19, 27, 28, 43, 44, 324, 374, 375, 378, 379, 380, 387, 418 e 446 da CLT e demais disposições em contrário.

Brasília, 24 de outubro de 1989; 168º da Independência e 101º da República.

LEI N. 7.886, DE 20 DE NOVEMBRO DE 1989

Regulamenta o art. 43 do Ato das Disposições Constitucionais Transitórias e dá outras providências.

- *DOU*, 21.11.1989.
- Conversão da Med. Prov. 92/1989

O Presidente Da República. Faço saber que o Congresso Nacional decreta e eu sanciono a seguinte Lei:

ART. 1º Tornar-se-ão sem efeito, no dia 5 de outubro de 1989, e, sem exceção, na forma do art. 43 do Ato das Disposições Constitucionais Transitórias, as autorizações de pesquisa, as concessões de lavra, os manifestos de minas, as licenças e demais títulos atributivos de direitos minerários, caso os respectivos trabalhos de pesquisa ou de lavra não hajam sido comprovadamente iniciados nos prazos legais ou estejam inativos.

ART. 2º Os titulares de direitos minerários deverão comprovar, até 30 de novembro de 1989, junto ao Departamento Nacional da Produção Mineral - DNPM, que os trabalhos de pesquisa ou de lavra, de que trata o artigo anterior, foram iniciados nos prazos legais e não se encontravam inativos na data referida no art. 1º.

ART. 3º Consideram-se inativos, para os fins desta Lei, os trabalhos de pesquisa ou lavra:

a) que tenham sido interrompidos, suspensos ou abandonados em desacordo com os prazos e preceitos legais;

b) que configurem lavra simbólica.

Parágrafo único. Entende-se por lavra simbólica a lavra realizada em flagrante desacordo com o plano de aproveitamento econômico previamente aprovado e de forma incompatível com as finalidades e condições da respectiva concessão, cuja prática possa impedir ou restringir, de alguma forma, o aproveitamento da jazida, segundo o seu efetivo potencial econômico.

ART. 4º A comprovação de que trata o art. 2º desta Lei deverá ser efetuada, mediante protocolização junto ao DNPM, dos seguintes elementos, conforme o caso:

a) relatório dos trabalhos de pesquisa realizados até 5 de outubro de 1989, acompanhado do programa e do cronograma físico-financeiro dos trabalhos a realizar e de documentos idôneos demonstrativos das ocorrências;

b) relatório dos trabalhos de lavra realizados até 5 de outubro de 1989, acompanhado do programa e cronograma físico-financeiro dos trabalhos a realizar, bem como dos três últimos relatórios anuais de lavra, a que se refere o artigo 57, do Decreto-Lei n. 227, de 28 de fevereiro de 1967, com cópia dos documentos demonstrativos.

ART. 5º O DNPM cancelará, *ex officio*, os atos vigentes na data da publicação desta Lei, que autorizem o adiantamento ou a suspensão dos trabalhos de pesquisa ou lavra, se constatar a inexistência de condições ou circunstâncias que justifiquem a manutenção de tais autorizações, assegurada defesa ao interessado.

ART. 6º O DNPM fará publicar, no Diário Oficial da União, até 120 (cento e vinte) dias após a data da publicação desta Lei, relação completa dos títulos minerários tornados sem efeito com base nesta Lei, declarando a libertação ou a disponibilidade das respectivas áreas e assegurando defesa aos interessados, nos termos da legislação minerária pertinente.

Parágrafo único. No prazo de até 2 (dois) anos, o DNPM, mediante edital publicado no Diário Oficial da União, colocará em disponibilidade para pesquisa ou lavra as áreas cujos títulos foram tornados sem efeito, por força desta Lei, fixando prazo compatível para recebimento de propostas dos interessados.

ART. 7º O DNPM levará em conta, para os efeitos do artigo, a eventual existência da garimpagem, respeitando, na outorga de novos títulos minerários, a prioridade das cooperativas de garimpeiros para pesquisar e lavrar jazidas de minerais garimpáveis nas áreas onde estejam atuando e o estabelecimento de área para o exercício da atividade de garimpagem.

Parágrafo único. Em áreas ocupadas por garimpeiro que, por ignorância ou falta de recursos, não manifestou ao DNPM o exercício de atividades, comprovada a circunstância pelo interessado, fica aberta, por 90 (noventa) dias da data da publicação desta Lei, a permissão para regularizar a exploração existente.

ART. 8º Os arts. 20 e 26, do Decreto-Lei n. 227, de 28 de fevereiro de 1967, passam a vigorar com a seguinte redação:

- Alterações promovidas no texto do referido dec.-lei - Código de Minas.

ART. 9º A aplicação do disposto nesta Lei não gera direito a indenização contra a União, a qualquer título ou fundamento.

ART. 10. Esta Lei entra em vigor na data de sua publicação, devendo o Poder Executivo regulamentá-la no prazo de 60 (sessenta) dias.

ART. 11. Revogam-se as disposições em contrário.

Brasília, 20 de novembro de 1989; 168º da Independência e 101º da República.

JOSÉ SARNEY

LEI N. 7.940, DE 20 DE DEZEMBRO DE 1989

Institui a Taxa de Fiscalização dos mercados de títulos e valores mobiliários, e dá outras providências.

- DOU, 21.12.1989.
- Lei 11.076/2004 (Dispõe sobre o CDA, o WA, o CDCA, a LCA e o CRA, e altera a Taxa de Fiscalização de que trata esta lei).

O Presidente da República. Faço saber que o Congresso Nacional decreta e eu sanciono a seguinte Lei:

ART. 1º Fica instituída a Taxa de Fiscalização do mercado valores mobiliários.

ART. 2º Constitui fato gerador da Taxa o exercício do poder de polícia legalmente atribuído à Comissão de Valores Mobiliários -CVM.

ART. 3º São contribuintes da Taxa as pessoas naturais e jurídicas que integram o sistema de distribuição de valores mobiliários, as companhias abertas, os fundos e sociedades de investimentos, os administradores de carteira e depósitos de valores mobiliários, os auditores independentes, os consultores e analistas de valores mobiliários e as sociedades beneficiárias de recursos oriundos de incentivos fiscais obrigadas a registro na Comissão de Valores Mobiliários - CVM (art. 9º da Lei n. 6.385, de 7 de dezembro de 1976 e art. 2º do Decreto-Lei n. 2.298, de 21 de novembro de 1986).

Parágrafo único. São isentos do pagamento da Taxa os analistas de valores mobiliários não sujeitos a registro na Comissão de Valores Mobiliários - CVM. (Acrescentado pela Lei 12.249/2010.)

ART. 4º A Taxa é devida:

I - trimestralmente, de acordo com os valores expressos em Bônus do Tesouro Nacional - BTN, nos casos especificados nas Tabelas A, B e C;

II - por ocasião do registro, de acordo a alíquota correspondente, incidente sobre o valor da operação, nos casos da Tabela D.

- Lei 11.908/2009 (Autoriza o Banco do Brasil e a CEF a constituírem subsidiárias e a adquirirem participação em instituições financeiras sediadas no Brasil).

ART. 5º A Taxa é recolhida:

I - até o último dia útil do primeiro decêndio dos meses de janeiro, abril, julho e outubro de cada ano, nos casos das Tabelas A, B e C;

II - juntamente com a protocolização do pedido de registro, no caso da Tabela D.

§ 1º A Taxa não recolhida no prazo fixado será atualizada na data do efetivo pagamento, de acordo com o índice de variação da BTN Fiscal, e cobrada com os seguintes acréscimos:

a) juros de mora, na via administrativa ou judicial, contados do mês seguinte ao do vencimento, à razão de 1% (um por cento) calculados na forma da legislação aplicável aos tributos federais;

b) multa de mora de 20% (vinte por cento), sendo reduzida a 10% (dez por cento) se o pagamento for efetuado até o último dia útil do mês subseqüente àquele em que deveria ter sido paga;

c) encargos de 20% (vinte por cento), substitutivo da condenação do devedor em honorários de advogado, calculados sobre o total do débito inscrito como Dívida Ativa, que será reduzido para 10% (dez por cento) se o pagamento for efetuado antes do ajuizamento da execução.

§ 2º Os juros de mora não incidem sobre o valor da multa de mora.

ART. 6º Os débitos referentes à Taxa, sem prejuízo da respectiva liquidez e certeza, poderão ser inscritos como Dívida Ativa pelo valor expresso em BTN ou BTN Fiscal.

ART. 7º Os débitos relativos à Taxa poderão ser parcelados, a juízo do Colegiado da Comissão de Valores Mobiliários - CVM, de acordo com os critérios fixados na legislação tributária.

ART. 8º A Taxa será recolhida ao Tesouro Nacional, em conta vinculada à Comissão de Valores Mobiliários - CVM, por intermédio de estabelecimento bancário integrante da rede credenciada.

ART. 9º A Taxa será cobrada a partir de 1º de janeiro de 1990.

ART. 10. Esta Lei entra em vigor na data de sua publicação.

ART. 11. Revogam-se as disposições em contrário.

Brasília, 20 de dezembro de 1989; 168º da Independência e 101º da República.

JOSÉ SARNEY

- Optamos, nesta edição, pela não publicação das Tabelas.

LEI N. 7.990, DE 28 DE DEZEMBRO DE 1989

Institui, para os Estados, Distrito Federal e Municípios, compensação financeira pelo resultado da exploração de petróleo ou gás natural, de recursos hídricos para fins de geração de energia elétrica, de recursos minerais em seus respectivos territórios, plataformas continental, mar territorial ou zona econômica exclusiva, e dá outras providências.

- *DOU*, 28.12.1989 e republicada no *DOU*, 18.01.1990.
- Art. 21, XIX, CF.
- Dec. 1/1991 (Regulamenta o pagamento da compensação financeira instituída por esta lei).
- Dec. 3.739/2001 (Dispõe sobre o cálculo da tarifa atualizada de referência para compensação financeira pela utilização de recursos hídricos, de que trata esta lei).

O Presidente da República. Faço saber que o Congresso Nacional decreta e eu sanciono a seguinte Lei:

ART. 1º O aproveitamento de recursos hídricos, para fins de geração de energia elétrica e dos recursos minerais, por quaisquer dos regimes previstos em lei, ensejará compensação financeira aos Estados, Distrito Federal e Municípios, a ser calculada, distribuída e aplicada na forma estabelecida nesta Lei.

ART. 2º (Revogado pela Lei 9.648/1998.)

§§ 1º e 2º (Revogados pela Lei 9.648/1998.)

ART. 3º O valor da compensação financeira corresponderá a um fator percentual do valor da energia constante da fatura, excluídos os tributos e empréstimos compulsórios.

§ 1º A energia de hidrelétrica, de uso privativo de produtor, quando aproveitada para uso externo de serviço público, também será gravada com a aplicação de um fator de 6% (seis por cento) do valor da energia elétrica correspondente ao faturamento calculado nas mesmas condições e preços do concessionário do serviço público local.

§ 2º Compete ao Departamento Nacional de Águas e Energia Elétrica - DNAEE, fixar, mensalmente, com base nas tarifas de suprimento vigentes, uma tarifa atualizada de referência, para efeito de aplicação das compensações financeiras, de maneira uniforme e equalizada, sobre toda a hidreletricidade produzida no País.

ART. 4º Ressalvado o disposto no art. 2º da Lei n. 12.783, de 11 de janeiro de 2013, é isenta do pagamento de compensação financeira a energia elétrica: (Alterado pela Lei 13.360/2016.)

I - produzida pelas instalações geradoras com capacidade nominal igual ou inferior a 10.000 kW (dez mil quilowatts);

II - gerada e consumida para uso privativo de produtor (autoprodutor), no montante correspondente ao seu consumo próprio no processo de transformação industrial; quando suas instalações industriais estiverem em outro Estado da Federação, a compensação será devida ao Estado em que se localizarem as instalações de geração hidrelétrica;

III - gerada e consumida para uso privativo de produtor, quando a instalação consumidora se localizar no Município afetado.

ART. 5º Quando o aproveitamento do potencial hidráulico atingir mais de um Estado ou Município, a distribuição dos percentuais referidos nesta Lei será feita proporcionalmente, levando-se em consideração as áreas inundadas e outros parâmetros de interesse público regional ou local.

Parágrafo único. O Departamento Nacional de Águas e Energia Elétrica - DNAEE elaborará, anualmente, os estudos necessários à operacionalização dos critérios estabelecidos no *caput* deste artigo.

ART. 6º A exploração de recursos minerais ensejará o recolhimento da Compensação Financeira pela Exploração de Recursos Minerais (CFEM), nos termos do § 1º art. 20 da Constituição Federal, por ocasião: (Alterado pela Lei 13.540/2017.)

- Lei 8.001/1990. (Define os percentuais da distribuição da compensação financeira de que trata esta lei)

I - da primeira saída por venda de bem mineral; (Acrescentado pela Lei 13.540/2017.)

II - do ato de arrematação, nos casos de bem mineral adquirido em hasta pública; (Acrescentado pela Lei 13.540/2017.)

III - do ato da primeira aquisição de bem mineral extraído sob o regime de permissão de lavra garimpeira; e (Acrescentado pela Lei 13.540/2017.)

IV - do consumo de bem mineral. (Acrescentado pela Lei 13.540/2017.)

§§ 1º a **3º** (Vetados.)

§ 4º Para os fins do disposto nesta Lei, considera-se: (Acrescentado pela Lei 13.540/2017.)

I - bem mineral - a substância mineral já lavrada após a conclusão de seu beneficiamento, quando for o caso; (Acrescentado pela Lei 13.540/2017.)

II - beneficiamento - as operações que objetivem o tratamento do minério, tais como processos realizados por fragmentação, pulverização, classificação, concentração, separação magnética, flotação, homogeneização, aglomeração, aglutinação, briquetagem, nodulação, pelotização, ativação e desaguamento, além de secagem, desidratação, filtragem e levigação, ainda que exijam adição ou retirada de outras substâncias; (Acrescentado pela Lei 13.540/2017.)

III - consumo - a utilização de bem mineral, a qualquer título, pelo detentor ou arrendatário do direito minerário, assim como pela empresa controladora, controlada ou coligada, em processo que importe na obtenção de nova espécie. (Acrescentado pela Lei 13.540/2017.)

§ 5º Os rejeitos e estéreis decorrentes da exploração de áreas objeto de direitos minerários que possibilitem a lavra, na hipótese de alienação ou consumo, serão considerados como bem mineral para fins de recolhimento da CFEM. (Acrescentado pela Lei 13.540/2017.)

§ 6º Na hipótese prevista no inciso II do *caput* deste artigo, o bem mineral será entregue ao vencedor da hasta pública somente mediante o pagamento prévio da CFEM. (Acrescentado pela Lei 13.540/2017.)

§ 7º No caso de rejeitos e estéreis de minerais associados utilizados em outras cadeias produtivas, haverá uma redução de alíquota da CFEM de 50% (cinquenta por cento). (Acrescentado pela Lei 13.540/2017.)

ART. 7º O art. 27 e seus §§ 4º e 6º, da Lei 2.004, de 03 de outubro de 1953, alteradas pelas Leis n. 3.257, de 02 de setembro de 1957, 7.453, de 27 de dezembro de 1985, e 7.525, de 22 de julho de 1986, passam a vigorar com a seguinte redação:

- A Lei 2.004/1953 foi revogada pela Lei 9.478/1997.

ART. 8º O pagamento das compensações financeiras previstas nesta Lei, inclusive o da indenização pela exploração do petróleo, do xisto betuminoso e do gás natural será efetuado, mensalmente, diretamente aos Estados, ao Distrito Federal, aos Municípios e aos órgãos da Administração Direta da União, até o último dia útil do segundo mês subsequente ao do fato gerador, devidamente corrigido pela variação do Bônus do Tesouro Nacional (BTN), ou outro parâmetro de correção monetária que venha a substituí-lo, vedada a aplicação dos recursos em pagamento de dívida e no quadro permanente de pessoal. (Redação dada pela Lei 8.001/1990.)

§ 1º As vedações constantes do *caput* não se aplicam: (Alterado pela Lei 12.858/2013.)

I - ao pagamento de dívidas para com a União e suas entidades; (Acrescentado pela Lei 12.858/2013.)

II - ao custeio de despesas com manutenção e desenvolvimento do ensino, especialmente na educação básica pública em tempo integral, inclusive as relativas a pagamento de salários e outras verbas de natureza remuneratória a profissionais do magistério em efetivo exercício na rede pública. (Acrescentado pela Lei 12.858/2013.)

§ 2º Os recursos originários das compensações financeiras a que se refere este artigo poderão ser utilizados também para capitalização de fundos de previdência. (Parágrafo incluído pela Lei 10.195/2001.)

ART. 9º Os Estado transferirão aos Municípios 25% (vinte e cinco por cento) da parcela da compensação financeira que lhes é atribuída pelos arts. 2º, § 1º, 6º, § 3º e 7º desta Lei, mediante observância dos mesmos critérios de distribuição de recursos, estabelecidos em decorrência do disposto no art. 158, inciso IV e respectivo parágrafo único da Constituição, e dos mesmos prazos fixados para a entrega desses recursos, contados a partir do recebimento da compensação.

ART. 10. O Poder Executivo regulamentará esta Lei no prazo máximo de 90 (noventa) dias da data de sua publicação.

ART. 11. Esta Lei entra em vigor na data de sua publicação.

ART. 12. Revogam-se os §§ 1º e 2º do art. 27 da Lei 2.004, de 03 de outubro de 1953, na redação que lhes foi dada pela Lei 7.453, de 27 de dezembro de 1985, e as demais disposições em contrário.

Brasília, 28 de dezembro de 1989; da 168º Independência e 101º da República.

JOSÉ SARNEY

LEI N. 8.003, DE 14 DE MARÇO DE 1990

Altera a legislação dos impostos de importação e sobre produtos industrializados, da taxa de fiscalização instituída pela Lei n. 7.944, de 1989, da contribuição social instituída pela Lei n. 7.689, de 1988, e do Imposto sobre o Lucro Líquido de que trata o art. 35 da Lei n. 7.713, de 1988.

- *DOU*, 14.3.1990.
- Conversão da Med. Prov. 132/1990.

O Presidente da República, faço saber que o Congresso Nacional decreta e eu sanciono a seguinte lei:

ART. 1º O art. 1º da Lei n. 7.810, de 30 de agosto de 1989, fica acrescido do seguinte parágrafo:

- A Lei 7.810/1989 dispõe sobre a redução de impostos na importação.
- Alterações promovidas no texto da referida lei.

ART. 2º (Revogado pela Lei 12.249/2010.)

ART. 3º No caso de contratos de construção por empreitada ou de fornecimento a preço predeterminado, de bens ou serviços, celebrados com pessoa jurídica de direito público, ou empresa sob seu controle, empresa pública, sociedade de economia mista ou sua subsidiária, a incidência da contribuição social de que trata a Lei n. 7.689, de 15 de dezembro de 1988, e do Imposto sobre o Lucro Líquido, de que trata o art. 35 da Lei n. 7.713, de 22 de dezembro de 1988, poderá ser diferida até a realização do lucro, observado o seguinte:

I - a pessoa jurídica poderá excluir do resultado do período-base, para efeito de apurar a base cálculo da contribuição social e do imposto sobre o lucro líquido, parcela do lucro da empreitada ou fornecimento, computado no resultado do período-base, proporcional à receita dessas operações consideradas nesse resultado e não recebida até a data balanço de encerramento do mesmo período-base;

II - a parcela excluída de acordo com o item I deverá ser adicionada, corrigida monetariamente, ao resultado do período-base em que a receita for recebida.

§ 1º Se a pessoa jurídica subcontratar parte da empreitada ou fornecimento, o direito ao diferimento de que trata este artigo caberá a ambos, na proporção da sua participação na receita a receber.

§ 2º O disposto neste artigo pode ser aplicado, inclusive, em relação ao período-base encerrado em 31 de dezembro de 1989.

ART. 4º Esta lei entra em vigor na data de sua publicação.

ART. 5º Revogam-se as disposições em contrário.

Brasília, 14 de março de 1990; 169º da Independência e 102º da República.

JOSÉ SARNEY

LEI N. 8.012, DE 4 DE ABRIL DE 1990

Dispõe sobre o pagamento de tributos de competência da União.

- *DOU*, 06.04.1990.
- Conversão da Med. Prov. 164/1990.
- Lei 8.076/1990 (Estabelece hipóteses nas quais fica suspensa a concessão de medidas liminares).

Faço saber que o Presidente da República adotou a Medida Provisória n. 164, de 1990, que o Congresso Nacional aprovou, e eu, Nelson Carneiro, Presidente do Senado Federal, para os efeitos do disposto no parágrafo único do art. 62 da Constituição Federal, promulgo a seguinte lei:

ART. 1º Em relação aos fatos geradores que vierem a ocorrer a partir de 1º de abril de 1990, far-se-á a conversão em BTN Fiscal do valor:

I - do Imposto sobre Produtos Industrializados (IPI), no primeiro dia da quinzena subsequente àquela em que tiver ocorrido o fato gerador;

II - do Imposto sobre a Renda Retido na fonte (IRRF), no primeiro dia subsequente àquele em que tiver ocorrido o fato gerador, ressalvado o disposto no art. 70 da Lei n. 7.799/89;

III - do Imposto sobre Operações de Crédito, Câmbio e Seguro e sobre Operações Relativas a Títulos e Valores Mobiliários (IOF):

a) no primeiro dia do mês subsequente ao da ocorrência do fato gerador, no caso de operações com ouro, ativo financeiro;

b) no primeiro dia do mês subsequente àquele em que ocorrer a cobrança ou o registro contábil do imposto, nos demais casos;

IV - da contribuição sobre o açúcar e o álcool, de que tratam os Decretos-Leis n. 308/67, e Decreto-Lei n. 1.712/79, e do Adicional previsto no Decreto-Lei n. 1.952/82, no primeiro dia do mês subsequente ao da sua incidência;

V - das contribuições para o Fundo de Investimento Social (Finsocial), para o Programa de Integração social (PIS) e para o Programa de Formação do Patrimônio do Servidor Público (Pasep), no primeiro dia do mês subsequente ao da ocorrência do fato gerador.

§ 1º A conversão do valor do imposto ou da contribuição será feita mediante a divisão do valor devido pelo valor do BTN Fiscal nas datas fixadas neste artigo.

§ 2º O valor em cruzeiros do imposto ou da contribuição será determinado mediante a multiplicação de seu valor, expresso em BTN fiscal, pelo valor deste na data do pagamento.

ART. 2º Os valores do imposto de que tratam os arts. 8º, 23, 25, 40 e 45 da Lei n. 7.713/88, com as alterações posteriores, serão convertidos em número de BTN Fiscal pelo valor deste no primeiro dia do mês subsequente ao da ocorrência do fato gerador.

ART. 3º A Lei n. 7.713, de 22 de dezembro de 1988, com as modificações introduzidas pelas Lei n. 7.799/89 e Lei n. 7.959/89, passa a vigorar com as seguintes alterações:

- A Lei 7.713/1988 altera a legislação do imposto de renda.

‣ Alterações promovidas no texto da referida lei.

ART. 4º O contribuinte, pessoa física, que houver exercido a opção a que se refere o art. 24 da Lei n. 7.713, de 1988, determinará o valor em cruzeiros das quotas ou do saldo do imposto a pagar relativo ao ano-base de 1989, mediante a multiplicação do valor, expresso em número de BTN, pelo valor:

I - do BTN no mês de pagamento, se for integralmente pago até o último dia útil do mês de abril de 1990;

II - do BTN Fiscal no dia do pagamento, quando o recolhimento for efetuado após a data referida no item anterior.

Parágrafo único. O critério de conversão do valor do imposto em cruzeiros de que trata o item I aplica-se em relação ao imposto a pagar relativo aos meses de janeiro a março de 1990, que o contribuinte, com mais de uma fonte pagadora (Lei n. 7.713/88, art. 23), recolher até o último dia útil do mês de abril de 1990.

ART. 5º (Revogado pela Lei 8.134/1990.)

ART. 6º Os valores correspondentes à arrecadação das contribuições incidentes sobre a folha de salários e demais contribuições e adicionais devidos ao Instituto de Administração Financeira da Previdência Social (IAPAS), serão repassados, pela rede arrecadadora, no segundo dia útil posterior ao seu recolhimento.

§ 1º Os débitos de qualquer natureza para com a Previdência Social, cujos fatos geradores venha a ocorrer a partir de 1º de abril de 1990, serão convertidos em número de BTN Fiscal no primeiro dia útil subsequente ao da ocorrência do fato gerador.

§ 2º O valor em cruzeiros do débito na data do pagamento será determinado na forma do § 2º do art. 1º.

ART. 7º Esta lei entra em vigor na data de sua publicação.

ART. 8º Revogam-se as disposições em contrário.

Senado Federal, 4 de abril de 1990; 169º da Independência 102º da República.

NELSON CARNEIRO

LEI N. 8.016, DE 8 DE ABRIL DE 1990

Dispõe sobre a entrega das quotas de participação dos Estados e do Distrito Federal na arrecadação do Imposto sobre Produtos Industrializados de que trata o inciso II do art. 159 da Constituição Federal.

‣ *DOU*, 10.04.1990.

Faço saber que o Presidente da República adotou a Medida Provisória n. 145, de 1990, que o Congresso Nacional aprovou, e eu, Nelson Carneiro, Presidente do Senado Federal, para os efeitos do disposto no parágrafo único do art. 62 da Constituição Federal, promulgo a seguinte lei:

ART. 1º As quotas de participação dos Estados e do Distrito Federal no produto da arrecadação do Imposto sobre Produtos Industrializados (IPI), de que trata a Lei Complementar n. 61, de 26 de dezembro de 1989, serão creditadas em contas especiais abertas pelas Unidades da Federação, em seus respectivos bancos oficiais ou, na falta destes, em estabelecimentos por elas indicados, nos mesmos prazos de repasse das quotas do Fundo de Participação dos Estados e Municípios.

ART. 2º Os recursos já existentes relativos à arrecadação do IPI no período compreendido entre 1º de março e 31 de dezembro de 1989 serão creditados até o 5º (quinto) dia útil subseqüente à publicação da medida provisória que deu origem a esta lei, tomando-se como base para o cálculo dos coeficientes de rateio o valor em dólar-americano das exportações de produtos industrializados, ocorridas nos Estados no período de janeiro a novembro de 1989, informadas pela Carteira de Comércio Exterior do Banco do Brasil S.A. - Cacex.

§ 1º Até a publicação dos coeficientes individuais de participação calculados pelo Tribunal de Contas da União - TCU, de que trata o art. 2º da Lei Complementar n. 61, de 26 de dezembro de 1989, os recursos relativos à arrecadação do IPI, a partir do mês de janeiro de 1990, serão creditados aos beneficiários com base nos mesmos coeficientes de rateio definidos neste artigo.

§ 2º Na programação orçamentária dos excessos de arrecadação de 1990, priorizar-se-á dotação para o pagamento da correção monetária dos recursos a que se refere este artigo, a ser calculada com base na variação mensal do valor do Bônus do Tesouro Nacional, a partir da data da classificação da receita, ressalvada a prioridade dos pagamentos de pessoal e dos serviços da dívida.

ART. 3º O Tribunal de Contas da União determinará os ajustes a serem procedidos em razão de diferenças que venham a ocorrer entre as quotas de participação calculadas com base nos critérios estabelecidos no art. 2º desta lei e aquelas definidas em conformidade com a Lei Complementar n. 61, de 26 de dezembro de 1989.

ART. 4º Esta Lei entra em vigor na data de sua publicação.

ART. 5º Revogam-se as disposições em contrário.

Senado Federal, 8 de abril de 1990; 169º da Independência e 102º da República.

NELSON CARNEIRO

LEI N. 8.019, DE 11 DE ABRIL DE 1990

Altera a legislação do Fundo de Amparo ao Trabalhador (FAT), e dá outras providências.

‣ *DOU*, 12.04.1990.

‣ Conversão da Med. Prov.147/1990.

O Presidente da República, faço saber que o Congresso Nacional decreta e eu sanciono a seguinte lei:

ART. 1º A arrecadação decorrente das contribuições para o Programa de Integração Social (PIS), criado pela Lei Complementar n.7, de 7 de setembro de 1970, e para o Programa de Formação do Patrimônio do Servidor Público (Pasep), criado pela Lei Complementar n.8, de 3 de dezembro de 1970, será destinada, a cada ano, à cobertura integral das necessidades do Fundo de Amparo ao Trabalhador (FAT), de que trata o art. 10 da Lei n. 7.998, de 11 de janeiro de 1990.

ART. 2º Conforme estabelece o § 1º do art. 239 da Constituição Federal, pelo menos 40% da arrecadação mencionada no artigo anterior serão repassados ao Banco Nacional de Desenvolvimento Econômico e Social (BNDES), para aplicação em programas de desenvolvimento econômico.

§ 1º Os recursos repassados ao BNDES na forma do *caput* deste artigo serão corrigidos, mensalmente, pelo Índice de Preços ao Consumidor (IPC).

§§ 2º e 3º (Revogados pela Lei 9.365/1996).

§ 4º Correrá por conta do BNDES o risco das operações financeiras realizadas com os recursos mencionados no *caput* deste artigo.

ART. 3º (Revogado pela Lei 13.483/2017.)

ART. 4º A arrecadação das contribuições ao PIS a ao Pasep será efetuada através de Documento de Arrecadação de Receitas Federais (Darf), nas condições estabelecidas pela legislação em vigor.

ART. 5º A alínea b do inciso IV do art. 69 da Lei n. 7.799, de 10 de julho de 1989, passa a vigorar com a seguinte redação:

‣ Alteração promovida no texto da referida lei.

ART. 6º O Tesouro Nacional repassará mensalmente recursos ao FAT, de acordo com programação financeira para atender aos gastos efetivos daquele Fundo com seguro-desemprego, abono salarial e programas de desenvolvimento econômico do BNDES. (Redação da pela Lei n. 10.199, de 2001)

ART. 7º Em caso de insuficiência de recursos para o Programa de Seguro-Desemprego e o pagamento do Abono Salarial, decorrente do efetivo aumento destas despesas, serão recolhidas ao FAT, pelo BNDES, a cada exercício, as seguintes parcelas dos saldos de recursos repassados para financiamento de programas de desenvolvimento econômico:

I - no primeiro e segundo exercícios, até 20%;

II - do terceiro ao quinto exercícios, até 10%;

III - a partir do sexto exercício, até 5%.

§ 1º Os percentuais referidos nos incisos do *caput* deste artigo incidirão sobre o saldo ao final do exercício anterior, assegurada a correção monetária até a data do recolhimento.

§ 2º Caberá ao Codefat definir as condições e os prazos de recolhimento de que trata o *caput* deste artigo.

§ 3º Caberá ao BNDES a determinação das operações de financiamento contratadas com recursos do FAT cujos recursos serão objeto do recolhimento de que trata este artigo. (Acrescentado pela Lei 13.483/2017.)

ART. 8º A remuneração mencionada no parágrafo único do art. 15 da Lei n. 7.998, de 1990, constitui receita do FAT.

Parágrafo único. Compete ao Codefat estabelecer os prazos de recolhimento e o período-base de apuração da receita mencionada no *caput* deste artigo.

ART. 9º As disponibilidades financeiras do FAT poderão ser aplicadas em títulos do Tesouro Nacional, por intermédio do Banco Central do Brasil, e em depósitos especiais, remunerados e disponíveis para imediata movimentação, nas instituições financeiras oficiais federais de que trata o art. 15 da Lei n. 7.998, de 11 de janeiro de 1990. (Redação dada pela Lei 8.352/1991.)

§ 1º Parcela das disponibilidades financeiras do FAT constitui a reserva mínima de liquidez, destinada a garantir, em tempo hábil, os recursos necessários ao pagamento das despesas referentes ao Programa do Seguro-Desemprego e do Abono de que trata o art. 239 da Constituição Federal. (Incluído pela Lei 8.352/1991.)

§ 2º O montante da reserva estabelecida no parágrafo anterior não pode ser inferior ao maior dentre os seguintes valores: (Incluído pela Lei 8.352/1991.)

I - a diferença positiva, no exercício financeiro em curso, entre o produto da arrecadação das contribuições de que trata o art. 239 da Constituição Federal e o montante global dos pagamentos efetuados por conta das dotações orçamentárias para atender as despesas com o Programa do Seguro-Desemprego, com o Abono Salarial e com o Financiamento de Programas de Desenvolvimento Econômico a cargo do BNDES, custeados pela referida arrecadação; (Incluído pela Lei 8.352/1991.)

II - o resultado da adição: (Incluído pela Lei 8.352/1991.)

a) dos valores pagos a títulos de benefícios do seguro-desemprego nos seis meses anteriores, atualizados mês a mês pela variação do Índice Nacional de Preços ao Consumidor, calculado pela Fundação Instituto Brasileiro de Geografia e Estatística (IBGE), ou na sua ausência, pela variação de índice definido pelo Conselho Deliberativo do Fundo de Amparo ao Trabalhador (Codefat), nos termos do inciso IX do art. 19 da Lei n. 7.998, de 11 de janeiro de 1990, e (Incluído pela Lei 8.352/1991.)

b) de cinquenta por cento dos valores pagos a títulos de abono, nos termos do art. 9º da Lei n. 7.998, de 11 de janeiro de 1990, nos doze meses anteriores, atualizados na forma prevista na alínea anterior. (Incluído pela Lei 8.352/1991.)

§ 3º Os recursos da reserva mínima de liquidez somente poderão ser aplicados em títulos do Tesouro Nacional, por intermédio do Banco Central do Brasil. (Incluído pela Lei 8.352/1991.)

§ 4º No exercício de 1991, as aplicações da parcela das disponibilidades financeiras que excederem o valor da reserva mínima de liquidez em depósitos especiais no Banco do Brasil S.A. serão no montante mínimo de Cr$ 220.000.000.000,00 (duzentos e vinte bilhões de cruzeiros). (Incluído pela Lei 8.352/1991.)

§ 5º (Revogado pela Lei 13.483/2017.)

§ 6º O resultado da remuneração das disponibilidades financeiras de que trata este artigo constituirá receita do FAT. (Incluído pela Lei 8.352/1991.)

§ 7º (Revogado pela Lei 13.483/2017.)

ART. 10. O art. 28 da Lei n. 7.998, de 1990, passa a ter a seguinte redação:

"Art. 28. No prazo de trinta dias as contribuições ao PIS e ao Pasep, arrecadadas a partir de 5 de outubro de 1988 e não utilizadas nas finalidades previstas no art. 239 da Constituição Federal, serão recolhidas como receita do FAT."

ART. 11. Os recursos do PIS e do Pasep repassados ao BNDES, ao amparo do § 1º do art. 239 da Constituição Federal, antes da vigência da Lei n. 7.998, de 1990, acrescidos de correção monetária pela variação do IPC e de juros de 5% ao ano, constituirão direitos do FAT e serão contabilizados na forma do disposto no art. 2º desta lei.

ART. 12. O valor do abono a ser pago pelo FAT, nos casos de empregados participantes do Fundo de Participação PIS/Pasep, corresponderá à diferença entre o salário mínimo vigente na data do respectivo pagamento e os rendimentos de suas contas individuais, apurados na forma das alíneas b e c do art. 3º da Lei Complementar n. 26, de 11 de agosto de 1975.

Parágrafo único. O pagamento do rendimento das contas individuais mencionadas no *caput* deste artigo é de competência do Fundo de Participação PIS/Pasep.

ART. 13. A operacionalização do Programa Seguro Desemprego, no que diz respeito às atividades de pré-triagem e habilitação de requerentes, auxílio aos requerentes e segurados na busca de novo emprego, bem assim às ações voltadas para reciclagem profissional, será executada prioritariamente em articulação com os Estados e Municípios, através do Sistema Nacional de Emprego (Sine), nos termos da lei.

Parágrafo único. O Ministério do Trabalho poderá requisitar servidores, técnicos e administrativos, da Administração Federal direta, das autarquias, das fundações públicas e do Governo do Distrito Federal, para o desempenho das tarefas previstas no *caput* deste artigo e no art. 20 da Lei n. 7.998, de 1990, ouvida a Secretaria de Planejamento e Coordenação da Presidência da República.

ART. 14. (Vetado).

ART. 15. Esta lei entra em vigor na data de sua publicação.

ART. 16. Ficam revogados os arts. 16, 17 e 29 da Lei n. 7.998, de 1990, e demais disposições em contrário.

‣ A Lei 7.998/1990 regula o Programa do Seguro-Desemprego, o Abono Salarial, institui o FAT.

Brasília, 11 de abril de 1990; 169º da Independência e 102º da República.

FERNANDO COLLOR

LEI N. 8.022, DE 12 DE ABRIL DE 1990

Altera o sistema de administração das receitas federais, e dá outras providências.

‣ *DOU*, 13.4.1990.

O Presidente da República. Faço saber que o Congresso Nacional decreta e eu sanciono a seguinte lei:

ART. 1º É transferida para a Secretaria da Receita Federal a competência de administração das receitas arrecadadas pelo Instituto Nacional de Colonização e Reforma Agrária - INCRA, e para a Procuradoria-Geral da Fazenda Nacional a competência para a apuração, inscrição e cobrança da respectiva dívida ativa.

‣ Lei 9.393/1996 (Dispõe sobre o ITR e sobre pagamento da dívida representada por Títulos da Dívida Agrária).

‣ Dec. 4.382/2002 (Regulamenta a tributação, fiscalização, arrecadação e administração do ITR).

§ 1º A competência transferida neste artigo à Secretaria da Receita Federal compreende as atividades de tributação, arrecadação, fiscalização e cadastramento.

§ 2º O Incra manterá seu cadastramento para o atendimento de suas outras funções, conforme o estabelecido no art. 2º do Decreto n. 72.106, de 18 de abril de 1973, que regulamentou a Lei nº 5.868, de 12 de dezembro de 1972.

§ 3º No exercício de suas funções, poderá a Secretaria da Receita Federal realizar diligências nas propriedades rurais para confrontar as informações cadastrais prestadas pelos proprietários com as reais condições de exploração do imóvel.

§ 4º Caberá ao Poder Executivo, no prazo de cento e vinte dias a contar da vigência desta lei, regulamentar os dispositivos relativos ao Sistema Nacional de Cadastro Rural, promovendo as alterações decorrentes da transferência da administração do Imposto Territorial Rural à Secretaria da Receita Federal.

ART. 2º As receitas de que trata o art. 1º desta lei, quando não recolhidas nos prazos fixados, serão atualizadas monetariamente, na data do efetivo pagamento, nos termos do art. 61 da Lei nº 7.799, de 10 de julho de 1989, e cobradas pela União com os seguintes acréscimos:

I - juros de mora, na via administrativa ou judicial, contados do mês seguinte ao do vencimento, à razão de 1% (um por cento) ao mês e calculados sobre o valor atualizado, monetariamente, na forma da legislação em vigor;

II - multa de mora de 20% (vinte por cento) sobre o valor atualizado, monetariamente, sendo reduzida a 10% (dez por cento) se o pagamento for efetuado até o último dia útil do mês subseqüente àquele em que deveria ter sido pago;

III - encargo legal de cobrança da Dívida Ativa de que trata o art. 1º do Decreto-Lei n. 1.025, de 21 de outubro de 1969, e o art. 3º do Decreto-Lei n. 1.645, de 11 de dezembro de 1978, quando for o caso.

Parágrafo único. Os juros de mora não incidem sobre o valor da multa de mora.

ART. 3º Aplica-se aos parcelamentos de débitos das receitas referidas no art. 1º desta lei, concedidos administrativamente, a legislação prevista para o parcelamento de débitos de qualquer natureza para com a Fazenda Nacional.

Parágrafo único. O disposto neste artigo aplica-se, também, aos parcelamentos de débitos relativos às contribuições de que tratam os Decretos-Leis n. 308, de 28 de fevereiro de 1967, e 1.712, de 14 de novembro de 1979, e do adicional previsto no Decreto-Lei n. 1.952, de 15 de julho de 1982.

ART. 4º Os procedimentos administrativos de determinação e a exigência das receitas referidas no art. 1º desta lei, bem como os de consulta sobre a aplicação da respectiva legislação, serão regidos, no que couber, pelas normas expedidas nos termos do art. 2º do Decreto-Lei n. 822, de 5 de setembro de 1969, e convalidadas pelo § 3º do art. 16 da Lei n. 7.739, de 16 de março de 1989.

§ 1º O disposto neste artigo aplica-se aos procedimentos em curso relativos aos créditos constituídos anteriormente à vigência da Medida Provisória n. 166, de 15 de março de 1990.

§ 2º Os órgãos do Departamento da Receita Federal enviarão às Procuradorias da Fazenda Nacional os demonstrativos de débitos das receitas a que se refere o art. 1º desta lei para fins de apuração e inscrição na Dívida Ativa da União.

ART. 5º A Secretaria da Administração Federal, em conjunto com o Ministério da Economia, Fazenda e Planejamento e o da Agricultura, estabelecerão as formas e condições para a relocação do pessoal, assim como a adaptação de cargos e funções de confiança decorrentes do que dispõe esta lei.

ART. 6º Esta lei entra em vigor na data de sua publicação.

ART. 7º Revogam-se as disposições em contrário.

Brasília, 12 de abril de 1990; 169º da Independência e 102º da República.

FERNANDO COLLOR

LEI N. 8.025, DE 12 DE ABRIL DE 1990

Dispõe sobre a alienação de bens imóveis residenciais de propriedade da União, e dos vinculados ou incorporados ao FRHB, situados no Distrito Federal, e dá outras providências.

‣ *DOU*, 13.4.1990.

‣ Dec. 99.266/1990 (Regulamenta esta lei).

O Presidente da República. Faço saber que o Congresso Nacional decreta e eu sanciono a seguinte lei:

ART. 1º É o Poder Executivo autorizado a alienar, mediante concorrência pública e com observância do Decreto-Lei n. 2.300, de 21 de novembro de 1986, os imóveis residenciais de propriedade da União situados no Distrito Federal, inclusive os vinculados ou incorporados ao Fundo Rotativo Habitacional de Brasília (FRHB).

§ 1º Os licitantes estão dispensados da exigência do art. 16 do decreto-lei supracitado.

§ 2º Não se incluem na autorização a que se refere este artigo, os seguintes imóveis:

I - os residenciais administrados pelas Forças Armadas, destinados à ocupação por militares;

II - os destinados a funcionários do Serviço Exterior, de que trata a Lei n. 7.501, de 27 de junho de 1986;

▸ A Lei 7.501/1986 foi revogada pela Lei 11.440/2006 (institui o Regime Jurídico dos Servidores do Serviço Exterior Brasileiro).

III - os ocupados por membros do Poder Legislativo;

IV - os ocupados por Ministros do Supremo Tribunal Federal, dos Tribunais Superiores e do Tribunal de Contas da União, pelo Procurador-Geral da República, pelos Subprocuradores-Gerais do Ministério Público Federal, do Trabalho e Militar e pelo Procurador-Geral do Tribunal de Contas da União, salvo sua expressa manifestação em contrário, no prazo de vinte dias a partir da data da publicação desta lei;

V - os destinados a servidores no exercício de cargo ou função de confiança que sejam considerados, pelo Poder Executivo, indispensáveis ao serviço público.

Parágrafo único. Os imóveis a serem destinados aos servidores a que se refere o inciso V deste artigo serão escolhidos dentre aqueles que estiverem vagos à data da vigência da Medida Provisória n. 149, de 15 de março de 1990, ou vierem a vagar por devolução espontânea ou desocupação judicial.

ART. 2º A Caixa Econômica Federal presidirá o processo de licitação na forma do art. 1º desta lei e observará os seguintes critérios:

I - o preço do imóvel a ser alienado será o de mercado, segundo os métodos de avaliação usualmente utilizados pela própria Caixa Econômica Federal;

II - somente poderá licitar pessoa física;

III - o licitante somente poderá apresentar proposta, em cada licitação, para uma unidade residencial;

IV - somente será vendida uma unidade residencial por pessoa;

V - o imóvel será alienado mediante contrato com força de escritura pública (art. 60 da Lei n. 4.380, de 21 de agosto de 1964);

▸ A Lei 4.380/1964 (institui a correção monetária nos contratos imobiliários de interesse social, o sistema financeiro para aquisição da casa própria, cria BNH, e Sociedades de Crédito Imobiliário, as Letras Imobiliárias, o Serviço Federal de Habitação e Urbanismo).

VI - o contrato de compra e venda, ainda que o pagamento integral seja feito à vista, conterá cláusula impeditiva de o adquirente, no prazo de 5 (cinco) anos, vender, prometer vender ou ceder seus direitos sobre o imóvel alienado nos termos desta lei.

ART. 3º Serão nulos de pleno direito, não sendo devidas indenizações às partes envolvidas, quaisquer atos firmados em contrariedade à cláusula, de que trata o inciso VI do art. 2º.

ART. 4º O contrato de compra e venda será rescindido, de pleno direito, independentemente de interpelação judicial ou extrajudicial, se o comprador prestar declaração falsa no processo de habilitação à compra, hipótese em que fará jus à devolução da quantia paga, sem qualquer reajuste ou correção monetária.

ART. 5º A Caixa Econômica Federal procederá, perante os órgãos administrativos do Distrito Federal, nos Cartórios de Registro de Imóveis, à regularização dos títulos dominiais dos imóveis alienados.

Parágrafo único. Os Cartórios de Notas e os Cartórios de Registro de Imóveis darão prioridade de atendimento à Caixa Econômica Federal no procedimento de regularização acima previsto.

ART. 6º Ao legítimo ocupante de imóvel funcional dar-se-á conhecimento do preço de mercado do respectivo imóvel, calculado na forma do art. 2º, inciso I, previamente à publicação do edital de concorrência pública, podendo adquiri-lo por esse valor, caso se manifeste no prazo de 30 dias, mediante notificação, e desde que preencha os seguintes requisitos:

I - ser titular de regular termo de ocupação;

II - estar quite com as obrigações relativas à ocupação;

III - ser titular de cargo efetivo ou emprego permanente, lotado em órgão ou entidade da Administração Pública Federal ou do Distrito Federal.

§ 1º A legitimidade da ocupação será evidenciada em recadastramento dos atuais ocupantes, a ser promovido pela Secretaria da Administração Federal da Presidência da República com base na legislação vigente.

§ 2º O ocupante que não tiver condições financeiras para a aquisição do imóvel que ocupa poderá solicitar ao órgão competente a permuta deste por outro imóvel compatível com sua renda, ficando o atendimento a essa solicitação condicionado à existência de imóvel que lhe possa ser destinado e à conveniência administrativa para a formação da reserva de imóveis de que trata o inciso V do parágrafo 2º do art. 1º.

§ 3º O ocupante sujeitar-se-á ao previsto no inciso VI, do art. 2º e no art. 3º desta lei.

§ 4º O adquirente de imóvel funcional, nas condições previstas no *caput* deste artigo, poderá efetuar o pagamento, total ou parcial, em cruzados novos, mediante a transferência da titularidade de créditos em contas existentes no Banco Central.

§ 5º Considera-se legítimo ocupante, nos termos deste artigo, o servidor que no momento da aposentadoria ocupava regularmente o imóvel funcional ou, na mesma condição, o cônjuge ou companheira enviuvado e que permaneça nele residindo na data da publicação desta lei. (Acrescentado pela Lei 8.068/1990.)

ART. 7º A venda dos imóveis funcionais somente será efetuada para os atuais ocupantes não proprietários de outro imóvel residencial no Distrito Federal.

ART. 8º Os adquirentes dos imóveis poderão utilizar financiamentos de entidades integrantes do Sistema Financeiro da Habitação (SFH) e de outras instituições, inclusive entidades abertas ou fechadas de previdência privada.

ART. 9º A Caixa Econômica Federal representará a União na celebração e administração dos contratos de compra e venda de imóveis funcionais, promovendo, inclusive, as medidas judiciais e extrajudiciais que se tornarem necessárias à sua execução.

ART. 10. Com o ato da celebração do contrato de compra e venda estará automaticamente rescindido o termo de ocupação do respectivo imóvel a que se referem o Decreto n. 85.633, de 8 de janeiro de 1981 e o Decreto n. 96.633, de 1º de setembro de 1988.

ART. 11. É facultado à Ordem dos Advogados do Brasil - Seção do Distrito Federal, designar um representante que integrará a comissão de licitação a ser instituída para executar a licitação prevista nesta lei.

ART. 12. O valor apurado em decorrência da alienação de cada imóvel será convertido em renda da União, cujo produto será, obrigatoriamente, aplicado em programas habitacionais de caráter social.

ART. 13. As empresas públicas, sociedades de economia mista, respectivas subsidiárias e entidades controladas direta ou indiretamente pela União, ficam autorizadas a proceder aos atos legais e administrativos necessários à alienação de suas unidades residenciais não vinculadas às suas atividades operacionais, com base nos termos desta lei.

ART. 14. A ocupação dos imóveis residenciais não destinados à alienação, no que não contrarie esta lei, permanece regida pelas disposições do Decreto-Lei n. 1.390, de 29 de janeiro de 1975.

▸ O Dec.-Lei 1.390/1975 dispõe sobre o Fundo Rotativo Habitacional de Brasília, a Taxa de Ocupação, a alienação e ocupação de imóveis residenciais da Administração Federal no Distrito Federal.

ART. 15. O permissionário, dentre outros compromissos se obriga a:

I - pagar:

a) taxa de uso;

b) despesas ordinárias de manutenção, resultantes do rateio das despesas realizadas em cada mês, tais como zeladoria, consumo de água e energia elétrica, seguro contra incêndio, bem assim outras relativas às áreas de uso comum;

c) quota de condomínio, exigível quando o imóvel funcional estiver localizado em edifício em condomínio com terceiros, hipótese em que não será devido o pagamento previsto na alínea anterior; d) despesas relativas a consumo de gás, água e energia elétrica do próprio imóvel funcional;

e) multa equivalente a dez vezes o valor da taxa de uso, em cada período de trinta dias de retenção do imóvel, após a perda do direito à ocupação;

II - aderir à convenção de administração do edifício;

III - ao desocupar o imóvel, restituí-lo nas mesmas condições de habitabilidade em que o recebeu.

§ 1º O pagamento da taxa de uso e das despesas ordinárias de manutenção será efetuado mediante consignação em folha ou, se esta não for possível, por meio de documento próprio de arrecadação ao Tesouro Nacional, com cópia para o órgão responsável pela administração do imóvel.

§ 2º O atraso no pagamento da taxa de uso ou das despesas ordinárias de manutenção sujeitará o permissionário a juros de mora de um por cento ao mês e correção monetária.

§ 3º A quota de que trata a alínea c do inciso I deste artigo será paga diretamente ao condomínio ou ao órgão responsável pela administração destes imóveis.

ART. 16. A taxa de uso será de 0,001 (um milésimo) do valor do imóvel. (Alterado pela Lei 11.490/2007.)

▸ Dec. 6.054/2007 (Regulamenta este parágrafo).

§ 1º Aos ocupantes de cargos em comissão, nível DAS-4 ou superiores, e de cargos de Ministro de Estado, ou equivalentes, é facultado optar pelo pagamento da taxa de uso no valor de 10% (dez por cento) da remuneração dos referidos cargos. (Acrescentado pela Lei 11.490/2007.)

§ 2º O prazo para o exercício da opção referida no § 1º deste artigo, bem como a periodicidade e os critérios de atualização da taxa de uso serão definidos em regulamento. (Acrescentado pela Lei 11.490/2007.)

ART. 17. Os imóveis de que trata o art. 14, quando irregular sua ocupação, serão objeto de reintegração de posse liminar em favor da União, independentemente do tempo em que o imóvel estiver ocupado. (Alterado pela Lei 9.649/1998.)

§ 1º O Ministério do Planejamento, Orçamento e Gestão, por intermédio do órgão responsável pela administração dos imóveis, será o depositário dos imóveis reintegrados. (Alterado pela Lei 9.649/1998.)

§ 2º Julgada improcedente a ação de reintegração de posse em decisão transitada em julgado, o Ministério do Planejamento, Orçamento e Gestão colocará o imóvel à disposição do juízo dentro de cinco dias da intimação para fazê-lo. (Alterado pela Lei 9.649/1998.)

ART. 18. É o Poder Executivo autorizado a extinguir o Fundo Rotativo Habitacional de Brasília (FRHB), instituído pelo § 5º do art. 65 da Lei n. 4.380, de 21 de agosto de 1964, passando à propriedade da União os imóveis a ele incorporados ou vinculados.

ART. 19. É extinta a Superintendência da Construção e Administração Imobiliária (SUCAD), passando seu acervo e atribuições à Secretaria de Administração Federal da Presidência da República.

ART. 20. O Poder Executivo regulamentará esta lei no prazo de quarenta e cinco dias contados da data de sua publicação.

ART. 21. Revoga-se o Decreto-Lei n. 76, de 21 de novembro de 1966 e disposições em contrário.

- O Dec.-Lei 76/1966 dispôs sobre a ocupação e uso de imóveis residenciais construídos, adquiridos ou arrendados pela União, em Brasília.

Brasília, 12 de abril de 1990; 169º da Independência e 102º da República.

FERNANDO COLLOR

LEI N. 8.027, DE 12 DE ABRIL DE 1990

Dispõe sobre normas de conduta dos servidores públicos civis da União, das Autarquias e das Fundações Públicas, e dá outras providências.

- *DOU*, 13.04.1990.
- Conversão da Med. Prov. 159/1990.

O Presidente da República. Faço saber que o Congresso Nacional decreta e eu sanciono a seguinte lei:

ART. 1º Para os efeitos desta lei, servidor público é a pessoa legalmente investida em cargo ou em emprego público na administração direta, nas autarquias ou nas fundações públicas.

ART. 2º São deveres dos servidores públicos civis:

I - exercer com zelo e dedicação as atribuições legais e regulamentares inerentes ao cargo ou função;

II - ser leal às instituições a que servir;

III - observar as normas legais e regulamentares;

IV - cumprir as ordens superiores, exceto quando manifestamente ilegais;

V - atender com presteza:

a) ao público em geral, prestando as informações requeridas, ressalvadas as protegidas pelo sigilo;

b) à expedição de certidões requeridas para a defesa de direito ou esclarecimento de situações de interesse pessoal;

VI - zelar pela economia do material e pela conservação do patrimônio público;

VII - guardar sigilo sobre assuntos da repartição, desde que envolvam questões relativas à segurança pública e da sociedade;

VIII - manter conduta compatível com a moralidade pública;

IX - ser assíduo e pontual ao serviço;

X - tratar com urbanidade os demais servidores públicos e o público em geral;

XI - representar contra ilegalidade, omissão ou abuso de poder.

Parágrafo único. A representação de que trata o inciso XI deste artigo será obrigatoriamente apreciada pela autoridade superior àquela contra a qual é formulada, assegurando-se ao representado ampla defesa, com os meios e recursos a ela inerentes.

ART. 3º São faltas administrativas, puníveis com a pena de advertência por escrito:

I - ausentar-se do serviço durante o expediente, sem prévia autorização do superior imediato;

II - recusar fé a documentos públicos;

III - delegar a pessoa estranha à repartição, exceto nos casos previstos em lei, atribuição que seja de sua competência e responsabilidade ou de seus subordinados.

ART. 4º São faltas administrativas, puníveis com a pena de suspensão por até 90 (noventa) dias, cumulada, se couber, com a destituição do cargo em comissão:

I - retirar, sem prévia autorização, por escrito, da autoridade competente, qualquer documento ou objeto da repartição;

II - opor resistência ao andamento de documento, processo ou à execução de serviço;

III - atuar como procurador ou intermediário junto a repartições públicas;

IV - aceitar comissão, emprego ou pensão de Estado estrangeiro, sem licença do Presidente da República;

V - atribuir a outro servidor público funções ou atividades estranhas às do cargo, emprego ou função que ocupa, exceto em situação de emergência e transitoriedade;

VI - manter sob a sua chefia imediata cônjuge, companheiro ou parente até o segundo grau civil;

VII - praticar comércio de compra e venda de bens ou serviços no recinto da repartição, ainda que fora do horário normal de expediente.

Parágrafo único. Quando houver conveniência para o serviço, a penalidade de suspensão poderá ser convertida em multa, na base de cinquenta por cento da remuneração do servidor, ficando este obrigado a permanecer em serviço.

ART. 5º São faltas administrativas, puníveis com a pena de demissão, a bem do serviço público:

I - valer-se, ou permitir dolosamente que terceiros tirem proveito de informação, prestígio ou influência, obtidos em função do cargo, para lograr, direta ou indiretamente, proveito pessoal ou de outrem, em detrimento da dignidade da função pública;

II - exercer comércio ou participar de sociedade comercial, exceto como acionista, cotista ou comanditário;

III - participar da gerência ou da administração de empresa privada e, nessa condição, transacionar com o Estado;

IV - utilizar pessoal ou recursos materiais da repartição em serviços ou atividades particulares;

V - exercer quaisquer atividades incompatíveis com o cargo ou a função pública, ou, ainda, com horário de trabalho;

VI - abandonar o cargo, caracterizando-se o abandono pela ausência injustificada do servidor público ao serviço, por mais de trinta dias consecutivos;

VII - apresentar inassiduidade habitual, assim entendida a falta ao serviço, por vinte dias, interpoladamente, sem causa justificada no período de seis meses;

VIII - aceitar ou prometer aceitar propinas ou presentes, de qualquer tipo ou valor, bem como empréstimos pessoais ou vantagem de qualquer espécie em razão de suas atribuições.

Parágrafo único. A penalidade de demissão também será aplicada nos seguintes casos:

I - improbidade administrativa;

II - insubordinação grave em serviço;

III - ofensa física, em serviço, a servidor público ou a particular, salvo em legítima defesa própria ou de outrem;

IV - procedimento desidioso, assim entendido a falta ao dever de diligência no cumprimento de suas atribuições;

V - revelação de segredo de que teve conhecimento em função do cargo ou emprego.

ART. 6º Constitui infração grave, passível de aplicação da pena de demissão, a acumulação remunerada de cargos, empregos e funções públicas, vedada pela Constituição Federal, estendendo-se às autarquias, empresas públicas, sociedades de economia mista da União, dos Estados, do Distrito Federal e dos Municípios, e fundações mantidas pelo Poder Público.

ART. 7º Os servidores públicos civis são obrigados a declarar, no ato de investidura e sob as penas da lei, quais os cargos públicos, empregos e funções que exercem, abrangidos ou não pela vedação constitucional, devendo fazer prova de exoneração ou demissão, na data da investidura, na hipótese de acumulação constitucionalmente vedada.

§ 1º Todos os atuais servidores públicos civis deverão apresentar ao respectivo órgão de pessoal, no prazo estabelecido pelo Poder Executivo, a declaração a que se refere o *caput* deste artigo.

§ 2º Caberá ao órgão de pessoal fazer a verificação da incidência ou não da acumulação vedada pela Constituição Federal.

§ 3º Verificada, a qualquer tempo, a incidência da acumulação vedada, assim como a não apresentação, pelo servidor, no prazo a que se refere o § 1º deste artigo, da respectiva declaração de acumulação de que trata o *caput*, a autoridade competente promoverá a imediata instauração do processo administrativo para a apuração da infração disciplinar, nos termos desta lei, sob pena de destituição do cargo em comissão ou função de confiança, da autoridade e do chefe de pessoal.

ART. 8º Pelo exercício irregular de suas atribuições o servidor público civil responde civil, penal e administrativamente, podendo as cominações civis, penais e disciplinares cumular-se, sendo umas e outras independentes entre si, bem assim as instâncias civil, penal e administrativa.

§ 1º Na aplicação das penas disciplinares definidas nesta lei, serão consideradas a natureza e a gravidade da infração e os danos que dela provierem para o serviço público, podendo cumular-se, se couber, com as cominações previstas no § 4º do art. 37 da Constituição.

§ 2º A competência para a imposição das penas disciplinares será determinada em ato do Poder Executivo.

§ 3º Os atos de advertência, suspensão e demissão mencionarão sempre a causa da penalidade.

§ 4º A penalidade de advertência converte-se automaticamente em suspensão, por trinta dias, no caso de reincidência.

§ 5º A aplicação da penalidade de suspensão acarreta o cancelamento automático do valor da remuneração do servidor, durante o período de vigência da suspensão.

§ 6º A demissão ou a destituição de cargo em comissão incompatibiliza o ex-servidor para nova investidura em cargo público federal, pelo prazo de cinco anos.

§ 7º Ainda que haja transcorrido o prazo a que se refere o parágrafo anterior, a nova investidura do servidor demitido ou destituído do cargo em comissão, por atos de que tenham resultado prejuízos ao erário, somente se dará após o ressarcimento dos prejuízos em valor atualizado até a data do pagamento.

§ 8º O processo administrativo disciplinar para a apuração das infrações e para a aplicação das penalidades reguladas por esta lei permanece regido pelas normas legais e regulamentares em vigor, assegurado o direito à ampla defesa.

§ 9º Prescrevem:

I - em dois anos, a falta sujeita às penas de advertência e suspensão;

II - em cinco anos, a falta sujeita à pena de demissão ou à pena de cassação de aposentadoria ou disponibilidade.

§ 10. A falta, também prevista na lei penal, como crime, prescreverá juntamente com este.

ART. 9º Será cassada a aposentadoria ou a disponibilidade do inativo que houver praticado, na ativa, falta punível com demissão, após apurada a infração em processo administrativo disciplinar, com direito à ampla defesa.

Parágrafo único. Será igualmente cassada a disponibilidade do servidor que não assumir no prazo legal o exercício do cargo ou emprego em que for aproveitado.

ART. 10. Essa lei entra em vigor na data de sua publicação.

ART. 11. Revogam-se as disposições em contrário.

Brasília, 12 de abril de 1990; 169º da Independência e 102º da República.

FERNANDO COLLOR

LEI N. 8.029, DE 12 DE ABRIL DE 1990

Dispõe sobre a extinção e dissolução de entidades da administração Pública Federal, e dá outras providências.

- *DOU*, 13.4.1990, retificado em 23.4.1990.
- Conversão da Med. Prov. 151/1990.
- Lei 8.076/1990 (Estabelece hipóteses nas quais fica suspensa a concessão de medidas liminares).
  - Dec. 1.647/1995 (Regulamenta as Leis 7.862/1989, 8.029/1990, 8.031/1990 e 8.250/1991).
  - Dec. 1.785/1996 (Altera o Dec. 1.647/1995).

O Presidente da República. Faço saber que o Congresso Nacional decreta e eu sanciono a seguinte lei:

ART. 1º É o Poder Executivo autorizado a extinguir ou a transformar as seguintes entidades da Administração Pública Federal:

I - Autarquias:

a) Superintendência do Desenvolvimento da Região Centro-Oeste - SUDECO;

b) Superintendência do Desenvolvimento da Região Sul - SUDESUL;

c) Departamento Nacional de Obras e Saneamento - DNOS;

d) Instituto do Açúcar e do Álcool - IAA;

e) Instituto Brasileiro do Café - IBC;

II - Fundações:

a) Fundação Nacional de Artes - FUNARTE;

b) Fundação Nacional de Artes Cênicas - FUNDACEN;

c) Fundação do Cinema Brasileiro - FCB;

d) Fundação Nacional Pró-Memória - PRÓ-MEMÓRIA;

e) Fundação Nacional Pró-Leitura - PRÓ-LEITURA;

f) Fundação Nacional para Educação de Jovens e Adultos - EDUCAR;

g) Fundação Museu do Café;

III - Empresa Pública:

- Empresa Brasileira de Assistência Técnica e Extensão Rural - EMBRATER.

IV - Sociedade de Economia Mista:

- Banco Nacional de Crédito Cooperativo S.A. - BNCC.

§§ 1º a 3º (Vetados).

ART. 2º É o Poder Executivo autorizado a constituir:

I - o Instituto Brasileiro da Arte e Cultura - IBAC, sob regime jurídico de Fundação, ao qual serão transferidos o acervo, as receitas e dotações orçamentárias, bem assim os direitos e obrigações das fundações a que se referem as alíneas a, b e c do inciso II do artigo anterior, com as seguintes competências:

a) formular, coordenar e executar programas de apoio aos produtores e criadores culturais, isolada ou coletivamente, e demais manifestações artísticas e tradicionais representativas do povo brasileiro;

b) promoção de ações voltadas para difusão do produto e da produção cultural;

c) orientação normativa, consulta e assistência no que diz respeito aos direitos de autor e direitos que lhe são conexos;

d) orientação normativa, referente à produção e exibição cinematográfica, videográfica e fonográfica em todo o território nacional;

II - o Instituto Brasileiro do Patrimônio Cultural - IBPC, ao qual serão transferidos as competências, o acervo e as receitas e dotações orçamentárias da Secretaria do Patrimônio Histórico e Artístico Nacional - SPHAN, bem como o acervo, as receitas e dotação orçamentária da Fundação a que se refere a alínea d do inciso II do artigo anterior, tem por finalidade a promoção e proteção do patrimônio cultural brasileiro nos termos da Constituição Federal especialmente em seu art. 216;

III - A Biblioteca Nacional, à qual serão transferidos as atribuições, o acervo, as receitas e dotações orçamentárias da Fundação Pró-Leitura, a que se refere a alínea e do inciso II do artigo anterior.

§ 1º O Instituto Brasileiro do Patrimônio Cultural sucede a Secretaria do Patrimônio Histórico e Artístico Nacional - SPHAN, nas competências previstas no Decreto-Lei n. 25, de 30 de novembro de 1937, no Decreto-Lei n. 3.866, de 29 de novembro de 1941, na Lei n. 4.845, de 19 de novembro de 1965 e na Lei n. 3.924, de 26 de julho de 1961.

§ 2º As entidades a que se refere este artigo serão dirigidas por diretorias integradas por presidente e até quatro diretores, todos nomeados pelo Presidente da República.

§ 3º Os serviços prestados pelas entidades referidas neste artigo serão remunerados conforme tabelas de preços ingressos aprovadas pelas respectivas diretorias.

§ 4º O Poder Executivo disporá, em decreto, sobre as estruturas, quadros de pessoal e atribuições das entidades a que se refere este artigo, respeitado, quanto às últimas, as atribuições básicas das entidades absorvidas.

§ 5º Aplicam-se aos servidores que excedam a lotação a que se refere o parágrafo anterior, o disposto na lei que resultou da conversão da Medida Provisória n. 150, de 1990.

ART. 3º (Vetado).

ART. 4º É o Poder Executivo autorizado a dissolver ou a privatizar as seguintes entidades da Administração Pública Federal:

I - Empresa de Portos do Brasil S.A. - PORTOBRAS;

II - Empresa Brasileira de Transportes Urbanos - EBTU;

III - Companhia Auxiliar de Empresas Elétricas Brasileiras - CAEEB;

IV - Petrobrás Comércio Internacional S.A. - INTERBRAS;

V - Petrobrás Mineral S.A. - PETROMISA;

VI - Siderurgia Brasileira S.A. - SIDERBRAS;

VII - Distribuidora de Filmes S.A. - EMBRAFILME;

VIII - Companhia Brasileira de Infraestrutura Fazendária - INFAZ.

§ 1º (Vetado).

§ 2º No caso de privatização, terão preferência para aquisição da empresa os seus servidores, organizados em cooperativa ou associação, nos termos do art. 5º desta lei.

ART. 5º É o Poder Executivo autorizado a privatizar a Companhia Brasileira de Projetos Industriais - COBRAPI, assegurada preferência na aquisição desta pelos seus empregados desde que estes se manifestem dentro de trinta dias da apuração, na forma da lei, do preço final de venda, facultada a sua definição por intermédio de concorrência pública.

Parágrafo único. O Poder Executivo poderá conceder financiamento de longo prazo, através de suas instituições financeiras de fomento econômico, aos empregados da empresa, com vistas a possibilitar-lhes a sua aquisição, nos termos deste artigo.

ART. 6º (Vetado).

ART. 7º É o Poder Executivo autorizado a transferir o acervo técnico, físico, material e patrimonial da Fazenda Experimental do Café, situada no Município de Varginha, Estado de Minas Gerais, e do Programa Nacional de Melhoramento da Cana-de-Açúcar - PLANALSUCAR para a Empresa Brasileira de Pesquisa Agropecuária - EMBRAPA.

Parágrafo único. (Vetado).

ART. 8º É o Poder Executivo autorizado a desvincular, da Administração Pública Federal, o Centro Brasileiro de Apoio à Pequena e Média Empresa - CEBRAE, mediante sua transformação em serviço social autônomo.

§ 1º Os Programas de Apoio às Empresas de Pequeno Porte que forem custeados com recursos da União passam a ser coordenados e supervisionados pela Secretaria Nacional de Economia, Fazenda e Planejamento.

§ 2º Os Programas a que se refere o parágrafo anterior serão executados, nos termos da legislação em vigor, pelo Sistema CEBRAE/CEAGS, através da celebração de convênios e contratos, até que se conclua o processo de autonomização do CEBRAE.

§ 3º Para atender à execução das políticas de apoio às micro e às pequenas empresas, de promoção de exportações e de desenvolvimento industrial, é instituído adicional às alíquotas das contribuições sociais relativas às entidades de que trata o art. 1º do Decreto-Lei n. 2.318, de 30 de dezembro de 1986, de: (Alterado pela Lei 11.080/2004.)

- A Med. Prov. 850/2018 determinou a seguinte redação para este parágrafo, com produção de efeitos a partir da data de instituição da Abram: § 3º Para atender à execução das políticas de apoio às micro e às pequenas empresas, de promoção de exportações, de desenvolvimento industrial e de promoção do setor museal, fica instituído adicional às alíquotas das contri-

LEIS

buições sociais relativas às entidades de que trata o art. 1º do Decreto-Lei n. 2.318, de 30 de dezembro de 1986, de:

a) um décimo por cento no exercício de 1991; (Acrescentado pela Lei 8.154/1990.)

b) dois décimos por cento em 1992; e (Acrescentado pela Lei 8.154/1990.)

c) três décimos por cento a partir de 1993. (Acrescentado pela Lei 8.154/1990.)

§ 4º O adicional de contribuição a que se refere o § 3º deste artigo será arrecadado e repassado mensalmente pelo órgão ou entidade da Administração Pública Federal ao Cebrae, ao Serviço Social Autônomo Agência de Promoção de Exportações do Brasil - Apex-Brasil e ao Serviço Social Autônomo Agência Brasileira de Desenvolvimento Industrial - ABDI, na proporção de 85,75% (oitenta e cinco inteiros e setenta e cinco centésimos por cento) ao Cebrae, 12,25% (doze inteiros e vinte e cinco centésimos por cento) à Apex-Brasil e 2% (dois inteiros por cento) à ABDI. (Alterado pela Lei 11.080/2004.)

- A Med. Prov. 850/2018 determinou a seguinte redação para este parágrafo, com produção de efeitos a partir da data de instituição da Abram: § 4º O adicional de contribuição a que se refere o § 3º será arrecadado e repassado mensalmente pelo órgão ou entidade da administração pública federal ao Serviço Brasileiro de Apoio às Micro e Pequenas Empresas - Sebrae, à Agência de Promoção de Exportações do Brasil - Apex-Brasil, à Agência Brasileira de Desenvolvimento Industrial - ABDI e à Agência Brasileira de Museus - Abram, na proporção de setenta e nove inteiros e setenta e cinco centésimos por cento ao Sebrae, doze inteiros e vinte e cinco centésimos por cento à Apex-Brasil, dois inteiros por cento à ABDI e seis por cento à Abram.

§ 5º Os recursos a serem destinados à ABDI, nos termos do § 4º, correrão exclusivamente à conta do acréscimo de receita líquida originado da redução da remuneração do Instituto Nacional do Seguro Social, determinada pelo § 2º do art. 94 da Lei n. 8.212, de 24 de julho de 1991, vedada a redução das participações destinadas ao Cebrae e à Apex-Brasil na distribuição da receita líquida dos recursos do adicional de contribuição de que trata o § 3º deste artigo. (Acrescentado pela Lei 11.080/2004.)

- A Med. Prov. 850/2018 determinou a revogação deste parágrafo.

ART. 9º Compete ao serviço social autônomo a que se refere o artigo anterior planejar, coordenar e orientar programas técnicos, projetos e atividades de apoio às micro e pequenas empresas, em conformidade com as políticas nacionais de desenvolvimento, particularmente as relativas às áreas industrial, comercial e tecnológica. (Acrescentado pela Lei 8.154/1990.)

Parágrafo único. Para a execução das atividades de que trata este artigo poderão ser criados serviços de apoio às micro e pequenas empresas nos Estados e no Distrito Federal. (Acrescentado pela Lei 8.154/1990.)

ART. 10. O serviço social autônomo a que se refere o art. 8º terá um Conselho Deliberativo acrescido de três representantes de entidades nacionalmente constituídas pelas micro e pequenas empresas da indústria, do comércio e serviços, e da produção agrícola, respectivamente. (Acrescentado pela Lei 8.154/1990.)

§ 1º Os membros dos Conselhos Deliberativo e Fiscal e seus respectivos suplentes terão mandato de 4 (quatro) anos e a eles não será atribuída qualquer remuneração. (Alterado pela LC 128/2008.)

§ 2º O Presidente do Conselho Deliberativo será eleito dentre seus membros, para um mandato de 4 (quatro) anos, vedada a recondução. (Alterado pela LC 128/2008.)

§ 3º A Diretoria Executiva será composta por 1 (um) Presidente e 2 (dois) Diretores, eleitos pelo Conselho Deliberativo, com mandato de 4 (quatro) anos. (Alterado pela LC 128/2008.)

§ 4º Aos eleitos em 2008, para exercer primeiro mandato no biênio 2009/2010, não se aplica a vedação de recondução do § 2º deste artigo. (Acrescentado pela LC 128/2008.)

§ 5º O mandato de 4 (quatro) anos a que se referem os §§ 1º e 2º deste artigo não se aplica ao Presidente do Conselho Deliberativo eleito para o biênio 2009/2010, nem aos membros dos Conselhos Deliberativo e Fiscal indicados para o biênio 2009/2010. (Acrescentado pela LC 128/2008.)

ART. 11. Caberá ao Conselho Deliberativo do Cebrae a gestão dos recursos que lhe forem destinados conforme o disposto no § 4º do art. 8º, exceto os destinados à Apex-Brasil. (Alterado pela Lei 10.668/2003.)

§ 1º Os recursos a que se refere este artigo, que terão como objetivo primordial apoiar o desenvolvimento das micro e pequenas empresas por meio de projetos e programas que visem ao seu aperfeiçoamento técnico, racionalização, modernização, capacitação gerencial, bem como facilitar o acesso ao crédito, à capitalização e o fortalecimento do mercado secundário de títulos de capitalização dessas empresas, terão a seguinte destinação: (Alterado pela Lei 10.194/2001.)

a) quarenta por cento serão aplicados nos Estados e no Distrito Federal, sendo metade proporcionalmente ao Imposto sobre Circulação de Mercadorias e Serviços (ICMS) e o restante proporcionalmente ao número de habitantes, de acordo com as diretrizes e prioridades regionais estabelecidas pelos serviços de apoio às micro e pequenas empresas de que trata o parágrafo único do art. 9º, em consonância com orientações do Conselho Deliberativo a que se refere o art. 10, §1º; (Acrescentado pela Lei 8.154/1990.)

b) cinquenta por cento serão aplicados de acordo com as políticas e diretrizes estabelecidas pelo Conselho Deliberativo a que se refere o §1º do art. 10, buscando ter uma atuação em conjunto com outras entidades congêneres e contribuindo para a redução das desigualdades regionais; (Acrescentado pela Lei 8.154/1990.)

c) até cinco por cento serão utilizados para o atendimento das despesas de custeio do serviço social autônomo a que se refere o art. 8º; e (Acrescentado pela Lei 8.154/1990.)

d) cinco por cento serão utilizados para o atendimento das despesas de custeio dos serviços de apoio às micro e pequenas empresas de que trata o parágrafo único do art. 9º. (Acrescentado pela Lei 8.154/1990.)

§ 2º Os projetos ou programas destinados a facilitar o acesso ao crédito a que se refere o parágrafo anterior poderão ser efetivados: (Acrescentado pela Lei 10.194/2001.)

a) por intermédio da destinação de aplicações financeiras, em agentes financeiros públicos ou privados, para lastrear a prestação de aval parcial ou total ou fiança nas operações de crédito destinadas a microempresas e empresas de pequeno porte; para lastrear a prestação de aval parcial ou total ou fiança nas operações de crédito e aquisição de carteiras de crédito destinadas a sociedades de crédito ao microempreendedor, de que trata o art. 1º da Lei n. 10.194, de 14 de fevereiro de 2001, e a organizações da sociedade civil de interesse público que se dedicam a sistemas alternativos de crédito, de que trata a Lei n. 9.790, de 23 de março de 1999; e para lastrear operações no âmbito do Programa Nacional de Microcrédito Produtivo Orientado; (Alterado pela Lei 11.110/2005.)

b) pela aplicação de recursos financeiros em agentes financeiros, públicos ou privados, Organizações da Sociedade Civil de Interesse Público de que trata a Lei n. 9.790, de 23 de março de 1999, devidamente registradas no Ministério da Justiça, que se dedicam a sistemas alternativos de crédito, ou sociedades de crédito que tenham por objeto social exclusivo a concessão de financiamento ao microempreendedor; (Acrescentado pela Lei 10.194/2001.)

c) pela aquisição ou integralização de quotas de fundos mútuos de investimento no capital de empresas emergentes que destinem à capitalização das micro e pequenas empresas, principalmente as de base tecnológica e as exportadoras, no mínimo, o equivalente à participação do Serviço Brasileiro de Apoio às Micro e Pequenas Empresas - SEBRAE nesses fundos; (Acrescentado pela Lei 10.194/2001.)

d) pela participação no capital de entidade regulada pela Comissão de Valores Mobiliários - CVM que estimule o fortalecimento do mercado secundário de títulos de capitalização das micro e pequenas empresas. (Acrescentado pela Lei 10.194/2001.)

§ 3º A participação do SEBRAE na integralização de quotas de fundos mútuos de investimento, a que se refere a alínea "c" do parágrafo anterior, não poderá ser superior a cinquenta por cento do total das quotas desses mesmos fundos. (Acrescentado pela Lei 10.194/2001.)

ART. 12 Os bens imóveis integrantes do patrimônio das autarquias de que trata o art. 1º, I, e o das fundações referidas nas alíneas e e f do art. 1º, II, que não tenham sido transferidos às entidades que as absorvem ou sucedem, serão incorporados ao patrimônio da União, mediante termos lavrados na forma do art. 13, VI, do Decreto-Lei n. 147, de 3 de fevereiro de 1967, com a redação dada pelo art. 10 da Lei n. 5.421, de 25 de abril de 1968. (Renumerado do art. 9º pela Lei n. 8.154/1990.)

§ 1º Os bens imóveis, materiais e equipamentos, integrantes do acervo das autarquias e fundações referidas neste artigo, passarão ao patrimônio da União e, após inventário, à responsabilidade da Secretaria da Administração Federal, que promoverá a sua redistribuição a outros órgãos da Administração Pública Federal.

§ 2º A Secretaria de Administração Federal poderá alienar, mediante leilão, os bens móveis desnecessários ao Serviço Público Federal ou propor a sua doação, com ou sem encargos, através de leis que os nominem caso a caso, a Estados, ao Distrito Federal, a Territórios, a Municípios ou a instituições de educação ou de assistência social, sem fins lucrativos, como tal reconhecidas na forma da lei.

ART. 13. A Fundação Brasileira Centro de TV Educativa - FUNTEVÊ, passa a denominar-se Fundação Roquette Pinto, mantidas as suas funções e finalidades educacionais e culturais. (Renumerado do art. 10 pela Lei n. 8.154/1990.)

ART. 14. É o Poder Executivo autorizado a instituir a Fundação Nacional de Saúde (FNS), mediante incorporação da Fundação Serviços de Saúde (FSESP) e da Superintendências de Campanhas de Saúde Pública (Sucam), bem assim das atividades de Informática do Sistema Único de Saúde (SUS), desenvolvidas pela Empresa de Processamento de Dados da Previdência Social (Dataprev). (Alterado pela

Lei 8.101/1990.) (Renumerado do art. 11 pela Lei n. 8.154/1990.)

§ 1º As atribuições, os acervos, o pessoal e os recursos orçamentários da FSESP, da Sucam e os da Dataprev relativos às atividades de informática do SUS deverão ser transferidos para a FNS, no prazo de noventa dias contados da data de sua instituição. (Alterado pela Lei 8.101/1990.)

§ 2º A Fundação Nacional de Saúde poderá contratar empregados, sob o regime da legislação trabalhista, por tempo determinado, para atender a necessidade temporária e excepcional dos serviços de combate a epidemias e endemias, mediante prévia autorização da Secretaria de Administração Federal.

§ 3º Os servidores atualmente em exercício na Sucam e os que exerçam atividades relativas ao SUS, na Dataprev, poderão optar pela sua integração à FNS, no prazo de noventa dias da data de sua instituição. Caso não manifestem essa opção, aplicar-se-á: (Alterado pela Lei 8.101/1990.)

a) aos servidores em exercício na Sucam, o disposto no art. 28 da Lei n. 8.028, de 12 de abril de 1990; (Acrescentado pela Lei 8.101/1990.)

b) aos servidores em exercício na Dataprev, o disposto na legislação aplicável ao pessoal da empresa. (Acrescentado pela Lei 8.101/1990.)

§ 4º À Funasa, entidade de promoção e proteção à saúde, compete: (Acrescentado pela Lei 12.314/2010.)

I - (Vetado) (Acrescentado pela Lei 12.314/2010.)

II - fomentar soluções de saneamento para prevenção e controle de doenças; (Acrescentado pela Lei 12.314/2010.)

III - formular e implementar ações de promoção e proteção à saúde relacionados com as ações estabelecidas pelo Subsistema Nacional de Vigilância em Saúde Ambiental. (Acrescentado pela Lei 12.314/2010.)

ART. 15. O art. 190 do Decreto-Lei n. 200, de 25 de fevereiro de 1967, passa a vigorar com a seguinte redação: (Renumerado do art. 12 pela Lei n. 8.154/1990.)

- Alterações promovidas no texto do referido decreto-lei.

ART. 16. A Fundação Nacional do Bem-Estar do Menor, instituída pela Lei 4.513, de 1º de dezembro de 1964, passa a denominar-se Fundação Centro Brasileiro para a Infância e Adolescência. (Renumerado do art. 13 pela Lei n. 8.154/1990.)

Parágrafo único. A Fundação Centro Brasileiro para a Infância e Adolescência tem por objetivo formular, normatizar e coordenar a política de defesa dos direitos da criança e do adolescente, bem assim prestar assistência técnica a órgãos e entidades que executem essa política.

ART. 17. É o Poder Executivo autorizado a instituir o Instituto Nacional do Seguro Social - INSS, como autarquia federal, mediante fusão do Instituto de Administração da Previdência e Assistência Social - IAPAS, com o Instituto Nacional de Previdência Social - INPS, observado o disposto nos §§ 2º e 4º do art. 2º desta lei. (Renumerado do art. 14 pela Lei n. 8.154/1990.)

Parágrafo único. O Instituto Nacional do Seguro Social - INSS terá até sete superintendências regionais, com localização definida em decreto, de acordo com a atual divisão do território nacional em macrorregiões econômicas, adotada pela Fundação Instituto Brasileiro de Geografia e Estatística - IBGE, para fins estatísticos, as quais serão dirigidas por Superintendentes nomeados pelo Presidente da República.

ART. 18. (Renumerado do art. 15 pela Lei n. 8.154/1990.) (Revogado pela Lei 9.618/1998.)

ART. 19. É o Poder Executivo autorizado a promover: (Renumerado do art. 16 pela Lei n. 8.154/1990.)

I - (Revogado pela Lei 9.472/1997.)

II - a fusão da Companhia de Financiamento da Produção, da Companhia Brasileira de Alimentos, e da Companhia Brasileira de Armazenamento, que passarão a constituir a Companhia Nacional de Abastecimento, vinculada ao Ministério da Agricultura e Reforma Agrária. (Alterado pela Lei 8.344/1991.)

Parágrafo único. Constituem-se em objetivos básicos da Companhia Nacional de Abastecimento:

a) garantir ao pequeno e médio produtor os preços mínimos e armazenagem para guarda e conservação de seus produtos;

b) suprir carências alimentares em áreas desassistidas ou não suficientemente atendidas pela iniciativa privada;

c) fomentar o consumo dos produtos básicos e necessários à dieta alimentar das populações carentes;

d) formar estoques reguladores e estratégicos objetivando absorver excedentes e corrigir desequilíbrios decorrentes de manobras especulativas;

e) (Vetado).

f) participar da formulação de política agrícola; e

g) fomentar, através de intercâmbio com universidades, centros de pesquisas e organismos internacionais, a formação e aperfeiçoamento de pessoal especializado em atividades relativas ao setor de abastecimento.

h) assistir, mediante a doação de alimentos disponíveis em seus estoques, às comunidades e famílias atingidas por desastres naturais em Municípios em situação de emergência ou estado de calamidade pública reconhecidos pelo Poder Executivo federal, na forma do regulamento. (Acrescentado pela Lei 12.716/2012.)

ART. 19-A. A Companhia Nacional de Abastecimento (Conab) deve contratar transporte rodoviário de cargas com dispensa do procedimento licitatório para, no mínimo, 30% (trinta por cento) da demanda anual de frete da Companhia, obedecidos, cumulativamente, os seguintes requisitos: (Acrescentado pela Lei 13.713/2018.)

I - o contratado seja: (Acrescentado pela Lei 13.713/2018.)

a) cooperativa de transportadores autônomos de cargas instituída na forma prevista na Lei n. 5.764, de 16 de dezembro 1971; (Acrescentado pela Lei 13.713/2018.)

b) associação de transportadores autônomos de cargas constituída nos termos previstos nos arts. 53 a 61 da Lei n. 10.406, de 10 de janeiro de 2002 (Código Civil); (Acrescentado pela Lei 13.713/2018.)

II - o preço contratado não exceda o praticado nas tabelas referenciais utilizadas pela Conab; (Acrescentado pela Lei 13.713/2018.)

III - o contratado atenda aos requisitos estabelecidos no regulamento para contratação de serviços de transportes da Conab, aprovado em ato do Ministro de Estado da Agricultura, Pecuária e Abastecimento. (Acrescentado pela Lei 13.713/2018.)

Parágrafo único. A Conab pode deixar de observar o disposto no *caput* deste artigo na hipótese de a oferta de serviço de transporte de cargas pelas entidades mencionadas no inciso I do *caput* deste artigo não ser suficiente para suprir a demanda da Companhia. (Acrescentado pela Lei 13.713/2018.)

ART. 20. É o Poder Executivo autorizado a doar a Estados e Municípios, sem encargos para os donatários, a participação acionária da União nas seguintes empresas: Companhia de Navegação do São Francisco, Empresa de Navegação da Amazônia S.A. e Serviço de Navegação da Bacia do Prata S.A. (Renumerado do art. 17 pela Lei n. 8.154/1990.)

§ 1º Os créditos destinados a futuro aumento do capital social da Empresa de Navegação da Amazônia S.A., de titularidade da União, existentes na data da doação de que trata o *caput* deste artigo, serão transferidos juntamente com a participação acionária e nas mesmas condições. (Acrescentado pela Lei 9.819/1999.)

§ 2º A União sucederá a ENASA nas seguintes obrigações decorrentes de norma legal, ato administrativo ou contrato: (Acrescentado pela Lei 9.819/1999.)

I - relativas ao Instituto Nacional do Seguro Social, ao Imposto de Renda Pessoa Jurídica, à Contribuição para o Financiamento da Seguridade Social, à Contribuição Social sobre o Lucro e ao financiamento de embarcações por parte do Banco Nacional de Desenvolvimento Econômico e Social, existentes em 31 de dezembro de 1998; e (Acrescentado pela Lei 9.819/1999.)

II - relativas a ações trabalhistas, cujo fato gerador tenha ocorrido até 31 de dezembro de 1998. (Acrescentado pela Lei 9.819/1999.)

ART. 21. Nos casos de dissolução de sociedades de economia mista, bem assim nos de empresas públicas que revistam a forma de sociedades por ações, a liquidação far-se-á de acordo com o disposto nos arts. 208 e 210 a 218, da Lei n. 6.404, de 15 de dezembro de 1976, e nos respectivos estatutos sociais. (Renumerado do art. 18 pela Lei n. 8.154/1990.)

§ 1º A Procuradoria-Geral da Fazenda Nacional convocará, no prazo de oito dias após o decreto de dissolução da sociedade, assembleia geral de acionistas para os fins de:

a) nomear o liquidante, cuja escolha deverá recair em servidor efetivo ou aposentado da Administração Pública Federal direta, autárquica ou fundacional, indicado pelo Ministério do Planejamento, Orçamento e Gestão, o qual terá remuneração equivalente à do cargo de Presidente da companhia e poderá manter vigentes os contratos de trabalho dos empregados da sociedade liquidanda, que forem estritamente necessários à liquidação, devendo, quanto aos demais, rescindir os contratos de trabalho, com a imediata quitação dos correspondentes direitos; (Alterado pela Med. Prov. 2.216-37/2001.)

b) declarar extintos os mandatos e cessada a investidura do presidente, dos diretores e dos membros dos Conselhos de Administração e Fiscal da sociedade, sem prejuízo da responsabilidade pelos respectivos atos de gestão e de fiscalização;

c) nomear os membros do Conselho Fiscal que deverá funcionar durante a liquidação, dele fazendo parte representante do Tesouro Nacional; e

d) fixar o prazo no qual se efetivará a liquidação.

§ 2º O liquidante, além de suas obrigações, incumbir-se-á das providências relativas à fiscalização orçamentária e financeira da entidade em liquidação, nos termos da Lei n. 6.223, de 14 de julho de 1975, alterada pela Lei 6.525, de 11 de abril de 1975.

§ 3º Para os efeitos do disposto no parágrafo anterior, o liquidante será assistido pela

Secretaria de Controle Interno do Ministério da Economia, Fazenda e Planejamento.

§ 4º Aplicam-se as normas deste artigo, no que couber, à liquidação de empresas públicas que se revistam outras formas admitidas pelo direito.

§ 5º (Vetado).

ART. 22. As entidades a que se refere o art. 2º desta lei sucederão as fundações nele referidas, nos seus direitos e obrigações decorrentes de norma legal, ato administrativo ou contrato, bem assim nas demais obrigações pecuniárias. (Renumerado do art. 19 pela Lei n. 8.154/1990.)

ART. 23. A União sucederá a entidade, que venha a ser extinta ou dissolvida, nos seus direitos e obrigações decorrentes de norma legal, ato administrativo ou contrato, bem assim nas demais obrigações pecuniárias. (Renumerado do art. 20 pela Lei n. 8.154/1990.)

§ 1º O Poder Executivo disporá, em decreto, a respeito da execução dos contratos em vigor, celebrados pelas entidades a que se refere este artigo, podendo, inclusive, por motivo de interesse público, declarar a sua suspensão ou rescisão.

§ 2º (Vetado).

ART. 24. A Procuradoria-Geral da Fazenda Nacional adotará as providências necessárias à celebração de aditivos visando à adaptação dos instrumentos contratuais por ela firmados aos preceitos legais que regem os contratos em que seja parte a União. (Renumerado do art. 21 pela Lei n. 8.154/1990.)

Parágrafo único. Nos aditivos a contratos de créditos externo constará, obrigatoriamente, cláusula excluindo a jurisdição de tribunais estrangeiros, admitida, tão-somente, a submissão de eventuais dúvidas e controvérsias dela decorrentes, à justiça brasileira ou à arbitragem, nos termos do art. 11 do Decreto-Lei n. 1.312, de 15 de fevereiro de 1974.

ART. 25. O Presidente da República disporá sobre a transferência das atribuições do extinto Instituto do Açúcar e do Álcool (IAA) aos órgãos e entidades da Administração Pública Federal. (Renumerado do art. 22 pela Lei n. 8.154/1990.)

ART. 26. São cancelados os débitos de qualquer natureza para com a Fazenda Nacional, de responsabilidade das entidades que vierem a ser extintas ou dissolvidas em virtude do disposto nesta lei. (Renumerado do art. 23 pela Lei n. 8.154/1990.)

ART. 27. Os servidores em exercício nas autarquias e fundações extintas nos termos desta lei, que não sejam aproveitados nas entidades que incorporaram as suas atribuições, serão colocados em disponibilidade, observado o disposto na lei que resultou da conversão da Medida Provisória n. 150, de 1990. (Renumerado do art. 24 pela Lei n. 8.154/1990.)

ART. 28. (Vetado). (Renumerado do art. 25 pela Lei n. 8.154/1990.)

ART. 29. (Vetado). (Renumerado do art. 26 pela Lei n. 8.154/1990.)

ART. 30. É o Poder Executivo autorizado a adaptar os estatutos do Instituto de Planejamento Econômico e Social - IPEA e da Fundação Nacional do Bem-Estar do Menor - FUNABEM, às alterações decorrentes do disposto, respectivamente, nos arts. 12 e 13, as quais serão averbadas no Registro Civil das Pessoas Jurídicas. (Renumerado do art. 27 pela Lei n. 8.154/1990.)

ART. 31. O Adicional de Tarifa Portuária - ATP, a que se refere a Lei n. 7.700, de 21 de dezembro de 1988, passa a ser recolhido como receita vinculada da União, de acordo com o disposto no art. 1º do Decreto-Lei n. 1.755, de 7 de dezembro de 1979, e aplicado o produto de sua arrecadação em programas aprovados no orçamento anual para o Ministério da Infraestrutura. (Renumerado do art. 28 pela Lei n. 8.154/1990.)

ART. 32. O Conselho de Governo proporá o Programa Nacional de Apoio à Pequena e Média Empresa e o Programa Nacional de Alfabetização, a serem submetidos ao Congresso Nacional. (Renumerado do art. 29 pela Lei n. 8.154/1990.)

ART. 33. Esta lei entra em vigor na data de sua publicação. (Renumerado do art. 30 pela Lei n. 8.154/1990.)

ART. 34. Revogam-se o Decreto-Lei n. 2.421, de 29 de março de 1988, o art. 5º da Lei n. 4.513, de 1º de dezembro de 1964, e as demais disposições em contrário. (Renumerado do art. 31 pela Lei n. 8.154/1990.)

Brasília, 12 de abril de 1990; 169º da Independência e 102º da República.

FERNANDO COLLOR

LEI N. 8.032, DE 12 DE ABRIL DE 1990

Dispõe sobre a isenção ou redução de impostos de importação, e dá outras providências.

- *DOU*, 13.04.1990.
- Conversão da Med. Prov. 158/1990.
- Lei 8.076/1990 (Estabelece hipóteses nas quais fica suspensa a concessão de medidas liminares).
- Lei 8.402/1992 (Restabelece os incentivos fiscais que menciona).

O Presidente da República. Faço saber que o Congresso Nacional decreta e eu sanciono a seguinte lei:

ART. 1º Ficam revogadas as isenções e reduções do Imposto de Importação e do Imposto sobre Produtos Industrializados, de caráter geral ou especial, que beneficiam bens de procedência estrangeira, ressalvadas as hipóteses previstas nos artigos 2º a 6º desta lei.

Parágrafo único. As ressalvas estabelecidas no *caput* deste artigo aplicam-se às importações realizadas nas situações relacionadas no inciso I do art. 2º. (Alterado pela Lei 13.243/2016.)

ART. 2º As isenções e reduções do Imposto de Importação ficam limitadas, exclusivamente:

I - às importações realizadas:

a) pela União, pelos Estados, pelo Distrito Federal, pelos Territórios, pelos Municípios e pelas respectivas autarquias;

b) pelos partidos políticos e pelas instituições de educação ou de assistência social;

c) pelas Missões Diplomáticas e Repartições Consulares de caráter permanente e pelos respectivos integrantes;

d) pelas representações de organismos internacionais de caráter permanente, inclusive os de âmbito regional, dos quais o Brasil seja membro, e pelos respectivos integrantes;

e) por Instituições Científica, Tecnológica e de Inovação (ICTs), definidas pela Lei n. 10.973, de 2 de dezembro de 2004; (Alterado pela Lei 13.243/2016.)

f) por cientistas e pesquisadores, nos termos do § 2º do art. 1º da Lei n. 8.010, de 29 de março de 1990; (Incluído pela Lei 10.964/2004.)

g) por empresas, na execução de projetos de pesquisa, desenvolvimento e inovação, cujos critérios e habilitação serão estabelecidos pelo poder público, na forma de regulamento; (Acrescentado pela Lei 13.243/2016.)

- Dec. 9.283/2018 (Regulamenta esta alínea.)

II - aos casos de:

a) importação de livros, jornais, periódicos e do papel destinado à sua reprodução;

b) amostras e remessas postais internacionais, sem valor comercial;

c) remessas postais e encomendas aéreas internacionais destinadas à pessoa física;

d) bagagem de viajantes procedentes do exterior ou da Zona Franca de Manaus;

e) bens adquiridos em Loja Franca, no País;

f) bens trazidos do exterior, referidos na alínea b do § 2º do art. 1º do Decreto-Lei n. 2.120, de 14 de maio de 1984;

g) bens importados sob o regime aduaneiro especial de que trata o inciso III, do artigo 78, do Decreto-Lei n. 37, de 18 de novembro de 1966;

h) gêneros alimentícios de primeira necessidade, fertilizantes e defensivos para aplicação na agricultura ou pecuária, bem assim matérias-primas para sua produção no País, importados ao amparo do art. 4º da Lei n. 3.244, de 14 de agosto de 1957, com a redação dada pelo art. 7º do Decreto-Lei n. 63, de 21 de novembro de 1966;

i) bens importados ao amparo da Lei n. 7.232, de 29 de outubro de 1984;

j) partes, peças e componentes destinados ao reparo, revisão e manutenção de aeronaves e embarcações;

l) importação de medicamentos destinados ao tratamento de aidéticos, bem como de instrumental científico destinado à pesquisa da Síndrome da Deficiência Imunológica Adquirida, sem similar nacional, os quais ficarão isentos, também, dos tributos internos;

m) bens importados pelas áreas de livre comércio;

n) bens adquiridos para industrialização nas Zonas de Processamento de Exportações (ZPEs).

§ 1º As isenções referidas neste artigo serão concedidas com observância da legislação respectiva. (Renumerado do parágrafo único pela Lei 13.243/2016.)

§ 2º (Vetado). (Acrescentado pela Lei 13.243 /2016.)

ART. 3º Fica assegurada a isenção ou redução do Imposto sobre Produtos Industrializados, conforme o caso:

I - nas hipóteses previstas no art. 2º desta lei, desde que satisfeitos os requisitos e condições exigidos para a concessão do benefício análogo relativo ao Imposto de Importação;

II - nas hipóteses de tributação especial de bagagem ou de tributação simplificada de remessas postais e encomendas aéreas internacionais.

ART. 4º Fica igualmente assegurado às importações efetuadas para a Zona Franca de Manaus e Amazônia Ocidental o tratamento tributário previsto nos arts. 3º e 7º do Decreto-Lei n. 288, de 28 de fevereiro de 1967, e no art. 2º do Decreto-Lei n. 356, de 15 de agosto de 1968, com a redação dada pelo art. 3º do Decreto-Lei n. 1.435, de 16 de dezembro de 1975.

ART. 5º O regime aduaneiro especial de que trata o inciso II do art. 78 do Decreto-Lei n. 37, de 18 de novembro de 1966, poderá ser aplicado à importação de matérias-primas, produtos intermediários e componentes destinados à fabricação, no País, de máquinas e equipamentos a serem fornecidos no mercado interno, em decorrência de licitação internacional, contra pagamento em moeda conversível proveniente de financiamento concedido por instituição financeira internacional, da qual o Brasil participe, ou por entidade governamental estrangeira ou, ainda, pelo Banco Nacional de Desenvolvimento Econômico e Social - BNDES, com recursos captados no exterior. (Redação dada pela Lei 10.184/2001.)

- Lei 11.732/2001 (Altera as Leis n. 11.508, de 20 de julho de 2007, que dispõe sobre o regime tributário, cambial e administrativo das Zonas de Processamento de Exportação, e 8.256, de 25 de novembro de 1991, que cria áreas de livre comércio nos municípios de Boa Vista e Bonfim, no Estado de Roraima).

ART. 6º Os bens objeto de isenção ou redução do Imposto de Importação, em decorrência de acordos internacionais firmados pelo Brasil, terão o tratamento tributário neles previsto.

ART. 7º Os bens importados com alíquotas zero do Imposto de Importação estão sujeitos aos tributos internos, nos termos das respectivas legislações.

ART. 8º (Revogado pela Lei 8.085/1990).

ART. 9º (Revogado pela Lei 10.206/2001).

§ 1º (Vetado.)

§ 2º É vedada a concessão de recursos do Fundo da Marinha Mercante a fundo perdido, ressalvadas as operações já autorizadas na data da publicação desta lei.

§ 3º O produto da arrecadação do Adicional de Tarifa Portuária (ATP) (Lei n. 7.700, de 21 de dezembro de 1988) passa a ser aplicado, a partir de 1º de janeiro de 1991, pelo Banco Nacional do Desenvolvimento Econômico e Social de acordo com normas baixadas pelos Ministérios da Infraestrutura e da Economia, Fazenda e Planejamento.

ART. 10. O disposto no art. 1º desta lei não se aplica:

I - às isenções e reduções comprovadamente concedidas nos termos da legislação respectiva até a data da entrada em vigor desta lei;

II - aos bens importados, a título definitivo, amparados por isenção ou redução na forma da legislação anterior, cujas guias de importação tenham sido emitidas até a data da entrada em vigor desta lei.

III - (Vetado.)

ART. 11. Ficam suspensas por 180 (cento e oitenta) dias a criação e implantação de Zonas de Processamento de Exportações (ZPEs) a que se refere o Decreto-Lei n. 2.452, 29 de julho de 1988, e aprovação de projetos industriais e instalação de empresas nas já criadas.

ART. 12. Esta lei entra em vigor na data de sua publicação.

ART. 13. Revogam-se o Decreto-Lei n. 1.953, de 3 de agosto de 1982, e demais disposições em contrário.

Brasília, 12 de abril de 1990;
169º da Independência e 102º da República.
FERNANDO COLLOR

LEI N. 8.033, DE 12 DE ABRIL DE 1990

Altera, mediante conversão em lei das Medidas Provisórias n. 160, de 15 de março de 1990, e 171, de 17 de março de 1990, a legislação do Imposto sobre Operações Financeiras, instituindo incidências de caráter transitório sobre os atos que menciona, e dá outras providências.

- *DOU*, 13.04.1990.
- Lei 8.076/1990 (Estabelece hipóteses nas quais fica suspensa a concessão de medidas liminares).

O Presidente da República. Faço saber que o Congresso Nacional decreta e eu sanciono a seguinte lei:

ART. 1º São instituídas as seguintes incidências do imposto sobre operações de crédito, câmbio e seguro, ou relativas a títulos ou valores mobiliários:

I - transmissão ou resgate de títulos a valores mobiliários, públicos e privados, inclusive de aplicações de curto prazo, tais como letras de câmbio, depósitos a prazo com ou sem emissão de certificado, letras imobiliárias, debêntures e cédulas hipotecárias;

II - transmissão de ouro definido pela legislação como ativo financeiro;

- Execução suspensa pela RSF 52/1999.

III - transmissão ou resgate de título representativo de ouro;

- Execução suspensa pela RSF 52/1999.

IV - transmissão de ações de companhias abertas e das consequentes bonificações emitidas;

V - saques efetuados em cadernetas de poupança.

- Execução suspensa pela RSF 28/2007.

ART. 2º O imposto ora instituído terá as seguintes características:

I - somente incidirá sobre operações praticadas com ativos e aplicações, de cujo principal o contribuinte era titular em 16 de março de 1990;

II - incidirá uma só vez sobre as operações especificadas em cada um dos incisos do artigo anterior, praticadas a partir de 16 de março de 1990 com o título ou valor mobiliário, excluída sua incidência nas operações sucessivas que tenham por objeto o mesmo título ou valor mobiliário;

III - não prejudicará as incidências já estabelecidas na legislação, constituindo, quando ocorrer essa hipótese, um adicional para as operações já tributadas por essa legislação;

IV - não incidirá relativamente a ações, caso o valor total detido pelo titular, em 16 de março de 1990, seja igual ou inferior a 10.000 BTNs fiscais;

V - não incidirá relativamente aos depósitos em cadernetas de poupança cujo valor total dos depósitos detidos pelo titular, em 16 de março de 1990, seja igual ou inferior a 3.500 VRF;

VI - não incidirá sobre o resgate de quotas de fundos em condomínio, sobre o resgate dos títulos integrantes das carteiras das instituições financeiras vinculados a acordos de recompra e sobre os depósitos caracterizadamente interfinanceiros entre empresas do mesmo grupo.

VII - não incidirá relativamente a ações nas seguintes hipóteses: (Acrescentado pela Lei 8.383/1991.)

a) transmissão *causa mortis* e adiantamento da legítima; (Acrescentada pela Lei 8.383/1991.)

b) sucessão decorrente de fusão, cisão ou incorporação; (Acrescentada pela Lei 8.383/1991.)

c) transferência das ações para sociedade controlada. (Acrescentada pela Lei 8.383/1991.)

§ 1º a apuração do valor total das ações detidas, pelo titular, mencionado no inciso IV deste artigo, será obtida tomando-se por base:

a) o valor da ação no último pregão da bolsa em que tenha sido mais negociada, anterior a 16 de março de 1990, atualizado até 30 de março de 1990, de acordo com a variação verificada no índice representativo de ações da bolsa de valores de maior movimento no País e convertido o valor apurado, nessa data, em BTN Fiscal; e

b) caso não seja possível determinar o valor de acordo com o critério estabelecido na alínea anterior, o valor patrimonial da ação em BTN Fiscal, segundo o último balanço da respectiva sociedade.

§ 2º A apuração do valor total dos depósitos em cadernetas de poupança, mencionado no inciso V, será obtida considerando-se a soma dos saldos das contas nas respectivas datas de crédito de rendimento do mês de março de 1990, já incluídos os depósitos efetuados neste mês, convertidos em BTN Fiscal, pelo valor vigente nessas datas.

§ 3º No caso das aplicações financeiras mencionadas no inciso I do art. 1º, o imposto de que trata esta lei não incidirá sobre os ativos das instituições financeiras aos quais corresponda operação passiva de idêntica natureza.

§ 4º Nas hipóteses do inciso VII, o imposto incidirá na ulterior transmissão das ações pelos herdeiros, legatários, donatários, sucessores e cessionários. (Acrescentada pela Lei 8.383/1991.)

ART. 3º A base de cálculo do imposto de que trata esta lei é:

I - nas hipóteses de que trata o inciso I do art. 1º, o valor transmitido ou resgatado;

II - nas hipóteses de que trata os incisos II e III do art. 1º, o valor da operação;

III - nas hipóteses de que trata o inciso IV do art. 1º, o valor da operação, observada a dedução prevista no § 1º do art. 7º;

IV - na hipótese de que trata o inciso V do art. 1º, o valor do saque, observada a dedução prevista no § 1º do art. 7º.

Parágrafo único. No caso de aquisição de ações e ouro, por exercício de opção, a base de cálculo será obtida utilizando-se o preço médio observado em pregão no dia do exercício, assegurada, para as ações, a dedução prevista no § 1º do art. 7º.

ART. 4º Fica estabelecida a obrigatoriedade da apresentação, pelo contribuinte, até 18 de maio de 1990, declaração discriminando os ativos financeiros mencionados nos incisos II, III, IV e V do artigo 1º, quando ocorrer, pelo menos, uma das seguintes hipóteses:

I - o contribuinte possuir ouro;

II - o valor total das ações for superior a 10.000 BTNs Fiscais; ou

III - o valor total dos saldos de cadernetas de poupança for superior a 3.500 VRF.

Parágrafo único. O Departamento da Receita Federal do Ministério da Economia, Fazenda e Planejamento estabelecerá as formas em que serão apresentadas as informações de que trata este artigo.

ART. 5º A alíquota do imposto de que trata esta lei é de:

I - 8%, nas hipóteses de que trata o inciso I do art. 1º;

II - 35%, nas hipóteses de que tratam os incisos II e III do art. 1º;

III - 25%, nas hipóteses de que trata o inciso IV do art. 1º;

IV - 20%, na hipótese de que trata o inciso V do art. 1º.

ART. 6º As alíquotas previstas nos incisos II, III e IV do artigo anterior serão reduzidas, respectivamente, para 15%, para 8% e para 8%, se o contribuinte, até 18 de maio de 1990, optar pelo pagamento antecipado do imposto previsto no artigo 1º, oportunidade em que lhe será concedido o parcelamento em 5 prestações mensais, iguais e sucessivas, atualizadas pela variação do BTN Fiscal.

§ 1º A intenção do contribuinte em optar pela antecipação do imposto deverá ser indicada na declaração de que trata o art. 4º.

§ 2º A opção pela antecipação poderá ser exercida em relação a cada espécie de ativo, isoladamente considerado, pelo seu valor total.

§ 3º Na hipótese de antecipação, a base de cálculo do imposto observará:

a) no caso dos incisos II e III do art. 1º, o valor do ouro apurado com base na média dos preços convertidos em BTN Fiscal, obtidos nos pregões da bolsa de mercadorias de maior movimento no País realizados no mês de março de 1990;

b) no caso dos incisos IV e V do art. 1º, o critério estabelecido nos §§ 1º e 2º do art. 2º desta lei.

ART. 7º O pagamento da primeira parcela da antecipação previsto no art. 6º será feito até 18 de maio de 1990, após a apresentação da declaração a que se refere o art. 4º, através do Documento de Arrecadação de Receitas Federais - DARF.

§ 1º No cálculo do valor a ser antecipado serão deduzidos os valores mencionados nos incisos IV e V do artigo 2º, respectivamente, para as ações e para os depósitos de poupança.

§ 2º O valor antecipado poderá ser pago em cruzados novos, não se admitindo, neste caso, o parcelamento.

§ 3º o pagamento será efetuado mediante a conversão em cruzeiros, na data do pagamento, do valor apurado em BTNs Fiscais, segundo o critério fixado no § 3º do art. 6º.

ART. 8º Para os casos em que não houver opção do contribuinte pela antecipação, o Departamento da Receita Federal baixará normas com vistas a permitir a redução prevista no § 1º do artigo anterior.

Parágrafo único. Na hipótese deste artigo, somente será admitido o pagamento em cruzeiros.

ART. 9º São contribuintes do imposto de que trata esta lei:

I - o transmitente ou beneficiário do pagamento do resgate, nas hipóteses de que tratam o inciso I do art. 1º;

II - o transmitente, na hipótese de que trata o inciso II do artigo 1º;

III - o transmitente ou beneficiário do pagamento do resgate, nas hipóteses de que trata o inciso III do artigo 1º;

IV - o transmitente, nas hipóteses de que trata o inciso IV do artigo 1º;

V - o sacador, na hipótese de que trata o inciso V do artigo 1º.

Parágrafo único. Nas hipóteses do inciso I do art. 1º, a responsabilidade pela retenção e recolhimento do imposto será da instituição financeira pagadora, exceto nos casos em que o beneficiário for outra instituição financeira, quando caberá a esta outra o recolhimento do tributo.

ART. 10. Para a facilidade de implementação e fiscalização da presente lei, sem prejuízo do sigilo legalmente estabelecido, é facultado à autoridade fiscal do Banco Central do Brasil e do Departamento da Receita Federal, proceder a fiscalizações junto aos agentes do Sistema Financeiro da Habitação e em quaisquer das entidades que interfiram, direta ou indiretamente, no mercado de títulos ou valores mobiliários, inclusive instituições financeiras e sociedades corretoras e distribuidoras, que são obrigadas a prestar as informações que lhes forem exigidas por aquela autoridade.

ART. 11. A custódia de títulos, valores mobiliários e ouro somente poderá ser levantada depois de assegurado o pagamento do imposto ora instituído.

ART. 12. O Banco Central do Brasil e o Departamento da Receita Federal expedirão, em ato conjunto, as normas necessárias à efetiva aplicação desta lei, especialmente as destinadas a fixar os prazos para pagamento do imposto.

ART. 13. (Vetado).

ART. 14. Esta lei entra em vigor na data de sua publicação.

Brasília, 12 de abril de 1990; 169º da Independência e 102º da República.

FERNANDO COLLOR

LEI N. 8.073, DE 30 DE JULHO DE 1990

Estabelece a Política Nacional de Salários e dá outras providências.

▸ *DOU*, 31.07.1990.

O Presidente da República. Faço saber que o Congresso Nacional decreta e eu sanciono a seguinte lei:

ART. 1º (Vetado).

ART. 2º (Vetado).

ART. 3º As entidades sindicais poderão atuar como substitutos processuais dos integrantes da categoria.

Parágrafo único. (Vetado).

ART. 4º Esta lei entra em vigor na data de sua publicação.

ART. 5º Revogam-se as disposições em contrário.

Brasília, 30 de julho de 1990; 169º da Independência e 102º da República.

FERNANDO COLLOR

LEI N. 8.080, DE 19 DE SETEMBRO DE 1990

Dispõe sobre as condições para a promoção, proteção e recuperação da saúde, a organização e o funcionamento dos serviços correspondentes e dá outras providências.

▸ *DOU*, 20.9.1990.

▸ Dec. 1.651/1995 (Regulamenta o Sistema Nacional de Auditoria no âmbito do SUS).

▸ Dec. 7.508/2011 (Regulamenta esta lei.)

O Presidente da República. Faço saber que o Congresso Nacional decreta e eu sanciono a seguinte lei:

DISPOSIÇÃO PRELIMINAR

ART. 1º Esta lei regula, em todo o território nacional, as ações e serviços de saúde, executados isolada ou conjuntamente, em caráter permanente ou eventual, por pessoas naturais ou jurídicas de direito Público ou privado.

TÍTULO I
DAS DISPOSIÇÕES GERAIS

ART. 2º A saúde é um direito fundamental do ser humano, devendo o Estado prover as condições indispensáveis ao seu pleno exercício.

§ 1º O dever do Estado de garantir a saúde consiste na formulação e execução de políticas econômicas e sociais que visem à redução de riscos de doenças e de outros agravos e no estabelecimento de condições que assegurem acesso universal e igualitário às ações e aos serviços para a sua promoção, proteção e recuperação.

§ 2º O dever do Estado não exclui o das pessoas, da família, das empresas e da sociedade.

ART. 3º Os níveis de saúde expressam a organização social e econômica do País, tendo a saúde como determinantes e condicionantes, entre outros, a alimentação, a moradia, o saneamento básico, o meio ambiente, o trabalho, a renda, a educação, a atividade física, o transporte, o lazer e o acesso aos bens e serviços essenciais. (Alterado pela Lei 12.864/2013.)

Parágrafo único. Dizem respeito também à saúde as ações que, por força do disposto no artigo anterior, se destinam a garantir às pessoas e à coletividade condições de bem-estar físico, mental e social.

TÍTULO II
DO SISTEMA ÚNICO DE SAÚDE

DISPOSIÇÃO PRELIMINAR

ART. 4º O conjunto de ações e serviços de saúde, prestados por órgãos e instituições públicas federais, estaduais e municipais, da Administração direta e indireta e das fundações mantidas pelo Poder Público, constitui o Sistema Único de Saúde (SUS).

§ 1º Estão incluídas no disposto neste artigo as instituições públicas federais, estaduais e municipais de controle de qualidade, pesquisa e produção de insumos, medicamentos, inclusive de sangue e hemoderivados, e de equipamentos para saúde.

§ 2º A iniciativa privada poderá participar do Sistema Único de Saúde (SUS), em caráter complementar.

CAPÍTULO I
DOS OBJETIVOS E ATRIBUIÇÕES

ART. 5º São objetivos do Sistema Único de Saúde SUS:

I - a identificação e divulgação dos fatores condicionantes e determinantes da saúde;

II - a formulação de política de saúde destinada a promover, nos campos econômico e social, a observância do disposto no § 1º do art. 2º desta lei;

III - a assistência às pessoas por intermédio de ações de promoção, proteção e recuperação da saúde, com a realização integrada das ações assistenciais e das atividades preventivas.

ART. 6º Estão incluídas ainda no campo de atuação do Sistema Único de Saúde (SUS):

I - a execução de ações:

a) de vigilância sanitária;

b) de vigilância epidemiológica;

c) de saúde do trabalhador; e

d) de assistência terapêutica integral, inclusive farmacêutica;

II - a participação na formulação da política e na execução de ações de saneamento básico;

III - a ordenação da formação de recursos humanos na área de saúde;

IV - a vigilância nutricional e a orientação alimentar;

V - a colaboração na proteção do meio ambiente, nele compreendido o do trabalho;

VI - a formulação da política de medicamentos, equipamentos, imunobiológicos e outros insumos de interesse para a saúde e a participação na sua produção;

VII - o controle e a fiscalização de serviços, produtos e substâncias de interesse para a saúde;

VIII - a fiscalização e a inspeção de alimentos, água e bebidas para consumo humano;

IX - a participação no controle e na fiscalização da produção, transporte, guarda e utilização de substâncias e produtos psicoativos, tóxicos e radioativos;

X - o incremento, em sua área de atuação, do desenvolvimento científico e tecnológico;

XI - a formulação e execução da política de sangue e seus derivados.

§ 1º Entende-se por vigilância sanitária um conjunto de ações capaz de eliminar, diminuir ou prevenir riscos à saúde e de intervir nos problemas sanitários decorrentes do meio ambiente, da produção e circulação de bens e da prestação de serviços de interesse da saúde, abrangendo:

I - o controle de bens de consumo que, direta ou indiretamente, se relacionem com a saúde, compreendidas todas as etapas e processos, da produção ao consumo; e

II - o controle da prestação de serviços que se relacionam direta ou indiretamente com a saúde.

§ 2º Entende-se por vigilância epidemiológica um conjunto de ações que proporcionam o conhecimento, a detecção ou prevenção de qualquer mudança nos fatores determinantes e condicionantes de saúde individual ou coletiva, com a finalidade de recomendar e adotar as medidas de prevenção e controle das doenças ou agravos.

§ 3º Entende-se por saúde do trabalhador, para fins desta lei, um conjunto de atividades que se destina, através das ações de vigilância epidemiológica e vigilância sanitária, à promoção e proteção da saúde dos trabalhadores, assim como visa à recuperação e reabilitação da saúde dos trabalhadores submetidos aos riscos e agravos advindos das condições de trabalho, abrangendo:

I - assistência ao trabalhador vítima de acidentes de trabalho ou portador de doença profissional e do trabalho;

II - participação, no âmbito de competência do Sistema Único de Saúde (SUS), em estudos, pesquisas, avaliação e controle dos riscos e agravos potenciais à saúde existentes no processo de trabalho;

III - participação, no âmbito de competência do Sistema Único de Saúde (SUS), da normatização, fiscalização e controle das condições de produção, extração, armazenamento, transporte, distribuição e manuseio de substâncias, de produtos, de máquinas e de equipamentos que apresentam riscos à saúde do trabalhador;

IV - avaliação do impacto que as tecnologias provocam à saúde;

V - informação ao trabalhador e à sua respectiva entidade sindical e às empresas sobre os riscos de acidentes de trabalho, doença profissional e do trabalho, bem como os resultados de fiscalizações, avaliações ambientais e exames de saúde, de admissão, periódicos e de demissão, respeitados os preceitos da ética profissional;

VI - participação na normatização, fiscalização e controle dos serviços de saúde do trabalhador nas instituições e empresas públicas e privadas;

VII - revisão periódica da listagem oficial de doenças originadas no processo de trabalho, tendo na sua elaboração a colaboração das entidades sindicais; e

VIII - a garantia ao sindicato dos trabalhadores de requerer ao órgão competente a interdição de máquina, de setor de serviço ou de todo ambiente de trabalho, quando houver exposição a risco iminente para a vida ou saúde dos trabalhadores.

CAPÍTULO II
DOS PRINCÍPIOS E DIRETRIZES

ART. 7º As ações e serviços públicos de saúde e os serviços privados contratados ou conveniados que integram o Sistema Único de Saúde (SUS), são desenvolvidos de acordo com as diretrizes previstas no art. 198 da Constituição Federal, obedecendo ainda aos seguintes princípios:

I - universalidade de acesso aos serviços de saúde em todos os níveis de assistência;

II - integralidade de assistência, entendida como conjunto articulado e contínuo das ações e serviços preventivos e curativos, individuais e coletivos, exigidos para cada caso em todos os níveis de complexidade do sistema;

III - preservação da autonomia das pessoas na defesa de sua integridade física e moral;

IV - igualdade da assistência à saúde, sem preconceitos ou privilégios de qualquer espécie;

V - direito à informação, às pessoas assistidas, sobre sua saúde;

VI - divulgação de informações quanto ao potencial dos serviços de saúde e a sua utilização pelo usuário;

VII - utilização da epidemiologia para o estabelecimento de prioridades, a alocação de recursos e a orientação programática;

VIII - participação da comunidade;

IX - descentralização político-administrativa, com direção única em cada esfera de governo:

a) ênfase na descentralização dos serviços para os municípios;

b) regionalização e hierarquização da rede de serviços de saúde;

X - integração em nível executivo das ações de saúde, meio ambiente e saneamento básico;

XI - conjugação dos recursos financeiros, tecnológicos, materiais e humanos da União, dos Estados, do Distrito Federal e dos Municípios na prestação de serviços de assistência à saúde da população;

XII - capacidade de resolução dos serviços em todos os níveis de assistência; e

XIII - organização dos serviços públicos de modo a evitar duplicidade de meios para fins idênticos.

XIV - organização de atendimento público específico e especializado para mulheres e vítimas de violência doméstica em geral, que garanta, entre outros, atendimento, acompanhamento psicológico e cirurgias plásticas reparadoras, em conformidade com a Lei n. 12.845, de 1º de agosto de 2013. (Alterado pela Lei 13.427/2017.)

CAPÍTULO III
DA ORGANIZAÇÃO, DA DIREÇÃO E DA GESTÃO

ART. 8º As ações e serviços de saúde, executados pelo Sistema Único de Saúde (SUS), seja diretamente ou mediante participação complementar da iniciativa privada, serão organizados de forma regionalizada e hierarquizada em níveis de complexidade crescente.

ART. 9º A direção do Sistema Único de Saúde (SUS) é única, de acordo com o inciso I do art. 198 da Constituição Federal, sendo exercida em cada esfera de governo pelos seguintes órgãos:

I - no âmbito da União, pelo Ministério da Saúde;

II - no âmbito dos Estados e do Distrito Federal, pela respectiva Secretaria de Saúde ou órgão equivalente; e

III - no âmbito dos Municípios, pela respectiva Secretaria de Saúde ou órgão equivalente.

ART. 10. Os municípios poderão constituir consórcios para desenvolver em conjunto as ações e os serviços de saúde que lhes correspondam.

§ 1º Aplica-se aos consórcios administrativos intermunicipais o princípio da direção única, e os respectivos atos constitutivos disporão sobre sua observância.

§ 2º No nível municipal, o Sistema Único de Saúde (SUS), poderá organizar-se em distritos de forma a integrar e articular recursos, técnicas e práticas voltadas para a cobertura total das ações de saúde.

ART. 11. (Vetado).

ART. 12. Serão criadas comissões intersetoriais de âmbito nacional, subordinadas ao Conselho Nacional de Saúde, integradas pelos Ministérios e órgãos competentes e por entidades representativas da sociedade civil.

Parágrafo único. As comissões intersetoriais terão a finalidade de articular políticas e programas de interesse para a saúde, cuja execução envolva áreas não compreendidas no âmbito do Sistema Único de Saúde (SUS).

ART. 13. A articulação das políticas e programas, a cargo das comissões intersetoriais, abrangerá, em especial, as seguintes atividades:

I - alimentação e nutrição;

II - saneamento e meio ambiente;

III - vigilância sanitária e farmacoepidemiologia;

IV - recursos humanos;

V - ciência e tecnologia; e

VI - saúde do trabalhador.

ART. 14. Deverão ser criadas Comissões Permanentes de integração entre os serviços de saúde e as instituições de ensino profissional e superior.

Parágrafo único. Cada uma dessas comissões terá por finalidade propor prioridades, métodos e estratégias para a formação e educação continuada dos recursos humanos do Sistema Único de Saúde (SUS), na esfera correspondente, assim como em relação à pesquisa e à cooperação técnica entre essas instituições.

ART. 14-A. As Comissões Intergestores Bipartite e Tripartite são reconhecidas como foros de negociação e pactuação entre gestores, quanto aos aspectos operacionais do Sistema Único de Saúde (SUS). (Acrescentado pela Lei 12.466/2011.)

Parágrafo único. A atuação das Comissões Intergestores Bipartite e Tripartite terá por objetivo: (Acrescentado pela Lei 12.466/2011.)

I - decidir sobre os aspectos operacionais, financeiros e administrativos da gestão compartilhada do SUS, em conformidade com a definição da política consubstanciada em planos de saúde, aprovados pelos conselhos de saúde; (Acrescentado pela Lei 12.466/2011.)

II - definir diretrizes, de âmbito nacional, regional e intermunicipal, a respeito da organização das redes de ações e serviços de saúde, principalmente no tocante à sua governança institucional e à integração das ações e serviços dos entes federados; (Acrescentado pela Lei 12.466/2011.)

III - fixar diretrizes sobre as regiões de saúde, distrito sanitário, integração de territórios, referência e contrarreferência e demais aspectos vinculados à integração das ações e serviços de saúde entre os entes federados. (Acrescentado pela Lei 12.466/2011.)

ART. 14-B. O Conselho Nacional de Secretários de Saúde (Conass) e o Conselho Nacional de Secretarias Municipais de Saúde (Conasems) são reconhecidos como entidades representativas dos entes estaduais e municipais para tratar de matérias referentes à saúde e declarados de utilidade pública e de relevante função social, na forma do regulamento. (Acrescentado pela Lei 12.466/2011.)

§ 1º O Conass e o Conasems receberão recursos do orçamento geral da União por meio do Fundo Nacional de Saúde, para auxiliar no custeio de suas despesas institucionais, podendo ainda celebrar convênios com a União. (Acrescentado pela Lei 12.466/2011.)

§ 2º Os Conselhos de Secretarias Municipais de Saúde (Cosems) são reconhecidos como entidades que representam os entes municipais, no âmbito estadual, para tratar de matérias referentes à saúde, desde que vinculados institucionalmente ao Conasems, na forma que dispuserem seus estatutos. (Acrescentado pela Lei 12.466/2011.)

CAPÍTULO IV
DA COMPETÊNCIA E DAS ATRIBUIÇÕES

SEÇÃO I
DAS ATRIBUIÇÕES COMUNS

ART. 15. A União, os Estados, o Distrito Federal e os Municípios exercerão, em seu âmbito administrativo, as seguintes atribuições:

I - definição das instâncias e mecanismos de controle, avaliação e de fiscalização das ações e serviços de saúde;

II - administração dos recursos orçamentários e financeiros destinados, em cada ano, à saúde;

III - acompanhamento, avaliação e divulgação do nível de saúde da população e das condições ambientais;

IV - organização e coordenação do sistema de informação de saúde;

V - elaboração de normas técnicas e estabelecimento de padrões de qualidade e parâmetros de custos que caracterizam a assistência à saúde;

VI - elaboração de normas técnicas e estabelecimento de padrões de qualidade para promoção da saúde do trabalhador;

VII - participação de formulação da política e da execução das ações de saneamento básico e colaboração na proteção e recuperação do meio ambiente;

VIII - elaboração e atualização periódica do plano de saúde;

IX - participação na formulação e na execução da política de formação e desenvolvimento de recursos humanos para a saúde;

X - elaboração da proposta orçamentária do Sistema Único de Saúde (SUS), de conformidade com o plano de saúde;

XI - elaboração de normas para regular as atividades de serviços privados de saúde, tendo em vista a sua relevância pública;

XII - realização de operações externas de natureza financeira de interesse da saúde, autorizadas pelo Senado Federal;

XIII - para atendimento de necessidades coletivas, urgentes e transitórias, decorrentes de situações de perigo iminente, de calamidade pública ou de irrupção de epidemias, a autoridade competente da esfera administrativa correspondente poderá requisitar bens e serviços, tanto de pessoas naturais como de jurídicas, sendo-lhes assegurada justa indenização;

XIV - implementar o Sistema Nacional de Sangue, Componentes e Derivados;

XV - propor a celebração de convênios, acordos e protocolos internacionais relativos à saúde, saneamento e meio ambiente;

XVI - elaborar normas técnico-científicas de promoção, proteção e recuperação da saúde;

XVII - promover articulação com os órgãos de fiscalização do exercício profissional e outras entidades representativas da sociedade civil para a definição e controle dos padrões éticos para pesquisa, ações e serviços de saúde;

XVIII - promover a articulação da política e dos planos de saúde;

XIX - realizar pesquisas e estudos na área de saúde;

XX - definir as instâncias e mecanismos de controle e fiscalização inerentes ao poder de polícia sanitária;

XXI - fomentar, coordenar e executar programas e projetos estratégicos e de atendimento emergencial.

SEÇÃO II
DA COMPETÊNCIA

ART. 16. A direção nacional do Sistema Único da Saúde (SUS) compete:

I - formular, avaliar e apoiar políticas de alimentação e nutrição;

II - participar na formulação e na implementação das políticas:

a) de controle das agressões ao meio ambiente;

b) de saneamento básico; e

c) relativas às condições e aos ambientes de trabalho;

III - definir e coordenar os sistemas:

a) de redes integradas de assistência de alta complexidade;

b) de rede de laboratórios de saúde pública;

c) de vigilância epidemiológica; e

d) vigilância sanitária;

IV - participar da definição de normas e mecanismos de controle, com órgão afins, de agravo sobre o meio ambiente ou dele decorrentes, que tenham repercussão na saúde humana;

V - participar da definição de normas, critérios e padrões para o controle das condições e dos ambientes de trabalho e coordenar a política de saúde do trabalhador;

VI - coordenar e participar na execução das ações de vigilância epidemiológica;

VII - estabelecer normas e executar a vigilância sanitária de portos, aeroportos e fronteiras, podendo a execução ser complementada pelos Estados, Distrito Federal e Municípios;

VIII - estabelecer critérios, parâmetros e métodos para o controle da qualidade sanitária de produtos, substâncias e serviços de consumo e uso humano;

IX - promover articulação com os órgãos educacionais e de fiscalização do exercício profissional, bem como com entidades representativas de formação de recursos humanos na área de saúde;

X - formular, avaliar, elaborar normas e participar na execução da política nacional e produção de insumos e equipamentos para a saúde, em articulação com os demais órgãos governamentais;

XI - identificar os serviços estaduais e municipais de referência nacional para o estabelecimento de padrões técnicos de assistência à saúde;

XII - controlar e fiscalizar procedimentos, produtos e substâncias de interesse para a saúde;

XIII - prestar cooperação técnica e financeira aos Estados, ao Distrito Federal e aos Municípios para o aperfeiçoamento da sua atuação institucional;

XIV - elaborar normas para regular as relações entre o Sistema Único de Saúde (SUS) e os serviços privados contratados de assistência à saúde;

XV - promover a descentralização para as Unidades Federadas e para os Municípios, dos serviços e ações de saúde, respectivamente, de abrangência estadual e municipal;

XVI - normatizar e coordenar nacionalmente o Sistema Nacional de Sangue, Componentes e Derivados;

XVII - acompanhar, controlar e avaliar as ações e os serviços de saúde, respeitadas as competências estaduais e municipais;

XVIII - elaborar o Planejamento Estratégico Nacional no âmbito do SUS, em cooperação técnica com os Estados, Municípios e Distrito Federal;

XIX - estabelecer o Sistema Nacional de Auditoria e coordenar a avaliação técnica e financeira do SUS em todo o Território Nacional em cooperação técnica com os Estados, Municípios e Distrito Federal.

- Decreto 1.651/1995 (Regulamenta o Sistema Nacional de Auditoria no âmbito do SUS.)

Parágrafo único. A União poderá executar ações de vigilância epidemiológica e sanitária em circunstâncias especiais, como na ocorrência de agravos inusitados à saúde, que possam escapar do controle da direção estadual do Sistema Único de Saúde (SUS) ou que representem risco de disseminação nacional.

ART. 17. À direção estadual do Sistema Único de Saúde (SUS) compete:

I - promover a descentralização para os Municípios dos serviços e das ações de saúde;

II - acompanhar, controlar e avaliar as redes hierarquizadas do Sistema Único de Saúde (SUS);

III - prestar apoio técnico e financeiro aos Municípios e executar supletivamente ações e serviços de saúde;

IV - coordenar e, em caráter complementar, executar ações e serviços:

a) de vigilância epidemiológica;

b) de vigilância sanitária;

c) de alimentação e nutrição; e

d) de saúde do trabalhador;

V - participar, junto com os órgãos afins, do controle dos agravos do meio ambiente que tenham repercussão na saúde humana;

VI - participar da formulação da política e da execução de ações de saneamento básico;

VII - participar das ações de controle e avaliação das condições e dos ambientes de trabalho;

VIII - em caráter suplementar, formular, executar, acompanhar e avaliar a política de insumos e equipamentos para a saúde;

IX - identificar estabelecimentos hospitalares de referência e gerir sistemas públicos de alta complexidade, de referência estadual e regional;

X - coordenar a rede estadual de laboratórios de saúde pública e hemocentros, e gerir as unidades que permaneçam em sua organização administrativa;

XI - estabelecer normas, em caráter suplementar, para o controle e avaliação das ações e serviços de saúde;

XII - formular normas e estabelecer padrões, em caráter suplementar, de procedimentos de controle de qualidade para produtos e substâncias de consumo humano;

XIII - colaborar com a União na execução da vigilância sanitária de portos, aeroportos e fronteiras;

XIV - o acompanhamento, a avaliação e divulgação dos indicadores de morbidade e mortalidade no âmbito da unidade federada.

ART. 18. À direção municipal do Sistema de Saúde (SUS) compete:

I - planejar, organizar, controlar e avaliar as ações e os serviços de saúde e gerir e executar os serviços públicos de saúde;

II - participar do planejamento, programação e organização da rede regionalizada e hierarquizada do Sistema Único de Saúde (SUS), em articulação com sua direção estadual;

III - participar da execução, controle e avaliação das ações referentes às condições e aos ambientes de trabalho;

IV - executar serviços:

a) de vigilância epidemiológica;
b) vigilância sanitária;
c) de alimentação e nutrição;
d) de saneamento básico; e
e) de saúde do trabalhador;

V - dar execução, no âmbito municipal, à política de insumos e equipamentos para a saúde;

VI - colaborar na fiscalização das agressões ao meio ambiente que tenham repercussão sobre a saúde humana e atuar, junto aos órgãos municipais, estaduais e federais competentes, para controlá-las;

VII - formar consórcios administrativos intermunicipais;

VIII - gerir laboratórios públicos de saúde e hemocentros;

IX - colaborar com a União e os Estados na execução da vigilância sanitária de portos, aeroportos e fronteiras;

X - observado o disposto no art. 26 desta Lei, celebrar contratos e convênios com entidades prestadoras de serviços privados de saúde, bem como controlar e avaliar sua execução;

XI - controlar e fiscalizar os procedimentos dos serviços privados de saúde;

XII - normatizar complementarmente as ações e serviços públicos de saúde no seu âmbito de atuação.

ART. 19. Ao Distrito Federal competem as atribuições reservadas aos Estados e aos Municípios.

CAPÍTULO V
DO SUBSISTEMA DE ATENÇÃO À SAÚDE INDÍGENA

‣ Acrescentado pela Lei 9.836/1999.

ART. 19-A. As ações e serviços de saúde voltados para o atendimento das populações indígenas, em todo o território nacional, coletiva ou individualmente, obedecerão ao disposto nesta Lei. (Acrescentado pela Lei 9.836/1999.)

ART. 19-B. É instituído um Subsistema de Atenção à Saúde Indígena, componente do Sistema Único de Saúde - SUS, criado e definido por esta Lei, e pela Lei no 8.142, de 28 de dezembro de 1990, com o qual funcionará em perfeita integração. (Acrescentado pela Lei 9.836/1999.)

ART. 19-C. Caberá à União, com seus recursos próprios, financiar o Subsistema de Atenção à Saúde Indígena. (Acrescentado pela Lei 9.836/1999.)

ART. 19-D. O SUS promoverá a articulação do Subsistema instituído por esta Lei com os órgãos responsáveis pela Política Indígena do País. (Acrescentado pela Lei 9.836/1999.)

ART. 19-E. Os Estados, Municípios, outras instituições governamentais e não-governamentais poderão atuar complementarmente no custeio e execução das ações. (Acrescentado pela Lei 9.836/1999.)

ART. 19-F. Dever-se-á obrigatoriamente levar em consideração a realidade local e as especificidades da cultura dos povos indígenas e o modelo a ser adotado para a atenção à saúde indígena, que se deve pautar por uma abordagem diferenciada e global, contemplando os aspectos de assistência à saúde, saneamento básico, nutrição, habitação, meio ambiente, demarcação de terras, educação sanitária e integração institucional. (Acrescentado pela Lei 9.836/1999.)

ART. 19-G. O Subsistema de Atenção à Saúde Indígena deverá ser, como o SUS, descentralizado, hierarquizado e regionalizado. (Acrescentado pela Lei 9.836/1999.)

§ 1º O Subsistema de que trata o *caput* deste artigo terá como base os Distritos Sanitários Especiais Indígenas. (Acrescentado pela Lei 9.836/1999.)

§ 2º O SUS servirá de retaguarda e referência ao Subsistema de Atenção à Saúde Indígena, devendo, para isso, ocorrer adaptações na estrutura e organização do SUS nas regiões onde residem as populações indígenas, para propiciar essa integração e o atendimento necessário em todos os níveis, sem discriminações. (Acrescentado pela Lei 9.836/1999.)

§ 3º As populações indígenas devem ter acesso garantido ao SUS, em âmbito local, regional e de centros especializados, de acordo com suas necessidades, compreendendo a atenção primária, secundária e terciária à saúde. (Acrescentado pela Lei 9.836/1999.)

ART. 19-H. As populações indígenas terão direito a participar dos organismos colegiados de formulação, acompanhamento e avaliação das políticas de saúde, tais como o Conselho Nacional de Saúde e os Conselhos Estaduais e Municipais de Saúde, quando for o caso. (Acrescentado pela Lei 9.836/1999.)

CAPÍTULO VI
DO SUBSISTEMA DE ATENDIMENTO E INTERNAÇÃO DOMICILIAR

‣ Acrescentado pela Lei 10.424/2002.

ART. 19-I. São estabelecidos, no âmbito do Sistema Único de Saúde, o atendimento domiciliar e a internação domiciliar. (Acrescentado pela Lei 10.424/2002.)

§ 1º Na modalidade de assistência de atendimento e internação domiciliares incluem-se, principalmente, os procedimentos médicos, de enfermagem, fisioterapêuticos, psicológicos e de assistência social, entre outros necessários ao cuidado integral dos pacientes em seu domicílio. (Acrescentado pela Lei 10.424/2002.)

§ 2º O atendimento e a internação domiciliares serão realizados por equipes multidisciplinares que atuarão nos níveis da medicina preventiva, terapêutica e reabilitadora. (Acrescentado pela Lei 10.424/2002.)

§ 3º O atendimento e a internação domiciliares só poderão ser realizados por indicação médica, com expressa concordância do paciente e de sua família. (Acrescentado pela Lei 10.424/2002.)

CAPÍTULO VII
DO SUBSISTEMA DE ACOMPANHAMENTO DURANTE O TRABALHO DE PARTO, PARTO E PÓS-PARTO IMEDIATO

‣ Acrescentado pela Lei 11.108/2005.

ART. 19-J. Os serviços de saúde do Sistema Único de Saúde - SUS, da rede própria ou conveniada, ficam obrigados a permitir a presença, junto à parturiente, de 1 (um) acompanhante durante todo o período de trabalho de parto, parto e pós-parto imediato. (Acrescentado pela Lei 11.108/2005.)

§ 1º O acompanhante de que trata o *caput* deste artigo será indicado pela parturiente. (Acrescentado pela Lei 11.108/2005.)

§ 2º As ações destinadas a viabilizar o pleno exercício dos direitos de que trata este artigo constarão do regulamento da lei, a ser elaborado pelo órgão competente do Poder Executivo. (Acrescentado pela Lei 11.108/2005.)

§ 3º Ficam os hospitais de todo o País obrigados a manter, em local visível de suas dependências, aviso informando sobre o direito estabelecido no *caput* deste artigo. (Incluído pela Lei 12.895/2013.)

ART. 19-L. (Vetado) (Acrescentado pela Lei 11.108/2005.)

CAPÍTULO VIII
DA ASSISTÊNCIA TERAPÊUTICA E DA INCORPORAÇÃO DE TECNOLOGIA EM SAÚDE

‣ Acrescentado pela Lei 12.401/2011.

ART. 19-M. A assistência terapêutica integral a que se refere a alínea *d* do inciso I do art. 6º consiste em: (Acrescentado pela Lei 12.401/2011.)

I - dispensação de medicamentos e produtos de interesse para a saúde, cuja prescrição esteja em conformidade com as diretrizes terapêuticas definidas em protocolo clínico para a doença ou o agravo à saúde a ser tratado ou, na falta do protocolo, em conformidade com o disposto no art. 19-P; (Acrescentado pela Lei 12.401/2011.)

II - oferta de procedimentos terapêuticos, em regime domiciliar, ambulatorial e hospitalar, constantes de tabelas elaboradas pelo gestor federal do Sistema Único de Saúde - SUS, realizados no território nacional por serviço próprio, conveniado ou contratado.

ART. 19-N. Para os efeitos do disposto no art. 19-M, são adotadas as seguintes definições:

I - produtos de interesse para a saúde: órteses, próteses, bolsas coletoras e equipamentos médicos;

II - protocolo clínico e diretriz terapêutica: documento que estabelece critérios para o diagnóstico da doença ou do agravo à saúde; o tratamento preconizado, com os medicamentos e demais produtos apropriados, quando couber; as posologias recomendadas; os mecanismos de controle clínico; e o acompanhamento e a verificação dos resultados terapêuticos, a serem seguidos pelos gestores do SUS. (Acrescentado pela Lei 12.401/2011.)

ART. 19-O. Os protocolos clínicos e as diretrizes terapêuticas deverão estabelecer os medicamentos ou produtos necessários nas diferentes fases evolutivas da doença ou do agravo à saúde de que tratam, bem como aqueles indicados em casos de perda de eficácia e de surgimento de intolerância ou reação adversa relevante, provocadas pelo medicamento, produto ou procedimento de primeira escolha. (Acrescentado pela Lei 12.401/2011.)

Parágrafo único. Em qualquer caso, os medicamentos ou produtos de que trata o *caput* deste artigo serão aqueles avaliados quanto à sua eficácia, segurança, efetividade e custo-efetividade para as diferentes fases evolutivas da doença ou do agravo à saúde de que trata o protocolo. (Acrescentado pela Lei 12.401/2011.)

ART. 19-P. Na falta de protocolo clínico ou de diretriz terapêutica, a dispensação será realizada: (Acrescentado pela Lei 12.401/2011.)

I - com base nas relações de medicamentos instituídas pelo gestor federal do SUS, observadas as competências estabelecidas nesta Lei, e a responsabilidade pelo fornecimento será pactuada na Comissão Intergestores Tripartite; (Acrescentado pela Lei 12.401/2011.)

II - no âmbito de cada Estado e do Distrito Federal, de forma suplementar, com base nas relações de medicamentos instituídas pelos gestores estaduais do SUS, e a responsabilidade pelo fornecimento será pactuada na Comissão Intergestores Bipartite; (Acrescentado pela Lei 12.401/2011.)

III - no âmbito de cada Município, de forma suplementar, com base nas relações de medicamentos instituídas pelos gestores municipais do SUS, e a responsabilidade pelo fornecimento será pactuada no Conselho

Municipal de Saúde. (Acrescentado pela Lei 12.401/2011.)

ART. 19-Q. A incorporação, a exclusão ou a alteração pelo SUS de novos medicamentos, produtos e procedimentos, bem como a constituição ou a alteração de protocolo clínico ou de diretriz terapêutica, são atribuições do Ministério da Saúde, assessorado pela Comissão Nacional de Incorporação de Tecnologias no SUS. (Acrescentado pela Lei 12.401/2011.)

§ 1º A Comissão Nacional de Incorporação de Tecnologias no SUS, cuja composição e regimento são definidos em regulamento, contará com a participação de 1 (um) representante indicado pelo Conselho Nacional de Saúde e de 1 (um) representante, especialista na área, indicado pelo Conselho Federal de Medicina. (Acrescentado pela Lei 12.401/2011.)

§ 2º O relatório da Comissão Nacional de Incorporação de Tecnologias no SUS levará em consideração, necessariamente: (Acrescentado pela Lei 12.401/2011.)

I - as evidências científicas sobre a eficácia, a acurácia, a efetividade e a segurança do medicamento, produto ou procedimento objeto do processo, acatadas pelo órgão competente para o registro ou a autorização de uso; (Acrescentado pela Lei 12.401/2011.)

II - a avaliação econômica comparativa dos benefícios e dos custos em relação às tecnologias já incorporadas, inclusive no que se refere aos atendimentos domiciliar, ambulatorial ou hospitalar, quando cabível. (Acrescentado pela Lei 12.401/2011.)

ART. 19-R. A incorporação, a exclusão e a alteração a que se refere o art. 19-Q serão efetuadas mediante a instauração de processo administrativo, a ser concluído em prazo não superior a 180 (cento e oitenta) dias, contado da data em que foi protocolado o pedido, admitida a sua prorrogação por 90 (noventa) dias corridos, quando as circunstâncias exigirem. (Acrescentado pela Lei 12.401/2011.)

§ 1º O processo de que trata o *caput* deste artigo observará, no que couber, o disposto na Lei no 9.784, de 29 de janeiro de 1999, e as seguintes determinações especiais: (Acrescentado pela Lei 12.401/2011.)

I - apresentação pelo interessado dos documentos e, se cabível, das amostras de produtos, na forma do regulamento, com informações necessárias para o atendimento do disposto no § 2º do art. 19-Q; (Acrescentado pela Lei 12.401/2011.)

II - (Vetado); (Acrescentado pela Lei 12.401/2011.)

III - realização de consulta pública que inclua a divulgação do parecer emitido pela Comissão Nacional de Incorporação de Tecnologias no SUS; (Acrescentado pela Lei 12.401/2011.)

IV - realização de audiência pública, antes da tomada de decisão, se a relevância da matéria justificar o evento. (Acrescentado pela Lei 12.401/2011.)

§ 2º (Vetado). (Acrescentado pela Lei 12.401/2011.)

ART. 19-S. (Vetado). (Acrescentado pela Lei 12.401/2011.)

ART. 19-T. São vedados, em todas as esferas de gestão do SUS: (Acrescentado pela Lei 12.401/2011.)

I - o pagamento, o ressarcimento ou o reembolso de medicamento, produto e procedimento clínico ou cirúrgico experimental, ou de uso não autorizado pela Agência Nacional de Vigilância Sanitária - ANVISA; (Acrescentado pela Lei 12.401/2011.)

II - a dispensação, o pagamento, o ressarcimento ou o reembolso de medicamento e produto, nacional ou importado, sem registro na Anvisa."

ART. 19-U. A responsabilidade financeira pelo fornecimento de medicamentos, produtos de interesse para a saúde ou procedimentos de que trata este Capítulo será pactuada na Comissão Intergestores Tripartite. (Acrescentado pela Lei 12.401/2011.)

TÍTULO III DOS SERVIÇOS PRIVADOS DE ASSISTÊNCIA À SAÚDE

CAPÍTULO I DO FUNCIONAMENTO

ART. 20. Os serviços privados de assistência à saúde caracterizam-se pela atuação, por iniciativa própria, de profissionais liberais, legalmente habilitados, e de pessoas jurídicas de direito privado na promoção, proteção e recuperação da saúde.

ART. 21. A assistência à saúde é livre à iniciativa privada.

ART. 22. Na prestação de serviços privados de assistência à saúde, serão observados os princípios éticos e as normas expedidas pelo órgão de direção do Sistema Único de Saúde (SUS) quanto às condições para seu funcionamento.

ART. 23. É permitida a participação direta ou indireta, inclusive controle, de empresas ou de capital estrangeiro na assistência à saúde nos seguintes casos: (Redação dada pela Lei n. 13.097, de 2015)

I - doações de organismos internacionais vinculados à Organização das Nações Unidas, de entidades de cooperação técnica e de financiamento e empréstimos; (Acrescentado pela Lei 13.097/2015.)

II - pessoas jurídicas destinadas a instalar, operacionalizar ou explorar: (Acrescentado pela Lei 13.097/2015.)

a) hospital geral, inclusive filantrópico, hospital especializado, policlínica, clínica geral e clínica especializada; e (Acrescentado pela Lei 13.097/2015.)

b) ações e pesquisas de planejamento familiar; (Acrescentado pela Lei 13.097/2015.)

III - serviços de saúde mantidos, sem finalidade lucrativa, por empresas, para atendimento de seus empregados e dependentes, sem qualquer ônus para a seguridade social; e (Acrescentado pela Lei 13.097/2015.)

IV - demais casos previstos em legislação específica. (Acrescentado pela Lei 13.097/2015.)

CAPÍTULO II DA PARTICIPAÇÃO COMPLEMENTAR

ART. 24. Quando as suas disponibilidades forem insuficientes para garantir a cobertura assistencial à população de uma determinada área, o Sistema Único de Saúde (SUS) poderá recorrer aos serviços ofertados pela iniciativa privada.

Parágrafo único. A participação complementar dos serviços privados será formalizada mediante contrato ou convênio, observadas, a respeito, as normas de direito público.

ART. 25. Na hipótese do artigo anterior, as entidades filantrópicas e as sem fins lucrativos terão preferência para participar do Sistema Único de Saúde (SUS).

ART. 26. Os critérios e valores para a remuneração de serviços e os parâmetros de cobertura assistencial serão estabelecidos pela direção nacional do Sistema Único de Saúde (SUS), aprovados no Conselho Nacional de Saúde.

§ 1º Na fixação dos critérios, valores, formas de reajuste e de pagamento da remuneração aludida neste artigo, a direção nacional do Sistema Único de Saúde (SUS) deverá fundamentar seu ato em demonstrativo econômico-financeiro que garanta a efetiva qualidade de execução dos serviços contratados.

§ 2º Os serviços contratados submeter-se-ão às normas técnicas e administrativas e aos princípios e diretrizes do Sistema Único de Saúde (SUS), mantido o equilíbrio econômico e financeiro do contrato.

§ 3º (Vetado).

§ 4º Aos proprietários, administradores e dirigentes de entidades ou serviços contratados é vedado exercer cargo de chefia ou função de confiança no Sistema Único de Saúde (SUS).

TÍTULO IV DOS RECURSOS HUMANOS

ART. 27. A política de recursos humanos na área da saúde será formalizada e executada, articuladamente, pelas diferentes esferas de governo, em cumprimento dos seguintes objetivos:

I - organização de um sistema de formação de recursos humanos em todos os níveis de ensino, inclusive de pós-graduação, além da elaboração de programas de permanente aperfeiçoamento de pessoal;

II e **III** - (Vetados)

IV - valorização da dedicação exclusiva aos serviços do Sistema Único de Saúde (SUS).

Parágrafo único. Os serviços públicos que integram o Sistema Único de Saúde (SUS) constituem campo de prática para ensino e pesquisa, mediante normas específicas, elaboradas conjuntamente com o sistema educacional.

ART. 28. Os cargos e funções de chefia, direção e assessoramento, no âmbito do Sistema Único de Saúde (SUS), só poderão ser exercidas em regime de tempo integral.

§ 1º Os servidores que legalmente acumulam dois cargos ou empregos poderão exercer suas atividades em mais de um estabelecimento do Sistema Único de Saúde (SUS).

§ 2º O disposto no parágrafo anterior aplica-se também aos servidores em regime de tempo integral, com exceção dos ocupantes de cargos ou função de chefia, direção ou assessoramento.

ART. 29. (Vetado).

ART. 30. As especializações na forma de treinamento em serviço sob supervisão serão regulamentadas por Comissão Nacional, instituída de acordo com o art. 12 desta Lei, garantida a participação das entidades profissionais correspondentes.

TÍTULO V DO FINANCIAMENTO

CAPÍTULO I DOS RECURSOS

ART. 31. O orçamento da seguridade social destinará ao Sistema Único de Saúde (SUS) de acordo com a receita estimada, os recursos necessários à realização de suas finalidades, previstos em proposta elaborada pela sua direção nacional, com a participação dos órgãos da Previdência Social e da Assistência Social, tendo em vista as metas e prioridades estabelecidas na Lei de Diretrizes Orçamentárias.

ART. 32. São considerados de outras fontes os recursos provenientes de:

I - (Vetado)

II - Serviços que possam ser prestados sem prejuízo da assistência à saúde;

III - ajuda, contribuições, doações e donativos;

IV - alienações patrimoniais e rendimentos de capital;

V - taxas, multas, emolumentos e preços públicos arrecadados no âmbito do Sistema Único de Saúde (SUS); e

VI - rendas eventuais, inclusive comerciais e industriais.

§ 1° Ao Sistema Único de Saúde (SUS) caberá metade da receita de que trata o inciso I deste artigo, apurada mensalmente, a qual será destinada à recuperação de viciados.

§ 2° As receitas geradas no âmbito do Sistema Único de Saúde (SUS) serão creditadas diretamente em contas especiais, movimentadas pela sua direção, na esfera de poder onde forem arrecadadas.

§ 3° As ações de saneamento que venham a ser executadas supletivamente pelo Sistema Único de Saúde (SUS), serão financiadas por recursos tarifários específicos e outros da União, Estados, Distrito Federal, Municípios e, em particular, do Sistema Financeiro da Habitação (SFH).

§ 4° (Vetado).

§ 5° As atividades de pesquisa e desenvolvimento científico e tecnológico em saúde serão cofinanciadas pelo Sistema Único de Saúde (SUS), pelas universidades e pelo orçamento fiscal, além de recursos de instituições de fomento e financiamento ou de origem externa e receita própria das instituições executoras.

§ 6° (Vetado).

CAPÍTULO II
DA GESTÃO FINANCEIRA

ART. 33. Os recursos financeiros do Sistema Único de Saúde (SUS) serão depositados em conta especial, em cada esfera de sua atuação, e movimentados sob fiscalização dos respectivos Conselhos de Saúde.

§ 1° Na esfera federal, os recursos financeiros, originários do Orçamento da Seguridade Social, de outros Orçamentos da União, além de outras fontes, serão administrados pelo Ministério da Saúde, através do Fundo Nacional de Saúde.

§§ 2° e 3° (Vetados).

§ 4° O Ministério da Saúde acompanhará, através de seu sistema de auditoria, a conformidade à programação aprovada da aplicação dos recursos repassados a Estados e Municípios. Constatada a malversação, desvio ou não aplicação dos recursos, caberá ao Ministério da Saúde aplicar as medidas previstas em lei.

ART. 34. As autoridades responsáveis pela distribuição da receita efetivamente arrecadada transferirão automaticamente ao Fundo Nacional de Saúde (FNS), observado o critério do parágrafo único deste artigo, os recursos financeiros correspondentes às dotações consignadas no Orçamento da Seguridade Social, a projetos e atividades a serem executados no âmbito do Sistema Único de Saúde (SUS).

Parágrafo único. Na distribuição dos recursos financeiros da Seguridade Social será observada a mesma proporção da despesa prevista de cada área, no Orçamento da Seguridade Social.

ART. 35. Para o estabelecimento de valores a serem transferidos a Estados, Distrito Federal e Municípios, será utilizada a combinação dos seguintes critérios, segundo análise técnica de programas e projetos:

I - perfil demográfico da região;

II - perfil epidemiológico da população a ser coberta;

III - características quantitativas e qualitativas da rede de saúde na área;

IV - desempenho técnico, econômico e financeiro no período anterior;

V - níveis de participação do setor saúde nos orçamentos estaduais e municipais;

VI - previsão do plano quinquenal de investimentos da rede;

VII - ressarcimento do atendimento a serviços prestados para outras esferas de governo.

§ 1° (Revogado pela LC 141/2012.)

- Lei 8.142/1990 (Dispõe sobre a participação da comunidade na gestão do SUS e sobre as transferências intergovernamentais de recursos financeiros na área da saúde).

§ 2° Nos casos de Estados e Municípios sujeitos a notório processo de migração, os critérios demográficos mencionados nesta lei serão ponderados por outros indicadores de crescimento populacional, em especial o número de eleitores registrados.

§§ 3° a 5° (Vetados).

§ 6° O disposto no parágrafo anterior não prejudica a atuação dos órgãos de controle interno e externo e nem a aplicação de penalidades previstas em lei, em caso de irregularidades verificadas na gestão dos recursos transferidos.

CAPÍTULO III
DO PLANEJAMENTO E DO ORÇAMENTO

ART. 36. O processo de planejamento e orçamento do Sistema Único de Saúde (SUS) será ascendente, do nível local até o federal, ouvidos seus órgãos deliberativos, compatibilizando-se as necessidades da política de saúde com a disponibilidade de recursos em planos de saúde dos Municípios, dos Estados, do Distrito Federal e da União.

§ 1° Os planos de saúde serão a base das atividades e programações de cada nível de direção do Sistema Único de Saúde (SUS), e seu financiamento será previsto na respectiva proposta orçamentária.

§ 2° É vedada a transferência de recursos para o financiamento de ações não previstas nos planos de saúde, exceto em situações emergenciais ou de calamidade pública, na área de saúde.

ART. 37. O Conselho Nacional de Saúde estabelecerá as diretrizes a serem observadas na elaboração dos planos de saúde, em função das características epidemiológicas e da organização dos serviços em cada jurisdição administrativa.

ART. 38. Não será permitida a destinação de subvenções e auxílios a instituições prestadoras de serviços de saúde com finalidade lucrativa.

DAS DISPOSIÇÕES FINAIS E TRANSITÓRIAS

ART. 39. (Vetado).

§§ 1° a 4° (Vetados).

§ 5° A cessão de uso dos imóveis de propriedade do Inamps para órgãos integrantes do Sistema Único de Saúde (SUS) será feita de modo a preservá-los como patrimônio da Seguridade Social.

§ 6° Os imóveis de que trata o parágrafo anterior serão inventariados com todos os seus acessórios, equipamentos e outros bens móveis e ficarão disponíveis para utilização pelo órgão de direção municipal do Sistema Único de Saúde - SUS ou, eventualmente, pelo estadual, em cuja circunscrição administrativa se encontrem, mediante simples termo de recebimento.

§ 7° (Vetado).

§ 8° O acesso aos serviços de informática e bases de dados, mantidos pelo Ministério da Saúde e pelo Ministério do Trabalho e da Previdência Social, será assegurado às Secretarias Estaduais e Municipais de Saúde ou órgãos congêneres, como suporte ao processo de gestão, de forma a permitir a gerencia informatizada das contas e a disseminação de estatísticas sanitárias e epidemiológicas médico-hospitalares.

ART. 40. (Vetado)

ART. 41. As ações desenvolvidas pela Fundação das Pioneiras Sociais e pelo Instituto Nacional do Câncer, supervisionadas pela direção nacional do Sistema Único de Saúde (SUS), permanecerão como referencial de prestação de serviços, formação de recursos humanos e para transferência de tecnologia.

ART. 42. (Vetado).

ART. 43. A gratuidade das ações e serviços de saúde fica preservada nos serviços públicos contratados, ressalvando-se as cláusulas dos contratos ou convênios estabelecidos com as entidades privadas.

ART. 44. (Vetado).

ART. 45. Os serviços de saúde dos hospitais universitários e de ensino integram-se ao Sistema Único de Saúde (SUS), mediante convênio, preservada a sua autonomia administrativa, em relação ao patrimônio, aos recursos humanos e financeiros, ensino, pesquisa e extensão nos limites conferidos pelas instituições a que estejam vinculados.

§ 1° Os serviços de saúde de sistemas estaduais e municipais de previdência social deverão integrar-se à direção correspondente do Sistema Único de Saúde (SUS), conforme seu âmbito de atuação, bem como quaisquer outros órgãos e serviços de saúde.

§ 2° Em tempo de paz e havendo interesse recíproco, os serviços de saúde das Forças Armadas poderão integrar-se ao Sistema Único de Saúde (SUS), conforme se dispuser em convênio que, para esse fim, for firmado.

ART. 46. o Sistema Único de Saúde (SUS), estabelecerá mecanismos de incentivos à participação do setor privado no investimento em ciência e tecnologia e estimulará a transferência de tecnologia das universidades e institutos de pesquisa aos serviços de saúde nos Estados, Distrito Federal e Municípios, e às empresas nacionais.

ART. 47. O Ministério da Saúde, em articulação com os níveis estaduais e municipais do Sistema Único de Saúde (SUS), organizará, no prazo de dois anos, um sistema nacional de informações em saúde, integrado em todo o território nacional, abrangendo questões epidemiológicas e de prestação de serviços.

ARTS. 48. e **49.** (Vetados).

ART. 50. Os convênios entre a União, os Estados e os Municípios, celebrados para implantação dos Sistemas Unificados e Descentralizados de Saúde, ficarão rescindidos à proporção que seu objeto for sendo absorvido pelo Sistema Único de Saúde (SUS).

ART. 51. (Vetado).

ART. 52. Sem prejuízo de outras sanções cabíveis, constitui crime de emprego irregular de verbas ou rendas públicas (Código Penal, art. 315) a utilização de recursos financeiros do Sistema Único de Saúde (SUS) em finalidades diversas das previstas nesta lei.

ART. 53. (Vetado).

ART. 53-A. Na qualidade de ações e serviços de saúde, as atividades de apoio à assistência à saúde são aquelas desenvolvidas pelos laboratórios de genética humana, produção e fornecimento de medicamentos e produtos para saúde, laboratórios de analises clínicas, anatomia patológica e de diagnóstico por imagem e são livres à participação direta ou indireta de empresas ou de capitais estrangeiros. (Acrescentado pela Lei 13.097/2015.)

ART. 54. Esta lei entra em vigor na data de sua publicação.

ART. 55. São revogadas a Lei n. 2.312, de 3 de setembro de 1954, a Lei n. 6.229, de 17 de julho de 1975, e demais disposições em contrário.

Brasília, 19 de setembro de 1990; 169º da Independência e 102º da República.

FERNANDO COLLOR

LEI N. 8.085, DE 23 DE OUTUBRO DE 1990

Dispõe sobre o Imposto de Importação.

‣ DOU, 24.11.1990.

Faço saber que o Presidente da República adotou a Medida Provisória n. 233, de 1990, que o Congresso Nacional aprovou, e eu, Nelson Carneiro, Presidente do Senado Federal, para os efeitos do disposto no parágrafo único do art. 62 da Constituição Federal, promulgo a seguinte lei:

ART. 1º O Poder Executivo poderá, atendidas as condições e os limites estabelecidos na Lei n. 3.244, de 14 de agosto de 1957, modificada pelos Decretos-Leis n. 63, de 21 de novembro de 1966, e 2.162, de 19 de setembro de 1984, alterar as alíquotas do imposto de importação.

Parágrafo único. O Presidente da República poderá outorgar competência à CAMEX para a prática dos atos previstos neste artigo. (Alterado pela Med. Prov. 2.158-35/2001.)

ART. 2º As atribuições da extinta Comissão de Política Aduaneira ficam transferidas à Secretaria Nacional de Economia, do Ministério da Economia, Fazenda e Planejamento, ressalvado o disposto no artigo anterior.

ART. 3º As mercadorias relacionadas na tabela anexa a esta lei, com a indicação dos correspondentes códigos de classificação na Nomenclatura Brasileira de Mercadorias, ficam sujeitas ao imposto de importação à alíquota *ad valorem* de zero por cento, aplicando-se-lhes o disposto no art. 1º.

ART. 4º Esta lei entra em vigor na data de sua publicação.

ART. 5º Revogam-se o art. 8º da Lei n. 8.032, de 12 de abril de 1990, e demais disposições em contrário.

Sendo Federal, 23 de outubro de 1990; 169º da Independência e 102º da República.

NELSON CARNEIRO

‣ Optamos, nesta edição, pela não publicação da Tabela.

LEI N. 8.134, DE 27 DE DEZEMBRO DE 1990

Altera a legislação do Imposto de Renda e dá outras providências.

‣ *DOU*, 28.12.1990.

‣ Conversão da Med. Prov. 284/1990.

‣ Lei 8.383/1991 (Institui a Unidade Fiscal de Referência, altera a legislação do imposto de renda).

Faço saber que o Presidente da República adotou a Medida Provisória n. 284, de 1990, que o Congresso Nacional aprovou, e eu, Nelson Carneiro, Presidente do Senado Federal, para os efeitos do disposto no parágrafo único do art. 62 da Constituição Federal, promulgo a seguinte lei:

ART. 1º A partir do exercício financeiro de 1991, os rendimentos e ganhos de capital percebidos por pessoas físicas residentes ou domiciliadas no Brasil serão tributados pelo Imposto de Renda na forma da legislação vigente, com as modificações introduzidas por esta lei.

ART. 2º O Imposto de Renda das pessoas físicas será devido à medida em que os rendimentos e ganhos de capital forem percebidos, sem prejuízo do ajuste estabelecido no art. 11.

ART. 3º O Imposto de Renda na Fonte, de que tratam os arts. 7º e 12 da Lei n. 7.713, de 22 de dezembro de 1988, incidirá sobre os valores efetivamente pagos no mês.

ART. 4º Em relação aos rendimentos percebidos a partir de 1º de janeiro de 1991, o imposto de que trata o art. 8º da Lei n. 7.713, de 1988:

I - será calculado sobre os rendimentos efetivamente recebidos no mês;

II - deverá ser pago até o último dia útil da primeira quinzena do mês subsequente ao da percepção dos rendimentos.

ART. 5º Salvo disposição em contrário, o imposto retido na fonte (art. 3º) ou pago pelo contribuinte (art. 4º), será considerado redução do apurado na forma do art. 11, inciso I.

Parágrafo único. Pagamentos não obrigatórios do imposto, efetuados durante o ano-base, não poderão ser deduzidos do imposto apurado na declaração (art. 11, I).

ART. 6º O contribuinte que perceber rendimentos do trabalho não assalariado, inclusive os titulares dos serviços notariais e de registro, a que se refere o art. 236 da Constituição, e os leiloeiros, poderão deduzir, da receita decorrente do exercício da respectiva atividade:

‣ Lei 8.383/1991 (Institui a Unidade Fiscal de Referência, altera a legislação do imposto de renda).

I - a remuneração paga a terceiros, desde que com vínculo empregatício, e os encargos trabalhistas e previdenciários;

II - os emolumentos pagos a terceiros;

III - as despesas de custeio pagas, necessárias à percepção da receita e à manutenção da fonte produtora.

§ 1º O disposto neste artigo não se aplica:

a) a quotas de depreciação de instalações, máquinas e equipamentos, bem como a despesas de arrendamento; (Redação dada pela Lei 9.250/1995.)

b) a despesas de locomoção e transporte, salvo no caso de representante comercial autônomo. (Redação dada pela Lei 9.250/1995.)

c) em relação aos rendimentos a que se referem os arts. 9º e 10 da Lei n. 7.713, de 1988.

§ 2º O contribuinte deverá comprovar a veracidade das receitas e das despesas, mediante documentação idônea, escrituradas em livro-caixa, que serão mantidos em seu poder, a disposição da fiscalização, enquanto não ocorrer a prescrição ou decadência.

§ 3º As deduções de que trata este artigo não poderão exceder à receita mensal da respectiva atividade, permitido o cômputo do excesso de deduções nos meses seguintes, até dezembro, mas o excedente de deduções, porventura existente no final do ano-base, não será transposto para o ano seguinte.

§ 4º Sem prejuízo do disposto no art. 11 da Lei n. 7.713, de 1988, e na Lei n. 7.975, de 26 de dezembro de 1989, as deduções de que tratam os incisos I a III deste artigo somente serão admitidas em relação aos pagamentos efetuados a partir de 1º de janeiro de 1991.

ART. 7º Na determinação da base de cálculo sujeita à incidência mensal do imposto de renda, poderão ser deduzidas:

I - a soma dos valores referidos no art. 6º, observada a vigência estabelecida no § 4º do mesmo artigo;

II - as contribuições para a Previdência Social da União, dos Estados, do Distrito Federal e dos Municípios;

III - as demais deduções admitidas na legislação em vigor, ressalvado o disposto no artigo seguinte.

Parágrafo único. A dedução de que trata o inciso II deste artigo somente será admitida em relação à base de cálculo a ser determinada a partir de janeiro de 1991.

ART. 8º Na declaração anual (art. 9º), poderão ser deduzidos:

I - os pagamentos feitos, no ano-base, a médicos, dentistas, psicólogos, fisioterapeutas, fonoaudiólogos, terapeutas ocupacionais e hospitais, bem como as despesas provenientes de exames laboratoriais e serviços radiológicos;

II - as contribuições e doações efetuadas a entidades de que trata o art. 1º da Lei n. 3.830, de 25 de novembro de 1960, observadas as condições estabelecidas no art. 2º da mesma lei;

III - as doações de que trata o art. 260 da Lei n. 8.069, de 13 de julho de 1990;

IV - a soma dos valores referidos no art. 7º, observada a vigência estabelecida no parágrafo único do mesmo artigo.

§ 1º O disposto no inciso I deste artigo:

a) aplica-se também aos pagamentos feitos a empresas brasileiras, ou autorizadas a funcionar no País, destinados à cobertura de despesas com hospitalização e cuidados médicos e dentários, e a entidades que assegurem direito de atendimento ou ressarcimento de despesas de natureza médica, odontológica e hospitalar;

b) restringe-se aos pagamentos feitos pelo contribuinte relativo ao seu próprio tratamento e ao de seus dependentes;

c) é condicionado a que os pagamentos sejam especificados e comprovados, com indicação do nome, endereço e número de inscrição no Cadastro de Pessoas Físicas ou no cadastro de Pessoas Jurídicas, de quem os recebeu, podendo, na falta de documentação, ser feita indicação do cheque nominativo pelo qual foi efetuado o pagamento.

§ 2º Não se incluem entre as deduções de que trata o inciso I deste artigo as despesas cobertas por apólices de seguro ou quando ressarcidas por entidades de qualquer espécie.

§ 3º As deduções previstas nos incisos II e III deste artigo estão limitadas, respectivamente, a cinco por cento e dez por cento de todos os rendimentos computados na base de cálculo do imposto, na declaração anual (art. 10, I), diminuídos das despesas mencionadas nos incisos I a III do art. 6º e no inciso II do art. 7º.

§ 4º A dedução das despesas previstas no art. 7º, inciso III, da Lei n. 8.023, de 12 de abril de 1990, poderá ser efetuada pelo valor integral, observado o disposto neste artigo.

ART. 9º As pessoas físicas deverão apresentar anualmente declaração de rendimentos, na qual se determinará o saldo do imposto a pagar ou a restituir.

Parágrafo único. A declaração, em modelo aprovado pelo Departamento da Receita Federal, deverá ser apresentada até o dia vinte e cinco do mês de abril do ano subsequente ao da percepção dos rendimentos ou ganhos de capital.

ART. 10. A base de cálculo do imposto, na declaração anual, será a diferença entre as somas dos seguintes valores:

I - de todos os rendimentos percebidos pelo contribuinte durante o ano-base, exceto os isentos, os não tributáveis e os tributados exclusivamente na fonte; e

II - das deduções de que trata o art. 8º

ART. 11. O saldo do imposto a pagar ou a restituir na declaração anual (art. 9º) será determinado com observância das seguintes normas:

I - será apurado o imposto progressivo mediante aplicação da tabela (art. 12) sobre a base de cálculo (art. 10);

II - será deduzido o valor original, excluída a correção monetária do imposto pago ou retido na fonte durante o ano-base, correspondente a rendimentos incluídos na base de cálculo (art. 10);

III - (Revogado pela Lei 8.383/1991).

Parágrafo único. (Revogado pela Lei 8.383/1991).

ART. 12. Para fins do ajuste de que trata o artigo anterior, o imposto de renda será calculado mediante aplicação, sobre a base de cálculo (art. 10), de alíquotas progressivas, previstas no art. 25 da Lei n. 7.713, de 1988, constantes da tabela anual.

Parágrafo único. A tabela anual de que trata este artigo corresponderá à soma dos valores, em cruzeiros, constantes das doze tabelas mensais de incidência do imposto de renda na fonte (Lei n. 7.713, de 1988, art. 25), que tiveram vigorado durante o respectivo ano-base.

ART. 13. O saldo do imposto a pagar ou a restituir (art. 11, III) será convertido em quantidade de BTN pelo valor deste no mês de janeiro do exercício financeiro correspondente.

§ 1º O imposto de renda relativo à atividade rural será apurado, em quantidade de BTN, segundo o disposto na Lei n. 8.023, de 1990, e será adicionado ao saldo do imposto de que trata este artigo.

§ 2º Resultando fração na apuração da quantidade de BTN, considerar-se-ão as duas primeiras casas decimais, desprezando-se as outras.

ART. 14. O saldo do imposto (art. 13) poderá ser pago em até seis quotas iguais, mensais e sucessivas, observado o seguinte:

I - nenhuma quota será inferior a trinta e cinco BTN e o imposto de valor inferior a setenta BTN será pago de uma só vez;

II - a primeira quota ou quota única será paga no mês de abril do ano subsequente ao da percepção dos rendimentos;

III - as quotas vencerão no dia vinte e cinco de cada mês;

IV - fica facultado ao contribuinte, após o encerramento do ano-base antecipar o pagamento do imposto ou de quotas.

Parágrafo único. A quantidade de BTN de que trata este artigo será reconvertida em cruzeiros pelo valor do BTN no mês do pagamento do imposto ou quota.

ART. 15. Para efeito de cálculo do imposto, os valores, em cruzeiros, constantes das tabelas progressivas mensais, serão somados, relativamente ao número de meses do período abrangido pela tributação, no ano-calendário, nos casos de declaração apresentada:

I - em nome do espólio, no exercício em que for homologada a partilha ou feita a adjudicação dos bens;

II - por contribuinte, residente ou domiciliado no Brasil, no exercício em que se retirar em caráter definitivo do território nacional.

ART. 16. O imposto de renda previsto no art. 26 da Lei n. 7.713, de 1988, incidente sobre o décimo terceiro salário art. 7º, VIII, da Constituição), será calculado de acordo com as seguintes normas:

I - não haverá retenção na fonte, pelo pagamento de antecipações;

II - será devido, sobre o valor integral, no mês de sua quitação;

III - a tributação ocorrerá exclusivamente na fonte e separadamente dos demais rendimentos do beneficiário;

IV - serão admitidas as deduções autorizadas pelo art. 7º desta Lei, observada a vigência estabelecida no parágrafo único do mesmo artigo;

V - a apuração do imposto far-se-á na forma do art. 25 da Lei n. 7.713, de 1988, com a alteração procedida pelo art. 1º da Lei n. 7.959, de 21 de dezembro de 1989.

ART. 17. O imposto de renda retido na fonte sobre aplicações financeiras de renda fixa será considerado:

I - antecipação do devido na declaração, quando o beneficiário for pessoa jurídica tributada com base no lucro real;

II - devido exclusivamente na fonte, nos demais casos.

Parágrafo único. Aplica-se aos juros produzidos pelas letras hipotecárias emitidas sob a forma exclusivamente escritural ou nominativa não transferível por endosso, o mesmo regime de tributação, pelo Imposto de Renda, dos depósitos de poupança.

ART. 18. É sujeita ao pagamento do Imposto de Renda, à alíquota de vinte e cinco por cento, a pessoa física que perceber;

› Lei 8.383/1991 (Institui a Unidade Fiscal de Referência, altera a legislação do imposto de renda).

I - ganhos de capital na alienação de bens ou direitos de qualquer natureza, de que tratam os §§ 2º e 3º do art. 3º da Lei n. 7.713, de 1988, observado o disposto no art. 21 da mesma Lei;

II - ganhos líquidos nas operações realizadas em bolsas de valores, de mercadorias, de futuros e assemelhadas, de que tratam o art. 55 da Lei n. 7.799, de 10 de julho de 1989, e a Lei n. 8.014, de 6 de abril de 1990.

§ 1º O imposto de que trata este artigo deverá ser pago até o último dia útil da primeira quinzena do mês subsequente ao da percepção dos mencionados ganhos.

§ 2º Os ganhos a que se referem os incisos I e II deste artigo serão apurados e tributados em separado e não integrarão a base de cálculo do Imposto de Renda, na declaração anual, e o imposto pago não poderá ser deduzido do devido na declaração.

ART. 19. As pessoas físicas ou jurídicas que efetuarem pagamentos com retenção do Imposto de Renda na fonte deverão fornecer à pessoa física beneficiária, até o dia 28 de fevereiro, documento comprobatório, em duas vias, com indicação da natureza e montante do pagamento, das deduções e do Imposto de Renda retido no ano anterior.

§ 1º Tratando-se de rendimentos sobre os quais não tenha havido retenção do Imposto de Renda na Fonte, o comprovante de que trata este artigo deverá ser fornecido, no mesmo prazo, ao beneficiário que o tenha solicitado até o dia 31 de janeiro.

§ 2º As pessoas físicas ou jurídicas que deixarem de fornecer aos beneficiários, dentro do prazo, ou fornecerem com inexatidão, o documento a que se refere este artigo ficarão sujeitas ao pagamento de multa de trinta e cinco BTN por documento.

§ 3º A fonte pagadora que prestar informação falsa sobre pagamento ou imposto retido na fonte será aplicada multa de cento e cinquenta por cento sobre o valor que for indevidamente utilizado como redução do Imposto de Renda devido, independentemente de outras penalidades administrativas ou criminais cabíveis.

§ 4º Na mesma penalidade incorrerá aquele que se beneficiar da informação, sabendo da falsidade.

ART. 20. Para efeito de justificar acréscimo patrimonial dos contribuintes a que se referem os arts. 9º e 10 da Lei n. 7.713, de 1988, somente será considerado o valor correspondente à parcela sobre a qual houver incidido o Imposto de Renda, em cada ano-base.

ART. 21. Para efeito de redução do imposto (art. 11, II) na declaração de rendimentos relativa ao exercício financeiro de 1991, ano-base de 1990, os valores, correspondentes ao imposto, pagos pelo contribuinte nos termos dos arts. 8º e 23 da Lei n. 7.713, de 1988, serão considerados pelos seus valores originais, excluída a correção monetária.

ART. 22. Os ganhos percebidos pelo contribuinte, no ano-base de 1990, na alienação de bens e direitos e nas operações em bolsas de valores, de mercadorias, de futuros e assemelhadas, não integrarão a base de cálculo do imposto na declaração do exercício financeiro de 1991 e o imposto pago não poderá ser deduzido do devido na declaração.

§ 1º O contribuinte que não houver efetuado o pagamento do imposto, relativo aos ganhos a que se refere este artigo, deverá adicioná-lo ao apurado na declaração.

§ 2º Na hipótese do parágrafo anterior, o imposto deverá ser calculado segundo as normas da legislação vigente na data da ocorrência do fato gerador.

ART. 23. A falta ou insuficiência de pagamento do imposto ou de quota deste, nos prazos fixados nesta lei, apresentada ou não a declaração, sujeitará o contribuinte às multas e acréscimos previstos na legislação em vigor e a correção monetária com base na variação do valor do BTN.

ART. 24. A partir do exercício financeiro de 1991, não serão admitidas as deduções, para efeito do Imposto de Renda, previstas nas Leis n. 7.505, de 2 de julho de 1986, e 7.752, de 14 de abril de 1989.

ART. 25. A partir de 1º de janeiro de 1991, o rendimento real auferido no resgate de quotas de fundos mútuos de ações ou clubes de investimento, constituídos com observância da legislação pertinente, auferido por beneficiário pessoa física e pessoa jurídica não tributada pelo lucro real, inclusive isenta, sujeita-se à tributação exclusiva na fonte à alíquota de vinte e cinco por cento.

§ 1º Considera-se rendimento real para os fins deste artigo a diferença positiva entre o valor de resgate da quota e o valor médio das aplicações atualizado monetariamente pela variação do BTN Fiscal.

§ 2º Em relação às aplicações realizadas pelo quotista, anteriormente a 1º de janeiro de 1991, é facultado considerar com valor médio das aplicações, de que trata o § 1º, o valor ajustado da quota em 31 de dezembro de 1990, para cuja determinação a carteira do fundo de ações ou clube de investimento, naquela data, será valorizada mediante multiplicação da quantidade de ações pelos respectivos preços médios ponderados, calculados com base nas transações realizadas em bolsas de valores no mês de dezembro de 1990.

§ 3º O imposto será retido pelo administrador do fundo ou clube de investimento na data do resgate e recolhido na forma e prazos da legislação vigente.

LEIS

§ 4º Os ganhos líquidos a que se refere o art. 55 da Lei n. 7.799, de 1989, e o rendimento real das aplicações financeiras de renda fixa, auferidos pelos fundos e clubes de investimento de que trata este artigo, não estão sujeitos à incidência do Imposto de Renda.

§ 5º O disposto no parágrafo anterior aplica-se aos resgates de títulos e aplicações de renda fixa realizados a partir de 1º de janeiro de 1991 e aos ganhos líquidos de operações liquidadas ou encerradas a partir da mesma data.

ART. 26. O disposto no artigo anterior não se aplica:

I - aos resgates de quotas dos fundos de renda fixa, que continuam tributados na forma do art. 47 da Lei n. 7.799, de 1989;

II - aos resgates de quotas dos fundos de aplicação de curto prazo, que continuam tributados na forma do art. 48 da Lei n. 7.799, de 1989, com as alterações do art. 1º da Lei n. 7.856, de 24 de outubro de 1989.

ART. 27. Na determinação do ganho líquido de operações realizadas no mercado à vista de bolsas de valores é facultado ao contribuinte, relativamente às ações adquiridas anteriormente a 1º de janeiro de 1991, considerar como custo médio de aquisição o preço médio ponderado da ação no mês de dezembro de 1990, calculado com base nas transações realizadas em bolsas de valores.

ART. 28. O Poder Executivo fica autorizado a estabelecer critério alternativo para a determinação de valores e custos médios, em relação aos constantes dos arts. 25 e 27, quando no ocorrerem transações em bolsa no mês de dezembro de 1990 ou quando as transações no refletirem condições normais de mercado.

ART. 29. Para efeito de determinação do Imposto de Renda da atividade rural, de que trata a Lei n. 8.023, de 1990, o contribuinte, pessoa física ou jurídica, poderá, excepcionalmente, no exercício financeiro de 1991, ano-base de 1990, reduzir em até quarenta por cento o valor da base de cálculo para a cobrança do tributo.

Parágrafo único. A parcela de redução que exceder a dez por cento do valor da base de cálculo do imposto será adicionada ao resultado da atividade para compor a base de cálculo do imposto, relativa ao ano-base de 1991, exercício financeiro de 1992.

ART. 30. O inciso I do art. 22 da Lei n. 7.713, de 1988, passa a vigorar com a seguinte redação;

- Alteração promovida no texto da referida lei.
- A Lei 7.713/1988 altera a legislação do imposto de renda.

ART. 31. O Poder Executivo promoverá, mediante decreto, a consolidação da legislação relativa ao Imposto de Renda e proventos de qualquer natureza.

ART. 32. Esta lei entra em vigor na data de sua publicação.

ART. 33. Revogam-se o inciso I e os §§ 1º a 7º do art. 14, os arts. 23, 24, 28, 29, 42 e 45 da Lei n. 7.713, de 1988, o parágrafo único do art. 2º da Lei n. 7.797, de 10 de julho de 1989, os §§ 4º e 5º do art. 55 da Lei n. 7.799, de 1989, o art. 5º da Lei n. 7.959, de 1989, o art. 5º da Lei n. 8.012, de 1990, os §§ 1º e 2º do art. 10 e o art. 11 da Lei n. 8.023, de 1990, e demais disposições em contrário.

Senado Federal, 27 de dezembro de 1990; 169º da Independência e 102º da República.

NELSON CARNEIRO

LEI N. 8.159, DE 8 DE JANEIRO DE 1991

Dispõe sobre a política nacional de arquivos públicos e privados e dá outras providências.

- *DOU*, 09.01.1991 e retificado no *DOU*, 28.01.1991.
- Lei 11.111/2005 (Regulamenta o acesso aos documentos públicos de interesse particular ou de interesse coletivo ou geral).
- Dec. 7.845/2012 (Regulamenta procedimentos para credenciamento de segurança e tratamento de informação classificada em qualquer grau de sigilo, e dispõe sobre o Núcleo de Segurança e Credenciamento).

O Presidente da República. Faço saber que o Congresso Nacional decreta e eu sanciono a seguinte lei:

CAPÍTULO I DISPOSIÇÕES GERAIS

ART. 1º É dever do Poder Público a gestão documental e a de proteção especial a documentos de arquivos, como instrumento de apoio à administração, à cultura, ao desenvolvimento científico e como elementos de prova e informação.

ART. 2º Consideram-se arquivos, para os fins desta lei, os conjuntos de documentos produzidos e recebidos por órgãos públicos, instituições de caráter público e entidades privadas, em decorrência do exercício de atividades específicas, bem como por pessoa física, qualquer que seja o suporte da informação ou a natureza dos documentos.

ART. 3º Considera-se gestão de documentos o conjunto de procedimentos e operações técnicas à sua produção, tramitação, uso, avaliação e arquivamento em fase corrente e intermediária, visando a sua eliminação ou recolhimento para guarda permanente.

ART. 4º Todos têm direito a receber dos órgãos públicos informações de seu interesse particular ou de interesse coletivo ou geral, contidas em documentos de arquivos, que serão prestadas no prazo da lei, sob pena de responsabilidade, ressalvadas aquelas cujos sigilo seja imprescindível à segurança da sociedade e do Estado, bem como à inviolabilidade da intimidade, da vida privada, da honra e da imagem das pessoas.

ART. 5º A Administração Pública franqueará a consulta aos documentos públicos na forma desta lei.

ART. 6º Fica resguardado o direito de indenização pelo dano material ou moral decorrente da violação do sigilo, sem prejuízo das ações penal, civil e administrativa.

CAPÍTULO II DOS ARQUIVOS PÚBLICOS

ART. 7º Os arquivos públicos são os conjuntos de documentos produzidos e recebidos, no exercício de suas atividades, por órgãos públicos de âmbito federal, estadual, do Distrito Federal e municipal em decorrência de suas funções administrativas, legislativas e judiciárias.

§ 1º São também públicos os conjuntos de documentos produzidos e recebidos por instituições de caráter público, por entidades privadas encarregadas da gestão de serviços públicos no exercício de suas atividades.

§ 2º A cessação de atividades de instituições públicas e de caráter público implica o recolhimento de sua documentação à instituição arquivística pública ou a sua transferência à instituição sucessora.

ART. 8º Os documentos públicos são identificados como correntes, intermediários e permanentes.

§ 1º Consideram-se documentos correntes aqueles em curso ou que, mesmo sem movimentação, constituam de consultas frequentes.

§ 2º Consideram-se documentos intermediários aqueles que, não sendo de uso corrente nos órgãos produtores, por razões de interesse administrativo, aguardam a sua eliminação ou recolhimento para guarda permanente.

§ 3º Consideram-se permanentes os conjuntos de documentos de valor histórico, probatório e informativo que devem ser definitivamente preservados.

ART. 9º A eliminação de documentos produzidos por instituições públicas e de caráter público será realizada mediante autorização da instituição arquivística pública, na sua específica esfera de competência.

ART. 10. Os documentos de valor permanente são inalienáveis e imprescritíveis.

CAPÍTULO III DOS ARQUIVOS PRIVADOS

ART. 11. Consideram-se arquivos privados os conjuntos de documentos produzidos ou recebidos por pessoas físicas ou jurídicas, em decorrência de suas atividades.

ART. 12. Os arquivos privados podem ser identificados pelo Poder Público como de interesse público e social, desde que sejam considerados como conjuntos de fontes relevantes para a história e desenvolvimento científico nacional.

ART. 13. Os arquivos privados identificados como de interesse público e social não poderão ser alienados com dispersão ou perda da unidade documental, nem transferidos para o exterior.

Parágrafo único. Na alienação desses arquivos o Poder Público exercerá preferência na aquisição.

ART. 14. O acesso aos documentos de arquivos privados identificados como de interesse público e social poderá ser franqueado mediante autorização de seu proprietário ou possuidor.

ART. 15. Os arquivos privados identificados como de interesse público e social poderão ser depositados a título revogável, ou doados a instituições arquivísticas públicas.

ART. 16. Os registros civis de arquivos de entidades religiosas produzidos anteriormente à vigência do Código Civil ficam identificados como de interesse público e social.

CAPÍTULO IV DA ORGANIZAÇÃO E ADMINISTRAÇÃO DE INSTITUIÇÕES ARQUIVÍSTICAS PÚBLICAS

ART. 17. A administração da documentação pública ou de caráter público compete às instituições arquivísticas federais, estaduais, do Distrito Federal e municipais.

§ 1º São Arquivos Federais o Arquivo Nacional do Poder Executivo, e os arquivos do Poder Legislativo e do Poder Judiciário. São considerados, também, do Poder Executivo os arquivos do Ministério da Marinha, do Ministério das Relações Exteriores, do Ministério do Exército e do Ministério da Aeronáutica.

§ 2º São Arquivos Estaduais o arquivo do Poder Executivo, o arquivo do Poder Legislativo e o arquivo do Poder Judiciário.

§ 3º São Arquivos do Distrito Federal o arquivo do Poder Executivo, o Arquivo do Poder Legislativo e o arquivo do Poder Judiciário.

§ 4º São Arquivos Municipais o arquivo do Poder Executivo e o arquivo do Poder Legislativo.

§ 5º Os arquivos públicos dos Territórios são organizados de acordo com sua estrutura político-jurídica.

ART. 18. Compete ao Arquivo Nacional a gestão e o recolhimento dos documentos produzidos e recebidos pelo Poder Executivo Federal, bem como preservar e facultar o acesso aos documentos sob sua guarda, e acompanhar e implementar a política nacional de arquivos.

Parágrafo único. Para o pleno exercício de suas funções, o Arquivo Nacional poderá criar unidades regionais.

ART. 19. Competem aos arquivos do Poder Legislativo Federal a gestão e o recolhimento dos documentos produzidos e recebidos pelo Poder Legislativo Federal no exercício das suas funções, bem como preservar e facultar o acesso aos documentos sob sua guarda.

ART. 20. Competem aos arquivos do Poder Judiciário Federal a gestão e o recolhimento dos documentos produzidos e recebidos pelo Poder Judiciário Federal no exercício de suas funções, tramitados em juízo e oriundos de cartórios e secretarias, bem como preservar e facultar o acesso aos documentos sob sua guarda.

ART. 21. Legislação estadual, do Distrito Federal e municipal definirá os critérios de organização e vinculação dos arquivos estaduais e municipais, bem como a gestão e o acesso aos documentos, observado o disposto na Constituição Federal e nesta lei.

CAPÍTULO V
DO ACESSO E DO SIGILO DOS DOCUMENTOS PÚBLICOS

ARTS. 22 a 24. (Revogados pela Lei 12.527/2011.)

DISPOSIÇÕES FINAIS

ART. 25. Ficará sujeito à responsabilidade penal, civil e administrativa, na forma da legislação em vigor, aquele que desfigurar ou destruir documentos de valor permanente ou considerado como de interesse público e social.

ART. 26. Fica criado o Conselho Nacional de Arquivos (CONARQ), órgão vinculado ao Arquivo Nacional, que definirá a política nacional de arquivos, como órgão central de um Sistema Nacional de Arquivos (SINAR).

§ 1º O Conselho Nacional de Arquivos será presidido pelo Diretor-Geral do Arquivo Nacional e integrado por representantes de instituições arquivísticas e acadêmicas, públicas e privadas.

§ 2º A estrutura e funcionamento do conselho criado neste artigo serão estabelecidos em regulamento.

ART. 27. Esta lei entra em vigor na data de sua publicação.

ART. 28. Revogam-se as disposições em contrário.

Brasília, 08 de janeiro de 1991; 170º da Independência e 103º da República.
FERNANDO COLLOR

LEI N. 8.166, DE 11 DE JANEIRO DE 1991

Dispõe sobre a não incidência do Imposto de Renda sobre lucros ou dividendos distribuídos a residentes ou domiciliados no exterior, doados a instituições sem fins lucrativos.

- DOU, 14.01.1991.

O Presidente da República. Faço saber que o Congresso Nacional decreta e eu sanciono a seguinte lei:

ART. 1º O imposto de que trata o art. 97 do Decreto-Lei n. 5.844, de 23 de setembro de 1943, não incidirá sobre os valores dos lucros ou dividendos distribuídos por sociedades brasileiras a seus sócios ou acionistas residentes ou domiciliados no exterior, que sejam por eles doados a instituições filantrópicas, educacionais, de pesquisa científica ou tecnológica e de desenvolvimento cultural ou artístico domiciliadas no Brasil, que:

I - estejam devidamente registradas na Secretaria da Receita Federal e em funcionamento regular;

II - não distribuam lucros, bonificações ou vantagens aos seus administradores, mantenedores ou associados, sob qualquer forma ou pretexto;

III - apliquem integralmente seus recursos no País, na manutenção de seus objetivos institucionais;

IV - mantenham escrituração de suas receitas e despesas em livros revestidos de formalidades que assegurem a sua exatidão;

V - que estabeleçam, no respectivo contrato social ou estatuto, a incorporação, em caso de extinção, do seu patrimônio a entidade similar que atenda aos requisitos e condições referidos nos incisos anteriores ou, conforme a área de sua atuação, ao respectivo Município, ao respectivo Estado ou à União.

ART. 2º O disposto no artigo anterior aplica-se também às doações efetuadas através de agência, de sucursal ou de representante, no Brasil, de pessoas jurídicas domiciliadas no exterior.

ART. 3º Os valores doados, na forma prevista nos arts. 1º e 2º, não poderão ser transferidos ao exterior, nem serão considerados para fins de apuração do imposto suplementar de que trata o art. 1º do Decreto-Lei n 2.073, de 20 de dezembro de 1983.

ART. 4º O valor do imposto de que trata o art. 35 da Lei n. 7.713, de 22 de dezembro de 1988, incidente sobre o valor dos lucros ou dividendos na conformidade do art. 1º desta lei não poderá ser compensado.

ART. 5º A sociedade distribuidora dos lucros ou dividendos deverá comprovar à fiscalização, quando solicitada, a efetiva entrega da doação ao beneficiário, no prazo de dois dias contados da distribuição, mediante cheque nominativo e cruzado.

ART. 6º A inobservância do disposto nesta lei sujeitará a sociedade distribuidora dos lucros ou dividendos à obrigação de recolher o valor do imposto monetariamente corrigido, acrescido de juros de mora e demais cominações legais.

ART. 7º (Vetado).

ART. 8º Esta lei entra em vigor na data de sua publicação.

ART. 9º Revogam-se as disposições em contrário.

Brasília, 11 de janeiro de 1991; 170º da Independência e 103º da República.
FERNANDO COLLOR

LEI N. 8.171, DE 17 DE JANEIRO DE 1991

Dispõe sobre a política agrícola.

- *DOU*, 18.01.1991, retificado no *DOU*, 12.03.1991.
- Lei 6.894/1980 (Dispõe sobre a inspeção e a fiscalização da produção e do comércio de fertilizantes, corretivos, inoculantes, estimulantes ou biofertilizantes, remineralizadores e substratos para plantas, destinados à agricultura).
- Lei 7.802/1989 (Dispõe sobre a pesquisa, a experimentação, a produção, a embalagem e rotulagem, o transporte, o armazenamento, a comercialização, a propaganda comercial, a utilização, a importação, a exportação, o destino final dos resíduos e embalagens, o registro, a classificação, o controle, a inspeção, a fiscalização dos agrotóxicos, seus componentes e afins).
- Lei 10.831/2003 (Dispõe sobre a agricultura orgânica).

O Presidente da República. Faço saber que o Congresso Nacional decreta e eu sanciono a seguinte Lei:

CAPÍTULO I
DOS PRINCÍPIOS FUNDAMENTAIS

ART. 1º Esta lei fixa os fundamentos, define os objetivos e as competências institucionais, prevê os recursos e estabelece as ações e instrumentos da política agrícola, relativamente às atividades agropecuárias, agroindustriais e de planejamento das atividades pesqueira e florestal.

Parágrafo único. Para os efeitos desta lei, entende-se por atividade agrícola a produção, o processamento e a comercialização dos produtos, subprodutos e derivados, serviços e insumos agrícolas, pecuários, pesqueiros e florestais.

ART. 2º A política fundamenta-se nos seguintes pressupostos:

I - a atividade agrícola compreende processos físicos, químicos e biológicos, onde os recursos naturais envolvidos devem ser utilizados e gerenciados, subordinando-se às normas e princípios de interesse público, de forma que seja cumprida a função social e econômica da propriedade;

II - o setor agrícola é constituído por segmentos como: produção, insumos, agroindústria, comércio, abastecimento e afins, os quais respondem diferenciadamente às políticas públicas e às forças de mercado;

III - como atividade econômica, a agricultura deve proporcionar, aos que a ela se dediquem, rentabilidade compatível com a de outros setores da economia;

IV - o adequado abastecimento alimentar é condição básica para garantir a tranquilidade social, a ordem pública e o processo de desenvolvimento econômico-social;

V - a produção agrícola ocorre em estabelecimentos rurais heterogêneos quanto à estrutura fundiária, condições edafoclimáticas, disponibilidade de infraestrutura, capacidade empresarial, níveis tecnológicos e condições sociais, econômicas e culturais;

VI - o processo de desenvolvimento agrícola deve proporcionar ao homem do campo o acesso aos serviços essenciais: saúde, educação, segurança pública, transporte, eletrificação, comunicação, habitação, saneamento, lazer e outros benefícios sociais.

ART. 3º São objetivos da política agrícola:

I - na forma como dispõe o art. 174 da Constituição, o Estado exercerá função de planejamento, que será determinante para o setor público e indicativo para o setor privado, destinado a promover, regular, fiscalizar, controlar, avaliar atividade e suprir necessidades, visando assegurar o incremento da produção e da produtividade agrícolas, a regularidade do abastecimento interno, especialmente alimentar, e a redução das disparidades regionais;

II - sistematizar a atuação do Estado para que os diversos segmentos intervenientes da agricultura possam planejar suas ações e investimentos numa perspectiva de médio e longo prazos, reduzindo as incertezas do setor;

III - eliminar as distorções que afetam o desempenho das funções econômica e social da agricultura;

IV - proteger o meio ambiente, garantir o seu uso racional e estimular a recuperação dos recursos naturais;

V - (Vetado.);

VI - promover a descentralização da execução dos serviços públicos de apoio ao setor rural, visando a complementariedade de ações com Estados, Distrito Federal, Territórios e Municípios, cabendo a estes assumir suas responsabilidades na execução da política agrícola, adequando os diversos instrumentos às suas necessidades e realidades;

VII - compatibilizar as ações da política agrícola com as de reforma agrária, assegurando aos beneficiários o apoio à sua integração ao sistema produtivo;

VIII - promover e estimular o desenvolvimento da ciência e da tecnologia agrícola pública e privada, em especial aquelas voltadas para a utilização dos fatores de produção internos;

IX - possibilitar a participação efetiva de todos os segmentos atuantes no setor rural, na definição dos rumos da agricultura brasileira;

X - prestar apoio institucional ao produtor rural, com prioridade de atendimento ao pequeno produtor e sua família;

XI - estimular o processo de agroindustrialização junto às respectivas áreas de produção;

XII - (Vetado.);

XIII - promover a saúde animal e a sanidade vegetal; (Inciso incluído pela Lei 10.298/2001.)

XIV - promover a idoneidade dos insumos e serviços empregados na agricultura; (Inciso incluído pela Lei 10.298/2001.)

XV - assegurar a qualidade dos produtos de origem agropecuária, seus derivados e resíduos de valor econômico; (Inciso incluído pela Lei 10.298/2001.)

XVI - promover a concorrência leal entre os agentes que atuam nos setores e a proteção destes em relação a práticas desleais e a riscos de doenças e pragas exóticas no País; (Inciso incluído pela Lei 10.298/2001.)

XVII - melhorar a renda e a qualidade de vida no meio rural. (Inciso incluído pela Lei 10.298/2001.)

ART. 4º As ações e instrumentos de política agrícola referem-se a:

I - planejamento agrícola;

II - pesquisa agrícola tecnológica;

III - assistência técnica e extensão rural;

IV - proteção do meio ambiente, conservação e recuperação dos recursos naturais;

V - defesa da agropecuária;

VI - informação agrícola;

VII - produção, comercialização, abastecimento e armazenagem;

VIII - associativismo e cooperativismo;

IX - formação profissional e educação rural;

X - investimentos públicos e privados;

XI - crédito rural;

XII - garantia da atividade agropecuária;

XIII - seguro agrícola;

XIV - tributação e incentivos fiscais;

XV - irrigação e drenagem;

XVI - habitação rural;

XVII - eletrificação rural;

XVIII - mecanização agrícola;

XIX - crédito fundiário.

Parágrafo único. Os instrumentos de política agrícola deverão orientar-se pelos planos plurianuais. (Incluído pela Lei 10.246/2001.)

CAPÍTULO II
DA ORGANIZAÇÃO INSTITUCIONAL

ART. 5º É instituído o Conselho Nacional de Política Agrícola (CNPA), vinculado ao Ministério da Agricultura e Reforma Agrária (Mara), com as seguintes atribuições:

I e II - (Vetados.);

III - orientar a elaboração do Plano de Safra;

IV - propor ajustamentos ou alterações na política agrícola;

V - (Vetado.);

VI - manter sistema de análise e informação sobre a conjuntura econômica e social da atividade agrícola.

§ 1º O Conselho Nacional da Política Agrícola (CNPA) será constituído pelos seguintes membros:

› Dec. 4.623/2003. (Dispõe sobre os Conselhos Nacional de Política Agrícola - CNPA e Deliberativo da Política do Café - CDPC, vinculados ao Ministério da Agricultura, Pecuária e Abastecimento).

I - um do Ministério da Economia, Fazenda e Planejamento;

II - um do Banco do Brasil S.A.;

III - dois da Confederação Nacional da Agricultura;

IV - dois representantes da Confederação Nacional dos Trabalhadores na Agricultura (Contag);

V - dois da Organização das Cooperativas Brasileiras, ligados ao setor agropecuário;

VI - um do Departamento Nacional da Defesa do Consumidor;

VII - um da Secretaria do Meio Ambiente;

VIII - um da Secretaria do Desenvolvimento Regional;

IX - três do Ministério da Agricultura e Reforma Agrária (Mara);

X - um do Ministério da Infraestrutura;

XI - dois representantes de setores econômicos privados abrangidos pela Lei Agrícola, de livre nomeação do Ministério da Agricultura e Reforma Agrária (Mara);

XII - (Vetado.)

§ 2º (Vetado.)

§ 3º O Conselho Nacional da Política Agrícola (CNPA) contará com uma Secretaria Executiva e sua estrutura funcional será integrada por Câmaras Setoriais, especializadas em produtos, insumos, comercialização, armazenamento, transporte, crédito, seguro e demais componentes da atividade rural.

§ 4º As Câmaras Setoriais serão instaladas por ato e a critério do Ministro da Agricultura e Reforma Agrária, devendo o regimento interno do Conselho Nacional de Política Agrícola (CNPA) fixar o número de seus membros e respectivas atribuições.

§ 5º O regimento interno do Conselho Nacional de Política Agrícola (CNPA) será elaborado pelo Ministro da Agricultura e Reforma Agrária e submetido à aprovação do seu plenário.

§ 6º O Conselho Nacional de Política Agrícola (CNPA) coordenará a organização de Conselhos Estaduais e Municipais de Política Agrícola, com as mesmas finalidades, no âmbito de suas competências.

§§ 7º e 8º (Vetados.)

ART. 6º A ação governamental para o setor agrícola é organizada pela União, Estados, Distrito Federal, Territórios e Municípios, cabendo:

I - (Vetado.);

II - ao Governo Federal a orientação normativa, as diretrizes nacionais e a execução das atividades estabelecidas em lei. (Inciso incluído pela Lei 10.327/2001.)

III - às entidades de administração direta e indireta dos Estados, do Distrito Federal e dos Territórios o planejamento, a execução, o acompanhamento, o controle e a avaliação de atividades específicas. (Inciso renumerado de II para III, pela Lei 10.327/2001.)

ART. 7º A ação governamental para o setor agrícola desenvolvida pela União, pelos Estados, Distrito Federal, Territórios e Municípios, respeitada a autonomia constitucional, é exercida em sintonia, evitando-se superposições e paralelismos, conforme dispuser lei complementar prevista no parágrafo único do art. 23 da Constituição.

CAPÍTULO III
DO PLANEJAMENTO AGRÍCOLA

ART. 8º O planejamento agrícola será feito em consonância com o que dispõe o art. 174 da Constituição, de forma democrática e participativa, através de planos nacionais de desenvolvimento agrícola plurianuais, planos de safras e planos operativos anuais, observadas as definições constantes desta lei.

§§ 1º e 2º (Vetados.)

§ 3º Os planos de safra e os planos plurianuais, elaborados de acordo com os instrumentos gerais de planejamento, considerarão o tipo de produto, fatores e ecossistemas homogêneos, o planejamento das ações dos órgãos e entidades da administração federal direta e indireta, as especificidades regionais e estaduais, de acordo com a vocação agrícola e as necessidades diferenciadas de abastecimento, formação de estoque e exportação. (Redação dada pela Lei 10.246/2001.)

§ 4º Os planos deverão prever a integração das atividades de produção e de transformação do setor agrícola, e deste com os demais setores da economia.

ART. 9º O Ministério da Agricultura e Reforma Agrária (Mara) coordenará, a nível nacional, as atividades de planejamento agrícola, em articulação com os Estados, o Distrito Federal, os Territórios e os Municípios.

ART. 10. O Poder Público deverá:

I - proporcionar a integração dos instrumentos de planejamento agrícola com os demais setores da economia;

II - desenvolver e manter atualizada uma base de indicadores sobre o desempenho do setor agrícola, a eficácia da ação governamental e os efeitos e impactos dos programas dos planos plurianuais.

CAPÍTULO IV
DA PESQUISA AGRÍCOLA

ART. 11. (Vetado.)

Parágrafo único. É o Ministério da Agricultura e Reforma Agrária (Mara) autorizado a instituir o Sistema Nacional de Pesquisa Agropecuária (SNPA), sob a coordenação da Empresa Brasileira de Pesquisa Agropecuária (Embrapa) e em convênio com os Estados, o Distrito Federal, os Territórios, os Municípios, entidades públicas e privadas, universidades, cooperativas, sindicatos, fundações e associações.

ART. 12. A pesquisa agrícola deverá:

I - estar integrada à assistência técnica e extensão rural, aos produtores, comunidades e agroindústrias, devendo ser gerada ou adaptada a partir do conhecimento biológico da integração dos diversos ecossistemas, observando as condições econômicas e culturais dos segmentos sociais do setor produtivo;

II - dar prioridade ao melhoramento dos materiais genéticos produzidos pelo ambiente natural dos ecossistemas, objetivando o aumento de sua produtividade, preservando ao máximo a heterogeneidade genética;

III - dar prioridade à geração e à adaptação de tecnologias agrícolas destinadas ao desenvolvimento dos pequenos agricultores, enfatizando os alimentos básicos, equipamentos e implementos agrícolas voltados para esse público;

IV - observar as características regionais e gerar tecnologias voltadas para a sanidade animal e vegetal, respeitando a preservação da saúde e do meio ambiente.

ART. 13. É autorizada a importação de material genético para a agricultura desde que não haja proibição legal.

ART. 14. Os programas de desenvolvimento científico e tecnológico, tendo em vista a geração de tecnologia de ponta, merecerão nível de prioridade que garanta a independência e os parâmetros de competitividade internacional à agricultura brasileira.

CAPÍTULO V DA ASSISTÊNCIA TÉCNICA E EXTENSÃO RURAL

ART. 15. (Vetado.)

ART. 16. A assistência técnica e extensão rural buscarão viabilizar, com o produtor rural, proprietário ou não, suas famílias e organizações, soluções adequadas a seus problemas de produção, gerência, beneficiamento, armazenamento, comercialização, industrialização, eletrificação, consumo, bem-estar e preservação do meio ambiente.

ART. 17. O Poder Público manterá serviço oficial de assistência técnica e extensão rural, sem paralelismo na área governamental ou privada, de caráter educativo, garantindo atendimento gratuito aos pequenos produtores e suas formas associativas, visando:

I - difundir tecnologias necessárias ao aprimoramento da economia agrícola, à conservação dos recursos naturais e à melhoria das condições de vida do meio rural;

II - estimular e apoiar a participação e a organização da população rural, respeitando a organização da unidade familiar bem como as entidades de representação dos produtores rurais;

III - identificar tecnologias alternativas juntamente com instituições de pesquisa e produtores rurais;

IV - disseminar informações conjunturais nas áreas de produção agrícola, comercialização, abastecimento e agroindústria.

ART. 18. A ação de assistência técnica e extensão rural deverá estar integrada à pesquisa agrícola, aos produtores rurais e suas entidades representativas e às comunidades rurais.

CAPÍTULO VI DA PROTEÇÃO AO MEIO AMBIENTE E DA CONSERVAÇÃO DOS RECURSOS NATURAIS

ART. 19. O Poder Público deverá:

I - integrar, a nível de Governo Federal, os Estados, o Distrito Federal, os Territórios, os Municípios e as comunidades na preservação do meio ambiente e conservação dos recursos naturais;

II - disciplinar e fiscalizar o uso racional do solo, da água, da fauna e da flora;

III - realizar zoneamentos agroecológicos que permitam estabelecer critérios para o disciplinamento e o ordenamento da ocupação espacial pelas diversas atividades produtivas, bem como para a instalação de novas hidrelétricas;

IV - promover e/ou estimular a recuperação das áreas em processo de desertificação;

V - desenvolver programas de educação ambiental, a nível formal e informal, dirigidos à população;

VI - fomentar a produção de sementes e mudas de essências nativas;

VII - coordenar programas de estímulo e incentivo à preservação das nascentes dos cursos d'água e do meio ambiente, bem como o aproveitamento de dejetos animais para conversão em fertilizantes.

Parágrafo único. A fiscalização e o uso racional dos recursos naturais do meio ambiente é também de responsabilidade dos proprietários de direito, dos beneficiários da reforma agrária e dos ocupantes temporários dos imóveis rurais.

ART. 20. As bacias hidrográficas constituem-se em unidades básicas de planejamento do uso, da conservação e da recuperação dos recursos naturais.

ART. 21. (Vetado.)

ART. 21-A. O Poder Público procederá à identificação, em todo o território nacional, das áreas desertificadas, as quais somente poderão ser exploradas mediante a adoção de adequado plano de manejo, com o emprego de tecnologias capazes de interromper o processo de desertificação e de promover a recuperação dessas áreas. (Incluído pela Lei 10.228/2001.)

§ 1º O Poder Público estabelecerá cadastros das áreas sujeitas a processos de desertificação, em âmbito estadual ou municipal. (Incluído pela Lei 10.228/2001.)

§ 2º O Poder Público, por intermédio dos órgãos competentes, promoverá a pesquisa, a geração e a difusão de tecnologias capazes de suprir as condições expressas neste artigo. (Incluído pela Lei 10.228/2001.)

ART. 22. A prestação de serviços e aplicações de recursos pelo Poder Público em atividades agrícolas devem ter por premissa básica o uso tecnicamente indicado, o manejo racional dos recursos naturais e a preservação do meio ambiente.

ART. 23. As empresas que exploram economicamente águas represadas e as concessionárias de energia elétrica serão responsáveis pelas alterações ambientais por elas provocadas e obrigadas a recuperação do meio ambiente, na área de abrangência de suas respectivas bacias hidrográficas.

ART. 24. (Vetado.)

ART. 25. O Poder Público implementará programas de estímulo às atividades de interesse econômico apícolas e criatórias de peixes e outros produtos de vida fluvial, lacustre e marinha, visando ao incremento da oferta de alimentos e à preservação das espécies animais e vegetais. (Redação dada pela Lei 10.990/2004.)

ART. 26. A proteção do meio ambiente e dos recursos naturais terá programas plurianuais e planos operativos anuais elaborados pelos órgãos competentes, mantidos ou não pelo Poder Público, sob a coordenação da União e das Unidades da Federação.

CAPÍTULO VII DA DEFESA AGROPECUÁRIA

ART. 27. (Vetado.)

ART. 27-A. São objetivos da defesa agropecuária assegurar: (Incluído pela Lei 9.712/1998.)

▸ Dec. 5.741/2006 (Regulamenta este artigo).

I - a sanidade das populações vegetais;

II - a saúde dos rebanhos animais;

III - a idoneidade dos insumos e dos serviços utilizados na agropecuária;

IV - a identidade e a segurança higiênico-sanitária e tecnológica dos produtos agropecuários finais destinados aos consumidores.

§ 1º Na busca do atingimento dos objetivos referidos no *caput*, o Poder Público desenvolverá, permanentemente, as seguintes atividades:

I - vigilância e defesa sanitária vegetal;

II - vigilância e defesa sanitária animal;

III - inspeção e classificação de produtos de origem vegetal, seus derivados, subprodutos e resíduos de valor econômico;

IV - inspeção e classificação de produtos de origem animal, seus derivados, subprodutos e resíduos de valor econômico;

V - fiscalização dos insumos e dos serviços usados nas atividades agropecuárias.

§ 2º As atividades constantes do parágrafo anterior serão organizadas de forma a garantir o cumprimento das legislações vigentes que tratem da defesa agropecuária e dos compromissos internacionais firmados pela União.

ART. 28. (Vetado.)

ART. 28-A. Visando à promoção da saúde, as ações de vigilância e defesa sanitária dos animais e dos vegetais serão organizadas, sob a coordenação do Poder Público nas várias instâncias federativas e no âmbito de sua competência, em um Sistema Unificado de Atenção à Sanidade Agropecuária, articulado, no que for atinente à saúde pública, com o Sistema Único de Saúde de que trata a Lei n. 8.080, de 19 de setembro de 1990, do qual participarão: (Incluído pela Lei 9.712/1998.)

▸ Dec. 5.741/2006 (Regulamenta este artigo).

I - serviços e instituições oficiais;

II - produtores e trabalhadores rurais, suas associações e técnicos que lhes prestam assistência;

III - órgãos de fiscalização das categorias profissionais diretamente vinculadas à sanidade agropecuária;

IV - entidades gestoras de fundos organizados pelo setor privado para complementar as ações públicas no campo da defesa agropecuária.

§ 1º A área municipal será considerada unidade geográfica básica para a organização e o funcionamento dos serviços oficiais de sanidade agropecuária.

§ 2º A instância local do sistema unificado de atenção à sanidade agropecuária dará, na sua jurisdição, plena atenção à sanidade, com a participação da comunidade organizada, tratando especialmente das seguintes atividades:

I - cadastro das propriedades;

II - inventário das populações animais e vegetais;

III - controle de trânsito de animais e plantas;

IV - cadastro dos profissionais de sanidade atuantes;

V - cadastro das casas de comércio de produtos de uso agronômico e veterinário;

VI - cadastro dos laboratórios de diagnósticos de doenças;

VII - inventário das doenças diagnosticadas;

VIII - execução de campanhas de controle de doenças;

IX - educação e vigilância sanitária;

X - participação em projetos de erradicação de doenças e pragas.

§ 3º Às instâncias intermediárias do Sistema Unificado de Atenção à Sanidade Agropecuária competem as seguintes atividades:

I - vigilância do trânsito interestadual de plantas e animais;

II - coordenação das campanhas de controle e erradicação de pragas e doenças;

III - manutenção dos informes nosográficos;

IV - coordenação das ações de epidemiologia;

V - coordenação das ações de educação sanitária;

VI - controle de rede de diagnóstico e dos profissionais de sanidade credenciados.

§ 4º À instância central e superior do Sistema Unificado de Atenção à Sanidade Agropecuária compete:

I - a vigilância de portos, aeroportos e postos de fronteira internacionais;

II - a fixação de normas referentes a campanhas de controle e erradicação de pragas e doenças;

III - a aprovação dos métodos de diagnóstico e dos produtos de uso veterinário e agronômico;

IV - a manutenção do sistema de informações epidemiológicas;

V - a avaliação das ações desenvolvidas nas instâncias locais e intermediárias do sistema unificado de atenção à sanidade agropecuária;

VI - a representação do País nos fóruns internacionais que tratam da defesa agropecuária;

VII - a realização de estudos de epidemiologia e de apoio ao desenvolvimento do Sistema Unificado de Atenção à Sanidade Agropecuária;

VIII - a cooperação técnica às outras instâncias do Sistema Unificado;

IX - o aprimoramento do Sistema Unificado;

X - a coordenação do Sistema Unificado;

XI - a manutenção do Código de Defesa Agropecuária.

§ 5º Integrarão o Sistema Unificado de Atenção à Sanidade Agropecuária instituições gestoras de fundos organizados por entidades privadas para complementar as ações públicas no campo da defesa agropecuária.

§ 6º As estratégias e políticas de promoção à sanidade e de vigilância serão ecossistêmicas e descentralizadas, por tipo de problema sanitário, visando ao alcance de áreas livres de pragas e doenças, conforme previsto em acordos e tratados internacionais subscritos pelo País.

§ 7º Sempre que recomendado epidemiologicamente é prioritária a erradicação das doenças e pragas, na estratégia de áreas livres.

ART. 29. (Vetado.)

ART. 29-A. A inspeção industrial e sanitária de produtos de origem vegetal e animal, bem como a dos insumos agropecuários, será gerida de maneira que os procedimentos e a organização da inspeção se faça por métodos universalizados e aplicados equitativamente em todos os estabelecimentos inspecionados. (Incluído pela Lei 9.712/1998.)

‣ Dec. 5.741/2006 (Regulamenta este artigo).

§ 1º Na inspeção poderá ser adotado o método de análise de riscos e pontos críticos de controle.

§ 2º Como parte do Sistema Unificado de Atenção à Sanidade Agropecuária, serão constituídos um sistema brasileiro de inspeção de produtos de origem vegetal e um sistema brasileiro de inspeção de produtos de origem animal, bem como sistemas específicos de inspeção para insumos usados na agropecuária.

‣ Dec. 5.741/2006 (Regulamenta este artigo).

CAPÍTULO VIII
DA INFORMAÇÃO AGRÍCOLA

ART. 30. O Ministério da Agricultura e Reforma Agrária (Mara), integrado com os Estados, o Distrito Federal, os Territórios e os Municípios, manterá um sistema de informação agrícola ampla para divulgação de:

I - previsão de safras por Estado, Distrito Federal e Território, incluindo estimativas de área cultivada ou colhida, produção e produtividade;

II - preços recebidos e pagos pelo produtor, com a composição dos primeiros até os mercados atacadistas e varejistas, por Estado, Distrito Federal e Território;

III - valores e preços de exportação FOB, com a decomposição dos preços até o interior, a nível de produtor, destacando as taxas e impostos cobrados;

IV - valores e preços de importação CIF, com a decomposição dos preços dos mercados internacionais até a colocação do produto em portos brasileiros, destacando, taxas e impostos cobrados;

V - cadastro, cartografia e solo das propriedades rurais: (Redação dada pela Lei 9.272/1996.)

VI - volume dos estoques públicos e privados, reguladores e estratégicos, discriminados por produtos, tipos e localização; (Redação dada pela Lei 9.272/1996.)

VII e **VIII** - (Vetados.);

IX - dados de meteorologia e climatologia agrícolas;

X a **XII** - (Vetados.);

XIII - pesquisas em andamento e os resultados daquelas já concluídas.

XIV - informações sobre doenças e pragas; (Incluído pela Lei 9.272/1996.)

XV - indústria de produtos de origem vegetal e animal e de insumos; (Incluído pela Lei 9.272/1996.)

XVI - classificação de produtos agropecuários; (Incluído pela Lei 9.272/1996.)

XVII - inspeção de produtos e insumos; (Incluído pela Lei 9.272/1996.)

XVIII - infratores das várias legislações relativas à agropecuária. (Incluído pela Lei 9.272/1996.)

Parágrafo único. O Ministério da Agricultura e Reforma Agrária (Mara) coordenará a realização de estudos e análises detalhadas do comportamento dos mercados interno e externo dos produtos agrícolas e agroindustriais, informando sua apropriação e divulgação para o pleno e imediato conhecimento dos produtores rurais e demais agentes do mercado.

CAPÍTULO IX
DA PRODUÇÃO, DA COMERCIALIZAÇÃO, DO ABASTECIMENTO E DA ARMAZENAGEM

ART. 31. O Poder Público formará, localizará adequadamente e manterá estoques reguladores e estratégicos, visando garantir a compra do produtor, na forma da lei, assegurar o abastecimento e regular o preço do mercado interno.

§ 1º Os estoques reguladores devem contemplar, prioritariamente, os produtos básicos.

§ 2º (Vetado.)

§ 3º Os estoques reguladores devem ser adquiridos preferencialmente de organizações associativas de pequenos e médios produtores.

§ 4º (Vetado.)

§ 5º A formação e a liberação destes estoques obedecerão regras pautadas no princípio da menor interferência na livre comercialização privada, observando-se prazos e procedimentos pré-estabelecidos e de amplo conhecimento público, sem ferir a margem mínima do ganho real do produtor rural, assentada em custos de produção atualizados e produtividades médias históricas.

ARTS. 32 e **33.** (Vetados.)

§ 1º (Vetado.)

§ 2º A garantia de preços mínimos far-se-á através de financiamento da comercialização e da aquisição dos produtos agrícolas amparados.

§ 3º Os alimentos considerados básicos terão tratamento privilegiado para efeito de preço mínimo.

ART. 34. (Vetado.)

ART. 35. As vendas dos estoques públicos serão realizadas através de leilões em bolsas de mercadorias, ou diretamente, mediante licitação pública.

ART. 36. O Poder Público criará estímulos para a melhoria das condições de armazenagem, processamento, embalagem e redução de perdas em nível de estabelecimento rural, inclusive comunitário.

ART. 37. É mantida, no território nacional, a exigência de padronização, fiscalização e classificação de produtos animais, subprodutos e derivados e seus resíduos de valor econômico, bem como dos produtos de origem animal destinados ao consumo e à industrialização para o mercado interno e externo. (Redação dada pela Lei 9.972/2000.)

Parágrafo único. (Vetado.)

ARTS. 38 a **41.** (Vetados.)

ART. 42. É estabelecido, em caráter obrigatório, o cadastro nacional de unidades armazenadoras de produtos agrícolas.

CAPÍTULO X
DO PRODUTOR RURAL, DA PROPRIEDADE RURAL E SUA FUNÇÃO SOCIAL

ARTS. 43 e **44.** (Vetados.)

CAPÍTULO XI
DO ASSOCIATIVISMO E DO COOPERATIVISMO

ART. 45. O Poder Público apoiará e estimulará os produtores rurais a se organizarem nas suas diferentes formas de associações, cooperativas, sindicatos, condomínios e outras, através de:

I - inclusão, nos currículos de 1º e 2º graus, de matérias voltadas para o associativismo e cooperativismo;

II - promoção de atividades relativas à motivação, organização, legislação e educação associativista e cooperativista para o público do meio rural;

III - promoção das diversas formas de associativismo como alternativa e opção para ampliar a oferta de emprego e de integração do trabalhador rural com o trabalhador urbano;

IV - integração entre os segmentos cooperativistas de produção, consumo, comercialização, crédito e de trabalho;

V - a implantação de agroindústrias.

Parágrafo único. O apoio do Poder Público será extensivo aos grupos indígenas, pescadores artesanais e àqueles que se dedicam às atividades de extrativismo vegetal não predatório.

ART. 46. (Vetado.)

CAPÍTULO XII
DOS INVESTIMENTOS PÚBLICOS

ART. 47. O Poder Público deverá implantar obras que tenham como objetivo o bem-estar social de comunidades rurais, compreendendo, entre outras:

a) barragens, açudes, perfuração de poços, diques e comportas para projetos de irrigação, retificação de cursos de água e drenagens de áreas alagadiças;

b) armazéns comunitários;

c) mercados de produtor;

d) estradas;

e) escolas e postos de saúde rurais;

f) energia;

g) comunicação;

h) saneamento básico;

i) lazer.

CAPÍTULO XIII
DO CRÉDITO RURAL

ART. 48. O crédito rural, instrumento de financiamento da atividade rural, será suprido por todos os agentes financeiros sem discriminação entre eles, mediante aplicação compulsória, recursos próprios livres, dotações das operações oficiais de crédito, fundos e quaisquer outros recursos, com os seguintes objetivos:

I - estimular os investimentos rurais para produção, extrativismo não predatório, armazenamento, beneficiamento e instalação de agroindústria, sendo esta quando realizada por produtor rural ou suas formas associativas;

II - favorecer o custeio oportuno e adequado da produção, do extrativismo não predatório e da comercialização de produtos agropecuários;

III - incentivar a introdução de métodos racionais no sistema de produção, visando ao aumento da produtividade, à melhoria do padrão de vida das populações rurais e à adequada conservação do solo e preservação do meio ambiente;

IV - (Vetado.)

V - propiciar, através de modalidade de crédito fundiário, a aquisição e regularização de terras pelos pequenos produtores, posseiros e arrendatários e trabalhadores rurais;

VI - desenvolver atividades florestais e pesqueiras.

VII - apoiar a substituição do sistema de pecuária extensivo pelo sistema de pecuária intensivo; (Acrescentado pela Lei 13.158/2015.)

VIII - estimular o desenvolvimento do sistema orgânico de produção agropecuária. (Acrescentado pela Lei 13.158/2015.)

§ 1º Quando destinado a agricultor familiar ou empreendedor familiar rural, nos termos do art. 3º da Lei n. 11.326, de 24 de julho de 2006, o crédito rural terá por objetivo estimular a geração de renda e o melhor uso da mão de obra familiar, por meio do financiamento de atividades e serviços rurais agropecuários e não agropecuários, desde que desenvolvidos em estabelecimento rural ou áreas comunitárias próximas, inclusive o turismo rural, a produção de artesanato e assemelhados. (Incluído pela Lei 11.718/2008.)

§ 2º Quando destinado a agricultor familiar ou empreendedor familiar rural, nos termos do art. 3º da Lei n. 11.326, de 24 de julho de 2006, o crédito rural poderá ser destinado à construção ou reforma de moradias no imóvel rural e em pequenas comunidades rurais. (Incluído pela Lei 11.718/2008.)

ART. 49. O crédito rural terá como beneficiários produtores rurais extrativistas não predatórios e indígenas, assistidos por instituições competentes, pessoas físicas ou jurídicas que, embora não conceituadas como produtores rurais, se dediquem às seguintes atividades vinculadas ao setor:

I - produção de mudas ou sementes básicas, fiscalizadas ou certificadas;

II - produção de sêmen para inseminação artificial e embriões;

III - atividades de pesca artesanal e aquicultura para fins comerciais;

IV - atividades florestais e pesqueiras.

§ 1º Podem ser beneficiários do crédito rural de comercialização, quando necessário ao escoamento da produção agropecuária, beneficiadores e agroindústrias que beneficiem ou industrializem o produto, desde que comprovada a aquisição da matéria-prima diretamente de produtores ou suas cooperativas, por preço não inferior ao mínimo fixado ou ao adotado como base de cálculo do financiamento, e mediante deliberação e disciplinamento do Conselho Monetário Nacional. (Redação dada pela Lei 11.775/2008.)

§ 2º Para efeito do disposto no § 1º deste artigo, enquadram-se como beneficiadores os cerealistas que exerçam, cumulativamente, as atividades de limpeza, padronização, armazenamento e comercialização de produtos agrícolas. (Redação dada pela Lei 11.775/2008.)

ART. 50. A concessão de crédito rural observará os seguintes preceitos básicos:

I - idoneidade do tomador;

II - fiscalização pelo financiador;

III - liberação do crédito diretamente aos agricultores ou por intermédio de suas associações formais ou informais, ou organizações cooperativas;

IV - liberação do crédito em função do ciclo da produção e da capacidade de ampliação do financiamento;

V - prazos e épocas de reembolso ajustados à natureza e especificidade das operações rurais, bem como à capacidade de pagamento e às épocas normais de comercialização dos bens produzidos pelas atividades financeiras.

§ 1º (Vetado.)

§ 2º Poderá exigir-se dos demais produtores rurais contrapartida de recursos próprios, em percentuais diferenciados, tendo em conta a natureza e o interesse da exploração agrícola.

§ 3º A aprovação do crédito rural levará sempre em conta o zoneamento agroecológico.

ART. 51. (Vetado.)

ART. 52. O Poder Público assegurará crédito rural especial e diferenciado aos produtores rurais assentados em áreas de reforma agrária.

ARTS. 53 e 54. (Vetados.)

CAPÍTULO XIV
DO CRÉDITO FUNDIÁRIO

ART. 55. (Vetado.)

CAPÍTULO XV
DO SEGURO AGRÍCOLA

ART. 56. É instituído o seguro agrícola destinado a:

I - cobrir prejuízos decorrentes de sinistros que atinjam bens fixos e semifixos ou semoventes;

II - cobrir prejuízos decorrentes de fenômenos naturais, pragas, doenças e outros que atinjam plantações.

Parágrafo único. As atividades florestais e pesqueiras serão amparadas pelo seguro agrícola previsto nesta lei.

ART. 57. (Vetado.)

ART. 58. A apólice de seguro agrícola poderá constituir garantia nas operações de crédito rural.

CAPÍTULO XVI
DA GARANTIA DA ATIVIDADE AGROPECUÁRIA

- Redação dada pela Lei 12.058/2009.
- Dec. 175/1991 (Dispõe sobre o Programa de Garantia da Atividade Agropecuária - PROAGRO).

ART. 59. O Programa de Garantia da Atividade Agropecuária - PROAGRO será regido pelas disposições desta Lei e assegurará ao produtor rural, na forma estabelecida pelo Conselho Monetário Nacional: (Redação dada pela Lei 12.058/2009.)

I - a exoneração de obrigações financeiras relativas a operação de crédito rural de custeio cuja liquidação seja dificultada pela ocorrência de fenômenos naturais, pragas e doenças que atinjam rebanhos e plantações; (Redação dada pela Lei 12.058/2009.)

II - a indenização de recursos próprios utilizados pelo produtor em custeio rural, quando ocorrer perdas em virtude dos eventos citados no inciso anterior.

ART. 60. O Programa de Garantia da Atividade Agropecuária (Proagro) será custeado:

I - por recursos provenientes da participação dos produtores rurais;

II - por recursos do Orçamento da União e outros recursos que vierem a ser alocados ao programa; (Redação dada pela Lei 12.058/2009.)

III - pelas receitas auferidas da aplicação dos recursos dos incisos anteriores.

ARTS. 61 a 64. (Vetados.)

ART. 65. O Programa de Garantia da Atividade Agropecuária (Proagro) cobrirá integral ou parcialmente:

I - os financiamentos de custeio rural;

II - os recursos próprios aplicados pelo produtor em custeio rural, vinculados ou não a financiamentos rurais.

Parágrafo único. Não serão cobertas as perdas relativas à exploração rural conduzida sem a observância da legislação e das normas do Proagro. (Redação dada pela Lei 12.058/2009.)

ART. 65-A. Será operado, no âmbito do Proagro, o Programa de Garantia da Atividade Agropecuária da Agricultura Familiar - PROAGRO Mais, que assegurará ao agricultor familiar, na forma estabelecida pelo Conselho Monetário Nacional: (Incluído pela Lei 12.058/2009.)

I - a exoneração de obrigações financeiras relativas a operação de crédito rural de custeio ou de parcelas de investimento, cuja liquidação seja dificultada pela ocorrência de fenômenos naturais, pragas e doenças que atinjam rebanhos e plantações; (Incluído pela Lei 12.058/2009.)

II - a indenização de recursos próprios utilizados pelo produtor em custeio ou em investimento rural, quando ocorrerem perdas em virtude dos eventos citados no inciso I; (Incluído pela Lei 12.058/2009.)

III - a garantia de renda mínima da produção agropecuária vinculada ao custeio rural. (Incluído pela Lei 12.058/2009.)

ART. 65-B. A comprovação das perdas será efetuada pela instituição financeira, mediante laudo de avaliação expedido por profissional habilitado. (Incluído pela Lei 12.058/2009.)

ART. 65-C. Os Ministérios da Agricultura, Pecuária e Abastecimento - MAPA e do Desenvolvimento Agrário - MDA, em articulação com o Banco Central do Brasil, deverão estabelecer conjuntamente as diretrizes para o credenciamento e para a supervisão dos encarregados dos serviços de comprovação de perdas imputáveis ao Proagro. (Incluído pela Lei 12.058/2009.)

Parágrafo único. O MDA credenciará e supervisionará os encarregados da comprovação de perdas imputáveis ao Proagro, devendo definir e divulgar instrumentos operacionais e a normatização técnica para o disposto neste artigo, observadas as diretrizes definidas na forma do *caput*. (Incluído pela Lei 12.058/2009.)

ART. 66. Competirá à Comissão Especial de Recursos (CER) decidir, em única instância administrativa, sobre recursos relativos à apuração de prejuízos e respectivas indenizações no âmbito do Programa de Garantia da Atividade Agropecuária (Proagro).

ART. 66-A. O Proagro será administrado pelo Banco Central do Brasil, conforme normas, critérios e condições definidas pelo Conselho Monetário Nacional. (Incluído pela Lei 12.058/2009.)

CAPÍTULO XVII
DA TRIBUTAÇÃO E DOS INCENTIVOS FISCAIS

ARTS. 67 a **76.** (Vetados.)

CAPÍTULO XVIII
DO FUNDO NACIONAL DE DESENVOLVIMENTO RURAL

ARTS. 77 a **80.** (Vetados.)

ART. 81. São fontes de recursos financeiros para o crédito rural:

I - (Vetado.)

II - programas oficiais de fomento;

III - caderneta de poupança rural operadas por instituições públicas e privadas;

IV - recursos financeiros de origem externa, decorrentes de empréstimos, acordos ou convênios, especialmente reservados para aplicações em crédito rural;

V - recursos captados pelas cooperativas de crédito rural;

VI - multas aplicadas a instituições do sistema financeiro pelo descumprimento de leis e normas de crédito rural;

VII - (Vetado.)

VIII - recursos orçamentários da União;

IX - (Vetado.)

X - outros recursos que venham a ser alocados pelo Poder Público.

ART. 82. São fontes de recursos financeiros para o seguro agrícola:

I - os recursos provenientes da participação dos produtores rurais, pessoa física e jurídica, de suas cooperativas e associações;

II e **III** - (Vetados.)

IV e **V** - (Revogados pela LC 137/2010.)

VI - dotações orçamentárias e outros recursos alocados pela União; e

VII - (Vetado.)

ART. 83. (Vetado.)

§§ 1º e **2º** (Vetados.)

CAPÍTULO XIX
DA IRRIGAÇÃO E DRENAGEM

ART. 84. A política de irrigação e drenagem será executada em todo o território nacional, de acordo com a Constituição e com prioridade para áreas de comprovada aptidão para irrigação, áreas de reforma agrária ou de colonização e projetos públicos de irrigação.

ART. 85. Compete ao Poder Público:

I - estabelecer as diretrizes da política nacional de irrigação e drenagem, ouvido o Conselho Nacional de Política Agrícola (CNPA);

II - coordenar e executar o programa nacional de irrigação;

III - baixar normas objetivando o aproveitamento racional dos recursos hídricos destinados à irrigação, promovendo a integração das ações dos órgãos federais, estaduais, municipais e entidades públicas, ouvido o Conselho Nacional de Política Agrícola (CNPA);

IV - apoiar estudos para a execução de obras de infraestrutura e outras referentes ao aproveitamento das bacias hidrográficas, áreas de rios perenizados ou vales irrigáveis, com vistas a melhor e mais racional utilização das águas para irrigação;

V - instituir linhas de financiamento ou incentivos, prevendo encargos e prazos, bem como modalidades de garantia compatíveis com as características da agricultura irrigada, ouvido o Conselho Nacional de Política Agrícola (CNPA).

ART. 86. (Vetado.)

CAPÍTULO XX
DA HABITAÇÃO RURAL

ART. 87. É criada a política de habitação rural, cabendo à União destinar recursos financeiros para a construção e/ou recuperação da habitação rural.

§ 1º Parcela dos depósitos da Caderneta de Poupança Rural será destinada ao financiamento da habitação rural.

§ 2º (Vetado.)

ART. 88. (Vetado.)

ART. 89. O Poder Público estabelecerá incentivos fiscais para a empresa rural ou para o produtor rural, nos casos em que sejam aplicados recursos próprios na habitação para o produtor rural.

ARTS. 90 a **92.** (Vetados.)

CAPÍTULO XXI
DA ELETRIFICAÇÃO RURAL

ART. 93. Compete ao Poder Público implementar a política de eletrificação rural, com a participação dos produtores rurais, cooperativas e outras entidades associativas.

§ 1º A política de energização rural e agroenergia engloba a eletrificação rural, qualquer que seja sua fonte de geração, o reflorestamento energético e a produção de combustíveis, a partir de culturas, da biomassa e dos resíduos agrícolas.

§ 2º Entende-se por energização rural e agroenergia a produção e utilização de insumos energéticos relevantes à produção e produtividade agrícola e ao bem-estar social dos agricultores e trabalhadores rurais.

ART. 94. O Poder Público incentivará prioritariamente:

I - atividades de eletrificação rural e cooperativas rurais, através de financiamentos das instituições de crédito oficiais, assistência técnica na implantação de projetos e tarifas de compra e venda de energia elétrica, compatíveis com os custos de prestação de serviços;

II - a construção de pequenas centrais hidrelétricas e termoelétricas de aproveitamento de resíduos agrícolas, que objetivem a eletrificação rural por cooperativas rurais e outras formas associativas;

III - os programas de florestamento energético e manejo florestal, em conformidade com a legislação ambiental, nas propriedades rurais;

IV - o estabelecimento de tarifas diferenciadas horozonais.

ART. 95. As empresas concessionárias de energia elétrica deverão promover a capacitação de mão de obra a ser empregada nas pequenas centrais referidas no inciso II do artigo anterior.

CAPÍTULO XXII
DA MECANIZAÇÃO AGRÍCOLA

ART. 96. Compete ao Poder Público implementar um conjunto de ações no âmbito da mecanização agrícola, para que, com recursos humanos, materiais e financeiros, alcance:

I - preservar e incrementar o parque nacional de máquinas agrícolas, evitando-se o sucateamento e obsolescência, proporcionando sua evolução tecnológica;

II - incentivar a formação de empresas públicas ou privadas com o objetivo de prestação de serviços mecanizados à agricultura, diretamente aos produtores e através de associações ou cooperativas;

III - fortalecer a pesquisa nas universidades e institutos de pesquisa e desenvolvimento na área de máquinas agrícolas assim como os serviços de extensão rural e treinamento em mecanização;

IV - aprimorar os centros de ensaios e testes para o desenvolvimento de máquinas agrícolas;

V - (Vetado.)

VI - divulgar e estimular as práticas de mecanização que promovam a conservação do solo e do meio ambiente.

CAPÍTULO XXIII
DAS DISPOSIÇÕES FINAIS

ART. 97. No prazo de noventa dias da promulgação desta lei, o Poder Executivo encaminhará ao Congresso Nacional projeto de lei dispondo sobre: produção, comercialização e uso de produtos biológicos de uso em imunologia e de uso veterinário, corretivos, fertilizantes e inoculantes, sementes e mudas, alimentos de origem animal e vegetal, código e uso de solo e da água, e reformulando a legislação que regula as atividades dos armazéns gerais.

ART. 98. É o Poder Executivo autorizado a outorgar concessões remuneradas de uso pelo prazo máximo de até vinte e cinco anos, sobre as faixas de domínio das rodovias federais, para fins exclusivos de implantação de reflorestamentos.

Parágrafo único. As concessões de que trata este artigo deverão obedecer às normas específicas sobre a utilização de bens públicos e móveis, constantes da legislação pertinente.

ART. 99. A partir do ano seguinte ao de promulgação desta lei, obriga-se o proprietário rural, quando for o caso, a recompor em sua propriedade a Reserva Florestal Legal, prevista na Lei n. 4.771, de 1965, com a nova redação dada pela Lei n. 7.803, de 1989, mediante o plantio, em cada ano, de pelo menos um trinta avos da área total para complementar a referida Reserva Florestal Legal (RFL).

§ 1º (Vetado.)

§ 2º O reflorestamento de que trata o *caput* deste artigo será efetuado mediante normas que serão aprovadas pelo órgão gestor da matéria.

ARTS. 100 e **101.** (Vetados.)

ART. 102. O solo deve ser respeitado como patrimônio natural do País.

Parágrafo único. A erosão dos solos deve ser combatida pelo Poder Público e pelos proprietários rurais.

ART. 103. O Poder Público, através dos órgãos competentes, concederá incentivos especiais ao proprietário rural que:

I - preservar e conservar a cobertura florestal nativa existente na propriedade;

II - recuperar com espécies nativas ou ecologicamente adaptadas as áreas já devastadas de sua propriedade;

III - sofrer limitação ou restrição no uso de recursos naturais existentes na sua propriedade, para fins de proteção dos ecossistemas, mediante ato do órgão competente, federal ou estadual.

IV - promover a substituição do sistema de pecuária extensivo pelo sistema de pecuária intensivo; (Alterado pela Lei 13.158/2015.)

V - adotar o sistema orgânico de produção agropecuária, nos termos da Lei n. 10.831, de 23 de dezembro de 2003. (Acrescentado pela Lei 13.158/2015.)

Parágrafo único. Para os efeitos desta lei, consideram-se incentivos:

I - a prioridade na obtenção de apoio financeiro oficial, através da concessão de crédito rural e outros tipos de financiamentos, bem como a cobertura do seguro agrícola concedidos pelo Poder Público.

II - a prioridade na concessão de benefícios associados a programas de infraestrutura rural, notadamente de energização, irrigação, armazenagem, telefonia e habitação;

III - a preferência na prestação de serviços oficiais de assistência técnica e de fomento, através dos órgãos competentes;

IV - o fornecimento de mudas de espécies nativas e/ou ecologicamente adaptadas produzidas com a finalidade de recompor a cobertura florestal; e

V - o apoio técnico-educativo no desenvolvimento de projetos de preservação, conservação e recuperação ambiental.

ART. 104. São isentas de tributação e do pagamento do Imposto Territorial Rural as áreas dos imóveis rurais consideradas de preservação permanente e de reserva legal, previstas na Lei n. 4.771, de 1965, com a nova redação dada pela Lei n. 7.803, de 1989.

Parágrafo único. A isenção do Imposto Territorial Rural (ITR) estende-se às áreas da propriedade rural de interesse ecológico para a proteção dos ecossistemas, assim declarados por ato do órgão competente federal ou estadual e que ampliam as restrições de uso previstas no *caput* deste artigo.

ART. 105. (Vetado.)

ART. 106. É o Ministério da Agricultura e Reforma Agrária (Mara) autorizado a firmar convênios ou ajustes com os Estados, o Distrito Federal, os Territórios, os Municípios, entidades e órgãos públicos e privados, cooperativas, sindicatos, universidades, fundações e associações, visando ao desenvolvimento das atividades agropecuárias, agroindustriais, pesqueiras e florestais, dentro de todas as ações, instrumentos, objetivos e atividades previstas nesta lei.

ART. 107. Esta lei entra em vigor na data de sua publicação.

ART. 108. Revogam-se as disposições em contrário.

Brasília, 17 de janeiro de 1991; 170º da Independência e 103º da República.

FERNANDO COLLOR

LEI N. 8.177, DE 1º DE MARÇO DE 1991

Estabelece regras para a desindexação da economia e dá outras providências.

- *DOU*, 04.03.1991 - Suplemento.
- Conversão da Med. Prov. 294/1991.
- Dec. 578/1992 (Dá nova regulamentação ao lançamento dos Títulos da Dívida Agrária).

O Presidente da República. Faço saber que o Congresso Nacional decreta e eu sanciono a seguinte lei:

ART. 1º O Banco Central do Brasil divulgará Taxa Referencial (TR), calculada a partir da remuneração mensal média líquida de impostos, dos depósitos a prazo fixo captados nos bancos comerciais, bancos de investimentos, bancos múltiplos com carteira comercial ou de investimentos, caixas econômicas, ou dos títulos públicos federais, estaduais e municipais, de acordo com metodologia a ser aprovada pelo Conselho Monetário Nacional, no prazo de sessenta dias, e enviada ao conhecimento do Senado Federal.

§ 1º (Revogado pela Lei 8.660/1993.)

§ 2º As instituições que venham a ser utilizadas como bancos de referência, dentre elas, necessariamente, as dez maiores do País, classificadas pelo volume de depósitos a prazo fixo, estão obrigadas a fornecer as informações de que trata este artigo, segundo normas estabelecidas pelo Conselho Monetário Nacional, sujeitando-se a instituição e seus administradores, no caso de infração às referidas normas, às penas estabelecidas no art. 44 da Lei n. 4.595, de 31 de dezembro de 1964.

§ 3º Enquanto não aprovada a metodologia de cálculo de que trata este artigo, o Banco Central do Brasil fixará a TR.

ART. 2º O Banco Central do Brasil divulgará, para cada dia útil, a Taxa Referencial Diária (TRD), correspondendo seu valor diário à distribuição pro rata dia da TR fixada para o mês corrente.

- Lei 8.660/1993 (Estabelece novos critérios para a fixação da Taxa Referencial - TR, extingue a Taxa Referencial Diária - TRD).

§ 1º Enquanto não divulgada a TR relativa ao mês corrente, o valor da TRD será fixado pelo Banco Central do Brasil com base em estimativa daquela taxa.

§ 2º Divulgada a TR, a fixação da TRD nos dias úteis restantes do mês deve ser realizada de forma tal que a TRD acumulada entre o 1º dia útil do mês e o 1º dia útil do mês subseqüente seja igual à TR do mês corrente.

ART. 3º Ficam extintos a partir de 1º de fevereiro de 1991:

I - o BTN Fiscal instituído pela Lei n. 7.799, de 10 de julho de 1989;

II - o Bônus do Tesouro Nacional (BTN) de que trata o art. 5º da Lei n. 7.777, de 19 de junho de 1989, assegurada a liquidação dos títulos em circulação, nos seus respectivos vencimentos;

III - o Maior Valor de Referência (MVR) e as demais unidades de conta assemelhadas que são atualizadas, direta ou indiretamente, por índice de preços.

Parágrafo único. O valor do BTN e do BTN Fiscal destinado à conversão para cruzeiros dos contratos extintos na data de publicação da medida provisória que deu origem a esta lei, assim como para efeitos fiscais, é de Cr$ 126,8621.

ART. 4º A partir da vigência da medida provisória que deu origem a esta lei, a Fundação Instituto Brasileiro de Geografia e Estatística deixará de calcular o Índice de Reajuste de Valores Fiscais (IRFV) e o Índice da Cesta Básica (ICB), mantido o cálculo do Índice Nacional de Preços ao Consumidor (INPC).

ART. 5º A partir de 1º de março de 1991, o valor nominal das Obrigações do Tesouro Nacional (OTN), emitidas anteriormente a 15 de janeiro de 1989 (art. 6º do Decreto-Lei n. 2.284, de 10 de março de 1986), dos Bônus do Tesouro Nacional (BTN), emitidos até a data de vigência da medida provisória que deu origem a esta lei, das Letras do Tesouro Nacional, de Série Especial (§ 1º do art. 11 do Decreto-Lei n. 2.376, de 25 de novembro de 1987), e dos Títulos da Dívida Agrária (TDA), será atualizado, no primeiro dia de cada mês, por índice calculado com base na TR referente ao mês anterior.

- Dec. 578/1992 (Dá nova regulamentação ao lançamento dos Títulos da Dívida Agrária).

§ 1º O disposto neste artigo aplica-se também aos BTN emitidos anteriormente à vigência da medida provisória que deu origem a esta lei, com cláusula de opção, ficando assegurada, por ocasião do resgate, a alternativa de atualização com base na variação da cotação do dólar norte-americano divulgada pelo Banco Central do Brasil.

§ 2º Os BTN-Série Especial, emitidos em conformidade com o § 2º do art. 9º da Lei n. 8.024, de 12 de abril de 1990, passam a ser atualizados, a partir de 1º de fevereiro de 1991, pela TRD, acrescidos de juros de seis por cento ao ano, ou fração *pro rata*.

§ 3º A partir de 5 de maio de 2000, os Títulos da Dívida Agrária - TDA emitidos para desapropriação terão as seguintes remunerações: (Redação dada pela Med. Prov. 2.183-56/2001.)

I - três por cento ao ano para indenização de imóvel com área de até setenta módulos fiscais; (Incluído pela Med. Prov. 2.183-56/2001.)

II - dois por cento ao ano para indenização de imóvel com área acima de setenta e até cento e cinqüenta módulos fiscais; e (Incluído pela Med. Prov. 2.183-56/2001.)

III - um por cento ao ano para indenização de imóvel com área acima de cento e cinqüenta módulos fiscais. (Incluído pela Med. Prov. 2.183-56/2001.)

§ 4º Os TDA emitidos até 4 de maio de 2000 e os a serem emitidos para aquisição por compra e venda de imóveis rurais destinados à implantação de projetos integrantes do Programa Nacional de Reforma Agrária, nos termos das Leis nos 4.504, de 30 de novembro de 1964, e 8.629, de 25 de fevereiro de 1993, e os decorrentes de acordo judicial, em audiência de conciliação, com o objetivo de fixar a prévia e justa indenização, a ser celebrado com a União, bem como com os entes federados, mediante convênio, serão remunerados a seis por cento ao ano. (Incluído pela Med. Prov. 2.183-56/2001.)

§ 5º Os TDA a que se referem os §§ 3º e 4º terão remuneração anual ou fração pro rata, mantido o seu poder liberatório nos termos da legislação em vigor, podendo, a partir de seu vencimento, ser utilizados na aquisição de ações de empresas estatais incluídas no Programa Nacional de Desestatização. (Incluído pela Med. Prov. 2.183-56/2001.)

ART. 6º Para atualização de obrigações com cláusula de correção monetária pela variação do BTN, do BTN Fiscal, das demais unidades no art. 3º e dos índices mencionados no art. 4º, relativas a contratos em geral, exceto aqueles cujo objeto seja a venda de bens para entrega futura, a prestação de serviços contínuos ou futuros e a realização de obras, firmados anteriormente à medida provisória que deu origem a esta lei, deverá ser observado o seguinte:

I - nos contratos que preveem índice substitutivo deverá ser adotado esse índice, exceto nos casos em que esta lei dispuser em contrário;

II - nos contratos em que não houver previsão de índice substitutivo, será utilizada a TR, no caso dos contratos referentes ao BTN ou a unidade corrigida mensalmente, ou a TRD, no caso daqueles referentes ao BTN Fiscal e a unidades corrigidas diariamente.

Parágrafo único. Para atualização, no mês de fevereiro de 1991, dos contratos referentes ao BTN, a unidade de conta com correção mensal ou a índice de preços, deverá ser utilizado índice resultante de composição entre o índice pro rata, no período decorrido entre a data de aniversário do contrato no mês de janeiro de 1991 e o dia 1º de fevereiro de 1991 e a TRD entre 1º de fevereiro de 1991 e o dia de aniversário do contrato no mês de fevereiro.

ART. 7º Os saldos dos cruzados novos transferidos ao Banco Central do Brasil, na forma da Lei n. 8.024, de 12 de abril de 1990, serão remunerados, a partir de 1º de fevereiro de 1991 e até a data da conversão, pela TRD, acrescida de juros de seis por cento ao ano, ou fração pro rata, e serão improrrogavelmente, convertidos em cruzeiros, na forma da Lei n. 8.024, de 12 de abril de 1990.

ART. 8º O art. 5º da Lei n. 7.862, de 30 de outubro de 1989, passa a vigorar com a seguinte redação:

‣ Alterações promovidas no texto da referida lei.

ART. 9º A partir de fevereiro de 1991, incidirão juros de mora equivalentes à TRD sobre os débitos de qualquer natureza para com a Fazenda Nacional, com a Seguridade Social, com o Fundo de Participação PIS-Pasep, com o Fundo de Garantia do Tempo de Serviço (FGTS) e sobre os passivos de empresas concordatárias, em falência e de instituições em regime de liquidação extrajudicial, intervenção e administração especial temporária. (Redação dada pela Lei 8.218/1991.)

§ 1º (Vetado).

§ 2º A base de cálculo do imposto de renda incidente sobre os rendimentos produzidos por títulos e aplicações de renda fixa será determinada mediante a exclusão, do rendimento bruto, da parcela correspondente à remuneração pela TRD, verificada no período da aplicação.

ART. 10. A partir da vigência da medida provisória que deu origem a esta lei, é vedado estipular, nos contratos referidos no art. 6º, cláusula de correção monetária com base em índice de preços, quando celebrados com prazo ou período de repactuação inferior a um ano.

Parágrafo único. (Revogado pela Lei 9.069/1995.)

ART. 11. É admitida a utilização da Taxa Referencial - TR como base de remuneração de contratos somente quando tenham prazo ou período de repactuação igual ou superior a três meses. (Redação dada pela Lei 8.660/1993.)

Parágrafo único. O Banco Central do Brasil poderá alterar o prazo mencionado neste artigo, respeitados os contratos firmados.

ART. 12. Em cada período de rendimento, os depósitos de poupança serão remunerados:

I - como remuneração básica, por taxa correspondente à acumulação das TRD, no período transcorrido entre o dia do último crédito de rendimento, inclusive, e o dia do crédito de rendimento, exclusive;

II - como remuneração adicional, por juros de: (Redação dada pela Lei 12.703/2012.)

a) 0,5% (cinco décimos por cento) ao mês, enquanto a meta da taxa Selic ao ano, definida pelo Banco Central do Brasil, for superior a 8,5% (oito inteiros e cinco décimos por cento); ou (Redação dada pela Lei 12.703/2012.)

b) 70% (setenta por cento) da meta da taxa Selic ao ano, definida pelo Banco Central do Brasil, mensalizada, vigente na data de início do período de rendimento, nos demais casos. (Redação dada pela Lei 12.703/2012.)

§ 1º A remuneração será calculada sobre o menor saldo apresentado em cada período de rendimento.

§ 2º Para os efeitos do disposto neste artigo, considera-se período de rendimento:

I - para os depósitos de pessoas físicas e entidades sem fins lucrativos, o mês corrido, a partir da data de aniversário da conta de depósito de poupança;

II - para os demais depósitos, o trimestre corrido a partir da data de aniversário da conta de depósito de poupança.

§ 3º A data de aniversário da conta de depósito de poupança será o dia do mês de sua abertura, considerando-se a data de aniversário das contas abertas nos dias 29, 30 e 31 como o dia 1º do mês seguinte.

§ 4º O crédito dos rendimentos será efetuado:

I - mensalmente, na data de aniversário da conta, para os depósitos de pessoa física e de entidades sem fins lucrativos; e

II - trimestralmente, na data de aniversário no último mês do trimestre, para os demais depósitos.

§ 5º O Banco Central do Brasil divulgará as taxas resultantes da aplicação do contido nas alíneas a e b do inciso II do *caput* deste artigo. (Acrescentado pela Lei 12.703/2012.)

ART. 13. O disposto no artigo anterior aplica-se ao crédito de rendimento realizado a partir do mês de fevereiro de 1991, inclusive.

Parágrafo único. Para o cálculo do rendimento a ser creditado no mês de fevereiro de 1991 - cadernetas mensais - e nos meses de fevereiro, março e abril - cadernetas trimestrais -, será utilizado um índice composto da variação do BTN Fiscal observado entre a data do último crédito de rendimentos, inclusive, e o dia 1º de fevereiro de 1991, e da TRD, a partir dessa data e até o dia do próximo crédito de rendimentos, exclusive.

ART. 14. (Revogado pela Lei 10.192/2001.)

ART. 15. Para os contratos já existentes, contendo cláusula expressa de utilização da Unidade Padrão de Capital (UPC) como fator de atualização, esta passa a ser atualizada mediante a aplicação do índice de remuneração básica dos depósitos de poupança com data de aniversário no dia 1º.

ART. 16. O disposto no artigo anterior aplica-se à atualização da UPC a ser realizada em 1º de abril de 1991.

ART. 17. A partir de fevereiro de 1991, os saldos das contas do Fundo de Garantia por Tempo de Serviço (FGTS) passam a ser remunerados pela taxa aplicável à remuneração básica dos depósitos de poupança com data de aniversário no dia 1º, observada a periodicidade mensal para remuneração.

Parágrafo único. As taxas de juros previstas na legislação em vigor do FGTS são mantidas e consideradas como adicionais à remuneração prevista neste artigo.

ART. 18. Os saldos devedores e as prestações dos contratos celebrados até 24 de novembro de 1986 por entidades integrantes dos Sistemas Financeiros da Habitação e do Saneamento (SFH e SFS), com cláusula de atualização monetária pela variação da UPC, da OTN, do Salário Mínimo ou do Salário Mínimo de Referência, passam, a partir de fevereiro de 1991, a ser atualizados pela taxa aplicável à remuneração básica dos Depósitos de Poupança com data de aniversário no dia 1º, mantidas a periodicidade e as taxas de juros estabelecidas contratualmente.

‣ ADIn 493-0/1992.

§ 1º Os saldos devedores e as prestações dos contratos celebrados no período de 25 de novembro de 1986 a 31 de janeiro de 1991 pelas entidades mencionadas neste artigo, com recursos de depósitos de poupança, passam, a partir de fevereiro de 1991, a ser atualizados mensalmente pela taxa aplicável à remuneração básica dos Depósitos de Poupança com data de aniversário no dia de assinatura dos respectivos contratos.

‣ ADIn 493-0/1992.

§ 2º Os contratos celebrados a partir da vigência da medida provisória que deu origem a esta lei pelas entidades mencionadas neste artigo, com recursos de Depósitos de Poupança, terão cláusula de atualização pela remuneração básica aplicável aos Depósitos de Poupança com data de aniversário no dia de assinatura dos respectivos contratos.

‣ A Lei 13.097/2015 (Reduz a zero as alíquotas da Contribuição para o PIS/PASEP, da COFINS, da Contribuição para o PIS/Pasep-Importação e da Cofins-Importação incidentes sobre a receita de vendas e na importação de partes utilizadas em aerogeradores) determinou a revogação deste parágrafo a partir da data de entrada em vigor da regulamentação de que trata o inc. III do § 2º do seu art. 95.)

§ 3º O disposto neste artigo aplica-se igualmente às operações ativas e passivas dos fundos vinculados ao SFH, ressalvado o disposto no parágrafo seguinte.

§ 4º O disposto no § 1º deste artigo aplica-se às Letras Hipotecárias emitidas e aos depósitos efetuados a qualquer título, com recursos oriundos dos Depósitos de Poupança, pelas entidades mencionadas neste artigo, junto ao Banco Central do Brasil; e às obrigações do Fundo de Compensação de Variações Salariais (FCVS).

‣ ADIn 493-0/1992.

§ 5º As instituições financeiras detentoras de Carteira de Crédito Imobiliário ficam autorizadas a emitir letras hipotecárias, adotando-se, para efeito de remuneração básica, os índices abaixo relacionados, obedecendo o previsto na Lei n. 7.684, de 2 de dezembro de 1988: (Incluído pela Med. Prov. 2.181-45/2001.)

I - Índice de Remuneração da Poupança; (Incluído pela Med. Prov. 2.181-45/2001.)

II - Índice Geral de Preços - Mercado (IGP-M), divulgado pela Fundação Getúlio Vargas; (Incluído pela Med. Prov. 2.181-45/2001.)

III - Índice Nacional de Preços ao Consumidor (INPC), divulgado pela Fundação Instituto Brasileiro de Geografia e Estatística - IBGE; (Incluído pela Med. Prov. 2.181-45/2001.)

IV - Índice Geral de Preços - Disponibilidade Interna (IGP-DI), divulgado pela Fundação Getúlio Vargas. (Incluído pela Med. Prov. 2.181-45/2001.)

§ 6º As letras hipotecárias emitidas com base em índice de preços terão prazo mínimo de sessenta meses. (Incluído pela Med. Prov. 2.181-45/2001.)

§ 7º As instituições financeiras a que se refere o § 5º deverão determinar no ato da emissão da letra hipotecária um único índice de atualização, sendo vedada cláusula de opção. (Incluído pela Med. Prov. 2.181-45/2001.)

ART. 18-A. Os contratos celebrados a partir de 13 setembro de 2006 pelas entidades integrantes do Sistema Financeiro da Habitação

- SFH e do Sistema Financeiro do Saneamento - SFS, com recursos de Depósitos de Poupança, poderão ter cláusula de atualização pela remuneração básica aplicável aos Depósitos de Poupança com data de aniversário no dia de assinatura dos respectivos contratos, vedada a utilização de outros indexadores. (Incluído pela Lei 11.434/2006.)

‣ A Lei 13.097/2015 (Reduz a zero as alíquotas da Contribuição para o PIS/PASEP, da COFINS, da Contribuição para o PIS/Pasep-Importação e da Cofins-Importação incidentes sobre a receita de vendas e na importação de partes utilizadas em aerogeradores) determinou a revogação deste artigo a partir da data de entrada em vigor da regulamentação de que trata o inc. III do § 2º do seu art. 95)

Parágrafo único. Na hipótese da celebração de contrato sem a cláusula de atualização mencionada no *caput* deste artigo, ao valor máximo da taxa efetiva de juros de que trata o art. 25 da Lei n. 8.692, de 28 de julho de 1993, poderá ser acrescido, no máximo, o percentual referente à remuneração básica aplicável aos Depósitos de Poupança, anualizado conforme metodologia a ser estabelecida pelo Conselho Monetário Nacional. (Incluído pela Lei 11.434/2006.)

ART. 19. Os contratos celebrados a partir de 1º de fevereiro de 1991, relativos a operações realizadas por empresas construtoras e incorporadoras com adquirentes de imóveis residenciais e comerciais, poderão conter cláusula de remuneração pela taxa básica aplicável aos depósitos de poupança, desde que vinculados a financiamento junto a instituições integrantes do Sistema Brasileiro de Poupança e Empréstimo (SBPE).

ART. 20. O resultado apurado pela aplicação do critério de cálculo de atualização das operações de que trata o art. 18, lastreadas com recursos de Depósitos de Poupança e da atualização desses depósitos, na forma do disposto no parágrafo único do art. 13 desta lei, será incorporado ao Fundo de Compensação de Variações Salariais (FCVS), nos termos das instruções a serem expedidas pelo Banco Central do Brasil.

‣ ADIn 493-0/1992.

ART. 21. Os saldos dos contratos de financiamento celebrados até o dia 31 de janeiro de 1991, realizados com recursos dos depósitos de poupança rural, serão atualizados, no mês de fevereiro de 1991, por índice composto:

‣ ADIn 493-0/1992.

I - da variação do BTN Fiscal observado entre a data de aniversário ou de assinatura do contrato no mês de janeiro de 1991 e o dia 1º de fevereiro de 1991; e

II - da TRD acumulada entre 1º de fevereiro de 1991 e o dia do aniversário do contrato no mês de fevereiro de 1991.

Parágrafo único. A partir do mês de março de 1991, os saldos dos contratos mencionados neste artigo serão atualizados pela remuneração básica aplicada aos depósitos de poupança com data de aniversário no dia da assinatura dos respectivos contratos.

‣ ADIn 493-0/1992.

ART. 22. Os contratos celebrados a partir de 1º de fevereiro de 1991 com recursos dos depósitos de poupança rural terão cláusulas de atualização pela remuneração básica aplicada aos depósitos de poupança com data de aniversário no dia da assinatura dos respectivos contratos.

ART. 23. A partir de fevereiro de 1991, as prestações mensais dos contratos de financiamento firmados no âmbito do SFH, vinculados ao Plano de Equivalência Salarial por Categoria Profissional (PES/CP), serão reajustadas em função da data-base para a respectiva revisão salarial, mediante a aplicação:

‣ ADIn 493-0/1992.

I - do índice derivado da taxa de remuneração básica aplicável aos depósitos de poupança livre no período, observado que:

a) nos contratos firmados até 24 de novembro de 1986, o índice a ser utilizado corresponderá àquele aplicável às contas de poupança com data de aniversário no dia 1º de cada mês;

b) nos contratos firmados a partir de 25 de novembro de 1986, o índice a ser utilizado corresponderá àquele aplicável às contas de depósitos de poupança com data de aniversário no dia da assinatura dos respectivos contratos;

II - do índice correspondente ao percentual relativo ao ganho real de salário.

§ 1º No caso de contratos enquadrados na modalidade plena do PES/CP, far-se-á, a partir do mês de fevereiro de 1991, o reajuste mensal das respectivas prestações, observado o disposto nas alíneas a e b do item I deste artigo.

‣ ADIn 493-0/1992.

§ 2º Do percentual de reajuste de que trata o *caput* deste artigo será deduzido o percentual de reajuste a que se refere o parágrafo anterior.

‣ ADIn 493-0/1992.

§ 3º É facultado ao agente financeiro aplicar, em substituição aos percentuais previstos no *caput* e § 1º deste artigo, o índice de aumento salarial da categoria profissional, quando conhecido.

‣ ADIn 493-0/1992.

ART. 24. Aos mutuários com contratos vinculados ao PES/CP, firmados a qualquer tempo, é assegurado que, na aplicação de qualquer reajuste, a participação da prestação mensal na renda atual não excederá a relação prestação/renda verificada na data da assinatura do contrato de financiamento ou da opção pelo PES, desde que efetuem a devida comprovação perante o agente financeiro, podendo ser solicitada essa revisão a qualquer tempo.

‣ ADIn 493-0/1992.

§ 1º Respeitada a relação de que trata este artigo, o valor de cada prestação mensal deverá corresponder, no mínimo, ao valor da parcela mensal de juros, calculado à taxa convencionada no contrato.

§ 2º Não se aplica o disposto neste artigo às hipóteses de redução de renda por mudança de emprego ou por alteração na composição da renda familiar em decorrência da exclusão de um ou mais coadquirentes, assegurado ao mutuário, nesses casos o direito à renegociação da dívida junto ao agente financeiro, visando a restabelecer o comprometimento inicial da renda.

§ 3º Sempre que, em virtude da aplicação do PES/CP, a prestação for reajustada em percentagem inferior àquela referida no art. 23 desta lei, a diferença será incorporada em futuros reajustes de prestações, até o limite de que trata o *caput* deste artigo.

ART. 25. (Revogado pela Lei 9.365/1996.)

ART. 26. As operações de crédito rural contratadas junto às instituições financeiras, com recursos oriundos de depósitos à vista e com cláusula de atualização pelo Índice de Preços ao Consumidor (IPC), passam a ser atualizadas pela TR, observado o disposto no art. 6º desta lei.

ART. 27. As obrigações contratuais e pecuniárias e os títulos de crédito, inclusive duplicatas, que tenham sido constituídos no período de 1º de setembro de 1990 a 31 de janeiro de 1991, sem cláusula de reajuste ou com cláusula de correção monetária prefixada, serão deflacionados, no dia do vencimento, dividindo-se o montante expresso em cruzeiros pelo fator de deflação a que se refere o § 1º deste artigo.

§ 1º O fator de deflação será diário e calculado pela multiplicação cumulativa de 1,0116 para cada dia útil, a partir de 1º de fevereiro de 1991.

§ 2º O Banco Central do Brasil poderá alterar e, a partir da data que fixar, tornar constante o fator de deflação de que trata este artigo, desde que, neste caso, seja observado o intervalo mínimo de trinta dias entre a divulgação da alteração e sua efetiva vigência.

§ 3º Não estão sujeitas ao regime de deflação de que trata este artigo as obrigações tributárias, mensalidades escolares, mensalidades de clubes, associações e entidades sem fins lucrativos, despesas condominiais e os pagamentos em geral contra a prestação de serviços de telefonia, esgoto, fornecimento de água, energia elétrica e gás.

ART. 28. As operações realizadas em mercados a termo e de opções das bolsas de valores e de mercadorias e de futuros sujeitam-se ao regime de deflação previsto no artigo anterior, nas seguintes condições:

I - nos contratos a termo, o fator de deflação incidirá na data de vencimento, inclusive no caso de encerramento antecipado;

II - nas operações com opções, o fator de deflação incidirá sobre o preço de exercício na data em que o direito for exercido.

§ 1º O fator de deflação não incide sobre os preços das operações realizadas no mercado à vista ou disponível das bolsas de valores, de mercadorias e de futuros.

§ 2º Os contratos futuros das bolsas de valores, de mercadorias e de futuros deverão ser liquidados, compulsoriamente, no primeiro dia de pregão após a publicação da medida provisória que deu origem a esta lei.

ART. 29. As entidades de previdência privada, as companhias seguradoras e as de capitalização são equiparadas às instituições financeiras e às instituições do sistema de distribuição do mercado de valores mobiliários, com relação às suas operações realizadas nos mercados financeiro e de valores mobiliários respectivamente, inclusive em relação ao cumprimento das diretrizes do Conselho Monetário Nacional quanto às suas aplicações para efeito de fiscalização do Banco Central do Brasil e da Comissão de Valores Mobiliários e da aplicação de penalidades previstas nas Leis n. 4.595, de 31 de dezembro de 1964, e 6.385, de 7 de dezembro de 1976.

Parágrafo único. O disposto neste artigo não modifica o tratamento tributário definido em lei nem a competência específica, relativamente àquelas entidades, do Ministério do Trabalho e da Previdência Social e da Superintendência de Seguros Privados, que deverão ser comunicadas sobre quaisquer irregularidades constatadas pelo Banco Central do Brasil e pela Comissão de Valores Mobiliários.

ART. 30. (Revogado pela Lei 10.179/2001.)

§§ 1º e 2º (Revogados pela Lei 8.249/1991.)

ART. 31. Os bancos comerciais, os bancos de desenvolvimento, os bancos múltiplos e as caixas econômicas, com carteira comercial ou de investimento, poderão emitir Títulos de Desenvolvimento Econômico (TDE), para captação de recursos destinados ao financiamento de projetos no âmbito do Programa de Fomento à Competitividade Industrial (PFCI), aos quais terão acesso somente as empresas referidas no inciso II do art. 171 da Constituição Federal.

§ 1º Os TDE terão as seguintes características:

I - prazo: compatível com o cronograma financeiro dos projetos;

II - remuneração: TR;

III - colocação: por intermédio de instituições financeiras e do mercado de capitais, junto a investidores institucionais, pessoas físicas e jurídicas.

§ 2º O Banco Central do Brasil expedirá as instruções necessárias ao cumprimento do disposto neste artigo.

ART. 32. As receitas geradas pelos contratos de financiamentos de projetos aprovados no âmbito do PFCI não constituirão base de cálculo da contribuição para o Programa de Formação do Patrimônio do Servidor Público (Pasep) e para o Programa de Integração Social (PIS), bem como para o Finsocial.

- Dec. de 07.05.1991 (Declara ineficaz a sanção deste art. 32).

ART. 33. Revogado pela Lei n. 11.795, de 2008.

Parágrafo único. A fiscalização das operações mencionadas neste artigo, inclusive a aplicação de penalidades, será exercida pelo Banco Central do Brasil.

ART. 34. (Vetado).

ART. 35. É, também, permitida a utilização dos saldos em cruzados novos, transferidos ao Banco Central do Brasil na forma do art. 9º da Lei n. 8.024, de 12 de abril de 1990, para fins de aquisição, exclusivamente por seus beneficiários, de unidades habitacionais de propriedade de fundações que integrem, por força da lei de sua criação, o Sistema Financeiro da Habitação (SFH), desde que tais recursos estivessem depositados, em 15 de março de 1990, em contas de poupança de titularidade do adquirente.

Parágrafo único. As fundações mencionadas neste artigo aplica-se o disposto no art. 11 da Lei n. 8.024, de 12 de abril de 1990.

ART. 36. No interesse da segurança do abastecimento de produtos agrícolas alimentares e da estabilização dos preços, é o Poder Executivo, por intermédio da Companhia Nacional de Abastecimento, autorizado a realizar operações de compra e venda de estoques de produtos básicos essenciais ao consumo da população, ao abrigo das disposições contidas no Decreto-Lei n. 2.300 de 21 de novembro de 1986, do art. 35 da Lei n. 8.171, de 17 de janeiro de 1991, do art. 3º da Lei n. 8.174, de 30 de janeiro de 1991, demais legislação pertinente a respectiva regulamentação .

ART. 37. O Banco Central do Brasil enviará, trimestralmente, ao Senado Federal demonstrativos financeiros das aplicações em projetos com recursos do Programa de Fomento à Competitividade Industrial (PFCI).

ART. 38. Os saldos das contas do Fundo de Participação PIS/Pasep e as obrigações emitidas pelo Fundo Nacional de Desenvolvimento (FND) serão reajustados pela TR nas épocas estabelecidas na legislação pertinente.

ART. 39. Os débitos trabalhistas de qualquer natureza, quando não satisfeitos pelo empregador nas épocas próprias assim definidas em lei, acordo ou convenção coletiva, sentença normativa ou cláusula contratual sofrerão juros de mora equivalentes à TRD acumulada no período compreendido entre a data de vencimento da obrigação e o seu efetivo pagamento.

§ 1º Aos débitos trabalhistas constantes de condenação pela Justiça do Trabalho ou decorrentes dos acordos feitos em reclamatória trabalhista, quando não cumpridos nas condições homologadas ou constantes do termo de conciliação, serão acrescidos, nos juros de mora previstos no *caput* juros de um por cento ao mês, contados do ajuizamento da reclamatória e aplicados pro rata die, ainda que não explicitados na sentença ou no termo de conciliação.

§ 2º Na hipótese de a data de vencimento das obrigações de que trata este artigo ser anterior a 1º de fevereiro de 1991, os juros de mora serão calculados pela composição entre a variação acumulada do BTN Fiscal no período compreendido entre a data de vencimento da obrigação e 31 de janeiro de 1991, e a TRD acumulada entre 1º de fevereiro de 1991 e seu efetivo pagamento.

ART. 40. O depósito recursal de que trata o art. 899 da Consolidação das Leis do Trabalho fica limitado a Cr$ 20.000.000,00 (vinte milhões de cruzeiros), nos casos de interposição de recurso ordinário, e de Cr$ 40.000.000,00 (quarenta milhões de cruzeiros), em se tratando de recurso de revista, embargos infringentes e recursos extraordinários, sendo devido a cada novo recurso interposto no decorrer do processo. (Redação dada pela Lei 8.542/1992.)

§ 1º Em se tratando de condenação imposta em ação rescisória, o depósito recursal terá, como limite máximo, qualquer que seja o recurso, o valor de Cr$ 40.000.000,00 (quarenta milhões de cruzeiros). (Redação dada pela Lei 8.542/1992.)

§ 2º A exigência de depósito aplica-se, igualmente, aos embargos, à execução e a qualquer recurso subsequente do devedor. (Redação dada pela Lei 8.542/1992.)

§ 3º O valor do recurso ordinário, quando interposto em dissídio coletivo, será equivalente ao quádruplo do previsto no *caput* deste artigo. (Incluído pela Lei 8.542/1992.)

§ 4º Os valores previstos neste artigo serão reajustados bimestralmente pela variação acumulada do INPC do IBGE dos dois meses imediatamente anteriores. (Incluído pela Lei 8.542/1992.)

ART. 41. (Revogado pela Lei 9.126/1995.)

ART. 42. O Poder Executivo enviará ao Congresso Nacional, até 31 de março de 1991, projeto de lei dispondo sobre a atualização das demonstrações financeiras das pessoas jurídicas de que trata a Lei n. 7.799, de 10 de julho de 1989, em virtude da extinção do BTN e do BTN Fiscal.

ART. 43. Esta lei entra em vigor na data de sua publicação.

ART. 44. Revogam-se o Decreto-Lei n. 75, de 21 de novembro de 1966, e demais disposições em contrário.

Brasília, 1º de março de 1991; 170º da Independência e 103º da República.

FERNANDO COLLOR

LEI N. 8.257, DE 26 DE NOVEMBRO DE 1991

Dispõe sobre a expropriação das glebas nas quais se localizem culturas ilegais de plantas psicotrópicas e dá outras providências.

- *DOU*, 27.11.1991.
- Dec. 577/1992 (Regulamenta esta lei).

O Presidente da República. Faço saber que o Congresso Nacional decreta e eu sanciono a seguinte lei:

ART. 1º As glebas de qualquer região do país onde forem localizadas culturas ilegais de plantas psicotrópicas serão imediatamente expropriadas e especificamente destinadas ao assentamento de colonos, para o cultivo de produtos alimentícios e medicamentosos, sem qualquer indenização ao proprietário e sem prejuízo de outras sanções previstas em lei, conforme o art. 243 da Constituição Federal.

Parágrafo único. Todo e qualquer bem de valor econômico apreendido em decorrência do tráfico ilícito de entorpecentes e drogas afins será confiscado e reverterá em benefício de instituições e pessoal especializado no tratamento e recuperação de viciados e no aparelhamento e custeio de atividades de fiscalização, controle, prevenção e repressão do crime de tráfico dessas substâncias.

ART. 2º Para efeito desta lei, plantas psicotrópicas são aquelas que permitem a obtenção de substância entorpecente proscrita, plantas estas elencadas no rol emitido pelo órgão sanitário competente do Ministério da Saúde.

Parágrafo único. A autorização para a cultura de plantas psicotrópicas será concedida pelo órgão competente do Ministério da Saúde, atendendo exclusivamente a finalidades terapêuticas e científicas.

ART. 3º A cultura das plantas psicotrópicas caracteriza-se pelo preparo da terra destinada a semeadura, ou plantio, ou colheita.

ART. 4º As glebas referidas nesta lei, sujeitas à expropriação, são aquelas possuídas a qualquer título.

Parágrafo único. (Vetado)

ART. 5º (Vetado)

ART. 6º A ação expropriatória seguirá o procedimento judicial estabelecido nesta lei.

ART. 7º Recebida a inicial, o Juiz determinará a citação dos expropriados, no prazo de cinco dias.

§ 1º Ao ordenar a citação, o Juiz nomeará perito.

§ 2º Após a investidura, o perito terá oito dias de prazo para entregar o laudo em cartório.

ART. 8º O prazo para contestação e indicação de assistentes técnicos será de dez dias, a contar da data da juntada do mandado de citação aos autos.

ART. 9º O Juiz determinará audiência de instrução e julgamento para dentro de quinze dias, a contar da data da contestação.

ART. 10. O Juiz poderá imitir, liminarmente, a União na posse do imóvel expropriando, garantindo-se o contraditório pela realização de audiência de justificação.

ART. 11. Na audiência de instrução e julgamento cada parte poderá indicar até cinco testemunhas.

ART. 12. É vedado o adiamento da audiência, salvo motivo de força maior, devidamente justificado.

Parágrafo único. Se a audiência, pela impossibilidade da produção de toda a prova oral no mesmo dia, tiver que ser postergada, em nenhuma hipótese será ela marcada para data posterior a três dias.

ART. 13. Encerrada a instrução, o Juiz prolatará a sentença em cinco dias.

ART. 14. Da sentença caberá recurso na forma da lei processual.

ART. 15. Transitada em julgado a sentença expropriatória, o imóvel será incorporado ao patrimônio da União.

Parágrafo único. Se a gleba expropriada nos termos desta lei, após o trânsito em julgado da sentença, não puder ter em cento e vinte dias a destinação prevista no art. 1º, ficará incorporada ao patrimônio da União, reservada, até que sobrevenham as condições necessárias àquela utilização.

ART. 16. (Vetado)

ART. 17. A expropriação de que trata esta lei prevalecerá sobre direitos reais de garantia, não se admitindo embargos de terceiro, fundados em dívida hipotecária, anticrética ou pignoratícia.

ART. 18. (Vetado)

ART. 19. (Vetado)

ART. 20. O não cumprimento dos prazos previstos nesta lei sujeitará o funcionário público responsável ou o perito judicial a multa diária, a ser fixada pelo Juiz.

ART. 21. (Vetado)

ART. 22. (Vetado)

ART. 23. Aplicam-se subsidiariamente as normas do Código de Processo Civil.

ART. 24. Esta lei entra em vigor na data de sua publicação.

ART. 25. Revogam-se as disposições em contrário.

Brasília, 26 de novembro de 1991; 170º da Independência e 103º da República.

FERNANDO COLLOR

LEI N. 8.315, DE 23 DE DEZEMBRO DE 1991

Dispõe sobre a criação do Serviço Nacional de Aprendizagem Rural (Senar) nos termos do art. 62 do Ato das Disposições Constitucionais Transitórias.

- *DOU*, 24.12.1991.
- Dec. 566/1992 (Aprova o Regulamento do Serviço Nacional de Aprendizagem Rural - Senar)

O Presidente da República. Faço saber que o Congresso Nacional decreta e eu sanciono a seguinte lei:

ART. 1º É criado o Serviço Nacional de Aprendizagem Rural (Senar), com o objetivo de organizar, administrar e executar em todo o território nacional o ensino da formação profissional rural e a promoção social do trabalhador rural, em centros instalados e mantidos pela instituição ou sob forma de cooperação, dirigida aos trabalhadores rurais.

Parágrafo único. Os programas de formação profissional rural do Senar poderão ofertar vagas aos usuários do Sistema Nacional de Atendimento Socioeducativo (Sinase) nas condições a serem dispostas em instrumentos de cooperação celebrados entre os operadores do Senar e os gestores dos Sistemas de Atendimento Socioeducativo locais. (Incluído pela Lei n. 12.594, de 2012.)

- Lei 12.594/2012 (Institui o Sistema Nacional de Atendimento Socioeducativo (Sinase), regulamenta a execução das medidas socioeducativas destinadas a adolescente que pratique ato infracional)

ART. 2º O Senar será organizado e administrado pela Confederação Nacional da Agricultura (CNA) e dirigido por um colegiado com a seguinte composição:

I - um representante do Ministério do Trabalho e da Previdência Social;

II - um representante do Ministério da Educação;

III - um representante do Ministério da Agricultura e Reforma Agrária;

IV - um representante da Organização das Cooperativas Brasileiras (OCB);

V - um representante das agroindústrias;

VI - cinco representantes da Confederação Nacional da Agricultura (CNA); e

VII - cinco representantes da Confederação Nacional dos Trabalhadores na Agricultura (Contag).

Parágrafo único. O colegiado de que trata o *caput* deste artigo será presidido pelo Presidente da Confederação Nacional da Agricultura (CNA).

ART. 3º Constituem rendas do Senar:

I - contribuição mensal compulsória, a ser recolhida à Previdência Social, de 2,5% (dois e meio por cento) sobre o montante da remuneração paga a todos os empregados pelas pessoas jurídicas de direito privado, ou a elas equiparadas, que exerçam atividades:

a) agroindustriais;

b) agropecuárias;

c) extrativistas vegetais e animais;

d) cooperativistas rurais;

e) sindicais patronais rurais;

II - doações e legados;

III - subvenções da União, Estados e Municípios;

IV - multas arrecadadas por infração de dispositivos, regulamentos e regimentos oriundos desta lei;

V - rendas oriundas de prestação de serviços e da alienação ou locação de seus bens;

VI - receitas operacionais;

VII - contribuição prevista no art. 1º do Decreto-Lei n. 1.989, de 28 de dezembro de 1982, combinado com o art. 5º do Decreto-Lei n. 1.146, de 31 de dezembro de 1970, que continuará sendo recolhida pelo Instituto Nacional de Colonização e Reforma Agrária (Incra);

VIII - rendas eventuais.

§ 1º A incidência da contribuição a que se refere o inciso I deste artigo não será cumulativa com as contribuições destinadas ao Serviço Nacional de Aprendizagem Industrial (Senai) e ao Serviço Nacional de Aprendizagem Comercial (Senac), prevalecendo em favor daquele ao qual os seus empregados são beneficiários diretos.

§ 2º As pessoas jurídicas ou a elas equiparadas, que exerçam concomitantemente outras atividades não relacionadas no inciso I deste artigo, permanecerão contribuindo para as outras entidades de formação profissional nas atividades que lhes correspondam especificamente.

§ 3º A arrecadação da contribuição será feita juntamente com a Previdência Social e o seu produto será posto, de imediato, à disposição do Senar, para aplicação proporcional nas diferentes Unidades da Federação, de acordo com a correspondente arrecadação, deduzida a cota necessária às despesas de caráter geral.

§ 4º A contribuição definida na alínea a do inciso I deste artigo incidirá sobre o montante da remuneração paga aos empregados da agroindústria que atuem exclusivamente na produção primária de origem animal e vegetal.

ART. 4º A organização do Senar constará do seu regulamento, que será aprovado por decreto do Presidente da República, mediante proposta do colegiado referido no art. 2º desta lei.

ART. 5º Esta lei entra em vigor na data de sua publicação.

ART. 6º Revogam-se as disposições em contrário.

Brasília, 23 de dezembro de 1991; 170º da Independência e 103º da República.

FERNANDO COLLOR

LEI N. 8.350, DE 28 DE DEZEMBRO DE 1991

Dispõe sobre gratificações de representações na Justiça Eleitoral.

- *DOU*, 31.12.1991.

O Presidente da República. Faço saber que o Congresso Nacional decreta e eu sanciono a seguinte lei:

ART. 1º A gratificação de presença dos membros dos Tribunais Federais, por sessão a que compareçam, até o máximo de oito por mês, passa a ser calculada da seguinte forma:

I - Tribunal Superior Eleitoral: três por cento do vencimento básico de Ministro do Supremo Tribunal Federal;

II - Tribunais Regionais Eleitorais: três por cento do vencimento básico de Juiz do Tribunal Regional Federal.

Parágrafo único. No período compreendido entre noventa dias antes e noventa dias depois de eleições gerais na unidade federativa ou em todo o País, é de quinze o máximo de sessões mensais remuneradas.

ART. 2º A gratificação mensal de Juízes Eleitorais corresponderá a 18% (dezoito por cento) do subsídio de Juiz Federal. (Redação dada pela Lei 11.143/2005.)

ART. 3º O Procurador-Geral Eleitoral e os Procuradores Regionais Eleitorais, observado o limite máximo de sessões por mês, farão jus à gratificação de presença devida aos membros dos Tribunais perante os quais oficiarem.

ART. 4º As despesas decorrentes da aplicação desta lei correrão à conta da dotação orçamentária consignada à Justiça Eleitoral, ocorrendo seus efeitos financeiros apenas a partir do exercício seguinte ao da sua aprovação.

ART. 5º Esta lei entra em vigor na data de sua publicação.

ART. 6º Revogam-se as disposições em contrário, em especial a Lei n. 6.329, de 12 de maio de 1976.

Brasília, 28 de dezembro de 1991; 170º da Independência e 103º da República.

FERNANDO COLLOR

LEI N. 8.383, DE 30 DE DEZEMBRO DE 1991

Institui a Unidade Fiscal de Referência, altera a legislação do imposto de renda e dá outras providências.

- *DOU*, 31.12.1991
- Lei 10.192/2001 (Dispõe sobre medidas complementares ao Plano Real e dá outras providências).
- Lei 10.522/2002 (Dispõe sobre o Cadastro Informativo dos créditos não quitados de órgãos e entidades federais e dá outras providências).

O Presidente da República. Faço saber que o Congresso Nacional decreta e eu sanciono a seguinte lei:

CAPÍTULO I
DA UNIDADE DE REFERÊNCIA (UFIR)

ART. 1º Fica instituída a Unidade Fiscal de Referência (Ufir), como medida de valor e parâmetro de atualização monetária de tributos e de valores expressos em cruzeiros na legislação tributária federal, bem como os relativos a multas e penalidades de qualquer natureza.

- Lei 9.430/1996 (Dispõe sobre a legislação tributária federal, as contribuições para a seguridade social, o processo administrativo de consulta e dá outras providências).

§ 1º O disposto neste capítulo aplica-se a tributos e contribuições sociais, inclusive previdenciárias, de intervenção no domínio econômico e de interesse de categorias profissionais ou econômicas.

§ 2º É vedada a utilização da Ufir em negócio jurídico como referencial de correção monetária do preço de bens ou serviços e de salários, aluguéis ou *royalties*.

ART. 2º A expressão monetária da Ufir mensal será fixa em cada mês-calendário; e da Ufir diária ficará sujeita à variação em cada dia e a do primeiro dia do mês será igual à da Ufir do mesmo mês.

§ 1º O Ministério da Economia, Fazenda e Planejamento, por intermédio do Departamento da Receita Federal, divulgará a expressão monetária da Ufir mensal;

a) até o dia 1º de janeiro de 1992, para esse mês, mediante a aplicação, sobre Cr$ 126,8621, do Índice Nacional de Preços ao Consumidor (INPC) acumulado desde fevereiro até novembro de 1991, e do Índice de Preços ao Consumidor Ampliado (IPCA) de dezembro de 1991, apurados pelo Instituto Brasileiro de Geografia e Estatística (IBGE);

b) até o primeiro dia de cada mês, a partir de 1º de fevereiro de 1992, com base no IPCA.

§ 2º O IPCA, a que se refere o parágrafo anterior, será constituído por série especial cuja apuração compreenderá o período entre o dia 16 do mês anterior e o dia 15 do mês de referência.

§ 3º Interrompida a apuração ou divulgação da série especial do IPCA, a expressão monetária da Ufir será estabelecida com base nos indicadores disponíveis, observada precedência em relação àqueles apurados por instituições oficiais de pesquisa.

§ 4º No caso do parágrafo anterior, o Departamento da Receita Federal divulgará a metodologia adotada para a determinação da expressão monetária da Ufir.

§ 5º (Revogado pela Lei 9.069/1995.)

§ 6º A expressão monetária do Fator de Atualização Patrimonial (FAP), instituído em decorrência da Lei n. 8.200, de 28 de junho de 1991, será igual, no mês de dezembro de 1991, à expressão monetária da Ufir apurada conforme a alínea a do § 1º deste artigo.

§ 7º A expressão monetária do coeficiente utilizado na apuração do ganho de capital, de que trata a Lei n. 8.218, de 29 de agosto de 1991, corresponderá, a partir de janeiro de 1992, à expressão monetária da Ufir mensal.

ART. 3º Os valores expressos em cruzeiros na legislação tributária ficam convertidos em quantidade de Ufir, utilizando-se como divisores:

I - o valor de Cr$ 215,6656, se relativos a multas e penalidades de qualquer natureza;

II - o valor de Cr$ 126,8621, nos demais casos.

CAPÍTULO II
DO IMPOSTO DE RENDA DAS PESSOAS FÍSICAS

ART. 4º A renda e os proventos de qualquer natureza, inclusive os rendimentos e ganhos de capital, percebidos por pessoas físicas residentes ou domiciliadas no Brasil, serão tributados pelo imposto de renda na forma da legislação vigente, com as modificações introduzidas por esta lei.

ART. 5º A partir de 1º de janeiro do ano-calendário de 1992, o imposto de renda incidente sobre os rendimentos de que tratam os arts. 7º, 8º e 12 da Lei n. 7.713, de 22 de dezembro de 1988, será calculado de acordo com a seguinte tabela progressiva:

Base de Cálculo (em Ufir)	Parcela a Deduzir da Base de Cálculo (em Ufir)	Alíquota
Acima de 1.000		Isento
Acima de 1.000 até 1.950	1.000	15%
Acima de 1.950	1.380	25%

Parágrafo único. O imposto de que trata este artigo será calculado sobre os rendimentos efetivamente recebidos em cada mês.

ART. 6º O imposto sobre os rendimentos de que trata o art. 8º da Lei n. 7.713, de 1988:

I - será convertido em quantidade de Ufir pelo valor desta no mês em que os rendimentos forem recebidos;

II - deverá ser pago até o último dia útil do mês subsequente ao da percepção dos rendimentos.

Parágrafo único. A quantidade de Ufir de que trata o inciso I será reconvertida em cruzeiros pelo valor da Ufir no mês do pagamento do imposto.

ART. 7º Sem prejuízo dos pagamentos obrigatórios estabelecidos na legislação, fica facultado ao contribuinte efetuar, no curso do ano, complementação do imposto que for devido sobre os rendimentos recebidos.

ART. 8º O imposto retido na fonte ou pago pelo contribuinte, salvo disposição em contrário, será deduzido do apurado na forma do inciso I do art. 15 desta lei.

Parágrafo único. Para efeito da redução, o imposto retido ou pago será convertido em quantidade de Ufir pelo valor desta:

a) no mês em que os rendimentos forem pagos ao beneficiário, no caso de imposto retido na fonte;

b) no mês do pagamento do imposto, nos demais casos.

ART. 9º As receitas e despesas a que se refere o art. 6º da Lei n. 8.134, de 27 de dezembro de 1990, serão convertidas em quantidade de Ufir pelo valor desta no mês em que forem recebidas ou pagas, respectivamente.

ART. 10. Na determinação da base de cálculo sujeita à incidência mensal do imposto de renda poderão ser deduzidas:

I - a soma dos valores referidos nos incisos do art. 6º da Lei n. 8.134, de 1990;

II - as importâncias pagas em dinheiro a título de alimentos ou pensões, em cumprimento de acordo ou decisão judicial, inclusive a prestação de alimentos provisionais;

III - a quantia equivalente a cem UFIR por dependente; (Redação dada pela Lei 9.069/1995.)

IV - as contribuições para a Previdência Social da União, dos Estados, do Distrito Federal e dos Municípios;

V - o valor de mil Ufir, correspondente à parcela isenta dos rendimentos provenientes de aposentadoria e pensão, transferência para reserva remunerada ou reforma pagos pela Previdência Social da União, dos Estados, do Distrito Federal e dos Municípios, ou por qualquer pessoa jurídica de direito público interno, a partir do mês em que o contribuinte completar sessenta e cinco anos de idade.

ART. 11. Na declaração de ajuste anual (art. 12) poderão ser deduzidos:

I - os pagamentos feitos, no ano-calendário, a médicos, dentistas, psicólogos, fisioterapeutas, fonoaudiólogos, terapeutas ocupacionais e hospitais, bem como as despesas provenientes de exames laboratoriais e serviços radiológicos;

II - as contribuições e doações efetuadas a entidades de que trata o art. 1º da Lei n. 3.830, de 25 de novembro de 1960, observadas as condições estabelecidas no art. 2º da mesma lei;

III - as doações de que trata o art. 260 da Lei n. 8.069, de 13 de julho de 1990;

IV - a soma dos valores referidos no art. 10 desta lei;

V - as despesas feitas com instrução do contribuinte e seus dependentes até o limite anual individual de seiscentos e cinquenta Ufir.

§ 1º O disposto no inciso I:

a) aplica-se, também, aos pagamentos feitos a empresas brasileiras ou autorizadas a funcionar no País, destinados à cobertura de despesas com hospitalização e cuidados médicos e dentários, bem como a entidades que assegurem direito de atendimento ou ressarcimento de despesas de natureza médica, odontológica e hospitalar;

b) restringe-se aos pagamentos feitos pelo contribuinte, relativos ao seu próprio tratamento e ao de seus dependentes;

c) é condicionado a que os pagamentos sejam especificados e comprovados, com indicação do nome, endereço e número de inscrição no Cadastro de Pessoas Físicas ou no Cadastro de Pessoas Jurídicas de quem os recebeu, podendo, na falta de documentação, ser feita indicação do cheque nominativo pelo qual foi efetuado o pagamento.

§ 2º Não se incluem entre as deduções de que trata o inciso I deste artigo as despesas ressarcidas por entidade de qualquer espécie.

§ 3º A soma das deduções previstas nos incisos II e III está limitada a dez por cento da base de cálculo do imposto, na declaração de ajuste anual.

§ 4º As deduções de que trata este artigo serão convertidas em quantidade de Ufir pelo valor desta no mês do pagamento ou no mês em que tiverem sido consideradas na base de cálculo sujeita à incidência do imposto.

ART. 12. As pessoas físicas deverão apresentar anualmente declaração de ajuste, na qual se determinará o saldo do imposto a pagar ou valor a ser restituído.

§ 1º Os ganhos a que se referem o art. 26 desta lei e o inciso I do art. 18 da Lei n. 8.134, de 1990, serão apurados e tributados em separado, não integrarão a base de cálculo do imposto de renda na declaração de ajuste anual e o imposto pago não poderá ser deduzido na declaração.

§ 2º A declaração de ajuste anual, em modelo aprovado pelo Departamento da Receita Federal, deverá ser apresentada até o último dia útil do mês de abril do ano subsequente ao da percepção dos rendimentos ou ganhos de capital.

§ 3º Ficam dispensadas da apresentação de declaração:

a) as pessoas físicas cujos rendimentos do trabalho assalariado, no ano-calendário, inclusive Gratificação de Natal ou Gratificação Natalina, conforme o caso, acrescidos dos demais rendimentos recebidos, exceto os não tributados ou tributados exclusivamente na fonte, sejam iguais ou inferiores a treze mil Ufir;

b) os aposentados, inativos e pensionistas da Previdência Social da União, dos Estados, do Distrito Federal e dos Municípios ou dos respectivos tesouros, cujos proventos e pensões no ano-calendário, acrescidos dos demais rendimentos recebidos, exceto os não tributados ou tributados exclusivamente na fonte, sejam iguais ou inferiores a treze mil Ufir;

c) outras pessoas físicas declaradas em ato do Ministro da Economia, Fazenda e Planejamento, cuja qualificação fiscal assegure a preservação dos controles fiscais pela administração tributária.

ART. 13. Para efeito de cálculo do imposto a pagar ou do valor a ser restituído, os rendimentos serão convertidos em quantidade de Ufir pelo valor desta no mês em que forem recebidos pelo beneficiário.

Parágrafo único. A base de cálculo do imposto, na declaração de ajuste anual, será a diferença entre as somas, em quantidade de Ufir:

a) de todos os rendimentos percebidos durante o ano-calendário, exceto os isentos, os não tributáveis e os tributados exclusivamente na fonte; e

b) das deduções de que trata o art. 11 desta lei.

ART. 14. O resultado da atividade rural será apurado segundo o disposto na Lei n. 8.023, de 12 de abril de 1990, e, quando positivo, integrará a base de cálculo do imposto definida no artigo anterior.

§ 1º O resultado da atividade rural e a base de cálculo do imposto serão expressos em quantidade de Ufir.

§ 2º As receitas, despesas e demais valores, que integram o resultado e a base de cálculo, serão convertidos em Ufir pelo valor desta no mês do efetivo pagamento ou recebimento.

ART. 15. O saldo do imposto a pagar ou o valor a ser restituído na declaração de ajuste anual (art. 12) será determinado com observância das seguintes normas:

I - será calculado o imposto progressivo de acordo com a tabela (art. 16);

II - será deduzido o imposto pago ou retido na fonte, correspondente a rendimentos incluídos na base de cálculo;

III - o montante assim determinado, expresso em quantidade de Ufir, constituirá, se positivo, o saldo do imposto a pagar e, se negativo, o valor a ser restituído.

ART. 16. Para fins do ajuste de que trata o artigo anterior, o imposto de renda progressivo será calculado de acordo com a seguinte tabela:

- Lei 8.848/1994 (Altera a legislação do imposto sobre a renda e proventos de qualquer natureza e dá outras providências.)

Base de Cálculo (em Ufir)	Parcela a Deduzir da Base de Cálculo (em Ufir)	Alíquota
Até 12.000		Isento
Acima de 12.000 até 23.400	12.000	15%
Acima de 23.400	16.560	25%

ART. 17. O saldo do imposto (art. 15, III) poderá ser pago em até seis quotas iguais, mensais e sucessivas, observado o seguinte:

I - nenhuma quota será inferior a cinquenta Ufir e o imposto de valor inferior a cem Ufir será pago de uma só vez;

II - a primeira quota ou quota única deverá ser paga no mês de abril do ano subsequente ao da percepção dos rendimentos;

III - as quotas vencerão no último dia útil de cada mês;

IV - é facultado ao contribuinte antecipar, total ou parcialmente, o pagamento do imposto ou das quotas.

Parágrafo único. A quantidade de Ufir será reconvertida em cruzeiros pelo valor da Ufir no mês do pagamento do imposto ou da respectiva quota.

ART. 18. Para cálculo do imposto, os valores da tabela progressiva anual (art. 16) serão divididos proporcionalmente ao número de meses do período abrangido pela tributação, em relação ao ano-calendário, nos casos de declaração apresentada:

I - em nome do espólio, no exercício em que for homologada a partilha ou feita a adjudicação dos bens;

II - pelo contribuinte, residente ou domiciliado no Brasil, que se retirar em caráter definitivo do território nacional.

ART. 19. As pessoas físicas ou jurídicas que efetuarem pagamentos com retenção do imposto de renda na fonte deverão fornecer à pessoa física beneficiária, até o dia 28 de fevereiro, documento comprobatório, em duas vias, com indicação da natureza e do montante do pagamento, das deduções e do imposto de renda retido no ano anterior.

§ 1º Tratando-se de rendimentos pagos por pessoas jurídicas, quando não tenha havido retenção do imposto de renda na fonte, o comprovante deverá ser fornecido no mesmo prazo ao contribuinte que o tenha solicitado até o dia 15 de janeiro do ano subsequente.

§ 2º No documento de que trata este artigo, o imposto retido na fonte, as deduções e os rendimentos deverão ser informados por seus valores em cruzeiros e em quantidade de Ufir, convertidos segundo o disposto na alínea a do parágrafo único do art. 8º, no § 4º do art. 11 e no art. 13 desta lei.

§ 3º As pessoas físicas ou jurídicas que deixarem de fornecer aos beneficiários, dentro do prazo, ou fornecerem com inexatidão, o documento a que se refere este artigo ficarão sujeitas ao pagamento de multa de trinta e cinco Ufir por documento.

§ 4º A fonte pagadora que prestar informação falsa sobre rendimentos pagos, deduções, ou imposto retido na fonte será aplicada a multa de cento e cinquenta por cento sobre o valor que for indevidamente utilizável como redução do imposto de renda devido, independentemente de outras penalidades administrativas ou criminais.

§ 5º Na mesma penalidade incorrerá aquele que se beneficiar da informação sabendo ou devendo saber da falsidade.

CAPÍTULO III
DA TRIBUTAÇÃO DAS OPERAÇÕES FINANCEIRAS

ART. 20. O rendimento produzido por aplicação financeira de renda fixa iniciada a partir de 1º de janeiro de 1992, auferido por qualquer beneficiário, inclusive pessoa jurídica isenta, sujeita-se à incidência do imposto sobre a renda na fonte às alíquotas seguintes:

I - (Revogado pela Lei 8.541/1992.)

II - demais operações: trinta por cento.

§ 1º O disposto neste artigo aplica-se, inclusive, às operações de financiamento realizadas em bolsa de valores, de mercadorias, de futuros e assemelhadas na forma da legislação em vigor.

§ 2º Fica dispensada a retenção do imposto de renda na fonte em relação à operação iniciada e encerrada no mesmo dia quando o alienante for instituição financeira, sociedade de arrendamento mercantil, sociedade corretora de títulos e valores mobiliários ou sociedade distribuidora de títulos e valores mobiliários.

§ 3º A base de cálculo do imposto é constituída pela diferença positiva entre o valor da alienação, líquido do imposto sobre operações de crédito, câmbio e seguro, e sobre operações relativas a títulos e valores mobiliários (IOF) (art. 18 da Lei n. 8.088, de 31 de outubro de 1990) e o valor da aplicação financeira de renda fixa, atualizado com base na variação acumulada da Ufir diária, desde a data inicial da operação até a da alienação.

§ 4º Serão adicionados ao valor de alienação, para fins de composição da base de cálculo do imposto, os rendimentos periódicos produzidos pelo título ou aplicação, bem como qualquer remuneração adicional aos rendimentos prefixados, pagos ou creditados ao alienante e não submetidos à incidência do imposto de renda na fonte, atualizados com base na variação acumulada da Ufir diária, desde a data do crédito ou pagamento até a da alienação.

§ 5º Para fins da incidência do imposto de renda na fonte, a alienação compreende qualquer forma de transmissão da propriedade, bem como a liquidação, resgate ou repactuação do título ou aplicação.

§ 6º Fica incluída na tabela "D" a que se refere o art. 4º, inciso II, da Lei n. 7.940, de 20 de dezembro de 1989, sujeita à alíquota de até 0,64% (sessenta e quatro centésimos por cento), a operação de registro de emissão de outros valores mobiliários.

ART. 21. Nas aplicações de fundo de renda fixa, resgatadas a partir de 1º de janeiro de 1992, a base de cálculo do imposto de renda na fonte será constituída pela diferença positiva entre o valor do resgate, líquido de IOF, e o custo de aquisição da quota, atualizado com base na variação acumulada da Ufir diária, desde a data da conversão da aplicação em quotas até a reconversão das quotas em cruzeiros.

§ 1º Na determinação do custo de aquisição da quota, quando atribuída a remuneração ao valor resgatado, observar-se-á a precedência segundo a ordem sequencial direta das aplicações realizadas pelo beneficiário.

§ 2º Os rendimentos auferidos pelos fundos de renda fixa e as alienações de títulos ou aplicações por eles realizadas ficam excluídos respectivamente, da incidência do imposto de renda na fonte e do IOF.

- Lei 8.894/1994 (Dispõe sobre o Imposto sobre Operações de Crédito, Câmbio e Seguro, ou relativas a Títulos e Valores Mobiliários, e dá outras providências).

§ 3º O imposto de renda na fonte, calculado à alíquota de trinta por cento, e o IOF serão retidos pelo administrador do fundo de renda fixa na data do resgate.

§ 4º Excluem-se do disposto neste artigo as aplicações em Fundo de Aplicação Financeira (FAF), que continuam sujeitas à tributação pelo imposto de renda na fonte à alíquota de cinco por cento sobre o rendimento bruto apropriado diariamente ao quotista.

§ 5º Na determinação da base de cálculo do imposto em relação ao resgate de quota existente em 31 de dezembro de 1991, adotar-se-á, a título de custo de aquisição, o valor da quota da mesma data.

ART. 22. São isentos do imposto de renda na fonte:

I - os rendimentos creditados ao quotista pelo Fundo de Investimento em Quotas de Fundos de Aplicação, correspondente aos créditos apropriados por FAF;

II - os rendimentos auferidos por FAF, tributados quando da apropriação ao quotista.

ART. 23. A operação de mútuo e a operação de compra vinculada à revenda, no mercado secundário, tendo por objeto ouro, ativo financeiro, iniciadas a partir de 1º de janeiro de 1992, ficam equiparadas à operação de renda fixa para fins de incidência do imposto de renda na fonte.

§ 1º Constitui fato gerador do imposto a liquidação da operação de mútuo ou a revenda de ouro, ativo financeiro.

§ 2º A base de cálculo do imposto nas operações de mútuo será constituída:

a) pelo valor do rendimento em moeda corrente, atualizado entre a data do recebimento e a data de liquidação do contrato; ou

b) quando o rendimento for fixado em quantidade de ouro, pelo valor da conversão do ouro em moeda corrente, estabelecido com base nos preços médios das operações realizadas no mercado à vista da bolsa em que ocorrer o maior volume de ouro transacionado na data de liquidação do contrato.

§ 3º A base de cálculo nas operações de revenda e de compra de ouro, quando vinculadas, será constituída pela diferença positiva entre o valor de revenda e o de compra do ouro, atualizada com base na variação acumulada da Ufir diária, entre a data de início e de encerramento da operação.

§ 4º O valor da operação de que trata a alínea a do § 2º será atualizado com base na Ufir diária.

§ 5º O imposto de renda na fonte será calculado aplicando-se alíquotas previstas no art. 20, de acordo com o prazo de operação.

§ 6º Fica o Poder Executivo autorizado a baixar normas com vistas a definir as características da operação de compra vinculada à revenda, bem como a equiparar às operações de que trata este artigo outras que, pelas suas características produzam os mesmos efeitos das operações indicadas.

§ 7º O Conselho Monetário Nacional poderá estabelecer prazo mínimo para as operações de que trata este artigo.

ART. 24. (Revogado pela Lei 8.541/1992.)

I a IV - (Revogados pela Lei 8.541/1992.)

Parágrafo único. (Revogado pela Lei 8.541/1992.)

a) a c) (Revogadas pela Lei 8.541/1992.)

ART. 25. O rendimento auferido no resgate, a partir de 1º de janeiro de 1992, de quota de fundo mútuo de ações, clube de investimento e outros fundos da espécie, inclusive Plano de Poupança e Investimentos (PAIT), de que trata o Decreto-Lei n. 2.292, de 21 de novembro de 1986, constituídos segundo a legislação aplicável, quando o beneficiário for pessoa física ou pessoa jurídica não tributada com base no lucro real, inclusive isenta, sujeita-se à incidência do imposto de renda na fonte à alíquota de vinte e cinco por cento.

§ 1º A base de cálculo do imposto é constituída pela diferença positiva entre o valor de resgate e o custo médio de aquisição da quota, atualizado com base na variação acumulada da Ufir diária da data da conversão em quotas até a de reconversão das quotas em cruzeiros.

§ 2º Os ganhos líquidos a que se refere o artigo seguinte e os rendimentos produzidos por aplicações financeiras de renda fixa, auferidos por fundo mútuo de ações, clube de investimentos e outros fundos da espécie, não estão sujeitos à incidência do imposto de renda na fonte.

§ 3º O imposto será retido pelo administrador do fundo ou clube de investimento na data do resgate.

§ 4º Fica o Poder Executivo autorizado a permitir a compensação de perdas ocorridas em aplicações de que trata este artigo.

ART. 26. Ficam sujeitas ao pagamento do imposto de renda, à alíquota de vinte e cinco por cento, a pessoa física e a pessoa jurídica não tributada com base no lucro real, inclusive isenta, que auferirem ganhos líquidos nas operações realizadas nas bolsas de valores, de mercadorias, de futuros e assemelhadas, encerradas a partir de 1º de janeiro de 1992.

§ 1º Os custos de aquisição, os preços de exercício e os prêmios serão considerados pelos valores médios pagos, atualizados com base na variação acumulada da Ufir diária da data da aquisição até a data da alienação do ativo.

§ 2º O Poder Executivo poderá baixar normas para apuração e demonstração dos ganhos líquidos, bem como autorizar a compensação de perdas em um mesmo ou entre dois ou mais mercados ou modalidades operacionais, previstos neste artigo, ressalvado o disposto no art. 28 desta lei.

§ 3º O disposto neste artigo aplica-se, também, aos ganhos líquidos decorrentes da alienação de ouro, ativo financeiro, fora da bolsa, com a interveniência de instituições integrantes do Sistema Financeiro Nacional.

§ 4º O imposto de que trata este artigo será apurado mensalmente.

ART. 27. As deduções de despesas, bem como a compensação de perdas na forma prevista no § 2º do artigo precedente, são admitidas exclusivamente para as operações realizadas nos mercados organizados, geridos ou sob responsabilidade de instituição credenciada pelo Poder Executivo e com objetivos semelhantes ao das bolsas de valores, de mercadorias ou de futuros.

ART. 28. Os prejuízos decorrentes de operações financeiras de compra e subsequente venda ou de venda e subsequente compra, realizadas no mesmo dia (day-trade), tendo por objeto ativo, título, valor mobiliário ou direito de natureza e características semelhantes, somente podem ser compensados com ganhos auferidos em operações da mesma espécie ou em operações de cobertura (hedge) à qual estejam vinculadas nos termos admitidos pelo Poder Executivo.

§ 1º O ganho líquido mensal corresponde às operações day-trade, quando auferido por beneficiário dentre os referidos no art. 26, integra a base de cálculo do imposto de renda de que trata o mesmo artigo.

§ 2º Os prejuízos decorrentes de operações realizadas fora de mercados organizados, geridos ou sob responsabilidade de instituição credenciada pelo Poder Público, não podem ser deduzidos da base de cálculo do imposto de renda e da apuração do ganho líquido de que trata o art. 26, bem como não podem ser compensados com ganhos auferidos em operações de espécie, realizadas em qualquer mercado.

ART. 29. Os residentes ou domiciliados no exterior sujeitam-se às mesmas normas de tributação pelo imposto de renda, previstas para os residentes ou domiciliados no País, em relação aos: (Redação dada pela Lei 8.849/1994.)

I - rendimentos decorrentes de aplicações financeiras de renda fixa;

II - ganhos líquidos auferidos em operações realizadas em bolsas de valores, de mercadorias, de futuros e assemelhadas;

III - rendimentos obtidos em aplicações em fundos e clubes de investimentos de renda variável.

Parágrafo único. Sujeitam-se à tributação pelo imposto de renda, nos termos dos arts. 31 a 33, os rendimentos e ganhos de capital decorrentes de aplicações financeiras, auferidos por fundos, sociedades de investimento e carteiras de valores mobiliários de que participem, exclusivamente, pessoas físicas ou jurídicas, fundos ou outras entidades de investimento coletivo residentes, domiciliadas ou com sede no exterior.

ART. 30. O investimento estrangeiro nos mercados financeiros e de valores mobiliários somente poderá ser realizado no País por intermédio de representante legal, previamente designado dentre as instituições autorizadas pelo Poder Executivo a prestar tal serviço e que será responsável, nos termos do art. 128 do Código Tributário Nacional (Lei n. 5.172, de 25 de outubro de 1966), pelo cumprimento das obrigações tributárias decorrentes das operações que realizar por conta e ordem do representado. (Redação dada pela Lei 8.849/1994.)

§ 1º O representante legal não será responsável pela retenção e recolhimento do imposto de renda na fonte sobre aplicações financeiras quando, nos termos da legislação pertinente tal responsabilidade for atribuída a terceiro.

§ 2º O Poder Executivo poderá excluir determinadas categorias de investidores da obrigatoriedade prevista neste artigo.

ART. 31. Sujeitam-se à tributação pelo imposto de renda, à alíquota de vinte e cinco por cento, os rendimentos e ganhos de capital auferidos no resgate pelo quotista, quando distribuídos, sob qualquer forma e a qualquer título, por fundos em condomínio, a que se refere o art. 50 da Lei n. 4.728, de 14 de julho de 1965, constituídos na forma prescrita pelo Conselho Monetário Nacional e mantidos com recursos provenientes de conversão de débitos externos brasileiros, e de que participem, exclusivamente, pessoas físicas ou jurídicas, fundos ou outras entidades de investimentos coletivos, residente, domiciliados, ou com sede no exterior. (Redação dada pela Lei 8.849/1994.)

§ 1º A base de cálculo do imposto é constituída pela diferença positiva entre o valor de resgate e o custo médio de aquisição da quota, atualizados com base na variação acumulada da Ufir diária da data da aplicação até a data da distribuição ao exterior.

§ 2º Os rendimentos e ganhos de capital auferidos pelas carteiras dos fundos em condomínio de que trata este artigo, ficam excluídos da retenção do imposto de renda na fonte e do imposto de renda sobre o ganho líquido mensal.

ART. 32. Ressalvados os rendimentos de Fundos de Aplicação Financeira (FAF), que continuam tributados de acordo com o disposto no art. 21, § 4º, ficam sujeitos ao imposto de renda na fonte, à alíquota de quinze por cento, os rendimentos auferidos: (Redação dada pela Lei 8.849/1994.)

I - pelas entidades mencionadas nos arts. 1º e 2º do Decreto-Lei n. 2.285, de 23 de julho de 1986;

II - pelas sociedades de investimentos a que se refere o art. 49 da Lei n. 4.728, de 1965, de que participem investidores estrangeiros;

III - pelas carteiras de valores mobiliários, inclusive vinculadas à emissão, no exterior, de certificados representativos de ações, mantidas por investidores estrangeiros.

§ 1º Os ganhos de capital ficam excluídos da incidência do imposto de renda quando auferidos e distribuídos, sob qualquer forma e a qualquer título, inclusive em decorrência de liquidação parcial ou total do investimento pelos fundos, sociedades ou carteiras referidos no *caput* deste artigo.

§ 2º Para os efeitos deste artigo, consideram-se:

a) rendimentos: quaisquer valores que constituam remuneração de capital aplicado, inclusive aquela produzida por títulos de renda variável, tais como juros, prêmios, comissões, ágio, deságio, dividendos, bonificações em dinheiro e participações nos lucros, bem como os resultados positivos auferidos em aplicações nos fundos e clubes de investimento de que trata o art. 25;

b) ganhos de capital, os resultados positivos auferidos:

b.1) nas operações realizadas em bolsas de valores, de mercadorias, de futuros e assemelhadas;

b.2) nas operações com ouro, ativo financeiro, fora de bolsa, intermediadas por instituições integrantes do Sistema Financeiro Nacional.

§ 3º A base de cálculo do imposto de renda sobre os rendimentos auferidos pelas entidades de que trata este artigo será apurada:

a) de acordo com os critérios previstos no § 3º do art. 20 e no art. 21, no caso de aplicações de renda fixa;

b) de acordo com o tratamento previsto no § 4º do art. 20, no caso de rendimentos periódicos ou qualquer remuneração adicional não submetidos à incidência do imposto de renda na fonte;

c) pelo valor do respectivo rendimento ou resultado positivo nos demais casos.

§ 4º Na apuração do imposto de que trata este artigo serão indedutíveis os prejuízos apurados em operações de renda fixa e de renda variável.

§ 5º O disposto neste artigo alcança, exclusivamente, as entidades que atenderem às normas e condições estabelecidas pelo Conselho Monetário Nacional, não se aplicando, entretanto, aos fundos em condomínio referidos no art. 31.

ART. 33. O imposto de renda na fonte sobre os rendimentos auferidos pelas entidades de que trata o art. 32, será devido por ocasião da cessão, resgate, repactuação ou liquidação de cada operação de renda fixa, ou do recebimento ou crédito, o que primeiro ocorrer, de outros rendimentos, inclusive dividendos e bonificações em dinheiro. (Redação dada pela Lei 8.849/1994.)

§ 1º Com exceção do imposto sobre aplicações no FAF, o imposto sobre os demais rendimentos será retido pela instituição administradora do fundo, sociedade de investimento ou carteira, e pelo banco custodiante, no caso de certificados representativos de ações, sendo considerado, mesmo no caso do FAF, como exclusivo de fonte.

§ 2º No caso de rendimentos auferidos em operações realizadas antes de 1º de janeiro de 1994 e ainda não distribuídos, a base de cálculo do imposto de renda de que trata este artigo será determinada de acordo com as normas da legislação aplicável às operações de renda fixa realizadas por residentes no País, ressalvado o disposto no art. 34, devendo o imposto ser calculado à alíquota de quinze por cento e recolhido pelos administradores dos fundos, sociedades ou carteiras até 31 de janeiro de 1994 ou na data da distribuição dos rendimentos, se ocorrer primeiro, sem atualização monetária.

§ 3º Os dividendos que foram atribuídos às ações integrantes do patrimônio do fundo, sociedade ou carteira, serão registrados, na data em que as ações foram cotadas sem os respectivos direitos (ex-dividendos), em conta representativa de rendimentos a receber, em contrapartida à diminuição de idêntico valor da parcela do ativo correspondente às ações as quais se vinculam, acompanhados de transferência para a receita de dividendos de igual valor a débito da conta de resultado de variação da carteira de ações.

§ 4º Os rendimentos submetidos à sistemática de tributação de que trata este artigo não se sujeitam à nova incidência do imposto de renda quando distribuídos.

§ 5º O imposto deverá ser convertido em quantidade de Ufir diária pelo valor desta no dia da ocorrência do fato gerador, e pago no prazo previsto no art. 52, inciso II, alínea d.

ART. 34. As disposições dos arts. 31 a 33 desta lei abrangem as operações compreendidas no período entre 15 de junho de 1989, inclusive, e 1º de janeiro de 1992, exceto em relação ao imposto de que trata o art. 3º do Decreto-Lei n. 1.986, de 28 de dezembro de 1982, vedada a restituição ou compensação de imposto pago no mesmo período.

ART. 35. Na cessão, liquidação ou resgate, será apresentada a nota de aquisição do título ou o documento relativo à aplicação, que identifique as partes envolvidas na operação.

§ 1º Quando não apresentado o documento de que trata este artigo, considerar-se-á como preço de aquisição o valor da emissão ou o da primeira colocação do título, prevalecendo o menor.

§ 2º Não comprovado o valor a que se refere o § 1º, a base de cálculo do imposto de renda na fonte será arbitrada em cinquenta por cento do valor bruto da alienação.

§ 3º Fica dispensada a exigência prevista neste artigo relativamente a título ou aplicação revestidos, exclusivamente, da forma escritural.

ART. 36. O imposto de renda retido na fonte sobre aplicações financeiras ou pago sobre ganhos líquidos mensais de que trata o art. 26 será considerado:

I - se o beneficiário for pessoa jurídica tributada com base no lucro real: antecipação do devido na declaração;

II - se o beneficiário for pessoa física ou pessoa jurídica não tributada com base no lucro real, inclusive isenta: tributação definitiva, vedada a compensação na declaração de ajuste anual.

ART. 37. A alíquota do imposto de renda na fonte sobre rendimentos produzidos por títulos ou aplicações integrantes do patrimônio do fundo de renda fixa de que trata o art. 21 desta lei será de vinte e cinco por cento e na base de cálculo será considerado como valor de alienação aquele pelo qual o título ou aplicação constar da carteira no dia 31 de dezembro de 1991.

Parágrafo único. O recolhimento do imposto será efetuado pelo administrador do fundo, sem correção monetária, até o dia seguinte ao da alienação do título ou resgate da aplicação.

CAPÍTULO IV
DO IMPOSTO DE RENDA DAS PESSOAS JURÍDICAS

ART. 38. A partir do mês de janeiro de 1992, o imposto de renda das pessoas jurídicas será devido mensalmente, à medida em que os lucros forem auferidos.

§ 1º Para efeito do disposto neste artigo, as pessoas jurídicas deverão apurar, mensalmente, a base de cálculo do imposto e o imposto devido.

§ 2º A base de cálculo do imposto será convertida em quantidade de Ufir diária pelo valor desta no último dia do mês a que corresponder.

§ 3º O imposto devido será calculado mediante a aplicação da alíquota sobre a base de cálculo expressa em Ufir.

§ 4º Do imposto apurado na forma do parágrafo anterior a pessoa jurídica poderá diminuir:

a) os incentivos fiscais de dedução do imposto devido, podendo o valor excedente ser compensado nos meses subsequentes, observados os limites e prazos fixados na legislação específica;

b) os incentivos fiscais de redução e isenção do imposto, calculados com base no lucro da exploração apurado mensalmente;

c) o imposto de renda retido na fonte sobre receitas computadas na base de cálculo do imposto.

§ 5º Os valores de que tratam as alíneas do parágrafo anterior serão convertidos em quantidade de Ufir diária pelo valor desta no último dia do mês a que corresponderem.

§ 6º O saldo do imposto devido em cada mês será pago até o último dia útil do mês subsequente.

§ 7º O prejuízo apurado na demonstração do lucro real em um mês poderá ser compensado com o lucro real dos meses subsequentes.

§ 8º Para efeito de compensação, o prejuízo será corrigido monetariamente com base na variação acumulada da Ufir diária.

§ 9º Os resultados apurados em cada mês serão corrigidos monetariamente (Lei n. 8.200, de 1991).

ART. 39. As pessoas jurídicas tributadas com base no lucro real poderão optar pelo pagamento, até o último dia útil do mês subsequente, do imposto devido mensalmente, calculado por estimativa, observado o seguinte:

I - nos meses de janeiro a abril, o imposto estimado corresponderá, em cada mês, a um duodécimo do imposto e adicional apurados em balanço ou balancete anual levantado em 31 de dezembro do ano anterior ou, na inexistência deste, a um sexto do imposto e adicional apurados no balanço ou balancete semestral levantado em 30 de junho do ano anterior;

II - nos meses de maio a agosto, o imposto estimado corresponderá, em cada mês, a um duodécimo do imposto e adicional apurados no balanço anual de 31 de dezembro do ano anterior;

III - nos meses de setembro a dezembro, o imposto estimado corresponderá, em cada mês, a um sexto do imposto e adicional apurados em balanço ou balancete semestral levantado em 30 de junho do ano em curso.

§ 1º A opção será efetuada na data do pagamento do imposto correspondente ao mês de janeiro e só poderá ser alterada em relação ao imposto referente aos meses do ano subsequente.

§ 2º A pessoa jurídica poderá suspender ou reduzir o pagamento do imposto mensal estimado, enquanto balanços ou balancetes mensais demonstrarem que o valor acumulado já pago excede o valor do imposto calculado com base no lucro real do período em curso.

§ 3º O imposto apurado nos balanços ou balancetes será convertido em quantidade de Ufir diária pelo valor desta no último dia do mês a que se referir.

§ 4º O imposto de renda retido na fonte sobre rendimentos computados na determinação do lucro real poderá ser deduzido do imposto estimado de cada mês.

§ 5º A diferença entre o imposto devido, apurado na declaração de ajuste anual (art. 43), e a importância paga nos termos deste artigo será:

a) paga em quota única, até a data fixada para a entrega da declaração de ajuste anual, se positiva;

b) compensada, corrigida monetariamente, com o imposto mensal a ser pago nos meses subsequentes ao fixado para a entrega da declaração de ajuste anual, se negativa, assegurada a alternativa de requerer a restituição do montante pago indevidamente.

ART. 40. (Revogado pela Lei 8.541/1992.)

§§ 1º a **13** (Revogados pela Lei 8.541/1992.)

ART. 41. A tributação com base no lucro arbitrado somente será admitida em caso de lançamento de ofício, observadas a legislação vigente e as alterações introduzidas por esta lei.

§ 1º O lucro arbitrado e a contribuição social serão apurados mensalmente.

§ 2º O lucro arbitrado, diminuído do imposto de renda da pessoa jurídica e da contribuição social, será considerado distribuído aos sócios ou ao titular da empresa e tributado exclusivamente na fonte à alíquota de vinte e cinco por cento.

§ 3º A contribuição social sobre o lucro das pessoas jurídicas tributadas com base no lucro arbitrado será devida mensalmente

ART. 42. (Revogado pela Lei 9.317/1996.).

§§ 1º a **5º** (Revogados pela Lei 9.317/1996.).

ART. 43. As pessoas jurídicas deverão apresentar, em cada ano, declaração de ajuste anual consolidando os resultados mensais auferidos nos meses de janeiro a dezembro do ano anterior, nos seguintes prazos:

I - até o último dia útil do mês de março, as tributadas com base no lucro presumido;

II - até o último dia útil do mês de abril, as tributadas com base no lucro real;

III - até o último dia útil do mês de junho, as demais.

Parágrafo único. Os resultados mensais serão apurados, ainda que a pessoa jurídica tenha optado pela forma de pagamento do imposto e adicional referida no art. 39.

ART. 44. Aplicam-se à contribuição social sobre o lucro (Lei n. 7.689, de 1988) e ao imposto incidente na fonte sobre o lucro líquido (Lei n. 7.713, de 1988, art. 35) as mesmas normas de pagamento estabelecidas para o imposto de renda das pessoas jurídicas.

Parágrafo único. (Revogado pela Lei 8.981/1995.)

ART. 45. O valor em cruzeiros do imposto ou contribuição será determinado mediante a multiplicação da sua quantidade em Ufir pelo valor da Ufir diária na data do pagamento.

ART. 46 As pessoas jurídicas tributadas com base no lucro real poderão depreciar, em vinte e quatro quotas mensais, o custo de aquisição ou construção de máquinas e equipamentos novos, adquiridos entre 1º de janeiro de 1992 e 31 de dezembro de 1994, utilizados em processo industrial da adquirente. (Redação dada pela Lei 8.643/1993.)

§ 1º A parcela da depreciação acelerada que exceder à depreciação normal constituirá exclusão do lucro líquido e será escriturada no livro de apuração do lucro real.

§ 2º O total da depreciação acumulada, incluída a normal e a parcela excedente, não poderá ultrapassar o custo de aquisição do bem, corrigido monetariamente.

§ 3º A partir do mês em que for atingido o limite de que trata o parágrafo anterior, a depreciação normal, corrigida monetariamente, registrada na escrituração comercial, deverá ser adicionada ao lucro líquido para determinar o lucro real.

§ 4º Para efeito do disposto nos §§ 2º e 3º deste artigo, a conta de depreciação excedente à normal, registrada no livro de apuração do lucro real, será corrigida monetariamente.

§ 5º As disposições contidas neste artigo aplicam-se às máquinas e equipamentos objeto de contratos de arrendamento mercantil.

ART. 47. (Revogado pela Lei 8.981/1995.)

ART. 48. A partir de 1º de janeiro de 1992, a correção monetária das demonstrações financeiras será efetuada com base na Ufir diária.

ART. 49. A partir do mês de janeiro de 1992, o adicional de que trata o art. 25 da Lei n. 7.450, de 23 de dezembro de 1985, incidirá à alíquota de dez por cento sobre a parcela do lucro real ou arbitrado, apurado mensalmente, que exceder a vinte e cinco mil Ufir.

Parágrafo único. A alíquota será de quinze por cento para os bancos comerciais, bancos de investimento, bancos de desenvolvimento, caixas econômicas, sociedades de crédito, financiamento e investimento, sociedades de crédito imobiliário, sociedades corretoras, distribuidora de títulos e valores mobiliários e empresas de arrendamento mercantil.

ART. 50. As despesas referidas na alínea b do parágrafo único do art. 52 e no item 2 da alínea e do parágrafo único do art. 71, da Lei n. 4.506, de 30 de novembro de 1964, decorrentes de contratos que, posteriormente a 31 de dezembro de 1991, venham a ser assinados, averbados no Instituto Nacional da Propriedade Industrial (INPI) e registrados no Banco Central do Brasil, passam a ser dedutíveis para fins de apuração do lucro real, observados os limites e condições estabelecidos pela legislação em vigor.

Parágrafo único. A vedação contida no art. 14 da Lei n. 4.131, de 3 de setembro de 1962, não se aplica às despesas dedutíveis na forma deste artigo.

ART. 51. Os balanços ou balancetes referidos nesta lei deverão ser levantados com observância das leis comerciais e fiscais e transcritos no Diário ou no Livro de Apuração do Lucro Real.

CAPÍTULO V
DA ATUALIZAÇÃO E DO PAGAMENTO DE IMPOSTOS E CONTRIBUIÇÕES

ART. 52. Em relação aos fatos geradores que vierem a ocorrer a partir de 1º de novembro de 1993, os pagamentos dos impostos e contribuições relacionados a seguir deverão ser efetuados nos seguintes prazos: (Redação dada pela Lei 8.850/1994.)

I - Imposto sobre Produtos Industrializados - IPI: (Redação dada pela Lei 11.774/2008.)

a) no caso dos produtos classificados no código 2402.20.00, da Nomenclatura Comum do Mercosul - NCM, até o 10º (décimo) dia do mês subsequente ao mês de ocorrência dos fatos geradores, observado o disposto no § 4º deste artigo; (Redação dada pela Lei 11.933/2009.)

b) (Revogada); (Redação dada pela Lei 11.774/2008.)

c) no caso dos demais produtos, até o 25º (vigésimo quinto) dia do mês subsequente ao mês de ocorrência dos fatos geradores, pelas demais pessoas jurídicas, observado o disposto no § 4º deste artigo; (Redação dada pela Lei 11.933/2009.)

1 e 2 (Revogados pela Lei 11.933/2009.)

II - Imposto de Renda na Fonte - IRF: (Redação dada pela Lei 8.850/1994.)

a) até o último dia útil do mês subsequente ao de ocorrência do fato gerador ou na data da remessa, quando esta for efetuada antes, no caso de lucro de filiais, sucursais, agências ou representações, no País, de pessoas jurídicas com sede no exterior; (Redação dada pela Lei 8.850/1994.)

b) na data da ocorrência do fato gerador, nos casos dos demais rendimentos atribuídos a residentes ou domiciliados no exterior; (Redação dada pela Lei 8.850/1994.)

c) até o último dia útil do mês subsequente ao da distribuição automática dos lucros, no caso de que trata o art. 1º do Decreto-Lei n. 2.397, de 21 de dezembro de 1987; (Redação dada pela Lei 8.850/1994.)

d) até o terceiro dia útil da quinzena subsequente à de ocorrência dos fatos geradores, nos demais casos; (Redação dada pela Lei 8.850/1994.)

III - imposto sobre operações de crédito, câmbio e seguro e sobre operações relativas a títulos e valores mobiliários - IOF: (Redação dada pela Lei 8.850/1994.)

a) até o terceiro dia útil da quinzena subsequente à de ocorrência dos fatos geradores, no caso de aquisição de ouro, ativo financeiro, bem assim nos de que tratam os incisos II a IV do art. 1º da Lei n. 8.033, de 12 de abril de 1990; (Redação dada pela Lei 8.850/1994.)

b) até o terceiro dia útil do decêndio subsequente ao de cobrança ou registro contábil do imposto, nos demais casos; (Redação dada pela Lei 8.850/1994.)

IV - contribuição para financiamento da Seguridade Social - COFINS, instituída pela Lei Complementar n. 70, de 30 de dezembro de 1991, e contribuições para o Programa de Integração Social e para o Programa de Formação do Patrimônio do Servidor Público (PIS/PASEP), até o quinto dia útil do mês subsequente ao de ocorrência dos fatos geradores. (Redação dada pela Lei 8.850/1994.)

§ 1º O imposto incidente sobre ganhos de capital na alienação de bens ou direitos (Lei n. 8.134, de 27 de dezembro de 1990, art. 18) deverá ser pago até o último dia útil do mês subsequente àquele em que os ganhos houverem sido percebidos. (Redação dada pela Lei 8.850/1994.)

§ 2º O imposto, apurado mensalmente, sobre os ganhos líquidos auferidos em operações realizadas em bolsas de valores, de mercadorias, de futuros e assemelhadas, será pago até o último dia útil do mês subsequente em que os ganhos houverem sido percebidos. (Redação dada pela Lei 8.850/1994.)

§ 3º O disposto no inciso I do *caput* deste artigo não se aplica ao IPI incidente no desembaraço aduaneiro dos produtos importados. (Redação dada pela Lei 11.774/2008.)

§ 4º Se o dia do vencimento de que tratam as alíneas a e c do inciso I do *caput* deste artigo não for dia útil, considerar-se-á antecipado o prazo para o primeiro dia útil que o anteceder. (Redação dada pela Lei 11.933/2009.)

ART. 53. Os tributos e contribuições relacionados a seguir serão convertidos em quantidade de UFIR diária pelo valor desta: (Redação dada pela Lei 8.850/1994.)

I - IPI, no último dia do decêndio de ocorrência dos fatos geradores; (Redação dada pela Lei 8.850/1994.)

II - IRF, no dia da ocorrência do fato gerador; (Redação dada pela Lei 8.850/1994.)

III - IOF; (Redação dada pela Lei 8.850/1994.)

a) no último dia da quinzena de ocorrência dos fatos geradores, na hipótese de aquisição de ouro, ativo financeiro; (Redação dada pela Lei 8.850/1994.)

b) no dia da ocorrência dos fatos geradores, ou da apuração da base de cálculo, nos demais casos; (Redação dada pela Lei 8.850/1994.)

IV - contribuição para o financiamento da Seguridade Social (COFINS), instituída pela Lei

Complementar n. 70, de 1991, e contribuições para o Programa de Integração Social e para o Programa de Formação do Patrimônio do Servidor Público (PIS/PASEP), no último dia do mês de ocorrência dos fatos geradores; (Redação dada pela Lei 8.850/1994.)

V - demais tributos, contribuições e receitas da União, arrecadados pela Secretaria da Receita Federal, não referidos nesta lei, nas datas dos respectivos vencimentos; (Redação dada pela Lei 8.850/1994.)

VI - contribuições previdenciárias, no primeiro dia do mês subsequente ao de competência. (Redação dada pela Lei 8.850/1994.)

Parágrafo único. O imposto de que tratam os parágrafos do artigo anterior será convertido em quantidade de UFIR pelo valor desta no mês do recebimento ou ganho. (Redação dada pela Lei 8.850/1994.)

CAPÍTULO VI
DA ATUALIZAÇÃO DE DÉBITOS FISCAIS

ART. 54. Os débitos de qualquer natureza para com a Fazenda Nacional e os decorrentes de contribuições arrecadadas pela União, constituídos ou não, vencidos até 31 de dezembro de 1991 e não pagos até 2 de janeiro de 1992, serão atualizados monetariamente com base na legislação aplicável e convertidos, nessa data, em quantidade de Ufir diária.

§ 1º Os juros de mora calculados até 2 de janeiro de 1992 serão, também, convertidos em quantidade de Ufir, na mesma data.

§ 2º Sobre a parcela correspondente ao tributo ou contribuição, convertida em quantidade de Ufir, incidirão juros moratórios à razão de um por cento, por mês-calendário ou fração, a partir de fevereiro de 1992, inclusive, além da multa de mora ou de ofício.

§ 3º O valor a ser recolhido será obtido multiplicando-se a correspondente quantidade de Ufir pelo valor diário desta na data do pagamento.

ART. 55. Os débitos que forem objeto de parcelamento serão consolidados na data da concessão e expressos em quantidade de Ufir diária.

§ 1º O valor do débito consolidado, expresso em quantidade de Ufir, será dividido pelo número de parcelas mensais concedidas.

§ 2º O valor de cada parcela mensal, por ocasião do pagamento, será acrescido de juros na forma da legislação pertinente.

§ 3º Para efeito de pagamento, o valor em cruzeiros de cada parcela mensal será determinado mediante a multiplicação de seu valor, expresso em quantidade de Ufir, pelo valor desta no dia do pagamento.

ART. 56. No caso de parcelamento concedido administrativamente até o dia 31 de dezembro de 1991, o saldo devedor, a partir de 1º de janeiro de 1992, será expresso em quantidade de Ufir diária mediante a divisão do débito, atualizado monetariamente, pelo valor da Ufir diária no dia 1º de janeiro de 1992.

Parágrafo único. O valor em cruzeiros do débito ou da parcela será determinado mediante a multiplicação da respectiva quantidade de Ufir pelo valor diário desta na data do pagamento.

ART. 57. Os débitos de qualquer natureza para com a Fazenda Nacional, bem como os decorrentes de contribuições arrecadadas pela União, poderão, sem prejuízo da respectiva liquidez e certeza, ser inscritos como Dívida Ativa da União, pelo valor expresso em quantidade de Ufir.

§ 1º Os débitos de que trata este artigo, que forem objeto de parcelamento, serão consolidados na data de sua concessão e expressos em quantidade de Ufir.

§ 2º O encargo referido no art. 1º do Decreto-Lei n. 1.025, de 21 de outubro de 1969, modificado pelo art. 3º do Decreto-Lei n. 1.569, de 8 de agosto de 1977, e art. 3º do Decreto-Lei n. 1.645, de 11 de dezembro de 1984, será calculado sobre o montante do débito, inclusive multas, atualizado monetariamente e acrescido de juros e multa de mora.

ART. 58. No caso de lançamento de ofício, a base de cálculo, o imposto, as contribuições arrecadadas pela União e os acréscimos legais serão expressos em Ufir diária ou mensal, conforme a legislação de regência do tributo ou contribuição.

Parágrafo único. Os juros e a multa de lançamento de ofício serão calculados com base no imposto ou contribuição expresso em quantidade de Ufir.

CAPÍTULO VII
DAS MULTAS E DOS JUROS DE MORA

ART. 59. Os tributos e contribuições administrados pelo Departamento da Receita Federal, que não forem pagos até a data do vencimento, ficarão sujeitos à multa de mora de vinte por cento e a juros de mora de um por cento ao mês-calendário ou fração, calculados sobre o valor do tributo ou contribuição corrigido monetariamente.

› Dec. 7.212/2010 (Regulamenta a cobrança, fiscalização, arrecadação e administração do Imposto sobre Produtos Industrializados - IPI).

§ 1º A multa de mora será reduzida a dez por cento, quando o débito for pago até o último dia útil do mês subsequente ao do vencimento.

§ 2º A multa incidirá a partir do primeiro dia após o vencimento do débito; os juros, a partir do primeiro dia do mês subsequente.

ART. 60. (Revogado pela Lei 11.941/2009.)

§§ 1º e 2º (Revogados pela Lei 11.941/2009.)

ART. 61. As contribuições previdenciárias arrecadadas pelo Instituto Nacional de Seguro Social (INSS) ficarão sujeitas à multa variável, de caráter não relevável, nos seguintes percentuais, incidentes sobre os valores atualizados monetariamente até a data do pagamento.

I - dez por cento sobre os valores das contribuições em atraso que, até a data do pagamento não tenham sido incluídas em notificação de débito;

II - vinte por cento sobre os valores pagos dentro de quinze dias contados da data do recebimento da correspondente notificação de débito;

III - trinta por cento sobre todos os valores pagos mediante parcelamento, desde que requerido no prazo do inciso anterior;

IV - sessenta por cento sobre os valores pagos em quaisquer outros casos, inclusive por falta de cumprimento de acordo para o parcelamento.

Parágrafo único. É facultada a realização de depósito, à disposição da Seguridade Social, sujeito aos mesmos percentuais dos incisos I e II, conforme o caso, para apresentação de defesa.

CAPÍTULO VIII
DAS DISPOSIÇÕES FINAIS E TRANSITÓRIAS

ART. 62. O § 2º do art. 11 e os arts. 13 e 14 da Lei n. 8.218, de 1991, passam a vigorar com a seguinte redação:

› Alterações promovidas no texto da referida lei.

ART. 63. (Revogado pela Lei 11.033/2004.)

ART. 64. Responderão como coautores de crime de falsidade o gerente e o administrador de instituição financeira ou assemelhadas que concorrerem para que seja aberta conta ou movimentados recursos sob nome:

I - falso;

II - de pessoa física ou de pessoa jurídica inexistente;

III - de pessoa jurídica liquidada de fato ou sem representação regular.

Parágrafo único. É facultado às instituições financeiras e às assemelhadas, solicitar ao Departamento da Receita Federal a confirmação do número de inscrição no Cadastro de Pessoas Físicas ou no Cadastro Geral de Contribuintes.

ART. 65. Terá o tratamento de permuta a entrega, pelo licitante vencedor, de títulos da dívida pública federal ou de outros créditos contra a União, como contrapartida à aquisição das ações ou quotas leiloadas no âmbito do Programa Nacional de Desestatização.

§ 1º Na hipótese de adquirente pessoa física, deverá ser considerado como custo de aquisição das ações ou quotas da empresa privatizável o custo de aquisição dos direitos contra a União, corrigido monetariamente até a data da permuta.

§ 2º Na hipótese de pessoa jurídica não tributada com base no lucro real, o custo de aquisição será apurado na forma do parágrafo anterior.

§ 3º No caso de pessoa jurídica tributada com base no lucro real, o custo de aquisição das ações ou quotas leiloadas será igual ao valor contábil dos títulos ou créditos entregues pelo adquirente na data da operação:

§ 4º Quando se configurar, na aquisição, investimento relevante em coligada ou controlada, avaliável pelo valor do patrimônio líquido, a adquirente deverá registrar o valor da equivalência no patrimônio adquirido, em conta própria de investimentos, e o valor do ágio ou deságio na aquisição em subconta do mesmo investimento, que deverá ser computado na determinação do lucro real do mês de realização do investimento, a qualquer título.

ART. 66. Nos casos de pagamento indevido ou a maior de tributos, contribuições federais, inclusive previdenciárias, e receitas patrimoniais, mesmo quando resultante de reforma, anulação, revogação ou rescisão de decisão condenatória, o contribuinte poderá efetuar a compensação desse valor no recolhimento de importância correspondente a período subsequente. (Redação dada pela Lei 9.069/1995.)

› Lei 9.250/1995 (Altera a legislação do imposto de renda das pessoas físicas e dá outras providências).

§ 1º A compensação só poderá ser efetuada entre tributos, contribuições e receitas da mesma espécie. (Redação dada pela Lei 9.069/1995.)

§ 2º É facultado ao contribuinte optar pelo pedido de restituição. (Redação dada pela Lei 9.069/1995.)

§ 3º A compensação ou restituição será efetuada pelo valor do tributo ou contribuição ou receita corrigido monetariamente com base na variação da UFIR. (Redação dada pela Lei 9.069/1995.)

§ 4º As Secretarias da Receita Federal e do Patrimônio da União e o Instituto Nacional do Seguro Social - INSS expedirão as instruções necessárias ao cumprimento do disposto neste artigo. (Redação dada pela Lei 9.069/1995.)

ART. 67. A competência de que trata o art. 1º da Lei n. 8.022, de 12 de abril de 1990, relativa à apuração, inscrição e cobrança da Dívida

Ativa oriunda das receitas arrecadadas pelo Instituto Nacional de Colonização e Reforma Agrária (Incra), bem como a representação judicial nas respectivas execuções fiscais, cabe à Procuradoria-Geral da Fazenda Nacional.

ART. 68. O Anexo I do Decreto-Lei n. 2.225, de 10 de janeiro de 1985, passa a vigorar na forma do Anexo I a esta lei.

Parágrafo único. Fica igualmente aprovado o Anexo II a esta lei, que altera a composição prevista no Decreto-Lei n. 2.192, de 26 de dezembro de 1984.

ART. 69. O produto da arrecadação de multas, inclusive as que fazem parte do valor pago por execução da Dívida Ativa e de sua respectiva correção monetária, incidentes sobre tributos e contribuições administrados pelo Departamento da Receita Federal e próprios da União, bem como daquelas aplicadas à rede arrecadadora de receitas federais, constituirá receita do Fundo instituído pelo Decreto-Lei n. 1.437, de 17 de dezembro de 1975, sem prejuízo do disposto na legislação pertinente, excluídas as transferências constitucionais para os Estados, o Distrito Federal e os Municípios.

ART. 70. Ficam isentas dos tributos incidentes sobre a importação as mercadorias destinadas a consumo no recinto de congressos, feiras e exposições internacionais, e eventos assemelhados, a título de promoção ou degustação, de montagem ou conservação de estandes, ou de demonstração de equipamentos em exposição.

§ 1º A isenção não se aplica a mercadorias destinadas à montagem de estandes, susceptíveis de serem aproveitadas após o evento.

§ 2º É condição para gozo da isenção que nenhum pagamento, a qualquer título, seja efetuado ao exterior, em relação às mercadorias mencionadas no *caput* deste artigo.

§ 3º A importação das mercadorias objeto da isenção fica dispensada da Guia de Importação, mas sujeita-se a limites de quantidade e valor, além de outros requisitos, estabelecidos pelo Ministro da Economia, Fazenda e Planejamento.

ART. 71. As pessoas jurídicas de que trata o art. 1º do Decreto-Lei n. 2.397, de 21 de dezembro de 1987, que preencham os requisitos dos incisos I e II do art. 40, poderão optar pela tributação com base no lucro presumido.

Parágrafo único. Em caso de opção, a pessoa jurídica pagará o imposto correspondente ao ano-calendário de 1992, obedecendo ao disposto no art. 40, sem prejuízo do pagamento do imposto devido por seus sócios no exercício de 1992, ano-base de 1991.

ART. 72. Ficam isentas do IOF as operações de financiamento para a aquisição de automóveis de passageiros de fabricação nacional de até 127 HP de potência bruta (SAE), quando adquiridos por:

I - motoristas profissionais que, na data da publicação desta lei, exerçam comprovadamente em veículo de sua propriedade a atividade de condutor autônomo de passageiros, na condição de titular de autorização, permissão ou concessão do poder concedente e que destinem o automóvel à utilização na categoria de aluguel (táxi);

II - motoristas profissionais autônomos titulares de autorização, permissão ou concessão para exploração do serviço de transporte individual de passageiros (táxi), impedidos de continuar exercendo essa atividade em virtude de destruição completa, furto ou roubo do veículo, desde que destinem o veículo adquirido à utilização na categoria de aluguel (táxi);

III - cooperativas de trabalho que sejam permissionárias ou concessionárias de transporte público de passageiros, na categoria de aluguel (táxi), desde que tais veículos se destinem à utilização nessa atividade;

IV - pessoas portadoras de deficiência física, atestada pelo Departamento de Trânsito do Estado onde residirem em caráter permanente, cujo laudo de perícia médica especifique;

a) o tipo de defeito físico e a total incapacidade do requerente para dirigir automóveis convencionais;

b) a habilitação do requerente para dirigir veículo com adaptações especiais, descritas no referido laudo;

V - trabalhador desempregado ou subempregado, titular de financiamento do denominado Projeto Balcão de Ferramentas, destinado à aquisição de maquinário, equipamentos e ferramentas que possibilitem a aquisição de bens e a prestação de serviços à comunidade.

§ 1º O benefício previsto neste artigo:

a) poderá ser utilizado uma única vez;

b) será reconhecido pelo Departamento da Receita Federal mediante prévia verificação de que o adquirente possui os requisitos.

§ 2º Na hipótese do inciso V, o reconhecimento ficará adstrito aos tomadores residentes na área de atuação do Projeto, os quais serão indicados pelos Governos Estaduais, mediante convênio celebrado com a Caixa Econômica Federal.

§ 3º A alienação do veículo antes de três anos contados da data de sua aquisição, a pessoas que não satisfaçam as condições e os requisitos, acarretará o pagamento, pelo alienante, da importância correspondente à diferença da alíquota aplicável à operação e a de que trata este artigo, calculada sobre o valor do financiamento, sem prejuízo da incidência dos demais encargos previstos na legislação tributária.

ART. 73. O art. 2º da Lei n. 8.033, de 12 de abril de 1990, passa a vigorar com os seguintes acréscimos:

"Art. 2º [...]

VII - não incidirá relativamente a ações nas seguintes hipóteses:

a) transmissão *causa mortis* e adiantamento da legítima;

b) sucessão decorrente de fusão, cisão ou incorporação;

c) transferência das ações para sociedade controlada.

[...]

§ 4º Nas hipóteses do inciso VII, o imposto incidirá na ulterior transmissão das ações pelos herdeiros, legatários, donatários, sucessores e cessionários".

ART. 74. Integrarão a remuneração dos beneficiários:

I - a contraprestação de arrendamento mercantil ou o aluguel ou, quando for o caso, os respectivos encargos de depreciação, atualizados monetariamente até a data do balanço:

a) de veículo utilizado no transporte de administradores, diretores, gerentes e seus assessores ou de terceiros em relação à pessoa jurídica;

b) de imóvel cedido para uso de qualquer pessoa dentre as referidas na alínea precedente;

II - as despesas com benefícios e vantagens concedidos pela empresa a administradores, diretores, gerentes e seus assessores, pagos diretamente ou através da contratação de terceiros, tais como:

a) a aquisição de alimentos ou quaisquer outros bens para utilização pelo beneficiário fora do estabelecimento da empresa;

b) os pagamentos relativos a clubes e assemelhados;

c) o salário e respectivos encargos sociais de empregados postos à disposição ou cedidos, pela empresa, a administradores, diretores, gerentes e seus assessores ou de terceiros;

d) a conservação, o custeio e a manutenção dos bens referidos no item I.

§ 1º A empresa identificará os beneficiários das despesas e adicionará aos respectivos salários os valores a elas correspondentes.

§ 2º A inobservância do disposto neste artigo implicará a tributação dos respectivos valores, exclusivamente na fonte, à alíquota de trinta e três por cento.

ART. 75. Sobre os lucros apurados a partir de 1º de janeiro de 1993 não incidirá o imposto de renda na fonte sobre o lucro líquido, de que trata o art. 35 da Lei n. 7.713, de 1988, permanecendo em vigor a não incidência do imposto sobre o que for distribuído a pessoas físicas ou jurídicas, residentes ou domiciliadas no País.

Parágrafo único. (Vetado)

ART. 76. Não mais será exigido o imposto suplementar de renda de que trata o art. 43 da Lei n. 4.131, de 3 de setembro de 1962, com a redação dada pelo art. 1º do Decreto-Lei n. 2.073 de 20 de junho de 1983, relativamente aos triênios encerrados posteriormente a 31 de dezembro de 1991.

ART. 77. A partir de 1º de janeiro de 1993, a alíquota do imposto de renda incidente na fonte sobre lucros e dividendos de que trata o art. 97 do Decreto-Lei n. 5.844, de 23 de setembro de 1943, com as modificações posteriormente introduzidas, passará a ser de quinze por cento.

ART. 78. Relativamente ao exercício financeiro de 1992, ano-base de 1991, o saldo do imposto a pagar ou o valor a ser restituído, apurado pelas pessoas físicas de acordo com a Lei n. 8.134, de 1990, será convertido em quantidade de Ufir pelo valor desta no mês de janeiro de 1992.

§ 1º O saldo do imposto devido será pago nos prazos e condições fixados na legislação vigente.

§ 2º Os valores em cruzeiros do imposto ou de quota deste, bem assim o do saldo a ser restituído, serão determinados mediante a multiplicação de seu valor, expresso em quantidade de Ufir, pelo valor desta no mês de pagamento.

ART. 79. O valor do imposto de renda incidente sobre o lucro real, presumido ou arbitrado, da contribuição social sobre o lucro (Lei n. 7.689, de 1988) e do imposto sobre o lucro líquido (Lei n. 7.713, de 1988, art. 35), relativos ao exercício financeiro de 1992, período-base de 1991, será convertido em quantidade de Ufir diária, segundo o valor desta no dia 1º de janeiro de 1992.

Parágrafo único. Os impostos e a contribuição social, bem como cada duodécimo ou quota destes, serão reconvertidos em cruzeiros mediante a multiplicação da quantidade de Ufir diária pelo valor dela na data do pagamento.

ART. 80. Fica autorizada a compensação do valor pago ou recolhido a título de encargo relativo à Taxa Referencial Diária (TRD) acumulada entre a data da ocorrência do fato gerador e a do vencimento dos tributos e contribuições federais, inclusive previdenciárias, pagos ou recolhidos a partir de 4 de fevereiro de 1991.

ART. 81. A compensação dos valores de que trata o artigo precedente, pagos pelas pessoas jurídicas, dar-se-á na forma a seguir:

I - os valores referentes à TRD pagos em relação a parcelas do imposto de renda das pessoas jurídicas, imposto de renda na fonte sobre o lucro líquido (Lei n. 7.713, de 1988, art. 35), bem como correspondentes a recolhimento do imposto de renda retido na fonte sobre rendimentos de qualquer espécie poderão ser compensados com impostos da mesma espécie ou entre si, dentre os referidos neste inciso, inclusive com os valores a recolher a título de parcela estimada do imposto de renda;

II - os valores referentes à TRD pagos em relação às parcelas da contribuição social sobre o lucro (Lei n. 7.689, de 1988), do Finsocial e do PIS/Pasep, somente poderão ser compensados com as parcelas a pagar de contribuições da mesma espécie;

III - os valores referentes à TRD recolhidos em relação a parcelas do Imposto sobre Produtos Industrializados (IPI) e os pagos em relação às parcelas dos demais tributos ou contribuições somente poderão ser compensados com parcelas de tributos e contribuições da mesma espécie.

ART. 82. Fica a pessoa autorizada a compensar os valores referentes à TRD, pagos sobre as parcelas de imposto de renda por ela devidas, relacionadas a seguir:

I - quotas do imposto de renda das pessoas físicas;

II - parcelas devidas a título de carnê-leão;

III - imposto de renda sobre ganho de capital na alienação de bens móveis ou imóveis;

IV - imposto de renda sobre ganhos líquidos apurados no mercado de renda variável.

ART. 83. Na impossibilidade da compensação total ou parcial dos valores referentes à TRD, o saldo não compensado terá o tratamento de crédito de imposto de renda, que poderá ser compensado com o imposto apurado na declaração de ajuste anual da pessoa jurídica ou física, a ser apresentada a partir do exercício financeiro de 1992.

ART. 84. Alternativamente ao procedimento autorizado no artigo anterior, o contribuinte poderá pleitear a restituição do valor referente à TRD mediante processo regular apresentado na repartição do Departamento da Receita Federal do seu domicílio fiscal, observando as exigências de comprovação do valor a ser restituído.

ART. 85. Ficam convalidados os procedimentos de compensação de valores referentes à TRD pagos ou recolhidos e efetuados antes da vigência desta lei, desde que tenham sido observadas as normas e condições da mesma.

ART. 86. As pessoas jurídicas de que trata o art. 3º do Decreto-Lei n. 2.354, de 24 de agosto de 1987, deverão pagar o imposto de renda relativo ao período-base encerrado em 31 de dezembro de 1991 e o relativo aos meses dos anos-calendário de 1992 e 1993, da seguinte forma:

I - o do período-base encerrado em 31 de dezembro de 1991:

a) nos meses de janeiro a março, em duodécimos mensais, na forma do referido decreto-lei;

b) nos meses de abril a junho, em quotas mensais, iguais e sucessivas, vencendo-se cada uma no último dia útil dos mesmos meses;

II - o dos meses do ano-calendário de 1992, em nove parcelas mensais e sucessivas, vencíveis, cada uma, no último dia útil a partir do mês de julho, observado o seguinte:

a) em julho de 1992, o referente aos meses de janeiro e fevereiro;

b) em agosto de 1992, o referente aos meses de março e abril;

c) em setembro de 1992, o referente aos meses de maio e junho;

d) em outubro de 1992, o referente ao mês de julho;

e) em novembro de 1992, o referente ao mês de agosto;

f) em dezembro de 1992, o referente ao mês de setembro;

g) em janeiro de 1993, o referente ao mês de outubro;

h) em fevereiro de 1993, o referente ao mês de novembro; e,

i) em março de 1993, o referente ao mês de dezembro.

III - (Revogado pela Lei 8.541/1992.)

a) a c) (Revogados pela Lei 8.541/1992.)

§ 1º Ressalvado o disposto no § 2º, as pessoas jurídicas de que trata este artigo poderão optar pelo pagamento do imposto correspondente aos meses do ano-calendário de 1992, calculado por estimativa, da seguinte forma:

a) nos meses de julho, agosto e setembro de 1992, no último dia útil de cada um, dois duodécimos do imposto e adicional apurados no balanço anual levantado em 31 de dezembro de 1991;

b) nos meses de outubro de 1992 a março de 1993, no último dia útil de cada um, um sexto do imposto e adicional apurados em balanço ou balancete semestral levantado em 30 de junho de 1992.

§ 2º No ano-calendário de 1992, não poderá optar pelo pagamento do imposto calculado por estimativa a pessoa jurídica que, no exercício de 1992, período-base de 1991, apresentou prejuízo fiscal.

§ 3º (Revogado pela Lei 8.541/1992.)

a) a c) (Revogados pela Lei 8.541/1992.)

§ 4º As pessoas jurídicas que exercerem a opção prevista nos parágrafos anteriores deverão observar o disposto nos §§ 4º e 5º do art. 39.

§ 5º As disposições deste artigo aplicam-se também ao pagamento da contribuição social sobre o lucro (Lei n. 7.689, de 1988) e do imposto de renda incidente na fonte sobre o lucro líquido (Lei n. 7.713, de 1988, art. 35), correspondente ao período-base encerrado em 31 de dezembro de 1991 e ao ano-calendário de 1992;

§ 6º O imposto de renda e a contribuição social serão convertidos em quantidade de Ufir diária pelo valor desta no último dia do mês a que corresponderem.

§ 7º É facultado à pessoa jurídica pagar antecipadamente o imposto, duodécimo ou quota.

§ 8º (Revogado pela Lei 8.541/1992.)

ART. 87. As pessoas jurídicas tributadas com base no lucro real, não submetidas ao disposto no artigo anterior, deverão pagar o imposto de renda relativo ao período-base encerrado em 31 de dezembro de 1991 e o relativo aos meses dos anos-calendário de 1992 e 1993, da seguinte forma:

I - o do período-base encerrado em 31 de dezembro de 1991, em seis quotas mensais, iguais e sucessivas, vencíveis no último dia útil dos meses de abril a setembro de 1992;

II - o dos meses do ano-calendário de 1992, em seis quotas mensais e sucessivas, vencíveis no último dia útil, a partir do mês de outubro de 1992, observado o seguinte:

a) em outubro de 1992, o imposto referente aos meses de janeiro e fevereiro;

b) em novembro de 1992, o imposto referente aos meses de março e abril;

c) em dezembro de 1992, o imposto referente aos meses de maio e junho;

d) em janeiro de 1993, o imposto referente aos meses de julho e agosto;

e) em fevereiro de 1993, o imposto referente aos meses de setembro e outubro;

f) em março de 1993, o imposto referente aos meses de novembro e dezembro;

III - (Revogado pela Lei 8.541/1992.)

a) a c) (Revogados pela Lei 8.541/1992.)

§ 1º As pessoas jurídicas de que trata este artigo poderão optar pelo pagamento do imposto correspondente aos meses dos anos-calendário de 1992 e 1993, calculado por estimativa, da seguinte forma:

I - o relativo ao ano-calendário de 1992, nos meses de outubro de 1992 a março de 1993, no último dia útil de cada um, dois sexto do imposto e adicional apurados em balanço ou balancete semestral levantado em 30 de junho de 1992;

II - (Revogado pela Lei 8.541/1992.)

§ 2º As disposições deste artigo aplicam-se também ao pagamento da contribuição social sobre o lucro (Lei n. 7.689, de 1988), correspondente ao período-base encerrado em 31 de dezembro de 1991 e aos anos-calendário de 1992 e 1993, estendendo-se o mesmo regime ao imposto sobre o lucro líquido (Lei n. 7.713, de 1988, art. 35), enquanto este vigorar.

§ 3º O imposto de renda e a contribuição social serão convertidos em quantidade de Ufir diária pelo valor desta no último dia do mês a que corresponder.

§ 4º É facultado à pessoa jurídica pagar antecipadamente o imposto, duodécimo ou quota.

§ 5º A partir do mês de fevereiro de 1994, as pessoas jurídicas de que trata este artigo iniciarão o pagamento do imposto referente aos meses do ano em curso.

ART. 88. (Revogado pela Lei 8.541/1992.)

ART. 89. As empresas que optarem pela tributação com base no lucro presumido deverão pagar o imposto de renda da pessoa jurídica e a contribuição social sobre o lucro (Lei n. 7.689, de 1988):

I - relativos ao período-base de 1991, nos prazos fixados na legislação em vigor, sem as modificações introduzidas por esta lei;

II - a partir do ano-calendário de 1992, segundo o disposto no art. 40.

ART. 90. A pessoa jurídica que, no ano-calendário de 1991, tiver auferido receita bruta total igual ou inferior a um bilhão de cruzeiros poderá optar pela tributação com base no lucro presumido no ano-calendário de 1992.

ART. 91. As parcelas de antecipação do imposto de renda e da contribuição social sobre o lucro, relativas ao exercício financeiro de 1992, pagas no ano de 1991, serão corrigidas monetariamente com base na variação acumulada no INPC desde o mês do pagamento até dezembro de 1991.

Parágrafo único. A contrapartida do registro da correção monetária referida neste artigo será escriturada como variação monetária ativa, na data do balanço.

ART. 92. (Revogado pela Lei 9.430/1996.)

ART. 93. O art. 1º e o art. 2º do Decreto-Lei n. 1.804, de 3 de setembro de 1980, passam a vigorar com as seguintes modificações:

‣ Alterações promovidas no texto da referida lei.

ART. 94. O Ministro da Economia, Fazenda e Planejamento expedirá os atos necessários à execução do disposto nesta lei, observados os princípios e as diretrizes nela estabelecidos, objetivando, especialmente, a simplificação e a desburocratização dos procedimentos.

Parágrafo único. (Revogado pela Lei 8.541/1992.)

ART. 95. O Ministro da Economia, Fazenda e Planejamento poderá, em 1992 e 1993, alongar o prazo de pagamento dos impostos e da contribuição social sobre o lucro, se a conjuntura econômica assim o exigir.

ART. 96. No exercício financeiro de 1992, ano-calendário de 1991, o contribuinte apresentará declaração de bens na qual os bens e direitos serão individualmente avaliados a valor de mercado no dia 31 de dezembro de 1991, e convertidos em quantidade de Ufir pelo valor desta no mês de janeiro de 1992.

§ 1º A diferença entre o valor de mercado referido neste artigo e o constante de declarações de exercícios anteriores será considerada rendimento isento.

§ 2º A apresentação da declaração de bens com estes avaliados em valores de mercado não exime os declarantes de manter e apresentar elementos que permitam a identificação de seus custos de aquisição.

§ 3º A autoridade lançadora, mediante processo regular, arbitrará o valor informado, sempre que este não mereça fé, por notoriamente diferente do de mercado, ressalvada, em caso de contestação, avaliação contraditória administrativa ou judicial.

§ 4º Todos e quaisquer bens e direitos adquiridos, a partir de 1º de janeiro de 1992, serão informados, nas declarações de bens de exercícios posteriores, pelos respectivos valores em Ufir, convertidos com base no valor desta no mês de aquisição.

§ 5º Na apuração de ganhos de capital na alienação dos bens e direitos de que trata este artigo será considerado custo de aquisição o valor em Ufir:

a) constante da declaração relativa ao exercício financeiro de 1992, relativamente aos bens e direitos adquiridos até 31 de dezembro de 1991;

b) determinado na forma do parágrafo anterior, relativamente aos bens e direitos adquiridos a partir de 1º de janeiro de 1992.

§ 6º A conversão, em quantidade de Ufir, das aplicações financeiras em títulos e valores mobiliários de renda variável, bem como em ouro ou certificados representativos de ouro, ativo financeiro, será realizada adotando-se o maior dentre os seguintes valores:

a) de aquisição, acrescido da correção monetária e da variação da Taxa Referencial Diária (TRD), até 31 de dezembro de 1991, nos termos admitidos em lei;

b) de mercado, assim entendido o preço médio ponderado das negociações do ativo, ocorridas na última quinzena do mês de dezembro de 1991, em bolsas do País, desde que reflitam condições regulares de oferta e procura, ou o valor da quota resultante da avaliação da carteira do fundo mútuo de ações ou clube de investimento, exceto Plano de Poupança e Investimento (PAIT), em 31 de dezembro de 1991, mediante aplicação dos preços médios ponderados.

§ 7º Excluem-se do disposto neste artigo os direitos ou créditos relativos a operações financeiras de renda fixa, que serão informados pelos valores de aquisição ou aplicação, em cruzeiros.

§ 8º A isenção de que trata o §1º não alcança:

a) os direitos ou créditos de que trata o parágrafo precedente;

b) os bens adquiridos até 31 de dezembro de 1990, não relacionados na declaração de bens relativa ao exercício de 1991.

§ 9º Os bens adquiridos no ano-calendário de 1991 serão declarados em moeda corrente nacional, pelo valor de aquisição, e em Ufir, pelo valor de mercado em 31 de dezembro de 1991.

§ 10. O Poder Executivo fica autorizado a baixar as instruções necessárias à aplicação deste artigo, bem como a estabelecer critério alternativo para determinação do valor de mercado de títulos e valores mobiliários, se não ocorrerem negociações nos termos do § 6º.

ART. 97. Esta lei entra em vigor na data de sua publicação e produzirá efeitos a partir de 1º de janeiro de 1992.

ART. 98. Revogam-se o art. 44 da Lei n. 4.131, de 3 de setembro de 1962, os §§ 1º e 2º do art. 11 da Lei n. 4.357, de 16 de julho de 1964, o art. 2º da Lei n. 4.729, de 14 de julho de 1965, o art. 5º do Decreto-Lei n. 1.060, de 21 de outubro de 1969, os arts. 13 e 14 da Lei n. 7.713, de 1988, os incisos III e IV e os §§ 1º e 2º do art. 7º e o art. 10 da Lei n. 8.023, de 1990, o inciso III e parágrafo único do art. 11 da Lei n. 8.134, de 27 de dezembro de 1990 e o art. 14 da Lei n. 8.137, de 27 de dezembro de 1990.

Brasília, 30 de dezembro de 1991, 170º da Independência e 103º da República.

FERNANDO COLLOR

- Optamos, nesta edição, pela não publicação do anexo.

LEI N. 8.402, DE 8 DE JANEIRO DE 1992

Restabelece os incentivos fiscais que menciona e dá outras providências.

- *DOU*, 9.1.1992.
- Dec. 6.306/2007 (Regulamenta o IOF).

O Presidente da República. Faço saber que o Congresso Nacional decreta e eu sanciono a seguinte lei:

ART. 1º São restabelecidos os seguintes incentivos fiscais:

I - incentivos à exportação decorrentes dos regimes aduaneiros especiais de que trata o art. 78, incisos I a III, do Decreto-Lei n. 37, de 18 de novembro de 1966;

II - manutenção e utilização do crédito do Imposto sobre Produtos Industrializados relativo aos insumos empregados na industrialização de produtos exportados, de que trata o art. 5º do Decreto-Lei n. 491, de 5 de março de 1969;

III - crédito do Imposto sobre Produtos Industrializados incidente sobre bens de fabricação nacional, adquiridos no mercado interno e exportados de que trata o art. 1º, inciso I, do Decreto-Lei n. 1.894, de 16 de dezembro de 1981;

IV - isenção e redução do Imposto de Importação e Imposto sobre Produtos Industrializados, a que se refere o art. 2º, incisos I e II, alíneas a a f, h e j, e o art. 3º da Lei n. 8.032, de 12 de abril de 1990;

V - isenção e redução do Imposto de Importação, em decorrência de acordos internacionais firmados pelo Brasil;

VI - isenção do Imposto sobre Produtos Industrializados na aquisição de produto nacional por Lojas Francas, de que trata o art. 15, § 3º, do Decreto-Lei n. 1.455, de 7 de abril de 1976, com a respectiva manutenção e utilização do crédito do imposto relativo aos insumos empregados na sua industrialização;

VII - (Revogado pela Lei 9.532/1997.)

VIII - isenção do Imposto sobre Produtos Industrializados incidente sobre aeronaves de uso militar e suas partes e peças, bem como sobre material bélico de uso privativo das Forças Armadas, vendidos à União, de que trata o art. 1º da Lei n. 5.330, de 11 de outubro de 1967;

IX - (Revogado pela Lei 9.430/1996.)

X - isenção do Imposto de Renda na Fonte incidente sobre as remessas ao exterior de juros devidos por financiamentos à exportação, de que tratam o art. 1º do Decreto-Lei n. 815, de 4 de setembro de 1969, com a redação dada pelo art. 87 da Lei n. 7.450, de 23 de dezembro de 1985, e o art. 11 do Decreto-Lei n. 2.303, de 21 de novembro de 1986;

XI - isenção do Imposto sobre Operações de Crédito, Câmbio e Seguro, ou Relativas a Títulos ou Valores Mobiliários incidente sobre operações de financiamento realizadas mediante emissão de conhecimento de depósito e *warrant* representativos de mercadorias depositadas para exportação em entrepostos aduaneiros, de que trata o art. 1º do Decreto-Lei n. 1.269, de 18 de abril de 1973;

XII - isenção do Imposto sobre Operações de Crédito, Câmbio e Seguro, ou Relativas a Títulos ou Valores Mobiliários incidente sobre operações de financiamento realizadas por meio de cédula e nota de crédito à exportação, de que trata o art. 2º da Lei n. 6.313, de 16 de dezembro de 1975;

XIII - isenção do Imposto sobre Operações de Crédito, Câmbio e Seguro, ou Relativas a Títulos ou Valores Mobiliários incidente sobre operações de câmbio realizadas para o pagamento de bens importados, de que trata o art. 6º do Decreto-Lei n. 2.434, de 19 de maio de 1988;

XIV - não incidência da Contribuição para o Fundo de Investimento Social (Finsocial) sobre as exportações, de que trata o art. 1º, § 3º, do Decreto-Lei n. 1.940, de 25 de maio de 1982.

XV - isenção do Imposto sobre Produtos Industrializados para as embarcações com a respectiva manutenção e utilização do crédito do imposto relativo aos insumos empregados na sua industrialização, de que trata o § 2º do art. 17 do Decreto-Lei n. 2.433, de 19 de maio de 1988, com a redação dada pelo Decreto-Lei n. 2.451, de 29 de julho de 1988.

§ 1º É igualmente restabelecida a garantia de concessão dos incentivos fiscais à exportação de que trata o art. 3º do Decreto-Lei n. 1.248, de 29 de novembro de 1972, ao produtor-vendedor que efetue vendas de mercadorias a empresa comercial exportadora, para o fim específico de exportação, na forma prevista pelo art. 1º do mesmo diploma legal.

§ 2º São extensivos às embarcações, como se exportadas fossem, inclusive às contratadas, os benefícios fiscais de que tratam os incisos I a V deste artigo.

§ 3º Na aplicação do regime aduaneiro especial de *drawback* à industrialização de embarcação de que trata o § 2º, o prazo de suspensão dos tributos poderá ser de até sete anos. (Acrescentado pela Lei 13.169/2015.)

ART. 2º Os efeitos do disposto no artigo anterior retroagem a 5 de outubro de 1990.

ART. 3º As compras internas com fim exclusivamente de exportação serão comparadas e observarão o mesmo regime e tratamento fiscal que as importações desoneradas com fim exclusivamente de exportação feitas sob o regime de *drawback*.

- Dec. 92.560/1986 (Prorroga, nos termos do Dec.-Lei 288/1967, o prazo de vigência das isenções tributárias nele previstas).
- Dec. 7.212/2010 (Regulamenta a cobrança, fiscalização, arrecadação e administração do IPI.
- Dec. 7.660/2011 (Aprova a TIPI.)

§ 1º O Poder Executivo adotará as medidas necessárias para o melhor controle fiscal das operações previstas neste artigo, bem como indicará, no envio da mensagem do orçamento para 1992, a estimativa da renúncia da receita que estes incentivos acarretarão.

§ 2º (Vetado)

ART. 4º No prazo de dois anos a partir da data da publicação desta lei, o Poder Executivo submeterá à apreciação do Congresso Nacional uma avaliação dos incentivos ora restabelecidos.

ART. 5º São revogados os incentivos fiscais previstos no art. 21 da Lei n. 7.232, de 29 de outubro de 1984; no art. 32 da Lei n. 7.646, de 18 de dezembro de 1987, e na Lei n. 7.752, de 14 de abril de 1989.

Brasília, 8 de janeiro de 1992;
171º da Independência e 104º da República.
FERNANDO COLLOR

LEI N. 8.443, DE 16 DE JULHO DE 1992

Dispõe sobre a Lei Orgânica do Tribunal de Contas da União e dá outras providências.

› *DOU*, 17.07.1992

O Presidente da República. Faço saber que o Congresso Nacional decreta e eu sanciono a seguinte Lei:

TÍTULO I
NATUREZA, COMPETÊNCIA E JURISDIÇÃO

CAPÍTULO I
NATUREZA E COMPETÊNCIA

ART. 1º Ao Tribunal de Contas da União, órgão de controle externo, compete, nos termos da Constituição Federal e na forma estabelecida nesta Lei:

I - julgar as contas dos administradores e demais responsáveis por dinheiros, bens e valores públicos das unidades dos poderes da União e das entidades da administração indireta, incluídas as fundações e sociedades instituídas e mantidas pelo poder público federal, e as contas daqueles que derem causa a perda, extravio ou outra irregularidade de que resulte dano ao Erário;

II - proceder, por iniciativa própria ou por solicitação do Congresso Nacional, de suas Casas ou das respectivas comissões, à fiscalização contábil, financeira, orçamentária, operacional e patrimonial das unidades dos poderes da União e das demais entidades referidas no inciso anterior;

III - apreciar as contas prestadas anualmente pelo Presidente da República, nos termos do art. 36 desta Lei;

IV - acompanhar a arrecadação da receita a cargo da União e das entidades referidas no inciso I deste artigo, mediante inspeções e auditorias, ou por meio de demonstrativos próprios, na forma estabelecida no Regimento Interno;

V - apreciar, para fins de registro, na forma estabelecida no Regimento Interno, a legalidade dos atos de admissão de pessoal, a qualquer título, na administração direta e indireta, incluídas as fundações instituídas e mantidas pelo poder público federal, excetuadas as nomeações para cargo de provimento em comissão, bem como a das concessões de aposentadorias, reformas e pensões, ressalvadas as melhorias posteriores que não alterem o fundamento legal do ato concessório;

VI - efetuar, observada a legislação pertinente, o cálculo das quotas referentes aos fundos de participação a que alude o parágrafo único do art. 161 da Constituição Federal, fiscalizando a entrega dos respectivos recursos;

VII - emitir, nos termos do § 2º do art. 33 da Constituição Federal, parecer prévio sobre as contas do Governo de Território Federal, no prazo de sessenta dias, a contar de seu recebimento, na forma estabelecida no Regimento Interno;

VIII - representar ao poder competente sobre irregularidades ou abusos apurados, indicando o ato inquinado e definindo responsabilidades, inclusive as de Ministro de Estado ou autoridade de nível hierárquico equivalente;

IX - aplicar aos responsáveis as sanções previstas nos arts. 57 a 61 desta Lei;

X - elaborar e alterar seu Regimento Interno;

XI - eleger seu Presidente e seu Vice-Presidente, e dar-lhes posse;

XII - conceder licença, férias e outros afastamentos aos ministros, auditores e membros do Ministério Público junto ao Tribunal, dependendo de inspeção por junta médica a licença para tratamento de saúde por prazo superior a seis meses;

XIII - propor ao Congresso Nacional a fixação de vencimentos dos ministros, auditores e membros do Ministério Público junto ao Tribunal;

XIV - organizar sua Secretaria, na forma estabelecida no Regimento Interno, e prover-lhe os cargos e empregos, observada a legislação pertinente;

XV - propor ao Congresso Nacional a criação, transformação e extinção de cargos, empregos e funções de quadro de pessoal de sua secretaria, bem como a fixação da respectiva remuneração;

XVI - decidir sobre denúncia que lhe seja encaminhada por qualquer cidadão, partido político, associação ou sindicato, na forma prevista nos arts. 53 a 55 desta Lei;

XVII - decidir sobre consulta que lhe seja formulada por autoridade competente, a respeito de dúvida suscitada na aplicação de dispositivos legais e regulamentares concernentes a matéria de sua competência, na forma estabelecida no Regimento Interno.

§ 1º No julgamento de contas e na fiscalização que lhe compete, o Tribunal decidirá sobre a legalidade, de legitimidade e a economicidade dos atos de gestão e das despesas deles decorrentes, bem como sobre a aplicação de subvenções e a renúncia de receitas.

§ 2º A resposta à consulta a que se refere o inciso XVII deste artigo tem caráter normativo e constitui prejulgamento da tese, mas não do fato ou caso concreto.

§ 3º Será parte essencial das decisões do Tribunal ou de suas Câmaras:

I - o relatório do Ministro-Relator, de que constarão as conclusões da instrução (do relatório da equipe de auditoria ou do técnico responsável pela análise do processo, bem como do parecer das chefias imediatas, da unidade técnica), e do Ministério Público junto ao Tribunal;

II - fundamentação com que o Ministro-Relator analisará as questões de fato e de direito;

III - dispositivo com que o Ministro-Relator decidirá sobre o mérito do processo.

ART. 2º Para desempenho de sua competência o Tribunal receberá, em cada exercício, o rol de responsáveis e suas alterações, e outros documentos ou informações que considerar necessários, na forma estabelecida no Regimento Interno.

Parágrafo único. O Tribunal poderá solicitar ao Ministro de Estado supervisor da área, ou à autoridade de nível hierárquico equivalente outros elementos indispensáveis ao exercício de sua competência.

ART. 3º Ao Tribunal de Contas da União, no âmbito de sua competência e jurisdição, assiste o poder regulamentar, podendo, em consequência, expedir atos e instruções normativas sobre matéria de suas atribuições e sobre a organização dos processos que lhe devam ser submetidos, obrigando ao seu cumprimento, sob pena de responsabilidade.

CAPÍTULO II
JURISDIÇÃO

ART. 4º O Tribunal de Contas da União tem jurisdição própria e privativa, em todo o território nacional, sobre as pessoas e matérias sujeitas à sua competência.

ART. 5º A jurisdição do Tribunal abrange:

I - qualquer pessoa física, órgão ou entidade a que se refere o inciso I do art. 1º desta Lei, que utilize, arrecade, guarde, gerencie ou administre dinheiros, bens e valores públicos ou pelos quais a União responda, ou que, em nome desta assuma obrigações de natureza pecuniária;

II - aqueles que derem causa a perda, extravio ou outra irregularidade de que resulte dano ao Erário;

III - os dirigentes ou liquidantes das empresas encampadas ou sob intervenção ou que de qualquer modo venham a integrar, provisória ou permanentemente, o patrimônio da União ou de outra entidade pública federal;

IV - os responsáveis pelas contas nacionais das empresas supranacionais de cujo capital social a União participe, de forma direta ou indireta, nos termos do tratado constitutivo.

V - os responsáveis por entidades dotadas de personalidade jurídica de direito privado que recebam contribuições parafiscais e prestem serviço de interesse público ou social;

VI - todos aqueles que lhe devam prestar contas ou cujos atos estejam sujeitos à sua fiscalização por expressa disposição de Lei;

VII - os responsáveis pela aplicação de quaisquer recursos repassados pela União, mediante convênio, acordo, ajuste ou outros instrumentos congêneres, a Estado, ao Distrito Federal ou a Município;

VIII - os sucessores dos administradores e responsáveis a que se refere este artigo, até o limite do valor do patrimônio transferido, nos termos do inciso XLV do art. 5º da Constituição Federal;

IX - os representantes da União ou do Poder Público na assembleia geral das empresas estatais e sociedades anônimas de cujo capital a União ou o Poder Público participem, solidariamente, com os membros dos conselhos fiscal e de administração, pela prática de atos de gestão ruinosa ou liberalidade à custa das respectivas sociedades.

TÍTULO II
JULGAMENTO E FISCALIZAÇÃO

CAPÍTULO I
JULGAMENTO DE CONTAS

SEÇÃO I
TOMADA E PRESTAÇÃO DE CONTAS

ART. 6º Estão sujeitas à tomada de contas e, ressalvado o disposto no inciso XXXV do art. 5º da Constituição Federal, só por decisão do Tribunal de Contas da União podem ser liberadas dessa responsabilidade as pessoas indicadas nos incisos I a VI do art. 5º desta Lei.

ART. 7º As contas dos administradores e responsáveis a que se refere o artigo anterior serão anualmente submetidas a julgamento do Tribunal, sob forma de tomada ou prestação de contas, organizadas de acordo com normas estabelecidas em instrução normativa.

Parágrafo único. Nas tomadas ou prestações de contas a que alude este artigo devem ser incluídos todos os recursos, orçamentários e extraorçamentários, geridos ou não pela unidade ou entidade.

ART. 8º Diante da omissão no dever de prestar contas, da não comprovação da aplicação dos recursos repassados pela União, na forma prevista no inciso VII do art. 5º desta Lei, da ocorrência de desfalque ou desvio de dinheiros, bens ou valores públicos, ou, ainda, da prática de qualquer ato ilegal, ilegítimo ou antieconômico de que resulte dano ao Erário, a autoridade administrativa competente, sob pena de responsabilidade solidária, deverá imediatamente adotar providências com vistas à instauração da tomada de contas especial para apuração dos fatos, identificação dos responsáveis e quantificação do dano.

§ 1º Não atendido o disposto no *caput* deste artigo, o Tribunal determinará a instauração da tomada de contas especial, fixando prazo para cumprimento dessa decisão.

§ 2º A tomada de contas especial prevista no *caput* deste artigo e em seu § 1º será, desde logo, encaminhada ao Tribunal de Contas da União para julgamento, se o dano causado ao Erário for de valor igual ou superior à quantia para esse efeito fixada pelo Tribunal em cada ano civil, na forma estabelecida no seu Regimento Interno.

§ 3º Se o dano for de valor inferior à quantia referida no parágrafo anterior, a tomada de contas especial será anexada ao processo da respectiva tomada ou prestação de contas anual do administrador ou ordenador de despesa, para julgamento em conjunto.

ART. 9º Integrarão a tomada ou prestação de contas, inclusive a tomada de contas especial, dentre outros elementos estabelecidos no Regimento Interno, os seguintes:

I - relatório de gestão;

II - relatório do tomador de contas, quando couber;

III - relatório e certificado de auditoria, com o parecer do dirigente do órgão de controle interno, que consignará qualquer irregularidade ou ilegalidade constatada, indicando as medidas adotadas para corrigir as faltas encontradas;

IV - pronunciamento do Ministro de Estado supervisor da área ou da autoridade de nível hierárquico equivalente, na forma do art. 52 desta Lei.

SEÇÃO II
DECISÕES EM PROCESSO DE TOMADA OU PRESTAÇÃO DE CONTAS

ART. 10. A decisão em processo de tomada ou prestação de contas pode ser preliminar, definitiva ou terminativa.

§ 1º Preliminar é a decisão pela qual o Relator ou o Tribunal, antes de pronunciar-se quanto ao mérito das contas, resolve sobrestar o julgamento, ordenar a citação ou a audiência dos responsáveis ou, ainda, determinar outras diligências necessárias ao saneamento do processo.

§ 2º Definitiva é a decisão pela qual o Tribunal julga as contas regulares, regulares com ressalva, ou irregulares.

§ 3º Terminativa é a decisão pela qual o Tribunal ordena o trancamento das contas que forem consideradas iliquidáveis, nos termos dos arts. 20 e 21 desta Lei.

ART. 11. O Relator presidirá a instrução do processo, determinando, mediante despacho singular, de ofício ou por provocação do órgão de instrução ou do Ministério Público junto ao Tribunal, o sobrestamento do julgamento, a citação ou a audiência dos responsáveis, ou outras providências consideradas necessárias ao saneamento dos autos, fixando prazo, na forma estabelecida no Regimento Interno, para o atendimento das diligências, após o que submeterá o feito ao Plenário ou à Câmara respectiva para decisão de mérito.

ART. 12. Verificada irregularidade nas contas, o Relator ou o Tribunal:

I - definirá a responsabilidade individual ou solidária pelo ato de gestão inquinado;

II - se houver débito, ordenará a citação do responsável para, no prazo estabelecido no Regimento Interno, apresentar defesa ou recolher a quantia devida,

III - se não houver débito, determinará a audiência do responsável para, no prazo estabelecido no Regimento Interno, apresentar razões de justificativa; não resulte dano ao Erário;

IV - adotará outras medidas cabíveis.

§ 1º O responsável cuja defesa for rejeitada pelo Tribunal será cientificado para, em novo e improrrogável prazo estabelecido no Regimento Interno, recolher a importância devida.

§ 2º Reconhecida pelo Tribunal a boa-fé, a liquidação tempestiva do débito atualizado monetariamente sanará o processo, se não houver sido observada outra irregularidade nas contas.

§ 3º O responsável que não atender à citação ou à audiência será considerado revel pelo Tribunal, para todos os efeitos, dando-se prosseguimento ao processo.

ART. 13. A decisão preliminar a que se refere ao art. 11 desta Lei poderá, a critério do Relator, ser publicada no Diário Oficial da União.

ART. 14. O Tribunal julgará as tomadas ou prestações de contas até o término do exercício seguinte àquele em que estas lhes tiverem sido apresentadas.

ART. 15. Ao julgar as contas, o Tribunal decidirá se estas são regulares, regulares com ressalva, ou irregulares.

ART. 16. As contas serão julgadas:

I - regulares, quando expressarem, de forma clara e objetiva, a exatidão dos demonstrativos contábeis, a legalidade, a legitimidade e a economicidade dos atos de gestão do responsável;

II - regulares com ressalva, quando evidenciarem impropriedade ou qualquer outra falta de natureza formal de que não resulte dano ao Erário;

III - irregulares, quando comprovada qualquer das seguintes ocorrências:

a) omissão no dever de prestar contas;

b) prática de ato de gestão ilegal, ilegítimo, antieconômico, ou infração à norma legal ou regulamentar de natureza contábil, financeira, orçamentária, operacional ou patrimonial;

c) dano ao Erário decorrente de ato de gestão ilegítimo ao antieconômico;

d) desfalque ou desvio de dinheiros, bens ou valores públicos.

§ 1º O Tribunal poderá julgar irregulares as contas no caso de reincidência no descumprimento de determinação de que o responsável tenha tido ciência, feita em processo de tomada ou prestarão de contas.

§ 2º Nas hipóteses do inciso III, alíneas c e d deste artigo, o Tribunal, ao julgar irregulares as contas, fixará a responsabilidade solidária:

a) do agente público que praticou o ato irregular, e

b) do terceiro que, como contratante ou parte interessada na prática do mesmo ato, de qualquer modo haja concorrido para o cometimento do dano apurado.

§ 3º Verificada a ocorrência prevista no parágrafo anterior deste artigo, o Tribunal providenciará a imediata remessa de cópia da documentação pertinente ao Ministério Público da União, para ajuizamento das ações civis e penais cabíveis.

SUBSEÇÃO I
CONTAS REGULARES

ART. 17. Quando julgar as contas regulares, o Tribunal dará quitação plena ao responsável.

SUBSEÇÃO II
CONTAS REGULARES COM RESSALVA

ART. 18. Quando julgar as contas regulares com ressalva, o Tribunal dará quitação ao responsável e lhe determinará, ou a quem lhe haja sucedido, a adoção de medidas necessárias à correção das impropriedades ou faltas identificadas, de modo a prevenir a ocorrência de outras semelhantes.

SUBSEÇÃO III
CONTAS IRREGULARES

ART. 19. Quando julgar as contas irregulares, havendo débito, o Tribunal condenará o responsável ao pagamento da dívida atualizada monetariamente, acrescida dos juros de mora devidos, podendo, ainda, aplicar-lhe a multa prevista no art. 57 desta Lei, sendo o instrumento da decisão considerado título executivo para fundamentar a respectiva ação de execução.

Parágrafo único. Não havendo débito, mas comprovada qualquer das ocorrências previstas nas alíneas a, b e c do inciso III, do art. 16, o Tribunal aplicará ao responsável a multa prevista no inciso I do art. 58, desta Lei.

SUBSEÇÃO IV
CONTAS ILIQUIDÁVEIS

ART. 20. As contas serão consideradas iliquidáveis quando caso fortuito ou de força maior, comprovadamente alheio à vontade do responsável, tornar materialmente impossível o julgamento de mérito a que se refere o art. 16 desta Lei.

ART. 21. O Tribunal ordenará o trancamento das contas que forem consideradas iliquidáveis e o consequente arquivamento do processo.

§ 1º Dentro do prazo de cinco anos contados da publicação da decisão terminativa no Diário Oficial da União, o Tribunal poderá, à vista de novos elementos que considere suficientes, autorizar o desarquivamento do processo e determinar que se ultime a respectiva tomada ou prestação de contas.

§ 2º Transcorrido o prazo referido no parágrafo anterior sem que tenha havido nova decisão, as contas serão consideradas encerradas, com baixa na responsabilidade do administrador.

SEÇÃO III
EXECUÇÃO DAS DECISÕES

ART. 22. A citação, a audiência, a comunicação de diligência ou a notificação far-se-á:

I - mediante ciência do responsável ou do interessado, na forma estabelecida no Regimento Interno;

II - pelo correio, mediante carta registrada, com aviso de recebimento;

III - por edital publicado no Diário Oficial da União quando o seu destinatário não for localizado.

Parágrafo único. A comunicação de rejeição dos fundamentos da defesa ou das razões de justificativas será transmitida ao responsável ou interessado, na forma prevista neste artigo.

ART. 23. A decisão definitiva será formalizada nos termos estabelecidos no Regimento Interno, por acórdão, cuja publicação no Diário Oficial da União constituirá:

I - no caso de contas regulares, certificado de quitação plena do responsável para com o Erário;

II - no caso de contas regulares com ressalva, certificado de quitação com determinação, nos termos do art. 18 desta Lei;

III - no caso de contas irregulares:

a) obrigação de o responsável, no prazo estabelecido no Regimento Interno, comprovar perante o Tribunal que recolheu aos cofres públicos a quantia correspondente ao débito que lhe tiver sido imputado ou da multa cominada, na forma prevista nos arts. 19 e 57 desta Lei;

b) título executivo bastante para cobrança judicial da dívida decorrente do débito ou da multa, se não recolhida no prazo pelo responsável;

c) fundamento para que a autoridade competente proceda à efetivação das sanções previstas nos arts. 60 e 61 desta Lei.

ART. 24. A decisão do Tribunal, de que resulte imputação de débito ou cominação de multa, torna a dívida líquida e certa e tem eficácia de título executivo, nos termos da alínea b do inciso III do art. 23 desta Lei.

ART. 25. O responsável será notificado para, no prazo estabelecido no Regimento Interno, efetuar e comprovar o recolhimento da dívida a que se refere o art. 19 e seu parágrafo único desta Lei.

Parágrafo único. A notificação será feita na forma prevista no art. 22 desta Lei.

ART. 26. Em qualquer fase do processo, o Tribunal poderá autorizar o recolhimento parcelado da importância devida, na forma estabelecida no Regimento Interno, incidindo sobre cada parcela os correspondentes acréscimos legais.

Parágrafo único. A falta de recolhimento de qualquer parcela importará no vencimento antecipado do saldo devedor.

ART. 27. Comprovado o recolhimento integral, o Tribunal expedirá quitação do débito ou da multa.

ART. 28. Expirado o prazo a que se refere o *caput* do art. 25 desta Lei, sem manifestação do responsável, o Tribunal poderá:

I - determinar o desconto integral ou parcelado da dívida nos vencimentos, salários ou proventos do responsável, observados os limites previstos na legislação pertinente; ou

II - autorizar a cobrança judicial da dívida por intermédio do Ministério Público junto ao Tribunal, na forma prevista no inciso III do art. 81 desta Lei.

ART. 29. A decisão terminativa, acompanhada de seus fundamentos, será publicada no Diário Oficial da União.

ART. 30. Os prazos referidos nesta Lei contam-se da data:

I - do recebimento pelo responsável ou interessado:

a) da citação ou da comunicação de audiência;

b) da comunicação de rejeição dos fundamentos da defesa ou das razões de justificativa;

c) da comunicação de diligência;

d) da notificação;

II - da publicação de edital no Diário Oficial da União, quando, nos casos indicados no inciso anterior, o responsável ou interessado não for localizado;

III - nos demais casos, salvo disposição legal expressa em contrário, da publicação da decisão ou do acórdão no Diário Oficial da União.

SEÇÃO IV
RECURSOS

ART. 31. Em todas as etapas do processo de julgamento de contas será assegurado ao responsável ou interessado ampla defesa.

ART. 32. De decisão proferida em processo de tomada ou prestação de contas cabem recursos de:

I - reconsideração;

II - embargos de declaração;

III - revisão.

Parágrafo único. Não se conhecerá de recurso interposto fora do prazo, salvo em razão da superveniência de fatos novos na forma prevista no Regimento Interno.

ART. 33. O recurso de reconsideração, que terá efeito suspensivo, será apreciado por quem houver proferido a decisão recorrida, na forma estabelecida no Regimento Interno, e poderá ser formulado por escrito uma só vez, pelo responsável ou interessado, ou pelo Ministério Público junto ao Tribunal, dentro do prazo de quinze dias, contados na forma prevista no art. 30 desta Lei.

ART. 34. Cabem embargos de declaração para corrigir obscuridade, omissão ou contradição da decisão recorrida.

§ 1º Os embargos de declaração podem ser opostos por escrito pelo responsável ou interessado, ou pelo Ministério Público junto ao Tribunal, dentro do prazo de dez dias, contados na forma prevista no art. 30 desta Lei.

§ 2º Os embargos de declaração suspendem os prazos para cumprimento da decisão embargada e para interposição dos recursos previstos nos incisos I e III do art. 32 desta Lei.

ART. 35. De decisão definitiva caberá recurso de revisão ao Plenário, sem efeito suspensivo, interposto por escrito, uma só vez, pelo responsável, seus sucessores, ou pelo Ministério Público junto ao Tribunal, dentro do prazo de cinco anos, contados na forma prevista no inciso III do art. 30 desta Lei, e fundar-se-á:

I - em erro de cálculo nas contas;

II - em falsidade ou insuficiência de documentos em que se tenha fundamentado a decisão recorrida;

III - na superveniência de documentos novos com eficácia sobre a prova produzida.

Parágrafo único. A decisão que der provimento a recurso de revisão ensejará a correção de todo e qualquer erro ou engano apurado.

CAPÍTULO II
FISCALIZAÇÃO A CARGO DO TRIBUNAL

SEÇÃO I
CONTAS DO PRESIDENTE DA REPÚBLICA

ART. 36. Ao Tribunal de Contas da União compete, na forma estabelecida no Regimento Interno, apreciar as contas prestadas anualmente pelo Presidente da República, mediante parecer prévio a ser elaborado em sessenta dias a contar de seu recebimento.

Parágrafo único. As contas consistirão nos balanços gerais da União e no relatório do órgão central do sistema de controle interno do Poder Executivo sobre a execução dos orçamentos de que trata o § 5º do art. 165 da Constituição Federal.

SEÇÃO II
FISCALIZAÇÃO EXERCIDA POR INICIATIVA DO CONGRESSO NACIONAL

ART. 37. (Vetado)

Parágrafo único. (Vetado)

ART. 38. Compete, ainda, ao Tribunal:

I - realizar por iniciativa da Câmara dos Deputados, do Senado Federal, de comissão técnica ou de inquérito, inspeções e auditorias de natureza contábil, financeira, orçamentária, operacional e patrimonial nas unidades administrativas dos Poderes Legislativo, Executivo e Judiciário e nas entidades da administração indireta, incluídas as fundações e sociedades instituídas e mantidas pelo poder público federal;

II - prestar as informações solicitadas pelo Congresso Nacional, por qualquer de suas Casas, ou por suas comissões, sobre a fiscalização contábil, financeira, orçamentária, operacional e patrimonial e sobre resultados de inspeções e auditorias realizadas;

III - emitir, no prazo de trinta dias contados do recebimento da solicitação, pronunciamento conclusivo sobre matéria que seja submetida a sua apreciação pela comissão mista permanente de Senadores e Deputados, nos termos dos §§ 1º e 2º do art. 72 da Constituição Federal.

IV - auditar, por solicitação da comissão a que se refere o art. 166, § 1º, da Constituição Federal, ou comissão técnica de qualquer das Casas do Congresso Nacional, projetos e programas autorizados na Lei orçamentária anual, avaliando os seus resultados quanto à eficácia, eficiência e economicidade.

SEÇÃO III
ATOS SUJEITOS A REGISTRO

ART. 39. De conformidade com o preceituado nos arts. 5º, inciso XXIV, 71, incisos II e III, 73 *in fine*, 74, § 2º, 96, inciso I, alínea a, 97, 39, §§ 1º e 2º e 40, § 4º, da Constituição Federal, o Tribunal apreciará, para fins de registro ou reexame, os atos de:

I - admissão de pessoal, a qualquer título, na administração direta e indireta, incluídas as fundações instituídas e mantidas pelo poder público, executadas as nomeações para cargo de provimento em comissão;

II - concessão inicial de aposentadoria, reformas e pensões, bem como de melhorias posteriores que tenham alterado o fundamento legal do respectivo concessório inicial.

Parágrafo único. Os atos a que se refere este artigo serão apreciados pelo Tribunal na forma estabelecida no Regimento Interno.

ART. 40. O Relator presidirá a instrução do processo, determinando, mediante despacho singular, por sua ação própria e direta, ou por provocação do órgão de instrução ou do Ministério Público junto ao Tribunal, a adoção das providências consideradas necessárias ao saneamento dos autos, fixando prazo, na forma estabelecida no Regimento Interno, para o atendimento das diligências, após o que submeterá o feito ao Plenário ou à Câmara respectiva para decisão de mérito.

SEÇÃO IV
FISCALIZAÇÃO DE ATOS E CONTRATOS

ART. 41. Para assegurar a eficácia do controle e para instruir o julgamento das contas, o Tribunal efetuará a fiscalização dos atos de que resulte receita ou despesa, praticados pelos responsáveis sujeitos à sua jurisdição, competindo-lhe, para tanto, em especial:

I - acompanhar, pela publicação no Diário Oficial da União, ou por outro meio estabelecido no Regimento Interno:

a) a lei relativa ao plano plurianual, a lei de diretrizes orçamentárias, a lei orçamentária anual e a abertura de créditos adicionais;

b) os editais de licitação, os contratos, inclusive administrativos, e os convênios, acordos, ajustes ou outros instrumentos congêneres, bem como os atos referidos no art. 38 desta Lei;

II - realizar, por iniciativa própria, na forma estabelecida no Regimento Interno, inspeções e auditorias de mesma natureza que as previstas no inciso I do art. 38 desta Lei;

III - fiscalizar, na forma estabelecida no Regimento Interno, as contas nacionais das empresas supranacionais de cujo capital social a União participe, de forma direta ou indireta, nos termos do tratado constitutivo;

IV - fiscalizar, na forma estabelecida no Regimento Interno, a aplicação de quaisquer recursos repassados pela União mediante convênio, acordo, ajuste ou outros instrumentos congêneres, a Estado, ao Distrito Federal ou a Município.

§ 1º As inspeções e auditorias de que trata esta seção serão regulamentadas no Regimento Interno e realizadas por servidores da Secretaria do Tribunal.

§ 2º O Tribunal comunicará às autoridades competentes dos poderes da União o resultado das inspeções e auditorias que realizar, para as medidas saneadoras das impropriedades e faltas identificadas.

ART. 42. Nenhum processo, documento ou informação poderá ser sonegado ao Tribunal em suas inspeções ou auditorias, sob qualquer pretexto.

§ 1º No caso de sonegação, o Tribunal assinará prazo para apresentação dos documentos, informações e esclarecimentos julgados necessários, comunicando o fato ao Ministro de Estado supervisor da área ou à autoridade de nível hierárquico equivalente, para as medidas cabíveis.

§ 2º Vencido o prazo e não cumprida a exigência, o Tribunal aplicará as sanções previstas no inciso IV do art. 58 desta Lei.

ART. 43. Ao proceder à fiscalização de que trata este capítulo, o Relator ou o Tribunal:

I - determinará as providências estabelecidas no Regimento Interno, quando não apurada transgressão a norma legal ou regulamentar de natureza contábil, financeira, orçamentária, operacional e patrimonial, ou for constatada, tão somente, falta ou impropriedade de caráter formal;

II - se verificar a ocorrência de irregularidade quanto à legitimidade ou economicidade, determinará a audiência do responsável para, no prazo estabelecido no Regimento Interno, apresentar razões de justificativa.

Parágrafo único. Não elidido o fundamento da impugnação, o Tribunal aplicará ao responsável a multa prevista no inciso III do art. 58 desta Lei.

ART. 44. No início ou no curso de qualquer apuração, o Tribunal, de ofício ou a requerimento do Ministério Público, determinará, cautelarmente, o afastamento temporário do responsável, se existirem indícios suficientes de que, prosseguindo no exercício de suas funções, possa retardar ou dificultar a realização de auditoria ou inspeção, causar novos danos ao Erário ou inviabilizar o seu ressarcimento.

§ 1º Estará solidariamente responsável a autoridade superior competente que, no prazo determinado pelo Tribunal, deixar de atender à determinação prevista no *caput* deste artigo.

§ 2º Nas mesmas circunstâncias do *caput* deste artigo e do parágrafo anterior, poderá o Tribunal, sem prejuízo das medidas previstas nos arts. 60 e 61 desta Lei, decretar, por prazo não superior a um ano, a indisponibilidade de bens do responsável, tantos quantos considerados bastantes para garantir o ressarcimento dos danos em apuração.

ART. 45. Verificada a ilegalidade de ato ou contrato, o Tribunal, na forma estabelecida no Regimento Interno, assinará prazo para que o responsável adote as providências necessárias ao exato cumprimento da lei, fazendo indicação expressa dos dispositivos a serem observados.

§ 1º No caso de ato administrativo, o Tribunal, se não atendido:

I - sustará a execução do ato impugnado;

II - comunicará a decisão à Câmara dos Deputados e ao Senado Federal;

III - aplicará ao responsável a multa prevista no inciso II do art. 58 desta Lei.

§ 2º No caso de contrato, o Tribunal, se não atendido, comunicará o fato ao Congresso Nacional, a quem compete adotar o ato de sustação e solicitar, de imediato, ao Poder Executivo, as medidas cabíveis.

§ 3º Se o Congresso Nacional ou o Poder Executivo, no prazo de noventa dias, não efetivar as medidas previstas no parágrafo anterior, o Tribunal decidirá a respeito da sustação do contrato.

ART. 46. Verificada a ocorrência de fraude comprovada à licitação, o Tribunal declarará a inidoneidade do licitante fraudador para participar, por até cinco anos, de licitação na Administração Pública Federal.

ART. 47. Ao exercer a fiscalização, se configurada a ocorrência de desfalque, desvio de bens ou outra irregularidade de que resulte dano ao Erário, o Tribunal ordenará, desde logo, a conversão do processo em tomada de contas especial, salvo a hipótese prevista no art. 93 desta Lei.

Parágrafo único. O processo de tomada de contas especial a que se refere este artigo tramitará em separado das respectivas contas anuais.

SEÇÃO V
PEDIDO DE REEXAME

ART. 48. De decisão proferida em processos concernentes às matérias de que tratam as Seções III e IV deste capítulo caberá pedido de reexame, que terá efeito suspensivo.

Parágrafo único. O pedido de reexame reger-se-á pelo disposto no parágrafo único do art. 32 e no art. 33 desta Lei.

CAPÍTULO III
CONTROLE INTERNO

ART. 49. Os Poderes Legislativo, Executivo e Judiciário manterão, de forma integrada, sistema de controle interno, com a finalidade de:

I - avaliar o cumprimento das metas previstas no plano plurianual, a execução dos programas de governo e dos orçamentos da União;

II - comprovar a legalidade e avaliar os resultados quanto à eficácia e à eficiência da gestão orçamentária, financeira e patrimonial nos órgãos e entidades da administração federal, bem como da aplicação de recursos públicos por entidades de direito privado;

III - exercer o controle das operações de crédito, avais e garantias, bem como dos direitos e haveres da União;

IV - apoiar o controle externo no exercício de sua missão institucional.

ART. 50. No apoio ao controle externo, os órgãos integrantes do sistema de controle interno deverão exercer, dentre outras, as seguintes atividades:

I - (Vetado)

II - realizar auditorias nas contas dos responsáveis sob seu controle, emitindo relatório, certificado de auditoria e parecer;

III - alertar formalmente a autoridade administrativa competente para que instaure tomada de contas especial, sempre que tiver conhecimento de qualquer das ocorrências referidas no *caput* do art. 8º desta Lei.

ART. 51. Os responsáveis pelo controle interno, ao tomarem conhecimento de qualquer irregularidade ou ilegalidade, dela darão ciência de imediato ao Tribunal de Contas da União, sob pena de responsabilidade solidária.

§ 1º Na comunicação ao Tribunal, o dirigente do órgão competente indicará as providências adotadas para evitar ocorrências semelhantes.

§ 2º Verificada em inspeção ou auditoria, ou no julgamento de contas, irregularidade ou ilegalidade que não tenha sido comunicada tempestivamente ao Tribunal, e provada a omissão, o dirigente do órgão de controle interno, na qualidade de responsável solidário, ficará sujeito às sanções previstas para a espécie nesta Lei.

ART. 52. O Ministro de Estado supervisor da área ou a autoridade de nível hierárquico equivalente emitirá, sobre as contas e o parecer do controle interno, expresso e indelegável pronunciamento, no qual atestará haver tomado conhecimento das conclusões nele contidas.

CAPÍTULO IV
DENÚNCIA

ART. 53. Qualquer cidadão, partido político, associação ou sindicato é parte legítima para denunciar irregularidades ou ilegalidades perante o Tribunal de Contas da União.

§ 1º (Vetado)

§ 2º (Vetado)

§ 3º A denúncia será apurada em caráter sigiloso, até que se comprove a sua procedência, e somente poderá ser arquivada após efetuadas as diligências pertinentes, mediante despacho fundamentado do responsável.

§ 4º Reunidas as provas que indiquem a existência de irregularidade ou ilegalidade, serão públicos os demais atos do processo, assegurando-se aos acusados a oportunidade de ampla defesa.

ART. 54. O denunciante poderá requerer ao Tribunal de Contas da União certidão dos despachos e dos fatos apurados, a qual deverá ser fornecida no prazo máximo de quinze dias, a contar do recebimento do pedido, desde que o respectivo processo de apuração tenha sido concluído ou arquivado.

Parágrafo único. Decorrido o prazo de noventa dias, a contar do recebimento da denúncia, será obrigatoriamente fornecida a certidão de que trata este artigo, ainda que não estejam concluídas as investigações.

ART. 55. No resguardo dos direitos e garantias individuais, o Tribunal dará tratamento sigiloso às denúncias formuladas, até decisão definitiva sobre a matéria.

§ 1º Ao decidir, caberá ao Tribunal manter ou não o sigilo quanto ao objeto e à autoria da denúncia.

- RSF 16/2006 (suspendeu a expressão "manter ou não o sigilo quanto ao objeto e a autoria da denúncia").

§ 2º O denunciante não se sujeitará a qualquer sanção administrativa, cível ou penal, em decorrência da denúncia, salvo em caso de comprovada má-fé.

CAPÍTULO V
SANÇÕES

SEÇÃO I
DISPOSIÇÃO GERAL

ART. 56. O Tribunal de Contas da União poderá aplicar aos administradores ou responsáveis, na forma prevista nesta Lei e no seu Regimento Interno, as sanções previstas neste capítulo.

SEÇÃO II
MULTAS

ART. 57. Quando o responsável for julgado em débito, poderá ainda o Tribunal aplicar-lhe multa de até cem por cento do valor atualizado do dano causado ao Erário.

ART. 58. O Tribunal poderá aplicar multa de Cr$ 42.000.000,00 (quarenta e dois milhões de cruzeiros), ou valor equivalente em outra moeda que venha a ser adotada como moeda nacional, aos responsáveis por:

I - contas julgadas irregulares de que não resulte débito, nos termos do parágrafo único do art. 19 desta Lei;

II - ato praticado com grave infração à norma legal ou regulamentar de natureza contábil, financeira, orçamentária, operacional e patrimonial;

III - ato de gestão ilegítimo ou antieconômico de que resulte injustificado dano ao Erário;

IV - não atendimento, no prazo fixado, sem causa justificada, a diligência do Relator ou a decisão do Tribunal;

V - obstrução ao livre exercício das inspeções e auditorias determinadas;

VI - sonegação de processo, documento ou informação, em inspeções ou auditorias realizadas pelo Tribunal;

VII - reincidência no descumprimento de determinação do Tribunal.

§ 1º Ficará sujeito à multa prevista no *caput* deste artigo aquele que deixar de dar cumprimento à decisão do Tribunal, salvo motivo justificado.

§ 2º O valor estabelecido no *caput* deste artigo será atualizado, periodicamente, por portaria da Presidência do Tribunal, com base na variação acumulada, no período, pelo índice utilizado para atualização dos créditos tributários da União.

§ 3º O Regimento Interno disporá sobre a gradação da multa prevista no *caput* deste artigo, em função da gravidade da infração.

ART. 59. O débito decorrente de multa aplicada pelo Tribunal de Contas da União nos do art. 57 desta Lei, quando pago após o seu vencimento, será atualizado monetariamente na data do efetivo pagamento.

ART. 60. Sem prejuízo das sanções previstas na seção anterior e das penalidades administrativas, aplicáveis pelas autoridades competentes, por irregularidades constatadas pelo Tribunal de Contas da União, sempre que este, por maioria absoluta de seus membros, considerar grave a infração cometida, o responsável ficará inabilitado, por um período que variará de cinco a oito anos, para o exercício de cargo em comissão ou função de confiança no âmbito da Administração Pública.

ART. 61. O Tribunal poderá, por intermédio do Ministério Público, solicitar à Advocacia-Geral da União ou, conforme o caso, aos dirigentes das entidades que lhe sejam jurisdicionadas, as medidas necessárias ao arresto dos bens dos responsáveis julgados em débito, devendo ser ouvido quanto à liberação dos bens arrestados e sua restituição.

TÍTULO III
ORGANIZAÇÃO DO TRIBUNAL

CAPÍTULO I
SEDE E COMPOSIÇÃO

ART. 62. O Tribunal de Contas da União tem sede no Distrito Federal e compõe-se de nove ministros.

ART. 63. Os ministros, em suas ausências e impedimentos por motivo de licença, férias ou outro afastamento legal, serão substituídos, mediante convocação do Presidente do Tribunal, pelos auditores, observada a ordem de antiguidade no cargo, ou a maior idade, no caso de idêntica antiguidade.

§ 1º Os auditores serão também convocados para substituir ministros, para efeito de quórum, sempre que os titulares comunicarem, ao Presidente do Tribunal ou da Câmara respectiva, a impossibilidade de comparecimento à sessão.

§ 2º Em caso de vacância de cargo de ministro, o Presidente do Tribunal convocará auditor para exercer as funções inerentes ao cargo vago, até novo provimento, observado o critério estabelecido no *caput* deste artigo.

ART. 64. Funciona junto ao Tribunal de Contas da União o Ministério Público, na forma estabelecida nos arts. 80 a 84 desta Lei.

ART. 65. O Tribunal de Contas da União disporá de secretaria para atender às atividades de apoio técnico e administrativo necessárias ao exercício de sua competência.

CAPÍTULO II
PLENÁRIO E CÂMARAS

ART. 66. O Plenário do Tribunal de Contas da União, dirigido por seu Presidente, terá a competência e o funcionamento regulados nesta Lei e no seu Regimento Interno.

ART. 67. O Tribunal de Contas da União poderá dividir-se em Câmaras, mediante deliberação da maioria absoluta de seus ministros titulares.

§ 1º Não será objeto de deliberação das Câmaras matéria da competência privativa do Plenário, a ser definida no Regimento Interno.

§ 2º A competência, o número, a composição, a presidência e o funcionamento das Câmaras serão regulados no Regimento Interno.

ART. 68. O Tribunal fixará, no Regimento Interno, os períodos de funcionamento das sessões do Plenário e das Câmaras e o recesso que entender conveniente, sem ocasionar a interrupção de seus trabalhos.

CAPÍTULO III
PRESIDENTE E VICE-PRESIDENTE

ART. 69. Os ministros elegerão o Presidente e o Vice-Presidente do Tribunal para mandato correspondente a um ano civil, permitida a reeleição apenas por um período de igual duração.

§ 1º A eleição realizar-se-á em escrutínio secreto, na última sessão ordinária do mês de dezembro, ou, em caso de vaga eventual, na primeira sessão ordinária após sua ocorrência, exigida a presença de, pelo menos, cinco ministros titulares, inclusive o que presidir o ato.

§ 2º O Vice-Presidente substituirá o Presidente em suas ausências ou impedimentos e exercerá as funções de corregedor, cujas atribuições serão as estabelecidas no Regimento Interno.

§ 3º Na ausência ou impedimento do Vice-Presidente, o Presidente será substituído pelo ministro mais antigo em exercício no cargo.

§ 4º O eleito para a vaga que ocorrer antes do término do mandato exercerá o cargo no período restante.

§ 5º Não se procederá a nova eleição se a vaga ocorrer dentro dos sessenta dias anteriores ao término do mandato.

§ 6º A eleição do Presidente precederá à do Vice-Presidente.

§ 7º Considerar-se-á eleito o ministro que obtiver a maioria dos votos. Não alcançada esta, proceder-se-á a novo escrutínio entre os dois mais votados, decidindo-se afinal, entre esses, pela antiguidade no cargo de ministro do Tribunal, caso nenhum consiga a maioria dos votos.

§ 8º Somente os ministros titulares, ainda que em gozo de licença, férias, ou ausentes com causa justificada, poderão tomar parte nas eleições, na forma estabelecida no Regimento Interno.

ART. 70. Compete ao Presidente, dentre outras atribuições estabelecidas no Regimento Interno:

I - dirigir o Tribunal;

II - dar posse aos ministros, auditores, membros do Ministério Público junto ao Tribunal e dirigentes das unidades da secretaria, na forma estabelecida no Regimento Interno;

III - expedir atos de nomeação, admissão, exoneração, remoção, dispensa, aposentadoria e outros atos relativos aos servidores do quadro de pessoal da secretaria, os quais serão publicados no Diário Oficial da União e no Boletim do Tribunal;

IV - diretamente ou por delegação, movimentar as dotações e os créditos orçamentários próprios e praticar os atos de administração financeira, orçamentária e patrimonial necessários ao funcionamento do Tribunal.

CAPÍTULO IV
MINISTROS

ART. 71. Os ministros do Tribunal de Contas da União serão nomeados dentre brasileiros que satisfaçam os seguintes requisitos:

I - ter mais de trinta e cinco e menos de sessenta e cinco anos de idade;

II - idoneidade moral e reputação ilibada;

III - notórios conhecimentos jurídicos, contábeis, econômicos e financeiros ou de administração pública;

IV - contar mais de dez anos de exercício de função ou de efetiva atividade profissional que exija os conhecimentos mencionados no inciso anterior.

ART. 72. Os ministros do Tribunal de Contas da União serão escolhidos:

I - um terço pelo Presidente da República, com aprovação do Senado Federal, sendo dois alternadamente dentre auditores e membros do Ministério Público junto ao Tribunal, indicados em lista tríplice pelo Plenário, segundo os critérios de antiguidade e merecimento;

II - dois terços pelo Congresso Nacional.

ART. 73. Os ministros do Tribunal de Contas da União terão as mesmas garantias, prerrogativas, impedimentos, vencimentos e vantagens dos ministros do Superior Tribunal de Justiça e somente poderão aposentar-se com as vantagens do cargo quando o tiverem exercido efetivamente por mais de cinco anos.

Parágrafo único. Os ministros do Tribunal gozarão das seguintes garantias e prerrogativas:

I - vitaliciedade, não podendo perder o cargo senão por sentença judicial transitada em julgado;

II - inamovibilidade;

III - irredutibilidade de vencimentos, observado, quanto à remuneração, o disposto nos arts. 37, XI, 150, II, 153, III e 153, § 2º, I, da Constituição Federal;

IV - aposentadoria, com proventos integrais, compulsoriamente aos setenta anos de idade ou por invalidez comprovada, e facultativa após trinta anos de serviço, contados na forma da lei, observada a ressalva prevista no *caput*, in fine, deste artigo.

ART. 74. É vedado ao ministro do Tribunal de Contas da União:

I - exercer, ainda que em disponibilidade, outro cargo ou função, salvo uma de magistério;

II - exercer cargo técnico ou de direção de sociedade civil, associação ou fundação, de qualquer natureza ou finalidade, salvo de associação de classe, sem remuneração;

III - exercer comissão remunerada ou não, inclusive em órgãos de controle da administração direta ou indireta, ou em concessionárias de serviço público;

IV - exercer profissão liberal, emprego particular, comércio, ou participar de sociedade comercial, exceto como acionista ou cotista sem ingerência;

V - celebrar contrato com pessoa jurídica de direito público, empresa pública, sociedade de economia mista, fundação, sociedade instituída e mantida pelo poder público ou empresa concessionária de serviço público, salvo quando o contrato obedecer a normas uniformes para todo e qualquer contratante;

VI - dedicar-se à atividade político-partidária.

ART. 75. (Vetado)

Parágrafo único. (Vetado)

ART. 76. Não podem ocupar, simultaneamente, cargos de ministro parentes consanguíneos ou afins, na linha reta ou na colateral, até o segundo grau.

Parágrafo único. A incompatibilidade decorrente da restrição imposta no *caput* deste artigo resolve-se:

I - antes da posse, contra o último nomeado ou contra o mais moço, se nomeados na mesma data;

II - depois da posse, contra o que lhe deu causa;

III - se a ambos imputável, contra o que tiver menos tempo de exercício no Tribunal.

CAPÍTULO V
AUDITORES

ART. 77. Os auditores, em número de três, serão nomeados pelo Presidente da República, dentre os cidadãos que satisfaçam os requisitos exigidos para o cargo de ministro do Tribunal de Contas da União, mediante concurso público de provas e títulos, observada a ordem de classificação.

Parágrafo único. A comprovação do efetivo exercício por mais de dez anos de cargo da carreira de controle externo do quadro de pessoal da secretaria do Tribunal constitui título computável para efeito do concurso a que se refere o *caput* deste artigo.

ART. 78. (Vetado)

Parágrafo único. O auditor, quando não convocado para substituir ministro, presidirá à instrução dos processos que lhe forem distribuídos, relatando-os com proposta de decisão a ser votada pelos integrantes do Plenário ou da Câmara para a qual estiver designado.

ART. 79. O auditor, depois de empossado, só perderá o cargo por sentença judicial transitada em julgado.

Parágrafo único. Aplicam-se ao auditor as vedações e restrições previstas nos arts. 74 e 76 desta Lei.

CAPÍTULO VI
MINISTÉRIO PÚBLICO JUNTO AO TRIBUNAL

ART. 80. O Ministério Público junto ao Tribunal de Contas da União, ao qual se aplicam os princípios institucionais da unidade, da indivisibilidade e da independência funcional, compõe-se de um procurador-geral, três subprocuradores-gerais e quatro procuradores, nomeados pelo Presidente da República, dentre brasileiros, bacharéis em direito.

§ 1º (Vetado)

§ 2º A carreira do Ministério Público junto ao Tribunal de Contas da União é constituída pelos cargos de subprocurador-geral e procurador, este inicial e aquele representando o último nível da carreira, não excedendo a dez por cento a diferença de vencimentos de uma classe para outra, respeitada igual diferença entre os cargos de subprocurador-geral e procurador-geral.

§ 3º O ingresso na carreira far-se-á no cargo de procurador, mediante concurso público de provas e títulos, assegurada a participação da Ordem dos Advogados do Brasil em sua realização e observada, nas nomeações, a ordem de classificação, enquanto a promoção ao cargo de subprocurador-geral far-se-á, alternadamente, por antiguidade e merecimento.

ART. 81. Competem ao procurador-geral junto ao Tribunal de Contas da União, em sua missão de guarda da lei e fiscal de sua execução, além de outras estabelecidas no Regimento Interno, as seguintes atribuições:

I - promover a defesa da ordem jurídica, requerendo, perante o Tribunal de Contas da União as medidas de interesse da justiça, da administração e do Erário;

II - comparecer às sessões do Tribunal e dizer de direito, verbalmente ou por escrito, em todos os assuntos sujeitos à decisão do Tribunal, sendo obrigatória sua audiência nos processos de tomada ou prestação de contas e nos concernentes aos atos de admissão de pessoal e de concessão de aposentadorias, reformas e pensões;

III - promover junto à Advocacia-Geral da União ou, conforme o caso, perante os dirigentes das entidades jurisdicionadas do Tribunal de Contas da União, as medidas previstas no inciso II do art. 28 e no art. 61 desta Lei, remetendo-lhes a documentação e instruções necessárias;

IV - interpor os recursos permitidos em lei.

ART. 82. Aos subprocuradores-gerais e procuradores compete, por delegação do procurador-geral, exercer as funções previstas no artigo anterior.

Parágrafo único. Em caso de vacância e em suas ausências e impedimentos por motivo de licença, férias ou outro afastamento legal, o procurador-geral será substituído pelos subprocuradores-gerais e, na ausência destes, pelos procuradores, observada, em ambos os casos, a ordem de antiguidade no cargo, ou a maior idade, no caso de idêntica antiguidade, fazendo jus, nessas substituições, aos vencimentos do cargo exercido.

ART. 83. O Ministério Público contará com o apoio administrativo e de pessoal da secretaria do Tribunal, conforme organização estabelecida no Regimento Interno.

ART. 84. Aos membros do Ministério Público junto ao Tribunal de Contas da União aplicam-se, subsidiariamente, no que couber, as disposições da Lei orgânica do Ministério Público da União, pertinentes a direitos, garantias, prerrogativas, vedações, regime disciplinar e forma de investidura no cargo inicial da carreira.

CAPÍTULO VII
SECRETARIA DO TRIBUNAL

SEÇÃO I
OBJETIVO E ESTRUTURA

ART. 85. A secretaria incumbe a prestação de apoio técnico e a execução dos serviços administrativos do Tribunal de Contas da União.

§ 1º A organização, atribuições e normas de funcionamento da secretaria são as estabelecidas no Regimento Interno.

§ 2º O Tribunal poderá manter unidades integrantes de sua secretaria nos estados federados.

ART. 86. São obrigações do servidor que exerce funções específicas de controle externo no Tribunal de Contas da União:

I - manter, no desempenho de suas tarefas, atitude de independência, serenidade e imparcialidade;

II - representar à chefia imediata contra os responsáveis pelos órgãos e entidades sob sua fiscalização, em casos de falhas e/ou irregularidades;

III - propor a aplicação de multas, nos casos previstos no Regimento Interno;

IV - guardar sigilo sobre dados e informações obtidos em decorrência do exercício de suas funções e pertinentes aos assuntos sob sua fiscalização, utilizando-os, exclusivamente, para a elaboração de pareceres e relatórios destinados à chefia imediata.

ART. 87. Ao servidor a que se refere o artigo anterior, quando credenciado pelo Presidente do Tribunal ou, por delegação deste, pelos dirigentes das unidades técnicas da secretaria do Tribunal, para desempenhar funções de auditoria, de inspeções e diligências expressamente determinadas pelo Tribunal ou por sua Presidência, são asseguradas as seguintes prerrogativas:

I - livre ingresso em órgãos e entidades sujeitos à jurisdição do Tribunal de Contas da União;

II - acesso a todos os documentos e informações necessários à realização de seu trabalho;

III - competência para requerer, nos termos do Regimento Interno, aos responsáveis pelos órgãos e entidades objeto de inspeções, auditorias e diligências, as informações e documentos necessários para instrução de processos e relatórios de cujo exame esteja expressamente encarregado por sua chefia imediata.

ART. 88. Fica criado, na secretaria, diretamente subordinado à Presidência, um instituto que terá a seu cargo:

I - a realização periódica de concursos públicos de provas ou de provas e títulos, para seleção dos candidatos à matrícula nos cursos de formação requeridos para ingresso nas carreiras do quadro de pessoal do Tribunal;

II - a organização e a administração de cursos de níveis superior e médio, para formação e aprovação final dos candidatos selecionados nos concursos referidos no inciso anterior;

III - a organização e a administração de cursos de treinamento e de aperfeiçoamento para os servidores do quadro de pessoal;

IV - a promoção e a organização de simpósios, seminários, trabalhos e pesquisas sobre questões relacionadas com as técnicas de controle da administração pública;

V - a organização e administração de biblioteca e de centro de documentação, nacional e internacional, sobre *DOU*trina, técnicas e legislação pertinentes ao controle e questões correlatas.

Parágrafo único. O Tribunal regulamentará em resolução a organização, as atribuições e as normas de funcionamento do instituto referido neste artigo.

SEÇÃO II
ORÇAMENTOS

ART. 89. (Vetado)

§ 1º (Vetado)

§ 2º (Vetado)

§ 3º (Vetado)

TÍTULO IV
DISPOSIÇÕES GERAIS E TRANSITÓRIAS

ART. 90. A fiscalização contábil, financeira, orçamentária, operacional e patrimonial do Tribunal de Contas da União será exercida pelo Congresso Nacional, na forma definida no seu regimento comum.

§ 1º O Tribunal encaminhará ao Congresso Nacional, trimestral e anualmente, relatório de suas atividades.

§ 2º No relatório anual, o Tribunal apresentará análise da evolução dos custos de controle e de sua eficiência, eficácia e economicidade.

ART. 91. Para a finalidade prevista no art. 1º, inciso I, alínea *g* e no art. 3º, ambos da Lei Complementar n. 64, de 18 de maio de 1990, o Tribunal enviará ao Ministério Público Eleitoral, em tempo hábil, o nome dos responsáveis cujas contas houverem sido julgadas irregulares nos cinco anos imediatamente anteriores à realização de cada eleição.

ART. 92. Os atos relativos a despesa de natureza reservada serão, com esse caráter, examinados pelo Tribunal, que poderá, à vista das demonstrações recebidas, ordenar a verificação in loco dos correspondentes comprobatórios, na forma estabelecida no Regimento Interno.

ART. 93. A título de racionalização administrativa e economia processual, e com o objetivo de evitar que o custo da cobrança seja superior ao valor do ressarcimento, o Tribunal poderá determinar, desde logo, o arquivamento do processo, sem cancelamento do débito, a cujo pagamento continuará obrigado o devedor, para que lhe possa ser dada quitação.

ART. 94. É vedado a ministro, auditor e membro do Ministério Público junto ao Tribunal intervir em processo de interesse próprio, de cônjuge ou de parente consanguíneo ou afim, na linha reta ou na colateral, até o segundo grau.

ART. 95. Os ministros, auditores e membros do Ministério Público junto ao Tribunal têm prazo de trinta dias, a partir da publicação do ato de nomeação no Diário Oficial da União, prorrogável por mais sessenta dias, no máximo, mediante solicitação escrita, para posse e exercício no cargo.

ART. 96. As atas das sessões do Tribunal serão publicadas, na íntegra, sem ônus, no Diário Oficial da União.

ART. 97. As publicações editadas pelo Tribunal são as definidas no Regimento Interno.

ART. 98. O Boletim do Tribunal de Contas da União é considerado órgão oficial.

ART. 99. O Regimento Interno do Tribunal somente poderá ser aprovado e alterado pela maioria absoluta de seus ministros titulares.

ART. 100. O Tribunal de Contas da União poderá firmar acordo de cooperação com os Tribunais de Contas dos Estados, do Distrito Federal, dos Municípios, ou dos Conselhos ou Tribunais de Contas dos Municípios, na forma estabelecida pelo Regimento Interno.

ART. 101. O Tribunal de Contas da União, para o exercício de sua competência institucional, poderá requisitar aos órgãos e entidades federais, sem quaisquer ônus, a prestação de serviços técnicos especializados, a serem executados em prazo previamente estabelecido, sob pena de aplicação da sanção prevista no art. 58 desta Lei.

ART. 102. Entidade competente do Poder Executivo federal fará publicar no Diário Oficial da União, para os fins previstos no inciso VI do art. 1º desta Lei, a relação das populações: (Alterado pela LC 143/2013.)

I - até 31 de dezembro de cada ano, no caso dos Estados e do Distrito Federal; (Acrescentado pela LC 143/2013.)

II - até 31 de agosto de cada ano, no caso dos Municípios. (Acrescentado pela LC 143/2013.)

§§ 1º e 2º (Revogados) (Alterado pela LC 143/2013.)

§ 3º Far-se-á nova comunicação sempre que houver, transcorrido o prazo fixado nos incisos I e II do *caput*, a criação de novo Estado ou Município a ser implantado no exercício subsequente. (Acrescentado pela LC 143/2013.)

ART. 103. O Tribunal de Contas da União prestará auxílio à comissão mista do Congresso Nacional incumbida do exame do endividamento externo brasileiro, nos termos do art. 26 do Ato das Disposições Constitucionais Transitórias.

ART. 104. Os ordenadores de despesas dos órgãos da administração direta, bem assim os dirigentes das entidades da administração indireta e fundações e quaisquer servidores responsáveis por atos de que resulte despesa pública, remeterão ao Tribunal de Contas da União por solicitação do Plenário ou de suas Câmaras, cópia das suas declarações de rendimentos e de bens.

§ 1º O descumprimento da obrigação estabelecida neste artigo ensejará a aplicação da multa estabelecida no art. 58 desta Lei, pelo Tribunal, que manterá em sigilo o conteúdo das declarações apresentadas e poderá solicitar os esclarecimentos que entender convenientes sobre a variação patrimonial dos declarantes.

§ 2º O sigilo assegurado no parágrafo anterior poderá ser quebrado por decisão do Plenário, em processo no qual fique comprovado enriquecimento ilícito por exercício irregular da função pública.

§ 3º A quebra de sigilo sem autorização do Plenário constitui infração funcional punível na forma do art. 132, inciso IX da Lei n. 8.112, de 11 de dezembro de 1990.

§ 4º O disposto neste artigo aplica-se à autoridade a que se refere o art. 52 desta Lei.

ART. 105. O processo de escolha de ministro do Tribunal de Contas da União, em caso de vaga ocorrida ou que venha a ocorrer após a promulgação da Constituição de 1988, obedecerá ao seguinte critério:

I - na primeira, quarta e sétima vagas, a escolha caberá ao Presidente da República, devendo recair as duas últimas, respectivamente, em auditor e membro do Ministério Público junto ao Tribunal;

II - na segunda, terceira, quinta, sexta, oitava e nona vagas, a escolha será da competência do Congresso Nacional;

III - a partir da décima vaga, reinicia-se o processo previsto nos incisos anteriores, observada a alternância quanto à escolha de auditor e membro do Ministério Público junto ao Tribunal, nos termos do inciso I do § 2º do art. 73 da Constituição Federal.

- ADIn 2.117/DF. (O Plenário confirmou medida cautelar e julgou parcialmente procedente pedido formulado em ação direta para declarar a inconstitucionalidade deste inciso, bem como do art. 280, III, do Regimento Interno do TCU. Informativo STF 756).

ART. 106. Aos ministros do Tribunal de Contas da União que, na data da promulgação da Constituição Federal de 1988, preenchiam os requisitos necessários à aposentadoria com as vantagens do cargo, não se aplica a ressalva prevista no art. 73, *caput*, *in fine*, desta Lei.

ART. 107. A distribuição dos processos observará os princípios da publicidade, da alternatividade e do sorteio.

ART. 108. Serão públicas as sessões ordinárias do Tribunal de Contas da União.

§ 1º O Tribunal poderá realizar sessões extraordinárias de caráter reservado, para tratar de assuntos de natureza administrativa interna ou quando a preservação de direitos individuais e o interesse público o exigirem.

§ 2º Na hipótese do parágrafo anterior, os atos processuais terão o concurso das partes envolvidas, se assim desejarem seus advogados, podendo consultar os autos e pedir cópia de peças e certidões dos mesmos.

§ 3º Nenhuma sessão extraordinária de caráter reservado poderá ser realizada sem a presença obrigatória de representante do Ministério Público.

ART. 109. O Tribunal de Contas da União ajustará o exame dos processos em curso às disposições desta Lei.

ART. 110. No prazo de noventa dias a contar da entrada em vigor desta Lei, o Tribunal encaminhará ao Congresso Nacional projeto de lei dispondo sobre o quadro próprio de pessoal de sua secretaria, com observância dos princípios constitucionais pertinentes e, especialmente, das seguintes diretrizes:

I - regime jurídico único;

II - previsão das respectivas estrutura orgânica e atribuições;

III - condicionamento, como indispensável a investidura em cargo ou emprego, à prévia aprovação em concurso público de provas ou de provas e títulos, bem como em cursos organizados na forma preconizada no inciso II do art. 88 desta Lei;

IV - provimento dos cargos em comissão e funções de confiança por servidores do quadro de pessoal, exceto quanto aos Gabinetes de

Ministro, do Procurador-Geral e de Auditor em relação a um Oficial de Gabinete e a um Assistente, que serão de livre escolha da autoridade, obedecidos os requisitos legais e regimentais; (Redação dada pela Lei 9.165/1995.)

V - competência do Tribunal, para em relação aos cargos em comissão e funções de confiança:

a) estabelecer-lhes o escalonamento, segundo a legislação pertinente;

b) transformá-los e reclassificá-los em consonância com os parâmetros previstos na Lei de Diretrizes Orçamentárias;

VI - fixação da respectiva remuneração, observados os limites orçamentários, fixados, os níveis de remuneração adotados para os servidores do Poder Legislativo e, no que couber, os princípios reguladores do sistema de pessoal da União.

Parágrafo único. É vedada a nomeação, para cargos em comissão, e a designação, para funções de confiança, de cônjuge, companheiro ou parentes, consanguíneos ou afins, em linha reta ou colateral, até o terceiro grau, de ministro, auditor ou membro do Ministério Público junto ao Tribunal, em atividade ou aposentados há menos de cinco anos, exceto se admitidos no quadro próprio de pessoal mediante concurso público. (Incluído pela Lei 9.165/1995.)

ART. 111. Os atuais cargos de subprocurador-geral junto ao Tribunal de Contas da União integrarão quadro em extinção, assegurados os direitos e observadas as vedações aplicáveis a seus titulares.

ART. 112. Esta Lei entra em vigor na data de sua publicação.

ART. 113. Revogam-se as disposições em contrário, em especial o Decreto-Lei n. 199, de 25 de fevereiro de 1967.

Brasília, 16 de julho de 1992; 171º da Independência e 104º da República.

FERNANDO COLLOR

LEI N. 8.457, DE 4 DE SETEMBRO DE 1992

Organiza a Justiça Militar da União e regula o funcionamento de seus Serviços Auxiliares.

▸ *DOU*, 08.09.1992.

O Presidente da República. Faço saber que o Congresso Nacional decreta e eu sanciono a seguinte lei:

PARTE I
DA ESTRUTURA DA JUSTIÇA MILITAR DA UNIÃO

TÍTULO I
DAS DISPOSIÇÕES PRELIMINARES

ART. 1º São órgãos da Justiça Militar:

I - o Superior Tribunal Militar;

II - a Corregedoria da Justiça Militar; (Alterado pela Lei 13.774/2018.)

II-A - o Juiz-Corregedor Auxiliar; (Acrescentado pela Lei 13.774/2018.)

III - os Conselhos de Justiça;

IV - os juízes federais da Justiça Militar e os juízes federais substitutos da Justiça Militar. (Alterado pela Lei 13.774/2018.)

TÍTULO II
DAS CIRCUNSCRIÇÕES JUDICIÁRIAS MILITARES

ART. 2º Para efeito de administração da Justiça Militar em tempo de paz, o território nacional divide-se em doze Circunscrições Judiciárias Militares, abrangendo:

a) a 1ª - Estados do Rio de Janeiro e Espírito Santo;

b) a 2ª - Estado de São Paulo;

c) a 3ª - Estado do Rio Grande do Sul;

d) a 4ª - Estado de Minas Gerais;

e) a 5ª - Estados do Paraná e Santa Catarina;

f) a 6ª - Estados da Bahia e Sergipe;

g) a 7ª - Estados de Pernambuco, Rio Grande do Norte, Paraíba e Alagoas;

h) a 8ª - Estados do Pará, Amapá e Maranhão;

i) a 9ª - Estados do Mato Grosso do Sul e Mato Grosso; (Redação dada pela Lei 8.719/1993)

j) a 10ª - Estados do Ceará e Piauí;

l) a 11ª - Distrito Federal e Estados de Goiás e Tocantins;

m) a 12ª - Estados do Amazonas, Acre, Roraima e Rondônia. (Redação dada pela Lei 8.719/1993)

TÍTULO III
DO SUPERIOR TRIBUNAL MILITAR

CAPÍTULO I
DA COMPOSIÇÃO

ART. 3º O Superior Tribunal Militar, com sede na Capital Federal e jurisdição em todo o território nacional, compõe-se de quinze ministros vitalícios, nomeados pelo Presidente da República, depois de aprovada a indicação pelo Senado Federal, sendo três dentre oficiais-generais da Marinha, quatro dentre oficiais-generais do Exército e três dentre oficiais-generais da Aeronáutica, todos da ativa e do posto mais elevado da carreira, e cinco dentre civis.

▸ Art. 123, CF.

§ 1º Os Ministros civis são escolhidos pelo Presidente da República, dentre brasileiros com mais de trinta e cinco e menos de sessenta e cinco anos de idade, sendo:

a) três dentre advogados de notório saber jurídico e conduta ilibada, com mais de dez anos de efetiva atividade profissional;

b) 2 (dois) por escolha paritária, dentre juízes federais da Justiça Militar e membros do Ministério Público Militar. (Alterada pela Lei 13.774/2018.)

§ 2º Os Ministros militares permanecem na ativa, em quadros especiais da Marinha, Exército e Aeronáutica.

ART. 4º Observadas as disposições legais, o Regimento Interno do Superior Tribunal Militar poderá instituir Turmas e fixar-lhes a competência, bem como instituir Conselho de Administração para decidir sobre matéria administrativa da Justiça Militar. (Redação dada pela Lei 9.283/1996.)

Parágrafo único. O Conselho de Administração será presidido pelo Presidente do Tribunal e integrado pelo vice-presidente e por mais três ministros, conforme dispuser o Regimento Interno. (Parágrafo incluído pela Lei 9.283/1996.)

ART. 5º A eleição do Presidente e Vice-Presidente do Tribunal obedecerá ao disposto em seu regimento interno.

CAPÍTULO II
DA COMPETÊNCIA

SEÇÃO I
DA COMPETÊNCIA DO SUPERIOR TRIBUNAL MILITAR

ART. 6º Compete ao Superior Tribunal Militar:

I - processar e julgar originariamente:

a) os oficiais generais das Forças Armadas, nos crimes militares definidos em lei; (Redação dada pela Lei 8.719/1993)

b) (Revogada pela Lei 8.719/1993.)

c) os pedidos de *habeas corpus* e *habeas data* contra ato de juiz federal da Justiça Militar, de juiz federal substituto da Justiça Militar, do Conselho de Justiça e de oficial-general; (Alterada pela Lei 13.774/2018.)

d) o mandado de segurança contra seus atos, os do Presidente do Tribunal e de outras autoridades da Justiça Militar;

e) a revisão dos processos findos na Justiça Militar;

f) a reclamação para preservar a integridade da competência ou assegurar a autoridade de seu julgado;

g) os procedimentos administrativos para decretação da perda do cargo e da disponibilidade de seus membros e demais magistrados da Justiça Militar, bem como para remoção, por motivo de interesse público, destes últimos, observado o Estatuto da Magistratura;

h) a representação para decretação de indignidade de oficial ou sua incompatibilidade para com o oficialato;

i) a representação formulada pelo Ministério Público Militar, pelo Conselho de Justiça, por juiz federal da Justiça Militar, por juiz federal substituto da Justiça Militar, por advogado e por Comandantes de Força, no interesse da Justiça Militar; (Alterada pela Lei 13.774/2018.)

II - julgar:

a) os embargos opostos às suas decisões;

b) os pedidos de correição parcial;

c) as apelações e os recursos de decisões dos juízes de primeiro grau;

d) os incidentes processuais previstos em lei;

e) os agravos regimentais e recursos contra despacho de relator, previstos em lei processual militar ou no regimento interno;

f) os feitos originários dos Conselhos de Justificação;

g) os conflitos de competência entre Conselhos de Justiça, entre juízes federais da Justiça Militar, ou entre estes e aqueles, bem como os conflitos de atribuição entre autoridades administrativas e judiciárias militares; (Alterada pela Lei 13.774/2018.)

h) os pedidos de desaforamento;

i) as questões administrativas e recursos interpostos contra atos administrativos praticados pelo Presidente do Tribunal;

j) os recursos de penas disciplinares aplicadas pelo Presidente do Tribunal, pelo Ministro-Corregedor da Justiça Militar e por juiz federal da Justiça Militar; (Alterada pela Lei 13.774/2018.)

III - declarar a inconstitucionalidade de lei ou ato normativo do Poder Público, pelo voto da maioria absoluta de seus membros;

IV - restabelecer a sua competência quando invadida por juiz de primeira instância, mediante avocatória;

V - resolver questão prejudicial surgida no curso de processo submetido a seu julgamento;

VI - determinar medidas preventivas e assecuratórias previstas na lei processual penal militar, em processo originário ou durante julgamento de recurso, em decisão sua ou por intermédio do relator;

VII - decretar prisão preventiva, revogá-la ou restabelecê-la, de ofício ou mediante representação da autoridade competente, nos feitos de sua competência originária;

VIII - conceder ou revogar menagem e liberdade provisória, bem como aplicar medida provisória de segurança nos feitos de sua competência originária;

IX - determinar a restauração de autos extraviados ou destruídos, na forma da lei;

X - remeter à autoridade competente cópia de peça ou documento constante de processo sob seu julgamento, para o procedimento legal cabível, quando verificar a existência de indícios de crime;

XI - deliberar sobre o plano de correição proposto pelo Corregedor da Justiça Militar e determinar a realização de correição geral ou especial em Auditoria;

XII - elaborar seu regimento interno com observância das normas de processo e das garantias processuais das partes, dispondo sobre a competência e funcionamento dos respectivos órgãos jurisdicionais e administrativos, bem como decidir os pedidos de uniformização de sua jurisprudência;

XIII - organizar suas Secretarias e Serviços Auxiliares, bem como dos juízos que lhe forem subordinados, provendo-lhes os cargos, na forma da lei;

XIV - propor ao Poder Legislativo, observado o disposto na Constituição Federal:

a) alteração do número de membros dos tribunais inferiores;

b) a criação e a extinção de cargos e a fixação dos vencimentos dos seus membros, do Juiz-Corregedor Auxiliar, dos juízes federais da Justiça Militar, dos juízes federais substitutos da Justiça Militar e dos serviços auxiliares; (Alterada pela Lei 13.774/2018.)

c) a criação ou a extinção de Auditoria da Justiça Militar;

d) a alteração da organização e da divisão judiciária militar;

XV - eleger seu Presidente e Vice-Presidente e dar-lhes posse; dar posse a seus membros, deferindo-lhes o compromisso legal;

XVI - conceder licença, férias e outros afastamentos a seus membros, ao Juiz-Corregedor Auxiliar, aos juízes federais da Justiça Militar, aos juízes federais substitutos da Justiça Militar e aos servidores que forem imediatamente vinculados ao Superior Tribunal Militar; (Alterado pela Lei 13.774/2018.)

XVII - aplicar sanções disciplinares aos magistrados;

XVIII - deliberar, para efeito de aposentadoria, sobre processo de verificação de invalidez de magistrado;

XIX - nomear juiz federal substituto da Justiça Militar e promovê-lo pelos critérios alternados de antiguidade e merecimento; (Alterado pela Lei 13.774/2018.)

XX - determinar a instauração de sindicância, inquérito e processo administrativo, quando envolvido magistrado ou servidores da Justiça Militar;

XXI - demitir servidores integrantes dos Serviços Auxiliares;

XXII - aprovar instruções para realização de concurso para ingresso na carreira da Magistratura e para o provimento dos cargos dos Serviços Auxiliares;

XXIII - homologar o resultado de concurso público e de processo seletivo interno;

XXIV - remover juiz federal da Justiça Militar e juiz federal substituto da Justiça Militar, a pedido ou por motivo de interesse público; (Alterado pela Lei 13.774/2018.)

XXV - remover, a pedido ou *ex officio*, servidores dos Serviços Auxiliares;

XXVI - apreciar reclamação apresentada contra lista de antiguidade dos magistrados;

XXVII - apreciar e aprovar proposta orçamentária elaborada pela Presidência do Tribunal, dentro dos limites estipulados conjuntamente com os demais Poderes na Lei de Diretrizes Orçamentárias;

XXVIII - praticar os demais atos que lhe são conferidos por lei.

§ 1º O Tribunal pode delegar competência a seu Presidente para concessão de licenças, férias e outros afastamentos a magistrados de primeira instância e servidores que lhe sejam imediatamente vinculados, bem como para o provimento de cargos dos Serviços Auxiliares.

§ 2º Ao Conselho de Administração, após a sua instituição, caberá deliberar sobre matéria administrativa, conforme dispuser o Regimento Interno. (Parágrafo incluído pela Lei 9.283/1996.)

§ 3º É de dois terços dos membros do Tribunal o quórum para julgamento das hipóteses previstas nos incisos I, alíneas *h e i, II,* alínea *f,* XVIII e XXIV, parte final, deste artigo. (Parágrafo renumerado pela Lei 9.283/1996.)

§ 4º As decisões do Tribunal, judiciais e administrativas, são tomadas por maioria de votos, com a presença de, no mínimo, oito ministros, dos quais, pelo menos, quatro militares e dois civis, salvo quórum especial exigido em lei. (Parágrafo renumerado pela Lei 9.283/1996.)

ART. 7º O regimento interno disciplinará o procedimento e o julgamento dos feitos, obedecido o disposto na Constituição Federal, no Código de Processo Penal Militar e nesta Lei.

ART. 8º Após a distribuição e até a inclusão em pauta para julgamento, o relator conduz o processo, determinando a realização das diligências que entender necessárias.

Parágrafo único. Na fase a que se refere este artigo, cabe ao relator adotar as medidas previstas nos incisos V, VI, VII e VIII do art. 6º desta Lei.

SEÇÃO II
DA COMPETÊNCIA DO PRESIDENTE

ART. 9º Compete ao Presidente:

I - dirigir os trabalhos do Tribunal, presidir as sessões plenárias e proclamar as decisões;

II - manter a regularidade dos trabalhos do Tribunal, mandando retirar do recinto as pessoas que perturbarem a ordem, autuando-as no caso de flagrante delito;

III - representar o Tribunal em suas relações com outros poderes e autoridades;

IV - corresponder-se com autoridades, sobre assuntos de interesse do Tribunal e da Justiça Militar;

V - praticar todos os atos processuais nos recursos e feitos de competência originária do Tribunal, antes da distribuição e depois de exaurida a competência do relator;

VI - declarar, no caso de empate, a decisão mais favorável ao réu ou paciente;

VII - proferir voto nas questões administrativas, inclusive o de qualidade, no caso de empate, exceto em recurso de decisão sua;

VIII - decidir questões de ordem suscitadas por Ministro, por representante do Ministério Público Militar ou por advogado, ou submetê-las ao Tribunal, se a este couber a decisão;

IX - conceder a palavra ao representante do Ministério Público Militar e a advogado, pelo tempo permitido em lei e no regimento interno, podendo, após advertência, cassá-la no caso de linguagem desrespeitosa;

X - conceder a palavra, pela ordem, ao representante do Ministério Público Militar e a advogado que funcione no feito, para, mediante intervenção sumária, esclarecer equívoco ou dúvida em relação a fatos, documentos ou afirmações que possam influir no julgamento;

XI - convocar sessão extraordinária nos casos previstos em lei ou no regimento interno;

XII - suspender a sessão quando necessário à ordem e resguardo de sua autoridade;

XIII - presidir a audiência pública de distribuição dos feitos;

XIV - providenciar o cumprimento dos julgados do Tribunal e sua execução nos processos de competência originária;

XV - decidir sobre o cabimento de recurso extraordinário, determinando, em caso de admissão, seu processamento, nos termos da lei;

XVI - prestar às autoridades judiciárias informações requisitadas para instrução de feitos, podendo consultar o relator do processo principal, se houver;

XVII - assinar com o Secretário do Tribunal Pleno as atas das sessões; (Alterado pela Lei 13.774/2018.)

XVIII - decidir sobre liminar em *habeas corpus,* durante as férias e feriados forenses, podendo ouvir previamente o Ministério Público;

XIX - expedir salvo-conduto a paciente beneficiado com *habeas corpus*, preventivo;

XX - requisitar força federal ou policial para garantia dos trabalhos do Tribunal ou de seus Ministros;

XXI - requisitar oficial de posto mais elevado, ou do mesmo posto de maior antiguidade, para conduzir oficial condenado presente à sessão de julgamento, observada a Força a que este pertencer;

XXII - convocar para substituir Ministros, os oficiais-generais das Forças Armadas e magistrados, na forma do disposto no art. 62, incisos II, III, IV e V, desta Lei;

XXIII - adotar providências para realização de concurso público e processo seletivo interno;

XXIV - expedir atos sobre matéria de sua competência, bem como assinar os de provimento e vacância dos cargos dos Serviços Auxiliares;

XXV - (Vetado.)

XXVI - dar posse e deferir o compromisso legal a juiz federal substituto da Justiça Militar e a todos os nomeados para cargos em comissão; (Alterado pela Lei 13.774/2018.)

XXVII - velar pelo funcionamento regular da Justiça Militar e perfeita exação das autoridades judiciárias e servidores no cumprimento de seus deveres, expedindo portarias, recomendações e provimentos que se fizerem necessários;

XXVIII - designar, observada a ordem de antiguidade, juiz federal da Justiça Militar para exercer a função de diretor do foro, e definir suas atribuições; (Alterado pela Lei 13.774/2018.)

XXIX - conhecer de representação formulada contra servidores, por falta de exação no cumprimento do dever;

XXX - determinar a instauração de sindicância, inquérito e processo administrativo, exceto quanto a magistrado;

XXXI - aplicar penas disciplinares da sua competência, reconsiderá-las, relevá-las e revê-las;

XXXII - providenciar a publicação mensal de dados estatísticos sobre os trabalhos do Tribunal;

XXXIII - apresentar ao Tribunal, até o dia 15 de março, anualmente, relatório circunstanciado das atividades dos órgãos da Justiça Militar;

XXXIV - determinar a publicação anual da lista de antiguidade dos magistrados;

XXXV - comunicar ao Presidente da República a ocorrência de vaga de Ministro, indicando, no caso de Ministro civil, o critério de provimento;

XXXVI - conceder licença e férias aos servidores que lhe são diretamente subordinados;

XXXVII - encaminhar a proposta orçamentária aprovada pelo Tribunal e gerir os recursos orçamentários da Justiça Militar, podendo delegar competência na forma da lei;

XXXVIII - praticar os demais atos que lhe forem atribuídos em lei e no regimento interno.

§ 1º Durante as férias coletivas, pode o Presidente, ou seu substituto legal, decidir de pedido liminar em mandado de segurança, determinar liberdade provisória ou sustação de ordem de prisão, e demais medidas que reclamem urgência, devendo, em qualquer caso, após as férias, o feito prosseguir, na forma da lei.

§ 2º O Presidente do Tribunal, de comum acordo com o Vice-Presidente, pode delegar-lhe atribuições.

§ 3º A execução prevista no inciso XIV do caput deste artigo pode ser delegada a juiz federal da Justiça Militar com jurisdição no local onde os atos executórios devam ser praticados. (Alterado pela Lei 13.774/2018.)

SEÇÃO III
DA COMPETÊNCIA DO VICE-PRESIDENTE

ART. 10. Compete ao Vice-Presidente:

a) substituir o Presidente nas licenças, férias, faltas e impedimentos, assumindo a presidência, em caso de vaga, até a posse do novo titular, na forma do regimento interno;

b) exercer a função de Corregedor da Justiça Militar durante o período de seu mandato, excluído da distribuição de processos no Tribunal, mas com possibilidade de exercer a função judicante para compor o Plenário; (Alterado pela Lei 13.774/2018.)

c) desempenhar atribuições delegadas pelo Presidente do Tribunal, na forma do § 2º do artigo anterior.

Parágrafo único. (Revogado pela Lei 13.774/2018.)

TÍTULO IV
DOS ÓRGÃOS DE PRIMEIRA INSTÂNCIA DA JUSTIÇA MILITAR

CAPÍTULO I
DAS DISPOSIÇÕES PRELIMINARES

ART. 11. A cada Circunscrição Judiciária Militar corresponde uma Auditoria, excetuadas as primeira, segunda, terceira e décima primeira, que terão:

a) a primeira: 4 (quatro) Auditorias; (Redação dada pelo Lei 10.333/2001.)

b) a terceira três Auditorias;

c) a segunda e a décima primeira: duas Auditorias.

▸ Lei 12.600/2012 (Cria os cargos de Juiz-Auditor e Juiz-Auditor Substituto para a 2ª Auditoria da 11ª Circunscrição Judiciária Militar, no âmbito da Justiça Militar da União e revoga dispositivos da Lei 10.333/2001).

§ 1º Nas Circunscrições com mais de uma Auditoria, essas são designadas por ordem numérica.

§ 2º As Auditorias tem jurisdição mista, cabendo-lhes conhecer dos feitos relativos à Marinha, Exército e Aeronáutica.

§ 3º Nas circunscrições em que houver mais de 1 (uma) Auditoria e sedes coincidentes, a distribuição dos feitos cabe ao juiz federal da Justiça Militar mais antigo. (Alterado pela Lei 13.774/2018.)

§ 4º Nas circunscrições em que houver mais de 1 (uma) Auditoria com sede na mesma cidade, a distribuição dos feitos relativos a crimes militares, quando indiciados somente civis, é feita, indistintamente, entre as Auditorias, pelo juiz federal da Justiça Militar mais antigo. (Alterado pela Lei 13.774/2018.)

CAPÍTULO II
DA CORREGEDORIA DA JUSTIÇA MILITAR

▸ Alterado pela Lei 13.774/2018.

SEÇÃO ÚNICA
DA COMPOSIÇÃO E COMPETÊNCIA

ART. 12. A Corregedoria da Justiça Militar, com jurisdição em todo o território nacional, é exercida pelo Ministro Vice-Presidente do Superior Tribunal Militar. (Alterado pela Lei 13.774/2018.)

Parágrafo único. Os atuais servidores lotados no quadro da antiga Auditoria de Correição passarão ao quadro do Superior Tribunal Militar e serão incorporados pelo gabinete do Ministro-Corregedor para compor estrutura apartada com incumbência de realizar as atividades constantes do art. 14 desta Lei. (Acrescentado pela Lei 13.774/2018.)

ART. 13. A Corregedoria da Justiça Militar, órgão de fiscalização e orientação jurídico-administrativa, compõe-se de 1 (um) Ministro-Corregedor, 1 (um) Juiz-Corregedor Auxiliar, 1 (um) diretor de Secretaria e auxiliares constantes de quadro previsto em lei. (Alterado pela Lei 13.774/2018.)

ART. 14. Compete ao Ministro-Corregedor: (Alterado pela Lei 13.774/2018.)

I - proceder às correições:

a) gerais e especiais nas Auditorias, na forma desta Lei;

b) nos processos findos;

c) (revogada pela Lei 13.774/2018.)

d) nos autos em andamento nas Auditorias, de ofício, ou por determinação do Tribunal;

II - apresentar ao Tribunal, para aprovação, o plano bianual de correição;

III - comunicar ao Presidente do Tribunal fato que exija pronta solução, verificado durante correição, independentemente das providências de sua alçada;

IV - baixar provimentos necessários ao bom funcionamento dos serviços que lhe incumbe fiscalizar;

V - requisitar de autoridades judiciária e administrativa, civil ou militar, as informações que julgar necessárias ao exercício de suas funções;

VI - instaurar procedimento administrativo para apuração de falta cometida por servidor que lhe seja subordinado, e aplicar pena disciplinar, ressalvada a competência do Tribunal e de seu Presidente;

VII - providenciar a uniformização de livros, registros e impressos necessários ao bom andamento dos serviços nas Auditorias, observados os modelos instituídos em lei;

VII-A - conhecer, instruir e relatar, para conhecimento do Plenário do Tribunal, as reclamações e as representações referentes aos magistrados de primeira instância; (Acrescentado pela Lei 13.774/2018.)

VII-B - instruir os processos de promoção dos magistrados de primeira instância; (Acrescentado pela Lei 13.774/2018.)

VII-C - responder aos questionamentos do Corregedor Nacional de Justiça referentes à Justiça Militar da União e requerer aos demais setores desse ramo do Judiciário os dados necessários para tal; (Acrescentado pela Lei 13.774/2018.)

VII-D - dar posse ao Juiz-Corregedor Auxiliar; (Acrescentado pela Lei 13.774/2018.)

VIII - praticar os demais atos que lhe forem atribuídos em lei.

§ 1º As correições gerais a que se refere este artigo compreendem o exame dos processos em andamento, dos livros e documentos existentes na Auditoria e a verificação das providências relativas a medidas preventivas e assecuratórias para o resguardo de bens da Fazenda Pública, sob a administração militar.

§ 2º As correições especiais independerão de calendário prévio e poderão ocorrer para: (Acrescentado pela Lei 13.774/2018.)

I - apurar fundada notícia de irregularidade; (Acrescentado pela Lei 13.774/2018.)

II - sanar problemas detectados na atividade correcional de rotina; (Acrescentado pela Lei 13.774/2018.)

III - verificar se foram implementadas as determinações feitas. (Acrescentado pela Lei 13.774/2018.)

ART. 14-A. Compete ao Juiz-Corregedor Auxiliar: (Acrescentado pela Lei 13.774/2018.)

I - substituir o Ministro-Corregedor nas licenças, nas férias, nas faltas e nos impedimentos, e assumir o cargo, em caso de vaga, até a posse do novo titular, na forma do regimento interno; (Acrescentado pela Lei 13.774/2018.)

II - desempenhar atribuições delegadas pelo Ministro-Corregedor. (Acrescentado pela Lei 13.774/2018.)

CAPÍTULO III
DAS AUDITORIAS E DOS CONSELHOS DE JUSTIÇA

SEÇÃO I
DA COMPOSIÇÃO DAS AUDITORIAS

ART. 15. Cada Auditoria compõe-se de 1 (um) juiz federal da Justiça Militar, 1 (um) juiz federal substituto da Justiça Militar, 1 (um) diretor de Secretaria, 2 (dois) oficiais de justiça avaliadores e demais auxiliares, conforme quadro previsto em ato do Superior Tribunal Militar. (Alterado pela Lei 13.774/2018.)

SEÇÃO II
DA COMPOSIÇÃO DOS CONSELHOS

ART. 16. São duas as espécies de Conselhos de Justiça:

a) e *b)* (Revogadas pela Lei 13.774/2018.)

I - Conselho Especial de Justiça, constituído pelo juiz federal da Justiça Militar ou juiz federal substituto da Justiça Militar, que o presidirá, e por 4 (quatro) juízes militares, dentre os quais 1 (um) oficial-general ou oficial superior; (Acrescentado pela Lei 13.774/2018.)

II - Conselho Permanente de Justiça, constituído pelo juiz federal da Justiça Militar ou juiz federal substituto da Justiça Militar, que o presidirá, e por 4 (quatro) juízes militares, dentre os quais pelo menos 1 (um) oficial superior. (Acrescentado pela Lei 13.774/2018.)

ART. 17. Os Conselhos Especial e Permanente funcionarão na sede das Auditorias, salvo casos especiais por motivo relevante de ordem pública ou de interesse da Justiça e pelo tempo indispensável, mediante deliberação do Superior Tribunal Militar.

ART. 18. Os juízes militares dos Conselhos Especial e Permanente são sorteados dentre oficiais de carreira, da sede da Auditoria, com vitaliciedade assegurada, recorrendo-se a oficiais no âmbito de jurisdição da Auditoria se insuficientes os da sede e, se persistir a necessidade, excepcionalmente a oficiais que sirvam nas demais localidades abrangidas pela respectiva Circunscrição Judiciária Militar. (Redação dada pela Lei 10.445/2002.)

ART. 19. Para efeito de composição dos conselhos de que trata o art. 18 desta Lei nas respectivas circunscrições judiciárias militares, os comandantes de Distrito Naval, Região Militar e Comando Aéreo Regional organizarão, trimestralmente, relação de todos os oficiais em serviço ativo, com os respectivos postos, antiguidade e local de serviço, que deverá ser publicada em boletim e remetida ao juiz competente. (Alterado pela Lei 13.774/2018.)

§ 1º A remessa a que se refere esse artigo será efetuada até o quinto dia do último mês do trimestre e as alterações que se verificarem, inclusive os nomes de novos oficiais em condições de servir, serão comunicadas mensalmente.

§ 2º Não sendo remetida no prazo a relação de oficiais, serão os Juízes sorteados pela última relação recebida, consideradas as alterações de que trata o parágrafo anterior.

§ 3º A relação não incluirá:

a) os oficiais dos gabinetes do Ministro de Estado da Defesa e dos Comandantes de Força; (Alterada pela Lei 13.774/2018.)

b) os oficiais agregados;

c) os comandantes, diretores ou chefes, professores instrutores e alunos de escolas, institutos, academias, centros e cursos de formação, especialização, aperfeiçoamento, Estado-Maior e altos estudos;

d) na Marinha, os Almirantes-de-Esquadra, os Comandantes de Distrito Naval, o Vice-Chefe do Estado-Maior da Armada, o Chefe do Estado-Maior do Comando de Operações Navais e os oficiais que sirvam em seus gabinetes, e os oficiais embarcados ou na tropa, em condições de, efetivamente, participar de atividades operativas programadas para o trimestre; (Alterada pela Lei 13.774/2018.)

e) no Exército, os Generais-de-Exército, os Generais Comandantes de Divisão de Exército e de Região Militar, bem como os respectivos Chefes de Estado-Maior e de Gabinete e seus oficiais do Estado-Maior Pessoal; (Alterada pela Lei 13.774/2018.)

f) na Aeronáutica, os Tenentes-Brigadeiros do Ar, bem como seus Chefes de Estado-Maior e de Gabinete, os Assistentes e os Ajudantes-de-Ordens, o Vice-Chefe e os Subchefes do Estado-Maior da Aeronáutica; (Alterada pela Lei 13.774/2018.)

g) os capelães militares. (Acrescentada pela Lei 13.774/2018.)

ART. 20. O sorteio dos juízes do Conselho Especial de Justiça é feito pelo juiz federal da Justiça Militar, em audiência pública, na presença do Procurador, do diretor de Secretaria e do acusado, quando preso. (Alterado pela Lei 13.774/2018.)

- Art. 403, CPPM.

ART. 21. O sorteio dos juízes do Conselho Permanente de Justiça é feito pelo juiz federal da Justiça Militar, em audiência pública, entre os dias 5 (cinco) e 10 (dez) do último mês do trimestre anterior, na presença do Procurador e do diretor de Secretaria. (Alterado pela Lei 13.774/2018.)

Parágrafo único. Para cada Conselho Permanente, será sorteado 1 (um) juiz suplente, que substituirá o juiz militar ausente. (Alterado pela Lei 13.774/2018.)

ART. 22. Do sorteio a que se referem os arts. 20 e 21 desta Lei, lavrar-se-á ata, em livro próprio, com respectivo resultado, certificando o Diretor de Secretaria, em cada processo, além do sorteio, o compromisso dos juízes.

Parágrafo único. A ata será assinada pelo juiz federal da Justiça Militar ou pelo juiz federal substituto da Justiça Militar e pelo Procurador, e caberá ao primeiro comunicar imediatamente à autoridade competente o resultado do sorteio, para que esta ordene o comparecimento dos juízes à sede da Auditoria, no prazo fixado pelo juiz. (Alterado pela Lei 13.774/2018.)

ART. 23. Os juízes militares que integrarem os Conselhos Especiais serão de posto superior ao do acusado, ou do mesmo posto e de maior antiguidade.

§ 1º O Conselho Especial é constituído para cada processo e dissolvido após conclusão dos seus trabalhos, reunindo-se, novamente, se sobrevier nulidade do processo ou do julgamento, ou diligência determinada pela instância superior.

§ 2º No caso de pluralidade de agentes, servirá de base à constituição do Conselho Especial a patente do acusado de maior posto.

§ 3º Se a acusação abranger oficial e praça, responderão todos perante o mesmo conselho, ainda que excluído do processo o oficial. (Alterado pela Lei 13.774/2018.)

§ 4º No caso de impedimento de algum dos juízes, será sorteado outro para substituí-lo. (Redação dada pela Lei 10.445/2002.)

ART. 24. O Conselho Permanente, uma vez constituído, funcionará durante três meses consecutivos, coincidindo com os trimestres do ano civil, podendo o prazo de sua jurisdição ser prorrogado nos casos previstos em lei.

Parágrafo único. O oficial que tiver integrado Conselho Permanente não será sorteado para o trimestre imediato, salvo se para sua constituição houver insuficiência de oficiais.

ART. 25. Os Conselhos Especial e Permanente de Justiça podem ser instalados e funcionar com a maioria de seus membros, e é obrigatória a presença do juiz federal da Justiça Militar ou do juiz federal substituto da Justiça Militar. (Alterado pela Lei 13.774/2018.)

- Art. 390, § 6º, CPPM.

§ 1º As autoridades militares mencionadas no art. 19 desta Lei devem comunicar ao juiz federal da Justiça Militar ou ao juiz federal substituto da Justiça Militar a falta eventual do juiz militar. (Alterado pela Lei 13.774/2018.)

§ 2º Na sessão de julgamento são obrigatórios a presença e voto de todos os juízes.

ART. 26. Os juízes militares dos Conselhos Especial e Permanente ficarão dispensados do serviço em suas organizações nos dias de sessão e nos dias em que forem requisitados pelo juiz federal da Justiça Militar ou pelo juiz federal substituto da Justiça Militar. (Alterado pela Lei 13.774/2018.)

§ 1º O juiz federal da Justiça Militar deve comunicar a falta não justificada do juiz militar ao seu superior hierárquico, para as providências cabíveis. (Alterado pela Lei 13.774/2018.)

§ 2º O disposto no § 1º deste artigo aplica-se aos representantes da Defensoria Pública da União e do Ministério Público Militar e respectivos substitutos, devendo a comunicação ser efetivada pelo Presidente do Conselho à autoridade competente. (Alterado pela Lei 13.774/2018.)

SEÇÃO III
DA COMPETÊNCIA DOS CONSELHOS DE JUSTIÇA

ART. 27. Compete aos conselhos:

I - Especial de Justiça, processar e julgar oficiais, exceto oficiais-generais, nos delitos previstos na legislação penal militar;

II - Permanente de Justiça, processar e julgar militares que não sejam oficiais, nos delitos a que se refere o inciso I do caput deste artigo. (Alterado pela Lei 13.774/2018.)

Parágrafo único. Compete aos Conselhos de Justiça das Auditorias da circunscrição com sede na Capital Federal processar e julgar os crimes militares cometidos fora do território nacional, observado o disposto no Decreto-Lei n. 1.002, de 21 de outubro de 1969 (Código de Processo Penal Militar) acerca da competência pelo lugar da infração. (Acrescentado pela Lei 13.774/2018.)

ART. 28. Compete ainda aos conselhos:

I - decretar a prisão preventiva de acusado, revogá-la ou restabelecê-la;

- Art. 254, CPPM.

II - conceder menagem e liberdade provisória, bem como revogá-las;

- Art. 5º, LXVI, CF.
- arts. 263 e 270, CPPM.

III - decretar medidas preventivas e assecuratórias, nos processos pendentes de seu julgamento;

IV - declarar a inimputabilidade de acusado nos termos da lei penal militar, quando constatada aquela condição no curso do processo, mediante exame pericial;

V - decidir as questões de direito ou de fato suscitadas durante instrução criminal ou julgamento;

VI - ouvir o representante do Ministério Público sobre as questões suscitadas durante as sessões;

VII - conceder a suspensão condicional da pena, nos termos da lei;

VIII - praticar os demais atos que lhe forem atribuídos em lei.

SEÇÃO IV
DA COMPETÊNCIA DOS PRESIDENTES DOS CONSELHOS DE JUSTIÇA

ART. 29. Compete aos Presidentes dos Conselhos Especial e Permanente de Justiça:

I - abrir as sessões, presidi-las, apurar e proclamar as decisões do conselho;

II - mandar proceder à leitura da ata da sessão anterior;

III - nomear defensor ao acusado que não o tiver e curador ao revel ou incapaz;

IV - manter a regularidade dos trabalhos da sessão, mandando retirar do recinto as pessoas que portarem armas ou perturbarem a ordem, autuando-as no caso de flagrante delito;

V - conceder a palavra ao representante do Ministério Público Militar, ou assistente, e ao defensor, pelo tempo previsto em lei, podendo cassá-la após advertência, no caso de linguagem desrespeitosa;

VI - resolver questões de ordem suscitadas pelas partes ou submetê-las à decisão do conselho, ouvido o Ministério Público;

VII - mandar consignar em ata incidente ocorrido no curso da sessão.

SEÇÃO V
DA COMPETÊNCIA DO JUIZ FEDERAL DA JUSTIÇA MILITAR

- Alterada pela Lei 13.774/2018.

ART. 30. Compete ao juiz federal da Justiça Militar, monocraticamente: (Alterado pela Lei 13.774/2018.)

I - decidir sobre recebimento de denúncia, pedido de arquivamento, de devolução de inquérito e representação;

I-A - presidir os Conselhos de Justiça; (Acrescentado pela Lei 13.774/2018.)

I-B - processar e julgar civis nos casos previstos nos incisos I e III do art. 9º do Decreto-Lei n. 1.001, de 21 de outubro de 1969 (Código Penal Militar), e militares, quando estes forem acusados juntamente com aqueles no mesmo processo; (Acrescentado pela Lei 13.774/2018.)

I-C - julgar os *habeas corpus*, *habeas data* e mandados de segurança contra ato de autoridade militar praticado em razão da ocorrência de crime militar, exceto o praticado por oficial-general; (Acrescentado pela Lei 13.774/2018.)

II - relaxar, quando ilegal, em despacho fundamentado, a prisão que lhe for comunicada; (Alterado pela Lei 13.774/2018.)

- Art. 5º, LXV, CF.
- Art. 7º, 6, Pacto de São José da Costa Rica.

III - manter ou relaxar prisão em flagrante e decretar, revogar ou restabelecer prisão preventiva de indiciado ou acusado, em despacho fundamentado em qualquer caso, ressalvado o disposto no inciso I do caput do art. 28 desta Lei; (Alterado pela Lei 13.774/2018.)

- Art. 5º, LXV, CF.
- Art. 254, CPPM.
- Art. 7º, 6, Pacto de São José da Costa Rica.

IV - requisitar de autoridades civis e militares as providências necessárias ao andamento do feito e esclarecimento do fato;

V - determinar a realização de exames, perícias, diligências e nomear peritos;

VI - formular ao réu, ofendido ou testemunha suas perguntas e as requeridas pelos demais juízes, bem como as requeridas pelas partes para serem respondidas por ofendido ou testemunha;

VII - relatar os processos nos Conselhos de Justiça e redigir, no prazo de oito dias, as sentenças e decisões;

- Art. 438, § 2º, CPPM.

VIII - proceder ao sorteio dos conselhos, observado o disposto nos arts. 20 e 21 desta Lei;

IX - expedir alvará de soltura e mandados;

X - decidir sobre o recebimento de recursos interpostos;

XI - executar as sentenças, inclusive as proferidas em processo originário do Superior Tribunal Militar, na hipótese prevista no § 3º do art. 9º desta Lei;

XII - renovar, de seis em seis meses, diligências junto às autoridades competentes, para captura de condenado;

XIII - comunicar, à autoridade a que estiver subordinado o acusado, as decisões a ele relativas;

XIV - decidir sobre livramento condicional;

XV - revogar o benefício da suspensão condicional da pena;

XVI - remeter à Corregedoria da Justiça Militar, no prazo de dez dias, os autos de inquéritos arquivados e processos julgados, quando não interpostos recursos;

XVII - encaminhar relatório ao Presidente do Tribunal, até o dia trinta de janeiro, dos trabalhos da Auditoria, relativos ao ano anterior;

XVIII - instaurar procedimento administrativo quando tiver ciência de irregularidade praticada por servidor que lhe é subordinado;

XIX - aplicar penas disciplinares aos servidores que lhe são subordinados;

XX - dar posse, conceder licenças, férias e salário-família aos servidores da Auditoria;

XXI - autorizar, na forma da lei, o pagamento de auxílio-funeral de magistrado e dos servidores lotados na Auditoria;

XXII - distribuir, alternadamente, entre si e o juiz federal substituto da Justiça Militar, os feitos aforados na Auditoria; (Alterado pela Lei 13.774/2018.)

XXIII - cumprir as normas legais relativas às gestões administrativa, financeira e orçamentária e ao controle de material;

XXIV - praticar os demais atos que lhe forem atribuídos em lei.

Parágrafo único. Compete ao juiz federal substituto da Justiça Militar praticar todos os atos enumerados neste artigo, com exceção dos atos previstos nos incisos VIII, XVII, XVIII, XIX, XX, XXI, XXII e XXIII do caput deste artigo, que lhe são deferidos somente durante as férias e impedimentos do juiz federal da Justiça Militar. (Alterado pela Lei 13.774/2018.)

SEÇÃO VI
DAS SUBSTITUIÇÕES DOS JUÍZES MILITARES

ART. 31. Os juízes militares são substituídos em suas licenças, faltas e impedimentos, bem como nos afastamentos de sede por movimentação que decorram de requisito de carreira, ou por outro motivo justificado e reconhecido pelo juízo como de relevante interesse para a administração militar. (Alterado pela Lei 13.774/2018.)

a) a *d)* (Revogadas pela Lei 10.445/2002.)

§§ 1º a 3º (Revogados pela Lei 10.445/2002).

TÍTULO V
DOS MAGISTRADOS

CAPÍTULO I
DAS DISPOSIÇÕES GERAIS

ART. 32. Aplicam-se aos Ministros do Superior Tribunal Militar, ao Juiz-Corregedor Auxiliar, aos juízes federais da Justiça Militar e aos juízes federais substitutos da Justiça Militar as disposições da Lei Complementar n. 35, de 14 de março de 1979 (Estatuto da Magistratura), as desta Lei e, subsidiariamente, as da Lei n. 8.112, de 11 de dezembro de 1990 (Regime Jurídico Único dos Servidores Públicos Civis da União). (Alterado pela Lei 13.774/2018.)

CAPÍTULO II
DO PROVIMENTO DOS CARGOS E DA REMOÇÃO

ART. 33. O ingresso na carreira da Magistratura da Justiça Militar dar-se-á no cargo de Juiz-Auditor Substituto, mediante concurso público de provas e títulos organizado e realizado pelo Superior Tribunal Militar, com a participação da Ordem dos Advogados do Brasil, em todas as suas fases.

Parágrafo único. A nomeação dar-se-á com estrita observância da ordem de classificação no concurso.

ART. 34. (Revogado pela Lei 13.774/2018.)

ART. 35. As nomeações e promoções serão feitas por ato do Superior Tribunal Militar.

ART. 36. A promoção ao cargo de juiz federal da Justiça Militar é feita dentre os juízes federais substitutos da Justiça Militar e obedece aos critérios de antiguidade e merecimento, alternadamente, observado o seguinte: (Alterado pela Lei 13.774/2018.)

a) na apuração da antiguidade, o Tribunal somente pode recusar o juiz mais antigo pelo voto de 2/3 (dois terços) de seus membros, conforme procedimento próprio e assegurada ampla defesa, repetindo-se a votação até ser fixada a indicação; (Alterada pela Lei 13.774/2018.)

b) havendo simultaneidade na posse, a promoção por antiguidade recairá preferentemente sobre o de melhor classificação no concurso de ingresso na carreira;

c) é obrigatória a promoção de juiz que figure por três vezes consecutivas, ou cinco alternadas, em lista de merecimento, desde que conte dois anos de efetivo exercício e integre a primeira quinta parte da lista de antiguidade;

d) a promoção por merecimento pressupõe 2 (dois) anos de exercício no cargo e integrar o juiz a primeira quinta parte da lista de antiguidade, salvo se não houver com tais requisitos quem aceite a vaga; (Alterada pela Lei 13.774/2018.)

e) aferição do merecimento pelos critérios objetivos de produtividade e presteza no exercício da jurisdição e pela frequência e aproveitamento em cursos oficiais ou reconhecidos de aperfeiçoamento; (Alterada pela Lei 13.774/2018.)

f) o merecimento do magistrado de primeira instância é aferido no efetivo exercício do cargo.

ART. 37. O magistrado não será removido ou promovido senão com seu assentimento, manifestado na forma da lei, ressalvada a remoção compulsória.

ART. 38. Ao provimento inicial e à promoção precederá a remoção, observadas, para preferência, a ordem de antiguidade para o juiz federal da Justiça Militar e a ordem de classificação em concurso público para o juiz federal substituto da Justiça Militar, quando os concorrentes forem do mesmo concurso, e a ordem de antiguidade na classe, quando forem de concursos diferentes. (Alterado pela Lei 13.774/2018.)

§ 1º Preenchido o claro em decorrência de remoção publica-se notícia da vaga, fixando-se prazo de quinze dias contado da publicação, aos interessados, para requererem.

§ 2º O candidato habilitado em concurso público, no momento de sua nomeação, somente pode optar por vaga existente após terem-se pronunciado os Juízes Substitutos que tiverem interesse em remoção.

§ 3º Somente após dois anos de exercício na Auditoria onde estiver lotado, pode o juiz ser removido, salvo se não houver candidato com tal requisito.

ART. 39. A nomeação para o cargo de Juiz-Corregedor Auxiliar é feita mediante escolha do Superior Tribunal Militar, em escrutínio secreto, dentre os juízes federais da Justiça Militar situados no primeiro terço da classe. (Alterado pela Lei 13.774/2018.)

CAPÍTULO III
DA POSSE E DO EXERCÍCIO

ART. 40. A posse terá lugar no prazo de trinta dias, contado da publicação do ato de provimento no órgão oficial.

Parágrafo único. A requerimento do interessado, o prazo previsto neste artigo poderá, a critério do Tribunal ou do seu Presidente, ser prorrogado por igual período.

ART. 41. Do termo de posse, assinado pela autoridade competente e pelo magistrado, constará o compromisso de desempenhar com retidão as funções do cargo, cumprindo a Constituição e as leis.

§ 1º O magistrado, no ato da posse, deverá apresentar declaração pública de seus bens.

§ 2º Não haverá posse nos casos de remoção, promoção e reintegração.

ART. 42. São competentes para dar posse:

I - o Superior Tribunal Militar a seus Ministros;

II - o Presidente do Superior Tribunal Militar ao juiz federal substituto da Justiça Militar. (Alterado pela Lei 13.774/2018.)

ART. 43. As datas de início, interrupção e reinício do exercício devem ser comunicadas imediatamente ao Tribunal, para registro no assentamento individual do magistrado.

ART. 44. O exercício do cargo terá início no prazo de trinta dias, contado:

I - da data da posse;

II - da data da publicação oficial do ato, no caso de reintegração.

ART. 45. É considerado como de efetivo exercício o período de tempo necessário à viagem para a nova sede.

§ 1º O período de que trata este artigo constará do ato de remoção ou de designação do magistrado promovido e não excederá de trinta dias.

§ 2º O magistrado removido ou promovido com designação para nova sede, quando licenciado ou afastado em virtude de férias, casamento ou luto, terá o prazo a que se refere o parágrafo anterior contado a partir do término do afastamento.

ART. 46. A promoção não interrompe o exercício, que é contado a partir da data da publicação do ato que promover o magistrado.

ART. 47. Não se verificando a posse ou exercício dentro dos prazos previstos nesta Lei, o ato de nomeação, promoção ou remoção será revogado, não produzindo qualquer efeito.

ART. 48. Os magistrados de carreira adquirem vitaliciedade após dois anos de exercício.

§ 1º Os magistrados de que trata este artigo, e que não hajam adquirido a vitaliciedade, não perdem o cargo senão por proposta do Tribunal, adotada pelo voto de dois terços de seus membros.

§ 2º Os magistrados podem praticar todos os atos reservados por lei aos juízes vitalícios, mesmo que não hajam adquirido a vitaliciedade.

CAPÍTULO IV
DA ANTIGUIDADE

ART. 49. Considera-se de efetivo exercício o afastamento em virtude de:

I - férias;

II - casamento;

III - falecimento de cônjuge, ascendente, descendente ou irmão;

IV - prestação de serviços à Justiça Eleitoral;

V - licença à gestante;

VI - licença-paternidade;

VII - licença por acidente em serviço;

VIII - licença para tratamento de saúde, em decorrência de moléstia especificada em lei;

IX - período de trânsito;

X - frequência a cursos ou seminários de aperfeiçoamento e estudos, a critério do Superior Tribunal Militar, pelo prazo máximo de dois anos;

XI - afastamento do exercício do cargo, em virtude de inquérito ou processo criminal ou administrativo, desde que reconhecida a inocência do magistrado ou quando não resultar pena disciplinar, ou esta se limitar a advertência ou censura.

ART. 50. A antiguidade do Ministro do Superior Tribunal Militar conta-se a partir da posse.

Parágrafo único. Em caso de empate, prevalece:

I - a antiguidade na carreira militar;

II - o maior tempo de efetivo exercício em cargo anterior do serviço público federal, prevalecendo, neste caso, o de serviço na Justiça Militar;

III - a idade, em benefício de quem a tiver maior.

ART. 51. A antiguidade de juiz federal substituto da Justiça Militar é determinada pelo tempo de efetivo exercício no respectivo cargo. (Alterado pela Lei 13.774/2018.)

ART. 52. Em caso de empate na classificação por antiguidade, prevalece, sucessivamente:

I - maior tempo de serviço na posse;

II - maior tempo de serviço na carreira da Magistratura da Justiça Militar;

III - maior tempo de serviço público federal, prevalecendo, neste caso, o de serviço na Justiça Militar;

IV - idade, em benefício de quem a tiver maior.

Parágrafo único. Na classificação inicial, o primeiro desempate é determinado pela classificação em concurso para ingresso na carreira da Magistratura.

ART. 53. Anualmente, até o dia 31 de janeiro, o Superior Tribunal Militar organizará e publicará no *Diário da Justiça* a lista de antiguidade dos magistrados de carreira.

ART. 54. Contra a lista de que trata o artigo anterior, podem ser apresentadas reclamações dentro de trinta dias contados da publicação, que serão processadas e julgadas pelo Superior Tribunal Militar.

Parágrafo único. O relator e o Tribunal podem determinar diligências, inclusive mandar ouvir os interessados, marcando-lhes prazo que não excederá de trinta dias.

CAPÍTULO V
DAS FÉRIAS, LICENÇAS E APOSENTADORIA

ART. 55. Os Ministros do Superior Tribunal Militar gozam férias coletivas de 2 a 31 de janeiro e de 2 a 31 de julho.

Parágrafo único. Se a necessidade do serviço judiciário lhes exigir a contínua presença no Tribunal, o Presidente e Vice-Presidente gozarão trinta dias consecutivos de férias individuais, por semestre.

ART. 56. Os magistrados de primeira instância da Justiça Militar gozam férias individuais, de sessenta dias, concedidas segundo a conveniência do serviço.

Parágrafo único. As férias de que trata este artigo não podem fracionar-se por períodos inferiores a trinta dias, podendo acumular-se somente por necessidade do serviço e pelo máximo de dois meses.

ART. 57. Os Magistrados gozam licenças na forma do Estatuto da Magistratura.

ART. 58. A aposentadoria dos magistrados da Justiça Militar e a pensão de seus dependentes observará o disposto no art. 40 da Constituição. (Alterado pela Lei 13.774/2018.)

ART. 59. A verificação de invalidez, para o fim de aposentadoria, far-se-á na forma da lei e do Regimento Interno do Superior Tribunal Militar.

Parágrafo único. O magistrado que, por dois anos consecutivos, afastar-se, ao todo, por seis meses ou mais, para tratamento de saúde, deve submeter-se, ao requerer nova licença, para igual fim, dentro de dois anos, a exame para verificação de invalidez.

ART. 60. (Revogado pela Lei 13.774/2018.)

CAPÍTULO VI
DAS INCOMPATIBILIDADES

ART. 61. Não podem servir, conjuntamente, os magistrados, membros do Ministério Público e advogados que sejam entre si cônjuges, parentes consanguíneos ou afins em linha reta, bem como em linha colateral, até o terceiro grau, e os que tenham vínculo de adoção.

§ 1º A incompatibilidade a que se refere este artigo se resolve:

I - antes da posse, contra o último nomeado ou contra o menos idoso, se as nomeações forem da mesma data;

II - depois da posse, contra quem lhe deu causa; e contra o mais moderno, se a incompatibilidade for imputada a ambos.

§ 2º Se a incompatibilidade se der com advogado, este deverá ser substituído.

CAPÍTULO VII
DAS SUBSTITUIÇÕES

ART. 62. Os magistrados da Justiça Militar são substituídos:

I - o Presidente do Superior Tribunal Militar, pelo Vice-Presidente e este pelo Ministro civil mais antigo;

II - os Ministros militares, mediante convocação pelo Presidente do Tribunal, por oficiais da Marinha, Exército ou Aeronáutica, do mais alto posto, sorteados dentre os constantes da lista enviada pelos Ministros das respectivas Pastas;

III - os Ministros civis pelo Juiz-Corregedor Auxiliar e, na falta deste, por convocação do Presidente do Tribunal, após sorteio público ao qual concorrerão os 5 (cinco) juízes federais da Justiça Militar mais antigos; (Alterado pela Lei 13.774/2018.)

IV - os juízes federais da Justiça Militar pelos juízes federais substitutos da Justiça Militar do juízo ou, na falta destes, mediante convocação do Presidente do Tribunal dentre juízes federais substitutos da Justiça Militar, observado, quando for o caso, o disposto no art. 64 desta Lei; (Alterado pela Lei 13.774/2018.)

V - o Ministro-Corregedor pelo Juiz-Corregedor Auxiliar. (Acrescentado pela Lei 13.774/2018.)

Parágrafo único. A convocação prevista nos incisos II e III deste artigo só se fará para completar o quórum de julgamento.

ART. 63. Em caso de afastamento de Ministro ou de vaga por prazo superior a trinta dias, poderá ser convocado substituto, por decisão da maioria absoluta dos membros do Superior Tribunal Militar.

§ 1º O substituto de Ministro militar será escolhido na forma do inciso II do artigo anterior.

§ 2º O substituto de Ministro civil será escolhido na forma do inciso III do artigo anterior.

§ 3º Em caso de afastamento, por período superior a trinta dias, os feitos em poder do magistrado afastado e aqueles em que tenha proferido relatório, como os que haja colocado em mesa para julgamento, são redistribuídos aos demais membros do Tribunal, mediante oportuna compensação. Os feitos em que seja revisor passam ao substituto, na forma do regimento interno.

§ 4º O julgamento que tiver sido iniciado prosseguirá, computando-se os votos já proferidos, ainda que o magistrado afastado seja o relator.

§ 5º Quando o afastamento for por período igual ou superior a três dias, são redistribuídos, mediante oportuna compensação, os *habeas corpus*, os mandados de segurança, e os feitos que, consoante fundada alegação do interessado, reclamem solução urgente.

§ 6º Em caso de vaga, ressalvados os processos a que se refere o parágrafo anterior, os demais serão atribuídos ao nomeado para preenchê-la.

§ 7º Não concorrerão ao sorteio de que trata o inciso III do artigo anterior os magistrados punidos com as penas de advertência, censura, remoção compulsória e disponibilidade.

ART. 64. Nas circunscrições judiciárias com mais de 1 (uma) Auditoria na mesma sede, a substituição de juiz federal da Justiça Militar, quando não houver substituto disponível na Auditoria, é feita por magistrado em exercício na mesma sede. (Alterado pela Lei 13.774/2018.)

Parágrafo único. A substituição de que trata este artigo ocorrerá nos casos de licença, falta e impedimento do substituído, sem prejuízo das funções do substituto.

ART. 65. A substituição nos casos de ausência ou impedimento eventual não autoriza a concessão de qualquer vantagem, salvo diárias e transporte, se for o caso.

ART. 66. O magistrado convocado para substituir Ministro civil perceberá a diferença de vencimentos correspondente, durante o período da convocação, inclusive diárias e transporte, se for o caso.

TÍTULO VI
DO MINISTÉRIO PÚBLICO DA UNIÃO JUNTO À JUSTIÇA MILITAR

CAPÍTULO ÚNICO
DO MINISTÉRIO PÚBLICO

ART. 67. O Ministério Público mantém representantes junto à Justiça Militar.

ART. 68. Os membros do Ministério Público desempenham, junto à Justiça Militar, atribuições previstas no Código de Processo Penal Militar e leis especiais.

TÍTULO VII
DA DEFENSORIA PÚBLICA DA UNIÃO JUNTO À JUSTIÇA MILITAR

CAPÍTULO ÚNICO
DA DEFENSORIA PÚBLICA

ART. 69. A Defensoria Pública da União mantém representantes junto à Justiça Militar.

ART. 70. Os membros da Defensoria Pública, junto à Justiça Militar, desempenham as atribuições previstas no Código de Processo Militar e leis especiais.

PARTE II
DOS SERVIÇOS AUXILIARES

TÍTULO I
DAS DISPOSIÇÕES GERAIS

ART. 71. Os Serviços Auxiliares da Justiça Militar são executados:

I - pela Secretaria do Superior Tribunal Militar;

II - pelas Secretarias das Auditorias.

ART. 72. Aos funcionários da Justiça Militar aplica-se o Regime Jurídico Único dos Servidores Públicos Civis da União, observadas as disposições desta Lei.

ART. 73. (Vetado.)

ART. 74. O provimento dos cargos em comissão classificados nos 3 (três) primeiros níveis é feito dentre os ocupantes de cargos de nível superior do respectivo quadro que atendam aos seguintes requisitos: (Alterado pela Lei 13.774/2018.)

a) qualificação específica para a área relativa ao cargo em comissão, mediante graduação em curso de nível superior; (Alterada pela Lei 13.774/2018.)

b) experiência para o respectivo exercício, de acordo com as normas regulamentares expedidas pelo Tribunal.

§ 1º O provimento dos cargos em comissão vinculados a gabinete de Ministro é feito por indicação da respectiva autoridade, dentre pessoas com formação de nível superior. (Alterado pela Lei 13.774/2018.)

§ 2º O provimento dos cargos em comissão classificados nos demais níveis, observado o limite de 50% (cinquenta por cento), somente pode recair em funcionário da Justiça Militar que atenda aos requisitos estabelecidos na parte final do caput deste artigo e nas suas alíneas a e b. (Alterado pela Lei 13.774/2018.)

TÍTULO II
DA COMPETÊNCIA

ART. 75. A competência dos órgãos da Secretaria do Superior Tribunal Militar será definida em ato próprio, baixado pelo Tribunal.

ART. 76. As Secretarias das Auditorias incumbe a realização dos serviços de apoio aos respectivos juízos, nos termos das leis processuais, dos atos e provimentos do Superior Tribunal Militar e da Corregedoria da Justiça Militar, e das portarias e despachos dos juízes federais da Justiça Militar aos quais estejam diretamente subordinadas. (Alterado pela Lei 13.774/2018.)

TÍTULO III
DAS ATRIBUIÇÕES DOS SERVIDORES

CAPÍTULO I
DA SECRETARIA DO SUPERIOR TRIBUNAL MILITAR

ART. 77. (Revogado pela Lei 13.774/2018.)

CAPÍTULO II
DAS SECRETARIAS DAS AUDITORIAS

ART. 78. Os servidores da Secretaria são, nos processos em que funcionarem, auxiliares do juiz e a ele subordinados.

SEÇÃO I
DOS DIRETORES DE SECRETARIA

ART. 79. São atribuições do Diretor de Secretaria:

I - ter em boa guarda os autos e papéis a seu cargo e os que, por força de ofício, receber das partes;

II - conservar a Secretaria em boa ordem e classificar, por espécie, número e ordem cronológica, os autos e papéis a seu cargo, quer os em andamento, quer os arquivados;

III - escrever em forma legal e de modo legível, ou datilografar, os termos do processo, mandados, precatórios, depoimentos, atas das sessões dos conselhos e demais atos próprios do seu ofício;

IV - providenciar, com diligência, o cumprimento de decisões ou despachos do juiz, com vistas à notificação ou intimação das partes, testemunhas, ofendido ou acusado, para comparecerem em dia, hora e lugar designados no curso do processo, bem como cumprir quaisquer atos que lhe incumba por dever de ofício;

V - lavrar procuração *apud acta*;

VI - prestar as informações que lhe forem pedidas sobre processos em andamento, salvo quanto a matéria que tramite em segredo de justiça;

VII - fornecer, independentemente de despacho, certidões requeridas pelos interessados e submeter ao juiz federal da Justiça Militar os casos que versarem sobre matéria que tramite em segredo de justiça e aqueles passíveis de dúvidas; (Alterado pela Lei 13.774/2018.)

VIII - numerar e rubricar as folhas dos autos e quaisquer peças neles juntadas;

IX - providenciar o registro das sentenças e decisões dos Conselhos de Justiça e do juiz federal da Justiça Militar; (Alterado pela Lei 13.774/2018.)

X - registrar, em livro próprio, os nomes dos réus condenados e a data da condenação, bem como a pena aplicada e o seu término;

XI - registrar, em ordem cronológica, a entrada de processos e inquéritos, sua distribuição, a remessa a outro juízo ou autoridade, bem como as devoluções ocorridas;

XII - providenciar livros, classificadores, fichas e demais materiais necessários à ordem e a boa guarda dos processos;

XIII - providenciar o expediente administrativo da Secretaria;

XIV - acompanhar o juiz federal da Justiça Militar nas diligências de ofício; (Alterado pela Lei 13.774/2018.)

XV - fornecer ao juiz federal da Justiça Militar, trimestralmente, a relação de inquéritos e demais processos que se encontrem parados na Secretaria; (Alterado pela Lei 13.774/2018.)

XVI - apresentar, até o dia quinze de janeiro de cada ano, relatório das atividades anuais da Secretaria;

XVII - praticar os atos de que tratam os arts. 20, 21 e 22 desta Lei;

XVIII - distribuir o serviço entre os servidores da Secretaria, fiscalizar sua execução e representar ao juiz federal da Justiça Militar em caso de irregularidade ou desobediência de ordem; (Alterado pela Lei 13.774/2018.)

XIX - executar as atribuições que lhe forem delegadas por juiz federal da Justiça Militar conforme o disposto em regulamento do Superior Tribunal Militar. (Acrescentado pela Lei 13.774/2018.)

SEÇÃO III
DOS ANALISTAS JUDICIÁRIOS

‣ Alterada pela Lei 13.774/2018.

ART. 80. São atribuições do Analista Judiciário: (Alterado pela Lei 13.774/2018.)

I - substituir o diretor da Secretaria nas férias, nas licenças, nas faltas e nos impedimentos, por designação do juiz federal da Justiça Militar; (Alterado pela Lei 13.774/2018.)

II - executar os serviços determinados pelo juiz federal da Justiça Militar e pelo diretor da Secretaria, inclusive os atos previstos nos incisos III, VIII, X e XI do caput do art. 79 desta Lei, que serão subscritos pelo diretor da Secretaria; (Alterado pela Lei 13.774/2018.)

III - lavrar procuração *apud acta*, quando estiver funcionando em audiência.

IV - desempenhar outros atos compatíveis com a natureza do cargo, ordenados pelo juiz federal da Justiça Militar, pelo juiz federal substituto da Justiça Militar ou pelo diretor da Secretaria ou previstos em atos normativos do Superior Tribunal Militar. (Acrescentado pela Lei 13.774/2018.)

SEÇÃO III
DOS OFICIAIS DE JUSTIÇA AVALIADORES

‣ Numeração da Seção conforme publicação oficial.

ART. 81. São atribuições do Analista Judiciário, área Judiciária, especialidade Oficial de Justiça Avaliador Federal: (Alterado pela Lei 13.774/2018.)

I - funcionar, nos casos indicados em lei como perito oficial na determinação de valores, salvo quando exigidos conhecimentos técnicos especializados;

II - fazer, de acordo com a lei processual penal militar, as citações por mandado, bem como as notificações e intimações de que for incumbido;

III - convocar pessoas idôneas para testemunharem atos de seu ofício, quando a lei o exigir;

IV - dar contrafé e certificar os atos e diligências que houver cumprido;

V - lavrar autos e realizar prisões, diligências e medidas preventivas ou assecuratórias determinadas por Conselho de Justiça ou por juiz federal da Justiça Militar; (Alterado pela Lei 13.774/2018.)

VI - apregoar a abertura e o encerramento das sessões do Conselho de Justiça;

VII - fazer a chamada das partes e testemunhas;

VIII - passar a certidão de pregões e de fixação de editais;

IX - praticar outros atos compatíveis com a natureza do cargo, ordenados por Presidente de Conselho de Justiça, pelo juiz federal da Justiça Militar e pelo diretor da Secretaria. (Alterado pela Lei 13.774/2018.)

SEÇÃO IV
DOS DEMAIS SERVIDORES

ART. 82. As atribuições previstas nos incisos II e III do *caput* do art. 80 desta Lei poderão, no interesse do serviço, ser deferidas ao Técnico Judiciário. (Alterado pela Lei 13.774/2018.)

ART. 83. Aos demais servidores da Secretaria incumbe a execução das tarefas pertinentes a seus cargos, conforme disposto em regulamento do Superior Tribunal Militar e determinado pelo juiz federal da Justiça Militar e pelo diretor da Secretaria. (Alterado pela Lei 13.774/2018.)

CAPÍTULO III
DO REGIME DISCIPLINAR

ART. 84. Os funcionários dos Serviços Auxiliares da Justiça Militar estão sujeitos ao regime disciplinar estabelecido no Regime Jurídico Único dos Servidores Públicos Civis da União, observadas as disposições desta Lei.

ART. 85. Para aplicação de pena disciplinar são competentes:

a) o Presidente do Superior Tribunal Militar, aos ocupantes de cargos em comissão e aos servidores subordinados a Ministro, mediante representação deste; (Alterada pela Lei 13.774/2018.)

b) o Ministro-Corregedor e o juiz federal da Justiça Militar, aos servidores que lhes são subordinados; (Alterada pela Lei 13.774/2018.)

c) o Diretor-Geral, aos servidores do Quadro da Secretaria, não compreendidos na alínea a deste artigo.

§ 1º A pena de suspensão por mais de trinta dias será aplicada pelo Presidente do Superior Tribunal Militar.

§ 2º A aplicação da pena de destituição de função caberá à autoridade que houver feito a designação, mediante representação da autoridade a que estiver subordinado o funcionário.

§ 3º Independe de processo a aplicação das penas de repressão, multa e suspensão até trinta dias.

ART. 86. As penas de demissão e de cassação de aposentadoria ou disponibilidade serão impostas pelo Superior Tribunal Militar.

ART. 87. A aplicação de pena disciplinar poderá ser precedida de advertência, a juízo da autoridade competente, no caso de negligência no cumprimento dos deveres do cargo.

Parágrafo único. A advertência, que poderá se fazer reservadamente, não constará dos assentamentos funcionais.

ART. 88. Caberá recurso para o Superior Tribunal Militar das penas aplicadas pelas autoridades referidas nas alíneas *a* e *b* do art. 85 desta Lei, no prazo de quinze dias contado da data da ciência de sua aplicação ou do indeferimento do pedido de reconsideração.

Parágrafo único. Das penas aplicadas pelo Diretor-Geral caberá recurso ao Presidente do Tribunal, na forma deste artigo.

PARTE III
CAPÍTULO ÚNICO
DA ORGANIZAÇÃO DA JUSTIÇA MILITAR EM TEMPO DE GUERRA

‣ arts. 675 a 710, CPPM.

ART. 89. Na vigência do estado de guerra, são órgãos da Justiça Militar junto às forças em operações:

I - os Conselhos Superiores de Justiça Militar;

II - os Conselhos de Justiça Militar;

III - os juízes federais da Justiça Militar. (Alterado pela Lei 13.774/2018.)

ART. 90. Compete aos órgãos referidos no artigo anterior o processo e julgamento dos crimes praticados em teatro de operações militares ou em território estrangeiro, militarmente ocupados por forças brasileiras, ressalvado o disposto em tratados e convenções internacionais.

Parágrafo único. O agente é considerado em operações militares desde o momento de seu deslocamento para o teatro de operações ou para o território estrangeiro ocupado.

ART. 91. O Conselho Superior de Justiça Militar é órgão de segunda instância e compõe-se de 2 (dois) oficiais-generais, de carreira ou da reserva convocados, e 1 (um) juiz federal da Justiça Militar, nomeados pelo Presidente da República. (Alterado pela Lei 13.774/2018.)

Parágrafo único. A Presidência do Conselho Superior de Justiça Militar é exercida pelo juiz federal da Justiça Militar. (Alterado pela Lei 13.774/2018.)

ART. 92. Junto a cada Conselho Superior de Justiça funcionarão um Procurador e um Defensor Público, nomeados pelo Presidente da República, dentre os membros do Ministério Público da União junto à Justiça Militar e da Defensoria Pública da União, respectivamente.

Parágrafo único. O Presidente do Conselho Superior de Justiça Militar requisitará ao Ministro de Estado da Defesa o pessoal necessário ao serviço de secretaria e designará o Secretário, preferencialmente bacharel em Direito. (Alterado pela Lei 13.774/2018.)

ART. 93. O Conselho de Justiça compõe-se de 1 (um) juiz federal da Justiça Militar ou juiz federal substituto da Justiça Militar e de 2 (dois) oficiais de posto superior ou igual ao do acusado, observado, na última hipótese, o princípio da antiguidade de posto. (Alterado pela Lei 13.774/2018.)

§ 1º O Conselho de Justiça de que trata este artigo será constituído para cada processo e dissolvido após o término do julgamento, cabendo a Presidência ao juiz federal da Justiça Militar. (Alterado pela Lei 13.774/2018.)

§ 2º Os Oficiais da Marinha, do Exército e da Aeronáutica serão julgados, quando possível, por juízes militares da respectiva Força.

ART. 94. Haverá, no teatro de operações, tantas Auditorias quantas forem necessárias.

§ 1º A Auditoria será composta de 1 (um) juiz federal da Justiça Militar, 1 (um) Procurador, 1 (um) Defensor Público, 1 (um) Secretário e auxiliares necessários, com a possibilidade de as 2 (duas) últimas funções serem exercidas por praças graduadas. (Alterado pela Lei 13.774/2018.)

§ 2º Um dos auxiliares de que trata o § 1º deste artigo exercerá, por designação do juiz federal da Justiça Militar, a função de oficial de justiça. (Alterado pela Lei 13.774/2018.)

ART. 95. Compete ao Conselho Superior de Justiça:

I - processar e julgar originariamente os oficiais-generais;

II - julgar as apelações interpostas das sentenças proferidas pelos Conselhos de Justiça e juízes federais da Justiça Militar; (Alterado pela Lei 13.774/2018.)

III - julgar os embargos opostos às decisões proferidas nos processos de sua competência originária.

Parágrafo único. O comandante do teatro de operações responderá a processo perante o Superior Tribunal Militar, condicionada a instauração da ação penal à requisição do Presidente da República.

ART. 96. Compete ao Conselho de Justiça:

I - o julgamento dos oficiais até o posto de coronel, inclusive;

II - decidir sobre arquivamento de inquérito e instauração de processo, nos casos de violência praticada contra inferior para compeli-lo ao cumprimento do dever legal, ou em repulsa a agressão.

ART. 97. Compete ao juiz federal da Justiça Militar: (Alterado pela Lei 13.774/2018.)

I - presidir a instrução criminal dos processos em que forem réus praças, civis ou oficiais até o posto de capitão-de-mar-e-guerra ou coronel, inclusive;

II - julgar as praças e os civis.

PARTE IV
DAS DISPOSIÇÕES GERAIS, TRANSITÓRIAS E FINAIS

CAPÍTULO I
DAS DISPOSIÇÕES GERAIS

ART. 98. No exercício de suas funções na Justiça Militar, há recíproca independência entre os membros da Magistratura, do Ministério Público e da Defesa.

ART. 99. Os magistrados, os representantes do Ministério Público, os Defensores, o Secretário do Tribunal Pleno, o Diretor de Secretaria, o Oficial de Justiça Avaliador e outros servidores usarão, nas sessões e audiências, o vestuário e insígnias estabelecidos em lei ou no Regimento Interno do Tribunal.

ART. 100. Aplica-se o disposto no art. 61 desta Lei aos representantes do Ministério Público, advogados e servidores da Justiça Militar, observada, quanto a estes, a exceção prevista no Regime Jurídico Único dos Servidores Públicos Civis da União.

ART. 101. Nos atos de seu ofício, estão investidos de fé pública o Secretário do Tribunal Pleno, os Diretores de Secretaria, os Oficiais de Justiça Avaliadores e, bem assim, o Diretor-Geral do Tribunal e aqueles que realizem atividades processuais nos autos de recursos ou processos de competência originária.

CAPÍTULO II
DAS DISPOSIÇÕES TRANSITÓRIAS E FINAIS

ART. 102. As Auditorias da Justiça Militar têm por sede: as da Primeira Circunscrição Judiciária Militar, a Cidade do Rio de Janeiro (RJ); as da Segunda, a Cidade de São Paulo (SP); as da Terceira, respectivamente, as Cidades de Porto Alegre, Bagé e Santa Maria (RS); a da Quarta, a Cidade de Juiz de Fora (MG); a da Quinta, a Cidade de Curitiba (PR); a da Sexta, a Cidade de Salvador (BA); a da Sétima, a Cidade de Recife (PE); a da Oitava, a Cidade de Belém (PA); a da Nona, a Cidade de Campo Grande (MS); a da Décima, a Cidade de Fortaleza (CE); as da Décima Primeira, a Cidade de Brasília (DF); e a da Décima Segunda, a Cidade de Manaus (AM).

Parágrafo único. A instalação da 2ª Auditoria da 11ª Circunscrição Judiciária Militar, a que se refere o art. 11, alínea *c*, desta Lei, que terá por sede a Cidade de Brasília, fica condicionada à existência de recursos orçamentários específicos.

- Lei 12.600/2012. (Cria os cargos de Juiz-Auditor e Juiz-Auditor Substituto para a 2ª Auditoria da 11ª Circunscrição Judiciária Militar, no âmbito da Justiça Militar da União e revoga dispositivos da Lei 10.333/2001).

ART. 103. O atual quadro de Defensores Públicos da Justiça Militar da União permanecerá, funcionalmente, na forma da legislação anterior, até que seja organizada a Defensoria Pública da União.

ART. 103-A. O cargo de Juiz-Auditor Corregedor fica transformado no cargo de Juiz-Corregedor Auxiliar. (Acrescentado pela Lei 13.774/2018.)

ART. 104. Esta lei entra em vigor sessenta dias após a sua publicação, revogadas as disposições em contrário (Dec.-Lei 1.003/1969) e, em especial, o § 2º do art. 470 do Código de Processo Penal Militar.

Brasília, 04 de setembro de 1992; 171º da Independência e 104º da República.

FERNANDO COLLOR

LEI N. 8.541, DE 23 DE DEZEMBRO DE 1992

Altera a legislação do Imposto de Renda e dá outras providências.

- *DOU*, 24.12.1992.
- Lei 10.522/2002 (Dispõe sobre o Cadastro Informativo dos créditos não quitados de órgãos e entidades federais).

O Vice-Presidente da República, no exercício do cargo de Presidente da República. Faço saber que o Congresso Nacional decreta e eu sanciono a seguinte lei:

TÍTULO I
DO IMPOSTO DE RENDA DAS PESSOAS JURÍDICAS

CAPÍTULO I
DO IMPOSTO SOBRE A RENDA MENSAL

ART. 1º A partir do mês de janeiro de 1993, o imposto sobre a renda e adicional das pessoas jurídicas, inclusive das equiparadas, das sociedades civis em geral, das sociedades cooperativas, em relação aos resultados obtidos em suas operações ou atividades estranhas a sua finalidade, nos termos da legislação em vigor, e, por opção, o das sociedades civis de prestação de serviços relativos às profissões regulamentadas, será devido mensalmente, na medida em que os lucros forem sendo auferidos.

ART. 2º A base de cálculo do imposto será o lucro real, presumido ou arbitrado, apurada mensalmente, convertida em quantidade de Unidade Fiscal de Referência (Ufir) (Lei n. 8.383), de 30 de dezembro de 1991, art. 1º diária pelo valor desta no último dia do período-base.

SEÇÃO I
IMPOSTO SOBRE A RENDA MENSAL CALCULADO COM BASE NO LUCRO REAL

ART. 3º A pessoa jurídica, tributada com base no lucro real, deverá apurar mensalmente os seus resultados, com observância da legislação comercial e fiscal.

§ 1º O imposto será calculado mediante a aplicação da alíquota de 25% sobre o lucro real expresso em quantidade de Ufir diária.

§ 2º Do imposto apurado na forma do parágrafo anterior a pessoa jurídica poderá excluir o valor:

a) dos incentivos fiscais de dedução do imposto, podendo o valor excedente ser compensado nos meses subsequentes, observados os limites e prazos fixados na legislação específica;

b) dos incentivos fiscais de redução e isenção do imposto, calculados com base no lucro da exploração apurado mensalmente;

c) do Imposto de Renda retido na fonte e incidente sobre receitas computadas na base de cálculo do imposto.

§ 3º Os valores de que trata o parágrafo anterior serão convertidos em quantidade de Ufir diária pelo valor desta no último dia do período-base.

§ 4º O valor do imposto a pagar, em cada mês, será recolhido até o último dia útil do mês subsequente ao de apuração, reconvertido para cruzeiro com base na expressão monetária da Ufir diária vigente no dia anterior ao do pagamento.

§ 5º Nos casos em que o Imposto de Renda retido na fonte, de que trata o § 2º, alínea *c*, deste artigo, seja superior ao devido, a diferença, corrigida monetariamente, poderá ser compensada com o imposto mensal a pagar relativo aos meses subsequentes.

§ 6º Para os efeitos fiscais, os resultados apurados no encerramento de cada período-base mensal serão corrigidos monetariamente.

ART. 4º (Revogado pela Lei 9.532/1997.)

SUBSEÇÃO I
DAS PESSOAS JURÍDICAS OBRIGADAS À APURAÇÃO DO LUCRO REAL

ART. 5º Sem prejuízo do pagamento mensal do imposto sobre a renda, de que trata o art. 3º, desta lei, a partir de 1º de janeiro de 1993, ficarão obrigadas à apuração do lucro real as pessoas jurídicas:

I - cuja receita bruta total, acrescida das demais receitas e dos ganhos de capital, no ano-calendário anterior, tiver ultrapassado o limite correspondente a 9.600.000 Ufir, ou o proporcional ao número de meses do período quando inferior a doze meses;

II - constituídas sob a forma de sociedade por ações, de capital aberto;

III - cujas atividades sejam de bancos comerciais, bancos de investimentos, bancos de desenvolvimento, caixas econômicas, sociedades de crédito, financiamento e investimento, sociedades de crédito imobiliário, sociedades corretoras, distribuidoras de títulos e valores mobiliários, empresas de arrendamento mercantil, cooperativas de crédito, empresas de seguros privados e de capitalização e entidades de previdência privada aberta;

IV - que se dediquem à compra e à venda, ao loteamento, à incorporação ou à construção de imóveis e à execução de obras da construção civil;

V - que tenham sócio ou acionista residente ou domiciliado no exterior;

VI - que sejam sociedades controladoras, controladas e coligadas, na forma da legislação vigente;

VII - constituídas sob qualquer forma societária, e que de seu capital participem entidades da administração pública, direta ou indireta, federal, estadual ou municipal;

VIII - que sejam filiais, sucursais, agências ou representações, no País, de pessoas jurídicas com sede no exterior.

IX - que forem incorporadas, fusionadas, ou cindidas no ano-calendário em que ocorrerem as respectivas incorporações, fusões ou cisões;

X - que gozem de incentivos fiscais calculados com base no lucro da exploração.

SUBSEÇÃO II
DAS ALTERAÇÕES NA APURAÇÃO DO LUCRO REAL

ART. 6º (Vetado).

ART. 7º As obrigações referentes a tributos ou contribuições somente serão dedutíveis, para fins de apuração do lucro real, quando pagas.

§ 1º Os valores das provisões, constituídas com base nas obrigações de que trata o *caput* deste artigo, registrados como despesas indedutíveis, serão adicionados ao lucro líquido, para efeito de apuração do lucro real, e excluído no período-base em que a obrigação provisionada for efetivamente paga.

§ 2º Na determinação do lucro real, a pessoa jurídica não poderá deduzir como custo ou despesa o imposto sobre a renda de que for sujeito passivo como contribuinte ou como responsável em substituição ao contribuinte.

§ 3º A dedutibilidade, como custo ou despesa, de rendimentos pagos ou creditados a terceiros abrange o imposto sobre os rendimentos que o contribuinte, como fonte pagadora, tiver o dever legal de reter e recolher, ainda que o contribuinte assuma o ônus do imposto.

§ 4º Os impostos pagos pela pessoa jurídica na aquisição de bens do ativo permanente poderão, a seu critério, ser registrados como custo de aquisição ou deduzidos como despesas operacionais, salvo os pagos na importação de bens que se acrescerão ao custo de aquisição.

§ 5º Não são dedutíveis como custo ou despesas operacionais as multas por infrações fiscais, salvo as de natureza compensatória e as impostas por infrações de que não resultem falta ou insuficiência de pagamento de tributo.

ART. 8º Serão consideradas como redução indevida do lucro real, de conformidade com as disposições contidas no art. 6º, § 5º, alínea b, do Decreto-Lei n. 1.598, de 26 de dezembro de 1977, as importâncias contabilizadas como custo ou despesa, relativas a tributos ou contribuições, sua respectiva atualização monetária e as multas, juros e outros encargos, cuja exigibilidade esteja suspensa nos termos do art. 151 da Lei n. 5.172, de 25 de outubro de 1966, haja ou não depósito judicial em garantia.

ART. 9º O percentual admitido para a determinação do valor da provisão para créditos de liquidação duvidosa, previsto no art. 61, § 2º, da Lei n. 4.506, de 30 de novembro de 1964, passa a ser de até 1,5%.

Parágrafo único. O percentual a que se refere este artigo será de até 0,5% para as pessoas jurídicas referidas no art. 5º, inciso III, desta lei.

ART. 10. A partir de 1º de janeiro de 1993, a pessoa jurídica estará sujeita a um adicional do Imposto de Renda à alíquota de dez por cento sobre a parcela do lucro real ou arbitrado que ultrapassar:

I - 25.000 Ufir, para as pessoas jurídicas que apurarem a base de cálculo mensalmente;

II - 300.000 Ufir, para as pessoas jurídicas que apurarem o lucro real anualmente.

§ 1º A alíquota de adicional de que trata este artigo será de quinze por cento para os bancos comerciais, bancos de investimento, bancos de desenvolvimento, caixas econômicas, sociedades de crédito, financiamento e investimento, sociedades de crédito imobiliário, sociedades corretoras, distribuidoras de títulos e valores mobiliários e empresas de arrendamento mercantil.

§ 2º O valor do adicional será recolhido integralmente, não sendo permitidas quaisquer deduções.

§ 3º O limite previsto no inciso II do *caput* deste artigo será proporcional ao número de meses do ano-calendário, no caso de período-base inferior a doze meses.

ART. 11. O valor dos impostos recolhidos na forma dos arts. 29, 31 e 36, desta lei, mantidas as demais disposições sobre a matéria, integrará o cálculo dos incentivos fiscais de que trata o Decreto-Lei n. 1.376, de 12 de dezembro de 1974 (Finor/Finam/Funres).

SUBSEÇÃO III
DOS PREJUÍZOS FISCAIS

ART. 12. (Revogado pela Lei 8.981/1995.)

SEÇÃO II
IMPOSTO SOBRE A RENDA MENSAL CALCULADO COM BASE NO LUCRO PRESUMIDO

SUBSEÇÃO I
DISPOSIÇÕES GERAIS

ART. 13. Poderão optar pela tributação com base no lucro presumido as pessoas jurídicas cuja receita bruta total, acrescida das demais receitas e ganhos de capital, tenha sido igual ou inferior a 9.600.000 Ufir no ano-calendário anterior.

§ 1º O limite será calculado tomando-se por base as receitas mensais, divididas pelos valores da Ufir do último dia, dos meses correspondentes.

§ 2º Sem prejuízo do recolhimento do imposto sobre a renda mensal de que trata esta seção, a opção pela tributação com base no lucro presumido será exercida e considerada definitiva pela entrega da declaração prevista no art. 18, inciso IV, desta lei.

§ 3º A pessoa jurídica que iniciar atividade ou que resultar de qualquer das operações relacionadas no art. 5º, inciso IX, desta lei, que não esteja obrigada a tributação pelo lucro real poderá optar pela tributação com base no lucro presumido, no respectivo ano-calendário.

§ 4º A pessoa jurídica que não exercer a opção prevista no § 2º deste artigo deverá apurar o lucro real em 31 de dezembro de cada ano ou na data de encerramento de sua atividade, com base na legislação em vigor e com as alterações desta lei, e deduzir do imposto apurado com base no lucro real o imposto recolhido na forma desta seção.

§ 5º A diferença do imposto apurada na forma do parágrafo anterior será paga em cota única, até a data fixada para a entrega da declaração, quando positiva; e compensada com imposto devido nos meses subsequentes ao fixado para a entrega da declaração anual, ou restituída, se negativa.

SUBSEÇÃO II
DA TRIBUTAÇÃO COM BASE NO LUCRO PRESUMIDO

ART. 14. A base de cálculo do imposto será determinada mediante a aplicação do percentual de 3,5% sobre a receita bruta mensal auferida na atividade, expressa em cruzeiros.

§ 1º Nas seguintes atividades o percentual de que trata este artigo será de:

a) três por cento sobre a receita bruta mensal auferida na revenda de combustível;

b) oito por cento sobre a receita bruta mensal auferida sobre a prestação de serviços em geral, inclusive sobre os serviços de transporte, exceto o de cargas;

c) vinte por cento sobre a receita bruta mensal auferida com as atividades de:

c.1) prestação de serviços, cuja receita remunere essencialmente o exercício pessoal, por parte dos sócios, de profissões que dependam de habilitação profissional legalmente exigida; e

c.2) intermediação de negócios, da administração de imóveis, locação ou administração de bens móveis;

d) 3,5% sobre a receita bruta mensal auferida na prestação de serviços hospitalares.

§ 2º No caso de atividades diversificadas, será aplicado o percentual correspondente a cada atividade.

§ 3º Para os efeitos desta lei, a receita bruta das vendas e serviços compreende o produto da venda de bens nas operações de conta própria, o preço dos serviços prestados e o resultado auferido nas operações de conta alheia.

§ 4º Na receita bruta não se incluem as vendas canceladas, os descontos incondicionais concedidos e os impostos não cumulativos cobrados destacadamente do comprador ou contratante, e do qual o vendedor dos bens ou prestador dos serviços seja mero depositário.

§ 5º A base de cálculo será convertida em quantidade de Ufir diária pelo valor desta no último dia do mês a que se referir.

ART. 15. O imposto sobre a renda mensal será calculado mediante a aplicação da alíquota de 25% sobre a base de cálculo expressa em quantidade de Ufir diária.

§ 1º Do imposto apurado na forma do *caput* deste artigo a pessoa jurídica poderá excluir o valor dos incentivos fiscais de dedução do imposto, podendo o valor excedente ser compensado nos meses subsequentes, observados os limites e prazos fixados na legislação específica.

§ 2º O imposto sobre a renda na fonte, pago ou retido, sobre as receitas incluídas na base de cálculo de que trata o art. 14, desta lei, será compensado com o valor do imposto devido mensalmente e apurado nos termos deste artigo.

§ 3º Para os efeitos do parágrafo anterior, o imposto pago ou retido, constante de documento hábil, e os incentivos de que trata o § 1º deste artigo, serão convertidos em quantidade de Ufir diária pelo valor desta no último dia do mês a que se referir o pagamento ou a retenção.

§ 4º Nos casos em que o imposto sobre a renda pago ou retido na fonte seja superior ao devido, a diferença, corrigida, monetariamente, poderá ser compensada com o imposto mensal dos meses subsequentes.

ART. 16. O imposto será pago até o último dia útil do mês subsequente ao de apuração, reconvertido para cruzeiro com base na expressão monetária da Ufir diária vigente no dia anterior ao do pagamento.

SUBSEÇÃO III
DA TRIBUTAÇÃO MENSAL DOS DEMAIS RESULTADOS E GANHOS DE CAPITAL

ART. 17. Os resultados positivos decorrentes de receitas não compreendidas na base de cálculo do art. 14, § 3º, desta lei, inclusive os ganhos de capital, serão tributados mensalmente, a partir de 1º de janeiro de 1993, à alíquota de 25 %.

§ 1º Entre os resultados a que alude o *caput* deste artigo, não se incluem os valores tributados na forma dos arts. 29 e 36, desta lei, bem como as variações monetárias ativas decorrentes das operações mencionadas nos referidos artigos.

§ 2º O ganho de capital, nas alienações de bens do ativo permanente e das aplicações em ouro não tributadas na forma do art. 29 desta lei, corresponderá à diferença positiva verificada, no mês, entre o valor da alienação e o respectivo custo de aquisição, corrigido monetariamente, até a data da operação.

§ 3º A base de cálculo do imposto de que trata este artigo será a soma dos resultados positivos e dos ganhos de capital, convertida em quantidade de Ufir diária pelo valor desta no último dia do período-base.

§ 4º O imposto será pago até o último dia útil do mês subsequente ao de apuração, reconvertido para cruzeiro com base na expressão monetária da Ufir diária vigente no dia anterior ao do pagamento.

SUBSEÇÃO IV
DAS DEMAIS OBRIGAÇÕES DAS PESSOAS JURÍDICAS OPTANTES PELA TRIBUTAÇÃO COM BASE NO LUCRO PRESUMIDO

ART. 18. A pessoa jurídica que optar pela tributação com base no lucro presumido deverá adotar os seguintes procedimentos:

I - escriturar os recebimentos e pagamentos ocorridos em cada mês, em Livro-Caixa, exceto se mantiver escrituração contábil nos termos da legislação comercial;

II - escriturar, ao término do ano-calendário, o Livro Registro de Inventário de seus estoques, exigido pelo art. 2º, da Lei n. 154, de 25 de novembro de 1947;

III - apresentar, até o último dia útil do mês de abril do ano-calendário seguinte ou no mês subsequente ao de encerramento da atividade, Declaração Simplificada de Rendimentos e Informações, em modelo próprio aprovado pela Secretaria da Receita Federal;

IV - manter em boa guarda e ordem, enquanto não decorrido o prazo decadencial e não prescritas eventuais ações que lhes sejam pertinentes, todos os livros de escrituração obrigatórios, por legislação fiscal específica, bem como os documentos e demais papéis que serviram de base para apurar os valores indicados na Declaração Anual Simplificada de Rendimentos e Informações.

ART. 19. A pessoa jurídica que obtiver, no decorrer do ano-calendário, receita excedente ao limite previsto no art. 13 desta lei, a partir do ano-calendário seguinte pagará o imposto sobre a renda com base no lucro real.

Parágrafo único. A pessoa jurídica que não mantiver escrituração comercial ficará obrigada a realizar, no dia 1º de janeiro do ano-calendário seguinte, levantamento patrimonial, a fim de elaborar balanço de abertura e iniciar escrituração contábil.

ART. 20. Os rendimentos, efetivamente pagos a sócios ou titular de empresa individual e escriturados nos livros indicados no art. 18, inciso I, desta lei, que ultrapassarem o valor do lucro presumido deduzido do imposto sobre a renda correspondente serão tributados na fonte e na declaração anual dos referidos beneficiários.

SEÇÃO III
IMPOSTO SOBRE A RENDA MENSAL CALCULADO COM BASE NO LUCRO ARBITRADO

SUBSEÇÃO I
DISPOSIÇÕES GERAIS

ART. 21. (Revogado pela Lei 8.981/1995.)

SUBSEÇÃO II
DA TRIBUTAÇÃO COM BASE NO LUCRO ARBITRADO

ART. 22. Presume-se, para os efeitos legais, rendimento pago aos sócios ou acionistas das pessoas jurídicas, na proporção da participação no capital social, ou integralmente ao titular da empresa individual, o lucro arbitrado deduzido do Imposto de Renda da pessoa jurídica e da contribuição social sobre o lucro.

Parágrafo único. O rendimento referido no *caput* deste artigo será tributado, exclusivamente na fonte, à alíquota de 25%, devendo o imposto ser recolhido até o último dia útil do mês seguinte ao do arbitramento.

SEÇÃO IV
IMPOSTO SOBRE A RENDA MENSAL CALCULADO POR ESTIMATIVA

SUBSEÇÃO I
DISPOSIÇÕES GERAIS

ART. 23. As pessoas jurídicas tributadas com base no lucro real poderão optar pelo pagamento do imposto mensal calculado por estimativa.

§ 1º A opção será formalizada mediante o pagamento espontâneo do imposto relativo ao mês de janeiro ou do mês de início de atividade.

§ 2º A opção de que trata o *caput* deste artigo poderá ser exercida em qualquer dos outros meses do ano-calendário uma única vez, vedada a prerrogativa prevista no art. 26 desta lei.

§ 3º A pessoa jurídica que optar pelo disposto no *caput*, deste artigo, poderá alterar sua opção e passar a recolher o imposto com base no lucro real mensal, desde que cumpra o disposto no art. 3º desta lei.

§ 4º O imposto recolhido por estimativa, exercida a opção prevista no § 3º deste artigo, será deduzido do apurado com base no lucro real dos meses correspondentes e os eventuais excessos serão compensados, corrigidos, monetariamente, nos meses subsequentes.

§ 5º Se do cálculo previsto no § 4º deste artigo resultar saldo de imposto a pagar, este será recolhido, corrigido, monetariamente, na forma da legislação aplicável.

SUBSEÇÃO II
DA TRIBUTAÇÃO POR ESTIMATIVA

ART. 24. No cálculo do imposto mensal por estimativa aplicar-se-ão as disposições pertinentes à apuração do lucro presumido e dos demais resultados positivos e ganhos de capital, previstas nos arts. 13 a 17 desta lei, observado o seguinte:

a) (Revogada pela Lei 9.069/1995.)

b) as pessoas jurídicas e equiparadas que explorem atividades imobiliárias, tais como loteamento de terrenos, incorporação imobiliária ou construção de prédios destinados à venda, deverão considerar como receita bruta o montante efetivamente recebido, não gravado com cláusula de efeito suspensivo, relativo às unidades imobiliárias vendidas, inclusive as receitas transferidas da conta de "Resultado de Exercícios Futuros" (Lei n. 6.404, de 15 de dezembro de 1976, art. 181) e os custos recuperados de períodos anteriores.

c) no caso das pessoas jurídicas a que se refere o art. 5º, inciso III, desta lei, a base de cálculo do imposto será determinada mediante a aplicação do percentual de seis por cento sobre a receita bruta mensal;

d) as pessoas jurídicas obrigadas à tributação pelo lucro real, beneficiárias dos incentivos fiscais de isenção e redução calculados com base no lucro da exploração, deverão:

d.1) aplicar as disposições pertinentes à apuração do lucro presumido, segregando as receitas brutas mensais de suas diversas atividades;

d.2) considerar os incentivos de redução e isenção no cálculo do imposto incidente sobre o lucro presumido das atividades incentivadas.

§ 1º O Imposto de Renda retido na fonte sobre receitas computadas na determinação da base de cálculo poderá ser deduzido do imposto devido em cada mês (art. 15, § 2º, desta lei).

§ 2º (Vetado).

ART. 25. A pessoa jurídica que exercer a opção prevista no art. 23 desta lei, deverá apurar o lucro real em 31 de dezembro de cada ano ou na data de encerramento de suas atividades, com base na legislação em vigor e com as alterações desta lei.

§ 1º O imposto recolhido por estimativa na forma do art. 24 desta lei, será deduzido, corrigido, monetariamente, do apurado na declaração anual, e a variação monetária ativa será computada na determinação do lucro real.

§ 2º Para efeito de correção monetária das demonstrações financeiras, o resultado apurado no encerramento de cada período-base anual será corrigido monetariamente.

§ 3º A pessoa jurídica incorporada, fusionada ou cindida deverá determinar o lucro real com base no balanço que serviu para a realização das operações de incorporação, fusão ou cisão.

§ 4º O lucro real apurado nos termos deste artigo será convertido em quantidade de Ufir pelo valor desta no último dia do período de apuração.

ART. 26. Se não estiver obrigada à apuração do lucro real nos termos do art. 5º desta lei, a pessoa jurídica poderá, no ato da entrega da declaração anual ou de encerramento, optar pela tributação com base no lucro presumido, atendidas as disposições previstas no art. 18 desta lei.

ART. 27. A pessoa jurídica tributada com base no lucro real e que tiver lucro diferido por permissão legal, cuja realização estiver vinculada ao seu efetivo recebimento, deverá, se optar pelo recolhimento do imposto mensal com base nas regras previstas no art. 23 desta lei, adicionar à base de cálculo do imposto mensal o lucro contido na parcela efetivamente recebida, ainda que exerça a opção de que trata o art. 26 desta lei.

ART. 28. As pessoas jurídicas que optarem pelo disposto no art. 23 desta lei, deverão apurar o imposto na declaração anual do lucro real, e a diferença verificada entre o imposto devido na declaração e o imposto pago referente aos meses do período-base anual será:

I - paga em quota única, até a data fixada para entrega da declaração anual quando positiva;

II - compensada, corrigida monetariamente, com o imposto mensal a ser pago nos meses subsequentes ao fixado para a entrega da declaração anual se negativa, assegurada a alternativa de restituição do montante pago a maior corrigido monetariamente.

SEÇÃO V
IMPOSTO SOBRE A RENDA MENSAL CALCULADO SOBRE RENDAS VARIÁVEIS

ART. 29. Ficam sujeitas ao pagamento do imposto sobre a renda, à alíquota de 25%, as pessoas jurídicas, inclusive isentas, que auferirem ganhos líquidos em operações realizadas, a partir de 1º de janeiro de 1993, nas bolsas de valores, de mercadorias, de futuros e assemelhadas.

§ 1º Considera-se ganho líquido o resultado positivo auferido nas operações ou contratos liquidados em cada mês, admitida a dedução dos custos e despesas efetivamente incorridos, necessários à realização das operações.

§ 2º O ganho líquido será:

a) no caso dos mercados à vista, a diferença positiva entre o valor da transmissão do ativo e o seu custo de aquisição, corrigido monetariamente;

b) no caso do mercado de opções, a diferença positiva apurada na negociação desses ativos ou no exercício das opções de compra ou de venda;

c) no caso dos mercados a termo, a diferença positiva apurada entre o valor da venda à vista na data da liquidação do contrato a termo e o preço neste estabelecido;

d) no caso dos mercados futuros, o resultado líquido positivo dos ajustes diários apurados no período.

§ 3º O disposto neste artigo aplica-se também aos ganhos líquidos auferidos na alienação de ouro, ativo financeiro, fora de bolsa, bem como aos ganhos auferidos na alienação de ações no mercado de balcão.

§ 4º O resultado decorrente das operações de que trata este artigo será apurado mensalmente, ressalvado o disposto no art. 28 da Lei n. 8.383, de 30 de dezembro de 1991, e terá o seguinte tratamento:

I - se positivo (ganho líquido), será tributado em separado, devendo ser excluído do lucro líquido para efeito de determinação do lucro real;

II - se negativo (perda líquida), será indedutível para efeito de determinação do lucro real, admitida sua compensação, corrigido monetariamente pela variação da Ufir diária, com os resultados positivos da mesma natureza em meses subsequentes.

§ 5º O imposto de que trata este artigo será:

I - definitivo, não podendo ser compensado com o imposto sobre a renda apurado com base no lucro real, presumido ou arbitrado;

II - indedutível na apuração do lucro real;

III - convertido em quantidade de Ufir diária pelo valor desta no último dia do mês a que se referir;

IV - pago até o último dia útil do mês subsequente ao da apuração, reconvertido para cruzeiros pelo valor da Ufir diária vigente no dia anterior ao do pagamento.

§ 6º O custo de aquisição dos ativos objeto das operações de que trata este artigo será corrigido monetariamente pela variação acumulada da Ufir diária, da data de aquisição até a data de venda, sendo que, no caso de várias aquisições da mesma espécie de ativo, no mesmo dia, será considerado como custo de aquisição o valor médio pago.

§ 7º A partir de 1º de janeiro de 1993, a variação monetária do custo de aquisição dos ativos, a que se refere o § 6º deste artigo, será apropriada segundo o regime de competência.

§ 8º Nos casos dos mercados de opções e a termo, o disposto neste artigo aplica-se às operações iniciadas a partir de 1º de janeiro de 1993.

§ 9º Excluem-se do disposto neste artigo os ganhos líquidos nas alienações de participações societárias permanentes em sociedades coligadas e controladas e os resultantes da alienação de participações societárias que permaneceram no ativo da pessoa jurídica até o término do ano-calendário seguinte ao de suas aquisições.

§ 10. (Vetado).

CAPÍTULO II
DO IMPOSTO CALCULADO SOBRE O LUCRO INFLACIONÁRIO ACUMULADO

ART. 30. A pessoa jurídica deverá considerar realizado mensalmente, no mínimo, 1/240, ou o valor efetivamente realizado, nos termos da legislação em vigor, do lucro inflacionário acumulado e do saldo credor da diferença de correção monetária complementar IPC/BTNF (Lei n. 8.200, de 28 de junho de 1991, art. 3º).

ART. 31. À opção da pessoa jurídica, o lucro inflacionário acumulado e o saldo credor da diferença de correção monetária complementar IPC/BTNF (Lei n. 8.200, de 28 de junho de 1991, art. 3º) existente em 31 de dezembro de 1992, corrigidos monetariamente, poderão ser considerados realizados mensalmente e tributados da seguinte forma:

I - 1/120 à alíquota de vinte por cento; ou

II - 1/60 à alíquota de dezoito por cento; ou

III - 1/36 à alíquota de quinze por cento; ou

IV - 1/12 à alíquota de dez por cento, ou

V - em cota única à alíquota de cinco por cento.

§ 1º O lucro inflacionário acumulado realizado na forma deste artigo será convertido em quantidade de Ufir diária pelo valor desta no último dia do período-base.

§ 2º O imposto calculado nos termos deste artigo será pago até o último dia útil do mês subsequente ao da realização, reconvertido para cruzeiro, com base na expressão monetária da Ufir diária vigente no dia anterior ao do pagamento.

§ 3º O imposto de que trata este artigo será considerado como de tributação exclusiva.

§ 4º A opção de que trata o *caput* deste artigo, que deverá ser feita até o dia 31 de dezembro de 1994, será irretratável e manifestada através do pagamento do imposto sobre o lucro inflacionário acumulado, cumpridas as instruções baixadas pela Secretaria da Receita Federal.

ART. 32. A partir do exercício financeiro de 1995, a parcela de realização mensal do lucro inflacionário acumulado, a que se refere o art. 30 desta lei, será de, no mínimo, 1/120.

ART. 33. A pessoa jurídica optante pela tributação com base no lucro presumido, que possuir saldo de lucro inflacionário acumulado anterior à opção, deverá tributar mensalmente o correspondente a 1/240 deste saldo até 31 de dezembro de 1994 e 1/120 a partir do exercício financeiro de 1995.

Parágrafo único. Poderá a pessoa jurídica de que trata este artigo fazer a opção pela tributação prevista no art. 31 desta lei.

ART. 34. A pessoa jurídica que optar pelo disposto no art. 31 desta lei poderá quitar, com títulos da Dívida Pública Mobiliária Federal, nos termos e condições definidos pelo Poder Executivo, o imposto incidente sobre a parcela que exceder o valor de realização, mínima ou efetiva, do lucro inflacionário, conforme prevista pela legislação vigente.

Parágrafo único. Para os efeitos deste artigo, o imposto será calculado à alíquota de 25%.

ART. 35. Nos casos de incorporação, fusão, cisão total ou encerramento de atividades, a pessoa jurídica incorporada, fusionada, cindida ou extinta deverá considerar integralmente realizado o valor total do lucro inflacionário acumulado, corrigido monetariamente. Na cisão parcial, a realização será proporcional à parcela do ativo, sujeito à correção monetária que tiver sido vertida.

Parágrafo único. A pessoa jurídica, que tiver realizado o lucro inflacionário nos termos do *caput* deste artigo deverá recolher o saldo remanescente do imposto até o décimo dia subsequente à data do evento, não se lhes aplicando as reduções de alíquotas mencionadas no art. 31 desta lei.

TÍTULO II
DO IMPOSTO DE RENDA RETIDO NA FONTE

CAPÍTULO I
IMPOSTO SOBRE A RENDA CALCULADO SOBRE APLICAÇÕES FINANCEIRAS DE RENDA FIXA

ART. 36. Os rendimentos auferidos pelas pessoas jurídicas, inclusive isentas, em aplicações financeiras de renda fixa iniciadas a partir de 1º de janeiro de 1993 serão tributadas, exclusivamente na fonte, na forma da legislação vigente, com as alterações introduzidas por esta lei.

§ 1º O valor que servir de base de cálculo do imposto de que trata este artigo será excluído do lucro líquido para efeito de determinação do lucro real.

§ 2º O valor das aplicações de que trata este artigo deve ser corrigido monetariamente pela variação acumulada da Ufir diária da data da aplicação até a data da cessão, resgate, repactuação ou liquidação da operação.

§ 3º A variação monetária ativa de que trata o parágrafo anterior comporá o lucro real mensal ou anual, devendo ser apropriada pelo regime de competência.

§ 4º O imposto retido na fonte lançado como despesa será indedutível na apuração do lucro real.

§ 5º O disposto neste artigo contempla as aplicações efetuadas nos fundos de investimento de que trata o art. 25 da Lei n. 8.383, de 30 de dezembro de 1991.

§ 6º O disposto neste artigo se aplica às operações de renda fixa iniciadas e encerradas no mesmo dia (*day-trade*).

§ 7º Fica mantida a tributação sobre as aplicações em Fundo de Aplicação Financeira (FAF) (Lei n. 8.383, de 30 de dezembro de 1991, art. 21, § 4º), nos termos previstos na referida lei.

§ 8º O disposto neste artigo não se aplica aos ganhos nas operações de mútuo entre pessoas jurídicas controladoras, controladas ou coligadas.

ART. 37. Não incidirá o imposto de renda na fonte de que trata o art. 36 desta lei sobre os rendimentos auferidos por instituição financeira, inclusive sociedades de seguro, previdência e capitalização, sociedade corretora de títulos e valores mobiliários e sociedade distribuidora de títulos e valores mobiliários, ressalvadas as aplicações de que trata o art. 21, § 4º, da Lei n. 8.383, de 30 de dezembro de 1991.

§ 1º Os rendimentos auferidos pelas entidades de que trata este artigo em aplicações financeiras de renda fixa deverão compor o lucro real.

§ 2º Excluem-se do disposto neste artigo os rendimentos auferidos pelas associações de poupança e empréstimo em aplicações financeiras de renda fixa.

TÍTULO III
DA CONTRIBUIÇÃO SOCIAL

CAPÍTULO I
DA APURAÇÃO E PAGAMENTO DA CONTRIBUIÇÃO SOCIAL

ART. 38. Aplicam-se à contribuição social sobre o lucro (Lei n. 7.689, de 15 de dezembro de 1988) as mesmas normas de pagamento estabelecidas por esta lei para o Imposto de Renda das pessoas jurídicas, mantida a base de cálculo e alíquotas previstas na legislação em vigor, com as alterações introduzidas por esta lei.

§ 1º A base de cálculo da contribuição social para as empresas que exercerem a opção a que se refere o art. 23 desta lei será o valor correspondente a dez por cento da receita bruta mensal, acrescido dos demais resultados e ganhos de capital.

§ 2º A base de cálculo da contribuição social será convertida em quantidade de Ufir diária pelo valor desta no último dia do período-base.

§ 3º A contribuição será paga até o último dia útil do mês subsequente ao de apuração, reconvertida para cruzeiro com base na expressão monetária da Ufir diária vigente no dia anterior ao do pagamento.

ART. 39. A base de cálculo da contribuição social sobre o lucro, apurada no encerramento do ano-calendário, pelas empresas referidas no art. 38, § 1º, desta lei, será convertida em Ufir diária, tomando-se por base o valor desta no último dia do período.

§ 1º A contribuição social, determinada e recolhida na forma do art. 38 desta lei, será reduzida da contribuição apurada no encerramento do ano-calendário.

§ 2º A diferença entre a contribuição devida, apurada na forma deste artigo, e a importância paga nos termos do art. 38, §1º, desta lei, será:

a) paga em quota única, até a data fixada para entrega da declaração anual, quando positiva;

b) compensada, corrigida monetariamente, com a contribuição mensal a ser paga nos meses subsequentes ao fixado para entrega da declaração anual, se negativa, assegurada a alternativa de restituição do montante pago a maior.

TÍTULO IV
DAS PENALIDADES

CAPÍTULO I
DISPOSIÇÕES GERAIS

ART. 40. A falta ou insuficiência de pagamento do imposto e contribuição social sobre o lucro previsto nesta lei implicará o lançamento, de ofício, dos referidos valores com acréscimos e penalidades legais.

ART. 41. A falta ou insuficiência de recolhimento do imposto sobre a renda mensal, no ano-calendário, implicará o lançamento, de ofício, observados os seguintes procedimentos:

I - para as pessoas jurídicas de que trata o art. 5º desta lei o imposto será exigido com base no lucro real ou arbitrado;

II - para as demais pessoas jurídicas, o imposto será exigido com base no lucro presumido ou arbitrado.

ART. 42. A suspensão ou a redução indevida do recolhimento do imposto decorrente do exercício da opção prevista no art. 23 desta lei sujeitará a pessoa jurídica ao seu recolhimento integral com os acréscimos legais.

Parágrafo único. (Revogado pela Lei 8.981 /1995.)

CAPÍTULO II
DA OMISSÃO DE RECEITA

ARTS. 43 e 44. (Revogados pela Lei 9.249/1995.)

TÍTULO V
DO IMPOSTO SOBRE A RENDA DAS PESSOAS FÍSICAS

ART. 45. Estão sujeitas à incidência do Imposto de Renda na fonte, à alíquota de 1,5%, as importâncias pagas ou creditadas por pessoas jurídicas a cooperativas de trabalho, associações de profissionais ou assemelhadas, relativas a serviços pessoais que lhes forem prestados por associados destas ou colocados à disposição. (Alterado pela Lei 8.981/1995.)

§ 1º O imposto retido será compensado pelas cooperativas de trabalho, associações ou assemelhadas com o imposto retido por ocasião do pagamento dos rendimentos aos associados. (Alterado pela Lei 8.981/1995.)

§ 2º O imposto retido na forma deste artigo poderá ser objeto de pedido de restituição, desde que a cooperativa, associação ou assemelhada comprove, relativamente a cada ano-calendário, a impossibilidade de sua compensação, na forma e condições definidas em ato normativo do Ministro da Fazenda. (Alterado pela Lei 8.981/1995.)

ART. 46. O imposto sobre a renda incidente sobre os rendimentos pagos em cumprimento de decisão judicial será retido na fonte pela pessoa física ou jurídica obrigada ao pagamento, no momento em que, por qualquer forma, o rendimento se torne disponível para o beneficiário.

§ 1º Fica dispensada a soma dos rendimentos pagos no mês, para aplicação da alíquota correspondente, nos casos de:

I - juros e indenizações por lucros cessantes;

II - honorários advocatícios;

III - remuneração pela prestação de serviços de engenheiro, médico, contador, leiloeiro, perito, assistente técnico, avaliador, síndico, testamenteiro e liquidante.

§ 2º Quando se tratar de rendimento sujeito à aplicação da tabela progressiva, deverá ser utilizada a tabela vigente no mês de pagamento.

ART. 47. No art. 6º da Lei n. 7.713, de 22 de dezembro de 1988, dê-se ao inciso XIV nova redação e acrescente-se um novo inciso de número XXI, tudo nos seguintes termos:

▸ Alterações promovidas no texto da referida lei.

ART. 48. Ficam isentos do imposto de renda os rendimentos percebidos pelas pessoas físicas decorrentes de seguro-desemprego, auxílio-natalidade, auxílio-doença, auxílio-funeral e auxílio-acidente, pagos pela previdência oficial da União, dos Estados, do Distrito Federal e dos Municípios e pelas entidades de previdência privada. (Redação dada pela lei n. 9.250, de 1995)

TÍTULO VI
DAS DISPOSIÇÕES FINAIS E TRANSITÓRIAS

ART. 49. A pessoa jurídica estará obrigada à apuração do lucro real, no ano-calendário de 1993, se, no ano-calendário de 1992, a soma da receita bruta anual, acrescida das demais receitas e ganhos de capital, for igual ou superior a 9.600.000 Ufir.

§ 1º Para fins de apuração no limite previsto neste artigo, as receitas serão convertidas, mês a mês, em quantidade de Ufir, pelo valor desta no último dia do mês em que forem auferidas.

§ 2º O limite deste artigo será reduzido proporcionalmente ao número de meses do período, nos casos de início de atividade, no ano-calendário de 1992.

ART. 50. Não será admitido pedido de reconsideração de julgamento dos Conselhos de Contribuintes.

ART. 51. As pessoas jurídicas tributadas com base no lucro real, no ano-calendário de 1992, poderão, excepcionalmente, no ano-calendário de 1993, efetuar o pagamento do imposto de renda mensal, da seguinte forma:

a) em abril de 1993, o imposto e adicional dos meses de janeiro e fevereiro;

b) em maio de 1993, o imposto e adicional dos meses de março e abril;

c) a partir de junho de 1993, o imposto e adicional referente aos respectivos meses imediatamente anteriores.

ART. 52. As pessoas jurídicas de que trata a Lei n. 7.256, de 27 de novembro de 1984 (microempresas), deverão apresentar, até o último dia útil do mês de abril do ano calendário seguinte, a Declaração Anual Simplificada de Rendimentos e Informações, em modelo aprovado pela Secretaria da Receita Federal.

ART. 53. O Ministro da Fazenda fica autorizado a baixar as instruções necessárias para a simplificação da apuração do imposto sobre a renda das pessoas jurídicas, bem como alterar os limites previstos nos arts. 5º, I, e 13, desta lei.

ART. 54. O Ministro da Fazenda expedirá os atos necessários para permitir que as pessoas jurídicas sujeitas à apuração do lucro real apresentem declarações de rendimentos através de meios magnéticos ou de transmissão de dados, assim como para disciplinar o cumprimento das obrigações tributárias principais, mediante débito em conta corrente bancária.

ART. 55. O art. 14, § 2º, do Decreto-Lei n. 1.589, de 26 de dezembro de 1977, alterado pelo art. 2º da Lei n. 7.959, de 21 de dezembro de 1989, passa a vigorar com a seguinte redação:

▸ Alterações promovidas no texto da referida lei.

ART. 56. Fica o Ministro da Fazenda autorizado a convocar para a segunda etapa do concurso público para o cargo de Auditor Fiscal do Tesouro Nacional, a que se refere o Edital n. 18, de 16 de outubro de 1991, da Escola de Administração Fazendária, conforme as necessidades dos serviços de tributação, arrecadação e fiscalização, os candidatos habilitados de acordo com os critérios mínimos exigidos na 1ª etapa e classificados além do quingentésimo selecionado, dentro do número de vagas do cargo na referida carreira.

§ 1º A autorização de que trata este artigo estende-se até 16 de outubro de 1993.

§ 2º O prazo previsto no parágrafo anterior poderá, a critério do Ministro da Fazenda, ser prorrogado por período não superior a um ano.

ART. 57. Esta lei entra em vigor na data de sua publicação e produzirá efeitos a partir de 1º de janeiro de 1993, revogando-se as disposições em contrário e, especificamente, os:

I - art. 16 do Decreto-Lei n. 1.598, de 26 de dezembro de 1977;

II - art. 26 da Lei n. 7.799, de 10 de julho de 1989;

III - arts. 19 e 27, da Lei n. 8.218, de 29 de agosto de 1991;

IV - inciso I do art. 20, art. 24, art. 40, inciso III, e §§ 3º e 8º do art. 86, inciso III do *caput* e inciso II do § 1º do art. 87, art. 88 e parágrafo único do art. 94, da Lei n. 8.383, de 30 de dezembro de 1991.

Brasília, 23 de dezembro de 1992;
171º da Independência e 104º da República.
ITAMAR FRANCO

LEI N. 8.617, DE 4 DE JANEIRO DE 1993

Dispõe sobre o mar territorial, a zona contígua, a zona econômica exclusiva e a plataforma continental brasileiros, e dá outras providências.

▸ *DOU*, 05.01.1993.

O Presidente da República. Faço saber que o Congresso Nacional decreta e eu sanciono a seguinte lei:

CAPÍTULO I
DO MAR TERRITORIAL

ART. 1º O mar territorial brasileiro compreende uma faixa de doze milhas marítima de largura, medidas a partir da linha de baixa-mar do litoral continental e insular, tal como indicada nas cartas náuticas de grande escala, reconhecidas oficialmente no Brasil.

Parágrafo único. Nos locais em que a costa apresente recorte profundos e reentrâncias ou em que exista uma franja de ilhas ao longo da costa na sua proximidade imediata, será adotado o método das linhas de base retas, ligando pontos apropriados, para o traçado da linha de base, a partir da qual será medida a extensão do mar territorial.

ART. 2º A soberania do Brasil estende-se ao mar territorial, ao espaço aéreo sobrejacente, bem como ao seu leito e subsolo.

ART. 3º É reconhecido aos navios de todas as nacionalidades o direito de passagem inocente no mar territorial brasileiro.

§ 1º A passagem será considerada inocente desde que não seja prejudicial à paz, à boa ordem ou à segurança do Brasil, devendo ser contínua e rápida.

§ 2º A passagem inocente poderá compreender o parar e o fundear, mas apenas na medida em que tais procedimentos constituam incidentes comuns de navegação ou sejam impostos por motivos de força ou por dificuldade grave, ou tenham por fim prestar auxílio a pessoas a navios ou aeronaves em perigo ou em dificuldade grave.

§ 3º Os navios estrangeiros no mar territorial brasileiro estarão sujeitos aos regulamentos estabelecidos pelo Governo brasileiro.

CAPÍTULO II
DA ZONA CONTÍGUA

ART. 4º A zona contígua brasileira compreende uma faixa que se estende das doze às vinte e quatro milhas marítimas, contadas a partir das linhas de base que servem para medir a largura do mar territorial.

ART. 5º Na zona contígua, o Brasil poderá tomar as medidas de fiscalização necessárias para:

I - evitar as infrações às leis e aos regulamentos aduaneiros, fiscais, de imigração ou sanitários, no seu territórios, ou no seu mar territorial;

II - reprimir as infrações às leis e aos regulamentos, no seu território ou no seu mar territorial.

CAPÍTULO III
DA ZONA ECONÔMICA EXCLUSIVA

ART. 6º A zona econômica exclusiva brasileira compreende uma faixa que se estende das doze às duzentas milhas marítimas, contadas a partir das linhas de base que servem para medir a largura do mar territorial.

ART. 7º Na zona econômica exclusiva, o Brasil tem direitos de soberania para fins de exploração e aproveitamento, conservação e gestão dos recursos naturais, vivos ou não vivos, das águas sobrejacentes ao leito do mar, do leito do mar e seu subsolo, e no que se refere a outras atividades com vistas à exploração e ao aproveitamento da zona para fins econômicos.

ART. 8º Na zona econômica exclusiva, o Brasil, no exercício de sua jurisdição, tem o direito exclusivo de regulamentar a investigação científica marinha, a proteção e preservação do meio marítimo, bem como a construção, operação e uso de todos os tipos de ilhas artificiais, instalações e estruturas.

Parágrafo único. A investigação científica marinha na zona econômica exclusiva só poderá ser conduzida por outros Estados com o consentimento prévio do Governo brasileiro, nos termos da legislação em vigor que regula a matéria.

ART. 9º A realização por outros Estados, na zona econômica exclusiva, de exercícios ou manobras militares, em particular as que impliquem o uso de armas ou explosivas, somente poderá ocorrer com o consentimento do Governo brasileiro.

ART. 10. É reconhecidos a todos os Estados o gozo, na zona econômica exclusiva, das liberdades de navegação e sobrevoo, bem como de outros usos do mar internacionalmente lícitos, relacionados com as referidas liberdades, tais como os ligados à operação de navios e aeronaves.

CAPÍTULO IV
DA PLATAFORMA CONTINENTAL

ART. 11. A plataforma continental do Brasil compreende o leito e o subsolo das áreas submarinas que se estendem além do seu mar territorial, em toda a extensão do prolongamento natural de seu território terrestre, até o bordo exterior da margem continental, ou até uma distância de duzentas milhas marítimas das linhas de base, a partir das quais se mede a largura do mar territorial, nos casos em que o bordo exterior da margem continental não atinja essa distância.

Parágrafo único. O limite exterior da plataforma continental será fixado de conformidade com os critérios estabelecidos no art. 76 da Convenção das Nações Unidas sobre o Direito do Mar, celebrada em Montego Bay, em 10 de dezembro de 1982.

ART. 12. O Brasil exerce direitos de soberania sobre a plataforma continental, para efeitos de exploração dos recursos naturais.

Parágrafo único. Os recursos naturais a que se refere o *caput* são os recursos minerais e outros não vivos do leito do mar e subsolo, bem como os organismos vivos pertencentes a espécies sedentárias, isto é, àquelas que no período de captura estão imóveis no leito do mar ou no seu subsolo, ou que só podem mover-se em constante contato físico com esse leito ou subsolo.

ART. 13. Na plataforma continental, o Brasil, no exercício de sua jurisdição, tem o direito exclusivo de regulamentar a investigação científica marinha, a proteção e preservação do meio marinho, bem como a construção, operação e o uso de todos os tipos de ilhas artificiais, instalações e estruturas.

§ 1º A investigação científica marinha, na plataforma continental, só poderá ser conduzida por outros Estados com o consentimento prévio do Governo brasileiro, nos termos da legislação em vigor que regula a matéria.

§ 2º O Governo brasileiro tem o direito exclusivo de autorizar e regulamentar as perfurações na plataforma continental, quaisquer que sejam os seus fins.

ART. 14. É reconhecido a todos os Estados o direito de colocar cabos e dutos na plataforma continental.

§ 1º O traçado da linha para a colocação de tais cabos e dutos na plataforma continental dependerá do consentimento do Governo brasileiro.

§ 2º O Governo brasileiro poderá estabelecer condições para a colocação dos cabos e dutos que penetrem seu território ou seu mar territorial.

ART. 15. Esta lei entra em vigor na data de sua publicação.

ART. 16. Revogam-se o Decreto-Lei n. 1.098, de 25 de março de 1970, e as demais disposições em contrário.

Brasília, 4 de janeiro de 1993; 172º da Independência e 105º da República

ITAMAR FRANCO

LEI N. 8.620, DE 5 DE JANEIRO DE 1993

Altera as Leis n. 8.212 e 8.213, de 24 de julho de 1991, e dá outras providências.

▸ *DOU*, 06.01.1993, retificada no *DOU*, 12.07.1993 e *DOU*, 02.08.1993.

O Presidente da República. Faço saber que o Congresso Nacional decreta e eu sanciono a seguinte Lei:

ART. 1º Os arts. 20, 30, 38, 39, 43, 44, 50 e 98 da Lei n. 8.212, de 24 de julho de 1991, passam a vigorar com as seguintes alterações:

▸ Alterações promovidas no texto da referida lei.

ART. 2º Os arts. 128 e 131 da Lei n. 8.213, de 24 julho de 1991, passam a vigorar com as seguintes alterações:

▸ Alterações promovidas no texto da referida lei.

ARTS. 3º e 4º (Revogados pela Lei 9.528/1997.)

ART. 5º Os débitos dos hospitais contratados ou conveniados com o Instituto Nacional da Assistência Médica da Previdência Social (INAMPS), relativos a contribuições arrecadadas pelo Instituto Nacional do Seguro Social, ajuizados ou não, referentes a competências existente até 30 de outubro de 1992, poderão ser objeto de parcelamento nos termos desta lei, mediante o desconto de até vinte por cento a ser efetuado sobre a importância das faturas referentes aos serviços médico-hospitalares prestados por conta da Seguridade Social, cujo valor correspondente será pelo órgão pagador, para ressarcimento de parcela do débito, na forma a ser estabelecida em regulamento.

Parágrafo único. Quando o valor descontado do faturamento for insuficiente para cobrir o valor da prestação pactuada, serão estabelecidas, conforme dispuser o regulamento, garantias ou formas de pagamentos complementares.

ART. 6º A eficácia de qualquer acordo de parcelamento ficará na dependência da comprovação do recolhimento regular, nas épocas próprias, das parcelas e das contribuições correntes, a partir da competência do mês em que o acordo for assinado.

ART. 7º O recolhimento da contribuição correspondente ao décimo-terceiro salário deve ser efetuado até o dia 20 de dezembro ou no dia imediatamente anterior em que haja expediente bancário.

▸ Art. 216, § 1º, Dec. 3.048/1999 (Regulamento da Previdência Social).

§ 1º Nos casos da rescisão do contrato de trabalho o recolhimento deve ser efetuado na forma da alínea *b* do inciso I do art. 30 da Lei n. 8.212, de 24 de julho de 1991, com a redação desta lei.

› Art. 216, § 3º, Dec. 3.048/1999 (Regulamento da Previdência Social).

§ 2º A contribuição de que trata este artigo incide sobre o valor bruto do décimo-terceiro salário, mediante aplicação, em separado, das alíquotas estabelecidas nos arts. 20 e 22 da Lei n. 8.212, de 24 de julho de 1991.

› Art. 216, § 1º, Dec. 3.048/1999 (Regulamento da Previdência Social).

§ 3º A atualização monetária, será devida a contar da data prevista no *caput* deste artigo, utilizando-se o mesmo indexador definido para as demais contribuições arrecadadas pelo Instituto Nacional do Seguro Social.

› Art. 216, § 2º, Dec. 3.048/1999 (Regulamento da Previdência Social).

ART. 8º O Instituto Nacional do Seguro Social (INSS), nas causas em que seja interessado na condição de autor, réu, assistente ou opoente, gozará das mesmas prerrogativas e privilégios assegurados à Fazenda Pública, inclusive quando à inalienabilidade e impenhorabilidade de seus bens.

§ 1º O INSS é isento do pagamento de custas, traslados, preparos, certidões, registros, averbações e quaisquer outros emolumentos, nas causas em que seja interessado na condições de autor, réu, assistente ou opoente, inclusive nas ações de natureza trabalhista, acidentária e de benefícios.

§ 2º O INSS antecipará os honorários periciais nas ações de acidente do trabalho.

ART. 9º Excepcionalmente, nos meses de fevereiro a julho de 1993, os débitos junto à Seguridade Social, relativos a competências anteriores a 1º de dezembro de 1992, incluídos ou não em notificação, poderão ser objeto de acordo para pagamento parcelado nas seguintes condições:

I - até 96 (noventa e seis) meses, no caso de solicitação apresentada no mês de fevereiro;

II - até 90 (noventa) meses, no caso de solicitação apresentada no mês de março;

III - até 84 (oitenta e quatro) meses, no caso de solicitação apresentada no mês de abril;

IV - até 78 (setenta e oito) meses, no caso de solicitação apresentada no mês de maio;

V - até 72 (setenta e dois) meses, no caso de solicitação apresentada no mês de junho;

VI - até 66 (sessenta e seis) meses, no caso de solicitação apresentada no mês de julho.

Parágrafo único. As empresas adimplentes com a Seguridade Social que possuem acordo de parcelamento em sessenta meses poderão optar pelas condições de parcelamento previstas neste artigo, não prevalecendo, neste caso, o disposto no § 5º do art. 38 da Lei n. 8.212, de 24 de julho de 1991.

ART. 10. Excepcionalmente, nos meses de fevereiro a julho de 1993, os débitos junto à Seguridade Social, de responsabilidade de empresas públicas ou sociedades de economia mista controladas, direta ou indiretamente, pela União, pelos Estados, pelo Distrito Federal ou pelos Municípios, referentes a competência anteriores a 1º de dezembro de 1992, incluídos ou não em notificação, poderão ser objeto de acordo para pagamento parcelado na forma do disposto neste artigo, desde que atendidas as seguintes condições:

I - garantia ou aval da União, no caso das empresas públicas ou sociedades de economia mista por esta controladas; ou

II - interveniência do Estado, do Distrito Federal ou do Município pelo oferecimento das respectivas parcelas junto ao Fundo de Participação dos Estados e do Distrito Federal (FPE) ou do Fundo de Participação dos Municípios (FPM), respectivamente, nos demais casos.

§ 1º Os débitos de que trata este artigo poderão ser parcelados em:

a) até 240 (duzentos e quarenta) meses, no caso de solicitação apresentada no mês de fevereiro;

b) até 210 (duzentos e dez) meses, no caso de solicitação apresentada no mês de março;

c) até 180 (cento e oitenta) meses, no caso de solicitação apresentada no mês de abril;

d) até 150 (cento e cinquenta) meses, no caso de solicitação apresentada no mês de maio;

e) até 120 (cento e vinte) meses, no caso de solicitação apresentada no mês de junho;

f) até 90 (noventa) meses, no caso de solicitação apresentada no mês de julho.

§ 2º Em hipótese alguma serão aceitos pagamentos garantias sob a forma de prestação de serviços.

§ 3º O pedido de parcelamento das entidades referidas no inciso II deste artigo far-se-á a interveniência direta do respectivo Estado ou Município, ou do Distrito Federal, que responderá solidariamente pelo acordo, e em caso de inadimplência, o valor da parcela será automaticamente bloqueado no respectivo Fundo de Participação e repassado ao INSS.

ART. 11. Aplicam-se aos parcelamentos concedidos nos termos dos arts. 9º e 10 desta lei as condições estabelecidas nos §§ 3º e 4º do art. 38 da Lei n. 8.212, de 24 de julho de 1991.

§ 1º Da aplicação do disposto nos arts. 9º e 10 da presente lei, não poderá resultar parcela inferior a 120 (cento e vinte) UFIR.

§ 2º O parcelamento de débito ajustado nos termos dos arts. 9º e 10 desta lei será automaticamente cancelado em caso de inadimplência de qualquer parcela, ficando o Instituto Nacional do Seguro Social (INSS), autorizado a proceder à execução imediata das garantias oferecidas.

§ 3º No ato do parcelamento previsto nos arts. 9º e 10 desta lei, as importâncias devidas a título de multa, quando referentes a competências anteriores a 1º de dezembro de 1992, serão reduzidas em cinquenta por cento.

ART. 12. Excepcionalmente, no ato dos parcelamentos previstos nos arts. 9º e 10 desta lei poder-se-á parcelar as contribuições descontadas dos segurados empregados e trabalhadores avulsos e não recolhidas ao Instituto Nacional do Seguro Social, quando referentes a competências anteriores a 1º de dezembro de 1992, devendo-se obedecer às seguintes regras:

a) em até 6 (seis) meses, no caso de solicitação apresentada no mês de fevereiro;

b) em até 5 (cinco) meses, no caso de solicitação apresentada no mês de março;

c) em até 4 (quatro) meses, no caso de solicitação apresentada no mês de abril;

d) em até 3 (três) meses, no caso de solicitação apresentada no mês de maio;

e) em até 2 (dois) meses, no caso de solicitação apresentada nos meses de junho e julho.

ART. 13. (Revogado pela Lei 11.941/2009.)

ART. 14. O Instituto Nacional do Seguro Social (INSS) poderá requisitar a qualquer órgão ou entidade da administração direta ou indireta da União, dos Estados, do Distrito Federal e dos Municípios, bem como das demais entidades sob seu controle, elementos de fato e de direito relativo às alegações e ao pedido do autor de ação proposta contra a Previdência Social, bem como promover diligências para localização de devedores e apuração de bens penhoráveis, que serão atendidas prioritariamente e sob regime de urgência.

ART. 15. O pagamento das contribuições devidas ao Instituto Nacional do Seguro Social terá prioridades absoluta nos programas financeiros de desembolso dos órgãos da administração pública direta, das entidades de administração pública direta, das entidades de administração indireta e suas subsidiárias e das demais entidades sob controle acionário direto ou indireto da União, dos Estados, do Distrito Federal e dos Municípios ou de suas autarquias, bem como das fundações instituídas ou mantidas pelo Poder Público.

ART. 16. A existência de débitos junto ao Instituto Nacional do Seguro Social, não renegociados ou renegociados e não saldados, nas condições estabelecidas em lei, importará na indisponibilidade dos recursos existentes, ou que venham a ingressar nas contas dos órgãos ou entidades devedoras de que trata o artigo anterior, abertas em quaisquer instituições financeiras, até o valor equivalente ao débito apurado na data da expedição de solicitação do Instituto Nacional do Seguro Social ao Banco Central do Brasil, incluindo o principal, corrigido monetariamente as multas e os juros.

§ 1º Caberá aos Ministros da Fazenda e da Previdência Social expedir as instruções para aplicação do disposto neste artigo.

§ 2º Caberá ao Instituto Nacional do Seguro Social notificar o órgão ou entidade devedora para, no prazo de trinta dias, efetuar a liquidação de seus débitos para com o referido Instituto.

§ 3º Caberá ao Banco Central do Brasil:

a) expedir, por solicitação do Instituto Nacional do Seguro Social, às instituições financeiras as ordens necessárias à execução do disposto neste artigo;

b) promover, no prazo de dez dias, a transferência ao Instituto Nacional do Seguro Social dos recursos tornados indisponíveis, até o montante para a liquidação do débito, caso a empresa notificada não efetue o pagamento no prazo estipulado no § 2º deste artigo.

ART. 17. Fica autorizado o Instituto Nacional do Seguro Social - INSS a efetuar contratação de pessoal por tempo determinado, mediante contrato de locação de serviços, para atender as seguintes situações:

I - programa de Revisão da Concessão e da Manutenção dos Benefícios da Previdência Social, de que trata os arts. 69 e 71 da Lei n. 8.212, de 24 de julho de 1991;

II - elaborar os cálculos para execução das sentenças transitadas em julgado nas ações acidentárias e previdenciárias, cujos processos se encontrem paralisados junto à Procuradorias Estaduais do INSS;

III - promover diligência para localizar os devedores inscritos em dívida ativa e levantar os bens a serem oferecidos ao respectivo juízo para garantir o cumprimento do disposto no art. 7º da Lei n. 6.830, de 22 de setembro de 1980;

IV - atender as demais necessidades temporárias, de excepcional interesse público, das Procuradorias do INSS.

§ 1º As contratações de que trata este artigo terão dotação específica e obedecerão aos seguintes quantitativos prazos:

a) na hipótese do inciso I, até 1.000 (mil) prestadores de serviço, pelo prazo de 18 (dezoito) meses;

b) na hipótese do inciso II; até 150 (cento e cinquenta) contadores regularmente inscritos no respectivo conselho, pelo prazo de 12 (doze) meses;

c) na hipótese do inciso III, até cem prestadores de serviço, pelo prazo de 12 (doze) meses;

d) na hipótese do inciso IV, até 500 (quinhentos) prestadores de serviço, pelo prazo de 12 (doze) meses.

§ 2º Os prazos de que trata o parágrafo anterior são improrrogáveis.

§ 3º O recrutamento será feito mediante processo seletivo simplificado, pelo qual se verificará a qualificação necessária para o desempenho da atividade.

§ 4º Nas contratações de que trata este artigo serão observados os padrões de vencimento dos planos de carreira do INSS.

ART. 18. O Poder Executivo regulamentará o disposto nesta lei no prazo de 30 (trinta) dias a contar de sua publicação.

ART. 19. Esta lei entra em vigor na data de sua publicação.

ART. 20. Revogam-se as disposições em contrário.

Brasília, 05 de janeiro de 1993; 172º da Independência e 105º da República.

ITAMAR FRANCO

LEI N. 8.629, DE 25 DE FEVEREIRO DE 1993

Dispõe sobre a regulamentação dos dispositivos constitucionais relativos à reforma agrária, previstos no Capítulo III, Título VII, da Constituição Federal.

- *DOU*, 26.02.1993.
- LC 76/1993 (Lei de Desapropriação de imóvel Rural para fins de Reforma Agrária).
- Lei 13.001/2014 (Dispõe sobre a liquidação de créditos concedidos aos assentados da reforma agrária; concede remissão nos casos em que especifica. Conversão da Med. Prov. 636/2013).
- Dec. 9.311/2018 (Regulamenta esta lei e a Lei 13.001/2014, para dispor sobre o processo de seleção, permanência e titulação das famílias beneficiárias do Programa Nacional de Reforma Agrária).

O Presidente da República. Faço saber que o Congresso Nacional decreta e eu sanciono a seguinte lei:

ART. 1º Esta lei regulamenta e disciplina disposições relativas à reforma agrária, previstas no Capítulo III, Título VII, da Constituição Federal.

- arts. 184 a 191, CF.

ART. 2º A propriedade rural que não cumprir a função social prevista no art. 9º é passível de desapropriação, nos termos desta lei, respeitados os dispositivos constitucionais.

§ 1º Compete à União desapropriar por interesse social, para fins de reforma agrária, o imóvel rural que não esteja cumprindo sua função social.

§ 2º Para os fins deste artigo, fica a União, através do órgão federal competente, autorizada a ingressar no imóvel de propriedade particular para levantamento de dados e informações, mediante prévia comunicação escrita ao proprietário, preposto ou seu representante. (Redação dada pela Med. Prov. 2.183-56/2001.)

- Dec. 2.250/1997 (Dispõe sobre a vistoria em imóvel rural destinado à reforma agrária).

§ 3º Na ausência do proprietário, do preposto ou do representante, a comunicação será feita mediante edital, a ser publicado, por três vezes consecutivas, em jornal de grande circulação na capital do Estado de localização do imóvel. (Incluído pela Med. Prov. 2.183-56/2001.)

§ 4º Não será considerada, para os fins desta Lei, qualquer modificação, quanto ao domínio, à dimensão e às condições de uso do imóvel, introduzida ou ocorrida até seis meses após a data da comunicação para levantamento de dados e informações de que tratam os §§ 2º e 3º. (Incluído pela Med. Prov. 2.183-56/2001.)

§ 5º No caso de fiscalização decorrente do exercício de poder de polícia, será dispensada a comunicação de que tratam os §§ 2º e 3º. (Incluído pela Med. Prov. 2.183-56/2001.)

§ 6º O imóvel rural de domínio público ou particular objeto de esbulho possessório ou invasão motivada por conflito agrário ou fundiário de caráter coletivo não será vistoriado, avaliado ou desapropriado nos dois anos seguintes à sua desocupação, ou no dobro desse prazo, em caso de reincidência; e deverá ser apurada a responsabilidade civil e administrativa de quem concorra com qualquer ato omissivo ou comissivo que propicie o descumprimento dessas vedações. (Incluído pela Med. Prov. 2.183-56/2001.)

- Súm. 354, STJ.

§ 7º Será excluído do Programa de Reforma Agrária do Governo Federal quem, já estando beneficiado com lote em Projeto de Assentamento, ou sendo pretendente desse benefício na condição de inscrito em processo de cadastramento e seleção de candidatos ao acesso à terra, for efetivamente identificado como participante direto ou indireto em conflito fundiário que se caracterize por invasão ou esbulho de imóvel rural de domínio público ou privado em fase de processo administrativo de vistoria ou avaliação para fins de reforma agrária, ou que esteja sendo objeto de processo judicial de desapropriação em vias de imissão de posse ao ente expropriante; e bem assim quem for efetivamente identificado como participante de invasão de prédio público, de atos de ameaça, sequestro ou manutenção de servidores públicos e outros cidadãos em cárcere privado, ou de quaisquer outros atos de violência real ou pessoal praticados em tais situações. (Incluído pela Med. Prov. 2.183-56/2001.)

§ 8º A entidade, a organização, a pessoa jurídica, o movimento ou a sociedade de fato que, de qualquer forma, direta ou indiretamente, auxiliar, colaborar, incentivar, incitar, induzir ou participar de invasão de imóveis rurais ou de bens públicos, ou em conflito agrário ou fundiário de caráter coletivo, não receberá, a qualquer título, recursos públicos. (Incluído pela Med. Prov. 2.183-56/2001.)

§ 9º Se, na hipótese do § 8º, a transferência ou repasse dos recursos públicos já tiverem sido autorizados, assistirá ao Poder Público o direito de retenção, bem assim o de rescisão do contrato, convênio ou instrumento similar. (Incluído pela Med. Prov. 2.183-56/2001.)

ART. 2º-A. Na hipótese de fraude ou simulação de esbulho ou invasão, por parte do proprietário ou legítimo possuidor do imóvel, para os fins dos §§ 6º e 7º do art. 2º, o órgão executor do Programa Nacional de Reforma Agrária aplicará pena administrativa de R$ 55.000,00 (cinquenta e cinco mil reais) a R$ 535.000,00 (quinhentos e trinta e cinco mil reais) e o cancelamento do cadastro do imóvel no Sistema Nacional de Cadastro Rural, sem prejuízo das demais sanções penais e civis cabíveis. (Incluído pela Med. Prov. 2.183-56/2001.)

Parágrafo único. Os valores a que se refere este artigo serão atualizados, a partir de maio de 2000, no dia 1º de janeiro de cada ano, com base na variação acumulada do Índice Geral de Preços - Disponibilidade Interna - IGP-DI, da Fundação Getúlio Vargas, no respectivo período. (Incluído pela Med. Prov. 2.183-56/2001.)

ART. 3º (Vetado.)

§§ 1º e 2º (Vetados.)

ART. 4º Para os efeitos desta lei, conceituam-se:

I - Imóvel Rural - o prédio rústico de área contínua, qualquer que seja a sua localização, que se destine ou possa se destinar à exploração agrícola, pecuária, extrativa vegetal, florestal ou agroindustrial;

II - Pequena Propriedade - o imóvel rural:

a) de área até quatro módulos fiscais, respeitada a fração mínima de parcelamento; (Alterado pela Lei 13.465/2017.)

b) e *c)* (Vetados.)

III - Média Propriedade - o imóvel rural:

a) de área superior a 4 (quatro) e até 15 (quinze) módulos fiscais;

b) (Vetado.)

§ 1º São insuscetíveis de desapropriação para fins de reforma agrária a pequena e a média propriedade rural, desde que o seu proprietário não possua outra propriedade rural. (Alterado pela Lei 13.465/2017.)

§ 2º É obrigatória a manutenção no Sistema Nacional de Cadastro Rural (SNCR) de informações específicas sobre imóveis rurais com área de até um módulo fiscal. (Acrescentado pela Lei 13.465/2017.)

ART. 5º A desapropriação por interesse social, aplicável ao imóvel rural que não cumpra sua função social, importa prévia e justa indenização em títulos da dívida agrária.

§ 1º As benfeitorias úteis e necessárias serão indenizadas em dinheiro.

§ 2º O decreto que declarar o imóvel como de interesse social, para fins de reforma agrária, autoriza a União a propor ação de desapropriação.

§ 3º Os títulos da dívida agrária, que conterão cláusula assecuratória de preservação de seu valor real, serão resgatáveis a partir do segundo ano de sua emissão, em percentual proporcional ao prazo, observados os seguintes critérios:

I - do segundo ao décimo quinto ano, quando emitidos para indenização de imóvel com área de até setenta módulos fiscais; (Redação dada pela Med. Prov. 2.183-56/2001.)

II - do segundo ao décimo oitavo ano, quando emitidos para indenização de imóvel com área acima de setenta e até cento e cinquenta módulos fiscais; e (Redação dada pela Med. Prov. 2.183-56/2001.)

III - do segundo ao vigésimo ano, quando emitidos para indenização de imóvel com área superior a cento e cinquenta módulos fiscais. (Redação dada pela Med. Prov. 2.183-56/2001.)

§ 4º Na hipótese de acordo administrativo ou acordo realizado no âmbito do procedimento previsto na Lei Complementar n. 76, de 6 de julho de 1993, o pagamento será efetuado de forma escalonada em Títulos da Dívida Agrária (TDA), resgatáveis em parcelas anuais, iguais e sucessivas, a partir do segundo ano de sua emissão, observadas as seguintes condições. (Alterado pela Lei 13.465/2017.)

I - imóveis com área de até três mil hectares, no prazo de cinco anos; (Incluído pela Med. Prov. 2.183-56/2001.)

II - imóveis com área superior a três mil hectares: (Incluído pela Med. Prov. 2.183-56/2001.)

a) o valor relativo aos primeiros três mil hectares, no prazo de cinco anos; (Incluído pela Med. Prov. 2.183-56/2001.)

b) o valor relativo à área superior a três mil e até dez mil hectares, em dez anos; (Incluído pela Med. Prov. 2.183-56/2001.)

c) o valor relativo à área superior a dez mil hectares até quinze mil hectares, em quinze anos; e (Incluído pela Med. Prov. 2.183-56/2001.)

d) o valor da área que exceder quinze mil hectares, em vinte anos. (Incluído pela Med. Prov. 2.183-56/2001.)

§ 5º Os prazos previstos no § 4º, quando iguais ou superiores a dez anos, poderão ser reduzidos em cinco anos, desde que o proprietário concorde em receber o pagamento do valor das benfeitorias úteis e necessárias integralmente em TDA. (Incluído pela Med. Prov. 2.183-56/2001.)

§ 6º Aceito pelo proprietário o pagamento das benfeitorias úteis e necessárias em TDA, os prazos de resgates dos respectivos títulos serão fixados mantendo-se a mesma proporcionalidade estabelecida para aqueles relativos ao valor da terra e suas acessões naturais. (Incluído pela Med. Prov. 2.183-56/2001.)

§ 7º Na aquisição por compra e venda ou na arrematação judicial de imóveis rurais destinados à implementação de projetos integrantes do Programa Nacional de Reforma Agrária, o pagamento poderá ser feito em dinheiro, na forma estabelecida em regulamento. (Acrescentado pela Lei 13.465/2017.)

§ 8º Na hipótese de decisão judicial transitada em julgado fixar a indenização da terra nua ou das benfeitorias indenizáveis em valor superior ao ofertado pelo expropriante, corrigido monetariamente, a diferença será paga na forma do art. 100 da Constituição Federal. (Acrescentado pela Lei 13.465/2017.)

§ 9º Se houver imissão prévia na posse e, posteriormente, for verificada divergência entre o preço ofertado em juízo e o valor do bem fixado na sentença definitiva, expressos em termos reais, sobre a diferença eventualmente apurada incidirão juros compensatórios a contar da imissão de posse, em percentual correspondente ao fixado para os títulos da dívida agrária depositados como oferta inicial para a terra nua, vedado o cálculo de juros compostos. (Acrescentado pela Lei 13.465/2017.)

ART. 6º Considera-se propriedade produtiva aquela que, explorada econômica e racionalmente, atinge, simultaneamente, graus de utilização da terra e de eficiência na exploração, segundo índices fixados pelo órgão federal competente.

§ 1º O grau de utilização da terra, para efeito do *caput* deste artigo, deverá ser igual ou superior a 80% (oitenta por cento), calculado pela relação percentual entre a área efetivamente utilizada e a área aproveitável total do imóvel.

§ 2º O grau de eficiência na exploração da terra deverá ser igual ou superior a 100% (cem por cento), e será obtido de acordo com a seguinte sistemática:

I - para os produtos vegetais, divide-se a quantidade colhida de cada produto pelos respectivos índices de rendimento estabelecidos pelo órgão competente do Poder Executivo, para cada Microrregião Homogênea;

II - para a exploração pecuária, divide-se o número total de Unidades Animais (UA) do rebanho, pelo índice de lotação estabelecido pelo órgão competente do Poder Executivo, para cada Microrregião Homogênea;

III - a soma dos resultados obtidos na forma dos incisos I e II deste artigo, dividida pela área efetivamente utilizada e multiplicada por 100 (cem), determina o grau de eficiência na exploração.

§ 3º Considera-se efetivamente utilizadas:

I - as áreas plantadas com produtos vegetais;

II - as áreas de pastagens nativas e plantadas, observado o índice de lotação por zona de pecuária, fixado pelo Poder Executivo;

III - as áreas de exploração extrativa vegetal ou florestal, observados os índices de rendimento estabelecidos pelo órgão competente do Poder Executivo, para cada Microrregião Homogênea, e a legislação ambiental;

IV - as áreas de exploração de florestas nativas, de acordo com plano de exploração e nas condições estabelecidas pelo órgão federal competente;

V - as áreas sob processos técnicos de formação ou recuperação de pastagens ou de culturas permanentes, tecnicamente conduzidas e devidamente comprovadas, mediante documentação e Anotação de Responsabilidade Técnica. (Redação dada pela Med. Prov. 2.183-56/2001.)

§ 4º No caso de consórcio ou intercalação de culturas, considera-se efetivamente utilizada a área total do consórcio ou intercalação.

§ 5º No caso de mais de um cultivo no ano, com um ou mais produtos, no mesmo espaço, considera-se efetivamente utilizada a maior área usada no ano considerado.

§ 6º Para os produtos que não tenham índices de rendimentos fixados, adotar-se-á a área utilizada com esses produtos, com resultado do cálculo previsto no inciso I do § 2º deste artigo.

§ 7º Não perderá a qualificação de propriedade produtiva o imóvel que, por razões de força maior, caso fortuito ou de renovação de pastagens tecnicamente conduzida, devidamente comprovados pelo órgão competente, deixar de apresentar, no ano respectivo, os graus de eficiência na exploração, exigidos para a espécie.

§ 8º São garantidos os incentivos fiscais referentes ao Imposto Territorial Rural relacionados com os graus de utilização e de eficiência na exploração, conforme o disposto no art. 49 da Lei 4.504, de 30 de novembro de 1964.

ART. 7º Não será passível de desapropriação, para fins de reforma agrária, o imóvel que comprove estar sendo objeto de implantação de projeto técnico que atenda aos seguintes requisitos:

I - seja elaborado por profissional legalmente habilitado e identificado;

II - esteja cumprindo o cronograma físico-financeiro originalmente previsto, não admitidas prorrogações dos prazos;

III - preveja que, no mínimo, 80% (oitenta por cento) da área total aproveitável do imóvel seja efetivamente utilizada em, no máximo, 3 (três) anos para as culturas anuais e 5 (cinco) anos para as culturas permanentes;

IV - haja sido aprovado pelo órgão federal competente, na forma estabelecida em regulamento, no mínimo seis meses antes da comunicação de que tratam os §§ 2º e 3º do art. 2º. (Redação dada pela Med. Prov. 2.183-56/2001.)

Parágrafo único. Os prazos previstos no inciso III deste artigo poderão ser prorrogados em até 50% (cinquenta por cento), desde que o projeto receba, anualmente, a aprovação do órgão competente para fiscalização e tenha sua implantação iniciada no prazo de 6 (seis) meses, contado de sua aprovação.

ART. 8º Ter-se-á como racional e adequado o aproveitamento de imóvel rural, quando esteja oficialmente destinado à execução de atividades de pesquisa e experimentação que objetivem o avanço tecnológico da agricultura.

Parágrafo único. Para os fins deste artigo só serão consideradas as propriedades que tenham destinados às atividades de pesquisa, no mínimo, 80% (oitenta por cento) da área total aproveitável do imóvel, sendo consubstanciadas tais atividades em projeto:

I - adotado pelo Poder Público, se pertencente a entidade de administração direta ou indireta, ou a empresa sob seu controle;

II - aprovado pelo Poder Público, se particular o imóvel.

ART. 9º A função social é cumprida quando a propriedade rural atende, simultaneamente, segundo graus e critérios estabelecidos nesta lei, os seguintes requisitos:

I - aproveitamento racional e adequado;

II - utilização adequada dos recursos naturais disponíveis e preservação do meio ambiente;

III - observância das disposições que regulam as relações de trabalho;

IV - exploração que favoreça o bem-estar dos proprietários e dos trabalhadores.

§ 1º Considera-se racional e adequado o aproveitamento que atinja os graus de utilização da terra e de eficiência na exploração especificados nos §§ 1º a 7º do art. 6º desta lei.

§ 2º Considera-se adequada a utilização dos recursos naturais disponíveis quando a exploração se faz respeitando a vocação natural da terra, de modo a manter o potencial produtivo da propriedade.

§ 3º Considera-se preservação do meio ambiente a manutenção das características próprias do meio natural e da qualidade dos recursos ambientais, na medida adequada à manutenção do equilíbrio ecológico da propriedade e da saúde e qualidade de vida das comunidades vizinhas.

§ 4º A observância das disposições que regulam as relações de trabalho implica tanto o respeito às leis trabalhistas e aos contratos coletivos de trabalho, como às disposições que disciplinam os contratos de arrendamento e parceria rurais.

§ 5º A exploração que favorece o bem-estar dos proprietários e trabalhadores rurais é a que objetiva o atendimento das necessidades básicas dos que trabalham a terra, observa as normas de segurança do trabalho e não provoca conflitos e tensões sociais no imóvel.

§ 6º (Vetado.)

ART. 10. Para efeito do que dispõe esta lei, consideram-se não aproveitáveis:

I - as áreas ocupadas por construções e instalações, excetuadas aquelas destinadas a fins produtivos, como estufas, viveiros, sementeiros, tanques de reprodução e criação de peixes e outros semelhantes;

II - as áreas comprovadamente imprestáveis para qualquer tipo de exploração agrícola, pecuária, florestal ou extrativa vegetal;

III - as áreas sob efetiva exploração mineral;

IV - as áreas de efetiva preservação permanente e demais áreas protegidas por legislação relativa à conservação dos recursos naturais e à preservação do meio ambiente.

ART. 11. Os parâmetros, índices e indicadores que informam o conceito de produtividade serão ajustados, periodicamente, de modo a levar em conta o progresso científico e tecnológico da agricultura e o desenvolvimento regional, pelos Ministros de Estado do Desenvolvimento Agrário e da Agricultura e do Abastecimento, ouvido o Conselho Nacional de Política Agrícola. (Redação dada Med. Prov. 2.183-56/2001.)

ART. 12. Considera-se justa a indenização que reflita o preço atual de mercado do imóvel em sua totalidade, aí incluídas as terras e acessões naturais, matas e florestas e as benfeitorias indenizáveis, observados os seguintes aspectos: (Redação dada Med. Prov. 2.183-56/2001.)

I - localização do imóvel; (Redação dada Med. Prov. 2.183-56/2001.)

II - aptidão agrícola; (Redação dada Med. Prov. 2.183-56/2001.)

III - dimensão do imóvel; (Redação dada Med. Prov. 2.183-56/2001.)

IV - área ocupada e ancianidade das posses; (Redação dada Med. Prov. 2.183-56/2001.)

V - funcionalidade, tempo de uso e estado de conservação das benfeitorias. (Redação dada Med. Prov. 2.183-56/2001.)

§ 1º Verificado o preço atual de mercado da totalidade do imóvel, proceder-se-á à dedução do valor das benfeitorias indenizáveis a serem pagas em dinheiro, obtendo-se o preço da terra a ser indenizado em TDA. (Redação dada Med. Prov. 2.183-56/2001.)

§ 2º Integram o preço da terra as florestas naturais, matas nativas e qualquer outro tipo de vegetação natural, não podendo o preço apurado superar, em qualquer hipótese, o preço de mercado do imóvel. (Redação dada Med. Prov. 2.183-56/2001.)

§ 3º O Laudo de Avaliação será subscrito por Engenheiro Agrônomo com registro de Anotação de Responsabilidade Técnica - ART, respondendo o subscritor, civil, penal e administrativamente, pela superavaliação comprovada ou fraude na identificação das informações. (Redação dada Med. Prov. 2.183-56/2001.)

ART. 13. As terras rurais de domínio da União, dos Estados e dos Municípios ficam destinadas, preferencialmente, à execução de planos de reforma agrária.

Parágrafo único. Excetuando-se as reservas indígenas e os parques, somente se admitirá a existência de imóveis rurais de propriedade pública, com objetivos diversos dos previstos neste artigo, se o poder público os explorar direta ou indiretamente para pesquisa, experimentação, demonstração e fomento de atividades relativas ao desenvolvimento da agricultura, pecuária, preservação ecológica, áreas de segurança, treinamento militar, educação de todo tipo, readequação social e defesa nacional.

ARTS. 14 e **15.** (Vetados.)

ART. 16. Efetuada a desapropriação, o órgão expropriante, dentro do prazo de 3 (três) anos, contados da data de registro do título translativo de domínio, destinará a respectiva área aos beneficiários da reforma agrária, admitindo-se, para tanto, formas de exploração individual, condominial, cooperativa, associativa ou mista.

ART. 17. O assentamento de trabalhadores rurais deverá ser realizado em terras economicamente úteis, de preferência na região por eles habitada, observado o seguinte: (Redação dada pela Med. Prov. 2.183-56/2001.)

I - a obtenção de terras rurais destinadas à implantação de projetos de assentamento integrantes do programa de reforma agrária será precedida de estudo sobre a viabilidade econômica e a potencialidade de uso dos recursos naturais; (Incluído pela Med. Prov. 2.183-56/2001.)

II - os beneficiários dos projetos de que trata o inciso I manifestarão sua concordância com as condições de obtenção das terras destinadas à implantação dos projetos de assentamento, inclusive quanto ao preço a ser pago pelo órgão federal executor do programa de reforma agrária e com relação aos recursos naturais; (Incluído pela Med. Prov. 2.183-56/2001.)

III - nos projetos criados será elaborado Plano de Desenvolvimento de Assentamento - PDA, que orientará a fixação de normas técnicas para a sua implantação e os respectivos investimentos; (Incluído pela Med. Prov. 2.183-56/2001.)

IV - integrarão a clientela de trabalhadores rurais, para fins de assentamento em projetos de reforma agrária, somente aqueles que satisfizerem os requisitos fixados para seleção e classificação previstos nesta Lei; e (Alterado pela Lei 13.465/2017.)

V - a consolidação dos projetos de assentamento integrantes dos programas de reforma agrária dar-se-á com a concessão de créditos de instalação e a conclusão dos investimentos, bem como com a outorga do instrumento definitivo de titulação. (Incluído pela Med. Prov. 2.183-56/2001.)

‣ Dec. 9.424/2018 (Regulamenta este inciso).

§ 1º Para a consolidação dos projetos de que trata o inciso V do *caput*, é o Poder Executivo autorizado a conceder créditos de instalação aos assentados, nos termos do regulamento. (Acrescentado pela Lei 13.001/2014.)

§ 2º Para a consolidação dos projetos de que trata o inciso V do *caput*, fica o Poder Executivo autorizado a conceder créditos de instalação aos assentados, nos termos do regulamento. (Acrescentado pela Lei 13.001/2014.)

§ 3º Poderá ser contratada instituição financeira federal para a operacionalização da concessão referida no inciso V do *caput*, dispensada a licitação. (Acrescentado pela Lei 13.001/2014.)

§ 4º As despesas relativas à concessão de crédito de que trata o inciso V do *caput* adequar-se-ão às disponibilidades orçamentárias e financeiras do órgão responsável pela execução do referido programa. (Acrescentado pela Lei 13.001/2014.)

§ 5º O regulamento a que se refere o § 2º estabelecerá prazos, carências, termos, condições, rebates para liquidação e procedimentos simplificados para o cumprimento do disposto neste artigo. (Acrescentado pela Lei 13.001/2014.)

§ 6º Independentemente da implementação dos requisitos exigidos no inciso V do *caput* deste artigo, considera-se consolidado o projeto de assentamento que atingir o prazo de quinze anos de sua implantação, salvo por decisão fundamentada do Incra. (Acrescentado pela Lei 13.465/2017.)

§ 7º Os assentamentos que, em 1º de junho de 2017, contarem com quinze anos ou mais de criação, deverão ser consolidados em até três anos. (Acrescentado pela Lei 13.465/2017.)

§ 8º A quitação dos créditos de que trata o § 2º deste artigo não é requisito para a liberação das condições resolutivas do título de domínio ou da Concessão de Direito Real de Uso (CDRU), autorizada a cobrança da dívida na forma legal. (Acrescentado pela Lei 13.465/2017.)

ART. 18. A distribuição de imóveis rurais pela reforma agrária far-se-á por meio de títulos de domínio, concessão de uso ou concessão de direito real de uso - CDRU instituído pelo art. 7º do Decreto-Lei n. 271, de 28 de fevereiro de 1967. (Alterado pela Lei 13.001/2014.)

§ 1º Os títulos de domínio e a CDRU são inegociáveis pelo prazo de dez anos, contado da data de celebração do contrato de concessão de uso ou de outro instrumento equivalente, observado o disposto nesta Lei. (Alterado pela Lei 13.465/2017.)

§ 2º Na implantação do projeto de assentamento, será celebrado com o beneficiário do programa de reforma agrária contrato de concessão de uso, gratuito, inegociável, de forma individual ou coletiva, que conterá cláusulas resolutivas, estipulando-se os direitos e as obrigações da entidade concedente e dos concessionários, assegurando-se a estes o direito de adquirir título de domínio ou a CDRU nos termos desta Lei. (Alterado pela Lei 13.001/2014.)

§ 3º O título de domínio e a CDRU conterão cláusulas resolutivas e será outorgado ao beneficiário do programa de reforma agrária, de forma individual ou coletiva, após a realização dos serviços de medição e demarcação topográfica do imóvel a ser alienado. (Alterado pela Lei 13.001/2014.)

§ 4º Regulamento disporá sobre as condições e a forma de outorga dos títulos de domínio e da CDRU aos beneficiários dos projetos de assentamento do Programa Nacional de Reforma Agrária. (Alterado pela Lei 13.465/2017.)

§ 5º O valor da alienação, na hipótese de outorga de título de domínio, considerará o tamanho da área e será estabelecido entre 10% (dez por cento) e 50% (cinquenta por cento) do valor mínimo da pauta de valores da terra nua para fins de titulação e regularização fundiária elaborada pelo Incra, com base nos valores de imóveis avaliados para a reforma agrária, conforme regulamento. (Alterado pela Lei 13.465/2017.)

§ 6º As condições de pagamento, carência e encargos financeiros serão definidas em regulamento, não podendo ser superiores às condições estabelecidas para os financiamentos concedidos ao amparo da Lei Complementar n. 93, de 4 de fevereiro de 1998, e alcançarão os títulos de domínio cujos prazos de carência ainda não expiraram. (Alterado pela Lei 13.001/2014.)

§ 7º A alienação de lotes de até 1 (um) módulo fiscal, em projetos de assentamento criados em terras devolutas discriminadas e registradas em nome do Incra ou da União, ocorrerá de forma gratuita. (Alterado pela Lei 13.001/2014.)

§ 8º São considerados não reembolsáveis: (Acrescentado pela Lei 13.001/2014.)

I - os valores relativos às obras de infraestrutura de interesse coletivo; (Acrescentado pela Lei 13.001/2014.)

II - aos custos despendidos com o plano de desenvolvimento do assentamento; e (Acrescentado pela Lei 13.001/2014.)

III - aos serviços de medição e demarcação topográficos. (Acrescentado pela Lei 13.001/2014.)

§ 9º O título de domínio ou a CDRU de que trata o *caput* poderão ser concedidos aos beneficiários com o cumprimento das obrigações estabelecidas com fundamento no inciso V do art. 17 desta Lei e no regulamento. (Acrescentado pela Lei 13.001/2014.)

§ 10. Falecendo qualquer dos concessionários do contrato de concessão de uso ou de CDRU, seus herdeiros ou legatários receberão o imóvel, cuja transferência será processada administrativamente, não podendo fracioná-lo. (Acrescentado pela Lei 13.001/2014.)

§ 11. Os herdeiros ou legatários que adquirirem, por sucessão, a posse do imóvel não poderão fracioná-lo. (Acrescentado pela Lei 13.001/2014.)

§ 12. O órgão federal executor do programa de reforma agrária manterá atualizado o cadastro de áreas desapropriadas e das adquiridas por outros meios e de beneficiários da reforma agrária e disponibilizará os dados na rede mundial de computadores. (Acrescentado pela Lei 13.001/2014.)

§ 13. Os títulos de domínio, a concessão de uso ou a CDRU a que se refere o *caput* deste artigo serão conferidos ao homem, na ausência de cônjuge ou companheira, à mulher, na ausência de cônjuge ou companheiro, ou ao homem e à mulher, obrigatoriamente, nos casos de casamento ou união estável. (Acrescentado pela Lei 13.465/2017.)

§ 14. Para fins de interpretação, a outorga coletiva a que se refere o § 3º deste artigo não permite a titulação, provisória ou definitiva, a pessoa jurídica. (Acrescentado pela Lei 13.465/2017.)

§ 15. Os títulos emitidos sob a vigência de norma anterior poderão ter seus valores reenquadrados, de acordo com o previsto no § 5º deste artigo, mediante requerimento do interessado, observados os termos estabelecidos em regulamento e vedada a restituição de valores já pagos que eventualmente excedam o valor devido após o reenquadramento. (Acrescentado pela Lei 13.465/2017.)

ART. 18-A. Os lotes a serem distribuídos pelo Programa Nacional de Reforma Agrária não poderão ter área superior a 2 (dois) módulos fiscais ou inferior à fração mínima de parcelamento. (Acrescentado pela Lei 13.001/2014.)

§ 1º Fica o Incra autorizado, nos assentamentos com data de criação anterior ao período de dois anos, contado retroativamente a partir de 22 de dezembro de 2016, a conferir o título de domínio ou a CDRU relativos às áreas em que ocorreram desmembramentos ou remembramentos após a concessão de uso, desde que observados os seguintes requisitos: (Alterado pela Lei 13.465/2017.)

I - observância da fração mínima de parcelamento e do limite de área de até quatro módulos fiscais por beneficiário, observado o disposto no art. 8º da Lei n. 5.868, de 12 de dezembro de 1972; (Alterado pela Lei 13.465/2017.)

II - o beneficiário não possua outro imóvel a qualquer título; (Acrescentado pela Lei 13.001/2014.)

III - o beneficiário preencha os requisitos exigidos no art. 3º da Lei n. 11.326, de 24 de julho de 2006; e (Acrescentado pela Lei 13.001/2014.)

IV - o desmembramento ou o remembramento seja anterior ao período de dois anos, contado retroativamente a partir de 22 de dezembro de 2016. (Alterado pela Lei 13.465/2017.)

§ 2º O beneficiário titulado nos termos do § 1º não fará jus aos créditos de instalação de que trata o art. 17 desta Lei. (Acrescentado pela Lei 13.001/2014.)

§ 3º Os títulos concedidos nos termos do § 1º deste artigo são inegociáveis pelo prazo de dez anos, contado da data de sua expedição. (Acrescentado pela Lei 13.465/2017.)

ART. 18-B. Identificada a ocupação ou a exploração de área objeto de projeto de assentamento por indivíduo que não se enquadre como beneficiário do Programa Nacional de Reforma Agrária, o ocupante será notificado para desocupação da área, nos termos estabelecidos em regulamento, sem prejuízo de eventual responsabilização nas esferas cível e penal. (Acrescentado pela Lei 13.465/2017.)

ART. 19. O processo de seleção de indivíduos e famílias candidatos a beneficiários do Programa Nacional de Reforma Agrária será realizado por projeto de assentamento, observada a seguinte ordem de preferência na distribuição de lotes: (Alterado pela Lei 13.465/2017.)

I - ao desapropriado, ficando-lhe assegurada a preferência para a parcela na qual se situe a sede do imóvel, hipótese em que esta será excluída da indenização devida pela desapropriação; (Alterado pela Lei 13.465/2017.)

II - aos que trabalham no imóvel desapropriado como posseiros, assalariados, parceiros ou arrendatários, identificados na vistoria; (Alterado pela Lei 13.465/2017.)

III - aos trabalhadores rurais desintrusados de outras áreas, em virtude de demarcação de terra indígena, criação de unidades de conservação, titulação de comunidade quilombola ou de outras ações de interesse público; (Alterado pela Lei 13.465/2017.)

IV - ao trabalhador rural em situação de vulnerabilidade social que não se enquadre nas hipóteses previstas nos incisos I, II e III deste artigo; (Alterado pela Lei 13.465/2017.)

V - ao trabalhador rural vítima de trabalho em condição análoga à de escravo; (Alterado pela Lei 13.465/2017.)

VI - aos que trabalham como posseiros, assalariados, parceiros ou arrendatários em outros imóveis rurais; (Alterado pela Lei 13.465/2017.)

VII - aos ocupantes de áreas inferiores à fração mínima de parcelamento. (Acrescentado pela Lei 13.465/2017.)

§ 1º O processo de seleção de que trata o *caput* deste artigo será realizado pelo Incra com ampla divulgação do edital de convocação na internet e no Município em que será instalado o projeto de assentamento, bem como nos Municípios limítrofes, na forma do regulamento. (Acrescentado pela Lei 13.465/2017.)

§ 2º Nos projetos de assentamentos ambientalmente diferenciados, definidos em regulamento, o processo de seleção será restrito às famílias que já residam na área, observadas as vedações constantes do art. 20 desta Lei. (Acrescentado pela Lei 13.465/2017.)

§ 3º Caso a capacidade do projeto de assentamento não atenda todos os candidatos selecionados, será elaborada lista dos candidatos excedentes, com prazo de validade de dois anos, a qual será observada de forma prioritária quando houver substituição dos beneficiários originários dos lotes, nas hipóteses de desistência, abandono ou reintegração de posse. (Acrescentado pela Lei 13.465/2017.)

§ 4º Esgotada a lista dos candidatos excedentes de que trata o § 3º deste artigo ou expirada sua validade, será instaurado novo processo de seleção específico para os lotes vagos no projeto de assentamento em decorrência de desistência, abandono ou reintegração de posse. (Acrescentado pela Lei 13.465/2017.)

§ 5º A situação de vulnerabilidade social do candidato a que se refere o inciso IV do *caput* deste artigo será comprovada por meio da respectiva inscrição no Cadastro Único para Programas Sociais do Governo Federal (CadÚnico), ou em outro cadastro equivalente definido em regulamento. (Acrescentado pela Lei 13.465/2017.)

ART. 19-A. Caberá ao Incra, observada a ordem de preferência a que se refere o art. 19, classificar os candidatos a beneficiários do Programa Nacional de Reforma Agrária, segundo os seguintes critérios: (Acrescentado pela Lei 13.465/2017.)

I - família mais numerosa cujos membros se proponham a exercer a atividade agrícola na área objeto do projeto de assentamento; (Acrescentado pela Lei 13.465/2017.)

II - família ou indivíduo que resida há mais tempo no Município em que se localize a área objeto do projeto de assentamento para o qual se destine a seleção, ou nos Municípios limítrofes; (Acrescentado pela Lei 13.465/2017.)

III - família chefiada por mulher; (Acrescentado pela Lei 13.465/2017.)

IV - família ou indivíduo integrante de acampamento situado no Município em que se localize a área objeto do projeto de assentamento ou nos Municípios limítrofes; (Acrescentado pela Lei 13.465/2017.)

V - filhos que tenham entre dezoito e vinte e nove anos idade de pais assentados que residam na área objeto do mesmo projeto de assentamento; (Acrescentado pela Lei 13.465/2017.)

VI - famílias de trabalhadores rurais que residam em área objeto de projeto de assentamento na condição de agregados; e (Acrescentado pela Lei 13.465/2017.)

VII - outros critérios sociais, econômicos e ambientais estabelecidos por regulamento, de acordo com as áreas de reforma agrária para as quais a seleção é realizada. (Acrescentado pela Lei 13.465/2017.)

§ 1º Regulamento estabelecerá a pontuação a ser conferida aos candidatos de acordo com os critérios definidos por este artigo. (Acrescentado pela Lei 13.465/2017.)

§ 2º Considera-se família chefiada por mulher aquela em que a mulher, independentemente do estado civil, seja responsável pela maior parte do sustento material de seus dependentes. (Acrescentado pela Lei 13.465/2017.)

§ 3º Em caso de empate, terá preferência o candidato de maior idade. (Acrescentado pela Lei 13.465/2017.)

ART. 20. Não poderá ser selecionado como beneficiário dos projetos de assentamento a que se refere esta Lei quem: (Alterado pela Lei 13.465/2017.)

I - for ocupante de cargo, emprego ou função pública remunerada; (Acrescentado pela Lei 13.465/2017.)

II - tiver sido excluído ou se afastado do programa de reforma agrária, de regularização fundiária ou de crédito fundiário sem consentimento de seu órgão executor; (Acrescentado pela Lei 13.465/2017.)

III - for proprietário rural, exceto o desapropriado do imóvel e o agricultor cuja propriedade seja insuficiente para o sustento próprio e o de sua família; (Acrescentado pela Lei 13.465/2017.)

IV - for proprietário, cotista ou acionista de sociedade empresária em atividade; (Acrescentado pela Lei 13.465/2017.)

V - for menor de dezoito anos não emancipado na forma da lei civil; ou (Acrescentado pela Lei 13.465/2017.)

VI - auferir renda familiar proveniente de atividade não agrária superior a três salários mínimos mensais ou superior a um salário mínimo *per capita*. (Acrescentado pela Lei 13.465/2017.)

§ 1º As disposições constantes dos incisos I, II, III, IV e VI do *caput* deste artigo aplicam-se aos cônjuges e conviventes, inclusive em regime de união estável, exceto em relação ao cônjuge que, em caso de separação judicial ou de fato, não tenha sido beneficiado pelos programas de que trata o inciso II do *caput* deste artigo. (Acrescentado pela Lei 13.465/2017.)

§ 2º A vedação de que trata o inciso I do *caput* deste artigo não se aplica ao candidato que preste serviços de interesse comunitário à comunidade rural ou à vizinhança da área objeto do projeto de assentamento, desde que o exercício do cargo, do emprego ou da função pública seja compatível com a exploração da parcela pelo indivíduo ou pelo núcleo familiar beneficiado. (Acrescentado pela Lei 13.465/2017.)

§ 3º São considerados serviços de interesse comunitário, para os fins desta Lei, as atividades prestadas nas áreas de saúde, educação, transporte, assistência social e agrária. (Acrescentado pela Lei 13.465/2017.)

§ 4º Não perderá a condição de beneficiário aquele que passe a se enquadrar nos incisos I, III, IV e VI do *caput* deste artigo, desde que a atividade assumida seja compatível com a exploração da parcela pelo indivíduo ou pelo núcleo familiar beneficiado. (Acrescentado pela Lei 13.465/2017.)

ART. 21. Nos instrumentos que conferem o título de domínio, concessão de uso ou CDRU, os beneficiários da reforma agrária assumirão, obrigatoriamente, o compromisso de cultivar o imóvel direta e pessoalmente, ou por meio de seu núcleo familiar, mesmo que por intermédio de cooperativas, e o de não ceder o seu uso a terceiros, a qualquer título, pelo prazo de 10 (dez) anos. (Alterado pela Lei 13.001/2014.)

Parágrafo único. A família beneficiária poderá celebrar o contrato de integração de que trata a Lei n. 13.288, de 16 de maio de 2016. (Acrescentado pela Lei 13.465/2017.)

ART. 22. Constará, obrigatoriamente, dos instrumentos translativos de domínio, de concessão de uso ou de CDRU, cláusula resolutória que preveja a rescisão do contrato e o retorno do imóvel ao órgão alienante ou concedente, no caso de descumprimento de quaisquer das obrigações assumidas pelo adquirente ou concessionário. (Alterado pela Lei 13.001/2014.)

§ 1º Após transcorrido o prazo de inegociabilidade de dez anos, o imóvel objeto de título translativo de domínio somente poderá ser alienado se a nova área titulada não vier a integrar imóvel rural com área superior a quatro módulos fiscais. (Alterado pela Lei 13.465/2017.)

§ 2º Na hipótese de a parcela titulada passar a integrar zona urbana ou de expansão urbana, o Incra deverá priorizar a análise do requerimento de liberação das condições resolutivas. (Alterado pela Lei 13.465/2017.)

ART. 22-A. As benfeitorias, reprodutivas ou não, existentes no imóvel destinado para reforma agrária poderão ser cedidas aos beneficiários para exploração individual ou coletiva ou doadas em benefício da comunidade de assentados, na forma estabelecida em regulamento. (Acrescentado pela Lei 13.465/2017.)

ART. 23. O estrangeiro residente no País e a pessoa jurídica autorizada a funcionar no Brasil só poderão arrendar imóvel rural na forma da Lei 5.709, de 07 de outubro de 1971.

- Lei 5.709/1971 (Regula a aquisição de imóvel rural por estrangeiro residente no país ou pessoa jurídica estrangeira autorizada a funcionar no Brasil).

§ 1º Aplicam-se ao arrendamento todos os limites, restrições e condições aplicáveis à aquisição de imóveis rurais por estrangeiro, constantes da lei referida no *caput* deste artigo.

§ 2º Compete ao Congresso Nacional autorizar tanto a aquisição ou o arrendamento além dos limites de área e percentual fixados na Lei 5.709, de 07 de outubro de 1971, como a aquisição ou arrendamento, por pessoa jurídica estrangeira, de área superior a 100 (cem) módulos de exploração indefinida.

ART. 24. As ações de reforma agrária devem ser compatíveis com as ações da política agrícola, das políticas sociais e das constantes no Plano Plurianual da União. (Alterado pela Lei 13.001/2014.)

ART. 25. O orçamento da União fixará, anualmente, o volume de títulos da dívida agrária e dos recursos destinados, no exercício, ao atendimento do Programa de Reforma Agrária.

§ 1º Os recursos destinados à execução do Plano Nacional de Reforma Agrária deverão constar do orçamento do ministério responsável por sua implementação e do órgão executor da política de colonização e reforma agrária, salvo aqueles que, por sua natureza, exijam instituições especializadas para a sua aplicação.

§ 2º Objetivando a compatibilização dos programas de trabalho e propostas orçamentárias, o órgão executor da reforma agrária encaminhará, anualmente e em tempo hábil, aos órgãos da administração pública responsáveis por ações complementares, o programa a ser implantado no ano subsequente.

ART. 26. São isentas de impostos federais, estaduais e municipais, inclusive do Distrito Federal, as operações de transferência de imóveis desapropriados para fins de reforma agrária, bem como a transferência ao beneficiário do programa.

ART. 26-A. Não serão cobradas custas ou emolumentos para registro de títulos translativos de domínio de imóveis rurais desapropriados para fins de reforma agrária. (Incluído pela Med. Prov. 2.183-56/2001.)

ART. 26-B. A ocupação de lote sem autorização do Incra em área objeto de projeto de assentamento criado há, no mínimo, dois anos, contados a partir de 22 de dezembro de 2016, poderá ser regularizada pelo Incra, observadas as vedações constantes do art. 20 desta Lei. (Acrescentado pela Lei 13.465/2017.)

§ 1º A regularização poderá ser processada a pedido do interessado ou mediante atuação, de ofício, do Incra, desde que atendidas, cumulativamente, as seguintes condições: (Acrescentado pela Lei 13.465/2017.)

I - ocupação e exploração da parcela pelo interessado há, no mínimo, um ano, contado a partir de 22 de dezembro de 2016; (Acrescentado pela Lei 13.465/2017.)

II - inexistência de candidatos excedentes interessados na parcela elencados na lista de selecionados de que trata o § 3º do art. 19 desta Lei para o projeto de assentamento; (Acrescentado pela Lei 13.465/2017.)

III - observância pelo interessado dos requisitos de elegibilidade para ser beneficiário da reforma agrária; e (Acrescentado pela Lei 13.465/2017.)

IV - quitação ou assunção pelo interessado, até a data de assinatura de novo contrato de concessão de uso, dos débitos relativos ao crédito de instalação reembolsável concedido ao beneficiário original. (Acrescentado pela Lei 13.465/2017.)

§ 2º Atendidos os requisitos de que trata o § 1º deste artigo, o Incra celebrará contrato de concessão de uso nos termos do § 2º do art. 18 desta Lei. (Acrescentado pela Lei 13.465/2017.)

ART. 27. Esta Lei entra em vigor na data de sua publicação.

ART. 28. Revogam-se as disposições em contrário.

Brasília, 25 de fevereiro de 1993, 172º da Independência e 105º da República.

ITAMAR FRANCO

LEI N. 8.647, DE 13 DE ABRIL DE 1993

Dispõe sobre a vinculação do servidor público civil, ocupante de cargo em comissão sem vínculo efetivo com a Administração Pública Federal, ao Regime Geral de Previdência Social e dá outras providências.

- *DOU*, 14.04.1993.
- Dec. 3.048/1999 (Aprova o Regulamento da Previdência Social).

O Presidente da República. Faço saber que o Congresso Nacional decreta e eu sanciono a seguinte Lei:

ART. 1º O servidor público civil ocupante de cargo em comissão, sem vínculo efetivo com a União, Autarquias, inclusive em regime especial, e Fundações Públicas Federais, vincula-se obrigatoriamente ao Regime Geral de Previdência Social de que trata a Lei n. 8.213, de 24 de julho de 1991.

ART. 2º O art. 183 da Lei n. 8.112, de 11 de dezembro de 1990, passa a vigorar com a seguinte redação:

- Alteração promovida no texto da referida lei.

ART. 3º O art. 12 da Lei n. 8.212, de 24 de julho de 1991, passa a vigorar com a seguinte redação:

- Alteração promovida no texto da referida lei.

ART. 4º O art. 11 da Lei n. 8.213, de 24 de julho de 1991, passa a vigorar com a seguinte redação:

- Alteração promovida no texto da referida lei.

ART. 5º As contribuições dos servidores de que trata esta Lei, vertidas ao Plano de Seguridade Social do Servidor, serão transferidas à Previdência Social nos termos definidos em regulamento.

Parágrafo único. O disposto neste artigo aplica-se às contribuições recolhidas desde o início do vínculo do servidor com a administração direta, autárquica ou fundacional, sendo assegurado o cômputo do respectivo tempo de contribuição para efeito de percepção dos benefícios previdenciários.

ART. 6º O art. 55 da Lei n. 8.213, de 24 de julho de 1991, passa a vigorar acrescido do seguinte inciso VI:

- Alteração promovida no texto da referida lei.

ART. 7º O Poder Executivo regulamentará esta Lei no prazo de noventa dias a partir da data de sua publicação.

ART. 8º Esta Lei entra em vigor na data de sua publicação.

ART. 9º Revogam-se as disposições em contrário.

Brasília, 13 de abril de 1993; 172º da Independência e 105º da República.

ITAMAR FRANCO

LEI N. 8.716, DE 11 DE OUTUBRO DE 1993

Dispõe sobre a garantia do salário mínimo e dá outras providências.

- *DOU*, 13.10.1993.

O Presidente da República. Faço saber que o Congresso Nacional decreta e eu sanciono a seguinte lei:

- Dec. 8.513/2015 (Dispõe sobre a antecipação do abono anual devido aos segurados e dependentes da Previdência Social no ano de 2015.)

ART. 1º Aos trabalhadores que perceberem remuneração variável, fixada por comissão, peça, tarefa ou outras modalidades, será garantido um salário mensal nunca inferior ao salário mínimo.

ART. 2º A garantia assegurada pelo artigo anterior estende-se também aos trabalhadores que perceberem salário misto, integrado por parte fixa e parte variável.

ART. 3º É vedado ao empregador fazer qualquer tipo de desconto em mês subsequente a título de compensação de eventuais complementações feitas em meses anteriores para cumprimento do disposto nos arts. 1º e 2º.

ART. 4º Esta lei entra em vigor na data de sua publicação.

ART. 5º Revogam-se as disposições em contrário.

Brasília, 11 de outubro de 1993, 172º da Independência e 105º da República.

ITAMAR FRANCO

LEI N. 8.730, DE 10 DE NOVEMBRO DE 1993

Estabelece a obrigatoriedade da declaração de bens e rendas para o exercício de cargos, empregos e funções nos Poderes Executivo, Legislativo e Judiciário, e dá outras providências.

- *DOU*, 11.11.1993.

O Presidente da República. Faço saber que o Congresso Nacional decreta e eu sanciono a seguinte lei:

ART. 1º É obrigatória a apresentação de declaração de bens, com indicação das fontes de renda, no momento da posse ou, inexistindo esta, na entrada em exercício de cargo, emprego ou função, bem como no final de cada exercício financeiro, no término da gestão ou mandato e nas hipóteses de exoneração, renúncia ou afastamento definitivo, por parte das autoridades e servidores públicos adiante indicados:

I - Presidente da República;

II - Vice-Presidente da República;

III - Ministros de Estado;

IV - membros do Congresso Nacional;

V - membros da Magistratura Federal;

VI - membros do Ministério Público da União;

VII - todos quantos exerçam cargos eletivos e cargos, empregos ou funções de confiança, na administração direta, indireta e fundacional, de qualquer dos Poderes da União.

§ 1º A declaração de bens e rendas será transcrita em livro próprio de cada órgão e assinada pelo declarante:

§ 2º O declarante remeterá, incontinenti, uma cópia da declaração ao Tribunal de Contas da União, para o fim de este:

I - manter registro próprio dos bens e rendas do patrimônio privado de autoridades públicas;

II - exercer o controle da legalidade e legitimidade desses bens e rendas, com apoio nos sistemas de controle interno de cada Poder;

III - adotar as providências inerentes às suas atribuições e, se for o caso, representar ao Poder competente sobre irregularidades ou abusos apurados;

IV - publicar, periodicamente, no Diário Oficial da União, por extrato, dados e elementos constantes da declaração;

V - prestar a qualquer das Câmaras do Congresso Nacional ou às respectivas Comissões, informações solicitadas por escrito;

VI - fornecer certidões e informações requeridas por qualquer cidadão, para propor ação popular que vise a anular ato lesivo ao patrimônio público ou à moralidade administrativa, na forma da lei.

ART. 2º A declaração a que se refere o artigo anterior, excluídos os objetos e utensílios de uso doméstico de módico valor, constará de relação pormenorizada dos bens imóveis, móveis, semoventes, títulos ou valores mobiliários, direitos sobre veículos automóveis, embarcações ou aeronaves e dinheiros ou aplicações financeiras que, no País ou no exterior, constituam, separadamente, o patrimônio do declarante e de seus dependentes, na data respectiva.

§ 1º Os bens serão declarados, discriminadamente, pelos valores de aquisição constantes dos respectivos instrumentos de transferência de propriedade, com indicação concomitante de seus valores venais.

§ 2º No caso de inexistência do instrumento de transferência de propriedade, será dispensada a indicação do valor de aquisição do bem, facultada a indicação de seu valor venal à época do ato translativo, ao lado do valor venal atualizado.

§ 3º O valor de aquisição dos bens existentes no exterior será mencionado na declaração e expresso na moeda do país em que estiverem localizados.

§ 4º Na declaração de bens e rendas também serão consignados os ônus reais e obrigações do declarante, inclusive de seus dependentes, dedutíveis na apuração do patrimônio líquido, em cada período, discriminando-se entre os credores, se for o caso, a Fazenda Pública, as instituições oficiais de crédito e quaisquer entidades, públicas ou privadas, no País e no exterior.

§ 5º Relacionados os bens, direitos e obrigações, o declarante apurará a variação patrimonial ocorrida no período, indicando a origem dos recursos que hajam propiciado o eventual acréscimo.

§ 6º Na declaração constará, ainda, menção a cargos de direção e de órgãos colegiados que o declarante exerça ou haja exercido nos últimos dois anos, em empresas privadas ou de setor público e outras instituições, no País e no exterior.

§ 7º O Tribunal de Contas da União poderá:

a) expedir instruções sobre formulários da declaração e prazos máximos de remessa de sua cópia;

b) exigir, a qualquer tempo, a comprovação da legitimidade da procedência dos bens e rendas acrescidos ao patrimônio no período relativo à declaração.

ART. 3º A não apresentação da declaração a que se refere o art. 1º, por ocasião da posse, implicará a não realização daquele ato, ou sua nulidade, se celebrado sem esse requisito essencial.

Parágrafo único. Nas demais hipóteses, a não apresentação da declaração, a falta e atraso de remessa de sua cópia ao Tribunal de Contas da União ou a declaração dolosamente inexata implicarão, conforme o caso:

a) crime de responsabilidade, para o Presidente e o Vice-Presidente da República, os Ministros de Estado e demais autoridades previstas em lei especial, observadas suas disposições; ou

b) infração político-administrativa, crime funcional ou falta grave disciplinar, passível de perda do mandato, demissão do cargo, exoneração do emprego ou destituição da função, além da inabilitação, até cinco anos, para o exercício de novo mandato e de qualquer cargo, emprego ou função pública, observada a legislação específica.

ART. 4º Os administradores ou responsáveis por bens e valores públicos da administração direta, indireta e fundacional de qualquer dos Poderes da União, assim como toda a pessoa que por força da lei, estiver sujeita à prestação de contas do Tribunal de Contas da União, são obrigados a juntar, à documentação correspondente, cópia da declaração de rendimentos e de bens, relativa ao período-base da gestão, entregue à repartição competente, de conformidade com a legislação do Imposto sobre a Renda.

§ 1º O Tribunal de Contas da União considerará como não recebida a documentação que lhe for entregue em desacordo com o previsto neste artigo.

§ 2º Será lícito ao Tribunal de Contas da União utilizar as declarações de rendimentos e de bens, recebidas nos termos deste artigo, para proceder ao levantamento da evolução patrimonial do seu titular e ao exame de sua compatibilização com os recursos e as disponibilidades declarados.

ART. 5º A Fazenda Pública Federal e o Tribunal de Contas da União poderão realizar, em relação às declarações de que trata esta lei, troca de dados e informações que lhes possam favorecer o desempenho das respectivas atribuições legais.

Parágrafo único. O dever do sigilo sobre informações de natureza fiscal e de riqueza de terceiros, imposto aos funcionários da Fazenda Pública, que cheguem ao seu conhecimento em razão do ofício, estende-se aos funcionários do Tribunal de Contas da União que, em cumprimento das disposições desta lei, encontrem-se em idêntica situação.

ART. 6º Os atuais ocupantes de cargos, empregos ou funções mencionados no art. 1º, e obedecido o disposto no art. 2º, prestarão a respectiva declaração de bens e rendas, bem como remeterão cópia ao Tribunal de Contas da União, no prazo e condições por este fixados.

ART. 7º As disposições constantes desta lei serão adotadas pelos Estados, pelo Distrito Federal e pelos Municípios, no que couber, como normas gerais de direito financeiro, velando pela sua observância os órgãos a que se refere o art. 75 da Constituição Federal.

ART. 8º Esta lei entra em vigor na data de sua publicação.

ART. 9º Revogam-se as disposições em contrário.

Brasília, 10 de novembro de 1993; 172º da Independência e 105º da República.

ITAMAR FRANCO

LEI N. 8.745, DE 9 DE DEZEMBRO DE 1993

Dispõe sobre a contratação por tempo determinado para atender a necessidade temporária de excepcional interesse público, nos termos do inciso IX do art. 37 da Constituição Federal, e dá outras providências.

- *DOU*, 10.12.1993.
- ADIn 2.380, de 2000.
- Dec. 1.590/1995 (Dispõe sobre a jornada de trabalho dos servidores da Administração Pública Federal direta, das autarquias e das fundações públicas federais).

O Presidente da República. Faço saber que o Congresso Nacional decreta e eu sanciono a seguinte Lei:

ART. 1º Para atender a necessidade temporária de excepcional interesse público, os órgãos da Administração Federal direta, as autarquias e as fundações públicas poderão efetuar contratação de pessoal por tempo determinado, nas condições e prazos previstos nesta Lei.

ART. 2º Considera-se necessidade temporária de excepcional interesse público:

I - assistência a situações de calamidade pública;

II - assistência a emergências em saúde pública; (Redação dada pela Lei 12.314/2010.)

III - realização de recenseamentos e outras pesquisas de natureza estatística efetuadas pela Fundação Instituto Brasileiro de Geografia e Estatística - IBGE; (Redação dada pela Lei 9.849/1999.)

IV - admissão de professor substituto e professor visitante;

V - admissão de professor e pesquisador visitante estrangeiro;

VI - atividades: (Redação dada pela Lei 9.849/1999.)

a) especiais nas organizações das Forças Armadas para atender à área industrial ou a encargos temporários de obras e serviços de engenharia; (Incluído pela Lei 9.849/1999.)

b) de identificação e demarcação territorial; (Redação dada pela Lei 11.784/ 2008).

c) (Revogada pela Lei 10.667/2003.)

‣ ADIn 2.380, de 2000.

d) finalísticas do Hospital das Forças Armadas; (Incluído pela Lei 9.849/1999.)

‣ Prorrogação de prazo pela Lei 10.667/2003.

e) de pesquisa e desenvolvimento de produtos destinados à segurança de sistemas de informações, sob responsabilidade do Centro de Pesquisa e Desenvolvimento para a Segurança das Comunicações - CEPESC; (Incluído pela Lei 9.849/1999.)

f) de vigilância e inspeção, relacionadas à defesa agropecuária, no âmbito do Ministério da Agricultura e do Abastecimento, para atendimento de situações emergenciais ligadas ao comércio internacional de produtos de origem animal ou vegetal ou de iminente risco à saúde animal, vegetal ou humana; (Incluído pela Lei 9.849/1999.)

g) desenvolvidas no âmbito dos projetos do Sistema de Vigilância da Amazônia - SIVAM e do Sistema de Proteção da Amazônia - SIPAM. (Incluído pela Lei 9.849/1999.)

h) técnicas especializadas, no âmbito de projetos de cooperação com prazo determinado, implementados mediante acordos internacionais, desde que haja, em seu desempenho, subordinação do contratado ao órgão ou entidade pública. (Incluído pela Lei 10.667/2003.)

i) técnicas especializadas necessárias à implantação de órgãos ou entidades ou de novas atribuições definidas para organizações existentes ou as decorrentes de aumento transitório no volume de trabalho que não possam ser atendidas mediante a aplicação do art. 74 da Lei n. 8.112, de 11 de dezembro de 1990; (Incluído pela Lei 11.784/2008.)

j) técnicas especializadas de tecnologia da informação, de comunicação e de revisão de processos de trabalho, não alcançadas pela alínea i e que não se caracterizem como atividades permanentes do órgão ou entidade; (Incluído pela Lei 11.784/2008.)

l) didático-pedagógicas em escolas de governo; e (Incluído pela Lei 11.784/2008.)

m) de assistência à saúde para comunidades indígenas; e (Incluído pela Lei 11.784/2008.)

VII - admissão de professor, pesquisador e tecnólogo substitutos para suprir a falta de professor, pesquisador ou tecnólogo ocupante de cargo efetivo, decorrente de licença para exercer atividade empresarial relativa à inovação. (Incluído pela Lei 10.973/2004.)

VIII - admissão de pesquisador, de técnico com formação em área tecnológica de nível intermediário ou de tecnólogo, nacionais ou estrangeiros, para projeto de pesquisa com prazo determinado, em instituição destinada à pesquisa, ao desenvolvimento e à inovação; (Alterado pela Lei 13.243/2016.)

IX - combate a emergências ambientais, na hipótese de declaração, pelo Ministro de Estado do Meio Ambiente, da existência de emergência ambiental na região específica. (Incluído pela Lei 11.784/2008.)

X - admissão de professor para suprir demandas decorrentes da expansão das instituições federais de ensino, respeitados os limites e as condições fixados em ato conjunto dos Ministérios do Planejamento, Orçamento e Gestão e da Educação. (Incluído pela Lei 12.425/2011.)

XI - admissão de professor para suprir demandas excepcionais decorrentes de programas e projetos de aperfeiçoamento de médicos na área de Atenção Básica em saúde em regiões prioritárias para o Sistema Único de Saúde (SUS), mediante integração ensino-serviço, respeitados os limites e as condições fixados em ato conjunto dos Ministros de Estado do Planejamento, Orçamento e Gestão, da Saúde e da Educação. (Incluído pela Lei 12.871/2013.)

XII - admissão de profissional de nível superior especializado para atendimento a pessoas com deficiência, nos termos da legislação, matriculadas regularmente em cursos técnicos de nível médio e em cursos de nível superior nas instituições federais de ensino, em ato conjunto do Ministério do Planejamento, Desenvolvimento e Gestão e do Ministério da Educação. (Acrescentado pela Lei 13.530/2017.)

§ 1º A contratação de professor substituto de que trata o inciso IV do *caput* poderá ocorrer para suprir a falta de professor efetivo em razão de: (Incluído pela Lei 12.425/2011.)

I - vacância do cargo; (Incluído pela Lei 12.425/2011.)

II - afastamento ou licença, na forma do regulamento; ou (Incluído pela Lei 12.425/2011.)

III - nomeação para ocupar cargo de direção de reitor, vice-reitor, pró-reitor e diretor de campus. (Incluído pela Lei 12.425/2011.)

§ 2º O número total de professores de que trata o inciso IV do *caput* não poderá ultrapassar 20% (vinte por cento) do total de docentes efetivos em exercício na instituição federal de ensino. (Incluído pela Lei 12.425/2011.)

§ 3º As contratações a que se refere a alínea *h* do inciso VI serão feitas exclusivamente por projeto, vedado o aproveitamento dos contratados em qualquer área da administração pública. (Incluído pela Lei 10.667/2003.)

‣ Dec. 4.748/2003 (Regulamenta o processo seletivo simplificado a que se refere este parágrafo).

§ 4º Ato do Poder Executivo disporá, para efeitos desta Lei, sobre a declaração de emergências em saúde pública. (Incluído pela Lei 12.314/2010.)

§ 5º A contratação de professor visitante e de professor visitante estrangeiro, de que tratam os incisos IV e V do *caput*, tem por objetivo: (Incluído pela Lei 12.772/2012.)

I - apoiar a execução dos programas de pós-graduação *stricto sensu*; (Incluído pela Lei 12.772/2012.)

II - contribuir para o aprimoramento de programas de ensino, pesquisa e extensão; (Incluído pela Lei 12.772/2012.)

III - contribuir para a execução de programas de capacitação docente; ou (Incluído pela Lei 12.772/2012.)

IV - viabilizar o intercâmbio científico e tecnológico. (Incluído pela Lei 12.772/2012.)

§ 6º A contratação de professor visitante e o professor visitante estrangeiro, de que tratam os incisos IV e V do *caput*, deverão: (Incluído pela Lei 12.772/2012.)

I - atender a requisitos de titulação e competência profissional; ou (Incluído pela Lei 12.772/2012.)

II - ter reconhecido renome em sua área profissional, atestado por deliberação do Conselho Superior da instituição contratante. (Incluído pela Lei 12.772/2012.)

§ 7º São requisitos mínimos de titulação e competência profissional para a contratação de professor visitante ou de professor visitante estrangeiro, de que tratam os incisos IV e V do *caput*: (Incluído pela Lei 12.772/2012.)

I - ser portador do título de doutor, no mínimo, há 2 (dois) anos; (Incluído pela Lei 12.772/2012.)

II - ser docente ou pesquisador de reconhecida competência em sua área; e (Incluído pela Lei 12.772/2012.)

III - ter produção científica relevante, preferencialmente nos últimos 5 (cinco) anos. (Incluído pela Lei 12.772/2012.)

§ 8º Excepcionalmente, no âmbito das Instituições da Rede Federal de Educação Profissional, Científica e Tecnológica, poderão ser contratados professor visitante ou professor visitante estrangeiro, sem o título de doutor, desde que possuam comprovada competência em ensino, pesquisa e extensão tecnológicos ou reconhecimento da qualificação profissional pelo mercado de trabalho, na forma prevista pelo Conselho Superior da instituição contratante. (Incluído pela Lei 12.772/2012.)

§ 9º A contratação de professores substitutos, professores visitantes e professores visitantes estrangeiros poderá ser autorizada pelo dirigente da instituição, condicionada à existência de recursos orçamentários e financeiros para fazer frente às despesas decorrentes da contratação e ao quantitativo máximo de contratos estabelecido para a IFE. (Incluído pela Lei 12.772/2012.)

§ 10. A contratação dos professores substitutos fica limitada ao regime de trabalho de 20 (vinte) horas ou 40 (quarenta) horas. (Incluído pela Lei 12.772/2012.)

ART. 3º O recrutamento do pessoal a ser contratado, nos termos desta Lei, será feito mediante processo seletivo simplificado sujeito a ampla divulgação, inclusive através do Diário Oficial da União, prescindindo de concurso público.

ART. 4º As contratações serão feitas por tempo determinado, observados os seguintes prazos máximos: (Redação dada pela Lei 10.667/2003.)

‣ Prorrogação de prazo pela Lei 11.784/2008.

I - 6 (seis) meses, nos casos dos incisos I, II e IX do *caput* do art. 2º desta Lei; (Redação dada pela Lei 11.784/ 2008.)

II - 1 (um) ano, nos casos dos incisos III e IV, das alíneas d e f do inciso VI e do inciso X do *caput* do art. 2º; (Incluído pela Lei 12.425/2011.)

III - 2 (dois) anos, nos casos das alíneas b, e e m do inciso VI do art. 2º; (Redação dada pela Lei 12.314/2010.)

IV - 3 (três) anos, nos casos das alíneas "h" e "l" do inciso VI e dos incisos VII, VIII e XI do *caput* do art. 2º desta Lei; (Alterado pela Lei 12.871/2012.)

‣ ADIn 2.380, de 2000.

V - 4 (quatro) anos, nos casos do inciso V e das alíneas a, g, i e j do inciso VI do *caput* do art. 2º desta Lei. (Redação dada pela Lei 11.784/ 2008.)

Parágrafo único. É admitida a prorrogação dos contratos: (Incluído pela Lei 10.667/2003.)

‣ Lei 10.204/2005 (Altera a Lei 4.229 /1963, autoriza a doação de bens).

I - no caso do inciso IV, das alíneas b, d e f do inciso VI e do inciso X do *caput* do art. 2º, desde que o prazo total não exceda a 2 (dois) anos; (Alterado pela Lei 12.998/2014.)

II - no caso do inciso III e da alínea e do inciso VI do *caput* do art. 2º, desde que o prazo total não exceda a 3 (três) anos; (Alterado pela Lei 12.998/2014.)

III - nos casos do inciso V, das alíneas *a, h, l* e *m* do inciso VI e do inciso VIII do *caput* do art. 2º desta Lei, desde que o prazo total não exceda a 4 (quatro) anos; (Redação dada pela Lei 12.314/2010.)

IV - no caso das alíneas *g, i* e *j* do inciso VI do *caput* do art. 2º desta Lei, desde que o prazo total não exceda a 5 (cinco) anos; (Redação dada pela Lei 11.784/2008.)

V - no caso dos incisos VII e XI do *caput* do art. 2º, desde que o prazo total não exceda 6 (seis) anos; (Alterado pela Lei 12.871/2013.)

VI - nos casos dos incisos I e II do *caput* do art. 2º desta Lei, pelo prazo necessário à superação da situação de calamidade pública ou das situações de emergências em saúde pública, desde que não exceda a 2 (dois) anos. (Redação dada pela Lei 12.314/2010.)

ART. 5º As contratações somente poderão ser feitas com observância da dotação orçamentária específica e mediante prévia autorização do Ministro de Estado do Planejamento, Orçamento e Gestão e do Ministro de Estado sob cuja supervisão se encontrar o órgão ou entidade contratante, conforme estabelecido em regulamento. (Redação dada pela Lei 9.849/1999.)

Parágrafo único. (Revogado pela Lei 9.849/1999.)

ART. 5º-A Os órgãos e entidades contratantes encaminharão à Secretaria de Recursos Humanos do Ministério do Planejamento, Orçamento e Gestão, para controle do disposto nesta Lei, síntese dos contratos efetivados. (Incluído pela Lei 10.667/2003.)

ART. 6º É proibida a contratação, nos termos desta Lei, de servidores da Administração direta ou indireta da União, dos Estados, do Distrito Federal e dos Municípios, bem como de empregados ou servidores de suas subsidiárias e controladas.

§ 1º Excetua-se do disposto no *caput* deste artigo, condicionada à formal comprovação da compatibilidade de horários, a contratação de: (Redação dada pela Lei 11.123/2005.)

I - professor substituto nas instituições federais de ensino, desde que o contratado não ocupe cargo efetivo integrante das carreiras de magistério de que trata a Lei n. 7.596, de 10 de abril de 1987; (Incluído pela Lei 11.123/2005.)

II - profissionais de saúde em unidades hospitalares, quando administradas pelo Governo Federal e para atender às necessidades decorrentes de calamidade pública, desde que o contratado não ocupe cargo efetivo ou emprego permanente em órgão ou entidade da administração pública federal direta e indireta. (Incluído pela Lei 11.123/2005.)

§ 2º Sem prejuízo da nulidade do contrato, a infração do disposto neste artigo importará responsabilidade administrativa da autoridade contratante e do contratado, inclusive, se for o caso, solidariedade quanto à devolução dos valores pagos ao contratado. (Renumerado do p.u. com nova redação pela Lei 9.849/1999.)

ART. 7º A remuneração do pessoal contratado nos termos desta Lei será fixada:

I - nos casos dos incisos IV, X e XI do *caput* do art. 2º, em importância não superior ao valor da remuneração fixada para os servidores de final de Carreira das mesmas categorias, nos planos de retribuição ou nos quadros de cargos e salários do órgão ou entidade contratante; (Alterado pela Lei 12.998/2014.)

II - nos casos dos incisos I a III, V, VI e VIII do *caput* do art. 2º, em importância não superior ao valor da remuneração constante dos planos de retribuição ou dos quadros de cargos e salários do serviço público, para servidores que desempenhem função semelhante, ou, não existindo a semelhança, às condições do mercado de trabalho; e (Alterado pela Lei 12.998/2014.)

III - no caso do inciso III do art. 2º, quando se tratar de coleta de dados, o valor da remuneração poderá ser formado por unidade produzida, desde que obedecido ao disposto no inciso II deste artigo. (Incluído pela Lei 9.849/1999.)

§ 1º Para os efeitos deste artigo, não se consideram as vantagens de natureza individual dos servidores ocupantes de cargos tomados como paradigma. (Renumerado pela Lei 10.667/2003.)

§ 2º Caberá ao Poder Executivo fixar as tabelas de remuneração para as hipóteses de contratações previstas nas alíneas *h, i, j, l* e *m* do inciso VI do *caput* do art. 2º. (Redação dada pela Lei 12.314/2010.)

ART. 8º Ao pessoal contratado nos termos desta Lei aplica-se o disposto na Lei 8.647/ 1993.

ART. 9º O pessoal contratado nos termos desta Lei não poderá:

I - receber atribuições, funções ou encargos não previstos no respectivo contrato;

II - ser nomeado ou designado, ainda que a título precário ou em substituição, para o exercício de cargo em comissão ou função de confiança;

III - ser novamente contratado, com fundamento nesta Lei, antes de decorridos 24 (vinte e quatro) meses do encerramento de seu contrato anterior, salvo nas hipóteses dos incisos I e IX do art. 2º desta Lei, mediante prévia autorização, conforme determina o art. 5º desta Lei. (Redação dada pela Lei 11.784/2008.)

Parágrafo único. (Revogado pela Lei 11.784/2008.)

ART. 10. As infrações disciplinares atribuídas ao pessoal contratado nos termos desta Lei serão apuradas mediante sindicância, concluída no prazo de trinta dias e assegurada ampla defesa.

ART. 11. Aplica-se ao pessoal contratado nos termos desta Lei o disposto nos arts. 53 e 54; 57 a 59; 63 a 80; 97; 104 a 109; 110, incisos, I, *in fine*, e II, parágrafo único, a 115; 116, incisos I a V, alíneas a e c, VI a XII e parágrafo único; 117, incisos I a VI e IX a XVIII; 118 a 126; 127, incisos I, II e III, a 132, incisos I a VII, e IX a XIII; 136 a 142, incisos I, primeira parte, a III, e §§ 1º a 4º; 236; 238 a 242, da Lei n. 8.112, de 11 de dezembro de 1990.

ART. 12. O contrato firmado de acordo com esta Lei extinguir-se-á, sem direito a indenizações:

I - pelo término do prazo contratual;

II - por iniciativa do contratado.

III - pela extinção ou conclusão do projeto, definidos pelo contratante, nos casos da alínea *h* do inciso VI do art. 2º. (Incluído pela Lei 10.667/2003.)

§ 1º A extinção do contrato, nos casos dos incisos II e III, será comunicada com a antecedência mínima de trinta dias. (Redação dada pela Lei 10.667/2003.)

§ 2º A extinção do contrato, por iniciativa do órgão ou entidade contratante, decorrente de conveniência administrativa, importará no pagamento ao contratado de indenização correspondente à metade do que lhe caberia referente ao restante do contrato.

ARTS. 13 a 15. (Revogados pela Lei 11.440/2006.)

ART. 16. O tempo de serviço prestado em virtude de contratação nos termos desta Lei será contado para todos os efeitos.

ART. 17. Esta Lei entra em vigor na data de sua publicação.

ART. 18. Revogam-se as disposições em contrário, especialmente os arts. 232 a 235 da Lei n. 8.112, de 11 de dezembro de 1990.

Brasília, 9 de dezembro de 1993, 172º da Independência e 105º da República.

ITAMAR FRANCO

LEI N. 8.748, DE 9 DE DEZEMBRO DE 1993

Altera a legislação reguladora do processo administrativo de determinação e exigência de créditos tributários da União, e dá outras providências.

› Conversão da Med. Prov. 367/1993.

O Presidente da República. Faço saber que o Congresso Nacional decreta e eu sanciono a seguinte lei:

ART. 1º Os dispositivos a seguir, do Decreto n. 70.235, de 6 de março de 1972, que, por delegação do Decreto-Lei n. 822, de 5 de setembro de 1969, regula o processo administrativo de determinação e exigência de créditos tributários da União, passam a vigorar com a seguinte redação:

› Alterações promovidas no texto do referido decreto.

ART. 2º São criadas dezoito Delegacias da Receita Federal especializadas nas atividades concernentes ao julgamento de processos relativos a tributos e contribuições federais administrados pela Secretaria da Receita Federal, sendo de competência dos respectivos Delegados o julgamento, em primeira instância, daqueles processos.

§ 1º As delegacias a que se refere este artigo serão instaladas, no prazo de cento e vinte dias, por ato do Ministro da Fazenda, que fixará a lotação de cada unidade, mediante aproveitamento de cargos e funções existentes, ou que venham a ser criados, na Secretaria da Receita Federal.

§ 2º Até que sejam instaladas as delegacias de que trata o *caput* deste artigo, o julgamento nele referido continuará sendo de competência dos Delegados da Receita Federal.

ART. 3º Compete aos Conselhos de Contribuintes, observada sua competência por matéria e dentro de limites de alçada fixados pelo Ministro da Fazenda:

I - julgar os recursos de ofício e voluntário de decisão de primeira instância, nos processos a que se refere o art. 1º desta lei;

II - julgar recurso voluntário de decisão de primeira instância nos processos relativos a restituição de impostos e contribuições e a ressarcimento de créditos do Imposto sobre Produtos Industrializados. (Redação dada pela Lei 10.522/2002.)

ART. 4º O Ministro da Fazenda expedirá as instruções necessárias à aplicação do disposto nesta lei, inclusive à adequação dos regimentos internos dos Conselhos de Contribuintes e da Câmara Superior de Recursos Fiscais.

ART. 5º As despesas decorrentes desta lei correrão à conta das dotações orçamentárias próprias do Ministério da Fazenda.

ART. 6º Esta lei entra em vigor na data de sua publicação.

ART. 7º Revogam-se os arts. 6º e 19 do Decreto n. 70.235, de 1972.

Brasília, 9 de dezembro de 1993, 172º da Independência e 105º da República.

ITAMAR FRANCO

LEI N. 8.842, DE 4 DE JANEIRO DE 1994

Dispõe sobre a política nacional do idoso, cria o Conselho Nacional do Idoso e dá outras providências.

- *DOU*, 05.01.1994.
- Lei 10.741/2003 (Estatuto do idoso).
- Dec. 1.948/1996 (Regulamenta esta lei).
- Dec. 8.114/2013 (Estabelece o Compromisso Nacional para o Envelhecimento Ativo e institui Comissão Interministerial para monitorar e avaliar ações em seu âmbito e promover a articulação de órgãos e entidades públicos envolvidos em sua implementação).

O Presidente da República. Faço saber que o Congresso Nacional decreta e eu sanciono a seguinte lei:

CAPÍTULO I
DA FINALIDADE

ART. 1º A política nacional do idoso tem por objetivo assegurar os direitos sociais do idoso, criando condições para promover sua autonomia, integração e participação efetiva na sociedade.

ART. 2º Considera-se idoso, para os efeitos desta lei, a pessoa maior de sessenta anos de idade.

CAPÍTULO II
DOS PRINCÍPIOS E DAS DIRETRIZES

SEÇÃO I
DOS PRINCÍPIOS

ART. 3º A política nacional do idoso reger-se-á pelos seguintes princípios:

I - a família, a sociedade e o estado têm o dever de assegurar ao idoso todos os direitos da cidadania, garantindo sua participação na comunidade, defendendo sua dignidade, bem-estar e o direito à vida;

II - o processo de envelhecimento diz respeito à sociedade em geral, devendo ser objeto de conhecimento e informação para todos;

III - o idoso não deve sofrer discriminação de qualquer natureza;

IV - o idoso deve ser o principal agente e o destinatário das transformações a serem efetivadas através desta política;

V - as diferenças econômicas, sociais, regionais e, particularmente, as contradições entre o meio rural e o urbano do Brasil deverão ser observadas pelos poderes públicos e pela sociedade em geral, na aplicação desta lei.

SEÇÃO II
DAS DIRETRIZES

ART. 4º Constituem diretrizes da política nacional do idoso:

I - viabilização de formas alternativas de participação, ocupação e convívio do idoso, que proporcionem sua integração às demais gerações;

II - participação do idoso, através de suas organizações representativas, na formulação, implementação e avaliação das políticas, planos, programas e projetos a serem desenvolvidos;

III - priorização do atendimento ao idoso através de suas próprias famílias, em detrimento do atendimento asilar, à exceção dos idosos que não possuam condições que garantam sua própria sobrevivência;

IV - descentralização político-administrativa;

V - capacitação e reciclagem dos recursos humanos nas áreas de geriatria e gerontologia e na prestação de serviços;

VI - implementação de sistema de informações que permita a divulgação da política, dos serviços oferecidos, dos planos, programas e projetos em cada nível de governo;

VII - estabelecimento de mecanismos que favoreçam a divulgação de informações de caráter educativo sobre os aspectos biopsicossociais do envelhecimento;

VIII - priorização do atendimento ao idoso em órgãos públicos e privados prestadores de serviços, quando desabrigados e sem família;

IX - apoio a estudos e pesquisas sobre as questões relativas ao envelhecimento.

Parágrafo único. É vedada a permanência de portadores de doenças que necessitem de assistência médica ou de enfermagem permanente em instituições asilares de caráter social.

CAPÍTULO III
DA ORGANIZAÇÃO E GESTÃO

ART. 5º Competirá ao órgão ministerial responsável pela assistência e promoção social a coordenação geral da política nacional do idoso, com a participação dos conselhos nacionais, estaduais, do Distrito Federal e municipais do idoso.

ART. 6º Os conselhos nacional, estaduais, do Distrito Federal e municipais do idoso serão órgãos permanentes, paritários e deliberativos, compostos por igual número de representantes dos órgãos e entidades públicas e de organizações representativas da sociedade civil ligadas à área.

ART. 7º Compete aos Conselhos de que trata o art. 6º desta Lei a supervisão, o acompanhamento, a fiscalização e a avaliação da política nacional do idoso, no âmbito das respectivas instâncias político-administrativas. (Redação dada pela Lei 10.741/2003.)

ART. 8º À União, por intermédio do ministério responsável pela assistência e promoção social, compete:

I - coordenar as ações relativas à política nacional do idoso;

II - participar na formulação, acompanhamento e avaliação da política nacional do idoso;

III - promover as articulações intraministeriais e interministeriais necessárias à implementação da política nacional do idoso;

IV - (Vetado);

V - elaborar a proposta orçamentária no âmbito da promoção e assistência social e submetê-la ao Conselho Nacional do Idoso.

Parágrafo único. Os ministérios das áreas de saúde, educação, trabalho, previdência social, cultura, esporte e lazer devem elaborar proposta orçamentária, no âmbito de suas competências, visando ao financiamento de programas nacionais compatíveis com a política nacional do idoso.

ART. 9º (Vetado)

Parágrafo único. (Vetado)

CAPÍTULO IV
DAS AÇÕES GOVERNAMENTAIS

ART. 10. Na implementação da política nacional do idoso, são competências dos órgãos e entidades públicos:

I - na área de promoção e assistência social:

a) prestar serviços e desenvolver ações voltadas para o atendimento das necessidades básicas do idoso, mediante a participação das famílias, da sociedade e de entidades governamentais e não governamentais.

b) estimular a criação de incentivos e de alternativas de atendimento ao idoso, como centros de convivência, centros de cuidados diurnos, casas-lares, oficinas abrigadas de trabalho, atendimentos domiciliares e outros;

c) promover simpósios, seminários e encontros específicos;

d) planejar, coordenar, supervisionar e financiar estudos, levantamentos, pesquisas e publicações sobre a situação social do idoso;

e) promover a capacitação de recursos para atendimento ao idoso;

II - na área de saúde:

a) garantir ao idoso a assistência à saúde, nos diversos níveis de atendimento do Sistema Único de Saúde;

b) prevenir, promover, proteger e recuperar a saúde do idoso, mediante programas e medidas profiláticas;

c) adotar e aplicar normas de funcionamento às instituições geriátricas e similares, com fiscalização pelos gestores do Sistema Único de Saúde;

d) elaborar normas de serviços geriátricos hospitalares;

e) desenvolver formas de cooperação entre as Secretarias de Saúde dos Estados, do Distrito Federal, e dos Municípios e entre os Centros de Referência em Geriatria e Gerontologia para treinamento de equipes interprofissionais;

f) incluir a Geriatria como especialidade clínica, para efeito de concursos públicos federais, estaduais, do Distrito Federal e municipais;

g) realizar estudos para detectar o caráter epidemiológico de determinadas doenças do idoso, com vistas a prevenção, tratamento e reabilitação; e

h) criar serviços alternativos de saúde para o idoso.

III - na área de educação:

a) adequar currículos, metodologias e material didático aos programas educacionais destinados ao idoso;

b) inserir nos currículos mínimos, nos diversos níveis do ensino formal, conteúdos voltados para o processo de envelhecimento, de forma a eliminar preconceitos e a produzir conhecimentos sobre o assunto;

c) incluir a Gerontologia e a Geriatria como disciplinas curriculares nos cursos superiores;

d) desenvolver programas educativos, especialmente nos meios de comunicação, a fim de informar a população sobre o processo de envelhecimento;

e) desenvolver programas que adotem modalidades de ensino à distância, adequados às condições do idoso;

f) apoiar a criação de universidade aberta para a terceira idade, como meio de universalizar o acesso às diferentes formas do saber;

IV - na área de trabalho e previdência social:

a) garantir mecanismos que impeçam a discriminação do idoso quanto a sua participação no mercado de trabalho, no setor público e privado;

b) priorizar o atendimento do idoso nos benefícios previdenciários;

c) criar e estimular a manutenção de programas de preparação para aposentadoria nos setores público e privado com antecedência mínima de dois anos antes do afastamento.

V - na área de habitação e urbanismo:

a) destinar, nos programas habitacionais, unidades em regime de comodato ao idoso, na modalidade de casas-lares;

b) incluir nos programas de assistência ao idoso formas de melhoria de condições de habitabilidade e adaptação de moradia, considerando seu estado físico e sua independência de locomoção;

c) elaborar critérios que garantam o acesso da pessoa idosa à habitação popular;

d) diminuir barreiras arquitetônicas e urbanas;

VI - na área de justiça:

a) promover e defender os direitos da pessoa idosa;

b) zelar pela aplicação das normas sobre o idoso determinando ações para evitar abusos e lesões a seus direitos.

VII - na área de cultura, esporte e lazer:

a) garantir ao idoso a participação no processo de produção, reelaboração e fruição dos bens culturais;

b) propiciar ao idoso o acesso aos locais e eventos culturais, mediante preços reduzidos, em âmbito nacional;

c) incentivar os movimentos de idosos a desenvolver atividades culturais;

d) valorizar o registro da memória e a transmissão de informações e habilidades do idoso aos mais jovens, como meio de garantir a continuidade e a identidade cultural;

e) incentivar e criar programas de lazer, esporte e atividades físicas que proporcionem a melhoria da qualidade de vida do idoso e estimulem sua participação na comunidade.

§ 1º É assegurado ao idoso o direito de dispor de seus bens, proventos, pensões e benefícios, salvo nos casos de incapacidade judicialmente comprovada.

§ 2º Nos casos de comprovada incapacidade do idoso para gerir seus bens, ser-lhe-á nomeado Curador especial em juízo.

§ 3º Todo cidadão tem o dever de denunciar à autoridade competente qualquer forma de negligência ou desrespeito ao idoso.

CAPÍTULO V
DO CONSELHO NACIONAL

ARTS. 11 a **18.** (vetados.)

CAPÍTULO VI
DAS DISPOSIÇÕES GERAIS

ART. 19. Os recursos financeiros necessários à implantação das ações afetas às áreas de competência dos governos federal, estaduais, do Distrito Federal e municipais serão consignados em seus respectivos orçamentos.

ART. 20. O Poder Executivo regulamentará esta lei no prazo de sessenta dias, a partir da data de sua publicação.

ART. 21. Esta lei entra em vigor na data de sua publicação.

ART. 22. Revogam-se as disposições em contrário.

Brasília, 4 de janeiro de 1994, 173º da Independência e 106º da República.

ITAMAR FRANCO

LEI N. 8.844, DE 20 DE JANEIRO DE 1994

Dispõe sobre a fiscalização, apuração e cobrança judicial das contribuições e multas devidas ao Fundo de Garantia do Tempo de Serviço (FGTS).

- *DOU*, 21.01.1994.
- Conversão da Med. Prov. 393/1993.
- LC 150/2015 (Dispõe sobre o contrato de trabalho doméstico).

Faço saber que o Presidente da República adotou a Medida Provisória n. 393, de 1993, que o Congresso Nacional aprovou, e eu, Humberto Lucena Presidente do Senado Federal, para os efeitos do disposto no parágrafo único do art. 62 da Constituição Federal, promulgo a seguinte lei:

ART. 1º Compete ao Ministério do Trabalho a fiscalização e a apuração das contribuições ao Fundo de Garantia do Tempo de Serviço (FGTS), bem assim a aplicação das multas e demais encargos devidos

Parágrafo único. A Caixa Econômica Federal (CEF) e a rede arrecadadora prestarão ao Ministério do Trabalho as informações necessárias ao desempenho dessas atribuições.

ART. 2º Compete à Procuradoria-Geral da Fazenda Nacional a inscrição em Dívida Ativa dos débitos para com o Fundo de Garantia do Tempo de serviço - FGTS, bem como, diretamente ou por intermédio da Caixa Econômica Federal, mediante convênio, a representação Judicial e extrajudicial do FGTS, para a correspondente cobrança, relativamente à contribuição e às multas e demais encargos previstos na legislação respectiva. (Redação dada pela Lei 9.467/ 1997.)

§ 1º O Fundo de Garantia do Tempo de Serviço fica isento de custas nos processos judiciais de cobrança de seus créditos. (Incluído pela Lei 9.467/ 1997.)

§ 2º As despesas, inclusive as de sucumbência, que vierem a ser incorridas pela Procuradoria-Geral da Fazenda Nacional e pela Caixa Econômica Federal, para a realização da inscrição em Dívida Ativa, do ajuizamento e do controle e acompanhamento dos processos judiciais, serão efetuadas a débito do Fundo de Garantia do Tempo de Serviço. (Incluído pela Lei 9.467/ 1997.)

§ 3º Os créditos relativos ao FGTS gozam dos mesmos privilégios atribuídos aos créditos trabalhistas. (Incluído pela Lei 9.467/ 1997.)

§ 4º Na cobrança judicial dos créditos do FGTS, incidirá encargo de 10% (dez por cento), que reverterá para o Fundo, para ressarcimento dos custos por ele incorridos, o qual será reduzido para 5% (cinco por cento), se o pagamento se der antes do ajuizamento da cobrança. (Alterado pela Lei 9.964/2000.)

ART. 3º Esta lei entra em vigor na data de sua publicação.

Senado Federal, 20 de janeiro de 1994; 173º da Independência e 106º da República.

SENADOR HUMBERTO LUCENA

LEI N. 8.846, DE 21 DE JANEIRO DE 1994

Dispõe sobre a emissão de documentos fiscais e o arbitramento da receita mínima para efeitos tributários, e dá outras providências.

- *DOU*, 24.01.1994.

O Presidente Da República. Faço saber que o Congresso Nacional decreta e eu sanciono a seguinte lei:

ART. 1º A emissão de nota fiscal, recibo ou documento equivalente, relativo à venda de mercadorias, prestação de serviços ou operações de alienação de bens móveis, deverá ser efetuada, para efeito da legislação do imposto sobre a renda e proventos de qualquer natureza, no momento da efetivação da operação.

§ 1º O disposto neste artigo também alcança:

a) a locação de bens móveis e imóveis;

b) quaisquer outras transações realizadas com bens e serviços, praticadas por pessoas físicas ou jurídicas.

§ 2º O Ministro da Fazenda estabelecerá, para efeito da legislação do imposto sobre a renda e proventos de qualquer natureza, os documentos equivalentes à nota fiscal ou recibo podendo dispensá-los quando os considerar desnecessários.

ART. 2º Caracteriza omissão de receita ou de rendimentos, inclusive ganhos de capital para efeito do imposto sobre a renda e proventos de qualquer natureza e das contribuições sociais, incidentes sobre o lucro e o faturamento, a falta de emissão da nota fiscal, recibo ou documento equivalente, no momento da efetivação das operações a que se refere o artigo anterior, bem como a sua emissão com valor inferior ao da operação.

ART. 3º (Revogado pela Lei 9.532/1997.)

Parágrafo único. (Revogado pela Lei 9.430/1996.)

ART. 4º (Revogado pela Lei 9.532/1997.)

ART. 5º Em todo local onde se proceda à venda de bens ou à prestação de serviços, deverão ser afixados, em lugar visível e de fácil leitura, o teor dos arts. 1º a 4º desta lei, além de cartazes informativos elaborados pela Secretaria da Receita Federal.

§ 1º A pessoa física ou jurídica que descumprir o disposto neste artigo ficará sujeita à multa correspondente a CR$ 200.000,00 (duzentos mil cruzeiros reais), atualizados monetariamente pela variação da Unidade Fiscal de Referência (Ufir) mensal, a ser aplicada pelos órgãos de proteção ao direito do consumidor, vinculados ao Ministério da Justiça.

§ 2º A multa será reaplicada a cada dez dias se não atendida a exigência a que se refere o *caput* deste artigo.

ART. 6º Verificada por indícios a omissão da receita, a autoridade tributária poderá, para efeito de determinação da base cálculo sujeita à incidência dos impostos federais e contribuições sociais, arbitrar a receita do contribuinte, tomando por base as receitas, apuradas em procedimento fiscal, correspondentes ao movimento diário das vendas, da prestação de serviços e de quaisquer outras operações.

§ 1º Para efeito de arbitramento da receita mínima do mês, serão identificados pela autoridade tributária os valores efetivos das receitas auferidas pelo contribuinte em três dias alternados desse mesmo mês, necessariamente representativos das variações de funcionamento do estabelecimento ou da atividade.

§ 2º A renda mensal arbitrada corresponderá à multiplicação do valor correspondente à média das receitas apuradas na forma do § 1º pelo número de dias de funcionamento do estabelecimento naquele mês.

§ 3º O critério estabelecido no § 1º poderá ser aplicado a, pelo menos três meses do mesmo ano-calendário.

§ 4º No caso do parágrafo anterior, a receita média mensal das vendas, da prestação de serviços e de outras operações correspondentes aos meses arbitrados será considerada suficientemente representativa das receitas auferidas pelo contribuinte naquele estabelecimento, podendo ser utilizada, para efeitos fiscais, por até doze meses contados a partir do último mês submetido às disposições previstas no § 1º.

§ 5º A receita arbitrada a ser considerada nos meses subsequentes deverá ser atualizada monetariamente com base na variação do Ufir.

§ 6º A diferença positiva entre a receita arbitrada e a escriturada no mês será considerada na determinação da base de cálculo dos impostos federais e contribuições sociais.

§ 7º O disposto neste artigo não dispensa o contribuinte da emissão de documentário fiscal, bem como da escrituração a que estiver obrigado pela legislação comercial e fiscal.

§ 8º A diferença positiva a que se refere o § 6º não integrará a base de cálculo de quaisquer incentivos fiscais previstos na legislação tributária.

ART. 7º Presumem-se rendimentos pagos aos sócios, acionistas ou titular de firma individual as importâncias tributadas na forma do artigo anterior, deduzidas dos tributos e das contribuições sociais sobre elas incidentes.

§ 1º Os rendimentos referidos neste artigo, determinados mês a mês, submetem-se à incidência do imposto sobre a renda e proventos de qualquer natureza, exclusivamente na fonte, à alíquota de vinte e cinco por cento.

§ 2º O imposto incidente na fonte deverá ser pago até o terceiro dia útil do mês subseqüente àquele em que os rendimentos forem considerados pagos.

§ 3º Para os efeitos do parágrafo anterior, o imposto será convertido em quantidade de Ufir diária pelo valor desta no último dia do mês a que corresponder o rendimento e reconvertido para cruzeiros reais na data do pagamento.

ART. 8º É facultado à autoridade tributária utilizar, para efeito de arbitramento a que se refere o art. 6º, outros métodos de determinação da receita quando constatado qualquer artifício utilizado pelo contribuinte visando a frustrar a apuração da receita efetiva do seu estabelecimento.

ART. 9º O contribuinte que detiver a posse ou propriedade de bens que, por sua natureza, revelem sinais exteriores de riqueza, deverá comprovar, mediante documentação hábil e idônea, os gastos realizados a título de despesas com tributos, guarda, manutenção, conservação e demais gastos indispensáveis à utilização desses bens.

§ 1º Consideram-se bens representativos de sinais exteriores de riqueza, para os efeitos deste artigo, automóveis, iates, imóveis, cavalos de raça, aeronaves e outros bens que demandem gastos para sua utilização.

§ 2º A falta de comprovação dos gastos a que se refere este artigo ou a verificação de indícios de realização de gastos não comprovados, autorizará o arbitramento dos dispêndios em valor equivalente a até dez por cento do valor de mercado do respectivo bem, observada necessariamente a sua natureza, para cobertura de despesas realizadas durante cada ano-calendário em que o contribuinte tenha detido a sua posse ou propriedade.

§ 3º O valor arbitrado na forma do parágrafo anterior, deduzido dos gastos efetivamente comprovados, será considerado renda presumida nos anos-calendário relativos ao arbitramento.

§ 4º A diferença positiva, apurada entre a renda arbitrada e a renda disponível declarada pelo contribuinte, será considerada omissão de rendimentos e comporá a base de cálculo mensal do imposto de renda da pessoa física.

§ 5º No caso de pessoa jurídica, a diferença positiva entre a renda arbitrada e os gastos efetivamente comprovados será tributada na forma dos arts. 43 e 44 da Lei n. 8.541, de 23 de dezembro de 1992.

§ 6º No arbitramento, tomar-se-ão como base os preços de mercado vigentes em qualquer mês do ano-calendário a que se referir o arbitramento, convertidos em Ufir pelo valor do mês da avaliação.

§ 7º Fica autorizado o Poder Executivo a baixar tabela dos limites percentuais máximos relativos a cada um dos bens ou atividades evidenciadoras de sinais exteriores de riqueza, observados os critérios estabelecidos neste artigo.

ART. 10. Ficam convalidados os atos praticados com base nas Medidas Provisórias n. 374, de 22 de novembro de 1993 e n. 391, de 23 de dezembro de 1993.

ART. 11. Esta lei entra em vigor na data de sua publicação.

Brasília, 21 de janeiro de 1994, 173º da Independência e 106º da República.
ITAMAR FRANCO

LEI N. 8.847, DE 28 DE JANEIRO DE 1994

Dispõe sobre o Imposto sobre a Propriedade Territorial Rural (ITR) e dá outras providências.

▸ *DOU*, 29.01.1994.

O Presidente da República. Faço saber que o Congresso Nacional decreta e eu sanciono a seguinte Lei:

ARTS. 1º a 22. (Revogados pela Lei 9.393/1996.)

ART. 23. É transferida para o Instituto Nacional de Colonização e Reforma Agrária (Incra) a administração e cobrança da Taxa de Serviços Cadastrais, de que trata o art. 5º do Decreto-Lei n. 57, de 18 de novembro de 1966, com as alterações do art. 2º da Lei n. 6.746, de 10 de dezembro de 1979, e do Decreto-Lei n. 1.989, de 28 de dezembro de 1982.

Parágrafo único. Compete ao Incra a apuração, inscrição e cobrança da Dívida Ativa, relativamente à Taxa de Serviços Cadastrais.

ART. 24. A competência de administração das seguintes receitas, atualmente arrecadadas pela Secretaria da Receita Federal por força do art. 1º da Lei n. 8.022, de 12 de abril de 1990, cessará em 31 de dezembro de 1996:

I - Contribuição Sindical Rural, devida à Confederação Nacional da Agricultura (CNA) e à Confederação Nacional dos Trabalhadores na Agricultura (Contag), de acordo com o art. 4º do Decreto-Lei n. 1.166, de 15 de abril de 1971, e art. 580 da Consolidação das Leis do Trabalho (CLT);

II - Contribuição ao Serviço Nacional de Aprendizagem Rural (Senar), prevista no item VII do art. 3º da Lei n. 8.315, de 23 de dezembro de 1991.

ART. 25. (Revogado pela Lei 9.393/1996.)

ART. 26. Esta lei entra em vigor na data de sua publicação.

Brasília, 28 de janeiro de 1994, 173º da Independência e 106º da República.

▸ Optamos, nesta edição, pela não publicação do Anexo.

LEI N. 8.850, DE 28 DE JANEIRO DE 1994

Altera a Lei n. 8.383, de 30 de dezembro de 1991 e dá outras providências.

▸ *DOU*, 29.01.1994 - Edição extra.

Faço saber que o Presidente da República adotou a Medida Provisória n. 406, de 1993, que o Congresso Nacional aprovou, e eu, Chagas Rodrigues, 1º Vice-Presidente do Senado Federal, no exercício da Presidência, para os efeitos do disposto no parágrafo único do art. 62 da Constituição Federal, promulgo a seguinte lei:

O Congresso Nacional Decreta:

ART. 1º O período de apuração do Imposto sobre Produtos Industrializados - IPI, incidente na saída dos produtos dos estabelecimentos industriais ou equiparados a industrial, passa a ser mensal. (Redação dada pela Lei 11.774/2008.)

§ 1º (Revogado pela Lei 11.933/2009.)

§ 2º O disposto neste artigo não se aplica ao IPI incidente no desembaraço aduaneiro dos produtos importados. (Incluído pela Lei 11.774/2008.)

ART. 2º Os arts. 52 e 53 da Lei n. 8.383, de 30 de dezembro de 1991, passam a vigorar com a seguinte redação:

▸ Alterações promovidas no texto da referida lei.

ART. 3º O valor em cruzeiros reais do tributo ou contribuição a pagar será determinado mediante a multiplicação da quantidade de UFIR pelo valor desta na data do pagamento.

Parágrafo único. O disposto neste artigo aplica-se, também, ao recolhimento do imposto de renda e da contribuição social sobre o lucro das pessoas jurídicas de que trata a Lei n. 8.541, de 23 de dezembro de 1992.

ART. 4º O fato gerador do Imposto sobre a Propriedade Territorial Rural - ITR, ocorre no dia 1º de janeiro de cada exercício.

ART. 5º (Revogado pela Lei 8.981/1995.)

ART. 6º O valor do ITR, apurado em UFIR, poderá ser pago em até seis quotas iguais, mensais e sucessivas, a partir da notificação, em data a ser fixada pela Secretaria da Receita Federal:

I - nenhuma quota será inferior a cinquenta UFIR e o imposto de valor inferior a cem UFIR será pago de uma só vez;

II - é facultado ao contribuinte antecipar, total ou parcialmente, o pagamento do imposto ou das quotas;

III - o valor em cruzeiros reais de cada quota será determinado mediante a multiplicação do seu valor, expresso em quantidade de UFIR pelo valor desta no mês do efetivo pagamento.

ART. 7º Ficam convalidados os atos praticados com base na Medida Provisória n. 380, de 1º de dezembro de 1993.

ART. 8º Esta lei entra em vigor na data de sua publicação.

ART. 9º Revoga-se o art. 1º do Decreto-Lei n. 2.450, de 29 de julho de 1988, com alteração do art. 14 da Lei n. 7.798, de 10 de julho de 1989.

Senado Federal, 28 de janeiro de 1994; 173º da Independência e 106º da República.
SENADOR CHAGAS RODRIGUES
1º VICE-PRESIDENTE, NO EXERCÍCIO DA PRESIDÊNCIA

LEI N. 8.852, DE 4 DE FEVEREIRO DE 1994

Dispõe sobre a aplicação dos arts. 37, incisos XI e XII, e 39, § 1º, da Constituição Federal, e dá outras providências.

▸ *DOU*, 07.02.1994, retificado em 05.04.1994.

▸ Conversão da Med. Prov. 409/1994.

O Presidente da República. Faço saber que o Congresso Nacional decreta e eu sanciono a seguinte Lei:

ART. 1º Para os efeitos desta Lei, a retribuição pecuniária devida na administração pública direta, indireta e fundacional de qualquer dos Poderes da União compreende:

I - como vencimento básico:

a) a retribuição a que se refere o art. 40 da Lei n. 8.112, de 11 de dezembro de 1990, devida pelo efetivo exercício do cargo, para os servidores civis por ela regidos;

▸ Lei 9.367/1996 (Fixa critérios para a progressiva unificação das tabelas de vencimentos dos servidores, altera o Anexo II da Lei 8.237/1991, para implementação da isonomia a que se refere o § 1º do art. 39 da Constituição).

b) (Revogado pela Med. Prov. 2.215-10/2001.)

c) o salário básico estipulado em planos ou tabelas de retribuição ou nos contratos de trabalho, convenções, acordos ou dissídios coletivos, para os empregados de empresas públicas, de sociedades de economia mista, de suas subsidiárias, controladas ou coligadas, ou de quaisquer empresas ou entidades de cujo capital ou patrimônio o poder público tenha o controle direto ou indireto, inclusive em virtude de incorporação ao patrimônio público;

II - como vencimentos, a soma do vencimento básico com as vantagens permanentes relativas ao cargo, emprego, posto ou graduação;

III - como remuneração, a soma dos vencimentos com os adicionais de caráter individual e demais vantagens, nestas compreendidas as relativas à natureza ou ao local de trabalho e a prevista no art. 62 da Lei n. 8.112, de 1990, ou outra paga sob o mesmo fundamento, sendo excluídas:

a) diárias;

b) ajuda de custo em razão de mudança de sede ou indenização de transporte;

c) auxílio-fardamento;

d) gratificação de compensação orgânica, a que se refere o art. 18 da Lei n. 8.237, de 1991;

e) salário-família;

f) gratificação ou adicional natalino, ou décimo-terceiro salário;

g) abono pecuniário resultante da conversão de até 1/3 (um terço) das férias;

h) adicional ou auxílio natalidade;

i) adicional ou auxílio funeral;

j) adicional de férias, até o limite de 1/3 (um terço) sobre a retribuição habitual;

l) adicional pela prestação de serviço extraordinário, para atender situações excepcionais e temporárias, obedecidos os limites de duração previstos em lei, contratos, regulamentos, convenções, acordos ou dissídios coletivos e desde que o valor pago não exceda em mais de 50% (cinquenta por cento) o estipulado para a hora de trabalho na jornada normal;

m) adicional noturno, enquanto o serviço permanecer sendo prestado em horário que fundamente sua concessão;

n) adicional por tempo de serviço;

o) conversão de licença-prêmio em pecúnia facultada para os empregados de empresa pública ou sociedade de economia mista por ato normativo, estatutário ou regulamentar anterior a 1º de fevereiro de 1994;

p) adicional de insalubridade, de periculosidade ou pelo exercício de atividades penosas percebido durante o período em que o beneficiário estiver sujeito às condições ou aos riscos que deram causa à sua concessão;

q) hora repouso e alimentação e adicional de sobreaviso, a que se referem, respectivamente, o inciso II do art. 3º e o inciso II do art. 6º da Lei n. 5.811, de 11 de outubro de 1972;

r) outras parcelas cujo caráter indenizatório esteja definido em lei, ou seja reconhecido, no âmbito das empresas públicas e sociedades de economia mista, por ato do Poder Executivo. (Parte mantida pelo Congresso Nacional)

§ 1º O disposto no inciso III abrange adiantamentos desprovidos de natureza indenizatória.

§ 2º As parcelas de retribuição excluídas do alcance do inciso III não poderão ser calculadas sobre base superior ao limite estabelecido no art. 3º.

ART. 2º Para os fins do inciso XII do art. 37 da Constituição Federal, o maior valor de vencimentos corresponderá, no Poder Executivo, a no máximo 90% (noventa por cento) da remuneração devida a Ministro de Estado.

› Lei 9.624/1998 (Altera dispositivos da Lei 8.911/1994).

ART. 3º O limite máximo de remuneração, para os efeitos do inciso XI do art. 37 da Constituição Federal, corresponde aos valores percebidos, em espécie, a qualquer título, por membros do Congresso Nacional, Ministros de Estado e Ministros do Supremo Tribunal Federal.

› Lei 9.624/1998 (Altera dispositivos da Lei 8.911/1994).

Parágrafo único. (Vetado.)

ART. 4º O disposto nos arts. 1º a 3º aplica-se também:

I - ao somatório das retribuições pecuniárias percebidas por servidores ou empregados cedidos ou requisitados provenientes de todas as fontes;

II - à retribuição pecuniária dos dirigentes dos órgãos e entidades da administração direta e indireta;

III - à retribuição pecuniária dos servidores do Distrito Federal, quando oficiais ou praças da Polícia Militar e do Corpo de Bombeiros Militar ou ocupantes de cargos da Polícia Civil;

IV - aos proventos da inatividade e às pensões decorrentes do falecimento de servidor público federal.

ART. 5º O Poder Legislativo, o Poder Judiciário e, no âmbito do Poder Executivo, os dirigentes de órgãos da administração direta e os responsáveis pela direção ou presidência de entidade integrante da administração federal indireta, bem como o Ministério Público da União, adotarão as medidas indispensáveis à adequação das situações que se encontrem em desacordo com o disposto nos arts. 2º e 3º, procedendo:

I - ao ajuste dos planos ou tabelas de retribuição a que se refere a alínea "c" do inciso I do art. 1º, ou das normas que disciplinam a concessão de vantagem permanente relativa ao cargo, emprego, posto ou graduação;

II - à transformação em vantagem pessoal, nominalmente identificada, sujeita ao limite previsto no art. 3º, das parcelas que excederem o montante a que se refere o art. 2º, aplicando-se a essa vantagem os mesmos percentuais de reajuste por ocasião das revisões ou antecipações de vencimento, soldo ou salário básico, observado o disposto no § 3º do art. 6º. (Parte mantida pelo Congresso Nacional)

III - à redução das remunerações ou dos proventos de aposentadoria que ultrapassarem o limite estabelecido no art. 3º, atendendo-se ao que determinam o *caput* do art. 37 da Constituição Federal e o art. 17 do Ato das Disposições Constitucionais Transitórias.

§ 1º Cumpre ao órgão ou entidade cessionário ou requisitante a adoção das providências a que se refere este artigo para os servidores ou empregados incluídos na hipótese do inciso I do art. 4º.

§ 2º As providências necessárias ao cumprimento do disposto neste artigo serão adotadas no prazo máximo de 60 (sessenta) dias, contados da publicação desta Lei, com efeitos financeiros a partir de 1º de fevereiro de 1994, ficando os responsáveis por sua execução sujeitos às sanções previstas na legislação.

ART. 6º Fica instituída Comissão com a finalidade de propor definições e especificações das atribuições dos cargos efetivos e comissionados, inclusive os de livre nomeação e exoneração, na Administração Pública Federal, no âmbito de cada Poder, visando criar condições para que seja alcançada a isonomia de vencimentos.

› Lei 9.367/1996 (Fixa critérios para a progressiva unificação das tabelas de vencimentos dos servidores, altera o Anexo II da Lei 8.237/1991, para implementação da isonomia a que se refere o § 1º do art. 39 da Constituição).

§ 1º A Comissão, além do presidente, será composta por 11 (onze) membros e sua composição respeitará a autonomia e a harmonia entre os Poderes da União, mediante indicação de representantes do Executivo (dois), do Legislativo (dois), do Judiciário (dois), do Tribunal de Contas da União (um), do Ministério Público da União (um) e dos servidores (três), sendo cada um destes representante de entidade sindical dos servidores do respectivo Poder.

§ 2º A Comissão será presidida pelo Ministro de Estado Chefe da Secretaria da Administração Federal, a quem serão feitas as indicações para sua composição.

§ 3º Sem prejuízo do que determina no *caput*, cumpre à comissão de que cuida este artigo examinar as situações decorrentes da aplicação do inciso II do art. 5º e propor soluções de caráter definitivo para seu equacionamento. (Parte mantida pelo Congresso Nacional)

§ 4º A Comissão iniciará suas atividades no prazo de 10 (dez) dias, contados da publicação desta Lei, e concluirá os trabalhos em 90 (noventa) dias, contados do início de suas atividades.

ART. 7º No âmbito da administração direta e indireta do Poder Executivo, as Secretarias de Planejamento, Coordenação e Orçamento e da Administração Federal da Presidência da República, e o Estado Maior das Forças Armadas emitirão instruções para o cumprimento do estabelecido no art. 5º e exercerão a coordenação e fiscalização das providências necessárias à execução do disposto nesta Lei.

ART. 8º Esta Lei entra em vigor na data de sua publicação.

Brasília, 4 de fevereiro de 1994; 173º da Independência e 106º da República.

ITAMAR FRANCO

LEI N. 8.868, DE 14 DE ABRIL DE 1994

Dispõe sobre a criação, extinção e transformação de cargos efetivos e em comissão, nas Secretarias do Tribunal Superior Eleitoral e dos Tribunais Regionais Eleitorais e dá outras providências.

› *DOU*, 15.04.1994.

O Presidente da República. Faço saber que o Congresso Nacional decreta e eu sanciono a seguinte lei:

ART. 1º Ficam criados e transformados os atuais cargos em comissão, integrantes do Grupo-Direção e Assessoramento Superiores, Código DAS-100, dos Quadros de Pessoal das Secretarias do Tribunal Superior Eleitoral e dos Tribunais Regionais Eleitorais, na forma do Anexo I desta lei.

ART. 2º Ficam criados, nos Quadros de Pessoal das Secretarias do Tribunal Superior Eleitoral e dos Tribunais Regionais Eleitorais, os cargos de provimento efetivo constantes do Anexo II desta lei, a serem providos na forma do inciso II do art. 37 da Constituição Federal.

ART. 3º Ficam transformados, no Quadro de Pessoal da Secretaria do Tribunal Superior Eleitoral, sete cargos vagos de Inspetor de Segurança Judiciária, Código TSE-AJ-026, em igual número de Técnico Judiciário, Código TSE-AJ-021.

ART. 4º Ficam extintos, nos Quadros de Pessoal das Secretarias do Tribunal Superior Eleitoral e dos Tribunais dos Estados do Tocantins, Amapá e Roraima, à medida que vagarem, os cargos de Inspetor de Segurança Judiciária, Código AJ-026.

ART. 5º Ficam criadas, nas Secretarias do Tribunal Superior Eleitoral e dos Tribunais Regionais Eleitorais, Funções Comissionadas (FC), vinculadas a estruturas organizacional, nos níveis e quantitativos estabelecidos no Anexo III desta lei, calculadas no percentual de vinte por cento sobre a remuneração dos cargos em comissão do Grupo-Direção e Assessoramento Superiores, de acordo com o Anexo IV desta lei.

§ 1º Incorpora-se à remuneração do servidor e integra o provento da aposentadoria o valor da respectiva função comissionada, à fração de um quinto, nos termos do art. 62. e seus parágrafos, da Lei n. 8.112, de 11 de dezembro de 1990.

§ 2º Para efeito de incorporação das parcelas de que trata o parágrafo anterior, fica assegurada a contagem do tempo de exercício no Encargo de Representação de Gabinete.

§ 3º Poderão ser designados para o exercício de função comissionada servidores da Administração Pública direta e indireta, não pertencentes aos Quadros de Pessoal dos Tribunais Eleitorais, até o máximo de vinte por cento do total das funções.

ART. 6º Pelo exercício de função comissionada é devida, exclusivamente, a retribuição fixada no Anexo IV desta lei, não se aplicando o disposto no Decreto-Lei n. 2.173, de 19 de novembro de 1984; na Lei n. 7.759, de 24 de abril de 1989; e no art. 14 da Lei Delegada n. 13, de 27 de agosto de 1992, com a redação dada pela Lei n. 8.538, de 21 de dezembro de 1992.

ART. 7º Em decorrência do disposto no *caput* do art. 5º desta lei, ficam extintos os Encargos de Representação de Gabinete existentes no Tribunal Superior Eleitoral, nos Tribunais Regionais Eleitorais e nas Zonas Eleitorais.

§ 1º As atuais parcelas incorporadas de Encargos de Representação de Gabinete dos servidores em atividade, aposentados e pensionistas, de que tratam as Leis n. 6.732, de 4 de dezembro de 1979, e 7.411, de 2 de dezembro de 1985, passam a corresponder ao nível retributivo das funções comissionadas consoante o Anexo V desta lei.

ART. 8º O Tribunal Superior Eleitoral fixará, em ato próprio, a lotação dos cargos em comissão e das funções comissionadas, por unidades administrativas, bem como as demais instruções necessárias à aplicação desta lei.

Parágrafo único. Fica assegurada ao Tribunal Superior Eleitoral, sempre que ocorrer revisão das estruturas organizacionais dos Tribunais Eleitorais, a faculdade de alterar a denominação e remanejar os cargos em comissão e as funções comissionadas de que trata esta lei, desde que não acarrete aumento de despesa.

ARTS. 9º e 10. (Revogados pela Lei 10.842/2003.)

ART. 11. As atividades a serem desenvolvidas nas áreas de planejamento de eleições, informática, recursos humanos, orçamento, administração financeira, controle interno de material e patrimônio serão organizadas sob a forma de sistemas, cujos órgãos centrais serão as respectivas unidades do Tribunal Superior Eleitoral.

§ 1º As disposições constantes do *caput* deste artigo aplicam-se a outras atividades auxiliares comuns que necessitem de coordenação central na Justiça Eleitoral.

§ 2º Os serviços incumbidos das atividades de que trata este artigo são considerados integrados ao respectivo sistema e ficam, consequentemente, sujeitos à orientação normativa, supervisão técnica e à fiscalização específica do órgão central do sistema, sem prejuízo da subordinação hierárquica aos dirigentes dos órgãos em cuja estrutura administrativa estiverem integrados.

ART. 12. Salvo se servidor efetivo de juízo ou tribunal, não poderá ser nomeado ou designado, para cargo ou função de confiança, cônjuge, companheiro ou parente, até o terceiro grau civil, inclusive, de qualquer dos respectivos membros ou juízes em atividade.

§ 1º Não poderá ser designado assessor ou auxiliar de magistrado qualquer das pessoas referidas no *caput* deste artigo.

§ 2º As nomeações para os cargos em comissão e as designações para as funções comissionadas deverão recair em pessoas que possuam formação e experiência compatíveis com as respectivas áreas de atuação.

§ 3º Os ocupantes dos cargos em comissão, do Secretário e de Coordenador das Unidades de Controle Interno dos Tribunais Eleitorais deverão ter escolaridade de nível superior, com formação complementar ou experiência específica nas atividades inerentes ao sistema de controle interno.

ART. 13. Caberá aos Tribunais Regionais Eleitorais a realização dos concursos públicos para o provimento dos cargos efetivos, no âmbito de suas Secretarias.

Parágrafo único. Os Tribunais Eleitorais, à medida que forem sendo providos os cargos efetivos, deverão reavaliar a necessidade da permanência dos servidores requisitados, informando periodicamente à Secretaria de Recursos Humanos do Tribunal Superior Eleitoral a função e as atividades desenvolvidas por esses servidores.

ART. 14. Ficam revogados os incisos XI do art. 30 e VII do art. 35; e os arts. 62 a 65 e 294 da Lei n. 4.737, de 15 de julho de 1965, que dispõe sobre o Preparador Eleitoral.

ART. 15. Os servidores públicos federais, estaduais e municipais, da administração direta e indireta, quando convocados para compor as mesas receptoras de votos ou juntas apuradoras nos pleitos eleitorais, terão, mediante declaração do respectivo Juiz Eleitoral, direito a ausentar-se do serviço em suas repartições, pelo dobro dos dias de convocação pela Justiça Eleitoral.

ART. 16. As despesas decorrentes da aplicação desta lei correrão à conta das dotações orçamentárias próprias da Justiça Eleitoral.

ART. 17. Esta lei entra em vigor na data de sua publicação.

ART. 18. Revogam-se as disposições em contrário.

Brasília, 14 de abril de 1994;
173º da Independência e 106º da República.
ITAMAR FRANCO

‣ Optamos, nesta edição, pela não publicação do anexo.

LEI N. 8.870, DE 15 DE ABRIL DE 1994

Altera dispositivos das Leis n. 8.212 e 8.213, de 24 de julho de 1991, e dá outras providências.

‣ *DOU*, 16.04.1994, Edição Extra, e retificada no *DOU*, 12.05.1994.

O Presidente da República. Faço saber que o Congresso Nacional decreta e eu sanciono a seguinte Lei:

ART. 1º Os arts. 12, 25 - com a redação dada pelas Leis n. 8.540, de 22 de dezembro de 1992 e 8.861, de 25 de março de 1994, e os arts. 28, 68 e 93 todos da Lei n. 8.212, de 24 de julho de 1991, passam a vigorar com as seguintes alterações:

‣ Alterações promovidas no texto da referida lei.

ART. 2º Os arts. 25, 29, 82, 106 - com a redação da Lei n. 8.861, de 25 de março de 1994 - 109 e 113, todos da Lei n. 8.213, de 24 de julho de 1991, passam a vigorar com as seguintes alterações:

‣ Alterações promovidas no texto da referida lei.

ART. 3º As empresas ficam obrigadas a fornecer ao sindicato representativo da categoria profissional mais numerosa entre seus empregados, cópia da Guia de Recolhimento das contribuições devidas à seguridade social arrecadadas pelo INSS.

§ 1º Para os fins desta lei, considera-se empresa a firma individual ou sociedade que assume o risco de atividade econômica urbana ou rural, com fins lucrativos ou não, os órgãos e entidades da Administração Pública direta, indireta e fundacional, a cooperativa, a associação ou entidade de qualquer natureza ou finalidade, a missão diplomática e a repartição consular de carreira estrangeira.

§ 2º Na hipótese de a empresa possuir mais de uma unidade, os sindicatos de que trata o *caput* deste artigo terão acesso apenas às guias referentes às unidades situadas em sua base territorial.

ART. 4º Ficam as empresas obrigadas, igualmente, a afixar cópia da guia de recolhimento no quadro de horário, de que trata o art. 74 do Decreto-Lei n. 5.452, de 1º de maio de 1943.

ART. 5º O INSS informará aos sindicatos os valores efetivamente recolhidos pelas empresas localizadas na base territorial destes.

ART. 6º É facultada aos sindicatos a apresentação de denúncia contra a empresa junto ao INSS, nas seguintes hipóteses:

I - descumprimento do disposto nos arts. 3º e 4º;

II - divergência entre os valores informados pela empresa e pelo INSS sobre as contribuições recolhidas na mesma competência; ou

III - existência de evidentes indícios de recolhimento a menor das contribuições devidas.

Parágrafo único. Recebida a denúncia nos termos deste artigo, o INSS incluirá a empresa denunciada no seu Plano de Fiscalização.

ART. 7º Comprovada pela fiscalização a ocorrência das situações previstas nos incisos I e II do artigo anterior, será aplicada à empresa multa no valor de 99.000 (noventa a nove mil) Unidade Fiscal de Referência (UFIR) ou outra unidade de referência oficial que venha a substituí-la, para cada competência em que tenha havido a irregularidade.

ART. 8º A constatação da improcedência da denúncia apresentada nos termos do art. 6º desta lei implicará a suspensão do direito do sindicato ao fornecimento das informações mencionadas nos arts. 3º e 5º pelo prazo de:

I - um ano, quando fundamentada nos incisos I e II;

II - quatro meses, quando fundamentada no inciso III.

Parágrafo único. Os prazos fixados nos incisos I e II deste artigo serão duplicados a cada reincidência por parte do sindicato.

ART. 9º O Poder Executivo, no prazo de noventa dias, disciplinará:

I - os procedimentos a serem seguidos pelos sindicatos no requerimento das informações referidas nos arts. 3º e 5º, a periodicidade e os prazos de fornecimento das informações;

II - a forma de comprovação do recebimento das guias de que trata o art. 3º por parte do sindicato;

III - a forma de aplicação da multa instituída no art. 7º;

IV - a forma de divulgação da relação de entidades punidas conforme o art. 8º.

ART. 10. Sem prejuízo do disposto no art. 47 da Lei n. 8.212, de 1991, é obrigatória a apresentação de Certidão Negativa de Débito (CND) pelas pessoas jurídicas e a elas equiparadas, na contratação de operações de crédito junto a instituições financeiras, que envolvam:

I - recursos públicos, inclusive provenientes de fundos constitucionais e de incentivo ao desenvolvimento regional (FNO, FNE, FCO, FINAM e FINOR);

II - recursos do Fundo de Garantia do Tempo de Serviço (FGTS), do Fundo de Amparo do Trabalhador (FAT) e do Fundo Nacional de Desenvolvimento da Educação (FNDE); e

III - recursos captados através de Caderneta de Poupança.

§ 1º A exigência instituída no *caput* aplica-se, igualmente, à liberação de eventuais parcelas previstas no contrato.

§ 2º Consideram-se instituições financeiras, para os efeitos desta lei, as pessoas jurídicas públicas ou privadas que tenham como atividade principal ou acessória a intermediação ou aplicação de recursos financeiros próprios ou de terceiros, em moeda nacional ou estrangeira, autorizadas pelo Banco Central do Brasil ou por Decreto do Poder Executivo a funcionar no Território Nacional.

ART. 11. A CND é o documento comprobatório de inexistência de débito para com o INSS e será por este concedida às empresas.

ART. 12. As instituições financeiras obrigam-se a fornecer, mensalmente, ao INSS, relação das empresas contratadas conforme especificação técnica da autarquia.

ART. 13. O descumprimento do disposto nos arts. 10 e 12 desta lei sujeitará os infratores à multa de:

I - 100.000 (cem mil) UFIR por operação contratada, no caso do art. 10;

II - 20.000 (vinte mil) UFIR no caso do art. 12.

ART. 14. Fica autorizada, nos termos desta lei, a compensação de contribuições devidas pelos hospitais contratados ou conveniados com o Sistema Único de Saúde (SUS) ao INSS, com parcela dos créditos correspondentes a faturas emitidas para recebimento de internações hospitalares, cujo valor correspondente será retido pelo órgão pagador do SUS para amortização de parcela do débito, na forma estabelecida em regulamento.

ART. 15. Até 30 de junho de 1994, os débitos dos hospitais contratados ou conveniados com o Sistema Único de Saúde (SUS), relativos a contribuições devidas ao INSS, referentes a competências anteriores a 1º de agosto de 1993, ajuizados ou não, inclusive os não notificados, poderão ser objeto de acordo para pagamento parcelado na forma do disposto nos parágrafos deste artigo.

§ 1º Para habilitar-se ao acordo, os hospitais devem garantir que sejam colocados à disposição do SUS percentuais de sua capacidade total instalada em internações hospitalares.

§ 2º A garantia a que se refere o parágrafo anterior será comprovada anualmente pelos Conselhos Municipais ou Estaduais de Saúde, conforme disposto em regulamento.

§ 3º Os débitos de que trata este artigo poderão ser amortizados da seguinte forma:

a) mediante dedução mensal, pelo órgão pagador, de cinco por cento das faturas relativas a internações hospitalares para repasse ao INSS, visando à amortização da dívida do respectivo emitente para com a Previdência Social, no caso de hospitais que comprovem estejam colocando à disposição do SUS no mínimo sessenta por cento de sua capacidade total instalada para internações hospitalares;

b) mediante dedução mensal de doze e meio por cento das faturas relativas a internações hospitalares para repasse ao INSS, visando à amortização da dívida do respectivo emitente para com a Previdência Social, no caso dos hospitais que comprovem estejam colocando à disposição do SUS no mínimo entre trinta e sessenta por cento de sua capacidade total instalada para internações hospitalares.

§ 4º Para a efetivação da dedução referida no parágrafo anterior, os acordos conterão:

a) cláusula em que os hospitais e Santas Casas autorizem o órgão pagador do SUS a assim proceder por ocasião dos pagamentos respectivos;

b) cláusula determinando sua rescisão, na hipótese de inadimplência das contribuições vincendas, ou em caso de denúncia, com o imediato prosseguimento da cobrança de todo o saldo devedor.

§ 5º O valor da dedução prevista no § 3º será convertido em UFIR por ocasião do efetivo repasse ao INSS e deduzido do montante total da dívida levantada.

§ 6º O repasse ao INSS previsto nas alíneas *a* e *b* do § 3º deste artigo será feito pelo órgão pagador do SUS, obrigatoriamente até o terceiro dia útil subsequente ao pagamento das respectivas faturas.

§ 7º No ato da celebração do acordo de parcelamento previsto no *caput* deste artigo, as importâncias devidas a título de multa, quando referentes a competências anteriores a 1º de agosto de 1993, serão reduzidas em cinquenta por cento, para efeito de aplicação da compensação autorizada nesta lei.

§ 8º A redução de que trata o parágrafo anterior não será cumulativa com a concedida nos termos do parágrafo 3º do art. 11 da Lei n. 8.620, de 05 de janeiro de 1993.

ART. 16. Excepcionalmente, na celebração dos acordos previstos no artigo anterior, será permitido parcelar as contribuições descontadas dos segurados empregados e trabalhadores avulsos e não recolhidas ao INSS, de acordo com as seguintes regras:

I - em até 24 (vinte e quatro) meses, no caso de acordo celebrado no mês de abril de 1994, referente a competências posteriores a 1º de julho de 1991 e anteriores a 1º de agosto de 1993;

II - em até 16 (dezesseis) meses, no caso de acordo celebrado no mês de maio de 1994, referente a competências posteriores a 1º de julho de 1991 e anteriores a 1º de agosto de 1993;

III - em até 8 (oito meses), no caso de acordo celebrado no mês de junho de 1994, referente a competências posteriores a 1º de julho de 1991 e anteriores a 1º de agosto de 1993.

ART. 17. Aplica-se aos parcelamentos previstos nos arts. 15 e 16 desta lei o disposto nos parágrafos 3º e 5º do art. 38 da Lei n. 8.212, de 24 de julho de 1991.

Parágrafo único. Da aplicação do disposto no art. 18 desta lei, não poderá resultar parcela inferior a 120 (cento e vinte) Unidade Fiscal de Referência (UFIR), ou outra unidade de referência oficial que venha a substituí-la.

ART. 18. Nas ações que tenham por objeto o pagamento de benefícios previdenciários, os valores expressos em moeda corrente constantes da condenação serão convertidos, à data do cálculo, em quantidade de Unidade Fiscal de Referência (UFIR), ou outra unidade de referência oficial que venha a substituí-la, manifestando-se as partes em cinco dias.

ART. 19. As ações judiciais, inclusive cautelares, que tenham por objeto a discussão de débito para com o INSS serão, obrigatoriamente, precedidas do depósito preparatório do valor do mesmo, monetariamente corrigido até a data de efetivação, acrescido dos juros, multa de mora e demais encargos.

- ADIn 1.074-3 (*DJU* de 10.4.2007) - O STF, por unanimidade de votos, julgou procedente referida ação para declarar a inconstitucionalidade do *caput* deste artigo.
- Súm. Vinc. 28, STF.

Parágrafo único. A propositura das ações previstas neste artigo importa em renúncia ao direito de recorrer na esfera administrativa e desistência do recurso interposto.

ART. 20. Fica prorrogado até a data da publicação desta lei o prazo previsto no art. 99 da Lei n. 8.212, de 24 de julho de 1991.

ART. 21. As cooperativas que celebraram convênios com base no Programa de Assistência do Trabalhador Rural, extinto pelo art. 138 da Lei n. 8.213, de 24 de julho de 1991, deverão apresentar, no prazo de 60 (sessenta) dias, perante o INSS a prestação de contas dos atos praticados até 31 de outubro de 1993, para a liquidação de suas obrigações.

Parágrafo único. O descumprimento do prazo acima referido implica a imediata execução de débitos verificados.

ART. 22. Fica autorizado o INSS a contratar cinquenta colaboradores, pelo prazo improrrogável de doze meses, mediante contrato de locação de serviços, para promoverem diligências de localização dos devedores com débitos inscritos em dívida ativa e levantar bens a serem oferecidos ao respectivo juízo para garantir o cumprimento do disposto no art. 7º da Lei n. 6.830, de 22 de setembro de 1980.

ART. 23. Os depósitos recursais instituídos por esta lei serão efetuados à ordem do INSS ou do juízo, quando for o caso, em estabelecimentos oficiais de crédito, assegurada atualização monetária, conforme o disposto no inciso I do art. 9º da Lei n. 6.830, de 22 de setembro de 1980.

ART. 24. O aposentado por idade ou por tempo de serviço pelo Regime Geral da Previdência Social que estiver exercendo ou que voltar a exercer atividade abrangida pelo mesmo, fica isento da contribuição a que se refere o art. 20 da Lei n. 8.212, de 24 de julho de 1991.

Parágrafo único. O segurado de que trata o *caput* deste artigo que vinha contribuindo até a data da vigência desta lei receberá, em pagamento único, o valor correspondente à soma das importâncias relativas às suas contribuições, remuneradas de acordo com o Índice de Remuneração Básica dos Depósitos de Poupança com data de aniversário do primeiro dia, quando do afastamento da atividade que atualmente exerce.

ART. 25. A contribuição devida à seguridade social pelo empregador, pessoa jurídica, que se dedique à produção rural, em substituição à prevista nos incisos I e II do art. 22 da Lei n. 8.212, de 24 de julho de 1991, passa a ser a seguinte: (Redação dada pela Lei 10.256/2001.)

I - 1,7% (um inteiro e sete décimos por cento) da receita bruta proveniente da comercialização da sua produção; (Alterado pela Lei 13.606/2018. Vigência: a partir de 1º.01.2018.)

II - 0,1% (um décimo por cento) da receita bruta proveniente da comercialização de sua produção, para o financiamento da complementação das prestações por acidente de trabalho.

§ 1º O disposto no inciso I do art. 3º da Lei n. 8.315, de 23 de dezembro de 1991, não se aplica ao empregador de que trata este artigo, que contribuirá com o adicional de zero vírgula vinte e cinco por cento da receita bruta proveniente da venda de mercadorias de produção própria, destinado ao Serviço

Nacional de Aprendizagem Rural (SENAR). (Redação dada pela Lei 10.256/2001.)

§ 2º (Revogado pela Lei 10.256/2001.)

§ 3º Para os efeitos deste artigo, será observado o disposto no § 3º do art. 25 da Lei n. 8.212, de 24 de julho de 1991, com a redação dada pela Lei n. 8.540, de 22 de dezembro de 1992. (Redação dada pela Lei 9.528/1997.)

§ 4º (Revogado pela Lei 9.528/1997.)

§ 5º O disposto neste artigo não se aplica às operações relativas à prestação de serviços a terceiros, cujas contribuições previdenciárias continuam sendo devidas na forma do art. 22 da Lei n. 8.212, de 24 de julho de 1991. (Incluído pela Lei 10.256/2001.)

§ 6º Não integra a base de cálculo da contribuição de que trata o *caput* deste artigo a produção rural destinada ao plantio ou reflorestamento, nem o produto animal destinado à reprodução ou criação pecuária ou granjeira e à utilização como cobaia para fins de pesquisas científicas, quando vendido pelo próprio produtor e por quem a utilize diretamente com essas finalidades e, no caso de produto vegetal, por pessoa ou entidade registrada no Ministério da Agricultura, Pecuária e Abastecimento que se dedique ao comércio de sementes e mudas no País. (Acrescentado pela Lei 13.606/2018. Produção de efeitos: a partir de 1º.01.2018.)

§ 7º O empregador pessoa jurídica poderá optar por contribuir na forma prevista no *caput* deste artigo ou na forma dos incisos I e II do *caput* do art. 22 da Lei n. 8.212, de 24 de julho de 1991, manifestando sua opção mediante o pagamento da contribuição incidente sobre a folha de salários relativa a janeiro de cada ano, ou à primeira competência subsequente ao início da atividade rural, e será irretratável para todo o ano- calendário. (Acrescentado pela Lei 13.606/2018. Produção de efeitos: a partir de 1º.01.2019.)

ART. 25-A. As contribuições de que tratam os incisos I e II do art. 22 da Lei n. 8.212, de 24 de julho de 1991, serão devidas pelos cooperados, na forma do art. 25 desta Lei, se pessoa jurídica, e do art. 25 da Lei n. 8.212, de 24 de julho de 1991, se pessoa física, quando a cooperativa de produção rural contratar pessoal, exclusivamente, para colheita de produção de seus cooperados. (Incluído pela Lei 10.256/2001.)

§ 1º Os encargos decorrentes da contratação de que trata o *caput* serão apurados separadamente dos relativos aos empregados regulares da cooperativa, discriminadamente por cooperados, na forma do regulamento. (Incluído pela Lei 10.256/2001.)

§ 2º A cooperativa de que trata o *caput* é diretamente responsável pelo recolhimento da contribuição previdenciária de que trata o art. 20 da Lei n. 8.212, de 24 de julho de 1991. (Incluído pela Lei 10.256/2001.)

§ 3º Não se aplica o disposto no § 9º do art. 25 da Lei n. 8.212, de 24 de julho de 1991, à contratação realizada na forma deste artigo. (Incluído pela Lei 10.256/2001.)

ART. 26. Os benefícios concedidos nos termos da Lei n. 8.213, de 24 de julho de 1991, com data de início entre 5 de abril de 1991 e 31 de dezembro de 1993, cuja renda mensal inicial tenha sido calculada sobre salário-de-benefício inferior à média dos 36 últimos salários-de-contribuição, em decorrência do disposto no § 2º do art. 29 da referida lei, serão revistos a partir da competência abril de 1994, mediante a aplicação do percentual correspondente à diferença entre a média mencionada neste artigo e o salário-de-benefício considerado para a concessão.

Parágrafo único. Os benefícios revistos nos termos do *caput* deste artigo não poderão resultar superiores ao teto do salário de contribuição vigente na competência de abril de 1994.

- Lei 10.999/2004 (Autoriza a revisão dos benefícios previdenciários concedidos, com data base posterior a fevereiro de 1994, e o pagamento dos valores atrasados nas condições que especifica).

ART. 27. O Poder Executivo regulamentará esta lei no prazo de noventa dias a partir da data de sua publicação.

ART. 28. Esta lei entra em vigor na data de sua publicação.

ART. 29. Revogam-se as disposições em contrário, especialmente o § 4º do art. 12, com a redação dada pela Lei n. 8.861, de 25 de março de 1994, e o § 9º do art. 29, ambos da Lei n. 8.212, de 24 de julho de 1991; a alínea *i* , do inciso I do art. 18; o inciso II do art. 81; o art. 84; o art. 87 e parágrafo único, todos da Lei n. 8.213, de 24 de julho de 1991.

Brasília, 15 de abril de 1994; 173º da Independência e 106º da República.

ITAMAR FRANCO

LEI N. 8.880, DE 27 DE MAIO DE 1994

Dispõe sobre o Programa de Estabilização Econômica e o Sistema Monetário Nacional, institui a Unidade Real de Valor (URV) e dá outras providências.

- *DOU*, 28.05.1994 - Edição extra, retificado em 1º.06.1994.
- ADIn 1.613, STF.

O Presidente da República. Faço saber que o congresso Nacional decreta e eu sanciono a seguinte lei:

ART. 1º Fica instituída a Unidade Real de Valor - URV, dotada de curso legal para servir exclusivamente como padrão de valor monetário, de acordo com o disposto nesta Lei.

§ 1º A URV, juntamente com o Cruzeiro Real, integra o Sistema Monetário Nacional, continuando o Cruzeiro Real a ser utilizado como meio de pagamento dotado de poder liberatório, de conformidade com o disposto no art. 3º.

§ 2º A URV, no dia 1º de março de 1994, corresponde a CR$ 647,50 (seiscentos e quarenta e sete cruzeiros reais e cinquenta centavos).

ART. 2º A URV será dotada de poder liberatório, a partir de sua emissão pelo Banco Central do Brasil, quando passará a denominar -se Real.

- Lei 9.069/1995 (Dispõe sobre o Plano Real, o Sistema Monetário Nacional, estabelece as regras e condições de emissão do REAL e os critérios para conversão das obrigações para o REAL).

§ 1º As importâncias em dinheiro, expressas em Real, serão grafadas precedidas do símbolo R$.

§ 2º A centésima parte do Real, denominada centavo, será escrita sob a forma decimal, precedida da vírgula que segue a unidade.

ART. 3º Por ocasião da primeira emissão do Real tratada no *caput* do art. 2º, o Cruzeiro Real não mais integrará o Sistema Monetário Nacional, deixando de ter curso legal e poder liberatório.

§ 1º A primeira emissão do Real ocorrerá no dia 1º de julho de 1994.

§ 2º As regras e condições de emissão do Real serão estabelecidas em lei.

§ 3º A partir da primeira emissão do Real, as atuais cédulas e moedas representativas do Cruzeiro Real continuarão em circulação como meios de pagamento, até que sejam substituídas pela nova moeda no meio circulante, observada a paridade entre o Cruzeiro Real e o Real fixado pelo Banco Central do Brasil naquela data.

§ 4º O Banco Central do Brasil disciplinará a forma, prazo e condições da substituição prevista no parágrafo anterior.

ART. 4º O Banco Central do Brasil, até a emissão do Real, fixará a paridade diária entre o Cruzeiro Real e a URV, tomando por base a perda do poder aquisitivo do Cruzeiro Real.

§ 1º O Banco Central do Brasil poderá contratar, independentemente de processo licitatório, institutos de pesquisas, de preços, de reconhecida reputação, para auxiliá-lo em cálculos pertinentes ao disposto no *caput* deste artigo.

§ 2º A perda de poder aquisitivo do Cruzeiro Real, em relação à URV, poderá ser usada como índice de correção monetária.

§ 3º O Poder Executivo publicará a metodologia adotada para o cálculo da paridade diária entre o Cruzeiro Real e a URV.

ART. 5º O valor da URV, em cruzeiros reais, será utilizado pelo Banco Central do Brasil como parâmetro básico para negociação com moeda estrangeira.

Parágrafo único. O Conselho Monetário Nacional disciplinará o disposto neste artigo.

ART. 6º É nula de pleno direito a contratação de reajuste vinculado à variação cambial, exceto quando expressamente autorizado por lei federal e nos contratos de arrendamento mercantil celebrados entre pessoas residentes e domiciliadas no País, com base em captação de recursos provenientes do exterior.

ART. 7º Os valores das obrigações pecuniárias de qualquer natureza, a partir de 1º de março de 1994, inclusive, e desde que haja prévio acordo entre as partes, poderão ser convertidos em URV, ressalvado o disposto no art. 16.

Parágrafo único. As obrigações que não forem convertidas na forma do *caput* deste artigo, a partir da data da emissão do Real prevista no art. 3º, serão, obrigatoriamente, convertidas em Real, de acordo com critérios estabelecidos em lei, preservado o equilíbrio econômico e financeiro e observada a data de aniversário de cada obrigação.

ART. 8º Até a emissão do Real, será obrigatória a expressão de valores em Cruzeiro Real, facultada a concomitante expressão em URV, ressalvado o disposto no art. 38:

I - nos preços públicos e tarifas dos serviços públicos;

II - nas etiquetas e tabelas de preços;

III - em qualquer outra referência a preços nas atividades econômicas em geral, exceto em contratos, nos termos dos arts. 7º e 10;

IV - nas notas e recibos de compra e venda e prestação de serviços;

V - nas notas fiscais, faturas e duplicatas.

§ 1º Os cheques, notas promissórias, letras de câmbio e demais títulos de crédito e ordens de pagamento continuarão a ser expressos, exclusivamente, em cruzeiros reais, até a emissão do Real, ressalvado o disposto no art. 16 desta Lei.

§ 2º O Ministro de Estado da Fazenda poderá dispensar a obrigatoriedade prevista no *caput* deste artigo.

ART. 9º Até a emissão do Real, é facultado o uso da URV nos orçamentos públicos.

ART. 10. Os valores das obrigações pecuniárias de qualquer natureza, contraídas a partir de 15 de março de 1994, inclusive, para serem cumpridas ou liquidadas com prazo superior a trinta dias, serão, obrigatoriamente, expressos em URV, observado o disposto nos arts. 8º, 16, 19 e 22.

ART. 11. (Revogado pela Lei 9.069/1995.)

§§ 1º e **2º** (Revogados pela Lei 9.069/1995.)

ART. 12. É nula de pleno direito e não surtirá nenhum efeito a estipulação de cláusula de revisão ou de reajuste de preços, nos contratos a que se refere o artigo anterior, que contrarie o disposto nesta Lei.

ART. 13. O disposto nos arts. 11 e 12 aplica-se igualmente à execução e aos efeitos dos contratos celebrados antes de 28 de fevereiro de 1994 e que venham a ser convertidos em URV.

ART. 14. Os contratos decorrentes de licitações ou de atos formais de suas dispensas ou inexigibilidades, promovidos pelos órgãos e entidades a que se refere o art. 15, instaurados após 15 de março de 1994, terão seus valores expressos em URV, observando-se as disposições constantes da Lei n. 8.666, de 21 de junho de 1993, e o disposto nos arts. 11 e 12 desta Lei.

Parágrafo único. Nos processos de contratação cujos atos convocatórios já tenham sido publicados ou expedidos e os contratos ainda não tenham sido firmados, o vencedor poderá optar por fazê-lo de conformidade com os referidos atos, desde que se comprometa, por escrito, a promover, em seguida, as alterações previstas no art. 15 desta Lei, podendo a Administração rescindi-lo, sem direito a indenização, caso esse termo aditivo não seja assinado.

ART. 15. Os contratos para aquisição ou produção de bens para entrega futura, execução de obras, prestação de serviços, locação, uso e arrendamento, vigentes em 1º de abril de 1994, em que forem contratantes órgãos e entidades da Administração Pública direta e indireta da União, dos Estados, do Distrito Federal e dos Municípios, seus fundos especiais, autarquias, inclusive as especiais, fundações públicas, empresas públicas, sociedades de economia mista e demais entidades por ela controladas direta ou indiretamente, serão repactuados e terão seus valores convertidos em URV, nos termos estabelecidos neste artigo, observado o disposto nos arts. 11, 12 e 16.

§ 1º Os contratos com reajustamento prefixado ou sem cláusula de reajuste terão seus preços mantidos em cruzeiros reais.

§ 2º Nos contratos que contenham cláusula de reajuste de preços por índices pós-fixados gerais, setoriais, regionais ou específicos, em que a periodicidade do reajuste seja igual à periodicidade do pagamento, serão feitas as seguintes alterações:

I - cláusula convertendo para URV de 1º de abril de 1994, os valores contratuais expressos em Cruzeiros Reais, reajustados *pro rata* até o dia 31 de março de 1994, segundo os critérios estabelecidos no contrato, aplicando-se aos valores referentes à mão de obra, quando discriminados, o disposto nos arts. 18 e 19 desta Lei.

II - cláusula estabelecendo que, a partir da conversão dos valores do contrato para URV, a variação de preços para efeito do reajuste será medida pelos índices previstos no contrato, calculados a partir de preços expressos em URV e em Real considerando-se como índices iniciais aqueles ajustados para o dia 31 de março de 1994, nos termos do inciso I.

§ 3º Nos contratos que contenham cláusula de reajuste de preços por índices pós-fixados, gerais, setoriais, regionais ou específicos, em que a periodicidade do reajuste seja diferente da periodicidade de pagamento, serão feitas as seguintes alterações:

I - cláusula convertendo para URV, a vigorar a partir de 1º de abril de 1994, os valores das parcelas expressos em cruzeiros reais, pelo seu valor médio, calculado com base nos preços unitários, nos termos das alíneas seguintes, aplicando-se aos valores referentes à mão de obra, quando discriminados, o disposto nos arts. 18 e 19 desta Lei:

a) dividindo-se os preços unitários, em cruzeiros reais, vigentes em cada um dos meses imediatamente anteriores, correspondentes ao período de reajuste, pelos valores em cruzeiros reais da URV dos dias dos respectivos pagamentos ou, quando estes não tenham ocorrido, dos dias das respectivas exigibilidades;

b) calculando-se a média aritmética dos valores em URV obtidos de acordo com a alínea "a";

c) multiplicando-se os preços unitários médios, em URV, assim obtidos, pelos respectivos quantitativos, para obter o valor da parcela;

II - cláusula estabelecendo que, a partir da conversão dos valores do contrato para URV, a variação de preços para efeito do reajuste será medida pelos índices previstos no contrato, calculados a partir de preços expressos em URV e em Real.

III - cláusula estabelecendo que, se o contrato estiver em vigor por um número de meses inferior ao da periodicidade do reajuste, o mesmo será mantido em cruzeiros reais até completar o primeiro período do reajuste, sendo então convertido em URV segundo o disposto neste artigo, devendo, caso o período do reajuste não se complete até a data da primeira emissão do Real, ser o contrato convertido em Reais nos termos do parágrafo único do art. 7º e do art. 38 desta Lei.

§ 4º Nos contratos que contiverem cláusula de atualização financeira ou monetária, seja por atraso ou por prazo concedido para pagamento, será suspensa por um ano a aplicação desta cláusula, quando da conversão para URV, mantendo-se a cláusula penal ou de juro de mora real, caso a mesma conste do contrato original, observado o disposto no § 1º do art. 11.

§ 5º Na conversão para URV dos contratos que não contiverem cláusula de atualização monetária entre a data final do período de adimplemento da obrigação e a data da exigibilidade do pagamento, adicionalmente ao previsto no § 2º deste artigo, será expurgada a expectativa de inflação considerada explícita ou implicitamente no contrato relativamente a este prazo, devendo, quando o contrato não mencionar explicitamente a expectativa inflacionária, ser adotada para o expurgo a variação do Índice Geral de Preços - Disponibilidade Interna - IGP/DI, da Fundação Getúlio Vargas - FGV, no mês de apresentação da proposta ou do orçamento a que esta se referir, aplicado pro rata relativamente ao prazo previsto para o pagamento.

§ 6º Nos casos em que houver cláusula de atualização monetária decorrente de atraso de pagamento, corrigido também o período decorrido entre a data do adimplemento da obrigação e de exigibilidade do pagamento, aplica-se a este período o expurgo referido no parágrafo anterior, segundo os critérios nele estabelecidos.

§ 7º É facultada ao contratado a não repactuação prevista neste artigo, podendo nesta hipótese, a Administração Pública rescindir ou modificar unilateralmente o contrato nos termos dos arts. 58, inciso I e § 2º, 78, inciso XII, e 79, inciso I e § 2º, da Lei n. 8.666, de 21 de junho de 1993.

§ 8º As alterações contratuais decorrentes da aplicação desta Lei serão formalizadas por intermédio de termo aditivo ao contrato original, retroagindo seus efeitos financeiros a 1º de abril de 1994, inclusive às parcelas não quitadas até aquela data relativas a março de 1994 e meses anteriores se, neste último caso, os contratos originais previrem cláusula de atualização monetária.

ART. 16. Continuam expressos em cruzeiros reais, até a emissão do Real, e regidos pela legislação específica:

I - as operações ativas e passivas realizadas no mercado financeiro, por instituições financeiras e entidades autorizadas a funcionar pelo Banco Central do Brasil;

II - os depósitos de poupança;

III - as operações do Sistema Financeiro da Habitação e do Saneamento (SFH e SFS);

IV - as operações de crédito rural, destinadas a custeio, comercialização e investimento, qualquer que seja a sua fonte;

V - as operações de arrendamento mercantil;

VI - as operações praticadas pelo sistema de seguros, previdência privada e capitalização;

VII - as operações dos fundos, públicos e privados, qualquer que seja sua origem ou sua destinação;

VIII - os títulos e valores mobiliários e quotas de fundos mútuos;

IX - as operações nos mercados de liquidação futura;

X - os consórcios; e

XI - as operações de que trata a Lei n. 8.727, de 5 de novembro de 1993.

§ 1º Observadas as diretrizes estabelecidas pelo Presidente da República, o Ministro de Estado da Fazenda, o Conselho Monetário Nacional, o Conselho de Gestão da Previdência Complementar e o Conselho Nacional de Seguros Privados, dentro de suas respectivas competências, poderão regular o disposto neste artigo, inclusive em relação à utilização da URV antes da emissão do Real, nos casos que especificarem, exceto no que diz respeito às operações de que trata o inciso XI.

§ 2º Nas operações referidas no inciso IV, a atualização monetária aplicada àqueles contratos será equivalente à dos preços mínimos em vigor para os produtores agrícolas.

- Lei 11.524/2007 (Dispõe sobre a utilização de recursos das exigibilidades de aplicação em crédito rural oriundos da poupança rural e dos depósitos à vista para financiamentos destinados à liquidação de dívidas de produtores rurais ou suas cooperativas com fornecedores de insumos, relativas às safras 2004/2005 e 2005/2006).

ART. 17. A partir da primeira emissão do Real, o Instituto Brasileiro de Geografia e Estatística - IBGE calculará e divulgará, até o último dia útil de cada mês, o Índice de Preços ao Consumidor, série r - IPC-r, que refletirá a variação mensal do custo de vida em Real para uma população objeto composta por famílias com renda até oito salários mínimos.

§ 1º O Ministério da Fazenda e a Secretaria de Planejamento, Orçamento e Coordenação da Presidência da República regulamentarão o disposto neste artigo, observado que a abrangência geográfica do IPC-r não seja menor que a dos índices atualmente calculados pelo IBGE, e que o período de coleta seja compatível com a divulgação no prazo estabelecido no *caput*.

§ 2º Interrompida a apuração ou divulgação do IPC-r, caberá ao Ministro de Estado da Fazenda fixá-lo com base nos indicadores disponíveis, observada precedência em relação àqueles apurados por instituições oficiais de pesquisa. (Incluído pela Lei 9.069/1995.)

§ 3º No caso do parágrafo anterior, o Ministro da Fazenda divulgará a metodologia adotada para a determinação do IPC-r. (Incluído pela Lei 9.069/1995.)

§ 4º O IBGE calculará e divulgará o Índice de Reajuste do Salário Mínimo - IRSM, para os meses de março, abril, maio e junho de 1994, exclusivamente para os efeitos do disposto nos §§ 3º, 4º e 5º do art. 27. (Renumerado pela Lei n. 9.069, de 29.6.1995)

§ 5º A partir de 1º de julho de 1994, o IBGE deixará de calcular e divulgar o IRSM. (Renumerado pela Lei 9.069/1995.)

ART. 18. O salário mínimo é convertido em URV em 1º de março de 1994, observado o seguinte:

I - dividindo-se o valor nominal, vigente nos meses de novembro e dezembro de 1993 e janeiro e fevereiro de 1994, pelo valor em cruzeiros reais do equivalente em URV do último dia desses meses, respectivamente, de acordo com o Anexo I desta Lei; e

II - extraindo-se a média aritmética dos valores resultantes do inciso anterior.

Parágrafo único. Da aplicação do disposto neste artigo não poderá resultar pagamento de salário inferior ao efetivamente pago ou devido, relativamente ao mês de fevereiro de 1994, em cruzeiros reais, de acordo com o art. 7º, inciso VI, da Constituição.

ART. 19. Os salários dos trabalhadores em geral são convertidos em URV no dia 1º de março de 1994, observado o seguinte:

I - dividindo-se o valor nominal, vigente nos meses de novembro e dezembro de 1993 e janeiro e fevereiro de 1994, pelo valor em cruzeiros reais do equivalente em URV na data do efetivo pagamento, de acordo com o Anexo I desta Lei; e

II - extraindo-se a média aritmética dos valores resultantes do inciso anterior.

§ 1º Sem prejuízo do direito do trabalhador à respectiva percepção, não serão computados para fins do disposto nos incisos I e II do *caput* deste artigo:

a) o décimo terceiro salário ou gratificação equivalente;

b) as parcelas de natureza não habitual;

c) o abono de férias;

d) as parcelas percentuais incidentes sobre o salário;

e) as parcelas remuneratórias decorrentes de comissão, cuja base de cálculo não esteja convertida em URV.

§ 2º As parcelas percentuais referidas na alínea "d" do parágrafo anterior serão aplicadas após a conversão do salário em URV.

§ 3º As parcelas referidas na alínea "e" do § 1º serão apuradas de acordo com as normas aplicáveis e convertidas, mensalmente, em URV pelo valor desta na data do pagamento.

§ 4º Para os trabalhadores que receberam antecipação de parte do salário, à exceção de férias e décimo terceiro salário, cada parcela será computada na data do seu efetivo pagamento.

§ 5º Para os trabalhadores contratados há menos de quatro meses da data da conversão, a média de que trata este artigo será feita de modo a ser observado o salário atribuído ao cargo ou emprego ocupado pelo trabalhador na empresa, inclusive nos meses anteriores à contratação.

§ 6º Na impossibilidade da aplicação do disposto no § 5º, a média de que trata este artigo levará em conta apenas os salários referentes aos meses a partir da contratação.

§ 7º Nas empresas onde houver plano de cargos e salários, as regras de conversão constantes deste artigo, no que couber, serão aplicadas ao salário do cargo.

§ 8º Da aplicação do disposto deste artigo não poderá resultar pagamento de salário inferior ao efetivamente pago ou devido, relativamente ao mês de fevereiro de 1994, em cruzeiros reais, de acordo com o art. 7º, inciso VI, da Constituição.

§ 9º Convertido o salário em URV, na forma deste artigo, e observado o disposto nos arts. 26 e 27 desta Lei, a periodicidade de correção ou reajuste passa a ser anual.

§ 10 O Poder Executivo reduzirá a periodicidade prevista no parágrafo anterior quando houver redução dos prazos de suspensão de que trata o art. 11 desta Lei.

ART. 20. Os benefícios mantidos pela Previdência Social são convertidos em URV em 1º de março de 1994, observado o seguinte:

I - dividindo-se o valor nominal, vigente nos meses de novembro e dezembro de 1993 e janeiro e fevereiro de 1994, pelo valor em cruzeiros reais do equivalente em URV do último dia desses meses, respectivamente, de acordo com o Anexo I desta Lei; e

II - extraindo-se a média aritmética dos valores resultantes do inciso anterior.

§ 1º Os valores expressos em cruzeiros nas Leis n. 8.212 e 8.213, ambas de 24 de julho de 1991, com os reajustes posteriores, são convertidos em URV, a partir de 1º de março de 1994, nos termos dos incisos I e II do *caput* deste artigo.

§ 2º Os benefícios de que trata o *caput* deste artigo, com data de início posterior a 30 de novembro de 1993, são convertidos em URV em 1º de março de 1994, mantendo-se constante a relação verificada entre o seu valor no mês de competência de fevereiro de 1994 e o teto do salário de contribuição, de que trata o art. 20 da Lei n. 8.212, de 1991, no mesmo mês.

§ 3º Da aplicação do disposto neste artigo não poderá resultar pagamento de benefício inferior ao efetivamente pago, em cruzeiros reais, na competência de fevereiro de 1994.

§ 4º As contribuições para a Seguridade Social, de que tratam os arts. 20, 21, 22 e 24 da Lei n. 8.212 de 1991, serão calculadas em URV e convertidas em Unidade Fiscal de Referência - UFIR, nos termos do art. 53 da Lei n. 8.383, de 30 de dezembro de 1991, ou em cruzeiros reais na data do recolhimento, caso este ocorra antes do primeiro dia útil do mês subsequente ao de competência.

§ 5º Os valores das parcelas referentes a benefícios pagos com atraso pela Previdência Social, por sua responsabilidade, serão corrigidos monetariamente pelos índices previstos no art. 41, § 7º da Lei n. 8.213, de 1991, com as alterações da Lei n. 8.542, de 23 de dezembro de 1992, até o mês de fevereiro de 1994, e convertidos em URV, pelo valor em cruzeiros reais do equivalente em URV no dia 28 de fevereiro de 1994.

§ 6º A partir da primeira emissão do Real, os valores mencionados no parágrafo anterior serão corrigidos monetariamente pela variação acumulada do IPC-r entre o mês da competência a que se refiram e o mês imediatamente anterior à competência em que for incluído o pagamento.

ART. 21. Nos benefícios concedidos com base na Lei n. 8.213, de 1991, com data de início a partir de 1º de março de 1994, o salário-de-benefício será calculado nos termos do art. 29 da referida Lei, tomando-se os salários-de-contribuição expressos em URV.

§ 1º Para os fins do disposto neste artigo, os salários-de- contribuição referentes às competências anteriores a março de 1994 serão corrigidos, monetariamente, até o mês de fevereiro de 1994, pelos índices previstos no art. 31 da Lei n. 8.213, de 1991, com as alterações da Lei n. 8.542, de 1992, e convertidos em URV, pelo valor em cruzeiros reais do equivalente em URV do dia 28 de fevereiro de 1994.

§ 2º A partir da primeira emissão do Real, os salários-de- contribuição computados no cálculo do salário-de-benefício, inclusive os convertidos nos termos do § 1º, serão corrigidos monetariamente mês a mês pela variação integral do IPC-r.

§ 3º Na hipótese da média apurada nos termos deste artigo resultar superior ao limite máximo do salário-de-contribuição vigente no mês de início do benefício, a diferença percentual entre esta média e o referido limite será incorporada ao valor do benefício juntamente com o primeiro reajuste do mesmo após a concessão, observado que nenhum benefício assim reajustado poderá superar o limite máximo do salário-de-contribuição vigente na competência em que ocorrer o reajuste.

ART. 22. Os valores das tabelas de vencimentos, soldos e salários e das tabelas de funções de confiança e gratificadas dos servidores públicos civis e militares, são convertidos em URV em 1º de março de 1994, considerando o que determinam os arts. 37, XII, e 39, § 1º, da Constituição, observado o seguinte:

I - dividindo-se o valor nominal, vigente nos meses de novembro e dezembro de 1993 e janeiro e fevereiro de 1994, pelo valor em cruzeiros reais do equivalente em URV do último dia desses meses, respectivamente, de acordo com o Anexo I desta Lei, independentemente da data do pagamento;

II - extraindo-se a média aritmética dos valores resultantes do inciso anterior.

§ 1º O abono especial a que se refere a Medida Provisória n. 433, de 26 de fevereiro de 1994, será pago em cruzeiros reais e integrará, em fevereiro de 1994, o cálculo da média de que trata este artigo.

§ 2º Da aplicação do disposto neste artigo não poderá resultar pagamento de vencimentos, soldos ou salários inferiores aos efetivamente pagos ou devidos, relativamente ao mês de fevereiro de 1994, em cruzeiros reais, em obediência ao disposto nos arts. 37, inciso XV, e 95, inciso III, da Constituição.

§ 3º O disposto nos incisos I e II aplica-se ao salário-família e às vantagens pessoais nominalmente identificadas, de valor certo e determinado, percebidas pelos servidores e que não são calculadas com base no vencimento, soldo ou salário.

§ 4º As vantagens remuneratórias que tenham por base estímulo à produtividade e ao desempenho, pagas conforme critérios específicos de apuração e cálculo estabelecidos em legislação específica, terão seus valores em cruzeiros reais convertidos em URV a cada mês com base no valor em URV do dia do pagamento.

§ 5º O disposto neste artigo aplica-se também aos servidores de todas as autarquias e fundações, qualquer que seja o regime jurídico de seu pessoal.

§ 6º Os servidores cuja remuneração não é fixada em tabela terão seus salários convertidos em URV, nos termos dos incisos I e II do *caput* deste artigo.

§ 7º Observados, estritamente, os critérios fixados neste artigo, as tabelas de vencimentos e soldos dos servidores públicos civis e militares expressas em URV serão publicadas:

a) pelos Ministros de Estado Chefes da Secretaria da Administração Federal e do Estado Maior das Forças Armadas, cada qual em conjunto com o Ministro de Estado da Fazenda, para os servidores do Poder Executivo;

b) pelos dirigentes máximos dos respectivos órgãos, para os servidores dos Poderes Legislativo e Judiciário e do Ministério Público da União.

ART. 23. O disposto no art. 22 aplica-se aos proventos da inatividade e às pensões decorrentes do falecimento de servidor público civil e militar.

ART. 24. Nas deduções de antecipação de férias ou de parcela do décimo terceiro salário ou da gratificação natalina, será considerado o valor da antecipação, em URV ou equivalente em URV, na data do efetivo pagamento, ressalvado que o saldo a receber do décimo terceiro salário ou da gratificação natalina não poderá ser inferior à metade em URV.

ART. 25. Serão, obrigatoriamente, expressos em URV os demonstrativos de pagamento de salários em geral, vencimentos, soldos, proventos, pensões decorrentes do falecimento de servidor público civil e militar e benefícios previdenciários, efetuando-se a conversão para cruzeiros reais na data do crédito ou da disponibilidade dos recursos em favor dos credores daquelas obrigações.

§ 1º Quando, em razão de dificuldades operacionais, não for possível realizar o pagamento em cruzeiros reais pelo valor da URV na data do crédito dos recursos, será adotado o seguinte procedimento:

I - a conversão para cruzeiros reais será feita pelo valor da URV do dia da emissão da ordem de pagamento, o qual não poderá ultrapassar os três dias úteis anteriores à data do crédito;

II - a diferença entre o valor, em cruzeiros reais, recebido na forma do inciso anterior e o valor, em cruzeiros reais, a ser pago nos termos deste artigo, será convertida em URV pelo valor desta na data do crédito ou da disponibilidade dos recursos, sendo paga na folha salarial subsequente.

§ 2º Os valores dos demonstrativos referidos neste artigo, relativamente ao mês de competência de fevereiro de 1994, serão expressos em cruzeiros reais.

ART. 26. Após a conversão dos salários para URV de conformidade com os arts. 19 e 27 desta Lei, continuam asseguradas a livre negociação e a negociação coletiva dos salários, observado o disposto nos §§ 1º e 2º do art. 1º da Lei n. 8.542, de 1992.

ART. 27. É assegurado aos trabalhadores, observado o disposto no art. 26, no mês da respectiva data-base, a revisão do salário resultante da aplicação do art. 19, observado o seguinte:

I - calculando-se o valor dos salários referentes a cada um dos doze meses imediatamente anteriores à data-base, em URV ou equivalente em URV, de acordo com a data da disponibilidade do crédito ou de efetivo pagamento; e

II - extraindo-se a média aritmética dos valores resultantes do inciso anterior.

§ 1º Na aplicação do disposto neste artigo, será observado o disposto nos §§ 1º e 2º do art. 19.

§ 2º Na hipótese de o valor decorrente da aplicação do disposto neste artigo resultar inferior ao salário vigente no mês anterior à data-base, será mantido o maior dos dois valores.

§ 3º Sem prejuízo do disposto neste artigo é assegurada aos trabalhadores, no mês da primeira data-base de cada categoria, após 1º de julho de 1994, inclusive, reposição das perdas decorrentes de conversão dos salários para URV, apuradas da seguinte forma:

I - calculando-se os valores hipotéticos dos salários em cruzeiros reais nos meses de março, abril, maio e junho de 1994, decorrentes da aplicação dos reajustes e antecipações previstos na Lei n. 8.700, de 27 de agosto de 1993; e

II - convertendo-se os valores hipotéticos dos salários, calculados nos termos do inciso anterior, em URV, consideradas as datas habitualmente previstas para o efetivo pagamento, desconsiderando-se eventuais alterações de data de pagamento introduzidas a partir de março de 1994.

§ 4º O índice da reposição salarial de que trata o parágrafo anterior corresponderá à diferença percentual, se positiva, entre a soma dos quatro valores hipotéticos dos salários apurados na forma dos incisos I e II do parágrafo anterior e a soma dos salários efetivamente pagos em URV referentes aos meses correspondentes.

§ 5º Para os trabalhadores amparados por contratos, acordos ou convenções coletivas de trabalho e sentenças normativas que prevejam reajustes superiores aos assegurados pela Lei n. 8.700, de 1993, os valores hipotéticos dos salários de que tratam os incisos I e II do § 3º serão apurados de acordo com as cláusulas dos instrumentos coletivos referidos neste parágrafo.

ART. 28. Os valores das tabelas de vencimentos, soldos e salários e das tabelas de funções de confiança e gratificadas dos servidores públicos civis e militares da União serão revistos em 1º de janeiro de 1995, observado o seguinte:

I - calculando-se o valor dos vencimentos, soldos e salários referentes a cada um dos doze meses de 1994, em URV ou equivalente em URV, dividindo-se os valores expressos em cruzeiros reais pelo equivalente em URV do último dia desses meses, respectivamente; e

II - extraindo-se a média aritmética dos valores resultantes do inciso anterior.

§ 1º Na aplicação do preceituado neste artigo, será observado o disposto nos §§ 2º a 7º do art. 22 e no art. 23 desta Lei.

§ 2º Na hipótese de o valor decorrente da aplicação do disposto neste artigo resultar inferior ao vencimento, soldo ou salário vigente no mês de dezembro de 1994, será mantido o maior dos dois valores.

§ 3º Fica o Poder Executivo autorizado a antecipar a data da revisão prevista no *caput* deste artigo, quando houver redução dos prazos de suspensão de que trata o art. 11 desta Lei.

ART. 29. (Revogado pela Lei 9.711/1998.)

§§ 1º a 6º (Revogados pela Lei 9.711/1998.)

ART. 30. Nas contratações efetuadas a partir de 28 de fevereiro de 1994, o salário será, obrigatoriamente, expresso em URV.

ART. 31. Na hipótese de ocorrência de demissões sem justa causa, durante a vigência da URV prevista nesta Lei, as verbas rescisórias serão acrescidas de uma indenização adicional equivalente a cinquenta por cento da última remuneração recebida.

ART. 32. Até a primeira emissão do Real, de que trata o *caput* do art. 2º, os valores das contribuições do Fundo de Garantia do Tempo de Serviço (FGTS), referidos no art. 15 da Lei n. 8.036, de 11 de maio de 1990, a partir da competência março de 1994, serão apurados em URV no dia do pagamento do salário e convertidos em cruzeiros reais com base na URV do dia cinco do mês seguinte ao de competência.

Parágrafo único. As contribuições que não forem recolhidas na data prevista no art. 15 da Lei n. 8.036, de 1990, serão convertidas em cruzeiros reais com base na URV do dia sete do mês subsequente ao de competência e o valor resultante será acrescido de atualização monetária, *pro rata die*, calculada até o dia do efetivo recolhimento pelos critérios constantes da legislação pertinente e com base no mesmo índice de atualização monetária aplicável aos depósitos de poupança, sem prejuízo das demais cominações legais.

ART. 33. Para efeito de determinação da base de cálculo sujeita à incidência do Imposto de Renda, calculado com base na tabela progressiva mensal, o rendimento tributável deverá ser expresso em Ufir.

§ 1º Para os efeitos deste artigo deverão ser observadas as seguintes regras:

I - Rendimentos expressos em URV serão convertidos para cruzeiros reais com base no valor da URV no primeiro dia do mês do recebimento e expressos em Ufir com base no valor desta no mesmo mês;

II - rendimentos expressos em cruzeiros reais serão:

a) convertidos em URV com base no valor desta do dia do recebimento;

b) o valor apurado na forma da alínea anterior será convertido para cruzeiros reais com base com base no valor da URV no primeiro dia do mês do recebimento e expressos em Ufir com base em seu valor no mesmo mês.

§ 2º O disposto neste artigo aplica-se também às deduções admitidas na legislação do Imposto de Renda.

ART. 34. A Ufir continuará a ser utilizada na forma prevista na Lei n. 8.383, de 30 de dezembro de 1991, e legislação posterior.

ART. 35. Os preços públicos e as tarifas dos serviços públicos poderão ser convertidos em URV, por média calculada a partir dos últimos quatro meses anteriores à conversão e segundo critérios estabelecidos pelo Ministro de Estado da Fazenda.

§ 1º Os preços públicos e as tarifas dos serviços públicos, que não forem convertidas em URV, serão convertidos em Real, na data da primeira emissão deste, observada a média e os critérios fixados no *caput* deste artigo.

§ 2º Enquanto não emitido o Real, na forma prevista nesta Lei, os preços públicos e tarifas de serviços públicos serão revistos e reajustados conforme critérios fixados pelo Ministro de Estado da Fazenda.

ART. 36. O Poder Executivo, por intermédio do Ministério da Fazenda, poderá exigir que, em prazo máximo de cinco dias úteis, sejam justificadas as distorções apuradas quanto a aumentos abusivos de preços em setores de alta concentração econômica, de preços públicos e de tarifas de serviços públicos.

§ 1º Até a primeira emissão do Real, será considerado como abusivo, para os fins previstos no *caput* deste artigo, o aumento injustificado que resultar em preço equivalente em URV superior à média dos meses de setembro, outubro, novembro e dezembro de 1993.

§ 2º A justificação a que se refere o *caput* deste artigo far-se-á perante a Secretaria de Acompanhamento Econômico do Ministério da Fazenda, que dará conhecimento total dos fatos e medidas adotadas à Secretaria de Direito Econômico do Ministério da Justiça. (Redação dada pela Lei 9.069/1995.)

ART. 37. A Taxa Referencial (TR), de que tratam o art. 1º da Lei n. 8.177, de 1º de março de 1991, e o art. 1º da Lei n. 8.660, de 28 de maio de 1993, poderá ser calculada a partir da remuneração média dos depósitos interfinanceiros, quando os depósitos a prazo fixo captados pelos bancos comerciais, bancos de investimento, caixas econômicas e bancos múltiplos com carteira comercial ou de investimento deixarem de ser representativos no mercado, a critério do Banco Central do Brasil.

Parágrafo único. Ocorrendo a hipótese prevista no *caput* deste artigo, a nova metodologia de cálculo da TR será fixada e divulgada pelo Conselho Monetário Nacional, não se aplicando o disposto na parte final do art. 1º da Lei n. 8.660, de 1993.

ART. 38. O cálculo dos índices de correção monetária, no mês em que se verificar a emissão do Real de que trata o art. 3º desta lei, bem como no mês subsequente, tomará por base preços em Real, o equivalente em URV dos preços em cruzeiros reais, e os preços nominados ou convertidos em URV dos meses imediatamente anteriores, segundo critérios estabelecidos em lei.

Parágrafo único. Observado o disposto no parágrafo único do art. 7º, é nula de pleno direito e não surtirá nenhum efeito a aplicação de índice, para fins de correção monetária, calculado de forma diferente da estabelecida no *caput* deste artigo.

ART. 39. O art. 2º da Lei n. 8.249, de 24 de outubro de 1991, fica acrescido do seguinte parágrafo:

"§ 3º As NTN poderão ser expressos em Unidade Real de Valor (URV)".

- A Lei 8.249/1991 foi revogada pela Lei 10.179/2001 (Dispõe sobre os títulos da dívida pública de responsabilidade do Tesouro Nacional, consolidando a legislação em vigor sobre a matéria).

ART. 40. Os valores da Contribuição Sindical, de que trata o Capítulo III do Título V da Consolidação das Leis do Trabalho (CLT), serão calculados em URV e convertidos em cruzeiros reais na data do recolhimento ao estabelecimento bancário integrante do Sistema de Arrecadação de Tributos Federais.

ART. 41. (Vetado.)

ART. 42. O § 1º do art. 1º da Lei Delegada n. 12, de 7 de agosto de 1992, passa a vigorar com a seguinte redação:

- A Lei Del. 12/1992 foi revogada pela Med. Prov. 2.215-10/2001 (Dispõe sobre a reestruturação da remuneração dos militares das Forças Armadas).

ART. 43. Observado o disposto nos §§ 3º e 4º do art. 17, no § 5º do art. 20, no § 1º do art. 21 e nos §§ 3º, 4º e 5º do art. 27 desta lei, ficam revogados o art. 31 e o § 7º do art. 41 da Lei n. 8.213, de 24 de julho de 1991, os arts. 2º, 3º, 4º, 5º, 7º e 9º da Lei n. 8.542, de 23 de dezembro de 1992, a Lei n. 8.700, de 27 de agosto de 1993, os arts. 1º e 2º da Lei n. 8.676, de 13 de julho de 1993, e demais disposições em contrário.

ART. 44. Esta lei entra em vigor na data de sua publicação.

Brasília, 27 de maio de 1994;
173º da Independência e 106º da República.
ITAMAR FRANCO

- Optamos, nesta edição, pela não publicação do anexo.

LEI N. 8.894, DE 21 DE JUNHO DE 1994

Dispõe sobre o Imposto sobre Operações de Crédito, Câmbio e Seguro, ou relativas a Títulos e Valores Mobiliários, e dá outras providências.

- *DOU*, 22.06.1994.
- Dec. 6.306/2007 (Regulamenta o IOF).

Faço saber que o Presidente da República adotou a Medida Provisória n. 513, de 1994, que o Congresso Nacional aprovou, e eu, Humberto Lucena, Presidente do Senado Federal, para os efeitos do disposto no parágrafo único do art. 62 da Constituição Federal, promulgo a seguinte lei:

ART. 1º O Imposto sobre Operações de Crédito, Câmbio e Seguro, ou relativas a Títulos e Valores Mobiliários será cobrado à alíquota máxima de 1,5% ao dia, sobre o valor das operações de crédito e relativos a títulos e valores mobiliários.

§ 1º No caso de operações envolvendo contratos derivativos, a alíquota máxima é de 25% (vinte e cinco por cento) sobre o valor da operação. (Incluído pela Lei 12.543/2011.)

§ 2º O Poder Executivo, obedecidos os limites máximos fixados neste artigo, poderá alterar as alíquotas tendo em vista os objetivos das políticas monetária e fiscal. (Incluído pela Lei 12.543/2011.)

ART. 2º Considera-se valor da operação:

I - nas operações de crédito, o valor do principal que constitua o objeto da obrigação, ou sua colocação à disposição do interessado;

II - nas operações relativas a títulos e valores mobiliários:

a) valor de aquisição, resgate, cessão ou repactuação;

b) o valor do pagamento para a liquidação das operações referidas na alínea anterior, quando inferior a noventa e cinco por cento do valor inicial da operação, expressos, respectivamente, em quantidade de Unidade Fiscal de Referência (Ufir) diária.

c) o valor nocional ajustado dos contratos, no caso de contratos derivativos. (Incluído pela Lei 12.543/2011.)

§ 1º Serão acrescidos ao valor do resgate ou cessão de títulos e valores mobiliários os rendimentos periódicos recebidos pelo aplicador ou cedente durante o período da operação, atualizados pela variação acumulada da Ufir diária no período.

§ 2º O disposto no inciso II, alínea a, aplica-se, inclusive, às operações de financiamento realizadas em bolsas de valores, de mercadorias, de futuros e assemelhadas.

§ 3º Para fins do disposto na alínea "c" do inciso II do *caput*, considera-se como valor nocional ajustado o produto do valor de referência do contrato (valor nocional) pela variação do preço do derivativo em relação à variação do preço do seu ativo subjacente (ativo objeto). (Incluído pela Lei 12.543/2011.)

§ 4º A pessoa jurídica exportadora, relativamente às operações de *hedge*, poderá descontar do IOF a recolher na condição de contribuinte, devido em cada período, o IOF apurado e recolhido na forma da alínea "c" do inciso II do *caput*. (Incluído pela Lei 12.543/2011.)

§ 5º Na impossibilidade de efetuar o desconto de que trata o § 4º, a pessoa jurídica poderá solicitar restituição ou compensar o valor correspondente com imposto e contribuições administrados pela Secretaria da Receita Federal do Brasil, exceto as contribuições sociais previstas nas alíneas "a", "b" e "c" do parágrafo único do art. 11 da Lei n. 8.212, de 24 de julho de 1991. (Incluído pela Lei 12.543/2011.)

§ 6º A parcela do IOF descontado ou compensado na forma deste artigo não será dedutível para fins de determinação do lucro real e da base de cálculo da Contribuição Social sobre o Lucro Líquido (CSLL). (Incluído pela Lei 12.543/2011.)

§ 7º A Secretaria da Receita Federal do Brasil disciplinará o disposto nos §§ 4º e 5º deste artigo. (Incluído pela Lei 12.543/2011.)

ART. 3º São contribuintes do imposto:

I - os tomadores de crédito, na hipótese prevista no art. 2º, inciso I;

II - os adquirentes de títulos e valores mobiliários e os titulares de aplicações financeiras, na hipótese prevista no art. 2º, inciso II, alínea a;

III - as instituições financeiras e demais instituições autorizadas a funcionar pelo Banco Central do Brasil, na hipótese prevista no art. 2º, inciso II, alínea b.

IV - os titulares dos contratos, na hipótese prevista na alínea "c" do inciso II do art. 2º. (Incluído pela Lei 12.543/2011.)

ART. 4º O imposto de que trata o art. 2º, inciso II, alínea a será excluído da base de cálculo do imposto de renda incidente sobre o rendimento de operações com títulos e valores mobiliários, excetuadas as aplicações a que se refere o § 4º do art. 21 da Lei n. 8.383, de 30 de dezembro de 1991.

ART. 5º O Imposto sobre Operações de Crédito, Câmbio e Seguro, ou relativas a Títulos e Valores Mobiliários (IOF), incidente sobre operações de câmbio será cobrado à alíquota de vinte e cinco por cento sobre o valor de liquidação da operação cambial.

- Dec. 6.306/2007 (Regulamenta o IOF).

Parágrafo único. O Poder Executivo poderá reduzir e restabelecer a alíquota fixada neste artigo, tendo em vista os objetivos das políticas monetária, cambial e fiscal.

ART. 6º São contribuintes do IOF incidente sobre operações de câmbio os compradores ou vendedores da moeda estrangeira na operação referente a transferência financeira para ou do exterior, respectivamente.

Parágrafo único. As instituições autorizadas a operar em câmbio são responsáveis pela retenção e recolhimento do imposto.

ART. 6º-A. São isentos do imposto de que trata esta Lei a Academia Brasileira de Letras, a Associação Brasileira de Imprensa e o Instituto Histórico e Geográfico Brasileiro. (Acrescentado pela Lei 13.353/2016.)

ART. 7º Poder Executivo regulamentará o disposto nesta lei.

- Dec. 1.814/1996 (Dispõe sobre a incidência do Imposto sobre Operações de Crédito, Câmbio e Seguro, ou relativos a Títulos e Valores Mobiliários - IOF no resgate de aplicações destinadas à subscrição de quotas de Fundo de Investimento Imobiliário e de Fundo Mútuo de Investimento em Empresas Emergentes).

ART. 8º Ficam convalidados os atos praticados com base na Medida Provisória n. 487, de 29 de abril de 1994.

ART. 9º Esta lei entra em vigor na data de sua publicação.

ART. 10. Ficam revogados o art. 18 da Lei n. 8.088, de 31 de outubro de 1990, e, em relação ao imposto de que trata esta lei, as isenções previstas no art. 14 da Lei n. 8.313, de 23 de dezembro de 1991, no § 2º do art. 21 da Lei n. 8.383, de 1991, e no art. 16 da Lei n. 8.668, de 25 de junho de 1993.

Senado Federal, 21 de junho de 1994;
173º da Independência e 106º da República.
SENADOR HUMBERTO LUCENA
PRESIDENTE DO SENADO FEDERAL

LEI N. 8.929, DE 22 DE AGOSTO DE 1994

Institui a Cédula de Produto Rural, e dá outras providências.

- *DOU*, 23.08.1994.
- Dec 6.306/2007 (Regulamenta o IOF.)

O Presidente da República. Faço saber que o Congresso Nacional decreta e eu sanciono a seguinte lei:

ART. 1º Fica instituída a Cédula de Produto Rural (CPR), representativa de promessa de entrega de produtos rurais, com ou sem garantia cedularmente constituída.

ART. 2º Têm legitimação para emitir CPR o produtor rural e suas associações, inclusive cooperativas.

ART. 3º A CPR conterá os seguintes requisitos, lançados em seu contexto:

I - denominação "Cédula de Produto Rural";

II - data da entrega;

III - nome do credor e cláusula à ordem;

IV - promessa pura e simples de entregar o produto, sua indicação e as especificações de qualidade e quantidade;

V - local e condições da entrega;

VI - descrição dos bens cedularmente vinculados em garantia;

VII - data e lugar da emissão;

VIII - assinatura do emitente.

§ 1º Sem caráter de requisito essencial, a CPR poderá conter outras cláusulas lançadas em seu contexto, as quais poderão constar de documento à parte, com a assinatura do emitente, fazendo-se, na cédula, menção a essa circunstância.

§ 2º A descrição dos bens vinculados em garantia pode ser feita em documento à parte, assinado pelo emitente, fazendo-se, na cédula, menção a essa circunstância.

§ 3º A descrição do bem será feita de modo simplificado e, quando for o caso, este será identificado pela sua numeração própria, e pelos números de registro ou matrícula no registro oficial competente, dispensada, no caso de imóveis, a indicação das respectivas confrontações.

ART. 4º A CPR é título líquido e certo, exigível pela quantidade e qualidade de produto nela previsto.

Parágrafo único. O cumprimento parcial da obrigação de entrega será anotado, sucessivamente, no verso da cédula, tornando-se exigível apenas o saldo.

ART. 4º-A. Fica permitida a liquidação financeira da CPR de que trata esta Lei, desde que observadas as seguintes condições: (Incluído pela Lei 10.200/2001.)

I - que seja explicitado, em seu corpo, os referenciais necessários à clara identificação do preço ou do índice de preços a ser utilizado no resgate do título, a instituição responsável por sua apuração ou divulgação, a praça ou o mercado de formação do preço e o nome do índice; (Incluído pela Lei 10.200/2001.)

II - que os indicadores de preço de que trata o inciso anterior sejam apurados por instituições idôneas e de credibilidade junto às partes contratantes, tenham divulgação periódica, preferencialmente diária, e ampla divulgação ou facilidade de acesso, de forma a estarem facilmente disponíveis para as partes contratantes; (Incluído pela Lei 10.200/2001.)

III - que seja caracterizada por seu nome, seguido da expressão "financeira". (Incluído pela Lei 10.200/2001.)

§ 1º A CPR com liquidação financeira é um título líquido e certo, exigível, na data de seu vencimento, pelo resultado da multiplicação do preço, apurado segundo os critérios previstos neste artigo, pela quantidade do produto especificado. (Incluído pela Lei 10.200/2001.)

§ 2º Para cobrança da CPR com liquidação financeira, cabe ação de execução por quantia certa. (Incluído pela Lei 10.200/2001.)

ART. 5º A garantia cedular da obrigação poderá consistir em:

I - hipoteca;

II - penhor;

III - alienação fiduciária.

ART. 6º Podem ser objeto de hipoteca cedular imóveis rurais e urbanos.

Parágrafo único. Aplicam-se à hipoteca cedular os preceitos da legislação sobre hipoteca, no que não colidirem com esta lei.

ART. 7º Podem ser objeto de penhor cedular, nas condições desta lei, os bens suscetíveis de penhor rural e de penhor mercantil, bem como os bens suscetíveis de penhor cedular.

§ 1º Salvo se tratar de títulos de crédito, os bens apenhados continuam na posse imediata do emitente ou do terceiro prestador da garantia, que responde por sua guarda e conservação como fiel depositário.

§ 2º Cuidando-se de penhor constituído por terceiro, o emitente da cédula responderá solidariamente com o empenhador pela guarda e conservação dos bens.

§ 3º Aplicam-se ao penhor constituído por CPR, conforme o caso, os preceitos da legislação sobre penhor, inclusive o mercantil, o rural e o constituído por meio de cédulas, no que não colidirem com os desta lei.

ART. 8º A não identificação dos bens objeto de alienação fiduciária não retira a eficácia da garantia, que poderá incidir sobre outros do mesmo gênero, qualidade e quantidade, de propriedade do garante.

ART. 9º A CPR poderá ser aditada, ratificada e retificada por aditivos, que a integram, datados e assinados pelo emitente e pelo credor, fazendo-se, na cédula, menção a essa circunstância.

ART. 10. Aplicam-se à CPR, no que forem cabíveis, as normas de direito cambial, com as seguintes modificações:

I - os endossos devem ser completos;

II - os endossantes não respondem pela entrega do produto, mas, tão somente, pela existência da obrigação;

III - é dispensado o protesto cambial para assegurar o direito de regresso contra avalistas.

ART. 11. Além de responder pela evicção, não pode o emitente da CPR invocar em seu benefício o caso fortuito ou de força maior.

ART. 12. A CPR, para ter eficácia contra terceiros, inscreve-se no Cartório de Registro de Imóveis do domicílio do emitente.

§ 1º Em caso de hipoteca e penhor, a CPR deverá também ser averbada na matrícula do imóvel hipotecado e no Cartório de localização dos bens apenhados.

§ 2º A inscrição ou averbação da CPR ou dos respectivos aditivos serão efetuadas no prazo de três dias úteis, a contar da apresentação do título, sob pena de responsabilidade funcional do oficial encarregado de promover os atos necessários.

§ 3º Para efeito de registro em cartório, a cobrança de emolumentos e custas das CPR será regida de acordo com as normas aplicáveis à Cédula de Crédito Rural. (Incluído pela Lei 10.200/2001.)

ART. 13. A entrega do produto antes da data prevista na cédula depende da anuência do credor.

ART. 14. A CPR poderá ser considerada vencida na hipótese de inadimplemento de qualquer das obrigações do emitente.

ART. 15. Para cobrança da CPR, cabe a ação de execução para entrega de coisa incerta.

ART. 16. A busca e apreensão do bem alienado fiduciariamente, promovida pelo credor, não elide posterior execução, inclusive da hipoteca e do penhor constituído na mesma cédula, para satisfação do crédito remanescente.

Parágrafo único. No caso a que se refere o presente artigo, o credor tem direito ao desentranhamento do título, após efetuada a busca e apreensão, para instruir a cobrança do saldo devedor em ação própria.

ART. 17. Pratica crime de estelionato aquele que fizer declarações falsas ou inexatas acerca de bens oferecidos em garantia da CPR, inclusive omitir declaração de já estarem eles sujeitos a outros ônus ou responsabilidade de qualquer espécie, até mesmo de natureza fiscal.

ART. 18. Os bens vinculados à CPR não serão penhorados ou sequestrados por outras dívidas do emitente ou do terceiro prestador da garantia real, cumprindo a qualquer deles denunciar a existência da cédula às autoridades incumbidas da diligência, ou a quem a determinou, sob pena de responderem pelos prejuízos resultantes de sua omissão.

ART. 19. A CPR poderá ser negociada nos mercados de bolsas e de balcão.

§ 1º O registro da CPR em sistema de registro e de liquidação financeira, administrado por entidade autorizada pelo Banco Central do Brasil, é condição indispensável para a negociação referida neste artigo.

§ 2º Nas ocorrências da negociação referida neste artigo, a CPR será considerada ativo financeiro e não haverá incidência do imposto sobre operações de crédito, câmbio e seguro, ou relativas a títulos ou valores mobiliários.

§ 3º A CPR registrada em sistema de registro e de liquidação financeira de ativos autorizado pelo Banco Central do Brasil terá as seguintes características: (Incluído pela Lei 11.076/2004.)

I - será cartular antes do seu registro e após a sua baixa e escritural ou eletrônica enquanto permanecer registrada em sistema de registro e de liquidação financeira; (Incluído pela Lei 11.076/2004.)

II - os negócios ocorridos durante o período em que a CPR estiver registrada em sistema de registro e de liquidação financeira não serão transcritos no verso dos títulos; (Incluído pela Lei 11.076/2004.)

III - a entidade registradora é responsável pela manutenção do registro da cadeia de negócios ocorridos no período em que os títulos estiverem registrados. (Incluído pela Lei 11.076/2004.)

§ 4º Na hipótese de contar com garantia de instituição financeira ou seguradora, a CPR poderá ser emitida em favor do garantidor, devendo o emitente entregá-la a este, por meio de endosso-mandato com poderes para negociá-la, custodiá-la, registrá-la em sistema de registro e liquidação financeira de ativos autorizado pelo Banco Central do Brasil e endossá-la ao credor informado pelo sistema de registro. (Incluído pela Lei 11.076/2004.)

ART. 20. Esta lei entra em vigor na data de sua publicação.

Brasília, 22 de agosto de 1994;
173º da Independência e 106º da República.
ITAMAR FRANCO

LEI N. 8.961, DE 23 DE DEZEMBRO DE 1994

Dispõe sobre a isenção do imposto de importação na hipótese que menciona.

- *DOU*, 24.12.1994 - edição extra.

O Presidente da República. Faço saber que o Congresso Nacional decreta e eu sanciono a seguinte lei:

ART. 1º É concedida isenção do imposto de importação incidente sobre objetos de arte, constantes das posições 9701, 9702, 9703 e 9706 do Capítulo 97 da Nomenclatura

Brasileira de Mercadorias (NBM/SH), e recebidos, em doação, por museus instituídos e mantidos pelo poder público e outras entidades culturais, reconhecidas como de utilidade pública.

ART. 2º Esta lei entra em vigor na data de sua publicação.

Brasília, 23 de dezembro de 1994; 173º da Independência e 106º da República.

ITAMAR FRANCO

LEI N. 8.981, DE 20 DE JANEIRO DE 1995

Altera a legislação tributária Federal e dá outras providências.

- *DOU*, 23.01.1995.
- Conversão da Med. Prov. 812/1994.
- Dec. 3.048/1999 (Aprova o Regulamento da Previdência Social).

Faço saber que o Presidente da República adotou a Medida Provisória n. 812, de 1994, que o Congresso Nacional aprovou, e eu, Humberto Lucena, Presidente do Senado Federal, para os efeitos do disposto no parágrafo único do art. 62 da Constituição Federal, promulgo a seguinte lei:

CAPÍTULO I
DISPOSIÇÕES GERAIS

ART. 1º A partir do ano-calendário de 1995 a expressão monetária da Unidade Fiscal de Referência (Ufir) será fixa por períodos trimestrais.

§ 1º O Ministério da Fazenda divulgará a expressão monetária da Ufir trimestral com base no IPCA - Série Especial de que trata o art. 2º da Lei n. 8.383, de 30 de dezembro de 1991.

§ 2º O IPCA - Série Especial será apurado a partir do período de apuração iniciado em 16 de dezembro de 1994 e divulgado trimestralmente pela Fundação Instituto Brasileiro de Geografia e Estatística (FIBGE).

§ 3º A expressão monetária da Ufir referente ao primeiro trimestre de 1995 é de R$ 0,6767.

ART. 2º Para efeito de aplicação dos limites, bem como dos demais valores expressos em Ufir na legislação federal, a conversão dos valores em Reais para Ufir será efetuada utilizando-se o valor da Ufir vigente no trimestre de referência.

ART. 3º A base de cálculo e o Imposto de Renda das pessoas jurídicas tributadas com base no lucro real, presumido ou arbitrado, correspondentes aos períodos-base encerrados no ano-calendário de 1994, serão expressos em quantidade de Ufir, observada a legislação então vigente.

ART. 4º O Imposto de Renda devido pelas pessoas físicas, correspondente ao ano-calendário de 1994, será expresso em quantidade de Ufir, observada a legislação então vigente.

ART. 5º Os débitos de qualquer natureza para com a Fazenda Nacional e os decorrentes de contribuições arrecadadas pela União, constituídos ou não, cujos fatos geradores ocorrerem até 31 de dezembro de 1994, inclusive os que foram objeto de parcelamento, expressos em quantidade de Ufir, serão reconvertidos para Real com base no valor desta fixado para o trimestre do pagamento.

Parágrafo único. O disposto neste artigo se aplica também às contribuições sociais arrecadadas pelo Instituto Nacional de Seguro Social (INSS), relativas a períodos de competência anteriores a 1º de janeiro de 1995.

ART. 6º Os tributos e contribuições sociais, cujos fatos geradores vierem a ocorrer a partir de 1º de janeiro de 1995, serão apurados em Reais.

CAPÍTULO II
DO IMPOSTO DE RENDA DAS PESSOAS FÍSICAS

SEÇÃO I
DISPOSIÇÕES GERAIS

ART. 7º A partir de 1º de janeiro de 1995, a renda e os proventos de qualquer natureza, inclusive os rendimentos e ganhos de capital, percebidos por pessoas físicas residentes ou domiciliadas no Brasil, serão tributados pelo Imposto de Renda na forma da legislação vigente, com as modificações introduzidas por esta lei.

SEÇÃO II
DA INCIDÊNCIA MENSAL DO IMPOSTO

ARTS. 8º a **10.** (Revogados pela Lei 9.250/1995.)

SEÇÃO III
DA DECLARAÇÃO DE RENDIMENTOS

ARTS. 11 a **20.** (Revogados pela Lei 9.250/1995.)

SEÇÃO IV
TRIBUTAÇÃO DOS GANHOS DE CAPITAL DAS PESSOAS FÍSICAS

ART. 21. O ganho de capital percebido por pessoa física em decorrência da alienação de bens e direitos de qualquer natureza sujeita-se à incidência do imposto sobre a renda, com as seguintes alíquotas: (Alterado pela Lei 13.259/2016.)

I - 15% (quinze por cento) sobre a parcela dos ganhos que não ultrapassar R$ 5.000.000,00 (cinco milhões de reais); (Alterado pela Lei 13.259/2016.)

II - 17,5% (dezessete inteiros e cinco décimos por cento) sobre a parcela dos ganhos que exceder R$ 5.000.000,00 (cinco milhões de reais) e não ultrapassar R$ 10.000.000,00 (dez milhões de reais); (Alterado pela Lei 13.259/2016.)

III - 20% (vinte por cento) sobre a parcela dos ganhos que exceder R$ 10.000.000,00 (dez milhões de reais) e não ultrapassar R$ 30.000.000,00 (trinta milhões de reais); e (Alterado pela Lei 13.259/2016.)

IV - 22,5% (vinte e dois inteiros e cinco décimos por cento) sobre a parcela dos ganhos que ultrapassar R$ 30.000.000,00 (trinta milhões de reais). (Alterado pela Lei 13.259/2016.)

§ 1º O imposto de que trata este artigo deverá ser pago até o último dia útil do mês subseqüente ao da percepção dos ganhos.

§ 2º Os ganhos a que se refere este artigo serão apurados e tributados em separado e não integrarão a base de cálculo do Imposto de Renda na declaração de ajuste anual, e o imposto pago não poderá ser deduzido do devido na declaração.

§ 3º Na hipótese de alienação em partes do mesmo bem ou direito, a partir da segunda operação, desde que realizada até o final do ano-calendário seguinte ao da primeira operação, o ganho de capital deve ser somado aos ganhos auferidos nas operações anteriores, para fins da apuração do imposto na forma do *caput*, deduzindo-se o montante do imposto pago nas operações anteriores. (Alterado pela Lei 13.259/2016.)

§ 4º Para fins do disposto neste artigo, considera-se integrante do mesmo bem ou direito o conjunto de ações ou quotas de uma mesma pessoa jurídica. (Alterado pela Lei 13.259/2016.)

§ 5º (Vetado). (Alterado pela Lei 13.259/2016.)

ART. 22. Na apuração dos ganhos de capital na alienação de bens e direitos será considerado como custo de aquisição:

I - no caso de bens e direitos adquiridos até 31 de dezembro de 1994, o valor em Ufir, apurado na forma da legislação então vigente;

II - no caso de bens e direitos adquiridos a partir de 1º de janeiro de 1995, o valor pago convertido em Ufir com base no valor desta fixado para o trimestre de aquisição ou de cada pagamento, quando se tratar de pagamento parcelado.

Parágrafo único. O custo de aquisição em Ufir será reconvertido para Reais com base no valor da Ufir vigente no trimestre em que ocorrer a alienação.

ART. 23 (Revogado pela Lei 9.250/1995.)

Parágrafo único. No caso de alienação de diversos bens ou direitos da mesma natureza, será considerado, para os efeitos deste artigo, o valor do conjunto dos bens alienados.

SEÇÃO V
DECLARAÇÃO DE BENS E DIREITOS

ART. 24. A partir do exercício financeiro de 1996, a pessoa física deverá apresentar relação pormenorizada de todos os bens e direitos, em Reais, que, no país ou no exterior, constituam, em 31 de dezembro do ano-calendário anterior, seu patrimônio e o de seus dependentes.

Parágrafo único. Os valores dos bens e direitos adquiridos até 31 de dezembro de 1994, declarados em Ufir, serão reconvertidos para Reais, para efeito de preenchimento da declaração de bens e direitos a partir do ano-calendário de 1995, exercício de 1996, com base no valor da Ufir vigente no primeiro trimestre do ano-calendário de 1995.

CAPÍTULO III
DO IMPOSTO DE RENDA DAS PESSOAS JURÍDICAS

SEÇÃO I
NORMAS GERAIS

ART. 25. A partir de 1º de janeiro de 1995, o Imposto de Renda das pessoas jurídicas, inclusive das equiparadas, será devido à medida em que os rendimentos, ganhos e lucros forem sendo auferidos.

ART. 26. As pessoas jurídicas determinarão o Imposto de Renda segundo as regras aplicáveis ao regime de tributação com base no lucro real, presumido ou arbitrado.

§ 1º É facultado às sociedades civis de prestação de serviços relativos às profissões regulamentadas (art. 1º do Decreto-Lei n. 2.397, de 21 de dezembro de 1987) optarem pelo regime de tributação com base no lucro real ou presumido.

§ 2º Na hipótese do parágrafo anterior, a opção, de caráter irretratável, se fará mediante o pagamento do imposto correspondente ao mês de janeiro do ano-calendário da opção ou do mês de início da atividade.

SEÇÃO II
DO PAGAMENTO MENSAL DO IMPOSTO

ART. 27. Para efeito de apuração do Imposto de Renda, relativo aos fatos geradores ocorridos em cada mês, a pessoa jurídica determinará a base de cálculo mensalmente, de acordo com as regras previstas nesta seção, sem prejuízo do ajuste previsto no art. 37.

- Lei 9.249/1995 (Altera a legislação do imposto de renda das pessoas jurídicas, bem como da contribuição social sobre o lucro líquido).

ART. 28. (Revogado pela Lei 9.249/1995).

§§ 1º a 3º (Revogados pela Lei 9.249/1995).

ART. 29. No caso das pessoas jurídicas a que se refere o art. 36, inciso III, desta lei, a base de cálculo do imposto será determinada mediante a aplicação do percentual de nove por cento sobre a receita bruta.

- Lei 9.249/1995 (Altera a legislação do imposto de renda das pessoas jurídicas, bem como da contribuição social sobre o lucro líquido).

§ 1º Poderão ser deduzidas da receita bruta:

a) no caso das instituições financeiras, sociedades corretoras de títulos, valores mobiliários e câmbio e sociedades distribuidoras de títulos e valores mobiliários:

a.1) as despesas incorridas na captação de recursos de terceiros;

a.2) as despesas com obrigações por refinanciamentos, empréstimos e repasses de recursos de órgãos e instituições oficiais e do exterior;

a.3) as despesas de cessão de créditos;

a.4) as despesas de câmbio;

a.5) as perdas com títulos e aplicações financeiras de renda fixa;

a.6) as perdas nas operações de renda variável previstas no inciso III do art. 77.

b) no caso de empresas de seguros privados: o cosseguro e resseguro cedidos, os valores referentes a cancelamentos e restituições de prêmios e a parcela dos prêmios destinada à constituição de provisões ou reservas técnicas;

c) no caso de entidades de previdência privada abertas e de empresas de capitalização: a parcela das contribuições e prêmios, respectivamente, destinada à constituição de provisões ou reservas técnicas.

d) no caso de operadoras de planos de assistência à saúde: as corresponsabilidades cedidas e a parcela das contraprestações pecuniárias destinada à constituição de provisões técnicas. (Incluído pela Med. Prov. 2.158-35/2001.)

§ 2º É vedada a dedução de qualquer despesa administrativa.

ART. 30. As pessoas jurídicas que explorem atividades imobiliárias relativa a loteamento de terrenos, incorporação imobiliária, construção de prédios destinados à venda, bem como a venda de imóveis construídos ou adquiridos para revenda, deverão considerar como receita bruta o montante efetivamente recebido, relativo às unidades imobiliárias vendidas.

Parágrafo único. O disposto neste artigo aplica-se, inclusive, aos casos de empreitada ou fornecimento contratado nas condições do art. 10 do Decreto-Lei n. 1.598, de 26 de dezembro de 1977, com pessoa jurídica de direito público, ou empresa sob seu controle, empresa pública, sociedade de economia mista ou sua subsidiária. (Incluído pela Lei 9.065/1995.)

ART. 31. (Revogado pela Lei 12.973/2014).

ART. 32. Os ganhos de capital, demais receitas e os resultados positivos decorrentes de receitas não abrangidas pelo artigo anterior serão acrescidos à base de cálculo determinada na forma dos arts. 28 ou 29, para efeito de incidência do Imposto de Renda de que trata esta seção.

§ 1º O disposto neste artigo não se aplica aos rendimentos tributados na forma dos arts. 65, 66, 67, 70, 72, 73 e 74, decorrentes das operações ali mencionadas, bem como aos lucros, dividendos ou resultado positivo decorrente da avaliação de investimentos pela equivalência patrimonial.

§ 2º O ganho de capital nas alienações de bens ou direitos classificados como investimento, imobilizado ou intangível e de aplicações em ouro, não tributadas na forma do art. 72, corresponderá à diferença positiva verificada entre o valor da alienação e o respectivo valor contábil. ((Alterado pela Lei 12.973/2014.)

§ 3º Na apuração dos valores de que trata o *caput*, deverão ser considerados os respectivos valores decorrentes do ajuste a valor presente de que trata o inciso VIII do *caput* do art. 183 da Lei n. 6.404, de 15 de dezembro de 1976. (Acrescentado pela Lei 12.973/2014.)

§ 4º Para fins do disposto no § 2º, poderão ser considerados no valor contábil, e na proporção deste, os respectivos valores decorrentes dos efeitos do ajuste a valor presente de que trata o inciso III do *caput* do art. 184 da Lei n. 6.404, de 15 de dezembro de 1976. (Acrescentado pela Lei 12.973/2014.)

§ 5º Os ganhos decorrentes de avaliação de ativo ou passivo com base no valor justo não integrarão a base de cálculo do imposto, no momento em que forem apurados. (Acrescentado pela Lei 12.973/2014.)

§ 6º Para fins do disposto no *caput*, os ganhos e perdas decorrentes de avaliação do ativo com base em valor justo não serão considerados como parte integrante do valor contábil. (Acrescentado pela Lei 12.973/2014.)

§ 7º O disposto no § 6º não se aplica aos ganhos que tenham sido anteriormente computados na base de cálculo do imposto. (Acrescentado pela Lei 12.973/2014.)

ART. 33. (Revogado pela Lei 9.430/1996.)

ART. 34. Para efeito de pagamento, a pessoa jurídica poderá deduzir, do imposto apurado no mês, o imposto de renda pago ou retido na fonte sobre as receitas que integraram a base de cálculo correspondente (arts. 28 ou 29), bem como os incentivos de dedução do imposto, relativos ao Programa de Alimentação do Trabalhador, Vale-Transporte, Doações aos Fundos da Criança e do Adolescente, Atividades Culturais ou Artísticas e Atividade Audiovisual, observados os limites e prazos previstos na legislação vigente. (Redação dada pela Lei 9.065/1995.)

ART. 35. A pessoa jurídica poderá suspender ou reduzir o pagamento do imposto devido em cada mês, desde que demonstre, através de balanços ou balancetes mensais, que o valor acumulado já pago excede o valor do imposto, inclusive adicional, calculado com base no lucro real do período em curso.

§ 1º Os balanços ou balancetes de que trata este artigo:

a) deverão ser levantados com observância das leis comerciais e fiscais e transcritos no livro Diário;

b) somente produzirão efeitos para determinação da parcela do Imposto de Renda e da contribuição social sobre o lucro devidos no decorrer do ano-calendário.

§ 2º Estão dispensadas do pagamento de que tratam os arts. 28 e 29 as pessoas jurídicas que, através de balanço ou balancetes mensais, demonstrem a existência de prejuízos fiscais apurados a partir do mês de janeiro do ano-calendário. (Redação dada pela Lei 9.065/1995.)

§ 3º O pagamento mensal, relativo ao mês de janeiro do ano-calendário, poderá ser efetuado com base em balanço ou balancete mensal, desde que neste fique demonstrado que o imposto devido no período é inferior ao calculado com base no disposto nos arts. 28 e 29. (Incluído pela Lei 9.065/1995.)

§ 4º O Poder Executivo poderá baixar instruções para a aplicação do disposto neste artigo. (Incluído pela Lei 9.065/1995.)

SEÇÃO III
DO REGIME DE TRIBUTAÇÃO COM BASE NO LUCRO REAL

ART. 36. (Revogado pela Lei 9.718/1998).

I a V - (Revogados pela Lei 9.718/1998).

VI - (Revogado pela Lei 9.249/1995).

VII a X - (Revogados pela Lei 9.718/1998).

XI e XII - (Revogados pela Lei 9.249/1995).

XIII a XV - (Revogados pela Lei 9.718/1998).

Parágrafo único. (Revogado pela Lei 9.249 /1995).

ART. 37. Sem prejuízo dos pagamentos mensais do imposto, as pessoas jurídicas obrigadas ao regime de tributação com base no lucro real (art. 36) e as pessoas jurídicas que não optarem pelo regime de tributação com base no lucro presumido (art. 44) deverão, para efeito de determinação do saldo de imposto a pagar ou a ser compensado, apurar o lucro real em 31 de dezembro de cada ano-calendário ou na data da extinção.

§ 1º A determinação do lucro real será precedida da apuração do lucro líquido com observância das disposições das leis comerciais.

§ 2º Sobre o lucro real será aplicada a alíquota de 25%, sem prejuízo do disposto no art. 39.

§ 3º Para efeito de determinação do saldo do imposto a pagar ou a ser compensado, a pessoa jurídica poderá deduzir do imposto devido o valor:

a) dos incentivos fiscais de dedução do imposto, observados os limites e prazos fixados na legislação vigente, bem como o disposto no § 2º do art. 39;

b) dos incentivos fiscais de redução e isenção do imposto, calculados com base no lucro da exploração;

c) do Imposto de Renda pago ou retido na fonte, incidentes sobre receitas computadas na determinação do lucro real;

d) do Imposto de Renda calculado na forma dos arts. 27 a 35 desta lei, pago mensalmente.

§ 4º (Revogado pela Lei 9.430/1996.)

§ 5º O disposto no *caput* somente alcança as pessoas jurídicas que:

a) efetuaram o pagamento do Imposto de Renda e da contribuição social sobre o lucro, devidos no curso do ano-calendário, com base nas regras previstas nos arts. 27 a 34;

b) demonstrarem, através de balanços ou balancetes mensais (art. 35): (Redação dada pela Lei 9.065/1995.)

b.1) que o valor pago a menor decorreu da apuração do lucro real e da base de cálculo da contribuição social sobre o lucro, na forma da legislação comercial e fiscal; ou (Incluído pela Lei 9.065/1995.)

b.2) a existência de prejuízos fiscais, a partir do mês de janeiro do referido ano-calendário. (Incluído pela Lei 9.065/1995.)

§ 6º As pessoas jurídicas não enquadradas nas disposições contidas no § 5º deverão determinar, mensalmente, o lucro real e a base de cálculo da contribuição social sobre o lucro, de acordo com a legislação comercial e fiscal.

§ 7º Na hipótese do parágrafo anterior o imposto e a contribuição social sobre o lucro devidos terão por vencimento o último dia útil do mês subsequente ao de encerramento do período mensal.

ART. 38. (Revogado pela Lei 9.430/1996.)

ART. 39. O lucro real ou arbitrado da pessoa jurídica estará sujeito a um adicional do Imposto de Renda à alíquota de:

I - doze por cento sobre a parcela do lucro real que ultrapassar R$ 180.000,00 até R$ 780.000,00;

II - dezoito por cento sobre a parcela do lucro real que ultrapassar R$ 780.000,00;

III - doze por cento sobre a parcela do lucro arbitrado que ultrapassar R$ 15.000,00 até R$ 65.000,00;

IV - dezoito por cento sobre a parcela do lucro arbitrado que ultrapassar R$ 65.000,00.

§ 1º Os limites previstos nos incisos I e II serão proporcionais ao número de meses transcorridos do ano-calendário, quando o período de apuração for inferior a doze meses.

§ 2º O valor do adicional será recolhido integralmente, não sendo permitidas quaisquer deduções.

ART. 40 (Revogado pela Lei 9.430/1996.)

I e **II** - (Revogados pela Lei 9.430/1996.)

SUBSEÇÃO I
DAS ALTERAÇÕES NA APURAÇÃO DO LUCRO REAL

ART. 41. Os tributos e contribuições são dedutíveis, na determinação do lucro real, segundo o regime de competência.

§ 1º O disposto neste artigo não se aplica aos tributos e contribuições cuja exigibilidade esteja suspensa, nos termos dos incisos II a IV do art. 151 da Lei n. 5.172, de 25 de outubro de 1966, haja ou não depósito judicial.

§ 2º Na determinação do lucro real, a pessoa jurídica não poderá deduzir como custo ou despesa o Imposto de Renda de que for sujeito passivo como contribuinte ou responsável em substituição ao contribuinte.

§ 3º A dedutibilidade, como custo ou despesa, de rendimentos pagos ou creditados a terceiros abrange o imposto sobre os rendimentos que o contribuinte, como fonte pagadora, tiver o dever legal de reter e recolher, ainda que assuma o ônus do imposto.

§ 4º Os impostos pagos pela pessoa jurídica na aquisição de bens do ativo permanente poderão, a seu critério, ser registrados como custo de aquisição ou deduzidos como despesas operacionais, salvo os pagos na importação de bens que se acrescerão ao custo de aquisição.

§ 5º Não são dedutíveis como custo ou despesas operacionais as multas por infrações fiscais, salvo as de natureza compensatória e as impostas por infrações de que não resultem falta ou insuficiência de pagamento de tributo.

§ 6º As contribuições sociais incidentes sobre o faturamento ou receita bruta e sobre o valor das importações, pagas pela pessoa jurídica na aquisição de bens destinados ao ativo permanente, serão acrescidas ao custo de aquisição. (Incluído pela Lei 10.865/2004.)

ART. 42. A partir de 1º de janeiro de 1995, para efeito de determinar o lucro real, o lucro líquido ajustado pelas adições e exclusões previstas ou autorizadas pela legislação do Imposto de Renda, poderá ser reduzido em, no máximo, trinta por cento.

- Lei 9.065/1995 (Dá nova redação a dispositivos desta lei.)

Parágrafo único. A parcela dos prejuízos fiscais apurados até 31 de dezembro de 1994, não compensada em razão do disposto no *caput* deste artigo poderá ser utilizada nos anos-calendário subsequentes.

ART. 43. Poderão ser registradas, como custo ou despesa operacional, as importâncias necessárias à formação de provisão para créditos de liquidação duvidosa.

- Lei 9.430/1996 (Dispõe sobre a legislação tributária federal, as contribuições para a seguridade social, o processo administrativo de consulta).

§ 1º A importância dedutível como provisão para créditos de liquidação duvidosa será a necessária a tornar a provisão suficiente para absorver as perdas que provavelmente ocorrerão no recebimento dos créditos existentes ao fim de cada período de apuração do lucro real.

- Lei 9.430/1996 (Dispõe sobre a legislação tributária federal, as contribuições para a seguridade social, o processo administrativo de consulta).

§ 2º O montante dos créditos referidos no parágrafo anterior abrange exclusivamente os créditos oriundos da exploração da atividade econômica da pessoa jurídica, decorrentes da venda de bens nas operações de conta própria, dos serviços prestados e das operações de conta alheia.

- Lei 9.430/1996 (Dispõe sobre a legislação tributária federal, as contribuições para a seguridade social, o processo administrativo de consulta).

§ 3º Do montante dos créditos referidos no parágrafo anterior deverão ser excluídos:

- Lei 9.430/1996 (Dispõe sobre a legislação tributária federal, as contribuições para a seguridade social, o processo administrativo de consulta).

a) os provenientes de vendas com reserva de domínio, de alienação fiduciária em garantia, ou de operações com garantia real;

- Lei 9.430/1996 (Dispõe sobre a legislação tributária federal, as contribuições para a seguridade social, o processo administrativo de consulta).

b) os créditos com pessoa jurídica de direito público ou empresa sob seu controle, empresa pública, sociedade de economia mista ou sua subsidiária;

- Lei 9.065/1995 (Dá nova redação a dispositivos desta lei.)
- Lei 9.430/1996 (Dispõe sobre a legislação tributária federal, as contribuições para a seguridade social, o processo administrativo de consulta).

c) os créditos com pessoas jurídicas coligadas, interligadas, controladoras e controladas ou associadas por qualquer forma;

- Lei 9.430/1996 (Dispõe sobre a legislação tributária federal, as contribuições para a seguridade social, o processo administrativo de consulta).

d) os créditos com administrador, sócio ou acionista, titular ou com seu cônjuge ou parente até o terceiro grau, inclusive os afins;

- Lei 9.430/1996 (Dispõe sobre a legislação tributária federal, as contribuições para a seguridade social, o processo administrativo de consulta).

e) a parcela dos créditos correspondentes às receitas que não tenham transitado por conta de resultado;

- Lei 9.430/1996 (Dispõe sobre a legislação tributária federal, as contribuições para a seguridade social, o processo administrativo de consulta).

f) o valor dos créditos adquiridos com coobrigação;

- Lei 9.430/1996 (Dispõe sobre a legislação tributária federal, as contribuições para a seguridade social, o processo administrativo de consulta).

g) o valor dos créditos cedidos sem coobrigação;

- Lei 9.430/1996 (Dispõe sobre a legislação tributária federal, as contribuições para a seguridade social, o processo administrativo de consulta).

h) o valor correspondente ao bem arrendado, no caso de pessoas jurídicas que operam com arrendamento mercantil;

- Lei 9.430/1996 (Dispõe sobre a legislação tributária federal, as contribuições para a seguridade social, o processo administrativo de consulta).

i) o valor dos créditos e direitos junto a instituições financeiras, demais instituições autorizadas a funcionar pelo Banco Central do Brasil e a sociedades e fundos de investimentos.

- Lei 9.430/1996 (Dispõe sobre a legislação tributária federal, as contribuições para a seguridade social, o processo administrativo de consulta).

§ 4º Para efeito de determinação do saldo adequado da provisão, aplicar-se-á, sobre o montante dos créditos a que se refere este artigo, o percentual obtido pela relação entre a soma das perdas efetivamente ocorridas nos últimos três anos-calendário, relativas aos créditos decorrentes do exercício da atividade econômica, e a soma dos créditos da mesma espécie existentes no início dos anos-calendário correspondentes, observando-se que:

- Lei 9.430/1996 (Dispõe sobre a legislação tributária federal, as contribuições para a seguridade social, o processo administrativo de consulta).

a) para efeito da relação estabelecida neste parágrafo, não poderão ser computadas as perdas relativas a créditos constituídos no próprio ano-calendário;

- Lei 9.430/1996 (Dispõe sobre a legislação tributária federal, as contribuições para a seguridade social, o processo administrativo de consulta).

b) o valor das perdas, relativas a créditos sujeitos à atualização monetária, será o constante do saldo no início do ano-calendário considerado.

- Lei 9.430/1996 (Dispõe sobre a legislação tributária federal, as contribuições para a seguridade social, o processo administrativo de consulta).

§ 5º Além da percentagem a que se refere o § 4º, a provisão poderá ser acrescida:

- Lei 9.430/1996 (Dispõe sobre a legislação tributária federal, as contribuições para a seguridade social, o processo administrativo de consulta).

a) da diferença entre o montante do crédito habilitado e a proposta de liquidação pelo concordatário, nos casos de concordata, desde o momento em que esta for requerida;

- Lei 9.430/1996 (Dispõe sobre a legislação tributária federal, as contribuições para a seguridade social, o processo administrativo de consulta).

b) de até cinquenta por cento do crédito habilitado, nos casos de falência do devedor, desde o momento de sua decretação.

- Lei 9.430/1996 (Dispõe sobre a legislação tributária federal, as contribuições para a seguridade social, o processo administrativo de consulta).

§ 6º Nos casos de concordata ou falência do devedor, não serão admitidos como perdas os créditos que não forem habilitados, ou que tiverem a sua habilitação denegada.

- Lei 9.430/1996 (Dispõe sobre a legislação tributária federal, as contribuições para a seguridade social, o processo administrativo de consulta).

§ 7º Os prejuízos realizados no recebimento de créditos serão obrigatoriamente debitados à provisão referida neste artigo e o eventual excesso verificado será debitado a despesas operacionais.

- Lei 9.430/1996 (Dispõe sobre a legislação tributária federal, as contribuições para a seguridade social, o processo administrativo de consulta).

§ 8º O débito dos prejuízos a que se refere o parágrafo anterior poderá ser efetuado, independentemente de se terem esgotados os recursos para sua cobrança, após o decurso de: (Redação dada pela Lei 9.065/1995.)

- Lei 9.430/1996 (Dispõe sobre a legislação tributária federal, as contribuições para a seguridade social, o processo administrativo de consulta).

a) um ano de seu vencimento, se em valor inferior a 5.000 UFIR, por devedor; (Incluído pela Lei 9.065/1995.)

- Lei 9.430/1996 (Dispõe sobre a legislação tributária federal, as contribuições para a seguridade social, o processo administrativo de consulta).

b) dois anos de seu vencimento, se superior ao limite referido na alínea a, não podendo exceder a vinte e cinco por cento do lucro real, antes de computada essa dedução. (Incluído pela Lei 9.065/1995.)

▸ Lei 9.430/1996 (Dispõe sobre a legislação tributária federal, as contribuições para a seguridade social, o processo administrativo de consulta).

§ 9º Os prejuízos debitados em prazos inferiores, conforme o caso, aos estabelecidos no parágrafo anterior, somente serão dedutíveis quando houverem sido esgotados os recursos para sua cobrança. (Redação dada pela Lei 9.065/1995.)

▸ Lei 9.430/1996 (Dispõe sobre a legislação tributária federal, as contribuições para a seguridade social, o processo administrativo de consulta).

§ 10. Consideram-se esgotados os recursos de cobrança quando o credor valer-se de todos os meios legais à sua disposição.

▸ Lei 9.430/1996 (Dispõe sobre a legislação tributária federal, as contribuições para a seguridade social, o processo administrativo de consulta).

§ 11. Os débitos a que se refere a alínea *b* do § 8º não alcançam os créditos referidos nas alíneas a, b, c, d, e e h do § 3º. (Incluído pela Lei 9.065/1995.)

▸ Lei 9.430/1996 (Dispõe sobre a legislação tributária federal, as contribuições para a seguridade social, o processo administrativo de consulta).

SEÇÃO IV
DO REGIME DE TRIBUTAÇÃO COM BASE NO LUCRO PRESUMIDO

ART. 44. As pessoas jurídicas, cuja receita total, no ano-calendário anterior, tenha sido igual ou inferior a 12.000.000 de UFIR, poderão optar, por ocasião da entrega da declaração de rendimentos, pelo regime de tributação com base no lucro presumido. (Redação dada pela Lei 9.065/1995.)

▸ Lei 9.249/1995 (Altera a legislação do imposto de renda das pessoas jurídicas, bem como da contribuição social sobre o lucro líquido).

§ 1º O limite previsto neste artigo será proporcional ao número de meses do ano-calendário, no caso de início de atividade.

§ 2º Na hipótese deste artigo, o Imposto de Renda devido, relativo aos fatos geradores ocorridos em cada mês (arts. 27 a 32) será considerado definitivo.

§ 3º (Revogado pela Lei 9.065/1995.)

ART. 45. A pessoa jurídica habilitada à opção pelo regime de tributação com base no lucro presumido deverá manter:

I - escrituração contábil nos termos da legislação comercial;

II - Livro Registro de Inventário, no qual deverão constar registrados os estoques existentes no término do ano-calendário abrangido pelo regime de tributação simplificada;

III - em boa guarda e ordem, enquanto não decorrido o prazo decadencial e não prescritas eventuais ações que lhes sejam pertinentes, todos os livros de escrituração obrigatórios por legislação fiscal específica, bem como os documentos e demais papéis que serviram de base para escrituração comercial e fiscal.

Parágrafo único. O disposto no inciso I deste artigo não se aplica à pessoa jurídica que, no decorrer do ano-calendário, mantiver livro Caixa, no qual deverá estar escriturado toda a movimentação financeira, inclusive bancária.

ART. 46. (Revogado pela Lei 9.249/1995.)

SEÇÃO V
DO REGIME DE TRIBUTAÇÃO COM BASE NO LUCRO ARBITRADO

ART. 47. O lucro da pessoa jurídica será arbitrado quando:

I - o contribuinte, obrigado à tributação com base no lucro real ou submetido ao regime de tributação de que trata o Decreto-Lei n. 2.397, de 1987, não mantiver escrituração na forma das leis comerciais e fiscais, ou deixar de elaborar as demonstrações financeiras exigidas pela legislação fiscal;

II - a escrituração a que estiver obrigado o contribuinte revelar evidentes indícios de fraude ou contiver vícios, erros ou deficiências que a tornem imprestável para:

a) identificar a efetiva movimentação financeira, inclusive bancária; ou

b) determinar o lucro real.

III - o contribuinte deixar de apresentar à autoridade tributária os livros e documentos da escrituração comercial e fiscal, ou o livro Caixa, na hipótese de que trata o art. 45, parágrafo único;

IV - o contribuinte optar indevidamente pela tributação com base no lucro presumido;

V - o comissário ou representante da pessoa jurídica estrangeira deixar de cumprir o disposto no § 1º do art. 76 da Lei n. 3.470, de 28 de novembro de 1958;

VI - (Revogado pela Lei 9.718/1998).

VII - o contribuinte não mantiver, em boa ordem e segundo as normas contábeis recomendadas, livro Razão ou fichas utilizados para resumir e totalizar, por conta ou subconta, os lançamentos efetuados no Diário.

VIII - o contribuinte não escriturar ou deixar de apresentar à autoridade tributária os livros ou registros auxiliares de que trata o § 2º do art. 177 da Lei n. 6.404, de 15 de dezembro de 1976, e § 2º do art. 8º do Decreto-Lei n. 1.598, de 26 de dezembro de 1977. (Redação dada pela Lei 11.941/2009.)

§ 1º Quando conhecida a receita bruta, o contribuinte poderá efetuar o pagamento do Imposto de Renda correspondente com base nas regras previstas nesta seção.

§ 2º Na hipótese do parágrafo anterior:

a) a apuração do Imposto de Renda com base no lucro arbitrado abrangerá todo o ano-calendário, assegurada a tributação com base no lucro real relativa aos meses não submetidos ao arbitramento, se a pessoa jurídica dispuser de escrituração exigida pela legislação comercial e fiscal que demonstre o lucro real dos períodos não abrangido por aquela modalidade de tributação, observado o disposto no § 5º do art. 37;

b) o imposto apurado com base no lucro real, na forma da alínea anterior, terá por vencimento o último dia útil do mês subsequente ao de encerramento do referido período.

ART. 48. (Revogado pela Lei 9.249/1995.)

ART. 49. As pessoas jurídicas que se dedicarem à venda de imóveis construídos ou adquiridos para revenda, ao loteamento de terrenos e à incorporação de prédios em condomínio terão seus lucros arbitrados deduzindo-se da receita bruta o custo do imóvel devidamente comprovado.

Parágrafo único. O lucro arbitrado será tributado na proporção da receita recebida ou cujo recebimento esteja previsto para o próprio mês.

ART. 50. (Revogado pela Lei 9.430/1996.)

Parágrafo único. (Revogado pela Lei 9.430/1996.)

ART. 51. O lucro arbitrado das pessoas jurídicas, quando não conhecida a receita bruta, será determinado através de procedimento de ofício, mediante a utilização de uma das seguintes alternativas de cálculo:

I - 1,5 (um inteiro e cinco décimos) do lucro real referente ao último período em que pessoa jurídica manteve escrituração de acordo com as leis comerciais e fiscais, atualizado monetariamente;

II - 0,04 (quatro centésimos) da soma dos valores do ativo circulante, realizável a longo prazo e permanente, existentes no último balanço patrimonial conhecido, atualizado monetariamente;

III - 0,07 (sete centésimos) do valor do capital, inclusive a sua correção monetária contabilizada como reserva de capital, constante do último balanço patrimonial conhecido ou registrado nos atos de constituição ou alteração da sociedade, atualizado monetariamente;

IV - 0,05 (cinco centésimos) do valor do patrimônio líquido constante do último balanço patrimonial conhecido, atualizado monetariamente;

V - 0,4 (quatro décimos) do valor das compras de mercadorias efetuadas no mês;

VI - 0,4 (quatro décimos) da soma, em cada mês, dos valores da folha de pagamento dos empregados e das compras de matérias-primas, produtos intermediários e materiais de embalagem;

VII - 0,8 (oito décimos) da soma dos valores devidos no mês a empregados;

VIII - 0,9 (nove décimos) do valor mensal do aluguel devido.

§ 1º As alternativas previstas nos incisos V, VI e VII, a critério da autoridade lançadora, poderão ter sua aplicação limitada, respectivamente, às atividades comerciais, industriais e de prestação de serviços e, no caso de empresas com atividade mista, ser adotados isoladamente em cada atividade.

§ 2º Para os efeitos da aplicação do disposto no inciso I, quando o lucro real for decorrente de período-base anual, o valor que servirá de base ao arbitramento será proporcional ao número de meses do período-base considerado.

§ 3º Para cálculo da atualização monetária a que se referem os incisos deste artigo, serão adotados os índices utilizados para fins de correção monetária das demonstrações financeiras, tomando-se como termo inicial a data do encerramento do período-base utilizado, e, como termo final, o mês a que se referir o arbitramento.

§ 4º Nas alternativas previstas nos incisos V e VI do *caput*, as compras serão consideradas pelos valores totais das operações, devendo ser incluídos os valores decorrentes do ajuste a valor presente de que trata o inciso III do art. 184 da Lei n. 6.404, de 15 de dezembro de 1976. (Acrescentado pela Lei 12.973/2014.)

ART. 52. (Revogado pela Lei 9.430/1996.)

I e II - (Revogados pela Lei 9.430/1996.)

Parágrafo único. (Revogado pela Lei 9.430/1996.)

ART. 53. (Revogado pela Lei 9.430/1996.)

§§ 1º e **2º** (Revogados pela Lei 9.430/1996.)

ART. 54. (Revogado pela Lei 9.249/1995.)

§§ 1º e **2º** (Revogados pela Lei 9.249/1995.)

ART. 55. O lucro arbitrado na forma do art. 51 constituirá também base de cálculo da contribuição social sobre o lucro, de que trata a Lei n. 7.689, de 15 de dezembro de 1988.

SEÇÃO VI
DA DECLARAÇÃO DE RENDIMENTOS DAS PESSOAS JURÍDICAS

ART. 56. As pessoas jurídicas deverão apresentar, até o último dia útil do mês de março, declaração de rendimentos demonstrando os resultados auferidos no ano-calendário anterior. (Redação dada pela Lei 9.065/1995.)

§ 1º A declaração de rendimentos será entregue na unidade local da Secretaria da Receita Federal que jurisdicionar o declarante ou nos estabelecimentos bancários autorizados, localizados na mesma jurisdição.

§ 2º No caso de encerramento de atividades, a declaração de rendimentos deverá ser entregue até o último dia útil do mês subsequente ao da extinção.

▸ Transcrito conforme publicação oficial.

§ 3º A declaração de rendimentos das pessoas jurídicas deverá ser apresentada em meio magnético, ressalvado o disposto no parágrafo subsequente. (Redação dada pela Lei 9.532/1997.)

§ 4º O Ministro da Fazenda poderá permitir que as empresas de que trata a Lei n. 9.317, de 5 de dezembro de 1996, optantes pelo SIMPLES, apresentem suas declarações por meio de formulários. (Redação dada pela Lei 9.532/1997.)

CAPÍTULO IV
DA CONTRIBUIÇÃO SOCIAL SOBRE O LUCRO

ART. 57. Aplicam-se à Contribuição Social sobre o Lucro (Lei n. 7.689, de 1988) as mesmas normas de apuração e de pagamento estabelecidas para o imposto de renda das pessoas jurídicas, inclusive no que se refere ao disposto no art. 38, mantidas a base de cálculo e as alíquotas previstas na legislação em vigor, com as alterações introduzidas por esta Lei. (Redação dada pela Lei 9.065/1995.)

§ 1º Para efeito de pagamento mensal, a base de cálculo da contribuição social será o valor correspondente a dez por cento do somatório:

a) da receita bruta mensal;

b) das demais receitas e ganhos de capital;

c) dos ganhos líquidos obtidos em operações realizadas nos mercados de renda variável;

d) dos rendimentos produzidos por aplicações financeiras de renda fixa.

§ 2º No caso das pessoas jurídicas de que trata o inciso III do art. 36, a base de cálculo da contribuição social corresponderá ao valor decorrente da aplicação do percentual de nove por cento sobre a receita bruta ajustada, quando for o caso, pelo valor das deduções previstas no art. 29. (Redação dada pela Lei 9.065/1995.)

§ 3º A pessoa jurídica que determinar o Imposto de Renda a ser pago em cada mês com base no lucro real (art. 35), deverá efetuar o pagamento da contribuição social sobre o lucro, calculando-a com base no lucro líquido ajustado apurado em cada mês.

§ 4º No caso de pessoa jurídica submetida ao regime de tributação com base no lucro real, a contribuição determinada na forma dos §§ 1º a 3º será deduzida da contribuição apurada no encerramento do período de apuração.

ART. 58. Para efeito de determinação da base de cálculo da contribuição social sobre o lucro, o lucro líquido ajustado poderá ser reduzido por compensação da base de cálculo negativa, apurada em períodos-base anteriores em, no máximo, trinta por cento.

ART. 59. A contribuição social sobre o lucro das sociedades civis, submetidas ao regime de tributação de que trata o art. 1º do Decreto-Lei n. 2.397, de 1987, deverá ser paga até o último dia útil do mês de janeiro de cada ano-calendário.

CAPÍTULO V
DA TRIBUTAÇÃO DO IMPOSTO DE RENDA NA FONTE

ART. 60. Estão sujeitas ao desconto do Imposto de Renda na fonte, à alíquota de cinco por cento, as importâncias pagas às pessoas jurídicas:

I - a título de juros e de indenizações por lucros cessantes, decorrentes de sentença judicial;

II - (Revogado pela Lei 9.249/1995.)

Parágrafo único. O imposto descontado na forma deste artigo será deduzido do imposto devido apurado no encerramento do período-base.

ART. 61. Fica sujeito à incidência do Imposto de Renda exclusivamente na fonte, à alíquota de trinta e cinco por cento, todo pagamento efetuado pelas pessoas jurídicas a beneficiário não identificado, ressalvado o disposto em normas especiais.

§ 1º A incidência prevista no *caput* aplica-se, também, aos pagamentos efetuados ou aos recursos entregues a terceiros ou sócios, acionistas ou titular, contabilizados ou não, quando não for comprovada a operação ou a sua causa, bem como à hipótese de que trata o § 2º, do art. 74 da Lei n. 8.383, de 1991.

§ 2º Considera-se vencido o Imposto de Renda na fonte no dia do pagamento da referida importância.

§ 3º O rendimento de que trata este artigo será considerado líquido, cabendo o reajustamento do respectivo rendimento bruto sobre o qual recairá o imposto.

ART. 62. A partir de 1º de janeiro de 1995, a alíquota do Imposto de Renda na fonte de que trata o art. 44 da Lei n. 8.541, de 1992, será de 35%.

ART. 63. Os prêmios distribuídos sob a forma de bens e serviços, através de concursos e sorteios de qualquer espécie, estão sujeitos à incidência do imposto, à alíquota de vinte por cento, exclusivamente na fonte. (Redação dada pela Lei 9.065/1995.)

§ 1º O imposto de que trata este artigo incidirá sobre o valor de mercado do prêmio, na data da distribuição. (Redação dada pela Lei 11.196/2005.)

§ 2º Compete à pessoa jurídica que proceder à distribuição de prêmios, efetuar o pagamento do imposto correspondente, não se aplicando o reajustamento da base de cálculo.

§ 3º O disposto neste artigo não se aplica aos prêmios em dinheiro, que continuam sujeitos à tributação na forma do art. 14 da Lei n. 4.506, de 30 de novembro de 1964.

ART. 64. O art. 45 da Lei n. 8.541, de 1992, passa a ter a seguinte redação:

▸ A Lei 8.541/1992 altera a legislação do Imposto de Renda.

"Art. 45. Estão sujeitas à incidência do Imposto de Renda na fonte, à alíquota de 1,5%, as importâncias pagas ou creditadas por pessoas jurídicas a cooperativas de trabalho, associações de profissionais ou assemelhadas, relativas a serviços pessoais que lhes forem prestados por associados destas ou colocados à disposição.

§ 1º O imposto retido será compensado pelas cooperativas de trabalho, associações ou assemelhadas com o imposto retido por ocasião do pagamento dos rendimentos aos associados.

§ 2º O imposto retido na forma deste artigo poderá ser objeto de pedido de restituição, desde que a cooperativa, associação ou assemelhada comprove, relativamente a cada ano-calendário, a impossibilidade de sua compensação, na forma e condições definidas em ato normativo do Ministro da Fazenda."

CAPÍTULO VI
DA TRIBUTAÇÃO DAS OPERAÇÕES FINANCEIRAS

SEÇÃO I
DO MERCADO DE RENDA FIXA

ART. 65. O rendimento produzido por aplicação financeira de renda fixa, auferido por qualquer beneficiário, inclusive pessoa jurídica isenta, a partir de 1º de janeiro de 1995, sujeita-se à incidência do Imposto de Renda na fonte à alíquota de dez por cento.

§ 1º A base de cálculo do imposto é constituída pela diferença positiva entre o valor da alienação, líquido do imposto sobre operações de crédito, câmbio e seguro, e sobre operações relativas a títulos ou valores mobiliários (IOF), de que trata a Lei n. 8.894, de 21 de junho de 1994, e o valor da aplicação financeira.

§ 2º Para fins de incidência do Imposto de Renda na fonte, a alienação compreende qualquer forma de transmissão da propriedade, bem como a liquidação, resgate, cessão ou repactuação do título ou aplicação.

§ 3º Os rendimentos periódicos produzidos por título ou aplicação, bem como qualquer remuneração adicional aos rendimentos prefixados, serão submetidos à incidência do Imposto de Renda na fonte por ocasião de sua percepção.

§ 4º O disposto neste artigo aplica-se também:

a) às operações conjugadas que permitam a obtenção de rendimentos predeterminados, realizadas nas bolsas de valores, de mercadorias, de futuros e assemelhadas, bem como no mercado de balcão;

b) às operações de transferência de dívidas realizadas com instituição financeira, demais instituições autorizadas a funcionar pelo Banco Central do Brasil ou com pessoa jurídica não financeira;

c) aos rendimentos auferidos pela entrega de recursos a pessoa jurídica, sob qualquer forma e a qualquer título, independentemente de ser ou não a fonte pagadora instituição autorizada a funcionar pelo Banco Central do Brasil.

§ 5º Em relação às operações de que tratam as alíneas a e b do § 4º, a base de cálculo do imposto será:

a) o resultado positivo auferido no encerramento ou liquidação das operações conjugadas;

b) a diferença positiva entre o valor da dívida e o valor entregue à pessoa jurídica responsável pelo pagamento da obrigação, acrescida do respectivo Imposto de Renda retido.

§ 6º Fica o Poder Executivo autorizado a baixar normas com vistas a definir as características das operações de que tratam as alíneas a e b do § 4º.

§ 7º O imposto de que trata este artigo será retido:

a) por ocasião do recebimento dos recursos destinados ao pagamento de dívidas, no caso de que trata a alínea b do § 4º;

b) por ocasião do pagamento dos rendimentos, ou da alienação do título ou da aplicação, nos demais casos.

§ 8º É responsável pela retenção do imposto a pessoa jurídica que receber os recursos, no caso de operações de transferência de dívidas, e a pessoa jurídica que efetuar o pagamento do rendimento, nos demais casos.

ART. 66. Nas aplicações em fundos de renda fixa, inclusive, em Fundo de Aplicação

Financeira (FAF), resgatadas a partir de 1º de janeiro de 1995, a base de cálculo do imposto sobre a renda na fonte será constituída pela diferença positiva entre o valor do resgate, líquido de IOF, e o valor de aquisição da quota.

Parágrafo único. O imposto, calculado à alíquota de dez por cento, será retido pelo administrador do fundo na data do resgate.

ART. 67. As aplicações financeiras de que tratam os arts. 65, 66 e 70, existentes em 31 de dezembro de 1994, terão os respectivos rendimentos apropriados *pro-rata tempore* até aquela data e tributados nos termos da legislação à época vigente.

§ 1º O imposto apurado nos termos deste artigo será adicionado àquele devido por ocasião da alienação ou resgate do título ou aplicação.

§ 2º Para efeitos de apuração da base de cálculo do imposto quando da alienação ou resgate, o valor dos rendimentos, apropriado nos termos deste artigo, será acrescido ao valor de aquisição da aplicação financeira.

§ 3º O valor de aquisição existente em 31 de dezembro de 1994, expresso em quantidade de Ufir, será convertido em Real, pelo valor de R$ 0,6767.

§ 4º Excluem-se do disposto neste artigo as aplicações em Fundo de Aplicação Financeira (FAF) existentes em 31 de dezembro de 1994, cujo valor de aquisição será apurado com base no valor da quota na referida data.

§ 5º Os rendimentos das aplicações financeiras de que trata este artigo, produzidos a partir de 1º de janeiro de 1995, poderão ser excluídos do lucro real, para efeito de incidência do adicional do Imposto de Renda de que trata o art. 39.

§ 6º A faculdade prevista no parágrafo anterior não se aplica aos rendimentos das aplicações financeiras auferidos por instituição financeira, sociedade corretora de títulos e valores mobiliários, sociedade distribuidoras de títulos e valores mobiliários, sociedades de seguro, previdência e capitalização.

ART. 68. São isentos do Imposto de Renda:

I - os rendimentos auferidos pelas carteiras dos fundos de renda fixa;

II - os rendimentos auferidos nos resgates de quotas de fundos de investimentos, de titularidade de fundos cujos recursos sejam aplicados na aquisição de quotas de fundos de investimentos;

III - os rendimentos auferidos por pessoa física em contas de depósitos de poupança, de Depósitos Especiais Remunerados (DER) e sobre os juros produzidos por letras hipotecárias.

ART. 69. Ficam revogadas as isenções previstas na legislação do Imposto de Renda sobre os rendimentos auferidos por pessoas jurídicas em contas de depósitos de poupança, de Depósitos Especiais Remunerados (DER) e sobre os juros produzidos por letras hipotecárias.

Parágrafo único. O imposto devido sobre os rendimentos de que trata este artigo será retido por ocasião do crédito ou pagamento do rendimento.

ART. 70. As operações de mútuo e de compra vinculada à revenda, no mercado secundário, tendo por objeto ouro, ativo financeiro, continuam equiparadas às operações de renda fixa para fins de incidência do Imposto de Renda na fonte.

§ 1º Constitui fato gerador do imposto:

a) na operação de mútuo, o pagamento ou crédito do rendimento ao mutuante;

b) na operação de compra vinculada à revenda, a operação de revenda do ouro.

§ 2º A base de cálculo do imposto será constituída:

a) na operação de mútuo, pelo valor do rendimento pago ou creditado ao mutuante;

b) na operação de compra vinculada à revenda, pela diferença positiva entre o valor de revenda e o de compra do ouro.

§ 3º A base de cálculo do imposto, em Reais, na operação de mútuo, quando o rendimento for fixado em quantidade de ouro, será apurada com base no preço médio verificado no mercado à vista da bolsa em que ocorrer o maior volume de operações com ouro, na data da liquidação do contrato, acrescida do Imposto de Renda retido na fonte.

§ 4º No caso de pessoa jurídica tributada com base no lucro real deverão ser ainda observados que:

a) a diferença positiva entre o valor de mercado, na data do mútuo, e o custo de aquisição do ouro será incluída pelo mutuante na apuração do ganho líquido de que trata o art. 72;

b) as alterações no preço do ouro durante o decurso do prazo do contrato de mútuo, em relação ao preço verificado na data de realização do contrato, serão reconhecidas pelo mutuante e pelo mutuário como receita ou despesa, segundo o regime de competência;

c) para efeito do disposto na alínea b será considerado o preço médio do ouro verificado no mercado à vista da bolsa em que ocorrer o maior volume de operações, na data do registro da variação.

§ 5º O Imposto de Renda na fonte será calculado aplicando-se a alíquota prevista no art. 65.

§ 6º Fica o Poder Executivo autorizado a baixar normas com vistas a definir as características da operação de compra vinculada à revenda de que trata este artigo.

ART. 71. Fica dispensada a retenção do imposto de renda na fonte sobre rendimentos de aplicações financeiras de renda fixa ou de renda variável quando o beneficiário do rendimento declarar à fonte pagadora, por escrito, sua condição de entidade imune. (Redação dada pela Lei 9.065/1995.)

SEÇÃO II
DO MERCADO DE
RENDA VARIÁVEL

ART. 72. Os ganhos líquidos auferidos, a partir de 1º de janeiro de 1995, por qualquer beneficiário, inclusive pessoa jurídica isenta, em operações realizadas nas bolsas de valores, de mercadorias, de futuros e assemelhadas, serão tributados pelo Imposto de Renda na forma da Legislação vigente, com as alterações introduzidas por esta lei.

§ 1º A alíquota do imposto será de dez por cento, aplicável sobre os ganhos líquidos apurados mensalmente.

§ 2º Os custos de aquisição dos ativos objeto das operações de que trata este artigo serão:

a) considerados pela média ponderada dos custos unitários;

b) convertidos em Real pelo valor de R$ 0,6767, no caso de ativos existentes em 31 de dezembro de 1994, expressos em quantidade de Ufir.

§ 3º O disposto neste artigo aplica-se também:

a) aos ganhos líquidos auferidos por qualquer beneficiário, na alienação de ouro, ativo financeiro, fora de bolsa;

b) aos ganhos líquidos auferidos pelas pessoas jurídicas na alienação de participações societárias, fora de bolsa.

§ 4º As perdas apuradas nas operações de que trata este artigo poderão ser compensadas com os ganhos líquidos auferidos nos meses subsequentes, em operações da mesma natureza.

§§ 5º e **6º** (Revogados pela Lei 9.959/2000.)

§ 7º O disposto nos §§ 4º e 5º aplica-se, inclusive, às perdas existentes em 31 de dezembro de 1994.

§ 8º Ficam isentos do Imposto de Renda os ganhos líquidos auferidos por pessoa física em operações no mercado à vista de ações nas bolsas de valores e em operações com ouro, ativo financeiro, cujo valor das alienações realizadas em cada mês seja igual ou inferior a 5.000,00 Ufirs, para o conjunto de ações e para o ouro, ativo financeiro, respectivamente.

ART. 73. O rendimento auferido no resgate de quota de fundo de ações, de commodities, de investimento no exterior, clube de investimento e outros fundos da espécie, por qualquer beneficiário, inclusive pessoa jurídica isenta, sujeita-se à incidência do Imposto de Renda na fonte à alíquota de dez por cento.

§ 1º A base de cálculo do imposto é constituída pela diferença positiva entre o valor de resgate, líquido de IOF, e o valor de aquisição da quota.

§ 2º Os ganhos líquidos previstos nos arts. 72 e 74 e os rendimentos produzidos por aplicações financeiras de renda fixa auferidos pelas carteiras dos fundos e clubes de que trata este artigo são isentos de Imposto de Renda.

§ 3º O imposto de que trata este artigo será retido pelo administrador do fundo ou clube na data do resgate.

§ 4º As aplicações nos fundos e clubes de que trata este artigo, existentes em 31 de dezembro de 1994, terão os respectivos rendimentos apropriados *pro-rata tempore* até aquela data.

§ 5º No resgate de quotas, existentes em 31 de dezembro de 1994, deverão ser observados os seguintes procedimentos:

a) se o valor de aquisição da aplicação, calculado segundo o disposto no § 2º do art. 67, for inferior ao valor de resgate, o imposto devido será acrescido do imposto apurado nos termos daquele artigo;

b) em qualquer outro caso, a base de cálculo do imposto no resgate das quotas será a diferença positiva entre o valor de resgate, líquido do IOF, e o valor original de aquisição, aplicando-se a alíquota vigente em 31 de dezembro de 1994.

§ 6º Para efeito da apuração prevista na alínea b do § 5º, o valor original de aquisição em 31 de dezembro de 1994, expresso em quantidade de Ufir, será convertido em Real pelo valor de R$ 0,6767.

§ 7º Os rendimentos produzidos a partir de 1º de janeiro de 1995, referentes a aplicações existentes em 31 de dezembro de 1994 nos fundos e clubes de que trata este artigo, poderão ser excluídos do lucro real para efeito de incidência do adicional do Imposto de Renda de que trata o art. 39.

ART. 74. Ficam sujeitos à incidência do Imposto de Renda na fonte à alíquota de dez por cento, os rendimentos auferidos em operações de swap.

§ 1º A base de cálculo do imposto das operações de que trata este artigo será o resultado positivo auferido na liquidação do contrato de swap.

§ 2º O imposto será retido pela pessoa jurídica que efetuar o pagamento do rendimento, na data da liquidação do respectivo contrato.

§ 3º Somente será admitido o reconhecimento de perdas em operações de swap registradas no termos da legislação vigente.

ART. 75. Ressalvado o disposto no § 3º do art. 74, fica o Poder Executivo autorizado a permitir a compensação dos resultados apurados nas operações de tratam os arts. 73 e 74, definindo as condições para a sua realização.

SEÇÃO III
DAS DISPOSIÇÕES COMUNS À TRIBUTAÇÃO DAS OPERAÇÕES FINANCEIRAS

ART. 76. O imposto de renda retido na fonte sobre os rendimentos de aplicações financeiras de renda fixa e de renda variável, ou pago sobre os ganhos líquidos mensais, será: (Redação dada pela Lei 9.065/1995.)

I - deduzido do apurado no encerramento do período ou na data da extinção, no caso de pessoa jurídica submetida ao regime de tributação com base no lucro real;

II - definitivo, no caso de pessoa jurídica não submetida ao regime de tributação com base no lucro real, inclusive isenta, e de pessoa física.

§ 1º No caso de sociedade civil de prestação de serviços, submetida ao regime de tributação de que trata o art. 1º do Decreto-Lei n. 2.397, de 1987, o imposto poderá ser compensado com o imposto retido por ocasião do pagamento dos rendimentos aos sócios beneficiários.

§ 2º Os rendimentos de aplicações financeiras de renda fixa e de renda variável e os ganhos líquidos produzidos a partir de 1º de janeiro de 1995 integrarão o lucro real.

§ 3º As perdas incorridas em operações iniciadas e encerradas no mesmo dia (day-trade), realizadas em mercado de renda fixa ou de renda variável, não serão dedutíveis na apuração do lucro real.

§ 4º Ressalvado o disposto no parágrafo anterior, as perdas apuradas nas operações de que tratam os arts. 72 a 74 somente serão dedutíveis na determinação do lucro real até o limite dos ganhos auferidos em operações previstas naqueles artigos.

§ 5º Na hipótese do § 4º, a parcela das perdas adicionadas poderá, nos anos-calendário subsequentes, ser excluída na determinação do lucro real, até o limite correspondente à diferença positiva apurada em cada ano, entre os ganhos e perdas decorrentes das operações realizadas. (Redação dada pela Lei 9.065/1995.)

§ 6º Fica reduzida a zero a alíquota do IOF incidente sobre operações com títulos e valores mobiliários de renda fixa e renda variável.

§ 7º O disposto no § 6º não elide a faculdade do Poder Executivo alterar a alíquota daquele imposto, conforme previsto no § 1º do art. 153 da Constituição Federal e no parágrafo único do art. 1º da Lei n. 8.894, de 21 de junho de 1994.

ART. 77. O regime de tributação previsto neste Capítulo não se aplica aos rendimentos ou ganhos líquidos: (Redação dada pela Lei 9.065/1995.)

I - em aplicações financeiras de renda fixa de titularidade de instituição financeira, inclusive sociedade de seguro, previdência e capitalização, sociedade corretora de títulos, valores mobiliários e câmbio, sociedade distribuidora de títulos e valores mobiliários ou sociedade de arrendamento mercantil; (Redação dada pela Lei 9.065/1995.)

II - (Revogado pela Lei 10.833/2003.)

III - nas operações de renda variável realizadas em bolsa, no mercado de balcão organizado, autorizado pelo órgão competente, ou através de fundos de investimento, para a carteira própria das entidades citadas no inciso I; (Redação dada pela Lei 9.249/1995.)

IV - na alienação de participações societárias permanentes em sociedades coligadas e controladas, e de participações societárias que permaneceram no ativo da pessoa jurídica até o término do ano-calendário seguinte ao de suas aquisições;

V - em operações de cobertura (hedge) realizadas em bolsa de valores, de mercadoria e de futuros ou no mercado de balcão.

§ 1º Para efeito do disposto no inciso V, consideram-se de cobertura (hedge) as operações destinadas, exclusivamente, à proteção contra riscos inerentes às oscilações de preço ou de taxas, quando o objeto do contrato negociado:

a) estiver relacionado com as atividades operacionais da pessoa jurídica;

b) destinar-se à proteção de direitos ou obrigações da pessoa jurídica.

§ 2º O Poder Executivo poderá definir requisitos adicionais para a caracterização das operações de que trata o parágrafo anterior, bem como estabelecer procedimentos para registro e apuração dos ajustes diários incorridos nessas operações.

§ 3º Os rendimentos e ganhos líquidos de que trata este artigo deverão compor a base de cálculo prevista nos arts. 28 ou 29 e o lucro real.

§ 4º Para as associações de poupança e empréstimo, os rendimentos e ganhos líquidos auferidos nas aplicações financeiras serão tributados de forma definitiva, à alíquota de vinte e cinco por cento sobre a base de cálculo prevista no art. 29. (Redação dada pela Lei 9.065/1995.)

SEÇÃO IV
DA TRIBUTAÇÃO DAS OPERAÇÕES FINANCEIRAS REALIZADAS POR RESIDENTES OU DOMICILIADOS NO EXTERIOR

ART. 78. Os residentes ou domiciliados no exterior sujeitam-se às mesmas normas de tributação pelo Imposto de Renda, previstas para os residentes ou domiciliados no país, em relação aos:

I - rendimentos decorrentes de aplicações financeiras de renda fixa;

II - ganhos líquidos auferidos em operações realizadas em bolsas de valores, de mercadorias, de futuros e assemelhadas;

III - rendimentos obtidos em aplicações em fundos de renda fixa e de renda variável e em clubes de investimentos.

Parágrafo único. Sujeitam-se à tributação pelo Imposto de Renda, nos termos dos arts. 80 a 82, os rendimentos e ganhos de capital decorrentes de aplicações financeiras, auferidos por fundos, sociedades de investimento e carteiras de valores mobiliários de que participem, exclusivamente, pessoas físicas ou jurídicas, fundos ou outras entidades de investimento coletivo residentes, domiciliados ou com sede no exterior.

ART. 79. O investimento estrangeiro nos mercados financeiros e de valores mobiliários somente poderá ser realizado no país por intermédio de representante legal, previamente designado dentre as instituições autorizadas pelo Poder Executivo a prestar tal serviço e que será responsável, nos termos do art. 128 do Código Tributário Nacional (Lei n. 5.172, de 25 de outubro de 1966) pelo cumprimento das obrigações tributárias decorrentes das operações que realizar por conta e ordem do representado.

§ 1º O representante legal não será responsável pela retenção e recolhimento do Imposto de Renda na fonte sobre aplicações financeiras quando, nos termos da legislação pertinente tal responsabilidade for atribuída a terceiro.

§ 2º O Poder Executivo poderá excluir determinadas categorias de investidores da obrigatoriedade prevista neste artigo.

ART. 80. Sujeitam-se à tributação pelo Imposto Renda, à alíquota de dez por cento, os rendimentos e ganhos de capital auferidos no resgate pelo quotista, quando distribuídos, sob qualquer forma e a qualquer título, por fundos em condomínio, a que se refere o art. 50 da Lei n. 4.728, de 14 de julho de 1965, constituídos na forma prescrita pelo Conselho Monetário Nacional e mantidos com recursos provenientes de conversão de débitos externos brasileiros, e de que participem, exclusivamente, pessoas físicas ou jurídicas, fundos ou outras entidades de investimentos coletivos, residentes, domiciliados, ou com sede no exterior.

§ 1º A base de cálculo do imposto é constituída pela diferença positiva entre o valor de resgate e o custo de aquisição da quota.

§ 2º Os rendimentos e ganhos de capital auferidos pelas carteiras dos fundos de que trata este artigo, são isentos de Imposto de Renda.

ART. 81. Ficam sujeitos ao Imposto de Renda na fonte, à alíquota de dez por cento, os rendimentos auferidos:

I - pelas entidades mencionadas nos arts. 1º e 2º do Decreto-Lei n. 2.285, de 23 de julho de 1986;

II - pelas sociedades de investimento a que se refere o art. 49 da Lei n. 4.728, de 1965, de que participem, exclusivamente, investidores estrangeiros;

III - pelas carteiras de valores mobiliários, inclusive vinculadas à emissão, no exterior, de certificados representativos de ações, mantidas, exclusivamente, por investidores estrangeiros.

§ 1º Os ganhos de capital ficam excluídos da incidência do Imposto de Renda quando auferidos e distribuídos, sob qualquer forma e a qualquer título, inclusive em decorrência de liquidação parcial ou total do investimento pelos fundos, sociedades ou carteiras referidos no *caput* deste artigo.

§ 2º Para os efeitos deste artigo, consideram-se:

a) rendimentos: quaisquer valores que constituam remuneração de capital aplicado, inclusive aquela produzida por títulos de renda variável, tais como juros, prêmios, comissões, ágio, deságio e participações nos lucros, bem como os resultados positivos auferidos em aplicações nos fundos e clubes de investimento de que trata o art. 73;

- Lei 12.431/2011 (Dispõe sobre a incidência do imposto sobre a renda nas operações que especifica).

b) ganhos de capital, os resultados positivos auferidos:

b.1) nas operações realizadas em bolsas de valores, de mercadorias, de futuros e assemelhadas, com exceção das operações conjugadas de que trata a alínea a do § 4º do art. 65;

b.2) nas operações com ouro, ativo financeiro, fora de bolsa;

§ 3º A base de cálculo do Imposto de Renda sobre os rendimentos auferidos pelas entidades de que trata este artigo será apurada:

a) de acordo com os critérios previstos nos arts. 65 a 67 no caso de aplicações de renda fixa;

b) de acordo com o tratamento previsto no § 3º do art. 65 no caso de rendimentos periódicos;

c) pelo valor do respectivo rendimento ou resultado positivo, nos demais casos.

§ 4º Na apuração do imposto de que trata este artigo serão indedutíveis os prejuízos apurados em operações de renda fixa e de renda variável.

§ 5º O disposto neste artigo alcança, exclusivamente, as entidades que atenderem às normas e condições estabelecidas pelo Conselho Monetário Nacional, não se aplicando, entretanto, aos fundos em condomínio referidos no art. 80.

§ 6º Os dividendos e as bonificações em dinheiro estão sujeitas ao Imposto de Renda à alíquota de quinze por cento.

ART. 82. O Imposto de Renda na fonte sobre os rendimentos auferidos pelas entidades de que trata o art. 81, será devido por ocasião da cessão, resgate, repactuação ou liquidação de cada operação de renda fixa, ou do recebimento ou crédito, o que primeiro ocorrer, de outros rendimentos, inclusive dividendos e bonificações em dinheiro.

§ 1º (Revogado pela Lei 9.430/1996.)

§ 2º Os dividendos que forem atribuídos às ações integrantes do patrimônio do fundo, sociedade ou carteira, serão registrados, na data em que as ações forem cotadas sem os respectivos direitos (ex-dividendos), em conta representativa de rendimentos a receber, em contrapartida à diminuição de idêntico valor da parcela do ativo correspondente às ações às quais se vinculam, acompanhados de transferência para a receita de dividendos de igual valor a débito da conta de resultado de variação da carteira de ações.

§ 3º Os rendimentos submetidos à sistemática de tributação de que trata este artigo não se sujeitam a nova incidência do Imposto de Renda quando distribuídos.

§ 4º (Revogado pela Lei 11.196/2005.)

CAPÍTULO VII
DOS PRAZOS DE RECOLHIMENTO

ART. 83. Em relação aos fatos geradores cuja ocorrência se verifique a partir de 1º de janeiro de 1995, os pagamentos do Imposto de Renda retido na fonte, do imposto sobre operações de crédito, câmbio e seguro e sobre operações relativas a títulos e valores mobiliários e da contribuição para o Programa de Integração Social - PIS/PASEP deverão ser efetuados nos seguintes prazos:

I e II - (Revogados pela Lei 11.196/2005.)

III - Contribuição para o Programa de Integração Social e para o Programa de Formação do Patrimônio do Servidor Público (PIS/Pasep): até o último dia útil da quinzena subsequente ao mês de ocorrência dos fatos geradores.

CAPÍTULO VIII
DAS PENALIDADES E DOS ACRÉSCIMOS MORATÓRIOS

ART. 84. Os tributos e contribuições sociais arrecadados pela Secretaria da Receita Federal, cujos fatos geradores vierem a ocorrer a partir de 1º de janeiro de 1995, não pagos nos prazos previstos na legislação tributária serão acrescidos de:

‣ Dec. 7.212/2010 (Regulamenta a cobrança, fiscalização, arrecadação e administração do IPI).

I - juros de mora, equivalentes à taxa média mensal de captação do Tesouro Nacional relativa à Dívida Mobiliária Federal Interna;

II - multa de mora aplicada da seguinte forma:

a) dez por cento, se o pagamento se verificar no próprio mês do vencimento;

b) vinte por cento, quando o pagamento ocorrer no mês seguinte ao do vencimento;

c) trinta por cento, quando o pagamento for efetuado a partir do segundo mês subsequente ao do vencimento.

§ 1º Os juros de mora incidirão a partir do primeiro dia do mês subsequente ao do vencimento, e a multa de mora, a partir do primeiro dia após o vencimento do débito.

§ 2º O percentual dos juros de mora relativo ao mês em que o pagamento estiver sendo efetuado será de 1%.

§ 3º Em nenhuma hipótese os juros de mora previstos no inciso I, deste artigo, poderão ser inferiores à taxa de juros estabelecida no art. 161, § 1º, da Lei n. 5.172, de 25 de outubro de 1966, no art. 59 da Lei n. 8.383, de 1991, e no art. 3º da Lei n. 8.620, de 5 de janeiro de 1993.

§ 4º Os juros de mora de que trata o inciso I, deste artigo, serão aplicados também às contribuições sociais arrecadadas pelo INSS e aos débitos para com o patrimônio imobiliário, quando não recolhidos nos prazos previstos na legislação específica.

§ 5º Em relação aos débitos referidos no art. 5º desta lei incidirão, a partir de 1º de janeiro de 1995, juros de mora de um por cento ao mês-calendário ou fração.

§ 6º O disposto no § 2º aplica-se, inclusive, às hipóteses de pagamento parcelado de tributos e contribuições sociais, previstos nesta lei.

§ 7º A Secretaria do Tesouro Nacional divulgará mensalmente a taxa a que se refere o inciso I deste artigo.

§ 8º O disposto neste artigo aplica-se aos demais créditos da Fazenda Nacional, cuja inscrição e cobrança como Dívida Ativa da União seja de competência da Procuradoria-Geral da Fazenda Nacional. (Incluído pela Lei 10.522/2002.)

ART. 85. O produto da arrecadação dos juros de mora, no que diz respeito aos tributos e contribuições, exceto as contribuições arrecadadas pelo INSS, integra os recursos referidos nos arts. 3º, parágrafo único, 4º e 5º, § 1º, da Lei n. 7.711, de 22 de dezembro de 1988, e no art. 69 da Lei n. 8.383, de 1991, até o limite de juros previstos no art. 161, § 1º, da Lei n. 5.172, de 25 de outubro de 1966.

ART. 86. As pessoas físicas ou jurídicas que efetuarem pagamentos com retenção do Imposto de Renda na fonte, deverão fornecer à pessoa física ou jurídica beneficiária, até o dia 31 de janeiro, documento comprobatório, em duas vias, com indicação da natureza e do montante do pagamento, das deduções e do Imposto de Renda retido no ano-calendário anterior, quando for o caso.

§ 1º No documento de que trata este artigo, o imposto retido na fonte, as deduções e os rendimentos, deverão ser informados por seus valores em Reais.

§ 2º As pessoas físicas ou jurídicas que deixarem de fornecer aos beneficiários, dentro do prazo, ou fornecerem com inexatidão, o documento a que se refere este artigo, ficarão sujeitas ao pagamento de multa de cinquenta Ufirs por documento.

§ 3º A fonte pagadora que prestar informação falsa sobre rendimentos pagos, deduções ou imposto retido na fonte, será aplicada multa de trezentos por cento sobre o valor que for indevidamente utilizável, como redução do Imposto de Renda a pagar ou aumento do imposto a restituir ou compensar, independentemente de outras penalidades administrativas ou criminais.

§ 4º Na mesma penalidade incorrerá aquele que se beneficiar da informação, sabendo ou devendo saber da sua falsidade.

ART. 87. Aplicar-se-ão às microempresas, as mesmas penalidades previstas na legislação do Imposto de Renda para as demais pessoas jurídicas.

ART. 88. A falta de apresentação da declaração de rendimentos ou a sua apresentação fora do prazo fixado, sujeitará a pessoa física ou jurídica:

I - à multa de mora de um por cento ao mês ou fração sobre o Imposto de Renda devido, ainda que integralmente pago;

‣ Lei 9.532/1997 (Altera a legislação tributária federal).

II - à multa de duzentas Ufirs a oito mil Ufirs, no caso de declaração de que não resulte imposto devido.

§ 1º O valor mínimo a ser aplicado será:

a) de duzentas Ufirs, para as pessoas físicas;

b) de quinhentas Ufirs, para as pessoas jurídicas.

§ 2º A não regularização no prazo previsto na intimação, ou em caso de reincidência, acarretará o agravamento da multa em cem por cento sobre o valor anteriormente aplicado.

§ 3º As reduções previstas no art. 6º da Lei n. 8.218, de 29 de agosto de 1991 e art. 60 da Lei n. 8.383, de 1991 não se aplicam às multas previstas neste artigo.

§ 4º (Revogado pela Lei 9.065/1995.)

ART. 89. (Revogado pela Lei 9.430/1996.)

§§ 1º e 2º (Revogados pela Lei 9.430/1996.)

ART. 90. O art. 14 da Lei n. 8.847, de 28 de janeiro de 1994, com a redação dada pelo art. 6º da Lei n. 8.850, de 28 de janeiro de 1994, passa a vigorar com a seguinte redação:

‣ Alterações promovidas no texto da referida lei.

CAPÍTULO IX
DO PARCELAMENTO DE DÉBITOS

ART. 91. (Revogado pela Lei 10.522/2002.)

Parágrafo único. (Revogado pela Lei 10.522/2002.)

ART. 92. Os débitos vencidos até 31 de outubro de 1994, poderão ser parcelados em até sessenta prestações, desde que os pedidos sejam apresentados na unidade da Secretaria da Receita Federal da jurisdição do contribuinte até 31 de março de 1995.

Parágrafo único. Sobre os débitos parcelados nos termos deste artigo, não incidirá o encargo adicional de que trata a alínea b.1 do parágrafo único do art. 91.

ARTS. 93 e 94. (Revogados pela Lei 10.522 /2002.)

CAPÍTULO X
DAS DISPOSIÇÕES FINAIS

ART. 95. As empresas industriais titulares de Programas Especiais de Exportação aprovados até 3 de junho de 1993, pela Comissão para Concessão de Benefícios Fiscais a Programas Especiais de Exportação - BEFIEX, poderão compensar o prejuízo fiscal verificado em um período-base com o lucro real determinado nos seis anos-calendário subsequentes, independentemente da distribuição de lucros ou dividendos a seus sócios ou acionistas. (Redação dada pela Lei 9.065/1995.)

ART. 96. A opção de que trata o § 4º do art. 31 da Lei n. 8.541, de 1992, relativo ao imposto incidente sobre o lucro inflacionário acumulado realizado no mês de dezembro de 1994, será manifestada pelo pagamento até o vencimento da 1ª quota ou quota única do respectivo tributo.

ART. 97. A falta ou insuficiência de pagamento do Imposto de Renda e da contribuição social sobre o lucro está sujeita aos acréscimos legais previstos na legislação tributária federal.

Parágrafo único. No caso de lançamento de ofício, no decorrer do ano-calendário, será observada a forma de apuração da base de cálculo do imposto adotada pela pessoa jurídica.

ART. 98. (Revogado pela Lei 9.430/1996.)

ART. 99. No caso de lançamento de ofício, as penalidades previstas na legislação tributária federal, expressas em Ufirs, serão reconvertidas para Reais, quando aplicadas a infrações cometidas a partir de 1º de janeiro de 1995.

ART. 100. Poderão ser excluídos do lucro líquido, para determinação do lucro real e da base de cálculo da contribuição social sobre o lucro, os juros reais produzidos por Notas do Tesouro Nacional (NTN), emitidas para troca compulsória no âmbito do Programa Nacional de Privatização (PND).

Parágrafo único. O valor excluído será controlado na parte "B" do Livro de Apuração do Lucro Real (Lalur), e computado na determinação do lucro real e da contribuição social sobre o lucro no período do seu recebimento.

ART. 101. Fica acrescentado o § 4º ao art. 24 do Decreto-Lei n. 1.598, de 26 de dezembro de 1977:

- O Dec.-Lei 1.598/1977 altera a legislação do imposto sobre a renda.
- Alterações promovidas no texto da referida lei.

ART. 102. O disposto nos arts. 100 e 101 aplica-se, inclusive, em relação ao ano-calendário de 1994.

ART. 103. As pessoas jurídicas que explorarem atividade comercial de vendas de produtos e serviços poderão promover depreciação acelerada dos equipamentos Emissores de Cupom Fiscal (ECF) novos, que vierem a ser adquiridos no período compreendido entre 1º de janeiro de 1995 a 31 de dezembro de 1995.

§ 1º A depreciação acelerada de que trata este artigo será calculada pela aplicação da taxa de depreciação usualmente admitida, sem prejuízo da depreciação normal.

§ 2º O total acumulado da depreciação, inclusive a normal, não poderá ultrapassar o custo de aquisição do bem.

§ 3º O disposto neste artigo somente alcança os equipamentos:

a) que identifiquem no cupom fiscal emitido os produtos ou serviços vendidos; e

b) cuja utilização tenha sido autorizada pelo órgão competente dos Estados, do Distrito Federal ou dos Municípios.

ARTS. 104 e 105. (Revogados pela Lei 9.065/1995.)

ART. 106. Fica o Poder Executivo autorizado a alterar a forma de fixação da taxa de câmbio, para cálculo dos impostos incidentes na importação, de que trata o parágrafo único do art. 24 do Decreto-Lei n. 37, de 18 de novembro de 1966, com a redação dada pelo art. 1º da Lei n. 7.683, de 2 de dezembro de 1988.

ART. 107. (Revogado pela Lei 9.065/1995.)

ART. 108. O art. 4º da Lei n. 7.965, de 22 de dezembro de 1989, passa a vigorar com a seguinte redação:

- Alterações promovidas no texto da referida lei.

ART. 109. O art. 6º da Lei n. 8.210, de 19 de julho de 1991, passa a vigorar com a seguinte redação:

- Alterações promovidas no texto da referida lei.

ART. 110. O art. 7º das Leis n. 8.256, de 25 de novembro de 1991, e 8.857, de 8 de março de 1994, passam a vigorar com a seguinte redação:

- Alterações promovidas no texto da referida lei.

ART. 111. O art. 14 do Decreto-Lei n. 1.593, de 21 de dezembro de 1977, passa a vigorar com a seguinte redação:

- Alterações promovidas no texto da referida lei.

ART. 112. (Revogado pela Lei 12.249/2010.)

ART. 113. (Revogado pela Lei 9.065/1995.)

ART. 114. O lucro inflacionário acumulado existente em 31 de dezembro de 1994, continua submetido aos critérios de realização previstos na Lei n. 7.799, de 10 de julho de 1989, observado o disposto no art. 32, da Lei n. 8.541, de 1992.

ART. 115. O disposto nos arts. 48 a 51, 53, 55 e 56 da Medida Provisória n. 785, de 23 de dezembro de 1994, aplica-se somente aos fatos geradores ocorridos até 31 de dezembro de 1994.

ART. 116. Esta Lei entra em vigor na data de sua publicação, produzindo efeitos a partir de 1º de janeiro de 1995.

ART. 117. Revogam-se as disposições em contrário, e, especificamente:

I - os arts. 12 e 21, e o parágrafo único do art. 42 da Lei n. 8.541, de 23 de dezembro de 1992;

II - o parágrafo único do art. 44 e o art. 47 da Lei n. 8.383, de 30 de dezembro de 1991;

III - art. 8º do Decreto-Lei n. 2.287, de 23 de julho de 1986;

IV - o § 3º do art. 3º da Lei n. 8.847, de 28 de janeiro de 1994;

V - o art. 5º da Lei n. 8.850, de 28 de janeiro de 1994;

VI - o art. 6º da Lei n. 7.965, de 22 de dezembro de 1989.

Senado Federal, 20 de janeiro de 1995.

SENADOR HUMBERTO LUCENA

PRESIDENTE

LEI N. 8.985, DE 7 DE FEVEREIRO DE 1995

Concede, na forma do inciso VIII do art. 48 da Constituição Federal, anistia aos candidatos às eleições de 1994, processados ou condenados com fundamento na legislação eleitoral em vigor, nos casos que especifica.

- *DOU*, 08.02.1995, republicada em 09.02.1995.

O Presidente da República. Faço saber que o Congresso Nacional decreta e eu sanciono a seguinte lei:

ART. 1º É concedida anistia especial aos candidatos às eleições gerais de 1994, processados ou condenados ou com registro cassado e consequente declaração de inelegibilidade ou cassação do diploma, pela prática de ilícitos eleitorais previstos na legislação em vigor, que tenham relação com a utilização dos serviços gráficos do Senado Federal, na conformidade de regulamentação interna, arquivando-se os respectivos processos e restabelecendo-se os direitos por eles alcançados.

Parágrafo único. Nenhuma outra condenação pela Justiça Eleitoral ou quaisquer outros atos de candidatos considerados infratores da legislação em vigor serão abrangidos por esta lei.

ART. 2º Somente poderão beneficiar-se do preceituado no *caput* do artigo precedente os membros do Congresso Nacional que efetuarem o ressarcimento dos serviços individualmente prestados, na conformidade de tabela de preços para reposição de custos aprovada pela Mesa do Senado Federal, excluídas quaisquer cotas de gratuidade ou descontos.

ART. 3º Esta lei entra em vigor na data de sua publicação, aplicando-se a quaisquer processos decorrentes dos fatos e hipóteses previstos no art. 1º desta lei.

ART. 4º Revogam-se as disposições em contrário.

Brasília, 7 de fevereiro de 1995; 174º da Independência e 107º da República.

FERNANDO HENRIQUE CARDOSO

LEI N. 8.989, DE 24 DE FEVEREIRO DE 1995

Dispõe sobre a Isenção do Imposto sobre Produtos Industrializados - IPI, na aquisição de automóveis para utilização no transporte autônomo de passageiros, bem como por pessoas portadoras de deficiência física, e dá outras providências.

- Ementa alterada pela Lei 10.754/2003.
- *DOU*, 25.2.1995 - edição extra.
- Conversão da Med. Prov. 856/1995.

Faço saber que o Presidente da República adotou a Medida Provisória n. 856, de 1995, que o Congresso Nacional aprovou, e eu, José Sarney, Presidente do Senado Federal, para os efeitos do disposto no parágrafo único do art. 62 da Constituição Federal, promulgo a seguinte lei:

ART. 1º Ficam isentos do Imposto Sobre Produtos Industrializados - IPI os automóveis de passageiros de fabricação nacional, equipados com motor de cilindrada não superior a dois mil centímetros cúbicos, de no mínimo quatro portas inclusive a de acesso ao bagageiro, movidos a combustíveis de origem renovável ou sistema reversível de combustão, quando adquiridos por: (Alterado pela Lei 10.690/2003.)

- Art. 5º, Lei 10.690/2003.

I - motoristas profissionais que exerçam, comprovadamente, em veículo de sua propriedade atividade de condutor autônomo de passageiros, na condição de titular de autorização, permissão ou concessão do Poder Público e que destinam o automóvel à utilização na categoria de aluguel (táxi); (Alterado pela Lei 9.317/1996.)

II - motoristas profissionais autônomos titulares de autorização, permissão ou concessão para exploração do serviço de transporte individual de passageiros (táxi), impedidos de continuar exercendo essa atividade em virtude de destruição completa, furto ou roubo do veículo, desde que destinem o veículo adquirido à utilização na categoria de aluguel (táxi);

III - cooperativas de trabalho que sejam permissionárias ou concessionárias de transporte público de passageiros, na categoria de aluguel (táxi), desde que tais veículos se destinem à utilização nessa atividade;

IV - pessoas portadoras de deficiência física, visual, mental severa ou profunda, ou autistas, diretamente ou por intermédio de seu representante legal; (Alterado pela Lei 10.690/2003.)

V - (Vetado). (Acrescentado pela Lei 10.690/2003.)

§ 1º Para a concessão do benefício previsto no art. 1º é considerada também pessoa portadora de deficiência física aquela que apresenta alteração completa ou parcial de um ou mais segmentos do corpo humano, acarretando o comprometimento da função física, apresentando-se sob a forma de paraplegia, paraparesia, monoplegia, monoparesia, tetraplegia, tetraparesia, triplegia, triparesia, hemiplegia, hemiparesia, amputação ou ausência de membro, paralisia cerebral, membros com deformidade congênita ou adquirida, exceto as deformidades estéticas e as que não produzam dificuldades para o desempenho de funções. (Acrescentado pela Lei 10.690/2003.)

§ 2º Para a concessão do benefício previsto no art. 1º é considerada pessoa portadora de deficiência visual aquela que apresenta acuidade visual igual ou menor que 20/200 (tabela de Snellen) no melhor olho, após a melhor correção, ou campo visual inferior a 20º, ou ocorrência simultânea de ambas as situações. (Acrescentado pela Lei 10.690/2003.)

§ 3º Na hipótese do inciso IV, os automóveis de passageiros a que se refere o *caput* serão adquiridos diretamente pelas pessoas que tenham plena capacidade jurídica e, no caso dos interditos, pelos curadores. (Acrescentado pela Lei 10.690/2003.)

§ 4º A Secretaria Especial dos Diretos Humanos da Presidência da República, nos termos da legislação em vigor e o Ministério da Saúde definirão em ato conjunto os conceitos de pessoas portadoras de deficiência mental severa ou profunda, ou autistas, e estabelecerão as normas e requisitos para emissão dos laudos de avaliação delas. (Acrescentado pela Lei 10.690/2003.)

§ 5º Os curadores respondem solidariamente quanto ao imposto que deixar de ser pago, em razão da isenção de que trata este artigo. (Acrescentado pela Lei 10.690/2003.)

§ 6º A exigência para aquisição de automóveis equipados com motor de cilindrada não superior a dois mil centímetros cúbicos, de no mínimo quatro portas, inclusive a de acesso ao bagageiro, movidos a combustíveis de origem renovável ou sistema reversível de combustão não se aplica aos portadores de deficiência de que trata o inciso IV do *caput* deste artigo. (Alterado pela Lei 10.754/2003.)

ART. 2º A isenção do Imposto sobre Produtos Industrializados - IPI de que trata o art. 1º desta Lei somente poderá ser utilizada uma vez, salvo se o veículo tiver sido adquirido há mais de 2 (dois) anos. (Alterado pela Lei 11.196/2005.)

Parágrafo único. O prazo de que trata o *caput* deste artigo aplica-se inclusive às aquisições realizadas antes de 22 de novembro de 2005. (Acrescentado pela Lei 11.307/2006.)

ART. 3º A isenção será reconhecida pela Secretaria da Receita Federal do Ministério da Fazenda, mediante prévia verificação de que o adquirente preenche os requisitos previstos nesta lei.

ART. 4º Fica assegurada a manutenção do crédito do Imposto sobre Produtos Industrializados - IPI relativo: (Alterado pela Lei 12.113/2009.)

I - às matérias-primas, aos produtos intermediários e ao material de embalagem efetivamente utilizados na industrialização dos produtos referidos nesta Lei; e (Acrescentado pela Lei 12.113/2009.)

II - ao imposto pago no desembaraço aduaneiro referente a automóvel de passageiros originário e procedente de países integrantes do Mercado Comum do Sul - MERCOSUL, saído do estabelecimento importador de pessoa jurídica fabricante de automóveis da posição 87.03 da Tabela de Incidência do Imposto sobre Produtos Industrializados - TIPI com a isenção de que trata o art. 1º. (Acrescentado pela Lei 12.113/2009.)

ART. 5º O imposto incidirá normalmente sobre quaisquer acessórios opcionais que não sejam equipamentos originais do veículo adquirido.

ART. 6º A alienação do veículo adquirido nos termos desta Lei e da Lei n. 8.199, de 28 de junho de 1991, e da Lei n. 8.843, de 10 de janeiro de 1994, antes de 2 (dois) anos contados da data da sua aquisição, a pessoas que não satisfaçam às condições e aos requisitos estabelecidos nos referidos diplomas legais acarretará o pagamento pelo alienante do tributo dispensado, atualizado na forma da legislação tributária. (Alterado pela Lei 11.196/2005.)

Parágrafo único. A inobservância do disposto neste artigo sujeita ainda o alienante ao pagamento de multa e juros moratórios previstos na legislação em vigor para a hipótese de fraude ou falta de pagamento do imposto devido.

ART. 7º No caso de falecimento ou incapacitação do motorista profissional alcançado pelos incisos I e II do art. 1º desta lei, sem que tenha efetivamente adquirido veículo profissional, o direito será transferido ao cônjuge, ou ao herdeiro designado por esse ou pelo juízo, desde que seja motorista profissional habilitado e destine o veículo ao serviço de táxi.

ART. 8º Ficam convalidados os atos praticados com base na Medida Provisória n. 790, de 29 de dezembro de 1994.

ART. 9º Esta Lei entra em vigor na data de sua publicação, vigorando até 31 de dezembro de 1995.

- Lei 12.767/2012 (Prorrogação de vigência).
- Lei 13.146/2015. (Prorroga até 31.12.2021 a vigência desta lei.)

ART. 10. Revogam-se as Leis n. 8.199, de 1991, e 8.843, de 1994.

Senado Federal, 24 de fevereiro de 1995; 174º da Independência e 107º da República.

SENADOR JOSÉ SARNEY
PRESIDENTE

LEI N. 9.008, DE 21 DE MARÇO DE 1995

Cria, na estrutura organizacional do Ministério da Justiça, o Conselho Federal de que trata o art. 13 da Lei n. 7.347, de 24 de julho de 1985, altera os arts. 4º, 39, 82, 91 e 98 da Lei n. 8.078, de 11 de setembro de 1990, e dá outras providências.

- *DOU*, 22.03.1995.
- Conversão da Med. Prov. 913/1995.

Faço saber que o Presidente da República adotou a Medida Provisória n. 913, de 1995, que o Congresso Nacional aprovou, e eu, José Sarney, Presidente, para os efeitos do disposto no parágrafo único do art. 62 da Constituição Federal, promulgo a seguinte Lei:

ART. 1º Fica criado, no âmbito da estrutura organizacional do Ministério da Justiça, o Conselho Federal Gestor do Fundo de Defesa de Direitos Difusos (CFDD).

§ 1º O Fundo de Defesa de Direitos Difusos (FDD), criado pela Lei n. 7.347, de 24 de julho de 1985, tem por finalidade a reparação dos danos causados ao meio ambiente, ao consumidor, a bens e direitos de valor artístico, estético, histórico, turístico, paisagístico, por infração à ordem econômica e a outros interesses difusos e coletivos.

§ 2º Constituem recursos do FDD o produto da arrecadação:

I - das condenações judiciais de que tratam os arts. 11 e 13 da Lei n. 7.347, de 1985;

II - (Revogado pela Lei 13.146/2015. Vigência: 180 dias de sua publicação.)

III - dos valores destinados à União em virtude da aplicação da multa prevista no art. 57 e seu parágrafo único e do produto da indenização prevista no art. 100, parágrafo único, da Lei n. 8.078, de 11 de setembro de 1990;

IV - das condenações judiciais de que trata o § 2º do art. 2º da Lei n. 7.913, de 7 de dezembro de 1989;

V - das multas referidas no art. 84 da Lei n. 8.884, de 11 de junho de 1994;

- O art. 84 foi revogado pela Lei 12.529/2011 (Estrutura o Sistema Brasileiro de Defesa da Concorrência; dispõe sobre a prevenção e repressão às infrações contra a ordem econômica).
- Ver art. 28, § 3º, da Lei 12.529/2011.

VI - dos rendimentos auferidos com a aplicação dos recursos do Fundo;

VII - de outras receitas que vierem a ser destinadas ao Fundo;

VIII - de doações de pessoas físicas ou jurídicas, nacionais ou estrangeiras.

§ 3º Os recursos arrecadados pelo FDD serão aplicados na recuperação de bens, na promoção de eventos educativos, científicos e na edição de material informativo especificamente relacionados com a natureza da infração ou do dano causado, bem como na modernização administrativa dos órgãos públicos responsáveis pela execução das políticas relativas às áreas mencionadas no § 1º deste artigo.

ART. 2º O CFDD, com sede em Brasília, será integrado pelos seguintes membros:

I - um representante da Secretaria de Direito Econômico do Ministério da Justiça, que o presidirá;

II - um representante do Ministério do Meio Ambiente, dos Recursos Hídricos e da Amazônia Legal;

III - um representante do Ministério da Cultura;

IV - um representante do Ministério da Saúde, vinculado à área de vigilância sanitária;

V - um representante do Ministério da Fazenda;

VI - um representante do Conselho Administrativo de Defesa Econômica - CADE;

VII - um representante do Ministério Público Federal;

VIII - três representantes de entidades civis que atendam aos pressupostos dos incisos I e II do art. 5º da Lei n. 7.347, de 1985.

ART. 3º Compete ao CFDD:

I - zelar pela aplicação dos recursos na consecução dos objetivos previstos nas Leis n. 7.347, de 1985, 7.853, de 1989, 7.913, de 1989, 8.078, de 1990, e 8.884, de 1994, no âmbito do disposto no § 1º do art. 1º desta Lei;

II - aprovar e firmar convênios e contratos objetivando atender ao disposto no inciso I deste artigo;

III - examinar e aprovar projetos de reconstituição de bens lesados, inclusive os de caráter científico e de pesquisa;

IV - promover, por meio de órgãos da administração pública e de entidades civis interessadas, eventos educativos ou científicos;

V - fazer editar, inclusive em colaboração com órgãos oficiais, material informativo sobre as matérias mencionadas no § 1º do art. 1º desta Lei;

VI - promover atividades e eventos que contribuam para a difusão da cultura, da proteção ao meio ambiente, do consumidor, da livre concorrência, do patrimônio histórico, artístico, estético, turístico, paisagístico e de outros interesses difusos e coletivos;

VII - examinar e aprovar os projetos de modernização administrativa a que se refere o § 3º do art. 1º desta Lei.

ART. 4º Fica o Poder Executivo autorizado a regulamentar o funcionamento do CFDD.

ART. 5º Para a primeira composição do CFDD, o Ministro da Justiça disporá sobre os critérios de escolha das entidades a que se refere o inciso VIII do art. 2º desta Lei, observando, dentre outros, a representatividade e a efetiva atuação na tutela do interesse estatutariamente previsto.

ART. 6º O § 2º do art. 2º da Lei n. 7.913, de 1989, passa a vigorar com a seguinte redação:

- A Lei 7.913/1989 dispõe sobre a ação civil pública de responsabilidade por danos causados aos investidores no mercado de valores mobiliários.
- Alterações promovidas no texto da referida lei.

ART. 7º Os arts. 4º, 39, 82, 91 e 98 da Lei n. 8.078, de 1990, que "Dispõe sobre a proteção do consumidor e dá outras providências", passam a vigorar com a seguinte redação:

- Alterações promovidas no texto do CDC.

ART. 8º Ficam convalidados os atos praticados com base na Medida Provisória n. 854, de 26 de janeiro de 1995.

ART. 9º Esta Lei entra em vigor na data de sua publicação.

Senado Federal, em 21 de março de 1995; 174º da Independência e 107º da República.

SENADOR JOSÉ SARNEY
PRESIDENTE

LEI N. 9.012, DE 30 DE MARÇO DE 1995

Proíbe as instituições oficiais de crédito de conceder empréstimos, financiamentos e outros benefícios a pessoas jurídicas em débito com o FGTS.

- *DOU*, 31.03.1995.
- Lei 8.036/1990 (Dispõe sobre o Fundo de Garantia do Tempo de Serviço).

O Presidente da República. Faço saber que o Congresso Nacional decreta e eu sanciono a seguinte Lei:

ART. 1º É vedado às instituições oficiais de crédito conceder empréstimos, financiamentos, dispensa de juros, multa e correção monetária ou qualquer outro benefício a pessoas jurídicas em débito com as contribuições para o Fundo de Garantia do Tempo de Serviço-FGTS.

- Lei 12.453/2011 (Constitui fonte de recursos adicional ao Banco Nacional de Desenvolvimento Econômico e Social - BNDES).

§ 1º A comprovação da quitação com o FGTS dar-se-á mediante apresentação de certidão negativa de débito expedida pela Caixa Econômica Federal.

§ 2º Os parcelamentos de débitos para com as instituições oficiais de crédito somente serão concedidos mediante a comprovação a que se refere o parágrafo anterior.

ART. 2º As pessoas jurídicas em débito com o FGTS não poderão celebrar contratos de prestação de serviços ou realizar transação comercial de compra e venda com qualquer órgão da administração direta, indireta, autárquica e fundacional, bem como participar de concorrência pública.

ART. 3º Esta Lei entra em vigor na data de sua publicação.

ART. 4º Revogam-se as disposições em contrário.

Brasília, 30 de março de 1995; 174º da Independência e 107º da República.

FERNANDO HENRIQUE CARDOSO

LEI N. 9.021, DE 30 DE MARÇO DE 1995

Dispõe sobre a implementação da autarquia Conselho Administrativo de Defesa Econômica (Cade), criada pela Lei n. 8.884, de 11 de junho de 1994, e dá outras providências.

- *DOU*, 31.03.1995.
- Conversão da Med. Prov. 934/1995.
- Lei 12.529/2011 (Estrutura o Sistema Brasileiro de Defesa da Concorrência; dispõe sobre a prevenção e repressão às infrações contra a ordem econômica).

Faço saber que o Presidente da República adotou a Medida Provisória n. 934, de 1995, que o Congresso Nacional aprovou, e eu, José Sarney, Presidente, para os efeitos do disposto no parágrafo único do art. 62 da Constituição Federal, promulgo a seguinte lei:

ART. 1º Ficam mantidos os mandatos do Presidente, dos Conselheiros e do Procurador do Conselho Administrativo de Defesa Econômica (Cade), nomeados na vigência da Lei n. 8.158, de 8 de janeiro de 1991.

- A Lei 8.158/1991 foi revogada pela Lei 8.884/1994.
- Lei 12.529/2011 (Estrutura o Sistema Brasileiro de Defesa da Concorrência; dispõe sobre a prevenção e repressão às infrações contra a ordem econômica).

ART. 2º Enquanto não forem nomeados os dois Conselheiros a que se refere o art. 3º desta lei, o Cade deliberará por maioria simples de votos, com a presença mínima de quatro de seus membros.

ART. 3º São criados no Cade dois cargos de Conselheiro, código DAS 101.5, para atender ao disposto no art. 4º da Lei n. 8.884, de 11 de junho de 1994.

- Os arts. 1º a 85 e 88 a 93 da Lei 8.884/1994 foram revogados pela Lei 12.529/2011 (Estrutura o Sistema Brasileiro de Defesa da Concorrência; dispõe sobre a prevenção e repressão às infrações contra a ordem econômica).

ART. 4º O art. 4º, *caput*, da Lei n. 8.884, de 1994, passa a vigorar com a seguinte redação:

- Os arts. 1º a 85 e 88 a 93 da Lei 8.884/1994 foram revogados pela Lei 12.529/2011 (Estrutura o Sistema Brasileiro de Defesa da Concorrência; dispõe sobre a prevenção e repressão às infrações contra a ordem econômica).
- Alterações promovidas no texto da referida lei.

ART. 5º Os arts. 26 e 38 e §§ 4º, 6º e 7º do art. 54 da Lei n. 8.884, de 1994, passam a vigorar com a seguinte redação:

- Os arts. 1º a 85 e 88 a 93 da Lei 8.884/1994 foram revogados pela Lei 12.529/2011 (Estrutura o Sistema Brasileiro de Defesa da Concorrência; dispõe sobre a prevenção e repressão às infrações contra a ordem econômica).
- Alterações promovidas no texto da referida lei.

ART. 6º Até que seja aprovado o regulamento da autarquia, vigorarão as normas internas anteriormente aplicáveis ao Cade, no que não contrariarem as disposições da Lei n. 8.884, de 1994.

- Os arts. 1º a 85 e 88 a 93 da Lei 8.884/1994 foram revogados pela Lei 12.529/2011 (Estrutura o Sistema Brasileiro de Defesa da Concorrência; dispõe sobre a prevenção e repressão às infrações contra a ordem econômica).

ART. 7º As requisições a que se refere o § 1º do art. 81 da Lei n. 8.884, de 1994, serão irrecusáveis e sem prejuízo dos vencimentos e vantagens, dos servidores na origem.

- Os arts. 1º a 85 e 88 a 93 da Lei 8.884/1994 foram revogados pela Lei 12.529/2011 (Estrutura o Sistema Brasileiro de Defesa da Concorrência; dispõe sobre a prevenção e repressão às infrações contra a ordem econômica).

ART. 8º As despesas de pessoal e encargos sociais, outras despesas correntes, investimentos e inversões financeiras, imprescindíveis ao funcionamento da autarquia, correrão à conta de transferências orçamentárias das dotações do Ministério da Justiça.

Parágrafo único. Com a aprovação da lei orçamentária para o presente exercício, será solicitado crédito adicional para os fins previstos no *caput*.

ART. 9º Além das atribuições previstas na Lei n. 8.884, de 1994, compete ao Cade decidir os processos administrativos instaurados com base em infrações previstas nas Leis n. 4.137, de 10 de setembro de 1962, 8.158, de 1991, e 8.002, de 14 de março de 1990, em fase de apuração ou pendentes de julgamento.

- As Leis 8.002/1990 e 8.158/1991 foram revogadas pela Lei 8.884/1994.
- Os arts. 1º a 85 e 88 a 93 da Lei 8.884/1994 foram revogados pela Lei 12.529/2011 (Estrutura o Sistema Brasileiro de Defesa da Concorrência; dispõe sobre a prevenção e repressão às infrações contra a ordem econômica).

Parágrafo único. As normas processuais e procedimentos previstos na Lei n. 8.884, de 1994, aplicam-se aos processos referidos no *caput*, inclusive as disposições contidas no Título VIII.

ART. 10. A Secretaria de Acompanhamento Econômico do Ministério da Fazenda (Seae), quando verificar a existência de indícios da ocorrência de infração prevista nos incisos III ou IV do art. 20 da Lei n. 8.884, de 1994, mediante aumento injustificado de preços ou imposição de preços excessivos, convocará os responsáveis para, no prazo máximo de dez dias úteis, justificarem a respectiva conduta.

- Lei 12.529/2011 (Estrutura o Sistema Brasileiro de Defesa da Concorrência; dispõe sobre a prevenção e repressão às infrações contra a ordem econômica).

Parágrafo único. Não justificado o aumento, ou preço cobrado, presumir-se-á abusiva a conduta, devendo a Seae representar fundamentalmente à Secretaria de Direito Econômico - SDE, do Ministério da Justiça, que determinará a instauração de processo administrativo.

ART. 11. Para os fins previstos no art. 23 da Lei n. 8.884, de 1994, será considerado o faturamento da empresa no exercício anterior ao da instauração do processo administrativo, corrigido segundo os critérios de atualização dos tributos federais pagos em atraso, até a data do recolhimento da respectiva multa.

- Os arts. 1º a 85 e 88 a 93 da Lei 8.884/1994 foram revogados pela Lei 12.529/2011 (Estrutura o Sistema Brasileiro de Defesa da Concorrência; dispõe sobre a prevenção e repressão às infrações contra a ordem econômica).

ART. 12. A SDE representará ao Ministério Público para adoção das medidas judiciais necessárias à cessação de infração à ordem econômica, no caso de descumprimento de medida preventiva por ela imposta, sem prejuízo da cobrança da multa respectiva.

ART. 13. Ficam convalidados os atos praticados com base na Medida Provisória n. 889, de 30 de janeiro de 1995.

ART. 14. Esta lei entra em vigor na data de sua publicação.

Senado Federal, em 30 de março de 1995; 174º da Independência e 107º da República.

SENADOR JOSÉ SARNEY
PRESIDENTE

LEI N. 9.028, DE 12 DE ABRIL DE 1995

Dispõe sobre o exercício das atribuições institucionais da Advocacia-Geral da União, em caráter emergencial e provisório, e dá outras providências.

- Conversão da MPv n. 941, de 1995
- *DOU*, 13.04.1995, retificada no *DOU*, 17.4.1995 e retificada no *DOU*, 19.4.1995

O Presidente da República. Faço saber que o Congresso Nacional decreta e eu sanciono a seguinte lei:

ART. 1º O exercício das atribuições institucionais previstas na Lei Complementar n. 73, de 10 de fevereiro de 1993, dar-se-á, em caráter emergencial e provisório, até a criação e implantação da estrutura administrativa da Advocacia-Geral da União (AGU), nos termos e condições previstos nesta lei.

ART. 2º O Poder Público, por seus órgãos, entes e instituições, poderá, mediante termo, convênio ou ajuste outro, fornecer à AGU, gratuitamente, bens e serviços necessários à sua implantação e funcionamento.

ART. 3º Os Procuradores Regionais da União exercerão a coordenação das atividades das Procuradorias da União localizadas em sua área de atuação. (Redação dada pela Med. Prov. 2.180-35/2001.)

§ 1º O Advogado-Geral da União, com o objetivo de racionalizar os serviços, poderá desativar Procuradoria da União situada em Capital de Unidade da Federação onde esteja instalada Procuradoria Regional, hipótese em que esta absorverá as atribuições daquela. (Incluído pela Med. Prov. 2.180-35/2001.)

§ 2º Ocorrendo a hipótese de que trata o § 1º, incumbirá ao Advogado-Geral da União dispor sobre a reestruturação da Procuradoria Regional, podendo remanejar cargos e servidores da Procuradoria desativada. (Incluído pela Med. Prov. 2.180-35/2001.)

§ 3º A reestruturação e o remanejamento de que trata o § 2º serão possíveis inclusive na hipótese de coexistência das duas Procuradorias, se conveniente a utilização de estrutura de apoio única para atender a ambas. (Incluído pela Med. Prov. 2.180-35/2001.)

§ 4º Com a mesma finalidade de racionalização de serviços, fica o Advogado-Geral da União igualmente autorizado a desativar ou deixar de instalar Procuradoria Seccional da União, aplicando-se à hipótese, no que couber, o disposto na parte final do § 1º e no § 2º deste artigo. (Incluído pela Med. Prov. 2.180-35/2001.)

ART. 4º Na defesa dos direitos ou interesses da União, os órgãos ou entidades da Administração Federal fornecerão os elementos de fato, de direito e outros necessários à atuação dos membros da AGU, inclusive nas hipóteses de mandado de segurança, *habeas data* e *habeas corpus* impetrados contra ato ou omissão de autoridade federal.

§ 1º As requisições objeto deste artigo terão tratamento preferencial e serão atendidas no prazo nelas assinalado.

§ 2º A responsabilidade pela inobservância do disposto neste artigo será apurada na forma da Lei n. 8.112, de 11 de dezembro de 1990.

§ 3º O disposto neste artigo aplica-se às requisições feitas pelos representantes judiciais da União designados na forma do art. 69 da Lei Complementar n. 73, de 1993.

§ 4º Mediante requisição do Advogado-Geral da União ou de dirigente de Procuradoria da Advocacia-Geral da União, e para os fins previstos no *caput*, os órgãos e as entidades da Administração Federal designarão servidores para que atuem como peritos ou assistentes técnicos em feitos específicos, aplicáveis a esta requisição as disposições dos §§ 1º e 2º do presente artigo. (Incluído pela Med. Prov. 2.180-35/2001.)

ART. 5º Nas audiências de reclamações trabalhistas em que a União seja parte, será obrigatório o comparecimento de preposto que tenha completo conhecimento do fato objeto da reclamação, o qual, na ausência do representante judicial da União, entregará a contestação subscrita pelo mesmo.

ART. 6º A intimação de membro da Advocacia-Geral da União, em qualquer caso, será feita pessoalmente.

§ 1º O disposto neste artigo se aplica aos representantes judiciais da União designados na forma do art. 69 da Lei Complementar n. 73, de 1993. (Renumerado pela Med. Prov. 2.180-35/2001)

§ 2º As intimações a serem concretizadas fora da sede do juízo serão feitas, necessariamente, na forma prevista no art. 237, inciso II, do Código de Processo Civil. (Incluído pela Med. Prov. 2.180-35/2001.)

▸ Refere-se ao Código de Processo Civil/1973. V. arts. 269 e ss., NCPC.

ART. 7º O vencimento básico dos cargos efetivos de Advogado da União, criados pelo art. 62 da Lei Complementar n. 73, de 1993, é o fixado no Anexo I desta lei.

Parágrafo único. Os Advogados da União farão jus, além do vencimento básico, à Gratificação de Atividade, instituída pela Lei Delegada n. 13, de 27 de agosto de 1992, no percentual de cento e sessenta por cento, bem como à gratificação a que se refere o art. 7º da Lei n. 8.460, de 17 de setembro de 1992, conforme valores constantes do Anexo I desta lei.

ART. 8º São criadas quarenta e uma Procuradorias Seccionais da União, a serem implantadas, conforme a necessidade do serviço, nas cidades onde estejam instaladas varas da Justiça Federal.

ART. 8º-A. (Revogado pela Lei 10.480/2002.)

§§ 1º e **2º** (Revogados pela Lei 10.480/2002.)

ART. 8º-B. São instituídas na Advocacia-Geral da União, com funções de integração e coordenação, a Câmara de Atividades de Contencioso e a Câmara de Atividades de Consultoria. (Incluído pela Med. Prov. 2.180-35/2001.)

Parágrafo único. As Câmaras objeto do *caput* terão disciplinamento em ato do Advogado-Geral da União. (Incluído pela Med. Prov. 2.180-35/2001.)

ART. 8º-C. O Advogado-Geral da União, na defesa dos interesses desta e em hipóteses as quais possam trazer reflexos de natureza econômica, ainda que indiretos, ao erário federal, poderá avocar, ou integrar e coordenar, os trabalhos a cargo de órgão jurídico de empresa pública ou sociedade de economia mista, a se desenvolverem em sede judicial ou extrajudicial. (Incluído pela Med. Prov. 2.180-35/2001.)

Parágrafo único. Poderão ser cometidas, à Câmara competente da Advocacia-Geral da União, as funções de executar a integração e a coordenação previstas neste artigo. (Incluído pela Med. Prov. 2.180-35/2001.)

ART. 8º-D. É criado o Departamento de Cálculos e Perícias da Advocacia-Geral da União, integrante da estrutura organizacional da Procuradoria-Geral da União e ao titular desta imediatamente subordinado. (Incluído pela Med. Prov. 2.180-35/2001.)

§ 1º Ao Departamento de Cálculos e Perícias compete, especialmente: (Incluído pela Med. Prov. 2.180-35/2001.)

I - supervisionar, coordenar, realizar, rever e acompanhar os trabalhos técnicos, de cálculo e periciais, referentes aos feitos de interesse da União, de suas autarquias e fundações públicas, às liquidações de sentença e aos processos de execução; e (Incluído pela Med. Prov. 2.180-35/2001.)

II - examinar os cálculos constantes dos precatórios judiciários de responsabilidade da União, das autarquias e fundações públicas federais, antes do pagamento dos respectivos débitos. (Incluído pela Med. Prov. 2.180-35/2001.)

§ 2º O Departamento de Cálculos e Perícias participará, nos aspectos de sua competência, do acompanhamento, controle e centralização de precatórios, de interesse da Administração Federal direta e indireta, atribuídos à Advocacia-Geral da União pela Lei n. 9.995, de 25 de julho de 2000. (Incluído pela Med. Prov. 2.180-35/2001.)

§ 3º As unidades, das autarquias e fundações públicas, que tenham a seu cargo as matérias de competência do Departamento de Cálculos e Perícias, da Advocacia-Geral da União, atuarão sob a supervisão técnica deste. (Incluído pela Med. Prov. 2.180-35/2001.)

§ 4º Os órgãos e entidades da Administração Federal prestarão, ao Departamento de Cálculos e Perícias, o apoio que se faça necessário ao desempenho de suas atividades, inclusive colocando à sua disposição pessoal especializado. (Incluído pela Med. Prov. 2.180-35/2001.)

§ 5º O Advogado-Geral da União disporá, nos termos do art. 45 da Lei Complementar n. 73, de 1993, sobre o Departamento de Cálculos e Perícias e editará os demais atos necessários ao cumprimento do disposto neste artigo. (Incluído pela Med. Prov. 2.180-35/2001.)

ART. 8º-E. É criada, na Procuradoria-Geral da União, a Coordenadoria de Ações de Recomposição do Patrimônio da União, com a finalidade de recuperar perdas patrimoniais sofridas pela União, à qual incumbe também a execução de títulos judiciais e extrajudiciais, inclusive os expedidos pelo Tribunal de Contas da União. (Incluído pela Med. Prov. 2.180-35/2001.)

Parágrafo único. As demais Procuradorias da União poderão ter unidades com semelhantes atribuições, conforme dispuser ato do Advogado-Geral da União. (Incluído pela Med. Prov. 2.180-35/2001.)

ART. 8º-F. O Advogado-Geral da União poderá instalar Núcleos de Assessoramento Jurídico nas Capitais dos Estados e, quando o interesse do serviço recomendar, em outras cidades. (Incluído pela Med. Prov. 2.180-35/2001.)

§ 1º Incumbirão aos Núcleos atividades de assessoramento jurídico aos órgãos e autoridades da Administração Federal Direta localizados fora do Distrito Federal, quanto às matérias de competência legal ou regulamentar dos órgãos e autoridades assessorados, sem prejuízo das competências das Consultorias Jurídicas dos respectivos Ministérios. (Incluído pela Med. Prov. 2.180-35/2001.)

§ 2º As matérias específicas do Ministério ao qual pertença o órgão ou a autoridade assessorados, que requeiram a manifestação da Consultoria Jurídica, serão a esta encaminhadas pelo Coordenador do Núcleo de Assessoramento Jurídico. (Incluído pela Med. Prov. 2.180-35/2001.)

§ 3º O Advogado-Geral da União providenciará a lotação, nos Núcleos de Assessoramento Jurídico, dos Assistentes Jurídicos integrantes da Advocacia-Geral da União, inclusive do quadro suplementar, que estejam em exercício em cidade sede dos referidos Núcleos, respeitados os casos de cessão a outros órgãos ou entidades, bem como os de designação como representante judicial da União, de que trata o art. 69 da Lei Complementar n. 73, de 1993. (Incluído pela Med. Prov. 2.180-35/2001.)

§ 4º Excepcionalmente, o Advogado-Geral da União poderá designar, para ter exercício nos Núcleos de Assessoramento Jurídico, outros membros efetivos da Advocacia-Geral da União, bem como Procuradores Federais. (Incluído pela Med. Prov. 2.180-35/2001.)

§ 5º Os Núcleos de Assessoramento Jurídico integram a Consultoria-Geral da União. (Incluído pela Med. Prov. 2.180-35/2001.)

§ 6º Os recursos eventualmente necessários à instalação e manutenção dos Núcleos de Assessoramento Jurídico, correrão à conta de dotações orçamentárias da Advocacia-Geral da União. (Incluído pela Med. Prov. 2.180-35/2001.)

§ 7º O Advogado-Geral da União editará ato, nos termos do art. 45 da Lei Complementar n. 73, de 1993, dispondo sobre os Núcleos de Assessoramento Jurídico de que trata este artigo. (Incluído pela Med. Prov. 2.180-35/2001.)

ART. 8º-G. São criadas, na Consultoria Jurídica do Ministério da Defesa, as Consultorias

Jurídicas-Adjuntas dos Comandos da Marinha, do Exército e da Aeronáutica, ficando extintas as Consultorias Jurídicas dos antigos Ministérios Militares. (Incluído pela Med. Prov. 2.180-35/2001.)

§ 1º As Consultorias Jurídicas-Adjuntas objeto deste artigo terão competência especializada, cabendo-lhes, no respectivo âmbito de atuação e no que couber, os poderes funcionais previstos no art. 11 da Lei Complementar n. 73, de 1993, sem prejuízo da competência geral da Consultoria Jurídica do Ministério da Defesa. (Incluído pela Med. Prov. 2.180-35/2001.)

§ 2º Os cargos em comissão de Consultor Jurídico-Adjunto decorrentes do que dispõe este artigo serão DAS 101.4. (Incluído pela Med. Prov. 2.180-35/2001.)

§ 3º Na aplicação do disposto no § 2º, são remanejados, dos Comandos da Marinha, do Exército e da Aeronáutica para a Secretaria de Gestão do Ministério do Planejamento, Orçamento e Gestão, três cargos DAS 101.5 das extintas Consultorias Jurídicas, e, da Secretaria de Gestão para o Ministério da Defesa, três cargos DAS 101.4. (Incluído pela Med. Prov. 2.180-35/2001.)

§ 4º O Advogado-Geral da União disporá, em ato próprio, editado nos termos do art. 45 da Lei Complementar n. 73, de 1993, sobre a competência, a estrutura e o funcionamento da Consultoria Jurídica do Ministério da Defesa e respectivas Consultorias Jurídicas-Adjuntas. (Incluído pela Med. Prov. 2.180-35/2001.)

ART. 9º São criados um cargo de Diretor-Geral de Administração, DAS 101.5, quatro cargos de Coordenador-Geral, DAS 101.4, um cargo de Assessor Jurídico, DAS 102.3, dois cargos de Coordenador, DAS 101.3, nove cargos de Chefe de Divisão, DAS 101.2, dois cargos de Chefe de Serviço, DAS 101.1, dois cargos de Oficial-de-Gabinete, DAS 101.1, destinados à composição da Diretoria-Geral de Administração; vinte e sete cargos de Procurador-Chefe, DAS 101.5, titulares das Procuradorias da União nos Estados e no Distrito Federal, de que trata o art. 2º, inciso II, alínea a, da Lei Complementar n. 73, de 1993; quarenta cargos de Procurador Seccional da União, DAS 101.4, três cargos de Adjunto do Advogado-Geral da União, DAS 102.5, três cargos de Adjunto do Procurador-Geral da União, DAS 102.4, e dois cargos de Assessor Jurídico, DAS 102.3.

ART. 10. As Procuradorias da União têm sede nas capitais dos Estados e as Procuradorias Seccionais da União, nas cidades onde estejam instaladas varas da Justiça Federal.

ART. 11. A União poderá, perante Tribunal situado fora da sede de Procuradoria Regional, ser representada por seu Procurador-Chefe.

ART. 11-A. Fica autorizada a Advocacia-Geral da União a assumir, por suas Procuradorias, temporária e excepcionalmente, a representação judicial de autarquias ou fundações públicas nas seguintes hipóteses: (Incluído pela Med. Prov. 2.180-35/2001.)

I - ausência de procurador ou advogado; (Incluído pela Med. Prov. 2.180-35/2001.)

II - impedimento dos integrantes do órgão jurídico. (Incluído pela Med. Prov. 2.180-35/2001.)

§ 1º A representação judicial extraordinária prevista neste artigo poderá ocorrer por solicitação do dirigente da entidade ou por iniciativa do Advogado-Geral da União. (Incluído pela Med. Prov. 2.180-35/2001.)

§ 2º A inexistência de órgão jurídico integrante da respectiva Procuradoria ou Departamento Jurídico, em cidade sede de Órgão judiciário perante o qual corra feito de interesse de autarquia ou fundação da União, configura a hipótese de ausência prevista no inciso I deste artigo. (Incluído pela Med. Prov. 2.180-35/2001.)

§ 3º O Advogado-Geral da União, com a finalidade de suprir deficiências ocasionais de Órgãos Vinculados à Advocacia-Geral da União, poderá designar para prestar-lhes colaboração temporária membros efetivos da Advocacia-Geral da União, Procuradores Autárquicos, Assistentes Jurídicos e Advogados de outras entidades, seja em atividades de representação judicial ou de consultoria e assessoramento jurídicos, estando, enquanto durar a colaboração temporária, investidos dos mesmos poderes conferidos aos integrantes do respectivo Órgão Vinculado. (Incluído pela Med. Prov. 2.180-35/2001.)

ART. 11-B. A representação judicial da União, quanto aos assuntos confiados às autarquias e fundações federais relacionadas no Anexo V a esta Lei, passa a ser feita diretamente pelos órgãos próprios da Advocacia-Geral da União, permanecendo os Órgãos Jurídicos daquelas entidades responsáveis pelas respectivas atividades de consultoria e assessoramento jurídicos. (Incluído pela Med. Prov. 2.180-35/2001.)

§ 1º Os Procuradores Autárquicos, Assistentes Jurídicos e Advogados integrantes dos quadros das entidades de que trata o *caput* neles permanecerão, até que lei disponha sobre a nova forma de representação judicial, direta e indireta, da União, consideradas as suas entidades autárquicas e fundacionais, bem como sobre a prestação de consultoria e assessoramento jurídicos a essas entidades. (Incluído pela Med. Prov. 2.180-35/2001.)

§ 2º Os órgãos jurídicos das entidades relacionadas no Anexo V desta Lei continuarão, até 7 de julho de 2000, como corresponsáveis pela representação judicial quanto aos assuntos de competência da respectiva autarquia ou fundação. (Incluído pela Med. Prov. 2.180-35/2001.)

§ 3º As citações, intimações e notificações das autarquias e fundações relacionadas no Anexo V desta Lei, bem como nas hipóteses de que trata o art. 11-A, serão feitas às respectivas Procuradorias da Advocacia-Geral da União, asseguradas aos seus membros, no exercício da representação judicial de que trata o art. 11-A e este artigo, as prerrogativas processuais previstas em lei. (Incluído pela Med. Prov. 2.180-35/2001.)

§ 4º Os Órgãos Jurídicos das entidades de que trata o *caput*, juntamente com os respectivos Órgãos da Advocacia-Geral da União, no prazo de sessenta dias, farão o levantamento dos processos judiciais em andamento, indicando a fase em que se encontram. (Incluído pela Med. Prov. 2.180-35/2001.)

§ 5º Até o advento da Lei referida no § 1º deste artigo, o Advogado-Geral da União, de ofício ou mediante proposta de dirigente de Procuradoria da União, poderá designar Procuradores Autárquicos, Advogados e Assistentes Jurídicos das entidades relacionadas no Anexo V desta Lei para terem exercício nas Procuradorias da Advocacia-Geral da União. (Incluído pela Med. Prov. 2.180-35/2001.)

§ 6º A Procuradoria-Geral da Fundação Nacional do Índio permanece responsável pelas atividades judiciais que, de interesse individual ou coletivo dos índios, não se confundam com a representação judicial da União. (Incluído pela Med. Prov. 2.180-35/2001.)

§ 7º Na hipótese de coexistirem, em determinada ação, interesses da União e de índios, a Procuradoria-Geral da Fundação Nacional do Índio ingressará no feito juntamente com a Procuradoria da Advocacia-Geral da União. (Incluído pela Med. Prov. 2.180-35/2001.)

ART. 12. O disposto no art. 14 da Lei n. 8.460, de 17 de dezembro de 1992, não se aplica à escolha dos ocupantes dos cargos em comissão da AGU, até que tenha sido organizado seu quadro de cargos efetivos e regularmente investidos os titulares de sessenta por cento destes.

ART. 13. O Anexo II à Lei n. 8.383, de 30 de dezembro de 1991, passa a vigorar na forma do Anexo II desta lei.

ART. 14. O preenchimento dos cargos previstos nesta lei dar-se-á segundo a necessidade do serviço e na medida das disponibilidades orçamentárias.

ART. 15. Fica o Ministério da Fazenda com a responsabilidade de prestar o apoio necessário à instalação e ao funcionamento da Procuradoria-Geral da União, em todo o território nacional.

Parágrafo único. O apoio de que trata este artigo compreende o fornecimento de recursos materiais e financeiros, e será especificado pelo Advogado-Geral da União.

ART. 16. A Secretaria de Controle Interno da Presidência da República fica responsável pelas atividades de controle interno da AGU, até a criação do órgão próprio da Instituição.

ART. 17. Até que sejam implantados os quadros de cargos efetivos da Advocacia-Geral da União, o Advogado-Geral da União poderá atribuir a servidor em exercício e a representante judicial da União, designado na forma do art. 69 da Lei Complementar n. 73, de 1993, Gratificação Temporária pelo exercício na Advocacia-Geral da União, observado o disposto neste artigo.

- Lei n. 9.651/1998 (Institui as Gratificações de Desempenho de Função Essencial à Justiça - GFJ, de Atividade de Informações Estratégicas - GDI, de Atividade Fundiária - GAF e Provisória - GP).

§ 1º (Revogado pela Lei 11.907/2009).

§ 2º Os critérios para a atribuição da Gratificação Temporária serão estabelecidos em decreto.

§ 3º A Gratificação Temporária, compatível com as demais vantagens atribuídas ao cargo efetivo ou ao emprego permanente do servidor, não se incorpora ao vencimento nem aos proventos de aposentadoria ou de pensão, e não servirá de base de cálculo para quaisquer outros benefícios, vantagens, ou contribuições previdenciárias ou de seguridade.

§ 4º A Gratificação Temporária não poderá ser atribuída a ocupantes de cargo ou função de confiança ou a titular de gratificação de representação de gabinete.

§ 5º O pagamento da Gratificação Temporária cessará para os representantes judiciais da União designados na forma do art. 69 da Lei Complementar n. 73, de 1993, na data de vigência da lei a que se refere o parágrafo único do art. 26 da Lei Complementar n. 73, de 1993.

§ 6º A Gratificação Temporária não será computada para os efeitos do art. 12 da Lei n. 8.460, de 1992.

§ 7º (Revogado pela Lei 10.480/2002).

ART. 18. Os cargos em comissão de Assessor Técnico transpostos para o Gabinete do Advogado-Geral da União, conforme o disposto no art. 3º da Lei n. 8.682, de 14 de julho de 1993, serão providos por profissionais idôneos de nível superior.

ART. 19. São transpostos para as carreiras da Advocacia-Geral da União os atuais cargos efetivos de Subprocurador-Geral da Fazenda Nacional e Procurador da Fazenda Nacional, como os de Assistente Jurídico da Administração Federal direta, os quais:

I - tenham titulares cuja investidura haja observado as pertinentes normas constitucionais e ordinárias, anteriores a 5 de outubro de 1988, e, se posterior a essa data, tenha decorrido de aprovação em concurso público ou da incidência do § 3º do art. 41 da Constituição;

II - estejam vagos.

§ 1º Nas hipóteses previstas no inciso I, a transposição objeto deste artigo abrange os cargos e seus titulares.

§ 2º A transposição deve observar a correlação estabelecida no Anexo IV.

§ 3º À Advocacia-Geral da União incumbe examinar, caso a caso, a licitude da investidura nos cargos a que se refere este artigo.

§ 4º Verificada a ocorrência de investidura ilegítima, ao Advogado-Geral da União compete adotar, ou propor, as providências cabíveis.

§ 5º As transposições efetivadas por este artigo alcançaram tão somente servidores estáveis no serviço público, mencionados no item I do *caput*. (Incluído pela Med. Prov. 2.180-35/2001.)

ART. 19-A. São transpostos, para a Carreira de Assistente Jurídico da Advocacia-Geral da União, os atuais cargos efetivos da Administração Federal direta, privativos de bacharel em Direito, cujas atribuições, fixadas em ato normativo hábil, tenham conteúdo eminentemente jurídico e correspondam àquelas de assistência fixadas aos cargos da referida Carreira, ou as abranjam, e os quais: (Incluído pela Med. Prov. 2.180-35/2001.)

I - estejam vagos; ou (Incluído pela Med. Prov. 2.180-35/2001.)

II - tenham como titulares servidores, estáveis no serviço público, que: (Incluído pela Med. Prov. 2.180-35/2001.)

a) anteriormente a 5 de outubro de 1988 já detinham cargo efetivo, ou emprego permanente, privativo de bacharel em Direito, de conteúdo eminentemente jurídico, nos termos do *caput*, na Administração Federal direta, autárquica ou fundacional, conforme as normas constitucionais e legais então aplicáveis; (Incluído pela Med. Prov. 2.180-35/2001.)

b) investidos após 5 de outubro de 1988, o tenham sido em decorrência de aprovação em concurso público ou da aplicação do § 3º do art. 41 da Constituição. (Incluído pela Med. Prov. 2.180-35/2001.)

§ 1º Nas situações previstas no inciso II, a transposição objeto deste artigo abrange os cargos e seus titulares. (Incluído pela Med. Prov. 2.180-35/2001.)

§ 2º A transposição de servidor egresso de autarquia ou fundação pública federal, prevista no inciso II, alíneas "a" e "b", alcança tão somente aquele que passou a integrar a Administração direta em decorrência da extinção ou da alteração da natureza jurídica da entidade à qual pertencia, e desde que as atribuições da respectiva entidade e o seu quadro de pessoal tenham sido, por lei, absorvidos por órgãos da Administração direta. (Incluído pela Med. Prov. 2.180-35/2001.)

§ 3º Às transposições disciplinadas neste artigo aplicam-se, também, a correlação e os procedimentos constantes do art. 19 desta Lei (§§ 2º, 3º e 4º). (Incluído pela Med. Prov. 2.180-35/2001.)

§ 4º As transposições de que trata este artigo serão formalizadas em ato declaratório do Advogado-Geral da União. (Incluído pela Med. Prov. 2.180-35/2001.)

§ 5º Os eventuais efeitos financeiros, das transposições em referência, somente serão devidos, aos seus beneficiários, a partir da data em que publicado o ato declaratório, objeto do § 4º. (Incluído pela Med. Prov. 2.180-35/2001.)

§ 6º Os titulares máximos dos órgãos da Administração Federal direta, nos quais existam cargos na situação descrita no *caput* e inciso I, deverão indicá-los à Advocacia-Geral da União, por intermédio do Ministério do Planejamento, Orçamento e Gestão, explicitando, relativamente a cada cargo vago, sua origem, evolução, atribuições e regência normativa. (Incluído pela Med. Prov. 2.180-35/2001.)

§ 7º Cada caso deverá ser instruído pelo órgão de recursos humanos do respectivo Ministério ou Secretaria de Estado, com a documentação necessária a comprovar que o servidor atende ao disposto neste artigo, após o que deverá ser encaminhado ao Advogado-Geral da União, na forma por ele regulamentada, acompanhado de manifestação conclusiva do respectivo órgão de assessoramento jurídico. (Incluído pela Med. Prov. 2.180-35/2001.)

ART. 20. Passam a ser de trinta e seis meses os prazos fixados nos arts. 66 e 69, parágrafo único, da Lei Complementar n. 73, de 1993.

ART. 21. Aos titulares dos cargos de Advogado da União, de Procurador da Fazenda Nacional e de Assistente Jurídico das respectivas carreiras da Advocacia-Geral da União incumbe representá-la judicial e extrajudicialmente, bem como executar as atividades de assessoramento jurídico do Poder Executivo, conforme dispuser ato normativo do Advogado-Geral da União. (Redação dada pela Med. Prov. 2.180-35/2001.)

ART. 22. A Advocacia-Geral da União e os seus órgãos vinculados, nas respectivas áreas de atuação, ficam autorizados a representar judicialmente os titulares e os membros dos Poderes da República, das Instituições Federais referidas no Título IV, Capítulo IV, da Constituição, bem como os titulares dos Ministérios e demais órgãos da Presidência da República, de autarquias e fundações públicas federais, e de cargos de natureza especial, de direção e assessoramento superiores e daqueles efetivos, inclusive promovendo ação penal privada ou representando perante o Ministério Público, quando vítimas de crime, quanto a atos praticados no exercício de suas atribuições constitucionais, legais ou regulamentares, no interesse público, especialmente da União, suas respectivas autarquias e fundações, ou das Instituições mencionadas, podendo, ainda, quanto aos mesmos atos, impetrar *habeas corpus* e mandado de segurança em defesa dos agentes públicos de que trata este artigo. (Redação dada pela Lei 9.649/1998)

- Med. Prov. 22.216-37/2001 (Altera dispositivos da Lei 9.649/1998, que dispõe sobre a organização da Presidência da República e dos Ministérios).

§ 1º O disposto neste artigo aplica-se aos ex-titulares dos cargos ou funções referidos no *caput*, e ainda: (Incluído pela Lei 9.649/1998.)

- Med. Prov. 22.216-37/2001 (Altera dispositivos da Lei 9.649/1998, que dispõe sobre a organização da Presidência da República e dos Ministérios).

I - aos designados para a execução dos regimes especiais previstos na Lei n. 6.024, de 13 de março de 1974, e nos Decretos-Leis n. 73, de 21 de novembro de 1966, e 2.321, de 25 de fevereiro de 1987, e para a intervenção na concessão de serviço público de energia elétrica; (Alterado pela Lei 12.767/2012.)

- Med. Prov. 22.216-37/2001 (Altera dispositivos da Lei 9.649/1998, que dispõe sobre a organização da Presidência da República e dos Ministérios).

II - aos militares das Forças Armadas e aos integrantes do órgão de segurança do Gabinete de Segurança Institucional da Presidência da República, quando, em decorrência do cumprimento de dever constitucional, legal ou regulamentar, responderem a inquérito policial ou a processo judicial. (Incluído pela Lei 9.649/1998.)

- Med. Prov. 22.216-37/2001 (Altera dispositivos da Lei 9.649/1998, que dispõe sobre a organização da Presidência da República e dos Ministérios).

§ 2º O Advogado-Geral da União, em ato próprio, poderá disciplinar a representação autorizada por este artigo. (Incluído pela Lei 9.649/1998.)

- Med. Prov. 22.216-37/2001 (Altera dispositivos da Lei 9.649/1998, que dispõe sobre a organização da Presidência da República e dos Ministérios).

ART. 23. O Advogado-Geral da União editará os atos necessários ao cumprimento do disposto nesta lei.

ART. 24. As despesas decorrentes desta lei correrão à conta das dotações orçamentárias próprias.

ART. 24-A. A União, suas autarquias e fundações, são isentas de custas e emolumentos e demais taxas judiciárias, bem como de depósito prévio e multa em ação rescisória, em quaisquer foros e instâncias. (Incluído pela Med. Prov. 2.180-35/2001.)

Parágrafo único. Aplica-se o disposto neste artigo a todos os processos administrativos e judiciais em que for parte o Fundo de Garantia do Tempo de Serviço - FGTS, seja no pólo ativo ou passivo, extensiva a isenção à pessoa jurídica que o representar em Juízo ou fora dele. (Incluído pela Med. Prov. 2.180-35/2001.)

ART. 25. Esta lei entra em vigor na data de sua publicação.

ART. 26. Revogam-se as disposições em contrário.

Brasília, 12 de abril de 1995; 174º da Independência e 107º da República.

FERNANDO HENRIQUE CARDOSO

- Optamos, nesta edição, pela não publicação dos Anexos.

LEI N. 9.049, DE 18 DE MAIO DE 1995

Faculta o registro, nos documentos pessoais de identificação, das informações que especifica.

- *DOU*, 19.05.1995.

O Presidente da República. Faço saber que o Congresso Nacional decreta e eu sanciono a seguinte lei:

ART. 1º Qualquer cidadão poderá requerer à autoridade pública expedidora o registro, no respectivo documento pessoal de identificação, do número e, se for o caso, da data de validade dos seguintes documentos:

1. Carteira Nacional de Habilitação;
2. Título de Eleitor;
3. Cartão de Identidade do Contribuinte do Imposto de Renda;
4. Identidade Funcional ou Carteira Profissional;
5. Certificado Militar.

ART. 2º Poderão, também, ser incluídas na Cédula de Identidade, a pedido do titular, informações sucintas sobre o tipo sanguíneo, a disposição de doar órgãos em caso de morte e condições particulares de saúde cuja divulgação possa contribuir para preservar a saúde ou salvar a vida do titular.

ART. 3º Dispor-se-á, na regulamentação desta lei, sobre o modelo de Cédula de Identidade a ser adotado, bem como sobre os dísticos admissíveis.

ART. 4º Esta lei entra em vigor na data de sua publicação.

ART. 5º Revogam-se as disposições em contrário.

Brasília, 18 de maio de 1995; 174º da Independência e 107º da República.

FERNANDO HENRIQUE CARDOSO

LEI N. 9.055, DE 1º DE JUNHO DE 1995

Disciplina a extração, industrialização, utilização, comercialização e transporte do asbesto/amianto e dos produtos que o contenham, bem como das fibras naturais e artificiais, de qualquer origem, utilizadas para o mesmo fim e dá outras providências.

- *DOU*, 02.06.1995.
- Dec. 2.350/1997 (Regulamenta esta lei).

O Presidente da República. Faço saber que o Congresso Nacional decreta e eu sanciono a seguinte Lei:

ART. 1º É vedada em todo o território nacional:

I - a extração, produção, industrialização, utilização e comercialização da actinolita, amosita (asbesto marrom), antofilita, crocidolita (amianto azul) e da tremolita, variedades minerais pertencentes ao grupo dos anfibólios, bem como dos produtos que contenham estas substâncias minerais;

II - a pulverização (*spray*) de todos os tipos de fibras, tanto de asbesto/amianto da variedade crisotila como daquelas naturais e artificiais referidas no art. 2º desta Lei;

III - a venda a granel de fibras em pó, tanto de asbesto/amianto da variedade crisotila como daquelas naturais e artificiais referidas no art. 2º desta Lei.

ART. 2º O asbesto/amianto da variedade crisotila (asbesto branco), do grupo dos minerais das serpentinas, e as demais fibras, naturais e artificiais de qualquer origem, utilizadas para o mesmo fim, serão extraídas, industrializadas, utilizadas e comercializadas em consonância com as disposições desta Lei.

- ADIn 3.356; 3.357; 3.406; 3.470; 3.937 e ADPF 109 (O STF declarou incidentalmente a inconstitucionalidade deste artigo com efeito vinculante e *erga omnes*).

Parágrafo único. Para os efeitos desta Lei, consideram-se fibras naturais e artificiais as comprovadamente nocivas à saúde humana.

ART. 3º Ficam mantidas as atuais normas relativas ao asbesto/amianto da variedade crisotila e às fibras naturais e artificiais referidas no artigo anterior, contidas na legislação de segurança, higiene e medicina do trabalho, nos acordos internacionais ratificados pela República Federativa do Brasil e nos acordos assinados entre os sindicatos de trabalhadores e os seus empregadores, atualizadas sempre que necessário.

§ 1º (Vetado.)

§ 2º As normas de segurança, higiene e medicina do trabalho serão fiscalizadas pelas áreas competentes do Poder Executivo e pelas comissões de fábrica referidas no parágrafo anterior.

§ 3º As empresas que ainda não assinaram com os sindicatos de trabalhadores os acordos referidos no *caput* deste artigo deverão fazê-lo no prazo de 12 (doze) meses, contados a partir da publicação desta Lei, e a inobservância desta determinação acarretará, automaticamente, o cancelamento do seu alvará de funcionamento.

ART. 4º Os órgãos competentes de controle de segurança, higiene e medicina do trabalho desenvolverão programas sistemáticos de fiscalização, monitoramento e controle dos riscos de exposição ao asbesto/amianto da variedade crisotila e às fibras naturais e artificiais referidas no art. 2º desta Lei, diretamente ou através de convênios com instituições públicas ou privadas credenciadas para tal fim pelo Poder Executivo.

ART. 5º As empresas que manipularem ou utilizarem materiais contendo asbesto/amianto da variedade crisotila ou as fibras naturais e artificiais referidas no art. 2º desta Lei enviarão, anualmente, ao Sistema Único de Saúde e aos sindicatos representativos dos trabalhadores uma listagem dos seus empregados, com indicação de setor, função, cargo, data de nascimento, de admissão e de avaliação médica periódica, acompanhada do diagnóstico resultante.

Parágrafo único. Todos os trabalhadores das empresas que lidam com o asbesto/amianto da variedade crisotila e com as fibras naturais e artificiais referidas no art. 2º desta Lei serão registrados e acompanhados por serviços do Sistema Único de Saúde, devidamente qualificados para esse fim, sem prejuízo das ações de promoção, proteção e recuperação da saúde interna, de responsabilidade das empresas.

ART. 6º O Poder Executivo determinará aos produtores de asbesto/amianto da variedade crisotila, bem como das fibras naturais e artificiais referidas no art. 2º desta Lei, que não forneçam estes materiais às empresas que estejam descumprindo qualquer disposição deste diploma legal.

Parágrafo único. Acontecendo o previsto no *caput* deste artigo, o Governo Federal não autorizará a importação da substância mineral ou das fibras referidas no art. 2º desta Lei.

ART. 7º Em todos os locais de trabalho onde os trabalhadores estejam expostos ao asbesto/amianto da variedade crisotila ou das fibras naturais ou artificiais referidas no art. 2º desta Lei deverão ser observados os limites de tolerância fixados na legislação pertinente e, na sua ausência, serão fixados com base nos critérios de controle de exposição recomendados por organismos nacionais ou internacionais, reconhecidos cientificamente.

§ 1º Outros critérios de controle da exposição dos trabalhadores que não aqueles definidos pela legislação de Segurança e Medicina do Trabalho deverão ser adotados nos acordos assinados entre os sindicatos dos trabalhadores e os empregadores, previstos no art. 3º desta Lei.

§ 2º Os limites fixados deverão ser revisados anualmente, procurando-se reduzir a exposição ao nível mais baixo que seja razoavelmente exequível.

ART. 8º O Poder Executivo estabelecerá normas de segurança e sistemas de acompanhamento específicos para os setores de fricção e têxtil que utilizam asbesto/amianto da variedade crisotila ou as fibras naturais ou artificiais referidas no art. 2º desta Lei, para fabricação dos seus produtos, extensivas aos locais onde eles são comercializados ou submetidos a serviços de manutenção ou reparo.

ART. 9º Os institutos, fundações e universidades públicas ou privadas e os órgãos do Sistema Único de Saúde promoverão pesquisas científicas e tecnológicas no sentido da utilização, sem riscos à saúde humana, do asbesto/amianto da variedade crisotila, bem como das fibras naturais e artificiais referidas no art. 2º desta Lei.

Parágrafo único. As pesquisas referidas no *caput* deste artigo contarão com linha especial de financiamento dos órgãos governamentais responsáveis pelo fomento à pesquisa científica e tecnológica.

ART. 10. O transporte do asbesto/amianto e das fibras naturais e artificiais referidas no art. 2º desta Lei é considerado de alto risco e, no caso de acidente, a área deverá ser isolada, com todo o material sendo reembalado dentro de normas de segurança, sob a responsabilidade da empresa transportadora.

ART. 11. Todas as infrações desta Lei serão encaminhadas pelos órgãos fiscalizadores, após a devida comprovação, no prazo máximo de setenta e duas horas, ao Ministério Público Federal, através de comunicação circunstanciada, para as devidas providências.

Parágrafo único. Qualquer pessoa é apta para fazer aos órgãos competentes as denúncias de que trata este artigo.

ART. 12. (Vetado.)

ART. 13. Esta Lei entra em vigor na data de sua publicação.

ART. 14. Revogam-se as disposições em contrário.

Brasília, 1º de junho de 1995; 174º da Independência e 107º da República.

FERNANDO HENRIQUE CARDOSO

LEI N. 9.065, DE 20 DE JUNHO DE 1995

Dá nova redação a dispositivos da Lei n. 8.981, de 20 de janeiro de 1995, que altera a legislação tributária federal, e dá outras providências.

- *DOU*, 21.06.1995, retificado em 03.07.1995.
- Dec. 3.048/1999 (Aprova o Regulamento da Previdência Social).

O Presidente Da República. Faço saber que o Congresso Nacional decreta e eu sanciono a seguinte Lei:

ART. 1º Os dispositivos da Lei n. 8.981, de 20 de janeiro de 1995, adiante indicados, passam a vigorar com a seguinte redação:

- Alteração dos arts. 18, III, 30, p.u., 33, 34, 35, §§ 2º a 4º, 36, I e X a XIII, 37, § 5º, b, 40, I e II, 43, §§ 8º, 9º e 11, 44, 53, §§ 1º e 2º, 56, 57, § 2º, 63, 71, 76, § 5º, 77, I e § 4º, 89, §§ 1º e 2º, 90, 91, a-2 e 95 promovidas no texto da referida lei.

ART. 2º O disposto na alínea b do § 3º do art. 43 da Lei n. 8.981, de 1995, somente se aplica aos créditos relativos a:

I - operações de empréstimos, ou qualquer forma de adiantamento de recursos;

II - aquisição de títulos e valores mobiliários de renda fixa, cujo devedor ou emitente seja pessoa jurídica de direito público ou empresa sob o seu controle, empresa pública, sociedade de economia mista, ou sua subsidiária;

III - fundos administrados por qualquer das pessoas jurídicas referidas no inciso II.

Parágrafo único. Está também abrangida pelo disposto na alínea b do § 3º do art. 43 da Lei n. 8.981, de 1995, a parcela de crédito correspondente ao lucro diferido nos termos do art. 10 do Decreto-Lei n. 1.598, de 26 de dezembro de 1977.

ART. 3º O saldo credor da conta de correção monetária de que trata o inciso II do art. 4º da Lei n. 7.799, de 10 de julho de 1989, apurado a partir do encerramento do ano-calendário de 1995, será computado na determinação do lucro real, podendo o contribuinte diferir, com observância do disposto nos arts. 4º e 8º desta Lei, a tributação do lucro inflacionário não realizado.

Parágrafo único. O disposto neste artigo aplica-se, também, às pessoas jurídicas a que se refere o § 6º do art. 37 da Lei n. 8.981, de 1995.

ART. 4º Considera-se lucro inflacionário, em cada ano-calendário, o saldo credor da conta de correção monetária, ajustado pela diminuição das variações monetárias e das receitas e despesas financeiras computadas na determinação do lucro líquido do ano-calendário.

§ 1º Proceder-se-á ao ajuste mediante a dedução, do saldo credor da conta de correção monetária, de valor correspondente à diferença positiva entre a soma das despesas financeiras com as variações monetárias passivas e a soma das receitas financeiras com as variações monetárias ativas.

§ 2º O lucro inflacionário a tributar será registrado em conta especial do Livro de Apuração do Lucro Real, e o saldo transferido do ano-calendário anterior será corrigido, monetariamente, com base na variação do valor da UFIR verificada entre o primeiro dia seguinte ao do balanço de encerramento do ano-calendário anterior e o dia seguinte ao do balanço do exercício da correção.

ART. 5º Em cada ano-calendário considerar-se-á, realizada parte do lucro inflacionário proporcional ao valor, realizado no mesmo período, dos bens e direitos do ativo sujeitos à correção monetária.

§ 1º O lucro inflacionário realizado em cada ano-calendário será calculado de acordo com as seguintes regras:

a) será determinada a relação percentual entre o valor dos bens e direitos do ativo sujeitos à correção monetária, realizado no ano-calendário, e a soma dos seguintes valores:

a.1) a média do valor contábil do ativo permanente no início e no final do ano-calendário;

a.2) a média dos saldos, no início e no fim do ano-calendário, das contas representativas do custo dos imóveis não classificados no ativo permanente, das contas representativas das aplicações em ouro, das contas representativas de adiantamentos a fornecedores de bens sujeitos à correção monetária, salvo se o contrato previr a indexação do crédito, e de outras contas que venham a ser determinadas pelo Poder Executivo, considerada a natureza dos bens ou valores que representem;

b) o valor dos bens e direitos do ativo sujeitos à correção monetária, realizado no ano-calendário, será a soma dos seguintes valores:

b.1) custo contábil dos imóveis existentes no estoque no início do ano-calendário e baixados no curso deste;

b.2) valor contábil, corrigido monetariamente até a data da baixa, dos demais bens e direitos do ativo sujeitos à correção monetária, baixados no curso do ano-calendário;

b.3) quotas de depreciação, amortização e exaustão, computadas como custo ou despesa operacional do ano-calendário;

b.4) lucros ou dividendos, recebidos no ano-calendário, de quaisquer participações societárias registradas como investimento;

c) o montante do lucro inflacionário realizado do ano-calendário será determinado mediante a aplicação da percentagem de que trata a alínea a sobre o lucro inflacionário do mesmo ano-calendário;

d) a percentagem de que trata a alínea a será também aplicada, em cada ano, sobre o lucro inflacionário, apurado nos anos-calendário anteriores, excetuado o lucro inflacionário acumulado, existente em 31 de dezembro de 1994.

§ 2º O contribuinte que optar pelo diferimento da tributação do lucro inflacionário não realizado deverá computar na determinação do lucro real o montante do lucro inflacionário realizado (§ 1º) ou o valor determinado de acordo com o disposto no art. 6º, e excluir do lucro líquido do ano-calendário o montante do lucro inflacionário do próprio ano-calendário.

ART. 6º A pessoa jurídica deverá considerar realizado em cada ano-calendário, no mínimo, dez por cento do lucro inflacionário, quando o valor, assim determinado, resultar superior ao apurado na forma do § 1º do art. 5º.

Parágrafo único. A realização de que trata este artigo aplica-se, inclusive, ao valor do lucro inflacionário apurado no próprio ano-calendário.

ART. 7º Nos casos de incorporação, fusão, cisão total ou encerramento de atividades, a pessoa jurídica incorporada, fusionada, cindida ou que encerrar atividades deverá considerar integralmente realizado o lucro inflacionário acumulado.

§ 1º Na cisão parcial, a realização será proporcional à parcela do ativo, sujeito à correção monetária, que tiver sido vertida.

§ 2º Para os efeitos deste artigo, considera-se lucro inflacionário acumulado a soma do lucro inflacionário de anos-calendário anteriores, corrigido monetariamente, deduzida das parcelas realizadas.

ART. 8º A partir de 1º de janeiro de 1996, a pessoa jurídica deverá considerar realizado mensalmente, no mínimo, 1/120 do lucro inflacionário, corrigido monetariamente, apurado em cada ano-calendário anterior.

Parágrafo único. A parcela realizada na forma deste artigo integrará a base de cálculo do imposto de renda devido mensalmente.

ART. 9º A pessoa jurídica que tiver saldo de lucro inflacionário a tributar e que vier a ser tributada pelo lucro arbitrado deverá adicionar esse saldo, corrigido monetariamente, à base de cálculo do imposto de renda.

ART. 10. (Revogado pela Lei 9.249/1995.)

§§ 1º a 3º (Revogados pela Lei 9.249/1995.)

ART. 11. O lucro real ou arbitrado da pessoa jurídica estará sujeito a um adicional do imposto de renda à alíquota de:

I - dez por cento sobre a parcela do lucro real que ultrapassar R$ 180.000,00 até R$ 780.000,00;

II - quinze por cento sobre a parcela do lucro real que ultrapassar R$ 780.000,00;

III - dez por cento sobre a parcela do lucro arbitrado que ultrapassar R$ 15.000,00 até R$ 65.000,00;

IV - quinze por cento sobre a parcela do lucro arbitrado que ultrapassar R$ 65.000,00.

§ 1º Os limites previstos nos incisos I e II serão proporcionais ao número de meses transcorridos do ano-calendário, quando o período de apuração for inferior a doze meses.

§ 2º O valor do adicional será recolhido integralmente, não sendo permitidas quaisquer deduções.

ART. 12. O disposto nos arts. 42 e 58 da Lei n. 8.981, de 1995, vigorará até 31 de dezembro de 1995.

ART. 13. A partir de 1º de abril de 1995, os juros de que tratam a alínea c do parágrafo único do art. 14 da Lei n. 8.847, de 28 de janeiro de 1994, com a redação dada pelo art. 6º da Lei n. 8.850, de 28 de janeiro de 1994, e pelo art. 90 da Lei n. 8.981, de 1995, o art. 84, inciso I, e o art. 91, parágrafo único, alínea a.2, da Lei n. 8.981, de 1995, serão equivalentes à taxa referencial do Sistema Especial de Liquidação e de Custódia - SELIC para títulos federais, acumulada mensalmente.

‣ Dec. 7.212/2010 (Regulamenta a cobrança, fiscalização, arrecadação e administração do IPI).

ART. 14. Os rendimentos e ganhos de capital distribuídos, a partir de 1º de julho de 1995, pelos Fundos de Investimento Imobiliário e Fundos de Investimento Cultural e Artístico - FICART, sob qualquer forma e qualquer que seja o beneficiário, sujeitam-se à incidência do imposto de renda na fonte à alíquota de dez por cento.

Parágrafo único. Ao imposto retido nos termos deste artigo aplica-se o disposto no art. 76 da Lei n. 8.981, de 1995.

ART. 15. O prejuízo fiscal apurado a partir do encerramento do ano-calendário de 1995, poderá ser compensado, cumulativamente com os prejuízos fiscais apurados até 31 de dezembro de 1994, com o lucro líquido ajustado pelas adições e exclusões previstas na legislação do imposto de renda, observado o limite máximo, para a compensação, de trinta por cento do referido lucro líquido ajustado.

Parágrafo único. O disposto neste artigo somente se aplica às pessoas jurídicas que mantiverem os livros e documentos, exigidos pela legislação fiscal, comprobatórios do montante do prejuízo fiscal utilizado para a compensação.

ART. 16. A base de cálculo da contribuição social sobre o lucro, quando negativa, apurada a partir do encerramento do ano-calendário de 1995, poderá ser compensada, cumulativamente com a base de cálculo negativa apurada até 31 de dezembro de 1994, com o resultado do período de apuração ajustado pelas adições e exclusões previstas na legislação da referida contribuição social, determinado em anos-calendário subsequentes, observado o limite máximo de redução de trinta por cento, previsto no art. 58 da Lei n. 8.981, de 1995.

Parágrafo único. O disposto neste artigo somente se aplica às pessoas jurídicas que mantiverem os livros e documentos, exigidos pela legislação fiscal, comprobatórios da base de cálculo negativa utilizada para a compensação.

ART. 17. O pagamento da Contribuição para o Programa de Integração Social e para o Programa de Formação do Patrimônio do Servidor Público (PIS/PASEP) deverá ser efetuado até o último dia útil da quinzena subsequente ao mês de ocorrência dos fatos geradores.

ART. 18. Esta Lei entra em vigor na data de sua publicação, produzindo efeitos a partir de 1º de janeiro de 1995, exceto os arts. 10, 11, 15 e 16, que produzirão efeitos a partir de 1º de janeiro de 1996, e os arts. 13 e 14, com efeitos, respectivamente, a partir de 1º de abril e 1º de julho de 1995.

ART. 19. Revogam-se as disposições em contrário e, especificamente, o § 3º do art. 44, o § 4º do art. 88, e os arts. 104, 105, 107 e 113 da Lei n. 8.981, de 1995, bem como o inciso IV do § 2º do art. 7º das Leis n. 8.256, de 25 de novembro de 1991, e 8.857, de 8 de março de 1994, o inciso IV do § 2º do art. 6º da Lei n. 8.210, de 19 de julho de 1991, e a alínea *d* do § 2º do art. 4º da Lei n. 7.965, de 22 de dezembro de 1989.

Brasília, 20 de junho 1995; 174º da Independência e 107º da República.

FERNANDO HENRIQUE CARDOSO

LEI N. 9.069, DE 29 DE JUNHO DE 1995

Dispõe sobre o Plano Real, o Sistema Monetário Nacional, estabelece as regras e condições de emissão do REAL e os critérios para conversão das obrigações para o REAL, e dá outras providências.

▸ *DOU*, 30.6.1995.

O Presidente da República. Faço saber que o Congresso Nacional decreta e eu sanciono a seguinte Lei:

CAPÍTULO I DO SISTEMA MONETÁRIO NACIONAL

ART. 1º A partir de 1º de julho de 1994, a unidade do Sistema Monetário Nacional passa a ser o REAL (art. 2º da Lei n. 8.880, de 27 de maio de 1994), que terá curso legal em todo o território nacional.

§ 1º As importâncias em dinheiro serão grafadas precedidas do símbolo R$.

§ 2º A centésima parte do REAL, denominada "centavo", será escrita sob a forma decimal, precedida da vírgula que segue a unidade.

§ 3º A paridade entre o REAL e o Cruzeiro Real, a partir de 1º de julho de 1994, será igual à paridade entre a Unidade Real de Valor - URV e o Cruzeiro Real fixada pelo Banco Central do Brasil para o dia 30 de junho de 1994.

§ 4º A paridade de que trata o parágrafo anterior permanecerá fixa para os fins previstos no art. 3º, § 3º, da Lei n. 8.880, de 27 de maio de 1994, e no art. 2º desta Lei.

§ 5º Admitir-se-á fracionamento especial da unidade monetária nos mercados de valores mobiliários e de títulos da dívida pública, na cotação de moedas estrangeiras, na Unidade Fiscal de Referência - UFIR e na determinação da expressão monetária de outros valores que necessitem da avaliação de grandezas inferiores ao centavo, sendo as frações resultantes desprezadas ao final dos cálculos.

ART. 2º O Cruzeiro Real, a partir de 1º de julho de 1994, deixa de integrar o Sistema Monetário Nacional, permanecendo em circulação como meio de pagamento as cédulas e moedas dele representativas, pelo prazo de 30 (trinta) dias, na forma prevista nos §§ 3º e 4º do art. 3º da Lei n. 8.880, de 1994.

§ 1º Até o último dia útil de julho de 1994, os cheques ainda emitidos com indicação de valor em Cruzeiros Reais serão acolhidos pelas instituições financeiras e pelos serviços de compensação, sem prejuízo do direito ao crédito, nos termos da legislação pertinente.

§ 2º Os prazos previstos neste artigo poderão ser prorrogados pelo Banco Central do Brasil.

§ 3º Os documentos de que trata o § 1º serão acolhidos e contabilizados com a paridade fixada, na forma do § 3º do art. 1º, para o dia 1º de julho de 1994.

ART. 3º O Banco Central do Brasil emitirá o REAL mediante a prévia vinculação de reservas internacionais em valor equivalente, observado o disposto no art. 4º desta Lei.

§ 1º As reservas internacionais passíveis de utilização para composição do lastro para emissão do REAL são os ativos de liquidez internacional denominados ou conversíveis em dólares dos Estados Unidos da América.

§ 2º A paridade a ser obedecida, para fins da equivalência a que se refere o *caput* deste artigo, será de um dólar dos Estados Unidos da América para cada REAL emitido.

§ 3º Os rendimentos resultantes das aplicações das reservas vinculadas não se incorporarão a estas, sendo incorporadas às reservas não vinculadas administradas pelo Banco Central do Brasil.

§ 4º O Conselho Monetário Nacional, segundo critérios aprovados pelo Presidente da República:

I - regulamentará o lastreamento do REAL;

II - definirá a forma como o Banco Central do Brasil administrará as reservas internacionais vinculadas;

III - poderá modificar a paridade a que se refere o § 2º deste artigo.

§ 5º O Ministro da Fazenda submeterá ao Presidente da República os critérios de que trata o parágrafo anterior.

ART. 4º Observado o disposto nos artigos anteriores, o Banco Central do Brasil deverá obedecer, no tocante às emissões de REAL, o seguinte:

I - limite de crescimento para o trimestre outubro-dezembro/94 de 13,33% (treze vírgula trinta e três por cento), para as emissões de REAL sobre o saldo de 30 de setembro de 1994;

II - limite de crescimento percentual nulo no quarto trimestre de 1994, para as emissões de REAL no conceito ampliado;

III - nos trimestres seguintes, obedecido o objetivo de assegurar a estabilidade da moeda, a programação monetária de que trata o art. 6º desta Lei estimará os percentuais de alteração das emissões de REAL em ambos os conceitos mencionados acima.

§ 1º Para os propósitos do contido no *caput* deste artigo, o Conselho Monetário Nacional, tendo presente o objetivo de assegurar a estabilidade da moeda, definirá os componentes do conceito ampliado de emissão, nele incluídas as emissões lastreadas de que trata o art. 3º desta Lei.

§ 2º O Conselho Monetário Nacional, para atender a situações extraordinárias, poderá autorizar o Banco Central do Brasil a exceder em até 20% (vinte por cento) os valores resultantes dos percentuais previstos no *caput* deste artigo.

§ 3º O Conselho Monetário Nacional, por intermédio do Ministro de Estado da Fazenda, submeterá ao Presidente da República os critérios referentes a alteração de que trata o § 2º deste artigo.

§ 4º O Conselho Monetário Nacional, de acordo com diretrizes do Presidente da República, regulamentará o disposto neste artigo, inclusive no que diz respeito à apuração dos valores das emissões autorizadas e em circulação e à definição de emissões no conceito ampliado.

ART. 5º Serão grafadas em REAL, a partir de 1º de julho de 1994, as demonstrações contábeis e financeiras, os balanços, os cheques, os títulos, os preços, os precatórios, os valores de contratos e todas as demais expressões pecuniárias que se possam traduzir em moeda nacional.

CAPÍTULO II DA AUTORIDADE MONETÁRIA

ART. 6º O Presidente do Banco Central do Brasil submeterá ao Conselho Monetário Nacional, no início de cada trimestre, programação monetária para o trimestre, da qual constarão, no mínimo:

I - estimativas das faixas de variação dos principais agregados monetários compatíveis com o objetivo de assegurar a estabilidade da moeda; e

II - análise da evolução da economia nacional prevista para o trimestre, e justificativa da programação monetária.

§ 1º Após aprovação do Conselho Monetário Nacional, a programação monetária será encaminhada à Comissão de Assuntos Econômicos do Senado Federal.

§ 2º O Congresso Nacional poderá, com base em parecer da Comissão de Assuntos Econômicos do Senado Federal, rejeitar a programação monetária a que se refere o *caput* deste artigo, mediante decreto legislativo, no prazo de dez dias a contar do seu recebimento.

§ 3º O Decreto Legislativo referido no parágrafo anterior limitar-se-á à aprovação ou rejeição "in totum" da programação monetária, vedada a introdução de qualquer alteração.

§ 4º Decorrido o prazo a que se refere o § 2º deste artigo, sem apreciação da matéria pelo Plenário do Congresso Nacional, a programação monetária será considerada aprovada.

§ 5º Rejeitada a programação monetária, nova programação deverá ser encaminhada, nos termos deste artigo, no prazo de dez dias, a contar da data de rejeição.

§ 6º Caso o Congresso Nacional não aprove a programação monetária até o final do primeiro mês do trimestre a que se destina, fica o Banco Central do Brasil autorizado a executá-la até sua aprovação.

ART. 7º O Presidente do Banco Central do Brasil enviará, através do Ministro da Fazenda, ao Presidente da República e aos Presidentes das duas Casas do Congresso Nacional:

I - relatório trimestral sobre a execução da programação monetária; e

II - demonstrativo mensal das emissões de REAL, as razões delas determinantes e a posição das reservas internacionais a elas vinculadas.

ART. 8º O Conselho Monetário Nacional, criado pela Lei n. 4.595, de 31 de dezembro de 1964, passa a ser integrado pelos seguintes membros:

> ▸ A Med. Prov. 870/2019 determinou a seguinte alteração:
> I - Ministro de Estado da Economia, que o presidirá;
> II - Presidente do Banco Central do Brasil; e
> III - Secretário Especial de Fazenda do Ministério da Economia.

I - Ministro de Estado da Fazenda, na qualidade de Presidente;

II - Ministro de Estado do Planejamento, Orçamento e Gestão; (Redação dada pela Med. Prov. 2216-37/2001.)

III - Presidente do Banco Central do Brasil.

§ 1º O Conselho deliberará mediante resoluções, por maioria de votos, cabendo ao Presidente a prerrogativa de deliberar, nos casos de urgência e relevante interesse, *ad referendum* dos demais membros.

§ 2º Quando deliberar *ad referendum* do Conselho, o Presidente submeterá a decisão ao colegiado na primeira reunião que se seguir àquela deliberação.

§ 3º O Presidente do Conselho poderá convidar Ministros de Estado, bem como representantes de entidades públicas ou privadas, para participar das reuniões, não lhes sendo permitido o direito de voto.

§ 4º O Conselho reunir-se-á, ordinariamente, uma vez por mês, e, extraordinariamente, sempre que for convocado por seu Presidente.

§ 5º O Banco Central do Brasil funcionará como secretaria-executiva do Conselho.

§ 6º O regimento interno do Conselho Monetário Nacional será aprovado por decreto do Presidente da República, no prazo máximo de trinta dias, contados da publicação desta Lei.

§ 7º A partir de 30 de junho de 1994, ficam extintos os mandatos de membros do Conselho Monetário Nacional nomeados até aquela data.

ART. 9º É criada junto ao Conselho Monetário Nacional a Comissão Técnica da Moeda e do Crédito, composta dos seguintes membros:

I - Presidente e quatro Diretores do Banco Central do Brasil;

II - Presidente da Comissão de Valores Mobiliários;

III - Secretário-Executivo do Ministério do Planejamento, Orçamento e Gestão; (Redação dada pela Med. Prov. 2216-37/2001.)

› A Med. Prov. 870/2019 determinou a seguinte alteração:
III - Secretário-Executivo e Secretários do Tesouro Nacional e de Política Econômica do Ministério da Economia;

IV - Secretário-Executivo e Secretários do Tesouro Nacional e de Política Econômica do Ministério da Fazenda.

› A Med. Prov. 870/2019 determinou a revogação deste inciso.

§ 1º A Comissão será coordenada pelo Presidente do Banco Central do Brasil.

§ 2º O regimento interno da Comissão Técnica da Moeda e do Crédito será aprovado por decreto do Presidente da República.

ART. 10. Compete à Comissão Técnica da Moeda e do Crédito:

I - propor a regulamentação das matérias tratadas na presente Lei, de competência do Conselho Monetário Nacional;

II - manifestar-se, na forma prevista em seu regimento interno, previamente, sobre as matérias de competência do Conselho Monetário Nacional, especialmente aquelas constantes da Lei n. 4.595, de 31 de dezembro de 1964;

III - outras atribuições que lhe forem cometidas pelo Conselho Monetário Nacional.

ART. 11. Funcionarão, também, junto ao Conselho Monetário Nacional, as seguintes Comissões Consultivas:

I - de Normas e Organização do Sistema Financeiro;

II - de Mercado de Valores Mobiliários e de Futuros;

III - de Crédito Rural;

IV - de Crédito Industrial;

V - de Crédito Habitacional, e para Saneamento e Infraestrutura Urbana;

VI - de Endividamento Público;

VII - de Política Monetária e Cambial.

§ 1º A organização, a composição e o funcionamento das Comissões Consultivas serão objeto de regimento interno, a ser aprovado por Decreto do Presidente da República.

§ 2º Ficam extintos, a partir de 30 de junho de 1994, os mandatos dos membros das Comissões Consultivas.

CAPÍTULO III
DAS CONVERSÕES PARA REAL

ART. 12. Na operação de conversão de Cruzeiros Reais para REAL, serão adotadas quatro casas decimais no quociente da divisão.

§ 1º Em todos os pagamentos ou liquidações de soma a receber ou a pagar e registros contábeis, serão desprezados, para todos os efeitos legais, os valores inferiores ao correspondente a um centavo de REAL.

§ 2º Nas instituições financeiras e nas demais entidades autorizadas a funcionar pelo Banco Central do Brasil a soma das parcelas desprezadas, na forma do parágrafo anterior, será recolhida e creditada ao Tesouro Nacional, no prazo a ser fixado pelo Poder Executivo, para ser utilizada em programas emergenciais contra a fome e a miséria, conforme regulamentação a ser baixada pelo Poder Executivo.

ART. 13. A partir de 1º de julho de 1994, todos os valores expressos em URV passam a ser expressos, de pleno direito, em igual número de REAIS.

ART. 14. As obrigações pecuniárias expressas em Cruzeiros Reais que não tenham sido convertidas em URV até 30 de junho de 1994, inclusive, serão, em 1º de julho de 1994, obrigatoriamente convertidas em REAL, de acordo com as normas desta Lei.

Parágrafo único. O disposto no *caput* deste artigo aplica-se às obrigações que tenham sido mantidas em Cruzeiros Reais por força do contido na Lei n. 8.880, de 27 de maio de 1994, inclusive em seu art. 16.

ART. 15. Serão convertidos em REAL, em 1º de julho de 1994, segundo a paridade fixada para aquela data:

I - as contas-correntes;

II - os depósitos à vista nas instituições financeiras;

III - os depósitos compulsórios em espécie sobre depósitos à vista, mantidos pelo sistema bancário junto ao Banco Central do Brasil.

ART. 16. Observado o disposto nos parágrafos deste artigo, serão igualmente convertidos em REAL, em 1º de julho de 1994, de acordo com a paridade fixada para aquela data:

I - os saldos das cadernetas de poupança;

II - os depósitos compulsórios e voluntários mantidos junto ao Banco Central do Brasil, com recursos originários da captação de cadernetas de poupança;

III - os saldos das contas do Fundo de Garantia do Tempo do Serviço - FGTS, do Fundo de Participação PIS/PASEP e do Fundo de Amparo ao Trabalhador - FAT;

IV - as operações de crédito rural;

V - as operações ativas e passivas dos Sistemas Financeiro da Habitação e do Saneamento (SFH e SFS), observado o disposto nos arts. 20 e 21 desta Lei;

VI - as operações de seguro, de previdência privada e de capitalização;

VII - as demais operações contratadas com base na Taxa Referencial - TR ou no índice de remuneração básica dos depósitos de poupança; e

VIII - as demais operações da mesma natureza, não compreendidas nos incisos anteriores.

§ 1º A conversão de que trata este artigo será precedida de atualização *pro rata tempore*, desde a data do último aniversário até 30 de junho de 1994, inclusive, mediante a aplicação da Taxa Referencial - TR ou do referencial legal ou contratual pertinente, na forma da legislação vigente.

§ 2º Na data de aniversário no mês de julho, incidirá, *pro rata tempore*, desde a data de conversão, sobre o valor convertido, a Taxa Referencial - TR ou o referencial legal ou contratual pertinente e juros, na forma da legislação vigente.

§ 3º O crédito da remuneração básica e dos juros, no que diz respeito às cadernetas de poupança, ocorrerá somente nas datas de aniversário, que são mantidas para todos os efeitos.

§ 4º Observadas as diretrizes estabelecidas pelo Presidente da República, o Ministro de Estado da Fazenda, o Conselho Monetário Nacional, o Conselho de Gestão da Previdência Complementar e o Conselho Nacional de Seguros Privados, dentro de suas respectivas competências, regulamentarão o disposto neste artigo.

ART. 17. Os valores das prestações de financiamentos habitacionais firmados com entidades integrantes do Sistema Financeiro da Habitação - SFH, e entidades de previdência privada, quando em condições análogas às utilizadas no Sistema Financeiro da Habitação, expressos em Cruzeiros Reais, no mês de junho de 1994, serão convertidos em REAL, no dia 1º de julho de 1994, observada a paridade entre o Cruzeiro Real e o Real fixada para aquela data.

Parágrafo único. São mantidos o índice de reajuste e a periodicidade contratualmente estabelecidos para atualização das prestações de que trata este artigo.

ART. 18. Os depósitos da União no Banco Central do Brasil e nas instituições financeiras terão seu saldo atualizado, pela taxa média referencial do Sistema Especial de Liquidação e de Custódia - SELIC, até 30 de junho de 1994, e convertidos para REAL, em 1º de julho de 1994, observada a paridade fixada para aquela data.

ART. 19. As obrigações pecuniárias em Cruzeiros Reais, sem cláusula de correção monetária ou com cláusula de correção monetária prefixada, serão convertidas em REAL, no dia 1º de julho de 1994, observada a paridade entre o Cruzeiro Real e o Real fixada para aquela data.

ART. 20. As obrigações pecuniárias em Cruzeiros Reais, com cláusula de correção monetária baseada em índices de preços, em que a periodicidade de reajuste pleno é igual ou menor que a periodicidade de pagamento, serão convertidas em REAL, no dia 1º de julho de 1994, observada a paridade fixada para aquela data, reajustando-se *pro rata tempore* os valores contratuais expressos em Cruzeiros Reais desde o último aniversário até o dia 30 de junho de 1994, inclusive, de acordo com o índice constante do contrato.

ART. 21. As obrigações pecuniárias em Cruzeiros Reais, com cláusula de correção monetária baseada em índices de preços, em que a periodicidade de reajuste pleno é maior que a periodicidade de pagamento, serão convertidas em REAL, no dia 1º de julho de 1994, de acordo com as disposições abaixo:

I - dividindo-se o valor em Cruzeiros Reais da obrigação vigente no dia do aniversário em cada um dos meses imediatamente anteriores, em número igual aos do último período de reajuste pleno, pelo valor em Cruzeiros Reais do equivalente em URV nesses mesmos dias;

II - extraindo-se a média aritmética dos valores resultantes do inciso anterior;

III - reconvertendo-se, em Cruzeiros Reais, o valor encontrado pela URV do dia do aniversário em junho de 1994;

IV - aplicando-se, *pro rata tempore*, sobre o valor em Cruzeiros Reais de que trata o inciso anterior, o índice contratual ou legal até 30 de junho de 1994; e

V - convertendo-se em REAL o valor corrigido na forma do inciso anterior pela paridade fixada para aquela data.

§ 1º O cálculo da média a que se refere este artigo será feito com base nos preços unitários, nos casos dos contratos para aquisição ou produção de bens para entrega futura, execução de obras, prestação de serviços, locação, uso e arrendamento, quando as quantidades de bens e serviços, a cada mês, forem variáveis.

§ 2º No caso de obrigações em que tenha transcorrido um número de meses menor que o da periodicidade de reajuste pleno, a conversão será feita, na forma do *caput* deste artigo, levando-se em conta apenas os valores referentes aos meses a partir da contratação.

§ 3º No caso dos contratos de locação residencial com cláusula de reajuste superior a seis meses, as disposições do *caput* deste artigo serão aplicadas tomando em conta apenas os aluguéis dos primeiros seis meses do último período de reajuste pleno.

§ 4º Em caso de desequilíbrio econômico-financeiro, os contratos de locação residencial, inclusive os convertidos anteriormente, poderão ser revistos, a partir de 1º de janeiro de 1995, através de livre negociação entre as partes, ou judicialmente, a fim de adequá-los aos preços de mercado, sem prejuízo do direito à ação revisional prevista na Lei n. 8.245, de 1991.

§ 5º Efetivada a revisão, o novo valor do aluguel residencial vigorará pelo prazo mínimo de um ano.

ART. 22. Para os efeitos desta Lei, "dia de aniversário", "data de aniversário" e "aniversário" correspondem:

I - no caso de obrigações pecuniárias em Cruzeiros Reais com cláusula de correção monetária por índice de preço, ao dia do vencimento; na falta deste, ao dia do último reajuste; e, na falta deste, ao dia do surgimento, em qualquer mês, da obrigação, do título, do contrato ou da parcela contratual;

II - no caso de contratos que tenham por objeto a aquisição ou produção de bens para entrega futura, a execução de obras ou a prestação de serviços, e que tenham cláusulas de reajuste de preços por índices de preços setoriais, regionais ou específicos, ou, ainda, que reflitam a variação ponderada dos custos dos insumos utilizados, ao último dia de validade dos preços contratuais em cada período de reajuste.

ART. 23. As disposições desta Lei, sobre conversões, aplicam-se aos contratos de que trata o art. 15 da Lei n. 8.880, de 27 de maio de 1994, e sua regulamentação.

§ 1º Na conversão para REAL dos contratos que não contiverem cláusula de atualização monetária entre a data final do período de adimplemento da obrigação e a data da exigibilidade do pagamento, será deduzida a expectativa de inflação considerada no contrato relativamente a este prazo, devendo, quando o contrato não mencionar explicitamente a expectativa inflacionária, ser adotada, para a dedução a variação do Índice Geral de Preços - Disponibilidade Interna - IGP/DI, da Fundação Getúlio Vargas - FGV, no mês de apresentação da proposta ou do orçamento a que esta se referir, aplicado *pro rata tempore* relativamente ao prazo previsto para o pagamento.

§ 2º Nos casos em que houver cláusula de atualização monetária decorrente de atraso de pagamento, corrigido também o período decorrido entre a data do adimplemento da obrigação e da exigibilidade do pagamento, aplica-se a este período a dedução referida no parágrafo anterior, segundo os critérios nele estabelecidos.

§ 3º O Poder Executivo regulamentará o disposto neste artigo.

ART. 24. Nas obrigações convertidas em REAL na forma dos arts. 20 e 21, o cálculo da correção monetária, a partir de 1º de julho de 1994, somente é válido quando baseado em índice de preços calculado na forma do art. 38 da Lei n. 8.880, de 27 de maio de 1994.

§ 1º O cálculo dos índices de correção monetária de obrigações a que se refere o *caput* deste artigo tomará por base preços em REAL, o equivalente em URV dos preços em Cruzeiros Reais, e os preços nominados ou convertidos em URV dos meses anteriores.

§ 2º Observado o disposto no art. 28, sobre os valores convertidos em REAL, na forma dos arts. 20 e 21, serão aplicados *pro rata tempore*, da data da conversão até a data do aniversário, os índices de correção monetária a que estiverem sujeitos, calculados de conformidade com o art. 38 da Lei n. 8.880, 27 de maio de 1994, de acordo com as respectivas disposições legais, regulamentares, contratuais, ou decisões judiciais com base nas quais tiverem sido constituídos.

§ 3º No cálculo dos índices de que trata este artigo, os preços em Cruzeiros Reais deverão ser convertidos em URV do dia de sua coleta.

§ 4º Caso o índice de preços constante do contrato não esteja disponível na forma do *caput* deste artigo, será utilizado, para os fins do disposto no art. 38 da Lei n. 8.880, de 27 de maio de 1994, e nesta Lei, índice equivalente substituto, na forma da regulamentação a ser baixada pelo Poder Executivo.

§ 5º É nula de pleno direito e não surtirá nenhum efeito a aplicação de índice, para fins de correção monetária, calculado de forma diferente da estabelecida neste artigo.

ART. 25. As dotações constantes da proposta de Orçamento Geral da União enviada ao Congresso Nacional, com as modificações propostas nos termos do art. 166, § 5º, da Constituição Federal, serão corrigidas para preços médios de 1994, mediante a aplicação, sobre os valores expressos a preços de abril de 1993, do multiplicador de 66,8402, sendo então convertidos em 1º de julho de 1994 em REAIS pela paridade fixada para aquela data.

§ 1º Serão também convertidos em REAL em 1º de julho de 1994, pela paridade fixada para aquela data, todos os valores expressos em Cruzeiros Reais em 30 de junho de 1994, constantes de balanços e de todos os atos e fatos relacionados com a gestão orçamentária, financeira, patrimonial e contábil.

§ 2º No caso do parágrafo anterior, se resultarem valores inferiores a R$ 0,01 (um centavo de REAL), os mesmos serão representados por este valor (R$ 0,01).

ART. 26. Como forma de garantir o equilíbrio econômico-financeiro na conversão dos contratos relativos à atividade agrícola, ficam asseguradas as condições de equivalência constantes nos contratos de financiamento de custeio e de comercialização para produtos contemplados na safra 1993/94 e na safra 1994 com "preços mínimos de garantia" dentro da Política de Garantia de Preços Mínimos - PGPM.

CAPÍTULO IV
DA CORREÇÃO MONETÁRIA

ART. 27. A correção, em virtude de disposição legal ou estipulação de negócio jurídico, da expressão monetária de obrigação pecuniária contraída a partir de 1º de julho de 1994, inclusive, somente poderá dar-se pela variação acumulada do Índice de Preços ao Consumidor, Série r - IPC-r.

§ 1º O disposto neste artigo não se aplica:

I - às operações e contratos de que tratam o Decreto-Lei n. 857, de 11 de setembro de 1969, e o art. 6º da Lei n. 8.880, de 27 de maio de 1994;

II - aos contratos pelos quais a empresa se obrigue a vender bens para entrega futura, prestar ou fornecer serviços a serem produzidos, cujo preço poderá ser reajustado em função do custo de produção ou da variação de índice que reflita a variação ponderada dos custos dos insumos utilizados;

III - às hipóteses tratadas em lei especial.

§ 2º Considerar-se-á de nenhum efeito a estipulação, a partir de 1º de julho de 1994, de correção monetária em desacordo com o estabelecido neste artigo.

§ 3º Nos contratos celebrados ou convertidos em URV, em que haja cláusula de correção monetária por índice de preços ou por índice que reflita a variação ponderada dos custos dos insumos utilizados, o cálculo desses índices, para efeitos de reajuste, deverá ser nesta moeda até a emissão do REAL e, daí em diante, em REAL, observado o art. 38 da Lei n. 8.880, de 27 de maio de 1994.

§ 4º A correção monetária dos contratos convertidos na forma do art. 21 desta Lei será apurada somente a partir do primeiro aniversário da obrigação, posterior à sua conversão em REAIS.

§ 5º A Taxa Referencial - TR somente poderá ser utilizada nas operações realizadas nos mercados financeiros, de valores mobiliários, de seguros, de previdência privada, de capitalização e de futuros.

§ 6º Continua aplicável aos débitos trabalhistas o disposto no art. 39 da Lei n. 8.177, de 1º de março de 1991.

ART. 28. Nos contratos celebrados ou convertidos em REAL com cláusula de correção monetária por índices de preço ou por índice que reflita a variação ponderada dos custos dos insumos utilizados, a periodicidade de aplicação dessas cláusulas será anual.

§ 1º É nula de pleno direito e não surtirá nenhum efeito cláusula de correção monetária cuja periodicidade seja inferior a um ano.

§ 2º O disposto neste artigo aplica-se às obrigações convertidas ou contratadas em URV até 27 de maio de 1994 e às convertidas em REAL.

§ 3º A periodicidade de que trata o *caput* deste artigo será contada a partir:

I - da conversão em REAL, no caso das obrigações ainda expressas em Cruzeiros Reais;

II - da conversão ou contratação em URV, no caso das obrigações expressas em URV contratadas até 27 de maio de 1994;

III - da contratação, no caso de obrigações contraídas após 1º de julho de 1994; e

IV - do último reajuste no caso de contratos de locação residencial.

§ 4º O disposto neste artigo não se aplica:

I - às operações realizadas no mercado financeiro e no Sistema Financeiro de Habitação - SFH, por instituições financeiras e demais entidades autorizadas a funcionar pelo Banco Central do Brasil, bem assim no Sistema Brasileiro de Poupança e Empréstimo - SBPE e aos financiamentos habitacionais de entidades de previdência privada;

II - às operações e contratos de que tratam o Decreto-Lei n. 857, de 1969, e o art. 6º da Lei n. 8.880, de 27 de maio de 1994.

§ 5º O Poder Executivo poderá reduzir a periodicidade de que trata esse artigo.

§ 6º O devedor, nos contratos com prazo superior a um ano, poderá amortizar, total ou parcialmente, antecipadamente, o saldo devedor, desde que o faça com o seu valor atualizado pela variação acumulada do índice contratual ou do IPC-r até a data do pagamento.

§ 7º Nas obrigações em Cruzeiros Reais, contraídas antes de 15 de março de 1994 e não convertidas em URV, o credor poderá exigir, decorrido um ano da conversão para o REAL, ou no seu vencimento final, se anterior, sua atualização na forma contratada, observadas as disposições desta Lei, abatidos os pagamentos, também atualizados, eventualmente efetuados no período.

CAPÍTULO V
DA AMORTIZAÇÃO DA DÍVIDA MOBILIÁRIA FEDERAL

- Dec. 1.312/1994 (Regulamenta o Capítulo V, arts. 29 a 35, da Medida Provisória n. 681, de 27 de outubro de 1994, que institui o Fundo de Amortização da Dívida Pública Mobiliária Federal).

ART. 29. É criado o Fundo de Amortização da Dívida Pública Mobiliária Federal, com a finalidade de amortizar a dívida mobiliária interna do Tesouro Nacional, que será regulamentado pelo Poder Executivo.

- Dec. 1.312/1994 (Regulamenta o Capítulo V, arts. 29 a 35, da Medida Provisória n. 681, de 27 de outubro de 1994, que institui o Fundo de Amortização da Dívida Pública Mobiliária Federal).
- Med. Prov. 2.165-35/2001 (Dá nova redação a dispositivos da Lei 9.491/1997, que altera procedimentos relativos ao Programa Nacional de Desestatização).

ART. 30. O Fundo, de natureza contábil, será constituído através de vinculação, mediante prévia e expressa autorização do Presidente da República, a título de depósito:

- Dec. 1.312/1994 (Regulamenta o Capítulo V, arts. 29 a 35, da Medida Provisória n. 681, de 27 de outubro de 1994, que institui o Fundo de Amortização da Dívida Pública Mobiliária Federal).

I - de ações preferenciais sem direito de voto pertencentes à União;

II - de ações ordinárias ou preferenciais com direito de voto, excedentes ao número necessário à manutenção, pela União, do controle acionário das empresas por ela controladas por disposição legal;

III - de ações ordinárias ou preferenciais com direito de voto das empresas controladas pela União em que não haja disposição legal determinando a manutenção desse controle;

IV - de ações ordinárias ou preferenciais com direito ou sem direito a voto pertencentes à União, em que esta é minoritária.

Parágrafo único. O percentual das ações a ser depositado no Fundo será fixado em decreto do Poder Executivo.

ART. 31. O Fundo será gerido pelo Banco Nacional de Desenvolvimento Econômico e Social - BNDES, que promoverá as alienações, mediante delegação da União, observado o disposto no art. 32 desta Lei.

- Dec. 1.312/1994 (Regulamenta o Capítulo V, arts. 29 a 35, da Medida Provisória n. 681, de 27 de outubro de 1994, que institui o Fundo de Amortização da Dívida Pública Mobiliária Federal).

Parágrafo único. O BNDES, na qualidade de gestor do Fundo, poderá praticar, em nome e por conta da União, todos os atos necessários à consecução da venda em bolsa, inclusive firmar os termos de transferência das ações alienadas, garantindo ampla divulgação, com a publicação da justificativa e das condições de cada alienação.

ART. 32. As ordens de alienação de ações serão expedidas mediante Portaria conjunta dos Ministros de Estado da Fazenda e do Planejamento e Orçamento, que deverá conter o número, espécie e classe de ações a serem alienadas.

- Dec. 1.312/1994 (Regulamenta o Capítulo V, arts. 29 a 35, da Medida Provisória n. 681, de 27 de outubro de 1994, que institui o Fundo de Amortização da Dívida Pública Mobiliária Federal).

§ 1º As despesas, encargos e emolumentos relacionados com a alienação das ações serão abatidas do produto da alienação, devendo os valores líquidos ser repassados pelo gestor do Fundo ao Tesouro Nacional, juntamente com o demonstrativo da prestação de contas.

§ 2º O produto líquido das alienações deverá ser utilizado, especificamente, na amortização de principal atualizado de dívida pública mobiliária interna do Tesouro Nacional e dos respectivos juros, devendo o Ministério da Fazenda publicar quadro resumo, no qual constará a origem dos recursos e a dívida quitada.

§ 3º Os demonstrativos de prestação de contas relativas a cada alienação de ações, na forma da presente Lei, serão enviados pelo gestor do Fundo ao Tribunal de Contas da União, para apreciação.

ART. 33. A amortização da dívida mobiliária interna do Tesouro Nacional, a que se refere o art. 29, poderá, por acordo entre as partes, se dar mediante dação em pagamento de ações depositadas no Fundo.

- Dec. 1.312/1994 (Regulamenta o Capítulo V, arts. 29 a 35, da Medida Provisória n. 681, de 27 de outubro de 1994, que institui o Fundo de Amortização da Dívida Pública Mobiliária Federal).

ART. 34. A ordem de dação em pagamento prevista no art. 33 será expedida mediante portaria conjunta dos Ministros de Estado da Fazenda e do Planejamento e Orçamento, a qual estabelecerá o número, espécie e classe das ações, bem assim os critérios de fixação do respectivo preço, levando em conta o valor em bolsa.

- Dec. 1.312/1994 (Regulamenta o Capítulo V, arts. 29 a 35, da Medida Provisória n. 681, de 27 de outubro de 1994, que institui o Fundo de Amortização da Dívida Pública Mobiliária Federal).

ART. 35. Ficam excluídas das disposições deste capítulo as empresas incluídas no Programa Nacional de Desestatização, de que trata a Lei n. 8.031, de 12 de abril de 1990.

- Dec. 1.312/1994 (Regulamenta o Capítulo V, arts. 29 a 35, da Medida Provisória n. 681, de 27 de outubro de 1994, que institui o Fundo de Amortização da Dívida Pública Mobiliária Federal).

CAPÍTULO VI
DAS DISPOSIÇÕES TRIBUTÁRIAS

ART. 36. A partir de 1º de julho de 1994, ficará interrompida, até 31 de dezembro de 1994, a aplicação da Unidade Fiscal de Referência - UFIR, exclusivamente para efeito de atualização dos tributos, contribuições federais e receitas patrimoniais, desde que os respectivos créditos sejam pagos nos prazos originais previstos na legislação.

§ 1º No caso de tributos e contribuições apurados em declaração de rendimentos, a interrupção da UFIR abrangerá o período compreendido entre a data de encerramento do período de apuração e a data de vencimento.

§ 2º Para os efeitos da interrupção de que trata o *caput* deste artigo, a reconversão para REAL será efetuada com base no valor da UFIR utilizada para a respectiva conversão.

§ 3º Aos créditos tributários não pagos nos prazos previstos na legislação tributária aplica-se a atualização monetária pela variação da UFIR, a partir do mês de ocorrência do fato gerador, ou, quando for o caso, a partir do mês correspondente ao término do período de apuração, nos termos da legislação pertinente, sem prejuízo da multa e de acréscimos legais pertinentes.

§ 4º Aos débitos para com o patrimônio imobiliário da União não pagos nos prazos previstos na legislação patrimonial, ou à diferença de valor recolhido a menor, aplica-se a atualização monetária pela variação da UFIR entre o mês do vencimento, ou da ocorrência do fato gerador, e o mês do efetivo pagamento, além da multa de que trata o art. 59 da Lei n. 8.383, de 30 de dezembro de 1991, e de acréscimos legais pertinentes.

§ 5º Às contribuições sociais arrecadadas pelo Instituto Nacional do Seguro Social - INSS, quando não recolhidas nos prazos previstos na legislação específica, aplica-se a atualização monetária pela variação da UFIR entre o mês subsequente ao de competência e o mês do efetivo recolhimento, sem prejuízo da multa e de acréscimos legais pertinentes.

§ 6º O disposto no *caput* deste artigo não se aplica aos débitos incluídos em parcelamento.

ART. 37. No caso de tributos, contribuições e outros débitos para com a Fazenda Nacional pagos indevidamente, dentro do prazo previsto no art. 36 desta Lei, a compensação ou restituição será efetuada com base na variação da UFIR calculada a partir do mês seguinte ao pagamento.

ART. 38. Nas situações de que tratam os §§ 3º, 4º e 5º do artigo 36 desta Lei, os juros de mora serão equivalentes, a partir de 1º de julho de 1994, ao excedente da variação acumulada da Taxa Referencial - TR em relação à variação da UFIR no mesmo período.

§ 1º Em nenhuma hipótese os juros de mora previstos no *caput* deste artigo poderão ser inferiores à taxa de juros estabelecida no art. 161, parágrafo 1º, da Lei n. 5.172, de 25 de outubro de 1966, no art. 59 da Lei n. 8.383, de 1991, e no art. 3º da Lei n. 8.620, de 5 de janeiro de 1993.

§ 2º O disposto no *caput* deste artigo não se aplica aos débitos incluídos em parcelamento concedido anteriormente à data de entrada em vigor desta Lei.

ART. 39. O imposto sobre rendimentos de que trata o art. 8º da Lei n. 7.713, de 22 de dezembro de 1988, pago na forma do art. 36 desta Lei, será, para efeito de redução do imposto devido na declaração de ajuste anual, convertido em quantidade de UFIR pelo valor desta no mês em que os rendimentos forem recebidos.

ART. 40. O produto da arrecadação dos juros de mora de que trata o art. 38 desta Lei, no que diz respeito aos tributos e contribuições, exceto as contribuições sociais arrecadadas pelo INSS, integra os recursos referidos nos arts. 3º, parágrafo único, 4º e 5º, § 1º, da Lei n. 7.711, de 22 de dezembro de 1988, e no art. 69 da Lei n. 8.383, de 1991, até o limite de juros previsto no art. 161, § 1º, da Lei n. 5.172, de 25 de outubro de 1966.

ART. 41. A restituição do imposto de renda da pessoa física, apurada na declaração de rendimentos relativa ao exercício financeiro de 1995, será reconvertida em REAL com base no valor da UFIR no mês do recebimento.

ART. 42. As pessoas jurídicas farão levantamento de demonstrações contábeis e financeiras extraordinárias, com vistas à adaptação dos respectivos lançamentos aos preceitos desta Lei.

Parágrafo único. O Poder Executivo regulamentará o disposto neste artigo.

ART. 43. Fica extinta, a partir de 1º de setembro de 1994, a UFIR diária de que trata a Lei n. 8.383, de 30 de dezembro de 1991.

ART. 44. A correção monetária das unidades fiscais estaduais e municipais será feita pelos mesmos índices e com a mesma periodicidade com que será corrigida a Unidade Fiscal de Referência - UFIR, de que trata a Lei n. 8.383, de 30 de dezembro de 1991.

ART. 45. As alíquotas previstas no art. 5º da Lei n. 8.033, de 12 de abril de 1990, ficam reduzidas para:

I - zero, nas hipóteses de que tratam os incisos I, III e IV; e

II - 15% (quinze por cento), nas hipóteses de que trata o inciso II.

Parágrafo único. Tendo em vista os objetivos das políticas monetária e fiscal, o Poder Executivo poderá reduzir a alíquota de que trata o inciso II deste artigo.

ART. 46. Os valores constantes da legislação tributária, expressos ou com referencial em UFIR diária serão, a partir de 1º de setembro de 1994, expressos ou referenciados em UFIR.

Parágrafo único. Para efeito de aplicação dos limites previstos na legislação tributária federal, a conversão dos valores em REAL para UFIR será efetuada com base na UFIR vigente no mês de referência.

ART. 47. A partir de 1º de setembro de 1994, a correção monetária das demonstrações financeiras será efetuada com base na UFIR.

Parágrafo único. O período da correção será o compreendido entre o último balanço corrigido e o primeiro dia do mês seguinte àquele em que o balanço deverá ser corrigido.

ART. 48. A partir de 1º de setembro de 1994, a base de cálculo do imposto de renda das pessoas jurídicas será convertida em quantidade de UFIR, mediante a divisão do valor do lucro real, presumido ou arbitrado, pelo valor da UFIR vigente no mês subsequente ao de encerramento do período-base de sua apuração.

§ 1º O disposto neste artigo aplica-se também à base de cálculo do imposto de renda mensal determinada com base nas regras de estimativa e à tributação dos demais resultados e ganhos de capital (art. 17 da Lei n. 8.541, de 23 de dezembro de 1992).

§ 2º Na hipótese de incorporação, fusão, cisão ou extinção da pessoa jurídica, no curso do período-base, a base de cálculo do imposto será convertida em quantidade de UFIR, com base no valor desta vigente no mês de encerramento do período-base.

ART. 49. O imposto de renda da pessoa jurídica será calculado mediante a aplicação da alíquota sobre a base de cálculo expressa em UFIR.

ART. 50. Aplicam-se à Contribuição Social sobre o Lucro (Lei n. 7.689, de 15 de dezembro de 1988) as mesmas normas de conversão em UFIR da base de cálculo e de pagamento estabelecidas por esta Lei para o imposto de renda das pessoas jurídicas.

ART. 51. O imposto de renda retido na fonte ou pago pelo contribuinte relativo a fatos geradores ocorridos a partir de 1º de setembro de 1994, incidente sobre receitas computadas na base de cálculo do imposto de renda da pessoa jurídica será, para efeito de compensação, convertido em quantidade de UFIR, tomando por base o valor desta no mês subsequente ao da retenção.

Parágrafo único. A conversão em quantidade de UFIR prevista neste artigo aplica-se, também, aos incentivos fiscais de dedução do imposto e de redução e isenção calculados com base no lucro da exploração.

ART. 52. São dedutíveis, na determinação do lucro real e da base de cálculo da Contribuição Social sobre o Lucro, segundo o regime de competência, as contrapartidas de variação monetária de obrigações, inclusive de tributos e contribuições, ainda que não pagos, e perdas cambiais e monetárias na realização de créditos.

ART. 53. Os rendimentos das aplicações financeiras de renda fixa e os ganhos líquidos nos mercados de renda variável continuam apurados e tributados na forma da legislação vigente, com as seguintes alterações:

I - a partir de 1º de setembro de 1994, o valor aplicado e o custo de aquisição serão convertidos em UFIR pelo valor desta no mês da aplicação ou aquisição, e reconvertidos em REAL pelo valor da UFIR do mês do resgate ou da liquidação da operação;

II - o valor das aplicações financeiras e do custo dos ativos existentes em 31 de agosto de 1994, expresso em quantidade de UFIR, será reconvertido em REAL na forma prevista na alínea anterior.

§ 1º O disposto neste artigo aplica-se também aos rendimentos auferidos no resgate de quotas de fundos e clubes de investimento, excetuados os rendimentos do fundo de que trata o § 4º do art. 21 da Lei n. 8.383, de 30 de dezembro de 1991.

§ 2º São isentos do imposto de renda os rendimentos auferidos nos resgates de quotas de fundos de investimento, de titularidade de fundos cujos recursos sejam aplicados na aquisição de quotas de fundos de investimento.

§ 3º Fica mantido, em relação ao Fundo de Investimento em Quotas de Fundos de Aplicação Financeira, o disposto no art. 22, inciso I, da Lei n. 8.383, de 30 de dezembro de 1991.

ART. 54. Constituem aplicações financeiras de renda fixa, para os efeitos da legislação tributária, as operações de transferência de dívidas realizadas com instituições financeiras e demais instituições autorizadas a funcionar pelo Banco Central do Brasil.

Parágrafo único. Para os efeitos do art. 18 da Lei Complementar n. 77, de 13 de julho de 1993, o cedente da dívida é titular da aplicação e beneficiário da liquidação da operação.

ART. 55. Em relação aos fatos geradores que vierem a ocorrer a partir de 1º de setembro de 1994, os tributos e contribuições arrecadados pela Secretaria da Receita Federal serão convertidos em quantidade de UFIR com base no valor desta no mês em que ocorrer o fato gerador ou no mês em que se encerrar o período de apuração.

§ 1º Para efeito de pagamento, a reconversão para REAL far-se-á mediante a multiplicação da respectiva quantidade de UFIR pelo valor desta vigente no mês do pagamento, observado o disposto no art. 36 desta Lei.

§ 2º A reconversão para REAL, nos termos do parágrafo anterior, aplica-se, inclusive, aos tributos e contribuições relativos a fatos geradores anteriores a 1º de setembro de 1994, expressos em UFIR, diária ou mensal, conforme a legislação de regência.

ART. 56. A partir da competência setembro de 1994, as contribuições sociais arrecadadas pelo INSS serão convertidas em UFIR com base no valor desta no mês subsequente ao de competência.

Parágrafo único. Aplica-se às contribuições de que trata este artigo o disposto nos §§ 1º e 2º do artigo anterior.

ART. 57. Em relação aos fatos geradores cuja ocorrência se verifique a partir de 1º de agosto de 1994, o pagamento da Contribuição para o Financiamento da Seguridade Social - COFINS, instituída pela Lei Complementar n. 70, de 30 de dezembro de 1991, e das contribuições para o Programa de Integração Social e para o Programa de Formação do Patrimônio do Servidor Público - PIS/PASEP deverá ser efetuado até o último dia útil do primeiro decêndio subsequente ao mês de ocorrência dos fatos geradores.

ART. 58. O inciso III do art. 10 e o art. 66 da Lei n. 8.383, de 30 de dezembro de 1991, passam a vigorar com a seguinte redação:

▸ Alterações promovidas no texto da referida lei.

ART. 59. A prática de atos que configurem crimes contra a ordem tributária (Lei n. 8.137, de 27 de dezembro de 1990), bem assim a falta de emissão de notas fiscais, nos termos da Lei n. 8.846, de 21 de janeiro de 1994, acarretarão à pessoa jurídica infratora a perda, no ano-calendário correspondente, dos incentivos e benefícios de redução ou isenção previstos na legislação tributária.

ART. 60. A concessão ou reconhecimento de qualquer incentivo ou benefício fiscal, relativos a tributos e contribuições administrados pela Secretaria da Receita Federal fica condicionada à comprovação pelo contribuinte, pessoa física ou jurídica, da quitação de tributos e contribuições federais.

▸ Lei 11.128/2005 (Dispõe sobre o Programa Universidade para Todos - PROUNI).

ART. 61. A partir de 1º de setembro de 1994, os débitos de qualquer natureza para com a Fazenda Nacional e os decorrentes de contribuições arrecadadas pela União, constituídos ou não, cujos fatos geradores ocorrerem até 31 de agosto de 1994, expressos em UFIR, serão convertidos para REAL com base no valor desta no mês do pagamento.

ART. 62. Os débitos de qualquer natureza para com a Fazenda Nacional e os decorrentes de contribuições arrecadadas pela União, constituídos ou não, cujos fatos geradores ocorram a partir de 1º de setembro de 1994, serão convertidos em quantidade de UFIR, com base no valor desta no mês da ocorrência do fato gerador, e reconvertidos para REAL mediante a multiplicação da quantidade de UFIR pelo valor desta vigente no mês do pagamento.

Parágrafo único. No caso das contribuições sociais arrecadadas pelo INSS, a conversão dos débitos para UFIR terá por base o valor desta no mês subsequente ao de competência da contribuição.

ART. 63. No caso de parcelamento concedido administrativamente até o dia 31 de agosto de 1994, o valor do débito ou da parcela a pagar será determinado mediante a multiplicação da respectiva quantidade de UFIR pelo valor desta no mês do pagamento.

ART. 64. No caso de parcelamento concedido administrativamente a partir de 1º de setembro de 1994, o valor do débito será consolidado em UFIR, conforme a legislação aplicável, e reconvertido para REAL mediante a multiplicação da quantidade de UFIR pelo valor desta vigente no mês do pagamento.

CAPÍTULO VII
DISPOSIÇÕES ESPECIAIS

ART. 65. O ingresso no País e a saída do País de moeda nacional e estrangeira devem ser realizados exclusivamente por meio de instituição autorizada a operar no mercado de câmbio, à qual cabe a perfeita identificação do cliente ou do beneficiário. (Alterado pela Lei 12.865/2013.)

§ 1º Excetua-se do disposto no *caput* deste artigo o porte, em espécie, dos valores:

I - quando em moeda nacional, até R$ 10.000,00 (dez mil reais);

II - quando em moeda estrangeira, o equivalente a R$ 10.000,00 (dez mil reais);

III - quando comprovada a sua entrada no País ou sua saída do País, na forma prevista na regulamentação pertinente.

§ 2º O Banco Central do Brasil, segundo diretrizes do Conselho Monetário Nacional, regulamentará o disposto neste artigo, dispondo, inclusive, sobre a forma, os limites e as condições de ingresso no País e saída do País de moeda nacional e estrangeira. (Alterado pela Lei 12.865/2013.)

§ 3º A não observância do contido neste artigo, além das sanções penais previstas na legislação específica, e após o devido processo legal, acarretará a perda do valor excedente dos limites referidos no § 1º deste artigo, em favor do Tesouro Nacional.

ART. 66. As instituições financeiras e as demais instituições autorizadas a funcionar pelo Banco Central do Brasil que apresentem insuficiência nos recolhimentos compulsórios ou efetuem saques a descoberto na conta Reservas Bancárias estão sujeitas aos custos financeiros estabelecidos pelo Banco Central do Brasil. (Alterado pela Lei 13.506/2017.)

Parágrafo único. Os custos financeiros corresponderão, no mínimo, aos da linha de empréstimo de liquidez.

ART. 67. (Revogado pela Lei 13.506/2017).

ART. 68. Os depósitos das instituições financeiras bancárias mantidos no Banco Central do Brasil e contabilizados na conta "Reservas Bancárias" são impenhoráveis e não responderão por qualquer tipo de dívida civil, comercial, fiscal, previdenciária, trabalhista ou de outra natureza, contraída por essas instituições ou quaisquer outras a elas ligadas.

Parágrafo único. A impenhorabilidade de que trata o *caput* deste artigo não se aplica aos débitos contratuais efetuados pelo Banco Central do Brasil e aos decorrentes das relações das instituições financeiras com o Banco Central do Brasil.

ART. 69. A partir de 1º de julho de 1994, fica vedada a emissão, pagamento e compensação de cheque de valor superior a R$ 100,00 (cem REAIS), sem identificação do beneficiário.

Parágrafo único. O Conselho Monetário Nacional regulamentará o disposto neste artigo.

ART. 70. A partir de 1º de julho de 1994, o reajuste e a revisão dos preços públicos e das tarifas de serviços públicos far-se-ão:

I - conforme atos, normas e critérios a serem fixados pelo Ministro da Fazenda; e

II - anualmente.

§ 1º O Poder Executivo poderá reduzir o prazo previsto no inciso II deste artigo.

§ 2º O disposto neste artigo aplica-se, inclusive, à fixação dos níveis das tarifas para o serviço público de energia elétrica, reajustes e revisões de que trata a Lei n. 8.631, de 4 de março de 1993.

ART. 71. Ficam suspensas, até 30 de junho de 1995:

I - a concessão de avais e quaisquer outras garantias, para qualquer fim, pelo Tesouro Nacional ou em seu nome;

II - a abertura de créditos especiais no Orçamento Geral da União;

III - a colocação, por parte dos Órgãos Autônomos, Autarquias, Empresas Públicas, Sociedades de Economia Mista e Fundações da União, e demais entidades, controladas direta ou indiretamente pela União, de qualquer título ou obrigação no exterior, exceto quando vinculado à amortização de principal corrigido de dívida interna ou externa;

IV - a contratação, por parte dos órgãos e entidades mencionados no inciso anterior, de novas operações de crédito interno ou externo, exceto quando vinculada à amortização de principal corrigido de dívida interna ou externa, quando referente a operações mercantis ou quando relativa a créditos externos de entidades oficiais de financiamentos de projetos públicos;

V - a conversão, em títulos públicos federais, de créditos oriundos da Conta de Resultados a Compensar - CRC, objeto da Lei n. 8.631, de 1993, com as alterações da Lei n. 8.724, de 28 de outubro de 1993.

§ 1º O Poder Executivo poderá prorrogar o prazo de que trata o *caput* deste artigo.

§ 2º Durante o prazo de que trata o *caput* deste artigo, qualquer pedido de crédito adicional suplementar ao Orçamento Geral da União deverá ser previamente apreciado pela Junta de Conciliação Orçamentária e Financeira de que trata o Decreto de 19 de março de 1993, para fins de compatibilização com os recursos orçamentários.

§ 3º O disposto nos incisos I, IV e V deste artigo não se aplica ao Banco Central do Brasil e às instituições financeiras públicas federais.

§ 4º Em casos excepcionais, e desde que de acordo com as metas de emissão de moeda constantes desta Lei, o Presidente da República, por proposta do Ministro de Estado da Fazenda, poderá afastar a suspensão de que trata este artigo.

ART. 72. Os §§ 2º e 3º do art. 23 e o art. 58 da Lei n. 4.131, de 3 de setembro de 1962, passam a vigorar com a seguinte redação:

- Alterações promovidas no texto da referida lei.

ART. 73. O art. 1º da Lei n. 8.392, de 30 de dezembro de 1991, passa a vigorar com a seguinte redação:

- Alterações promovidas no texto da referida lei.

ART. 74. Os arts. 4º e 19 da Lei n. 5.991, de 17 de dezembro de 1973, passam a vigorar com as seguintes alterações:

- Alterações promovidas no texto da referida lei.

ART. 75. O art. 4º da Lei n. 7.862, de 30 de outubro de 1989, passa a vigorar com a seguinte redação:

- Alterações promovidas no texto da referida lei.

ART. 76. O art. 17 da Lei n. 8.880, de 1994, passa a vigorar acrescido dos seguintes parágrafos renumerados os atuais §§ 2º e 3º para §§ 4º e 5º:

- Alterações promovidas no texto da referida lei.

ART. 77. O § 2º do art. 36 da Lei n. 8.880, de 1994, passa a vigorar com a seguinte redação:

- Alterações promovidas no texto da referida lei.

ART. 78. Os arts. 7º, 11, 20, 23, 42, 47 e 54 da Lei n. 8.884, de 11 de junho de 1994, passam a vigorar com as seguintes alterações:

- Alterações promovidas no texto da referida lei.

ART. 79. Na aplicação do disposto no § 2º do art. 29 da Lei n. 8.880, de 1994, serão deduzidas as antecipações concedidas a qualquer título no período compreendido entre a conversão dos salários para URV e a data-base.

Parágrafo único. As disposições deste artigo aplicam-se imediatamente, independentemente de regulamentação.

ART. 80. Será aplicado ao salário dos trabalhadores em geral, quando a conversão de seus salários em URV tiver sido efetuada mediante a utilização de URV diversa daquela do efetivo pagamento, o maior dos valores resultantes da aplicação do disposto no art. 27, *caput*, e em seu § 3º, da Lei n. 8.880, de 1994.

ART. 81. Fica transferida para o Conselho de Recursos do Sistema Financeiro Nacional, criado pelo Decreto n. 91.152, de 15 de março de 1985, a competência do Conselho Monetário Nacional para julgar recursos contra decisões do Banco Central do Brasil, relativas à aplicação de penalidades por infrações à legislação cambial, de capitais estrangeiros e de crédito rural e industrial.

Parágrafo único. Para atendimento ao disposto no *caput* deste artigo, o Poder Executivo disporá sobre a organização, reorganização e funcionamento do Conselho de Recursos do Sistema Financeiro Nacional, podendo, inclusive, modificar sua composição.

ART. 82. Nas sociedades de economia mista em que a União é obrigada a deter o controle do capital votante, a União manterá um mínimo de 50%, mais uma ação, do referido capital, ficando revogados os dispositivos de leis especiais que estabeleçam participação superior a esse limite, aplicando-se, para fins de controle acionário, o disposto no art. 116 da Lei n. 6.404, de 15 de fevereiro de 1976.

CAPÍTULO VIII
DAS DISPOSIÇÕES FINAIS

ART. 83. Observado o disposto no § 3º do art. 23 desta Lei, ficam revogadas as Leis n. 5.601, de 26 de agosto de 1970, e n. 8.646, de 7 de abril de 1993, o inciso III do art. 2º da Lei n. 8.021, de 12 de abril de 1990, o parágrafo único do artigo 10 da Lei n. 8.177, de 1º de março de 1991, acrescentado pelo art. 27 da Lei n. 8.178, de 1º de março de 1991, o art. 16 da Lei n. 8.178, de 1º de março de 1991, o § 5º do art. 2º da Lei n. 8.383, de 30 de dezembro de 1991, a alínea "a" do art. 24 da Lei n. 8.541, de 23 de dezembro de 1992, o art. 11 da Lei n. 8.631, de 4 de março de 1993, o § 1º do art. 65 da Lei n. 8.694, de 12 de agosto de 1993, o art. 11 da Lei n. 8.880, de 27 de maio de 1994, o art. 59 da Lei n. 8.884, de 11 de junho de 1994, e demais disposições em contrário.

Parágrafo único. Aplicam-se somente aos fatos geradores ocorridos até 31 de dezembro de 1994 os seguintes dispositivos:

I - art. 10, inciso III, da Lei n. 8.383, de 1991, com a redação dada pelo art. 58 desta Lei;

II - arts. 38, 48 a 51, 53, 55 a 57 desta Lei, este último no que diz respeito apenas às Contribuições para o Programa de Integração Social e para o Programa de Formação do Patrimônio do Servidor Público - PIS/PASEP.

ART. 84. Ficam convalidados os atos praticados com base nas Medidas Provisórias n. 542, de 30 de junho de 1994; n. 566, de 29 de julho de 1994; n. 596, de 26 de agosto de 1994; n. 635, de 27 de setembro de 1994; n. 681, de 27 de outubro de 1994; n. 731, de 25 de novembro de 1994; n. 785, de 23 de dezembro de 1994; n. 851, de 20 de janeiro de 1995; n. 911, de 21 de fevereiro de 1995; n. 953, de 23 de março de 1995; n. 978, de 20 de abril de 1995; n. 1004, de 19 de maio de 1995; e n. 1027, de 20 de junho de 1995.

ART. 85. Esta Lei entra em vigor na data de sua publicação.

Brasília, 29 de junho de 1995; 174º da Independência e 107º da República.

FERNANDO HENRIQUE CARDOSO

LEI N. 9.074, DE 7 DE JULHO DE 1995

Estabelece normas para outorga e prorrogações das concessões e permissões de serviços públicos e dá outras providências.

- *DOU*, 08.07.1995 e republicada no *DOU*, 28.09.1998.
- Dec. 1.717/1995 (Estabelece procedimentos para prorrogação das concessões dos serviços públicos de energia elétrica de que trata esta lei.)
- Dec. 2.003/1996 (Regulamenta a produção de energia elétrica por Produtor Independente e por Autoprodutor).
- Dec. 7.805/2012 (Regulamenta a Med. Prov. 579/2012, que dispõe sobre as concessões de geração, transmissão e distribuição de energia elétrica, redução dos encargos setoriais, e modicidade tarifária).
- Lei 12.783/2013 (Dispõe sobre as concessões de geração, transmissão e distribuição de energia

elétrica, redução dos encargos setoriais, e modicidade tarifária).

› Dec. 9.271/2018 (Regulamenta a outorga de contrato de concessão no setor elétrico associada à privatização de titular de concessão de serviço público de geração de energia elétrica, nos termos desta lei).

O Presidente da República. Faço saber que o Congresso Nacional decreta e eu sanciono a seguinte Lei:

CAPÍTULO I DAS DISPOSIÇÕES INICIAIS

ART. 1º Sujeitam-se ao regime de concessão ou, quando couber, de permissão, nos termos da Lei 8.987, de 13 de fevereiro de 1995, os seguintes serviços e obras públicas de competência da União:

› Lei 8.987/1995 (Lei da Concessão e Permissão da Prestação de Serviços Públicos).

I a III - (Vetados.)

IV - vias federais, precedidas ou não da execução de obra pública;

V - exploração de obras ou serviços federais de barragens, contenções, eclusas ou outros dispositivos de transposição hidroviária de níveis, diques, irrigações, precedidas ou não da execução de obras públicas; (Alterado pela Lei 13.081/2015.)

VI - estações aduaneiras e outros terminais alfandegados de uso público, não instalados em área de porto ou aeroporto, precedidos ou não de obras públicas.

VII - os serviços postais. (Incluído pela Lei 9.648/1998.)

§ 1º (Revogado pela Lei 11.668/2007.)

§ 2º O prazo das concessões e permissões de que trata o inciso VI deste artigo será de vinte e cinco anos, podendo ser prorrogado por dez anos. (Incluído pela Lei 10.684/2003.)

§ 3º Ao término do prazo, as atuais concessões e permissões, mencionadas no § 2º, incluídas as anteriores à Lei 8.987, de 13 de fevereiro de 1995, serão prorrogadas pelo prazo previsto no § 2º. (Incluído pela Lei 10.684/2003.)

ART. 2º É vedado à União, aos Estados, ao Distrito Federal e aos Municípios executarem obras e serviços públicos por meio de concessão e permissão de serviço público, sem lei que lhes autorize e fixe os termos, dispensada a lei autorizativa nos casos de saneamento básico e limpeza urbana e nos já referidos na Constituição Federal, nas Constituições Estaduais e nas Leis Orgânicas do Distrito Federal e Municípios, observado, em qualquer caso, os termos da Lei 8.987, de 1995.

› Lei 8.987/1995 (Lei da Concessão e Permissão da Prestação de Serviços Públicos).

§ 1º A contratação dos serviços e obras públicas resultantes dos processos iniciados com base na Lei 8.987, de 1995, entre a data de sua publicação e a da presente Lei, fica dispensada de lei autorizativa.

§ 2º Independe de concessão, permissão ou autorização o transporte de cargas pelos meios rodoviário e aquaviário. (Redação dada pela Lei 9.432/1997.)

§ 3º Independe de concessão ou permissão o transporte:

I - aquaviário, de passageiros, que não seja realizado entre portos organizados;

II - rodoviário e aquaviário de pessoas, realizado por operadoras de turismo no exercício dessa atividade;

III - de pessoas, em caráter privativo de organizações públicas ou privadas, ainda que em forma regular.

ART. 3º Na aplicação dos arts. 42, 43 e 44 da Lei 8.987, de 1995, serão observadas pelo poder concedente as seguintes determinações:

› Lei 8.987/1995 (Lei da Concessão e Permissão da Prestação de Serviços Públicos).

I - garantia da continuidade na prestação dos serviços públicos;

II - prioridade para conclusão de obras paralisadas ou em atraso;

III - aumento da eficiência das empresas concessionárias, visando à elevação da competitividade global da economia nacional;

IV - atendimento abrangente ao mercado, sem exclusão das populações de baixa renda e das áreas de baixa densidade populacional inclusive as rurais;

V - uso racional dos bens coletivos, inclusive os recursos naturais.

CAPÍTULO II DOS SERVIÇOS DE ENERGIA ELÉTRICA

SEÇÃO I DAS CONCESSÕES, PERMISSÕES E AUTORIZAÇÕES

ART. 4º As concessões, permissões e autorizações de exploração de serviços e instalações de energia elétrica e de aproveitamento energético dos cursos de água serão contratadas, prorrogadas ou outorgadas nos termos desta e da Lei 8.987, e das demais.

› Lei 8.987/1995 (Lei da Concessão e Permissão da Prestação de Serviços Públicos).

§ 1º As contratações, outorgas e prorrogações de que trata este artigo poderão ser feitas a título oneroso em favor da União.

§ 2º As concessões de geração de energia elétrica anteriores a 11 de dezembro de 2003 terão o prazo necessário à amortização dos investimentos, limitado a 35 (trinta e cinco) anos, contado da data de assinatura do imprescindível contrato, podendo ser prorrogado por até 20 (vinte) anos, a critério do Poder Concedente, observadas as condições estabelecidas nos contratos. (Redação dada pela Lei 10.848/2004.)

§ 3º As concessões de transmissão e de distribuição de energia elétrica, contratadas a partir desta Lei, terão o prazo necessário à amortização dos investimentos, limitado a trinta anos, contado da data de assinatura do imprescindível contrato, podendo ser prorrogado no máximo por igual período, a critério do poder concedente, nas condições estabelecidas no contrato.

§ 4º As prorrogações referidas neste artigo deverão ser requeridas pelo concessionário ou permissionário, no prazo de até trinta e seis meses anteriores à data final do respectivo contrato, devendo o poder concedente manifestar-se sobre o requerimento até dezoito meses antes dessa data.

§ 5º As concessionárias, as permissionárias e as autorizadas de serviço público de distribuição de energia elétrica que atuem no Sistema Interligado Nacional - SIN não poderão desenvolver atividades: (Incluído pela Lei 10.848/2004.)

› Art. 20, Lei 10.848/2004 (Dispõe sobre a comercialização de energia elétrica).

I - de geração de energia elétrica; (Incluído pela Lei 10.848/2004.)

II - de transmissão de energia elétrica; (Incluído pela Lei 10.848/2004.)

III - de venda de energia a consumidores de que tratam os arts. 15 e 16 desta Lei, exceto às unidades consumidoras localizadas na área de concessão ou permissão da empresa distribuidora, sob as mesmas condições reguladas aplicáveis aos demais consumidores não abrangidos por aqueles artigos, inclusive tarifas e prazos, ressalvado o disposto no § 13; (Alterado pela Lei 13.360/2016.)

IV - de participação em outras sociedades de forma direta ou indireta, ressalvado o disposto no art. 31, inciso VIII, da Lei 8.987, de 13 de fevereiro de 1995, e nos respectivos contratos de concessão; ou (Incluído pela Lei 10.848/2004.)

› Lei 8.987/1995 (Lei da Concessão e Permissão da Prestação de Serviços Públicos).

V - estranhas ao objeto da concessão, permissão ou autorização, exceto nos casos previstos em lei e nos respectivos contratos de concessão. (Incluído pela Lei 10.848/2004.)

§ 6º Não se aplica o disposto no § 5º deste artigo às concessionárias, permissionárias e autorizadas de distribuição e às cooperativas de eletrificação rural: (Redação dada pela Lei 11.192/2006.)

› Art. 20, Lei 10.848/2004 (Dispõe sobre a comercialização de energia elétrica).

I - no atendimento a sistemas elétricos isolados; (Incluído pela Lei 10.848/2004.)

II - no atendimento ao seu mercado próprio, desde que seja inferior a 500 (quinhentos) GWh/ano e a totalidade da energia gerada seja a ele destinada; (Redação dada pela Lei 11.192/2006.)

III - na captação, aplicação ou empréstimo de recursos financeiros destinados ao próprio agente ou a sociedade coligada, controlada, controladora ou vinculada a controladora comum, desde que destinados ao serviço público de energia elétrica, mediante anuência prévia da ANEEL, observado o disposto no inciso XIII do art. 3º da Lei 9.427, de 26 de dezembro de 1996, com redação dada pelo art. 17 da Lei 10.438, de 26 de abril de 2002, garantida a modicidade tarifária e atendido ao disposto na Lei 6.404, de 15 de dezembro de 1976. (Incluído pela Lei 10.848/2004.)

› Lei 6.404/1976 (Lei das Sociedades por Ações).

› Lei 9.427/1996 (Institui a Agência Nacional de Energia Elétrica - ANEEL e disciplina o regime das concessões de serviços públicos de energia elétrica).

› Lei 10.438/2002 (Dispõe sobre a universalização do serviço público de energia elétrica).

§ 7º As concessionárias e as autorizadas de geração de energia elétrica que atuem no Sistema Interligado Nacional - SIN não poderão ser coligadas ou controladoras de sociedades que desenvolvam atividades de distribuição de energia elétrica no SIN. (Incluído pela Lei 10.848/2004.)

› Art. 20, Lei 10.848/2004 (Dispõe sobre a comercialização de energia elétrica).

§ 8º A regulamentação deverá prever sanções para o descumprimento do disposto nos §§ 5º, 6º e 7º deste artigo após o período estabelecido para a desverticalização. (Incluído pela Lei 10.848/2004.)

§ 9º As concessões de geração de energia elétrica, contratadas a partir da Medida Provisória n. 144, de 11 de dezembro de 2003, terão o prazo necessário à amortização dos investimentos, limitado a 35 (trinta e cinco) anos, contado da data de assinatura do imprescindível contrato. (Incluído pela Lei 10.848/2004.)

§ 10. Fica a Agência Nacional de Energia Elétrica - ANEEL autorizada a celebrar aditivos aos contratos de concessão de uso de bem público de aproveitamentos de potenciais hidráulicos feitos a título oneroso em favor da União, mediante solicitação do respectivo titular, com a finalidade de permitir que o início do pagamento pelo uso de bem público coincida com uma das seguintes situações, a que ocorrer primeiro: (Incluído pela Lei 11.488/2007.)

LEIS

I - o início da entrega da energia objeto de Contratos de Comercialização de Energia no Ambiente Regulado - CCEAR; ou (Incluído pela Lei 11.488/2007.)

II - a efetiva entrada em operação comercial do aproveitamento. (Incluído pela Lei 11.488/2007.)

§ 11. Quando da solicitação de que trata o § 10 deste artigo resultar postergação do início de pagamento pelo uso de bem público, a celebração do aditivo contratual estará condicionada à análise e à aceitação pela ANEEL das justificativas apresentadas pelo titular da concessão para a postergação solicitada. (Incluído pela Lei 11.488/2007.)

§ 12. No caso de postergação do início do pagamento, sobre o valor não pago incidirá apenas atualização monetária mediante a aplicação do índice previsto no contrato de concessão. (Incluído pela Lei 11.488/2007.)

§ 13. As concessionárias do serviço público de distribuição de energia elétrica poderão, conforme regulação da Aneel, negociar com consumidores de que tratam os arts. 15 e 16 desta Lei, afastada a vedação de que trata o inciso III do § 5º, contratos de venda de energia elétrica lastreados no excesso de energia contratada para atendimento à totalidade do mercado. (Acrescentado pela Lei 13.360/2016.)

ART. 4º-A. Os concessionários de geração de aproveitamentos hidrelétricos outorgados até 15 de março de 2004 que não entrarem em operação até 30 de junho de 2013 terão o prazo de 30 (trinta) dias para requerer a rescisão de seus contratos de concessão, sendo-lhes assegurado, no que couber: (Acrescentado pela Lei 12.839/2013.)

I - a liberação ou restituição das garantias de cumprimento das obrigações do contrato de concessão; (Acrescentado pela Lei 12.839/2013.)

II - o não pagamento pelo uso de bem público durante a vigência do contrato de concessão; (Acrescentado pela Lei 12.839/2013.)

III - o ressarcimento dos custos incorridos na elaboração de estudos ou projetos que venham a ser aprovados para futura licitação para exploração do aproveitamento, nos termos do art. 28 da Lei n. 9.427, de 26 de dezembro de 1996. (Acrescentado pela Lei 12.839/2013.)

§ 1º O poder concedente poderá expedir diretrizes complementares para fins do disposto neste artigo. (Acrescentado pela Lei 12.839/2013.)

§ 2º A fim de garantir a condição estabelecida no inciso II do *caput*, fica assegurada ao concessionário a devolução do valor de Uso de Bem Público - UBP efetivamente pago e ou a remissão dos encargos de mora contratualmente previstos. (Acrescentado pela Lei 12.839/2013.)

ART. 4º-B. As concessionárias de distribuição de energia elétrica sujeitas a controle societário comum que, reunidas, atendam a critérios de racionalidade operacional e econômica, conforme regulamento, poderão solicitar o reagrupamento das áreas de concessão com a unificação do termo contratual. (Acrescentado pela Lei 12.839/2013.)

› Dec. 8.461/2015 (Regulamenta a prorrogação das concessões de distribuição de energia elétrica, de que trata este artigo e o art. 7º da Lei 12.783/2013).

ART. 4º-C. O concessionário, permissionário ou autorizatário de serviços e instalações de energia elétrica poderá apresentar plano de transferência de controle societário como alternativa à extinção da outorga, conforme regulação da Aneel. (Alterado pela Lei 13.360/2016.)

§ 1º O plano de transferência de controle societário deverá demonstrar a viabilidade da troca de controle e o benefício dessa medida para a adequação do serviço prestado. (Alterado pela Lei 13.360/2016.)

§ 2º A aprovação do plano de transferência de controle societário pela Aneel suspenderá o processo de extinção da concessão. (Alterado pela Lei 13.360/2016.)

§ 3º A transferência do controle societário, dentro do prazo definido pela Aneel, ensejará o arquivamento do processo de extinção da concessão. (Alterado pela Lei 13.360/2016.)

ART. 4º-D. (Vetado). (Acrescentado pela Lei 13.360/2016.)

ART. 5º São objeto de concessão, mediante licitação:

I - o aproveitamento de potenciais hidráulicos e a implantação de usinas termoelétricas de potência superior a 50.000 kW (cinquenta mil quilowatts) destinados a execução de serviço público; (Alterado pela Lei 13.360/2016.)

II - o aproveitamento de potenciais hidráulicos de potência superior a 50.000 kW (cinquenta mil quilowatts) destinados a produção independente de energia elétrica; (Alterado pela Lei 13.360/2016.)

III - de UBP, o aproveitamento de potenciais hidráulicos de potência superior a 50.000 kW (cinquenta mil quilowatts) destinados a uso exclusivo de autoprodutor, resguardado direito adquirido relativo às concessões existentes. (Alterado pela Lei 13.360/2016.)

§ 1º Nas licitações previstas neste e no artigo seguinte, o poder concedente deverá especificar as finalidades do aproveitamento ou da implantação das usinas.

§ 2º Nenhum aproveitamento hidrelétrico poderá ser licitado sem a definição do "aproveitamento ótimo" pelo poder concedente, podendo ser atribuída ao licitante vencedor a responsabilidade pelo desenvolvimento dos projetos básico e executivo.

§ 3º Considera-se "aproveitamento ótimo", todo potencial definido em sua concepção global pelo melhor eixo do barramento, arranjo físico geral, níveis d'água operativos, reservatório e potência, integrante da alternativa escolhida para divisão de quedas de uma bacia hidrográfica.

ART. 6º As usinas termelétricas destinadas à produção independente poderão ser objeto de concessão mediante licitação ou autorização.

ART. 7º São objeto de autorização:

I - a implantação de usinas termoelétricas de potência superior a 5.000 kW (cinco mil quilowatts) destinadas a uso exclusivo do autoprodutor e a produção independente de energia; (Acrescentado pela Lei 13.360/2016.)

II - o aproveitamento de potenciais hidráulicos de potência superior a 5.000 kW (cinco mil quilowatts) e igual ou inferior a 50.000 kW (cinquenta mil quilowatts) destinados a uso exclusivo do autoprodutor e a produção independente de energia. (Acrescentado pela Lei 13.360/2016.)

Parágrafo único. As usinas termelétricas referidas neste e nos arts. 5º e 6º não compreendem aquelas cuja fonte primária de energia é a nuclear.

ART. 8º O aproveitamento de potenciais hidráulicos e a implantação de usinas termoelétricas de potência igual ou inferior a 5.000 kW (cinco mil quilowatts) estão dispensados de concessão, permissão ou autorização, devendo apenas ser comunicados ao poder concedente. (Alterado pela Lei 13.360/2016.)

§ 1º Não poderão ser implantados aproveitamentos hidráulicos descritos no *caput* que estejam localizados em trechos de rios em que outro interessado detenha Registro Ativo para desenvolvimento de Projeto Básico ou Estudo de Viabilidade no âmbito da Aneel, ou ainda em que já haja aproveitamento outorgado. (Acrescentado pela Lei 13.097/2015.)

§ 2º No caso de empreendimento hidroelétrico igual ou inferior a 5.000 kW (cinco mil quilowatts) construído em rio sem inventário aprovado pela Aneel, na eventualidade de o empreendimento ser afetado por aproveitamento ótimo do curso de água, não caberá qualquer ônus ao poder concedente ou à Aneel. (Alterado pela Lei 13.360/2016.)

§ 3º Os empreendimentos hidroelétricos de potência igual ou inferior a 5.000 kW (cinco mil quilowatts) deverão respeitar a partição de quedas aprovada no inventário do respectivo rio. (Acrescentado pela Lei 13.360/2016.)

ART. 9º É o poder concedente autorizado a regularizar, mediante outorga de autorização, o aproveitamento hidrelétrico existente na data de publicação desta Lei, sem ato autorizativo.

Parágrafo único. O requerimento de regularização deverá ser apresentado ao poder concedente no prazo máximo de cento e oitenta dias da data de publicação desta Lei.

ART. 10. Cabe à Agência Nacional de Energia Elétrica - ANEEL, declarar a utilidade pública, para fins de desapropriação ou instituição de servidão administrativa, das áreas necessárias à implantação de instalações de concessionários, permissionários e autorizados de energia elétrica. (Redação dada pela Lei 9.648/1998.)

SEÇÃO II
DO PRODUTOR INDEPENDENTE DE ENERGIA ELÉTRICA

ART. 11. Considera-se produtor independente de energia elétrica a pessoa jurídica ou empresas reunidas em consórcio que recebam concessão ou autorização do poder concedente, para produzir energia elétrica destinada ao comércio de toda ou parte da energia produzida, por sua conta e risco.

Parágrafo único. O Produtor Independente de energia elétrica estará sujeito às regras de comercialização regulada ou livre, atendido ao disposto nesta Lei, na legislação em vigor e no contrato de concessão ou no ato de autorização, sendo-lhe assegurado o direito de acesso à rede das concessionárias e permissionárias do serviço público de distribuição e das concessionárias do serviço público de transmissão. (Redação dada pela Lei 11.943/2009.)

ART. 12. A venda de energia elétrica por produtor independente poderá ser feita para:

I - concessionário de serviço público de energia elétrica;

II - consumidor de energia elétrica, nas condições estabelecidas nos arts. 15 e 16;

III - consumidores de energia elétrica integrantes de complexo industrial ou comercial, aos quais o produtor independente também forneça vapor oriundo de processo de cogeração;

IV - conjunto de consumidores de energia elétrica, independentemente de tensão e carga, nas condições previamente ajustadas com o concessionário local de distribuição;

V - qualquer consumidor que demonstre ao poder concedente não ter o concessionário local lhe assegurado o fornecimento no prazo de até cento e oitenta dias contado da respectiva solicitação.

Parágrafo único. A comercialização na forma prevista nos incisos I, IV e V do *caput* deste artigo deverá ser exercida de acordo com critérios gerais fixados pelo Poder Concedente. (Redação dada pela Lei 10.848/2004.)

ART. 13. O aproveitamento de potencial hidráulico, para fins de produção independente, dar-se-á mediante contrato de concessão de uso de bem público, na forma desta Lei.

ART. 14. As linhas de transmissão de interesse restrito aos aproveitamentos de produção independente poderão ser concedidas ou autorizadas, simultânea ou complementarmente, aos respectivos contratos de uso do bem público.

SEÇÃO III
DAS OPÇÕES DE COMPRA DE ENERGIA ELÉTRICA POR PARTE DOS CONSUMIDORES

ART. 15. Respeitados os contratos de fornecimento vigentes, a prorrogação das atuais e as novas concessões serão feitas sem exclusividade de fornecimento de energia elétrica a consumidores com carga igual ou maior que 10.000 kW, atendidos em tensão igual ou superior a 69 kV, que podem optar por contratar seu fornecimento, no todo ou em parte, com produtor independente de energia elétrica.

› Art. 12, II, desta lei.

§ 1º Decorridos três anos da publicação desta Lei, os consumidores referidos neste artigo poderão estender sua opção de compra a qualquer concessionário, permissionário ou autorizado de energia elétrica do sistema interligado. (Redação dada pela Lei 9.648/1998.)

§ 2º Decorridos cinco anos da publicação desta Lei, os consumidores com carga igual ou superior a 3.000 kW, atendidos em tensão igual ou superior a 69 kV, poderão optar pela compra de energia elétrica a qualquer concessionário, permissionário ou autorizado de energia elétrica do mesmo sistema interligado.

§ 2º-A. A partir de 1º de janeiro de 2019, os consumidores que, em 7 de julho de 1995, consumirem carga igual ou superior a 3.000 kW (três mil quilowatts) e forem atendidos em tensão inferior a 69 kV poderão optar pela compra de energia elétrica a qualquer concessionário, permissionário ou autorizatário de energia elétrica do sistema. (Acrescentado pela Lei 13.360/2016.)

§ 3º Após oito anos da publicação desta Lei, o poder concedente poderá diminuir os limites de carga e tensão estabelecidos neste e no art. 16.

§ 4º Os consumidores que não tiverem cláusulas de tempo determinado em seus contratos de fornecimento só poderão exercer a opção de que trata este artigo de acordo com prazos, formas e condições fixados em regulamentação específica, sendo que nenhum prazo poderá exceder a 36 (trinta e seis) meses, contado a partir da data de manifestação formal à concessionária, à permissionária ou à autorizada de distribuição que os atenda. (Redação dada pela Lei 10.848/2004.)

§ 5º O exercício da opção pelo consumidor não poderá resultar em aumento tarifário para os consumidores remanescentes da concessionária de serviços públicos de energia elétrica que haja perdido mercado. (Redação dada pela Lei 9.648/1998.)

§ 6º É assegurado aos fornecedores e respectivos consumidores livre acesso aos sistemas de distribuição e transmissão de concessionário e permissionário de serviço público, mediante ressarcimento do custo de transporte envolvido, calculado com base em critérios fixados pelo poder concedente.

§ 7º O consumidor que exercer a opção prevista neste artigo e no art. 16 desta Lei deverá garantir o atendimento à totalidade de sua carga, mediante contratação, com um ou mais fornecedores, sujeito a penalidade pelo descumprimento dessa obrigação, observado o disposto no art. 3º, inciso X, da Lei 9.427, de 26 de dezembro de 1996. (Redação dada pela Lei 10.848/2004.)

› Lei 9.427/1996 (Institui a Agência Nacional de Energia Elétrica - ANEEL e disciplina o regime das concessões de serviços públicos de energia elétrica).

§ 8º Os consumidores que exercerem a opção prevista neste artigo e no art. 16 desta Lei poderão retornar à condição de consumidor atendido mediante tarifa regulada, garantida a continuidade da prestação dos serviços, nos termos da lei e da regulamentação, desde que informem à concessionária, à permissionária ou à autorizada de distribuição local, com antecedência mínima de 5 (cinco) anos. (Incluído pela Lei 10.848/2004.)

§ 9º Os prazos definidos nos §§ 4º e 8º deste artigo poderão ser reduzidos, a critério da concessionária, da permissionária ou da autorizada de distribuição local. (Incluído pela Lei 10.848/2004.)

§ 10. Até 31 de dezembro de 2009, respeitados os contratos vigentes, será facultada aos consumidores que pretendam utilizar, em suas unidades industriais, energia elétrica produzida por geração própria, em regime de autoprodução ou produção independente, a redução da demanda e da energia contratadas ou a substituição dos contratos de fornecimento por contratos de uso dos sistemas elétricos, mediante notificação à concessionária de distribuição ou geração, com antecedência mínima de 180 (cento e oitenta) dias. (Incluído pela Lei 10.848/2004.)

ART. 16. É de livre escolha dos novos consumidores, cuja carga seja igual ou maior que 3.000 kW, atendidos em qualquer tensão, o fornecedor com quem contratará sua compra de energia elétrica.

› arts. 12, II, e 15, § 3º, desta lei.

SEÇÃO IV
DAS INSTALAÇÕES DE TRANSMISSÃO E DOS CONSÓRCIOS DE GERAÇÃO

ART. 17. O poder concedente deverá definir, dentre as instalações de transmissão, as que se destinam à formação da rede básica dos sistemas interligados, as de âmbito próprio do concessionário de distribuição, as de interesse exclusivo das centrais de geração e as destinadas a interligações internacionais. (Redação dada pela Lei 12.111/2009.)

§ 1º As instalações de transmissão de energia elétrica componentes da rede básica do Sistema Interligado Nacional - SIN serão objeto de concessão, mediante licitação, na modalidade de concorrência ou de leilão e funcionarão integradas ao sistema elétrico, com regras operativas aprovadas pela Aneel, de forma a assegurar a otimização dos recursos eletroenergéticos existentes ou futuros. (Redação dada pela Lei 11.943/2009.)

§ 2º As instalações de transmissão de âmbito próprio do concessionário de distribuição poderão ser consideradas pelo poder concedente parte integrante da concessão de distribuição.

§ 3º As instalações de transmissão de interesse restrito das centrais de geração poderão ser consideradas integrantes das respectivas concessões, permissões ou autorizações. (Redação dada pela Lei 9.648/1998.)

§ 4º As instalações de transmissão, existentes na data de publicação desta Lei, serão classificadas pelo poder concedente, para efeito de prorrogação, de conformidade com o disposto neste artigo.

§ 5º As instalações de transmissão, classificadas como integrantes da rede básica, poderão ter suas concessões prorrogadas, segundo os critérios estabelecidos nos arts. 19 e 22, no que couber.

› Art. 1º, Dec. 7.805/2012 (Regulamenta a Med. Prov. n. 579/2012, que dispõe sobre as concessões de geração, transmissão e distribuição de energia elétrica, sobre a redução dos encargos setoriais e sobre a modicidade tarifária.)

§ 6º As instalações de transmissão de energia elétrica destinadas a interligações internacionais outorgadas a partir de 1º de janeiro de 2011 e conectadas à rede básica serão objeto de concessão de serviço público de transmissão, mediante licitação na modalidade de concorrência ou leilão, devendo ser precedidas de Tratado Internacional. (Incluído pela Lei 12.111/2009.)

§ 7º As instalações de transmissão necessárias aos intercâmbios internacionais de energia elétrica outorgadas até 31 de dezembro de 2010 poderão ser equiparadas, para efeitos técnicos e comerciais, aos concessionários de serviço público de transmissão de que trata o § 6º, conforme regulação da Aneel, que definirá, em especial, a receita do agente, as tarifas de que tratam os incisos XVIII e XX do art. 3º da Lei n. 9.427, de 26 de dezembro de 1996, e a forma de ajuste dos contratos atuais de importação e exportação de energia. (Incluído pela Lei 12.111/2009.)

› Lei 9.427/1996 (Institui a Agência Nacional de Energia Elétrica - ANEEL e disciplina o regime das concessões de serviços públicos de energia elétrica).

§ 8º Fica vedada a celebração de novos contratos de importação ou exportação de energia elétrica pelo agente que for equiparado ao concessionário de serviço público de transmissão de que trata o § 7º. (Incluído pela Lei 12.111/2009.)

ART. 18. É autorizada a constituição de consórcios, com o objetivo de geração de energia elétrica para fins de serviços públicos, para uso exclusivo dos consorciados, para produção independente ou para essas atividades associadas, conservado o regime legal próprio de cada uma, aplicando-se, no que couber, o disposto no art. 23 da Lei 8.987, de 1995.

› Lei 8.987/1995 (Lei da Concessão e Permissão da Prestação de Serviços Públicos).

Parágrafo único. Os consórcios empresariais de que trata o disposto no parágrafo único do art. 21 podem manifestar ao poder concedente, até seis meses antes do funcionamento da central geradora de energia elétrica, opção por um dos regimes legais previstos neste artigo, ratificando ou alterando o adotado no respectivo ato de constituição. (Incluído pela Lei 9.648/1998.)

SEÇÃO V
DA PRORROGAÇÃO DAS CONCESSÕES ATUAIS

ART. 19. A União poderá, visando garantir a qualidade do atendimento aos consumidores a custos adequados, prorrogar, pelo prazo de até vinte anos, as concessões de geração de energia elétrica, alcançadas pelo art. 42 da Lei 8.987, de 1995, desde que requerida a prorrogação, pelo concessionário, permissionário ou titular de manifesto ou de declaração de

LEIS

usina termelétrica, observado o disposto no art. 25 desta Lei.

- Lei 8.987/1995 (Lei da Concessão e Permissão da Prestação de Serviços Públicos).
- Lei 12.783/2013 (Dispõe sobre as concessões de geração, transmissão e distribuição de energia elétrica, sobre a redução dos encargos setoriais e sobre a modicidade tarifária. Conversão da Med. Prov. 579/2012).
- Art. 1º, Dec. 7.805/2012 (Regulamenta a Med. Prov. n. 579/2012, que dispõe sobre as concessões de geração, transmissão e distribuição de energia elétrica, sobre a redução dos encargos setoriais e sobre a modicidade tarifária.)
- Dec. 7.850/2012 (Regulamenta a Med. Prov. 579/2012).

§ 1º Os pedidos de prorrogação deverão ser apresentados, em até um ano, contado da data da publicação desta Lei.

§ 2º Nos casos em que o prazo remanescente da concessão for superior a um ano, o pedido de prorrogação deverá ser apresentado em até seis meses do advento do termo final respectivo.

§ 3º Ao requerimento de prorrogação deverão ser anexados os elementos comprobatórios de qualificação jurídica, técnica, financeira e administrativa do interessado, bem como comprovação de regularidade e adimplemento de seus encargos junto a órgãos públicos, obrigações fiscais e previdenciárias e compromissos contratuais, firmados junto a órgãos e entidades da Administração Pública Federal, referentes aos serviços de energia elétrica, inclusive ao pagamento de que trata o § 1º do art. 20 da Constituição Federal.

§ 4º Em caso de não apresentação do requerimento, no prazo fixado nos §§ 1º e 2º deste artigo, ou havendo pronunciamento do poder concedente contrário ao pleito, as concessões, manifestos ou declarações de usina termelétrica serão revertidas para a União, no vencimento do prazo da concessão, e licitadas.

§ 5º (Vetado.)

ART. 20. As concessões e autorizações de geração de energia elétrica alcançadas pelo parágrafo único do art. 43 e pelo art. 44 da Lei 8.987, de 1995, exceto aquelas cujos empreendimentos não tenham sido iniciados até a edição dessa mesma Lei, poderão ser prorrogadas pelo prazo necessário à amortização do investimento, limitado a trinta e cinco anos, observado o disposto no art. 24 desta Lei e desde que apresentado pelo interessado:

- Lei 8.987/1995 (Lei da Concessão e Permissão da Prestação de Serviços Públicos).

I - plano de conclusão aprovado pelo poder concedente;

II - compromisso de participação superior a um terço de investimentos privados nos recursos necessários à conclusão da obra e à colocação das unidades em operação.

Parágrafo único. Os titulares de concessão que não procederem de conformidade com os termos deste artigo terão suas concessões declaradas extintas, por ato do poder concedente, de acordo com o autorizado no parágrafo único do art. 44 da Lei 8.987, de 1995.

ART. 21. É facultado ao concessionário incluir no plano de conclusão das obras, referido no inciso I do artigo anterior, no intuito de viabilizá-la, proposta de sua associação com terceiros na modalidade de consórcio empresarial do qual seja a empresa líder, mantida ou não a finalidade prevista originalmente para a energia produzida.

Parágrafo único. Aplica-se o disposto neste artigo aos consórcios empresariais formados ou cuja formação se encontra em curso na data de publicação desta Lei, desde que já manifestada ao poder concedente pelos interessados, devendo as concessões ser revistas para adaptá-las ao estabelecido no art. 23 da Lei 8.987, de 1995, observado o disposto no art. 20, inciso II e no art. 25 desta Lei.

ART. 22. As concessões de distribuição de energia elétrica alcançadas pelo art. 42 da Lei 8.987, de 1995, poderão ser prorrogadas, desde que reagrupadas segundo critérios de racionalidade operacional e econômica, por solicitação do concessionário ou iniciativa do poder concedente.

- Lei 8.987/1995 (Lei da Concessão e Permissão da Prestação de Serviços Públicos).
- Lei 12.783/2013 (Dispõe sobre as concessões de geração, transmissão e distribuição de energia elétrica, sobre a redução dos encargos setoriais e sobre a modicidade tarifária. Conversão da Med. Prov. 579/2012).
- Art. 1º, Dec. 7.805/2012 (Regulamenta a Med. Prov. n. 579/2012, que dispõe sobre as concessões de geração, transmissão e distribuição de energia elétrica, sobre a redução dos encargos setoriais e sobre a modicidade tarifária.)

§ 1º Na hipótese de a concessionária não concordar com o reagrupamento, serão mantidas as atuais áreas e prazos das concessões.

§ 2º A prorrogação terá prazo único, igual ao maior remanescente dentre as concessões reagrupadas, ou vinte anos, a contar da data da publicação desta Lei, prevalecendo o maior.

§ 3º (Vetado.)

ART. 23. Na prorrogação das atuais concessões para distribuição de energia elétrica, o poder concedente diligenciará no sentido de compatibilizar as áreas concedidas às empresas distribuidoras com as áreas de atuação de cooperativas de eletrificação rural, examinando suas situações de fato como prestadoras de serviço público, visando enquadrar as cooperativas como permissionárias de serviço público de energia elétrica.

- Dec. 4.855/2003 (Estabelece prazo para o enquadramento jurídico das cooperativas de eletrificação rural).

§ 1º Constatado, em processo administrativo, que a cooperativa exerce, em situação de fato ou com base em permissão anteriormente outorgada, atividade de comercialização de energia elétrica a público indistinto localizado em sua área de atuação é facultado ao poder concedente promover a regularização da permissão, preservado o atual regime jurídico próprio das cooperativas. (Redação dada pela Lei 11.192/2006.)

- Dec. 6.160/2007 (Regulamenta este parágrafo, com vistas à regularização das cooperativas de eletrificação rural como permissionárias de serviço público de distribuição de energia elétrica).

§ 2º O processo de regularização das cooperativas de eletrificação rural será definido em regulamentação própria, preservando suas peculiaridades associativistas. (Incluído pela Lei 11.192/2006.)

- Dec. 6.160/2007 (Regulamenta este parágrafo, com vistas à regularização das cooperativas de eletrificação rural como permissionárias de serviço público de distribuição de energia elétrica).

§ 3º As autorizações e permissões serão outorgadas às Cooperativas de Eletrificação Rural pelo prazo de até 30 (trinta) anos, podendo ser prorrogado por igual período, a juízo do poder concedente. (Incluído pela Lei 12.111/2009.)

ART. 24. O disposto nos §§ 1º, 2º, 3º e 4º do art. 19 aplica-se às concessões referidas no art. 22.

Parágrafo único. Aplica-se, ainda, às concessões referidas no art. 20, o disposto nos §§ 3º e 4º do art. 19.

ART. 25. As prorrogações de prazo, de que trata esta Lei, somente terão eficácia com assinatura de contratos de concessão que contenham cláusula de renúncia a eventuais direitos preexistentes que contrariem a Lei 8.987, de 1995.

- Lei 8.987/1995 (Lei da Concessão e Permissão da Prestação de Serviços Públicos).
- Art. 19 desta lei.

§ 1º Os contratos de concessão e permissão conterão, além do estabelecido na legislação em vigor, cláusulas relativas a requisitos mínimos de desempenho técnico do concessionário ou permissionário, bem assim, sua aferição pela fiscalização através de índices apropriados.

§ 2º No contrato de concessão ou permissão, as cláusulas relativas à qualidade técnica, referidas no parágrafo anterior, serão vinculadas a penalidades progressivas, que guardarão proporcionalidade com o prejuízo efetivo ou potencial causado ao mercado.

CAPÍTULO III
DA REESTRUTURAÇÃO DOS SERVIÇOS PÚBLICOS CONCEDIDOS

ART. 26. Exceto para os serviços públicos de telecomunicações, é a União autorizada a:

- Lei 9.472/1997 (Dispõe sobre a organização dos serviços de telecomunicações).

I - promover cisões, fusões, incorporações ou transformações societárias dos concessionários de serviços públicos sob o seu controle direto ou indireto;

II - aprovar cisões, fusões e transferências de concessões, estas últimas nos termos do disposto no art. 27 da Lei 8.987, de 1995;

III - cobrar, pelo direito de exploração de serviços públicos, nas condições preestabelecidas no edital de licitação.

Parágrafo único. O inadimplemento do disposto no inciso III sujeitará o concessionário à aplicação da pena de caducidade, nos termos do disposto na Lei 8.987, de 1995.

- Lei 8.987/1995 (Lei da Concessão e Permissão da Prestação de Serviços Públicos).

ART. 27. Nos casos em que os serviços públicos, prestados por pessoas jurídicas sob controle direto ou indireto da União, para promover a privatização simultaneamente com a outorga de nova concessão ou com a prorrogação das concessões existentes a União, exceto quanto aos serviços públicos de telecomunicações, poderá:

I - utilizar, no procedimento licitatório, a modalidade de leilão, observada a necessidade da venda de quantidades mínimas de quotas ou ações que garantam a transferência do controle societário;

II - fixar, previamente, o valor das quotas ou ações de sua propriedade a serem alienadas, e proceder a licitação na modalidade de concorrência.

§ 1º Na hipótese de prorrogação, esta poderá ser feita por prazos diferenciados, de forma a que os termos finais de todas as concessões prorrogadas ocorram no mesmo prazo que será o necessário à amortização dos investimentos, limitado a trinta anos, contado a partir da assinatura do novo contrato de concessão.

§ 2º Na elaboração dos editais de privatização de empresas concessionárias de serviço público, a União deverá atender às exigências das Leis n. 8.031, de 1990 e 8.987, de 1995, inclusive quanto à publicação das cláusulas essenciais do contrato e do prazo da concessão.

- A Lei 8.031/1990 foi revogada pela Lei 9.491/1997 (Altera os procedimentos relativos ao Programa Nacional de Desestatização).

- Lei 8.987/1995 (Lei da Concessão e Permissão da Prestação de Serviços Públicos).

§ 3º O disposto neste artigo poderá ainda ser aplicado no caso de privatização de concessionário de serviço público sob controle direto ou indireto dos Estados, do Distrito Federal ou dos Municípios, no âmbito de suas respectivas competências.

§ 4º A prorrogação de que trata este artigo está sujeita às condições estabelecidas no art. 25.

ART. 28. Nos casos de privatização, nos termos do artigo anterior, é facultado ao poder concedente outorgar novas concessões sem efetuar a reversão prévia dos bens vinculados ao respectivo serviço público.

§ 1º Em caso de privatização de empresa detentora de concessão ou autorização de geração de energia elétrica, é igualmente facultado ao poder concedente alterar o regime de exploração, no todo ou em parte, para produção independente, inclusive, quanto às condições de extinção da concessão ou autorização e de encampação das instalações, bem como da indenização porventura devida. (Incluído pela Lei 9.648/1998.)

§ 2º A alteração de regime referida no parágrafo anterior deverá observar as condições para tanto estabelecidas no respectivo edital, previamente aprovado pela ANEEL. (Incluído pela Lei 9.648/1998.)

§ 3º É vedado ao edital referido no parágrafo anterior estipular, em benefício da produção de energia elétrica, qualquer forma de garantia ou prioridade sobre o uso da água da bacia hidrográfica, salvo nas condições definidas em ato conjunto dos Ministros de Estado de Minas e Energia e do Meio Ambiente, dos Recursos Hídricos e da Amazônia Legal, em articulação com os Governos dos Estados onde se localiza cada bacia hidrográfica. (Incluído pela Lei 9.648/1998.)

§ 4º O edital referido no § 2º deve estabelecer as obrigações dos sucessores com os programas de desenvolvimento socioeconômico regionais em andamento, conduzidos diretamente pela empresa ou em articulação com os Estados, em áreas situadas na bacia hidrográfica onde se localizam os aproveitamentos de potenciais hidráulicos, facultado ao Poder Executivo, previamente à privatização, separar e destacar os ativos que considere necessários à condução desses programas. (Incluído pela Lei 9.648/1998.)

ART. 29. A modalidade de leilão poderá ser adotada nas licitações relativas à outorga de nova concessão com a finalidade de promover a transferência de serviço público prestado por pessoas jurídicas, a que se refere o art. 27, incluídas, para os fins e efeitos da Lei 8.031, de 1990, no Programa Nacional de Desestatização, ainda que não haja a alienação das quotas ou ações representativas de seu controle societário.

- A Lei 8.031/1990 foi revogada pela Lei 9.491/1997 (Altera os procedimentos relativos ao Programa Nacional de Desestatização).

Parágrafo único. Na hipótese prevista neste artigo, os bens vinculados ao respectivo serviço público serão utilizados, pelo novo concessionário, mediante contrato de arrendamento a ser celebrado com o concessionário original.

ART. 30. O disposto nos arts. 27 e 28 aplica-se, ainda, aos casos em que o titular da concessão ou autorização de competência da União for empresa sob controle direto ou indireto dos Estados, do Distrito Federal ou dos Municípios, desde que as partes acordem quanto às regras estabelecidas. (Redação dada pela Lei 9.648/1998.)

CAPÍTULO IV
DAS DISPOSIÇÕES FINAIS

ART. 31. Nas licitações para concessão e permissão de serviços públicos ou uso de bem público, os autores ou responsáveis economicamente pelos projetos básico ou executivo podem participar, direta ou indiretamente, da licitação ou da execução de obras ou serviços.

- Dec. 5.977/2006 (Regulamenta este artigo).

ART. 32. A empresa estatal que participe, na qualidade de licitante, de concorrência para concessão e permissão de serviço público, poderá, para compor sua proposta, colher preços de bens ou serviços fornecidos por terceiros e assinar pré-contratos com dispensa de licitação.

§ 1º Os pré-contratos conterão, obrigatoriamente, cláusula resolutiva de pleno direito, sem penalidades ou indenizações, no caso de outro licitante ser declarado vencedor.

§ 2º Declarada vencedora a proposta referida neste artigo, os contratos definitivos, firmados entre a empresa estatal e os fornecedores de bens e serviços, serão, obrigatoriamente, submetidos à apreciação dos competentes órgãos de controle externo e de fiscalização específica.

ART. 33. Em cada modalidade de serviço público, o respectivo regulamento determinará que o poder concedente, observado o disposto nos arts. 3º e 30 da Lei 8.987, de 1995, estabeleça forma de participação dos usuários na fiscalização e torne disponível ao público, periodicamente, relatório sobre os serviços prestados.

- Lei 8.987/1995 (Lei da Concessão e Permissão da Prestação de Serviços Públicos).

ART. 34. A concessionária que receber bens e instalações da União, já revertidos ou entregues à sua administração, deverá:

- Lei 8.987/1995 (Lei da Concessão e Permissão da Prestação de Serviços Públicos).

I - arcar com a responsabilidade pela manutenção e conservação dos mesmos;

II - responsabilizar-se pela reposição dos bens e equipamentos, na forma do disposto no art. 6º da Lei 8.987, de 1995.

ART. 35. A estipulação de novos benefícios tarifários pelo poder concedente, fica condicionada à previsão, em lei, da origem dos recursos ou da simultânea revisão da estrutura tarifária do concessionário ou permissionário, de forma a preservar o equilíbrio econômico-financeiro do contrato.

Parágrafo único. A concessão de qualquer benefício tarifário somente poderá ser atribuída a uma classe ou coletividade de usuários dos serviços, vedado, sob qualquer pretexto, o benefício singular.

ART. 36. Sem prejuízo do disposto no inciso XII do art. 21 e no inciso XI do art. 23 da Constituição Federal, o poder concedente poderá, mediante convênio de cooperação, credenciar os Estados e o Distrito Federal a realizarem atividades complementares de fiscalização e controle dos serviços prestados nos respectivos territórios.

ART. 37. É inexigível a licitação na outorga de serviços de telecomunicações de uso restrito do outorgado, que não sejam passíveis de exploração comercial.

ART. 38. (Vetado.)

ART. 39. Esta Lei entra em vigor na data de sua publicação.

ART. 40. Revogam-se o parágrafo único do art. 28 da Lei 8.987, de 1995, e as demais disposições em contrário.

Brasília, 07 de julho de 1995; 174º da Independência e 107º da República.

FERNANDO HENRIQUE CARDOSO

LEI N. 9.093, DE 12 DE SETEMBRO DE 1995

Dispõe sobre feriados.

- *DOU*, 13.09.1995.

O Presidente da República. Faço saber que o Congresso Nacional decreta e eu sanciono a seguinte Lei:

ART. 1º São feriados civis:

I - os declarados em lei federal;

II - a data magna do Estado fixada em lei estadual.

III - os dias do início e do término do ano do centenário de fundação do Município, fixados em lei municipal. (Inciso incluído pela Lei n. 9.335, de 10.12.1996)

ART. 2º São feriados religiosos os dias de guarda, declarados em lei municipal, de acordo com a tradição local e em número não superior a quatro, neste incluída a Sexta-Feira da Paixão.

ART. 3º Esta Lei entra em vigor na data de sua publicação.

ART. 4º Revogam-se as disposições em contrário, especialmente o art. 11 da Lei n. 605, de 5 de janeiro de 1949.

Brasília, 12 de setembro de 1995; 174º da Independência e 107º da República.

FERNANDO HENRIQUE CARDOSO

LEI N. 9.138, DE 29 DE NOVEMBRO DE 1995

Dispõe sobre o crédito rural, e dá outras providências.

- DOU, 30.11.1995.

O Presidente da República. Faço saber que o Congresso Nacional decreta e eu sanciono a seguinte Lei:

ART. 1º É autorizada, para o crédito rural, a equalização de encargos financeiros, observado o disposto na Lei n. 8.427, de 27 de maio de 1992.

§ 1º Compreende-se na equalização de encargos financeiros de que trata o *caput* deste artigo o abatimento no valor das prestações com vencimento em 1995, de acordo com os limites e condições estabelecidos pelo Conselho Monetário Nacional.

§ 2º O Poder Executivo e o Poder Legislativo providenciarão a alocação de recursos e a suplementação orçamentária necessárias à subvenção econômica de que trata este artigo.

ART. 2º Para as operações de crédito rural contratadas a partir da publicação desta Lei e até 31 de julho de 2003, não se aplica o disposto no § 2º do art. 16 da Lei n. 8.880, de 27 de maio de 1994. (Alterado pela Med. Prov. 2.168-40/2001.)

ART. 3º O disposto no art. 31 da Lei n. 8.931, de 22 de setembro de 1994, não se aplica aos empréstimos e financiamentos, destinados ao crédito rural, com recursos das Operações Oficiais de Crédito (OOC) sob supervisão do Ministério da Fazenda.

ART. 4º É facultado às instituições financeiras conceder financiamento rural sob a modalidade de crédito rotativo, com limite de crédito fixado com base em orçamento simplificado, considerando-se líquido e certo o saldo devedor apresentado no extrato ou demonstrativo da conta vinculada à operação.

Parágrafo único. Os financiamentos de que trata este artigo poderão ser formalizados através da emissão de cédula de crédito rural, disciplinada pelo Decreto-Lei n. 167, de 14 de fevereiro de 1967.

ART. 5º São as instituições e os agentes financeiros do Sistema Nacional de Crédito Rural, instituído pela Lei n. 4.829, de 5 de novembro de 1965, autorizados a proceder ao alongamento de dívidas originárias de crédito rural, contraídas por produtores rurais, suas associações, cooperativas e condomínios, inclusive as já renegociadas, relativas às seguintes operações, realizadas até 20 de junho de 1995:

I - de crédito rural de custeio, investimento ou comercialização, excetuados os empréstimos do Governo Federal com opção de venda (EGF/COV);

II - realizadas ao amparo da Lei n. 7.827, de 27 de setembro de 1989 - Fundos Constitucionais de Financiamento do Norte, do Nordeste e do Centro-Oeste (FNO, FNE e FCO);

III - realizadas com recursos do Fundo de Amparo ao Trabalhador (FAT) e de outros recursos operadas pelo Banco Nacional de Desenvolvimento Econômico e Social (BNDES);

IV - realizadas ao amparo do Fundo de Defesa da Economia Cafeeira (FUNCAFÉ).

§ 1º O Conselho Monetário Nacional poderá autorizar a inclusão de operações de outras fontes.

§ 2º Nas operações de alongamento referidas no *caput*, o saldo devedor será apurado segundo as normas fixadas pelo Conselho Monetário Nacional.

§ 3º Serão objeto do alongamento a que se refere o *caput* as operações contratadas por produtores rurais, suas associações, condomínios e cooperativas de produtores rurais, inclusive as de crédito rural, comprovadamente destinadas à condução de atividades produtivas, lastreadas com recursos de qualquer fonte, observado como limite máximo, para cada emitente do instrumento de crédito identificado pelo respectivo Cadastro de Pessoa Física - CPF ou Cadastro Geral do Contribuinte - CGC, o valor de R$ 200.000,00 (duzentos mil reais), observado, no caso de associações, condomínios e cooperativas, o seguinte:

I - as operações que tenham "cédulas-filhas" serão enquadradas na regra geral;

II - as operações originárias de crédito rural sem identificação do tomador final serão enquadrados observando-se, para cada associação ou cooperativa, o valor obtido pela multiplicação do valor médio refinanciável de R$ 25.000,00 (vinte e cinco mil reais) pelo número de associados ativos da respectiva unidade;

III - nos condomínios e parcerias entre produtores rurais, adotar-se-á um limite máximo de R$ 200.000,00 (duzentos mil reais) para cada participante, excetuando-se cônjuges, identificado pelo respectivo CPF ou CGC.

§ 4º As operações desclassificadas do crédito rural serão incluídas nos procedimentos previstos neste artigo, desde que a desclassificação não tenha decorrido de desvio de crédito ou outra ação dolosa do devedor.

§ 5º Os saldos devedores apurados, que se enquadrem no limite de alongamento previsto no § 3º, terão seus vencimentos alongados pelo prazo mínimo de sete anos, observadas as seguintes condições:

I - prestações anuais, iguais e sucessivas, vencendo a primeira em 31 de outubro de 1997, admitidos ajustes no cronograma de retorno das operações alongadas e adoção de bônus de adimplência nas prestações, conforme o estabelecido nesta Lei e a devida regulamentação do Conselho Monetário Nacional; (Alterado pela Lei 9.866/1999.)

II - taxa de juros de três por cento ao ano, com capitalização anual;

III - independentemente da atividade agropecuária desenvolvida pelo mutuário, os contratos terão cláusula de equivalência em produto, ficando a critério do mesmo a escolha de um dos produtos, a serem definidos pelo Conselho Monetário Nacional, cujos preços de referência constituirão a base de cálculo dessa equivalência;

IV - a critério do mutuário, o pagamento do débito poderá ser feito em moeda corrente ou em equivalentes unidades de produto agropecuário, consoante a opção referida no inciso anterior, mediante depósito da mercadoria em unidade de armazenamento credenciada pelo Governo Federal;

V - a critério das partes, caso o mutuário comprove dificuldade de pagamento de seu débito nas condições supra indicadas, o prazo de vencimento da operação poderá ser estendido até o máximo de dez anos, passando a primeira prestação a vencer em 31 de outubro de 1998, sujeitando-se, ainda, ao disposto na parte final do inciso I deste parágrafo, autorizados os seguintes critérios e condições de renegociação: (Alterado pela Lei 9.866/1999.)

a) prorrogação das parcelas vincendas nos exercícios de 1999 e 2000, para as operações de responsabilidade de um mesmo mutuário, cujo montante dos saldos devedores seja, em 31 de julho de 1999, inferior a quinze mil reais; (Acrescentado pela Lei 9.866/1999.)

b) nos casos em que as prestações de um mesmo mutuário totalizem saldo devedor superior a quinze mil reais, pagamento de dez por cento e quinze por cento, respectivamente, das prestações vencíveis nos exercícios de 1999 e 2000, e prorrogação do restante para o primeiro e segundo ano subsequente ao do vencimento da última parcela anteriormente ajustada; (Acrescentado pela Lei 9.866/1999.)

c) o pagamento referente à prestação vencível em 31 de outubro de 1999 fica prorrogado para 31 de dezembro do mesmo ano, mantendo-se os encargos de normalidade; (Acrescentado pela Lei 9.866/1999.)

d) o bônus de adimplência a que se refere o inciso I deste parágrafo, será aplicado sobre cada prestação paga até a data do respectivo vencimento e será equivalente ao desconto de: (Acrescentado pela Lei 9.866/1999.)

1) trinta por cento, se a parcela da dívida for igual ou inferior a cinquenta mil reais; (incluído pela Lei n. 9.866, de 9.11.1999)

2) trinta por cento até o valor de cinquenta mil reais e quinze por cento sobre o valor excedente a cinquenta mil reais, se a parcela da dívida for superior a esta mesma importância; (incluído pela Lei n. 9.866, de 9.11.1999)

VI - caberá ao mutuário oferecer as garantias usuais das operações de crédito rural, sendo vedada a exigência, pelo agente financeiro, de apresentação de garantias adicionais, liberando-se aquelas que excederem os valores regulamentares do crédito rural;

VII - a data de enquadramento da operação nas condições estabelecidas neste parágrafo será aquela da publicação desta Lei.

§ 6º Os saldos devedores apurados, que não se enquadrem no limite de alongamento estabelecido no § 3º, terão alongada a parcela compreendida naquele limite segundo as condições estabelecidas no § 5º, enquanto a parcela excedente será objeto de renegociação entre as partes, segundo as normas fixadas pelo Conselho Monetário Nacional.

§ 6º-A. Na renegociação da parcela a que se refere o § 6º, o Tesouro Nacional efetuará, mediante declaração de responsabilidade dos valores atestados pelas instituições financeiras, o pagamento relativo ao rebate de até dois pontos percentuais ao ano sobre a taxa de juros, aplicado a partir de 24 de agosto de 1999, para que não incidam taxas de juros superiores aos novos patamares estabelecidos pelo Conselho Monetário Nacional para essa renegociação, não podendo da aplicação do rebate resultar taxa de juros inferior a seis por cento ao ano, inclusive nos casos já renegociados, cabendo a prática de taxas inferiores sem o citado rebate. (Acrescentado pela Lei 9.866/1999.)

§ 6º-B. As dívidas originárias de crédito rural que tenham sido contratadas entre 20 de junho de 1995 e 31 de dezembro de 1997 e contenham índice de atualização monetária, bem como aquelas enquadráveis no Programa de Revitalização de Cooperativas de Produção Agropecuária - Recoop, poderão ser renegociadas segundo o que estabelecem os §§ 6º-A e 6º-C deste artigo. (Acrescentado pela Lei 9.866/1999.)

§ 6º-C. As instituições integrantes do Sistema Nacional de Crédito Rural - SNCR, na renegociação da parcela a que se referem os §§ 6º, 6º-A e 6º-B, a seu exclusivo critério, sem ônus para o Tesouro Nacional, não podendo os valores correspondentes integrar a declaração de responsabilidade a que alude o § 6º-A, ficam autorizadas: (Acrescentado pela Lei 9.866/1999.)

I - a financiar a aquisição dos títulos do Tesouro Nacional, com valor de face equivalente ao da dívida a ser financiada, os quais devem ser entregues ao credor em garantia do principal; (Acrescentado pela Lei 9.866/1999.)

II - a conceder rebate do qual resulte taxa de juros inferior a seis por cento ao ano. (Acrescentado pela Lei 9.866/1999.)

§ 6º-D. Dentro dos seus procedimentos bancários, os agentes financeiros devem adotar as providências necessárias à continuidade da assistência creditícia a mutuários contemplados com o alongamento de que trata esta Lei, quando imprescindível ao desenvolvimento de suas explorações. (Acrescentado pela Lei 9.866/1999.)

§ 6º-E. Ficam excluídos dos benefícios constantes dos parágrafos 5º, 6º-A, 6º-B, 6º-C e 6º-D os mutuários que tenham comprovadamente cometido desvio de finalidade de crédito. (Acrescentado pela Lei 9.866/1999.)

§ 7º Não serão abrangidos nas operações de alongamento de que trata este artigo os valores deferidos em processos de cobertura pelo Programa de Garantia da Atividade Agropecuária - PROAGRO.

§ 8º A critério do mutuário, o saldo devedor a ser alongado poderá ser acrescido da parcela da dívida, escriturada em conta especial, referente ao diferencial de índices adotados pelo plano de estabilização econômica editado em março de 1990, independentemente do limite referido no § 3º, estendendo-se o prazo de pagamento referido no § 5º em um ano.

§ 9º O montante das dívidas mencionadas no *caput*, passíveis do alongamento previsto no § 5º, é de R$ 7.000.000.000,00 (sete bilhões de reais).

§ 10. As operações de alongamento de que trata este artigo poderão ser formalizadas através da emissão de cédula de crédito rural, disciplinada pelo Decreto-lei n. 167, de 14 de fevereiro de 1967.

§ 11. O agente financeiro apresentará ao mutuário extrato consolidado de sua conta gráfica, com a respectiva memória de cálculo, de forma a demonstrar discriminadamente os parâmetros utilizados para a apuração do saldo devedor.

ART. 6º É o Tesouro Nacional autorizado a emitir títulos até o montante de R$ 7.000.000.000,00, (sete bilhões de reais) para garantir as operações de alongamento dos saldos consolidados de dívidas de que trata o art. 5º.

§ 1º A critério do Poder Executivo, os títulos referidos no *caput* poderão ser emitidos para garantir o valor total das operações nele referidas ou, alternativamente, para garantir o valor da equalização decorrente do alongamento.

§ 2º O Poder Executivo, por iniciativa do Ministério da Fazenda, fundamentará solicitação ao Senado Federal de aumento dos limites referidos nos incisos VI, VII e VIII do art. 52 da Constituição Federal.

ART. 7º Os contratos de repasse de recursos do Fundo de Participação PIS/PASEP, do Fundo de Amparo ao Trabalhador - FAT, do Fundo de Defesa da Economia Cafeeira - FUNCAFÉ, dos Fundos Constitucionais de Financiamento do Norte, do Nordeste e do Centro-Oeste (FNO, FNE e FCO) e de outros fundos ou instituições oficiais federais, quando lastrearem dívidas de financiamentos rurais objeto do alongamento de que trata o art. 5º, terão seus prazos de retorno e encargos financeiros devidamente ajustados às respectivas operações de alongamento. (Alterado pela Lei 9.715/1998.)

Parágrafo único. O custo da equalização nessas operações de alongamento correrá à conta do respectivo fundo, excetuados os casos lastreados com recursos do Fundo de Participação PIS/PASEP e do Fundo de Amparo ao Trabalhador - FAT, em observância ao disposto no art. 239, § 1º, da Constituição, para os quais o ônus da equalização será assumido pelo Tesouro Nacional.(Incluído pela Lei n. 9.715, de 25 de novembro de 1998)

ART. 8º Na formalização de operações de crédito rural e nas operações de alongamento celebradas nos termos desta Lei, as partes poderão pactuar, na forma definida pelo Conselho Monetário Nacional, encargos financeiros substitutivos para incidirem a partir do vencimento ordinário ou extraordinário, e até a liquidação do empréstimo ou financiamento, inclusive no caso de dívidas ajuizadas, qualquer que seja o instrumento de crédito utilizado.

Parágrafo único. Em caso de prorrogação do vencimento da operação, ajustada de comum acordo pelas partes ou nas hipóteses previstas na legislação de crédito rural, inclusive aquelas mencionadas no Decreto-Lei n. 167, de 14 de fevereiro de 1967, e no art. 4º, parágrafo único da Lei n. 7.843, de 18 de outubro de 1989, os encargos financeiros serão os mesmos pactuados para a situação de normalidade do financiamento.

ART. 8º-A. Fica o gestor do Fundo de Defesa da Economia Cafeeira - Funcafé, instituído pelo Decreto-Lei n. 2.295, de 21 de novembro de 1986, autorizado a promover ajuste contratual junto ao agente financeiro, com base nas informações dele recebidas, a fim de adequar os valores e prazos de reembolso, ao Fundo, das operações de consolidação e reescalonamento de dívidas de cafeicultores e suas cooperativas, realizadas no exercício de 1997, e ainda, das operações de custeio e colheita da safra 1997/1998, à luz de resolução do Conselho Monetário Nacional. (Acrescentado pela Lei 9.866/1999.)

Parágrafo único. A adequação de valores e prazos de reembolso de que trata o *caput* será efetuada nas mesmas condições que forem estabelecidas segundo o que determina o inciso I do § 5º do art. 5º desta Lei.(Acrescentado pela Lei 9.866/1999.)

ART. 9º É a Companhia Nacional de Abastecimento - CONAB autorizada a contratar operação de crédito com o Banco do Brasil S.A. no valor correspondente aos Empréstimos do Governo Federal (EGF), vencidos até 31 de dezembro de 1994.

ART. 10. O Conselho Monetário Nacional deliberará a respeito das características financeiras dos títulos do Tesouro Nacional a serem emitidos na forma do art. 6º e disporá sobre as demais normas, condições e procedimentos a serem observados na formalização das operações de alongamento referidas nesta Lei.

ART. 11. São convalidados os atos praticados com base na Medida Provisória n. 1.131, de 26 de setembro de 1995.

ART. 12. Esta Lei entra em vigor na data de sua publicação.

ART. 13. Revogam-se as disposições em contrário.

Brasília, 29 de novembro de 1995; 174º da Independência e 107º da República.
FERNANDO HENRIQUE CARDOSO

LEI N. 9.140, DE 4 DE DEZEMBRO DE 1995

Reconhece como mortas pessoas desaparecidas em razão de participação, ou acusação de participação, em atividades políticas, no período de 2 de setembro de 1961 a 15 de agosto de 1979, e dá outras providências.

▸ *DOU*, 05.12.1995

O Presidente da República. Faço saber que o Congresso Nacional decreta e eu sanciono a seguinte Lei:

ART. 1º São reconhecidos como mortas, para todos os efeitos legais, as pessoas que tenham participado, ou tenham sido acusadas de participação, em atividades políticas, no período de 2 de setembro de 1961 a 5 de outubro de 1988, e que, por este motivo, tenham sido detidas por agentes públicos, achando-se, deste então, desaparecidas, sem que delas haja notícias. (Redação dada pela Lei 10.536/2002.)

ART. 2º A aplicação das disposições desta Lei e todos os seus efeitos orientar-se-ão pelo princípio de reconciliação e de pacificação nacional, expresso na Lei n. 6.683, de 28 de agosto de 1979 - Lei de Anistia.

ART. 3º O cônjuge, o companheiro ou a companheira, descendente, ascendente, ou colateral até quarto grau, das pessoas nominadas na lista referida no art. 1º, comprovando essa condição, poderão requerer a oficial de registro civil das pessoas naturais de seu domicílio a lavratura do assento de óbito, instruindo o pedido com original ou cópia da publicação desta Lei e de seus anexos.

Parágrafo único. Em caso de dúvida, será admitida justificação judicial.

ART. 4º Fica criada Comissão Especial que, face às circunstâncias descritas no art. 1º desta Lei, assim como diante da situação política nacional compreendida no período de 2 de setembro de 1961 a 5 de outubro de 1988, tem as seguintes atribuições: (Redação dada pela Lei 10.875/2004.)

I - proceder ao reconhecimento de pessoas:

a) desaparecidas, não relacionadas no Anexo I desta Lei;

b) que, por terem participado, ou por terem sido acusadas de participação, em atividades políticas, tenham falecido por causas não naturais, em dependências policiais ou assemelhadas; (Redação dada pela Lei 10.875/2004.)

c) que tenham falecido em virtude de repressão policial sofrida em manifestações públicas ou em conflitos armados com agentes do poder público; (Incluída pela Lei 10.875/2004.)

d) que tenham falecido em decorrência de suicídio praticado na iminência de serem presas ou em decorrência de sequelas psicológicas resultantes de atos de tortura praticados por agentes do poder público; (Incluída pela Lei 10.875/2004.)

II - envidar esforços para a localização dos corpos de pessoas desaparecidas no caso de existência de indícios quanto ao local em que possam estar depositados;

III - emitir parecer sobre os requerimentos relativos a indenização que venham a ser formulados pelas pessoas mencionadas no art. 10 desta Lei.

ART. 5º A Comissão Especial será composta por sete membros, de livre escolha e designação do Presidente da República, que indicará, dentre eles, quem irá presidi-la, com voto de qualidade.

§ 1º Dos sete membros da Comissão, quatro serão escolhidos:

I - dentre os membros da Comissão de Direitos Humanos da Câmara dos Deputados;

II - dentre as pessoas com vínculo com os familiares das pessoas referidas na lista constante do Anexo I;

III - dentre os membros do Ministério Público Federal; e

IV - dentre os integrantes do Ministério da Defesa. (Redação dada pela Lei 10.875/2004.)

§ 2º A Comissão Especial poderá ser assessorada por funcionários públicos federais, designados pelo Presidente da República, podendo, ainda, solicitar o auxílio das Secretarias de Justiça dos Estados, mediante convênio com a Secretaria Especial dos Direitos Humanos da Presidência da República, se necessário. (Redação dada pela Lei 10.875/2004.)

ART. 6º A Comissão Especial funcionará junto à Secretaria Especial dos Direitos Humanos da Presidência da República, que lhe dará o apoio necessário. (Redação dada pela Lei 10.875/2004.)

ART. 7º Para fins de reconhecimento de pessoas desaparecidas não relacionadas no Anexo I desta Lei, os requerimentos, por qualquer das pessoas mencionadas no art. 3º, serão apresentados perante a Comissão Especial, no prazo de cento e vinte dias, contado a partir da data da publicação desta Lei, e serão instruídos com informações e documentos que possam comprovar a pretensão.

▸ Art. 2º, Lei 10.536/2002 (legislação alteradora).

§ 1º Idêntico procedimento deverá ser observado nos casos baseados na alínea b do inciso I do art. 4º.

§ 2º Os deferimentos, pela Comissão Especial, dos pedidos de reconhecimento de pessoas não mencionadas no Anexo I desta Lei instruirão os pedidos de assento de óbito de que trata o art. 3º, contado o prazo de cento e vinte dias, a partir da ciência da decisão deferitória.

ART. 8º A Comissão Especial, no prazo de cento e vinte dias de sua instalação, mediante solicitação expressa de qualquer das pessoas mencionadas no art. 3º, e concluindo pela existência de indícios suficientes, poderá diligenciar no sentido da localização dos restos mortais do desaparecido.

ART. 9º Para os fins previstos nos arts. 4º e 7º, a Comissão Especial poderá solicitar:

I - documentos de qualquer órgão público;

II - a realização de perícias;

II - a colaboração de testemunhas;

IV - a intermediação do Ministério das Relações Exteriores para a obtenção de informações junto a governos e a entidades estrangeiras.

ART. 10. A indenização prevista nesta Lei é deferida às pessoas abaixo indicadas, na seguinte ordem:

I - ao cônjuge;

II - ao companheiro ou companheira, definidos pela Lei n. 8.971, de 29 de dezembro de 1994;

III - aos descendentes;

IV - aos ascendentes;

V - aos colaterais, até o quarto grau.

§ 1º O pedido de indenização poderá ser formulado até cento e vinte dias a contar da publicação desta Lei. No caso de reconhecimento pela Comissão Especial, o prazo se conta da data do reconhecimento.

‣ Art. 2º, Lei 10.536/2002 e Lei 10.875/2004 (legislação alteradora).

§ 2º Havendo acordo entre as pessoas nominadas no deste artigo, a indenização poderá ser requerida independentemente da ordem nele prevista.

§ 3º Reconhecida a morte nas situações previstas nas alíneas b a d do inciso I do art. 4º desta Lei, as pessoas mencionadas no poderão, na mesma ordem e condições, requerer indenização à Comissão Especial. (Redação dada pela Lei 10.875/2004.)

ART. 11. A indenização, a título reparatório, consistirá no pagamento de valor único igual a R$ 3.000,00 (três mil reais) multiplicado pelo número de anos correspondentes à expectativa de sobrevivência do desaparecido, levando-se em consideração a idade à época do desaparecimento e os critérios e valores traduzidos na tabela constante do Anexo II desta Lei.

§ 1º Em nenhuma hipótese o valor da indenização será inferior a R$ 100.000,00 (cem mil reais).

§ 2º A indenização será concedida mediante decreto do Presidente da República, após parecer favorável da Comissão Especial criada por esta Lei.

ART. 12. No caso de localização, com vida, de pessoa desaparecida, ou de existência de provas contrárias às apresentadas, serão revogados os respectivos atos decorrentes da aplicação desta Lei, não cabendo ação regressiva para o ressarcimento do pagamento já efetuado, salvo na hipótese de comprovada má-fé.

ART. 13. Finda a apreciação dos requerimentos, a Comissão Especial elaborará relatório circunstanciado, que encaminhará, para publicação, ao Presidente da República, e encerrará seus trabalhos.

Parágrafo único. Enquanto durarem seus trabalhos, a Comissão Especial deverá apresentar trimestralmente relatórios de avaliação.

ART. 14. Nas ações judiciais indenizatórias fundadas em fatos decorrentes da situação política mencionada no art. 1º, os recursos das sentenças condenatórias serão recebidos somente no efeito devolutivo.

ART. 15. As despesas decorrentes da aplicação desta Lei correrão à conta de dotações consignadas no orçamento da União pela Lei Orçamentária.

ART. 16. Esta Lei entra em vigor na data de sua publicação.

Brasília, 4 de dezembro de 1995; 174º da Independência e 107º da República.

FERNANDO HENRIQUE CARDOSO

‣ Optamos, nesta edição, pela não publicação do anexo.

LEI N. 9.250, DE 26 DE DEZEMBRO DE 1995

Altera a legislação do imposto de renda das pessoas físicas e dá outras providências.

‣ *DOU*, 27.12.1995

O Presidente da República. Faço saber que o Congresso Nacional decreta e eu sanciono a seguinte Lei:

CAPÍTULO I
DISPOSIÇÕES PRELIMINARES

ART. 1º A partir de 1º de janeiro de 1996 o imposto de renda das pessoas físicas será determinado segundo as normas da legislação vigente, com as alterações desta Lei.

ART. 2º Os valores expressos em UFIR na legislação do imposto de renda das pessoas físicas ficam convertidos em Reais, tomando-se por base o valor da UFIR vigente em 1º de janeiro de 1996.

CAPÍTULO II
DA INCIDÊNCIA MENSAL DO IMPOSTO

ART. 3º O imposto de renda incidente sobre os rendimentos de que tratam os arts. 7º, 8º e 12, da Lei n. 7.713, de 22 de dezembro de 1988, será calculado de acordo com a seguinte tabela progressiva em Reais:

Base de Cálculo em R$	Alíquota %	Parcela A Deduzir do Imposto em R$
até 900,00		
acima de 900,00 até 1.800,00	15	135
acima de 1.800,00	25	315

Parágrafo único. O imposto de que trata este artigo será calculado sobre os rendimentos efetivamente recebidos em cada mês.

ART. 4º Na determinação da base de cálculo sujeita à incidência mensal do imposto de renda poderão ser deduzidas:

I - a soma dos valores referidos no art. 6º da Lei n. 8.134, de 27 de dezembro de 1990;

II - as importâncias pagas a título de pensão alimentícia em face das normas do Direito de Família, quando em cumprimento de decisão judicial, inclusive a prestação de alimentos provisionais, de acordo homologado judicialmente, ou de escritura pública a que se refere o art. 1.124-A da Lei n. 5.869, de 11 de janeiro de 1973 - Código de Processo Civil; (Redação dada pela Lei 11.727/2008.)

III - a quantia, por dependente, de: (Redação dada pela Lei 11.482/2007.)

a) R$ 132,05 (cento e trinta e dois reais e cinco centavos), para o ano-calendário de 2007; (Incluído pela Lei 11.482/2007.)

b) R$ 137,99 (cento e trinta e sete reais e noventa e nove centavos), para o ano-calendário de 2008; (Incluído pela Lei 11.482/2007.)

c) R$ 144,20 (cento e quarenta e quatro reais e vinte centavos), para o ano-calendário de 2009; (Incluído pela Lei 11.482/2007.)

d) R$ 150,69 (cento e cinquenta reais e sessenta e nove centavos), para o ano-calendário de 2010; (Redação dada pela Lei 12.469/2011.)

e) R$ 157,47 (cento e cinquenta e sete reais e quarenta e sete centavos), para o ano-calendário de 2011; (Incluído pela Lei 12.469/2011.)

f) R$ 164,56 (cento e sessenta e quatro reais e cinquenta e seis centavos), para o ano-calendário de 2012; (Incluído pela Lei 12.469/2011.)

g) R$ 171,97 (cento e setenta e um reais e noventa e sete centavos), para o ano-calendário de 2013; (Incluído pela Lei 12.469/2011.)

h) R$ 179,71 (cento e setenta e nove reais e setenta e um centavos), para o ano-calendário de 2014 e nos meses de janeiro a março do ano-calendário de 2015; e (Alterado pela Lei 13.149/2015.)

i) R$ 189,59 (cento e oitenta e nove reais e cinquenta e nove centavos), a partir do mês de abril do ano-calendário de 2015; (Alterado pela Lei 13.149/2015.)

IV - as contribuições para a Previdência Social da União, dos Estados, do Distrito Federal e dos Municípios;

V - as contribuições para as entidades de previdência privada domiciliadas no País, cujo ônus tenha sido do contribuinte, destinadas a custear benefícios complementares assemelhados aos da Previdência Social;

VI - a quantia, correspondente à parcela isenta dos rendimentos provenientes de aposentadoria e pensão, transferência para a reserva remunerada ou reforma, pagos pela Previdência Social da União, dos Estados, do Distrito Federal e dos Municípios, por qualquer pessoa jurídica de direito público interno ou por entidade de previdência privada, a partir do mês em que o contribuinte completar 65 (sessenta e cinco) anos de idade, de: (Redação dada pela Lei 12.469/2011.)

a) R$ 1.313,69 (mil, trezentos e treze reais e sessenta e nove centavos), por mês, para o ano-calendário de 2007; (Incluído pela Lei 11.482/2007.)

b) R$ 1.372,81 (mil, trezentos e setenta e dois reais e oitenta e um centavos), por mês, para o ano-calendário de 2008; (Incluído pela Lei 11.482/2007.)

c) R$ 1.434,59 (mil, quatrocentos e trinta e quatro reais e cinquenta e nove centavos), por mês, para o ano-calendário de 2009; (Incluído pela Lei 11.482/2007.)

d) R$ 1.499,15 (mil, quatrocentos e noventa e nove reais e quinze centavos), por mês, para o ano-calendário de 2010; (Redação dada pela Lei 12.469/2011.)

e) R$ 1.566,61 (mil, quinhentos e sessenta e seis reais e sessenta e um centavos), por mês, para o ano-calendário de 2011; (Incluído pela Lei 12.469/2011.)

f) R$ 1.637,11 (mil, seiscentos e trinta e sete reais e onze centavos), por mês, para o ano-calendário de 2012; (Incluído pela Lei 12.469/2011.)

g) R$ 1.710,78 (mil, setecentos e dez reais e setenta e oito centavos), por mês, para o ano-calendário de 2013; (Incluído pela Lei 12.469/2011.)

h) R$ 1.787,77 (mil, setecentos e oitenta e sete reais e setenta e sete centavos), por mês, para o ano-calendário de 2014 e nos meses de janeiro a março do ano-calendário de 2015; e (Alterado pela Lei 13.149/2015.)

i) R$ 1.903,98 (mil, novecentos e três reais e noventa e oito centavos), por mês, a partir do mês de abril do ano-calendário de 2015; (Alterado pela Lei 13.149/2015.)

VII - as contribuições para as entidades fechadas de previdência complementar de natureza pública de que trata o § 15 do art. 40 da Constituição Federal, cujo ônus tenha sido do contribuinte, destinadas a custear benefícios complementares assemelhados aos da Previdência Social. (Alterado pela Lei 13.043/2014. Vigência: a partir de 1º.01.2015.)

Parágrafo único. A dedução permitida pelo inciso V aplica-se exclusivamente à base de cálculo relativa aos seguintes rendimentos, assegurada, nos demais casos, a dedução dos valores pagos a esse título, por ocasião da apuração da base de cálculo do imposto devido no ano-calendário, conforme disposto na alínea e do inciso II do art. 8º desta Lei: (Alterado pela Lei 13.202/2015.)

I - do trabalho com vínculo empregatício ou de administradores; e (Acrescentado pela Lei 13.202/2015.)

II - proventos de aposentados e pensionistas, quando a fonte pagadora for responsável pelo desconto e respectivo pagamento das contribuições previdenciárias. (Acrescentado pela Lei 13.202/2015.)

ART. 5º As pessoas físicas residentes ou domiciliadas no Brasil que recebam rendimentos de trabalho assalariado, em moeda estrangeira, de autarquias ou repartições do Governo brasileiro, situadas no exterior, estão sujeitas ao imposto de renda na fonte incidente sobre a base de cálculo de que trata o art. 4º, mediante utilização da tabela progressiva de que trata o art. 3º.

§ 1º Os rendimentos em moeda estrangeira serão convertidos em Reais, mediante utilização do valor do dólar dos Estados Unidos da América fixado para compra pelo Banco Central do Brasil para o último dia útil da primeira quinzena do mês anterior ao do pagamento do rendimento.

§ 2º As deduções de que tratam os incisos II, IV e V do art. 4º serão convertidas em Reais, mediante utilização do valor do dólar dos Estados Unidos da América fixado para venda pelo Banco Central do Brasil para o último dia útil da primeira quinzena do mês anterior ao do pagamento do rendimento.

§ 3º As pessoas físicas computarão, na determinação da base de cálculo de que trata o art. 4º e na declaração de rendimentos, 25% do total dos rendimentos do trabalho assalariado recebidos nas condições referidas neste artigo.

ART. 6º Os rendimentos recebidos de fontes situadas no exterior, sujeitos a tributação no Brasil, bem como o imposto pago no exterior, serão convertidos em Reais mediante utilização do valor do dólar dos Estados Unidos da América fixado para compra pelo Banco Central do Brasil para o último dia útil da primeira quinzena do mês anterior ao do recebimento do rendimento.

CAPÍTULO III
DA DECLARAÇÃO DE RENDIMENTOS

ART. 7º A pessoa física deverá apurar o saldo em Reais do imposto a pagar ou o valor a ser restituído, relativamente aos rendimentos percebidos no ano-calendário, e apresentar anualmente, até o último dia útil do mês de abril do ano-calendário subsequente, declaração de rendimentos em modelo aprovado pela Secretaria da Receita Federal.

§ 1º O prazo de que trata este artigo aplica-se inclusive à declaração de rendimentos relativa ao exercício de 1996, ano-calendário de 1995.

§ 2º O Ministro da Fazenda poderá estabelecer limites e condições para dispensar pessoas físicas da obrigação de apresentar declaração de rendimentos. (Redação dada pela Lei 9.532/1997.)

§ 3º Fica o Ministro da Fazenda autorizado a prorrogar o prazo para a apresentação da declaração, dentro do exercício financeiro.

§ 4º Homologada a partilha ou feita a adjudicação dos bens, deverá ser apresentada pelo inventariante, dentro de trinta dias contados da data em que transitar em julgado a sentença respectiva, declaração dos rendimentos correspondentes ao período de 1º de janeiro até a data da homologação ou adjudicação.

§ 5º Se a homologação ou adjudicação ocorrer antes do prazo anualmente fixado para a entrega das declarações de rendimentos, juntamente com a declaração referida no parágrafo anterior deverá ser entregue a declaração dos rendimentos correspondente ao ano-calendário anterior.

ART. 8º A base de cálculo do imposto devido no ano-calendário será a diferença entre as somas:

I - de todos os rendimentos percebidos durante o ano-calendário, exceto os isentos, os não tributáveis, os tributáveis exclusivamente na fonte e os sujeitos à tributação definitiva;

II - das deduções relativas:

a) aos pagamentos efetuados, no ano-calendário, a médicos, dentistas, psicólogos, fisioterapeutas, fonoaudiólogos, terapeutas ocupacionais e hospitais, bem como as despesas com exames laboratoriais, serviços radiológicos, aparelhos ortopédicos e próteses ortopédicas e dentárias;

b) a pagamentos de despesas com instrução do contribuinte e de seus dependentes, efetuados a estabelecimentos de ensino, relativamente à educação infantil, compreendendo as creches e as pré-escolas; ao ensino fundamental; ao ensino médio; à educação superior, compreendendo os cursos de graduação e de pós-graduação (mestrado, doutorado e especialização); e à educação profissional, compreendendo o ensino técnico e o tecnológico, até o limite anual individual de: (Redação dada pela Lei n. 11.482/2007)

› Med. Prov. 2.159-70/2001 (Altera a legislação do imposto de renda).

1. R$ 2.480,66 (dois mil, quatrocentos e oitenta reais e sessenta e seis centavos) para o ano-calendário de 2007; (Redação dada pela Lei n.11.482/2007.)

2. R$ 2.592,29 (dois mil, quinhentos e noventa e dois reais e vinte e nove centavos) para o ano-calendário de 2008; (Redação dada pela Lei n.11.482/2007.)

3. R$ 2.708,94 (dois mil, setecentos e oito reais e noventa e quatro centavos) para o ano-calendário de 2009; (Redação dada pela Lei n.11.482/2007.)

4. R$ 2.830,84 (dois mil, oitocentos e trinta reais e oitenta e quatro centavos) para o ano-calendário de 2010; (Redação dada pela Lei 12.469/2011.)

5. (revogado); (Redação dada pela Lei n.11.482/2007.)

6. R$ 2.958,23 (dois mil, novecentos e cinquenta e oito reais e vinte e três centavos) para o ano-calendário de 2011;(Incluído pela Lei 12.469/2011.)

7. R$ 3.091,35 (três mil, noventa e um reais e trinta e cinco centavos) para o ano-calendário de 2012; (Incluído pela Lei 12.469/2011.)

8. R$ 3.230,46 (três mil, duzentos e trinta reais e quarenta e seis centavos) para o ano-calendário de 2013; (Incluído pela Lei 12.469/2011.)

9. R$ 3.375,83 (três mil, trezentos e setenta e cinco reais e oitenta e três centavos) para o ano-calendário de 2014; e (Alterado pela Lei 13.149/2015.)

10. R$ 3.561,50 (três mil, quinhentos e sessenta e um reais e cinquenta centavos), a partir do ano-calendário de 2015; (Acrescentado pela Lei 13.149/2015.)

c) à quantia, por dependente, de: (Redação dada pela Lei 11.482/2007.)

1. R$ 1.584,60 (mil, quinhentos e oitenta e quatro reais e sessenta centavos) para o ano-calendário de 2007; (Redação dada pela Lei 11.482/2007.)

2. R$ 1.655,88 (mil, seiscentos e cinquenta e cinco reais e oitenta e oito centavos) para o ano-calendário de 2008; (Redação dada pela Lei 11.482/2007.)

3. R$ 1.730,40 (mil, setecentos e trinta reais e quarenta centavos) para o ano-calendário de 2009; (Redação dada pela Lei 11.482/2007.)

4. R$ 1.808,28 (mil, oitocentos e oito reais e vinte e oito centavos) para o ano-calendário de 2010; (Redação dada pela Lei n. 12.469/2011).

5. R$ 1.889,64 (mil, oitocentos e oitenta e nove reais e sessenta e quatro centavos) para o ano-calendário de 2011; (Incluído pela Lei n. 12.469/2011).

6. R$ 1.974,72 (mil, novecentos e setenta e quatro reais e setenta e dois centavos) para o ano-calendário de 2012; (Incluído pela Lei n. 12.469/2011).

7. R$ 2.063,64 (dois mil, sessenta e três reais e sessenta e quatro centavos) para o ano-calendário de 2013; (Incluído pela Lei n. 12.469/2011).

8. R$ 2.156,52 (dois mil, cento e cinquenta e seis reais e cinquenta e dois centavos) para o ano-calendário de 2014; e (Alterado pela Lei 13.149/2015.)

9. R$ 2.275,08 (dois mil, duzentos e setenta e cinco reais e oito centavos) a partir do ano-calendário de 2015; (Acrescentado pela Lei 13.149/2015.)

d) às contribuições para a Previdência Social da União, dos Estados, do Distrito Federal e dos Municípios;

e) às contribuições para as entidades de previdência privada domiciliadas no País, cujo ônus tenha sido do contribuinte, destinadas a custear benefícios complementares assemelhados aos da Previdência Social;

f) às importâncias pagas a título de pensão alimentícia em face das normas do Direito de Família, quando em cumprimento de decisão judicial, inclusive a prestação de alimentos provisionais, de acordo homologado judicialmente, ou de escritura pública a que se refere o art. 1.124-A da Lei n. 5.869, de 11 de janeiro de 1973 - Código de Processo Civil; (Redação dada pela Lei n. 11.727/2008)

› Refere-se ao Código de Processo Civil/1973. V. arts. 731 e ss., NCPC.

g) às despesas escrituradas no Livro Caixa, previstas nos incisos I a III do art. 6º da Lei n. 8.134, de 27 de dezembro de 1990, no caso de trabalho não assalariado, inclusive dos leiloeiros e dos titulares de serviços notariais e de registro.

h) (Vetado). (Incluído pela Lei 12.469/2011.)

i) às contribuições para as entidades fechadas de previdência complementar de natureza pública de que trata o § 15 do art. 40 da Constituição Federal, cujo ônus tenha sido do contribuinte, destinadas a custear benefícios complementares assemelhados aos da Previdência Social. (Alterado pela Lei 13.043/2014. Vigência: a partir de 1º.01.2015.)

j) (Vetado pela Lei 13.149/2015.)

§ 1º A quantia correspondente à parcela isenta dos rendimentos provenientes de aposentadoria e pensão, transferência para a reserva remunerada ou reforma, pagos pela Previdência Social da União, dos Estados, do Distrito Federal e dos Municípios, por qualquer pessoa jurídica de direito público interno, ou por entidade de previdência privada, representada pela soma dos valores mensais computados a partir do mês em que o contribuinte completar sessenta e cinco anos de idade, não integrará a soma de que trata o inciso I.

§ 2º O disposto na alínea a do inciso II:

I - aplica-se, também, aos pagamentos efetuados a empresas domiciliadas no País, destinados à cobertura de despesas com hospitalização, médicas e odontológicas, bem como a entidades que assegurem direito de atendimento ou ressarcimento de despesas da mesma natureza;

II - restringe-se aos pagamentos efetuados pelo contribuinte, relativos ao próprio tratamento e ao de seus dependentes;

III - limita-se a pagamentos especificados e comprovados, com indicação do nome, endereço e número de inscrição no Cadastro de Pessoas Físicas - CPF ou no Cadastro Geral de Contribuintes - CGC de quem os recebeu, podendo, na falta de documentação, ser feita indicação do cheque nominativo pelo qual foi efetuado o pagamento;

IV - não se aplica às despesas ressarcidas por entidade de qualquer espécie ou cobertas por contrato de seguro;

V - no caso de despesas com aparelhos ortopédicos e próteses ortopédicas e dentárias, exige-se a comprovação com receituário médico e nota fiscal em nome do beneficiário.

§ 3º As despesas médicas e de educação dos alimentandos, quando realizadas pelo alimentante em virtude de cumprimento de decisão judicial, de acordo homologado judicialmente ou de escritura pública a que se refere o art. 1.124-A da Lei n. 5.869, de 11 de janeiro de 1973 - Código de Processo Civil, poderão ser deduzidas pelo alimentante na determinação da base de cálculo do imposto de renda na declaração, observado, no caso de despesas de educação, o limite previsto na alínea *b* do inciso II do *caput* deste artigo. (Redação dada pela Lei 11.727/2008.)

› Refere-se ao Código de Processo Civil/1973. V. arts. 731 e ss., NCPC.

§ 4º (Vetado). (Incluído pela Lei 12.469/2011.)

ART. 9º O resultado da atividade rural, apurado na forma da Lei n. 8.023, de 12 de abril de 1990, com as alterações posteriores, quando positivo, integrará a base de cálculo do imposto definida no artigo anterior.

ART. 10. O contribuinte poderá optar por desconto simplificado, que substituirá todas as deduções admitidas na legislação, correspondente à dedução de 20% (vinte por cento) do valor dos rendimentos tributáveis na Declaração de Ajuste Anual, independentemente do montante desses rendimentos, dispensadas a comprovação da despesa e a indicação de sua espécie, limitada a: (Redação dada pela Lei 11.482/2007.)

I - R$ 11.669,72 (onze mil, seiscentos e sessenta e nove reais e setenta e dois centavos) para o ano-calendário de 2007; (Incluído pela Lei 11.482/2007.)

II - R$ 12.194,86 (doze mil, cento e noventa e quatro reais e oitenta e seis centavos) para o ano-calendário de 2008; (Incluído pela Lei 11.482/2007.)

III - R$ 12.743,63 (doze mil, setecentos e quarenta e três reais e sessenta e três centavos) para o ano-calendário de 2009; (Incluído pela Lei 11.482/2007.)

IV - R$ 13.317,09 (treze mil, trezentos e dezessete reais e nove centavos) para o ano-calendário de 2010; (Redação dada pela Lei 12.469/2011.)

V - R$ 13.916,36 (treze mil, novecentos e dezesseis reais e trinta e seis centavos) para o ano-calendário de 2011; (Incluído pela Lei 12.469/2011.)

VI - R$ 14.542,60 (quatorze mil, quinhentos e quarenta e dois reais e sessenta centavos) para o ano-calendário de 2012; (Incluído pela Lei 12.469/2011.)

VII - R$ 15.197,02 (quinze mil, cento e noventa e sete reais e dois centavos) para o ano-calendário de 2013; (Incluído pela Lei 12.469/2011.)

VIII - R$ 15.880,89 (quinze mil, oitocentos e oitenta reais e oitenta e nove centavos) para o ano-calendário de 2014; e (Alterado pela Lei 13.149/2015.)

IX - R$ 16.754,34 (dezesseis mil, setecentos e cinquenta e quatro reais e trinta e quatro centavos) a partir do ano-calendário de 2015. (Acrescentado pela Lei 13.149/2015.)

Parágrafo único. O valor deduzido não poderá ser utilizado para comprovação de acréscimo patrimonial, sendo considerado rendimento consumido. (Incluído pela Lei 11.482/2007.)

ART. 11. O imposto de renda devido na declaração será calculado mediante utilização da seguinte tabela:

Base de Cálculo em R$	Alíquota %	Parcela a Deduzir do Imposto em R$
até 10.800,00		
acima de 10.800,00 até 21.600,00	15	1.620,00
acima de 21.600,000	35	3.780,00

ART. 12. Do imposto apurado na forma do artigo anterior, poderão ser deduzidos:

I - as contribuições feitas aos Fundos controlados pelos Conselhos Municipais, Estaduais e Nacional dos Direitos da Criança e do Adolescente e pelos Conselhos Municipais, Estaduais e Nacional do Idoso; (Redação dada pela Lei n. 12.213/ 2010.)

II - as contribuições efetivamente realizadas em favor de projetos culturais, aprovados na forma da regulamentação do Programa Nacional de Apoio à Cultura - PRONAC, instituído pelo art. 1º da Lei n. 8.313, de 23 de dezembro de 1991;

III - os investimentos feitos a título de incentivo às atividades audiovisuais, na forma e condições previstas nos arts. 1º e 4º da Lei n. 8.685, de 20 de julho de 1993;

IV - (Vetado.)

V - o imposto retido na fonte ou o pago, inclusive a título de recolhimento complementar, correspondente aos rendimentos incluídos na base de cálculo;

VI - o imposto pago no exterior de acordo com o previsto no art. 5º da Lei n. 4.862, de 29 de novembro de 1965.

VII - até o exercício de 2019, ano-calendário de 2018, a contribuição patronal paga à Previdência Social pelo empregador doméstico incidente sobre o valor da remuneração do empregado; e (Alterado pela Lei 13.097/2015.)

VIII - doações e patrocínios diretamente efetuados por pessoas físicas no âmbito do Programa Nacional de Apoio à Atenção Oncológica - PRONON e do Programa Nacional de Apoio à Atenção da Saúde da Pessoa com Deficiência - PRONAS/PCD, previamente aprovados pelo Ministério da Saúde. (Redação dada pela Lei 12.715/2012.)

§ 1º A soma das deduções a que se referem os incisos I a IV não poderá reduzir o imposto devido em mais de doze por cento.

§ 2º (Vetado.)

§ 3º A dedução de que trata o inciso VII do *caput* deste artigo: (Incluído pela Lei n. 11.324, de 2006)

I - está limitada: (Incluído pela Lei 11.324/2006.)

a) a 1 (um) empregado doméstico por declaração, inclusive no caso da declaração em conjunto; (Incluído pela Lei 11.324/2006.)

b) ao valor recolhido no ano-calendário a que se referir a declaração; (Incluído pela Lei 11.324/2006.)

II - aplica-se somente ao modelo completo de Declaração de Ajuste Anual; (Incluído pela Lei 11.324/2006.)

III - não poderá exceder: (Incluído pela Lei 11.324/2006.)

a) ao valor da contribuição patronal calculada sobre 1 (um) salário mínimo mensal, sobre o 13º (décimo terceiro) salário e sobre a remuneração adicional de férias, referidos também a 1 (um) salário mínimo; (Incluído pela Lei 11.324/2006.)

b) ao valor do imposto apurado na forma do art. 11 desta Lei, deduzidos os valores de que tratam os incisos I a III do *caput* deste artigo; (Incluído pela Lei 11.324/2006.)

IV - fica condicionada à comprovação da regularidade do empregador doméstico perante o regime geral de previdência social quando se tratar de contribuinte individual. (Incluído pela Lei 11.324/2006.)

ART. 13. O montante determinado na forma do artigo anterior constituirá, se positivo, saldo do imposto a pagar e, se negativo, valor a ser restituído.

Parágrafo único. Quando positivo, o saldo do imposto deverá ser pago até o último dia útil do mês fixado para a entrega da declaração de rendimentos.

ART. 14. À opção do contribuinte, o saldo do imposto a pagar poderá ser parcelado em até 8 (oito) quotas iguais, mensais e sucessivas, observado o seguinte: (Redação dada pela Lei 11.311/2006.)

I - nenhuma quota será inferior a R$ 50,00 (cinquenta reais), e o imposto de valor inferior a R$ 100,00 (cem reais) será pago de uma só vez;

II - a primeira quota deverá ser paga no mês fixado para a entrega da declaração de rendimentos;

III - as demais quotas, acrescidas de juros equivalentes à taxa referencial do Sistema Especial de Liquidação e de Custódia - SELIC para títulos federais, acumulada mensalmente, calculados a partir da data prevista para a entrega da declaração de rendimentos até o mês anterior ao do pagamento e de 1% no mês do pagamento, vencerão no último dia útil de cada mês.

› Lei 9.430/1996 (Dispõe sobre a legislação tributária federal, as contribuições para a seguridade social, o processo administrativo de consulta).

IV - é facultado ao contribuinte antecipar, total ou parcialmente, o pagamento do imposto ou das quotas.

ART. 15. Nos casos de encerramento de espólio e de saída definitiva do território nacional, o imposto de renda devido será calculado mediante a utilização dos valores correspondentes à soma das tabelas progressivas mensais relativas aos meses do período abrangido pela tributação no ano-calendário. (Redação dada pela Lei 11.311/2006.)

ART. 16. O valor da restituição do imposto de renda da pessoa física, apurado em declaração de rendimentos, será acrescido de juros equivalentes à taxa referencial do Sistema Especial de Liquidação e de Custódia - SELIC para títulos federais, acumulada mensalmente, calculados a partir da data prevista para a entrega da declaração de rendimentos até o mês anterior ao da liberação da restituição e de 1% no mês em que o recurso for colocado no banco à disposição do contribuinte.

› Lei 9.430/1996 (Dispõe sobre a legislação tributária federal, as contribuições para a seguridade social, o processo administrativo de consulta).

Parágrafo único. Será obedecida a seguinte ordem de prioridade para recebimento da restituição do imposto de renda: (Acrescentado pela Lei 13.498/2017.)

I - idosos, nos termos definidos pelo inciso IX do § 1º do art. 3º da Lei n. 10.741, de 1º de outubro de 2003; (Acrescentado pela Lei 13.498/2017.)

II - contribuintes cuja maior fonte de renda seja o magistério; (Acrescentado pela Lei 13.498/2017.)

III - demais contribuintes. (Acrescentado pela Lei 13.498/2017.)

CAPÍTULO IV
TRIBUTAÇÃO DA ATIVIDADE RURAL

ART. 17. O art. 2º da Lei n. 8.023, de 12 de abril de 1990, passa a vigorar com a seguinte redação:

› Alterações promovidas no texto da referida lei.

ART. 18. O resultado da exploração da atividade rural apurado pelas pessoas físicas, a partir do ano-calendário de 1996, será apurado mediante escrituração do Livro Caixa, que deverá abranger as receitas, as despesas de custeio, os investimentos e demais valores que integram a atividade.

§ 1º O contribuinte deverá comprovar a veracidade das receitas e das despesas escrituradas no Livro Caixa, mediante documentação idônea que identifique o adquirente ou beneficiário, o valor e a data da operação, a qual será mantida em seu poder à disposição da fiscalização, enquanto não ocorrer a decadência ou prescrição.

§ 2º A falta da escrituração prevista neste artigo implicará arbitramento da base de cálculo à razão de vinte por cento da receita bruta do ano-calendário.

§ 3º Aos contribuintes que tenham auferido receitas anuais até o valor de R$ 56.000,00 (cinquenta e seis mil reais) faculta-se apurar o resultado da exploração da atividade rural, mediante prova documental, dispensado o registro do Livro Caixa.

ART. 19. O resultado positivo obtido na exploração da atividade rural pela pessoa física poderá ser compensado com prejuízos apurados em anos-calendário anteriores.

Parágrafo único. A pessoa física fica obrigada à conservação e guarda do Livro Caixa e dos documentos fiscais que demonstram a apuração do prejuízo a compensar.

ART. 20. O resultado decorrente da atividade rural, exercida no Brasil por residente ou domiciliado no exterior, apurado por ocasião do encerramento do ano-calendário, constituirá a base de cálculo do imposto e será tributado à alíquota de quinze por cento.

§ 1º Na hipótese de que trata este artigo, a apuração do resultado deverá ser feita por procurador, a quem compete reter e recolher o imposto devido, não sendo permitidas a opção pelo arbitramento de vinte por cento da receita bruta e a compensação de prejuízos apurados.

§ 2º O imposto apurado deverá ser pago na data da ocorrência do fato gerador.

§ 3º Ocorrendo remessa de lucros antes do encerramento do ano-calendário, o imposto deverá ser recolhido no ato sobre o valor remetido por ocasião do evento, exceto no caso de devolução de capital.

ART. 21. O resultado da atividade rural exercida no exterior, por residentes e domiciliados no Brasil, convertido em reais mediante utilização do valor do dólar dos Estados Unidos da América fixado para compra pelo Banco Central do Brasil, para o último dia do ano-calendário a que se refere o resultado, sujeita-se ao mesmo tratamento tributário previsto no art. 9º, vedada a compensação de resultado positivo obtido no exterior, com resultado negativo obtido no País.

CAPÍTULO V
TRIBUTAÇÃO DOS GANHOS DE CAPITAL DAS PESSOAS FÍSICAS

ART. 22. Fica isento do imposto de renda o ganho de capital auferido na alienação de bens e direitos de pequeno valor, cujo preço unitário de alienação, no mês em que esta se realizar, seja igual ou inferior a: (Redação dada pela Lei 11.196/2005.)

I - R$ 20.000,00 (vinte mil reais), no caso de alienação de ações negociadas no mercado de balcão; (Incluído pela Lei 11.196/2005.)

II - R$ 35.000,00 (trinta e cinco mil reais), nos demais casos. (Incluído pela Lei 11.196/2005.)

Parágrafo único. No caso de alienação de diversos bens ou direitos da mesma natureza, será considerado, para os efeitos deste artigo, o valor do conjunto dos bens alienados no mês.

ART. 23. Fica isento do imposto de renda o ganho de capital auferido na alienação do único imóvel que o titular possua, cujo valor de alienação seja de até R$ 440.000,00 (quatrocentos e quarenta mil reais), desde que não tenha sido realizada qualquer outra alienação nos últimos cinco anos.

ART. 24. Na apuração do ganho de capital de bens adquiridos por meio de arrendamento mercantil, será considerado custo de aquisição o valor residual do bem acrescido dos valores pagos a título de arrendamento.

CAPÍTULO VI
DA DECLARAÇÃO DE BENS E DIREITOS

ART. 25. Como parte integrante da declaração de rendimentos, a pessoa física apresentará relação pormenorizada dos bens imóveis e móveis e direitos que, no País ou no exterior, constituam o seu patrimônio e o de seus dependentes, em 31 de dezembro do ano-calendário, bem como os bens e direitos adquiridos e alienados no mesmo ano.

§ 1º Devem ser declarados:

I - os bens imóveis, os veículos automotores, as embarcações e as aeronaves, independentemente do valor de aquisição;

II - os demais bens móveis, tais como antiguidades, obras de arte, objetos de uso pessoal e utensílios, adquiridos a partir do ano-calendário de 1996, cujo valor de aquisição unitário seja igual ou superior a R$ 5.000,00 (cinco mil reais);

III - os saldos de aplicações financeiras e de conta corrente bancária cujo valor individual, em 31 de dezembro do ano-calendário, exceda a R$ 140,00 (cento e quarenta reais);

IV - os investimentos em participações societárias, em ações negociadas ou não em bolsa de valores e em ouro, ativo-financeiro, adquiridos a partir do ano-calendário de 1996, cujo valor de aquisição unitário seja igual ou superior a R$ 1.000,00 (um mil reais).

§ 2º Os bens serão declarados discriminadamente pelos valores de aquisição em Reais, constantes dos respectivos instrumentos de transferência de propriedade ou da nota fiscal.

§ 3º Os bens existentes no exterior devem ser declarados pelos valores de aquisição constantes dos respectivos instrumentos de transferência de propriedade, segundo a moeda do país em que estiverem situados, convertidos em Reais pela cotação cambial de venda do dia da transmissão da propriedade.

§ 4º Os depósitos mantidos em instituições financeiras no exterior devem ser relacionados na declaração de bens, a partir do ano-calendário de 1999, pelo valor do saldo desses depósitos em moeda estrangeira convertido em reais pela cotação cambial de compra em 31 de dezembro, sendo isento o acréscimo patrimonial decorrente da variação cambial. (Redação dada pela Med. Prov. n. 2.189-49/2001.)

§ 5º Na declaração de bens e direitos, também deverão ser consignados os ônus reais e obrigações da pessoa física e de seus dependentes, em 31 de dezembro do ano-calendário, cujo valor seja superior a R$ 5.000,00 (cinco mil reais).

§ 6º O disposto nos incisos II e IV do § 1º poderá ser observado na declaração de bens referente ao ano-calendário de 1995, com relação aos bens móveis e aos investimentos adquiridos anteriormente a 1996.

CAPÍTULO VII
DISPOSIÇÕES GERAIS

ART. 26. Ficam isentas do imposto de renda as bolsas de estudo e de pesquisa caracterizadas como doação, quando recebidas exclusivamente para proceder a estudos ou pesquisas e desde que os resultados dessas atividades não representem vantagem para o doador, nem importem contraprestação de serviços.

› Art. 23, Lei 12.871/2013 (Institui o Programa Mais Médicos).

Parágrafo único. Não caracterizam contraprestação de serviços nem vantagem para o doador, para efeito da isenção referida no *caput*, as bolsas de estudo recebidas pelos médicos residentes, nem as bolsas recebidas pelos servidores das redes públicas de educação profissional, científica e tecnológica que participem das atividades do Pronatec, nos termos do § 1º do art. 9º da Lei n. 12.513, de 26 de outubro de 2011. (Redação dada pela Lei 12.816/2013.)

ART. 27. O art. 48 da Lei n. 8.541, de 23 de dezembro de 1992, passa a vigorar com a seguinte redação:

› Alterações promovidas no texto da referida lei.

ART. 28. O inciso XV do art. 6º da Lei 7.713, de 22 de dezembro de 1988, passa a vigorar com a seguinte redação:

› Alterações promovidas no texto da referida lei.

ART. 29. Estão isentos do imposto de renda na fonte os rendimentos pagos a pessoa física, residente ou domiciliada no exterior, por autarquias ou repartições do Governo brasileiro situadas fora do território nacional e que correspondam a serviços prestados a esses órgãos.

ART. 30. A partir de 1º de janeiro de 1996, para efeito do reconhecimento de novas isenções de que tratam os incisos XIV e XXI do art. 6º da Lei n. 7.713, de 22 de dezembro de 1988, com a redação dada pelo art. 47 da Lei n. 8.541, de 23 de dezembro de 1992, a moléstia deverá ser comprovada mediante laudo pericial emitido por serviço médico oficial, da União, dos Estados, do Distrito Federal e dos Municípios.

§ 1º O serviço médico oficial fixará o prazo de validade do laudo pericial, no caso de moléstias passíveis de controle.

§ 2º Na relação das moléstias a que se refere o inciso XIV do art. 6º da Lei n. 7.713, de 22 de dezembro de 1988, com a redação dada pelo art. 47 da Lei n. 8.541, de 23 de dezembro de 1992, fica incluída a fibrose cística (mucoviscidose).

ART. 31. (Vetado.)

ART. 32. O inciso VII do art. 6º da Lei 7.713, de 22 de dezembro de 1988, passa a vigorar com a seguinte redação:

- Alterações promovidas no texto da referida lei.

ART. 33. Sujeitam-se à incidência do imposto de renda na fonte e na declaração de ajuste anual os benefícios recebidos de entidade de previdência privada, bem como as importâncias correspondentes ao resgate de contribuições.

Parágrafo único. (Vetado.)

ART. 34. As alíneas a e b do § 1º do art. 6º da Lei n. 8.134, de 27 de dezembro de 1990, passam a vigorar com a seguinte redação:

- Alterações promovidas no texto da referida lei.

ART. 35. Para efeito do disposto nos arts. 4º, inciso III, e 8º, inciso II, alínea c, poderão ser considerados como dependentes:

I - o cônjuge;

II - o companheiro ou a companheira, desde que haja vida em comum por mais de cinco anos, ou por período menor se da união resultou filho;

III - a filha, o filho, a enteada ou o enteado, até 21 anos, ou de qualquer idade quando incapacitado física ou mentalmente para o trabalho;

IV - o menor pobre, até 21 anos, que o contribuinte crie e eduque e do qual detenha a guarda judicial;

V - o irmão, o neto ou o bisneto, sem arrimo dos pais, até 21 anos, desde que o contribuinte detenha a guarda judicial, ou de qualquer idade quando incapacitado física ou mentalmente para o trabalho;

VI - os pais, os avós ou os bisavós, desde que não aufiram rendimentos, tributáveis ou não, superiores ao limite de isenção mensal;

VII - o absolutamente incapaz, do qual o contribuinte seja tutor ou curador.

§ 1º Os dependentes a que se referem os incisos III e V deste artigo poderão ser assim considerados quando maiores até 24 anos de idade, se ainda estiverem cursando estabelecimento de ensino superior ou escola técnica de segundo grau.

§ 2º Os dependentes comuns poderão, opcionalmente, ser considerados por qualquer um dos cônjuges.

§ 3º No caso de filhos de pais separados, poderão ser considerados dependentes os que ficarem sob a guarda do contribuinte, em cumprimento de decisão judicial ou acordo homologado judicialmente.

§ 4º É vedada a dedução concomitante do montante referente a um mesmo dependente, na determinação da base de cálculo do imposto, por mais de um contribuinte.

§ 5º Sem prejuízo do disposto no inciso IX do parágrafo único do art. 3º da Lei n. 10.741, de 1º de outubro de 2003, a pessoa com deficiência, ou o contribuinte que tenha dependente nessa condição, tem preferência na restituição referida no inciso III do art. 4º e na alínea "c" do inciso II do art. 8º. (Acrescentado pela Lei 13.146/2015. Vigência: 180 dias de sua publicação.)

CAPÍTULO VIII
DISPOSIÇÕES FINAIS E TRANSITÓRIAS

ART. 36. O contribuinte que no ano-calendário de 1995 tiver auferido rendimentos tributáveis até o limite de R$ 21.458,00 (vinte e um mil, quatrocentos e cinquenta e oito reais) poderá optar pelo regime de tributação simplificada de que trata o art. 10.

ART. 37. Fica a Secretaria da Receita Federal autorizada a:

I - instituir modelo de documento fiscal a ser emitido por profissionais liberais;

II - celebrar, em nome da União, convênio com os Estados, Distrito Federal e Municípios, objetivando instituir cadastro único de contribuintes, em substituição aos cadastros federal, estaduais e municipais.

ART. 38. Os processos fiscais relativos a tributos e contribuições federais e a penalidades isoladas e as declarações não poderão sair dos órgãos da Secretaria da Receita Federal, salvo quando se tratar de:

I - encaminhamento de recursos à instância superior;

II - restituições de autos aos órgãos de origem;

III - encaminhamento de documentos para fins de processamento de dados.

§ 1º Nos casos a que se referem os incisos I e II deverá ficar cópia autenticada dos documentos essenciais na repartição.

§ 2º É facultado o fornecimento de cópia do processo ao sujeito passivo ou a seu mandatário.

ART. 39. A compensação de que trata o art. 66 da Lei n. 8.383, de 30 de dezembro de 1991, com a redação dada pelo art. 58 da Lei n. 9.069, de 29 de junho de 1995, somente poderá ser efetuada com o recolhimento de importância correspondente a imposto, taxa, contribuição federal ou receitas patrimoniais de mesma espécie e destinação constitucional, apurado em períodos subsequentes.

§§ 1º a 3º (Vetados).

§ 4º A partir de 1º de janeiro de 1996, a compensação ou restituição será acrescida de juros equivalentes à taxa referencial do Sistema Especial de Liquidação e de Custódia - SELIC para títulos federais, acumulada mensalmente, calculados a partir da data do pagamento indevido ou a maior até o mês anterior ao da compensação ou restituição e de 1% relativamente ao mês em que estiver sendo efetuada.

- Lei 9.532/1997 (Altera a legislação tributária federal).

ART. 40. A base de cálculo mensal do imposto de renda das pessoas jurídicas prestadoras de serviços em geral, cuja receita bruta anual seja de até R$ 120.000,00 (cento e vinte mil reais), será determinada mediante a aplicação do percentual de 16% sobre a receita bruta auferida mensalmente, observado o disposto nos arts. 30 a 35 da Lei n. 8.981, de 20 de janeiro de 1995.

Parágrafo único. O disposto neste artigo não se aplica às pessoas jurídicas que prestam serviços hospitalares e de transporte, bem como às sociedades prestadoras de serviços de profissões legalmente regulamentadas.

ART. 41. Esta Lei entra em vigor na data de sua publicação.

ART. 42. Revogam-se as disposições em contrário e, especialmente, o Decreto-Lei n. 1.380, de 23 de dezembro de 1974, o art. 27 da Lei n. 7.713, de 22 de dezembro de 1988, o art. 26 da Lei n. 8.218, de 29 de agosto de 1991, e os arts. 8º a 20 e 23 da Lei n. 8.981, de 20 de janeiro de 1995.

Brasília, 26 de dezembro de 1995;
174º da Independência e 107º da República.
FERNANDO HENRIQUE CARDOSO

LEI N. 9.259, DE 9 DE JANEIRO DE 1996

Acrescenta parágrafo único ao art. 10, dispõe sobre a aplicação dos arts. 49, 56, incisos III e IV, e 57, inciso III, da Lei n. 9.096, de 19 de setembro de 1995, e dá nova redação ao § 1º do art. 1º da Lei n. 1.533, de 31 de dezembro de 1951.

- *DOU*, 10.01.1996.

O Presidente da República. Faço saber que o Congresso Nacional decreta e eu sanciono a seguinte Lei:

ART. 1º É acrescido ao art. 10 da Lei n. 9.096, de 19 de setembro de 1995, o seguinte parágrafo único:

- Alteração promovida no texto da referida lei.

ART. 2º (Revogado pela Lei 12.016/2009.)

ART. 3º O disposto no parágrafo único do art. 10 da Lei n. 9.096, de 19 de setembro de 1995, na redação dada por esta Lei, aplica-se a todas as alterações efetivadas a qualquer tempo, ainda que submetidas à Justiça Eleitoral na vigência da Lei n. 5.682, de 21 de julho de 1971, sem que tenha sido prolatada decisão final.

ART. 4º O disposto no art. 49 da Lei n. 9.096, de 19 de setembro de 1995, tem eficácia imediata, aplicando-se aos partidos políticos que não atenderem aos seus requisitos as disposições dos arts. 56, incisos III e IV, e 57, inciso III, da mesma lei.

ART. 5º Esta Lei entra em vigor na data de sua publicação.

ART. 6º Revogam-se as disposições em contrário.

Brasília, 9 de janeiro de 1996;
175º da Independência e 108º da República.
FERNANDO HENRIQUE CARDOSO

LEI N. 9.274, DE 7 DE MAIO DE 1996

Dispõe sobre anistia relativamente às eleições de 3 de outubro e de 15 de novembro dos anos de 1992 e 1994.

- *DOU*, 08.05.1996.

O Presidente da República. Faço saber que o Congresso Nacional decreta e eu sanciono a seguinte Lei:

ART. 1º Ficam anistiados os débitos dos eleitores que deixaram de votar nas eleições de 3 de outubro e 15 de novembro, dos anos de 1992 e 1994, bem como, nas mesmas eleições, dos membros das Mesas Receptoras que deixaram de atender à convocação da Justiça Eleitoral.

Parágrafo único. A anistia a que se refere este artigo aplica-se aos fatos definidos como crime no art. 344 da Lei n. 4.737, de 15 de julho de 1965 - Código Eleitoral.

ART. 2º Esta Lei entra em vigor na data de sua publicação.

ART. 3º Revogam-se as disposições em contrários.

Brasília, 7 de maio de 1996;
175º da Independência e 108º da República.
FERNANDO HENRIQUE CARDOSO

LEI N. 9.277, DE 10 DE MAIO DE 1996

Autoriza a União a delegar aos municípios, estados da Federação e ao Distrito Federal a administração e exploração de rodovias e portos federais.

› *DOU*, 13.05.1996.

O Presidente da República. Faço saber que o Congresso Nacional decreta e eu sanciono a seguinte Lei:

ART. 1º Fica a União, por intermédio do Ministério dos Transportes, autorizada a delegar, pelo prazo de até vinte e cinco anos, prorrogáveis por até mais vinte e cinco, aos municípios, estados da Federação ou ao Distrito Federal, ou a consórcio entre eles, a administração de rodovias e exploração de trechos de rodovias, ou obras rodoviárias federais.

ART. 2º Fica a União igualmente autorizada, nos termos desta Lei, a delegar a exploração de portos sob sua responsabilidade ou sob a responsabilidade das empresas por ela direta ou indiretamente controladas.

› Dec. 2.184/1996 (Regulamenta esta lei).

ART. 3º A delegação será formalizada mediante convênio.

§ 1º No instrumento de convênio constará cláusula prevendo a possibilidade de aplicação da legislação do Município, do Estado ou do Distrito Federal na cobrança de pedágio ou de tarifa portuária, ou de outra forma de cobrança cabível, no que não contrarie a legislação federal.

§ 2º A receita auferida na forma do parágrafo anterior será aplicada em obras complementares, no melhoramento, na ampliação de capacidade, na conservação e na sinalização da rodovia em que for cobrada e nos trechos rodoviários que lhe dão acesso ou nos portos que lhe derem origem.

ART. 4º Para a consecução dos objetivos indicados nesta Lei, poderá o Município, o Estado ou o Distrito Federal explorar a via ou o porto diretamente ou através de concessão, nos termos das leis federais que regem as concessões e da Lei n. 8.630, de 25 de fevereiro de 1993.

› Lei 12.815/2013 (Dispõe sobre a exploração direta e indireta pela União de portos e instalações portuárias e sobre as atividades desempenhadas pelos operadores portuários) e Dec. 8.033/2013 (regulamento).

ART. 5º A União poderá destinar recursos financeiros à construção, conservação, melhoramento e operação das rodovias ou trechos de rodovias e obras rodoviárias federais ou aos portos, objeto de delegação, desde que tais obras e serviços não sejam de responsabilidade do concessionário.

ART. 6º No exercício da delegação a que se refere esta Lei, o Município, o Estado da Federação ou o Distrito Federal observarão os limites da competência da União.

ART. 7º Esta Lei entra em vigor na data de sua publicação.

Brasília, 10 de maio de 1996;
175º da Independência e 108º da República.
FERNANDO HENRIQUE CARDOSO

LEI N. 9.289, DE 4 DE JULHO DE 1996

Dispõe sobre as custas devidas à União, na Justiça Federal de primeiro e segundo graus e dá outras providências.

› *DOU*, 05.07.1996.

O Presidente da República. Faço saber que o Congresso Nacional decreta e eu sanciono a seguinte Lei:

ART. 1º As custas devidas à União, na Justiça Federal de primeiro e segundo graus, são cobradas de acordo com as normas estabelecidas nesta Lei.

§ 1º Rege-se pela legislação estadual respectiva a cobrança de custas nas causas ajuizadas perante a Justiça Estadual, no exercício da jurisdição federal.

§ 2º As custas previstas nas tabelas anexas não excluem as despesas estabelecidas na legislação processual não disciplinadas por esta Lei.

ART. 2º O pagamento das custas é feito mediante documento de arrecadação das receitas federais, na Caixa Econômica Federal - CEF, ou, não existindo agência desta instituição no local, em outro banco oficial.

ART. 3º Incumbe ao Diretor de Secretaria fiscalizar o exato recolhimento das custas.

ART. 4º São isentos de pagamento de custas:

I - a União, os Estados, os Municípios, os Territórios Federais, o Distrito Federal e as respectivas autarquias e fundações;

II - os que provarem insuficiência de recursos e os beneficiários da assistência judiciária gratuita;

III - o Ministério Público;

IV - os autores nas ações populares, nas ações civis públicas e nas ações coletivas de que trata o Código de Defesa do Consumidor, ressalvada a hipótese de litigância de má-fé.

Parágrafo único. A isenção prevista neste artigo não alcança as entidades fiscalizadoras do exercício profissional, nem exime as pessoas jurídicas referidas no inciso I da obrigação de reembolsar as despesas judiciais feitas pela parte vencedora.

ART. 5º Não são devidas custas nos processos de *habeas corpus* e *habeas data*.

ART. 6º Nas ações penais subdivididas, as custas são pagas a final pelo réu, se condenado.

ART. 7º A reconvenção e os embargos à execução não se sujeitam ao pagamento de custas.

ART. 8º Os recursos dependentes de instrumento sujeitam-se ao pagamento das despesas de traslado.

Parágrafo único. Se o recurso for unicamente de qualquer das pessoas jurídicas referidas no inciso I do art. 4º, o pagamento das custas e dos traslados será efetuado a final pelo vencido, salvo se este também for isento.

ART. 9º Em caso de incompetência, redistribuído o feito a outro juiz federal, não haverá novo pagamento de custas, nem haverá restituição quando se declinar da competência para outros órgãos jurisdicionais.

ART. 10. A remuneração do perito, do intérprete e do tradutor será fixada pelo Juiz em despacho fundamentado, ouvidas as partes e à vista da proposta de honorários apresentada, considerados o local da prestação do serviço, a natureza, a complexidade e o tempo estimado do trabalho a realizar, aplicando-se, no que couber, o disposto no art. 33 do Código de Processo Civil.

› Refere-se ao Código de Processo Civil/1973. V. art. 95, NCPC.

ART. 11. Os depósitos de pedras e metais preciosos e de quantias em dinheiro e a amortização ou liquidação de dívida ativa serão recolhidos, sob responsabilidade da parte, diretamente na Caixa Econômica Federal, ou, na sua inexistência no local, em outro banco oficial, os quais manterão guias próprias para tal finalidade.

§ 1º Os depósitos efetuados em dinheiro observarão as mesmas regras das cadernetas de poupança, no que se refere à remuneração básica e ao prazo.

§ 2º O levantamento dos depósitos a que se refere este artigo dependerá de alvará ou de ofício do Juiz.

ART. 12. A unidade utilizada para o cálculo das custas previstas nesta Lei é a mesma utilizada para os débitos de natureza fiscal, considerando-se o valor fixado no primeiro dia do mês.

ART. 13. Não se fará levantamento de caução ou de fiança sem o pagamento das custas.

ART. 14. O pagamento das custas e contribuições devidas nos feitos e nos recursos que se processam nos próprios autos efetua-se da forma seguinte:

I - o autor ou requerente pagará metade das custas e contribuições tabeladas, por ocasião da distribuição do feito, ou, não havendo distribuição, logo após o despacho da inicial;

II - aquele que recorrer da sentença adiantará a outra metade das custas, comprovando o adiantamento no ato de interposição do recurso, sob pena de deserção, observado o disposto nos §§ 1º a 7º do art. 1.007 do Código de Processo Civil; (Acrescentado pela Lei 13.105/2015.)

III - não havendo recurso, e cumprindo o vencido desde logo a sentença, reembolsará ao vencedor as custas e contribuições por este adiantadas, ficando obrigado ao pagamento previsto no inciso II;

IV - se o vencido, embora não recorrendo da sentença, oferecer defesa à sua execução, ou embaraçar seu cumprimento, deverá pagar a outra metade, no prazo marcado pelo juiz, não excedente de três dias, sob pena de não ter apreciada sua defesa ou impugnação.

§ 1º O abandono ou desistência de feito, ou a existência de transação que lhe ponha termo, em qualquer fase do processo, não dispensa o pagamento das custas e contribuições já exigíveis, nem dá direito a restituição.

§ 2º Somente com o pagamento de importância igual à paga até o momento pelo autor serão admitidos o assistente, o litisconsorte ativo voluntário e o oponente.

§ 3º Nas ações em que o valor estimado for inferior ao da liquidação, a parte não pode prosseguir na execução sem efetuar o pagamento da diferença de custas e contribuições, recalculadas de acordo com a importância a final apurada ou resultante da condenação definitiva.

§ 4º As custas e contribuições serão reembolsadas a final pelo vencido, ainda que seja uma das entidades referidas no inciso I do art. 4º, nos termos da decisão que o condenar, ou pelas partes, na proporção de seus quinhões, nos processos divisórios e demarcatórios, ou suportadas por quem tiver dado causa ao procedimento judicial.

§ 5º Nos recursos a que se refere este artigo o pagamento efetuado por um recorrente não aproveita aos demais, salvo se representados pelo mesmo advogado.

ART. 15. A indenização de transporte, de que trata o art. 60 da Lei n. 8.112, de 11 de dezembro de 1990, destinada ao ressarcimento de despesas realizadas com a utilização do meio próprio de locomoção para a execução de serviços externos, será paga aos Oficiais de Justiça Avaliadores da Justiça Federal de primeiro e segundo graus, de acordo com critérios estabelecidos pelo Conselho da Justiça Federal, que fixará também o percentual correspondente.

Parágrafo único. Para efeito do disposto neste artigo, consideram-se como serviço externo as atividades exercidas no cumprimento das diligências fora das dependências dos Tribunais Regionais Federais ou das Seções Judiciárias em que os Oficiais de Justiça estejam lotados.

ART. 16. Extinto o processo, se a parte responsável pelas custas, devidamente intimada, não as pagar dentro de quinze dias, o Diretor da Secretaria encaminhará os elementos necessários à Procuradoria da Fazenda Nacional, para sua inscrição como dívida ativa da União.

ART. 17. Esta Lei entra em vigor na data de sua publicação.

ART. 18. Revogam-se as disposições em contrário, em especial a Lei n. 6.032, de 30 de abril de 1974, alterada pelas Leis n. 6.789, de 28 de maio de 1980, e 7.400, de 06 de novembro de 1985.

Brasília, 04 de julho de 1996; 175º da Independência e 108º da República.

FERNANDO HENRIQUE CARDOSO

TABELA DE CUSTAS

TABELA I
DAS AÇÕES CÍVEIS EM GERAL

a) ações cíveis em geral:

um por cento sobre o valor da causa, com o mínimo de dez UFIR e o máximo de mil e oitocentos UFIR;

b) processo cautelar e procedimentos de jurisdição voluntária:

cinquenta por cento dos valores constantes da letra *a*;

c) causas de valor inestimável e cumprimento de carta rogatória:

dez UFIR.

TABELA II
DAS AÇÕES CRIMINAIS EM GERAL

a) ações penais em geral, pelo vencido, a final:

duzentas e oitenta UFIR;

b) ações penais privadas:

cem UFIR;

c) notificações, interpelações e procedimentos cautelares:

cinquenta UFIR.

TABELA III
DA ARREMATAÇÃO, ADJUDICAÇÃO E REMIÇÃO

Arrematação, adjudicação e remição:

meio por cento do respectivo valor, com o mínimo de dez UFIR e o máximo de mil e oitocentas UFIR.

Observação:

As custas serão pagas pela interessada antes da assinatura do auto correspondente.

TABELA IV
DAS CERTIDÕES E CARTAS DE SENTENÇAS

Certidões em geral, por folha expedida:

a) mediante processamento eletrônico de dados:

quarenta por cento do valor da UFIR;

b) por cópia reprográfica:

dez por cento do valor da UFIR.

LEI N. 9.294, DE 15 DE JULHO DE 1996

Dispõe sobre as restrições ao uso e à propaganda de produtos fumígeros, bebidas alcoólicas, medicamentos, terapias e defensivos agrícolas, nos termos do § 4º do art. 220 da Constituição Federal.

› Dec. 2.018/1996 (Regulamenta esta lei).
› Dec. 8.262/2014 (Altera o Dec. 2.018/1996.)

O Presidente da República. Faço saber que o Congresso Nacional decreta e eu sanciono a seguinte Lei:

ART. 1º O uso e a propaganda de produtos fumígeros, derivados ou não do tabaco, de bebidas alcoólicas, de medicamentos e terapias e de defensivos agrícolas estão sujeitos às restrições e condições estabelecidas por esta Lei, nos termos do § 4º do art. 220 da Constituição Federal.

Parágrafo único. Consideram-se bebidas alcoólicas, para efeitos desta Lei, as bebidas potáveis com teor alcoólico superior a treze graus Gay Lussac.

ART. 2º É proibido o uso de cigarros, cigarrilhas, charutos, cachimbos ou qualquer outro produto fumígeno, derivado ou não do tabaco, em recinto coletivo fechado, privado ou público. (Redação dada pela Lei 12.546/2011.)

§ 1º Incluem-se nas disposições deste artigo as repartições públicas, os hospitais e postos de saúde, as salas de aula, as bibliotecas, os recintos de trabalho coletivo e as salas de teatro e cinema.

§ 2º É vedado o uso dos produtos mencionados no *caput* nas aeronaves e veículos de transporte coletivo. (Redação dada pela Med. Prov. 2.190-34/2001.)

§ 3º Considera-se recinto coletivo o local fechado, de acesso público, destinado a permanente utilização simultânea por várias pessoas. (Incluído pela Lei 12.546/2011.)

ART. 3º É vedada, em todo o território nacional, a propaganda comercial de cigarros, cigarrilhas, charutos, cachimbos ou qualquer outro produto fumígeno, derivado ou não do tabaco, com exceção apenas da exposição dos referidos produtos nos locais de vendas, desde que acompanhada das cláusulas de advertência a que se referem os §§ 2º, 3º e 4º deste artigo e da respectiva tabela de preços, que deve incluir o preço mínimo de venda no varejo de cigarros classificados no código 2402.20.00 da Tipi, vigente à época, conforme estabelecido pelo Poder Executivo. (Redação dada pela Lei 12.546/2011.)

§ 1º A propaganda comercial dos produtos referidos neste artigo deverá ajustar-se aos seguintes princípios:

I - não sugerir o consumo exagerado ou irresponsável, nem a indução ao bem-estar ou saúde, ou fazer associação a celebrações cívicas ou religiosas;

II - não induzir as pessoas ao consumo, atribuindo aos produtos propriedades calmantes ou estimulantes, que reduzam a fadiga ou a tensão, ou qualquer efeito similar;

III - não associar ideias ou imagens de maior êxito na sexualidade das pessoas, insinuando o aumento de virilidade ou feminilidade de pessoas fumantes;

IV - não associar o uso do produto à prática de atividades esportivas, olímpicas ou não, nem sugerir ou induzir seu consumo em locais ou situações perigosas, abusivas ou ilegais; (Redação dada pela Lei 10.167/2000.)

V - não empregar imperativos que induzam diretamente ao consumo;

VI - não incluir a participação de crianças ou adolescentes. (Redação dada pela Lei 10.167/2000.)

§ 2º A propaganda conterá, nos meios de comunicação e em função de suas características, advertência, sempre que possível falada e escrita, sobre os malefícios do fumo, bebidas alcoólicas, medicamentos, terapias e defensivos agrícolas, segundo frases estabelecidas pelo Ministério da Saúde, usadas sequencialmente, de forma simultânea ou rotativa. (Redação dada pela Med. Prov. 2.190-34/2001.)

§ 3º As embalagens e os maços de produtos fumígenos, com exceção dos destinados à exportação, e o material de propaganda referido no *caput* deste artigo conterão a advertência mencionada no § 2º acompanhada de imagens ou figuras que ilustrem o sentido da mensagem. (Redação dada pela Med. Prov. 2.190-34/2001.)

§ 4º Nas embalagens, as cláusulas de advertência a que se refere o § 2º deste artigo serão sequencialmente usadas, de forma simultânea ou rotativa, nesta última hipótese devendo variar no máximo a cada cinco meses, inseridas, de forma legível e ostensivamente destacada, em uma das laterais dos maços, carteiras ou pacotes que sejam habitualmente comercializados diretamente ao consumidor.

§ 5º Nas embalagens de produtos fumígenos vendidas diretamente ao consumidor, as cláusulas de advertência a que se refere o § 2º deste artigo serão sequencialmente usadas, de forma simultânea ou rotativa, nesta última hipótese devendo variar no máximo a cada 5 (cinco) meses, inseridas, de forma legível e ostensivamente destacada, em 100% (cem por cento) de sua face posterior e de uma de suas laterais. (Redação dada pela Lei 12.546/2011.)

§ 6º A partir de 1º de janeiro de 2016, além das cláusulas de advertência mencionadas no § 5º deste artigo, nas embalagens de produtos fumígenos vendidas diretamente ao consumidor também deverá ser impresso um texto de advertência adicional ocupando 30% (trinta por cento) da parte inferior de sua face frontal. (Incluído pela Lei 12.546/2011.)

§ 7º (Vetado). (Incluído pela Lei 12.546/2011.)

ART. 3º-A. Quanto aos produtos referidos no art. 2º desta Lei, são proibidos: (Artigo incluído pela Lei 10.167/2000.)

I - a venda por via postal; (Incluído pela Lei 10.167/2000.)

II - a distribuição de qualquer tipo de amostra ou brinde; (Incluído pela Lei 10.167/2000.)

III - a propaganda por meio eletrônico, inclusive internet; (Incluído pela Lei 10.167/2000)

IV - a realização de visita promocional ou distribuição gratuita em estabelecimento de ensino ou local público; (Incluído pela Lei 10.167/2000.)

V - o patrocínio de atividade cultural ou esportiva; (Incluído pela Lei 10.167/2000.)

VI - a propaganda fixa ou móvel em estádio, pista, palco ou local similar; (Incluído pela Lei 10.167/2000.)

VII - a propaganda indireta contratada, também denominada *merchandising*, nos programas produzidos no País após a publicação desta Lei, em qualquer horário; (Incluído pela Lei 10.167/2000.)

VIII - a comercialização em estabelecimento de ensino, em estabelecimento de saúde e em órgãos ou entidades da Administração Pública; (Redação dada pela Lei 10.702/2003.)

IX - a venda a menores de dezoito anos. (Incluído pela Lei 10.702/2003.)

§ 1º Até 30 de setembro de 2005, o disposto nos incisos V e VI não se aplica no caso de eventos esportivos internacionais que não tenham sede fixa em um único país e sejam organizados ou realizados por instituições estrangeiras. (Renumerado e alterado pela Lei 10.702/2003.)

§ 2º É facultado ao Ministério da Saúde afixar, nos locais dos eventos esportivos a que se refere o § 1º, propaganda fixa com mensagem de advertência escrita que observará os conteúdos a que se refere o § 2º do art. 3º-C, cabendo aos responsáveis pela sua organização assegurar os locais para a referida afixação. (Incluído pela Lei 10.702/2003.)

ART. 3º-B. Somente será permitida a comercialização de produtos fumígenos que ostentem em sua embalagem a identificação junto à Agência Nacional de Vigilância Sanitária, na forma do regulamento. (Artigo incluído pela Lei 10.167/2000.)

ART. 3º-C. A aplicação do disposto no § 1º do art. 3ºA, bem como a transmissão ou retransmissão, por televisão, em território brasileiro, de eventos culturais ou esportivos com imagens geradas no estrangeiro patrocinados por empresas ligadas a produtos fumígeros, exige a veiculação gratuita pelas emissoras de televisão, durante a transmissão do evento, de mensagem de advertência sobre os malefícios do fumo. (Incluído pela Lei 10.702/2003.)

§ 1º Na abertura e no encerramento da transmissão do evento, será veiculada mensagem de advertência, cujo conteúdo será definido pelo Ministério da Saúde, com duração não inferior a trinta segundos em cada inserção. (Incluído pela Lei 10.702/2003.)

§ 2º A cada intervalo de quinze minutos será veiculada, sobreposta à respectiva transmissão, mensagem de advertência escrita e falada sobre os malefícios do fumo com duração não inferior a quinze segundos em cada inserção, por intermédio das seguintes frases e de outras a serem definidas na regulamentação, usadas sequencialmente, todas precedidas da afirmação "O Ministério da Saúde adverte": (Incluído pela Lei 10.702/2003.)

I - "fumar causa mau hálito, perda de dentes e câncer de boca"; (Incluído pela Lei 10.702/2003.)

II - "fumar causa câncer de pulmão"; (Incluído pela Lei 10.702/2003.)

III - "fumar causa infarto do coração"; (Incluído pela Lei 10.702/2003.)

IV - "fumar na gravidez prejudica o bebê"; (Incluído pela Lei 10.702/2003.)

V - "em gestantes, o cigarro provoca partos prematuros, o nascimento de crianças com peso abaixo do normal e facilidade de contrair asma"; (Incluído pela Lei 10.702/2003.)

VI - "crianças começam a fumar ao verem os adultos fumando"; (Incluído pela Lei 10.702/2003.)

VII - "a nicotina é droga e causa dependência"; e (Incluído pela Lei 10.702/2003.)

VIII - "fumar causa impotência sexual". (Incluído pela Lei 10.702/2003.)

§ 3º Considera-se, para os efeitos desse artigo, integrantes do evento os treinos livres ou oficiais, os ensaios, as reapresentações e os compactos. (Incluído pela Lei 10.702/2003.)

ART. 4º Somente será permitida a propaganda comercial de bebidas alcoólicas nas emissoras de rádio e televisão entre as vinte e uma e as seis horas.

§ 1º A propaganda de que trata este artigo não poderá associar o produto ao esporte olímpico ou de competição, ao desempenho saudável de qualquer atividade, à condução de veículos e a imagens ou ideias de maior êxito ou sexualidade das pessoas.

§ 2º Os rótulos das embalagens de bebidas alcoólicas conterão advertência nos seguintes termos: "Evite o Consumo Excessivo de Álcool".

ART. 4º-A. Na parte interna dos locais em que se vende bebida alcoólica, deverá ser afixado advertência escrita de forma legível e ostensiva de que é crime dirigir sob a influência de álcool, punível com detenção. (Incluído pela Lei n. 11.705/2008.)

ART. 5º As chamadas e caracterizações de patrocínio dos produtos indicados nos arts. 2º e 4º, para eventos alheios à programação normal ou rotineira das emissoras de rádio e televisão, poderão ser feitas em qualquer horário, desde que identificadas apenas com a marca ou *slogan* do produto, sem recomendação do seu consumo.

§ 1º As restrições deste artigo aplicam-se à propaganda estática existente em estádios, veículos de competição e locais similares.

§ 2º Nas condições do *caput*, as chamadas e caracterizações de patrocínio dos produtos estarão liberados da exigência do § 2º do art. 3º desta Lei.

ART. 6º É vedada a utilização de trajes esportivos, relativamente a esportes olímpicos, para veicular a propaganda dos produtos de que trata esta Lei.

ART. 7º A propaganda de medicamentos e terapias de qualquer tipo ou espécie poderá ser feita em publicações especializadas dirigidas direta e especificamente a profissionais e instituições de saúde.

§ 1º Os medicamentos anódinos e de venda livre, assim classificados pelo órgão competente do Ministério da Saúde, poderão ser anunciados nos órgãos de comunicação social com as advertências quanto ao seu abuso, conforme indicado pela autoridade classificatória.

§ 2º A propaganda dos medicamentos referidos neste artigo não poderá conter afirmações que não sejam passíveis de comprovação científica, nem poderá utilizar depoimentos de profissionais que não sejam legalmente qualificados para fazê-lo.

§ 3º Os produtos fitoterápicos da flora medicinal brasileira que se enquadram no disposto no § 1º deste artigo deverão apresentar comprovação científica dos seus efeitos terapêuticos no prazo de cinco anos da publicação desta Lei, sem o que sua propaganda será automaticamente vedada.

§ 4º É permitida a propaganda de medicamentos genéricos em campanhas publicitárias patrocinadas pelo Ministério da Saúde e nos recintos dos estabelecimentos autorizados a dispensá-los, com indicação do medicamento de referência. (Incluído pela Med. Prov. 2.190-34/2001.)

§ 5º Toda a propaganda de medicamentos conterá obrigatoriamente advertência indicando que, a persistirem os sintomas, o médico deverá ser consultado. (Renumerado pela Med. Prov. 2.190-34/2001.)

ART. 8º A propaganda de defensivos agrícolas que contenham produtos de efeito tóxico, mediato ou imediato, para o ser humano, deverá restringir-se a programas e publicações dirigidas aos agricultores e pecuaristas, contendo completa explicação sobre a sua aplicação, precauções no emprego, consumo ou utilização, segundo o que dispuser o órgão competente do Ministério da Agricultura e do Abastecimento, sem prejuízo das normas estabelecidas pelo Ministério da Saúde ou outro órgão do Sistema Único de Saúde.

ART. 9º Aplicam-se ao infrator desta Lei, sem prejuízo de outras penalidades previstas na legislação em vigor, especialmente no Código de Defesa do Consumidor e na Legislação de Telecomunicações, as seguintes sanções: (Redação dada pela Lei 10.167/2000.)

I - advertência;

II - suspensão, no veículo de divulgação da publicidade, de qualquer outra propaganda do produto, por prazo de até trinta dias;

III - obrigatoriedade de veiculação de retificação ou esclarecimento para compensar propaganda distorcida ou de má-fé;

IV - apreensão do produto;

V - multa, de R$ 5.000,00 (cinco mil reais) a R$ 100.000,00 (cem mil reais), aplicada conforme a capacidade econômica do infrator; (Redação dada pela Lei 10.167/2000.)

VI - suspensão da programação da emissora de rádio e televisão, pelo tempo de dez minutos, por cada minuto ou fração de duração da propaganda transmitida em desacordo com esta Lei, observando-se o mesmo horário. (Redação dada pela Lei 10.167/2000.)

VII - no caso de violação do disposto no inciso IX do artigo 3ºA, as sanções previstas na Lei n. 6.437, de 20 de agosto de 1977, sem prejuízo do disposto no art. 243 da Lei n. 8.069, de 13 de julho de 1990. (Incluído pela Lei 10.702/2003.)

§ 1º As sanções previstas neste artigo poderão ser aplicadas gradativamente e, na reincidência, cumulativamente, de acordo com as especificidade do infrator.

§ 2º Em qualquer caso, a peça publicitária fica definitivamente vetada.

§ 3º Considera-se infrator, para os efeitos desta Lei, toda e qualquer pessoa natural ou jurídica que, de forma direta ou indireta, seja responsável pela divulgação da peça publicitária ou pelo respectivo veículo de comunicação. (Redação dada pela Lei 10.167/2000.)

§ 4º Compete à autoridade sanitária municipal aplicar as sanções previstas neste artigo, na forma do art. 12 da Lei n. 6.437, de 20 de agosto de 1977, ressalvada a competência exclusiva ou concorrente: (Parágrafo incluído pela Lei 10.167/2000.)

I - do órgão de vigilância sanitária do Ministério da Saúde, inclusive quanto às sanções aplicáveis às agências de publicidade, responsáveis por propaganda de âmbito nacional; (Incluído pela Lei 10.167/2000.)

II - do órgão de regulamentação da aviação civil do Ministério da Defesa, em relação a infrações verificadas no interior de aeronaves; (Incluído pela Lei 10.167/2000.)

III - do órgão do Ministério das Comunicações responsável pela fiscalização das emissoras de rádio e televisão; (Incluído pela Lei 10.167/2000.)

IV - do órgão de regulamentação de transportes do Ministério dos Transportes, em relação a infrações ocorridas no interior de transportes rodoviários, ferroviários e aquaviários de passageiros. (Incluído pela Lei 10.167/2000.)

§ 5º O Poder Executivo definirá as competências dos órgãos e entidades da administração federal encarregados em aplicar as sanções deste artigo. (Incluído pela Lei 10.702/2003.)

ART. 10. O Poder Executivo regulamentará esta Lei n. prazo máximo de sessenta dias de sua publicação.

ART. 11. Esta Lei entra em vigor na data de sua publicação.

ART. 12. Revogam-se as disposições em contrário.

Brasília, 15 de julho de 1996; 175º da Independência e 108º da República.

FERNANDO HENRIQUE CARDOSO

LEI N. 9.295, DE 19 DE JULHO DE 1996

Dispõe sobre os serviços de telecomunicações e sua organização, sobre o órgão regulador e dá outras providências.

- *DOU*, 20.07.1996, retificado em 06.08.1996.
- Dec. 2.056/1996 (Aprova o Regulamento do Serviço Móvel Celular).
- Dec. 2.197/1997 (Aprova o Regulamento de Serviço Limitado).

O Presidente da República. Faço saber que o Congresso Nacional decreta e eu sanciono a seguinte Lei:

ArtS. 1º a **3º** (Revogados pela Lei 9.472/1997.)

ART. 4º O Poder Executivo transformará em concessões de Serviço Móvel Celular as permissões do Serviço de Radiocomunicação Móvel Terrestre Público-Restrito outorgadas anteriormente à vigência desta Lei, em condições similares as dos demais contratos de concessão de Serviço Móvel Celular, respeitados os respectivos prazos remanescentes.

Parágrafo único. As entidades que, de acordo com o disposto neste artigo, se tornem concessionárias do Serviço Móvel Celular deverão constituir, isoladamente ou em associação, no prazo de até vinte e quatro meses, a contar da vigência desta Lei, empresas que as sucederão na exploração do Serviço.

ART. 5º É a Telecomunicações Brasileiras S.A. - Telebrás autorizada, com o fim de dar cumprimento ao disposto no parágrafo único do artigo anterior, a constituir, diretamente ou através de suas sociedades controladas, empresas subsidiárias ou associadas para assumir a exploração do Serviço Móvel Celular.

ART. 6º O Poder Executivo, quando oportuno e conveniente ao interesse público, determinará a alienação das participações societárias da Telebrás, ou de suas controladas, nas empresas constituídas na forma do artigo anterior.

ARTS. 7º e **8º** (Revogados pela Lei 9.472/1997.)

§ 1º (Revogado pela Lei 9.472/1997.)

§ 2º As entidades que, na data de vigência desta Lei, estejam explorando o Serviço de Transporte de Sinais de Telecomunicações por Satélite, mediante o uso de satélites que ocupem posições orbitais notificadas pelo Brasil, têm assegurado o direito à concessão desta exploração.

§ 3º As outorgas para a exploração do serviço estabelecerão que o início efetivo de sua prestação se dará somente após 31 de dezembro de 1997, exceto para as aplicações em que sejam exigidas características técnicas não disponíveis em satélites para os quais, na data de vigência desta Lei, já tenham sido alocadas posições orbitais notificadas pelo Brasil.

§ 4º (Revogado pela Lei 9.472/1997.)

ARTS. 9º e **10.** (Revogados pela Lei 9.472/1997.)

ART. 11. As concessões para exploração de Serviço Móvel Celular e de Serviço de Transporte de Sinais de Telecomunicações por Satélite somente poderão ser outorgadas a empresas constituídas segundo as leis brasileiras com sede e administração no País.

Parágrafo único. Nos três anos seguintes à publicação desta Lei, o Poder Executivo poderá adotar, nos casos em que o interesse nacional assim o exigir, limites na composição do capital das empresas concessionárias de que trata este artigo, assegurando que, pelo menos 51% (cinquenta e um por cento) do capital votante pertença, direta ou indiretamente, a brasileiros.

ART. 12. (Revogado pela Lei 9.472/1997.)

ART. 13. (Vetado.)

Parágrafo único. O Ministério das Comunicações, até que seja instalada a Comissão Nacional de Comunicações - CNC, exercerá as funções de órgão regulador, mantidas as competências de regulamentação, outorga e fiscalização dos serviços de telecomunicações a ele atribuídos pela legislação em vigor.

ART. 14. (Revogado pela Lei 9.472/1997.)

ART. 15. É mantido o Fundo de Fiscalização das Telecomunicações, regido na forma estabelecida pela Lei n. 5.070, de 7 de julho de 1966, que o instituiu.

ART. 16. Esta Lei entra em vigor na data de sua publicação.

ART. 17. Revogam-se as disposições em contrário.

Brasília, 19 de julho de 1996; 175º da Independência e 108º da República.
FERNANDO HENRIQUE CARDOSO

LEI N. 9.311, DE 24 DE OUTUBRO DE 1996

Institui a Contribuição Provisória sobre Movimentação ou Transmissão de Valores e de Créditos e Direitos de Natureza Financeira - CPMF, e dá outras providências.

- *DOU*, 25.10.1996.
- Dec. 6.140/2007 (Regulamenta a Contribuição Provisória sobre Movimentação ou Transmissão de Valores e de Créditos e Direitos de Natureza Financeira - CPMF).
- arts. 75, 84 e 90, ADCT.

O Presidente da República. Faço saber que o Congresso Nacional decreta e eu sanciono a seguinte Lei:

ART. 1º É instituída a Contribuição Provisória sobre Movimentação ou Transmissão de Valores e de Créditos e Direitos de Natureza Financeira - CPMF.

Parágrafo único. Considera-se movimentação ou transmissão de valores e de créditos e direitos de natureza financeira qualquer operação liquidada ou lançamento realizado pelas entidades referidas no art. 2º, que representem circulação escritural ou física de moeda, e de que resulte ou não transferência da titularidade dos mesmos valores, créditos e direitos.

ART. 2º O fato gerador da contribuição é:

I - o lançamento a débito, por instituição financeira, em contas correntes de depósito, em contas correntes de empréstimo, em contas de depósito de poupança, de depósito judicial e de depósitos em consignação de pagamento de que tratam os parágrafos do art. 890 da Lei n. 5.869, de 11 de janeiro de 1973, introduzidos pelo art. 1º da Lei n. 8.951, de 13 de dezembro de 1994, junto a ela mantidas;

II - o lançamento a crédito, por instituição financeira, em contas correntes que apresentem saldo negativo, até o limite de valor da redução do saldo devedor;

III - a liquidação ou pagamento, por instituição financeira, de quaisquer créditos, direitos ou valores, por conta e ordem de terceiros, que não tenham sido creditados, em nome do beneficiário, nas contas referidas nos incisos anteriores;

IV - o lançamento, e qualquer outra forma de movimentação ou transmissão de valores e de créditos e direitos de natureza financeira, não relacionados nos incisos anteriores, efetuados pelos bancos comerciais, bancos múltiplos com carteira comercial e caixas econômicas;

V - a liquidação de operação contratadas nos mercados organizados de liquidação futura;

VI - qualquer outra movimentação ou transmissão de valores e de créditos e direitos de natureza financeira que, por sua finalidade, reunindo características que permitam presumir a existência de sistema organizado para efetivá-la, produza os mesmos efeitos previstos nos incisos anteriores, independentemente da pessoa que a efetue, da denominação que possa ter e da forma jurídica ou dos instrumentos utilizados para realizá-la.

ART. 3º A contribuição não incide:

I - no lançamento nas contas da União, dos Estados, do Distrito Federal, dos Municípios, de suas autarquias e fundações;

II - no lançamento errado e seu respectivo estorno, desde que não caracterizem a anulação de operação efetivamente contratada, bem como no lançamento de cheque e documento compensável, e seu respectivo estorno, devolvidos em conformidade com as normas do Banco Central do Brasil;

III - no lançamento para pagamento da própria contribuição;

IV - nos saques efetuados diretamente nas contas vinculadas do Fundo de Garantia do Tempo de Serviço - FGTS e do Fundo de Participação PIS/PASEP e no saque do valor do benefício do seguro-desemprego, pago de acordo com os critérios previstos no art. 5º da Lei n. 7.998, de 11 de janeiro de 1990;

V - sobre a movimentação financeira ou transmissão de valores e de créditos e direitos de natureza financeira das entidades beneficentes de assistência social, nos termos do § 7º do art. 195 da Constituição Federal.

VI - nos lançamentos a débito nas contas-correntes de depósito cujos titulares sejam: (Incluído pela Lei 10.306/2001.)

a) missões diplomáticas; (Incluído pela Lei 10.306/2001.)

b) repartições consulares de carreira; (Incluído pela Lei 10.306/2001.)

c) representações de organismos internacionais e regionais de caráter permanente, de que o Brasil seja membro; (Incluído pela Lei 10.306/2001.)

d) funcionário estrangeiro de missão diplomática ou representação consular; (Incluído pela Lei 10.306/2001.)

e) funcionário estrangeiro de organismo internacional que goze de privilégios ou isenções tributárias em virtude de acordo firmado com o Brasil. (Incluído pela Lei 10.306/2001.)

§ 1º O Banco Central do Brasil, no exercício de sua competência, poderá expedir normas para assegurar o cumprimento do disposto neste artigo, objetivando, inclusive por meio de documentação específica, a identificação dos lançamentos objeto da não incidência. (Renumerado do p.u. pela Lei 10.306/2001.)

§ 2º O disposto nas alíneas d e e do inciso VI não se aplica aos funcionários estrangeiros que tenham residência permanente no Brasil. (Incluído pela Lei 10.306/2001.)

§ 3º Os membros das famílias dos funcionários mencionados nas alíneas d e e do inciso VI, desde que com eles mantenham relação de dependência econômica e não tenham residência permanente no Brasil, gozarão do tratamento estabelecido neste artigo. (Incluído pela Lei 10.306/2001.)

§ 4º O disposto no inciso VI não se aplica aos Consulados e Cônsules honorários. (Incluído pela Lei 10.306/2001.)

§ 5º Os Ministros de Estado da Fazenda e das Relações Exteriores poderão expedir, em conjunto, instruções para o cumprimento do disposto no inciso VI e nos §§ 2º e 3º. (Incluído pela Lei 10.306/2001.)

ART. 4º São contribuintes:

I - os titulares das contas referidas nos incisos I e II do art. 2º, ainda que movimentadas por terceiros;

II - o beneficiário referido no inciso III do art. 2º;

III - as instituições referidas no inciso IV do art. 2º;

IV - os comitentes das operações referidas no inciso V do art. 2º;

V - aqueles que realizarem a movimentação ou a transmissão referida no inciso VI do art. 2º .

ART. 5º É atribuída a responsabilidade pela retenção e recolhimento da contribuição:

I - às instituições que efetuarem os lançamentos, as liquidações ou os pagamentos de que tratam os incisos I, II e III do art. 2º;

II - às instituições que intermediarem as operações a que se refere o inciso V do art. 2º;

III - àqueles que intermediarem operações a que se refere o inciso VI do art. 2º.

§ 1º A instituição financeira reservará, no saldo das contas referidas no inciso I do art. 2º , valor correspondente à aplicação da alíquota de que trata o art. 7º sobre o saldo daquelas contas, exclusivamente para os efeitos de retiradas ou saques, em operações sujeitas à contribuição, durante o período de sua incidência.

§ 2º Alternativamente ao disposto no parágrafo anterior, a instituição financeira poderá assumir a responsabilidade pelo pagamento da contribuição na hipótese de eventual insuficiência de recursos nas contas.

§ 3º Na falta de retenção da contribuição, fica mantida, em caráter supletivo, a responsabilidade do contribuinte pelo seu pagamento.

ART. 6º Constitui a base de cálculo:

I - na hipótese dos incisos I, II e IV do art. 2º , o valor do lançamento e de qualquer outra forma de movimentação ou transmissão;

II - na hipótese do inciso III do art. 2º, o valor da liquidação ou do pagamento;

III - na hipótese do inciso V do art. 2º, o resultado, se negativo, da soma algébrica dos ajustes diários ocorridos no período compreendido entre a contratação inicial e a liquidação do contrato;

IV - na hipótese do inciso VI do art. 2º, o valor da movimentação ou da transmissão.

Parágrafo único. O lançamento, movimentação ou transmissão de que trata o inciso IV do art. 2º serão apurados com base nos registros contábeis das instituições ali referidas.

ART. 7º A alíquota da contribuição é de vinte centésimos por cento.

ART. 8º A alíquota fica reduzida a zero:

I - nos lançamentos a débito em contas de depósito de poupança, de depósito judicial e de depósito em consignação de pagamento de que tratam os parágrafos do art. 890 da Lei n. 5.869, de 11 de janeiro de 1973, introduzidos pelo art. 1º da Lei n. 8.951, de 13 de dezembro de 1994, para crédito em conta corrente de depósito ou conta de poupança, dos mesmos titulares;

II - nos lançamentos relativos a movimentação de valores de conta corrente de depósito, para conta de idêntica natureza, dos mesmos titulares, exceto nos casos de lançamentos a crédito na hipótese de que trata o inciso II do art. 2º ;

III - nos lançamentos em contas correntes de depósito das sociedades corretoras de títulos, valores mobiliários e câmbio, das sociedades distribuidoras de títulos e valores mobiliários, das sociedades de investimento e fundos de investimento constituídos nos termos dos arts. 49 e 50 da Lei n. 4.728, de 14 de julho de 1965, das sociedades corretoras de mercadorias e dos serviços de liquidação, compensação e custódia vinculados às bolsas de valores, de mercadorias e de futuros, e das instituições financeiras não referidas no inciso IV do art. 2º , bem como das cooperativas de crédito, desde que os respectivos valores sejam movimentados em contas correntes de depósito especialmente abertas e exclusivamente utilizadas para as operações a que se refere o § 3º deste artigo;

- Lei 9.539/1997 (Dispõe sobre a CPMF).
- Lei 10.892/2004 (Altera os arts. 8º e 16 desta lei).

IV - nos lançamentos efetuados pelos bancos comerciais, bancos múltiplos com carteira comercial e caixas econômicas, relativos às operações a que se refere o § 3º deste artigo;

V - nos pagamentos de cheques, efetuados por instituição financeira, cujos valores não tenham sido creditados em nome do beneficiário nas contas referidas no inciso I do art. 2º;

VI - nos lançamentos relativos aos ajustes diários exigidos em mercados organizados de liquidação futura e específico das operações a que se refere o inciso V do art. 2º.

VII - nos lançamentos a débito em conta corrente de depósito para investimento, aberta e utilizada exclusivamente para realização de aplicações financeiras de renda fixa e de renda variável, de qualquer natureza, inclusive em contas de depósito de poupança. (Incluído pela Lei 10.892/2004.)

VIII - nos lançamentos a débito nas contas especiais de depósito à vista tituladas pela população de baixa renda, com limites máximos de movimentação e outras condições definidas pelo Conselho Monetário Nacional - CMN e pelo Banco Central do Brasil. (Incluído pela Lei 11.110/2005.)

IX - nos lançamentos relativos à transferência de reservas técnicas, fundos e provisões de plano de benefício de caráter previdenciário entre entidades de previdência complementar ou sociedades seguradoras, inclusive em decorrência de reorganização societária, desde que: (Incluído pela Lei 11.196/2005.)

a) não haja qualquer disponibilidade de recursos para o participante, nem mudança na titularidade do plano; e (Incluído pela Lei 11.196/2005.)

b) a transferência seja efetuada diretamente entre planos ou entre gestores de planos. (Incluído pela Lei 11.196/2005.)

X - nos lançamentos a débito em conta corrente de depósito de titularidade de residente ou domiciliado no Brasil ou no exterior para liquidação de operações de aquisição de ações em oferta pública, registrada na Comissão de Valores Mobiliários, realizada fora dos recintos ou sistemas de negociação de bolsa de valores, desde que a companhia emissora tenha registro para negociação das ações em bolsas de valores. (Incluído pela Lei 11.312/2006.)

XI - na liquidação antecipada por instituição financeira, por conta e ordem do mutuário, de contrato de concessão de crédito que o mesmo mutuário tenha contratado em outra instituição financeira, desde que a referida liquidação esteja vinculada à abertura de nova linha de crédito, em valor idêntico ao do saldo devedor liquidado antecipadamente pela instituição que proceder à liquidação da operação, na forma regulamentada pelo Conselho Monetário Nacional; (Incluído pela Lei 11.482/2007.)

XII - nos lançamentos a débito em conta corrente de depósito de titularidade de entidade fechada de previdência complementar para pagamento de benefícios do Regime Geral de Previdência Social, relativos a aposentadoria e pensão, no âmbito de convênio firmado entre a entidade e o Instituto Nacional de Seguro Social - INSS; (Incluído pela Lei 11.482/2007.)

XIII - nos lançamentos a débito em conta especial destinada ao registro e controle do fluxo de recursos, aberta exclusivamente para pagamento de salários, proventos, soldos, vencimentos, aposentadorias, pensões e similares, decorrente de transferência para conta corrente de depósito de titularidade do mesmo beneficiário, conjunta ou não, na forma regulamentada pelo Conselho Monetário Nacional. (Incluído pela Lei 11.482/2007.)

§ 1º O Banco Central do Brasil, no exercício de sua competência, expedirá normas para assegurar o cumprimento do disposto nos incisos I, II, VI, VII, X, XI, XII e XIII do *caput* deste artigo, objetivando, inclusive por meio de documentação específica, a identificação dos lançamentos previstos nos referidos incisos. (Redação dada pela Lei 11.482/2007.)

§ 2º A aplicação da alíquota zero prevista nos incisos I, II e VI deste artigo fica condicionada ao cumprimento das normas que vierem a ser estabelecidas pelo Ministro de Estado da Fazenda.

§ 3º O disposto nos incisos III e IV deste artigo restringe-se a operações relacionadas em ato do Ministro de Estado da Fazenda, dentre as que constituam o objeto social das referidas entidades.

§ 4º O disposto nos incisos I e II deste artigo não se aplica a contas conjuntas de pessoas físicas, com mais de dois titulares, e a quais quer contas conjuntas de pessoas jurídicas.

§ 5º O Ministro de Estado da Fazenda poderá estabelecer limite de valor do lançamento, para efeito de aplicação da alíquota zero, independentemente do fato gerador a que se refira.

§ 6º O disposto no inciso V deste artigo não se aplica a cheques que, emitidos por instituição financeira, tenham sido adquiridos em dinheiro.

§ 7º Para a realização de aplicações financeiras, é obrigatória a abertura de contas correntes de depósito para investimento, de que trata o inciso VII do *caput* deste artigo, pelas instituições financeiras e demais instituições autorizadas a funcionar pelo Banco Central do Brasil. (Incluído pela Lei 10.892/2004.)

§ 8º As aplicações financeiras serão efetivadas somente por meio de lançamentos a débito em contas correntes de depósito para investimento, de que trata o inciso VII do *caput* deste artigo. (Incluído pela Lei 10.892/2004.)

§ 9º Ficam autorizadas a efetivação e a manutenção de aplicações financeiras em contas de depósito de poupança não integradas a contas correntes de depósito para investimento, de que trata o inciso VII do *caput* deste artigo, observadas as disposições estabelecidas na legislação e na regulamentação em vigor. (Incluído pela Lei 10.892/2004.)

§ 10. Não integram as contas correntes de depósito para investimento, de que trata o inciso VII do *caput* deste artigo: (Incluído pela Lei 10.892/2004.)

I - as operações e os contratos de que tratam os incisos II e III do *caput* do art. 85 do Ato das Disposições Constitucionais Transitórias; (Incluído pela Lei 10.892/2004.)

II - as contas de depósitos judiciais e de depósitos em consignação em pagamento de que tratam os parágrafos do art. 890 da Lei n. 5.869, de 11 de janeiro de 1973; (Incluído pela Lei 10.892/2004.)

III - as operações a que se refere o inciso V do *caput* do art. 2º desta Lei, quando sujeitas a ajustes diários. (Incluído pela Lei 10.892/2004.)

§ 11. O ingresso de recursos novos nas contas correntes de depósito para investimento será feito exclusivamente por meio de lançamento a débito em conta corrente de depósito do titular, por cheque de sua emissão, cruzado e intransferível, ou por outro instrumento de pagamento, observadas as normas expedidas pelo Banco Central do Brasil. (Incluído pela Lei 10.892/2004.)

§ 12. Os valores das retiradas de recursos das contas correntes de depósito para investimento, quando não destinados à realização de aplicações financeiras, serão pagos exclusivamente ao beneficiário por meio de crédito em sua conta corrente de depósito, de cheque, cruzado e intransferível, ou de outro instrumento de pagamento, observadas as normas expedidas pelo Banco Central do Brasil. (Incluído pela Lei 10.892/2004.)

§ 13. Aplica-se o disposto no inciso II do *caput* deste artigo nos lançamentos relativos a movimentação de valores entre contas correntes de depósito para investimento, de que trata o inciso VII do *caput* deste artigo. (Incluído pela Lei 10.892/2004.)

§ 14. As operações a que se refere o inciso V do *caput* do art. 2º desta Lei, quando não sujeitas a ajustes diários, integram as contas correntes de depósitos para investimentos. (Incluído pela Lei 10.892/2004.)

§ 15. A partir de 1º de outubro de 2006, os valores de resgate, liquidação, cessão ou repactuação das aplicações financeiras existentes em 30 de setembro de 2004, exceto em contas de depósito de poupança, poderão ser creditados diretamente ao beneficiário, em conta corrente de depósito para investimento, de que trata o inciso VII do *caput* deste artigo. (Incluído pela Lei 10.892/2004.)

§ 16. No caso de pessoas jurídicas, as contas correntes de depósito não poderão ser conjuntas. (Incluído pela Lei 10.892/2004.)

§ 17. Em relação às operações referentes às contas correntes de depósito para investimento ou em relação à manutenção destas, as instituições financeiras, caso venham a estabelecer cobrança de tarifas, não poderão exigi-las em valor superior às fixadas para as demais operações de mesma natureza, observadas as normas expedidas pelo Conselho Monetário Nacional. (Incluído pela Lei 10.892/2004.)

ART. 9º É facultado ao Poder Executivo alterar a alíquota da contribuição, observado o limite máximo previsto no art. 7º.

ART. 10. O Ministro de Estado da Fazenda disciplinará as formas e os prazos de apuração e de pagamento ou retenção e recolhimento da contribuição instituída por esta Lei, respeitado o disposto no parágrafo único deste artigo.

Parágrafo único. O pagamento ou a retenção e o recolhimento da Contribuição serão efetuados no mínimo 1 (uma) vez por decêndio. (Redação dada pela Lei 11.196/2005.)

ART. 11. Compete à Secretaria da Receita Federal a administração da contribuição, incluídas as atividades de tributação, fiscalização e arrecadação.

- Med. Prov. 2.158-35/2001 (Altera a legislação das Contribuições para a Seguridade Social - COFINS, para os Programas de Integração Social e de Formação do Patrimônio do Servidor Público - PIS/PASEP e do Imposto sobre a Renda).

§ 1º No exercício das atribuições de que trata este artigo, a Secretaria da Receita Federal poderá requisitar ou proceder ao exame de documentos, livros e registros, bem como estabelecer obrigações acessórias.

§ 2º As instituições responsáveis pela retenção e pelo recolhimento da contribuição prestarão à Secretaria da Receita Federal as informações necessárias à identificação dos contribuintes e os valores globais das respectivas operações, nos termos, nas condições e nos prazos que vierem a ser estabelecidos pelo Ministro de Estado da Fazenda.

§ 3º A Secretaria da Receita Federal resguardará, na forma da legislação aplicável à matéria, o sigilo das informações prestadas, facultada sua utilização para instaurar procedimento administrativo tendente a verificar a existência de crédito tributário relativo a impostos e contribuições e para lançamento, no âmbito do procedimento fiscal, do crédito tributário porventura existente, observado o disposto no art. 42 da Lei n. 9.430, de 27 de dezembro de 1996, e alterações posteriores. (Redação dada pela Lei 10.174/2001.)

§ 3º-A. (Vetado) (Incluído pela Lei 10.174/2001.)

§ 4º Na falta de informações ou insuficiência de dados necessários à apuração da contribuição, esta será determinada com base em elementos de que dispuser a fiscalização.

ART. 12. Serão regidos pelas normas relativas aos tributos administrados pela Secretaria da Receita Federal:

I - o processo administrativo de determinação e exigência da contribuição;

II - o processo de consulta sobre a aplicação da respectiva legislação;

III - a inscrição do débito não pago em dívida ativa e a sua subsequente cobrança administrativa e judicial.

ART. 13. A contribuição não paga nos prazos previstos nesta Lei será acrescida de:

I - juros equivalentes à taxa referencial do Sistema Especial de Liquidação e Custódia - SELIC, para títulos federais, acumulada mensalmente, calculados a partir do primeiro dia do mês subsequente ao do vencimento da obrigação até o último dia do mês anterior ao do pagamento e de um por cento no mês do pagamento;

II - multa de mora aplicada na forma do disposto no inciso II do art. 84 da Lei n. 8.981, de 20 de janeiro de 1995.

ART. 14. Nos casos de lançamento de ofício, aplicar-se-á o disposto nos arts. 44, 47 e 61 da Lei n. 9.430, de 27 de dezembro de 1996. (Redação dada pela Med. Prov. 2.158-35/2001.)

ART. 15. É vedado o parcelamento do crédito constituído em favor da Fazenda Pública em decorrência da aplicação desta Lei.

- Lei 13.496/2917 (Institui o Programa Especial de Regularização Tributária (Pert) na Secretaria da Receita Federal do Brasil e na Procuradoria-Geral da Fazenda Nacional).

ART. 16. Serão efetivadas somente por meio de lançamento a débito em conta corrente de depósito do titular ou do mutuário, por cheque de sua emissão, cruzado e intransferível, ou por outro instrumento de pagamento, observadas as normas expedidas pelo Banco Central do Brasil: (Redação dada pela Lei 10.892/2004.)

I - as operações e os contratos de que tratam os incisos II e III do *caput* do art. 85 do Ato das Disposições Constitucionais Transitórias; (Incluído pela Lei 10.892/2004.)

II - a liquidação das operações de crédito; (Incluído pela Lei 10.892/2004.)

III - as contribuições para planos de benefícios de previdência complementar ou de seguros de vida com características semelhantes; (Incluído pela Lei 10.892/2004.)

IV - o valor das contraprestações, bem como de qualquer outro pagamento vinculado às operações de arrendamento mercantil. (Incluído pela Lei 10.892/2004.)

§ 1º Os valores de resgate, liquidação, cessão ou repactuação de aplicações financeiras não integradas a conta corrente de depósito para investimento, bem como os valores referentes à concessão de créditos e aos benefícios ou resgates recebidos dos planos e seguros de que trata o inciso III do *caput* deste artigo, deverão ser pagos exclusivamente aos beneficiários ou proponentes mediante crédito em sua conta corrente de depósitos, cheque cruzado, intransferível, ou por outro instrumento de pagamento, observadas as normas expedidas pelo Banco Central do Brasil. (Redação dada pela Lei 10.892/2004.)

§ 2º O disposto no § 1º deste artigo não se aplica às contas de depósito de poupança não integradas a contas correntes de depósito para investimento, cujos titulares sejam pessoas físicas, bem como às contas de depósitos judiciais e de depósitos em consignação em pagamento de que tratam os parágrafos do art. 890 da Lei n. 5.869, de 11 de janeiro de 1973. (Redação dada pela Lei 10.892/2004.)

§ 3º No caso de planos ou seguros constituídos com recursos de pessoa jurídica e de pessoa física, o valor da contribuição dessa última poderá ser dispensado da obrigatoriedade de que trata este artigo, desde que transite pela conta corrente da pessoa jurídica. (Redação dada pela Lei 10.892/2004.)

§ 4º No caso de planos de benefícios de previdência complementar, as contribuições poderão ser efetivadas a débito da conta corrente de depósito, por cheque de emissão do proponente ou responsável financeiro, ou por outro instrumento de pagamento, observadas as normas expedidas pelo Banco Central do Brasil. (Incluído pela Lei 10.892/2004.)

§ 5º O Ministro de Estado da Fazenda poderá dispensar da obrigatoriedade prevista neste artigo a concessão, a liquidação ou o pagamento de operações previstas nos incisos II, III e IV do *caput* deste artigo, tendo em vista as características das operações e as finalidades a que se destinem. (Incluído pela Lei 10.892/2004.)

§ 6º O disposto no inciso II do *caput* deste artigo não se aplica na hipótese de liquidação antecipada de contrato de concessão de crédito, por instituição financeira, prevista no inciso XI do art. 8º desta Lei. (Incluído pela Lei 11.482/2007.)

ART. 17. Durante o período de tempo previsto no art. 20:

I - somente é permitido um único endosso nos cheques pagáveis no País;

II - as alíquotas constantes da tabela descrita no art. 20 da Lei n. 8.212, de 24 de julho de 1991, e a alíquota da contribuição mensal, para o Plano de Seguridade Social dos Servidores Públicos Federais regidos pela Lei n. 8.112, de 11 de dezembro de 1990, incidente sobre salários e remunerações até três salários-mínimos, ficam reduzidas em pontos percentuais proporcionais ao valor da contribuição devida até o limite de sua compensação;

III - os valores dos benefícios de prestação continuada e os de prestação única, constantes dos Planos de Benefício da Previdência Social, de que trata a Lei n. 8.213, de 24 de julho de 1991, e os valores dos proventos dos inativos, dos pensionistas e demais benefícios, constantes da Lei n. 8.112, de 11 de dezembro de 1990, não excedentes de dez salários-mínimos, serão acrescidos de percentual proporcional ao valor da contribuição devida até o limite de sua compensação;

IV - o Banco Central do Brasil, no exercício de sua competência, adotará as medidas necessárias visando instituir modalidade de depósito de poupança para pessoas físicas, que permita conferir remuneração adicional de vinte centésimos por cento, a ser creditada sobre o valor de saque, desde que tenha permanecido em depósito por prazo igual ou superior a noventa dias.

§ 1º Os Ministros de Estado da Fazenda e da Previdência e Assistência Social baixarão, em conjunto, as normas necessárias ao cumprimento do disposto nos incisos II e III deste artigo.

§ 2º Ocorrendo alteração da alíquota da contribuição, as compensações previstas neste artigo serão ajustadas, mediante ato do Ministro de Estado da Fazenda, na mesma proporção.

§ 3º O acréscimo de remuneração resultante do disposto nos incisos II e III deste artigo não integrará a base de cálculo do Imposto sobre a Renda da Pessoa Física.

ART. 18. O produto da arrecadação da contribuição de que trata esta Lei será destinado integralmente ao Fundo Nacional de Saúde, para financiamento das ações e serviços de saúde, sendo que sua entrega obedecerá aos prazos e condições estabelecidos para as transferências de que trata o art. 159 da Constituição Federal.

Parágrafo único. É vedada a utilização dos recursos arrecadados com a aplicação desta Lei em pagamento de serviços prestados pelas instituições hospitalares com finalidade lucrativa.

ART. 19. A Secretaria da Receita Federal e o Banco Central do Brasil, no âmbito das respectivas competências, baixarão as normas necessárias à execução desta Lei.

- Med. Prov. 2.158-35/2001 (Altera a legislação das Contribuições para a Seguridade Social - COFINS, para os Programas de Integração Social e de Formação do Patrimônio do Servidor Público - PIS/PASEP e do Imposto sobre a Renda).

ART. 20. A contribuição incidirá sobre os fatos geradores verificados no período de tempo correspondente a treze meses, contados após decorridos noventa dias da data da publicação desta Lei, quando passará a ser exigida.

ART. 21. Esta Lei entra em vigor na data de sua publicação.

Brasília, 24 de outubro de 1996; 175º da Independência e 108º da República.

FERNANDO HENRIQUE CARDOSO

LEI N. 9.316, DE 22 DE NOVEMBRO DE 1996

Altera a legislação do imposto de renda e da contribuição social sobre o lucro líquido.

- *DOU*, 23.11.1996.
- Conversão da Med. Prov. 1.516-2/1996.

Faço saber que o Presidente da República adotou a Medida Provisória n. 1.516-2, de 1996, que o Congresso Nacional aprovou, e eu, Ronaldo Perim, Primeiro Vice-Presidente da Mesa do Congresso Nacional, no exercício da Presidência, para os efeitos do disposto no parágrafo único do art. 62 da Constituição Federal, promulgo a seguinte Lei:

ART. 1º O valor da contribuição social sobre o lucro líquido não poderá ser deduzido para efeito de determinação do lucro real, nem de sua própria base de cálculo.

Parágrafo único. Os valores da contribuição social a que se refere este artigo, registrados como custo ou despesa, deverão ser adicionados ao lucro líquido do respectivo período de apuração para efeito de determinação do lucro real e de sua própria base de cálculo.

ART. 2º A contribuição social sobre o lucro líquido, devida pelas instituições a que se refere o § 1º do art. 22 da Lei n. 8.212, de 24 de julho de 1991, será calculada à alíquota de dezoito por cento.

ART. 3º Ficam convalidados os atos praticados com base na Medida Provisória n. 1.516-2, de 24 de outubro de 1996.

ART. 4º Esta Lei entra em vigor na data de sua publicação, produzindo efeitos em relação aos períodos de apuração iniciados a partir de 1º de janeiro de 1997.

Senado Federal, em 22 de novembro de 1996; 175º da Independência e 108º da República.

DEPUTADO RONALDO PERIM
PRIMEIRO VICE-PRESIDENTE DA MESA DO CONGRESSO NACIONAL, NO EXERCÍCIO DA PRESIDÊNCIA

LEI N. 9.363, DE 13 DE DEZEMBRO DE 1996

Dispõe sobre a instituição de crédito presumido do Imposto sobre Produtos Industrializados, para ressarcimento do valor do PIS/PASEP e COFINS nos casos que especifica, e dá outras providências.

- *DOU*, 17.12.1996.
- Conversão da Med. Prov. 1.484-27/1996.
- Med. Prov. 2.158-35/2001 (Altera a legislação das Contribuições para a Seguridade Social - COFINS, para os Programas de Integração Social e de Formação do Patrimônio do Servidor Público - PIS/PASEP e do Imposto sobre a Renda).

Faço saber que o Presidente da República adotou a Medida Provisória n. 1.484-27, de 1996, que o Congresso Nacional aprovou, e eu, José Sarney, Presidente, para os efeitos do disposto no parágrafo único do art. 62 da Constituição Federal, promulgo a seguinte Lei:

ART. 1º A empresa produtora e exportadora de mercadorias nacionais fará jus a crédito presumido do Imposto sobre Produtos Industrializados, como ressarcimento das contribuições de que tratam as Leis Complementares n. 7, de 7 de setembro de 1970, 8, de 3 de dezembro de 1970, e 70, de 30 de dezembro de 1991, incidentes sobre as respectivas aquisições, no mercado interno, de matérias-primas, produtos intermediários e material de embalagem, para utilização no processo produtivo.

Parágrafo único. O disposto neste artigo aplica-se, inclusive, nos casos de venda a empresa comercial exportadora com o fim específico de exportação para o exterior.

ART. 2º A base de cálculo do crédito presumido será determinada mediante a aplicação, sobre o valor total das aquisições de matérias-primas, produtos intermediários e material de embalagem referidos no artigo anterior, do percentual correspondente à relação entre a receita de exportação e a receita operacional bruta do produtor exportador.

§ 1º O crédito fiscal será o resultado da aplicação do percentual de 5,37% sobre a base de cálculo definida neste artigo.

- Lei 10.637/2002 (Dispõe sobre a não cumulatividade na cobrança da contribuição para os Programas de Integração Social (PIS) e de Formação do Patrimônio do Servidor Público (Pasep), nos casos que especifica; sobre o pagamento e o parcelamento de débitos tributários federais, a compensação de créditos fiscais, a declaração de inaptidão de inscrição de pessoas jurídicas, a legislação aduaneira).

§ 2º No caso de empresa com mais de um estabelecimento produtor exportador, a apuração do crédito presumido poderá ser centralizada na matriz.

§ 3º O crédito presumido, apurado na forma do parágrafo anterior, poderá ser transferido para qualquer estabelecimento da empresa para efeito de compensação com o Imposto sobre Produtos Industrializados, observadas as normas expedidas pela Secretaria da Receita Federal.

§ 4º A empresa comercial exportadora que, no prazo de 180 dias, contado da data da emissão da nota fiscal de venda pela empresa produtora, não houver efetuado a exportação dos produtos para o exterior, fica obrigada ao pagamento das contribuições para o PIS/PASEP e COFINS relativamente aos produtos adquiridos e não exportados, bem assim de valor correspondente ao do crédito presumido atribuído à empresa produtora vendedora.

§ 5º Na hipótese do parágrafo anterior, o valor a ser pago, correspondente ao crédito presumido, será determinado mediante a aplicação do percentual de 5,37% sobre sessenta por cento do preço de aquisição dos produtos adquiridos e não exportados.

§ 6º Se a empresa comercial exportadora revender, no mercado interno, os produtos adquiridos para exportação, sobre o valor de revenda serão devidas as contribuições para o PIS/PASEP e COFINS, sem prejuízo do disposto no § 4º.

§ 7º O pagamento dos valores referidos nos §§ 4º e 5º deverá ser efetuado até o décimo dia subsequente ao do vencimento do prazo estabelecido para a efetivação da exportação, acrescido de multa de mora e de juros equivalentes à taxa referencial do Sistema Especial de Liquidação e Custódia - SELIC, para títulos federais, acumulada mensalmente, calculados a partir do primeiro dia do mês subsequente ao da emissão da nota fiscal de venda dos produtos para a empresa comercial exportadora até o último dia do mês anterior ao do pagamento e de um por cento no mês do pagamento.

ART. 3º Para os efeitos desta Lei, a apuração do montante da receita operacional bruta, da receita de exportação e do valor das matérias-primas, produtos intermediários e material de embalagem será efetuada nos termos das normas que regem a incidência das contribuições referidas no art. 1º, tendo em vista o valor constante da respectiva nota fiscal de venda emitida pelo fornecedor ao produtor exportador.

Parágrafo único. Utilizar-se-á, subsidiariamente, a legislação do Imposto de Renda e do Imposto sobre Produtos Industrializados para o estabelecimento, respectivamente, dos conceitos de receita operacional bruta e de produção, matéria-prima, produtos intermediários e material de embalagem.

ART. 4º Em caso de comprovada impossibilidade de utilização do crédito presumido em compensação do Imposto sobre Produtos Industrializados devido, pelo produtor exportador, nas operações de venda no mercado interno, far-se-á o ressarcimento em moeda corrente.

Parágrafo único. Na hipótese de crédito presumido apurado na forma do § 2º do art. 2º, o ressarcimento em moeda corrente será efetuado ao estabelecimento matriz da pessoa jurídica.

ART. 5º A eventual restituição, ao fornecedor, das importâncias recolhidas em pagamento das contribuições referidas no art. 1º, bem assim a compensação mediante crédito, implica imediato estorno, pelo produtor exportador, do valor correspondente.

ART. 6º O Ministro de Estado da Fazenda expedirá as instruções necessárias ao cumprimento do disposto nesta Lei, inclusive quanto aos requisitos e periodicidade para apuração e para fruição do crédito presumido e respectivo ressarcimento, à definição de receita de exportação e aos documentos fiscais comprobatórios dos lançamentos, a esse título, efetuados pelo produtor exportador

ART. 7º O Poder Executivo, no prazo de noventa dias, encaminhará ao Congresso Nacional projeto de lei cancelando dotação orçamentária para compensar o acréscimo de renúncia tributária decorrente desta Lei.

ART. 8º São declarados insubsistentes os atos praticados com base na Medida Provisória n. 905, de 21 de fevereiro de 1995.

ART. 9º Ficam convalidados os atos praticados com base na Medida Provisória n. 1.484-27, de 22 de novembro de 1996.

ART. 10. Esta Lei entra em vigor na data de sua publicação.

Senado Federal, em 13 de dezembro de 1996;

175º da Independência e 108º da República.

SENADOR JOSÉ SARNEY
PRESIDENTE DO SENADO FEDERAL

LEI N. 9.393, DE 19 DE DEZEMBRO DE 1996

Dispõe sobre o Imposto sobre a Propriedade Territorial Rural - ITR, sobre pagamento da dívida representada por Títulos da Dívida Agrária e dá outras providências.

- *DOU*, 20.12.1996.
- Conversão da Med. Prov. 1.528/1996.
- Dec. 4.382/2002 (Regulamenta a tributação, fiscalização, arrecadação e administração do Imposto sobre a Propriedade Territorial Rural - ITR).

O Presidente da República. Faço saber que o Congresso Nacional decreta e eu sanciono a seguinte Lei:

CAPÍTULO I
DO IMPOSTO SOBRE A PROPRIEDADE TERRITORIAL RURAL - ITR

SEÇÃO I
DO FATO GERADOR DO ITR

Definição

ART. 1º O Imposto sobre a Propriedade Territorial Rural - ITR, de apuração anual, tem como fato gerador a propriedade, o domínio útil ou a posse de imóvel por natureza, localizado fora da zona urbana do município, em 1º de janeiro de cada ano.

§ 1º O ITR incide inclusive sobre o imóvel declarado de interesse social para fins de reforma agrária, enquanto não transferida a propriedade, exceto se houver imissão prévia na posse.

§ 2º Para os efeitos desta Lei, considera-se imóvel rural a área contínua, formada de uma ou mais parcelas de terras, localizada na zona rural do município.

§ 3º O imóvel que pertencer a mais de um município deverá ser enquadrado no município onde fique a sede do imóvel e, se esta não existir, será enquadrado no município onde se localize a maior parte do imóvel.

Imunidade

ART. 2º Nos termos do art. 153, § 4º, in fine, da Constituição, o imposto não incide sobre pequenas glebas rurais, quando as explore, só ou com sua família, o proprietário que não possua outro imóvel.

Parágrafo único. Para os efeitos deste artigo, pequenas glebas rurais são os imóveis com área igual ou inferior a :

I - 100 ha, se localizado em município compreendido na Amazônia Ocidental ou no Pantanal mato-grossense e sul-mato-grossense;

II - 50 ha, se localizado em município compreendido no Polígono das Secas ou na Amazônia Oriental;

III - 30 ha, se localizado em qualquer outro município.

SEÇÃO II
DA ISENÇÃO

ART. 3º São isentos do imposto:

I - o imóvel rural compreendido em programa oficial de reforma agrária, caracterizado pelas autoridades competentes como assentamento, que, cumulativamente, atenda aos seguintes requisitos:

a) seja explorado por associação ou cooperativa de produção;

b) a fração ideal por família assentada não ultrapasse os limites estabelecidos no artigo anterior;

c) o assentado não possua outro imóvel.

II - o conjunto de imóveis rurais de um mesmo proprietário, cuja área total observe os limites fixados no parágrafo único do artigo anterior, desde que, cumulativamente, o proprietário:

a) o explore só ou com sua família, admitida ajuda eventual de terceiros;

b) não possua imóvel urbano.

ART. 3º-A. Os imóveis rurais oficialmente reconhecidos como áreas ocupadas por remanescentes de comunidades de quilombos que estejam sob a ocupação direta e sejam explorados, individual ou coletivamente, pelos membros destas comunidades são isentos do Imposto sobre a Propriedade Territorial Rural - ITR. (Acrescentado pela Lei 13.043/2014. Vigência: a partir de 1º.01.2015.)

§ 1º Ficam dispensados a constituição de créditos da Fazenda Nacional, a inscrição na Dívida Ativa da União e o ajuizamento da respectiva execução fiscal, e cancelados o lançamento e a inscrição relativos ao ITR referentes aos imóveis rurais de que trata o *caput* a partir da data do registro do título de domínio previsto no art. 68 do Ato das Disposições Constitucionais Transitórias. (Acrescentado pela Lei 13.043/2014. Vigência: a partir de 1º.01.2015.)

§ 2º Observada a data prevista no § 1º, não serão aplicadas as penalidades estabelecidas nos arts. 7º e 9º para fatos geradores ocorridos até a data de publicação da lei decorrente da conversão da Medida Provisória n. 651, de 9 de julho de 2014, e ficam anistiados os valores decorrentes de multas lançadas pela apresentação da declaração do ITR fora do prazo. (Acrescentado pela Lei 13.043/2014. Vigência: a partir de 1º.01.2015.)

SEÇÃO III
DO CONTRIBUINTE E DO RESPONSÁVEL

Contribuinte

ART. 4º Contribuinte do ITR é o proprietário de imóvel rural, o titular de seu domínio útil ou o seu possuidor a qualquer título.

Parágrafo único. O domicílio tributário do contribuinte é o município de localização do imóvel, vedada a eleição de qualquer outro.

Responsável

ART. 5º É responsável pelo crédito tributário o sucessor, a qualquer título, nos termos dos arts. 128 a 133 da Lei n. 5.172, de 25 de outubro de 1966 (Sistema Tributário Nacional).

SEÇÃO IV
DAS INFORMAÇÕES CADASTRAIS

Entrega do DIAC

ART. 6º O contribuinte ou o seu sucessor comunicará ao órgão local da Secretaria da Receita Federal (SRF), por meio do Documento de Informação e Atualização Cadastral do ITR - DIAC, as informações cadastrais correspondentes a cada imóvel, bem como qualquer alteração ocorrida, na forma estabelecida pela Secretaria da Receita Federal.

§ 1º É obrigatória, no prazo de sessenta dias, contado de sua ocorrência, a comunicação das seguintes alterações:

I - desmembramento;

II - anexação;

III - transmissão, por alienação da propriedade ou dos direitos a ela inerentes, a qualquer título;

IV - sucessão causa mortis;

V - cessão de direitos;

VI - constituição de reservas ou usufruto.

§ 2º As informações cadastrais integrarão o Cadastro de Imóveis Rurais - CAFIR, administrado pela Secretaria da Receita Federal, que poderá, a qualquer tempo, solicitar informações visando à sua atualização.

§ 3º Sem prejuízo do disposto no parágrafo único do art. 4º, o contribuinte poderá indicar no DIAC, somente para fins de intimação, endereço diferente daquele constante do domicílio tributário, que valerá para esse efeito até ulterior alteração.

Entrega do DIAC Fora do Prazo

ART. 7º No caso de apresentação espontânea do DIAC fora do prazo estabelecido pela Secretaria da Receita Federal, será cobrada multa de 1% (um por cento) ao mês ou fração sobre o imposto devido não inferior a R$ 50,00 (cinquenta reais), sem prejuízo da multa e dos juros de mora pela falta ou insuficiência de recolhimento do imposto ou quota.

SEÇÃO V
DA DECLARAÇÃO ANUAL

ART. 8º O contribuinte do ITR entregará, obrigatoriamente, em cada ano, o Documento de Informação e Apuração do ITR - DIAT, correspondente a cada imóvel, observadas data e condições fixadas pela Secretaria da Receita Federal.

§ 1º O contribuinte declarará, no DIAT, o Valor da Terra Nua - VTN correspondente ao imóvel.

§ 2º O VTN refletirá o preço de mercado de terras, apurado em 1º de janeiro do ano a que se referir o DIAT, e será considerado autoavaliação da terra nua a preço de mercado.

§ 3º O contribuinte cujo imóvel se enquadre nas hipóteses estabelecidas nos arts. 2º, 3º e 3º-A fica dispensado da apresentação do DIAT. (Acrescentado pela Lei 13.043/2014. Vigência: a partir de 1º.01.2015.)

Entrega do DIAT Fora do Prazo

ART. 9º A entrega do DIAT fora do prazo estabelecido sujeitará o contribuinte à multa de que trata o art. 7º, sem prejuízo da multa e dos juros de mora pela falta ou insuficiência de recolhimento do imposto ou quota.

SEÇÃO VI
DA APURAÇÃO E DO PAGAMENTO

SUBSEÇÃO I
DA APURAÇÃO

Apuração pelo Contribuinte

ART. 10. A apuração e o pagamento do ITR serão efetuados pelo contribuinte, independentemente de prévio procedimento da administração tributária, nos prazos e condições estabelecidos pela Secretaria da Receita Federal, sujeitando-se a homologação posterior.

§ 1º Para os efeitos de apuração do ITR, considerar-se-á:

I - VTN, o valor do imóvel, excluídos os valores relativos a:

a) construções, instalações e benfeitorias;

b) culturas permanentes e temporárias;

c) pastagens cultivadas e melhoradas;

d) florestas plantadas;

II - área tributável, a área total do imóvel, menos as áreas:

a) de preservação permanente e de reserva legal, previstas na Lei n. 12.651, de 25 de maio de 2012; (Alterada pela Lei 12.844/2013.)

b) de interesse ecológico para a proteção dos ecossistemas, assim declaradas mediante ato do órgão competente, federal ou estadual, e que ampliem as restrições de uso previstas na alínea anterior;

c) comprovadamente imprestáveis para qualquer exploração agrícola, pecuária, granjeira, aquícola ou florestal, declaradas de interesse ecológico mediante ato do órgão competente, federal ou estadual;

d) sob regime de servidão ambiental; (Redação dada pela Lei 12.651/2012.)

e) cobertas por florestas nativas, primárias ou secundárias em estágio médio ou avançado de regeneração; (Incluído pela Lei 11.428/2006.)

f) alagadas para fins de constituição de reservatório de usinas hidrelétricas autorizada pelo poder público. (Incluído pela Lei 11.727/2008.)

III - VTNt, o valor da terra nua tributável, obtido pela multiplicação do VTN pelo quociente entre a área tributável e a área total;

IV - área aproveitável, a que for passível de exploração agrícola, pecuária, granjeira, aquícola ou florestal, excluídas as áreas:

a) ocupadas por benfeitorias úteis e necessárias;

b) de que tratam as alíneas do inciso II deste parágrafo; (Redação dada pela Lei 11.428/2006.)

V - área efetivamente utilizada, a porção do imóvel que no ano anterior tenha:

a) sido plantada com produtos vegetais;

b) servido de pastagem, nativa ou plantada, observados índices de lotação por zona de pecuária;

c) sido objeto de exploração extrativa, observados os índices de rendimento por produto e a legislação ambiental;

d) servido para exploração de atividades granjeira e aquícola;

e) sido o objeto de implantação de projeto técnico, nos termos do art. 7º da Lei n. 8.629, de 25 de fevereiro de 1993;

VI - Grau de Utilização - GU, a relação percentual entre a área efetivamente utilizada e a área aproveitável.

§ 2º As informações que permitam determinar o GU deverão constar do DIAT.

§ 3º Os índices a que se referem as alíneas "b" e "c" do inciso V do § 1º serão fixados, ouvido o Conselho Nacional de Política Agrícola, pela Secretaria da Receita Federal, que dispensará da sua aplicação os imóveis com área inferior a:

a) 1.000 ha, se localizados em municípios compreendidos na Amazônia Ocidental ou no Pantanal mato-grossense e sul-mato-grossense;

b) 500 ha, se localizados em municípios compreendidos no Polígono das Secas ou na Amazônia Oriental;

c) 200 ha, se localizados em qualquer outro município.

§ 4º Para os fins do inciso V do § 1º, o contribuinte poderá valer-se dos dados sobre a área utilizada e respectiva produção, fornecidos pelo arrendatário ou parceiro, quando o imóvel, ou parte dele, estiver sendo explorado em regime de arrendamento ou parceria.

§ 5º Na hipótese de que trata a alínea "c" do inciso V do § 1º, será considerada a área total objeto de plano de manejo sustentado, desde que aprovado pelo órgão competente, e cujo cronograma esteja sendo cumprido pelo contribuinte.

§ 6º Será considerada como efetivamente utilizada a área dos imóveis rurais que, no ano anterior, estejam:

I - comprovadamente situados em área de ocorrência de calamidade pública decretada pelo Poder Público, de que resulte frustração de safras ou destruição de pastagens;

II - oficialmente destinados à execução de atividades de pesquisa e experimentação que objetivem o avanço tecnológico da agricultura.

§ 7º (Revogado pela Lei 12.651/2012.)

Valor do Imposto

ART. 11. O valor do imposto será apurado aplicando-se sobre o Valor da Terra Nua Tributável - VTNt a alíquota correspondente, prevista no Anexo desta Lei, considerados a área total do imóvel e o Grau de Utilização - GU.

§ 1º Na hipótese de inexistir área aproveitável após efetuadas as exclusões previstas no art. 10, § 1º, inciso IV, serão aplicadas as alíquotas, correspondentes aos imóveis com grau de utilização superior a 80% (oitenta por cento), observada a área total do imóvel.

§ 2º Em nenhuma hipótese o valor do imposto devido será inferior a R$ 10,00 (dez reais).

SUBSEÇÃO II
DO PAGAMENTO

Prazo

ART. 12. O imposto deverá ser pago até o último dia útil do mês fixado para a entrega do DIAT.

Parágrafo único. À opção do contribuinte, o imposto a pagar poderá ser parcelado em até três quotas iguais, mensais e consecutivas, observando-se que:

I - nenhuma quota será inferior a R$ 50,00 (cinquenta reais);

II - a primeira quota ou quota única deverá ser paga até a data fixada no *caput*;

III - as demais quotas, acrescidas de juros equivalentes à taxa referencial do Sistema de Liquidação e de Custódia (SELIC) para títulos federais, acumulada mensalmente, calculados a partir do primeiro dia do mês subsequente à data fixada no *caput* até o último dia do mês anterior ao do pagamento, e de 1% (um por cento) no mês do pagamento, vencerão no último dia útil de cada mês;

IV - é facultado ao contribuinte antecipar, total ou parcialmente, o pagamento do imposto ou das quotas.

Pagamento Fora do Prazo

ART. 13. O pagamento do imposto fora dos prazos previstos nesta Lei será acrescido de:

I - multa de mora calculada à taxa de 0,33% (zero vírgula trinta e três por cento), por dia de atraso, não podendo ultrapassar 20% (vinte por cento), calculada a partir do primeiro dia subsequente ao do vencimento do prazo previsto para o pagamento do imposto até o dia em que ocorrer o seu pagamento;

II - juros de mora calculados à taxa a que se refere o art. 12, parágrafo único, inciso III, a partir do primeiro dia do mês subsequente ao vencimento do prazo até o mês anterior ao do pagamento, e de 1% (um por cento) no mês do pagamento.

SEÇÃO VII
DOS PROCEDIMENTOS DE OFÍCIO

ART. 14. No caso de falta de entrega do DIAC ou do DIAT, bem como de subavaliação ou prestação de informações inexatas, incorretas ou fraudulentas, a Secretaria da Receita Federal procederá à determinação e ao lançamento de ofício do imposto, considerando informações sobre preços de terras, constantes de sistema a ser por ela instituído, e os dados de área total, área tributável e grau de utilização do imóvel, apurados em procedimentos de fiscalização.

§ 1º As informações sobre preços de terra observarão os critérios estabelecidos no art. 12, § 1º, inciso II da Lei n. 8.629, de 25 de fevereiro de 1993, e considerarão levantamentos realizados pelas Secretarias de Agricultura das Unidades Federadas ou dos Municípios.

§ 2º As multas cobradas em virtude do disposto neste artigo serão aquelas aplicáveis aos demais tributos federais.

SEÇÃO VIII
DA ADMINISTRAÇÃO DO IMPOSTO

Competência da Secretaria da Receita Federal

ART. 15. Compete à Secretaria da Receita Federal a administração do ITR, incluídas as atividades de arrecadação, tributação e fiscalização.

Parágrafo único. No processo administrativo fiscal, compreendendo os procedimentos destinados à determinação e exigência do imposto, imposição de penalidades, repetição de indébito e solução de consultas, bem como a compensação do imposto, observar-se-á a legislação prevista para os demais tributos federais.

Convênios de Cooperação

ART. 16. A Secretaria da Receita Federal poderá celebrar convênio com o Instituto Nacional de Colonização e Reforma Agrária - INCRA, com a finalidade de delegar as atividades de fiscalização das informações sobre os imóveis rurais, contidas no DIAC e no DIAT.

§ 1º No exercício da delegação a que se refere este artigo, o INCRA poderá celebrar convênios de cooperação com o Instituto Brasileiro do Meio Ambiente e dos Recursos Naturais Renováveis - IBAMA, Fundação Nacional do Índio - FUNAI e Secretarias Estaduais de Agricultura.

§ 2º No uso de suas atribuições, os agentes do INCRA terão acesso ao imóvel de propriedade particular, para levantamento de dados e informações.

§ 3º A Secretaria da Receita Federal, com o apoio do INCRA, administrará o CAFIR e colocará as informações nele contidas à disposição daquela Autarquia, para fins de levantamento e pesquisa de dados e de proposição de ações administrativas e judiciais. (Redação dada pela Lei 10.267/2001.)

§ 4º Às informações a que se refere o § 3º aplica-se o disposto no art. 198 da Lei n. 5.172, de 25 de outubro de 1966. (Redação dada pela Lei 10.267/2001.)

ART. 17. A Secretaria da Receita Federal poderá, também, celebrar convênios com:

I - órgãos da administração tributária das unidades federadas, visando delegar competência para a cobrança e o lançamento do ITR;

II - a Confederação Nacional da Agricultura - CNA e a Confederação Nacional dos Trabalhadores na Agricultura - CONTAG, com a finalidade de fornecer dados cadastrais de imóveis rurais que possibilitem a cobrança das contribuições sindicais devidas àquelas entidades.

SEÇÃO IX
DAS DISPOSIÇÕES GERAIS

Dívida Ativa - Penhora ou Arresto

ART. 18. Na execução de dívida ativa, decorrente de crédito tributário do ITR, na hipótese de penhora ou arresto de bens, previstos no art. 11 da Lei n. 6.830, de 22 de setembro de 1980, será penhorado ou arrestado, preferencialmente, imóvel rural, não tendo recaído a penhora ou o arresto sobre dinheiro.

§ 1º No caso do imóvel rural penhorado ou arrestado, na lavratura do termo ou auto de penhora, deverá ser observado, para efeito de avaliação, o VTN declarado e o disposto no art. 14.

§ 2º A Fazenda Pública poderá, ouvido o INCRA, adjudicar, para fins fundiários, o imóvel rural penhorado, se a execução não for embargada ou se rejeitados os embargos.

§ 3º O depósito da diferença de que trata o parágrafo único do art. 24 da Lei n. 6.830, de 22 de setembro de 1980, poderá ser feito em Títulos da Dívida Agrária, até o montante equivalente ao VTN declarado.

§ 4º Na hipótese do § 2º, o imóvel passará a integrar o patrimônio do INCRA, e a carta de adjudicação e o registro imobiliário serão expedidos em seu nome.

Valores para Apuração de Ganho de Capital

ART. 19. A partir do dia 1º de janeiro de 1997, para fins de apuração de ganho de capital, nos termos da legislação do imposto de renda, considera-se custo de aquisição e valor da venda do imóvel rural o VTN declarado, na forma do art. 8º, observado o disposto no art. 14, respectivamente, nos anos da ocorrência de sua aquisição e de sua alienação.

Parágrafo único. Na apuração de ganho de capital correspondente a imóvel rural adquirido anteriormente à data a que se refere este artigo, será considerado custo de aquisição o valor constante da escritura pública, observado o disposto no art. 17 da Lei n. 9.249, de 26 de dezembro de 1995.

Incentivos Fiscais e Crédito Rural

ART. 20. A concessão de incentivos fiscais e de crédito rural, em todas as suas modalidades, bem como a constituição das respectivas contrapartidas ou garantias, ficam condicionadas à comprovação do recolhimento do ITR, relativo ao imóvel rural, correspondente aos últimos cinco exercícios, ressalvados os casos em que a exigibilidade do imposto esteja suspensa, ou em curso de cobrança executiva em que tenha sido efetivada a penhora.

Parágrafo único. É dispensada a comprovação de regularidade do recolhimento do imposto relativo ao imóvel rural, para efeito de concessão de financiamento ao amparo do Programa Nacional de Fortalecimento da Agricultura Familiar - PRONAF.

Registro Público

ART. 21. É obrigatória a comprovação do pagamento do ITR, referente aos cinco últimos exercícios, para serem praticados quaisquer dos atos previstos nos arts. 167 e 168 da Lei n. 6.015, de 31 de dezembro de 1973 (Lei dos Registros Públicos), observada a ressalva prevista no *caput* do artigo anterior, in fine.

Parágrafo único. São solidariamente responsáveis pelo imposto e pelos acréscimos legais, nos termos do art. 134 da Lei n. 5.172, de 25 de outubro de 1966 - Sistema Tributário Nacional, os serventuários do registro de imóveis que descumprirem o disposto neste artigo, sem prejuízo de outras sanções legais.

Depósito Judicial na Desapropriação

ART. 22. O valor da terra nua para fins do depósito judicial, a que se refere o inciso I do art. 6º da Lei Complementar n. 76, de 6 de julho de 1993, na hipótese de desapropriação do imóvel rural de que trata o art. 184 da Constituição, não poderá ser superior ao VTN declarado, observado o disposto no art. 14.

Parágrafo único. A desapropriação por valor inferior ao declarado não autorizará a redução do imposto a ser pago, nem a restituição de quaisquer importâncias já recolhidas.

CAPÍTULO II
DAS DISPOSIÇÕES FINAIS

ART. 23. Esta Lei entra em vigor na data de sua publicação, produzindo efeitos, quanto aos arts. 1º a 22, a partir de janeiro de 1997.

ART. 24. Revogam-se os arts. 1º a 22 e 25 da Lei n. 8.847, de 28 de janeiro de 1994.

Brasília, 19 de dezembro de 1996; 175º da Independência e 108º da República.
FERNANDO HENRIQUE CARDOSO

TABELA DE ALÍQUOTAS

Área total do imóvel (em hectares)	Grau de Utilização - Gu (Em %)				
	Maior que 80	Maior que 65 até 80	Maior que 50 até 65	Maior que 30 até 50	até 30
Até 50	0,03	0,20	0,40	0,70	1,00
Maior que 50 até 200	0,07	0,40	0,80	1,40	2,00
Maior que 200 até 500	0,10	0,60	1,30	2,30	3,30
Maior que 500 até 1.000	0,15	0,85	1,90	3,30	4,70
Maior que 1.00 até 5.000	0,30	1,60	3,40	6,00	8,60
Acima de 5.000	0,45	3,00	6,40	12,00	20,00

LEI N. 9.394, DE 20 DE DEZEMBRO DE 1996

Estabelece as diretrizes e bases da educação nacional.

- *DOU*, 23.12.1996.
- Dec. 9.432/2018 (Regulamenta a Política Nacional de Avaliação e Exames da Educação Básica).
- Dec. 9.235/2017 (Dispõe sobre o exercício das funções de regulação, supervisão e avaliação das instituições de educação superior e dos cursos superiores de graduação e de pós-graduação no sistema federal de ensino).
- Lei 10.870/2004 (Institui a Taxa de Avaliação in loco das instituições de educação superior e dos cursos de graduação).
- ADIn 3324.7.

O Presidente da República. Faço saber que o Congresso Nacional decreta e eu sanciono a seguinte Lei:

TÍTULO I
DA EDUCAÇÃO

ART. 1º A educação abrange os processos formativos que se desenvolvem na vida familiar, na convivência humana, no trabalho, nas instituições de ensino e pesquisa, nos movimentos sociais e organizações da sociedade civil e nas manifestações culturais.

§ 1º Esta Lei disciplina a educação escolar, que se desenvolve, predominantemente, por meio do ensino, em instituições próprias.

§ 2º A educação escolar deverá vincular-se ao mundo do trabalho e à prática social.

TÍTULO II
DOS PRINCÍPIOS E FINS DA EDUCAÇÃO NACIONAL

ART. 2º A educação, dever da família e do Estado, inspirada nos princípios de liberdade e nos ideais de solidariedade humana, tem por finalidade o pleno desenvolvimento do educando, seu preparo para o exercício da cidadania e sua qualificação para o trabalho.

ART. 3º O ensino será ministrado com base nos seguintes princípios:

I - igualdade de condições para o acesso e permanência na escola;

II - liberdade de aprender, ensinar, pesquisar e divulgar a cultura, o pensamento, a arte e o saber;

III - pluralismo de ideias e de concepções pedagógicas;

IV - respeito à liberdade e apreço à tolerância;

V - coexistência de instituições públicas e privadas de ensino;

VI - gratuidade do ensino público em estabelecimentos oficiais;

VII - valorização do profissional da educação escolar;

VIII - gestão democrática do ensino público, na forma desta Lei e da legislação dos sistemas de ensino;

IX - garantia de padrão de qualidade;

X - valorização da experiência extraescolar;

XI - vinculação entre a educação escolar, o trabalho e as práticas sociais.

XII - consideração com a diversidade étnico-racial. (Acrescentado pela Lei 12.796/2013.)

XIII - garantia do direito à educação e à aprendizagem ao longo da vida. (Acrescentado pela Lei 13.632/2018.)

TÍTULO III DO DIREITO À EDUCAÇÃO E DO DEVER DE EDUCAR

ART. 4º O dever do Estado com educação escolar pública será efetivado mediante a garantia de:

I - educação básica obrigatória e gratuita dos 4 (quatro) aos 17 (dezessete) anos de idade, organizada da seguinte forma: (Alterado pela Lei 12.796/2013.)

a) pré-escola; (Acrescentado pela Lei 12.796/2013.)

b) ensino fundamental; (Acrescentado pela Lei 12.796/2013.)

c) ensino médio; (Acrescentado pela Lei 12.796/2013.)

II - educação infantil gratuita às crianças de até 5 (cinco) anos de idade; (Alterado pela Lei 12.796/2013.)

III - atendimento educacional especializado gratuito aos educandos com deficiência, transtornos globais do desenvolvimento e altas habilidades ou superdotação, transversal a todos os níveis, etapas e modalidades, preferencialmente na rede regular de ensino; (Alterado pela Lei 12.796/2013.)

IV - acesso público e gratuito aos ensinos fundamental e médio para todos os que não os concluíram na idade própria; (Alterado pela Lei 12.796/2013.)

V - acesso aos níveis mais elevados do ensino, da pesquisa e da criação artística, segundo a capacidade de cada um;

VI - oferta de ensino noturno regular, adequado às condições do educando;

VII - oferta de educação escolar regular para jovens e adultos, com características e modalidades adequadas às suas necessidades e disponibilidades, garantindo-se aos que forem trabalhadores as condições de acesso e permanência na escola;

VIII - atendimento ao educando, em todas as etapas da educação básica, por meio de programas suplementares de material didático-escolar, transporte, alimentação e assistência à saúde; (Alterado pela Lei 12.796/2013.)

IX - padrões mínimos de qualidade de ensino, definidos como a variedade e quantidade mínimas, por aluno, de insumos indispensáveis ao desenvolvimento do processo de ensino-aprendizagem.

X - vaga na escola pública de educação infantil ou de ensino fundamental mais próxima de sua residência a toda criança a partir do dia em que completar 4 (quatro) anos de idade. (Acrescentado pela Lei n. 11.700, de 2008).

ART. 4º-A. É assegurado atendimento educacional, durante o período de internação, ao aluno da educação básica internado para tratamento de saúde em regime hospitalar ou domiciliar por tempo prolongado, conforme dispuser o Poder Público em regulamento, na esfera de sua competência federativa. (Acrescentado pela Lei 13.716/2018.)

ART. 5º O acesso à educação básica obrigatória é direito público subjetivo, podendo qualquer cidadão, grupo de cidadãos, associação comunitária, organização sindical, entidade de classe ou outra legalmente constituída e, ainda, o Ministério Público, acionar o poder público para exigi-lo. (Alterado pela Lei 12.796/2013.)

§ 1º O poder público, na esfera de sua competência federativa, deverá: (Alterado pela Lei 12.796/2013.)

I - recensear anualmente as crianças e adolescentes em idade escolar, bem como os jovens e adultos que não concluíram a educação básica; (Alterado pela Lei 12.796/2013.)

II - fazer-lhes a chamada pública;

III - zelar, junto aos pais ou responsáveis, pela frequência à escola.

§ 2º Em todas as esferas administrativas, o Poder Público assegurará em primeiro lugar o acesso ao ensino obrigatório, nos termos deste artigo, contemplando em seguida os demais níveis e modalidades de ensino, conforme as prioridades constitucionais e legais.

§ 3º Qualquer das partes mencionadas no *caput* deste artigo tem legitimidade para peticionar no Poder Judiciário, na hipótese do § 2º do art. 208 da Constituição Federal, sendo gratuita e de rito sumário a ação judicial correspondente.

§ 4º Comprovada a negligência da autoridade competente para garantir o oferecimento do ensino obrigatório, poderá ela ser imputada por crime de responsabilidade.

§ 5º Para garantir o cumprimento da obrigatoriedade de ensino, o Poder Público criará formas alternativas de acesso aos diferentes níveis de ensino, independentemente da escolarização anterior.

ART. 6º É dever dos pais ou responsáveis efetuar a matrícula das crianças na educação básica a partir dos 4 (quatro) anos de idade. (Alterado pela Lei 12.796/2013.)

ART. 7º O ensino é livre à iniciativa privada, atendidas as seguintes condições:

I - cumprimento das normas gerais da educação nacional e do respectivo sistema de ensino;

II - autorização de funcionamento e avaliação de qualidade pelo Poder Público;

III - capacidade de autofinanciamento, ressalvado o previsto no art. 213 da Constituição Federal.

TÍTULO IV DA ORGANIZAÇÃO DA EDUCAÇÃO NACIONAL

ART. 8º A União, os Estados, o Distrito Federal e os Municípios organizarão, em regime de colaboração, os respectivos sistemas de ensino.

§ 1º Caberá à União a coordenação da política nacional de educação, articulando os diferentes níveis e sistemas e exercendo função normativa, redistributiva e supletiva em relação às demais instâncias educacionais.

§ 2º Os sistemas de ensino terão liberdade de organização nos termos desta Lei.

ART. 9º A União incumbir-se-á de:

- Dec. 9.235/2017 (Dispõe sobre o exercício das funções de regulação, supervisão e avaliação das instituições de educação superior e dos cursos superiores de graduação e de pós-graduação no sistema federal de ensino).

I - elaborar o Plano Nacional de Educação, em colaboração com os Estados, o Distrito Federal e os Municípios;

II - organizar, manter e desenvolver os órgãos e instituições oficiais do sistema federal de ensino e o dos Territórios;

III - prestar assistência técnica e financeira aos Estados, ao Distrito Federal e aos Municípios para o desenvolvimento de seus sistemas de ensino e o atendimento prioritário à escolaridade obrigatória, exercendo sua função redistributiva e supletiva;

IV - estabelecer, em colaboração com os Estados, o Distrito Federal e os Municípios, competências e diretrizes para a educação infantil, o ensino fundamental e o ensino médio, que nortearão os currículos e seus conteúdos mínimos, de modo a assegurar formação básica comum;

IV-A - estabelecer, em colaboração com os Estados, o Distrito Federal e os Municípios, diretrizes e procedimentos para identificação, cadastramento e atendimento, na educação básica e na educação superior, de alunos com altas habilidades ou superdotação; (Acrescentado pela Lei 13.234/2015.)

V - coletar, analisar e disseminar informações sobre a educação;

VI - assegurar processo nacional de avaliação do rendimento escolar no ensino fundamental, médio e superior, em colaboração com os sistemas de ensino, objetivando a definição de prioridades e a melhoria da qualidade do ensino;

VII - baixar normas gerais sobre cursos de graduação e pós-graduação;

VIII - assegurar processo nacional de avaliação das instituições de educação superior, com a cooperação dos sistemas que tiverem responsabilidade sobre este nível de ensino;

IX - autorizar, reconhecer, credenciar, supervisionar e avaliar, respectivamente, os cursos das instituições de educação superior e os estabelecimentos do seu sistema de ensino.

§ 1º Na estrutura educacional, haverá um Conselho Nacional de Educação, com funções normativas e de supervisão e atividade permanente, criado por lei.

§ 2º Para o cumprimento do disposto nos incisos V a IX, a União terá acesso a todos os dados e informações necessários de todos os estabelecimentos e órgãos educacionais.

§ 3º As atribuições constantes do inciso IX poderão ser delegadas aos Estados e ao Distrito Federal, desde que mantenham instituições de educação superior.

ART. 10. Os Estados incumbir-se-ão de:

I - organizar, manter e desenvolver os órgãos e instituições oficiais dos seus sistemas de ensino;

II - definir, com os Municípios, formas de colaboração na oferta do ensino fundamental, as quais devem assegurar a distribuição proporcional das responsabilidades, de acordo com a população a ser atendida e os recursos financeiros disponíveis em cada uma dessas esferas do Poder Público;

III - elaborar e executar políticas e planos educacionais, em consonância com as diretrizes e planos nacionais de educação, integrando e coordenando as suas ações e as dos seus Municípios;

IV - autorizar, reconhecer, credenciar, supervisionar e avaliar, respectivamente, os cursos das instituições de educação superior e os estabelecimentos do seu sistema de ensino;

V - baixar normas complementares para o seu sistema de ensino;

VI - assegurar o ensino fundamental e oferecer, com prioridade, o ensino médio a todos que o demandarem, respeitado o disposto no art. 38 desta Lei; (Alterado pela Lei 12.061/2009.)

VII - assumir o transporte escolar dos alunos da rede estadual. (Acrescentado pela Lei 10.709/2003.)

Parágrafo único. Ao Distrito Federal aplicar-se-ão as competências referentes aos Estados e aos Municípios.

ART. 11. Os Municípios incumbir-se-ão de:

I - organizar, manter e desenvolver os órgãos e instituições oficiais dos seus sistemas de ensino, integrando-os às políticas e planos educacionais da União e dos Estados;

II - exercer ação redistributiva em relação às suas escolas;

III - baixar normas complementares para o seu sistema de ensino;

IV - autorizar, credenciar e supervisionar os estabelecimentos do seu sistema de ensino;

V - oferecer a educação infantil em creches e pré-escolas, e, com prioridade, o ensino fundamental, permitida a atuação em outros níveis de ensino somente quando estiverem atendidas plenamente as necessidades de sua área de competência e com recursos acima dos percentuais mínimos vinculados pela Constituição Federal à manutenção e desenvolvimento do ensino.

VI - assumir o transporte escolar dos alunos da rede municipal. (Acrescentado pela Lei 10.709/2003.)

Parágrafo único. Os Municípios poderão optar, ainda, por se integrar ao sistema estadual de ensino ou compor com ele um sistema único de educação básica.

ART. 12. Os estabelecimentos de ensino, respeitadas as normas comuns e as do seu sistema de ensino, terão a incumbência de:

I - elaborar e executar sua proposta pedagógica;

II - administrar seu pessoal e seus recursos materiais e financeiros;

III - assegurar o cumprimento dos dias letivos e horas-aula estabelecidas;

IV - velar pelo cumprimento do plano de trabalho de cada docente;

V - prover meios para a recuperação dos alunos de menor rendimento;

VI - articular-se com as famílias e a comunidade, criando processos de integração da sociedade com a escola;

VII - informar pai e mãe, conviventes ou não com seus filhos, e, se for o caso, os responsáveis legais, sobre a frequência e rendimento dos alunos, bem como sobre a execução da proposta pedagógica da escola; (Alterado pela Lei 12.013/2009.)

VIII - notificar ao Conselho Tutelar do Município, ao juiz competente da Comarca e ao respectivo representante do Ministério Público a relação dos alunos que apresentem quantidade de faltas acima de cinquenta por cento do percentual permitido em lei. (Acrescentado pela Lei 10.287/2001.)

IX - promover medidas de conscientização, de prevenção e de combate a todos os tipos de violência, especialmente a intimidação sistemática (*bullying*), no âmbito das escolas; (Acrescentado pela Lei 13.663/2018.)

X - estabelecer ações destinadas a promover a cultura de paz nas escolas. (Acrescentado pela Lei 13.663/2018.)

ART. 13. Os docentes incumbir-se-ão de:

I - participar da elaboração da proposta pedagógica do estabelecimento de ensino;

II - elaborar e cumprir plano de trabalho, segundo a proposta pedagógica do estabelecimento de ensino;

III - zelar pela aprendizagem dos alunos;

IV - estabelecer estratégias de recuperação para os alunos de menor rendimento;

V - ministrar os dias letivos e horas-aula estabelecidos, além de participar integralmente dos períodos dedicados ao planejamento, à avaliação e ao desenvolvimento profissional;

VI - colaborar com as atividades de articulação da escola com as famílias e a comunidade.

ART. 14. Os sistemas de ensino definirão as normas da gestão democrática do ensino público na educação básica, de acordo com as suas peculiaridades e conforme os seguintes princípios:

I - participação dos profissionais da educação na elaboração do projeto pedagógico da escola;

II - participação das comunidades escolar e local em conselhos escolares ou equivalentes.

ART. 15. Os sistemas de ensino assegurarão às unidades escolares públicas de educação básica que os integram progressivos graus de autonomia pedagógica e administrativa e de gestão financeira, observadas as normas gerais de direito financeiro público.

ART. 16. O sistema federal de ensino compreende:

- Dec. 9.235/2017 (Dispõe sobre o exercício das funções de regulação, supervisão e avaliação das instituições de educação superior e dos cursos superiores de graduação e de pós-graduação no sistema federal de ensino).

I - as instituições de ensino mantidas pela União;

II - as instituições de educação superior criadas e mantidas pela iniciativa privada;

III - os órgãos federais de educação.

ART. 17. Os sistemas de ensino dos Estados e do Distrito Federal compreendem:

I - as instituições de ensino mantidas, respectivamente, pelo Poder Público estadual e pelo Distrito Federal;

II - as instituições de educação superior mantidas pelo Poder Público municipal;

III - as instituições de ensino fundamental e médio criadas e mantidas pela iniciativa privada;

IV - os órgãos de educação estaduais e do Distrito Federal, respectivamente.

Parágrafo único. No Distrito Federal, as instituições de educação infantil, criadas e mantidas pela iniciativa privada, integram seu sistema de ensino.

ART. 18. Os sistemas municipais de ensino compreendem:

I - as instituições do ensino fundamental, médio e de educação infantil mantidas pelo Poder Público municipal;

II - as instituições de educação infantil criadas e mantidas pela iniciativa privada;

III - os órgãos municipais de educação.

ART. 19. As instituições de ensino dos diferentes níveis classificam-se nas seguintes categorias administrativas:

- Dec. 9.235/2017 (Dispõe sobre o exercício das funções de regulação, supervisão e avaliação das instituições de educação superior e dos cursos superiores de graduação e de pós-graduação no sistema federal de ensino).

I - públicas, assim entendidas as criadas ou incorporadas, mantidas e administradas pelo Poder Público;

II - privadas, assim entendidas as mantidas e administradas por pessoas físicas ou jurídicas de direito privado.

ART. 20. As instituições privadas de ensino se enquadrarão nas seguintes categorias:

- Dec. 9.235/2017 (Dispõe sobre o exercício das funções de regulação, supervisão e avaliação das instituições de educação superior e dos cursos superiores de graduação e de pós-graduação no sistema federal de ensino).

I - particulares em sentido estrito, assim entendidas as que são instituídas e mantidas por uma ou mais pessoas físicas ou jurídicas de direito privado que não apresentem as características dos incisos abaixo;

II - comunitárias, assim entendidas as que são instituídas por grupos de pessoas físicas ou por uma ou mais pessoas jurídicas, inclusive cooperativas educacionais, sem fins lucrativos, que incluam na sua entidade mantenedora representantes da comunidade; (Alterado pela Lei 12.020/2009.)

III - confessionais, assim entendidas as que são instituídas por grupos de pessoas físicas ou por uma ou mais pessoas jurídicas que atendem a orientação confessional e ideologia específicas e ao disposto no inciso anterior;

IV - filantrópicas, na forma da lei.

TÍTULO V
DOS NÍVEIS E DAS MODALIDADES DE EDUCAÇÃO E ENSINO

CAPÍTULO I
DA COMPOSIÇÃO DOS NÍVEIS ESCOLARES

ART. 21. A educação escolar compõe-se de:

I - educação básica, formada pela educação infantil, ensino fundamental e ensino médio;

II - educação superior.

CAPÍTULO II
DA EDUCAÇÃO BÁSICA

SEÇÃO I
DAS DISPOSIÇÕES GERAIS

ART. 22. A educação básica tem por finalidades desenvolver o educando, assegurar-lhe a formação comum indispensável para o exercício da cidadania e fornecer-lhe meios para progredir no trabalho e em estudos posteriores.

ART. 23. A educação básica poderá organizar-se em séries anuais, períodos semestrais, ciclos, alternância regular de períodos de estudos, grupos não-seriados, com base na idade, na competência e em outros critérios, ou por forma diversa de organização, sempre que o interesse do processo de aprendizagem assim o recomendar.

§ 1º A escola poderá reclassificar os alunos, inclusive quando se tratar de transferências entre estabelecimentos situados no País e no exterior, tendo como base as normas curriculares gerais.

§ 2º O calendário escolar deverá adequar-se às peculiaridades locais, inclusive climáticas e econômicas, a critério do respectivo sistema de ensino, sem com isso reduzir o número de horas letivas previsto nesta Lei.

ART. 24. A educação básica, nos níveis fundamental e médio, será organizada de acordo com as seguintes regras comuns:

I - a carga horária mínima anual será de oitocentas horas para o ensino fundamental e para o ensino médio, distribuídas por um mínimo de duzentos dias de efetivo trabalho escolar, excluído o tempo reservado aos exames finais, quando houver; (Alterado pela Lei 13.415/2017.)

II - a classificação em qualquer série ou etapa, exceto a primeira do ensino fundamental, pode ser feita:

a) por promoção, para alunos que cursaram, com aproveitamento, a série ou fase anterior, na própria escola;

b) por transferência, para candidatos procedentes de outras escolas;

c) independentemente de escolarização anterior, mediante avaliação feita pela escola, que defina o grau de desenvolvimento e experiência do candidato e permita sua inscrição na série ou etapa adequada, conforme regulamentação do respectivo sistema de ensino;

III - nos estabelecimentos que adotam a progressão regular por série, o regimento escolar pode admitir formas de progressão parcial, desde que preservada a sequência do currículo, observadas as normas do respectivo sistema de ensino;

IV - poderão organizar-se classes, ou turmas, com alunos de séries distintas, com níveis equivalentes de adiantamento na matéria, para o ensino de línguas estrangeiras, artes, ou outros componentes curriculares;

V - a verificação do rendimento escolar observará os seguintes critérios:

a) avaliação contínua e cumulativa do desempenho do aluno, com prevalência dos aspectos qualitativos sobre os quantitativos e dos resultados ao longo do período sobre os de eventuais provas finais;

b) possibilidade de aceleração de estudos para alunos com atraso escolar;

c) possibilidade de avanço nos cursos e nas séries mediante verificação do aprendizado;

d) aproveitamento de estudos concluídos com êxito;

e) obrigatoriedade de estudos de recuperação, de preferência paralelos ao período letivo, para os casos de baixo rendimento escolar, a serem disciplinados pelas instituições de ensino em seus regimentos;

VI - o controle de frequência fica a cargo da escola, conforme o disposto no seu regimento e nas normas do respectivo sistema de ensino, exigida a frequência mínima de setenta e cinco por cento do total de horas letivas para aprovação;

VII - cabe a cada instituição de ensino expedir históricos escolares, declarações de conclusão de série e diplomas ou certificados de conclusão de cursos, com as especificações cabíveis.

§ 1º A carga horária mínima anual de que trata o inciso I do *caput* deverá ser ampliada de forma progressiva, no ensino médio, para mil e quatrocentas horas, devendo os sistemas de ensino oferecer, no prazo máximo de cinco anos, pelo menos mil horas anuais de carga horária, a partir de 2 de março de 2017. (Acrescentado pela Lei 13.415/2017.)

§ 2º Os sistemas de ensino disporão sobre a oferta de educação de jovens e adultos e de ensino noturno regular, adequado às condições do educando, conforme o inciso VI do art. 4º. (Acrescentado pela Lei 13.415/2017.)

ART. 25. Será objetivo permanente das autoridades responsáveis alcançar relação adequada entre o número de alunos e o professor, a carga horária e as condições materiais do estabelecimento.

Parágrafo único. Cabe ao respectivo sistema de ensino, à vista das condições disponíveis e das características regionais e locais, estabelecer parâmetro para atendimento do disposto neste artigo.

ART. 26. Os currículos da educação infantil, do ensino fundamental e do ensino médio devem ter base nacional comum, a ser complementada, em cada sistema de ensino e em cada estabelecimento escolar, por uma parte diversificada, exigida pelas características regionais e locais da sociedade, da cultura, da economia e dos educandos. (Alterado pela Lei 12.796/2013.)

§ 1º Os currículos a que se refere o *caput* devem abranger, obrigatoriamente, o estudo da língua portuguesa e da matemática, o conhecimento do mundo físico e natural e da realidade social e política, especialmente do Brasil.

§ 2º O ensino da arte, especialmente em suas expressões regionais, constituirá componente curricular obrigatório da educação básica. (Alterado pela Lei 13.415/2017.)

§ 3º A educação física, integrada à proposta pedagógica da escola, é componente curricular obrigatório da educação básica, sendo sua prática facultativa ao aluno: (Alterado pela Lei 10.793/2003.)

I - que cumpra jornada de trabalho igual ou superior a seis horas; (Acrescentado pela Lei 10.793/2003.)

II - maior de trinta anos de idade; (Acrescentado pela Lei 10.793/2003.)

III - que estiver prestando serviço militar inicial ou que, em situação similar, estiver obrigado à prática da educação física; (Acrescentado pela Lei 10.793/2003.)

IV - amparado pelo Decreto-Lei n. 1.044, de 21 de outubro de 1969; (Acrescentado pela Lei 10.793/2003.)

V - (Vetado.) (Acrescentado pela Lei 10.793/2003.)

VI - que tenha prole. (Acrescentado pela Lei 10.793/2003.)

§ 4º O ensino da História do Brasil levará em conta as contribuições das diferentes culturas e etnias para a formação do povo brasileiro, especialmente das matrizes indígena, africana e europeia.

§ 5º No currículo do ensino fundamental, a partir do sexto ano, será ofertada a língua inglesa. (Alterado pela Lei 13.415/2017.)

§ 6º As artes visuais, a dança, a música e o teatro são as linguagens que constituirão o componente curricular de que trata o § 2º deste artigo. (Alterado pela Lei 13.278/2016.)

§ 7º A integralização curricular poderá incluir, a critério dos sistemas de ensino, projetos e pesquisas envolvendo os temas transversais de que trata o *caput*. (Alterado pela Lei 13.415/2017.)

§ 8º A exibição de filmes de produção nacional constituirá componente curricular complementar integrado à proposta pedagógica da escola, sendo a sua exibição obrigatória por, no mínimo, 2 (duas) horas mensais. (Acrescentado pela Lei 13.006/2014.)

§ 9º Conteúdos relativos aos direitos humanos e à prevenção de todas as formas de violência contra a criança e o adolescente serão incluídos, como temas transversais, nos currículos escolares de que trata o *caput* deste artigo, tendo como diretriz a Lei n. 8.069, de 13 de julho de 1990 (Estatuto da Criança e do Adolescente), observada a produção e distribuição de material didático adequado. (Acrescentado pela Lei 13.010/2014.)

§ 9º-A. A educação alimentar e nutricional será incluída entre os temas transversais de que trata o *caput*. (Acrescentado pela Lei 13.666/2018. Vigência: 180 dias da publicação oficial - 17.5.2018.)

§ 10. A inclusão de novos componentes curriculares de caráter obrigatório na Base Nacional Comum Curricular dependerá de aprovação do Conselho Nacional de Educação e de homologação pelo Ministro de Estado da Educação. (Acrescentado pela Lei 13.415/2017.)

ART. 26-A. Nos estabelecimentos de ensino fundamental e de ensino médio, públicos e privados, torna-se obrigatório o estudo da história e cultura afro-brasileira e indígena. (Alterado pela Lei 11.645/2008.)

§ 1º O conteúdo programático a que se refere este artigo incluirá diversos aspectos da história e da cultura que caracterizam a formação da população brasileira, a partir desses dois grupos étnicos, tais como o estudo da história da África e dos africanos, a luta dos negros e dos povos indígenas no Brasil, a cultura negra e indígena brasileira e o negro e o índio na formação da sociedade nacional, resgatando as suas contribuições nas áreas social, econômica e política, pertinentes à história do Brasil. (Alterado pela Lei 11.645/2008.)

§ 2º Os conteúdos referentes à história e cultura afro-brasileira e dos povos indígenas brasileiros serão ministrados no âmbito de todo o currículo escolar, em especial nas áreas de educação artística e de literatura e história brasileiras. (Alterado pela Lei 11.645/2008.)

ART. 27. Os conteúdos curriculares da educação básica observarão, ainda, as seguintes diretrizes:

I - a difusão de valores fundamentais ao interesse social, aos direitos e deveres dos cidadãos, de respeito ao bem comum e à ordem democrática;

II - consideração das condições de escolaridade dos alunos em cada estabelecimento;

III - orientação para o trabalho;

IV - promoção do desporto educacional e apoio às práticas desportivas não-formais.

ART. 28. Na oferta de educação básica para a população rural, os sistemas de ensino promoverão as adaptações necessárias à sua adequação às peculiaridades da vida rural e de cada região, especialmente:

I - conteúdos curriculares e metodologias apropriadas às reais necessidades e interesses dos alunos da zona rural;

II - organização escolar própria, incluindo adequação do calendário escolar às fases do ciclo agrícola e às condições climáticas;

III - adequação à natureza do trabalho na zona rural.

Parágrafo único. O fechamento de escolas do campo, indígenas e quilombolas será precedido de manifestação do órgão normativo do respectivo sistema de ensino, que considerará a justificativa apresentada pela Secretaria de Educação, a análise do diagnóstico do impacto da ação e a manifestação da comunidade escolar. (Acrescentado pela Lei 12.960/2014.)

SEÇÃO II
DA EDUCAÇÃO INFANTIL

ART. 29. A educação infantil, primeira etapa da educação básica, tem como finalidade o desenvolvimento integral da criança de até 5 (cinco) anos, em seus aspectos físico, psicológico, intelectual e social, complementando a ação da família e da comunidade. (Alterado pela Lei 12.796/2013.)

ART. 30. A educação infantil será oferecida em:

I - creches, ou entidades equivalentes, para crianças de até três anos de idade;

II - pré-escolas, para as crianças de 4 (quatro) a 5 (cinco) anos de idade. (Alterado pela Lei 12.796/2013.)

ART. 31. A educação infantil será organizada de acordo com as seguintes regras comuns: (Alterado pela Lei 12.796/2013.)

I - avaliação mediante acompanhamento e registro do desenvolvimento das crianças, sem o objetivo de promoção, mesmo para o acesso ao ensino fundamental; (Acrescentado pela Lei 12.796/2013.)

II - carga horária mínima anual de 800 (oitocentas) horas, distribuída por um mínimo de 200 (duzentos) dias de trabalho educacional; (Acrescentado pela Lei 12.796/2013.)

III - atendimento à criança de, no mínimo, 4 (quatro) horas diárias para o turno parcial e de 7 (sete) horas para a jornada integral; (Acrescentado pela Lei 12.796/2013.)

IV - controle de frequência pela instituição de educação pré-escolar, exigida a frequência mínima de 60% (sessenta por cento) do total de horas; (Acrescentado pela Lei 12.796/2013.)

V - expedição de documentação que permita atestar os processos de desenvolvimento e aprendizagem da criança. (Acrescentado pela Lei 12.796/2013.)

SEÇÃO III
DO ENSINO FUNDAMENTAL

ART. 32. O ensino fundamental obrigatório, com duração de 9 (nove) anos, gratuito na escola pública, iniciando-se aos 6 (seis) anos de idade, terá por objetivo a formação básica do cidadão, mediante: (Alterado pela Lei 11.274/2006.)

I - o desenvolvimento da capacidade de aprender, tendo como meios básicos o pleno domínio da leitura, da escrita e do cálculo;

II - a compreensão do ambiente natural e social, do sistema político, da tecnologia, das artes e dos valores em que se fundamenta a sociedade;

III - o desenvolvimento da capacidade de aprendizagem, tendo em vista a aquisição de conhecimentos e habilidades e a formação de atitudes e valores;

IV - o fortalecimento dos vínculos de família, dos laços de solidariedade humana e de tolerância recíproca em que se assenta a vida social.

§ 1º É facultado aos sistemas de ensino desdobrar o ensino fundamental em ciclos.

§ 2º Os estabelecimentos que utilizam progressão regular por série podem adotar no ensino fundamental o regime de progressão continuada, sem prejuízo da avaliação do processo de ensino-aprendizagem, observadas as normas do respectivo sistema de ensino.

§ 3º O ensino fundamental regular será ministrado em língua portuguesa, assegurada às comunidades indígenas a utilização de suas línguas maternas e processos próprios de aprendizagem.

§ 4º O ensino fundamental será presencial, sendo o ensino a distância utilizado como complementação da aprendizagem ou em situações emergenciais.

§ 5º O currículo do ensino fundamental incluirá, obrigatoriamente, conteúdo que trate dos direitos das crianças e dos adolescentes, tendo como diretriz a Lei n. 8.069, de 13 de julho de 1990, que institui o Estatuto da Criança e do Adolescente, observada a produção e distribuição de material didático adequado. (Acrescentado pela Lei 11.525/2007.)

§ 6º O estudo sobre os símbolos nacionais será incluído como tema transversal nos currículos do ensino fundamental. (Acrescentado pela Lei 12.472/2011.)

ART. 33. O ensino religioso, de matrícula facultativa, é parte integrante da formação básica do cidadão e constitui disciplina dos horários normais das escolas públicas de ensino fundamental, assegurado o respeito à diversidade cultural religiosa do Brasil, vedadas quaisquer formas de proselitismo. (Alterado pela Lei 9.475/1997.)

§ 1º Os sistemas de ensino regulamentarão os procedimentos para a definição dos conteúdos do ensino religioso e estabelecerão as normas para a habilitação e admissão dos professores. (Acrescentado pela Lei 9.475/1997.)

§ 2º Os sistemas de ensino ouvirão entidade civil, constituída pelas diferentes denominações religiosas, para a definição dos conteúdos do ensino religioso. (Acrescentado pela Lei 9.475/1997.)

ART. 34. A jornada escolar no ensino fundamental incluirá pelo menos quatro horas de trabalho efetivo em sala de aula, sendo progressivamente ampliado o período de permanência na escola.

§ 1º São ressalvados os casos do ensino noturno e das formas alternativas de organização autorizadas nesta Lei.

§ 2º O ensino fundamental será ministrado progressivamente em tempo integral, a critério dos sistemas de ensino.

SEÇÃO IV
DO ENSINO MÉDIO

ART. 35. O ensino médio, etapa final da educação básica, com duração mínima de três anos, terá como finalidades:

I - a consolidação e o aprofundamento dos conhecimentos adquiridos no ensino fundamental, possibilitando o prosseguimento de estudos;

II - a preparação básica para o trabalho e a cidadania do educando, para continuar aprendendo, de modo a ser capaz de se adaptar com flexibilidade a novas condições de ocupação ou aperfeiçoamento posteriores;

III - o aprimoramento do educando como pessoa humana, incluindo a formação ética e o desenvolvimento da autonomia intelectual e do pensamento crítico;

IV - a compreensão dos fundamentos científico-tecnológicos dos processos produtivos, relacionando a teoria com a prática, no ensino de cada disciplina.

ART. 35-A. A Base Nacional Comum Curricular definirá direitos e objetivos de aprendizagem do ensino médio, conforme diretrizes do Conselho Nacional de Educação, nas seguintes áreas do conhecimento: (Acrescentado pela Lei 13.415/2017.)

I - linguagens e suas tecnologias; (Acrescentado pela Lei 13.415/2017.)

II - matemática e suas tecnologias; (Acrescentado pela Lei 13.415/2017.)

III - ciências da natureza e suas tecnologias; (Acrescentado pela Lei 13.415/2017.)

IV - ciências humanas e sociais aplicadas. (Acrescentado pela Lei 13.415/2017.)

§ 1º A parte diversificada dos currículos de que trata o *caput* do art. 26, definida em cada sistema de ensino, deverá estar harmonizada à Base Nacional Comum Curricular e ser articulada a partir do contexto histórico, econômico, social, ambiental e cultural. (Acrescentado pela Lei 13.415/2017.)

§ 2º A Base Nacional Comum Curricular referente ao ensino médio incluirá obrigatoriamente estudos e práticas de educação física, arte, sociologia e filosofia. (Acrescentado pela Lei 13.415/2017.)

§ 3º O ensino da língua portuguesa e da matemática será obrigatório nos três anos do ensino médio, assegurada às comunidades indígenas, também, a utilização das respectivas línguas maternas. (Acrescentado pela Lei 13.415/2017.)

§ 4º Os currículos do ensino médio incluirão, obrigatoriamente, o estudo da língua inglesa e poderão ofertar outras línguas estrangeiras, em caráter optativo, preferencialmente o espanhol, de acordo com a disponibilidade de oferta, locais e horários definidos pelos sistemas de ensino. (Acrescentado pela Lei 13.415/2017.)

§ 5º A carga horária destinada ao cumprimento da Base Nacional Comum Curricular não poderá ser superior a mil e oitocentas horas do total da carga horária do ensino médio, de acordo com a definição dos sistemas de ensino. (Acrescentado pela Lei 13.415/2017.)

§ 6º A União estabelecerá os padrões de desempenho esperados para o ensino médio, que serão referência nos processos nacionais de avaliação, a partir da Base Nacional Comum Curricular. (Acrescentado pela Lei 13.415/2017.)

§ 7º Os currículos do ensino médio deverão considerar a formação integral do aluno, de maneira a adotar um trabalho voltado para a construção de seu projeto de vida e para sua formação nos aspectos físicos, cognitivos e socioemocionais. (Acrescentado pela Lei 13.415/2017.)

§ 8º Os conteúdos, as metodologias e as formas de avaliação processual e formativa serão organizados nas redes de ensino por meio de atividades teóricas e práticas, provas orais e escritas, seminários, projetos e atividades on-line, de tal forma que ao final do ensino médio o educando demonstre: (Acrescentado pela Lei 13.415/2017.)

I - domínio dos princípios científicos e tecnológicos que presidem a produção moderna; (Acrescentado pela Lei 13.415/2017.)

II - conhecimento das formas contemporâneas de linguagem. (Acrescentado pela Lei 13.415/2017.)

ART. 36. O currículo do ensino médio será composto pela Base Nacional Comum Curricular e por itinerários formativos, que deverão ser organizados por meio da oferta de diferentes arranjos curriculares, conforme a relevância para o contexto local e a possibilidade dos sistemas de ensino, a saber: (Alterado pela Lei 13.415/2017.)

I - linguagens e suas tecnologias; (Alterado pela Lei 13.415/2017.)

II - matemática e suas tecnologias; (Alterado pela Lei 13.415/2017.)

III - ciências da natureza e suas tecnologias; (Alterado pela Lei 13.415/2017.)

IV - ciências humanas e sociais aplicadas; (Alterado pela Lei 13.415/2017.)

V - formação técnica e profissional. (Acrescentado pela Lei 13.415/2017.)

§ 1º A organização das áreas de que trata o *caput* e das respectivas competências e habilidades será feita de acordo com critérios estabelecidos em cada sistema de ensino. (Alterado pela Lei 13.415/2017.)

I e **II** - (revogados); (Alterado pela Lei 13.415/2017.)

III - (revogado); (Alterado pela Lei 11.684/2008.)

§ 2º (Revogado pela Lei 11.741/2008.)

§ 3º A critério dos sistemas de ensino, poderá ser composto itinerário formativo integrado, que se traduz na composição de componentes curriculares da Base Nacional Comum Curricular - BNCC e dos itinerários formativos, considerando os incisos I a V do *caput*. (Alterado pela Lei 13.415/2017.)

§ 4º (Revogado pela Lei 11.741/2008.)

§ 5º Os sistemas de ensino, mediante disponibilidade de vagas na rede, possibilitarão ao aluno concluinte do ensino médio cursar mais um itinerário formativo de que trata o *caput*. (Acrescentado pela Lei 13.415/2017.)

§ 6º A critério dos sistemas de ensino, a oferta de formação com ênfase técnica e profissional considerará: (Acrescentado pela Lei 13.415/2017.)

I - a inclusão de vivências práticas de trabalho no setor produtivo ou em ambientes de simulação, estabelecendo parcerias e fazendo uso, quando aplicável, de instrumentos estabelecidos pela legislação sobre aprendizagem profissional; (Acrescentado pela Lei 13.415/2017.)

II - a possibilidade de concessão de certificados intermediários de qualificação para o trabalho, quando a formação for estruturada e organizada em etapas com terminalidade. (Acrescentado pela Lei 13.415/2017.)

§ 7º A oferta de formações experimentais relacionadas ao inciso V do *caput*, em áreas que não constem do Catálogo Nacional dos Cursos Técnicos, dependerá, para sua continuidade, do reconhecimento pelo respectivo Conselho Estadual de Educação, no prazo de três anos, e da inserção no Catálogo Nacional dos Cursos Técnicos, no prazo de cinco anos, contados da data de oferta inicial da formação. (Acrescentado pela Lei 13.415/2017.)

§ 8º A oferta de formação técnica e profissional a que se refere o inciso V do *caput*, realizada na própria instituição ou em parceria com outras instituições, deverá ser aprovada previamente pelo Conselho Estadual de Educação, homologada pelo Secretário Estadual de Educação e certificada pelos sistemas de ensino. (Acrescentado pela Lei 13.415/2017.)

§ 9º As instituições de ensino emitirão certificado com validade nacional, que habilitará o concluinte do ensino médio ao prosseguimento dos estudos em nível superior ou em outros cursos ou formações para os quais a conclusão do ensino médio seja etapa obrigatória. (Acrescentado pela Lei 13.415/2017.)

§ 10. Além das formas de organização previstas no art. 23, o ensino médio poderá ser organizado em módulos e adotar o sistema de créditos com terminalidade específica. (Acrescentado pela Lei 13.415/2017.)

§ 11. Para efeito de cumprimento das exigências curriculares do ensino médio, os sistemas de ensino poderão reconhecer competências e firmar convênios com instituições de educação a distância com notório reconhecimento, mediante as seguintes formas de comprovação: (Acrescentado pela Lei 13.415/2017.)

I - demonstração prática; (Acrescentado pela Lei 13.415/2017.)

II - experiência de trabalho supervisionado ou outra experiência adquirida fora do ambiente escolar; (Acrescentado pela Lei 13.415/2017.)

III - atividades de educação técnica oferecidas em outras instituições de ensino credenciadas; (Acrescentado pela Lei 13.415/2017.)

IV - cursos oferecidos por centros ou programas ocupacionais; (Acrescentado pela Lei 13.415/2017.)

V - estudos realizados em instituições de ensino nacionais ou estrangeiras; (Acrescentado pela Lei 13.415/2017.)

VI - cursos realizados por meio de educação a distância ou educação presencial mediada por tecnologias. (Acrescentado pela Lei 13.415/2017.)

§ 12. As escolas deverão orientar os alunos no processo de escolha das áreas de conhecimento ou de atuação profissional previstas no *caput*. (Acrescentado pela Lei 13.415/2017.)

SEÇÃO IV-A
DA EDUCAÇÃO PROFISSIONAL TÉCNICA DE NÍVEL MÉDIO

‣ Acrescentado pela Lei 11.741/2008.

ART. 36-A. Sem prejuízo do disposto na Seção IV deste Capítulo, o ensino médio, atendida a formação geral do educando, poderá prepará-lo para o exercício de profissões técnicas. (Acrescentado pela Lei 11.741/2008.)

Parágrafo único. A preparação geral para o trabalho e, facultativamente, a habilitação profissional poderão ser desenvolvidas nos próprios estabelecimentos de ensino médio ou em cooperação com instituições especializadas em educação profissional. (Acrescentado pela Lei 11.741/2008.)

ART. 36-B. A educação profissional técnica de nível médio será desenvolvida nas seguintes formas: (Acrescentado pela Lei 11.741/2008.)

I - articulada com o ensino médio; (Acrescentado pela Lei 11.741/2008.)

II - subsequente, em cursos destinados a quem já tenha concluído o ensino médio. (Acrescentado pela Lei 11.741/2008.)

Parágrafo único. A educação profissional técnica de nível médio deverá observar: (Acrescentado pela Lei 11.741/2008.)

I - os objetivos e definições contidos nas diretrizes curriculares nacionais estabelecidas pelo Conselho Nacional de Educação; (Acrescentado pela Lei 11.741/2008.)

II - as normas complementares dos respectivos sistemas de ensino; (Acrescentado pela Lei 11.741/2008.)

III - as exigências de cada instituição de ensino, nos termos de seu projeto pedagógico. (Acrescentado pela Lei 11.741/2008.)

ART. 36-C. A educação profissional técnica de nível médio articulada, prevista no inciso I do *caput* do art. 36-B desta Lei, será desenvolvida de forma: (Acrescentado pela Lei 11.741/2008.)

I - integrada, oferecida somente a quem já tenha concluído o ensino fundamental, sendo o curso planejado de modo a conduzir o aluno à habilitação profissional técnica de nível médio, na mesma instituição de ensino, efetuando-se matrícula única para cada aluno; (Acrescentado pela Lei 11.741/2008.)

II - concomitante, oferecida a quem ingresse no ensino médio ou já o esteja cursando, efetuando-se matrículas distintas para cada curso, e podendo ocorrer: (Acrescentado pela Lei 11.741/2008.)

a) na mesma instituição de ensino, aproveitando-se as oportunidades educacionais disponíveis; (Acrescentado pela Lei 11.741/2008.)

b) em instituições de ensino distintas, aproveitando-se as oportunidades educacionais disponíveis; (Acrescentado pela Lei 11.741/2008.)

c) em instituições de ensino distintas, mediante convênios de intercomplementaridade, visando ao planejamento e ao desenvolvimento de projeto pedagógico unificado. (Acrescentado pela Lei 11.741/2008.)

ART. 36-D. Os diplomas de cursos de educação profissional técnica de nível médio, quando registrados, terão validade nacional e habilitarão ao prosseguimento de estudos na educação superior. (Acrescentado pela Lei 11.741/2008.)

Parágrafo único. Os cursos de educação profissional técnica de nível médio, nas formas articulada concomitante e subsequente, quando estruturados e organizados em etapas com terminalidade, possibilitarão a obtenção de certificados de qualificação para o trabalho após a conclusão, com aproveitamento, de cada etapa que caracterize uma qualificação para o trabalho. (Acrescentado pela Lei 11.741/2008.)

SEÇÃO V
DA EDUCAÇÃO DE JOVENS E ADULTOS

ART. 37. A educação de jovens e adultos será destinada àqueles que não tiveram acesso ou continuidade de estudos nos ensinos fundamental e médio na idade própria e constituirá instrumento para a educação e a aprendizagem ao longo da vida. (Alterado pela Lei 13.632/2018.)

§ 1º Os sistemas de ensino assegurarão gratuitamente aos jovens e aos adultos, que não puderam efetuar os estudos na idade regular, oportunidades educacionais apropriadas, consideradas as características do alunado, seus interesses, condições de vida e de trabalho, mediante cursos e exames.

§ 2º O Poder Público viabilizará e estimulará o acesso e a permanência do trabalhador na escola, mediante ações integradas e complementares entre si.

§ 3º A educação de jovens e adultos deverá articular-se, preferencialmente, com a educação profissional, na forma do regulamento. (Acrescentado pela Lei 11.741/2008.)

ART. 38. Os sistemas de ensino manterão cursos e exames supletivos, que compreenderão a base nacional comum do currículo, habilitando ao prosseguimento de estudos em caráter regular.

§ 1º Os exames a que se refere este artigo realizar-se-ão:

I - no nível de conclusão do ensino fundamental, para os maiores de quinze anos;

II - no nível de conclusão do ensino médio, para os maiores de dezoito anos.

§ 2º Os conhecimentos e habilidades adquiridos pelos educandos por meios informais serão aferidos e reconhecidos mediante exames.

CAPÍTULO III
DA EDUCAÇÃO PROFISSIONAL
DA EDUCAÇÃO PROFISSIONAL E TECNOLÓGICA

‣ Alterado pela Lei 11.741/2008.

ART. 39. A educação profissional e tecnológica, no cumprimento dos objetivos da educação nacional, integra-se aos diferentes níveis e modalidades de educação e às dimensões do trabalho, da ciência e da tecnologia. (Alterado pela Lei 11.741/2008.)

§ 1º Os cursos de educação profissional e tecnológica poderão ser organizados por eixos tecnológicos, possibilitando a construção de diferentes itinerários formativos, observadas as normas do respectivo sistema e nível de ensino. (Acrescentado pela Lei 11.741/2008.)

§ 2º A educação profissional e tecnológica abrangerá os seguintes cursos: (Acrescentado pela Lei 11.741/2008.)

I - de formação inicial e continuada ou qualificação profissional; (Acrescentado pela Lei 11.741/2008.)

II - de educação profissional técnica de nível médio; (Acrescentado pela Lei 11.741/2008.)

III - de educação profissional tecnológica de graduação e pós-graduação. (Acrescentado pela Lei 11.741/2008.)

§ 3º Os cursos de educação profissional tecnológica de graduação e pós-graduação organizar-se-ão, no que concerne a objetivos, características e duração, de acordo com as diretrizes curriculares nacionais estabelecidas pelo Conselho Nacional de Educação. (Acrescentado pela Lei 11.741/2008.)

ART. 40. A educação profissional será desenvolvida em articulação com o ensino regular ou por diferentes estratégias de educação continuada, em instituições especializadas ou no ambiente de trabalho.

- Dec. 9.235/2017 (Dispõe sobre o exercício das funções de regulação, supervisão e avaliação das instituições de educação superior e dos cursos superiores de graduação e de pós-graduação no sistema federal de ensino).
- Dec. 5.154/2004 (Regulamenta este artigo.)

ART. 41. O conhecimento adquirido na educação profissional e tecnológica, inclusive no trabalho, poderá ser objeto de avaliação, reconhecimento e certificação para prosseguimento ou conclusão de estudos. (Alterado pela Lei 11.741/2008.)

- Dec. 5.154/2004 (Regulamenta este artigo.)

ART. 42. As instituições de educação profissional e tecnológica, além dos seus cursos regulares, oferecerão cursos especiais, abertos à comunidade, condicionada a matrícula à capacidade de aproveitamento e não necessariamente ao nível de escolaridade. (Alterado pela Lei 11.741/2008.)

CAPÍTULO IV
DA EDUCAÇÃO SUPERIOR

ART. 43. A educação superior tem por finalidade:

I - estimular a criação cultural e o desenvolvimento do espírito científico e do pensamento reflexivo;

II - formar diplomados nas diferentes áreas de conhecimento, aptos para a inserção em setores profissionais e para a participação no desenvolvimento da sociedade brasileira, e colaborar na sua formação contínua;

III - incentivar o trabalho de pesquisa e investigação científica, visando o desenvolvimento da ciência e da tecnologia e da criação e difusão da cultura, e, desse modo, desenvolver o entendimento do homem e do meio em que vive;

IV - promover a divulgação de conhecimentos culturais, científicos e técnicos que constituem patrimônio da humanidade e comunicar o saber através do ensino, de publicações ou de outras formas de comunicação;

V - suscitar o desejo permanente de aperfeiçoamento cultural e profissional e possibilitar a correspondente concretização, integrando os conhecimentos que vão sendo adquiridos numa estrutura intelectual sistematizadora do conhecimento de cada geração;

VI - estimular o conhecimento dos problemas do mundo presente, em particular os nacionais e regionais, prestar serviços especializados à comunidade e estabelecer com esta uma relação de reciprocidade;

VII - promover a extensão, aberta à participação da população, visando à difusão das conquistas e benefícios resultantes da criação cultural e da pesquisa científica e tecnológica geradas na instituição.

VIII - atuar em favor da universalização e do aprimoramento da educação básica, mediante a formação e a capacitação de profissionais, a realização de pesquisas pedagógicas e o desenvolvimento de atividades de extensão que aproximem os dois níveis escolares. (Acrescentado pela Lei 13.174/2015.)

ART. 44. A educação superior abrangerá os seguintes cursos e programas:

- Dec. 9.235/2017 (Dispõe sobre o exercício das funções de regulação, supervisão e avaliação das instituições de educação superior e dos cursos superiores de graduação e de pós-graduação no sistema federal de ensino).

I - cursos sequenciais por campo de saber, de diferentes níveis de abrangência, abertos a candidatos que atendam aos requisitos estabelecidos pelas instituições de ensino, desde que tenham concluído o ensino médio ou equivalente; (Alterado pela Lei 11.632/2007.)

II - de graduação, abertos a candidatos que tenham concluído o ensino médio ou equivalente e tenham sido classificados em processo seletivo;

III - de pós-graduação, compreendendo programas de mestrado e doutorado, cursos de especialização, aperfeiçoamento e outros, abertos a candidatos diplomados em cursos de graduação e que atendam às exigências das instituições de ensino;

IV - de extensão, abertos a candidatos que atendam aos requisitos estabelecidos em cada caso pelas instituições de ensino.

§ 1º Os resultados do processo seletivo referido no inciso II do *caput* deste artigo serão tornados públicos pelas instituições de ensino superior, sendo obrigatória a divulgação da relação nominal dos classificados, a respectiva ordem de classificação, bem como do cronograma das chamadas para matrícula, de acordo com os critérios para preenchimento das vagas constantes do respectivo edital. (Acrescentado pela Lei 11.331/2006.) (Renumerado do p.u. para § 1º pela Lei 13.184/2015.)

§ 2º No caso de empate no processo seletivo, as instituições públicas de ensino superior darão prioridade de matrícula ao candidato que comprove ter renda familiar inferior a dez salários mínimos, ou ao de menor renda familiar, quando mais de um candidato preencher o critério inicial. (Acrescentado pela Lei n. 13.184, de 2015)

§ 3º O processo seletivo referido no inciso II considerará as competências e as habilidades definidas na Base Nacional Comum Curricular. (Acrescentado pela Lei 13.415/2017.)

ART. 45. A educação superior será ministrada em instituições de ensino superior, públicas ou privadas, com variados graus de abrangência ou especialização.

- Dec. 9.235/2017 (Dispõe sobre o exercício das funções de regulação, supervisão e avaliação das instituições de educação superior e dos cursos superiores de graduação e de pós-graduação no sistema federal de ensino).

ART. 46. A autorização e o reconhecimento de cursos, bem como o credenciamento de instituições de educação superior, terão prazos limitados, sendo renovados, periodicamente, após processo regular de avaliação.

- Dec. 9.235/2017 (Dispõe sobre o exercício das funções de regulação, supervisão e avaliação das instituições de educação superior e dos cursos superiores de graduação e de pós-graduação no sistema federal de ensino).
- Lei 10.870/2004 (Institui a Taxa de Avaliação in loco das instituições de educação superior e dos cursos de graduação).

§ 1º Após um prazo para saneamento de deficiências eventualmente identificadas pela avaliação a que se refere este artigo, haverá reavaliação, que poderá resultar, conforme o caso, em desativação de cursos e habilitações, em intervenção na instituição, em suspensão temporária de prerrogativas da autonomia, ou em descredenciamento.

- Dec. 9.235/2017 (Dispõe sobre o exercício das funções de regulação, supervisão e avaliação das instituições de educação superior e dos cursos superiores de graduação e de pós-graduação no sistema federal de ensino).
- Lei 10.870/2004 (Institui a Taxa de Avaliação in loco das instituições de educação superior e dos cursos de graduação).

§ 2º No caso de instituição pública, o Poder Executivo responsável por sua manutenção acompanhará o processo de saneamento e fornecerá recursos adicionais, se necessários, para a superação das deficiências.

§ 3º No caso de instituição privada, além das sanções previstas no § 1º deste artigo, o processo de reavaliação poderá resultar em redução de vagas autorizadas e em suspensão temporária de novos ingressos e de oferta de cursos. (Acrescentado pela Lei 13.530/2017.)

§ 4º É facultado ao Ministério da Educação, mediante procedimento específico e com aquiescência da instituição de ensino, com vistas a resguardar os interesses dos estudantes, comutar as penalidades previstas nos §§ 1º e 3º deste artigo por outras medidas, desde que adequadas para superação das deficiências e irregularidades constatadas. (Acrescentado pela Lei 13.530/2017.)

§ 5º Para fins de regulação, os Estados e o Distrito Federal deverão adotar os critérios definidos pela União para autorização de funcionamento de curso de graduação em Medicina. (Acrescentado pela Lei 13.530/2017.)

ART. 47. Na educação superior, o ano letivo regular, independente do ano civil, tem, no mínimo, duzentos dias de trabalho acadêmico efetivo, excluído o tempo reservado aos exames finais, quando houver.

§ 1º As instituições informarão aos interessados, antes de cada período letivo, os programas dos cursos e demais componentes curriculares, sua duração, requisitos, qualificação dos professores, recursos disponíveis e critérios de avaliação, obrigando-se a cumprir as respectivas condições, e a publicação deve ser feita, sendo as 3 (três) primeiras formas concomitantemente: (Alterado pela Lei 13.168/2015.)

I - em página específica na internet no sítio eletrônico oficial da instituição de ensino superior, obedecido o seguinte: (Acrescentado pela Lei 13.168/2015.)

a) toda publicação a que se refere esta Lei deve ter como título "Grade e Corpo Docente"; (Incluída pela Lei 13.168/2015.)

b) a página principal da instituição de ensino superior, bem como a página da oferta de seus cursos aos ingressantes sob a forma de vestibulares, processo seletivo e outras com a mesma finalidade, deve conter a ligação desta com a página específica prevista neste inciso; (Incluída pela Lei 13.168/2015.)

c) caso a instituição de ensino superior não possua sítio eletrônico, deve criar página específica para divulgação das informações de que trata esta Lei; (Incluída pela Lei 13.168/2015.)

d) a página específica deve conter a data completa de sua última atualização; (Incluída pela Lei 13.168/2015.)

II - em toda propaganda eletrônica da instituição de ensino superior, por meio de ligação para a página referida no inciso I; (Acrescentado pela Lei 13.168/2015.)

III - em local visível da instituição de ensino superior e de fácil acesso ao público; (Acrescentado pela Lei 13.168/2015.)

IV - deve ser atualizada semestralmente ou anualmente, de acordo com a duração das disciplinas de cada curso oferecido, observando o seguinte: (Acrescentado pela Lei 13.168/2015.)

a) caso o curso mantenha disciplinas com duração diferenciada, a publicação deve ser semestral; (Incluída pela Lei 13.168/2015.)

b) a publicação deve ser feita até 1 (um) mês antes do início das aulas; (Incluída pela Lei 13.168/2015.)

c) caso haja mudança na grade do curso ou no corpo docente até o início das aulas, os alunos devem ser comunicados sobre as alterações; (Incluída pela Lei 13.168/2015.)

V - deve conter as seguintes informações: (Acrescentado pela Lei 13.168/2015.)

a) a lista de todos os cursos oferecidos pela instituição de ensino superior; (Incluída pela Lei 13.168/2015.)

b) a lista das disciplinas que compõem a grade curricular de cada curso e as respectivas cargas horárias; (Incluída pela Lei 13.168/2015.)

c) a identificação dos docentes que ministrarão as aulas em cada curso, as disciplinas que efetivamente ministrará naquele curso ou cursos, sua titulação, abrangendo a qualificação profissional do docente e o tempo de casa do docente, de forma total, contínua ou intermitente. (Incluída pela Lei 13.168/2015.)

§ 2º Os alunos que tenham extraordinário aproveitamento nos estudos, demonstrado por meio de provas e outros instrumentos de avaliação específicos, aplicados por banca examinadora especial, poderão ter abreviada a duração dos seus cursos, de acordo com as normas dos sistemas de ensino.

§ 3º É obrigatória a frequência de alunos e professores, salvo nos programas de educação a distância.

§ 4º As instituições de educação superior oferecerão, no período noturno, cursos de graduação nos mesmos padrões de qualidade mantidos no período diurno, sendo obrigatória a oferta noturna nas instituições públicas, garantida a necessária previsão orçamentária.

ART. 48. Os diplomas de cursos superiores reconhecidos, quando registrados, terão validade nacional como prova da formação recebida por seu titular.

§ 1º Os diplomas expedidos pelas universidades serão por elas próprias registrados, e aqueles conferidos por instituições não-universitárias serão registrados em universidades indicadas pelo Conselho Nacional de Educação.

§ 2º Os diplomas de graduação expedidos por universidades estrangeiras serão revalidados por universidades públicas que tenham curso do mesmo nível e área ou equivalente, respeitando-se os acordos internacionais de reciprocidade ou equiparação.

§ 3º Os diplomas de Mestrado e de Doutorado expedidos por universidades estrangeiras só poderão ser reconhecidos por universidades que possuam cursos de pós-graduação reconhecidos e avaliados, na mesma área de conhecimento e em nível equivalente ou superior.

ART. 49. As instituições de educação superior aceitarão a transferência de alunos regulares, para cursos afins, na hipótese de existência de vagas, e mediante processo seletivo.

Parágrafo único. As transferências *ex officio* dar-se-ão na forma da lei.

- Lei 9.536/1997 (Regulamenta este parágrafo único).

ART. 50. As instituições de educação superior, quando da ocorrência de vagas, abrirão matrícula nas disciplinas de seus cursos a alunos não regulares que demonstrarem capacidade de cursá-las com proveito, mediante processo seletivo prévio.

ART. 51. As instituições de educação superior credenciadas como universidades, ao deliberar sobre critérios e normas de seleção e admissão de estudantes, levarão em conta os efeitos desses critérios sobre a orientação do ensino médio, articulando-se com os órgãos normativos dos sistemas de ensino.

ART. 52. As universidades são instituições pluridisciplinares de formação dos quadros profissionais de nível superior, de pesquisa, de extensão e de domínio e cultivo do saber humano, que se caracterizam por:

- Dec. 9.235/2017 (Dispõe sobre o exercício das funções de regulação, supervisão e avaliação das instituições de educação superior e dos cursos superiores de graduação e de pós-graduação no sistema federal de ensino).

I - produção intelectual institucionalizada mediante o estudo sistemático dos temas e problemas mais relevantes, tanto do ponto de vista científico e cultural, quanto regional e nacional;

II - um terço do corpo docente, pelo menos, com titulação acadêmica de mestrado ou doutorado;

III - um terço do corpo docente em regime de tempo integral.

Parágrafo único. É facultada a criação de universidades especializadas por campo do saber.

ART. 53. No exercício de sua autonomia, são asseguradas às universidades, sem prejuízo de outras, as seguintes atribuições:

I - criar, organizar e extinguir, em sua sede, cursos e programas de educação superior previstos nesta Lei, obedecendo às normas gerais da União e, quando for o caso, do respectivo sistema de ensino;

- Dec. 9.235/2017 (Dispõe sobre o exercício das funções de regulação, supervisão e avaliação das instituições de educação superior e dos cursos superiores de graduação e de pós-graduação no sistema federal de ensino).

II - fixar os currículos dos seus cursos e programas, observadas as diretrizes gerais pertinentes;

III - estabelecer planos, programas e projetos de pesquisa científica, produção artística e atividades de extensão;

IV - fixar o número de vagas de acordo com a capacidade institucional e as exigências do seu meio;

V - elaborar e reformar os seus estatutos e regimentos em consonância com as normas gerais atinentes;

VI - conferir graus, diplomas e outros títulos;

VII - firmar contratos, acordos e convênios;

VIII - aprovar e executar planos, programas e projetos de investimentos referentes a obras, serviços e aquisições em geral, bem como administrar rendimentos conforme dispositivos institucionais;

IX - administrar os rendimentos e deles dispor na forma prevista no ato de constituição, nas leis e nos respectivos estatutos;

X - receber subvenções, doações, heranças, legados e cooperação financeira resultante de convênios com entidades públicas e privadas.

§ 1º Para garantir a autonomia didático-científica das universidades, caberá aos seus colegiados de ensino e pesquisa decidir, dentro dos recursos orçamentários disponíveis, sobre: (Alterado pela Lei 13.490/2017.)

I - criação, expansão, modificação e extinção de cursos; (Alterado pela Lei 13.490/2017.)

II - ampliação e diminuição de vagas; (Alterado pela Lei 13.490/2017.)

III - elaboração da programação dos cursos; (Alterado pela Lei 13.490/2017.)

IV - programação das pesquisas e das atividades de extensão; (Alterado pela Lei 13.490/2017.)

V - contratação e dispensa de professores; (Alterado pela Lei 13.490/2017.)

VI - planos de carreira docente. (Alterado pela Lei 13.490/2017.)

§ 2º As doações, inclusive monetárias, podem ser dirigidas a setores ou projetos específicos, conforme acordo entre doadores e universidades. (Acrescentado pela Lei 13.490/2017.)

§ 3º No caso das universidades públicas, os recursos das doações devem ser dirigidos ao caixa único da instituição, com destinação garantida às unidades a serem beneficiadas. (Acrescentado pela Lei 13.490/2017.)

ART. 54. As universidades mantidas pelo Poder Público gozarão, na forma da lei, de estatuto jurídico especial para atender às peculiaridades de sua estrutura, organização e financiamento pelo Poder Público, assim como dos seus planos de carreira e do regime jurídico do seu pessoal.

- Dec. 9.235/2017 (Dispõe sobre o exercício das funções de regulação, supervisão e avaliação das instituições de educação superior e dos cursos superiores de graduação e de pós-graduação no sistema federal de ensino).

§ 1º No exercício da sua autonomia, além das atribuições asseguradas pelo artigo anterior, as universidades públicas poderão:

I - propor o seu quadro de pessoal docente, técnico e administrativo, assim como um plano de cargos e salários, atendidas as normas gerais pertinentes e os recursos disponíveis;

II - elaborar o regulamento de seu pessoal em conformidade com as normas gerais concernentes;

III - aprovar e executar planos, programas e projetos de investimentos referentes a obras, serviços e aquisições em geral, de acordo com os recursos alocados pelo respectivo Poder mantenedor;

IV - elaborar seus orçamentos anuais e plurianuais;

V - adotar regime financeiro e contábil que atenda às suas peculiaridades de organização e funcionamento;

VI - realizar operações de crédito ou de financiamento, com aprovação do Poder competente, para aquisição de bens imóveis, instalações e equipamentos;

VII - efetuar transferências, quitações e tomar outras providências de ordem orçamentária, financeira e patrimonial necessárias ao seu bom desempenho.

§ 2º Atribuições de autonomia universitária poderão ser estendidas a instituições que comprovem alta qualificação para o ensino ou para a pesquisa, com base em avaliação realizada pelo Poder Público.

ART. 55. Caberá à União assegurar, anualmente, em seu Orçamento Geral, recursos suficientes para manutenção e desenvolvimento das instituições de educação superior por ela mantidas.

ART. 56. As instituições públicas de educação superior obedecerão ao princípio da gestão democrática, assegurada a existência de órgãos colegiados deliberativos, de que participarão os segmentos da comunidade institucional, local e regional.

Parágrafo único. Em qualquer caso, os docentes ocuparão setenta por cento dos assentos em cada órgão colegiado e comissão, inclusive nos que tratarem da elaboração e modificações estatutárias e regimentais, bem como da escolha de dirigentes.

ART. 57. Nas instituições públicas de educação superior, o professor ficará obrigado ao mínimo de oito horas semanais de aulas.

- Dec. 2.668/1998 (Dispõe sobre critérios para pagamento da Gratificação de Estímulo à Docência no Magistério Superior).

CAPÍTULO V
DA EDUCAÇÃO ESPECIAL

ART. 58. Entende-se por educação especial, para os efeitos desta Lei, a modalidade de educação escolar oferecida preferencialmente na rede regular de ensino, para educandos com deficiência, transtornos globais do desenvolvimento e altas habilidades ou superdotação. (Alterado pela Lei 12.796/2013.)

§ 1º Haverá, quando necessário, serviços de apoio especializado, na escola regular, para atender às peculiaridades da clientela de educação especial.

§ 2º O atendimento educacional será feito em classes, escolas ou serviços especializados, sempre que, em função das condições específicas dos alunos, não for possível a sua integração nas classes comuns de ensino regular.

§ 3º A oferta de educação especial, nos termos do *caput* deste artigo, tem início na educação infantil e estende-se ao longo da vida, observados o inciso III do art. 4º e o parágrafo único do art. 60 desta Lei. (Alterado pela Lei 13.632/2018.)

ART. 59. Os sistemas de ensino assegurarão aos educandos com deficiência, transtornos globais do desenvolvimento e altas habilidades ou superdotação: (Alterado pela Lei 12.796/2013.)

I - currículos, métodos, técnicas, recursos educativos e organização específicos, para atender às suas necessidades;

II - terminalidade específica para aqueles que não puderem atingir o nível exigido para a conclusão do ensino fundamental, em virtude de suas deficiências, e aceleração para concluir em menor tempo o programa escolar para os superdotados;

III - professores com especialização adequada em nível médio ou superior, para atendimento especializado, bem como professores do ensino regular capacitados para a integração desses educandos nas classes comuns;

IV - educação especial para o trabalho, visando a sua efetiva integração na vida em sociedade, inclusive condições adequadas para os que não revelarem capacidade de inserção no trabalho competitivo, mediante articulação com os órgãos oficiais afins, bem como para aqueles que apresentam uma habilidade superior nas áreas artística, intelectual ou psicomotora;

V - acesso igualitário aos benefícios dos programas sociais suplementares disponíveis para o respectivo nível do ensino regular.

ART. 59-A. O poder público deverá instituir cadastro nacional de alunos com altas habilidades ou superdotação matriculados na educação básica e na educação superior, a fim de fomentar a execução de políticas públicas destinadas ao desenvolvimento pleno das potencialidades desse alunado. (Acrescentado pela Lei 13.234/2015.)

Parágrafo único. A identificação precoce de alunos com altas habilidades ou superdotação, os critérios e procedimentos para inclusão no cadastro referido no *caput* deste artigo, as entidades responsáveis pelo cadastramento, os mecanismos de acesso aos dados do cadastro e as políticas de desenvolvimento das potencialidades do alunado de que trata o *caput* serão definidos em regulamento.

ART. 60. Os órgãos normativos dos sistemas de ensino estabelecerão critérios de caracterização das instituições privadas sem fins lucrativos, especializadas e com atuação exclusiva em educação especial, para fins de apoio técnico e financeiro pelo Poder Público.

Parágrafo único. O poder público adotará, como alternativa preferencial, a ampliação do atendimento aos educandos com deficiência, transtornos globais do desenvolvimento e altas habilidades ou superdotação na própria rede pública regular de ensino, independentemente do apoio às instituições previstas neste artigo. (Alterado pela Lei 12.796/2013.)

TÍTULO VI
DOS PROFISSIONAIS DA EDUCAÇÃO

ART. 61. Consideram-se profissionais da educação escolar básica os que, nela estando em efetivo exercício e tendo sido formados em cursos reconhecidos, são: (Alterado pela Lei 12.014/2009.)

I - professores habilitados em nível médio ou superior para a docência na educação infantil e nos ensinos fundamental e médio; (Alterado pela Lei 12.014/2009.)

II - trabalhadores em educação portadores de diploma de pedagogia, com habilitação em administração, planejamento, supervisão, inspeção e orientação educacional, bem como com títulos de mestrado ou doutorado nas mesmas áreas; (Alterado pela Lei 12.014/2009.)

III - trabalhadores em educação, portadores de diploma de curso técnico ou superior em área pedagógica ou afim. (Acrescentado pela Lei 12.014/2009.)

IV - profissionais com notório saber reconhecido pelos respectivos sistemas de ensino, para ministrar conteúdos de áreas afins à sua formação ou experiência profissional, atestados por titulação específica ou prática de ensino em unidades educacionais da rede pública ou privada ou das corporações privadas em que tenham atuado, exclusivamente para atender ao inciso V do *caput* do art. 36; (Acrescentado pela Lei 13.415/2017.)

V - profissionais graduados que tenham feito complementação pedagógica, conforme disposto pelo Conselho Nacional de Educação. (Acrescentado pela Lei 13.415/2017.)

Parágrafo único. A formação dos profissionais da educação, de modo a atender às especificidades do exercício de suas atividades, bem como aos objetivos das diferentes etapas e modalidades da educação básica, terá como fundamentos: (Acrescentado pela Lei 12.014/2009.)

I - a presença de sólida formação básica, que propicie o conhecimento dos fundamentos científicos e sociais de suas competências de trabalho; (Acrescentado pela Lei 12.014/2009.)

II - a associação entre teorias e práticas, mediante estágios supervisionados e capacitação em serviço; (Acrescentado pela Lei 12.014/2009.)

III - o aproveitamento da formação e experiências anteriores, em instituições de ensino e em outras atividades. (Acrescentado pela Lei 12.014/2009.)

ART. 62. A formação de docentes para atuar na educação básica far-se-á em nível superior, em curso de licenciatura plena, admitida, como formação mínima para o exercício do magistério na educação infantil e nos cinco primeiros anos do ensino fundamental, a oferecida em nível médio, na modalidade normal. (Alterado pela Lei 13.415/2017.)

§ 1º A União, o Distrito Federal, os Estados e os Municípios, em regime de colaboração, deverão promover a formação inicial, a continuada e a capacitação dos profissionais de magistério. (Acrescentado pela Lei 12.056/2009.)

§ 2º A formação continuada e a capacitação dos profissionais de magistério poderão utilizar recursos e tecnologias de educação a distância. (Acrescentado pela Lei 12.056/2009.)

§ 3º A formação inicial de profissionais de magistério dará preferência ao ensino presencial, subsidiariamente fazendo uso de recursos e tecnologias de educação a distância. (Acrescentado pela Lei 12.056/2009.)

§ 4º A União, o Distrito Federal, os Estados e os Municípios adotarão mecanismos facilitadores de acesso e permanência em cursos de formação de docentes em nível superior para atuar na educação básica pública. (Acrescentado pela Lei 12.796/2013.)

§ 5º A União, o Distrito Federal, os Estados e os Municípios incentivarão a formação de profissionais do magistério para atuar na educação básica pública mediante programa institucional de bolsa de iniciação à docência a estudantes matriculados em cursos de licenciatura, de graduação plena, nas instituições de educação superior. (Acrescentado pela Lei 12.796/2013.)

§ 6º O Ministério da Educação poderá estabelecer nota mínima em exame nacional aplicado aos concluintes do ensino médio como pré-requisito para o ingresso em cursos de graduação para formação de docentes, ouvido o Conselho Nacional de Educação - CNE. (Acrescentado pela Lei 12.796/2013.)

§ 7º (Vetado.). (Acrescentado pela Lei 12.796/2013.)

§ 8º Os currículos dos cursos de formação de docentes terão por referência a Base Nacional Comum Curricular. (Acrescentado pela Lei 13.415/2017.)

ART. 62-A. A formação dos profissionais a que se refere o inciso III do art. 61 far-se-á por meio de cursos de conteúdo técnico-pedagógico, em nível médio ou superior, incluindo habilitações tecnológicas. (Acrescentado pela Lei 12.796/2013.)

Parágrafo único. Garantir-se-á formação continuada para os profissionais a que se refere o *caput*, no local de trabalho ou em instituições de educação básica e superior, incluindo cursos de educação profissional, cursos superiores de graduação plena ou tecnológicos e de pós-graduação. (Acrescentado pela Lei 12.796/2013.)

ART. 62-B. O acesso de professores das redes públicas de educação básica a cursos superiores de pedagogia e licenciatura será efetivado por meio de processo seletivo diferenciado. (Acrescentado pela Lei 13.478/2017.)

§ 1º Terão direito de pleitear o acesso previsto no *caput* deste artigo os professores das redes públicas municipais, estaduais e federal que ingressaram por concurso público, tenham pelo menos três anos de exercício da profissão e não sejam portadores de diploma de graduação. (Acrescentado pela Lei 13.478/2017.)

§ 2º As instituições de ensino responsáveis pela oferta de cursos de pedagogia e outras licenciaturas definirão critérios adicionais de seleção sempre que acorrerem aos certames interessados em número superior ao de vagas disponíveis para os respectivos cursos. (Acrescentado pela Lei 13.478/2017.)

§ 3º Sem prejuízo dos concursos seletivos a serem definidos em regulamento pelas universidades, terão prioridade de ingresso os professores que optarem por cursos de licenciatura em matemática, física, química, biologia e língua portuguesa. (Acrescentado pela Lei 13.478/2017.)

ART. 63. Os institutos superiores de educação manterão:

- Dec. 3.276/1999 (Dispõe sobre a formação em nível superior de professores para atuar na educação básica).

I - cursos formadores de profissionais para a educação básica, inclusive o curso normal superior, destinado à formação de docentes para a educação infantil e para as primeiras séries do ensino fundamental;

II - programas de formação pedagógica para portadores de diplomas de educação superior que queiram se dedicar à educação básica;

III - programas de educação continuada para os profissionais de educação dos diversos níveis.

ART. 64. A formação de profissionais de educação para administração, planejamento, inspeção, supervisão e orientação educacional para a educação básica, será feita em cursos de graduação em pedagogia ou em nível de pós-graduação, a critério da instituição de ensino, garantida, nesta formação, a base comum nacional.

ART. 65. A formação docente, exceto para a educação superior, incluirá prática de ensino de, no mínimo, trezentas horas.

ART. 66. A preparação para o exercício do magistério superior far-se-á em nível de pós-graduação, prioritariamente em programas de mestrado e doutorado.

Parágrafo único. O notório saber, reconhecido por universidade com curso de doutorado em área afim, poderá suprir a exigência de título acadêmico.

ART. 67. Os sistemas de ensino promoverão a valorização dos profissionais da educação, assegurando-lhes, inclusive nos termos dos estatutos e dos planos de carreira do magistério público:

I - ingresso exclusivamente por concurso público de provas e títulos;

II - aperfeiçoamento profissional continuado, inclusive com licenciamento periódico remunerado para esse fim;

III - piso salarial profissional;

IV - progressão funcional baseada na titulação ou habilitação, e na avaliação do desempenho;

V - período reservado a estudos, planejamento e avaliação, incluído na carga de trabalho;

VI - condições adequadas de trabalho.

§ 1º A experiência docente é pré-requisito para o exercício profissional de quaisquer outras funções de magistério, nos termos das normas de cada sistema de ensino. (Renumerado pela Lei 11.301/2006.)

§ 2º Para os efeitos do disposto no § 5º do art. 40 e no § 8º do art. 201 da Constituição Federal, são consideradas funções de magistério as exercidas por professores e especialistas em educação no desempenho de atividades educativas, quando exercidas em estabelecimento de educação básica em seus diversos níveis e modalidades, incluídas, além do exercício da docência, as de direção de unidade escolar e as de coordenação e assessoramento pedagógico. (Acrescentado pela Lei 11.301/2006.)

§ 3º A União prestará assistência técnica aos Estados, ao Distrito Federal e aos Municípios na elaboração de concursos públicos para provimento de cargos dos profissionais da educação. (Acrescentado pela Lei 12.796/2013.)

TÍTULO VII
DOS RECURSOS FINANCEIROS

ART. 68. Serão recursos públicos destinados à educação os originários de:

I - receita de impostos próprios da União, dos Estados, do Distrito Federal e dos Municípios;

II - receita de transferências constitucionais e outras transferências;

III - receita do salário-educação e de outras contribuições sociais;

IV - receita de incentivos fiscais;

V - outros recursos previstos em lei.

ART. 69. A União aplicará, anualmente, nunca menos de dezoito, e os Estados, o Distrito Federal e os Municípios, vinte e cinco por cento, ou o que consta nas respectivas Constituições ou Leis Orgânicas, da receita resultante de impostos, compreendidas as transferências constitucionais, na manutenção e desenvolvimento do ensino público.

§ 1º A parcela da arrecadação de impostos transferida pela União aos Estados, ao Distrito Federal e aos Municípios, ou pelos Estados aos respectivos Municípios, não será considerada, para efeito do cálculo previsto neste artigo, receita do governo que a transferir.

§ 2º Serão consideradas excluídas das receitas de impostos mencionadas neste artigo as operações de crédito por antecipação de receita orçamentária de impostos.

§ 3º Para fixação inicial dos valores correspondentes aos mínimos estatuídos neste artigo, será considerada a receita estimada na lei do orçamento anual, ajustada, quando for o caso, por lei que autorizar a abertura de créditos adicionais, com base no eventual excesso de arrecadação.

§ 4º As diferenças entre a receita e a despesa previstas e as efetivamente realizadas, que resultem no não atendimento dos percentuais mínimos obrigatórios, serão apuradas e corrigidas a cada trimestre do exercício financeiro.

§ 5º O repasse dos valores referidos neste artigo do caixa da União, dos Estados, do Distrito Federal e dos Municípios ocorrerá imediatamente ao órgão responsável pela educação, observados os seguintes prazos:

I - recursos arrecadados do primeiro ao décimo dia de cada mês, até o vigésimo dia;

II - recursos arrecadados do décimo primeiro ao vigésimo dia de cada mês, até o trigésimo dia;

III - recursos arrecadados do vigésimo primeiro dia ao final de cada mês, até o décimo dia do mês subsequente.

§ 6º O atraso da liberação sujeitará os recursos a correção monetária e à responsabilização civil e criminal das autoridades competentes.

ART. 70. Considerar-se-ão como de manutenção e desenvolvimento do ensino as despesas realizadas com vistas à consecução dos objetivos básicos das instituições educacionais de todos os níveis, compreendendo as que se destinam a:

I - remuneração e aperfeiçoamento do pessoal docente e demais profissionais da educação;

II - aquisição, manutenção, construção e conservação de instalações e equipamentos necessários ao ensino;

III - uso e manutenção de bens e serviços vinculados ao ensino;

IV - levantamentos estatísticos, estudos e pesquisas visando precipuamente ao aprimoramento da qualidade e à expansão do ensino;

V - realização de atividades-meio necessárias ao funcionamento dos sistemas de ensino;

VI - concessão de bolsas de estudo a alunos de escolas públicas e privadas;

VII - amortização e custeio de operações de crédito destinadas a atender ao disposto nos incisos deste artigo;

VIII - aquisição de material didático-escolar e manutenção de programas de transporte escolar.

ART. 71. Não constituirão despesas de manutenção e desenvolvimento do ensino aquelas realizadas com:

I - pesquisa, quando não vinculada às instituições de ensino, ou, quando efetivada fora dos sistemas de ensino, que não vise, precipuamente, ao aprimoramento de sua qualidade ou à sua expansão;

II - subvenção a instituições públicas ou privadas de caráter assistencial, desportivo ou cultural;

III - formação de quadros especiais para a administração pública, sejam militares ou civis, inclusive diplomáticos;

IV - programas suplementares de alimentação, assistência médico-odontológica, farmacêutica e psicológica, e outras formas de assistência social;

V - obras de infraestrutura, ainda que realizadas para beneficiar direta ou indiretamente a rede escolar;

VI - pessoal docente e demais trabalhadores da educação, quando em desvio de função ou em atividade alheia à manutenção e desenvolvimento do ensino.

ART. 72. As receitas e despesas com manutenção e desenvolvimento do ensino serão apuradas e publicadas nos balanços do Poder Público, assim como nos relatórios a que se refere o § 3º do art. 165 da Constituição Federal.

ART. 73. Os órgãos fiscalizadores examinarão, prioritariamente, na prestação de contas de recursos públicos, o cumprimento do disposto no art. 212 da Constituição Federal, no art. 60 do Ato das Disposições Constitucionais Transitórias e na legislação concernente.

ART. 74. A União, em colaboração com os Estados, o Distrito Federal e os Municípios, estabelecerá padrão mínimo de oportunidades educacionais para o ensino fundamental, baseado no cálculo do custo mínimo por aluno, capaz de assegurar ensino de qualidade.

Parágrafo único. O custo mínimo de que trata este artigo será calculado pela União ao final de cada ano, com validade para o ano subsequente, considerando variações regionais no custo dos insumos e as diversas modalidades de ensino.

ART. 75. A ação supletiva e redistributiva da União e dos Estados será exercida de modo a corrigir, progressivamente, as disparidades de acesso e garantir o padrão mínimo de qualidade de ensino.

§ 1º A ação a que se refere este artigo obedecerá a fórmula de domínio público que inclua a capacidade de atendimento e a medida do esforço fiscal do respectivo Estado, do Distrito Federal ou do Município em favor da manutenção e do desenvolvimento do ensino.

§ 2º A capacidade de atendimento de cada governo será definida pela razão entre os recursos de uso constitucionalmente obrigatório na manutenção e desenvolvimento do ensino e o custo anual do aluno, relativo ao padrão mínimo de qualidade.

§ 3º Com base nos critérios estabelecidos nos §§ 1º e 2º, a União poderá fazer a transferência direta de recursos a cada estabelecimento de ensino, considerado o número de alunos que efetivamente frequentam a escola.

§ 4º A ação supletiva e redistributiva não poderá ser exercida em favor do Distrito Federal, dos Estados e dos Municípios se estes oferecerem vagas, na área de ensino de sua responsabilidade, conforme o inciso VI do art. 10 e o inciso V do art. 11 desta Lei, em número inferior à sua capacidade de atendimento.

ART. 76. A ação supletiva e redistributiva prevista no artigo anterior ficará condicionada ao efetivo cumprimento pelos Estados, Distrito Federal e Municípios do disposto nesta Lei, sem prejuízo de outras prescrições legais.

ART. 77. Os recursos públicos serão destinados às escolas públicas, podendo ser dirigidos a escolas comunitárias, confessionais ou filantrópicas que:

I - comprovem finalidade não-lucrativa e não distribuam resultados, dividendos, bonificações, participações ou parcela de seu patrimônio sob nenhuma forma ou pretexto;

II - apliquem seus excedentes financeiros em educação;

III - assegurem a destinação de seu patrimônio a outra escola comunitária, filantrópica ou confessional, ou ao Poder Público, no caso de encerramento de suas atividades;

IV - prestem contas ao Poder Público dos recursos recebidos.

§ 1º Os recursos de que trata este artigo poderão ser destinados a bolsas de estudo para a educação básica, na forma da lei, para os que demonstrarem insuficiência de recursos, quando houver falta de vagas e cursos regulares da rede pública de domicílio do educando, ficando o Poder Público obrigado a investir prioritariamente na expansão da sua rede local.

§ 2º As atividades universitárias de pesquisa e extensão poderão receber apoio financeiro do Poder Público, inclusive mediante bolsas de estudo.

TÍTULO VIII
DAS DISPOSIÇÕES GERAIS

ART. 78. O Sistema de Ensino da União, com a colaboração das agências federais de fomento à cultura e de assistência aos índios, desenvolverá programas integrados de ensino e pesquisa, para oferta de educação escolar bilingue e intercultural aos povos indígenas, com os seguintes objetivos:

I - proporcionar aos índios, suas comunidades e povos, a recuperação de suas memórias históricas; a reafirmação de suas identidades étnicas; a valorização de suas línguas e ciências;

II - garantir aos índios, suas comunidades e povos, o acesso às informações, conhecimentos técnicos e científicos da sociedade nacional e demais sociedades indígenas e não-índias.

ART. 79. A União apoiará técnica e financeiramente os sistemas de ensino no provimento da educação intercultural às comunidades indígenas, desenvolvendo programas integrados de ensino e pesquisa.

§ 1º Os programas serão planejados com audiência das comunidades indígenas.

§ 2º Os programas a que se refere este artigo, incluídos nos Planos Nacionais de Educação, terão os seguintes objetivos:

I - fortalecer as práticas socioculturais e a língua materna de cada comunidade indígena;

II - manter programas de formação de pessoal especializado, destinado à educação escolar nas comunidades indígenas;

III - desenvolver currículos e programas específicos, neles incluindo os conteúdos culturais correspondentes às respectivas comunidades;

IV - elaborar e publicar sistematicamente material didático específico e diferenciado.

§ 3º No que se refere à educação superior, sem prejuízo de outras ações, o atendimento aos povos indígenas efetivar-se-á, nas universidades públicas e privadas, mediante a oferta de ensino e de assistência estudantil, assim como de estímulo à pesquisa e desenvolvimento de programas especiais. (Acrescentado pela Lei 12.416/2011.)

ART. 79-A. (Vetado.) (Acrescentado pela Lei 10.639/2003.)

ART. 79-B. O calendário escolar incluirá o dia 20 de novembro como 'Dia Nacional da Consciência Negra'. (Acrescentado pela Lei 10.639/2003.)

ART. 80. O Poder Público incentivará o desenvolvimento e a veiculação de programas de ensino a distância, em todos os níveis e modalidades de ensino, e de educação continuada.

▸ Dec. 9.057/2017 (Regulamenta este artigo.)

§ 1º A educação a distância, organizada com abertura e regime especiais, será oferecida por instituições especificamente credenciadas pela União.

§ 2º A União regulamentará os requisitos para a realização de exames e registro de diploma relativos a cursos de educação a distância.

§ 3º As normas para produção, controle e avaliação de programas de educação a distância e a autorização para sua implementação, caberão aos respectivos sistemas de ensino, podendo haver cooperação e integração entre os diferentes sistemas.

§ 4º A educação a distância gozará de tratamento diferenciado, que incluirá:

I - custos de transmissão reduzidos em canais comerciais de radiodifusão sonora e de sons e imagens e em outros meios de comunicação que sejam explorados mediante autorização, concessão ou permissão do poder público; (Redação dada pela Lei n. 12.603, de 2012)

II - concessão de canais com finalidades exclusivamente educativas;

III - reserva de tempo mínimo, sem ônus para o Poder Público, pelos concessionários de canais comerciais.

ART. 81. É permitida a organização de cursos ou instituições de ensino experimentais, desde que obedecidas as disposições desta Lei.

ART. 82. Os sistemas de ensino estabelecerão as normas de realização de estágio em sua jurisdição, observada a lei federal sobre a matéria. (Alterado pela Lei 11.788/2008.)

Parágrafo único. (Revogado). (Alterado pela Lei 11.788/2008.)

ART. 83. O ensino militar é regulado em lei específica, admitida a equivalência de estudos, de acordo com as normas fixadas pelos sistemas de ensino.

ART. 84. Os discentes da educação superior poderão ser aproveitados em tarefas de ensino e pesquisa pelas respectivas instituições, exercendo funções de monitoria, de acordo com seu rendimento e seu plano de estudos.

ART. 85. Qualquer cidadão habilitado com a titulação própria poderá exigir a abertura de concurso público de provas e títulos para cargo de docente de instituição pública de ensino que estiver sendo ocupado por professor não concursado, por mais de seis anos, ressalvados os direitos assegurados pelos arts. 41 da Constituição Federal e 19 do Ato das Disposições Constitucionais Transitórias.

ART. 86. As instituições de educação superior constituídas como universidades integrar-se-ão, também, na sua condição de instituições de pesquisa, ao Sistema Nacional de Ciência e Tecnologia, nos termos da legislação específica.

TÍTULO IX
DAS DISPOSIÇÕES TRANSITÓRIAS

ART. 87. É instituída a Década da Educação, a iniciar-se um ano a partir da publicação desta Lei.

§ 1º A União, no prazo de um ano a partir da publicação desta Lei, encaminhará, ao Congresso Nacional, o Plano Nacional de Educação, com diretrizes e metas para os dez anos seguintes, em sintonia com a Declaração Mundial sobre Educação para Todos.

§ 2º (Revogado). (Alterado pela Lei 12.796/2013.)

§ 3º O Distrito Federal, cada Estado e Município, e, supletivamente, a União, devem: (Alterado pela Lei 11.330/2006.)

I - (revogado); (Alterado pela Lei 12.796/2013.)

a) a *c)* (revogadas) (Alterado pela Lei 11.274 /2006.)

II - prover cursos presenciais ou a distância aos jovens e adultos insuficientemente escolarizados;

III - realizar programas de capacitação para todos os professores em exercício, utilizando também, para isto, os recursos da educação a distância;

IV - integrar todos os estabelecimentos de ensino fundamental do seu território ao sistema nacional de avaliação do rendimento escolar.

§ 4º (Revogado). (Alterado pela Lei 12.796 /2013.)

§ 5º Serão conjugados todos os esforços objetivando a progressão das redes escolares públicas urbanas de ensino fundamental para o regime de escolas de tempo integral.

§ 6º A assistência financeira da União aos Estados, ao Distrito Federal e aos Municípios, bem como a dos Estados aos seus Municípios, ficam condicionadas ao cumprimento do art. 212 da Constituição Federal e dispositivos legais pertinentes pelos governos beneficiados.

ART. 87-A. (Vetado.). (Acrescentado pela Lei 12.796/2013.)

ART. 88. A União, os Estados, o Distrito Federal e os Municípios adaptarão sua legislação educacional e de ensino às disposições desta Lei no prazo máximo de um ano, a partir da data de sua publicação.

§ 1º As instituições educacionais adaptarão seus estatutos e regimentos aos dispositivos desta Lei e às normas dos respectivos sistemas de ensino, nos prazos por estes estabelecidos.

§ 2º O prazo para que as universidades cumpram o disposto nos incisos II e III do art. 52 é de oito anos.

ART. 89. As creches e pré-escolas existentes ou que venham a ser criadas deverão, no prazo de três anos, a contar da publicação desta Lei, integrar-se ao respectivo sistema de ensino.

ART. 90. As questões suscitadas na transição entre o regime anterior e o que se institui nesta

Lei serão resolvidas pelo Conselho Nacional de Educação ou, mediante delegação deste, pelos órgãos normativos dos sistemas de ensino, preservada a autonomia universitária.

ART. 91. Esta Lei entra em vigor na data de sua publicação.

ART. 92. Revogam-se as disposições das Leis n. 4.024, de 20 de dezembro de 1961, e 5.540, de 28 de novembro de 1968, não alteradas pelas Leis n. 9.131, de 24 de novembro de 1995 e 9.192, de 21 de dezembro de 1995 e, ainda, as Leis n. 5.692, de 11 de agosto de 1971 e 7.044, de 18 de outubro de 1982, e as demais leis e decretos-lei que as modificaram e quaisquer outras disposições em contrário.

Brasília, 20 de dezembro de 1996; 175º da Independência e 108º da República.

FERNANDO HENRIQUE CARDOSO

LEI N. 9.424, DE 24 DE DEZEMBRO DE 1996

Dispõe sobre o Fundo de Manutenção e Desenvolvimento do Ensino Fundamental e de Valorização do Magistério, na forma prevista no art. 60, § 7º, do Ato das Disposições Constitucionais Transitórias, e dá outras providências.

- *DOU*, 26.12.1996.
- Dec. 6.253/2007 (Dispõe sobre o Fundeb e regulamenta a Lei 11.494/2007).

O Presidente da República. Faço saber que o Congresso Nacional decreta e eu sanciono a seguinte Lei:

ARTS. 1º a 8º (Revogados pela Lei 11.494/2007.)

ART. 9º Os Estados, o Distrito Federal e os Municípios deverão, no prazo de seis meses da vigência desta Lei, dispor de novo Plano de Carreira e Remuneração do Magistério, de modo a assegurar:

- ADIn 1.627. (O STF julgou parcialmente procedente o pedido para declarar a inconstitucionalidade da expressão "no prazo de seis meses da vigência desta Lei", no *caput* deste artigo.)

I - a remuneração condigna dos professores do ensino fundamental público, em efetivo exercício no magistério;

II - o estímulo ao trabalho em sala de aula;

III - a melhoria da qualidade do ensino.

§ 1º Os novos planos de carreira e remuneração do magistério deverão contemplar investimentos na capacitação dos professores leigos, os quais passarão a integrar quadro em extinção, de duração de cinco anos.

§ 2º Aos professores leigos é assegurado prazo de cinco anos para obtenção da habilitação necessária ao exercício das atividades docentes.

§ 3º A habilitação a que se refere o parágrafo anterior é condição para ingresso no quadro permanente da carreira conforme os novos planos de carreira e remuneração.

ART. 10. Os Estados, o Distrito Federal e os Municípios deverão comprovar:

I - efetivo cumprimento do disposto no art. 212 da Constituição Federal;

II - apresentação de Plano de Carreira e Remuneração do Magistério, de acordo com as diretrizes emanadas do Conselho Nacional de Educação, no prazo referido no artigo anterior;

- ADIn 1.627. (O STF julgou parcialmente procedente o pedido para declarar a inconstitucionalidade da expressão "no prazo referido no artigo anterior", presente neste inciso).

III - fornecimento das informações solicitadas por ocasião do censo escolar, ou para fins de elaboração de indicadores educacionais.

Parágrafo único. O não cumprimento das condições estabelecidas neste artigo, ou o fornecimento de informações falsas, acarretará sanções administrativas, sem prejuízo das civis ou penais ao agente executivo que lhe der causa.

ART. 11. Os órgãos responsáveis pelos sistemas de ensino, assim como os Tribunais de Contas da União, dos Estados e Municípios criarão mecanismos adequados à fiscalização do cumprimento pleno do disposto no art. 212 da Constituição Federal e desta Lei, sujeitando-se os Estados e o Distrito Federal à intervenção da União, e os Municípios à intervenção dos respectivos Estados, nos termos do art. 34, inciso VII, alínea e, e do art. 35, inciso III, da Constituição Federal.

ART. 12. O Ministério da Educação e do Desporto realizará avaliações periódicas dos resultados da aplicação desta Lei, com vistas à adoção de medidas operacionais e de natureza político-educacional corretivas, devendo a primeira realizar-se dois anos após sua promulgação.

ART. 13. (Revogado pela Lei 11.494/2007.)

ART. 14. A União desenvolverá política de estímulo às iniciativas de melhoria de qualidade do ensino, acesso e permanência na escola promovidos pelas unidades federadas, em especial aquelas voltadas às crianças e adolescentes em situação de risco social.

ART. 15. O Salário-Educação, previsto no art. 212, § 5º, da Constituição Federal e devido pelas empresas, na forma em que vier a ser disposto em regulamento, é calculado com base na alíquota de 2,5% (dois e meio por cento) sobre o total de remunerações pagas ou creditadas, a qualquer título, aos segurados empregados, assim definidos no art. 12, inciso I, da Lei n. 8.212, de 24 de julho de 1991.

- Dec. 6.003/2006 (Regulamenta a arrecadação, a fiscalização e a cobrança da contribuição social do salário-educação, a que se referem o art. 212, § 5º, da Constituição, e as Leis n. 9.424/1996, e 9.766/1998).

§ 1º O montante da arrecadação do Salário-Educação, após a dedução de 1% (um por cento) em favor do Instituto Nacional do Seguro Social - INSS, calculado sobre o valor por ele arrecadado, será distribuído pelo Fundo Nacional de Desenvolvimento da Educação - FNDE, observada, em 90% (noventa por cento) de seu valor, a arrecadação realizada em cada Estado e no Distrito Federal, em quotas, da seguinte forma: (Alterado pela Lei 10.832/2003.)

I - Quota Federal, correspondente a um terço do montante de recursos, que será destinada ao FNDE e aplicada no financiamento de programas e projetos voltados para a universalização do ensino fundamental, de forma a propiciar a redução dos desníveis socioeducacionais existentes entre Municípios, Estados, Distrito Federal e regiões brasileiras;

II - Quota Estadual e Municipal, correspondente a 2/3 (dois terços) do montante de recursos, que será creditada mensal e automaticamente em favor das Secretarias de Educação dos Estados, do Distrito Federal e dos Municípios para financiamento de programas, projetos e ações do ensino fundamental. (Alterado pela Lei 10.832/2003.)

§ 2º (Vetado)

§ 3º Os alunos regularmente atendidos, na data da edição desta Lei, como beneficiários da aplicação realizada pelas empresas contribuintes, no ensino fundamental dos seus empregados e dependentes, à conta de deduções da contribuição social do Salário-Educação, na forma da legislação em vigor, terão, a partir de 1º de janeiro de 1997, o benefício assegurado, respeitadas as condições em que foi concedido, e vedados novos ingressos nos termos do art. 212, § 5º, da Constituição Federal.

ART. 16. Esta Lei entra em vigor em 1º de janeiro de 1997.

ART. 17. Revogam-se as disposições em contrário.

Brasília, 24 de dezembro de 1996; 175º da Independência e 108º da República.

FERNANDO HENRIQUE CARDOSO

LEI N. 9.427, DE 26 DE DEZEMBRO DE 1996

Institui a Agência Nacional de Energia Elétrica - ANEEL, disciplina o regime das concessões de serviços públicos de energia elétrica e dá outras providências.

- DOU, 27.12.1996, republicado em 28.09.1998.
- Dec. 2.335/1997 (Constitui a Agência Nacional de Energia Elétrica - ANEEL, autarquia sob regime especial, aprova sua Estrutura Regimental e o Quadro Demonstrativo dos Cargos em Comissão e Funções de Confiança).

O Presidente da República. Faço saber que o Congresso Nacional decreta e eu sanciono a seguinte Lei:

CAPÍTULO I
DAS ATRIBUIÇÕES E DA ORGANIZAÇÃO

ART. 1º É instituída a Agência Nacional de Energia Elétrica - ANEEL, autarquia sob regime especial, vinculada ao Ministério de Minas e Energia, com sede e foro no Distrito Federal e prazo de duração indeterminado.

ART. 2º A Agência Nacional de Energia Elétrica - ANEEL tem por finalidade regular e fiscalizar a produção, transmissão, distribuição e comercialização de energia elétrica, em conformidade com as políticas e diretrizes do governo federal.

Parágrafo único. (Revogado pela Lei 10.848/2004.)

ART. 3º Além das atribuições previstas nos incisos II, III, V, VI, VII, X, XI e XII do art. 29 e no art. 30 da Lei n. 8.987, de 13 de fevereiro de 1995, de outras incumbências expressamente previstas em lei e observado o disposto no § 1º, compete à ANEEL: (Alterado pela Lei 10.848/2004.)

- Dec. 6.808/2008 (Dispõe sobre a inclusão, no Programa Nacional de Desestatização - PND, de empreendimentos de transmissão de energia elétrica integrantes da Rede Básica do Sistema Interligado Nacional - SIN, determina à Agencia Nacional de Energia Elétrica - ANEEL a promoção e o acompanhamento dos processos de licitação dessas concessões).

I - implementar as políticas e diretrizes do governo federal para a exploração da energia elétrica e o aproveitamento dos potenciais hidráulicos, expedindo os atos regulamentares necessários ao cumprimento das normas estabelecidas pela Lei n. 9.074, de 7 de julho de 1995;

II - promover, mediante delegação, com base no plano de outorgas e diretrizes aprovadas pelo Poder Concedente, os procedimentos licitatórios para a contratação de concessionárias e permissionárias de serviço público para produção, transmissão e distribuição de energia elétrica e para a outorga de concessão para aproveitamento de potenciais hidráulicos; (Alterado pela Lei 10.848/2004.)

III - (Revogado pela Lei 10.848/2004.)

IV - gerir os contratos de concessão ou de permissão de serviços públicos de energia elétrica, de concessão de uso de bem público, bem como fiscalizar, diretamente ou mediante convênios com órgãos estaduais, as concessões, as permissões e a prestação dos serviços de energia elétrica; (Alterado pela Lei 10.848/2004.)

V - dirimir, no âmbito administrativo, as divergências entre concessionárias, permissionárias, autorizadas, produtores independentes e autoprodutores, bem como entre esses agentes e seus consumidores;

VI - fixar os critérios para cálculo do preço de transporte de que trata o § 6º do art. 15 da Lei n. 9.074, de 7 de julho de 1995, e arbitrar seus valores nos casos de negociação frustrada entre os agentes envolvidos;

VII - articular com o órgão regulador do setor de combustíveis fósseis e gás natural os critérios para fixação dos preços de transporte desses combustíveis, quando destinados à geração de energia elétrica, e para arbitramento de seus valores, nos casos de negociação frustrada entre os agentes envolvidos;

VIII - estabelecer, com vistas a propiciar concorrência efetiva entre os agentes e a impedir a concentração econômica nos serviços e atividades de energia elétrica, restrições, limites ou condições para empresas, grupos empresariais e acionistas, quanto à obtenção e transferência de concessões, permissões e autorizações, à concentração societária e à realização de negócios entre si; (Acrescentado pela Lei 9.648/1998.)

IX - zelar pelo cumprimento da legislação de defesa da concorrência, monitorando e acompanhando as práticas de mercado dos agentes do setor de energia elétrica; (Acrescentado pela Lei 9.648/1998.)

X - fixar as multas administrativas a serem impostas aos concessionários, permissionários e autorizados de instalações e serviços de energia elétrica, observado o limite, por infração, de 2% (dois por cento) do faturamento, ou do valor estimado da energia produzida nos casos de autoprodução e produção independente, correspondente aos últimos doze meses anteriores à lavratura do auto de infração ou estimados para um período de doze meses caso o infrator não esteja em operação ou esteja operando por um período inferior a doze meses. (Acrescentado pela Lei 9.648/1998.)

XI - estabelecer tarifas para o suprimento de energia elétrica realizado às concessionárias e às permissionárias de distribuição, inclusive às cooperativas de eletrificação rural enquadradas como permissionárias, cujos mercados próprios sejam inferiores a 700 GWh/ano, e tarifas de fornecimento às cooperativas autorizadas, considerando parâmetros técnicos, econômicos, operacionais e a estrutura dos mercados atendidos; (Alterado pela Lei 13.360/2016.)

XII - estabelecer, para cumprimento por parte de cada concessionária e permissionária de serviço público de distribuição de energia elétrica, as metas a serem periodicamente alcançadas, visando a universalização do uso da energia elétrica; (Acrescentado pela Lei 10.438/2002.)

XIII - efetuar o controle prévio e a posteriori de atos e negócios jurídicos a serem celebrados entre concessionárias, permissionárias, autorizadas e seus controladores, suas sociedades controladas ou coligadas e outras sociedades controladas ou coligadas de controlador comum, impondo-lhes restrições à mútua constituição de direitos e obrigações, especialmente comerciais e, no limite, a abstenção do próprio ato ou contrato. (Acrescentado pela Lei 10.438/2002.)

XIV - aprovar as regras e os procedimentos de comercialização de energia elétrica, contratada de formas regulada e livre; (Acrescentado pela Lei 10.848/2004.)

XV - promover processos licitatórios para atendimento às necessidades do mercado; (Acrescentado pela Lei 10.848/2004.)

XVI - homologar as receitas dos agentes de geração na contratação regulada e as tarifas a serem pagas pelas concessionárias, permissionárias ou autorizadas de distribuição de energia elétrica, observados os resultados dos processos licitatórios referidos no inciso XV do *caput* deste artigo; (Acrescentado pela Lei 10.848/2004.)

XVII - estabelecer mecanismos de regulação e fiscalização para garantir o atendimento à totalidade do mercado de cada agente de distribuição e de comercialização de energia elétrica, bem como à carga dos consumidores que tenham exercido a opção prevista nos arts. 15 e 16 da Lei n. 9.074, de 7 de julho de 1995; (Acrescentado pela Lei 10.848/2004.)

XVIII - definir as tarifas de uso dos sistemas de transmissão e distribuição, sendo que as de transmissão devem ser baseadas nas seguintes diretrizes: (Acrescentado pela Lei 10.848/2004.)

a) assegurar arrecadação de recursos suficientes para a cobertura dos custos dos sistemas de transmissão, inclusive das interligações internacionais conectadas à rede básica; (Alterado pela Lei 12.111/2009.)

b) utilizar sinal locacional visando a assegurar maiores encargos para os agentes que mais onerem o sistema de transmissão; (Acrescentado pela Lei 10.848/2004.)

XIX - regular o serviço concedido, permitido e autorizado e fiscalizar permanentemente sua prestação. (Acrescentado pela Lei 10.848/2004.)

XX - definir adicional de tarifas de uso específico das instalações de interligações internacionais para exportação e importação de energia elétrica, visando à modicidade tarifária dos usuários do sistema de transmissão ou distribuição. (Acrescentado pela Lei 12.111/2009.)

XXI - definir as tarifas das concessionárias de geração hidrelétrica que comercializarem energia no regime de cotas de que trata a Medida Provisória no 579, de 11 de setembro de 2012. (Acrescentado pela Lei 12.783/2013.)

§ 1º No exercício da competência prevista nos incisos VIII e IX, a ANEEL deverá articular-se com a Secretaria de Direito Econômico do Ministério da Justiça. (Alterado pela Lei 13.360/2016.)

§ 2º No exercício da competência prevista no inciso XI, a Aneel deverá definir o valor da subvenção prevista no inciso XIII do art. 13 da Lei n. 10.438, de 26 de abril de 2002, a ser recebida por cooperativas de eletrificação rural, concessionárias ou permissionárias, para compensar a reduzida densidade de carga de seu mercado, quando for o caso. (Acrescentado pela Lei 13.360/2016.)

§ 3º A subvenção a que se refere o § 4º será calculada pela Aneel a cada revisão tarifária ordinária da principal concessionária de distribuição supridora da cooperativa de eletrificação rural, concessionária ou permissionária, devendo o valor encontrado ser atualizado pelo Índice Nacional de Preços ao Consumidor Amplo (IPCA), e publicado pelo Instituto Brasileiro de Geografia e Estatística (IBGE), ou outro que o substituir, nos processos subsequentes de reajuste tarifário. (Acrescentado pela Lei 13.360/2016.)

§ 4º A subvenção será igual ao valor adicional de receita requerida que precisaria ser concedido à principal concessionária de distribuição supridora caso os ativos, o mercado e os consumidores da cooperativa de eletrificação rural, concessionária ou permissionária, fizessem parte de sua concessão. (Acrescentado pela Lei 13.360/2016.)

§ 5º O disposto neste artigo aplica-se a partir do processo tarifário da cooperativa de eletrificação rural, concessionária ou permissionária, que suceder a revisão tarifária ordinária da principal concessionária supridora, mesmo que essa tenha ocorrido nos anos de 2015 ou 2016, sempre com efeitos prospectivos, nos termos da regulação da Aneel. (Acrescentado pela Lei 13.360/2016.)

§ 6º A partir da definição da subvenção de que trata o § 4º, os descontos concedidos às cooperativas de eletrificação rural, concessionárias ou permissionárias, nas tarifas de uso dos sistemas de distribuição e transmissão e nas tarifas de energia serão reduzidos até a sua extinção, sendo a redução pelo processo tarifário de que trata o § 5º limitada pelo efeito médio final do processo tarifário, máximo de 20% (vinte por cento). (Acrescentado pela Lei 13.360/2016.)

§ 7º No exercício da competência prevista no inciso XI, a Aneel deverá, para efeito de definição da subvenção de que trata o § 4º e dos descontos nas tarifas de uso dos sistemas de distribuição e transmissão e nas tarifas de energia, considerar o mercado limitado a 500 GWh/ano para as cooperativas de eletrificação rural cujos mercados próprios sejam superiores a 500 GWh/ano. (Acrescentado pela Lei 13.360/2016.)

ART. 3º-A. Além das competências previstas nos incisos IV, VIII e IX do art. 29 da Lei n. 8.987, de 13 de fevereiro de 1995, aplicáveis aos serviços de energia elétrica, compete ao Poder Concedente: (Acrescentado pela Lei 10.848/2004.)

I - elaborar o plano de outorgas, definir as diretrizes para os procedimentos licitatórios e promover as licitações destinadas à contratação de concessionários de serviço público para produção, transmissão e distribuição de energia elétrica e para a outorga de concessão para aproveitamento de potenciais hidráulicos; (Acrescentado pela Lei 10.848/2004.)

II - celebrar os contratos de concessão ou de permissão de serviços públicos de energia elétrica, de concessão de uso de bem público e expedir atos autorizativos. (Acrescentado pela Lei 10.848/2004.)

§ 1º No exercício das competências referidas no inciso IV do art. 29 da Lei n. 8.987, de 13 de fevereiro de 1995, e das competências referidas nos incisos I e II do *caput* deste artigo, o Poder Concedente ouvirá previamente a ANEEL. (Acrescentado pela Lei 10.848/2004.)

§ 2º No exercício das competências referidas no inciso I do *caput* deste artigo, o Poder Concedente delegará à ANEEL a operacionalização dos procedimentos licitatórios. (Acrescentado pela Lei 10.848/2004.)

§ 3º A celebração de contratos e a expedição de atos autorizativos de que trata o inciso II do *caput* deste artigo poderão ser delegadas à ANEEL. (Acrescentado pela Lei 10.848/2004.)

§ 4º O exercício pela ANEEL das competências referidas nos incisos VIII e IX do art. 29 da Lei n. 8.987, de 13 de fevereiro de 1995, dependerá de delegação expressa do Poder Concedente. (Acrescentado pela Lei 10.848/2004.)

ART. 4º A ANEEL será dirigida por um Diretor-Geral e quatro Diretores, em regime de colegiado, cujas funções serão estabelecidas no ato administrativo que aprovar a estrutura organizacional da autarquia.

§ 1º O decreto de constituição da ANEEL indicará qual dos diretores da autarquia terá a incumbência de, na qualidade de ouvidor, zelar pela qualidade do serviço público de energia elétrica, receber, apurar e solucionar as reclamações dos usuários.

§ 2º (Revogado pela Lei 9.649/1998.)

§ 3º O processo decisório que implicar afetação de direitos dos agentes econômicos do setor elétrico ou dos consumidores, mediante iniciativa de projeto de lei ou, quando possível, por via administrativa, será precedido de audiência pública convocada pela ANEEL.

ART. 5º O Diretor-Geral e os demais Diretores serão nomeados pelo Presidente da República para cumprir mandatos não coincidentes de quatro anos, ressalvado o que dispõe o art. 29.

Parágrafo único. A nomeação dos membros da Diretoria dependerá de prévia aprovação do Senado Federal, nos termos da alínea "f" do inciso III do art. 52 da Constituição Federal.

ART. 6º Está impedida de exercer cargo de direção na ANEEL a pessoa que mantiver os seguintes vínculos com qualquer empresa concessionária, permissionária, autorizada, produtor independente, autoprodutor ou prestador de serviço contratado dessas empresas sob regulamentação ou fiscalização da autarquia:

I - acionista ou sócio com participação individual direta superior a três décimos por cento no capital social ou superior a dois por cento no capital social de empresa controladora;

II - membro do conselho de administração, fiscal ou de diretoria executiva;

III - empregado, mesmo com o contrato de trabalho suspenso, inclusive das empresas controladoras ou das fundações de previdência de que sejam patrocinadoras.

Parágrafo único. Também está impedido de exercer cargo de direção da ANEEL membro do conselho ou diretoria de associação regional ou nacional, representativa de interesses dos agentes mencionados no *caput*, de categoria profissional de empregados desses agentes, bem como de conjunto ou classe de consumidores de energia.

ART. 7º A administração da ANEEL será objeto de contrato de gestão, negociado e celebrado entre a Diretoria e o Poder Executivo no prazo máximo de noventa dias após a nomeação do Diretor-Geral, devendo uma cópia do instrumento ser encaminhada para registro no Tribunal de Contas da União, onde servirá de peça de referência em auditoria operacional.

§ 1º O contrato de gestão será o instrumento de controle da atuação administrativa da autarquia e da avaliação do seu desempenho e elemento integrante da prestação de contas do Ministério de Minas e Energia e da ANEEL, a que se refere o art. 9º da Lei n. 8.443, de 16 de julho de 1992, sendo sua inexistência considerada falta de natureza formal, de que trata o inciso II do art. 16 da mesma Lei.

§ 2º Além de estabelecer parâmetros para a administração interna da autarquia, os procedimentos administrativos, inclusive para efeito do disposto no inciso V do art. 3º, o contrato de gestão deve estabelecer, nos programas anuais de trabalho, indicadores que permitam quantificar, de forma objetiva, a avaliação do seu desempenho.

§ 3º O contrato de gestão será avaliado periodicamente e, se necessário, revisado por ocasião da renovação parcial da diretoria da autarquia, sem prejuízo da solidariedade entre seus membros.

ART. 8º (Revogado pela Lei 9.986/2000.)

ART. 9º O ex-dirigente da ANEEL continuará vinculado à autarquia nos doze meses seguintes ao exercício do cargo, durante os quais estará impedido de prestar, direta ou indiretamente, independentemente da forma ou natureza do contrato, qualquer tipo de serviço às empresas sob sua regulamentação ou fiscalização, inclusive controladas, coligadas ou subsidiárias.

§ 1º Durante o prazo da vinculação estabelecida neste artigo, o ex-dirigente continuará prestando serviço à ANEEL ou a qualquer outro órgão da administração pública direta da União, em área atinente à sua qualificação profissional, mediante remuneração equivalente à do cargo de direção que exerceu.

§ 2º Incorre na prática de advocacia administrativa, sujeitando-se o infrator às penas previstas no art. 321 do Código Penal, o ex-dirigente da ANEEL, inclusive por renúncia ao mandato, que descumprir o disposto no *caput* deste artigo.

§ 3º Exclui-se do disposto neste artigo o ex-dirigente que for exonerado no prazo indicado no *caput* do artigo anterior ou pelos motivos constantes de seu parágrafo único.

ART. 10. Os cargos em comissão da autarquia serão exercidos, preferencialmente, por servidores ocupantes de cargo de carreira técnica ou profissional da autarquia, aplicando-se-lhes as mesmas restrições do art. 6º quando preenchidos por pessoas estranhas aos quadros da ANEEL, exceto no período a que se refere o art. 29.

Parágrafo único. Ressalvada a participação em comissões de trabalho criadas com fim específico, duração determinada e não integrantes da estrutura organizacional da autarquia, é vedado à ANEEL requisitar, para lhe prestar serviço, empregados de empresas sob sua regulamentação ou fiscalização.

CAPÍTULO II
DAS RECEITAS E DO ACERVO DA AUTARQUIA

ART. 11. Constituem receitas da Agência Nacional de Energia Elétrica - ANEEL:

I - recursos oriundos da cobrança da taxa de fiscalização sobre serviços de energia elétrica, instituída por esta Lei;

II - recursos ordinários do Tesouro Nacional consignados no Orçamento Fiscal da União e em seus créditos adicionais, transferências e repasses que lhe forem conferidos;

III - produto da venda de publicações, material técnico, dados e informações, inclusive para fins de licitação pública, de emolumentos administrativos e de taxas de inscrição em concurso público;

IV - rendimentos de operações financeiras que realizar;

V - recursos provenientes de convênios, acordos ou contratos celebrados com entidades, organismos ou empresas, públicos ou privados, nacionais ou internacionais;

VI - doações, legados, subvenções e outros recursos que lhe forem destinados;

VII - valores apurados na venda ou aluguel de bens móveis e imóveis de sua propriedade.

Parágrafo único. O orçamento anual da ANEEL, que integra a Lei Orçamentária da União, nos termos do inciso I do § 5º do art. 165 da Constituição Federal, deve considerar as receitas previstas neste artigo de forma a dispensar, no prazo máximo de três anos, os recursos ordinários do Tesouro Nacional.

ART. 12. É instituída a Taxa de Fiscalização de Serviços de Energia Elétrica, que será anual, diferenciada em função da modalidade e proporcional ao porte do serviço concedido, permitido ou autorizado, aí incluída a produção independente de energia elétrica e a autoprodução de energia.

§ 1º A taxa de fiscalização, equivalente a 0,4% (quatro décimos por cento) do valor do benefício econômico anual auferido pelo concessionário, permissionário ou autorizado, será determinada pelas seguintes fórmulas: (Alterado pela Lei 12.783/2013.)

I - TFg = P x Gu (Alterado pela Lei 12.783/2013.)

onde: (Alterado pela Lei 12.783/2013.)

TFg = taxa de fiscalização da concessão de geração; (Alterado pela Lei 12.783/2013.)

P = potência instalada para o serviço de geração; (Alterado pela Lei 12.783/2013.)

Gu = 0,4% do valor unitário do benefício anual decorrente da exploração do serviço de geração; (Alterado pela Lei 12.783/2013.)

II - TFt = P x Tu (Alterado pela Lei 12.783/2013.)

onde: (Alterado pela Lei 12.783/2013.)

TFt = taxa de fiscalização da concessão de transmissão; (Alterado pela Lei 12.783/2013.)

P = potência instalada para o serviço de transmissão; (Alterado pela Lei 12.783/2013.)

Tu = 0,4% do valor unitário do benefício anual decorrente da exploração do serviço de transmissão;

III - TFd = [Ed / (FC x 8,76)] x Du (Alterado pela Lei 12.783/2013.)

onde: (Alterado pela Lei 12.783/2013.)

TFd = taxa de fiscalização da concessão de distribuição; (Alterado pela Lei 12.783/2013.)

Ed = energia anual faturada com o serviço concedido de distribuição, em megawatt/hora; (Alterado pela Lei 12.783/2013.)

FC = fator de carga médio anual das instalações de distribuição, vinculadas ao serviço concedido; (Alterado pela Lei 12.783/2013.)

Du = 0,4% (quatro décimos por cento) do valor unitário do benefício anual decorrente da exploração do serviço de distribuição. (Alterado pela Lei 12.783/2013.)

§ 2º Para determinação do valor do benefício econômico a que se refere o parágrafo anterior, considerar-se-á a tarifa fixada no respectivo contrato de concessão ou no ato de outorga da concessão, permissão ou autorização, quando se tratar de serviço público, ou no contrato de venda de energia, quando se tratar de produção independente.

§ 3º No caso de exploração para uso exclusivo, o benefício econômico será calculado com base na estipulação de um valor típico para a unidade de energia elétrica gerada.

§ 4º (Vetado). (Acrescentado pela Lei 12.783/2013.)

ART. 13. A taxa anual de fiscalização será devida pelos concessionários, permissionários e autorizados a partir de 1º de janeiro de 1997, devendo ser recolhida diretamente à ANEEL, em duodécimos, na forma em que dispuser o regulamento desta Lei.

§ 1º Do valor global das quotas da Reserva Global de Reversão - RGR, de que trata o art. 4º da Lei n. 5.655, de 20 de maio de 1971, com a redação dada pelo art. 9º da Lei n. 8.631, de 4 de março de 1993, devidas pelos concessionários e permissionários, será deduzido o valor da taxa de fiscalização, vedada qualquer majoração de tarifas por conta da instituição desse tributo.

§ 2º A Reserva Global de Reversão de que trata o parágrafo anterior é considerada incluída nas tarifas de energia elétrica, com as alterações seguintes:

I - é fixada em até dois e meio por cento a quota anual de reversão que incidirá sobre os investimentos dos concessionários e permissionários, nos termos estabelecidos pelo art. 9º da Lei n. 8.631, de 4 de março de 1993, observado o limite de três por cento da receita anual;

II - do total dos recursos arrecadados a partir da vigência desta Lei, cinqüenta por cento, no mínimo, serão destinados para aplicação em investimentos no Setor Elétrico das Regiões Norte, Nordeste e Centro-Oeste, dos quais 1/2 em programas de eletrificação rural, conservação e uso racional de energia e atendimento de comunidades de baixa renda.

III - os recursos referidos neste artigo poderão ser contratados diretamente com Estados, Municípios, concessionárias e permissionárias de serviço público de energia elétrica e agentes autorizados, assim como Cooperativas de Eletrificação Rural, Cooperativas responsáveis pela implantação de infraestrutura em projetos de reforma agrária e Consórcios Intermunicipais; (Alterado pela Lei 10.438/2002.)

IV - os recursos destinados ao semiárido da Região Nordeste serão aplicados a taxas de financiamento não superiores às previstas para os recursos a que se refere a alínea "c" do inciso I do art. 159 da Constituição Federal.

V - as condições de financiamento previstas no inciso IV poderão ser estendidas, a critério da Aneel, aos recursos contratados na forma do inciso III que se destinem a programas vinculados às metas de universalização do serviço público de energia elétrica nas regiões mencionadas no inciso II. (Acrescentado pela Lei 10.438/2002.)

CAPÍTULO III DO REGIME ECONÔMICO E FINANCEIRO DAS CONCESSÕES DE SERVIÇO PÚBLICO DE ENERGIA ELÉTRICA

ART. 14. O regime econômico e financeiro da concessão de serviço público de energia elétrica, conforme estabelecido no respectivo contrato, compreende:

I - a contraprestação pela execução do serviço, paga pelo consumidor final com tarifas baseadas no serviço pelo preço, nos termos da Lei n. 8.987, de 13 de fevereiro de 1995;

II - a responsabilidade da concessionária em realizar investimentos em obras e instalações que reverterão à União na extinção do contrato, garantida a indenização nos casos e condições previstos na Lei n. 8.987, de 13 de fevereiro de 1995, e nesta Lei, de modo a assegurar a qualidade do serviço de energia elétrica;

III - a participação do consumidor no capital da concessionária, mediante contribuição financeira para execução de obras de interesse mútuo, conforme definido em regulamento;

IV - apropriação de ganhos de eficiência empresarial e da competitividade;

V - indisponibilidade, pela concessionária, salvo disposição contratual, dos bens considerados reversíveis.

ART. 15. Entende-se por serviço pelo preço o regime econômico-financeiro mediante o qual as tarifas máximas do serviço público de energia elétrica são fixadas:

I - no contrato de concessão ou permissão resultante de licitação pública, nos termos da Lei n. 8.987, de 13 de fevereiro de 1995;

II - no contrato que prorrogue a concessão existente, nas hipóteses admitidas na legislação vigente; (Alterado pela Lei 12.783/2013.)

III - no contrato de concessão celebrado em decorrência de desestatização, nos casos indicados no art. 27 da Lei n. 9.074, de 7 de julho de 1995;

IV - em ato específico da ANEEL, que autorize a aplicação de novos valores, resultantes de revisão ou de reajuste, nas condições do respectivo contrato.

§ 1º A manifestação da ANEEL para a autorização exigida no inciso IV deste artigo deverá ocorrer no prazo máximo de trinta dias a contar da apresentação da proposta da concessionária ou permissionária, vedada a formulação de exigências que não se limitem à comprovação dos fatos alegados para a revisão ou reajuste, ou dos índices utilizados.

§ 2º A não manifestação da ANEEL, no prazo indicado, representará a aceitação dos novos valores tarifários apresentados, para sua imediata aplicação.

§ 3º A concessionária deverá divulgar em seu sítio eletrônico, de forma clara e de fácil compreensão pelo consumidor final, tabela com o valor das tarifas praticadas e a evolução das revisões ou reajustes realizados nos últimos cinco anos. (Acrescentado pela Lei 13.673/2018.)

ART. 16. Os contratos de concessão referidos no artigo anterior, ao detalhar a cláusula prevista no inciso V do art. 23 da Lei n. 8.987, de 13 de fevereiro de 1995, poderão prever o compromisso de investimento mínimo anual da concessionária destinado a atender a expansão do mercado e a ampliação e modernização das instalações vinculadas ao serviço.

ART. 17. A suspensão, por falta de pagamento, do fornecimento de energia elétrica a consumidor que preste serviço público ou essencial à população e cuja atividade sofra prejuízo será comunicada com antecedência de quinze dias ao Poder Público local ou ao Poder Executivo Estadual.

§ 1º O Poder Público que receber a comunicação adotará as providências administrativas para preservar a população dos efeitos da suspensão do fornecimento de energia elétrica, inclusive dando publicidade à contingência, sem prejuízo das ações de responsabilização pela falta de pagamento que motivou a medida. (Alterado pela Lei 10.438/2002.)

§ 2º Sem prejuízo do disposto nos contratos em vigor, o atraso do pagamento de faturas de compra de energia elétrica e das contas mensais de seu fornecimento aos consumidores, do uso da rede básica e das instalações de conexão, bem como do recolhimento mensal dos encargos relativos às quotas da Reserva Global de Reversão - RGR, à compensação financeira pela utilização de recursos hídricos, ao uso de bem público, ao rateio da Conta de Consumo de Combustíveis - CCC, à Conta de Desenvolvimento Energético - CDE, ao Programa de Incentivo às Fontes Alternativas de Energia Elétrica - PROINFA e à Taxa de Fiscalização dos Serviços de Energia Elétrica, implicará a incidência de juros de mora de um por cento ao mês e multa de até cinco por cento, a ser fixada pela ANEEL, respeitado o limite máximo admitido pela legislação em vigor. (Alterado pela Lei/10.762/2003.)

ART. 18. A ANEEL somente aceitará como bens reversíveis da concessionária ou permissionária do serviço público de energia elétrica aqueles utilizados, exclusiva e permanentemente, para produção, transmissão e distribuição de energia elétrica.

ART. 19. Na hipótese de encampação da concessão, a indenização devida ao concessionário, conforme previsto no art. 36 da Lei n. 8.987, de 13 de fevereiro de 1995, compreenderá as perdas decorrentes da extinção do contrato, excluídos os lucros cessantes.

CAPÍTULO IV DA DESCENTRALIZAÇÃO DAS ATIVIDADES

ART. 20. Sem prejuízo do disposto na alínea b do inciso XII do art. 21 e no inciso XI do art. 23 da Constituição Federal, a execução das atividades complementares de regulação, controle e fiscalização dos serviços e instalações de energia elétrica poderá ser descentralizada pela União para os Estados e para o Distrito Federal visando à gestão associada de serviços públicos, mediante convênio de cooperação. (Alterado pela Lei 12.111/2009.)

§ 1º A descentralização abrangerá os serviços e instalações de energia elétrica prestados e situados no território da respectiva unidade federativa, exceto:

I - os de geração de interesse do sistema elétrico interligado, conforme condições estabelecidas em regulamento da Aneel; (Alterado pela Lei 12.111/2009.)

II - os de transmissão integrante da rede básica.

§ 2º A delegação de que trata este Capítulo será conferida desde que o Distrito Federal ou o Estado interessado possua serviços técnicos e administrativos competentes, devidamente organizados e aparelhados para execução das respectivas atividades, conforme condições estabelecidas em regulamento da Aneel. (Alterado pela Lei 12.111/2009.)

§ 3º A execução pelos Estados e Distrito Federal das atividades delegadas será disciplinada por meio de contrato de metas firmado entre a Aneel e a Agência Estadual ou Distrital, conforme regulamentação da Aneel, que observará os seguintes parâmetros: (Alterado pela Lei 12.111/2009.)

I - controle de resultado voltado para a eficiência da gestão; (Acrescentado pela Lei 12.111/2009.)

II - contraprestação baseada em custos de referência; (Acrescentado pela Lei 12.111/2009.)

III - vinculação ao Convênio de Cooperação firmado por prazo indeterminado. (Acrescentado pela Lei 12.111/2009.)

§ 4º Os atuais convênios de cooperação permanecem em vigor até 31 de dezembro de 2011. (Acrescentado pela Lei 12.111/2009.)

ART. 21. Na execução das atividades complementares de regulação, controle e fiscalização dos serviços e instalações de energia elétrica, a unidade federativa observará as pertinentes normas legais e regulamentares federais.

§ 1º As normas de regulação complementar baixadas pela unidade federativa deverão se harmonizar com as normas expedidas pela ANEEL.

§ 2º É vedado à unidade federativa conveniada exigir de concessionária ou permissionária sob sua ação complementar de regulação, controle e fiscalização obrigação não exigida ou que resulte em encargo distinto do exigido de empresas congêneres, sem prévia autorização da ANEEL.

ART. 22. Em caso de descentralização da execução de atividades relativas aos serviços e instalações de energia elétrica, parte da Taxa de Fiscalização correspondente, prevista no art. 12 desta Lei, arrecadada na respectiva unidade federativa, será a esta transferida como contraprestação pelos serviços delegados, na forma estabelecida no contrato de metas. (Alterado pela Lei 12.111/2009.)

CAPÍTULO V
DAS DISPOSIÇÕES FINAIS E TRANSITÓRIAS

ART. 23. As licitações realizadas para outorga de concessões devem observar o disposto nesta Lei, nas Leis n. 8.987, de 13 de fevereiro de 1995, 9.074, de 7 de julho de 1995, e, como norma geral, a Lei n. 8.666, de 21 de junho de 1993.

§ 1º Nas licitações destinadas a contratar concessões e permissões de serviço público e uso de bem público é vedada a declaração de inexigibilidade prevista no art. 25 da Lei n. 8.666, de 21 de junho de 1993;

§ 2º Nas licitações mencionadas no parágrafo anterior, a declaração de dispensa de licitação só será admitida quando não acudirem interessados à primeira licitação e esta, justificadamente, não puder ser repetida sem prejuízo para a administração, mantidas, neste caso, todas as condições estabelecidas no edital, ainda que modifiquem condições vigentes de concessão, permissão ou uso de bem público cujos contratos estejam por expirar.

ART. 24. As licitações para exploração de potenciais hidráulicos serão processadas nas modalidades de concorrência ou de leilão e as concessões serão outorgadas a título oneroso.

Parágrafo único. No caso de leilão, somente poderão oferecer proposta os interessados pré-qualificados, conforme definido no procedimento correspondente.

ART. 25. No caso de concessão ou autorização para produção independente de energia elétrica, o contrato ou ato autorizativo definirá as condições em que o produtor independente poderá realizar a comercialização de energia elétrica produzida e da que vier a adquirir, observado o limite de potência autorizada, para atender aos contratos celebrados, inclusive na hipótese de interrupção da geração de sua usina em virtude de determinação dos órgãos responsáveis pela operação otimizada do sistema elétrico.

ART. 26. Cabe ao Poder Concedente, diretamente ou mediante delegação à ANEEL, autorizar: (Alterado pela Lei 10.848/2004.)

I - o aproveitamento de potencial hidráulico de potência superior a 5.000 kW (cinco mil quilowatts) e igual ou inferior a 30.000 kW (trinta mil quilowatts), destinado a produção independente ou autoprodução, mantidas as características de pequena central hidroelétrica; (Alterado pela Lei 13.360/2016.)

II - a compra e venda de energia elétrica, por agente comercializador; (Alterado pela Lei 9.648/1998.)

III - a importação e exportação de energia elétrica, bem como a implantação das respectivas instalações de transmissão associadas, ressalvado o disposto no § 6º do art. 17 da Lei n. 9.074, de 7 de julho de 1995; (Alterado pela Lei 12.111/2009.)

IV - a comercialização, eventual e temporária, pelos autoprodutores, de seus excedentes de energia elétrica. (Acrescentado pela Lei 9.648/1998.)

V - os acréscimos de capacidade de geração, objetivando o aproveitamento ótimo do potencial hidráulico. (Acrescentado pela Lei 10.438/2002.)

VI - o aproveitamento de potencial hidráulico de potência superior a 5.000 kW (cinco mil quilowatts) e igual ou inferior a 50.000 kW (cinquenta mil quilowatts), destinado à produção independente ou autoprodução, independentemente de ter ou não característica de pequena central hidroelétrica. (Alterado pela Lei 13.360/2016.)

§ 1º Para o aproveitamento referido no inciso I do *caput* deste artigo, para os empreendimentos hidroelétricos com potência igual ou inferior a 5.000 kW (cinco mil quilowatts) e para aqueles com base em fontes solar, eólica, biomassa e cogeração qualificada, conforme regulamentação da Aneel, incluindo proveniente de resíduos sólidos urbanos e rurais, cuja potência injetada nos sistemas de transmissão ou distribuição seja menor ou igual a 30.000 kW (trinta mil quilowatts), a Aneel estipulará percentual de redução não inferior a 50% (cinquenta por cento) a ser aplicado às tarifas de uso dos sistemas elétricos de transmissão e de distribuição, incidindo na produção e no consumo da energia: (Alterado pela Lei 13.360/2016.)

I - comercializada pelos aproveitamentos; e (Acrescentado pela Lei 13.203/2015.)

II - destinada à autoprodução, desde que proveniente de empreendimentos que entrarem em operação comercial a partir de 1º de janeiro de 2016. (Acrescentado pela Lei 13.203/2015.)

§ 1º-A Para empreendimentos com base em fontes solar, eólica, biomassa e, conforme regulamentação da Aneel, cogeração qualificada, a Aneel estipulará percentual de redução não inferior a 50% (cinquenta por cento) a ser aplicado às tarifas de uso dos sistemas elétricos de transmissão e de distribuição, incidindo na produção e no consumo da energia proveniente de tais empreendimentos, comercializada ou destinada à autoprodução, pelos aproveitamentos, desde que a potência injetada nos sistemas de transmissão ou distribuição seja maior que 30.000 kW (trinta mil quilowatts) e menor ou igual a 300.000 kW (trezentos mil quilowatts) e atendam a quaisquer dos seguintes critérios: (Acrescentado pela Lei 13.203/2015.)

I - resultem de leilão de compra de energia realizado a partir de 1º de janeiro de 2016; ou (Acrescentado pela Lei 13.203/2015.)

II - venham a ser autorizados a partir de 1º de janeiro de 2016. (Acrescentado pela Lei 13.203/2015.)

§ 1º-B. Os aproveitamentos com base em fonte de biomassa cuja potência injetada nos sistemas de transmissão e distribuição seja maior que 30.000 kW (trinta mil quilowatts) e menor ou igual a 50.000 kW (cinquenta mil quilowatts) que não atendam aos critérios definidos no § 1º-A, bem como aqueles previstos no inciso VI do *caput*, terão direito ao percentual de redução sobre as tarifas de uso dos sistemas elétricos de transmissão e de distribuição previsto no § 1º, limitando-se a aplicação do desconto a 30.000 kW (trinta mil quilowatts) de potência injetada nos sistemas de transmissão e distribuição. (Acrescentado pela Lei 13.299/2016.)

§ 1º-C. Os percentuais de redução a que se referem os §§ 1º, 1º-A e 1º-B não serão aplicados aos empreendimentos com base em fontes solar, eólica, biomassa e cogeração qualificada que tiverem suas outorgas de autorização prorrogadas. (Acrescentado pela Lei 13.360/2016.)

§ 2º Ao aproveitamento referido neste artigo que funcionar interligado e ou integrado ao sistema elétrico, é assegurada a participação nas vantagens técnicas e econômicas da operação interligada, especialmente em sistemática ou mecanismo de realocação de energia entre usinas, destinado a mitigação dos riscos hidrológicos, devendo também se submeter ao rateio do ônus, quando ocorrer. (Alterado pela Lei 10.438/2002.)

§ 3º A comercialização da energia elétrica resultante da atividade referida nos incisos II, III e IV, far-se-á nos termos dos arts. 12, 15 e 16 da Lei n. 9.074, de 1995. (Acrescentado pela Lei 9.648/1998.)

§ 4º Ressalvado o disposto no art. 2º da Lei n. 12.783, de 11 de janeiro de 2013, é estendida às usinas hidroelétricas referidas no inciso I do *caput* deste artigo que iniciarem a operação após a publicação desta Lei a isenção de que trata o inciso I do art. 4º da Lei n. 7.990, de 28 de dezembro de 1989. (Alterado pela Lei 13.360/2016.)

§ 5º Os aproveitamentos referidos nos incisos I e VI do *caput* deste artigo, os empreendimentos com potência igual ou inferior a 5.000 kW (cinco mil quilowatts) e aqueles com base em fontes solar, eólica e biomassa cuja potência injetada nos sistemas de transmissão ou distribuição seja menor ou igual a 50.000 kW (cinquenta mil quilowatts) poderão comercializar energia elétrica com consumidor ou conjunto de consumidores reunidos por comunhão de interesses de fato ou de direito, cuja carga seja maior ou igual a 500 kW (quinhentos quilowatts), observados os prazos de carência constantes do art. 15 da Lei n. 9.074, de 7 de julho de 1995, conforme regulamentação da Aneel, podendo o fornecimento ser complementado por empreendimentos de geração associados às fontes aqui referidas, visando à garantia de suas disponibilidades energéticas, mas limitado a 49% (quarenta e nove por cento) da energia média que produzirem, sem prejuízo do previsto nos §§ 1º e 2º deste artigo. (Alterado pela Lei 13.360/2016.)

§ 6º Quando dos acréscimos de capacidade de geração de que trata o inciso V deste artigo, a potência final da central hidrelétrica resultar superior a 30.000 kW, o autorizado não fará mais jus ao enquadramento de pequena central hidrelétrica. (Acrescentado pela Lei 10.438/2002.)

§ 7º As autorizações e concessões que venham a ter acréscimo de capacidade na forma do inciso V deste artigo poderão ser prorrogadas por prazo suficiente à amortização dos investimentos, limitado a 20 (vinte) anos. (Acrescentado pela Lei 10.438/2002.)

§ 8º Fica reduzido para 50 kW o limite mínimo de carga estabelecido no § 5º deste artigo quando o consumidor ou conjunto de consumidores se situar no âmbito dos sistemas elétricos isolados. (Acrescentado pela Lei 10.438/2002.)

§ 9º (Vetado) (Acrescentado pela Lei 11.943/2009.)

§ 10. (Vetado). (Acrescentado pela Lei 13.360/2016.)

§ 11. Nos processos de outorga de autorização, inclusive na realização dos estudos e dos projetos, é facultada ao agente interessado a apresentação de qualquer uma das modalidades de garantia previstas no § 1º do art. 56 da Lei n. 8.666, de 21 de junho de 1993. (Acrescentado pela Lei 13.360/2016.)

ART. 27. (Revogado pela Lei 10.848/2004.)

ART. 28. A realização de estudos de viabilidade, anteprojetos ou projetos de aproveitamentos de potenciais hidráulicos deverá ser informada à ANEEL para fins de registro, não gerando direito de preferência para a obtenção de concessão para serviço público ou uso de bem público.

§ 1º Os proprietários ou possuidores de terrenos marginais a potenciais de energia hidráulica e das rotas dos correspondentes sistemas de transmissão só estão obrigados a permitir a realização de levantamentos de campo quando o interessado dispuser de autorização específica da ANEEL.

§ 2º A autorização mencionada no parágrafo anterior não confere exclusividade ao interessado, podendo a ANEEL estipular a prestação de caução em dinheiro para eventuais indenizações de danos causados à propriedade onde se localize o sítio objeto dos levantamentos.

§ 3º No caso de serem esses estudos ou projetos aprovados pelo Poder Concedente, para inclusão no programa de licitações de concessões, será assegurado ao interessado o ressarcimento dos respectivos custos incorridos, pelo vencedor da licitação, nas condições estabelecidas no edital. (Alterado pela Lei 10.848/2004.)

§ 4º A liberdade prevista neste artigo não abrange os levantamentos de campo em sítios localizados em áreas indígenas, que somente poderão ser realizados com autorização específica do Poder Executivo, que estabelecerá as condições em cada caso.

ART. 29. Na primeira gestão da autarquia, visando implementar a transição para o sistema de mandatos não coincidentes, o Diretor-Geral e dois Diretores serão nomeados pelo Presidente da República, por indicação do Ministério de Minas e Energia, e dois Diretores nomeados na forma do disposto no parágrafo único do art. 5º.

§ 1º O Diretor-Geral e os dois Diretores indicados pelo Ministério de Minas e Energia serão nomeados pelo período de três anos.

§ 2º Para as nomeações de que trata o parágrafo anterior não terá aplicação o disposto nos arts. 6º e 8º desta Lei.

ART. 30. Durante o período de trinta e seis meses, contados da data de publicação desta Lei, os reajustes e revisões das tarifas do serviço público de energia elétrica serão efetuados segundo as condições dos respectivos contratos e legislação pertinente, observados os parâmetros e diretrizes específicos, estabelecidos em ato conjunto dos Ministros de Minas e Energia e da Fazenda.

ART. 31. Serão transferidos para a ANEEL o acervo técnico e patrimonial, as obrigações, os direitos e receitas do Departamento Nacional de Águas e Energia Elétrica - DNAEE.

§ 1º Permanecerão com o Ministério de Minas e Energia as receitas oriundas do § 1º do art. 20 da Constituição Federal.

§ 2º Ficarão com o Ministério de Minas e Energia, sob a administração temporária da ANEEL, como órgão integrante do Sistema Nacional de Gerenciamento de Recursos Hídricos, a rede hidrométrica, o acervo técnico e as atividades de hidrologia relativos aos aproveitamentos de energia hidráulica.

§ 3º Os órgãos responsáveis pelo gerenciamento dos recursos hídricos e a ANEEL devem se articular para a outorga de concessão de uso de águas em bacias hidrográficas, de que possa resultar a redução da potência firme de potenciais hidráulicos, especialmente os que se encontrem em operação, com obras iniciadas ou por iniciar, mas já concedidas.

ART. 32. É o Poder Executivo autorizado a remanejar, transferir ou utilizar os saldos orçamentários do Ministério de Minas e Energia, para atender as despesas de estruturação e manutenção da ANEEL, utilizando como recursos as dotações orçamentárias destinadas às atividades finalísticas e administrativas, observados os mesmos subprojetos, subatividades e grupos de despesas previstos na Lei Orçamentária em vigor.

ART. 33. No prazo máximo de vinte e quatro meses, a contar da sua organização, a ANEEL promoverá a simplificação do Plano de Contas específico para as empresas concessionárias de serviços públicos de energia elétrica, com a segmentação das contas por tipo de atividade de geração, transmissão e distribuição.

ART. 34. O Poder Executivo adotará as providências necessárias à constituição da autarquia Agência Nacional de Energia Elétrica - ANEEL, em regime especial, com a definição da estrutura organizacional, aprovação do seu regimento interno e a nomeação dos Diretores, a que se refere o § 1º do art. 29, e do Procurador-Geral.

§§ 1º e **2º** (Revogados pela Lei 9.649/1998.)

§ 3º Até que seja provido o cargo de Procurador-Geral da ANEEL, a Consultoria Jurídica do Ministério de Minas e Energia e a Advocacia-Geral da União prestarão à autarquia a assistência jurídica necessária, no âmbito de suas competências.

§ 4º Constituída a Agência Nacional de Energia Elétrica - ANEEL, com a publicação de seu regimento interno, ficará extinto o Departamento Nacional de Águas e Energia Elétrica - DNAEE.

ART. 35. Esta Lei entra em vigor na data de sua publicação.

Brasília, 26 de dezembro de 1996; 175º da Independência e 108º da República.
FERNANDO HENRIQUE CARDOSO

LEI N. 9.430, DE 27 DE DEZEMBRO DE 1996

Dispõe sobre a legislação tributária federal, as contribuições para a seguridade social, o processo administrativo de consulta e dá outras providências.

▸ *DOU*, 30.12.1996

O Presidente da República. Faço saber que o Congresso Nacional decreta e eu sanciono a seguinte Lei:

CAPÍTULO I
IMPOSTO DE RENDA - PESSOA JURÍDICA

SEÇÃO I
APURAÇÃO DA BASE DE CÁLCULO

Período de Apuração Trimestral

ART. 1º A partir do ano-calendário de 1997, o imposto de renda das pessoas jurídicas será determinado com base no lucro real, presumido, ou arbitrado, por períodos de apuração trimestrais, encerrados nos dias 31 de março, 30 de junho, 30 de setembro e 31 de dezembro de cada ano-calendário, observada a legislação vigente, com as alterações desta Lei.

§ 1º Nos casos de incorporação, fusão ou cisão, a apuração da base de cálculo e do imposto de renda devido será efetuada na data do evento, observado o disposto no art. 21 da Lei n. 9.249, de 26 de dezembro de 1995.

§ 2º Na extinção da pessoa jurídica, pelo encerramento da liquidação, a apuração da base de cálculo e do imposto devido será efetuada na data desse evento.

Pagamento por Estimativa

ART. 2º A pessoa jurídica sujeita a tributação com base no lucro real poderá optar pelo pagamento do imposto, em cada mês, determinado sobre base de cálculo estimada, mediante a aplicação dos percentuais de que trata o art. 15 da Lei n. 9.249, de 26 de dezembro de 1995, sobre a receita bruta definida pelo art. 12 do Decreto-Lei n. 1.598, de 26 de dezembro de 1977, auferida mensalmente, deduzida das devoluções, vendas canceladas e dos descontos incondicionais concedidos, observado o disposto nos §§ 1º e 2º do art. 29 e nos arts. 30, 32, 34 e 35 da Lei n. 8.981, de 20 de janeiro de 1995. (Alterado pela Lei 12.973/2014.)

▸ Dec. 2.259/1997 (Regulamenta a legislação do imposto de renda na parte relativa a incentivos fiscais).

§ 1º O imposto a ser pago mensalmente na forma deste artigo será determinado mediante a aplicação, sobre a base de cálculo, da alíquota de quinze por cento.

§ 2º A parcela da base de cálculo, apurada mensalmente, que exceder a R$ 20.000,00 (vinte mil reais) ficará sujeita à incidência de adicional de imposto de renda à alíquota de dez por cento.

§ 3º A pessoa jurídica que optar pelo pagamento do imposto na forma deste artigo deverá apurar o lucro real em 31 de dezembro de cada ano, exceto nas hipóteses de que tratam os §§ 1º e 2º do artigo anterior.

§ 4º Para efeito de determinação do saldo de imposto a pagar ou a ser compensado, a pessoa jurídica poderá deduzir do imposto devido o valor:

I - dos incentivos fiscais de dedução do imposto, observados os limites e prazos fixados na legislação vigente, bem como o disposto no § 4º do art. 3º da Lei n. 9.249, de 26 de dezembro de 1995;

II - dos incentivos fiscais de redução e isenção do imposto, calculados com base no lucro da exploração;

III - do imposto de renda pago ou retido na fonte, incidente sobre receitas computadas na determinação do lucro real;

IV - do imposto de renda pago na forma deste artigo.

SEÇÃO II
PAGAMENTO DO IMPOSTO

Escolha da Forma de Pagamento

ART. 3º A adoção da forma de pagamento do imposto prevista no art. 1º, pelas pessoas jurídicas sujeitas ao regime do lucro real, ou a opção pela forma do art. 2º será irretratável para todo o ano-calendário.

Parágrafo único. A opção pela forma estabelecida no art. 2º será manifestada com o pagamento do imposto correspondente ao mês de janeiro ou de início de atividade.

Adicional do Imposto de Renda

ART. 4º Os §§ 1º e 2º do art. 3º da Lei n. 9.249, de 26 de dezembro de 1995, passam a vigorar com a seguinte redação:

▸ Alterações promovidas no texto da referida lei.

Imposto Correspondente a Período Trimestral

ART. 5º O imposto de renda devido, apurado na forma do art. 1º, será pago em quota única, até o último dia útil do mês subsequente ao do encerramento do período de apuração.

§ 1º À opção da pessoa jurídica, o imposto devido poderá ser pago em até três quotas mensais, iguais e sucessivas, vencíveis no último dia útil dos três meses subsequentes ao de encerramento do período de apuração a que corresponder.

§ 2º Nenhuma quota poderá ter valor inferior a R$ 1.000,00 (mil reais) e o imposto de valor inferior a R$ 2.000,00 (dois mil reais) será pago em quota única, até o último dia útil do mês subsequente ao do encerramento do período de apuração.

§ 3º As quotas do imposto serão acrescidas de juros equivalentes à taxa referencial do

Sistema Especial de Liquidação e Custódia - SELIC, para títulos federais, acumulada mensalmente, calculados a partir do primeiro dia do segundo mês subsequente ao do encerramento do período de apuração até o último dia do mês anterior ao do pagamento e de um por cento no mês do pagamento.

§ 4º Nos casos de incorporação, fusão ou cisão e de extinção da pessoa jurídica pelo encerramento da liquidação, o imposto devido deverá ser pago até o último dia útil do mês subsequente ao do evento, não se lhes aplicando a opção prevista no § 1º.

Pagamento por Estimativa

ART. 6º O imposto devido, apurado na forma do art. 2º, deverá ser pago até o último dia útil do mês subsequente àquele a que se referir.

§ 1º O saldo do imposto apurado em 31 de dezembro receberá o seguinte tratamento: (Alterado pela Lei 12.844/2013).

I - se positivo, será pago em quota única, até o último dia útil do mês de março do ano subsequente, observado o disposto no § 2º; ou (Alterado pela Lei 12.844/2013).

II - se negativo, poderá ser objeto de restituição ou de compensação nos termos do art. 74. (Alterado pela Lei 12.844/2013).

§ 2º O saldo do imposto a pagar de que trata o inciso I do parágrafo anterior será acrescido de juros calculados à taxa a que se refere o § 3º do art. 5º, a partir de 1º de fevereiro até o último dia do mês anterior ao do pagamento e de um por cento no mês do pagamento.

§ 3º O prazo a que se refere o inciso I do § 1º não se aplica ao imposto relativo ao mês de dezembro, que deverá ser pago até o último dia útil do mês de janeiro do ano subsequente.

Disposições Transitórias

ART. 7º Alternativamente ao disposto no art. 40 da Lei n. 8.981, de 20 de janeiro de 1995, com as alterações da Lei n. 9.065, de 20 de junho de 1995, a pessoa jurídica tributada com base no lucro real ou presumido poderá efetuar o pagamento do saldo do imposto devido, apurado em 31 de dezembro de 1996, em até quatro quotas mensais, iguais e sucessivas, devendo a primeira ser paga até o último útil do mês de março de 1997 e as demais no último dia útil dos meses subsequentes.

§ 1º Nenhuma quota poderá ter valor inferior a R$ 1.000,00 (mil reais) e o imposto de valor inferior a R$ 2.000,00 (dois mil reais) será pago em quota única, até o último dia útil do mês de março de 1997.

§ 2º As quotas do imposto serão acrescidas de juros calculados à taxa a que se refere o § 3º do art. 5º, a partir de 1º de abril de 1997 até o último dia do mês anterior ao do pagamento e de um por cento no mês do pagamento.

§ 3º Havendo saldo de imposto pago a maior, a pessoa jurídica poderá compensá-lo com o imposto devido, correspondente aos períodos de apuração subsequentes, facultado o pedido de restituição.

ART. 8º As pessoas jurídicas, mesmo as que não tenham optado pela forma de pagamento do art. 2º, deverão calcular e pagar o imposto de renda relativo aos meses de janeiro e fevereiro de 1997 de conformidade com o referido dispositivo.

Parágrafo único. Para as empresas submetidas às normas do art. 1º o imposto pago com base na receita bruta auferida nos meses de janeiro e fevereiro de 1997 será deduzido do que for devido em relação ao período de apuração encerrado no dia 31 de março de 1997.

SEÇÃO III
PERDAS NO RECEBIMENTO DE
CRÉDITOS DEDUÇÃO

ART. 9º As perdas no recebimento de créditos decorrentes das atividades da pessoa jurídica poderão ser deduzidas como despesas, para determinação do lucro real, observado o disposto neste artigo.

§ 1º Poderão ser registrados como perda os créditos:

I - em relação aos quais tenha havido a declaração de insolvência do devedor, em sentença emanada do Poder Judiciário;

II - sem garantia, de valor:

a) até R$ 5.000,00 (cinco mil reais), por operação, vencidos há mais de seis meses, independentemente de iniciados os procedimentos judiciais para o seu recebimento;

b) acima de R$ 5.000,00 (cinco mil reais) até R$ 30.000,00 (trinta mil reais), por operação, vencidos há mais de um ano, independentemente de iniciados os procedimentos judiciais para o seu recebimento, porém, mantida a cobrança administrativa;

c) superior a R$ 30.000,00 (trinta mil reais), vencidos há mais de um ano, desde que iniciados e mantidos os procedimentos judiciais para o seu recebimento;

III - com garantia, vencidos há mais de dois anos, desde que iniciados e mantidos os procedimentos judiciais para o seu recebimento ou o arresto das garantias;

IV - contra devedor declarado falido ou pessoa jurídica em concordata ou recuperação judicial, relativamente à parcela que exceder o valor que esta tenha se comprometido a pagar, observado o disposto no § 5º. (Alterado pela Lei 13.097/2015.)

§ 2º No caso de contrato de crédito em que o não pagamento de uma ou mais parcelas implique o vencimento automático de todas as demais parcelas vincendas, os limites a que se referem as alíneas "a" e "b" do inciso II do § 1º e as alíneas "a" e "b" do inciso II do § 7º serão considerados em relação ao total dos créditos, por operação, com o mesmo devedor. (Alterado pela Lei 13.097/2015.)

§ 3º Para os fins desta Lei, considera-se crédito garantido o proveniente de vendas com reserva de domínio, de alienação fiduciária em garantia ou de operações com outras garantias reais.

§ 4º No caso de crédito com pessoa jurídica em processo falimentar, em concordata ou em recuperação judicial, a dedução da perda será admitida a partir da data da decretação da falência ou do deferimento do processamento da concordata ou recuperação judicial, desde que a credora tenha adotado os procedimentos judiciais necessários para o recebimento do crédito. (Alterado pela Lei 13.097/2015.)

§ 5º A parcela do crédito cujo compromisso de pagar não houver sido honrado pela pessoa jurídica em concordata ou recuperação judicial poderá, também, ser deduzida como perda, observadas as condições previstas neste artigo. (Alterado pela Lei 13.097/2015.)

§ 6º Não será admitida a dedução de perda no recebimento de créditos com pessoa jurídica que seja controladora, controlada, coligada ou interligada, bem como com pessoa física que seja acionista controlador, sócio, titular ou administrador da pessoa jurídica credora, ou parente até o terceiro grau dessas pessoas físicas.

§ 7º Para os contratos inadimplidos a partir da data de publicação da Medida Provisória n. 656, de 7 de outubro de 2014, poderão ser registrados como perda os créditos: (Acrescentado pela Lei 13.097/2015.)

I - em relação aos quais tenha havido a declaração de insolvência do devedor, em sentença emanada do Poder Judiciário; (Acrescentado pela Lei 13.097/2015.)

II - sem garantia, de valor: (Acrescentado pela Lei 13.097/2015.)

a) até R$ 15.000,00 (quinze mil reais), por operação, vencidos há mais de seis meses, independentemente de iniciados os procedimentos judiciais para o seu recebimento; (Acrescentado pela Lei 13.097/2015.)

b) acima de R$ 15.000,00 (quinze mil reais) até R$ 100.000,00 (cem mil reais), por operação, vencidos há mais de um ano, independentemente de iniciados os procedimentos judiciais para o seu recebimento, mantida a cobrança administrativa; e (Acrescentado pela Lei 13.097/2015.)

c) superior a R$ 100.000,00 (cem mil reais), vencidos há mais de um ano, desde que iniciados e mantidos os procedimentos judiciais para o seu recebimento; (Acrescentado pela Lei 13.097/2015.)

III - com garantia, vencidos há mais de dois anos, de valor: (Acrescentado pela Lei 13.097/2015.)

a) até R$ 50.000,00 (cinquenta mil reais), independentemente de iniciados os procedimentos judiciais para o seu recebimento ou o arresto das garantias; e (Acrescentado pela Lei 13.097/2015.)

b) superior a R$ 50.000,00 (cinquenta mil reais), desde que iniciados e mantidos os procedimentos judiciais para o seu recebimento ou o arresto das garantias; e (Acrescentado pela Lei 13.097/2015.)

IV - contra devedor declarado falido ou pessoa jurídica em concordata ou recuperação judicial, relativamente à parcela que exceder o valor que esta tenha se comprometido a pagar, observado o disposto no § 5º. (Acrescentado pela Lei 13.097/2015.)

Registro Contábil das Perdas

ART. 10. Os registros contábeis das perdas admitidas nesta Lei serão efetuados a débito de conta de resultado e a crédito:

I - da conta que registra o crédito de que trata a alínea "a" do inciso II do § 1º do art. 9º e a alínea "a" do inciso II do § 7º do art. 9º; (Alterado pela Lei 13.097/2015.)

II - de conta redutora do crédito, nas demais hipóteses.

§ 1º Ocorrendo a desistência da cobrança pela via judicial, antes de decorridos cinco anos do vencimento do crédito, a perda eventualmente registrada deverá ser estornada ou adicionada ao lucro líquido, para determinação do lucro real correspondente ao período de apuração em que se der a desistência.

§ 2º Na hipótese do parágrafo anterior, o imposto será considerado como postergado desde o período de apuração em que tenha sido reconhecida a perda.

§ 3º Se a solução da cobrança se der em virtude de acordo homologado por sentença judicial, o valor da perda a ser estornado ou adicionado ao lucro líquido para determinação do lucro real será igual à soma da quantia recebida com o saldo a receber renegociado, não sendo aplicável o disposto no parágrafo anterior.

§ 4º Os valores registrados na conta redutora do crédito referida no inciso II do *caput* poderão ser baixados definitivamente em contrapartida à conta que registre o crédito, a partir do período de apuração em que se completar cinco anos do vencimento do crédito sem que o mesmo tenha sido liquidado pelo devedor.

Encargos Financeiros de Créditos Vencidos

ART. 11. Após dois meses do vencimento do crédito, sem que tenha havido o seu recebimento, a pessoa jurídica credora poderá excluir do lucro líquido, para determinação do lucro real, o valor dos encargos financeiros incidentes sobre o crédito, contabilizado como receita, auferido a partir do prazo definido neste artigo.

§ 1º Ressalvadas as hipóteses das alíneas "a" e "b" do inciso II do § 1º do art. 9º, das alíneas "a" e "b" do inciso II do § 7º do art. 9º e da alínea "a" do inciso III do § 7º do art. 9º, o disposto neste artigo somente se aplica quando a pessoa jurídica houver tomado as providências de caráter judicial necessárias ao recebimento do crédito. (Alterado pela Lei 13.097/2015.)

§ 2º Os valores excluídos deverão ser adicionados no período de apuração em que, para os fins legais, se tornarem disponíveis para a pessoa jurídica credora ou em que reconhecida a respectiva perda.

§ 3º A partir da citação inicial para o pagamento do débito, a pessoa jurídica devedora deverá adicionar ao lucro líquido, para determinação do lucro real, os encargos incidentes sobre o débito vencido e não pago que tenham sido deduzidos como despesa ou custo, incorridos a partir daquela data.

§ 4º Os valores adicionados a que se refere o parágrafo anterior poderão ser excluídos do lucro líquido, para determinação do lucro real, no período de apuração em que ocorra a quitação do débito por qualquer forma.

Créditos Recuperados

ART. 12. Deverá ser computado na determinação do lucro real o montante dos créditos deduzidos que tenham sido recuperados, em qualquer época ou a qualquer título, inclusive nos casos de novação da dívida ou do arresto dos bens recebidos em garantia real.

§ 1º Os bens recebidos a título de quitação do débito serão escriturados pelo valor do crédito ou avaliados pelo valor definido na decisão judicial que tenha determinado sua incorporação ao patrimônio do credor. (Incluído pela Lei 12.431/2011.)

§ 2º Nas operações de crédito realizadas por instituições financeiras autorizadas a funcionar pelo Banco Central do Brasil, nos casos de renegociação de dívida, o reconhecimento da receita para fins de incidência de imposto sobre a renda e da Contribuição Social sobre o Lucro Líquido ocorrerá no momento do efetivo recebimento do crédito. (Alterado pela Lei 12.715/2012.)

Disposição Transitória

ART. 13. No balanço levantado para determinação do lucro real em 31 de dezembro de 1996, a pessoa jurídica poderá optar pela constituição de provisão para créditos de liquidação duvidosa na forma do art. 43 da Lei n. 8.981, de 20 de janeiro de 1995, com as alterações da Lei n. 9.065, de 20 de junho de 1995, ou pelos critérios de perdas a que se referem os arts. 9º a 12.

§ 1º A pessoa jurídica que, no balanço de 31 de dezembro de 1996, optar pelos critérios de dedução de perdas de que tratam os arts. 9º a 12 deverá, nesse mesmo balanço, reverter os saldos das provisões para créditos de liquidação duvidosa, constituídas na forma do art. 43 da Lei n. 8.981, de 20 de janeiro de 1995, com as alterações da Lei n. 9.065, de 20 de junho de 1995.

§ 2º Para a pessoa jurídica que, no balanço de 31 de dezembro de 1996, optar pela constituição de provisão na forma do art. 43 da Lei n. 8.981, de 20 de janeiro de 1995, com as alterações da Lei n. 9.065, de 20 de junho de 1995, a reversão a que se refere o parágrafo anterior será efetuada no balanço correspondente ao primeiro período de apuração encerrado em 1997, se houver adotado o regime de apuração trimestral, ou no balanço de 31 de dezembro de 1997 ou da data da extinção, se houver optado pelo pagamento mensal de que trata o art. 2º.

§ 3º Nos casos de incorporação, fusão ou cisão, a reversão de que trata o parágrafo anterior será efetuada no balanço que servir de base à apuração do lucro real correspondente.

Saldo de Provisões Existente em 31.12.96

ART. 14. A partir do ano-calendário de 1997, ficam revogadas as normas previstas no art. 43 da Lei n. 8.981, de 20 de janeiro de 1995, com as alterações da Lei n. 9.065, de 20 de junho de 1995, bem como a autorização para a constituição de provisão nos termos dos artigos citados, contida no inciso I do art. 13 da Lei n. 9.249, de 26 de dezembro de 1995.

SEÇÃO IV
RENDIMENTOS DO EXTERIOR
COMPENSAÇÃO DE IMPOSTO PAGO

ART. 15. A pessoa jurídica domiciliada no Brasil que auferir, de fonte no exterior, receita decorrente da prestação de serviços efetuada diretamente poderá compensar o imposto pago no país de domicílio da pessoa física ou jurídica contratante, observado o disposto no art. 26 da Lei n. 9.249, de 26 de dezembro de 1995.

Lucros e Rendimentos

ART. 16. Sem prejuízo do disposto nos arts. 25, 26 e 27 da Lei n. 9.249, de 26 de dezembro de 1995, os lucros auferidos por filiais, sucursais, controladas e coligadas, no exterior, serão:

I - considerados de forma individualizada, por filial, sucursal, controlada ou coligada;

II - arbitrados, os lucros das filiais, sucursais e controladas, quando não for possível a determinação de seus resultados, com observância das mesmas normas aplicáveis às pessoas jurídicas domiciliadas no Brasil e computados na determinação do lucro real.

§ 1º Os resultados decorrentes de aplicações financeiras de renda variável no exterior, em um mesmo país, poderão ser consolidados para efeito de cômputo do ganho, na determinação do lucro real.

§ 2º Para efeito da compensação de imposto pago no exterior, a pessoa jurídica:

I - com relação aos lucros, deverá apresentar as demonstrações financeiras correspondentes, exceto na hipótese do inciso II do *caput* deste artigo;

II - fica dispensada da obrigação a que se refere o § 2º do art. 26 da Lei n. 9.249, de 26 de dezembro de 1995, quando comprovar que a legislação do país de origem do lucro, rendimento ou ganho de capital prevê a incidência do imposto de renda que houver sido pago, por meio do documento de arrecadação apresentado.

§ 3º Na hipótese de arbitramento do lucro da pessoa jurídica domiciliada no Brasil, os lucros, rendimentos e ganhos de capital oriundos do exterior serão adicionados ao lucro arbitrado para determinação da base de cálculo do imposto.

§ 4º Do imposto devido correspondente a lucros, rendimentos ou ganhos de capital oriundos do exterior não será admitida qualquer destinação ou dedução a título de incentivo fiscal.

Operações de Cobertura em Bolsa do Exterior

ART. 17. Serão computados na determinação do lucro real os resultados líquidos, positivos ou negativos, obtidos em operações de cobertura (hedge) realizadas em mercados de liquidação futura, diretamente pela empresa brasileira, em bolsas no exterior.

Parágrafo único. A Secretaria da Receita Federal e o Banco Central do Brasil expedirão instruções para a apuração do resultado líquido, sobre a movimentação de divisas relacionadas com essas operações, e outras que se fizerem necessárias à execução do disposto neste artigo. (Incluído pela Lei 11.033/2004.)

SEÇÃO V
PREÇOS DE TRANSFERÊNCIA
BENS, SERVIÇOS E DIREITOS ADQUIRIDOS NO EXTERIOR

ART. 18. Os custos, despesas e encargos relativos a bens, serviços e direitos, constantes dos documentos de importação ou de aquisição, nas operações efetuadas com pessoa vinculada, somente serão dedutíveis na determinação do lucro real até o valor que não exceda ao preço determinado por um dos seguintes métodos:

I - Método dos Preços Independentes Comparados - PIC: definido como a média aritmética ponderada dos preços de bens, serviços ou direitos, idênticos ou similares, apurados no mercado brasileiro ou de outros países, em operações de compra e venda empreendidas pela própria interessada ou por terceiros, em condições de pagamento semelhantes;

II - Método do Preço de Revenda menos Lucro - PRL: definido como a média aritmética ponderada dos preços de venda, no País, dos bens, direitos ou serviços importados, em condições de pagamento semelhantes e calculados conforme a metodologia a seguir:

a) preço líquido de venda: a média aritmética ponderada dos preços de venda do bem, direito ou serviço produzido, diminuídos dos descontos incondicionais concedidos, dos impostos e contribuições sobre as vendas e das comissões e corretagens pagas;

b) percentual de participação dos bens, direitos ou serviços importados no custo total do bem, direito ou serviço vendido: a relação percentual entre o custo médio ponderado do bem, direito ou serviço importado e o custo total médio ponderado do bem, direito ou serviço vendido, calculado em conformidade com a planilha de custos da empresa;

c) participação dos bens, direitos ou serviços importados no preço de venda do bem, direito ou serviço vendido: aplicação do percentual de participação do bem, direito ou serviço importado no custo total, apurada conforme a alínea *b*, sobre o preço líquido de venda calculado de acordo com a alínea *a*;

d) margem de lucro: a aplicação dos percentuais previstos no § 12, conforme setor econômico da pessoa jurídica sujeita ao controle de preços de transferência, sobre a participação do bem, direito ou serviço importado no preço de venda do bem, direito ou serviço vendido, calculado de acordo com a alínea *c*; e

1. (Revogado.)

2. (Revogado)

e) preço parâmetro: a diferença entre o valor da participação do bem, direito ou serviço importado no preço de venda do bem, direito ou serviço vendido, calculado conforme a alínea *c*; e a "margem de lucro", calculada de acordo com a alínea *d*; e

III - Método do Custo de Produção mais Lucro - CPL: definido como o custo médio ponderado de produção de bens, serviços ou direitos, idênticos ou similares, acrescido dos impostos e taxas cobrados na exportação no país onde tiverem sido originariamente produzidos, e de margem de lucro de 20% (vinte por cento), calculada sobre o custo apurado.

§ 1º As médias aritméticas ponderadas dos preços de que tratam os incisos I e II do *caput* e o custo médio ponderado de produção de que trata o inciso III do *caput* serão calculados considerando-se os preços praticados e os custos incorridos durante todo o período de apuração da base de cálculo do imposto sobre a renda a que se referirem os custos, despesas ou encargos.

§ 2º Para efeito do disposto no inciso I, somente serão consideradas as operações de compra e venda praticadas entre compradores e vendedores não vinculados.

§ 3º Para efeito do disposto no inciso II, somente serão considerados os preços praticados pela empresa com compradores não vinculados.

§ 4º Na hipótese de utilização de mais de um método, será considerado dedutível o maior valor apurado, observado o disposto no parágrafo subsequente.

§ 5º Se os valores apurados segundo os métodos mencionados neste artigo forem superiores ao de aquisição, constante dos respectivos documentos, a dedutibilidade fica limitada ao montante deste último.

§ 6º Não integram o custo, para efeito do cálculo disposto na alínea *b* do inciso II do *caput*, o valor do frete e do seguro, cujo ônus tenha sido do importador, desde que tenham sido contratados com pessoas:

I - não vinculadas; e

II - que não sejam residentes ou domiciliadas em países ou dependências de tributação favorecida, ou que não estejam amparados por regimes fiscais privilegiados.

§ 6º-A Não integram o custo, para efeito do cálculo disposto na alínea *b* do inciso II do *caput*, os tributos incidentes na importação e os gastos no desembaraço aduaneiro.

§ 7º A parcela dos custos que exceder ao valor determinado de conformidade com este artigo deverá ser adicionada ao lucro líquido, para determinação do lucro real.

§ 8º A dedutibilidade dos encargos de depreciação ou amortização dos bens e direitos fica limitada, em cada período de apuração, ao montante calculado com base no preço determinado na forma deste artigo.

§ 9º O disposto neste artigo não se aplica aos casos de *royalties* e assistência técnica, científica, administrativa ou assemelhada, os quais permanecem subordinados às condições de dedutibilidade constantes da legislação vigente.

§ 10. Relativamente ao método previsto no inciso I do *caput*, as operações utilizadas para fins de cálculo devem:

I - representar, ao menos, 5% (cinco por cento) do valor das operações de importação sujeitas ao controle de preços de transferência, empreendidas pela pessoa jurídica, no período de apuração, quanto ao tipo de bem, direito ou serviço importado, na hipótese em que os dados utilizados para fins de cálculo digam respeito às suas próprias operações; e

II - corresponder a preços independentes realizados no mesmo ano-calendário das respectivas operações de importações sujeitas ao controle de preços de transferência.

§ 11. Na hipótese do inciso II do § 10, não havendo preço independente no ano-calendário da importação, poderá ser utilizado preço independente relativo à operação efetuada no ano-calendário imediatamente anterior ao da importação, ajustado pela variação cambial do período.

§ 12. As margens a que se refere a alínea *d* do inciso II do *caput* serão aplicadas de acordo com o setor da atividade econômica da pessoa jurídica brasileira sujeita aos controles de preços de transferência e incidirão, independentemente de submissão a processo produtivo ou não no Brasil, nos seguintes percentuais:

I - 40% (quarenta por cento), para os setores de:

a) produtos farmoquímicos e farmacêuticos;

b) produtos do fumo;

c) equipamentos e instrumentos ópticos, fotográficos e cinematográficos;

d) máquinas, aparelhos e equipamentos para uso odontomédico-hospitalar;

e) extração de petróleo e gás natural; e

f) produtos derivados do petróleo;

II - 30% (trinta por cento) para os setores de:

a) produtos químicos;

b) vidros e de produtos do vidro;

c) celulose, papel e produtos de papel; e

d) metalurgia; e

III - 20% (vinte por cento) para os demais setores.

§ 13. Na hipótese em que a pessoa jurídica desenvolva atividades enquadradas em mais de um inciso do § 12, deverá ser adotada para fins de cálculo do PRL a margem correspondente ao setor da atividade para o qual o bem importado tenha sido destinado, observado o disposto no § 14.

§ 14. Na hipótese de um mesmo bem importado ser revendido e aplicado na produção de um ou mais produtos, ou na hipótese de o bem importado ser submetido a diferentes processos produtivos no Brasil, o preço parâmetro final será a média ponderada dos valores encontrados mediante a aplicação do método PRL, de acordo com suas respectivas destinações.

§ 15. No caso de ser utilizado o método PRL, o preço parâmetro deverá ser apurado considerando-se os preços de venda no período em que os produtos forem baixados dos estoques para resultado.

§ 16. Na hipótese de importação de commodities sujeitas à cotação em bolsas de mercadorias e futuros internacionalmente reconhecidas, deverá ser utilizado o Método do Preço sob Cotação na Importação - PCI definido no art. 18-A.

§ 17. Na hipótese do inciso I do § 10, não havendo operações que representem 5% (cinco por cento) do valor das importações sujeitas ao controle de preços de transferência no período de apuração, o percentual poderá ser complementado com as importações efetuadas no ano-calendário imediatamente anterior, ajustado pela variação cambial do período.

ART. 18-A. O Método do Preço sob Cotação na Importação - PCI é definido como os valores médios diários da cotação de bens ou direitos sujeitos a preços públicos em bolsas de mercadorias e futuros internacionalmente reconhecidas.

§ 1º Os preços dos bens importados e declarados por pessoas físicas ou jurídicas residentes ou domiciliadas no País serão comparados com os preços de cotação desses bens, constantes em bolsas de mercadorias e futuros internacionalmente reconhecidas, ajustados para mais ou para menos do prêmio médio de mercado, na data da transação, nos casos de importação de:

I - pessoas físicas ou jurídicas vinculadas;

II - residentes ou domiciliadas em países ou dependências com tributação favorecida; ou

III - pessoas físicas ou jurídicas beneficiadas por regimes fiscais privilegiados.

§ 2º Não havendo cotação disponível para o dia da transação, deverá ser utilizada a última cotação conhecida.

§ 3º Na hipótese de ausência de identificação da data da transação, a conversão será efetuada considerando-se a data do registro da declaração de importação de mercadoria.

§ 4º Na hipótese de não haver cotação dos bens em bolsas de mercadorias e futuros internacionalmente reconhecidas, os preços dos bens importados a que se refere o § 1º poderão ser comparados com os obtidos a partir de fontes de dados independentes fornecidas por instituições de pesquisa setoriais internacionalmente reconhecidas.

§ 5º A Secretaria da Receita Federal do Brasil do Ministério da Fazenda disciplinará a aplicação do disposto neste artigo, inclusive a divulgação das bolsas de mercadorias e futuros e das instituições de pesquisas setoriais internacionalmente reconhecidas para cotação de preços.

Receitas Oriundas de Exportações para o Exterior

ART. 19. As receitas auferidas nas operações efetuadas com pessoa vinculada ficam sujeitas a arbitramento quando o preço médio de venda dos bens, serviços ou direitos, nas exportações efetuadas durante o respectivo período de apuração da base de cálculo do imposto de renda, for inferior a noventa por cento do preço médio praticado na venda dos mesmos bens, serviços ou direitos, no mercado brasileiro, durante o mesmo período, em condições de pagamento semelhantes.

§ 1º Caso a pessoa jurídica não efetue operações de venda no mercado interno, a determinação dos preços médios a que se refere o *caput* será efetuada com dados de outras empresas que pratiquem a venda de bens, serviços ou direitos, idênticos ou similares, no mercado brasileiro.

§ 2º Para efeito de comparação, o preço de venda:

I - no mercado brasileiro,deverá ser considerado líquido dos descontos incondicionais concedidos, do imposto sobre a circulação de mercadorias e serviços, do imposto sobre serviços e das contribuições para a seguridade social - COFINS e para o PIS/PASEP;

II - nas exportações, será tomado pelo valor depois de diminuído dos encargos de frete e seguro, cujo ônus tenha sido da empresa exportadora.

§ 3º Verificado que o preço de venda nas exportações é inferior ao limite de que trata este artigo, as receitas das vendas nas exportações serão determinadas tomando-se por base o valor apurado segundo um dos seguintes métodos:

I - Método do Preço de Venda nas Exportações - PVEx: definido como a média aritmética dos preços de venda nas exportações efetuadas pela própria empresa, para outros clientes, ou por outra exportadora nacional de bens, serviços ou direitos, idênticos ou similares, durante o mesmo período de apuração da base de cálculo do imposto de renda e em condições de pagamento semelhantes;

II - Método do Preço de Venda por Atacado no País de Destino, Diminuído do Lucro - PVA: definido como a média aritmética dos preços de venda de bens, idênticos ou similares, praticados no mercado atacadista do país de destino, em condições de pagamento semelhantes, diminuídos dos tributos incluídos no preço, cobrados no referido país, e de margem de lucro de quinze por cento sobre o preço de venda no atacado;

III - Método do Preço de Venda a Varejo no País de Destino, Diminuído do Lucro - PVV: definido como a média aritmética dos preços de venda de bens, idênticos ou similares, praticados no mercado varejista do país de destino, em condições de pagamento semelhantes, diminuídos dos tributos incluídos no preço, cobrados no referido país, e de margem de lucro de trinta por cento sobre o preço de venda no varejo;

IV - Método do Custo de Aquisição ou de Produção mais Tributos e Lucro - CAP: definido como a média aritmética dos custos de aquisição ou de produção dos bens, serviços ou direitos, exportados, acrescidos dos impostos e contribuições cobrados no Brasil e de margem de lucro de quinze por cento sobre a soma dos custos mais impostos e contribuições.

§ 4º As médias aritméticas de que trata o parágrafo anterior serão calculadas em relação ao período de apuração da respectiva base de cálculo do imposto de renda da empresa brasileira.

§ 5º Na hipótese de utilização de mais de um método, será considerado o menor dos valores apurados, observado o disposto no parágrafo subsequente.

§ 6º Se o valor apurado segundo os métodos mencionados no § 3º for inferior aos preços de venda constantes dos documentos de exportação, prevalecerá o montante da receita reconhecida conforme os referidos documentos.

§ 7º A parcela das receitas, apurada segundo o disposto neste artigo, que exceder ao valor já apropriado na escrituração da empresa deverá ser adicionada ao lucro líquido, para determinação do lucro real, bem como ser computada na determinação do lucro presumido e do lucro arbitrado.

§ 8º Para efeito do disposto no § 3º, somente serão consideradas as operações de compra e venda praticadas entre compradores e vendedores não vinculados.

§ 9º Na hipótese de exportação de commodities sujeitas à cotação em bolsas de mercadorias e futuros internacionalmente reconhecidas, deverá ser utilizado o Método do Preço sob Cotação na Exportação - PECEX, definido no art. 19-A.

ART. 19-A. O Método do Preço sob Cotação na Exportação - PECEX é definido como os valores médios diários da cotação de bens ou direitos sujeitos a preços públicos em bolsas de mercadorias e futuros internacionalmente reconhecidas.

§ 1º Os preços dos bens exportados e declarados por pessoas físicas ou jurídicas residentes ou domiciliadas no País serão comparados com os preços de cotação dos bens, constantes em bolsas de mercadorias e futuros internacionalmente reconhecidas, ajustados para mais ou para menos do prêmio médio de mercado, na data da transação, nos casos de exportação para:

I - pessoas físicas ou jurídicas vinculadas;

II - residentes ou domiciliadas em países ou dependências com tributação favorecida; ou

III - pessoas físicas ou jurídicas beneficiadas por regimes fiscais privilegiados.

§ 2º Não havendo cotação disponível para o dia da transação, deverá ser utilizada a última cotação conhecida.

§ 3º Na hipótese de ausência de identificação da data da transação, a conversão será efetuada considerando-se a data de embarque dos bens exportados.

§ 4º As receitas auferidas nas operações de que trata o *caput* ficam sujeitas ao arbitramento de preços de transferência, não se aplicando o percentual de 90% (noventa por cento) previsto no *caput* do art. 19.

§ 5º Na hipótese de não haver cotação dos bens em bolsas de mercadorias e futuros internacionalmente reconhecidas, os preços dos bens exportados a que se refere o § 1º poderão ser comparados:

I - com os obtidos a partir de fontes de dados independentes fornecidas por instituições de pesquisa setoriais internacionalmente reconhecidas; ou

II - com os preços definidos por agências ou órgãos reguladores e publicados no Diário Oficial da União.

§ 6º A Secretaria da Receita Federal do Brasil do Ministério da Fazenda disciplinará o disposto neste artigo, inclusive a divulgação das bolsas de mercadorias e futuros e das instituições de pesquisas setoriais internacionalmente reconhecidas para cotação de preços.

§ 7º (Vetado).

ART. 20. O Ministro de Estado da Fazenda poderá, em circunstâncias justificadas, alterar os percentuais de que tratam os arts. 18 e 19, de ofício ou mediante requerimento conforme o § 2º do art. 21. (Redação dada pela Lei 12.715/2012.)

ART. 20-A. A partir do ano-calendário de 2012, a opção por um dos métodos previstos nos arts. 18 e 19 será efetuada para o ano-calendário e não poderá ser alterada pelo contribuinte uma vez iniciado o procedimento fiscal, salvo quando, em seu curso, o método ou algum de seus critérios de cálculo venha a ser desqualificado pela fiscalização, situação esta em que deverá ser intimado o sujeito passivo para, no prazo de 30 (trinta) dias, apresentar novo cálculo de acordo com qualquer outro método previsto na legislação. (Incluído pela Lei 12.715/2012.)

§ 1º A fiscalização deverá motivar o ato caso desqualifique o método eleito pela pessoa jurídica. (Incluído pela Lei 12.715/2012.)

§ 2º A autoridade fiscal responsável pela verificação poderá determinar o preço parâmetro, com base nos documentos de que dispuser, e aplicar um dos métodos previstos nos arts. 18 e 19, quando o sujeito passivo, após decorrido o prazo de que trata o *caput*: (Incluído pela Lei 12.715/2012.)

I - não apresentar os documentos que deem suporte à determinação do preço praticado nem às respectivas memórias de cálculo para apuração do preço parâmetro, segundo o método escolhido; (Incluído pela Lei 12.715/2012.)

II - apresentar documentos imprestáveis ou insuficientes para demonstrar a correção do cálculo do preço parâmetro pelo método escolhido; ou (Incluído pela Lei 12.715/2012.)

III - deixar de oferecer quaisquer elementos úteis à verificação dos cálculos para apuração do preço parâmetro, pelo método escolhido, quando solicitados pela autoridade fiscal. (Incluído pela Lei 12.715/2012.)

§ 3º A Secretaria da Receita Federal do Brasil do Ministério da Fazenda definirá o prazo e a forma de opção de que trata o *caput*. (Incluído pela Lei 12.715/2012.)

ART. 20-B. A utilização do método de cálculo de preço parâmetro, de que tratam os arts. 18 e 19, deve ser consistente por bem, serviço ou direito, para todo o ano-calendário. (Incluído pela Lei 12.715/2012.)

Apuração dos Preços Médios

ART. 21. Os custos e preços médios a que se referem os arts. 18 e 19 deverão ser apurados com base em:

I - publicações ou relatórios oficiais do governo do país do comprador ou vendedor ou declaração da autoridade fiscal desse mesmo país, quando com ele o Brasil mantiver acordo para evitar a bitributação ou para intercâmbio de informações;

II - pesquisas efetuadas por empresa ou instituição de notório conhecimento técnico ou publicações técnicas, em que se especifiquem o setor, o período, as empresas pesquisadas e a margem encontrada, bem como identifiquem, por empresa, os dados coletados e trabalhados.

§ 1º As publicações, as pesquisas e os relatórios oficiais a que se refere este artigo somente serão admitidos como prova se houverem sido realizados com observância de métodos de avaliação internacionalmente adotados e se referirem a período contemporâneo com o de apuração da base de cálculo do imposto de renda da empresa brasileira.

§ 2º Admitir-se-ão margens de lucro diversas das estabelecidas nos arts. 18 e 19, desde que o contribuinte as comprove, com base em publicações, pesquisas ou relatórios elaborados de conformidade com o disposto neste artigo.

§ 3º As publicações técnicas, as pesquisas e os relatórios a que se refere este artigo poderão ser desqualificados mediante ato do Secretário da Receita Federal, quando considerados inidôneos ou inconsistentes.

Juros

ART. 22. Os juros pagos ou creditados a pessoa vinculada somente serão dedutíveis para fins de determinação do lucro real até o montante que não exceda ao valor calculado com base em taxa determinada conforme este artigo acrescida de margem percentual a título de spread, a ser definida por ato do Ministro de Estado da Fazenda com base na média de mercado, proporcionalizados em função do período a que se referirem os juros. (Alterado pela Lei 12.766/2012. Vigência: a partir de 1º de janeiro de 2013).

§ 1º No caso de mútuo com pessoa vinculada, a pessoa jurídica mutuante, domiciliada no Brasil, deverá reconhecer, como receita financeira correspondente à operação, no mínimo o valor apurado segundo o disposto neste artigo.

§ 2º Para efeito do limite a que se refere este artigo, os juros serão calculados com base no valor da obrigação ou do direito, expresso na moeda objeto do contrato e convertida em reais pela taxa de câmbio, divulgada pelo Banco Central do Brasil, para a data do termo final do cálculo dos juros.

§ 3º O valor dos encargos que exceder o limite referido no *caput* e a diferença de receita apurada na forma do parágrafo anterior serão adicionados à base de cálculo do imposto de renda devido pela empresa no Brasil, inclusive ao lucro presumido ou arbitrado.

§ 4º (Revogado). (Alterado pela Lei 12.766/2012.

§ 5º (Revogado). (Alterado pela Lei 12.766/2012. Vigência: a partir de 1º de janeiro de 2013).

§ 6º A taxa de que trata o *caput* será a taxa: (Acrescentado pela Lei 12.766/2012. Vigência: a partir de 1º de janeiro de 2013).

I - de mercado dos títulos soberanos da República Federativa do Brasil emitidos no mercado externo em dólares dos Estados Unidos da América, na hipótese de operações em dólares dos Estados Unidos da América com taxa prefixada; (Acrescentado pela Lei 12.766/2012. Vigência: a partir de 1º de janeiro de 2013).

II - de mercado dos títulos soberanos da República Federativa do Brasil emitidos no mercado externo em reais, na hipótese de operações em reais no exterior com taxa prefixada; e (Acrescentado pela Lei 12.766/2012. Vigência: a partir de 1º de janeiro de 2013).

III - London Interbank Offered Rate - LIBOR pelo prazo de 6 (seis) meses, nos demais casos. (Acrescentado pela Lei 12.766/2012.)

§ 7º O Ministro de Estado da Fazenda poderá fixar a taxa de que trata o *caput* na hipótese de operações em reais no exterior com taxa flutuante. (Acrescentado pela Lei 12.766/2012. Vigência: a partir de 1º de janeiro de 2013).

§ 8º Na hipótese do inciso III do § 6º, para as operações efetuadas em outras moedas nas quais não seja divulgada taxa Libor própria, deverá ser utilizado o valor da taxa Libor para depósitos em dólares dos Estados Unidos da América. (Acrescentado pela Lei 12.766/2012. Vigência: a partir de 1º de janeiro de 2013).

§ 9º A verificação de que trata este artigo deve ser efetuada na data da contratação da operação e será aplicada aos contratos celebrados a partir de 1º de janeiro de 2013. (Acrescentado pela Lei 12.766/2012. Vigência: a partir de 1º de janeiro de 2013).

§ 10. Para fins do disposto no § 9º, a novação e a repactuação são consideradas novos contratos. (Acrescentado pela Lei 12.766/2012.)

§ 11. O disposto neste artigo será disciplinado pela Secretaria da Receita Federal do Brasil, inclusive quanto às especificações e condições de utilização das taxas previstas no *caput* e no § 6º. (Acrescentado pela Lei 12.766/2012. Vigência: a partir de 1º de janeiro de 2013).

Pessoa Vinculada - Conceito

ART. 23. Para efeito dos arts. 18 a 22, será considerada vinculada à pessoa jurídica domiciliada no Brasil:

I - a matriz desta, quando domiciliada no exterior;

II - a sua filial ou sucursal, domiciliada no exterior;

III - a pessoa física ou jurídica, residente ou domiciliada no exterior, cuja participação societária no seu capital social a caracterize como sua controladora ou coligada, na forma definida nos §§ 1º e 2º do art. 243 da Lei n. 6.404, de 15 de dezembro de 1976;

IV - a pessoa jurídica domiciliada no exterior que seja caracterizada como sua controlada ou coligada, na forma definida nos §§ 1º e 2º do art. 243 da Lei n. 6.404, de 15 de dezembro de 1976;

V - a pessoa jurídica domiciliada no exterior, quando esta e a empresa domiciliada no Brasil estiverem sob controle societário ou administrativo comum ou quando pelo menos dez por cento do capital social de cada uma pertencer a uma mesma pessoa física ou jurídica;

VI - a pessoa física ou jurídica, residente ou domiciliada no exterior, que, em conjunto com a pessoa jurídica domiciliada no Brasil, tiver participação societária no capital social de uma terceira pessoa jurídica, cuja soma as caracterizem como controladoras ou coligadas desta, na forma definida nos §§ 1º e 2º do art. 243 da Lei n. 6.404, de 15 de dezembro de 1976;

VII - a pessoa física ou jurídica, residente ou domiciliada no exterior, que seja sua associada, na forma de consórcio ou condomínio, conforme definido na legislação brasileira, em qualquer empreendimento;

VIII - a pessoa física residente no exterior que for parente ou afim até o terceiro grau, cônjuge ou companheiro de qualquer de seus diretores ou de seu sócio ou acionista controlador em participação direta ou indireta;

IX - a pessoa física ou jurídica, residente ou domiciliada no exterior, que goze de exclusividade, como seu agente, distribuidor ou concessionário, para a compra e venda de bens, serviços ou direitos;

X - a pessoa física ou jurídica, residente ou domiciliada no exterior, em relação à qual a pessoa jurídica domiciliada no Brasil goze de exclusividade, como agente, distribuidora ou concessionária, para a compra e venda de bens, serviços ou direitos.

Países com Tributação Favorecida

ART. 24. As disposições relativas a preços, custos e taxas de juros, constantes dos arts. 18 a 22, aplicam-se, também, às operações efetuadas por pessoa física ou jurídica residente ou domiciliada no Brasil, com qualquer pessoa física ou jurídica, ainda que não vinculada, residente ou domiciliada em país que não tribute a renda ou que a tribute a alíquota máxima inferior a vinte por cento.

▸ arts. 2º, § 6º; 15, p.u., II, c, Lei 13.043/2014 (Dispõe sobre os fundos de índice de renda fixa, sobre a responsabilidade tributária na integralização de cotas de fundos ou clubes de investimento por meio da entrega de ativos financeiros, sobre a tributação das operações de empréstimos de ativos financeiros e sobre a isenção de imposto sobre a renda na alienação de ações de empresas pequenas e médias.)

§ 1º Para efeito do disposto na parte final deste artigo, será considerada a legislação tributária do referido país, aplicável às pessoas físicas ou às pessoas jurídicas, conforme a natureza do ente com o qual houver sido praticada a operação.

§ 2º No caso de pessoa física residente no Brasil:

I - o valor apurado segundo os métodos de que trata o art. 18 será considerado como custo de aquisição para efeito de apuração de ganho de capital na alienação do bem ou direito;

II - o preço relativo ao bem ou direito alienado, para efeito de apuração de ganho de capital, será o apurado de conformidade com o disposto no art. 19;

III - será considerado como rendimento tributável o preço dos serviços prestados apurado de conformidade com o disposto no art. 19;

IV - serão considerados como rendimento tributável os juros determinados de conformidade com o art. 22.

§ 3º Para os fins do disposto neste artigo, considerar-se-á separadamente a tributação do trabalho e do capital, bem como as dependências do país de residência ou domicílio. (Incluído pela Lei 10.451/2002.)

§ 4º Considera-se também país ou dependência com tributação favorecida aquele cuja legislação não permita o acesso a informações relativas à composição societária de pessoas jurídicas, à sua titularidade ou à identificação do beneficiário efetivo de rendimentos atribuídos a não residentes. (Incluído pela Lei 11.727/2008)

ART. 24-A. Aplicam-se às operações realizadas em regime fiscal privilegiado as disposições relativas a preços, custos e taxas de juros constantes dos arts. 18 a 22 desta Lei, nas transações entre pessoas físicas ou jurídicas residentes e domiciliadas no País com qualquer pessoa física ou jurídica, ainda que não vinculada, residente ou domiciliada no exterior. (Incluído pela Lei 11.727/2008.)

Parágrafo único. Para os efeitos deste artigo, considera-se regime fiscal privilegiado aquele que apresentar uma ou mais das seguintes características: (Redação dada pela Lei 11.941/2009.)

I - não tribute a renda ou a tribute à alíquota máxima inferior a 20% (vinte por cento); (Incluído pela Lei 11.727/2008.)

II - conceda vantagem de natureza fiscal a pessoa física ou jurídica não residente: (Incluído pela Lei 11.727/2008.)

a) sem exigência de realização de atividade econômica substantiva no país ou dependência; (Incluído pela Lei 11.727/2008.)

b) condicionada ao não exercício de atividade econômica substantiva no país ou dependência; (Incluído pela Lei 11.727/2008.)

III - não tribute, ou o faça em alíquota máxima inferior a 20% (vinte por cento), os rendimentos auferidos fora de seu território; (Incluído pela Lei 11.727/2008.)

IV - não permita o acesso a informações relativas à composição societária, titularidade de bens ou direitos ou às operações econômicas realizadas. (Incluído pela Lei 11.727/2008.)

ART. 24-B. O Poder Executivo poderá reduzir ou restabelecer os percentuais de que tratam o *caput* do art. 24 e os incisos I e III do parágrafo único do art. 24-A, ambos desta Lei. (Incluído pela Lei 11.727/2008.)

Parágrafo único. O uso da faculdade prevista no *caput* deste artigo poderá também ser aplicado, de forma excepcional e restrita, a países que componham blocos econômicos dos quais o País participe. (Incluído pela Lei 11.727/2008.)

SEÇÃO VI
LUCRO PRESUMIDO

Determinação

ART. 25. O lucro presumido será o montante determinado pela soma das seguintes parcelas:

I - o valor resultante da aplicação dos percentuais de que trata o art. 15 da Lei n. 9.249, de 26 de dezembro de 1995, sobre a receita bruta definida pelo art. 12 do Decreto-Lei n. 1.598, de 26 de dezembro de 1977, auferida no período de apuração de que trata o art. 1º, deduzida das devoluções e vendas canceladas e dos descontos incondicionais concedidos; e (Acrescentado pela Lei 12.973/2014.)

II - os ganhos de capital, os rendimentos e ganhos líquidos auferidos em aplicações financeiras, as demais receitas, os resultados positivos decorrentes de receitas não abrangidas pelo inciso I, com os respectivos valores decorrentes do ajuste a valor presente de que trata o inciso VIII do *caput* do art. 183 da Lei n. 6.404, de 15 de dezembro de 1976, e demais valores determinados nesta Lei, auferidos naquele mesmo período. (Acrescentado pela Lei 12.973/2014.)

§ 1º O ganho de capital nas alienações de investimentos, imobilizados e intangíveis corresponderá à diferença positiva entre o valor da alienação e o respectivo valor contábil. (Acrescentado pela Lei 12.973/2014.)

§ 2º Para fins do disposto no § 1º, poderão ser considerados no valor contábil, e na proporção deste, os respectivos valores decorrentes dos efeitos do ajuste a valor presente de que trata o inciso III do *caput* do art. 184 da Lei n. 6.404, de 15 de dezembro de 1976. (Acrescentado pela Lei 12.973/2014.)

§ 3º Os ganhos decorrentes de avaliação de ativo ou passivo com base no valor justo não integrarão a base de cálculo do imposto, no momento em que forem apurados. (Acrescentado pela Lei 12.973/2014.)

§ 4º Para fins do disposto no inciso II do *caput*, os ganhos e perdas decorrentes de avaliação do ativo com base em valor justo não serão considerados como parte integrante do valor contábil. (Acrescentado pela Lei 12.973/2014.)

§ 5º O disposto no § 4º não se aplica aos ganhos que tenham sido anteriormente computados na base de cálculo do imposto. (Acrescentado pela Lei 12.973/2014.)

Opção

ART. 26. A opção pela tributação com base no lucro presumido será aplicada em relação a todo o período de atividade da empresa em cada ano-calendário.

§ 1º A opção de que trata este artigo será manifestada com o pagamento da primeira ou única quota do imposto devido correspondente ao primeiro período de apuração de cada ano-calendário.

§ 2º A pessoa jurídica que houver iniciado atividade a partir do segundo trimestre manifestará a opção de que trata este artigo com o pagamento da primeira ou única quota do imposto devido relativa ao período de apuração do início de atividade.

§ 3º A pessoa jurídica que houver pago o imposto com base no lucro presumido e que, em relação ao mesmo ano-calendário, alterar a opção, passando a ser tributada com base no lucro real, ficará sujeita ao pagamento de multa e juros moratórios sobre a diferença de imposto paga a menor.

§ 4º A mudança de opção a que se refere o parágrafo anterior somente será admitida quando formalizada até a entrega da correspondente declaração de rendimentos e antes de iniciado procedimento de ofício relativo a qualquer dos períodos de apuração do respectivo ano-calendário.

SEÇÃO VII
LUCRO ARBITRADO

Determinação

ART. 27. O lucro arbitrado será o montante determinado pela soma das seguintes parcelas:

I - o valor resultante da aplicação dos percentuais de que trata o art. 16 da Lei n. 9.249, de 26 de dezembro de 1995, sobre a receita bruta definida pelo art. 12 do Decreto-Lei n. 1.598, de 26 de dezembro de 1977, auferida no período de apuração de que trata o art. 1º, deduzida das devoluções e vendas canceladas e dos descontos incondicionais concedidos; e (Alterado pela Lei 12.973/2014.)

II - os ganhos de capital, os rendimentos e ganhos líquidos auferidos em aplicações financeiras, as demais receitas, os resultados positivos decorrentes de receitas não abrangidas pelo inciso I do *caput*, com os respectivos valores decorrentes do ajuste a valor presente de que trata o inciso VIII do *caput* do art. 183 da Lei n. 6.404, de 15 de dezembro de 1976, e demais valores determinados nesta Lei, auferidos naquele mesmo período. (Alterado pela Lei 12.973/2014.)

§ 1º Na apuração do lucro arbitrado, quando não conhecida a receita bruta, os coeficientes de que tratam os incisos II, III e IV do art. 51 da Lei n. 8.981, de 20 de janeiro de 1995, deverão ser multiplicados pelo número de meses do período de apuração.

§ 2º Na hipótese de utilização das alternativas de cálculo previstas nos incisos V a VIII do art. 51 da Lei n. 8.981, de 20 de janeiro de 1995, o lucro arbitrado será o valor resultante da soma dos valores apurados para cada mês do período de apuração.

§ 3º O ganho de capital nas alienações de investimentos, imobilizados e intangíveis corresponderá à diferença positiva entre o valor da alienação e o respectivo valor contábil. (Acrescentado pela Lei 12.973/2014.)

§ 4º Para fins do disposto no § 3º, poderão ser considerados no valor contábil, e na proporção deste, os respectivos valores decorrentes dos efeitos do ajuste a valor presente de que trata o inciso III do *caput* do art. 184 da Lei n. 6.404, de 15 de dezembro de 1976. (Acrescentado pela Lei 12.973/2014.)

§ 5º Os ganhos decorrentes de avaliação de ativo ou passivo com base no valor justo não integrarão a base de cálculo do imposto, no momento em que forem apurados. (Acrescentado pela Lei 12.973/2014.

§ 6º Para fins do disposto no inciso II do *caput*, os ganhos e perdas decorrentes de avaliação do ativo com base em valor justo não serão considerados como parte integrante do valor contábil. (Acrescentado pela Lei 12.973/2014.)

§ 7º O disposto no § 6º não se aplica aos ganhos que tenham sido anteriormente computados na base de cálculo do imposto. (Acrescentado pela Lei 12.973/2014.)

CAPÍTULO II
CONTRIBUIÇÃO SOCIAL SOBRE O LUCRO LÍQUIDO

SEÇÃO I
APURAÇÃO DA BASE DE CÁLCULO E PAGAMENTO

Normas Aplicáveis

ART. 28. Aplicam-se à apuração da base de cálculo e ao pagamento da contribuição social sobre o lucro líquido as normas da legislação vigente e as correspondentes aos arts. 1º a 3º, 5º a 14, 17 a 24-B, 26, 55 e 71. (Redação dada pela Lei 12.715/2012.)

Empresas sem Escrituração Contábil

ART. 29. A base de cálculo da contribuição social sobre o lucro líquido, devida pelas pessoas jurídicas tributadas com base no lucro presumido ou arbitrado e pelas demais empresas dispensadas de escrituração contábil, corresponderá à soma dos valores:

I - de que trata o art. 20 da Lei n. 9.249, de 26 de dezembro de 1995;

II - os ganhos de capital, os rendimentos e ganhos líquidos auferidos em aplicações financeiras, as demais receitas, os resultados positivos decorrentes de receitas não abrangidas pelo inciso I do *caput*, com os respectivos valores decorrentes do ajuste a valor presente de que trata o inciso VIII do *caput* do art. 183 da Lei n. 6.404, de 15 de dezembro de 1976, e demais valores determinados nesta Lei, auferidos naquele mesmo período. (Alterado pela Lei 12.973/2014.)

Pagamento Mensal Estimado

ART. 30. A pessoa jurídica que houver optado pelo pagamento do imposto de renda na forma do art. 2º fica, também, sujeita ao pagamento mensal da contribuição social sobre o lucro líquido, determinada mediante a aplicação da alíquota a que estiver sujeita sobre a base de cálculo apurada na forma dos incisos I e II do artigo anterior.

CAPÍTULO III
IMPOSTO SOBRE PRODUTOS INDUSTRIALIZADOS

Contribuinte Substituto

ART. 31. O art. 35 da Lei n. 4.502, de 30 de novembro de 1964, passa a vigorar com a seguinte redação:

▸ Alterações promovidas no texto da referida lei.

CAPÍTULO IV
PROCEDIMENTOS DE FISCALIZAÇÃO

SEÇÃO I
SUSPENSÃO DA IMUNIDADE E DA ISENÇÃO

ART. 32. A suspensão da imunidade tributária, em virtude de falta de observância de requisitos legais, deve ser procedida de conformidade com o disposto neste artigo.

§ 1º Constatado que entidade beneficiária de imunidade de tributos federais de que trata a alínea *c* do inciso VI do art. 150 da Constituição Federal não está observando requisito ou condição previsto nos arts. 9º, § 1º, e 14, da Lei n. 5.172, de 25 de outubro de 1966 - Código Tributário Nacional, a fiscalização tributária expedirá notificação fiscal, na qual relatará os fatos que determinam a suspensão do benefício, indicando inclusive a data da ocorrência da infração.

§ 2º A entidade poderá, no prazo de trinta dias da ciência da notificação, apresentar as alegações e provas que entender necessárias.

§ 3º O Delegado ou Inspetor da Receita Federal decidirá sobre a procedência das alegações, expedindo o ato declaratório suspensivo do benefício, no caso de improcedência, dando, de sua decisão, ciência à entidade.

§ 4º Será igualmente expedido o ato suspensivo se decorrido o prazo previsto no § 2º sem qualquer manifestação da parte interessada.

§ 5º A suspensão da imunidade terá como termo inicial a data da prática da infração.

§ 6º Efetivada a suspensão da imunidade:

I - a entidade interessada poderá, no prazo de trinta dias da ciência, apresentar impugnação ao ato declaratório, a qual será objeto de decisão pela Delegacia da Receita Federal de Julgamento competente;

II - a fiscalização de tributos federais lavrará auto de infração, se for o caso.

§ 7º A impugnação relativa à suspensão da imunidade obedecerá às demais normas reguladoras do processo administrativo fiscal.

§ 8º A impugnação e o recurso apresentados pela entidade não terão efeito suspensivo em relação ao ato declaratório contestado.

§ 9º Caso seja lavrado auto de infração, as impugnações contra o ato declaratório e contra a exigência de crédito tributário serão reunidas em um único processo, para serem decididas simultaneamente.

§ 10. Os procedimentos estabelecidos neste artigo aplicam-se, também, às hipóteses de suspensão de isenções condicionadas, quando a entidade beneficiária estiver descumprindo as condições ou requisitos impostos pela legislação de regência.

§ 11. (Revogado pela Lei 13.165/2015.)

§ 12. A entidade interessada disporá de todos os meios legais para impugnar os fatos que determinam a suspensão do benefício. (Incluído pela Lei 11.941/2009.)

SEÇÃO II
REGIMES ESPECIAIS DE FISCALIZAÇÃO

ART. 33. A Secretaria da Receita Federal pode determinar regime especial para cumprimento de obrigações, pelo sujeito passivo, nas seguintes hipóteses:

I - embaraço à fiscalização, caracterizado pela negativa não justificada de exibição de livros e documentos em que se assente a escrituração das atividades do sujeito passivo, bem como pelo não fornecimento de informações sobre bens, movimentação financeira, negócio ou atividade, próprios ou de terceiros, quando intimado, e demais hipóteses que autorizam a requisição do auxílio da força pública, nos termos do art. 200 da Lei n. 5.172, de 25 de outubro de 1966;

II - resistência à fiscalização, caracterizada pela negativa de acesso ao estabelecimento, ao domicílio fiscal ou a qualquer outro local onde se desenvolvam as atividades do sujeito passivo, ou se encontrem bens de sua posse ou propriedade;

III - evidências de que a pessoa jurídica esteja constituída por interpostas pessoas que não sejam os verdadeiros sócios ou acionistas, ou o titular, no caso de firma individual;

IV - realização de operações sujeitas à incidência tributária, sem a devida inscrição no cadastro de contribuintes apropriado;

V - prática reiterada de infração da legislação tributária;

VI - comercialização de mercadorias com evidências de contrabando ou descaminho;

VII - incidência em conduta que enseje representação criminal, nos termos da legislação que rege os crimes contra a ordem tributária.

§ 1º O regime especial de fiscalização será aplicado em virtude de ato do Secretário da Receita Federal.

§ 2º O regime especial pode consistir, inclusive, em:

I - manutenção de fiscalização ininterrupta no estabelecimento do sujeito passivo;

II - redução, à metade, dos períodos de apuração e dos prazos de recolhimento dos tributos;

III - utilização compulsória de controle eletrônico das operações realizadas e recolhimento diário dos respectivos tributos;

IV - exigência de comprovação sistemática do cumprimento das obrigações tributárias;

V - controle especial da impressão e emissão de documentos comerciais e fiscais e da movimentação financeira.

§ 3º As medidas previstas neste artigo poderão ser aplicadas isolada ou cumulativamente, por tempo suficiente à normalização do cumprimento das obrigações tributárias.

§ 4º A imposição do regime especial não elide a aplicação de penalidades previstas na legislação tributária.

§ 5º Às infrações cometidas pelo contribuinte durante o período em que estiver submetido a regime especial de fiscalização será aplicada a multa de que trata o inciso I do *caput* do art. 44 desta Lei, duplicando-se o seu percentual. (Redação dada Lei 11.488/2007.)

SEÇÃO III
DOCUMENTAÇÃO FISCAL

Acesso à Documentação

ART. 34. São também passíveis de exame os documentos do sujeito passivo, mantidos em arquivos magnéticos ou assemelhados, encontrados no local da verificação, que tenham relação direta ou indireta com a atividade por ele exercida.

Retenção de Livros e Documentos

ART. 35. Os livros e documentos poderão ser examinados fora do estabelecimento do sujeito passivo, desde que lavrado termo escrito de retenção pela autoridade fiscal, em que se especifiquem a quantidade, espécie, natureza e condições dos livros e documentos retidos.

§ 1º Constituindo os livros ou documentos prova da prática de ilícito penal ou tributário, os originais retidos não serão devolvidos, extraindo-se cópia para entrega ao interessado.

§ 2º Excetuado o disposto no parágrafo anterior, devem ser devolvidos os originais dos documentos retidos para exame, mediante recibo.

Lacração de Arquivos

ART. 36. A autoridade fiscal encarregada de diligência ou fiscalização poderá promover a lacração de móveis, caixas, cofres ou depósitos onde se encontram arquivos e documentos, toda vez que ficar caracterizada a resistência ou o embaraço à fiscalização, ou ainda quando as circunstâncias ou a quantidade de documentos não permitirem sua identificação e conferência no local ou no momento em que foram encontrados.

Parágrafo único. O sujeito passivo e demais responsáveis serão previamente notificados para acompanharem o procedimento de rompimento do lacre e identificação dos elementos de interesse da fiscalização.

Guarda de Documentos

ART. 37. Os comprovantes da escrituração da pessoa jurídica, relativos a fatos que repercutam em lançamentos contábeis de exercícios futuros, serão conservados até que se opere a decadência do direito de a Fazenda Pública constituir os créditos tributários relativos a esses exercícios.

Arquivos Magnéticos

ART. 38. O sujeito passivo usuário de sistema de processamento de dados deverá manter documentação técnica completa e atualizada do sistema, suficiente para possibilitar a sua auditoria, facultada a manutenção em meio magnético, sem prejuízo da sua emissão gráfica, quando solicitada.

Extravio de Livros e Documentos

ART. 39. (Revogado pela Lei 9.532/1997.)

SEÇÃO IV
OMISSÃO DE RECEITA

Falta de Escrituração de Pagamentos

ART. 40. A falta de escrituração de pagamentos efetuados pela pessoa jurídica, assim como a manutenção, no passivo, de obrigações cuja exigibilidade não seja comprovada, caracterizam, também, omissão de receita.

Levantamento Quantitativo por Espécie

ART. 41. A omissão de receita poderá, também, ser determinada a partir de levantamento por espécie das quantidades de matérias-primas e produtos intermediários utilizados no processo produtivo da pessoa jurídica.

§ 1º Para os fins deste artigo, apurar-se-á a diferença, positiva ou negativa, entre a soma das quantidades de produtos em estoque no início do período com a quantidade de produtos fabricados com as matérias-primas e produtos intermediários utilizados e a soma das quantidades de produtos cuja venda houver sido registrada na escrituração contábil da empresa com as quantidades em estoque, no final do período de apuração, constantes do livro de Inventário.

§ 2º Considera-se receita omitida, nesse caso, o valor resultante da multiplicação das diferenças de quantidades de produtos ou de matérias-primas e produtos intermediários pelos respectivos preços médios de venda ou de compra, conforme o caso, em cada período de apuração abrangido pelo levantamento.

§ 3º Os critérios de apuração de receita omitida de que trata este artigo aplicam-se, também, às empresas comerciais, relativamente às mercadorias adquiridas para revenda.

Depósitos Bancários

ART. 42. Caracterizam-se também omissão de receita ou de rendimento os valores creditados em conta de depósito ou de investimento mantida junto a instituição financeira, em relação aos quais o titular, pessoa física ou jurídica, regularmente intimado, não comprove, mediante documentação hábil e idônea, a origem dos recursos utilizados nessas operações.

§ 1º O valor das receitas ou dos rendimentos omitido será considerado auferido ou recebido no mês do crédito efetuado pela instituição financeira.

§ 2º Os valores cuja origem houver sido comprovada, que não houverem sido computados na base de cálculo dos impostos e contribuições a que estiverem sujeitos, submeter-se-ão às normas de tributação específicas, previstas na legislação vigente à época em que auferidos ou recebidos.

§ 3º Para efeito de determinação da receita omitida, os créditos serão analisados individualizadamente, observado que não serão considerados:

I - os decorrentes de transferências de outras contas da própria pessoa física ou jurídica;

II - no caso de pessoa física, sem prejuízo do disposto no inciso anterior, os de valor individual igual ou inferior a R$ 1.000,00 (mil reais), desde que o seu somatório, dentro do ano-calendário, não ultrapasse o valor de R$ 12.000,00 (doze mil reais).

- Lei 9.481/1997 (Dispõe sobre a incidência de imposto de renda na fonte sobre rendimentos de beneficiários residentes ou domiciliados no exterior, e dá outras providências).

§ 4º Tratando-se de pessoa física, os rendimentos omitidos serão tributados no mês em que considerados recebidos, com base na tabela progressiva vigente à época em que tenha sido efetuado o crédito pela instituição financeira.

§ 5º Quando provado que os valores creditados na conta de depósito ou de investimento pertencem a terceiro, evidenciando interposição de pessoa, a determinação dos rendimentos ou receitas será efetuada em relação ao terceiro, na condição de efetivo titular da conta de depósito ou de investimento. (Incluído pela Lei 10.637/2002.)

§ 6º Na hipótese de contas de depósito ou de investimento mantidas em conjunto, cuja declaração de rendimentos ou de informações dos titulares tenham sido apresentadas em separado, e não havendo comprovação da origem dos recursos nos termos deste artigo, o valor dos rendimentos ou receitas será imputado a cada titular mediante divisão entre o total dos rendimentos ou receitas pela quantidade de titulares. (Incluído pela Lei 10.637/2002.)

SEÇÃO V
NORMAS SOBRE O LANÇAMENTO DE TRIBUTOS E CONTRIBUIÇÕES

Auto de Infração sem Tributo

ART. 43. Poderá ser formalizada exigência de crédito tributário correspondente exclusivamente a multa ou a juros de mora, isolada ou conjuntamente.

Parágrafo único. Sobre o crédito constituído na forma deste artigo, não pago no respectivo vencimento, incidirão juros de mora, calculados à taxa a que se refere o § 3º do art. 5º, a partir do primeiro dia do mês subsequente ao vencimento do prazo até o mês anterior ao do pagamento e de um por cento no mês de pagamento.

Multas de Lançamento de Ofício

ART. 44. Nos casos de lançamento de ofício, serão aplicadas as seguintes multas: (Redação dada pela Lei 11.488/2007.)

▸ Ato Declaratório Interpretativo SRFB 6/2018 (Dispõe sobre a não aplicabilidade da multa de ofício nos casos que enumera).

I - de 75% (setenta e cinco por cento) sobre a totalidade ou diferença de imposto ou contribuição nos casos de falta de pagamento ou recolhimento, de falta de declaração e nos de declaração inexata; (Redação dada pela Lei 11.488/2007.)

II - de 50% (cinquenta por cento), exigida isoladamente, sobre o valor do pagamento mensal: (Redação dada pela Lei 11.488/2007.)

a) na forma do art. 8º da Lei n. 7.713, de 22 de dezembro de 1988, que deixar de ser efetuado, ainda que não tenha sido apurado imposto a pagar na declaração de ajuste, no caso de pessoa física; (Redação dada pela Lei 11.488/2007.)

b) na forma do art. 2º desta Lei, que deixar de ser efetuado, ainda que tenha sido apurado prejuízo fiscal ou base de cálculo negativa para a contribuição social sobre o lucro líquido, no ano-calendário correspondente, no caso de pessoa jurídica. (Incluída pela Lei 11.488/2007.)

§ 1º O percentual de multa de que trata o inciso I do *caput* deste artigo será duplicado nos casos previstos nos arts. 71, 72 e 73 da Lei n. 4.502, de 30 de novembro de 1964, independentemente de outras penalidades administrativas ou criminais cabíveis. (Redação dada pela Lei 11.488/2007.)

I a **IV** - (Revogados); (Redação dada pela Lei 11.488/2007.)

V - (Revogado pela Lei 9.716/1998.) (Redação dada pela Lei 11.488/2007.)

§ 2º Os percentuais de multa a que se referem o inciso I do *caput* e o § 1º deste artigo serão aumentados de metade, nos casos de não atendimento pelo sujeito passivo, no prazo marcado, de intimação para: (Redação dada pela Lei 11.488/2007.)

I - prestar esclarecimentos; (Renumerado da alínea "a", pela Lei 11.488/2007.)

II - apresentar os arquivos ou sistemas de que tratam os arts. 11 a 13 da Lei 8.218, de 29 de agosto de 1991; (Renumerado da alínea "b", com nova redação pela Lei n. 11.488, de 2007)

III - apresentar a documentação técnica de que trata o art. 38 desta Lei. (Renumerado da alínea "c", com nova redação pela Lei 11.488/2007.)

§ 3º Aplicam-se às multas de que trata este artigo as reduções previstas no art. 6º da Lei n. 8.218, de 29 de agosto de 1991, e no art. 60 da Lei n. 8.383, de 30 de dezembro de 1991.

§ 4º As disposições deste artigo aplicam-se, inclusive, aos contribuintes que derem causa a ressarcimento indevido de tributo ou contribuição decorrente de qualquer incentivo ou benefício fiscal.

§ 5º Aplica-se também, no caso de que seja comprovadamente constatado dolo ou má-fé do contribuinte, a multa de que trata o inciso I do *caput* sobre: (Incluído pela Lei 12.249/2010.)

I - a parcela do imposto a restituir informado pelo contribuinte pessoa física, na Declaração de Ajuste Anual, que deixar de ser restituída por infração à legislação tributária; e (Incluído pela Lei n. 12.249, de 2010)

II - (Vetado). (Incluído pela Lei 12.249/2010.)

ARTS. 45 e 46. (Revogados pela Lei 11.488 /2007.)

SEÇÃO VI
APLICAÇÃO DE ACRÉSCIMOS DE PROCEDIMENTO ESPONTÂNEO

ART. 47. A pessoa física ou jurídica submetida a ação fiscal por parte da Secretaria da Receita Federal poderá pagar, até o vigésimo dia subsequente à data de recebimento do termo de início de fiscalização, os tributos e contribuições já declarados, de que for sujeito passivo como contribuinte ou responsável, com os acréscimos legais aplicáveis nos casos de procedimento espontâneo. (Redação dada pela Lei 9.532/1997.)

CAPÍTULO V
DISPOSIÇÕES GERAIS

SEÇÃO I
PROCESSO ADMINISTRATIVO DE CONSULTA

ART. 48. No âmbito da Secretaria da Receita Federal, os processos administrativos de consulta serão solucionados em instância única.

§ 1º A competência para solucionar a consulta ou declarar sua ineficácia, na forma disciplinada pela Secretaria da Receita Federal do Brasil, poderá ser atribuída: (Redação alterada pela Lei 12.788/2013.)

I - a unidade central; ou (Redação alterada pela Lei 12.788/2013.)

II - a unidade descentralizada. (Redação alterada pela Lei 12.788/2013.)

§ 2º Os atos normativos expedidos pelas autoridades competentes serão observados quando da solução da consulta.

§ 3º Não cabe recurso nem pedido de reconsideração da solução da consulta ou do despacho que declarar sua ineficácia.

§ 4º As soluções das consultas serão publicadas pela imprensa oficial, na forma disposta em ato normativo emitido pela Secretaria da Receita Federal.

§ 5º Havendo diferença de conclusões entre soluções de consultas relativas a uma mesma matéria, fundada em idêntica norma jurídica, cabe recurso especial, sem efeito suspensivo, para o órgão de que trata o inciso I do § 1º.

§ 6º O recurso de que trata o parágrafo anterior pode ser interposto pelo destinatário da solução divergente, no prazo de trinta dias, contados da ciência da solução.

§ 7º Cabe a quem interpuser o recurso comprovar a existência das soluções divergentes sobre idênticas situações.

§ 8º O juízo de admissibilidade do recurso será realizado na forma disciplinada pela Secretaria da Receita Federal do Brasil. (Redação alterada pela Lei 12.788/2013.)

§ 9º Qualquer servidor da administração tributária deverá, a qualquer tempo, formular representação ao órgão que houver proferido a decisão, encaminhando as soluções divergentes sobre a mesma matéria, de que tenha conhecimento.

§ 10. O sujeito passivo que tiver conhecimento de solução divergente daquela que esteja observando em decorrência de resposta a consulta anteriormente formulada, sobre idêntica matéria, poderá adotar o procedimento previsto no § 5º, no prazo de trinta dias contados da respectiva publicação.

§ 11. A solução da divergência acarretará, em qualquer hipótese, a edição de ato específico, uniformizando o entendimento, com imediata ciência ao destinatário da solução reformada, aplicando-se seus efeitos a partir da data da ciência.

§ 12. Se, após a resposta à consulta, a administração alterar o entendimento nela expresso, a nova orientação atingirá, apenas, os fatos geradores que ocorram após dado ciência ao consulente ou após a sua publicação pela imprensa oficial.

§ 13. A partir de 1º de janeiro de 1997, cessarão todos os efeitos decorrentes de consultas não solucionadas definitivamente, ficando assegurado aos consulentes, até 31 de janeiro de 1997:

I - a não instauração de procedimento de fiscalização em relação à matéria consultada;

II - a renovação da consulta anteriormente formulada, à qual serão aplicadas as normas previstas nesta Lei.

§ 14. A consulta poderá ser formulada por meio eletrônico, na forma disciplinada pela Secretaria da Receita Federal do Brasil. (Acrescentado pela Lei 12.788/2013.)

§ 15. O Poder Executivo regulamentará prazo para solução das consultas de que trata este artigo. (Acrescentado pela Lei 12.788/2013.)

ART. 49. Não se aplicam aos processos de consulta no âmbito da Secretaria da Receita Federal as disposições dos arts. 54 a 58 do Decreto n. 70.235, de 6 de março de 1972.

ART. 50. Aplicam-se aos processos de consulta relativos à classificação de mercadorias as disposições dos arts. 46 a 53 do Decreto n. 70.235, de 6 de março de 1972 e do art. 48 desta Lei.

§ 1º O órgão de que trata o inciso I do § 1º do art. 48 poderá alterar ou reformar, de ofício, as decisões proferidas nos processos relativos à classificação de mercadorias.

§ 2º Da alteração ou reforma mencionada no parágrafo anterior, deverá ser dada ciência ao consulente.

§ 3º Em relação aos atos praticados até a data da ciência ao consulente, nos casos de que trata o § 1º deste artigo, aplicam-se as conclusões da decisão proferida pelo órgão regional da Secretaria da Receita Federal.

§ 4º O envio de conclusões decorrentes de decisões proferidas em processos de consulta sobre classificação de mercadorias, para órgãos do Mercado Comum do Sul - MERCOSUL, será efetuado exclusivamente pelo órgão de que trata o inciso I do § 1º do art. 48.

SEÇÃO II
NORMAS SOBRE O LUCRO PRESUMIDO E ARBITRADO

ART. 51. Os juros de que trata o art. 9º da Lei n. 9.249, de 26 de dezembro de 1995, bem como os rendimentos e ganhos líquidos decorrentes de quaisquer operações financeiras, serão adicionados ao lucro presumido ou arbitrado, para efeito de determinação do imposto de renda devido.

Parágrafo único. O imposto de renda incidente na fonte sobre os rendimentos de que trata este artigo será considerado como antecipação do devido na declaração de rendimentos.

ART. 52. Na apuração de ganho de capital de pessoa jurídica tributada pelo lucro presumido ou arbitrado, os valores acrescidos em virtude de reavaliação somente poderão ser computados como parte integrante dos custos de aquisição dos bens e direitos se a empresa comprovar que os valores acrescidos foram computados na determinação da base de cálculo do imposto de renda.

ART. 53. Os valores recuperados, correspondentes a custos e despesas, inclusive com perdas no recebimento de créditos, deverão ser adicionados ao lucro presumido ou arbitrado para determinação do imposto de renda, salvo se o contribuinte comprovar não os ter deduzido em período anterior no qual tenha se submetido ao regime de tributação com base no lucro real ou que se refiram a período no qual tenha se submetido ao regime de tributação com base no lucro presumido ou arbitrado.

ART. 54. A pessoa jurídica que, até o ano-calendário anterior, houver sido tributada com base no lucro real deverá adicionar à base de cálculo do imposto de renda, correspondente ao primeiro período de apuração no qual houver optado pela tributação com base no lucro presumido ou for tributada com base no lucro arbitrado, os saldos dos valores cuja tributação havia diferido, independentemente da necessidade de controle no livro de que trata o inciso I do *caput* do art. 8º do Decreto-Lei n. 1.598, de 26 de dezembro de 1977. (Alterado pela Lei 12.973/2014.)

SEÇÃO III
NORMAS APLICÁVEIS A ATIVIDADES ESPECIAIS

Sociedades Civis

ART. 55. As sociedades civis de prestação de serviços profissionais relativos ao exercício de profissão legalmente regulamentada de que trata o art. 1º do Decreto-Lei n. 2.397, de 21 de dezembro de 1987, passam, em relação aos resultados auferidos a partir de 1º de janeiro de 1997, a ser tributadas pelo imposto de renda de conformidade com as normas aplicáveis às demais pessoas jurídicas.

ART. 56. As sociedades civis de prestação de serviços de profissão legalmente regulamentada passam a contribuir para a seguridade social com base na receita bruta da prestação de serviços, observadas as normas da Lei Complementar n. 70, de 30 de dezembro de 1991.

Parágrafo único. Para efeito da incidência da contribuição de que trata este artigo, serão consideradas as receitas auferidas a partir do mês de abril de 1997.

ART. 56-A. A entidade privada de abrangência nacional e sem fins lucrativos, constituída pelo conjunto das cooperativas de crédito e dos bancos cooperativos, na forma da legislação e regulamentação próprias, destinada a administrar mecanismo de proteção a titulares de créditos contra essas instituições e a contribuir para a manutenção da estabilidade e a prevenção de insolvência e de outros riscos dessas instituições, é isenta do imposto de renda, inclusive do incidente sobre ganhos líquidos mensais e do retido na fonte sobre os rendimentos de aplicação financeira de renda fixa e de renda variável, bem como da contribuição social sobre o lucro líquido. (Acrescentado pela Lei 12.873/2013.)

§ 1º Para efeito de gozo da isenção, a referida entidade deverá ter seu estatuto e seu regulamento aprovados pelo Conselho Monetário Nacional. (Acrescentado pela Lei 12.873/2013.)

§ 2º Ficam autorizadas as transferências, para a entidade mencionada no *caput*, de recursos oriundos de recolhimentos realizados pelas cooperativas de crédito e bancos cooperativos, de forma direta ou indireta, ao Fundo Garantidor de Crédito de que trata o art. 4º da Lei n. 9.710, de 19 de novembro de 1998.

§ 3º As transferências dos recursos de que trata o § 2º não serão tributadas, nos termos deste artigo. (Acrescentado pela Lei 12.873/2013.)

§ 4º Em caso de dissolução, por qualquer motivo, da entidade de que trata o *caput*, os recursos eventualmente devolvidos às associadas estarão sujeitos à tributação na instituição recebedora, na forma da legislação vigente. (Acrescentado pela Lei 12.873/2013.)

§ 5º O disposto neste artigo entra em vigor no dia seguinte ao da aprovação pelo Conselho Monetário Nacional do estatuto e do regulamento da entidade de que trata o *caput*. (Acrescentado pela Lei 12.873/2013.)

Associações de Poupança e Empréstimo

ART. 57. As Associações de Poupança e Empréstimo pagarão o imposto de renda correspondente aos rendimentos e ganhos líquidos, auferidos em aplicações financeiras, à alíquota de quinze por cento, calculado sobre vinte e oito por cento do valor dos referidos rendimentos e ganhos líquidos.

Parágrafo único. O imposto incidente na forma deste artigo será considerado tributação definitiva.

Empresas de *Factoring*

ART. 58. Fica incluído no art. 36 da Lei n. 8.981, de 20 de janeiro de 1995, com as alterações da Lei n. 9.065, de 20 de junho de 1995, o seguinte inciso XV:

> "Art. 36. [...]
>
> XV - que explorem as atividades de prestação cumulativa e contínua de serviços de assessoria creditícia, mercadológica, gestão de crédito, seleção e riscos, administração de contas a pagar e a receber, compras de direitos creditórios resultantes de vendas mercantis a prazo ou de prestação de serviços (*factoring*)."

Atividade Florestal

ART. 59. Considera-se, também, como atividade rural o cultivo de florestas que se destinem ao corte para comercialização, consumo ou industrialização.

Liquidação ExtraJudicial e Falência

ART. 60. As entidades submetidas aos regimes de liquidação extrajudicial e de falência sujeitam-se às normas de incidência dos impostos e contribuições de competência da União aplicáveis às pessoas jurídicas, em relação às operações praticadas durante o período em que perdurarem os procedimentos para a realização de seu ativo e o pagamento do passivo.

SEÇÃO IV
ACRÉSCIMOS MORATÓRIOS
MULTAS E JUROS

ART. 61. Os débitos para com a União, decorrentes de tributos e contribuições administrados pela Secretaria da Receita Federal, cujos fatos geradores ocorrerem a partir de 1º de janeiro de 1997, não pagos nos prazos previstos na legislação específica, serão acrescidos de multa de mora, calculada à taxa de trinta e três centésimos por cento, por dia de atraso.

§ 1º A multa de que trata este artigo será calculada a partir do primeiro dia subsequente ao do vencimento do prazo previsto para o pagamento do tributo ou da contribuição até o dia em que ocorrer o seu pagamento.

§ 2º O percentual de multa a ser aplicado fica limitado a vinte por cento.

§ 3º Sobre os débitos a que se refere este artigo incidirão juros de mora calculados à taxa a que se refere o § 3º do art. 5º, a partir do primeiro dia do mês subsequente ao vencimento do prazo até o mês anterior ao do pagamento e de um por cento no mês de pagamento.

▸ Lei 9.716/1998 (Dá nova redação aos arts. 1º, 2º, 3º e 4º do Decreto-Lei n. 1.578, de 11 de outubro de 1977, que dispõe sobre o imposto de exportação).

Pagamento em Quotas-Juros

ART. 62. Os juros a que se referem o inciso III do art. 14 e o art. 16, ambos da Lei n. 9.250, de 26 de dezembro de 1995, serão calculados à taxa a que se refere o § 3º do art. 5º, a partir do primeiro dia do mês subsequente ao previsto para a entrega tempestiva da declaração de rendimentos.

Parágrafo único. As quotas do imposto sobre a propriedade territorial rural a que se refere a alínea "c" do parágrafo único do art. 14 da Lei n. 8.847, de 28 de janeiro de 1994, serão acrescidas de juros calculados à taxa a que se refere o § 3º do art. 5º, a partir do primeiro dia do mês subsequente àquele em que o contribuinte for notificado até o último dia do mês anterior ao do pagamento e de um por cento no mês do pagamento.

Débitos com Exigibilidade Suspensa

ART. 63. Na constituição de crédito tributário destinada a prevenir a decadência, relativo a tributo de competência da União, cuja exigibilidade houver sido suspensa na forma dos incisos IV e V do art. 151 da Lei n. 5.172, de 25 de outubro de 1966, não caberá lançamento de multa de ofício. (Redação dada pela Med. Prov. 2.158-35/2001.)

§ 1º O disposto neste artigo aplica-se, exclusivamente, aos casos em que a suspensão da exigibilidade do débito tenha ocorrido antes do início de qualquer procedimento de ofício a ele relativo.

§ 2º A interposição da ação judicial favorecida com a medida liminar interrompe a incidência da multa de mora, desde a concessão da medida judicial, até 30 dias após a data da publicação da decisão judicial que considerar devido o tributo ou contribuição.

SEÇÃO V
ARRECADAÇÃO DE TRIBUTOS E CONTRIBUIÇÕES

Retenção de Tributos e Contribuições

ART. 64. Os pagamentos efetuados por órgãos, autarquias e fundações da administração pública federal a pessoas jurídicas, pelo fornecimento de bens ou prestação de serviços, estão sujeitos à incidência, na fonte, do imposto sobre a renda, da contribuição social sobre o lucro líquido, da contribuição para seguridade social - COFINS e da contribuição para o PIS/PASEP.

§ 1º A obrigação pela retenção é do órgão ou entidade que efetuar o pagamento.

§ 2º O valor retido, correspondente a cada tributo ou contribuição, será levado a crédito da respectiva conta de receita da União.

§ 3º O valor do imposto e das contribuições sociais retido será considerado como antecipação do que for devido pelo contribuinte em relação ao mesmo imposto e às mesmas contribuições.

§ 4º O valor retido correspondente ao imposto de renda e a cada contribuição social somente poderá ser compensado com o que for devido em relação à mesma espécie de imposto ou contribuição.

§ 5º O imposto de renda a ser retido será determinado mediante a aplicação da alíquota de quinze por cento sobre o resultado da multiplicação do valor a ser pago pelo percentual de que trata o art. 15 da Lei n. 9.249, de 26 de dezembro de 1995, aplicável à espécie de receita correspondente ao tipo de bem fornecido ou de serviço prestado.

§ 6º O valor da contribuição social sobre o lucro líquido, a ser retido, será determinado mediante a aplicação da alíquota de um por cento, sobre o montante a ser pago.

§ 7º O valor da contribuição para a seguridade social - COFINS, a ser retido, será determinado mediante a aplicação da alíquota respectiva sobre o montante a ser pago.

§ 8º O valor da contribuição para o PIS/PASEP, a ser retido, será determinado mediante a aplicação da alíquota respectiva sobre o montante a ser pago.

§ 9º Até 31 de dezembro de 2017, fica dispensada a retenção dos tributos na fonte de que trata o *caput*, sobre os pagamentos efetuados pelos órgãos da administração pública federal, direta, mediante a utilização do Cartão de Pagamento do Governo Federal - CPGF, no caso de contratação direta das companhias aéreas prestadoras de serviços de transporte aéreo. (Acrescentado pela Lei 13.043/2014.)

ART. 65. O Banco do Brasil S.A. deverá reter, no ato do pagamento ou crédito, a contribuição para o PIS/PASEP incidente nas transferências voluntárias da União para suas autarquias e fundações e para os Estados, Distrito Federal e Municípios, suas autarquias e fundações.

ART. 66. As cooperativas que se dedicam a vendas em comum, referidas no art. 82 da Lei n. 5.764, de 16 de dezembro de 1971, que recebam para comercialização a produção de suas associadas, são responsáveis pelo recolhimento da Contribuição para Financiamento da Seguridade Social - COFINS, instituída pela Lei Complementar n. 70, de 30 de dezembro de 1991 e da Contribuição para o Programa de Integração Social - PIS, criada pela Lei Complementar n. 7, de 7 de setembro de 1970, com suas posteriores modificações.

§ 1º O valor das contribuições recolhidas pelas cooperativas mencionadas no *caput* deste artigo, deverá ser por elas informado, individualizadamente, às suas filiadas, juntamente com o montante do faturamento relativo às vendas dos produtos de cada uma delas, com vistas a atender aos procedimentos contábeis exigidos pela legislação.

§ 2º O disposto neste artigo aplica-se a procedimento idêntico que, eventualmente, tenha sido anteriormente adotado pelas cooperativas centralizadoras de vendas, inclusive quanto ao recolhimento da Contribuição para o Fundo de Investimento Social - FINSOCIAL, criada pelo Decreto-Lei n. 1.940, de 25 de maio de 1982, com suas posteriores modificações.

§ 3º A Secretaria da Receita Federal poderá baixar as normas necessárias ao cumprimento e controle das disposições contidas neste artigo.

Dispensa de Retenção de Imposto de Renda

ART. 67. Fica dispensada a retenção de imposto de renda, de valor igual ou inferior a R$ 10,00 (dez reais), incidente na fonte sobre rendimentos que devam integrar a base de cálculo do imposto devido na declaração de ajuste anual.

Utilização de DARF

ART. 68. É vedada a utilização de Documento de Arrecadação de Receitas Federais para o pagamento de tributos e contribuições de valor inferior a R$ 10,00 (dez reais).

§ 1º O imposto ou contribuição administrado pela Secretaria da Receita Federal, arrecadado sob um determinado código de receita, que, no período de apuração, resultar inferior a R$ 10,00 (dez reais), deverá ser adicionado ao imposto ou contribuição de mesmo código, correspondente aos períodos subsequentes, até que o total seja igual ou superior a R$ 10,00 (dez reais), quando, então, será pago ou recolhido no prazo estabelecido na legislação para este último período de apuração.

§ 2º O critério a que se refere o parágrafo anterior aplica-se, também, ao imposto sobre operações de crédito, câmbio e seguro e sobre operações relativas a títulos e valores mobiliários - IOF.

ART. 68-A. O Poder Executivo poderá elevar para até R$ 100,00 (cem reais) os limites e valores de que tratam os arts. 67 e 68 desta Lei, inclusive de forma diferenciada por tributo, regime de tributação ou de incidência, relativos à utilização do Documento de Arrecadação de Receitas Federais, podendo reduzir ou restabelecer os limites e valores que vier a fixar. (Incluído pela Lei 11.941/2009.)

Imposto Retido na Fonte - Responsabilidade

ART. 69. É responsável pela retenção e recolhimento do imposto de renda na fonte, incidente sobre os rendimentos auferidos pelos fundos, sociedades de investimentos e carteiras de que trata o art. 81 da Lei n. 8.981, de 20 de janeiro de 1995, a pessoa jurídica que efetuar o pagamento dos rendimentos.

SEÇÃO VI
CASOS ESPECIAIS DE TRIBUTAÇÃO

Multas por Rescisão de Contrato

ART. 70. A multa ou qualquer outra vantagem paga ou creditada por pessoa jurídica, ainda que a título de indenização, a beneficiária pessoa física ou jurídica, inclusive isenta, em virtude de rescisão de contrato, sujeitam-se à incidência do imposto de renda na fonte à alíquota de quinze por cento.

§ 1º A responsabilidade pela retenção e recolhimento do imposto de renda é da pessoa jurídica que efetuar o pagamento ou crédito da multa ou vantagem.

§ 2º O imposto será retido na data do pagamento ou crédito da multa ou vantagem. (Redação dada pela Lei 11.196/2005.)

§ 3º O valor da multa ou vantagem será:

I - computado na apuração da base de cálculo do imposto devido na declaração de ajuste anual da pessoa física;

II - computado como receita, na determinação do lucro real;

III - acrescido ao lucro presumido ou arbitrado, para determinação da base de cálculo do imposto devido pela pessoa jurídica.

§ 4º O imposto retido na fonte, na forma deste artigo, será considerado como antecipação do devido em cada período de apuração, nas hipóteses referidas no parágrafo anterior, ou como tributação definitiva, no caso de pessoa jurídica isenta.

§ 5º O disposto neste artigo não se aplica às indenizações pagas ou creditadas em conformidade com a legislação trabalhista e àquelas destinadas a reparar danos patrimoniais.

Ganhos em Mercado de Balcão

ART. 71. Sem prejuízo do disposto no art. 74 da Lei n. 8.981, de 20 de janeiro de 1995, os ganhos auferidos por qualquer beneficiário, inclusive pessoa jurídica isenta, nas demais operações realizadas em mercados de liquidação futura, fora de bolsa, serão tributados de acordo com as normas aplicáveis aos ganhos líquidos auferidos em operações de natureza semelhante realizadas em bolsa.

§ 1º Não se aplica aos ganhos auferidos nas operações de que trata este artigo o disposto no § 1º do art. 81 da Lei n. 8.981, de 20 de janeiro de 1995.

§ 2º Somente será admitido o reconhecimento de perdas nas operações registradas nos termos da legislação vigente. (Redação dada pela Lei 10.833/2003.)

Remuneração de Direitos

ART. 72. Estão sujeitas à incidência do imposto na fonte, à alíquota de quinze por cento, as importâncias pagas, creditadas, entregues, empregadas ou remetidas para o exterior pela aquisição ou pela remuneração, a qualquer título, de qualquer forma de direito, inclusive à transmissão, por meio de rádio ou televisão ou por qualquer outro meio, de quaisquer filmes ou eventos, mesmo os de competições desportivas das quais faça parte representação brasileira.

SEÇÃO VII
RESTITUIÇÃO E COMPENSAÇÃO DE TRIBUTOS E CONTRIBUIÇÕES

ART. 73. A restituição e o ressarcimento de tributos administrados pela Secretaria da Receita Federal do Brasil ou a restituição de pagamentos efetuados mediante DARF e GPS cuja receita não seja administrada pela Secretaria da Receita Federal do Brasil será efetuada depois de verificada a ausência de débitos em nome do sujeito passivo credor perante a Fazenda Nacional. (Alterado pela Lei 12.844/2013).

I e **II** - (revogados); (Alterado pela Lei 12.844/2013).

Parágrafo único. Existindo débitos, não parcelados ou parcelados sem garantia, inclusive inscritos em Dívida Ativa da União, os créditos serão utilizados para quitação desses débitos, observado o seguinte: (Acrescentado pela Lei 12.844/2013).

I - o valor bruto da restituição ou do ressarcimento será debitado à conta do tributo a que se referir;

II - a parcela utilizada para a quitação de débitos do contribuinte ou responsável será creditada à conta do respectivo tributo.

ART. 74. O sujeito passivo que apurar crédito, inclusive os judiciais com trânsito em julgado, relativo a tributo ou contribuição administrado pela Secretaria da Receita Federal, passível de restituição ou de ressarcimento, poderá utilizá-lo na compensação de débitos próprios relativos a quaisquer tributos e contribuições administrados por aquele Órgão. (Redação dada pela Lei 10.637/2002.)

§ 1º A compensação de que trata o *caput* será efetuada mediante a entrega, pelo sujeito passivo, de declaração na qual constarão informações relativas aos créditos utilizados e aos respectivos débitos compensados. (Incluído pela Lei 10.637/2002.)

§ 2º A compensação declarada à Secretaria da Receita Federal extingue o crédito tributário, sob condição resolutória de sua ulterior homologação. (Incluído pela Lei 10.637/2002.)

§ 3º Além das hipóteses previstas nas leis específicas de cada tributo ou contribuição, não poderão ser objeto de compensação mediante entrega, pelo sujeito passivo, da declaração referida no § 1º: (Redação dada pela Lei 10.833/2003.)

I - o saldo a restituir apurado na Declaração de Ajuste Anual do Imposto de Renda da Pessoa Física; (Incluído pela Lei 10.637/2002.)

II - os débitos relativos a tributos e contribuições devidos no registro da Declaração de Importação. (Incluído pela Lei 10.637/2002.)

III - os débitos relativos a tributos e contribuições administrados pela Secretaria da Receita Federal que já tenham sido encaminhados à

Procuradoria-Geral da Fazenda Nacional para inscrição em Dívida Ativa da União; (Incluído pela Lei 10.833/2003.)

IV - o débito consolidado em qualquer modalidade de parcelamento concedido pela Secretaria da Receita Federal - SRF; (Redação dada pela Lei 11.051/2004.)

V - o débito que já tenha sido objeto de compensação não homologada, ainda que a compensação se encontre pendente de decisão definitiva na esfera administrativa; (Alterado pela Lei 13.670/2018.)

VI - o valor objeto de pedido de restituição ou de ressarcimento já indeferido pela autoridade competente da Secretaria da Receita Federal do Brasil, ainda que o pedido se encontre pendente de decisão definitiva na esfera administrativa; (Alterado pela Lei 13.670/2018.)

VII - o crédito objeto de pedido de restituição ou ressarcimento e o crédito informado em declaração de compensação cuja confirmação de liquidez e certeza esteja sob procedimento fiscal; (Alterado pela Lei 13.670/2018.)

VIII - os valores de quotas de salário-família e salário-maternidade; e (Alterado pela Lei 13.670/2018.)

IX - os débitos relativos ao recolhimento mensal por estimativa do Imposto sobre a Renda das Pessoas Jurídicas (IRPJ) e da Contribuição Social sobre o Lucro Líquido (CSLL) apurados na forma do art. 2º desta Lei. (Alterado pela Lei 13.670/2018.)

§ 4º Os pedidos de compensação pendentes de apreciação pela autoridade administrativa serão considerados declaração de compensação, desde o seu protocolo, para os efeitos previstos neste artigo. (Incluído pela Lei 10.637/2002.)

§ 5º O prazo para homologação da compensação declarada pelo sujeito passivo será de 5 (cinco) anos, contado da data da entrega da declaração de compensação. (Redação dada pela Lei 10.833/2003.)

§ 6º A declaração de compensação constitui confissão de dívida e instrumento hábil e suficiente para a exigência dos débitos indevidamente compensados. (Incluído pela Lei 10.833/2003.)

§ 7º Não homologada a compensação, a autoridade administrativa deverá cientificar o sujeito passivo e intimá-lo a efetuar, no prazo de 30 (trinta) dias, contado da ciência do ato que não a homologou, o pagamento dos débitos indevidamente compensados. (Incluído pela Lei 10.833/2003.)

§ 8º Não efetuado o pagamento no prazo previsto no § 7º, o débito será encaminhado à Procuradoria-Geral da Fazenda Nacional para inscrição em Dívida Ativa da União, ressalvado o disposto no § 9º. (Incluído pela Lei 10.833/ 2003.)

§ 9º É facultado ao sujeito passivo, no prazo referido no § 7º, apresentar manifestação de inconformidade contra a não homologação da compensação. (Incluído pela Lei 10.833/ 2003.)

§ 10. Da decisão que julgar improcedente a manifestação de inconformidade caberá recurso ao Conselho de Contribuintes. (Incluído pela Lei 10.833/ 2003.)

§ 11. A manifestação de inconformidade e o recurso de que tratam os §§ 9º e 10 obedecerão ao rito processual do Decreto n. 70.235, de 6 de março de 1972, e enquadram-se no disposto no inciso III do art. 151 da Lei n. 5.172, de 25 de outubro de 1966 - Código Tributário Nacional, relativamente ao débito objeto da compensação. (Incluído pela Lei 10.833/ 2003.)

§ 12. Será considerada não declarada a compensação nas hipóteses: (Redação dada pela Lei 11.051/2004.)

I - previstas no § 3º deste artigo; (Incluído pela Lei 11.051/2004.)

II - em que o crédito: (Incluído pela Lei 11.051/2004.)

a) seja de terceiros; (Incluída pela Lei 11.051/2004.)

b) refira-se a "crédito-prêmio" instituído pelo art. 1º do Decreto-Lei n. 491, de 5 de março de 1969; (Incluída pela Lei 11.051/2004.)

c) refira-se a título público; (Incluída pela Lei 11.051/2004.)

d) seja decorrente de decisão judicial não transitada em julgado; ou (Incluída pela Lei 11.051/2004.)

e) não se refira a tributos e contribuições administrados pela Secretaria da Receita Federal - SRF. (Incluída pela Lei 11.051/2004.)

f) tiver como fundamento a alegação de inconstitucionalidade de lei, exceto nos casos em que a lei: (Redação dada pela Lei 11.941/2009.)

1 - tenha sido declarada inconstitucional pelo Supremo Tribunal Federal em ação direta de inconstitucionalidade ou em ação declaratória de constitucionalidade; (Incluído pela Lei 11.941/2009.)

2 - tenha tido sua execução suspensa pelo Senado Federal; (Incluído pela Lei 11.941/2009.)

3 - tenha sido julgada inconstitucional em sentença judicial transitada em julgado a favor do contribuinte; ou (Incluído pela Lei 11.941/2009.)

4 - seja objeto de súmula vinculante aprovada pelo Supremo Tribunal Federal nos termos do art. 103-A da Constituição Federal. (Incluído pela Lei 11.941/2009.)

§ 13. O disposto nos §§ 2º e 5º a 11 deste artigo não se aplica às hipóteses previstas no § 12 deste artigo. (Incluído pela Lei 11.051/2004.)

§ 14. A Secretaria da Receita Federal - SRF disciplinará o disposto neste artigo, inclusive quanto à fixação de critérios de prioridade para apreciação de processos de restituição, de ressarcimento e de compensação. (Incluído pela Lei 11.051/2004.)

§§ 15 e 16. (Revogados pela Lei 13.137/2015.)

§ 17. Será aplicada multa isolada de 50% (cinquenta por cento) sobre o valor do débito objeto de declaração de compensação não homologada, salvo no caso de falsidade da declaração apresentada pelo sujeito passivo. (Alterado pela Lei 13.097/2015.)

§ 18. No caso de apresentação de manifestação de inconformidade contra a não homologação da compensação, fica suspensa a exigibilidade da multa de ofício de que trata o § 17, ainda que não impugnada essa exigência, enquadrando-se no disposto no inciso III do art. 151 da Lei n. 5.172, de 25 de outubro de 1966 - Código Tributário Nacional. (Acrescentado pela Lei 12.844/2013).

SEÇÃO VIII UFIR

ART. 75. A partir de 1º de janeiro de 1997, a atualização do valor da Unidade Fiscal de Referência - UFIR, de que trata o art. 1º da Lei n. 8.383, de 30 de dezembro de 1991, com as alterações posteriores, será efetuada por períodos anuais, em 1º de janeiro.

Parágrafo único. No âmbito da legislação tributária federal, a UFIR será utilizada exclusivamente para a atualização dos créditos tributários da União, objeto de parcelamento concedido até 31 de dezembro de 1994.

SEÇÃO IX COMPETÊNCIAS DOS CONSELHOS DE CONTRIBUINTES

ART. 76. Fica o Poder Executivo autorizado a alterar as competências relativas às matérias objeto de julgamento pelos Conselhos de Contribuintes do Ministério da Fazenda.

SEÇÃO X DISPOSITIVO DECLARADO INCONSTITUCIONAL

ART. 77. Fica o Poder Executivo autorizado a disciplinar as hipóteses em que a administração tributária federal, relativamente aos créditos tributários baseados em dispositivo declarado inconstitucional por decisão definitiva do Supremo Tribunal Federal, possa:

I - abster-se de constituí-los;

II - retificar o seu valor ou declará-los extintos, de ofício, quando houverem sido constituídos anteriormente, ainda que inscritos em dívida ativa;

III - formular desistência de ações de execução fiscal já ajuizadas, bem como deixar de interpor recursos de decisões judiciais.

SEÇÃO XI JUROS SOBRE O CAPITAL PRÓPRIO

ART. 78. O § 1º do art. 9º da Lei n. 9.249, de 26 de dezembro de 1995, passa a vigorar com a seguinte redação:

- Alterações promovidas no texto da referida lei.

SEÇÃO XII ADMISSÃO TEMPORÁRIA

ART. 79. Os bens admitidos temporariamente no País, para utilização econômica, ficam sujeitos ao pagamento dos impostos incidentes na importação proporcionalmente ao tempo de sua permanência em território nacional, nos termos e condições estabelecidos em regulamento.

Parágrafo único. O Poder Executivo poderá excepcionar, em caráter temporário, a aplicação do disposto neste artigo em relação a determinados bens. (Incluído pela Med. Prov. 2.189-49/ 2001)

CAPÍTULO VI DISPOSIÇÕES FINAIS

Empresa Inidônea

ART. 80. As pessoas jurídicas que, estando obrigadas, deixarem de apresentar declarações e demonstrativos por 5 (cinco) ou mais exercícios poderão ter sua inscrição no Cadastro Nacional da Pessoa Jurídica - CNPJ baixada, nos termos e condições definidos pela Secretaria da Receita Federal do Brasil, se, intimadas por edital, não regularizarem sua situação no prazo de 60 (sessenta) dias, contado da data da publicação da intimação. (Redação dada pela Lei 11.941/2009.)

§ 1º Poderão ainda ter a inscrição no CNPJ baixada, nos termos e condições definidos pela Secretaria da Receita Federal do Brasil, as pessoas jurídicas: (Redação dada pela Lei 11.941/2009.)

I - que não existam de fato; ou (Incluído pela Lei 11.941/2009.)

II - que, declaradas inaptas, nos termos do art. 81 desta Lei, não tenham regularizado sua situação nos 5 (cinco) exercícios subsequentes. (Incluído pela Lei 11.941/2009.)

§ 2º No edital de intimação, que será publicado no Diário Oficial da União, as pessoas jurídicas serão identificadas pelos respectivos números de inscrição no CNPJ. (Redação dada pela Lei 11.941/2009.)

§ 3º Decorridos 90 (noventa) dias da publicação do edital de intimação, a Secretaria da Receita Federal do Brasil publicará no Diário Oficial da União a relação de CNPJ das pessoas jurídicas que houverem regularizado sua situação, tornando-se automaticamente baixadas, nessa data, as inscrições das pessoas jurídicas que não tenham providenciado a regularização. (Redação dada pela Lei 11.941/2009.)

§ 4º A Secretaria da Receita Federal do Brasil manterá, para consulta, em seu sítio na internet, informação sobre a situação cadastral das pessoas jurídicas inscritas no CNPJ. (Incluído pela Lei 11.941/2009.)

ART. 80-A. Poderão ter sua inscrição no CNPJ baixada, nos termos e condições definidos pela Secretaria da Receita Federal do Brasil, as pessoas jurídicas que estejam extintas, canceladas ou baixadas nos respectivos órgãos de registro. (Incluído pela Lei 11.941/2009.)

ART. 80-B. O ato de baixa da inscrição no CNPJ não impede que, posteriormente, sejam lançados ou cobrados os débitos de natureza tributária da pessoa jurídica. (Incluído pela Lei 11.941/2009.)

ART. 80-C. Mediante solicitação da pessoa jurídica, poderá ser restabelecida a inscrição no CNPJ, observados os termos e condições definidos pela Secretaria da Receita Federal do Brasil. (Incluído pela Lei 11.941/2009.)

ART. 81. Poderá ser declarada inapta, nos termos e condições definidos pela Secretaria da Receita Federal do Brasil, a inscrição no CNPJ da pessoa jurídica que, estando obrigada, deixar de apresentar declarações e demonstrativos em 2 (dois) exercícios consecutivos. (Redação dada pela Lei 11.941/2009.)

§ 1º Será também declarada inapta a inscrição da pessoa jurídica que não comprove a origem, a disponibilidade e a efetiva transferência, se for o caso, dos recursos empregados em operações de comércio exterior. (Incluído pela Lei 10.637/2002.)

§ 2º Para fins do disposto no § 1º, a comprovação da origem de recursos provenientes do exterior dar-se-á mediante, cumulativamente: (Incluído pela Lei 10.637/2002.)

I - prova do regular fechamento da operação de câmbio, inclusive com a identificação da instituição financeira no exterior encarregada da remessa dos recursos para o País; (Incluído pela Lei 10.637/2002.)

II - identificação do remetente dos recursos, assim entendido como a pessoa física ou jurídica titular dos recursos remetidos. (Incluído pela Lei 10.637/2002.)

§ 3º No caso de o remetente referido no inciso II do § 2º ser pessoa jurídica deverão ser também identificados os integrantes de seus quadros societário e gerencial. (Incluído pela Lei 10.637/2002.)

§ 4º O disposto nos §§ 2º e 3º aplica-se, também, na hipótese de que trata o § 2º do art. 23 do Decreto-Lei n. 1.455, de 7 de abril de 1976. (Incluído pela Lei 10.637/2002.)

§ 5º Poderá também ser declarada inapta a inscrição no CNPJ da pessoa jurídica que não for localizada no endereço informado ao CNPJ, nos termos e condições definidos pela Secretaria da Receita Federal do Brasil. (Incluído pela Lei 11.941/2009.)

ART. 82. Além das demais hipóteses de inidoneidade de documentos previstos na legislação, não produzirá efeitos tributários em favor de terceiros interessados, o documento emitido por pessoa jurídica cuja inscrição no Cadastro Geral de Contribuintes tenha sido considerada ou declarada inapta.

Parágrafo único. O disposto neste artigo não se aplica aos casos em que o adquirente de bens, direitos e mercadorias ou o tomador de serviços comprovarem a efetivação do pagamento do preço respectivo e o recebimento dos bens, direitos e mercadorias ou utilização dos serviços.

Crime contra a Ordem Tributária

ART. 83. A representação fiscal para fins penais relativa aos crimes contra a ordem tributária previstos nos arts. 1º e 2º da Lei n. 8.137, de 27 de dezembro de 1990, e aos crimes contra a Previdência Social, previstos nos arts. 168-A e 337-A do Decreto-Lei n. 2.848, de 7 de dezembro de 1940 (Código Penal), será encaminhada ao Ministério Público depois de proferida a decisão final, na esfera administrativa, sobre a exigência fiscal do crédito tributário correspondente. (Redação dada pela Lei 12.350/2010.)

§ 1º Na hipótese de concessão de parcelamento do crédito tributário, a representação fiscal para fins penais somente será encaminhada ao Ministério Público após a exclusão da pessoa física ou jurídica do parcelamento. (Incluído pela Lei 12.382/2011.).

§ 2º É suspensa a pretensão punitiva do Estado referente aos crimes previstos no *caput*, durante o período em que a pessoa física ou a pessoa jurídica relacionada com o agente dos aludidos crimes estiver incluída no parcelamento, desde que o pedido de parcelamento tenha sido formalizado antes do recebimento da denúncia criminal. (Incluído pela Lei 12.382/2011.).

§ 3º A prescrição criminal não corre durante o período de suspensão da pretensão punitiva. (Incluído pela Lei 12.382/2011.).

§ 4º Extingue-se a punibilidade dos crimes referidos no *caput* quando a pessoa física ou a pessoa jurídica relacionada com o agente efetuar o pagamento integral dos débitos oriundos de tributos, inclusive acessórios, que tiverem sido objeto de concessão de parcelamento. (Incluído pela Lei 12.382/2011.).

§ 5º O disposto nos §§ 1º a 4º não se aplica nas hipóteses de vedação legal de parcelamento. (Incluído pela Lei 12.382/2011.).

§ 6º As disposições contidas no *caput* do art. 34 da Lei n. 9.249, de 26 de dezembro de 1995, aplicam-se aos processos administrativos e aos inquéritos e processos em curso, desde que não recebida a denúncia pelo juiz. (Renumerado do Parágrafo único pela Lei 12.382/2011.).

ART. 84. Nos casos de incorporação, fusão ou cisão de empresa incluída no Programa Nacional de Desestatização, bem como nos programas de desestatização das Unidades Federadas e dos Municípios, não ocorrerá a realização do lucro inflacionário acumulado relativamente à parcela do ativo sujeito a correção monetária até 31 de dezembro de 1995, que houver sido vertida.

§ 1º O lucro inflacionário acumulado da empresa sucedida, correspondente aos ativos vertidos sujeitos a correção monetária até 31 de dezembro de 1995, será integralmente transferido para a sucessora, nos casos de incorporação e fusão.

§ 2º No caso de cisão, o lucro inflacionário acumulado será transferido, para a pessoa jurídica que absorver o patrimônio da empresa cindida, na proporção das contas do ativo, sujeitas a correção monetária até 31 de dezembro de 1995, que houverem sido vertidas.

§ 3º O lucro inflacionário transferido na forma deste artigo será realizado e submetido a tributação, na pessoa jurídica sucessora, com observância do disposto na legislação vigente.

Fretes Internacionais

ART. 85. Ficam sujeitos ao imposto de renda na fonte, à alíquota de quinze por cento, os rendimentos recebidos por companhias de navegação aérea e marítima, domiciliadas no exterior, de pessoas físicas ou jurídicas residentes ou domiciliadas no Brasil.

Parágrafo único. O imposto de que trata este artigo não será exigido das companhias aéreas e marítimas domiciliadas em países que não tributam, em decorrência da legislação interna ou de acordos internacionais, os rendimentos auferidos por empresas brasileiras que exercem o mesmo tipo de atividade.

ART. 86. Nos casos de pagamento de contraprestação de arrendamento mercantil, do tipo financeiro, a beneficiária pessoa jurídica domiciliada no exterior, a Secretaria da Receita Federal expedirá normas para excluir da base de cálculo do imposto de renda incidente na fonte a parcela remetida que corresponder ao valor do bem arrendado.

Vigência

ART. 87. Esta Lei entra em vigor na data da sua publicação, produzindo efeitos financeiros a partir de 1º de janeiro de 1997.

Revogação

ART. 88. Revogam-se:

I - o § 2º do art. 97 do Decreto-Lei n. 5.844, de 23 de setembro de 1943, o Decreto-Lei n. 7.885, de 21 de agosto de 1945, o art. 46 da Lei n. 4.862, de 29 de novembro de 1965 e o art. 56 da Lei n. 7.713, de 22 de dezembro de 1988;

II - o Decreto-Lei n. 165, de 13 de fevereiro de 1967;

III - o § 3º do art. 21 do Decreto-Lei n. 401, de 30 de dezembro de 1968;

IV - o Decreto-Lei n. 716, de 30 de julho de 1969;

V - o Decreto-Lei n. 815, de 4 de setembro de 1969, o Decreto-Lei n. 1.139, de 21 de dezembro de 1970, o art. 87 da Lei n. 7.450, de 23 de dezembro de 1985 e os arts. 11 e 12 do Decreto-Lei n. 2.303, de 21 de novembro de 1986;

VI - o art. 3º do Decreto-Lei n. 1.118, de 10 de agosto de 1970, o art. 6º do Decreto-Lei n. 1.189, de 24 de setembro de 1971 e o inciso IX do art. 1º da Lei n. 8.402, de 8 de janeiro de 1992;

VII - o art. 9º do Decreto-Lei n. 1.351, de 24 de outubro de 1974, o Decreto-Lei n. 1.411, de 31 de julho de 1975 e o Decreto-Lei n. 1.725, de 7 de dezembro de 1979;

VIII - o art. 9º do Decreto-Lei n. 1.633, de 9 de agosto de 1978;

IX - o número 4 da alínea *"b"* do § 1º do art. 35 do Decreto-Lei n. 1.598, de 26 de dezembro de 1977, com a redação dada pelo inciso VI do art. 1º do Decreto-Lei n. 1.730, de 17 de dezembro de 1979;

X - o Decreto-Lei n. 1.811, de 27 de outubro de 1980, e o art. 3º da Lei n. 7.132, de 26 de outubro de 1983;

XI - o art. 7º do Decreto-Lei n. 1.814, de 28 de novembro de 1980;

XII - o Decreto-Lei n. 2.227, de 16 de janeiro de 1985;

XIII - os arts. 29 e 30 do Decreto-Lei n. 2.341, de 29 de junho de 1987;

XIV - os arts. 1º e 2º do Decreto-Lei n. 2.397, de 21 de dezembro de 1987;

XV - o art. 8º do Decreto-Lei n. 2.429, de 14 de abril de 1988;

XVI - Revogado pela Lei n. 11.508, de 2007;

XVII - o art. 40 da Lei n. 7.799, de 10 de julho de 1989;

XVIII - o § 5º do art. 6º da Lei n. 8.021, de 1990;

XIX - o art. 22 da Lei n. 8.218, de 29 de agosto de 1991;

XX - o art. 92 da Lei n. 8.383, de 30 de dezembro de 1991;

XXI - o art. 6º da Lei n. 8.661, de 2 de junho de 1993;

XXII - o art. 1º da Lei n. 8.696, de 26 de agosto de 1993;

XXIII - o parágrafo único do art. 3º da Lei n. 8.846, de 21 de janeiro de 1994;

XXIV - o art. 33, o § 4º do art. 37 e os arts. 38, 50, 52 e 53, o § 1º do art. 82 e art. 98, todos da Lei n. 8.981, de 20 de janeiro de 1995;

XXV - o art. 89 da Lei n. 8.981, de 20 de janeiro de 1995, com a redação dada pela Lei n. 9.065, de 20 de junho de 1995;

XXVI - os §§ 4º, 9º e 10 do art. 9º, o § 2º do art. 11, e o § 3º do art. 24, todos da Lei n. 9.249, de 26 de dezembro de 1995;

XXVII - a partir de 1º de abril de 1997, o art. 40 da Lei n. 8.981, de 1995, com as alterações introduzidas pela Lei n. 9.065, de 20 de junho de 1995.

Brasília, 27 de dezembro de 1996; 175º da Independência e 108º da República.

FERNANDO HENRIQUE CARDOSO

LEI N. 9.432, DE 8 DE JANEIRO DE 1997

Dispõe sobre a ordenação do transporte aquaviário e dá outras providências.

- *DOU*, 09.01.1997
- Dec. 2.256/1997 (Regulamenta o Registro Especial Brasileiro - REB, para embarcações de que trata a Lei n. 9.432, de 8 de janeiro de 1997.)

O Presidente da República. Faço saber que o Congresso Nacional decreta e eu sanciono a seguinte Lei:

CAPÍTULO I
DO ÂMBITO DA APLICAÇÃO

ART. 1º Esta Lei se aplica:

I - aos armadores, às empresas de navegação e às embarcações brasileiras;

II - às embarcações estrangeiras afretadas por armadores brasileiros;

III - aos armadores, às empresas de navegação e às embarcações estrangeiras, quando amparados por acordos firmados pela União.

Parágrafo único. Excetuam-se do disposto neste artigo:

I - os navios de guerra e de Estado que não estejam empregados em atividades comerciais;

II - as embarcações de esporte e recreio;

III - as embarcações de turismo;

IV - as embarcações de pesca;

V - as embarcações de pesquisa.

CAPÍTULO II
DAS DEFINIÇÕES

ART. 2º Para os efeitos desta Lei, são estabelecidas as seguintes definições:

I - afretamento a casco nu: contrato em virtude do qual o afretador tem a posse, o uso e o controle da embarcação, por tempo determinado, incluindo o direito de designar o comandante e a tripulação;

II - afretamento por tempo: contrato em virtude do qual o afretador recebe a embarcação armada e tripulada, ou parte dela, para operá-la por tempo determinado;

III - afretamento por viagem: contrato em virtude do qual o fretador se obriga a colocar o todo ou parte de uma embarcação, com tripulação, à disposição do afretador para efetuar transporte em uma ou mais viagens;

IV - armador brasileiro: pessoa física residente e domiciliada no Brasil que, em seu nome ou sob sua responsabilidade, apresta a embarcação para sua exploração comercial;

V - empresa brasileira de navegação: pessoa jurídica constituída segundo as leis brasileiras, com sede no País, que tenha por objeto o transporte aquaviário, autorizada a operar pelo órgão competente;

VI - embarcação brasileira: a que tem o direito de arvorar a bandeira brasileira;

VII - navegação de apoio portuário: a realizada exclusivamente nos portos e terminais aquaviários, para atendimento a embarcações e instalações portuárias;

VIII - navegação de apoio marítimo: a realizada para o apoio logístico a embarcações e instalações em águas territoriais nacionais e na Zona Econômica, que atuem nas atividades de pesquisa e lavra de minerais e hidrocarbonetos;

IX - navegação de cabotagem: a realizada entre portos ou pontos do território brasileiro, utilizando a via marítima ou esta e as vias navegáveis interiores;

X - navegação interior: a realizada em hidrovias interiores, em percurso nacional ou internacional;

XI - navegação de longo curso: a realizada entre portos brasileiros e estrangeiros;

XII - suspensão provisória de bandeira: ato pelo qual o proprietário da embarcação suspende temporariamente o uso da bandeira de origem, a fim de que a embarcação seja inscrita em registro de outro país;

XIII - frete aquaviário internacional: mercadoria invisível do intercâmbio comercial internacional, produzida por embarcação.

XIV - navegação de travessia: aquela realizada: (Incluído pela Lei 12.379/2010.)

a) transversalmente aos cursos dos rios e canais; (Incluído pela Lei 12.379/2010.)

b) entre 2 (dois) pontos das margens em lagos, lagoas, baías, angras e enseadas; (Incluído pela Lei 12.379/2010.)

c) entre ilhas e margens de rios, de lagos, de lagoas, de baías, de angras e de enseadas, numa extensão inferior a 11 (onze) milhas náuticas; (Incluído pela Lei 12.379/2010.)

d) entre 2 (dois) pontos de uma mesma rodovia ou ferrovia interceptada por corpo de água. (Incluído pela Lei 12.379/2010.)

CAPÍTULO III
DA BANDEIRA DAS EMBARCAÇÕES

ART. 3º Terão o direito de arvorar a bandeira brasileira as embarcações:

I - inscritas no Registro de Propriedade Marítima, de propriedade de pessoa física residente e domiciliada no País ou de empresa brasileira;

II - sob contrato de afretamento a casco nu, por empresa brasileira de navegação, condicionado à suspensão provisória de bandeira no país de origem.

CAPÍTULO IV
DA TRIPULAÇÃO

ART. 4º Nas embarcações de bandeira brasileira serão necessariamente brasileiros o comandante, o chefe de máquinas e dois terços da tripulação.

CAPÍTULO V
DOS REGIMES DA NAVEGAÇÃO

ART. 5º A operação ou exploração do transporte de mercadorias na navegação de longo curso é aberta aos armadores, às empresas de navegação e às embarcações de todos os países, observados os acordos firmados pela União, atendido o princípio da reciprocidade.

§ 1º As disposições do Decreto-Lei n. 666, de 2 de julho de 1969, e suas alterações, só se aplicam às cargas de importação brasileira de países que pratiquem, diretamente ou por intermédio de qualquer benefício, subsídio, favor governamental ou prescrição de cargas em favor de navio de sua bandeira.

§ 2º Para os efeitos previstos no parágrafo anterior, o Poder Executivo manterá, em caráter permanente, a relação dos países que estabelecem proteção às suas bandeiras.

§ 3º O Poder Executivo poderá suspender a aplicação das disposições do Decreto-Lei n. 666, de 2 de julho de 1969, e suas alterações, quando comprovada a inexistência ou indisponibilidade de embarcações operadas por empresas brasileiras de navegação, do tipo e porte adequados ao transporte pretendido, ou quando estas não oferecerem condições de preço e prazo compatíveis com o mercado internacional.

ART. 6º A operação ou exploração da navegação interior de percurso internacional é aberta às empresas de navegação e embarcações de todos os países, exclusivamente na forma dos acordos firmados pela União, atendido o princípio da reciprocidade.

ART. 7º As embarcações estrangeiras somente poderão participar do transporte de mercadorias na navegação de cabotagem e da navegação interior de percurso nacional, bem como da navegação de apoio portuário e da navegação de apoio marítimo, quando afretadas por empresas brasileiras de navegação, observado o disposto nos arts. 9º e 10.

Parágrafo único. O governo brasileiro poderá celebrar acordos internacionais que permitam a participação de embarcações estrangeiras nas navegações referidas neste artigo, mesmo quando não afretadas por empresas brasileiras de navegação, desde que idêntico privilégio seja conferido à bandeira brasileira nos outros Estados contratantes.

CAPÍTULO VI
DOS AFRETAMENTOS DE EMBARCAÇÕES

ART. 8º A empresa brasileira de navegação poderá afretar embarcações brasileiras e estrangeiras por viagem, por tempo e a casco nu.

ART. 9º O afretamento de embarcação estrangeira por viagem ou por tempo, para operar na navegação interior de percurso nacional ou no transporte de mercadorias na navegação de cabotagem ou nas navegações de apoio portuário e marítimo, bem como a casco nu na navegação de apoio portuário, depende de autorização do órgão competente e só poderá ocorrer nos seguintes casos:

I - quando verificada inexistência ou indisponibilidade de embarcação de bandeira brasileira do tipo e porte adequados para o transporte ou apoio pretendido;

II - quando verificado interesse público, devidamente justificado;

III - quando em substituição a embarcações em construção no País, em estaleiro brasileiro, com contrato em eficácia, enquanto durar a construção, por período máximo de trinta e seis meses, até o limite:

a) da tonelagem de porte bruto contratada, para embarcações de carga;

b) da arqueação bruta contratada, para embarcações destinadas ao apoio.

Parágrafo único. A autorização de que trata este artigo também se aplica ao caso de afretamento de embarcação estrangeira para a navegação de longo curso ou interior de percurso internacional, quando o mesmo se realizar em virtude da aplicação do art. 5º, § 3º.

ART. 10. Independe de autorização o afretamento de embarcação:

I - de bandeira brasileira para a navegação de longo curso, interior, interior de percurso internacional, cabotagem, de apoio portuário e de apoio marítimo;

II - estrangeira, quando não aplicáveis as disposições do Decreto-Lei n. 666, de 2 de julho de 1969, e suas alterações, para a navegação de longo curso ou interior de percurso internacional;

III - estrangeira a casco nu, com suspensão de bandeira, para a navegação de cabotagem, navegação interior de percurso nacional e navegação de apoio marítimo, limitado ao dobro da tonelagem de porte bruto das embarcações, de tipo semelhante, por ela encomendadas a estaleiro brasileiro instalado no País, com contrato de construção em eficácia, adicionado de metade da tonelagem de porte bruto das embarcações brasileiras de sua propriedade, ressalvado o direito ao afretamento de pelo menos uma embarcação de porte equivalente.

CAPÍTULO VII
DO APOIO AO DESENVOLVIMENTO DA MARINHA MERCANTE

ART. 11. É instituído o Registro Especial Brasileiro - REB, no qual poderão ser registradas embarcações brasileiras, operadas por empresas brasileiras de navegação.

§ 1º O financiamento oficial à empresa brasileira de navegação, para construção, conversão, modernização e reparação de embarcação pré-registrada no REB, contará com taxa de juros semelhante à da embarcação para exportação, a ser equalizada pelo Fundo da Marinha Mercante.

§ 2º É assegurada às empresas brasileiras de navegação a contratação, no mercado internacional, da cobertura de seguro e resseguro de cascos, máquinas e responsabilidade civil para suas embarcações registradas no REB, desde que o mercado interno não ofereça tais coberturas ou preços compatíveis com o mercado internacional.

§ 3º (Revogado pela Med. Prov. 2158-35/2001.)

§ 4º (Vetado.)

§ 5º Deverão ser celebrados novas convenções e acordos coletivos de trabalho para as tripulações das embarcações registradas no REB, os quais terão por objetivo preservar condições de competitividade com o mercado internacional.

§ 6º Nas embarcações registradas no REB serão necessariamente brasileiros apenas o comandante e o chefe de máquinas.

§ 7º (Revogado pela Lei 10.206/2001.)

§ 8º As embarcações inscritas no REB são isentas do recolhimento de taxa para manutenção do Fundo de Desenvolvimento do Ensino Profissional Marítimo.

§ 9º A construção, a conservação, a modernização e o reparo de embarcações pré-registradas ou registradas no REB serão, para todos os efeitos legais e fiscais, equiparadas à operação de exportação.

§ 10. As empresas brasileiras de navegação, com subsidiárias integrais proprietárias de embarcações construídas no Brasil, transferidas de sua matriz brasileira, são autorizadas a restabelecer o registro brasileiro como de propriedade da mesma empresa nacional, de origem, sem incidência de impostos ou taxas.

§ 11. A inscrição no REB será feita no Tribunal Marítimo e não suprime, sendo complementar, o registro de propriedade marítima, conforme dispõe a Lei n. 7.652, de 3 de fevereiro de 1988.

§ 12. Caberá ao Poder Executivo regulamentar o REB, estabelecendo as normas complementares necessárias ao seu funcionamento e as condições para a inscrição de embarcações e seu cancelamento.

ART. 12. São extensivos às embarcações que operam na navegação de cabotagem e nas navegações de apoio portuário e marítimo os preços de combustível cobrados às embarcações de longo curso.

ART. 13. O Poder Executivo destinará, por meio de regulamento, um percentual do Adicional de Frete para Renovação da Marinha Mercante - AFRMM, para manutenção do Fundo de Desenvolvimento do Ensino Profissional Marítimo, a título de compensação pela perda de receita imposta pelo art. 11, § 8º.

ART. 14. Será destinado ao Fundo da Marinha Mercante - FMM 100% (cem por cento) do produto da arrecadação do AFRMM recolhido por empresa brasileira de navegação, operando embarcação estrangeira afretada a casco nu.

Parágrafo único. O AFRMM terá, por um período máximo de trinta e seis meses, contado da data da assinatura do contrato de construção ou reparo, a mesma destinação do produzido por embarcação de registro brasileiro, quando gerado por embarcação estrangeira afretada a casco nu em substituição a embarcação de tipo e porte semelhante em construção ou reparo em estaleiro brasileiro.

CAPÍTULO VIII
DAS INFRAÇÕES E SANÇÕES

ART. 15. A inobservância do disposto nesta Lei sujeita o infrator às seguintes sanções:

I - multa, no valor de até R$ 10,00 (dez reais) por tonelada de arqueação bruta da embarcação;

II - suspensão da autorização para operar, por prazo de até seis meses.

CAPÍTULO IX
DAS DISPOSIÇÕES TRANSITÓRIAS

ART. 16. Caso o Registro Especial Brasileiro não seja regulamentado no prazo de cento e oitenta dias, contado da data de publicação desta Lei, será admitida, até que esteja regulamentado o REB, a transferência ou exportação de embarcação inscrita no Registro de Propriedade Marítima, de propriedade de empresa brasileira, para a sua subsidiária integral no exterior, atendidas, no caso daquelas ainda não quitadas, as seguintes exigências:

I - manutenção, em nome da empresa brasileira, do financiamento vinculado à embarcação, da mesma forma que novas solicitações de recursos;

II - constituição, no país de registro da embarcação, de hipoteca a favor do credor no Brasil;

III - prestação de fiança adicional, pela subsidiária integral, para o financiamento de que trata o inciso I.

§ 1º As embarcações transferidas ou exportadas para as subsidiárias integrais, domiciliadas no exterior, de empresas brasileiras gozarão dos mesmos direitos das embarcações de bandeira brasileira, desde que:

I - sejam brasileiros o seu comandante e seu chefe de máquinas;

II - sejam observados, no relacionamento trabalhista com as respectivas tripulações, requisitos mínimos estabelecidos por organismos internacionais devidamente reconhecidos;

III - tenham sido construídas no Brasil ou, se construídas no exterior, tenham sido registradas no Brasil até a data de vigência desta Lei;

IV - submetam-se a inspeções periódicas pelas autoridades brasileiras, sob as mesmas condições das embarcações de bandeira brasileira.

§ 2º Aplica-se o disposto no parágrafo anterior às embarcações que já tenham sido anteriormente exportadas ou transferidas para as subsidiárias integrais no exterior de empresas brasileiras.

§ 3º As embarcações construídas no Brasil e exportadas ou transferidas para as subsidiárias integrais de empresa brasileira gozarão dos incentivos legais referentes à exportação de bens.

§ 4º O descumprimento de qualquer das exigências estabelecidas neste artigo implica a perda dos direitos previstos no § 1º.

ART. 17. Por um prazo de dez anos, contado a partir da data da vigência desta Lei, não incidirá o Adicional ao Frete para Renovação da Marinha Mercante - AFRMM sobre as mercadorias cuja origem ou cujo destino final seja porto localizado na Região Norte ou Nordeste do País.

- Lei 11.482/2007 (Efetua alterações na tabela do imposto de renda da pessoa física; dispõe sobre a redução a 0 (zero) da alíquota da CPMF nas hipóteses que menciona).
- Dec. 5.543/2005 (Regulamenta este artigo.)

Parágrafo único. (Revogado pela Lei n. 12.599/ 2012).

CAPÍTULO X
DAS DISPOSIÇÕES FINAIS

ART. 18. A ordenação da direção civil do transporte aquaviário em situação de tensão, emergência ou guerra terá sua composição, organização administrativa e âmbito de coordenação nacional definidos pelo Poder Executivo.

ART. 19. (Vetado)

ART. 20. O art. 2º, § 2º, da Lei n. 9.074, de 7 de julho de 1995, passa a vigorar com a seguinte redação:

"Art. 2º [...]

§ 2º Independe de concessão, permissão ou autorização o transporte de cargas pelos meios rodoviário e aquaviário."

ART. 21. Esta Lei entra em vigor na data de sua publicação.

ART. 22. Revogam-se o Decreto-Lei n. 1.143, de 30 de dezembro de 1970, e o art. 6º da Lei n. 7.652, de 3 de fevereiro de 1988.

Brasília, 8 de janeiro de 1997; 176º da Independência e 109º da República.

FERNANDO HENRIQUE CARDOSO

LEI N. 9.433, DE 8 DE JANEIRO DE 1997

Institui a Política Nacional de Recursos Hídricos, cria o Sistema Nacional de Gerenciamento de Recursos Hídricos, regulamenta o inciso XIX do art. 21 da Constituição Federal, e altera o art. 1º da Lei n. 8.001, de 13 de março de 1990, que modificou a Lei n. 7.990, de 28 de dezembro de 1989.

- *DOU*, 09.01.1997.
- Dec. 4.613/2003 (Regulamenta o Conselho Nacional de Recursos Hídricos).
- Dec. de 15.09.2010 (Institui o Plano de Ação para Prevenção e Controle do Desmatamento e

das Queimadas no Bioma Cerrado - PPCerrado, altera o Decreto de 3.07.2003, que institui Grupo Permanente de Trabalho Interministerial para os fins que especifica).

O Presidente da República. Faço saber que o Congresso Nacional decreta e eu sanciono a seguinte Lei:

TÍTULO I
DA POLÍTICA NACIONAL DE RECURSOS HÍDRICOS

CAPÍTULO I
DOS FUNDAMENTOS

ART. 1º A Política Nacional de Recursos Hídricos baseia-se nos seguintes fundamentos:

I - a água é um bem de domínio público;

II - a água é um recurso natural limitado, dotado de valor econômico;

III - em situações de escassez, o uso prioritário dos recursos hídricos é o consumo humano e a dessedentação de animais;

IV - a gestão dos recursos hídricos deve sempre proporcionar o uso múltiplo das águas;

V - a bacia hidrográfica é a unidade territorial para implementação da Política Nacional de Recursos Hídricos e atuação do Sistema Nacional de Gerenciamento de Recursos Hídricos;

VI - a gestão dos recursos hídricos deve ser descentralizada e contar com a participação do Poder Público, dos usuários e das comunidades.

CAPÍTULO II
DOS OBJETIVOS

ART. 2º São objetivos da Política Nacional de Recursos Hídricos:

I - assegurar à atual e às futuras gerações a necessária disponibilidade de água, em padrões de qualidade adequados aos respectivos usos;

II - a utilização racional e integrada dos recursos hídricos, incluindo o transporte aquaviário, com vistas ao desenvolvimento sustentável;

III - a prevenção e a defesa contra eventos hidrológicos críticos de origem natural ou decorrentes do uso inadequado dos recursos naturais.

IV - incentivar e promover a captação, a preservação e o aproveitamento de águas pluviais. (Acrescentado pela Lei 13.501/2017.)

CAPÍTULO III
DAS DIRETRIZES GERAIS DE AÇÃO

ART. 3º Constituem diretrizes gerais de ação para implementação da Política Nacional de Recursos Hídricos:

I - a gestão sistemática dos recursos hídricos, sem dissociação dos aspectos de quantidade e qualidade;

II - a adequação da gestão de recursos hídricos às diversidades físicas, bióticas, demográficas, econômicas, sociais e culturais das diversas regiões do País;

III - a integração da gestão de recursos hídricos com a gestão ambiental;

IV - a articulação do planejamento de recursos hídricos com o dos setores usuários e com os planejamentos regional, estadual e nacional;

V - a articulação da gestão de recursos hídricos com a do uso do solo;

VI - a integração da gestão das bacias hidrográficas com a dos sistemas estuarinos e zonas costeiras.

ART. 4º A União articular-se-á com os Estados tendo em vista o gerenciamento dos recursos hídricos de interesse comum.

CAPÍTULO IV
DOS INSTRUMENTOS

ART. 5º São instrumentos da Política Nacional de Recursos Hídricos:

I - os Planos de Recursos Hídricos;

II - o enquadramento dos corpos de água em classes, segundo os usos preponderantes da água;

III - a outorga dos direitos de uso de recursos hídricos;

IV - a cobrança pelo uso de recursos hídricos;

V - a compensação a municípios;

VI - o Sistema de Informações sobre Recursos Hídricos.

SEÇÃO I
DOS PLANOS DE RECURSOS HÍDRICOS

ART. 6º Os Planos de Recursos Hídricos são planos diretores que visam a fundamentar e orientar a implementação da Política Nacional de Recursos Hídricos e o gerenciamento dos recursos hídricos.

ART. 7º Os Planos de Recursos Hídricos são planos de longo prazo, com horizonte de planejamento compatível com o período de implantação de seus programas e projetos e terão o seguinte conteúdo mínimo:

I - diagnóstico da situação atual dos recursos hídricos;

II - análise de alternativas de crescimento demográfico, de evolução de atividades produtivas e de modificações dos padrões de ocupação do solo;

III - balanço entre disponibilidades e demandas futuras dos recursos hídricos, em quantidade e qualidade, com identificação de conflitos potenciais;

IV - metas de racionalização de uso, aumento da quantidade e melhoria da qualidade dos recursos hídricos disponíveis;

V - medidas a serem tomadas, programas a serem desenvolvidos e projetos a serem implantados, para o atendimento das metas previstas;

VI - (Vetado.)

VII - (Vetado.)

VIII - prioridades para outorga de direitos de uso de recursos hídricos;

IX - diretrizes e critérios para a cobrança pelo uso dos recursos hídricos;

X - propostas para a criação de áreas sujeitas a restrição de uso, com vistas à proteção dos recursos hídricos.

ART. 8º Os Planos de Recursos Hídricos serão elaborados por bacia hidrográfica, por Estado e para o País.

SEÇÃO II
DO ENQUADRAMENTO DOS CORPOS DE ÁGUA EM CLASSES, SEGUNDO OS USOS PREPONDERANTES DA ÁGUA

ART. 9º O enquadramento dos corpos de água em classes, segundo os usos preponderantes da água, visa a:

I - assegurar às águas qualidade compatível com os usos mais exigentes a que forem destinadas;

II - diminuir os custos de combate à poluição das águas, mediante ações preventivas permanentes.

ART. 10. As classes de corpos de água serão estabelecidas pela legislação ambiental.

SEÇÃO III
DA OUTORGA DE DIREITOS DE USO DE RECURSOS HÍDRICOS

ART. 11. O regime de outorga de direitos de uso de recursos hídricos tem como objetivos assegurar o controle quantitativo e qualitativo dos usos da água e o efetivo exercício dos direitos de acesso à água.

ART. 12. Estão sujeitos a outorga pelo Poder Público os direitos dos seguintes usos de recursos hídricos:

I - derivação ou captação de parcela da água existente em um corpo de água para consumo final, inclusive abastecimento público, ou insumo de processo produtivo;

II - extração de água de aquífero subterrâneo para consumo final ou insumo de processo produtivo;

III - lançamento em corpo de água de esgotos e demais resíduos líquidos ou gasosos, tratados ou não, com o fim de sua diluição, transporte ou disposição final;

IV - aproveitamento dos potenciais hidrelétricos;

V - outros usos que alterem o regime, a quantidade ou a qualidade da água existente em um corpo de água.

§ 1º Independem de outorga pelo Poder Público, conforme definido em regulamento:

I - o uso de recursos hídricos para a satisfação das necessidades de pequenos núcleos populacionais, distribuídos no meio rural;

II - as derivações, captações e lançamentos considerados insignificantes;

III - as acumulações de volumes de água consideradas insignificantes.

§ 2º A outorga e a utilização de recursos hídricos para fins de geração de energia elétrica estará subordinada ao Plano Nacional de Recursos Hídricos, aprovado na forma do disposto no inciso VIII do art. 35 desta Lei, obedecida a disciplina da legislação setorial específica.

ART. 13. Toda outorga estará condicionada às prioridades de uso estabelecidas nos Planos de Recursos Hídricos e deverá respeitar a classe em que o corpo de água estiver enquadrado e a manutenção de condições adequadas ao transporte aquaviário, quando for o caso.

Parágrafo único. A outorga de uso dos recursos hídricos deverá preservar o uso múltiplo destes.

ART. 14. A outorga efetivar-se-á por ato da autoridade competente do Poder Executivo Federal, dos Estados ou do Distrito Federal.

§ 1º O Poder Executivo Federal poderá delegar aos Estados e ao Distrito Federal competência para conceder outorga de direito de uso de recurso hídrico de domínio da União.

§ 2º (Vetado.)

ART. 15. A outorga de direito de uso de recursos hídricos poderá ser suspensa parcial ou totalmente, em definitivo ou por prazo determinado, nas seguintes circunstâncias:

I - não cumprimento pelo outorgado dos termos da outorga;

II - ausência de uso por três anos consecutivos;

III - necessidade premente de água para atender a situações de calamidade, inclusive as decorrentes de condições climáticas adversas;

IV - necessidade de se prevenir ou reverter grave degradação ambiental;

V - necessidade de se atender a usos prioritários, de interesse coletivo, para os quais não se disponha de fontes alternativas;

VI - necessidade de serem mantidas as características de navegabilidade do corpo de água.

ART. 16. Toda outorga de direitos de uso de recursos hídricos far-se-á por prazo não excedente a trinta e cinco anos, renovável.

ART. 17. (Vetado.)

ART. 18. A outorga não implica a alienação parcial das águas, que são inalienáveis, mas o simples direito de seu uso.

SEÇÃO IV
DA COBRANÇA DO USO DE RECURSOS HÍDRICOS

ART. 19. A cobrança pelo uso de recursos hídricos objetiva:

I - reconhecer a água como bem econômico e dar ao usuário uma indicação de seu real valor;

II - incentivar a racionalização do uso da água;

III - obter recursos financeiros para o financiamento dos programas e intervenções contemplados nos planos de recursos hídricos.

ART. 20. Serão cobrados os usos de recursos hídricos sujeitos a outorga, nos termos do art. 12 desta Lei.

Parágrafo único. (Vetado.)

ART. 21. Na fixação dos valores a serem cobrados pelo uso dos recursos hídricos devem ser observados, dentre outros:

I - nas derivações, captações e extrações de água, o volume retirado e seu regime de variação;

II - nos lançamentos de esgotos e demais resíduos líquidos ou gasosos, o volume lançado e seu regime de variação e as características físico-químicas, biológicas e de toxidade do afluente.

ART. 22. Os valores arrecadados com a cobrança pelo uso de recursos hídricos serão aplicados prioritariamente na bacia hidrográfica em que foram gerados e serão utilizados:

I - no financiamento de estudos, programas, projetos e obras incluídos nos Planos de Recursos Hídricos;

II - no pagamento de despesas de implantação e custeio administrativo dos órgãos e entidades integrantes do Sistema Nacional de Gerenciamento de Recursos Hídricos.

§ 1º A aplicação nas despesas previstas no inciso II deste artigo é limitada a sete e meio por cento do total arrecadado.

§ 2º Os valores previstos no *caput* deste artigo poderão ser aplicados a fundo perdido em projetos e obras que alterem, de modo considerado benéfico à coletividade, a qualidade, a quantidade e o regime de vazão de um corpo de água.

§ 3º (Vetado.)

ART. 23. (Vetado.)

SEÇÃO V
DA COMPENSAÇÃO A MUNICÍPIOS

ART. 24. (Vetado.)

SEÇÃO VI
DO SISTEMA DE INFORMAÇÕES SOBRE RECURSOS HÍDRICOS

ART. 25. O Sistema de Informações sobre Recursos Hídricos é um sistema de coleta, tratamento, armazenamento e recuperação de informações sobre recursos hídricos e fatores intervenientes em sua gestão.

Parágrafo único. Os dados gerados pelos órgãos integrantes do Sistema Nacional de Gerenciamento de Recursos Hídricos serão incorporados ao Sistema Nacional de Informações sobre Recursos Hídricos.

ART. 26. São princípios básicos para o funcionamento do Sistema de Informações sobre Recursos Hídricos:

I - descentralização da obtenção e produção de dados e informações;

II - coordenação unificada do sistema;

III - acesso aos dados e informações garantido à toda a sociedade.

ART. 27. São objetivos do Sistema Nacional de Informações sobre Recursos Hídricos:

I - reunir, dar consistência e divulgar os dados e informações sobre a situação qualitativa e quantitativa dos recursos hídricos no Brasil;

II - atualizar permanentemente as informações sobre disponibilidade e demanda de recursos hídricos em todo o território nacional;

III - fornecer subsídios para a elaboração dos Planos de Recursos Hídricos.

CAPÍTULO V
DO RATEIO DE CUSTOS DAS OBRAS DE USO MÚLTIPLO, DE INTERESSE COMUM OU COLETIVO

ART. 28. (Vetado.)

CAPÍTULO VI
DA AÇÃO DO PODER PÚBLICO

ART. 29. Na implementação da Política Nacional de Recursos Hídricos, compete ao Poder Executivo Federal:

I - tomar as providências necessárias à implementação e ao funcionamento do Sistema Nacional de Gerenciamento de Recursos Hídricos;

II - outorgar os direitos de uso de recursos hídricos, e regulamentar e fiscalizar os usos, na sua esfera de competência;

III - implantar e gerir o Sistema de Informações sobre Recursos Hídricos, em âmbito nacional;

IV - promover a integração da gestão de recursos hídricos com a gestão ambiental.

Parágrafo único. O Poder Executivo Federal indicará, por decreto, a autoridade responsável pela efetivação de outorgas de direito de uso dos recursos hídricos sob domínio da União.

ART. 30. Na implementação da Política Nacional de Recursos Hídricos, cabe aos Poderes Executivos Estaduais e do Distrito Federal, na sua esfera de competência:

I - outorgar os direitos de uso de recursos hídricos e regulamentar e fiscalizar os seus usos;

II - realizar o controle técnico das obras de oferta hídrica;

III - implantar e gerir o Sistema de Informações sobre Recursos Hídricos, em âmbito estadual e do Distrito Federal;

IV - promover a integração da gestão de recursos hídricos com a gestão ambiental.

ART. 31. Na implementação da Política Nacional de Recursos Hídricos, os Poderes Executivos do Distrito Federal e dos municípios promoverão a integração das políticas locais de saneamento básico, de uso, ocupação e conservação do solo e de meio ambiente com as políticas federal e estaduais de recursos hídricos.

TÍTULO II
DO SISTEMA NACIONAL DE GERENCIAMENTO DE RECURSOS HÍDRICOS

CAPÍTULO I
DOS OBJETIVOS E DA COMPOSIÇÃO

ART. 32. Fica criado o Sistema Nacional de Gerenciamento de Recursos Hídricos, com os seguintes objetivos:

I - coordenar a gestão integrada das águas;

II - arbitrar administrativamente os conflitos relacionados com os recursos hídricos;

III - implementar a Política Nacional de Recursos Hídricos;

IV - planejar, regular e controlar o uso, a preservação e a recuperação dos recursos hídricos;

V - promover a cobrança pelo uso de recursos hídricos.

ART. 33. Integram o Sistema Nacional de Gerenciamento de Recursos Hídricos: (Redação dada pela Lei 9.984/2000.)

I - o Conselho Nacional de Recursos Hídricos; (Redação dada pela Lei 9.984/2000.)

I-A. - a Agência Nacional de Águas; (Redação dada pela Lei 9.984/2000.)

II - os Conselhos de Recursos Hídricos dos Estados e do Distrito Federal; (Redação dada pela Lei 9.984/2000.)

III - os Comitês de Bacia Hidrográfica; (Redação dada pela Lei 9.984/2000.)

IV - os órgãos dos poderes públicos federal, estaduais, do Distrito Federal e municipais cujas competências se relacionem com a gestão de recursos hídricos; (Redação dada pela Lei 9.984/2000.)

V - as Agências de Água. (Redação dada pela Lei 9.984/2000.)

CAPÍTULO II
DO CONSELHO NACIONAL DE RECURSOS HÍDRICOS

ART. 34. O Conselho Nacional de Recursos Hídricos é composto por:

I - representantes dos Ministérios e Secretarias da Presidência da República com atuação no gerenciamento ou no uso de recursos hídricos;

II - representantes indicados pelos Conselhos Estaduais de Recursos Hídricos;

III - representantes dos usuários dos recursos hídricos;

IV - representantes das organizações civis de recursos hídricos.

Parágrafo único. O número de representantes do Poder Executivo Federal não poderá exceder à metade mais um do total dos membros do Conselho Nacional de Recursos Hídricos.

ART. 35. Compete ao Conselho Nacional de Recursos Hídricos:

I - promover a articulação do planejamento de recursos hídricos com os planejamentos nacional, regional, estaduais e dos setores usuários;

II - arbitrar, em última instância administrativa, os conflitos existentes entre Conselhos Estaduais de Recursos Hídricos;

III - deliberar sobre os projetos de aproveitamento de recursos hídricos cujas repercussões extrapolem o âmbito dos Estados em que serão implantados;

IV - deliberar sobre as questões que lhe tenham sido encaminhadas pelos Conselhos Estaduais de Recursos Hídricos ou pelos Comitês de Bacia Hidrográfica;

V - analisar propostas de alteração da legislação pertinente a recursos hídricos e à Política Nacional de Recursos Hídricos;

VI - estabelecer diretrizes complementares para implementação da Política Nacional de Recursos Hídricos, aplicação de seus instrumentos e atuação do Sistema Nacional de Gerenciamento de Recursos Hídricos;

VII - aprovar propostas de instituição dos Comitês de Bacia Hidrográfica e estabelecer critérios gerais para a elaboração de seus regimentos;

VIII - (Vetado.)

IX - acompanhar a execução e aprovar o Plano Nacional de Recursos Hídricos e determinar as providências necessárias ao cumprimento de suas metas; (Redação dada pela Lei 9.984/2000.)

X - estabelecer critérios gerais para a outorga de direitos de uso de recursos hídricos e para a cobrança por seu uso.

XI - zelar pela implementação da Política Nacional de Segurança de Barragens (PNSB); (Incluído pela Lei 12.334/2010.)

XII - estabelecer diretrizes para implementação da PNSB, aplicação de seus instrumentos e atuação do Sistema Nacional de Informações sobre Segurança de Barragens (SNISB); (Incluído pela Lei 12.334/2010.)

XIII - apreciar o Relatório de Segurança de Barragens, fazendo, se necessário, recomendações para melhoria da segurança das obras, bem como encaminhá-lo ao Congresso Nacional. (Incluído pela Lei 12.334/2010.)

ART. 36. O Conselho Nacional de Recursos Hídricos será gerido por:

I - um Presidente, que será o Ministro titular do Ministério do Meio Ambiente, dos Recursos Hídricos e da Amazônia Legal;

II - um Secretário Executivo, que será o titular do órgão integrante da estrutura do Ministério do Meio Ambiente, dos Recursos Hídricos e da Amazônia Legal, responsável pela gestão dos recursos hídricos.

› A Med. Prov. 870/2019 determinou a seguinte alteração:
I - um Presidente, que será o Ministro de Estado do Desenvolvimento Regional;
II - um Secretário-Executivo, que será o titular do órgão integrante da estrutura do Ministério do Desenvolvimento Regional responsável pela gestão dos recursos hídricos.

CAPÍTULO III
DOS COMITÊS DE BACIA HIDROGRÁFICA

ART. 37. Os Comitês de Bacia Hidrográfica terão como área de atuação:

I - a totalidade de uma bacia hidrográfica;

II - sub-bacia hidrográfica de tributário do curso de água principal da bacia, ou de tributário desse tributário; ou

III - grupo de bacias ou sub-bacias hidrográficas contíguas.

Parágrafo único. A instituição de Comitês de Bacia Hidrográfica em rios de domínio da União será efetivada por ato do Presidente da República.

ART. 38. Compete aos Comitês de Bacia Hidrográfica, no âmbito de sua área de atuação:

I - promover o debate das questões relacionadas a recursos hídricos e articular a atuação das entidades intervenientes;

II - arbitrar, em primeira instância administrativa, os conflitos relacionados aos recursos hídricos;

III - aprovar o Plano de Recursos Hídricos da bacia;

IV - acompanhar a execução do Plano de Recursos Hídricos da bacia e sugerir as providências necessárias ao cumprimento de suas metas;

V - propor ao Conselho Nacional e aos Conselhos Estaduais de Recursos Hídricos as acumulações, derivações, captações e lançamentos de pouca expressão, para efeito de isenção da obrigatoriedade de outorga de direitos de uso de recursos hídricos, de acordo com os domínios destes;

VI - estabelecer os mecanismos de cobrança pelo uso de recursos hídricos e sugerir os valores a serem cobrados;

VII e **VIII** - (Vetados.)

IX - estabelecer critérios e promover o rateio de custo das obras de uso múltiplo, de interesse comum ou coletivo.

Parágrafo único. Das decisões dos Comitês de Bacia Hidrográfica caberá recurso ao Conselho Nacional ou aos Conselhos Estaduais de Recursos Hídricos, de acordo com sua esfera de competência.

ART. 39. Os Comitês de Bacia Hidrográfica são compostos por representantes:

I - da União;

II - dos Estados e do Distrito Federal cujos territórios se situem, ainda que parcialmente, em suas respectivas áreas de atuação;

III - dos Municípios situados, no todo ou em parte, em sua área de atuação;

IV - dos usuários das águas de sua área de atuação;

V - das entidades civis de recursos hídricos com atuação comprovada na bacia.

§ 1º O número de representantes de cada setor mencionado neste artigo, bem como os critérios para sua indicação, serão estabelecidos nos regimentos dos comitês, limitada a representação dos poderes executivos da União, Estados, Distrito Federal e Municípios à metade do total de membros.

§ 2º Nos Comitês de Bacia Hidrográfica de bacias de rios fronteiriços e transfronteiriços de gestão compartilhada, a representação da União deverá incluir um representante do Ministério das Relações Exteriores.

§ 3º Nos Comitês de Bacia Hidrográfica de bacias cujos territórios abranjam terras indígenas devem ser incluídos representantes:

I - da Fundação Nacional do Índio - FUNAI, como parte da representação da União;

II - das comunidades indígenas ali residentes ou com interesses na bacia.

§ 4º A participação da União nos Comitês de Bacia Hidrográfica com área de atuação restrita a bacias de rios sob domínio estadual, dar-se-á na forma estabelecida nos respectivos regimentos.

ART. 40. Os Comitês de Bacia Hidrográfica serão dirigidos por um Presidente e um Secretário, eleitos dentre seus membros.

CAPÍTULO IV
DAS AGÊNCIAS DE ÁGUA

ART. 41. As Agências de Água exercerão a função de secretaria executiva do respectivo ou respectivos Comitês de Bacia Hidrográfica.

ART. 42. As Agências de Água terão a mesma área de atuação de um ou mais Comitês de Bacia Hidrográfica.

Parágrafo único. A criação das Agências de Água será autorizada pelo Conselho Nacional de Recursos Hídricos ou pelos Conselhos Estaduais de Recursos Hídricos mediante solicitação de um ou mais Comitês de Bacia Hidrográfica.

ART. 43. A criação de uma Agência de Água é condicionada ao atendimento dos seguintes requisitos:

I - prévia existência do respectivo ou respectivos Comitês de Bacia Hidrográfica;

II - viabilidade financeira assegurada pela cobrança do uso dos recursos hídricos em sua área de atuação.

ART. 44. Compete às Agências de Água, no âmbito de sua área de atuação:

I - manter balanço atualizado da disponibilidade de recursos hídricos em sua área de atuação;

II - manter o cadastro de usuários de recursos hídricos;

III - efetuar, mediante delegação do outorgante, a cobrança pelo uso de recursos hídricos;

IV - analisar e emitir pareceres sobre os projetos e obras a serem financiados com recursos gerados pela cobrança pelo uso de Recursos Hídricos e encaminhá-los à instituição financeira responsável pela administração desses recursos;

V - acompanhar a administração financeira dos recursos arrecadados com a cobrança pelo uso de recursos hídricos em sua área de atuação;

VI - gerir o Sistema de Informações sobre Recursos Hídricos em sua área de atuação;

VII - celebrar convênios e contratar financiamentos e serviços para a execução de suas competências;

VIII - elaborar a sua proposta orçamentária e submetê-la à apreciação do respectivo ou respectivos Comitês de Bacia Hidrográfica;

IX - promover os estudos necessários para a gestão dos recursos hídricos em sua área de atuação;

X - elaborar o Plano de Recursos Hídricos para apreciação do respectivo Comitê de Bacia Hidrográfica;

XI - propor ao respectivo ou respectivos Comitês de Bacia Hidrográfica:

a) o enquadramento dos corpos de água nas classes de uso, para encaminhamento ao respectivo Conselho Nacional ou Conselhos Estaduais de Recursos Hídricos, de acordo com o domínio destes;

b) os valores a serem cobrados pelo uso de recursos hídricos;

c) o plano de aplicação dos recursos arrecadados com a cobrança pelo uso de recursos hídricos;

d) o rateio de custo das obras de uso múltiplo, de interesse comum ou coletivo.

CAPÍTULO V
DA SECRETARIA EXECUTIVA DO CONSELHO NACIONAL DE RECURSOS HÍDRICOS

ART. 45. A Secretaria Executiva do Conselho Nacional de Recursos Hídricos será exercida pelo órgão integrante da estrutura do Ministério do Meio Ambiente, dos Recursos Hídricos e da Amazônia Legal, responsável pela gestão dos recursos hídricos.

› A Med. Prov. 870/2019 determinou a seguinte alteração:
Art. 45. A Secretaria-Executiva do Conselho Nacional de Recursos Hídricos será exercida pelo órgão integrante da estrutura do Ministério do Desenvolvimento Regional responsável pela gestão dos recursos hídricos.

ART. 46. Compete à Secretaria Executiva do Conselho Nacional de Recursos Hídricos: (Redação dada pela Lei 9.984/2000.)

I - prestar apoio administrativo, técnico e financeiro ao Conselho Nacional de Recursos Hídricos; (Redação dada pela Lei 9.984/2000.)

II - revogado; (Redação dada pela Lei 9.984/2000.)

III - instruir os expedientes provenientes dos Conselhos Estaduais de Recursos Hídricos e dos Comitês de Bacia Hidrográfica; (Redação dada pela Lei 9.984/2000.)

IV - revogado; (Redação dada pela Lei 9.984 /2000.)

V - elaborar seu programa de trabalho e respectiva proposta orçamentária anual e submetê-los à aprovação do Conselho Nacional de Recursos Hídricos. (Redação dada pela Lei 9.984/2000.)

CAPÍTULO VI
DAS ORGANIZAÇÕES CIVIS DE RECURSOS HÍDRICOS

ART. 47. São consideradas, para os efeitos desta Lei, organizações civis de recursos hídricos:

I - consórcios e associações intermunicipais de bacias hidrográficas;

II - associações regionais, locais ou setoriais de usuários de recursos hídricos;

III - organizações técnicas e de ensino e pesquisa com interesse na área de recursos hídricos;

IV - organizações não governamentais com objetivos de defesa de interesses difusos e coletivos da sociedade;

V - outras organizações reconhecidas pelo Conselho Nacional ou pelos Conselhos Estaduais de Recursos Hídricos.

ART. 48. Para integrar o Sistema Nacional de Recursos Hídricos, as organizações civis de recursos hídricos devem ser legalmente constituídas.

TÍTULO III
DAS INFRAÇÕES E PENALIDADES

ART. 49. Constitui infração das normas de utilização de recursos hídricos superficiais ou subterrâneos:

I - derivar ou utilizar recursos hídricos para qualquer finalidade, sem a respectiva outorga de direito de uso;

II - iniciar a implantação ou implantar empreendimento relacionado com a derivação ou a utilização de recursos hídricos, superficiais ou subterrâneos, que implique alterações no regime, quantidade ou qualidade dos mesmos, sem autorização dos órgãos ou entidades competentes;

III - (Vetado.)

IV - utilizar-se dos recursos hídricos ou executar obras ou serviços relacionados com os mesmos em desacordo com as condições estabelecidas na outorga;

V - perfurar poços para extração de água subterrânea ou operá-los sem a devida autorização;

VI - fraudar as medições dos volumes de água utilizados ou declarar valores diferentes dos medidos;

VII - infringir normas estabelecidas no regulamento desta Lei e nos regulamentos administrativos, compreendendo instruções e procedimentos fixados pelos órgãos ou entidades competentes;

VIII - obstar ou dificultar a ação fiscalizadora das autoridades competentes no exercício de suas funções.

ART. 50. Por infração de qualquer disposição legal ou regulamentar referentes à execução de obras e serviços hidráulicos, derivação ou utilização de recursos hídricos de domínio ou administração da União, ou pelo não atendimento das solicitações feitas, o infrator, a critério da autoridade competente, ficará sujeito às seguintes penalidades, independentemente de sua ordem de enumeração:

I - advertência por escrito, na qual serão estabelecidos prazos para correção das irregularidades;

II - multa, simples ou diária, proporcional à gravidade da infração, de R$ 100,00 (cem reais) a R$ 10.000,00 (dez mil reais);

III - embargo provisório, por prazo determinado, para execução de serviços e obras necessárias ao efetivo cumprimento das condições de outorga ou para o cumprimento de normas referentes ao uso, controle, conservação e proteção dos recursos hídricos;

IV - embargo definitivo, com revogação da outorga, se for o caso, para repor incontinenti, no seu antigo estado, os recursos hídricos, leitos e margens, nos termos dos arts. 58 e 59 do Código de Águas ou tamponar os poços de extração de água subterrânea.

§ 1º Sempre que da infração cometida resultar prejuízo a serviço público de abastecimento de água, riscos à saúde ou à vida, perecimento de bens ou animais, ou prejuízos de qualquer natureza a terceiros, a multa a ser aplicada nunca será inferior à metade do valor máximo cominado em abstrato.

§ 2º No caso dos incisos III e IV, independentemente da pena de multa, serão cobradas do infrator as despesas em que incorrer a Administração para tornar efetivas as medidas previstas nos citados incisos, na forma dos arts. 36, 53, 56 e 58 do Código de Águas, sem prejuízo de responder pela indenização dos danos a que der causa.

§ 3º Da aplicação das sanções previstas neste título caberá recurso à autoridade administrativa competente, nos termos do regulamento.

§ 4º Em caso de reincidência, a multa será aplicada em dobro.

TÍTULO IV
DAS DISPOSIÇÕES GERAIS E TRANSITÓRIAS

ART. 51. O Conselho Nacional de Recursos Hídricos e os Conselhos Estaduais de Recursos Hídricos poderão delegar a organizações sem fins lucrativos relacionadas no art. 47 desta Lei, por prazo determinado, o exercício de funções de competência das Agências de Água, enquanto esses organismos não estiverem constituídos. (Redação dada pela Lei 10.881/2004.)

ART. 52. Enquanto não estiver aprovado e regulamentado o Plano Nacional de Recursos Hídricos, a utilização dos potenciais hidráulicos para fins de geração de energia elétrica continuará subordinada à disciplina da legislação setorial específica.

ART. 53. O Poder Executivo, no prazo de cento e vinte dias a partir da publicação desta Lei, encaminhará ao Congresso Nacional projeto de lei dispondo sobre a criação das Agências de Água.

ART. 54. O art. 1º da Lei n. 8.001, de 13 de março de 1990, passa a vigorar com a seguinte redação:

- Alterações promovidas no texto da referida lei.

Parágrafo único. Os novos percentuais definidos no *caput* deste artigo entrarão em vigor no prazo de cento e oitenta dias contados a partir da data de publicação desta Lei.

ART. 55. O Poder Executivo Federal regulamentará esta Lei no prazo de cento e oitenta dias, contados da data de sua publicação.

ART. 56. Esta Lei entra em vigor na data de sua publicação.

ART. 57. Revogam-se as disposições em contrário.

Brasília, 8 de janeiro de 1997; 176º da Independência e 109º da República.

FERNANDO HENRIQUE CARDOSO

LEI N. 9.440, DE 14 DE MARÇO DE 1997

Estabelece incentivos fiscais para o desenvolvimento regional e dá outras providências.

- *DOU*, 15.3.1997 - Edição extra.
- Conversão da Med. Prov. 1.532-2/1997.
- Dec. 2.179/1997 (Dispõe sobre a concessão de incentivos fiscais para o desenvolvimento regional para os produtos que especifica).
- Lei 12.218/2010 (Altera as Leis 9.440/1997, e 9.826/1999, que estabelecem incentivos fiscais para o desenvolvimento regional).

O Presidente da República. Faço saber que o Congresso Nacional decreta e eu sanciono a seguinte Lei:

ART. 1º Poderá ser concedida, nas condições fixadas em regulamento, com vigência até 31 de dezembro de 1999:

I - redução de cem por cento do imposto de importação incidente na importação de máquinas, equipamentos, inclusive de testes, ferramental, moldes e modelos para moldes, instrumentos e aparelhos industriais e de controle de qualidade, novos, bem como os respectivos acessórios, sobressalentes e peças de reposição;

II - redução de noventa por cento do imposto de importação incidente na importação de matérias-primas, partes, peças, componentes, conjuntos e subconjuntos - acabados e semiacabados - e pneumáticos;

III - redução de até cinquenta por cento do imposto de importação incidente na importação dos produtos relacionados nas alíneas "a" a "c" do § 1º deste artigo;

IV - redução de cinquenta por cento do imposto sobre produtos industrializados incidente na aquisição de máquinas, equipamentos, inclusive de testes, ferramental, moldes e modelos para moldes, instrumentos e aparelhos industriais e de controle de qualidade, novos, importados ou de fabricação nacional, bem como os respectivos acessórios, sobressalentes e peças de reposição; (Alterado pela Lei 9.532/1997.)

V - redução de 45% do imposto sobre produtos industrializados incidente na aquisição de matérias-primas, partes, peças, componentes, conjuntos e subconjuntos - acabados e semiacabados - e pneumáticos;

VI - isenção do adicional ao frete para renovação da Marinha Mercante - AFRMM;

VII - isenção do IOF nas operações de câmbio realizadas para pagamento dos bens importados;

VIII - isenção do imposto sobre a renda e adicionais, calculados com base no lucro da exploração do empreendimento;

- Lei 9.532/1997 (Altera a legislação tributária federal).

IX - crédito presumido do imposto sobre produtos industrializados, como ressarcimento das contribuições de que tratam as Leis Complementares n. 7, 8 e 70, de 7 de setembro de 1970, 3 de dezembro de 1970 e 30 de dezembro de 1991, respectivamente, no valor correspondente ao dobro das referidas contribuições que incidiram sobre o faturamento das empresas referidas no § 1º deste artigo.

§ 1º O disposto no *caput* aplica-se exclusivamente às empresas instaladas ou que venham a se instalar nas regiões Norte, Nordeste e Centro-Oeste, e que sejam montadoras e fabricantes de:

a) veículos automotores terrestres de passageiros e de uso misto de duas rodas ou mais e jipes;

b) caminhonetas, furgões, *pick-ups* e veículos automotores, de quatro rodas ou mais, para transporte de mercadorias de capacidade máxima de carga não superior a quatro toneladas;

c) veículos automotores terrestres de transporte de mercadorias de capacidade de carga igual ou superior a quatro toneladas, veículos terrestres para transporte de dez pessoas ou mais e caminhões-tratores;

d) tratores agrícolas e colheitadeiras;

e) tratores, máquinas rodoviárias e de escavação e empilhadeiras;

f) carroçarias para veículos automotores em geral;

g) reboques e semirreboques utilizados para o transporte de mercadorias;

h) partes, peças, componentes, conjuntos e subconjuntos - acabados e semiacabados - e pneumáticos, destinados aos produtos relacionados nesta e nas alíneas anteriores.

§ 2º Não se aplica aos produtos importados nos termos deste artigo o disposto nos arts. 17 e 18 do Decreto-Lei n. 37, de 18 de novembro de 1966.

§ 3º O disposto no inciso III aplica-se exclusivamente às importações realizadas diretamente pelas empresas montadoras e fabricantes nacionais dos produtos nele referidos, ou indiretamente, por intermédio de empresa comercial exportadora, em nome de quem será reconhecida a redução do imposto, nas condições fixadas em regulamento.

§ 4º A aplicação da redução a que se refere o inciso II não poderá resultar em pagamento de imposto de importação inferior a dois por cento.

§ 5º A aplicação da redução a que se refere o inciso III não poderá resultar em pagamento de imposto de importação inferior à Tarifa Externa Comum.

§ 6º Os produtos de que tratam os incisos I e II deverão ser usados no processo produtivo da empresa e, adicionalmente, quanto ao inciso I, compor o seu ativo permanente, vedada, em ambos os casos, a revenda, exceto nas condições fixadas em regulamento, ou a remessa, a qualquer título, a estabelecimentos da empresa não situados nas regiões Norte, Nordeste e Centro-Oeste.

§ 7º Não se aplica aos produtos importados nos termos do inciso III o disposto no art. 11 do Decreto-Lei n. 37, de 18 de novembro de 1966, ressalvadas as importações realizadas por empresas comerciais exportadoras nas condições do § 3º deste artigo, quando a transferência de propriedade não for feita à respectiva empresa montadora ou a fabricante nacional.

§ 8º Não se aplica aos produtos importados nos termos deste artigo o disposto no Decreto-Lei n. 666, de 2 de julho de 1969.

§ 9º São asseguradas, na isenção a que se refere o inciso IV, a manutenção e a utilização dos créditos relativos a matérias-primas, produtos intermediários e materiais de embalagem, efetivamente empregados na industrialização dos bens referidos.

§ 10. O valor do imposto que deixar de ser pago em virtude da isenção de que trata o inciso VIII não poderá ser distribuído aos sócios e constituirá reserva de capital da pessoa jurídica, que somente poderá ser utilizada para absorção de prejuízos ou aumento do capital social.

§ 11. Para os fins do parágrafo anterior, serão consideradas também como distribuição do valor do imposto:

a) a restituição de capital aos sócios, em casos de redução do capital social, até o montante do aumento com incorporação da reserva;

b) a partilha do acervo líquido da sociedade dissolvida, até o valor do saldo da reserva de capital.

§ 12. A inobservância do disposto nos §§ 10 e 11 importa perda da isenção e obrigação de recolher, com relação à importância distribuída, o imposto que a pessoa jurídica tiver deixado de pagar, acrescido de multa e juros moratórios.

§ 13. O valor da isenção de que trata o inciso VIII, lançado em contrapartida à conta de reserva de capital nos termos deste artigo, não será dedutível na determinação do lucro real.

§ 14. A utilização dos créditos de que trata o inciso IX será efetivada na forma que dispuser o regulamento.

ART. 2º Para os efeitos do art. 1º, o Poder Executivo poderá estabelecer proporção entre:

I - o valor total FOB das importações de matérias-primas e dos produtos relacionados nas alíneas "a" a "h" do § 1º do artigo anterior, procedentes e originárias de países membros do Mercosul, adicionadas às realizadas nas condições previstas nos incisos II e III do mesmo artigo, e o valor total das exportações líquidas realizadas, em período a ser determinado, por empresa;

II - o valor das aquisições dos produtos relacionados no inciso I do artigo anterior fabricados no País e o valor total FOB das importações dos mesmos produtos realizadas nas condições previstas no mesmo inciso, em período a ser determinado, por empresa;

III - o valor total das aquisições de cada matéria-prima produzida no País e o valor total FOB das importações das mesmas matérias-primas, realizadas nas condições previstas no inciso II do artigo anterior, em período a ser determinado, por empresa;

IV - o valor total FOB das importações dos produtos relacionados no inciso II do artigo anterior, realizadas nas condições previstas no mesmo inciso, e o valor das exportações líquidas realizadas, em período a ser determinado, por empresa.

§ 1º Com o objetivo de evitar concentração de importações que prejudique a produção nacional, o Ministério da Indústria, do Comércio e do Turismo poderá estabelecer limites adicionais à importação dos produtos relacionados nos incisos I e II do artigo anterior, nas condições estabelecidas.

§ 2º Entende-se, como exportações líquidas, o valor FOB das exportações dos produtos relacionados no § 1º do artigo anterior, realizadas em moeda conversível, deduzidos:

a) o valor FOB das importações realizadas sob o regime de *drawback;*

b) o valor da comissão paga ou creditada a agente ou representante no exterior.

§ 3º No cálculo das exportações líquidas a que se refere este artigo, não serão consideradas as exportações realizadas sem cobertura cambial.

§ 4º Para as empresas que venham a se instalar nas regiões indicadas no § 1º do artigo anterior, para as linhas de produção novas e completas onde se verifique acréscimo da capacidade instalada, e para as fábricas novas de empresas já instaladas no País, definidas em regulamento, o prazo para o atendimento das proporções a que se refere este artigo é de até cinco anos, contado a partir da data do primeiro desembaraço aduaneiro dos produtos relacionados nos incisos II e III do artigo anterior.

ART. 3º Para os efeitos dos arts. 2º e 4º, serão computadas nas exportações, deduzido o valor da comissão paga ou creditada a agente ou a representante no exterior, as:

I - vendas a empresas comerciais exportadoras, inclusive as constituídas nos termos do Decreto-Lei n. 1.248, de 29 de novembro de 1972, pelo valor da fatura do fabricante à empresa exportadora;

II - exportações realizadas por intermédio de subsidiárias integrais.

ART. 4º Serão computadas adicionalmente como exportações líquidas os valores correspondentes a:

I - quarenta por cento sobre o valor FOB da exportação dos produtos de fabricação própria, relacionados nas alíneas "a" a "h" do § 1º do art. 1º;

II - duzentos por cento do valor das máquinas, equipamentos, inclusive de testes, ferramental, moldes e modelos para moldes, instrumentos e aparelhos industriais e de controle de qualidade, novos, bem como seus acessórios, sobressalentes e peças de reposição, fabricados no País e incorporados ao ativo permanente das empresas;

III - 150% do valor FOB da importação de ferramentais para prensagem a frio de chapas metálicas, novos, bem como seus acessórios e sobressalentes, incorporados ao ativo permanente das empresas;

IV - cem por cento dos gastos em especialização e treinamento de mão de obra vinculada à produção dos bens relacionados nas alíneas "a" a "h" do § 1º do art. 1º;

V - cem por cento dos gastos realizados em construção civil, terrenos e edificações destinadas à produção dos bens relacionados nas alíneas "a" a "h" do § 1º do art. 1º;

VI - investimentos efetivamente realizados em desenvolvimento tecnológico no País, nos limites fixados em regulamento.

ART. 5º Para os fins do disposto nesta Lei, serão considerados os valores em dólares dos Estados Unidos da América, adotando-se para conversão as regras definidas em regulamento.

ART. 6º As empresas fabricantes dos produtos referidos na alínea "h" do § 1º do art. 1º, que exportarem os produtos nela relacionados para as controladoras ou coligadas de empresas montadoras ou fabricantes, instaladas no País, dos produtos relacionados nas alíneas "a" a "g" do § 1º do mesmo artigo, poderão transferir para estas o valor das exportações líquidas relativo àqueles produtos, desde que a exportação tenha sido intermediada pela montadora.

ART. 7º O Poder Executivo poderá estabelecer, para as empresas referidas no § 1º do art. 1º, em cuja produção forem utilizados insumos importados, relacionados no inciso II do mesmo artigo, índice médio de nacionalização anual, decorrente de compromissos internacionais assumidos pelo Brasil.

§ 1º O índice médio de nacionalização anual será uma proporção entre o valor das partes, peças, componentes, conjuntos, subconjuntos e matérias-primas produzidos no País e a soma do valor destes produtos produzidos no País com o valor FOB das importações destes produtos, deduzidos os impostos e o valor das importações realizadas sob o regime de *drawback* utilizados na produção global das empresas, em cada ano-calendário.

§ 2º Para as empresas que venham a se instalar no País, para as linhas de produção novas e completas, onde se verifique acréscimo de capacidade instalada e para as fábricas novas de empresas já instaladas, definidas em regulamento, o índice de que trata este artigo deverá ser atendido no prazo de até quatro anos, conforme dispuser o regulamento, sendo que o primeiro ano será considerado a partir da data de início da produção dos referidos produtos, até 31 de dezembro do ano subsequente, findo o qual se utilizará o critério do ano-calendário.

ART. 8º O comércio, realizado no âmbito do MERCOSUL, dos produtos relacionados no art. 1º, obedecerá às regras específicas aplicáveis.

ART. 9º O disposto nos artigos anteriores somente se aplica às empresas signatárias de compromissos especiais de exportação, celebrados nos termos dos Decretos-Leis nos 1.219, de 15 de maio de 1972, e 2.433, de 19 de maio de 1988, após declarado pelo Ministério da Indústria, do Comércio e do Turismo, nos termos da legislação pertinente, o encerramento dos respectivos compromissos.

ART. 10. A autorização de importação e o desembaraço aduaneiro dos produtos referidos nas alíneas "a" a "c" e "g" do § 1º do art. 1º são condicionados à apresentação dos seguintes documentos, sem prejuízo das demais exigências legais e regulamentares:

I - certificado de adequação à legislação nacional de trânsito;

II - certificado de adequação às normas ambientais contidas na Lei n. 8.723, de 28 de outubro de 1993.

§ 1º Os certificados de adequação de que tratam os incisos I e II serão expedidos, segundo as normas emanadas do Conselho Nacional de Trânsito (CONTRAN) e do Conselho Nacional do Meio Ambiente (CONAMA).

§ 2º As adequações necessárias à emissão dos certificados serão realizadas na origem.

§ 3º Sem prejuízo da apresentação do certificado de que trata o inciso I, a adequação de cada veículo à legislação nacional de trânsito será comprovada por ocasião do registro, emplacamento e licenciamento.

ART. 11. O Poder Executivo poderá conceder, para as empresas referidas no § 1º do art. 1º, com vigência de 1º de janeiro de 2000 a 31 de dezembro de 2010, os seguintes benefícios:

I a III - (Revogados pela Lei 12.218/2010.)

IV - extensão dos benefícios de que tratam os incisos IV, VI, VII, VIII e IX do art. 1º.

ART. 11-A. As empresas referidas no § 1º do art. 1º, entre 1º de janeiro de 2011 e 31 de dezembro de 2015, poderão apurar crédito presumido do Imposto sobre Produtos Industrializados - IPI, como ressarcimento das contribuições de que tratam as Leis Complementares n. 7, de 7 de setembro de 1970, 8, de 3 de dezembro de 1970, e 70, de 30 de dezembro de 1991, no montante do valor das contribuições devidas, em cada mês, decorrente das vendas no mercado interno, multiplicado por: (Acrescentado pela Lei 12.218/2010)

- Dec. 7.422/2010 (Regulamenta os incentivos de que tratam o art. 11-A da Lei 9.440/1997, e o art. 1º da Lei 9.826/1999).
- Dec. 7.633/2011 (Regulamenta o Regime Especial de Reintegração de Valores Tributários para as Empresas Exportadoras - REINTEGRA).
- Lei 13.043/2014 (Dispõe sobre os fundos de índice de renda fixa, sobre a responsabilidade tributária na integralização de cotas de fundos ou clubes de investimento por meio da entrega de ativos financeiros, sobre a tributação das operações de empréstimos de ativos financeiros e sobre a isenção de imposto sobre a renda na alienação de ações de empresas pequenas e médias).

I - 2 (dois), no período de 1º de janeiro de 2011 a 31 de dezembro de 2011; (Acrescentado pela Lei 12.218/2010.)

II - 1,9 (um inteiro e nove décimos), no período de 1º de janeiro de 2012 a 31 de dezembro de 2012; (Acrescentado pela Lei 12.218/2010.)

III - 1,8 (um inteiro e oito décimos), no período de 1º de janeiro de 2013 a 31 de dezembro de 2013; (Acrescentado pela Lei 12.218/2010.)

IV - 1,7 (um inteiro e sete décimos), no período de 1º de janeiro de 2014 a 31 de dezembro de 2014; e (Acrescentado pela Lei 12.218/2010.)

V - 1,5 (um inteiro e cinco décimos), no período de 1º de janeiro de 2015 a 31 de dezembro de 2015. (Acrescentado pela Lei 12.218/2010.)

§ 1º No caso de empresa sujeita ao regime de apuração não cumulativa da Contribuição para o PIS/PASEP e da COFINS, o montante do crédito presumido de que trata o *caput* será calculado com base no valor das contribuições efetivamente devidas, em cada mês, decorrentes das vendas no mercado interno, considerando-se os débitos e os créditos referentes a essas operações de venda. (Acrescentado pela Lei 12.218/2010.)

§ 2º Para os efeitos do § 1º, o contribuinte deverá apurar separadamente os créditos decorrentes dos custos, despesas e encargos vinculados às receitas auferidas com a venda no mercado interno e os créditos decorrentes dos custos, despesas e encargos vinculados às receitas de exportações, observados os métodos de apropriação de créditos previstos nos §§ 8º e 9º do art. 3º da Lei n. 10.637, de 30 de dezembro de 2002, e nos §§ 8º e 9º do art. 3º da Lei n. 10.833, de 29 de dezembro de 2003. (Acrescentado pela Lei 12.218/2010.)

§ 3º Para apuração do valor da Contribuição para o PIS/PASEP e da COFINS devidas na forma do § 1º, devem ser utilizados os créditos decorrentes da importação e da aquisição de insumos no mercado interno. (Acrescentado pela Lei 12.218/2010.)

§ 4º O benefício de que trata este artigo fica condicionado à realização de investimentos em pesquisa, desenvolvimento e inovação tecnológica na região, inclusive na área de engenharia automotiva, correspondentes a, no mínimo, 10% (dez por cento) do valor do crédito presumido apurado. (Acrescentado pela Lei 12.218/2010.)

§ 5º A empresa perderá o benefício de que trata este artigo caso não comprove no Ministério da Ciência e Tecnologia a realização dos investimentos previstos no § 4º, na forma estabelecida em regulamento. (Acrescentado pela Lei 12.218/2010.)

ART. 11-B. As empresas referidas no § 1º do art. 1º, habilitadas nos termos do art. 12, farão jus a crédito presumido do Imposto sobre Produtos Industrializados - IPI, como ressarcimento das contribuições de que tratam as Leis Complementares nos 7, de 7 de setembro de 1970, e 70, de 30 de dezembro de 1991, desde que apresentem projetos que contemplem novos investimentos e a pesquisa para o desenvolvimento de novos produtos ou novos modelos de produtos já existentes. (Acrescentado pela Lei 12.407/2011.)

- Dec. 7.389/2010 (Regulamenta este artigo).
- Dec. 7.633/2011 (Regulamenta o Regime Especial de Reintegração de Valores Tributários para as Empresas Exportadoras - REINTEGRA).
- Lei 13.043/2014 (Dispõe sobre os fundos de índice de renda fixa, sobre a responsabilidade tributária na integralização de cotas de fundos ou clubes de investimento por meio da entrega de ativos financeiros, sobre a tributação das operações de empréstimos de ativos financeiros e sobre a isenção de imposto sobre a renda na alienação de ações de empresas pequenas e médias).

§ 1º Os novos projetos de que trata o *caput* deverão ser apresentados até o dia 29 de dezembro de 2010, na forma estabelecida pelo Poder Executivo. (Acrescentado pela Lei 12.407/2011.)

§ 2º O crédito presumido será equivalente ao resultado da aplicação das alíquotas do art. 1º da Lei n. 10.485, de 3 de julho de 2002, sobre o valor das vendas no mercado interno, em cada mês, dos produtos constantes dos projetos de que trata o *caput*, multiplicado por: I - 2 (dois), até o 12º mês de fruição do benefício; (Acrescentado pela Lei 12.407/2011.)

I - 2 (dois), até o 12º mês de fruição do benefício; (Acrescentado pela Lei 12.407/2011.)

II - 1,9 (um inteiro e nove décimos), do 13º ao 24º mês de fruição do benefício; (Acrescentado pela Lei 12.407/2011.)

III - 1,8 (um inteiro e oito décimos), do 25º ao 36º mês de fruição do benefício; (Acrescentado pela Lei 12.407/2011.)

IV - 1,7 (um inteiro e sete décimos), do 37º ao 48º mês de fruição do benefício; e (Acrescentado pela Lei 12.407/2011.)

V - 1,5 (um inteiro e cinco décimos), do 49º ao 60º mês de fruição do benefício. (Acrescentado pela Lei 12.407/2011.)

§ 3º Fica vedado o aproveitamento do crédito presumido previsto no art. 11-A nas vendas dos produtos constantes dos projetos de que trata o *caput*. (Acrescentado pela Lei 12.407/2011.)

§ 4º O benefício de que trata este artigo fica condicionado à realização de investimentos em pesquisa, desenvolvimento e inovação tecnológica na região, inclusive na área de engenharia automotiva, correspondentes a, no mínimo, dez por cento do valor do crédito presumido apurado. (Acrescentado pela Lei 12.407/2011.)

§ 5º Sem prejuízo do disposto no § 4º do art. 8º da Lei n. 11.434, de 28 de dezembro de 2006, fica permitida, no prazo estabelecido no § 1º, a habilitação para alteração de benefício inicialmente concedido para a produção de produtos referidos nas alíneas "a" a "e" do § 1º do art. 1º da citada Lei, para os referidos nas alíneas "f" a "h", e vice-versa. (Acrescentado pela Lei 12.407/2011.)

§ 6º O crédito presumido de que trata o *caput* extingue-se em 31 de dezembro de 2020, mesmo que o prazo de que trata o § 2º ainda não tenha se encerrado. (Acrescentado pela Lei 12.407/2011.)

§§ 7º a 13. (Vetados). (Acrescentado pela Lei 12.407/2011.)

ART. 11-C. As empresas referidas no § 1º do art. 1º desta Lei, habilitadas nos termos do art. 12 desta Lei, farão jus a crédito presumido do Imposto sobre Produtos Industrializados (IPI), como ressarcimento das contribuições de que tratam as Leis Complementares n. 7, de 7 de setembro de 1970, e 70, de 30 de dezembro de 1991, em relação às vendas ocorridas entre 1º de janeiro de 2021 e 31 de dezembro de 2025, desde que apresentem projetos que contemplem novos investimentos e pesquisa para o desenvolvimento de novos produtos ou de novos modelos de produtos já existentes, podendo contemplar os produtos constantes dos projetos de que trata o § 1º do art. 11-B que estejam em produção e que atendam aos prazos dispostos no § 2º do art. 11-B desta Lei. (Acrescentado pela Lei 13.755/2018.)

§ 1º Os novos projetos de que trata o *caput* deste artigo deverão ser apresentados até 30 de junho de 2020 e deverão atender aos valores mínimos de investimentos realizados pela empresa habilitada na região incentivada no período de 1º de janeiro de 2021 a 31 de dezembro de 2025, na forma estabelecida pelo Poder Executivo. (Acrescentado pela Lei 13.755/2018.)

§ 2º O crédito presumido será equivalente ao resultado da aplicação das alíquotas previstas no art. 1º da Lei n. 10.485, de 3 de julho de 2002, sobre o valor das vendas no mercado interno, em cada mês, dos produtos constantes dos projetos de que trata o *caput* deste artigo, multiplicado por: (Acrescentado pela Lei 13.755/2018.)

I - 1,25 (um inteiro e vinte e cinco centésimos), até o 12º (décimo segundo) mês de fruição do benefício; (Acrescentado pela Lei 13.755/2018.)

II - 1,0 (um inteiro), do 13º (décimo terceiro) ao 48º (quadragésimo oitavo) mês de fruição do benefício; (Acrescentado pela Lei 13.755/2018.)

III - 0,75 (setenta e cinco centésimos), do 49º (quadragésimo nono) ao 60º (sexagésimo) mês de fruição do benefício. (Acrescentado pela Lei 13.755/2018.)

§ 3º (Vetado). (Acrescentado pela Lei 13.755/2018.)

§ 4º O benefício de que trata este artigo fica condicionado à realização de investimentos em pesquisa, desenvolvimento e inovação tecnológica na região, inclusive na área de engenharia automotiva, correspondentes a, no mínimo, 10% (dez por cento) do valor do crédito presumido apurado. (Acrescentado pela Lei 13.755/2018.)

§ 5º O cumprimento dos requisitos apresentados nos §§ 1º e 4º deste artigo será comprovado perante o Ministério da Indústria, Comércio Exterior e Serviços, que definirá os termos e os prazos de comprovação. (Acrescentado pela Lei 13.755/2018.)

§ 6º O Ministério da Indústria, Comércio Exterior e Serviços encaminhará à Secretaria da Receita Federal do Brasil do Ministério da Fazenda, em até 3 (três) anos, contados da utilização dos créditos de que trata este artigo, os resultados das auditorias relativas ao cumprimento dos requisitos referidos no § 5º deste artigo. (Acrescentado pela Lei 13.755/2018.)

§ 7º (Vetado). (Acrescentado pela Lei 13.755/2018.)

ART. 12. Farão jus aos benefícios desta Lei os empreendimentos habilitados pelo Poder Executivo até 31 de maio de 1997.

Parágrafo único. Para os empreendimentos que tenham como objetivo a fabricação dos produtos relacionados na alínea "h" do § 1º do art. 1º, a data-limite para a habilitação será 31 de março de 1998.

ART. 13. O Poder Executivo estabelecerá os requisitos para habilitação das empresas ao tratamento a que se referem os artigos anteriores, bem como os mecanismos de controle necessários à verificação do cumprimento do disposto nesta Lei.

Parágrafo único. O reconhecimento dos benefícios de que trata esta Lei estará condicionado à apresentação da habilitação mencionada no *caput* deste artigo.

ART. 14. A inobservância das proporções, dos limites e do índice a que se referem os arts. 2º e 7º estará sujeita a multa de:

I - setenta por cento incidente sobre o valor FOB das importações realizadas nas condições previstas no inciso I do art. 1º que contribuir para o descumprimento da proporção a que se refere o inciso II do art. 2º;

II - setenta por cento incidente sobre o valor FOB das importações realizadas nas condições previstas no inciso I do art. 1º, que exceder os limites adicionais a que se refere o § 1º do art. 2º;

III - sessenta por cento incidente sobre o valor FOB das importações de matérias-primas realizadas nas condições previstas no inciso II do art. 1º que exceder a proporção a que se refere o inciso III do art. 2º;

IV - sessenta por cento incidente sobre o valor FOB das importações de matérias-primas realizadas nas condições previstas no inciso II do art. 1º que exceder os limites adicionais a que se refere o § 1º do art. 2º;

V - setenta por cento incidente sobre o valor FOB das importações realizadas nas condições previstas no inciso II do art. 1º, que concorrer para o descumprimento do índice a que se refere o *caput* do art. 7º;

VI - cento e vinte por cento incidente sobre o valor FOB das importações realizadas nas condições previstas nos incisos II e III do art. 1º que exceder a proporção a que se refere o inciso I do art. 2º;

VII - setenta por cento incidente sobre o valor FOB das importações dos produtos relacionados no inciso II do art. 1º, realizadas nas condições previstas no mesmo inciso, que exceder a proporção a que se refere o inciso IV do art. 2º.

Parágrafo único. O produto da arrecadação das multas a que se refere este artigo será recolhido ao Tesouro Nacional.

ART. 15. As empresas já instaladas ou que venham a se instalar nas regiões Norte, Nordeste e Centro-Oeste, habilitadas ao regime instituído pela Medida Provisória n. 1.536-22, de 13 de fevereiro de 1997, na forma estabelecida no regulamento respectivo, poderão se habilitar aos benefícios criados por esta Lei, observando-se o seguinte:

I - será cancelada a habilitação anterior e as importações efetuadas sob aquele regime serão consideradas como realizadas sob as condições desta Lei, ficando a empresa dispensada de atender aos prazos, proporções, limites e índices estabelecidos na Medida Provisória n. 1.536-22, de 1997;

II - para efeito dos prazos, proporções, limites e índices a que se refere esta Lei, serão consideradas as datas e os montantes das importações realizadas sob a égide do regime anterior.

ART. 16. O tratamento fiscal previsto nesta Lei:

I - fica condicionado à comprovação, pelo contribuinte, da regularidade com o pagamento de todos os tributos e contribuições federais;

II - não poderá ser usufruído cumulativamente com outros da mesma natureza e com aqueles previstos na legislação da Zona Franca de Manaus, das Áreas de Livre Comércio, da Amazônia Ocidental, do Fundo de Investimentos do Nordeste (FINOR) e do Fundo de Investimentos da Amazônia (FINAM).

Parágrafo único. Para efeito de interpretação, o regime de tributação de que trata o art. 56 da Medida Provisória n. 2.158-35, de 24 de agosto de 2001, não impede nem prejudica a fruição dos benefícios e incentivos fiscais de que tratam os arts. 1º, 11, 11-A, 11-B e 11-C desta Lei. (Alterado pela Lei 13.755/2018.)

ART. 17. Ficam convalidados os atos praticados com base nas Medidas Provisórias n. 1.532-1, de 16 de janeiro de 1997, e 1.532-2, de 13 de fevereiro de 1997.

ART. 18. Esta Lei entra em vigor na data de sua publicação.

ART. 19. Revogam-se as disposições em contrário.

Brasília, 14 de março de 1997;
176º da Independência e 109º da República.
FERNANDO HENRIQUE CARDOSO

LEI N. 9.449, DE 14 DE MARÇO DE 1997

Reduz o imposto de importação para os produtos que especifica e dá outras providências.

- *DOU*, 15.3.1997 - Edição extra.
- Conversão da Med. Prov. 1.536-22/1997.

Faço saber que o Presidente da República adotou a Medida Provisória n. 1.536-22, de 1997, que o Congresso Nacional aprovou, e eu, Geraldo Melo, Primeiro Vice-Presidente do Senado Federal, no exercício da Presidência, para os efeitos do disposto no parágrafo único do art. 62 da Constituição Federal, promulgo a seguinte Lei:

ART. 1º Poderá ser concedida, nas condições fixadas em regulamento, com vigência até 31 de dezembro de 1999:

I - redução de noventa por cento do imposto de importação incidente sobre máquinas, equipamentos, inclusive de testes, ferramental, moldes e modelos para moldes, instrumentos e aparelhos industriais e de controle de qualidade, novos, bem como os respectivos acessórios, sobressalentes e peças de reposição;

- V - Lei 9.532/1997 (Altera a legislação tributária federal).

II - redução de até noventa por cento do imposto de importação incidente sobre matérias-primas, partes, peças, componentes, conjuntos e subconjuntos, acabados e semiacabados, e pneumáticos; e

- V - Lei 9.532/1997 (Altera a legislação tributária federal).

III - redução de até cinquenta por cento do imposto de importação incidente sobre os produtos relacionados nas alíneas "a" a "c" do § 1º deste artigo.

- V - Lei 9.532/1997 (Altera a legislação tributária federal).

§ 1º O disposto nos incisos I e II aplica-se exclusivamente às empresas montadoras e aos fabricantes de:

a) veículos automotores terrestres de passageiros e de uso misto de três rodas ou mais e jipes;

b) caminhonetes, furgões, pick-ups e veículos automotores, de quatro rodas ou mais, para transporte de mercadorias de capacidade máxima de carga não superior a quatro toneladas;

c) veículos automotores terrestres de transporte de mercadorias de capacidade de carga igual ou superior a quatro toneladas, veículos terrestres para transporte de dez pessoas ou mais e caminhões-tratores;

d) tratores agrícolas e colheitadeiras;

e) tratores, máquinas rodoviárias e de escavação e empilhadeiras;

f) carroçarias para veículos automotores em geral;

g) reboques e semirreboques utilizados para o transporte de mercadorias; e

h) partes, peças, componentes, conjuntos e subconjuntos - acabados e semiacabados - e pneumáticos, destinados aos produtos relacionados nesta e nas alíneas anteriores.

§ 2º O disposto no inciso III aplica-se exclusivamente às importações realizadas diretamente pelas empresas montadoras e fabricantes nacionais dos produtos nele referidos, ou indiretamente, por intermédio de empresa comercial exportadora, em nome de quem será reconhecida a redução do imposto, nas condições fixadas em regulamento.

§ 3º A aplicação da redução a que se referem os incisos I e II não poderá resultar em pagamento de imposto de importação inferior a dois por cento.

§ 4º A aplicação da redução a que se refere o inciso III deste artigo não poderá resultar em pagamento de imposto de importação inferior à Tarifa Externa Comum.

§ 5º Os produtos de que tratam os incisos I e II do *caput* deste artigo deverão ser usados no processo produtivo da empresa e, adicionalmente, quanto ao inciso I, compor o seu ativo permanente, vedada, em ambos os casos, a revenda, exceto nas condições fixadas em regulamento.

§ 6º Não se aplica aos produtos importados, nos termos deste artigo, o disposto nos arts. 17 e 18 do Decreto-lei n. 37, de 18 de novembro de 1966.

§ 7º Não se aplica aos produtos importados nos termos do inciso III o disposto no art. 11 do Decreto-lei n. 37, de 1966, ressalvadas as importações realizadas por empresas comerciais exportadoras nas condições do § 2º deste artigo, quando a transferência de propriedade não for feita à respectiva empresa montadora ou fabricante nacional.

§ 8º Não se aplica aos produtos importados nos termos dos incisos I, II e III o disposto no Decreto-lei n. 666, de 2 de julho de 1969.

ART. 2º O Poder Executivo poderá estabelecer a proporção entre:

I - o valor total FOB das importações de matérias-primas e dos produtos relacionados nas alíneas "a" a "h" do § 1º do artigo anterior, procedentes e originárias de países membros do Mercosul, adicionadas às realizadas nas condições previstas nos incisos II e III do artigo anterior, e o valor total das exportações líquidas realizadas, em período a ser determinado, por empresa;

II - o valor das aquisições dos produtos relacionados no inciso I do artigo anterior, fabricados no País, e o valor total FOB das importações dos mesmos produtos realizadas nas condições previstas no mesmo inciso, em período a ser determinado, por empresa;

III - o valor total das aquisições de cada matéria-prima, produzida no País, e o valor total FOB das importações das mesmas matérias-primas realizadas nas condições previstas no inciso II do artigo anterior, em período a ser determinado, por empresa; e

IV - o valor total FOB das importações dos produtos relacionados no inciso II do artigo anterior, realizadas nas condições previstas no mesmo inciso e o valor das exportações líquidas realizadas, em período a ser determinado, por empresa.

§ 1º Com o objetivo de evitar a concentração de importações que prejudique a produção nacional, o Ministério da Indústria, do Comércio e do Turismo poderá estabelecer limites adicionas à importação dos produtos relacionados nos incisos I e II do artigo anterior, nas condições estabelecidas nestes mesmos incisos.

§ 2º Entende-se, como exportações líquidas, o valor FOB das exportações dos produtos relacionados no § 1º do artigo anterior, realizadas em moeda conversível, deduzidos:

a) o valor FOB das importações realizadas sob o regime de *drawback*; e

b) o valor da comissão paga ou creditada a agente ou a representante no exterior.

§ 3º No cálculo das exportações líquidas a que se refere este artigo, não serão consideradas as exportações realizadas sem cobertura cambial.

§ 4º Para as empresas que venham a ser instalar no País, para as linhas de produção novas e completas, onde se verifique acréscimo de capacidade instalada e para as fábricas novas de empresas já instaladas no País, definidas em regulamento, poderá ser estabelecido prazo para o atendimento às proporções a que se refere este artigo, contado a partir da data do primeiro desembaraço aduaneiro dos produtos relacionados nos incisos II e III do art. 1º.

ART. 3º Para os efeitos dos arts. 2º e 4º, serão computadas nas exportações, deduzido o valor da comissão paga ou creditada a agente ou a representante no exterior, as:

I - vendas a empresas comerciais exportadoras, inclusive as constituídas nos termos do Decreto-Lei n. 1.248, de 29 de novembro de 1972, pelo valor da fatura do fabricante à empresa exportadora; e

II - exportações realizadas por intermédio de subsidiárias integrais.

ART. 4º Poderão ser computadas adicionalmente, como exportações líquidas, nas condições estabelecidas em regulamento, valores correspondentes:

I - ao valor FOB exportado dos produtos de fabricação própria relacionados nas alíneas "a" a "h" do § 1º do art. 1º;

II - às máquinas, equipamentos, inclusive de testes, ferramental, moldes e modelos para moldes, instrumentos e aparelhos industriais e de controle de qualidade, novos, bem como seus acessórios, sobressalentes, peças de reposição, fabricados no País e incorporados ao ativo permanente das empresas;

III - ao valor FOB importado de ferramentais para prensagem a frio de chapas metálicas, novos, bem como seus acessórios, sobressalentes e peças de reposição, incorporados ao ativo permanente das empresas; e

IV - a investimentos efetivamente realizados em desenvolvimento tecnológico no País, nos limites fixados em regulamento.

ART. 5º Para os fins do disposto nesta Lei, serão considerados os valores em dólares dos Estados Unidos da América, adotando-se para conversão as regras definidas em regulamento.

ART. 6º A empresa que exportar produto de sua fabricação, a que se refere o art. 1º, § 1º, alínea "h", por intermédio de empresa, instalada no País, de fabricação ou montagem de produtos relacionados nas alíneas "a" a "g" do mesmo parágrafo, poderá transferir a essa empresa o valor da exportação líquida, se a exportação for feita para sociedade do mesmo grupo econômico a que pertencer a segunda ou para sociedade a esta coligada. (Alterado pela Lei 10.184/2001.)

Parágrafo único. Consideram-se como sociedade do mesmo grupo econômico a controladora e suas controladas. (Acrescentado pela Lei 10.184/2001.)

ART. 7º O Poder Executivo poderá estabelecer, para as empresas montadoras e fabricantes dos produtos relacionados nas alíneas "a " a "h" do § 1º do art. 1º, em cuja produção forem utilizados insumos importados, relacionados no inciso II do mesmo artigo, índice médio de nacionalização atual, decorrente de compromissos internacionais assumidos pelo Brasil.

§ 1º O índice médio de nacionalização anual será uma proporção, entre o valor das partes, peças, componentes, conjuntos, subconjuntos e matérias-primas produzidos no País e a soma do valor destes produtos produzidos no País com o valor FOB das importações destes produtos, deduzidos os impostos e o valor das importações realizadas sob o regime de *drawback* utilizados na produção global das empresas, em cada ano calendário.

§ 2º Para as empresas que venham a se instalar no País, para as linhas de produção, novas e completas, onde se verifique acréscimo de capacidade instalada e para as fábricas novas de empresas já instaladas, definidas em regulamento, o índice de que trata este artigo deverá ser atendido no prazo de até três anos, conforme dispuser o regulamento, sendo que o primeiro ano será considerado a partir da data de início da produção dos referidos produtos, até 31 de dezembro do ano subsequente, findo o qual se utilizará o critério do ano calendário.

ART. 8º O comércio realizado no âmbito do MERCOSUL, dos produtos relacionados no art. 1º, obedecerá às regras específicas aplicáveis.

ART. 9º O disposto nos artigos anteriores somente se aplica às empresas signatárias de compromissos especiais de exportação, celebrados nos termos dos Decretos-Leis n. 1.219, de 15 de maio de 1972, e 2.433, de 19 de maio de 1988, após declarado pelo Ministério da Indústria, do Comércio e do Turismo, nos termos da legislação pertinente, o encerramento dos respectivos compromissos.

ART. 10. A autorização de importação e o desembaraço aduaneiro dos produtos referidos nas alíneas "a" a "c" e "g" do § 1º do art. 1º são condicionados à apresentação dos seguintes documentos, sem prejuízo das demais exigências legais e regulamentares:

I - Certificado de Adequação à legislação nacional de trânsito; e

II - Certificado de Adequação às normas ambientas contidas na Lei n. 8.723, de 28 de outubro de 1993.

§ 1º Os certificados de adequação de que tratam os incisos I e II serão expedidos, segundo, as normas emanadas do Conselho Nacional de Trânsito (Contran) e do Conselho Nacional do Meio Ambiente (Conama).

§ 2º As adequações necessárias a emissão dos certificados serão realizadas na origem.

§ 3º Sem prejuízo da apresentação do certificado de que trata o inciso I, a adequação de cada veículo à legislação nacional de trânsito será comprovada por ocasião do registro, emplacamento e licenciamento.

ART. 11. O Poder Executivo estabelecerá os requisitos para habilitação das empresas ao tratamento a que se referem os artigos anteriores, bem como os mecanismos de controle necessários à verificação do fiel cumprimento do disposto nesta Lei.

Parágrafo único. O reconhecimento da redução do imposto de importação de que trata o art. 1º estará condicionado à apresentação da habilitação mencionada no *caput* deste artigo.

ART. 12. As pessoas jurídicas, tributadas com base no lucro real, poderão promover depreciação acelerada, em valor correspondente à depreciação normal e sem prejuízo desta, do custo de aquisição ou construção de máquinas, equipamentos, aparelhos e instrumentos, novos, relacionados no Anexo à Medida Provisória n. 1.508-14, de 5 de fevereiro de 1997, adquiridos entre a data da publicação desta Lei e 31 de dezembro de 1997, utilizados em processo industrial do adquirente.

§ 1º A parcela de depreciação acelerada constituirá exclusão do lucro líquido e será escriturada no livro de apuração do lucro real.

§ 2º A depreciação acumulada não poderá ultrapassar o custo de aquisição do bem, convertido em quantidade de UFIR, na forma da legislação pertinente.

§ 3º A partir do mês em que for atingido o limite de que trata o parágrafo anterior, a depreciação normal, registrada na escrituração comercial, deverá ser adicionada ao lucro líquido para determinar o lucro real.

§ 4º As disposições deste artigo aplicam-se aos bens nele referidos, objeto de contratos de arrendamento mercantil.

ART. 13. A inobservância ao disposto nas proporções, limites e índice a que se referem os arts. 2º e 7º estará sujeita a multa de:

I - setenta por cento aplicada sobre o valor FOB das importações realizadas nas condições previstas no inciso I do art. 1º, que contribuir para o descumprimento da proporção a que se refere o inciso II do art. 2º;

II - setenta por cento aplicada sobre o valor FOB das importações realizadas nas condições previstas no inciso I do art. 1º, que exceder os limites adicionais a que se refere o § 1º do art. 2º;

III - sessenta por cento aplicada sobre o valor FOB das importações de matérias-primas realizadas nas condições previstas no inciso II do art. 1º, que exceder a proporção a que se refere o inciso III do art.2º;

IV - sessenta por cento aplicada sobre o valor FOB das importações de matérias-primas realizadas nas condições previstas no inciso II do art. 1º, que exceder os limites adicionais a que se refere o § 1º do art. 2º;

V - setenta por cento aplicada sobre o valor FOB das importações realizadas nas condições previstas no inciso II do art. 1º, que concorrer para o descumprimento do índice a que se refere o *caput* do art. 7º;

VI - 120% incidente sobre o valor FOB das importações realizadas nas condições previstas nos incisos II e III do art. 1º, que exceder a proporção a que se refere o inciso I do art. 2º; e

VII - setenta por cento incidente sobre o valor FOB das importações dos produtos relacionados no inciso II do art. 1º, realizadas nas condições previstas no mesmo inciso, que exceder a proporção a que se refere o inciso IV do art. 2º.

Parágrafo único. O Produto da arrecadação das multas a que refere este artigo será recolhido ao Tesouro Nacional.

ART. 14. O tratamento fiscal previsto nesta Lei:

I - fica condicionado à comprovação, pelo contribuinte, da regularidade com o pagamento de todos os tributos e contribuições federais; e

II - não poderá ser usufruído cumulativamente com outros de mesma natureza.

ART. 15. O Poder Executivo, no prazo de noventa dias, encaminhará ao Congresso Nacional projeto de lei para os fins do disposto nos arts. 56 e 57 da Lei n. 8.931, de 22 de setembro de 1994.

- A Lei 8.931/1994 dispõe sobre as diretrizes para a elaboração da lei orçamentária anual de 1995.

ART. 16. Ficam convalidados os atos praticados com base na Medida Provisória n. 1.536-21, de 16 de janeiro de 1997.

ART. 17. Esta Lei entra em vigor na data de sua publicação.

Congresso Nacional,
em 14 de março de 1997;
176º da Independência e109º da República.
SENADOR GERALDO MELO
PRIMEIRO VICE-PRESIDENTE
DO SENADO FEDERAL,
NO EXERCÍCIO DA PRESIDÊNCIA

LEI N. 9.452, DE 20 DE MARÇO DE 1997

Determina que as Câmaras Municipais sejam obrigatoriamente notificadas da liberação de recursos federais para os respectivos Municípios e dá outras providências.

- *DOU*, 21.03.1997.

O Presidente da República. Faço saber que o Congresso Nacional decreta e eu sanciono a seguinte Lei:

ART. 1º Os órgãos e entidades da administração federal direta e as autarquias, fundações públicas, empresas públicas e sociedades de economia mista federais notificarão as respectivas Câmaras Municipais da liberação de recursos financeiros que tenham efetuado, a qualquer título, para os Municípios, no prazo de dois dias úteis, contado da data da liberação.

ART. 2º A Prefeitura do Município beneficiário da liberação de recursos, de que trata o art. 1º desta Lei, notificará os partidos políticos, os sindicatos de trabalhadores e as entidades empresariais, com sede no Município, da respectiva liberação, no prazo de dois dias úteis, contado da data de recebimento dos recursos.

ART. 3º As Câmaras Municipais representarão ao Tribunal de Contas da União o descumprimento do estabelecido nesta Lei.

ART. 4º Esta Lei entra em vigor na data de sua publicação.

ART. 5º Revogam-se as disposições em contrário.

Brasília, 20 de março de 1997; 176º da Independência e 109º da República.
FERNANDO HENRIQUE CARDOSO

LEI N. 9.454, DE 7 DE ABRIL DE 1997

Institui o número único de Registro de Identidade Civil e dá outras providências.

- *DOU*, 08.04.1997.
- Dec. 7.166/2010 (Cria o Sistema Nacional de Registro de Identificação Civil, institui seu Comitê Gestor, regulamenta disposições desta lei.)

O Presidente da República. Faço saber que o Congresso Nacional decreta e eu sanciono a seguinte Lei:

ART. 1º É instituído o número único de Registro de Identidade Civil, pelo qual cada cidadão brasileiro, nato ou naturalizado, será identificado em suas relações com a sociedade e com os organismos governamentais e privados. (Redação dada pela Lei 12.058/2009.)

Parágrafo único. (Vetado.)

I - (Vetado.)

II - (Vetado.)

III - (Vetado.)

ART. 2º É instituído o Cadastro Nacional de Registro de Identificação Civil, destinado a conter o número único de Registro de Identidade Civil, acompanhado dos dados de identificação de cada cidadão. (Redação dada pela Lei 12.058/2009.)

ART. 3º O Poder Executivo definirá a entidade que centralizará as atividades de implementação, coordenação e controle do Cadastro Nacional de Registro de Identificação Civil, que se constituirá em órgão central do Sistema Nacional de Registro de Identificação Civil.

§ 1º Fica a União autorizada a firmar convênio com os Estados e o Distrito Federal para a implementação do número único de registro de identificação civil. (Redação dada pela Lei 12.058/2009.)

§ 2º Os Estados e o Distrito Federal, signatários do convênio, participarão do Sistema Nacional de Registro de Identificação Civil e ficarão responsáveis pela operacionalização e atualização, nos respectivos territórios, do Cadastro Nacional de Registro de Identificação Civil, em regime de compartilhamento com o órgão central, a quem caberá disciplinar a forma de compartilhamento a que se refere este parágrafo. (Redação dada pela Lei 12.058/2009.)

§ 3º (Revogado pela Lei 12.058/2009.)

ART. 4º Será incluída, na proposta orçamentária do órgão central do sistema, a provisão de meios necessários, acompanhada do cronograma de implementação e manutenção do sistema.

ART. 5º O Poder Executivo providenciará, no prazo de cento e oitenta dias, a regulamentação desta Lei e, no prazo de trezentos e sessenta dias, o início de sua implementação.

ART. 6º (Revogado pela Lei 12.058/2009.)

ART. 7º Esta Lei entra em vigor na data de sua publicação.

ART. 8º Revogam-se as disposições em contrário.

Brasília, 7 de abril de 1997; 176º da Independência e 109º da República.
FERNANDO HENRIQUE CARDOSO

LEI N. 9.465, DE 7 DE JULHO DE 1997

Dispõe sobre fornecimento gratuito de registro extemporâneo de nascimento.

- DOU, 08.07.1997.

O Presidente da República. Faço saber que o Congresso Nacional decreta e eu sanciono a seguinte Lei:

ART. 1º Não haverá incidência de emolumentos ou multas no registro de nascimento efetuado fora de prazo, quando destinado à obtenção de Carteira do Trabalho e Previdência Social.

ART. 2º Esta Lei entra em vigor na data de sua publicação.

ART. 3º Revogam-se as disposições em contrário.

Brasília, 7 de julho de 1997; 176º da Independência e 109º da República.
FERNANDO HENRIQUE CARDOSO
IRIS REZENDE

LEI N. 9.472, DE 16 DE JULHO DE 1997

Dispõe sobre a organização dos serviços de telecomunicações, a criação e funcionamento de um órgão regulador e outros aspectos institucionais, nos termos da Emenda Constitucional n. 8, de 1995.

- *DOU*, 17.7.1997.
- Art. 21, XI e XII, a, CF.
- Dec. 2.338/1997 (Aprova o Regulamento da Agência Nacional de Telecomunicações).

O Presidente da República. Faço saber que o Congresso Nacional decreta e eu sanciono a seguinte Lei:

LIVRO I
DOS PRINCÍPIOS FUNDAMENTAIS

ART. 1º Compete à União, por intermédio do órgão regulador e nos termos das políticas estabelecidas pelos Poderes Executivo e Legislativo, organizar a exploração dos serviços de telecomunicações.

Parágrafo único. A organização inclui, entre outros aspectos, o disciplinamento e a fiscalização da execução, comercialização e uso dos serviços e da implantação e funcionamento de redes de telecomunicações, bem como da utilização dos recursos de órbita e espectro de radiofrequências.

ART. 2º O Poder Público tem o dever de:

I - garantir, a toda a população, o acesso às telecomunicações, a tarifas e preços razoáveis, em condições adequadas;

II - estimular a expansão do uso de redes e serviços de telecomunicações pelos serviços de interesse público em benefício da população brasileira;

III - adotar medidas que promovam a competição e a diversidade dos serviços, incrementem sua oferta e propiciem padrões de qualidade compatíveis com a exigência dos usuários;

IV - fortalecer o papel regulador do Estado;

V - criar oportunidades de investimento e estimular o desenvolvimento tecnológico e industrial, em ambiente competitivo;

VI - criar condições para que o desenvolvimento do setor seja harmônico com as metas de desenvolvimento social do País.

ART. 3° O usuário de serviços de telecomunicações tem direito:

I - de acesso aos serviços de telecomunicações, com padrões de qualidade e regularidade adequados à sua natureza, em qualquer ponto do território nacional;

II - à liberdade de escolha de sua prestadora de serviço;

III - de não ser discriminado quanto às condições de acesso e fruição do serviço;

IV - à informação adequada sobre as condições de prestação dos serviços, suas tarifas e preços;

V - à inviolabilidade e ao segredo de sua comunicação, salvo nas hipóteses e condições constitucional e legalmente previstas;

VI - à não divulgação, caso o requeira, de seu código de acesso;

VII - à não suspensão de serviço prestado em regime público, salvo por débito diretamente decorrente de sua utilização ou por descumprimento de condições contratuais;

VIII - ao prévio conhecimento das condições de suspensão do serviço;

IX - ao respeito de sua privacidade nos documentos de cobrança e na utilização de seus dados pessoais pela prestadora do serviço;

X - de resposta às suas reclamações pela prestadora do serviço;

XI - de peticionar contra a prestadora do serviço perante o órgão regulador e os organismos de defesa do consumidor;

XII - à reparação dos danos causados pela violação de seus direitos.

Parágrafo único. Para o cumprimento do disposto no inciso IV do *caput* deste artigo, a prestadora de serviço deverá divulgar em seu sítio eletrônico, de forma clara e de fácil compreensão pelos usuários, tabela com o valor das tarifas e preços praticados e a evolução dos reajustes realizados nos últimos cinco anos. (Acrescentado pela Lei 13.673/2018.)

ART. 4° O usuário de serviços de telecomunicações tem o dever de:

I - utilizar adequadamente os serviços, equipamentos e redes de telecomunicações;

II - respeitar os bens públicos e aqueles voltados à utilização do público em geral;

III - comunicar às autoridades irregularidades ocorridas e atos ilícitos cometidos por prestadora de serviço de telecomunicações.

ART. 5° Na disciplina das relações econômicas no setor de telecomunicações observar-se-ão, em especial, os princípios constitucionais da soberania nacional, função social da propriedade, liberdade de iniciativa, livre concorrência, defesa do consumidor, redução das desigualdades regionais e sociais, repressão ao abuso do poder econômico e continuidade do serviço prestado no regime público.

ART. 6° Os serviços de telecomunicações serão organizados com base no princípio da livre, ampla e justa competição entre todas as prestadoras, devendo o Poder Público atuar para propiciá-la, bem como para corrigir os efeitos da competição imperfeita e reprimir as infrações da ordem econômica.

ART. 7° As normas gerais de proteção à ordem econômica são aplicáveis ao setor de telecomunicações, quando não conflitarem com o disposto nesta Lei.

§ 1° Os atos envolvendo prestadora de serviço de telecomunicações, no regime público ou privado, que visem a qualquer forma de concentração econômica, inclusive mediante fusão ou incorporação de empresas, constituição de sociedade para exercer o controle de empresas ou qualquer forma de agrupamento societário, ficam submetidos aos controles, procedimentos e condicionamentos previstos nas normas gerais de proteção à ordem econômica.

§ 2° Os atos de que trata o parágrafo anterior serão submetidos à apreciação do Conselho Administrativo de Defesa Econômica - CADE, por meio do órgão regulador.

§ 3° Praticará infração da ordem econômica a prestadora de serviço de telecomunicações que, na celebração de contratos de fornecimento de bens e serviços, adotar práticas que possam limitar, falsear ou, de qualquer forma, prejudicar a livre concorrência ou a livre iniciativa.

LIVRO II
DO ÓRGÃO REGULADOR E DAS POLÍTICAS SETORIAIS

TÍTULO I
DA CRIAÇÃO DO ÓRGÃO REGULADOR

ART. 8° Fica criada a Agência Nacional de Telecomunicações, entidade integrante da Administração Pública Federal indireta, submetida a regime autárquico especial e vinculada ao Ministério das Comunicações, com a função de órgão regulador das telecomunicações, com sede no Distrito Federal, podendo estabelecer unidades regionais.

§ 1° A Agência terá como órgão máximo o Conselho Diretor, devendo contar, também, com um Conselho Consultivo, uma Procuradoria, uma Corregedoria, uma Biblioteca e uma Ouvidoria, além das unidades especializadas incumbidas de diferentes funções.

§ 2° A natureza de autarquia especial conferida à Agência é caracterizada por independência administrativa, ausência de subordinação hierárquica, mandato fixo e estabilidade de seus dirigentes e autonomia financeira.

ART. 9° A Agência atuará como autoridade administrativa independente, assegurando-se-lhe, nos termos desta Lei, as prerrogativas necessárias ao exercício adequado de sua competência.

ART. 10. Caberá ao Poder Executivo instalar a Agência, devendo o seu regulamento, aprovado por decreto do Presidente da República, fixar-lhe a estrutura organizacional.

Parágrafo único. A edição do regulamento marcará a instalação da Agência, investindo-a automaticamente no exercício de suas atribuições.

ART. 11. O Poder Executivo encaminhará ao Congresso Nacional, no prazo de até noventa dias, a partir da publicação desta Lei, mensagem criando o quadro efetivo de pessoal da Agência, podendo remanejar cargos disponíveis na estrutura do Ministério das Comunicações.

ARTS. 11 a 14. (Revogados pela Lei 9.986/2000.)

ART. 15. A fixação das dotações orçamentárias da Agência na Lei de Orçamento Anual e sua programação orçamentária e financeira de execução não sofrerão limites nos seus valores para movimentação e empenho.

ART. 16. Fica o Poder Executivo autorizado a realizar as despesas e os investimentos necessários à instalação da Agência, podendo remanejar, transferir ou utilizar saldos orçamentários, empregando como recursos dotações destinadas a atividades finalísticas e administrativas do Ministério das Comunicações, inclusive do Fundo de Fiscalização das Telecomunicações - FISTEL.

Parágrafo único. Serão transferidos à Agência os acervos técnico e patrimonial, bem como as obrigações e direitos do Ministério das Comunicações, correspondentes às atividades a ela atribuídas por esta Lei.

ART. 17. A extinção da Agência somente ocorrerá por lei específica.

TÍTULO II
DAS COMPETÊNCIAS

ART. 18. Cabe ao Poder Executivo, observadas as disposições desta Lei, por meio de decreto:

I - instituir ou eliminar a prestação de modalidade de serviço no regime público, concomitantemente ou não com sua prestação no regime privado;

II - aprovar o plano geral de outorgas de serviço prestado no regime público;

III - aprovar o plano geral de metas para a progressiva universalização de serviço prestado no regime público;

IV - autorizar a participação de empresa brasileira em organizações ou consórcios intergovernamentais destinados ao provimento de meios ou à prestação de serviços de telecomunicações.

Parágrafo único. O Poder Executivo, levando em conta os interesses do País no contexto de suas relações com os demais países, poderá estabelecer limites à participação estrangeira no capital de prestadora de serviços de telecomunicações.

ART. 19. À Agência compete adotar as medidas necessárias para o atendimento do interesse público e para o desenvolvimento das telecomunicações brasileiras, atuando com independência, imparcialidade, legalidade, impessoalidade e publicidade, e especialmente:

I - implementar, em sua esfera de atribuições, a política nacional de telecomunicações;

II - representar o Brasil nos organismos internacionais de telecomunicações, sob a coordenação do Poder Executivo;

III - elaborar e propor ao Presidente da República, por intermédio do Ministro de Estado das Comunicações, a adoção das medidas a que se referem os incisos I a IV do artigo anterior, submetendo previamente a consulta pública as relativas aos incisos I a III;

IV - expedir normas quanto à outorga, prestação e fruição dos serviços de telecomunicações no regime público;

V - editar atos de outorga e extinção de direito de exploração do serviço no regime público;

VI - celebrar e gerenciar contratos de concessão e fiscalizar a prestação do serviço no regime público, aplicando sanções e realizando intervenções;

VII - controlar, acompanhar e proceder à revisão de tarifas dos serviços prestados no regime público, podendo fixá-las nas condições previstas nesta Lei, bem como homologar reajustes;

VIII - administrar o espectro de radiofrequências e o uso de órbitas, expedindo as respectivas normas;

IX - editar atos de outorga e extinção do direito de uso de radiofrequência e de órbita, fiscalizando e aplicando sanções;

X - expedir normas sobre prestação de serviços de telecomunicações no regime privado;

XI - expedir e extinguir autorização para prestação de serviço no regime privado, fiscalizando e aplicando sanções;

XII - expedir normas e padrões a serem cumpridos pelas prestadoras de serviços de telecomunicações quanto aos equipamentos que utilizarem;

XIII - expedir ou reconhecer a certificação de produtos, observados os padrões e normas por ela estabelecidos;

XIV - expedir normas e padrões que assegurem a compatibilidade, a operação integrada e a interconexão entre as redes, abrangendo inclusive os equipamentos terminais;

XV - realizar busca e apreensão de bens no âmbito de sua competência;

XVI - deliberar na esfera administrativa quanto à interpretação da legislação de telecomunicações e sobre os casos omissos;

XVII - compor administrativamente conflitos de interesses entre prestadoras de serviço de telecomunicações;

XVIII - reprimir infrações dos direitos dos usuários;

XIX - exercer, relativamente às telecomunicações, as competências legais em matéria de controle, prevenção e repressão das infrações da ordem econômica, ressalvadas as pertencentes ao Conselho Administrativo de Defesa Econômica - CADE;

XX - propor ao Presidente da República, por intermédio do Ministério das Comunicações, a declaração de utilidade pública, para fins de desapropriação ou instituição de servidão administrativa, dos bens necessários à implantação ou manutenção de serviço no regime público;

XXI - arrecadar e aplicar suas receitas;

XXII - resolver quanto à celebração, alteração ou extinção de seus contratos, bem como quanto à nomeação, exoneração e demissão de servidores, realizando os procedimentos necessários, na forma em que dispuser o regulamento;

XXIII - contratar pessoal por prazo determinado, de acordo com o disposto na Lei n. 8.745, de 9 de dezembro de 1993;

XXIV - adquirir, administrar e alienar seus bens;

XXV - decidir em último grau sobre as matérias de sua alçada, sempre admitido recurso ao Conselho Diretor;

XXVI - formular ao Ministério das Comunicações proposta de orçamento;

XXVII - aprovar o seu regimento interno;

XXVIII - elaborar relatório anual de suas atividades, nele destacando o cumprimento da política do setor definida nos termos do artigo anterior;

XXIX - enviar o relatório anual de suas atividades ao Ministério das Comunicações e, por intermédio da Presidência da República, ao Congresso Nacional;

XXX - rever, periodicamente, os planos enumerados nos incisos II e III do artigo anterior, submetendo-os, por intermédio do Ministro de Estado das Comunicações, ao Presidente da República, para aprovação;

XXXI - promover interação com administrações de telecomunicações dos países do Mercado Comum do Sul - MERCOSUL, com vistas à consecução de objetivos de interesse comum.

TÍTULO III
DOS ÓRGÃOS SUPERIORES

CAPÍTULO I
DO CONSELHO DIRETOR

ART. 20. O Conselho Diretor será composto por cinco conselheiros e decidirá por maioria absoluta.

Parágrafo único. Cada conselheiro votará com independência, fundamentando seu voto.

ART. 21. As sessões do Conselho Diretor serão registradas em atas, que ficarão arquivadas na Biblioteca, disponíveis para conhecimento geral.

§ 1º Quando a publicidade puder colocar em risco a segurança do País, ou violar segredo protegido ou a intimidade de alguém, os registros correspondentes serão mantidos em sigilo.

§ 2º As sessões deliberativas do Conselho Diretor que se destinem a resolver pendências entre agentes econômicos e entre estes e consumidores e usuários de bens e serviços de telecomunicações serão públicas, permitida a sua gravação por meios eletrônicos e assegurado aos interessados o direito de delas obter transcrições.

ART. 22. Compete ao Conselho Diretor:

I - submeter ao Presidente da República, por intermédio do Ministro de Estado das Comunicações, as modificações do regulamento da Agência;

II - aprovar normas próprias de licitação e contratação;

III - propor o estabelecimento e alteração das políticas governamentais de telecomunicações;

IV - editar normas sobre matérias de competência da Agência;

V - aprovar editais de licitação, homologar adjudicações, bem como decidir pela prorrogação, transferência, intervenção e extinção, em relação às outorgas para prestação de serviço no regime público, obedecendo ao plano aprovado pelo Poder Executivo;

VI - aprovar o plano geral de autorizações de serviço prestado no regime privado;

VII - aprovar editais de licitação, homologar adjudicações, bem como decidir pela prorrogação, transferência e extinção, em relação às autorizações para prestação de serviço no regime privado, na forma do regimento interno;

VIII - aprovar o plano de destinação de faixas de radiofrequência e de ocupação de órbitas;

IX - aprovar os planos estruturais das redes de telecomunicações, na forma em que dispuser o regimento interno;

X - aprovar o regimento interno;

XI - resolver sobre a aquisição e a alienação de bens;

XII - autorizar a contratação de serviços de terceiros, na forma da legislação em vigor.

Parágrafo único. Fica vedada a realização por terceiros da fiscalização de competência da Agência, ressalvadas as atividades de apoio.

ART. 23. Os conselheiros serão brasileiros, de reputação ilibada, formação universitária e elevado conceito no campo de sua especialidade, devendo ser escolhidos pelo Presidente da República e por ele nomeados, após aprovação pelo Senado Federal, nos termos da alínea *f* do inciso III do art. 52 da Constituição Federal.

ART. 24. O mandato dos membros do Conselho Diretor será de cinco anos. (Alterado pela Lei 9.986/2000.)

Parágrafo único. Em caso de vaga no curso do mandato, este será completado por sucessor investido na forma prevista no artigo anterior, que o exercerá pelo prazo remanescente.

ART. 25. Os mandatos dos primeiros membros do Conselho Diretor serão de três, quatro, cinco, seis e sete anos, a serem estabelecidos no decreto de nomeação.

ART. 26. (Revogado pela Lei 9.986/2000.)

ART. 27. O regulamento disciplinará a substituição dos conselheiros em seus impedimentos, bem como durante a vacância.

ART. 28. (Revogado pela Lei 9.986/2000.)

ART. 29. Caberá também aos conselheiros a direção dos órgãos administrativos da Agência.

ART. 30. Até um ano após deixar o cargo, é vedado ao ex-conselheiro representar qualquer pessoa ou interesse perante a Agência.

Parágrafo único. É vedado, ainda, ao ex-conselheiro utilizar informações privilegiadas obtidas em decorrência do cargo exercido, sob pena de incorrer em improbidade administrativa.

ART. 31. (Revogado pela Lei 9.986/2000.)

ART. 32. Cabe ao Presidente a representação da Agência, o comando hierárquico sobre o pessoal e o serviço, exercendo todas as competências administrativas correspondentes, bem como a presidência das sessões do Conselho Diretor.

Parágrafo único. A representação judicial da Agência, com prerrogativas processuais de Fazenda Pública, será exercida pela Procuradoria.

CAPÍTULO II
DO CONSELHO CONSULTIVO

ART. 33. O Conselho Consultivo é o órgão de participação institucionalizada da sociedade na Agência.

ART. 34. O Conselho será integrado por representantes indicados pelo Senado Federal, pela Câmara dos Deputados, pelo Poder Executivo, pelas entidades de classe das prestadoras de serviços de telecomunicações, por entidades representativas dos usuários e por entidades representativas da sociedade, nos termos do regulamento.

Parágrafo único. O Presidente do Conselho Consultivo será eleito pelos seus membros e terá mandato de um ano.

ART. 35. Cabe ao Conselho Consultivo:

I - opinar, antes de seu encaminhamento ao Ministério das Comunicações, sobre o plano geral de outorgas, o plano geral de metas para universalização de serviços prestados no regime público e demais políticas governamentais de telecomunicações;

II - aconselhar quanto à instituição ou eliminação da prestação de serviço no regime público;

III - apreciar os relatórios anuais do Conselho Diretor;

IV - requerer informação e fazer proposição a respeito das ações referidas no art. 22.

ART. 36. Os membros do Conselho Consultivo, que não serão remunerados, terão mandato de três anos, vedada a recondução.

§ 1º Os mandatos dos primeiros membros do Conselho serão de um, dois e três anos, na proporção de um terço para cada período.

§ 2º O Conselho será renovado anualmente em um terço.

ART. 37. O regulamento disporá sobre o funcionamento do Conselho Consultivo.

TÍTULO IV
DA ATIVIDADE E DO CONTROLE

ART. 38. A atividade da Agência será juridicamente condicionada pelos princípios da legalidade, celeridade, finalidade, razoabilidade, proporcionalidade, impessoalidade, igualdade, devido processo legal, publicidade e moralidade.

ART. 39. Ressalvados os documentos e os autos cuja divulgação possa violar a segurança do País, segredo protegido ou a intimidade de alguém, todos os demais permanecerão abertos à consulta do público, sem formalidades, na Biblioteca.

Parágrafo único. A Agência deverá garantir o tratamento confidencial das informações técnicas, operacionais, econômico-financeiras e contábeis que solicitar às empresas prestadoras dos serviços de telecomunicações, nos termos do regulamento.

ART. 40. Os atos da Agência deverão ser sempre acompanhados da exposição formal dos motivos que os justifiquem.

ART. 41. Os atos normativos somente produzirão efeito após publicação no Diário Oficial da União, e aqueles de alcance particular, após a correspondente notificação.

ART. 42. As minutas de atos normativos serão submetidas à consulta pública, formalizada por publicação no Diário Oficial da União, devendo as críticas e sugestões merecer exame e permanecer à disposição do público na Biblioteca.

ART. 43. Na invalidação de atos e contratos, será garantida previamente a manifestação dos interessados.

ART. 44. Qualquer pessoa terá o direito de peticionar ou de recorrer contra ato da Agência no prazo máximo de trinta dias, devendo a decisão da Agência ser conhecida em até noventa dias.

ART. 45. O Ouvidor será nomeado pelo Presidente da República para mandato de dois anos, admitida uma recondução.

Parágrafo único. O Ouvidor terá acesso a todos os assuntos e contará com o apoio administrativo de que necessitar, competindo-lhe produzir, semestralmente ou quando oportuno, apreciações críticas sobre a atuação da Agência, encaminhando-as ao Conselho Diretor, ao Conselho Consultivo, ao Ministério das Comunicações, a outros órgãos do Poder Executivo e ao Congresso Nacional, fazendo publicá-las para conhecimento geral.

ART. 46. A Corregedoria acompanhará permanentemente o desempenho dos servidores da Agência, avaliando sua eficiência e o cumprimento dos deveres funcionais e realizando os processos disciplinares.

TÍTULO V
DAS RECEITAS

ART. 47. O produto da arrecadação das taxas de fiscalização de instalação e de funcionamento a que se refere a Lei n. 5.070, de 7 de julho de 1966, será destinado ao Fundo de Fiscalização das Telecomunicações - FISTEL, por ela criado.

ART. 48. A concessão, permissão ou autorização para a exploração de serviços de telecomunicações e de uso de radiofrequência, para qualquer serviço, será sempre feita a título oneroso, ficando autorizada a cobrança do respectivo preço nas condições estabelecidas nesta Lei e na regulamentação, constituindo o produto da arrecadação receita do Fundo de Fiscalização das Telecomunicações - FISTEL.

§ 1º Conforme dispuser a Agência, o pagamento devido pela concessionária, permissionária ou autorizada poderá ser feito na forma de quantia certa, em uma ou várias parcelas, ou de parcelas anuais, sendo seu valor, alternativamente:

I - determinado pela regulamentação;

II - determinado no edital de licitação;

III - fixado em função da proposta vencedora, quando constituir fator de julgamento;

IV - fixado no contrato de concessão ou no ato de permissão, nos casos de inexigibilidade de licitação.

§ 2º Após a criação do fundo de universalização dos serviços de telecomunicações mencionado no inciso II do art. 81, parte do produto da arrecadação a que se refere o *caput* deste artigo será a ele destinada, nos termos da lei correspondente.

ART. 49. A Agência submeterá anualmente ao Ministério das Comunicações a sua proposta de orçamento, bem como a do FISTEL, que serão encaminhadas ao Ministério do Planejamento e Orçamento para inclusão no projeto de lei orçamentária anual a que se refere o § 5º do art. 165 da Constituição Federal.

§ 1º A Agência fará acompanhar as propostas orçamentárias de um quadro demonstrativo do planejamento plurianual das receitas e despesas, visando ao seu equilíbrio orçamentário e financeiro nos cinco exercícios subsequentes.

§ 2º O planejamento plurianual preverá o montante a ser transferido ao fundo de universalização a que se refere o inciso II do art. 81 desta Lei, e os saldos a serem transferidos ao Tesouro Nacional.

§ 3º A lei orçamentária anual consignará as dotações para as despesas de custeio e capital da Agência, bem como o valor das transferências de recursos do FISTEL ao Tesouro Nacional e ao fundo de universalização, relativos ao exercício a que ela se referir.

§ 4º As transferências a que se refere o parágrafo anterior serão formalmente feitas pela Agência ao final de cada mês.

ART. 50. O Fundo de Fiscalização das Telecomunicações - FISTEL, criado pela Lei n. 5.070, de 7 de julho de 1966, passará à administração exclusiva da Agência, a partir da data de sua instalação, com os saldos nele existentes, incluídas as receitas que sejam produto da cobrança a que se refere o art. 14 da Lei n. 9.295, de 19 de julho de 1996.

ART. 51. Os arts. 2°, 3°, 6° e seus parágrafos, o art. 8° e seu § 2°, e o art. 13, da Lei n. 5.070, de 7 de julho de 1966, passam a ter a seguinte redação:

‣ Alterações promovidas no texto da referida lei.

ART. 52. Os valores das taxas de fiscalização de instalação e de funcionamento, constantes do Anexo I da Lei n. 5.070, de 7 de julho de 1966, passam a ser os da Tabela do Anexo III desta Lei.

Parágrafo único. A nomenclatura dos serviços relacionados na Tabela vigorará até que nova regulamentação seja editada, com base nesta Lei.

ART. 53. Os valores de que tratam as alíneas i e j do art. 2° da Lei n. 5.070, de 7 de julho de 1966, com a redação dada por esta Lei, serão estabelecidos pela Agência.

TÍTULO VI
DAS CONTRATAÇÕES

ART. 54. A contratação de obras e serviços de engenharia civil está sujeita ao procedimento das licitações previsto em lei geral para a Administração Pública.

Parágrafo único. Para os casos não previstos no *caput*, a Agência poderá utilizar procedimentos próprios de contratação, nas modalidades de consulta e pregão.

ART. 55. A consulta e o pregão serão disciplinados pela Agência, observadas as disposições desta Lei e, especialmente:

‣ Lei 9.986/2000 (Dispõe sobre a gestão de recursos humanos das Agências Reguladoras).

I - a finalidade do procedimento licitatório é, por meio de disputa justa entre interessados, obter um contrato econômico, satisfatório e seguro para a Agência;

II - o instrumento convocatório identificará o objeto do certame, circunscreverá o universo de proponentes, estabelecerá critérios para aceitação e julgamento de propostas, regulará o procedimento, indicará as sanções aplicáveis e fixará as cláusulas do contrato;

III - o objeto será determinado de forma precisa, suficiente e clara, sem especificações que, por excessivas, irrelevantes ou desnecessárias, limitem a competição;

IV - a qualificação, exigida indistintamente dos proponentes, deverá ser compatível e proporcional ao objeto, visando à garantia do cumprimento das futuras obrigações;

V - como condição de aceitação da proposta, o interessado declarará estar em situação regular perante as Fazendas Públicas e a Seguridade Social, fornecendo seus códigos de inscrição, exigida a comprovação como condição indispensável à assinatura do contrato;

VI - o julgamento observará os princípios de vinculação ao instrumento convocatório, comparação objetiva e justo preço, sendo o empate resolvido por sorteio;

VII - as regras procedimentais assegurarão adequada divulgação do instrumento convocatório, prazos razoáveis para o preparo de propostas, os direitos ao contraditório e ao recurso, bem como a transparência e fiscalização;

VIII - a habilitação e o julgamento das propostas poderão ser decididos em uma única fase, podendo a habilitação, no caso de pregão, ser verificada apenas em relação ao licitante vencedor;

IX - quando o vencedor não celebrar o contrato, serão chamados os demais participantes na ordem de classificação;

X - somente serão aceitos certificados de registro cadastral expedidos pela Agência, que terão validade por dois anos, devendo o cadastro estar sempre aberto à inscrição dos interessados.

ART. 56. A disputa pelo fornecimento de bens e serviços comuns poderá ser feita em licitação na modalidade de pregão, restrita aos previamente cadastrados, que serão chamados a formular lances em sessão pública.

‣ Lei 9.986/2000 (Dispõe sobre a gestão de recursos humanos das Agências Reguladoras).

Parágrafo único. Encerrada a etapa competitiva, a Comissão examinará a melhor oferta quanto ao objeto, forma e valor.

ART. 57. Nas seguintes hipóteses, o pregão será aberto a quaisquer interessados, independentemente de cadastramento, verificando-se a um só tempo, após a etapa competitiva, a qualificação subjetiva e a aceitabilidade da proposta:

‣ Lei 9.986/2000 (Dispõe sobre a gestão de recursos humanos das Agências Reguladoras).

I - para a contratação de bens e serviços comuns de alto valor, na forma do regulamento;

II - quando o número de cadastrados na classe for inferior a cinco;

III - para o registro de preços, que terá validade por até dois anos;

IV - quando o Conselho Diretor assim o decidir.

ART. 58. A licitação na modalidade de consulta tem por objeto o fornecimento de bens e serviços não compreendidos nos arts. 56 e 57.

› Lei 9.986/2000 (Dispõe sobre a gestão de recursos humanos das Agências Reguladoras).

Parágrafo único. A decisão ponderará o custo e o benefício de cada proposta, considerando a qualificação do proponente.

ART. 59. A Agência poderá utilizar, mediante contrato, técnicos ou empresas especializadas, inclusive consultores independentes e auditores externos, para executar atividades de sua competência, vedada a contratação para as atividades de fiscalização, salvo para as correspondentes atividades de apoio.

LIVRO III
DA ORGANIZAÇÃO DOS SERVIÇOS DE TELECOMUNICAÇÕES

TÍTULO I
DISPOSIÇÕES GERAIS

CAPÍTULO I
DAS DEFINIÇÕES

ART. 60. Serviço de telecomunicações é o conjunto de atividades que possibilita a oferta de telecomunicação.

§ 1º Telecomunicação é a transmissão, emissão ou recepção, por fio, radioeletricidade, meios ópticos ou qualquer outro processo eletromagnético, de símbolos, caracteres, sinais, escritos, imagens, sons ou informações de qualquer natureza.

§ 2º Estação de telecomunicações é o conjunto de equipamentos ou aparelhos, dispositivos e demais meios necessários à realização de telecomunicação, seus acessórios e periféricos, e, quando for o caso, as instalações que os abrigam e complementam, inclusive terminais portáteis.

ART. 61. Serviço de valor adicionado é a atividade que acrescenta, a um serviço de telecomunicações que lhe dá suporte e com o qual não se confunde, novas utilidades relacionadas ao acesso, armazenamento, apresentação, movimentação ou recuperação de informações.

§ 1º Serviço de valor adicionado não constitui serviço de telecomunicações, classificando-se seu provedor como usuário do serviço de telecomunicações que lhe dá suporte, com os direitos e deveres inerentes a essa condição.

§ 2º É assegurado aos interessados o uso das redes de serviços de telecomunicações para prestação de serviços de valor adicionado, cabendo à Agência, para assegurar esse direito, regular os condicionamentos, assim como o relacionamento entre aqueles e as prestadoras de serviço de telecomunicações.

CAPÍTULO II
DA CLASSIFICAÇÃO

ART. 62. Quanto à abrangência dos interesses a que atendem, os serviços de telecomunicações classificam-se em serviços de interesse coletivo e serviços de interesse restrito.

Parágrafo único. Os serviços de interesse restrito estarão sujeitos aos condicionamentos necessários para que sua exploração não prejudique o interesse coletivo.

ART. 63. Quanto ao regime jurídico de sua prestação, os serviços de telecomunicações classificam-se em públicos e privados.

Parágrafo único. Serviço de telecomunicações em regime público é o prestado mediante concessão ou permissão, com atribuição a sua prestadora de obrigações de universalização e de continuidade.

ART. 64. Comportarão prestação no regime público as modalidades de serviço de telecomunicações de interesse coletivo, cuja existência, universalização e continuidade a própria União comprometa-se a assegurar.

Parágrafo único. Incluem-se neste caso as diversas modalidades do serviço telefônico fixo comutado, de qualquer âmbito, destinado ao uso do público em geral.

ART. 65. Cada modalidade de serviço será destinada à prestação:

I - exclusivamente no regime público;

II - exclusivamente no regime privado; ou

III - concomitantemente nos regimes público e privado.

§ 1º Não serão deixadas à exploração apenas em regime privado as modalidades de serviço de interesse coletivo que, sendo essenciais, estejam sujeitas a deveres de universalização.

§ 2º A exclusividade ou concomitância a que se refere o *caput* poderá ocorrer em âmbito nacional, regional, local ou em áreas determinadas.

ART. 66. Quando um serviço for, ao mesmo tempo, explorado nos regimes público e privado, serão adotadas medidas que impeçam a inviabilidade econômica de sua prestação no regime público.

ART. 67. Não comportarão prestação no regime público os serviços de telecomunicações de interesse restrito.

ART. 68. É vedada, a uma mesma pessoa jurídica, a exploração, de forma direta ou indireta, de uma mesma modalidade de serviço nos regimes público e privado, salvo em regiões, localidades ou áreas distintas.

CAPÍTULO III
DAS REGRAS COMUNS

ART. 69. As modalidades de serviço serão definidas pela Agência em função de sua finalidade, âmbito de prestação, forma, meio de transmissão, tecnologia empregada ou de outros atributos.

Parágrafo único. Forma de telecomunicação é o modo específico de transmitir informação, decorrente de características particulares de transdução, de transmissão, de apresentação da informação ou de combinação destas, considerando-se formas de telecomunicação, entre outras, a telefonia, a telegrafia, a comunicação de dados e a transmissão de imagens.

ART. 70. Serão coibidos os comportamentos prejudiciais à competição livre, ampla e justa entre as prestadoras do serviço, no regime público ou privado, em especial:

I - a prática de subsídios para redução artificial de preços;

II - o uso, objetivando vantagens na competição, de informações obtidas dos concorrentes, em virtude de acordos de prestação de serviço;

III - a omissão de informações técnicas e comerciais relevantes à prestação de serviços por outrem.

ART. 71. Visando a propiciar competição efetiva e a impedir a concentração econômica no mercado, a Agência poderá estabelecer restrições, limites ou condições a empresas ou grupos empresariais quanto à obtenção e transferência de concessões, permissões e autorizações.

ART. 72. Apenas na execução de sua atividade, a prestadora poderá valer-se de informações relativas à utilização individual do serviço pelo usuário.

§ 1º A divulgação das informações individuais dependerá da anuência expressa e específica do usuário.

§ 2º A prestadora poderá divulgar a terceiros informações agregadas sobre o uso de seus serviços, desde que elas não permitam a identificação, direta ou indireta, do usuário, ou a violação de sua intimidade.

ART. 73. As prestadoras de serviços de telecomunicações de interesse coletivo terão direito à utilização de postes, dutos, condutos e servidões pertencentes ou controlados por prestadora de serviços de telecomunicações ou de outros serviços de interesse público, de forma não discriminatória e a preços e condições justos e razoáveis.

› Lei 11.934/2009 (Dispõe sobre limites à exposição humana a campos elétricos, magnéticos e eletromagnéticos).

Parágrafo único. Caberá ao órgão regulador do cessionário dos meios a serem utilizados definir as condições para adequado atendimento do disposto no *caput*.

ART. 74. A concessão, permissão ou autorização de serviço de telecomunicações não isenta a prestadora do atendimento às normas de engenharia e às leis municipais, estaduais ou distritais relativas à construção civil. (Alterado pela Lei 13.116/2015.)

ART. 75. Independerá de concessão, permissão ou autorização a atividade de telecomunicações restrita aos limites de uma mesma edificação ou propriedade móvel ou imóvel, conforme dispuser a Agência.

ART. 76. As empresas prestadoras de serviços e os fabricantes de produtos de telecomunicações que investirem em projetos de pesquisa e desenvolvimento no Brasil, na área de telecomunicações, obterão incentivos nas condições fixadas em lei.

ART. 77. O Poder Executivo encaminhará ao Congresso Nacional, no prazo de cento e vinte dias da publicação desta Lei, mensagem de criação de um fundo para o desenvolvimento tecnológico das telecomunicações brasileiras, com o objetivo de estimular a pesquisa e o desenvolvimento de novas tecnologias, incentivar a capacitação dos recursos humanos, fomentar a geração de empregos e promover o acesso de pequenas e médias empresas a recursos de capital, de modo a ampliar a competição na indústria de telecomunicações.

ART. 78. A fabricação e o desenvolvimento no País de produtos de telecomunicações serão estimulados mediante adoção de instrumentos de política creditícia, fiscal e aduaneira.

TÍTULO II
DOS SERVIÇOS PRESTADOS EM REGIME PÚBLICO

CAPÍTULO I
DAS OBRIGAÇÕES DE UNIVERSALIZAÇÃO E DE CONTINUIDADE

ART. 79. A Agência regulará as obrigações de universalização e de continuidade atribuídas às prestadoras de serviço no regime público.

§ 1º Obrigações de universalização são as que objetivam possibilitar o acesso de qualquer pessoa ou instituição de interesse público a serviço de telecomunicações, independentemente de sua localização e condição socioeconômica, bem como as destinadas a permitir a utilização das telecomunicações em serviços essenciais de interesse público.

§ 2º Obrigações de continuidade são as que objetivam possibilitar aos usuários dos serviços sua fruição de forma ininterrupta, sem paralisações injustificadas, devendo os serviços estar à disposição dos usuários, em condições adequadas de uso.

ART. 80. As obrigações de universalização serão objeto de metas periódicas, conforme plano específico elaborado pela Agência e aprovado pelo Poder Executivo, que deverá referir-se, entre outros aspectos, à disponibilidade de instalações de uso coletivo ou individual, ao atendimento de deficientes físicos, de instituições de caráter público ou social, bem como de áreas rurais ou de urbanização precária e de regiões remotas.

§ 1º O plano detalhará as fontes de financiamento das obrigações de universalização, que serão neutras em relação à competição, no mercado nacional, entre prestadoras.

§ 2º Os recursos do fundo de universalização de que trata o inciso II do art. 81 não poderão ser destinados à cobertura de custos com universalização dos serviços que, nos termos do contrato de concessão, a própria prestadora deva suportar.

ART. 81. Os recursos complementares destinados a cobrir a parcela do custo exclusivamente atribuível ao cumprimento das obrigações de universalização de prestadora de serviço de telecomunicações, que não possa ser recuperada com a exploração eficiente do serviço, poderão ser oriundos das seguintes fontes:

I - Orçamento Geral da União, dos Estados, do Distrito Federal e dos Municípios;

II - fundo especificamente constituído para essa finalidade, para o qual contribuirão prestadoras de serviço de telecomunicações nos regimes público e privado, nos termos da lei, cuja mensagem de criação deverá ser enviada ao Congresso Nacional, pelo Poder Executivo, no prazo de cento e vinte dias após a publicação desta Lei.

Parágrafo único. Enquanto não for constituído o fundo a que se refere o inciso II do *caput*, poderão ser adotadas também as seguintes fontes:

I - subsídio entre modalidades de serviços de telecomunicações ou entre segmentos de usuários;

II - pagamento de adicional ao valor de interconexão.

ART. 82. O descumprimento das obrigações relacionadas à universalização e à continuidade ensejará a aplicação de sanções de multa, caducidade ou decretação de intervenção, conforme o caso.

CAPÍTULO II
DA CONCESSÃO

SEÇÃO I
DA OUTORGA

ART. 83. A exploração do serviço no regime público dependerá de prévia outorga, pela Agência, mediante concessão, implicando esta o direito de uso das radiofrequências necessárias, conforme regulamentação.

Parágrafo único. Concessão de serviço de telecomunicações é a delegação de sua prestação, mediante contrato, por prazo determinado, no regime público, sujeitando-se a concessionária aos riscos empresariais, remunerando-se pela cobrança de tarifas dos usuários ou por outras receitas alternativas e respondendo diretamente pelas suas obrigações e pelos prejuízos que causar.

ART. 84. As concessões não terão caráter de exclusividade, devendo obedecer ao plano geral de outorgas, com definição quanto à divisão do País em áreas, ao número de prestadoras para cada uma delas, seus prazos de vigência e os prazos para admissão de novas prestadoras.

§ 1º As áreas de exploração, o número de prestadoras, os prazos de vigência das concessões e os prazos para admissão de novas prestadoras serão definidos considerando-se o ambiente de competição, observados o princípio do maior benefício ao usuário e o interesse social e econômico do País, de modo a propiciar a justa remuneração da prestadora do serviço no regime público.

§ 2º A oportunidade e o prazo das outorgas serão determinados de modo a evitar o vencimento concomitante das concessões de uma mesma área.

ART. 85. Cada modalidade de serviço será objeto de concessão distinta, com clara determinação dos direitos e deveres da concessionária, dos usuários e da Agência.

ART. 86. A concessão somente poderá ser outorgada a empresa constituída segundo as leis brasileiras, com sede e administração no País, criada para explorar exclusivamente serviços de telecomunicações. (Alterado pela Lei 12.485/2011.)

Parágrafo único. Os critérios e condições para a prestação de outros serviços de telecomunicações diretamente pela concessionária obedecerão, entre outros, aos seguintes princípios, de acordo com regulamentação da Anatel: (Alterado pela Lei 12.485/2011.)

I - garantia dos interesses dos usuários, nos mecanismos de reajuste e revisão das tarifas, mediante o compartilhamento dos ganhos econômicos advindos da racionalização decorrente da prestação de outros serviços de telecomunicações, ou ainda mediante a transferência integral dos ganhos econômicos que não decorram da eficiência ou iniciativa empresarial, observados os termos dos §§ 2º e 3º do art. 108 desta Lei; (Acrescentado pela Lei 12.485/2011.)

II - atuação do poder público para propiciar a livre, ampla e justa competição, reprimidas as infrações da ordem econômica, nos termos do art. 6º desta Lei; (Acrescentado pela Lei 12.485/2011.)

III - existência de mecanismos que assegurem o adequado controle público no que tange aos bens reversíveis. (Acrescentado pela Lei 12.485/2011.)

ART. 87. A outorga a empresa ou grupo empresarial que, na mesma região, localidade ou área, já preste a mesma modalidade de serviço, será condicionada à assunção do compromisso de, no prazo máximo de dezoito meses, contado da data de assinatura do contrato, transferir a outrem o serviço anteriormente explorado, sob pena de sua caducidade e de outras sanções previstas no processo de outorga.

ART. 88. As concessões serão outorgadas mediante licitação.

ART. 89. A licitação será disciplinada pela Agência, observados os princípios constitucionais, as disposições desta Lei e, especialmente:

I - a finalidade do certame é, por meio de disputa entre os interessados, escolher quem possa executar, expandir e universalizar o serviço no regime público com eficiência, segurança e a tarifas razoáveis;

II - a minuta de instrumento convocatório será submetida a consulta pública prévia;

III - o instrumento convocatório identificará o serviço objeto do certame e as condições de sua prestação, expansão e universalização, definirá o universo de proponentes, estabelecerá fatores e critérios para aceitação e julgamento de propostas, regulará o procedimento, determinará a quantidade de fases e seus objetivos, indicará as sanções aplicáveis e fixará as cláusulas do contrato de concessão;

IV - as qualificações técnico-operacional ou profissional e econômico-financeira, bem como as garantias da proposta e do contrato, exigidas indistintamente dos proponentes, deverão ser compatíveis com o objeto e proporcionais a sua natureza e dimensão;

V - o interessado deverá comprovar situação regular perante as Fazendas Públicas e a Seguridade Social;

VI - a participação de consórcio, que se constituirá em empresa antes da outorga da concessão, será sempre admitida;

VII - o julgamento atenderá aos princípios de vinculação ao instrumento convocatório e comparação objetiva;

VIII - os fatores de julgamento poderão ser, isolada ou conjugadamente, os de menor tarifa, maior oferta pela outorga, melhor qualidade dos serviços e melhor atendimento da demanda, respeitado sempre o princípio da objetividade;

IX - o empate será resolvido por sorteio;

X - as regras procedimentais assegurarão a adequada divulgação do instrumento convocatório, prazos compatíveis com o preparo de propostas e os direitos ao contraditório, ao recurso e à ampla defesa.

ART. 90. Não poderá participar da licitação ou receber outorga de concessão a empresa proibida de licitar ou contratar com o Poder Público ou que tenha sido declarada inidônea, bem como aquela que tenha sido punida nos dois anos anteriores com a decretação de caducidade de concessão, permissão ou autorização de serviço de telecomunicações, ou da caducidade de direito de uso de radiofrequência.

ART. 91. A licitação será inexigível quando, mediante processo administrativo conduzido pela Agência, a disputa for considerada inviável ou desnecessária.

§ 1° Considera-se inviável a disputa quando apenas um interessado puder realizar o serviço, nas condições estipuladas.

§ 2° Considera-se desnecessária a disputa nos casos em que se admita a exploração do serviço por todos os interessados que atendam às condições requeridas.

§ 3° O procedimento para verificação da inexigibilidade compreenderá chamamento público para apurar o número de interessados.

ART. 92. Nas hipóteses de inexigibilidade de licitação, a outorga de concessão dependerá de procedimento administrativo sujeito aos princípios da publicidade, moralidade, impessoalidade e contraditório, para verificar o preenchimento das condições relativas às qualificações técnico-operacional ou profissional e econômico-financeira, à regularidade fiscal e às garantias do contrato.

Parágrafo único. As condições deverão ser compatíveis com o objeto e proporcionais a sua natureza e dimensão.

SEÇÃO II
DO CONTRATO

ART. 93. O contrato de concessão indicará:

I - objeto, área e prazo da concessão;

II - modo, forma e condições da prestação do serviço;

III - regras, critérios, indicadores, fórmulas e parâmetros definidores da implantação, expansão, alteração e modernização do serviço, bem como de sua qualidade;

IV - deveres relativos à universalização e à continuidade do serviço;

V - o valor devido pela outorga, a forma e as condições de pagamento;

VI - as condições de prorrogação, incluindo os critérios para fixação do valor;

VII - as tarifas a serem cobradas dos usuários e os critérios para seu reajuste e revisão;

VIII - as possíveis receitas alternativas, complementares ou acessórias, bem como as provenientes de projetos associados;

IX - os direitos, as garantias e as obrigações dos usuários, da Agência e da concessionária;

X - a forma da prestação de contas e da fiscalização;

XI - os bens reversíveis, se houver;

XII - as condições gerais para interconexão;

XIII - a obrigação de manter, durante a execução do contrato, todas as condições de habilitação exigidas na licitação;

XIV - as sanções;

XV - o foro e o modo para solução extrajudicial das divergências contratuais.

Parágrafo único. O contrato será publicado resumidamente no Diário Oficial da União, como condição de sua eficácia.

ART. 94. No cumprimento de seus deveres, a concessionária poderá, observadas as condições e limites estabelecidos pela Agência:

I - empregar, na execução dos serviços, equipamentos e infra-estrutura que não lhe pertençam;

II - contratar com terceiros o desenvolvimento de atividades inerentes, acessórias ou complementares ao serviço, bem como a implementação de projetos associados.

§ 1° Em qualquer caso, a concessionária continuará sempre responsável perante a Agência e os usuários.

§ 2° Serão regidas pelo direito comum as relações da concessionária com os terceiros, que não terão direitos frente à Agência, observado o disposto no art. 117 desta Lei.

ART. 95. A Agência concederá prazos adequados para adaptação da concessionária às novas obrigações que lhe sejam impostas.

ART. 96. A concessionária deverá:

I - prestar informações de natureza técnica, operacional, econômico-financeira e contábil, ou outras pertinentes que a Agência solicitar;

II - manter registros contábeis separados por serviço, caso explore mais de uma modalidade de serviço de telecomunicações;

III - submeter à aprovação da Agência a minuta de contrato-padrão a ser celebrado com os usuários, bem como os acordos operacionais que pretenda firmar com prestadoras estrangeiras;

IV - divulgar relação de assinantes, observado o disposto nos incisos VI e IX do art. 3°, bem como o art. 213, desta Lei;

V - submeter-se à regulamentação do serviço e à sua fiscalização;

VI - apresentar relatórios periódicos sobre o atendimento das metas de universalização constantes do contrato de concessão.

ART. 97. Dependerão de prévia aprovação da Agência a cisão, a fusão, a transformação, a incorporação, a redução do capital da empresa ou a transferência de seu controle societário.

Parágrafo único. A aprovação será concedida se a medida não for prejudicial à competição e não colocar em risco a execução do contrato, observado o disposto no art. 7° desta Lei.

ART. 98. O contrato de concessão poderá ser transferido após a aprovação da Agência desde que, cumulativamente:

I - o serviço esteja em operação, há pelo menos três anos, com o cumprimento regular das obrigações;

II - o cessionário preencha todos os requisitos da outorga, inclusive quanto às garantias, à regularidade jurídica e fiscal e à qualificação técnica e econômico-financeira;

III - a medida não prejudique a competição e não coloque em risco a execução do contrato, observado o disposto no art. 7° desta Lei.

ART. 99. O prazo máximo da concessão será de vinte anos, podendo ser prorrogado, uma única vez, por igual período, desde que a concessionária tenha cumprido as condições da concessão e manifeste expresso interesse na prorrogação, pelo menos, trinta meses antes de sua expiração.

§ 1° A prorrogação do prazo da concessão implicará pagamento, pela concessionária, pelo direito de exploração do serviço e pelo direito de uso das radiofrequências associadas, e poderá, a critério da Agência, incluir novos condicionamentos, tendo em vista as condições vigentes à época.

§ 2° A desistência do pedido de prorrogação sem justa causa, após seu deferimento, sujeitará a concessionária à pena de multa.

§ 3° Em caso de comprovada necessidade de reorganização do objeto ou da área da concessão para ajustamento ao plano geral de outorgas ou à regulamentação vigente, poderá a Agência indeferir o pedido de prorrogação.

SEÇÃO III
DOS BENS

ART. 100. Poderá ser declarada a utilidade pública, para fins de desapropriação ou instituição de servidão, de bens imóveis ou móveis, necessários à execução do serviço, cabendo à concessionária a implementação da medida e o pagamento da indenização e das demais despesas envolvidas.

ART. 101. A alienação, oneração ou substituição de bens reversíveis dependerá de prévia aprovação da Agência.

ART. 102. A extinção da concessão transmitirá automaticamente à União a posse dos bens reversíveis.

Parágrafo único. A reversão dos bens, antes de expirado o prazo contratual, importará pagamento de indenização pelas parcelas de investimentos a eles vinculados, ainda não amortizados ou depreciados, que tenham sido realizados com o objetivo de garantir a continuidade e atualidade do serviço concedido.

SEÇÃO IV
DAS TARIFAS

ART. 103. Compete à Agência estabelecer a estrutura tarifária para cada modalidade de serviço.

§ 1° A fixação, o reajuste e a revisão das tarifas poderão basear-se em valor que corresponda à média ponderada dos valores dos itens tarifários.

§ 2° São vedados os subsídios entre modalidades de serviços e segmentos de usuários, ressalvado o disposto no parágrafo único do art. 81 desta Lei.

§ 3° As tarifas serão fixadas no contrato de concessão, consoante edital ou proposta apresentada na licitação.

§ 4° Em caso de outorga sem licitação, as tarifas serão fixadas pela Agência e constarão do contrato de concessão.

ART. 104. Transcorridos ao menos três anos da celebração do contrato, a Agência poderá, se existir ampla e efetiva competição entre as prestadoras do serviço, submeter a concessionária ao regime de liberdade tarifária.

§ 1° No regime a que se refere o *caput*, a concessionária poderá determinar suas próprias tarifas, devendo comunicá-las à Agência com antecedência de sete dias de sua vigência.

§ 2° Ocorrendo aumento arbitrário dos lucros ou práticas prejudiciais à competição, a Agência restabelecerá o regime tarifário anterior, sem prejuízo das sanções cabíveis.

ART. 105. Quando da implantação de novas prestações, utilidades ou comodidades relativas ao objeto da concessão, suas tarifas serão previamente levadas à Agência, para aprovação, com os estudos correspondentes.

Parágrafo único. Considerados os interesses dos usuários, a Agência poderá decidir por fixar as tarifas ou por submetê-las ao regime de liberdade tarifária, sendo vedada qualquer cobrança antes da referida aprovação.

ART. 106. A concessionária poderá cobrar tarifa inferior à fixada desde que a redução se baseie em critério objetivo e favoreça indistintamente todos os usuários, vedado o abuso do poder econômico.

ART. 107. Os descontos de tarifa somente serão admitidos quando extensíveis a todos os usuários que se enquadrem nas condições, precisas e isonômicas, para sua fruição.

ART. 108. Os mecanismos para reajuste e revisão das tarifas serão previstos nos contratos de concessão, observando-se, no que couber, a legislação específica.

§ 1° A redução ou o desconto de tarifas não ensejará revisão tarifária.

§ 2° Serão compartilhados com os usuários, nos termos regulados pela Agência, os ganhos econômicos decorrentes da modernização, expansão ou racionalização dos serviços, bem como de novas receitas alternativas.

§ 3° Serão transferidos integralmente aos usuários os ganhos econômicos que não decorram diretamente da eficiência empresarial, em casos como os de diminuição de tributos ou encargos legais e de novas regras sobre os serviços.

§ 4° A oneração causada por novas regras sobre os serviços, pela álea econômica extraordinária, bem como pelo aumento dos encargos legais ou tributos, salvo o imposto sobre a renda, implicará a revisão do contrato.

ART. 109. A Agência estabelecerá:

I - os mecanismos para acompanhamento das tarifas praticadas pela concessionária, inclusive a antecedência a ser observada na comunicação de suas alterações;

II - os casos de serviço gratuito, como os de emergência;

III - os mecanismos para garantir a publicidade das tarifas.

SEÇÃO V
DA INTERVENÇÃO

ART. 110. Poderá ser decretada intervenção na concessionária, por ato da Agência, em caso de:

I - paralisação injustificada dos serviços;

II - inadequação ou insuficiência dos serviços prestados, não resolvidas em prazo razoável;

III - desequilíbrio econômico-financeiro decorrente de má administração que coloque em risco a continuidade dos serviços;

IV - prática de infrações graves;

V - inobservância de atendimento das metas de universalização;

VI - recusa injustificada de interconexão;

VII - infração da ordem econômica nos termos da legislação própria.

ART. 111. O ato de intervenção indicará seu prazo, seus objetivos e limites, que serão determinados em função das razões que a ensejaram, e designará o interventor.

§ 1º A decretação da intervenção não afetará o curso regular dos negócios da concessionária nem seu normal funcionamento e produzirá, de imediato, o afastamento de seus administradores.

§ 2º A intervenção será precedida de procedimento administrativo instaurado pela Agência, em que se assegure a ampla defesa da concessionária, salvo quando decretada cautelarmente, hipótese em que o procedimento será instaurado na data da intervenção e concluído em até cento e oitenta dias.

§ 3º A intervenção poderá ser exercida por um colegiado ou por uma empresa, cuja remuneração será paga com recursos da concessionária.

§ 4º Dos atos do interventor caberá recurso à Agência.

§ 5º Para os atos de alienação e disposição do patrimônio da concessionária, o interventor necessitará de prévia autorização da Agência.

§ 6º O interventor prestará contas e responderá pelos atos que praticar.

SEÇÃO VI
DA EXTINÇÃO

ART. 112. A concessão extinguir-se-á por advento do termo contratual, encampação, caducidade, rescisão e anulação.

Parágrafo único. A extinção devolve à União os direitos e deveres relativos à prestação do serviço.

ART. 113. Considera-se encampação a retomada do serviço pela União durante o prazo da concessão, em face de razão extraordinária de interesse público, mediante lei autorizativa específica e após o pagamento de prévia indenização.

ART. 114. A caducidade da concessão será decretada pela Agência nas hipóteses:

I - de infração do disposto no art. 97 desta Lei ou de dissolução ou falência da concessionária;

II - de transferência irregular do contrato;

III - de não cumprimento do compromisso de transferência a que se refere o art. 87 desta Lei;

IV - em que a intervenção seria cabível, mas sua decretação for inconveniente, inócua, injustamente benéfica ao concessionário ou desnecessária.

§ 1º Será desnecessária a intervenção quando a demanda pelos serviços objeto da concessão puder ser atendida por outras prestadoras de modo regular e imediato.

§ 2º A decretação da caducidade será precedida de procedimento administrativo instaurado pela Agência, em que se assegure a ampla defesa da concessionária.

ART. 115. A concessionária terá direito à rescisão quando, por ação ou omissão do Poder Público, a execução do contrato se tornar excessivamente onerosa.

Parágrafo único. A rescisão poderá ser realizada amigável ou judicialmente.

ART. 116. A anulação será decretada pela Agência em caso de irregularidade insanável e grave do contrato de concessão.

ART. 117. Extinta a concessão antes do termo contratual, a Agência, sem prejuízo de outras medidas cabíveis, poderá:

I - ocupar, provisoriamente, bens móveis e imóveis e valer-se de pessoal empregado na prestação dos serviços, necessários a sua continuidade;

II - manter contratos firmados pela concessionária com terceiros, com fundamento nos incisos I e II do art. 94 desta Lei, pelo prazo e nas condições inicialmente ajustadas.

Parágrafo único. Na hipótese do inciso II deste artigo, os terceiros que não cumprirem com as obrigações assumidas responderão pelo inadimplemento.

CAPÍTULO III
DA PERMISSÃO

ART. 118. Será outorgada permissão, pela Agência, para prestação de serviço de telecomunicações em face de situação excepcional comprometedora do funcionamento do serviço que, em virtude de suas peculiaridades, não possa ser atendida, de forma conveniente ou em prazo adequado, mediante intervenção na empresa concessionária ou mediante outorga de nova concessão.

Parágrafo único. Permissão de serviço de telecomunicações é o ato administrativo pelo qual se atribui a alguém o dever de prestar serviço de telecomunicações no regime público e em caráter transitório, até que seja normalizada a situação excepcional que a tenha ensejado.

ART. 119. A permissão será precedida de procedimento licitatório simplificado, instaurado pela Agência, nos termos por ela regulados, ressalvados os casos de inexigibilidade previstos no art. 91, observado o disposto no art. 92, desta Lei.

ART. 120. A permissão será formalizada mediante assinatura de termo, que indicará:

I - o objeto e a área da permissão, bem como os prazos mínimo e máximo de vigência estimados;

II - modo, forma e condições da prestação do serviço;

III - as tarifas a serem cobradas dos usuários, critérios para seu reajuste e revisão e as possíveis fontes de receitas alternativas;

IV - os direitos, as garantias e as obrigações dos usuários, do permitente e do permissionário;

V - as condições gerais de interconexão;

VI - a forma da prestação de contas e da fiscalização;

VII - os bens entregues pelo permitente à administração do permissionário;

VIII - as sanções;

IX - os bens reversíveis, se houver;

X - o foro e o modo para solução extrajudicial das divergências.

Parágrafo único. O termo de permissão será publicado resumidamente no Diário Oficial da União, como condição de sua eficácia.

ART. 121. Outorgada permissão em decorrência de procedimento licitatório, a recusa injustificada pelo outorgado em assinar o respectivo termo sujeitá-lo-á às sanções previstas no instrumento convocatório.

ART. 122. A permissão extinguir-se-á pelo decurso do prazo máximo de vigência estimado, observado o disposto no art. 124 desta Lei, bem como por revogação, caducidade e anulação.

ART. 123. A revogação deverá basear-se em razões de conveniência e oportunidade relevantes e supervenientes à permissão.

§ 1º A revogação, que poderá ser feita a qualquer momento, não dará direito a indenização.

§ 2º O ato revocatório fixará o prazo para o permissionário devolver o serviço, que não será inferior a sessenta dias.

ART. 124. A permissão poderá ser mantida, mesmo vencido seu prazo máximo, se persistir a situação excepcional que a motivou.

ART. 125. A Agência disporá sobre o regime da permissão, observados os princípios e objetivos desta Lei.

TÍTULO III
DOS SERVIÇOS PRESTADOS EM REGIME PRIVADO

CAPÍTULO I
DO REGIME GERAL DA EXPLORAÇÃO

ART. 126. A exploração de serviço de telecomunicações no regime privado será baseada nos princípios constitucionais da atividade econômica.

ART. 127. A disciplina da exploração dos serviços no regime privado terá por objetivo viabilizar o cumprimento das leis, em especial das relativas às telecomunicações, à ordem econômica e aos direitos dos consumidores, destinando-se a garantir:

I - a diversidade de serviços, o incremento de sua oferta e sua qualidade;

II - a competição livre, ampla e justa;

III - o respeito aos direitos dos usuários;

IV - a convivência entre as modalidades de serviço e entre prestadoras em regime privado e público, observada a prevalência do interesse público;

V - o equilíbrio das relações entre prestadoras e usuários dos serviços;

VI - a isonomia de tratamento às prestadoras;

VII - o uso eficiente do espectro de radiofrequências;

VIII - o cumprimento da função social do serviço de interesse coletivo, bem como dos encargos dela decorrentes;

IX - o desenvolvimento tecnológico e industrial do setor;

X - a permanente fiscalização.

ART. 128. Ao impor condicionamentos administrativos ao direito de exploração das diversas modalidades de serviço no regime privado, sejam eles limites, encargos ou sujeições, a Agência observará a exigência de mínima intervenção na vida privada, assegurando que:

I - a liberdade será a regra, constituindo exceção as proibições, restrições e interferências do Poder Público;

II - nenhuma autorização será negada, salvo por motivo relevante;

III - os condicionamentos deverão ter vínculos, tanto de necessidade como de adequação, com finalidades públicas específicas e relevantes;

IV - o proveito coletivo gerado pelo condicionamento deverá ser proporcional à privação que ele impuser;

V - haverá relação de equilíbrio entre os deveres impostos às prestadoras e os direitos a elas reconhecidos.

ART. 129. O preço dos serviços será livre, ressalvado o disposto no § 2º do art. 136 desta Lei, reprimindo-se toda prática prejudicial à competição, bem como o abuso do poder econômico, nos termos da legislação própria.

ART. 130. A prestadora de serviço em regime privado não terá direito adquirido à permanência das condições vigentes quando da expedição da autorização ou do início das atividades, devendo observar os novos condicionamentos impostos por lei e pela regulamentação.

Parágrafo único. As normas concederão prazos suficientes para adaptação aos novos condicionamentos.

ART. 130-A. É facultado às prestadoras de serviço em regime privado o aluguel de suas redes para implantação de sistema de localização de pessoas desaparecidas. (Acrescentado pela Lei 12.841/2013.)

Parágrafo único. O sistema a que se refere o *caput* deste artigo está sujeito às regras de mercado, nos termos do art. 129 desta Lei. (Acrescentado pela Lei 12.841/2013.)

CAPÍTULO II
DA AUTORIZAÇÃO DE SERVIÇO DE TELECOMUNICAÇÕES

SEÇÃO I
DA OBTENÇÃO

ART. 131. A exploração de serviço no regime privado dependerá de prévia autorização da Agência, que acarretará direito de uso das radiofrequências necessárias.

§ 1° Autorização de serviço de telecomunicações é o ato administrativo vinculado que faculta a exploração, no regime privado, de modalidade de serviço de telecomunicações, quando preenchidas as condições objetivas e subjetivas necessárias.

§ 2° A Agência definirá os casos que independerão de autorização.

§ 3° A prestadora de serviço que independa de autorização comunicará previamente à Agência o início de suas atividades, salvo nos casos previstos nas normas correspondentes.

§ 4° A eficácia da autorização dependerá da publicação de extrato no Diário Oficial da União.

ART. 132. São condições objetivas para obtenção de autorização de serviço:

I - disponibilidade de radiofrequência necessária, no caso de serviços que a utilizem;

II - apresentação de projeto viável tecnicamente e compatível com as normas aplicáveis.

ART. 133. São condições subjetivas para obtenção de autorização de serviço de interesse coletivo pela empresa:

I - estar constituída segundo as leis brasileiras, com sede e administração no País;

II - não estar proibida de licitar ou contratar com o Poder Público, não ter sido declarada inidônea ou não ter sido punida, nos dois anos anteriores, com a decretação da caducidade de concessão, permissão ou autorização de serviço de telecomunicações, ou da caducidade de direito de uso de radiofrequência;

III - dispor de qualificação técnica para bem prestar o serviço, capacidade econômico-financeira, regularidade fiscal e estar em situação regular com a Seguridade Social;

IV - não ser, na mesma região, localidade ou área, encarregada de prestar a mesma modalidade de serviço.

ART. 134. A Agência disporá sobre as condições subjetivas para obtenção de autorização de serviço de interesse restrito.

ART. 135. A Agência poderá, excepcionalmente, em face de relevantes razões de caráter coletivo, condicionar a expedição de autorização à aceitação, pelo interessado, de compromissos de interesse da coletividade.

Parágrafo único. Os compromissos a que se refere o *caput* serão objeto de regulamentação, pela Agência, observados os princípios da razoabilidade, proporcionalidade e igualdade.

ART. 136. Não haverá limite ao número de autorizações de serviço, salvo em caso de impossibilidade técnica ou, excepcionalmente, quando o excesso de competidores puder comprometer a prestação de uma modalidade de serviço de interesse coletivo.

§ 1° A Agência determinará as regiões, localidades ou áreas abrangidas pela limitação e disporá sobre a possibilidade de a prestadora atuar em mais de uma delas.

§ 2° As prestadoras serão selecionadas mediante procedimento licitatório, na forma estabelecida nos arts. 88 a 92, sujeitando-se a transferência da autorização às mesmas condições estabelecidas no art. 98, desta Lei.

§ 3° Dos vencedores da licitação será exigida contrapartida proporcional à vantagem econômica que usufruírem, na forma de compromissos de interesse dos usuários.

ART. 137. O descumprimento de condições ou de compromissos assumidos, associados à autorização, sujeitará a prestadora às sanções de multa, suspensão temporária ou caducidade.

SEÇÃO II
DA EXTINÇÃO

ART. 138. A autorização de serviço de telecomunicações não terá sua vigência sujeita a termo final, extinguindo-se somente por cassação, caducidade, decaimento, renúncia ou anulação.

ART. 139. Quando houver perda das condições indispensáveis à expedição ou manutenção da autorização, a Agência poderá extingui-la mediante ato de cassação.

Parágrafo único. Importará em cassação da autorização do serviço a extinção da autorização de uso da radiofrequência respectiva.

ART. 140. Em caso de prática de infrações graves, de transferência irregular da autorização ou de descumprimento reiterado de compromissos assumidos, a Agência poderá extinguir a autorização decretando-lhe a caducidade.

ART. 141. O decaimento será decretado pela Agência, por ato administrativo, se, em face de razões de excepcional relevância pública, as normas vierem a vedar o tipo de atividade objeto da autorização ou a suprimir a exploração no regime privado.

§ 1° A edição das normas de que trata o *caput* não justificará o decaimento senão quando a preservação das autorizações já expedidas for efetivamente incompatível com o interesse público.

§ 2° Decretado o decaimento, a prestadora terá o direito de manter suas próprias atividades regulares por prazo mínimo de cinco anos, salvo desapropriação.

ART. 142. Renúncia é o ato formal unilateral, irrevogável e irretratável, pelo qual a prestadora manifesta seu desinteresse pela autorização.

Parágrafo único. A renúncia não será causa para punição do autorizado, nem o desonerará de suas obrigações com terceiros.

ART. 143. A anulação da autorização será decretada, judicial ou administrativamente, em caso de irregularidade insanável do ato que a expediu.

ART. 144. A extinção da autorização mediante ato administrativo dependerá de procedimento prévio, garantidos o contraditório e a ampla defesa do interessado.

TÍTULO IV
DAS REDES DE TELECOMUNICAÇÕES

ART. 145. A implantação e o funcionamento de redes de telecomunicações destinadas a dar suporte à prestação de serviços de interesse coletivo, no regime público ou privado, observarão o disposto neste Título.

Parágrafo único. As redes de telecomunicações destinadas à prestação de serviço em regime privado poderão ser dispensadas do disposto no *caput*, no todo ou em parte, na forma da regulamentação expedida pela Agência.

ART. 146. As redes serão organizadas como vias integradas de livre circulação, nos termos seguintes:

I - é obrigatória a interconexão entre as redes, na forma da regulamentação;

II - deverá ser assegurada a operação integrada das redes, em âmbito nacional e internacional;

III - o direito de propriedade sobre as redes é condicionado pelo dever de cumprimento de sua função social.

Parágrafo único. Interconexão é a ligação entre redes de telecomunicações funcionalmente compatíveis, de modo que os usuários de serviços de uma das redes possam comunicar-se com usuários de serviços de outra ou acessar serviços nela disponíveis.

ART. 147. É obrigatória a interconexão às redes de telecomunicações a que se refere o art. 145 desta Lei, solicitada por prestadora de serviço no regime privado, nos termos da regulamentação.

ART. 148. É livre a interconexão entre redes de suporte à prestação de serviços de telecomunicações no regime privado, observada a regulamentação.

ART. 149. A regulamentação estabelecerá as hipóteses e condições de interconexão a redes internacionais.

ART. 150. A implantação, o funcionamento e a interconexão das redes obedecerão à regulamentação editada pela Agência, assegurando a compatibilidade das redes das diferentes prestadoras, visando à sua harmonização em âmbito nacional e internacional.

ART. 151. A Agência disporá sobre os planos de numeração dos serviços, assegurando sua administração de forma não discriminatória e em estímulo à competição, garantindo o atendimento aos compromissos internacionais.

Parágrafo único. A Agência disporá sobre as circunstâncias e as condições em que a prestadora de serviço de telecomunicações cujo usuário transferir-se para outra prestadora será obrigada a, sem ônus, interceptar as ligações dirigidas ao antigo código de acesso do usuário e informar o seu novo código.

ART. 152. O provimento da interconexão será realizado em termos não discriminatórios, sob condições técnicas adequadas, garantindo preços isonômicos e justos, atendendo ao estritamente necessário à prestação do serviço.

ART. 153. As condições para a interconexão de redes serão objeto de livre negociação entre os interessados, mediante acordo, observado o disposto nesta Lei e nos termos da regulamentação.

§ 1° O acordo será formalizado por contrato, cuja eficácia dependerá de homologação pela Agência, arquivando-se uma de suas vias na Biblioteca para consulta por qualquer interessado.

§ 2° Não havendo acordo entre os interessados, a Agência, por provocação de um deles, arbitrará as condições para a interconexão.

ART. 154. As redes de telecomunicações poderão ser, secundariamente, utilizadas como suporte de serviço a ser prestado por outrem, de interesse coletivo ou restrito.

ART. 155. Para desenvolver a competição, as empresas prestadoras de serviços de telecomunicações de interesse coletivo deverão, nos casos e condições fixados pela Agência, disponibilizar suas redes a outras prestadoras de serviços de telecomunicações de interesse coletivo.

ART. 156. Poderá ser vedada a conexão de equipamentos terminais sem certificação, expedida ou aceita pela Agência, no caso das redes referidas no art. 145 desta Lei.

§ 1° Terminal de telecomunicações é o equipamento ou aparelho que possibilita o acesso do usuário a serviço de telecomunicações, podendo incorporar estágio de transdução, estar incorporado a equipamento destinado a exercer outras funções ou, ainda, incorporar funções secundárias.

§ 2° Certificação é o reconhecimento da compatibilidade das especificações de determinado produto com as características técnicas do serviço a que se destina.

TÍTULO V
DO ESPECTRO E DA ÓRBITA

CAPÍTULO I
DO ESPECTRO DE RADIOFREQUÊNCIAS

ART. 157. O espectro de radiofrequências é um recurso limitado, constituindo-se em bem público, administrado pela Agência.

ART. 158. Observadas as atribuições de faixas segundo tratados e acordos internacionais, a Agência manterá plano com a atribuição, distribuição e destinação de radiofrequências, e detalhamento necessário ao uso das radiofrequências associadas aos diversos serviços e atividades de telecomunicações, atendidas suas necessidades específicas e as de suas expansões.

§ 1° O plano destinará faixas de radiofrequência para:

I - fins exclusivamente militares;

II - serviços de telecomunicações a serem prestados em regime público e em regime privado;

III - serviços de radiodifusão;

IV - serviços de emergência e de segurança pública;

V - outras atividades de telecomunicações.

§ 2° A destinação de faixas de radiofrequência para fins exclusivamente militares será feita em articulação com as Forças Armadas.

ART. 159. Na destinação de faixas de radiofrequência serão considerados o emprego racional e econômico do espectro, bem como as atribuições, distribuições e consignações existentes, objetivando evitar interferências prejudiciais.

Parágrafo único. Considera-se interferência prejudicial qualquer emissão, irradiação ou indução que obstrua, degrade seriamente ou interrompa repetidamente a telecomunicação.

ART. 160. A Agência regulará a utilização eficiente e adequada do espectro, podendo restringir o emprego de determinadas radiofrequências ou faixas, considerado o interesse público.

Parágrafo único. O uso da radiofrequência será condicionado à sua compatibilidade com a atividade ou o serviço a ser prestado, particularmente no tocante à potência, à faixa de transmissão e à técnica empregada.

ART. 161. A qualquer tempo, poderá ser modificada a destinação de radiofrequências ou faixas, bem como ordenada a alteração de potências ou de outras características técnicas, desde que o interesse público ou o cumprimento de convenções ou tratados internacionais assim o determine.

Parágrafo único. Será fixado prazo adequado e razoável para a efetivação da mudança.

ART. 162. A operação de estação transmissora de radiocomunicação está sujeita à licença de funcionamento prévia e à fiscalização permanente, nos termos da regulamentação.

§ 1° Radiocomunicação é a telecomunicação que utiliza frequências radioelétricas não confinadas a fios, cabos ou outros meios físicos.

§ 2° É vedada a utilização de equipamentos emissores de radiofrequência sem certificação expedida ou aceita pela Agência.

§ 3° A emissão ou extinção da licença relativa à estação de apoio à navegação marítima ou aeronáutica, bem como à estação de radiocomunicação marítima ou aeronáutica, dependerá de parecer favorável dos órgãos competentes para a vistoria de embarcações e aeronaves.

CAPÍTULO II
DA AUTORIZAÇÃO DE USO DE RADIOFREQUÊNCIA

ART. 163. O uso de radiofrequência, tendo ou não caráter de exclusividade, dependerá de prévia outorga da Agência, mediante autorização, nos termos da regulamentação.

§ 1° Autorização de uso de radiofrequência é o ato administrativo vinculado, associado à concessão, permissão ou autorização para prestação de serviço de telecomunicações, que atribui a interessado, por prazo determinado, o direito de uso de radiofrequência, nas condições legais e regulamentares.

§ 2° Independerão de outorga:

I - o uso de radiofrequência por meio de equipamentos de radiação restrita definidos pela Agência;

II - o uso, pelas Forças Armadas, de radiofrequências nas faixas destinadas a fins exclusivamente militares.

§ 3° A eficácia da autorização de uso de radiofrequência dependerá de publicação de extrato no Diário Oficial da União.

ART. 164. Havendo limitação técnica ao uso de radiofrequência e ocorrendo o interesse na sua utilização, por parte de mais de um interessado, para fins de expansão de serviço e, havendo ou não, concomitantemente, outros interessados em prestar a mesma modalidade de serviço, observar-se-á:

I - a autorização de uso de radiofrequência dependerá de licitação, na forma e condições estabelecidas nos arts. 88 a 90 desta Lei e será sempre onerosa;

II - o vencedor da licitação receberá, conforme o caso, a autorização para uso da radiofrequência, para fins de expansão do serviço, ou a autorização para a prestação do serviço.

ART. 165. Para fins de verificação da necessidade de abertura ou não da licitação prevista no artigo anterior, observar-se-á o disposto nos arts. 91 e 92 desta Lei.

ART. 166. A autorização de uso de radiofrequência terá o mesmo prazo de vigência da concessão ou permissão de prestação de serviço de telecomunicações à qual esteja vinculada.

ART. 167. No caso de serviços autorizados, o prazo de vigência será de até vinte anos, prorrogável uma única vez por igual período.

§ 1° A prorrogação, sempre onerosa, poderá ser requerida até três anos antes do vencimento do prazo original, devendo o requerimento ser decidido em, no máximo, doze meses.

§ 2° O indeferimento somente ocorrerá se o interessado não estiver fazendo uso racional e adequado da radiofrequência, se houver cometido infrações reiteradas em suas atividades ou se for necessária a modificação de destinação do uso da radiofrequência.

ART. 168. É intransferível a autorização de uso de radiofrequências sem a correspondente transferência da concessão, permissão ou autorização de prestação do serviço a elas vinculada.

ART. 169. A autorização de uso de radiofrequências extinguir-se-á pelo advento de seu termo final ou no caso de sua transferência irregular, bem como por caducidade, decaimento, renúncia ou anulação da autorização para prestação do serviço de telecomunicações que dela se utiliza.

CAPÍTULO III
DA ÓRBITA E DOS SATÉLITES

ART. 170. A Agência disporá sobre os requisitos e critérios específicos para execução de serviço de telecomunicações que utilize satélite, geoestacionário ou não, independentemente de o acesso a ele ocorrer a partir do território nacional ou do exterior.

ART. 171. Para a execução de serviço de telecomunicações via satélite regulado por esta Lei, deverá ser dada preferência ao emprego de satélite brasileiro, quando este propiciar condições equivalentes às de terceiros.

§ 1° O emprego de satélite estrangeiro somente será admitido quando sua contratação for feita com empresa constituída segundo as leis brasileiras e com sede e administração no País, na condição de representante legal do operador estrangeiro.

§ 2° Satélite brasileiro é o que utiliza recursos de órbita e espectro radioelétrico notificados pelo País, ou a ele distribuídos ou consignados, e cuja estação de controle e monitoração seja instalada no território brasileiro.

ART. 172. O direito de exploração de satélite brasileiro para transporte de sinais de telecomunicações assegura a ocupação da órbita e o uso das radiofrequências destinadas ao controle e monitoração do satélite e à telecomunicação via satélite, por prazo de até quinze anos, podendo esse prazo ser prorrogado, uma única vez, nos termos da regulamentação.

§ 1° Imediatamente após um pedido para exploração de satélite que implique utilização de novos recursos de órbita ou espectro, a Agência avaliará as informações e, considerando-as em conformidade com a regulamentação, encaminhará à União Internacional de Telecomunicações a correspondente notificação, sem que isso caracterize compromisso de outorga ao requerente.

§ 2° Se inexigível a licitação, conforme disposto nos arts. 91 e 92 desta Lei, o direito de exploração será conferido mediante processo administrativo estabelecido pela Agência.

§ 3° Havendo necessidade de licitação, observar-se-á o procedimento estabelecido nos arts. 88 a 90 desta Lei, aplicando-se, no que couber, o disposto neste artigo.

§ 4° O direito será conferido a título oneroso, podendo o pagamento, conforme dispuser a Agência, fazer-se na forma de quantia certa, em uma ou várias parcelas, bem como de parcelas anuais ou, complementarmente, de cessão de capacidade, conforme dispuser a regulamentação.

TÍTULO VI
DAS SANÇÕES

CAPÍTULO I
DAS SANÇÕES ADMINISTRATIVAS

ART. 173. A infração desta Lei ou das demais normas aplicáveis, bem como a inobservância dos deveres decorrentes dos contratos de concessão ou dos atos de permissão, autorização de serviço ou autorização de uso de radiofrequência, sujeitará os infratores às seguintes sanções, aplicáveis pela Agência, sem prejuízo das de natureza civil e penal:

- Lei 11.934/2009 (Dispõe sobre limites à exposição humana a campos elétricos, magnéticos e eletromagnéticos).

I - advertência;

II - multa;

III - suspensão temporária;

IV - caducidade;

V - declaração de inidoneidade.

ART. 174. Toda acusação será circunstanciada, permanecendo em sigilo até sua completa apuração.

ART. 175. Nenhuma sanção será aplicada sem a oportunidade de prévia e ampla defesa.

Parágrafo único. Apenas medidas cautelares urgentes poderão ser tomadas antes da defesa.

ART. 176. Na aplicação de sanções, serão considerados a natureza e a gravidade da infração, os danos dela resultantes para o serviço e para os usuários, a vantagem auferida pelo infrator, as circunstâncias agravantes, os antecedentes do infrator e a reincidência específica.

Parágrafo único. Entende-se por reincidência específica a repetição de falta de igual natureza após o recebimento de notificação anterior.

ART. 177. Nas infrações praticadas por pessoa jurídica, também serão punidos com a sanção de multa seus administradores ou controladores, quando tiverem agido de má-fé.

ART. 178. A existência de sanção anterior será considerada como agravante na aplicação de outra sanção.

ART. 179. A multa poderá ser imposta isoladamente ou em conjunto com outra sanção, não devendo ser superior a R$ 50.000.000,00 (cinquenta milhões de reais) para cada infração cometida.

§ 1º Na aplicação de multa serão considerados a condição econômica do infrator e o princípio da proporcionalidade entre a gravidade da falta e a intensidade da sanção.

§ 2º A imposição, a prestadora de serviço de telecomunicações, de multa decorrente de infração da ordem econômica, observará os limites previstos na legislação especifica.

ART. 180. A suspensão temporária será imposta, em relação à autorização de serviço ou de uso de radiofrequência, em caso de infração grave cujas circunstâncias não justifiquem a decretação de caducidade.

Parágrafo único. O prazo da suspensão não será superior a trinta dias.

ART. 181. A caducidade importará na extinção de concessão, permissão, autorização de serviço ou autorização de uso de radiofrequência, nos casos previstos nesta Lei.

ART. 182. A declaração de inidoneidade será aplicada a quem tenha praticado atos ilícitos visando frustrar os objetivos de licitação.

Parágrafo único. O prazo de vigência da declaração de inidoneidade não será superior a cinco anos.

CAPÍTULO II
DAS SANÇÕES PENAIS

ART. 183. Desenvolver clandestinamente atividades de telecomunicação:

Pena - detenção de dois a quatro anos, aumentada da metade se houver dano a terceiro, e multa de R$ 10.000,00 (dez mil reais).

Parágrafo único. Incorre na mesma pena quem, direta ou indiretamente, concorrer para o crime.

ART. 184. São efeitos da condenação penal transitada em julgado:

I - tornar certa a obrigação de indenizar o dano causado pelo crime;

II - a perda, em favor da Agência, ressalvado o direito do lesado ou de terceiros de boa-fé, dos bens empregados na atividade clandestina, sem prejuízo de sua apreensão cautelar.

Parágrafo único. Considera-se clandestina a atividade desenvolvida sem a competente concessão, permissão ou autorização de serviço, de uso de radiofrequência e de exploração de satélite.

ART. 185. O crime definido nesta Lei é de ação penal pública, incondicionada, cabendo ao Ministério Público promovê-la.

LIVRO IV
DA REESTRUTURAÇÃO E DA DESESTATIZAÇÃO DAS EMPRESAS FEDERAIS DE TELECOMUNICAÇÕES

ART. 186. A reestruturação e a desestatização das empresas federais de telecomunicações têm como objetivo conduzir ao cumprimento dos deveres constantes do art. 2º desta Lei.

ART. 187. Fica o Poder Executivo autorizado a promover a reestruturação e a desestatização das seguintes empresas controladas, direta ou indiretamente, pela União, e supervisionadas pelo Ministério das Comunicações:

I - Telecomunicações Brasileiras S.A. - TELEBRÁS;

II - Empresa Brasileira de Telecomunicações - EMBRATEL;

III - Telecomunicações do Maranhão S.A. - TELMA;

IV - Telecomunicações do Piauí S.A. - TELEPISA;

V - Telecomunicações do Ceará - TELECEARÁ;

VI - Telecomunicações do Rio Grande do Norte S.A. - TELERN;

VII - Telecomunicações da Paraíba S.A. - TELPA;

VIII - Telecomunicações de Pernambuco S.A. - TELPE;

IX - Telecomunicações de Alagoas S.A. - TELASA;

X - Telecomunicações de Sergipe S.A. - TELERGIPE;

XI - Telecomunicações da Bahia S.A. - TELEBAHIA;

XII - Telecomunicações de Mato Grosso do Sul S.A. - TELEMS;

XIII - Telecomunicações de Mato Grosso S.A. - TELEMAT;

XIV - Telecomunicações de Goiás S.A. - TELEGOIÁS;

XV - Telecomunicações de Brasília S.A. - TELEBRASÍLIA;

XVI - Telecomunicações de Rondônia S.A. - TELERON;

XVII - Telecomunicações do Acre S.A. - TELEACRE;

XVIII - Telecomunicações de Roraima S.A. - TELAIMA;

XIX - Telecomunicações do Amapá S.A. - TELEAMAPÁ;

XX - Telecomunicações do Amazonas S.A. - TELAMAZON;

XXI - Telecomunicações do Pará S.A. - TELEPARÁ;

XXII - Telecomunicações do Rio de Janeiro S.A. - TELERJ;

XXIII - Telecomunicações de Minas Gerais S.A. - TELEMIG;

XXIV - Telecomunicações do Espírito Santo S.A. - TELEST;

XXV - Telecomunicações de São Paulo S.A. - TELESP;

XXVI - Companhia Telefônica da Borda do Campo - CTBC;

XXVII - Telecomunicações do Paraná S.A. - TELEPAR;

XXVIII - Telecomunicações de Santa Catarina S.A. - TELESC;

XXIX - Companhia Telefônica Melhoramento e Resistência - CTMR.

Parágrafo único. Incluem-se na autorização a que se refere o *caput* as empresas subsidiárias exploradoras do serviço móvel celular, constituídas nos termos do art. 5º da Lei n. 9.295, de 19 de julho de 1996.

ART. 188. A reestruturação e a desestatização deverão compatibilizar as áreas de atuação das empresas com o plano geral de outorgas, o qual deverá ser previamente editado, na forma do art. 84 desta Lei, bem como observar as restrições, limites ou condições estabelecidas com base no art. 71.

ART. 189. Para a reestruturação das empresas enumeradas no art. 187, fica o Poder Executivo autorizado a adotar as seguintes medidas:

I - cisão, fusão e incorporação;

II - dissolução de sociedade ou desativação parcial de seus empreendimentos;

III - redução de capital social.

ART. 190. Na reestruturação e desestatização da Telecomunicações Brasileiras S.A. - TELEBRÁS deverão ser previstos mecanismos que assegurem a preservação da capacidade em pesquisa e desenvolvimento tecnológico existente na empresa.

Parágrafo único. Para o cumprimento do disposto no *caput*, fica o Poder Executivo autorizado a criar entidade, que incorporará o Centro de Pesquisa e Desenvolvimento da TELEBRÁS, sob uma das seguintes formas:

I - empresa estatal de economia mista ou não, inclusive por meio da cisão a que se refere o inciso I do artigo anterior;

II - fundação governamental, pública ou privada.

ART. 191. A desestatização caracteriza-se pela alienação onerosa de direitos que asseguram à União, direta ou indiretamente, preponderância nas deliberações sociais e o poder de eleger a maioria dos administradores da sociedade, podendo ser realizada mediante o emprego das seguintes modalidades operacionais:

I - alienação de ações;

II - cessão do direito de preferência à subscrição de ações em aumento de capital.

Parágrafo único. A desestatização não afetará as concessões, permissões e autorizações detidas pela empresa.

ART. 192. Na desestatização das empresas a que se refere o art. 187, parte das ações poderá ser reservada a seus empregados e ex-empregados aposentados, a preços e condições privilegiados, inclusive com a utilização do Fundo de Garantia por Tempo de Serviço - FGTS.

ART. 193. A desestatização de empresas ou grupo de empresas citadas no art. 187 implicará a imediata abertura à competição, na respectiva área, dos serviços prestados no regime público.

ART. 194. Poderão ser objeto de alienação conjunta o controle acionário de empresas prestadoras de serviço telefônico fixo comutado e o de empresas prestadoras do serviço móvel celular.

Parágrafo único. Fica vedado ao novo controlador promover a incorporação ou fusão de empresa prestadora do serviço telefônico fixo comutado com empresa prestadora do serviço móvel celular.

ART. 195. O modelo de reestruturação e desestatização das empresas enumeradas no art. 187, após submetido a consulta pública, será aprovado pelo Presidente da República, ficando a coordenação e o acompanhamento dos atos e procedimentos decorrentes a cargo de Comissão Especial de Supervisão, a ser instituída pelo Ministro de Estado das Comunicações.

§ 1° A execução de procedimentos operacionais necessários à desestatização poderá ser cometida, mediante contrato, a instituição financeira integrante da Administração Federal, de notória experiência no assunto.

§ 2° A remuneração da contratada será paga com parte do valor líquido apurado nas alienações.

ART. 196. Na reestruturação e na desestatização poderão ser utilizados serviços especializados de terceiros, contratados mediante procedimento licitatório de rito próprio, nos termos seguintes:

I - o Ministério das Comunicações manterá cadastro organizado por especialidade, aberto a empresas e instituições nacionais ou internacionais, de notória especialização na área de telecomunicações e na avaliação e auditoria de empresas, no planejamento e execução de venda de bens e valores mobiliários e nas questões jurídicas relacionadas;

II - para inscrição no cadastro, os interessados deverão atender aos requisitos definidos pela Comissão Especial de Supervisão, com a aprovação do Ministro de Estado das Comunicações;

III - poderão participar das licitações apenas os cadastrados, que serão convocados mediante carta, com a especificação dos serviços objeto do certame;

IV - os convocados, isoladamente ou em consórcio, apresentarão suas propostas em trinta dias, contados da convocação;

V - além de outros requisitos previstos na convocação, as propostas deverão conter o detalhamento dos serviços, a metodologia de execução, a indicação do pessoal técnico a ser empregado e o preço pretendido;

VI - o julgamento das propostas será realizado pelo critério de técnica e preço;

VII - o contratado, sob sua exclusiva responsabilidade e com a aprovação do contratante, poderá subcontratar parcialmente os serviços objeto do contrato;

VIII - o contratado será obrigado a aceitar, nas mesmas condições contratuais, os acréscimos ou reduções que se fizerem necessários nos serviços, de até vinte e cinco por cento do valor inicial do ajuste.

ART. 197. O processo especial de desestatização obedecerá aos princípios de legalidade, impessoalidade, moralidade e publicidade, podendo adotar a forma de leilão ou concorrência ou, ainda, de venda de ações em oferta pública, de acordo com o estabelecido pela Comissão Especial de Supervisão.

Parágrafo único. O processo poderá comportar uma etapa de pré-qualificação, ficando restrita aos qualificados a participação em etapas subsequentes.

ART. 198. O processo especial de desestatização será iniciado com a publicação, no Diário Oficial da União e em jornais de grande circulação nacional, de avisos referentes ao edital, do qual constarão, obrigatoriamente:

I - as condições para qualificação dos pretendentes;

II - as condições para aceitação das propostas;

III - os critérios de julgamento;

IV - minuta do contrato de concessão;

V - informações relativas às empresas objeto do processo, tais como seu passivo de curto e longo prazo e sua situação econômica e financeira, especificando-se lucros, prejuízos e endividamento interno e externo, no último exercício;

VI - sumário dos estudos de avaliação;

VII - critério de fixação do valor mínimo de alienação, com base nos estudos de avaliação;

VIII - indicação, se for o caso, de que será criada, no capital social da empresa objeto da desestatização, ação de classe especial, a ser subscrita pela União, e dos poderes especiais que lhe serão conferidos, os quais deverão ser incorporados ao estatuto social.

§ 1° O acesso à integralidade dos estudos de avaliação e a outras informações confidenciais poderá ser restrito aos qualificados, que assumirão compromisso de confidencialidade.

§ 2° A alienação do controle acionário, se realizada mediante venda de ações em oferta pública, dispensará a inclusão, no edital, das informações relacionadas nos incisos I a III deste artigo.

ART. 199. Visando à universalização dos serviços de telecomunicações, os editais de desestatização deverão conter cláusulas de compromisso de expansão do atendimento à população, consoantes com o disposto no art. 80.

ART. 200. Para qualificação, será exigida dos pretendentes comprovação de capacidade técnica, econômica e financeira, podendo ainda haver exigências quanto a experiência na prestação de serviços de telecomunicações, guardada sempre a necessária compatibilidade com o porte das empresas objeto do processo.

Parágrafo único. Será admitida a participação de consórcios, nos termos do edital.

ART. 201. Fica vedada, no decurso do processo de desestatização, a aquisição, por um mesmo acionista ou grupo de acionistas, do controle, direto ou indireto, de empresas atuantes em áreas distintas do plano geral de outorgas.

ART. 202. A transferência do controle acionário ou da concessão, após a desestatização, somente poderá efetuar-se quando transcorrido o prazo de cinco anos, observado o disposto nos incisos II e III do art. 98 desta Lei.

§ 1° Vencido o prazo referido no *caput*, a transferência de controle ou de concessão que resulte no controle, direto ou indireto, por um mesmo acionista ou grupo de acionistas, de concessionárias atuantes em áreas distintas do plano geral de outorgas, não poderá ser efetuada enquanto tal impedimento for considerado, pela Agência, necessário ao cumprimento do plano.

§ 2° A restrição à transferência da concessão não se aplica quando efetuada entre empresas atuantes em uma mesma área do plano geral de outorgas.

ART. 203. Os preços de aquisição serão pagos exclusivamente em moeda corrente, admitido o parcelamento, nos termos do edital.

ART. 204. Em até trinta dias após o encerramento de cada processo de desestatização, a Comissão Especial de Supervisão publicará relatório circunstanciado a respeito.

ART. 205. Entre as obrigações da instituição financeira contratada para a execução de atos e procedimentos da desestatização, poderá ser incluído o fornecimento de assistência jurídica integral aos membros da Comissão Especial de Supervisão e aos demais responsáveis pela condução da desestatização, na hipótese de serem demandados pela prática de atos decorrentes do exercício de suas funções.

ART. 206. Os administradores das empresas sujeitas à desestatização são responsáveis pelo fornecimento, no prazo fixado pela Comissão Especial de Supervisão ou pela instituição financeira contratada, das informações necessárias à instrução dos respectivos processos.

DISPOSIÇÕES FINAIS E TRANSITÓRIAS

ART. 207. No prazo máximo de sessenta dias a contar da publicação desta Lei, as atuais prestadoras do serviço telefônico fixo comutado destinado ao uso do público em geral, inclusive as referidas no art. 187 desta Lei, bem como do serviço dos troncos e suas conexões internacionais, deverão pleitear a celebração de contrato de concessão, que será efetivada em até vinte e quatro meses a contar da publicação desta Lei.

§ 1° A concessão, cujo objeto será determinado em função do plano geral de outorgas, será feita a título gratuito, com termo final fixado para o dia 31 de dezembro de 2005, assegurado o direito à prorrogação única por vinte anos, a título oneroso, desde que observado o disposto no Título II do Livro III desta Lei.

§ 2° À prestadora que não atender ao disposto no *caput* deste artigo aplicar-se-ão as seguintes disposições:

I - se concessionária, continuará sujeita ao contrato de concessão atualmente em vigor, o qual não poderá ser transferido ou prorrogado;

II - se não for concessionária, o seu direito à exploração do serviço extinguir-se-á em 31 de dezembro de 1999.

§ 3° Em relação aos demais serviços prestados pelas entidades a que se refere o *caput*, serão expedidas as respectivas autorizações ou, se for o caso, concessões, observado o disposto neste artigo, no que couber, e no art. 208 desta Lei.

ART. 208. As concessões das empresas prestadoras de serviço móvel celular abrangidas pelo art. 4º da Lei n. 9.295, de 19 de julho de 1996, serão outorgadas na forma e condições determinadas pelo referido artigo e seu parágrafo único.

ART. 209. Ficam autorizadas as transferências de concessão, parciais ou totais, que forem necessárias para compatibilizar as áreas de atuação das atuais prestadoras com o plano geral de outorgas.

ART. 210. As concessões, permissões e autorizações de serviço de telecomunicações e de uso de radiofrequência e as respectivas licitações regem-se exclusivamente por esta Lei, a elas não se aplicando as Leis n° 8.666, de 21 de junho de 1993, n. 8.987, de 13 de fevereiro de 1995, n. 9.074, de 7 de julho de 1995, e suas alterações.

ART. 211. A outorga dos serviços de radiodifusão sonora e de sons e imagens fica excluída da jurisdição da Agência, permanecendo no âmbito de competências do Poder Executivo, devendo a Agência elaborar e manter os respectivos planos de distribuição de canais, levando em conta, inclusive, os aspectos concernentes à evolução tecnológica.

Parágrafo único. Caberá à Agência a fiscalização, quanto aos aspectos técnicos, das respectivas estações.

ART. 212. O serviço de TV a Cabo, inclusive quanto aos atos, condições e procedimentos de outorga, continuará regido pela Lei n. 8.977, de 6 de janeiro de 1995, ficando transferidas à Agência as competências atribuídas pela referida Lei ao Poder Executivo.

ART. 213. Será livre a qualquer interessado a divulgação, por qualquer meio, de listas de assinantes do serviço telefônico fixo comutado destinado ao uso do público em geral.

§ 1º Observado o disposto nos incisos VI e IX do art. 3º desta Lei, as prestadoras do serviço serão obrigadas a fornecer, em prazos e a preços razoáveis e de forma não discriminatória, a relação de seus assinantes a quem queira divulgá-la.

§ 2º É obrigatório e gratuito o fornecimento, pela prestadora, de listas telefônicas aos assinantes dos serviços, diretamente ou por meio de terceiros, nos termos em que dispuser a Agência.

ART. 214. Na aplicação desta Lei, serão observadas as seguintes disposições:

I - os regulamentos, normas e demais regras em vigor serão gradativamente substituídos por regulamentação a ser editada pela Agência, em cumprimento a esta Lei;

II - enquanto não for editada a nova regulamentação, as concessões, permissões e autorizações continuarão regidas pelos atuais regulamentos, normas e regras;

› Dec. 3.896/2001 (Dispõe sobre a regência dos serviços de telecomunicações).

III - até a edição da regulamentação decorrente desta Lei, continuarão regidos pela Lei n. 9.295, de 19 de julho de 1996, os serviços por ela disciplinados e os respectivos atos e procedimentos de outorga;

IV - as concessões, permissões e autorizações feitas anteriormente a esta Lei, não reguladas no seu art. 207, permanecerão válidas pelos prazos nelas previstos;

V - com a aquiescência do interessado, poderá ser realizada a adaptação dos instrumentos de concessão, permissão e autorização a que se referem os incisos III e IV deste artigo aos preceitos desta Lei;

VI - a renovação ou prorrogação, quando prevista nos atos a que se referem os incisos III e IV deste artigo, somente poderá ser feita quando tiver havido a adaptação prevista no inciso anterior.

ART. 215. Ficam revogados:

I - a Lei n. 4.117, de 27 de agosto de 1962, salvo quanto a matéria penal não tratada nesta Lei e quanto aos preceitos relativos à radiodifusão;

II - a Lei n. 6.874, de 3 de dezembro de 1980;

III - a Lei n. 8.367, de 30 de dezembro de 1991;

IV - os arts. 1º, 2º, 3º, 7º, 9º, 10, 12 e 14, bem como o *caput* e os §§ 1º e 4º do art. 8º, da Lei n. 9.295, de 19 de julho de 1996;

V - o inciso I do art. 16 da Lei n. 8.029, de 12 de abril de 1990.

ART. 216. Esta Lei entra em vigor na data de sua publicação.

Brasília, 16 de julho de 1997; 176º da Independência e 109º da República.

FERNANDO HENRIQUE CARDOSO

› Optamos, nesta edição, pela não publicação do Anexo.

LEI N. 9.474, DE 22 DE JULHO DE 1997

Define mecanismos para a implementação do Estatuto dos Refugiados de 1951, e determina outras providências.

› *DOU*, 23.7.1997.

O Presidente da República. Faço saber que o Congresso Nacional decreta e eu sanciono a seguinte Lei:

TÍTULO I
DOS ASPECTOS CARACTERIZADORES

CAPÍTULO I
DO CONCEITO, DA EXTENSÃO E DA EXCLUSÃO

SEÇÃO I
DO CONCEITO

ART. 1º Será reconhecido como refugiado todo indivíduo que:

I - devido a fundados temores de perseguição por motivos de raça, religião, nacionalidade, grupo social ou opiniões políticas encontre-se fora de seu país de nacionalidade e não possa ou não queira acolher-se à proteção de tal país;

II - não tendo nacionalidade e estando fora do país onde antes teve sua residência habitual, não possa ou não queira regressar a ele, em função das circunstâncias descritas no inciso anterior;

III - devido a grave e generalizada violação de direitos humanos, é obrigado a deixar seu país de nacionalidade para buscar refúgio em outro país.

SEÇÃO II
DA EXTENSÃO

ART. 2º Os efeitos da condição dos refugiados serão extensivos ao cônjuge, aos ascendentes e descendentes, assim como aos demais membros do grupo familiar que do refugiado dependerem economicamente, desde que se encontrem em território nacional.

SEÇÃO III
DA EXCLUSÃO

ART. 3º Não se beneficiarão da condição de refugiado os indivíduos que:

I - já desfrutem de proteção ou assistência por parte de organismo ou instituição das Nações Unidas que não o Alto Comissariado das Nações Unidas para os Refugiados - ACNUR;

II - sejam residentes no território nacional e tenham direitos e obrigações relacionados com a condição de nacional brasileiro;

III - tenham cometido crime contra a paz, crime de guerra, crime contra a humanidade, crime hediondo, participado de atos terroristas ou tráfico de drogas;

IV - sejam considerados culpados de atos contrários aos fins e princípios das Nações Unidas.

CAPÍTULO II
DA CONDIÇÃO JURÍDICA DE REFUGIADO

ART. 4º O reconhecimento da condição de refugiado, nos termos das definições anteriores, sujeitará seu beneficiário ao preceituado nesta Lei, sem prejuízo do disposto em instrumentos internacionais de que o Governo brasileiro seja parte, ratifique ou venha a aderir.

ART. 5º O refugiado gozará de direitos e estará sujeito aos deveres dos estrangeiros no Brasil, ao disposto nesta Lei, na Convenção sobre o Estatuto dos Refugiados de 1951 e no Protocolo sobre o Estatuto dos Refugiados de 1967, cabendo-lhe a obrigação de acatar as leis, regulamentos e providências destinados à manutenção da ordem pública.

ART. 6º O refugiado terá direito, nos termos da Convenção sobre o Estatuto dos Refugiados de 1951, a cédula de identidade comprobatória de sua condição jurídica, carteira de trabalho e documento de viagem.

TÍTULO II
DO INGRESSO NO TERRITÓRIO NACIONAL E DO PEDIDO DE REFÚGIO

ART. 7º O estrangeiro que chegar ao território nacional poderá expressar sua vontade de solicitar reconhecimento como refugiado a qualquer autoridade migratória que se encontre na fronteira, a qual lhe proporcionará as informações necessárias quanto ao procedimento cabível.

§ 1º Em hipótese alguma será efetuada sua deportação para fronteira de território em que sua vida ou liberdade esteja ameaçada, em virtude de raça, religião, nacionalidade, grupo social ou opinião política.

§ 2º O benefício previsto neste artigo não poderá ser invocado por refugiado considerado perigoso para a segurança do Brasil.

ART. 8º O ingresso irregular no território nacional não constitui impedimento para o estrangeiro solicitar refúgio às autoridades competentes.

ART. 9º A autoridade a quem for apresentada a solicitação deverá ouvir o interessado e preparar termo de declaração, que deverá conter as circunstâncias relativas à entrada no Brasil e às razões que o fizeram deixar o país de origem.

ART. 10. A solicitação, apresentada nas condições previstas nos artigos anteriores, suspenderá qualquer procedimento administrativo ou criminal pela entrada irregular, instaurado contra o peticionário e pessoas de seu grupo familiar que o acompanhem.

§ 1º Se a condição de refugiado for reconhecida, o procedimento será arquivado, desde que demonstrado que a infração correspondente foi determinada pelos mesmos fatos que justificaram o dito reconhecimento.

§ 2º Para efeito do disposto no parágrafo anterior, a solicitação de refúgio e a decisão sobre a mesma deverão ser comunicadas à Polícia Federal, que as transmitirá ao órgão onde tramitar o procedimento administrativo ou criminal.

TÍTULO III
DO CONARE

ART. 11. Fica criado o Comitê Nacional para os Refugiados - CONARE, órgão de deliberação coletiva, no âmbito do Ministério da Justiça.

CAPÍTULO I
DA COMPETÊNCIA

ART. 12. Compete ao CONARE, em consonância com a Convenção sobre o Estatuto dos Refugiados de 1951, com o Protocolo sobre o Estatuto dos Refugiados de 1967 e com as demais fontes de direito internacional dos refugiados:

I - analisar o pedido e declarar o reconhecimento, em primeira instância, da condição de refugiado;

II - decidir a cessação, em primeira instância, *ex officio* ou mediante requerimento das autoridades competentes, da condição de refugiado;

III - determinar a perda, em primeira instância, da condição de refugiado;

IV - orientar e coordenar as ações necessárias à eficácia da proteção, assistência e apoio jurídico aos refugiados;

V - aprovar instruções normativas esclarecedoras à execução desta Lei.

ART. 13. O regimento interno do CONARE será aprovado pelo Ministro de Estado da Justiça.

Parágrafo único. O regimento interno determinará a periodicidade das reuniões do CONARE.

CAPÍTULO II
DA ESTRUTURA E DO FUNCIONAMENTO

ART. 14. O CONARE será constituído por:

I - um representante do Ministério da Justiça, que o presidirá;

II - um representante do Ministério das Relações Exteriores;

III - um representante do Ministério do Trabalho;

IV - um representante do Ministério da Saúde;

V - um representante do Ministério da Educação e do Desporto;

VI - um representante do Departamento de Polícia Federal;

VII - um representante de organização não-governamental, que se dedique a atividades de assistência e proteção de refugiados no País.

§ 1º O Alto Comissariado das Nações Unidas para Refugiados - ACNUR será sempre membro convidado para as reuniões do CONARE, com direito a voz, sem voto.

§ 2º Os membros do CONARE serão designados pelo Presidente da República, mediante indicações dos órgãos e da entidade que o compõem.

§ 3º O CONARE terá um Coordenador-Geral, com a atribuição de preparar os processos de requerimento de refúgio e a pauta de reunião.

ART. 15. A participação no CONARE será considerada serviço relevante e não implicará remuneração de qualquer natureza ou espécie.

ART. 16. O CONARE reunir-se-á com *quorum* de quatro membros com direito a voto, deliberando por maioria simples.

Parágrafo único. Em caso de empate, será considerado voto decisivo o do Presidente do CONARE.

TÍTULO IV
DO PROCESSO DE REFÚGIO

CAPÍTULO I
DO PROCEDIMENTO

ART. 17. O estrangeiro deverá apresentar-se à autoridade competente e externar vontade de solicitar o reconhecimento da condição de refugiado.

ART. 18. A autoridade competente notificará o solicitante para prestar declarações, ato que marcará a data de abertura dos procedimentos.

Parágrafo único. A autoridade competente informará o Alto Comissariado das Nações Unidas para Refugiados - ACNUR sobre a existência do processo de solicitação de refúgio e facultará a esse organismo a possibilidade de oferecer sugestões que facilitem seu andamento.

ART. 19. Além das declarações, prestadas se necessário com ajuda de intérprete, deverá o estrangeiro preencher a solicitação de reconhecimento como refugiado, a qual deverá conter identificação completa, qualificação profissional, grau de escolaridade do solicitante e membros do seu grupo familiar, bem como relato das circunstâncias e fatos que fundamentem o pedido de refúgio, indicando os elementos de prova pertinentes.

ART. 20. O registro de declaração e a supervisão do preenchimento da solicitação do refúgio devem ser efetuados por funcionários qualificados e em condições que garantam o sigilo das informações.

CAPÍTULO II
DA AUTORIZAÇÃO DE RESIDÊNCIA PROVISÓRIA

ART. 21. Recebida a solicitação de refúgio, o Departamento de Polícia Federal emitirá protocolo em favor do solicitante e de seu grupo familiar que se encontre no território nacional, o qual autorizará a estada até a decisão final do processo.

§ 1º O protocolo permitirá ao Ministério do Trabalho expedir carteira de trabalho provisória, para o exercício de atividade remunerada no País.

§ 2º No protocolo do solicitante de refúgio serão mencionados, por averbamento, os menores de quatorze anos.

ART. 22. Enquanto estiver pendente o processo relativo à solicitação de refúgio, ao peticionário será aplicável a legislação sobre estrangeiros, respeitadas as disposições específicas contidas nesta Lei.

CAPÍTULO III
DA INSTRUÇÃO E DO RELATÓRIO

ART. 23. A autoridade competente procederá a eventuais diligências requeridas pelo CONARE, devendo averiguar todos os fatos cujo conhecimento seja conveniente para uma justa e rápida decisão, respeitando sempre o princípio da confidencialidade.

ART. 24. Finda a instrução, a autoridade competente elaborará, de imediato, relatório, que será enviado ao Secretário do CONARE, para inclusão na pauta da próxima reunião daquele Colegiado.

ART. 25. Os intervenientes nos processos relativos às solicitações de refúgio deverão guardar segredo profissional quanto às informações a que terão acesso no exercício de suas funções.

CAPÍTULO IV
DA DECISÃO, DA COMUNICAÇÃO E DO REGISTRO

ART. 26. A decisão pelo reconhecimento da condição de refugiado será considerada ato declaratório e deverá estar devidamente fundamentada.

ART. 27. Proferida a decisão, o CONARE notificará o solicitante e o Departamento de Polícia Federal, para as medidas administrativas cabíveis.

ART. 28. No caso de decisão positiva, o refugiado será registrado junto ao Departamento de Polícia Federal, devendo assinar termo de responsabilidade e solicitar cédula de identidade pertinente.

CAPÍTULO V
DO RECURSO

ART. 29. No caso de decisão negativa, esta deverá ser fundamentada na notificação ao solicitante, cabendo direito de recurso ao Ministro de Estado da Justiça, no prazo de quinze dias, contados do recebimento da notificação.

ART. 30. Durante a avaliação do recurso, será permitido ao solicitante de refúgio e aos seus familiares permanecer no território nacional, sendo observado o disposto nos §§ 1º e 2º do art. 21 desta Lei.

ART. 31. A decisão do Ministro de Estado da Justiça não será passível de recurso, devendo ser notificada ao CONARE, para ciência do solicitante, e ao Departamento de Polícia Federal, para as providências devidas.

ART. 32. No caso de recusa definitiva de refúgio, ficará o solicitante sujeito à legislação de estrangeiros, não devendo ocorrer sua transferência para o seu país de nacionalidade ou de residência habitual, enquanto permanecerem as circunstâncias que põem em risco sua vida, integridade física e liberdade, salvo nas situações determinadas nos incisos III e IV do art. 3º desta Lei.

TÍTULO V
DOS EFEITOS DO ESTATUTO DE REFUGIADOS SOBRE A EXTRADIÇÃO E A EXPULSÃO

CAPÍTULO I
DA EXTRADIÇÃO

ART. 33. O reconhecimento da condição de refugiado obstará o seguimento de qualquer pedido de extradição baseado nos fatos que fundamentaram a concessão de refúgio.

ART. 34. A solicitação de refúgio suspenderá, até decisão definitiva, qualquer processo de extradição pendente, em fase administrativa ou judicial, baseado nos fatos que fundamentaram a concessão de refúgio.

ART. 35. Para efeito do cumprimento do disposto nos arts. 33 e 34 desta Lei, a solicitação de reconhecimento como refugiado será comunicada ao órgão onde tramitar o processo de extradição.

CAPÍTULO II
DA EXPULSÃO

ART. 36. Não será expulso do território nacional o refugiado que esteja regularmente registrado, salvo por motivos de segurança nacional ou de ordem pública.

ART. 37. A expulsão de refugiado do território nacional não resultará em sua retirada para país onde sua vida, liberdade ou integridade física possam estar em risco, e apenas será efetivada quando da certeza de sua admissão em país onde não haja riscos de perseguição.

TÍTULO VI
DA CESSAÇÃO E DA PERDA DA CONDIÇÃO DE REFUGIADO

CAPÍTULO I
DA CESSAÇÃO DA CONDIÇÃO DE REFUGIADO

ART. 38. Cessará a condição de refugiado nas hipóteses em que o estrangeiro:

I - voltar a valer-se da proteção do país de que é nacional;

II - recuperar voluntariamente a nacionalidade outrora perdida;

III - adquirir nova nacionalidade e gozar da proteção do país cuja nacionalidade adquiriu;

IV - estabelecer-se novamente, de maneira voluntária, no país que abandonou ou fora do qual permaneceu por medo de ser perseguido;

V - não puder mais continuar a recusar a proteção do país de que é nacional por terem deixado de existir as circunstâncias em consequência das quais foi reconhecido como refugiado;

VI - sendo apátrida, estiver em condições de voltar ao país no qual tinha sua residência habitual, uma vez que tenham deixado de existir as circunstâncias em consequência das quais foi reconhecido como refugiado.

CAPÍTULO II DA PERDA DA CONDIÇÃO DE REFUGIADO

ART. 39. Implicará perda da condição de refugiado:

I - a renúncia;

II - a prova da falsidade dos fundamentos invocados para o reconhecimento da condição de refugiado ou a existência de fatos que, se fossem conhecidos quando do reconhecimento, teriam ensejado uma decisão negativa;

III - o exercício de atividades contrárias à segurança nacional ou à ordem pública;

IV - a saída do território nacional sem prévia autorização do Governo brasileiro.

Parágrafo único. Os refugiados que perderem essa condição com fundamento nos incisos I e IV deste artigo serão enquadrados no regime geral de permanência de estrangeiros no território nacional, e os que a perderem com fundamento nos incisos II e III estarão sujeitos às medidas compulsórias previstas na Lei n. 6.815, de 19 de agosto de 1980.

CAPÍTULO III DA AUTORIDADE COMPETENTE E DO RECURSO

ART. 40. Compete ao CONARE decidir em primeira instância sobre cessação ou perda da condição de refugiado, cabendo, dessa decisão, recurso ao Ministro de Estado da Justiça, no prazo de quinze dias, contados do recebimento da notificação.

§ 1º A notificação conterá breve relato dos fatos e fundamentos que ensejaram a decisão e cientificará o refugiado do prazo para interposição do recurso.

§ 2º Não sendo localizado o estrangeiro para a notificação prevista neste artigo, a decisão será publicada no Diário Oficial da União, para fins de contagem do prazo de interposição de recurso.

ART. 41. A decisão do Ministro de Estado da Justiça é irrecorrível e deverá ser notificada ao CONARE, que a informará ao estrangeiro e ao Departamento de Polícia Federal, para as providências cabíveis.

TÍTULO VII DAS SOLUÇÕES DURÁVEIS

CAPÍTULO I DA REPATRIAÇÃO

ART. 42. A repatriação de refugiados aos seus países de origem deve ser caracterizada pelo caráter voluntário do retorno, salvo nos casos em que não possam recusar a proteção do país de que são nacionais, por não mais subsistirem as circunstâncias que determinaram o refúgio.

CAPÍTULO II DA INTEGRAÇÃO LOCAL

ART. 43. No exercício de seus direitos e deveres, a condição atípica dos refugiados deverá ser considerada quando da necessidade da apresentação de documentos emitidos por seus países de origem ou por suas representações diplomáticas e consulares.

ART. 44. O reconhecimento de certificados e diplomas, os requisitos para a obtenção da condição de residente e o ingresso em instituições acadêmicas de todos os níveis deverão ser facilitados, levando-se em consideração a situação desfavorável vivenciada pelos refugiados.

CAPÍTULO III DO REASSENTAMENTO

ART. 45. O reassentamento de refugiados em outros países deve ser caracterizado, sempre que possível, pelo caráter voluntário.

ART. 46. O reassentamento de refugiados no Brasil se efetuará de forma planificada e com a participação coordenada dos órgãos estatais e, quando possível, de organizações não-governamentais, identificando áreas de cooperação e de determinação de responsabilidades.

TÍTULO VIII DAS DISPOSIÇÕES FINAIS

ART. 47. Os processos de reconhecimento da condição de refugiado serão gratuitos e terão caráter urgente.

ART. 48. Os preceitos desta Lei deverão ser interpretados em harmonia com a Declaração Universal dos Direitos do Homem de 1948, com a Convenção sobre o Estatuto dos Refugiados de 1951, com o Protocolo sobre o Estatuto dos Refugiados de 1967 e com todo dispositivo pertinente de instrumento internacional de proteção de direitos humanos com o qual o Governo brasileiro estiver comprometido.

ART. 49. Esta Lei entra em vigor na data de sua publicação.

Brasília, 22 de julho de 1997;
176º da Independência e 109º da República.
FERNANDO HENRIQUE CARDOSO

LEI N. 9.477, DE 24 DE JULHO DE 1997

Institui o Fundo de Aposentadoria Programada Individual - Fapi e o Plano de Incentivo à Aposentadoria Programada Individual, e dá outras providências.

▸ *DOU*, 25.07.1997.

O Presidente da República. Faço saber que o Congresso Nacional decreta e eu sanciono a seguinte Lei:

ART. 1º É autorizada a instituição de Fundos de Aposentadoria Programada Individual - Fapi, com recursos do trabalhador ou de empregador detentor de Plano de Incentivo à Aposentadoria Programada Individual, destinado a seus empregados e administradores.

§ 1º Os Fundos de Aposentadoria Programada Individual - Fapi, constituídos sob a forma de condomínio aberto, terão seus recursos aplicados de acordo com o que vier a ser determinado pelo Conselho Monetário Nacional.

§ 2º O trabalhador pode adquirir quotas dos Fundos de Aposentadoria Programada Individual - Fapi, e o empregador pode, ao estabelecer Plano de Incentivo à Aposentadoria Programada Individual, adquirir quotas em nome de seus empregados e administradores, observado o disposto nesta Lei.

§ 3º Considera-se trabalhador, para os efeitos desta Lei, a pessoa que, residente ou domiciliada no País, aufira rendimento do trabalho, com ou sem vínculo empregatício.

§ 4º Entende-se por empregador o empresário ou a pessoa jurídica de natureza empresarial que, assumindo os riscos da atividade econômica, admite e remunera trabalhadores, inclusive seus administradores.

ART. 2º As aquisições de quotas do Fundo a que se refere o artigo anterior serão realizadas em moeda corrente nacional.

ART. 3º Os Fundos a que se refere o art. 1º podem ser instituídos e administrados por instituições financeiras ou por sociedades seguradoras autorizadas a funcionar pela Superintendência de Seguros Privados - Susep.

§ 1º Compete ao Conselho Monetário Nacional aprovar o regulamento que disciplina a constituição dos Fundos de Aposentadoria Programada Individual - Fapi.

§ 2º O regulamento deverá dispor, pelo menos, sobre:

I - constituição e suas características;

II - administração;

III - taxa de administração;

IV - composição e diversificação da carteira, objetivando a prudência e a diversificação de riscos;

V - patrimônio líquido;

VI - emissão, colocação e resgate de quotas;

VII - regras para os planos de contribuição, obedecido o intervalo máximo de um ano entre as aquisições de quotas por parte dos participantes;

VIII - portabilidade, objetivando garantir a possibilidade de transferência de patrimônio individual (quota-parte) de um fundo para outro, decorrido período de no mínimo seis meses;

IX - custódia e liquidação dos títulos e valores mobiliários dos Fundos;

X - assembleia-geral;

XI - demonstrações financeiras;

XII - prestação de informações ao Banco Central do Brasil, à Comissão de Valores Mobiliários e à Superintendência de Seguros Privados;

XIII - publicidade e remessa de documentos;

XIV - aplicação de penalidades;

XV - normas gerais.

§ 3º Para os efeitos do inciso IV do parágrafo anterior, pode o Conselho Monetário Nacional limitar a participação, na Carteira de Aplicação dos Fundos de Aposentadoria Programada Individual - Fapi, de títulos e obrigações de responsabilidade do instituidor do Plano de Incentivo e de seu administrador, controladas, coligadas e interligadas.

ART. 4º Compete ao Banco Central do Brasil e à Superintendência de Seguros Privados, no âmbito das respectivas atribuições:

I - autorizar a constituição dos Fundos de Aposentadoria Programada Individual - Fapi e a transferência de sua administração;

II - exercer a fiscalização dos administradores dos Fundos e aplicar as penalidades previstas.

Parágrafo único. O disposto neste artigo não exclui a competência da Comissão de Valores Mobiliários com relação aos valores mobiliários integrantes da carteira dos Fundos de que trata o art. 1º desta Lei.

ART. 5º O administrador do Fundo, observadas as limitações legais, deve praticar os atos necessários à administração da carteira do Fundo e exercer todos os direitos inerentes aos ativos que a integram, podendo contratar os serviços de terceiros, legalmente habilitados.

§ 1º As instituições contratadas para a execução dos serviços de que trata este artigo respondem solidariamente com o administrador do Fundo pelos prejuízos que causarem ao Fundo.

§ 2º As ordens de compra e venda de quotas, títulos e valores mobiliários são sempre expedidas com identificação precisa do Fundo.

ART. 6º Os ativos dos Fundos de Aposentadoria Programada Individual - Fapi são impenhoráveis e sobre eles não incidem encaixes obrigatórios ou depósitos compulsórios.

ART. 7º O empregador que instituir Plano de Incentivo à Aposentadoria Programada Individual, na forma estabelecida pelo Conselho Monetário Nacional, pode deduzir como despesas operacionais o valor das quotas do Fundo de Aposentadoria Programada Individual - Fapi adquiridas, observado o disposto no art. 10 desta Lei, desde que o Plano atinja, no mínimo, cinquenta por cento dos seus empregados.

ART. 8º Os recursos utilizados pelo empregador para aquisição de quotas em nome de seus empregados ou administradores, dentro do Plano de Incentivo à Aposentadoria Programada Individual, de que trata esta Lei, não são considerados integrantes da remuneração dos beneficiários para efeitos da legislação do trabalho e da previdência e não integram a base de cálculo para as contribuições para o Fundo de Garantia do Tempo de Serviço, de Assistência Social e Sindical.

Parágrafo único. O participante de Plano de Incentivo à Aposentadoria Programada Individual que perder o vínculo com a empresa continua com direito às quotas do Fundo adquiridas em seu nome, com recursos do empregador, podendo movimentá-las somente após o prazo de capitalização, observados os casos especiais a que se refere o inciso I do art. 9º e regulamentação pertinentes.

ART. 9º O resgate parcial ou total do Fundo de Aposentadoria Programada Individual - Fapi pode realizar-se:

I - com isenção do Imposto sobre Operações de Crédito, Câmbio e Seguro ou relativas a Títulos e Valores Mobiliários após o prazo de dez anos, contado a partir da contribuição inicial para a formação do patrimônio e nos casos de invalidez permanente, de aposentadoria, ou de morte do participante, hipótese esta em que o resgate se dará na forma da legislação civil;

II - com incidência do Imposto sobre Operações de Crédito, Câmbio e Seguro, ou relativas a Títulos e Valores Mobiliários, calculado à alíquota de vinte e cinco por cento sobre o valor resgatado antes do prazo de dez anos, contado a partir da contribuição inicial.

§ 1º Não se aplica o disposto no inciso II nos casos de invalidez permanente, de aposentadoria ou de morte do participante, hipótese esta em que o resgate dar-se-á na forma da legislação civil.

§ 2º Transcorrido o prazo de capitalização a que se refere o inciso I, o participante tem direito a resgatar parcial ou totalmente as quotas, podendo adquirir renda junto a sociedades seguradoras ou a entidades de previdência privada, na forma da lei.

ART. 10. (Revogado pela Lei 9.532/1997)

§§ 1º e 2º (Revogados pela Lei 9.532/1997)

ART. 11. Os bens e direitos integrantes do patrimônio do Fundo de Aposentadoria Programada Individual não se comunicam com o patrimônio da instituição administradora, assim como, em caso de falência ou liquidação extrajudicial da instituição administradora, o patrimônio do Fapi não integra a massa falida ou liquidante da instituição.

ART. 12. Os resgates na carteira dos Fundos para mudança das aplicações (art. 3º, § 2º, inciso VIII) entre Fundos instituídos por esta Lei ou para a aquisição de renda junto às instituições privadas de previdência e seguradoras que operam com esse produto, estão isentos do Imposto sobre Operações de Crédito, Câmbio e Seguro, ou relativas a Títulos e Valores Mobiliários e do Imposto de Renda.

Parágrafo único. É vedada a utilização da dedução de que trata o art. 10, nas hipóteses referidas neste artigo.

ART. 13. As infrações do disposto nesta Lei sujeitam as instituições administradoras dos Fundos às penalidades previstas no art. 44 da Lei n. 4.595, de 31 de dezembro de 1964, e no art. 108 do Decreto-Lei n. 73, de 21 de novembro de 1966, sem prejuízo de outras estabelecidas na legislação vigente.

ART. 14. Esta Lei entra em vigor na data de sua publicação.

Brasília, 24 de julho de 1997; 176º da Independência e 109º da República.

FERNANDO HENRIQUE CARDOSO

LEI N. 9.478, DE 6 DE AGOSTO DE 1997

Dispõe sobre a política energética nacional, as atividades relativas ao monopólio do petróleo, institui o Conselho Nacional de Política Energética e a Agência Nacional do Petróleo e dá outras providências.

▸ *DOU*, 7.8.1997.

O Presidente da República. Faço saber que o Congresso Nacional decreta e eu sanciono a seguinte Lei:

CAPÍTULO I DOS PRINCÍPIOS E OBJETIVOS DA POLÍTICA ENERGÉTICA NACIONAL

ART. 1º As políticas nacionais para o aproveitamento racional das fontes de energia visarão aos seguintes objetivos:

I - preservar o interesse nacional;

II - promover o desenvolvimento, ampliar o mercado de trabalho e valorizar os recursos energéticos;

III - proteger os interesses do consumidor quanto a preço, qualidade e oferta dos produtos;

IV - proteger o meio ambiente e promover a conservação de energia;

V - garantir o fornecimento de derivados de petróleo em todo o território nacional, nos termos do § 2º do art. 177 da Constituição Federal;

VI - incrementar, em bases econômicas, a utilização do gás natural;

VII - identificar as soluções mais adequadas para o suprimento de energia elétrica nas diversas regiões do País;

VIII - utilizar fontes alternativas de energia, mediante o aproveitamento econômico dos insumos disponíveis e das tecnologias aplicáveis;

IX - promover a livre concorrência;

X - atrair investimentos na produção de energia;

XI - ampliar a competitividade do País no mercado internacional.

XII - incrementar, em bases econômicas, sociais e ambientais, a participação dos biocombustíveis na matriz energética nacional. (Redação dada pela Lei 11.097/2005.)

XIII - garantir o fornecimento de biocombustíveis em todo o território nacional; (Incluído pela Lei 12.490/2011.)

XIV - incentivar a geração de energia elétrica a partir da biomassa e de subprodutos da produção de biocombustíveis, em razão do seu caráter limpo, renovável e complementar à fonte hidráulica; (Incluído pela Lei 12.490/2011.)

XV - promover a competitividade do País no mercado internacional de biocombustíveis; (Incluído pela Lei 12.490/2011.)

XVI - atrair investimentos em infraestrutura para transporte e estocagem de biocombustíveis; (Incluído pela Lei 12.490/2011.)

XVII - fomentar a pesquisa e o desenvolvimento relacionados à energia renovável; (Incluído pela Lei 12.490/2011.)

XVIII - mitigar as emissões de gases causadores de efeito estufa e de poluentes nos setores de energia e de transportes, inclusive com o uso de biocombustíveis. (Incluído pela Lei 12.490/2011.)

CAPÍTULO II DO CONSELHO NACIONAL DE POLÍTICA ENERGÉTICA

ART. 2º Fica criado o Conselho Nacional de Política Energética - CNPE, vinculado à Presidência da República e presidido pelo Ministro de Estado de Minas e Energia, com a atribuição de propor ao Presidente da República políticas nacionais e medidas específicas destinadas a:

I - promover o aproveitamento racional dos recursos energéticos do País, em conformidade com os princípios enumerados no capítulo anterior e com o disposto na legislação aplicável;

II - assegurar, em função das características regionais, o suprimento de insumos energéticos às áreas mais remotas ou de difícil acesso do País, submetendo as medidas específicas ao Congresso Nacional, quando implicarem criação de subsídios;

III - rever periodicamente as matrizes energéticas aplicadas às diversas regiões do País, considerando as fontes convencionais e alternativas e as tecnologias disponíveis;

IV - estabelecer diretrizes para programas específicos, como os de uso do gás natural, do carvão, da energia termonuclear, dos biocombustíveis, da energia solar, da energia eólica e da energia proveniente de outras fontes alternativas; (Redação dada pela Lei 11.097/2005.)

V - estabelecer diretrizes para a importação e exportação, de maneira a atender às necessidades de consumo interno de petróleo e seus derivados, biocombustíveis, gás natural e condensado, e assegurar o adequado funcionamento do Sistema Nacional de Estoques de Combustíveis e o cumprimento do Plano Anual de Estoques Estratégicos de Combustíveis, de que trata o art. 4º da Lei n. 8.176, de 8 de fevereiro de 1991; (Redação dada pela Lei 12.490/2011.)

VI - sugerir a adoção de medidas necessárias para garantir o atendimento à demanda nacional de energia elétrica, considerando o planejamento de longo, médio e curto prazos, podendo indicar empreendimentos que devam ter prioridade de licitação e implantação, tendo em vista seu caráter estratégico e de interesse público, de forma que tais projetos venham assegurar a otimização do binômio modicidade tarifária e confiabilidade do Sistema Elétrico. (Incluído pela lei 10.848/2004.)

VII - estabelecer diretrizes para o uso de gás natural como matéria-prima em processos produtivos industriais, mediante a regulamentação de condições e critérios específicos, que visem a sua utilização eficiente e compatível com os mercados interno e externos. (Incluído pela Lei 11.909/2009.)

VIII - definir os blocos a serem objeto de concessão ou partilha de produção; (Incluído pela Lei 12.351/2010.)

IX - definir a estratégia e a política de desenvolvimento econômico e tecnológico da indústria de petróleo, de gás natural, de outros hidrocarbonetos fluidos e de biocombustíveis, bem como da sua cadeia de suprimento; (Redação dada pela Lei 12.490/2011.)

X - induzir o incremento dos índices mínimos de conteúdo local de bens e serviços, a serem observados em licitações e contratos de concessão e de partilha de produção, observado o disposto no inciso IX. (Incluído pela Lei 12.351/2010.)

XI - definir diretrizes para comercialização e uso de biodiesel e estabelecer, em caráter autorizativo, quantidade superior ao percentual de adição obrigatória fixado em lei específica. (Acrescentado pela Lei 13.033/2014.)

XII - estabelecer os parâmetros técnicos e econômicos das licitações de concessões de geração, transmissão e distribuição de energia elétrica, de que trata o art. 8º da Lei n. 12.783, de 11 de janeiro de 2013; e (Alterado pela Lei 13.203/2015.)

XIII - definir a estratégia e a política de desenvolvimento tecnológico do setor de energia elétrica. (Acrescentado pela Lei 13.203/2015.)

§ 1º Para o exercício de suas atribuições, o CNPE contará com o apoio técnico dos órgãos reguladores do setor energético.

§ 2º O CNPE será regulamentado por decreto do Presidente da República, que determinará sua composição e a forma de seu funcionamento.

ART. 2º-A. Caberá ao Ministério de Minas e Energia, entre outras competências, propor ao CNPE os seguintes parâmetros técnicos e econômicos: (Acrescentado pela Lei 13.203/2015.)

I - valores de bonificação pela outorga das concessões a serem licitadas nos termos do art. 8º da Lei n. 12.783, de 11 de janeiro de 2013; (Acrescentado pela Lei 13.203/2015.)

II - prazo e forma de pagamento da bonificação pela outorga de que trata o inciso I; e (Acrescentado pela Lei 13.203/2015.)

III - nas licitações de geração: (Acrescentado pela Lei 13.203/2015.)

a) a parcela da garantia física destinada ao Ambiente de Contratação Regulada - ACR dos empreendimentos de geração licitados nos termos do art. 8º da Lei n. 12.783, de 11 de janeiro de 2013, observado o limite mínimo de 70% (setenta por cento) destinado ao ACR, e o disposto no § 3º do art. 8º da Lei n. 12.783, de 11 de janeiro de 2013; e (Acrescentada pela Lei 13.203/2015.)

b) a data de que trata o § 8º do art. 8º da Lei n. 12.783, de 11 de janeiro de 2013. (Acrescentada pela Lei 13.203/2015.)

Parágrafo único. Nos casos previstos nos incisos I e II do *caput*, será ouvido o Ministério da Fazenda. (Acrescentado pela Lei 13.203/2015.)

ART. 2º-B. Caberá ao Ministério de Minas e Energia, entre outras competências, propor ao CNPE a política de desenvolvimento tecnológico do setor de energia elétrica. (Acrescentado pela Lei 13.203/2015.)

Parágrafo único. Na proposição de que trata o *caput*, será ouvido o Ministério da Ciência, Tecnologia e Inovação. (Acrescentado pela Lei 13.203/2015.)

CAPÍTULO III
DA TITULARIDADE E DO MONOPÓLIO DO PETRÓLEO E DO GÁS NATURAL

SEÇÃO I
DO EXERCÍCIO DO MONOPÓLIO

ART. 3º Pertencem à União os depósitos de petróleo, gás natural e outros hidrocarbonetos fluidos existentes no território nacional, nele compreendidos a parte terrestre, o mar territorial, a plataforma continental e a zona econômica exclusiva.

ART. 4º Constituem monopólio da União, nos termos do art. 177 da Constituição Federal, as seguintes atividades:

I - a pesquisa e lavra das jazidas de petróleo e gás natural e outros hidrocarbonetos fluidos;

II - a refinação de petróleo nacional ou estrangeiro;

III - a importação e exportação dos produtos e derivados básicos resultantes das atividades previstas nos incisos anteriores;

IV - o transporte marítimo do petróleo bruto de origem nacional ou de derivados básicos de petróleo produzidos no País, bem como o transporte, por meio de conduto, de petróleo bruto, seus derivados e de gás natural.

ART. 5º As atividades econômicas de que trata o art. 4º desta Lei serão reguladas e fiscalizadas pela União e poderão ser exercidas, mediante concessão, autorização ou contratação sob o regime de partilha de produção, por empresas constituídas sob as leis brasileiras, com sede e administração no País. (Redação dada pela Lei 12.351/2010.)

SEÇÃO II
DAS DEFINIÇÕES TÉCNICAS

ART. 6º Para os fins desta Lei e de sua regulamentação, ficam estabelecidas as seguintes definições:

I - Petróleo: todo e qualquer hidrocarboneto líquido em seu estado natural, a exemplo do óleo cru e condensado;

II - Gás Natural ou Gás: todo hidrocarboneto que permaneça em estado gasoso nas condições atmosféricas normais, extraído diretamente a partir de reservatórios petrolíferos ou gaseíferos, incluindo gases úmidos, secos, residuais e gases raros;

III - Derivados de Petróleo: produtos decorrentes da transformação do petróleo;

IV - Derivados Básicos: principais derivados de petróleo, referidos no art. 177 da Constituição Federal, a serem classificados pela Agência Nacional do Petróleo;

V - Refino ou Refinação: conjunto de processos destinados a transformar o petróleo em derivados de petróleo;

VI - Tratamento ou Processamento de Gás Natural: conjunto de operações destinadas a permitir o seu transporte, distribuição e utilização;

VII - Transporte: movimentação de petróleo, seus derivados, biocombustíveis ou gás natural em meio ou percurso considerado de interesse geral; (Redação dada pela Lei 12.490/2011.)

VIII - Transferência: movimentação de petróleo, seus derivados, biocombustíveis ou gás natural em meio ou percurso considerado de interesse específico e exclusivo do proprietário ou explorador das facilidades; (Redação dada pela Lei 12.490/2011.)

IX - Bacia Sedimentar: depressão da crosta terrestre onde se acumulam rochas sedimentares que podem ser portadoras de petróleo ou gás, associados ou não;

X - Reservatório ou Depósito: configuração geológica dotada de propriedades específicas, armazenadora de petróleo ou gás, associados ou não;

XI - Jazida: reservatório ou depósito já identificado e possível de ser posto em produção;

XII - Prospecto: feição geológica mapeada como resultado de estudos geofísicos e de interpretação geológica, que justificam a perfuração de poços exploratórios para a localização de petróleo ou gás natural;

XIII - Bloco: parte de uma bacia sedimentar, formada por um prisma vertical de profundidade indeterminada, com superfície poligonal definida pelas coordenadas geográficas de seus vértices, onde são desenvolvidas atividades de exploração ou produção de petróleo e gás natural;

XIV - Campo de Petróleo ou de Gás Natural: área produtora de petróleo ou gás natural, a partir de um reservatório contínuo ou de mais de um reservatório, a profundidades variáveis, abrangendo instalações e equipamentos destinados à produção;

XV - Pesquisa ou Exploração: conjunto de operações ou atividades destinadas a avaliar áreas, objetivando a descoberta e a identificação de jazidas de petróleo ou gás natural;

XVI - Lavra ou Produção: conjunto de operações coordenadas de extração de petróleo ou gás natural de uma jazida e de preparo para sua movimentação;

XVII - Desenvolvimento: conjunto de operações e investimentos destinados a viabilizar as atividades de produção de um campo de petróleo ou gás;

XVIII - Descoberta Comercial: descoberta de petróleo ou gás natural em condições que, a preços de mercado, tornem possível o retorno dos investimentos no desenvolvimento e na produção;

XIX - Indústria do Petróleo: conjunto de atividades econômicas relacionadas com a exploração, desenvolvimento, produção, refino, processamento, transporte, importação e exportação de petróleo, gás natural e outros hidrocarbonetos fluidos e seus derivados;

XX - Distribuição: atividade de comercialização por atacado com a rede varejista ou com grandes consumidores de combustíveis, lubrificantes, asfaltos e gás liquefeito envasado, exercida por empresas especializadas, na forma das leis e regulamentos aplicáveis;

XXI - Revenda: atividade de venda a varejo de combustíveis, lubrificantes e gás liquefeito envasado, exercida por postos de serviços ou revendedores, na forma das leis e regulamentos aplicáveis;

XXII - Distribuição de Gás Canalizado: serviços locais de comercialização de gás canalizado, junto aos usuários finais, explorados com exclusividade pelos Estados, diretamente ou mediante concessão, nos termos do § 2º do art. 25 da Constituição Federal;

XXIII - Estocagem de Gás Natural: armazenamento de gás natural em reservatórios próprios, formações naturais ou artificiais.

XXIV - Biocombustível: substância derivada de biomassa renovável, tal como biodiesel, etanol e outras substâncias estabelecidas em regulamento da ANP, que pode ser empregada diretamente ou mediante alterações em motores a combustão interna ou para outro tipo de geração de energia, podendo substituir parcial ou totalmente combustíveis de origem fóssil; (Redação dada pela Lei 12.490/2011.)

XXV - Biodiesel: biocombustível derivado de biomassa renovável para uso em motores a combustão interna com ignição por compressão ou, conforme regulamento, para geração de outro tipo de energia, que possa substituir parcial ou totalmente combustíveis de origem fóssil. (Incluído pela Lei 11.097/2005.)

XXVI - Indústria Petroquímica de Primeira e Segunda Geração: conjunto de indústrias que fornecem produtos petroquímicos básicos, a exemplo do eteno, do propeno e de resinas termoplásticas. (Incluído pela Lei 11.921/2009.)

XXVII - cadeia produtiva do petróleo: sistema de produção de petróleo, gás natural e outros hidrocarbonetos fluidos e seus derivados, incluindo a distribuição, a revenda e a estocagem, bem como o seu consumo. (Incluído pela Lei 12.114/2009.)

XXVIII - Indústria de Biocombustível: conjunto de atividades econômicas relacionadas com produção, importação, exportação, transferência, transporte, armazenagem, comercialização, distribuição, avaliação de conformidade e certificação de qualidade de biocombustíveis; (Incluído pela Lei 12.490/2011.)

XXIX - Produção de Biocombustível: conjunto de operações industriais para a transformação de biomassa renovável, de origem vegetal ou animal, em combustível; (Incluído pela Lei 12.490/2011.)

XXX - Etanol: biocombustível líquido derivado de biomassa renovável, que tem como principal componente o álcool etílico, que pode ser utilizado, diretamente ou mediante alterações, em motores a combustão interna com ignição por centelha, em outras formas de geração de energia ou em indústria petroquímica, podendo ser obtido por rotas tecnológicas distintas, conforme especificado em regulamento; e (Incluído pela Lei 12.490/2011.)

XXXI - Bioquerosene de Aviação: substância derivada de biomassa renovável que pode ser usada em turborreatores e turbopropulsores aeronáuticos ou, conforme regulamento, em outro tipo de aplicação que possa substituir parcial ou totalmente combustível de origem fóssil. (Incluído pela Lei 12.490/2011.)

CAPÍTULO IV
DA AGÊNCIA NACIONAL DO PETRÓLEO, GÁS NATURAL E BIOCOMBUSTÍVEIS

▸ (Redação dada pela Lei 11.097/2005.)

SEÇÃO I
DA INSTITUIÇÃO E DAS ATRIBUIÇÕES

▸ Dec. 9.641/2018 (Delega competência à ANP para definir blocos em bacias terrestres a serem objeto de licitação, sob regime de concessão, no sistema de Oferta Permanente).

ART. 7º Fica instituída a Agência Nacional do Petróleo, Gás Natural e Biocombustíves - ANP, entidade integrante da Administração Federal Indireta, submetida ao regime autárquico especial, como órgão regulador da indústria do petróleo, gás natural, seus derivados e biocombustíveis, vinculada ao Ministério de Minas e Energia. (Redação dada pela Lei 11.097/2005.)

Parágrafo único. A ANP terá sede e foro no Distrito Federal e escritórios centrais na cidade do Rio de Janeiro, podendo instalar unidades administrativas regionais.

ART. 8º A ANP terá como finalidade promover a regulação, a contratação e a fiscalização das atividades econômicas integrantes da indústria do petróleo, do gás natural e dos biocombustíveis, cabendo-lhe: (Redação dada pela Lei 11.097/2005.)

I - implementar, em sua esfera de atribuições, a política nacional de petróleo, gás natural e biocombustíveis, contida na política energética nacional, nos termos do Capítulo I desta Lei, com ênfase na garantia do suprimento de derivados de petróleo, gás natural e seus derivados, e de biocombustíveis, em todo o território nacional, e na proteção dos interesses dos consumidores quanto a preço, qualidade e oferta dos produtos; (Redação dada pela Lei 11.097/2005.)

II - promover estudos visando à delimitação de blocos, para efeito de concessão ou contratação sob o regime de partilha de produção das atividades de exploração, desenvolvimento e produção; (Redação dada pela Lei 12.351/2010.)

III - regular a execução de serviços de geologia e geofísica aplicados à prospecção petrolífera, visando ao levantamento de dados técnicos, destinados à comercialização, em bases não exclusivas;

IV - elaborar os editais e promover as licitações para a concessão de exploração, desenvolvimento e produção, celebrando os contratos delas decorrentes e fiscalizando a sua execução;

V - autorizar a prática das atividades de refinação, liquefação, regaseificação, carregamento, processamento, tratamento, transporte, estocagem e acondicionamento; (Redação dada pela Lei 11.909/2009.)

VI - estabelecer critérios para o cálculo de tarifas de transporte dutoviário e arbitrar seus valores, nos casos e da forma previstos nesta Lei;

VII - fiscalizar diretamente e de forma concorrente nos termos da Lei n. 8.078, de 11 de setembro de 1990, ou mediante convênios com órgãos dos Estados e do Distrito Federal as atividades integrantes da indústria do petróleo, do gás natural e dos biocombustíveis, bem como aplicar as sanções administrativas e pecuniárias previstas em lei, regulamento ou contrato; (Redação dada pela Lei 11.909/2009.)

VIII - instruir processo com vistas à declaração de utilidade pública, para fins de desapropriação e instituição de servidão administrativa, das áreas necessárias à exploração, desenvolvimento e produção de petróleo e gás natural, construção de refinarias, de dutos e de terminais;

IX - fazer cumprir as boas práticas de conservação e uso racional do petróleo, gás natural, seus derivados e biocombustíveis e de preservação do meio ambiente; (Redação dada pela Lei 11.097/2005.)

X - estimular a pesquisa e a adoção de novas tecnologias na exploração, produção, transporte, refino e processamento;

XI - organizar e manter o acervo das informações e dados técnicos relativos às atividades reguladas da indústria do petróleo, do gás natural e dos biocombustíveis; (Redação dada pela Lei 11.097/2005.)

XII - consolidar anualmente as informações sobre as reservas nacionais de petróleo e gás natural transmitidas pelas empresas, responsabilizando-se por sua divulgação;

XIII - fiscalizar o adequado funcionamento do Sistema Nacional de Estoques de Combustíveis e o cumprimento do Plano Anual de Estoques Estratégicos de Combustíveis, de que trata o art. 4º da Lei n. 8.176, de 8 de fevereiro de 1991;

XIV - articular-se com os outros órgãos reguladores do setor energético sobre matérias de interesse comum, inclusive para efeito de apoio técnico ao CNPE;

XV - regular e autorizar as atividades relacionadas com o abastecimento nacional de combustíveis, fiscalizando-as diretamente ou mediante convênios com outros órgãos da União, Estados, Distrito Federal ou Municípios.

XVI - regular e autorizar as atividades relacionadas à produção, à importação, à exportação, à armazenagem, à estocagem, ao transporte, à transferência, à distribuição, à revenda e à comercialização de biocombustíveis, assim como avaliação de conformidade e certificação de sua qualidade, fiscalizando-as diretamente ou mediante convênios com outros órgãos da União, Estados, Distrito Federal ou Municípios; (Redação dada pela Lei 12.490/2011.)

XVII - exigir dos agentes regulados o envio de informações relativas às operações de produção, importação, exportação, refino, beneficiamento, tratamento, processamento, transporte, transferência, armazenagem, estocagem, distribuição, revenda, destinação e comercialização de produtos sujeitos à sua regulação; (Incluído pela Lei 11.097/2005.)

XVIII - especificar a qualidade dos derivados de petróleo, gás natural e seus derivados e dos biocombustíveis. (Incluído pela Lei 11.097/2005.)

XIX - regular e fiscalizar o acesso à capacidade dos gasodutos; (Incluído pela Lei 11.909/2009.)

XX - promover, direta ou indiretamente, as chamadas públicas para a contratação de capacidade de transporte de gás natural, conforme as diretrizes do Ministério de Minas e Energia; (Incluído pela Lei 11.909/2009.)

XXI - registrar os contratos de transporte e de interconexão entre instalações de transporte, inclusive as procedentes do exterior, e os contratos de comercialização, celebrados entre os agentes de mercado; (Incluído pela Lei 11.909/2009.)

XXII - informar a origem ou a caracterização das reservas do gás natural contratado e a ser contratado entre os agentes de mercado; (Incluído pela Lei 11.909/2009.)

XXIII - regular e fiscalizar o exercício da atividade de estocagem de gás natural, inclusive no que se refere ao direito de acesso de terceiros às instalações concedidas; (Incluído pela Lei 11.909/2009.)

XXIV - elaborar os editais e promover as licitações destinadas à contratação de concessionários para a exploração das atividades de transporte e de estocagem de gás natural; (Incluído pela Lei 11.909/2009.)

XXV - celebrar, mediante delegação do Ministério de Minas e Energia, os contratos de concessão para a exploração das atividades de transporte e estocagem de gás natural sujeitas ao regime de concessão;

XXVI - autorizar a prática da atividade de comercialização de gás natural, dentro da esfera de competência da União; (Incluído pela Lei 11.909/2009.)

XXVII - estabelecer critérios para a aferição da capacidade dos gasodutos de transporte e de transferência; (Incluído pela Lei 11.909/2009.)

XXVIII - articular-se com órgãos reguladores estaduais e ambientais, objetivando compatibilizar e uniformizar as normas aplicáveis à indústria e aos mercados de gás natural (Incluído pela Lei 11.909/2009.)

Parágrafo único. No exercício das atribuições de que trata este artigo, com ênfase na garantia do abastecimento nacional de combustíveis, desde que em bases econômicas sustentáveis, a ANP poderá exigir dos agentes regulados, conforme disposto em regulamento: (Incluído pela Lei 12.490/2011.)

I - a manutenção de estoques mínimos de combustíveis e de biocombustíveis, em instalação própria ou de terceiro; (Incluído pela Lei 12.490/2011.)

II - garantias e comprovação de capacidade para atendimento ao mercado de combustíveis e biocombustíveis, mediante a apresentação de, entre outros mecanismos, contratos de fornecimento entre os agentes regulados. (Incluído pela Lei 12.490/2011.)

ART. 8º-A. Caberá à ANP supervisionar a movimentação de gás natural na rede de transporte e coordená-la em situações caracterizadas como de contingência. (Incluído pela Lei 11.909/2009.)

§ 1º O Comitê de Contingenciamento definirá as diretrizes para a coordenação das operações da rede de movimentação de gás natural em situações caracterizadas como de contingência, reconhecidas pelo Presidente da República, por meio de decreto. (Incluído pela Lei 11.909/2009.)

§ 2º No exercício das atribuições referidas no *caput* deste artigo, caberá à ANP, sem prejuízo de outras funções que lhe forem atribuídas na regulamentação: (Incluído pela Lei 11.909/2009.)

I - supervisionar os dados e as informações dos centros de controle dos gasodutos de transporte; (Incluído pela Lei 11.909/2009.)

II - manter banco de informações relativo ao sistema de movimentação de gás natural permanentemente atualizado, subsidiando o Ministério de Minas e Energia com as informações sobre necessidades de reforço ao sistema; (Incluído pela Lei 11.909/2009.)

III - monitorar as entradas e saídas de gás natural das redes de transporte, confrontando os volumes movimentados com os contratos de transporte vigentes; (Incluído pela Lei 11.909/2009.)

IV - dar publicidade às capacidades de movimentação existentes que não estejam sendo utilizadas e às modalidades possíveis para sua contratação; e (Incluído pela Lei 11.909/2009.)

V - estabelecer padrões e parâmetros para a operação e manutenção eficientes do sistema de transporte e estocagem de gás natural. (Incluído pela Lei 11.909/2009.)

§ 3º Os parâmetros e informações relativos ao transporte de gás natural necessários à supervisão, controle e coordenação da operação dos gasodutos deverão ser disponibilizados pelos transportadores à ANP, conforme regulação específica. (Incluído pela Lei 11.909/2009.)

ART. 9º Além das atribuições que lhe são conferidas no artigo anterior, caberá à ANP exercer, a partir de sua implantação, as atribuições do Departamento Nacional de Combustíveis - DNC, relacionadas com as atividades de distribuição e revenda de derivados de petróleo e álcool, observado o disposto no art. 78.

ART. 10. Quando, no exercício de suas atribuições, a ANP tomar conhecimento de fato que possa configurar indício de infração da ordem econômica, deverá comunicá-lo imediatamente ao Conselho Administrativo de Defesa Econômica - Cade e à Secretaria de Direito Econômico do Ministério da Justiça, para que estes adotem as providências cabíveis, no âmbito da legislação pertinente. (Redação dada pela Lei 10.202/2001.)

Parágrafo único. Independentemente da comunicação prevista no *caput* deste artigo, o Conselho Administrativo de Defesa Econômica - Cade notificará a ANP do teor da decisão que aplicar sanção por infração da ordem econômica cometida por empresas ou pessoas físicas no exercício de atividades relacionadas com o abastecimento nacional de combustíveis, no prazo máximo de vinte e quatro horas após a publicação do respectivo acórdão, para que esta adote as providências legais de sua alçada. (P.ú. incluído pela Lei 10.202/2001.)

SEÇÃO II
DA ESTRUTURA ORGANIZACIONAL DA AUTARQUIA

ART. 11. A ANP será dirigida, em regime de colegiado, por uma Diretoria composta de um Diretor-Geral e quatro Diretores.

§ 1º Integrará a estrutura organizacional da ANP um Procurador-Geral.

§ 2º Os membros da Diretoria serão nomeados pelo Presidente da República, após aprovação dos respectivos nomes pelo Senado Federal, nos termos da alínea *f* do inciso III do art. 52 da Constituição Federal.

§ 3º Os membros da Diretoria cumprirão mandatos de quatro anos, não coincidentes, permitida a recondução, observado o disposto no art. 75 desta Lei.

ART. 12. (Vetado)

I a III - (Vetados)

Parágrafo único. (Vetado)

ART. 13. (Revogado pela Lei 9.986/2000.)

ART. 14. Terminado o mandato, ou uma vez exonerado do cargo, o ex-Diretor da ANP ficará impedido, por um período de 12 (doze) meses, contado da data de sua exoneração, de prestar, direta ou indiretamente, qualquer tipo de serviço a empresa integrante das indústrias do petróleo e dos biocombustíveis ou de distribuição. (Redação dada pela Lei 12.490/2011.)

§ 1º Durante o impedimento, o ex-Diretor que não tiver sido exonerado nos termos do art. 12 poderá continuar prestando serviço à ANP, ou a qualquer órgão da Administração Direta da União, mediante remuneração equivalente à do cargo de direção que exerceu.

§ 2º Incorre na prática de advocacia administrativa, sujeitando-se às penas da lei, o ex-Diretor que violar o impedimento previsto neste artigo.

SEÇÃO III
DAS RECEITAS E DO ACERVO DA AUTARQUIA

ART. 15. Constituem receitas da ANP:

I - as dotações consignadas no Orçamento Geral da União, créditos especiais, transferências e repasses que lhe forem conferidos;

II - parcela das participações governamentais referidas nos incisos I e III do art. 45 desta Lei, de acordo com as necessidades operacionais da ANP, consignadas no orçamento aprovado;

III - os recursos provenientes de convênios, acordos ou contratos celebrados com entidades, organismos ou empresas, excetuados os referidos no inciso anterior;

IV - as doações, legados, subvenções e outros recursos que lhe forem destinados;

V - o produto dos emolumentos, taxas e multas previstos na legislação específica, os valores apurados na venda ou locação dos bens móveis e imóveis de sua propriedade, bem como os decorrentes da venda de dados e informações técnicas, inclusive para fins de licitação, ressalvados os referidos no § 2º do art. 22 desta Lei.

ART. 16. Os recursos provenientes da participação governamental prevista no inciso IV do art. 45, nos termos do art. 51, destinar-se-ão ao financiamento das despesas da ANP para o exercício das atividades que lhe são conferidas nesta Lei.

SEÇÃO IV
DO PROCESSO DECISÓRIO

ART. 17. O processo decisório da ANP obedecerá aos princípios da legalidade, impessoalidade, moralidade e publicidade.

ART. 18. As sessões deliberativas da Diretoria da ANP que se destinem a resolver pendências entre agentes econômicos e entre esses e consumidores e usuários de bens e serviços da indústria de petróleo, de gás natural ou de biocombustíveis serão públicas, permitida a sua gravação por meios eletrônicos e assegurado aos interessados o direito de delas obter transcrições. (Redação dada pela Lei 12.490/2011.)

ART. 19. As iniciativas de projetos de lei ou de alteração de normas administrativas que impliquem afetação de direito dos agentes econômicos ou de consumidores e usuários de bens e serviços das indústrias de petróleo, de gás natural ou de biocombustíveis serão precedidas de audiência pública convocada e dirigida pela ANP. (Redação dada pela Lei 12.490/2011.)

ART. 20. O regimento interno da ANP disporá sobre os procedimentos a serem adotados para a solução de conflitos entre agentes econômicos, e entre estes e usuários e consumidores, com ênfase na conciliação e no arbitramento.

CAPÍTULO V
DA EXPLORAÇÃO E DA PRODUÇÃO

SEÇÃO I
DAS NORMAS GERAIS

ART. 21. Todos os direitos de exploração e produção de petróleo, de gás natural e de outros hidrocarbonetos fluidos em território nacional, nele compreendidos a parte terrestre, o mar territorial, a plataforma continental e a zona econômica exclusiva, pertencem à União, cabendo sua administração à ANP, ressalvadas as competências de outros órgãos e entidades expressamente estabelecidas em lei. (Redação dada pela Lei 12.351/2010.)

ART. 22. O acervo técnico constituído pelos dados e informações sobre as bacias sedimentares brasileiras é também considerado parte integrante dos recursos petrolíferos nacionais, cabendo à ANP sua coleta, manutenção e administração.

§ 1º A Petróleo Brasileiro S.A. - Petrobras transferirá para a ANP as informações e dados de que dispuser sobre as bacias sedimentares brasileiras, assim como sobre as atividades de pesquisa, exploração e produção de petróleo ou gás natural, desenvolvidas em função da exclusividade do exercício do monopólio até a publicação desta Lei.

§ 2º A ANP estabelecerá critérios para remuneração à Petrobras pelos dados e informações referidos no parágrafo anterior e que venham a ser utilizados pelas partes interessadas, com fiel observância ao disposto no art. 117 da Lei n. 6.404, de 15 de dezembro de 1976, com as alterações procedidas pela Lei n. 9.457, de 5 de maio de 1997.

§ 3º O Ministério de Minas e Energia terá acesso irrestrito e gratuito ao acervo a que se refere o *caput* deste artigo, com o objetivo de realizar estudos e planejamento setorial, mantido o sigilo a que esteja submetido, quando for o caso. (Incluído pela Lei 12.351/2010.)

ART. 23. As atividades de exploração, desenvolvimento e produção de petróleo e de gás natural serão exercidas mediante contratos de concessão, precedidos de licitação, na forma estabelecida nesta Lei, ou sob o regime de partilha de produção nas áreas do pré-sal e nas áreas estratégicas, conforme legislação específica. (Redação dada pela Lei 12.351/2010.)

§ 1º (Revogado pela Lei 12.351/2010.)

§ 2º A ANP poderá outorgar diretamente ao titular de direito de lavra ou de autorização de pesquisa de depósito de carvão mineral concessão para o aproveitamento do gás metano que ocorra associado a esse depósito, dispensada a licitação prevista no *caput* deste artigo. (Incluído pela Lei 11.909/2009.)

ART. 24. Os contratos de concessão deverão prever duas fases: a de exploração e a de produção.

§ 1º Incluem-se na fase de exploração as atividades de avaliação de eventual descoberta de petróleo ou gás natural, para determinação de sua comercialidade.

§ 2º A fase de produção incluirá também as atividades de desenvolvimento.

ART. 25. Somente poderão obter concessão para a exploração e produção de petróleo ou gás natural as empresas que atendam aos requisitos técnicos, econômicos e jurídicos estabelecidos pela ANP.

ART. 26. A concessão implica, para o concessionário, a obrigação de explorar, por sua conta e risco e, em caso de êxito, produzir petróleo ou gás natural em determinado bloco, conferindo-lhe a propriedade desses bens, após extraídos, com os encargos relativos ao pagamento dos tributos incidentes e das participações legais ou contratuais correspondentes.

§ 1º Em caso de êxito na exploração, o concessionário submeterá à aprovação da ANP os planos e projetos de desenvolvimento e produção.

§ 2º A ANP emitirá seu parecer sobre os planos e projetos referidos no parágrafo anterior no prazo máximo de cento e oitenta dias.

§ 3º Decorrido o prazo estipulado no parágrafo anterior sem que haja manifestação da ANP, os planos e projetos considerar-se-ão automaticamente aprovados.

ART. 27. (Revogado pela Lei 12.351/2010.)

ART. 28. As concessões extinguir-se-ão:

I - pelo vencimento do prazo contratual;

II - por acordo entre as partes;

III - pelos motivos de rescisão previstos em contrato;

IV - ao término da fase de exploração, sem que tenha sido feita qualquer descoberta comercial, conforme definido no contrato;

V - no decorrer da fase de exploração, se o concessionário exercer a opção de desistência e de devolução das áreas em que, a seu critério, não se justifiquem investimentos em desenvolvimento.

§ 1º A devolução de áreas, assim como a reversão de bens, não implicará ônus de qualquer natureza para a União ou para a ANP, nem conferirá ao concessionário qualquer direito de indenização pelos serviços, poços, imóveis e bens reversíveis, os quais passarão à propriedade da União e à administração da ANP, na forma prevista no inciso VI do art. 43.

§ 2º Em qualquer caso de extinção da concessão, o concessionário fará, por sua conta exclusiva, a remoção dos equipamentos e bens que não sejam objeto de reversão, ficando obrigado a reparar ou indenizar os danos decorrentes de suas atividades e praticar os atos de recuperação ambiental determinados pelos órgãos competentes.

ART. 29. É permitida a transferência do contrato de concessão, preservando-se seu objeto e as condições contratuais, desde que o novo concessionário atenda aos requisitos técnicos, econômicos e jurídicos estabelecidos pela ANP, conforme o previsto no art. 25.

Parágrafo único. A transferência do contrato só poderá ocorrer mediante prévia e expressa autorização da ANP.

ART. 30. O contrato para exploração, desenvolvimento e produção de petróleo ou gás natural não se estende a nenhum outro recurso natural, ficando o concessionário obrigado a informar a sua descoberta, prontamente e em caráter exclusivo, à ANP.

SEÇÃO II
DAS NORMAS ESPECÍFICAS PARA AS ATIVIDADES EM CURSO

ART. 31. A Petrobras submeterá à ANP, no prazo de três meses da publicação desta Lei, seu programa de exploração, desenvolvimento e produção, com informações e dados que propiciem:

I - o conhecimento das atividades de produção em cada campo, cuja demarcação poderá incluir uma área de segurança técnica;

II - o conhecimento das atividades de exploração e desenvolvimento, registrando, neste caso, os custos incorridos, os investimentos realizados e o cronograma dos investimentos a realizar, em cada bloco onde tenha definido prospectos.

ART. 32. A Petrobras terá ratificados seus direitos sobre cada um dos campos que se encontrem em efetiva produção na data de início de vigência desta Lei.

ART. 33. Nos blocos em que, quando do início da vigência desta Lei, tenha a Petrobras realizado descobertas comerciais ou promovido investimentos na exploração, poderá ela, observada sua capacidade de investir, inclusive por meio de financiamentos, prosseguir nos trabalhos de exploração e desenvolvimento pelo prazo de três anos e, nos casos de êxito, prosseguir nas atividades de produção.

Parágrafo único. Cabe à ANP, após a avaliação da capacitação financeira da Petrobras e dos dados e informações de que trata o art. 31, aprovar os blocos em que os trabalhos referidos neste artigo terão continuidade.

ART. 34. Cumprido o disposto no art. 31 e dentro do prazo de um ano a partir da data de publicação desta Lei, a ANP celebrará com a Petrobras, dispensada a licitação prevista no art. 23, contratos de concessão dos blocos que atendam às condições estipuladas nos arts. 32 e 33, definindo-se, em cada um desses contratos, as participações devidas, nos termos estabelecidos na Seção VI.

Parágrafo único. Os contratos de concessão referidos neste artigo serão regidos, no que couber, pelas normas gerais estabelecidas na Seção anterior e obedecerão ao disposto na Seção V deste Capítulo.

ART. 35. Os blocos não contemplados pelos contratos de concessão mencionados no artigo anterior e aqueles em que tenha havido insucesso nos trabalhos de exploração, ou não tenham sido ajustados com a ANP, dentro dos prazos estipulados, serão objeto de licitação pela ANP para a outorga de novos contratos de concessão, regidos pelas normas gerais estabelecidas na Seção anterior.

SEÇÃO III
DO EDITAL DE LICITAÇÃO

ART. 36. A licitação para outorga dos contratos de concessão referidos no art. 23 obedecerá ao disposto nesta Lei, na regulamentação a ser expedida pela ANP e no respectivo edital.

ART. 37. O edital da licitação será acompanhado da minuta básica do respectivo contrato e indicará, obrigatoriamente:

I - o bloco objeto da concessão, o prazo estimado para a duração da fase de exploração, os investimentos e programas exploratórios mínimos;

II - os requisitos exigidos dos concorrentes, nos termos do art. 25, e os critérios de pré-qualificação, quando este procedimento for adotado;

III - as participações governamentais mínimas, na forma do disposto no art. 45, e a participação dos superficiários prevista no art. 52;

IV - a relação de documentos exigidos e os critérios a serem seguidos para aferição da capacidade técnica, da idoneidade financeira e da regularidade jurídica dos interessados, bem como para o julgamento técnico e econômico-financeiro da proposta;

V - a expressa indicação de que caberá ao concessionário o pagamento das indenizações devidas por desapropriações ou servidões necessárias ao cumprimento do contrato;

VI - o prazo, local e horário em que serão fornecidos, aos interessados, os dados, estudos e demais elementos e informações necessários à elaboração das propostas, bem como o custo de sua aquisição.

Parágrafo único. O prazo de duração da fase de exploração, referido no inciso I deste artigo, será estimado pela ANP, em função do nível de informações disponíveis, das características e da localização de cada bloco.

ART. 38. Quando permitida a participação de empresas em consórcio, o edital conterá as seguintes exigências:

I - comprovação de compromisso, público ou particular, de constituição do consórcio, subscrito pelas consorciadas;

II - indicação da empresa líder, responsável pelo consórcio e pela condução das operações, sem prejuízo da responsabilidade solidária das demais consorciadas;

III - apresentação, por parte de cada uma das empresas consorciadas, dos documentos exigidos para efeito de avaliação da qualificação técnica e econômico-financeira do consórcio;

IV - proibição de participação de uma mesma empresa em outro consórcio, ou isoladamente, na licitação de um mesmo bloco;

V - outorga de concessão ao consórcio vencedor da licitação condicionada ao registro do instrumento constitutivo do consórcio, na forma do disposto no parágrafo único do art. 279 da Lei n. 6.404, de 15 de dezembro de 1976.

ART. 39. O edital conterá a exigência de que a empresa estrangeira que concorrer isoladamente ou em consórcio deverá apresentar, juntamente com sua proposta e em envelope separado:

I - prova de capacidade técnica, idoneidade financeira e regularidade jurídica e fiscal, nos termos da regulamentação a ser editada pela ANP;

II - inteiro teor dos atos constitutivos e prova de encontrar-se organizada e em funcionamento regular, conforme a lei de seu país;

III - designação de um representante legal junto à ANP, com poderes especiais para a prática de atos e assunção de responsabilidades relativamente à licitação e à proposta apresentada;

IV - compromisso de, caso vencedora, constituir empresa segundo as leis brasileiras, com sede e administração no Brasil.

Parágrafo único. A assinatura do contrato de concessão ficará condicionada ao efetivo cumprimento do compromisso assumido de acordo com o inciso IV deste artigo.

SEÇÃO IV
DO JULGAMENTO DA LICITAÇÃO

ART. 40. O julgamento da licitação identificará a proposta mais vantajosa, segundo critérios objetivos, estabelecidos no instrumento convocatório, com fiel observância dos princípios da legalidade, impessoalidade, moralidade, publicidade e igualdade entre os concorrentes.

ART. 41. No julgamento da licitação, além de outros critérios que o edital expressamente estipular, serão levados em conta:

I - o programa geral de trabalho, as propostas para as atividades de exploração, os prazos, os volumes mínimos de investimentos e os cronogramas físico-financeiros;

II - as participações governamentais referidas no art. 45.

ART. 42. Em caso de empate, a licitação será decidida em favor da Petrobras, quando esta concorrer não consorciada com outras empresas.

SEÇÃO V
DO CONTRATO DE CONCESSÃO

ART. 43. O contrato de concessão deverá refletir fielmente as condições do edital e da proposta vencedora e terá como cláusulas essenciais:

I - a definição do bloco objeto da concessão;

II - o prazo de duração da fase de exploração e as condições para sua prorrogação;

III - o programa de trabalho e o volume do investimento previsto;

IV - as obrigações do concessionário quanto às participações, conforme o disposto na Seção VI;

V - a indicação das garantias a serem prestadas pelo concessionário quanto ao cumprimento do contrato, inclusive quanto à realização dos investimentos ajustados para cada fase;

VI - a especificação das regras sobre devolução e desocupação de áreas, inclusive retirada de equipamentos e instalações, e reversão de bens;

VII - os procedimentos para acompanhamento e fiscalização das atividades de exploração, desenvolvimento e produção, e para auditoria do contrato;

VIII - a obrigatoriedade de o concessionário fornecer à ANP relatórios, dados e informações relativos às atividades desenvolvidas;

IX - os procedimentos relacionados com a transferência do contrato, conforme o disposto no art. 29;

X - as regras sobre solução de controvérsias, relacionadas com o contrato e sua execução, inclusive a conciliação e a arbitragem internacional;

XI - os casos de rescisão e extinção do contrato;

XII - as penalidades aplicáveis na hipótese de descumprimento pelo concessionário das obrigações contratuais.

Parágrafo único. As condições contratuais para prorrogação do prazo de exploração, referidas no inciso II deste artigo, serão estabelecidas de modo a assegurar a devolução de um percentual do bloco, a critério da ANP, e o aumento do valor do pagamento pela ocupação da área, conforme disposto no parágrafo único do art. 51.

ART. 44. O contrato estabelecerá que o concessionário estará obrigado a:

I - adotar, em todas as suas operações, as medidas necessárias para a conservação dos reservatórios e de outros recursos naturais, para a segurança das pessoas e dos equipamentos e para a proteção do meio ambiente;

II - comunicar à ANP, imediatamente, a descoberta de qualquer jazida de petróleo, gás natural ou outros hidrocarbonetos ou de outros minerais;

III - realizar a avaliação da descoberta nos termos do programa submetido à ANP, apresentando relatório de comercialidade e declarando seu interesse no desenvolvimento do campo;

IV - submeter à ANP o plano de desenvolvimento de campo declarado comercial, contendo o cronograma e a estimativa de investimento;

V - responsabilizar-se civilmente pelos atos de seus prepostos e indenizar todos e quaisquer danos decorrentes das atividades de exploração, desenvolvimento e produção contratadas, devendo ressarcir à ANP ou à União os ônus que venham a suportar em consequência de eventuais demandas motivadas por atos de responsabilidade do concessionário;

VI - adotar as melhores práticas da indústria internacional do petróleo e obedecer às normas e procedimentos técnicos e científicos pertinentes, inclusive quanto às técnicas apropriadas de recuperação, objetivando a racionalização da produção e o controle do declínio das reservas.

SEÇÃO VI
DAS PARTICIPAÇÕES

ART. 45. O contrato de concessão disporá sobre as seguintes participações governamentais, previstas no edital de licitação:

I - bônus de assinatura;

II - *royalties*;

III - participação especial;

IV - pagamento pela ocupação ou retenção de área.

§ 1º As participações governamentais constantes dos incisos II e IV serão obrigatórias.

§ 2º As receitas provenientes das participações governamentais definidas no *caput*, alocadas para órgãos da administração pública federal, de acordo com o disposto nesta Lei, serão mantidas na Conta Única do Governo Federal, enquanto não forem destinadas para as respectivas programações.

§ 3º O superávit financeiro dos órgãos da administração pública federal referidos no parágrafo anterior, apurado em balanço de cada exercício financeiro, será transferido ao Tesouro Nacional.

ART. 46. O bônus de assinatura terá seu valor mínimo estabelecido no edital e corresponderá ao pagamento ofertado na proposta para obtenção da concessão, devendo ser pago no ato da assinatura do contrato.

ART. 47. Os *royalties* serão pagos mensalmente, em moeda nacional, a partir da data de início da produção comercial de cada campo, em montante correspondente a dez por cento da produção de petróleo ou gás natural.

§ 1º Tendo em conta os riscos geológicos, as expectativas de produção e outros fatores pertinentes, a ANP poderá prever, no edital de licitação correspondente, a redução do valor dos *royalties* estabelecido no *caput* deste artigo para um montante correspondente a, no mínimo, cinco por cento da produção.

§ 2º Os critérios para o cálculo do valor dos *royalties* serão estabelecidos por decreto do Presidente da República, em função dos preços de mercado do petróleo, gás natural ou condensado, das especificações do produto e da localização do campo.

§ 3º A queima de gás em *flares*, em prejuízo de sua comercialização, e a perda de produto ocorrida sob a responsabilidade do concessionário serão incluídas no volume total da produção a ser computada para cálculo dos *royalties* devidos.

§ 4º Os recursos provenientes dos pagamentos dos *royalties* serão distribuídos, nos termos do disposto nesta Lei, com base nos cálculos de valores devidos a cada beneficiário, fornecidos pela autoridade administrativa competente. (Acrescentado pela Lei 13.609/2018.)

§ 5º No caso dos Estados e dos Municípios, os recursos de que trata o § 4º deste artigo serão creditados em contas bancárias específicas de titularidade deles. (Acrescentado pela Lei 13.609/2018.)

§ 6º Observado o disposto no § 9º deste artigo, na hipótese de o Estado ou o Município ter celebrado operação de cessão ou transferência, parcial ou total, dos seus direitos sobre os *royalties* ou de antecipação, parcial ou total, das receitas decorrentes dos direitos sobre os *royalties*, os recursos de que trata o § 4º deste artigo serão creditados pelo seu valor líquido, após as deduções de natureza legal, tributária e/ou contratual anteriormente incidentes, se houver, e desde que tais deduções tenham prioridade de pagamentos, diretamente pela União, em conta bancária específica de titularidade dos investidores, no Brasil ou no exterior, ou de entidade representativa dos interesses dos investidores que tenham contratado com o Estado ou o Município a respectiva operação de cessão ou transferência de direitos sobre os *royalties* ou de antecipação das receitas decorrentes dos direitos sobre os *royalties*. (Acrescentado pela Lei 13.609/2018.)

§ 7º Na hipótese prevista no § 6º deste artigo, a União não poderá alterar a conta bancária específica indicada para o pagamento dos direitos e receitas sobre os *royalties* sem a prévia e expressa autorização do beneficiário da operação. (Acrescentado pela Lei 13.609/2018.)

§ 8º Eventual adesão do Estado ao Regime de Recuperação Fiscal previsto na Lei Complementar n. 159, de 19 de maio de 2017, não poderá afetar a transferência dos direitos e receitas sobre os *royalties* para a conta bancária específica de titularidade do investidor ou da entidade representativa dos interesses do investidor referida no § 6º deste artigo, até o integral cumprimento da obrigação assumida. (Acrescentado pela Lei 13.609/2018.)

§ 9º Para as operações já contratadas na data da promulgação desta Lei, poderão as partes, de comum acordo, ajustar a transferência do depósito dos recursos de que trata o § 4º deste artigo diretamente para conta bancária específica do investidor ou da entidade representativa dos interesses do investidor para essa finalidade. (Acrescentado pela Lei 13.609/2018.)

§ 10. (Vetado). (Acrescentado pela Lei 13.609 /2018.)

ART. 48. A parcela do valor dos *royalties*, previstos no contrato de concessão, que represente 5% (cinco por cento) da produção, correspondente ao montante mínimo referido no § 1º do art. 47, será distribuída segundo os seguintes critérios: (Redação dada pela Lei 12.734/2012.)

I - quando a lavra ocorrer em terra ou em lagos, rios, ilhas fluviais e lacustres: (Incluído pela Lei 12.734/2012.)

a) 70% (setenta por cento) aos Estados onde ocorrer a produção; (Incluída pela Lei 12.734/2012.)

b) 20% (vinte por cento) aos Municípios onde ocorrer a produção; e (Incluída pela Lei 12.734/2012.)

c) 10% (dez por cento) aos Municípios que sejam afetados pelas operações de embarque e desembarque de petróleo, gás natural e outros hidrocarbonetos fluidos, na forma e

LEIS

critérios estabelecidos pela ANP; (Incluída pela Lei 12.734/2012.)

II - quando a lavra ocorrer na plataforma continental, no mar territorial ou na zona econômica exclusiva: (Incluída pela Lei 12.734/2012.)

a) 20% (vinte por cento) para os Estados confrontantes; (Incluída pela Lei 12.734/2012.)

b) 17% (dezessete por cento) para os Municípios confrontantes e respectivas áreas geoeconômicas, conforme definido nos arts. 2º, 3º e 4º da Lei n. 7.525, de 22 de julho de 1986; (Incluída pela Lei 12.734/2012.)

c) 3% (três por cento) para os Municípios que sejam afetados pelas operações de embarque e desembarque de petróleo, de gás natural e de outros hidrocarbonetos fluidos, na forma e critério estabelecidos pela ANP; (Incluída pela Lei 12.734/2012.)

d) 20% (vinte por cento) para constituição de fundo especial, a ser distribuído entre Estados e o Distrito Federal, se for o caso, de acordo com os seguintes critérios: (Incluída pela Lei 12.734/2012.)

1. os recursos serão distribuídos somente para os Estados e, se for o caso, o Distrito Federal, que não tenham recebido recursos em decorrência do disposto na alínea "a" dos incisos I e II do art. 42-B da Lei n. 12.351, de 22 de dezembro de 2010, na alínea "a" deste inciso e do inciso II do art. 49 desta Lei e no inciso II do § 2º do art. 50 desta Lei; (Incluído pela Lei 12.734/2012.)

2. o rateio dos recursos do fundo especial obedecerá às mesmas regras do rateio do Fundo de Participação dos Estados e do Distrito Federal (FPE), de que trata o art. 159 da Constituição; (Incluído pela Lei 12.734/2012.)

3. o percentual que o FPE destina aos Estados e ao Distrito Federal, se for o caso, que serão excluídos do rateio dos recursos do fundo especial em decorrência do disposto no item 1 será redistribuído entre os demais Estados e o Distrito Federal, se for o caso, proporcionalmente às suas participações no FPE; (Incluído pela Lei 12.734/2012.)

4. o Estado produtor ou confrontante, e o Distrito Federal, se for produtor, poderá optar por receber os recursos do fundo especial de que trata esta alínea, desde que não receba recursos em decorrência do disposto na alínea "a" dos incisos I e II do art. 42-B da Lei n. 12.351, de 22 de dezembro de 2010, na alínea "a" deste inciso e do inciso II do art. 49 desta Lei e no inciso II do § 2º do art. 50 desta Lei; (Incluído pela Lei 12.734/2012.)

5. os recursos que Estados produtores ou confrontantes, ou que o Distrito Federal, se for o caso, tenham deixado de arrecadar em função da opção prevista no item 4 serão adicionados aos recursos do fundo especial de que trata esta alínea; (Incluído pela Lei 12.734/2012.)

e) 20% (vinte por cento) para constituição de fundo especial, a ser distribuído entre os Municípios de acordo com os seguintes critérios: (Incluída pela Lei 12.734/2012.)

1. os recursos serão distribuídos somente para os Municípios que não tenham recebido recursos em decorrência do disposto nas alíneas "b" e "c" dos incisos I e II do art. 42-B da Lei n. 12.351, de 22 de dezembro de 2010, nas alíneas "b" e "c" deste inciso e do inciso II do art. 49 desta Lei e no inciso III do § 2º do art. 50 desta Lei; (Incluído pela Lei 12.734/2012.)

2. o rateio dos recursos do fundo especial obedecerá às mesmas regras do rateio do Fundo de Participação dos Municípios (FPM), de que trata o art. 159 da Constituição; (Incluído pela Lei 12.734/2012.)

3. o percentual que o FPM destina aos Municípios que serão excluídos do rateio dos recursos do fundo especial em decorrência do disposto no item 1 será redistribuído entre Municípios proporcionalmente às suas participações no FPM; (Incluído pela Lei 12.734/2012.)

4. o Município produtor ou confrontante poderá optar por receber os recursos do fundo especial de que trata esta alínea, desde que não receba recursos em decorrência do disposto nas alíneas "b" e "c" dos incisos I e II do art. 42-B da Lei n. 12.351, de 22 de dezembro de 2010, nas alíneas "b" e "c" deste inciso e do inciso II do art. 49 desta Lei e no inciso III do § 2º do art. 50 desta Lei; (Incluído pela Lei 12.734/2012.)

5. os recursos que Municípios produtores ou confrontantes tenham deixado de arrecadar em função da opção prevista no item 4 serão adicionados aos recursos do fundo especial de que trata esta alínea; (Incluído pela Lei 12.734/2012.)

f) 20% (vinte por cento) para a União, a ser destinado ao Fundo Social, instituído por esta Lei, deduzidas as parcelas destinadas aos órgãos específicos da Administração Direta da União, nos termos do regulamento do Poder Executivo. (Incluída pela Lei 12.734/2012.)

§ 1º A soma dos valores referentes aos *royalties* devidos aos Municípios nos termos das alíneas "b" e "c" dos incisos I e II do art. 42-B da Lei n. 12.351, de 22 de dezembro de 2010, com os *royalties* devidos nos termos das alíneas "b" e "c" dos incisos I e II deste art. 48 e do art. 49 desta Lei, com a participação especial devida nos termos do inciso III do § 2º do art. 50 desta Lei, ficarão limitados ao maior dos seguintes valores: (Incluído pela Lei 12.734/2012.)

I - os valores que o Município recebeu a título de *royalties* e participação especial em 2011; (Incluído pela Lei 12.734/2012.)

II - 2 (duas) vezes o valor *per capita* distribuído pelo FPM, calculado em nível nacional, multiplicado pela população do Município. (Incluído pela Lei 12.734/2012.)

§ 2º A parcela dos *royalties* de que trata este artigo que contribuir para o que exceder o limite de pagamentos aos Municípios em decorrência do disposto no § 1º será transferida para o fundo especial de que trata a alínea "e" do inciso II. (Incluído pela Lei 12.734/2012.)

§ 3º Os pontos de entrega às concessionárias de gás natural produzido no País serão considerados instalações de embarque e desembarque, para fins de pagamento de *royalties* aos Municípios afetados por essas operações, em razão do disposto na alínea "c" dos incisos I e II. (Incluído pela Lei 12.734/2012.)

§ 4º A opção dos Estados, Distrito Federal e Municípios de que trata o item 4 das alíneas "d" e "e" do inciso II poderá ser feita após conhecido o valor dos *royalties* e da participação especial a serem distribuídos, nos termos do regulamento. (Incluído pela Lei 12.734/2012.)

ART. 49. A parcela do valor do *royalty* que exceder a cinco por cento da produção terá a seguinte distribuição:

- Lei 10.261/2011 (Desvincula, parcialmente, no exercício de 2001, a aplicação dos recursos de que tratam os arts. 48, 49 e 50 da Lei n. 9.478, de 6 de agosto de 1997, pertencentes à União.)

I - quando a lavra ocorrer em terra ou em lagos, rios, ilhas fluviais e lacustres:

a) cinquenta e dois inteiros e cinco décimos por cento aos Estados onde ocorrer a produção;

b) quinze por cento aos Municípios onde ocorrer a produção;

c) sete inteiros e cinco décimos por cento aos Municípios que sejam afetados pelas operações de embarque e desembarque de petróleo e gás natural, na forma e critério estabelecidos pela ANP;

d) 25% (vinte e cinco por cento) ao Ministério da Ciência e Tecnologia para financiar programas de amparo à pesquisa científica e ao desenvolvimento tecnológico aplicados à indústria do petróleo, do gás natural, dos biocombustíveis e à indústria petroquímica de primeira e segunda geração, bem como para programas de mesma natureza que tenham por finalidade a prevenção e a recuperação de danos causados ao meio ambiente por essas indústrias; (Redação dada pela Lei 11.921/2009.)

- Dec. 7.403/2010 (Estabelece regra de transição para destinação das parcelas de *royalties* e de participação especial devidas à administração direta da União em função da produção de petróleo, gás natural e outros hidrocarbonetos fluidos em áreas do pré-sal contratadas sob o regime de concessão, de que trata o § 2º do art. 49 da Lei 12.351/2010).

II - quando a lavra ocorrer na plataforma continental:

a) 20% (vinte por cento) para os Estados confrontantes; (Alterado pela Lei 12.734/2012.)

b) 17% (dezessete por cento) para os Municípios confrontantes e respectivas áreas geoeconômicas, conforme definido nos arts. 2º, 3º e 4º da Lei n. 7.525, de 22 de julho de 1986; (Alterado pela Lei 12.734/2012.)

c) 3% (três por cento) para os Municípios que sejam afetados pelas operações de embarque e desembarque de petróleo, de gás natural e de outros hidrocarbonetos fluidos, na forma e critério estabelecidos pela ANP; (Alterado pela Lei 12.734/2012.)

- Dec. 7.403/2010 (Estabelece regra de transição para destinação das parcelas de *royalties* e de participação especial devidas à administração direta da União em função da produção de petróleo, gás natural e outros hidrocarbonetos fluidos em áreas do pré-sal contratadas sob o regime de concessão, de que trata o § 2º do art. 49 da Lei 12.351/2010).

d) 20% (vinte por cento) para constituição de fundo especial, a ser distribuído entre Estados e o Distrito Federal, se for o caso, de acordo com os seguintes critérios: (Alterado pela Lei 12.734/2012.)

1. os recursos serão distribuídos somente para os Estados e, se for o caso, o Distrito Federal, que não tenham recebido recursos em decorrência do disposto na alínea "a" dos incisos I e II do art. 42-B da Lei n. 12.351, de 22 de dezembro de 2010, na alínea "a" deste inciso e do inciso II do art. 48 desta Lei e no inciso II do § 2º do art. 50 desta Lei; (Acrescentado pela Lei 12.734/2012.)

2. o rateio dos recursos do fundo especial obedecerá às mesmas regras do rateio do Fundo de Participação dos Estados e do Distrito Federal (FPE), de que trata o art. 159 da Constituição; (Acrescentado pela Lei 12.734/2012.)

3. o percentual que o FPE destina aos Estados e ao Distrito Federal, se for o caso, que serão excluídos do rateio dos recursos do fundo especial em decorrência do disposto no item 1 será redistribuído entre os demais Estados e o Distrito Federal, se for o caso, proporcionalmente às suas participações no FPE; (Acrescentado pela Lei 12.734/2012.)

4. o Estado produtor ou confrontante, e o Distrito Federal, se for produtor, poderá optar por receber os recursos do fundo especial de que trata esta alínea, desde que não receba os recursos referidos no item 1; (Acrescentado pela Lei 12.734/2012.)

5. os recursos que Estados produtores ou confrontantes, ou que o Distrito Federal, se for o caso, tenham deixado de arrecadar em função da opção prevista no item 4 serão

adicionados aos recursos do fundo especial de que trata esta alínea; (Acrescentado pela Lei 12.734/2012.)

e) 20% (vinte por cento) para constituição de fundo especial, a ser distribuído entre os Municípios de acordo com os seguintes critérios: (Alterado pela Lei 12.734/2012.)

1. os recursos serão distribuídos somente para os Municípios que não tenham recebido recursos em decorrência do disposto nas alíneas "b" e "c" dos incisos I e II do art. 42-B da Lei n. 12.351, de 22 de dezembro de 2010, nas alíneas "b" e "c" deste inciso e do inciso II do art. 48 desta Lei e no inciso III do § 2º do art. 50 desta Lei; (Acrescentado pela Lei 12.734/2012.)

2. o rateio dos recursos do fundo especial obedecerá às mesmas regras do rateio do FPM, de que trata o art. 159 da Constituição; (Acrescentado pela Lei 12.734/2012.)

3. o percentual que o FPM destina aos Municípios que serão excluídos do rateio dos recursos do fundo especial em decorrência do disposto no item 1 será redistribuído entre Municípios proporcionalmente às suas participações no FPM; (Acrescentado pela Lei 12.734/2012.)

4. o Município produtor ou confrontante poderá optar por receber os recursos do fundo especial de que trata esta alínea, desde que não receba os recursos referidos no item 1; (Acrescentado pela Lei 12.734/2012.)

5. os recursos que Municípios produtores ou confrontantes tenham deixado de arrecadar em função da opção prevista no item 4 serão adicionados aos recursos do fundo especial de que trata esta alínea; (Acrescentado pela Lei 12.734/2012.)

f) 20% (vinte por cento) para a União, a ser destinado ao Fundo Social, instituído por esta Lei, deduzidas as parcelas destinadas aos órgãos específicos da Administração Direta da União, nos termos do regulamento do Poder Executivo. (Alterado pela Lei 12.734/2012.)

› Dec. 7.403/2010 (Estabelece regra de transição para destinação das parcelas de *royalties* e de participação especial devidas à administração direta da União em função da produção de petróleo, gás natural e outros hidrocarbonetos fluidos em áreas do pré-sal contratadas sob o regime de concessão, de que trata o § 2º do art. 49 da Lei 12.351/2010).

§§ 1º a **3º** (Revogados). (Alterado pela Lei 12.734/2012.)2012)

§ 4º A soma dos valores referentes aos *royalties* devidos aos Municípios nos termos das alíneas "b" e "c" dos incisos I e II do art. 42-B da Lei no 12.351, de 22 de dezembro de 2010, com os *royalties* devidos nos termos das alíneas "b" e "c" dos incisos I e II deste artigo e do art. 48 desta Lei, com a participação especial devida nos termos do inciso III do § 2º do art. 50 desta Lei, ficarão limitados ao maior dos seguintes valores: (Acrescentado pela Lei 12.734/2012.)

I - os valores que o Município recebeu a título de *royalties* e participação especial em 2011; (Acrescentado pela Lei 12.734/2012.)

II - 2 (duas) vezes o valor *per capita* distribuído pelo FPM, calculado em nível nacional, multiplicado pela população do Município. (Acrescentado pela Lei 12.734/2012.)

§ 5º A parcela dos *royalties* de que trata este artigo que contribuir para o valor que exceder o limite de pagamentos aos Municípios em decorrência do disposto no § 4º será transferida para o fundo especial de que trata a alínea "e" do inciso II. (Acrescentado pela Lei 12.734/2012.)

§ 6º A opção dos Estados, Distrito Federal e Municípios de que trata o item 4 das alíneas "d" e "e" do inciso II poderá ser feita após conhecido o valor dos *royalties* e da participação especial a serem distribuídos, nos termos do regulamento. (Acrescentado pela Lei 12.734/2012.)

§ 7º Os pontos de entrega às concessionárias de gás natural produzido no País serão considerados instalações de embarque e desembarque, para fins de pagamento de *royalties* aos Municípios afetados por essas operações, em razão do disposto na alínea "c" dos incisos I e II. (Acrescentado pela Lei 12.734/2012.)

ART. 49-A. Os percentuais de distribuição a que se referem a alínea "b" do inciso II do art. 48 e a alínea "b" do inciso II do art. 49 serão reduzidos: (Incluído pela Lei 12.734/2012.)

I - em 2 (dois) pontos percentuais em 2013 e em cada ano subsequente até 2018, quando alcançará 5% (cinco por cento); (Incluído pela Lei 12.734/2012.)

II - em 1 (um) ponto percentual em 2019, quando alcançará o mínimo de 4% (quatro por cento). (Incluído pela Lei 12.734/2012.)

Parágrafo único. A partir de 2019, o percentual de distribuição a que se refere este artigo será de 4% (quatro por cento). (Incluído pela Lei 12.734/2012.)

ART. 49-B. Os percentuais de distribuição a que se referem a alínea "d" do inciso II do art. 48 e a alínea "d" do inciso II do art. 49 serão acrescidos: (Incluído pela Lei 12.734/2012.)

I - em 1 (um) ponto percentual em 2013 e em cada ano subsequente até atingir 24% (vinte e quatro por cento) em 2016; (Incluído pela Lei 12.734/2012.)

II - em 1,5 (um inteiro e cinco décimos) de ponto percentual em 2017, quando atingirá 25,5% (vinte e cinco inteiros e cinco décimos por cento); (Incluído pela Lei 12.734/2012.)

III - em 1 (um) ponto percentual em 2018, quando atingirá 26,5% (vinte e seis inteiros e cinco décimos por cento); (Incluído pela Lei 12.734/2012.)

IV - em 0,5 (cinco décimos) de ponto percentual em 2019, quando atingirá o máximo de 27% (vinte e sete por cento). (Incluído pela Lei 12.734/2012.)

Parágrafo único. A partir de 2019, o percentual de distribuição a que se refere este artigo será de 27% (vinte e sete por cento). (Incluído pela Lei 12.734/2012.)

ART. 49-C. Os percentuais de distribuição a que se referem a alínea "e" do inciso II do art. 48 e a alínea "e" do inciso II do art. 49 serão acrescidos: (Incluído pela Lei 12.734/2012.)

I - em 1 (um) ponto percentual em 2013 e em cada ano subsequente até atingir 24% (vinte e quatro por cento) em 2016; (Incluído pela Lei 12.734/2012.)

II - em 1,5 (um inteiro e cinco décimos) de ponto percentual em 2017, quando atingirá 25,5% (vinte e cinco inteiros e cinco décimos por cento); (Incluído pela Lei 12.734/2012.)

III - em 1 (um) ponto percentual em 2018, quando atingirá 26,5% (vinte e seis inteiros e cinco décimos por cento); (Incluído pela Lei 12.734/2012.)

IV - em 0,5 (cinco décimos) de ponto percentual em 2019, quando atingirá o máximo de 27% (vinte e sete por cento). (Incluído pela Lei 12.734/2012.)

Parágrafo único. A partir de 2019, o percentual de distribuição a que se refere este artigo será de 27% (vinte e sete por cento). (Incluído pela Lei 12.734/2012.)

ART. 50. O edital e o contrato estabelecerão que, nos casos de grande volume de produção, ou de grande rentabilidade, haverá o pagamento de uma participação especial, a ser regulamentada em decreto do Presidente da República.

› Lei 10.261/2011 (Desvincula, parcialmente, no exercício de 2001, a aplicação dos recursos de que tratam os arts. 48, 49 e 50 da Lei n. 9.478, de 6 de agosto de 1997, pertencentes à União.)

§ 1º A participação especial será aplicada sobre a receita bruta da produção, deduzidos os *royalties*, os investimentos na exploração, os custos operacionais, a depreciação e os tributos previstos na legislação em vigor.

§ 2º Os recursos da participação especial serão distribuídos na seguinte proporção:

I - 42% (quarenta e dois por cento) à União, a ser destinado ao Fundo Social, instituído pela Lei n. 12.351, de 2010, deduzidas as parcelas destinadas aos órgãos específicos da Administração Direta da União, nos termos do regulamento do Poder Executivo; (Redação dada pela Lei 12.734/ 2012.)

II - 34% (trinta e quatro por cento) para o Estado onde ocorrer a produção em terra, ou confrontante com a plataforma continental onde se realizar a produção; (Redação dada pela Lei 12.734/ 2012.)

III - 5% (cinco por cento) para o Município onde ocorrer a produção em terra, ou confrontante com a plataforma continental onde se realizar a produção; (Redação dada pela Lei 12.734/ 2012.)

IV - 9,5% (nove inteiros e cinco décimos por cento) para constituição de fundo especial, a ser distribuído entre Estados e o Distrito Federal, se for o caso, de acordo com os seguintes critérios: (Redação dada pela Lei 12.734/ 2012.)

a) os recursos serão distribuídos somente para os Estados e, se for o caso, o Distrito Federal, que não tenham recebido recursos em decorrência do disposto na alínea "a" dos incisos I e II do art. 42-B da Lei n. 12.351, de 22 de dezembro de 2010, na alínea "a" do inciso II dos arts. 48 e 49 desta Lei e no inciso II do § 2º deste artigo; (Redação dada pela Lei 12.734/ 2012.)

b) o rateio dos recursos do fundo especial obedecerá às mesmas regras do rateio do Fundo de Participação dos Estados e do Distrito Federal (FPE), de que trata o art. 159 da Constituição; (Incluída pela Lei 12.734/2012.)

c) o percentual que o FPE destina aos Estados e ao Distrito Federal, se for o caso, que serão excluídos do rateio dos recursos do fundo especial em decorrência do disposto na alínea "a" será redistribuído entre os demais Estados e o Distrito Federal, se for o caso, proporcionalmente às suas participações no FPE; (Incluída pela Lei 12.734/2012.)

d) o Estado produtor ou confrontante, e o Distrito Federal, se for produtor, poderá optar por receber os recursos do fundo especial de que trata este inciso, desde que não receba recursos em decorrência do disposto na alínea "a" dos incisos I e II do art. 42-B da Lei n. 12.351, de 22 de dezembro de 2010, na alínea "a" do inciso II dos arts. 48 e 49 desta Lei e no inciso II do § 2º deste artigo; (Incluída pela Lei 12.734/2012.)

e) os recursos que Estados produtores ou confrontantes, ou que o Distrito Federal, se for o caso, tenham deixado de arrecadar em função da opção prevista na alínea "d" serão adicionados aos recursos do fundo especial de que trata este inciso; (Incluída pela Lei 12.734/2012.)

V - 9,5% (nove inteiros e cinco décimos por cento) para constituição de fundo especial, a ser distribuído entre os Municípios de acordo com os seguintes critérios: (Incluído pela Lei 12.734/2012.)

a) os recursos serão distribuídos somente para os Municípios que não tenham recebido recursos em decorrência do disposto nas alíneas "b" e "c" dos incisos I e II do art. 42-B da Lei n. 12.351, de 22 de dezembro de 2010, nas alíneas "b" e "c" do inciso II dos arts. 48 e 49 desta Lei e no inciso III do § 2º deste artigo; (Incluída pela Lei 12.734/2012.)

b) o rateio dos recursos do fundo especial obedecerá às mesmas regras do rateio do FPM, de que trata o art. 159 da Constituição; (Incluída pela Lei 12.734/2012.)

c) o percentual que o FPM destina aos Municípios que serão excluídos do rateio dos recursos do fundo especial em decorrência do disposto na alínea "a" será redistribuído entre Municípios proporcionalmente às suas participações no FPM; (Incluída pela Lei 12.734/2012.)

d) o Município produtor ou confrontante poderá optar por receber os recursos do fundo especial de que trata este inciso, desde que não receba recursos em decorrência do disposto nas alíneas "b" e "c" dos incisos I e II do art. 42-B da Lei n. 12.351, de 22 de dezembro de 2010, nas alíneas "b" e "c" do inciso II dos arts. 48 e 49 desta Lei e no inciso III do § 2º deste artigo; (Incluída pela Lei 12.734/2012.)

e) os recursos que Municípios produtores ou confrontantes tenham deixado de arrecadar em função da opção prevista na alínea "d" serão adicionados aos recursos do fundo especial de que trata este inciso. (Incluída pela Lei 12.734/2012.)

§ 3º (Revogado pela Lei 12.114/2009.)

§ 4º (Revogado). (Redação dada pela Lei 12.734/ 2012.)

§ 5º A soma dos valores referentes aos *royalties* devidos aos Municípios nos termos das alíneas "b" e "c" dos incisos I e II do art. 42-B da Lei n. 12.351, de 22 de dezembro de 2010, com os *royalties* devidos nos termos das alíneas "b" e "c" dos incisos I e II dos arts. 48 e 49 desta Lei, com a participação especial devida nos termos do inciso III do § 2º deste artigo, ficarão limitados ao maior dos seguintes valores: (Incluído pela Lei 12.734/2012.)

I - os valores que o Município recebeu a título de *royalties* e participação especial em 2011; (Incluído pela Lei 12.734/2012.)

II - 2 (duas) vezes o valor *per capita* distribuído pelo FPM, calculado em nível nacional, multiplicado pela população do Município. (Incluído pela Lei 12.734/2012.)

§ 6º A opção dos Estados, Distrito Federal e Municípios de que trata a alínea "d" dos incisos IV e V poderá ser feita após conhecido o valor dos *royalties* e da participação especial a serem distribuídos, nos termos do regulamento. (Incluído pela Lei 12.734/2012.)

§ 7º A parcela da participação especial que contribuir para o valor que exceder o limite de pagamentos aos Municípios em decorrência do disposto no § 5º será transferida para o fundo especial de que trata o inciso V do § 2º. (Incluído pela Lei 12.734/2012.)

§ 8º Os recursos provenientes dos pagamentos da participação especial serão distribuídos, nos termos do disposto nesta Lei, com base nos cálculos de valores devidos a cada beneficiário, fornecidos pela autoridade administrativa competente. (Acrescentado pela Lei 13.609/2018.)

§ 9º No caso dos Estados e dos Municípios, os recursos de que trata o § 8º deste artigo serão creditados em contas bancárias específicas de titularidade deles. (Acrescentado pela Lei 13.609/2018.)

§ 10. Observado o disposto no § 13 deste artigo, na hipótese de o Estado ou o Município ter celebrado operação de cessão ou transferência, parcial ou total, dos seus direitos sobre a participação especial ou de antecipação, parcial ou total, das receitas decorrentes dos direitos sobre a participação especial, os recursos de que trata o § 8º deste artigo serão creditados pelo seu valor líquido, após as deduções de natureza legal, tributária e/ou contratual anteriormente incidentes, se houver, e desde que tais deduções tenham prioridade de pagamentos, diretamente pela União, em conta bancária específica de titularidade dos investidores, no Brasil ou no exterior, ou de entidade representativa dos interesses dos investidores que tenham contratado com o Estado ou o Município a respectiva operação de cessão ou transferência de direitos sobre a participação especial ou de antecipação das receitas decorrentes dos direitos sobre a participação especial. (Acrescentado pela Lei 13.609/2018.)

§ 11. Na hipótese prevista no § 10 deste artigo, a União não poderá alterar a conta bancária específica indicada para o pagamento dos direitos e receitas sobre a participação especial sem a prévia e expressa autorização do beneficiário da operação. (Acrescentado pela Lei 13.609/2018.)

§ 12. Eventual adesão do Estado ao Regime de Recuperação Fiscal previsto na Lei Complementar no 159, de 19 de maio de 2017, não poderá afetar a transferência dos direitos e receitas sobre a participação especial para a conta bancária específica de titularidade do investidor ou da entidade representativa dos interesses do investidor referida no § 10 deste artigo, até o integral cumprimento da obrigação assumida. (Acrescentado pela Lei 13.609/2018.)

§ 13. Para as operações já contratadas na data da promulgação desta Lei, poderão as partes, de comum acordo, ajustar a transferência do depósito dos recursos de que trata o § 8º deste artigo diretamente para conta bancária específica do investidor ou da entidade representativa dos interesses do investidor para essa finalidade. (Acrescentado pela Lei 13.609/2018.)

§ 14. (Vetado). (Acrescentado pela Lei 13.609 /2018.)

ART. 50-A. O percentual de distribuição a que se refere o inciso I do § 2º do art. 50 será acrescido de 1 (um) ponto percentual em 2013 e em cada ano subsequente até 2016, quando alcançará 46% (quarenta e seis por cento). (Incluído pela Lei 12.734/2012.)

Parágrafo único. A partir de 2016, o percentual de distribuição a que se refere este artigo será de 46% (quarenta e seis por cento). (Incluído pela Lei 12.734/2012.)

ART. 50-B. O percentual de distribuição a que se refere o inciso II do § 2º do art. 50 será reduzido: (Incluído pela Lei 12.734/2012.)

I - em 2 (dois) pontos percentuais em 2013, quando atingirá 32% (trinta e dois por cento); (Incluído pela Lei 12.734/2012.)

II - em 3 (três) pontos percentuais em 2014 e em 2015, quando atingirá 26% (vinte e seis por cento); (Incluído pela Lei 12.734/2012.)

III - em 2 (dois) pontos percentuais em 2016, em 2017 e em 2018, quando atingirá 20% (vinte por cento). (Incluído pela Lei 12.734/2012.)

Parágrafo único. A partir de 2018, o percentual de distribuição a que se refere este artigo será de 20% (vinte por cento). (Incluído pela Lei 12.734/2012.)

ART. 50-C. O percentual de distribuição a que se refere o inciso III do § 2º do art. 50 será reduzido em 1 (um) ponto percentual em 2019, quando atingirá 4% (quatro por cento(Incluído pela Lei 12.734/2012.)

Parágrafo único. A partir de 2019, o percentual de distribuição a que se refere este artigo será de 4% (quatro por cento). (Incluído pela Lei 12.734/2012.)

ART. 50-D. O percentual de distribuição a que se refere o inciso IV do § 2º do art. 50 será acrescido: (Incluído pela Lei 12.734/2012.)

I - em 0,5 (cinco décimos) de ponto percentual em 2013, quando atingirá 10% (dez por cento); (Incluído pela Lei 12.734/2012.)

II - em 1 (um) ponto percentual em 2014 e em 2015, quando atingirá 12% (doze por cento); (Incluído pela Lei 12.734/2012.)

III - em 0,5 (cinco décimos) de ponto percentual em 2016, quando atingirá 12,5% (doze inteiros e cinco décimos por cento); (Incluído pela Lei 12.734/2012.)

IV - em 1 (um) ponto percentual em 2017 e em 2018, quando atingirá 14,5% (quatorze inteiros e cinco décimos por cento); (Incluído pela Lei 12.734/2012.)

V - em 0,5 (cinco décimos) de ponto percentual em 2019, quando atingirá 15% (quinze por cento). (Incluído pela Lei 12.734/2012.)

Parágrafo único. A partir de 2019, o percentual de distribuição a que se refere este artigo será de 15% (quinze por cento). (Incluído pela Lei 12.734/2012.)

ART. 50-E. O percentual de distribuição a que se refere o inciso V do § 2º do art. 50 será acrescido: (Incluído pela Lei 12.734/2012.)

I - em 0,5 (cinco décimos) de ponto percentual em 2013, quando atingirá 10% (dez por cento); (Incluído pela Lei 12.734/2012.)

II - em 1 (um) ponto percentual em 2014 e em 2015, quando atingirá 12% (doze por cento); (Incluído pela Lei 12.734/2012.)

III - em 0,5 (cinco décimos) de ponto percentual em 2016, quando atingirá 12,5% (doze inteiros e cinco décimos por cento); (Incluído pela Lei 12.734/2012.)

IV - em 1 (um) ponto percentual em 2017 e em 2018, quando atingirá 14,5% (quatorze inteiros e cinco décimos por cento); (Incluído pela Lei 12.734/2012.)

V - em 0,5 (cinco décimos) de ponto percentual em 2019, quando atingirá 15% (quinze por cento). (Incluído pela Lei 12.734/2012.)

Parágrafo único. A partir de 2019, o percentual de distribuição a que se refere este artigo será de 15% (quinze por cento). (Incluído pela Lei 12.734/2012.)

ART. 50-F. O fundo especial de que tratam as alíneas "d" e "e" do inciso II dos arts. 48 e 49 desta Lei, os incisos IV e V do § 2º do art. 50 desta Lei e as alíneas "d" e "e" dos incisos I e II do art. 42-B da Lei n. 12.351, de 22 de dezembro de 2010, serão destinados para as áreas de educação, infraestrutura social e econômica, saúde, segurança, programas de erradicação da miséria e da pobreza, cultura, esporte, pesquisa, ciência e tecnologia, defesa civil, meio ambiente, em programas voltados para a mitigação e adaptação às mudanças climáticas, e para o tratamento e reinserção social dos dependentes químicos. (Incluído pela Lei 12.734/2012.)

Parágrafo único. Os Estados, o Distrito Federal e os Municípios encaminharão anexo contendo a previsão para a aplicação dos recursos de que trata o *caput* junto aos respectivos planos plurianuais, leis de diretrizes orçamentárias e leis do orçamento anual. (Incluído pela Lei 12.734/2012.)

ART. 51. O edital e o contrato disporão sobre o pagamento pela ocupação ou retenção de área, a ser feito anualmente, fixado por quilômetro quadrado ou fração da superfície do bloco, na forma da regulamentação por decreto do Presidente da República.

Parágrafo único. O valor do pagamento pela ocupação ou retenção de área será aumentado em percentual a ser estabelecido pela ANP, sempre que houver prorrogação do prazo de exploração.

ART. 52. Constará também do contrato de concessão de bloco localizado em terra cláusula que determine o pagamento aos proprietários da terra de participação equivalente, em moeda corrente, a um percentual variável entre cinco décimos por cento e um por cento da produção de petróleo ou gás natural, a critério da ANP.

Parágrafo único. A participação a que se refere este artigo será distribuída na proporção da produção realizada nas propriedades regularmente demarcadas na superfície do bloco.

CAPÍTULO VI
DO REFINO DE PETRÓLEO E DO PROCESSAMENTO DE GÁS NATURAL

ART. 53. Qualquer empresa ou consórcio de empresas que atenda ao disposto no art. 5º desta Lei poderá submeter à ANP proposta, acompanhada do respectivo projeto, para a construção e operação de refinarias e de unidades de processamento, de liquefação, de regaseificação e de estocagem de gás natural, bem como para a ampliação de sua capacidade. (Redação dada pela Lei 11.909/2009.)

§ 1º A ANP estabelecerá os requisitos técnicos, econômicos e jurídicos a serem atendidos pelos proponentes e as exigências de projeto quanto à proteção ambiental e à segurança industrial e das populações.

§ 2º Atendido o disposto no parágrafo anterior, a ANP outorgará a autorização a que se refere o inciso V do art. 8º, definindo seu objeto e sua titularidade.

ART. 54. É permitida a transferência da titularidade da autorização, mediante prévia e expressa aprovação pela ANP, desde que o novo titular satisfaça os requisitos expressos no § 1º do artigo anterior.

ART. 55. No prazo de cento e oitenta dias, a partir da publicação desta Lei, a ANP expedirá as autorizações relativas às refinarias e unidades de processamento de gás natural existentes, ratificando sua titularidade e seus direitos.

Parágrafo único. As autorizações referidas neste artigo obedecerão ao disposto no art. 53 quanto à transferência da titularidade e à ampliação da capacidade das instalações.

CAPÍTULO VII
DO TRANSPORTE DE PETRÓLEO, SEUS DERIVADOS E GÁS NATURAL

ART. 56. Observadas as disposições das leis pertinentes, qualquer empresa ou consórcio de empresas que atender ao disposto no art. 5º poderá receber autorização da ANP para construir instalações e efetuar qualquer modalidade de transporte de petróleo, seus derivados e gás natural, seja para suprimento interno ou para importação e exportação.

Parágrafo único. A ANP baixará normas sobre a habilitação dos interessados e as condições para a autorização e para transferência de sua titularidade, observado o atendimento aos requisitos de proteção ambiental e segurança de tráfego.

ART. 57. No prazo de cento e oitenta dias, a partir da publicação desta Lei, a Petrobras e as demais empresas proprietárias de equipamentos e instalações de transporte marítimo e dutoviário receberão da ANP as respectivas autorizações, ratificando sua titularidade e seus direitos.

Parágrafo único. As autorizações referidas neste artigo observarão as normas de que trata o parágrafo único do artigo anterior, quanto à transferência da titularidade e à ampliação da capacidade das instalações.

ART. 58. Será facultado a qualquer interessado o uso dos dutos de transporte e dos terminais marítimos existentes ou a serem construídos, com exceção dos terminais de Gás Natural Liquefeito - GNL, mediante remuneração adequada ao titular das instalações ou da capacidade de movimentação de gás natural, nos termos da lei e da regulamentação aplicável. (Redação dada pela Lei 11.909/2009.)

§ 1º A ANP fixará o valor e a forma de pagamento da remuneração adequada com base em critérios previamente estabelecidos, caso não haja acordo entre as partes, cabendo-lhe também verificar se o valor acordado é compatível com o mercado. (Redação dada pela Lei 11.909/2009.)

§ 2º A ANP regulará a preferência a ser atribuída ao proprietário das instalações para movimentação de seus próprios produtos, com o objetivo de promover a máxima utilização da capacidade de transporte pelos meios disponíveis.

§ 3º A receita referida no *caput* deste artigo deverá ser destinada a quem efetivamente estiver suportando o custo da capacidade de movimentação de gás natural. (Incluído pela Lei n. 11.909/2009.)

ART. 59. Os dutos de transferência serão reclassificados pela ANP como dutos de transporte, caso haja comprovado interesse de terceiros em sua utilização, observadas as disposições aplicáveis deste Capítulo.

CAPÍTULO VIII
DA IMPORTAÇÃO E EXPORTAÇÃO DE PETRÓLEO, SEUS DERIVADOS E GÁS NATURAL

ART. 60. Qualquer empresa ou consórcio de empresas que atender ao disposto no art. 5º poderá receber autorização da ANP para exercer a atividade de importação e exportação de petróleo e seus derivados, de gás natural e condensado.

Parágrafo único. O exercício da atividade referida no *caput* deste artigo observará as diretrizes do CNPE, em particular as relacionadas com o cumprimento das disposições do art. 4º da Lei n. 8.176, de 8 de fevereiro de 1991, e obedecerá às demais normas legais e regulamentares pertinentes.

CAPÍTULO IX
DA PETROBRÁS

ART. 61. A Petróleo Brasileiro S.A. - Petrobras é uma sociedade de economia mista vinculada ao Ministério de Minas e Energia, que tem como objeto a pesquisa, a lavra, a refinação, o processamento, o comércio e o transporte de petróleo proveniente de poço, de xisto ou de outras rochas, de seus derivados, de gás natural e de outros hidrocarbonetos fluidos, bem como quaisquer outras atividades correlatas ou afins, conforme definidas em lei.

§ 1º As atividades econômicas referidas neste artigo serão desenvolvidas pela Petrobras em caráter de livre competição com outras empresas, em função das condições de mercado, observados o período de transição previsto no Capítulo X e os demais princípios e diretrizes desta Lei.

§ 2º A Petrobras, diretamente ou por intermédio de suas subsidiárias, associada ou não a terceiros, poderá exercer, fora do território nacional, qualquer uma das atividades integrantes de seu objeto social.

ART. 62. A União manterá o controle acionário da Petrobras com a propriedade e posse de, no mínimo, cinquenta por cento das ações, mais uma ação, do capital votante.

Parágrafo único. O capital social da Petrobras é dividido em ações ordinárias, com direito de voto, e ações preferenciais, estas sempre sem direito de voto, todas escriturais, na forma do art. 34 da Lei n. 6.404, de 15 de dezembro de 1976.

ART. 63. A Petrobras e suas subsidiárias ficam autorizadas a formar consórcios com empresas nacionais ou estrangeiras, na condição ou não de empresa líder, objetivando expandir atividades, reunir tecnologias e ampliar investimentos aplicados à indústria do petróleo.

ART. 64. Para o estrito cumprimento de atividades de seu objeto social que integrem a indústria do petróleo, fica a Petrobras autorizada a constituir subsidiárias, as quais poderão associar-se, majoritária ou minoritariamente, a outras empresas.

ART. 65. A Petrobras deverá constituir uma subsidiária com atribuições específicas de operar e construir seus dutos, terminais marítimos e embarcações para transporte de petróleo, seus derivados e gás natural, ficando facultado a essa subsidiária associar-se, majoritária ou minoritariamente, a outras empresas.

ART. 66. A Petrobras poderá transferir para seus ativos os títulos e valores recebidos por qualquer subsidiária, em decorrência do Programa Nacional de Desestatização, mediante apropriada redução de sua participação no capital social da subsidiária.

ARTS. 67 e **68.** Revogados pela Lei 13.303 /2016.)

CAPÍTULO IX-A
DAS ATIVIDADES ECONÔMICAS DA INDÚSTRIA DE BIOCOMBUSTÍVEIS

‣ (Incluído pela Lei 12.490/2011.)

ART. 68-A. Qualquer empresa ou consórcio de empresas constituídas sob as leis brasileiras com sede e administração no País poderá obter autorização da ANP para exercer as atividades econômicas da indústria de biocombustíveis. (Incluído pela Lei 12.490/2011.)

§ 1º As autorizações de que trata o *caput* destinam-se a permitir a exploração das atividades econômicas em regime de livre iniciativa e ampla competição, nos termos da legislação específica. (Incluído pela Lei 12.490/2011.)

§ 2º A autorização de que trata o *caput* deverá considerar a comprovação, pelo interessado, quando couber, das condições previstas em lei específica, além das seguintes, conforme regulamento: (Incluído pela Lei 12.490/2011.)

I - estar constituído sob as leis brasileiras, com sede e administração no País; (Incluído pela Lei 12.490/2011.)

II - estar regular perante as fazendas federal, estadual e municipal, bem como demonstrar a regularidade de débitos perante a ANP; (Incluído pela Lei 12.490/2011.)

III - apresentar projeto básico da instalação, em conformidade às normas e aos padrões técnicos aplicáveis à atividade; (Incluído pela Lei 12.490/2011.)

IV - apresentar licença ambiental, ou outro documento que a substitua, expedida pelo órgão competente; (Incluído pela Lei 12.490/2011.)

V - apresentar projeto de controle de segurança das instalações aprovado pelo órgão competente; (Incluído pela Lei 12.490/2011.)

VI - deter capital social integralizado ou apresentar outras fontes de financiamento suficientes para o empreendimento. (Incluído pela Lei 12.490/2011.)

§ 3º A autorização somente poderá ser revogada por solicitação do próprio interessado ou por ocasião do cometimento de infrações passíveis de punição com essa penalidade, conforme previsto em lei. (Incluído pela Lei 12.490/2011.)

§ 4º A autorização será concedida pela ANP em prazo a ser estabelecido na forma do regulamento. (Incluído pela Lei 12.490/2011.)

§ 5º A autorização não poderá ser concedida se o interessado, nos 5 (cinco) anos anteriores ao requerimento, teve autorização para o exercício de atividade regulamentada pela ANP revogada em decorrência de penalidade aplicada em processo administrativo com decisão definitiva. (Incluído pela Lei 12.490/2011.)

§ 6º Não são sujeitas à regulação e à autorização pela ANP a produção agrícola, a fabricação de produtos agropecuários e alimentícios e a geração de energia elétrica, quando vinculadas ao estabelecimento no qual se construirá, modificará ou ampliará a unidade de produção de biocombustível. (Incluído pela Lei 12.490/2011.)

§ 7º A unidade produtora de biocombustível que produzir ou comercializar energia elétrica deverá atender às normas e aos regulamentos estabelecidos pelos órgãos e entidades competentes. (Incluído pela Lei 12.490/2011.)

§ 8º São condicionadas à prévia aprovação da ANP a modificação ou a ampliação de instalação relativas ao exercício das atividades econômicas da indústria de biocombustíveis. (Incluído pela Lei 12.490/2011.)

CAPÍTULO X
DAS DISPOSIÇÕES FINAIS E TRANSITÓRIAS

SEÇÃO I
DO PERÍODO DE TRANSIÇÃO

ART. 69. Durante o período de transição, que se estenderá, no máximo, até o dia 31 de dezembro de 2001, os reajustes e revisões de preços dos derivados básicos de petróleo e gás natural, praticados pelas unidades produtoras ou de processamento, serão efetuados segundo diretrizes e parâmetros específicos estabelecidos, em ato conjunto, pelos Ministros de Estado da Fazenda e de Minas e Energia.» (Redação dada pela Lei 9.990/2000.)

- Lei 10.453/2002 (Dispõe sobre subvenções ao preço e ao transporte do álcool combustível e subsídios ao preço do gás liquefeito de petróleo - GLP.)

ART. 70. Durante o período de transição de que trata o artigo anterior, a ANP estabelecerá critérios para as importações de petróleo, de seus derivados básicos e de gás natural, os quais serão compatíveis com os critérios de desregulamentação de preços, previstos no mesmo dispositivo.

ART. 71. Os derivados de petróleo e de gás natural que constituam insumos para a indústria petroquímica terão o tratamento previsto nos arts. 69 e 70, objetivando a competitividade do setor.

ART. 72. Durante o prazo de cinco anos, contados a partir da data de publicação desta Lei, a União assegurará, por intermédio da ANP, às refinarias em funcionamento no país, excluídas do monopólio da União, nos termos do art. 45 do Ato das Disposições Constitucionais Transitórias, condições operacionais e econômicas, com base nos critérios em vigor, aplicados à atividade de refino.

Parágrafo único. No prazo previsto neste artigo, observar-se-á o seguinte:

I - (Vetado.)

II - as refinarias se obrigam a submeter à ANP plano de investimentos na modernização tecnológica e na expansão da produtividade de seus respectivos parques de refino, com vistas ao aumento da produção e à consequente redução dos subsídios a elas concedidos;

III - a ANP avaliará, periodicamente, o grau de competitividade das refinarias, a realização dos respectivos planos de investimentos e a consequente redução dos subsídios relativos a cada uma delas.

ART. 73. Até que se esgote o período de transição estabelecido no art. 69, os preços dos derivados básicos praticados pela Petrobras poderão considerar os encargos resultantes de subsídios incidentes sobre as atividades por ela desenvolvidas.

Parágrafo único. À exceção das condições e do prazo estabelecidos no artigo anterior, qualquer subsídio incidente sobre os preços dos derivados básicos, transcorrido o período previsto no art. 69, deverá ser proposto pelo CNPE e submetido à aprovação do Congresso Nacional, nos termos do inciso II do art. 2º.

ART. 74. A Secretaria do Tesouro Nacional procederá ao levantamento completo de todos os créditos e débitos recíprocos da União e da Petrobras, abrangendo as diversas contas de obrigações recíprocas e subsídios, inclusive os relativos à denominada Conta Petróleo, Derivados e Álcool, instituída pela Lei n. 4.452, de 5 de novembro de 1964, e legislação complementar, ressarcindo-se o Tesouro dos dividendos mínimos legais que tiverem sido pagos a menos desde a promulgação da Lei n. 6.404, de 15 de dezembro de 1976.

- Lei 10.742/2003 (Define normas de regulação para o setor farmacêutico, cria a Câmara de Regulação do Mercado de Medicamentos - CMED e altera a Lei 6.360/1976.)

Parágrafo único. Até que se esgote o período de transição, o saldo credor desse encontro de contas deverá ser liquidado pela parte devedora, ficando facultado à União, caso seja a devedora, liquidá-lo em títulos do Tesouro Nacional.

SEÇÃO II
DAS DISPOSIÇÕES FINAIS

ART. 75. Na composição da primeira Diretoria da ANP, visando implementar a transição para o sistema de mandatos não coincidentes, o Diretor-Geral e dois Diretores serão nomeados pelo Presidente da República, por indicação do Ministro de Estado de Minas e Energia, respectivamente com mandatos de três, dois e um ano, e dois Diretores serão nomeados conforme o disposto nos §§ 2º e 3º do art. 11.

ART. 76. A ANP poderá contratar especialistas para a execução de trabalhos nas áreas técnica, econômica e jurídica, por projetos ou prazos limitados, com dispensa de licitação nos casos previstos na legislação aplicável.

Parágrafo único. (Revogado pela Lei 10.871/2004.)

ART. 77. O Poder Executivo promoverá a instalação do CNPE e implantará a ANP, mediante a aprovação de sua estrutura regimental, em até cento e vinte dias, contados a partir da data de publicação desta Lei.

§ 1º A estrutura regimental da ANP incluirá os cargos em comissão e funções gratificadas existentes no DNC.

§ 2º (Vetado.)

§ 3º Enquanto não implantada a ANP, as competências a ela atribuídas por esta Lei serão exercidas pelo Ministro de Estado de Minas e Energia.

ART. 78. Implantada a ANP, ficará extinto o DNC.

Parágrafo único. Serão transferidos para a ANP o acervo técnico-patrimonial, as obrigações, os direitos e as receitas do DNC.

ART. 79. Fica o Poder Executivo autorizado a remanejar, transferir ou utilizar os saldos orçamentários do Ministério de Minas e Energia, para atender às despesas de estruturação e manutenção da ANP, utilizando como recursos as dotações orçamentárias destinadas às atividades finalísticas e administrativas, observados os mesmos subprojetos, subatividades e grupos de despesa previstos na Lei Orçamentária em vigor.

ART. 80. As disposições desta Lei não afetam direitos anteriores de terceiros, adquiridos mediante contratos celebrados com a Petrobras, em conformidade com as leis em vigor, e não invalidam os atos praticados pela Petrobras e suas subsidiárias, de acordo com seus estatutos, os quais serão ajustados, no que couber, a esta Lei.

ART. 81. Não se incluem nas regras desta Lei os equipamentos e instalações destinados a execução de serviços locais de distribuição de gás canalizado, a que se refere o § 2º do art. 25 da Constituição Federal.

ART. 82. Esta Lei entra em vigor na data de sua publicação.

ART. 83. Revogam-se as disposições em contrário, inclusive a Lei n. 2.004, de 3 de outubro de 1953.

Brasília, 6 de agosto de 1997;
176º da Independência e 109º da República.
Fernando Henrique Cardoso

- Optamos, nesta edição, pela não publicação dos Anexos.

LEI N. 9.482, DE 13 DE AGOSTO DE 1997

Dispõe sobre a administração do Instituto de Resseguros do Brasil - IRB, sobre a transferência e a transformação de suas ações, e dá outras providências.

- *DOU*, 14.08.1997, retificado em 20.08.1997.

Faço saber que o Presidente da República adotou a Medida Provisória n. 1.578-1, de 1997, que o congresso Nacional aprovou, e eu, Antonio Carlos Magalhães, Presidente, para os efeitos do disposto no parágrafo único do art. 62 da Constituição Federal, promulgo a seguinte Lei:

ART. 1º Fica o Poder Executivo autorizado a:

I - transferir para a União, mediante ressarcimento, a propriedade das ações Classe A, pertencentes ao Instituto Nacional do Seguro Social - INSS, representativas de cinquenta por cento do capital social do Instituto de Resseguros do Brasil - IRB;

II - adotar as providências necessárias à transformação das atuais ações Classe A e Classe B, em que se divide o capital social do IRB, em ações ordinárias e ações preferenciais, respectivamente.

Parágrafo único. Para efeito de cálculo do valor das ações a serem transferidas para a União, será considerado o valor patrimonial das ações em 31 de dezembro de 1996, corrigido pelo IGP-M até a data do efetivo-pagamento.

ART. 2º Os arts. 43, 46, 47 e 48 do Decreto-lei n. 73, de 21 de novembro de 1966, passam a vigorar com a seguinte redação:

- Alterações promovidas no texto do referido decreto-lei.

ART. 3º Fica o IRB autorizado a celebrar contrato de gestão, nos termos da legislação em vigor.

ART. 4º Para os efeitos do disposto no art. 8º dos Estatutos aprovados pelo Decreto n. 60.460, de 13 de março de 1967, serão utilizados os balanços do IRB e das seguradoras acionistas do IRB referentes ao exercício findo em 31 de dezembro de 1996.

Parágrafo único. Para efeito de cálculo do valor das ações a serem redistribuídas entre as seguradoras, será utilizado o valor apurado na data-base de 31 de dezembro de 1996, corrigido pelo IGP-M até a data da efetiva redistribuição.

ART. 5º Ficam convalidados os atos praticados com base na Medida Provisória n. 1.578, de 17 de junho de 1997.

ART. 6º Esta Lei entra em vigor na data de sua publicação.

ART. 7º Ficam revogados os arts. 49, 50, 51, 52, 53 e 54 do Decreto-lei n. 73, de 21 de novembro de 1966.

Congresso Nacional,
em 13 de agosto de 1997;
176º da Independência e
109º da República.
SENADOR ANTONIO CARLOS MAGALHÃES
PRESIDENTE DO CONGRESSO NACIONAL

LEI N. 9.491, DE 9 DE SETEMBRO DE 1997

Altera procedimentos relativos ao Programa Nacional de Desestatização, revoga a Lei n. 8.031, de 12 de abril de 1990, e dá outras providências.

- *DOU*, 10.9.1997, republicado em 11.09.1997.
- Dec. 2.594/1998 (Regulamenta esta lei).
- Conversão da Med. Prov. 1.481-52/1997.
- Dec. 6.026/2007 (Dispõe sobre a inclusão, no Programa Nacional de Desestatização - PND, da Companhia Energética do Amazonas S.A. - CEAM).
- Dec. 6.380/2008 (Dispõe sobre a exclusão, do Programa Nacional de Desestatização - PND, do Banco do Estado de Santa Catarina S.A. - BESC e da BESC S.A. Crédito Imobiliário - BESCRI).
- Dec. 7.267/2010 (Dispõe sobre a exclusão da VALEC - Engenharia, Construções e Ferrovias S.A. do Programa Nacional de Desestatização - PND).
- Dec. 8.055/2013 (Inclui no Programa Nacional de Desestatização - PND o trecho de ferrovia federal EF-151, entre os Municípios de Açailândia, Estado do Maranhão, e Barcarena, Estado do Pará).
- Dec. 8.057/2013 (Inclui no Programa Nacional de Desestatização - PND as ligações a serem atendidaspelos serviços regulares de transporte rodoviário interestadual e internacional de passageiros).
- Dec. 8.417/2015 (Dispõe sobre a exclusão do Programa Nacional de Desestatização - PND da Companhia de Entrepostos e Armazéns Gerais do Estado de São Paulo - CEAGESP.)
- Dec. 9.387/2018 (Dispõe sobre a exclusão das participações acionárias detidas pelo extinto Fundo Nacional de Desenvolvimento do âmbito do Programa Nacional de Desestatização).

O Presidente da República. Faço saber que o Congresso Nacional decreta e eu sanciono a seguinte Lei:

ART. 1º O Programa Nacional de Desestatização - PND tem como objetivos fundamentais:

I - reordenar a posição estratégica do Estado na economia, transferindo à iniciativa privada atividades indevidamente exploradas pelo setor público;

II - contribuir para a reestruturação econômica do setor público, especialmente através da melhoria do perfil e da redução da dívida pública líquida;

III - permitir a retomada de investimentos nas empresas e atividades que vierem a ser transferidas à iniciativa privada;

IV - contribuir para a reestruturação econômica do setor privado, especialmente para a modernização da infraestrutura e do parque industrial do País, ampliando sua competitividade e reforçando a capacidade empresarial nos diversos setores da economia, inclusive através da concessão de crédito;

V - permitir que a Administração Pública concentre seus esforços nas atividades em que a presença do Estado seja fundamental para a consecução das prioridades nacionais;

VI - contribuir para o fortalecimento do mercado de capitais, através do acréscimo da oferta de valores mobiliários e da democratização da propriedade do capital das empresas que integrarem o Programa.

ART. 2º Poderão ser objeto de desestatização, nos termos desta Lei:

I - empresas, inclusive instituições financeiras, controladas direta ou indiretamente pela União, instituídas por lei ou ato do Poder Executivo;

II - empresas criadas pelo setor privado e que, por qualquer motivo, passaram ao controle direto ou indireto da União;

III - serviços públicos objeto de concessão, permissão ou autorização;

IV - instituições financeiras públicas estaduais que tenham tido as ações de seu capital social desapropriadas, na forma do Decreto-Lei n. 2.321, de 25 de fevereiro de 1987.

V - bens móveis e imóveis da União. (Incluído pela Med. Prov. 2.161-35/2001.)

§ 1º Considera-se desestatização:

a) a alienação, pela União, de direitos que lhe assegurem, diretamente ou através de outras controladas, preponderância nas deliberações sociais e o poder de eleger a maioria dos administradores da sociedade;

b) a transferência, para a iniciativa privada, da execução de serviços públicos explorados pela União, diretamente ou através de entidades controladas, bem como daqueles de sua responsabilidade.

c) a transferência ou outorga de direitos sobre bens móveis e imóveis da União, nos termos desta Lei. (Incluído pela Med. Prov. 2.161-35/2001.)

§ 2º Aplicam-se os dispositivos desta Lei, no que couber, às participações minoritárias diretas e indiretas da União no capital social de quaisquer outras sociedades e às ações excedentes à participação acionária detida pela União representativa do mínimo necessário à manutenção do controle acionário da Petróleo Brasileiro S.A. - Petrobrás, nos termos do artigo 62 da Lei n. 9.478, de 06.08.1997.

§ 3º O Banco Nacional de Desenvolvimento Econômico e Social - BNDES, por determinação do Conselho Nacional de Desestatização, definido nesta Lei, e por solicitação de Estados ou Municípios, poderá firmar com eles ajuste para supervisionar o processo de desestatização de empresas controladas por aquelas unidades federadas, detentoras de concessão, permissão ou autorização para prestação de serviços públicos, observados, quanto ao processo de desestatização, os procedimentos estabelecidos nesta Lei.

§ 4º Na hipótese do parágrafo anterior, a licitação para a outorga ou transferência da concessão do serviço a ser desestatizado poderá ser realizada na modalidade de leilão.

§ 5º O Gestor do Fundo Nacional de Desestatização deverá observar, com relação aos imóveis da União incluídos no Programa Nacional de Desestatização, a legislação aplicável às desestatizações e, supletivamente, a relativa aos bens imóveis de domínio da União, sem prejuízo do disposto no inciso VII do art. 6º. (Incluído pela Med. Prov. 2.161-35/2001.)

§ 6º (Revogado pela Lei 11.483/2007).

ART. 3º Não se aplicam os dispositivos desta Lei ao Banco do Brasil S.A., à Caixa Econômica Federal, e a empresas públicas ou sociedades de economia mista que exerçam atividades de competência exclusiva da União, de que tratam os incisos XI e XXIII do art. 21 e a alínea "c" do inciso I do art. 159 e o art. 177 da Constituição Federal, não se aplicando a vedação aqui prevista às participações acionárias detidas por essas entidades, desde que não incida restrição legal à alienação das referidas participações.

ART. 4º As desestatizações serão executadas mediante as seguintes modalidades operacionais:

I - alienação de participação societária, inclusive de controle acionário, preferencialmente mediante a pulverização de ações;

II - abertura de capital;

III - aumento de capital, com renúncia ou cessão, total ou parcial, de direitos de subscrição;

IV - alienação, arrendamento, locação, comodato ou cessão de bens e instalações;

V - dissolução de sociedades ou desativação parcial de seus empreendimentos, com a consequente alienação de seus ativos;

VI - concessão, permissão ou autorização de serviços públicos.

VII - aforamento, remição de foro, permuta, cessão, concessão de direito real de uso resolúvel e alienação mediante venda de bens imóveis de domínio da União. (Incluído pela Med. Prov. 2.161-35/2001.)

§ 1º A transformação, a incorporação, a fusão ou a cisão de sociedades e a criação de subsidiárias integrais poderão ser utilizadas a fim de viabilizar a implementação da modalidade operacional escolhida.

§ 2º Na hipótese de dissolução, caberá ao Ministro de Estado do Planejamento, Orçamento e Gestão acompanhar e tomar as medidas cabíveis à efetivação da liquidação da empresa. (Redação dada pela Med. Prov. 2.161-35/2001.)

§ 3º Nas desestatizações executadas mediante as modalidades operacionais previstas nos incisos I, IV, V, VI e VII deste artigo, a licitação poderá ser realizada na modalidade de leilão. (Redação dada pela Med. Prov. 2.161-35/2001.)

§ 4º O edital de licitação poderá prever a inversão da ordem das fases de habilitação e julgamento, hipótese em que: (Acrescentado pela Lei 13.360/2016.)

I - encerrada a fase de classificação das propostas ou de oferecimento de lances, será aberto o invólucro com os documentos de habilitação do licitante mais bem classificado, para verificação do atendimento das condições fixadas no edital; (Acrescentado pela Lei 13.360/2016.)

II - verificado o atendimento das exigências do edital, o licitante será declarado vencedor; (Acrescentado pela Lei 13.360/2016.)

III - inabilitado o licitante mais bem classificado, serão analisados os documentos de habilitação do licitante com a proposta classificada em segundo lugar, e assim sucessivamente, até que um licitante classificado atenda às condições fixadas no edital; (Acrescentado pela Lei 13.360/2016.)

IV - proclamado o resultado do certame, o objeto será adjudicado ao vencedor nas condições técnicas e econômicas por ele ofertadas. (Acrescentado pela Lei 13.360/2016.)

ART. 5º O Programa Nacional de Desestatização terá como órgão superior de decisão o Conselho Nacional de Desestatização - CND, diretamente subordinado ao Presidente da República, integrado pelos seguintes membros:

I - Ministro de Estado do Desenvolvimento, Indústria e Comércio Exterior, na qualidade de Presidente; (Redação dada pela Med. Prov. 2.161-35/2001.)

II - Chefe da Casa Civil da Presidência da República; (Redação dada pela Med. Prov. 2.161-35/2001.)

III - Ministro de Estado da Fazenda; (Redação dada pela Med. Prov. 2.161-35/2001.)

IV - Ministro de Estado do Planejamento, Orçamento e Gestão. (Redação dada pela Med. Prov. 2.161-35/2001.)

V - (Revogado pela Med. Prov. 2.161-35/2001.)

§ 1º Das reuniões para deliberar sobre a desestatização de empresas ou serviços públicos participará, com direito a voto, o titular do Ministério ao qual a empresa ou serviço se vincule.

§ 2º Quando se tratar de desestatização de instituições financeiras, participará das reuniões, com direito a voto, o Presidente do Banco Central do Brasil.

§ 3º Participará também das reuniões, sem direito a voto, um representante do Banco Nacional de Desenvolvimento Econômico e Social - BNDES.

§ 4º O Conselho deliberará mediante resoluções, cabendo ao Presidente, além do voto de qualidade, a prerrogativa de deliberar, nos casos de urgência e relevante interesse, *ad referendum* do colegiado.

§ 5º Quando deliberar *ad referendum* do Conselho, o Presidente submeterá a decisão ao colegiado, na primeira reunião que se seguir àquela deliberação.

§ 6º O Presidente do Conselho poderá convidar Ministros de Estado, bem como representantes de entidades públicas ou privadas, para participar das reuniões, sem direito a voto.

§ 7º O Conselho reunir-se-á, ordinariamente, uma vez por mês, e, extraordinariamente, sempre que for convocado por seu Presidente.

§ 8º Nas ausências ou impedimentos do Ministro de Estado do Desenvolvimento, Indústria e Comércio Exterior, as reuniões do Conselho serão presididas pelo Chefe da Casa Civil da Presidência da República.

§ 9º Nas suas ausências ou impedimentos, os membros do Conselho serão representados por substitutos por eles designados.

ART. 6º Compete ao Conselho Nacional de Desestatização:

I - recomendar, para aprovação do Presidente da República, meios de pagamento e inclusão ou exclusão de empresas, inclusive instituições financeiras, serviços públicos e participações minoritárias, bem como a inclusão de bens móveis e imóveis da União no Programa Nacional de Desestatização; (Redação dada pela Med. Prov. 2.161-35/2001.)

II - aprovar, exceto quando se tratar de instituições financeiras:

a) a modalidade operacional a ser aplicada a cada desestatização;

b) os ajustes de natureza societária, operacional, contábil ou jurídica e o saneamento financeiro, necessários às desestatizações;

c) as condições aplicáveis às desestatizações;

d) a criação de ação de classe especial, a ser subscrita pela União;

e) a fusão, incorporação ou cisão de sociedades e a criação de subsidiária integral, necessárias à viabilização das desestatizações;

f) a contratação, pelo Gestor do Fundo Nacional de Desestatização, de pareceres ou estudos especializados necessários à desestatização de setores ou segmentos específicos.

g) a exclusão de bens móveis e imóveis da União incluídos no PND. (Incluída pela Med. Prov. 2.161-35/2001.)

III - determinar a destinação dos recursos provenientes da desestatização, observado o disposto no art. 13 desta Lei;

IV - expedir normas e resoluções necessárias ao exercício de sua competência;

V - deliberar sobre outras matérias relativas ao Programa Nacional de Desestatização, que venham a ser encaminhadas pelo Presidente do Conselho;

VI - fazer publicar o relatório anual de suas atividades.

VII - estabelecer as condições de pagamento à vista e parcelado aplicáveis às desestatizações de bens móveis e imóveis da União. (Incluído pela Med. Prov. 2.161-35/2001.)

§ 1º Na desestatização dos serviços públicos, o Conselho Nacional de Desestatização deverá recomendar, para aprovação do Presidente da República, o órgão da Administração direta ou indireta que deverá ser o responsável pela execução e acompanhamento do correspondente processo de desestatização, ficando esse órgão, no que couber, com as atribuições previstas no art. 18 desta Lei.

§ 2º O Conselho Nacional de Desestatização poderá baixar normas regulamentadoras da desestatização de serviços públicos, objeto de concessão, permissão ou autorização, bem como determinar sejam adotados procedimentos previstos em legislação específica, conforme a natureza dos serviços a serem desestatizados.

§ 3º A desestatização de empresas de pequeno e médio portes, conforme definidas pelo Conselho Nacional de Desestatização, poderá ser coordenada pelo Departamento de Coordenação e Controle das Empresas Estatais, da Secretaria-Executiva do Ministério do Planejamento, Orçamento e Gestão, competindo-lhe, no que couber, as atribuições previstas no art. 18 desta Lei. (Redação dada pela Med. Prov. 2.161-35/2001.)

§ 4º Compete ao Presidente do Conselho Nacional de Desestatização:

a) presidir as reuniões do Conselho;

b) coordenar e supervisionar a execução do Programa Nacional de Desestatização;

c) encaminhar à deliberação do Conselho as matérias previstas no *caput* e nos §§ 1º, 2º e 3º deste artigo;

d) requisitar aos órgãos competentes a designação de servidores da Administração Pública direta e indireta, para integrar os grupos de trabalho de que trata o inciso III do art. 18 desta Lei.

§ 5º A desestatização de instituições financeiras será coordenada pelo Banco Central do Brasil, competindo-lhe, nesse caso, exercer, no que couber, as atribuições previstas no art. 18 desta Lei.

§ 6º A competência para aprovar as medidas mencionadas no inciso II deste artigo, no caso de instituições financeiras, é do Conselho Monetário Nacional, por proposta do Banco Central do Brasil.

§ 7º Fica a União autorizada a adquirir ativos de instituições financeiras federais, financiar ou garantir os ajustes prévios imprescindíveis para a sua privatização, inclusive por conta dos recursos das Reservas Monetárias, de que trata o art. 12, da Lei n. 5.143, de 20 de outubro de 1966, com a redação dada pelo art. 1º do Decreto-Lei n. 1.342, de 28 de agosto de 1974.

§ 8º O disposto no parágrafo anterior se estende às instituições financeiras federais que, dentro do Programa Nacional de Desestatização, adquiram ativos de outra instituição financeira federal a ser privatizada, caso em que fica, ainda, a União autorizada a assegurar à instituição financeira federal adquirente:

a) a equalização da diferença apurada entre o valor desembolsado na aquisição dos ativos e o valor que a instituição financeira federal adquirente vier a pagar ao Banco Central do Brasil pelos recursos recebidos em linha de financiamento específica, destinada a dar suporte à aquisição dos ativos, aí considerados todos os custos incorridos, inclusive os de administração, fiscais e processuais;

b) a equalização entre o valor despendido pela instituição financeira federal na aquisição dos ativos e o valor efetivamente recebido em sua liquidação final;

c) a assunção, pelo Tesouro Nacional, da responsabilidade pelos riscos de crédito dos ativos adquiridos na forma deste parágrafo, inclusive pelas eventuais insubsistências ativas identificadas antes ou após havê-los assumido, respondendo, ainda, pelos efeitos financeiros referentes à redução de seus valores por força de pronunciamento judicial de qualquer natureza.

§ 9º A realização da equalização ou assunção pelo Tesouro Nacional, de que trata o parágrafo anterior, dar-se-ão sem prejuízo da responsabilidade civil e penal decorrente de eventual conduta ilícita ou gestão temerária na concessão do crédito pertinente.

§ 10. Fica a Agência Nacional de Energia Elétrica - ANEEL autorizada a anuir com a repactuação, que venha a gerar benefícios potenciais à prestação do serviço público de distribuição de energia, de dívidas setoriais em moeda estrangeira, das empresas incluídas no Programa Nacional de Desestatização - PND, para que seja convertida em moeda nacional, com remuneração mensal pela variação da taxa do Sistema Especial de Liquidação e Custódia - SELIC e prazo máximo de cento e vinte meses considerando períodos de carência e de amortização. (Acrescentado pela Lei 13.182/2015.)

§ 11. Será considerado como data-base da repactuação de que trata o § 10 o primeiro dia útil do ano em que se deu a inclusão da empresa no PND. (Acrescentado pela Lei 13.182/2015.)

ART. 7º A desestatização dos serviços públicos, efetivada mediante uma das modalidades previstas no art. 4º desta Lei, pressupõe a delegação, pelo Poder Público, de concessão ou permissão do serviço, objeto da exploração, observada a legislação aplicável ao serviço.

Parágrafo único. Os princípios gerais e as diretrizes específicas aplicáveis à concessão, permissão ou autorização, elaborados pelo Poder Público, deverão constar do edital de desestatização.

ART. 8º Sempre que houver razões que justifiquem, a União deterá, direta ou indiretamente, ação de classe especial do capital social da empresa ou instituição financeira objeto da desestatização, que lhe confira poderes especiais em determinadas matérias, as quais deverão ser caracterizadas nos seus estatutos sociais.

ART. 9º Fica criado o Fundo Nacional de Desestatização - FND, de natureza contábil, constituído mediante vinculação a este, a título de depósito, das ações ou cotas de propriedade direta ou indireta da União, emitidas por sociedades que tenham sido incluídas no Programa Nacional de Desestatização.

§ 1º As ações representativas de quaisquer outras participações societárias, incluídas no Programa Nacional de Desestatização, serão, igualmente, depositadas no Fundo Nacional de Desestatização.

§ 2º Serão emitidos Recibos de Depósitos de Ações - RDA, intransferíveis e inegociáveis a qualquer título, em favor dos depositantes das ações junto ao Fundo Nacional de Desestatização.

§ 3º Os Recibos de Depósitos de Ações, de cada depositante, serão automaticamente cancelados quando do encerramento do processo de desestatização.

§ 4º Os titulares das ações que vierem a ser vinculadas ao Fundo Nacional de Desestatização manterão as ações escrituradas em seus registros contábeis, sem alteração de critério, até que se encerre o processo de desestatização.

ART. 10. A União e as entidades da Administração Indireta, titulares das participações acionárias que vierem a ser incluídas no Programa Nacional de Desestatização, deverão, no prazo máximo e improrrogável de cinco dias, contados da data da publicação, no Diário Oficial da União, da decisão que determinar a inclusão no referido programa, depositar as suas ações no Fundo Nacional de Desestatização.

Parágrafo único. O mesmo procedimento do *caput* deverá ser observado para a emissão de ações decorrentes de bonificações, de desdobramentos, de subscrições ou de conversões de debêntures, quando couber.

ART. 11. Para salvaguarda do conhecimento público das condições em que se processará a alienação do controle acionário da empresa, inclusive instituição financeira incluída no Programa Nacional de Desestatização, assim como de sua situação econômica, financeira e operacional, será dada ampla divulgação das informações necessárias, mediante a publicação de edital, no Diário Oficial da União e em jornais de notória circulação nacional, do qual constarão, pelo menos, os seguintes elementos:

a) justificativa da privatização, indicando o percentual do capital social da empresa a ser alienado;

b) data e ato que determinou a constituição da empresa originariamente estatal ou, se estatizada, data, ato e motivos que determinaram sua estatização;

c) passivo das sociedades de curto e de longo prazo;

d) situação econômico-financeira da sociedade, especificando lucros ou prejuízos, endividamento interno e externo, nos cinco últimos exercícios;

e) pagamento de dividendos à União ou a sociedades por essa controladas direta ou indiretamente, e aporte de recursos à conta capital, providos direta ou indiretamente pela União, nos últimos quinze anos;

f) sumário dos estudos de avaliação;

g) critério de fixação do valor de alienação, com base nos estudos de avaliação;

h) modelagem de venda e valor mínimo da participação a ser alienada;

i) a indicação, se for o caso, de que será criada ação de classe especial e os poderes nela compreendidos.

ART. 12. A alienação de ações a pessoas físicas ou jurídicas estrangeiras poderá atingir cem por cento do capital votante, salvo disposição legal ou manifestação expressa do Poder Executivo, que determine percentual inferior.

ART. 13. Observados os privilégios legais, o titular dos recursos oriundos da venda de ações ou de bens deverá utilizá-los, prioritariamente, na quitação de suas dívidas vencidas e vincendas perante a União.

§§ 1º a 3º (Revogados pela Lei 13.360/2016.)

ART. 13-A. (Vetado). (Acrescentado pela Lei 13.360/2016.)

ART. 14. Os pagamentos para aquisição de bens e direitos no âmbito do Programa Nacional de Desestatização serão realizados por meio de moeda corrente. (Alterado pela Lei 13.360/2016.)

I a **III** - (revogados); (Alterado pela Lei 13.360/2016.)

Parágrafo único. O Presidente da República, por recomendação do Conselho Nacional de Desestatização, poderá autorizar outros meios de pagamento, no âmbito do Programa Nacional de Desestatização. (Alterado pela Lei 13.360/2016.)

ART. 15. O preço mínimo de alienação das ações deverá ser submetido à deliberação do órgão competente do titular das ações.

§ 1º A Resolução do Conselho Nacional de Desestatização que aprovar as condições gerais de desestatização será utilizada pelo representante do titular das ações como instrução de voto para deliberação do órgão competente a que alude o *caput* deste artigo.

§ 2º O disposto neste artigo não se aplica aos casos de alienação de ações, bens ou direitos quando diretamente detidos pela União.

ART. 16. As empresas incluídas no Programa Nacional de Desestatização que vierem a integrar o Fundo Nacional de Desestatização terão sua estratégia voltada para atender os objetivos da desestatização.

ART. 17. O Fundo Nacional de Desestatização será administrado pelo Banco Nacional de Desenvolvimento Econômico e Social - BNDES, designado Gestor do Fundo.

ART. 18. Compete ao Gestor do Fundo:

I - fornecer apoio administrativo e operacional, necessário ao funcionamento do Conselho Nacional de Desestatização, aí se incluindo os serviços de secretaria;

II - divulgar os processos de desestatização, bem como prestar todas as informações que vierem a ser solicitadas pelos poderes competentes;

III - constituir grupos de trabalho, integrados por funcionários do BNDES e suas subsidiárias e por servidores da Administração direta ou indireta requisitados nos termos da alínea "d" do § 4º do art. 6º, desta Lei, para o fim de prover apoio técnico à implementação das desestatizações;

IV - promover a contratação de consultoria, auditoria e outros serviços especializados necessários à execução das desestatizações;

V - submeter ao Presidente do Conselho Nacional de Desestatização as matérias de que trata o inciso II do art. 6º, desta Lei;

VI - promover a articulação com o sistema de distribuição de valores mobiliários e as Bolsas de Valores;

VII - selecionar e cadastrar empresas de reconhecida reputação e tradicional atuação na negociação de capital, transferência de controle acionário, venda e arrendamento de ativos;

VIII - preparar a documentação dos processos de desestatização, para apreciação do Tribunal de Contas da União;

IX - submeter ao Presidente do Conselho outras matérias de interesse do Programa Nacional de Desestatização.

Parágrafo único. Na contratação dos serviços a que se refere o inciso IV deste artigo, poderá o Gestor do Fundo estabelecer, alternativa ou cumulativamente, na composição da remuneração dos contratados, pagamento a preço fixo ou comissionado, sempre mediante licitação.

ART. 19. Os acionistas controladores e os administradores das empresas incluídas no Programa Nacional de Desestatização adotarão, nos prazos estabelecidos, as providências que vierem a ser determinadas pelo Conselho Nacional de Desestatização, necessárias à implantação dos processos de alienação.

ART. 20. Será de responsabilidade exclusiva dos administradores das sociedades incluídas no Programa Nacional de Desestatização o fornecimento, em tempo hábil, das informações sobre as mesmas, necessárias à execução dos processos de desestatização.

Parágrafo único. Será considerada falta grave a ação ou omissão de empregados ou servidores públicos que, injustificadamente, opuserem dificuldades ao fornecimento de informações e outros dados necessários à execução dos processos de desestatização.

ART. 21. Ao Gestor do Fundo Nacional de Desestatização caberá uma remuneração de 0,2% (dois décimos por cento) do valor líquido apurado nas alienações para cobertura de seus custos operacionais, bem como o ressarcimento dos gastos efetuados com terceiros, necessários à execução dos processos de desestatização previstos nesta Lei.

Parágrafo único. Na hipótese de alienação de participações minoritárias, cujo valor seja de pequena monta, a juízo do Gestor do Fundo Nacional de Desestatização, poderão ser dispensados a cobrança de remuneração e o ressarcimento dos gastos de que trata este artigo.

ART. 22. O Fundo Nacional de Desestatização será auditado por auditores externos independentes registrados na Comissão de Valores Mobiliários, a serem contratados mediante licitação pública pelo Gestor do Fundo.

ART. 23. Será nula de pleno direito a venda, a subscrição ou a transferência de ações que impliquem infringência desta Lei.

ART. 24. No caso de o Conselho Nacional de Desestatização deliberar a dissolução de sociedade incluída no Programa Nacional de Desestatização, aplicar-se-ão, no que couber, as disposições da Lei n. 8.029, de 12 de abril de 1990.

ART. 25. O Gestor do Fundo manterá assistência jurídica aos ex-membros da Comissão Diretora do Programa Nacional de Desestatização, na hipótese de serem demandados em razão de prática de atos decorrentes do exercício das suas respectivas funções no referido órgão.

ART. 26. A União transferirá ao Banco Nacional de Desenvolvimento Econômico e Social - BNDES 94.953.982 (noventa e quatro milhões, novecentos e cinquenta e três mil, novecentos e oitenta e duas) ações ordinárias nominativas e 4.372.154 (quatro milhões, trezentos e

LEIS

setenta e duas mil, cento e cinquenta e quatro) ações preferenciais nominativas, de sua propriedade no capital da Companhia Vale do Rio Doce.

§ 1º O BNDES, em contrapartida à transferência das ações pela União, pelo valor nominal equivalente ao valor de venda das ações, deverá, alternativa ou conjuntamente, a critério do Ministro de Estado da Fazenda:

a) assumir dívidas, caracterizadas e novadas da União, nos termos dos atos legais em vigor, relativas ao Fundo de Compensação de Variações Salariais - FCVS;

b) transferir à União debêntures de emissão da BNDES Participações S. A. - BNDESPAR, de sua propriedade, com as mesmas condições de rentabilidade e prazo das dívidas a que se refere a alínea anterior.

§ 2º Não se aplica ao produto da alienação das ações de que trata o *caput* deste artigo o disposto no inciso III do art. 6º e no art. 13 desta Lei, e na alínea "a" do § 1º do art. 30 da Lei n. 8.177, de 1º de março de 1991, alterada pela Lei n. 8.696, de 26 de agosto de 1993, com a redação ora vigente.

§ 3º As ações de que trata este artigo permanecerão depositadas no Fundo Nacional de Desestatização, em nome do BNDES.

§ 4º Até vinte dias antes da realização do leilão público especial de desestatização da Companhia Vale do Rio Doce será efetivada a transferência de 62.000.000 (sessenta e dois milhões) de ações ordinárias nominativas do total de que trata o *caput* deste artigo, devendo as ações remanescentes ser transferidas no dia útil seguinte ao da liquidação financeira do leilão.

§ 5º As condições complementares à concretização da operação de que trata este artigo serão regulamentadas por decreto do Presidente da República.

ART. 27. O BNDES destinará o produto da alienação das ações que lhe forem transferidas na forma do art. 26, à concessão de crédito para a reestruturação econômica nacional, de forma a atender os objetivos fundamentais do Programa Nacional de Desestatização, estabelecidos no art. 1º desta Lei, observado ainda que:

I - as operações serão registradas no BNDES, em conta específica;

II - as disponibilidades de caixa serão aplicadas conforme as normas emanadas do Conselho Monetário Nacional;

III - é vedada a concessão de empréstimo ou a concessão de garantias à Administração direta, indireta ou fundacional, excetuando-se:

a) o repasse às empresas subsidiárias integrais do BNDES para a realização dos respectivos objetivos sociais;

b) os empréstimos ao setor privado de que participem, na qualidade de agentes repassadores, instituições financeiras públicas.

ART. 28. Aos empregados e aposentados de empresas controladas, direta ou indiretamente pela União, incluídas no Programa Nacional de Desestatização, é assegurada a oferta de parte das ações representativas de seu capital, segundo os princípios estabelecidos nesta Lei e condições específicas a serem aprovadas pelo Conselho Nacional de Desestatização, inclusive quanto à: (Redação dada pela Lei 9.700/1998.)

I - disponibilidade posterior das ações;

II - quantidade a ser individualmente adquirida.

Parágrafo único. A oferta de que trata o *caput* deste artigo será de, pelo menos, 10 % (dez por cento) das ações do capital social detidas, direta ou indiretamente, pela União, podendo tal percentual mínimo ser revisto pelo Conselho Nacional de Desestatização, caso o mesmo seja incompatível com o modelo de desestatização aprovado.

ART. 29. A participação dos empregados na aquisição de ações far-se-á, opcionalmente, por intermédio de clube de investimento que constituírem para representá-los legalmente, inclusive como substituto processual, observada a regulamentação baixada pela Comissão de Valores Mobiliários - CVM.

ART. 30. São nulos de pleno direito contratos ou negócios jurídicos de qualquer espécie onde o empregado figure como intermediário de terceiro na aquisição de ações com incentivo, em troca de vantagem pecuniária ou não.

§ 1º O clube de investimento tem legitimidade ativa para propor ação contra os envolvidos nessa operação fraudulenta, retendo os correspondentes títulos mobiliários, se estatutariamente disponíveis.

§ 2º O Ministério Público, em tomando conhecimento dessa ação judicial ou instado por representação, adotará as providências necessárias à determinação da responsabilidade criminal, bem como solicitará fiscalização por parte da Receita Federal, do Ministério do Trabalho e Emprego e do Instituto Nacional do Seguro Social, sem prejuízo de inspeções por órgãos estaduais, distritais e municipais, no âmbito de suas competências, com vistas à identificação dos efeitos produzidos pela mesma operação. (Redação dada pela Med. Prov. 2.161-35/2001.)

ART. 31. Os art. 7º, o *caput* e os §§ 1º e 3º do art. 18 e o art. 20 da Lei n. 8.036, de 11 de maio de 1990, passam a vigorar com as seguintes alterações e acréscimos:

- Dec. 2.430/1997 (Regulamenta o art. 31 desta lei).
- Alterações promovidas no texto da referida lei.

ART. 32. Ficam convalidados os atos praticados com base na Medida Provisória n. 1.481-52, de 8 de agosto de 1997.

ART. 33. O Poder Executivo regulamentará o disposto nesta Lei, no prazo de sessenta dias, baixando as instruções necessárias à sua execução.

ART. 34. Esta Lei entra em vigor na data de sua publicação.

ART. 35. Revoga-se a Lei n. 8.031, de 12 de abril de 1990, e demais disposições em contrário.

Brasília, 9 de setembro de 1997; 176º da Independência e 109º da República.
FERNANDO HENRIQUE CARDOSO

LEI N. 9.493, DE 10 DE SETEMBRO DE 1997

Concede isenção do Imposto sobre Produtos Industrializados - IPI na aquisição de equipamentos, máquinas, aparelhos e instrumentos, dispõe sobre período de apuração e prazo de recolhimento do referido imposto para as microempresas e empresas de pequeno porte, e estabelece suspensão do IPI na saída de bebidas alcoólicas, acondicionadas para venda a granel, dos estabelecimentos produtores e dos estabelecimentos equiparados a industrial.

- *DOU*, 11.09.1997.

Faço saber que o Presidente da República adotou a Medida Provisória n. 1.508-20, de 1997, que o Congresso Nacional aprovou, e eu, Antonio Carlos Magalhães, Presidente, para os efeitos do disposto no parágrafo único do art. 62 da Constituição Federal, promulgo a seguinte Lei:

ART. 1º Ficam isentos do Imposto sobre Produtos Industrializados - IPI os equipamentos, máquinas, aparelhos e instrumentos novos, relacionados em anexo, importados ou de fabricação nacional, bem como os respectivos acessórios, sobressalentes e ferramentas.

§ 1º São asseguradas a manutenção e a utilização dos créditos do referido imposto, relativos a matérias-primas, produtos intermediários e material de embalagem, efetivamente empregados na industrialização dos bens referidos neste artigo.

§ 2º O disposto neste artigo aplica-se aos fatos geradores que ocorrerem até 31 de dezembro de 1998.

ART. 2º (Revogado pela Lei 11.774/2008.)

ART. 3º Ficam equiparados a estabelecimento industrial, independentemente de opção, os estabelecimentos atacadistas e cooperativa de produtores que derem saída a bebidas alcoólicas e demais produtos, de produção nacional, classificadas nas posições 2204, 2205, 2206 e 2208 da Tabela de Incidência do Imposto sobre Produtos Industrializados (TIPI), e acondicionados em recipientes de capacidade superior ao limite máximo permitido para venda a varejo, com destino aos seguintes estabelecimentos:

I - industriais que utilizem os produtos mencionados como insumo na fabricação de bebidas;

II - atacadistas e cooperativas de produtores;

III - engarrafadores dos mesmos produtos.

ART. 4º Os produtos referidos no artigo sairão com suspensão do IPI dos respectivos estabelecimentos produtores para os estabelecimentos citados nos incisos I, II e III do mesmo artigo.

Parágrafo único. A suspensão de que trata este artigo aplica-se também às remessas, dos produtos mencionados, dos estabelecimentos atacadistas e cooperativas de produtores para os estabelecimentos indicados nos incisos I, II e III do artigo anterior.

ART. 5º Será anulado, mediante estorno na escrita fiscal, o crédito do IPI concernente às matérias-primas, produtos intermediários e material de embalagem, que tenham sido empregados na industrialização, ainda que para acondicionamento, de produtos saídos do estabelecimento produtor com a suspensão do imposto determinada no artigo anterior.

ART. 6º Nas notas fiscais relativas às remessas previstas no art. 4º, deverá constar a expressão "Saído com suspensão do IPI", com a especificação do dispositivo legal correspondente, vedado o registro do IPI nas referidas notas, sob pena de se considerar o imposto como indevidamente destacado, sujeitando o infrator às disposições legais estabelecidas para a hipótese.

ART. 7º O estabelecimento destinatário da nota fiscal emitida em desacordo com o disposto no artigo anterior, que receber, registrar ou utilizar, em proveito próprio ou alheio, ficará sujeito à multa igual ao valor da mercadoria constante do mencionado documento, sem prejuízo da obrigatoriedade de recolher o valor do imposto indevidamente aproveitado.

ART. 8º Ficam asseguradas a manutenção e a utilização dos créditos do Imposto sobre Produtos Industrializados incidente na aquisição de matérias-primas, produtos intermediários e material de embalagem efetivamente empregados na industrialização dos bens isentos do mesmo Imposto e destinados exclusivamente ao Executor do Projeto, na forma do Acordo celebrado entre o Governo da República Federativa do Brasil e o Governo da República da Bolívia, promulgado pelo Decreto n. 2.142, de 5 de fevereiro de 1997.

Parágrafo único. A autorização a que se refere *caput* é válida a partir da efetiva vigência do referido Acordo.

ART. 9º (Revogado pela Med. Prov. 2.158-35/2001.)

ART. 10. Fica suspensa a incidência de IPI na aquisição, realizada por estaleiros navais brasileiros, de materiais e equipamentos, incluindo partes, peças e componentes, destinados ao emprego na construção, conservação, modernização, conversão ou reparo de embarcações pré-registradas ou registradas no REB. (Alterado pela Lei 11.774/2008.)

‣ Dec. 6.704/2008 (Regulamenta este artigo).

§ 1º São asseguradas a manutenção e a utilização dos créditos do referido imposto, relativos às matérias-primas, produtos intermediários e material de embalagem, efetivamente empregados na industrialização dos bens referidos neste artigo. (Renumerado do parágrafo único pela Lei 11.774/2008.)

§ 2º A suspensão prevista neste artigo converte-se em alíquota 0 (zero) após a incorporação ou utilização dos bens adquiridos na construção, conservação, modernização, conversão ou reparo das embarcações para as quais se destinarem, conforme regulamento a ser expedido pelo Poder Executivo. (Acrescentado pela Lei 11.774/2008.)

ART. 11. Ficam isentos do Imposto sobre Importação - II e do IPI as partes, peças e componentes destinados ao emprego na conservação, modernização e conversão de embarcações registradas no REB, desde que realizadas em estaleiros navais brasileiros.

ART. 12. Ficam isentos do IPI, quando adquiridos pelos órgãos de segurança pública da União, dos Estados e do Distrito Federal:

I - os aparelhos transmissores e receptores de radiotelefonia e radiotelegrafia;

II - os veículos para patrulhamento policial;

III - as armas e munições.

ART. 13. (Revogado pela Lei 10.451/2002.)

ART. 14. Ficam incluídos no campo de incidência do IPI, tributados à alíquota zero, os produtos relacionados na TIPI nas posições 0201 a 0208 e 0302 a 0304 e nos códigos 0209.00.11, 0209.00.21 e 0209.00.90.

ART. 15. (Revogado pela Lei 10.451/2002.)

ART. 16. Fica o Poder Executivo autorizado a converter, para códigos da Nomenclatura Comum do MERCOSUL - NCM, os códigos de outras nomenclaturas, relacionados em atos legais expedidos até 31 de dezembro de 1996.

ART. 17. Ficam convalidadas as operações praticadas com isenção do IPI, relativas aos produtos classificados nos códigos 8504.21.00, 8504.22.00 e 8504.23.00 da Tabela de Incidência aprovada pelo Decreto n. 2.092, de 1996, no período de 7 a 19 de março de 1997.

ART. 18. Fica incluído novo inciso no parágrafo único do art. 3º da Lei n. 4.502, de 30 de novembro de 1964, com a seguinte redação:

‣ Alterações promovidas no texto da referida lei.

ART. 19. (Revogado pela Lei 10.206/2001.)

ART. 20. As condições de financiamento previstas no § 1º do art. 11 da Lei n. 9.432, de 1997, serão aplicadas também às parcelas dos financiamentos anteriormente concedidas, com vencimentos a partir de 9 de janeiro de 1997.

ART. 21. Ficam convalidados os atos praticados com base na Medida Provisória n. 1.508-19, de 11 de julho de 1997.

ART. 22. Esta Lei entra em vigor na data de sua publicação.

Congresso Nacional, em 10 de setembro de 1997; 176º da independência e 109º da República.

SENADOR ANTONIO CARLOS MAGALHÃES
PRESIDENTE DO CONGRESSO NACIONAL

‣ Optamos, nesta edição, pela não publicação do Anexo.

LEI N. 9.532, DE 10 DE DEZEMBRO DE 1997

Altera a legislação tributária federal e dá outras providências.

‣ *DOU*, 11.12.1997.

‣ Conversão da Med. Prov. 1.602/1997.

O Presidente da República. Faço saber que o Congresso Nacional decreta e eu sanciono a seguinte Lei:

ART. 1º Os lucros auferidos no exterior, por intermédio de filiais, sucursais, controladas ou coligadas serão adicionados ao lucro líquido, para determinação do lucro real correspondente ao balanço levantado no dia 31 de dezembro do ano-calendário em que tiverem sido disponibilizados para a pessoa jurídica domiciliada no Brasil.

‣ Med. Prov. 2.158-35/2001 (Altera a legislação das Contribuições para a Seguridade Social - COFINS, para os Programas de Integração Social e de Formação do Patrimônio do Servidor Público - PIS/PASEP e do Imposto sobre a Renda).

§ 1º Para efeito do disposto neste artigo, os lucros serão considerados disponibilizados para a empresa no Brasil:

a) no caso de filial ou sucursal, na data do balanço no qual tiverem sido apurados;

b) (Revogada pela Lei 12.973/2014.)

c) na hipótese de contratação de operações de mútuo, se a mutuante, coligada ou controlada, possuir lucros ou reservas de lucros; (Incluída pela Lei 9.959/2000.)

d) na hipótese de adiantamento de recursos, efetuado pela coligada ou controlada, por conta de venda futura, cuja liquidação, pela remessa do bem ou serviço vendido, ocorra em prazo superior ao ciclo de produção do bem ou serviço. (Incluída pela Lei 9.959/2000.)

§ 2º (Revogado pela Lei 12.973/2014.)

§ 3º Não serão dedutíveis na determinação do lucro real e da base de cálculo da Contribuição Social sobre o Lucro Líquido os juros, relativos a empréstimos, pagos ou creditados a empresa controlada ou coligada, independente do local de seu domicílio, incidentes sobre valor equivalente aos lucros não disponibilizados por empresas controladas, domiciliadas no exterior. (Redação dada pela Med. Prov. 2.158-35/2001.)

§ 4º (Revogado pela Lei 12.973/2014.)

§ 5º Relativamente aos lucros apurados nos anos de 1996 e 1997, considerar-se-á vencido o prazo a que se refere o parágrafo anterior no dia 31 de dezembro de 1999.

§ 6º Nas hipóteses das alíneas "c" e "d" do § 1º o valor considerado disponibilizado será o mutuado ou adiantado, limitado ao montante dos lucros e reservas de lucros passíveis de distribuição, proporcional à participação societária da empresa no País na data da disponibilização. (Incluída pela Lei 9.959/2000.)

§ 7º Considerar-se-á disponibilizado o lucro: (Incluída pela Lei 9.959/2000.)

a) na hipótese da alínea "c" do § 1º: (Incluída pela Lei 9.959/2000.)

1. na data da contratação da operação, relativamente a lucros já apurados pela controlada ou coligada; (Incluída pela Lei 9.959/2000.)

2. na data da apuração do lucro, na coligada ou controlada, relativamente a operações de mútuo anteriormente contratadas; (Incluída pela Lei 9.959/2000.)

b) na hipótese da alínea "d" do § 1º, em 31 de dezembro do ano-calendário em que tenha sido encerrado o ciclo de produção sem que haja ocorrido a liquidação. (Incluída pela Lei 9.959/2000.)

ART. 2º Os percentuais dos benefícios fiscais referidos no inciso I e no § 3º do art. 11 do Decreto-Lei n. 1.376, de 12 de dezembro de 1974, com as posteriores alterações, nos arts. 1º, inciso II, 19 e 23, da Lei n. 8.167, de 16 de janeiro de 1991, e no art. 4º, inciso V, da Lei n. 8.661, de 02 de junho de 1993, ficam reduzidos para:

I - 30% (trinta por cento), relativamente aos períodos de apuração encerrados a partir de 1º de janeiro de 1998 até 31 de dezembro de 2003;

‣ Med. Prov. 2.199-14/2001 (Altera a legislação do imposto sobre a renda no que se refere aos incentivos fiscais de isenção e de redução, define diretrizes para os incentivos fiscais de aplicação de parcela do imposto sobre a renda nos Fundos de Investimentos Regionais).

II - 20% (vinte por cento), relativamente aos períodos de apuração encerrados a partir de 1º de janeiro de 2004 até 31 de dezembro de 2008;

III - 10% (dez por cento), relativamente aos períodos de apuração encerrados a partir de 1º de janeiro de 2009 até 31 de dezembro de 2013.

§§ 1º e 2º (Revogados pela Med. Prov. 2.156-5/2001.)

ART. 3º Os benefícios fiscais de isenção, de que tratam o art. 13 da Lei n. 4.239, de 27 de junho de 1963, o art. 23 do Decreto-Lei n. 756, de 11 de agosto de 1969, com a redação do art. 1º do Decreto-Lei n. 1.564, de 29 de julho de 1977, e o inciso VIII do art. 1º da Lei n. 9.440, de 14 de março de 1997, para os projetos de instalação, modernização, ampliação ou diversificação, aprovados pelo órgão competente, a partir de 1º de janeiro de 1998, observadas as demais normas em vigor, aplicáveis à matéria, passam a ser de redução do imposto de renda e adicionais não restituíveis, observados os seguintes percentuais:

‣ Med. Prov. 2.199-14/2001 (Altera a legislação do imposto sobre a renda no que se refere aos incentivos fiscais de isenção e de redução, define diretrizes para os incentivos fiscais de aplicação de parcela do imposto sobre a renda nos Fundos de Investimentos Regionais).

I - 75% (setenta e cinco por cento), a partir de 1º de janeiro de 1998 até 31 de dezembro de 2003;

II - 50% (cinquenta por cento), a partir de 1º de janeiro de 2004 até 31 de dezembro de 2008;

III - 25% (vinte e cinco por cento), a partir de 1º de janeiro de 2009 até 31 de dezembro de 2013.

§ 1º O disposto no *caput* não se aplica a projetos aprovados ou protocolizados até 14 de novembro de 1997, no órgão competente, para os quais prevalece o benefício de isenção até o término do prazo de concessão do benefício.

§ 2º Os benefícios fiscais de redução do imposto de renda e adicionais não restituíveis, de que tratam o art. 14 da Lei n. 4.239, de 1963, e o art. 22 do Decreto-Lei n. 756, de 11 de agosto de 1969, observadas as demais normas em vigor, aplicáveis à matéria, passam a ser calculados segundo os seguintes percentuais:

I - 37,5% (trinta e sete inteiros e cinco décimos por cento), a partir de 1º de janeiro de 1998 até 31 de dezembro de 2003;

II - 25% (vinte e cinco por cento), a partir de 1º de janeiro de 2004 até 31 de dezembro de 2008;

III - 12,5% (doze inteiros e cinco décimos por cento), a partir de 1º de janeiro de 2009 até 31 de dezembro de 2013.

§ 3º Ficam extintos, relativamente aos períodos de apuração encerrados a partir de 1º de janeiro de 2014, os benefícios fiscais de que trata este artigo.

ART. 4º (Revogado pela Med. Prov. 2.199-14/2001.)

ART. 5º A dedução do imposto de renda relativa aos incentivos fiscais previstos no art. 1º da Lei n. 6.321, de 14 de abril de 1976, no art. 26 da Lei n. 8.313, de 23 de dezembro de 1991, e no inciso I do art. 4º da Lei n. 8.661, de 1993, não poderá exceder, quando considerados isoladamente, a quatro por cento do imposto de renda devido, observado o disposto no § 4º do art. 3º da Lei n. 9.249, de 1995.

ART. 6º Observados os limites específicos de cada incentivo e o disposto no § 4º do art. 3º da Lei n. 9.249, de 1995, o total das deduções de que tratam:

I - o art. 1º da Lei n. 6.321, de 1976 e o inciso I do art. 4º da Lei n. 8.661, de 1993, não poderá exceder a quatro por cento do imposto de renda devido;

II - o art. 26 da Lei n. 8.313, de 1991, e o art. 1º da Lei n. 8.685, de 20 de julho de 1993, não poderá exceder quatro por cento do imposto de renda devido. (Redação dada pela Med. Prov. 2.189-49/2001.)

ART. 7º A pessoa jurídica que absorver patrimônio de outra, em virtude de incorporação, fusão ou cisão, na qual detenha participação societária adquirida com ágio ou deságio, apurado segundo o disposto no art. 20 do Decreto-Lei n. 1.598, de 26 de dezembro de 1977:

› Lei 10.833/2003 (Altera a Legislação Tributária Federal).

I - deverá registrar o valor do ágio ou deságio cujo fundamento seja o de que trata a alínea "a" do § 2º do art. 20 do Decreto-Lei n. 1.598, de 1977, em contrapartida à conta que registre o bem ou direito que lhe deu causa;

II - deverá registrar o valor do ágio cujo fundamento seja o de que trata a alínea "c" do § 2º do art. 20 do Decreto-Lei n. 1.598, de 1977, em contrapartida a conta de ativo permanente, não sujeita a amortização;

III - poderá amortizar o valor do ágio cujo fundamento seja o de que trata a alínea "b" do § 2º do art. 20 do Decreto-Lei n. 1.598, de 1977, nos balanços correspondentes à apuração de lucro real, levantados posteriormente à incorporação, fusão ou cisão, à razão de um sessenta avos, no máximo, para cada mês do período de apuração; (Redação dada pela Lei 9.718/1998.)

IV - deverá amortizar o valor do deságio cujo fundamento seja o de que trata a alínea "b" do § 2º do art. 20 do Decreto-Lei 1.598, de 1977, nos balanços correspondentes à apuração de lucro real, levantados durante os cinco anos-calendários subsequentes à incorporação, fusão ou cisão, à razão de 1/60 (um sessenta avos), no mínimo, para cada mês do período de apuração.

§ 1º O valor registrado na forma do inciso I integrará o custo do bem ou direito para efeito de apuração de ganho ou perda de capital e de depreciação, amortização ou exaustão.

§ 2º Se o bem que deu causa ao ágio ou deságio não houver sido transferido, na hipótese de cisão, para o patrimônio da sucessora, esta deverá registrar:

a) o ágio, em conta de ativo diferido, para amortização na forma prevista no inciso III;

b) o deságio, em conta de receita diferida, para amortização na forma prevista no inciso IV.

§ 3º O valor registrado na forma do inciso II do *caput*:

a) será considerado custo de aquisição, para efeito de apuração de ganho ou perda de capital na alienação do direito que lhe deu causa ou na sua transferência para sócio ou acionista, na hipótese de devolução de capital;

b) poderá ser deduzido como perda, no encerramento das atividades da empresa, se comprovada, nessa data, a inexistência do fundo de comércio ou do intangível que lhe deu causa.

§ 4º Na hipótese da alínea "b" do parágrafo anterior, a posterior utilização econômica do fundo de comércio ou intangível sujeitará a pessoa física ou jurídica usuária ao pagamento dos tributos e contribuições que deixaram de ser pagos, acrescidos de juros de mora e multa, calculados de conformidade com a legislação vigente.

§ 5º O valor que servir de base de cálculo dos tributos e contribuições a que se refere o parágrafo anterior poderá ser registrado em conta do ativo, como custo do direito.

ART. 8º O disposto no artigo anterior aplica-se, inclusive, quando:

a) o investimento não for, obrigatoriamente, avaliado pelo valor de patrimônio líquido;

b) a empresa incorporada, fusionada ou cindida for aquela que detinha a propriedade da participação societária.

ART. 9º À opção da pessoa jurídica, o saldo do lucro inflacionário acumulado, existente no último dia útil dos meses de novembro e dezembro de 1997, poderá ser considerado realizado integralmente e tributado à alíquota de dez por cento.

› Med. Prov. 2.158-35/2001 (Altera a legislação das Contribuições para a Seguridade Social - COFINS, para os Programas de Integração Social e de Formação do Patrimônio do Servidor Público - PIS/PASEP e do Imposto sobre a Renda).

§ 1º Se a opção se referir a saldo de lucro inflacionário tributado na forma do art. 28 da Lei n. 7.730, de 31 de janeiro de 1989, a alíquota a ser aplicada será de três por cento.

§ 2º A opção a que se refere este artigo será irretratável e manifestada mediante o pagamento do imposto, em quota única, na data da opção.

ART. 10. Do imposto apurado com base no lucro arbitrado ou no lucro presumido não será permitida qualquer dedução a título de incentivo fiscal.

ART. 11. As deduções relativas às contribuições para entidades de previdência privada, a que se refere a alínea *e* do inciso II do art. 8º da Lei n. 9.250, de 26 de dezembro de 1995, e às contribuições para o Fundo de Aposentadoria Programada Individual - Fapi, a que se refere a Lei n. 9.477, de 24 de julho de 1997, cujo ônus seja da própria pessoa física, ficam condicionadas ao recolhimento, também, de contribuições para o regime geral de previdência social ou, quando for o caso, para regime próprio de previdência social dos servidores titulares de cargo efetivo da União, dos Estados, do Distrito Federal ou dos Municípios, observada a contribuição mínima, e limitadas a 12% (doze por cento) do total dos rendimentos computados na determinação da base de cálculo do imposto devido na declaração de rendimentos. (Redação dada pela Lei 10.887/2004).

§ 1º Aos resgates efetuados pelos quotistas de Fundo de Aposentadoria Programada Individual - Fapi aplicam-se, também, as normas de incidência do imposto de renda de que trata o art. 33 da Lei n. 9.250, de 26 de dezembro de 1995. (Redação dada pela Lei 10.887/2004).

› ADIn 1.802 MC/DF.

§ 2º Na determinação do lucro real e da base de cálculo da contribuição social sobre o lucro líquido, o valor das despesas com contribuições para a previdência privada, a que se refere o inciso V do art. 13 da Lei n. 9.249, de 26 de dezembro de 1995, e para os Fundos de Aposentadoria Programada Individual - Fapi, a que se refere a Lei n. 9.477, de 24 de julho de 1997, cujo ônus seja da pessoa jurídica, não poderá exceder, em cada período de apuração, a 20% (vinte por cento) do total dos salários dos empregados e da remuneração dos dirigentes da empresa, vinculados ao referido plano. (Redação dada pela Lei 10.887/2004).

§ 3º O somatório das contribuições que exceder o valor a que se refere o § 2º deste artigo deverá ser adicionado ao lucro líquido para efeito de determinação do lucro real e da base de cálculo da contribuição social sobre o lucro líquido. (Redação dada pela Lei 10.887/2004).

§ 4º O disposto neste artigo não elide a observância das normas do art. 7º da Lei n. 9.477, de 24 de julho de 1997. (Redação dada pela Lei 10.887/2004).

§ 5º Excetuam-se da condição de que trata o *caput* deste artigo os beneficiários de aposentadoria ou pensão concedidas por regime próprio de previdência ou pelo regime geral de previdência social. (Redação dada pela Lei 10.887/2004).

§ 6º As deduções relativas às contribuições para entidades de previdência complementar a que se referem o inciso VII do art. 4º e a alínea i do inciso II do art. 8º da Lei n. 9.250, de 26 de dezembro de 1995, desde que limitadas à alíquota de contribuição do ente público patrocinador, não se sujeitam ao limite previsto no *caput*. (Acrescentado pela Lei 13.043/2014. Vigência: a partir de 1º.01.2015.)

§ 7º Os valores de contribuição excedentes ao disposto no § 6º poderão ser deduzidos desde que seja observado o limite conjunto de dedução previsto no *caput*. (Acrescentado pela Lei 13.043/2014. Vigência: a partir de 1º.01.2015.)

ART. 12. Para efeito do disposto no art. 150, inciso VI, alínea "c", da Constituição, considera-se imune a instituição de educação ou de assistência social que preste os serviços para os quais houver sido instituída e os coloque à disposição da população em geral, em caráter complementar às atividades do Estado, sem fins lucrativos.

› arts. 1º e 2º, Med. Prov. 2.189-49/2001 (Altera a legislação do imposto de renda relativamente à incidência na fonte sobre rendimentos de aplicações financeiras, inclusive de beneficiários residentes ou domiciliados no exterior, à conversão, em capital social, de obrigações no exterior de pessoas jurídicas domiciliadas no País, amplia as hipóteses de opção, pelas pessoas físicas, pelo desconto simplificado, regula a informação, na declaração de rendimentos, de depósitos mantidos em bancos no exterior).

› Med. Prov. 2.158-35/2001 (Altera a legislação das Contribuições para a Seguridade Social - COFINS, para os Programas de Integração Social e de Formação do Patrimônio do Servidor Público - PIS/PASEP e do Imposto sobre a Renda).

§ 1º Não estão abrangidos pela imunidade os rendimentos e ganhos de capital auferidos em aplicações financeiras de renda fixa ou de renda variável.

- ADIn 1.802 (O STF julgou parcialmente procedente a ação, com a declaração i) da inconstitucionalidade formal da alínea f do § 2º do art. 12; do art. 13, *caput*; e do art. 14; bem como ii) da inconstitucionalidade formal e material do art. 12, § 1º, todos da Lei 9.532/1997 - DJ 03.05.2018.)

§ 2º Para o gozo da imunidade, as instituições a que se refere este artigo, estão obrigadas a atender aos seguintes requisitos:

a) não remunerar, por qualquer forma, seus dirigentes pelos serviços prestados, exceto no caso de associações, fundações ou organizações da sociedade civil, sem fins lucrativos, cujos dirigentes poderão ser remunerados, desde que atuem efetivamente na gestão executiva e desde que cumpridos os requisitos previstos nos arts. 3º e 16 da Lei no 9.790, de 23 de março de 1999, respeitados como limites máximos os valores praticados pelo mercado na região correspondente à sua área de atuação, devendo seu valor ser fixado pelo órgão de deliberação superior da entidade, registrado em ata, com comunicação ao Ministério Público, no caso das fundações; (Alterado pela Lei 13.204/2015.)

- Lei 10.637/2002 (Dispõe sobre a não cumulatividade na cobrança da contribuição para os Programas de Integração Social (PIS) e de Formação do Patrimônio do Servidor Público (Pasep), nos casos que especifica; sobre o pagamento e o parcelamento de débitos tributários federais, a compensação de créditos fiscais, a declaração de inaptidão de inscrição de pessoas jurídicas, a legislação aduaneira).

b) aplicar integralmente seus recursos na manutenção e desenvolvimento dos seus objetivos sociais;

c) manter escrituração completa de suas receitas e despesas em livros revestidos das formalidades que assegurem a respectiva exatidão;

d) conservar em boa ordem, pelo prazo de cinco anos, contado da data da emissão, os documentos que comprovem a origem de suas receitas e a efetivação de suas despesas, bem assim a realização de quaisquer outros atos ou operações que venham a modificar sua situação patrimonial;

e) apresentar, anualmente, Declaração de Rendimentos, em conformidade com o disposto em ato da Secretaria da Receita Federal;

f) recolher os tributos retidos sobre os rendimentos por elas pagos ou creditados e a contribuição para a seguridade social relativa aos empregados, bem assim cumprir as obrigações acessórias daí decorrentes;

- ADIn 1.802 (O STF julgou parcialmente procedente a ação, com a declaração i) da inconstitucionalidade formal da alínea f do § 2º do art. 12; do art. 13, *caput*; e do art. 14; bem como ii) da inconstitucionalidade formal e material do art. 12, § 1º, todos da Lei 9.532/1997 - DJ 03.05.2018.)

g) assegurar a destinação de seu patrimônio a outra instituição que atenda às condições para gozo da imunidade, no caso de incorporação, fusão, cisão ou de encerramento de suas atividades, ou a órgão público;

h) outros requisitos, estabelecidos em lei específica, relacionados com o funcionamento das entidades a que se refere este artigo.

§ 3º Considera-se entidade sem fins lucrativos a que não apresente superávit em suas contas ou, caso o apresente em determinado exercício, destine referido resultado, integralmente, à manutenção e ao desenvolvimento dos seus objetivos sociais. (Redação dada pela Lei 9.718/ 1998.)

§ 4º A exigência a que se refere a alínea "a" do § 2º não impede: (Acrescentado pela Lei 12.868/2013.)

I - a remuneração aos diretores não estatutários que tenham vínculo empregatício; e (Acrescentado pela Lei 12.868/2013.)

II - a remuneração aos dirigentes estatutários, desde que recebam remuneração inferior, em seu valor bruto, a 70% (setenta por cento) do limite estabelecido para a remuneração de servidores do Poder Executivo federal. (Acrescentado pela Lei 12.868/2013.)

§ 5º A remuneração dos dirigentes estatutários referidos no inciso II do § 4º deverá obedecer às seguintes condições: (Acrescentado pela Lei 12.868/2013.)

I - nenhum dirigente remunerado poderá ser cônjuge ou parente até 3º (terceiro) grau, inclusive afim, de instituidores, sócios, diretores, conselheiros, benfeitores ou equivalentes da instituição de que trata o *caput* deste artigo; e (Acrescentado pela Lei 12.868/2013.)

II - o total pago a título de remuneração para dirigentes, pelo exercício das atribuições estatutárias, deve ser inferior a 5 (cinco) vezes o valor correspondente ao limite individual estabelecido neste parágrafo. (Acrescentado pela Lei 12.868/2013.)

§ 6º O disposto nos §§ 4º e 5º não impede a remuneração da pessoa do dirigente estatutário ou diretor que, cumulativamente, tenha vínculo estatutário e empregatício, exceto se houver incompatibilidade de jornadas de trabalho. (Acrescentado pela Lei 12.868/2013.)

ART. 13. Sem prejuízo das demais penalidades previstas na lei, a Secretaria da Receita Federal suspenderá o gozo da imunidade a que se refere o artigo anterior, relativamente aos anos-calendários em que a pessoa jurídica houver praticado ou, por qualquer forma, houver contribuído para a prática de ato que constitua infração a dispositivo da legislação tributária, especialmente no caso de informar ou declarar falsamente, omitir ou simular o recebimento de doações em bens ou em dinheiro, ou de qualquer forma cooperar para que terceiro sonegue tributos ou pratique ilícitos fiscais.

- ADIn 1.802 (O STF julgou parcialmente procedente a ação, com a declaração i) da inconstitucionalidade formal da alínea f do § 2º do art. 12; do art. 13, *caput*; e do art. 14; bem como ii) da inconstitucionalidade formal e material do art. 12, § 1º, todos da Lei 9.532/1997 - DJ 03.05.2018.)

Parágrafo único. Considera-se, também, infração a dispositivo da legislação tributária o pagamento, pela instituição imune, em favor de seus associados ou dirigentes, ou, ainda, em favor de sócios, acionistas ou dirigentes de pessoa jurídica a ela associada por qualquer forma, de despesas consideradas indedutíveis na determinação da base de cálculo do imposto sobre a renda ou da contribuição social sobre o lucro líquido.

ART. 14. À suspensão do gozo da imunidade aplica-se o disposto no art. 32 da Lei n. 9.430, de 1996.

- ADIn 1.802 (O STF julgou parcialmente procedente a ação, com a declaração i) da inconstitucionalidade formal da alínea f do § 2º do art. 12; do art. 13, *caput*; e do art. 14; bem como ii) da inconstitucionalidade formal e material do art. 12, § 1º, todos da Lei 9.532/1997 - DJ 03.05.2018.)

ART. 15. Consideram-se isentas as instituições de caráter filantrópico, recreativo, cultural e científico e as associações civis que prestem os serviços para os quais houverem sido instituídas e os coloquem à disposição do grupo de pessoas a que se destinam, sem fins lucrativos.

- Med. Prov. 2.158-35/2001 (Altera a legislação das Contribuições para a Seguridade Social - COFINS, para os Programas de Integração Social e de Formação do Patrimônio do Servidor Público - PIS/PASEP e do Imposto sobre a Renda).

§ 1º A isenção a que se refere este artigo aplica-se, exclusivamente, em relação ao imposto de renda da pessoa jurídica e à contribuição social sobre o lucro líquido, observado o disposto no parágrafo subsequente.

§ 2º Não estão abrangidos pela isenção do imposto de renda os rendimentos e ganhos de capital auferidos em aplicações financeiras de renda fixa ou de renda variável.

§ 3º Às instituições isentas aplicam-se as disposições do art. 12, § 2º, alíneas "a" a "e" e § 3º e dos arts. 13 e 14.

§ 4º (Revogado pela Lei 9.718/1998.)

§ 5º O disposto no § 2º não se aplica aos rendimentos e ganhos de capital auferidos pela Academia Brasileira de Letras, pela Associação Brasileira de Imprensa e pelo Instituto Histórico e Geográfico Brasileiro. (Acrescentado pela Lei 13.353/2016.)

ART. 16. Aplicam-se à entrega de bens e direitos para a formação do patrimônio das instituições isentas as disposições do art. 23 da Lei n. 9.249, de 1995.

Parágrafo único. A transferência de bens e direitos do patrimônio das entidades isentas para o patrimônio de outra pessoa jurídica, em virtude de incorporação, fusão ou cisão, deverá ser efetuada pelo valor de sua aquisição ou pelo valor atribuído, no caso de doação.

ART. 17. Sujeita-se à incidência do imposto de renda à alíquota de quinze por cento a diferença entre o valor em dinheiro ou o valor dos bens e direitos recebidos de instituição isenta, por pessoa física, a título de devolução de patrimônio, e o valor em dinheiro ou o valor dos bens e direitos que houver entregue para a formação do referido patrimônio.

§ 1º Aos valores entregues até o final do ano de 1995 aplicam-se as normas do inciso I do art. 17 da Lei n. 9.249, de 1995.

§ 2º O imposto de que trata este artigo será:

a) considerado tributação exclusiva;

b) pago pelo beneficiário até o último dia útil do mês subsequente ao recebimento dos valores.

§ 3º Quando a destinatária dos valores em dinheiro ou dos bens e direitos devolvidos for pessoa jurídica, a diferença a que se refere o *caput* será computada na determinação do lucro real ou adicionada ao lucro presumido ou arbitrado, conforme seja a forma de tributação a que estiver sujeita.

§ 4º Na hipótese do parágrafo anterior, para a determinação da base de cálculo da contribuição social sobre o lucro líquido a pessoa jurídica deverá computar:

a) a diferença a que se refere o *caput*, se sujeita ao pagamento do imposto de renda com base no lucro real;

b) o valor em dinheiro ou o valor dos bens e direitos recebidos, se tributada com base no lucro presumido ou arbitrado.

ART. 18. Fica revogada a isenção concedida em virtude do art. 30 da Lei n. 4.506, de 1964, e alterações posteriores, às entidades que se dediquem às seguintes atividades:

I - educacionais;

II - de assistência à saúde;

III - de administração de planos de saúde;

IV - de prática desportiva, de caráter profissional;

V - de administração do desporto.

Parágrafo único. O disposto neste artigo não elide a fruição, conforme o caso, de imunidade ou isenção por entidade que se enquadrar nas condições do art. 12 ou do art. 15.

ART. 19 (Revogado pela Lei 9.779/1999.)

§§ 1º a 6º (Revogados pela Lei 9.779/1999.)

ART. 20. O *caput* do art. 1º da Lei n. 9.481, de 13 de agosto de 1997, passa a vigorar com a seguinte redação:

› Alteração promovida no texto da referida lei.

ART. 21. Relativamente aos fatos geradores ocorridos durante os anos-calendário de 1998 a 2003, a alíquota de 25% (vinte e cinco por cento), constante das tabelas de que tratam os arts. 3º e 11 da Lei n. 9.250, de 26 de dezembro de 1995, e as correspondentes parcelas a deduzir, passam a ser, respectivamente, a alíquota, de 27,5% (vinte e sete inteiros e cinco décimos por cento), e as parcelas a deduzir, até 31 de dezembro de 2001, de R$ 360,00 (trezentos e sessenta reais) e R$ 4.320,00 (quatro mil, trezentos e vinte reais), e a partir de 1º de janeiro de 2002, aquelas determinadas pelo art. 1º da Lei n. 10.451, de 10 de maio de 2002, a saber, de R$ 423,08 (quatrocentos e vinte e três reais e oito centavos) e R$ 5.076,90 (cinco mil e setenta e seis reais e noventa centavos). (Redação dada pela Lei n. 10.637, de 2002)

Parágrafo único. (Revogado pela Lei 10.828/2003).

ART. 22. A soma das deduções a que se referem os incisos I a III do art. 12 da Lei n. 9.250, de 1995, fica limitada a seis por cento do valor do imposto devido, não sendo aplicáveis limites específicos a quaisquer dessas deduções.

ART. 23. Na transferência de direito de propriedade por sucessão, nos casos de herança, legado ou por doação em adiantamento da legítima, os bens e direitos poderão ser avaliados a valor de mercado ou pelo valor constante da declaração de bens do *de cujus* ou do doador.

§ 1º Se a transferência for efetuada a valor de mercado, a diferença a maior entre esse e o valor pelo qual constavam da declaração de bens do *de cujus* ou do doador sujeitar-se-á à incidência de imposto de renda à alíquota de quinze por cento.

§ 2º O imposto a que se referem os §§ 1º e 5º deverá ser pago: (Redação dada pela Lei n. 9.779, de 1999)

I - pelo inventariante, até a data prevista para entrega da declaração final de espólio, nas transmissões *mortis causa*, observado o disposto no art. 7º, § 4º da Lei n. 9.250, de 26 de dezembro de 1995; (Incluído pela Lei n. 9.779/1999)

II - pelo doador, até o último dia útil do mês-calendário subsequente ao da doação, no caso de doação em adiantamento da legítima; (Incluído pela Lei n. 9.779/1999)

III - pelo ex-cônjuge a quem for atribuído o bem ou direito, até o último dia útil do mês subsequente à data da sentença homologatória do formal de partilha, no caso de dissolução da sociedade conjugal ou da unidade familiar. (Incluído pela Lei n. 9.779/1999)

§ 3º O herdeiro, o legatário ou o donatário deverá incluir os bens ou direitos, na sua declaração de bens correspondente à declaração de rendimentos do ano-calendário da homologação da partilha ou do recebimento da doação, pelo valor pelo qual houver sido efetuada a transferência.

§ 4º Para efeito de apuração de ganho de capital relativo aos bens e direitos de que trata este artigo, será considerado como custo de aquisição o valor pelo qual houverem sido transferidos.

§ 5º As disposições deste artigo aplicam-se, também, aos bens ou direitos atribuídos a cada cônjuge, na hipótese de dissolução da sociedade conjugal ou da unidade familiar.

ART. 24. Na declaração de bens correspondente à declaração de rendimentos das pessoas físicas, relativa ao ano-calendário de 1997, a ser apresentada em 1998, os bens adquiridos até 31 de dezembro de 1995 deverão ser informados pelos valores apurados com observância do disposto no art. 17 da Lei n. 9.249, de 1995.

Parágrafo único. A Secretaria da Receita Federal expedirá as normas necessárias à aplicação do disposto neste artigo.

ART. 25. O § 2º do art. 7º da Lei n. 9.250, de 1995, passa a vigorar com a seguinte redação:

› Alterações promovidas no texto da referida lei.

ART. 26. Os §§ 3º e 4º do art. 56 da Lei n. 8.981, de 1995, com as alterações da Lei n. 9.065, de 1995, passam a vigorar com a seguinte redação:

› Alterações promovidas no texto da referida lei.

ART. 27. A multa a que se refere o inciso I do art. 88 da Lei n. 8.981, de 1995, é limitada a vinte por cento do imposto de renda devido, respeitado o valor mínimo de que trata o § 1º do referido art. 88, convertido em reais de acordo com o disposto no art. 30 da Lei n. 9.249, de 26 de dezembro de 1995.

Parágrafo único. A multa a que se refere o art. 88 da Lei n. 8.981, de 1995, será:

a) deduzida do imposto a ser restituído ao contribuinte, se este tiver direito à restituição;

b) exigida por meio de lançamento efetuado pela Secretaria da Receita Federal, notificado ao contribuinte.

ART. 28. A partir de 1º de janeiro de 1998, a incidência do imposto de renda sobre os rendimentos auferidos por qualquer beneficiário, inclusive pessoa jurídica imune ou isenta, nas aplicações em fundos de investimento, constituídos sob qualquer forma, ocorrerá:

› ADIn 1.758-4. (O STF declarou a inconstitucionalidade da expressão "inclusive pessoa jurídica imune", contida neste artigo - DJ 11.03.2005).

I - diariamente, sobre os rendimentos produzidos pelos títulos, aplicações financeiras e valores mobiliários de renda fixa integrantes das carteiras dos fundos;

› Med. Prov. 2.189-49/2001 (Altera a legislação do imposto de renda relativamente à incidência na fonte sobre rendimentos de aplicações financeiras, inclusive de beneficiários residentes ou domiciliados no exterior, à conversão, em capital social, de obrigações no exterior de pessoas jurídicas domiciliadas no País, amplia as hipóteses de opção, pelas pessoas físicas, pelo desconto simplificado, regula a informação, na declaração de rendimentos, de depósitos mantidos em bancos no exterior).

II - por ocasião do resgate das quotas, em relação à parcela dos valores mobiliários de renda variável integrante das carteiras dos fundos.

› Med. Prov. 2.189-49/2001 (Altera a legislação do imposto de renda relativamente à incidência na fonte sobre rendimentos de aplicações financeiras, inclusive de beneficiários residentes ou domiciliados no exterior, à conversão, em capital social, de obrigações no exterior de pessoas jurídicas domiciliadas no País, amplia as hipóteses de opção, pelas pessoas físicas, pelo desconto simplificado, regula a informação, na declaração de rendimentos, de depósitos mantidos em bancos no exterior).

§ 1º Na hipótese de que trata o inciso II, a base de cálculo do imposto será constituída pelo ganho apurado pela soma algébrica dos resultados apropriados diariamente ao quotista.

§ 2º Para efeitos do disposto neste artigo o administrador do fundo de investimento deverá apropriar, diariamente, para cada quotista:

a) os rendimentos de que trata o inciso I, deduzido o imposto de renda;

b) os resultados positivos ou negativos decorrentes da avaliação dos ativos previstos no inciso II.

§ 3º As aplicações, os resgates e a apropriação dos valores de que trata o parágrafo anterior serão feitos conforme a proporção dos ativos de renda fixa e de renda variável no total da carteira do fundo de investimento.

§ 4º As perdas apuradas no resgate de quotas poderão ser compensadas com ganhos auferidos em resgates posteriores, no mesmo fundo de investimento, de acordo com sistemática a ser definida pela Secretaria da Receita Federal.

§ 5º Os fundos de investimento cujas carteiras sejam constituídas, no mínimo, por 95% de ativos de renda fixa, ao calcular o imposto pela apropriação diária de que trata o inciso I, poderão computar, na base de cálculo, os rendimentos e ganhos totais do patrimônio do fundo.

› Med. Prov. 2.189-49/2001 (Altera a legislação do imposto de renda relativamente à incidência na fonte sobre rendimentos de aplicações financeiras, inclusive de beneficiários residentes ou domiciliados no exterior, à conversão, em capital social, de obrigações no exterior de pessoas jurídicas domiciliadas no País, amplia as hipóteses de opção, pelas pessoas físicas, pelo desconto simplificado, regula a informação, na declaração de rendimentos, de depósitos mantidos em bancos no exterior).

§ 6º Os fundos de investimento cujas carteiras sejam constituídas, no mínimo, por 80% de ações negociadas no mercado à vista de bolsa de valores ou entidade assemelhada, poderão calcular o imposto no resgate de quotas, abrangendo os rendimentos e ganhos totais do patrimônio do fundo.

› Med. Prov. 2.189-49/2001 (Altera a legislação do imposto de renda relativamente à incidência na fonte sobre rendimentos de aplicações financeiras, inclusive de beneficiários residentes ou domiciliados no exterior, à conversão, em capital social, de obrigações no exterior de pessoas jurídicas domiciliadas no País, amplia as hipóteses de opção, pelas pessoas físicas, pelo desconto simplificado, regula a informação, na declaração de rendimentos, de depósitos mantidos em bancos no exterior).

§ 7º A base de cálculo do imposto de que trata o parágrafo anterior será constituída pela diferença positiva entre o valor de resgate e o valor de aquisição da quota.

§ 8º A Secretaria da Receita Federal definirá os requisitos e condições para que os fundos de que trata o § 6º atendam ao limite ali estabelecido.

§ 9º O imposto de que trata este artigo incidirá à alíquota de vinte por cento, vedada a dedução de quaisquer custos ou despesas incorridos na administração do fundo.

§ 10. Ficam isentos do imposto de renda:

a) os rendimentos e ganhos líquidos auferidos na alienação, liquidação, resgate, cessão ou repactuação dos títulos, aplicações financeiras e valores mobiliários integrantes das carteiras dos fundos de investimento;

b) os juros de que trata o art. 9º da Lei n. 9.249, de 1995, recebidos pelos fundos de investimento.

§ 11. Fica dispensada a retenção do imposto de renda sobre os rendimentos auferidos pelos quotistas dos fundos de investimento:

a) cujos recursos sejam aplicados na aquisição de quotas de outros fundos de investimento.

b) constituídos, exclusivamente, pelas pessoas jurídicas de que trata o art. 77, inciso I, da Lei n. 8.981, de 20 de janeiro de 1995.

§ 12. Os fundos de investimento de que trata a alínea "a" do parágrafo anterior serão tributados:

a) como qualquer quotista, quanto a aplicações em quotas de outros fundos de investimento;

b) como os demais fundos, quanto a aplicações em outros ativos.

§ 13. O disposto neste artigo aplica-se, também, à parcela dos ativos de renda fixa dos fundos de investimento imobiliário tributados nos termos da Lei n. 8.668, de 1993, e dos demais fundos de investimentos que não tenham resgate de quotas.

ART. 29. Para fins de incidência do imposto de renda na fonte, consideram-se pagos ou creditados aos quotistas dos fundos de investimento, na data em que se completar o primeiro período de carência em 1998, os rendimentos correspondentes à diferença positiva entre o valor da quota em 31 de dezembro de 1997 e o respectivo custo de aquisição.

§ 1º Na hipótese de resgate anterior ao vencimento do período de carência, a apuração dos rendimentos terá por base o valor da quota na data do último vencimento da carência, ocorrido em 1997.

§ 2º No caso de fundos sem prazo de carência para resgate de quotas, com rendimento integral, consideram-se pagos ou creditados os rendimentos no dia 2 de janeiro de 1998.

§ 3º Os rendimentos de que trata este artigo serão tributados pelo imposto de renda na fonte, à alíquota de quinze por cento, na data da ocorrência do fato gerador.

ART. 30. O imposto de que trata o § 3º do artigo anterior, retido pela instituição administradora do fundo, na data da ocorrência do fato gerador, será recolhido em quota única, até o terceiro dia útil da semana subsequente.

ART. 31. Excluem-se do disposto no art. 29, os rendimentos auferidos até 31 de dezembro de 1997 pelos quotistas dos fundos de investimento de renda variável, que serão tributados no resgate de quotas.

› Med. Prov. 2.189-49/2001 (Altera a legislação do imposto de renda relativamente à incidência na fonte sobre rendimentos de aplicações financeiras, inclusive de beneficiários residentes ou domiciliados no exterior, à conversão, em capital social, de obrigações no exterior de pessoas jurídicas domiciliadas no País, amplia as hipóteses de opção, pelas pessoas físicas, pelo desconto simplificado, regula a informação, na declaração de rendimentos, de depósitos mantidos em bancos no exterior).

§ 1º Para efeito do disposto neste artigo, consideram-se de renda variável os fundos de investimento que, nos meses de novembro e dezembro de 1997, tenham mantido, no mínimo, 51% (cinquenta e um por cento) de patrimônio aplicado em ações negociadas no mercado à vista de bolsa de valores ou entidade assemelhada.

§ 2º O disposto neste artigo aplica-se, também, aos rendimentos auferidos pelos quotistas de fundo de investimento que, nos meses de novembro e dezembro de 1997, tenham mantido, no mínimo, 95% (noventa e cinco por cento) de seus recursos aplicados em quotas dos fundos de que trata o parágrafo anterior.

ART. 32. O imposto de que tratam os arts. 28 a 31 será retido pelo administrador do fundo de investimento na data da ocorrência do fato gerador e recolhido até o terceiro dia útil da semana subsequente.

ART. 33. Os clubes de investimento, as carteiras administradas e qualquer outra forma de investimento associativo ou coletivo, sujeitam-se às mesmas normas do imposto de renda aplicáveis aos fundos de investimento.

ART. 34. O disposto nos arts. 28 a 31 não se aplica às hipóteses de que trata o art. 81 da Lei n. 8.981, de 1995, que continuam sujeitas às normas de tributação previstas na legislação vigente. (Redação dada pela Med. Prov. 2.189-49/2001.)

ART. 35. Relativamente aos rendimentos produzidos, a partir de 1º de janeiro de 1998, por aplicação financeira de renda fixa, auferidos por qualquer beneficiário, inclusive pessoa jurídica imune ou isenta, a alíquota do imposto de renda será de vinte por cento.

ART. 36. Os rendimentos decorrentes das operações de *swap*, de que trata o art. 74 da Lei n. 8.981, de 1995, passam a ser tributados à mesma alíquota incidente sobre os rendimentos de aplicações financeiras de renda fixa.

Parágrafo único. Quando a operação de *swap* tiver por objeto taxa baseada na remuneração dos depósitos de poupança, esta remuneração será adicionada à base de cálculo do imposto de que trata este artigo.

ART. 37. Os dispositivos abaixo enumerados, da Lei n. 4.502, de 30 de novembro de 1964, passam a vigorar com a seguinte redação:

› Alterações promovidas no texto da referida lei.

ART. 38. Fica acrescentada ao inciso I do art. 5º da Lei n. 4.502, de 1964, com a redação dada pelo art. 1º do Decreto-Lei n. 1.133, de 16 de novembro de 1970, a alínea "e", com a seguinte redação:

› Alteração promovida no texto da referida lei.

ART. 39. Poderão sair do estabelecimento industrial, com suspensão do IPI, os produtos destinados à exportação, quando:

I - adquiridos por empresa comercial exportadora, com o fim específico de exportação;

II - remetidos a recintos alfandegados ou a outros locais onde se processe o despacho aduaneiro de exportação.

§ 1º Fica assegurada a manutenção e utilização do crédito do IPI relativo às matérias-primas, produtos intermediários e material de embalagem utilizados na industrialização dos produtos a que se refere este artigo.

§ 2º Consideram-se adquiridos com o fim específico de exportação os produtos remetidos diretamente do estabelecimento industrial para embarque de exportação ou para recintos alfandegados, por conta e ordem da empresa comercial exportadora.

§ 3º A empresa comercial exportadora fica obrigada ao pagamento do IPI que deixou de ser pago na saída dos produtos do estabelecimento industrial, nas seguintes hipóteses:

a) transcorridos 180 dias da data da emissão da nota fiscal de venda pelo estabelecimento industrial, não houver sido efetivada a exportação;

b) os produtos forem revendidos no mercado interno;

c) ocorrer a destruição, o furto ou roubo dos produtos.

§ 4º Para efeito do parágrafo anterior, considera-se ocorrido o fato gerador e devido o IPI na data da emissão da nota fiscal pelo estabelecimento industrial.

§ 5º O valor a ser pago nas hipóteses do § 3º ficará sujeito à incidência:

a) de juros equivalentes à taxa referencial do Sistema Especial de Liquidação e Custódia - SELIC, para títulos federais, acumulada mensalmente, calculados a partir do primeiro dia do mês subsequente ao da emissão da nota fiscal, referida no § 4º, até o mês anterior ao do pagamento e de um por cento no mês do pagamento;

b) da multa a que se refere o art. 61 da Lei n. 9.430, de 1996, calculada a partir do dia subsequente ao da emissão da referida nota fiscal.

§ 6º O imposto de que trata este artigo, não recolhido espontaneamente, será exigido em procedimento de ofício, pela Secretaria da Receita Federal, com os acréscimos aplicáveis na espécie.

ART. 40. Considera-se ocorrido o fato gerador e devido o IPI, no início do consumo ou da utilização do papel destinado a impressão de livros, jornais e periódicos a que se refere a alínea "d" do inciso VI do art. 150 da Constituição, em finalidade diferente destas ou na sua saída do fabricante, do importador ou de seus estabelecimentos distribuidores, para pessoas que não sejam empresas jornalísticas ou editoras.

Parágrafo único. Responde solidariamente pelo imposto e acréscimos legais a pessoa física ou jurídica que não seja empresa jornalística ou editora, em cuja posse for encontrado o papel a que se refere este artigo.

ART. 41. Aplica-se aos produtos do Capítulo 22 da TIPI o disposto no art. 18 do Decreto-Lei n. 1.593, de 21 de dezembro de 1977.

ART. 42. (Revogado pela Lei 9.779/1999)

Parágrafo único. (Revogado pela Lei 9.779/1999)

ART. 43. O inciso II do art. 4º da Lei n. 8.661, de 1993, passa a vigorar com a seguinte redação:

› Alteração promovida no texto da referida lei.

ART. 44. A comercialização de cigarros no País observará o disposto em regulamento, especialmente quanto a embalagem, apresentação e outras formas de controle.

ART. 45. A importação de cigarros do código 2402.20.00 da TIPI será efetuada com observância do disposto nos arts. 46 a 54 desta Lei, sem prejuízo de outras exigências, inclusive quanto à comercialização do produto, previstas em legislação específica.

ART. 46. É vedada a importação de cigarros de marca que não seja comercializada no país de origem.

ART. 47. O importador de cigarros deve constituir-se sob a forma de sociedade, sujeitando-se, também, à inscrição no Registro Especial instituído pelo art. 1º do Decreto-Lei n. 1.593, de 1977.

ART. 48. O importador deverá requerer à Secretaria da Receita Federal do Brasil o fornecimento dos selos de controle de que trata o art. 46 da Lei n. 4.502, de 30 de novembro de 1964, devendo, no requerimento, prestar as seguintes informações: (Redação dada pela Lei 12.402/2011.)

I - nome e endereço do fabricante no exterior;

II - quantidade de vintenas, marca comercial e características físicas do produto a ser importado;

III - preço de venda a varejo pelo qual será feita a comercialização do produto no Brasil. (Redação dada pela Lei 12.402/2011.)

§§ 1º e **2º** (Revogados pela Lei 12.402/2011.)

ART. 49. A Secretaria da Receita Federal, com base nos dados do Registro Especial, nas informações prestadas pelo importador e nas normas de enquadramento em classes de valor aplicáveis aos produtos de fabricação nacional, deverá:

I - se aceito o requerimento, divulgar, por meio do Diário Oficial da União, a identificação do importador, a marca comercial e características do produto, o preço de venda a varejo, a quantidade autorizada de vintenas e o valor unitário e cor dos respectivos selos de controle;

II - se não aceito o requerimento, comunicar o fato ao requerente, fundamentando as razões da não aceitação.

§ 1º O preço de venda no varejo de cigarro importado de marca que também seja produzida no País não poderá ser inferior àquele praticado pelo fabricante nacional.

§ 2º Divulgada a aceitação do requerimento, o importador terá o prazo de quinze dias para efetuar o pagamento dos selos e retirá-los na Receita Federal.

§ 3º (Revogado pela Lei 12.402/2011.)

§ 4º Os selos de controle serão remetidos pelo importador ao fabricante no exterior, devendo ser aplicado em cada maço, carteira, ou outro recipiente, que contenha vinte unidades do produto, na mesma forma estabelecida pela Secretaria da Receita Federal para os produtos de fabricação nacional.

§ 5º Ocorrendo o descumprimento do prazo a que se refere o § 2º, fica sem efeito a autorização para a importação.

§ 6º O importador terá o prazo de noventa dias a partir da data de fornecimento do selo de controle para efetuar o registro da declaração da importação.

ART. 50. No desembaraço aduaneiro de cigarros importados do exterior deverão ser observados:

I - se as vintenas importadas correspondem à marca comercial divulgada e se estão devidamente seladas; (Redação dada pela Lei 12.402/2011.)

II - se a quantidade de vintenas importada corresponde à quantidade autorizada;

III - se na embalagem dos produtos constam, em língua portuguesa, todas as informações exigidas para os produtos de fabricação nacional.

Parágrafo único. A inobservância de qualquer das condições previstas no inciso I sujeitará o infrator à pena de perdimento.

ART. 51. Sujeita-se às penalidades previstas na legislação, aplicáveis às hipóteses de uso indevido de selos de controle, o importador que descumprir o prazo estabelecido no § 6º do art. 49.

Parágrafo único. As penalidades de que trata este artigo serão calculadas sobre a quantidade de selos adquiridos que não houver sido utilizada na importação, se ocorrer importação parcial.

ART. 52. O valor do IPI devido no desembaraço aduaneiro dos cigarros do código 2402.20.00 da Tipi será apurado da mesma forma que para o produto nacional, tomando-se por base a classe de enquadramento divulgada pela Secretaria da Receita Federal. (Redação dada pela Lei 10.637/2002.)

Parágrafo único. Os produtos de que trata este artigo estão sujeitos ao imposto apenas por ocasião do desembaraço aduaneiro.

ART. 53. O importador de cigarros sujeita-se, na condição de contribuinte e de contribuinte substituto dos comerciantes varejistas, ao pagamento das contribuições para o PIS/PASEP e para o financiamento da Seguridade Social - COFINS, calculadas segundo as mesmas normas aplicáveis aos fabricantes de cigarros nacionais.

ART. 54. O pagamento das contribuições a que se refere o artigo anterior deverá ser efetuado na data do registro da Declaração de Importação no Sistema Integrado de Comércio Exterior - SISCOMEX.

ART. 55. Ficam reduzidos à metade os percentuais relacionados nos incisos I, II, III e V do art.1º da Lei n. 9.440, de 14 de março de 1997, e nos incisos I, II e III do art. 1º da Lei n. 9.449, de 14 de março de 1997.

ART. 56. O inciso IV do art. 1º da Lei n. 9.440, de 1997, passa a vigorar com a seguinte redação:

- Alteração promovida no texto da referida lei.

ART. 57. A apresentação de declaração de bagagem falsa ou inexata sujeita o viajante a multa correspondente a cinquenta por cento do valor excedente ao limite de isenção, sem prejuízo do imposto devido.

ART. 58. A pessoa física ou jurídica que alienar, à empresa que exercer as atividades relacionadas na alínea "d" do inciso III do § 1º do art. 15 da Lei n. 9.249, de 1995 (*factoring*), direitos creditórios resultantes de vendas a prazo, sujeita-se à incidência do imposto sobre operações de crédito, câmbio e seguro ou relativas a títulos e valores mobiliários - IOF às mesmas alíquotas aplicáveis às operações de financiamento e empréstimo praticadas pelas instituições financeiras.

§ 1º O responsável pela cobrança e recolhimento do IOF de que trata este artigo é a empresa de *factoring* adquirente do direito creditório.

§ 2º O imposto cobrado na hipótese deste artigo deverá ser recolhido até o terceiro dia útil da semana subsequente à da ocorrência do fato gerador.

ART. 59. A redução do IOF de que trata o inciso V do art. 4º da Lei n. 8.661, de 1993, passará a ser de 25% (vinte e cinco por cento).

ART. 60. O valor dos lucros distribuídos disfarçadamente, de que tratam os arts. 60 a 62 do Decreto-Lei n. 1.598, de 1977, com as alterações do art. 20 do Decreto-Lei n. 2.065, de 26 de outubro de 1983, serão, também, adicionados ao lucro líquido para efeito de determinação da base de cálculo da contribuição social sobre o lucro líquido.

ART. 61. As empresas que exercem a atividade de venda ou revenda de bens a varejo e as empresas prestadoras de serviços estão obrigadas ao uso de equipamento Emissor de Cupom Fiscal - ECF.

§ 1º Para efeito de comprovação de custos e despesas operacionais, no âmbito da legislação do imposto de renda e da contribuição social sobre o lucro líquido, os documentos emitidos pelo ECF devem conter, em relação à pessoa física ou jurídica compradora, no mínimo:

a) a sua identificação, mediante a indicação do número de inscrição no Cadastro de Pessoas Físicas - CPF, se pessoa física, ou no Cadastro Geral de Contribuintes - CGC, se pessoa jurídica, ambos do Ministério da Fazenda;

b) a descrição dos bens ou serviços objeto da operação, ainda que resumida ou por códigos;

c) a data e o valor da operação.

§ 2º Qualquer outro meio de emissão de nota fiscal, inclusive o manual, somente poderá ser utilizado com autorização específica da unidade da Secretaria de Estado da Fazenda, com jurisdição sobre o domicílio fiscal da empresa interessada.

ART. 62. A utilização, no recinto de atendimento ao público, de equipamento que possibilite o registro ou o processamento de dados relativos a operações com mercadorias ou com a prestação de serviços somente será admitida quando estiver autorizada, pela unidade da Secretaria de Estado da Fazenda, com jurisdição sobre o domicílio fiscal da empresa, a integrar o ECF.

Parágrafo único. O equipamento em uso, sem a autorização a que se refere o *caput* deste artigo ou que não satisfaça os requisitos deste artigo, poderá ser apreendido pela Secretaria da Receita Federal do Brasil ou pela Secretaria de Fazenda da Unidade Federada e utilizado como prova de qualquer infração à legislação tributária, decorrente de seu uso. (Redação dada pela Lei 11.941/2009.)

ART. 63. O disposto nos arts. 61 e 62 observará convênio a ser celebrado entre a União, representada pela Secretaria da Receita Federal, e as Unidades Federadas, representadas no Conselho de Política Fazendária - CONFAZ pelas respectivas Secretarias de Fazenda.

ART. 64. A autoridade fiscal competente procederá ao arrolamento de bens e direitos do sujeito passivo sempre que o valor dos créditos tributários de sua responsabilidade for superior a trinta por cento do seu patrimônio conhecido.

§ 1º Se o crédito tributário for formalizado contra pessoa física, no arrolamento devem ser identificados, inclusive, os bens e direitos em nome do cônjuge, não gravados com a cláusula de incomunicabilidade.

§ 2º Na falta de outros elementos indicativos, considera-se patrimônio conhecido, o valor constante da última declaração de rendimentos apresentada.

§ 3º A partir da data da notificação do ato de arrolamento, mediante entrega de cópia do respectivo termo, o proprietário dos bens e direitos arrolados, ao transferi-los, aliená-los ou onerá-los, deve comunicar o fato à unidade do órgão fazendário que jurisdiciona o domicílio tributário do sujeito passivo.

§ 4º A alienação, oneração ou transferência, a qualquer título, dos bens e direitos arrolados, sem o cumprimento da formalidade prevista no parágrafo anterior, autoriza o requerimento de medida cautelar fiscal contra o sujeito passivo.

§ 5º O termo de arrolamento de que trata este artigo será registrado independentemente de pagamento de custas ou emolumentos:

I - no competente registro imobiliário, relativamente aos bens imóveis;

II - nos órgãos ou entidades, onde, por força de lei, os bens móveis ou direitos sejam registrados ou controlados;

III - no Cartório de Títulos e Documentos e Registros Especiais do domicílio tributário do sujeito passivo, relativamente aos demais bens e direitos.

§ 6º As certidões de regularidade fiscal expedidas deverão conter informações quanto à existência de arrolamento.

§ 7º O disposto neste artigo só se aplica a soma de créditos de valor superior a R$ 500.000,00 (quinhentos mil reais).

- Dec. 7.573/2011 (Altera o limite de que trata este parágrafo, para fins de arrolamento de bens e direitos do sujeito passivo da obrigação tributária).

§ 8º Liquidado, antes do seu encaminhamento para inscrição em Dívida Ativa, o crédito tributário que tenha motivado o arrolamento, a autoridade competente da Secretaria da Receita Federal comunicará o fato ao registro imobiliário, cartório, órgão ou entidade competente de registro e controle, em que o termo de arrolamento tenha sido registrado, nos termos do § 5º, para que sejam anulados os efeitos do arrolamento.

§ 9º Liquidado ou garantido, nos termos da Lei n. 6.830, de 22 de setembro de 1980, o crédito tributário que tenha motivado o arrolamento, após seu encaminhamento para inscrição em Dívida Ativa, a comunicação de que trata o parágrafo anterior será feita pela autoridade competente da Procuradoria da Fazenda Nacional.

§ 10. Fica o Poder Executivo autorizado a aumentar ou restabelecer o limite de que trata o § 7º deste artigo. (Incluído pela Lei 11.941/2009.)

§ 11. Os órgãos de registro público onde os bens e direitos foram arrolados possuem o prazo de 30 (trinta) dias para liberá-los, contados a partir do protocolo de cópia do documento comprobatório da comunicação aos órgãos fazendários, referido no § 3º deste artigo. (Acrescentado pela Lei 12.973/2014.)

§ 12. A autoridade fiscal competente poderá, a requerimento do sujeito passivo, substituir bem ou direito arrolado por outro que seja de valor igual ou superior, desde que respeitada a ordem de prioridade de bens a serem arrolados definida pela Secretaria da Receita Federal do Brasil, e seja realizada a avaliação do bem arrolado e do bem a ser substituído nos termos do § 2º do art. 64-A. (Acrescentado pela Lei 13.043/2014.)

ART. 64-A. O arrolamento de que trata o art. 64 recairá sobre bens e direitos suscetíveis de registro público, com prioridade aos imóveis, e em valor suficiente para cobrir o montante do crédito tributário de responsabilidade do sujeito passivo. (Incluído pela Med. Prov. 2158-35/2001.)

§ 1º O arrolamento somente poderá alcançar outros bens e direitos para fins de complementar o valor referido no *caput*. (Acrescentado pela Lei 12.973/2014.)

§ 2º Fica a critério do sujeito passivo, a expensas dele, requerer, anualmente, aos órgãos de registro público onde os bens e direitos estiverem arrolados, por petição fundamentada, avaliação dos referidos ativos, por perito indicado pelo próprio órgão de registro, a identificar o valor justo dos bens e direitos arrolados e evitar, deste modo, excesso de garantia. (Acrescentado pela Lei 12.973/2014.)

ART. 65. Os arts. 1º e 2º da Lei n. 8.397, de 6 de janeiro de 1992, passam a vigorar com as seguintes alterações:

› Alteração promovida no texto da referida lei.

ART. 66. O órgão competente do Ministério da Fazenda poderá intervir em instrumento ou negócio jurídico que depender de prova de inexistência de débito, para autorizar sua lavratura ou realização, desde que o débito seja pago por ocasião da lavratura do instrumento ou realização do negócio, ou seja oferecida garantia real suficiente, na forma estabelecida em ato do Ministro de Estado da Fazenda.

ART. 67. O Decreto n. 70.235, de 6 de março de 1972, que, por delegação do Decreto-Lei n. 822, de 5 de setembro de 1969, regula o processo administrativo de determinação e exigência de créditos tributários da União, passa a vigorar com as seguintes alterações:

› Alteração promovida no texto da referida lei.

ART. 68. Os processos em que estiverem presentes as circunstâncias de que trata o art. 27 do Decreto n. 70.235, de 1972, terão prioridade de tratamento, na forma estabelecida em ato do Ministro de Estado da Fazenda, na cobrança administrativa, no encaminhamento para inscrição em Dívida Ativa, na efetivação da inscrição e no ajuizamento das respectivas execuções fiscais.

ART. 69. As sociedades cooperativas de consumo, que tenham por objeto a compra e fornecimento de bens aos consumidores, sujeitam-se às mesmas normas de incidência dos impostos e contribuições de competência da União, aplicáveis às demais pessoas jurídicas.

ART. 70. Os dispositivos abaixo enumerados, da Lei n. 9.430, de 1996, passam a vigorar com a seguinte redação:

› Alteração promovida no texto da referida lei.

ART. 71. O disposto no art. 15 do Decreto-Lei n. 1.510, de 27 de dezembro de 1976, aplica-se, também, nas hipóteses de aquisições de imóveis por pessoas jurídicas.

ART. 72. O § 1º do art. 15 do Decreto-Lei n. 1.510, de 1976, passa a vigorar com a seguinte redação:

› Alteração promovida no texto da referida lei.

ART. 73. O termo inicial para cálculo dos juros de que trata o § 4º do art. 39 da Lei n. 9.250, de 1995, é o mês subsequente ao do pagamento indevido ou a maior que o devido.

ART. 74. O art. 6º do Decreto-Lei n. 1.437, de 17 de dezembro de 1975, passa a vigorar com a seguinte alteração:

› Alteração promovida no texto da referida lei.

ART. 75 (Revogado pela Lei 10.833/2003.)

ART. 76. O disposto nos arts. 43, 55 e 56 não se aplica a projetos aprovados ou protocolizados no órgão competente para a sua apreciação, até 14 de novembro de 1997.

§ 1º O disposto no art. 55 não se aplica a projetos de empresas a que se refere o art. 1º, § 1º, alínea "h", da Lei n. 9.449, de 14 de março de 1997, cuja produção seja destinada totalmente à exportação até 31 de dezembro de 2002. (Incluído pela Lei 10.184/2001.)

§ 2º A empresa que usar do benefício previsto no parágrafo anterior e deixar de exportar a totalidade de sua produção no prazo ali estabelecido estará sujeita à multa de setenta por cento aplicada sobre o valor FOB do total das importações realizadas nos termos dos incisos I e II do art. 1º da Lei n. 9.449, de 1997. (Incluído pela Lei 10.184/2001.)

ART. 77. A aprovação de novos projetos, inclusive de expansão, beneficiados com qualquer dos incentivos fiscais a que se referem o Decreto-Lei n. 288, de 28 de fevereiro de 1967, com as posteriores alterações, o Decreto-Lei n. 356, de 15 de agosto de 1968, o Decreto-Lei n. 1.435, de 16 de dezembro de 1975 e a Lei n. 8.387, de 30 de dezembro de 1991, fica condicionada à vigência de:

I - lei complementar que institua contribuição social de intervenção no domínio econômico, incidente sobre produtos importados do exterior pelos respectivos estabelecimentos beneficiados; e

II - lei específica, que disponha sobre critérios de aprovação de novos projetos, visando aos seguintes objetivos:

a) estímulo à produção de bens que utilizem, predominantemente, matérias-primas produzidas na Amazônia Ocidental;

b) prioridade à produção de partes, peças, componentes e matérias-primas, necessários para aumentar a integração da cadeia produtiva dos bens finais fabricados na Zona Franca de Manaus;

c) maior integração com o parque produtivo instalado em outros pontos do território nacional;

d) capacidade de inserção internacional do parque produtivo;

e) maior geração de emprego por unidade de renúncia fiscal estimada;

f) elevação dos níveis mínimos de agregação dos produtos oriundos de estabelecimentos localizados na Zona Franca de Manaus ou da Amazônia Ocidental.

§ 1º O disposto no *caput* deste artigo deixará de produzir efeitos se o Poder Executivo não encaminhar ao Congresso Nacional, até 15 de março de 1998, os projetos de lei de que trata este artigo.

§ 2º Ficam extintos, a partir de 1º de janeiro de 2024, os benefícios fiscais a que se referem os dispositivos legais mencionados no *caput* deste artigo. (Redação dada pela Lei 12.859/2013.)

› Dec. 7.212/2010 (Regulamenta a cobrança, fiscalização, arrecadação e administração do Imposto sobre Produtos Industrializados - IPI).

ART. 78. As obras fonográficas sujeitar-se-ão a selos e sinais de controle, sem ônus para o consumidor, com o fim de identificar a legítima origem e reprimir a produção e importação ilegais e a comercialização de contrafações, sob qualquer pretexto, observado para esse efeito o disposto em regulamento.

ART. 79. Os ganhos de capital na alienação de participações acionárias de propriedade de sociedades criadas pelos Estados, Municípios ou Distrito Federal, com o propósito específico de contribuir para o saneamento das finanças dos respectivos controladores, no âmbito de Programas de Privatização, ficam isentos do imposto sobre renda e proventos de qualquer natureza.

Parágrafo único. A isenção de que trata este artigo fica condicionada à aplicação exclusiva do produto da alienação das participações acionárias no pagamento de dívidas dos Estados, Municípios ou Distrito Federal.

ART. 80. Aos atos praticados com base na Medida Provisória n. 1.602, de 14 de novembro de 1997, e aos fatos jurídicos dela decorrentes, aplicam-se as disposições nela contidas.

ART. 81. Esta Lei entra em vigor na data de sua publicação, produzindo efeitos:

I - nessa data, em relação aos arts. 9º, 37 a 42, 44 a 54, 64 a 68, 74 e 75;

II - a partir de 1º de janeiro de 1998, em relação aos demais dispositivos dela constantes.

ART. 82. Ficam revogados:

I - a partir da data de publicação desta Lei:

a) os seguintes dispositivos da Lei n. 4.502, de 1964:

1. o inciso IV acrescentado ao art. 4º pelo Decreto-Lei n. 1.199, de 27 de dezembro de 1971, art. 5º, alteração 1ª;

› Dec.-Lei 1.199/1971 (Altera a Nomenclatura Brasileira de Mercadorias (NBM), a Tarifa Aduaneira do Brasil (TAB), a legislação do Imposto sobre Produtos Industrializados).

2. os incisos X, XIV e XX do art. 7º;

3. os incisos XI, XIII, XXI, XXII, XXV, XXVII, XXIX, XXX, XXXI, XXXII, XXXIII, XXXIV e XXXV do art. 7º, com as alterações do Decreto-Lei n. 34, de 1966, art. 2º, alteração 3ª;

4. o parágrafo único do art. 15, acrescentado pelo art. 2º, alteração sexta, do Decreto-Lei n. 34, de 1966;

5. o § 3º do art. 83, acrescentado pelo art. 1º, alteração terceira, do Decreto-Lei n. 400, de 1968;

6. o § 2º do art. 84, renumerado pelo art. 2º, alteração vigésima-quarta, do Decreto-Lei n. 34, de 1966;

b) o art. 58 da Lei n. 5.227, de 18 de janeiro de 1967;

c) o art. 1º do Decreto-Lei n. 1.276, de 1º de junho de 1973;

d) o § 1º do art. 18 da Lei n. 6.099, de 12 de setembro de 1974;

e) o art. 7º do Decreto-Lei n. 1.455, de 7 de abril de 1976;

f) o Decreto-Lei n. 1.568, de 2 de agosto de 1977;

g) os incisos IV e V do art. 4º, o art. 5º, o art. 10 e os incisos II, III, VI e VIII do art. 19, todos do Decreto-Lei n. 1.593, de 21 de dezembro de 1977;

h) o Decreto-Lei n. 1.622, de 18 de abril de 1978;

i) o art. 2º da Lei n. 8.393, de 30 de dezembro de 1991;

j) o inciso VII do art. 1º da Lei n. 8.402, de 1992;

l) o art. 4º da Lei n. 8.541, de 23 de dezembro de 1992;

m) os arts. 3º e 4º da Lei n. 8.846, de 21 de janeiro de 1994;

n) o art. 39 da Lei n. 9.430, de 1996;

II - a partir de 1º de janeiro de 1998:

a) o art. 28 do Decreto-Lei n. 5.844, de 23 de setembro de 1943;

b) o art. 30 da Lei n. 4.506, de 30 de novembro de 1964;

c) o § 1º do art. 260, da Lei n. 8.069, de 13 de julho de 1990;

d) os §§ 1º a 4º do art. 40 da Lei n. 8.672, de 6 de julho de 1993;

e) o art. 10 da Lei n. 9.477, de 1997;

f) o art. 3º da Lei n. 7.418, de 16 de dezembro de 1985, renumerado pelo art. 1º da Lei n. 7.619, de 30 de setembro de 1987. (Redação dada pela Med. Prov. 2.189-49/2001.)

Brasília, 10 de dezembro de 1997;
176º da Independência e 109º da República.
FERNANDO HENRIQUE CARDOSO

LEI N. 9.537, DE 11 DE DEZEMBRO DE 1997

Dispõe sobre a segurança do tráfego aquaviário em águas sob jurisdição nacional e dá outras providências.

- *DOU*, 12.12.1997.
- Dec. 2.596/1998 (Regulamenta esta lei).
- Dec. 5.129/2004 (Dispõe sobre a Patrulha Naval).

O Presidente da República. Faço saber que o Congresso Nacional decreta e eu sanciono a seguinte Lei:

CAPÍTULO I
DISPOSIÇÕES GERAIS

ART. 1º A segurança da navegação, nas águas sob jurisdição nacional, rege-se por esta Lei.

§ 1º As embarcações brasileiras, exceto as de guerra, os tripulantes, os profissionais não tripulantes e os passageiros nelas embarcados, ainda que fora das águas sob jurisdição nacional, continuam sujeitos ao previsto nesta Lei, respeitada, em águas estrangeiras, a soberania do Estado costeiro.

§ 2º As embarcações estrangeiras e as aeronaves na superfície das águas sob jurisdição nacional estão sujeitas, no que couber, ao previsto nesta Lei.

ART. 2º Para os efeitos desta Lei, ficam estabelecidos os seguintes conceitos e definições:

I - Amador - todo aquele com habilitação certificada pela autoridade marítima para operar embarcações de esporte e recreio, em caráter não profissional;

II - Aquaviário - todo aquele com habilitação certificada pela autoridade marítima para operar embarcações em caráter profissional;

III - Armador - pessoa física ou jurídica que, em seu nome e sob sua responsabilidade, apresta a embarcação com fins comerciais, pondo-a ou não a navegar por sua conta;

IV - Comandante (também denominado Mestre, Arrais ou Patrão) - tripulante responsável pela operação e manutenção de embarcação, em condições de segurança, extensivas à carga, aos tripulantes e às demais pessoas a bordo;

V - Embarcação - qualquer construção, inclusive as plataformas flutuantes e, quando rebocadas, as fixas, sujeita a inscrição na autoridade marítima e suscetível de se locomover na água, por meios próprios ou não, transportando pessoas ou cargas;

VI - Inscrição da embarcação - cadastramento na autoridade marítima, com atribuição do nome e do número de inscrição e expedição do respectivo documento de inscrição;

VII - Inspeção Naval - atividade de cunho administrativo, que consiste na fiscalização do cumprimento desta Lei, das normas e regulamentos dela decorrentes, e dos atos e resoluções internacionais ratificados pelo Brasil, no que se refere exclusivamente à salvaguarda da vida humana e à segurança da navegação, no mar aberto e em hidrovias interiores, e à prevenção da poluição ambiental por parte de embarcações, plataformas fixas ou suas instalações de apoio;

VIII - Instalação de apoio - instalação ou equipamento, localizado nas águas, de apoio à execução das atividades nas plataformas ou terminais de movimentação de cargas;

IX - Lotação - quantidade máxima de pessoas autorizadas a embarcar;

X - Margens das águas - as bordas dos terrenos onde as águas tocam, em regime de cheia normal sem transbordar ou de preamar de sizígia;

XI - Navegação em mar aberto - a realizada em águas marítimas consideradas desabrigadas;

XII - Navegação Interior - a realizada em hidrovias interiores, assim considerados rios, lagos, canais, lagoas, baías, angras, enseadas e áreas marítimas consideradas abrigadas;

XIII - Passageiro - todo aquele que, não fazendo parte da tripulação nem sendo profissional não tripulante prestando serviço profissional a bordo, é transportado pela embarcação;

XIV - Plataforma - instalação ou estrutura, fixa ou flutuante, destinada às atividades direta ou indiretamente relacionadas com a pesquisa, exploração e explotação dos recursos oriundos do leito das águas interiores e seu subsolo ou do mar, inclusive da plataforma continental e seu subsolo;

XV - Prático - aquaviário não tripulante que presta serviços de praticagem embarcado;

XVI - Profissional não tripulante - todo aquele que, sem exercer atribuições diretamente ligadas à operação da embarcação, presta serviços eventuais a bordo;

XVII - Proprietário - pessoa física ou jurídica, em nome de quem a propriedade da embarcação é inscrita na autoridade marítima e, quando legalmente exigido, no Tribunal Marítimo;

XVIII - Registro de Propriedade da Embarcação - registro no Tribunal Marítimo, com a expedição da Provisão de Registro da Propriedade Marítima;

XIX - Tripulação de Segurança - quantidade mínima de tripulantes necessária a operar, com segurança, a embarcação;

XX - Tripulante - aquaviário ou amador que exerce funções, embarcado, na operação da embarcação;

XXI - Vistoria - ação técnico-administrativa, eventual ou periódica, pela qual é verificado o cumprimento de requisitos estabelecidos em normas nacionais e internacionais, referentes à prevenção da poluição ambiental e às condições de segurança e habitabilidade de embarcações e plataformas.

ART. 3º Cabe à autoridade marítima promover a implementação e a execução desta Lei, com o propósito de assegurar a salvaguarda da vida humana e a segurança da navegação, no mar aberto e hidrovias interiores, e a prevenção da poluição ambiental por parte de embarcações, plataformas ou suas instalações de apoio.

Parágrafo único. No exterior, a autoridade diplomática representa a autoridade marítima, no que for pertinente a esta Lei.

ART. 4º São atribuições da autoridade marítima:

I - elaborar normas para:

a) habilitação e cadastro dos aquaviários e amadores;

b) tráfego e permanência das embarcações nas águas sob jurisdição nacional, bem como sua entrada e saída de portos, atracadouros, fundeadouros e marinas;

c) realização de inspeções navais e vistorias;

d) arqueação, determinação da borda livre, lotação, identificação e classificação das embarcações;

e) inscrição das embarcações e fiscalização do Registro de Propriedade;

f) cerimonial e uso dos uniformes a bordo das embarcações nacionais;

g) registro e certificação de helipontos das embarcações e plataformas, com vistas à homologação por parte do órgão competente;

h) execução de obras, dragagens, pesquisa e lavra de minerais sob, sobre e às margens das águas sob jurisdição nacional, no que concerne ao ordenamento do espaço aquaviário e à segurança da navegação, sem prejuízo das obrigações frente aos demais órgãos competentes;

i) cadastramento e funcionamento das marinas, clubes e entidades desportivas náuticas, no que diz respeito à salvaguarda da vida humana e à segurança da navegação no mar aberto e em hidrovias interiores;

j) cadastramento de empresas de navegação, peritos e sociedades classificadoras;

l) estabelecimento e funcionamento de sinais e auxílios à navegação;

m) aplicação de penalidade pelo Comandante;

II - regulamentar o serviço de praticagem, estabelecer as zonas de praticagem em que a utilização do serviço é obrigatória e especificar as embarcações dispensadas do serviço;

III - determinar a tripulação de segurança das embarcações, assegurado às partes interessadas o direito de interpor recurso, quando discordarem da quantidade fixada;

IV - determinar os equipamentos e acessórios que devam ser homologados para uso a bordo de embarcações e plataformas e estabelecer os requisitos para a homologação;

V - estabelecer a dotação mínima de equipamentos e acessórios de segurança para embarcações e plataformas;

VI - estabelecer os limites da navegação interior;

VII - estabelecer os requisitos referentes às condições de segurança e habitabilidade e para a prevenção da poluição por parte de embarcações, plataformas ou suas instalações de apoio;

VIII - definir áreas marítimas e interiores para constituir refúgios provisórios, onde as embarcações possam fundear ou varar, para execução de reparos;

IX - executar a inspeção naval;

X - executar vistorias, diretamente ou por intermédio de delegação a entidades especializadas.

ART. 4º-A. Sem prejuízo das normas adicionais expedidas pela autoridade marítima, é obrigatório o uso de proteção no motor, eixo e quaisquer outras partes móveis das embarcações que possam promover riscos à integridade física dos passageiros e da tripulação. (Acrescentado pela Lei 11.970/2009.)

§ 1º O tráfego de embarcação sem o cumprimento do disposto no *caput* deste artigo sujeita o infrator às medidas administrativas previstas nos incisos I e II do *caput* do art. 16, bem como às penalidades previstas no art. 25, desta Lei. (Acrescentado pela Lei 11.970/2009.)

§ 2º Em caso de reincidência, a penalidade de multa será multiplicada por 3 (três), além de ser apreendida a embarcação e cancelado o certificado de habilitação. (Acrescentado pela Lei 11.970/2009.)

§ 3º A aplicação das medidas administrativas e das penalidades previstas neste artigo não exime o infrator da devida responsabilização nas esferas cível e criminal. (Acrescentado pela Lei 11.970/2009.)

ART. 5º A embarcação estrangeira, submetida à inspeção naval, que apresente irregularidades na documentação ou condições operacionais precárias, representando ameaça de danos ao meio ambiente, à tripulação, a terceiros ou à segurança do tráfego aquaviário, pode ser ordenada a:

I - não entrar no porto;

II - não sair do porto;

III - sair das águas jurisdicionais;

IV - arribar em porto nacional.

ART. 6º A autoridade marítima poderá delegar aos municípios a fiscalização do tráfego de embarcações que ponham em risco a integridade física de qualquer pessoa nas áreas adjacentes às praias, quer sejam marítimas, fluviais ou lacustres.

CAPÍTULO II
DO PESSOAL

ART. 7º Os aquaviários devem possuir o nível de habilitação estabelecido pela autoridade marítima para o exercício de cargos e funções a bordo das embarcações.

Parágrafo único. O embarque e desembarque do tripulante submete-se às regras do seu contrato de trabalho.

ART. 8º Compete ao Comandante:

I - cumprir e fazer cumprir a bordo, a legislação, as normas e os regulamentos, bem como os atos e as resoluções internacionais ratificados pelo Brasil;

II - cumprir e fazer cumprir a bordo, os procedimentos estabelecidos para a salvaguarda da vida humana, para a preservação do meio ambiente e para a segurança da navegação, da própria embarcação e da carga;

III - manter a disciplina a bordo;

IV - proceder:

a) à lavratura, em viagem, de termos de nascimento e óbito ocorridos a bordo, nos termos da legislação específica;

b) ao inventário e à arrecadação dos bens das pessoas que falecerem a bordo, entregando-os à autoridade competente, nos termos da legislação específica;

c) à realização de casamentos e aprovação de testamentos *in extremis*, nos termos da legislação específica;

V - comunicar à autoridade marítima:

a) qualquer alteração dos sinais náuticos de auxílio à navegação e qualquer obstáculo ou estorvo à navegação que encontrar;

b) acidentes e fatos da navegação ocorridos com sua embarcação;

c) infração desta Lei ou das normas e dos regulamentos dela decorrentes, cometida por outra embarcação.

Parágrafo único. O descumprimento das disposições contidas neste artigo sujeita o Comandante, nos termos do art. 22 desta Lei, às penalidades de multa ou suspensão do certificado de habilitação, que podem ser cumulativas.

ART. 9º Todas as pessoas a bordo estão sujeitas à autoridade do Comandante.

ART. 10. O Comandante, no exercício de suas funções e para garantia da segurança das pessoas, da embarcação e da carga transportada, pode:

I - impor sanções disciplinares previstas na legislação pertinente;

II - ordenar o desembarque de qualquer pessoa;

III - ordenar a detenção de pessoa em camarote ou alojamento, se necessário com algemas, quando imprescindível para a manutenção da integridade física de terceiros, da embarcação ou da carga;

IV - determinar o alijamento de carga.

ART. 11. O Comandante, no caso de impedimento, é substituído por outro tripulante, segundo a precedência hierárquica, estabelecida pela autoridade marítima, dos cargos e funções a bordo das embarcações.

CAPÍTULO III
DO SERVIÇO DE PRATICAGEM

ART. 12. O serviço de praticagem consiste no conjunto de atividades profissionais de assessoria ao Comandante requeridas por força de peculiaridades locais que dificultem a livre e segura movimentação da embarcação.

ART. 13. O serviço de praticagem será executado por práticos devidamente habilitados, individualmente, organizados em associações ou contratados por empresas.

§ 1º A inscrição de aquaviários como práticos obedecerá aos requisitos estabelecidos pela autoridade marítima, sendo concedida especificamente para cada zona de praticagem, após a aprovação em exame e estágio de qualificação.

§ 2º A manutenção da habilitação do prático depende do cumprimento da freqüência mínima de manobras estabelecida pela autoridade marítima.

§ 3º É assegurado a todo prático, na forma prevista no *caput* deste artigo, o livre exercício do serviço de praticagem.

§ 4º A autoridade marítima pode habilitar Comandantes de navios de bandeira brasileira a conduzir a embarcação sob seu comando no interior de zona de praticagem específica ou em parte dela, os quais serão considerados como práticos nesta situação exclusiva.

ART. 14. O serviço de praticagem, considerado atividade essencial, deve estar permanentemente disponível nas zonas de praticagem estabelecidas.

Parágrafo único. Para assegurar o disposto no *caput* deste artigo, a autoridade marítima poderá:

I - estabelecer o número de práticos necessário para cada zona de praticagem;

II - fixar o preço do serviço em cada zona de praticagem;

III - requisitar o serviço de práticos.

ART. 15. O prático não pode recusar-se à prestação do serviço de praticagem, sob pena de suspensão do certificado de habilitação ou, em caso de reincidência, cancelamento deste.

CAPÍTULO IV
DAS MEDIDAS ADMINISTRATIVAS

ART. 16. A autoridade marítima pode adotar as seguintes medidas administrativas:

I - apreensão do certificado de habilitação;

II - apreensão, retirada do tráfego ou impedimento da saída de embarcação;

III - embargo de construção, reparo ou alteração das características de embarcação;

IV - embargo da obra;

V - embargo de atividade de mineração e de benfeitorias realizadas.

§ 1º A imposição das medidas administrativas não elide as penalidades previstas nesta Lei, possuindo caráter complementar a elas.

§ 2º As medidas administrativas serão suspensas tão logo sanados os motivos que ensejaram a sua imposição.

ART. 17. A embarcação apreendida deve ser recolhida a local determinado pela autoridade marítima.

§ 1º A autoridade marítima designará responsável pela guarda de embarcação apreendida, o qual poderá ser seu proprietário, armador, ou preposto.

§ 2º A irregularidade determinante da apreensão deve ser sanada no prazo de noventa dias, sob pena de a embarcação ser leiloada ou incorporada aos bens da União.

ART. 18. O proprietário, armador ou preposto responde, nesta ordem, perante à autoridade marítima, pelas despesas relativas ao recolhimento e guarda da embarcação apreendida.

ART. 19. Os danos causados aos sinais náuticos sujeitam o causador a repará-los ou indenizar as despesas de quem executar o reparo, independentemente da penalidade prevista.

ART. 20. A autoridade marítima sustará o andamento de qualquer documento ou ato administrativo de interesse de quem estiver em débito decorrente de infração desta Lei, até a sua quitação.

ART. 21. O procedimento para a aplicação das medidas administrativas obedecerá ao disposto no Capítulo V.

Parágrafo único. Para salvaguarda da vida humana e segurança da navegação, a autoridade marítima poderá aplicar as medidas administrativas liminarmente.

CAPÍTULO V
DAS PENALIDADES

ART. 22. As penalidades serão aplicadas mediante procedimento administrativo, que se inicia com o auto de infração, assegurados o contraditório e a ampla defesa.

ART. 23. Constatada infração, será lavrado Auto de Infração pela autoridade competente designada pela autoridade marítima.

§ 1º Cópia do Auto de Infração será entregue ao infrator, que disporá de quinze dias úteis, contados da data de recebimento do Auto, para apresentar sua defesa.

§ 2º Será considerado revel o infrator que não apresentar sua defesa.

ART. 24. A autoridade a que se refere o artigo anterior disporá de trinta dias para proferir sua decisão, devidamente fundamentada.

§ 1º Da decisão a que se refere o *caput* deste artigo caberá recurso, sem efeito suspensivo, no prazo de cinco dias úteis, contado da data da respectiva notificação, dirigido à autoridade superior designada pela autoridade marítima, que proferirá decisão no prazo e forma previstos no *caput*.

§ 2º Em caso de recurso contra a aplicação da pena de multa, será exigido o depósito prévio do respectivo valor, devendo o infrator juntar, ao recurso, o correspondente comprovante.

ART. 25. As infrações são passíveis das seguintes penalidades:

I - multa;

II - suspensão do certificado de habilitação;

III - cancelamento do certificado de habilitação;

IV - demolição de obras e benfeitorias.

Parágrafo único. As penalidades previstas nos incisos I e IV poderão ser cumuladas com qualquer das outras.

ART. 26. O Poder Executivo fixará anualmente o valor das multas, considerando a gravidade da infração.

ART. 27. A pena de suspensão não poderá ser superior a doze meses.

ART. 28. Decorridos dois anos de imposição da pena de cancelamento, o infrator poderá requerer a sua reabilitação, submetendo-se a todos os requisitos estabelecidos para a certificação de habilitação.

ART. 29. A demolição, ordenada pela autoridade marítima, de obra ou benfeitoria será realizada pelo infrator, que arcará também com as despesas referentes à recomposição do local, restaurando as condições anteriormente existentes para a navegação.

Parágrafo único. A autoridade marítima poderá providenciar diretamente a demolição de obra e a recomposição do local, por seus próprios meios ou pela contratação de terceiros, às expensas do infrator.

ART. 30. São circunstâncias agravantes:

I - reincidência;

II - emprego de embarcação na prática de ato ilícito;

III - embriaguez ou uso de outra substância entorpecente ou tóxica;

IV - grave ameaça à integridade física de pessoas.

ART. 31. A aplicação das penalidades para as infrações das normas baixadas em decorrência do disposto na alínea *b* do inciso I do art. 4º desta Lei, cometidas nas áreas adjacentes às praias, far-se-á:

I - na hipótese prevista no art. 6º desta Lei, pelos órgãos municipais competentes, no caso da pena de multa, sem prejuízo das penalidades previstas nas leis e posturas municipais;

II - pela autoridade competente designada pela autoridade marítima, nos demais casos.

ART. 32. Ressalvado o disposto no § 2º do art. 24 desta Lei, o infrator disporá do prazo de quinze dias corridos, a contar da intimação, para pagar a multa.

ART. 33. Os acidentes e fatos da navegação, definidos em lei específica, aí incluídos os ocorridos nas plataformas, serão apurados por meio de inquérito administrativo instaurado pela autoridade marítima, para posterior julgamento no Tribunal Marítimo.

Parágrafo único. Nos casos de que trata este artigo, é vedada a aplicação das sanções previstas nesta Lei antes da decisão final do Tribunal Marítimo, sempre que uma infração for constatada no curso de inquérito administrativo para apurar fato ou acidente da navegação, com exceção da hipótese de poluição das águas.

ART. 34. Respondem solidária e isoladamente pelas infrações desta Lei:

I - no caso de embarcação, o proprietário, o armador ou preposto;

II - o proprietário ou construtor da obra;

III - a pessoa física ou jurídica proprietária de jazida ou que realizar pesquisa ou lavra de minerais;

IV - o autor material.

ART. 35. As multas, exceto as previstas no inciso I do art. 31, serão arrecadadas pela autoridade marítima, sendo o montante auferido empregado nas atividades de fiscalização desta Lei e das normas decorrentes.

CAPÍTULO VI
DISPOSIÇÕES FINAIS E TRANSITÓRIAS

ART. 36. As normas decorrentes desta Lei obedecerão, no que couber, aos atos e resoluções internacionais ratificados pelo Brasil, especificamente aos relativos à salvaguarda da vida humana nas águas, à segurança da navegação e ao controle da poluição ambiental causada por embarcações.

ART. 37. A arguição contra normas ou atos baixados em decorrência desta Lei será encaminhada à autoridade que os aprovou e, em grau de recurso, à autoridade à qual esta estiver subordinada.

ART. 38. As despesas com os serviços a serem prestados pela autoridade marítima, em decorrência da aplicação desta Lei, tais como vistorias, testes e homologação de equipamentos, pareceres, perícias, emissão de certificados e outros, serão indenizadas pelos interessados.

Parágrafo único. Os emolumentos previstos neste artigo terão seus valores estipulados pela autoridade marítima e serão pagos no ato da solicitação do serviço.

ART. 39. A autoridade marítima é exercida pelo Ministério da Marinha.

ART. 40. O Poder Executivo regulamentará esta Lei no prazo de cento e oitenta dias, contado a partir da data de sua publicação.

ART. 41. Esta Lei entra em vigor cento e oitenta dias após a data de sua publicação.

ART. 42. Revogam-se o Decreto-Lei n. 2.161, de 30 de abril de 1940; os §§ 1º e 2º do art. 3º, o art. 5º e os arts. 12 a 23 do Decreto-Lei n. 2.538, de 27 de agosto de 1940; o Decreto-Lei n. 3.346, de 12 de junho de 1941; o Decreto-Lei n. 4.306, de 18 de maio de 1942; o Decreto-Lei n. 4.557, de 10 de agosto de 1942; a Lei n. 5.838, de 5 de dezembro de 1972; e demais disposições em contrário.

Brasília, 11 de dezembro de 1997, 176º da Independência e 109º da República.

FERNANDO HENRIQUE CARDOSO

LEI N. 9.539, DE 12 DE DEZEMBRO DE 1997

Dispõe sobre a Contribuição Provisória sobre Movimentação ou Transmissão de Valores e de Créditos e Direitos de Natureza Financeira - CPMF.

- *DOU*, 15.12.1997
- Art. 75, ADCT.

O Presidente da República. Faço saber que o Congresso Nacional decreta e eu sanciono a seguinte Lei:

ART. 1º Observadas as disposições da Lei n. 9.311, de 24 de outubro de 1996, a Contribuição Provisória sobre Movimentação ou Transmissão de Valores e de Créditos e Direitos de Natureza Financeira - CPMF incidirá sobre os fatos geradores ocorridos no prazo de vinte e quatro meses, contado a partir de 23 de janeiro de 1997.

ART. 2º Ficam incluídos entre as entidades relacionados no inciso III do art. 8º da Lei n. 9.311, de 24 de outubro de 1996, os fundos de investimentos instituídos pela Lei n. 9.477, de 24 de julho de 1997.

ART. 3º Esta Lei entra em vigor na data de sua publicação.

Brasília, 12 de dezembro de 1997; 176º da Independência e 109º da República.

FERNANDO HENRIQUE CARDOSO

LEI N. 9.615, DE 24 DE MARÇO DE 1998

Institui normas gerais sobre desporto e dá outras providências.

- *DOU*, 25.03.1998.
- Dec. 7.984/2013 (Regulamenta esta lei.)
- Lei 12.867/2013 (Regula a profissão de árbitro de futebol.)
- Lei 13.155/2015 (Estabelece princípios e práticas de responsabilidade fiscal e financeira e de gestão transparente e democrática para entidades desportivas profissionais de futebol; institui parcelamentos especiais para recuperação de dívidas pela União, cria a Autoridade Pública de Governança do Futebol - APFUT; dispõe sobre a gestão temerária no âmbito das entidades desportivas profissionais; cria a Loteria Exclusiva - LOTEX).
- Dec. 8.642/2016 (Dispõe sobre Autoridade Pública de Governança do Futebol - APFUT).
- Dec. 8.692/2016 (Regulamenta o controle de dopagem).

O Presidente da República. Faço saber que o Congresso Nacional decreta e eu sanciono a seguinte Lei:

CAPÍTULO I
DISPOSIÇÕES INICIAIS

ART. 1º O desporto brasileiro abrange práticas formais e não formais e obedece às normas gerais desta Lei, inspirado nos fundamentos constitucionais do Estado Democrático de Direito.

§ 1º A prática desportiva formal é regulada por normas nacionais e internacionais e pelas regras de prática desportiva de cada modalidade, aceitas pelas respectivas entidades nacionais de administração do desporto.

§ 2º A prática desportiva não formal é caracterizada pela liberdade lúdica de seus praticantes.

§ 3º Os direitos e as garantias estabelecidos nesta Lei e decorrentes dos princípios constitucionais do esporte não excluem outros oriundos de tratados e acordos internacionais firmados pela República Federativa do Brasil. (Acrescentado pela Lei 13.322/2016.)

CAPÍTULO II
DOS PRINCÍPIOS FUNDAMENTAIS

ART. 2º O desporto, como direito individual, tem como base os princípios:

I - da soberania, caracterizado pela supremacia nacional na organização da prática desportiva;

II - da autonomia, definido pela faculdade e liberdade de pessoas físicas e jurídicas organizarem-se para a prática desportiva;

III - da democratização, garantido em condições de acesso às atividades desportivas sem quaisquer distinções ou formas de discriminação;

IV - da liberdade, expresso pela livre prática do desporto, de acordo com a capacidade e interesse de cada um, associando-se ou não a entidade do setor;

V - do direito social, caracterizado pelo dever do Estado em fomentar as práticas desportivas formais e não formais;

VI - da diferenciação, consubstanciado no tratamento específico dado ao desporto profissional e não profissional;

VII - da identidade nacional, refletido na proteção e incentivo às manifestações desportivas de criação nacional;

VIII - da educação, voltado para o desenvolvimento integral do homem como ser autônomo e participante, e fomentado por meio da prioridade dos recursos públicos ao desporto educacional;

IX - da qualidade, assegurado pela valorização dos resultados desportivos, educativos e dos relacionados à cidadania e ao desenvolvimento físico e moral;

X - da descentralização, consubstanciado na organização e funcionamento harmônicos de sistemas desportivos diferenciados e autônomos para os níveis federal, estadual, distrital e municipal;

XI - da segurança, propiciado ao praticante de qualquer modalidade desportiva, quanto a sua integridade física, mental ou sensorial;

XII - da eficiência, obtido por meio do estímulo à competência desportiva e administrativa.

Parágrafo único. A exploração e a gestão do desporto profissional constituem exercício de atividade econômica sujeitando-se, especificamente, à observância dos princípios: (Incluído pela Lei 10.672/2003.)

I - da transparência financeira e administrativa; (Incluído pela Lei 10.672/2003.)

II - da moralidade na gestão desportiva; (Incluído pela Lei 10.672/2003.)

III - da responsabilidade social de seus dirigentes; (Incluído pela Lei 10.672/2003.)

IV - do tratamento diferenciado em relação ao desporto não profissional; e (Incluído pela Lei 10.672/2003.)

V - da participação na organização desportiva do País. (Incluído pela Lei 10.672/2003.)

CAPÍTULO III
DA NATUREZA E DAS FINALIDADES DO DESPORTO

ART. 3º O desporto pode ser reconhecido em qualquer das seguintes manifestações:

I - desporto educacional, praticado nos sistemas de ensino e em formas assistemáticas de educação, evitando-se a seletividade, a hipercompetitividade de seus praticantes, com a finalidade de alcançar o desenvolvimento integral do indivíduo e a sua formação para o exercício da cidadania e a prática do lazer;

II - desporto de participação, de modo voluntário, compreendendo as modalidades desportivas praticadas com a finalidade de contribuir para a integração dos praticantes na plenitude da vida social, na promoção da saúde e educação e na preservação do meio ambiente;

III - desporto de rendimento, praticado segundo normas gerais desta Lei e regras de prática desportiva, nacionais e internacionais, com a finalidade de obter resultados e integrar pessoas e comunidades do País e estas com as de outras nações.

IV - desporto de formação, caracterizado pelo fomento e aquisição inicial dos conhecimentos desportivos que garantam competência técnica na intervenção desportiva, com o objetivo de promover o aperfeiçoamento qualitativo e quantitativo da prática desportiva em termos recreativos, competitivos ou de alta competição. (Acrescentado pela Lei 13.155/2015.)

§ 1º O desporto de rendimento pode ser organizado e praticado: (Renumerado de p.u. pela Lei 13.155/2015.)

I - de modo profissional, caracterizado pela remuneração pactuada em contrato formal de trabalho entre o atleta e a entidade de prática desportiva;

II - de modo não profissional, identificado pela liberdade de prática e pela inexistência de contrato de trabalho, sendo permitido o recebimento de incentivos materiais e de patrocínio. (Redação dada pela Lei 9.981/2000.)

a) (Revogada); (Redação dada pela Lei 9.981/2000.)

b) (Revogada). (Redação dada pela Lei 9.981/2000.)

§ 2º (Vetado pela Lei 13.155/2015.)

CAPÍTULO IV
DO SISTEMA BRASILEIRO DO DESPORTO

SEÇÃO I
DA COMPOSIÇÃO E DOS OBJETIVOS

ART. 4º O Sistema Brasileiro do Desporto compreende:

I - o Ministério do Esporte; (Redação dada pela Lei 10.672/2003.)

II - (Revogado pela Lei 10.672/2003.)

III - o Conselho Nacional do Esporte - CNE; (Redação dada pela Lei 10.672/2003.)

IV - o sistema nacional do desporto e os sistemas de desporto dos Estados, do Distrito Federal e dos Municípios, organizados de forma autônoma e em regime de colaboração, integrados por vínculos de natureza técnica específicos de cada modalidade desportiva.

§ 1º O Sistema Brasileiro do Desporto tem por objetivo garantir a prática desportiva regular e melhorar-lhe o padrão de qualidade.

§ 2º A organização desportiva do País, fundada na liberdade de associação, integra o patrimônio cultural brasileiro e é considerada de elevado interesse social, inclusive para os fins do disposto nos incisos I e III do art. 5º da Lei Complementar n. 75, de 20 de maio de 1993. (Redação dada pela Lei 10.672/2003.)

§ 3º Poderão ser incluídas no Sistema Brasileiro de Desporto as pessoas jurídicas que desenvolvam práticas não formais, promovam a cultura e as ciências do desporto e formem e aprimorem especialistas.

SEÇÃO II
DOS RECURSOS DO MINISTÉRIO DO ESPORTE

‣ Redação dada pela Lei 12.395/2011.

ART. 5º Os recursos do Ministério do Esporte serão aplicados conforme dispuser o Plano Nacional do Desporto, observado o disposto nesta Seção. (Redação dada pela Lei 12.395/2011.)

§§ 1º e **2º** (Revogados pela Lei 10.672/2003.)

§ 3º Caberá ao Ministério do Esporte, ouvido o CNE, nos termos do inciso II do art. 11, propor o Plano Nacional do Desporto, decenal, observado o disposto no art. 217 da Constituição Federal. (Redação dada pela Lei 12.395/2011.)

§ 4º (Revogado pela Lei 12.395/2011).

ART. 6º Constituem recursos do Ministério do Esporte: (Redação dada pela Lei 10.672/2003.)

I - receitas oriundas de exploração de loteria destinadas ao cumprimento do disposto no art. 7º desta Lei; (Alterado pela Lei 13.756/2018.)

II a **IV** - (Revogados); (Alterado pela Lei 13.756/2018.)

V - outras fontes.

VI - (revogado); (Alterado pela Lei 13.756/2018.)

VII - (Vetado); (Acrescentado pela Lei 13.155/2015.)

§§ 1º a **4º** (Revogados). (Alterado pela Lei 13.756/2018.)

ART. 7º Os recursos do Ministério do Esporte terão a seguinte destinação: (Redação dada pela Lei 10.672/2003.)

I - desporto educacional;

II - desporto de rendimento, nos casos de participação de entidades nacionais de administração do desporto em competições internacionais, bem como as competições brasileiras dos desportos de criação nacional;

III - desporto de criação nacional;

IV - capacitação de recursos humanos:

a) cientistas desportivos;

b) professores de educação física; e

c) técnicos de desporto;

V - apoio a projeto de pesquisa, documentação e informação;

VI - construção, ampliação e recuperação de instalações esportivas;

VII - apoio supletivo ao sistema de assistência ao atleta profissional com a finalidade de promover sua adaptação ao mercado de trabalho quando deixar a atividade;

VIII - apoio ao desporto para pessoas portadoras de deficiência.

ARTS. 8º a **10.** (Revogados pela Lei 13.756 /2018.)

SEÇÃO III
DO CONSELHO DE DESENVOLVIMENTO DO DESPORTO BRASILEIRO - CDDB

ART. 11. O CNE é órgão colegiado de normatização, deliberação e assessoramento, diretamente vinculado ao Ministro de Estado do Esporte, cabendo-lhe: (Redação dada pela Lei 10.672/2003.)

I - zelar pela aplicação dos princípios e preceitos desta Lei;

II - oferecer subsídios técnicos à elaboração do Plano Nacional do Desporto;

III - emitir pareceres e recomendações sobre questões desportivas nacionais;

IV - propor prioridades para o plano de aplicação de recursos do Ministério do Esporte; (Redação dada pela Lei 10.672/2003.)

V - exercer outras atribuições previstas na legislação em vigor, relativas a questões de natureza desportiva; (Redação dada pela Lei 9.981/2000.)

VI - aprovar os Códigos de Justiça Desportiva e suas alterações, com as peculiaridades de cada modalidade; (Alterado pela Lei 13.322/2016.)

VII - aprovar o Código Brasileiro Antidopagem - CBA e suas alterações, no qual serão estabelecidos, entre outros: (Alterado pela Lei 13.322/2016.)

a) as regras antidopagem e as suas sanções; (Acrescentado pela Lei 13.322/2016.)

b) os critérios para a dosimetria das sanções; e (Acrescentado pela Lei 13.322/2016.)

c) o procedimento a ser seguido para processamento e julgamento das violações às regras antidopagem; e (Acrescentado pela Lei 13.322/2016.)

VIII - estabelecer diretrizes sobre os procedimentos relativos ao controle de dopagem exercidos pela Autoridade Brasileira de Controle de Dopagem - ABCD. (Acrescentado pela Lei 13.322/2016.)

§ 1º O Ministério do Esporte prestará apoio técnico e administrativo ao CNE. (Acrescentado pela Lei 13.322/2016.)

§ 2º No exercício das competências a que se referem os incisos VII e VIII do *caput*, o CNE deverá observar as disposições do Código

Mundial Antidopagem editado pela Agência Mundial Antidopagem. (Acrescentado pela Lei 13.322/2016.)

§ 3º Enquanto não for exercida a competência referida no inciso VII do *caput*, competirá à ABCD publicar o CBA, que poderá ser referendado pelo CNE no prazo de cento e oitenta dias, contado da data de publicação da Medida Provisória n. 718, de 16 de março de 2016. (Acrescentado pela Lei 13.322/2016.)

ART. 12. (Vetado.)

ART. 12-A. O CNE será composto por vinte e dois membros indicados pelo Ministro do Esporte, que o presidirá. (Redação dada pela Lei 10.672/2003.)

Parágrafo único. Os membros do Conselho e seus suplentes serão indicados na forma da regulamentação desta Lei, para um mandato de dois anos, permitida uma recondução. (Incluído pela Lei 9.981/2000.)

SEÇÃO IV
DO SISTEMA NACIONAL DO DESPORTO

ART. 13. O Sistema Nacional do Desporto tem por finalidade promover e aprimorar as práticas desportivas de rendimento.

Parágrafo único. O Sistema Nacional do Desporto congrega as pessoas físicas e jurídicas de direito privado, com ou sem fins lucrativos, encarregadas da coordenação, administração, normatização, apoio e prática do desporto, bem como as incumbidas da Justiça Desportiva e, especialmente: (Redação dada pela Lei 12.395/2011.)

I - o Comitê Olímpico Brasileiro-COB;

II - o Comitê Paraolímpico Brasileiro;

III - as entidades nacionais de administração do desporto;

IV - as entidades regionais de administração do desporto;

V - as ligas regionais e nacionais;

VI - as entidades de prática desportiva filiadas ou não àquelas referidas nos incisos anteriores.

VII - a Confederação Brasileira de Clubes. (Incluído pela Lei 12.395/2011.)

ART. 14. O Comitê Olímpico Brasileiro - COB, o Comitê Paraolímpico Brasileiro - CPB e as entidades nacionais de administração do desporto, que lhes são filiadas ou vinculadas, constituem subsistema específico do Sistema Nacional do Desporto. (Redação dada pela Lei 12.395/2011.)

§ 1º Aplica-se aos comitês e às entidades referidas no *caput* o disposto no inciso II do art. 217 da Constituição Federal, desde que seus estatutos ou contratos sociais estejam plenamente de acordo com as disposições constitucionais e legais aplicáveis. (Alterado pela Lei 13.155/2015.)

§ 2º Compete ao Comitê Olímpico Brasileiro - COB e ao Comitê Paraolímpico Brasileiro - CPB o planejamento das atividades do esporte de seus subsistemas específicos. (Incluído pela Lei 12.395/2011.)

ART. 15. Ao Comitê Olímpico Brasileiro-COB, entidade jurídica de direito privado, compete representar o País nos eventos olímpicos, pan-americanos e outros de igual natureza, no Comitê Olímpico Internacional e nos movimentos olímpicos internacionais, e fomentar o movimento olímpico no território nacional, em conformidade com as disposições da Constituição Federal, bem como com as disposições estatutárias e regulamentares do Comitê Olímpico Internacional e da Carta Olímpica.

§ 1º Caberá ao Comitê Olímpico Brasileiro-COB representar o olimpismo brasileiro junto aos poderes públicos.

§ 2º É privativo do Comitê Olímpico Brasileiro - COB e do Comitê Paraolímpico Brasileiro - CPOB o uso das bandeiras, lemas, hinos e símbolos olímpicos e paraolímpicos, assim como das denominações "jogos olímpicos", "olimpíadas", "jogos paraolímpicos" e "paraolimpíadas", permitida a utilização destas últimas quando se tratar de eventos vinculados ao desporto educacional e de participação. (Redação dada pela Lei 9.981/2000.)

§ 3º Ao Comitê Olímpico Brasileiro-COB são concedidos os direitos e benefícios conferidos em lei às entidades nacionais de administração do desporto.

§ 4º São vedados o registro e uso para qualquer fim de sinal que integre o símbolo olímpico ou que o contenha, bem como do hino e dos lemas olímpicos, exceto mediante prévia autorização do Comitê Olímpico Brasileiro-COB.

§ 5º Aplicam-se ao Comitê Paraolímpico Brasileiro, no que couber, as disposições previstas neste artigo.

ART. 16. As entidades de prática desportiva e as entidades de administração do desporto, bem como as ligas de que trata o art. 20, são pessoas jurídicas de direito privado, com organização e funcionamento autônomo, e terão as competências definidas em seus estatutos ou contratos sociais. (Alterado pela Lei 13.155/2015.)

§ 1º As entidades nacionais de administração do desporto poderão filiar, nos termos de seus estatutos ou contratos sociais, entidades regionais de administração e entidades de prática desportiva. (Alterado pela Lei 13.155/2015.)

§ 2º As ligas poderão, a seu critério, filiar-se ou vincular-se a entidades nacionais de administração do desporto, vedado a estas, sob qualquer pretexto, exigir tal filiação ou vinculação.

§ 3º É facultada a filiação direta de atletas nos termos previstos nos estatutos ou contratos sociais das respectivas entidades de administração do desporto. (Alterado pela Lei 13.155/2015.)

ART. 17. (Vetado.)

ART. 18. Somente serão beneficiadas com isenções fiscais e repasses de recursos públicos federais da administração direta e indireta, nos termos do inciso II do art. 217 da Constituição Federal, as entidades do Sistema Nacional do Desporto que:

I - possuírem viabilidade e autonomia financeiras;

II - (Revogado pela Lei 12.395/2011.)

III - atendam aos demais requisitos estabelecidos em lei;

IV - estiverem em situação regular com suas obrigações fiscais e trabalhistas; (Redação dada pela Lei 12.395/2011.)

V - demonstrem compatibilidade entre as ações desenvolvidas para a melhoria das respectivas modalidades desportivas e o Plano Nacional do Desporto. (Redação dada pela Lei 12.395/2011.)

Parágrafo único. A verificação do cumprimento das exigências contidas nos incisos I a V deste artigo será de responsabilidade do Ministério do Esporte. (Redação dada pela Lei 12.395/2011.)

ART. 18-A. Sem prejuízo do disposto no art. 18, as entidades sem fins lucrativos componentes do Sistema Nacional do Desporto, referidas no parágrafo único do art. 13, somente poderão receber recursos da administração pública federal direta e indireta caso: (Acrescentado pela Lei 12.868/2013. Produção de efeito: a partir do 6º mês contado da publicação desta Lei.)

I - seu presidente ou dirigente máximo tenham o mandato de até 4 (quatro) anos, permitida 1 (uma) única recondução; (Acrescentado pela Lei 12.868/2013. Produção de efeito: a partir do 6º mês contado da publicação desta Lei.)

II - atendam às disposições previstas nas alíneas "b" a "e" do § 2º e no § 3º do art. 12 da Lei n. 9.532, de 10 de dezembro de 1997; (Acrescentado pela Lei 12.868/2013. Produção de efeito: a partir do 6º mês contado da publicação desta Lei.)

III - destinem integralmente os resultados financeiros à manutenção e ao desenvolvimento dos seus objetivos sociais; (Acrescentado pela Lei 12.868/2013. Produção de efeito: a partir do 6º mês contado da publicação desta Lei.)

IV - sejam transparentes na gestão, inclusive quanto aos dados econômicos e financeiros, contratos, patrocinadores, direitos de imagem, propriedade intelectual e quaisquer outros aspectos de gestão; (Acrescentado pela Lei 12.868/2013. Produção de efeito: a partir do 6º mês contado da publicação desta Lei.)

V - garantam a representação da categoria de atletas das respectivas modalidades no âmbito dos órgãos e conselhos técnicos incumbidos da aprovação de regulamentos das competições; (Acrescentado pela Lei 12.868/2013. Produção de efeito: a partir do 6º mês contado da publicação desta Lei.)

> ▸ A Lei 13.756/2018 determinou a alteração deste inciso. Vigência: 180 dias da publicação oficial: 13.12.2018.)
>
> V - garantam a representação da categoria de atletas das respectivas modalidades no âmbito dos órgãos da entidade incumbidos diretamente de assuntos esportivos e dos órgãos e conselhos técnicos responsáveis pela aprovação de regulamentos das competições;

VI - assegurem a existência e a autonomia do seu conselho fiscal; (Acrescentado pela Lei 12.868/2013. Produção de efeito: a partir do 6º mês contado da publicação desta Lei.)

VII - estabeleçam em seus estatutos: (Acrescentado pela Lei 12.868/2013. Produção de efeito: a partir do 6º mês contado da publicação desta Lei.)

a) princípios definidores de gestão democrática; (Acrescentada pela Lei 12.868/2013. Produção de efeito: a partir do 6º mês contado da publicação desta Lei.)

b) instrumentos de controle social; (Acrescentada pela Lei 12.868/2013. Produção de efeito: a partir do 6º mês contado da publicação desta Lei.)

c) transparência da gestão da movimentação de recursos; (Acrescentada pela Lei 12.868/2013. Produção de efeito: a partir do 6º mês contado da publicação desta Lei.)

d) fiscalização interna; (Acrescentada pela Lei 12.868/2013. Produção de efeito: a partir do 6º mês contado da publicação desta Lei.)

> ▸ A Lei 13.756/2018 determinou a alteração desta alínea. Vigência: 180 dias da publicação oficial: 13.12.2018.)
>
> d) mecanismos de controle interno;

e) alternância no exercício dos cargos de direção; (Acrescentada pela Lei 12.868/2013. Produção de efeito: a partir do 6º mês contado da publicação desta Lei.)

f) aprovação das prestações de contas anuais por conselho de direção, precedida por parecer do conselho fiscal; e (Acrescentada pela Lei 12.868/2013. Produção de efeito: a partir do 6º mês contado da publicação desta Lei.)

g) participação de atletas nos colegiados de direção e na eleição para os cargos da entidade; e (Acrescentada pela Lei 12.868/2013. Produção de efeito: a partir do 6º mês contado da publicação desta Lei.)

‣ A Lei 13.756/2018 determinou o acréscimo destas alíneas. Vigência: 180 dias da publicação oficial: 13.12.2018.)

h) colégio eleitoral constituído de todos os filiados no gozo de seus direitos, observado que a categoria de atleta deverá possuir o equivalente a, no mínimo, 1/3 (um terço) dos votos, já computada a eventual diferenciação de valor de que trata o inciso I do *caput* do art. 22 desta Lei;

i) possibilidade de apresentação de candidatura ao cargo de presidente ou dirigente máximo da entidade com exigência de apoiamento limitada a, no máximo, 5% (cinco por cento) do colégio eleitoral;

j) publicação prévia do calendário de reuniões da assembleia geral e posterior publicação sequencial das atas das reuniões realizadas durante o ano; e

k) participação de atletas nos colegiados de direção e no colégio eleitoral por meio de representantes de atletas eleitos diretamente e de forma independente pelos atletas filiados da entidade; e

VIII - garantam a todos os associados e filiados acesso irrestrito aos documentos e informações relativos à prestação de contas, bem como àqueles relacionados à gestão da respectiva entidade de administração do desporto, os quais deverão ser publicados na íntegra no sítio eletrônico desta. (Acrescentado pela Lei 12.868/2013. Produção de efeito: a partir do 6º mês contado da publicação desta Lei.)

§ 1º As entidades de prática desportiva estão dispensadas das condições previstas: (Acrescentado pela Lei 12.868/2013. Produção de efeito: a partir do 6º mês contado da publicação desta Lei.)

I - no inciso V do *caput*; (Acrescentado pela Lei 12.868/2013. Produção de efeito: a partir do 6º mês contado da publicação desta Lei.)

II - na alínea g do inciso VII do *caput* deste artigo, no que se refere à eleição para os cargos de direção da entidade; e (Alterado pela Lei 13.155/2015.)

‣ A Lei 13.756/2018 determinou a alteração deste inciso. Vigência: 180 dias da publicação oficial: 13.12.2018.)

II - na alínea g do inciso VII do *caput* deste artigo, no que se refere à eleição para os cargos de direção da entidade, nas alíneas h, i, j e k do inciso VII do *caput* deste artigo, no que se refere à escolha de atletas para participação no colégio eleitoral; e

III - no inciso VIII do *caput*, quanto aos contratos comerciais celebrados com cláusula de confidencialidade, ressalvadas, neste caso, a competência de fiscalização do conselho fiscal e a obrigação do correto registro contábil de receita e despesa deles decorrente. (Acrescentado pela Lei 12.868/2013. Produção de efeito: a partir do 6º mês contado da publicação desta Lei.)

§ 2º A verificação do cumprimento das exigências contidas nos incisos I a VIII do *caput* deste artigo será de responsabilidade do Ministério do Esporte. (Acrescentado pela Lei 12.868/2013. Produção de efeito: a partir do 6º mês contado da publicação desta Lei.)

§ 3º Para fins do disposto no inciso I do *caput*: (Acrescentado pela Lei 12.868/2013. Produção de efeito: a partir do 6º mês contado da publicação desta Lei.)

I - será respeitado o período de mandato do presidente ou dirigente máximo eleitos antes da vigência desta Lei; (Acrescentado pela Lei 12.868/2013. Produção de efeito: a partir do 6º mês contado da publicação desta Lei.)

II - são inelegíveis o cônjuge e os parentes consanguíneos ou afins até o 2º (segundo) grau ou por adoção. (Acrescentado pela Lei 12.868/2013. Produção de efeito: a partir do 6º mês contado da publicação desta Lei.)

§ 4º A partir do 6º (sexto) mês contado da publicação desta Lei, as entidades referidas no *caput* deste artigo somente farão jus ao disposto no art. 15 da Lei n. 9.532, de 10 de dezembro de 1997, e nos arts. 13 e 14 da Medida Provisória n. 2.158-35, de 24 de agosto de 2001, caso cumpram os requisitos dispostos nos incisos I a VIII do *caput*. (Acrescentado pela Lei 12.868/2013. Produção de efeito: a partir do 6º mês contado da publicação desta Lei.)

‣ A Lei 13.756/2018 determinou o acréscimo deste parágrafo. Vigência: 180 dias da publicação oficial: 13.12.2018.)

§ 5º Ressalvado o disposto no inciso II do § 1º deste artigo, as exigências previstas nas alíneas g, h, i, j e k do inciso VII do *caput* deste artigo são exclusivas das entidades nacionais de administração do desporto.

ART. 19. (Vetado.)

ART. 20. As entidades de prática desportiva participantes de competições do Sistema Nacional do Desporto poderão organizar ligas regionais ou nacionais.

‣ Dec. 7.984/2013 (regulamenta esta lei.)

§ 1º (Vetado.)

§ 2º As entidades de prática desportiva que organizarem ligas, na forma do *caput* deste artigo, comunicarão a criação destas às entidades nacionais de administração do desporto das respectivas modalidades.

§ 3º As ligas integrarão os sistemas das entidades nacionais de administração do desporto que incluírem suas competições nos respectivos calendários anuais de eventos oficiais.

§ 4º Na hipótese prevista no *caput* deste artigo, é facultado às entidades de prática desportiva participarem, também, de campeonatos nas entidades de administração do desporto a que estiverem filiadas.

§ 5º É vedada qualquer intervenção das entidades de administração do desporto nas ligas que se mantiverem independentes.

§ 6º As ligas formadas por entidades de prática desportiva envolvidas em competições de atletas profissionais equiparam-se, para fins do cumprimento do disposto nesta Lei, às entidades de administração do desporto. (Incluído pela Lei 10.672/2003.)

§ 7º As entidades nacionais de administração de desporto serão responsáveis pela organização dos calendários anuais de eventos oficiais das respectivas modalidades. (Incluído pela Lei 10.672/2003.)

ART. 21. As entidades de prática desportiva poderão filiar-se, em cada modalidade, à entidade de administração do desporto do Sistema Nacional do Desporto, bem como à correspondente entidade de administração do desporto de um dos sistemas regionais.

ART. 22. Os processos eleitorais assegurarão:

I - colégio eleitoral constituído de todos os filiados no gozo de seus direitos, admitida a diferenciação de valor dos seus votos, observado o disposto no § 1º deste artigo; (Alterado pela Lei 13.756/2018.)

II - defesa prévia, em caso de impugnação, do direito de participar da eleição;

III - eleição convocada mediante edital publicado em órgão da imprensa de grande circulação, por três vezes;

IV - sistema de recolhimento dos votos imune a fraude;

V - acompanhamento da apuração pelos candidatos e meios de comunicação.

§ 1º Na hipótese da adoção de critério diferenciado de valoração dos votos, este não poderá exceder à proporção de um para seis entre o de menor e o de maior valor.

§ 2º Nas entidades nacionais de administração do desporto, o colégio eleitoral será integrado, no mínimo, pelos representantes das agremiações participantes da primeira e segunda divisões do campeonato de âmbito nacional. (Acrescentado pela Lei 13.155/2015.)

ART. 22-A. Os votos para deliberação em assembleia e nos demais conselhos das entidades de administração do desporto serão valorados na forma do § 2º do art. 22 desta Lei. (Acrescentado pela Lei 13.155/2015.)

ART. 23. Os estatutos ou contratos sociais das entidades de administração do desporto, elaborados de conformidade com esta Lei, deverão obrigatoriamente regulamentar, no mínimo: (Alterado pela Lei 13.155/2015.)

I - instituição do Tribunal de Justiça Desportiva, nos termos desta Lei;

II - inelegibilidade, por dez anos, de seus dirigentes para desempenho de cargos e funções eletivas ou de livre nomeação de: (Alterado pela Lei 13.155/2015.)

a) condenados por crime doloso em sentença definitiva;

b) inadimplentes na prestação de contas de recursos públicos em decisão administrativa definitiva;

c) inadimplentes na prestação de contas da própria entidade;

d) afastados de cargos eletivos ou de confiança de entidade desportiva ou em virtude de gestão patrimonial ou financeira irregular ou temerária da entidade;

e) inadimplentes das contribuições previdenciárias e trabalhistas;

f) falidos.

III - a garantia de representação, com direito a voto, da categoria de atletas e entidades de prática esportiva das respectivas modalidades, no âmbito dos órgãos e conselhos técnicos incumbidos da aprovação de regulamentos das competições. (Alterado pela Lei 13.155/2015.)

§ 1º Independentemente de previsão estatutária, é obrigatório o afastamento preventivo e imediato dos dirigentes, eleitos ou nomeados, caso incorram em qualquer das hipóteses do inciso II do *caput* deste artigo, assegurados o processo regular e a ampla defesa para a destituição. (Alterado pela Lei 13.155/2015.)

§ 2º Os representantes dos atletas de que trata o inciso III do *caput* deste artigo deverão ser escolhidos pelo voto destes, em eleição direta, organizada pela entidade de administração do desporto, em conjunto com as entidades que os representem, observando-se, quanto ao processo eleitoral, o disposto no art. 22 desta Lei. (Alterado pela Lei 13.155/2015.)

ART. 24. As prestações de contas anuais de todas as entidades de administração integrantes do Sistema Nacional do Desporto serão obrigatoriamente submetidas, com parecer dos Conselhos Fiscais, às respectivas assembleias-gerais, para a aprovação final.

Parágrafo único. Todos os integrantes das assembleias-gerais terão acesso irrestrito aos documentos, informações e comprovantes de despesas de contas de que trata este artigo.

SEÇÃO V
DOS SISTEMAS DO DESPORTO DOS ESTADOS, DO DISTRITO FEDERAL E DOS MUNICÍPIOS

‣ (Redação dada pela Lei 12.395/2011.)

ART. 25. Os Estados e o Distrito Federal constituirão seus próprios sistemas, respeitadas as normas estabelecidas nesta Lei e a observância do processo eleitoral.

Parágrafo único. Aos Municípios é facultado constituir sistemas próprios de desporto, observado o disposto nesta Lei e, no que couber, na legislação do respectivo Estado. (Redação dada pela Lei 12.395/2011.)

CAPÍTULO V
DA PRÁTICA DESPORTIVA PROFISSIONAL

ART. 26. Atletas e entidades de prática desportiva são livres para organizar a atividade profissional, qualquer que seja sua modalidade, respeitados os termos desta Lei.

Parágrafo único. Considera-se competição profissional para os efeitos desta Lei aquela promovida para obter renda e disputada por atletas profissionais cuja remuneração decorra de contrato de trabalho desportivo. (Incluído pela Lei 10.672/2003.)

ART. 27. As entidades de prática desportiva participantes de competições profissionais e as entidades de administração de desporto ou ligas em que se organizarem, independentemente da forma jurídica adotada, sujeitam os bens particulares de seus dirigentes ao disposto no art. 50 da Lei n. 10.406, de 10 de janeiro de 2002, além das sanções e responsabilidades previstas no *caput* do art. 1.017 da Lei n. 10.406, de 10 de janeiro de 2002, na hipótese de aplicarem créditos ou bens sociais da entidade desportiva em proveito próprio ou de terceiros. (Redação dada pela Lei 10.672/2003.)

§ 1º (parágrafo único original) (Revogado). (Redação dada pela Lei n. 9.981/2000)

§ 2º A entidade a que se refere este artigo não poderá utilizar seus bens patrimoniais, desportivos ou sociais para integralizar sua parcela de capital ou oferecê-los como garantia, salvo com a concordância da maioria absoluta da assembleia geral dos associados ou sócios e na conformidade do respectivo estatuto ou contrato social. (Alterado pela Lei 13.155/2015.)

§§ 3º e **4º** (Revogados pela Lei 10.672/2003.)

§ 5º O disposto no art. 23 aplica-se, no que couber, às entidades a que se refere o *caput* deste artigo. (Incluído pela Lei 10.672/2003.)

§ 6º Sem prejuízo de outros requisitos previstos em lei, as entidades de que trata o *caput* deste artigo somente poderão obter financiamento com recursos públicos ou fazer jus a programas de recuperação econômico-financeiros se, cumulativamente, atenderem às seguintes condições: (Redação dada pela Lei 12.395/2011.)

I - realizar todos os atos necessários para permitir a identificação exata de sua situação financeira; (Incluído pela Lei 10.672/2003.)

II - apresentar plano de resgate e plano de investimento; (Incluído pela Lei 10.672/2003.)

III - garantir a independência de seus conselhos de fiscalização e administração, quando houver; (Incluído pela Lei 10.672/2003.)

IV - adotar modelo profissional e transparente; e (Incluído pela Lei 10.672/2003.)

V - apresentar suas demonstrações financeiras, juntamente com os respectivos relatórios de auditoria, nos termos definidos no inciso I do art. 46-A desta Lei. (Redação dada pela Lei 12.395/2011.)

§ 7º Os recursos do financiamento voltados à implementação do plano de resgate serão utilizados: (Incluído pela Lei 10.672/2003.)

I - prioritariamente, para quitação de débitos fiscais, previdenciários e trabalhistas; e (Incluído pela Lei 10.672/2003.)

II - subsidiariamente, para construção ou melhoria de estádio próprio ou de que se utilizam para mando de seus jogos, com a finalidade de atender a critérios de segurança, saúde e bem estar do torcedor. (Incluído pela Lei 10.672/2003.)

§ 8º Na hipótese do inciso II do § 7º, a entidade de prática desportiva deverá apresentar à instituição financiadora o orçamento das obras pretendidas. (Incluído pela Lei 10.672/2003.)

§ 9º É facultado às entidades desportivas profissionais constituírem-se regularmente em sociedade empresária, segundo um dos tipos regulados nos arts. 1.039 a 1.092 da Lei n. 10.406, de 10 de janeiro de 2002 - Código Civil. (Incluído pela Lei 10.672/2003.)

§ 10. Considera-se entidade desportiva profissional, para fins desta Lei, as entidades de prática desportiva envolvidas em competições de atletas profissionais, as ligas em que se organizarem e as entidades de administração de desporto profissional. (Incluído pela Lei 10.672/2003.)

§ 11. Os administradores de entidades desportivas profissionais respondem solidária e ilimitadamente pelos atos ilícitos praticados, de gestão temerária ou contrários ao previsto no contrato social ou estatuto, nos termos da Lei n. 10.406, de 10 de janeiro de 2002 - Código Civil. (Redação dada pela Lei 12.395/2011.)

§ 12. (Vetado.) (Incluído pela Lei 10.672/2003.)

§ 13. Para os fins de fiscalização e controle do disposto nesta Lei, as atividades profissionais das entidades de que trata o *caput* deste artigo, independentemente da forma jurídica sob a qual estejam constituídas, equiparam-se às das sociedades empresárias. (Redação dada pela Lei 12.395/2011.)

ART. 27-A. Nenhuma pessoa física ou jurídica que, direta ou indiretamente, seja detentora de parcela do capital com direito a voto ou, de qualquer forma, participe da administração de qualquer entidade de prática desportiva poderá ter participação simultânea no capital social ou na gestão de outra entidade de prática desportiva disputante da mesma competição profissional. (Incluído pela Lei 9.981/2000.)

§ 1º É vedado que duas ou mais entidades de prática desportiva disputem a mesma competição profissional das primeiras séries ou divisões das diversas modalidades desportivas quando: (Incluído pela Lei 9.981/2000.)

a) uma mesma pessoa física ou jurídica, direta ou indiretamente, através de relação contratual, explore, controle ou administre direitos que integrem seus patrimônios; ou, (Incluído pela Lei 9.981/2000.)

b) uma mesma pessoa física ou jurídica, direta ou indiretamente, seja detentora de parcela do capital com direito a voto ou, de qualquer forma, participe da administração de mais de uma sociedade ou associação que explore, controle ou administre direitos que integrem os seus patrimônios. (Incluído pela Lei 9.981/2000.)

§ 2º A vedação de que trata este artigo aplica-se: (Incluído pela Lei 9.981/2000.)

a) ao cônjuge e aos parentes até o segundo grau das pessoas físicas; e (Incluído pela Lei 9.981/2000.)

b) às sociedades controladoras, controladas e coligadas das mencionadas pessoas jurídicas, bem como a fundo de investimento, condomínio de investidores ou outra forma assemelhada que resulte na participação concomitante vedada neste artigo. (Incluído pela Lei 9.981/2000.)

§ 3º Excluem-se da vedação de que trata este artigo os contratos de administração e investimentos em estádios, ginásios e praças desportivas, de patrocínio, de licenciamento de uso de marcas e símbolos, de publicidade e de propaganda, desde que não importem na administração direta ou na cogestão das atividades desportivas profissionais das entidades de prática desportiva, assim como os contratos individuais ou coletivos que sejam celebrados entre as detentoras de concessão, permissão ou autorização para exploração de serviços de radiodifusão sonora e de sons e imagens, bem como de televisão por assinatura, e entidades de prática desportiva para fins de transmissão de eventos desportivos. (Incluído pela Lei 9.981/2000.)

§ 4º A infringência a este artigo implicará a inabilitação da entidade de prática desportiva para percepção dos benefícios de que trata o art. 18 desta Lei. (Redação dada pela Lei 10.672/2003.)

§ 5º As empresas detentoras de concessão, permissão ou autorização para exploração de serviço de radiodifusão sonora e de sons e imagens, bem como de televisão por assinatura, ficam impedidas de patrocinar ou veicular sua própria marca, bem como a de seus canais e dos títulos de seus programas, nos uniformes de competições das entidades desportivas. (Redação dada pela Lei 10.672/2003.)

§ 6º A violação do disposto no § 5º implicará a eliminação da entidade de prática desportiva que lhe deu causa da competição ou do torneio em que aquela se verificou, sem prejuízo das penalidades que venham a ser aplicadas pela Justiça Desportiva. (Incluído pela Lei 10.672/2003.)

ART. 27-B. São nulas de pleno direito as cláusulas de contratos firmados entre as entidades de prática desportiva e terceiros, ou entre estes e atletas, que possam intervir ou influenciar nas transferências de atletas ou, ainda, que interfiram no desempenho do atleta ou da entidade de prática desportiva, exceto quando objeto de acordo ou convenção coletiva de trabalho. (Incluído pela Lei 12.395/2011.)

ART. 27-C. São nulos de pleno direito os contratos firmados pelo atleta ou por seu representante legal com agente desportivo, pessoa física ou jurídica, bem como as cláusulas contratuais ou de instrumentos procuratórios que: (Incluído pela Lei 12.395/2011.)

I - resultem vínculo desportivo; (Incluído pela Lei 12.395/2011.)

II - impliquem vinculação ou exigência de receita total ou parcial exclusiva da entidade de prática desportiva, decorrente de transferência nacional ou internacional de atleta, em vista da exclusividade de que trata o inciso I do art. 28; (Incluído pela Lei 12.395/2011.)

III - restrinjam a liberdade de trabalho desportivo; (Incluído pela Lei 12.395/2011.)

IV - estabeleçam obrigações consideradas abusivas ou desproporcionais; (Incluído pela Lei 12.395/2011.)

V - infrinjam os princípios da boa-fé objetiva ou do fim social do contrato; ou (Incluído pela Lei 12.395/2011.)

VI - versem sobre o gerenciamento de carreira de atleta em formação com idade inferior a 18 (dezoito) anos. (Incluído pela Lei 12.395/2011.)

ART. 27-D. (Vetado pela Lei 13.155/2015.)

ART. 28. A atividade do atleta profissional é caracterizada por remuneração pactuada em contrato especial de trabalho desportivo, firmado com entidade de prática desportiva, no qual deverá constar, obrigatoriamente: (Redação dada pela Lei 12.395/2011.)

I - cláusula indenizatória desportiva, devida exclusivamente à entidade de prática desportiva à qual está vinculado o atleta, nas seguintes hipóteses: (Incluído pela Lei 12.395/2011.)

a) transferência do atleta para outra entidade, nacional ou estrangeira, durante a vigência do contrato especial de trabalho desportivo; ou (Incluído pela Lei 12.395/2011.)

b) por ocasião do retorno do atleta às atividades profissionais em outra entidade de prática desportiva, no prazo de até 30 (trinta) meses; e (Incluído pela Lei 12.395/2011.)

II - cláusula compensatória desportiva, devida pela entidade de prática desportiva ao atleta, nas hipóteses dos incisos III a V do § 5º. (Incluído pela Lei 12.395/2011.)

§ 1º O valor da cláusula indenizatória desportiva a que se refere o inciso I do *caput* deste artigo será livremente pactuado pelas partes e expressamente quantificado no instrumento contratual: (Redação dada pela Lei 12.395/2011.)

I - até o limite máximo de 2.000 (duas mil) vezes o valor médio do salário contratual, para as transferências nacionais; e (Incluído pela Lei 12.395/2011.)

II - sem qualquer limitação, para as transferências internacionais. (Incluído pela Lei 12.395/2011.)

§ 2º São solidariamente responsáveis pelo pagamento da cláusula indenizatória desportiva de que trata o inciso I do *caput* deste artigo o atleta e a nova entidade de prática desportiva empregadora. (Redação dada pela Lei 12.395/2011.)

I a **III** - (Revogados pela Lei 12.395/2011.)

§ 3º O valor da cláusula compensatória desportiva a que se refere o inciso II do *caput* deste artigo será livremente pactuado entre as partes e formalizado no contrato especial de trabalho desportivo, observando-se, como limite máximo, 400 (quatrocentas) vezes o valor do salário mensal no momento da rescisão e, como limite mínimo, o valor total de salários mensais a que teria direito o atleta até o término do referido contrato. (Redação dada pela Lei 12.395/2011.)

§ 4º Aplicam-se ao atleta profissional as normas gerais da legislação trabalhista e da Seguridade Social, ressalvadas as peculiaridades constantes desta Lei, especialmente as seguintes: (Redação dada pela Lei 12.395/2011.)

I - se conveniente à entidade de prática desportiva, a concentração não poderá ser superior a 3 (três) dias consecutivos por semana, desde que esteja programada qualquer partida, prova ou equivalente, amistosa ou oficial, devendo o atleta ficar à disposição do empregador por ocasião da realização de competição fora da localidade onde tenha sua sede; (Redação dada pela Lei 12.395/2011.)

II - o prazo de concentração poderá ser ampliado, independentemente de qualquer pagamento adicional, quando o atleta estiver à disposição da entidade de administração do desporto; (Redação dada pela Lei 12.395/2011.)

III - acréscimos remuneratórios em razão de períodos de concentração, viagens, pré-temporada e participação do atleta em partida, prova ou equivalente, conforme previsão contratual; (Redação dada pela Lei 12.395/2011.)

IV - repouso semanal remunerado de 24 (vinte e quatro) horas ininterruptas, preferentemente em dia subsequente à participação do atleta na partida, prova ou equivalente, quando realizada no final de semana; (Redação dada pela Lei 12.395/2011.)

V - férias anuais remuneradas de 30 (trinta) dias, acrescidas do abono de férias, coincidentes com o recesso das atividades desportivas; (Incluído pela Lei 12.395/2011.)

VI - jornada de trabalho desportiva normal de 44 (quarenta e quatro) horas semanais. (Incluído pela Lei 12.395/2011.)

§ 5º O vínculo desportivo do atleta com a entidade de prática desportiva contratante constitui-se com o registro do contrato especial de trabalho desportivo na entidade de administração do desporto, tendo natureza acessória ao respectivo vínculo empregatício, dissolvendo-se, para todos os efeitos legais: (Redação dada pela Lei 12.395/2011.)

I - com o término da vigência do contrato ou o seu distrato; (Incluído pela Lei 12.395/2011.)

II - com o pagamento da cláusula indenizatória desportiva ou da cláusula compensatória desportiva; (Incluído pela Lei 12.395/2011.)

III - com a rescisão decorrente do inadimplemento salarial, de responsabilidade da entidade de prática desportiva empregadora, nos termos desta Lei; (Incluído pela Lei 12.395/2011.)

IV - com a rescisão indireta, nas demais hipóteses previstas na legislação trabalhista; e (Incluído pela Lei 12.395/2011.)

V - com a dispensa imotivada do atleta. (Incluído pela Lei 12.395/2011.)

§ 6º (Revogado pela Lei 10.672/2003.)

§ 7º A entidade de prática desportiva poderá suspender o contrato especial de trabalho desportivo do atleta profissional, ficando dispensada do pagamento da remuneração nesse período, quando o atleta for impedido de atuar, por prazo ininterrupto superior a 90 (noventa) dias, em decorrência de ato ou evento de sua exclusiva responsabilidade, desvinculado da atividade profissional, conforme previsto no referido contrato. (Redação dada pela Lei 12.395/2011.)

§ 8º O contrato especial de trabalho desportivo deverá conter cláusula expressa reguladora de sua prorrogação automática na ocorrência da hipótese prevista no § 7º deste artigo. (Incluído pela Lei 12.395/2011.)

§ 9º Quando o contrato especial de trabalho desportivo for por prazo inferior a 12 (doze) meses, o atleta profissional terá direito, por ocasião da rescisão contratual por culpa da entidade de prática desportiva empregadora, a tantos doze avos da remuneração mensal quantos forem os meses da vigência do contrato, referentes a férias, abono de férias e 13º (décimo terceiro) salário. (Incluído pela Lei 12.395/2011.)

§ 10. Não se aplicam ao contrato especial de trabalho desportivo os arts. 479 e 480 da Consolidação das Leis do Trabalho - CLT, aprovada pelo Decreto-Lei n. 5.452, de 1º de maio de 1943. (Incluído pela Lei 12.395/2011.)

ART. 28-A. Caracteriza-se como autônomo o atleta maior de 16 (dezesseis) anos que não mantém relação empregatícia com entidade de prática desportiva, auferindo rendimentos por conta e por meio de contrato de natureza civil. (Incluído pela Lei 12.395/2011.)

§ 1º O vínculo desportivo do atleta autônomo com a entidade de prática desportiva resulta de inscrição para participar de competição e não implica reconhecimento de relação empregatícia. (Incluído pela Lei 12.395/2011.)

§ 2º A filiação ou a vinculação de atleta autônomo a entidade de administração ou a sua integração a delegações brasileiras partícipes de competições internacionais não caracteriza vínculo empregatício. (Incluído pela Lei 12.395/2011.)

§ 3º O disposto neste artigo não se aplica às modalidades desportivas coletivas. (Incluído pela Lei 12.395/2011.)

ART. 29. A entidade de prática desportiva formadora do atleta terá o direito de assinar com ele, a partir de 16 (dezesseis) anos de idade, o primeiro contrato especial de trabalho desportivo, cujo prazo não poderá ser superior a 5 (cinco) anos. (Redação dada pela Lei 12.395/2011.)

Parágrafo único. (Vetado.)

§ 2º É considerada formadora de atleta a entidade de prática desportiva que: (Redação dada pela Lei 12.395/2011.)

I - forneça aos atletas programas de treinamento nas categorias de base e complementação educacional; e (Incluído pela Lei 12.395/2011.)

II - satisfaça cumulativamente os seguintes requisitos: (Incluído pela Lei 12.395/2011.)

a) estar o atleta em formação inscrito por ela na respectiva entidade regional de administração do desporto há, pelo menos, 1 (um) ano; (Incluído pela Lei 12.395/2011.)

b) comprovar que, efetivamente, o atleta em formação está inscrito em competições oficiais; (Incluído pela Lei 12.395/2011.)

c) garantir assistência educacional, psicológica, médica e odontológica, assim como alimentação, transporte e convivência familiar; (Incluído pela Lei 12.395/2011.)

d) manter alojamento e instalações desportivas adequados, sobretudo em matéria de alimentação, higiene, segurança e salubridade; (Incluído pela Lei 12.395/2011.)

e) manter corpo de profissionais especializados em formação tecnicodesportiva; (Incluído pela Lei 12.395/2011.)

f) ajustar o tempo destinado à efetiva atividade de formação do atleta, não superior a 4 (quatro) horas por dia, aos horários do currículo escolar ou de curso profissionalizante, além de propiciar-lhe a matrícula escolar, com exigência de frequência e satisfatório aproveitamento; (Incluído pela Lei 12.395/2011.)

g) ser a formação do atleta gratuita e a expensas da entidade de prática desportiva; (Incluído pela Lei 12.395/2011.)

h) comprovar que participa anualmente de competições organizadas por entidade de administração do desporto em, pelo menos, 2 (duas) categorias da respectiva modalidade desportiva; e (Incluído pela Lei 12.395/2011.)

i) garantir que o período de seleção não coincida com os horários escolares. (Incluído pela Lei 12.395/2011.)

§ 3º A entidade nacional de administração do desporto certificará como entidade de prática desportiva formadora aquela que comprovadamente preencha os requisitos estabelecidos nesta Lei. (Redação dada pela Lei 12.395/2011.)

§ 4º O atleta não profissional em formação, maior de quatorze e menor de vinte anos de idade, poderá receber auxílio financeiro da entidade de prática desportiva formadora, sob a forma de bolsa de aprendizagem livremente pactuada mediante contrato formal, sem que seja gerado vínculo empregatício entre as partes. (Incluído pela Lei 10.672/2003.)

§ 5º A entidade de prática desportiva formadora fará jus a valor indenizatório se ficar impossibilitada de assinar o primeiro contrato especial de trabalho desportivo por oposição do atleta, ou quando ele se vincular, sob qualquer forma, a outra entidade de prática desportiva, sem autorização expressa da entidade de prática desportiva formadora, atendidas as seguintes condições: (Redação dada pela Lei 12.395/2011.)

I - o atleta deverá estar regularmente registrado e não pode ter sido desligado da entidade de prática desportiva formadora; (Incluído pela Lei 12.395/2011.)

II - a indenização será limitada ao montante correspondente a 200 (duzentas) vezes os gastos comprovadamente efetuados com a formação do atleta, especificados no contrato de que trata o § 4º deste artigo; (Incluído pela Lei 12.395/2011.)

III - o pagamento do valor indenizatório somente poderá ser efetuado por outra entidade de prática desportiva e deverá ser efetivado diretamente à entidade de prática desportiva formadora no prazo máximo de 15 (quinze) dias, contados da data da vinculação do atleta à nova entidade de prática desportiva, para efeito de permitir novo registro em entidade de administração do desporto. (Incluído pela Lei 12.395/2011.)

§ 6º O contrato de formação desportiva a que se refere o § 4º deste artigo deverá incluir obrigatoriamente: (Incluído pela Lei 12.395/2011.)

I - identificação das partes e dos seus representantes legais; (Incluído pela Lei 12.395/2011.)

II - duração do contrato; (Incluído pela Lei 12.395/2011.)

III - direitos e deveres das partes contratantes, inclusive garantia de seguro de vida e de acidentes pessoais para cobrir as atividades do atleta contratado; e (Incluído pela Lei 12.395/2011.)

IV - especificação dos itens de gasto para fins de cálculo da indenização com a formação desportiva. (Incluído pela Lei 12.395/2011.)

§ 7º A entidade de prática desportiva formadora e detentora do primeiro contrato especial de trabalho desportivo com o atleta por ela profissionalizado terá o direito de preferência para a primeira renovação deste contrato, cujo prazo não poderá ser superior a 3 (três) anos, salvo se para equiparação de proposta de terceiro. (Incluído pela Lei 12.395/2011.)

I a **V** - (Revogados pela Lei 12.395/2011.)

§ 8º Para assegurar seu direito de preferência, a entidade de prática desportiva formadora e detentora do primeiro contrato especial de trabalho desportivo deverá apresentar, até 45 (quarenta e cinco) dias antes do término do contrato em curso, proposta ao atleta, de cujo teor deverá ser cientificada a correspondente entidade regional de administração do desporto, indicando as novas condições contratuais e os salários ofertados, devendo o atleta apresentar resposta à entidade de prática desportiva formadora, de cujo teor deverá ser notificada a referida entidade de administração, no prazo de 15 (quinze) dias contados da data do recebimento da proposta, sob pena de aceitação tácita. (Incluído pela Lei 12.395/2011.)

§ 9º Na hipótese de outra entidade de prática desportiva resolver oferecer proposta mais vantajosa a atleta vinculado à entidade de prática desportiva que o formou, deve-se observar o seguinte: (Incluído pela Lei 12.395/2011.)

I - a entidade proponente deverá apresentar à entidade de prática desportiva formadora proposta, fazendo dela constar todas as condições remuneratórias; (Incluído pela Lei 12.395/2011.)

II - a entidade proponente deverá dar conhecimento da proposta à correspondente entidade regional de administração; e (Incluído pela Lei 12.395/2011.)

III - a entidade de prática desportiva formadora poderá, no prazo máximo de 15 (quinze) dias, a contar do recebimento da proposta, comunicar se exercerá o direito de preferência de que trata o § 7º, nas mesmas condições oferecidas. (Incluído pela Lei 12.395/2011.)

§ 10. A entidade de administração do desporto deverá publicar o recebimento das propostas de que tratam os §§ 7º e 8º, nos seus meios oficiais de divulgação, no prazo de 5 (cinco) dias contados da data do recebimento. (Incluído pela Lei 12.395/2011.)

§ 11. Caso a entidade de prática desportiva formadora oferte as mesmas condições, e, ainda assim, o atleta se oponha à renovação do primeiro contrato especial de trabalho desportivo, ela poderá exigir da nova entidade de prática desportiva contratante o valor indenizatório correspondente a, no máximo, 200 (duzentas) vezes o valor do salário mensal constante da proposta. (Incluído pela Lei 12.395/2011.)

§ 12. A contratação do atleta em formação será feita diretamente pela entidade de prática desportiva formadora, sendo vedada a sua realização por meio de terceiros. (Incluído pela Lei 12.395/2011.)

§ 13. A entidade de prática desportiva formadora deverá registrar o contrato de formação desportiva do atleta em formação na entidade de administração da respectiva modalidade desportiva. (Incluído pela Lei 12.395/2011.)

ART. 29-A. Sempre que ocorrer transferência nacional, definitiva ou temporária, de atleta profissional, até 5% (cinco por cento) do valor pago pela nova entidade de prática desportiva serão obrigatoriamente distribuídos entre as entidades de práticas desportivas que contribuíram para a formação do atleta, na proporção de: (Incluído pela Lei 12.395/2011.)

I - 1% (um por cento) para cada ano de formação do atleta, dos 14 (quatorze) aos 17 (dezessete) anos de idade, inclusive; e (Incluído pela Lei 12.395/2011.)

II - 0,5% (meio por cento) para cada ano de formação, dos 18 (dezoito) aos 19 (dezenove) anos de idade, inclusive. (Incluído pela Lei 12.395/2011.)

§ 1º Caberá à entidade de prática desportiva cessionária do atleta reter do valor a ser pago à entidade de prática desportiva cedente 5% (cinco por cento) do valor acordado para a transferência, distribuindo-os às entidades de prática desportiva que contribuíram para a formação do atleta. (Incluído pela Lei 12.395/2011.)

§ 2º Como exceção à regra estabelecida no § 1º deste artigo, caso o atleta se desvincule da entidade de prática desportiva de forma unilateral, mediante pagamento da cláusula indenizatória desportiva prevista no inciso I do art. 28 desta Lei, caberá à entidade de prática desportiva que recebeu a cláusula indenizatória desportiva distribuir 5% (cinco por cento) de tal montante às entidades de prática desportiva responsáveis pela formação do atleta. (Incluído pela Lei 12.395/2011.)

§ 3º O percentual devido às entidades de prática desportiva formadoras do atleta deverá ser calculado sempre de acordo com certidão a ser fornecida pela entidade nacional de administração do desporto, e os valores distribuídos proporcionalmente em até 30 (trinta) dias da efetiva transferência, cabendo-lhe exigir o cumprimento do que dispõe este parágrafo. (Incluído pela Lei 12.395/2011.)

ART. 30. O contrato de trabalho do atleta profissional terá prazo determinado, com vigência nunca inferior a três meses nem superior a cinco anos. (Redação dada pela Lei 9.981/2000.)

Parágrafo único. Não se aplica ao contrato especial de trabalho desportivo do atleta profissional o disposto nos arts. 445 e 451 da Consolidação das Leis do Trabalho - CLT, aprovada pelo Decreto-Lei n. 5.452, de 1º de maio de 1943. (Redação dada pela Lei 12.395/2011.)

ART. 31. A entidade de prática desportiva empregadora que estiver com pagamento de salário ou de contrato de direito de imagem de atleta profissional em atraso, no todo ou em parte, por período igual ou superior a três meses, terá o contrato especial de trabalho desportivo daquele atleta rescindido, ficando o atleta livre para transferir-se para qualquer outra entidade de prática desportiva de mesma modalidade, nacional ou internacional, e exigir a cláusula compensatória desportiva e os haveres devidos. (Alterado pela Lei 13.155/2015.)

§ 1º São entendidos como salário, para efeitos do previsto no *caput*, o abono de férias, o décimo terceiro salário, as gratificações, os prêmios e demais verbas inclusas no contrato de trabalho.

§ 2º A mora contumaz será considerada também pelo não recolhimento do FGTS e das contribuições previdenciárias.

§ 3º (Revogado pela Lei 12.395/2011.)

§ 4º (Incluído e vetado pela Lei 10.672/2003.)

§ 5º O atleta com contrato especial de trabalho desportivo rescindido na forma do *caput* fica autorizado a transferir-se para outra entidade de prática desportiva, inclusive da mesma divisão, independentemente do número de partidas das quais tenha participado na competição, bem como a disputar a competição que estiver em andamento por ocasião da rescisão contratual. (Acrescentado pela Lei 13.155/2015.)

ART. 32. É lícito ao atleta profissional recusar competir por entidade de prática desportiva quando seus salários, no todo ou em parte, estiverem atrasados em dois ou mais meses;

ART. 33. (Revogado pela Lei 12.395/2011.)

ART. 34. São deveres da entidade de prática desportiva empregadora, em especial: (Redação dada pela Lei 9.981/2000.)

I - registrar o contrato especial de trabalho desportivo do atleta profissional na entidade de administração da respectiva modalidade desportiva; (Redação dada pela Lei 12.395/2011.)

II - proporcionar aos atletas profissionais as condições necessárias à participação nas competições desportivas, treinos e outras atividades preparatórias ou instrumentais; (Incluído pela Lei 9.981/2000.)

III - submeter os atletas profissionais aos exames médicos e clínicos necessários à prática desportiva. (Incluído pela Lei 9.981/2000.)

ART. 35. São deveres do atleta profissional, em especial: (Incluído pela Lei 9.981/2000.)

I - participar dos jogos, treinos, estágios e outras sessões preparatórias de competições com a aplicação e dedicação correspondentes às suas condições psicofísicas e técnicas; (Incluído pela Lei 9.981/2000.)

II - preservar as condições físicas que lhes permitam participar das competições desportivas, submetendo-se aos exames médicos e tratamentos clínicos necessários à prática desportiva; (Incluído pela Lei 9.981/2000.)

III - exercitar a atividade desportiva profissional de acordo com as regras da respectiva modalidade desportiva e as normas que regem a disciplina e a ética desportivas. (Incluído pela Lei 9.981/2000.)

ART. 36. (Revogado pela Lei 9.981/2000.)

§§ 1º a 5º (Revogados pela Lei 9.981/2000.)

ART. 37. (Revogado pela Lei 9.981/2000.)

ART. 38. Qualquer cessão ou transferência de atleta profissional ou não profissional depende de sua formal e expressa anuência. (Redação dada pela Lei 9.981/2000.)

ART. 39. O atleta cedido temporariamente a outra entidade de prática desportiva que tiver os salários em atraso, no todo ou em parte, por mais de 2 (dois) meses, notificará a entidade de prática desportiva cedente para, querendo, purgar a mora, no prazo de 15 (quinze) dias, não se aplicando, nesse caso, o disposto no *caput* do art. 31 desta Lei. (Redação dada pela Lei 12.395/2011.)

§ 1º O não pagamento ao atleta de salário e contribuições previstas em lei por parte da entidade de prática desportiva cessionária, por 2 (dois) meses, implicará a rescisão do contrato de empréstimo e a incidência da cláusula compensatória desportiva nele prevista, a ser paga ao atleta pela entidade de prática desportiva cessionária. (Incluído pela Lei 12.395/2011.)

§ 2º Ocorrendo a rescisão mencionada no § 1º deste artigo, o atleta deverá retornar à entidade de prática desportiva cedente para cumprir o antigo contrato especial de trabalho desportivo. (Incluído pela Lei 12.395/2011.)

ART. 40. Na cessão ou transferência de atleta profissional para entidade de prática desportiva estrangeira observar-se-ão as instruções expedidas pela entidade nacional de título.

§ 1º As condições para transferência do atleta profissional para o exterior deverão integrar obrigatoriamente os contratos de trabalho entre o atleta e a entidade de prática desportiva brasileira que o contratou. (Renumerado de p.u. para § 1º pela Lei 10.672/2003.)

§ 2º O valor da cláusula indenizatória desportiva internacional originalmente pactuada entre o atleta e a entidade de prática desportiva cedente, independentemente do pagamento da cláusula indenizatória desportiva nacional, será devido a esta pela entidade de prática desportiva cessionária caso esta venha a concretizar transferência internacional do mesmo atleta, em prazo inferior a 3 (três) meses, caracterizando o conluio com a entidade de prática desportiva estrangeira. (Redação dada pela Lei 12.395/2011.)

ART. 41. A participação de atletas profissionais em seleções será estabelecida na forma como acordarem a entidade de administração convocante e a entidade de prática desportiva cedente.

§ 1º A entidade convocadora indenizará a cedente dos encargos previstos no contrato de trabalho, pelo período em que durar a convocação do atleta, sem prejuízo de eventuais ajustes celebrados entre este e a entidade convocadora.

§ 2º O período de convocação estender-se-á até a reintegração do atleta à entidade que o cedeu, apto a exercer sua atividade.

ART. 42. Pertence às entidades de prática desportiva o direito de arena, consistente na prerrogativa exclusiva de negociar, autorizar ou proibir a captação, a fixação, a emissão, a transmissão, a retransmissão ou a reprodução de imagens, por qualquer meio ou processo, de espetáculo desportivo de que participem. (Redação dada pela Lei 12.395/2011.)

§ 1º Salvo convenção coletiva de trabalho em contrário, 5% (cinco por cento) da receita proveniente da exploração de direitos desportivos audiovisuais serão repassados aos sindicatos de atletas profissionais, e estes distribuirão, em partes iguais, aos atletas profissionais participantes do espetáculo, como parcela de natureza civil. (Redação dada pela Lei 12.395/2011.)

§ 1º-A. (Vetado pela Lei 13.155/2015.)

§ 2º O disposto neste artigo não se aplica à exibição de flagrantes de espetáculo ou evento desportivo para fins exclusivamente jornalísticos, desportivos ou educativos ou para a captação de apostas legalmente autorizadas, respeitadas as seguintes condições: (Alterado pela Lei 13.155/2015.)

I - a captação das imagens para a exibição de flagrante de espetáculo ou evento desportivo dar-se-á em locais reservados, nos estádios e ginásios, para não detentores de direitos ou, caso não disponíveis, mediante o fornecimento das imagens pelo detentor de direitos locais para a respectiva mídia; (Incluído pela Lei 12.395/2011.)

II - a duração de todas as imagens do flagrante do espetáculo ou evento desportivo exibidas não poderá exceder 3% (três por cento) do total do tempo de espetáculo ou evento; (Incluído pela Lei 12.395/2011.)

III - é proibida a associação das imagens exibidas com base neste artigo a qualquer forma de patrocínio, propaganda ou promoção comercial. (Incluído pela Lei 12.395/2011.)

§ 3º O espectador pagante, por qualquer meio, de espetáculo ou evento desportivo equipara-se, para todos os efeitos legais, ao consumidor, nos termos do art. 2º da Lei n. 8.078, de 11 de setembro de 1990.

ART. 43. É vedada a participação em competições desportivas profissionais de atletas não profissionais com idade superior a vinte anos. (Redação dada pela Lei 9.981/2000.)

ART. 44. É vedada a prática do profissionalismo, em qualquer modalidade, quando se tratar de:

I - desporto educacional, seja nos estabelecimentos escolares de 1º e 2º graus ou superiores;

II - desporto militar;

III - menores até a idade de dezesseis anos completos.

ART. 45. As entidades de prática desportiva são obrigadas a contratar seguro de vida e de acidentes pessoais, vinculado à atividade desportiva, para os atletas profissionais, com o objetivo de cobrir os riscos a que eles estão sujeitos. (Redação dada pela Lei 12.395/2011.)

§ 1º A importância segurada deve garantir ao atleta profissional, ou ao beneficiário por ele indicado no contrato de seguro, o direito a indenização mínima correspondente ao valor anual da remuneração pactuada. (Incluído pela Lei 12.395/2011.)

§ 2º A entidade de prática desportiva é responsável pelas despesas médico-hospitalares e de medicamentos necessários ao restabelecimento do atleta enquanto a seguradora não fizer o pagamento da indenização a que se refere o § 1º deste artigo. (Incluído pela Lei 12.395/2011.)

ART. 46. Ao estrangeiro atleta profissional de modalidade desportiva, referido no inciso V do art. 13 da Lei n. 6.815, de 19 de agosto de 1980, poderá ser concedido visto, observadas as exigências da legislação específica, por prazo não excedente a 5 (cinco) anos e correspondente à duração fixada no respectivo contrato especial de trabalho desportivo, permitida uma única renovação. (Redação dada pela Lei 12.395/2011.)

§ 1º É vedada a participação de atleta de nacionalidade estrangeira como integrante de equipe de competição de entidade de prática desportiva nacional nos campeonatos oficiais quando o visto de trabalho temporário recair na hipótese do inciso III do art. 13 da Lei n. 6.815, de 19 de agosto de 1980. (Redação dada pela Lei 12.395/2011.)

§ 2º A entidade de administração do desporto será obrigada a exigir da entidade de prática desportiva o comprovante do visto de trabalho do atleta de nacionalidade estrangeira fornecido pelo Ministério do Trabalho e Emprego, sob pena de cancelamento da inscrição desportiva. (Redação dada pela Lei 12.395/2011.)

ART. 46-A. As ligas desportivas, as entidades de administração de desporto e as de prática desportiva envolvidas em qualquer competição de atletas profissionais, independentemente da forma jurídica adotada, ficam obrigadas a: (Alterado pela Lei 10.672/2003.)

I - elaborar suas demonstrações financeiras, separadamente por atividade econômica, de modo distinto das atividades recreativas e sociais, nos termos da lei e de acordo com os padrões e critérios estabelecidos pelo Conselho Federal de Contabilidade, e, após terem sido submetidas a auditoria independente, providenciar sua publicação, até o último dia útil do mês de abril do ano subsequente, por período não inferior a 3 (três) meses, em sítio eletrônico próprio e da respectiva entidade de administração ou liga desportiva; (Redação dada pela Lei 12.395/2011.)

II - apresentar suas contas juntamente com os relatórios da auditoria de que trata o inciso I ao Conselho Nacional do Esporte - CNE, sempre que forem beneficiárias de recursos públicos, na forma do regulamento. (Incluído pela Lei 10.672/2003.)

§ 1º Sem prejuízo da aplicação das penalidades previstas na legislação tributária, trabalhista, previdenciária, cambial, e das consequentes responsabilidades civil e penal, a infringência a este artigo implicará: (Incluído pela Lei 10.672/2003.)

I - para as entidades de administração do desporto e ligas desportivas, a inelegibilidade, por dez anos, de seus dirigentes para o desempenho de cargos ou funções eletivas ou de livre nomeação, em quaisquer das entidades ou órgãos referidos no parágrafo único do art. 13 desta Lei; (Incluído pela Lei 10.672/2003.)

II - para as entidades de prática desportiva, a inelegibilidade, por cinco anos, de seus dirigentes para cargos ou funções eletivas ou de livre nomeação em qualquer entidade ou empresa direta ou indiretamente vinculada às competições profissionais da respectiva modalidade desportiva. (Incluído pela Lei 10.672/2003.)

§ 2º As entidades que violarem o disposto neste artigo ficam ainda sujeitas: (Incluído pela Lei 10.672/2003.)

I - ao afastamento de seus dirigentes; e (Incluído pela Lei 10.672/2003.)

II - à nulidade de todos os atos praticados por seus dirigentes em nome da entidade, após a prática da infração, respeitado o direito de terceiros de boa-fé. (Redação dada pela Lei 12.395/2011.)

§ 3º Os dirigentes de que trata o § 2º serão sempre: (Incluído pela Lei 10.672/2003.)

I - o presidente da entidade, ou aquele que lhe faça as vezes; e (Incluído pela Lei 10.672/2003.)

II - o dirigente que praticou a infração ainda que por omissão. (Incluído pela Lei 10.672/2003.)

§ 4º (Incluído e vetado pela Lei 10.672/2003.)

CAPÍTULO VI
DA ORDEM DESPORTIVA

ART. 47. No âmbito de suas atribuições, os Comitês Olímpico e Paraolímpico Brasileiros e as entidades nacionais de administração do desporto têm competência para decidir, de ofício ou quando lhes forem submetidas pelos seus filiados, as questões relativas ao cumprimento das normas e regras de prática desportiva.

ART. 48. Com o objetivo de manter a ordem desportiva, o respeito aos atos emanados de seus poderes internos, poderão ser aplicadas, pelas entidades de administração do desporto e de prática desportiva, as seguintes sanções:

I - advertência;

II - censura escrita;

III - multa;

IV - suspensão;

V - desfiliação ou desvinculação.

§ 1º A aplicação das sanções previstas neste artigo não prescinde do processo administrativo no qual sejam assegurados o contraditório e a ampla defesa.

§ 2º As penalidades de que tratam os incisos IV e V deste artigo somente poderão ser aplicadas após decisão definitiva da Justiça Desportiva.

CAPÍTULO VI-A
DO CONTROLE DE DOPAGEM

▸ Acrescentado pela Lei 13.322/2016.

ART. 48-A. O controle de dopagem tem por objetivo garantir o direito de os atletas e as entidades participarem de competições livres de dopagem, promover a conservação da saúde, preservar a justiça e a igualdade entre os competidores. (Acrescentado pela Lei 13.322/2016.)

§ 1º O controle de dopagem será realizado por meio de programas harmonizados, coordenados e eficazes em nível nacional e internacional no âmbito da detecção, da punição e da prevenção da dopagem. (Acrescentado pela Lei 13.322/2016.)

§ 2º Considera-se como dopagem no esporte a violação de regra antidopagem cometida por atleta, por terceiro ou por entidade. (Acrescentado pela Lei 13.322/2016.)

ART. 48-B. A ABCD, órgão vinculado ao Ministério do Esporte, é a organização nacional antidopagem, à qual compete, privativamente: (Acrescentado pela Lei 13.322/2016.)

I - estabelecer a política nacional de prevenção e de combate à dopagem; (Acrescentado pela Lei 13.322/2016.)

II - coordenar nacionalmente o combate de dopagem no esporte, respeitadas as diretrizes estabelecidas pelo CNE; (Acrescentado pela Lei 13.322/2016.)

III - conduzir os testes de controle de dopagem, durante os períodos de competição e em seus intervalos, a gestão de resultados, de investigações e outras atividades relacionadas à antidopagem, respeitadas as atribuições de entidades internacionais previstas no Código Mundial Antidopagem; (Acrescentado pela Lei 13.322/2016.)

IV - expedir autorizações de uso terapêutico, respeitadas as atribuições de entidades internacionais previstas no Código Mundial Antidopagem; (Acrescentado pela Lei 13.322/2016.)

V - certificar e identificar profissionais, órgãos e entidades para atuar no controle de dopagem; (Acrescentado pela Lei 13.322/2016.)

VI - editar resoluções sobre os procedimentos técnicos de controle de dopagem, observadas as normas previstas no Código Mundial Antidopagem e a legislação correlata; (Acrescentado pela Lei 13.322/2016.)

VII - manter interlocução com os organismos internacionais envolvidos com matérias relacionadas à antidopagem, respeitadas as competências dos demais órgãos da União; (Acrescentado pela Lei 13.322/2016.)

VIII - divulgar e adotar as normas técnicas internacionais relacionadas ao controle de dopagem e a lista de substâncias e métodos proibidos no esporte, editada pela Agência Mundial Antidopagem; e (Acrescentado pela Lei 13.322/2016.)

IX - informar à Justiça Desportiva Antidopagem as violações às regras de dopagem, participando do processo na qualidade de fiscal da legislação antidopagem. (Acrescentado pela Lei 13.322/2016.)

§ 1º A ABCD poderá delegar a competência para coleta de amostras e prática de demais atos materiais relacionados ao controle de dopagem. (Acrescentado pela Lei 13.322/2016.)

§ 2º No exercício das competências previstas no *caput*, a ABCD observará o disposto nos incisos VII e VIII do *caput* do art. 11. (Acrescentado pela Lei 13.322/2016.)

§ 3º A ABCD poderá propor ao CNE a edição e as alterações de normas antidopagem. (Acrescentado pela Lei 13.322/2016.)

§ 4º Os atos normativos da ABCD deverão ser submetidos à prévia análise da Advocacia-Geral da União. (Acrescentado pela Lei 13.322/2016.)

ART. 48-C. Às demais entidades componentes do Sistema Brasileiro do Desporto incumbem a adoção, a implementação e a aplicação de regras antidopagem, nos termos estabelecidos nesta Lei e nas demais normas regulamentares expedidas pelo CNE e pela ABCD. (Acrescentado pela Lei 13.322/2016.)

CAPÍTULO VII
DA JUSTIÇA DESPORTIVA

ART. 49. A Justiça Desportiva a que se referem os §§ 1º e 2º do art. 217 da Constituição Federal e o art. 33 da Lei n. 8.028, de 12 de abril de 1990, regula-se pelas disposições deste Capítulo.

ART. 50. A organização, o funcionamento e as atribuições da Justiça Desportiva, limitadas ao processo e julgamento das infrações disciplinares e às competições desportivas, serão definidos nos Códigos de Justiça Desportiva, facultando-se às ligas constituir seus próprios órgãos judicantes desportivos, com atuação restrita às suas competições. (Redação dada pela Lei 12.395/2011.)

§ 1º As transgressões relativas à disciplina e às competições desportivas sujeitam o infrator a:

I - advertência;

II - eliminação;

III - exclusão de campeonato ou torneio;

IV - indenização;

V - interdição de praça de desportos;

VI - multa;

VII - perda do mando do campo;

VIII - perda de pontos;

IX - perda de renda;

X - suspensão por partida;

XI - suspensão por prazo.

§ 2º As penas disciplinares não serão aplicadas aos menores de quatorze anos.

§ 3º As penas pecuniárias não serão aplicadas a atletas não profissionais.

§ 4º Compete às entidades de administração do desporto promover o custeio do funcionamento dos órgãos da Justiça Desportiva que funcionem junto a si. (Incluído pela Lei 9.981/2000.)

§ 5º A pena de suspensão de que trata o inciso XI do § 1º deste artigo não poderá ser superior a trinta anos. (Acrescentado pela Lei 13.322/2016.)

ART. 50-A. Além das sanções previstas nos incisos I a XI do § 1º do art. 50, as violações às regras antidopagem podem, ainda, sujeitar o infrator às seguintes penalidades: (Acrescentado pela Lei 13.322/2016.)

I - nulidade de títulos, premiações, pontuações, recordes e resultados desportivos obtidos pelo infrator; e (Acrescentado pela Lei 13.322/2016.)

II - devolução de prêmios, troféus, medalhas e outras vantagens obtidas pelo infrator que sejam relacionadas à prática desportiva. (Acrescentado pela Lei 13.322/2016.)

§ 1º Na hipótese de condenação de que trata o inciso XI do § 1º do art. 50, a Justiça Desportiva Antidopagem comunicará aos órgãos da administração pública para obter ressarcimento de eventuais recursos públicos despendidos com o atleta. (Acrescentado pela Lei 13.322/2016.)

§ 2º O disposto nos §§ 2º e 3º do art. 50 aplica-se às violações das regras antidopagem. (Acrescentado pela Lei 13.322/2016.)

ART. 51. O disposto nesta Lei sobre Justiça Desportiva não se aplica aos Comitês Olímpico e Paraolímpico Brasileiros.

ART. 52. Os órgãos integrantes da Justiça Desportiva são autônomos e independentes das entidades de administração do desporto de cada sistema, compondo-se do Superior Tribunal de Justiça Desportiva, funcionando junto às entidades nacionais de administração do desporto; dos Tribunais de Justiça Desportiva, funcionando junto às entidades regionais da administração do desporto, e das Comissões Disciplinares, com competência para processar e julgar as questões previstas nos Códigos de Justiça Desportiva, sempre assegurados a ampla defesa e o contraditório. (Redação dada pela Lei 9.981/2000.)

§ 1º Sem prejuízo do disposto neste artigo, as decisões finais dos Tribunais de Justiça Desportiva são impugnáveis nos termos gerais do direito, respeitados os pressupostos processuais estabelecidos nos §§ 1º e 2º do art. 217 da Constituição Federal.

§ 2º O recurso ao Poder Judiciário não prejudicará os efeitos desportivos validamente produzidos em consequência da decisão proferida pelos Tribunais de Justiça Desportiva.

ART. 53. No Superior Tribunal de Justiça Desportiva, para julgamento envolvendo competições interestaduais ou nacionais, e nos Tribunais de Justiça Desportiva, funcionarão tantas Comissões Disciplinares quantas se fizerem necessárias, compostas cada qual de 5 (cinco) membros que não pertençam aos referidos órgãos judicantes, mas sejam por estes escolhidos. (Redação dada pela Lei 12.395/2011.)

§ 1º (Vetado.)

§ 2º A Comissão Disciplinar aplicará sanções em procedimento sumário, assegurados a ampla defesa e o contraditório.

§ 3º Das decisões da Comissão Disciplinar caberá recurso ao Tribunal de Justiça Desportiva e deste ao Superior Tribunal de Justiça Desportiva, nas hipóteses previstas nos respectivos Códigos de Justiça Desportiva. (Redação dada pela Lei 9.981/2000.)

§ 4º O recurso ao qual se refere o parágrafo anterior será recebido e processado com efeito suspensivo quando a penalidade exceder de duas partidas consecutivas ou quinze dias.

ART. 54. O membro do Tribunal de Justiça Desportiva exerce função considerada de relevante interesse público e, sendo servidor público, terá abonadas suas faltas, computando-se como de efetivo exercício a participação nas respectivas sessões.

ART. 55. O Superior Tribunal de Justiça Desportiva e os Tribunais de Justiça Desportiva serão compostos por nove membros, sendo: (Redação dada pela Lei 9.981/2000.)

I - dois indicados pela entidade de administração do desporto; (Redação dada pela Lei 9.981/2000.)

II - dois indicados pelas entidades de prática desportiva que participem de competições oficiais da divisão principal; (Redação dada pela Lei 9.981/2000.)

III - dois advogados com notório saber jurídico desportivo, indicados pela Ordem dos Advogados do Brasil; (Redação dada pela Lei 9.981/2000.)

IV - 1 (um) representante dos árbitros, indicado pela respectiva entidade de classe; (Redação dada pela Lei n. 12.395, de 2011).

V - 2 (dois) representantes dos atletas, indicados pelas respectivas entidades sindicais. (Redação dada pela Lei n. 12.395, de 2011).

§ 1º (Revogado). (Redação dada pela Lei 9.981/2000.)

§ 2º O mandato dos membros dos Tribunais de Justiça Desportiva terá duração máxima de quatro anos, permitida apenas uma recondução. (Redação dada pela Lei 9.981/2000.)

§ 3º É vedado aos dirigentes desportivos das entidades de administração e das entidades de prática o exercício de cargo ou função na Justiça Desportiva, exceção feita aos membros dos conselhos deliberativos das entidades de prática desportiva. (Redação dada pela Lei 9.981/2000.)

§ 4º Os membros dos Tribunais de Justiça Desportiva poderão ser bacharéis em Direito ou pessoas de notório saber jurídico, e de conduta ilibada. (Redação dada pela Lei 9.981/2000.)

§ 5º (Vetado.). (Incluído pela Lei 12.395/2011.)

ART. 55-A. Fica criada a Justiça Desportiva Antidopagem - JAD, composta por um Tribunal e por uma Procuradoria, dotados de autonomia e independência, e com competência para: (Acrescentado pela Lei 13.322/2016.)

I - julgar violações a regras antidopagem e aplicar as infrações a elas conexas; e (Acrescentado pela Lei 13.322/2016.)

II - homologar decisões proferidas por organismos internacionais, decorrentes ou relacionadas a violações às regras antidopagem. (Acrescentado pela Lei 13.322/2016.)

§ 1º A JAD funcionará junto ao CNE e será composta de forma paritária por representantes de entidades de administração do desporto, de entidades sindicais dos atletas e do Poder Executivo. (Acrescentado pela Lei 13.322/2016.)

§ 2º A escolha dos membros da JAD buscará assegurar a paridade entre homens e mulheres na sua composição. (Acrescentado pela Lei 13.322/2016.)

§ 3º Os membros da JAD serão auxiliados em suas decisões por equipe de peritos técnicos das áreas relacionadas ao controle de dopagem. (Acrescentado pela Lei 13.322/2016.)

§ 4º A competência da JAD abrangerá as modalidades e as competições desportivas de âmbito profissional e não profissional. (Acrescentado pela Lei 13.322/2016.)

§ 5º Incumbe ao CNE regulamentar a atuação da JAD. (Acrescentado pela Lei 13.322/2016.)

§ 6º O mandato dos membros da JAD terá duração de três anos, permitida uma recondução por igual período. (Acrescentado pela Lei 13.322/2016.)

§ 7º Não poderão compor a JAD membros que estejam no exercício de mandato em outros órgãos da Justiça Desportiva de que trata o art. 50, independentemente da modalidade. (Acrescentado pela Lei 13.322/2016.)

§ 8º É vedado aos membros da JAD atuar perante esta pelo período de um ano após o término dos respectivos mandatos. (Acrescentado pela Lei 13.322/2016.)

§ 9º As atividades da JAD serão custeadas pelo Ministério do Esporte. (Acrescentado pela Lei 13.322/2016.)

§ 10. Poderá ser estabelecida a cobrança de custas e emolumentos para a realização de atos processuais. (Acrescentado pela Lei 13.322/2016.)

§ 11. As custas e os emolumentos de que trata o § 10 deverão ser fixadas entre R$ 100,00 (cem reais) e R$ 100.000,00 (cem mil reais), conforme a complexidade da causa, na forma da tabela aprovada pelo CNE para este fim. (Acrescentado pela Lei 13.322/2016.)

§ 12. O Código Brasileiro Antidopagem - CBA e os regimentos internos do Tribunal e da Procuradoria disporão sobre a organização, o funcionamento e as atribuições da JAD. (Acrescentado pela Lei 13.322/2016.)

§ 13. O disposto no § 3º do art. 55 aplica-se aos membros da JAD. (Acrescentado pela Lei 13.322/2016.)

Art. 55-B. Até a entrada em funcionamento da JAD, o processo e o julgamento de infrações relativas à dopagem no esporte permanecerão sob a responsabilidade da Justiça Desportiva de que tratam os arts. 49 a 55. (Acrescentado pela Lei 13.322/2016.)

Parágrafo único. Os processos instaurados e em trâmite na Justiça Desportiva à época da instalação da JAD permanecerão sob responsabilidade daquela até o seu trânsito em julgado, competindo-lhe a execução dos respectivos julgados. (Acrescentado pela Lei 13.322/2016.)

ART. 55-C. Compete à JAD decidir sobre a existência de matéria atinente ao controle de dopagem que atraia sua competência para o processo e o julgamento da demanda. (Acrescentado pela Lei 13.322/2016.)

Parágrafo único. Não caberá recurso da decisão proferida na forma do *caput*. (Acrescentado pela Lei 13.322/2016.)

CAPÍTULO VIII
DOS RECURSOS PARA O DESPORTO

ART. 56. Os recursos necessários ao fomento das práticas desportivas formais e não formais a que se refere o art. 217 da Constituição Federal serão assegurados em programas de trabalho específicos constantes dos orçamentos da União, dos Estados, do Distrito Federal e dos Municípios, além dos provenientes de:

I - fundos desportivos;

II - receitas oriundas de exploração de loteria; (Alterado pela Lei 13.756/2018.)

III - doações, patrocínios e legados;

IV - (revogado); (Alterado pela Lei 13.756/2018.)

V - incentivos fiscais previstos em lei;

VI - (revogado); (Alterado pela Lei 13.756 /2018.)

VII - outras fontes. (Renumerado pela Lei 10.264/2001).

VIII - (revogado). (Alterado pela Lei 13.756 /2018.)

IX - (Vetado). (Acrescentado pela Lei 13.155 /2015.)

§§ 1º a 10. (Revogados). (Alterado pela Lei 13.756/2018.)

§§ 11 a 16. (Vetados pela Lei 13.155/2015.)

ART. 56-A. É condição para o recebimento dos recursos públicos federais que as entidades nominadas nos incisos I, II e III do parágrafo único do art. 13 desta Lei celebrem contrato de desempenho com o Ministério do Esporte, na forma do regulamento. (Incluído pela Lei 12.395/2011)

§ 1º Entende-se por contrato de desempenho o instrumento firmado entre o Ministério do Esporte e as entidades de que trata o *caput*, com vistas no fomento público e na execução de atividades relacionadas ao Plano Nacional do Desporto, mediante cumprimento de metas de desempenho. (Incluído pela Lei 12.395/2011)

§ 2º São cláusulas essenciais do contrato de desempenho: (Incluído pela Lei 12.395/2011)

I - a do objeto, que conterá a especificação do programa de trabalho proposto pela entidade; (Incluído pela Lei 12.395/2011)

II - a de estipulação das metas e dos resultados a serem atingidos e dos respectivos prazos de execução ou cronograma; (Incluído pela Lei 12.395/2011)

III - a de previsão expressa dos critérios objetivos de avaliação de desempenho a serem utilizados, mediante indicadores de resultado; (Incluído pela Lei 12.395/2011)

IV - a que estabelece as obrigações da entidade, entre as quais a de apresentar ao Ministério do Esporte, ao término de cada exercício, relatório sobre a execução do seu objeto, contendo comparativo específico das metas propostas com os resultados alcançados, acompanhado de prestação de contas dos gastos e receitas efetivamente realizados; (Incluído pela Lei 12.395/2011)

V - a que estabelece a obrigatoriedade de apresentação de regulamento próprio contendo os procedimentos que adotará para a contratação de obras e serviços, bem como para compras com emprego de recursos provenientes do poder público, observados os princípios estabelecidos no inciso I do art. 56-B desta Lei; (Incluído pela Lei 12.395/2011)

VI - a de publicação no Diário Oficial da União de seu extrato e de demonstrativo da sua execução física e financeira, conforme modelo simplificado estabelecido no regulamento desta Lei, contendo os dados principais da documentação obrigatória referida no inciso V, sob pena de não liberação dos recursos nele previstos. (Incluído pela Lei 12.395/2011)

§ 3º A celebração do contrato de desempenho condiciona-se à aprovação do Ministério do Esporte quanto ao alinhamento e à compatibilidade entre o programa de trabalho apresentado pela entidade e o Plano Nacional do Desporto. (Incluído pela Lei 12.395/2011)

§ 4º O contrato de desempenho será acompanhado de plano estratégico de aplicação de recursos, considerando o ciclo olímpico ou paraolímpico de 4 (quatro) anos, em que deverão constar a estratégia de base, as diretrizes, os objetivos, os indicadores e as metas a serem atingidas. (Incluído pela Lei 12.395/2011)

§ 5º Para efeito desta Lei, ciclo olímpico e paraolímpico é o período de 4 (quatro) anos compreendido entre a realização de 2 (dois) Jogos Olímpicos ou 2 (dois) Jogos Paraolímpicos, de verão ou de inverno, ou o que restar até a realização dos próximos Jogos Olímpicos ou Jogos Paraolímpicos. (Incluído pela Lei 12.395/2011)

§ 6º A verificação do cumprimento dos termos do contrato de desempenho será de responsabilidade do Ministério do Esporte. (Incluído pela Lei 12.395/2011)

§ 7º O Ministério do Esporte poderá designar comissão técnica de acompanhamento e avaliação do cumprimento dos termos do contrato de desempenho, que emitirá parecer sobre os resultados alcançados, em subsídio aos processos de fiscalização e prestação de contas dos resultados do contrato sob sua responsabilidade perante os órgãos de controle interno e externo do Poder Executivo. (Incluído pela Lei 12.395/2011)

§ 8º O descumprimento injustificado das cláusulas do contrato de desempenho é condição para a sua rescisão por parte do Ministério do Esporte, sem prejuízo das medidas administrativas cabíveis. (Incluído pela Lei 12.395/2011)

§ 9º Cópias autênticas integrais dos contratos de desempenho celebrados entre o Ministério do Esporte e as entidades nominadas nos incisos I, II e III do parágrafo único do art. 13 desta Lei, serão disponibilizadas na página eletrônica oficial daquele Ministério. (Incluído pela Lei 12.395/2011)

ART. 56-B. Sem prejuízo de outras normas aplicáveis a repasse de recursos para a assinatura do contrato de desempenho será exigido das entidades beneficiadas que sejam regidas por estatutos cujas normas disponham expressamente sobre: (Incluído pela Lei 12.395/2011)

I - observância dos princípios da legalidade, impessoalidade, moralidade, publicidade, economicidade e da eficiência; (Incluído pela Lei 12.395/2011)

II - adoção de práticas de gestão administrativa, necessárias e suficientes a coibir a obtenção, de forma individual ou coletiva, de benefícios ou vantagens pessoais, em decorrência da participação no respectivo processo decisório; (Incluído pela Lei 12.395/2011)

III - constituição de conselho fiscal ou órgão equivalente, dotado de competência para opinar sobre os relatórios de desempenho financeiro e contábil e sobre as operações patrimoniais realizadas, emitindo pareceres para os organismos superiores da entidade; (Incluído pela Lei 12.395/2011)

IV - prestação de contas a serem observadas pela entidade, que determinarão, no mínimo: (Incluído pela Lei 12.395/2011)

a) a observância dos princípios fundamentais de contabilidade e das normas brasileiras de contabilidade; (Incluído pela Lei 12.395/2011)

b) que se dê publicidade por qualquer meio eficaz, no encerramento do exercício fiscal, ao relatório de atividades e das demonstrações financeiras da entidade, incluindo-se as certidões negativas de débitos com o Instituto Nacional do Seguro Social - INSS e com o Fundo de Garantia do Tempo de Serviço - FGTS, colocando-os à disposição para exame de qualquer cidadão. (Incluído pela Lei 12.395/2011)

ART. 56-C. As entidades interessadas em firmar o contrato de desempenho deverão formular requerimento escrito ao Ministério do Esporte, instruído com cópias autenticadas dos seguintes documentos: (Incluído pela Lei 12.395/2011)

I - estatuto registrado em cartório; (Incluído pela Lei 12.395/2011)

II - ata de eleição de sua atual diretoria; (Incluído pela Lei 12.395/2011)

III - balanço patrimonial e demonstração do resultado do exercício; (Incluído pela Lei 12.395/2011)

IV - inscrição no Cadastro Geral de Contribuintes; e (Incluído pela Lei 12.395/2011)

V - comprovação da regularidade jurídica e fiscal. (Incluído pela Lei 12.395/2011)

ART. 56-D. (Vetado pela Lei 13.155/2015.)

ART. 57. Constituirão recursos para a assistência social e educacional aos atletas profissionais, aos ex-atletas e aos atletas em formação os recolhidos: (Redação dada pela Lei 12.395/2011.)

I - diretamente para a federação das associações de atletas profissionais - FAAP, equivalentes a: (Redação dada pela Lei 12.395/2011.)

a) 0,5% (cinco décimos por cento) do valor correspondente à parcela ou parcelas que compõem o salário mensal, nos termos do contrato do atleta profissional pertencente ao Sistema Brasileiro do Desporto, a serem pagos mensalmente pela entidade de prática desportiva contratante; e (Incluído pela Lei 12.395/2011)

b) 0,8% (oito décimos por cento) do valor correspondente às transferências nacionais e internacionais, a serem pagos pela entidade de prática desportiva cedente; e (Incluído pela Lei 12.395/2011)

II - diretamente para a Federação Nacional dos Atletas Profissionais de Futebol - FENAPAF, equivalentes a 0,2% (dois décimos por cento) do valor correspondente às transferências nacionais e internacionais de atletas da modalidade de futebol, a serem pagos no ato do recebimento pela entidade de prática desportiva cedente; (Incluído pela Lei 12.395/2011)

III e **IV** - (Revogados pela Lei 12.395/2011.)

§ 1º A entidade responsável pelo registro de transferências de atleta profissional de entidade de prática desportiva para outra deverá exigir, sob pena de sua não efetivação, além dos documentos necessários, o comprovante do recolhimento dos valores fixados neste artigo. (Incluído pela Lei 12.395/2011.)

§ 2º Os recursos de que trata este artigo serão integralmente aplicados em conformidade com programa de assistência social e educacional, previamente aprovado pelas entidades de que tratam os incisos I e II deste artigo, nos termos dos seus estatutos. (Incluído pela Lei 12.395/2011.)

ART. 58. (Vetado.)

CAPÍTULO IX
DO BINGO

ARTS. 59 a 81. (Revogados pela Lei 9.981/2000.)

CAPÍTULO X
DISPOSIÇÕES GERAIS

ART. 82. Os dirigentes, unidades ou órgãos de entidades de administração do desporto, inscritas ou não no registro de comércio, não exercem função delegada pelo Poder Público, nem são consideradas autoridades públicas para os efeitos desta Lei.

ART. 82-A. As entidades de prática desportiva de participação ou de rendimento, profissional ou não profissional, promoverão obrigatoriamente exames periódicos para avaliar a saúde dos atletas, nos termos da regulamentação. (Incluído pela Lei 12.346/2010.)

ART. 82-B. São obrigadas a contratar seguro de vida e de acidentes pessoais, vinculado à atividade desportiva, com o objetivo de cobrir os riscos a que os atletas estão sujeitos: (Acrescentado pela Lei 13.155/2015.)

I - as entidades de prática desportiva que mantenham equipes de treinamento de atletas não profissionais de modalidades olímpicas ou paraolímpicas, para os atletas não profissionais a ela vinculados; (Acrescentado pela Lei 13.155/2015.)

II - as entidades de administração do desporto nacionais, no caso de: (Acrescentado pela Lei 13.155/2015.)

a) competições ou partidas internacionais em que atletas não profissionais de modalidades olímpicas ou paraolímpicas estejam representando selecionado nacional; (Acrescentado pela Lei 13.155/2015.)

b) competições nacionais de modalidades olímpicas ou paraolímpicas, para os atletas não profissionais não vinculados a nenhuma entidade de prática desportiva. (Acrescentado pela Lei 13.155/2015.)

§ 1º A importância segurada deve garantir ao atleta não profissional, ou ao beneficiário por ele indicado no contrato de seguro, o direito a indenização mínima correspondente a doze vezes o valor do salário mínimo vigente ou a doze vezes o valor de contrato de imagem ou de patrocínio referentes a sua atividade desportiva, o que for maior. (Acrescentado pela Lei 13.155/2015.)

§ 2º A entidade de prática desportiva é responsável pelas despesas médico-hospitalares e de medicamentos necessários ao restabelecimento do atleta enquanto a seguradora não fizer o pagamento da indenização a que se refere o § 1º deste artigo. (Acrescentado pela Lei 13.155/2015.)

§ 3º As despesas com seguro a que se refere o inciso II do *caput* deste artigo serão custeadas, conforme a hipótese, com recursos oriundos da exploração de loteria destinados ao COB, ao CPB, ao CBC, à CBDE e à CBDU. (Alterado pela Lei 13.756/2018.)

ART. 83. As entidades desportivas internacionais com sede permanente ou temporária no País receberão dos poderes públicos o mesmo tratamento dispensado às entidades nacionais de administração do desporto.

ART. 84. Será considerado como efetivo exercício, para todos os efeitos legais, o período em que o atleta servidor público civil ou militar, da Administração Pública direta, indireta, autárquica ou fundacional, estiver convocado para integrar representação nacional em treinamento ou competição desportiva no País ou no exterior. (Redação dada pela Lei 9.981/2000.)

§ 1º O período de convocação será definido pela entidade nacional de administração da respectiva modalidade desportiva, cabendo a esta ou aos Comitês Olímpico ou Paraolímpico Brasileiros fazer a devida comunicação e solicitar ao Ministério do Esporte a competente liberação do afastamento do atleta, árbitro e assistente, cabendo ao referido Ministério comunicar a ocorrência ao órgão de origem do servidor ou militar. (Redação dada pela Lei 12.395/2011.)

§ 2º O disposto neste artigo aplica-se, também, aos profissionais especializados e dirigentes, quando indispensáveis à composição da delegação.

ART. 84-A. Todos os jogos das seleções brasileiras de futebol, em competições oficiais, deverão ser exibidos, pelo menos, em uma rede nacional de televisão aberta, com transmissão ao vivo, inclusive para as cidades brasileiras nas quais os mesmos estejam sendo realizados. (Incluído pela Lei 9.981/2000.)

Parágrafo único. As empresas de televisão de comum acordo, ou por rodízio, ou por arbitramento, resolverão como cumprir o disposto neste artigo, caso nenhuma delas se interesse pela transmissão. O órgão competente fará o arbitramento. (Incluído pela Lei 9.981/2000.)

ART. 85. Os sistemas de ensino da União, dos Estados, do Distrito Federal e dos Municípios, bem como as instituições de ensino superior, definirão normas específicas para verificação do rendimento e o controle de frequência dos estudantes que integrarem representação desportiva nacional, de forma a harmonizar a atividade desportiva com os interesses relacionados ao aproveitamento e à promoção escolar.

ART. 86. É instituído o Dia do Desporto, a ser comemorado no dia 23 de junho, Dia Mundial do Desporto Olímpico.

ART. 87. A denominação e os símbolos de entidade de administração do desporto ou prática desportiva, bem como o nome ou apelido desportivo do atleta profissional, são de propriedade exclusiva dos mesmos, contando com a proteção legal, válida para todo o território nacional, por tempo indeterminado, sem necessidade de registro ou averbação no órgão competente.

Parágrafo único. A garantia legal outorgada às entidades e aos atletas referidos neste artigo permite-lhes o uso comercial de sua denominação, símbolos, nomes e apelidos.

ART. 87-A. O direito ao uso da imagem do atleta pode ser por ele cedido ou explorado, mediante ajuste contratual de natureza civil e com fixação de direitos, deveres e condições inconfundíveis com o contrato especial de trabalho desportivo. (Incluído pela Lei 12.395/2011.)

Parágrafo único. Quando houver, por parte do atleta, a cessão de direitos ao uso de sua imagem para a entidade de prática desportiva detentora do contrato especial de trabalho desportivo, o valor correspondente ao uso da imagem não poderá ultrapassar 40% (quarenta por cento) da remuneração total paga ao atleta, composta pela soma do salário e dos valores pagos pelo direito ao uso da imagem. (Acrescentado pela Lei 13.155/2015.)

ART. 88. Os árbitros e auxiliares de arbitragem poderão constituir entidades nacionais, estaduais e do Distrito Federal, por modalidade desportiva ou grupo de modalidades, objetivando o recrutamento, a formação e a prestação de serviços às entidades de administração do desporto. (Redação dada pela Lei 12.395/2011.)

Parágrafo único. Independentemente da constituição de sociedade ou entidades, os árbitros e seus auxiliares não terão qualquer vínculo empregatício com as entidades desportivas diretivas onde atuarem, e sua remuneração como autônomos exonera tais entidades de quaisquer outras responsabilidades trabalhistas, securitárias e previdenciárias.

ART. 89. Em campeonatos ou torneios regulares com mais de uma divisão, as entidades de administração do desporto determinarão em seus regulamentos o princípio do acesso e do descenso, observado sempre o critério técnico.

ART. 89-A. As entidades responsáveis pela organização de competições desportivas profissionais deverão disponibilizar equipes para atendimento de emergências entre árbitros e atletas, nos termos da regulamentação. (Incluído pela Lei 12.346/2010.)

ART. 90. É vedado aos administradores e membros de conselho fiscal de entidade de prática desportiva o exercício de cargo ou função em entidade de administração do desporto.

ART. 90-A. (Incluído e vetado pela Lei 10.672/2003.)

ART. 90-B. (Incluído e vetado pela Lei 10.672/2003.)

ART. 90-C. As partes interessadas poderão valer-se da arbitragem para dirimir litígios relativos a direitos patrimoniais disponíveis, vedada a apreciação de matéria referente à disciplina e à competição desportiva. (Incluído pela Lei 12.395/2011.)

Parágrafo único. A arbitragem deverá estar prevista em acordo ou convenção coletiva de trabalho e só poderá ser instituída após a concordância expressa de ambas as partes, mediante cláusula compromissória ou compromisso arbitral. (Incluído pela Lei 12.395/2011.)

ART. 90-D. Os atletas profissionais poderão ser representados em juízo por suas entidades sindicais em ações relativas aos contratos especiais de trabalho desportivo mantidos com as entidades de prática desportiva. (Incluído pela Lei 12.395/2011.)

ART. 90-E. O disposto no § 4º do art. 28 quando houver vínculo empregatício aplica-se aos integrantes da comissão técnica e da área de saúde. (Incluído pela Lei 12.395/2011.)

ART. 90-F. Os profissionais credenciados pelas Associações de Cronistas Esportivos quando em serviço têm acesso a praças, estádios e ginásios desportivos em todo o território nacional, obrigando-se a ocupar locais a eles reservados pelas respectivas entidades de administração do desporto. (Incluído pela Lei 12.395/2011.)

CAPÍTULO XI
DISPOSIÇÕES TRANSITÓRIAS

ART. 91. Até a edição dos Códigos da Justiça dos Desportos Profissionais e não Profissionais continuam em vigor os atuais Códigos, com as alterações constantes desta Lei.

ART. 92. Os atuais atletas profissionais de futebol, de qualquer idade, que, na data de entrada em vigor desta Lei, estiverem com passe livre, permanecerão nesta situação, e a rescisão de seus contratos de trabalho dar-se-á nos termos dos arts. 479 e 480 da C.L.T.

ART. 93. O disposto no art. 28, § 2º, desta Lei somente produzirá efeitos jurídicos a partir de 26 de março de 2001, respeitados os direitos adquiridos decorrentes dos contratos de trabalho e vínculos desportivos de atletas profissionais pactuados com base na legislação anterior. (Redação dada pela Lei 9.981/2000.)

Parágrafo único. (Vetado.) (Incluído e vetado pela Lei 9.981/2000.)

ART. 94. O disposto nos arts. 27, 27-A, 28, 29, 29-A, 30, 39, 43, 45 e no § 1º do art. 41 desta Lei será obrigatório exclusivamente para atletas e entidades de prática profissional da modalidade de futebol. (Redação dada pela Lei 12.395/2011.)

Parágrafo único. É facultado às demais modalidades desportivas adotar os preceitos constantes dos dispositivos referidos no *caput* deste artigo. (Incluído pela Lei 9.981/2000.)

ART. 94-A. O Poder Executivo regulamentará o disposto nesta Lei, inclusive a distribuição dos recursos, gradação das multas e os procedimentos de sua aplicação. (Incluído pela Lei 9.981/2000.)

ART. 95. Esta Lei entra em vigor na data de sua publicação.

ART. 96. São revogados, a partir da vigência do disposto no § 2 o do art. 28 desta Lei, os incisos II e V e os §§ 1º e 3º do art. 3º, os arts. 4º, 6º, 11 e 13, o § 2º do art. 15, o parágrafo único do art. 16 e os arts. 23 e 26 da Lei n. 6.354, de 2 de setembro de 1976; são revogadas, a partir da data de publicação desta Lei, as Leis n. 8.672, de 6 de julho de 1993, e 8.946, de 5 de dezembro de 1994.

Brasília, 24 de março de 1998; 177º da Independência e 110º da República.

FERNANDO HENRIQUE CARDOSO

LEI N. 9.676, DE 30 DE JUNHO DE 1998

Dispõe sobre a periodicidade de recolhimento das contribuições previdenciárias arrecadadas pelo Instituto Nacional do Seguro Social - INSS.

› *DOU*, 1º.07.1998.

O Presidente da República. Faço saber que o Congresso Nacional decreta e eu sanciono a seguinte Lei:

ART. 1º Poderá ser aumentada, de modo diferenciado, em conjunto ou separadamente, para até 3 (três) meses, a periodicidade de recolhimento das contribuições previdenciárias arrecadadas pelo Instituto Nacional do Seguro Social - INSS, devidas por:

I - segurados empresário, trabalhador autônomo ou a este equiparado e facultativo enquadrados até a classe II da escala de salários-base de que trata o art. 29 da Lei n. 8.212, de 24 de julho de 1991, com a redação dada pela Lei n. 9.528, de 10 de dezembro de 1997;

II - empregador doméstico, relativamente a salários-de-contribuição em valores até o limite estabelecido no inciso anterior.

ART. 2º Esta Lei entra em vigor na data de sua publicação.

Brasília, 30 de junho de 1998; 177º da Independência e 110º da República.

FERNANDO HENRIQUE CARDOSO

LEI N. 9.701, DE 17 DE NOVEMBRO DE 1998

Dispõe sobre a base de cálculo da Contribuição para o Programa de Integração Social - PIS devida pelas pessoas jurídicas a que se refere o § 1º do art. 22 da Lei n. 8.212, de 24 de julho de 1991, e dá outras providências.

› *DOU*, 18.11.1998.

Faço saber que o Presidente da República, adotou a Medida Provisória n. 1.674-57, de 1998, que o Congresso Nacional aprovou, e eu, Antonio Carlos Magalhães, Presidente, para os efeitos do disposto no parágrafo único do art. 62 da Constituição Federal, promulgo a seguinte Lei:

ART. 1º Para efeito de determinação da base de cálculo da Contribuição para o Programa de Integração Social - PIS, de que trata o inciso V do art. 72 do Ato das Disposições Constitucionais Transitórias, as pessoas jurídicas referidas no § 1º do art. 22 da Lei n. 8.212, de 24 de julho de 1991, poderão efetuar as seguintes exclusões ou deduções da receita bruta operacional auferida no mês:

I - reversões de provisões operacionais e recuperações de créditos baixados como prejuízo, que não representem ingresso de novas receitas, o resultado positivo da avaliação de investimentos pelo valor do patrimônio líquido e os lucros e dividendos derivados de investimentos avaliados pelo custo de aquisição, que tenham sido computados como receita;

II - (Revogado pela Med. Prov. 2.158-35/2001).

III - no caso de bancos comerciais, bancos de investimentos, bancos de desenvolvimento, caixas econômicas, sociedades de crédito, financiamento e investimento, sociedades de crédito imobiliário, sociedades corretoras, distribuidoras de títulos e valores mobiliários, empresas de arrendamento mercantil e cooperativas de crédito:

a) despesas de captação em operações realizadas no mercado interfinanceiro, inclusive com títulos públicos;

b) encargos com obrigações por refinanciamentos, empréstimos e repasses de recursos de órgãos e instituições oficiais;

c) despesas de câmbio;

d) despesas de arrendamento mercantil, restritas a empresas e instituições arrendadoras;

e) despesas de operações especiais por conta e ordem do Tesouro Nacional;

IV - no caso de empresas de seguros privados:

a) cosseguro e resseguro cedidos;

b) valores referentes a cancelamentos e restituições de prêmios que houverem sido computados como receitas;

c) a parcela dos prêmios destinada à constituição de provisões ou reservas técnicas;

V - no caso de entidades de previdência privada abertas e fechadas, a parcela das contribuições destinada à constituição de provisões ou reservas técnicas;

VI - no caso de empresas de capitalização, a parcela dos prêmios destinada à constituição de provisões ou reservas técnicas.

§ 1º É vedada a dedução de qualquer despesa administrativa. (Redação dada pela Med. Prov. 2.158-35/2001).

§ 2º (Revogado pela Med. Prov. 2.158-35/2001).

§ 3º As exclusões e deduções previstas neste artigo restringem-se a operações autorizadas às empresas ou entidades nele referidas, desde que realizadas dentro dos limites operacionais previstos na legislação pertinente.

ART. 2º A contribuição de que trata esta Lei será calculada mediante a aplicação da alíquota de zero vírgula setenta e cinco por cento sobre a base de cálculo apurada nos termos deste ato.

ART. 3º As contribuições devidas pelas empresas públicas e sociedades de economia mista referidas no § 1º do art. 22 da Lei n. 8.212, de 1991, serão calculadas e pagas segundo o disposto nesta Lei.

ART. 4º O pagamento da contribuição apurada de acordo com esta Lei deverá ser efetuado até o último dia útil da quinzena subsequente ao mês de ocorrência dos fatos geradores.

ART. 5º O art. 1º do Decreto-Lei n. 1.166, de 15 de abril de 1971, passa a vigorar com a seguinte redação:

- Alterações promovidas no texto da referida lei.

ART. 6º Ficam convalidados os atos praticados com base na Medida Provisória n. 1.674-56, de 25 de setembro de 1998.

ART. 7º Esta Lei entra em vigor na data de sua publicação.

ART. 8º Ficam revogados o art. 5º da Lei n. 7.691, de 15 de dezembro de 1988, e os arts. 1º, 2º e 3º da Lei n. 8.398, de 7 de janeiro de 1992.

Congresso Nacional,
em 17 de novembro de 1998;
177º da Independência e 110º da República.
SENADOR ANTONIO CARLOS MAGALHÃES
PRESIDENTE

LEI N. 9.703, DE 17 DE NOVEMBRO DE 1998

Dispõe sobre os depósitos judiciais e extrajudiciais de tributos e contribuições federais.

- *DOU*, 18.11.1998.
- Conversão da Med. Prov. 1.721/1998.

Faço saber que o Presidente da República, adotou a Medida Provisória n. 1.721, de 1998, que o Congresso Nacional aprovou, e eu, Antonio Carlos Magalhães, Presidente, para os efeitos do disposto no parágrafo único do art. 62 da Constituição Federal, promulgo a seguinte Lei:

ART. 1º Os depósitos judiciais e extrajudiciais, em dinheiro, de valores referentes a tributos e contribuições federais, inclusive seus acessórios, administrados pela Secretaria da Receita Federal do Ministério da Fazenda, serão efetuados na Caixa Econômica Federal, mediante Documento de Arrecadação de Receitas Federais - DARF, específico para essa finalidade.

§ 1º O disposto neste artigo aplica-se, inclusive, aos débitos provenientes de tributos e contribuições inscritos em Dívida Ativa da União.

§ 2º Os depósitos serão repassados pela Caixa Econômica Federal para a Conta Única do Tesouro Nacional, independentemente de qualquer formalidade, no mesmo prazo fixado para recolhimento dos tributos e das contribuições federais.

§ 3º Mediante ordem da autoridade judicial ou, no caso de depósito extrajudicial, da autoridade administrativa competente, o valor do depósito, após o encerramento da lide ou do processo litigioso, será:

I - devolvido ao depositante pela Caixa Econômica Federal, no prazo máximo de vinte e quatro horas, quando a sentença lhe for favorável ou na proporção em que o for, acrescido de juros, na forma estabelecida pelo § 4º do art. 39 da Lei n. 9.250, de 26 de dezembro de 1995, e alterações posteriores; ou

II - transformado em pagamento definitivo, proporcionalmente à exigência do correspondente tributo ou contribuição, inclusive seus acessórios, quando se tratar de sentença ou decisão favorável à Fazenda Nacional.

§ 4º Os valores devolvidos pela Caixa Econômica Federal serão debitados à Conta Única do Tesouro Nacional, em subconta de restituição.

§ 5º A Caixa Econômica Federal manterá controle dos valores depositados ou devolvidos.

ART. 2º Observada a legislação própria, o disposto nesta Lei aplica-se aos depósitos judiciais e extrajudiciais referentes às contribuições administradas pelo Instituto Nacional do Seguro Social.

ART. 2º-A. Aos depósitos efetuados antes de 1º de dezembro de 1998 será aplicada a sistemática prevista nesta Lei de acordo com um cronograma fixado por ato do Ministério da Fazenda, sendo obrigatória a sua transferência à conta única do Tesouro Nacional. (Incluído pela Lei 12.058/2009.)

- Lei 12.099/2009 (Dispõe sobre a transferência de depósitos judiciais e extrajudiciais de tributos e contribuições federais para a Caixa Econômica Federal).

§ 1º Os juros dos depósitos referidos no *caput* serão calculados à taxa originalmente devida até a data da transferência à conta única do Tesouro Nacional. (Incluído pela Lei 12.099/2009.)

§ 2º Após a transferência à conta única do Tesouro Nacional, os juros dos depósitos referidos no *caput* serão calculados na forma estabelecida pelo § 4º do art. 39 da Lei n. 9.250, de 26 de dezembro de 1995. (Incluído pela Lei 12.099/2009.)

§ 3º A inobservância da transferência obrigatória de que trata o *caput* sujeita os recursos depositados à remuneração na forma estabelecida pelo § 4º do art. 39 da Lei n. 9.250, de 26 de dezembro de 1995, desde a inobservância, e os administradores das instituições financeiras às penalidades previstas na Lei n. 4.595, de 31 de dezembro de 1964. (Renumerado do parágrafo único pela Lei 12.099/2009.)

§ 4º (Vetado) (Incluído pela Lei 12.099/2009.)

ART. 3º Os procedimentos para execução desta Lei serão disciplinados em regulamento.

ART. 4º Esta Lei entra em vigor na data de sua publicação, aplicando-se aos depósitos efetuados a partir de 1º de dezembro de 1998.

Congresso Nacional,
em 17 de novembro de 1998;
177º da Independência e 110º da República.
SENADOR ANTONIO CARLOS MAGALHÃES
PRESIDENTE

LEI N. 9.704, DE 17 DE NOVEMBRO DE 1998

Institui normas relativas ao exercício, pelo Advogado-Geral da União, de orientação normativa e de supervisão técnica sobre os órgãos jurídicos das autarquias federais e das fundações instituídas e mantidas pela União.

- *DOU*, 18.11.1998.
- Conversão da Med. Prov. 1.722/1998.

Faço saber que o Presidente da República, adotou a Medida Provisória n. 1.722, de 1998, que o Congresso Nacional aprovou, e eu, Antonio Carlos Magalhães, Presidente, para os efeitos do disposto no parágrafo único do art. 62 da Constituição Federal, promulgo a seguinte Lei:

ART. 1º Os órgãos jurídicos das autarquias federais e das fundações instituídas e mantidas pela União estão sujeitos à orientação normativa e à supervisão técnica do Advogado-Geral da União.

§ 1º A supervisão técnica a que se refere este artigo compreende a prévia anuência do Advogado-Geral da União ao nome indicado para a chefia dos órgãos jurídicos das autarquias federais e das fundações instituídas e mantidas pela União. (Renumerado pela Med. Prov. 2.180-35/2001.)

§ 2º Para a chefia de órgão jurídico de autarquia e de fundação federal será preferencialmente indicado Procurador Federal, de reconhecidas idoneidade, capacidade e experiência para o cargo. (Incluído pela Med. Prov. 2.180-35/2001.)

§ 3º Na hipótese de a indicação recair sobre Bacharel em Direito que não seja Procurador Federal, deverá ser suficientemente justificada assim como atendidos todos os demais requisitos do § 2º. (Incluído pela Med. Prov. 2.180-35/2001.)

ART. 2º O Advogado-Geral da União, caso considere necessário, poderá recomendar, aos órgãos jurídicos dessas entidades, a alteração da tese jurídica sustentada nas manifestações produzidas, para adequá-la à jurisprudência prevalecente nos Tribunais Superiores e no Supremo Tribunal Federal.

Parágrafo único. Terão natureza vinculante, e serão de observância obrigatória, as recomendações de alteração da tese jurídica sustentada, feitas pelo Advogado-Geral da União.

ART. 3º De ofício ou mediante solicitação, justificada, dos representantes legais das autarquias federais e das fundações instituídas e mantidas pela União, o Advogado-Geral da União poderá promover ou determinar que se promova a apuração de irregularidade no serviço público, ocorrida no âmbito interno daquelas entidades, podendo cometer a órgão da Advocacia-Geral da União, expressamente, o exercício de tal encargo.

ART. 4º Ressalvado o disposto no parágrafo único do art. 1º, o Advogado-Geral da União poderá delegar a prática dos atos de orientação normativa e de supervisão técnica previstos nesta Lei.

ART. 5º O Advogado-Geral da União expedirá as normas necessárias à aplicação do disposto nesta Lei.

ART. 6º Esta Lei entra em vigor na data de sua publicação.

Congresso Nacional, em 17 de novembro de 1998; 177º da Independência e 110º da República.

SENADOR ANTONIO CARLOS MAGALHÃES
PRESIDENTE

LEI N. 9.710, DE 19 DE NOVEMBRO DE 1998

Dispõe sobre medidas de fortalecimento do Sistema Financeiro Nacional e dá outras providências.

- *DOU*, 21.11.1998 (Edição Extra)
- Conversão da Med. Prov. 1.604-38/1998

Faço saber que o Presidente da República, adotou a Medida Provisória n. 1.604-38, de 1998, que o Congresso Nacional aprovou, e eu, Antonio Carlos Magalhães, Presidente, para os efeitos do disposto no parágrafo único do art. 62 da Constituição Federal, promulgo a seguinte Lei:

ART. 1º O Programa de Estímulo à Reestruturação e ao Fortalecimento do Sistema Financeiro Nacional, instituído pelo Conselho Monetário Nacional com vistas a assegurar liquidez e solvência ao referido Sistema e a resguardar os interesses de depositantes e investidores, será implementado por meio de reorganizações administrativas, operacionais e societárias, previamente autorizadas pelo Banco Central do Brasil.

§ 1º O Programa de que trata o *caput* aplica-se inclusive às instituições submetidas aos regimes especiais previstos na Lei n. 6.024, de 13 de março de 1974, e no Decreto-Lei n. 2.321, de 25 de fevereiro de 1987.

§ 2º O mecanismo de proteção a titulares de créditos contra instituições financeiras, instituído pelo Conselho Monetário Nacional, é parte integrante do Programa de que trata o *caput*.

ART. 2º Na hipótese de incorporação, aplica-se às instituições participantes do Programa a que se refere o artigo anterior o seguinte tratamento tributário:

I - a instituição a ser incorporada deverá contabilizar como perdas os valores dos créditos de difícil recuperação, observadas, para esse fim, normas fixadas pelo Conselho Monetário Nacional;

II - as instituições incorporadoras poderão registrar como ágio, na aquisição do investimento, a diferença entre o valor de aquisição e o valor patrimonial da participação societária adquirida;

III - as perdas de que trata o inciso I deverão ser adicionadas ao lucro líquido da instituição a ser incorporada, para fins de determinação do lucro real e da base de cálculo da Contribuição Social sobre o Lucro Líquido;

IV - após a incorporação, o ágio a que se refere o inciso II, registrado contabilmente, poderá ser amortizado, observado o disposto no inciso seguinte;

V - para efeitos de determinação do lucro real, a soma do ágio amortizado com o valor compensado dos prejuízos fiscais de períodos-base anteriores não poderá exceder, em cada período-base, a trinta por cento do lucro líquido, ajustado pelas adições e exclusões previstas na legislação aplicável;

VI - o valor do ágio amortizado deverá ser adicionado ao lucro líquido, para efeito de determinar a base de cálculo da Contribuição Social sobre o Lucro Líquido.

§ 1º O disposto neste artigo somente se aplica às incorporações realizadas até 31 de dezembro de 1996, observada a exigência de a instituição incorporadora ser associada à entidade administradora do mecanismo de proteção a titulares de crédito, de que trata o § 2º do art. 1º.

§ 2º O Poder Executivo regulamentará o disposto neste artigo.

ART. 3º Nas reorganizações societárias ocorridas no âmbito do Programa de que trata o art. 1º não se aplica o disposto nos arts. 230, 254, 255, 256, § 2º, 264, § 3º, e 270, parágrafo único, da Lei n. 6.404, de 15 de dezembro de 1976.

ART. 4º O Fundo Garantidor de Crédito, de que tratam as Resoluções n. 2.197, de 31 de agosto de 1995, e 2.211, de 16 de novembro de 1995, do Conselho Monetário Nacional, é isento do imposto de renda, inclusive no tocante aos ganhos líquidos mensais e à retenção na fonte sobre os rendimentos de aplicação financeira de renda fixa e de renda variável, bem como da contribuição social sobre o lucro líquido.

ART. 5º Ficam convalidados os atos praticados com base na Medida Provisória n. 1.604-37, de 24 de setembro de 1998.

ART. 6º Esta Lei entra em vigor na data de sua publicação.

Congresso Nacional, em 19 de novembro de 1998; 177º da Independência e 110º da República.

SENADOR ANTÔNIO CARLOS MAGALHÃES
PRESIDENTE

LEI N. 9.717, DE 27 DE NOVEMBRO DE 1998

Dispõe sobre regras gerais para a organização e o funcionamento dos regimes próprios de previdência social dos servidores públicos da União, dos Estados, do Distrito Federal e dos Municípios, dos militares dos Estados e do Distrito Federal e dá outras providências.

- Conversão da Med. Prov. 1.723/1998.
- *DOU*, 28.11.1998.

O Presidente da República. Faço saber que o Congresso Nacional decreta e eu sanciono a seguinte Lei:

ART. 1º Os regimes próprios de previdência social dos servidores públicos da União, dos Estados, do Distrito Federal e dos Municípios, dos militares dos Estados e do Distrito Federal deverão ser organizados, baseados em normas gerais de contabilidade e atuária, de modo a garantir o seu equilíbrio financeiro e atuarial, observados os seguintes critérios:

I - realização de avaliação atuarial inicial e em cada balanço utilizando-se parâmetros gerais, para a organização e revisão do plano de custeio e benefícios; (Redação dada pela Med. Prov. 2.187-13/2001.)

II - financiamento mediante recursos provenientes da União, dos Estados, do Distrito Federal e dos Municípios e das contribuições do pessoal civil e militar, ativo, inativo e dos pensionistas, para os seus respectivos regimes;

III - as contribuições e os recursos vinculados ao Fundo Previdenciário da União, dos Estados, do Distrito Federal e dos Municípios e as contribuições do pessoal civil e militar, ativo, inativo, e dos pensionistas, somente poderão ser utilizadas para pagamento de benefícios previdenciários dos respectivos regimes, ressalvadas as despesas administrativas estabelecidas no art. 6º, inciso VIII, desta Lei, observado os limites de gastos estabelecidos em parâmetros gerais; Redação dada pela Med. Prov. 2.187-13/2001.)

IV - cobertura de um número mínimo de segurados, de modo que os regimes possam garantir diretamente a totalidade dos riscos cobertos no plano de benefícios, preservando o equilíbrio atuarial sem necessidade de resseguro, conforme parâmetros gerais;

V - cobertura exclusiva a servidores públicos titulares de cargos efetivos e a militares, e a seus respectivos dependentes, de cada ente estatal, vedado o pagamento de benefícios, mediante convênios ou consórcios entre Estados, entre Estados e Municípios e entre Municípios;

VI - pleno acesso dos segurados às informações relativas à gestão do regime e participação de representantes dos servidores públicos e dos militares, ativos e inativos, nos colegiados e instâncias de decisão em que os seus interesses sejam objeto de discussão e deliberação;

VII - registro contábil individualizado das contribuições de cada servidor e dos entes estatais, conforme diretrizes gerais;

VIII - identificação e consolidação em demonstrativos financeiros e orçamentários de todas as despesas fixas e variáveis com pessoal inativo civil, militar e pensionistas, bem como dos encargos incidentes sobre os proventos e pensões pagos;

IX - sujeição às inspeções e auditorias de natureza atuarial, contábil, financeira, orçamentária e patrimonial dos órgãos de controle interno e externo.

X - vedação de inclusão nos benefícios, para efeito de percepção destes, de parcelas remuneratórias pagas em decorrência de local de trabalho, de função de confiança ou de cargo em comissão, exceto quando tais parcelas integrarem a remuneração de contribuição do servidor que se aposentar com fundamento no art. 40 da Constituição Federal, respeitado, em qualquer hipótese, o limite previsto no § 2º do citado artigo; (Redação dada pela Lei 10.887/2004.)

XI - vedação de inclusão nos benefícios, para efeito de percepção destes, do abono de permanência de que tratam o § 19 do art. 40 da Constituição Federal, o § 5º do art. 2º e o § 1º do art. 3º da Emenda Constitucional n. 41, de 19 de dezembro de 2003. (Incluído pela Lei 10.887/2004.)

Parágrafo único. Aplicam-se, adicionalmente, aos regimes próprios de previdência social dos entes da Federação os incisos II, IV a IX do art. 6º. Redação dada pela Med. Prov. 2.187-13/2001.)

ART. 1º-A. O servidor público titular de cargo efetivo da União, dos Estados, do Distrito Federal e dos Municípios ou o militar dos Estados e do Distrito Federal filiado a regime próprio de previdência social, quando cedido a órgão ou entidade de outro ente da federação, com ou sem ônus para o cessionário, permanecerá vinculado ao regime de origem. (Incluído pela Med. Prov. 2.187-13/2001.)

ART. 2º A contribuição da União, dos Estados, do Distrito Federal e dos Municípios, incluídas suas autarquias e fundações, aos regimes próprios de previdência social a que estejam vinculados seus servidores não poderá ser inferior ao valor da contribuição do servidor ativo, nem superior ao dobro desta contribuição. (Redação dada pela Lei 10.887/2004.)

§ 1º A União, os Estados, o Distrito Federal e os Municípios são responsáveis pela cobertura de eventuais insuficiências financeiras do respectivo regime próprio, decorrentes do pagamento de benefícios previdenciários. (Redação dada pela Lei 10.887/2004.)

§ 2º A União, os Estados, o Distrito Federal e os Municípios publicarão, até 30 (trinta) dias após o encerramento de cada bimestre, demonstrativo financeiro e orçamentário da receita e despesa previdenciárias acumuladas no exercício financeiro em curso. (Redação dada pela Lei 10.887/2004.)

§§ 3º a 7º (Revogados pela Lei 10.887/2004.)

ART. 3º As alíquotas de contribuição dos servidores ativos dos Estados, do Distrito Federal e dos Municípios para os respectivos regimes próprios de previdência social não serão inferiores às dos servidores titulares de cargos efetivos da União, devendo ainda ser observadas, no caso das contribuições sobre os proventos dos inativos e sobre as pensões, as mesmas alíquotas aplicadas às remunerações dos servidores em atividade do respectivo ente estatal. (Redação dada pela Lei 10.887/2004.)

ART. 4º (Revogado pela Lei 10.887/2004.)

ART. 5º Os regimes próprios de previdência social dos servidores públicos da União, dos Estados, do Distrito Federal e dos Municípios, dos militares dos Estados e do Distrito Federal não poderão conceder benefícios distintos dos previstos no Regime Geral de Previdência Social, de que trata a Lei n. 8.213, de 24 de julho de 1991, salvo disposição em contrário da Constituição Federal.

Parágrafo único. Fica vedada a concessão de aposentadoria especial, nos termos do § 4º do art. 40 da Constituição Federal, até que lei complementar federal discipline a matéria. (Incluído pela Med. Prov. 2.187-13/2001.)

ART. 6º Fica facultada à União, aos Estados, ao Distrito Federal e aos Municípios, a constituição de fundos integrados de bens, direitos e ativos, com finalidade previdenciária, desde que observados os critérios de que trata o artigo 1º e, adicionalmente, os seguintes preceitos:

I - (Revogado pela Med. Prov. 2.187-13/2001.)

II - existência de conta do fundo distinta da conta do Tesouro da unidade federativa;

III - (Revogado pela Med. Prov. 2.187-13/2001.)

IV - aplicação de recursos, conforme estabelecido pelo Conselho Monetário Nacional;

V - vedação da utilização de recursos do fundo de bens, direitos e ativos para empréstimos de qualquer natureza, inclusive à União, aos Estados, ao Distrito Federal e aos Municípios, a entidades da administração indireta e aos respectivos segurados;

VI - vedação à aplicação de recursos em títulos públicos, com exceção de títulos do Governo Federal;

VII - avaliação de bens, direitos e ativos de qualquer natureza integrados ao fundo, em conformidade com a Lei 4.320, de 17 de março de 1964 e alterações subsequentes;

VIII - estabelecimento de limites para a taxa de administração, conforme parâmetros gerais;

IX - constituição e extinção do fundo mediante lei.

ART. 7º O descumprimento do disposto nesta Lei pelos Estados, Distrito Federal e Municípios e pelos respectivos fundos, implicará, a partir de 1º de julho de 1999:

I - suspensão das transferências voluntárias de recursos pela União;

II - impedimento para celebrar acordos, contratos, convênios ou ajustes, bem como receber empréstimos, financiamentos, avais e subvenções em geral de órgãos ou entidades da Administração direta e indireta da União;

III - suspensão de empréstimos e financiamentos por instituições financeiras federais.

IV - suspensão do pagamento dos valores devidos pelo Regime Geral de Previdência Social em razão da Lei n. 9.796, de 5 de maio de 1999. (Incluído pela Med. Prov. 2.187-13/2001.)

ART. 8º Os dirigentes do órgão ou da entidade gestora do regime próprio de previdência social dos entes estatais, bem como os membros dos conselhos administrativo e fiscal dos fundos de que trata o art. 6º, respondem diretamente por infração ao disposto nesta Lei, sujeitando-se, no que couber, ao regime repressivo da Lei n. 6.435, de 15 de julho de 1977, e alterações subsequentes, conforme diretrizes gerais.

Parágrafo único. As infrações serão apuradas mediante processo administrativo que tenha por base o auto, a representação ou a denúncia positiva dos fatos irregulares, em que se assegure ao acusado o contraditório e a ampla defesa, em conformidade com diretrizes gerais.

ART. 9º Compete à União, por intermédio do Ministério da Previdência e Assistência Social:

I - a orientação, supervisão e o acompanhamento dos regimes próprios de previdência social dos servidores públicos e dos militares da União, dos Estados, do Distrito Federal e dos Municípios, e dos fundos a que se refere o art. 6º, para o fiel cumprimento dos dispositivos desta Lei;

II - o estabelecimento e a publicação dos parâmetros e das diretrizes gerais previstos nesta Lei.

III - a apuração de infrações, por servidor credenciado, e a aplicação de penalidades, por órgão próprio, nos casos previstos no art. 8º desta Lei. (Incluído pela Med. Prov. 2.187-13/2001.)

Parágrafo único. A União, os Estados, o Distrito Federal e os Municípios prestarão ao Ministério da Previdência e Assistência Social, quando solicitados, informações sobre regime próprio de previdência social e fundo previdenciário previsto no art. 6º desta Lei. (Incluído pela Med. Prov. 2.187-13/2001.)

ART. 10. No caso de extinção de regime próprio de previdência social, a União, o Estado, o Distrito Federal e os Municípios assumirão integralmente a responsabilidade pelo pagamento dos benefícios concedidos durante a sua vigência, bem como daqueles benefícios cujos requisitos necessários a sua concessão foram implementados anteriormente à extinção do regime próprio de previdência social.

ART. 11. Esta Lei entra em vigor na data de sua publicação.

Brasília, 27 de novembro de 1998; 177º da Independência e 110º da República.

FERNANDO HENRIQUE CARDOSO

LEI N. 9.718, DE 27 DE NOVEMBRO DE 1998

Altera a Legislação Tributária Federal.

- *DOU*, 28.11.1998.
- Conversão da Med. Prov. 1.724/1998.
- Dec. 6.573/2008 (Fixa coeficiente para redução das alíquotas específicas da Contribuição para o PIS/PASEP e da Contribuição para o Financiamento da Seguridade Social - COFINS incidentes sobre a receita bruta auferida na venda de álcool e estabelece os valores dos créditos dessas contribuições que podem ser descontados na aquisição de álcool anidro para adição à gasolina)

O Presidente da República. Faço saber que o Congresso Nacional decreta e eu sanciono a seguinte Lei:

ART. 1º Esta Lei aplica-se no âmbito da legislação tributária federal, relativamente às contribuições para os Programas de Integração Social e de Formação do Patrimônio do Servidor Público - PIS/PASEP e à Contribuição para o Financiamento da Seguridade Social - COFINS, de que tratam o art. 239 da Constituição e a Lei Complementar n. 70, de 30 de dezembro de 1991, ao Imposto sobre a Renda e ao Imposto sobre Operações de Crédito, Câmbio e Seguro, ou relativos a Títulos ou Valores Mobiliários - IOF.

CAPÍTULO I
DA CONTRIBUIÇÃO PARA O PIS/PASEP E COFINS

- Art. 39, Lei 12.865/2013 (Sobre os débitos para com a Fazenda Nacional relativos à contribuição para o PIS e à Cofins, de que trata este Capítulo, devidos por instituições financeiras e companhias seguradoras, vencidos até 31.12.2012.)

ART. 2º As contribuições para o PIS/PASEP e a COFINS, devidas pelas pessoas jurídicas de direito privado, serão calculadas com base no seu faturamento, observadas a legislação vigente e as alterações introduzidas por esta Lei.

- Med. Prov. 2.158-35/2001 (Altera a legislação das Contribuições para a Seguridade Social - COFINS, para os Programas de Integração Social e de Formação do Patrimônio do Servidor Público - PIS/PASEP e do Imposto sobre a Renda).

ART. 3º O faturamento a que se refere o art. 2º compreende a receita bruta de que trata o art. 12 do Decreto-Lei n. 1.598, de 26 de dezembro de 1977. (Alterado pela Lei 12.973/2014.)

- Med. Prov. 2.158-35/2001 (Altera a legislação das Contribuições para a Seguridade Social - COFINS, para os Programas de Integração Social e de Formação do Patrimônio do Servidor Público - PIS/PASEP e do Imposto sobre a Renda).

§ 1º (Revogado pela Lei 11.941/2009.)

§ 2º Para fins de determinação da base de cálculo das contribuições a que se refere o art. 2º, excluem-se da receita bruta:

I - as vendas canceladas e os descontos incondicionais concedidos; (Alterado pela Lei 12.973/2014.)

II - as reversões de provisões e recuperações de créditos baixados como perda, que não representem ingresso de novas receitas, o resultado positivo da avaliação de investimento pelo valor do patrimônio líquido e os lucros e dividendos derivados de participações societárias, que tenham sido computados como receita bruta; (Alterado pela Lei 12.973/2014.)

III - (Revogado pela Med. Prov. 2158-35/2001.)

IV - as receitas de que trata o inciso IV do *caput* do art. 187 da Lei n. 6.404, de 15 de dezembro de 1976, decorrentes da venda de bens do ativo não circulante, classificado como investimento, imobilizado ou intangível; e (Alterado pela Lei 13.043/2014. Vigência: a partir de 1º.01.2015.)

V - (Revogado pela Lei 12.973/2014.)

VI - a receita reconhecida pela construção, recuperação, ampliação ou melhoramento da infraestrutura, cuja contrapartida seja ativo intangível representativo de direito de exploração, no caso de contratos de concessão de serviços públicos. (Alterado pela Lei 12.973/2014.)

§ 3º (Revogado pela Lei 11.051/2004.)

§ 4º Nas operações de câmbio, realizadas por instituição autorizada pelo Banco Central do Brasil, considera-se receita bruta a diferença positiva entre o preço de venda e o preço de compra da moeda estrangeira.

§ 5º Na hipótese das pessoas jurídicas referidas no § 1º do art. 22 da Lei n. 8.212, de 24 de julho de 1991, serão admitidas, para os efeitos da COFINS, as mesmas exclusões e deduções facultadas para fins de determinação da base de cálculo da contribuição para o PIS/PASEP.

§ 6º Na determinação da base de cálculo das contribuições para o PIS/PASEP e COFINS, as pessoas jurídicas referidas no § 1º do art. 22 da Lei n. 8.212, de 1991, além das exclusões e deduções mencionadas no § 5º, poderão excluir ou deduzir: (Incluído pela Med. Prov. 2158-35/2001.)

I - no caso de bancos comerciais, bancos de investimentos, bancos de desenvolvimento, caixas econômicas, sociedades de crédito, financiamento e investimento, sociedades de crédito imobiliário, sociedades corretoras, distribuidoras de títulos e valores mobiliários, empresas de arrendamento mercantil e cooperativas de crédito: (Incluído pela Med. Prov. 2158-35/2001.)

a) despesas incorridas nas operações de intermediação financeira; (Incluído pela Med. Prov. 2158-35/2001.)

b) despesas de obrigações por empréstimos, para repasse, de recursos de instituições de direito privado; (Incluído pela Med. Prov. 2158-35/2001.)

c) deságio na colocação de títulos; (Incluído pela Med. Prov. 2158-35/2001.)

d) perdas com títulos de renda fixa e variável, exceto com ações; (Incluído pela Med. Prov. 2158-35/2001.)

e) perdas com ativos financeiros e mercadorias, em operações de hedge; (Incluído pela Med. Prov. 2158-35/2001.)

II - no caso de empresas de seguros privados, o valor referente às indenizações correspondentes aos sinistros ocorridos, efetivamente pago, deduzido das importâncias recebidas a título de cosseguro e resseguro, salvados e outros ressarcimentos. (Incluído pela Med. Prov. 2158-35/2001.)

III - no caso de entidades de previdência privada, abertas e fechadas, os rendimentos auferidos nas aplicações financeiras destinadas ao pagamento de benefícios de aposentadoria, pensão, pecúlio e de resgates; (Incluído pela Med. Prov. 2158-35/2001.)

IV - no caso de empresas de capitalização, os rendimentos auferidos nas aplicações financeiras destinadas ao pagamento de resgate de títulos. (Incluído pela Med. Prov. 2158-35/2001.)

§ 7º As exclusões previstas nos incisos III e IV do § 6º restringem-se aos rendimentos de aplicações financeiras proporcionados pelos ativos garantidores das provisões técnicas, limitados esses ativos ao montante das referidas provisões. (Incluído pela Med. Prov. 2158-35/2001.)

§ 8º Na determinação da base de cálculo da contribuição para o PIS/PASEP e COFINS, poderão ser deduzidas as despesas de captação de recursos incorridas pelas pessoas jurídicas que tenham por objeto a securitização de créditos: (Incluído pela Med. Prov. 2158-35/2001.)

I - imobiliários, nos termos da Lei n. 9.514, de 20 de novembro de 1997; (Incluído pela Med. Prov. 2158-35/2001.)

II - financeiros, observada regulamentação editada pelo Conselho Monetário Nacional. (Incluído pela Med. Prov. 2158-35/2001.)

III - agrícolas, conforme ato do Conselho Monetário Nacional. (Incluído pela Med. Prov. 2158-35/2001.)

§ 9º Na determinação da base de cálculo da contribuição para o PIS/PASEP e COFINS, as operadoras de planos de assistência à saúde poderão deduzir: (Incluído pela Med. Prov. 2158-35/2001.)

I - corresponsabilidades cedidas; (Incluído pela Med. Prov. 2158-35/2001.)

II - a parcela das contraprestações pecuniárias destinada à constituição de provisões técnicas; (Incluído pela Med. Prov. 2158-35/2001.)

III - o valor referente às indenizações correspondentes aos eventos ocorridos, efetivamente pago, deduzido das importâncias recebidas a título de transferência de responsabilidades. (Incluído pela Med. Prov. 2158-35/2001.)

§ 9º-A. Para efeito de interpretação, o valor referente às indenizações correspondentes aos eventos ocorridos de que trata o inciso III do § 9º entende-se o total dos custos assistenciais decorrentes da utilização pelos beneficiários da cobertura oferecida pelos planos de saúde, incluindo-se neste total os custos de beneficiários da própria operadora e os beneficiários de outra operadora atendidos a título de transferência de responsabilidade assumida. (Acrescentado pela Lei 12.873/2013.)

§ 9º-B. Para efeitos de interpretação do *caput*, não são considerados receita bruta das administradoras de benefícios os valores devidos a outras operadoras de planos de assistência à saúde. (Acrescentado pela Lei 12.995 /2014.)

§ 10. Em substituição à remuneração por meio do pagamento de tarifas, as pessoas jurídicas que prestem serviços de arrecadação de receitas federais poderão excluir da base de cálculo da Cofins o valor a elas devido em cada período de apuração como remuneração por esses serviços, dividido pela alíquota referida no art. 18 da Lei n. 10.684, de 30 de maio de 2003. (Alterado pela Lei 12.844/2013).

§ 11. Caso não seja possível fazer a exclusão de que trata o § 10 na base de cálculo da Cofins referente ao período em que auferida remuneração, o montante excedente poderá ser excluído da base de cálculo da Cofins dos períodos subsequentes. (Alterado pela Lei 12.844/2013).

§ 12. A Secretaria da Receita Federal do Brasil do Ministério da Fazenda disciplinará o disposto nos §§ 10 e 11, inclusive quanto à definição do valor devido como remuneração dos serviços de arrecadação de receitas federais. (Alterado pela Lei 12.844/2013).

§ 13. A contribuição incidente na hipótese de contratos, com prazo de execução superior a 1 (um) ano, de construção por empreitada ou de fornecimento, a preço predeterminado, de bens ou serviços a serem produzidos será calculada sobre a receita apurada de acordo com os critérios de reconhecimento adotados pela legislação do imposto sobre a renda, previstos para a espécie de operação. (Alterado pela Lei 12.973/2014.)

§ 14. A pessoa jurídica poderá excluir da base de cálculo da Contribuição para o PIS/Pasep e da Cofins incidentes sobre a receita decorrente da alienação de participação societária o valor despendido para aquisição dessa participação, desde que a receita de alienação não tenha sido excluída da base de cálculo das mencionadas contribuições na forma do inciso IV do § 2º do art. 3º. (Alterado pela Lei 13.043/2014. Vigência: a partir de 1º.01.2015.)

ART. 4º As contribuições para os Programas de Integração Social e de Formação do Patrimônio do Servidor Público - PIS/PASEP e para o Financiamento da Seguridade Social - COFINS devidas pelos produtores e importadores de derivados de petróleo serão calculadas, respectivamente, com base nas seguintes alíquotas: (Redação dada pela Lei 10.865/2004.)

I - 5,08% (cinco inteiros e oito centésimos por cento) e 23,44% (vinte inteiros e quarenta e quatro centésimos por cento), incidentes sobre a receita bruta decorrente da venda de gasolinas e suas correntes, exceto gasolina de aviação; (Redação dada pela Lei 10.865/2004.)

- Lei 11.051/2004 (Dispõe sobre o desconto de crédito na apuração da Contribuição Social sobre o Lucro Líquido - CSLL e da Contribuição para o PIS/Pasep e Cofins não cumulativas e dá outras providências).

II - 4,21% (quatro inteiros e vinte e um centésimos por cento) e 19,42% (dezenove inteiros e quarenta e dois centésimos por cento), incidentes sobre a receita bruta decorrente da venda de óleo diesel e suas correntes; (Redação dada pela Lei 10.865/2004.)

- Lei 11.051/2004 (Dispõe sobre o desconto de crédito na apuração da Contribuição Social sobre o Lucro Líquido - CSLL e da Contribuição para o PIS/Pasep e Cofins não cumulativas e dá outras providências).

III - 10,2% (dez inteiros e dois décimos por cento) e 47,4% (quarenta e sete inteiros e quatro décimos por cento) incidentes sobre a receita bruta decorrente da venda de gás liquefeito de petróleo - GLP derivado de petróleo e de gás natural; (Redação dada pela Lei 11.051/2004.)

- Lei 11.051/2004 (Dispõe sobre o desconto de crédito na apuração da Contribuição Social sobre o Lucro Líquido - CSLL e da Contribuição para o PIS/Pasep e Cofins não cumulativas e dá outras providências).

IV - sessenta e cinco centésimos por cento e três por cento incidentes sobre a receita bruta decorrente das demais atividades. (Incluído pela Lei 9.990/2000.)

Parágrafo único. Revogado. (Redação dada pela Lei 9.990/2000.)

ART. 5º A Contribuição para o PIS/Pasep e a Cofins incidentes sobre a receita bruta auferida na venda de álcool, inclusive para fins carburantes, serão calculadas com base nas alíquotas, respectivamente, de:(Redação dada pela Lei 11.727/2008).

I - 1,5% (um inteiro e cinco décimos por cento) e 6,9% (seis inteiros e nove décimos por cento), no caso de produtor ou importador; e (Redação dada pela Lei 11.727/2008).

II - 3,75% (três inteiros e setenta e cinco centésimos por cento) e 17,25% (dezessete inteiros e vinte e cinco centésimos por cento), no caso de distribuidor.(Redação dada pela Lei 11.727/2008).

§ 1º Ficam reduzidas a 0% (zero por cento) as alíquotas da Contribuição para o PIS/Pasep e da Cofins incidentes sobre a receita bruta de venda de álcool, inclusive para fins carburantes, quando auferida: (Redação dada pela Lei 11.727/2008).

I - por distribuidor, no caso de venda de álcool anidro adicionado à gasolina; (Redação dada pela Lei 11.727/2008).

II - por comerciante varejista, em qualquer caso; (Redação dada pela Lei 11.727/2008).

III - nas operações realizadas em bolsa de mercadorias e futuros. (Redação dada pela Lei 11.727/2008).

§ 2º A redução a 0 (zero) das alíquotas previstas no inciso III do § 1º deste artigo não se aplica às operações em que ocorra liquidação física do contrato. (Redação dada pela Lei 11.727/2008).

§ 3º As demais pessoas jurídicas que comerciem álcool não enquadradas como produtor, importador, distribuidor ou varejista ficam sujeitas às disposições da legislação da Contribuição para o PIS/Pasep e da Cofins aplicáveis à pessoa jurídica distribuidora. (Redação dada pela Lei 11.727/2008).

§ 4º O produtor, o importador e o distribuidor de que trata o *caput* deste artigo poderão optar por regime especial de apuração e pagamento da Contribuição para o PIS/Pasep e da Cofins, no qual as alíquotas específicas das contribuições são fixadas, respectivamente, em: (Redação dada pela Lei 11.727/2008).

I - R$ 23,38 (vinte e três reais e trinta e oito centavos) e R$ 107,52 (cento e sete reais e cinquenta e dois centavos) por metro cúbico de álcool, no caso de venda realizada por produtor ou importador; (Redação dada pela Lei 11.727/2008).

II - R$ 58,45 (cinquenta e oito reais e quarenta e cinco centavos) e R$ 268,80 (duzentos e sessenta e oito reais e oitenta centavos) por metro cúbico de álcool, no caso de venda realizada por distribuidor. (Redação dada pela Lei 11.727/2008.)

§ 5º A opção prevista no § 4º deste artigo será exercida, segundo normas e condições estabelecidas pela Secretaria da Receita Federal do Brasil, até o último dia útil do mês de novembro de cada ano-calendário, produzindo efeitos, de forma irretratável, durante todo o ano-calendário subsequente ao da opção. (Redação dada pela Lei 11.727/2008.)

§ 6º No caso da opção efetuada nos termos dos §§ 4º e 5º deste artigo, a Secretaria da Receita Federal do Brasil divulgará o nome da pessoa jurídica optante e a data de início da opção. (Redação dada pela Lei 11.727/2008.)

§ 7º A opção a que se refere este artigo será automaticamente prorrogada para o ano-calendário seguinte, salvo se a pessoa jurídica dela desistir, nos termos e condições estabelecidos pela Secretaria da Receita Federal do Brasil, até o último dia útil do mês de novembro do ano-calendário, hipótese em que a produção de efeitos se dará a partir do dia 1º de janeiro do ano-calendário subsequente. (Incluído pela Lei 11.727/2008.)

§ 8º Fica o Poder Executivo autorizado a fixar coeficientes para redução das alíquotas previstas no *caput* e no § 4º deste artigo, as quais poderão ser alteradas, para mais ou para menos, em relação a classe de produtores, produtos ou sua utilização. (Incluído pela Lei 11.727/2008.)

§ 9º Na hipótese do § 8º deste artigo, os coeficientes estabelecidos para o produtor e o importador poderão ser diferentes daqueles estabelecidos para o distribuidor. (Incluído pela Lei 11.727/2008.)

§ 10. A aplicação dos coeficientes de que tratam os §§ 8º e 9º deste artigo não poderá resultar em alíquotas da Contribuição para o PIS/Pasep e da Cofins superiores a, respectivamente, 1,65% (um inteiro e sessenta e cinco centésimos por cento) e 7,6% (sete inteiros e seis décimos por cento) do preço médio de venda no varejo. (Incluído pela Lei 11.727/2008.)

§ 11. O preço médio a que se refere o § 10 deste artigo será determinado a partir de dados colhidos por instituição idônea, de forma ponderada com base nos volumes de álcool comercializados nos Estados e no Distrito Federal nos 12 (doze) meses anteriores ao da fixação dos coeficientes de que tratam os §§ 8º e 9º deste artigo. (Incluído pela Lei 11.727/2008.)

§ 12. No ano-calendário em que a pessoa jurídica iniciar atividades de produção, importação ou distribuição de álcool, a opção pelo regime especial poderá ser exercida em qualquer data, produzindo efeitos a partir do primeiro dia do mês em que for exercida. (Incluído pela Lei 11.727/2008.)

§ 13. O produtor e o importador de álcool, inclusive para fins carburantes, sujeitos ao regime de apuração não cumulativa da Contribuição para o PIS/Pasep e da Cofins podem descontar créditos relativos à aquisição do produto para revenda de outro produtor ou de outro importador. (Alterado pela Lei 12.859/2013.)

§ 14. Os créditos de que trata o § 13 deste artigo correspondem aos valores da Contribuição para o PIS/Pasep e da Cofins devidos pelo vendedor em decorrência da operação. (Incluído pela Lei 11.727/2008.)

§ 15. O disposto no § 14 deste artigo não se aplica às aquisições de álcool anidro para adição à gasolina, hipótese em que os valores dos créditos serão estabelecidos por ato do Poder Executivo. (Incluído pela Lei 11.727/2008.)

§ 16. Observado o disposto nos §§ 14 e 15 deste artigo, não se aplica às aquisições de que trata o § 13 deste artigo o disposto na alínea b do inciso I do *caput* do art. 3º da Lei n. 10.637, de 30 de dezembro de 2002, e na alínea b do inciso I do *caput* do art. 3º da Lei n. 10.833, de 29 de dezembro de 2003. (Incluído pela Lei 11.727/2008.)

§ 17. Na hipótese de o produtor ou importador efetuar a venda de álcool, inclusive para fins carburantes, para pessoa jurídica com a qual mantenha relação de interdependência, o valor tributável não poderá ser inferior a 32,43% (trinta e dois inteiros e quarenta e três centésimos por cento) do preço corrente de venda desse produto aos consumidores na praça desse produtor ou importador. (Incluído pela Lei 11.727/2008).

§ 18. Para os efeitos do § 17 deste artigo, na verificação da existência de interdependência entre 2 (duas) pessoas jurídicas, aplicar-se-ão as disposições do art. 42 da Lei n. 4.502, de 30 de novembro de 1964. (Incluído pela Lei 11.727/2008).

§ 19. O disposto no § 3º não se aplica às pessoas jurídicas controladas por produtores de álcool ou interligadas a produtores de álcool, seja diretamente ou por intermédio de cooperativas de produtores, ficando sujeitas às disposições da legislação da contribuição para o PIS/Pasep e da Cofins aplicáveis à pessoa jurídica produtora. (Incluído pela Lei 11.945/2009).

ART. 6º O disposto no art. 4º desta Lei aplica-se, também, aos demais produtores e importadores dos produtos ali referidos. (Redação dada pela Lei 9.990/2000.)

- arts. 42, p.u., e 92, Med. Prov. 2.158-35/2001 (Altera a legislação das Contribuições para a Seguridade Social - COFINS, para os Programas de Integração Social e de Formação do Patrimônio do Servidor Público - PIS/PASEP e do Imposto sobre a Renda).

Parágrafo único. (Revogado pela Lei 11.727/2008.)

I - inciso I, quando realizada por distribuidora do produto; (Redação dada pela Lei 9.990/2000.)

II - inciso II, nos demais casos. (Redação dada pela Lei 9.990/2000.)

ART. 7º No caso de construção por empreitada ou de fornecimento a preço predeterminado de bens ou serviços, contratados por pessoa jurídica de direito público, empresa pública, sociedade de economia mista ou suas subsidiárias, o pagamento das contribuições de que trata o art. 2º desta Lei poderá ser diferido, pelo contratado, até a data do recebimento do preço.

Parágrafo único. A utilização do tratamento tributário previsto no *caput* deste artigo é facultada ao subempreiteiro ou subcontratado, na hipótese de subcontratação parcial ou total da empreitada ou do fornecimento.

ART. 8º Fica elevada para três por cento a alíquota da COFINS.

§§ 1º a 4º (Revogados pela Med. Prov. 2.158-35/2001.)

ART. 8º-A. Fica elevada para 4% (quatro por cento) a alíquota da Contribuição para o Financiamento da Seguridade Social - COFINS devida pelas pessoas jurídicas referidas no § 9º do art. 3º desta Lei, observada a norma de interpretação do § 9º-A, produzindo efeitos a partir do 1º (primeiro) dia do 4º (quarto) mês subsequente ao da publicação da lei decorrente da conversão da Medida Provisória n. 619, de 6 de junho de 2013, exclusivamente quanto à alíquota. (Acrescentado pela Lei 12.873/2013.)

ART. 8º-B. A Cofins incidente sobre as receitas decorrentes da alienação de participações societárias deve ser apurada mediante a aplicação da alíquota de quatro por cento. (Alterado pela Lei 13.043/2014. Vigência: a partir de 1º.01.2015.)

CAPÍTULO II
DO IMPOSTO SOBRE A RENDA

ART. 9º As variações monetárias dos direitos de crédito e das obrigações do contribuinte, em função da taxa de câmbio ou de índices ou coeficientes aplicáveis por disposição legal ou contratual serão consideradas, para efeitos da legislação do imposto de renda, da contribuição social sobre o lucro líquido, da contribuição PIS/PASEP e da COFINS, como receitas ou despesas financeiras, conforme o caso.

ART. 10. Os dispositivos abaixo enumerados da Lei n. 9.532, de 10 de dezembro de 1997, passam a vigorar com a seguinte redação:

- Alteração promovida no texto da referida lei.

ART. 11. Sem prejuízo do disposto nos incisos III e IV do art. 7º da Lei n. 9.532, de 1997, a pessoa jurídica sucessora poderá classificar, no patrimônio líquido, alternativamente ao disposto no § 2º do mencionado artigo, a conta que registrar o ágio ou deságio nele mencionado.

Parágrafo único. O disposto neste artigo aplica-se aos fatos geradores ocorridos a partir de 1º de janeiro de 1998.

ART. 12. Sem prejuízo das normas de tributação aplicáveis aos não residentes no País, sujeitar-se-á à tributação pelo imposto de renda, como residente, a pessoa física que ingressar no Brasil:

I - com visto temporário:

a) para trabalhar com vínculo empregatício, em relação aos fatos geradores ocorridos a partir da data de sua chegada;

b) por qualquer outro motivo, e permanecer por período superior a cento e oitenta e três dias, consecutivos ou não, contado, dentro de um intervalo de doze meses, da data de qualquer chegada, em relação aos fatos geradores ocorridos a partir do dia subsequente àquele em que se completar referido período de permanência;

II - com visto permanente, em relação aos fatos geradores ocorridos a partir de sua chegada.

Parágrafo único. A Secretaria da Receita Federal expedirá normas quanto às obrigações acessórias decorrentes da aplicação do disposto neste artigo.

ART. 13. A pessoa jurídica cuja receita bruta total no ano-calendário anterior tenha sido igual ou inferior a R$ 78.000.000,00 (setenta e oito milhões de reais) ou a R$ 6.500.000,00 (seis milhões e quinhentos mil reais) multiplicado pelo número de meses de atividade do ano-calendário anterior, quando inferior a 12 (doze) meses, poderá optar pelo regime de tributação com base no lucro presumido. (Redação dada pela Lei 12.814/2013. Vigência: a partir de 1º de janeiro do ano seguinte ao da publicação desta Lei).

§ 1º A opção pela tributação com base no lucro presumido será definitiva em relação a todo o ano-calendário.

§ 2º Relativamente aos limites estabelecidos neste artigo, a receita bruta auferida no ano anterior será considerada segundo o regime de competência ou de caixa, observado o critério adotado pela pessoa jurídica, caso tenha, naquele ano, optado pela tributação com base no lucro presumido.

ART. 14. Estão obrigadas à apuração do lucro real as pessoas jurídicas:

I - cuja receita total no ano-calendário anterior seja superior ao limite de R$ 78.000.000,00 (setenta e oito milhões de reais) ou proporcional ao número de meses do período, quando inferior a 12 (doze) meses; (Redação dada pela Lei 12.814/2013. Vigência: a partir de 1º de janeiro do ano seguinte ao da publicação desta Lei).

II - cujas atividades sejam de bancos comerciais, bancos de investimentos, bancos de desenvolvimento, caixas econômicas, sociedades de crédito, financiamento e investimento, sociedades de crédito imobiliário, sociedades corretoras de títulos, valores mobiliários e câmbio, distribuidoras de títulos e valores mobiliários, empresas de arrendamento mercantil, cooperativas de crédito, empresas de seguros privados e de capitalização e entidades de previdência privada aberta;

III - que tiverem lucros, rendimentos ou ganhos de capital oriundos do exterior;

IV - que, autorizadas pela legislação tributária, usufruam de benefícios fiscais relativos à isenção ou redução do imposto;

V - que, no decorrer do ano-calendário, tenham efetuado pagamento mensal pelo regime de estimativa, na forma do art. 2º da Lei n. 9.430, de 1996;

VI - que explorem as atividades de prestação cumulativa e contínua de serviços de assessoria creditícia, mercadológica, gestão de crédito, seleção e riscos, administração de contas a pagar e a receber, compras de direitos creditórios resultantes de vendas mercantis a prazo ou de prestação de serviços (*factoring*).

VII - que explorem as atividades de securitização de créditos imobiliários, financeiros e do agronegócio. (Incluído pela Lei 12.249/2010.)

CAPÍTULO III
DO IMPOSTO SOBRE OPERAÇÕES DE CRÉDITO, CÂMBIO E SEGURO, OU RELATIVAS A TÍTULOS OU VALORES MOBILIÁRIOS

ART. 15. A alíquota do Imposto sobre Operações de Crédito, Câmbio e Seguro, ou relativas a Títulos ou Valores Mobiliários - IOF nas operações de seguro será de vinte e cinco por cento.

- Dec. 6.306/2007 (Regulamenta o Imposto sobre Operações de Crédito, Câmbio e Seguro, ou relativas a Títulos ou Valores Mobiliários - IOF.)

CAPÍTULO IV
DAS DISPOSIÇÕES GERAIS E FINAIS

ART. 16. A pessoa jurídica que, obrigada a apresentar, à Secretaria da Receita Federal, declaração de informações, deixar de fazê-lo ou fizer após o prazo fixado para sua apresentação, sujeitar-se-á à multa de um por cento ao mês ou fração, incidente sobre o imposto de renda devido, ainda que integralmente pago, relativo ao ano-calendário a que corresponderem as respectivas informações.

Parágrafo único. Ao disposto neste artigo aplicam-se as normas constantes dos §§ 1º a 3º do art. 88 da Lei n. 8.981, de 20 de janeiro de 1995, e do art. 27 da Lei n. 9.532, de 1997.

ART. 17. Esta Lei entra em vigor na data de sua publicação, produzindo efeitos:

I - em relação aos arts. 2º a 8º, para os fatos geradores ocorridos a partir de 1º de fevereiro de 1999;

II - em relação aos arts. 9º e 12 a 15, a partir de 1º de janeiro de 1999.

ART. 18. Ficam revogados, a partir de 1º de janeiro de 1999:

I - o § 2º do art. 1º do Decreto-Lei n. 1.330, de 13 de maio de 1974;

II - o § 2º do art. 4º do Decreto-Lei n. 1.506, de 23 de dezembro de 1976;

III - o art. 36 e o inciso VI do art. 47 da Lei n. 8.981, de 1995;

IV - o § 4º do art. 15 da Lei n. 9.532, de 1997.

Brasília, 27 de novembro de 1998; 177º da Independência e 110º da República.

FERNANDO HENRIQUE CARDOSO

LEI N. 9.719, DE 27 DE NOVEMBRO DE 1998

Dispõe sobre normas e condições gerais de proteção ao trabalho portuário, institui multas pela inobservância de seus preceitos, e dá outras providências.

- *DOU*, 30.11.1998.

Faço saber que o Presidente da República, adotou a Medida Provisória n. 1.728-19, de 1998, que o Congresso Nacional aprovou, e eu, Antonio Carlos Magalhães, Presidente, para os efeitos do disposto no parágrafo único do art. 62 da Constituição Federal, promulgo a seguinte Lei:

ART. 1º Observado o disposto nos arts. 18 e seu parágrafo único, 19 e seus parágrafos, 20, 21, 22, 25 e 27 e seus parágrafos, 29, 47, 49 e 56 e seu parágrafo único, da Lei n. 8.630, de 25 de fevereiro de 1993, a mão de obra do trabalho portuário avulso deverá ser requisitada ao órgão gestor de mão de obra.

ART. 2º Para os fins previstos no art. 1º desta Lei:

I - cabe ao operador portuário recolher ao órgão gestor de mão de obra os valores devidos pelos serviços executados, referentes à remuneração por navio, acrescidos dos percentuais relativos a décimo terceiro salário, férias, Fundo de Garantia do Tempo de Serviço - FGTS, encargos fiscais e previdenciários, no prazo de vinte e quatro horas da realização do serviço, para viabilizar o pagamento ao trabalhador portuário avulso;

II - cabe ao órgão gestor de mão de obra efetuar o pagamento da remuneração pelos serviços executados e das parcelas referentes a décimo terceiro salário e férias, diretamente ao trabalhador portuário avulso.

§ 1º O pagamento da remuneração pelos serviços executados será feito no prazo de quarenta e oito horas após o término do serviço.

§ 2º Para efeito do disposto no inciso II, o órgão gestor de mão de obra depositará as parcelas referentes às férias e ao décimo terceiro salário, separada e respectivamente, em contas individuais vinculadas, a serem abertas e movimentadas às suas expensas, especialmente para este fim, em instituição bancária de sua livre escolha, sobre as quais deverão incidir rendimentos mensais com base nos parâmetros fixados para atualização dos saldos dos depósitos de poupança.

§ 3º Os depósitos a que se refere o parágrafo anterior serão efetuados no dia 2 do mês seguinte ao da prestação do serviço, prorrogado o prazo para o primeiro dia útil subsequente se o vencimento cair em dia em que não haja expediente bancário.

§ 4º O operador portuário e o órgão gestor de mão de obra são solidariamente responsáveis pelo pagamento dos encargos trabalhistas, das contribuições previdenciárias e demais obrigações, inclusive acessórias, devidas à Seguridade Social, arrecadadas pelo Instituto Nacional do Seguro Social - INSS, vedada a invocação do benefício de ordem.

§ 5º Os prazos previstos neste artigo podem ser alterados mediante convenção coletiva firmada entre entidades sindicais representativas dos trabalhadores e operadores portuários, observado o prazo legal para recolhimento dos encargos fiscais, trabalhistas e previdenciários.

§ 6º A liberação das parcelas referentes à décimo terceiro salário e férias, depositadas nas contas individuais vinculadas, e o recolhimento do FGTS e dos encargos fiscais e previdenciários serão efetuados conforme regulamentação do Poder Executivo.

ART. 3º O órgão gestor de mão de obra manterá o registro do trabalhador portuário avulso que:

I - for cedido ao operador portuário para trabalhar em caráter permanente;

II - constituir ou se associar a cooperativa formada para se estabelecer como operador portuário, na forma do art. 17 da Lei n. 8.630, de 1993.

§ 1º Enquanto durar a cessão ou a associação de que tratam os incisos I e II deste artigo, o trabalhador deixará de concorrer à escala como avulso.

§ 2º É vedado ao órgão gestor de mão de obra ceder trabalhador portuário avulso cadastrado a operador portuário, em caráter permanente.

ART. 4º É assegurado ao trabalhador portuário avulso cadastrado no órgão gestor de mão de obra o direito de concorrer à escala diária complementando a equipe de trabalho do quadro dos registrados.

ART. 5º A escalação do trabalhador portuário avulso, em sistema de rodízio, será feita pelo órgão gestor de mão de obra.

ART. 6º Cabe ao operador portuário e ao órgão gestor de mão de obra verificar a presença, no local de trabalho, dos trabalhadores constantes da escala diária.

Parágrafo único. Somente fará jus à remuneração o trabalhador avulso que, constante da escala diária, estiver em efetivo serviço.

ART. 7º O órgão gestor de mão de obra deverá, quando exigido pela fiscalização do Ministério do Trabalho e do INSS, exibir as listas de escalação diária dos trabalhadores portuários avulsos, por operador portuário e por navio.

Parágrafo único. Caberá exclusivamente ao órgão gestor de mão de obra a responsabilidade pela exatidão dos dados lançados nas listas diárias referidas no *caput* deste artigo, assegurando que não haja preterição do trabalhador regularmente registrado e simultaneidade na escalação.

ART. 8º Na escalação diária do trabalhador portuário avulso deverá sempre ser observado um intervalo mínimo de onze horas consecutivas entre duas jornadas, salvo em situações excepcionais, constantes de acordo ou convenção coletiva de trabalho.

ART. 9º Compete ao órgão gestor de mão de obra, ao operador portuário e ao empregador, conforme o caso, cumprir e fazer cumprir as normas concernentes a saúde e segurança do trabalho portuário.

Parágrafo único. O Ministério do Trabalho estabelecerá as normas regulamentadoras de que trata o *caput* deste artigo.

ART. 10. O descumprimento do disposto nesta Lei sujeitará o infrator às seguintes multas:

I - de R$ 173,00 (cento e setenta e três reais) a R$ 1.730,00 (um mil, setecentos e trinta reais), por infração ao *caput* do art. 7º;

II - de R$ 575,00 (quinhentos e setenta e cinco reais) a R$ 5.750,00 (cinco mil, setecentos e cinquenta reais), por infração às normas de segurança do trabalho portuário, e de R$ 345,00 (trezentos e quarenta e cinco reais) a R$ 3.450,00 (três mil, quatrocentos e cinquenta reais), por infração às normas de saúde do trabalho, nos termos do art. 9º;

III - de R$ 345,00 (trezentos e quarenta e cinco reais) a R$ 3.450,00 (três mil, quatrocentos e cinquenta reais), por trabalhador em situação irregular, por infração ao parágrafo único do art. 7º e aos demais artigos.

Parágrafo único. As multas previstas neste artigo serão graduadas segundo a natureza da infração, sua extensão e a intenção de quem a praticou, e aplicadas em dobro em caso de reincidência, oposição à fiscalização e desacato à autoridade, sem prejuízo das penalidades previstas na legislação previdenciária.

ART. 10-A. É assegurado, na forma do regulamento, benefício assistencial mensal, de até 1 (um) salário mínimo, aos trabalhadores portuários avulsos, com mais de 60 (sessenta) anos, que não cumprirem os requisitos para a aquisição das modalidades de aposentadoria previstas nos arts. 42, 48, 52 e 57 da Lei n. 8.213, de 24 de julho de 1991, e que não possuam meios para prover a sua subsistência. (Acrescentado pela Lei 12.815/2013.)

Parágrafo único. O benefício de que trata este artigo não pode ser acumulado pelo beneficiário com qualquer outro no âmbito da seguridade social ou de outro regime, salvo os da assistência médica e da pensão especial de natureza indenizatória. (Acrescentado pela Lei 12.815/2013.)

ART. 11. (Revogado pela Lei 12.815/2013).

ART. 12. O processo de autuação e imposição das multas prevista nesta Lei obedecerá ao disposto no Título VII da Consolidação das Leis do Trabalho ou na legislação previdenciária, conforme o caso.

ART. 13. Esta Lei também se aplica aos requisitantes de mão de obra de trabalhador portuário avulso junto ao órgão gestor de mão de obra que não sejam operadores portuários.

ART. 14. Compete ao Ministério do Trabalho e ao INSS a fiscalização da observância das disposições contidas nesta Lei, devendo as autoridades de que trata o art. 3º da Lei n. 8.630, de 1993, colaborar com os Agentes da Inspeção do Trabalho e Fiscais do INSS em sua ação fiscalizadora, nas instalações portuárias ou a bordo de navios.

ART. 15. Ficam convalidados os atos praticados com base na Medida Provisória n. 1.679-18, de 26 de outubro de 1998.

ART. 16. Esta Lei entra em vigor na data de sua publicação.

ART. 17. Revoga-se a Medida Provisória n. 1.679-18, de 26 de outubro de 1998.

Congresso Nacional,
em 27 de novembro de 1998;
177º da Independência e 110º da República.
SENADOR ANTONIO CARLOS MAGALHÃES
PRESIDENTE

LEI N. 9.720, DE 30 DE NOVEMBRO DE 1998

Dá nova redação a dispositivos da Lei n. 8.742, de 7 de dezembro de 1993, que dispõe sobre a organização da Assistência Social, e dá outras providências.

- *DOU*, 1º.12.1998.

Faço saber que o Presidente da República, adotou a Medida Provisória n. 1.599-51, de 1998, que o Congresso Nacional aprovou, e eu, Antonio Carlos Magalhães, Presidente, para os efeitos do disposto no parágrafo único do art. 62 da Constituição Federal, promulgo a seguinte Lei:

ART. 1º Os dispositivos abaixo indicados da Lei n. 8.742, de 7 de dezembro de 1993, passam a vigorar com a seguinte redação:

- Alterações promovidas nos arts. 18, VI, 20, §§ 1º e 6º a 8º, 29, p.u., 30, p.u., 37, p.u., e 38 da referida lei.

ART. 2º Os órgãos envolvidos nas ações mencionadas no § 6º do art. 20 e no art. 37 da Lei n. 8.742, de 1993, deverão, até 31 de dezembro de 1995, adaptar-se e organizar-se para atender ao que consta daqueles dispositivos.

ART. 3º O requerimento de benefício de prestação continuada, de que trata o art. 37 da Lei n. 8.742, de 1993, será protocolizado a partir de 1º de janeiro de 1996.

ART. 4º A revisão do benefício de prestação continuada prevista no art. 21 da Lei n. 8.742, de 1993, terá início em 1º de setembro de 1997.

ART. 5º Ficam convalidados os atos praticados com base na Medida Provisória n. 1.599-50, de 22 de outubro de 1998.

ART. 6º Esta Lei entra em vigor na data de sua publicação.

Congresso Nacional,
em 30 de novembro de 1998;
177º da Independência e 110º da República.
SENADOR ANTONIO CARLOS MAGALHÃES
PRESIDENTE

LEI N. 9.755, DE 16 DE DEZEMBRO DE 1998

Dispõe sobre a criação de "homepage" na "Internet", pelo Tribunal de Contas da União, para divulgação dos dados e informações que especifica, e dá outras providências.

- *DOU*, 17.12.1998.
- ADIn 2.198-PB.

O Presidente da República. Faço saber que o Congresso Nacional decreta e eu sanciono a seguinte Lei:

ART. 1º O Tribunal de Contas da União criará homepage na rede de computadores Internet, com o título "contas públicas", para divulgação dos seguintes dados e informações:

I - os montantes de cada um dos tributos arrecadados pela União, pelos Estados, pelo Distrito Federal e pelos Municípios, os recursos por eles recebidos, os valores de origem tributária entregues e a entregar e a expressão numérica dos critérios de rateio (*caput* do art. 162 da Constituição Federal);

II - os relatórios resumidos da execução orçamentária da União, dos Estados, do Distrito Federal e dos Municípios (§ 3º do art. 165 da Constituição Federal);

III - o balanço consolidado das contas da União, dos Estados, do Distrito Federal e dos Municípios, suas autarquias e outras entidades, bem como um quadro estruturalmente idêntico, baseado em dados orçamentários (art. 111 da Lei n. 4.320, de 17 de março de 1964);

IV - os orçamentos do exercício da União, dos Estados, do Distrito Federal e dos Municípios e os respectivos balanços do exercício anterior (art. 112 da Lei n. 4.320, de 1964);

V - os resumos dos instrumentos de contrato ou de seus aditivos e as comunicações ratificadas pela autoridade superior (*caput* do art. 26, parágrafo único do art. 61, § 3º do art. 62, arts. 116, 117, 119, 123 e 124 da Lei n. 8.666, de 21 de junho de 1993);

VI - as relações mensais de todas as compras feitas pela Administração direta ou indireta (art. 16 da Lei n. 8.666, de 1993).

§ 1º Os dados referidos no inciso I deverão estar disponíveis na homepage até o último dia do segundo mês subseqüente ao da arrecadação.

§ 2º Os relatórios mencionados no inciso II deverão estar disponíveis na homepage até sessenta dias após o encerramento de cada bimestre.

§ 3º O balanço consolidado previsto no inciso III deverá estar disponível na homepage até o último dia do terceiro mês do segundo semestre do exercício imediato àquele a que se referir, e o quadro baseado nos orçamentos, até o último dia do primeiro mês do segundo semestre do próprio exercício.

§ 4º Os orçamentos a que se refere o inciso IV deverão estar disponíveis na homepage até 31 de maio, e os balanços do exercício anterior, até 31 de julho de cada ano.

§ 5º Os resumos de que trata o inciso V deverão estar disponíveis na homepage até o quinto dia útil do segundo mês seguinte ao da assinatura do contrato ou de seu aditivo, e as comunicações, até o trigésimo dia de sua ocorrência.

§ 6º As relações citadas no inciso VI deverão estar disponíveis na homepage até o último dia do segundo mês seguinte àquele a que se referirem.

ART. 2º O Tribunal de Contas da União fiscalizará o cumprimento do disposto no parágrafo único do art. 112 da Lei n. 4.320, de 1964.

ART. 3º Para fiel e uniforme aplicação das presentes normas, o Tribunal de Contas da União atenderá a consultas, coligará elementos, promoverá o intercâmbio de dados informativos e expedirá recomendações técnicas, quando solicitadas.

Parágrafo único. Para os fins previstos neste artigo, poderão ser promovidas, quando necessário, conferências e reuniões técnicas com a participação de representantes das entidades abrangidas por estas normas ou de suas associações.

ART. 4º Esta Lei entra em vigor cento e oitenta dias após a data de sua publicação.

Brasília, 16 de dezembro de 1998;
177º da Independência e 110º da República.
FERNANDO HENRIQUE CARDOSO

LEI N. 9.766, DE 18 DE DEZEMBRO DE 1998

Altera a legislação que rege o Salário-Educação, e dá outras providências.

- *DOU*, 19.12.1998.
- Conversão da Med. Prov. 1.607-24/1998.
- Dec. 6.003/2006 (Regulamenta a arrecadação, a fiscalização e a cobrança da contribuição social do salário-educação, a que se referem o art. 212, § 5º, da Constituição, e as Leis n. 9.424/1996, e 9.766/1998).

O Presidente da República. Faço saber que o Congresso Nacional decreta e eu sanciono a seguinte Lei:

ART. 1º A contribuição social do Salário-Educação, a que se refere o art. 15 da Lei n. 9.424, de 24 de dezembro de 1996, obedecerá aos mesmos prazos e condições, e sujeitar-se-á às mesmas sanções administrativas ou penais e outras normas relativas às contribuições sociais e demais importâncias devidas à Seguridade Social, ressalvada a competência do Fundo Nacional de Desenvolvimento da Educação - FNDE, sobre a matéria.

§ 1º Estão isentas do recolhimento da contribuição social do Salário-Educação:

I - a União, os Estados, o Distrito Federal e os Municípios, bem como suas respectivas autarquias e fundações;

II - as instituições públicas de ensino de qualquer grau;

III - as escolas comunitárias, confessionais ou filantrópicas, devidamente registradas e reconhecidas pelo competente órgão de educação, e que atendam ao disposto no inciso II do art. 55 da Lei n. 8.212, de 24 de julho de 1991;

IV - as organizações de fins culturais que, para este fim, vierem a ser definidas em regulamento;

V - as organizações hospitalares e de assistência social, desde que atendam, cumulativamente, aos requisitos estabelecidos nos incisos I a V do art. 55 da Lei n. 8.212, de 1991.

§ 2º Integram a receita do Salário-Educação os acréscimos legais a que estão sujeitos os contribuintes em atraso.

§ 3º Entende-se por empresa, para fins de incidência da contribuição social do Salário-Educação, qualquer firma individual ou sociedade que assume o risco de atividade econômica, urbana ou rural, com fins lucrativos ou não, bem como as empresas e demais entidades públicas ou privadas, vinculadas à Seguridade Social.

ART. 2º A Quota Estadual e Municipal do Salário-Educação, de que trata o § 1º e seu inciso II do art. 15 da Lei n. 9.424, de 24 de dezembro de 1996, será integralmente redistribuída entre o Estado e seus Municípios de forma proporcional ao número de alunos matriculados no ensino fundamental nas respectivas redes de ensino, conforme apurado pelo censo educacional realizado pelo Ministério da Educação. (Redação dada pela Lei 10.832/2003).

Parágrafo único. As contas específicas dos Estados, do Distrito Federal e dos Municípios destinadas à movimentação das Quotas do Salário-Educação serão abertas pelo FNDE e mantidas, a critério do respectivo ente federado, em instituição financeira oficial. (Acrescentado pela Lei 13.530/2017.)

ART. 3º O Salário-Educação não tem caráter remuneratório na relação de emprego e não se vincula, para nenhum efeito, ao salário ou à remuneração percebida pelos empregados das empresas contribuintes.

ART. 4º A contribuição do Salário-Educação será recolhida ao Instituto Nacional do Seguro Social - INSS ou ao FNDE.

Parágrafo único. O INSS reterá, do montante por ele arrecadado, a importância equivalente a um por cento, a título de taxa de administração, creditando o restante no Banco do Brasil S.A., em favor do FNDE, para os fins previstos no art. 15, § 1º, da Lei n. 9.424, de 1996.

ART. 5º A fiscalização da arrecadação do Salário-Educação será realizada pelo INSS, ressalvada a competência do FNDE sobre a matéria.

Parágrafo único. Para efeito da fiscalização prevista neste artigo, seja por parte do INSS, seja por parte do FNDE, não se aplicam as disposições legais excludentes ou limitativas do direito de examinar livros, arquivos, documentos, papéis e efeitos comerciais ou fiscais, dos comerciantes, empresários, industriais ou produtores, ou da obrigação destes de exibi-los.

ART. 6º As disponibilidades financeiras dos recursos gerenciados pelo FNDE, inclusive os arrecadados à conta do Salário-Educação, poderão ser aplicadas por intermédio de instituição financeira pública federal, na forma que vier a ser estabelecida pelo seu Conselho Deliberativo.

ART. 7º O Ministério da Educação e do Desporto fiscalizará, por intermédio do FNDE, a aplicação dos recursos provenientes do Salário-Educação, na forma do regulamento e das instruções que para este fim forem baixadas por aquela Autarquia, vedada sua destinação ao pagamento de pessoal.

- Lei 11.494/2007 (Regulamenta o Fundo de Manutenção e Desenvolvimento da Educação Básica e de Valorização dos Profissionais da Educação - FUNDEB, de que trata o art. 60 do ADCT).
- Dec. 6.253/2007 (Dispõe sobre o Fundo de Manutenção e Desenvolvimento da Educação Básica e de Valorização dos Profissionais da Educação - FUNDEB).

ART. 8º Os recursos do Salário Educação podem ser aplicados na educação especial, desde que vinculada ao ensino fundamental público.

- Lei 11.494/2007 (Regulamenta o Fundo de Manutenção e Desenvolvimento da Educação Básica e de Valorização dos Profissionais da Educação - FUNDEB, de que trata o art. 60 do ADCT).
- Dec. 6.253/2007 (Dispõe sobre o Fundo de Manutenção e Desenvolvimento da Educação Básica e de Valorização dos Profissionais da Educação - FUNDEB).

ART. 9º O Poder Executivo regulamentará esta Lei, no prazo de sessenta dias da data de sua publicação.

- Lei 11.494/2007 (Regulamenta o Fundo de Manutenção e Desenvolvimento da Educação Básica e de Valorização dos Profissionais da Educação - FUNDEB, de que trata o art. 60 do ADCT).
- Dec. 6.253/2007 (Dispõe sobre o Fundo de Manutenção e Desenvolvimento da Educação Básica e de Valorização dos Profissionais da Educação - FUNDEB).
- Dec. 6.003/2006 (Regulamenta a arrecadação, a fiscalização e a cobrança da contribuição social do salário-educação, a que se referem o art. 212, § 5º, da Constituição, e as Leis n. 9.424/1996, e 9.766/1998).

ART. 10 Ficam convalidados os atos praticados com base na Medida Provisória n. 1.607-24, de 19 de novembro de 1998.

ART. 11. Esta Lei entra em vigor na data de sua publicação.

ART. 12. Revoga-se a Lei n. 8.150, de 28 de dezembro de 1990.

Brasília, de 18 de dezembro 1998; 177º da Independência e 110º da República.

FERNANDO HENRIQUE CARDOSO

LEI N. 9.779, DE 19 DE JANEIRO DE 1999

Altera a legislação do Imposto sobre a Renda, relativamente à tributação dos Fundos de Investimento Imobiliário e dos rendimentos auferidos em aplicação ou operação financeira de renda fixa ou variável, ao Sistema Integrado de Pagamento de Impostos e Contribuições das Microempresas e das Empresas de Pequeno Porte - SIMPLES, à incidência sobre rendimentos de beneficiários no exterior, bem assim a legislação do Imposto sobre Produtos Industrializados - IPI, relativamente ao aproveitamento de créditos e à equiparação de atacadista a estabelecimento industrial, do Imposto sobre Operações de Crédito, Câmbio e Seguros ou Relativas a Títulos e Valores Mobiliários - IOF, relativamente às operações de mútuo, e da Contribuição Social sobre o Lucro Líquido, relativamente às despesas financeiras, e dá outras providências.

- *DOU*, 20.01.1999.
- Conversão da Med. Prov. 1.788/1998.

Faço saber que o Presidente da República adotou a Medida Provisória n. 1.788, de 1998, que o Congresso Nacional aprovou, e eu, Antonio Carlos Magalhães, Presidente, para os efeitos do disposto no parágrafo único do art. 62 da Constituição Federal, promulgo a seguinte Lei:

ART. 1º Os arts. 10 e 16 a 19 da Lei n. 8.668, de 25 de junho de 1993, a seguir enumerados, passam a vigorar com a seguinte redação:

- Alterações promovidas no texto da referida lei.

ART. 2º Sujeita-se à tributação aplicável às pessoas jurídicas, o fundo de investimento imobiliário de que trata a Lei n. 8.668, de 1993, que aplicar recursos em empreendimento imobiliário que tenha como incorporador, construtor ou sócio, quotista que possua, isoladamente ou em conjunto com pessoa a ele ligada, mais de vinte e cinco por cento das quotas do fundo.

Parágrafo único. Para efeito do disposto neste artigo, considera-se pessoa ligada ao quotista:

I - pessoa física:

a) os seus parentes até o segundo grau;

b) a empresa sob seu controle ou de qualquer de seus parentes até o segundo grau;

II - pessoa jurídica, a pessoa que seja sua controladora, controlada ou coligada, conforme definido nos §§ 1º e 2º do art. 243 da Lei n. 6.404, de 15 de dezembro de 1976.

ART. 3º Os lucros acumulados até 31 de dezembro de 1998 pelos fundos de investimento imobiliário constituídos antes da publicação desta Lei, que forem distribuídos até 31 de janeiro de 1999, sujeitar-se-ão à incidência do imposto de renda na fonte à alíquota de vinte por cento.

Parágrafo único. Os lucros a que se refere este artigo, distribuídos após 31 de janeiro de 1999, sujeitar-se-ão à incidência do imposto de renda na fonte à alíquota de vinte e cinco por cento.

ART. 4º Ressalvada a responsabilidade da fonte pagadora pela retenção do imposto sobre os rendimentos de que trata o art. 16 da Lei n. 8.668, de 1993, com a redação dada por esta Lei, fica a instituição administradora do fundo de investimento imobiliário responsável pelo cumprimento das demais obrigações tributárias, inclusive acessórias, do fundo.

ART. 5º Os rendimentos auferidos em qualquer aplicação ou operação financeira de renda fixa ou de renda variável sujeitam-se à incidência do imposto de renda na fonte, mesmo no caso das operações de cobertura (hedge), realizadas por meio de operações de swap e outras, nos mercados de derivativos.

Parágrafo único. A retenção na fonte de que trata este artigo não se aplica no caso de beneficiário referido no inciso I do art. 77 da Lei n. 8.981, de 1995, com redação dada pela Lei n. 9.065, de 20 de junho de 1995.

ART. 6º O art. 9º da Lei n. 9.317, de 5 de dezembro de 1996, passa a vigorar com a seguinte redação:

- Alterações promovidas no texto da referida lei.

ART. 7º Os rendimentos do trabalho, com ou sem vínculo empregatício, de aposentadoria, de pensão e os da prestação de serviços, pagos, creditados, entregues, empregados ou remetidos a residentes ou domiciliados no exterior, sujeitam-se à incidência do imposto de renda na fonte à alíquota de 25% (vinte e cinco por cento). (Alterado pela Lei 13.315/ 2016.)

ART. 8º Ressalvadas as hipóteses a que se referem os incisos V, VIII, IX, X e XI do art. 1º da Lei n. 9.481, de 1997, os rendimentos decorrentes de qualquer operação, em que o beneficiário seja residente ou domiciliado em país que não tribute a renda ou que a tribute à alíquota máxima inferior a vinte por cento, a que se refere o art. 24 da Lei n. 9.430, de 27 de dezembro de 1996, sujeitam-se à incidência do imposto de renda na fonte à alíquota de vinte e cinco por cento.

ART. 9º Os juros e comissões correspondentes à parcela dos créditos de que trata o inciso XI do art. 1º da Lei n. 9.481, de 1997, não aplicada no financiamento de exportações, sujeita-se à incidência do imposto de renda na fonte à alíquota de vinte e cinco por cento.

Parágrafo único. O imposto a que se refere este artigo será recolhido até o último dia útil do 1º (primeiro) decêndio do mês subsequente

LEIS

ao de apuração dos referidos juros e comissões. (Redação dada pela Lei 11.488/2007.)

ART. 10. O § 2º do art. 23 da Lei n.9.532, de 1997, passa a vigorar com a seguinte redação:

- Alterações promovidas no texto da referida lei.

ART. 11. O saldo credor do Imposto sobre Produtos Industrializados - IPI, acumulado em cada trimestre-calendário, decorrente de aquisição de matéria-prima, produto intermediário e material de embalagem, aplicados na industrialização, inclusive de produto isento ou tributado à alíquota zero, que o contribuinte não puder compensar com o IPI devido na saída de outros produtos, poderá ser utilizado de conformidade com o disposto nos arts. 73 e 74 da Lei n. 9.430, de 27 de dezembro de 1996, observadas normas expedidas pela Secretaria da Receita Federal do Ministério da Fazenda.

ART. 12. Equiparam-se a estabelecimento industrial os estabelecimentos atacadistas dos produtos da Posição 8703 da Tabela de Incidência do IPI - TIPI.

- Lei 10.184/2001 (Dispõe sobre a concessão de financiamento vinculado à exportação de bens ou serviços nacionais, e dá outras providências).

Parágrafo único. A equiparação a que se refere o *caput* aplica-se, inclusive, ao estabelecimento fabricante dos produtos da Posição 8703 da TIPI, em relação aos produtos da mesma posição, produzidos por outro fabricante, ainda que domiciliado no exterior, que revender.

ART. 13. As operações de crédito correspondentes a mútuo de recursos financeiros entre pessoas jurídicas ou entre pessoa jurídica e pessoa física sujeitam-se à incidência do IOF segundo as mesmas normas aplicáveis às operações de financiamento e empréstimos praticadas pelas instituições financeiras.

§ 1º Considera-se ocorrido o fato gerador do IOF, na hipótese deste artigo, na data da concessão do crédito.

§ 2º Responsável pela cobrança e recolhimento do IOF de que trata este artigo é a pessoa jurídica que conceder o crédito.

§ 3º O imposto cobrado na hipótese deste artigo deverá ser recolhido até o terceiro dia útil da semana subsequente à da ocorrência do fato gerador.

ART. 14 (Revogado pela Med. Prov. 2.158-35/2001.)

ART. 15. Serão efetuados, de forma centralizada, pelo estabelecimento matriz da pessoa jurídica:

I - o recolhimento do imposto de renda retido na fonte sobre quaisquer rendimentos;

II - a apuração do crédito presumido do Imposto sobre Produtos Industrializados - IPI de que trata a Lei n. 9.363, de 13 de dezembro de 1996;

III - a apuração e o pagamento das contribuições para o Programa de Integração Social e para o Programa de Formação do Patrimônio do Servido Público - PIS/PASEP e para o Financiamento da Seguridade Social - COFINS;

IV - a apresentação das declarações de débitos e créditos de tributos e contribuições federais e as declarações de informações, observadas normas estabelecidas pela Secretaria da Receita Federal.

ART. 16. Compete à Secretaria da Receita Federal dispor sobre as obrigações acessórias relativas aos impostos e contribuições por ela administrados, estabelecendo, inclusive, forma, prazo e condições para o seu cumprimento e o respectivo responsável.

- Inst. Normativa SRFB 1.858/2018 (Aprova o Programa Gerador da declaração do Imposto sobre a Renda Retido na Fonte - PGD Dirf 2019).

ART. 17. Fica concedido ao contribuinte ou responsável exonerado do pagamento de tributo ou contribuição por decisão judicial proferida, em qualquer grau de jurisdição, com fundamento em inconstitucionalidade de lei, que houver sido declarada constitucional pelo Supremo Tribunal Federal, em ação direta de constitucionalidade ou inconstitucionalidade, o prazo até o último dia útil do mês de janeiro de 1999 para o pagamento, isento de multa e juros de mora, da exação alcançada pela decisão declaratória, cujo fato gerador tenha ocorrido posteriormente à data de publicação do pertinente acórdão do Supremo Tribunal Federal.

- Med. Prov. 2158-35/2001 (Altera a legislação das Contribuições para a Seguridade Social - COFINS, para os Programas de Integração Social e de Formação do Patrimônio do Servidor Público - PIS/PASEP e do Imposto sobre a Renda).

§ 1º O disposto neste artigo estende-se: (Incluído pela Med. Prov. 2158-35/2001.)

I - aos casos em que a declaração de constitucionalidade tenha sido proferida pelo Supremo Tribunal Federal, em recurso extraordinário; (Incluído pela Med. Prov. 2158-35/2001.)

II - a contribuinte ou responsável favorecido por decisão judicial definitiva em matéria tributária, proferida sob qualquer fundamento, em qualquer grau de jurisdição; (Incluído pela Med. Prov. 2158-35/2001.)

III - aos processos judiciais ajuizados até 31 de dezembro de 1998, exceto os relativos à execução da Dívida Ativa da União. (Incluído pela Med. Prov. 2158-35/2001.)

§ 2º O pagamento na forma do *caput* deste artigo aplica-se à exação relativa a fato gerador: (Incluído pela Med. Prov. 2158-35/2001.)

I - ocorrido a partir da data da publicação do primeiro Acórdão do Tribunal Pleno do Supremo Tribunal Federal, na hipótese do inciso I do § 1º; (Incluído pela Med. Prov. 2158-35/2001.)

II - ocorrido a partir da data da publicação da decisão judicial, na hipótese do inciso II do § 1º; (Incluído pela Med. Prov. 2158-35/2001.)

III - alcançado pelo pedido, na hipótese do inciso III do § 1º. (Incluído pela Med. Prov. 2158-35/2001.)

§ 3º O pagamento referido neste artigo: (Incluído pela Med. Prov. 2158-35/2001.)

I - importa em confissão irretratável da dívida; (Incluído pela Med. Prov. 2158-35/2001.)

II - constitui confissão extrajudicial, nos termos dos arts. 348, 353 e 354 do Código de Processo Civil; (Incluído pela Med. Prov. 2158-35/2001.)

III - poderá ser parcelado em até seis parcelas iguais, mensais e sucessivas, vencendo-se a primeira no mesmo prazo estabelecido no *caput* para o pagamento integral e as demais no último dia útil dos meses subsequentes; (Incluído pela Med. Prov. 2158-35/2001.)

IV - relativamente aos tributos e contribuições administrados pela Secretaria da Receita Federal, poderá ser efetuado em quota única, até o último dia útil do mês de julho de 1999. (Incluído pela Med. Prov. 2158-35/2001.)

§ 4º As prestações do parcelamento referido no inciso III do § 3º serão acrescidas de juros equivalentes à taxa referencial do Sistema Especial de Liquidação e de Custódia - SELIC, para títulos federais, acumulada mensalmente, calculados a partir do mês de vencimento da primeira parcela até o mês anterior ao pagamento e de um por cento no mês do pagamento. (Incluído pela Med. Prov. 2158-35/2001.)

§ 5º Na hipótese do inciso IV do § 3º, os juros a que se refere o § 4º serão calculados a partir do mês de fevereiro de 1999. (Incluído pela Med. Prov. 2158-35/2001.)

§ 6º O pagamento nas condições deste artigo poderá ser parcial, referente apenas a determinado objeto da ação judicial, quando esta envolver mais de um objeto. (Incluído pela Med. Prov. 2158-35/2001.)

§ 7º No caso de pagamento parcial, o disposto nos incisos I e II do § 3º alcança exclusivamente os valores pagos. (Incluído pela Med. Prov. 2158-35/2001.)

§ 8º Aplica-se o disposto neste artigo às contribuições arrecadadas pelo Instituto Nacional do Seguro Social - INSS. (Incluído pela Med. Prov. 2158-35/2001.)

ART. 18. O importador, antes de aplicada a pena de perdimento da mercadoria na hipótese a que se refere o inciso II do art. 23 do Decreto-Lei n. 1.455, de 7 de abril de 1976, poderá iniciar o respectivo despacho aduaneiro, mediante o cumprimento das formalidades exigidas e o pagamento dos tributos incidentes na importação, acrescidos dos juros e da multa de que trata o art. art. 61 da Lei n. 9.430, de 27 de dezembro de 1996, e das despesas decorrentes da permanência da mercadoria em recinto alfandegado.

Parágrafo único. Para efeito do disposto neste artigo, considera-se ocorrido o fato gerador, e devidos os tributos incidentes na importação, na data do vencimento do prazo de permanência da mercadoria no recinto alfandegado.

ART. 19. A pena de perdimento, aplicada na hipótese a que se refere o *caput* do artigo anterior, poderá ser convertida, a requerimento do importador, antes de ocorrida a destinação, em multa equivalente ao valor aduaneiro da mercadoria.

Parágrafo único. A entrega da mercadoria ao importador, em conformidade com o disposto neste artigo, fica condicionada à comprovação do pagamento da multa e ao atendimento das normas de controle administrativo.

ART. 20. A SRF expedirá os atos necessários à aplicação do disposto nos arts. 18 e 19.

ART. 21. Esta Lei entra em vigor na data de sua publicação.

ART. 22. Ficam revogados:

I - a partir da publicação desta Lei, o art. 19 da Lei n. 9.532, de 1997;

II - a partir de 1º de janeiro de 1999:

a) o art. 13 da Lei n. 8.218, de 29 de agosto de 1991, com redação dada pela Lei n. 8.383, de 30 de dezembro de 1991;

b) o art. 42 da Lei n. 9.532, de 1997.

Congresso Nacional,
em 19 de janeiro de 1999;
178º da Independência e
111º da República.
SENADOR ANTONIO CARLOS MAGALHÃES
PRESIDENTE

LEI N. 9.782, DE 26 DE JANEIRO DE 1999

Define o Sistema Nacional de Vigilância Sanitária, cria a Agência Nacional de Vigilância Sanitária, e dá outras providências.

- *DOU*, 27.01.1999
- Lei 11.972/2009 (Altera a Lei n. 9.782/1999, para dispor sobre as Certificações de Boas Práticas para os produtos sujeitos ao regime de vigilância sanitária).
- Dec. 3.029/1999 (Aprova o Regulamento da Agência Nacional de Vigilância Sanitária).
- Lei 13.202/2015 (Institui o Programa de Redução de Litígios Tributários - PRORELIT).

Faço saber que o Presidente da República adotou a Medida Provisória n. 1.791, de 1998, que o Congresso Nacional aprovou, e eu, Antonio Carlos Magalhães, Presidente, para os efeitos do disposto no parágrafo único do art. 62 da Constituição Federal, promulgo a seguinte Lei:

CAPÍTULO I
DO SISTEMA NACIONAL DE VIGILÂNCIA SANITÁRIA

ART. 1º O Sistema Nacional de Vigilância Sanitária compreende o conjunto de ações definido pelo § 1º do art. 6º e pelos arts. 15 a 18 da Lei n. 8.080, de 19 de setembro de 1990, executado por instituições da Administração Pública direta e indireta da União, dos Estados, do Distrito Federal e dos Municípios, que exerçam atividades de regulação, normatização, controle e fiscalização na área de vigilância sanitária.

ART. 2º Compete à União no âmbito do Sistema Nacional de Vigilância Sanitária:

I - definir a política nacional de vigilância sanitária;

II - definir o Sistema Nacional de Vigilância Sanitária;

III - normatizar, controlar e fiscalizar produtos, substâncias e serviços de interesse para a saúde;

IV - exercer a vigilância sanitária de portos, aeroportos e fronteiras, podendo essa atribuição ser supletivamente exercida pelos Estados, pelo Distrito Federal e pelos Municípios;

V - acompanhar e coordenar as ações estaduais, distrital e municipais de vigilância sanitária;

VI - prestar cooperação técnica e financeira aos Estados, ao Distrito Federal e aos Municípios;

VII - atuar em circunstâncias especiais de risco à saúde; e

VIII - manter sistema de informações em vigilância sanitária, em cooperação com os Estados, o Distrito Federal e os Municípios.

§ 1º A competência da União será exercida:

I - pelo Ministério da Saúde, no que se refere à formulação, ao acompanhamento e à avaliação da política nacional de vigilância sanitária e das diretrizes gerais do Sistema Nacional de Vigilância Sanitária;

II - pela Agência Nacional de Vigilância Sanitária - ANVS, em conformidade com as atribuições que lhe são conferidas por esta Lei; e

III - pelos demais órgãos e entidades do Poder Executivo Federal, cujas áreas de atuação se relacionem com o sistema.

§ 2º O Poder Executivo Federal definirá a alocação, entre os seus órgãos e entidades, das demais atribuições e atividades executadas pelo Sistema Nacional de Vigilância Sanitária, não abrangidas por esta Lei.

§ 3º Os Estados, o Distrito Federal e os Municípios fornecerão, mediante convênio, as informações solicitadas pela coordenação do Sistema Nacional de Vigilância Sanitária.

CAPÍTULO II
DA CRIAÇÃO E DA COMPETÊNCIA DA AGÊNCIA NACIONAL DE VIGILÂNCIA SANITÁRIA

ART. 3º Fica criada a Agência Nacional de Vigilância Sanitária - ANVISA, autarquia sob regime especial, vinculada ao Ministério da Saúde, com sede e foro no Distrito Federal, prazo de duração indeterminado e atuação em todo território nacional. (Redação dada pela Med. Prov. 2.190-34/2001.)

Parágrafo único. A natureza de autarquia especial conferida à Agência é caracterizada pela independência administrativa, estabilidade de seus dirigentes e autonomia financeira.

ART. 4º A Agência atuará como entidade administrativa independente, sendo-lhe assegurada, nos termos desta Lei, as prerrogativas necessárias ao exercício adequado de suas atribuições.

ART. 5º Caberá ao Poder Executivo instalar a Agência, devendo o seu regulamento, aprovado por decreto do Presidente da República, fixar-lhe a estrutura organizacional.

Parágrafo único. (Revogado pela Med. Prov. 2.190/ 2001.)

ART. 6º A Agência terá por finalidade institucional promover a proteção da saúde da população, por intermédio do controle sanitário da produção e da comercialização de produtos e serviços submetidos à vigilância sanitária, inclusive dos ambientes, dos processos, dos insumos e das tecnologias a eles relacionados, bem como o controle de portos, aeroportos e de fronteiras.

ART. 7º Compete à Agência proceder à implementação e à execução do disposto nos incisos II a VII do art. 2º desta Lei, devendo:

I - coordenar o Sistema Nacional de Vigilância Sanitária;

II - fomentar e realizar estudos e pesquisas no âmbito de suas atribuições;

III - estabelecer normas, propor, acompanhar e executar as políticas, as diretrizes e as ações de vigilância sanitária;

IV - estabelecer normas e padrões sobre limites de contaminantes, resíduos tóxicos, desinfetantes, metais pesados e outros que envolvam risco à saúde;

V - intervir, temporariamente, na administração de entidades produtoras, que sejam financiadas, subsidiadas ou mantidas com recursos públicos, assim como nos prestadores de serviços e ou produtores exclusivos ou estratégicos para o abastecimento do mercado nacional, obedecido o disposto no art. 5º da Lei n. 6.437, de 20 de agosto de 1977, com a redação que lhe foi dada pelo art. 2º da Lei n. 9.695, de 20 de agosto de 1998;

VI - administrar e arrecadar a taxa de fiscalização de vigilância sanitária, instituída pelo art. 23 desta Lei;

VII - autorizar o funcionamento de empresas de fabricação, distribuição e importação dos produtos mencionados no art. 8º desta Lei e de comercialização de medicamentos; (Redação dada pela Med. Prov. 2.190-34/2001.)

VIII - anuir com a importação e exportação dos produtos mencionados no art. 8º desta Lei;

IX - conceder registros de produtos, segundo as normas de sua área de atuação;

X - conceder e cancelar o certificado de cumprimento de boas práticas de fabricação;

XI a XIII - (Revogados pela Med. Prov. 2.190-34/2001.)

XIV - interditar, como medida de vigilância sanitária, os locais de fabricação, controle, importação, armazenamento, distribuição e venda de produtos e de prestação de serviços relativos à saúde, em caso de violação da legislação pertinente ou de risco iminente à saúde;

XV - proibir a fabricação, a importação, o armazenamento, a distribuição e a comercialização de produtos e insumos, em caso de violação da legislação pertinente ou de risco iminente à saúde;

XVI - cancelar a autorização de funcionamento e a autorização especial de funcionamento de empresas, em caso de violação da legislação pertinente ou de risco iminente à saúde;

XVII - coordenar as ações de vigilância sanitária realizadas por todos os laboratórios que compõem a rede oficial de laboratórios de controle de qualidade em saúde;

XVIII - estabelecer, coordenar e monitorar os sistemas de vigilância toxicológica e farmacológica;

XIX - promover a revisão e atualização periódica da farmacopéia;

XX - manter sistema de informação contínuo e permanente para integrar suas atividades com as demais ações de saúde, com prioridade às ações de vigilância epidemiológica e assistência ambulatorial e hospitalar;

XXI - monitorar e auditar os órgãos e entidades estaduais, distrital e municipais que integram o Sistema Nacional de Vigilância Sanitária, incluindo-se os laboratórios oficiais de controle de qualidade em saúde;

XXII - coordenar e executar o controle da qualidade de bens e produtos relacionados no art. 8º desta Lei, por meio de análises previstas na legislação sanitária, ou de programas especiais de monitoramento da qualidade em saúde;

XXIII - fomentar o desenvolvimento de recursos humanos para o sistema e a cooperação técnico-científica nacional e internacional;

XXIV - autuar e aplicar as penalidades previstas em lei.

XXV - monitorar a evolução dos preços de medicamentos, equipamentos, componentes, insumos e serviços de saúde, podendo para tanto: (Incluído pela Med. Prov. 2.190-34/2001)

a) requisitar, quando julgar necessário, informações sobre produção, insumos, matérias-primas, vendas e quaisquer outros dados, em poder de pessoas de direito público ou privado que se dediquem às atividades de produção, distribuição e comercialização dos bens e serviços previstos neste inciso, mantendo o sigilo legal quando for o caso; (Incluído pela Med. Prov. 2.190-34/2001)

b) proceder ao exame de estoques, papéis e escritas de quaisquer empresas ou pessoas de direito público ou privado que se dediquem às atividades de produção, distribuição e comercialização dos bens e serviços previstos neste inciso, mantendo o sigilo legal quando for o caso; (Incluído pela Med. Prov. 2.190-34/2001)

c) quando for verificada a existência de indícios da ocorrência de infrações previstas nos incisos III ou IV do art. 20 da Lei n. 8.884, de 11 de junho de 1994, mediante aumento injustificado de preços ou imposição de preços excessivos, dos bens e serviços referidos nesses incisos, convocar os responsáveis para, no prazo máximo de dez dias úteis, justificar a respectiva conduta; (Incluído pela Med. Prov. 2.190-34/2001)

d) aplicar a penalidade prevista no art. 26 da Lei n. 8.884, de 1994; (Incluído pela Med. Prov. 2.190-34/2001)

XXVI - controlar, fiscalizar e acompanhar, sob o prisma da legislação sanitária, a propaganda e publicidade de produtos submetidos ao regime de vigilância sanitária; (Incluído pela Med. Prov. 2.190-34/2001)

XXVII - definir, em ato próprio, os locais de entrada e saída de entorpecentes, psicotrópicos e precursores no País, ouvido o Departamento de Polícia Federal e a Secretaria da Receita Federal. (Incluído pela Med. Prov. 2.190-34/2001)

§ 1º A Agência poderá delegar aos Estados, ao Distrito Federal e aos Municípios a execução de atribuições que lhe são próprias, excetuadas as previstas nos incisos I, V, VIII, IX, XV, XVI, XVII, XVIII e XIX deste artigo.

§ 2º A Agência poderá assessorar, complementar ou suplementar as ações estaduais, municipais e do Distrito Federal para o exercício do controle sanitário.

§ 3º As atividades de vigilância epidemiológica e de controle de vetores relativas a portos, aeroportos e fronteiras, serão executadas pela Agência, sob orientação técnica e normativa do Ministério da Saúde.

§ 4º A Agência poderá delegar a órgão do Ministério da Saúde a execução de atribuições previstas neste artigo relacionadas a serviços médico-ambulatorial-hospitalares, previstos nos §§ 2º e 3º do art. 8º, observadas as vedações definidas no § 1º deste artigo. (Incluído pela Med. Prov. 2.190-34/2001)

§ 5º A Agência deverá pautar sua atuação sempre em observância das diretrizes estabelecidas pela Lei n. 8.080, de 19 de setembro de 1990, para dar seguimento ao processo de descentralização da execução de atividades para Estados, Distrito Federal e Municípios, observadas as vedações relacionadas no § 1º deste artigo. (Incluído pela Med. Prov. 2.190-34/2001)

§ 6º A descentralização de que trata o § 5º será efetivada somente após manifestação favorável dos respectivos Conselhos Estaduais, Distrital e Municipais de Saúde. (Incluído pela Med. Prov. 2.190-34/2001)

§ 7º Para o cumprimento do disposto no inciso X deste artigo, a Agência poderá se utilizar de informações confidenciais sobre inspeções recebidas no âmbito de acordos ou convênios com autoridade sanitária de outros países, bem como autorizar a realização de vistorias e inspeções em plantas fabris por instituições nacionais ou internacionais credenciadas pela Agência para tais atividades. (Acrescentado pela Lei 13.097/2015.)

ART. 8º Incumbe à Agência, respeitada a legislação em vigor, regulamentar, controlar e fiscalizar os produtos e serviços que envolvam risco à saúde pública.

§ 1º Consideram-se bens e produtos submetidos ao controle e fiscalização sanitária pela Agência:

I - medicamentos de uso humano, suas substâncias ativas e demais insumos, processos e tecnologias;

II - alimentos, inclusive bebidas, águas envasadas, seus insumos, suas embalagens, aditivos alimentares, limites de contaminantes orgânicos, resíduos de agrotóxicos e de medicamentos veterinários;

III - cosméticos, produtos de higiene pessoal e perfumes;

IV - saneantes destinados à higienização, desinfecção ou desinfestação em ambientes domiciliares, hospitalares e coletivos;

V - conjuntos, reagentes e insumos destinados a diagnóstico;

VI - equipamentos e materiais médico-hospitalares, odontológicos e hemoterápicos e de diagnóstico laboratorial e por imagem;

VII - imunobiológicos e suas substâncias ativas, sangue e hemoderivados;

VIII - órgãos, tecidos humanos e veterinários para uso em transplantes ou reconstituições;

IX - radioisótopos para uso diagnóstico *in vivo* e radiofármacos e produtos radioativos utilizados em diagnóstico e terapia;

X - cigarros, cigarrilhas, charutos e qualquer outro produto fumígero, derivado ou não do tabaco;

XI - quaisquer produtos que envolvam a possibilidade de risco à saúde, obtidos por engenharia genética, por outro procedimento ou ainda submetidos a fontes de radiação.

§ 2º Consideram-se serviços submetidos ao controle e fiscalização sanitária pela Agência, aqueles voltados para a atenção ambulatorial, seja de rotina ou de emergência, os realizados em regime de internação, os serviços de apoio diagnóstico e terapêutico, bem como aqueles que impliquem a incorporação de novas tecnologias.

§ 3º Sem prejuízo do disposto nos §§ 1º e 2º deste artigo, submetem-se ao regime de vigilância sanitária as instalações físicas, equipamentos, tecnologias, ambientes e procedimentos envolvidos em todas as fases dos processos de produção dos bens e produtos submetidos ao controle e fiscalização sanitária, incluindo a destinação dos respectivos resíduos.

§ 4º A Agência poderá regulamentar outros produtos e serviços de interesse para o controle de riscos à saúde da população, alcançados pelo Sistema Nacional de Vigilância Sanitária.

§ 5º A Agência poderá dispensar de registro os imunobiológicos, inseticidas, medicamentos e outros insumos estratégicos quando adquiridos por intermédio de organismos multilaterais internacionais, para uso em programas de saúde pública pelo Ministério da Saúde e suas entidades vinculadas. (Incluído pela Med. Prov. 2.190-34/2001)

§ 6º O Ministro de Estado da Saúde poderá determinar a realização de ações previstas nas competências da Agência Nacional de Vigilância Sanitária, em casos específicos e que impliquem risco à saúde da população. (Incluído pela Med. Prov. 2.190-34/2001)

§ 7º O ato de que trata o § 6º deverá ser publicado no Diário Oficial da União. (Incluído pela Med. Prov. 2.190-34/2001)

§ 8º Consideram-se serviços e instalações submetidos ao controle e fiscalização sanitária aqueles relacionados com as atividades de portos, aeroportos e fronteiras e nas estações aduaneiras e terminais alfandegados, serviços de transportes aquáticos, terrestres e aéreos. (Incluído pela Med. Prov. 2.190-34/2001)

CAPÍTULO III
DA ESTRUTURA ORGANIZACIONAL DA AUTARQUIA

SEÇÃO I
DA ESTRUTURA BÁSICA

ART. 9º A Agência será dirigida por uma Diretoria Colegiada, devendo contar, também, com um Procurador, um Corregedor e um Ouvidor, além de unidades especializadas incumbidas de diferentes funções.

Parágrafo único. A Agência contará, ainda, com um Conselho Consultivo, que deverá ter, no mínimo, representantes da União, dos Estados, do Distrito Federal, dos Municípios, dos produtores, dos comerciantes, da comunidade científica e dos usuários, na forma do regulamento. (Redação dada pela Med. Prov. 2.190-34/2001)

SEÇÃO II
DA DIRETORIA COLEGIADA

ART. 10. A gerência e a administração da Agência serão exercidas por uma Diretoria Colegiada, composta por até cinco membros, sendo um deles o seu Diretor-Presidente.

Parágrafo único. Os Diretores serão brasileiros, indicados e nomeados pelo Presidente da República após aprovação prévia do Senado Federal nos termos do art. 52, III, "f", da Constituição Federal, para cumprimento de mandato de três anos, admitida uma única recondução.

ART. 11. O Diretor-Presidente da Agência será nomeado pelo Presidente da República, dentre os membros da Diretoria Colegiada, e investido na função por três anos, ou pelo prazo restante de seu mandato, admitida uma única recondução por três anos.

ART. 12. A exoneração imotivada de Diretor da Agência somente poderá ser promovida nos quatro meses iniciais do mandato, findos os quais será assegurado seu pleno e integral exercício, salvo nos casos de prática de ato de improbidade administrativa, de condenação penal transitada em julgado e de descumprimento injustificado do contrato de gestão da autarquia.

ART. 13. Aos dirigentes da Agência é vedado o exercício de qualquer outra atividade profissional, empresarial, sindical ou de direção político-partidária.

§ 1º É vedado aos dirigentes, igualmente, ter interesse direto ou indireto, em empresa relacionada com a área de atuação da Vigilância Sanitária, prevista nesta Lei, conforme dispuser o regulamento.

§ 2º A vedação de que trata o *caput* deste artigo não se aplica aos casos em que a atividade profissional decorra de vínculo contratual mantido com entidades públicas destinadas ao ensino e à pesquisa, inclusive com as de direito privado a elas vinculadas.

§ 3º No caso de descumprimento da obrigação prevista no *caput* e no § 1º deste artigo, o infrator perderá o cargo, sem prejuízo de responder as ações cíveis e penais cabíveis.

ART. 14. Até um ano após deixar o cargo, é vedado ao ex-dirigente representar qualquer pessoa ou interesse perante a Agência.

Parágrafo único. Durante o prazo estabelecido no *caput* é vedado, ainda, ao ex-dirigente, utilizar em benefício próprio informações privilegiadas obtidas em decorrência do cargo exercido, sob pena de incorrer em ato de improbidade administrativa.

ART. 15. Compete à Diretoria Colegiada: (Redação dada pela Med. Prov. 2.190-34/2001)

I - definir as diretrizes estratégicas da Agência; (Redação dada pela Med. Prov. 2.190-34/2001)

II - propor ao Ministro de Estado da Saúde as políticas e diretrizes governamentais destinadas a permitir à Agência o cumprimento de seus objetivos; (Redação dada pela Med. Prov. 2.190-34/2001)

III - editar normas sobre matérias de competência da Agência, que devem ser acompanhadas de justificativas técnicas e, sempre que possível, de estudos de impacto econômico e técnico no setor regulado e de impacto na saúde pública, dispensada essa exigência nos casos de grave risco à saúde pública; (Alterado pela Lei 13.411/2017.)

IV - cumprir e fazer cumprir as normas relativas à vigilância sanitária; (Redação dada pela Med. Prov. 2.190-34/2001)

V - elaborar e divulgar relatórios periódicos sobre suas atividades; (Redação dada pela Med. Prov. 2.190-34, de 2001)

VI - julgar, em grau de recurso, as decisões da Agência, mediante provocação dos interessados; (Redação dada pela Med. Prov. 2.190-34/2001)

VII - encaminhar os demonstrativos contábeis da Agência aos órgãos competentes. (Redação dada pela Med. Prov. 2.190-34/2001)

VIII - elaborar, aprovar e promulgar o regimento interno, definir a área de atuação das unidades organizacionais e a estrutura executiva da Agência. (Acrescentado pela Lei 13.097/2015.)

§ 1º A Diretoria reunir-se-á com a presença de, pelo menos, três Diretores, dentre eles o Diretor-Presidente ou seu substituto legal, e deliberará por maioria simples. (Redação dada pela Med. Prov. 2.190-34/2001)

§ 2º Dos atos praticados pela Agência caberá recurso à Diretoria Colegiada, com efeito suspensivo, como última instância administrativa. (Redação dada pela Med. Prov. 2.190-34/2001)

§ 3º Salvo disposição em contrário, o prazo para interposição do recurso administrativo previsto no § 2º será de trinta dias, contados a partir da publicação oficial da decisão recorrida. (Acrescentado pela Lei 13.411/2017.)

§ 4º A decisão final sobre o recurso administrativo deverá ser publicada no prazo máximo de noventa dias, contados a partir da data de protocolo do recurso. (Acrescentado pela Lei 13.411/2017.)

§ 5º O prazo previsto no § 4º poderá ser prorrogado por igual período, mediante publicação da respectiva justificação. (Acrescentado pela Lei 13.411/2017.)

§ 6º O descumprimento dos prazos estabelecidos nos §§ 4º e 5º implica apuração de responsabilidade funcional do responsável ou dos responsáveis em cada uma das áreas especializadas incumbidas da análise do processo. (Acrescentado pela Lei 13.411/2017.)

ART. 16. Compete ao Diretor-Presidente: (Redação dada pela Med. Prov. 2.190-34/2001)

I - representar a Agência em juízo ou fora dele; (Redação dada pela Med. Prov. 2.190-34/2001)

II - presidir as reuniões da Diretoria Colegiada; (Redação dada pela Med. Prov. 2.190-34/2001)

III - decidir *ad referendum* da Diretoria Colegiada as questões de urgência; (Redação dada pela Med. Prov. 2.190-34/2001)

IV - decidir em caso de empate nas deliberações da Diretoria Colegiada; (Redação dada pela Med. Prov. 2.190-34/2001)

V - nomear e exonerar servidores, provendo os cargos efetivos, em comissão e funções de confiança, e exercer o poder disciplinar, nos termos da legislação em vigor; (Redação dada pela Med. Prov. 2.190-34/2001)

VI - encaminhar ao Conselho Consultivo os relatórios periódicos elaborados pela Diretoria Colegiada; (Redação dada pela Med. Prov. 2.190-34/2001)

VII - assinar contratos, convênios e ordenar despesas; (Redação dada pela Med. Prov. 2.190-34/2001)

VIII - elaborar, aprovar e promulgar o regimento interno, definir a área de atuação das unidades organizacionais e a estrutura executiva da Agência; (Redação dada pela Med. Prov. 2.190-34/2001)

IX - exercer a gestão operacional da Agência. (Incluído pela Med. Prov. 2.190-34/2001)

SEÇÃO III
DOS CARGOS EM COMISSÃO E DAS FUNÇÕES COMISSIONADAS

ART. 17. Ficam criados os Cargos em Comissão de Natureza Especial e do Grupo de Direção e Assessoramento Superiores - DAS, com a finalidade de integrar a estrutura da Agência, relacionados no Anexo I desta Lei.

Parágrafo único. Os cargos em Comissão do Grupo de Direção e Assessoramento Superior serão exercidos, preferencialmente, por integrantes do quadro de pessoal da autarquia.

ART. 18. (Revogado pela Lei 9.986/2000.)

CAPÍTULO IV
DO CONTRATO DE GESTÃO

ART. 19. A Administração da Agência será regida por um contrato de gestão, negociado entre o seu Diretor-Presidente e o Ministro de Estado da Saúde, ouvidos previamente os Ministros de Estado da Fazenda e do Planejamento, Orçamento e Gestão, no prazo máximo de cento e vinte dias seguintes à nomeação do Diretor-Presidente da autarquia. (Redação dada pela Med. Prov. 2.190-34/2001)

Parágrafo único. O contrato de gestão é o instrumento de avaliação da atuação administrativa da Anvisa e de seu desempenho, que estabelece os parâmetros para a administração interna da autarquia, bem como os indicadores que permitam quantificar, objetivamente, sua avaliação periódica, devendo especificar, no mínimo: (Alterado pela Lei 13.411/2017.)

I - metas e prazos de desempenho administrativo, operacional e de fiscalização; (Acrescentado pela Lei 13.411/2017.)

II - previsão orçamentária e cronograma de desembolso financeiro dos recursos necessários ao cumprimento das metas pactuadas; (Acrescentado pela Lei 13.411/2017.)

III - obrigações e responsabilidades das partes em relação às metas pactuadas; (Acrescentado pela Lei 13.411/2017.)

IV - sistemática de acompanhamento e avaliação; (Acrescentado pela Lei 13.411/2017.)

V - medidas a serem adotadas em caso de descumprimento injustificado das metas e das obrigações pactuadas; (Acrescentado pela Lei 13.411/2017.)

VI - período de vigência; (Acrescentado pela Lei 13.411/2017.)

VII - requisitos e condições para revisão do contrato de gestão. (Acrescentado pela Lei 13.411/2017.)

ART. 20. O descumprimento injustificado das metas e das obrigações pactuadas no contrato de gestão em dois exercícios financeiros consecutivos implicará a exoneração dos membros da Diretoria Colegiada pelo Presidente da República, mediante solicitação do Ministro de Estado da Saúde. (Alterado pela Lei 13.411/2017.)

CAPÍTULO V
DO PATRIMÔNIO E RECEITAS

SEÇÃO I
DAS RECEITAS DA AUTARQUIA

ART. 21. Constituem patrimônio da Agência os bens e direitos de sua propriedade, os que lhe forem conferidos ou que venha adquirir ou incorporar.

ART. 22. Constituem receita da Agência:

I - o produto resultante da arrecadação da taxa de fiscalização de vigilância sanitária, na forma desta Lei;

II - a retribuição por serviços de quaisquer natureza prestados a terceiros;

III - o produto da arrecadação das receitas das multas resultantes das ações fiscalizadoras;

IV - o produto da execução de sua dívida ativa;

V - as dotações consignadas no Orçamento Geral da União, créditos especiais, créditos adicionais e transferências e repasses que lhe forem conferidos;

VI - os recursos provenientes de convênios, acordos ou contratos celebrados com entidades e organismos nacionais e internacionais;

VII - as doações, legados, subvenções e outros recursos que lhe forem destinados;

VIII - os valores apurados na venda ou aluguel de bens móveis e imóveis de sua propriedade; e,

IX - o produto da alienação de bens, objetos e instrumentos utilizados para a prática de infração, assim como do patrimônio dos infratores, apreendidos em decorrência do exercício do poder de polícia e incorporados ao patrimônio da Agência nos termos de decisão judicial.

X - os valores apurados em aplicações no mercado financeiro das receitas previstas nos incisos I a IV e VI a IX deste artigo. (Incluído pela Med. Prov. 2.190-34/2001)

Parágrafo único. Os recursos previstos nos incisos I, II e VII deste artigo, serão recolhidos diretamente à Agência, na forma definida pelo Poder Executivo.

ART. 23. Fica instituída a Taxa de Fiscalização de Vigilância Sanitária.

§ 1º Constitui fato gerador da Taxa de Fiscalização de Vigilância Sanitária a prática dos atos de competência da Agência Nacional de Vigilância Sanitária constantes do Anexo II.

§ 2º São sujeitos passivos da taxa a que se refere o *caput* deste artigo as pessoas físicas e jurídicas que exercem atividades de fabricação, distribuição e venda de produtos e a prestação de serviços mencionados no art. 8º desta Lei.

§ 3º A taxa será devida em conformidade com o respectivo fato gerador, valor e prazo a que refere a tabela que constitui o Anexo II desta Lei.

§ 4º A taxa deverá ser recolhida nos termos dispostos em ato próprio da ANVISA. (Redação dada pela Med. Prov. 2.190-34/2001)

§ 5º A arrecadação e a cobrança da taxa a que se refere este artigo poderá ser delegada aos Estados, ao Distrito Federal e aos Municípios, a critério da Agência, nos casos em que por eles estejam sendo realizadas ações de vigilância, respeitado o disposto no § 1º do art. 7º desta Lei.

§ 6º Os laboratórios instituídos ou controlados pelo Poder Público, produtores de medicamentos e insumos sujeitos à Lei n. 6.360, de 23 de setembro de 1976, à vista do interesse da saúde pública, estão isentos do pagamento da Taxa de Fiscalização de Vigilância Sanitária. (Incluído pela Med. Prov. 2.190-34/2001)

§ 7º Às renovações de registros, autorizações e certificados aplicam-se as periodicidades e os valores estipulados para os atos iniciais na forma prevista no Anexo. (Incluído pela Med. Prov. 2.190-34/2001)

§ 8º O disposto no § 7º aplica-se ao contido nos §§ 1º a 8º do art. 12 e parágrafo único do art. 50 da Lei n. 6.360, de 1976, no § 2º do art. 3º do Decreto-Lei n. 986, de 21 de outubro de 1969, e § 3º do art. 41 desta Lei. (Incluído pela Med. Prov. 2.190-34/2001)

§ 9º O agricultor familiar, definido conforme a Lei n. 11.326, de 24 de julho de 2006, e identificado pela Declaração de Aptidão ao PRONAF - DAP, Física ou Jurídica, bem como o Microempreendedor Individual, previsto no art. 18-A da Lei Complementar n. 123, de 14 de dezembro de 2006, e o empreendedor da economia solidária estão isentos do pagamento de Taxa de Fiscalização de Vigilância Sanitária. (Acrescentado pela Lei 13.001/2014.)

§ 10. As autorizações de funcionamento de empresas previstas nos subitens dos itens 3.1, 3.2, 5.1 e 7.1 do Anexo II, ficam isentas de renovação. (Acrescentado pela Lei 13.097/2015.)

ART. 24. A Taxa não recolhida nos prazos fixados em regulamento, na forma do artigo anterior, será cobrada com os seguintes acréscimos:

I - juros de mora, na via administrativa ou judicial, contados do mês seguinte ao do vencimento, à razão de 1% ao mês, calculados na forma da legislação aplicável aos tributos federais;

II - multa de mora de 20%, reduzida a 10% se o pagamento for efetuado até o último dia útil do mês subsequente ao do seu vencimento;

III - encargos de 20%, substitutivo da condenação do devedor em honorários de advogado, calculado sobre o total do débito inscrito como Dívida Ativa, que será reduzido para 10%, se o pagamento for efetuado antes do ajuizamento da execução.

§ 1º Os juros de mora não incidem sobre o valor da multa de mora.

§ 2º Os débitos relativos à Taxa poderão ser parcelados, a juízo da Agência Nacional de Vigilância Sanitária, de acordo com os critérios fixados na legislação tributária.

ART. 25. A Taxa de Fiscalização de Vigilância Sanitária será devida a partir de 1º de janeiro de 1999.

ART. 26. A Taxa de Fiscalização de Vigilância Sanitária será recolhida em conta bancária vinculada à Agência.

SEÇÃO II
DA DÍVIDA ATIVA

ART. 27. Os valores cuja cobrança seja atribuída por lei à Agência e apurados administrativamente, não recolhidos no prazo estipulado, serão inscritos em dívida ativa própria da Agência e servirão de título executivo para cobrança judicial, na forma da Lei.

ART. 28. A execução fiscal da dívida ativa será promovida pela Procuradoria da Agência.

CAPÍTULO VI
DAS DISPOSIÇÕES FINAIS E TRANSITÓRIAS

ART. 29. Na primeira gestão da Autarquia, visando implementar a transição para o sistema de mandatos não coincidentes:

I - três diretores da Agência serão nomeados pelo Presidente da República, por indicação do Ministro de Estado da Saúde;

II - dois diretores serão nomeados na forma do parágrafo único, do art. 10, desta Lei.

Parágrafo único. Dos três diretores referidos no inciso I deste artigo, dois serão nomeados para mandato de quatro anos e um para dois anos.

ART. 30. Constituída a Agência Nacional de Vigilância Sanitária, com a publicação de seu regimento interno pela Diretoria Colegiada, ficará a Autarquia, automaticamente, investida no exercício de suas atribuições, e extinta a Secretaria de Vigilância Sanitária. (Redação dada pela Med. Prov. 2.190-34/2001)

ART. 31. Fica o Poder Executivo autorizado a:

I - transferir para a Agência o acervo técnico e patrimonial, obrigações, direitos e receitas do Ministério da Saúde e de seus órgãos, necessários ao desempenho de suas funções;

II - remanejar, transferir ou utilizar os saldos orçamentários do Ministério da Saúde para atender as despesas de estruturação e manutenção da Agência, utilizando como recursos as dotações orçamentárias destinadas às atividades finalísticas e administrativas, observados os mesmos subprojetos, subatividades e grupos de despesas previstos na Lei Orçamentária em vigor.

ART. 32. (Revogado pela Med. Prov. 2.190-34/2001).

ART. 32-A. A Agência Nacional de Vigilância Sanitária poderá, mediante celebração de convênios de cooperação técnica e científica, solicitar a execução de trabalhos técnicos e científicos, inclusive os de cunho econômico e jurídico, dando preferência às instituições de ensino superior e de pesquisa mantidas pelo poder público e organismos internacionais com os quais o Brasil tenha acordos de cooperação técnica. (Incluído pela Lei 12.090/2009.)

ART. 33. A Agência poderá contratar especialistas para a execução de trabalhos nas áreas técnica, científica, econômica e jurídica, por projetos ou prazos limitados, observada a legislação em vigor.

ART. 34. (Revogado pela Lei 9.986/2000.)

ART. 35. É vedado à ANVS contratar pessoal com vínculo empregatício ou contratual junto a entidades sujeitas à ação da Vigilância Sanitária, bem como os respectivos proprietários ou responsáveis, ressalvada a participação em comissões de trabalho criadas com fim específico, duração determinada e não integrantes da sua estrutura organizacional.

ART. 36. (Revogado pela Lei 10.871/2004.)

ART. 37. (Revogado pela Lei 9.986/2000.)

ART. 38. Em prazo não superior a cinco anos, o exercício da fiscalização de produtos, serviços, produtores, distribuidores e comerciantes, inseridos no Sistema Nacional de Vigilância Sanitária, poderá ser realizado por servidor requisitado ou pertencente ao quadro da ANVS, mediante designação da Diretoria, conforme regulamento.

ART. 39. (Revogado pela Med. Prov. 2.190-34/2001)

ART. 40. A Advocacia-Geral da União e o Ministério da Saúde, por intermédio de sua Consultoria Jurídica, mediante comissão conjunta, promoverão, no prazo de cento e oitenta dias, levantamento das ações judiciais em curso, envolvendo matéria cuja competência tenha sido transferida à Agência, a qual substituirá a União nos respectivos processos.

§ 1º A substituição a que se refere o *caput*, naqueles processos judiciais, será requerida mediante petição subscrita pela Advocacia-Geral da União, dirigida ao Juízo ou Tribunal competente, requerendo a intimação da Procuradoria da Agência para assumir o feito.

§ 2º Enquanto não operada a substituição na forma do parágrafo anterior, a Advocacia-Geral da União permanecerá no feito, praticando todos os atos processuais necessários.

ART. 41. O registro dos produtos de que trata a Lei n. 6.360, de 1976, e o Decreto-Lei n. 986, de 21 de outubro de 1969, poderá ser objeto de regulamentação pelo Ministério da Saúde e pela Agência visando a desburocratização e a agilidade nos procedimentos, desde que isto não implique riscos à saúde da população ou à condição de fiscalização das atividades de produção e circulação.

§ 1º A Agência poderá conceder autorização de funcionamento a empresas e registro a produtos que sejam aplicáveis apenas a plantas produtivas e a mercadorias destinadas a mercados externos, desde que não acarretem riscos à saúde pública. (Renumerado do parágrafo único pela Med. Prov. 2.190-34/2001).

§ 2º A regulamentação a que se refere o *caput* deste artigo atinge inclusive a isenção de registro. (Incluído pela Med. Prov. 2.190-34/2001).

§ 3º As empresas sujeitas ao Decreto-Lei n. 986, de 1969, ficam, também, obrigadas a cumprir o art. 2º da Lei n. 6.360, de 1976, no que se refere à autorização de funcionamento pelo Ministério da Saúde e ao licenciamento pelos órgãos sanitários das Unidades Federativas em que se localizem. (Incluído pela Med. Prov. 2.190-34/2001).

ART. 41-A. O registro de medicamentos com denominação exclusivamente genérica terá prioridade sobre o dos demais, conforme disposto em ato da Diretoria Colegiada da Agência Nacional de Vigilância Sanitária. (Incluído pela Med. Prov. 2.190-34/2001).

ART. 41-B. Quando ficar comprovada a comercialização de produtos sujeitos à vigilância sanitária, impróprios para o consumo, ficará a empresa responsável obrigada a veicular publicidade contendo alerta à população, no prazo e nas condições indicados pela autoridade sanitária, sujeitando-se ao pagamento de taxa correspondente ao exame e à anuência prévia do conteúdo informativo pela Agência Nacional de Vigilância Sanitária. (Incluído pela Med. Prov. 2.190-34/2001).

ART. 42. O art. 57 do Decreto-Lei n. 986, de 21 de outubro de 1969, passa a vigorar com a seguinte redação:

‣ Alterações promovidas no texto da referida lei.

ART. 43. A Agência poderá apreender bens, equipamentos, produtos e utensílios utilizados para a prática de crime contra a saúde pública, e a promover a respectiva alienação judicial, observado, no que couber, o disposto no art. 34 da Lei n. 6.368, de 21 de outubro de 1976, bem como requerer, em juízo, o bloqueio de contas bancárias de titularidade da empresa e de seus proprietários e dirigentes, responsáveis pela autoria daqueles delitos.

ART. 44. Os arts. 20 e 21 da Lei n. 6.360, de 23 de setembro de 1976, passam a vigorar com a seguinte redação:

‣ Alterações promovidas no texto da referida lei.

ART. 45. Esta Lei entra em vigor na data de sua publicação.

ART. 46. Fica revogado o art. 58 do Decreto-Lei n. 986, de 21 de outubro de 1969.

Congresso Nacional, em 26 de janeiro de 1999; 178º da Independência e 111º da República.

ANTONIO CARLOS MAGALHÃES
PRESIDENTE

‣ Optamos, nesta edição, pela não publicação dos anexos.

LEI N. 9.787, DE 10 DE FEVEREIRO DE 1999

Altera a Lei n. 6.360, de 23 de setembro de 1976, que dispõe sobre a vigilância sanitária, estabelece o medicamento genérico, dispõe sobre a utilização de nomes genéricos em produtos farmacêuticos e dá outras providências.

‣ *DOU*, 11.02.1999

‣ Dec. 3.181/1999 (Regulamenta esta lei.)

O Presidente da República. Faço saber que o Congresso Nacional decreta e eu sanciono a seguinte Lei:

ART. 1º A Lei n. 6.360, de 23 de setembro de 1976, passa a vigorar com as seguintes alterações:

‣ Alterações promovidas no texto da referida lei.

ART. 2º O órgão federal responsável pela vigilância sanitária regulamentará, no prazo de cento e oitenta dias, contado a partir de 11 de fevereiro de 1999: (Redação dada pela Med. Prov. 2.190-34/2001.)

I - os critérios e condições para o registro e o controle de qualidade dos medicamentos genéricos;

II - os critérios para as provas de biodisponibilidade de produtos farmacêuticos em geral;

III - os critérios para a aferição da equivalência terapêutica, mediante as provas de bioequivalência de medicamentos genéricos, para a caracterização de sua intercambialidade;

IV - os critérios para a dispensação de medicamentos genéricos nos serviços farmacêuticos governamentais e privados, respeitada a decisão expressa de não intercambialidade do profissional prescritor.

ART. 3º As aquisições de medicamentos, sob qualquer modalidade de compra, e as prescrições médicas e odontológicas de medicamentos, no âmbito do Sistema Único de Saúde - SUS, adotarão obrigatoriamente a Denominação Comum Brasileira (DCB) ou, na sua falta, a Denominação Comum Internacional (DCI).

§ 1º O órgão federal responsável pela vigilância sanitária editará, periodicamente, a relação de medicamentos registrados no País, de acordo com a classificação farmacológica da Relação Nacional de Medicamentos Essenciais - Rename vigente e segundo a Denominação Comum Brasileira ou, na sua falta, a Denominação Comum Internacional, seguindo-se os nomes comerciais e as correspondentes empresas fabricantes.

§ 2º Nas aquisições de medicamentos a que se refere o *caput* deste artigo, o medicamento genérico, quando houver, terá preferência sobre os demais em condições de igualdade de preço.

§ 3º Nos editais, propostas licitatórias e contratos de aquisição de medicamentos, no âmbito do SUS, serão exigidas, no que couber, as especificações técnicas dos produtos, os respectivos métodos de controle de qualidade e a sistemática de certificação de conformidade.

§ 4º A entrega dos medicamentos adquiridos será acompanhada dos respectivos laudos de qualidade.

ART. 4º É o Poder Executivo Federal autorizado a promover medidas especiais relacionadas com o registro, a fabricação, o regime econômico-fiscal, a distribuição e a dispensação de medicamentos genéricos, de que trata esta Lei, com vistas a estimular sua adoção e uso no País.

Parágrafo único. O Ministério da Saúde promoverá mecanismos que assegurem ampla comunicação, informação e educação sobre os medicamentos genéricos.

ART. 5º O Ministério da Saúde promoverá programas de apoio ao desenvolvimento técnico-científico aplicado à melhoria da qualidade dos medicamentos.

Parágrafo único. Será buscada a cooperação de instituições nacionais e internacionais relacionadas com a aferição da qualidade de medicamentos.

ART. 6º Os laboratórios que produzem e comercializam medicamentos com ou sem marca ou nome comercial terão o prazo de seis meses para as alterações e adaptações necessárias ao cumprimento do que dispõe esta Lei.

ART. 7º Esta Lei entra em vigor na data de sua publicação.

Brasília, 10 de fevereiro de 1999; 178º da Independência e 111º da República.
FERNANDO HENRIQUE CARDOSO

LEI N. 9.791, DE 24 DE MARÇO DE 1999

Dispõe sobre a obrigatoriedade de as concessionárias de serviços públicos estabelecerem ao consumidor e ao usuário datas opcionais para o vencimento de seus débitos.

- *DOU*, 25.03.1999.

O Presidente da República. Faço saber que o Congresso Nacional decreta e eu sanciono a seguinte Lei:

ART. 1º Esta Lei dispõe sobre a obrigatoriedade de as concessionárias de serviços públicos estabelecerem ao consumidor e ao usuário datas opcionais para o vencimento de seus débitos.

ART. 2º O Capítulo III da Lei n. 8.987, de 13 de fevereiro de 1995 (Lei de Concessões), passa a vigorar acrescido do seguinte artigo:

- Alterações promovidas no texto da referida lei.

ART. 3º (Vetado.)

Brasília, 24 de março de 1999; 178º da Independência e 111º da República.
FERNANDO HENRIQUE CARDOSO

LEI N. 9.795, DE 27 DE ABRIL DE 1999

Dispõe sobre a educação ambiental, institui a Política Nacional de Educação Ambiental e dá outras providências.

- *DOU*, 28.04.1999.
- Dec. 4.281/2002 (Regulamenta esta lei).

O Presidente da República. Faço saber que o Congresso Nacional decreta e eu sanciono a seguinte Lei:

CAPÍTULO I
DA EDUCAÇÃO AMBIENTAL

ART. 1º Entendem-se por educação ambiental os processos por meio dos quais o indivíduo e a coletividade constroem valores sociais, conhecimentos, habilidades, atitudes e competências voltadas para a conservação do meio ambiente, bem de uso comum do povo, essencial à sadia qualidade de vida e sua sustentabilidade.

ART. 2º A educação ambiental é um componente essencial e permanente da educação nacional, devendo estar presente, de forma articulada, em todos os níveis e modalidades do processo educativo, em caráter formal e não formal.

ART. 3º Como parte do processo educativo mais amplo, todos têm direito à educação ambiental, incumbindo:

I - ao Poder Público, nos termos dos arts. 205 e 225 da Constituição Federal, definir políticas públicas que incorporem a dimensão ambiental, promover a educação ambiental em todos os níveis de ensino e o engajamento da sociedade na conservação, recuperação e melhoria do meio ambiente;

II - às instituições educativas, promover a educação ambiental de maneira integrada aos programas educacionais que desenvolvem;

III - aos órgãos integrantes do Sistema Nacional de Meio Ambiente - Sisnama, promover ações de educação ambiental integradas aos programas de conservação, recuperação e melhoria do meio ambiente;

IV - aos meios de comunicação de massa, colaborar de maneira ativa e permanente na disseminação de informações e práticas educativas sobre meio ambiente e incorporar a dimensão ambiental em sua programação;

V - às empresas, entidades de classe, instituições públicas e privadas, promover programas destinados à capacitação dos trabalhadores, visando à melhoria e ao controle efetivo sobre o ambiente de trabalho, bem como sobre as repercussões do processo produtivo no meio ambiente;

VI - à sociedade como um todo, manter atenção permanente à formação de valores, atitudes e habilidades que propiciem a atuação individual e coletiva voltada para a prevenção, a identificação e a solução de problemas ambientais.

ART. 4º São princípios básicos da educação ambiental:

I - o enfoque humanista, holístico, democrático e participativo;

II - a concepção do meio ambiente em sua totalidade, considerando a interdependência entre o meio natural, o socioeconômico e o cultural, sob o enfoque da sustentabilidade;

III - o pluralismo de ideias e concepções pedagógicas, na perspectiva da inter, multi e transdisciplinaridade;

IV - a vinculação entre a ética, a educação, o trabalho e as práticas sociais;

V - a garantia de continuidade e permanência do processo educativo;

VI - a permanente avaliação crítica do processo educativo;

VII - a abordagem articulada das questões ambientais locais, regionais, nacionais e globais;

VIII - o reconhecimento e o respeito à pluralidade e à diversidade individual e cultural.

ART. 5º São objetivos fundamentais da educação ambiental:

I - o desenvolvimento de uma compreensão integrada do meio ambiente em suas múltiplas e complexas relações, envolvendo aspectos ecológicos, psicológicos, legais, políticos, sociais, econômicos, científicos, culturais e éticos;

II - a garantia de democratização das informações ambientais;

III - o estímulo e o fortalecimento de uma consciência crítica sobre a problemática ambiental e social;

IV - o incentivo à participação individual e coletiva, permanente e responsável, na preservação do equilíbrio do meio ambiente, entendendo-se a defesa da qualidade ambiental como um valor inseparável do exercício da cidadania;

V - o estímulo à cooperação entre as diversas regiões do País, em níveis micro e macrorregionais, com vistas à construção de uma sociedade ambientalmente equilibrada, fundada nos princípios da liberdade, igualdade, solidariedade, democracia, justiça social, responsabilidade e sustentabilidade;

VI - o fomento e o fortalecimento da integração com a ciência e a tecnologia;

VII - o fortalecimento da cidadania, autodeterminação dos povos e solidariedade como fundamentos para o futuro da humanidade.

CAPÍTULO II
DA POLÍTICA NACIONAL DE EDUCAÇÃO AMBIENTAL

SEÇÃO I
DISPOSIÇÕES GERAIS

ART. 6º É instituída a Política Nacional de Educação Ambiental.

ART. 7º A Política Nacional de Educação Ambiental envolve em sua esfera de ação, além dos órgãos e entidades integrantes do Sistema Nacional de Meio Ambiente - Sisnama, instituições educacionais públicas e privadas dos sistemas de ensino, os órgãos públicos da União, dos Estados, do Distrito Federal e dos Municípios, e organizações não governamentais com atuação em educação ambiental.

ART. 8º As atividades vinculadas à Política Nacional de Educação Ambiental devem ser desenvolvidas na educação em geral e na educação escolar, por meio das seguintes linhas de atuação inter-relacionadas:

I - capacitação de recursos humanos;

II - desenvolvimento de estudos, pesquisas e experimentações;

III - produção e divulgação de material educativo;

IV - acompanhamento e avaliação.

§ 1º Nas atividades vinculadas à Política Nacional de Educação Ambiental serão respeitados os princípios e objetivos fixados por esta Lei.

§ 2º A capacitação de recursos humanos voltar-se-á para:

I - a incorporação da dimensão ambiental na formação, especialização e atualização dos educadores de todos os níveis e modalidades de ensino;

II - a incorporação da dimensão ambiental na formação, especialização e atualização dos profissionais de todas as áreas;

III - a preparação de profissionais orientados para as atividades de gestão ambiental;

IV - a formação, especialização e atualização de profissionais na área de meio ambiente;

V - o atendimento da demanda dos diversos segmentos da sociedade no que diz respeito à problemática ambiental.

§ 3º As ações de estudos, pesquisas e experimentações voltar-se-ão para:

I - o desenvolvimento de instrumentos e metodologias, visando à incorporação da dimensão ambiental, de forma interdisciplinar, nos diferentes níveis e modalidades de ensino;

II - a difusão de conhecimentos, tecnologias e informações sobre a questão ambiental;

III - o desenvolvimento de instrumentos e metodologias, visando à participação dos interessados na formulação e execução de pesquisas relacionadas à problemática ambiental;

IV - a busca de alternativas curriculares e metodológicas de capacitação na área ambiental;

V - o apoio a iniciativas e experiências locais e regionais, incluindo a produção de material educativo;

VI - a montagem de uma rede de banco de dados e imagens, para apoio às ações enumeradas nos incisos I a V.

SEÇÃO II
DA EDUCAÇÃO AMBIENTAL NO ENSINO FORMAL

ART. 9º Entende-se por educação ambiental na educação escolar a desenvolvida no âmbito dos currículos das instituições de ensino públicas e privadas, englobando:

I - educação básica:

a) educação infantil;

b) ensino fundamental e

c) ensino médio;

II - educação superior;

III - educação especial;

IV - educação profissional;

V - educação de jovens e adultos.

ART. 10. A educação ambiental será desenvolvida como uma prática educativa integrada, contínua e permanente em todos os níveis e modalidades do ensino formal.

§ 1º A educação ambiental não deve ser implantada como disciplina específica no currículo de ensino.

§ 2º Nos cursos de pós-graduação, extensão e nas áreas voltadas ao aspecto metodológico da educação ambiental, quando se fizer necessário, é facultada a criação de disciplina específica.

§ 3º Nos cursos de formação e especialização técnico-profissional, em todos os níveis, deve ser incorporado conteúdo que trate da ética ambiental das atividades profissionais a serem desenvolvidas.

ART. 11. A dimensão ambiental deve constar dos currículos de formação de professores, em todos os níveis e em todas as disciplinas.

Parágrafo único. Os professores em atividade devem receber formação complementar em suas áreas de atuação, com o propósito de atender adequadamente ao cumprimento dos princípios e objetivos da Política Nacional de Educação Ambiental.

ART. 12. A autorização e supervisão do funcionamento de instituições de ensino e de seus cursos, nas redes pública e privada, observarão o cumprimento do disposto nos arts. 10 e 11 desta Lei.

SEÇÃO III
DA EDUCAÇÃO AMBIENTAL NÃO FORMAL

ART. 13. Entendem-se por educação ambiental não formal as ações e práticas educativas voltadas à sensibilização da coletividade sobre as questões ambientais e à sua organização e participação na defesa da qualidade do meio ambiente.

Parágrafo único. O Poder Público, em níveis federal, estadual e municipal, incentivará:

I - a difusão, por intermédio dos meios de comunicação de massa, em espaços nobres, de programas e campanhas educativas, e de informações acerca de temas relacionados ao meio ambiente;

II - a ampla participação da escola, da universidade e de organizações não governamentais na formulação e execução de programas e atividades vinculadas à educação ambiental não formal;

III - a participação de empresas públicas e privadas no desenvolvimento de programas de educação ambiental em parceria com a escola, a universidade e as organizações não governamentais;

IV - a sensibilização da sociedade para a importância das unidades de conservação;

V - a sensibilização ambiental das populações tradicionais ligadas às unidades de conservação;

VI - a sensibilização ambiental dos agricultores;

VII - o ecoturismo.

CAPÍTULO III
DA EXECUÇÃO DA POLÍTICA NACIONAL DE EDUCAÇÃO AMBIENTAL

ART. 14. A coordenação da Política Nacional de Educação Ambiental ficará a cargo de um órgão gestor, na forma definida pela regulamentação desta Lei.

ART. 15. São atribuições do órgão gestor:

I - definição de diretrizes para implementação em âmbito nacional;

II - articulação, coordenação e supervisão de planos, programas e projetos na área de educação ambiental, em âmbito nacional;

III - participação na negociação de financiamentos a planos, programas e projetos na área de educação ambiental.

ART. 16. Os Estados, o Distrito Federal e os Municípios, na esfera de sua competência e nas áreas de sua jurisdição, definirão diretrizes, normas e critérios para a educação ambiental, respeitados os princípios e objetivos da Política Nacional de Educação Ambiental.

ART. 17. A eleição de planos e programas, para fins de alocação de recursos públicos vinculados à Política Nacional de Educação Ambiental, deve ser realizada levando-se em conta os seguintes critérios:

I - conformidade com os princípios, objetivos e diretrizes da Política Nacional de Educação Ambiental;

II - prioridade dos órgãos integrantes do Sisnama e do Sistema Nacional de Educação;

III - economicidade, medida pela relação entre a magnitude dos recursos a alocar e o retorno social propiciado pelo plano ou programa proposto.

Parágrafo único. Na eleição a que se refere o *caput* deste artigo, devem ser contemplados, de forma equitativa, os planos, programas e projetos das diferentes regiões do País.

ART. 18. (Vetado.)

ART. 19. Os programas de assistência técnica e financeira relativos a meio ambiente e educação, em níveis federal, estadual e municipal, devem alocar recursos às ações de educação ambiental.

CAPÍTULO IV
DISPOSIÇÕES FINAIS

ART. 20. O Poder Executivo regulamentará esta Lei no prazo de noventa dias de sua publicação, ouvidos o Conselho Nacional de Meio Ambiente e o Conselho Nacional de Educação.

ART. 21. Esta Lei entra em vigor na data de sua publicação.

Brasília, 27 de abril de 1999; 17º da Independência e 11º da República.

FERNANDO HENRIQUE CARDOSO

LEI N. 9.796, DE 5 DE MAIO DE 1999

Dispõe sobre a compensação financeira entre o Regime Geral de Previdência Social e os regimes de previdência dos servidores da União, dos Estados, do Distrito Federal e dos Municípios, nos casos de contagem recíproca de tempo de contribuição para efeito de aposentadoria, e dá outras providências.

› *DOU*, 06.05.1999.

› Dec. 3.112/1999 (Regulamenta esta lei.)

O Presidente da República. Faço saber que o Congresso Nacional decreta e eu sanciono a seguinte Lei:

ART. 1º A compensação financeira entre o Regime Geral de Previdência Social e os regimes próprios de previdência social dos servidores da União, dos Estados, do Distrito Federal e dos Municípios, na hipótese de contagem recíproca de tempos de contribuição, obedecerá às disposições desta Lei.

ART. 2º Para os efeitos desta Lei, considera-se:

I - regime de origem: o regime previdenciário ao qual o segurado ou servidor público esteve vinculado sem que dele receba aposentadoria ou tenha gerado pensão para seus dependentes;

II - regime instituidor: o regime previdenciário responsável pela concessão e pagamento de benefício de aposentadoria ou pensão dela decorrente a segurado ou servidor público ou a seus dependentes com cômputo de tempo de contribuição no âmbito do regime de origem.

§ 1º Os regimes próprios de previdência de servidores da União, dos Estados, do Distrito Federal e dos Municípios só serão considerados regimes de origem quando o Regime Geral de Previdência Social for o regime instituidor.

§ 2º Na hipótese de o regime próprio de previdência de servidor público não possuir personalidade jurídica própria, atribuem-se ao respectivo ente federado as obrigações e direitos previstos nesta Lei.

ART. 3º O Regime Geral de Previdência Social, como regime instituidor, tem direito de receber de cada regime de origem compensação financeira, observado o disposto neste artigo.

§ 1º O Regime Geral de Previdência Social deve apresentar a cada regime de origem os seguintes dados referentes a cada benefício concedido com cômputo de tempo de contribuição no âmbito daquele regime de origem:

I - identificação do segurado e, se for o caso, de seu dependente;

II - a renda mensal inicial e a data de início do benefício;

III - o percentual do tempo de serviço total do segurado correspondente ao tempo de contribuição no âmbito daquele regime de origem.

§ 2º Cada regime de origem deve pagar ao Regime Geral de Previdência Social, para cada mês de competência do benefício, o valor resultante da multiplicação da renda mensal do benefício pelo percentual obtido na forma do inciso III do parágrafo anterior.

§ 3º A compensação financeira referente a cada benefício não poderá exceder o resultado da multiplicação do percentual obtido na forma do inciso III do § 1º deste artigo pela renda mensal do maior benefício da mesma espécie pago diretamente pelo regime de origem.

§ 4º Para fins do disposto no parágrafo anterior, o regime de origem deve informar ao Regime Geral de Previdência Social, na forma do regulamento, a maior renda mensal de cada espécie de benefício por ele pago diretamente.

§ 5º O valor de que trata o § 2º deste artigo será reajustado nas mesmas datas e pelos mesmos índices de reajustamento do benefício pela Previdência Social, devendo o Regime Geral de Previdência Social comunicar a cada regime de origem o total por ele devido em cada mês como compensação financeira.

§ 6º Aplica-se o disposto neste artigo aos períodos de contribuição utilizados para fins de concessão de aposentadoria pelo INSS em decorrência de acordos internacionais. (Incluído pela Lei 11.430/2006.)

ART. 4º Cada regime próprio de previdência de servidor público tem direito, como regime instituidor, de receber do Regime Geral de Previdência Social, enquanto regime de origem, compensação financeira, observado o disposto neste artigo.

§ 1º O regime instituidor deve apresentar ao Regime Geral de Previdência Social, além das normas que o regem, os seguintes dados referentes a cada benefício concedido com cômputo de tempo de contribuição no âmbito do Regime Geral de Previdência Social:

I - identificação do servidor público e, se for o caso, de seu dependente;

II - o valor dos proventos da aposentadoria ou pensão dela decorrente e a data de início do benefício;

III - o tempo de serviço total do servidor e o correspondente ao tempo de contribuição ao Regime Geral de Previdência Social.

§ 2º Com base nas informações referidas no parágrafo anterior, o Regime Geral de Previdência Social calculará qual seria a renda mensal inicial daquele benefício segundo as normas do Regime Geral de Previdência Social.

§ 3º A compensação financeira devida pelo Regime Geral de Previdência Social, relativa ao primeiro mês de competência do benefício, será calculada com base no valor do benefício pago pelo regime instituidor ou na renda mensal do benefício calculada na forma do parágrafo anterior, o que for menor.

§ 4º O valor da compensação financeira mencionada no parágrafo anterior corresponde à multiplicação do montante ali especificado pelo percentual correspondente ao tempo de contribuição ao Regime Geral de Previdência Social no tempo de serviço total do servidor público.

§ 5º O valor da compensação financeira devida pelo Regime Geral de Previdência Social será reajustado nas mesmas datas e pelos mesmos índices de reajustamento dos benefícios da Previdência Social, mesmo que tenha prevalecido, no primeiro mês, o valor do benefício pago pelo regime instituidor.

ART. 5º Os regimes instituidores apresentarão aos regimes de origem, no prazo máximo de trinta e seis meses a contar da data da entrada em vigor desta Lei, os dados relativos aos benefícios em manutenção nessa data, concedidos a partir da promulgação da Constituição Federal. (Incluído pela Med. Prov. 2187-13/2001.)

Parágrafo único. A compensação financeira em atraso relativa aos benefícios de que trata este artigo será calculada multiplicando-se a renda mensal obtida para o último mês, de acordo com o procedimento determinado nos arts. 3º e 4º, pelo número de meses em que o benefício foi pago até então.

ART. 6º O Instituto Nacional do Seguro Social - INSS manterá cadastro atualizado de todos os benefícios objeto de compensação financeira, totalizando o quanto deve para cada regime próprio de previdência dos servidores da União, dos Estados, do Distrito Federal e dos Municípios, bem como o montante devido por cada um deles para o Regime Geral de Previdência Social, como compensação financeira e pelo não recolhimento de contribuições previdenciárias no prazo legal.

§ 1º Os desembolsos pelos regimes de origem só serão feitos para os regimes instituidores que se mostrem credores no cômputo da compensação financeira devida de lado a lado e dos débitos pelo não recolhimento de contribuições previdenciárias no prazo legal.

§ 2º O Instituto Nacional do Seguro Social - INSS comunicará o total a ser desembolsado por cada regime de origem até o dia trinta de cada mês, devendo os desembolsos ser feitos até o quinto dia útil do mês subsequente.

§ 3º Os valores não desembolsados em virtude do disposto no § 1º deste artigo serão contabilizados como pagamentos efetivos, devendo o Instituto Nacional do Seguro Social - INSS registrar mensalmente essas operações e informar a cada regime próprio de previdência de servidor público os valores a ele referentes.

§ 4º Sendo inviável financeiramente para um regime de origem desembolsar de imediato os valores relativos à compensação financeira, em função dos valores em atraso a que se refere o parágrafo único do artigo anterior, podem os regimes de origem e instituidor firmar termo de parcelamento dos desembolsos atualizando-se os valores devidos nas mesmas datas e pelos mesmos índices de reajustamento dos benefícios de prestação continuada da Previdência Social.

§ 5º O pagamento para os regimes próprios de previdência social credores da compensação financeira, relativa ao período de 5 de outubro de 1988 a 5 de maio de 1999, cujos entes instituidores não sejam devedores de contribuições previdenciárias ao Regime Geral de Previdência Social (RGPS), será efetivado conforme os seguintes parâmetros: (Acrescentado pela Lei 13.485/2017.)

I - até o exercício de 2017, para os Municípios: (Acrescentado pela Lei 13.485/2017.)

a) em parcela única, se o crédito não superar R$ 500.000,00 (quinhentos mil reais); (Acrescentado pela Lei 13.485/2017.)

b) em tantas parcelas mensais quantas forem necessárias até o limite de R$ 500.000,00 (quinhentos mil reais), se o crédito superar esse montante; (Acrescentado pela Lei 13.485/2017.)

II - a partir do exercício de 2018, para os Municípios, os Estados e o Distrito Federal: (Acrescentado pela Lei 13.485/2017.)

a) em parcela única, se o crédito não superar R$ 1.500.000,00 (um milhão e quinhentos mil reais); (Acrescentado pela Lei 13.485/2017.)

b) em tantas parcelas mensais de até R$ 1.500.000,00 (um milhão e quinhentos mil reais), se o crédito superar esse montante, no prazo de até cento e oitenta meses, condicionada à existência de recursos financeiros para cumprimento da meta de resultado primário estabelecido na lei de diretrizes orçamentárias;

c) caso o limite de cento e oitenta meses não seja suficiente para a quitação dos créditos, o valor da parcela disposto na alínea b deste inciso será ajustado de forma a garantir a quitação no prazo de cento e oitenta meses; (Acrescentado pela Lei 13.485/2017.)

III - por meio de dação em pagamento de imóveis integrantes do Fundo do Regime Geral de Previdência Social (FRGPS). (Acrescentado pela Lei 13.485/2017.)

§ 6º O pagamento da compensação financeira do Fundo do Regime Geral de Previdência Social depende da desistência de eventuais ações judiciais que tenham por objeto a dívida compensada, e é causa da extinção dos pagamentos previstos no § 5º deste artigo a manutenção do litígio ou o ajuizamento de novas ações. (Acrescentado pela Lei 13.485/2017.)

ART. 7º Os regimes instituidores devem comunicar de imediato aos regimes de origem qualquer revisão no valor do benefício objeto de compensação financeira ou sua extinção total ou parcial, cabendo ao Instituto Nacional do Seguro Social - INSS registrar as alterações no cadastro a que se refere o artigo anterior.

Parágrafo único. Constatado o não cumprimento do disposto neste artigo, as parcelas pagas indevidamente pelo regime de origem serão registradas em dobro, no mês seguinte ao da constatação, como débito daquele regime.

ART. 8º Na hipótese de descumprimento do prazo de desembolso estipulado no § 2º do art. 6º, aplicar-se-ão as mesmas normas em vigor para atualização dos valores dos recolhimentos em atraso de contribuições previdenciárias arrecadadas pelo Instituto Nacional do Seguro Social - INSS.

Parágrafo único. Na hipótese de o regime previdenciário próprio dos servidores da União, dos Estados, do Distrito Federal e dos Municípios possuir personalidade jurídica própria, os respectivos entes federados respondem solidariamente pelas obrigações previstas nesta Lei.

ART. 8º-A. A compensação financeira entre os regimes próprios de previdência social da União, dos Estados, do Distrito Federal e dos Municípios, na hipótese de contagem recíproca de tempos de contribuição, obedecerá, no que couber, às disposições desta Lei. (Incluído pela Med. Prov. 2187-13/2001.)

ART. 9º O Poder Executivo regulamentará esta Lei no prazo de sessenta dias contado da data de sua publicação.

ART. 10. Esta Lei entra em vigor na data de sua publicação.

Brasília, 5 de maio de 1999; 178º da Independência e 111º da República.

FERNANDO HENRIQUE CARDOSO

LEI N. 9.797, DE 6 DE MAIO DE 1999

Dispõe sobre a obrigatoriedade da cirurgia plástica reparadora da mama pela rede de unidades integrantes do Sistema Único de Saúde - SUS nos casos de mutilação decorrentes de tratamento de câncer.

› *DOU*, 07.05.1999.

O Presidente da República, Faço saber que o Congresso Nacional decreta e eu sanciono a seguinte Lei:

ART. 1º As mulheres que sofrerem mutilação total ou parcial de mama, decorrente de utilização de técnica de tratamento de câncer, têm direito a cirurgia plástica reconstrutiva.

ART. 2º Cabe ao Sistema Único de Saúde - SUS, por meio de sua rede de unidades públicas ou conveniadas, prestar serviço de cirurgia plástica reconstrutiva de mama prevista no art. 1º, utilizando-se de todos os meios e técnicas necessárias.

§ 1º Quando existirem condições técnicas, a reconstrução será efetuada no mesmo tempo cirúrgico. (Acrescentado pela Lei 12.802/2013.)

§ 2º No caso de impossibilidade de reconstrução imediata, a paciente será encaminhada para acompanhamento e terá garantida a realização da cirurgia imediatamente após alcançar as condições clínicas requeridas. (Acrescentado pela Lei 12.802/2013.)

§ 3º Os procedimentos de simetrização da mama contralateral e de reconstrução do complexo aréolo-mamilar integram a cirurgia plástica reconstrutiva prevista no art. 1º desta Lei e no § 1º deste artigo.(Acrescentado pela Lei 13.770/2018.)

ART. 3º O Poder Executivo regulamentará esta Lei no prazo de cento e oitenta dias.

ART. 4º Esta Lei entra em vigor na data de sua publicação.

Brasília, 6 de maio de 1999; 178º da Independência e 111º da República.

FERNANDO HENRIQUE CARDOSO

LEI N. 9.800, DE 26 DE MAIO DE 1999

Permite às partes a utilização de sistema de transmissão de dados para a prática de atos processuais.

› *DOU*, 27.5.1999.

O Presidente da República. Faço saber que o Congresso Nacional decreta e eu sanciono a seguinte Lei:

ART. 1º É permitida às partes a utilização de sistema de transmissão de dados e imagens tipo fac-símile ou outro similar, para a prática de atos processuais que dependam de petição escrita.

ART. 2º A utilização de sistema de transmissão de dados e imagens não prejudica o cumprimento dos prazos, devendo os originais ser entregues em juízo, necessariamente, até cinco dias da data de seu término.

Parágrafo único. Nos atos não sujeitos a prazo, os originais deverão ser entregues, necessariamente, até cinco dias da data da recepção do material.

ART. 3º Os juízes poderão praticar atos de sua competência à vista de transmissões efetuadas na forma desta Lei, sem prejuízo do disposto no artigo anterior.

ART. 4º Quem fizer uso de sistema de transmissão torna-se responsável pela qualidade e fidelidade do material transmitido, e por sua entrega ao órgão judiciário.

Parágrafo único. Sem prejuízo de outras sanções, o usuário do sistema será considerado litigante de má-fé se não houver perfeita concordância entre o original remetido pelo fac-símile e o original entregue em juízo.

ART. 5º O disposto nesta Lei não obriga a que os órgãos judiciários disponham de equipamentos para recepção.

ART. 6º Esta Lei entra em vigor trinta dias após a data de sua publicação.

Brasília, 26 de maio de 1999; 178º da Independência e 111º da República.

FERNANDO HENRIQUE CARDOSO

LEI N. 9.801, DE 14 DE JUNHO DE 1999

Dispõe sobre as normas gerais para perda de cargo público por excesso de despesa e dá outras providências.

› *DOU*, 15.06.1999.

O Presidente da República. Faço saber que o Congresso Nacional decreta e eu sanciono a seguinte Lei:

ART. 1º Esta Lei regula a exoneração de servidor público estável com fundamento nos §§ 4º e seguintes do art. 169 da Constituição Federal.

ART. 2º A exoneração a que alude o art. 1º será precedida de ato normativo motivado dos Chefes de cada um dos Poderes da União, dos Estados, dos Municípios e do Distrito Federal.

§ 1º O ato normativo deverá especificar:

I - a economia de recursos e o número correspondente de servidores a serem exonerados;

II - a atividade funcional e o órgão ou a unidade administrativa objeto de redução de pessoal;

III - o critério geral impessoal escolhido para a identificação dos servidores estáveis a serem desligados dos respectivos cargos;

IV - os critérios e as garantias especiais escolhidos para identificação dos servidores estáveis que, em decorrência das atribuições do cargo efetivo, desenvolvam atividades exclusivas de Estado;

V - o prazo de pagamento da indenização devida pela perda do cargo;

VI - os créditos orçamentários para o pagamento das indenizações.

§ 2º O critério geral para identificação impessoal a que se refere o inciso III do § 1º será escolhido entre:

I - menor tempo de serviço público;

II - maior remuneração;

III - menor idade.

§ 3º O critério geral eleito poderá ser combinado com o critério complementar do menor número de dependentes para fins de formação de uma listagem de classificação.

ART. 3º A exoneração de servidor estável que desenvolva atividade exclusiva de Estado, assim definida em lei, observará as seguintes condições:

I - somente será admitida quando a exoneração de servidores dos demais cargos do órgão ou da unidade administrativa objeto da redução de pessoal tenha alcançado, pelo menos, trinta por cento do total desses cargos;

II - cada ato reduzirá em no máximo trinta por cento o número de servidores que desenvolvam atividades exclusivas de Estado.

ART. 4º Os cargos vagos em decorrência da dispensa de servidores estáveis de que trata esta Lei serão declarados extintos, sendo vedada a criação de cargo, emprego ou função com atribuições iguais ou assemelhadas pelo prazo de quatro anos.

ART. 5º Esta Lei entra vigor no prazo de noventa dias a partir da data de sua publicação.

Brasília, 14 de junho de 1999; 178º da Independência e 111º da República.

FERNANDO HENRIQUE CARDOSO

LEI N. 9.832, DE 14 DE SETEMBRO DE 1999

Proíbe o uso industrial de embalagens metálicas soldadas com liga de chumbo e estanho para acondicionamento de gêneros alimentícios, exceto para produtos secos ou desidratados.

▸ *DOU*, 15.09.1999.

O Presidente da República. Faço saber que o Congresso Nacional decreta e eu sanciono a seguinte Lei:

ART. 1º É proibido em todo o território nacional, a partir de dois anos da entrada em vigor desta Lei, o uso industrial de embalagens metálicas soldadas com liga de chumbo e estanho para acondicionamento de gêneros alimentícios, exceto para produtos secos ou desidratados.

ART. 2º O não cumprimento do disposto no art. 1º implicará a aplicação das penalidades administrativas, civis e penais previstas em lei, inclusive aquelas de que trata o art. 56 da Lei no 8.078, de 11 de setembro de 1990.

ART. 3º Esta Lei entra em vigor na data de sua publicação.

Brasília, 14 de setembro de 1999;
178º da Independência e 111º da República.
FERNANDO HENRIQUE CARDOSO

LEI N. 9.867, DE 10 DE NOVEMBRO DE 1999

Dispõe sobre a criação e o funcionamento de Cooperativas Sociais, visando à integração social dos cidadãos, conforme especifica.

▸ *DOU*, 11.11.1999.

▸ Dec. 8.163/2013 (Institui o Programa Nacional de Apoio ao Associativismo e Cooperativismo Social - Pronacoop Social).

O Presidente da República. Faço saber que o Congresso Nacional decreta e eu sanciono a seguinte Lei:

ART. 1º As Cooperativas Sociais, constituídas com a finalidade de inserir as pessoas em desvantagem no mercado econômico, por meio do trabalho, fundamentam-se no interesse geral da comunidade em promover a pessoa humana e a integração social dos cidadãos, e incluem entre suas atividades:

I - a organização e gestão de serviços sociossanitários e educativos; e

II - o desenvolvimento de atividades agrícolas, industriais, comerciais e de serviços.

ART. 2º Na denominação e razão social das entidades a que se refere o artigo anterior, é obrigatório o uso da expressão "Cooperativa Social", aplicando-se-lhes todas as normas relativas ao setor em que operarem, desde que compatíveis com os objetivos desta Lei.

ART. 3º Consideram-se pessoas em desvantagem, para os efeitos desta Lei:

▸ Art. 2º, Dec. 8.163/2013 (Institui o Programa Nacional de Apoio ao Associativismo e Cooperativismo Social - Pronacoop Social).

I - os deficientes físicos e sensoriais;

II - os deficientes psíquicos e mentais, as pessoas dependentes de acompanhamento psiquiátrico permanente, e os egressos de hospitais psiquiátricos;

III - os dependentes químicos;

IV - os egressos de prisões;

V - (Vetado.)

VI - os condenados a penas alternativas à detenção;

VII - os adolescentes em idade adequada ao trabalho e situação familiar difícil do ponto de vista econômico, social ou afetivo.

§ 1º (Vetado.)

§ 2º As Cooperativas Sociais organizarão seu trabalho, especialmente no que diz respeito a instalações, horários e jornadas, de maneira a levar em conta e minimizar as dificuldades gerais e individuais das pessoas em desvantagem que nelas trabalharem, e desenvolverão e executarão programas especiais de treinamento com o objetivo de aumentar-lhes a produtividade e a independência econômica e social.

§ 3º A condição de pessoa em desvantagem deve ser atestada por documentação proveniente de órgãos da administração pública, ressalvando-se o direito à privacidade.

ART. 4º O estatuto da Cooperativa Social poderá prever uma ou mais categorias de sócios voluntários, que lhe prestem serviços gratuitamente, e não estejam incluídos na definição de pessoas em desvantagem.

ART. 5º (Vetado.)

Parágrafo único. (Vetado)

ART. 6º Esta Lei entra em vigor na data de sua publicação.

Brasília, 10 de novembro de 1999;
178º da Independência e 111º da República.
FERNANDO HENRIQUE CARDOSO

LEI N. 9.870, DE 23 DE NOVEMBRO DE 1999

Dispõe sobre o valor total das anuidades escolares e dá outras providências.

▸ *DOU*, 24.11.1999 - Edição extra.

O Presidente da República. Faço saber que o Congresso Nacional decreta e eu sanciono a seguinte Lei:

ART. 1º O valor das anuidades ou das semestralidades escolares do ensino pré-escolar, fundamental, médio e superior, será contratado, nos termos desta Lei, no ato da matrícula ou da sua renovação, entre o estabelecimento de ensino e o aluno, o pai do aluno ou o responsável.

§ 1º O valor anual ou semestral referido no *caput* deste artigo deverá ter como base a última parcela da anuidade ou da semestralidade legalmente fixada no ano anterior, multiplicada pelo número de parcelas do período letivo.

§ 2º (Vetado.)

§ 3º Poderá ser acrescido ao valor total anual de que trata o § 1º montante proporcional à variação de custos a título de pessoal e de custeio, comprovado mediante apresentação de planilha de custo, mesmo quando esta variação resulte da introdução de aprimoramentos no processo didático-pedagógico. (Incluído pela Med. Prov. 2.173-24/2001.)

§ 4º A planilha de que trata o § 3º será editada em ato do Poder Executivo. (Incluído pela Med. Prov. 2.173-24/2001.)

§ 5º O valor total, anual ou semestral, apurado na forma dos parágrafos precedentes terá vigência por um ano e será dividido em doze ou seis parcelas mensais iguais, facultada a apresentação de planos de pagamento alternativos, desde que não excedam ao valor total anual ou semestral apurado na forma dos parágrafos anteriores. (Renumerado pela Med. Prov. 2.173-24/2001.)

§ 6º Será nula, não produzindo qualquer efeito, cláusula contratual de revisão ou reajustamento do valor das parcelas da anuidade ou semestralidade escolar em prazo inferior a um ano a contar da data de sua fixação, salvo quando expressamente prevista em lei. (Renumerado pela Med. Prov. 2.173-24/2001.)

§ 7º Será nula cláusula contratual que obrigue o contratante ao pagamento adicional ou ao fornecimento de qualquer material escolar de uso coletivo dos estudantes ou da instituição, necessário à prestação dos serviços educacionais contratados, devendo os custos correspondentes ser sempre considerados nos cálculos do valor das anuidades ou das semestralidades escolares. (Acrescentado pela Lei 12.886/2013.)

ART. 2º O estabelecimento de ensino deverá divulgar, em local de fácil acesso ao público, o texto da proposta de contrato, o valor apurado na forma do art. 1º e o número de vagas por sala-classe, no período mínimo de quarenta e cinco dias antes da data final para matrícula, conforme calendário e cronograma da instituição de ensino.

Parágrafo único. (Vetado.)

ART. 3º (Vetado.)

ART. 4º A Secretaria de Direito Econômico do Ministério da Justiça, quando necessário, poderá requerer, nos termos da Lei n. 8.078, de 11 de setembro de 1990, e no âmbito de suas atribuições, comprovação documental referente a qualquer cláusula contratual, exceto dos estabelecimentos de ensino que tenham firmado acordo com alunos, pais de alunos ou associações de pais e alunos, devidamente legalizadas, bem como quando o valor arbitrado for decorrente da decisão do mediador.

Parágrafo único. Quando a documentação apresentada pelo estabelecimento de ensino não corresponder às condições desta Lei, o órgão de que trata este artigo poderá tomar, dos interessados, termo de compromisso, na forma da legislação vigente.

ART. 5º Os alunos já matriculados, salvo quando inadimplentes, terão direito à renovação das matrículas, observado o calendário escolar da instituição, o regimento da escola ou cláusula contratual.

ART. 6º São proibidas a suspensão de provas escolares, a retenção de documentos escolares ou a aplicação de quaisquer outras penalidades pedagógicas por motivo de inadimplemento, sujeitando-se o contratante, no que couber, às sanções legais e administrativas, compatíveis com o Código de Defesa do Consumidor, e com os arts. 177 e 1.092 do Código Civil Brasileiro, caso a inadimplência perdure por mais de noventa dias.

§ 1º O desligamento do aluno por inadimplência somente poderá ocorrer ao final do ano letivo ou, no ensino superior, ao final do semestre letivo quando a instituição adotar o regime didático semestral. (Incluído pela Med. Prov. 2.173-24/2001.)

§ 2º Os estabelecimentos de ensino fundamental, médio e superior deverão expedir, a qualquer tempo, os documentos de transferência de seus alunos, independentemente de sua adimplência ou da adoção de procedimentos legais de cobranças judiciais. (Renumerado pela Med. Prov. 2.173-24/2001.)

§ 3º São asseguradas em estabelecimentos públicos de ensino fundamental e médio as matrículas dos alunos, cujos contratos, celebrados por seus pais ou responsáveis para a prestação de serviços educacionais, tenham sido suspensos em virtude de inadimplemento, nos termos do *caput* deste artigo. (Renumerado pela Med. Prov. 2.173-24/2001.)

§ 4º Na hipótese de os alunos a que se refere o § 2º, ou seus pais ou responsáveis, não terem providenciado a sua imediata matrícula em outro estabelecimento de sua livre escolha, as Secretarias de Educação estaduais e municipais deverão providenciá-la em estabelecimento de ensino da rede pública, em curso e série correspondentes aos cursados na escola de origem, de forma a garantir a continuidade de seus estudos no mesmo período letivo e a respeitar o disposto no inciso V do art. 53 do Estatuto da Criança e do Adolescente. (Renumerado pela Med. Prov. 2.173-24/2001.)

ART. 7º São legitimados à propositura das ações previstas na Lei n. 8.078, de 1990, para a defesa dos direitos assegurados por esta Lei e pela legislação vigente, as associações de alunos, de pais de alunos e responsáveis, sendo indispensável, em qualquer caso, o apoio de, pelo menos, vinte por cento dos pais de alunos do estabelecimento de ensino ou dos alunos, no caso de ensino superior.

ART. 8º O art. 39 da Lei n. 8.078, de 1990, passa a vigorar acrescido do seguinte inciso:

"XIII - aplicar fórmula ou índice de reajuste diverso do legal ou contratualmente estabelecido."

ART. 9º A Lei n. 9.131, de 24 de novembro de 1995, passa a vigorar acrescida dos seguintes artigos:

- Arts. 7º-A a 7º-D, acrescentados ao texto do CDC.

ART. 10. Continuam a produzir efeitos os atos praticados com base na Medida Provisória n. 1.890-66, de 24 de setembro de 1999, e nas suas antecessoras.

ART. 11. Esta Lei entra em vigor na data de sua publicação.

ART. 12. Revogam-se a Lei n. 8.170, de 17 de janeiro de 1991; o art. 14 da Lei n. 8.178, de 1º de março de 1991; e a Lei n. 8.747, de 9 de dezembro de 1993.

Brasília, 23 de novembro de 1999; 178º da Independência e 111º da República.

FERNANDO HENRIQUE CARDOSO

LEI N. 9.876, DE 26 DE NOVEMBRO DE 1999

Dispõe sobre a contribuição previdenciária do contribuinte individual, o cálculo do benefício, altera dispositivos das Leis n. 8.212 e 8.213, ambas de 24 de julho de 1991, e dá outras providências.

- *DOU*, 29.11.1999 - Edição extra e retificada em 06.12.1999.

O Presidente da República. Faço saber que o Congresso Nacional decreta e eu sanciono a seguinte Lei:

ART. 1º A Lei n. 8.212, de 24 de julho de 1991, passa a vigorar com as seguintes alterações:

- Alterações promovidas no texto da referida lei.

ART. 2º A Lei n. 8.213, de 24 de julho de 1991, passa a vigorar com as seguintes alterações:

- Alterações promovidas no texto da referida lei.

ART. 3º Para o segurado filiado à Previdência Social até o dia anterior à data de publicação desta Lei, que vier a cumprir as condições exigidas para a concessão dos benefícios do Regime Geral de Previdência Social, no cálculo do salário-de-benefício será considerada a média aritmética simples dos maiores salários-de-contribuição, correspondentes a, no mínimo, oitenta por cento de todo o período contributivo decorrido desde a competência julho de 1994, observado o disposto nos incisos I e II do *caput* do art. 29 da Lei n. 8.213, de 1991, com a redação dada por esta Lei.

§ 1º Quando se tratar de segurado especial, no cálculo do salário-de-benefício serão considerados um treze avos da média aritmética simples dos maiores valores sobre os quais incidiu a sua contribuição anual, correspondentes a, no mínimo, oitenta por cento de todo o período contributivo decorrido desde a competência julho de 1994, observado o disposto nos incisos I e II do § 6º do art. 29 da Lei n. 8.213, de 1991, com a redação dada por esta Lei.

§ 2º No caso das aposentadorias de que tratam as alíneas b, c e d do inciso I do art. 18, o divisor considerado no cálculo da média a que se refere o *caput* e o § 1º não poderá ser inferior a sessenta por cento do período decorrido da competência julho de 1994 até a data de início do benefício, limitado a cem por cento de todo o período contributivo.

ART. 4º Considera-se salário-de-contribuição, para os segurados contribuinte individual e facultativo filiados ao Regime Geral de Previdência Social até o dia anterior à data de publicação desta Lei, o salário-base, determinado conforme o art. 29 da Lei n. 8.212, de 1991, com a redação vigente naquela data.

- Lei 10.666/2003 (Dispõe sobre a concessão da aposentadoria especial ao cooperado de cooperativa de trabalho ou de produção e dá outras providências).

§ 1º O número mínimo de meses de permanência em cada classe da escala de salários-base de que trata o art. 29 da Lei n. 8.212, de 1991, com a redação anterior à data de publicação desta Lei, será reduzido, gradativamente, em doze meses a cada ano, até a extinção da referida escala.

§ 2º Havendo a extinção de uma determinada classe em face do disposto no § 1º, a classe subsequente será considerada como classe inicial, cujo salário-base variará entre o valor correspondente ao da classe extinta e o da nova classe inicial.

§ 3º Após a extinção da escala de salários-base de que trata o § 1º, entender-se-á por salário-de-contribuição, para os segurados contribuinte individual e facultativo, o disposto nos incisos III e IV do art. 28 da Lei n. 8.212, de 1991, com a redação dada por esta Lei.

ART. 5º Para a obtenção do salário-de-benefício, o fator previdenciário de que trata o art. 29 da Lei n. 8.213, de 1991, com redação desta Lei, será aplicado de forma progressiva, incidindo sobre um sessenta avos da média aritmética de que trata o art. 3º desta Lei, por mês que se seguir a sua publicação, cumulativa e sucessivamente, até completar sessenta sessenta avos da referida média.

ART. 6º É garantido ao segurado que até o dia anterior à data de publicação desta Lei tenha cumprido os requisitos para a concessão de benefício o cálculo segundo as regras até então vigentes.

ART. 7º É garantido ao segurado com direito a aposentadoria por idade a opção pela não aplicação do fator previdenciário a que se refere o art. 29 da Lei n. 8.213, de 1991, com a redação dada por esta Lei.

ART. 8º Esta Lei entra em vigor na data de sua publicação, produzindo efeitos, quanto à majoração de contribuição e ao disposto no § 4º do art. 30 da Lei n. 8.212, de 1991, com a redação dada por esta Lei, a partir do dia primeiro do mês seguinte ao nonagésimo dia daquela publicação, sendo mantida, até essa data, a obrigatoriedade dos recolhimentos praticados na forma da legislação anterior.

ART. 9º Revogam-se a Lei Complementar n. 84, de 18 de janeiro de 1996, os incisos III e IV do art. 12 e o art. 29 da Lei n. 8.212, de 24 de julho de 1991, os incisos III e IV do art. 11, o § 1º do art. 29 e o parágrafo único do art. 113 da Lei n. 8.213, de 24 de julho de 1991.

Brasília, 26 de novembro de 1999; 178º da Independência e 111º da República.

FERNANDO HENRIQUE CARDOSO

ANEXO
CÁLCULO DO FATOR PREVIDENCIÁRIO

$$f = \frac{Tc \times a}{Es} \times \left[1 + \frac{(Id + Tc \times a)}{100}\right]$$

Onde:

f = fator previdenciário;

Es = expectativa de sobrevida no momento da aposentadoria;

Tc = tempo de contribuição até o momento da aposentadoria;

Id = idade no momento da aposentadoria;

a= alíquota de contribuição correspondente a 0,31.

LEI N. 9.883, DE 7 DE DEZEMBRO DE 1999

Institui o Sistema Brasileiro de Inteligência, cria a Agência Brasileira de Inteligência - ABIN, e dá outras providências.

- *DOU*, 08.12.1999.
- Dec. 9.435/2018 (Regulamenta o disposto no art. 10 da Lei 11.776/2008, quanto à designação e à atuação dos servidores integrantes do quadro da ABIN para prestar serviço no exterior e dispõe sobre a retribuição no exterior).

O Presidente da República. Faço saber que o Congresso Nacional decreta e eu sanciono a seguinte Lei:

ART. 1º Fica instituído o Sistema Brasileiro de Inteligência, que integra as ações de planejamento e execução das atividades de inteligência do País, com a finalidade de fornecer subsídios ao Presidente da República nos assuntos de interesse nacional.

§ 1º O Sistema Brasileiro de Inteligência tem como fundamentos a preservação da soberania nacional, a defesa do Estado Democrático de Direito e a dignidade da pessoa humana, devendo ainda cumprir e preservar os direitos e garantias individuais e demais dispositivos da Constituição Federal, os tratados, convenções, acordos e ajustes internacionais em que a República Federativa do Brasil seja parte ou signatário, e a legislação ordinária.

§ 2º Para os efeitos de aplicação desta Lei, entende-se como inteligência a atividade que objetiva a obtenção, análise e disseminação de conhecimentos dentro e fora do território nacional sobre fatos e situações de imediata ou potencial influência sobre o processo decisório e a ação governamental e sobre a salvaguarda e a segurança da sociedade e do Estado.

§ 3º Entende-se como contrainteligência a atividade que objetiva neutralizar a inteligência adversa.

ART. 2º Os órgãos e entidades da Administração Pública Federal que, direta ou indiretamente, possam produzir conhecimentos de interesse das atividades de inteligência, em especial aqueles responsáveis pela defesa externa, segurança interna e relações exteriores, constituirão o Sistema Brasileiro de Inteligência, na forma de ato do Presidente da República.

§ 1º O Sistema Brasileiro de Inteligência é responsável pelo processo de obtenção, análise e disseminação da informação necessária ao processo decisório do Poder Executivo, bem como pela salvaguarda da informação contra o acesso de pessoas ou órgãos não autorizados.

§ 2º Mediante ajustes específicos e convênios, ouvido o competente órgão de controle externo da atividade de inteligência, as Unidades da Federação poderão compor o Sistema Brasileiro de Inteligência.

ART. 3º Fica criada a Agência Brasileira de Inteligência - ABIN, órgão da Presidência da República, que, na posição de órgão central do Sistema Brasileiro de Inteligência, terá a seu cargo planejar, executar, coordenar, supervisionar e controlar as atividades de inteligência do País, obedecidas à política e às diretrizes superiormente traçadas nos termos desta Lei. (Redação dada pela Med. Prov. 2.216-37/2001.)

Parágrafo único. As atividades de inteligência serão desenvolvidas, no que se refere aos limites de sua extensão e ao uso de técnicas e meios sigilosos, com irrestrita observância dos direitos e garantias individuais, fidelidade às instituições e aos princípios éticos que regem os interesses e a segurança do Estado.

ART. 4º À ABIN, além do que lhe prescreve o artigo anterior, compete:

I - planejar e executar ações, inclusive sigilosas, relativas à obtenção e análise de dados para a produção de conhecimentos destinados a assessorar o Presidente da República;

II - planejar e executar a proteção de conhecimentos sensíveis, relativos aos interesses e à segurança do Estado e da sociedade;

III - avaliar as ameaças, internas e externas, à ordem constitucional;

IV - promover o desenvolvimento de recursos humanos e da doutrina de inteligência, e realizar estudos e pesquisas para o exercício e aprimoramento da atividade de inteligência.

Parágrafo único. Os órgãos componentes do Sistema Brasileiro de Inteligência fornecerão à ABIN, nos termos e condições a serem aprovados mediante ato presidencial, para fins de integração, dados e conhecimentos específicos relacionados com a defesa das instituições e dos interesses nacionais.

ART. 5º A execução da Política Nacional de Inteligência, fixada pelo Presidente da República, será levada a efeito pela ABIN, sob a supervisão da Câmara de Relações Exteriores e Defesa Nacional do Conselho de Governo.

Parágrafo único. Antes de ser fixada pelo Presidente da República, a Política Nacional de Inteligência será remetida ao exame e sugestões do competente órgão de controle externo da atividade de inteligência.

ART. 6º O controle e fiscalização externos da atividade de inteligência serão exercidos pelo Poder Legislativo na forma a ser estabelecida em ato do Congresso Nacional.

§ 1º Integrarão o órgão de controle externo da atividade de inteligência os líderes da maioria e da minoria na Câmara dos Deputados e no Senado Federal, assim como os Presidentes das Comissões de Relações Exteriores e Defesa Nacional da Câmara dos Deputados e do Senado Federal.

§ 2º O ato a que se refere o *caput* deste artigo definirá o funcionamento do órgão de controle e a forma de desenvolvimento dos seus trabalhos com vistas ao controle e fiscalização dos atos decorrentes da execução da Política Nacional de Inteligência.

ART. 7º A ABIN, observada a legislação e normas pertinentes, e objetivando o desempenho de suas atribuições, poderá firmar convênios, acordos, contratos e quaisquer outros ajustes.

ART. 8º A ABIN será dirigida por um Diretor-Geral, cujas funções serão estabelecidas no decreto que aprovar a sua estrutura organizacional.

§ 1º O regimento interno da ABIN disporá sobre a competência e o funcionamento de suas unidades, assim como as atribuições dos titulares e demais integrantes destas.

§ 2º A elaboração e edição do regimento interno da ABIN serão de responsabilidade de seu Diretor-Geral, que o submeterá à aprovação do Presidente da República.

ART. 9º Os atos da ABIN, cuja publicidade possa comprometer o êxito de suas atividades sigilosas, deverão ser publicados em extrato.

§ 1º Incluem-se entre os atos objeto deste artigo os referentes ao seu peculiar funcionamento, como às atribuições, à atuação e às especificações dos respectivos cargos, e à movimentação dos seus titulares.

§ 2º A obrigatoriedade de publicação dos atos em extrato independe de serem de caráter ostensivo ou sigiloso os recursos utilizados, em cada caso.

ART. 9º-A. Quaisquer informações ou documentos sobre as atividades e assuntos de inteligência produzidos, em curso ou sob a custódia da ABIN somente poderão ser fornecidos, às autoridades que tenham competência legal para solicitá-los, pelo Chefe do Gabinete de Segurança Institucional da Presidência da República, observado o respectivo grau de sigilo conferido com base na legislação em vigor, excluídos aqueles cujo sigilo seja imprescindível à segurança da sociedade e do Estado. (Incluído pela Med. Prov. 2.216-37/2001.)

§ 1º O fornecimento de documentos ou informações, não abrangidos pelas hipóteses previstas no *caput* deste artigo, será regulado em ato próprio do Chefe do Gabinete de Segurança Institucional da Presidência da República. (Incluído pela Med. Prov. 2.216-37/2001.)

§ 2º A autoridade ou qualquer outra pessoa que tiver conhecimento ou acesso aos documentos ou informações referidos no *caput* deste artigo obriga-se a manter o respectivo sigilo, sob pena de responsabilidade administrativa, civil e penal, e, em se tratando de procedimento judicial, fica configurado o interesse público de que trata o art. 155, inciso I, do Código de Processo Civil, devendo qualquer investigação correr, igualmente, sob sigilo. (Incluído pela Med. Prov. 2.216-37/2001.)

ART. 10. A ABIN somente poderá comunicar-se com os demais órgãos da administração pública direta, indireta ou fundacional, de qualquer dos Poderes da União, dos Estados, do Distrito Federal e dos Municípios, com o conhecimento prévio da autoridade competente de maior hierarquia do respectivo órgão, ou um seu delegado.

ART. 11. Ficam criados os cargos de Diretor-Geral e de Diretor-Adjunto da ABIN, de natureza especial, e os em comissão, de que trata o Anexo a esta Lei.

Parágrafo único. São privativas do Presidente da República a escolha e a nomeação do Diretor-Geral da ABIN, após aprovação de seu nome pelo Senado Federal.

ART. 12. A unidade técnica encarregada das ações de inteligência, hoje vinculada à Casa Militar da Presidência da República, fica absorvida pela ABIN.

§ 1º Fica o Poder Executivo autorizado a transferir para a ABIN, mediante alteração de denominação e especificação, os cargos e funções de confiança do Grupo-Direção e Assessoramento Superiores, as Funções Gratificadas e as Gratificações de Representação, da unidade técnica encarregada das ações de inteligência, alocados na Casa Militar da Presidência da República.

§ 2º O Poder Executivo disporá sobre a transferência, para a ABIN, do acervo patrimonial alocado à unidade técnica encarregada das ações de inteligência.

§ 3º Fica o Poder Executivo autorizado a remanejar ou transferir para a ABIN os saldos das dotações orçamentárias consignadas para as atividades de inteligência nos orçamentos da Secretaria de Assuntos Estratégicos e do Gabinete da Presidência da República.

ART. 13. As despesas decorrentes desta Lei correrão à conta das dotações orçamentárias próprias.

Parágrafo único. O Orçamento Geral da União contemplará, anualmente, em rubrica específica, os recursos necessários ao desenvolvimento das ações de caráter sigiloso a cargo da ABIN.

ART. 14. As atividades de controle interno da ABIN, inclusive as de contabilidade analítica, serão exercidas pela Secretaria de Controle Interno da Presidência da República.

ART. 15. Esta Lei entra em vigor na data de sua publicação.

Brasília, 7 de dezembro de 1999; 178º da Independência e 111º da República.

FERNANDO HENRIQUE CARDOSO

AMAURY GUILHERME BIER

MARTUS TAVARES

ALBERTO MENDES CARDOSO

▸ Optamos, nesta edição, pela não publicação do Anexo.

LEIS

LEI N. 9.959, DE 27 DE JANEIRO DE 2000

Altera a legislação tributária federal e dá outras providências.

- *DOU*, 28.01.2000.
- Conversão da Med. Prov. 2.013-4/2000.

Faço saber que o Presidente da República adotou a Medida Provisória n. 2.013-4, de 1999, que o Congresso Nacional aprovou, e eu, Heráclito Fortes, Primeiro Vice-Presidente da Mesa do Congresso Nacional, no exercício da Presidência, para os efeitos do disposto no parágrafo único do art. 62 da Constituição Federal, promulgo a seguinte Lei:

ART. 1º Relativamente aos fatos geradores ocorridos a partir de 1º de janeiro de 2000, a alíquota do imposto de renda na fonte incidente sobre os rendimentos auferidos no País, por residentes e domiciliados no exterior, nas hipóteses previstas nos incisos III e V a IX do art. 1º da Lei n. 9.481, de 13 de agosto de 1997, com a redação dada pelo art. 20 da Lei n. 9.532, de 10 de dezembro de 1997, será de quinze por cento, observado, em relação aos incisos VI e VII, o disposto no art. 8º da Lei n. 9.779, de 19 de janeiro de 1999.

- Lei 10.560/2002 (Dispõe sobre o tratamento tributário dispensado às empresas de transporte aéreo).

§ 1º Aos contratos em vigor em 31 de dezembro de 1999, relativos às operações mencionadas neste artigo, fica garantido o tratamento tributário a eles aplicável nessa data.

§ 2º Relativamente a qualquer das hipóteses referidas no *caput*, a alíquota de quinze por cento poderá ser reduzida, por prazo certo, pelo Poder Executivo, alcançando, exclusivamente, os contratos celebrados durante o período em que vigorar a redução.

ART. 2º A alínea "d" do inciso II do art. 18 da Lei n. 9.430, de 27 de dezembro de 1996, passa a vigorar com a seguinte redação:

- Alterações promovidas no texto da referida lei.

ART. 3º O art. 1º da Lei n. 9.532, de 1997, passa a vigorar com a seguinte redação:

- Alterações promovidas no texto da referida lei.

ART. 4º A contrapartida da reavaliação de quaisquer bens da pessoa jurídica somente poderá ser computada em conta de resultado ou na determinação do lucro real e da base de cálculo da contribuição social sobre o lucro líquido quando ocorrer a efetiva realização do bem reavaliado.

ART. 5º Aplica-se à pessoa jurídica incorporadora o disposto no art. 21 da Lei n. 9.249, de 26 de dezembro de 1995, e no § 1º do art. 1º da Lei n. 9.430, de 1996, salvo nos casos em que as pessoas jurídicas, incorporadora e incorporada, estivessem sob o mesmo controle societário desde o ano-calendário anterior ao do evento.

ART. 6º A alíquota de que trata o art. 72 da Lei n. 8.981, de 20 de janeiro de 1995, é fixada em percentual igual ao estabelecido para os rendimentos produzidos por aplicações financeiras de renda fixa:

I - a partir do ano-calendário de 2001, no caso de ganhos líquidos auferidos em operações realizadas em bolsas de valores, de mercadorias, de futuros, assemelhadas e no mercado de balcão, ressalvado o disposto no inciso II;

II - a partir do ano-calendário de 2002, no caso de ganhos líquidos auferidos nos mercados à vista de ações negociadas em bolsas de valores e de rendimentos produzidos pelos fundos de investimento previstos no § 6º do art. 28 da Lei n. 9.532, de 1997, com as alterações introduzidas pelos arts. 1º e 2º da Medida Provisória n. 1.990-26, de 14 de dezembro de 1999.

Parágrafo único. Aos ganhos líquidos a que se refere o inciso I aplicar-se-á, no ano-calendário de 2000, a alíquota de quinze por cento.

ART. 7º O regime de tributação previsto no art. 81 da Lei n. 8.981, de 1995, com a alteração introduzida pelo art. 11 da Lei n. 9.249, de 1995, não se aplica a investimento estrangeiro oriundo de país que tribute a renda à alíquota inferior a vinte por cento, o qual sujeitar-se-á às mesmas regras estabelecidas para os residentes ou domiciliados no País.

ART. 8º Os rendimentos auferidos em operações de *day trade* realizadas em bolsas de valores, de mercadorias, de futuros e assemelhadas, por qualquer beneficiário, inclusive pessoa jurídica isenta, sujeitam-se à incidência do imposto de renda na fonte à alíquota de um por cento.

- Art. 17, § 8º, Lei 13.043/2014 (Dispõe sobre os fundos de índice de renda fixa, sobre a responsabilidade tributária na integralização de cotas de fundos ou clubes de investimento por meio da entrega de ativos financeiros, sobre a tributação das operações de empréstimos de ativos financeiros e sobre a isenção de imposto sobre a renda na alienação de ações de empresas pequenas e médias.)

§ 1º Para efeito do disposto neste artigo:

I - considera-se:

a) day trade: a operação ou a conjugação de operações iniciadas e encerradas em um mesmo dia, com o mesmo ativo, em uma mesma instituição intermediadora, em que a quantidade negociada tenha sido liquidada, total ou parcialmente; (Redação dada pela Lei 12.350/2010.)

b) rendimento: o resultado positivo apurado no encerramento das operações de *day trade*;

II - não será considerado valor ou quantidade de estoque do ativo existente em data anterior.

§ 2º Será admitida a compensação de perdas incorridas em operações de *day trade* realizadas no mesmo dia. (Redação dada pela Lei 12.350/ 2010.)

§ 3º O responsável pela retenção e recolhimento do imposto de que trata este artigo é a instituição intermediadora da operação de *day trade* que receber, diretamente, a ordem do cliente. (Redação dada pela Lei 12.350/2010.)

§ 4º O valor do imposto retido na fonte sobre operações de *day trade* poderá ser:

I - deduzido do imposto incidente sobre ganhos líquidos apurados no mês;

II - compensado com o imposto incidente sobre ganhos líquidos apurado nos meses subsequentes, se, após a dedução de que trata o inciso anterior, houver saldo de imposto retido.

§ 5º Se, ao término de cada ano-calendário, houver saldo de imposto retido na fonte a compensar, fica facultado à pessoa física ou às pessoas jurídicas de que trata o inciso II do § 8º, pedido de restituição, na forma e condições estabelecidas pela Secretaria da Receita Federal.

§ 6º As perdas incorridas em operações *day trade* somente poderão ser compensadas com os rendimentos auferidos em operações de mesma espécie (*day trade*), realizadas no mês, observado o disposto no parágrafo seguinte.

§ 7º O resultado mensal da compensação referida no parágrafo anterior:

I - se positivo, integrará a base de cálculo do imposto referente aos ganhos líquidos;

II - se negativo, poderá ser compensado com os resultados positivos de operações de *day trade* apurados no meses subsequentes.

§ 8º Sem prejuízo do disposto no § 4º, o imposto de renda retido na fonte em operações de *day trade* será:

I - deduzido do devido no encerramento de cada período de apuração ou na data de extinção, no caso de pessoa jurídica tributada com base no lucro real, presumido ou arbitrado;

II - definitivo, no caso de pessoa física e de pessoa jurídica isenta, bem assim a sujeita ao tratamento previsto na Lei n. 9.317, de 5 de dezembro de 1996.

ART. 9º O disposto nos arts. 6º e 8º não se aplica aos rendimentos e ganhos líquidos auferidos pelas pessoas jurídicas de que trata o inciso I, do art. 77 da Lei n. 8.981, de 1995, que continuam sujeitos às normas previstas na legislação vigente.

ART. 10. Fica prorrogado, até 1º de março de 2000, o prazo de que trata o art. 4º da Lei n. 8.248, de 23 de outubro de 1991.

ART. 11. Ficam convalidados os atos praticados com base na Medida Provisória n. 2.005-3, de 14 de dezembro de 1999.

ART. 12. Esta Lei entra em vigor na data de sua publicação, produzindo efeitos a partir de 1º de janeiro de 2000.

ART. 13. Ficam revogados:

I - a partir de 1º de janeiro de 2000, os §§ 5º e 6º do art. 72 da Lei n. 8.981, de 1995, e o § 2º do art. 1º da Lei n. 9.481, de 13 de agosto de 1997, introduzido pelo art. 11 da Medida Provisória n. 1.990-26, de 14 de dezembro de 1999.

II - a Medida Provisória n. 2.005-3, de 14 de dezembro de 1999.

Congresso Nacional, em 27 de janeiro de 2000; 179º da Independência e 112º da República.

DEPUTADO HERÁCLITO FORTES
PRIMEIRO VICE-PRESIDENTE DA MESA DO CONGRESSO NACIONAL, NO EXERCÍCIO DA PRESIDÊNCIA

LEI N. 9.961, DE 28 DE JANEIRO DE 2000

Cria a Agência Nacional de Saúde Suplementar - ANS e dá outras providências.

- *DOU*, 29.01.2000 (Ed. Extra).
- Conversão da Med. Prov. 2.012-2/2000.
- Dec. 3.327/2000 (Aprova o Regulamento da Agência Nacional de Saúde Suplementar - ANS, e dá outras providências).

O Presidente da República. Faço saber que o Congresso Nacional decreta e eu sanciono a seguinte Lei:

CAPÍTULO I
DA CRIAÇÃO E DA COMPETÊNCIA

ART. 1º É criada a Agência Nacional de Saúde Suplementar - ANS, autarquia sob o regime especial, vinculada ao Ministério da Saúde, com sede e foro na cidade do Rio de Janeiro - RJ, prazo de duração indeterminado e atuação em todo o território nacional, como órgão de regulação, normatização, controle e fiscalização das atividades que garantam a assistência suplementar à saúde.

Parágrafo único. A natureza de autarquia especial conferida à ANS é caracterizada por autonomia administrativa, financeira, patrimonial e de gestão de recursos humanos, autonomia nas suas decisões técnicas e mandato fixo de seus dirigentes.

ART. 2º Caberá ao Poder Executivo instalar a ANS, devendo o seu regulamento, aprovado por decreto do Presidente da República, fixar-lhe a estrutura organizacional básica.

Parágrafo único. Constituída a ANS, com a publicação de seu regimento interno, pela diretoria colegiada, ficará a autarquia, automaticamente, investida no exercício de suas atribuições.

ART. 3º A ANS terá por finalidade institucional promover a defesa do interesse público na assistência suplementar à saúde, regulando as operadoras setoriais, inclusive quanto às suas relações com prestadores e consumidores, contribuindo para o desenvolvimento das ações de saúde no País.

ART. 4º Compete à ANS:

I - propor políticas e diretrizes gerais ao Conselho Nacional de Saúde Suplementar - Consu para a regulação do setor de saúde suplementar;

II - estabelecer as características gerais dos instrumentos contratuais utilizados na atividade das operadoras;

III - elaborar o rol de procedimentos e eventos em saúde, que constituirão referência básica para os fins do disposto na Lei n. 9.656, de 3 de junho de 1998, e suas excepcionalidades;

IV - fixar critérios para os procedimentos de credenciamento e descredenciamento de prestadores de serviço às operadoras;

V - estabelecer parâmetros e indicadores de qualidade e de cobertura em assistência à saúde para os serviços próprios e de terceiros oferecidos pelas operadoras;

VI - estabelecer normas para ressarcimento ao Sistema Único de Saúde - SUS;

VII - estabelecer normas relativas à adoção e utilização, pelas operadoras de planos de assistência à saúde, de mecanismos de regulação do uso dos serviços de saúde;

VIII - deliberar sobre a criação de câmaras técnicas, de caráter consultivo, de forma a subsidiar suas decisões;

IX - normatizar os conceitos de doença e lesão preexistentes;

X - definir, para fins de aplicação da Lei n. 9.656, de 1998, a segmentação das operadoras e administradoras de planos privados de assistência à saúde, observando as suas peculiaridades;

XI - estabelecer critérios, responsabilidades, obrigações e normas de procedimento para garantia dos direitos assegurados nos arts. 30 e 31 da Lei n. 9.656, de 1998;

XII - estabelecer normas para registro dos produtos definidos no inciso I e no § 1º do art. 1º da Lei n. 9.656, de 1998;

XIII - decidir sobre o estabelecimento de sub-segmentações aos tipos de planos definidos nos incisos I a IV do art. 12 da Lei n. 9.656, de 1998;

XIV - estabelecer critérios gerais para o exercício de cargos diretivos das operadoras de planos privados de assistência à saúde;

XV - estabelecer critérios de aferição e controle da qualidade dos serviços oferecidos pelas operadoras de planos privados de assistência à saúde, sejam eles próprios, referenciados, contratados ou conveniados;

XVI - estabelecer normas, rotinas e procedimentos para concessão, manutenção e cancelamento de registro dos produtos das operadoras de planos privados de assistência à saúde;

XVII - autorizar reajustes e revisões das contraprestações pecuniárias dos planos privados de assistência à saúde, ouvido o Ministério da Fazenda; (Redação dada pela Med. Prov. 2.177-44/2001.)

XVIII - expedir normas e padrões para o envio de informações de natureza econômico-financeira pelas operadoras, com vistas à homologação de reajustes e revisões;

XIX - proceder à integração de informações com os bancos de dados do Sistema Único de Saúde;

XX - autorizar o registro dos planos privados de assistência à saúde;

XXI - monitorar a evolução dos preços de planos de assistência à saúde, seus prestadores de serviços, e respectivos componentes e insumos;

XXII - autorizar o registro e o funcionamento das operadoras de planos privados de assistência à saúde, bem assim sua cisão, fusão, incorporação, alteração ou transferência do controle societário, sem prejuízo do disposto na Lei n. 8.884, de 11 de junho de 1994; (Redação dada pela Med. Prov. 2.177-44/2001.)

XXIII - fiscalizar as atividades das operadoras de planos privados de assistência à saúde e zelar pelo cumprimento das normas atinentes ao seu funcionamento;

XXIV - exercer o controle e a avaliação dos aspectos concernentes à garantia de acesso, manutenção e qualidade dos serviços prestados, direta ou indiretamente, pelas operadoras de planos privados de assistência à saúde;

XXV - avaliar a capacidade técnico-operacional das operadoras de planos privados de assistência à saúde para garantir a compatibilidade da cobertura oferecida com os recursos disponíveis na área geográfica de abrangência;

XXVI - fiscalizar a atuação das operadoras e prestadores de serviços de saúde com relação à abrangência das coberturas de patologias e procedimentos;

XXVII - fiscalizar aspectos concernentes às coberturas e o cumprimento da legislação referente aos aspectos sanitários e epidemiológicos, relativos à prestação de serviços médicos e hospitalares no âmbito da saúde suplementar;

XXVIII - avaliar os mecanismos de regulação utilizados pelas operadoras de planos privados de assistência à saúde;

XXIX - fiscalizar o cumprimento das disposições da Lei n. 9.656, de 1998, e de sua regulamentação;

XXX - aplicar as penalidades pelo descumprimento da Lei n. 9.656, de 1998, e de sua regulamentação;

XXXI - requisitar o fornecimento de informações às operadoras de planos privados de assistência à saúde, bem como da rede prestadora de serviços a elas credenciadas;

XXXII - adotar as medidas necessárias para estimular a competição no setor de planos privados de assistência à saúde;

XXXIII - instituir o regime de direção fiscal ou técnica nas operadoras;

XXXIV - proceder à liquidação extrajudicial e autorizar o liquidante a requerer a falência ou insolvência civil das operadores de planos privados de assistência à saúde; (Redação dada pela Med. Prov. 2.177-44/2001.)

XXXV - determinar ou promover a alienação da carteira de planos privados de assistência à saúde das operadoras; (Redação dada pela Med. Prov. 2.177-44/2001.)

XXXVI - articular-se com os órgãos de defesa do consumidor visando a eficácia da proteção e defesa do consumidor de serviços privados de assistência à saúde, observado o disposto na Lei n. 8.078, de 11 de setembro de 1990;

XXXVII - zelar pela qualidade dos serviços de assistência à saúde no âmbito da assistência à saúde suplementar;

XXXVIII - administrar e arrecadar as taxas instituídas por esta Lei.

XXXIX - celebrar, nas condições que estabelecer, termo de compromisso de ajuste de conduta e termo de compromisso e fiscalizar os seus cumprimentos; (Incluído pela Med. Prov. 2.177-44/2001.)

XL - definir as atribuições e competências do diretor técnico, diretor fiscal, do liquidante e do responsável pela alienação de carteira. (Incluído pela Med. Prov. 2.177-44/2001.)

XLI - fixar as normas para constituição, organização, funcionamento e fiscalização das operadoras de produtos de que tratam o inciso I e o § 1º do art. 1º da Lei n. 9.656, de 3 de junho de 1998, incluindo: (Incluído pela Med. Prov. 2.177-44/2001.)

a) conteúdos e modelos assistenciais; (Incluído pela Med. Prov. 2.177-44/2001.)

b) adequação e utilização de tecnologias em saúde; (Incluído pela Med. Prov. 2.177-44/2001.)

c) direção fiscal ou técnica; (Incluído pela Med. Prov. 2.177-44/2001.)

d) liquidação extrajudicial; (Incluído pela Med. Prov. 2.177-44/2001.)

e) procedimentos de recuperação financeira das operadoras; (Incluído pela Med. Prov. 2.177-44/2001.)

f) normas de aplicação de penalidades; (Incluído pela Med. Prov. 2.177-44/2001.)

g) garantias assistenciais, para cobertura dos planos ou produtos comercializados ou disponibilizados; (Incluído pela Med. Prov. 2.177-44/2001.)

XLII - estipular índices e demais condições técnicas sobre investimentos e outras relações patrimoniais a serem observadas pelas operadoras de planos de assistência à saúde. (Incluído pela Med. Prov. 2.177-44/2001.)

§ 1º A recusa, a omissão, a falsidade ou o retardamento injustificado de informações ou documentos solicitados pela ANS constitui infração punível com multa diária de R$ 5.000,00 (cinco mil reais), podendo ser aumentada em até vinte vezes, se necessário, para garantir a sua eficácia em razão da situação econômica da operadora ou prestadora de serviços. (Redação dada pela Med. Prov. 2.177-44/2001.)

§ 2º As normas previstas neste artigo obedecerão às características específicas da operadora, especialmente no que concerne à natureza jurídica de seus atos constitutivos.

§ 3º (Revogado pela Med. Prov. 2.177-44/2001.)

CAPÍTULO II
DA ESTRUTURA ORGANIZACIONAL

ART. 5º A ANS será dirigida por uma Diretoria Colegiada, devendo contar, também, com um Procurador, um Corregedor e um Ouvidor, além de unidades especializadas incumbidas de diferentes funções, de acordo com o regimento interno.

Parágrafo único. A ANS contará, ainda, com a Câmara de Saúde Suplementar, de caráter permanente e consultivo.

ART. 6º A gestão da ANS será exercida pela Diretoria Colegiada, composta por até cinco Diretores, sendo um deles o seu Diretor-Presidente.

Parágrafo único. Os Diretores serão brasileiros, indicados e nomeados pelo Presidente da República após aprovação prévia pelo Senado Federal, nos termos do art. 52, III, "f", da Constituição Federal, para cumprimento de mandato de três anos, admitida uma única recondução.

ART. 7º O Diretor-Presidente da ANS será designado pelo Presidente da República, dentre os membros da Diretoria Colegiada, e investido na função por três anos, ou pelo prazo restante de seu mandato, admitida uma única recondução por três anos.

ART. 8º Após os primeiros quatro meses de exercício, os dirigentes da ANS somente perderão o mandato em virtude de:

I - condenação penal transitada em julgado;

II - condenação em processo administrativo, a ser instaurado pelo Ministro de Estado da Saúde, assegurados o contraditório e a ampla defesa;

III - acumulação ilegal de cargos, empregos ou funções públicas; e

IV - descumprimento injustificado de objetivos e metas acordados no contrato de gestão de que trata o Capítulo III desta Lei.

§ 1º Instaurado processo administrativo para apuração de irregularidades, poderá o Presidente da República, por solicitação do Ministro de Estado da Saúde, no interesse da Administração, determinar o afastamento provisório do dirigente, até a conclusão.

§ 2º O afastamento de que trata o § 1º não implica prorrogação ou permanência no cargo além da data inicialmente prevista para o término do mandato.

ART. 9º Até doze meses após deixar o cargo, é vedado a ex-dirigente da ANS:

I - representar qualquer pessoa ou interesse perante a Agência, excetuando-se os interesses próprios relacionados a contrato particular de assistência à saúde suplementar, na condição de contratante ou consumidor;

II - deter participação, exercer cargo ou função em organização sujeita à regulação da ANS.

ART. 10. Compete à Diretoria Colegiada:

I - exercer a administração da ANS;

II - editar normas sobre matérias de competência da ANS;

III - aprovar o regimento interno da ANS e definir a área de atuação de cada Diretor;

IV - cumprir e fazer cumprir as normas relativas à saúde suplementar;

V - elaborar e divulgar relatórios periódicos sobre suas atividades;

VI - julgar, em grau de recurso, as decisões dos Diretores, mediante provocação dos interessados;

VII - encaminhar os demonstrativos contábeis da ANS aos órgãos competentes.

§ 1º A Diretoria reunir-se-á com a presença de, pelo menos, três diretores, dentre eles o Diretor-Presidente ou seu substituto legal, e deliberará com, no mínimo, três votos coincidentes. (Redação dada pela Med. Prov. 2.177-44/2001.)

§ 2º Dos atos praticados pelos Diretores caberá recurso à Diretoria Colegiada como última instância administrativa. (Redação dada pela Med. Prov. 2.177-44/2001.)

§ 3º O recurso a que se refere o § 2º terá efeito suspensivo, salvo quando a matéria que lhe constituir o objeto envolver risco à saúde dos consumidores.

ART. 11. Compete ao Diretor-Presidente:

I - representar legalmente a ANS;

II - presidir as reuniões da Diretoria Colegiada;

III - cumprir e fazer cumprir as decisões da Diretoria Colegiada;

IV - decidir nas questões de urgência *ad referendum* da Diretoria Colegiada;

V - decidir, em caso de empate, nas deliberações da Diretoria Colegiada;

VI - nomear ou exonerar servidores, provendo os cargos efetivos, em comissão e funções de confiança, e exercer o poder disciplinar, nos termos da legislação em vigor;

VII - encaminhar ao Ministério da Saúde e ao Consu os relatórios periódicos elaborados pela Diretoria Colegiada;

VIII - assinar contratos e convênios, ordenar despesas e praticar os atos de gestão necessários ao alcance dos objetivos da ANS.

ART. 12. (Revogado pela Lei 9.986/2000.)

ART. 13. A Câmara de Saúde Suplementar será integrada:

I - pelo Diretor-Presidente da ANS, ou seu substituto, na qualidade de Presidente;

II - por um diretor da ANS, na qualidade de Secretário;

III - por um representante de cada Ministério a seguir indicado:

a) da Fazenda;

b) da Previdência e Assistência Social;

c) do Trabalho e Emprego;

d) da Justiça;

e) da Saúde;

IV - por um representante de cada órgão e entidade a seguir indicados:

a) Conselho Nacional de Saúde;

b) Conselho Nacional dos Secretários Estaduais de Saúde;

c) Conselho Nacional dos Secretários Municipais de Saúde;

d) Conselho Federal de Medicina;

e) Conselho Federal de Odontologia;

f) Conselho Federal de Enfermagem;

g) Federação Brasileira de Hospitais;

h) Confederação Nacional de Saúde, Hospitais, Estabelecimentos e Serviços;

i) Confederação das Santas Casas de Misericórdia, Hospitais e Entidades Filantrópicas;

j) Confederação Nacional da Indústria;

l) Confederação Nacional do Comércio;

m) Central Única dos Trabalhadores;

n) Força Sindical;

o) Social Democracia Sindical;

p) Federação Nacional das Empresas de Seguros Privados e de Capitalização; (Incluído pela Med. Prov. 2.177-44/2001.)

q) Associação Médica Brasileira; (Incluído pela Med. Prov. 2.177-44/2001.)

V - por um representante de cada entidade a seguir indicada:

a) do segmento de autogestão de assistência à saúde; (Redação dada pela Med. Prov. 2.177-44/2001.)

b) das empresas de medicina de grupo; (Redação dada pela Med. Prov. 2.177-44/2001.)

c) das cooperativas de serviços médicos que atuem na saúde suplementar; (Redação dada pela Med. Prov. 2.177-44/2001.)

d) das empresas de odontologia de grupo; (Redação dada pela Med. Prov. 2.177-44/2001.)

e) das cooperativas de serviços odontológicos que atuem na área de saúde suplementar; (Redação dada pela Med. Prov. 2.177-44/2001.)

VI - por dois representantes de entidades a seguir indicadas: (Incluído pela Med. Prov. 2.177-44/2001.)

a) de defesa do consumidor; (Incluído pela Med. Prov. 2.177-44/2001.)

b) de associações de consumidores de planos privados de assistência à saúde; (Incluído pela Med. Prov. 2.177-44/2001.)

c) das entidades de portadores de deficiência e de patologias especiais. (Incluído pela Med. Prov. 2.177-44/2001.)

§ 1º Os membros da Câmara de Saúde Suplementar serão designados pelo Diretor-Presidente da ANS.

§ 2º As entidades de que tratam as alíneas dos incisos V e VI escolherão entre si, dentro de cada categoria, os seus representantes e respectivos suplentes na Câmara de Saúde Suplementar. (Redação dada pela Med. Prov. 2.177-44/2001.)

CAPÍTULO III
DO CONTRATO DE GESTÃO

ART. 14. A administração da ANS será regida por um contrato de gestão, negociado entre seu Diretor-Presidente e o Ministro de Estado da Saúde e aprovado pelo Conselho de Saúde Suplementar, no prazo máximo de cento e vinte dias seguintes à designação do Diretor-Presidente da autarquia.

Parágrafo único. O contrato de gestão estabelecerá os parâmetros para a administração interna da ANS, bem assim os indicadores que permitam avaliar, objetivamente, a sua atuação administrativa e o seu desempenho.

ART. 15. O descumprimento injustificado do contrato de gestão implicará a dispensa do Diretor-Presidente, pelo Presidente da República, mediante solicitação do Ministro de Estado da Saúde.

CAPÍTULO IV
DO PATRIMÔNIO, DAS RECEITAS E DA GESTÃO FINANCEIRA

ART. 16. Constituem patrimônio da ANS os bens e direitos de sua propriedade, os que lhe forem conferidos ou os que venha a adquirir ou incorporar.

ART. 17. Constituem receitas da ANS:

I - o produto resultante da arrecadação da Taxa de Saúde Suplementar de que trata o art. 18;

II - a retribuição por serviços de quaisquer natureza prestados a terceiros;

III - o produto da arrecadação das multas resultantes das suas ações fiscalizadoras;

IV - o produto da execução da sua dívida ativa;

V - as dotações consignadas no Orçamento-Geral da União, créditos especiais, créditos adicionais, transferências e repasses que lhe forem conferidos;

VI - os recursos provenientes de convênios, acordos ou contratos celebrados com entidades ou organismos nacionais e internacionais;

VII - as doações, legados, subvenções e outros recursos que lhe forem destinados;

VIII - os valores apurados na venda ou aluguel de bens móveis e imóveis de sua propriedade;

IX - o produto da venda de publicações, material técnico, dados e informações;

X - os valores apurados em aplicações no mercado financeiro das receitas previstas neste artigo, na forma definida pelo Poder Executivo;

XI - quaisquer outras receitas não especificadas nos incisos I a X deste artigo.

Parágrafo único. Os recursos previstos nos incisos I a IV e VI a XI deste artigo serão creditados diretamente à ANS, na forma definida pelo Poder Executivo.

ART. 18. É instituída a Taxa de Saúde Suplementar, cujo fato gerador é o exercício pela ANS do poder de polícia que lhe é legalmente atribuído.

- Lei 13.202/2015 (Autoriza o Poder Executivo a atualizar monetariamente, na forma do regulamento, o valor da taxa instituída neste artigo).

ART. 19. São sujeitos passivos da taxa de saúde suplementar as pessoas jurídicas, condomínios ou consórcios constituídos sob a modalidade de sociedade civil ou comercial, cooperativa ou entidade de autogestão, ainda que não assumam o risco financeiro da cobertura assistencial, que operem produto, serviço, contrato ou correlato, com a finalidade de garantir a assistência à saúde, visando à assistência médica, hospitalar ou odontológica. (Alterado pela Med. Prov. 2.177-43/2001.)

ART. 20. A Taxa de Saúde Suplementar será devida:

I - por plano de assistência à saúde, e seu valor será o produto da multiplicação de R$ 2,00 (dois reais) pelo número médio de usuários de cada plano privado de assistência à saúde, deduzido o percentual total de descontos apurado em cada plano, de acordo com as Tabelas I e II do Anexo II desta Lei;

II - por registro de produto, registro de operadora, alteração de dados referente ao produto, alteração de dados referente à operadora, pedido de reajuste de contraprestação pecuniária, conforme os valores constantes da Tabela que constitui o Anexo III desta Lei.

§ 1º Para fins do cálculo do número médio de usuários de cada plano privado de assistência à saúde, previsto no inciso I deste artigo, não serão incluídos os maiores de sessenta anos.

§ 2º Para fins do inciso I deste artigo, a Taxa de Saúde Suplementar será devida anualmente e recolhida até o último dia útil do primeiro decêndio dos meses de março, junho, setembro e dezembro e de acordo com o disposto no regulamento da ANS.

§ 3º Para fins do inciso II deste artigo, a Taxa de Saúde Suplementar será devida quando da protocolização do requerimento e de acordo com o regulamento da ANS.

§ 4º Para fins do inciso II deste artigo, os casos de alteração de dados referentes ao produto ou à operadora que não produzam consequências para o consumidor ou o mercado de saúde suplementar, conforme disposto em resolução da Diretoria Colegiada da ANS, poderão fazer jus a isenção ou redução da respectiva Taxa de Saúde Suplementar.

§ 5º Até 31 de dezembro de 2000, os valores estabelecidos no Anexo III desta Lei sofrerão um desconto de 50% (cinquenta por cento).

§ 6º As operadoras de planos privados de assistência à saúde que se enquadram nos segmentos de autogestão por departamento de recursos humanos, ou de filantropia, ou que tenham número de usuários inferior a vinte mil, ou que despendem, em sua rede própria, mais de sessenta por cento do custo assistencial relativo aos gastos em serviços hospitalares referentes a seus Planos Privados de Assistência à Saúde e que prestam ao menos trinta por cento de sua atividade ao Sistema Único de Saúde - SUS, farão jus a um desconto de trinta por cento sobre o montante calculado na forma do inciso I deste artigo, conforme dispuser a ANS. (Incluído pela Med. Prov. 2.177-44/2001.)

§ 7º As operadoras de planos privados de assistência à saúde que comercializam exclusivamente planos odontológicos farão jus a um desconto de cinquenta por cento sobre o montante calculado na forma do inciso I deste artigo, conforme dispuser a ANS. (Incluído pela Med. Prov. 2.177-44/2001.)

§ 8º As operadoras com número de usuários inferior a vinte mil poderão optar pelo recolhimento em parcela única no mês de março, fazendo jus a um desconto de cinco por cento sobre o montante calculado na forma do inciso I deste artigo, além dos descontos previstos nos §§ 6º e 7º, conforme dispuser a ANS. (Incluído pela Med. Prov. 2.177-44/2001.)

§ 9º Os valores constantes do Anexo III desta Lei ficam reduzidos em cinquenta por cento, no caso das empresas com número de usuários inferior a vinte mil. (Incluído pela Med. Prov. 2.177-44/2001.)

§ 10. Para fins do disposto no inciso II deste artigo, os casos de alteração de dados referentes a produtos ou a operadoras, até edição da norma correspondente aos seus registros definitivos, conforme o disposto na Lei n. 9.656, de 1998, ficam isentos da respectiva Taxa de Saúde Suplementar. (Incluído pela Med. Prov. 2.177-44/2001.)

§ 11. Para fins do disposto no inciso I deste artigo, nos casos de alienação compulsória de carteira, as operadoras de planos privados de assistência à saúde adquirentes ficam isentas de pagamento da respectiva Taxa de Saúde Suplementar, relativa aos beneficiários integrantes daquela carteira, pelo prazo de cinco anos. (Incluído pela Med. Prov. 2.177-44/2001.)

ART. 21. A Taxa de Saúde Suplementar não recolhida nos prazos fixados será cobrada com os seguintes acréscimos:

I - juros de mora, na via administrativa ou judicial, contados do mês seguinte ao do vencimento, à razão de 1% a.m. (um por cento ao mês) ou fração de mês;

II - multa de mora de 10% (dez por cento).

§ 1º Os débitos relativos à Taxa de Saúde Suplementar poderão ser parcelados, a juízo da ANS, de acordo com os critérios fixados na legislação tributária. (Renumerado pela Med. Prov. 2.177-44/2001.)

§ 2º Além dos acréscimos previstos nos incisos I e II deste artigo, o não recolhimento da Taxa de Saúde Suplementar implicará a perda dos descontos previstos nesta Lei. (Incluído pela Med. Prov. 2.177-44/2001.)

ART. 22. A Taxa de Saúde Suplementar será devida a partir de 1º de janeiro de 2000.

ART. 23. A Taxa de Saúde Suplementar será recolhida em conta vinculada à ANS.

ART. 24. Os valores cuja cobrança seja atribuída por lei à ANS e apurados administrativamente, não recolhidos no prazo estipulado, serão inscritos em dívida ativa da própria ANS e servirão de título executivo para cobrança judicial na forma da lei.

ART. 25. A execução fiscal da dívida ativa será promovida pela Procuradoria da ANS.

CAPÍTULO V
DAS DISPOSIÇÕES FINAIS E TRANSITÓRIAS

ART. 26. A ANS poderá contratar especialistas para a execução de trabalhos nas áreas técnica, científica, administrativa, econômica e jurídica, por projetos ou prazos limitados, observada a legislação em vigor.

ART. 27. (Revogado pela Lei 9.986/2000.)

ART. 28. (Revogado pela Lei 10.871/2004.)

ART. 29. É vedado à ANS requisitar pessoal com vínculo empregatício ou contratual junto a entidades sujeitas à sua ação reguladora, bem assim os respectivos responsáveis, ressalvada a participação em comissões de trabalho criadas com fim específico, duração determinada e não integrantes da sua estrutura organizacional.

Parágrafo único. Excetuam-se da vedação prevista neste artigo os empregados de empresas públicas e sociedades de economia mista que mantenham sistema de assistência à saúde na modalidade de autogestão.

ART. 30. Durante o prazo máximo de cinco anos, contado da data de instalação da ANS, o exercício da fiscalização das operadoras de planos privados de assistência à saúde poderá ser realizado por contratado, servidor ou empregado requisitado ou pertencente ao Quadro da Agência ou do Ministério da Saúde, mediante designação da Diretoria Colegiada, conforme dispuser o regulamento.

ART. 31. Na primeira gestão da ANS, visando implementar a transição para o sistema de mandatos não coincidentes, as nomeações observarão os seguintes critérios:

I - três diretores serão nomeados pelo Presidente da República, por indicação do Ministro de Estado da Saúde;

II - dois diretores serão nomeados na forma do parágrafo único do art. 6º desta Lei.

§ 1º Dos três diretores referidos no inciso I deste artigo, dois serão nomeados para mandato de quatro anos e um, para mandato de três anos.

§ 2º Dos dois diretores referidos no inciso II deste artigo, um será nomeado para mandato de quatro anos e o outro, para mandato de três anos.

ART. 32. É o Poder Executivo autorizado a:

I - transferir para a ANS o acervo técnico e patrimonial, as obrigações, os direitos e as receitas do Ministério da Saúde e de seus órgãos, necessários ao desempenho de suas funções;

II - remanejar, transferir ou utilizar os saldos orçamentários do Ministério da Saúde e do Fundo Nacional de Saúde para atender as despesas de estruturação e manutenção da ANS, utilizando como recursos as dotações orçamentárias destinadas às atividades finalísticas e administrativas, observados os mesmos subprojetos, subatividades e grupos de despesas previstos na Lei Orçamentária em vigor;

III - sub-rogar contratos ou parcelas destes relativos à manutenção, instalação e funcionamento da ANS.

Parágrafo único. Até que se conclua a instalação da ANS, são o Ministério da Saúde e a Fundação Nacional de Saúde incumbidos de assegurar o suporte administrativo e financeiro necessário ao funcionamento da Agência.

ART. 33. A ANS designará pessoa física de comprovada capacidade e experiência, reconhecida idoneidade moral e registro em conselho de fiscalização de profissões regulamentadas, para exercer o encargo de diretor fiscal, de diretor técnico ou de liquidante de operadora de planos privados de assistência à saúde. (Redação dada pela Med. Prov. 2.177-44/2001.)

§ 1º A remuneração do diretor técnico, do diretor fiscal ou do liquidante deverá ser suportada pela operadora ou pela massa. (Incluído pela Med. Prov. 2.177-44/2001.)

§ 2º Se a operadora ou a massa não dispuserem de recursos para custear a remuneração de que trata este artigo, a ANS poderá, excepcionalmente, promover este pagamento, em valor equivalente à do cargo em comissão de Gerência Executiva, nível III, símbolo CGE-III, ressarcindo-se dos valores despendidos com juros e correção monetária junto à operadora ou à massa, conforme o caso. (Incluído pela Med. Prov. 2.177-44/2001.)

ART. 34. Aplica-se à ANS o disposto nos arts. 54 a 58 da Lei n. 9.472, de 16 de julho de 1997.

ART. 35. Aplica-se à ANS o disposto no art. 24, parágrafo único, da Lei n. 8.666, de 21 de junho de 1993, alterado pela Lei n. 9.648, de 27 de maio de 1998.

ART. 36. São estendidas à ANS, após a assinatura e enquanto estiver vigendo o contrato de gestão, as prerrogativas e flexibilidades de gestão previstas em lei, regulamentos e atos normativos para as Agências Executivas.

ART. 37. Até a efetiva implementação da ANS, a Taxa de Saúde Suplementar instituída por esta

Lei poderá ser recolhida ao Fundo Nacional de Saúde, a critério da Diretoria Colegiada.

ART. 38. A Advocacia-Geral da União e o Ministério da Saúde, por intermédio de sua Consultoria Jurídica, mediante comissão conjunta, promoverão, no prazo de cento e oitenta dias, levantamento dos processos judiciais em curso, envolvendo matéria cuja competência tenha sido transferida à ANS, a qual substituirá a União nos respectivos processos.

§ 1º A substituição a que se refere o *caput*, naqueles processos judiciais, será requerida mediante petição subscrita pela Advocacia-Geral da União, dirigida ao Juízo ou Tribunal competente, requerendo a intimação da Procuradoria da ANS para assumir o feito.

§ 2º Enquanto não operada a substituição na forma do § 1º, a Advocacia-Geral da União permanecerá no feito, praticando todos os atos processuais necessários.

ART. 39. O disposto nesta Lei aplica-se, no que couber, aos produtos de que tratam o inciso I e o § 1º do art. 1º da Lei n. 9.656, de 1998, bem assim às suas operadoras.

ART. 40. O Poder Executivo, no prazo de 45 (quarenta e cinco) dias, enviará projeto de lei tratando da matéria objeto da presente Lei, inclusive da estrutura física e do funcionamento da ANS.

ART. 41. Esta Lei entra em vigor na data de sua publicação.

Brasília, 28 de janeiro de 2000; 179º da Independência e 112º da República.

FERNANDO HENRIQUE CARDOSO

- Optamos, nesta edição, pela não publicação dos Anexos.

LEI N. 9.962, DE 22 DE FEVEREIRO DE 2000

Disciplina o regime de emprego público do pessoal da Administração federal direta, autárquica e fundacional, e dá outras providências.

- *DOU*, 23.02.2000.
- Lei 8.112/1990 (Estatuto dos Servidores Públicos Civis da União, Autarquias e Fundações Públicas Federais).

O Presidente da República. Faço saber que o Congresso Nacional decreta e eu sanciono a seguinte Lei:

ART. 1º O pessoal admitido para emprego público na Administração federal direta, autárquica e fundacional terá sua relação de trabalho regida pela Consolidação das Leis do Trabalho, aprovada pelo Decreto-Lei 5.452, de 1º de maio de 1943, e legislação trabalhista correlata, naquilo que a lei não dispuser em contrário.

§ 1º Leis específicas disporão sobre a criação dos empregos de que trata esta Lei no âmbito da Administração direta, autárquica e fundacional do Poder Executivo, bem como sobre a transformação dos atuais cargos em empregos.

§ 2º É vedado:

I - submeter ao regime de que trata esta Lei:

a) (Vetado.)

b) cargos públicos de provimento em comissão;

II - alcançar, nas leis a que se refere o § 1º, servidores regidos pela Lei 8.112, de 11 de dezembro de 1990, às datas das respectivas publicações.

§ 3º Estende-se o disposto no § 2º à criação de empregos ou à transformação de cargos em empregos não abrangidas pelo § 1º.

§ 4º (Vetado.)

ART. 2º A contratação de pessoal para emprego público deverá ser precedida de concurso público de provas ou de provas e títulos, conforme a natureza e a complexidade do emprego.

ART. 3º O contrato de trabalho por prazo indeterminado somente será rescindido por ato unilateral da Administração pública nas seguintes hipóteses:

I - prática de falta grave, dentre as enumeradas no art. 482 da Consolidação das Leis do Trabalho - CLT;

II - acumulação ilegal de cargos, empregos ou funções públicas;

III - necessidade de redução de quadro de pessoal, por excesso de despesa, nos termos da lei complementar a que se refere o art. 169 da Constituição Federal;

IV - insuficiência de desempenho, apurada em procedimento no qual se assegurem pelo menos um recurso hierárquico dotado de efeito suspensivo, que será apreciado em trinta dias, e o prévio conhecimento dos padrões mínimos exigidos para continuidade da relação de emprego, obrigatoriamente estabelecidos de acordo com as peculiaridades das atividades exercidas.

Parágrafo único. Excluem-se da obrigatoriedade dos procedimentos previstos no *caput* as contratações de pessoal decorrentes da autonomia de gestão de que trata o § 8º do art. 37 da Constituição Federal.

ART. 4º Aplica-se às leis a que se refere o § 1º do art. 1º desta Lei o disposto no art. 246 da Constituição Federal.

ART. 5º Esta Lei entra em vigor na data de sua publicação.

Brasília, 22 de fevereiro de 2000; 179º da Independência e 112º da República.

FERNANDO HENRIQUE CARDOSO

LEI N. 9.964, DE 10 DE ABRIL DE 2000

Institui o Programa de Recuperação Fiscal - Refis e dá outras providências, e altera as Leis n. 8.036, de 11 de maio de 1990, e 8.844, de 20 de janeiro de 1994.

- *DOU*, 11.04.2000.
- Conversão da Med. Prov. 2.004-6/2000
- Lei 10.002/2000 (Reabre o prazo de opção ao REFIS).
- Dec. 3.431/2000 (Regulamenta a execução do REFIS).
- Dec. 3.712/2000 (Dispõe sobre o REFIS).

O Presidente da República. Faço saber que o Congresso Nacional decreta e eu sanciono a seguinte Lei:

ART. 1º É instituído o Programa de Recuperação Fiscal - Refis, destinado a promover a regularização de créditos da União, decorrentes de débitos de pessoas jurídicas, relativos a tributos e contribuições, administrados pela Secretaria da Receita Federal e pelo Instituto Nacional do Seguro Social - INSS, com vencimento até 29 de fevereiro de 2000, constituídos ou não, inscritos ou não em dívida ativa, ajuizados ou a ajuizar, com exigibilidade suspensa ou não, inclusive os decorrentes de falta de recolhimento de valores retidos.

- Lei 10.189/2001 (Dispõe sobre o Programa de Recuperação Fiscal - Refis).

§ 1º O Refis será administrado por um Comitê Gestor, com competência para implementar os procedimentos necessários à execução do Programa, observado o disposto no regulamento.

§ 2º O Comitê Gestor será integrado por um representante de cada órgão a seguir indicado, designados por seus respectivos titulares:

I - Ministério da Fazenda:

a) Secretaria da Receita Federal, que o presidirá;

b) Procuradoria-Geral da Fazenda Nacional;

II - (Revogado pela Lei 11.941/2009.)

§ 3º O Refis não alcança débitos:

I - de órgãos da administração pública direta, das fundações instituídas e mantidas pelo poder público e das autarquias;

II - relativos ao Imposto sobre a Propriedade Territorial Rural - ITR;

III - relativos a pessoa jurídica cindida a partir de 1º de outubro de 1999.

ART. 2º O ingresso no Refis dar-se-á por opção da pessoa jurídica, que fará jus a regime especial de consolidação e parcelamento dos débitos fiscais a que se refere o art. 1º.

§ 1º A opção poderá ser formalizada até o último dia útil do mês de abril de 2000.

§ 2º Os débitos existentes em nome da optante serão consolidados tendo por base a data da formalização do pedido de ingresso no Refis.

§ 3º A consolidação abrangerá todos os débitos existentes em nome da pessoa jurídica, na condição de contribuinte ou responsável, constituídos ou não, inclusive os acréscimos legais relativos a multa, de mora ou de ofício, a juros moratórios e demais encargos, determinados nos termos da legislação vigente à época da ocorrência dos respectivos fatos geradores.

§ 4º O débito consolidado na forma deste artigo:

I - independentemente da data de formalização da opção, sujeitar-se-á, a partir de 1º de março de 2000, a juros correspondentes à variação mensal da Taxa de Juros de Longo Prazo - TJLP, vedada a imposição de qualquer outro acréscimo; (Redação dada pela Lei n. 10.189, de 2001)

II - será pago em parcelas mensais e sucessivas, vencíveis no último dia útil de cada mês, sendo o valor de cada parcela determinado em função de percentual da receita bruta do mês imediatamente anterior, apurada na forma do art. 31 e parágrafo único da Lei n. 8.981, de 20 de janeiro de 1995, não inferior a:

a) 0,3% (três décimos por cento), no caso de pessoa jurídica optante pelo Sistema Integrado de Pagamento de Impostos e Contribuições das Microempresas e Empresas de Pequeno Porte - Simples e de entidade imune ou isenta por finalidade ou objeto;

b) 0,6% (seis décimos por cento), no caso de pessoa jurídica submetida ao regime de tributação com base no lucro presumido;

c) 1,2% (um inteiro e dois décimos por cento), no caso de pessoa jurídica submetida ao regime de tributação com base no lucro real, relativamente às receitas decorrentes das atividades comerciais, industriais, médico-hospitalares, de transporte, de ensino e de construção civil;

d) 1,5% (um inteiro e cinco décimos por cento), nos demais casos.

§ 5º No caso de sociedade em conta de participação, os débitos e as receitas brutas serão considerados individualizadamente, por sociedade.

§ 6º Na hipótese de crédito com exigibilidade suspensa por força do disposto no inciso IV do art. 151 da Lei n. 5.172, de 25 de outubro de 1966, a inclusão, no Refis, dos respectivos débitos, implicará dispensa dos juros de mora incidentes até a data de opção, condicionada ao encerramento do feito por desistência expressa e irrevogável da respectiva ação judicial e de qualquer outra, bem assim à renúncia do direito, sobre os mesmos débitos, sobre o qual se funda a ação.

§ 7º Os valores correspondentes a multa, de mora ou de ofício, e a juros moratórios, inclusive as relativas a débitos inscritos em dívida ativa, poderão ser liquidados, observadas as normas constitucionais referentes à vinculação e à partilha de receitas, mediante:

I - compensação de créditos, próprios ou de terceiros, relativos a tributo ou contribuição incluído no âmbito do Refis;

II - a utilização de prejuízo fiscal e de base de cálculo negativa da contribuição social sobre o lucro líquido, próprios ou de terceiros, estes declarados à Secretaria da Receita Federal até 31 de outubro de 1999.

§ 8º Na hipótese do inciso II do § 7º, o valor a ser utilizado será determinado mediante a aplicação, sobre o montante do prejuízo fiscal e da base de cálculo negativa, das alíquotas de 15% (quinze por cento) e de 8% (oito por cento), respectivamente.

§ 9º Ao disposto neste artigo aplica-se a redução de multa a que se refere o art. 60 da Lei n. 8.383, de 30 de dezembro de 1991.

§ 10. A multa de mora incidente sobre os débitos relativos às contribuições administradas pelo INSS, incluídas no Refis em virtude de confissão espontânea, sujeita-se ao limite estabelecido no art. 61 da Lei n. 9.430, de 27 de dezembro de 1996.

ART. 3º A opção pelo Refis sujeita a pessoa jurídica a:

I - confissão irrevogável e irretratável dos débitos referidos no art. 2º;

II - autorização de acesso irrestrito, pela Secretaria da Receita Federal, às informações relativas à sua movimentação financeira, ocorrida a partir da data de opção pelo Refis;

III - acompanhamento fiscal específico, com fornecimento periódico, em meio magnético, de dados, inclusive os indiciários de receitas;

IV - aceitação plena e irretratável de todas as condições estabelecidas;

V - cumprimento regular das obrigações para com o Fundo de Garantia do Tempo de Serviço - FGTS e para com o ITR;

VI - pagamento regular das parcelas do débito consolidado, bem assim dos tributos e das contribuições com vencimento posterior a 29 de fevereiro de 2000.

§ 1º A opção pelo Refis exclui qualquer outra forma de parcelamento de débitos relativos aos tributos e às contribuições referidos no art. 1º.

- Lei 12.688/2012 (Autoriza a Centrais Elétricas Brasileiras S.A. [Eletrobras] a adquirir o controle acionário da Celg Distribuição S.A. [Celg D]; institui o Programa de Estímulo à Reestruturação e ao Fortalecimento das Instituições de Ensino Superior [Proies])
- Lei 13.043/2014 (Dispõe sobre os fundos de índice de renda fixa, sobre a responsabilidade tributária na integralização de cotas de fundos ou clubes de investimento por meio da entrega de ativos financeiros, sobre a tributação das operações de empréstimos de ativos financeiros e sobre a isenção de imposto sobre a renda na alienação de ações de empresas pequenas e médias).
- Lei 13.496/2017 (Institui o Programa Especial de Regularização Tributária (Pert) na Secretaria da Receita Federal do Brasil e na Procuradoria-Geral da Fazenda Nacional).

§ 2º O disposto nos incisos II e III do *caput* aplica-se, exclusivamente, ao período em que a pessoa jurídica permanecer no Refis.

§ 3º A opção implica manutenção automática dos gravames decorrentes de medida cautelar fiscal e das garantias prestadas nas ações de execução fiscal.

§ 4º Ressalvado o disposto no § 3º, a homologação da opção pelo Refis é condicionada à prestação de garantia ou, a critério da pessoa jurídica, ao arrolamento dos bens integrantes do seu patrimônio, na forma do art. 64 da Lei n. 9.532, de 10 de dezembro de 1997.

§ 5º São dispensadas das exigências referidas no § 4º as pessoas jurídicas optantes pelo Simples e aquelas cujo débito consolidado seja inferior a R$ 500.000,00 (quinhentos mil reais).

§ 6º Não poderão optar pelo Refis as pessoas jurídicas de que tratam os incisos II e VI do art. 14 da Lei n. 9.718, de 27 de novembro de 1998.

ART. 4º As pessoas jurídicas de que tratam os incisos I e III a V do art. 14 da Lei n. 9.718, de 1998, poderão optar, durante o período em que submetidas ao Refis, pelo regime de tributação com base no lucro presumido.

Parágrafo único. Na hipótese deste artigo, as pessoas jurídicas referidas no inciso III do art. 14 da Lei n. 9.718, de 1998, deverão adicionar os lucros, rendimentos e ganhos de capital oriundos do exterior ao lucro presumido e à base de cálculo da contribuição social sobre o lucro líquido.

ART. 5º A pessoa jurídica optante pelo Refis será dele excluída nas seguintes hipóteses, mediante ato do Comitê Gestor:

I - inobservância de qualquer das exigências estabelecidas nos incisos I a V do *caput* do art. 3º;

II - inadimplência, por três meses consecutivos ou seis meses alternados, o que primeiro ocorrer, relativamente a qualquer dos tributos e das contribuições abrangidos pelo Refis, inclusive os com vencimento após 29 de fevereiro de 2000;

III - constatação, caracterizada por lançamento de ofício, de débito correspondente a tributo ou contribuição abrangidos pelo Refis e não incluídos na confissão a que se refere o inciso I do *caput* do art. 3º, salvo se integralmente pago no prazo de trinta dias, contado da ciência do lançamento ou da decisão definitiva na esfera administrativa ou judicial;

IV - compensação ou utilização indevida de créditos, prejuízo fiscal ou base de cálculo negativa referidos nos §§ 7º e 8º do art. 2º;

V - decretação de falência, extinção, pela liquidação, ou cisão da pessoa jurídica;

VI - concessão de medida cautelar fiscal, nos termos da Lei n. 8.397, de 6 de janeiro de 1992;

VII - prática de qualquer procedimento tendente a subtrair receita da optante, mediante simulação de ato;

VIII - declaração de inaptidão da inscrição no Cadastro Nacional da Pessoa Jurídica, nos termos dos arts. 80 e 81 da Lei n. 9.430, de 1996;

IX - decisão definitiva, na esfera judicial, total ou parcialmente desfavorável à pessoa jurídica, relativa ao débito referido no § 6º do art. 2º e não incluído no Refis, salvo se integralmente pago no prazo de trinta dias, contado da ciência da referida decisão;

X - arbitramento do lucro da pessoa jurídica, nos casos de determinação da base de cálculo do imposto de renda por critério diferente do da receita bruta;

XI - suspensão de suas atividades relativas a seu objeto social ou não auferimento de receita bruta por nove meses consecutivos.

§ 1º A exclusão da pessoa jurídica do Refis implicará exigibilidade imediata da totalidade do crédito confessado e ainda não pago e automática execução da garantia prestada, restabelecendo-se, em relação ao montante não pago, os acréscimos legais na forma da legislação aplicável à época da ocorrência dos respectivos fatos geradores.

§ 2º A exclusão, nas hipóteses dos incisos I, II e III deste artigo, produzirá efeitos a partir do mês subsequente àquele em que for cientificado o contribuinte.

§ 3º Na hipótese do inciso III, e observado o disposto no § 2º, a exclusão dar-se-á, na data da decisão definitiva, na esfera administrativa ou judicial, quando houver sido contestado o lançamento.

ART. 6º O art. 22 da Lei n. 8.036, de 11 de maio de 1990, passa a vigorar com a seguinte redação:

- Alterações promovidas no texto da referida lei.

ART. 7º Na hipótese de quitação integral dos débitos para com o FGTS, referente a competências anteriores a janeiro de 2000, incidirá, sobre o valor acrescido da TR, o percentual de multa de 5% (cinco por cento) e de juros de mora de 0,25% (vinte e cinco centésimos por cento), por mês de atraso, desde que o pagamento seja efetuado até 30 de junho de 2000.

Parágrafo único. O disposto neste artigo aplica-se aos débitos em cobrança administrativa ou judicial, notificados ou não, ainda que amparados por acordo de parcelamento.

ART. 8º O § 4º do art. 2º da Lei n. 8.844, de 20 de janeiro de 1994, alterada pela Lei n. 9.467, de 10 de julho de 1997, passa a vigorar com a seguinte redação:

- Alterações promovidas no texto da referida lei.

ART. 9º O Poder Executivo editará as normas regulamentares necessárias à execução do Refis, especialmente em relação:

I - às modalidades de garantia passíveis de aceitação;

II - à fixação do percentual da receita bruta a ser utilizado para determinação das parcelas mensais, que poderá ser diferenciado em função da atividade econômica desenvolvida pela pessoa jurídica;

III - às formas de homologação da opção e de exclusão da pessoa jurídica do Refis, bem assim às suas consequências;

IV - à forma de realização do acompanhamento fiscal específico;

V - às exigências para fins de liquidação na forma prevista nos §§ 7º e 8º do art. 2º.

ART. 10. O tratamento tributário simplificado e favorecido das microempresas e das empresas de pequeno porte é o estabelecido pela Lei n. 9.317, de 5 de dezembro de 1996, e alterações posteriores, não se aplicando, para esse efeito, as normas constantes da Lei n. 9.841, de 5 de outubro de 1999.

ART. 11. Os pagamentos efetuados no âmbito do Refis serão alocados proporcionalmente, para fins de amortização do débito consolidado, tendo por base a relação existente, na data-base da consolidação, entre o valor consolidado de cada tributo e contribuição, incluído no Programa, e o valor total parcelado.

ART. 12. Alternativamente ao ingresso no Refis, a pessoa jurídica poderá optar pelo parcelamento, em até sessenta parcelas mensais, iguais e sucessivas, dos débitos referidos no art. 1º, observadas todas as demais regras aplicáveis àquele Programa.

§ 1º O valor de cada parcela não poderá ser inferior a:

I - R$ 300,00 (trezentos reais), no caso de pessoa jurídica optante pelo Simples;

II - R$ 1.000,00 (um mil reais), no caso de pessoa jurídica submetida ao regime de tributação com base no lucro presumido;

III - R$ 3.000,00 (três mil reais), nos demais casos.

§ 2º Ao disposto neste artigo não se aplica a restrição de que trata o inciso II do § 3º do art. 1º.

ART. 13. Os débitos não tributários inscritos em dívida ativa, com vencimento até 29 de fevereiro de 2000, poderão ser parcelados em até sessenta parcelas mensais, iguais e sucessivas, perante a Procuradoria-Geral da Fazenda Nacional, observadas as demais regras aplicáveis ao parcelamento de que trata o art. 12.

§ 1º Para débitos não tributários inscritos, sujeitos ao parcelamento simplificado ou para os quais não se exige garantia no parcelamento ordinário, não se aplica a vedação de novos parcelamentos.

§ 2º Para os débitos não tributários inscritos, não alcançados pelo disposto no § 1º, admitir-se-á o reparcelamento, desde que requerido até o último dia útil do mês de abril de 2000.

§ 3º O disposto neste artigo aplica-se à verba de sucumbência devida por desistência de ação judicial para fins de inclusão dos respectivos débitos, inclusive no âmbito do INSS, no Refis ou no parcelamento alternativo a que se refere o art. 2º.

§ 4º Na hipótese do § 3º, o parcelamento deverá ser solicitado pela pessoa jurídica no prazo de trinta dias, contado da data em que efetivada a desistência, na forma e condições a serem estabelecidas pelos órgãos competentes.

ART. 14. As obrigações decorrentes dos débitos incluídos no Refis ou nos parcelamentos referidos nos arts. 12 e 13 não serão consideradas para fins de determinação de índices econômicos vinculados a licitações promovidas pela administração pública direta ou indireta, bem assim a operações de financiamentos realizadas por instituições financeiras oficiais federais.

ART. 15. É suspensa a pretensão punitiva do Estado, referente aos crimes previstos nos arts. 1º e 2º da Lei n. 8.137, de 27 de dezembro de 1990, e no art. 95 da Lei n. 8.212, de 24 de julho de 1991, durante o período em que a pessoa jurídica relacionada com o agente dos aludidos crimes estiver incluída no Refis, desde que a inclusão no referido Programa tenha ocorrido antes do recebimento da denúncia criminal.

§ 1º A prescrição criminal não corre durante o período de suspensão da pretensão punitiva.

§ 2º O disposto neste artigo aplica-se, também:

I - a programas de recuperação fiscal instituídos pelos Estados, pelo Distrito Federal e pelos Municípios, que adotem, no que couber, normas estabelecidas nesta Lei;

II - aos parcelamentos referidos nos arts. 12 e 13.

§ 3º Extingue-se a punibilidade dos crimes referidos neste artigo quando a pessoa jurídica relacionada com o agente efetuar o pagamento integral dos débitos oriundos de tributos e contribuições sociais, inclusive acessórios, que tiverem sido objeto de concessão de parcelamento antes do recebimento da denúncia criminal.

ART. 16. Na hipótese de novação ou repactuação de débitos de responsabilidade de pessoas jurídicas optantes pelo Refis ou pelo parcelamento alternativo a que se refere o art. 12, a recuperação de créditos anteriormente deduzidos como perda, até 31 de dezembro de 1999, será, para fins do disposto no art. 12 da Lei n. 9.430, de 1996, computada na determinação do lucro real e da base de cálculo da contribuição social sobre o lucro líquido, pelas pessoas jurídicas de que trata o inciso II do art. 14 da Lei n. 9.718, de 1998, à medida do efetivo recebimento, na forma a ser estabelecida pela Secretaria da Receita Federal.

Parágrafo único. O disposto neste artigo aplica-se aos débitos vinculados ao Programa de Revitalização de Cooperativas de Produção Agropecuária - Recoop, instituído pela Medida Provisória n. 1.961-20, de 2 de março de 2000, ainda que a pessoa jurídica devedora não seja optante por qualquer das formas de parcelamento referida no *caput*.

ART. 17. São convalidados os atos praticados com base na Medida Provisória n. 2.004-5, de 11 de fevereiro de 2000.

ART. 18. Esta Lei entra em vigor na data de sua publicação.

Brasília, 10 de abril de 2000; 179º da Independência e 112º da República.

FERNANDO HENRIQUE CARDOSO

LEI N. 9.966, DE 28 DE ABRIL DE 2000

Dispõe sobre a prevenção, o controle e a fiscalização da poluição causada por lançamento de óleo e outras substâncias nocivas ou perigosas em águas sob jurisdição nacional e dá outras providências.

- *DOU*, 29.4.2000 (Edição extra).
- Dec. 4.136/2002 (Dispõe sobre a especificação das sanções aplicáveis às infrações às regras de prevenção, controle e fiscalização da poluição causada por lançamento de óleo e outras substâncias nocivas ou perigosas em águas sob jurisdição nacional, prevista na Lei n. 9.966, de 28 de abril de 2000).

O Presidente da República. Faço saber que o Congresso Nacional decreta e eu sanciono a seguinte Lei:

ART. 1º Esta Lei estabelece os princípios básicos a serem obedecidos na movimentação de óleo e outras substâncias nocivas ou perigosas em portos organizados, instalações portuárias, plataformas e navios em águas sob jurisdição nacional.

Parágrafo único. Esta Lei aplicar-se-á:

I - quando ausentes os pressupostos para aplicação da Convenção Internacional para a Prevenção da Poluição Causada por Navios (Marpol 73/78);

II - às embarcações nacionais, portos organizados, instalações portuárias, dutos, plataformas e suas instalações de apoio, em caráter complementar à Marpol 73/78;

III - às embarcações, plataformas e instalações de apoio estrangeiras, cuja bandeira arvorada seja ou não de país contratante da Marpol 73/78, quando em águas sob jurisdição nacional;

IV - às instalações portuárias especializadas em outras cargas que não óleo e substâncias nocivas ou perigosas, e aos estaleiros, marinas, clubes náuticos e outros locais e instalações similares.

CAPÍTULO I
DAS DEFINIÇÕES E CLASSIFICAÇÕES

ART. 2º Para os efeitos desta Lei são estabelecidas as seguintes definições:

I - Marpol 73/78: Convenção Internacional para a Prevenção da Poluição Causada por Navios, concluída em Londres, em 2 de novembro de 1973, alterada pelo Protocolo de 1978, concluído em Londres, em 17 de fevereiro de 1978, e emendas posteriores, ratificadas pelo Brasil;

II - CLC/69: Convenção Internacional sobre Responsabilidade Civil em Danos Causados por Poluição por Óleo, de 1969, ratificada pelo Brasil;

III - OPRC/90: Convenção Internacional sobre Preparo, Resposta e Cooperação em Caso de Poluição por Óleo, de 1990, ratificada pelo Brasil;

IV - áreas ecologicamente sensíveis: regiões das águas marítimas ou interiores, definidas por ato do Poder Público, onde a prevenção, o controle da poluição e a manutenção do equilíbrio ecológico exigem medidas especiais para a proteção e a preservação do meio ambiente, com relação à passagem de navios;

V - navio: embarcação de qualquer tipo que opere no ambiente aquático, inclusive hidrofólios, veículos a colchão de ar, submersíveis e outros engenhos flutuantes;

VI - plataformas: instalação ou estrutura, fixa ou móvel, localizada em águas sob jurisdição nacional, destinada a atividade direta ou indiretamente relacionada com a pesquisa e a lavra de recursos minerais oriundos do leito das águas interiores ou de seu subsolo, ou do mar, da plataforma continental ou de seu subsolo;

VII - instalações de apoio: quaisquer instalações ou equipamentos de apoio à execução das atividades das plataformas ou instalações portuárias de movimentação de cargas a granel, tais como dutos, monoboias, quadro de boias para amarração de navios e outras;

VIII - óleo: qualquer forma de hidrocarboneto (petróleo e seus derivados), incluindo óleo cru, óleo combustível, borra, resíduos de petróleo e produtos refinados;

IX - mistura oleosa: mistura de água e óleo, em qualquer proporção;

X - substância nociva ou perigosa: qualquer substância que, se descarregada nas águas, é capaz de gerar riscos ou causar danos à saúde humana, ao ecossistema aquático ou prejudicar o uso da água e de seu entorno;

XI - descarga: qualquer despejo, escape, derrame, vazamento, esvaziamento, lançamento para fora ou bombeamento de substâncias nocivas ou perigosas, em qualquer quantidade, a partir de um navio, porto organizado, instalação portuária, duto, plataforma ou suas instalações de apoio;

XII - porto organizado: porto construído e aparelhado para atender às necessidades da navegação e da movimentação e armazenagem de mercadorias, concedido ou explorado pela União, cujo tráfego e operações portuárias estejam sob a jurisdição de uma autoridade portuária;

XIII - instalação portuária ou terminal: instalação explorada por pessoa jurídica de direito público ou privado, dentro ou fora da área do porto organizado, utilizada na movimentação e armazenagem de mercadorias destinadas ou provenientes de transporte aquaviário;

XIV - incidente: qualquer descarga de substância nociva ou perigosa, decorrente de fato ou ação intencional ou acidental que ocasione risco potencial, dano ao meio ambiente ou à saúde humana;

XV - lixo: todo tipo de sobra de víveres e resíduos resultantes de faxinas e trabalhos rotineiros nos navios, portos organizados, instalações portuárias, plataformas e suas instalações de apoio;

XVI - alijamento: todo despejo deliberado de resíduos e outras substâncias efetuado por embarcações, plataformas, aeronaves e outras instalações, inclusive seu afundamento intencional em águas sob jurisdição nacional;

XVII - lastro limpo: água de lastro contida em um tanque que, desde que transportou óleo pela última vez, foi submetido a limpeza em nível tal que, se esse lastro fosse descarregado pelo navio parado em águas limpas e tranquilas, em dia claro, não produziria traços visíveis de óleo na superfície da água ou no litoral adjacente, nem produziria borra ou emulsão sob a superfície da água ou sobre o litoral adjacente;

XVIII - tanque de resíduos: qualquer tanque destinado especificamente a depósito provisório dos líquidos de drenagem e lavagem de tanques e outras misturas e resíduos;

XIX - plano de emergência: conjunto de medidas que determinam e estabelecem as responsabilidades setoriais e as ações a serem desencadeadas imediatamente após um incidente, bem como definem os recursos humanos, materiais e equipamentos adequados à prevenção, controle e combate à poluição das águas;

XX - plano de contingência: conjunto de procedimentos e ações que visam à integração dos diversos planos de emergência setoriais, bem como a definição dos recursos humanos, materiais e equipamentos complementares para a prevenção, controle e combate da poluição das águas;

XXI - órgão ambiental ou órgão de meio ambiente: órgão do poder executivo federal, estadual ou municipal, integrante do Sistema Nacional do Meio Ambiente (Sisnama), responsável pela fiscalização, controle e proteção ao meio ambiente no âmbito de suas competências;

XXII - autoridade marítima: autoridade exercida diretamente pelo Comandante da Marinha, responsável pela salvaguarda da vida humana e segurança da navegação no mar aberto e hidrovias interiores, bem como pela prevenção da poluição ambiental causada por navios, plataformas e suas instalações de apoio, além de outros cometimentos a ela conferidos por esta Lei;

XXIII - autoridade portuária: autoridade responsável pela administração do porto organizado, competindo-lhe fiscalizar as operações portuárias e zelar para que os serviços se realizem com regularidade, eficiência, segurança e respeito ao meio ambiente;

XXIV - órgão regulador da indústria do petróleo: órgão do poder executivo federal, responsável pela regulação, contratação e fiscalização das atividades econômicas da indústria do petróleo, sendo tais atribuições exercidas pela Agência Nacional do Petróleo (ANP).

ART. 3º Para os efeitos desta Lei, são consideradas águas sob jurisdição nacional:

I - águas interiores;

a) as compreendidas entre a costa e a linha-de-base reta, a partir de onde se mede o mar territorial;

b) as dos portos;

c) as das baías;

d) as dos rios e de suas desembocaduras;

e) as dos lagos, das lagoas e dos canais;

f) as dos arquipélagos;

g) as águas entre os baixios a descoberta e a costa;

II - águas marítimas, todas aquelas sob jurisdição nacional que não sejam interiores.

ART. 4º Para os efeitos desta Lei, as substâncias nocivas ou perigosas classificam-se nas seguintes categorias, de acordo com o risco produzido quando descarregadas na água:

I - categoria A: alto risco tanto para a saúde humana como para o ecossistema aquático;

II - categoria B: médio risco tanto para a saúde humana como para o ecossistema aquático;

III - categoria C: risco moderado tanto para a saúde humana como para o ecossistema aquático;

IV - categoria D: baixo risco tanto para a saúde humana como para o ecossistema aquático.

Parágrafo único. O órgão federal de meio ambiente divulgará e manterá atualizada a lista das substâncias classificadas neste artigo, devendo a classificação ser, no mínimo, tão completa e rigorosa quanto a estabelecida pela Marpol 73/78.

CAPÍTULO II
DOS SISTEMAS DE PREVENÇÃO, CONTROLE E COMBATE DA POLUIÇÃO

ART. 5º Todo porto organizado, instalação portuária e plataforma, bem como suas instalações de apoio, disporá obrigatoriamente de instalações ou meios adequados para o recebimento e tratamento dos diversos tipos de resíduos e para o combate da poluição, observadas as normas e critérios estabelecidos pelo órgão ambiental competente.

§ 1º A definição das características das instalações e meios destinados ao recebimento e tratamento de resíduos e ao combate da poluição será feita mediante estudo técnico, que deverá estabelecer, no mínimo:

I - as dimensões das instalações;

II - a localização apropriada das instalações;

III - a capacidade das instalações de recebimento e tratamento dos diversos tipos de resíduos, padrões de qualidade e locais de descarga de seus efluentes;

IV - os parâmetros e a metodologia de controle operacional;

V - a quantidade e o tipo de equipamentos, materiais e meios de transporte destinados a atender situações emergenciais de poluição;

VI - a quantidade e a qualificação do pessoal a ser empregado;

VII - o cronograma de implantação e o início de operação das instalações.

§ 2º O estudo técnico a que se refere o parágrafo anterior deverá levar em conta o porte, o tipo de carga manuseada ou movimentada e outras características do porto organizado, instalação portuária ou plataforma e suas instalações de apoio.

§ 3º As instalações ou meios destinados ao recebimento e tratamento de resíduos e ao combate da poluição poderão ser exigidos das instalações portuárias especializadas em outras cargas que não óleo e substâncias nocivas ou perigosas, bem como dos estaleiros, marinas, clubes náuticos e similares, a critério do órgão ambiental competente.

ART. 6º As entidades exploradoras de portos organizados e instalações portuárias e os proprietários ou operadores de plataformas deverão elaborar manual de procedimento interno para o gerenciamento dos riscos de poluição, bem como para a gestão dos diversos resíduos gerados ou provenientes das atividades de movimentação e armazenamento de óleo e substâncias nocivas ou perigosas, o qual deverá ser aprovado pelo órgão ambiental competente, em conformidade com a legislação, normas e diretrizes técnicas vigentes.

ART. 7º Os portos organizados, instalações portuárias e plataformas, bem como suas instalações de apoio, deverão dispor de planos de emergência individuais para o combate à poluição por óleo e substâncias nocivas ou perigosas, os quais serão submetidos à aprovação do órgão ambiental competente.

§ 1º No caso de áreas onde se concentrem portos organizados, instalações portuárias ou plataformas, os planos de emergência individuais serão consolidados na forma de um único plano de emergência para toda a área sujeita ao risco de poluição, o qual deverá estabelecer os mecanismos de ação conjunta a serem implementados, observado o disposto nesta Lei e nas demais normas e diretrizes vigentes.

§ 2º A responsabilidade pela consolidação dos planos de emergência individuais em um único plano de emergência para a área envolvida cabe às entidades exploradoras de portos organizados e instalações portuárias, e aos proprietários ou operadores de plataformas, sob a coordenação do órgão ambiental competente.

ART. 8º Os planos de emergência mencionados no artigo anterior serão consolidados pelo órgão ambiental competente, na forma de planos de contingência locais ou regionais, em articulação com os órgãos de defesa civil.

Parágrafo único. O órgão federal de meio ambiente, em consonância com o disposto na OPRC/90, consolidará os planos de contingência locais e regionais na forma do Plano Nacional de Contingência, em articulação com os órgãos de defesa civil.

ART. 9º As entidades exploradoras de portos organizados e instalações portuárias e os proprietários ou operadores de plataformas e suas instalações de apoio deverão realizar auditorias ambientais bienais, independentes, com o objetivo de avaliar os sistemas de gestão e controle ambiental em suas unidades.

CAPÍTULO III
DO TRANSPORTE DE ÓLEO E SUBSTÂNCIAS NOCIVAS OU PERIGOSAS

ART. 10. As plataformas e os navios com arqueação bruta superior a cinquenta que transportem óleo, ou o utilizem para sua movimentação ou operação, portarão a bordo, obrigatoriamente, um livro de registro de óleo, aprovado nos termos da Marpol 73/78, que poderá ser requisitado pela autoridade marítima, pelo órgão ambiental competente e pelo órgão regulador da indústria do petróleo, e no qual serão feitas anotações relativas a todas as movimentações de óleo, lastro e misturas oleosas, inclusive as entregas efetuadas às instalações de recebimento e tratamento de resíduos.

ART. 11. Todo navio que transportar substância nociva ou perigosa a granel deverá ter a bordo um livro de registro de carga, nos termos da Marpol 73/78, que poderá ser requisitado pela autoridade marítima, pelo órgão ambiental competente e pelo órgão regulador da indústria do petróleo, e no qual serão feitas anotações relativas às seguintes operações:

I - carregamento;

II - descarregamento;

III - transferências de carga, resíduos ou misturas para tanques de resíduos;

IV - limpeza dos tanques de carga;

V - transferências provenientes de tanques de resíduos;

VI - lastreamento de tanques de carga;

VII - transferências de águas de lastro sujo para o meio aquático;

VIII - descargas nas águas, em geral.

ART. 12. Todo navio que transportar substância nociva ou perigosa de forma fracionada, conforme estabelecido no Anexo III da Marpol 73/78, deverá possuir e manter a bordo documento que a especifique e forneça sua localização no navio, devendo o agente ou

LEIS

responsável conservar cópia do documento até que a substância seja desembarcada.

§ 1º As embalagens das substâncias nocivas ou perigosas devem conter a respectiva identificação e advertência quanto aos riscos, utilizando a simbologia prevista na legislação e normas nacionais e internacionais em vigor.

§ 2º As embalagens contendo substâncias nocivas ou perigosas devem ser devidamente estivadas e amarradas, além de posicionadas de acordo com critérios de compatibilidade com outras cargas existentes a bordo, atendidos os requisitos de segurança do navio e de seus tripulantes, de forma a evitar acidentes.

ART. 13. Os navios enquadrados na CLC/69 deverão possuir o certificado ou garantia financeira equivalente, conforme especificado por essa convenção, para que possam trafegar ou permanecer em águas sob jurisdição nacional.

ART. 14. O órgão federal de meio ambiente deverá elaborar e atualizar, anualmente, lista de substâncias cujo transporte seja proibido em navios ou que exijam medidas e cuidados especiais durante a sua movimentação.

CAPÍTULO IV
DA DESCARGA DE ÓLEO, SUBSTÂNCIAS NOCIVAS OU PERIGOSAS E LIXO

ART. 15. É proibida a descarga, em águas sob jurisdição nacional, de substâncias nocivas ou perigosas classificadas na categoria "A", definida no art. 4º desta Lei, inclusive aquelas provisoriamente classificadas como tal, além de água de lastro, resíduos de lavagem de tanques ou outras misturas que contenham tais substâncias.

§ 1º A água subsequentemente adicionada ao tanque lavado em quantidade superior a cinco por cento do seu volume total só poderá ser descarregada se atendidas cumulativamente as seguintes condições:

I - a situação em que ocorrer o lançamento enquadre-se nos casos permitidos pela Marpol 73/78;

II - o navio não se encontre dentro dos limites de área ecologicamente sensível;

III - os procedimentos para descarga sejam devidamente aprovados pelo órgão ambiental competente.

§ 2º É vedada a descarga de água subsequentemente adicionada ao tanque lavado em quantidade inferior a cinco por cento do seu volume total.

ART. 16. É proibida a descarga, em águas sob jurisdição nacional, de substâncias classificadas nas categorias "B", "C", e "D", definidas no art. 4º desta Lei, inclusive aquelas provisoriamente classificadas como tais, além de água de lastro, resíduos de lavagem de tanques e outras misturas que as contenham, exceto se atendidas cumulativamente as seguintes condições:

I - a situação em que ocorrer o lançamento enquadre-se nos casos permitidos pela Marpol 73/78;

II - o navio não se encontre dentro dos limites de área ecologicamente sensível;

III - os procedimentos para descarga sejam devidamente aprovados pelo órgão ambiental competente.

§ 1º Os esgotos sanitários e as águas servidas de navios, plataformas e suas instalações de apoio equiparam-se, em termos de critérios e condições para lançamento, às substâncias classificadas na categoria "C", definida no art. 4º desta Lei.

§ 2º Os lançamentos de que trata o parágrafo anterior deverão atender também às condições e aos regulamentos impostos pela legislação de vigilância sanitária.

ART. 17. É proibida a descarga de óleo, misturas oleosas e lixo em águas sob jurisdição nacional, exceto nas situações permitidas pela Marpol 73/78, e não estando o navio, plataforma ou similar dentro dos limites de área ecologicamente sensível, e os procedimentos para descarga sejam devidamente aprovados pelo órgão ambiental competente.

§ 1º No descarte contínuo de água de processo ou de produção em plataformas aplica-se a regulamentação ambiental específica.

§ 2º (Vetado.)

§ 3º Não será permitida a descarga de qualquer tipo de plástico, inclusive cabos sintéticos, redes sintéticas de pesca e sacos plásticos.

ART. 18. Exceto nos casos permitidos por esta Lei, a descarga de lixo, água de lastro, resíduos de lavagem de tanques e porões ou outras misturas que contenham óleo ou substâncias nocivas ou perigosas de qualquer categoria só poderá ser efetuada em instalações de recebimento e tratamento de resíduos, conforme previsto no art. 5º desta Lei.

ART. 19. A descarga de óleo, misturas oleosas, substâncias nocivas ou perigosas de qualquer categoria, e lixo, em águas sob jurisdição nacional, poderá ser excepcionalmente tolerada para salvaguarda de vidas humanas, pesquisa ou segurança de navio, nos termos do regulamento.

Parágrafo único. Para fins de pesquisa, deverão ser atendidas as seguintes exigências, no mínimo:

I - a descarga seja autorizada pelo órgão ambiental competente, após análise e aprovação do programa de pesquisa;

II - esteja presente, no local e hora da descarga, pelo menos um representante do órgão ambiental que a houver autorizado;

III - o responsável pela descarga coloque à disposição, no local e hora em que ela ocorrer, pessoal especializado, equipamentos e materiais de eficiência comprovada na contenção e eliminação dos efeitos esperados.

ART. 20. A descarga de resíduos sólidos das operações de perfuração de poços de petróleo será objeto de regulamentação específica pelo órgão federal de meio ambiente.

ART. 21. As circunstâncias em que a descarga, em águas sob jurisdição nacional, de óleo e substâncias nocivas ou perigosas, ou misturas que os contenham, de água de lastro e de outros resíduos poluentes for autorizada não desobrigam o responsável de reparar os danos causados ao meio ambiente e de indenizar as atividades econômicas e o patrimônio público e privado pelos prejuízos decorrentes dessa descarga.

ART. 22. Qualquer incidente ocorrido em portos organizados, instalações portuárias, dutos, navios, plataformas e suas instalações de apoio, que possa provocar poluição das águas sob jurisdição nacional, deverá ser imediatamente comunicado ao órgão ambiental competente, à Capitania dos Portos e ao órgão regulador da indústria do petróleo, independentemente das medidas tomadas para seu controle.

ART. 23. A entidade exploradora de porto organizado ou de instalação portuária, o proprietário ou operador de plataforma ou de navio, e o concessionário ou empresa autorizada a exercer atividade pertinente à indústria do petróleo, responsáveis pela descarga de material poluente em águas sob jurisdição nacional, são obrigados a ressarcir os órgãos competentes pelas despesas por eles efetuadas para o controle ou minimização da poluição causada, independentemente de prévia autorização e de pagamento de multa.

Parágrafo único. No caso de descarga por navio não possuidor do certificado exigido pela CLC/69, a embarcação será retida e só será liberada após o depósito de caução como garantia para pagamento das despesas decorrentes da poluição.

ART. 24. A contratação, por órgão ou empresa pública ou privada, de navio para realização de transporte de óleo ou de substância enquadrada nas categorias definidas no art. 4º desta Lei só poderá efetuar-se após a verificação de que a empresa transportadora esteja devidamente habilitada para operar de acordo com as normas da autoridade marítima.

CAPÍTULO V
DAS INFRAÇÕES E DAS SANÇÕES

ART. 25. São infrações, punidas na forma desta Lei:

I - descumprir o disposto nos arts. 5º, 6º e 7º:
Pena - multa diária;

II - descumprir o disposto nos arts. 9º e 22:
Pena - multa;

III - descumprir o disposto nos arts. 10, 11 e 12:
Pena - multa e retenção do navio até que a situação seja regularizada;

IV - descumprir o disposto no art. 24:
Pena - multa e suspensão imediata das atividades da empresa transportadora em situação irregular.

§ 1º Respondem pelas infrações previstas neste artigo, na medida de sua ação ou omissão:

I - o proprietário do navio, pessoa física ou jurídica, ou quem legalmente o represente;

II - o armador ou operador do navio, caso este não esteja sendo armado ou operado pelo proprietário;

III - o concessionário ou a empresa autorizada a exercer atividades pertinentes à indústria do petróleo;

IV - o comandante ou tripulante do navio;

V - a pessoa física ou jurídica, de direito público ou privado, que legalmente represente o porto organizado, a instalação portuária, a plataforma e suas instalações de apoio, o estaleiro, a marina, o clube náutico ou instalação similar;

VI - o proprietário da carga.

§ 2º O valor da multa de que trata este artigo será fixado no regulamento desta Lei, sendo o mínimo de R$ 7.000,00 (sete mil reais) e o máximo de R$ 50.000.000,00 (cinquenta milhões de reais).

§ 3º A aplicação das penas previstas neste artigo não isenta o agente de outras sanções administrativas e penais previstas na Lei n. 9.605, de 12 de fevereiro de 1998, e em outras normas específicas que tratem da matéria, nem da responsabilidade civil pelas perdas e danos causados ao meio ambiente e ao patrimônio público e privado.

ART. 26. A inobservância ao disposto nos arts. 15, 16, 17 e 19 será punida na forma da Lei n. 9.605, de 12 de fevereiro de 1998, e seu regulamento.

CAPÍTULO VI
DISPOSIÇÕES FINAIS E COMPLEMENTARES

ART. 27. São responsáveis pelo cumprimento desta Lei:

I - a autoridade marítima, por intermédio de suas organizações competentes, com as seguintes atribuições:

a) fiscalizar navios, plataformas e suas instalações de apoio, e as cargas embarcadas, de natureza nociva ou perigosa, autuando os infratores na esfera de sua competência;

b) levantar dados e informações e apurar responsabilidades sobre os incidentes com navios, plataformas e suas instalações de apoio que tenham provocado danos ambientais;

c) encaminhar os dados, informações e resultados de apuração de responsabilidades ao órgão federal de meio ambiente, para avaliação dos danos ambientais e início das medidas judiciais cabíveis;

d) comunicar ao órgão regulador da indústria do petróleo irregularidades encontradas durante a fiscalização de navios, plataformas e suas instalações de apoio, quando atinentes à indústria do petróleo;

II - o órgão federal de meio ambiente, com as seguintes atribuições:

a) realizar o controle ambiental e a fiscalização dos portos organizados, das instalações portuárias, das cargas movimentadas, de natureza nociva ou perigosa, e das plataformas e suas instalações de apoio, quanto às exigências previstas no licenciamento ambiental, autuando os infratores na esfera de sua competência;

b) avaliar os danos ambientais causados por incidentes nos portos organizados, dutos, instalações portuárias, navios, plataformas e suas instalações de apoio;

c) encaminhar à Procuradoria-Geral da República relatório circunstanciado sobre os incidentes causadores de dano ambiental para a propositura das medidas judiciais necessárias;

d) comunicar ao órgão regulador da indústria do petróleo irregularidades encontradas durante a fiscalização de navios, plataformas e suas instalações de apoio, quando atinentes à indústria do petróleo;

III - o órgão estadual de meio ambiente com as seguintes competências:

a) realizar o controle ambiental e a fiscalização dos portos organizados, instalações portuárias, estaleiros, navios, plataformas e suas instalações de apoio, avaliar os danos ambientais causados por incidentes ocorridos nessas unidades e elaborar relatório circunstanciado, encaminhando-o ao órgão federal de meio ambiente;

b) dar início, na alçada estadual, aos procedimentos judiciais cabíveis a cada caso;

c) comunicar ao órgão regulador da indústria do petróleo irregularidades encontradas durante a fiscalização de navios, plataformas e suas instalações de apoio, quando atinentes à indústria do petróleo;

d) autuar os infratores na esfera de sua competência;

IV - o órgão municipal de meio ambiente, com as seguintes competências:

a) avaliar os danos ambientais causados por incidentes nas marinas, clubes náuticos e outros locais e instalações similares, e elaborar relatório circunstanciado, encaminhando-o ao órgão estadual de meio ambiente;

b) dar início, na alçada municipal, aos procedimentos judiciais cabíveis a cada caso;

c) autuar os infratores na esfera de sua competência;

V - o órgão regulador da indústria do petróleo, com as seguintes competências:

a) fiscalizar diretamente, ou mediante convênio, as plataformas e suas instalações de apoio, os dutos e as instalações portuárias, no que diz respeito às atividades de pesquisa, perfuração, produção, tratamento, armazenamento e movimentação de petróleo e seus derivados e gás natural;

b) levantar os dados e informações e apurar responsabilidades sobre incidentes operacionais que, ocorridos em plataformas e suas instalações de apoio, instalações portuárias ou dutos, tenham causado danos ambientais;

c) encaminhar os dados, informações e resultados da apuração de responsabilidades ao órgão federal de meio ambiente;

d) comunicar à autoridade marítima e ao órgão federal de meio ambiente as irregularidades encontradas durante a fiscalização de instalações portuárias, dutos, plataformas e suas instalações de apoio;

e) autuar os infratores na esfera de sua competência.

§ 1º A Procuradoria-Geral da República comunicará previamente aos ministérios públicos estaduais a propositura de ações judiciais para que estes exerçam as faculdades previstas no § 5º do art. 5º da Lei n. 7.347, de 24 de julho de 1985, na redação dada pelo art. 113 da Lei n. 8.078, de 11 de setembro de 1990 - Código de Defesa do Consumidor.

§ 2º A negligência ou omissão dos órgãos públicos na apuração de responsabilidades pelos incidentes e na aplicação das respectivas sanções legais implicará crime de responsabilidade de seus agentes.

ART. 28. O órgão federal de meio ambiente, ouvida a autoridade marítima, definirá a localização e os limites das áreas ecologicamente sensíveis, que deverão constar das cartas náuticas nacionais.

ART. 29. Os planos de contingência estabelecerão o nível de coordenação e as atribuições dos diversos órgãos e instituições públicas e privadas neles envolvidas.

Parágrafo único. As autoridades a que se referem os incisos XXI, XXII, XXIII e XXIV do art. 2º desta Lei atuarão de forma integrada, nos termos do regulamento.

ART. 30. O alijamento em águas sob jurisdição nacional deverá obedecer às condições previstas na Convenção sobre Prevenção da Poluição Marinha por Alijamento de Resíduos e Outras Matérias, de 1972, promulgada pelo Decreto n. 87.566, de 16 de setembro de 1982, e suas alterações.

ART. 31. Os portos organizados, as instalações portuárias e as plataformas já em operação terão os seguintes prazos para se adaptarem ao que dispõem os arts. 5º, 6º e 7º:

I - trezentos e sessenta dias a partir da data de publicação desta Lei, para elaborar e submeter à aprovação do órgão federal de meio ambiente o estudo técnico e o manual de procedimento interno a que se referem, respectivamente, o § 1º do art. 5º e o art. 6º;

II - trinta e seis meses, após a aprovação a que se refere o inciso anterior, para colocar em funcionamento as instalações e os meios destinados ao recebimento e tratamento dos diversos tipos de resíduos e ao controle da poluição, previstos no art. 5º, incluindo o pessoal adequado para operá-los;

III - cento e oitenta dias a partir da data de publicação desta Lei, para apresentar ao órgão ambiental competente os planos de emergência individuais a que se refere o *caput* do art. 7º.

ART. 32. Os valores arrecadados com a aplicação das multas previstas nesta Lei serão destinados aos órgãos que as aplicarem, no âmbito de suas competências.

ART. 33. O Poder Executivo regulamentará esta Lei, no que couber, no prazo de trezentos e sessenta dias da data de sua publicação.

ART. 34. Esta Lei entra em vigor noventa dias da data de sua publicação.

ART. 35. Revogam-se a Lei n. 5.357, de 17 de novembro de 1967, e o § 4º do art. 14 da Lei n. 6.938, de 31 de agosto de 1981.

Brasília, 28 de abril de 2000; 179º da Independência e 112º da República.

FERNANDO HENRIQUE CARDOSO

LEI N. 9.984, DE 17 DE JULHO DE 2000

Dispõe sobre a criação da Agência Nacional de Águas - ANA, entidade federal de implementação da Política Nacional de Recursos Hídricos e de coordenação do Sistema Nacional de Gerenciamento de Recursos Hídricos, e dá outras providências.

- *DOU*, 18.07.2000.
- Dec. 3.692/2000 (Dispõe sobre a instalação, aprova a Estrutura Regimental e o Quadro Demonstrativo dos Cargos Comissionados e dos Cargos Comissionados Técnicos da Agência Nacional de Águas - ANA, e dá outras providências).
- A Med. Prov. 868/2018 determinou a seguinte nova redação para a ementa desta lei: "Dispõe sobre a criação da Agência Nacional de Águas - ANA, entidade federal de implementação da Política Nacional de Recursos Hídricos, de coordenação do Sistema Nacional de Gerenciamento de Recursos Hídricos e responsável pela instituição de normas de referência nacionais para a regulação da prestação dos serviços públicos de saneamento básico."

O Vice-Presidente da República no exercício do cargo de Presidente da República. Faço saber que o Congresso Nacional decreta e eu sanciono a seguinte Lei:

CAPÍTULO I
DOS OBJETIVOS

ART. 1º Esta Lei cria a Agência Nacional de Águas - ANA, entidade federal de implementação da Política Nacional de Recursos Hídricos, integrante do Sistema Nacional de Gerenciamento de Recursos Hídricos, estabelecendo regras para a sua atuação, sua estrutura administrativa e suas fontes de recursos.

- Art. 1º Esta Lei cria a Agência Nacional de Águas - ANA, entidade federal de implementação da Política Nacional de Recursos Hídricos, integrante do Sistema Nacional de Gerenciamento de Recursos Hídricos e responsável pela instituição de normas de referência nacionais para a regulação da prestação dos serviços públicos de saneamento básico, e estabelece regras para a sua atuação, a sua estrutura administrativa e as suas fontes de recursos. (Alterado pela Med. Prov. 868/2018.)

CAPÍTULO II
DA CRIAÇÃO, NATUREZA JURÍDICA E COMPETÊNCIAS DA AGÊNCIA NACIONAL DE ÁGUAS - ANA

ART. 2º Compete ao Conselho Nacional de Recursos Hídricos promover a articulação dos planejamentos nacional, regionais, estaduais e dos setores usuários elaborados pelas entidades que integram o Sistema Nacional de Gerenciamento de Recursos Hídricos e formular a Política Nacional de Recursos Hídricos, nos termos da Lei n. 9.433, de 8 de janeiro de 1997.

ART. 3º Fica criada a Agência Nacional de Águas - ANA, autarquia sob regime especial, com autonomia administrativa e financeira, vinculada ao Ministério do Meio Ambiente, com a finalidade de implementar, em sua esfera de atribuições, a Política Nacional de Recursos Hídricos, integrando o Sistema Nacional de Gerenciamento de Recursos Hídricos.

- A Med. Prov. 870/2019 determinou a seguinte alteração:
  Art. 3º Fica criada a Agência Nacional de Águas - ANA, autarquia sob regime especial, com autonomia administrativa e financeira, vinculada ao Ministério do Desenvolvimento Regional, com a finalidade de implementar, em sua esfera de atribuições, a Política Nacional de Recursos Hídricos, integrante do Sistema Nacional de Gerenciamento de Recursos Hídricos.

Parágrafo único. A ANA terá sede e foro no Distrito Federal, podendo instalar unidades administrativas regionais.

ART. 4º A atuação da ANA obedecerá aos fundamentos, objetivos, diretrizes e instrumentos da Política Nacional de Recursos Hídricos e será desenvolvida em articulação com órgãos e entidades públicas e privadas integrantes do Sistema Nacional de Gerenciamento de Recursos Hídricos, cabendo-lhe:

I - supervisionar, controlar e avaliar as ações e atividades decorrentes do cumprimento da legislação federal pertinente aos recursos hídricos;

II - disciplinar, em caráter normativo, a implementação, a operacionalização, o controle e a avaliação dos instrumentos da Política Nacional de Recursos Hídricos;

III - (Vetado.)

IV - outorgar, por intermédio de autorização, o direito de uso de recursos hídricos em corpos de água de domínio da União, observado o disposto nos arts. 5º, 6º, 7º e 8º;

V - fiscalizar os usos de recursos hídricos nos corpos de água de domínio da União;

VI - elaborar estudos técnicos para subsidiar a definição, pelo Conselho Nacional de Recursos Hídricos, dos valores a serem cobrados pelo uso de recursos hídricos de domínio da União, com base nos mecanismos e quantitativos sugeridos pelos Comitês de Bacia Hidrográfica, na forma do inciso VI do art. 38 da Lei n. 9.433, de 1997;

VII - estimular e apoiar as iniciativas voltadas para a criação de Comitês de Bacia Hidrográfica;

VIII - implementar, em articulação com os Comitês de Bacia Hidrográfica, a cobrança pelo uso de recursos hídricos de domínio da União;

IX - arrecadar, distribuir e aplicar receitas auferidas por intermédio da cobrança pelo uso de recursos hídricos de domínio da União, na forma do disposto no art. 22 da Lei n. 9.433, de 1997;

X - planejar e promover ações destinadas a prevenir ou minimizar os efeitos de secas e inundações, no âmbito do Sistema Nacional de Gerenciamento de Recursos Hídricos, em articulação com o órgão central do Sistema Nacional de Defesa Civil, em apoio aos Estados e Municípios;

XI - promover a elaboração de estudos para subsidiar a aplicação de recursos financeiros da União em obras e serviços de regularização de cursos de água, de alocação e distribuição de água, e de controle da poluição hídrica, em consonância com o estabelecido nos planos de recursos hídricos;

XII - definir e fiscalizar as condições de operação de reservatórios por agentes públicos e privados, visando a garantir o uso múltiplo dos recursos hídricos, conforme estabelecido nos planos de recursos hídricos das respectivas bacias hidrográficas;

XIII - promover a coordenação das atividades desenvolvidas no âmbito da rede hidrometeorológica nacional, em articulação com órgãos e entidades públicas ou privadas que a integram, ou que dela sejam usuárias;

XIV - organizar, implantar e gerir o Sistema Nacional de Informações sobre Recursos Hídricos;

XV - estimular a pesquisa e a capacitação de recursos humanos para a gestão de recursos hídricos;

XVI - prestar apoio aos Estados na criação de órgãos gestores de recursos hídricos;

XVII - propor ao Conselho Nacional de Recursos Hídricos o estabelecimento de incentivos, inclusive financeiros, à conservação qualitativa e quantitativa de recursos hídricos.

XVIII - participar da elaboração do Plano Nacional de Recursos Hídricos e supervisionar a sua implementação. (Incluído pela Med. Prov. 2.216-37/2001.)

XIX - regular e fiscalizar, quando envolverem corpos d'água de domínio da União, a prestação dos serviços públicos de irrigação, se em regime de concessão, e adução de água bruta, cabendo-lhe, inclusive, a disciplina, em caráter normativo, da prestação desses serviços, bem como a fixação de padrões de eficiência e o estabelecimento de tarifa, quando cabíveis, e a gestão e auditagem de todos os aspectos dos respectivos contratos de concessão, quando existentes. (Redação dada pela Lei 12.058/2009.)

XX - organizar, implantar e gerir o Sistema Nacional de Informações sobre Segurança de Barragens (SNISB); (Incluído pela Lei 12.334/2010.)

XXI - promover a articulação entre os órgãos fiscalizadores de barragens; (Incluído pela Lei 12.334/2010.)

XXII - coordenar a elaboração do Relatório de Segurança de Barragens e encaminhá-lo, anualmente, ao Conselho Nacional de Recursos Hídricos (CNRH), de forma consolidada. (Incluído pela Lei 12.334/2010.)

▸ Os incisos XXIII e XXIV foram incluídos pela Med. Prov. 844/2018, que teve vigência encerrada.

XXIII-A - declarar a situação crítica de escassez quantitativa ou qualitativa de recursos hídricos nos corpos hídricos que impactem o atendimento aos usos múltiplos localizados em rios de domínio da União por prazo determinado, com base em estudos e dados de monitoramento, observados os critérios estabelecidos pelo Conselho Nacional de Recursos Hídricos, quando houver; e (Acrescentado pela Med. Prov. 868/2018.)

XXIV-A - estabelecer e fiscalizar o cumprimento de regras de uso da água a fim de assegurar os usos múltiplos durante a vigência da declaração de situação crítica de escassez de recursos hídricos a que se refere o inciso XXIII-A. (Acrescentado pela Med. Prov. 868/2018.)

§ 1º Na execução das competências a que se refere o inciso II deste artigo, serão considerados, nos casos de bacias hidrográficas compartilhadas com outros países, os respectivos acordos e tratados.

§ 2º As ações a que se refere o inciso X deste artigo, quando envolverem a aplicação de racionamentos preventivos, somente poderão ser promovidas mediante a observância de critérios a serem definidos em decreto do Presidente da República.

▸ A Med. Prov. 868/2018 determinou a revogação deste parágrafo.

§ 3º Para os fins do disposto no inciso XII deste artigo, a definição das condições de operação de reservatórios de aproveitamentos hidrelétricos será efetuada em articulação com o Operador Nacional do Sistema Elétrico - ONS.

§ 4º A ANA poderá delegar ou atribuir a agências de água ou de bacia hidrográfica a execução de atividades de sua competência, nos termos do art. 44 da Lei n. 9.433, de 1997, e demais dispositivos legais aplicáveis.

§ 5º (Vetado.)

§ 6º A aplicação das receitas de que trata o inciso IX será feita de forma descentralizada, por meio das agências de que trata o Capítulo IV do Título II da Lei n. 9.433, de 1997, e, na ausência ou impedimento destas, por outras entidades pertencentes ao Sistema Nacional de Gerenciamento de Recursos Hídricos.

§ 7º Nos atos administrativos de outorga de direito de uso de recursos hídricos de cursos de água que banham o semiárido nordestino, expedidos nos termos do inciso IV deste artigo, deverão constar, explicitamente, as restrições decorrentes dos incisos III e V do art. 15 da Lei n. 9.433, de 1997.

§ 8º No exercício das competências referidas no inciso XIX deste artigo, a ANA zelará pela prestação do serviço adequado ao pleno atendimento dos usuários, em observância aos princípios da regularidade, continuidade, eficiência, segurança, atualidade, generalidade, cortesia, modicidade tarifária e utilização racional dos recursos hídricos. (Redação dada pela Lei 12.058/2009.)

▸ Os §§ 9º e 10 foram incluídos pela Med. Prov. 844/2018, que teve vigência encerrada.

§ 9º-A. As regras a que se refere o inciso XXIV-A do *caput* serão aplicadas aos corpos hídricos abrangidos pela declaração de situação crítica de escassez de recursos hídricos a que se refere o inciso XXIII-A do *caput*. (Acrescentado pela Med. Prov. 868/2018.)

§ 10-A. A ANA poderá delegar as competências estabelecidas nos incisos V e XII do *caput*, por meio de convênio ou de outro instrumento, a outros órgãos e entidades da administração pública federal, estadual e distrital. (Acrescentado pela Med. Prov. 868/2018.)

▸ Os arts. 4º-A e 4º-B foram incluídos pela Med. Prov. 844/2018, que teve vigência encerrada.

Art. 4º-C. A ANA instituirá as normas de referência nacionais para a regulação da prestação de serviços públicos de saneamento básico por seus titulares e suas entidades reguladoras e fiscalizadoras responsáveis, observadas as diretrizes para a função de regulação estabelecidas na Lei n. 11.445, de 5 de janeiro de 2007. (Acrescentado pela Med. Prov. 868/2018.)

§ 1º À ANA caberá estabelecer, entre outras, normas de referência nacionais sobre: (Acrescentado pela Med. Prov. 868/2018.)

I - os padrões de qualidade e eficiência na prestação, na manutenção e na operação dos sistemas de saneamento básico; (Acrescentado pela Med. Prov. 868/2018.)

II - a regulação tarifária dos serviços públicos de saneamento básico, com vistas a promover a prestação dos serviços adequada, o uso racional de recursos naturais e o equilíbrio econômico-financeiro das atividades; (Acrescentado pela Med. Prov. 868/2018.)

III - a padronização dos instrumentos negociais de prestação de serviços públicos de saneamento básico, firmados entre o titular do serviço público e o delegatário, os quais contemplarão metas de qualidade, eficiência e ampliação da cobertura dos serviços, além de especificar a matriz de riscos e os mecanismos de manutenção do equilíbrio econômico-financeiro das atividades; (Acrescentado pela Med. Prov. 868/2018.)

IV - os critérios para a contabilidade regulatória decorrente da prestação de serviços de saneamento básico; e (Acrescentado pela Med. Prov. 868/2018.)

V - a redução progressiva da perda de água. (Acrescentado pela Med. Prov. 868/2018.)

§ 2º As normas de referência nacionais para a regulação da prestação de serviços públicos de saneamento básico contemplarão os componentes a que se refere o inciso I do *caput* do art. 2º da Lei n. 11.445, de 2007, e serão instituídas pela ANA de forma progressiva. (Acrescentado pela Med. Prov. 868/2018.)

§ 3º As normas de referência nacionais para a regulação do setor de saneamento básico deverão: (Acrescentado pela Med. Prov. 868/2018.)

I - estimular a livre concorrência, a competitividade, a eficiência e a sustentabilidade econômica na prestação dos serviços; (Acrescentado pela Med. Prov. 868/2018.)

II - estimular a cooperação entre os entes federativos com vistas à prestação, à contratação e à regulação dos serviços de forma adequada e eficiente, de forma a buscar a universalização dos serviços e a modicidade tarifária; (Acrescentado pela Med. Prov. 868/2018.)

III - promover a prestação adequada dos serviços de saneamento básico com atendimento pleno aos usuários, observados os princípios da regularidade, da continuidade, da eficiência, da segurança, da atualidade, da generalidade, da cortesia, da modicidade tarifária, da utilização racional dos recursos hídricos e da universalização dos serviços públicos de saneamento básico; e (Acrescentado pela Med. Prov. 868/2018.)

IV - possibilitar a adoção de métodos, técnicas e processos adequados às peculiaridades locais e regionais. (Acrescentado pela Med. Prov. 868/2018.)

§ 4º No processo de instituição das normas de referência, a ANA: (Acrescentado pela Med. Prov. 868/2018.)

I - avaliará as melhores práticas regulatórias do setor, ouvidas as entidades encarregadas da regulação e da fiscalização; e (Acrescentado pela Med. Prov. 868/2018.)

II - realizará consultas e audiências públicas, a fim de garantir a transparência e a publicidade dos atos e possibilitar a análise de impacto regulatório das normas propostas. (Acrescentado pela Med. Prov. 868/2018.)

§ 5º A ANA disponibilizará, em caráter voluntário e sujeito à concordância entre as partes, ação mediadora ou arbitral aos Municípios, aos Estados e ao Distrito Federal, nos conflitos entre estes ou entre eles e as suas agências reguladoras e prestadoras de serviços de saneamento básico. (Acrescentado pela Med. Prov. 868/2018.)

§ 6º A ANA avaliará o impacto regulatório e o cumprimento das normas de referência de que trata o § 1º pelos órgãos e pelas entidades responsáveis pela regulação e pela fiscalização dos serviços públicos. (Acrescentado pela Med. Prov. 868/2018.)

§ 7º No exercício das competências a que se refere este artigo, a ANA zelará pela uniformidade regulatória do setor de saneamento básico e a segurança jurídica na prestação e na regulação dos serviços, observado o disposto no inciso IV do § 3º. (Acrescentado pela Med. Prov. 868/2018.)

§ 8º Para fins do disposto no inciso II do § 1º, as normas de referência de regulação tarifária estabelecerão, quando couber, o compartilhamento dos ganhos de produtividade com os usuários dos serviços de saneamento básico e os mecanismos de subsídios para as populações de baixa renda, para possibilitar a universalização dos serviços, observado o disposto no art. 31 da Lei n. 11.445, de 2007. (Acrescentado pela Med. Prov. 868/2018.)

§ 9º Para fins do disposto no inciso III do § 1º, as normas de referência regulatórias estabelecerão parâmetros e condições para investimentos que permitam garantir a manutenção dos níveis de serviços desejados durante a vigência dos contratos. (Acrescentado pela Med. Prov. 868/2018.)

§ 10. Caberá à ANA elaborar estudos técnicos para o desenvolvimento das melhores práticas regulatórias para os serviços de saneamento básico, além de guias e manuais para subsidiar o desenvolvimento das referidas práticas. (Acrescentado pela Med. Prov. 868/2018.)

§ 11. Caberá à ANA promover a capacitação de recursos humanos para a regulação adequada e eficiente do setor de saneamento básico. (Acrescentado pela Med. Prov. 868/2018.)

§ 12. A ANA contribuirá para a articulação entre o Plano Nacional de Saneamento Básico, o Plano Nacional de Resíduos Sólidos e o Plano Nacional de Recursos Hídricos. (Acrescentado pela Med. Prov. 868/2018.)

Art. 4º-D. O acesso aos recursos públicos federais ou à contratação de financiamentos com recursos da União ou com recursos geridos ou operados por órgãos ou entidades da administração pública federal, quando destinados aos serviços de saneamento básico, será condicionado ao cumprimento das normas de referência nacionais para a regulação da prestação dos serviços públicos de saneamento básico estabelecidas pela ANA, observado o disposto no art. 50 da Lei n. 11.445, de 2007. (Acrescentado pela Med. Prov. 868/2018.)

§ 1º A ANA disciplinará, por meio de ato normativo, os requisitos e os procedimentos a serem observados, pelas entidades encarregadas da regulação e da fiscalização dos serviços de saneamento, para a comprovação do atendimento às normas regulatórias de referência publicadas. (Acrescentado pela Med. Prov. 868/2018.)

§ 2º A restrição ao acesso de recursos públicos federais e de financiamento prevista no *caput* somente produzirá efeitos após o estabelecimento, pela ANA, das normas regulatórias de referência, respeitadas as regras dos contratos assinados anteriormente à vigência das normas estabelecidas pela ANA. (Acrescentado pela Med. Prov. 868/2018.)

§ 3º O disposto no *caput* não se aplica: (Acrescentado pela Med. Prov. 868/2018.)

I - às ações de saneamento básico em: (Acrescentado pela Med. Prov. 868/2018.)

a) áreas rurais; (Acrescentado pela Med. Prov. 868/2018.)

b) comunidades tradicionais, incluídas as áreas quilombolas; e (Acrescentado pela Med. Prov. 868/2018.)

c) áreas indígenas; e (Acrescentado pela Med. Prov. 868/2018.)

II - às soluções individuais que não constituem serviço público em áreas rurais ou urbanas. (Acrescentado pela Med. Prov. 868/2018.)

ART. 5º Nas outorgas de direito de uso de recursos hídricos de domínio da União, serão respeitados os seguintes limites de prazos, contados da data de publicação dos respectivos atos administrativos de autorização:

I - até dois anos, para início da implantação do empreendimento objeto da outorga;

II - até seis anos, para conclusão da implantação do empreendimento projetado;

III - até trinta e cinco anos, para vigência da outorga de direito de uso.

§ 1º Os prazos de vigência das outorgas de direito de uso de recursos hídricos serão fixados em função da natureza e do porte do empreendimento, levando-se em consideração, quando for o caso, o período de retorno do investimento.

§ 2º Os prazos a que se referem os incisos I e II poderão ser ampliados, quando o porte e a importância social e econômica do empreendimento o justificar, ouvido o Conselho Nacional de Recursos Hídricos.

§ 3º O prazo de que trata o inciso III poderá ser prorrogado, pela ANA, respeitando-se as prioridades estabelecidas nos Planos de Recursos Hídricos.

§ 4º As outorgas de direito de uso de recursos hídricos para concessionárias e autorizadas de serviços públicos e de geração de energia hidrelétrica vigorarão por prazos coincidentes com os dos correspondentes contratos de concessão ou atos administrativos de autorização.

ART. 6º A ANA poderá emitir outorgas preventivas de uso de recursos hídricos, com a finalidade de declarar a disponibilidade de água para os usos requeridos, observado o disposto no art. 13 da Lei n. 9.433, de 1997.

§ 1º A outorga preventiva não confere direito de uso de recursos hídricos e se destina a reservar a vazão passível de outorga, possibilitando, aos investidores, o planejamento de empreendimentos que necessitem desses recursos.

§ 2º O prazo de validade da outorga preventiva será fixado levando-se em conta a complexidade do planejamento do empreendimento, limitando-se ao máximo de três anos, findo o qual será considerado o disposto nos incisos I e II do art. 5º.

ART. 7º A concessão ou a autorização de uso de potencial de energia hidráulica e a construção de eclusa ou de outro dispositivo de transposição hidroviária de níveis em corpo de água de domínio da União serão precedidas de declaração de reserva de disponibilidade hídrica. (Alterado pela Lei 13.081/2015.)

§ 1º A declaração de reserva de disponibilidade hídrica será requerida: (Alterado pela Lei 13.081/2015.)

I - pela Agência Nacional de Energia Elétrica, para aproveitamentos de potenciais hidráulicos; (Alterado pela Lei 13.081/2015.)

II - pelo Ministério dos Transportes, por meio do órgão responsável pela gestão hidroviária, quando se tratar da construção e operação direta de eclusa ou de outro dispositivo de transposição hidroviária de níveis; (Alterado pela Lei 13.081/2015.)

III - pela Agência Nacional de Transportes Aquaviários, quando se tratar de concessão, inclusive na modalidade patrocinada ou administrativa, da construção seguida da exploração de serviços de eclusa ou de outro dispositivo de transposição hidroviária de níveis. (Alterado pela Lei 13.081/2015.)

§ 2º Quando o corpo de água for de domínio dos Estados ou do Distrito Federal, a declaração de reserva de disponibilidade hídrica será obtida em articulação com a respectiva unidade gestora de recursos hídricos. (Alterado pela Lei 13.081/2015.)

§ 3º A declaração de reserva de disponibilidade hídrica será transformada automaticamente pelo respectivo poder outorgante em outorga de direito de uso de recursos hídricos à instituição ou empresa que receber a concessão ou autorização de uso de potencial de energia hidráulica ou que for responsável pela construção e operação de eclusa ou de outro dispositivo de transposição hidroviária de níveis. (Alterado pela Lei 13.081/2015.)

§ 4º A declaração de reserva de disponibilidade hídrica obedecerá ao disposto no art. 13 da Lei n. 9.433, de 8 de janeiro de 1997. (Alterado pela Lei 13.081/2015.)

ART. 8º A ANA dará publicidade aos pedidos de outorga de direito de uso de recursos hídricos de domínio da União, bem como aos atos administrativos que deles resultarem, por meio de publicação na imprensa oficial e em pelo menos um jornal de grande circulação na respectiva região.

- Art. 8º A ANA dará publicidade aos pedidos de outorga de direito de uso de recursos hídricos de domínio da União, por meio de publicação em seu sítio eletrônico, e os atos administrativos que deles resultarem serão publicados no Diário Oficial da União e no sítio eletrônico da ANA. (Alterado pela Med. Prov. 868/2018.)
- O art. 8º-A foi incluído pela Med. Prov. 844/2018, que teve vigência encerrada.

Art. 8º-B. A ANA poderá criar mecanismos de credenciamento e descredenciamento de técnicos, empresas especializadas, consultores independentes e auditores externos, para obter, analisar e atestar informações ou dados necessários ao desempenho de suas atividades. (Acrescentado pela Med. Prov. 868/2018.)

CAPÍTULO III
DA ESTRUTURA ORGÂNICA DA AGÊNCIA NACIONAL DE ÁGUAS - ANA

ART. 9º A ANA será dirigida por uma Diretoria Colegiada, composta por cinco membros, nomeados pelo Presidente da República, com mandatos não coincidentes de quatro anos, admitida uma única recondução consecutiva, e contará com uma Procuradoria.

§ 1º O Diretor-Presidente da ANA será escolhido pelo Presidente da República entre os membros da Diretoria Colegiada, e investido na função por quatro anos ou pelo prazo que restar de seu mandato.

§ 2º Em caso de vaga no curso do mandato, este será completado por sucessor investido na forma prevista no *caput*, que o exercerá pelo prazo remanescente.

ART. 10. A exoneração imotivada de dirigentes da ANA só poderá ocorrer nos quatro meses iniciais dos respectivos mandatos.

§ 1º Após o prazo a que se refere o *caput*, os dirigentes da ANA somente perderão o mandato em decorrência de renúncia, de condenação judicial transitada em julgado, ou de decisão definitiva em processo administrativo disciplinar.

§ 2º Sem prejuízo do que preveem as legislações penal e relativa à punição de atos de improbidade administrativa no serviço público, será causa da perda do mandato a inobservância, por qualquer um dos dirigentes da ANA, dos deveres e proibições inerentes ao cargo que ocupa.

§ 3º Para os fins do disposto no § 2º, cabe ao Ministro de Estado do Meio Ambiente instaurar o processo administrativo disciplinar, que será conduzido por comissão especial, competindo ao Presidente da República determinar o afastamento preventivo, quando for o caso, e proferir o julgamento.

- A Med. Prov. 870/2019 determinou a seguinte alteração:

  § 3º Para fins do disposto no § 2º, cabe ao Ministro de Estado do Desenvolvimento Regional instaurar o processo administrativo disciplinar, que será conduzido por comissão especial, e compete ao Presidente da República determinar o afastamento preventivo, quando for o caso, e proferir julgamento.

ART. 11. Aos dirigentes da ANA é vedado o exercício de qualquer outra atividade profissional, empresarial, sindical ou de direção político-partidária.

§ 1º É vedado aos dirigentes da ANA, conforme dispuser o seu regimento interno, ter interesse direto ou indireto em empresa relacionada com o Sistema Nacional de Gerenciamento de Recursos Hídricos.

› § 1º É vedado aos dirigentes da ANA, conforme disposto em seu regimento interno, ter interesse direto ou indireto em empresa relacionada com o Sistema Nacional de Gerenciamento de Recursos Hídricos e em empresa relacionada com a prestação de serviços públicos de saneamento básico. (Alterado pela Med. Prov. 868/2018.)

§ 2º A vedação de que trata o *caput* não se aplica aos casos de atividades profissionais decorrentes de vínculos contratuais mantidos com entidades públicas ou privadas de ensino e pesquisa.

ART. 12. Compete à Diretoria Colegiada:

I - exercer a administração da ANA;

II - editar normas sobre matérias de competência da ANA;

III - aprovar o regimento interno da ANA, a organização, a estrutura e o âmbito decisório de cada diretoria;

IV - cumprir e fazer cumprir as normas relativas ao Sistema Nacional de Gerenciamento de Recursos Hídricos;

V - examinar e decidir sobre pedidos de outorga de direito de uso de recursos hídricos de domínio da União;

VI - elaborar e divulgar relatórios sobre as atividades da ANA;

VII - encaminhar os demonstrativos contábeis da ANA aos órgãos competentes;

VIII - decidir pela venda, cessão ou aluguel de bens integrantes do patrimônio da ANA; e

IX - conhecer e julgar pedidos de reconsideração de decisões de componentes da Diretoria da ANA.

§ 1º A Diretoria deliberará por maioria simples de votos, e se reunirá com a presença de, pelo menos, três diretores, entre eles o Diretor-Presidente ou seu substituto legal.

§ 2º As decisões relacionadas com as competências institucionais da ANA, previstas no art. 3º, serão tomadas de forma colegiada.

ART. 13. Compete ao Diretor-Presidente:

I - exercer a representação legal da ANA;

II - presidir as reuniões da Diretoria Colegiada;

III - cumprir e fazer cumprir as decisões da Diretoria Colegiada;

IV - decidir *ad referendum* da Diretoria Colegiada as questões de urgência;

V - decidir, em caso de empate, nas deliberações da Diretoria Colegiada;

VI - nomear e exonerar servidores, provendo os cargos em comissão e as funções de confiança;

VII - admitir, requisitar e demitir servidores, preenchendo os empregos públicos;

VIII - encaminhar ao Conselho Nacional de Recursos Hídricos os relatórios elaborados pela Diretoria Colegiada e demais assuntos de competência daquele Conselho;

IX - assinar contratos e convênios e ordenar despesas; e

X - exercer o poder disciplinar, nos termos da legislação em vigor.

› IX - assinar contratos e convênios e ordenar despesas; (Alterado pela Med. Prov. 868/2018.)
X - exercer o poder disciplinar, nos termos da legislação; e (Alterado pela Med. Prov. 868/2018.)

› O inciso XI foi incluído pela Med. Prov. 844/2018, que teve vigência encerrada.
XI-A - encaminhar ao Comitê Interministerial de Saneamento Básico os relatórios analisados pela Diretoria Colegiada e os demais assuntos do interesse desse órgão. (Acrescentado pela Med. Prov. 868/2018.)

ART. 14. Compete à Procuradoria da ANA, que se vincula à Advocacia-Geral da União para fins de orientação normativa e supervisão técnica:

I - representar judicialmente a ANA, com prerrogativas processuais de Fazenda Pública;

II - representar judicialmente os ocupantes de cargos e de funções de direção, inclusive após a cessação do respectivo exercício, com referência a atos praticados em decorrência de suas atribuições legais ou institucionais, adotando, inclusive, as medidas judiciais cabíveis, em nome e em defesa dos representados;

III - apurar a liquidez e certeza de créditos, de qualquer natureza, inerentes às atividades da ANA, inscrevendo-os em dívida ativa, para fins de cobrança amigável ou judicial; e

IV - executar as atividades de consultoria e de assessoramento jurídicos.

ART. 15. (Vetado.)

CAPÍTULO IV
DOS SERVIDORES DA ANA

ART. 16. A ANA constituirá, no prazo de trinta e seis meses a contar da data de publicação desta Lei, o seu quadro próprio de pessoal, por meio da realização de concurso público de provas, ou de provas e títulos, ou da redistribuição de servidores de órgãos e entidades da administração federal direta, autárquica ou fundacional.

§§ 1º e 2º (Revogados pela Lei 10.871/2004.)

ART. 17. (Revogado pela Med. Prov. 2.216-37/2001.)

› O art. 17-A foi incluído pela Med. Prov. 844/2018, que teve vigência encerrada.
Art. 17-B. A ANA poderá requisitar servidores de órgãos, autarquias e fundações públicas da administração pública federal até 1º de agosto de 2021. (Acrescentado pela Med. Prov. 868/2018.)
§ 1º As requisições realizadas na forma do *caput* estão sujeitas ao limite numérico definido pelo Ministério do Planejamento, Desenvolvimento e Gestão. (Acrescentado pela Med. Prov. 868/2018.)
§ 2º Aos servidores requisitados na forma deste artigo, são assegurados todos os direitos e vantagens a que faça jus no órgão ou entidade de origem, considerando-se o período de requisição para todos os efeitos da vida funcional, como efetivo exercício no cargo que ocupe no órgão ou entidade de origem. (Acrescentado pela Med. Prov. 868/2018.)

ART. 18. (Revogado pela Med. Prov. 2.216-37/2001.)

ART. 18-A. Ficam criados, para exercício exclusivo na ANA: (Incluído pela Med. Prov. 2.216-37/2001.)

I - cinco Cargos Comissionados de Direção - CD, sendo: um CD I e quatro CD II; (Incluído pela Med. Prov. 2.216-37/2001.)

II - cinquenta e dois Cargos de Gerência Executiva - CGE, sendo: cinco CGE I, treze CGE II, trinta e três CGE III e um CGE IV; (Incluído pela Med. Prov. 2.216-37/2001.)

III - doze Cargos Comissionados de Assessoria - CA, sendo: quatro CA I; quatro CA II e quatro CA III; (Incluído pela Med. Prov. 2.216-37/2001.)

IV - onze Cargos Comissionados de Assistência - CAS I; (Incluído pela Med. Prov. 2.216-37/2001.)

V - vinte e sete Cargos Comissionados Técnicos - CCT V. (Incluído pela Med. Prov. 2.216-37/2001.)

Parágrafo único. Aplicam-se aos cargos de que trata este artigo as disposições da Lei n. 9.986, de 18 de julho de 2000. (Incluído pela Med. Prov. 2.216-37/2001.)

CAPÍTULO V
DO PATRIMÔNIO E DAS RECEITAS

ART. 19. Constituem patrimônio da ANA os bens e direitos de sua propriedade, os que lhe forem conferidos ou que venha a adquirir ou incorporar.

ART. 20. Constituem receitas da ANA:

I - os recursos que lhe forem transferidos em decorrência de dotações consignadas no Orçamento-Geral da União, créditos especiais, créditos adicionais e transferências e repasses que lhe forem conferidos;

II - os recursos decorrentes da cobrança pelo uso de água de corpos hídricos de domínio da União, respeitando-se as formas e os limites de aplicação previstos no art. 22 da Lei n. 9.433, de 1997;

III - os recursos provenientes de convênios, acordos ou contratos celebrados com entidades, organismos ou empresas nacionais ou internacionais;

IV - as doações, legados, subvenções e outros recursos que lhe forem destinados;

V - o produto da venda de publicações, material técnico, dados e informações, inclusive para fins de licitação pública, de emolumentos administrativos e de taxas de inscrições em concursos;

VI - retribuição por serviços de quaisquer natureza prestados a terceiros;

VII - o produto resultante da arrecadação de multas aplicadas em decorrência de ações de fiscalização de que tratam os arts. 49 e 50 da Lei n. 9.433, de 1997;

VIII - os valores apurados com a venda ou aluguel de bens móveis e imóveis de sua propriedade;

IX - o produto da alienação de bens, objetos e instrumentos utilizados para a prática de infrações, assim como do patrimônio dos infratores, apreendidos em decorrência do exercício do poder de polícia e incorporados ao patrimônio da autarquia, nos termos de decisão judicial; e

X - os recursos decorrentes da cobrança de emolumentos administrativos.

ART. 21. As receitas provenientes da cobrança pelo uso de recursos hídricos de domínio da União serão mantidas à disposição da ANA, na Conta Única do Tesouro Nacional, enquanto não forem destinadas para as respectivas programações.

§ 1º A ANA manterá registros que permitam correlacionar as receitas com as bacias hidrográficas em que foram geradas, com o objetivo de cumprir o estabelecido no art. 22 da Lei n. 9.433, de 1997.

§ 2º As disponibilidades de que trata o *caput* deste artigo poderão ser mantidas em aplicações financeiras, na forma regulamentada pelo Ministério da Fazenda.

§ 3º (Vetado.)

§ 4º As prioridades de aplicação de recursos a que se refere o *caput* do art. 22 da Lei n. 9.433, de 1997, serão definidas pelo Conselho Nacional de Recursos Hídricos, em articulação com os respectivos comitês de bacia hidrográfica.

CAPÍTULO VI
DISPOSIÇÕES FINAIS E TRANSITÓRIAS

ART. 22. Na primeira gestão da ANA, um diretor terá mandato de três anos, dois diretores terão mandatos de quatro anos e dois diretores terão mandatos de cinco anos, para implementar o sistema de mandatos não coincidentes.

ART. 23. Fica o Poder Executivo autorizado a:

I - transferir para a ANA o acervo técnico e patrimonial, direitos e receitas do Ministério do Meio Ambiente e de seus órgãos, necessários ao funcionamento da autarquia;

II - remanejar, transferir ou utilizar os saldos orçamentários do Ministério do Meio Ambiente para atender às despesas de estruturação e manutenção da ANA, utilizando, como recursos, as dotações orçamentárias destinadas às atividades fins e administrativas, observados os mesmos subprojetos, subatividades e grupos de despesas previstos na Lei Orçamentária em vigor.

ART. 24. A Consultoria Jurídica do Ministério do Meio Ambiente e a Advocacia-Geral da União prestarão à ANA, no âmbito de suas competências, a assistência jurídica necessária, até que seja provido o cargo de Procurador da autarquia.

ART. 25. O Poder Executivo implementará a descentralização das atividades de operação e manutenção de reservatórios, canais e adutoras de domínio da União, excetuada a infraestrutura componente do Sistema Interligado Brasileiro, operado pelo Operador Nacional do Sistema Elétrico - ONS.

Parágrafo único. Caberá à ANA a coordenação e a supervisão do processo de descentralização de que trata este artigo.

ART. 26. O Poder Executivo, no prazo de noventa dias, contado a partir da data de publicação desta Lei, por meio de decreto do Presidente da República, estabelecerá a estrutura regimental da ANA, determinando sua instalação.

Parágrafo único. O decreto a que se refere o *caput* estabelecerá regras de caráter transitório, para vigorarem na fase de implementação das atividades da ANA, por prazo não inferior a doze e nem superior a vinte e quatro meses, regulando a emissão temporária, pela ANEEL, das declarações de reserva de disponibilidade hídrica de que trata o art. 7º.

ART. 27. A ANA promoverá a realização de concurso público para preenchimento das vagas existentes no seu quadro de pessoal.

ART. 28. O art. 17 da Lei n. 9.648, de 27 de maio de 1998, passa a vigorar com a seguinte redação:

▸ Alterações promovidas no texto da referida lei.

ART. 29. O art. 1º da Lei n. 8.001, de 13 de março de 1990, com a redação dada pela Lei n. 9.433, de 1997, passa a vigorar com a seguinte redação:

▸ Alterações promovidas no texto da referida lei.

ART. 30. O art. 33 da Lei n. 9.433, de 8 de janeiro de 1997, passa a vigorar com a seguinte redação:

▸ Alterações promovidas no texto da referida lei.

ART. 31. O inciso IX do art. 35 da Lei n. 9.433, de 1997, passa a vigorar com a seguinte redação:

▸ Alterações promovidas no texto da referida lei.

ART. 32. O art. 46 da Lei n. 9.433, de 1997, passa a vigorar com a seguinte redação:

▸ Alterações promovidas no texto da referida lei.

ART. 33. Esta Lei entra em vigor na data de sua publicação.

Brasília, 17 de julho de 2000; 179º da Independência e 112º da República.

MARCO ANTONIO DE OLIVEIRA MACIEL

LEI N. 9.986, DE 18 DE JULHO DE 2000

Dispõe sobre a gestão de recursos humanos das Agências Reguladoras e dá outras providências.

▸ *DOU*, 19.07.2000

O Vice-Presidente da República no exercício do cargo de Presidente da República. Faço saber que o Congresso Nacional decreta e eu sanciono a seguinte Lei:

ART. 1º (Revogado pela Lei 10.871/2004.)

ART. 2º Ficam criados, para exercício exclusivo nas Agências Reguladoras, os cargos Comissionados de Direção - CD, de Gerência Executiva - CGE, de Assessoria - CA e de Assistência - CAS, e os Cargos Comissionados Técnicos - CCT, constantes do Anexo I desta Lei. (Redação dada pela Lei 10.871/2004.)

ART. 3º Os Cargos Comissionados de Gerência Executiva, de Assessoria e de Assistência são de livre nomeação e exoneração da instância de deliberação máxima da Agência.

ART. 4º As Agências serão dirigidas em regime de colegiado, por um Conselho Diretor ou Diretoria composta por Conselheiros ou Diretores, sendo um deles o seu Presidente ou o Diretor-Geral ou o Diretor-Presidente.

ART. 5º O Presidente ou o Diretor-Geral ou o Diretor-Presidente (CD I) e os demais membros do Conselho Diretor ou da Diretoria (CD II) serão brasileiros, de reputação ilibada, formação universitária e elevado conceito no campo de especialidade dos cargos para os quais serão nomeados, devendo ser escolhidos pelo Presidente da República e por ele nomeados, após aprovação pelo Senado Federal, nos termos da alínea f do inciso III do art. 52 da Constituição Federal.

Parágrafo único. O Presidente ou o Diretor-Geral ou o Diretor-Presidente será nomeado pelo Presidente da República dentre os integrantes do Conselho Diretor ou da Diretoria, respectivamente, e investido na função pelo prazo fixado no ato de nomeação.

ART. 6º O mandato dos Conselheiros e dos Diretores terá o prazo fixado na lei de criação de cada Agência.

Parágrafo único. Em caso de vacância no curso do mandato, este será completado por sucessor investido na forma prevista no art. 5º.

ART. 7º A lei de criação de cada Agência disporá sobre a forma da não coincidência de mandato.

ART. 8º O ex-dirigente fica impedido para o exercício de atividades ou de prestar qualquer serviço no setor regulado pela respectiva agência, por um período de quatro meses, contados da exoneração ou do término do seu mandato. (Redação dada pela Med. Prov. 2.216-37/2001.)

§ 1º Inclui-se no período a que se refere o *caput* eventuais períodos de férias não gozadas.

§ 2º Durante o impedimento, o ex-dirigente ficará vinculado à agência, fazendo jus a remuneração compensatória equivalente à do cargo de direção que exerceu e aos benefícios a ele inerentes. (Redação dada pela Med. Prov. 2.216-37/2001.)

§ 3º Aplica-se o disposto neste artigo ao ex-dirigente exonerado a pedido, se este já tiver cumprido pelo menos seis meses do seu mandato.

§ 4º Incorre na prática de crime de advocacia administrativa, sujeitando-se às penas da lei, o ex-dirigente que violar o impedimento previsto neste artigo, sem prejuízo das demais sanções cabíveis, administrativas e civis. (Redação dada pela Med. Prov. 2.216-37/2001.)

§ 5º Na hipótese de o ex-dirigente ser servidor público, poderá ele optar pela aplicação do disposto no § 2º, ou pelo retorno ao desempenho das funções de seu cargo efetivo ou emprego público, desde que não haja conflito de interesse. (Incluído pela Med. Prov. 2.216-37/2001.)

ART. 9º Os Conselheiros e os Diretores somente perderão o mandato em caso de renúncia, de condenação judicial transitada em julgado ou de processo administrativo disciplinar.

Parágrafo único. A lei de criação da Agência poderá prever outras condições para a perda do mandato.

ART. 10. O regulamento de cada Agência disciplinará a substituição dos Conselheiros e Diretores em seus impedimentos ou afastamentos regulamentares ou ainda no período de vacância que anteceder a nomeação de novo Conselheiro ou Diretor.

ART. 11. Na Agência em cuja estrutura esteja prevista a Ouvidoria, o seu titular ocupará o cargo comissionado de Gerência Executiva - CGE II.

Parágrafo único. A lei de criação da Agência definirá as atribuições do Ouvidor, assegurando-se-lhe autonomia e independência de atuação e condição plena para desempenho de suas atividades.

ART. 12. (Revogado pela Lei 10.871/2004.)

ART. 13. (Revogado pela Lei 10.871/2004.)

ART. 14. Os quantitativos dos empregos públicos e dos cargos comissionados de cada Agência serão estabelecidos em lei, ficando as Agências autorizadas a efetuar a alteração dos quantitativos e da distribuição dos Cargos Comissionados de Gerência Executiva, de Assessoria, de Assistência e dos Cargos Comissionados Técnicos, observados os valores de retribuição correspondentes e desde que não acarrete aumento de despesa.

Parágrafo único. (Revogado pela Lei 10.871/2004.)

ART. 15. (Revogado pela Lei 10.871/2004.)

ART. 16. As Agências Reguladoras poderão requisitar servidores e empregados de órgãos e entidades integrantes da administração pública. (Redação dada pela Lei 11.292/2006.)

§ 1º Durante os primeiros vinte e quatro meses subsequentes à sua instalação, as Agências poderão complementar a remuneração do servidor ou empregado público requisitado, até o limite da remuneração do cargo efetivo ou emprego permanente ocupado no órgão ou na entidade de origem, quando a requisição implicar redução dessa remuneração.

§ 2º No caso das Agências já criadas, o prazo referido no § 1º será contado a partir da publicação desta Lei.

§ 3º O quantitativo de servidores ou empregados requisitados, acrescido do pessoal dos Quadros a que se refere o *caput* do art. 19, não poderá ultrapassar o número de empregos fixado para a respectiva Agência.

§ 4º Observar-se-á, relativamente ao ressarcimento ao órgão ou à entidade de origem do servidor ou do empregado requisitado das despesas com sua remuneração e obrigações patronais, o disposto nos §§ 5º e 6º do art. 93 da Lei n. 8.112, de 11 de dezembro de 1990. (Redação dada pela Lei 11.292/2006.)

ART. 17. (Revogado pela Lei 11.526/2007.)

I a III - (Revogados pela Lei 11.526/2007.)

ART. 18. O Ministério do Planejamento, Orçamento e Gestão divulgará, no prazo de trinta dias a contar da publicação desta Lei, tabela estabelecendo as equivalências entre os Cargos Comissionados e Cargos Comissionados Técnicos previstos no Anexo II e os Cargos em Comissão do Grupo-Direção e Assessoramento Superiores - DAS, para efeito de aplicação de legislações específicas relativas à percepção de vantagens, de caráter remuneratório ou não, por servidores ou empregados públicos.

ART. 19. Mediante lei, poderão ser criados Quadro de Pessoal Específico, destinado, exclusivamente, à absorção de servidores públicos federais regidos pela Lei n. 8.112, de 11 de dezembro de 1990, e Quadro de Pessoal em Extinção, destinado exclusivamente à absorção de empregados de empresas públicas federais liquidadas ou em processo de liquidação, regidos pelo regime celetista, que se encontrarem exercendo atividades a serem absorvidas pelas Agências.

§ 1º A soma dos cargos ou empregos dos Quadros a que se refere este artigo não poderá exceder ao número de empregos que forem fixados para o Quadro de Pessoal Efetivo.

§ 2º Os Quadros de que trata o *caput* deste artigo têm caráter temporário, extinguindo-se as vagas neles alocadas, à medida que ocorrerem vacâncias.

§ 3º À medida que forem extintos os cargos ou empregos dos Quadros de que trata este artigo, é facultado à Agência o preenchimento de empregos de pessoal concursado para o Quadro de Pessoal Efetivo.

§ 4º Se o quantitativo de cargos ou empregos dos Quadros de que trata este artigo for inferior ao Quadro de Pessoal Efetivo, é facultada à Agência a realização de concurso para preenchimento dos empregos excedentes.

§ 5º O ingresso no Quadro de Pessoal Específico será efetuado por redistribuição.

§ 6º A absorção de pessoal celetista no Quadro de Pessoal em Extinção não caracteriza rescisão contratual.

ART. 20. (Revogado pela Lei 10.871/2004.)

ART. 21. (Revogado pela Lei 10.871/2004.)

ART. 22. Ficam as Agências autorizadas a custear as despesas com remoção e estada para os profissionais que, em virtude de nomeação para Cargos Comissionados de Direção, de Gerência Executiva e de Assessoria dos níveis CD I e II, CGE I, II, III e IV, CA I e II, e para os Cargos Comissionados Técnicos, nos níveis CCT V e IV, vierem a ter exercício em cidade diferente da de seu domicílio, conforme disposto em regulamento de cada Agência, observados os limites de valores estabelecidos para a Administração Pública Federal direta. (Redação dada pela Med. Prov. 2.229-43/2001.)

ART. 23. Os regulamentos próprios das Agências referidos nesta Lei serão aprovados por decisão da instância de deliberação superior de cada Autarquia, com ampla divulgação interna e publicação no Diário Oficial da União.

ART. 24. (Revogado pela Lei 10.871/2004.)

ART. 25. Os Quadros de Pessoal Efetivo e os quantitativos de Cargos Comissionados da Agência Nacional de Energia Elétrica - ANEEL, da Agência Nacional de Telecomunicações - ANATEL, da Agência Nacional do Petróleo - ANP, da Agência Nacional de Vigilância Sanitária - ANVS e da Agência Nacional de Saúde Suplementar - ANS são os constantes do Anexo I desta Lei.

ART. 26. As Agências Reguladoras já instaladas poderão, em caráter excepcional, prorrogar os contratos de trabalho temporários em vigor, por prazo máximo de vinte e quatro meses além daqueles previstos na legislação vigente, a partir do vencimento de cada contrato de trabalho.

ART. 27. (Revogado pela Lei 10.871/2004.)

ART. 28. Fica criado o Quadro de Pessoal Específico, integrado pelos servidores regidos pela Lei n. 8.112, de 1990, que tenham sido redistribuídos para a ANVS por força de lei.

§§ 1º a 3º (Revogados pela Lei 11.357/2006).

ART. 29. Fica criado, dentro do limite quantitativo do Quadro Efetivo da ANATEL, ANEEL, ANP e ANS, Quadro de Pessoal Específico a que se refere o art. 19, composto por servidores que tenham sido redistribuídos para as Agências até a data da promulgação desta Lei.

ART. 30. (Revogado pela Lei 10.871/2004.)

ART. 31. As Agências Reguladoras, no exercício de sua autonomia, poderão desenvolver sistemas próprios de administração de recursos humanos, inclusive cadastro e pagamento, sendo obrigatória a alimentação dos sistemas de informações mantidos pelo órgão central do Sistema de Pessoal Civil - SIPEC.

ART. 32. No prazo de até noventa dias, contado da publicação desta Lei, ficam extintos os Cargos de Natureza Especial e os Cargos do Grupo-Direção e Assessoramento Superiores - DAS ora alocados à ANEEL, ANATEL, ANP, ANVS e ANS, e os Cargos Comissionados de Telecomunicações, Petróleo, Energia Elétrica e Saúde Suplementar e as Funções Comissionadas de Vigilância Sanitária.

Parágrafo único. Os Cargos Comissionados e os Cargos Comissionados Técnicos de que trata esta Lei só poderão ser preenchidos após a extinção de que trata o *caput*.

ARTS. 33 e **34.** (Revogados pela Lei 10.871 /2004.)

ART. 35. (Vetado)

ART. 36. O *caput* do art. 24 da Lei n. 9.472, de 16 de julho de 1997, passa a vigorar com a seguinte redação:

> "Art. 24. O mandato dos membros do Conselho Diretor será de cinco anos."(NR)
>
> "[...]"

ART. 37. A aquisição de bens e a contratação de serviços pelas Agências Reguladoras poderá se dar nas modalidades de consulta e pregão, observado o disposto nos arts. 55 a 58 da Lei n. 9.472, de 1997, e nos termos de regulamento próprio.

Parágrafo único. O disposto no *caput* não se aplica às contratações referentes a obras e serviços de engenharia, cujos procedimentos deverão observar as normas gerais de licitação e contratação para a Administração Pública.

ART. 38. Esta Lei entra em vigor na data de sua publicação.

ART. 39. Ficam revogados o art. 8º da Lei n. 9.427, de 26 de dezembro de 1996; os arts. 12, 13, 14, 26, 28 e 31 e os Anexos I e II da Lei n. 9.472, de 16 de julho de 1997; o art. 13 da Lei n. 9.478, de 6 de agosto de 1997; os arts. 35 e 36, o inciso II e os parágrafos do art. 37, e o art. 60 da Lei n. 9.649, de 27 de maio de 1998; os arts. 18, 34 e 37 da Lei n. 9.782, de 26 de janeiro de 1999; e os arts. 12 e 27 e o Anexo I da Lei n. 9.961, de 28 de janeiro de 2000.

Brasília, 18 de julho de 2000; 179º da Independência e 112º da República.

MARCO ANTONIO DE OLIVEIRA MACIEL

- Optamos, nesta edição, pela não publicação dos Anexos.

LEI N. 10.001, DE 4 DE SETEMBRO DE 2000

Dispõe sobre a prioridade nos procedimentos a serem adotados pelo Ministério Público e por outros órgãos a respeito das conclusões das comissões parlamentares de inquérito.

- *DOU*, 05.09.2000.

O Presidente da República. Faço saber que o Congresso Nacional decreta e eu sanciono a seguinte Lei:

ART. 1º Os Presidentes da Câmara dos Deputados, do Senado Federal ou do Congresso Nacional encaminharão o relatório da Comissão Parlamentar de Inquérito respectiva, e a resolução que o aprovar, aos chefes do Ministério Público da União ou dos Estados, ou ainda às autoridades administrativas ou judiciais com poder de decisão, conforme o caso, para a prática de atos de sua competência.

ART. 2º A autoridade a quem for encaminhada a resolução informará ao remetente, no prazo de trinta dias, as providências adotadas ou a justificativa pela omissão.

Parágrafo único. A autoridade que presidir processo ou procedimento, administrativo ou judicial, instaurado em decorrência de conclusões de Comissão Parlamentar de Inquérito, comunicará, semestralmente, a fase em que se encontra, até a sua conclusão.

ART. 3º O processo ou procedimento referido no art. 2º terá prioridade sobre qualquer outro, exceto sobre aquele relativo a pedido de *habeas corpus, habeas data* e mandado de segurança.

ART. 4º O descumprimento das normas desta Lei sujeita a autoridade a sanções administrativas, civis e penais.

ART. 5º Esta Lei entra em vigor na data de sua publicação.

Brasília, 04 de setembro de 2000; 179º da Independência e 112º da República.

FERNANDO HENRIQUE CARDOSO

LEI N. 10.098, DE 19 DE DEZEMBRO DE 2000

Estabelece normas gerais e critérios básicos para a promoção da acessibilidade das pessoas portadoras de deficiência ou com mobilidade reduzida, e dá outras providências.

- *DOU*, 20.12.2000.
- Dec. 7.823/2012 (Regulamenta esta lei quanto às instalações relacionadas aos Jogos Olímpicos e Paraolímpicos de 2016).
- Dec. 5.296/2004 (Regulamenta esta lei.)

O Presidente da República. Faço saber que o Congresso Nacional decreta e eu sanciono a seguinte Lei:

CAPÍTULO I
DISPOSIÇÕES GERAIS

ART. 1º Esta Lei estabelece normas gerais e critérios básicos para a promoção da acessibilidade das pessoas portadoras de deficiência ou com mobilidade reduzida, mediante a supressão de barreiras e de obstáculos nas vias e espaços públicos, no mobiliário urbano, na construção e reforma de edifícios e nos meios de transporte e de comunicação.

ART. 2º Para os fins desta Lei são estabelecidas as seguintes definições:

I - acessibilidade: possibilidade e condição de alcance para utilização, com segurança e autonomia, de espaços, mobiliários, equipamentos urbanos, edificações, transportes, informação e comunicação, inclusive seus sistemas e tecnologias, bem como de outros serviços e instalações abertos ao público, de uso público ou privados de uso coletivo, tanto na zona urbana como na rural, por pessoa com deficiência ou com mobilidade reduzida; (Alterado pela Lei 13.146/2015.)

II - barreiras: qualquer entrave, obstáculo, atitude ou comportamento que limite ou impeça a participação social da pessoa, bem como o gozo, a fruição e o exercício de seus direitos à acessibilidade, à liberdade de movimento e de expressão, à comunicação, ao acesso à informação, à compreensão, à circulação com segurança, entre outros, classificadas em: (Alterado pela Lei 13.146/2015.)

a) barreiras urbanísticas: as existentes nas vias e nos espaços públicos e privados abertos ao público ou de uso coletivo; (Alterado pela Lei 13.146/2015.)

b) barreiras arquitetônicas: as existentes nos edifícios públicos e privados; (Alterado pela Lei 13.146/2015.)

c) barreiras nos transportes: as existentes nos sistemas e meios de transportes; (Alterado pela Lei 13.146/2015.)

d) barreiras nas comunicações e na informação: qualquer entrave, obstáculo, atitude ou comportamento que dificulte ou impossibilite a expressão ou o recebimento de mensagens e de informações por intermédio de sistemas de comunicação e de tecnologia da informação; (Alterado pela Lei 13.146/2015.)

III - pessoa com deficiência: aquela que tem impedimento de longo prazo de natureza física, mental, intelectual ou sensorial, o qual, em interação com uma ou mais barreiras, pode obstruir sua participação plena e efetiva na sociedade em igualdade de condições com as demais pessoas; (Alterado pela Lei 13.146/2015.)

IV - pessoa com mobilidade reduzida: aquela que tenha, por qualquer motivo, dificuldade de movimentação, permanente ou temporária, gerando redução efetiva da mobilidade, da flexibilidade, da coordenação motora ou da percepção, incluindo idoso, gestante, lactante, pessoa com criança de colo e obeso; (Alterado pela Lei 13.146/2015.)

V - acompanhante: aquele que acompanha a pessoa com deficiência, podendo ou não desempenhar as funções de atendente pessoal; (Alterado pela Lei 13.146/2015.)

VI - elemento de urbanização: quaisquer componentes de obras de urbanização, tais como os referentes a pavimentação, saneamento, encanamento para esgotos, distribuição de energia elétrica e de gás, iluminação pública, serviços de comunicação, abastecimento e distribuição de água, paisagismo e os que materializam as indicações do planejamento urbanístico; (Alterado pela Lei 13.146/2015.)

VII - mobiliário urbano: conjunto de objetos existentes nas vias e nos espaços públicos, superpostos ou adicionados aos elementos de urbanização ou de edificação, de forma que sua modificação ou seu traslado não provoque alterações substanciais nesses elementos, tais como semáforos, postes de sinalização e similares, terminais e pontos de acesso coletivo às telecomunicações, fontes de água, lixeiras, toldos, marquises, bancos, quiosques e quaisquer outros de natureza análoga; (Acrescentado pela Lei 13.146/2015.)

VIII - tecnologia assistiva ou ajuda técnica: produtos, equipamentos, dispositivos, recursos, metodologias, estratégias, práticas e serviços que objetivem promover a funcionalidade, relacionada à atividade e à participação da pessoa com deficiência ou com mobilidade reduzida, visando à sua autonomia, independência, qualidade de vida e inclusão social; (Acrescentado pela Lei 13.146/2015.)

IX - comunicação: forma de interação dos cidadãos que abrange, entre outras opções, as línguas, inclusive a Língua Brasileira de Sinais (Libras), a visualização de textos, o Braille, o sistema de sinalização ou de comunicação tátil, os caracteres ampliados, os dispositivos multimídia, assim como a linguagem simples, escrita e oral, os sistemas auditivos e os meios de voz digitalizados e os modos, meios e formatos aumentativos e alternativos de comunicação, incluindo as tecnologias da informação e das comunicações; (Acrescentado pela Lei 13.146/2015.)

X - desenho universal: concepção de produtos, ambientes, programas e serviços a serem usados por todas as pessoas, sem necessidade de adaptação ou de projeto específico, incluindo os recursos de tecnologia assistiva. (Acrescentado pela Lei 13.146/2015.)

CAPÍTULO II
DOS ELEMENTOS DA URBANIZAÇÃO

ART. 3º O planejamento e a urbanização das vias públicas, dos parques e dos demais espaços de uso público deverão ser concebidos e executados de forma a torná-los acessíveis para todas as pessoas, inclusive para aquelas com deficiência ou com mobilidade reduzida. (Alterado pela Lei 13.146/2015.)

Parágrafo único. O passeio público, elemento obrigatório de urbanização e parte da via pública, normalmente segregado e em nível diferente, destina-se somente à circulação de pedestres e, quando possível, à implantação de mobiliário urbano e de vegetação. (Acrescentado pela Lei 13.146/2015.)

ART. 4º As vias públicas, os parques e os demais espaços de uso público existentes, assim como as respectivas instalações de serviços e mobiliários urbanos deverão ser adaptados, obedecendo-se ordem de prioridade que vise à maior eficiência das modificações, no sentido de promover mais ampla acessibilidade às pessoas portadoras de deficiência ou com mobilidade reduzida.

Parágrafo único. No mínimo 5% (cinco por cento) de cada brinquedo e equipamento de lazer existentes nos locais referidos no *caput* devem ser adaptados e identificados, tanto quanto tecnicamente possível, para possibilitar sua utilização por pessoas com deficiência, inclusive visual, ou com mobilidade reduzida. (Acrescentado pela Lei 13.443/2017.)

ART. 5º O projeto e o traçado dos elementos de urbanização públicos e privados de uso comunitário, nestes compreendidos os itinerários e as passagens de pedestres, os percursos de entrada e de saída de veículos, as escadas e rampas, deverão observar os parâmetros estabelecidos pelas normas técnicas de acessibilidade da Associação Brasileira de Normas Técnicas - ABNT.

ART. 6º Os banheiros de uso público existentes ou a construir em parques, praças, jardins e espaços livres públicos deverão ser acessíveis e dispor, pelo menos, de um sanitário e um lavatório que atendam às especificações das normas técnicas da ABNT.

ART. 7º Em todas as áreas de estacionamento de veículos, localizadas em vias ou em espaços públicos, deverão ser reservadas vagas próximas dos acessos de circulação de pedestres, devidamente sinalizadas, para veículos que transportem pessoas portadoras de deficiência com dificuldade de locomoção.

Parágrafo único. As vagas a que se refere o *caput* deste artigo deverão ser em número equivalente a dois por cento do total, garantida, no mínimo, uma vaga, devidamente sinalizada e com as especificações técnicas de desenho e traçado de acordo com as normas técnicas vigentes.

CAPÍTULO III
DO DESENHO E DA LOCALIZAÇÃO DO MOBILIÁRIO URBANO

ART. 8º Os sinais de tráfego, semáforos, postes de iluminação ou quaisquer outros elementos verticais de sinalização que devam ser instalados em itinerário ou espaço de acesso para pedestres deverão ser dispostos de forma a não dificultar ou impedir a circulação, e de modo que possam ser utilizados com a máxima comodidade.

ART. 9º Os semáforos para pedestres instalados nas vias públicas deverão estar equipados com mecanismo que emita sinal sonoro suave, intermitente e sem estridência, ou com mecanismo alternativo, que sirva de guia ou orientação para a travessia de pessoas portadoras de deficiência visual, se a intensidade do fluxo de veículos e a periculosidade da via assim determinarem.

Parágrafo único. Os semáforos para pedestres instalados em vias públicas de grande circulação, ou que deem acesso aos serviços de reabilitação, devem obrigatoriamente estar equipados com mecanismo que emita sinal sonoro suave para orientação do pedestre. (Acrescentado pela Lei 13.146/2015.)

ART. 10. Os elementos do mobiliário urbano deverão ser projetados e instalados em locais que permitam sejam eles utilizados pelas pessoas portadoras de deficiência ou com mobilidade reduzida.

ART. 10-A. A instalação de qualquer mobiliário urbano em área de circulação comum para pedestre que ofereça risco de acidente à pessoa com deficiência deverá ser indicada mediante sinalização tátil de alerta no piso, de acordo com as normas técnicas pertinentes. (Acrescentado pela Lei 13.146/2015.)

CAPÍTULO IV
DA ACESSIBILIDADE NOS EDIFÍCIOS PÚBLICOS OU DE USO COLETIVO

ART. 11. A construção, ampliação ou reforma de edifícios públicos ou privados destinados ao uso coletivo deverão ser executadas de modo que sejam ou se tornem acessíveis às pessoas portadoras de deficiência ou com mobilidade reduzida.

Parágrafo único. Para os fins do disposto neste artigo, na construção, ampliação ou reforma de edifícios públicos ou privados destinados ao uso coletivo deverão ser observados, pelo menos, os seguintes requisitos de acessibilidade:

I - nas áreas externas ou internas da edificação, destinadas a garagem e a estacionamento de uso público, deverão ser reservadas vagas próximas dos acessos de circulação de pedestres, devidamente sinalizadas, para veículos que transportem pessoas portadoras de deficiência com dificuldade de locomoção permanente;

II - pelo menos um dos acessos ao interior da edificação deverá estar livre de barreiras arquitetônicas e de obstáculos que impeçam ou dificultem a acessibilidade de pessoa portadora de deficiência ou com mobilidade reduzida;

III - pelo menos um dos itinerários que comuniquem horizontal e verticalmente todas as dependências e serviços do edifício, entre si e com o exterior, deverá cumprir os requisitos de acessibilidade de que trata esta Lei; e

IV - os edifícios deverão dispor, pelo menos, de um banheiro acessível, distribuindo-se seus equipamentos e acessórios de maneira que possam ser utilizados por pessoa portadora de deficiência ou com mobilidade reduzida.

ART. 12. Os locais de espetáculos, conferências, aulas e outros de natureza similar deverão dispor de espaços reservados para pessoas que utilizam cadeira de rodas, e de lugares específicos para pessoas com deficiência auditiva e visual, inclusive acompanhante, de acordo com a ABNT, de modo a facilitar-lhes as condições de acesso, circulação e comunicação.

ART. 12-A. Os centros comerciais e os estabelecimentos congêneres devem fornecer carros e cadeiras de rodas, motorizados ou não, para o atendimento da pessoa com deficiência ou com mobilidade reduzida. (Acrescentado pela Lei 13.146/2015.)

CAPÍTULO V
DA ACESSIBILIDADE NOS EDIFÍCIOS DE USO PRIVADO

ART. 13. Os edifícios de uso privado em que seja obrigatória a instalação de elevadores deverão ser construídos atendendo aos seguintes requisitos mínimos de acessibilidade:

I - percurso acessível que una as unidades habitacionais com o exterior e com as dependências de uso comum;

II - percurso acessível que una a edificação à via pública, às edificações e aos serviços anexos de uso comum e aos edifícios vizinhos;

III - cabine do elevador e respectiva porta de entrada acessíveis para pessoas portadoras de deficiência ou com mobilidade reduzida.

ART. 14. Os edifícios a serem construídos com mais de um pavimento além do pavimento de acesso, à exceção das habitações unifamiliares, e que não estejam obrigados à instalação de elevador, deverão dispor de especificações técnicas e de projeto que facilitem a instalação de um elevador adaptado, devendo os demais elementos de uso comum destes edifícios atender aos requisitos de acessibilidade.

ART. 15. Caberá ao órgão federal responsável pela coordenação da política habitacional regulamentar a reserva de um percentual mínimo do total das habitações, conforme a característica da população local, para o atendimento da demanda de pessoas portadoras de deficiência ou com mobilidade reduzida.

CAPÍTULO VI
DA ACESSIBILIDADE NOS VEÍCULOS DE TRANSPORTE COLETIVO

ART. 16. Os veículos de transporte coletivo deverão cumprir os requisitos de acessibilidade estabelecidos nas normas técnicas específicas.

CAPÍTULO VII
DA ACESSIBILIDADE NOS SISTEMAS DE COMUNICAÇÃO E SINALIZAÇÃO

ART. 17. O Poder Público promoverá a eliminação de barreiras na comunicação e estabelecerá mecanismos e alternativas técnicas que tornem acessíveis os sistemas de comunicação e sinalização às pessoas portadoras de deficiência sensorial e com dificuldade de comunicação, para garantir-lhes o direito de acesso à informação, à comunicação, ao trabalho, à educação, ao transporte, à cultura, ao esporte e ao lazer.

ART. 18. O Poder Público implementará a formação de profissionais intérpretes de escrita em braile, linguagem de sinais e de guias-intérpretes, para facilitar qualquer tipo de comunicação direta à pessoa portadora de deficiência sensorial e com dificuldade de comunicação.

ART. 19. Os serviços de radiodifusão sonora e de sons e imagens adotarão plano de medidas técnicas com o objetivo de permitir o uso da linguagem de sinais ou outra subtitulação, para garantir o direito de acesso à informação às pessoas portadoras de deficiência auditiva, na forma e no prazo previstos em regulamento.

CAPÍTULO VIII
DISPOSIÇÕES SOBRE AJUDAS TÉCNICAS

ART. 20. O Poder Público promoverá a supressão de barreiras urbanísticas, arquitetônicas, de transporte e de comunicação, mediante ajudas técnicas.

ART. 21. O Poder Público, por meio dos organismos de apoio à pesquisa e das agências de financiamento, fomentará programas destinados:

I - à promoção de pesquisas científicas voltadas ao tratamento e prevenção de deficiências;

II - ao desenvolvimento tecnológico orientado à produção de ajudas técnicas para as pessoas portadoras de deficiência;

III - à especialização de recursos humanos em acessibilidade.

CAPÍTULO IX
DAS MEDIDAS DE FOMENTO À ELIMINAÇÃO DE BARREIRAS

ART. 22. É instituído, no âmbito da Secretaria de Estado de Direitos Humanos do Ministério da Justiça, o Programa Nacional de Acessibilidade, com dotação orçamentária específica, cuja execução será disciplinada em regulamento.

CAPÍTULO X
DISPOSIÇÕES FINAIS

ART. 23. A Administração Pública federal direta e indireta destinará, anualmente, dotação orçamentária para as adaptações, eliminações e supressões de barreiras arquitetônicas existentes nos edifícios de uso público de sua propriedade e naqueles que estejam sob sua administração ou uso.

Parágrafo único. A implementação das adaptações, eliminações e supressões de barreiras arquitetônicas referidas no *caput* deste artigo deverá ser iniciada a partir do primeiro ano de vigência desta Lei.

ART. 24. O Poder Público promoverá campanhas informativas e educativas dirigidas à população em geral, com a finalidade de conscientizá-la e sensibilizá-la quanto à acessibilidade e à integração social da pessoa portadora de deficiência ou com mobilidade reduzida.

ART. 25. As disposições desta Lei aplicam-se aos edifícios ou imóveis declarados bens de interesse cultural ou de valor histórico-artístico, desde que as modificações necessárias observem as normas específicas reguladoras destes bens.

ART. 26. As organizações representativas de pessoas portadoras de deficiência terão legitimidade para acompanhar o cumprimento dos requisitos de acessibilidade estabelecidos nesta Lei.

ART. 27. Esta Lei entra em vigor na data de sua publicação.

Brasília, 19 de dezembro de 2000; 179º da Independência e 112º da República.

FERNANDO HENRIQUE CARDOSO

LEI N. 10.147, DE 21 DE DEZEMBRO DE 2000

Dispõe sobre a incidência da contribuição para os Programas de Integração Social e de Formação do Patrimônio do Servidor Público - PIS/Pasep, e da Contribuição para o Financiamento da Seguridade Social - Cofins, nas operações de venda dos produtos que especifica.

- *DOU*, 22.12.2000.
- Lei 13.043/2014 (Dispõe sobre os fundos de índice de renda fixa, sobre a responsabilidade tributária na integralização de cotas de fundos ou clubes de investimento por meio da entrega de ativos financeiros, sobre a tributação das operações de empréstimos de ativos financeiros e sobre a isenção de imposto sobre a renda na alienação de ações de empresas pequenas e médias).

O Presidente da República. Faço saber que o Congresso Nacional decreta e eu sanciono a seguinte Lei:

ART. 1º A Contribuição para os Programas de Integração Social e de Formação do Patrimônio do Servidor Público - PIS/PASEP e a Contribuição para o Financiamento da Seguridade Social - COFINS devidas pelas pessoas jurídicas que procedam à industrialização ou à importação dos produtos classificados nas posições 30.01; 30.03, exceto no código 3003.90.56; 30.04, exceto no código 3004.90.46; e 3303.00 a 33.07, exceto na posição 33.06; nos itens 3002.10.1; 3002.10.2; 3002.10.3; 3002.20.1; 3002.20.2; 3006.30.1 e 3006.30.2; e nos códigos 3002.90.20; 3002.90.92; 3002.90.99; 3005.10.10; 3006.60.00; 3401.11.90, exceto 3401.11.90 Ex 01; 3401.20.10; e 9603.21.00; todos da Tabela de Incidência do Imposto sobre Produtos Industrializados - TIPI, aprovada pelo Decreto n. 7.660, de 23 de dezembro de 2011, serão calculadas, respectivamente, com base nas seguintes alíquotas: (Alterado pela Lei 12.839/2013.)

a) produtos farmacêuticos classificados nas posições 30.01, 30.03, exceto no código 3003.90.56, 30.04, exceto no código 3004.90.46, nos itens 3002.10.1, 3002.10.2, 3002.10.3, 3002.20.1, 3002.20.2, 3006.30.1 e 3006.30.2 e nos códigos 3002.90.20, 3002.90.92, 3002.90.99, 3005.10.10, 3006.60.00: 2,1% (dois inteiros e um décimo por cento) e 9,9% (nove inteiros e nove décimos por cento); (Acrescentado pela Lei 10.865/2004.)

b) produtos de perfumaria, de toucador ou de higiene pessoal, classificados nas posições 33.03 a 33.07, exceto na posição 33.06, e nos códigos 3401.11.90, exceto 3401.11.90 Ex 01, 3401.20.10 e 96.03.21.00: 2,2% (dois inteiros e dois décimos por cento) e 10,3% (dez inteiros e três décimos por cento); e (Alterado pela Lei 12.839/2013.)

II - sessenta e cinco centésimos por cento e três por cento, incidentes sobre a receita bruta decorrente das demais atividades.

§ 1º Para os fins desta Lei, aplica-se o conceito de industrialização estabelecido na legislação do Imposto sobre Produtos Industrializados - IPI.

§ 2º O Poder Executivo poderá, nas hipóteses e condições que estabelecer, excluir, da incidência de que trata o inciso I, produtos indicados no *caput*, exceto os classificados na posição 3004.

§ 3º Na hipótese do § 2º, aplica-se, em relação à receita bruta decorrente da venda dos produtos excluídos, as alíquotas estabelecidas no inciso II.

§ 4º (Revogado pela Lei 10.865/2004.)

ART. 2º São reduzidas a zero as alíquotas da contribuição para o PIS/Pasep e da Cofins incidentes sobre a receita bruta decorrente da venda dos produtos tributados na forma do inciso I do art. 1º, pelas pessoas jurídicas não enquadradas na condição de industrial ou de importador.

Parágrafo único. O disposto neste artigo não se aplica às pessoas jurídicas optantes pelo Sistema Integrado de Pagamento de Impostos e Contribuições das Microempresas e Empresas de Pequeno Porte - Simples.

ART. 3º Será concedido regime especial de utilização de crédito presumido da contribuição para o PIS/Pasep e da Cofins às pessoas jurídicas que procedam à industrialização ou à importação dos produtos classificados na posição 30.03, exceto no código 3003.90.56, nos itens 3002.10.1, 3002.10.2, 3002.10.3, 3002.20.1, 3002.20.2, 3006.30.1 e 3006.30.2 e nos códigos 3001.20.90, 3001.90.10, 3001.90.90, 3002.90.20, 3002.90.92, 3002.90.99, 3005.10.10 e 3006.60.00, todos da TIPI, tributados na forma do inciso I do art. 1º, e na posição 30.04, exceto no código 3004.90.46, da TIPI, e que, visando assegurar a repercussão nos preços da redução da carga tributária em virtude do disposto neste artigo: (Alterado pela Lei 10.548/2002.)

I - tenham firmado, com a União, compromisso de ajustamento de conduta, nos termos do § 6º do art. 5º da Lei n. 7.347, de 24 de julho de 1985; ou (Acrescentado pela Lei 10.548/2002.)

II - cumpram a sistemática estabelecida pela Câmara de Medicamentos para utilização do crédito presumido, na forma determinada pela Lei 10.213, de 27 de março de 2001. (Acrescentado pela Lei 10.548/2002.)

§ 1º O crédito presumido a que se refere este artigo será:

I - determinado mediante a aplicação das alíquotas estabelecidas na alínea a do inciso I do art. 1º desta Lei sobre a receita bruta decorrente da venda de medicamentos, sujeitas a prescrição médica e identificados por tarja vermelha ou preta, relacionados pelo Poder Executivo; (Alterado pela Lei 10.865/2004.)

II - deduzido do montante devido a título de contribuição para o PIS/Pasep e da Cofins no período em que a pessoa jurídica estiver submetida ao regime especial.

§ 2º O crédito presumido somente será concedido na hipótese em que o compromisso de ajustamento de conduta ou a sistemática estabelecida pela Câmara de Medicamentos, de que tratam, respectivamente, os incisos I e II deste artigo, inclua todos os produtos constantes da relação referida no inciso I do § 1º, industrializados ou importados pela pessoa jurídica. (Alterado pela Lei 10.548/2002.)

§ 3º É vedada qualquer outra forma de utilização ou compensação do crédito presumido de que trata este artigo, bem como sua restituição.

§ 4º O saldo credor da Contribuição para o PIS/Pasep e da Cofins apurado pelas pessoas jurídicas de que trata este artigo, na forma do art. 3º da Lei n. 10.637, de 30 de dezembro de 2002, do art. 3º da Lei n. 10.833, de 29 de dezembro de 2003, e do art. 15 da Lei n. 10.865, de 30 de abril de 2004, em relação a custos, despesas e encargos vinculados à produção e à comercialização dos produtos referidos no *caput*, acumulado ao final de cada trimestre do ano-calendário, poderá ser objeto de: (Acrescentado pela Lei 13.043/2014. Produção de efeitos: 1º dia do 4º mês subsequente ao da publicação desta Lei.)

I - compensação com débitos próprios, vencidos ou vincendos, relativos a tributos e contribuições administrados pela Secretaria da Receita Federal do Brasil, observada a legislação específica aplicável à matéria; ou (Acrescentado pela Lei 13.043/2014. Produção de efeitos: 1º dia do 4º mês subsequente ao da publicação desta Lei.)

II - pedido de ressarcimento em espécie, observada a legislação específica aplicável à matéria. (Acrescentado pela Lei 13.043/2014. Produção de efeitos: 1º dia do 4º mês subsequente ao da publicação desta Lei.)

ART. 4º Relativamente aos fatos geradores ocorridos entre 1º de janeiro e 30 de abril de 2001, o crédito presumido referido no art. 3º será determinado mediante a aplicação das alíquotas de sessenta e cinco centésimos por cento e de três por cento, em relação, respectivamente, à contribuição para o PIS/Pasep e à Cofins, observadas todas as demais normas estabelecidas nos arts. 1º, 2º e 3º. (Alterado pela Med. Prov. 2.158-35/2001.)

ART. 5º A Secretaria da Receita Federal expedirá normas necessárias à aplicação desta Lei.

ART. 6º Até 2002, o Poder Executivo encaminhará, semestralmente, ao Congresso Nacional o resultado da implementação desta Lei relativamente aos preços ao consumidor dos produtos referidos no art. 1º, identificando os montantes efetivos da renúncia vinculada à concessão do regime especial de que trata os arts. 3º e 4º e do incremento de arrecadação decorrente da forma de tributação instituída pelos arts. 1º e 2º.

Parágrafo único. As informações referidas neste artigo serão encaminhadas até o último dia útil dos meses de março e setembro, reportando os resultados correspondentes ao semestre-calendário imediatamente anterior.

ART. 7º Esta Lei entra em vigor na data de sua publicação, produzindo efeitos em relação aos fatos geradores ocorridos a partir de 1º de maio de 2001, ressalvado o disposto no art. 4º. (Alterado pela Med. Prov. 2.158-35/2001.)

Brasília, 21 de dezembro de 2000; 179º da Independência e 112º da República.
FERNANDO HENRIQUE CARDOSO

LEI N. 10.168, DE 29 DE DEZEMBRO DE 2000

Institui contribuição de intervenção de domínio econômico destinada a financiar o Programa de Estímulo à Interação Universidade-Empresa para o Apoio à Inovação e dá outras providências.

- DOU, 30.12.2000 (Edição Extra).
- Dec. 4.195/2002 (Regulamenta esta lei.)

O Presidente da República. Faço saber que o Congresso Nacional decreta e eu sanciono a seguinte Lei:

ART. 1º Fica instituído o Programa de Estímulo à Interação Universidade-Empresa para o Apoio à Inovação, cujo objetivo principal é estimular o desenvolvimento tecnológico brasileiro, mediante programas de pesquisa científica e tecnológica cooperativa entre universidades, centros de pesquisa e o setor produtivo.

ART. 2º Para fins de atendimento ao Programa de que trata o artigo anterior, fica instituída contribuição de intervenção no domínio econômico, devida pela pessoa jurídica detentora de licença de uso ou adquirente de conhecimentos tecnológicos, bem como aquela signatária de contratos que impliquem transferência de tecnologia, firmados com residentes ou domiciliados no exterior.

- Dec. 6.233/2007. (Estabelece critérios para efeito de habilitação ao Programa de Apoio ao Desenvolvimento Tecnológico da Indústria de Semicondutores - PADIS).

§ 1º Consideram-se, para fins desta Lei, contratos de transferência de tecnologia os relativos à exploração de patentes ou de uso de marcas e os de fornecimento de tecnologia e prestação de assistência técnica.

§ 1º-A. A contribuição de que trata este artigo não incide sobre a remuneração pela licença de uso ou de direitos de comercialização ou distribuição de programa de computador, salvo quando envolverem a transferência da correspondente tecnologia. (Acrescentado pela Lei 11.452/2007.)

§ 2º A partir de 1º de janeiro de 2002, a contribuição de que trata o *caput* deste artigo passa a ser devida também pelas pessoas jurídicas signatárias de contratos que tenham por objeto serviços técnicos e de assistência administrativa e semelhantes a serem prestados por residentes ou domiciliados no exterior, bem assim pelas pessoas jurídicas que pagarem, creditarem, entregarem, empregarem ou remeterem *royalties*, a qualquer título, a beneficiários residentes ou domiciliados no exterior. (Alterado pela Lei 10.332/2001.)

§ 3º A contribuição incidirá sobre os valores pagos, creditados, entregues, empregados ou remetidos, a cada mês, a residentes ou domiciliados no exterior, a título de remuneração decorrente das obrigações indicadas no *caput* e no § 2º deste artigo. (Alterado pela Lei 10.332/2001.)

§ 4º A alíquota da contribuição será de 10% (dez por cento). (Alterado pela Lei 10.332/2001.)

§ 5º O pagamento da contribuição será efetuado até o último dia útil da quinzena subseqüente ao mês de ocorrência do fato gerador. (Acrescentado pela Lei 10.332/2001.)

§ 6º Não se aplica a Contribuição de que trata o *caput* quando o contratante for órgão ou entidade da administração direta, autárquica e fundacional da União, dos Estados, do Distrito Federal e dos Municípios, e o contratado for instituição de ensino ou pesquisa situada no exterior, para o oferecimento de curso ou atividade de treinamento ou qualificação profissional a servidores civis ou militares do respectivo ente estatal, órgão ou entidade. (Acrescentado pela Lei 12.402/2011.)

ART. 2º-A. Fica reduzida para 15% (quinze por cento), a partir de 1º de janeiro de 2002, a alíquota do imposto de renda na fonte incidente sobre as importâncias pagas, creditadas, entregues, empregadas ou remetidas ao exterior a título de remuneração de serviços de assistência administrativa e semelhantes. (Acrescentado pela Lei 10.332/2001.)

ART. 2º-B. O imposto sobre a renda na fonte não incidirá sobre as importâncias pagas, creditadas, entregues, empregadas ou remetidas ao exterior por órgãos ou entidades da administração direta, autárquica e fundacional da União, dos Estados, do Distrito Federal e dos Municípios, em razão de despesas contratuais com instituições de ensino e pesquisa relacionadas à participação em cursos ou atividades de treinamento ou qualificação profissional de servidores civis ou militares do respectivo ente estatal, órgão ou entidade. (Acrescentado pela Lei 12.402/2011.)

ART. 3º Compete à Secretaria da Receita Federal a administração e a fiscalização da contribuição de que trata esta Lei.

Parágrafo único. A contribuição de que trata esta Lei sujeita-se às normas relativas ao processo administrativo fiscal de determinação e exigência de créditos tributários federais, previstas no Decreto n. 70.235, de 6 de março de 1972, e alterações posteriores, bem como, subsidiariamente e no que couber, às disposições da legislação do imposto de renda, especialmente quanto a penalidades e demais acréscimos aplicáveis.

ART. 4º A contribuição de que trata o art. 2º será recolhida ao Tesouro Nacional e destinada ao Fundo Nacional de Desenvolvimento Científico e Tecnológico - FNDCT, criado pelo Decreto-Lei n. 719, de 31 de julho de 1969, e restabelecido pela Lei 8.172, de 18 de janeiro de 1991.

§ 1º Os recursos destinados ao FNDCT serão alocados em categoria de programação específica e administrados conforme o disposto no regulamento.

§ 2º Para fins do disposto no § 5º do art. 165 da Constituição Federal, o Poder Executivo incluirá na proposta de lei orçamentária anual os recursos de que trata o *caput* deste artigo.

ART. 5º Será constituído, no âmbito do Ministério da Ciência e Tecnologia, um Comitê Gestor com a finalidade de coordenar as atividades do Programa de Estímulo à Interação Universidade-Empresa para o Apoio à Inovação, cabendo-lhe definir as diretrizes gerais e o plano anual de investimentos, acompanhar a implementação das ações e avaliar anualmente os resultados alcançados.

- Med. Prov. 2.159-68/2001. (Altera a legislação do imposto de renda).

§ 1º (Vetado)

§ 2º A participação no Comitê Gestor não será remunerada.

§ 3º O Ministério da Ciência e Tecnologia prestará ao Comitê Gestor apoio técnico, administrativo e financeiro necessários ao seu funcionamento.

ART. 6º Do total dos recursos a que se refere o art. 2º, trinta por cento, no mínimo, serão aplicados em programas de fomento à capacitação tecnológica e ao amparo à pesquisa científica e ao desenvolvimento tecnológico nas regiões Norte, Nordeste e Centro-Oeste.

ART. 7º Não se aplica a este Fundo o disposto na Lei n. 9.530, de 10 de dezembro de 1997.

ART. 8º Esta Lei entra em vigor na data de sua publicação, aplicando-se aos fatos geradores ocorridos a partir de 1º de janeiro de 2001.

Brasília, 29 de dezembro de 2000; 179º da Independência e 112º da República.
FERNANDO HENRIQUE CARDOSO

LEI N. 10.169, DE 29 DE DEZEMBRO DE 2000

Regula o § 2º do art. 236 da Constituição Federal, mediante o estabelecimento de normas gerais para a fixação de emolumentos relativos aos atos praticados pelos serviços notariais e de registro.

- DOU, 30.12.2000 (Edição Extra)

O Presidente da República. Faço saber que o Congresso Nacional decreta e eu sanciono a seguinte Lei:

ART. 1º Os Estados e o Distrito Federal fixarão o valor dos emolumentos relativos aos atos praticados pelos respectivos serviços notariais e de registro, observadas as normas desta Lei.

Parágrafo único. O valor fixado para os emolumentos deverá corresponder ao efetivo custo e à adequada e suficiente remuneração dos serviços prestados.

ART. 2º Para a fixação do valor dos emolumentos, a Lei dos Estados e do Distrito Federal levará em conta a natureza pública e o caráter social dos serviços notariais e de registro, atendidas ainda as seguintes regras:

I - os valores dos emolumentos constarão de tabelas e serão expressos em moeda corrente do País;

II - os atos comuns aos vários tipos de serviços notariais e de registro serão remunerados por emolumentos específicos, fixados para cada espécie de ato;

III - os atos específicos de cada serviço serão classificados em:

a) atos relativos a situações jurídicas, sem conteúdo financeiro, cujos emolumentos atenderão às peculiaridades socioeconômicas de cada região;

b) atos relativos a situações jurídicas, com conteúdo financeiro, cujos emolumentos serão fixados mediante a observância de faixas que estabeleçam valores mínimos e máximos, nas quais enquadrar-se-á o valor constante do documento apresentado aos serviços notariais e de registro.

Parágrafo único. Nos casos em que, por força de lei, devam ser utilizados valores decorrentes de avaliação judicial ou fiscal, estes serão os valores considerados para os fins do disposto na alínea do inciso III deste artigo.

ART. 3º É vedado:

I - (Vetado.)

II - fixar emolumentos em percentual incidente sobre o valor do negócio jurídico objeto dos serviços notariais e de registro;

III - cobrar das partes interessadas quaisquer outras quantias não expressamente previstas nas tabelas de emolumentos;

IV - cobrar emolumentos em decorrência da prática de ato de retificação ou que teve de ser refeito ou renovado em razão de erro imputável aos respectivos serviços notariais e de registro;

V - (Vetado.)

ART. 4º As tabelas de emolumentos serão publicadas nos órgãos oficiais das respectivas unidades da Federação, cabendo às autoridades competentes determinar a fiscalização do seu cumprimento e sua afixação obrigatória em local visível em cada serviço notarial e de registro.

ART. 5º Quando for o caso, o valor dos emolumentos poderá sofrer reajuste, publicando-se as respectivas tabelas, até o último dia do ano, observado o princípio da anterioridade.

ART. 6º Os notários e os registradores darão recibo dos emolumentos percebidos, sem prejuízo da indicação definitiva e obrigatória dos respectivos valores à margem do documento entregue ao interessado, em conformidade com a tabela vigente ao tempo da prática do ato.

ART. 7º O descumprimento, pelos notários e registradores, do disposto nesta Lei sujeitá-los-á às penalidades previstas na Lei n. 8.935, de 18 de novembro de 1994, sem prejuízo da aplicação de outras sanções legais.

ART. 8º Os Estados e o Distrito Federal, no âmbito de sua competência, respeitado o prazo estabelecido no art. 9º desta Lei, estabelecerão forma de compensação aos registradores civis das pessoas naturais pelos atos gratuitos, por eles praticados, conforme estabelecido em lei federal.

Parágrafo único. O disposto no não poderá gerar ônus para o Poder Público.

ART. 9º Os Estados e o Distrito Federal deverão proceder à revisão das tabelas de emolumentos atualmente em vigor, a fim de adaptá-las ao disposto nesta Lei, no prazo de noventa dias contado da data de sua vigência.

Parágrafo único. Até a publicação das novas tabelas de emolumentos, revistas e adaptadas conforme estabelece este artigo, os atos praticados pelos serviços notariais e de registro continuarão a ser remunerados na forma da legislação em vigor nos Estados e no Distrito Federal, observadas, desde logo, as vedações estabelecidas no art. 3º desta Lei.

ART. 10. Esta Lei entra em vigor na data de sua publicação.

Brasília, 29 de dezembro de 2000; 179º da Independência e 112º da República.

FERNANDO HENRIQUE CARDOSO

LEI N. 10.179, DE 6 DE FEVEREIRO DE 2001

Dispõe sobre os títulos da dívida pública de responsabilidade do Tesouro Nacional, consolidando a legislação em vigor sobre a matéria.

‣ *DOU*, 07.02.2001.

Faço saber que o Presidente da República adotou a Medida Provisória n. 2.096-89, de 2001, que o Congresso Nacional aprovou, e eu, Antonio Carlos Magalhães, Presidente, para os efeitos do disposto no parágrafo único do art. 62 da Constituição Federal, promulgo a seguinte Lei:

ART. 1º Fica o Poder Executivo autorizado a emitir títulos da dívida pública, de responsabilidade do Tesouro Nacional, com a finalidade de:

I - prover o Tesouro Nacional de recursos necessários para cobertura de seus déficits explicitados nos orçamentos ou para realização de operações de crédito por antecipação de receita, respeitados a autorização concedida e os limites fixados na Lei Orçamentária, ou em seus créditos adicionais;

II - aquisição pelo alienante, no âmbito do Programa Nacional de Desestatização - PND, de que trata a Lei n. 9.491, de 9 de setembro de 1997, de bens e direitos, com os recursos recebidos em moeda corrente ou permuta pelos títulos e créditos recebidos por alienantes;

III - troca por Bônus da Dívida Externa Brasileira, de emissão do Tesouro Nacional, que foram objeto de permuta por dívida externa do setor público, registrada no Banco Central do Brasil, por meio do "Brazil Investment Bond Exchange Agreement", de 22 de setembro de 1988;

IV e V - (Revogados pela Lei 13.043/2014.)

VI - permuta por títulos do Tesouro Nacional em poder do Banco Central do Brasil;

VII - permuta por títulos de responsabilidade do Tesouro Nacional ou por créditos decorrentes de securitização de obrigações da União, ambos na forma escritural, observada a equivalência econômica.

VIII - pagamento de dívidas assumidas ou reconhecidas pela União, a critério do Ministro de Estado da Fazenda. (Incluído pela Med. Prov. 2.181-45/2001.)

IX - assegurar ao Banco Central do Brasil a manutenção de carteira de títulos da dívida pública em dimensões adequadas à execução da política monetária. (Incluído pela Lei 11.803/2008.)

X - realizar operações, definidas em lei, com autarquia, fundação, empresa pública ou sociedade de economia mista, integrantes da administração pública federal, a critério do Ministro de Estado da Fazenda; e (Acrescentado pela Lei 13.043/2014. Vigência: a partir de 1º.01.2015.)

XI - realizar operações relacionadas ao Programa de Financiamento às Exportações - PROEX, instituído pela Lei n. 10.184, de 12 de fevereiro de 2001. (Acrescentado pela Lei 13.043/2014. Vigência: a partir de 1º.01.2015.)

Parágrafo único. Os recursos em moeda corrente obtidos na forma do inciso II deste artigo serão usados para:

I - amortizar a Dívida Pública Mobiliária Federal de emissão do Tesouro Nacional;

II - custear programas e projetos nas áreas da ciência e tecnologia, da saúde, da defesa nacional, da segurança pública e do meio ambiente, aprovados pelo Presidente da República.

ART. 2º Os títulos de que trata o *caput* do artigo anterior terão as seguintes denominações:

I - Letras do Tesouro Nacional - LTN, emitidas preferencialmente para financiamento de curto e médio prazos;

II - Letras Financeiras do Tesouro - LFT, emitidas preferencialmente para financiamento de curto e médio prazos;

III - Notas do Tesouro Nacional - NTN, emitidas preferencialmente para financiamento de médio e longo prazos.

Parágrafo único. Além dos títulos referidos neste artigo, poderão ser emitidos certificados, qualificados no ato da emissão, preferencialmente para operações com finalidades específicas definidas em lei.

ART. 3º Os títulos da dívida pública serão emitidos adotando-se uma das seguintes formas, a ser definida pelo Ministro de Estado da Fazenda:

I - oferta pública, com a realização de leilões, nas hipóteses dos incisos I e VII do *caput* do art. 1º; (Alterado pela Lei 13.043/2014. Vigência: a partir de 1º.01.2015.)

II - oferta pública para pessoas físicas, na hipótese do inciso I do *caput* do art. 1º; (Alterado pela Lei 13.043/2014. Vigência: a partir de 1º.01.2015.)

III - direta, com interessado específico e a critério do Ministro de Estado da Fazenda, nas hipóteses dos incisos VI e VII do *caput* do art. 1º; (Alterado pela Lei 13.043/2014. Vigência: a partir de 1º.01.2015.)

IV - direta, com interessado específico e a critério do Ministro de Estado da Fazenda, com colocação ao par, na hipótese do inciso II do *caput* do art. 1º; (Alterado pela Lei 13.043/2014. Vigência: a partir de 1º.01.2015.)

V - direta, sem contrapartida financeira, a critério do Ministro de Estado da Fazenda, não podendo ser colocados por valor inferior ao par na hipótese do inciso XI do *caput* do art. 1º; (Alterado pela Lei 13.043/2014. Vigência: a partir de 1º.01.2015.)

VI - direta, sem contrapartida financeira, a critério do Ministro de Estado da Fazenda, nas hipóteses dos incisos VIII e IX do *caput* do art. 1º; (Alterado pela Lei 13.043/2014. Vigência: a partir de 1º.01.2015.)

VII - direta, a critério do Ministro de Estado da Fazenda, com colocação nas condições definidas na lei a que se refere o inciso X do *caput* do art. 1º, na hipótese do mesmo inciso; e (Alterado pela Lei 13.043/2014. Vigência: a partir de 1º.01.2015.)

VIII - direta, com contrapartida financeira, em favor de Fundo de Índice com cotas negociadas em bolsa de valores ou mercado de balcão organizado, autorizados pela Comissão de Valores Mobiliários, em decorrência de contrato celebrado entre a União, por intermédio da Secretaria do Tesouro Nacional, e o Gestor, na hipótese do inciso I do *caput* do art. 1º. (Alterado pela Lei 13.043/2014. Vigência: a partir de 1º.01.2015.)

§ 1º Os títulos a que se refere esta Lei poderão, a critério do Ministro de Estado da Fazenda, ser resgatados antecipadamente.

§ 2º Os títulos a que se refere o inciso XI do *caput* do art. 1º poderão ser emitidos com prazo inferior ao do financiamento a ser equalizado, observada a equivalência econômica da operação. (Alterado pela Lei 13.043/2014. Vigência: a partir de 1º.01.2015.)

§ 3º As emissões anteriores em favor de interessado específico, previstas no inciso XI do *caput* do art. 1º, poderão, desde que haja prévia anuência do interessado e a critério do Ministro de Estado da Fazenda, ser canceladas, emitindo-se, em substituição, títulos com as características do § 2º. (Alterado pela Lei 13.043/2014. Vigência: a partir de 1º.01.2015.)

§ 4º O Poder Executivo definirá os limites quantitativos, máximos e mínimos, por operação e por período de tempo, dos títulos públicos a serem ofertados na forma do disposto no inciso II deste artigo. (Incluído pela Med. Prov. 2.181-45/2001.)

§ 5º O contrato a que se refere o inciso VIII do *caput* deverá resultar de processo seletivo conduzido pela Secretaria do Tesouro Nacional, com o objetivo de apontar o Gestor de Fundos de Índice em referência. (Acrescentado pela Lei 13.043/2014. Vigência: a partir de 1º.01.2015.)

§ 6º No processo seletivo a que se refere o § 5º, o Gestor de Fundos de Índice em referência deverá indicar instituição para exercer a função de Administrador, caso ele próprio não exerça essa função. (Acrescentado pela Lei 13.043/2014. Vigência: a partir de 1º.01.2015.)

ART. 3º-A. O processo seletivo a que se refere o § 5º do art. 3º desta Lei será realizado na modalidade convite, de acordo com os critérios, condições e prazos a serem estabelecidos em ato do Poder Executivo, e observará o seguinte rito: (Acrescentado pela Lei 13.043/2014. Vigência: a partir de 1º.01.2015.)

I - realização de etapa técnica e etapa comercial, pontuadas de acordo com os pesos definidos no ato do Poder Executivo a que se refere o *caput*, observadas, no mínimo, as seguintes condições: (Acrescentado pela Lei 13.043/2014. Vigência: a partir de 1º.01.2015.)

a) na etapa técnica, as instituições deverão demonstrar capacitação técnica e a estratégia de colocação e desenvolvimento do Fundo de Índice, nos moldes definidos no ato do Poder Executivo a que se refere o *caput*; e (Acrescentado pela Lei 13.043/2014. Vigência: a partir de 1º.01.2015.)

b) na etapa comercial, as instituições deverão apresentar uma única proposta, nos moldes definidos no ato do Poder Executivo a que se refere o *caput*; (Acrescentado pela Lei 13.043/2014. Vigência: a partir de 1º.01.2015.)

II - será desclassificada do processo seletivo a instituição que apresentar mais de uma ou nenhuma proposta técnica ou mais de uma ou nenhuma proposta comercial; (Acrescentado pela Lei 13.043/2014. Vigência: a partir de 1º.01.2015.)

III - em caso de empate entre os dois primeiros colocados, será considerada vencedora aquela que obtiver maior nota na etapa técnica; (Acrescentado pela Lei 13.043/2014. Vigência: a partir de 1º.01.2015.)

IV - encerradas as etapas técnica e comercial e ordenadas as propostas, serão avaliados os documentos de habilitação da instituição que apresentou a melhor proposta, para verificação das condições fixadas no ato do Poder Executivo a que se refere o *caput*; e (Acrescentado pela Lei 13.043/2014. Vigência: a partir de 1º.01.2015.)

V - se a instituição classificada em primeiro lugar desatender às exigências habilitatórias, serão examinados os documentos de habilitação da segunda classificada e sucessivamente, caso haja tal necessidade, das demais instituições, observada a ordem de classificação, até a apuração de uma que atenda às condições fixadas no ato do Poder Executivo a que se refere o *caput*, sendo a instituição declarada vencedora. (Acrescentado pela Lei 13.043/2014. Vigência: a partir de 1º.01.2015.)

§ 1º A modalidade disposta no *caput* observará o número mínimo de três convidados, escolhidos dentre os interessados no ramo pertinente ao seu objeto, com disponibilização do instrumento convocatório do processo seletivo no sítio eletrônico do Tesouro Nacional na internet com antecedência de no mínimo setenta e duas horas da apresentação das propostas. (Acrescentado pela Lei 13.043/2014. Vigência: a partir de 1º.01.2015.)

§ 2º O convite será estendido àqueles que manifestarem seu interesse por meio da apresentação de propostas no prazo definido no ato do Poder Executivo a que se refere o *caput*. (Acrescentado pela Lei 13.043/2014. Vigência: a partir de 1º.01.2015.)

ART. 4º São isentos do Imposto sobre a Renda os juros produzidos pelas NTN emitidas na forma do inciso III do art. 1º desta Lei, bem como os referentes aos bônus emitidos pelo Banco Central do Brasil para os fins previstos no art. 8º do Decreto-Lei n. 1.312, de 15 de fevereiro de 1974, com a redação dada pelo Decreto-Lei n. 2.105, de 24 de janeiro de 1984.

ART. 5º A emissão dos títulos a que se refere esta Lei processar-se-á exclusivamente sob a forma escritural, mediante registro dos respectivos direitos creditórios, bem assim das cessões desses direitos, em sistema centralizado de liquidação e custódia, por intermédio do qual serão também creditados os resgates do principal e os rendimentos.

ART. 6º A partir da data de seu vencimento, os títulos da dívida pública referidos no art. 2º terão poder liberatório para pagamento de qualquer tributo federal, de responsabilidade de seus titulares ou de terceiros, pelo seu valor de resgate.

ART. 7º O Poder Executivo fixará as características gerais e específicas dos títulos da dívida pública, podendo, inclusive, criar séries específicas de cada título, bem como celebrar convênios, ajustes ou contratos para emissão, colocação e resgate dos títulos.

ART. 8º O Ministro de Estado da Fazenda poderá autorizar a realização de operações de substituição de títulos nas formas previstas pelo art. 3º desta Lei.

ART. 9º Ficam convalidados os atos praticados com base na Medida Provisória n. 2.096-88, de 27 de dezembro de 2000.

ART. 10. Esta Lei entra em vigor na data de sua publicação.

ART. 11. Ficam revogados o art. 30 da Lei n. 8.177, de 1º de março de 1991, a Lei n. 8.249, de 24 de outubro de 1991, o Decreto-Lei n. 1.079, de 29 de janeiro de 1970, e os arts. 3º e 5º do Decreto-Lei n. 2.376, de 25 de novembro de 1987.

Congresso Nacional,
em 6 de fevereiro de 2001;
180º da Independência e
113º da República
SENADOR ANTONIO CARLOS MAGALHÃES
PRESIDENTE

LEI N. 10.185, DE 12 DE FEVEREIRO DE 2001

Dispõe sobre a especialização das sociedades seguradoras em planos privados de assistência à saúde e dá outras providências.

› *DOU*, 14.02.2001.

Faço saber que o Presidente da República adotou a Medida Provisória n. 2.122-2, de 2001, que o Congresso Nacional aprovou, e eu, Antonio Carlos Magalhães, Presidente, para os efeitos do disposto no parágrafo único do art. 62 da Constituição Federal, promulgo a seguinte Lei:

ART. 1º As sociedades seguradoras poderão operar o seguro enquadrado no art. 1º, inciso I e § 1º, da Lei n. 9.656, de 3 de junho de 1998, desde que estejam constituídas como seguradoras especializadas nesse seguro, devendo seu estatuto social vedar a atuação em quaisquer outros ramos ou modalidades.

§ 1º As sociedades seguradoras que já operam o seguro de que trata o *caput* deste artigo, conjuntamente com outros ramos de seguro, deverão providenciar a sua especialização até 1º de julho de 2001, a ser processada junto à Superintendência de Seguros Privados - Susep, mediante cisão ou outro ato societário pertinente.

§ 2º As sociedades seguradoras especializadas, nos termos deste artigo, ficam subordinadas às normas e à fiscalização da Agência Nacional de Saúde - ANS, que poderá aplicar-lhes, em caso de infringência à legislação que regula os planos privados de assistência à saúde, as penalidades previstas na Lei n. 9.656, de 1998, e na Lei n. 9.961, de 28 de janeiro de 2000.

§ 3º Caberá, exclusivamente, ao Conselho de Saúde Suplementar - CONSU, nos termos da Lei n. 9.656, de 1998, e à ANS, nos termos da Lei n. 9.961, de 2000, disciplinar o seguro de que trata este artigo quanto às matérias previstas nos incisos I e IV do art. 35-A da referida Lei n. 9.656, de 1998, e no art. 4º da Lei n. 9.961, de 2000, bem como quanto à autorização de funcionamento e à operação das sociedades seguradoras especializadas. (Redação dada pela Med. Prov. 2.177-44/2001.)

§ 4º Enquanto as sociedades seguradoras não promoverem a sua especialização em saúde, nos termos deste artigo, ficarão sujeitas à fiscalização da Susep e da ANS, no âmbito de suas respectivas competências.

§ 5º As sociedades seguradoras especializadas em seguro saúde, nos termos deste artigo, continuarão subordinadas às normas sobre as aplicações dos ativos garantidores das provisões técnicas expedidas pelo Conselho Monetário Nacional - CMN.

ART. 2º Para efeito da Lei n. 9.656, de 1998, e da Lei n. 9.961, de 2000, enquadra-se o seguro saúde como plano privado de assistência à saúde e a sociedade seguradora especializada em saúde como operadora de plano de assistência à saúde.

ART. 3º A sociedade seguradora que não se adaptar ao disposto nesta Lei fica obrigada a transferir sua carteira de saúde para sociedade seguradora especializada já estabelecida ou para operadora de planos privados de assistência à saúde, que venha a apresentar o plano de sucessão segundo as normas fixadas pela ANS.

Parágrafo único. Deverá ser observado o prazo limite de 1º de julho de 2001 para a transferência da carteira de saúde de que trata o *caput* deste artigo.

ART. 4º Ficam convalidados os atos praticados com base na Medida Provisória n. 2.122-1, de 27 de dezembro de 2000.

ART. 5º Esta Lei entra em vigor na data de sua publicação.

Congresso Nacional,
em 12 de fevereiro de 2001;
180º da Independência e 113º da República
SENADOR ANTONIO CARLOS MAGALHÃES
PRESIDENTE

LEI N. 10.189, DE 14 DE FEVEREIRO DE 2001

Dispõe sobre o Programa de Recuperação Fiscal - Refis.

› *DOU*, 16.02.2001.
› Conversão da Med. Prov. 2.061-4/2001.

Faço saber que o Presidente da República adotou a Medida Provisória n. 2.061-4, de 2001, que o Congresso Nacional aprovou, e eu, Antonio Carlos Magalhães, Presidente, para os efeitos do disposto no parágrafo único do art. 62 da Constituição Federal, promulgo a seguinte Lei:

ART. 1º O inciso I do § 4º do art. 2º da Lei n. 9.964, de 10 de abril de 2000, passa a vigorar com a seguinte redação:

> "I - independentemente da data de formalização da opção, sujeitar-se-á, a partir de 1º de março de 2000, a juros correspondentes à variação mensal da Taxa de Juros de Longo Prazo - TJLP, vedada a imposição de qualquer outro acréscimo;" (NR)

ART. 2º As pessoas jurídicas optantes pelo Refis ou pelo parcelamento a ele alternativo poderão, excepcionalmente, parcelar os débitos relativos aos tributos e às contribuições referidos no art. 1º da Lei n. 9.964, de 2000, com vencimento entre 1º de março e 15 de setembro de 2000, em até seis parcelas mensais, iguais e sucessivas.

§ 1º O parcelamento de que trata este artigo será requerido junto ao órgão a que estiver vinculado o débito, até o último dia útil do mês de novembro de 2000.

§ 2º O débito objeto do parcelamento será consolidado na data da concessão.

§ 3º O valor de cada prestação não poderá ser inferior a R$ 50,00 (cinquenta reais).

§ 4º O valor de cada prestação mensal, por ocasião do pagamento, será acrescido de juros equivalentes à Taxa Referencial do Sistema Especial de Liquidação e Custódia (SELIC), para títulos federais, acumulada mensalmente, calculados a partir da data do deferimento até o mês anterior ao do pagamento, e de um por cento relativamente ao mês em que o pagamento estiver sendo efetuado.

§ 5º O pagamento da primeira parcela deverá ser efetuado no mês em que for protocolizado o pedido de parcelamento, vencendo-se as demais parcelas até o último dia útil de cada mês subsequente.

§ 6º A falta de pagamento de duas prestações implicará a rescisão do parcelamento e a exclusão da pessoa jurídica do Refis.

§ 7º Relativamente aos débitos parcelados na forma deste artigo não será exigida garantia ou arrolamento de bens, observado o disposto no § 3º do art. 3º da Lei n. 9.964, de 2000.

ART. 3º Na hipótese de opções formalizadas com base na Lei n. 10.002, de 14 de setembro de 2000, a pessoa jurídica optante deverá adotar, para fins de determinação da parcela mensal, nos seis primeiros meses do parcelamento, o dobro do percentual a que estiver sujeito, nos termos estabelecidos no inciso II do § 4º do art. 2º da Lei n. 9.964, de 10 de abril de 2000.

§ 1º Na hipótese de opção pelo parcelamento alternativo ao Refis, a pessoa jurídica deverá pagar, nos primeiros seis meses, duas parcelas a cada mês.

§ 2º A formalização da opção referida no *caput* dar-se-á pela postagem do respectivo termo nas agências da Empresa Brasileira de Correios e Telégrafos - ECT ou, nas hipóteses estabelecidas pelo Poder Executivo, inclusive por intermédio do Comitê Gestor do Refis, nas unidades da Secretaria da Receita Federal, da

Procuradoria-Geral da Fazenda Nacional e do Instituto Nacional do Seguro Social - INSS.

ART. 4º Não se aplica o disposto no inciso V do art. 5º da Lei n. 9.964, de 2000, na hipótese de cisão da pessoa jurídica optante pelo Refis, desde que, cumulativamente:

I - o débito consolidado seja atribuído integralmente a uma única pessoa jurídica;

II - as pessoas jurídicas que absorverem o patrimônio vertido assumam, de forma expressa, irrevogável e irretratável, entre si e, no caso de cisão parcial, com a própria cindida, a condição de responsáveis solidários pela totalidade do débito consolidado, independentemente da proporção do patrimônio vertido.

§ 1º O disposto no inciso V do art. 5º da Lei n. 9.964, de 2000, também não se aplica na hipótese de cisão de pessoa jurídica optante pelo parcelamento alternativo ao Refis.

§ 2º Na hipótese do *caput* deste artigo:

I - a pessoa jurídica a quem for atribuído o débito consolidado, independentemente da data da cisão, será considerada optante pelo Refis, observadas as demais normas e condições estabelecidas para o Programa;

II - a assunção da responsabilidade solidária estabelecida no inciso II do *caput* será comunicada ao Comitê Gestor;

III - as parcelas mensais serão determinadas com base no somatório das receitas brutas das pessoas jurídicas que absorveram patrimônio vertido e, no caso de cisão parcial, da própria cindida;

IV - as garantias apresentadas ou o arrolamento de bens serão mantidos integralmente.

ART. 5º Aplica-se às formas de parcelamento referidas nos arts. 12 e 13 da Lei n. 9.964, de 2000, o prazo de opção estabelecido pelo parágrafo único do art. 1º da Lei n. 10.002, de 2000.

§ 1º Poderão, também, ser parcelados, em até sessenta parcelas mensais e sucessivas, observadas as demais normas estabelecidas para o parcelamento a que se refere o art. 13 da Lei n. 9.964, de 2000, os débitos de natureza não tributária não inscritos em dívida ativa.

§ 2º O parcelamento de que trata o parágrafo anterior deverá ser requerido no prazo referido no *caput*, perante órgão encarregado da administração do respectivo débito.

§ 3º Na hipótese do § 3º do art. 13 da Lei n. 9.964, de 2000, o valor da verba de sucumbência será de até um por cento do valor do débito consolidado, incluído no Refis ou no parcelamento alternativo a que se refere o art. 12 da referida Lei, decorrente da desistência da respectiva ação judicial.

ART. 6º Ficam convalidados os atos praticados com base na Medida Provisória n. 2.061-3, de 27 de dezembro de 2000.

ART. 7º Esta Lei entra em vigor na data de sua publicação, aplicando-se, no que couber, às opções efetuadas até o último dia útil do mês de abril de 2000.

Congresso Nacional,
em 14 de fevereiro de 2001;
180º da Independência e 113º da República
SENADOR ANTONIO CARLOS MAGALHÃES
PRESIDENTE

LEI N. 10.194, DE 14 DE FEVEREIRO DE 2001

Dispõe sobre a instituição de sociedades de crédito ao microempreendedor, altera dispositivos das Leis n. 6.404, de 15 de dezembro de 1976, 8.029, de 12 de abril de 1990, e 8.934, de 18 de novembro de 1994, e dá outras providências.

‣ *DOU*, 16.02.2001.

Faço saber que o Presidente da República adotou a Medida Provisória n. 2.082-40, de 2001, que o Congresso Nacional aprovou, e eu, Antonio Carlos Magalhães, Presidente, para os efeitos do disposto no parágrafo único do art. 62 da Constituição Federal, promulgo a seguinte Lei:

ART. 1º É autorizada a constituição de Sociedades de Crédito ao Microempreendedor e à Empresa de Pequeno Porte, as quais:(Redação dada pela Lei 11.524/2007.)

I - terão por objeto social a concessão de financiamentos a pessoas físicas, a microempresas e a empresas de pequeno porte, com vistas na viabilização de empreendimentos de natureza profissional, comercial ou industrial, equiparando-se às instituições financeiras para os efeitos da legislação em vigor, podendo exercer outras atividades definidas pelo Conselho Monetário Nacional; (Redação dada pela Lei 11.524/2007.)

II - terão sua constituição, organização e funcionamento disciplinados pelo Conselho Monetário Nacional;

III - sujeitar-se-ão à fiscalização do Banco Central do Brasil;

IV - poderão utilizar o instituto da alienação fiduciária em suas operações de crédito;

V - estarão impedidas de captar, sob qualquer forma, recursos junto ao público, bem como emitir títulos e valores mobiliários destinados à colocação e oferta públicas.

ART. 2º O art. 146 e o *caput* do art. 294 da Lei n. 6.404, de 15 de dezembro de 1976, com a alteração introduzida pela Lei n. 9.457, de 5 de maio de 1997, passam a vigorar com a seguinte redação:

‣ Alterações promovidas no texto da referida lei.

ART. 3º O art. 11 da Lei n. 8.029, de 12 de abril de 1990, introduzido pelo art. 2º da Lei n. 8.154, de 28 de dezembro de 1990, passa a vigorar acrescido do seguinte § 2º, alterando-se o atual parágrafo único para § 1º e dando-se nova redação ao seu *caput*:

"Art. 11. [...]

§ 1º Os recursos a que se refere este artigo, que terão como objetivo primordial apoiar o desenvolvimento das micro e pequenas empresas por meio de projetos e programas que visem ao seu aperfeiçoamento técnico, racionalização, modernização, capacitação gerencial, bem como facilitar o acesso ao crédito, à capitalização e o fortalecimento do mercado secundário de títulos de capitalização dessas empresas, terão a seguinte destinação:

[...]

§ 2º Os projetos ou programas destinados a facilitar o acesso ao crédito a que se refere o parágrafo anterior poderão ser efetivados:

a) por intermédio da destinação de aplicações financeiras, em agentes financeiros públicos ou privados, para lastrear a prestação de aval ou fiança nas operações de crédito destinadas às microempresas e empresas de pequeno porte;

b) pela aplicação de recursos financeiros em agentes financeiros, públicos ou privados, Organizações da Sociedade Civil de Interesse Público de que trata a Lei n. 9.790, de 23 de março de 1999, devidamente registradas no Ministério da Justiça, que se dedicam a sistemas alternativos de crédito, ou sociedades de crédito que tenham por objeto social exclusivo a concessão de financiamento ao microempreendedor;

c) pela aquisição ou integralização de quotas de fundos mútuos de investimento no capital de empresas emergentes que destinem à capitalização das micro e pequenas empresas, principalmente as de base tecnológica e as exportadoras, no mínimo, o equivalente à participação do Serviço Brasileiro de Apoio às Micro e Pequenas Empresas - SEBRAE nesses fundos;

d) pela participação no capital de entidade regulada pela Comissão de Valores Mobiliários - CVM que estimule o fortalecimento do mercado secundário de títulos de capitalização das micro e pequenas empresas.

§ 3º A participação do SEBRAE na integralização de quotas de fundos mútuos de investimento, a que se refere a alínea "c" do parágrafo anterior, não poderá ser superior a cinquenta por cento do total das quotas desses mesmos fundos." (NR)

ART. 4º O art. 10, o *caput* do art. 11, o inciso II do art. 12 e o inciso II do art. 37 da Lei n. 8.934, de 18 de novembro de 1994, passam a vigorar com a seguinte redação:

‣ Alterações promovidas no texto da referida lei.

ART. 5º Ficam convalidados os atos praticados com base na Medida Provisória n. 2.082-39, de 27 de dezembro de 2000.

ART. 6º Esta Lei entra em vigor na data de sua publicação.

Congresso Nacional,
em 14 de fevereiro de 2001;
180º da Independência e 113º da República
SENADOR ANTONIO CARLOS MAGALHÃES
PRESIDENTE

LEI N. 10.198, DE 14 DE FEVEREIRO DE 2001

Dispõe sobre a regulação, fiscalização e supervisão dos mercados de títulos ou contratos de investimento coletivo, e dá outras providências.

‣ *DOU*, 16.02.2001.

‣ Conversão da Med. Prov. 2.110-40/2001.

Faço saber que o Presidente da República adotou a Medida Provisória n. 2.110-40, de 2001, que o Congresso Nacional aprovou, e eu, Antonio Carlos Magalhães, Presidente, para os efeitos do disposto no parágrafo único do art. 62 da Constituição Federal, promulgo a seguinte Lei:

ART. 1º Constituem valores mobiliários, sujeitos ao regime da Lei n. 6.385, de 7 de dezembro de 1976, quando ofertados publicamente, os títulos ou contratos de investimento coletivo, que gerem direito de participação, de parceria ou de remuneração, inclusive resultante de prestação de serviços, cujos rendimentos advêm do esforço do empreendedor ou de terceiros.

§ 1º Aplica-se aos valores mobiliários a que se refere este artigo a ressalva prevista no art. 2º, parágrafo único, da Lei n. 6.385, de 1976.

§ 2º Os emissores dos valores mobiliários referidos neste artigo, bem como seus administradores e controladores, sujeitam-se à disciplina prevista na Lei n. 6.385, de 1976, para as companhias abertas.

§ 3º Compete à Comissão de Valores Mobiliários expedir normas para a execução do disposto neste artigo, podendo:

I - exigir que os emissores se constituam sob a forma de sociedade anônima;

II - exigir que as demonstrações financeiras dos emissores, ou que as informações sobre o empreendimento ou projeto, sejam auditadas por auditor independente nela registrado;

III - dispensar, na distribuição pública dos valores mobiliários referidos neste artigo, a participação de sociedade integrante do sistema previsto no art. 15 da Lei n. 6.385, de 1976;

IV - estabelecer condições específicas para o exercício, no âmbito desse mercado, das atividades previstas no art. 16 da Lei n. 6.385, de 1976, inclusive quanto a requisitos de idoneidade, habilitação técnica e capacidade financeira a que deverão satisfazer os administradores de sociedades e demais pessoas que atuem nesse mercado;

V - estabelecer padrões de cláusulas e condições que devam ser adotadas nos títulos ou contratos de investimento, destinados à negociação em bolsa ou balcão e recusar a admissão ao mercado da emissão que não satisfaça a esses padrões.

§ 4º Nas emissões dos valores mobiliários referidos neste artigo em que for prestada, espontaneamente ou por exigência da regulamentação específica, garantia real, serão aplicados, no que couberem, os arts. 58 a 62 e 66 a 69 da Lei n. 6.404, de 15 de dezembro de 1976, equiparando-se os títulos ou contratos de investimento coletivo às debêntures, as emissoras à companhia, e os subscritores aos debenturistas, e não se aplicando as regras relativas à garantia flutuante. (Incluído pela Med. Prov. 2.181-45/2001.)

§ 5º Caberá ao agente fiduciário representar os futuros subscritores de títulos ou contratos de investimento coletivo na celebração dos instrumentos de constituição de garantia real, se houver. (Incluído pela Med. Prov. 2.181-45/2001.)

§ 6º A excussão judicial das garantias a que se referem os §§ 4º e 5º deste artigo se fará na forma das leis que regulam o processo de execução singular ou coletiva, devendo, entretanto, o agente fiduciário ser notificado de qualquer execução movida por subscritor de valores mobiliários alcançados pela garantia, e proceder de imediato à comunicação do fato aos demais subscritores de valores mobiliários da mesma emissão, sem prejuízo da legitimidade do agente fiduciário de promover medidas judiciais para evitar prescrição, decadência, deterioração ou perecimento das garantias. (Incluído pela Med. Prov. 2.181-45/2001.)

§ 7º A CVM poderá autorizar a emissão de certificado de contrato de investimento coletivo, nos termos da regulamentação que vier a baixar. (Incluído pela Med. Prov. 2.181-45/2001.)

ART. 2º As alíneas "b" e "g" do inciso I e o inciso II do art. 9º da Lei n. 6.385, de 1976, passam a vigorar com a seguinte redação:

- Alterações promovidas no texto da referida lei.

ART. 3º Fica incluído o inciso VI ao art. 15 da Lei n. 6.385, de 1976, com a seguinte redação:

- Alterações promovidas no texto da referida lei.

ART. 4º Ficam convalidados os atos praticados com base na Medida Provisória n. 2.110-39, de 27 de dezembro de 2000.

ART. 5º Esta Lei entra em vigor na data de sua publicação.

Congresso Nacional, em 14 de fevereiro de 2001; 180º da Independência e 113º da República
SENADOR ANTONIO CARLOS MAGALHÃES
PRESIDENTE

LEI N. 10.201, DE 14 DE FEVEREIRO DE 2001

Institui o Fundo Nacional de Segurança Pública - FNSP, e dá outras providências.

- *DOU*, 16.02.2001.
- Esta lei foi revogada pela Med. Prov. 841/2018, mas esta teve sua vigência encerrada em 24.10.2018.
- Esta lei foi revogada pela Lei 13.756, de 12.12.2018. Mantivemos, todavia, sua transcrição nesta edição em razão do art. 43 da lei revogadora, que diz: "Os instrumentos de transferência de recursos do FNSP celebrados com fundamento na Lei n. 10.201, de 14 de fevereiro de 2001, serão por ela regidos até o fim de sua vigência".

Faço saber que o Presidente da República adotou a Medida Provisória n. 2.120-9, de 2001, que o Congresso Nacional aprovou, e eu, Antonio Carlos Magalhães, Presidente, para os efeitos do disposto no parágrafo único do art. 62 da Constituição Federal, promulgo a seguinte Lei:

ART. 1º Fica instituído, no âmbito do Ministério da Justiça, o Fundo Nacional de Segurança Pública - FNSP, com o objetivo de apoiar projetos na área de segurança pública e de prevenção à violência, enquadrados nas diretrizes do plano de segurança pública do Governo Federal. (Alterado pela Lei 10.746/2003.)

Parágrafo único. (revogado). (Alterado pela Lei 10.746/2003.)

ART. 2º Constituem recursos do FNSP:

I - os consignados na Lei Orçamentária Anual e nos seus créditos adicionais;

II - as doações, auxílios e subvenções de entidades públicas ou privadas;

III - os decorrentes de empréstimo;

IV - as receitas decorrentes das aplicações de seus recursos orçamentários e extraorçamentários, observada a legislação aplicável; e

V - outras receitas.

ART. 3º O FNSP será administrado por um Conselho Gestor, com a seguinte composição:

I - dois representantes do Ministério da Justiça, um dos quais será o seu presidente;

II - um representante de cada órgão a seguir indicado:

a) Ministério do Planejamento, Orçamento e Gestão;

b) Casa Civil da Presidência da República;

c) Gabinete de Segurança Institucional da Presidência da República;

d) (revogada); (Alterado pela Lei 12.681/2012.)

e) Secretaria de Direitos Humanos da Presidência da República. (Acrescentado pela Lei 12.681/2012.)

Parágrafo único. As decisões do Conselho Gestor serão aprovadas pelo Ministro de Estado da Justiça.

ART. 4º O FNSP apoiará projetos na área de segurança pública destinados, dentre outros, a: (Alterado pela Lei 10.746/2003.)

I - reequipamento, treinamento e qualificação das polícias civis e militares, corpos de bombeiros militares e guardas municipais; (Alterado pela Lei 10.746/2003.)

II - sistemas de informações, de inteligência e investigação, bem como de estatísticas policiais; (Alterado pela Lei 10.746/2003.)

III - estruturação e modernização da polícia técnica e científica; (Alterado pela Lei 10.746/2003.)

IV - programas de polícia comunitária; e (Alterado pela Lei 10.746/2003.)

V - programas de prevenção ao delito e à violência. (Alterado pela Lei 10.746/2003.)

VI - serviço telefônico para recebimento de denúncias, com garantia de sigilo para o usuário; (Acrescentado pela Lei 13.608/2018.)

VII - premiação, em dinheiro, para informações que levem à resolução de crimes. (Acrescentado pela Lei 13.608/2018.)

§ 1º Os projetos serão examinados e aprovados pelo Conselho Gestor.

§ 2º Na avaliação dos projetos, o Conselho Gestor priorizará o ente federado que se comprometer com os seguintes resultados: (Alterado pela Lei 10.746/2003.)

I - realização de diagnóstico dos problemas de segurança pública e apresentação das respectivas soluções; (Alterado pela Lei 10.746/2003.)

II - desenvolvimento de ações integradas dos diversos órgãos de segurança pública; (Alterado pela Lei 10.746/2003.)

III - qualificação das polícias civis e militares, corpos de bombeiros militares e das guardas municipais; (Alterado pela Lei 10.746/2003.)

IV - redução da corrupção e violência policiais; (Alterado pela Lei 10.746/2003.)

V - redução da criminalidade e insegurança pública; e (Acrescentado pela Lei 10.746/2003.)

VI - repressão ao crime organizado. (Acrescentado pela Lei 10.746/2003.)

§ 3º Terão acesso aos recursos do FNSP: (Alterado pela Lei 10.746/2003.)

I - o ente federado que tenha instituído, em seu âmbito, plano de segurança pública; (Redação dada pela Lei n. 12.681, de 2012)

II - os integrantes do Sistema Nacional de Informações de Segurança Pública, Prisionais, de Rastreabilidade de Armas e Munições, de Material Genético, de Digitais e de Drogas (Sinesp) que cumprirem os prazos estabelecidos pelo órgão competente para o fornecimento de dados e informações ao Sistema; (Alterado pela Lei 13.675/2018. Vigência: 30 dias da publicação oficial - 12.06.2018).

III - o Município que mantenha guarda municipal ou realize ações de policiamento comunitário ou, ainda, institua Conselho de Segurança Pública, visando à obtenção dos resultados a que se refere o § 2º. (Alterado pela Lei 12.681/2012.)

§ 4º Os projetos habilitados a receber recursos do FNSP não poderão ter prazo superior a dois anos.

§ 5º Os recursos do FNSP poderão ser aplicados diretamente pela União ou repassados mediante convênios, acordos, ajustes ou qualquer outra modalidade estabelecida em lei, que se enquadre nos objetivos fixados neste artigo. (Acrescentado pela Lei 10.746/2003.)

§ 6º Não se aplica o disposto no inciso I do § 3º ao Estado, ou Distrito Federal, que deixar de fornecer ou atualizar seus dados e informações no Sinesp. (Alterado pela Lei 12.681/2012.)

§ 7º Os gastos anuais com projetos que não se enquadrem especificamente nos incisos I a V do *caput* ficam limitados a 10% (dez por cento) do total de recursos despendidos com os projetos atendidos com fundamento nesses incisos. (Alterado pela Lei 12.681/2012.)

§ 8º Os gastos anuais com construção, aquisição, reforma e adaptação de imóveis de propriedade da União, dos Estados, do Distrito Federal e dos Municípios são limitados a 10% (dez por cento) do montante de recursos alocados no exercício para atendimento dos projetos enquadrados nos incisos I a V do *caput*. (Alterado pela Lei 12.681/2012.)

ART. 5º Os entes federados beneficiados com recursos do FNSP prestarão ao Conselho Gestor e à Secretaria Nacional de Segurança Pública informações sobre o desempenho de suas ações na área da segurança pública. (Alterado pela Lei 10.746/2003.)

ART. 6º As vedações temporárias, de qualquer natureza, constantes de lei não incidirão na transferência voluntária de recursos da União aos Estados, ao Distrito Federal e aos Municípios, e dos Estados aos Municípios, destinados a garantir a segurança pública, a execução da Lei Penal, a preservação da ordem pública, da incolumidade das pessoas e do patrimônio, bem assim a manutenção do sistema penitenciário.

Parágrafo único. O descumprimento do disposto no inciso II do § 3º do art. 4º pelos entes federados integrantes do Sinesp implicará vedação da transferência voluntária de recursos da União previstos no *caput* deste artigo. (Alterado pela Lei 12.681/2012.)

ART. 7º Ficam convalidados os atos praticados com base na Medida Provisória n. 2.120-8, de 27 de dezembro de 2000.

ART. 8º Esta Lei entra em vigor na data de sua publicação.

Congresso Nacional, em 14 de fevereiro de 2001, 180º da Independência e 113º da República
SENADOR ANTONIO CARLOS MAGALHÃES
PRESIDENTE

LEI N. 10.208, DE 23 DE MARÇO DE 2001

Acresce dispositivos à Lei n. 5.859, de 11 de dezembro de 1972, que dispõe sobre a profissão de empregado doméstico, para facultar o acesso ao Fundo de Garantia do Tempo de Serviço - FGTS e ao seguro-desemprego.

- *DOU*, 24.03.2001 - Edição extra.

Faço saber que o Presidente da República adotou a Medida Provisória n. 2.104-16, de 2001, que o Congresso Nacional aprovou, e eu, Jader Barbalho, Presidente, para os efeitos do disposto no parágrafo único do art. 62 da Constituição Federal, promulgo a seguinte Lei:

ART. 1º A Lei n. 5.859, de 11 de dezembro de 1972, fica acrescida dos seguintes artigos:

"Art. 3º-A. É facultada a inclusão do empregado doméstico no Fundo de Garantia do Tempo de Serviço - FGTS, de que trata a Lei n. 8.036, de 11 de maio de 1990, mediante

LEIS

requerimento do empregador, na forma do regulamento." (NR)

"Art. 6º-A. O empregado doméstico que for dispensado sem justa causa fará jus ao benefício do seguro-desemprego, de que trata a Lei n. 7.998, de 11 de janeiro de 1990, no valor de um salário-mínimo, por um período máximo de três meses, de forma contínua ou alternada.

§ 1º O benefício será concedido ao empregado inscrito no FGTS que tiver trabalhado como doméstico por um período mínimo de quinze meses nos últimos vinte e quatro meses contados da dispensa sem justa causa.

§ 2º Considera-se justa causa para os efeitos desta Lei as hipóteses previstas no art. 482, com exceção das alíneas "c" e "g" e do seu parágrafo único, da Consolidação das Leis do Trabalho." (NR)

"Art. 6º-B. Para se habilitar ao benefício, o trabalhador deverá apresentar ao órgão competente do Ministério do Trabalho e Emprego:

I - Carteira de Trabalho e Previdência Social, na qual deverão constar a anotação do contrato de trabalho doméstico e a data da dispensa, de modo a comprovar o vínculo empregatício, como empregado doméstico, durante pelo menos quinze meses nos últimos vinte e quatro meses;

II - termo de rescisão do contrato de trabalho atestando a dispensa sem justa causa;

III - comprovantes do recolhimento da contribuição previdenciária e do FGTS, durante o período referido no inciso I, na condição de empregado doméstico;

IV - declaração de que não está em gozo de nenhum benefício de prestação continuada da Previdência Social, exceto auxílio-acidente e pensão por morte; e

V - declaração de que não possui renda própria de qualquer natureza suficiente à sua manutenção e de sua família." (NR)

"Art. 6º-C. O seguro-desemprego deverá ser requerido de sete a noventa dias contados da data da dispensa." (NR)

"Art. 6º-D. Novo seguro-desemprego só poderá ser requerido a cada período de dezesseis meses decorridos da dispensa que originou o benefício anterior." (NR)

ART. 2º As despesas decorrentes do pagamento do seguro-desemprego previsto nesta Lei serão atendidas à conta dos recursos do Fundo de Amparo ao Trabalhador - FAT.

ART. 3º O Poder Executivo regulamentará o disposto nesta Lei Provisória até 14 de fevereiro de 2000.

ART. 4º Ficam convalidados os atos praticados com base na Medida Provisória n. 2.104-15, de 26 de janeiro de 2001.

ART. 5º Esta Lei entra em vigor na data de sua publicação.

Congresso Nacional, em 23 de março de 2001; 180º da Independência e 113º da República.

SENADOR JADER BARBALHO
PRESIDENTE DO CONGRESSO NACIONAL

LEI N. 10.214, DE 27 DE MARÇO DE 2001

Dispõe sobre a atuação das câmaras e dos prestadores de serviços de compensação e de liquidação, no âmbito do sistema de pagamentos brasileiro, e dá outras providências.

- *DOU*, 28.03.2001 - Edição extra.
- Conversão da Med. Prov. 2.115-16/2001.

Faço saber que o Presidente da República adotou a Medida Provisória n. 2.115-16, de 2001, que o Congresso Nacional aprovou, e eu Jader Barbalho, Presidente do Senado Federal, para os efeitos do disposto no parágrafo único do art. 62 da Constituição Federal, promulgo a seguinte Lei:

ART. 1º Esta Lei regula a atuação das câmaras e dos prestadores de serviços de compensação e de liquidação, no âmbito do sistema de pagamentos brasileiro.

ART. 2º O sistema de pagamentos brasileiro de que trata esta Lei compreende as entidades, os sistemas e os procedimentos relacionados com a transferência de fundos e de outros ativos financeiros, ou com o processamento, a compensação e a liquidação de pagamentos em qualquer de suas formas.

Parágrafo único. Integram o sistema de pagamentos brasileiro, além do serviço de compensação de cheques e outros papéis, os seguintes sistemas, na forma de autorização concedida às respectivas câmaras ou prestadores de serviços de compensação e de liquidação, pelo Banco Central do Brasil ou pela Comissão de Valores Mobiliários, em suas áreas de competência:

I - de compensação e liquidação de ordens eletrônicas de débito e de crédito;

II - de transferência de fundos e de outros ativos financeiros;

III - de compensação e de liquidação de operações com títulos e valores mobiliários;

IV - de compensação e de liquidação de operações realizadas em bolsas de mercadorias e de futuros; e

V - outros, inclusive envolvendo operações com derivativos financeiros, cujas câmaras ou prestadores de serviços tenham sido autorizados na forma deste artigo.

ART. 3º É admitida a compensação multilateral de obrigações no âmbito de uma mesma câmara ou prestador de serviços de compensação e de liquidação.

Parágrafo único. Para os efeitos desta Lei, define-se compensação multilateral de obrigações o procedimento destinado à apuração da soma dos resultados bilaterais devedores e credores de cada participante em relação aos demais.

ART. 4º Nos sistemas em que o volume e a natureza dos negócios, a critério do Banco Central do Brasil, forem capazes de oferecer risco à solidez e ao normal funcionamento do sistema financeiro, as câmaras e os prestadores de serviços de compensação e de liquidação assumirão, sem prejuízo de obrigações decorrentes de lei, regulamento ou contrato, em relação a cada participante, a posição de parte contratante, para fins de liquidação das obrigações, realizada por intermédio da câmara ou prestador de serviços.

§ 1º As câmaras e os prestadores de serviços de compensação e de liquidação não respondem pelo adimplemento das obrigações originárias do emissor, de resgatar o principal e os acessórios de seus títulos e valores mobiliários objeto de compensação e de liquidação.

§ 2º Os sistemas de que trata o *caput* deverão contar com mecanismos e salvaguardas que permitam às câmaras e aos prestadores de serviços de compensação e de liquidação assegurar a certeza da liquidação das operações neles compensadas e liquidadas.

§ 3º Os mecanismos e as salvaguardas de que trata o parágrafo anterior compreendem, dentre outros, dispositivos de segurança adequados e regras de controle de riscos, de contingências, de compartilhamento de perdas entre os participantes e de execução direta de posições em custódia, de contratos e de garantias aportadas pelos participantes.

ART. 5º Sem prejuízo do disposto no § 3º do artigo anterior, as câmaras e os prestadores de serviços de compensação e de liquidação responsáveis por um ou mais ambientes sistemicamente importantes deverão, obedecida a regulamentação baixada pelo Banco Central do Brasil, separar patrimônio especial, formado por bens e direitos necessários a garantir exclusivamente o cumprimento das obrigações existentes em cada um dos sistemas que estiverem operando

§ 1º Os bens e direitos integrantes do patrimônio especial de que trata o *caput*, bem como seus frutos e rendimentos, não se comunicarão com o patrimônio geral ou outros patrimônios especiais da mesma câmara ou prestador de serviços de compensação e de liquidação, e não poderão ser utilizados para realizar ou garantir o cumprimento de qualquer obrigação assumida pela câmara ou prestador de serviços de compensação e de liquidação em sistema estranho àquele ao qual se vinculam.

§ 2º Os atos de constituição do patrimônio separado, com a respectiva destinação, serão objeto de averbação ou registro, na forma da lei ou do regulamento.

ART. 6º Os bens e direitos integrantes do patrimônio especial, bem como aqueles oferecidos em garantia pelos participantes, são impenhoráveis, e não poderão ser objeto de arresto, sequestro, busca e apreensão ou qualquer outro ato de constrição judicial, exceto para o cumprimento das obrigações assumidas pela própria câmara ou prestador de serviços de compensação e de liquidação na qualidade de parte contratante, nos termos do disposto no *caput* do art. 4º desta Lei.

ART. 7º Os regimes de insolvência civil, concordata, intervenção, falência ou liquidação extrajudicial, a que seja submetido qualquer participante, não afetarão o adimplemento de suas obrigações, assumidas no âmbito das câmaras ou prestadores de serviços de compensação e de liquidação, que serão ultimadas e liquidadas pela câmara ou prestador de serviços, na forma de seus regulamentos.

Parágrafo único. O produto da realização das garantias prestadas pelo participante submetido aos regimes de que trata o *caput*, assim como os títulos, valores mobiliários e quaisquer outros seus ativos, objeto de compensação ou liquidação, serão destinados à liquidação das obrigações assumidas no âmbito das câmaras ou prestadores de serviços.

ART. 8º Nas hipóteses de que trata o artigo anterior, ou quando verificada a inadimplência de qualquer participante de um sistema, a liquidação das obrigações, observado o disposto nos regulamentos e procedimentos das câmaras ou prestadores de serviços de compensação e de liquidação, dar-se-á:

I - com a tradição dos ativos negociados ou a transferência dos recursos, no caso de movimentação financeira; e

II - com a entrega do produto da realização das garantias e com a utilização dos mecanismos e salvaguardas de que tratam os §§ 2º e 3º do art. 4º, quando inexistentes ou insuficientes os ativos negociados ou os recursos a transferir.

Parágrafo único. Se, após adotadas as providências de que tratam os incisos I e II, houver saldo positivo, será ele transferido ao participante, integrando a respectiva massa, se for o caso, e se houver saldo negativo, constituirá ele crédito da câmara ou do prestador de serviços de compensação e de liquidação contra o participante.

ART. 9º A infração às normas legais e regulamentares que regem o sistema de pagamentos sujeita as câmaras e os prestadores de serviços de compensação e de liquidação, seus administradores e membros de conselhos fiscais, consultivos e assemelhados ao disposto na Lei n. 6.385, de 7 de dezembro de 1976, e nas demais disposições legais. (Alterado pela Lei 13.506/2017.)

I e II - (revogados); (Alterado pela Lei 13.506/2017.)

Parágrafo único. Caberá recurso, no prazo de 30 (trinta) dias, sem efeito suspensivo, das decisões proferidas pelo Banco Central do Brasil ou pela Comissão de Valores Mobiliários, com fundamento neste artigo, para o Conselho de Recursos do Sistema Financeiro Nacional. (Alterado pela Lei 13.506/2017.)

ART. 10. O Conselho Monetário Nacional, o Banco Central do Brasil e a Comissão de Valores Mobiliários, nas suas respectivas esferas de competência, baixarão as normas e instruções necessárias ao cumprimento desta Lei.

ART. 11. Ficam convalidados os atos praticados com base na Medida Provisória n. 2.115-15, de 26 de janeiro de 2001.

ART. 12. Esta Lei entra em vigor na data de sua publicação.

Congresso Nacional, em 27 de março de 2001; 180º da Independência e 113º da República.

SENADOR JADER BARBALHO
PRESIDENTE DO CONGRESSO NACIONAL

LEI N. 10.216, DE 16 DE ABRIL DE 2001

Dispõe sobre a proteção e os direitos das pessoas portadoras de transtornos mentais e redireciona o modelo assistencial em saúde mental.

‣ *DOU*, 9.4.2001.

O Presidente da República. Faço saber que o Congresso Nacional decreta e eu sanciono a seguinte Lei:

ART. 1º Os direitos e a proteção das pessoas acometidas de transtorno mental, de que trata esta Lei, são assegurados sem qualquer forma de discriminação quanto à raça, cor, sexo, orientação sexual, religião, opção política, nacionalidade, idade, família, recursos econômicos e ao grau de gravidade ou tempo de evolução de seu transtorno, ou qualquer outra.

ART. 2º Nos atendimentos em saúde mental, de qualquer natureza, a pessoa e seus familiares ou responsáveis serão formalmente cientificados dos direitos enumerados no parágrafo único deste artigo.

Parágrafo único. São direitos da pessoa portadora de transtorno mental:

I - ter acesso ao melhor tratamento do sistema de saúde, consentâneo às suas necessidades;

II - ser tratada com humanidade e respeito e no interesse exclusivo de beneficiar sua saúde, visando alcançar sua recuperação pela inserção na família, no trabalho e na comunidade;

III - ser protegida contra qualquer forma de abuso e exploração;

IV - ter garantia de sigilo nas informações prestadas;

V - ter direito à presença médica, em qualquer tempo, para esclarecer a necessidade ou não de sua hospitalização involuntária;

VI - ter livre acesso aos meios de comunicação disponíveis;

VII - receber o maior número de informações a respeito de sua doença e de seu tratamento;

VIII - ser tratada em ambiente terapêutico pelos meios menos invasivos possíveis;

IX - ser tratada, preferencialmente, em serviços comunitários de saúde mental.

ART. 3º É responsabilidade do Estado o desenvolvimento da política de saúde mental, a assistência e a promoção de ações de saúde aos portadores de transtornos mentais, com a devida participação da sociedade e da família, a qual será prestada em estabelecimento de saúde mental, assim entendidas as instituições ou unidades que ofereçam assistência em saúde aos portadores de transtornos mentais.

ART. 4º A internação, em qualquer de suas modalidades, só será indicada quando os recursos extra-hospitalares se mostrarem insuficientes.

§ 1º O tratamento visará, como finalidade permanente, a reinserção social do paciente em seu meio.

§ 2º O tratamento em regime de internação será estruturado de forma a oferecer assistência integral à pessoa portadora de transtornos mentais, incluindo serviços médicos, de assistência social, psicológicos, ocupacionais, de lazer, e outros.

§ 3º É vedada a internação de pacientes portadores de transtornos mentais em instituições com características asilares, ou seja, aquelas desprovidas dos recursos mencionados no § 2º e que não assegurem aos pacientes os direitos enumerados no parágrafo único do art. 2º.

ART. 5º O paciente há longo tempo hospitalizado ou para o qual se caracterize situação de grave dependência institucional, decorrente de seu quadro clínico ou de ausência de suporte social, será objeto de política específica de alta planejada e reabilitação psicossocial assistida, sob responsabilidade da autoridade sanitária competente e supervisão de instância a ser definida pelo Poder Executivo, assegurada a continuidade do tratamento, quando necessário.

ART. 6º A internação psiquiátrica somente será realizada mediante laudo médico circunstanciado que caracterize os seus motivos.

Parágrafo único. São considerados os seguintes tipos de internação psiquiátrica:

I - internação voluntária: aquela que se dá com o consentimento do usuário;

II - internação involuntária: aquela que se dá sem o consentimento do usuário e a pedido de terceiro; e

III - internação compulsória: aquela determinada pela Justiça.

ART. 7º A pessoa que solicita voluntariamente sua internação, ou que a consente, deve assinar, no momento da admissão, uma declaração de que optou por esse regime de tratamento.

Parágrafo único. O término da internação voluntária dar-se-á por solicitação escrita do paciente ou por determinação do médico assistente.

ART. 8º A internação voluntária ou involuntária somente será autorizada por médico devidamente registrado no Conselho Regional de Medicina - CRM do Estado onde se localize o estabelecimento.

§ 1º A internação psiquiátrica involuntária deverá, no prazo de setenta e duas horas, ser comunicada ao Ministério Público Estadual pelo responsável técnico do estabelecimento no qual tenha ocorrido, devendo esse mesmo procedimento ser adotado quando da respectiva alta.

§ 2º O término da internação involuntária dar-se-á por solicitação escrita do familiar, ou responsável legal, ou quando estabelecido pelo especialista responsável pelo tratamento.

ART. 9º A internação compulsória é determinada, de acordo com a legislação vigente, pelo juiz competente, que levará em conta as condições de segurança do estabelecimento, quanto à salvaguarda do paciente, dos demais internados e funcionários.

ART. 10. Evasão, transferência, acidente, intercorrência clínica grave e falecimento serão comunicados pela direção do estabelecimento de saúde mental aos familiares, ou ao representante legal do paciente, bem como à autoridade sanitária responsável, no prazo máximo de vinte e quatro horas da data da ocorrência.

ART. 11. Pesquisas científicas para fins diagnósticos ou terapêuticos não poderão ser realizadas sem o consentimento expresso do paciente, ou de seu representante legal, e sem a devida comunicação aos conselhos profissionais competentes e ao Conselho Nacional de Saúde.

ART. 12. O Conselho Nacional de Saúde, no âmbito de sua atuação, criará comissão nacional para acompanhar a implementação desta Lei.

ART. 13. Esta Lei entra em vigor na data de sua publicação.

Brasília, 6 de abril de 2001; 180º da Independência e 113º da República.

FERNANDO HENRIQUE CARDOSO

LEI N. 10.220, DE 11 DE ABRIL DE 2001

Institui normas gerais relativas à atividade de peão de rodeio, equiparando-o a atleta profissional.

‣ *DOU*, 12.04.2001.

O Presidente da República. Faço saber que o Congresso Nacional decreta e eu sanciono a seguinte Lei:

ART. 1º Considera-se atleta profissional o peão de rodeio cuja atividade consiste na participação, mediante remuneração pactuada em contrato próprio, em provas de destreza no dorso de animais equinos ou bovinos, em torneios patrocinados por entidades públicas ou privadas.

Parágrafo único. Entendem-se como provas de rodeios as montarias em bovinos e equinos, as vaquejadas e provas de laço, promovidas por entidades públicas ou privadas, além de outras atividades profissionais da modalidade organizadas pelos atletas e entidades dessa prática esportiva.

ART. 2º O contrato celebrado entre a entidade promotora das provas de rodeios e o peão, obrigatoriamente por escrito, deve conter:

I - a qualificação das partes contratantes;

II - o prazo de vigência, que será, no mínimo, de quatro dias e, no máximo, de dois anos;

III - o modo e a forma de remuneração, especificados o valor básico, os prêmios, as gratificações, e, quando houver, as bonificações, bem como o valor das luvas, se previamente convencionadas;

IV - cláusula penal para as hipóteses de descumprimento ou rompimento unilateral do contrato.

§ 1º É obrigatória a contratação, pelas entidades promotoras, de seguro de vida e de acidentes em favor do peão de rodeio, compreendendo indenizações por morte ou invalidez permanente no valor mínimo de cem mil reais, devendo este valor ser atualizado a cada período de doze meses contados da publicação desta Lei, com base na Taxa Referencial de Juros - TR.

§ 2º A entidade promotora que estiver com o pagamento da remuneração de seus atletas em atraso, por período superior a três meses, não poderá participar de qualquer competição, oficial ou amistosa.

§ 3º A apólice de seguro à qual se refere o § 1º deverá, também, compreender o ressarcimento de todas as despesas médicas e hospitalares decorrentes de eventuais acidentes que o peão vier a sofrer no interstício de sua jornada normal de trabalho, independentemente da duração da eventual internação, dos medicamentos e das terapias que assim se fizerem necessários.

ART. 3º O contrato estipulará, conforme os usos e costumes de cada região, o início e o término normal da jornada de trabalho, que não poderá exceder a oito horas por dia.

ART. 4º A celebração de contrato com maiores de dezesseis anos e menores de vinte e um anos deve ser precedida de expresso assentimento de seu responsável legal.

Parágrafo único. Após dezoito anos completos de idade, na falta ou negativa do assentimento do responsável legal, o contrato poderá ser celebrado diretamente pelas partes mediante suprimento judicial do assentimento.

ARTS. 5º e **6º** (Vetados.)

ART. 7º Esta Lei entra em vigor na data de sua publicação.

Brasília, 11 de abril de 2001; 180º da Independência e 113º da República.

FERNANDO HENRIQUE CARDOSO

LEI N. 10.233, DE 5 DE JUNHO DE 2001

Dispõe sobre a reestruturação dos transportes aquaviário e terrestre, cria o Conselho Nacional de Integração de Políticas de Transporte, a Agência Nacional de Transportes Terrestres, a Agência Nacional de Transportes Aquaviários e o Departamento Nacional de Infraestrutura de Transportes, e dá outras providências.

‣ *DOU*, 06.06.2001.

‣ Dec. 4.122/2002 (Aprova o Regulamento e o Quadro Demonstrativo dos Cargos Comissionados e dos Cargos Comissionados Técnicos da Agência Nacional de Transportes Aquaviários - ANTAQ).

› Dec. 4.130/2002 (Aprova o Regulamento e o Quadro Demonstrativo dos Cargos Comissionados e dos Cargos Comissionados Técnicos da Agência Nacional de Transportes Terrestres - ANTT).

O Presidente da República. Faço saber que o Congresso Nacional decreta e eu sanciono a seguinte Lei:

CAPÍTULO I
DO OBJETO

ART. 1º Constituem o objeto desta Lei:

I - criar o Conselho Nacional de Integração de Políticas de Transporte;

› A Med. Prov. 870/2019 determinou a revogação deste inciso.

II - dispor sobre a ordenação dos transportes aquaviário e terrestre, nos termos do art. 178 da Constituição Federal, reorganizando o gerenciamento do Sistema Federal de Viação e regulando a prestação de serviços de transporte;

III - criar a Agência Nacional de Transportes Terrestres;

IV - criar a Agência Nacional de Transportes Aquaviários;

V - criar o Departamento Nacional de Infraestrutura de Transportes.

CAPÍTULO II
DO SISTEMA NACIONAL DE VIAÇÃO

ART. 2º O Sistema Nacional de Viação - SNV é constituído pela Infraestrutura viária e pela estrutura operacional dos diferentes meios de transporte de pessoas e bens, sob jurisdição da União, dos Estados, do Distrito Federal e dos Municípios.

Parágrafo único. O SNV será regido pelos princípios e diretrizes estabelecidos em consonância com o disposto nos incisos XII, XX e XXI do art. 21 da Constituição Federal.

ART. 3º O Sistema Federal de Viação - SFV, sob jurisdição da União, abrange a malha arterial básica do Sistema Nacional de Viação, formada por eixos e terminais relevantes do ponto de vista da demanda de transporte, da integração nacional e das conexões internacionais.

Parágrafo único. O SFV compreende os elementos físicos da Infraestrutura viária existente e planejada, definidos pela legislação vigente.

ART. 4º São objetivos essenciais do Sistema Nacional de Viação:

I - dotar o País de Infraestrutura viária adequada;

II - garantir a operação racional e segura dos transportes de pessoas e bens;

III - promover o desenvolvimento social e econômico e a integração nacional.

§ 1º Define-se como Infraestrutura viária adequada a que torna mínimo o custo total do transporte, entendido como a soma dos custos de investimentos, de manutenção e de operação dos sistemas.

§ 2º Entende-se como operação racional e segura a que se caracteriza pela gerência eficiente das vias, dos terminais, dos equipamentos e dos veículos, objetivando tornar mínimos os custos operacionais e, consequentemente, os fretes e as tarifas, e garantir a segurança e a confiabilidade do transporte.

CAPÍTULO III
DO CONSELHO NACIONAL DE INTEGRAÇÃO DE POLÍTICAS DE TRANSPORTE

ART. 5º Fica criado o Conselho Nacional de Integração de Políticas de Transporte - CONIT, vinculado à Presidência da República, com a atribuição de propor ao Presidente da República políticas nacionais de integração dos diferentes modos de transporte de pessoas e bens, em conformidade com:

› A Med. Prov. 870/2019 determinou a revogação deste artigo.

› Dec. 6.550/2008 (Dispõe sobre a estrutura e o funcionamento do Conselho Nacional de Integração de Políticas de Transporte - CONIT).

I - as políticas de desenvolvimento nacional, regional e urbano, de defesa nacional, de meio ambiente e de segurança das populações, formuladas pelas diversas esferas de governo; (Redação dada pela Med. Prov. 2.217-3/2001.)

II - as diretrizes para a integração física e de objetivos dos sistemas viários e das operações de transporte sob jurisdição da União, dos Estados, do Distrito Federal e dos Municípios;

III - a promoção da competitividade, para redução de custos, tarifas e fretes, e da descentralização, para melhoria da qualidade dos serviços prestados;

IV - as políticas de apoio à expansão e ao desenvolvimento tecnológico da indústria de equipamentos e veículos de transporte;

V - a necessidade da coordenação de atividades pertinentes ao Sistema Federal de Viação e atribuídas pela legislação vigente aos Ministérios dos Transportes, da Defesa, da Justiça, das Cidades e à Secretaria Especial de Portos da Presidência da República. (Redação dada pela Lei 11.518/2007.)

ART. 6º No exercício da atribuição prevista no art. 5º, caberá ao CONIT:

› A Med. Prov. 870/2019 determinou a revogação deste artigo.

› Dec. 6.550/2008 (Dispõe sobre a estrutura e o funcionamento do Conselho Nacional de Integração de Políticas de Transporte - CONIT).

I - propor medidas que propiciem a integração dos transportes aéreo, aquaviário e terrestre e a harmonização das respectivas políticas setoriais;

II - definir os elementos de logística do transporte multimodal a serem implementados pelos órgãos reguladores dos transportes terrestre e aquaviário vinculados ao Ministério dos Transportes, conforme estabelece esta Lei, pela Secretaria Especial de Portos e pela Agência Nacional de Aviação Civil - ANAC; (Redação dada pela Lei 11.518/2007.)

III - harmonizar as políticas nacionais de transporte com as políticas de transporte dos Estados, do Distrito Federal e dos Municípios, visando à articulação dos órgãos encarregados do gerenciamento dos sistemas viários e da regulação dos transportes interestaduais, intermunicipais e urbanos;

IV - aprovar, em função das características regionais, as políticas de prestação de serviços de transporte às áreas mais remotas ou de difícil acesso do País, submetendo ao Presidente da República e ao Congresso Nacional as medidas específicas que implicarem a criação de subsídios;

V - aprovar as revisões periódicas das redes de transporte que contemplam as diversas regiões do País, propondo ao Poder Executivo e ao Congresso Nacional as reformulações do Sistema Nacional de Viação que atendam ao interesse nacional.

ART. 7º (Vetado.)

ART. 7º-A O Conit será presidido pelo Ministro de Estado dos Transportes e terá como membros os Ministros de Estado da Justiça, da Defesa, da Fazenda, do Planejamento, Orçamento e Gestão, do Desenvolvimento, Indústria e Comércio Exterior, das Cidades e o Secretário Especial de Portos da Presidência da República. (Redação dada pela Lei 11.518/2007.)

› A Med. Prov. 870/2019 determinou a revogação deste artigo.

› Dec. 6.550/2008 (Dispõe sobre a estrutura e o funcionamento do Conselho Nacional de Integração de Políticas de Transporte - CONIT).

Parágrafo único. O Poder Executivo disporá sobre o funcionamento do CONIT.

ARTS. 8º a 10. (Vetados.)

CAPÍTULO IV
DOS PRINCÍPIOS E DIRETRIZES PARA OS TRANSPORTES AQUAVIÁRIO E TERRESTRE

SEÇÃO I
DOS PRINCÍPIOS GERAIS

ART. 11. O gerenciamento da Infraestrutura e a operação dos transportes aquaviário e terrestre serão regidos pelos seguintes princípios gerais:

I - preservar o interesse nacional e promover o desenvolvimento econômico e social;

II - assegurar a unidade nacional e a integração regional;

III - proteger os interesses dos usuários quanto à qualidade e oferta de serviços de transporte e dos consumidores finais quanto à incidência dos fretes nos preços dos produtos transportados;

IV - assegurar, sempre que possível, que os usuários paguem pelos custos dos serviços prestados em regime de eficiência;

V - compatibilizar os transportes com a preservação do meio ambiente, reduzindo os níveis de poluição sonora e de contaminação atmosférica, do solo e dos recursos hídricos;

VI - promover a conservação de energia, por meio da redução do consumo de combustíveis automotivos;

VII - reduzir os danos sociais e econômicos decorrentes dos congestionamentos de tráfego;

VIII - assegurar aos usuários liberdade de escolha da forma de locomoção e dos meios de transporte mais adequados às suas necessidades;

IX - estabelecer prioridade para o deslocamento de pedestres e o transporte coletivo de passageiros, em sua superposição com o transporte individual, particularmente nos centros urbanos;

X - promover a integração física e operacional do Sistema Nacional de Viação com os sistemas viários dos países limítrofes;

XI - ampliar a competitividade do País no mercado internacional;

XII - estimular a pesquisa e o desenvolvimento de tecnologias aplicáveis ao setor de transportes.

SEÇÃO II
DAS DIRETRIZES GERAIS

ART. 12. Constituem diretrizes gerais do gerenciamento da Infraestrutura e da operação dos transportes aquaviário e terrestre:

I - descentralizar as ações, sempre que possível, promovendo sua transferência a outras entidades públicas, mediante convênios de delegação, ou a empresas públicas ou privadas, mediante outorgas de autorização, concessão ou permissão, conforme dispõe o inciso XII do art. 21 da Constituição Federal;

II - aproveitar as vantagens comparativas dos diferentes meios de transporte, promovendo sua integração física e a conjugação de suas operações, para a movimentação intermodal mais econômica e segura de pessoas e bens;

III - dar prioridade aos programas de ação e de investimentos relacionados com os eixos estratégicos de integração nacional, de abastecimento do mercado interno e de exportação;

IV - promover a pesquisa e a adoção das melhores tecnologias aplicáveis aos meios de transporte e à integração destes;

V - promover a adoção de práticas adequadas de conservação e uso racional dos combustíveis e de preservação do meio ambiente;

VI - estabelecer que os subsídios incidentes sobre fretes e tarifas constituam ônus ao nível de governo que os imponha ou conceda;

VII - reprimir fatos e ações que configurem ou possam configurar competição imperfeita ou infrações da ordem econômica.

ART. 13. Ressalvado o disposto em legislação específica, as outorgas a que se refere o inciso I do *caput* do art. 12 serão realizadas sob a forma de: (Redação dada pela Lei 12.815/2013.)

I - concessão, quando se tratar de exploração de Infraestrutura de transporte público, precedida ou não de obra pública, e de prestação de serviços de transporte associados à exploração da infraestrutura;

II e III - (Vetados.)

IV - permissão, quando se tratar de: (Alterado pela Lei 12.996/2014.)

a) prestação regular de serviços de transporte terrestre coletivo interestadual semiurbano de passageiros desvinculados da exploração da infraestrutura; (Alterado pela Lei 12.996/2014.)

b) prestação regular de serviços de transporte ferroviário de passageiros desvinculados da exploração de infraestrutura; (Alterado pela Lei 12.996/2014.)

V - autorização, quando se tratar de: (Alterado pela Lei 12.996/2014.)

a) prestação não regular de serviços de transporte terrestre coletivo de passageiros; (Incluída pela Lei 12.743/2012.)

b) prestação de serviço de transporte aquaviário; (Incluída pela Lei 12.743/2012.)

c) exploração de infraestrutura de uso privativo; e (Incluída pela Lei 12.743/2012.)

d) transporte ferroviário de cargas não associado à exploração da infraestrutura ferroviária, por operador ferroviário independente. (Incluída pela Lei 12.743/2012.)

e) prestação regular de serviços de transporte terrestre coletivo interestadual e internacional de passageiros desvinculados da exploração da infraestrutura. (Acrescentado pela Lei 12.996/2014.)

Parágrafo único. Considera-se, para os fins da alínea *d* do inciso V do *caput*, operador ferroviário independente a pessoa jurídica detentora de autorização para transporte ferroviário de cargas desvinculado da exploração da infraestrutura. (Incluída pela Lei 12.743/2012.)

ART. 14. Ressalvado o disposto em legislação específica, o disposto no art. 13 aplica-se conforme as seguintes diretrizes: (Redação dada pela Lei 12.815/2013.)

I - depende de concessão:

a) a exploração das ferrovias, das rodovias, das vias navegáveis e dos portos organizados que compõem a Infraestrutura do Sistema Nacional de Viação;

b) o transporte ferroviário de passageiros e cargas associado à exploração da Infraestrutura ferroviária;

II - (Vetado.)

III - depende de autorização: (Redação dada pela Lei 12.815/2013.)

a) (Vetado.)

b) o transporte rodoviário de passageiros, sob regime de afretamento;

c) a construção e a exploração das instalações portuárias de que trata o art. 8º da Lei na qual foi convertida a Medida Provisória n. 595, de 6 de dezembro de 2012; (Redação dada pela Lei 12.815/2013.)

d) (Vetado.)

e) o transporte aquaviário; (Incluída pela Med. Prov. 2.217-3/2001.)

f) o transporte ferroviário não regular de passageiros, não associado à exploração da infraestrutura. (Incluída pela Lei 11.314/2006.)

g) e h) (Revogadas pela Lei 12.815/2013.)

i) o transporte ferroviário de cargas não associado à exploração da infraestrutura, por operador ferroviário independente; e (Incluída pela Lei 12.743/2012.)

j) transporte rodoviário coletivo regular interestadual e internacional de passageiros, que terá regulamentação específica expedida pela ANTT; (Acrescentado pela Lei 12.996/2014.)

IV - depende de permissão: (Incluída pela Med. Prov. 2.217-3/2001.)

a) transporte rodoviário coletivo regular interestadual semiurbano de passageiros; (Alterado pela Lei 12.996/2014.)

b) o transporte ferroviário regular de passageiros não associado à infraestrutura. (Redação dada pela Lei 11.483/2007.)

§ 1º As outorgas de concessão ou permissão serão sempre precedidas de licitação, conforme prescreve o art. 175 da Constituição Federal.

§ 2º É vedada a prestação de serviços de transporte coletivo de passageiros, de qualquer natureza, que não tenham sido autorizados, concedidos ou permitidos pela autoridade competente.

§ 3º As outorgas de concessão a que se refere o inciso I do art. 13 poderão estar vinculadas a contratos de arrendamento de ativos e a contratos de construção, com cláusula de reversão ao patrimônio da União.

§ 4º Os procedimentos para as diferentes formas de outorga a que se refere este artigo são disciplinados pelo disposto nos arts. 28 a 51-A. (Redação dada pela Med. Prov. 2.217-3/2001.)

ART. 14-A O exercício da atividade de transporte rodoviário de cargas, por conta de terceiros e mediante remuneração, depende de inscrição do transportador no Registro Nacional de Transportadores Rodoviários de Carga - RNTRC. (Incluída pela Med. Prov. 2.217-3/2001.)

Parágrafo único. O transportador a que se refere o *caput* terá o prazo de um ano, a contar da instalação da ANTT, para efetuar sua inscrição. (Incluída pela Med. Prov. 2.217-3/2001.)

CAPÍTULO V
DO MINISTÉRIO DOS TRANSPORTES

ARTS. 15 a 19. (Vetados.)

CAPÍTULO VI
DAS AGÊNCIAS NACIONAIS DE REGULAÇÃO DOS TRANSPORTES TERRESTRE E AQUAVIÁRIO

SEÇÃO I
DOS OBJETIVOS, DA INSTITUIÇÃO E DAS ESFERAS DE ATUAÇÃO

ART. 20. São objetivos das Agências Nacionais de Regulação dos Transportes Terrestre e Aquaviário:

I - implementar, nas respectivas esferas de atuação, as políticas formuladas pelo Conselho Nacional de Integração de Políticas de Transporte, pelo Ministério dos Transportes e pela Secretaria de Portos da Presidência da República, nas respectivas áreas de competência, segundo os princípios e diretrizes estabelecidos nesta Lei; (Redação dada pela Lei 12.815/2013.)

II - regular ou supervisionar, em suas respectivas esferas e atribuições, as atividades de prestação de serviços e de exploração da Infraestrutura de transportes, exercidas por terceiros, com vistas a:

a) garantir a movimentação de pessoas e bens, em cumprimento a padrões de eficiência, segurança, conforto, regularidade, pontualidade e modicidade nos fretes e tarifas;

b) harmonizar, preservado o interesse público, os objetivos dos usuários, das empresas concessionárias, permissionárias, autorizadas e arrendatárias, e de entidades delegadas, arbitrando conflitos de interesses e impedindo situações que configurem competição imperfeita ou infração da ordem econômica.

ART. 21. Ficam instituídas a Agência Nacional de Transportes Terrestres - ANTT e a Agência Nacional de Transportes Aquaviários - ANTAQ, entidades integrantes da administração federal indireta, submetidas ao regime autárquico especial e vinculadas, respectivamente, ao Ministério dos Transportes e à Secretaria de Portos da Presidência da República, nos termos desta Lei. (Redação dada pela Lei 12.815/2013.)

§ 1º A ANTT e a ANTAQ terão sede e foro no Distrito Federal, podendo instalar unidades administrativas regionais.

§ 2º O regime autárquico especial conferido à ANTT e à ANTAQ é caracterizado pela independência administrativa, autonomia financeira e funcional e mandato fixo de seus dirigentes.

ART. 22. Constituem a esfera de atuação da ANTT:

I - o transporte ferroviário de passageiros e cargas ao longo do Sistema Nacional de Viação;

II - a exploração da Infraestrutura ferroviária e o arrendamento dos ativos operacionais correspondentes;

III - o transporte rodoviário interestadual e internacional de passageiros;

IV - o transporte rodoviário de cargas;

V - a exploração da Infraestrutura rodoviária federal;

VI - o transporte multimodal;

VII - o transporte de cargas especiais e perigosas em rodovias e ferrovias.

§ 1º A ANTT articular-se-á com as demais Agências, para resolução das interfaces do transporte terrestre com os outros meios de transporte, visando à movimentação intermodal mais econômica e segura de pessoas e bens.

§ 2º A ANTT harmonizará sua esfera de atuação com a de órgãos dos Estados, do Distrito Federal e dos Municípios encarregados do gerenciamento de seus sistemas viários e das operações de transporte intermunicipal e urbano.

§ 3º A ANTT articular-se-á com entidades operadoras do transporte dutoviário, para resolução de interfaces intermodais e organização de cadastro do sistema de dutovias do Brasil.

ART. 23. Constituem a esfera de atuação da Antaq: (Redação dada pela Lei 12.815/2013.)

I - a navegação fluvial, lacustre, de travessia, de apoio marítimo, de apoio portuário, de cabotagem e de longo curso;

II - os portos organizados e as instalações portuárias neles localizadas; (Redação dada pela Lei 12.815/2013.)

III - as instalações portuárias de que trata o art. 8º da Lei na qual foi convertida a Medida Provisória n. 595, de 6 de dezembro de 2012; (Redação dada pela Lei 12.815/2013.)

IV - o transporte aquaviário de cargas especiais e perigosas.

V - a exploração da Infraestrutura aquaviária federal. (Incluído pela Med. Prov. 2.217-3/2001.)

§ 1º A Antaq articular-se-á com órgãos e entidades da administração, para resolução das interfaces do transporte aquaviário com as outras modalidades de transporte, com a finalidade de promover a movimentação intermodal mais econômica e segura de pessoas e bens. (Redação dada pela Lei 12.815/2013.)

§ 2º A ANTAQ harmonizará sua esfera de atuação com a de órgãos dos Estados e dos Municípios encarregados do gerenciamento das operações de transporte aquaviário intermunicipal e urbano.

SEÇÃO II
DAS ATRIBUIÇÕES DA AGÊNCIA NACIONAL DE TRANSPORTES TERRESTRES

ART. 24. Cabe à ANTT, em sua esfera de atuação, como atribuições gerais:

I - promover pesquisas e estudos específicos de tráfego e de demanda de serviços de transporte;

II - promover estudos aplicados às definições de tarifas, preços e fretes, em confronto com os custos e os benefícios econômicos transferidos aos usuários pelos investimentos realizados;

III - propor ao Ministério dos Transportes, nos casos de concessão e permissão, os planos de outorgas, instruídos por estudos específicos de viabilidade técnica e econômica, para exploração da infraestrutura e a prestação de serviços de transporte terrestre; (Alterado pela Lei 12.996/2014.)

IV - elaborar e editar normas e regulamentos relativos à exploração de vias e terminais, garantindo isonomia no seu acesso e uso, bem como à prestação de serviços de transporte, mantendo os itinerários outorgados e fomentando a competição;

V - editar atos de outorga e de extinção de direito de exploração de Infraestrutura e de prestação de serviços de transporte terrestre, celebrando e gerindo os respectivos contratos e demais instrumentos administrativos;

VI - reunir, sob sua administração, os instrumentos de outorga para exploração de Infraestrutura e prestação de serviços de transporte terrestre já celebrados antes da vigência desta Lei, resguardando os direitos das partes e o equilíbrio econômico-financeiro dos respectivos contratos;

VII - proceder à revisão e ao reajuste de tarifas dos serviços prestados, segundo as disposições contratuais, após prévia comunicação ao Ministério da Fazenda;

VIII - fiscalizar a prestação dos serviços e a manutenção dos bens arrendados, cumprindo e fazendo cumprir as cláusulas e condições avençadas nas outorgas e aplicando penalidades pelo seu descumprimento;

IX - autorizar projetos e investimentos no âmbito das outorgas estabelecidas; (Alterado pela Lei 13.448/2017.)

X - adotar procedimentos para a incorporação ou desincorporação de bens, no âmbito dos arrendamentos contratados;

XI - promover estudos sobre a logística do transporte intermodal, ao longo de eixos ou fluxos de produção;

XII - habilitar o Operador do Transporte Multimodal, em articulação com as demais agências reguladoras de transportes;

XIII - promover levantamentos e organizar cadastro relativos ao sistema de dutovias do Brasil e às empresas proprietárias de equipamentos e instalações de transporte dutoviário;

XIV - estabelecer padrões e normas técnicas complementares relativos às operações de transporte terrestre de cargas especiais e perigosas;

XV - elaborar o seu orçamento e proceder à respectiva execução financeira.

XVI - representar o Brasil junto aos organismos internacionais e em convenções, acordos e tratados na sua área de competência, observadas as diretrizes do Ministro de Estado dos Transportes e as atribuições específicas dos demais órgãos federais. (Incluído pela Med. Prov. 2.217-3/2001.)

XVII - exercer, diretamente ou mediante convênio, as competências expressas no inciso VIII do art. 21 da Lei n. 9.503, de 23 de setembro de 1997 - Código de Trânsito Brasileiro, nas rodovias federais por ela administradas. (Incluído pela Lei 10.561/2002.)

XVIII - dispor sobre as infrações, sanções e medidas administrativas aplicáveis aos serviços de transportes. (Acrescentado pela Lei 12.996/2014.)

XIX - declarar a utilidade pública para fins de desapropriação ou de servidão administrativa de bens e propriedades necessários à execução de obras no âmbito das outorgas estabelecidas. (Acrescentado pela Lei 13.448/2017.)

Parágrafo único. No exercício de suas atribuições a ANTT poderá:

I - firmar convênios de cooperação técnica e administrativa com órgãos e entidades da Administração Pública Federal, dos Estados, do Distrito Federal e dos Municípios, tendo em vista a descentralização e a fiscalização eficiente das outorgas;

II - participar de foros internacionais, sob a coordenação do Ministério dos Transportes.

III - firmar convênios de cooperação técnica com entidades e organismos internacionais. (Incluído pela Med. Prov. 2.217-3/2001.)

ART. 25. Cabe à ANTT, como atribuições específicas pertinentes ao Transporte Ferroviário:

I - publicar os editais, julgar as licitações e celebrar os contratos de concessão para prestação de serviços de transporte ferroviário, permitindo-se sua vinculação com contratos de arrendamento de ativos operacionais;

II - administrar os contratos de concessão e arrendamento de ferrovias celebrados até a vigência desta Lei, em consonância com o inciso VI do art. 24;

III - publicar editais, julgar as licitações e celebrar contratos de concessão para construção e exploração de novas ferrovias, com cláusulas de reversão à União dos ativos operacionais edificados e instalados;

IV - fiscalizar diretamente, com o apoio de suas unidades regionais, ou por meio de convênios de cooperação, o cumprimento das cláusulas contratuais de prestação de serviços ferroviários e de manutenção e reposição dos ativos arrendados;

V - regular e coordenar a atuação dos concessionários, assegurando neutralidade com relação aos interesses dos usuários, orientando e disciplinando o tráfego mútuo e o direito de passagem de trens de passageiros e cargas e arbitrando as questões não resolvidas pelas partes;

VI - articular-se com órgãos e instituições dos Estados, do Distrito Federal e dos Municípios para conciliação do uso da via permanente sob sua jurisdição com as redes locais de metrôs e trens urbanos destinados ao deslocamento de passageiros;

VII - contribuir para a preservação do patrimônio histórico e da memória das ferrovias, em cooperação com as instituições associadas à cultura nacional, orientando e estimulando a participação dos concessionários do setor.

VIII - regular os procedimentos e as condições para cessão a terceiros de capacidade de tráfego disponível na infraestrutura ferroviária explorada por concessionários. (Incluído pela Lei 12.743/2012.)

Parágrafo único. No cumprimento do disposto no inciso V, a ANTT estimulará a formação de associações de usuários, no âmbito de cada concessão ferroviária, para a defesa de interesses relativos aos serviços prestados.

ART. 26. Cabe à ANTT, como atribuições específicas pertinentes ao Transporte Rodoviário:

I - publicar os editais, julgar as licitações e celebrar os contratos de permissão para prestação de serviços regulares de transporte rodoviário interestadual semiurbano de passageiros; (Alterado pela Lei 12.996/2014.)

II - autorizar o transporte de passageiros, realizado por empresas de turismo, com a finalidade de turismo;

III - autorizar o transporte de passageiros, sob regime de fretamento;

IV - promover estudos e levantamentos relativos à frota de caminhões, empresas constituídas e operadores autônomos, bem como organizar e manter um registro nacional de transportadores rodoviários de cargas;

V - habilitar o transportador internacional de carga;

VI - publicar os editais, julgar as licitações e celebrar os contratos de concessão de rodovias federais a serem exploradas e administradas por terceiros;

VII - fiscalizar diretamente, com o apoio de suas unidades regionais, ou por meio de convênios de cooperação, o cumprimento das condições de outorga de autorização e das cláusulas contratuais de permissão para prestação de serviços ou de concessão para exploração da infraestrutura.

VIII - autorizar a prestação de serviços regulares de transporte rodoviário interestadual e internacional de passageiros; (Acrescentado pela Lei 12.996/2014.)

IX - dispor sobre os requisitos mínimos a serem observados pelos terminais rodoviários de passageiros e pontos de parada dos veículos para a prestação dos serviços disciplinados por esta Lei. (Acrescentado pela Lei 12.996/2014.)

§ 1º (Vetado.)

§ 2º Na elaboração dos editais de licitação, para o cumprimento do disposto no inciso VI do *caput*, a ANTT cuidará de compatibilizar a tarifa do pedágio com as vantagens econômicas e o conforto de viagem, transferidos aos usuários em decorrência da aplicação dos recursos de sua arrecadação no aperfeiçoamento da via em que é cobrado.

§ 3º A ANTT articular-se-á com os governos dos Estados para o cumprimento do disposto no inciso VI do *caput*, no tocante às rodovias federais por eles já concedidas a terceiros, podendo avocar os respectivos contratos e preservar a cooperação administrativa avençada.

§ 4º O disposto no § 3º aplica-se aos contratos de concessão que integram rodovias federais e estaduais, firmados até a data de publicação desta Lei.

§ 5º Os convênios de cooperação administrativa, referidos no inciso VII do *caput*, poderão ser firmados com órgãos e entidades da União e dos governos dos Estados, do Distrito Federal e dos Municípios.

§ 6º No cumprimento do disposto no inciso VII do *caput*, a ANTT deverá coibir a prática de serviços de transporte de passageiros não concedidos, permitidos ou autorizados.

SEÇÃO III
DAS ATRIBUIÇÕES DA AGÊNCIA NACIONAL DE TRANSPORTES AQUAVIÁRIOS

ART. 27. Cabe à ANTAQ, em sua esfera de atuação:

I - promover estudos específicos de demanda de transporte aquaviário e de atividades portuárias; (Redação dada pela Lei 12.815/2013.)

II - promover estudos aplicados às definições de tarifas, preços e fretes, em confronto com os custos e os benefícios econômicos transferidos aos usuários pelos investimentos realizados;

III - propor ao Ministério dos Transportes o plano geral de outorgas de exploração da infraestrutura aquaviária e de prestação de serviços de transporte aquaviário; (Redação dada pela Lei 12.815/2013.)

a) e b) (Revogadas pela Lei 12.815/2013.)

IV - elaborar e editar normas e regulamentos relativos à prestação de serviços de transporte e à exploração da Infraestrutura aquaviária e portuária, garantindo isonomia no seu acesso e uso, assegurando os direitos dos usuários e fomentando a competição entre os operadores;

V - celebrar atos de outorga de permissão ou autorização de prestação de serviços de transporte pelas empresas de navegação fluvial, lacustre, de travessia, de apoio marítimo, de apoio portuário, de cabotagem e de longo curso, observado o disposto nos art. 13 e 14, gerindo os respectivos contratos e demais instrumentos administrativos;

VI - reunir, sob sua administração, os instrumentos de outorga para exploração de Infraestrutura e de prestação de serviços de transporte aquaviário celebrados antes da vigência desta Lei, resguardando os direitos das partes;

VII - promover as revisões e os reajustes das tarifas portuárias, assegurada a comunicação prévia, com antecedência mínima de 15 (quinze) dias úteis, ao poder concedente e ao Ministério da Fazenda; (Redação dada pela Lei 12.815/2013.)

VIII - promover estudos referentes à composição da frota mercante brasileira e à prática de afretamentos de embarcações, para subsidiar as decisões governamentais quanto à política de apoio à indústria de construção naval e de afretamento de embarcações estrangeiras;

IX - (Vetado.)

X - representar o Brasil junto aos organismos internacionais de navegação e em convenções, acordos e tratados sobre transporte aquaviário, observadas as diretrizes do Ministro de Estado dos Transportes e as atribuições específicas dos demais órgãos federais;

XI - (Vetado.)

XII - supervisionar a participação de empresas brasileiras e estrangeiras na navegação de longo curso, em cumprimento aos tratados, convenções, acordos e outros instrumentos internacionais dos quais o Brasil seja signatário;

XIII - (Vetado.)

XIV - estabelecer normas e padrões a serem observados pelas administrações portuárias, concessionários, arrendatários, autorizatários e operadores portuários, nos termos da Lei na qual foi convertida a Medida Provisória n. 595, de 6 de dezembro de 2012; (Redação dada pela Lei 12.815/2013.)

XV - elaborar editais e instrumentos de convocação e promover os procedimentos de licitação e seleção para concessão, arrendamento ou autorização da exploração de portos organizados ou instalações portuárias, de acordo com as diretrizes do poder concedente, em obediência ao disposto na Lei na qual foi convertida a Medida Provisória n. 595, de 6 de dezembro de 2012; (Redação dada pela Lei 12.815/2013.)

XVI - cumprir e fazer cumprir as cláusulas e condições dos contratos de concessão de porto organizado ou dos contratos de arrendamento de instalações portuárias quanto à manutenção e reposição dos bens e equipamentos reversíveis à União de que trata o inciso VIII do *caput* do art. 5º da Lei na qual foi convertida a Medida Provisória n. 595, de 6 de dezembro de 2012; (Redação dada pela Lei 12.815/2013.)

XVII - autorizar projetos e investimentos no âmbito das outorgas estabelecidas, encaminhando ao Ministro de Estado dos Transportes ou ao Secretário Especial de Portos, conforme o caso, propostas de declaração de utilidade pública; (Redação dada pela Lei 11.518/2007.)

XVIII - (Vetado.)

XIX - estabelecer padrões e normas técnicas relativos às operações de transporte aquaviário de cargas especiais e perigosas;

XX - elaborar o seu orçamento e proceder à respectiva execução financeira.

XXI - fiscalizar o funcionamento e a prestação de serviços das empresas de navegação de longo curso, de cabotagem, de apoio marítimo, de apoio portuário, fluvial e lacustre; (Incluído pela Med. Prov. 2.217-3/2001.)

XXII - fiscalizar a execução dos contratos de adesão das autorizações de instalação portuária de que trata o art. 8º da Lei na qual foi convertida a Medida Provisória n. 595, de 6 de dezembro de 2012; (Redação dada pela Lei 12.815/2013.)

XXIII - adotar procedimentos para a incorporação ou desincorporação de bens, no âmbito das outorgas; (Incluído pela Med. Prov. 2.217-3/2001.)

XXIV - autorizar as empresas brasileiras de navegação de longo curso, de cabotagem, de apoio marítimo, de apoio portuário, fluvial e lacustre, o afretamento de embarcações estrangeiras para o transporte de carga, conforme disposto na Lei n. 9.432, de 8 de janeiro de 1997; (Incluído pela Med. Prov. 2.217-3/2001.)

XXV - celebrar atos de outorga de concessão para a exploração da infraestrutura aquaviária, gerindo e fiscalizando os respectivos contratos e demais instrumentos administrativos; (Redação dada pela Lei 12.815/2013.)

XXVI - fiscalizar a execução dos contratos de concessão de porto organizado e de arrendamento de instalação portuária, em conformidade com o disposto na Lei na qual foi convertida a Medida Provisória n. 595, de 6 de dezembro de 2012; (Redação dada pela Lei 12.815/2013.)

XXVII - (Revogado pela Lei 12.815/2013.)

XXVIII - publicar os editais, julgar as licitações e celebrar os contratos de concessão, precedida ou não de execução de obra pública, para a exploração de serviços de operação de eclusas ou de outros dispositivos de transposição hidroviária de níveis situados em corpos de água de domínio da União. (Acrescentado pela Lei 13.081/2015.)

§ 1º No exercício de suas atribuições a ANTAQ poderá:

I - firmar convênios de cooperação técnica e administrativa com órgãos e entidades da Administração Pública Federal, dos Estados, do Distrito Federal e dos Municípios, tendo em vista a descentralização e a fiscalização eficiente das outorgas;

II - participar de foros internacionais, sob a coordenação do Poder Executivo; e (Redação dada pela Lei 12.815/2013.)

III - firmar convênios de cooperação técnica com entidades e organismos internacionais. (Incluído pela Med. Prov. 2.217-3/2001.)

§ 2º A ANTAQ observará as prerrogativas específicas do Comando da Marinha e atuará sob sua orientação em assuntos de Marinha Mercante que interessarem à defesa nacional, à segurança da navegação aquaviária e à salvaguarda da vida humana no mar, devendo ser consultada quando do estabelecimento de normas e procedimentos de segurança que tenham repercussão nos aspectos econômicos e operacionais da prestação de serviços de transporte aquaviário.

§§ 3º e 4º (Revogados pela Lei 12.815/2013.)

SEÇÃO IV
DOS PROCEDIMENTOS E DO CONTROLE DAS OUTORGAS

SUBSEÇÃO I
DAS NORMAS GERAIS

ART. 28. A ANTT e a ANTAQ, em suas respectivas esferas de atuação, adotarão as normas e os procedimentos estabelecidos nesta Lei para as diferentes formas de outorga previstos nos arts. 13 e 14, visando a que:

I - a exploração da Infraestrutura e a prestação de serviços de transporte se exerçam de forma adequada, satisfazendo as condições de regularidade, eficiência, segurança, atualidade, generalidade, cortesia na prestação do serviço, e modicidade nas tarifas;

II - os instrumentos de concessão ou permissão sejam precedidos de licitação pública e celebrados em cumprimento ao princípio da livre concorrência entre os capacitados para o exercício das outorgas, na forma prevista no inciso I, definindo claramente:

a) (Vetado.)

b) limites máximos tarifários e as condições de reajustamento e revisão;

c) pagamento pelo valor das outorgas e participações governamentais, quando for o caso.

d) prazos contratuais. (Incluído pela Med. Prov. 2.217-3/2001.)

ART. 29. Somente poderão obter autorização, concessão ou permissão para prestação de serviços e para exploração das infraestruturas de transporte doméstico pelos meios aquaviário e terrestre as empresas ou entidades constituídas sob as leis brasileiras, com sede e administração no País, e que atendam aos requisitos técnicos, econômicos e jurídicos estabelecidos pela respectiva Agência.

ART. 30. É permitida a transferência da titularidade das outorgas de concessão ou permissão, preservando-se seu objeto e as condições contratuais, desde que o novo titular atenda aos requisitos a que se refere o art. 29. (Redação dada pela Med. Prov. 2.217-3/2001.)

§ 1º A transferência da titularidade da outorga só poderá ocorrer mediante prévia e expressa autorização da respectiva Agência de Regulação, observado o disposto na alínea b do inciso II do art. 20.

§ 2º Para o cumprimento do disposto no *caput* e no § 1º, serão também consideradas como transferência de titularidade as transformações societárias decorrentes de cisão, fusão, incorporação e formação de consórcio de empresas concessionárias ou permissionárias. (Redação dada pela Med. Prov. 2.217-3/2001.)

ART. 31. A Agência, ao tomar conhecimento de fato que configure ou possa configurar infração da ordem econômica, deverá comunicá-lo ao Conselho Administrativo de Defesa Econômica - CADE, à Secretaria de Direito Econômico do Ministério da Justiça ou à Secretaria de Acompanhamento Econômico do Ministério da Fazenda, conforme o caso.

ART. 32. As Agências acompanharão as atividades dos operadores estrangeiros que atuam no transporte internacional com o Brasil, visando a identificar práticas operacionais, legislações e procedimentos, adotados em outros países, que restrinjam ou conflitem com regulamentos e acordos internacionais firmados pelo Brasil.

§ 1º Para os fins do disposto no *caput*, a Agência poderá solicitar esclarecimentos e informações e, ainda, notificar os agentes e representantes legais dos operadores que estejam sob análise. (Redação dada pela Med. Prov. 2.217-3/2001.)

§ 2º Identificada a existência de legislação, procedimento ou prática prejudiciais aos interesses nacionais, a Agência instruirá o processo respectivo e proporá, ou aplicará, conforme o caso, sanções, na forma prevista na legislação brasileira e nos regulamentos e acordos internacionais.

ART. 33. Ressalvado o disposto em legislação específica, os atos de outorga de autorização, concessão ou permissão editados e celebrados pela ANTT e pela Antaq obedecerão ao disposto na Lei n. 8.987, de 13 de fevereiro de 1995, nas Subseções II, III, IV e V desta Seção e nas regulamentações complementares editadas pelas Agências. (Redação dada pela Lei 12.815/2013.)

SUBSEÇÃO II
DAS CONCESSÕES

ART. 34. (Vetado.)

ART. 34-A. As concessões e as suas prorrogações, a serem outorgadas pela ANTT e pela Antaq para a exploração de infraestrutura, precedidas ou não de obra pública, ou para prestação de serviços de transporte ferroviário associado à exploração de infraestrutura, poderão ter caráter de exclusividade quanto a seu objeto, nos termos do edital e do contrato, devendo as novas concessões serem precedidas de licitação disciplinada em regulamento próprio, aprovado pela Diretoria da Agência. (Alterado pela Lei 13.448/2017.)

§ 1º As condições básicas do edital de licitação serão submetidas à prévia consulta pública. (Incluído pela Med. Prov. 2.217-3/2001.)

§ 2º O edital de licitação indicará obrigatoriamente, ressalvado o disposto em legislação específica: (Redação dada pela Lei 12.815/2013.)

I - o objeto da concessão, o prazo estimado para sua vigência, as condições para sua prorrogação, os programas de trabalho, os investimentos mínimos e as condições relativas à reversibilidade dos bens e às responsabilidades pelos ônus das desapropriações; (incluído pela Med. Prov. 2.217-3/2001.)

II - os requisitos exigidos dos concorrentes, nos termos do art. 29, e os critérios de pré-qualificação, quando este procedimento for adotado; (Incluído pela Med. Prov. 2.217-3/2001.)

III - a relação dos documentos exigidos e os critérios a serem seguidos para aferição da capacidade técnica, da idoneidade financeira e da regularidade jurídica dos interessados, bem como para a análise técnica e econômico-financeira da proposta; (Incluído pela Med. Prov. 2.217-3/2001.)

IV - os critérios para o julgamento da licitação, assegurando a prestação de serviços adequados, e considerando, isolada ou conjugadamente, a menor tarifa e a melhor oferta pela outorga; (Incluído pela Med. Prov. 2.217-3/2001.)

V - as exigências quanto à participação de empresas em consórcio. (Incluído pela Med. Prov. 2.217-3/2001.)

ART. 35. O contrato de concessão deverá refletir fielmente as condições do edital e da proposta vencedora e terá como cláusulas essenciais, ressalvado o disposto em legislação específica, as relativas a: (Redação dada pela Lei 12.815/2013.)

I - definições do objeto da concessão;

II - prazo de vigência da concessão e condições para sua prorrogação;

III - modo, forma e condições de exploração da infraestrutura e da prestação dos serviços, inclusive quanto à segurança das populações e à preservação do meio ambiente;

IV - deveres relativos a exploração da infraestrutura e prestação dos serviços, incluindo os programas de trabalho, o volume dos investimentos e os cronogramas de execução;

V - obrigações dos concessionários quanto às participações governamentais e ao valor devido pela outorga, se for o caso;

VI - garantias a serem prestadas pelo concessionário quanto ao cumprimento do contrato, inclusive quanto à realização dos investimentos ajustados;

VII - tarifas;

VIII - critérios para reajuste e revisão das tarifas;

IX - receitas complementares ou acessórias e receitas provenientes de projetos associados;

X - direitos, garantias e obrigações dos usuários, da Agência e do concessionário;

XI - critérios para reversibilidade de ativos;

XII - procedimentos e responsabilidades relativos à declaração de utilidade pública, para fins de desapropriação ou instituição de servidão, de bens imóveis necessários à prestação do serviço ou execução de obra pública;

XIII - procedimentos para acompanhamento e fiscalização das atividades concedidas e para auditoria do contrato;

XIV - obrigatoriedade de o concessionário fornecer à Agência relatórios, dados e informações relativas às atividades desenvolvidas;

XV - procedimentos relacionados com a transferência da titularidade do contrato, conforme o disposto no art. 30;

XVI - regras sobre solução de controvérsias relacionadas com o contrato e sua execução, inclusive a conciliação e a arbitragem;

XVII - sanções de advertência, multa e suspensão da vigência do contrato e regras para sua aplicação, em função da natureza, da gravidade e da reincidência da infração;

XVIII - casos de rescisão, caducidade, cassação, anulação e extinção do contrato, de intervenção ou encampação, e casos de declaração de inidoneidade.

§ 1º Os critérios para revisão das tarifas a que se refere o inciso VIII do *caput* deverão considerar:

a) os aspectos relativos a redução ou desconto de tarifas;

b) a transferência aos usuários de perdas ou ganhos econômicos decorrentes de fatores que afetem custos e receitas e que não dependam do desempenho e da responsabilidade do concessionário.

§ 2º A sanção de multa a que se refere o inciso XVII do *caput* poderá ser aplicada isoladamente ou em conjunto com outras sanções e terá valores estabelecidos em regulamento aprovado pela Diretoria da Agência, obedecidos os limites previstos em legislação específica.

§ 3º A ocorrência de infração grave que implicar sanção prevista no inciso XVIII do *caput* será apurada em processo regular, instaurado na forma do regulamento, garantindo-se a prévia e ampla defesa ao interessado.

§ 4º O contrato será publicado por extrato, no Diário Oficial da União, como condição de sua eficácia.

ART. 36. (Vetado.)

ART. 37. O contrato estabelecerá que o concessionário estará obrigado a:

I - adotar, em todas as suas operações, as medidas necessárias para a conservação dos recursos naturais, para a segurança das pessoas e dos equipamentos e para a preservação do meio ambiente;

II - responsabilizar-se civilmente pelos atos de seus prepostos e indenizar todos e quaisquer danos decorrentes das atividades contratadas, devendo ressarcir à Agência ou à União os ônus que estas venham a suportar em consequência de eventuais demandas motivadas por atos de responsabilidade do concessionário;

III - adotar as melhores práticas de execução de projetos e obras e de prestação de serviços, segundo normas e procedimentos técnicos e científicos pertinentes, utilizando, sempre que possível, equipamentos e processos recomendados pela melhor tecnologia aplicada ao setor.

SUBSEÇÃO III
DAS PERMISSÕES

ART. 38. As permissões a serem outorgadas pela ANTT para o transporte rodoviário interestadual semiurbano e para o transporte ferroviário e pela ANTAQ aplicar-se-ão à prestação regular de serviços de transporte de passageiros que independam da exploração da infraestrutura utilizada e não tenham caráter de exclusividade ao longo das rotas percorridas, devendo também ser precedidas de licitação regida por regulamento próprio, aprovado pela diretoria da Agência e pelo respectivo edital. (Alterado pela Lei 12.996/2014.)

§ 1º O edital de licitação obedecerá igualmente às prescrições do § 1º e dos incisos II a V do § 2º do art. 34-A. (Redação dada pela Med. Prov. 2.217-3/2001.)

§ 2º O edital de licitação indicará obrigatoriamente:

I - o objeto da permissão;

II - o prazo de vigência e as condições para prorrogação da permissão;

III - o modo, a forma e as condições de adaptação da prestação dos serviços à evolução da demanda;

IV - as características essenciais e a qualidade da frota a ser utilizada; e

V - as exigências de prestação de serviços adequados.

ART. 39. O contrato de permissão deverá refletir fielmente as condições do edital e da proposta vencedora e terá como cláusulas essenciais as relativas a:

I - objeto da permissão, definindo-se as rotas e itinerários;

II - prazo de vigência e condições para sua prorrogação;

III - modo, forma e condições de prestação dos serviços, em função da evolução da demanda;

IV - obrigações dos permissionários quanto às participações governamentais e ao valor devido pela outorga, se for o caso;

V - tarifas;

VI - critérios para reajuste e revisão de tarifas;

VII - direitos, garantias e obrigações dos usuários, da Agência e do permissionário;

VIII - procedimentos para acompanhamento e fiscalização das atividades permitidas e para auditoria do contrato;

IX - obrigatoriedade de o permissionário fornecer à Agência relatórios, dados e informações relativas às atividades desenvolvidas;

X - procedimentos relacionados com a transferência da titularidade do contrato, conforme o disposto no art. 30;

XI - regras sobre solução de controvérsias relacionadas com o contrato e sua execução, incluindo conciliação e arbitragem;

XII - sanções de advertência, multa e suspensão da vigência do contrato e regras para sua aplicação, em função da natureza, da gravidade e da reincidência da infração;

XIII - casos de rescisão, caducidade, cassação, anulação e extinção do contrato, de intervenção ou encampação, e casos de declaração de inidoneidade.

§ 1º Os critérios a que se refere o inciso VI do *caput* deverão considerar:

a) os aspectos relativos à redução ou desconto de tarifas;

b) a transferência aos usuários de perdas ou ganhos econômicos decorrentes de fatores que afetem custos e receitas e que não dependam do desempenho e da responsabilidade do concessionário.

§ 2º A sanção de multa a que se refere o inciso XII do *caput* poderá ser aplicada isoladamente ou em conjunto com outras sanções e terá valores estabelecidos em regulamento aprovado pela Diretoria da Agência, obedecidos os limites previstos em legislação específica.

§ 3º A ocorrência de infração grave que implicar sanção prevista no inciso XIII do *caput* será apurada em processo regular, instaurado na forma do regulamento, garantindo-se a prévia e ampla defesa ao interessado.

§ 4º O contrato será publicado por extrato, no Diário Oficial da União, como condição de sua eficácia.

ART. 40. (Vetado.)

ART. 41. Em função da evolução da demanda, a Agência poderá autorizar a utilização de equipamentos de maior capacidade e novas frequências e horários, nos termos da permissão outorgada, conforme estabelece o inciso III do § 2º do art. 38.

Parágrafo único. (Vetado.)

ART. 42. O contrato estabelecerá que o permissionário estará obrigado a:

I - adotar, em todas as suas operações, as medidas necessárias para a segurança das pessoas e dos equipamentos e para a preservação do meio ambiente;

II - responsabilizar-se civilmente pelos atos de seus prepostos e indenizar todos e quaisquer danos decorrentes das atividades contratadas, devendo ressarcir à Agência ou à União os ônus que venham a suportar em consequência de eventuais demandas motivadas por atos de responsabilidade do permissionário;

III - adotar as melhores práticas de prestação de serviços, segundo normas e procedimentos técnicos e científicos pertinentes, utilizando, sempre que possível, equipamentos e processos recomendados pela melhor tecnologia aplicada ao setor.

SUBSEÇÃO IV
DAS AUTORIZAÇÕES

ART. 43. A autorização, ressalvado o disposto em legislação específica, será outorgada segundo as diretrizes estabelecidas nos arts. 13 e 14 e apresenta as seguintes características: (Redação dada pela Lei 12.815/2013.)

I - independe de licitação;

II - é exercida em liberdade de preços dos serviços, tarifas e fretes, e em ambiente de livre e aberta competição;

III - não prevê prazo de vigência ou termo final, extinguindo-se pela sua plena eficácia, por renúncia, anulação ou cassação.

ART. 44. autorização, ressalvado o disposto em legislação específica, será disciplinada em regulamento próprio e será outorgada mediante termo que indicará: (Redação dada pela Lei 12.815/2013.)

I - o objeto da autorização;

II - as condições para sua adequação às finalidades de atendimento ao interesse público, à segurança das populações e à preservação do meio ambiente;

III - as condições para anulação ou cassação;

IV - (Revogado pela Med. Prov. 2.217-3/2001.)

V - sanções pecuniárias. (Incluído pela Med. Prov. 2.217-3/2001.)

ART. 45. Os preços dos serviços autorizados serão livres, reprimindo-se toda prática prejudicial à competição, bem como o abuso do poder econômico, adotando-se nestes casos as providências previstas no art. 31.

ART. 46. As autorizações para prestação de serviços de transporte internacional de cargas obedecerão ao disposto nos tratados, convenções e outros instrumentos internacionais de que o Brasil é signatário, nos acordos entre os respectivos países e nas regulamentações complementares das Agências.

ART. 47. A empresa autorizada não terá direito adquirido à permanência das condições vigentes quando da outorga da autorização ou do início das atividades, devendo observar as novas condições impostas por lei e pela regulamentação, que lhe fixará prazo suficiente para adaptação.

ART. 47-A. Em função das características de cada mercado, a ANTT poderá estabelecer condições específicas para a outorga de autorização para o serviço regular de transporte rodoviário interestadual e internacional de passageiros. (Acrescentado pela Lei 12.996/2014.)

ART. 47-B. Não haverá limite para o número de autorizações para o serviço regular de transporte rodoviário interestadual e internacional de passageiros, salvo no caso de inviabilidade operacional. (Acrescentado pela Lei 12.996/2014.)

Parágrafo único. Na hipótese do *caput*, a ANTT poderá realizar processo seletivo público para outorga da autorização, observados os princípios da legalidade, impessoalidade, moralidade, publicidade e eficiência, na forma do regulamento. (Acrescentado pela Lei 12.996/2014.)

ART. 47-C. A ANTT poderá intervir no mercado de serviços regulares de transporte rodoviário interestadual e internacional de passageiros, com o objetivo de cessar abuso de direito ou infração contra a ordem econômica, inclusive com o estabelecimento de obrigações específicas para a autorização, sem prejuízo do disposto no art. 31. (Acrescentado pela Lei 12.996/2014.)

ART. 48. Em caso de perda das condições indispensáveis ao cumprimento do objeto da autorização, ou de sua transferência irregular, a Agência extingui-la-á mediante cassação.

ART. 49. É facultado à Agência autorizar a prestação de serviços de transporte sujeitos a outras formas de outorga, em caráter especial e de emergência.

§ 1º A autorização em caráter de emergência vigorará por prazo máximo e improrrogável de cento e oitenta dias, não gerando direitos para continuidade de prestação dos serviços.

§ 2º A liberdade de preços referida no art. 45 não se aplica à autorização em caráter de emergência, sujeitando-se a empresa autorizada, nesse caso, ao regime de preços estabelecido pela Agência para as demais outorgas.

SUBSEÇÃO V
DAS NORMAS ESPECÍFICAS PARA AS ATIVIDADES EM CURSO

ART. 50. As empresas que, na data da instalação da ANTT ou da ANTAQ, forem detentoras de outorgas expedidas por entidades públicas federais do setor dos transportes, terão, por meio de novos instrumentos de outorga, seus direitos ratificados e adaptados ao que dispõem os arts. 13 e 14.

Parágrafo único. Os novos instrumentos de outorga serão aplicados aos mesmos objetos das outorgas anteriores e serão regidos, no que couber, pelas normas gerais estabelecidas nas Subseções I, II, III e IV desta Seção.

ART. 51. (Vetado.)

ART. 51-A. Fica atribuída à Antaq a competência de fiscalização das atividades desenvolvidas pelas administrações de portos organizados, pelos operadores portuários e pelas arrendatárias ou autorizatárias de instalações portuárias, observado o disposto na Lei na qual foi convertida a Medida Provisória n. 595, de 6 de dezembro de 2012. (Redação dada pela Lei 12.815/2013.)

§ 1º Na atribuição citada no *caput* incluem-se as administrações dos portos objeto de convênios de delegação celebrados nos termos da Lei n. 9.277, de 10 de maio de 1996. (Redação dada pela Lei 12.815/2013.)

§ 2º A Antaq prestará ao Ministério dos Transportes ou à Secretaria de Portos da Presidência da República todo apoio necessário à celebração dos convênios de delegação (Redação dada pela Lei 12.815/2013.)

SEÇÃO V
DA ESTRUTURA ORGANIZACIONAL DAS AGÊNCIAS

ART. 52. A ANTT e a ANTAQ terão Diretorias atuando em regime de colegiado como órgãos máximos de suas estruturas organizacionais, as quais contarão também com um Procurador-Geral, um Ouvidor e um Corregedor.

ART. 53. A Diretoria da ANTT será composta por um Diretor-Geral e quatro Diretores e a Diretoria da ANTAQ será composta por um Diretor-Geral e dois Diretores.

§ 1º Os membros da Diretoria serão brasileiros, de reputação ilibada, formação universitária e elevado conceito no campo de especialidade dos cargos a serem exercidos, e serão nomeados pelo Presidente da República, após aprovação pelo Senado Federal, nos termos da alínea f do inciso III do art. 52 da Constituição Federal.

§ 2º O Diretor-Geral será nomeado pelo Presidente da República dentre os integrantes da Diretoria, e investido na função pelo prazo fixado no ato de nomeação.

ART. 54. Os membros da Diretoria cumprirão mandatos de quatro anos, não coincidentes, admitida uma recondução.

Parágrafo único. Em caso de vacância no curso do mandato, este será completado pelo sucessor investido na forma prevista no § 1º do art. 53.

ART. 55. Para assegurar a não coincidência, os mandatos dos primeiros membros da Diretoria da ANTT serão de dois, três, quatro, cinco e seis anos, e os mandatos dos primeiros membros da Diretoria da ANTAQ serão de dois, três e quatro anos, a serem estabelecidos no decreto de nomeação.

ART. 56. Os membros da Diretoria perderão o mandato em virtude de renúncia, condenação judicial transitada em julgado, processo administrativo disciplinar, ou descumprimento manifesto de suas atribuições.

Parágrafo único. Cabe ao Ministro de Estado dos Transportes ou ao Ministro de Estado Chefe da Secretaria de Portos da Presidência da República, conforme o caso, instaurar o processo administrativo disciplinar, competindo ao Presidente da República determinar o afastamento preventivo, quando for o caso, e proferir o julgamento. (Redação dada pela Lei 12.815/2013.)

ART. 57. Aos membros das Diretorias das Agências é vedado o exercício de qualquer outra atividade profissional, empresarial, sindical ou de direção político-partidária.

ART. 58. Está impedida de exercer cargo de direção na ANTT e na ANTAQ a pessoa que mantenha, ou tenha mantido, nos doze meses anteriores à data de início do mandato, um dos seguintes vínculos com empresa que explore qualquer das atividades reguladas pela respectiva Agência:

I - participação direta como acionista ou sócio;

II - administrador, gerente ou membro do Conselho Fiscal;

III - empregado, ainda que com contrato de trabalho suspenso, inclusive de sua instituição controladora, ou de fundação de previdência de que a empresa ou sua controladora seja patrocinadora ou custeadora.

Parágrafo único. Também está impedido de exercer cargo de direção o membro de conselho ou diretoria de associação, regional ou nacional, representativa de interesses patronais ou trabalhistas ligados às atividades reguladas pela respectiva Agência.

ART. 59. Até um ano após deixar o cargo, é vedado ao ex-Diretor representar qualquer pessoa ou interesse perante a Agência de cuja Diretoria tiver participado.

Parágrafo único. É vedado, ainda, ao ex-Diretor utilizar informações privilegiadas, obtidas em decorrência do cargo exercido, sob pena de incorrer em improbidade administrativa.

ART. 60. Compete à Diretoria exercer as atribuições e responder pelos deveres que são conferidos por esta Lei à respectiva Agência.

Parágrafo único. A Diretoria aprovará o regimento interno da Agência.

ART. 61. Cabe ao Diretor-Geral a representação da Agência e o comando hierárquico sobre pessoal e serviços, exercendo a coordenação das competências administrativas, bem como a presidência das reuniões da Diretoria.

ART. 62. Compete à Procuradoria-Geral exercer a representação judicial da respectiva Agência, com as prerrogativas processuais da Fazenda Pública.

Parágrafo único. O Procurador-Geral deverá ser bacharel em Direito com experiência no efetivo exercício da advocacia e será nomeado pelo Presidente da República, atendidos os pré-requisitos legais e as instruções normativas da Advocacia-Geral da União.

ART. 63. O Ouvidor será nomeado pelo Presidente da República, para mandato de três anos, admitida uma recondução.

Parágrafo único. São atribuições do Ouvidor:

I - receber pedidos de informações, esclarecimentos e reclamações afetos à respectiva Agência, e responder diretamente aos interessados;

II - produzir semestralmente, ou quando a Diretoria da Agência julgar oportuno, relatório circunstanciado de suas atividades.

ART. 64. À Corregedoria compete fiscalizar as atividades funcionais da respectiva Agência e a instauração de processos administrativos e disciplinares, excetuado o disposto no art. 56.

Parágrafo único. Os Corregedores serão nomeados pelo Presidente da República.

ART. 65. (Vetado.)

SEÇÃO VI
DO PROCESSO DECISÓRIO
DAS AGÊNCIAS

ART. 66. O processo decisório da ANTT e da ANTAQ obedecerá aos princípios da legalidade, impessoalidade, moralidade e publicidade.

ART. 67. As decisões das Diretorias serão tomadas pelo voto da maioria absoluta de seus membros, cabendo ao Diretor-Geral o voto de qualidade, e serão registradas em atas. (Redação dada pela Lei 12.815/2013.)

Parágrafo único. As datas, as pautas e as atas das reuniões de Diretoria, assim como os documentos que as instruam, deverão ser objeto de ampla publicidade, inclusive por meio da internet, na forma do regulamento. (Redação dada pela Lei 12.815/2013.)

ART. 68. As iniciativas de projetos de lei, alterações de normas administrativas e decisões da Diretoria para resolução de pendências que afetem os direitos de agentes econômicos ou de usuários de serviços de transporte serão precedidas de audiência pública.

§ 1º Na invalidação de atos e contratos, será previamente garantida a manifestação dos interessados.

§ 2º Os atos normativos das Agências somente produzirão efeitos após publicação no Diário Oficial, e aqueles de alcance particular, após a correspondente notificação.

§ 3º Qualquer pessoa, desde que seja parte interessada, terá o direito de peticionar ou de recorrer contra atos das Agências, no prazo máximo de trinta dias da sua oficialização, observado o disposto em regulamento.

SEÇÃO VII
DOS QUADROS DE PESSOAL

ART. 69. (Revogado pela Lei 10.871/2004.)

ART. 70. Para constituir os quadros de pessoal efetivo e de cargos comissionados da ANTT e da ANTAQ, ficam criados:

I e II - (Revogados pela Lei 10.871/2004.)

III - os cargos efetivos de nível superior de Procurador;

IV - os Cargos Comissionados de Direção - CD, de Gerência Executiva - CGE, de Assessoria - CA e de Assistência - CAS;

V - os Cargos Comissionados Técnicos - CCT.

§ 1º Os quantitativos dos diferentes níveis de cargos comissionados da ANTT e da ANTAQ encontram-se estabelecidos nas Tabelas II e IV do Anexo I desta Lei. (Redação dada pela Lei 10.871/2004.)

§ 2º (Revogado pela Lei 10.871/2004.)

§ 3º É vedado aos ocupantes de cargos efetivos, aos requisitados, aos ocupantes de cargos comissionados e aos dirigentes das Agências o exercício regular de outra atividade profissional, inclusive gestão operacional de empresa ou direção político-partidária, excetuados os casos admitidos em lei. (Redação dada pela Lei 10.871/2004.)

ART. 71. (Revogado pela Lei 10.871/2004.)

ART. 72. Os Cargos Comissionados de Gerência Executiva, de Assessoria e de Assistência são de livre nomeação e exoneração da Diretoria da Agência.

ART. 73. (Revogado pela Lei 11.526/2007.)

ART. 74. Os Cargos Comissionados Técnicos a que se refere o inciso V do art. 70 desta Lei são de ocupação privativa de ocupantes de cargos efetivos do Quadro de Pessoal Efetivo e dos Quadros de Pessoal Específico e em Extinção de que tratam os arts. 113 e 114-A desta Lei e de requisitados de outros órgãos e entidades da Administração Pública. (Redação dada pela Lei 10.871/2004.)

Parágrafo único. (Revogado pela Lei 11.526/2007.)

ART. 75. O Ministério do Planejamento, Orçamento e Gestão divulgará, no prazo de trinta dias a contar da data de publicação desta Lei, tabela estabelecendo as equivalências entre os Cargos Comissionados e Cargos Comissionados Técnicos previstos nas Tabelas II e IV do Anexo I e os Cargos em Comissão do Grupo Direção e Assessoramento Superior - DAS, para efeito de aplicação de legislações específicas relativas à percepção de vantagens, de caráter remuneratório ou não, por servidores ou empregados públicos.

ART. 76 (Revogado pela Lei 10.871/2004.)

SEÇÃO VIII
DAS RECEITAS E
DO ORÇAMENTO

ART. 77. Constituem receitas da ANTT e da ANTAQ:

I - dotações que forem consignadas no Orçamento Geral da União para cada Agência, créditos especiais, transferências e repasses; (Redação dada pela Med. Prov. 2.217-3/2001.)

II - recursos provenientes dos instrumentos de outorga e arrendamento administrados pela respectiva Agência, excetuados os provenientes dos contratos de arrendamento originários da extinta Rede Ferroviária Federal S.A. - RFFSA não adquiridos pelo Tesouro Nacional com base na autorização contida na Medida Provisória n. 2.181-45, de 24 de agosto de 2001; (Redação dada pela Lei 11.483/2007.)

III - os produtos das arrecadações de taxas de fiscalização da prestação de serviços e de exploração de infraestrutura atribuídas a cada Agência. (Redação dada pela Med. Prov. 2.217-3/2001.)

- Art. 8º, IX, Lei 13.202/2015 (Autoriza o Poder Executivo a atualizar monetariamente, na forma do regulamento, o valor da taxa instituída neste inciso).

IV - recursos provenientes de acordos, convênios e contratos, inclusive os referentes à prestação de serviços técnicos e fornecimento de publicações, material técnico, dados e informações;

V - o produto das arrecadações de cada Agência, decorrentes da cobrança de emolumentos e multas;

VI - outras receitas, inclusive as resultantes de aluguel ou alienação de bens, da aplicação de valores patrimoniais, de operações de crédito, de doações, legados e subvenções.

§ 1º (Vetado.)

§ 2º (Vetado.)

§ 3º No caso do transporte rodoviário coletivo interestadual e internacional de passageiros, a taxa de fiscalização de que trata o inciso III do *caput* deste artigo será de R$ 1.800,00 (mil e oitocentos reais) por ano e por ônibus registrado pela empresa detentora de autorização ou permissão outorgada pela ANTT. (Acrescentado pela Lei 12.996/2014.)

ART. 78. A ANTT e a Antaq submeterão ao Ministério dos Transportes e à Secretaria de Portos da Presidência da República, respectivamente, suas propostas orçamentárias anuais, nos termos da legislação em vigor. (Redação dada pela Lei 12.815/2013.)

Parágrafo único. O superávit financeiro anual apurado pela ANTT ou pela ANTAQ, relativo aos incisos II a V do art. 77, deverá ser incorporado ao respectivo orçamento do exercício seguinte, de acordo com a Lei n. 4.320, de 17 de março de 1964, não se aplicando o disposto no art. 1º da Lei n. 9.530, de 10 de dezembro de 1997, podendo ser utilizado no custeio de despesas de manutenção e funcionamento de ambas as Agências, em projetos de estudos e pesquisas no campo dos transportes, ou na execução de projetos de Infraestrutura a cargo do DNIT, desde que devidamente programados no Orçamento Geral da União.

ART. 78-A. A infração a esta Lei e o descumprimento dos deveres estabelecidos no contrato de concessão, no termo de permissão e na autorização sujeitará o responsável às seguintes sanções, aplicáveis pela ANTT e pela ANTAQ, sem prejuízo das de natureza civil e penal: (Incluído pela Med. Prov. 2.217-3/2001.)

I - advertência; (Incluído pela Med. Prov. 2.217-3/2001.)

II - multa; (Incluído pela Med. Prov. 2.217-3/2001.)

III - suspensão (Incluído pela Med. Prov. 2.217-3/2001.)

IV - cassação (Incluído pela Med. Prov. 2.217-3/2001.)

V - declaração de inidoneidade. (Incluído pela Med. Prov. 2.217-3/2001.)

VI - perdimento do veículo. (Alterado pela Lei 12.996/2014.)

§ 1º Na aplicação das sanções referidas no *caput*, a Antaq observará o disposto na Lei na qual foi convertida a Medida Provisória n. 595, de 6 de dezembro de 2012. (Redação dada pela Lei 12.815/2013.)

§ 2º A aplicação da sanção prevista no inciso IV do *caput*, quando se tratar de concessão de porto organizado ou arrendamento e autorização de instalação portuária, caberá ao poder concedente, mediante proposta da Antaq. (Redação dada pela Lei 12.815/2013.)

§ 3º Caberá exclusivamente à ANTT a aplicação da sanção referida no inciso VI do *caput*. (Acrescentado pela Lei 12.996/2014.)

ART. 78-B. O processo administrativo para a apuração de infrações e aplicação de penalidades será circunstanciado e permanecerá em sigilo até decisão final.

ART. 78-C. No processo administrativo de que trata o art. 78-B, serão assegurados o contraditório e a ampla defesa, permitida a adoção de medidas cautelares de necessária urgência. (Incluído pela Med. Prov. 2.217-3/2001.)

ART. 78-D. Na aplicação de sanções serão consideradas a natureza e a gravidade da infração, os danos dela resultantes para o serviço e para os usuários, a vantagem auferida pelo infrator, as circunstâncias agravantes e atenuantes, os antecedentes do infrator e a reincidência genérica ou específica. (Incluído pela Med. Prov. 2.217-3/2001.)

Parágrafo único. Entende-se por reincidência específica a repetição de falta de igual natureza. (Incluído pela Med. Prov. 2.217-3/2001.)

ART. 78-E. Nas infrações praticadas por pessoa jurídica, também serão punidos com sanção de multa seus administradores ou controladores, quando tiverem agido com dolo ou culpa. (Incluído pela Med. Prov. 2.217-3/2001.)

ART. 78-F. A multa poderá ser imposta isoladamente ou em conjunto com outra sanção e não deve ser superior a R$ 10.000.000,00 (dez milhões de reais). (Incluído pela Med. Prov. 2.217-3/2001.)

§ 1º O valor das multas será fixado em regulamento aprovado pela Diretoria de cada Agência, e em sua aplicação será considerado o princípio da proporcionalidade entre a gravidade da falta e a intensidade da sanção. (Incluído pela Med. Prov. 2.217-3/2001.)

§ 2º A imposição, ao prestador de serviço de transporte, de multa decorrente de infração à ordem econômica observará os limites previstos na legislação específica. (Incluído pela Med. Prov. 2.217-3/2001.)

ART. 78-G. A suspensão, que não terá prazo superior a cento e oitenta dias, será imposta em caso de infração grave cujas circunstâncias não justifiquem a cassação. (Incluído pela Med. Prov. 2.217-3/2001.)

ART. 78-H. Na ocorrência de infração grave, apurada em processo regular instaurado na forma do regulamento, a ANTT e a ANTAQ poderão cassar a autorização. (Incluído pela Med. Prov. 2.217-3/2001.)

ART. 78-I. A declaração de inidoneidade será aplicada a quem tenha praticado atos ilícitos visando frustrar os objetivos de licitação ou a execução de contrato. (Incluído pela Med. Prov. 2.217-3/2001.)

Parágrafo único. O prazo de vigência da declaração de inidoneidade não será superior a cinco anos. (Incluído pela Med. Prov. 2.217-3/2001.)

ART. 78-J. Não poderá participar de licitação ou receber outorga de concessão ou permissão, e bem assim ter deferida autorização, a empresa proibida de licitar ou contratar com o Poder Público, que tenha sido declarada inidônea ou tenha sido punida nos cinco anos anteriores com a pena de cassação ou, ainda, que tenha sido titular de concessão ou permissão objeto de caducidade no mesmo período. (Incluído pela Med. Prov. 2.217-3/2001.)

ART. 78-K. O perdimento do veículo aplica-se quando houver reincidência no seu uso, dentro do período de 1 (um) ano, no transporte terrestre coletivo interestadual ou internacional de passageiros remunerado, realizado por pessoa física ou jurídica que não possua ato de outorga expedido pela ANTT.

Parágrafo único. O proprietário e quem detém a posse direta do veículo respondem conjunta ou isoladamente pela sanção de perdimento, conforme o caso. (Acrescentado pela Lei 12.996/2014.)

CAPÍTULO VII
DO DEPARTAMENTO NACIONAL DE INFRAESTRUTURA DE TRANSPORTES - DNIT

SEÇÃO I
DA INSTITUIÇÃO, DOS OBJETIVOS E DAS ATRIBUIÇÕES

ART. 79. Fica criado o Departamento Nacional de Infraestrutura de Transportes - DNIT, pessoa jurídica de direito público, submetido ao regime de autarquia, vinculado ao Ministério dos Transportes.

Parágrafo único. O DNIT terá sede e foro no Distrito Federal, podendo instalar unidades administrativas regionais.

ART. 80. Constitui objetivo do DNIT implementar, em sua esfera de atuação, a política formulada para a administração da Infraestrutura do Sistema Federal de Viação, compreendendo sua operação, manutenção, restauração ou reposição, adequação de capacidade, e ampliação mediante construção de novas vias e terminais, segundo os princípios e diretrizes estabelecidos nesta Lei.

ART. 81. A esfera de atuação do DNIT corresponde à Infraestrutura do Sistema Federal de Viação, sob a jurisdição do Ministério dos Transportes, constituída de:

I - vias navegáveis, inclusive eclusas ou outros dispositivos de transposição hidroviária de níveis; (Alterado pela Lei 13.081/2015.)

II - ferrovias e rodovias federais;

III - instalações e vias de transbordo e de interface intermodal, exceto as portuárias; (Redação dada pela Lei 12.815/2013.)

IV - (Revogado pela Lei 12.815/2013.)

ART. 82. São atribuições do DNIT, em sua esfera de atuação:

I - estabelecer padrões, normas e especificações técnicas para os programas de segurança operacional, sinalização, manutenção ou conservação, restauração ou reposição de vias, terminais e instalações;

II - estabelecer padrões, normas e especificações técnicas para a elaboração de projetos e execução de obras viárias;

III - fornecer ao Ministério dos Transportes informações e dados para subsidiar a formulação dos planos gerais de outorga e de delegação dos segmentos da Infraestrutura viária;

IV - administrar, diretamente ou por meio de convênios de delegação ou cooperação, os programas de operação, manutenção, conservação, restauração e reposição de rodovias, ferrovias, vias navegáveis, eclusas ou outros dispositivos de transposição hidroviária de níveis, em hidrovias situadas em corpos de água de domínio da União, e instalações portuárias públicas de pequeno porte; (Alterado pela Lei 13.081/2015.)

V - gerenciar, diretamente ou por meio de convênios de delegação ou cooperação, projetos e obras de construção e ampliação de rodovias, ferrovias, vias navegáveis, eclusas ou outros dispositivos de transposição hidroviária de níveis, em hidrovias situadas em corpos de água da União, e instalações portuárias públicas de pequeno porte, decorrentes de investimentos programados pelo Ministério dos Transportes e autorizados pelo orçamento geral da União; (Alterado pela Lei 13.081/2015.)

VI - participar de negociações de empréstimos com entidades públicas e privadas, nacionais e internacionais, para financiamento de programas, projetos e obras de sua competência, sob a coordenação do Ministério dos Transportes;

VII - realizar programas de pesquisa e de desenvolvimento tecnológico, promovendo a cooperação técnica com entidades públicas e privadas;

VIII - firmar convênios, acordos, contratos e demais instrumentos legais, no exercício de suas atribuições;

IX - declarar a utilidade pública de bens e propriedades a serem desapropriados para implantação do Sistema Federal de Viação;

X - elaborar o seu orçamento e proceder à execução financeira;

XI - adquirir e alienar bens, adotando os procedimentos legais adequados para efetuar sua incorporação e desincorporação;

XII - administrar pessoal, patrimônio, material e serviços gerais.

XIII - desenvolver estudos sobre transporte ferroviário ou multimodal envolvendo estradas de ferro; (Incluído pela Lei 11.314/2006.)

XIV - projetar, acompanhar e executar, direta ou indiretamente, obras relativas a transporte ferroviário ou multimodal, envolvendo estradas de ferro do Sistema Federal de Viação, excetuadas aquelas relacionadas com os arrendamentos já existentes; (Incluído pela Lei 11.314/2006.)

XV - estabelecer padrões, normas e especificações técnicas para a elaboração de projetos e execução de obras viárias relativas às estradas de ferro do Sistema Federal de Viação; (Incluído pela Lei 11.314/2006.)

XVI - aprovar projetos de engenharia cuja execução modifique a estrutura do Sistema Federal de Viação, observado o disposto no inciso IX do *caput* deste artigo. (Incluído pela Lei 11.314/2006.)

XVII - exercer o controle patrimonial e contábil dos bens operacionais na atividade ferroviária, sobre os quais será exercida a fiscalização pela Agência Nacional de Transportes Terrestres - ANTT, conforme disposto no inciso IV do art. 25 desta Lei, bem como dos bens não operacionais que lhe forem transferidos; (Incluído pela Lei 11.483/2007.)

XVIII - implementar medidas necessárias à destinação dos ativos operacionais devolvidos pelas concessionárias, na forma prevista nos contratos de arrendamento; e (Incluído pela Lei 11.483/2007.)

XIX - propor ao Ministério dos Transportes, em conjunto com a ANTT, a destinação dos ativos operacionais ao término dos contratos de arrendamento. (Incluído pela Lei 11.483/2007.)

§ 1º As atribuições a que se refere o *caput* não se aplicam aos elementos da Infraestrutura concedidos ou arrendados pela ANTT e pela ANTAQ. (Redação dada pela Lei 10.561/2002.)

§ 2º No exercício das atribuições previstas neste artigo e relativas a vias navegáveis, o DNIT observará as prerrogativas específicas da autoridade marítima. (Redação dada pela Lei 12.815/2013.)

§ 3º É, ainda, atribuição do DNIT, em sua esfera de atuação, exercer, diretamente ou mediante convênio, as competências expressas no art. 21 da Lei n. 9.503, de 1997, observado o disposto no inciso XVII do art. 24 desta Lei. (Incluído pela Lei 10.561/2002.)

§ 4º O DNIT e a ANTT celebrarão, obrigatoriamente, instrumento para execução das atribuições de que trata o inciso XVII do *caput* deste artigo, cabendo à ANTT a responsabilidade concorrente pela execução do controle patrimonial e contábil dos bens operacionais recebidos pelo DNIT vinculados aos contratos de arrendamento referidos nos incisos II e IV do *caput* do art. 25 desta Lei. (Incluído pela Lei 11.483/2007.)

SEÇÃO II
DAS CONTRATAÇÕES E DO CONTROLE

ART. 83. Na contratação de programas, projetos e obras decorrentes do exercício direto das atribuições de que trata o art. 82, o DNIT deverá zelar pelo cumprimento das boas normas de concorrência, fazendo com que os procedimentos de divulgação de editais, julgamento de licitações e celebração de contratos se processem em fiel obediência aos preceitos da legislação vigente, revelando transparência e fomentando a competição, em defesa do interesse público. (Redação dada pela Med. Prov. 2.217-3/2001.)

Parágrafo único. O DNIT fiscalizará o cumprimento das condições contratuais, quanto às especificações técnicas, aos preços e seus reajustamentos, aos prazos e cronogramas, para o controle da qualidade, dos custos e do retorno econômico dos investimentos.

ART. 84. No exercício das atribuições previstas nos incisos IV e V do art. 82, o DNIT poderá firmar convênios de delegação ou cooperação com órgãos e entidades da Administração Pública Federal, dos Estados, do Distrito Federal e dos Municípios, buscando a descentralização e a gerência eficiente dos programas e projetos.

§ 1º Os convênios deverão conter compromisso de cumprimento, por parte das entidades delegatárias, dos princípios e diretrizes estabelecidos nesta Lei, particularmente quanto aos preceitos do art. 83.

§ 2º O DNIT supervisionará os convênios de delegação, podendo denunciá-los ao verificar o descumprimento de seus objetivos e preceitos. (Redação dada pela Med. Prov. 2.217-3/2001.)

SEÇÃO III
DA ESTRUTURA ORGANIZACIONAL DO DNIT

ART. 85. O DNIT será dirigido por um Conselho de Administração e uma Diretoria composta por um Diretor-Geral e pelas Diretorias Executiva, de Infraestrutura Ferroviária, de Infraestrutura Rodoviária, de Administração e Finanças, de Planejamento e Pesquisa, e de Infraestrutura Aquaviária. (Redação dada pela Lei 11.314/2006.)

Parágrafo único. (Vetado.)

§ 2º Às Diretorias compete: (Incluído pela Lei 11.314/2006.)

I - Diretoria Executiva: (Incluído pela Lei 11.314/2006.)

a) orientar, coordenar e supervisionar as atividades das Diretorias setoriais e dos órgãos regionais; e (Incluído pela Lei 11.314/2006.)

b) assegurar o funcionamento eficiente e harmônico do DNIT; (Incluído pela Lei 11.314/2006.)

II - Diretoria de Infraestrutura Ferroviária: (Incluído pela Lei 11.314/2006.)

a) administrar e gerenciar a execução de programas e projetos de construção, manutenção, operação e restauração da Infraestrutura ferroviária; (Incluído pela Lei 11.314/2006.)

b) gerenciar a revisão de projetos de engenharia na fase de execução de obras; e (Incluído pela Lei 11.314/2006.)

c) exercer o poder normativo relativo à utilização da Infraestrutura de transporte ferroviário, observado o disposto no art. 82 desta Lei; (Incluído pela Lei 11.314/2006.)

III - Diretoria de Infraestrutura Rodoviária: (Incluído pela Lei 11.314/2006.)

a) administrar e gerenciar a execução de programas e projetos de construção, operação, manutenção e restauração da Infraestrutura rodoviária; (Incluído pela Lei 11.314/2006.)

b) gerenciar a revisão de projetos de engenharia na fase de execução de obras; (Incluído pela Lei 11.314/2006.)

c) exercer o poder normativo relativo à utilização da Infraestrutura de transporte rodoviário, observado o disposto no art. 82 desta Lei; (Incluído pela Lei 11.314/2006.)

IV - Diretoria de Administração e Finanças: planejar, administrar, orientar e controlar a execução das atividades relacionadas com os Sistemas Federais de Orçamento, de Administração Financeira, de Contabilidade, de Organização e Modernização Administrativa, de Recursos Humanos e Serviços Gerais; (Incluído pela Lei 11.314/2006.)

V - Diretoria de Planejamento e Pesquisa: (Incluído pela Lei 11.314/2006.)

a) planejar, coordenar, supervisionar e executar ações relativas à gestão e à programação de investimentos anual e plurianual para a Infraestrutura do Sistema Federal de Viação; (Incluído pela Lei 11.314/2006.)

b) promover pesquisas e estudos nas áreas de engenharia de Infraestrutura de transportes, considerando, inclusive, os aspectos relativos ao meio ambiente; e (Incluído pela Lei 11.314/2006.)

c) coordenar o processo de planejamento estratégico do DNIT; (Incluído pela Lei 11.314/2006.)

VI - Diretoria de Infraestrutura Aquaviária: (Incluído pela Lei 11.314/2006.)

a) administrar e gerenciar a execução de programas e projetos de construção, operação, manutenção e restauração da Infraestrutura aquaviária; (Incluído pela Lei 11.314/2006.)

b) gerenciar a revisão de projetos de engenharia na fase de execução e obras; e (Incluído pela Lei 11.314/2006.)

c) exercer o poder normativo relativo à utilização da Infraestrutura de transporte aquaviário. (Incluído pela Lei 11.314/2006.)

ART. 85-A. Integrará a estrutura organizacional do DNIT uma Procuradoria-Geral, uma Ouvidoria, uma Corregedoria e uma Auditoria. (Incluído pela Med. Prov. 2.217-3/2001.)

ART. 85-B. À Procuradoria-Geral do DNIT compete exercer a representação judicial da autarquia. (Incluído pela Med. Prov. 2.217-3/2001.)

ART. 85-C. À Auditoria do DNIT compete fiscalizar a gestão orçamentária, financeira e patrimonial da autarquia. (Incluído pela Med. Prov. 2.217-3/2001.)

Parágrafo único. O auditor do DNIT será indicado pelo Ministro de Estado dos Transportes e nomeado pelo Presidente da República. (Incluído pela Med. Prov. 2.217-3/2001.)

ART. 85-D. À Ouvidoria do DNIT compete: (Incluído pela Med. Prov. 2.217-3/2001.)

I - receber pedidos de informações, esclarecimentos e reclamações afetos à autarquia e responder diretamente aos interessados; (Incluído pela Med. Prov. 2.217-3/2001.)

II - produzir, semestralmente e quando julgar oportuno, relatório circunstanciado de suas atividades e encaminhá-lo à Diretoria-Geral e ao Ministério dos Transportes. (Incluído pela Med. Prov. 2.217-3/2001.)

ART. 86. Compete ao Conselho de Administração:

I - aprovar o regimento interno do DNIT;

II - definir parâmetros e critérios para elaboração dos planos e programas de trabalho e de investimentos do DNIT, em conformidade com as diretrizes e prioridades estabelecidas; (Redação dada pela Med. Prov. 2.217-3/2001.)

III - aprovar e supervisionar a execução dos planos e programas a que se refere o inciso anterior.

Parágrafo único. (Vetado.)

ART. 87. Comporão o Conselho de Administração do DNIT:

I - o Secretário-Executivo do Ministério dos Transportes;

II - o seu Diretor-Geral;

III - dois representantes do Ministério dos Transportes;

IV - um representante do Ministério do Planejamento, Orçamento e Gestão;

V - um representante do Ministério da Fazenda.

§ 1º A presidência do Conselho de Administração do DNIT será exercida pelo Secretário-Executivo do Ministério dos Transportes.

§ 2º A participação como membro do Conselho de Administração do DNIT não ensejará remuneração de qualquer espécie.

ART. 88. Os Diretores deverão ser brasileiros, ter idoneidade moral e reputação ilibada, formação universitária, experiência profissional compatível com os objetivos, atribuições e competências do DNIT e elevado conceito no campo de suas especialidades, e serão indicados pelo Ministro de Estado dos Transportes e nomeados pelo Presidente da República.

Parágrafo único. As nomeações dos Diretores do DNIT serão precedidas, individualmente, de aprovação pelo Senado Federal, nos termos da alínea "f" do inciso III do art. 52 da Constituição. (Incluído pela Med. Prov. 2.217-3/2001.)

› A Med. Prov. 870/2019 determinou a revogação deste p.u.

ART. 89. Compete à Diretoria do DNIT:

I - (Vetado.)

II - editar normas e especificações técnicas sobre matérias da competência do DNIT;

III - aprovar editais de licitação e homologar adjudicações;

IV - autorizar a celebração de convênios, acordos, contratos e demais instrumentos legais;

V - resolver sobre a aquisição e alienação de bens;

VI - autorizar a contratação de serviços de terceiros.

VII - submeter à aprovação do Conselho de Administração as propostas de modificação do regimento interno do DNIT. (Incluído pela Med. Prov. 2.217-3/2001.)

§ 1º Cabe ao Diretor-Geral a representação do DNIT e o comando hierárquico sobre pessoal e serviços, exercendo a coordenação das competências administrativas, bem como a presidência das reuniões da Diretoria.

§ 2º O processo decisório do DNIT obedecerá aos princípios da legalidade, impessoalidade, moralidade e publicidade.

§ 3º As decisões da Diretoria serão tomadas pelo voto da maioria absoluta de seus membros, cabendo ao Diretor-Geral o voto de qualidade, e serão registradas em atas que ficarão disponíveis para conhecimento geral, juntamente com os documentos que as instruam.

ART. 90. O Procurador-Geral do DNIT deverá ser bacharel em Direito com experiência no efetivo exercício da advocacia, será indicado pelo Ministro de Estado dos Transportes e nomeado pelo Presidente da República, atendidos os pré-requisitos legais e as instruções normativas da Advocacia-Geral da União.

§§ 1º e 2º (Vetados.)

ART. 91. O Ouvidor será indicado pelo Ministro de Estado dos Transportes e nomeado pelo Presidente da República.

Parágrafo único. (Vetado.)

I e II - (Vetados.)

ART. 92. À Corregedoria do DNIT compete fiscalizar as atividades funcionais e a instauração de processos administrativos e disciplinares.

§ 1º O Corregedor será indicado pelo Ministro de Estado dos Transportes e nomeado pelo Presidente da República.

§ 2º A instauração de processos administrativos e disciplinares relativos a atos da Diretoria ou de seus membros será da competência do Ministro de Estado dos Transportes.

SEÇÃO IV
DO QUADRO DE
PESSOAL DO DNIT

ART. 93. (Revogado pela Lei 10.871/2004.)

Parágrafo único. (Revogado pela Lei 10.871/2004.)

ART. 94. (Revogado pela Lei 10.871/2004.)

§§ 1º e 2º (Revogados pela Lei 10.871/2004.)

§ 3º Os cargos em comissão do Grupo Direção e Assessoramento Superior - DAS e as Funções Gratificadas - FG, para preenchimento de cargos de direção e assessoramento do DNIT estão previstos no âmbito da estrutura organizacional da Presidência da República e dos Ministérios.

§ 4º É vedado aos empregados, aos requisitados, aos ocupantes de cargos comissionados e aos dirigentes do DNIT o exercício regular de outra atividade profissional, inclusive gestão operacional de empresa ou direção político-partidária, excetuados os casos admitidos em lei.

ART. 95. (Vetado.)

ART. 96. O DNIT poderá efetuar, nos termos do art. 37, IX, da Constituição Federal, e observado o disposto na Lei n. 8.745, de 9 de dezembro de 1993, contratação por tempo determinado, pelo prazo de 12 (doze) meses, do pessoal técnico imprescindível ao exercício de suas competências institucionais. (Redação dada pela Lei 10.871/2004.)

§ 1º A contratação de pessoal de que trata o *caput* deste artigo dar-se-á mediante processo seletivo simplificado, compreendendo, obrigatoriamente, prova escrita e, facultativamente, análise de curriculum vitae sem prejuízo de outras modalidades que, a critério da entidade, venham a ser exigidas. (Redação dada pela Lei 10.871/2004.)

§ 2º (Vetado.)

§ 3º Às contratações referidas no *caput* deste artigo aplica-se o disposto nos arts. 5º e 6º da Lei n. 8.745, de 9 de dezembro de 1993. (Redação dada pela Lei 10.871/2004.)

§ 4º As contratações referidas no *caput* deste artigo poderão ser prorrogadas, desde que sua duração total não ultrapasse o prazo de 24 (vinte e quatro) meses, ficando limitada sua vigência, em qualquer caso, a 31 de dezembro de 2005. (Redação dada pela Lei 10.871/2004.)

§ 5º A remuneração do pessoal contratado nos termos referidos no *caput* deste artigo terá como referência os valores definidos em ato conjunto da Agência e do órgão central do Sistema de Pessoal Civil da Administração Federal - SIPEC. (Redação dada pela Lei 10.871/2004.)

§ 6º Aplica-se ao pessoal contratado por tempo determinado pelo DNIT o disposto no § 1º do art. 7º nos arts. 8º, 9º, 10, 11, 12 e 16 da Lei n. 8.745, de 9 de dezembro de 1993. (Redação dada pela Lei 10.871/2004.)

SEÇÃO V
DAS RECEITAS E DO ORÇAMENTO

ART. 97. Constituem receitas do DNIT:

I - dotações consignadas no Orçamento Geral da União, créditos especiais, transferências e repasses;

II - remuneração pela prestação de serviços;

III - recursos provenientes de acordos, convênios e contratos;

IV - produto da cobrança de emolumentos, taxas e multas;

V - outras receitas, inclusive as resultantes da alienação de bens e da aplicação de valores patrimoniais, operações de crédito, doações, legados e subvenções.

ART. 98. O DNIT submeterá anualmente ao Ministério dos Transportes a sua proposta orçamentária, nos termos da legislação em vigor.

CAPÍTULO VIII
DISPOSIÇÕES TRANSITÓRIAS, GERAIS
E FINAIS

SEÇÃO I
DA INSTALAÇÃO DOS ÓRGÃOS

ART. 99. O Poder Executivo promoverá a instalação do CONIT, da ANTT, da ANTAQ e do DNIT, mediante a aprovação de seus regulamentos e de suas estruturas regimentais, em até noventa dias, contados a partir da data de publicação desta Lei.

› Dec. 6.550/2008 (Dispõe sobre a estrutura e o funcionamento do Conselho Nacional de Integração de Políticas de Transporte - CONIT).

Parágrafo único. A publicação dos regulamentos e das estruturas regimentais marcará a instalação dos órgãos referidos no *caput* e o início do exercício de suas respectivas atribuições.

ART. 100. Fica o Poder Executivo autorizado a realizar as despesas e os investimentos necessários à implantação e ao funcionamento da ANTT, da ANTAQ e do DNIT, podendo remanejar, transpor, transferir ou utilizar as dotações orçamentárias aprovadas na Lei n. 10.171, de 5 de janeiro de 2001, consignadas em favor do Ministério dos Transportes e suas Unidades Orçamentárias vinculadas, cujas atribuições tenham sido transferidas ou absorvidas pelo Ministério dos Transportes ou pelas entidades criadas por esta Lei, mantida a mesma classificação orçamentária, expressa por categoria de programação em seu menor nível, conforme definida no § 2º do art. 3º da Lei n. 9.995, de 25 de julho de 2000, assim como o respectivo detalhamento por esfera orçamentária, grupos de despesa, fontes de recursos, modalidades de aplicação e identificadores de uso e da situação primária ou financeira da despesa. (Redação dada pela Med. Prov. 2.217-3/2001.)

ART. 101. Decreto do Presidente da República reorganizará a estrutura administrativa do Ministério dos Transportes, mediante proposta do respectivo Ministro de Estado, em função das transferências de atribuições instituídas por esta Lei.

SEÇÃO II
DA EXTINÇÃO E DISSOLUÇÃO
DE ÓRGÃOS

ART. 102. (Vetado.)

ART. 102-A. Instaladas a ANTT, a ANTAQ e o DNIT, ficam extintos a Comissão Federal de Transportes Ferroviários - COFER e o Departamento Nacional de Estradas de Rodagem - DNER e dissolvida a Empresa Brasileira de Planejamento de Transportes - GEIPOT. (Incluído pela Med. Prov. 2.217-3/2001.)

§ 1º A dissolução e liquidação do GEIPOT observarão, no que couber, o disposto na Lei n. 8.029, de 12 de abril de 1990. (Incluído pela Med. Prov. 2.217-3/2001.)

§ 2º Decreto do Presidente da República disciplinará a transferência e a incorporação dos direitos, das obrigações e dos bens móveis e imóveis do DNER. (Incluído pela Med. Prov. 2.217-3/2001.)

§ 3º Caberá ao inventariante do DNER adotar as providências cabíveis para o cumprimento do decreto a que se refere o § 2º. (Incluído pela Med. Prov. 2.217-3/2001.)

§ 4º Decreto do Presidente da República disciplinará o processo de liquidação do GEIPOT e a transferência do pessoal a que se refere o art. 114-A. (Incluído pela Med. Prov. 2.217-3/2001.)

ART. 103. A Companhia Brasileira de Trens Urbanos - CBTU e a Empresa de Transportes Urbanos de Porto Alegre S.A. - TRENSURB transferirão para os Estados e Municípios a administração dos transportes ferroviários urbanos e metropolitanos de passageiros, conforme disposto na Lei n. 8.693, de 3 de agosto de 1993.

Parágrafo único. No exercício das atribuições referidas nos incisos V e VI do art. 25, a ANTT coordenará os acordos a serem celebrados entre os concessionários arrendatários das malhas ferroviárias e as sociedades sucessoras da CBTU, em cada Estado ou Município, para regular os direitos de passagem e os planos de investimentos, em áreas comuns, de modo a garantir a continuidade e a expansão dos serviços de transporte ferroviário de passageiros e cargas nas regiões metropolitanas.

ART. 103-A Para efetivação do processo de descentralização dos transportes ferroviários urbanos e metropolitanos de passageiros, a União destinará à CBTU os recursos necessários ao atendimento dos projetos constantes dos respectivos convênios de transferência desses serviços, podendo a CBTU: (Incluído pela Med. Prov. 2.217-3/2001.)

I - executar diretamente os projetos; (Incluído pela Med. Prov. 2.217-3/2001.)

II - transferir para os Estados e Municípios, ou para sociedades por eles constituídas, os recursos necessários para a implementação do processo de descentralização. (Incluído pela Med. Prov. 2.217-3/2001.)

Parágrafo único. Para o disposto neste artigo, o processo de descentralização compreende a transferência, a implantação, a modernização, a ampliação e a recuperação dos serviços. (Incluído pela Med. Prov. 2.217-3/2001.)

ART. 103-B. Após a descentralização dos transportes ferroviários urbanos e metropolitanos de passageiros, a União destinará à CBTU, para repasse ao Estado de Minas Gerais, por intermédio da empresa Trem Metropolitano de Belo Horizonte S.A., os recursos necessários ao pagamento das despesas com a folha de pessoal, encargos sociais, benefícios e contribuição à Fundação Rede Ferroviária de Seguridade Social - REFER, dos empregados transferidos, por sucessão trabalhista, na data da transferência do Sistema de Trens Urbanos de Belo Horizonte para o Estado de Minas Gerais, Município de Belo Horizonte e Município de Contagem, de acordo com a Lei n. 8.693, de 3 de agosto de 1993. (Incluído pela Med. Prov. 2.217-3/2001.)

§ 1º Os recursos serão repassados mensalmente a partir da data da efetiva assunção do Sistema de Trens Urbanos de Belo Horizonte até 30 de junho de 2003, devendo ser aplicados exclusivamente nas despesas referenciadas neste artigo. (Incluído pela Med. Prov. 2.217-3/2001.)

§ 2º A autorização de que trata este artigo fica limitada ao montante das despesas acima referidas, corrigidas de acordo com os reajustes salariais praticados pela Companhia Brasileira de Trens Urbanos - CBTU correndo à conta de sua dotação orçamentária. (Incluído pela Med. Prov. 2.217-3/2001.)

ART. 103-C. As datas limites a que se referem o § 1º do art. 1º da Lei n. 9.600, de 19 de janeiro de 1998, e o § 1º do art. 1º da Lei n. 9.603, de 22 de janeiro de 1998, passam, respectivamente, para 30 de junho de 2003 e 31 de dezembro de 2005. (Incluído pela Med. Prov. 2.217-3/2001.)

ART. 103-D. Caberá à CBTU analisar, acompanhar e fiscalizar, em nome da União, a utilização dos recursos supramencionados, de acordo com o disposto nesta Lei e na legislação vigente. (Incluído pela Med. Prov. 2.217-3/2001.)

ART. 104. Atendido o disposto no *caput* do art. 103, ficará dissolvida a CBTU, na forma do disposto no § 6º do art. 3º da Lei n. 8.693, de 3 de agosto de 1993.

Parágrafo único. As atribuições da CBTU que não tiverem sido absorvidas pelos Estados e Municípios serão transferidas para a ANTT ou para o DNIT, conforme sua natureza.

ART. 105. Fica o Poder Executivo autorizado a promover a transferência das atividades do Serviço Social das Estradas de Ferro - SESEF para entidades de serviço social autônomas ou do setor privado com atuação congênere.

ART. 106. (Vetado.)

ART. 107. (Vetado.)

ART. 108. Para cumprimento de suas atribuições, particularmente no que se refere ao inciso VI do art. 24 e ao inciso VI do art. 27, serão transferidos para a ANTT ou para a ANTAQ, conforme se trate de transporte terrestre ou aquaviário, os contratos e os acervos técnicos, incluindo registros, dados e informações, detidos por órgãos e entidades do Ministério dos Transportes encarregados, até a vigência desta Lei, da regulação da prestação de serviços e da exploração da Infraestrutura de transportes.

Parágrafo único. Excluem-se do disposto no *caput* os contratos firmados pelas Autoridades Portuárias no âmbito de cada porto organizado.

ART. 109. Para o cumprimento de suas atribuições, serão transferidos para o DNIT os contratos, os convênios e os acervos técnicos, incluindo registros, dados e informações detidos por órgãos do Ministério dos Transportes e relativos à administração direta ou delegada de programas, projetos e obras pertinentes à Infraestrutura viária.

- Lei 11.518/2007 (Acresce e altera dispositivos das Leis 10.683/2003, 10.233/2001, 10.893/2004, 5.917/1973, 11.457/2007, e 8.630/1993, para criar a Secretaria Especial de Portos).
- Lei 12.815/2013 (Dispõe sobre a exploração direta e indireta pela União de portos e instalações portuárias e sobre as atividades desempenhadas pelos operadores portuários) e Dec. 8.033/2013 (regulamento).

Parágrafo único. Ficam transferidas para o DNIT as funções do órgão de pesquisas hidroviárias da Companhia Docas do Rio de Janeiro - CDRJ, e as funções das administrações hidroviárias vinculadas às Companhias Docas, juntamente com os respectivos acervos técnicos e bibliográficos, bens e equipamentos utilizados em suas atividades.

ART. 110. (Vetado.)

ART. 111. (Vetado.)

SEÇÃO III
DAS REQUISIÇÕES E TRANSFERÊNCIAS DE PESSOAL

ART. 112. (Vetado.)

ART. 113. Ficam criados os quadros de Pessoal Específico na ANTT, na ANTAQ e no DNIT, com a finalidade de absorver servidores do Regime Jurídico Único, dos quadros de pessoal do Departamento Nacional de Estradas de Rodagem - DNER e do Ministério dos Transportes.

Parágrafo único. (Vetado.)

ART. 113-A O ingresso nos cargos de que trata o art. 113 será feito por redistribuição do cargo, na forma do disposto na Lei n. 9.986, de 18 de julho de 2000. (Incluído pela Med. Prov. 2.217-3/2001.)

Parágrafo único. Em caso de demissão, dispensa, aposentadoria ou falecimento do servidor, fica extinto o cargo por ele ocupado. (Incluído pela Med. Prov. 2.217-3/2001.)

ART. 114. (Vetado.)

ARTS. 114-A e **115.** (Revogados pela Lei 11.483/2007).

ART. 116. (Vetado.)

ART. 116-A Fica o Ministério do Planejamento, Orçamento e Gestão autorizado a aprovar a realização de programa de desligamento voluntário para os empregados da Rede Ferroviária Federal S.A., em liquidação. (Incluído pela Med. Prov. 2.217-3/2001.)

SEÇÃO IV
DAS RESPONSABILIDADES SOBRE INATIVOS E PENSIONISTAS

ART. 117. Fica transferida para o Ministério dos Transportes a responsabilidade pelo pagamento dos inativos e pensionistas oriundos do DNER, mantidos os vencimentos, direitos e vantagens adquiridos.

Parágrafo único. O Ministério dos Transportes utilizará as unidades regionais do DNIT para o exercício das medidas administrativas decorrentes do disposto no *caput*.

ART. 118. Ficam transferidas da extinta RFFSA para o Ministério do Planejamento, Orçamento e Gestão: (Redação dada pela Lei 11.483/2007).

I - a gestão da complementação de aposentadoria instituída pelas Leis n. 8.186, de 21 de maio de 1991, e 10.478, de 28 de junho de 2002; e (Redação dada pela Lei 11.483/2007).

II - a responsabilidade pelo pagamento da parcela sob o encargo da União relativa aos proventos de inatividade e demais direitos de que tratam a Lei n. 2.061, de 13 de abril de 1953, do Estado do Rio Grande do Sul, e o Termo de Acordo sobre as condições de reversão da Viação Férrea do Rio Grande do Sul à União, aprovado pela Lei n. 3.887, de 8 de fevereiro de 1961. (Redação dada pela Lei 11.483/2007).

§ 1º A paridade de remuneração prevista na legislação citada nos incisos I e II do *caput* deste artigo terá como referência os valores previstos no plano de cargos e salários da extinta RFFSA, aplicados aos empregados cujos contratos de trabalho foram transferidos para quadro de pessoal especial da VALEC - Engenharia, Construções e Ferrovias S.A., com a respectiva gratificação adicional por tempo de serviço. (Redação dada pela Lei 11.483/2007).

§ 2º O Ministério do Planejamento, Orçamento e Gestão poderá, mediante celebração de convênio, utilizar as unidades regionais do DNIT e da Inventariança da extinta RFFSA para adoção das medidas administrativas decorrentes do disposto no *caput* deste artigo. (Redação dada pela Lei 11.483/2007).

ART. 119. Ficam a ANTT, a ANTAQ e o DNIT autorizados a atuarem como patrocinadores do Instituto GEIPREV de Seguridade Social, da Fundação Rede Ferroviária de Seguridade Social - REFER e do Portus - Instituto de Seguridade Social, na condição de sucessoras das entidades às quais estavam vinculados os empregados que absorverem, nos termos do art. 114-A, observada a exigência de paridade entre a contribuição da patrocinadora e a contribuição do participante. (Redação dada pela Med. Prov. 2.217-3/2001.)

Parágrafo único. O disposto no *caput* aplica-se unicamente aos empregados absorvidos, cujo conjunto constituirá massa fechada.

SEÇÃO V
DISPOSIÇÕES GERAIS E FINAIS

ART. 120. (Vetado.)

ART. 121. (Revogado pela Lei 10.871/2004.)

ART. 122. A ANTT, a ANTAQ e o DNIT poderão contratar especialistas ou empresas especializadas, inclusive consultores independentes e auditores externos, para execução de trabalhos técnicos, por projetos ou por prazos determinados, nos termos da legislação em vigor.

ART. 123. As disposições desta Lei não alcançam direitos adquiridos, bem como não invalidam atos legais praticados por quaisquer das entidades da Administração Pública Federal direta ou indiretamente afetadas, os quais serão ajustados, no que couber, às novas disposições em vigor.

ART. 124. Esta Lei entra em vigor na data de sua publicação.

BRASÍLIA, 5 DE JUNHO DE 2001; 180º DA INDEPENDÊNCIA E 113º DA REPÚBLICA.
FERNANDO HENRIQUE CARDOSO

› Optamos, nesta edição, pela não publicação dos Anexos.

LEI N. 10.276, DE 10 DE SETEMBRO DE 2001

Dispõe sobre o ressarcimento das contribuições para os Programas de Integração Social e de Formação do Patrimônio do Servidor Público - PIS/PASEP e para a Seguridade Social - COFINS incidentes sobre insumos utilizados na fabricação de produtos destinados à exportação.

› *DOU*, 11.9.2001.

› Conversão da Med. Prov. 2.202-2/2001.

Faço saber que o Presidente da República adotou a Medida Provisória n. 2.202-2, de 2001, que o Congresso Nacional aprovou, e eu, Efraim Morais, Primeiro Vice-Presidente da Mesa do Congresso Nacional, no exercício da Presidência, para os efeitos do disposto no parágrafo único do art. 62 da Constituição Federal, promulgo a seguinte Lei:

ART. 1º Alternativamente ao disposto na Lei n. 9.363, de 13 de dezembro de 1996, a pessoa jurídica produtora e exportadora de mercadorias nacionais para o exterior poderá determinar o valor do crédito presumido do Imposto sobre Produtos Industrializados (IPI), como ressarcimento relativo às contribuições para os Programas de Integração Social e de Formação do Patrimônio do Servidor Público (PIS/PASEP) e para a Seguridade Social (COFINS), de conformidade com o disposto em regulamento.

§ 1º A base de cálculo do crédito presumido será o somatório dos seguintes custos, sobre os quais incidiram as contribuições referidas no *caput*:

I - de aquisição de insumos, correspondentes a matérias-primas, a produtos intermediários e a materiais de embalagem, bem assim de energia elétrica e combustíveis, adquiridos no mercado interno e utilizados no processo produtivo;

II - correspondentes ao valor da prestação de serviços decorrente de industrialização por encomenda, na hipótese em que o encomendante seja o contribuinte do IPI, na forma da legislação deste imposto.

§ 2º O crédito presumido será determinado mediante a aplicação, sobre a base de cálculo referida no § 1º, do fator calculado pela fórmula constante do Anexo.

§ 3º Na determinação do fator (F), indicado no Anexo, serão observadas as seguintes limitações:

I - o quociente será reduzido a cinco, quando resultar superior;

II - o valor dos custos previstos no § 1º será apropriado até o limite de oitenta por cento da receita bruta operacional.

§ 4º A opção pela alternativa constante deste artigo será exercida de conformidade com normas estabelecidas pela Secretaria da Receita Federal e abrangerá, obrigatoriamente:

I - o último trimestre-calendário de 2001, quando exercida neste ano;

II - todo o ano-calendário, quando exercida nos anos subsequentes.

§ 5º Aplicam-se ao crédito presumido determinado na forma deste artigo todas as demais normas estabelecidas na Lei n. 9.363, de 1996.

§ 6º Relativamente ao período de 1º de janeiro de 2002 a 31 de dezembro de 2004, a renúncia anual de receita, decorrente da modalidade de cálculo do ressarcimento instituída neste artigo, será apurada, pelo Poder Executivo, mediante projeção da renúncia efetiva verificada no primeiro semestre.

§ 7º Para os fins do disposto no art. 14 da Lei Complementar n. 101, de 4 de maio de 2000, o montante anual da renúncia, apurado, na forma do § 6º, nos meses de setembro de cada ano, será custeado à conta de fontes financiadoras da reserva de contingência, salvo se verificado excesso de arrecadação, apurado também na forma do § 6º, em relação à previsão de receitas, para o mesmo período, deduzido o valor da renúncia.

ART. 2º Ficam convalidados os atos praticados com base na Medida Provisória n. 2.202-1, de 26 de julho de 2001.

ART. 3º Esta Lei entra em vigor na data de sua publicação, produzindo efeitos a contar de sua regulamentação pela Secretaria da Receita Federal.

Congresso Nacional, em 10 de setembro de 2001;
180º da Independência e 113º da República
DEPUTADO EFRAIM MORAIS
PRIMEIRO VICE-PRESIDENTE DA MESA DO CONGRESSO NACIONAL

ANEXO

F = 0,0365. Rx , onde:
(Rt-C)

F é o fator;

Rx é a receita de exportação;

Rt é a receita operacional bruta;

C é o custo de produção determinado na forma do § 1º do art. 1º;

Rx é o quociente de que trata o inciso I do § 3º do art. 1º.
(Rt-C)

LEI N. 10.300, DE 31 DE OUTUBRO DE 2001

Proíbe o emprego, o desenvolvimento, a fabricação, a comercialização, a importação, a exportação, a aquisição, a estocagem, a retenção ou a transferência, direta ou indiretamente, de minas terrestres antipessoal.

› *DOU*, 1º.11.2001

O Vice-Presidente Da República, no exercício do cargo de Presidente da República. Faço saber que o Congresso Nacional decreta e eu sanciono a seguinte Lei:

ART. 1º É vedado o emprego, o desenvolvimento, a fabricação, a comercialização, a importação, a exportação, a aquisição, a estocagem, a retenção ou a transferência, direta ou indiretamente, de minas terrestres antipessoal no território nacional.

§ 1º Ficam ressalvados do disposto neste artigo a retenção e o manuseio, pelas Forças Armadas, de uma quantidade de minas antipessoal a ser fixada pelo Poder Executivo, com a finalidade de permitir o desenvolvimento de técnicas de sua detecção, desminagem e destruição.

§ 2º Para os efeitos de aplicação desta Lei, entende-se mina terrestre antipessoal como o artefato explosivo de emprego dissimulado para ser acionado pela presença, proximidade ou contato de uma pessoa, destinado a incapacitar, ferir ou matar uma ou mais pessoas.

ART. 2º É crime o emprego, o desenvolvimento, a fabricação, a comercialização, a importação, a exportação, a aquisição, a estocagem, a retenção ou a transferência, direta ou indiretamente, de minas terrestres antipessoal no território nacional:

Pena: reclusão, de 4 (quatro) a 6 (seis) anos e multa.

§ 1º A pena é acrescida de 1/3 (um terço) se o agente for funcionário público civil ou militar.

§ 2º A pena é acrescida de metade em caso de reincidência.

§ 3º Não constitui crime a retenção de minas antipessoal pelas Forças Armadas, em quantidade a ser fixada pelo Poder Executivo, e o seu manuseio e transferência dentro do território nacional, para fins do desenvolvimento de técnicas de detecção, desminagem ou destruição de minas pelos militares.

ART. 3º O cumprimento desta Lei dar-se-á de acordo com o cronograma inserto na Convenção sobre a Proibição do Uso, Armazenamento, Produção e Transferência de Minas Antipessoal e sobre sua Destruição.

ART. 4º A destruição das minas antipessoal existentes no País, excetuando-se o previsto no § 1º do art. 1º, será implementada pelas Forças Armadas no prazo previsto na Convenção sobre a Proibição do Uso, Armazenamento, Produção e Transferência de Minas Antipessoal e sobre sua Destruição e obedecendo a um programa a ser estabelecido pelo Poder Executivo.

ART. 5º Esta Lei entra em vigor na data de sua publicação

Brasília, 31 de outubro de 2001;
180º da Independência e 113º da República.
MARCO ANTONIO DE OLIVEIRA MACIEL

LEI N. 10.308, DE 20 DE NOVEMBRO DE 2001

Dispõe sobre a seleção de locais, a construção, o licenciamento, a operação, a fiscalização, os custos, a indenização, a responsabilidade civil e as garantias referentes aos depósitos de rejeitos radioativos, e dá outras providências.

› *DOU*, 21.11.2001.

O Presidente da República. Faço saber que o Congresso Nacional decreta e eu sanciono a seguinte Lei:

CAPÍTULO I
DISPOSIÇÕES PRELIMINARES

ART. 1º Esta Lei estabelece normas para o destino final dos rejeitos radioativos produzidos em território nacional, incluídos a seleção de locais, a construção, o licenciamento, a operação, a fiscalização, os custos, a indenização, a responsabilidade civil e as garantias referentes aos depósitos radioativos.

Parágrafo único. Para efeito desta Lei, adotar-se-á a nomenclatura técnica estabelecida nas normas da Comissão Nacional de Energia Nuclear - CNEN.

ART. 2º A União, com base nos arts. 21, inciso XXIII, e 22, inciso XXVI, da Constituição Federal, por meio da CNEN, no exercício das competências que lhe são atribuídas pela Lei n. 6.189, de 16 de dezembro de 1974, modificada pela Lei n. 7.781, de 27 de junho de 1989, é responsável pelo destino final dos rejeitos radioativos produzidos em território nacional.

ART. 3º São permitidas a instalação e a operação dos seguintes tipos de depósitos de rejeitos radioativos:

I - depósitos iniciais;

II - depósitos intermediários;

III - depósitos finais.

ART. 4º Os depósitos iniciais, intermediários e finais serão construídos, licenciados, administrados e operados segundo critérios, procedimentos e normas estabelecidos pela CNEN, vedado o recebimento nos depósitos finais de rejeitos radioativos na forma líquida ou gasosa.

§ 1º Os depósitos iniciais utilizados para o armazenamento de rejeitos nas instalações de extração ou de beneficiamento de minério poderão ser convertidos em depósitos finais, mediante expressa autorização da CNEN.

§ 2º Nos casos de acidentes radiológicos ou nucleares, excepcionalmente, poderão ser construídos depósitos provisórios, que serão desativados, com a transferência total dos rejeitos para depósito intermediário ou depósito final, segundo critérios, procedimentos e normas especialmente estabelecidos pela CNEN.

CAPÍTULO II
DA SELEÇÃO DE LOCAIS PARA DEPÓSITOS DE REJEITOS RADIOATIVOS

ART. 5º A seleção de locais para depósitos iniciais obedecerá aos critérios estabelecidos pela CNEN para a localização das atividades produtoras de rejeitos radioativos.

ART. 6º A seleção de locais para instalação de depósitos intermediários e finais obedecerá aos critérios, procedimentos e normas estabelecidos pela CNEN.

Parágrafo único. Os terrenos selecionados para depósitos finais serão declarados de utilidade pública e desapropriados pela União, quando já não forem de sua propriedade.

ART. 7º É proibido o depósito de rejeitos de quaisquer naturezas nas ilhas oceânicas, na plataforma continental e nas águas territoriais brasileiras.

CAPÍTULO III
DA CONSTRUÇÃO DE DEPÓSITOS DE REJEITOS RADIOATIVOS

ART. 8º O projeto, a construção e a instalação de depósitos iniciais de rejeitos radioativos são de responsabilidade do titular da autorização outorgada pela CNEN para operação da instalação onde são gerados os rejeitos.

ART. 9º Cabe à CNEN projetar, construir e instalar depósitos intermediários e finais de rejeitos radioativos.

Parágrafo único. Poderá haver delegação dos serviços previstos no *caput* a terceiros, mantida a responsabilidade integral da CNEN.

CAPÍTULO IV
DO LICENCIAMENTO E DA FISCALIZAÇÃO DOS DEPÓSITOS

ART. 10. A responsabilidade pelo licenciamento de depósitos iniciais, intermediários e finais é da CNEN no que respeita especialmente aos aspectos referentes ao transporte, manuseio e armazenamento de rejeitos radioativos e à segurança e proteção radiológica das instalações, sem prejuízo da licença ambiental e das demais licenças legalmente exigíveis.

ART. 11. A fiscalização dos depósitos iniciais, intermediários e finais será exercida pela CNEN, no campo de sua competência específica, sem prejuízo do exercício por outros órgãos de atividade de fiscalização prevista em lei.

CAPÍTULO V
DA ADMINISTRAÇÃO E OPERAÇÃO DOS DEPÓSITOS

ART. 12. Constituem obrigações do titular da autorização para operar a atividade geradora dos rejeitos a administração e a operação de depósitos iniciais.

ART. 13. Cabe à CNEN a administração e a operação de depósitos intermediários e finais.

Parágrafo único. Poderá haver delegação dos serviços previstos no *caput* a terceiros, mantida a responsabilidade integral da CNEN.

CAPÍTULO VI
DA REMOÇÃO DOS REJEITOS

ART. 14. A remoção de rejeitos de depósitos iniciais para depósitos intermediários ou de depósitos iniciais para depósitos finais é da responsabilidade do titular da autorização para operação da instalação geradora dos rejeitos, que arcará com todas as despesas diretas e indiretas decorrentes.

Parágrafo único. A remoção de rejeitos prevista no *caput* será sempre precedida de autorização específica da CNEN.

ART. 15. A remoção de rejeitos dos depósitos intermediários para os depósitos finais é de responsabilidade da CNEN, que arcará com todas as despesas diretas e indiretas decorrentes.

Parágrafo único. Poderá haver delegação do serviço previsto no *caput* a terceiros, mantida a responsabilidade integral da CNEN.

CAPÍTULO VII
DOS CUSTOS DOS DEPÓSITOS DE REJEITOS RADIOATIVOS

ART. 16. O titular da autorização para a operação da instalação geradora de rejeitos arcará integralmente com os custos relativos à seleção de locais, projeto, construção, instalação, licenciamento, administração, operação e segurança física dos depósitos iniciais.

ART. 17. A CNEN arcará com os custos relativos à seleção de locais, projeto, construção, instalação, licenciamento, administração, operação e segurança física dos depósitos intermediários e finais.

Parágrafo único. A CNEN poderá celebrar com terceiros convênios ou ajustes de mútua cooperação relativos à efetivação total ou parcial do que trata o *caput*, não se isentando, com isso, de sua responsabilidade.

ART. 18. O serviço de depósito intermediário e final de rejeitos radioativos terá seus respectivos custos indenizados à CNEN pelos depositantes, conforme tabela aprovada pela Comissão Deliberativa da CNEN, a vigorar a partir do primeiro dia útil subsequente ao da publicação no Diário Oficial da União.

§ 1º Para a elaboração da tabela referida no *caput* a Comissão Deliberativa levará em conta, entre outros, os seguintes fatores:

I - volume a ser depositado;

II - ativo isotópico do volume recebido;

III - custo de licenciamento, da construção, da operação, da manutenção e da segurança física do depósito.

§ 2º São dispensados do pagamento dos custos de que trata o *caput* os projetos vinculados à Defesa Nacional.

CAPÍTULO VIII
DA RESPONSABILIDADE CIVIL

ART. 19. Nos depósitos iniciais, a responsabilidade civil por danos radiológicos pessoais, patrimoniais e ambientais causados por rejeitos radioativos neles depositados, independente de culpa ou dolo, é do titular da autorização para operação daquela instalação.

ART. 20. Nos depósitos intermediários e finais, a responsabilidade civil por danos radiológicos pessoais, patrimoniais e ambientais causados por rejeitos radioativos neles depositados, independente de culpa ou dolo, é da CNEN.

ART. 21. No transporte de rejeitos dos depósitos iniciais para os depósitos intermediários ou de depósitos iniciais para os depósitos finais, a responsabilidade civil por danos radiológicos pessoais, patrimoniais e ambientais causados por rejeitos radioativos é do titular da autorização para operação da instalação que contém o depósito inicial.

ART. 22. No transporte de rejeitos dos depósitos intermediários para os depósitos finais, a responsabilidade civil por danos radiológicos pessoais, patrimoniais e ambientais causados por rejeitos radioativos é da CNEN.

Parágrafo único. Poderá haver delegação do serviço previsto no *caput* a terceiros, mantida a responsabilidade integral da CNEN.

CAPÍTULO IX
DAS GARANTIAS

ART. 23. As autorizações para operação de depósitos iniciais, intermediários ou finais condicionam-se à prestação das garantias previstas no art. 13 da Lei n. 6.453, de 17 de outubro de 1977.

ART. 24. Para a operação e o descomissionamento de depósitos iniciais e de intermediários e finais, caso estes estejam sendo operados por terceiros, o titular da autorização para operação da instalação deverá oferecer garantia para cobrir as indenizações por danos radiológicos causados por rejeitos radioativos.

ART. 25. Nos depósitos intermediários e finais, caso sejam operados por terceiros, consoante o art. 13 desta Lei, o prestador de serviços deverá oferecer garantia para cobrir as indenizações por danos radiológicos.

CAPÍTULO X
DOS DIREITOS SOBRE OS REJEITOS RADIOATIVOS

ART. 26. Pelo simples ato de entrega de rejeitos radioativos para armazenamento nos depósitos intermediários ou finais, o titular da autorização para operação da instalação geradora transfere à CNEN todos os direitos sobre os rejeitos entregues.

CAPÍTULO XI
DOS DEPÓSITOS PROVISÓRIOS

ART. 27. Nos casos de acidentes nucleares ou radiológicos, a CNEN, a seu exclusivo critério, considerada a emergência enfrentada, poderá determinar a construção de depósitos provisórios para o armazenamento dos rejeitos radioativos resultantes.

ART. 28. A seleção do local, projeto, construção, operação e administração dos depósitos provisórios, ainda que executadas por terceiros devidamente autorizados, são de exclusiva responsabilidade da CNEN.

§ 1º A fiscalização dos depósitos provisórios será exercida pela CNEN, no campo de sua competência específica, sem prejuízo do exercício por outros órgãos de atividade de fiscalização prevista em lei.

§ 2º Os custos relativos aos depósitos provisórios, inclusive os de remoção de rejeitos e descomissionamento, são de responsabilidade da CNEN.

ART. 29. (Vetado).

ART. 30. O Estado em cujo território ocorrer o acidente e consequente instalação do depósito provisório será responsável pelo fornecimento de guarda policial para a garantia da segurança física e inviolabilidade do referido depósito.

ART. 31. A responsabilidade civil por danos radiológicos pessoais, patrimoniais e ambientais causados por rejeitos nos depósitos provisórios ou durante o transporte do local do acidente para o depósito provisório e deste para o depósito final é da CNEN.

Parágrafo único. A responsabilidade civil pelos danos radiológicos causados por rejeitos armazenados em depósito provisório decorrente de falha na segurança física é do Estado.

CAPÍTULO XII
DISPOSIÇÕES GERAIS

ART. 32. A responsabilidade civil por danos decorrentes das atividades disciplinadas nesta Lei será atribuída na forma da Lei n. 6.453, de 1977.

ART. 33. É assegurado à CNEN o direito de regresso em relação a prestadores de serviço na hipótese de culpa ou dolo destes.

ART. 34. Os Municípios que abriguem depósitos de rejeitos radioativos, sejam iniciais, intermediários ou finais, receberão mensalmente compensação financeira.

§ 1º A compensação prevista no *caput* deste artigo não poderá ser inferior a 10% (dez por cento) dos custos pagos à CNEN pelos depositantes de rejeitos nucleares.

§ 2º Caberá à CNEN receber e transferir aos Municípios mensalmente os valores previstos neste artigo, devidos pelo titular da autorização para operação da instalação geradora de rejeitos.

§ 3º Nos depósitos iniciais e intermediários, onde não haja pagamentos previstos no § 1 deste artigo, o titular da autorização da operação da instalação geradora de rejeitos pagará diretamente a compensação ao Município, em valores estipulados pela CNEN, levando em consideração valores compatíveis com a atividade da geradora e os parâmetros estabelecidos no § 1 do art. 18 desta Lei.

ART. 35. Os órgãos responsáveis pela fiscalização desta Lei enviarão anualmente ao Congresso Nacional relatório sobre a situação dos depósitos de rejeitos radioativos.

ART. 36. É proibida a importação de rejeitos radioativos.

CAPÍTULO XIII
DISPOSIÇÕES TRANSITÓRIAS

ART. 37. A CNEN deverá iniciar estudos para a seleção de local, projeto, construção e licenciamento para a entrada em operação, no mais curto espaço de tempo tecnicamente viável, de um depósito final de rejeitos radioativos em território nacional.

Parágrafo único. Para atingir o objetivo fixado no *caput*, a CNEN deverá receber dotação orçamentária específica.

ART. 38 (Vetado.)

ART. 39. Esta Lei entra em vigor na data de sua publicação.

Brasília, 20 de novembro de 2001; 180 da Independência e 113 da República.
FERNANDO HENRIQUE CARDOSO

LEI N. 10.309, DE 22 DE NOVEMBRO DE 2001

Dispõe sobre a assunção pela União de responsabilidades civis perante terceiros no caso de atentados terroristas ou atos de guerra contra aeronaves de empresas aéreas brasileiras.

‣ *DOU*, 23.11.2001.

O Presidente da República. Faço saber que o Congresso Nacional decreta e eu sanciono a seguinte Lei:

ART. 1º Fica a União autorizada a assumir as responsabilidades civis perante terceiros no caso de danos a bens e pessoas no solo, provocados por atentados terroristas ou atos de guerra contra aeronaves de empresas aéreas brasileiras no Brasil ou no exterior.

Parágrafo único. O montante global das assunções a que se refere o art. 1º fica limitado ao maior valor estabelecido pelos países estrangeiros nos quais operam empresas aéreas brasileiras, para cobertura dos danos a que se refere o *caput*, deduzido o montante coberto pelas seguradoras internacionais.

ART. 2º O limite coberto para cada empresa aérea dependerá do montante de seu seguro de responsabilidade civil contra terceiros, contratado com base em sua posição do dia 10 de setembro de 2001.

ART. 3º As empresas aéreas a que se refere esta Lei deverão apresentar ao Ministério da Defesa plano de segurança no prazo de trinta dias.

ART. 4º Caberá ao Ministro de Estado da Defesa, ouvidos os órgãos competentes, atestar que o sinistro sujeito à assunção a que se refere esta Lei ocorreu em virtude de ataques decorrentes de guerra ou de atos terroristas.

ART. 5º A autorização a que se refere esta Lei vigorará por trinta dias, contados a partir de 00:00 horas do dia 25 de setembro de 2001, podendo ser prorrogada por ato do Poder Executivo pelo prazo de até cento e vinte dias.

‣ Lei 10.459/2002 (Prorroga a autorização de que trata a Lei 10.309/2001).

ART. 6º Ficam convalidados os atos praticados com base na Medida Provisória n. 2, de 24 de setembro de 2001.

ART. 7º Esta Lei entra em vigor na data de sua publicação.

Brasília, 22 de novembro de 2001; 180º da Independência e 113º da República.
FERNANDO HENRIQUE CARDOSO

LEI N. 10.331, DE 18 DE DEZEMBRO DE 2001

Regulamenta o inciso X do art. 37 da Constituição, que dispõe sobre a revisão geral e anual das remunerações e subsídios dos servidores públicos federais dos Poderes Executivo, Legislativo e Judiciário da União, das autarquias e fundações públicas federais.

‣ *DOU*, 19.12.2001.

O Presidente da República. Faço saber que o Congresso Nacional decreta e eu sanciono a seguinte Lei:

ART. 1º As remunerações e os subsídios dos servidores públicos dos Poderes Executivo, Legislativo e Judiciário da União, das autarquias e fundações públicas federais, serão revistos, na forma do inciso X do art. 37 da Constituição, no mês de janeiro, sem distinção de índices, extensivos aos proventos da inatividade e às pensões.

ART. 2º A revisão geral anual de que trata o art. 1º observará as seguintes condições:

I - autorização na lei de diretrizes orçamentárias;

II - definição do índice em lei específica;

III - previsão do montante da respectiva despesa e correspondentes fontes de custeio na lei orçamentária anual;

IV - comprovação da disponibilidade financeira que configure capacidade de pagamento pelo governo, preservados os compromissos relativos a investimentos e despesas continuadas nas áreas prioritárias de interesse econômico e social;

V - compatibilidade com a evolução nominal e real das remunerações no mercado de trabalho; e

VI - atendimento aos limites para despesa com pessoal de que tratam o art. 169 da Constituição e a Lei Complementar n. 101, de 4 de maio de 2000.

ART. 3º (Revogado pela Lei 10.697/2003.)

ART. 4º No prazo de trinta dias contados da vigência da lei orçamentária anual ou, se posterior, da lei específica de que trata o inciso II do art. 2º desta Lei, os Poderes farão publicar as novas tabelas de vencimentos que vigorarão no respectivo exercício.

ART. 5º Para o exercício de 2002, o índice de revisão geral das remunerações e subsídios dos servidores públicos federais será de 3,5% (três vírgula cinco por cento).

Parágrafo único. Excepcionalmente, não se aplica ao índice previsto no *caput* a dedução de que trata o art. 3º desta Lei.

ART. 6º Esta Lei entra em vigor na data de sua publicação.

Brasília, 18 de dezembro de 2001; 180º da Independência e 113º da República.
FERNANDO HENRIQUE CARDOSO

LEI N. 10.336, DE 19 DE DEZEMBRO DE 2001

Institui Contribuição de Intervenção no Domínio Econômico incidente sobre a importação e a comercialização de petróleo e seus derivados, gás natural e seus derivados, e álcool etílico combustível (Cide), e dá outras providências.

‣ *DOU*, 20.12.2001

O Presidente da República. Faço saber que o Congresso Nacional decreta e eu sanciono a seguinte Lei:

ART. 1º Fica instituída a Contribuição de Intervenção no Domínio Econômico incidente sobre a importação e a comercialização de petróleo e seus derivados, gás natural e seus derivados, e álcool etílico combustível (Cide), a que se refere os arts. 149 e 177 da Constituição Federal, com a redação dada pela Emenda Constitucional n. 33, de 11 de dezembro de 2001.

§ 1º O produto da arrecadação da Cide será destinada, na forma da lei orçamentária, ao:

I - pagamento de subsídios a preços ou transporte de álcool combustível, de gás natural e seus derivados e de derivados de petróleo;

II - financiamento de projetos ambientais relacionados com a indústria do petróleo e do gás; e

III - financiamento de programas de infraestrutura de transportes.

§ 2º Durante o ano de 2002, será avaliada a efetiva utilização dos recursos obtidos da Cide, e, a partir de 2003, os critérios e diretrizes serão previstos em lei específica.

ART. 1º-A A União entregará aos Estados e ao Distrito Federal, para ser aplicado, obrigatoriamente, no financiamento de programas de infraestrutura de transportes, o percentual a que se refere o art. 159, III, da Constituição Federal, calculado sobre a arrecadação da contribuição prevista no art. 1º desta Lei, inclusive os respectivos adicionais, juros e multas moratórias cobrados, administrativa ou judicialmente, deduzidos os valores previstos no art. 8º desta Lei e a parcela desvinculada nos termos do art. 76 do Ato das Disposições Constitucionais Transitórias. (Incluído pela Lei 10.866/2004.)

§ 1º Os recursos serão distribuídos pela União aos Estados e ao Distrito Federal, trimestralmente, até o 8º (oitavo) dia útil do mês subsequente ao do encerramento de cada trimestre, mediante crédito em conta vinculada aberta para essa finalidade no Banco do Brasil S.A. ou em outra instituição financeira que venha a ser indicada pelo Poder Executivo federal. (Incluído pela Lei 10.866/2004)

§ 2º A distribuição a que se refere o § 1º deste artigo observará os seguintes critérios: (Incluído pela Lei 10.866/2004)

I - 40% (quarenta por cento) proporcionalmente à extensão da malha viária federal e estadual pavimentada existente em cada Estado e no Distrito Federal, conforme estatísticas elaboradas pelo Departamento Nacional de Infraestrutura de Transportes - DNIT; (Incluído pela Lei 10.866/2004)

II - 30% (trinta por cento) proporcionalmente ao consumo, em cada Estado e no Distrito Federal, dos combustíveis a que a Cide se aplica, conforme estatísticas elaboradas pela Agência Nacional do Petróleo - ANP; (Incluído pela Lei 10.866/2004)

III - 20% (vinte por cento) proporcionalmente à população, conforme apurada pela Fundação Instituto Brasileiro de Geografia e Estatística - IBGE; (Incluído pela Lei 10.866/2004)

IV - 10% (dez por cento) distribuídos em parcelas iguais entre os Estados e o Distrito Federal. (Incluído pela Lei 10.866/2004)

§ 3º Para o exercício de 2004, os percentuais de entrega aos Estados e ao Distrito Federal serão os constantes do Anexo desta Lei. ((Incluído pela Lei 10.866/2004)

§ 4º A partir do exercício de 2005, os percentuais individuais de participação dos Estados e do Distrito Federal serão calculados pelo Tribunal de Contas da União na forma do § 2º deste artigo, com base nas estatísticas referentes ao ano imediatamente anterior, observado o seguinte cronograma: (Incluído pela Lei 10.866/2004)

I - até o último dia útil de janeiro, os órgãos indicados nos incisos I a III do § 2º deste artigo enviarão as informações necessárias ao Tribunal de Contas da União; (Incluído pela Lei 10.866/2004)

II - até 15 de fevereiro, o Tribunal de Contas da União publicará os percentuais individuais de que trata o *caput* deste parágrafo; (Incluído pela Lei 10.866/2004)

III - até o último dia útil de março, o Tribunal de Contas da União republicará os percentuais com as eventuais alterações decorrentes da aceitação do recurso a que se refere o § 5º deste artigo. (Incluído pela Lei 10.866/2004.)

§ 5º Os Estados e o Distrito Federal poderão apresentar recurso para retificação dos percentuais publicados, observados a regulamentação e os prazos estabelecidos pelo Tribunal de Contas da União. (Incluído pela Lei 10.866/2004.)

§ 6º Os repasses aos Estados e ao Distrito Federal serão realizados com base nos percentuais republicados pelo Tribunal de Contas da União, efetuando-se eventuais ajustes quando do julgamento definitivo dos recursos a que se refere o § 5º deste artigo. (Incluído pela Lei 10.866/2004.)

§ 7º Os Estados e o Distrito Federal deverão encaminhar ao Ministério dos Transportes, até o último dia útil de outubro, proposta de programa de trabalho para utilização dos recursos mencionados no *caput* deste artigo, a serem recebidos no exercício subsequente, contendo a descrição dos projetos de infraestrutura de transportes, os respectivos custos unitários e totais e os cronogramas financeiros correlatos. (Incluído pela Lei 10.866/2004)

§ 8º Caberá ao Ministério dos Transportes: (Incluído pela Lei 10.866/2004)

I - publicar no Diário Oficial da União, até o último dia útil do ano, os programas de trabalho referidos no § 7º deste artigo, inclusive os custos unitários e totais e os cronogramas financeiros correlatos; (Incluído pela Lei 10.866/2004)

II - receber as eventuais alterações dos programas de trabalho enviados pelos Estados ou pelo Distrito Federal e publicá-las no Diário Oficial da União, em até 15 (quinze) dias após o recebimento. (Incluído pela Lei 10.866/2004)

§ 9º É vedada a alteração que implique convalidação de ato já praticado em desacordo com o programa de trabalho vigente. (Incluído pela Lei 10.866/2004)

§ 10. Os saques das contas vinculadas referidas no § 1º deste artigo ficam condicionados à inclusão das receitas e à previsão das despesas na lei orçamentária estadual ou do Distrito Federal e limitados ao pagamento das despesas constantes dos programas de trabalho referidos no § 7º deste artigo. (Incluído pela Lei 10.866/2004)

§ 11. Sem prejuízo do controle exercido pelos órgãos competentes, os Estados e o Distrito Federal deverão encaminhar ao Ministério dos Transportes, até o último dia útil de fevereiro, relatório contendo demonstrativos da execução orçamentária e financeira dos respectivos programas de trabalho e o saldo das contas vinculadas mencionadas no § 1º deste artigo em 31 de dezembro do ano imediatamente anterior. (Incluído pela Lei 10.866/2004)

§ 12. No exercício de 2004, os Estados e o Distrito Federal devem enviar suas propostas de programa de trabalho para o exercício até o último dia útil de fevereiro, cabendo ao Ministério dos Transportes publicá-las até o último dia útil de março. (Incluído pela Lei 10.866/2004)

§ 13. No caso de descumprimento do programa de trabalho a que se refere o § 7º deste artigo, o Poder Executivo federal poderá determinar à instituição financeira referida no § 1º deste artigo a suspensão do saque dos valores da conta vinculada da respectiva unidade da federação até a regularização da pendência. (Incluído pela Lei 10.866/2004)

§ 14. Os registros contábeis e os demonstrativos gerenciais, mensais e atualizados, relativos aos recursos recebidos nos termos deste artigo ficarão à disposição dos órgãos federais e estaduais de controle interno e externo. (Incluído pela Lei 10.866/2004)

§ 15. Na definição dos programas de trabalho a serem realizados com os recursos recebidos nos termos deste artigo, a União, por intermédio dos Ministérios dos Transportes, das Cidades, e do Planejamento, Orçamento e Gestão, os Estados e o Distrito Federal atuarão de forma conjunta, visando a garantir a eficiente integração dos respectivos sistemas de transportes, a compatibilização das ações dos respectivos planos plurianuais e o alcance dos objetivos previstos no art. 6º da Lei n. 10.636, de 30 de dezembro de 2002. (Incluído pela Lei 10.866/2004)

ART. 1º-B Do montante dos recursos que cabe a cada Estado, com base no *caput* do art. 1º-A desta Lei, 25% (vinte e cinco por cento) serão destinados aos seus Municípios para serem aplicados no financiamento de programas de infraestrutura de transportes. (Incluído pela Lei 10.866/2004)

§ 1º Enquanto não for sancionada a lei federal a que se refere o art. 159, § 4º, da Constituição Federal, a distribuição entre os Municípios observará os seguintes critérios: (Incluído pela Lei 10.866/2004)

I - 50% (cinquenta por cento) proporcionalmente aos mesmos critérios previstos na regulamentação da distribuição dos recursos do Fundo de que tratam os arts. 159, I, b, e 161, II, da Constituição Federal; e (Incluído pela Lei 10.866/2004)

II - 50% (cinquenta por cento) proporcionalmente à população, conforme apurada pela Fundação Instituto Brasileiro de Geografia e Estatística - IBGE. (Incluído pela Lei 10.866/2004)

§ 2º Os percentuais individuais de participação dos Municípios serão calculados pelo Tribunal de Contas da União na forma do § 1º deste artigo, observado, no que couber, o disposto nos §§ 4º, 5º e 6º do art. 1º-A desta Lei. (Incluído pela Lei 10.866/2004)

§ 3º (Vetado.) (Incluído pela Lei 10.866/2004)

§ 4º Os saques das contas vinculadas referidas no § 3º deste artigo ficam condicionados à inclusão das receitas e à previsão das despesas na lei orçamentária municipal. (Incluído pela Lei 10.866/2004)

§ 5º Aplicam-se aos Municípios as determinações contidas nos §§ 14 e 15 do art. 1º-A desta Lei. (Incluído pela Lei 10.866/2004)

ART. 2º São contribuintes da Cide o produtor, o formulador e o importador, pessoa física ou jurídica, dos combustíveis líquidos relacionados no art. 3º.

Parágrafo único. Para efeitos deste artigo, considera-se formulador de combustível líquido, derivados de petróleo e derivados de gás natural, a pessoa jurídica, conforme definido pela Agência Nacional do Petróleo (ANP) autorizada a exercer, em Plantas de Formulação de Combustíveis, as seguintes atividades:

I - aquisição de correntes de hidrocarbonetos líquidos;

II - mistura mecânica de correntes de hidrocarbonetos líquidos, com o objetivo de obter gasolinas e diesel;

III - armazenamento de matérias-primas, de correntes intermediárias e de combustíveis formulados;

IV - comercialização de gasolinas e de diesel; e

V - comercialização de sobras de correntes.

ART. 3º A Cide tem como fatos geradores as operações, realizadas pelos contribuintes referidos no art. 2º, de importação e de comercialização no mercado interno de:

I - gasolinas e suas correntes;

II - diesel e suas correntes;

III - querosene de aviação e outros querosenes;

IV - óleos combustíveis (*fuel-oil*);

V - gás liquefeito de petróleo, inclusive o derivado de gás natural e de nafta; e

VI - álcool etílico combustível.

§ 1º Para efeitos dos incisos I e II deste artigo, consideram-se correntes os hidrocarbonetos líquidos derivados de petróleo e os hidrocarbonetos líquidos derivados de gás natural utilizados em mistura mecânica para a produção de gasolinas ou de diesel, de conformidade com as normas estabelecidas pela ANP.

§ 2º A Cide não incidirá sobre as receitas de exportação, para o exterior, dos produtos relacionados no *caput* deste artigo.

§ 3º A receita de comercialização dos gases propano, classificado no código 2711.12, butano, classificado no código 2711.13, todos da NCM, e a mistura desses gases, quando destinados à utilização como propelentes em embalagem tipo aerossol, não estão sujeitos à incidência da CIDE-Combustíveis até o limite quantitativo autorizado pela Agência Nacional do Petróleo e nas condições estabelecidas pela Secretaria da Receita Federal. (Incluído pela Lei 10.865/2004.)

ART. 4º A base de cálculo da Cide é a unidade de medida adotada nesta Lei para os produtos de que trata o art. 3º, na importação e na comercialização no mercado interno.

ART. 5º A Cide terá, na importação e na comercialização no mercado interno, as seguintes alíquotas específicas: (Redação dada pela Lei 10.636/2002.)

I - gasolina, R$ 860,00 por m³; (Redação dada pela Lei 10.636/2002.)

II - diesel, R$ 390,00 por m³; (Redação dada pela Lei 10.636/2002.)

III - querosene de aviação, R$ 92,10 por m³; (Redação dada pela Lei 10.636/2002.)

IV - outros querosenes, R$ 92,10 por m³; (Redação dada pela Lei 10.636/2002.)

V - óleos combustíveis com alto teor de enxofre, R$ 40,90 por t; (Redação dada pela Lei 10.636/2002.)

VI - óleos combustíveis com baixo teor de enxofre, R$ 40,90 por t; (Redação dada pela Lei 10.636/2002.)

VII - gás liquefeito de petróleo, inclusive o derivado de gás natural e da nafta, R$ 250,00 por t; (Redação dada pela Lei 10.636/2002.)

VIII - álcool etílico combustível, R$ 37,20 por m³. (Redação dada pela Lei 10.636/2002.)

§ 1º Aplicam-se às correntes de hidrocarbonetos líquidos que, pelas suas características físico-químicas, possam ser utilizadas exclusivamente para a formulação de diesel, as mesmas alíquotas específicas fixadas para o produto.

§ 2º Aplicam-se às correntes de hidrocarbonetos líquidos as mesmas alíquotas específicas fixadas para gasolinas. (Redação dada pela Lei 10.833/2003.)

§ 3º O Poder Executivo poderá dispensar o pagamento da Cide incidente sobre as correntes de hidrocarbonetos líquidos não destinados à formulação de gasolina ou diesel, nos termos e condições que estabelecer, inclusive de registro especial do produtor, formulador, importador e adquirente. (Redação dada pela Lei 10.833/2003.)

§ 4º Os hidrocarbonetos líquidos de que trata o § 3º serão identificados mediante marcação, nos termos e condições estabelecidos pela ANP. (Redação dada pela Lei 10.833/2003.)

§§ 5º e 6º (Revogados pela Lei 10.833/2003.)

§ 7º A Cide devida na comercialização dos produtos referidos no *caput* integra a receita bruta do vendedor.

ART. 6º Na hipótese de importação, o pagamento da Cide deve ser efetuado na data do registro da Declaração de Importação.

Parágrafo único. No caso de comercialização, no mercado interno, a Cide devida será apurada mensalmente e será paga até o último dia útil da primeira quinzena do mês subsequente ao de ocorrência do fato gerador.

ART. 7º Do valor da Cide incidente na comercialização, no mercado interno, dos produtos referidos no art. 5º poderá ser deduzido o valor da Cide:

I - pago na importação daqueles produtos;

II - incidente quando da aquisição daqueles produtos de outro contribuinte.

Parágrafo único. A dedução de que trata este artigo será efetuada pelo valor global da Cide pago nas importações realizadas no mês, considerado o conjunto de produtos importados e comercializados, sendo desnecessária a segregação por espécie de produto.

ART. 8º O contribuinte poderá, ainda, deduzir o valor da Cide, pago na importação ou na comercialização, no mercado interno, dos valores da contribuição para o PIS/Pasep e da Cofins devidos na comercialização, no mercado interno, dos produtos referidos no art. 5º, até o limite de, respectivamente: (Redação dada pela Lei 10.636/2002.)

I - R$ 49,90 e R$ 230,10 por m³, no caso de gasolinas; (Redação dada pela Lei 10.636/2002.)

II - R$ 30,30 e R$ 139,70 por m³, no caso de diesel; (Redação dada pela Lei 10.636/2002.)

III - R$ 16,30 e R$ 75,80 por m³, no caso de querosene de aviação; (Redação dada pela Lei 10.636/2002.)

IV - R$ 16,30 e R$ 75,80 por m³, no caso dos demais querosenes; (Redação dada pela Lei 10.636/2002.)

V - R$ 14,50 e R$ 26,40 por t, no caso de óleos combustíveis com alto teor de enxofre; (Redação dada pela Lei 10.636/2002.)

VI - R$ 14,50 e R$ 26,40 por t, no caso de óleos combustíveis com baixo teor de enxofre; (Redação dada pela Lei 10.636/2002.)

VII - R$ 44,40 e R$ 205,60 por t, no caso de gás liquefeito de petróleo, inclusive derivado de gás natural e de nafta; (Redação dada pela Lei 10.636/2002.)

VIII - R$ 13,20 e R$ 24,00 por m³, no caso de álcool etílico combustível. (Incluído pela Lei 10.636/2002.)

§ 1º A dedução a que se refere este artigo aplica-se às contribuições relativas a um mesmo período de apuração ou posteriores.

§ 2º As parcelas da Cide deduzidas na forma deste artigo serão contabilizadas, no âmbito do Tesouro Nacional, a crédito da contribuição para o PIS/Pasep e da Cofins e a débito da própria Cide, conforme normas estabelecidas pela Secretaria da Receita Federal.

ART. 8º-A. O valor da Cide-Combustíveis pago pelo vendedor de hidrocarbonetos líquidos não destinados à formulação de gasolina ou diesel poderá ser deduzido dos valores devidos pela pessoa jurídica adquirente desses produtos, relativamente a tributos ou contribuições administrados pela Receita Federal do Brasil, nos termos, limites e condições estabelecidos em regulamento. (Redação dada pela Lei 11.196/2005.)

§ 1º A pessoa jurídica importadora dos produtos de que trata o *caput* deste artigo não destinados à formulação de gasolina ou diesel poderá deduzir dos valores dos tributos ou contribuições administrados pela Receita Federal do Brasil, nos termos, limites e condições estabelecidos em regulamento, o valor da Cide-Combustíveis pago na importação. (Incluído pela Lei 11.196/2005.)

§ 2º Aplica-se o disposto neste artigo somente aos hidrocarbonetos líquidos utilizados como insumo pela pessoa jurídica adquirente. (Incluído pela Lei 11.196/2005.)

ART. 9º O Poder Executivo poderá reduzir as alíquotas específicas de cada produto, bem assim restabelecê-las até o valor fixado no art. 5º.

§ 1º O Poder Executivo poderá, também, reduzir e restabelecer os limites de dedução referidos no art. 8º.

§ 2º Observado o valor limite fixado no art. 5º, o Poder Executivo poderá estabelecer alíquotas específicas diversas para o diesel, conforme o teor de enxofre do produto, de acordo com classificação estabelecida pela ANP.

ART. 10. São isentos da Cide os produtos, referidos no art. 3º, vendidos à empresa comercial exportadora, conforme definida pela ANP, com o fim específico de exportação para o exterior.

§ 1º A empresa comercial exportadora que no prazo de 180 (cento e oitenta) dias, contado da data de aquisição, não houver efetuado a exportação dos produtos para o exterior, fica obrigada ao pagamento da Cide de que trata esta Lei, relativamente aos produtos adquiridos e não exportados.

§ 2º Na hipótese do § 1º, o valor a ser pago será determinado mediante a aplicação das alíquotas específicas aos produtos adquiridos e não exportados.

§ 3º O pagamento do valor referido no § 2º deverá ser efetuado até o décimo dia subsequente ao do vencimento do prazo estabelecido para a empresa comercial exportadora efetivar a exportação, acrescido de:

I - multa de mora, apurada na forma do *caput* e do § 2º do art. 61 da Lei n. 9.430, de 27 de dezembro de 1996, calculada a partir do primeiro dia do mês subsequente ao de aquisição dos produtos; e

II - juros equivalentes à taxa referencial do Sistema Especial de Liquidação e Custódia - Selic, para títulos federais, acumulada mensalmente, calculados a partir do primeiro dia do mês subsequente ao de aquisição dos produtos, até o último dia do mês anterior ao do pagamento, e de 1% (um por cento) no mês do pagamento.

§ 4º A empresa comercial exportadora que alterar a destinação do produto adquirido com o fim específico de exportação, ficará sujeita ao pagamento da Cide objeto da isenção na aquisição.

§ 5º O pagamento do valor referido no § 4º deverá ser efetuado até o último dia útil da primeira quinzena do mês subsequente ao de ocorrência da revenda no mercado interno, acrescido de:

I - multa de mora, apurada na forma do *caput* e do § 2º do art. 61 da Lei n. 9.430, de 1996, calculada a partir do primeiro dia do mês subsequente ao de aquisição do produto pela empresa comercial exportadora; e

II - juros equivalentes à taxa referencial do Sistema Especial de Liquidação e Custódia - Selic, para títulos federais, acumulada mensalmente, calculados a partir do primeiro dia do mês subsequente ao de aquisição dos produtos pela empresa comercial exportadora, até o último dia do mês anterior ao do pagamento, e de 1% (um por cento) no mês do pagamento.

ART. 11. É responsável solidário pela Cide o adquirente de mercadoria de procedência estrangeira, no caso de importação realizada por sua conta e ordem, por intermédio de pessoa jurídica importadora.

ART. 12. Respondem pela infração, conjunta ou isoladamente, relativamente à Cide, o adquirente de mercadoria de procedência estrangeira, no caso de importação realizada por sua conta e ordem, por intermédio de pessoa jurídica importadora.

ART. 13. A administração e a fiscalização da Cide compete à Secretaria da Receita Federal.

Parágrafo único. A Cide sujeita-se às normas relativas ao processo administrativo fiscal de determinação e exigência de créditos tributários federais e de consulta, previstas no Decreto n. 70.235, de 6 de março de 1972, bem assim, subsidiariamente e no que couber, às disposições da legislação do imposto de renda, especialmente quanto às penalidades e aos demais acréscimos aplicáveis.

ART. 14. Aplicam-se à nafta petroquímica destinada à produção ou formulação de gasolina ou diesel as disposições do art. 4º da Lei n. 9.718, de 27 de novembro de 1998, e dos arts. 22 e 23 da Lei n. 10.865, de 30 de abril de 2004, incidindo as alíquotas específicas: (Redação dada pela Lei 11.196/2005.)

I - fixadas para o óleo diesel, quando a nafta petroquímica for destinada à produção ou formulação exclusivamente de óleo diesel; ou (Incluído pela Lei 11.196/2005.)

II - fixadas para a gasolina, quando a nafta petroquímica for destinada à produção ou formulação de óleo diesel ou gasolina. (Incluído pela Lei 11.196/2005.)

§§ 1º a **3º** (Revogados). (Redação dada pela Lei 11.196/2005.)

ART. 15. Os Ministérios da Fazenda e de Minas e Energia e a ANP poderão editar os atos necessários ao cumprimento das disposições contidas nesta Lei.

ART. 16. Esta Lei entrará em vigor na data de sua publicação, produzindo efeitos a partir de 1º de janeiro de 2002, ressalvado o disposto no art. 14.

Brasília, 19 de dezembro de 2001; 180º da Independência e 113º da República.

FERNANDO HENRIQUE CARDOSO

ANEXO

› Incluído pela Lei n. 10.866/2004.

PERCENTUAIS DE PARTICIPAÇÃO DOS ESTADOS E DO DISTRITO FEDERAL NA CIDE

Estado	Percentual
Acre	0,74%
Alagoas	1,60%
Amapá	0,57%
Amazonas	1,39%
Bahia	6,39%
Ceará	3,55%
Distrito Federal	1,43%
Espírito Santo	2,13%
Goiás	4,69%
Maranhão	3,00%
Mato Grosso	2,76%
Mato Grosso do Sul	2,72%
Minas Gerais	10,72%
Pará	2,85%
Paraíba	1,95%
Paraná	7,23%
Pernambuco	3,67%
Piauí	1,98%
Rio de Janeiro	5,53%
Rio Grande do Norte	2,22%
Rio Grande do Sul	6,50%
Rondônia	1,23%
Roraima	0,74%
Santa Catarina	3,92%
São Paulo	17,47%
Sergipe	1,34%
Tocantins	1,68%
Total	100,00%

LEI N. 10.421, DE 15 DE ABRIL DE 2002

Estende à mãe adotiva o direito à licença-maternidade e ao salário-maternidade, alterando a Consolidação das Leis do Trabalho, aprovada pelo Decreto-Lei n. 5.452, de 1º de maio de 1943, e a Lei n. 8.213, de 24 de julho de 1991.

› *DOU*, 16.04.2002.

O Presidente da República. Faço saber que o Congresso Nacional decreta e eu sanciono a seguinte Lei:

ART. 1º O art. 392 da Consolidação das Leis do Trabalho, aprovada pelo Decreto-Lei n. 5.452, de 1º de maio de 1943, passa a vigorar com a seguinte redação:

› Alterações promovidas no texto da CLT.

ART. 2º A Consolidação das Leis do Trabalho, aprovada pelo Decreto-Lei n. 5.452, de 1º de maio de 1943, passa a vigorar acrescida do seguinte dispositivo:

› Art. 392-A acrescentado ao texto da CLT.

ART. 3º A Lei n. 8.213, de 24 de julho de 1991, passa a vigorar acrescida do seguinte dispositivo:

› Art. 71-A acrescentado ao texto da referida lei.

ART. 4º No caso das seguradas da previdência social adotantes, a alíquota para o custeio das despesas decorrentes desta Lei será a mesma que custeia as seguradas gestantes, disposta no inciso I do art. 22 da Lei n. 8.212, de 24 de julho de 1991.

ART. 5º As obrigações decorrentes desta Lei não se aplicam a fatos anteriores à sua publicação.

ART. 6º Esta Lei entra em vigor na data de sua publicação.

Brasília, 15 de abril de 2002; 181º da Independência e 114º da República.

FERNANDO HENRIQUE CARDOSO

LEI N. 10.426, DE 24 DE ABRIL DE 2002

Altera a legislação tributária federal e dá outras providências.

› *DOU*, 25.04.2002.

› Conversão da Med. Prov. 16/2001.

Faço saber que o Presidente da República adotou a Medida Provisória n. 16, de 2001, que o Congresso Nacional aprovou, e eu, Ramez Tebet, Presidente da Mesa do Congresso Nacional, para os efeitos do disposto no art. 62 da Constituição Federal, com a redação dada pela Emenda Constitucional n. 32, de 2001, promulgo a seguinte Lei:

ART. 1º Em relação ao estoque de ações existente em 31 de dezembro de 2001, fica facultado à pessoa física e à pessoa jurídica isenta ou sujeita ao regime de tributação de que trata a Lei n. 9.317, de 5 de dezembro de 1996, efetuar o pagamento do imposto de renda incidente sobre ganhos líquidos em operações realizadas no mercado à vista de bolsa de valores, sem alienar a ação, à alíquota de dez por cento.

§ 1º O imposto de que trata este artigo:

I - terá como base de cálculo a diferença positiva entre o preço médio ponderado da ação verificado na Bolsa de Valores de São Paulo, no mês de dezembro de 2001, ou no mês anterior mais próximo, caso não tenha havido negócios com a ação naquele mês, e o seu custo médio de aquisição;

II - será pago pelo contribuinte de forma definitiva, sem direito a qualquer restituição ou compensação, até 31 de janeiro de 2002;

III - abrangerá a totalidade de ações de uma mesma companhia, pertencentes à optante, por espécie e classe.

§ 2º O preço médio ponderado de que trata o § 1º:

I - constituirá o novo custo de aquisição, para efeito de apuração do imposto quando da efetiva alienação da ação;

II - será divulgado por meio de relação editada pela Secretaria da Receita Federal.

ART. 2º O disposto no art. 1º aplica-se também no caso de ações negociadas à vista em mercado de balcão organizado, mantido por entidade cujo objeto social seja análogo ao das bolsas de valores e que funcione sob a supervisão e fiscalização da Comissão de Valores Mobiliários.

Parágrafo único. A Secretaria da Receita Federal divulgará também relação contendo os preços das ações negociadas na entidade de que trata este artigo, que serão avaliadas pelo mesmo critério previsto no inciso I do § 1º do art. 1º.

ART. 3º As aplicações existentes em 31 de dezembro de 2001 nos fundos de investimento de que trata o § 6º do art. 28 da Lei n. 9.532, de 10 de dezembro de 1997, com as alterações introduzidas pelos arts. 1º e 2º da Medida Provisória n. 2.189-49, de 23 de agosto de 2001, terão os respectivos rendimentos apropriados *pro rata tempore* até aquela data.

§ 1º No resgate de quotas referentes às aplicações de que trata este artigo serão observados os seguintes procedimentos:

I - se o valor de aquisição, acrescido dos rendimentos apropriados até 31 de dezembro de 2001, for inferior ao valor de resgate, o imposto de renda devido será o resultado da soma das parcelas correspondentes a dez por cento dos rendimentos apropriados até aquela data e a vinte por cento dos rendimentos apropriados entre 1º de janeiro de 2002 e a data do resgate;

II - se o valor de aquisição, acrescido dos rendimentos apropriados até 31 de dezembro de 2001, for superior ao valor de resgate, a base de cálculo do imposto será a diferença positiva entre o valor de resgate e o valor de aquisição, sendo aplicada alíquota de dez por cento.

§ 2º O disposto neste artigo aplica-se também aos clubes de investimento que mantenham em suas carteiras percentual mínimo de sessenta e sete por cento de ações negociadas no mercado à vista de bolsa de valores ou de entidade referida no art. 2º.

ART. 4º (Revogado pela Lei 11.053/2004.)

ART. 5º As entidades fechadas de previdência complementar ficam isentas da Contribuição Social sobre o Lucro Líquido (CSLL), relativamente aos fatos geradores ocorridos a partir de 1º de janeiro de 2002.

ART. 6º As perdas apuradas no resgate de quotas de fundo de investimento poderão ser compensadas com rendimentos auferidos em resgates ou incidências posteriores, no mesmo ou em outro fundo de investimento administrado pela mesma pessoa jurídica, desde que sujeitos à mesma alíquota do imposto de renda, observados os procedimentos definidos pela Secretaria da Receita Federal.

ART. 7º O sujeito passivo que deixar de apresentar Declaração de Informações Econômico-Fiscais da Pessoa Jurídica - DIPJ, Declaração de Débitos e Créditos Tributários Federais - DCTF, Declaração Simplificada da Pessoa Jurídica, Declaração de Imposto de Renda Retido na Fonte - DIRF e Demonstrativo de Apuração de Contribuições Sociais - Dacon, nos prazos fixados, ou que as apresentar com incorreções ou omissões, será intimado a apresentar declaração original, no caso de não apresentação, ou a prestar esclarecimentos, nos demais casos, no prazo estipulado pela Secretaria da Receita Federal - SRF, e sujeitar-se-á às seguintes multas: (Redação dada pela Lei 11.051/2004.)

I - de dois por cento ao mês-calendário ou fração, incidente sobre o montante do imposto de renda da pessoa jurídica informado na DIPJ, ainda que integralmente pago, no caso de falta de entrega desta Declaração ou entrega após o prazo, limitada a vinte por cento, observado o disposto no § 3º;

II - de dois por cento ao mês-calendário ou fração, incidente sobre o montante dos tributos e contribuições informados na DCTF, na Declaração Simplificada da Pessoa Jurídica ou na Dirf, ainda que integralmente pago, no caso de falta de entrega destas Declarações ou entrega após o prazo, limitada a vinte por cento, observado o disposto no § 3º;

III - de 2% (dois por cento) ao mês-calendário ou fração, incidente sobre o montante da Cofins, ou, na sua falta, da contribuição para o PIS/Pasep, informado no Dacon, ainda que integralmente pago, no caso de falta de entrega desta Declaração ou entrega após o prazo, limitada a 20% (vinte por cento), observado o disposto no § 3º deste artigo; e (Redação dada pela Lei 11.051/2004.)

IV - de R$ 20,00 (vinte reais) para cada grupo de 10 (dez) informações incorretas ou omitidas. (Incluído pela Lei 11.051/2004.)

§ 1º Para efeito de aplicação das multas previstas nos incisos I, II e III do *caput* deste artigo, será considerado como termo inicial o dia seguinte ao término do prazo originalmente fixado para a entrega da declaração e como termo final a data da efetiva entrega ou, no caso de não apresentação, da lavratura do auto de infração. (Redação dada pela Lei 11.051/2004.)

§ 2º Observado o disposto no § 3º, as multas serão reduzidas:

I - à metade, quando a declaração for apresentada após o prazo, mas antes de qualquer procedimento de ofício;

II - a setenta e cinco por cento, se houver a apresentação da declaração no prazo fixado em intimação.

§ 3º A multa mínima a ser aplicada será de:

- Lei 11.727/2008 (Dispõe sobre medidas tributárias destinadas a estimular os investimentos e a modernização do setor de turismo, a reforçar o sistema de proteção tarifária brasileiro, a estabelecer a incidência de forma concentrada da Contribuição para o PIS/Pasep e da Contribuição para o Financiamento da Seguridade Social - Cofins na produção e comercialização de álcool).

I - R$ 200,00 (duzentos reais), tratando-se de pessoa física, pessoa jurídica inativa e pessoa jurídica optante pelo regime de tributação previsto na Lei n. 9.317, de 1996;

II - R$ 500,00 (quinhentos reais), nos demais casos.

§ 4º Considerar-se-á não entregue a declaração que não atender às especificações técnicas estabelecidas pela Secretaria Receita Federal.

§ 5º Na hipótese do § 4º, o sujeito passivo será intimado a apresentar nova declaração, no prazo de dez dias, contados da ciência à intimação, e sujeitar-se-á à multa prevista no inciso I do *caput*, observado o disposto nos §§ 1º a 3º.

§ 6º No caso de a obrigação acessória referente ao Demonstrativo de Apuração de Contribuições Sociais - DACON ter periodicidade semestral, a multa de que trata o inciso III do *caput* deste artigo será calculada com base nos valores da Contribuição para o Financiamento da Seguridade Social - COFINS ou da Contribuição para o PIS/Pasep, informados nos demonstrativos mensais entregues após o prazo. (Incluído pela Lei 11.941/2009.)

ART. 8º Os serventuários da Justiça deverão informar as operações imobiliárias anotadas, averbadas, lavradas, matriculadas ou registradas nos Cartórios de Notas ou de Registro de Imóveis, Títulos e Documentos sob sua responsabilidade, mediante a apresentação de Declaração sobre Operações Imobiliárias (DOI), em meio magnético, nos termos estabelecidos pela Secretaria da Receita Federal.

§ 1º A cada operação imobiliária corresponderá uma DOI, que deverá ser apresentada até o último dia útil do mês subsequente ao da anotação, averbação, lavratura, matrícula ou registro da respectiva operação, sujeitando-se o responsável, no caso de falta de apresentação, ou apresentação da declaração após o prazo fixado, à multa de 0,1% ao mês-calendário ou fração, sobre o valor da operação, limitada a um por cento, observado o disposto no inciso III do § 2º.

§ 2º A multa de que trata o § 1º:

I - terá como termo inicial o dia seguinte ao término do prazo originalmente fixado para a entrega da declaração e como termo final a data da efetiva entrega ou, no caso de não apresentação, da lavratura do auto de infração;

II - será reduzida:

a) à metade, caso a declaração seja apresentada antes de qualquer procedimento de ofício;

b) a setenta e cinco por cento, caso a declaração seja apresentada no prazo fixado em intimação;

III - será de, no mínimo, R$ 20,00 (vinte reais). (Redação dada pela Lei 10.865/2004.)

§ 3º O responsável que apresentar DOI com incorreções ou omissões será intimado a apresentar declaração retificadora, no prazo estabelecido pela Secretaria da Receita Federal, e sujeitar-se-á à multa de R$ 50,00 (cinquenta reais) por informação inexata, incompleta ou omitida, que será reduzida em cinquenta por cento, caso a retificadora seja apresentada no prazo fixado.

ART. 9º Sujeita-se à multa de que trata o inciso I do *caput* do art. 44 da Lei n. 9.430, de 27 de dezembro de 1996, duplicada na forma de seu § 1º, quando for o caso, a fonte pagadora obrigada a reter imposto ou contribuição no caso de falta de retenção ou recolhimento, independentemente de outras penalidades administrativas ou criminais cabíveis. (Redação dada pela Lei 11.488/2007.)

Parágrafo único. As multas de que trata este artigo serão calculadas sobre a totalidade ou diferença de tributo ou contribuição que deixar de ser retida ou recolhida, ou que for recolhida após o prazo fixado.

ART. 10. Esta Lei entra em vigor na data de sua publicação.

Congresso Nacional,
em 24 de abril de 2002;
181º da Independência e 114º da República.
SENADOR RAMEZ TEBET
PRESIDENTE DA MESA DO CONGRESSO NACIONAL

LEI N. 10.438, DE 26 DE ABRIL DE 2002

Dispõe sobre a expansão da oferta de energia elétrica emergencial, recomposição tarifária extraordinária, cria o Programa de Incentivo às Fontes Alternativas de Energia Elétrica (Proinfa), a Conta de Desenvolvimento Energético (CDE), dispõe sobre a universalização do serviço público de energia elétrica, dá nova redação às Leis n. 9.427, de 26 de dezembro de 1996, n. 9.648, de 27 de maio de 1998, n. 3.890-A, de 25 de abril de 1961, n. 5.655, de 20 de maio de 1971, n. 5.899, de 5 de julho de 1973, n. 9.991, de 24 de julho de 2000, e dá outras providências.

- *DOU*, 29.04.2002 (Edição extra).
- Dec. 7.583/2011 (Regulamenta a aplicação da Tarifa Social de Energia Elétrica).

O Presidente da República. Faço saber que o Congresso Nacional decreta e eu sanciono a seguinte Lei:

ART. 1º Os custos, inclusive de natureza operacional, tributária e administrativa, relativos à aquisição de energia elétrica (kWh) e à contratação de capacidade de geração ou potência (kW) pela Comercializadora Brasileira de Energia Emergencial - CBEE serão rateados entre todas as classes de consumidores finais atendidas pelo Sistema Elétrico Nacional Interligado, proporcionalmente ao consumo individual verificado, mediante adicional tarifário específico, segundo regulamentação a ser estabelecida pela Agência Nacional de Energia Elétrica - Aneel.

§ 1º O rateio dos custos relativos à contratação de capacidade de geração ou potência (kW) referidos no *caput* não se aplica ao consumidor beneficiado pela Tarifa Social de Energia Elétrica, integrante da Subclasse Residencial Baixa Renda. (Redação dada pela Lei 12.212/2010.)

- Dec. 7.583/2011 (Regulamenta a aplicação da Tarifa Social de Energia Elétrica).

§ 2º O rateio dos custos relativos à aquisição de energia elétrica (kWh) referidos no *caput* não se aplica ao consumidor cujo consumo mensal seja inferior a 350 kWh integrante da Classe Residencial e 700 kWh integrante da Classe Rural.

§ 3º Os resultados financeiros obtidos pela CBEE serão destinados à redução dos custos a serem rateados entre os consumidores.

§ 4º Até a efetiva liquidação das operações do Mercado Atacadista de Energia Elétrica - MAE, fica autorizada a aquisição de energia elétrica e de recebíveis do MAE, bem como a contratação de capacidade pela CBEE, como instrumentos do Programa Prioritário de Termeletricidade - PPT, na forma estabelecida em ato do Poder Executivo.

§§ 5º a **7º** (Revogados pela Lei 12.212/2010.)

§ 8º (Vetado.)

ART. 2º Parcela das despesas com a compra de energia no âmbito do MAE, realizadas pelas concessionárias, permissionárias e autorizadas de geração e de distribuição até dezembro de 2002, decorrentes da redução da geração de energia elétrica nas usinas participantes do

LEIS

Mecanismo de Realocação de Energia - MRE e consideradas nos denominados contratos iniciais e equivalentes, será repassada aos consumidores atendidos pelo Sistema Elétrico Interligado Nacional, na forma estabelecida por resolução da Câmara de Gestão da Crise de Energia Elétrica - GCE ou, extinta esta, da Aneel.

§ 1º As despesas não alcançadas pelo disposto no *caput* serão objeto de transação entre os signatários dos denominados contratos iniciais e equivalentes, observada a disciplina constante de resolução da Aneel.

§ 2º Do valor global adquirido, a parcela a ser rateada, mensalmente divulgada pela Aneel, será calculada pela diferença entre o preço da energia no âmbito do MAE e o valor de R$ 0,04926/kWh.

§ 3º O repasse será realizado sob a forma de rateio proporcional ao consumo individual verificado e não se aplica aos consumidores integrantes da Subclasse Residencial Baixa Renda, nem àqueles cujo consumo mensal seja inferior a 350 kWh da Classe Residencial e 700 kWh da Classe Rural.

ART. 3º Fica instituído o Programa de Incentivo às Fontes Alternativas de Energia Elétrica - Proinfa, com o objetivo de aumentar a participação da energia elétrica produzida por empreendimentos de Produtores Independentes Autônomos, concebidos com base em fontes eólica, pequenas centrais hidrelétricas e biomassa, no Sistema Elétrico Interligado Nacional, mediante os seguintes procedimentos:

- Dec. 9.022/2017 (Dispõe sobre a Conta de Desenvolvimento Energético, a Reserva Global de Reversão e o Operador Nacional do Sistema Elétrico).

I - na primeira etapa do programa: (Redação dada pela Lei n. 10.762/2003).

- Lei 11.943/2009 (Autoriza a União a participar de Fundo de Garantia a Empreendimentos de Energia Elétrica - FGEE)
- Dec. 5.025/2004 (Regulamenta o inciso I e os §§ 1º, 2º, 3º, 4º e 5º do art. 3º da Lei n. 10.438/2002, no que dispõem sobre o Programa de Incentivo às Fontes Alternativas de Energia Elétrica - PROINFA, primeira etapa).

a) os contratos serão celebrados pela Centrais Elétricas Brasileiras S.A. - ELETROBRÁS até 30 de junho de 2004, para a implantação de 3.300 (três mil e trezentos) MW de capacidade, em instalações de produção com início de funcionamento previsto para até 30 de dezembro de 2008, assegurando a compra da energia a ser produzida no prazo de 20 (vinte) anos, a partir da data de entrada em operação definida no contrato, observados os valores e pisos definidos na alínea b deste inciso; (Redação dada pela Lei 11.075/2004.)

- Lei 10.889/2004 (Autoriza a Centrais Elétricas Brasileiras S.A. - ELETROBRÁS a efetuar capitalização na Companhia Energética do Maranhão - CEMAR e altera esta alínea.)

b) a contratação a que se refere a alínea *a* deverá ser distribuída igualmente, em termos de capacidade instalada, por cada uma das fontes participantes do programa e a aquisição da energia será feita pelo valor econômico correspondente à tecnologia específica de cada fonte, valor este a ser definido pelo Poder Executivo, mas tendo como pisos cinquenta por cento, setenta por cento e noventa por cento da tarifa média nacional de fornecimento ao consumidor final dos últimos doze meses, para a produção concebida a partir de biomassa, pequenas centrais hidrelétricas e energia eólica, respectivamente; (Redação dada pela Lei 10.762/2003.)

c) o valor pago pela energia elétrica adquirida na forma deste inciso, os custos administrativos e financeiros e os encargos tributários incorridos pela Eletrobrás na contratação serão rateados, após prévia exclusão do consumidor beneficiado pela Tarifa Social de Energia Elétrica, integrante da Subclasse Residencial Baixa Renda, entre todas as classes de consumidores finais atendidas pelo Sistema Elétrico Interligado Nacional, proporcionalmente ao consumo verificado; (Redação dada pela Lei 12.212/2010.)

d) a contratação das instalações de que trata este inciso I, far-se-á mediante Chamada Pública para conhecimento dos interessados, considerando, no conjunto de cada fonte específica, daquelas habilitadas, primeiramente as que tiverem as Licenças Ambientais de Instalação - LI - mais antigas, prevalecendo, em cada instalação, a data de emissão da primeira LI, caso tenha ocorrido prorrogação ou nova emissão, limitando-se a contratação por Estado a vinte por cento das fontes eólica e biomassa e quinze por cento da Pequena Central Hidrelétrica - PCH; (Redação dada pela Lei 10.762/2003.)

e) concluído o processo definido na alínea *d* sem a contratação do total previsto por fonte e existindo ainda empreendimentos com Licença Ambiental de Instalação - LI - válidas, o saldo remanescente por fonte será distribuído entre os Estados de localização desses empreendimentos, na proporção da oferta em kW (quilowatt), reaplicando-se o critério de antiguidade da LI até a contratação do total previsto por fonte; (Redação dada pela Lei 10.762/2003.)

f) será admitida a participação direta de fabricantes de equipamentos de geração, sua controlada, coligada ou controladora na constituição do Produtor Independente Autônomo, desde que o índice de nacionalização dos equipamentos e serviços seja, na primeira etapa, de, no mínimo sessenta por cento em valor e, na segunda etapa, de, no mínimo, noventa por cento em valor; (Redação dada pela Lei 10.762/2003.)

g) fica a ELETROBRÁS autorizada, no caso da não contratação a que se referem as alíneas d e deste inciso, pela insuficiência de projetos habilitados, a celebrar contratos por fonte até 28 de dezembro de 2004, da diferença entre os 1.100 (mil e cem) MW e a capacidade contratada por fonte, seguindo os mesmos critérios adotados nas alíneas d e deste inciso; (Redação dada pela Lei 11.075/2004.)

h) no caso das metas estipuladas para cada uma das fontes não terem sido atingidas conforme estabelece a alínea *g* caberá à ELETROBRÁS contratar imediatamente as quotas remanescentes de potência entre os projetos habilitados nas demais fontes, seguindo o critério de antiguidade da Licença Ambiental de Instalação; (Incluída pela Lei 10.762/2003.)

II - na segunda etapa do programa:

a) atingida a meta de 3.300 MW, o desenvolvimento do Programa será realizado de forma que as fontes eólica, pequenas centrais hidrelétricas e biomassa atendam a 10% (dez por cento) do consumo anual de energia elétrica no País, objetivo a ser alcançado em até 20 (vinte) anos, aí incorporados o prazo e os resultados da primeira etapa;

b) os contratos serão celebrados pela ELETROBRÁS, com prazo de duração de vinte anos e preço equivalente ao valor econômico correspondente à geração de energia competitiva, definida como o custo médio ponderado de geração de novos aproveitamentos hidráulicos com potência superior a 30.000 kW e centrais termelétricas a gás natural, calculado pelo Poder Executivo; (Incluída pela Lei 10.762/2003.)

c) a aquisição far-se-á mediante programação anual de compra da energia elétrica de cada produtor, de forma que as referidas fontes atendam o mínimo de 15% (quinze por cento) do incremento anual da energia elétrica a ser fornecida ao mercado consumidor nacional, compensando-se os desvios verificados entre o previsto e realizado de cada exercício, no subsequente;

d) o produtor de energia alternativa fará jus a um crédito complementar, calculado pela diferença entre o valor econômico correspondente à tecnologia específica de cada fonte, valor este a ser definido pelo Poder Executivo, e o valor recebido da ELETROBRÁS, para produção concebida a partir de biomassa, pequena central hidrelétrica e eólica; (Incluída pela Lei 10.762/2003.)

e) até o dia 30 de janeiro de cada exercício, os produtores emitirão um Certificado de Energia Renovável - CER, em que conste, no mínimo, a qualificação jurídica do agente produtor, o tipo da fonte de energia primária utilizada e a quantidade de energia elétrica efetivamente comercializada no exercício anterior, a ser apresentado à Aneel para fiscalização e controle das metas anuais;

f) o Poder Executivo regulamentará os procedimentos e a Eletrobrás diligenciará no sentido de que a satisfação dos créditos complementares de que trata a alínea *d* não ultrapasse 30 (trinta) dias da requisição de pagamento feita pelo agente produtor;

g) na ordenação da contratação, que será precedida de Chamada Pública para conhecimento dos interessados, a Eletrobrás aplicará os critérios constantes do inciso I, alíneas *d*, *e f*, observando, ainda, o prazo mínimo de 24 (vinte e quatro) meses entre a assinatura do contrato e o início de funcionamento das instalações;

h) a contratação deverá ser distribuída igualmente, em termos de capacidade instalada, por cada uma das fontes participantes do Programa, podendo o Poder Executivo, a cada 5 (cinco) anos de implantação dessa Segunda Etapa, transferir para as outras fontes o saldo de capacidade de qualquer uma delas, não contratada por motivo de falta de oferta dos agentes interessados;

i) o valor pago pela energia elétrica adquirida na forma deste inciso, os custos administrativos e financeiros e os encargos tributários incorridos pela Eletrobrás na contratação serão rateados, após prévia exclusão do consumidor beneficiado pela Tarifa Social de Energia Elétrica, integrante da Subclasse Residencial Baixa Renda, entre todas as classes de consumidores finais atendidas pelo Sistema Elétrico Interligado Nacional, proporcionalmente ao consumo verificado. (Redação dada pela Lei 12.212/2010.)

§ 1º Produtor Independente é Autônomo quando sua sociedade, não sendo ela própria concessionária de qualquer espécie, não é controlada ou coligada de concessionária de serviço público ou de uso do bem público de geração, transmissão ou distribuição de energia elétrica, nem de seus controladores ou de outra sociedade controlada ou coligada com o controlador comum. (Incluída pela Lei 10.762/2003.)

- Dec. 5.025/2004 (Regulamenta o inciso I e os §§ 1º, 2º, 3º, 4º e 5º do art. 3º da Lei n. 10.438/2002, no que dispõem sobre o Programa de Incentivo às Fontes Alternativas de Energia Elétrica - PROINFA, primeira etapa).

§ 2º Poderá o Poder Executivo autorizar à ELETROBRÁS realizar contratações com Produtores Independentes que não atendam os requisitos do § 1º, desde que o total contratado não ultrapasse a vinte e cinco por cento da programação anual e dessas contratações não resulte preterição de oferta de Produtor Independente Autônomo, observando-se, no caso da energia eólica, que na primeira etapa do Programa o total das contratações seja distribuído igualmente entre Autônomos e não Autônomos. (Incluído pela Lei 10.762/2003.)

› Dec. 5.025/2004 (Regulamenta o inciso I e os §§ 1º, 2º, 3º, 4º e 5º do art. 3º da Lei n. 10.438/2002, no que dispõem sobre o Programa de Incentivo às Fontes Alternativas de Energia Elétrica - PROINFA, primeira etapa).

§ 3º Caberá ao Ministério de Minas Energia a elaboração de Guia de Habilitação por fonte, consignando as informações complementares às Licenças Ambientais de Instalação, necessárias à participação no PROINFA. (Incluído pela Lei 10.762/2003.)

› Dec. 5.025/2004 (Regulamenta o inciso I e os §§ 1º, 2º, 3º, 4º e 5º do art. 3º da Lei n. 10.438/2002, no que dispõem sobre o Programa de Incentivo às Fontes Alternativas de Energia Elétrica - PROINFA, primeira etapa).

§ 4º Somente poderão participar da Chamada Pública, Produtores que comprovem um grau de nacionalização dos equipamentos e serviços de, no mínimo, sessenta por cento, na primeira etapa e noventa por cento na segunda etapa, em cada empreendimento. (Incluída pela Lei 10.762/2003.)

› Dec. 5.025/2004 (Regulamenta o inciso I e os §§ 1º, 2º, 3º, 4º e 5º do art. 3º da Lei n. 10.438/2002, no que dispõem sobre o Programa de Incentivo às Fontes Alternativas de Energia Elétrica - PROINFA, primeira etapa).

§ 5º As concessionárias, permissionárias e o Operador Nacional do Sistema - ONS emitirão documento conclusivo relativo ao processo de acesso aos sistemas de transmissão e distribuição, conforme Procedimentos de Rede, no prazo máximo de trinta dias após a contratação do empreendimento pela ELETROBRÁS, cabendo à ANEEL diligenciar no sentido de garantir o livre acesso do empreendimento contratado pelo critério de mínimo custo global de interligação e reforços nas redes, decidindo eventuais divergências e observando os prazos de início de funcionamento das centrais geradoras estabelecidos neste artigo. (Incluída pela Lei 10.762/2003.)

› Dec. 5.025/2004 (Regulamenta o inciso I e os §§ 1º, 2º, 3º, 4º e 5º do art. 3º da Lei n. 10.438/2002, no que dispõem sobre o Programa de Incentivo às Fontes Alternativas de Energia Elétrica - PROINFA, primeira etapa).

§ 6º Após um período de 3 (três) anos da realização da Chamada Pública, o Produtor Independente Autônomo poderá alterar seu regime para produção independente de energia, mantidos os direitos e obrigações do regime atual, cabendo à Eletrobrás promover eventuais alterações contratuais. (Incluído pela Lei 11.488/2007.)

§ 7º Fica restrita à 1ª (primeira) etapa do programa a contratação preferencial de Produtor Independente Autônomo. (Incluído pela Lei 11.488/2007.)

ART. 4º A Aneel procederá à recomposição tarifária extraordinária prevista no art. 28 da Medida Provisória n. 2.198-5, de 24 de agosto de 2001, sem prejuízo do reajuste tarifário anual previsto nos contratos de concessão de serviços públicos de distribuição de energia elétrica.

§ 1º A recomposição tarifária extraordinária de que trata o *caput* será implementada por meio de aplicação às tarifas de fornecimento de energia elétrica, pelo prazo e valor máximos a serem divulgados por concessionária, em ato da Aneel a ser publicado até 30 de agosto de 2002, dos seguintes índices:

I - até 2,9% (dois vírgula nove por cento), para os consumidores integrantes das Classes Residencial, Rural e iluminação pública;

II - até 7,9% (sete vírgula nove por cento), para os demais consumidores;

III - (Vetado.)

§ 2º Não se aplicam os índices previstos no § 1º à tarifa de energia elétrica devida pelos consumidores integrantes da Subclasse Residencial Baixa Renda.

§ 3º A recomposição tarifária extraordinária será aplicada tão somente às áreas do Sistema Elétrico Interligado Nacional sujeitas, por disposição expressa de resolução da GCE, ao Programa Emergencial de Redução do Consumo de Energia Elétrica - Percee, e aos seguintes períodos:

I - desde 1º de junho de 2001 até 28 de fevereiro de 2002, para os consumidores atendidos por meio dos Sistemas Interligados das Regiões Sudeste, Centro-Oeste e Nordeste; e

II - desde 1º de julho de 2001 até 31 de dezembro de 2001, para os consumidores dos Estados do Pará e do Tocantins e da parte do Estado do Maranhão atendida pelo Sistema Interligado Norte.

§ 4º A recomposição tarifária extraordinária vigorará pelo período necessário à compensação do montante referido no § 9º, apurado pela Aneel na forma de resolução da GCE, observados o prazo e valor máximos fixados na forma do § 1º deste artigo.

§ 5º A recomposição tarifária extraordinária estará sujeita a homologação pela Aneel e observará as seguintes regras:

I - a primeira parcela do montante a recompor será homologada no prazo de 15 (quinze) dias, contado do cumprimento do disposto nos incisos IV a VII, considerando-se os meses efetivamente apurados;

II - a segunda parcela do montante a recompor será homologada no prazo de até 180 (cento e oitenta) dias, contado da extinção do Percee;

III - o detalhamento da metodologia, os prazos, a forma, as condições e o procedimento da recomposição tarifária extraordinária, em especial os requisitos para sua homologação, serão estabelecidos em resolução da Aneel;

IV - a homologação da recomposição tarifária extraordinária será condicionada a pedido do interessado e à certeza, correção e consistência das informações a serem prestadas à Aneel e por ela elencadas e verificadas, inclusive as relativas a eventuais reduções de custos durante o racionamento ou decorrentes de interpretação, explicitação e revisão de estipulações contratuais, que serão objeto de declarações, compromissos, termos aditivos e transações entre as partes, em especial no que concerne à parcela das despesas de que cuida o art. 2º não alcançada por repasse aos consumidores e aos excedentes dos contratos iniciais e equivalentes, nos termos de resolução da Aneel, observadas as diretrizes previstas no § 9º;

V - para atender aos fins previstos no inciso IV, a homologação da recomposição tarifária extraordinária estará condicionada, nos termos de resolução da Aneel, à solução de controvérsias contratuais e normativas e à eliminação e prevenção de eventuais litígios judiciais ou extrajudiciais, inclusive por meio de arbitragem levada a efeito pela Aneel;

VI - a homologação da recomposição tarifária extraordinária estará condicionada à observância pelo interessado do disposto no parágrafo único do art. 2º e no § 1º do art. 6º, bem como à renúncia ou desistência pelo interessado de qualquer pleito, judicial ou extrajudicial, junto ao poder concedente ou aos agentes do setor elétrico relativo a fatos e normas concernentes ao Percee, à recomposição tarifária extraordinária de que cuida este artigo e ao disposto nesta Lei;

VII - a homologação da recomposição tarifária extraordinária estará condicionada à adesão aos acordos firmados entre os agentes do setor elétrico, pela maioria qualificada das distribuidoras e geradoras sujeitas aos contratos iniciais e equivalentes, nos termos de resolução da Aneel.

§ 6º Ficam as empresas públicas e as sociedades de economia mista federais autorizadas a celebrar transações e a promover os atos necessários à solução de controvérsias contratuais e normativas prevista no inciso V do § 5º deste artigo, considerando-se disponíveis os direitos sobre os quais recairão.

§ 7º Não verificada a homologação no prazo previsto no § 5º deste artigo, a recomposição tarifária extraordinária vigorará por 12 (doze) meses e será abatida integralmente no reajuste tarifário anual subsequente.

§ 8º Os contratos iniciais e equivalentes, assim reconhecidos em resolução da Aneel, serão aditados para contemplar uma fórmula compulsória de solução de controvérsias, para que a Aneel instaure *ex officio*, caso as partes não o façam em prazo determinado, os mecanismos de solução de controvérsias existentes, sem prejuízo da atuação subsidiária da Aneel na arbitragem de controvérsias.

§ 9º A GCE estabelecerá os parâmetros gerais da metodologia de cálculo do montante devido a cada interessado a título de recomposição tarifária extraordinária, bem como diretrizes para a homologação da recomposição tarifária extraordinária, vedada a estipulação de critérios ou parâmetros cujos efeitos sejam o de garantir receita bruta ou remuneração mínima às concessionárias e permissionárias.

§ 10. A recomposição tarifária extraordinária não constitui garantia de receita bruta nem de remuneração mínima às concessionárias e permissionárias, devendo para tanto abater-se do montante a recompor eventuais reduções de custos que, a critério da Aneel, comprovadamente não se refiram a ganhos de produtividade alheios ao Percee ou a eventuais postergações de custos em função de restrições financeiras advindas da redução de receita, bem como deduzir ainda os efeitos estimados da expectativa de redução da atividade econômica sobre o consumo de energia elétrica.

§ 11. O processo especial da recomposição tarifária extraordinária prevista neste artigo será realizado uma única vez, não constituindo, em hipótese alguma, instrumento permanente de alteração de tarifa normal nem parcela componente das tarifas normais para fins de futuros reajustes ou revisões tarifárias.

§ 12. Não se aplicam os §§ 1º e 3º do art. 2º da Lei 10.192, de 14 de fevereiro de 2001, ao disposto neste artigo.

§ 13. A eficácia da recomposição tarifária extraordinária fica condicionada ao fiel cumprimento pelos interessados, individualmente considerados, de todas as obrigações por eles assumidas nos termos desta Lei e à ausência de sua impugnação judicial ou extrajudicial pelos mesmos interessados.

§ 14. A prática pelos interessados dos atos previstos neste artigo, em especial daqueles referidos nos incisos IV a VII do § 5º, não acarretará ônus, encargos, responsabilidades, desembolsos, pagamentos ou custos, de qualquer natureza, para o poder concedente.

§ 15. Fica autorizado o registro dos recebíveis da recomposição tarifária extraordinária de que trata este artigo em sistema centralizado de liquidação e custódia autorizado pelo órgão federal competente.

§ 16. Os prazos e os valores máximos por concessionária a serem divulgados nos termos do § 1º não poderão ser ampliados e a sua não divulgação implicará a imediata suspensão da cobrança da recomposição tarifária, até que se cumpra o estabelecido no § 1º, devendo a média ponderada dos prazos referidos não exceder a 72 (setenta e dois) meses.

§ 17. Sem prejuízo do disposto neste artigo, o Poder Executivo poderá ajustar a forma de incidência e cobrança da recomposição tarifária extraordinária dos consumidores industriais que celebrarem os contratos de que trata o § 8º do art. 1º, visando a manutenção dos princípios e práticas concorrências.

ART. 5º Não se aplicam as vedações constantes do art. 39 da Lei n. 4.131, de 3 de setembro de 1962, às entidades oficiais de crédito público da União na concessão de financiamentos destinados, conforme as regras a serem fixadas pela GCE, a suprir a insuficiência de recursos, objeto da recomposição tarifária extraordinária de que trata o art. 4º desta Lei, das concessionárias de serviços públicos de distribuição de energia elétrica e das empresas signatárias de contratos iniciais e equivalentes, assim reconhecidos em resolução da Aneel.

§ 1º O Banco Nacional de Desenvolvimento Econômico e Social - BNDES, por solicitação da GCE, instituirá programa, com caráter emergencial e excepcional, de apoio a concessionárias de serviços públicos de distribuição, geração e produtores independentes de energia elétrica, signatários dos contratos iniciais e equivalentes, assim reconhecidos em resolução da Aneel.

§ 2º Caso instituído, o Programa a que se refere o § 1º observará as diretrizes fixadas pela GCE, sendo as demais condições estabelecidas pelo BNDES.

§ 3º Fica autorizada a instituição de programa de financiamento destinado a suprir insuficiência de recursos a ser recuperada por meio do disposto no art. 6º, de acordo com diretrizes fixadas em ato da GCE.

§ 4º Fica autorizada a concessão de financiamentos incluídos nos programas de que trata este artigo ou de acesso a operações de efeito financeiro equivalente a entidades cujo controle acionário pertença a pessoas jurídicas de direito público interno ou a suas subsidiárias ou controladas.

§ 5º (Vetado.) (Incluído pela Lei 10.762/2003.)

ART. 6º O mecanismo de que trata a Medida Provisória n. 2.227, de 4 de setembro de 2001, deverá conferir, mediante a incorporação dos efeitos financeiros, tratamento isonômico às variações, verificadas em todo o exercício de 2001, de valores de itens da "Parcela A" previstos nos contratos de concessão de distribuição de energia elétrica, desconsiderando, para os fins deste artigo, variações daqueles itens eventualmente ocorridas até 31 de dezembro de 2000.

§ 1º A aplicação do disposto no *caput* fica condicionada a pedido do interessado, que será instruído com:

I - declaração de renúncia a qualquer direito, pretensão, pleito judicial ou extrajudicial, bem como a desistência de qualquer demanda administrativa ou judicial em curso relativos às variações dos valores dos itens integrantes da "Parcela A" desde a data da assinatura do respectivo contrato de concessão até a data de 26 de outubro de 2001;

II - declaração do interessado de que não reivindicará revisão tarifária extraordinária relativa a fatos ocorridos desde a assinatura do contrato de concessão até o dia 31 de dezembro de 2001;

III - assinatura pelo interessado dos atos, transações, renúncias, declarações e desistências referidos no art. 4º e disciplinados em resolução da Aneel.

§ 2º A aplicação do disposto no *caput* está sujeita ao princípio da modicidade tarifária e será implementada, após verificação dos documentos de instrução do pedido e homologação do montante pela Aneel, ao longo de período flexível.

§ 3º O disposto no *caput* não se aplica, em hipótese alguma, a efeitos financeiros decorrentes de variações de valores de itens da "Parcela A" ocorridos em exercícios anteriores a 2001.

ART. 7º Fica a União autorizada a emitir títulos da Dívida Pública Federal, com características a serem definidas pelo Ministro de Estado da Fazenda, diretamente à CBEE, para dar cumprimento ao disposto no § 5º do art. 1º da Medida Provisória n. 2.209, de 29 de agosto de 2001, os quais serão mantidos como garantia das operações que venham a ser contratadas por aquela Empresa.

§ 1º Fica autorizada a CBEE a contratar a Caixa Econômica Federal - CAIXA como agente financeiro da operação.

§ 2º Os títulos de que trata o *caput* deste artigo ficarão depositados em conta custódia na CAIXA.

§ 3º O saldo das operações contratadas que podem ser garantidas com títulos públicos federais, nos termos do *caput* deste artigo, não poderá ultrapassar o montante de R$ 11.000.000.000,00 (onze bilhões de reais).

ART. 8º Honradas as garantias concedidas, a União se sub-rogará nos créditos junto à CBEE, pelo correspondente valor nominal dos títulos liberados.

§ 1º O ressarcimento de que trata o *caput* deste artigo deverá ser efetuado no prazo máximo de 30 (trinta) dias a partir da liberação dos títulos e será atualizado pela taxa média ajustada dos financiamentos diários apurados no Sistema Especial de Liquidação e Custódia - Selic, acrescidos de encargos de 0,5% (zero vírgula cinco por cento) ao ano, dentre outras condições a serem estabelecidas pelo Ministério da Fazenda.

§ 2º Em ressarcimento à garantia honrada pela União, poderão ser aceitos, a critério do Ministério da Fazenda, pelo valor econômico, créditos de propriedade da CBEE.

ART. 9º Fica a União autorizada a realizar aumento de capital social da CBEE, até o valor de R$ 200.000.000,00 (duzentos milhões de reais), mediante títulos da Dívida Pública Federal, com características a serem definidas pelo Ministro de Estado da Fazenda.

ART. 10. Fica a União autorizada, a critério do Ministério da Fazenda, a prestar garantia nas operações realizadas ao amparo do art. 49 da Medida Provisória n. 2.181-45, de 24 de agosto de 2001, e nas operações de permuta, aquisição ou venda de créditos que vierem a ser celebradas entre o BNDES e as empresas estatais do setor elétrico, observado o disposto no art. 40, § 1º, da Lei Complementar n. 101, de 4 de maio de 2000.

ART. 11. Fica a União autorizada, até o limite de R$ 7.500.000.000,00 (sete bilhões e quinhentos milhões de reais), a emitir, sob a forma de colocação direta, em favor do BNDES, títulos da Dívida Pública Mobiliária Federal, cujas características serão definidas pelo Ministro de Estado da Fazenda.

Parágrafo único. Em contrapartida aos títulos emitidos na forma deste artigo, o BNDES poderá utilizar, a critério do Ministro de Estado da Fazenda e, pelo valor presente, créditos detidos contra a BNDESPAR - BNDES Participações S.A.

ART. 12. O BNDES poderá recomprar da União, a qualquer tempo, os créditos referidos no parágrafo único do art. 11, admitindo-se a dação em pagamento de bens e direitos de sua propriedade, a critério do Ministro de Estado da Fazenda.

ART. 13. Fica criada a Conta de Desenvolvimento Energético - CDE visando ao desenvolvimento energético dos Estados, além dos seguintes objetivos: (Redação dada pela Lei 12.783/2013.)

- Dec. 9.022/2017 (Dispõe sobre a Conta de Desenvolvimento Energético, a Reserva Global de Reversão e o Operador Nacional do Sistema Elétrico).

I - promover a universalização do serviço de energia elétrica em todo o território nacional; (Redação dada pela Lei 12.783/2013.)

a) e b) (revogadas); (Incluído pela Lei 12.783/2013.)

II - garantir recursos para atendimento da subvenção econômica destinada à modicidade da tarifa de fornecimento de energia elétrica aos consumidores finais integrantes da Subclasse Residencial Baixa Renda; (Redação dada pela Lei 12.783/2013.)

III - prover recursos para os dispêndios da Conta de Consumo de Combustíveis - CCC; (Redação dada pela Lei 12.783/2013.)

IV - (Revogado.) (Redação dada pela Lei 13.360/2016.)

V - promover a competitividade da energia produzida a partir da fonte carvão mineral nacional nas áreas atendidas pelos sistemas interligados, destinando-se à cobertura do custo de combustível de empreendimentos termelétricos em operação até 6 de fevereiro de 1998, e de usinas enquadradas no § 2º do art. 11 da Lei n. 9.648, de 27 de maio de 1998; e (Redação dada pela Lei 12.783/2013.)

VI - promover a competitividade da energia produzida a partir de fontes eólica, termossolar, fotovoltaica, pequenas centrais hidrelétricas, biomassa, outras fontes renováveis e gás natural. (Redação dada pela Lei 12.783/2013.)

VII - prover recursos para compensar descontos aplicados nas tarifas de uso dos sistemas elétricos de transmissão e distribuição e nas tarifas de energia elétrica, conforme regulamentação do Poder Executivo; (Alterado pela Lei 13.360/2016.)

VIII - (Revogado.) (Redação dada pela Lei 13.360/2016.)

IX - prover recursos para o pagamento dos reembolsos das despesas com aquisição de combustível, incorridas até 30 de abril de 2016 pelas concessionárias titulares das concessões de que trata o art. 4º-A da Lei n. 12.111, de 9 de dezembro de 2009, comprovadas, porém não reembolsadas por força das exigências de eficiência econômica e energética de que trata o § 12 do art. 3º da referida Lei, incluindo atualizações monetárias, vedados o repasse às quotas e a utilização dos recursos de que trata o § 1º deste artigo; (Acrescentado pela Lei 13.299/2016.)

X - (Vetado); (Acrescentado pela Lei 13.299 /2016.)

XI - prover recursos para as despesas de que trata o art. 4º-A da Lei n. 12.111, de 9 de dezembro de 2009. (Acrescentado pela Lei 13.299/2016.)

XII - prover recursos para pagamento de valores relativos à administração e movimentação da CDE, da CCC e da Reserva Global de Reversão (RGR) pela Câmara de Comercialização de Energia Elétrica (CCEE), incluídos os custos administrativos e financeiros e os encargos tributários; (Acrescentado pela Lei 13.360/2016.)

XIII - prover recursos para compensar o impacto tarifário da reduzida densidade de carga do mercado de cooperativas de eletrificação rural, concessionárias ou permissionárias, em relação à principal concessionária de distribuição supridora, na forma definida pela Aneel. (Acrescentado pela Lei 13.360/2016.)

§ 1º Os recursos da CDE serão provenientes das quotas anuais pagas por todos os agentes que comercializem energia com consumidor final, mediante encargo tarifário incluído nas tarifas de uso dos sistemas de transmissão ou de distribuição, dos pagamentos anuais realizados a título de uso de bem público, das multas aplicadas pela Aneel a concessionárias, permissionárias e autorizadas, e dos créditos da União de que tratam os arts. 17 e 18 da Medida Provisória n. 579, de 11 de setembro de 2012. (Redação dada pela Lei 12.783/2013.)

§ 1º-A. É a União autorizada a destinar os recursos oriundos do pagamento de bonificação pela outorga de que trata o § 7º do art. 8º da Lei n. 12.783, de 11 de janeiro de 2013, à CDE, exclusivamente para cobertura dos usos de que tratam os incisos IX e X do *caput* deste artigo. (Acrescentado pela Lei 13.299/2016.)

- A Med. Prov. 855/2018 determinou a seguinte alteração:
  § 1º-A Fica a União autorizada a destinar à CDE, até 31 de dezembro de 2021, sujeito à disponibilidade orçamentária e financeira, os recursos prioritariamente oriundos do pagamento de bonificação pela outorga de que trata o § 7º do art. 8º da Lei n. 12.783, de 11 de janeiro de 2013, ou de outras fontes definidas pelo Ministério do Planejamento, Desenvolvimento e Gestão, exclusivamente para cobertura dos usos de que trata o inciso IX do *caput*.
- Determinou, ainda, a revogação de parte do art. 3º da Lei 13.299/2016 que alterou este parágrafo.

§ 1º-B. O pagamento de que trata o inciso IX do *caput* é limitado a R$ 3.500.000.000,00 (três bilhões e quinhentos milhões de reais) até o exercício de 2017, sujeito à disponibilidade orçamentária e financeira. (Acrescentado pela Lei 13.360/2016.)

- A Med. Prov. 855/2018 determinou a seguinte alteração:
  § 1º-B O pagamento de que trata o inciso IX do *caput* limita-se ao valor de R$ 3.500.000.000,00 (três bilhões e quinhentos milhões de reais).
- Determinou, ainda, a revogação de parte do art. 3º da Lei 13.299/2016 que alterou este parágrafo.

§ 1º-C. O ativo constituído de acordo com o inciso IX do *caput* é limitado à disponibilidade de recursos de que trata o § 1º-B, destinados a esse fim, vedados o repasse às quotas anuais e a utilização dos recursos de que trata o § 1º. (Acrescentado pela Lei 13.360/2016.)

§ 2º O montante a ser arrecadado em quotas anuais da CDE calculadas pela Aneel corresponderá à diferença entre as necessidades de recursos e a arrecadação proporcionada pelas demais fontes de que trata o § 1º. (Redação dada pela Lei 12.783/2013.)

§ 2º-A. O poder concedente deverá apresentar, conforme regulamento, até 31 de dezembro de 2017, plano de redução estrutural das despesas da CDE, devendo conter, no mínimo: (Acrescentado pela Lei 13.360/2016.)

I - proposta de rito orçamentário anual; (Acrescentado pela Lei 13.360/2016.)

II - limite de despesas anuais; (Acrescentado pela Lei 13.360/2016.)

III - critérios para priorização e redução das despesas; (Acrescentado pela Lei 13.360/2016.)

IV - instrumentos aplicáveis para que as despesas não superem o limite de cada exercício. (Acrescentado pela Lei 13.360/2016.)

§ 3º As quotas anuais da CDE deverão ser proporcionais às estipuladas em 2012 aos agentes que comercializem energia elétrica com o consumidor final. (Redação dada pela Lei 12.783/2013.)

§ 3º-A. O disposto no § 3º aplica-se até 31 de dezembro de 2016. (Alterado pela Lei 13.360/2016.)

§ 3º-B. A partir de 1º de janeiro de 2030, o rateio das quotas anuais da CDE deverá ser proporcional ao mercado consumidor de energia elétrica atendido pelos concessionários e pelos permissionários de distribuição e de transmissão, expresso em MWh. (Alterado pela Lei 13.360/2016.)

§ 3º-C. De 1º de janeiro de 2017 até 31 de dezembro de 2029, a proporção do rateio das quotas anuais da CDE deverá ajustar-se gradual e uniformemente para atingir aquela prevista no § 3º-B. (Alterado pela Lei 13.360/2016.)

§ 3º-D. A partir de 1º de janeiro de 2030, o custo do encargo tarifário por MWh das quotas anuais da CDE pagas pelos consumidores atendidos em nível de tensão igual ou superior a 69 kV será 1/3 (um terço) daquele pago pelos consumidores atendidos em nível de tensão inferior a 2,3 kV. (Acrescentado pela Lei 13.360/2016.)

§ 3º-E. A partir de 1º de janeiro de 2030, o custo do encargo tarifário por MWh das quotas anuais da CDE pagas pelos consumidores atendidos em nível de tensão igual ou superior a 2,3 kV e inferior a 69 kV será 2/3 (dois terços) daquele pago pelos consumidores atendidos em nível de tensão inferior a 2,3 kV. (Acrescentado pela Lei 13.360/2016.)

§ 3º-F. De 1º de janeiro de 2017 até 31 de dezembro de 2029, o custo do encargo tarifário por MWh das quotas anuais da CDE deverá ajustar-se gradual e uniformemente para atingir as proporções previstas nos §§ 3º-D e 3º-E. (Acrescentado pela Lei 13.360/2016.)

§ 3º-G. A partir de 1º de janeiro de 2017, o consumidor beneficiado pela Tarifa Social de Energia Elétrica ficará isento do pagamento das quotas anuais da CDE. (Acrescentado pela Lei 13.360/2016.)

§ 4º O repasse da CDE a que se refere o inciso V do *caput* observará o limite de até 100% (cem por cento) do valor do combustível ao seu correspondente produtor, incluído o valor do combustível secundário necessário para assegurar a operação da usina, mantida a obrigatoriedade de compra mínima de combustível estipulada nos contratos vigentes na data de publicação desta Lei, a partir de 1º de janeiro de 2004, destinado às usinas termelétricas a carvão mineral nacional, desde que estas participem da otimização dos sistemas elétricos interligados, compensando-se os valores a serem recebidos a título da sistemática de rateio de ônus e vantagens para as usinas termelétricas de que tratam os §§ 1º e 2º do art. 11 da Lei n. 9.648, de 1998, podendo a Aneel ajustar o percentual do reembolso ao gerador, segundo critérios que considerem sua rentabilidade competitiva e preservem o atual nível de produção da indústria produtora do combustível. (Redação dada pela Lei 12.783/2013.)

§ 4º-A. A partir de 1º de janeiro de 2017, o valor anual destinado para garantir a compra mínima de que trata o § 4º deste artigo: (Acrescentado pela Lei 13.360/2016.)

I - será limitado a valor máximo, estipulado a partir do valor médio desembolsado nos anos de 2013, 2014 e 2015, corrigido pelo Índice Nacional de Preços ao Consumidor Amplo (IPCA), publicado pelo Instituto Brasileiro de Geografia e Estatística (IBGE), ou outro que o substituir; (Acrescentado pela Lei 13.360/2016.)

II - deverá descontar, para cada beneficiário, o estoque de carvão mineral custeado pela CDE e não consumido no ano anterior. (Acrescentado pela Lei 13.360/2016.)

§ 5º A CDE será regulamentada pelo Poder Executivo e movimentada pela Eletrobras. (Redação dada pela Lei 12.783/2013.)

§ 5º-A. Até 1º de maio de 2017, terá início a administração e movimentação da CDE e da CCC pela CCEE, sem prejuízo da atuação dos órgãos de controle interno ou externo da administração pública federal sobre a gestão dessas contas. (Acrescentado pela Lei 13.360/2016.)

§ 5º-B. Os valores relativos à administração dos encargos setoriais de que trata o § 5º-A e da RGR, incluídos os custos administrativos e financeiros e os encargos tributários incorridos pela CCEE, deverão ser custeados integralmente à CCEE com recursos da CDE, conforme regulação da Aneel, não podendo exceder a 0,2% (dois décimos por cento) do orçamento anual da CDE, sendo excluídos desse limite os encargos tributários. (Acrescentado pela Lei 13.360/2016.)

§ 6º Os recursos da CDE poderão ser transferidos à Reserva Global de Reversão - RGR e à Conta de Consumo de Combustíveis - CCC, para atender às finalidades dos incisos III e IV do *caput*. (Redação dada pela Lei 12.783/2013.)

§ 7º Os dispêndios para a finalidade de que trata o inciso V do *caput* serão custeados pela CDE até 2027. (Redação dada pela Lei 12.783/2013.)

§ 8º (Revogado). (Redação dada pela Lei 12.783/2013.)

§ 9º (Revogado). (Redação dada pela Lei 12.783/2013.)

§ 10. A nenhuma das fontes eólica, termossolar, fotovoltaica, pequenas centrais hidrelétricas, biomassa, gás natural e carvão mineral nacional poderão ser destinados anualmente recursos cujo valor total ultrapasse 30% (trinta por cento) do recolhimento anual da CDE, condicionando-se o enquadramento de projetos e contratos à prévia verificação, na Eletrobras, de disponibilidade de recursos. (Incluído pela Lei 12.783/2013.)

§ 11. Os recursos da CDE poderão ser destinados a programas de desenvolvimento e qualificação de mão de obra técnica, no segmento de instalação de equipamentos de energia fotovoltaica. (Incluído pela Lei 12.783/2013.)

§ 12. As receitas e as despesas da CDE deverão ser publicadas mensalmente em sítio da internet, com informações relativas aos beneficiários das despesas cobertas pela CDE e os respectivos valores recebidos. (Alterado pela Lei 13.360/2016.)

§ 13. A CDE cobrirá as despesas assumidas relacionadas à amortização de operações financeiras vinculadas à indenização por ocasião da reversão das concessões e para atender à finalidade de modicidade tarifária, nas condições, nos valores e nos prazos em que essas obrigações foram atribuídas à CDE. (Acrescentado pela Lei 13.360/2016.)

§ 14. Na aplicação dos recursos de que tratam os incisos VII e XIII do *caput*, as concessionárias de serviço público de distribuição cujos

LEIS

mercados próprios sejam inferiores a 500 GWh/ano e que sejam cooperativas de eletrificação rural terão o mesmo tratamento conferido às cooperativas de eletrificação rural enquadradas como permissionárias de distribuição de energia elétrica. (Acrescentado pela Lei 13.360/2016.)

ART. 14. No estabelecimento das metas de universalização do uso da energia elétrica, a Aneel fixará, para cada concessionária e permissionária de serviço público de distribuição de energia elétrica:

I - áreas, progressivamente crescentes, em torno das redes de distribuição, no interior das quais o atendimento em tensão inferior a 2,3kV, ainda que necessária a extensão de rede primária de tensão inferior ou igual a 138kV, e carga instalada na unidade consumidora de até 50kW, será sem ônus de qualquer espécie para o solicitante que possuir característica de enquadramento no Grupo B, excetuado o subgrupo iluminação pública, e que ainda não for atendido com energia elétrica pela distribuidora local; (Redação dada pela Lei 10.762/2003.)

II - áreas, progressivamente decrescentes, no interior das quais o atendimento em tensão inferior a 2,3kV, ainda que necessária a extensão de rede primária de tensão inferior ou igual a 138kV, e carga instalada na unidade consumidora de até 50kW, poderá ser diferido pela concessionária ou permissionária para horizontes temporais preestabelecidos pela ANEEL, quando o solicitante do serviço, que possuir característica de enquadramento no Grupo B, excetuado o subgrupo iluminação pública, e que ainda não for atendido com energia elétrica pela distribuidora local, será atendido sem ônus de qualquer espécie. (Redação dada pela Lei 10.762/2003.)

§ 1º O atendimento dos pedidos de nova ligação ou aumento de carga dos consumidores que não se enquadram nos termos dos incisos I e II deste artigo, será realizado à custa da concessionária ou permissionária, conforme regulamento específico a ser estabelecido pela ANEEL, que deverá ser submetido a Audiência Pública. (Redação dada pela Lei 10.762/2003.)

§ 2º É facultado ao consumidor de qualquer classe contribuir para o seu atendimento, com vistas em compensar a diferença verificada entre o custo total do atendimento e o limite a ser estabelecido no § 1º. (Redação dada pela Lei 10.762/2003.)

§ 3º Na regulamentação do § 1º deste artigo, a ANEEL levará em conta as características da carga atendida, a rentabilidade do investimento, a capacidade econômica e financeira do distribuidor local, a preservação da modicidade tarifária e as desigualdades regionais. (Redação dada pela Lei 10.848/2004.)

§ 4º Na regulamentação deste artigo, a ANEEL levará em conta, dentre outros fatores, a taxa de atendimento da concessionária ou permissionária, considerada no global e desagregada por Município e a capacidade técnica, econômica e financeira necessárias ao atendimento das metas de universalização. (Redação dada pela Lei 10.848/2004.)

§ 5º A ANEEL também estabelecerá procedimentos para que o consumidor localizado nas áreas referidas no inciso II do *caput* possa antecipar seu atendimento, financiando ou executando, em parte ou no todo, as obras necessárias, devendo esse valor lhe ser restituído pela concessionária ou permissionária após a carência de prazo igual ao que seria necessário para obter sua ligação sem ônus. (Redação dada pela Lei 10.762/2003.)

§ 6º Para as áreas atendidas por cooperativas de eletrificação rural serão consideradas as mesmas metas estabelecidas, quando for o caso, para as concessionárias ou permissionárias de serviço público de energia elétrica, onde esteja localizada a respectiva cooperativa de eletrificação rural, conforme regulamentação da ANEEL. (Redação dada pela Lei 10.762/2003.)

§ 7º O financiamento de que trata o § 5º deste artigo, quando realizado por órgãos públicos, inclusive da administração indireta, a exceção dos aportes a fundo perdido, visando a universalização do serviço, serão igualmente restituídos pela concessionária ou permissionária, ou se for o caso, cooperativa de eletrificação rural, devendo a ANEEL disciplinar o prazo de carência quando o fornecimento for em áreas com prazos de diferimento distintos. (Redação dada pela Lei 10.762/2003.)

§ 8º O cumprimento das metas de universalização será verificado pela ANEEL, em periodicidade no máximo igual ao estabelecido nos contratos de concessão para cada revisão tarifária, devendo os desvios repercutir no resultado da revisão mediante metodologia a ser publicada.

§ 9º A ANEEL tornará públicas, anualmente, as metas de universalização do serviço público de energia elétrica. (Incluído pela Lei 10.762/2003.)

§ 10. Não fixadas as áreas referidas nos incisos I e II do *caput* no prazo de um ano contado da publicação desta Lei e até que sejam fixadas, a obrigação de as concessionárias e permissionárias de serviço público de energia elétrica atenderem aos pedidos de ligação sem qualquer espécie ou tipo de ônus para o solicitante aplicar-se-á a toda a área concedida ou permitida. (Incluído pela Lei 10.762/2003.)

§ 11. A partir de 31 de julho de 2002 e até que entre em vigor a sistemática de atendimento por área, as concessionárias e permissionárias de serviço público de energia elétrica atenderão, obrigatoriamente e sem qualquer ônus para o consumidor, ao pedido de ligação cujo fornecimento possa ser realizado mediante a extensão de rede em tensão secundária de distribuição, ainda que seja necessário realizar reforço ou melhoramento na rede primária. (Incluído pela Lei 10.762/2003.)

§ 12. No processo de universalização dos serviços públicos de energia elétrica no meio rural, serão priorizados os municípios com índice de atendimento aos domicílios inferior a oitenta e cinco por cento, calculados com base nos dados do Censo 2000 do IBGE, podendo ser subvencionada parcela dos investimentos com recurso da Reserva Global de Reversão, instituída pela Lei n. 5.655, de 20 de maio de 1971 e da Conta de Desenvolvimento Energético - CDE, de que trata o art. 13 desta Lei, nos termos da regulamentação. (Incluído pela Lei 10.762/2003.)

§ 13. O Poder Executivo estabelecerá diretrizes específicas que criem as condições, os critérios e os procedimentos para a atribuição da subvenção econômica às concessionárias e permissionárias de serviço público de energia elétrica e, se for o caso, cooperativas de eletrificação rural e para a fiscalização da sua aplicação nos municípios beneficiados. (Incluído pela Lei 10.762/2003.)

ART. 15. Visando a universalização do serviço público de energia elétrica, a Aneel poderá promover licitações para outorga de permissões de serviço público de energia elétrica, em áreas já concedidas cujos contratos não contenham cláusula de exclusividade.

§ 1º As licitações poderão ser realizadas, por delegação, pelas Agências de Serviços Públicos Estaduais conveniadas, mediante a utilização de editais padronizados elaborados pela Aneel, inclusive o contrato de adesão, com observância da Lei n. 8.987, de 13 de fevereiro de 1995, e demais dispositivos legais específicos para o serviço público de energia elétrica, aplicando-se, no que couber e subsidiariamente, a Lei n. 8.666, de 21 de junho de 1993.

§ 2º É facultado à Aneel adotar a modalidade de tomada de preço, devendo, neste caso, mediante ações integradas com as Agências de Serviços Públicos Estaduais conveniadas, promover ampla divulgação visando o cadastramento de agentes interessados.

§ 3º A permissionária será contratada para prestar serviço público de energia elétrica utilizando-se da forma convencional de distribuição, podendo, simultaneamente, também prestar o serviço mediante associação ou contratação com agentes detentores de tecnologia ou titulares de autorização para fontes solar, eólica, biomassa e pequenas centrais hidrelétricas.

§ 4º À permissionária contratada na forma deste artigo é permitido realizar o fornecimento de energia elétrica a todos os consumidores, ligados ou não, localizados na área permitida, independentemente de carga, tensão e dos prazos de carência previstos nos arts. 15 e 16 da Lei n. 9.074, de 7 de julho de 1995.

§ 5º É vedado às concessionárias de serviços públicos de energia elétrica, suas controladas e seus controladores, em qualquer grau de descendência ou ascendência, bem como outras sociedades igualmente controladas ou coligadas, independente do grau de colateralidade, participarem das licitações de que trata este artigo.

§ 6º A permissão de serviço público de energia elétrica contratada na forma deste artigo poderá prever condições e formas de atendimento específicas, compatíveis com a tecnologia utilizada.

ART. 16. É vedado à concessionária e à permissionária de serviço público federal de energia elétrica, bem como à sua controlada ou coligada, à sua controladora direta ou indireta e a outra sociedade igualmente controlada ou coligada da controladora comum, explorar serviço público estadual de gás canalizado, salvo quando o controlador for pessoa jurídica de direito público interno, vedação não extensiva aos agentes autorizados de geração de energia elétrica. (Alterado pela Lei 13.360/2016.)

ART. 17. Os arts. 3º, 13, 17 e 26 da Lei n. 9.427, de 26 de dezembro de 1996, passam a vigorar com a seguinte redação:

- Dec. 4.541/2002 (Regulamenta os arts. 3º, 13, 17 e 23 desta lei).
- Alterações promovidas no texto da referida lei.

ART. 18. Os arts. 1º, 8º, 10 e 11, da Lei n. 9.648, de 27 de maio de 1998, passam a vigorar com a seguinte redação:

- Alterações promovidas no texto da referida lei.

ART. 19. O art. 4º da Lei n. 5.899, de 5 de julho de 1973, passa a vigorar com a seguinte redação:

- Alteração promovida no texto da referida lei.

ART. 20. Deverão ser sub-rogados à Eletrobrás os compromissos de aquisição e repasse às concessionárias de distribuição dos serviços de eletricidade de Itaipu Binacional firmados por Furnas e Eletrosul, subsidiárias da Eletrobrás, com as concessionárias de distribuição de energia elétrica.

ART. 21. Parcela do resultado da comercialização de energia de Itaipu será destinada, mediante rateio proporcional ao consumo individual e crédito do "bônus" nas contas de energia, aos consumidores do Sistema Elétrico Nacional Interligado integrantes das Classes Residencial e Rural, com consumo mensal inferior a 350 kWh, nos termos de regulamentação do Poder Executivo.

ART. 22. O art. 15 da Lei n. 3.890-A, de 25 de abril de 1961, com a redação dada pelo art. 16 da Lei n. 9.648, de 27 de maio de 1998, passa a vigorar com a seguinte redação:

- Alteração promovida no texto da referida lei.

ART. 23. O art. 4º da Lei n. 5.655, de 20 de maio de 1971, com a redação dada pelo art. 13 da Lei n. 9.496, de 11 de setembro de 1997, passa a vigorar com a seguinte redação:

- Dec. 4.541/2002 (Regulamenta os arts. 3º, 13, 17 e 23 desta lei).
- Alteração promovida no texto da referida lei.

ART. 24. O art. 2º da Lei n. 9.991, de 24 de julho de 2000, passa a vigorar com a seguinte redação:

- Alteração promovida no texto da referida lei.

ART. 25. Os descontos especiais nas tarifas de energia elétrica aplicáveis às unidades consumidoras classificadas na Classe Rural, inclusive Cooperativas de Eletrificação Rural, serão concedidos ao consumo que se verifique na atividade de irrigação e aquicultura desenvolvida em um período diário contínuo de 8h30m (oito horas e trinta minutos) de duração, facultado ao concessionário ou permissionário de serviço público de distribuição de energia elétrica o estabelecimento de escalas de horário para início, mediante acordo com os consumidores, garantido o horário compreendido entre 21h30m (vinte e uma horas e trinta minutos) e 6h (seis horas) do dia seguinte. (Redação dada pela Lei 11.196/2005.)

§ 1º As concessionárias e permissionárias de distribuição de energia elétrica poderão acordar a ampliação do desconto de que trata o *caput* deste artigo em até 40 (quarenta) horas semanais, no âmbito das políticas estaduais de incentivo à irrigação e à aquicultura, vedado o custeio desse desconto adicional por meio de repasse às tarifas de energia elétrica ou por meio de qualquer encargo incidente sobre as tarifas de energia elétrica. (Acrescentado pela Lei 12.873/2013.)

§ 2º A ampliação das horas semanais de desconto tarifário não poderá comprometer a segurança do atendimento ao mercado de energia elétrica e a garantia física das usinas hidroelétricas. (Acrescentado pela Lei 12.873/2013.)

§ 3º Nas bandeiras tarifárias homologadas pela Aneel deverão incidir os descontos especiais previstos no *caput*. (Alterado pela Lei 13.203/2015.)

ART. 26. Fica a Petróleo Brasileiro S.A. - Petrobrás, sociedade de economia mista, criada pela Lei n. 2.004, de 3 de outubro de 1953, autorizada a incluir no seu objeto social as atividades vinculadas à energia.

ART. 27. As concessionárias e autorizadas de geração sob controle federal, estadual e municipal poderão comercializar energia elétrica na forma prevista nos arts. 1º e 2º da Medida Provisória n. 144, de 11 de dezembro de 2003. (Redação dada pela Lei 10.848/2004.)

§ 1º A redução dos contratos iniciais de que trata o inciso II do art. 10 da Lei n. 9.648, de 27 de maio de 1998, não confere direito às concessionárias geradoras a qualquer garantia tarifária em relação ao montante de energia liberada. (Redação dada pela Lei 10.848/2004.)

§ 2º Os riscos hidrológicos ou de não cumprimento do contrato poderão ser assumidos pela concessionária geradora vendedora da energia elétrica. (Redação dada pela Lei 10.848/2004.)

§ 3º O disposto neste artigo não se aplica à Itaipu Binacional e à Eletronuclear.

§ 4º No Ambiente de Contratação Livre (ACL), a compra e a venda de energia elétrica pelos agentes de que trata o *caput* e pelos demais agentes autorizados sob controle federal, estadual e municipal serão realizadas na forma prevista no inciso I do § 3º do art. 28 e no inciso XVIII do art. 29 da Lei n. 13.303, de 30 de junho de 2016. (Alterado pela Lei 13.360/2016.)

§ 5º As concessionárias de geração de que trata o *caput* poderão comercializar energia elétrica conforme regulamento a ser baixado pelo Poder Executivo nas seguintes formas: (Incluído pela Lei 10.604/2002.)

I - (Revogado pela Lei 13.360/2016.)

II - aditamento dos contratos que estejam em vigor na data de publicação desta Lei, devendo a regulamentação estabelecer data limite e período de transição para a vigência deste aditivo; e (Incluído pela Lei 10.604/2002.)

III - (Revogado pela Lei 13.360/2016.)

§ 6º As concessionárias e autorizadas de geração sob controle federal, estadual ou municipal poderão negociar energia por meio de: (Redação dada pela Lei 10.848/2004.)

I - leilões previstos no art. 2º da Lei n. 10.604, de 17 de dezembro de 2002, observado o disposto no art. 30 da Lei que resultou da conversão da Medida Provisória n. 144, de 11 de dezembro de 2003; ou

II - leilões de ajuste previstos no § 3º do art. 2º da Lei que resultou da conversão da Medida Provisória n. 144, de 11 de dezembro de 2003.

§ 7º As concessionárias de geração de serviço público sob controle federal ou estadual, sob controle privado e os produtores independentes de energia poderão aditar, observados os critérios de prazo e montantes definidos em regulamentação específica, os contratos iniciais ou equivalentes que estejam em vigor na data de publicação desta Lei, não se aplicando, neste caso, o disposto no *caput* e no inciso II do art. 10 da Lei n. 9.648, de 27 de maio de 1998. (Redação dada pela Lei 10.848/2004.)

- Dec. 4.767/2003 (Regulamenta este parágrafo).

§ 8º As concessionárias de geração de serviço público sob controle federal ou estadual que atuem nos sistemas elétricos isolados poderão firmar contratos de compra e venda de energia elétrica, por modalidade diversa dos leilões previstos neste artigo, com o objetivo de contribuir para garantia de suprimento dos Estados atendidos pelos sistemas isolados. (Incluído pela Lei 10.848/2004.)

ART. 28. A parcela de energia elétrica que não for comercializada nas formas previstas no art. 27 desta Lei poderá ser liquidada no mercado de curto prazo do CCEE. (Redação dada pela Lei 10.848/2004.)

ART. 29. Fica prorrogado para 31 de dezembro de 2004 o prazo previsto no art. 2º da Lei n. 10.274, de 10 de setembro de 2001, para a efetiva entrada em operação comercial das usinas enquadradas no Programa Prioritário de Termeletricidade.

ART. 30. Ficam convalidados os atos praticados com base na Medida Provisória n. 14, de 21 de dezembro de 2001.

ART. 31. O Poder Executivo, inclusive por meio da GCE, regulamentará o disposto nesta Lei, sem prejuízo das competências específicas nela previstas.

ART. 32. Esta Lei entra em vigor na data de sua publicação.

Brasília, 26 de abril de 2002; 181º da Independência e 114º da República.

FERNANDO HENRIQUE CARDOSO

LEI N. 10.451, DE 10 DE MAIO DE 2002

Altera a legislação tributária federal e dá outras providências.

- *DOU*, 13.05.2002.
- Conversão da Med. Prov. 22/2002.

O Presidente da República. Faço saber que o Congresso Nacional decreta e eu sanciono a seguinte Lei:

ART. 1º O Imposto de Renda incidente sobre os rendimentos de pessoas físicas será calculado de acordo com as seguintes tabelas progressivas mensal e anual, em reais:

TABELA PROGRESSIVA MENSAL

Base de cálculo em R$	Alíquota %	Parcela a deduzir do Imposto R$
Até 1.058,00		
De 1.058,01 até 2.115,00	15	158,70
Acima de 2.115,00	27,5	423,08

TABELA PROGRESSIVA ANUAL

Base de cálculo em R$	Alíquota %	Parcela a deduzir do Imposto R$
Até 12.696,00		
De 12.696,01 até 25.380,00	15	1.904,40
Acima de 25.380,00	27,5	5.076,90

ART. 2º Os arts. 4º, 8º e 10 da Lei n. 9.250, de 26 de dezembro de 1995, passam a vigorar com a seguinte redação:

- Alterações promovidas no texto da referida lei.

ART. 3º O art. 24 da Lei n. 9.430, de 27 de dezembro de 1996, passa a vigorar acrescido do seguinte § 3º:

- Alteração promovida no texto da referida lei.

ART. 4º As disposições relativas a preços, custos e taxas de juros, constantes dos arts. 18 a 22 da Lei n. 9.430, de 27 de dezembro de 1996, aplicam-se, também, às operações efetuadas por pessoa física ou jurídica residente ou domiciliada no Brasil, com qualquer pessoa física ou jurídica, ainda que não vinculada, residente ou domiciliada em país ou dependência cuja legislação interna oponha sigilo relativo à composição societária de pessoas jurídicas ou à sua titularidade.

ART. 5º Na hipótese de doação de livros, objetos fonográficos ou iconográficos, obras audiovisuais e obras de arte, para os quais seja atribuído valor de mercado, efetuada por pessoa física a órgãos públicos, autarquias, fundações públicas ou entidades civis sem fins lucrativos, desde que os bens doados sejam incorporados ao acervo de museus, bibliotecas ou centros de pesquisa ou ensino, no Brasil, com acesso franqueado ao público em geral:

I - o doador deverá considerar como valor de alienação o constante em sua declaração de bens;

II - o donatário registrará os bens recebidos pelo valor atribuído no documento de doação.

Parágrafo único. No caso de alienação dos bens recebidos em doação, será considerado, para efeito de apuração de ganho de capital, custo de aquisição igual a zero.

ART. 6º O campo de incidência do Imposto sobre Produtos Industrializados (IPI) abrange todos os produtos com alíquota, ainda que zero, relacionados na Tabela de Incidência do Imposto sobre Produtos Industrializados (TIPI), aprovada pelo Decreto n. 4.070, de 28 de dezembro de 2001, observadas as disposições contidas nas respectivas notas complementares, excluídos aqueles a que corresponde a notação "NT" (não tributado).

ART. 7º Para efeito do disposto no art. 4º, incisos I e II, do Decreto-Lei n.1.199, de 27 de dezembro de 1971, o percentual de incidência é o constante da TIPI, aprovada pelo Decreto n. 4.070, de 28 de dezembro de 2001.

ART. 8º Até 31 de dezembro de 2015, é concedida isenção do Imposto de Importação e do Imposto sobre Produtos Industrializados incidentes na importação de equipamentos ou materiais esportivos destinados às competições, ao treinamento e à preparação de atletas e equipes brasileiras. (Redação dada pela Lei 12.649/2012.)

§ 1º A isenção de que trata o *caput* aplica-se exclusivamente às competições desportivas em jogos olímpicos, paraolímpicos, pan-americanos, parapan-americanos, nacionais e mundiais. (Redação dada pela Lei 12.649/2012.)

§ 2º A isenção aplica-se a equipamento ou material esportivo, sem similar nacional, homologado pela entidade desportiva internacional da respectiva modalidade esportiva, para as competições a que se refere o § 1º. (Redação dada pela Lei 12.649/2012.)

§ 3º Quando fabricados no Brasil, os materiais e equipamentos de que trata o *caput* deste artigo são isentos do Imposto sobre Produtos Industrializados. (Incluído pela Lei 12.649/2012.)

ART. 9º São beneficiários da isenção de que trata o art. 8º desta Lei os órgãos da União, dos Estados, do Distrito Federal e dos Municípios e suas respectivas autarquias e fundações, os atletas das modalidades olímpicas e paraolímpicas e os das competições mundiais, o Comitê Olímpico Brasileiro - COB e o Comitê Paraolímpico Brasileiro - CPB, bem como as entidades nacionais de administração do desporto que lhes sejam filiadas ou vinculadas. (Redação dada pela Lei 11.827/2008.)

ART. 10. O direito à fruição do benefício fiscal de que trata o art. 8º fica condicionado:

I - à comprovação da regularidade fiscal do beneficiário, relativamente aos tributos e contribuições federais;

II - à manifestação do Ministério do Esporte sobre: (Redação dada pela Lei 11.116/2005.)

a) o atendimento do requisito estabelecido no § 1º do art. 8º;

b) a condição de beneficiário da isenção ou da alíquota zero, do importador ou adquirente, nos termos do art. 9º desta Lei; e (Redação dada pela Lei 11.827/2008.)

c) a adequação dos equipamentos e materiais importados ou adquiridos no mercado interno, quanto à sua natureza, quantidade e qualidade, ao desenvolvimento do programa de trabalho do atleta ou da entidade do desporto a que se destinem.

Parágrafo único. Tratando-se de produtos destinados à modalidade de tiro esportivo, a manifestação quanto ao disposto nas alíneas a e c do inciso II será do órgão competente do Ministério da Defesa.

ART. 11. Os produtos importados ou adquiridos no mercado interno na forma do art. 8º desta Lei poderão ser transferidos pelo valor de aquisição, sem o pagamento dos respectivos impostos: (Redação dada pela Lei 11.827/2008.)

I - para qualquer pessoa e a qualquer título, após o decurso do prazo de 4 (quatro) anos, contado da data do registro da Declaração de Importação ou da emissão da Nota Fiscal de aquisição do fabricante nacional; ou

II - a qualquer tempo e a qualquer título, para pessoa física ou jurídica que atenda às condições estabelecidas nos arts. 8º a 10 desta Lei, desde que a transferência seja previamente aprovada pela Secretaria da Receita Federal do Brasil. (Redação dada pela Lei 11.827/2008.)

§ 1º As transferências, a qualquer título, que não atendam às condições estabelecidas nos incisos I e II do *caput* sujeitarão o beneficiário importador ou adquirente ao pagamento dos impostos que deixaram de ser pagos por ocasião da importação ou da aquisição no mercado interno, com acréscimo de juros e de multa de mora ou de ofício.

§ 2º Na hipótese do § 1º deste artigo, o adquirente, a qualquer título, de produto beneficiado com a isenção ou alíquota zero é responsável solidário pelo pagamento dos impostos e respectivos acréscimos. (Redação dada pela Lei 11.827/2008.)

ART. 12. (Revogado pela Lei 11.827/2008.)

ART. 13. O Poder Executivo regulamentará o disposto nos arts. 8º a 11 desta Lei. (Redação dada pela Lei 11.827/2008.)

ART. 14. Ficam revogados os arts. 13 e 15 da Lei n. 9.493, de 10 de setembro de 1997.

ART. 15. Esta Lei entra em vigor na data de sua publicação, produzindo efeitos, no caso dos arts. 1º e 2º, em relação aos fatos geradores ocorridos a partir de 1º de janeiro de 2002, observado o disposto no art. 1º da Lei n. 9.887, de 7 de dezembro de 1999. (Redação dada pela Lei 10.637/2002.)

Brasília, 10 de maio de 2002; 181º da Independência e 114º da República.
FERNANDO HENRIQUE CARDOSO

LEI N. 10.485, DE 3 DE JULHO DE 2002

Dispõe sobre a incidência das contribuições para os Programas de Integração Social e de Formação do Patrimônio do Servidor Público (PIS/Pasep) e da Contribuição para o Financiamento da Seguridade Social (Cofins), nas hipóteses que menciona, e dá outras providências.

› *DOU*, 4.7.2002.

O Presidente da República. Faço saber que o Congresso Nacional decreta e eu sanciono a seguinte Lei:

ART. 1º As pessoas jurídicas fabricantes e as importadoras de máquinas, implementos e veículos classificados nos códigos 73.09, 7310.29, 7612.90.12, 8424.81, 84.29, 8430.69.90, 84.32, 84.33, 84.34, 84.35, 84.36, 84.37, 87.01, 87.02, 87.03, 87.04, 87.05, 87.06 e 8716.20.00 da Tabela de Incidência do Imposto sobre Produtos Industrializados - Tipi, aprovada pelo Decreto n. 7.660, de 23 de dezembro de 2011, relativamente à receita bruta decorrente de venda desses produtos, ficam sujeitas ao pagamento da contribuição para o Programa de Integração Social e de Formação do Patrimônio do Servidor Público - PIS/Pasep e da Contribuição para o Financiamento da Seguridade Social - Cofins, às alíquotas de 2% (dois por cento) e 9,6% (nove inteiros e seis décimos por cento), respectivamente. (Alterado pela Lei 12.973/2014.)

§ 1º O disposto no *caput*, relativamente aos produtos classificados no Capítulo 84 da Tipi, aplica-se aos produtos autopropulsados ou não. (Alterado pela Lei 12.973/2014.)

§ 2º A base de cálculo das contribuições de que trata este artigo fica reduzida:

I - em 30,2% (trinta inteiros e dois décimos por cento), no caso da venda de caminhões chassi com carga útil igual ou superior a 1.800 kg e caminhão monobloco com carga útil igual ou superior a 1.500 kg, classificados na posição 87.04 da TIPI, observadas as especificações estabelecidas pela Secretaria da Receita Federal;

II - em 48,1% (quarenta e oito inteiros e um décimo por cento), no caso de venda de produtos classificados nos seguintes códigos da Tipi: 73.09, 7310.29.20, 7612.90.12, 8424.81, 84.29, 8430.69.90, 84.32, 84.33, 84.34, 84.35, 84.36, 84.37, 87.01, 8702.10.00 Ex 02, 8702.90.90 Ex 02, 8704.10.00, 87.05, 8716.20.00 e 8706.00.10 Ex 01 (somente os destinados aos produtos classificados nos Ex 02 dos códigos 8702.10.00 e 8702.90.90). (Alterado pela Lei 12.973/2014.)

§ 3º O disposto neste artigo aplica-se, inclusive, às pessoas jurídicas a que se refere o art. 17, § 5º, da Medida Provisória n. 2.189-49, de 23 de agosto de 2001.

ART. 2º Poderão ser excluídos da base de cálculo das contribuições para o PIS/Pasep, da Cofins e do IPI os valores recebidos pelo fabricante ou importador nas vendas diretas ao consumidor final dos veículos classificados nas posições 87.03 e 87.04 da TIPI, por conta e ordem dos concessionários de que trata a Lei n. 6.729, de 28 de novembro de 1979,, a estes devidos pela intermediação ou entrega dos veículos, e o Imposto sobre Operações Relativas à Circulação de Mercadorias e sobre Prestações de Serviços de Transporte Interestadual e Intermunicipal e de Comunicações - ICMS incidente sobre esses valores, nos termos estabelecidos nos respectivos contratos de concessão.

§ 1º Não serão objeto da exclusão prevista no *caput* os valores referidos nos incisos I e II do § 2º do art. 1º.

§ 2º Os valores referidos no *caput*:

I - não poderão exceder a 9% (nove por cento) do valor total da operação;

II - serão tributados, para fins de incidência das contribuições para o PIS/Pasep e da Cofins, à alíquota de 0% (zero por cento) pelos referidos concessionários.

ART. 3º As pessoas jurídicas fabricantes e os importadores, relativamente às vendas dos produtos relacionados nos Anexos I e II desta Lei, ficam sujeitos à incidência da contribuição para o PIS/PASEP e da COFINS às alíquotas de: (Alterado pela Lei 10.865/2004.)

I - 1,65% (um inteiro e sessenta e cinco centésimos por cento) e 7,6% (sete inteiros e seis décimos por cento), respectivamente, nas vendas para fabricante: (Acrescentado pela Lei 10.865/2004.)

a) de veículos e máquinas relacionados no art. 1º desta Lei; ou (Acrescentado pela Lei 10.865/2004.)

b) de autopeças constantes dos Anexos I e II desta Lei, quando destinadas à fabricação de produtos neles relacionados; (Acrescentado pela Lei 10.865/2004.)

II - 2,3% (dois inteiros e três décimos por cento) e 10,8% (dez inteiros e oito décimos por cento), respectivamente, nas vendas para comerciante atacadista ou varejista ou para consumidores. (Alterado pela Lei 10.865/2004.)

§ 1º Fica o Poder Executivo autorizado, mediante decreto, a alterar a relação de produtos discriminados nesta Lei, inclusive em decorrência de modificações na codificação da TIPI. (Renumerado do parágrafo único pela Lei 10.865/2004.)

§ 2º Ficam reduzidas a 0% (zero por cento) as alíquotas da contribuição para o PIS/PASEP e da COFINS, relativamente à receita bruta auferida por comerciante atacadista ou varejista, com a venda dos produtos de que trata: (Acrescentado pela Lei 10.865/2004.)

I - o *caput* deste artigo; e (Acrescentado pela Lei 10.865/2004.)

II - o *caput* do art. 1º desta Lei, exceto quando auferida pelas pessoas jurídicas a que se refere o art. 17, § 5º, da Medida Provisória n. 2.189-49, de 23 de agosto de 2001. (Alterado pela Lei 10.925, de 2004)

§ 3º Estão sujeitos à retenção na fonte da Contribuição para o PIS/Pasep e da Cofins os pagamentos referentes à aquisição de autopeças constantes dos Anexos I e II desta Lei, exceto pneumáticos, quando efetuados por pessoa jurídica fabricante: (Alterado pela Lei 11.196/2005.)

I - de peças, componentes ou conjuntos destinados aos produtos relacionados no art. 1º desta Lei; (Acrescentado pela Lei 11.196/2005.)

II - de produtos relacionados no art. 1º desta Lei. (Acrescentado pela Lei 11.196/2005.)

§ 4º O valor a ser retido na forma do § 3º deste artigo constitui antecipação das contribuições devidas pelas pessoas jurídicas fornecedoras e será determinado mediante a aplicação, sobre a importância a pagar, do percentual de 0,1% (um décimo por cento) para a Contribuição para o PIS/Pasep e 0,5% (cinco décimos por cento) para a Cofins. (Alterado pela Lei 11.196/2005.)

§ 5º O valor retido na quinzena deverá ser recolhido até o último dia útil da quinzena subsequente àquela em que tiver ocorrido o pagamento. (Alterado pela Lei 11.196/2005.)

§ 6º Na hipótese de a pessoa jurídica fabricante dos produtos relacionados no art. 1º desta Lei revender produtos constantes dos Anexos I e II desta Lei, serão aplicadas, sobre a receita auferida, as alíquotas previstas no inciso II do *caput* deste artigo. (Acrescentado pela Lei 10.865/2004.)

§ 7º A retenção na fonte de que trata o § 3º deste artigo: (Acrescentado pela Lei 11.196/2005.)

I - não se aplica no caso de pagamento efetuado a pessoa jurídica optante pelo Sistema Integrado de Pagamento de Impostos e Contribuições das Microempresas e das Empresas de Pequeno Porte - Simples e a comerciante atacadista ou varejista; (Acrescentado pela Lei 11.196/2005.)

II - alcança também os pagamentos efetuados por serviço de industrialização no caso de industrialização por encomenda. (Incluído pela lei n. 11.196, de 2005.)

ART. 4º O art. 5º da Lei n. 9.826, de 23 de agosto de 1999, passa a vigorar com a seguinte redação:

"Art. 5º Os componentes, chassis, carroçarias, acessórios, partes e peças dos produtos autopropulsados classificados nas posições 84.29, 84.32, 84.33, 87.01 a 87.06 e 87.11, da TIPI, sairão com suspensão do IPI do estabelecimento industrial.

§ 1º Os componentes, chassis, carroçarias, acessórios, partes e peças, referidos no *caput*, de origem estrangeira, serão desembaraçados com suspensão do IPI quando importados diretamente por estabelecimento industrial.

§ 2º A suspensão de que trata este artigo é condicionada a que o produto, inclusive importado, seja destinado a emprego, pelo estabelecimento industrial adquirente:

I - na produção de componentes, chassis, carroçarias, acessórios, partes ou peças dos produtos autopropulsados;

II - na montagem dos produtos autopropulsados classificados nas posições 84.29, 84.32, 84.33, 87.01, 87.02, 87.03, 87.05, 87.06 e 87.11, e nos códigos 8704.10.00, 8704.2 e 8704.3, da TIPI.

§ 3º A suspensão do imposto não impede a manutenção e a utilização dos créditos do IPI pelo respectivo estabelecimento industrial.

§ 4º Nas notas fiscais relativas às saídas referidas no *caput* deverá constar a expressão 'Saída com suspensão do IPI' com a especificação do dispositivo legal correspondente, vedado o registro do imposto nas referidas notas.

§ 5º Na hipótese de destinação dos produtos adquiridos ou importados com suspensão do IPI, distinta da prevista no § 2º deste artigo, a saída dos mesmos do estabelecimento industrial adquirente ou importador dar-se-á com a incidência do imposto.

§ 6º O disposto neste artigo aplica-se, também, a estabelecimento filial ou a pessoa jurídica controlada de pessoas jurídicas fabricantes ou de suas controladoras, que opere na comercialização dos produtos referidos no *caput* e de suas partes, peças e componentes para reposição, adquiridos no mercado interno, recebidos em transferência de estabelecimento industrial, ou importados." (NR)

Parágrafo único. O disposto no inciso I do § 2º do art. 5º da Lei n. 9.826, de 23 de agosto de 1999, com a redação alterada por este artigo, alcança, exclusivamente, os produtos destinados a emprego na produção dos produtos autopropulsados relacionados nos Anexos I e II desta Lei.

ART. 5º As pessoas jurídicas fabricantes e as importadoras dos produtos classificados nas posições 40.11 (pneus novos de borracha) e 40.13 (câmaras-de-ar de borracha), da TIPI, relativamente às vendas que fizerem, ficam sujeitas ao pagamento da contribuição para o PIS/PASEP e da COFINS às alíquotas de 2% (dois por cento) e 9,5% (nove inteiros e cinco décimos por cento), respectivamente. (Alterado pela Lei 10.865/2004.)

Parágrafo único. Fica reduzida a 0% (zero por cento) a alíquota das contribuições para o PIS/Pasep e da Cofins, relativamente à receita bruta da venda dos produtos referidos no *caput*, auferida por comerciantes atacadistas e varejistas.

ART. 6º O disposto nesta Lei não se aplica a produtos usados.

ART. 7º Esta Lei entra em vigor na data de sua publicação, produzindo efeitos a partir do primeiro dia do quarto mês subsequente ao de sua publicação.

Brasília, 3 de julho de 2002;
181º da Independência e 114º da República.
FERNANDO HENRIQUE CARDOSO

› Optamos, nesta edição, pela não publicação dos Anexos.

LEI N. 10.519, DE 17 DE JULHO DE 2002

Dispõe sobre a promoção e a fiscalização da defesa sanitária animal quando da realização de rodeio e dá outras providências.

› *DOU*, 18.07.2002.

O Presidente da República. Faço saber que o Congresso Nacional decreta e eu sanciono a seguinte Lei:

ART. 1º A realização de rodeios de animais obedecerá às normas gerais contidas nesta Lei.

Parágrafo único. Consideram-se rodeios de animais as atividades de montaria ou de cronometragem e as provas de laço, nas quais são avaliados a habilidade do atleta em dominar o animal com perícia e o desempenho do próprio animal.

ART. 2º Aplicam-se aos rodeios as disposições gerais relativas à defesa sanitária animal, incluindo-se os atestados de vacinação contra a febre aftosa e de controle da anemia infecciosa equina.

ART. 3º Caberá à entidade promotora do rodeio, a suas expensas, prover:

I - infraestrutura completa para atendimento médico, com ambulância de plantão e equipe de primeiros socorros, com presença obrigatória de clínico-geral;

II - médico veterinário habilitado, responsável pela garantia da boa condição física e sanitária dos animais e pelo cumprimento das normas disciplinadoras, impedindo maus tratos e injúrias de qualquer ordem;

III - transporte dos animais em veículos apropriados e instalação de infraestrutura que garanta a integridade física deles durante sua chegada, acomodação e alimentação;

IV - arena das competições e bretes cercados com material resistente e com piso de areia ou outro material acolchoador, próprio para o amortecimento do impacto de eventual queda do peão de boiadeiro ou do animal montado.

ART. 4º Os apetrechos técnicos utilizados nas montarias, bem como as características do arreamento, não poderão causar injúrias ou ferimentos aos animais e devem obedecer às normas estabelecidas pela entidade representativa do rodeio, seguindo as regras internacionalmente aceitas.

§ 1º As cintas, cilhas e as barrigueiras deverão ser confeccionadas em lã natural com dimensões adequadas para garantir o conforto dos animais.

§ 2º Fica expressamente proibido o uso de esporas com rosetas pontiagudas ou qualquer outro instrumento que cause ferimentos nos animais, incluindo aparelhos que provoquem choques elétricos.

§ 3º As cordas utilizadas nas provas de laço deverão dispor de redutor de impacto para o animal.

ART. 5º A entidade promotora do rodeio deverá comunicar a realização das provas ao órgão estadual competente, com antecedência mínima de 30 (trinta) dias, comprovando estar apta a promover o rodeio segundo as normas legais e indicando o médico veterinário responsável.

ART. 6º Os organizadores do rodeio ficam obrigados a contratar seguro pessoal de vida e invalidez permanente ou temporária, em favor dos profissionais do rodeio, que incluem os peões de boiadeiro, os "madrinheiros", os "salva-vidas", os domadores, os porteiros, os juízes e os locutores.

ART. 7º No caso de infração do disposto nesta Lei, sem prejuízo da pena de multa de até R$ 5.320,00 (cinco mil, trezentos e vinte reais) e de outras penalidades previstas em legislações específicas, o órgão estadual competente poderá aplicar as seguintes sanções:

I - advertência por escrito;

II - suspensão temporária do rodeio; e

III - suspensão definitiva do rodeio.

ART. 8º Esta Lei entra em vigor 60 (sessenta) dias após sua publicação.

Brasília, 17 de julho de 2002; 181º da Independência e 114º da República.

FERNANDO HENRIQUE CARDOSO

LEI N. 10.560, DE 13 DE NOVEMBRO DE 2002

Dispõe sobre o tratamento tributário dispensado às empresas de transporte aéreo, e dá outras providências.

- Conversão da Med. Prov. 67/2002.
- *DOU*, 14.11.2002.

Faço saber que o Presidente da República adotou a Medida Provisória n. 67, de 2002, que o Congresso Nacional aprovou, e eu, Ramez Tebet, Presidente da Mesa do Congresso Nacional, para os efeitos do disposto no art. 62 da Constituição Federal, com a redação dada pela Emenda constitucional n. 32, de 2001, promulgo a seguinte Lei:

ART. 1º Fica suspensa, em relação aos fatos geradores ocorridos até 31 de dezembro de 2003, a aplicação da alíquota do imposto de renda na fonte de que trata o art. 1º da Lei n. 9.959, de 27 de janeiro de 2000, incidente nas operações de que trata o inciso V do art. 1º da Lei n. 9.481, de 13 de agosto de 1997, na hipótese de pagamentos de contraprestação de arrendamento mercantil de bens de capital arrendados por empresa de transporte aéreo de cargas ou de passageiros.

Parágrafo único. O disposto neste artigo aplica-se independentemente da data de celebração do contrato de arrendamento.

ART. 2º A contribuição para o PIS/PASEP e a COFINS, relativamente à receita bruta decorrente da venda de querosene de aviação, incidirá uma única vez, nas vendas realizadas pelo produtor ou importador, às alíquotas de 5% (cinco por cento) e 23,2% (vinte e três inteiros e dois décimos por cento), respectivamente (Alterado pela Lei 10.865/2004.)

ART. 3º A Contribuição para o PIS/Pasep e a Cofins não incidirão sobre a receita auferida pelo produtor ou importador na venda de querosene de aviação à pessoa jurídica distribuidora, quando o produto for destinado ao consumo por aeronave em tráfego internacional. (Redação dada pela Lei n. 11.787, de 2008)

§ 1º A pessoa jurídica distribuidora deverá informar ao produtor ou importador a quantidade de querosene de aviação a ser destinada ao consumo de aeronave em transporte aéreo internacional. (Acrescentado pela Lei 11.787/2008.)

§ 2º Nas notas fiscais emitidas pelo produtor ou importador, relativas às vendas sem incidência das contribuições, deverá constar a expressão 'Venda a empresa distribuidora sem incidência da Contribuição para o PIS/Pasep e da Cofins', com a especificação do dispositivo legal correspondente. (Acrescentado pela Lei 11.787/2008.)

§ 3º A pessoa jurídica distribuidora que, no prazo de 180 (cento e oitenta) dias, contado da data de aquisição do combustível sem incidência das contribuições, não houver revendido o querosene de aviação a empresa de transporte aéreo para consumo por aeronave em tráfego internacional fica obrigada ao recolhimento da Contribuição para o PIS/Pasep e da Cofins não pagas, acrescido de juros e multa de mora, na forma da lei, contados a partir da referida data de aquisição, na condição de responsável. (Acrescentado pela Lei 11.787/2008.)

§ 4º Na hipótese de não ser efetuado o recolhimento na forma do § 3º deste artigo, caberá lançamento de ofício, com aplicação de juros e das multas de que trata o *caput* do art. 44 da Lei n. 9.430, de 27 de dezembro de 1996. (Acrescentado pela Lei 11.787/2008.)

§ 5º Nas notas fiscais emitidas pela pessoa jurídica distribuidora relativas às vendas de querosene de aviação para abastecimento de aeronave em tráfego internacional, deverá constar a expressão 'Venda a empresa aérea para abastecimento de aeronave em tráfego internacional, sem incidência da Contribuição para o PIS/Pasep e da Cofins', com a especificação do dispositivo legal correspondente. (Acrescentado pela Lei 11.787/2008.)

§ 6º Nas hipóteses de que tratam os §§ 3º e 4º deste artigo, a empresa de transporte aéreo será responsável solidária com a pessoa jurídica distribuidora do querosene de aviação pelo pagamento das contribuições devidas e respectivos acréscimos legais. (Acrescentado pela Lei 11.787/2008.)

ART. 4º Observado o art. 172 da Lei n. 5.172, de 25 de outubro de 1966 - Código Tributário Nacional, poderá ser concedida remissão dos débitos de responsabilidade das empresas nacionais de transporte aéreo, constituídos ou não, inscritos ou não em Dívida Ativa, correspondentes à contribuição para o PIS/Pasep, à Cofins e ao Finsocial incidentes sobre a receita bruta decorrente do transporte internacional de cargas ou passageiros, relativamente aos fatos geradores ocorridos até a data anterior àquela em que iniciados os efeitos da isenção concedida por meio do inciso V e do § 1º do art. 14 da Medida Provisória n. 2.158-35, de 2001.

§ 1º A extensão do disposto neste artigo a empresa estrangeira depende da celebração de acordo com o governo do país de seu domicílio, que assegure, às empresas brasileiras, tratamento recíproco em relação à totalidade dos impostos, taxas ou qualquer outro ônus tributário incidente sobre operações de transporte internacional de cargas ou passageiros, seja pela concessão de remissão, seja pela comprovação de sua não incidência, abrangendo igual período ao fixado no *caput*.

§ 2º O disposto neste artigo, inclusive na hipótese do § 1º, não implica restituição de valores pagos.

§ 3º Para os efeitos desta Lei, considera-se acordo qualquer forma de ajuste entre os países interessados, observadas as prescrições do § 1º deste artigo. (Incluído pela Lei n. 11.051, de 2004)

§ 4º Havendo questionamento judicial sobre os débitos referidos no *caput* e no § 1º deste artigo, a remissão fica condicionada à renúncia, por parte do contribuinte, do direito em que se funda a respectiva ação e, pelo advogado e pela parte, dos ônus de sucumbência. (Incluído pela Lei n. 11.051, de 2004)

ART. 5º Relativamente aos fatos geradores ocorridos a partir de 1º de janeiro de 2003, a alíquota específica de que trata o inciso III do art. 5º da Lei n. 10.336, de 19 de dezembro de 2001, passa a ser de R$ 48,50 (quarenta e oito reais e cinquenta centavos) por m³.

ART. 6º Esta Lei entra em vigor na data de sua publicação, produzindo efeito, em relação ao disposto nos arts. 2º e 3º, para os fatos geradores ocorridos a partir de 10 de dezembro de 2002.

Congresso Nacional, em 13 de novembro de 2002;

181º da Independência e 114º da República.

SENADOR RAMEZ TEBET

PRESIDENTE DA MESA DO CONGRESSO NACIONAL

LEI N. 10.603, DE 17 DE DEZEMBRO DE 2002

Dispõe sobre a proteção de informação não divulgada submetida para aprovação da comercialização de produtos e dá outras providências.

- *DOU*, 18.12.2002.
- Conversão da Med. Prov. 69/2002.

O Presidente da República. Faço saber que o Congresso Nacional decreta e eu sanciono a seguinte Lei:

ART. 1º Esta Lei regula a proteção, contra o uso comercial desleal, de informações relativas aos resultados de testes ou outros dados não divulgados apresentados às autoridades competentes como condição para aprovar ou manter o registro para a comercialização de produtos farmacêuticos de uso veterinário, fertilizantes, agrotóxicos seus componentes e afins.

Parágrafo único. As informações protegidas serão aquelas cuja elaboração envolva esforço considerável e que tenham valor comercial enquanto não divulgadas.

ART. 2º Consideram-se não divulgadas as informações que, até a data da solicitação do registro:

I - não sejam facilmente acessíveis a pessoas que normalmente lidam com o tipo de informação em questão, seja como um todo, seja na configuração e montagem específicas de seus componentes; e

II - tenham sido objeto de precauções eficazes para manutenção da sua confidencialidade pela pessoa legalmente responsável pelo seu controle.

Parágrafo único. Atendido o disposto nos incisos I e II, presumem-se não divulgadas as informações apresentadas sob declaração de confidencialidade.

ART. 3º A proteção das informações, definidas na forma dos arts. 1º e 2º e pelos prazos do art. 4º, implicará a:

I - não utilização pelas autoridades competentes dos resultados de testes ou outros dados a elas apresentados em favor de terceiros;

II - não divulgação dos resultados de testes ou outros dados apresentados às autoridades competentes, exceto quando necessário para proteger o público.

§ 1º O regulamento disporá sobre as medidas adequadas para a não divulgação de tais informações por parte das autoridades às quais foram apresentadas, garantindo, porém, o seu livre acesso ao público em geral após o período de proteção a que se refere o art. 4º.

§ 2º Após o período de proteção, as autoridades competentes pelo registro deverão, sempre que solicitadas, utilizar as informações disponíveis para registrar produtos de terceiros, ressalvada a possibilidade de exigir outras informações quando tecnicamente necessário.

ART. 4º Os prazos de proteção a que se refere o art. 3º serão:

I - para os produtos que utilizem novas entidades químicas ou biológicas, de dez anos contados a partir da concessão do registro ou até a primeira liberação das informações em qualquer país, o que ocorrer primeiro, garantido no mínimo um ano de proteção;

II - para os produtos que não utilizem novas entidades químicas ou biológicas, de cinco anos contados a partir da concessão do registro ou até a primeira liberação das informações em qualquer país, o que ocorrer primeiro, garantido no mínimo um ano de proteção;

III - para novos dados exigidos após a concessão do registro dos produtos mencionados nos incisos I e II, pelo prazo de proteção remanescente concedido aos dados do registro correspondente ou um ano contado a partir da apresentação dos novos dados, o que ocorrer por último.

§ 1º Para a proteção estabelecida nesta Lei, considera-se nova entidade química ou biológica toda molécula ou organismo ainda não registrados no Brasil, podendo ser análogos ou homólogos a outra molécula ou organismo, independentemente de sua finalidade.

§ 2º (Vetado.)

ART. 5º Durante os prazos determinados no art. 4º, as informações definidas no art. 1º somente poderão ser utilizadas pela autoridade competente para instruir ou justificar concessão de registro de terceiros mediante prévia autorização do detentor do registro.

ART. 6º Aquele que apresentar à autoridade competente as informações objeto de proteção na forma desta Lei poderá, a qualquer tempo, autorizar seu uso para ou por terceiros.

ART. 7º Durante os prazos de proteção, as autoridades competentes poderão utilizar, a pedido de terceiros, de forma compulsória, as informações de que tratam os arts. 1º e 2º para a concessão do registro de produto a terceiros, desde que decorridos dois anos da concessão do registro sem que tenha o produto sido comercializado no Brasil.

§ 1º O pedido de utilização compulsória deverá ser apresentado à autoridade competente pelo registro mediante indicação, pelo requerente do pedido, das condições oferecidas.

§ 2º Será considerada aceita a proposta nas condições oferecidas se, apresentado o pedido e intimado o detentor do registro, deixar ele de apresentar manifestação no prazo de sessenta dias da intimação.

§ 3º Não havendo acordo entre o detentor do registro e o requerente do pedido quanto à remuneração adequada, a autoridade competente submeterá a questão a arbitramento.

§ 4º O pedido, incluindo o arbitramento da remuneração, será decidido por comissão composta por representantes dos órgãos responsáveis pelas áreas de agricultura, saúde, meio ambiente, propriedade intelectual, política industrial e defesa da concorrência.

§ 5º No arbitramento da remuneração, poderão ser realizadas as necessárias diligências, considerando as circunstâncias de cada caso, levando-se em conta, obrigatoriamente, o valor econômico das informações, podendo a comissão ouvir especialistas não integrantes dos quadros das instituições que a compõem.

§ 6º O quórum para a deliberação e o funcionamento da comissão serão definidos em regulamento.

§ 7º Instruído o processo, a comissão emitirá parecer em trinta dias, intimando as partes para se manifestarem no prazo comum de trinta dias.

§ 8º Decorrido o prazo fixado no § 7º, mesmo que não apresentadas as manifestações, o processo será decidido, encerrando-se a instância administrativa.

ART. 8º Poderá também ser concedida utilização compulsória para o uso de informações pelas autoridades competentes pelo registro, independentemente dos prazos mencionados no art. 7º, nos casos de:

I - interesse público ou estado de emergência, declarados em ato do Poder Executivo Federal;

II - violação do disposto na Lei n. 8.884, de 11 de junho de 1994, conforme recomendação do Conselho Administrativo de Defesa Econômica.

› A Lei 8.884/1994 foi revogada pela Lei 12.529/2011 (Estrutura o Sistema Brasileiro de Defesa da Concorrência; dispõe sobre a prevenção e repressão às infrações contra a ordem econômica).

§ 1º Na hipótese de utilização compulsória, para o caso do inciso I, serão observadas, no que couber, as disposições do art. 7º.

§ 2º Não caberá remuneração pela utilização compulsória na hipótese do inciso II.

ART. 9º Findos os prazos de proteção determinados no art. 4º, as informações de que trata esta Lei não mais serão consideradas confidenciais, podendo ser divulgadas e utilizadas, inclusive para a obtenção de novos registros.

§ 1º Findo o prazo de proteção, será assegurado ao público em geral o livre acesso às informações apresentadas, sem prejuízo das demais normas de tutela à propriedade intelectual, ao meio ambiente, à saúde pública, ao consumidor e à defesa da concorrência.

§ 2º As demais informações técnicas ou científicas eventualmente apresentadas por exigência das autoridades competentes pelo registro, visando a esclarecer processos ou métodos empregados na fabricação de produtos ou na obtenção das informações ou dados de que trata o art. 1º, que constituírem segredo de indústria ou de comércio, serão mantidas confidenciais, podendo ser utilizadas internamente pelos órgãos de governo para fins de registro.

ART. 10. Os atos praticados por terceiros não autorizados, relacionados à invenção protegida por patente, exclusivamente para a obtenção de informações, dados e resultados de testes para a obtenção do registro de comercialização, observarão o disposto no inciso VII do art. 43 da Lei n. 9.279, de 14 de maio de 1996.

ART. 11. A utilização de informações protegidas pelas autoridades competentes, na forma desta Lei, não tipifica crime de concorrência desleal, previsto na Lei n. 9.279, de 14 de maio de 1996.

ART. 12. As informações referentes a produtos registrados até a vigência desta Lei serão protegidas na forma nela prevista pelo prazo remanescente do art. 4º, garantido o prazo mínimo de proteção de um ano.

ART. 13. Independentemente da concessão do registro pela autoridade competente, a observância dos eventuais direitos de propriedade intelectual protegidos no País é de responsabilidade exclusiva do beneficiado.

ART. 14. Esta Lei não exclui os direitos exclusivos de comercialização de produtos farmacêuticos e produtos químicos para a agricultura, estabelecidos em acordos ou tratados internacionais em vigor no Brasil.

ART. 15. Aplica-se o disposto nesta Lei, no que couber, aos órgãos da administração pública, direta, indireta, autárquica e fundacional, federal, estadual, municipal e do Distrito Federal.

ART. 16. O Poder Executivo promoverá, no que couber, a regulamentação desta Lei.

ART. 17. São convalidados os atos praticados com base na Medida Provisória n. 69, de 26 de setembro de 2002.

ART. 18. Esta Lei entra em vigor na data de sua publicação.

Brasília, 17 de dezembro de 2002;
181º da Independência e 114º da República.
FERNANDO HENRIQUE CARDOSO

LEI N. 10.609, DE 20 DE DEZEMBRO DE 2002

Dispõe sobre a instituição de equipe de transição pelo candidato eleito para o cargo de Presidente da República, cria cargos em comissão, e dá outras providências.

› *DOU*, 23.12.2002.
› Conversão da Med. Prov. 76/2002.

Faço saber que o Presidente da República adotou a Medida Provisória n. 76, de 2002, que o Congresso Nacional aprovou, e eu, Ramez Tebet, Presidente da Mesa do Congresso Nacional, para os efeitos do disposto no art. 62 da Constituição Federal, com a redação dada pela Emenda constitucional n. 32, de 2001, promulgo a seguinte Lei:

ART. 1º Ao candidato eleito para o cargo de Presidente da República é facultado o direito de instituir equipe de transição, observado o disposto nesta Lei.

ART. 2º A equipe de transição de que trata o art. 1º tem por objetivo inteirar-se do funcionamento dos órgãos e entidades que compõem a Administração Pública federal e preparar os atos de iniciativa do novo Presidente da República, a serem editados imediatamente após a posse.

§ 1º Os membros da equipe de transição serão indicados pelo candidato eleito e terão acesso às informações relativas às contas públicas, aos programas e aos projetos do Governo federal.

§ 2º A equipe de transição será supervisionada por um Coordenador, a quem competirá requisitar as informações dos órgãos e entidades da Administração Pública federal.

§ 3º Caso a indicação de membro da equipe de transição recaia em servidor público federal, sua requisição será feita pelo Chefe da Casa Civil da Presidência da República e terá efeitos jurídicos equivalentes aos atos de requisição para exercício na Presidência da República.

§ 4º O Presidente da República poderá nomear o Coordenador da equipe de transição para o cargo de Ministro Extraordinário, nos termos do art. 37 do Decreto-Lei n. 200, de 25 de fevereiro de 1967, caso a indicação recaia sobre membro do Poder Legislativo Federal.

§ 5º Na hipótese da nomeação referida no § 4º, fica vedado o provimento do cargo CETG-VII constante do Anexo a esta Lei.

ART. 3º Os titulares dos órgãos e entidades da Administração Pública federal ficam obrigados a fornecer as informações solicitadas pelo Coordenador da equipe de transição, bem como a prestar-lhe o apoio técnico e administrativo necessários aos seus trabalhos.

ART. 4º Ficam criados cinquenta cargos em comissão, denominados Cargos Especiais de Transição Governamental - CETG, de exercício privativo da equipe de transição de que trata o art. 1º, nos quantitativos e valores previstos no Anexo a esta Lei.

§ 1º Os cargos de que trata o *caput* deste artigo somente serão providos no último ano de cada mandato presidencial, a partir do segundo dia útil após a data do turno que decidir as eleições presidenciais e deverão estar vagos obrigatoriamente no prazo de até dez dias contados da posse do candidato eleito.

§ 2º A nomeação dos ocupantes dos cargos de que trata o *caput* deste artigo será feita pelo Chefe da Casa Civil da Presidência da República, observado o disposto no § 4º do art. 2º.

§ 3º (Revogado pela Lei 11.526/2007.)

I a III - (Revogados pela Lei 11.526/2007.)

a) a c) - (Revogados pela Lei 11.526/2007.)

§ 4º Todos os membros da equipe de transição nomeados na forma do § 2º serão automaticamente exonerados ao final do prazo de que trata o § 1º.

§ 5º É vedada a acumulação de CETG com outros cargos em comissão ou função de confiança de qualquer natureza na Administração Pública.

§ 6º Excepcionalmente, no exercício de 2002, o provimento dos cargos criados na forma do *caput* fica condicionado à prévia expedição de ato do Poder Executivo que promova a vedação, pelo período estipulado no § 1º, do provimento de cargos e funções comissionadas cujo montante de remuneração seja igual ou superior, em bases mensais, ao dos referidos cargos.

ART. 5º Sem prejuízo dos deveres e das proibições estabelecidos pela Lei n. 8.112, de 11 de dezembro de 1990, os titulares dos cargos de que trata o art. 4º deverão manter sigilo dos dados e informações confidenciais a que tiverem acesso, sob pena de responsabilização, nos termos da legislação específica.

ART. 6º Compete à Casa Civil da Presidência da República disponibilizar, aos candidatos eleitos para os cargos de Presidente e Vice-Presidente da República, local, infra-estrutura e apoio administrativo necessários ao desempenho de suas atividades.

ART. 7º As propostas orçamentárias para os anos em que ocorrerem eleições presidenciais deverão prever dotações orçamentárias, alocadas em ação específica na Presidência da República, para atendimento das despesas decorrentes do disposto nos arts. 1º, 2º, 4º e 6º desta Lei.

Parágrafo único. Excepcionalmente, nos exercícios de 2002 e 2003, não se aplica a exigência de ação específica de que trata o *caput*, e as referidas despesas correrão à conta das dotações orçamentárias alocadas à Presidência da República, cabendo ao Ministério do Planejamento, Orçamento e Gestão propor os créditos suplementares eventualmente necessários.

ART. 8º O Coordenador da equipe de transição poderá delegar, mediante portaria, a atribuição de que trata o § 2º do art. 2º desta Medida Provisória a membros da equipe ocupantes de CETG, níveis V e VI.

ART. 9º O disposto nesta Medida Provisória não se aplica no caso de reeleição de Presidente da República.

ART. 10. O art. 1º da Lei n. 7.474, de 8 de maio de 1986, passa a vigorar com a seguinte redação:

"Art. 1º [...]

§ 1º Os quatro servidores e os motoristas de que trata o *caput* deste artigo, de livre indicação do ex-Presidente da República, ocuparão cargos em comissão do Grupo-Direção e Assessoramento Superiores - DAS, até o nível 4, ou gratificações de representação, da estrutura da Presidência da República.

§ 2º Além dos servidores de que trata o *caput*, os ex-Presidentes da República poderão contar, ainda, com o assessoramento de dois servidores ocupantes de cargos em comissão do Grupo-Direção e Assessoramento Superiores - DAS, de nível 5." (NR)

ART. 11. Os candidatos eleitos para os cargos de Presidente e Vice-Presidente da República poderão ter, mediante solicitação do Coordenador da equipe de transição, segurança pessoal garantida nos termos do disposto no art. 6º, *caput* e § 5º, da Lei n. 9.649, de 27 de maio de 1998.

ART. 12. Para atendimento ao disposto no § 2º do art. 1º da Lei n. 7.474, de 1986, ficam criados, a partir de 1º de janeiro de 2003, na Casa Civil da Presidência da República, seis cargos em comissão do Grupo-Direção e Assessoramento Superiores, DAS-102.5.

Parágrafo único. Excepcionalmente, no exercício de 2003, o provimento dos cargos criados nos termos do *caput* fica condicionado à prévia edição de ato do Poder Executivo que promova a extinção de cargos e funções comissionadas cujo montante de remuneração seja igual ou superior, em bases mensais, ao dos cargos a serem providos.

ART. 13. O Poder Executivo adotará as providências necessárias ao cumprimento do disposto nesta Lei.

ART. 14. Esta Lei entra em vigor na data de sua publicação.

ART. 15. Fica revogado o art. 5º da Lei n. 8.889, de 21 de junho de 1994.

- A Lei 8.889/1994 dispõe sobre a permanência de pessoal requisitado e altera a concessão do benefício-alimentação.

Congresso Nacional, em 20 de dezembro de 2002; 181º da Independência e 114º da República.

SENADOR RAMEZ TEBET
PRESIDENTE DA MESA DO CONGRESSO NACIONAL

- Optamos, nesta edição, pela não publicação do Anexo.

LEI N. 10.610, DE 20 DE DEZEMBRO DE 2002

Dispõe sobre a participação de capital estrangeiro nas empresas jornalísticas e de radiodifusão sonora e de sons e imagens, conforme o § 4º do art. 222 da Constituição, altera os arts. 38 e 64 da Lei n. 4.117, de 27 de agosto de 1962, o § 3º do art. 12 do Decreto-Lei n. 236, de 28 de fevereiro de 1967, e dá outras providências.

- Conversão da Med. Prov. 70/2002.
- *DOU, 23.12.2002*

O Presidente da República. Faço saber que o Congresso Nacional decreta e eu sanciono a seguinte Lei:

ART. 1º Esta Lei disciplina a participação de capital estrangeiro nas empresas jornalísticas e de radiodifusão sonora e de sons e imagens de que trata o § 4º do art. 222 da Constituição.

ART. 2º A participação de estrangeiros ou de brasileiros naturalizados há menos de dez anos no capital social de empresas jornalísticas e de radiodifusão não poderá exceder a trinta por cento do capital total e do capital votante dessas empresas e somente se dará de forma indireta, por intermédio de pessoa jurídica constituída sob as leis brasileiras e que tenha sede no País.

§ 1º As empresas efetivamente controladas, mediante encadeamento de outras empresas ou por qualquer outro meio indireto, por estrangeiros ou por brasileiros naturalizados há menos de dez anos não poderão ter participação total superior a trinta por cento no capital social, total e votante, das empresas jornalísticas e de radiodifusão.

§ 2º É facultado ao órgão do Poder Executivo expressamente definido pelo Presidente da República requisitar das empresas jornalísticas e das de radiodifusão, dos órgãos de registro comercial ou de registro civil das pessoas jurídicas as informações e os documentos necessários para a verificação do cumprimento do disposto neste artigo.

ART. 3º As alterações de controle societário de empresas jornalísticas e de radiodifusão sonora e de sons e imagens serão comunicadas ao Congresso Nacional.

Parágrafo único. A comunicação ao Congresso Nacional de alteração de controle societário de empresas de radiodifusão será de responsabilidade do órgão competente do Poder Executivo e a comunicação de alterações de controle societário de empresas jornalísticas será de responsabilidade destas empresas.

ART. 4º As empresas jornalísticas deverão apresentar, até o último dia útil de cada ano, aos órgãos de registro comercial ou de registro civil das pessoas jurídicas, declaração com a composição de seu capital social, incluindo a nomeação dos brasileiros natos ou naturalizados há mais de dez anos titulares, direta ou indiretamente, de pelo menos setenta por cento do capital total e do capital votante.

ART. 5º Os órgãos de registro comercial ou de registro civil das pessoas jurídicas não procederão ao registro ou arquivamento dos atos societários de empresas jornalísticas e de radiodifusão, caso seja constatada infração dos limites percentuais de participação previstos no art. 2º, sendo nulo o ato de registro ou arquivamento baseado em declaração que omita informação ou contenha informação falsa.

ART. 6º Será nulo de pleno direito qualquer acordo entre sócios, acionistas ou cotistas, ou qualquer ato, contrato ou outra forma de avença que, direta ou indiretamente, confira ou objetive conferir, a estrangeiros ou a brasileiros naturalizados há menos de dez anos, participação no capital total e no capital votante de empresas jornalísticas e de radiodifusão, em percentual acima do previsto no art. 2º, ou que tenha por objeto o estabelecimento, de direito ou de fato, de igualdade ou superioridade de poderes desses sócios em relação aos sócios brasileiros natos ou naturalizados há mais de dez anos.

§ 1º Será também nulo qualquer acordo, ato, contrato ou outra forma de avença que, direta ou indiretamente, de direito ou de fato, confira ou objetive conferir aos sócios estrangeiros ou brasileiros naturalizados há menos de dez anos a responsabilidade editorial, a seleção e direção da programação veiculada e a gestão das atividades das empresas referidas neste artigo.

§ 2º Caracterizada a prática dos crimes tipificados no art. 1º da Lei n. 9.613, de 3 de março de 1998, aplicar-se-á a sanção prevista no art. 91, inciso II, letra *a*, do Código Penal à participação no capital de empresas jornalísticas e de radiodifusão adquiridas com os recursos de origem ilícita, sem prejuízo da nulidade de qualquer acordo, ato ou contrato ou outra forma de avença que vincule ou tenha por objeto tal participação societária.

ART. 7º Os arts. 38 e 64 da Lei n. 4.117, de 27 de agosto de 1962, passam a vigorar com a seguinte redação:

- Alterações promovidas no texto da referida lei.

ART. 8º Na aplicação desta Lei, deverá ser obedecido o disposto no art. 12 do Decreto-Lei n. 236, de 28 de fevereiro de 1967.

ART. 9º Não se aplica a limitação estabelecida no *caput* do art. 12 do Decreto-Lei n. 236, de 28 de fevereiro de 1967, aos investimentos de carteira de ações, desde que o seu titular não indique administrador em mais de uma empresa executante de serviço de radiodifusão, ou em suas respectivas controladoras, nem detenha mais de uma participação societária que configure controle ou coligação em tais empresas.

§ 1º Entende-se como coligação, para fins deste artigo, a participação, direta ou indireta, em pelo menos quinze por cento do capital de uma pessoa jurídica, ou se o capital de duas pessoas jurídicas for detido, em pelo menos quinze por cento, direta ou indiretamente, pelo mesmo titular de investimento financeiro.

§ 2º Consideram-se investimentos de carteira de ações, para os fins do *caput* deste artigo, os recursos aplicados em ações de companhias abertas, por investidores individuais e institucionais, estes últimos entendidos como os investidores, com sede ou domicílio no Brasil ou no exterior, que apliquem, de forma diversificada, por força de disposição legal, regulamentar ou de seus atos constitutivos, recursos no mercado de valores mobiliários, devendo cada ação ser nominalmente identificada.

ART. 10. Ficam convalidados os atos praticados com base na Medida Provisória n. 70, de 1º de outubro de 2002.

ART. 11. Esta Lei entra em vigor na data de sua publicação.

Brasília, 20 de dezembro de 2002; 181º da Independência e 114º da República.

FERNANDO HENRIQUE CARDOSO

LEI N. 10.636, DE 30 DE DEZEMBRO DE 2002

Dispõe sobre a aplicação dos recursos originários da Contribuição de Intervenção no Domínio Econômico - Cide incidente sobre a importação e a comercialização de petróleo e seus derivados, gás natural e seus derivados, e álcool etílico combustível, atendendo o disposto no § 2º do art. 1º da Lei n. 10.336, de 19 de dezembro de 2001, cria o Fundo Nacional de Infraestrutura de Transportes - FNIT e dá outras providências.

› *DOU*, 31.12.2002.

O Presidente da República Faço saber que o Congresso Nacional decreta e eu sanciono a seguinte Lei:

ART. 1º Esta Lei estabelece os critérios e diretrizes para aplicação dos recursos arrecadados por meio da Contribuição de Intervenção no Domínio Econômico - Cide incidente sobre a importação e a comercialização de petróleo e seus derivados, gás natural e seus derivados, e álcool etílico combustível, instituída pela Lei n. 10.336, de 19 de dezembro de 2001, nos termos da Emenda Constitucional n. 33, de 2001, que alterou a redação dos arts. 149 e 177 da Constituição, e cria o Fundo Nacional de Infraestrutura de Transportes - FNIT.

ART. 2º A aplicação do produto da arrecadação da Cide incidente sobre a importação e a comercialização de petróleo e seus derivados, gás natural e seus derivados, e álcool etílico combustível atenderá às destinações determinadas pelo inciso II do § 4º do art. 177 da Constituição e obedecerá aos critérios e diretrizes estabelecidos nesta Lei.

ART. 3º (Vetado).

Parágrafo único. A partir do exercício de 2003, os recursos provenientes de arrecadação da Cide não poderão ser destinados a pagamentos de quaisquer saldos devedores referentes à Conta Petróleo, instituída pela Lei n. 4.452, de 5 de novembro de 1964, e extinta nos termos do art. 74 da Lei n. 9.478, de 6 de agosto de 1997.

ART. 4º Os projetos ambientais relacionados com a indústria do petróleo e do gás a serem contemplados com recursos da Cide, conforme estabelece a alínea "b" do inciso II do § 4º do art. 177 da Constituição Federal, serão administrados pelo Ministério do Meio Ambiente e abrangerão:

I - o monitoramento, controle e fiscalização de atividades efetiva ou potencialmente poluidoras;

II - o desenvolvimento de planos de contingência locais e regionais para situações de emergência;

III - o desenvolvimento de estudos de avaliação e diagnóstico e de ações de educação ambiental em áreas ecologicamente sensíveis ou passíveis de impacto ambiental;

IV - o apoio ao desenvolvimento de instrumentos de planejamento e proteção de unidades de conservação costeiras, marinhas e de águas interiores;

V - o fomento a projetos voltados para a preservação, revitalização e recuperação ambiental em áreas degradadas pelas atividades relacionadas à indústria de petróleo e de seus derivados e do gás e seus derivados;

VI - o fomento a projetos voltados à gestão, preservação e recuperação das florestas e dos recursos genéticos em áreas de influência de atividades relacionadas à indústria de petróleo e de seus derivados e do gás e seus derivados.

VII - o fomento a projetos voltados à produção de biocombustíveis, com foco na redução dos poluentes relacionados com a indústria de petróleo, gás natural e seus derivados. (Incluído pela Lei n. 11.097, de 2005)

§ 1º Os recursos da Cide não poderão ser aplicados em projetos e ações definidos como de responsabilidade dos concessionários nos respectivos contratos de concessão, firmados com a Agência Nacional de Petróleo.

§ 2º Os projetos ambientais referidos no *caput* poderão receber complementarmente recursos de que trata o inciso II do § 2º do art. 50 da Lei n. 9.478, de 6 de agosto de 1997.

ART. 5º (Vetado)

ART. 6º A aplicação dos recursos da Cide nos programas de infraestrutura de transportes terá como objetivos essenciais a redução do consumo de combustíveis automotivos, o atendimento mais econômico da demanda de transporte de pessoas e bens, o desenvolvimento de projetos de infraestrutura cicloviária, a implantação de ciclovias e ciclofaixas, a segurança e o conforto dos usuários, a diminuição do tempo de deslocamento dos usuários do transporte público coletivo, a melhoria da qualidade de vida da população, a redução das deseconomias dos centros urbanos e a menor participação dos fretes e dos custos portuários e de outros terminais na composição final dos preços dos produtos de consumo interno e de exportação. (Alterado pela Lei 13.724/2018. Vigência: 90 dias da publicação oficial - 5.10.2018.)

ART. 7º (Vetado)

ART. 8º É vedada a aplicação de recursos da Cide em investimentos definidos como de responsabilidade dos concessionários nos contratos de concessão e de arrendamento de ativos da União, dos Estados, do Distrito Federal e dos Municípios.

Parágrafo único. O disposto no *caput* não se aplica aos investimentos públicos destinados a complementar obrigações de concessionários, desde que previstos nos respectivos contratos de concessão.

ART. 9º (Vetado)

ART. 10. Fica criado o Fundo Nacional de Infra-Estrutura de Transportes - FNIT, vinculado ao Ministério dos Transportes, destinado a financiar programas de investimento em infra-estrutura de transportes.

§ 1º O FNIT é um fundo contábil, de natureza financeira, ao qual se aplica a norma contida no art. 73 da Lei n. 4.320, de 17 de março de 1964, e que observará, em suas programações orçamentárias, diretrizes aprovadas pelo Conselho Nacional de Integração das Políticas de Transportes - Conit, instituído pela Lei n. 10.233, de 6 de junho de 2001.

§ 2º Decreto do Presidente da República adaptará a composição e a estrutura do Conit às atribuições estabelecidas no § 1º e estabelecerá os regulamentos necessários à administração e ao funcionamento do FNIT.

§ 3º (Vetado)

ART. 11. Constituem recursos do FNIT:

I - (Vetado)

II - contribuições e doações originárias de instituições nacionais, estrangeiras ou internacionais;

III - financiamentos de instituições nacionais, estrangeiras e internacionais de crédito;

IV - os saldos de exercícios anteriores;

V - outros recursos destinados ao financiamento de investimentos no âmbito da sua programação, nas leis orçamentárias anuais.

§ 1º Os recursos do FNIT terão aplicação multimodal, na forma da Lei Orçamentária Anual, atendendo aos objetivos estabelecidos no art. 6º.

§ 2º (Vetado)

§ 3º Os recursos dos financiamentos referidos no inciso III deste artigo serão aplicados exclusivamente nos programas ou projetos a que forem destinados, nos termos dos respectivos contratos.

ART. 12. A administração da infraestrutura viária federal e a operação dos transportes sob controle da União serão exercidas preferencialmente de forma descentralizada, promovendo-se sua transferência, sempre que possível, a entidades públicas e de outros entes da federação, mediante delegação, ou à iniciativa privada, mediante regime de concessão, permissão ou autorização, respeitada a legislação pertinente.

ART. 13. (Vetado)

ART. 14. Os arts. 5º e 8º da Lei n. 10.336, de 19 de dezembro de 2001, passam a vigorar com a seguinte redação:

› Alterações promovidas no texto da referida lei.

ART. 15. Esta Lei entra em vigor na data de sua publicação.

Brasília, 30 de dezembro de 2002; 181º da Independência e 114º da República.

FERNANDO HENRIQUE CARDOSO

LEI N. 10.650, DE 16 DE ABRIL DE 2003

Dispõe sobre o acesso público aos dados e informações existentes nos órgãos e entidades integrantes do Sisnama.

› *DOU*, 17.04.2003.

O Presidente da República. Faço saber que o Congresso Nacional decreta e eu sanciono a seguinte Lei:

ART. 1º Esta Lei dispõe sobre o acesso público aos dados e informações ambientais existentes nos órgãos e entidades integrantes do Sistema Nacional do Meio Ambiente - Sisnama, instituído pela Lei n. 6.938, de 31 de agosto de 1981.

ART. 2º Os órgãos e entidades da Administração Pública, direta, indireta e fundacional, integrantes do Sisnama, ficam obrigados a permitir o acesso público aos documentos, expedientes e processos administrativos que tratem de matéria ambiental e a fornecer todas as informações ambientais que estejam sob sua guarda, em meio escrito, visual, sonoro ou eletrônico, especialmente as relativas a:

- Dec. 5.975/2006 (Regulamenta este artigo).

I - qualidade do meio ambiente;

II - políticas, planos e programas potencialmente causadores de impacto ambiental;

III - resultados de monitoramento e auditoria nos sistemas de controle de poluição e de atividades potencialmente poluidoras, bem como de planos e ações de recuperação de áreas degradadas;

IV - acidentes, situações de risco ou de emergência ambientais;

V - emissões de efluentes líquidos e gasosos, e produção de resíduos sólidos;

VI - substâncias tóxicas e perigosas;

VII - diversidade biológica;

VIII - organismos geneticamente modificados.

§ 1º Qualquer indivíduo, independentemente da comprovação de interesse específico, terá acesso às informações de que trata esta Lei, mediante requerimento escrito, no qual assumirá a obrigação de não utilizar as informações colhidas para fins comerciais, sob as penas da lei civil, penal, de direito autoral e de propriedade industrial, assim como de citar as fontes, caso, por qualquer meio, venha a divulgar os aludidos dados.

§ 2º É assegurado o sigilo comercial, industrial, financeiro ou qualquer outro sigilo protegido por lei, bem como o relativo às comunicações internas dos órgãos e entidades governamentais.

§ 3º A fim de que seja resguardado o sigilo a que se refere o § 2º, as pessoas físicas ou jurídicas que fornecerem informações de caráter sigiloso à Administração Pública deverão indicar essa circunstância, de forma expressa e fundamentada.

§ 4º Em caso de pedido de vista de processo administrativo, a consulta será feita, no horário de expediente, no próprio órgão ou entidade e na presença do servidor público responsável pela guarda dos autos.

§ 5º No prazo de trinta dias, contado da data do pedido, deverá ser prestada a informação ou facultada a consulta, nos termos deste artigo.

ART. 3º Para o atendimento do disposto nesta Lei, as autoridades públicas poderão exigir a prestação periódica de qualquer tipo de informação por parte das entidades privadas, mediante sistema específico a ser implementado por todos os órgãos do Sisnama, sobre os impactos ambientais potenciais e efetivos de suas atividades, independentemente da existência ou necessidade de instauração de qualquer processo administrativo.

ART. 4º Deverão ser publicados em Diário Oficial e ficar disponíveis, no respectivo órgão, em local de fácil acesso ao público, listagens e relações contendo os dados referentes aos seguintes assuntos:

I - pedidos de licenciamento, sua renovação e a respectiva concessão;

II - pedidos e licenças para supressão de vegetação;

III - autos de infrações e respectivas penalidades impostas pelos órgãos ambientais;

IV - lavratura de termos de compromisso de ajustamento de conduta;

V - reincidências em infrações ambientais;

VI - recursos interpostos em processo administrativo ambiental e respectivas decisões;

VII - registro de apresentação de estudos de impacto ambiental e sua aprovação ou rejeição.

Parágrafo único. As relações contendo os dados referidos neste artigo deverão estar disponíveis para o público trinta dias após a publicação dos atos a que se referem.

ART. 5º O indeferimento de pedido de informações ou consulta a processos administrativos deverá ser motivado, sujeitando-se a recurso hierárquico, no prazo de quinze dias, contado da ciência da decisão, dada diretamente nos autos ou por meio de carta com aviso de recebimento, ou em caso de devolução pelo Correio, por publicação em Diário Oficial.

ART. 6º (Vetado.)

ART. 7º (Vetado.)

ART. 8º Os órgãos ambientais competentes integrantes do Sisnama deverão elaborar e divulgar relatórios anuais relativos à qualidade do ar e da água e, na forma da regulamentação, outros elementos ambientais.

ART. 9º As informações de que trata esta Lei serão prestadas mediante o recolhimento de valor correspondente ao ressarcimento dos recursos despendidos para o seu fornecimento, observadas as normas e tabelas específicas, fixadas pelo órgão competente em nível federal, estadual ou municipal.

ART. 10. Esta Lei entra em vigor quarenta e cinco dias após a data de sua publicação.

Brasília, 16 de abril de 2003; 182º da Independência e 115º da República.

LUIZ INÁCIO LULA DA SILVA

LEI N. 10.666, DE 8 DE MAIO DE 2003

Dispõe sobre a concessão da aposentadoria especial ao cooperado de cooperativa de trabalho ou de produção e dá outras providências.

- *DOU*, 09.05.2003
- Conversão da Med. Prov. 83/2002.

O Presidente da República. Faço saber que o Congresso Nacional decreta e eu sanciono a seguinte Lei:

ART. 1º As disposições legais sobre aposentadoria especial do segurado filiado ao Regime Geral de Previdência Social aplicam-se, também, ao cooperado filiado à cooperativa de trabalho e de produção que trabalha sujeito a condições especiais que prejudiquem a sua saúde ou a sua integridade física.

§ 1º Será devida contribuição adicional de nove, sete ou cinco pontos percentuais, a cargo da empresa tomadora de serviços de cooperado filiado a cooperativa de trabalho, incidente sobre o valor bruto da nota fiscal ou fatura de prestação de serviços, conforme a atividade exercida pelo cooperado permita a concessão de aposentadoria especial após quinze, vinte ou vinte e cinco anos de contribuição, respectivamente.

§ 2º Será devida contribuição adicional de doze, nove ou seis pontos percentuais, a cargo da cooperativa de produção, incidente sobre a remuneração paga, devida ou creditada ao cooperado filiado, na hipótese de exercício de atividade que autorize a concessão de aposentadoria especial após quinze, vinte ou vinte e cinco anos de contribuição, respectivamente.

§ 3º Considera-se cooperativa de produção aquela em que seus associados contribuem com serviços laborativos ou profissionais para a produção em comum de bens, quando a cooperativa detenha por qualquer forma os meios de produção.

ART. 2º O exercício de atividade remunerada do segurado recluso em cumprimento de pena em regime fechado ou semiaberto que contribuir na condição de contribuinte individual ou facultativo não acarreta a perda do direito ao recebimento do auxílio-reclusão para seus dependentes.

§ 1º O segurado recluso não terá direito aos benefícios de auxílio-doença e de aposentadoria durante a percepção, pelos dependentes, do auxílio-reclusão, ainda que, nessa condição, contribua como contribuinte individual ou facultativo, permitida a opção, desde que manifestada, também, pelos dependentes, ao benefício mais vantajoso.

§ 2º Em caso de morte do segurado recluso que contribuir na forma do § 1º, o valor da pensão por morte devida a seus dependentes será obtido mediante a realização de cálculo, com base nos novos tempo de contribuição e salários-de-contribuição correspondentes, neles incluídas as contribuições recolhidas enquanto recluso, facultada a opção pelo valor do auxílio-reclusão.

ART. 3º A perda da qualidade de segurado não será considerada para a concessão das aposentadorias por tempo de contribuição e especial.

§ 1º Na hipótese de aposentadoria por idade, a perda da qualidade de segurado não será considerada para a concessão desse benefício, desde que o segurado conte com, no mínimo, o tempo de contribuição correspondente ao exigido para efeito de carência na data do requerimento do benefício.

§ 2º A concessão do benefício de aposentadoria por idade, nos termos do § 1º, observará, para os fins de cálculo do valor do benefício, o disposto no art. 3º, *caput* e § 2º, da Lei n. 9.876, de 26 de novembro de 1999, ou, não havendo salários de contribuição recolhidos no período a partir da competência julho de 1994, o disposto no art. 35 da Lei n. 8.213, de 24 de julho de 1991.

ART. 4º Fica a empresa obrigada a arrecadar a contribuição do segurado contribuinte individual a seu serviço, descontando-a da respectiva remuneração, e a recolher o valor arrecadado juntamente com a contribuição a seu cargo até o dia 20 (vinte) do mês seguinte ao da competência, ou até o dia útil imediatamente anterior se não houver expediente bancário naquele dia. (Redação dada pela Lei 11.933/2009).

§ 1º As cooperativas de trabalho arrecadarão a contribuição social dos seus associados como contribuinte individual e recolherão o valor arrecadado até o dia 20 (vinte) do mês subsequente ao de competência a que se referir, ou até o dia útil imediatamente anterior se não houver expediente bancário naquele dia. (Redação dada pela Lei 11.933/2009).

§ 2º A cooperativa de trabalho e a pessoa jurídica são obrigadas a efetuar a inscrição no Instituto Nacional do Seguro Social - INSS dos seus cooperados e contratados, respectivamente, como contribuintes individuais, se ainda não inscritos.

§ 3º O disposto neste artigo não se aplica ao contribuinte individual, quando contratado por outro contribuinte individual equiparado a empresa ou por produtor rural pessoa física ou por missão diplomática e repartição consular de carreira estrangeiras, e nem ao brasileiro civil que trabalha no exterior para organismo oficial internacional do qual o Brasil é membro efetivo.

ART. 5º O contribuinte individual a que se refere o art. 4º é obrigado a complementar, diretamente, a contribuição até o valor mínimo mensal do salário-de-contribuição, quando as remunerações recebidas no mês, por serviços prestados a pessoas jurídicas, forem inferiores a este.

ART. 6º O percentual de retenção do valor bruto da nota fiscal ou fatura de prestação de serviços relativa a serviços prestados mediante cessão de mão de obra, inclusive em regime de trabalho temporário, a cargo da empresa contratante, é acrescido de quatro, três ou dois pontos percentuais, relativamente aos serviços prestados pelo segurado empregado cuja atividade permita a concessão de aposentadoria especial após quinze, vinte ou vinte e cinco anos de contribuição, respectivamente.

ART. 7º Não poderão ser objeto de parcelamento as contribuições descontadas dos empregados, inclusive dos domésticos, dos trabalhadores avulsos, dos contribuintes individuais, as decorrentes da sub-rogação e as demais importâncias descontadas na forma da legislação previdenciária.

ART. 8º A empresa que utiliza sistema de processamento eletrônico de dados para o registro de negócios e atividades econômicas, escrituração de livros ou produção de documentos de natureza contábil, fiscal, trabalhista e previdenciária é obrigada a arquivar e conservar, devidamente certificados, os respectivos sistemas e arquivos, em meio digital ou assemelhado, durante dez anos, à disposição da fiscalização.

ART. 9º Fica extinta a escala transitória de salário-base, utilizada para fins de enquadramento e fixação do salário-de-contribuição dos contribuintes individual e facultativo filiados ao Regime Geral de Previdência Social, estabelecida pela Lei n. 9.876, de 26 de novembro de 1999.

ART. 10. A alíquota de contribuição de um, dois ou três por cento, destinada ao financiamento do benefício de aposentadoria especial ou daqueles concedidos em razão do grau de incidência de incapacidade laborativa decorrente dos riscos ambientais do trabalho, poderá ser reduzida, em até cinquenta por cento, ou aumentada, em até cem por cento, conforme dispuser o regulamento, em razão do desempenho da empresa em relação à respectiva atividade econômica, apurado em conformidade com os resultados obtidos a partir dos índices de frequência, gravidade e custo, calculados segundo metodologia aprovada pelo Conselho Nacional de Previdência Social.

ART. 11. O Ministério da Previdência Social e o INSS manterão programa permanente de revisão da concessão e da manutenção dos benefícios da Previdência Social, a fim de apurar irregularidades e falhas existentes.

§ 1º Havendo indício de irregularidade na concessão ou na manutenção de benefício, a Previdência Social notificará o beneficiário para apresentar defesa, provas ou documentos de que dispuser, no prazo de dez dias.

§ 2º A notificação a que se refere o § 1º far-se-á por via postal com aviso de recebimento e, não comparecendo o beneficiário nem apresentando defesa, será suspenso o benefício, com notificação ao beneficiário.

§ 3º Decorrido o prazo concedido pela notificação postal, sem que tenha havido resposta, ou caso seja considerada pela Previdência Social como insuficiente ou improcedente a defesa apresentada, o benefício será cancelado, dando-se conhecimento da decisão ao beneficiário.

ART. 12. Para fins de compensação financeira entre o Regime Geral de Previdência Social (RGPS) e o Regime Próprio de Previdência Social (RPPS) da União, dos Estados, do Distrito Federal e dos Municípios, os regimes instituidores apresentarão aos regimes de origem os dados relativos aos benefícios em manutenção em 5 de maio de 1999 concedidos a partir de 5 de outubro de 1988. (Alterada pela Lei 13.135/2015.)

ART. 13. Aplicam-se ao disposto nesta Lei, no que couber, as disposições legais pertinentes ao Regime Geral de Previdência Social.

ART. 14. O Poder Executivo regulamentará o art. 10 desta Lei no prazo de trezentos e sessenta dias.

ART. 15. Esta Lei entra em vigor na data de sua publicação, produzindo efeitos, quanto aos §§ 1º e 2º do art. 1º e aos arts. 4º a 6º e 9º, a partir de 1º de abril de 2003.

Brasília, 8 de maio de 2003; 182º da Independência e 115º da República.

LUIZ INÁCIO LULA DA SILVA

LEI N. 10.676, DE 22 DE MAIO DE 2003

Dispõe sobre a contribuição para o Programa de Integração Social e de Formação do Patrimônio do Servidor Público - PIS/PASEP e da Contribuição para Seguridade Social - COFINS devidas pelas sociedades cooperativas em geral.

- *DOU*, 23.5.2003.
- Conversão da Med. Prov. 101/2002.

Faço saber que o Presidente da República adotou a Medida Provisória n. 101, de 2002, que o Congresso Nacional aprovou, e eu, Inocêncio Oliveira, Primeiro Vice-Presidente, no exercício da Presidência da Mesa do Congresso Nacional, para os efeitos do disposto no art. 62 da Constituição Federal, com a redação dada pela Emenda constitucional n. 32, combinado com o art. 12 da Resolução n. 1, de 2002-CN, promulgo a seguinte Lei:

ART. 1º As sociedades cooperativas também poderão excluir da base de cálculo da contribuição para o PIS/PASEP e da COFINS, sem prejuízo do disposto no art. 15 da Medida Provisória n. 2.158-35, de 24 de agosto de 2001, as sobras apuradas na Demonstração do Resultado do Exercício, antes da destinação para a constituição do Fundo de Reserva e do Fundo de Assistência Técnica, Educacional e Social, previstos no art. 28 da Lei n. 5.764, de 16 de dezembro de 1971.

§ 1º As sobras líquidas da destinação para constituição dos Fundos referidos no *caput* somente serão computadas na receita bruta da atividade rural do cooperado quando a este creditadas, distribuídas ou capitalizadas pela sociedade cooperativa de produção agropecuárias.

§ 2º Quanto às demais sociedades cooperativas, a exclusão de que trata o *caput* ficará limitada aos valores destinados a formação dos Fundos nele previstos.

§ 3º O disposto neste artigo alcança os fatos geradores ocorridos a partir da vigência da Medida Provisória n. 1.858-10, de 26 de outubro de 1999.

ART. 2º Esta Lei entra em vigor na data de sua publicação.

Congresso Nacional, em 22 de maio de 2003; 182º da Independência e 115º da República.

DEPUTADO INOCÊNCIO OLIVEIRA
PRIMEIRO VICE-PRESIDENTE, NO EXERCÍCIO DA PRESIDÊNCIA DA MESA DO CONGRESSO NACIONAL

LEI N. 10.744, DE 9 DE OUTUBRO DE 2003

Dispõe sobre a assunção, pela União, de responsabilidades civis perante terceiros no caso de atentados terroristas, atos de guerra ou eventos correlatos, contra aeronaves de matrícula brasileira operadas por empresas brasileiras de transporte aéreo público, excluídas as empresas de táxi aéreo.

- *DOU*, 10.10.2003.
- Conversão da Med. Prov. 126/2003.

Faço saber que o Presidente da República adotou a Medida Provisória n. 126, de 2003, que o Congresso Nacional aprovou, e eu, José Sarney, Presidente da Mesa do Congresso Nacional, para os efeitos do disposto no art. 62 da Constituição Federal, com a redação dada pela Emenda constitucional n. 32, combinado com o art. 12 da Resolução n. 1, de 2002-CN, promulgo a seguinte Lei:

ART. 1º Fica a União autorizada, na forma e critérios estabelecidos pelo Poder Executivo, a assumir despesas de responsabilidades civis perante terceiros na hipótese da ocorrência de danos a bens e pessoas, passageiros ou não, provocados por atentados terroristas, atos de guerra ou eventos correlatos, ocorridos no Brasil ou no exterior, contra aeronaves de matrícula brasileira operadas por empresas brasileiras de transporte aéreo público, excluídas as empresas de táxi aéreo.

§ 1º O montante global das despesas de responsabilidades civis referidas no *caput* fica limitado ao equivalente em reais a US$ 1,000,000,000.00 (um bilhão de dólares dos Estados Unidos da América) para o total dos eventos contra aeronaves de matrícula brasileira operadas por empresas brasileiras de transporte aéreo público, excluídas as empresas de táxi aéreo.

§ 2º As despesas de responsabilidades civis perante terceiros, na hipótese da ocorrência de danos a pessoas de que trata o *caput* deste artigo, estão limitadas exclusivamente à reparação de danos corporais, doenças, morte ou invalidez sofridos em decorrência dos atos referidos no *caput* deste artigo, excetuados, dentre outros, os danos morais, ofensa à honra, ao afeto, à liberdade, à profissão, ao respeito aos mortos, à psique, à saúde, ao nome, ao crédito e ao bem-estar, sem necessidade da ocorrência de prejuízo econômico.

§ 3º Entende-se por atos de guerra qualquer guerra, invasão, atos inimigos estrangeiros, hostilidades com ou sem guerra declarada, guerra civil, rebelião, revolução, insurreição, lei marcial, poder militar ou usurpado ou tentativas para usurpação do poder.

§ 4º Entende-se por ato terrorista qualquer ato de uma ou mais pessoas, sendo ou não agentes de um poder soberano, com fins políticos ou terroristas, seja a perda ou dano dele resultante acidental ou intencional.

§ 5º Os eventos correlatos, a que se refere o *caput* deste artigo, incluem greves, tumultos, comoções civis, distúrbios trabalhistas, ato malicioso, ato de sabotagem, confisco, nacionalização, apreensão, sujeição, detenção, apropriação, sequestro ou qualquer apreensão ilegal ou exercício indevido de controle da aeronave ou da tripulação em voo por parte de qualquer pessoa ou pessoas a bordo da aeronave sem consentimento do explorador.

ART. 2º Caberá ao Ministro de Estado da Fazenda definir as normas para a operacionalização da assunção de que trata esta Lei, segundo disposições a serem estabelecidas pelo Poder Executivo.

ART. 3º Caberá ao Ministro de Estado da Defesa, ouvidos os órgãos competentes, atestar que a despesa a que se refere o art. 1º desta Lei ocorreu em virtude de atentados terroristas, atos de guerra ou eventos correlatos.

ART. 4º Fica o Poder Executivo autorizado a fixar critérios de suspensão e cancelamento da assunção a que se refere esta Lei.

ART. 5º Fica a União autorizada a emitir títulos de responsabilidade do Tesouro Nacional, cujas características serão definidas pelo Ministro de Estado da Fazenda, para atender eventuais despesas de responsabilidades civis perante terceiros na hipótese da ocorrência de danos a bens e pessoas, passageiros ou não, provocados por atentados terroristas, atos de guerra ou eventos correlatos, contra aeronaves de matrícula brasileira operadas por empresas brasileiras de transporte aéreo público, excluídas as empresas de táxi aéreo.

ART. 6º A União ficará sub-rogada, em todos os direitos decorrentes dos pagamentos efetuados, contra aqueles que, por ato, fato ou omissão tenham causado os prejuízos pagos pela União ou tenham para eles concorrido, obrigando-se a empresa aérea ou o beneficiário a fornecer os meios necessários ao exercício dessa sub-rogação.

ART. 7º Na hipótese de haver diferença positiva, em favor de empresa aérea, entre o valor pago a título de cobertura de seguros até 10 de setembro de 2001 e o valor pago a mesmo título após aquela data, deverá aquela diferença ser recolhida ao Tesouro Nacional como condição para a efetivação da assunção de despesas a que se refere o art. 1º desta Lei.

ART. 8º O art. 2º da Lei n. 9.825, de 23 de agosto de 1999, passa a ter a seguinte redação:

› Alteração promovida no texto da referida lei.

ART. 9º Esta Lei entra em vigor na data de sua publicação.

ART. 10. Fica revogada a Lei n. 10.605, de 18 de dezembro de 2002.

Brasília, 31 de julho de 2003; 182º da Independência e 115º da República.

Congresso Nacional, em 9 de outubro de 2003; 182º da Independência e 115º da República.

SENADOR JOSÉ SARNEY
PRESIDENTE DA MESA
DO CONGRESSO NACIONAL

LEI N. 10.753, DE 30 DE OUTUBRO DE 2003

Institui a Política Nacional do Livro.

› *DOU*, 31.10.2003 (Edição extra)

O Presidente da República. Faço saber que o Congresso Nacional decreta e eu sanciono a seguinte Lei:

CAPÍTULO I
DA POLÍTICA NACIONAL DO LIVRO

DIRETRIZES GERAIS

ART. 1º Esta Lei institui a Política Nacional do Livro, mediante as seguintes diretrizes:

I - assegurar ao cidadão o pleno exercício do direito de acesso e uso do livro;

II - o livro é o meio principal e insubstituível da difusão da cultura e transmissão do conhecimento, do fomento à pesquisa social e científica, da conservação do patrimônio nacional, da transformação e aperfeiçoamento social e da melhoria da qualidade de vida;

III - fomentar e apoiar a produção, a edição, a difusão, a distribuição e a comercialização do livro;

IV - estimular a produção intelectual dos escritores e autores brasileiros, tanto de obras científicas como culturais;

V - promover e incentivar o hábito da leitura;

VI - propiciar os meios para fazer do Brasil um grande centro editorial;

VII - competir no mercado internacional de livros, ampliando a exportação de livros nacionais;

VIII - apoiar a livre circulação do livro no País;

IX - capacitar a população para o uso do livro como fator fundamental para seu progresso econômico, político, social e promover a justa distribuição do saber e da renda;

X - instalar e ampliar no País livrarias, bibliotecas e pontos de venda de livro;

XI - propiciar aos autores, editores, distribuidores e livreiros as condições necessárias ao cumprimento do disposto nesta Lei;

XII - assegurar às pessoas com deficiência visual o acesso à leitura.

CAPÍTULO II
DO LIVRO

ART. 2º Considera-se livro, para efeitos desta Lei, a publicação de textos escritos em fichas ou folhas, não periódica, grampeada, colada ou costurada, em volume cartonado, encadernado ou em brochura, em capas avulsas, em qualquer formato e acabamento.

Parágrafo único. São equiparados a livro:

I - fascículos, publicações de qualquer natureza que representem parte de livro;

II - materiais avulsos relacionados com o livro, impressos em papel ou em material similar;

III - roteiros de leitura para controle e estudo de literatura ou de obras didáticas;

IV - álbuns para colorir, pintar, recortar ou armar;

V - atlas geográficos, históricos, anatômicos, mapas e cartogramas;

VI - textos derivados de livro ou originais, produzidos por editores, mediante contrato de edição celebrado com o autor, com a utilização de qualquer suporte;

VII - livros em meio digital, magnético e ótico, para uso exclusivo de pessoas com deficiência visual;

VIII - livros impressos no Sistema Braille.

ART. 3º É livro brasileiro o publicado por editora sediada no Brasil, em qualquer idioma, bem como o impresso ou fixado em qualquer suporte no exterior por editor sediado no Brasil.

ART. 4º É permitida a entrada no País de livros em língua estrangeira ou portuguesa, imunes de impostos nos termos do art. 150, inciso VI, alínea d, da Constituição, e, nos termos do regulamento, de tarifas alfandegárias prévias, sem prejuízo dos controles aduaneiros e de suas taxas. (Redação dada pela Lei 10.833/2003.)

CAPÍTULO III
DA EDITORAÇÃO, DISTRIBUIÇÃO E COMERCIALIZAÇÃO DO LIVRO

ART. 5º Para efeitos desta Lei, é considerado:

I - autor: a pessoa física criadora de livros;

II - editor: a pessoa física ou jurídica que adquire o direito de reprodução de livros, dando a eles tratamento adequado à leitura;

III - distribuidor: a pessoa jurídica que opera no ramo de compra e venda de livros por atacado;

IV - livreiro: a pessoa jurídica ou representante comercial autônomo que se dedica à venda de livros.

ART. 6º Na editoração do livro, é obrigatória a adoção do Número Internacional Padronizado, bem como a ficha de catalogação para publicação.

Parágrafo único. O número referido no *caput* deste artigo constará da quarta capa do livro impresso.

ART. 7º O Poder Executivo estabelecerá formas de financiamento para as editoras e para o sistema de distribuição de livro, por meio de criação de linhas de crédito específicas.

Parágrafo único. Cabe, ainda, ao Poder Executivo implementar programas anuais para manutenção e atualização do acervo de bibliotecas públicas, universitárias e escolares, incluídas obras em Sistema Braille.

ART. 8º As pessoas jurídicas que exerçam as atividades descritas nos incisos II a IV do art. 5º poderão constituir provisão para perda de estoques, calculada no último dia de cada período de apuração do imposto de renda e da contribuição social sobre o lucro líquido, correspondente a 1/3 (um terço) do valor do estoque existente naquela data, na forma que dispuser o regulamento, inclusive em relação ao tratamento contábil e fiscal a ser dispensado às reversões dessa provisão. (Redação dada pela Lei 10.833/2003.)

ART. 9º A provisão referida no art. 8º será dedutível para fins de determinação do lucro real e da base de cálculo da contribuição social sobre o lucro líquido. (Redação dada pela Lei 10.833/2003.)

ART. 10. (Vetado)

ART. 11. Os contratos firmados entre autores e editores de livros para cessão de direitos autorais para publicação deverão ser cadastrados na Fundação Biblioteca Nacional, no Escritório de Direitos Autorais.

ART. 12. É facultado ao Poder Executivo a fixação de normas para o atendimento ao disposto nos incisos VII e VIII do art. 2º desta Lei.

CAPÍTULO IV
DA DIFUSÃO DO LIVRO

ART. 13. Cabe ao Poder Executivo criar e executar projetos de acesso ao livro e incentivo à leitura, ampliar os já existentes e implementar, isoladamente ou em parcerias públicas ou privadas, as seguintes ações em âmbito nacional:

I - criar parcerias, públicas ou privadas, para o desenvolvimento de programas de incentivo à leitura, com a participação de entidades públicas e privadas;

II - estimular a criação e execução de projetos voltados para o estímulo e a consolidação do hábito de leitura, mediante:

a) revisão e ampliação do processo de alfabetização e leitura de textos de literatura nas escolas;

b) introdução da hora de leitura diária nas escolas;

c) exigência pelos sistemas de ensino, para efeito de autorização de escolas, de acervo mínimo de livros para as bibliotecas escolares;

III - instituir programas, em bases regulares, para a exportação e venda de livros brasileiros em feiras e eventos internacionais;

IV - estabelecer tarifa postal preferencial, reduzida, para o livro brasileiro;

V - criar cursos de capacitação do trabalho editorial, gráfico e livreiro em todo o território nacional.

ART. 14. É o Poder Executivo autorizado a promover o desenvolvimento de programas de ampliação do número de livrarias e pontos de venda no País, podendo ser ouvidas as Administrações Estaduais e Municipais competentes.

ART. 15. (Vetado.)

CAPÍTULO V
DISPOSIÇÕES GERAIS

ART. 16. A União, os Estados, o Distrito Federal e os Municípios consignarão, em seus respectivos orçamentos, verbas às bibliotecas para sua manutenção e aquisição de livros.

ART. 17. A inserção de rubrica orçamentária pelo Poder Executivo para financiamento da modernização e expansão do sistema bibliotecário e de programas de incentivo à leitura será feita por meio do Fundo Nacional de Cultura.

ART. 18. Com a finalidade de controlar os bens patrimoniais das bibliotecas públicas, o livro não é considerado material permanente.

ART. 19. Esta Lei entra em vigor na data de sua publicação.

Brasília, 30 de outubro de 2003;
182º da Independência e 115º da República.
LUIZ INÁCIO LULA DA SILVA

LEI N. 10.755, DE 3 DE NOVEMBRO DE 2003

Estabelece multa em operações de importação, e dá outras providências.

▸ *DOU*, 04.11.2003.

O Vice-Presidente da República, no exercício do cargo de Presidente da República. Faço saber que o Congresso Nacional decreta e eu sanciono a seguinteLei:

ART. 1º Fica o importador sujeito ao pagamento de multa a ser recolhida ao Banco Central do Brasil nas importações com Declaração de Importação - DI, registrada no Sistema Integrado de Comércio Exterior - Siscomex, quando:

I - contratar operação de câmbio ou efetuar pagamento em reais sem observância dos prazos e das demais condições estabelecidas pelo Banco Central do Brasil;

II - não efetuar o pagamento de importação até cento e oitenta dias a partir do primeiro dia do mês subsequente ao previsto para pagamento da importação, conforme consignado na DI ou no Registro de Operações Financeiras - ROF, quando financiadas.

§ 1º O disposto neste artigo aplica-se também às irregularidades previstas na legislação anterior, desde que pendentes de julgamento definitivo nas instâncias administrativas. (Redação dada pela Lei 11.196/2005.)

§ 2º A multa de que trata o *caput* será aplicada pelo Banco Central do Brasil na forma, no prazo, no percentual e nas demais condições que vier a fixar, limitada a cem por cento do valor equivalente em reais da respectiva importação, e será apurada e devida:

I - na data da contratação do câmbio ou do pagamento em reais, nas situações objeto do inciso I do *caput* deste artigo;

II - no centésimo octogésimo primeiro dia a partir do primeiro dia do mês subsequente ao previsto para pagamento da importação, nas situações objeto do inciso II do *caput* deste artigo.

§ 3º No caso de importação realizada por conta e ordem de terceiro, o adquirente da mercadoria indicado na Declaração de Importação é responsável solidário pelo pagamento da multa de que trata o *caput*.

ART. 2º A multa de que trata esta Lei não se aplica:

I - aos pagamentos de mercadorias embarcadas no exterior até o dia 31 de março de 1997, inclusive;

II - aos pagamentos de importações de petróleo e derivados especificados pelo Banco Central do Brasil;

III - aos pagamentos de importações efetuadas sob o regime de *drawback* e outros estabelecidos em ato do Ministro de Estado da Fazenda;

IV - às importações cujo saldo para pagamento seja inferior a US$ 10,000.00 (dez mil dólares norte-americanos) ou o seu equivalente em outras moedas;

V - aos pagamentos de importações de produtos de consumo alimentar básico, visando ao atendimento de aspectos conjunturais do abastecimento, conforme dispuser ato do Ministro de Estado da Fazenda;

VI - às importações, financiadas ou não, cujo pagamento seja de responsabilidade da União, dos Estados, dos Municípios e do Distrito Federal, suas fundações e autarquias, inclusive aquelas importações efetuadas em data anterior à publicação desta Lei;

VII - aos valores apurados na forma desta Lei inferiores a R$ 1.000,00 (um mil reais).

ART. 3º São responsáveis pelo recolhimento da multa de que trata esta Lei:

I - o banco vendedor da moeda estrangeira, nas importações pagas em moeda estrangeira;

II - o banco onde os reais tenham sido creditados para o pagamento da importação, nas importações pagas em reais;

III - o importador, nas demais situações.

ART. 4º (Revogado pela Lei 11.196/2005.)

ART. 5º O Banco Central do Brasil baixará as normas necessárias à execução do disposto nesta Lei.

ART. 6º Esta Lei entra em vigor na data de sua publicação.

ART. 7º Fica revogada a Lei n. 9.817, de 23 de agosto de 1999.

Brasília, 3 de novembro de 2003;
182º da Independência e 115º da República.
JOSÉ ALENCAR GOMES DA SILVA

LEI N. 10.779, DE 25 DE NOVEMBRO DE 2003

Dispõe sobre a concessão do benefício de seguro desemprego, durante o período de defeso, ao pescador profissional que exerce a atividade pesqueira de forma artesanal.

▸ *DOU*, 26.11.2003.
▸ Dec. 8.424/2015 (Regulamenta esta lei.)

O Presidente da República. Faço saber que o Congresso Nacional decreta e eu sanciono a seguinte Lei:

ART. 1º O pescador artesanal de que tratam a alínea "b" do inciso VII do art. 12 da Lei n. 8.212, de 24 de julho de 1991, e a alínea "b" do inciso VII do art. 11 da Lei n. 8.213, de 24 de julho de 1991, desde que exerça sua atividade profissional ininterruptamente, de forma artesanal e individualmente ou em regime de economia familiar, fará jus ao benefício do seguro-desemprego, no valor de 1 (um) salário-mínimo mensal, durante o período de defeso de atividade pesqueira para a preservação da espécie. (Alterado pela Lei 13.134/2015.)

§ 1º Considera-se profissão habitual ou principal meio de vida a atividade exercida durante o período compreendido entre o defeso anterior e o em curso, ou nos 12 (doze) meses imediatamente anteriores ao do defeso em curso, o que for menor. (Alterado pela Lei 13.134/2015.)

§ 2º O período de defeso de atividade pesqueira é o fixado pelo Instituto Brasileiro do Meio Ambiente e dos Recursos Naturais Renováveis - IBAMA, em relação à espécie marinha, fluvial ou lacustre a cuja captura o pescador se dedique.

§ 3º Considera-se ininterrupta a atividade exercida durante o período compreendido entre o defeso anterior e o em curso, ou nos 12 (doze) meses imediatamente anteriores ao do defeso em curso, o que for menor. (Alterado pela Lei 13.134/2015.)

§ 4º Somente terá direito ao seguro-desemprego o segurado especial pescador artesanal que não disponha de outra fonte de renda diversa da decorrente da atividade pesqueira. (Alterado pela Lei 13.134/2015.)

§ 5º O pescador profissional artesanal não fará jus, no mesmo ano, a mais de um benefício de seguro-desemprego decorrente de defesos relativos a espécies distintas. (Alterado pela Lei 13.134/2015.)

§ 6º A concessão do benefício não será extensível às atividades de apoio à pesca nem aos familiares do pescador profissional que não satisfaçam os requisitos e as condições estabelecidos nesta Lei. (Alterado pela Lei 13.134/2015.)

§ 7º O benefício do seguro-desemprego é pessoal e intransferível. (Alterado pela Lei 13.134/2015.)

§ 8º O período de recebimento do benefício não poderá exceder o limite máximo variável de que trata o *caput* do art. 4º da Lei n. 7.998, de 11 de janeiro de 1990, ressalvado o disposto nos §§ 4º e 5º do referido artigo. (Acrescentado pela Lei 13.134/2015.)

ART. 2º Cabe ao Instituto Nacional do Seguro Social (INSS) receber e processar os requerimentos e habilitar os beneficiários, nos termos do regulamento. (Alterado pela Lei 13.134/2015.)

I a **IV** - (Revogados pela Lei 13.134/2015.)

a) a *c)* (Revogadas pela Lei 13.134/2015.)

§ 1º Para fazer jus ao benefício, o pescador não poderá estar em gozo de nenhum benefício decorrente de benefício previdenciário ou assistencial de natureza continuada, exceto pensão por morte e auxílio-acidente. (Alterado pela Lei 13.134/2015.)

§ 2º Para se habilitar ao benefício, o pescador deverá apresentar ao INSS os seguintes documentos: (Alterado pela Lei 13.134/2015.)

I - registro como pescador profissional, categoria artesanal, devidamente atualizado no Registro Geral da Atividade Pesqueira (RGP), emitido pelo Ministério da Pesca e Aquicultura com antecedência mínima de 1 (um) ano, contado da data de requerimento do benefício; (Alterado pela Lei 13.134/2015.)

II - cópia do documento fiscal de venda do pescado a empresa adquirente, consumidora ou consignatária da produção, em que conste, além do registro da operação realizada, o valor da respectiva contribuição previdenciária de que trata o § 7º do art. 30 da Lei n. 8.212, de 24 de julho de 1991, ou comprovante de recolhimento da contribuição previdenciária, caso tenha comercializado sua produção a pessoa física; e (Alterado pela Lei 13.134/2015.)

III - outros estabelecidos em ato do Ministério da Previdência Social que comprovem: (Alterado pela Lei 13.134/2015.)

a) o exercício da profissão, na forma do art. 1º desta Lei;

b) que se dedicou à pesca durante o período definido no § 3º do art. 1º desta Lei;

c) que não dispõe de outra fonte de renda diversa da decorrente da atividade pesqueira.

§ 3º O INSS, no ato de habilitação ao benefício, deverá verificar a condição de segurado pescador artesanal e o pagamento da contribuição previdenciária, nos termos da Lei n. 8.212, de 24 de julho de 1991, nos últimos 12 (doze) meses imediatamente anteriores ao requerimento do benefício ou desde o último período de defeso até o requerimento do benefício, o que for menor, observado, quando for o caso, o disposto no inciso II do § 2º. (Alterado pela Lei 13.134/2015.)

§ 4º O Ministério da Previdência Social e o Ministério da Pesca e Aquicultura desenvolverão atividades que garantam ao INSS acesso às informações cadastrais disponíveis no RGP, de que trata o art. 24 da Lei n. 11.959, de 29 de junho de 2009, necessárias para a concessão do seguro-desemprego. (Alterado pela Lei 13.134/2015.)

§ 5º Da aplicação do disposto no § 4º deste artigo não poderá resultar nenhum ônus para os segurados. (Acrescentado pela Lei 13.134/2015.)

§ 6º O Ministério da Previdência Social poderá, quando julgar necessário, exigir outros documentos para a habilitação do benefício. (Acrescentado pela Lei 13.134/2015.)

§ 7º O INSS deverá divulgar mensalmente lista com todos os beneficiários que estão em gozo do seguro-desemprego no período de defeso, detalhados por localidade, nome, endereço e número e data de inscrição no RGP. (Acrescentado pela Lei 13.134/2015.)

§ 8º Desde que atendidos os demais requisitos previstos neste artigo, o benefício de seguro-desemprego será concedido ao pescador profissional artesanal cuja família seja beneficiária de programa de transferência de renda com condicionalidades, e caberá ao órgão ou à entidade da administração pública federal responsável pela manutenção do programa a suspensão do pagamento pelo mesmo período da percepção do benefício de seguro-desemprego. (Acrescentado pela Lei 13.134/2015.)

§ 9º Para fins do disposto no § 8º, o INSS disponibilizará aos órgãos ou às entidades da administração pública federal responsáveis pela manutenção de programas de transferência de renda com condicionalidades as informações necessárias para identificação dos beneficiários e dos benefícios de seguro-desemprego concedidos, inclusive as relativas à duração, à suspensão ou à cessação do benefício. (Acrescentado pela Lei 13.134/2015.)

ART. 3º Sem prejuízo das sanções civis e penais cabíveis, todo aquele que fornecer ou beneficiar-se de atestado falso para o fim de obtenção do benefício de que trata esta Lei estará sujeito:

I - a demissão do cargo que ocupa, se servidor público;

II - a suspensão de sua atividade, com cancelamento do seu registro, por dois anos, se pescador profissional.

ART. 4º O benefício de que trata esta Lei será cancelado nas seguintes hipóteses:

I - início de atividade remunerada;

II - início de percepção de outra renda;

III - morte do beneficiário;

IV - desrespeito ao período de defeso; ou

V - comprovação de falsidade nas informações prestadas para a obtenção do benefício.

ART. 5º O benefício do seguro-desemprego a que se refere esta Lei será pago à conta do Fundo de Amparo ao Trabalhador - FAT, instituído pela Lei n. 7.998, de 11 de janeiro de 1990.

ART. 6º Esta Lei entra em vigor na data de sua publicação.

ART. 7º Fica revogada a Lei n. 8.287, de 20 de dezembro de 1991.

Brasília, 25 de novembro de 2003; 182º da Independência e 115º da República.

LUIZ INÁCIO LULA DA SILVA

LEI N. 10.814, DE 15 DE DEZEMBRO DE 2003

Estabelece normas para o plantio e comercialização da produção de soja geneticamente modificada da safra de 2004, e dá outras providências.

- *DOU*, 16.12.2003.
- Conversão da Med. Prov. 131/2003.

O Presidente da República. Faço saber que o Congresso Nacional decreta e eu sanciono a seguinte Lei:

ART. 1º Às sementes da safra de soja geneticamente modificada de 2003, reservadas pelos agricultores para o uso próprio, consoante os termos do art. 2º, inciso XLIII, da Lei n. 10.711, de 5 de agosto de 2003, e que sejam utilizadas para plantio até 31 de dezembro de 2003, não se aplicam as disposições:

I - dos incisos I e II art. 8º e do *caput* do art. 10 da Lei n. 6.938, de 31 de agosto de 1981, relativamente às espécies geneticamente modificadas previstas no Código 20 do seu Anexo VIII;

II - da Lei n. 8.974, de 5 de janeiro de 1995, com as alterações da Medida Provisória n. 2.191-9, de 23 de agosto de 2001; e

III - do § 3º do art. 1º da Lei n. 10.688, de 13 de junho de 2003.

Parágrafo único. É vedada a comercialização do grão de soja geneticamente modificada da safra de 2003 como semente, bem como a sua utilização como semente em propriedade situada em Estado distinto daquele em que foi produzido.

ART. 2º Aplica-se à soja colhida a partir das sementes de que trata o art. 1º o disposto na Lei n. 10.688, de 13 de junho de 2003, restringindo-se a sua comercialização ao período até 31 de janeiro de 2005, inclusive.

§ 1º O prazo de comercialização de que trata o *caput* poderá ser prorrogado por até sessenta dias por ato do Poder Executivo.

§ 2º O estoque existente após a data estabelecida no *caput* deverá ser destruído, com completa limpeza dos espaços de armazenagem para recebimento da safra de 2005.

ART. 3º Os produtores abrangidos pelo disposto no art. 1º, ressalvado o disposto nos arts. 3º e 4º da Lei n. 10.688, de 13 de junho de 2003, somente poderão promover o plantio e comercialização da safra de soja do ano de 2004 se subscreverem Termo de Compromisso, Responsabilidade e Ajustamento de Conduta, conforme regulamento, observadas as normas legais e regulamentares vigentes.

Parágrafo único. O Termo de Compromisso, Responsabilidade e Ajustamento de Conduta, de uso exclusivo do agricultor e dos órgãos e entidades da administração pública federal, será firmado até o dia 9 de dezembro de 2003 e entregue nos postos ou agências da Empresa Brasileira de Correios e Telégrafos, nas agências da Caixa Econômica Federal ou do Banco do Brasil S.A.

ART. 4º O Ministro de Estado da Agricultura, Pecuária e Abastecimento poderá excluir do regime desta Lei, mediante portaria, os grãos de soja produzidos em áreas ou regiões nas quais comprovadamente não se verificou a presença de organismo geneticamente modificado.

Parágrafo único. O Ministério da Agricultura, Pecuária e Abastecimento poderá firmar instrumento de cooperação com as unidades da Federação, para os fins do cumprimento do disposto no *caput*.

ARTS. 5º a 10. (Revogados pela Lei 11.105/2005.)

ART. 11. (Revogado pela Lei 11.460/2007.)

ART. 12. Ficam vedados, em todo o território nacional, a utilização, a comercialização, o registro, o patenteamento e o licenciamento de tecnologias genéticas de restrição do uso e dos produtos delas derivados, aplicáveis à cultura da soja.

Parágrafo único. Para os efeitos desta Lei, entende-se por tecnologias genéticas de restrição do uso qualquer processo de intervenção humana para geração ou multiplicação de plantas geneticamente modificadas para produzir estruturas reprodutivas estéreis, bem como qualquer forma de manipulação genética que vise à ativação ou desativação de genes relacionados à fertilidade das plantas por indutores químicos externos.

ART. 13. Em relação às safras anteriores a 2003, fica o produtor de soja geneticamente modificada isento de qualquer penalidade ou responsabilidade decorrente da inobservância dos dispositivos legais referidos no art. 1º desta Lei.

ART. 14. Fica autorizado para a safra 2003/2004 o registro provisório de variedade de soja geneticamente modificada no Registro Nacional de Cultivares, nos termos da Lei n. 10.711, de 5 de agosto de 2003, sendo vedada expressamente, sua comercialização como semente.

§ 1º O Ministério da Agricultura, Pecuária e Abastecimento e o Ministério do Meio Ambiente promoverão o acompanhamento da multiplicação das sementes previstas no *caput* mantendo rigoroso controle da produção e dos estoques.

§ 2º A vedação prevista no *caput* permanecerá até a existência de legislação específica que regulamente a comercialização de semente de soja geneticamente modificada no País.

ART. 15. Fica instituída, no âmbito do Poder Executivo, Comissão de Acompanhamento, composta por representantes dos Ministérios do Meio Ambiente; da Agricultura, Pecuária e Abastecimento; da Ciência e Tecnologia; do Desenvolvimento Agrário; do Desenvolvimento, Indústria e Comércio Exterior; da Justiça; da Saúde; do Gabinete do Ministro Extraordinário de Segurança Alimentar e Combate à Fome; da Agência Nacional de Vigilância Sanitária - ANVISA; do Instituto Brasileiro do Meio Ambiente e dos Recursos Naturais Renováveis - IBAMA; da Empresa Brasileira de Pesquisa Agropecuária - EMBRAPA; coordenada pela Casa Civil da Presidência da República, destinada a acompanhar e supervisionar o cumprimento do disposto nesta Lei.

ART. 16. (Revogado pela Lei 11.460/2007.)

ART. 17. Esta Lei entra em vigor na data de sua publicação.

Brasília, 15 de dezembro de 2003; 182º da Independência e 115º da República.

LUIZ INÁCIO LULA DA SILVA

LEI N. 10.823, DE 19 DE DEZEMBRO DE 2003

Dispõe sobre a subvenção econômica ao prêmio do Seguro Rural e dá outras providências.

- *DOU*, 22.12.2003.
- Dec. 5.121/2004 (Regulamenta esta lei).

O Presidente da República. Faço saber que o Congresso Nacional decreta e eu sanciono a seguinte Lei:

ART. 1º Fica o Poder Executivo autorizado a conceder subvenção econômica em percentual ou valor do prêmio do seguro rural, na forma estabelecida em ato específico.

§ 1º O seguro rural deverá ser contratado junto a sociedades autorizadas a operar em seguros pela Superintendência de Seguros Privados - Susep, na forma da legislação em vigor.

§ 2º Para a concessão da subvenção econômica de que trata o *caput*, o proponente deverá estar adimplente com a União, na forma do regulamento desta Lei.

§ 3º As obrigações assumidas pela União em decorrência da subvenção econômica de que trata este artigo serão integralmente liquidadas no exercício financeiro de contratação do seguro rural.

§ 4º As despesas com a subvenção econômica de que trata este artigo correrão à conta das dotações orçamentárias consignadas anualmente ao Ministério da Agricultura, Pecuária e Abastecimento, observados os limites de movimentação e empenho e de pagamento.

- LC 137/2010 (Autoriza a participação da União em fundo destinado à cobertura suplementar dos riscos do seguro rural).

§ 5º As formas de concessão da subvenção econômica de que trata este artigo deverão preservar o direito de livre escolha dos produtores rurais pelas apólices, natureza dos riscos cobertos e seguradoras de seu interesse. (Acrescentado pela Lei 13.195/2015.)

§ 6º O poder público não poderá exigir a contratação de seguro rural como condição para acesso ao crédito de custeio agropecuário. (Acrescentado pela Lei 13.195/2015.)

ART. 1º-A. Fica o Poder Executivo autorizado a conceder subvenção econômica em percentual ou valor do prêmio do seguro rural contratado no ano de 2014, na forma estabelecida no ato específico de que trata o art. 1º desta Lei, devendo a obrigação assumida em decorrência desta subvenção ser integralmente liquidada no exercício financeiro de 2015. (Acrescentado pela Lei 13.149/2015.)

Parágrafo único. Aplicam-se as demais disposições desta Lei à subvenção estabelecida no *caput* deste artigo. (Acrescentado pela Lei 13.149/2015.)

ART. 2º A subvenção de que trata o art. 1º poderá ser diferenciada segundo:

I - modalidades do seguro rural;

II - tipos de culturas e espécies animais;

III - categorias de produtores;

IV - regiões de produção;

V - condições contratuais, priorizando aquelas consideradas redutoras de risco ou indutoras de tecnologia.

Parágrafo único. Poderá ser exigido do produtor rural, como condição para acessar a subvenção econômica de que trata esta Lei, o fornecimento de dados históricos individualizados dos ciclos produtivos antecedentes em relação à atividade agropecuária a ser segurada. (Acrescentado pela Lei 13.195/2015.)

ART. 3º O Poder Executivo regulamentará:

I - as modalidades de seguro rural contempláveis com o benefício de que trata esta Lei;

II - as condições operacionais gerais para a implementação, execução, pagamento, controle e fiscalização da subvenção econômica de que trata esta Lei;

III - as condições para acesso aos benefícios previstos nesta Lei, incluindo o rol dos eventos cobertos e outras exigências técnicas pertinentes;

IV - (Revogado pela LC 137/2010.)

V - a composição e o regimento interno do Comitê Gestor Interministerial do Seguro Rural de que trata o art. 4º desta Lei.

VI - (Vetado.) (Incluído pela LC 137/2010.)

§ 1º (Revogado) (Alterado pela Lei 13.195/2015.)

§ 2º O Ministério da Agricultura, Pecuária e Abastecimento organizará e disponibilizará na rede mundial de computadores um banco de dados com as informações das operações subvencionadas, objetivando fornecer dados estatísticos que facilitem os cálculos atuariais e a precificação do seguro rural. (Acrescentado pela Lei 13.195/2015.)

ART. 4º Fica criado, no âmbito do Ministério da Agricultura, Pecuária e Abastecimento, que o coordenará, o Comitê Gestor Interministerial do Seguro Rural.

§ 1º O Comitê Gestor Interministerial do Seguro Rural poderá criar Comissões Consultivas, das quais poderão participar representantes do setor privado.

§ 2º O Comitê Gestor Interministerial do Seguro Rural definirá a organização e a composição das Comissões Consultivas e regulará seu funcionamento.

§ 3º Cabe ao presidente do Comitê Gestor Interministerial do Seguro Rural designar os integrantes das Comissões Consultivas.

ART. 5º Compete ao Comitê Gestor Interministerial do Seguro Rural:

I e II - (Revogados pela LC 137/2010.)

III - aprovar e divulgar: (Redação dada pela LC 137/2010.)

a) os percentuais sobre o prêmio do seguro rural e os valores máximos da subvenção econômica, considerando a diferenciação prevista no art. 2º desta Lei; (Incluída pela LC 137/2010.)

b) as condições operacionais específicas; (Incluída pela LC 137/2010.)

c) as culturas vegetais e espécies animais objeto do benefício previsto nesta Lei; (Incluída pela LC 137/2010.)

d) as regiões a serem amparadas pelo benefício previsto nesta Lei; (Incluída pela LC 137/2010.)

e) as condições técnicas a serem cumpridas pelos beneficiários; e (Incluída pela LC 137/2010.)

f) a proposta de Plano Trienal ou seus ajustes anuais, dispondo sobre as diretrizes e condições para a concessão da subvenção econômica, observadas as disponibilidades orçamentárias e as diretrizes estabelecidas no Plano Plurianual; (Incluída pela LC 137/2010.)

IV - implementar e operacionalizar o benefício previsto nesta Lei; (Redação dada pela LC 137/2010.)

V - incentivar a criação e a implementação de projetos-piloto pelas sociedades seguradoras, contemplando novas culturas vegetais ou espécies animais e tipos de cobertura, com vistas a apoiar o desenvolvimento da agropecuária; e (Redação dada pela LC 137/2010.)

VI - estabelecer diretrizes e coordenar a elaboração de metodologias e a divulgação de estudos e dados estatísticos, entre outras informações, que auxiliem o desenvolvimento do seguro rural como instrumento de política agrícola. (Redação dada pela LC 137/2010.)

Parágrafo único. O Comitê Gestor Interministerial do Seguro Rural poderá fixar limites financeiros da subvenção, por beneficiário e unidade de área. (Incluído pela LC 137/2010.)

ART. 6º Os arts. 1º, 2º, 6º e 7º da Lei n. 10.696, de 2 de julho de 2003, passam a vigorar com a seguinte redação:

- Alterações promovidas no texto da referida lei.

ART. 7º Esta Lei entra em vigor na data de sua publicação.

Brasília, 19 de dezembro de 2003; 182º da Independência e 115º da República.

LUIZ INÁCIO LULA DA SILVA

LEI N. 10.831, DE 23 DE DEZEMBRO DE 2003

Dispõe sobre a agricultura orgânica e dá outras providências.

- *DOU*, 24.12.2003.
- Lei 6.894/1980 (Dispõe sobre a inspeção e fiscalização da produção e do comércio de fertilizantes, corretivos, inoculantes, estimulantes ou biofertilizantes, destinados à agricultura).
- Lei 7.802/1989 (Dispõe sobre a pesquisa, a experimentação, a produção, a embalagem e rotulagem, o transporte, o armazenamento, a comercialização, a propaganda comercial, a utilização, a importação, a exportação, o destino final dos resíduos e embalagens, o registro, a classificação, o controle, a inspeção, a fiscalização dos agrotóxicos, seus componentes e afins).
- Lei 8.171/1991 (Dispõe sobre a Política Agrícola).
- Dec. 6.323/2007 (Regulamenta esta lei).

O Presidente da República. Faço saber que o Congresso Nacional decreta e eu sanciono a seguinte Lei:

ART. 1º Considera-se sistema orgânico de produção agropecuária todo aquele em que se adotam técnicas específicas, mediante a otimização do uso dos recursos naturais e socioeconômicos disponíveis e o respeito à integridade cultural das comunidades rurais, tendo por objetivo a sustentabilidade econômica e ecológica, a maximização dos benefícios sociais, a minimização da dependência de energia não renovável, empregando, sempre que possível, métodos culturais, biológicos e mecânicos, em contraposição ao uso de materiais sintéticos, a eliminação do uso de organismos geneticamente modificados e radiações ionizantes, em qualquer fase do processo de produção, processamento, armazenamento, distribuição e comercialização, e a proteção do meio ambiente.

§ 1º A finalidade de um sistema de produção orgânico é:

I - a oferta de produtos saudáveis isentos de contaminantes intencionais;

II - a preservação da diversidade biológica dos ecossistemas naturais e a recomposição ou incremento da diversidade biológica dos ecossistemas modificados em que se insere o sistema de produção;

III - incrementar a atividade biológica do solo;

IV - promover um uso saudável do solo, da água e do ar, e reduzir ao mínimo todas as formas de contaminação desses elementos que possam resultar das práticas agrícolas;

V - manter ou incrementar a fertilidade do solo a longo prazo;

VI - a reciclagem de resíduos de origem orgânica, reduzindo ao mínimo o emprego de recursos não renováveis;

VII - basear-se em recursos renováveis e em sistemas agrícolas organizados localmente;

VIII - incentivar a integração entre os diferentes segmentos da cadeia produtiva e de consumo de produtos orgânicos e a regionalização da produção e comércio desses produtos;

IX - manipular os produtos agrícolas com base no uso de métodos de elaboração cuidadosos, com o propósito de manter a integridade orgânica e as qualidades vitais do produto em todas as etapas.

§ 2º O conceito de sistema orgânico de produção agropecuária e industrial abrange os denominados: ecológico, biodinâmico, natural, regenerativo, biológico, agroecológicos, permacultura e outros que atendam os princípios estabelecidos por esta Lei.

ART. 2º Considera-se produto da agricultura orgânica ou produto orgânico, seja ele *in natura* ou processado, aquele obtido em sistema orgânico de produção agropecuário ou oriundo de processo extrativista sustentável e não prejudicial ao ecossistema local.

Parágrafo único. Toda pessoa, física ou jurídica, responsável pela geração de produto definido no *caput* deste artigo é considerada como produtor para efeito desta Lei.

ART. 3º Para sua comercialização, os produtos orgânicos deverão ser certificados por organismo reconhecido oficialmente, segundo critérios estabelecidos em regulamento.

§ 1º No caso da comercialização direta aos consumidores, por parte dos agricultores familiares, inseridos em processos próprios de organização e controle social, previamente cadastrados junto ao órgão fiscalizador, a certificação será facultativa, uma vez assegurada aos consumidores e ao órgão fiscalizador a rastreabilidade do produto e o livre acesso aos locais de produção ou processamento.

§ 2º A certificação da produção orgânica de que trata o *caput* deste artigo, enfocando sistemas, critérios e circunstâncias de sua aplicação, será matéria de regulamentação desta Lei, considerando os diferentes sistemas de certificação existentes no País.

ART. 4º A responsabilidade pela qualidade relativa às características regulamentadas para produtos orgânicos caberá aos produtores, distribuidores, comerciantes e entidades certificadoras, segundo o nível de participação de cada um.

Parágrafo único. A qualidade de que trata o *caput* deste artigo não exime os agentes dessa cadeia produtiva do cumprimento de demais normas e regulamentos que estabeleçam outras medidas relativas à qualidade de produtos e processos.

ART. 5º Os procedimentos relativos à fiscalização da produção, circulação, armazenamento, comercialização e certificação de produtos orgânicos nacionais e estrangeiros, serão objeto de regulamentação pelo Poder Executivo.

§ 1º A regulamentação deverá definir e atribuir as responsabilidades pela implementação desta Lei no âmbito do Governo Federal.

§ 2º Para a execução desta Lei, poderão ser celebrados convênios, ajustes e acordos entre órgãos e instituições da Administração Federal, Estados e Distrito Federal.

ART. 6º Sem prejuízo das responsabilidades civil e penal cabíveis, a infração das disposições desta Lei será apurada em processo administrativo e acarretará, nos termos previstos em regulamento, a aplicação das seguintes sanções, isolada ou cumulativamente:

I - advertência;

II - multa de até R$ 1.000.000,00 (um milhão de reais);

III - suspensão da comercialização do produto;

IV - condenação de produtos, rótulos, embalagens e matérias-primas;

V - inutilização do produto;

VI - suspensão do credenciamento, certificação, autorização, registro ou licença; e

VII - cancelamento do credenciamento, certificação, autorização, registro ou licença.

ART. 7º Caberá ao órgão definido em regulamento adotar medidas cautelares que se demonstrem indispensáveis ao atendimento dos objetivos desta Lei, assim como dispor sobre a destinação de produtos apreendidos ou condenados na forma de seu regulamento.

§ 1º O detentor do bem que for apreendido poderá ser nomeado seu depositário.

§ 2º Os custos referentes a quaisquer dos procedimentos mencionados neste artigo correrão por conta do infrator.

ART. 8º As pessoas físicas ou jurídicas, de direito público ou privado, que produzam, transportem, comercializem ou armazenem produtos orgânicos ficam obrigadas a promover a regularização de suas atividades junto aos órgãos competentes.

Parágrafo único. Os procedimentos de registro, cadastramento, licenciamento e outros mecanismos de controle deverão atender ao disposto no regulamento desta Lei e nos demais instrumentos legais pertinentes.

ART. 9º Os insumos com uso regulamentado para a agricultura orgânica deverão ser objeto de processo de registro diferenciado, que garanta a simplificação e agilização de sua regularização.

Parágrafo único. Os órgãos federais competentes definirão em atos complementares os procedimentos para a aplicabilidade do disposto no *caput* deste artigo.

ART. 10. Para o atendimento de exigências relativas a medidas sanitárias e fitossanitárias, as autoridades competentes deverão, sempre que possível, adotar medidas compatíveis com as características e especificidades dos produtos orgânicos, de modo a não descaracterizá-los.

ART. 11. O Poder Executivo regulamentará esta Lei, definindo as normas técnicas para a produção orgânica e sua estrutura de gestão no âmbito da União, dos Estados e do Distrito Federal.

§ 1º A regulamentação deverá contemplar a participação de representantes do setor agropecuário e da sociedade civil, com reconhecida atuação em alguma etapa da cadeia produtiva orgânica.

§ 2º A regulamentação desta Lei será revista e atualizada sempre que necessário e, no máximo, a cada quatro anos.

ART. 12. (Vetado.)

Parágrafo único. O regulamento desta Lei deverá estabelecer um prazo mínimo de 01 (um) ano para que todos os segmentos envolvidos na cadeia produtiva possam se adequar aos procedimentos que não estejam anteriormente estabelecidos por regulamentação oficial.

ART. 13. Esta Lei entra em vigor na data de sua publicação.

Brasília, 23 de dezembro de 2003; 182º da Independência e 115º da República.

LUIZ INÁCIO LULA DA SILVA

LEI N. 10.836, DE 9 DE JANEIRO DE 2004

Cria o Programa Bolsa Família e dá outras providências.

- *DOU*, 12.01.2004.
- Conversão da Med. Prov. 132/2003
- Dec. 5.209/2004 (Regulamenta esta lei).
- Dec. 7.931/2013 (Altera o Dec. 5.209/2004, que regulamenta esta lei).

O Presidente da República. Faço saber que o Congresso Nacional decreta e eu sanciono a seguinte Lei:

ART. 1º Fica criado, no âmbito da Presidência da República, o Programa Bolsa Família, destinado às ações de transferência de renda com condicionalidades.

Parágrafo único. O Programa de que trata o *caput* tem por finalidade a unificação dos procedimentos de gestão e execução das ações de transferência de renda do Governo Federal, especialmente as do Programa Nacional de Renda Mínima vinculado à Educação - Bolsa Escola, instituído pela Lei n. 10.219, de 11 de abril de 2001, do Programa Nacional de Acesso à Alimentação - PNAA, criado pela Lei n. 10.689, de 13 de junho de 2003, do Programa Nacional de Renda Mínima vinculada à Saúde - Bolsa Alimentação, instituído pela Medida Provisória n. 2.206-1, de 6 de setembro de 2001, do Programa Auxílio-Gás, instituído pelo Decreto n. 4.102, de 24 de janeiro de 2002, e do Cadastramento Único do Governo Federal, instituído pelo Decreto n. .877, de 24 de julho de 2001.

ART. 2º Constituem benefícios financeiros do Programa, observado o disposto em regulamento:

I - o benefício básico, destinado a unidades familiares que se encontrem em situação de extrema pobreza;

II - o benefício variável, destinado a unidades familiares que se encontrem em situação de pobreza e extrema pobreza e que tenham em sua composição gestantes, nutrizes, crianças entre 0 (zero) e 12 (doze) anos ou adolescentes até 15 (quinze) anos, sendo pago até o limite de 5 (cinco) benefícios por família; (Redação dada pela Lei 12.512/2011.)

III - o benefício variável, vinculado ao adolescente, destinado a unidades familiares que se encontrem em situação de pobreza ou extrema pobreza e que tenham em sua composição adolescentes com idade entre 16 (dezesseis) e 17 (dezessete) anos, sendo pago até o limite de 2 (dois) benefícios por família. (Redação dada pela Lei 11.692/2008.)

IV - o benefício para superação da extrema pobreza, no limite de um por família, destinado às unidades familiares beneficiárias do Programa Bolsa Família e que, cumulativamente: (Redação dada pela Lei 12.817/2013.)

a) tenham em sua composição crianças e adolescentes de 0 (zero) a 15 (quinze) anos de idade; e (Redação dada pela Lei 12.817/2013.

b) apresentem soma da renda familiar mensal e dos benefícios financeiros previstos nos incisos I a III igual ou inferior a R$ 70,00 (setenta reais) *per capita*. (Incluído pela Lei 12.722/2012.)

§ 1º Para fins do disposto nesta Lei, considera-se:

I - família, a unidade nuclear, eventualmente ampliada por outros indivíduos que com ela possuam laços de parentesco ou de afinidade, que forme um grupo doméstico, vivendo sob o mesmo teto e que se mantém pela contribuição de seus membros;

II - nutriz, a mãe que esteja amamentando seu filho com até 6 (seis) meses de idade para o qual o leite materno seja o principal alimento;

III - renda familiar mensal, a soma dos rendimentos brutos auferidos mensalmente pela totalidade dos membros da família, excluindo-se os rendimentos concedidos por programas oficiais de transferência de renda, nos termos do regulamento.

§ 2º O valor do benefício básico será de R$ 58,00 (cinquenta e oito reais) por mês, concedido a famílias com renda familiar mensal *per capita* de até R$ 60,00 (sessenta reais). (Redação dada pela Lei 11.692/2008.)

§ 3º Serão concedidos a famílias com renda familiar mensal *per capita* de até R$ 120,00 (cento e vinte reais), dependendo de sua composição: (Redação dada pela Lei 11.692/2008.)

I - o benefício variável no valor de R$ 18,00 (dezoito reais); e (Redação dada pela Lei 11.692/2008.)

II - o benefício variável, vinculado ao adolescente, no valor de R$ 30,00 (trinta reais). (Redação dada pela Lei 11.692/2008.)

§ 4º Os benefícios financeiros previstos nos incisos I, II, III e IV do *caput* poderão ser pagos cumulativamente às famílias beneficiárias, observados os limites fixados nos citados incisos II, III e IV. (Incluído pela Lei 12.722/2012.)

§ 5º A família cuja renda familiar mensal *per capita* esteja compreendida entre os valores estabelecidos no § 2º e no § 3º deste artigo receberá exclusivamente os benefícios a que se referem os incisos II e III do *caput* deste artigo, respeitados os limites fixados nesses incisos. (Redação dada pela Lei 11.692/2008.)

§ 6º Os valores dos benefícios e os valores referenciais para caracterização de situação de pobreza ou extrema pobreza de que tratam os §§ 2º e 3º poderão ser majorados pelo Poder Executivo, em razão da dinâmica socioeconômica do País e de estudos técnicos sobre o tema, atendido o disposto no parágrafo único do art. 6º.

§ 7º Os atuais beneficiários dos programas a que se refere o parágrafo único do art. 1º, à medida que passarem a receber os benefícios do Programa Bolsa Família, deixarão de receber os benefícios daqueles programas.

§ 8º Considera-se benefício variável de caráter extraordinário a parcela do valor dos benefícios em manutenção das famílias beneficiárias dos Programas Bolsa Escola, Bolsa Alimentação, PNAA e Auxílio-Gás que, na data de ingresso dessas famílias no Programa Bolsa Família, exceda o limite máximo fixado neste artigo.

§ 9º O benefício a que se refere o § 8º será mantido até a cessação das condições de elegibilidade de cada um dos beneficiários que lhe deram origem.

§ 10. O Conselho Gestor Interministerial do Programa Bolsa Família poderá excepcionalizar o cumprimento dos critérios de que trata o § 2º, nos casos de calamidade pública ou de situação de emergência reconhecidos pelo Governo Federal, para fins de concessão do benefício básico em caráter temporário, respeitados os limites orçamentários e financeiros.

§ 11. Os benefícios financeiros previstos nos incisos I, II, III e IV do *caput* serão pagos, mensalmente, por meio de cartão magnético bancário fornecido pela Caixa Econômica Federal com a identificação do responsável, mediante o Número de Identificação Social - NIS, de uso do Governo Federal. (Redação dada pela Lei 12.722/2012.)

§ 12. Os benefícios poderão ser pagos por meio das seguintes modalidades de contas, nos termos de resoluções adotadas pelo Banco Central do Brasil: (Redação dada pela Lei 11.692/2008.)

I - contas-correntes de depósito à vista; (Incluído pela Lei 11.692/2008.)

II - contas especiais de depósito à vista; (Incluído pela Lei 11.692/2008.)

III - contas contábeis; e (Incluído pela Lei 11.692/2008.)

IV - outras espécies de contas que venham a ser criadas. (Incluído pela Lei 11.692/2008)

§ 13. No caso de créditos de benefícios disponibilizados indevidamente ou com prescrição do prazo de movimentação definido em regulamento, os créditos reverterão automaticamente ao Programa Bolsa Família.

§ 14. O pagamento dos benefícios previstos nesta Lei será feito preferencialmente à mulher, na forma do regulamento.

§ 15. O benefício para superação da extrema pobreza corresponderá ao valor necessário para que a soma da renda familiar mensal e dos benefícios financeiros supere o valor de R$ 70,00 (setenta reais) *per capita*. (Redação dada pela Lei 12.817/2013.)

§ 16. Caberá ao Poder Executivo ajustar, de acordo com critério a ser estabelecido em ato específico, o valor definido para a renda familiar *per capita*, para fins do pagamento do benefício para superação da extrema pobreza. (Redação dada pela Lei 12.817/2013.)

I e II - (Revogados pela Lei 12.817/2013.)

§ 17. Os beneficiários com idade a partir de 14 (quatorze) anos e os mencionados no inciso III do *caput* deste artigo poderão ter acesso a programas e cursos de educação e qualificação profissionais. (Redação dada pela Lei 12.817/2013.)

ART. 2º-A. A partir de 1º de março de 2013, o benefício previsto no inciso IV do *caput* do art. 2º será estendido, independentemente do disposto na alínea a desse inciso, às famílias beneficiárias que apresentem soma da renda familiar mensal e dos benefícios financeiros previstos nos incisos I a III do *caput* do art. 2º, igual ou inferior a R$ 70,00 (setenta reais) *per capita*. (Redação dada pela Lei 12.817/2013.)

ART. 3º A concessão dos benefícios dependerá do cumprimento, no que couber, de condicionalidades relativas ao exame pré-natal, ao acompanhamento nutricional, ao acompanhamento de saúde, à frequência escolar de 85% (oitenta e cinco por cento) em estabelecimento de ensino regular, sem prejuízo de outras previstas em regulamento.

Parágrafo único. O acompanhamento da frequência escolar relacionada ao benefício previsto no inciso III do *caput* do art. 2º desta Lei considerará 75% (setenta e cinco por cento) de frequência, em conformidade com o previsto no inciso VI do *caput* do art. 24 da Lei n. 9.394, de 20 de dezembro de 1996. (Incluído pela Lei 11.692/2008.)

ART. 4º Fica criado, como órgão de assessoramento imediato do Presidente da República, o Conselho Gestor Interministerial do Programa Bolsa Família, com a finalidade de formular e integrar políticas públicas, definir diretrizes, normas e procedimentos sobre o desenvolvimento e implementação do Programa Bolsa Família, bem como apoiar iniciativas para instituição de políticas públicas sociais visando promover a emancipação das famílias beneficiadas pelo Programa nas esferas federal, estadual, do Distrito Federal e municipal, tendo as competências, composição e funcionamento estabelecidos em ato do Poder Executivo.

ART. 5º O Conselho Gestor Interministerial do Programa Bolsa Família contará com uma Secretaria-Executiva, com a finalidade de coordenar, supervisionar, controlar e avaliar a operacionalização do Programa, compreendendo o cadastramento único, a supervisão do cumprimento das condicionalidades, o estabelecimento de sistema de monitoramento, avaliação, gestão orçamentária e financeira, a definição das formas de participação e controle social e a interlocução com as respectivas instâncias, bem como a articulação entre o Programa e as políticas públicas sociais de iniciativa dos governos federal, estadual, do Distrito Federal e municipal.

ART. 6º As despesas do Programa Bolsa Família correrão à conta das dotações alocadas nos programas federais de transferência de renda e no Cadastramento Único a que se refere o parágrafo único do art. 1º, bem como de outras dotações do Orçamento da Seguridade Social da União que vierem a ser consignadas ao Programa.

Parágrafo único. O Poder Executivo deverá compatibilizar a quantidade de beneficiários e de benefícios financeiros específicos do Programa Bolsa Família com as dotações Orçamentárias existentes. (Redação dada pela Lei 12.817/2013.)

ART. 7º Compete à Secretaria-Executiva do Programa Bolsa Família promover os atos administrativos e de gestão necessários à execução orçamentária e financeira dos recursos originalmente destinados aos programas federais de transferência de renda e ao Cadastramento Único mencionados no parágrafo único do art. 1º.

§ 1º Excepcionalmente, no exercício de 2003, os atos administrativos e de gestão necessários à execução orçamentária e financeira, em caráter obrigatório, para pagamento dos benefícios e dos serviços prestados pelo agente operador e, em caráter facultativo, para o gerenciamento do Programa Bolsa Família, serão realizados pelos Ministérios da Educação, da Saúde, de Minas e Energia e pelo Gabinete do Ministro Extraordinário de Segurança Alimentar e Combate à Fome, observada orientação emanada da Secretaria-Executiva do Programa Bolsa Família quanto aos beneficiários e respectivos benefícios.

§ 2º No exercício de 2003, as despesas relacionadas à execução dos Programas Bolsa Escola, Bolsa Alimentação, PNAA e Auxílio-Gás continuarão a ser executadas orçamentária e financeiramente pelos respectivos Ministérios e órgãos responsáveis.

§ 3º No exercício de 2004, as dotações relativas aos programas federais de transferência de renda e ao Cadastramento Único, referidos no parágrafo único do art. 1º, serão descentralizadas para o órgão responsável pela execução do Programa Bolsa Família.

ART. 8º A execução e a gestão do Programa Bolsa Família são públicas e governamentais e dar-se-ão de forma descentralizada, por meio da conjugação de esforços entre os entes federados, observada a intersetorialidade, a participação comunitária e o controle social.

§ 1º A execução e a gestão descentralizadas referidas no *caput* serão implementadas mediante adesão voluntária dos Estados, do Distrito Federal e dos Municípios ao Programa Bolsa Família. (Incluído pela Lei 12.058/2009.)

§ 2º Fica instituído o Índice de Gestão Descentralizada do Programa Bolsa Família - IGD, para utilização em âmbito estadual, distrital e municipal, cujos parâmetros serão regulamentados pelo Poder Executivo, e destinado a: (Incluído pela Lei 12.058/2009.)

I - medir os resultados da gestão descentralizada, com base na atuação do gestor estadual, distrital ou municipal na execução dos procedimentos de cadastramento, na gestão de benefícios e de condicionalidades, na articulação intersetorial, na implementação das ações de desenvolvimento das famílias beneficiárias e no acompanhamento e execução de procedimentos de controle; (Incluído pela Lei 12.058/2009.)

II - incentivar a obtenção de resultados qualitativos na gestão estadual, distrital e municipal do Programa; e (Incluído pela Lei 12.058/2009.)

III - calcular o montante de recursos a ser transferido aos entes federados a título de apoio financeiro. (Incluído pela Lei 12.058/2009.)

§ 3º A União transferirá, obrigatoriamente, aos entes federados que aderirem ao Programa Bolsa Família recursos para apoio financeiro às ações de gestão e execução descentralizada do Programa, desde que alcancem índices mínimos no IGD. (Incluído pela Lei 12.058/2009.)

§ 4º Para a execução do previsto neste artigo, o Poder Executivo Federal regulamentará: (Incluído pela Lei 12.058/2009.)

I - os procedimentos e as condições necessárias para adesão ao Programa Bolsa Família, incluindo as obrigações dos entes respectivos; (Incluído pela Lei 12.058/2009.)

II - os instrumentos, parâmetros e procedimentos de avaliação de resultados e da qualidade de gestão em âmbito estadual, distrital e municipal; e (Incluído pela Lei 12.058/2009.)

III - os procedimentos e instrumentos de controle e acompanhamento da execução do Programa Bolsa Família pelos entes federados. (Incluído pela Lei 12.058/2009.)

§ 5º Os resultados alcançados pelo ente federado na gestão do Programa Bolsa Família, aferidos na forma do inciso I do § 2º serão considerados como prestação de contas dos recursos transferidos. (Incluído pela Lei 12.058/2009.)

§ 6º Os Estados, o Distrito Federal e os Municípios submeterão suas prestações de contas às respectivas instâncias de controle social, previstas no art. 9º, e, em caso de não aprovação, os recursos financeiros transferidos na forma do § 3º deverão ser restituídos pelo ente federado ao respectivo Fundo de Assistência Social, na forma regulamentada pelo Poder Executivo Federal. (Incluído pela Lei 12.058/2009.)

§ 7º O montante total dos recursos de que trata o § 3º não poderá exceder a 3% (três por cento) da previsão orçamentária total relativa ao pagamento de benefícios do Programa Bolsa Família, devendo o Poder Executivo fixar os limites e os parâmetros mínimos para a transferência de recursos para cada ente federado. (Incluído pela Lei 12.058/2009.)

ART. 9º O controle e a participação social do Programa Bolsa Família serão realizados, em âmbito local, por um conselho ou por um comitê instalado pelo Poder Público municipal, na forma do regulamento.

Parágrafo único. A função dos membros do comitê ou do conselho a que se refere o *caput* é considerada serviço público relevante e não será de nenhuma forma remunerada.

ART. 10. O art. 5º da Lei n. 10.689, de 13 de junho de 2003, passa a vigorar com a seguinte alteração:

> "Art. 5º As despesas com o Programa Nacional de Acesso à Alimentação correrão à conta das dotações orçamentárias consignadas na Lei Orçamentária Anual, inclusive oriundas do Fundo de Combate e Erradicação da Pobreza, instituído pelo art. 79 do Ato das Disposições Constitucionais Transitórias." (NR)

ART. 11. Ficam vedadas as concessões de novos benefícios no âmbito de cada um dos programas a que se refere o parágrafo único do art. 1º.

Parágrafo único. A validade dos benefícios concedidos no âmbito do Programa Nacional de Acesso à Alimentação - PNAA - "Cartão Alimentação" encerra-se em 31 de dezembro de 2011. (Incluído pela Lei 12.512/2011.)

ART. 12. Fica atribuída à Caixa Econômica Federal a função de Agente Operador do Programa Bolsa Família, mediante remuneração e condições a serem pactuadas com o Governo Federal, obedecidas as formalidades legais.

ART. 13. Será de acesso público a relação dos beneficiários e dos respectivos benefícios do Programa a que se refere o *caput* do art. 1º.

Parágrafo único. A relação a que se refere o *caput* terá divulgação em meios eletrônicos de acesso público e em outros meios previstos em regulamento.

ART. 14. Sem prejuízo das responsabilidades civil, penal e administrativa, o servidor público ou o agente da entidade conveniada ou contratada responsável pela organização e manutenção do cadastro de que trata o art. 1º será responsabilizado quando, dolosamente: (Redação dada pela Lei 12.512/2011.)

I - inserir ou fizer inserir dados ou informações falsas ou diversas das que deveriam ser inscritas no Cadastro Único para Programas Sociais do Governo Federal - Cadúnico; ou (Incluído pela Lei 12.512/2011.)

II - contribuir para que pessoa diversa do beneficiário final receba o benefício. (Incluído pela Lei 12.512/2011.)

§ 1º (Revogado). (Redação dada pela Lei 12.512/2011.)

§ 2º O servidor público ou agente da entidade contratada que cometer qualquer das infrações de que trata o *caput* fica obrigado a ressarcir integralmente o dano, aplicando-se-lhe multa nunca inferior ao dobro e superior ao quádruplo da quantia paga indevidamente. (Redação dada pela Lei 12.512/2011.)

ART. 14-A. Sem prejuízo da sanção penal, será obrigado a efetuar o ressarcimento da importância recebida o beneficiário que dolosamente tenha prestado informações falsas ou utilizado qualquer outro meio ilícito, a fim de indevidamente ingressar ou se manter como beneficiário do Programa Bolsa Família. (Incluído pela Lei 12.512/2011.)

§ 1º O valor apurado para o ressarcimento previsto no *caput* será atualizado pelo Índice Nacional de Preços ao Consumidor Amplo - IPCA, divulgado pela Fundação Instituto Brasileiro de Geografia e Estatística. (Incluído pela Lei 12.512/2011.)

§ 2º Apurado o valor a ser ressarcido, mediante processo administrativo, e não tendo sido pago pelo beneficiário, ao débito serão aplicados os procedimentos de cobrança dos créditos da União, na forma da legislação de regência. (Incluído pela Lei 12.512/2011.)

ART. 15. Fica criado no Conselho Gestor Interministerial do Programa Bolsa Família um cargo, código DAS 101.6, de Secretário-Executivo do Programa Bolsa Família.

ART. 16. Na gestão do Programa Bolsa Família, aplicar-se-á, no que couber, a legislação mencionada no parágrafo único do art. 1º, observadas as diretrizes do Programa.

ART. 17. Esta Lei entra em vigor na data de sua publicação.

Brasília, 9 de janeiro de 2004; 183º da Independência e 116º da República.

LUIZ INÁCIO LULA DA SILVA

LEI N. 10.842, DE 20 DE FEVEREIRO DE 2004

Cria e transforma cargos e funções nos Quadros de Pessoal dos Tribunais Regionais Eleitorais, destinados às Zonas Eleitorais.

› *DOU*, 20.02.2004 - Edição extra

O Presidente da República. Faço saber que o Congresso Nacional decreta e eu sanciono a seguinte Lei:

ART. 1º Ficam criados, nos Quadros de Pessoal dos Tribunais Regionais Eleitorais, os cargos de provimento efetivo e as funções comissionadas indicados e quantificados no Anexo I, assim destinados:

I - 2 (dois) cargos efetivos, sendo 1 (um) de Técnico Judiciário e 1 (um) de Analista Judiciário, para cada Zona Eleitoral;

II - 1 (uma) função comissionada de Chefe de Cartório Eleitoral, nível FC-4, para as Zonas Eleitorais localizadas no Distrito Federal e nas Capitais dos Estados mencionados, não dotadas de idêntica função; e

III - 1 (uma) função comissionada de Chefe de Cartório Eleitoral, nível FC-1, para cada Zona Eleitoral localizada no interior dos Estados.

Parágrafo único. O provimento dos cargos e funções a que se refere este artigo dar-se-á de forma gradual, de acordo com a disponibilidade de recursos orçamentários, em consonância com o disposto no art. 169, § 1º, da Constituição Federal, observado o seguinte escalonamento:

I - no exercício de 2004:

a) 1.150 (mil, cento e cinquenta) cargos efetivos de Analista Judiciário e igual número de Técnico Judiciário; e

b) 54 (cinquenta e quatro) funções comissionadas de Chefe de Cartório Eleitoral, nível FC-4, e 1.023 (mil e vinte e três) de Encarregado de Cartório Eleitoral, nível FC-1;

II - no exercício de 2005:

a) 862 (oitocentos e sessenta e dois) cargos efetivos de Analista Judiciário e igual número de Técnico Judiciário; e

b) 41 (quarenta e uma) funções comissionadas de Chefe de Cartório Eleitoral, nível FC-4, e 768 (setecentas e sessenta e oito) de Encarregado de Cartório Eleitoral, nível FC-1;

III - no exercício de 2006:

a) 862 (oitocentos e sessenta e dois) cargos efetivos de Analista Judiciário e igual número de Técnico Judiciário; e

b) 40 (quarenta) funções comissionadas de Chefe de Cartório Eleitoral, nível FC-4, e 768 (setecentas e sessenta e oito) de Encarregado de Cartório Eleitoral, nível FC-1.

ART. 2º Ficam transformados 126 (cento e vinte e seis) cargos em comissão de Chefe de Cartório de Zona Eleitoral, nível CJ-2, e 53 (cinquenta e três), nível CJ-1, em 179 (cento e setenta e nove) funções comissionadas de mesma denominação, nível FC-4, na forma do Anexo II.

ART. 3º Ficam extintas as gratificações mensais, devidas pela prestação de serviços à Justiça Eleitoral, de:

I - Escrivão Eleitoral, instituída pelo parágrafo único do art. 2º da Lei n. 8.350, de 28 de dezembro de 1991, e alterada pelo art. 9º da Lei n. 8.868, de 14 de abril de 1994, calculada com base na remuneração da função comissionada FC-3; e

II - Chefe de Cartório de Zona Eleitoral do interior dos Estados, instituída pelo art. 10 da Lei n. 8.868, de 14 de abril de 1994, calculada com base na remuneração da função comissionada FC-1.

Parágrafo único. Os atuais Chefes de Cartório de Zona Eleitoral ocupantes dos cargos em comissão transformados na forma do art. 2º, bem como os servidores retribuídos com a gratificação extinta nos termos do inciso II do art. 3º, poderão permanecer no exercício de suas atribuições até a data em que for designado servidor para ocupar a função comissionada correspondente.

ART. 4º As atuais atribuições da escrivania eleitoral serão exercidas privativamente pelo Chefe de Cartório Eleitoral, sem prejuízo das atividades inerentes à chefia do cartório.

§ 1º Não poderá servir como Chefe de Cartório Eleitoral, sob pena de demissão, o membro de órgão de direção partidária, nem o candidato a cargo eletivo, seu cônjuge e parente consanguíneo ou afim até o 2º (segundo) grau.

§ 2º O servidor que vier a exercer as atribuições de Chefe de Cartório Eleitoral de zona eleitoral criada após a vigência desta Lei perceberá gratificação equivalente à remuneração da função comissionada correspondente, até a criação e o provimento desta.

ART. 5º O Tribunal Superior Eleitoral baixará as instruções necessárias à aplicação desta Lei.

ART. 6º As despesas decorrentes desta Lei correrão por conta de dotações orçamentárias consignadas aos Tribunais Regionais Eleitorais.

ART. 7º Esta Lei entra em vigor na data de sua publicação.

ART. 8º Revogam-se o parágrafo único do art. 2º da Lei n. 8.350, de 28 de dezembro de 1991, e os arts. 9º e 10 da Lei n. 8.868, de 14 de abril de 1994.

Brasília, 20 de fevereiro de 2004; 183º da Independência e 116º da República.

LUIZ INÁCIO LULA DA SILVA

- Optamos, nesta edição, pela não publicação do Anexo.

LEI N. 10.850, DE 25 DE MARÇO DE 2004

Atribui competências à Agência Nacional de Saúde Suplementar - ANS e fixa as diretrizes a serem observadas na definição de normas para implantação de programas especiais de incentivo à adaptação de contratos anteriores à Lei n. 9.656, de 3 de junho de 1998.

- *DOU*, 26.3.2004.
- Conversão da Med. Prov. 148/2003.

Faço saber que o Presidente da República adotou a Medida Provisória n. 148, de 2003, que o Congresso Nacional aprovou, e eu, Inocêncio Oliveira, Primeiro Vice-Presidente da Mesa do Congresso Nacional, no exercício da Presidência, para os efeitos do disposto no art. 62 da Constituição Federal, com a redação dada pela Emenda Constitucional n. 32, combinado com o art. 12 da Resolução n. 1, de 2002-CN, promulgo a seguinte Lei:

ART. 1º Compete à Agência Nacional de Saúde Suplementar - ANS, na defesa do interesse público no setor de saúde suplementar, a definição de ações para instituição de programas especiais de incentivo à adaptação de contratos de planos privados de assistência à saúde firmados até 2 de janeiro de 1999, com o objetivo de facilitar o acesso dos consumidores vinculados a esses contratos a garantias e direitos definidos na Lei n. 9.656, de 3 de junho de 1998.

ART. 2º As ações de incentivo de que trata esta Lei serão definidas por normas específicas da ANS, considerando as seguintes diretrizes gerais:

I - revisão de contratos, procedendo-se às devidas alterações de cláusulas contratuais em vigor, por meio de termos aditivos;

II - viabilização de migração da relação contratual estabelecida para outro plano da mesma operadora; e

III - definição de linhas gerais para execução de planos especiais de adaptação, de implementação facultativa ou obrigatória, determinando forma, condições e exigências específicas a serem observadas para carências, reajustes, variação de preço por faixa etária, cobertura obrigatória, doenças e lesões preexistentes, e outras condições contratuais previstas na Lei n. 9.656, de 1998, bem como as rotinas de apresentação desses planos especiais, e as variações de preço por índice de adesão e outras variáveis que poderão estar contidas nas propostas oferecidas aos usuários.

§ 1º Para os planos coletivos empresariais, a ANS poderá prever a implementação parcial ou gradativa da extensão de cobertura prevista nos arts. 10, 10-A e 12 da Lei n. 9.656, de 1998, bem como a alteração da data-base para reajustes.

§ 2º Para as operadoras de planos de assistência à saúde, cujo número de beneficiários for inferior a dez mil e que não tenham em operação planos comercializados após 2 de janeiro de 1999, a ANS poderá definir condições especiais de oferecimento aos consumidores de alteração contratual para incorporação parcial das regras contidas na Lei n. 9.656, de 1998.

ART. 3º Será garantido ao consumidor o caráter facultativo da adesão aos planos especiais, ficando as operadoras obrigadas a manter em operação todos os contratos não adaptados.

Parágrafo único. Nas hipóteses de infração a dispositivo contratual, as operadoras permanecem sujeitas à fiscalização da ANS e à aplicação das penalidades previstas no art. 25 da Lei n. 9.656, de 1998.

ART. 4º Esta Lei entra em vigor na data de sua publicação.

Congresso Nacional, em 25 de março de 2004; 183º da Independência e 116º da República

DEPUTADO INOCÊNCIO OLIVEIRA

PRIMEIRO VICE-PRESIDENTE DA MESA DO CONGRESSO NACIONAL, NO EXERCÍCIO DA PRESIDÊNCIA

LEI N. 10.865, DE 30 DE ABRIL DE 2004

Dispõe sobre a Contribuição para os Programas de Integração Social e de Formação do Patrimônio do Servidor Público e a Contribuição para o Financiamento da Seguridade Social incidentes sobre a importação de bens e serviços e dá outras providências.

- *DOU*, 30.04.2004 - Edição Extra.
- Art. 149, § 2º, I, CF.
- Lei 10.637/2002 (Dispõe sobre a não cumulatividade na cobrança da contribuição para os Programas de Integração Social (PIS) e de Formação do Patrimônio do Servidor Público (PASEP), nos casos que especifica, sobre o pagamento e o parcelamento de débitos tributários federais, a compensação de créditos fiscais, a declaração de inaptidão de inscrição de pessoas jurídicas e a legislação aduaneira).
- Lei 10.833/2003 (Altera a Legislação Tributária Federal).
- Lei 10.925/2004 (Reduz as alíquotas do PIS/PASEP e da COFINS incidentes na importação e na comercialização do mercado interno de fertilizantes e defensivos agropecuários).
- Lei 12.649/2012 (Reduz a zero as alíquotas da Contribuição para o PIS/Pasep, da Contribuição para o Financiamento da Seguridade Social (Cofins), da Contribuição para o PIS/Pasep - Importação e da Cofins - Importação incidentes sobre a importação e a receita de venda no mercado interno dos produtos que menciona).
- LC 7/1970 (Institui o Programa de Integração Social).
- Dec. 6.426/2008 (Reduz a zero as alíquotas da Contribuição para o PIS/PASEP, da Contribuição para o Financiamento da Seguridade Social - COFINS, da Contribuição para o PIS/PASEP-Importação e da COFINS-Importação dos produtos que menciona).
- Dec. 6.842/2009 (Regulamenta a concessão de alíquota zero, até 30 de abril de 2012 ou até que a produção nacional atenda a oitenta por cento do consumo interno, da Contribuição para o PIS/PASEP, da Contribuição para o Financiamento da Seguridade Social - COFINS, da Contribuição para o PIS/PASEP-Importação e da COFINS-Importação incidentes sobre a receita bruta decorrente da venda no mercado interno e sobre a importação de papel).
- Dec. 8.212/2014 (Regulamenta o crédito presumido da Contribuição para o PIS/Pasep e da Cofins de que tratam os arts. 1º e 2º da Lei 12.859/2013, e a utilização pelas pessoas jurídicas importadoras ou produtoras de álcool dos créditos de que tratam o art. 3º da Lei 10.637/2002, o art. 3º da Lei 10.833/2003, e o art. 15 da Lei 10.865/2004).

O Presidente da República. Faço saber que o Congresso Nacional decreta e eu sanciono a seguinte Lei:

CAPÍTULO I
DA INCIDÊNCIA

ART. 1º Ficam instituídas a Contribuição para os Programas de Integração Social e de Formação do Patrimônio do Servidor Público incidente na Importação de Produtos Estrangeiros ou Serviços - PIS/PASEP - Importação e a Contribuição Social para o Financiamento da Seguridade Social devida pelo Importador de Bens Estrangeiros ou Serviços do Exterior - COFINS - Importação, com base nos arts. 149, § 2º, inciso II, e 195, inciso IV, da Constituição Federal, observado o disposto no seu art. 195, § 6º.

§ 1º Os serviços a que se refere o *caput* deste artigo são os provenientes do exterior prestados por pessoa física ou pessoa jurídica residente ou domiciliada no exterior, nas seguintes hipóteses:

I - executados no País; ou

II - executados no exterior, cujo resultado se verifique no País.

§ 2º Consideram-se também estrangeiros:

I - bens nacionais ou nacionalizados exportados, que retornem ao País, salvo se:

a) enviados em consignação e não vendidos no prazo autorizado;

b) devolvidos por motivo de defeito técnico para reparo ou para substituição;

c) por motivo de modificações na sistemática de importação por parte do país importador;

d) por motivo de guerra ou de calamidade pública; ou

e) por outros fatores alheios à vontade do exportador;

II - os equipamentos, as máquinas, os veículos, os aparelhos e os instrumentos, bem como as partes, as peças, os acessórios e os componentes, de fabricação nacional, adquiridos no mercado interno pelas empresas nacionais de engenharia e exportados para a execução de obras contratadas no exterior, na hipótese de retornarem ao País.

ART. 2º As contribuições instituídas no art. 1º desta Lei não incidem sobre:

I - bens estrangeiros que, corretamente descritos nos documentos de transporte, chegarem ao País por erro inequívoco ou comprovado de expedição e que forem redestinados ou devolvidos para o exterior;

II - bens estrangeiros idênticos, em igual quantidade e valor, e que se destinem à reposição de outros anteriormente importados que se tenham revelado, após o desembaraço aduaneiro, defeituosos ou imprestáveis para o fim a que se destinavam, observada a regulamentação do Ministério da Fazenda;

III - bens estrangeiros que tenham sido objeto de pena de perdimento, exceto nas hipóteses em que não sejam localizados, tenham sido consumidos ou revendidos;

IV - bens estrangeiros devolvidos para o exterior antes do registro da declaração de importação, observada a regulamentação do Ministério da Fazenda;

V - pescado capturado fora das águas territoriais do País por empresa localizada no seu território, desde que satisfeitas as exigências que regulam a atividade pesqueira;

VI - bens aos quais tenha sido aplicado o regime de exportação temporária;

VII - bens ou serviços importados pelas entidades beneficentes de assistência social, nos termos do § 7º do art. 195 da Constituição Federal, observado o disposto no art. 10 desta Lei;

VIII - bens em trânsito aduaneiro de passagem, acidentalmente destruídos;

IX - bens avariados ou que se revelem imprestáveis para os fins a que se destinavam, desde que destruídos, sob controle aduaneiro, antes de despachados para consumo, sem ônus para a Fazenda Nacional; e

X - o custo do transporte internacional e de outros serviços, que tiverem sido computados no valor aduaneiro que serviu de base de cálculo da contribuição.

XI - valor pago, creditado, entregue, empregado ou remetido à pessoa física ou jurídica a título de remuneração de serviços vinculados aos processos de avaliação da conformidade, metrologia, normalização, inspeção sanitária e fitossanitária, homologação, registros e outros procedimentos exigidos pelo país importador sob o resguardo dos acordos sobre medidas sanitárias e fitossanitárias (SPS) e sobre barreiras técnicas ao comércio (TBT), ambos do âmbito da Organização Mundial do Comércio - OMC. (Incluído pela Lei 12.249/2010.)

Parágrafo único. O disposto no inciso XI não se aplica à remuneração de serviços prestados por pessoa física ou jurídica residente ou domiciliada em país ou dependência com tributação favorecida ou beneficiada por regime fiscal privilegiado, de que tratam os arts. 24 e 24-A da Lei n. 9.430, de 27 de dezembro de 1996. (Incluído pela Lei 12.249/2010.)

CAPÍTULO II
DO FATO GERADOR

ART. 3º O fato gerador será:

I - a entrada de bens estrangeiros no território nacional; ou

II - o pagamento, o crédito, a entrega, o emprego ou a remessa de valores a residentes ou domiciliados no exterior como contraprestação por serviço prestado.

§ 1º Para efeito do inciso I do *caput* deste artigo, consideram-se entrados no território nacional os bens que constem como tendo sido importados e cujo extravio venha a ser apurado pela administração aduaneira.

§ 2º O disposto no § 1º deste artigo não se aplica:

I - às malas e às remessas postais internacionais; e

II - à mercadoria importada a granel que, por sua natureza ou condições de manuseio na descarga, esteja sujeita a quebra ou a decréscimo, desde que o extravio não seja superior a 1% (um por cento).

§ 3º Na hipótese de ocorrer quebra ou decréscimo em percentual superior ao fixado no inciso II do § 2º deste artigo, serão exigidas as contribuições somente em relação ao que exceder a 1% (um por cento).

ART. 4º Para efeito de cálculo das contribuições, considera-se ocorrido o fato gerador:

I - na data do registro da declaração de importação de bens submetidos a despacho para consumo;

II - no dia do lançamento do correspondente crédito tributário, quando se tratar de bens constantes de manifesto ou de outras declarações de efeito equivalente, cujo extravio ou avaria for apurado pela autoridade aduaneira;

III - na data do vencimento do prazo de permanência dos bens em recinto alfandegado, se iniciado o respectivo despacho aduaneiro antes de aplicada a pena de perdimento, na situação prevista pelo art. 18 da Lei n. 9.779, de 19 de janeiro de 1999;

IV - na data do pagamento, do crédito, da entrega, do emprego ou da remessa de valores na hipótese de que trata o inciso II do *caput* do art. 3º desta Lei.

Parágrafo único. O disposto no inciso I do *caput* deste artigo aplica-se, inclusive, no caso de despacho para consumo de bens importados sob regime suspensivo de tributação do imposto de importação.

CAPÍTULO III
DO SUJEITO PASSIVO

ART. 5º São contribuintes:

I - o importador, assim considerada a pessoa física ou jurídica que promova a entrada de bens estrangeiros no território nacional;

II - a pessoa física ou jurídica contratante de serviços de residente ou domiciliado no exterior; e

III - o beneficiário do serviço, na hipótese em que o contratante também seja residente ou domiciliado no exterior.

Parágrafo único. Equiparam-se ao importador o destinatário de remessa postal internacional indicado pelo respectivo remetente e o adquirente de mercadoria entrepostada.

ART. 6º São responsáveis solidários:

I - o adquirente de bens estrangeiros, no caso de importação realizada por sua conta e ordem, por intermédio de pessoa jurídica importadora;

II - o transportador, quando transportar bens procedentes do exterior ou sob controle aduaneiro, inclusive em percurso interno;

III - o representante, no País, do transportador estrangeiro;

IV - o depositário, assim considerado qualquer pessoa incumbida da custódia de bem sob controle aduaneiro; e

V - o expedidor, o operador de transporte multimodal ou qualquer subcontratado para a realização do transporte multimodal.

CAPÍTULO IV
DA BASE DE CÁLCULO

ART. 7º A base de cálculo será:

I - o valor aduaneiro, na hipótese do inciso I do *caput* do art. 3º desta Lei; ou (Alterado pela Lei 12.865/2013.)

II - o valor pago, creditado, entregue, empregado ou remetido para o exterior, antes da retenção do imposto de renda, acrescido do Imposto sobre Serviços de qualquer Natureza - ISS e do valor das próprias contribuições, na hipótese do inciso II do *caput* do art. 3º desta Lei.

§ 1º A base de cálculo das contribuições incidentes sobre prêmios de resseguro cedidos ao exterior é de 15% (quinze por cento) do valor pago, creditado, entregue, empregado ou remetido. (Redação dada pela Lei 12.249/2010)

§ 2º O disposto no § 1º deste artigo aplica-se aos prêmios de seguros não enquadrados no disposto no inciso X do art. 2º desta Lei.

§ 3º A base de cálculo fica reduzida:

I - em 30,2% (trinta inteiros e dois décimos por cento), no caso de importação, para revenda, de caminhões chassi com carga útil igual ou superior a 1.800 kg (mil e oitocentos quilogramas) e caminhão monobloco com carga útil igual ou superior a 1.500 kg (mil e quinhentos quilogramas), classificados na posição 87.04 da Tabela de Incidência do Imposto sobre Produtos Industrializados - TIPI, observadas as especificações estabelecidas pela Secretaria da Receita Federal; e

II - em 48,1% (quarenta e oito inteiros e um décimo por cento), no caso de importação, para revenda, de máquinas e veículos classificados nos seguintes códigos e posições da TIPI: 84.29, 8432.40.00, 8432.80.00, 8433.20, 8433.30.00, 8433.40.00, 8433.5, 87.01, 8702.10.00 Ex 02, 8702.90.90 Ex 02, 8704.10.00, 87.05 e 8706.00.10 Ex 01 (somente os destinados aos produtos classificados nos Ex 02 dos códigos 8702.10.00 e 8702.90.90).

§§ 4º e 5º (Revogados pela Lei 12.865/2013.)

CAPÍTULO V
DAS ALÍQUOTAS

ART. 8º As contribuições serão calculadas mediante aplicação, sobre a base de cálculo de que trata o art. 7º desta Lei, das alíquotas: (Alterado pela Lei 13.137/2015. Vigência: no 1º dia do 4º mês subsequente ao da publicação da Med. Prov. 668/2015.)

I - na hipótese do inciso I do *caput* do art. 3º, de: (Alterado pela Lei 13.137/2015. Vigência: no 1º dia do 4º mês subsequente ao da publicação da Med. Prov. 668/2015.)

a) 2,1% (dois inteiros e um décimo por cento), para a Contribuição para o PIS/Pasep-Importação; e

b) 9,65% (nove inteiros e sessenta e cinco centésimos por cento), para a Cofins-Importação; e

II - na hipótese do inciso II do *caput* do art. 3º, de: (Alterado pela Lei 13.137/2015. Vigência: no 1º dia do 4º mês subsequente ao da publicação da Med. Prov. 668/2015.)

a) 1,65% (um inteiro e sessenta e cinco centésimos por cento), para a Contribuição para o PIS/Pasep-Importação; e

b) 7,6% (sete inteiros e seis décimos por cento), para a Cofins-Importação.

§ 1º As alíquotas, no caso de importação de produtos farmacêuticos, classificados nas posições 30.01, 30.03, exceto no código 3003.90.56, 30.04, exceto no código 3004.90.46, nos itens 3002.10.1, 3002.10.2, 3002.10.3, 3002.20.1, 3002.20.2, 3006.30.1 e 3006.30.2 e nos códigos 3002.90.20, 3002.90.92, 3002.90.99, 3005.10.10, 3006.60.00, são de:

I - 2,76% (dois inteiros e setenta e seis centésimos por cento), para a Contribuição para o PIS/Pasep-Importação; e (Alterado pela Lei 13.137/2015. Vigência: no 1º dia do 4º mês subsequente ao da publicação da Med. Prov. 668/2015.)

II - 13,03% (treze inteiros e três centésimos por cento), para a Cofins-Importação. (Alterado pela Lei 13.137/2015. Vigência: no 1º dia do 4º mês subsequente ao da publicação da Med. Prov. 668/2015.)

§ 2º As alíquotas, no caso de importação de produtos de perfumaria, de toucador ou de higiene pessoal, classificados nas posições 3303.00 a 33.07, exceto na posição 33.06; e nos códigos 3401.11.90, exceto 3401.11.90 Ex 01; 3401.20.10; e 9603.21.00; são de: (Alterado pela Lei 12.839/2013.)

I - 3,52% (três inteiros e cinquenta e dois centésimos por cento), para a Contribuição para o PIS/Pasep-Importação; e (Alterado pela Lei 13.137/2015. Vigência: no 1º dia do 4º mês subsequente ao da publicação da Med. Prov. 668/2015.)

II - 16,48% (dezesseis inteiros e quarenta e oito centésimos por cento), para a Cofins-Importação. (Alterado pela Lei 13.137/2015. Vigência: no 1º dia do 4º mês subsequente ao da publicação da Med. Prov. 668/2015.)

§ 3º Na importação de máquinas e veículos, classificados nos códigos 84.29, 8432.40.00, 8432.80.00, 8433.20, 8433.30.00, 8433.40.00, 8433.5, 87.01, 87.02, 87.03, 87.04, 87.05 e 87.06, da Nomenclatura Comum do Mercosul - NCM, as alíquotas são de:

I - 2,62% (dois inteiros e sessenta e dois centésimos por cento), para a Contribuição para o PIS/Pasep-Importação; e (Alterado pela Lei 13.137/2015. Vigência: no 1º dia do 4º mês subsequente ao da publicação da Med. Prov. 668/2015.)

II - 12,57% (doze inteiros e cinquenta e sete centésimos por cento), para a Cofins-Importação. (Alterado pela Lei 13.137/2015. Vigência: no 1º dia do 4º mês subsequente ao da publicação da Med. Prov. 668/2015.)

§ 4º O disposto no § 3º deste artigo, relativamente aos produtos classificados no Capítulo 84 da NCM, aplica-se, exclusivamente, aos produtos autopropulsados.

§ 5º Na importação dos produtos classificados nas posições 40.11 (pneus novos de borracha) e 40.13 (câmaras de ar de borracha), da NCM, as alíquotas são de:

I - 2,68% (dois inteiros e sessenta e oito centésimos por cento), para a Contribuição para o PIS/Pasep-Importação; e (Alterado pela Lei 13.137/2015. Vigência: na data da publicação.)

II - 12,35% (doze inteiros e trinta e cinco centésimos por cento), para a Cofins-Importação. (Alterado pela Lei 13.137/2015. Vigência: na data da publicação.)

§§ 6º e 6º-A. (Revogados pela Lei 13.097/2015 a partir do 1º dia do 4º mês subsequente ao da sua publicação.)

§ 7º (Revogado pela Lei 11.727/2008.)

§ 8º A importação de gasolinas e suas correntes, exceto de aviação e óleo diesel e suas correntes, gás liquefeito de petróleo (GLP) derivado de petróleo e gás natural e querosene de aviação fica sujeita à incidência da contribuição para o PIS/PASEP e da COFINS, fixadas por unidade de volume do produto, às alíquotas previstas no art. 23 desta Lei, independentemente de o importador haver optado pelo regime especial de apuração e pagamento ali referido.

§ 9º Na importação de autopeças, relacionadas nos Anexos I e II da Lei n. 10.485, de 03 de julho de 2002, exceto quando efetuada pela pessoa jurídica fabricante de máquinas e veículos relacionados no art. 1º da referida Lei, as alíquotas são de:

I - 2,62% (dois inteiros e sessenta e dois centésimos por cento), para a Contribuição para o PIS/Pasep-Importação; e (Alterado pela Lei 13.137/2015. Vigência: no 1º dia do 4º mês subsequente ao da publicação da Med. Prov. 668/2015.)

II - 12,57% (doze inteiros e cinquenta e sete centésimos por cento), para a Cofins-Importação. (Alterado pela Lei 13.137/2015. Vigência: no 1º dia do 4º mês subsequente ao da publicação da Med. Prov. 668/2015.)

§ 9º-A. A partir de 1º de setembro de 2015, as alíquotas da Contribuição do PIS/Pasep-Importação e da Cofins-Importação de que trata o § 9º serão de: (Acrescentado pela Lei 13.137/2015. Vigência: na data da publicação.)

I - 3,12% (três inteiros e doze centésimos por cento), para a Contribuição para o PIS/Pasep-Importação; e (Acrescentado pela Lei 13.137/2015. Vigência: na data da publicação.)

II - 14,37% (quatorze inteiros e trinta e sete centésimos por cento), para a Cofins-Importação. (Acrescentado pela Lei 13.137/2015. Vigência: na data da publicação.)

§ 10. Na importação de papel imune a impostos de que trata o art. 150, inciso VI, alínea *d*, da Constituição Federal, ressalvados os referidos no inciso IV do § 12 deste artigo, quando destinado à impressão de periódicos, as alíquotas são de:

- Art. 1º, *caput*, §§ 1º e 2º, Lei 11.945/2009 (Dispõe sobre o Registro Especial na Secretaria da Receita Federal do Brasil).
- Dec. 5.171/2004 (Regulamenta este parágrafo).

I - 0,8% (oito décimos por cento), para a contribuição para o PIS/Pasep-Importação; e (Alterado pela Lei 13.137/2015. Vigência: na data da publicação.)

II - 3,2% (três inteiros e dois décimos por cento), para a Cofins-Importação. (Alterado pela Lei 13.137/2015. Vigência: na data da publicação.)

§ 11. Fica o Poder Executivo autorizado a reduzir a 0 (zero) e a restabelecer as alíquotas do PIS/PASEP - Importação e da COFINS - Importação, incidentes sobre:

I - produtos químicos e farmacêuticos classificados nos Capítulos 29 e 30 da NCM;

II - produtos destinados ao uso em hospitais, clínicas e consultórios médicos e odontológicos, campanhas de saúde realizadas pelo Poder Público e laboratórios de anatomia patológica, citológica ou de análises clínicas, classificados nas posições 30.02, 30.06, 39.26, 40.15 e 90.18 da NCM. (Redação dada pela Lei 11.196/2005.)

§ 12. Ficam reduzidas a 0 (zero) as alíquotas das contribuições, nas hipóteses de importação de:

- Dec. 5.171/2004 (Regulamenta este parágrafo).

I - materiais e equipamentos, inclusive partes, peças e componentes, destinados ao emprego na construção, conservação, modernização, conversão ou reparo de embarcações registradas ou pré-registradas no Registro Especial Brasileiro; (Redação dada pela Lei 11.774/2008.)

II - embarcações construídas no Brasil e transferidas por matriz de empresa brasileira de navegação para subsidiária integral no exterior, que retornem ao registro brasileiro como propriedade da mesma empresa nacional de origem;

III - papel destinado à impressão de jornais, pelo prazo de 4 (quatro) anos a contar da data de vigência desta Lei, ou até que a produção nacional atenda 80% (oitenta por cento) do consumo interno;

- Art. 18, Lei 11.727/2008 (Prorrogou o prazo referido neste inciso até 30.04.2012).
- Art. 4º, Lei 12.649/2012 (Prorroga até 30.04.2016 o prazo previsto neste inciso)

IV - papéis classificados nos códigos 4801.00.10, 4801.00.90, 4802.61.91, 4802.61.99, 4810.19.89 e 4810.22.90, todos da TIPI, destinados à impressão de periódicos pelo prazo de 4 (quatro) anos a contar da data de vigência desta Lei ou até que a produção nacional atenda 80% (oitenta por cento) do consumo interno;

- Art. 18, Lei 11.727/2008 (Prorrogou o prazo referido neste inciso até 30.04.2012).
- Art. 4º, Lei 12.649/2012 (Prorroga até 30.04.2016 o prazo previsto neste inciso)

V - máquinas, equipamentos, aparelhos, instrumentos, suas partes e peças de reposição, e películas cinematográficas virgens, sem similar nacional, destinados à indústria cinematográfica e audiovisual, e de radiodifusão;

VI - aeronaves, classificadas na posição 88.02 da NCM; (Redação dada pela Lei 10.925/2004.)

VII - partes, peças, ferramentais, componentes, insumos, fluidos hidráulicos, lubrificantes, tintas, anticorrosivos, equipamentos, serviços e matérias-primas a serem empregados na manutenção, reparo, revisão, conservação, modernização, conversão e industrialização das aeronaves de que trata o inciso VI deste parágrafo, de seus motores, suas partes, peças, componentes, ferramentais e equipamentos; (Redação dada pela Lei 11.727/2008.)

VIII - (Revogado pela Lei 11.196/2005.)

IX - gás natural destinado ao consumo em unidades termelétricas integrantes do Programa Prioritário de Termelétricas - PPT;

X - produtos hortícolas e frutas, classificados nos Capítulos 7 e 8, e ovos, classificados na posição 04.07, todos da TIPI; e

XI - semens e embriões da posição 05.11, da NCM.

XII - livros, conforme definido no art. 2º da Lei n. 10.753, de 30 de outubro de 2003. (Redação dada pela Lei 11.033/2004.)

XIII - preparações compostas não alcoólicas, classificadas no código 2106.90.10 Ex 01 da TIPI, destinadas à elaboração de bebidas pelas pessoas jurídicas industriais dos produtos referidos no art. 58-A da Lei n. 10.833, de 29 de dezembro de 2003; (Redação dada pela Lei 11.727/2008.)

XIV - material de emprego militar classificado nas posições 87.10.00.00 e 89.06.10.00 da Tabela de Incidência do Imposto sobre Produtos Industrializados - TIPI; (Incluído pela Lei 11.727/2008.)

XV - partes, peças, componentes, ferramentais, insumos, equipamentos e matérias-primas a serem empregados na industrialização, manutenção, modernização e conversão do material de emprego militar de que trata o inciso XIV deste parágrafo; (Incluído pela Lei 11.727/2008.)

XVI - gás natural liquefeito - GNL. (Incluído pela Lei 11.727/2008.)

XVIII - produtos classificados na posição 87.13 da Nomenclatura Comum do Mercosul - NCM; (Incluído pela Lei 12.058/2009.)

XIX - artigos e aparelhos ortopédicos ou para fraturas classificados no código 90.21.10 da NCM; (Incluído pela Lei 12.058/2009.)

XX - artigos e aparelhos de próteses classificados no código 90.21.3 da NCM; (Incluído pela Lei 12.058/2009.)

XXI - almofadas antiescaras classificadas nos Capítulos 39, 40, 63 e 94 da NCM. (Incluído pela Lei 12.058/2009.)

XXIII - projetores para exibição cinematográfica, classificados no código 9007.2 da NCM, e suas partes e acessórios, classificados no código 9007.9 da NCM. (Redação dada pela Lei 12.599/2012.)

XXIV - produtos classificados nos códigos 8443.32.22, 8469.00.39 Ex 01, 8714.20.00, 9021.40.00, 9021.90.82 e 9021.90.92, todos da Tipi, aprovada pelo Decreto n. 7.660, de

23 de dezembro de 2011; (Incluído pela Lei 12.599/2012.)

XXV - calculadoras equipadas com sintetizador de voz classificadas no código 8470.10.00 Ex 01 da Tipi; (Incluído pela Lei 12.649/2012.)

XXVI - teclados com adaptações específicas para uso por pessoas com deficiência, classificados no código 8471.60.52 da Tipi; (Incluído pela Lei 12.649/2012.)

XXVII - indicador ou apontador - mouse - com adaptações específicas para uso por pessoas com deficiência, classificado no código 8471.60.53 da Tipi; (Incluído pela Lei 12.649/2012.)

XXVIII - linhas braile classificadas no código 8471.60.90 Ex 01 da Tipi; (Incluído pela Lei 12.649/2012.)

XXIX - digitalizadores de imagens - scanners - equipados com sintetizador de voz classificados no código 8471.90.14 Ex 01 da Tipi; (Incluído pela Lei 12.649/2012.)

XXX - duplicadores braile classificados no código 8472.10.00 Ex 01 da Tipi (Incluído pela Lei 12.649/2012.)

XXXI - acionadores de pressão classificados no código 8471.60.53 Ex 02 da Tipi; (Incluído pela Lei 12.649/2012.)

XXXII - lupas eletrônicas do tipo utilizado por pessoas com deficiência visual classificadas no código 8525.80.19 Ex 01 da Tipi;

XXXIII - implantes cocleares classificados no código 9021.40.00 da Tipi; (Incluído pela Lei 12.649/2012.)

XXXIV - próteses oculares classificadas no código 9021.39.80 da Tipi; (Incluído pela Lei 12.649/2012.)

XXXV - programas - softwares - de leitores de tela que convertem texto em voz sintetizada para auxílio de pessoas com deficiência visual; (Incluído pela Lei 12.649/2012.)

XXXVI - aparelhos contendo programas - softwares - de leitores de tela que convertem texto em caracteres braile, para utilização de surdos-cegos; (Incluído pela Lei 12.649/2012.)

XXXVII - (Vetado); e (Incluído pela Lei 12.649/2012.)

XXXVIII - neuroestimuladores para tremor essencial/Parkinson, classificados no código 9021.90.19, e seus acessórios, classificados nos códigos 9018.90.99, 9021.90.91 e 9021.90.99, todos da Tipi; e (Alterado pela Lei 12.995/2014.)

XXXIX - (Revogado pela Lei 13.137/2015. Vigência: no 1º dia do 4º mês subsequente ao da publicação da Med. Prov. 668/2015.)

XL - produtos classificados no Ex 01 do código 8503.00.90 da Tipi, exceto pás eólicas. (Alterado pela Lei 13.169/2015.)

§ 13. O Poder Executivo poderá regulamentar: (Redação dada pela Lei 12.058/2009.)

I - o disposto no § 10 deste artigo; e

II - a utilização do benefício da alíquota zero de que tratam os incisos I a VII, XVIII a XXI e XXIV a XXXVIII do § 12. (Redação dada pela Lei 12.649/2012.)

§ 14. Ficam reduzidas a 0 (zero) as alíquotas das contribuições incidentes sobre o valor pago, creditado, entregue, empregado ou remetido à pessoa física ou jurídica residente ou domiciliada no exterior, referente a aluguéis e contraprestações de arrendamento mercantil de máquinas e equipamentos, embarcações e aeronaves utilizados na atividade da empresa. (Incluído pela Lei 10.925/2004.)

▸ Súm. 423, STJ.

§ 15. Na importação de etano, propano e butano, destinados à produção de eteno e propeno; de nafta petroquímica e de condensado destinado a centrais petroquímicas; bem como na importação de eteno, propeno, buteno, butadieno, orto-xileno, benzeno, tolueno, isopreno e paraxileno, quando efetuada por indústrias químicas, as alíquotas da Contribuição para o PIS/Pasep-Importação e da Cofins-Importação são de, respectivamente: (Alterado pela Lei 12.859/2013.)

I - 0,18% (dezoito centésimos por cento) e 0,82% (oitenta e dois centésimos por cento), para os fatos geradores ocorridos nos anos de 2013, 2014 e 2015; (Alterado pela Lei 12.859/2013.)

II - 0,54% (cinquenta e quatro centésimos por cento) e 2,46% (dois inteiros e quarenta e seis centésimos por cento), para os fatos geradores ocorridos no ano de 2016; (Alterado pela Lei 12.859/2013.)

III - 0,90% (noventa centésimos por cento) e 4,10% (quatro inteiros e dez centésimos por cento), para os fatos geradores ocorridos no ano de 2017; e (Alterado pela Lei 12.859/2013.)

IV - 1% (um por cento) e 4,6% (quatro inteiros e seis décimos por cento), para os fatos geradores ocorridos a partir do ano de 2018. (Alterado pela Lei 12.859/2013.)

§ 16. Na hipótese da importação de etano, propano e butano de que trata o § 15 deste artigo, não se aplica o disposto no § 8º deste artigo. (Incluído pela Lei 11.488/2007.)

§ 17. O disposto no § 14 deste artigo não se aplica aos valores pagos, creditados, entregues, empregados ou remetidos, por fonte situada no País, à pessoa física ou jurídica residente ou domiciliada no exterior, em decorrência da prestação de serviços de frete, afretamento, arrendamento ou aluguel de embarcações marítimas ou fluviais destinadas ao transporte de pessoas para fins turísticos. (Acrescentado pela Lei 11.727/2008.)

§ 18. O disposto no § 17 deste artigo aplicar-se-á também à hipótese de contratação ou utilização da embarcação em atividade mista de transporte de cargas e de pessoas para fins turísticos, independentemente da preponderância da atividade. (Acrescentado pela Lei 11.727/2008.)

§ 19. A importação de álcool, inclusive para fins carburantes, é sujeita à incidência da Contribuição para o PIS/Pasep-Importação e da Cofins-Importação com alíquotas de, respectivamente, 2,1% (dois inteiros e um décimo por cento) e 9,65% (nove inteiros e sessenta e cinco centésimos por cento), independentemente de o importador haver optado pelo regime especial de apuração e pagamento referido no art. 5º da Lei n. 9.718, de 27 de novembro de 1998. (Alterado pela Lei 13.137/2015. Vigência: no 1º dia do 4º mês subsequente ao da publicação da Med. Prov. 668/2015.)

§ 20. (Sem eficácia.)

§ 21. Até 31 de dezembro de 2020, as alíquotas da Cofins-Importação de que trata este artigo ficam acrescidas de um ponto percentual na hipótese de importação dos bens classificados na Tipi, aprovada pelo Decreto n. 8.950, de 29 de dezembro de 2016, nos códigos: (Alterado pela Lei 13.670/2018.)

I a **VI** - Revogados pela Lei 12.715/2012).

VII - 3926.20.00, 40.15, 42.03, 43.03, 4818.50.00, 6505.00, 6812.91.00, 8804.00.00, capítulos 61 a 63; (Acrescentado pela Lei 13.670/2018.)

VIII - 64.01 a 64.06; (Acrescentado pela Lei 13.670/2018.)

IX - 41.04, 41.05, 41.06, 41.07 e 41.14; (Acrescentado pela Lei 13.670/2018.)

X - 8308.10.00, 8308.20.00, 96.06 e 96.07; (Acrescentado pela Lei 13.670/2018.)

XI - (Vetado); (Acrescentado pela Lei 13.670/2018.)

XII - 87.02, exceto 8702.90.10, e 87.07; (Acrescentado pela Lei 13.670/2018.)

XIII - (Vetado); (Acrescentado pela Lei 13.670/2018.)

XIV - 7308.20.00; 7309.00.10; 7309.00.90; 7310.29.90; 7311.00.00; 7315.12.10; 7316.00.00; 84.02; 84.03; 84.04; 84.05; 84.06; 84.07, 84.08; 84.09 (exceto o código 8409.10.00); 84.10. 84.11; 84.12; 84.13; 8414.10.00; 8414.30.19; 8414.30.91; 8414.30.99; 8414.40.10; 8414.40.20; 8414.40.90; 8414.59.90; 8414.80.11; 8414.80.12; 8414.80.13; 8414.80.19; 8414.80.22; 8414.80.29; 8414.80.31; 8414.80.32; 8414.80.33; 8414.80.38; 8414.80.39; 8414.90.31; 8414.90.33; 8414.90.34; 8414.90.39; 84.16; 84.17; 84.19; 84.20; 8421.11.10; 8421.11.90; 8421.19.10; 8421.19.90; 8421.21.00; 8421.22.00; 8421.23.00; 8421.29.20; 8421.29.30; 8421.29.90; 8421.91.91; 8421.91.99; 8421.99.10; 8421.99.91; 8421.99.99; 84.22 (exceto o código 8422.11.00); 84.23 (exceto o código 8423.10.00); 84.24 (exceto os códigos 8424.10.00, 8424.20.00, 8424.89.10 e 8424.90.00); 84.25; 84.26; 84.27; 84.28; 84.29; 84.30; 84.31; 84.32; 84.33; 84.34; 84.35; 84.36; 84.37; 84.38; 84.39; 84.40; 84.41; 84.42; 8443.11.10; 8443.11.90; 8443.12.00; 8443.13.10; 8443.13.21; 8443.13.29; 8443.13.90; 8443.14.00; 8443.15.00; 8443.16.00; 8443.17.10; 8443.17.90; 8443.19.10; 8443.19.90; 8443.39.10; 8443.39.21; 8443.39.28; 8443.39.29; 8443.39.30; 8443.39.90; 84.44; 84.45; 84.46; 84.47; 84.48; 84.49; 8450.11.00; 8450.19.00; 8450.20.90; 8450.20; 8450.90.90; 84.51 (exceto código 8451.21.00); 84.52 (exceto os códigos 8452.10.00, 8452.90.20 e 8452.90.8); 84.53; 84.54; 84.55; 84.56; 84.57; 84.58; 84.59; 84.60; 84.61; 84.62; 84.63; 84.64; 84.65; 84.66; 8467.11.10; 8467.11.90; 8467.19.00; 8467.29.91; 8468.20.00; 8468.80.10; 8468.80.90; 84.74; 84.75; 84.77; 8478.10.10; 8478.10.90; 84.79; 8480.20.00; 8480.30.00; 8480.4; 8480.50.00; 8480.60.00; 8480.7; 8481.10.00; 8481.30.00; 8481.40.00; 8481.80.11; 8481.80.19; 8481.80.21; 8481.80.29; 8481.80.39; 8481.80.92; 8481.80.93; 8481.80.94; 8481.80.95; 8481.80.96; 8481.80.97; 8481.80.99; 84.83; 84.84; 84.86; 84.87; 8501.33.10; 8501.33.20; 8501.34.11; 8501.34.19; 8501.34.20; 8501.51.10; 8501.51.20. 8501.51.90; 8501.52.10; 8501.52.20; 8501.52.90; 8501.53.10; 8501.53.20; 8501.53.30; 8501.53.90; 8501.61.00; 8501.62.00; 8501.63.00; 8501.64.00; 85.02; 8503.00.10; 8503.00.90; 8504.21.00; 8504.22.00; 8504.23.00; 8504.33.00; 8504.34.00; 8504.40.30; 8504.40.40; 8504.40.50; 8504.40.90; 8504.90.30; 8504.90.40; 8505.90.90; 8508.60.00; 8514.10.10; 8514.10.90; 8514.20.11; 8514.20.19; 8514.20.20; 8514.30.11; 8514.30.19; 8514.30.21; 8514.30.29; 8514.30.90; 8514.40.00; 8515.11.00; 8515.19.00; 8515.21.00; 8515.29.00; 8515.31.10; 8515.31.90; 8515.39.00; 8515.80.10; 8515.80.90; 8543.30.00; 8601.10.00; 8602.10.00; 8604.00.90; 8701.10.00; 8701.30.00; 8701.90.10; 8701.90.90; 8705.10.10; 8705.10.90; 8705.20.00; 8705.30.00; 8705.40.00; 8705.90.10; 8705.90.90; 8716.20.00; 9017.30.10; 9017.30.20; 9017.30.90; 9024.10.10; 9024.10.20; 9024.10.90; 9024.80.11; 9024.80.19; 9024.80.21; 9024.80.29; 9024.80.90; 9024.90.00; 9025.19.10; 9025.19.90; 9025.80.00; 9025.90.10; 9025.90.90; 9026.10.19; 9026.10.21; 9026.10.29; 9026.20.10; 9026.20.90; 9026.80.00; 9026.90.10; 9026.90.20; 9026.90.90; 9027.10.00; 9027.20.11; 9027.20.12; 9027.20.19; 9027.20.21; 9027.20.29; 9027.30.11; 9027.30.19; 9027.30.20; 9027.50.10; 9027.50.20; 9027.50.30; 9027.50.40; 9027.50.50; 9027.50.90; 9027.80.11; 9027.80.12; 9027.80.13; 9027.80.14; 9027.80.20; 9027.80.30; 9027.80.91; 9027.80.99; 9027.90.10; 9027.90.91; 9027.90.93; 9027.90.99;

9031.10.00; 9031.20.10; 9031.20.90; 9031.41.00; 9031.49.10; 9031.49.20; 9031.49.90; 9031.80.11; 9031.80.12; 9031.80.20; 9031.80.30; 9031.80.40; 9031.80.50; 9031.80.60; 9031.80.91; 9031.80.99; 9031.90.10; 9031.90.90; 9032.10.10; 9032.10.90; 9032.20.00; 9032.81.00; 9032.89.11; 9032.89.29; 9032.89.8; 9032.89.90; 9032.90.10; 9032.90.99; 9033.00.00; 9506.91.00; (Acrescentado pela Lei 13.670/2018.)

XV - (Vetado); (Acrescentado pela Lei 13.670/2018.)

XVI - (Vetado); (Acrescentado pela Lei 13.670/2018.)

XVII - 02.03, 0206.30.00, 0206.4, 02.07, 02.09, 0210.1, 0210.99.00, 1601.00.00, 1602.3, 1602.4, 03.03, 03.04, 03.02, exceto 03.02.90.00; (Acrescentado pela Lei 13.670/2018.)

XVIII - 5004.00.00, 5005.00.00, 5006.00.00, 50.07, 5104.00.00, 51.05, 51.06, 51.07, 51.08, 51.09, 5110.00.00, 51.11, 51.12, 5113.00, 5203.00.00, 52.04, 52.05, 52.06, 52.07, 52.08, 52.09, 52.10, 52.11, 52.12, 53.06, 53.07, 53.08, 53.09, 53.10, 5311.00.00, no capítulo 54, exceto os códigos 5402.46.00, 5402.47.00 e 5402.33.10, e nos capítulos 55 a 60; (Acrescentado pela Lei 13.670/2018.)

XIX e **XX** - (Vetados); (Acrescentado pela Lei 13.670/2018.)

§ 22. A utilização do benefício de alíquota zero de que tratam os incisos XIX a XXXVIII do § 12 deste artigo cessará quando houver oferta de mercadorias produzidas no Brasil em condições similares às das importadas quanto ao padrão de qualidade, conteúdo técnico, preço ou capacidade produtiva, conforme regulamentação editada pelo Poder Executivo. (Incluído pela Lei 12.649/2012.)

§ 23. Aplica-se ao condensado destinado a centrais petroquímicas o disposto nos arts. 56 e 57 da Lei n. 11.196, de 21 de novembro de 2005. (Incluído pela Lei 12.715/2012.)

§ 24. (Vetado). (Incluído pela Lei 12.715/2012.)

CAPÍTULO VI
DA ISENÇÃO

ART. 9º São isentas das contribuições de que trata o art. 1º desta Lei:

I - as importações realizadas:

a) pela União, Estados, Distrito Federal e Municípios, suas autarquias e fundações instituídas e mantidas pelo poder público;

b) pelas Missões Diplomáticas e Repartições Consulares de caráter permanente e pelos respectivos integrantes;

c) pelas representações de organismos internacionais de caráter permanente, inclusive os de âmbito regional, dos quais o Brasil seja membro, e pelos respectivos integrantes;

II - as hipóteses de:

a) amostras e remessas postais internacionais, sem valor comercial;

b) remessas postais e encomendas aéreas internacionais, destinadas a pessoa física;

c) bagagem de viajantes procedentes do exterior e bens importados a que se apliquem os regimes de tributação simplificada ou especial;

d) bens adquiridos em loja franca no País;

e) bens trazidos do exterior, no comércio característico das cidades situadas nas fronteiras terrestres, destinados à subsistência da unidade familiar de residentes nas cidades fronteiriças brasileiras;

f) bens importados sob o regime aduaneiro especial de *drawback*, na modalidade de isenção;

g) objetos de arte, classificados nas posições 97.01, 97.02, 97.03 e 97.06 da NCM, recebidos em doação, por museus instituídos e mantidos pelo poder público ou por outras entidades culturais reconhecidas como de utilidade pública; e

h) máquinas, equipamentos, aparelhos e instrumentos, e suas partes e peças de reposição, acessórios, matérias-primas e produtos intermediários, importados por instituições científicas e tecnológicas e por cientistas e pesquisadores, conforme o disposto na Lei n. 8.010, de 29 de março de 1990.

III - (Vetado.)

§ 1º As isenções de que tratam os incisos I e II deste artigo somente serão concedidas se satisfeitos os requisitos e condições exigidos para o reconhecimento de isenção do Imposto sobre Produtos Industrializados - IPI. (Renumerado pela Lei 10.925/2004.)

§ 2º (Vetado.)

ART. 10. Quando a isenção for vinculada à qualidade do importador, a transferência de propriedade ou a cessão de uso dos bens, a qualquer título, obriga ao prévio pagamento das contribuições de que trata esta Lei.

Parágrafo único. O disposto no *caput* deste artigo não se aplica aos bens transferidos ou cedidos:

I - a pessoa ou a entidade que goze de igual tratamento tributário, mediante prévia decisão da autoridade administrativa da Secretaria da Receita Federal;

- A Secretaria da Receita Federal passou a ser denominada Secretaria da Receita Federal do Brasil pelo art. 1º, Lei 11.457/2007 (Lei da Super-Receita).

II - após o decurso do prazo de 3 (três) anos, contado da data do registro da declaração de importação; e

III - a entidades beneficentes, reconhecidas como de utilidade pública, para serem vendidos em feiras, bazares e eventos semelhantes, desde que recebidos em doação de representações diplomáticas estrangeiras sediadas no País.

ART. 11. A isenção das contribuições, quando vinculada à destinação dos bens, ficará condicionada à comprovação posterior do seu efetivo emprego nas finalidades que motivaram a concessão.

ART. 12. Desde que mantidas as finalidades que motivaram a concessão e mediante prévia decisão da autoridade administrativa da Secretaria da Receita Federal, poderá ser transferida a propriedade ou cedido o uso dos bens antes de decorrido o prazo de 3 (três) anos a que se refere o inciso II do parágrafo único do art. 10 desta Lei, contado da data do registro da correspondente declaração de importação.

- A Secretaria da Receita Federal passou a ser denominada Secretaria da Receita Federal do Brasil pelo art. 1º, Lei 11.457/2007 (Lei da Super-Receita).

CAPÍTULO VII
DO PRAZO DE RECOLHIMENTO

ART. 13. As contribuições de que trata o art. 1º desta Lei serão pagas:

I - na data do registro da declaração de importação, na hipótese do inciso I do *caput* do art. 3º desta Lei;

II - na data do pagamento, crédito, entrega, emprego ou remessa, na hipótese do inciso II do *caput* do art. 3º desta Lei;

III - na data do vencimento do prazo de permanência do bem no recinto alfandegado, na hipótese do inciso III do *caput* do art. 4º desta Lei.

CAPÍTULO VIII
DOS REGIMES ADUANEIROS ESPECIAIS

ART. 14. As normas relativas à suspensão do pagamento do imposto de importação ou do IPI vinculado à importação, relativas aos regimes aduaneiros especiais, aplicam-se também às contribuições de que trata o art. 1º desta Lei.

§ 1º O disposto no *caput* deste artigo aplica-se também às importações, efetuadas por empresas localizadas na Zona Franca de Manaus, de bens a serem empregados na elaboração de matérias-primas, produtos intermediários e materiais de embalagem destinados a emprego em processo de industrialização por estabelecimentos ali instalados, consoante projeto aprovado pelo Conselho de Administração da Superintendência da Zona Franca de Manaus - SUFRAMA, de que trata o art. 5º-A da Lei n. 10.637, de 30 de dezembro de 2002.

§ 2º A Secretaria da Receita Federal estabelecerá os requisitos necessários para a suspensão de que trata o § 1º deste artigo.

- A Secretaria da Receita Federal passou a ser denominada Secretaria da Receita Federal do Brasil pelo art. 1º, Lei 11.457/2007 (Lei da Super-Receita).

ART. 14-A. Fica suspensa a exigência das contribuições de que trata o art. 1º desta Lei nas importações efetuadas por empresas localizadas na Zona Franca de Manaus de matérias-primas, produtos intermediários e materiais de embalagem para emprego em processo de industrialização por estabelecimentos industriais instalados na Zona Franca de Manaus e consoante projetos aprovados pelo Conselho de Administração da Superintendência da Zona Franca de Manaus - SUFRAMA. (Incluído pela Lei 10.925/2004.)

CAPÍTULO IX
DO CRÉDITO

ART. 15. As pessoas jurídicas sujeitas à apuração da contribuição para o PIS/PASEP e da COFINS, nos termos dos arts. 2º e 3º das Leis n. 10.637, de 30 de dezembro de 2002, e 10.833, de 29 de dezembro de 2003, poderão descontar crédito, para fins de determinação dessas contribuições, em relação às importações sujeitas ao pagamento das contribuições de que trata o art. 1º desta Lei, nas seguintes hipóteses: (Redação dada pela Lei 11.727/2008.)

- Art. 10, § 5º, Dec. 5.712/2006 (Regulamenta o Regime Especial de Tributação para a Plataforma de Exportação de Serviços de Tecnologia da Informação - REPES, instituído pelos arts. 1º a 11 da Lei 11.196/2005).
- Dec. 8.212/2014 (Regulamenta o crédito presumido da Contribuição para o PIS/Pasep e da Cofins de que tratam os arts. 1º e 2º da Lei 12.859/2013, e a utilização pelas pessoas jurídicas importadoras ou produtoras de álcool dos créditos de que tratam o art. 3º da Lei 10.637/2002, o art. 3º da Lei 10.833/2003, e o art. 15 da Lei 10.865/2004).

I - bens adquiridos para revenda;

II - bens e serviços utilizados como insumo na prestação de serviços e na produção ou fabricação de bens ou produtos destinados à venda, inclusive combustível e lubrificantes;

III - energia elétrica consumida nos estabelecimentos da pessoa jurídica;

IV - aluguéis e contraprestações de arrendamento mercantil de prédios, máquinas e equipamentos, embarcações e aeronaves, utilizados na atividade da empresa;

V - máquinas, equipamentos e outros bens incorporados ao ativo imobilizado, adquiridos para locação a terceiros ou para utilização na produção de bens destinados à venda ou na prestação de serviços. (Redação dada pela Lei 11.196/2005.)

§ 1º O direito ao crédito de que trata este artigo e o art. 17 desta Lei aplica-se em relação às contribuições efetivamente pagas na importação de bens e serviços a partir da produção dos efeitos desta Lei.

§ 1º-A. O valor da Cofins-Importação pago em decorrência do adicional de alíquota de que trata o § 21 do art. 8º não gera direito ao desconto do crédito de que trata o *caput*. (Alterado pela Lei 13.137/2015. Vigência: no 1º dia do 4º mês subsequente ao da publicação da Med. Prov. 668/2015.)

§ 2º O crédito não aproveitado em determinado mês poderá sê-lo nos meses subsequentes.

§ 3º O crédito de que trata o *caput* será apurado mediante a aplicação das alíquotas previstas no art. 8º sobre o valor que serviu de base de cálculo das contribuições, na forma do art. 7º, acrescido do valor do IPI vinculado à importação, quando integrante do custo de aquisição. (Alterado pela Lei 13.137/2015. Vigência: no 1º dia do 4º mês subsequente ao da publicação da Med. Prov. 668/2015.)

§ 4º Na hipótese do inciso V do *caput* deste artigo, o crédito será determinado mediante a aplicação das alíquotas referidas no § 3º deste artigo sobre o valor da depreciação ou amortização contabilizada a cada mês.

‣ Art. 1º, Lei 11.774/2008 (Altera a Legislação Tributária Federal).

§ 5º Para os efeitos deste artigo, aplicam-se, no que couber, as disposições dos §§ 7º e 9º do art. 3º das Leis n. 10.637, de 30 de dezembro de 2002, e 10.833, de 29 de dezembro de 2003.

§ 6º O disposto no inciso II do *caput* deste artigo alcança os direitos autorais pagos pela indústria fonográfica desde que esses direitos tenham se sujeitado ao pagamento das contribuições de que trata esta Lei.

§ 7º Opcionalmente, o contribuinte poderá descontar o crédito de que trata o § 4º deste artigo, relativo à importação de máquinas e equipamentos destinados ao ativo imobilizado, no prazo de 4 (quatro) anos, mediante a aplicação, a cada mês, das alíquotas referidas no § 3º deste artigo sobre o valor correspondente a 1/48 (um quarenta e oito avos) do valor de aquisição do bem, de acordo com regulamentação da Secretaria da Receita Federal.

‣ A Secretaria da Receita Federal passou a ser denominada Secretaria da Receita Federal do Brasil pelo art. 1º, Lei 11.457/2007 (Lei da Super-Receita).

§ 8º As pessoas jurídicas importadoras, nas hipóteses de importação de que tratam os incisos a seguir, devem observar as disposições do art. 17 desta Lei:

I - produtos dos §§ 1º a 3º e 5º a 7º do art. 8º desta Lei, quando destinados à revenda;

II - produtos do § 8º do art. 8º desta Lei, quando destinados à revenda, ainda que ocorra fase intermediária de mistura;

III - produtos do § 9º do art. 8º desta Lei, quando destinados à revenda ou à utilização como insumo na produção de autopeças relacionadas nos Anexos I e II da Lei n. 10.485, de 03 de julho de 2002;

IV - produto do § 10 do art. 8º desta Lei.

V - produtos referidos no § 19 do art. 8º desta Lei, quando destinados à revenda; (Redação dada pela Lei 11.727/2008.).

VI - (Revogado pela Lei 13.097/2015 a partir do 1º dia do 4º mês subsequente ao da sua publicação.)

§§ 9º e 10. (Revogado pela Lei 11.727/2008.)

§§ 11 e 12 (Revogados pela Lei 13.097/2015 a partir do 1º dia do 4º mês subsequente ao da sua publicação.)

§ 13. No cálculo do crédito de que trata o inciso V do *caput*: (Alterado pela Lei 12.973/2014.)

I - os valores decorrentes do ajuste a valor presente de que trata o inciso III do *caput* do art. 184 da Lei n. 6.404, de 15 de dezembro de 1976, poderão ser considerados como parte integrante do custo ou valor de aquisição; e (Alterado pela Lei 12.973/2014.)

II - não serão computados os ganhos e perdas decorrentes de avaliação de ativo com base no valor justo. (Alterado pela Lei 12.973/2014.)

§ 14. O disposto no inciso V do *caput* não se aplica no caso de bem objeto de arrendamento mercantil, na pessoa jurídica arrendatária. (Alterado pela Lei 12.973/2014.)

ART. 16. É vedada a utilização do crédito de que trata o art. 15 desta Lei nas hipóteses referidas nos incisos III e IV do § 3º do art. 1º e no art. 8º da Lei n. 10.637, de 30 de dezembro de 2002, e nos incisos III e IV do § 3º do art. 1º e no art. 10 da Lei n. 10.833, de 29 de dezembro de 2003.

‣ Art. 45 desta lei.

§ 1º Gera direito aos créditos de que tratam os arts. 15 e 17 desta Lei a importação efetuada com isenção, exceto na hipótese de os produtos serem revendidos ou utilizados como insumo em produtos sujeitos à alíquota zero, isentos ou não alcançados pela contribuição. (Incluído pela Lei 11.945/2009.)

§ 2º A importação efetuada na forma da alínea *f* do inciso II do art. 9º desta Lei não dará direito a crédito, em qualquer caso. (Incluído pela Lei 11.945/2009.)

ART. 17. As pessoas jurídicas importadoras dos produtos referidos nos §§ 1º a 3º, 5º a 10, 17 e 19 do art. 8º desta Lei poderão descontar crédito, para fins de determinação da Contribuição para o PIS/Pasep e da Cofins, em relação à importação desses produtos, nas hipóteses: (Alterado pela Lei 13.097/2015. Vigência: 1º dia do 4º mês subsequente ao de sua publicação.)

I - dos §§ 1º a 3º, 5º a 7º e 10 do art. 8º desta Lei, quando destinados à revenda; (Redação dada pela Lei 11.051/2004.)

II - do § 8º do art. 8º desta Lei, quando destinados à revenda, ainda que ocorra fase intermediária de mistura;

III - do § 9º do art. 8º desta Lei, quando destinados à revenda ou à utilização como insumo na produção de autopeças relacionados nos Anexos I e II da Lei n. 10.485, de 03 de julho de 2002;

IV - (Revogado pela Lei 11.051/2004.)

V - produtos referidos no § 19 do art. 8º desta Lei, quando destinados à revenda; (Incluído pela Lei 11.727/2008.)

VI - (Revogado pela Lei 13.097/2015 a partir do 1º dia do 4º mês subsequente ao da sua publicação.)

§ 1º (Revogado pela Lei 10.925/2004.)

§ 2º O crédito de que trata este artigo será apurado mediante a aplicação das alíquotas previstas para os respectivos produtos no art. 8º, conforme o caso, sobre o valor de que trata o § 3º do art. 15. (Alterado pela Lei 13.137/2015. Vigência: no 1º dia do 4º mês subsequente ao da publicação da Med. Prov. 668/2015.)

§ 2º-A. O valor da Cofins-Importação pago em decorrência do adicional de alíquota de que trata o § 21 do art. 8º não gera direito ao desconto do crédito de que trata o *caput*. (Alterado pela Lei 13.137/2015. Vigência: no 1º dia do 4º mês subsequente ao da publicação da Med. Prov. 668/2015.)

§ 3º (Revogado pela Lei 13.097/2015 a partir do 1º dia do 4º mês subsequente ao da sua publicação.)

§ 3º-A. Os créditos de que trata o inciso VI deste artigo serão determinados conforme os incisos do art. 58-C da Lei n. 10.833, de 29 de dezembro de 2003. (Incluído pela Lei 11.727/2008.)

§ 4º (Revogado pela Lei 10.925/2004.)

§ 5º Na hipótese do § 8º do art. 8º desta Lei, os créditos serão determinados com base nas alíquotas específicas referidas no art. 23 desta Lei.

§ 6º Opcionalmente, o sujeito passivo poderá calcular o crédito de que trata o § 4º do art. 15 desta Lei relativo à aquisição de vasilhames classificados no código 7010.90.21 da Tipi, destinados ao ativo imobilizado, no prazo de 12 (doze) meses, poderá creditar-se, a cada mês, de 1/12 (um doze avos) do valor da contribuição incidente, mediante alíquota específica, na aquisição dos vasilhames, de acordo com regulamentação da Secretaria da Receita Federal. (Alterado pela Lei 13.097/2015. Vigência: 1º dia do 4º mês subsequente ao de sua publicação.)

§ 7º O disposto no inciso III deste artigo não se aplica no caso de importação efetuada por montadora de máquinas ou veículos relacionados no art. 1º da Lei n. 10.485, de 03 de julho de 2002.

§ 8º O disposto neste artigo alcança somente as pessoas jurídicas de que trata o art. 15 desta Lei. (§§ 7º e 8º incluídos pela Lei 11.051/2004.)

ART. 18. No caso da importação por conta e ordem de terceiros, os créditos de que tratam os arts. 15 e 17 desta Lei serão aproveitados pelo encomendante.

CAPÍTULO X
DO LANÇAMENTO DE OFÍCIO

ART. 19. Nos casos de lançamentos de ofício, serão aplicadas, no que couber, as disposições dos arts. 43 e 44 da Lei n. 9.430, de 27 de dezembro de 1996.

CAPÍTULO XI
DA ADMINISTRAÇÃO DO TRIBUTO

ART. 20. Compete à Secretaria da Receita Federal a administração e a fiscalização das contribuições de que trata esta Lei.

§ 1º As contribuições sujeitam-se às normas relativas ao processo administrativo fiscal de determinação e exigência do crédito tributário e de consulta de que trata o Decreto n. 70.235, de 06 de março de 1972, bem como, no que couber, às disposições da legislação do imposto de renda, do imposto de importação, especialmente quanto à valoração aduaneira, e da contribuição para o PIS/PASEP e da COFINS.

§ 2º A Secretaria da Receita Federal editará, no âmbito de sua competência, as normas necessárias à aplicação do disposto nesta Lei.

CAPÍTULO XII
DISPOSIÇÕES GERAIS

ART. 21. Os arts. 1º, 2º, 3º, 6º, 10, 12, 15, 25, 27, 32, 34, 49, 50, 51, 52, 53, 56 e 90 da Lei n. 10.833, de 29 de dezembro de 2003, passam a vigorar com a seguinte redação:

‣ Alterações promovidas no texto da referida lei.

ART. 22. Os dispositivos legais a seguir passam a vigorar com a seguinte redação:

I - art. 4º da Lei n. 9.718, de 27 de novembro de 1998:

‣ Alterações promovidas no texto da referida lei.

II - art. 2º da Lei n. 10.560, de 13 de novembro de 2002:

▸ Alterações promovidas no texto da referida lei.

ART. 23. O importador ou fabricante dos produtos referidos nos incisos I a III do art. 4º da Lei n. 9.718, de 27 de novembro de 1998, e no art. 2º da Lei n. 10.560, de 13 de novembro de 2002, poderá optar por regime especial de apuração e pagamento da contribuição para o PIS/PASEP e da COFINS, no qual os valores das contribuições são fixados, respectivamente, em:

I - R$ 141,10 (cento e quarenta e um reais e dez centavos) e R$ 651,40 (seiscentos e cinquenta e um reais e quarenta centavos), por metro cúbico de gasolinas e suas correntes, exceto gasolina de aviação;

II - R$ 82,20 (oitenta e dois reais e vinte centavos) e R$ 379,30 (trezentos e setenta e nove reais e trinta centavos), por metro cúbico de óleo diesel e suas correntes;

III - R$ 119,40 (cento e dezenove reais e quarenta centavos) e R$ 551,40 (quinhentos e cinquenta e um reais e quarenta centavos), por tonelada de gás liquefeito de petróleo - GLP, derivado de petróleo e de gás natural; (Redação dada pela Lei 11.051/2004.)

IV - R$ 48,90 (quarenta e oito reais e noventa centavos) e R$ 225,50 (duzentos e vinte e cinco reais e cinquenta centavos), por metro cúbico de querosene de aviação.

§ 1º A opção prevista neste artigo será exercida, segundo normas e condições estabelecidas pela Secretaria da Receita Federal, até o último dia útil do mês de novembro de cada ano-calendário, produzindo efeitos, de forma irretratável, durante todo o ano-calendário subsequente ao da opção.

▸ A Secretaria da Receita Federal passou a ser denominada Secretaria da Receita Federal do Brasil pelo art. 1º, Lei 11.457/2007 (Lei da Super-Receita).

§ 2º Excepcionalmente para o ano-calendário de 2004, a opção poderá ser exercida até o último dia útil do mês de maio, produzindo efeitos, de forma irretratável, a partir do dia 1º de maio.

§ 3º No caso da opção efetuada nos termos dos §§ 1º e 2º deste artigo, a Secretaria da Receita Federal divulgará o nome da pessoa jurídica optante e a data de início da opção.

§ 4º A opção a que se refere este artigo será automaticamente prorrogada para o ano-calendário seguinte, salvo se a pessoa jurídica dela desistir, nos termos e condições estabelecidos pela Secretaria da Receita Federal, até o último dia útil do mês de outubro do ano-calendário, hipótese em que a produção de efeitos se dará a partir do dia 1º de janeiro do ano-calendário subsequente.

§ 5º Fica o Poder Executivo autorizado a fixar coeficientes para redução das alíquotas previstas neste artigo, os quais poderão ser alterados, para mais ou para menos, ou extintos, em relação aos produtos ou sua utilização, a qualquer tempo.

ART. 24. O inciso III do § 2º do art. 8º da Lei n. 10.426, de 24 de abril de 2002, passa a vigorar com a seguinte redação:

Art. 8º [...]

§ 2º [...]

III - será de, no mínimo, R$ 20,00 (vinte reais).

[...]

ART. 25. O disposto no art. 9º da Medida Provisória n. 2.159-70, de 24 de agosto de 2001, aplica-se, também, relativamente aos fatos geradores ocorridos a partir de 1º de abril de 2004, às remessas para o exterior vinculadas ao pagamento de despesas relacionadas com a promoção de destinos turísticos brasileiros.

▸ Dec. 5.533/2005 (Regulamenta a redução a zero da alíquota do imposto sobre a renda incidente sobre as remessas, para o exterior, relacionadas à promoção de destinos turísticos brasileiros).

Parágrafo único. Para os fins do disposto no *caput* deste artigo, entende-se por despesas vinculadas à promoção de destinos turísticos brasileiros aquelas decorrentes de pesquisa de mercado, participação em exposições, feiras e eventos semelhantes, inclusive aluguéis e arrendamentos de estandes e locais de exposição.

▸ Súm. 423, STJ.

ART. 26. (Revogado pela Lei 10.925/2004.)

ART. 27. O Poder Executivo poderá autorizar o desconto de crédito nos percentuais que estabelecer e para os fins referidos no art. 3º das Leis n. 10.637, de 30 de dezembro de 2002, e 10.833, de 29 de dezembro de 2003, relativamente às despesas financeiras decorrentes de empréstimos e financiamentos, inclusive pagos ou creditados a residentes ou domiciliados no exterior.

§ 1º Poderão ser estabelecidos percentuais diferenciados no caso de pagamentos ou créditos a residentes ou domiciliados em país com tributação favorecida ou com sigilo societário.

§ 2º O Poder Executivo poderá, também, reduzir e restabelecer, até os percentuais de que tratam os incisos I e II do *caput* do art. 8º desta Lei, as alíquotas da contribuição para o PIS/PASEP e da COFINS incidentes sobre as receitas financeiras auferidas pelas pessoas jurídicas sujeitas ao regime de não cumulatividade das referidas contribuições, nas hipóteses que fixar.

§ 3º O disposto no § 2º não se aplica aos valores decorrentes do ajuste a valor presente de que trata o inciso VIII do *caput* do art. 183 da Lei n. 6.404, de 15 de dezembro de 1976. (Alterado pela Lei 12.973/2014.)

ART. 28. Ficam reduzidas a 0 (zero) as alíquotas da contribuição para o PIS/PASEP e da COFINS incidentes sobre a receita bruta decorrente da venda, no mercado interno, de:

I - papel destinado à impressão de jornais, pelo prazo de 4 (quatro) anos a contar da data de vigência desta Lei ou até que a produção nacional atenda 80% (oitenta por cento) do consumo interno, na forma a ser estabelecida em regulamento do Poder Executivo;

▸ Art. 18, Lei 11.727/2008 (Prorrogou o prazo referido neste inciso até 30.04.2012).

▸ Art. 4º, Lei 12.649/2012 (Prorroga até 30.04.2016 o prazo previsto neste inciso)

II - papéis classificados nos códigos 4801.00.10, 4801.00.90, 4802.61.91, 4802.61.99, 4810.19.89 e 4810.22.90, todos da TIPI, destinados à impressão de periódicos pelo prazo de 4 (quatro) anos a contar da data de vigência desta Lei ou até que a produção nacional atenda 80% (oitenta por cento) do consumo interno;

▸ Art. 18, Lei 11.727/2008 (Prorrogou o prazo referido neste inciso até 30.04.2012).

▸ Art. 4º, Lei 12.649/2012 (Prorroga até 30.04.2016 o prazo previsto neste inciso)

III - produtos hortícolas e frutas, classificados nos Capítulos 7 e 8, e ovos, classificados na posição 04.07, todos da TIPI; e

IV - aeronaves classificadas na posição 88.02 da TIPI, suas partes, peças, ferramentais, componentes, insumos, fluidos hidráulicos, tintas, anticorrosivos, lubrificantes, equipamentos, serviços e matérias-primas a serem empregados na manutenção, conservação, modernização, reparo, revisão, conversão e industrialização das aeronaves, seus motores, partes, componentes, ferramentais e equipamentos; (Redação dada pela Lei 11.727/2008.)

▸ Dec. 5.171/2004 (Regulamenta este inciso).

V - sêmens e embriões da posição 05.11 da NCM; (Incluído pela Lei 10.925/2004.)

VI - livros, conforme definido no art. 2º da Lei n. 10.753, de 30 de outubro de 2003; (Incluído pela Lei 11.033/2004.)

▸ Lei 10.753/2003 (Institui a Política Nacional do Livro).

VII - preparações compostas não alcoólicas, classificadas no código 2106.90.10 Ex 01 da TIPI, destinadas à elaboração de bebidas pelas pessoas jurídicas industriais dos produtos referidos no art. 58-A da Lei n. 10.833, de 29 de dezembro de 2003; (Redação dada pela Lei 11.727/2008.)

VIII - veículos novos montados sobre chassis, com capacidade para 23 (vinte e três) a 44 (quarenta e quatro) pessoas, classificados nos códigos 8702.10.00 Ex 02 e 8702.90.90 Ex 02 da TIPI, destinados ao transporte escolar para a educação básica das redes estadual e municipal, que atendam aos dispositivos da Lei n. 9.503, de 23 de setembro de 1997 - Código de Trânsito Brasileiro, quando adquiridos pela União, Estados, Municípios e pelo Distrito Federal, na forma a ser estabelecida em regulamento do Poder Executivo; (Redação dada pela Lei 11.727/2008.)

IX - embarcações novas, com capacidade para 20 (vinte) a 35 (trinta e cinco) pessoas, classificadas no código 8901.90.00 da TIPI, destinadas ao transporte escolar para a educação básica das redes estadual e municipal, quando adquiridas pela União, Estados, Municípios e pelo Distrito Federal, na forma a ser estabelecida em regulamento do Poder Executivo; (Redação dada pela Lei 11.727/2008.)

X - materiais e equipamentos, inclusive partes, peças e componentes, destinados ao emprego na construção, conservação, modernização, conversão ou reparo de embarcações registradas ou pré-registradas no Registro Especial Brasileiro; (Incluído pela Lei 11.774/2008.)

XI - veículos e carros blindados de combate, novos, armados ou não, e suas partes, produzidos no Brasil, com peso bruto total até 30 (trinta) toneladas, classificados na posição 8710.00.00 da TIPI, destinados ao uso das Forças Armadas ou órgãos de segurança pública brasileiros, quando adquiridos por órgãos e entidades da administração pública direta, na forma a ser estabelecida em regulamento; (Incluído pela Lei 11.727/2008.)

XII - material de defesa, classificado nas posições 87.10.00.00 e 89.06.10.00 da TIPI, além de partes, peças, componentes, ferramentais, insumos, equipamentos e matérias-primas a serem empregados na sua industrialização, montagem, manutenção, modernização e conversão; (Incluído pela Lei 11.727/2008.)

XIII - serviços ou equipamentos de controle de produção, inclusive medidores de vazão, condutivímetros, aparelhos para controle, registro, gravação e transmissão dos quantitativos medidos, quando adquiridos por pessoas jurídicas legalmente responsáveis pela sua instalação e manutenção ou obrigadas à sua utilização, nos termos e condições fixados pela Secretaria da Receita Federal do Brasil; (Alterado pela Lei 12.995/2014.)

XIV - produtos classificados na posição 87.13 da Nomenclatura Comum do Mercosul-NCM. (Incluído pela Lei 11.774/2008.)

XV - artigos e aparelhos ortopédicos ou para fraturas classificados no código 90.21.10 da NCM; (Incluído pela Lei 12.058/2009.)

XVI - artigos e aparelhos de próteses classificados no código 90.21.3 da NCM; (Incluído pela Lei 12.058/2009.)

XVII - almofadas antiescaras classificadas nos Capítulos 39, 40, 63 e 94 da NCM. (Incluído pela Lei 12.058/2009.)

XVIII - bens relacionados em ato do Poder Executivo para aplicação nas Unidades Modulares de Saúde de que trata o Convênio ICMS n. 114, de 11 de dezembro de 2009, quando adquiridos por órgãos da administração pública direta federal, estadual, distrital e municipal. (Incluído pela Lei 12.249/2010.)

XIX - Sem eficácia.

XX - serviços de transporte ferroviário em sistema de trens de alta velocidade (TAV), assim entendido como a composição utilizada para efetuar a prestação do serviço público de transporte ferroviário que consiga atingir velocidade igual ou superior a 250 km/h (duzentos e cinquenta quilômetros por hora). (Incluído pela Lei 12.350/2010.)

XXI - projetores para exibição cinematográfica, classificados no código 9007.2 da NCM, e suas partes e acessórios, classificados no código 9007.9 da NCM. (Redação dada pela Lei 12.599/2012.)

XXII - produtos classificados nos códigos 8443.32.22, 8469.00.39 Ex 01, 8714.20.00, 9021.40.00, 9021.90.82 e 9021.90.92, todos da Tipi; (Incluído pela Lei 12.649/2012.)

XXIII - calculadoras equipadas com sintetizador de voz classificadas no código 8470.10.00 Ex 01 da Tipi; (Incluído pela Lei 12.649/2012.)

XXIV - teclados com adaptações específicas para uso por pessoas com deficiência, classificados no código 8471.60.52 da Tipi; (Incluído pela Lei 12.649/2012.)

XXV - indicador ou apontador - mouse - com adaptações específicas para uso por pessoas com deficiência, classificado no código 8471.60.53 da Tipi; (Incluído pela Lei 12.649/2012.)

XXVI - linhas braile classificadas no código 8471.60.90 Ex 01 da Tipi; (Incluído pela Lei 12.649/2012.)

XXVII - digitalizadores de imagens - scanners - equipados com sintetizador de voz classificados no código 8471.90.14 Ex 01 da Tipi; (Incluído pela Lei 12.649/2012.)

XXVIII - duplicadores braile classificados no código 8472.10.00 Ex 01 da Tipi; (Incluído pela Lei 12.649/2012.)

XXIX - acionadores de pressão classificados no código 8471.60.53 Ex 02 da Tipi; (Incluído pela Lei 12.649/2012.)

XXX - lupas eletrônicas do tipo utilizado por pessoas com deficiência visual classificadas no código 8525.80.19 Ex 01 da Tipi; (Incluído pela Lei 12.649/2012.)

XXXI - implantes cocleares classificados no código 9021.40.00 da Tipi; (Incluído pela Lei 12.649/2012.)

XXXII - próteses oculares classificadas no código 9021.39.80 da Tipi; (Incluído pela Lei 12.649/2012.)

XXXIII - programas - softwares - de leitores de tela que convertem texto em voz sintetizada para auxílio de pessoas com deficiência visual; (Incluído pela Lei 12.649/2012.)

XXXIV - aparelhos contendo programas - softwares - de leitores de tela que convertem texto em caracteres braile, para utilização de surdos-cegos; e (Incluído pela Lei 12.649/2012.)

XXXV - neuroestimuladores para tremor essencial/Parkinson, classificados no código 9021.90.19, e seus acessórios, classificados nos códigos 9018.90.99, 9021.90.91 e 9021.90.99, todos da Tipi. (Incluído pela Lei 12.649/2012.)

XXXVI - (Vetado). (Incluído pela Lei 12.649/2012.)

XXXVII - produtos classificados no Ex 01 do código 8503.00.90 da TIPI, exceto pás eólicas. (Alterado pela Lei 13.169/2015.)

Parágrafo único. O Poder Executivo poderá regulamentar o disposto nos incisos IV, X e XIII a XXXV do *caput*. (Redação dada pela Lei 12.649/2012.)

ART. 29. As disposições do art. 3º da Lei Complementar n. 70, de 30 de dezembro de 1991, do art. 5º da Lei n. 9.715, de 25 de novembro de 1998, e do art. 53 da Lei n. 9.532, de 10 de dezembro de 1997, alcançam também o comerciante atacadista.

ART. 30. Considera-se aquisição, para fins do desconto do crédito previsto nos arts. 3º das Leis n. 10.637, de 30 de dezembro de 2002, e 10.833, de 29 de dezembro de 2003, a versão de bens e direitos neles referidos, em decorrência de fusão, incorporação e cisão de pessoa jurídica domiciliada no País.

§ 1º O disposto neste artigo aplica-se somente nas hipóteses em que fosse admitido o desconto do crédito pela pessoa jurídica fusionada, incorporada ou cindida.

§ 2º Aplica-se o disposto neste artigo a partir da data de produção de efeitos do art. 3º das Leis n. 10.637, de 30 de dezembro de 2002, e 10.833, de 29 de dezembro de 2003, conforme o caso.

ART. 31. É vedado, a partir do último dia do terceiro mês subsequente ao da publicação desta Lei, o desconto de créditos apurados na forma do inciso III do § 1º do art. 3º das Leis n. 10.637, de 30 de dezembro de 2002, e 10.833, de 29 de dezembro de 2003, relativos à depreciação ou amortização de bens e direitos de ativos imobilizados adquiridos até 30 de abril de 2004.

§ 1º Poderão ser aproveitados os créditos referidos no inciso III do § 1º do art. 3º das Leis n. 10.637, de 30 de dezembro de 2002, e 10.833, de 29 de dezembro de 2003, apurados sobre a depreciação ou amortização de bens e direitos de ativo imobilizado adquiridos a partir de 1º de maio.

§ 2º O direito ao desconto de créditos de que trata o § 1º deste artigo não se aplica ao valor decorrente da reavaliação de bens e direitos do ativo permanente.

§ 3º É também vedado, a partir da data a que se refere o *caput*, o crédito relativo a aluguel e contraprestação de arrendamento mercantil de bens que já tenham integrado o patrimônio da pessoa jurídica.

ART. 32. O art. 41 da Lei n. 8.981, de 20 de janeiro de 1995, passa a vigorar com a seguinte redação:

‣ Alterações promovidas no texto da referida lei.

ART. 33. O art. 5º da Lei n. 9.826, de 23 de agosto de 1999, com a redação dada pela Lei n. 10.485, de 03 de julho de 2002, passa a vigorar com a seguinte redação:

‣ Alterações promovidas no texto da referida lei.

ART. 34. Os arts. 1º e 3º da Lei n. 10.147, de 21 de dezembro de 2000, com a redação dada pela Lei n. 10.548, de 13 de novembro de 2002, passam a vigorar com a seguinte redação:

‣ Alterações promovidas no texto da referida lei.

ART. 35. O art. 3º da Lei n. 10.336, de 19 de dezembro de 2001, passa a vigorar com a seguinte redação:

‣ Alterações promovidas no texto da referida lei.

ART. 36. Os arts. 1º, 3º e 5º da Lei n. 10.485, de 03 de julho de 2002, passam a vigorar com a seguinte redação:

‣ Alterações promovidas no texto da referida lei.

ART. 37. Os arts. 1º, 2º, 3º, 5º, 5ºA e 11 da Lei n. 10.637, de 30 de dezembro de 2002, passam a vigorar com a seguinte redação:

‣ Alterações promovidas no texto da referida lei.

ART. 38. A incidência da contribuição para o PIS/PASEP e da COFINS fica suspensa no caso de venda a pessoa jurídica sediada no exterior, com contrato de entrega no território nacional, de insumos destinados à industrialização, por conta e ordem da encomendante sediada no exterior, de máquinas e veículos classificados nas posições 87.01 a 87.05 da TIPI.

§ 1º Consideram-se insumos, para os fins deste artigo, os chassis, as carroçarias, as peças, as partes, os componentes e os acessórios.

§ 2º Na hipótese de os produtos resultantes da industrialização por encomenda serem destinados:

I - ao exterior, resolve-se a suspensão das referidas contribuições; ou

II - ao mercado interno, serão remetidos obrigatoriamente à pessoa jurídica a que se refere o § 5º do art. 17 da Medida Provisória n. 2.189-49, de 23 de agosto de 2001, por conta e ordem da pessoa jurídica domiciliada no exterior, com suspensão da contribuição para o PIS/PASEP e da COFINS.

§ 3º A utilização do benefício da suspensão de que trata este artigo obedecerá ao disposto no § 6º do art. 17 da Medida Provisória n. 2.189-49, de 23 de agosto de 2001.

ART. 39. As sociedades cooperativas que obedecerem ao disposto na legislação específica, relativamente aos atos cooperativos, ficam isentas da Contribuição Social sobre o Lucro Líquido - CSLL.

‣ Art. 48 desta lei.

Parágrafo único. O disposto no *caput* deste artigo não se aplica às sociedades cooperativas de consumo de que trata o art. 69 da Lei n. 9.532, de 10 de dezembro de 1997.

ART. 40. A incidência da contribuição para o PIS/PASEP e da COFINS ficará suspensa no caso de venda de matérias-primas, produtos intermediários e materiais de embalagem destinados a pessoa jurídica preponderantemente exportadora. (Redação dada pela Lei 10.925/2004.)

§ 1º Para fins do disposto no *caput*, considera-se pessoa jurídica preponderantemente exportadora aquela cuja receita bruta decorrente de exportação para o exterior, no ano-calendário imediatamente anterior ao da aquisição, houver sido igual ou superior a 50% (cinquenta por cento) de sua receita bruta total de venda de bens e serviços no mesmo período, após excluídos os impostos e contribuições incidentes sobre a venda. (Redação dada pela Lei 12.715/2012.)

§ 2º Nas notas fiscais relativas à venda de que trata o *caput* deste artigo, deverá constar a expressão "Saída com suspensão da contribuição para o PIS/PASEP e da COFINS", com a especificação do dispositivo legal correspondente.

§ 3º A suspensão das contribuições não impede a manutenção e a utilização dos créditos pelo respectivo estabelecimento industrial, fabricante das referidas matérias-primas, produtos intermediários e materiais de embalagem.

§ 4º Para os fins do disposto neste artigo, as empresas adquirentes deverão:

I - atender aos termos e às condições estabelecidos pela Secretaria da Receita Federal; e

‣ A Secretaria da Receita Federal passou a ser denominada Secretaria da Receita Federal do Brasil pelo art. 1º, Lei 11.457/2007 (Lei da Super-Receita).

II - declarar ao vendedor, de forma expressa e sob as penas da lei, que atende a todos os requisitos estabelecidos.

§ 5º A pessoa jurídica que, após adquirir matérias-primas, produtos intermediários e materiais de embalagem com o benefício da suspensão de que trata este artigo, der-lhes destinação diversa de exportação, fica obrigada a recolher as contribuições não pagas pelo fornecedor, acrescidas de juros e multa de mora, ou de ofício, conforme o caso, contados a partir da data da aquisição. (Incluído pela Lei 11.051/2004.)

§ 6º As disposições deste artigo aplicam-se à Contribuição para o PIS/PASEP - Importação e à COFINS - Importação incidentes sobre os produtos de que trata o *caput* deste artigo. (Incluído pela Lei 11.482/2007.)

§ 6º-A. A suspensão de que trata este artigo alcança as receitas de frete, bem como as receitas auferidas pelo operador de transporte multimodal, relativas a frete contratado pela pessoa jurídica preponderantemente exportadora no mercado interno para o transporte dentro do território nacional de: (Redação dada pela Lei 11.774/2008.)

I - matérias-primas, produtos intermediários e materiais de embalagem adquiridos na forma deste artigo; e (Incluído pela Lei 11.488/2007.)

II - produtos destinados à exportação pela pessoa jurídica preponderantemente exportadora. (Incluído pela Lei 11.488/2007.)

§ 7º Para fins do disposto no inciso II do § 6º-A deste artigo, o frete deverá referir-se ao transporte dos produtos até o ponto de saída do território nacional. (Incluído pela Lei 11.488/2007.)

§ 8º O disposto no inciso II do § 6º-A deste artigo aplica-se também na hipótese de vendas a empresa comercial exportadora, com fim específico de exportação. (Incluído pela Lei 11.488/2007.)

§ 9º Deverá constar da nota fiscal a indicação de que o produto transportado destina-se à exportação ou à formação de lote com a finalidade de exportação, condição a ser comprovada mediante o Registro de Exportação - RE. (Incluído pela Lei 11.488/2007.)

§ 10. (Revogado pela Lei 12.712/2012).

ART. 40-A. A suspensão de incidência da Contribuição para o PIS/PASEP e da COFINS de que trata o art. 40 desta Lei aplica-se também à venda de matérias-primas, produtos intermediários e materiais de embalagem destinados a pessoa jurídica fabricante dos produtos referidos no inciso XI do *caput* do art. 28 desta Lei, quando destinados a órgãos e entidades da administração pública direta. (Incluído pela Lei 11.727/2008.)

§ 1º A pessoa jurídica que, após adquirir matérias-primas, produtos intermediários e materiais de embalagem com o benefício da suspensão de que trata este artigo, lhes der destinação diversa de venda a órgãos e entidades da administração pública direta fica obrigada a recolher as contribuições não pagas, acrescidas de juros e multa de mora ou de ofício, conforme o caso, contados a partir da data da aquisição. (Incluído pela Lei 11.727/2008.)

§ 2º Da nota fiscal constará a indicação de que o produto transportado destina-se à venda a órgãos e entidades da administração pública direta, no caso de produtos referidos no inciso XI do *caput* do art. 28 desta Lei. (Incluído pela Lei 11.727/2008.)

§ 3º Aplicam-se ainda ao disposto neste artigo os §§ 3º, 4º e 6º do art. 40 desta Lei. (Incluído pela Lei 11.727/2008.)

ART. 41. Ficam incluídos no campo de incidência do Imposto sobre Produtos Industrializados - IPI, tributados à alíquota de 30% (trinta por cento), os produtos relacionados na subposição 2401.20 da TIPI. (Redação dada pela Lei 11.452/2007.)

§ 1º A incidência do imposto independe da forma de apresentação, acondicionamento, estado ou peso do produto. (Redação dada pela Lei 11.452/2007.)

- Art. 6º, § 4º, Dec. 7.212/2010 (Regulamenta a cobrança, fiscalização, arrecadação e administração IPI).

§§ 2º e **3º** (Revogados pela Lei 11.452/2007.)

ART. 42. Opcionalmente, as pessoas jurídicas tributadas pelo lucro real que aufiram receitas de venda dos produtos de que tratam os §§ 1º a 3º e 5º a 9º do art. 8º desta Lei poderão adotar, antecipadamente, o regime de incidência não cumulativa da contribuição para o PIS/PASEP e da COFINS.

§ 1º A opção será exercida até o dia 31 de maio de 2004, de acordo com as normas e condições estabelecidas pela Secretaria da Receita Federal, produzindo efeitos em relação aos fatos geradores ocorridos a partir do dia 1º de maio de 2004.

- A Secretaria da Receita Federal passou a ser denominada Secretaria da Receita Federal do Brasil pelo art. 1º, Lei 11.457/2007 (Lei da Super-Receita).

§ 2º Não se aplicam as disposições dos arts. 45 e 46 desta Lei às pessoas jurídicas que efetuarem a opção na forma do *caput* deste artigo. (Redação dada pela Lei 10.925/2004.)

ART. 43. (Revogado pela Lei 10.999/2004.)

ART. 44. Fica revogado o § 4º do art. 1º da Lei n. 10.147, de 21 de dezembro de 2000, alterado pela Lei n. 10.548, de 13 de novembro de 2002.

§ 1º Os efeitos da revogação de que trata o *caput* dar-se-ão a partir do 4º (quarto) mês subsequente ao de publicação desta Lei.

§ 2º (Vetado.)

ART. 45. Produzem efeitos a partir do primeiro dia do 4º (quarto) mês subsequente ao de publicação desta Lei, quanto às alterações efetuadas em relação à Medida Provisória n. 164, de 29 de janeiro de 2004, as disposições constantes desta Lei:

I - nos §§ 1º a 3º, 5º, 8º e 9º do art. 8º;

II - no art. 16;

III - no art. 17; e

IV - no art. 22.

Parágrafo único. As disposições de que tratam os incisos I a IV do *caput* deste artigo, na redação original da Medida Provisória n. 164, de 29 de janeiro de 2004, produzem efeitos a partir de 1º de maio de 2004.

ART. 46. Produz efeitos a partir do 1º (primeiro) dia do 4º (quarto) mês subsequente ao de publicação desta Lei o disposto:

I - nos arts. 1º, 12, 50 e art. 51, incisos II e IV, da Lei n. 10.833, de 29 de dezembro de 2003, com a redação dada pelo art. 21 desta Lei;

II - nos arts. 1º e 3º da Lei n. 10.147, de 21 de dezembro de 2000, com a redação dada pelo art. 34 desta Lei;

III - nos arts. 1º, 3º e 5º da Lei n. 10.485, de 03 de julho de 2002, com a redação dada pelo art. 36 desta Lei, observado o disposto no art. 47; e

IV - nos arts. 1º, 2º, 3º e 11 da Lei n. 10.637, de 30 de dezembro de 2002, com a redação dada pelo art. 37 desta Lei.

ART. 47. O disposto nos §§ 3º a 5º do art. 3º da Lei n. 10.485, de 03 de julho de 2002, com a redação dada por esta Lei, produz efeitos a partir do 1º (primeiro) dia do 3º (terceiro) mês subsequente ao de publicação desta Lei.

ART. 48. Produz efeitos a partir de 1º de janeiro de 2005 o disposto no art. 39 desta Lei.

ART. 49. Os arts. 55 a 58 da Lei n. 10.833, de 29 de dezembro de 2003, produzem efeitos a partir de 1º de fevereiro de 2004, relativamente à hipótese de que trata o seu art. 52.

ART. 50. Os arts. 49 e 51 da Lei n. 10.833, de 29 de dezembro de 2003, em relação às alterações introduzidas pelo art. 21 desta Lei, produzem efeitos a partir de 1º de maio de 2004.

ART. 51. O disposto no art. 53 da Lei n. 10.833, de 29 de dezembro de 2003, com a alteração introduzida pelo art. 21 desta Lei, produz efeito a partir de 29 de janeiro de 2004.

ART. 52. Excepcionalmente para o ano-calendário de 2004, a opção pelo regime especial de que trata o art. 52 da Lei n. 10.833, de 29 de dezembro de 2003, poderá ser exercida até o último dia útil do mês subsequente ao da publicação desta Lei, produzindo efeitos, de forma irretratável, a partir do mês subsequente ao da opção, até 31 de dezembro de 2004.

ART. 53. Esta Lei entra em vigor na data de sua publicação, produzindo efeitos a partir do dia 1º de maio de 2004, ressalvadas as disposições contidas nos artigos anteriores.

Brasília, 30 de abril de 2004; 183º da Independência e 116º da República.

LUIZ INÁCIO LULA DA SILVA

LEI N. 10.869, DE 13 DE MAIO DE 2004

Altera a Lei n. 10.683, de 28 de maio de 2003, que dispõe sobre a organização da Presidência da República e dos Ministérios, e dá outras providências.

- *DOU*, 13.05.2004.
- Conversão da Med. Prov. 163/2004.
- Lei 13.502/2017 (Estabelece a organização básica dos órgãos da Presidência da República e dos Ministérios).

O Presidente da República. Faço saber que o Congresso Nacional decreta e eu sanciono a seguinte Lei:

ART. 1º A Lei n. 10.683, de 28 de maio de 2003, passa a vigorar com as seguintes alterações:

- Alterações promovidas no texto da referida lei.

ART. 2º Fica criada a Secretaria de Coordenação Política e Assuntos Institucionais da Presidência da República.

ART. 3º São transformados:

I - o Ministério da Assistência Social em Ministério do Desenvolvimento Social e Combate à Fome;

II - o Conselho Gestor Interministerial do Programa Bolsa Família da Presidência da República em Conselho Gestor do Programa Bolsa Família do Ministério do Desenvolvimento Social e Combate à Fome.

ART. 4º São transferidas as competências:

I - do Gabinete do Ministro de Estado Extraordinário de Segurança Alimentar e Combate à Fome, relativas à formulação e coordenação da implementação da Política Nacional de Segurança Alimentar e Nutricional, à articulação da participação da sociedade civil no estabelecimento de diretrizes para a Política Nacional de Segurança Alimentar e Nutricional, à promoção da articulação entre as políticas e programas dos governos federal, estaduais e municipais e as ações da sociedade civil ligadas à produção alimentar, alimentação e nutrição, e ao estabelecimento de diretrizes, supervisão e acompanhamento da implementação de programas no âmbito da Política Nacional de Segurança Alimentar e Nutricional, para o Ministério do Desenvolvimento Social e Combate à Fome;

II - da Casa Civil da Presidência da República, relativas à coordenação política do Governo, ao relacionamento com o Congresso Nacional, à interlocução com os Estados, o Distrito Federal e os Municípios e os Partidos Políticos, para a Secretaria de Coordenação Política e Assuntos Institucionais da Presidência da República;

III - da Secretaria-Executiva do Conselho Gestor Interministerial do Programa Bolsa Família da Presidência da República para o Ministério do Desenvolvimento Social e Combate à Fome.

ART. 5º São transferidas a Subchefia de Assuntos Parlamentares e a Subchefia de Assuntos Federativos da Casa Civil da Presidência da República para a Secretaria de Coordenação Política e Assuntos Institucionais da Presidência da República.

ART. 6º Ficam extintos:

I - o Gabinete do Ministro de Estado Extraordinário de Segurança Alimentar e Combate à Fome;

II - o Conselho do Programa Comunidade Solidária e a Secretaria-Executiva do Programa Comunidade Solidária, do Gabinete do Ministro de Estado Extraordinário de Segurança Alimentar e Combate à Fome;

III - a Secretaria-Executiva do Conselho Gestor Interministerial do Programa Bolsa Família da Presidência da República.

ART. 7º Fica criado o cargo de Ministro de Estado Chefe da Secretaria de Coordenação Política e Assuntos Institucionais da Presidência da República.

ART. 8º Ficam criados 1 (um) cargo de natureza especial de Subchefe, na Casa Civil da Presidência da República, e 1 (um) cargo de natureza especial de Secretário-Adjunto, na Secretaria de Coordenação Política e Assuntos Institucionais da Presidência da República, ambos com a remuneração fixada pelo parágrafo único do art. 39 da Lei n.10.683, de 28 de maio de 2003.

ART. 9º Fica transformado o cargo de Ministro de Estado da Assistência Social em Ministro de Estado do Desenvolvimento Social e Combate à Fome.

ART. 10. Ficam extintos os cargos de Ministro de Estado Extraordinário de Segurança Alimentar e Combate à Fome e de Secretário-Executivo do Gabinete do Ministro de Estado Extraordinário de Segurança Alimentar e Combate à Fome.

ART. 11. São criados, para atendimento imediato das necessidades dos órgãos e entidades da administração pública federal e dos demais órgãos criados ou transformados por esta Lei, os seguintes cargos em comissão do Grupo-Direção e Assessoramento Superiores e as seguintes Funções Gratificadas - FG:

I - 11 (onze) DAS-6;

II - 70 (setenta) DAS-5;

III - 280 (duzentos e oitenta) DAS-4;

IV - 260 (duzentos e sessenta) DAS-3;

V - 480 (quatrocentos e oitenta) DAS-2;

VI - 220 (duzentos e vinte) DAS-1;

VII - 1.175 (mil, cento e setenta e cinco) FG-1;

VIII - 198 (cento e noventa e oito) FG-2; e

IX - 99 (noventa e nove) FG-3.

ART. 12. (Revogado pela Lei 11.526/2007.)

ART. 13. O acervo patrimonial dos órgãos extintos, transformados, transferidos, incorporados ou desmembrados por esta Lei será transferido para os Ministérios, órgãos e entidades que tiverem absorvido as correspondentes competências.

Parágrafo único. O quadro de servidores efetivos dos órgãos de que trata este artigo será transferido para os Ministérios e órgãos que tiverem absorvido as correspondentes competências.

ART. 14. É o Poder Executivo autorizado a remanejar, transpor, transferir ou utilizar as dotações orçamentárias aprovadas na Lei Orçamentária de 2004 em favor dos órgãos extintos, transformados, transferidos, incorporados ou desmembrados por esta Lei, mantida a mesma classificação funcional-programática, expressa por categoria de programação em seu menor nível, conforme definida no art. 4º, § 2º, da Lei n. 10.707, de 30 de julho de 2003, inclusive os títulos, descritores, metas e objetivos, assim como o respectivo detalhamento por esfera orçamentária, grupos de despesa, fontes de recursos, modalidades de aplicação e identificadores de uso.

ART. 15. São transferidas aos órgãos que receberam as atribuições pertinentes e a seus titulares as competências e incumbências estabelecidas em leis gerais ou específicas aos órgãos transformados, transferidos ou extintos por esta Lei ou a seus titulares.

ART. 16. O Poder Executivo disporá, em decreto, na estrutura regimental dos Ministérios, dos órgãos essenciais, dos órgãos de assessoramento direto e imediato ao Presidente da República, das Secretarias Especiais da Presidência da República, da Advocacia-Geral da União e da Controladoria-Geral da União, sobre as competências e atribuições, denominação das unidades e especificação dos cargos.

ART. 17. O Poder Executivo disporá sobre a organização, reorganização, denominação de cargos e funções e funcionamento dos órgãos e das entidades da administração pública federal direta, autárquica e fundacional, mediante aprovação ou transformação das estruturas regimentais.

ART. 18. Até que sejam aprovadas as estruturas regimentais dos órgãos essenciais e de assessoramento da Presidência da República, das Secretarias Especiais da Presidência da República e dos Ministérios, são mantidas as estruturas, as competências, as atribuições, a denominação das unidades e a especificação dos respectivos cargos, vigentes em 31 de dezembro de 2003, observadas as alterações introduzidas por esta Lei.

Parágrafo único. Os cargos em comissão integrantes da estrutura dos órgãos de que tratam os incisos II e III do art. 6º desta Lei ficam remanejados para o Ministério do Desenvolvimento Social e Combate à Fome.

ART. 19. As despesas decorrentes do disposto nesta Lei correrão à conta das dotações orçamentárias consignadas no Orçamento da União.

ART. 20. Esta Lei entra em vigor na data de sua publicação.

ART. 21. Ficam revogados o art. 26, a alínea I do inciso XVII do art. 27 e o art. 37 da Lei n. 10.683, de 28 de maio de 2003.

Brasília, 13 de maio de 2004; 183º da Independência e 116º da República.

LUIZ INÁCIO LULA DA SILVA

LEI N. 10.870, DE 19 DE MAIO DE 2004

Institui a Taxa de Avaliação in loco das instituições de educação superior e dos cursos de graduação e dá outras providências.

› *DOU*, 20.5.2004.

O Presidente da República. Faço saber que o Congresso Nacional decreta e eu sanciono a seguinte Lei:

ART. 1º Fica instituída a Taxa de Avaliação *in loco*, em favor do Instituto Nacional de Estudos e Pesquisas Educacionais Anísio Teixeira - INEP, pelas avaliações periódicas que realizar, quando formulada solicitação de credenciamento ou renovação de credenciamento de instituição de educação superior e solicitação de autorização, reconhecimento ou renovação de reconhecimento de cursos de graduação, previstos no inciso IX do art. 9º e art. 46 da Lei n. 9.394, de 20 de dezembro de 1996.

Parágrafo único. A Taxa de Avaliação *in loco* será também devida em caso de reavaliação de que trata o § 1º do art. 46 da Lei n. 9.394, de 20 de dezembro de 1996.

ART. 2º São contribuintes da Taxa de Avaliação *in loco* as instituições de educação superior privadas e públicas, assegurada a estas últimas a necessária previsão orçamentária.

ART. 3º A Taxa de Avaliação *in loco*, fixada no valor de R$ 6.960,00 (seis mil, novecentos e sessenta reais), será recolhida ao INEP à oportunidade em que for solicitado credenciamento ou renovação de credenciamento de instituição de educação superior e autorização, reconhecimento ou renovação de reconhecimento de cursos de graduação.

§ 1º O valor estabelecido no *caput* deste artigo sofrerá acréscimo de R$ 3.480,00 (três mil, quatrocentos e oitenta reais) por avaliador acrescido à composição básica da comissão de avaliação, que será de 2 (dois) membros.

§ 2º A composição da comissão de avaliação levará em consideração a complexidade e amplitude do curso ou da instituição, de acordo com os seguintes critérios:

I - cursos com até 2 (duas) habilitações: 2 (dois) avaliadores;

II - cursos com 3 (três) habilitações: 2 (dois) ou 3 (três) avaliadores;

III - cursos com 4 (quatro) habilitações: 3 (três) ou 4 (quatro) avaliadores;

IV - cursos com 5 (cinco) ou mais habilitações: de 3 (três) a 5 (cinco) avaliadores;

V - instituições de educação superior: de 3 (três) a 8 (oito) avaliadores.

§ 3º As receitas obtidas com a Taxa de Avaliação *in loco* serão aplicadas, na forma disposta em regulamento, exclusivamente no custeio das despesas com as comissões de avaliação.

§ 4º É vedado aos membros de comissão de avaliação receber, a qualquer título, benefícios adicionais, pecuniários ou não, providos pela instituição de educação superior ou curso em processo de avaliação.

§ 5º São isentas as instituições de educação superior públicas que atendam ao que dispõe a Lei n. 9.394, de 20 de dezembro de 1996.

ART. 4º O credenciamento ou a renovação de credenciamento das instituições de educação superior e o reconhecimento ou a renovação de reconhecimento de cursos de graduação terão prazo de validade de até 5 (cinco) anos, exceção feita às universidades, para as quais esse prazo será de até 10 (dez) anos.

Parágrafo único. Os prazos de que trata este artigo serão fixados mediante critérios estabelecidos pelo Ministério da Educação e de acordo com os resultados da avaliação, podendo ser por ele prorrogados.

ART. 5º Os valores fixados para a Taxa de Avaliação *in loco* somente poderão ser alterados em decorrência da variação dos custos para a realização das avaliações, em periodicidade não inferior a 1 (um) ano.

ART. 6º Esta Lei entra em vigor na data de sua publicação.

Brasília, 19 de maio de 2004; 183º da Independência e 116º da República.

LUIZ INÁCIO LULA DA SILVA

LEI N. 10.871, DE 20 DE MAIO DE 2004

Dispõe sobre a criação de carreiras e organização de cargos efetivos das autarquias especiais denominadas Agências Reguladoras, e dá outras providências.

- *DOU*, 21.05.2004
- Conversão da Med. Prov. 155/2003.
- Dec. 6.530/2008 (Regulamenta a progressão e a promoção para os servidores do quadro efetivo das Agências Reguladoras).
- Dec. 7.133/2010 (Regulamenta os critérios e procedimentos gerais a serem observados para a realização das avaliações de desempenho individual e institucional e o pagamento de gratificações de desempenho).
- Lei 12.823/2013 (O Anexo I desta lei passa a vigorar na forma do Anexo da Lei 12.823/2013.)
- Lei 12.857/2013 (Cria cargos de Especialista em Infraestrutura Sênior, cargos das carreiras de Analista de Infraestrutura, de Especialista em Meio Ambiente e de Analista de Comércio Exterior, cargos nos quadros de pessoal da Superintendência da Zona Franca de Manaus (Suframa), da Agência Nacional de Vigilância Sanitária (Anvisa), do Departamento de Polícia Rodoviária Federal e do Departamento Nacional de Auditoria do Sistema Único de Saúde (Denasus), cargos em comissão e funções gratificadas).
- Dec. 7.922/2013 (Regulamenta as Gratificações de Qualificação - QG, instituídas por esta lei.)

O Presidente da República. Faço saber que o Congresso Nacional decreta e eu sanciono a seguinte Lei:

ART. 1º Ficam criados, para exercício exclusivo nas autarquias especiais denominadas Agências Reguladoras, referidas no Anexo I desta Lei, e observados os respectivos quantitativos, os cargos que compõem as carreiras de:

- Dec. 6.530/2008 (Regulamenta a progressão e a promoção para os servidores do quadro efetivo das Agências Reguladoras de que tratam as Leis 10.768/2003, e 10.871/2004).

I - Regulação e Fiscalização de Serviços Públicos de Telecomunicações, composta de cargos de nível superior de Especialista em Regulação de Serviços Públicos de Telecomunicações, com atribuições voltadas às atividades especializadas de regulação, inspeção, fiscalização e controle da prestação de serviços públicos e de exploração de mercados nas áreas de telecomunicações, bem como à implementação de políticas e à realização de estudos e pesquisas respectivos a essas atividades;

II - Regulação e Fiscalização da Atividade Cinematográfica e Audiovisual, composta de cargos de nível superior de Especialista em Regulação da Atividade Cinematográfica e Audiovisual, com atribuições voltadas às atividades especializadas de fomento, regulação, inspeção, fiscalização e controle da legislação relativa à indústria cinematográfica e videofonográfica, bem como à implementação de políticas e à realização de estudos e pesquisas respectivos a essas atividades;

III - Regulação e Fiscalização de Recursos Energéticos, composta de cargos de nível superior de Especialista em Regulação de Serviços Públicos de Energia, com atribuições voltadas às atividades especializadas de regulação, inspeção, fiscalização e controle da prestação de serviços públicos e de exploração da energia elétrica, bem como à implementação de políticas e à realização de estudos e pesquisas respectivos a essas atividades;

IV - Especialista em Geologia e Geofísica do Petróleo e Gás Natural, composta de cargos de nível superior de Especialista em Geologia e Geofísica do Petróleo e Gás Natural, com atribuições voltadas a atividades de nível superior inerentes à identificação e prospecção de jazidas de petróleo e gás natural, envolvendo planejamento, coordenação, fiscalização e assistência técnica às atividades geológicas de superfície e subsuperfície e outros correlatos; acompanhamento geológico de poços; pesquisas, estudos, mapeamentos e interpretações geológicas, visando à exploração de jazidas de petróleo e gás natural, e à elaboração de estudos de impacto ambiental e de segurança em projetos de obras e operações de exploração de petróleo e gás natural;

V - Regulação e Fiscalização de Petróleo e Derivados, Álcool Combustível e Gás Natural, composta de cargos de nível superior de Especialista em Regulação de Petróleo e Derivados, Álcool Combustível e Gás Natural, com atribuições voltadas às atividades especializadas de regulação, inspeção, fiscalização e controle da prospecção petrolífera, da exploração, da comercialização e do uso de petróleo e derivados, álcool combustível e gás natural, e da prestação de serviços públicos e produção de combustíveis e de derivados do petróleo, álcool combustível e gás natural, bem como à implementação de políticas e à realização de estudos e pesquisas respectivos a essas atividades;

VI - Regulação e Fiscalização de Saúde Suplementar, composta de cargos de nível superior de Especialista em Regulação de Saúde Suplementar, com atribuições voltadas às atividades especializadas de regulação, inspeção, fiscalização e controle da assistência suplementar à Saúde, bem como à implementação de políticas e à realização de estudos e pesquisas respectivos a essas atividades;

VII - Regulação e Fiscalização de Serviços de Transportes Aquaviários, composta de cargos de nível superior de Especialista em Regulação de Serviços de Transportes Aquaviários, com atribuições voltadas às atividades especializadas de regulação, inspeção, fiscalização e controle da prestação de serviços públicos de transportes aquaviários e portuários, inclusive infraestrutura, bem como à implementação de políticas e à realização de estudos e pesquisas respectivos a essas atividades;

VIII - Regulação e Fiscalização de Serviços de Transportes Terrestres, composta de cargos de nível superior de Especialista em Regulação de Serviços de Transportes Terrestres, com atribuições voltadas às atividades especializadas de regulação, inspeção, fiscalização e controle da prestação de serviços públicos de transportes terrestres, inclusive infraestrutura, bem como à implementação de políticas e à realização de estudos e pesquisas respectivos a essas atividades;

IX - Regulação e Fiscalização de Locais, Produtos e Serviços sob Vigilância Sanitária, composta de cargos de nível superior de Especialista em Regulação e Vigilância Sanitária, com atribuições voltadas às atividades especializadas de regulação, inspeção, fiscalização e controle das instalações físicas da produção e da comercialização de alimentos, medicamentos e insumos sanitários, bem como à implementação de políticas e à realização de estudos e pesquisas respectivos a essas atividades;

X - Suporte à Regulação e Fiscalização de Serviços Públicos de Telecomunicações, composta de cargos de nível intermediário de Técnico em Regulação de Serviços Públicos de Telecomunicações, com atribuições voltadas ao suporte e ao apoio técnico especializado às atividades de regulação, inspeção, fiscalização e controle da prestação de serviços públicos e de exploração de mercados nas áreas de telecomunicações, bem como à implementação de políticas e à realização de estudos e pesquisas respectivos a essas atividades;

XI - Suporte à Regulação e Fiscalização da Atividade Cinematográfica e Audiovisual, composta de cargos de nível intermediário de Técnico em Regulação da Atividade Cinematográfica e Audiovisual, com atribuições voltadas ao suporte e ao apoio técnico especializado às atividades de regulação, inspeção, fiscalização e controle da legislação relativa à indústria cinematográfica e videofonográfica, bem como à implementação de políticas e à realização de estudos e pesquisas respectivos a essas atividades;

XII - Suporte à Regulação e Fiscalização de Petróleo e Derivados, Álcool Combustível e Gás Natural, composta de cargos de nível intermediário de Técnico em Regulação de Petróleo e Derivados, Álcool Combustível e Gás Natural, com atribuições voltadas ao suporte e ao apoio técnico especializado às atividades de regulação, inspeção, fiscalização e controle da prospecção petrolífera, da exploração, da comercialização e do uso de petróleo e derivados, álcool combustível e gás natural, e da prestação de serviços públicos e produção de combustíveis e de derivados do petróleo e gás natural, bem como à implementação de políticas e à realização de estudos e pesquisas respectivos a essas atividades;

XIII - Suporte à Regulação e Fiscalização de Saúde Suplementar, composta de cargos de nível intermediário de Técnico em Regulação de Saúde Suplementar, com atribuições voltadas ao suporte e ao apoio técnico especializado às atividades de regulação, inspeção, fiscalização e controle da assistência suplementar à Saúde, bem como à implementação de políticas e à realização de estudos e pesquisas respectivos a essas atividades;

XIV - Suporte à Regulação e Fiscalização de Serviços de Transportes Aquaviários, composta de cargos de nível intermediário de Técnico em Regulação de Serviços de Transportes Aquaviários, com atribuições voltadas ao suporte e ao apoio técnico especializado às atividades de regulação, inspeção, fiscalização e controle da prestação de serviços públicos de transportes aquaviários e portuários, inclusive infraestrutura, bem como à implementação de políticas e à realização de estudos e pesquisas respectivos a essas atividades;

XV - Suporte à Regulação e Fiscalização de Serviços de Transportes Terrestres, composta de cargos de nível intermediário de Técnico em Regulação de Serviços de Transportes Terrestres, com atribuições voltadas ao suporte e ao apoio técnico especializado às atividades de regulação, inspeção, fiscalização e controle da prestação de serviços públicos de transportes terrestres, inclusive infraestrutura, bem como à implementação de políticas e à realização de estudos e pesquisas respectivos a essas atividades;

XVI - Suporte à Regulação e Fiscalização de Locais, Produtos e Serviços sob Vigilância Sanitária, composta de cargos de nível intermediário de Técnico em Regulação e Vigilância Sanitária, com atribuições voltadas ao suporte e ao apoio técnico especializado às atividades de regulação, inspeção, fiscalização e controle das instalações físicas, da produção e da comercialização de alimentos, medicamentos e insumos sanitários, bem como à implementação de políticas e à realização de estudos e pesquisas respectivos a essas atividades;

XVII - Analista Administrativo, composta de cargos de nível superior de Analista Administrativo, com atribuições voltadas para o exercício de atividades administrativas e logísticas relativas ao exercício das competências constitucionais e legais a cargo das autarquias especiais denominadas Agências Reguladoras referidas no Anexo I desta Lei, fazendo uso de todos os equipamentos e recursos disponíveis para a consecução dessas atividades;

XVIII - Técnico Administrativo, composta de cargos de nível intermediário de Técnico Administrativo, com atribuições voltadas para o exercício de atividades administrativas e logísticas de nível intermediário relativas ao exercício das competências constitucionais e legais a cargo das autarquias especiais denominadas Agências Reguladoras referidas no Anexo I desta Lei, fazendo uso de todos os equipamentos e recursos disponíveis para a consecução dessas atividades.

XIX - Regulação e Fiscalização de Aviação Civil, composta de cargos de nível superior de Especialista em Regulação de Aviação Civil, com atribuições voltadas às atividades especializadas de regulação, inspeção, fiscalização e controle da aviação civil, dos serviços aéreos, dos serviços auxiliares, da infraestrutura aeroportuária civil e dos demais sistemas que compõem a infraestrutura aeronáutica, bem como à implementação de políticas e à realização de estudos e pesquisas respectivos a essas atividades; e (Incluído pela Lei 11.292/2006.)

XX - Suporte à Regulação e Fiscalização de Aviação Civil, composta de cargos de nível intermediário de Técnico em Regulação de Aviação Civil, com atribuições voltadas ao suporte e ao apoio técnico especializado às atividades de regulação, inspeção, fiscalização e controle da aviação civil, dos serviços aéreos, dos serviços auxiliares, da infraestrutura aeroportuária civil e dos demais sistemas que compõem a infraestrutura aeronáutica, bem como à implementação de políticas e à realização de estudos e pesquisas respectivos a essas atividades. (Incluído pela Lei 11.292/2006.)

ART. 2º São atribuições específicas dos cargos de nível superior referidos nos incisos I a IX e XIX do art. 1º desta Lei: (Redação dada pela Lei 11.292/2006.)

I - formulação e avaliação de planos, programas e projetos relativos às atividades de regulação;

II - elaboração de normas para regulação do mercado;

III - planejamento e coordenação de ações de fiscalização de alta complexidade;

IV - gerenciamento, coordenação e orientação de equipes de pesquisa e de planejamento de cenários estratégicos;

V - gestão de informações de mercado de caráter sigiloso; e

VI - execução de outras atividades finalísticas inerentes ao exercício da competência das autarquias especiais denominadas Agências Reguladoras de que trata esta Lei.

ART. 3º São atribuições comuns dos cargos referidos nos incisos I a XVI, XIX e XX do art. 1º desta Lei: (Redação dada pela Lei 11.292/2006.)

I - fiscalização do cumprimento das regras pelos agentes do mercado regulado;

II - orientação aos agentes do mercado regulado e ao público em geral; e

III - execução de outras atividades finalísticas inerentes ao exercício da competência das autarquias especiais denominadas Agências Reguladoras de que trata esta Lei.

Parágrafo único. No exercício das atribuições de natureza fiscal ou decorrentes do poder de polícia, são asseguradas aos ocupantes dos cargos referidos nos incisos I a XVI, XIX e XX do art. 1º desta Lei as prerrogativas de promover a interdição de estabelecimentos, instalações ou equipamentos, assim como a apreensão de bens ou produtos, e de requisitar, quando necessário, o auxílio de força policial federal ou estadual, em caso de desacato ou embaraço ao exercício de suas funções. (Redação dada pela Lei 11.292/2006.)

ART. 4º São atribuições comuns dos cargos referidos no art. 1º desta Lei:

I - implementação e execução de planos, programas e projetos relativos às atividades de regulação;

II - subsídio e apoio técnico às atividades de normatização e regulação; e

III - subsídio à formulação de planos, programas e projetos relativos às atividades inerentes às autarquias especiais denominadas Agências Reguladoras.

ART. 5º O Procurador-Geral Federal definirá a distribuição de cargos de Procurador Federal nas Procuradorias das Agências Reguladoras, observados os quantitativos estabelecidos no Anexo II desta Lei.

§ 1º É vedada a remoção, a transferência ou a mudança de exercício a pedido, com ou sem mudança de sede, de Procurador Federal designado para ter exercício nas entidades referidas no Anexo I desta Lei, nos primeiros 36 (trinta e seis) meses a contar da data do investidura no cargo.

§ 2º Ficam criados, na Carreira de Procurador Federal de que trata o art. 36 da Medida Provisória n. 2.229-43, de 6 de setembro de 2001, regidos pelas leis e normas próprias aplicáveis a ela, 64 (sessenta e quatro) cargos efetivos de Procurador Federal, destinados ao exercício das atribuições estabelecidas no art. 37 da Medida Provisória n. 2.229-43, de 6 de setembro de 2001, no âmbito das respectivas unidades de exercício.

ART. 6º O regime jurídico dos cargos e carreiras referidos no art. 1º desta Lei é o instituído na Lei n. 8.112, de 11 de dezembro de 1990, observadas as disposições desta Lei.

Parágrafo único. É vedada a aplicação do instituto da redistribuição a servidores ocupantes de cargos e carreiras referidos no *caput* deste artigo das Agências Reguladoras e para as Agências Reguladoras referidas no Anexo I desta Lei.

ART. 7º Para os efeitos desta Lei, consideram-se:

I - Carreira, o conjunto de classes de cargos de mesma profissão, natureza do trabalho ou atividade, escalonadas segundo a responsabilidade e complexidade inerentes a suas atribuições;

II - Classe, a divisão básica da carreira integrada por cargos de idêntica denominação, atribuições, grau de complexidade, nível de responsabilidade, requisitos de capacitação e experiência para o desempenho das atribuições; e

III - Padrão, a posição do servidor na escala de vencimentos da carreira.

ART. 8º Os cargos a que se refere o art. 1º desta Lei estão organizados em classes e padrões, na forma do Anexo III desta Lei.

ART. 9º O desenvolvimento do servidor nos cargos de que trata o art. 1º desta Lei ocorrerá mediante progressão funcional e promoção.

Parágrafo único. Para fins desta Lei, progressão é a passagem do servidor para o padrão de vencimento imediatamente superior dentro de uma mesma classe, e promoção, a passagem do servidor do último padrão de uma classe para o primeiro padrão da classe imediatamente superior.

ART. 10. O desenvolvimento do servidor nos cargos das Carreiras referidas no art. 1º desta Lei obedecerá aos princípios:

I - da anualidade;

II - da competência e qualificação profissional; e

III - da existência de vaga.

§ 1º A promoção e a progressão funcional obedecerão à sistemática da avaliação de desempenho, capacitação e qualificação funcionais, conforme disposto em regulamento específico de cada autarquia especial denominada Agência Reguladora.

§ 2º Ressalvado o disposto no § 3º deste artigo, é vedada a progressão do ocupante de cargo efetivo das Carreiras referidas no art. 1º desta Lei antes de completado o interstício de 1 (um) ano de efetivo exercício em cada padrão.

§ 3º Mediante resultado de avaliação de desempenho ou da participação em programas de capacitação, o princípio da anualidade aplicável à progressão poderá sofrer redução de até 50% (cinquenta por cento), conforme disciplinado em regulamento específico de cada entidade referida no Anexo I desta Lei.

ART. 11. O art. 9º da Lei n. 10.768, de 19 de novembro de 2003, passa a vigorar com a seguinte redação:

> "Art. 9º [...]
>
> § 3º Mediante resultado de avaliação de desempenho ou da participação em programas de capacitação, o interstício mínimo, a que se refere o § 2º deste artigo, poderá sofrer redução de até 50% (cinquenta por cento) conforme disciplinado em regulamento específico da ANA." (NR)

ART. 12. É de 40 (quarenta) horas semanais a jornada de trabalho dos integrantes dos cargos a que se refere esta Lei.

ART. 13. Cabe às Agências Reguladoras referidas no Anexo I desta Lei, no âmbito de suas competências:

I - administrar os cargos efetivos de seu quadro de pessoal, bem como os cargos comissionados e funções de confiança integrantes da respectiva estrutura organizacional;

II - definir o quantitativo máximo de vagas por classe e especificar, em ato próprio, as atribuições pertinentes a cada cargo de seu quadro de pessoal, referidos nesta Lei, respeitadas a estruturação e a classificação dos cargos efetivos definidas no Anexo III desta Lei;

III - editar e dar publicidade aos regulamentos e instruções necessários à aplicação desta Lei; e

IV - implementar programa permanente de capacitação, treinamento e desenvolvimento destinado a assegurar a profissionalização dos ocupantes dos cargos de seu quadro de pessoal ou que nela tenham exercício.

Parágrafo único. O programa permanente de capacitação será implementado, no âmbito de cada entidade referida no Anexo I desta Lei, no prazo de até 1 (um) ano, a contar da data da conclusão do primeiro concurso de ingresso regido pelo disposto nesta Lei.

ART. 14. A investidura nos cargos efetivos de que trata o art. 1º desta Lei dar-se-á por meio de concurso público de provas ou de provas e títulos, exigindo-se curso de graduação em nível superior ou certificado de conclusão de ensino médio, conforme o nível do cargo, e observado o disposto em regulamento próprio de cada entidade referida no Anexo I desta Lei e a legislação aplicável.

§ 1º Os concursos públicos para provimento dos cargos a que se refere o art. 1º desta Lei, bem como dos cargos efetivos do Quadro de Pessoal da Agência Nacional de Águas - ANA, serão propostos pela instância de deliberação máxima da entidade e autorizados pelo Ministério do Planejamento, Orçamento e Gestão, observada a disponibilidade orçamentária e de vagas.

§ 2º O concurso público será realizado para provimento efetivo de pessoal no padrão inicial da classe inicial de cada carreira.

§ 3º O concurso público observará o disposto em edital de cada entidade, devendo ser constituído de prova escrita e podendo, ainda, incluir provas orais e avaliação de títulos.

§ 4º O concurso referido no *caput* deste artigo poderá ser realizado por áreas de especialização, organizado em uma ou mais fases, incluindo, se for o caso, curso de formação, conforme dispuser o edital de abertura do certame, observada a legislação pertinente.

§ 5º O edital definirá as características de cada etapa do concurso público, os requisitos de escolaridade, formação especializada e experiência profissional, critérios eliminatórios e classificatórios, bem como eventuais restrições e condicionantes.

§ 6º Fará parte obrigatória do concurso, para os cargos referidos nos incisos I a IX e XIX do art. 1º desta Lei, curso de formação específica, com efeito eliminatório e classificatório. (Redação dada pela Lei 11.292/2006.)

ART. 15. Os vencimentos dos cargos de que trata o art. 1º desta Lei constituem-se de:

I - vencimento básico e Gratificação de Desempenho de Atividade de Regulação - GDAR para os cargos a que se referem os incisos I a XVI, XIX e XX do art. 1º desta Lei; (Redação dada pela Lei 11.292/2006.)

II - Vencimento Básico e Gratificação de Desempenho de Atividade Técnico-Administrativa em Regulação - GDATR para os cargos de que tratam os incisos XVII e XVIII do *caput* do art. 1º desta Lei. (Redação dada pela Lei 11.907/2009.)

§ 1º (Revogado pela Lei 12.998/2014.)

§ 2º Os padrões de vencimento básico dos cargos de que trata o art. 1º desta Lei são os constantes dos Anexos IV e V desta Lei, aplicando-se os valores estabelecidos no Anexo IV desta Lei aos cargos de que trata o art. 1º da Lei n. 10.768, de 19 de novembro de 2003. (Renumerado do parágrafo único pela Lei 11.907/2009.)

§ 3º Os servidores integrantes dos cargos de que trata o art. 1º desta Lei não fazem jus à percepção da Vantagem Pecuniária Individual - VPI, de que trata a Lei n. 10.698, de 2 de julho de 2003. (Incluído pela Lei 11.907/2009.)

ART. 15-A. A partir de 1º de janeiro de 2014, a estrutura remuneratória dos cargos a que se referem os incisos I a XVI, XIX e XX do *caput* do art. 1º constitui-se de: (Acrescentado pela Lei 12.998/2014.)

I - vencimento básico; e (Acrescentado pela Lei 12.998/2014.)

II - Gratificação de Desempenho de Atividade de Regulação - GDAR. (Acrescentado pela Lei 12.998/2014.)

ART. 15-B. A partir de 1º de janeiro de 2014, a estrutura remuneratória dos cargos a que se referem os incisos XVII e XVIII do *caput* do art. 1º será composta de: (Acrescentado pela Lei 12.998/2014.)

I - vencimento básico; e (Acrescentado pela Lei 12.998/2014.)

II - Gratificação de Desempenho de Atividade Técnico-Administrativa em Regulação - GDATR. (Acrescentado pela Lei 12.998/2014.)

ART. 15-C. A partir de 1º de janeiro de 2014, fica extinta a Gratificação de Qualificação - GQ. (Acrescentado pela Lei 12.998/2014.)

ART. 15-D. A partir de 1º de janeiro de 2017, os ocupantes dos cargos a que se refere o art. 1º passam a ser remunerados exclusivamente por subsídio, fixado em lei, em parcela única. (Acrescentado pela Lei 13.326/2016.)

ART. 16. Fica instituída a Gratificação de Desempenho de Atividade de Regulação - GDAR, devida aos ocupantes dos cargos a que se referem os incisos I a XVI, XIX e XX do art. 1º desta Lei, quando em exercício de atividades inerentes às atribuições do respectivo cargo nas Agências Reguladoras referidas no Anexo I desta Lei, observando-se a seguinte composição e limites: (Redação dada pela Lei 11.292/2006.)

I - a GDAR será paga observado o limite máximo de 100 (cem) pontos e o mínimo de 30 (trinta) pontos por servidor, correspondendo cada ponto ao valor estabelecido no Anexo VI desta Lei; (Redação dada pela Lei 11.907/2009)

II - a pontuação referente à GDAR está assim distribuída: (Redação dada pela Lei 11.907/2009)

a) até 20 (vinte) pontos serão atribuídos em função dos resultados obtidos na avaliação de desempenho individual; e (Redação dada pela Lei 11.907/2009)

b) até 80 (oitenta) pontos serão atribuídos em função dos resultados obtidos na avaliação de desempenho institucional. (Redação dada pela Lei 11.907/2009)

§ 1º Ato do Poder Executivo disporá sobre os critérios gerais a serem observados para a realização das avaliações de desempenho individual e institucional da GDAR, no prazo de até 180 (cento e oitenta) dias a partir da data de publicação desta Lei.

§ 2º Os critérios e procedimentos específicos de avaliação de desempenho individual e institucional e de atribuição da GDAR serão estabelecidos em ato específico da Diretoria Colegiada de cada entidade referida no Anexo I desta Lei, observada a legislação vigente.

§ 3º A avaliação de desempenho individual visa a aferir o desempenho do servidor, no exercício das atribuições do cargo ou função, com foco na sua contribuição individual para o alcance das metas institucionais.

§ 4º A avaliação de desempenho institucional visa a aferir o desempenho no alcance das metas institucionais, podendo considerar projetos e atividades prioritárias e condições especiais de trabalho, além de outras características específicas de cada entidade.

§ 5º Caberá ao Conselho Diretor ou à Diretoria de cada entidade referida no Anexo I desta Lei definir, na forma de regulamento específico, o seguinte: (Redação dada pela Lei 11.907/2009)

§ 6º Os valores a serem pagos a título de GDAR serão calculados multiplicando-se o somatório dos pontos auferidos nas avaliações de desempenho individual e institucional pelo valor do ponto constante do Anexo VI desta Lei, observados o nível, a classe e o padrão em que se encontra posicionado o servidor. (Incluído pela Lei 11.907/2009.)

ART. 16-A. O servidor ativo beneficiário da GDAR que obtiver na avaliação de desempenho individual pontuação inferior a 50% (cinquenta por cento) da pontuação máxima estabelecida para essa parcela será imediatamente submetido a processo de capacitação ou de análise da adequação funcional, conforme o caso, sob responsabilidade da respectiva Agência Reguladora de lotação. (Incluído pela Lei 11.907/2009.)

Parágrafo único. A análise de adequação funcional visa a identificar as causas dos resultados obtidos na avaliação do desempenho e a servir de subsídio para a adoção de medidas que possam propiciar a melhoria do desempenho do servidor. (Incluído pela Lei 11.907/2009.)

ART. 16-B. A GDAR não poderá ser paga cumulativamente com qualquer outra gratificação de desempenho de atividade ou de produtividade, independentemente da sua denominação ou base de cálculo. (Incluído pela Lei 11.907/2009.)

ART. 17. O titular de cargo efetivo referido nos incisos I a XVI, XIX e XX do art. 1º desta Lei, em exercício na Agência Reguladora em que esteja lotado, quando investido em cargo em comissão ou função de confiança fará jus à GDAR, nas seguintes condições: (Redação dada pela Lei 11.292/2006.)

I - os ocupantes de cargos comissionados CCT I, II, III, IV e V, CAS I e II e CA III, ou cargos equivalentes, perceberão a GDAR calculada conforme disposto no § 6º do art. 16 desta Lei; e (Redação dada pela Lei 11.907/2009)

II - os ocupantes de cargos comissionados CGE I a IV, CA I e II e CD I e II, ou cargos equivalentes, perceberão a GDAR calculada com base no valor máximo da parcela individual, somado ao resultado da avaliação institucional do período. (Redação dada pela Lei 11.907/2009)

Parágrafo único. A avaliação institucional referida no inciso II do *caput* deste artigo será a da Agência Reguladora de lotação do servidor. (Incluído pela Lei 11.907/2009.)

ART. 18. O titular de cargo efetivo referido nos incisos I a XVI, XIX e XX do art. 1º desta Lei que não se encontre em exercício na entidade de lotação, excepcionalmente, fará jus à GDAR nas seguintes situações: (Redação dada pela Lei 11.292/2006.)

I - requisitado pela Presidência ou Vice-Presidência da República ou nas hipóteses de requisição previstas em lei, situação na qual perceberá a GDAR com base nas regras aplicáveis como se estivesse em efetivo exercício no seu órgão de lotação; e (Redação dada pela Lei 11.907/2009)

II - cedido para órgãos ou entidades da União distintos dos indicados no inciso I do *caput* deste artigo e investido em cargos de Natureza Especial, de provimento em comissão do Grupo-Direção e Assessoramento Superiores, DAS-6, DAS-5, DAS-4 ou equivalentes, e perceberá a GDAR calculada com base no resultado da avaliação institucional do período. (Redação dada pela Lei 11.907/2009)

§ 1º A avaliação institucional considerada para o servidor alcançado pelos incisos I e II do *caput* será: (Acrescentado pela Lei 13.328/2016.)

I - a do órgão ou entidade onde o servidor permaneceu em exercício por mais tempo; (Acrescentado pela Lei 13.328/2016.)

II - a do órgão ou entidade onde o servidor se encontrar em exercício ao término do ciclo, caso ele tenha permanecido o mesmo número de dias em diferentes órgãos ou entidades; ou (Acrescentado pela Lei 13.328/2016.)

III - a do órgão de origem, quando requisitado ou cedido para órgão diverso da administração pública federal direta, autárquica ou fundacional. (Acrescentado pela Lei 13.328/2016.)

§ 2º A avaliação individual do servidor alcançado pelo inciso I do *caput* será realizada somente pela chefia imediata quando a regulamentação da sistemática para avaliação de desempenho a que se referem o § 1º do art. 16 e o § 1º do art. 20-B não for igual à aplicável ao órgão ou entidade de exercício do servidor. (Acrescentado pela Lei 13.328/2016.)

ART. 18-A. Ocorrendo exoneração do cargo em comissão com manutenção do cargo efetivo, o servidor que faça jus à GDAR continuará a percebê-la em valor correspondente ao da última pontuação que lhe foi atribuída, na condição de ocupante de cargo em comissão, até que seja processada a sua primeira avaliação após a exoneração. (Incluído pela Lei 11.907/2009.)

ART. 19. Até que seja publicado o ato a que se referem os §§ 2º e 5º do art. 16 desta Lei e processados os resultados da primeira avaliação individual e institucional, considerando a distribuição dos pontos constante das alíneas *a* e *b* do inciso II do *caput* do art. 16 desta Lei, conforme disposto nesta Lei, todos os servidores que fizerem jus à GDAR deverão percebê-la em valor correspondente ao último percentual recebido a título de GDAR, convertido em pontos que serão multiplicados pelo valor constante do Anexo VI desta Lei, conforme disposto no § 6º do art. 16 desta Lei. (Redação dada pela Lei 11.907/2009)

§ 1º O resultado da primeira avaliação gera efeitos financeiros a partir da data de publicação do ato a que se refere o *caput* deste artigo, devendo ser compensadas eventuais diferenças pagas a maior ou a menor. (Redação dada pela Lei 11.907/2009)

§ 2º O disposto no § 1º deste artigo aplica-se aos ocupantes de cargos comissionados que fazem jus à GDAR. (Redação dada pela Lei 11.907/2009)

ART. 19-A. Em caso de afastamentos e licenças considerados como de efetivo exercício, sem prejuízo da remuneração e com direito à percepção de gratificação de desempenho, o servidor continuará percebendo a GDAR em valor correspondente ao da última pontuação obtida, até que seja processada a sua primeira avaliação após o retorno. (Incluído pela Lei 11.907/2009.)

§ 1º O disposto no *caput* deste artigo não se aplica aos casos de cessão. (Incluído pela Lei 11.907/2009.)

§ 2º Até que seja processada a primeira avaliação de desempenho individual que venha a surtir efeito financeiro, o servidor recém-nomeado para cargo efetivo e aquele que tenha retornado de licença sem vencimento ou cessão ou outros afastamentos sem direito à percepção da GDAR no decurso do ciclo de avaliação receberão a gratificação no valor correspondente a 80 (oitenta) pontos. (Incluído pela Lei 11.907/2009.)

ART. 20. Para fins de incorporação aos proventos da aposentadoria ou às pensões, a GDAR e a GDATR: (Redação dada pela Lei 11.907/2009)

I - somente serão devidas, se percebidas há pelo menos 5 (cinco) anos; e (Redação dada pela Lei 11.907/2009)

II - serão calculadas pela média aritmética dos percentuais de gratificação percebidos nos últimos 60 (sessenta) meses anteriores à aposentadoria ou à instituição da pensão, consecutivos ou não. (Redação dada pela Lei 11.907/2009)

Parágrafo único. Quando percebidas por período inferior a 60 (sessenta) meses, a GDAR e a GDATR serão incorporadas observando-se as seguintes situações: (Incluído pela Lei 11.907/2009.)

I - para as aposentadorias concedidas e pensões instituídas até 19 de fevereiro de 2004: (Incluído pela Lei 11.907/2009.)

a) a partir de 1º de julho de 2008, em valor correspondente a 40 (quarenta) pontos, observados o nível, a classe e o padrão do servidor; e (Incluído pela Lei 11.907/2009.)

b) a partir de 1º de julho de 2009, em valor correspondente a 50 (cinquenta) pontos, observados o nível, a classe e o padrão do servidor; (Incluído pela Lei 11.907/2009.)

II - para as aposentadorias concedidas e pensões instituídas após 19 de fevereiro de 2004: (Incluído pela Lei 11.907/2009.)

a) quando ao servidor que deu origem à aposentadoria ou à pensão se aplicar o disposto nos arts. 3º e 6º da Emenda Constitucional n. 41, de 19 de dezembro de 2003, e n. art. 3º da Emenda Constitucional n. 47, de 5 de julho de 2005, aplicar-se-ão os percentuais constantes das alíneas *a* e *b* do inciso I do parágrafo único deste artigo; e (Incluído pela Lei 11.907/2009.)

b) aos demais aplicar-se-á, para fins de cálculo das aposentadorias e pensões, o disposto na Lei n. 10.887, de 18 de junho de 2004. (Incluído pela Lei 11.907/2009.)

ART. 20-A. Fica instituída a Gratificação de Desempenho de Atividade Técnico-Administrativa em Regulação - GDATR, devida aos ocupantes dos cargos de Analista Administrativo e Técnico Administrativo de que tratam as Leis n. 10.768, de 19 de novembro de 2003, e 10.871, de 20 de maio de 2004, quando em exercício de atividades inerentes às atribuições do respectivo cargo nas Agências Reguladoras referidas no Anexo I da Lei n. 10.871, de 20 de maio de 2004. (Incluído pela Lei 11.292/2006.)

ART. 20-B. A GDATR será atribuída em função do desempenho individual do servidor e do desempenho institucional de cada Agência, para os respectivos servidores referidos no art. 20-A desta Lei. (Incluído pela Lei 11.292/2006.)

§ 1º Ato do Poder Executivo disporá sobre os critérios gerais a serem observados para a realização das avaliações de desempenho individual e institucional da GDATR, no prazo de até 180 (cento e oitenta) dias a partir da data de publicação desta Lei.

§ 2º Os critérios e procedimentos específicos de avaliação de desempenho individual e institucional e de atribuição da GDATR serão estabelecidos em ato específico da Diretoria Colegiada de cada entidade referida no Anexo I da Lei n. 10.871, de 20 de maio de 2004, observada a legislação vigente.

§ 3º A avaliação de desempenho individual visa a aferir o desempenho do servidor, no exercício das atribuições do cargo ou função, com foco na sua contribuição individual para o alcance das metas institucionais.

§ 4º A avaliação de desempenho institucional visa a aferir o desempenho no alcance das metas institucionais, podendo considerar projetos e atividades prioritárias e condições especiais de trabalho, além de outras características específicas de cada entidade.

§ 5º Caberá ao Conselho Diretor ou à Diretoria de cada entidade referida no Anexo I da Lei n. 10.871, de 20 de maio de 2004, definir, na forma de regulamento específico, no prazo de até 120 (cento e vinte) dias a partir da definição dos critérios a que se refere o § 1º deste artigo, o seguinte:

I - as normas, os procedimentos, os critérios específicos, os mecanismos de avaliação e os controles necessários à implementação da gratificação de que trata o *caput* deste artigo; e

II - as metas, sua quantificação e revisão a cada ano civil.

§ 6º A GDATR será paga com observância dos seguintes limites:

I - a GDATR será paga observado o limite máximo de 100 (cem) pontos e o mínimo de 30 (trinta) pontos por servidor, correspondendo cada ponto ao valor estabelecido no Anexo VII desta Lei; (Redação dada pela Lei 11.907/2009)

II - a pontuação referente à GDATR está assim distribuída: (Redação dada pela Lei 11.907/2009)

a) até 20 (vinte) pontos serão atribuídos em função dos resultados obtidos na avaliação de desempenho individual; e (Incluído pela Lei 11.907/2009.)

b) até 80 (oitenta) pontos serão atribuídos em função dos resultados obtidos na avaliação de desempenho institucional. (Incluído pela Lei 11.907/2009.)

§ 7º Aplica-se à GDATR e aos servidores que a ela fazem jus o disposto nos arts. 16-A, 16-B, 17, 18 e 18-A desta Lei. (Incluído pela Lei 11.907/2009.)

§ 8º Os valores a serem pagos a título de GDATR serão calculados multiplicando-se o somatório dos pontos auferidos nas avaliações de desempenho individual e institucional pelo valor do ponto constante do Anexo VII desta Lei, observados o nível, a classe e o padrão em que se encontra posicionado o servidor. (Incluído pela Lei 11.907/2009.)

ART. 20-C. A GDATR será implantada gradativamente, de acordo com os seguintes percentuais e prazos de vigência: (Incluído pela Lei 11.292/2006.)

I - até 31 de dezembro de 2005, até 9% (nove por cento) incidentes sobre o vencimento básico do servidor, em decorrência dos resultados da avaliação de desempenho individual, e até 7% (sete por cento) incidentes sobre o maior vencimento básico do cargo, em decorrência dos resultados da avaliação institucional;

II - a partir de 1º de janeiro de 2006, até 20% (vinte por cento) incidentes sobre o vencimento básico do servidor em decorrência dos resultados da avaliação de desempenho individual, e até 15% (quinze por cento) incidentes sobre o maior vencimento básico do cargo, em decorrência dos resultados da avaliação institucional.

ART. 20-D. A partir de 1º de dezembro de 2005 e até que sejam editados os atos referidos nos §§ 1º e 2º do art. 20-B desta Lei e processados os resultados do primeiro período de avaliação de desempenho, a GDATR será paga nos valores correspondentes a 10 (dez) pontos percentuais, observados a classe e o padrão de vencimento do servidor. (Incluído pela Lei 11.292/2006.)

§ 1º O resultado da primeira avaliação gera efeitos financeiros a partir do início do primeiro período de avaliação, devendo ser compensadas eventuais diferenças pagas a maior ou a menor.

§ 2º A data de publicação no Diário Oficial da União do ato de fixação das metas de desempenho institucional constitui o marco temporal para o início do período de avaliação.

§ 3º O disposto neste artigo aplica-se aos ocupantes de cargos comissionados que fazem jus à GDATR.

ART. 20-E. Até que seja publicado o ato a que se referem os §§ 2º e 5º do art. 20-B desta Lei e processados os resultados da primeira avaliação individual e institucional, considerando a distribuição dos pontos constante das alíneas *a* e *b* do inciso II do § 6º do art. 20-B desta Lei, conforme disposto nesta Lei, todos os servidores que fizerem jus à GDATR deverão percebê-la em valor correspondente ao último percentual recebido a título de GDATR, convertido em pontos que serão multiplicados pelo valor constante do Anexo VII desta Lei, conforme disposto no § 8º do art. 20-B desta Lei. (Incluído pela Lei 11.907/2009.)

§ 1º O resultado da primeira avaliação gera efeitos financeiros a partir da data de publicação do ato a que se refere o *caput* deste artigo, devendo ser compensadas eventuais diferenças pagas a maior ou a menor. (Incluído pela Lei 11.907/2009.)

§ 2º O disposto no § 1º deste artigo aplica-se aos ocupantes de cargos comissionados que fazem jus à GDATR. (Incluído pela Lei 11.907/2009.)

ART. 20-F. Em caso de afastamentos e licenças considerados como de efetivo exercício, sem prejuízo da remuneração e com direito à percepção de gratificação de desempenho, o servidor continuará percebendo a GDATR em valor correspondente ao da última pontuação obtida, até que seja processada a sua primeira avaliação após o retorno. (Incluído pela Lei 11.907/2009.)

§ 1º O disposto no *caput* deste artigo não se aplica aos casos de cessão. (Incluído pela Lei 11.907/2009.)

§ 2º Até que seja processada a primeira avaliação de desempenho individual que venha a surtir efeito financeiro, o servidor recém-nomeado para cargo efetivo e aquele que tenha retornado de licença sem vencimento ou cessão ou outros afastamentos sem direito à percepção da GDATR no decurso do ciclo de avaliação receberão a gratificação no valor correspondente a 80 (oitenta) pontos. (Incluído pela Lei 11.907/2009.)

ART. 21. Os servidores alcançados por esta Lei não fazem jus à percepção da Gratificação de Atividade - GAE de que trata a Lei Delegada n. 13, de 27 de agosto de 1992.

ART. 22. (Revogado pela Lei 12.998/2014.)

ART. 23. Além dos deveres e das proibições previstos na Lei n. 8.112, de 11 de dezembro de 1990, aplicam-se aos servidores em efetivo exercício nas Agências Reguladoras referidas no Anexo I desta Lei:

I - o dever de manter sigilo sobre as operações ativas e passivas e serviços prestados pelas instituições reguladas de que tiverem conhecimento em razão do cargo ou da função, conforme regulamentação de cada Agência Reguladora;

II - as seguintes proibições:

a) prestar serviços, ainda que eventuais, a empresa cuja atividade seja controlada ou fiscalizada pela entidade, salvo os casos de designação específica;

b) firmar ou manter contrato com instituição regulada, bem como com instituições autorizadas a funcionar pela entidade, em condições mais vantajosas que as usualmente ofertadas aos demais clientes;

c) exercer outra atividade profissional, inclusive gestão operacional de empresa, ou direção político-partidária, excetuados os casos admitidos em lei;

d) contrariar súmula, parecer normativo ou orientação técnica, adotados pela Diretoria Colegiada da respectiva entidade de lotação; e

e) exercer suas atribuições em processo administrativo, em que seja parte ou interessado, ou haja atuado como representante de qualquer das partes, ou no qual seja interessado parente consanguíneo ou afim, em linha reta ou colateral, até o 2º (segundo grau), bem como cônjuge ou companheiro, bem como nas hipóteses da legislação, inclusive processual.

§ 1º A não observância ao dever previsto no inciso I do *caput* deste artigo é considerada falta grave, sujeitando o infrator à pena de demissão ou de cassação de aposentadoria ou disponibilidade, de que tratam os arts. 132 e 134 da Lei n. 8.112, de 11 de dezembro de 1990.

§ 2º As infrações das proibições estabelecidas no inciso II do *caput* deste artigo são punidas com a pena de advertência, de suspensão, de demissão ou de cassação de aposentadoria, de acordo com a gravidade, conforme o disposto nos arts. 129, 130 e seu § 2º, 132 e 134 da Lei n. 8.112, de 11 de dezembro de 1990.

§ 3º Aplicam-se aos Procuradores Federais em exercício nas entidades referidas no Anexo I desta Lei as disposições deste artigo, exceto o disposto na alínea *d* do inciso II deste artigo.

ART. 24. Ficam extintos os empregos públicos de nível superior de Regulador e de Analista de Suporte à Regulação e de nível intermediário de Técnico em Regulação e de Técnico de Suporte à Regulação de que tratam o art. 2º da Lei n. 9.986, de 18 de julho de 2000, e os incisos I e II do art. 70 da Lei n. 10.233, de 5 de junho de 2001.

Parágrafo único. Ficam excluídos do Quadro de Pessoal Efetivo do Anexo I desta Lei - Quadros de Pessoal Efetivo e de Cargos Comissionados das Agências - da Lei n. 9.986, de 18 de julho de 2000, e das tabelas I e III - Quadro de Pessoal Efetivo da Agência Nacional de Transportes Terrestres - ANTT e da Agência Nacional de Transportes Aquaviários - ANTAQ, respectivamente, do Anexo I da Lei n. 10.233, de 5 de junho de 2001, os empregos públicos de nível superior de Regulador e Analista de Suporte à Regulação e de nível intermediário de Técnico em Regulação e Técnico de Suporte à Regulação e os cargos efetivos de nível superior de Procurador.

ART. 25. São pré-requisitos mínimos para promoção às classes dos cargos de nível superior referidos no Anexo I desta Lei os seguintes:

I - Classe B:

a) possuir certificação em eventos de capacitação, totalizando no mínimo 360 (trezentas e sessenta) horas, e experiência mínima de 5 (cinco) anos, ambos no campo específico de atuação de cada carreira; ou

b) possuir certificação em eventos de capacitação, totalizando no mínimo 240 (duzentas e quarenta) horas, e experiência mínima de 8 (oito) anos, ambos no campo específico de atuação de cada carreira;

II - Classe Especial:

a) ser detentor de certificado de conclusão de curso de especialização de no mínimo 360 (trezentas e sessenta) horas e experiência mínima de 14 (quatorze) anos, ambos no campo específico de atuação de cada carreira; ou

b) ser detentor de título de mestre e experiência mínima de 12 (doze) anos, ambos no campo específico de atuação de cada carreira; ou

c) ser detentor de título de doutor e experiência mínima de 10 (dez) anos, ambos no campo específico de atuação de cada carreira.

§ 1º Para os efeitos deste artigo, não se considera o tempo de afastamento do servidor para capacitação como experiência.

§ 2º O disposto neste artigo aplica-se aos cargos efetivos de nível superior do Quadro de Pessoal da ANA.

ART. 26. Para fins de progressão e promoção na carreira, os ocupantes dos cargos referidos no art. 1º serão submetidos anualmente à avaliação de desempenho funcional, obedecendo ao disposto nesta Lei, na forma do regulamento. (Redação dada pela Lei 11.292/2006.)

§ 1º As Agências Reguladoras implementarão instrumento específico de avaliação de desempenho, estabelecendo critérios padronizados para mensuração do desempenho de seus empregados, observados os seguintes critérios mínimos:

I - produtividade no trabalho, com base em padrões previamente estabelecidos de qualidade e economicidade;

II - capacidade de iniciativa;

III - cumprimento das normas de procedimentos e de conduta no desempenho das atribuições do cargo; e

IV - disciplina.

§ 2º Os critérios de avaliação serão aplicados e ponderados em conformidade com as características das funções exercidas, sendo considerado insuficiente, para obtenção de progressão ou promoção por merecimento, o desempenho apurado em avaliação que comprove o desatendimento, de forma habitual, de qualquer dos requisitos previstos no § 1º deste artigo.

§ 3º Será dado conhecimento prévio aos servidores dos critérios, das normas e dos padrões a serem utilizados para a avaliação de seu desempenho.

§ 4º É assegurado ao servidor o direito de acompanhar todos os atos de instrução do procedimento que tenha por objeto a avaliação de seu desempenho.

ART. 27. As entidades referidas no Anexo I desta Lei somente poderão requisitar servidores e empregados de órgãos e entidades integrantes da Administração Pública para o exercício de cargos comissionados, observado o disposto no art. 33 desta Lei.

§ 1º Os servidores cedidos às entidades referidas no Anexo I desta Lei na data da publicação desta Lei poderão permanecer à disposição delas, inclusive no exercício de funções comissionadas e cargos comissionados técnicos, até que estejam providos, no âmbito da entidade respectiva, pelo menos 50% (cinquenta por cento) do total de cargos criados por esta Lei.

§ 2º Os empregados das entidades integrantes da Administração Pública que na data da publicação da Lei estejam requisitados pelas Agências Reguladoras permanecerão nesta condição, inclusive no exercício de funções comissionadas e cargos comissionados técnicos, salvo devolução do empregado à entidade de origem, ou por motivo de rescisão ou extinção do contrato de trabalho.

ART. 28. As entidades referidas no Anexo I desta Lei poderão manter sistema de assistência à saúde dos seus servidores ativos, inativos e pensionistas, mediante dotações orçamentárias próprias e contribuição mensal dos participantes.

ART. 29. (Revogado pela Lei 11.314/2006).

ART. 30. As Agências Reguladoras referidas no Anexo I desta Lei, a partir da publicação desta Lei, poderão efetuar, nos termos do art. 37, IX, da Constituição, e observado o disposto na Lei n. 8.745, de 9 de dezembro de 1993, contratação por tempo determinado, pelo prazo de 12 (doze) meses, do pessoal técnico imprescindível ao exercício de suas competências institucionais.

§ 1º A contratação de pessoal de que trata o *caput* deste artigo dar-se-á mediante processo seletivo simplificado, compreendendo, obrigatoriamente, prova escrita e, facultativamente, análise de *curriculum vitae* sem prejuízo de outras modalidades que, a critério da entidade contratante, venham a ser exigidas.

§ 2º Às contratações referidas no *caput* deste artigo aplica-se o disposto nos arts. 5º e 6º da Lei n. 8.745, de 9 de dezembro de 1993.

§ 3º As contratações referidas no *caput* deste artigo poderão ser prorrogadas, desde que sua duração total não ultrapasse o prazo de 24 (vinte e quatro) meses, ficando limitada sua vigência, em qualquer caso, a 31 de dezembro de 2005.

§ 4º A remuneração do pessoal contratado nos termos referidos no *caput* deste artigo terá como referência os valores definidos em ato conjunto da Agência e do órgão central do Sistema de Pessoal Civil da Administração Federal - SIPEC.

§ 5º Aplica-se ao pessoal contratado por tempo determinado pela Agência o disposto no § 1º do art. 7º e nos arts. 8º, 9º, 10, 11, 12 e 16 da Lei n. 8.745, de 9 de dezembro de 1993.

§ 6º A partir de 1º de janeiro de 2005, o quantitativo de contratos por tempo determinado firmado com base nas leis de criação das respectivas Agências Reguladoras e no disposto neste artigo será reduzido anualmente, de forma compatível com as necessidades da entidade, no mínimo em número equivalente ao de ingresso de servidores nos cargos previstos nesta Lei.

§ 7º As Agências Reguladoras referidas no Anexo I desta Lei poderão, em caráter excepcional, observada a disponibilidade orçamentária, prorrogar os contratos por tempo determinado em vigor na data de publicação desta Lei, a partir do vencimento de cada contrato, pelo prazo máximo de 24 (vinte e quatro) meses, desde que a sua duração, incluída a prorrogação, não ultrapasse 31 de dezembro de 2005.

ART. 31. Ficam criados, para exercício nos órgãos da Administração Direta responsáveis pela supervisão das entidades referidas no Anexo I desta Lei, observadas as diretrizes e quantitativos estabelecidos pelo Órgão Supervisor da Carreira, 600 (seiscentos) cargos de Especialistas em Políticas Públicas e Gestão Governamental, integrantes da Carreira de Especialista em Políticas Públicas e Gestão Governamental, para o exercício das atribuições referidas no art. 1º da Lei n. 7.834, de 6 de outubro de 1989.

Parágrafo único. Fica vedada a movimentação ou mudança de exercício dos ocupantes dos cargos de Especialistas em Políticas Públicas e Gestão Governamental nos órgãos referidos no *caput* deste artigo antes de decorridos 36 (trinta e seis) meses de efetivo exercício.

ART. 32. O art. 2º da Lei n. 9.986, de 18 de julho de 2000, passa a vigorar com a seguinte redação:

> "Art. 2º Ficam criados, para exercício exclusivo nas Agências Reguladoras, os cargos Comissionados de Direção - CD, de Gerência Executiva - CGE, de Assessoria - CA e de Assistência - CAS, e os Cargos Comissionados Técnicos - CCT, constantes do Anexo I desta Lei." (NR)

ART. 33. Os Cargos Comissionados Técnicos são de ocupação privativa de servidores ocupantes de cargos efetivos do Quadro de Pessoal Efetivo, de servidores do Quadro de Pessoal Específico, do Quadro de Pessoal em Extinção e dos membros da Carreira de Procurador Federal. (Redação dada pela Lei 11.907/2009)

§ 1º Ao ocupante de Cargo Comissionado Técnico será pago um valor acrescido ao salário ou vencimento, conforme Tabela constante do Anexo II da Lei n. 9.986, de 18 de julho de 2000. (Redação dada pela Lei 11.907/2009)

§ 2º Poderão ser designados para Cargos Comissionados Técnicos níveis CCT-IV e V, além dos servidores referidos no *caput* deste artigo, servidores ocupantes de cargos efetivos ou de empregos permanentes da administração federal direta e indireta cedidos à Agência Reguladora, na forma do art. 93 da Lei n. 8.112, de 11 de dezembro de 1990. (Redação dada pela Lei 11.907/2009)

ART. 34. O exercício da fiscalização de produtos, serviços, produtores, distribuidores e comerciantes inseridos no Sistema Nacional de Vigilância Sanitária poderá ser realizado por servidor pertencente ao Quadro Específico da ANVISA ou por servidor requisitado mediante designação da Diretoria, conforme regulamento.

Parágrafo único. A designação de servidor requisitado para os fins do *caput* deste artigo somente poderá ocorrer enquanto estiverem vagos até 50% (cinquenta por cento) dos cargos efetivos do Quadro de Pessoal da ANVISA.

ART. 35. Os §§ 1º e 3º do art. 70 e o art. 96 da Lei n. 10.233, de 5 de junho de 2001, passam a vigorar com as seguintes alterações:

- Alterações promovidas no texto da referida lei.

ART. 36. O art. 74 da Lei n. 10.233, de 5 de junho de 2001, com a redação dada pelo art. 1º da Medida Provisória n. 2.217-3, de 4 de setembro de 2001, passa a vigorar com a seguinte redação:

- Alterações promovidas no texto da referida lei.

ART. 36-A. É vedado aos ocupantes de cargos efetivos, aos requisitados, aos ocupantes de cargos comissionados e aos dirigentes das Agências Reguladoras referidas no Anexo I desta Lei o exercício regular de outra atividade profissional, inclusive gestão operacional de empresa ou direção político-partidária, excetuados os casos admitidos em lei. (Incluído pela Lei n. 11.314 de 2006.)

ART. 37. Ficam revogados o art. 13 da Medida Provisória n. 2.228-1, de 6 de setembro de 2001, os arts. 1º, 12 e 13, o parágrafo único do art. 14, os arts. 15, 20, 21, 24, 27, 30, 33 e 34 da Lei n. 9.986, de 18 de julho de 2000, o § 2º do art. 34 da Lei n. 9.427, de 26 de dezembro de 1996, o parágrafo único do art. 76 da Lei n. 9.478, de 6 de agosto de 1997, o art. 36 da Lei n. 9.782, de 26 de janeiro de 1999, o art. 28 da Lei n. 9.961, de 28 de janeiro de 2000, os §§ 1º e 2º do art. 16 da Lei n. 9.984, de 17 de julho de 2000, e o art. 69, o art. 70, incisos I e II e § 2º, os arts. 71, 76 e 93, o *caput* e §§ 1º e 2º do art. 94, o art. 121 e as Tabelas I e III do Anexo II da Lei n. 10.233, de 5 de junho de 2001.

ART. 38. Esta Lei entra em vigor na data de sua publicação.

Brasília, 20 de maio de 2004; 183º da Independência e 116º da República.

LUIZ INÁCIO LULA DA SILVA

LEI N. 10.881, DE 9 DE JUNHO DE 2004

Dispõe sobre os contratos de gestão entre a Agência Nacional de Águas e entidades delegatárias das funções de Agências de Águas relativas à gestão de recursos hídricos de domínio da União e dá outras providências.

- *DOU*, 11.06.2004.
- Conversão da Med. Prov. 165/2004.

O Presidente da República. Faço saber que o Congresso Nacional decreta e eu sanciono a seguinte Lei:

ART. 1º A Agência Nacional de Águas - ANA poderá firmar contratos de gestão, por prazo determinado, com entidades sem fins lucrativos que se enquadrem no disposto pelo art. 47 da Lei n. 9.433, de 8 de janeiro de 1997, que receberem delegação do Conselho Nacional de Recursos Hídricos - CNRH para exercer funções de competência das Agências de Água, previstas nos arts. 41 e 44 da mesma Lei, relativas a recursos hídricos de domínio da União.

§ 1º Para a delegação a que se refere o *caput* deste artigo, o CNRH observará as mesmas condições estabelecidas pelos arts. 42 e 43 da Lei n. 9.433, de 8 de janeiro de 1997.

§ 2º Instituída uma Agência de Água, esta assumirá as competências estabelecidas pelos arts. 41 e 44 da Lei n. 9.433, de 8 de janeiro de 1997, encerrando-se, em consequência, o contrato de gestão referente à sua área de atuação.

ART. 2º Os contratos de gestão, elaborados de acordo com as regras estabelecidas nesta Lei, discriminarão as atribuições, direitos, responsabilidades e obrigações das partes signatárias, com o seguinte conteúdo mínimo:

I - especificação do programa de trabalho proposto, a estipulação das metas a serem atingidas e os respectivos prazos de execução, bem como previsão expressa dos critérios objetivos de avaliação a serem utilizados, mediante indicadores de desempenho;

II - a estipulação dos limites e critérios para despesa com remuneração e vantagens de qualquer natureza a serem percebidas pelos dirigentes e empregados das entidades delegatárias, no exercício de suas funções;

III - a obrigação de a entidade delegatária apresentar à ANA e ao respectivo ou respectivos Comitês de Bacia Hidrográfica, ao término de cada exercício, relatório sobre a execução do contrato de gestão, contendo comparativo específico das metas propostas com os resultados alcançados, acompanhado de prestação de contas dos gastos e receitas efetivamente realizados, independentemente das previsões mencionadas no inciso II do *caput* deste artigo;

IV - a publicação, no Diário Oficial da União, de extrato do instrumento firmado e de demonstrativo de sua execução físico-financeira;

V - o prazo de vigência do contrato e as condições para sua suspensão, rescisão e renovação;

VI - a impossibilidade de delegação da competência prevista no inciso III do art. 44 da Lei n. 9.433, de 8 de janeiro de 1997;

VII - a forma de relacionamento da entidade delegatária com o respectivo ou respectivos Comitês de Bacia Hidrográfica;

VIII - a forma de relacionamento e cooperação da entidade delegatária com as entidades estaduais diretamente relacionadas ao gerenciamento de recursos hídricos na respectiva bacia hidrográfica.

§ 1º O termo de contrato deve ser submetido, após manifestação do respectivo ou respectivos Comitês de Bacia Hidrográfica, à aprovação do Ministro de Estado do Meio Ambiente.

§ 2º A ANA complementará a definição do conteúdo e exigências a serem incluídas nos contratos de gestão de que seja signatária, observando-se as peculiaridades das respectivas bacias hidrográficas.

§ 3º A ANA encaminhará cópia do relatório a que se refere o inciso III do *caput* deste artigo ao Conselho Nacional de Recursos Hídricos, acompanhado das explicações e conclusões pertinentes, no prazo máximo de 30 (trinta) dias após o seu recebimento.

ART. 3º A ANA constituirá comissão de avaliação que analisará, periodicamente, os resultados alcançados com a execução do contrato de gestão e encaminhará relatório conclusivo sobre a avaliação procedida, contendo comparativo específico das metas propostas com os resultados alcançados, acompanhado da prestação de contas correspondente ao exercício financeiro, à Secretaria de Recursos Hídricos do Ministério do Meio Ambiente e ao respectivo ou respectivos Comitês de Bacia Hidrográfica.

Parágrafo único. A comissão de que trata o *caput* deste artigo será composta por especialistas, com qualificação adequada, da ANA, da Secretaria de Recursos Hídricos do Ministério do Meio Ambiente e de outros órgãos e entidades do Governo Federal.

ART. 4º Às entidades delegatárias poderão ser destinados recursos orçamentários e o uso de bens públicos necessários ao cumprimento dos contratos de gestão.

§ 1º São asseguradas à entidade delegatária as transferências da ANA provenientes das receitas da cobrança pelos usos de recursos hídricos em rios de domínio da União, de que tratam os incisos I,III e V do *caput* do art. 12 da Lei n. 9.433, de 8 de janeiro de 1997, arrecadadas na respectiva ou respectivas bacias hidrográficas.

§ 2º Os bens de que trata este artigo serão destinados às entidades delegatárias, dispensada licitação, mediante permissão de uso, consoante cláusula expressa do contrato de gestão.

§ 3º Aplica-se às transferências a que se refere o § 1º deste artigo o disposto no § 2º do art. 9º da Lei Complementar n. 101, de 4 de maio de 2000.

ART. 5º A ANA poderá designar servidor do seu quadro de pessoal para auxiliar a implementação das atividades da entidade delegatária.

§ 1º A designação terá o prazo máximo de 6 (seis) meses, admitida uma prorrogação.

§ 2º O servidor designado fará jus à remuneração na origem e ajuda de custo para deslocamento e auxílio-moradia, em conformidade com a legislação vigente.

ART. 6º A ANA, ao tomar conhecimento de qualquer irregularidade ou ilegalidade na utilização de recursos ou bens de origem pública pela entidade delegatária, dela dará ciência ao Tribunal de Contas da União, sob pena de responsabilidade solidária de seus dirigentes.

ART. 7º A ANA, na função de secretaria-executiva do respectivo ou respectivos Comitês de Bacia Hidrográfica, poderá ser depositária e gestora de bens e valores da entidade delegatária, cujos sequestro ou indisponibilidade tenham sido decretados pelo juízo competente, considerados por ela necessários à continuidade da implementação das atividades previstas no contrato de gestão, facultando-lhe disponibilizá-los a outra entidade delegatária ou Agência de Água, mediante novo contrato de gestão.

ART. 8º A ANA deverá promover a rescisão do contrato de gestão, se constatado o descumprimento das suas disposições.

§ 1º A rescisão será precedida de processo administrativo, assegurado o direito de ampla defesa, respondendo os dirigentes da entidade, individual e solidariamente, pelos danos ou prejuízos decorrentes de sua ação ou omissão.

§ 2º A rescisão importará reversão dos bens cujos usos foram permitidos e dos valores entregues à utilização da entidade delegatária, sem prejuízo de outras sanções cabíveis.

ART. 9º A ANA editará, no prazo máximo de 90 (noventa) dias, contado da data de publicação da Medida Provisória n. 165, de 11 de fevereiro de 2004, norma própria contendo os procedimentos que a entidade delegatária adotará para a seleção e recrutamento de pessoal, bem como para compras e contratação de obras e serviços com emprego de recursos públicos.

Parágrafo único. A norma de que trata o *caput* deste artigo observará os princípios estabelecidos no art. 37 da Constituição Federal.

ART. 10. O art. 51 da Lei n. 9.433, de 8 de janeiro de 1997, passa a vigorar com a seguinte redação:

› Alterações promovidas no texto da referida lei.

ART. 11. Ficam convalidados os atos praticados com base na Medida Provisória no 165, de 11 de fevereiro de 2004.

ART. 12. Esta Lei entra em vigor na data de sua publicação.

Brasília, 9 de junho de 2004;
183º da Independência e 116º da República.
LUIZ INÁCIO LULA DA SILVA

LEI N. 10.887, DE 18 DE JUNHO DE 2004

Dispõe sobre a aplicação de disposições da Emenda Constitucional n. 41, de 19 de dezembro de 2003, altera dispositivos das Leis n. 9.717, de 27 de novembro de 1998, 8.213, de 24 de julho de 1991, 9.532, de 10 de dezembro de 1997, e dá outras providências.

› *DOU*, 21.06.2004
› Conversão da Med. Prov. 167/2004.

O Presidente da República. Faço saber que o Congresso Nacional decreta e eu sanciono a seguinte Lei:

ART. 1º No cálculo dos proventos de aposentadoria dos servidores titulares de cargo efetivo de qualquer dos Poderes da União, dos Estados, do Distrito Federal e dos Municípios, incluídas suas autarquias e fundações, previsto no § 3º do art. 40 da Constituição Federal e no art. 2º da Emenda Constitucional n. 41, de 19 de dezembro de 2003, será considerada a média aritmética simples das maiores remunerações, utilizadas como base para as contribuições do servidor aos regimes de previdência a que esteve vinculado, correspondentes a 80% (oitenta por cento) de todo o período contributivo desde a competência julho de 1994 ou desde a do início da contribuição, se posterior àquela competência.

§ 1º As remunerações consideradas no cálculo do valor inicial dos proventos terão os seus valores atualizados mês a mês de acordo com a variação integral do índice fixado para a atualização dos salários-de-contribuição considerados no cálculo dos benefícios do regime geral de previdência social.

§ 2º A base de cálculo dos proventos será a remuneração do servidor no cargo efetivo nas competências a partir de julho de 1994 em que não tenha havido contribuição para regime próprio.

§ 3º Os valores das remunerações a serem utilizadas no cálculo de que trata este artigo serão comprovados mediante documento fornecido pelos órgãos e entidades gestoras dos regimes de previdência aos quais o servidor esteve vinculado ou por outro documento público, na forma do regulamento.

§ 4º Para os fins deste artigo, as remunerações consideradas no cálculo da aposentadoria, atualizadas na forma do § 1º deste artigo, não poderão ser:

I - inferiores ao valor do salário-mínimo;

II - superiores ao limite máximo do salário-de-contribuição, quanto aos meses em que o servidor esteve vinculado ao regime geral de previdência social.

§ 5º Os proventos, calculados de acordo com o *caput* deste artigo, por ocasião de sua concessão, não poderão ser inferiores ao valor do salário-mínimo nem exceder a remuneração do respectivo servidor no cargo efetivo em que se deu a aposentadoria.

ART. 2º Aos dependentes dos servidores titulares de cargo efetivo e dos aposentados de qualquer dos Poderes da União, dos Estados, do Distrito Federal e dos Municípios, incluídas suas autarquias e fundações, falecidos a partir da data de publicação desta Lei, será concedido o benefício de pensão por morte, que será igual:

I - à totalidade dos proventos percebidos pelo aposentado na data anterior à do óbito, até o limite máximo estabelecido para os benefícios do regime geral de previdência social, acrescida de 70% (setenta por cento) da parcela excedente a este limite; ou

II - à totalidade da remuneração do servidor no cargo efetivo na data anterior à do óbito, até o limite máximo estabelecido para os benefícios do regime geral de previdência social, acrescida de 70% (setenta por cento) da parcela excedente a este limite, se o falecimento ocorrer quando o servidor ainda estiver em atividade.

Parágrafo único. Aplica-se ao valor das pensões o limite previsto no art. 40, § 2º, da Constituição Federal.

ART. 3º Para os fins do disposto no inciso XI do art. 37 da Constituição Federal, a União, os Estados, o Distrito Federal e os Municípios instituirão sistema integrado de dados relativos às remunerações, proventos e pensões pagos aos respectivos servidores e militares, ativos e inativos, e pensionistas, na forma do regulamento.

ART. 4º A contribuição social do servidor público ativo de qualquer dos Poderes da União, incluídas suas autarquias e fundações, para a manutenção do respectivo regime próprio de previdência social, será de 11% (onze por cento), incidentes sobre: (Redação dada pela Lei 12.618/2012.)

I - a totalidade da base de contribuição, em se tratando de servidor que tiver ingressado no serviço público até a data da publicação do ato de instituição do regime de previdência complementar para os servidores públicos federais titulares de cargo efetivo e não tiver optado por aderir a ele; (Incluído pela Lei 12.618/2012.)

II - a parcela da base de contribuição que não exceder ao limite máximo estabelecido para os benefícios do regime geral de previdência social, em se tratando de servidor: (Incluído pela Lei 12.618/2012.)

a) que tiver ingressado no serviço público até a data a que se refere o inciso I e tenha optado por aderir ao regime de previdência complementar ali referido; ou (Incluído pela Lei 12.618/2012.)

b) que tiver ingressado no serviço público a partir da data a que se refere o inciso I, independentemente de adesão ao regime de previdência complementar ali referido(Incluído pela Lei 12.618/2012.)

§ 1º Entende-se como base de contribuição o vencimento do cargo efetivo, acrescido das vantagens pecuniárias permanentes estabelecidas em lei, os adicionais de caráter individual ou quaisquer outras vantagens, excluídas:

I - as diárias para viagens;

II - a ajuda de custo em razão de mudança de sede;

III - a indenização de transporte;

IV - o salário-família;

V - o auxílio-alimentação;

VI - o auxílio-creche;

VII - as parcelas remuneratórias pagas em decorrência de local de trabalho;

VIII - a parcela percebida em decorrência do exercício de cargo em comissão ou de função comissionada ou gratificada; (Redação dada pela Lei 12.688/2012.)

IX - o abono de permanência de que tratam o § 19 do art. 40 da Constituição Federal, o § 5º do art. 2º e o § 1º do art. 3º da Emenda Constitucional n. 41, de 19 de dezembro de 2003; (Redação dada pela Lei 12.688/2012.)

X - o adicional de férias; (Incluído pela Lei 12.688/2012.)

XI - o adicional noturno; (Incluído pela Lei 12.688/2012.)

XII - o adicional por serviço extraordinário; (Incluído pela Lei 12.688/2012.)

XIII - a parcela paga a título de assistência à saúde suplementar; (Incluído pela Lei 12.688/2012.)

XIV - a parcela paga a título de assistência pré-escolar; (Incluído pela Lei 12.688/2012.)

XV - a parcela paga a servidor público indicado para integrar conselho ou órgão deliberativo, na condição de representante do governo, de órgão ou de entidade da administração pública do qual é servidor; (Incluído pela Lei 12.688/2012.)

XVI - o auxílio-moradia; (Incluído pela Lei 12.688/2012.)

XVII - a Gratificação por Encargo de Curso ou Concurso, de que trata o art. 76-A da Lei n. 8.112, de 11 de dezembro de 1990; (Incluído pela Lei 12.688/2012.)

XVIII - a Gratificação Temporária das Unidades dos Sistemas Estruturadores da Administração Pública Federal (GSISTE), instituída pela Lei n. 11.356, de 19 de outubro de 2006; (Incluído pela Lei 12.688/2012.)

XIX - a Gratificação Temporária do Sistema de Administração dos Recursos de Informação e Informática (GSISP), instituída pela Lei n. 11.907, de 2 de fevereiro de 2009; (Alterado pela Lei 13.328/2016.)

XX - a Gratificação Temporária de Atividade em Escola de Governo (GAEG), instituída pela Lei n. 11.907, de 2 de fevereiro de 2009; (Acrescentado pela Lei 13.328/2016.)

XXI - a Gratificação Específica de Produção de Radioisótopos e Radiofármacos (GEPR), instituída pela Lei n. 11.907, de 2 de fevereiro de 2009; (Acrescentado pela Lei 13.328/2016.)

XXII - a Gratificação de Raio X; (Redação dada pela Lei n. 13.464, de 2017)

XXIII - a parcela relativa ao Bônus de Eficiência e Produtividade na Atividade Tributária e Aduaneira, recebida pelos servidores da carreira Tributária e Aduaneira da Receita Federal do Brasil; (Incluído pela Lei n. 13.464, de 2017)

XXIV - a parcela relativa ao Bônus de Eficiência e Produtividade na Atividade de Auditoria-Fiscal do Trabalho, recebida pelos servidores da carreira de Auditoria-Fiscal do Trabalho. (Incluído pela Lei n. 13.464, de 2017)

§ 2º O servidor ocupante de cargo efetivo poderá optar pela inclusão, na base de cálculo da contribuição, de parcelas remuneratórias percebidas em decorrência de local de trabalho e do exercício de cargo em comissão ou de função comissionada ou gratificada, de Gratificação de Raio X e daquelas recebidas a título de adicional noturno ou de adicional por serviço extraordinário, para efeito de cálculo do benefício a ser concedido com fundamento no art. 40 da Constituição Federal e no art. 2º da Emenda Constitucional n. 41, de 19 de dezembro de 2003, respeitada, em qualquer hipótese, a limitação estabelecida no § 2º do art. 40 da Constituição Federal. (Redação dada pela Lei 12.688/2012.)

ART. 5º Os aposentados e os pensionistas de qualquer dos Poderes da União, incluídas suas autarquias e fundações, contribuirão com 11% (onze por cento), incidentes sobre o valor da parcela dos proventos de aposentadorias e pensões concedidas de acordo com os critérios estabelecidos no art. 40 da Constituição Federal e nos arts. 2º e 6º da Emenda Constitucional n. 41, de 19 de dezembro de 2003, que supere o limite máximo estabelecido para os benefícios do regime geral de previdência social.

- EC 47/2005 (Altera os arts. 37, 40, 195 e 201 da Constituição Federal, para dispor sobre a previdência social).

ART. 6º Os aposentados e os pensionistas de qualquer dos Poderes da União, incluídas suas autarquias e fundações, em gozo desses benefícios na data de publicação da Emenda Constitucional n. 41, de 19 de dezembro de 2003, contribuirão com 11% (onze por cento), incidentes sobre a parcela dos proventos de aposentadorias e pensões que supere 60% (sessenta por cento) do limite máximo estabelecido para os benefícios do regime geral de previdência social.

- EC 47/2005 (Altera os arts. 37, 40, 195 e 201 da Constituição Federal, para dispor sobre a previdência social).

Parágrafo único. A contribuição de que trata o *caput* deste artigo incidirá sobre os proventos de aposentadorias e pensões concedidas aos servidores e seus dependentes que tenham cumprido todos os requisitos para obtenção desses benefícios com base nos critérios da legislação vigente até 31 de dezembro de 2003.

ART. 7º O servidor ocupante de cargo efetivo que tenha completado as exigências para aposentadoria voluntária estabelecidas na alínea a do inciso III do § 1º do art. 40 da Constituição Federal, no § 5º do art. 2º ou no § 1º do art. 3º da Emenda Constitucional n. 41, de 19 de dezembro de 2003, e que opte por permanecer em atividade fará jus a abono de permanência equivalente ao valor da sua contribuição previdenciária até completar as exigências para aposentadoria compulsória contidas no inciso II do § 1º do art. 40 da Constituição Federal.

ART. 8º A contribuição da União, de suas autarquias e fundações para o custeio do regime de previdência, de que trata o art. 40 da Constituição Federal, será o dobro da contribuição do servidor ativo, devendo o produto de sua arrecadação ser contabilizado em conta específica.

Parágrafo único. A União é responsável pela cobertura de eventuais insuficiências financeiras do regime decorrentes do pagamento de benefícios previdenciários.

ART. 8º-A. A responsabilidade pela retenção e recolhimento das contribuições de que tratam os arts. 4º a 6º e 8º será do dirigente e do ordenador de despesa do órgão ou entidade que efetuar o pagamento da remuneração ou do benefício. (Incluído pela Lei 12.350/2010.)

§ 1º O recolhimento das contribuições de que trata este artigo deve ser efetuado: (Incluído pela Lei 12.350/2010.)

I - até o dia 15, no caso de pagamentos de remunerações ou benefícios efetuados no primeiro decêndio do mês; (Incluído pela Lei n. 12.350, de 2010)

II -- No caso de pagamentos de remunerações ou benefícios efetuados no segundo decêndio do mês; ou (Incluído pela Lei 12.350/2010.)

III - até o dia 5 do mês posterior, no caso de pagamentos de remunerações ou benefícios efetuados no último decêndio do mês. (Incluído pela Lei 12.350/2010.)

§ 2º O não recolhimento das contribuições nos prazos previstos no § 1º: (Incluído pela Lei 12.350/2010.)

I - enseja a aplicação dos acréscimos de mora previstos para os tributos federais; e (Incluído pela Lei 12.350/2010.)

II - sujeita o responsável às sanções penais e administrativas cabíveis. (Incluído pela Lei 12.350/2010.)

§ 3º A não retenção das contribuições pelo órgão pagador sujeita o responsável às sanções penais e administrativas, cabendo a esse órgão apurar os valores não retidos e proceder ao desconto na folha de pagamento do servidor ativo, do aposentado e do pensionista, em rubrica e classificação contábil específicas, podendo essas contribuições ser parceladas na forma do art. 46 da Lei n. 8.112, de 11 de dezembro de 1990, observado o disposto no art. 56 da Lei n. 9.784, de 29 de janeiro de 1999. (Incluído pela Lei 12.688/ 2012.)

§ 4º Caso o órgão público não observe o disposto no § 3º, a Secretaria da Receita Federal do Brasil formalizará representações aos órgãos de controle e constituirá o crédito tributário relativo à parcela devida pelo servidor ativo, aposentado ou pensionista. (Incluído pela Lei 12.688/ 2012.)

ART. 9º A unidade gestora do regime próprio de previdência dos servidores, prevista no art. 40, § 20, da Constituição Federal:

I - contará com colegiado, com participação paritária de representantes e de servidores dos Poderes da União, cabendo-lhes acompanhar e fiscalizar sua administração, na forma do regulamento;

II - procederá, no mínimo a cada 5 (cinco) anos, a recenseamento previdenciário, abrangendo todos os aposentados e pensionistas do respectivo regime;

III - disponibilizará ao público, inclusive por meio de rede pública de transmissão de dados, informações atualizadas sobre as receitas e despesas do respectivo regime, bem como os critérios e parâmetros adotados para garantir o seu equilíbrio financeiro e atuarial.

ART. 10. A Lei n. 9.717, de 27 de novembro de 1998, com a redação dada pela Medida Provisória n. 2.187-13, de 24 de agosto de 2001, passa a vigorar com as seguintes alterações:

- Alterações promovidas no texto da referida lei.

ART. 11. A Lei n. 8.212, de 24 de julho de 1991, passa a vigorar com as seguintes alterações:

- Alterações promovidas no texto da referida lei.

ART. 12. A Lei n. 8.213, de 24 de julho de 1991, passa a vigorar com as seguintes alterações:

- Alterações promovidas no texto da referida lei.

ART. 13. O art. 11 da Lei n. 9.532, de 10 de dezembro de 1997, passa a vigorar com a seguinte redação:

- Alterações promovidas no texto da referida lei.

ART. 14. O art. 12 da Lei n. 10.666, de 8 de maio de 2003, passa a vigorar com a seguinte redação:

- Alterações promovidas no texto da referida lei.

ART. 15. Os proventos de aposentadoria e as pensões de que tratam os arts. 1º e 2º desta Lei serão reajustados, a partir de janeiro de 2008, na mesma data e índice em que se der o reajuste dos benefícios do regime geral de previdência social, ressalvados os beneficiados pela garantia de paridade de revisão de proventos de aposentadoria e pensões de acordo com a legislação vigente. (Redação dada pela Lei 11.784/2008.)

ART. 16. As contribuições a que se referem os arts. 4º, 5º e 6º desta Lei serão exigíveis a partir de 20 de maio de 2004.

§ 1º Decorrido o prazo estabelecido no *caput* deste artigo, os servidores abrangidos pela isenção de contribuição referida no § 1º do art. 3º e no § 5º do art. 8º da Emenda Constitucional n. 20, de 15 de dezembro de 1998, passarão a recolher contribuição previdenciária correspondente, fazendo jus ao abono a que se refere o art. 7º desta Lei.

§ 2º A contribuição de que trata o art. 1º da Lei n. 9.783, de 28 de janeiro de 1999, fica mantida até o início do recolhimento da contribuição a que se refere o *caput* deste artigo, para os servidores ativos.

ART. 16-A. A contribuição do Plano de Seguridade do Servidor Público (PSS), decorrente de valores pagos em cumprimento de decisão judicial, ainda que derivada de homologação de acordo, será retida na fonte, no momento do pagamento ao beneficiário ou seu representante legal, pela instituição financeira responsável pelo pagamento, por intermédio da quitação da guia de recolhimento remetida pelo setor de precatórios do Tribunal respectivo, no caso de pagamento de precatório ou requisição de pequeno valor, ou pela fonte pagadora, no caso de implantação de rubrica específica em folha, mediante a aplicação da alíquota de 11% (onze por cento) sobre o valor pago. (Redação dada pela Lei 12.350/2010.)

Parágrafo único. O recolhimento da contribuição deverá ser efetuado nos mesmos prazos previstos no § 1º do art. 8º-A, de acordo com a data do pagamento. (Redação dada pela Lei 12.688/2012.)

ART. 17. Esta Lei entra em vigor na data de sua publicação.

ART. 18. Ficam revogados os §§ 3º, 4º, 5º, 6º e 7º do art. 2º, o art. 2º-A e o art. 4º da Lei n. 9.717, de 27 de novembro de 1998, o art. 8º da Medida Provisória n. 2.187-13, de 24 de agosto de 2001, na parte em que dá nova redação ao inciso X do art. 1º, ao art. 2º e ao art. 2º-A da Lei n. 9.717, de 27 de novembro de 1998, e a Lei n. 9.783, de 28 de janeiro de 1999.

Brasília, 18 de junho de 2004; 183º da Independência e 116º da República.

LUIZ INÁCIO LULA DA SILVA

LEI N. 10.890, DE 2 DE JULHO DE 2004

Autoriza, em caráter excepcional, a antecipação da transferência de recursos prevista no art. 1º-A da Lei n. 10.336, de 19 de dezembro de 2001, nas condições que especifica.

- *DOU*, 02.07.2004 - Edição Extra.
- Conversão da Med. Prov. 178/2004.

O Presidente da República. Faço saber que o Congresso Nacional decreta e eu sanciono a seguinte Lei:

ART. 1º A União, em caráter excepcional e mediante proposta do Ministério da Integração Nacional, antecipará aos Estados e ao Distrito Federal, em cujas áreas ocorrer dano na infraestrutura de transportes em função de situação de emergência ou estado de calamidade pública, reconhecidos pelo Poder Executivo Federal, a transferência de recursos prevista no art. 1º-A da Lei n. 10.336, de 19 de dezembro de 2001, exclusivamente em relação à parcela pertencente aos Estados e ao Distrito Federal.

§ 1º O reconhecimento da existência de dano na infraestrutura de transportes, em função de situação de emergência ou estado de calamidade pública a que se refere o *caput* deste artigo, será realizado pelo Ministério da Integração Nacional, mediante expedição de ato específico para esse fim, ouvido o Ministério dos Transportes quando se tratar de dano em rodovia pavimentada interligada à malha rodoviária federal.

§ 2º O ato referido no § 1º deste artigo deverá estabelecer estimativa dos recursos necessários para efetivação dos reparos, sendo que tal estimativa representará o limite máximo para as antecipações de transferência a serem efetuadas, sem prejuízo do disposto no § 3º deste artigo.

§ 3º A transferência a que se refere o *caput* deste artigo será efetuada até o 10º (décimo) dia útil do mês subsequente ao mês de arrecadação, ou meses imediatamente anteriores ao mês da antecipação da transferência, e respeitará os percentuais determinados nos §§ 2º e 3º do art. 1º-A da Lei n. 10.336, de 19 de dezembro de 2001, acrescido pela Lei n. 10.866, de 4 de maio de 2004.

§ 4º No momento da transferência de recursos referida no § 1º do art. 1º-A da Lei n. 10.336, de 19 de dezembro de 2001, a União promoverá a dedução dos valores eventualmente antecipados aos Estados e ao Distrito Federal.

§ 5º Os recursos previstos no *caput* deste artigo deverão ser aplicados em infraestrutura de transportes nas áreas afetadas pela situação de emergência ou estado de calamidade pública, ficando dispensada, para estes recursos, a destinação prevista nos programas de trabalho a que se referem os §§ 7º e 12 do art. 1º-A da Lei n. 10.336, de 19 de dezembro de 2001.

§ 6º Os Estados e o Distrito Federal deverão encaminhar, juntamente com o relatório previsto no § 11 do art. 1º-A da Lei n. 10.336, de 19 de dezembro de 2001, os demonstrativos da execução orçamentária e financeira relativos às aplicações efetuadas com os recursos previstos no *caput* deste artigo.

ART. 2º O disposto no art. 1º desta Lei aplica-se, também, em relação aos Estados que tiveram áreas declaradas em situação de emergência ou estado de calamidade pública, assim reconhecidos pelo Governo Federal, no período de 1º de janeiro de 2004 até a data de publicação desta Lei, nos quais a infraestrutura de transportes ainda permaneça danificada em decorrência dos eventos que originaram a referida declaração.

ART. 3º Fica autorizada a alteração, por no máximo 2 (duas) vezes e respeitado o mês de vencimento, da data de exigibilidade da prestação dos contratos celebrados ao amparo da Medida Provisória n. 2.185-35, de 24 de agosto de 2001, e suas edições anteriores.

ART. 4º Revoga-se o art. 10 da Medida Provisória n. 2.185-35, de 24 de agosto de 2001.

ART. 5º Esta Lei entra em vigor na data de sua publicação.

Brasília, 2 de julho de 2004; 183º da Independência e 116º da República.

LUIZ INÁCIO LULA DA SILVA

LEI N. 10.892, DE 13 DE JULHO DE 2004

Altera os arts. 8º e 16 da Lei n. 9.311, de 24 de outubro de 1996, que institui a Contribuição Provisória sobre Movimentação ou Transmissão de Valores e de Créditos e Direitos de Natureza Financeira - CPMF, e dá outras providências.

- *DOU*, 14.07.2004.
- Conversão da Med. Prov. 179/2004.

O Presidente da República. Faço saber que o Congresso Nacional decreta e eu sanciono a seguinte Lei:

ART. 1º Os arts. 8º e 16 da Lei n. 9.311, de 24 de outubro de 1996, passam a vigorar com as seguintes alterações:

- Alterações promovidas no texto da referida lei.

ART. 2º A multa a que se refere o inciso I do *caput* do art. 44 da Lei n. 9.430, de 27 de dezembro de 1996, duplicada na forma de seu § 1º, quando for o caso, será de 150% (cento e cinquenta por cento) e de 300% (trezentos por cento), respectivamente, nos casos de utilização diversa da prevista na legislação das contas correntes de depósito sujeitas ao benefício da alíquota 0 (zero) de que trata o art. 8º da Lei n. 9.311, de 24 de outubro de 1996, bem como da inobservância de normas baixadas pelo Banco Central do Brasil de que resultar falta de cobrança da Contribuição Provisória sobre Movimentação ou Transmissão de Valores e de Créditos e Direitos de Natureza Financeira - CPMF devida. (Redação dada pela Lei 11.488/2007.)

§ 1º Na hipótese de que trata o *caput* deste artigo, se o contribuinte não atender, no prazo marcado, à intimação para prestar esclarecimentos, a multa a que se refere o inciso I do *caput* do art. 44 da Lei n. 9.430, de 27 de dezembro de 1996, duplicada na forma de seu § 1º, quando for o caso, passará a ser de 225% (duzentos e vinte e cinco por cento) e 450% (quatrocentos e cinquenta por cento), respectivamente. (Redação dada pela Lei 11.488/2007.)

§ 2º O disposto no *caput* e no § 1º deste artigo aplica-se, inclusive, na hipótese de descumprimento da obrigatoriedade de crédito em conta corrente de depósito a vista do beneficiário dos valores correspondentes às seguintes operações:

I - cobrança de créditos de qualquer natureza, direitos ou valores, representados ou não por títulos, inclusive cheques;

II - recebimento de carnês, contas ou faturas de qualquer natureza, bem como de quaisquer outros valores não abrangidos no inciso I deste parágrafo.

§ 3º O disposto no *caput* e no § 1º deste artigo aplica-se às instituições responsáveis pela cobrança e recolhimento da CPMF, inclusive àquelas relacionadas no inciso III do art. 8º da Lei n. 9.311, de 24 de outubro de 1996, e no inciso I do *caput* do art. 85 do Ato das Disposições Constitucionais Transitórias.

ART. 3º A partir de 1º de outubro de 2004, a incidência do imposto de renda na fonte sobre os rendimentos a que se refere o art. 6º da Medida Provisória n. 2.189-49, de 23 de agosto de 2001, ocorrerá no último dia útil dos meses de maio e de novembro de cada ano, ou no resgate, se ocorrido em data anterior.

ART. 4º As sociedades cooperativas de produção agropecuária e as de consumo poderão adotar antecipadamente o regime de incidência não cumulativo da contribuição para o PIS/PASEP e da COFINS.

Parágrafo único. A opção será exercida até o 10º (décimo) dia do mês subsequente ao da data de publicação desta Lei, de acordo com as normas e condições estabelecidas pela Secretaria da Receita Federal, produzindo efeitos em relação aos fatos geradores ocorridos a partir de 1º de maio de 2004.

ART. 5º Esta Lei entra em vigor em 1º de outubro de 2004, exceto em relação ao seu art. 4º, que entra em vigor na data da sua publicação.

Brasília, 13 de julho de 2004; 183º da Independência e 116º da República.

LUIZ INÁCIO LULA DA SILVA

LEI N. 10.893, DE 13 DE JULHO DE 2004

Dispõe sobre o Adicional ao Frete para a Renovação da Marinha Mercante - AFRMM e o Fundo da Marinha Mercante - FMM, e dá outras providências.

- *DOU*, 14.07.2004.
- Dec. 5.543/2005 (Regulamenta dispositivos desta lei).
- Dec. 5.269/2004 (Dispõe sobre a competência, composição e funcionamento do CDFMM).

O Presidente da República. Faço saber que o Congresso Nacional decreta e eu sanciono a seguinte Lei:

ART. 1º Esta Lei estabelece normas sobre o Adicional ao Frete para a Renovação da Marinha Mercante - AFRMM e o Fundo da Marinha Mercante - FMM.

ART. 2º Para os efeitos desta Lei:

I - porto é o atracadouro, o terminal, o fundeadouro ou qualquer outro local que possibilite o carregamento e o descarregamento de carga;

II - navegação de longo curso é aquela realizada entre portos brasileiros e portos estrangeiros, sejam marítimos, fluviais ou lacustres;

III - navegação de cabotagem é aquela realizada entre portos brasileiros, utilizando exclusivamente a via marítima ou a via marítima e as interiores;

IV - navegação fluvial e lacustre é aquela realizada entre portos brasileiros, utilizando exclusivamente as vias interiores;

V - granel é a mercadoria embarcada, sem embalagem ou acondicionamento de qualquer espécie, diretamente nos compartimentos da embarcação ou em caminhões-tanque sobre a embarcação;

VI - empresa brasileira de navegação é a pessoa jurídica constituída segundo as leis brasileiras, com sede no País, que tenha por objeto o transporte aquaviário, autorizada a operar pelo órgão competente;

VII - estaleiro brasileiro é a pessoa jurídica constituída segundo as leis brasileiras, com sede no País, que tenha por objeto a indústria de construção e reparo navais; e

VIII - jumborização é o aumento de uma embarcação.

Parágrafo único. Considera-se também como empresa brasileira de navegação o órgão ou entidade que integre a administração pública estatal direta ou indireta ou esteja sob controle acionário de qualquer entidade estatal, autorizada a executar as atividades de transporte aquaviário.

ART. 3º O AFRMM, instituído pelo art. 1º do Decreto-Lei n. 2.404, de 23 de dezembro de 1987, destina-se a atender aos encargos da intervenção da União no apoio ao desenvolvimento da marinha mercante e da indústria de construção e reparação naval brasileiras, e constitui fonte básica do FMM.

§ 1º Compete à Secretaria da Receita Federal do Brasil a administração das atividades relativas a cobrança, fiscalização, arrecadação, restituição e concessão de incentivos do AFRMM previstos em lei. (Alterado pela Lei 12.788/2013.)

§ 2º O AFRMM sujeita-se às normas relativas ao processo administrativo fiscal de determinação e exigência do crédito tributário e de consulta, de que tratam o Decreto n. 70.235, de 6 de março de 1972, e os arts. 48 a 50 da Lei n. 9.430, de 27 de dezembro de 1996. (Acrescentado pela Lei 12.599/2012.)

§ 3º A Secretaria da Receita Federal do Brasil expedirá os atos necessários ao exercício da competência a que se refere o § 1º. (Acrescentado pela Lei 12.599/2012.)

§ 4º Os créditos orçamentários necessários para o desempenho das atividades citadas no § 1º serão transferidos para a Unidade Orçamentária da Secretaria da Receita Federal do Brasil, para sua efetiva execução de acordo com os valores aprovados na respectiva lei orçamentária anual - LOA. (Acrescentado pela Lei 12.788/2013.)

§ 5º O Ministério dos Transportes, Portos e Aviação Civil deverá divulgar trimestralmente, por meio da imprensa oficial e da internet, os valores arrecadados do AFRMM. (Acrescentado pela Lei 13.482/2017.)

ART. 4º O fato gerador do AFRMM é o início efetivo da operação de descarregamento da embarcação em porto brasileiro.

Parágrafo único. O AFRMM não incide sobre: (Alterado pela Lei 12.788/2013.)

I - a navegação fluvial e lacustre, exceto sobre cargas de granéis líquidos, transportadas no âmbito das Regiões Norte e Nordeste; e (Acrescentado pela Lei 12.788/2013.)

II - o frete relativo ao transporte de mercadoria submetida à pena de perdimento. (Acrescentado pela Lei 12.788/2013.)

ART. 5º O AFRMM incide sobre o frete, que é a remuneração do transporte aquaviário da carga de qualquer natureza descarregada em porto brasileiro.

§ 1º Para os fins desta Lei, entende-se por remuneração do transporte aquaviário a remuneração para o transporte da carga porto a porto, incluídas todas as despesas portuárias com a manipulação de carga, constantes do conhecimento de embarque ou da declaração de que trata o § 2º do art. 6º desta Lei, anteriores e posteriores a esse transporte, e outras despesas de qualquer natureza a ele pertinentes.

§ 2º O somatório dos fretes dos conhecimentos de embarque desmembrados não pode ser menor que o frete do conhecimento de embarque que os originou.

ART. 6º O AFRMM será calculado sobre a remuneração do transporte aquaviário, aplicando-se as seguintes alíquotas:

I - 25% (vinte e cinco por cento) na navegação de longo curso;

II - 10% (dez por cento) na navegação de cabotagem; e

III - 40% (quarenta por cento) na navegação fluvial e lacustre, quando do transporte de granéis líquidos nas regiões Norte e Nordeste.

§ 1º O conhecimento de embarque é o documento hábil para comprovação do valor da remuneração do transporte aquaviário.

§ 2º Nos casos em que não houver a obrigação de emissão do conhecimento de embarque, o valor da remuneração do transporte aquaviário, para fins de cálculo do AFRMM, será apurado por declaração do contribuinte.

§ 3º Sobre as mercadorias destinadas a porto brasileiro que efetuarem transbordo ou baldeação em um ou mais portos nacionais não incidirá novo AFRMM referente ao transporte entre os citados portos, se este já tiver sido calculado desde a sua origem até seu destino final.

ART. 7º O responsável pelo transporte aquaviário deverá, na forma e nos prazos estabelecidos pela Secretaria da Receita Federal do Brasil, disponibilizar os dados necessários ao controle da arrecadação do AFRMM, oriundos do conhecimento de embarque ou da declaração de que trata o § 2º do art. 6º, referentes às mercadorias a serem desembarcadas no porto de descarregamento, independentemente do local previsto para a sua nacionalização, inclusive aquelas em trânsito para o exterior. (Alterado pela Lei 12.599/2012.)

§ 1º Deverão também ser disponibilizados à Secretaria da Receita Federal do Brasil os dados referentes às mercadorias objeto: (Alterado pela Lei 12.599/2012.)

I - de exportação, inclusive por meio de navegação fluvial e lacustre de percurso internacional; e (Alterado pela Lei 12.599/2012.)

II - de transporte em navegação interior, quando não ocorrer a incidência do AFRMM. (Alterado pela Lei 12.599/2012.)

§ 2º (Revogado). (Alterado pela Lei 12.599 /2012.)

ART. 8º A constatação de incompatibilidade do valor da remuneração do transporte aquaviário, constante do conhecimento de embarque ou da declaração de que trata o § 2º do art. 6º, com o praticado nas condições de mercado ensejará a sua retificação, de acordo com as normas estabelecidas pela Secretaria da Receita Federal do Brasil, sem prejuízo das cominações previstas nesta Lei. (Alterado pela Lei 12.599/2012.)

ART. 9º Na navegação de longo curso, quando o frete estiver expresso em moeda estrangeira, a conversão para o padrão monetário nacional será feita com base na tabela "taxa de conversão de câmbio" do Sistema de Informações do Banco Central - SISBACEN, utilizada pelo Sistema Integrado do Comércio Exterior - SISCOMEX, vigente na data do efetivo pagamento do AFRMM.

ART. 10. O contribuinte do AFRMM é o consignatário constante do conhecimento de embarque.

§ 1º O proprietário da carga transportada é solidariamente responsável pelo pagamento do AFRMM, nos termos do art. 124, inciso II, da Lei n. 5.172, de 25 de outubro de 1966 - Código Tributário Nacional.

§ 2º Nos casos em que não houver obrigação de emissão do conhecimento de embarque, o contribuinte será o proprietário da carga transportada.

§ 3º (Revogado pela Lei n. 11.434, de 2006)

ART. 11. O pagamento do AFRMM, acrescido da Taxa de Utilização do Sistema de Controle de Arrecadação do Adicional ao Frete para Renovação da Marinha Mercante - MERCANTE, será efetuado pelo contribuinte antes da autorização de entrega da mercadoria correspondente pela Secretaria da Receita Federal do Brasil. (Alterado pela Lei 12.599/2012.)

ART. 12. (Revogado pela Lei 12.599/2012.)

ART. 13. O contribuinte deverá manter em arquivo, pelo prazo de 5 (cinco) anos, contado da data do efetivo descarregamento da embarcação, os conhecimentos de embarque e demais documentos pertinentes ao transporte, para apresentação à fiscalização, quando solicitados. (Alterado pela Lei 12.599/2012.)

ART. 14. Ficam isentas do pagamento do AFRMM as cargas:

I - definidas como bagagem, mala postal, amostra sem valor comercial e unidades de carga, inclusive quando do reposicionamento para reutilização, nos termos e condições da legislação específica;

II - de livros, jornais e periódicos, bem como o papel destinado a sua impressão;

III - transportadas:

a) por embarcações, nacionais ou estrangeiras, quando não empregadas em viagem de caráter comercial; ou *b)* nas atividades de explotação e de apoio à explotação de hidrocarbonetos e outros minerais sob a água, desde que na zona econômica exclusiva brasileira;

IV - que consistam em:

a) bens sem interesse comercial, doados a entidades filantrópicas, desde que o donatário os destine, total e exclusivamente, a obras sociais e assistenciais gratuitamente prestadas;

b) bens que ingressem no País especificamente para participar de eventos culturais ou artísticos, promovidos por entidades que se dediquem com exclusividade ao desenvolvimento da cultura e da arte, sem objetivo comercial;

c) bens exportados temporariamente para outro país e condicionados à reimportação em prazo determinado;

d) armamentos, produtos, materiais e equipamentos importados pelo Ministério da Defesa e pelas Forças Armadas, ficando condicionada a isenção, em cada caso, à declaração do titular da Pasta ou do respectivo Comando de que a importação destina-se a fins exclusivamente militares e é de interesse para a segurança nacional; ou

e) bens destinados à pesquisa científica e tecnológica, conforme disposto em lei; (Alterado pela Lei 12.599/2012.)

V - que consistam em mercadorias:

a) importadas para uso próprio das missões diplomáticas e das repartições consulares de caráter permanente e de seus membros, bem como pelas representações de organismos internacionais, de caráter permanente, de que o Brasil seja membro, e de seus integrantes;

b) importadas em decorrência de atos firmados entre pessoas jurídicas de direito público externo celebrados e aprovados pelo Presidente da República e ratificados pelo Congresso Nacional, que contenham cláusula expressa de isenção de pagamento do AFRMM; (Alterado pela Lei 12.599/2012.)

c) submetidas a regime aduaneiro especial que retornem ao exterior no mesmo estado ou após processo de industrialização, excetuando-se do atendimento da condição de efetiva exportação as operações realizadas a partir de 5 de outubro de 1990, nos termos do § 2º do art. 1º da Lei n. 8.402, de 8 de janeiro de 1992;

d) importadas pela União, Distrito Federal, Estados e Municípios, ou por intermédio de órgãos da administração direta, autárquica e fundacional;

e) que retornem ao País nas seguintes condições:

1. enviadas em consignação e não vendidas nos prazos autorizados;

2. por defeito técnico que exija sua devolução, para reparo ou substituição;

3. por motivo de modificações na sistemática do país importador;

4. por motivo de guerra ou calamidade pública; ou

5. por quaisquer outros fatores comprovadamente alheios à vontade do exportador brasileiro;

f) importadas em substituição a outras idênticas, em igual quantidade e valor, que tenham sido devolvidas ao exterior após a importação por terem se revelado defeituosas ou imprestáveis para os fins a que se destinavam;

g) que sejam destinadas ao consumo ou industrialização na Amazônia Ocidental, excluídas armas, munições, fumo, bebidas alcoólicas, perfumes, veículos de carga, automóveis de passageiros e granéis líquidos;

h) importadas por permissionários autorizados pelo Ministério da Fazenda para venda, exclusivamente em lojas francas, a passageiros de viagens internacionais;

i) submetidas a transbordo ou baldeação em portos brasileiros, quando destinadas à exportação e provenientes de outros portos nacionais, ou, quando originárias do exterior, tenham como destino outros países;

j) submetidas ao regime aduaneiro especial de depósito franco; ou

l) que estejam expressamente definidas em lei como isentas do AFRMM.

VI - de trigo classificado na posição 10.01 da Tipi; e (Acrescentado pela Lei 11.787/2008.)

VII - de farinha de trigo classificada no código 1101.00.10 da Tipi. (Acrescentado pela Lei 11.787/2008.)

Parágrafo único. No caso dos incisos VI e VII, o disposto no *caput* deste artigo aplica-se até 31 de dezembro de 2008. (Acrescentado pela Lei 11.787/2008.)

ART. 15. O pagamento do AFRMM incidente sobre o frete relativo ao transporte de mercadoria submetida a regime aduaneiro especial fica suspenso até a data do registro da declaração de importação que inicie o despacho para consumo correspondente. (Alterado pela Lei 12.599/2012.)

§ 1º (Revogado). (Alterado pela Lei 12.599/2012.)

§ 2º Na hipótese de descumprimento do regime, o AFRMM será exigido com os acréscimos mencionados no art. 16, calculados a partir da data do registro da declaração de importação para admissão da mercadoria no respectivo regime. (Alterado pela Lei 12.599/2012.)

ART. 16. Sobre o valor do AFRMM pago em atraso ou não pago, bem como sobre a diferença decorrente do pagamento do AFRMM a menor que o devido, incidirão multa de mora ou de ofício e juros de mora, na forma prevista no § 3º do art. 5º e nos arts. 43, 44 e 61 da Lei n. 9.430, de 27 de dezembro de 1996. (Alterado pela Lei 12.599/2012.)

I e II - (revogados); (Alterado pela Lei 12.599/2012.)

§§ 1º e 2º (Revogados). (Alterado pela Lei 12.599/2012.)

ART. 17. O produto da arrecadação do AFRMM será destinado:

I - ao Fundo da Marinha Mercante - FMM:

a) 100% (cem por cento) do AFRMM gerado por empresa estrangeira de navegação;

b) 100% (cem por cento) do AFRMM gerado por empresa brasileira de navegação, operando embarcação afretada de registro estrangeiro;

c) 41% (quarenta e um por cento) do AFRMM gerado por empresa brasileira de navegação, operando embarcação própria ou afretada, de registro brasileiro, na navegação de longo curso, não inscrita no Registro Especial Brasileiro - REB, de que trata a Lei n. 9.432, de 8 de janeiro de 1997; e

d) 8% (oito por cento) do AFRMM gerado por empresa brasileira de navegação, operando embarcação, própria ou afretada, de registro brasileiro, na navegação de longo curso, inscrita no REB, de que trata a Lei n.9.432, de 8 de janeiro de 1997;

II - a empresa brasileira de navegação, operando embarcação própria ou afretada, de registro brasileiro:

a) 50% (cinquenta por cento) do AFRMM que tenha gerado na navegação de longo curso, quando a embarcação não estiver inscrita no REB;

b) 83% (oitenta e três por cento) do AFRMM que tenha gerado na navegação de longo curso, quando a embarcação estiver inscrita no REB; e

c) 100% (cem por cento) do AFRMM que tenha gerado nas navegações de cabotagem, fluvial e lacustre;

III - a uma conta especial, 9% (nove por cento) do AFRMM gerado na navegação de longo curso, por empresa brasileira de navegação, operando embarcação, própria ou afretada, de registro brasileiro, inscrita ou não no REB.

§ 1º Da parcela do produto da arrecadação do AFRMM que cabe ao FMM, será destinado, anualmente, o percentual de 3% (três por cento) ao Fundo Nacional de Desenvolvimento Científico e Tecnológico - FNDCT, criado pelo Decreto-Lei n. 719, de 31 de julho de 1969, e restabelecido pela Lei n. 8.172, de 18 de janeiro de 1991, para o financiamento de programas e projetos de pesquisa científica e desenvolvimento tecnológico dos setores de transporte aquaviário e de construção naval, os quais serão alocados em categoria de programação específica e administrados conforme o disposto em regulamento.

§ 2º Da parcela do produto da arrecadação do AFRMM que cabe ao FMM, será destinado, anualmente, o percentual de 1,5% (um e meio por cento) ao Fundo do Desenvolvimento do Ensino Profissional Marítimo, para compensação das perdas decorrentes da isenção de que trata o § 8º do art. 11 da Lei n. 9.432, de 8 de janeiro de 1997.

§ 3º Da parcela do produto da arrecadação do AFRMM que cabe ao FMM, será destinado, anualmente, o percentual de 0,40% (quarenta centésimos por cento) ao Fundo Naval, a título de contribuição para pagamento das despesas de representação e estudos técnicos em apoio às posições brasileiras nos diversos elementos componentes da Organização Marítima Internacional - IMO, cujos recursos serão alocados em categoria de programação específica.

§ 4º O AFRMM gerado por embarcação de registro estrangeiro, afretada por empresa brasileira de navegação, poderá ter a destinação prevista no inciso I, alíneas c e d, e nos incisos II e III do *caput* deste artigo, desde que tal embarcação esteja substituindo outra em construção em estaleiro brasileiro, com contrato em eficácia, de tipo semelhante, até o limite de toneladas de porte bruto contratadas.

§ 5º A destinação de que trata o § 4º deste artigo far-se-á enquanto durar a construção, porém nunca por prazo superior a 36 (trinta e seis) meses, contado, de forma ininterrupta, da entrada em eficácia do contrato de construção da embarcação, que ocorre com o início do cumprimento de cronograma físico e financeiro apresentado pela empresa brasileira de navegação e aprovado pelo órgão competente do Ministério dos Transportes.

§ 6º A ocupação de espaços por empresas brasileiras de navegação em embarcações de registro estrangeiro fica enquadrada nas regras deste artigo, desde que essas embarcações estejam integradas a acordos de associação homologados pelo órgão competente do Ministério dos Transportes e regidos pelos princípios da equivalência recíproca da oferta de espaços e da limitação da fruição dos benefícios pela capacidade efetiva de transporte da embarcação de registro brasileiro.

§ 7º Por solicitação da interessada, o FMM poderá utilizar o produto da arrecadação de AFRMM, já classificado pela Secretaria da Receita Federal do Brasil e ainda não depositado na conta vinculada da empresa brasileira de navegação, para compensação do débito relativo às prestações a que se referem as alíneas c e d do inciso I do *caput* do art. 19, garantido ao agente financeiro o pagamento pelo FMM das comissões incidentes sobre os valores compensados. (Alterado pela Lei 12.599/2012.)

ART. 18. As parcelas recolhidas à conta a que se refere o inciso III do *caput* do art. 17 desta Lei, acrescidas das correções resultantes de suas aplicações previstas no art. 20 desta Lei, serão rateadas entre as empresas brasileiras de navegação autorizadas a operar na cabotagem e na navegação fluvial e lacustre, proporcionalmente ao total de fretes por elas gerado no transporte, entre portos brasileiros, de cargas de importação e de exportação do comércio exterior do País.

§ 1º O total de fretes referidos no *caput* deste artigo será obtido quando as empresas mencionadas no *caput* deste artigo estiverem operando embarcações próprias ou afretadas de registro brasileiro, bem como embarcações afretadas de registro estrangeiro no regime de que tratam os §§ 4º e 5º do art. 17 desta Lei, conforme se dispuser em regulamento.

§ 2º O produto do rateio a que se refere este artigo será depositado, conforme se dispuser em regulamento, na conta vinculada das empresas.

ART. 19. O produto da arrecadação do AFRMM destinado a empresa brasileira de navegação será depositado diretamente, no Banco do Brasil S.A., em conta vinculada em nome da empresa, a qual será movimentada por intermédio do agente financeiro do FMM, nos seguintes casos:

I - por solicitação da interessada:

a) para a aquisição de embarcações novas, para uso próprio, construídas em estaleiros brasileiros;

b) para jumborização, conversão, modernização, docagem ou reparação de embarcação própria, inclusive para aquisição e instalação de equipamentos necessários, quando realizadas por estaleiro brasileiro;

c) para pagamento de prestação de principal e encargos de financiamento concedido com recursos do FMM;

d) para pagamento de prestação de principal e encargos de financiamento concedido pelo agente financeiro, com recursos de outras fontes, que tenha por objeto as modalidades de apoio previstas nos itens 1 e 2 da alínea a do inciso I do art. 26 desta Lei;

e) para pagamento de prestação de principal e encargos de financiamento obtido na Agência Especial de Financiamento Industrial - FINAME e no Programa Amazônia Integrada - PAI, desde que a interessada esteja adimplente com as obrigações previstas nas alíneas c e d deste inciso e o pagamento ocorra por intermédio de qualquer estabelecimento bancário autorizado a operar com esses recursos e que tenha por objeto as modalidades de apoio previstas nos itens 1 e 2 da alínea a do inciso I do art. 26 desta Lei;

f) para utilização por empresa coligada, controlada ou controladora nos casos previstos nas alíneas deste inciso;

II - prioritária e compulsoriamente, independentemente de autorização judicial, por iniciativa do agente financeiro, na amortização de dívidas vencidas decorrentes de financiamento referido nas alíneas c, d e e do inciso I do *caput* deste artigo.

§ 1º O agente financeiro deverá deduzir do valor dos recursos liberados da conta vinculada em nome da empresa comissão a título de administração das contas vinculadas, que será fixada pelo Conselho Monetário Nacional por proposta do Ministro de Estado dos Transportes.

§ 2º As parcelas do AFRMM previstas nos incisos II e III do *caput* do art. 17 desta Lei, geradas por embarcação financiada com recursos do FMM, poderão, a critério do agente financeiro, consultado o órgão competente do Ministério dos Transportes, ser creditadas na conta vinculada da empresa brasileira contratante inadimplente, até a liquidação do contrato de financiamento, mesmo que a embarcação financiada venha a ser explorada por empresa brasileira de navegação mediante contrato de afretamento, subafretamento ou qualquer outra modalidade de cessão de sua utilização nas atividades de navegação mercante.

§ 3º A regra constante do § 2º deste artigo poderá ser aplicada às empresas adimplentes, mediante solicitação justificada das partes, devidamente aprovada pelo Ministério dos Transportes.

§ 4º Poderão ser utilizados até 30% (trinta por cento) dos valores creditados na conta vinculada, anualmente, para pagamento dos serviços de docagem e reparação, em estaleiro brasileiro, de embarcação afretada a casco nu inscrita no REB, devendo esse registro ser mantido por pelo menos 5 (cinco) anos após o término da obra, sob pena de devolução dos recursos ao FMM, com os acréscimos previstos em lei para o não pagamento do AFRMM.

ART. 20. Os valores depositados nas contas de que tratam o art. 19 desta Lei e o inciso III do *caput* do art. 17 desta Lei poderão ser aplicados pelo agente financeiro em operações de mercado aberto, em títulos públicos federais, em nome do titular, na forma que dispuser o Conselho Monetário Nacional.

ART. 21. A empresa brasileira de navegação decai do direito ao produto do AFRMM no caso de não utilização dos valores no prazo de 3 (três) anos, contados do seu depósito, transferindo-se esses valores para o FMM.

ART. 22. O FMM é um fundo de natureza contábil, destinado a prover recursos para o desenvolvimento da Marinha Mercante e da indústria de construção e reparação naval brasileiras.

ART. 23. Fica criado o Conselho Diretor do Fundo da Marinha Mercante - CDFMM, órgão colegiado integrante da estrutura do Ministério dos Transportes, cuja competência e composição serão estabelecidas em ato do Poder Executivo, assegurada a participação da Marinha do Brasil, da Secretaria Especial de Portos da Presidência da República e de empresários e trabalhadores dos setores da Marinha Mercante e da indústria de construção e reparação naval. (Alterado pela Lei 11.518/2007.)

ART. 24. O FMM é administrado pelo Ministério dos Transportes, Portos e Aviação Civil, por intermédio do CDFMM. (Alterado pela Lei 13.482/2017.)

Parágrafo único. O Ministério dos Transportes, Portos e Aviação Civil deverá divulgar trimestralmente, por meio da imprensa oficial e da internet, o quantitativo e a destinação dos valores arrecadados ao FMM. (Acrescentado pela Lei 13.482/2017.)

ART. 25. São recursos do FMM:

I - a parte que lhe cabe no produto da arrecadação do AFRMM;

II - as dotações orçamentárias que lhe forem atribuídas no Orçamento-Geral da União;

III - os valores e importâncias que lhe forem destinados em lei;

IV - o produto do retorno das operações de financiamento concedido e outras receitas resultantes de aplicações financeiras;

V - (Revogado pela Lei 12.788/2013.)

VI - os provenientes de empréstimos contraídos no País ou no exterior;

VII - as receitas provenientes de multas aplicadas por infrações de leis, normas, regulamentos e resoluções referentes à arrecadação do AFRMM;

VIII - a reversão dos saldos anuais não aplicados; e

IX - os provenientes de outras fontes.

ART. 26. Os recursos do FMM serão aplicados:

I - em apoio financeiro reembolsável mediante concessão de empréstimo:

a) prioritariamente, a empresa brasileira de navegação, até 90% (noventa por cento) do valor do projeto aprovado:

1. para a construção de embarcação em estaleiro brasileiro; e

2. para jumborização, conversão, modernização ou reparação de embarcação própria, inclusive para a aquisição e instalação de equipamentos necessários, quando realizadas por estaleiro brasileiro;

b) a empresa brasileira de navegação, a estaleiro e outras empresas ou entidades brasileiras, inclusive as representativas de classe dos setores de Marinha Mercante e de construção naval, para projetos de pesquisa e desenvolvimento científico ou tecnológico e formação e aperfeiçoamento de recursos humanos voltados para os setores da Marinha Mercante, construção ou reparo naval, até 90% (noventa por cento) do valor do projeto aprovado;

c) a estaleiro brasileiro para financiamento à produção de embarcação:

1. destinada a empresa brasileira de navegação, até 90% (noventa por cento) do valor do projeto aprovado;

2. destinada à exportação, até 90% (noventa por cento) do valor do projeto aprovado;

d) à Marinha do Brasil, até 100% (cem por cento) do valor do projeto aprovado, para construção e reparos, em estaleiros brasileiros, de embarcações auxiliares, hidrográficas, oceanográficas, e de embarcações a serem empregadas na proteção do tráfego marítimo nacional;

e) às entidades públicas, instituições de pesquisa e a outros órgãos, inclusive os representativos de classe dos setores de Marinha Mercante e de construção naval, até 100% (cem por cento) do valor do projeto aprovado, para a construção de embarcações auxiliares, hidrográficas e oceanográficas, em estaleiros brasileiros;

f) às empresas brasileiras, até 90% (noventa por cento) do valor do projeto aprovado, para construção, jumborização, conversão, modernização ou reparação, quando realizadas por estaleiro brasileiro, de qualquer tipo de embarcação própria, de aplicação comercial, industrial ou extrativista, no interesse do desenvolvimento da Marinha Mercante e da indústria de construção e reparação naval;

g) aos estaleiros brasileiros, para financiamento de reparo de embarcações, até 90% (noventa por cento) do valor do projeto aprovado;

h) aos estaleiros, arsenais e bases navais brasileiros, para expansão e modernização de suas instalações ou para construção de novas instalações, até 90% (noventa por cento) do valor do projeto aprovado;

i) a empresa de navegação ou estaleiro brasileiros, no apoio financeiro à construção ou produção de embarcações destinadas ao transporte fluvial de passageiros de elevado interesse social, até 100% (cem por cento) do valor do projeto aprovado;

j) a empresa de navegação ou estaleiro brasileiros no apoio financeiro à construção ou produção de embarcações destinadas à pesca, até 100% (cem por cento) do valor do projeto aprovado; e

l) para outras aplicações em investimentos, no interesse da Marinha Mercante e da indústria de construção naval brasileiras;

II - no pagamento ao agente financeiro:

a) de valor correspondente à diferença apurada entre o custo de captação de recursos para o agente financeiro e o custo do financiamento contratado com o beneficiário, sempre que o agente financeiro for o Banco Nacional de Desenvolvimento Econômico e Social - BNDES;

b) das comissões devidas pela concessão de financiamentos realizados com recursos do FMM e de outras fontes, a título de administração ou risco das operações contratadas até a publicação desta Lei; e

c) de juros equivalentes à taxa referencial do Sistema Especial de Liquidação e de Custódia - SELIC, para títulos federais, incidentes sobre os adiantamentos de recursos realizados pelo agente financeiro com recursos de outras fontes, destinados ao pagamento das comissões de risco devidas em operações de repasse de recursos do FMM;

III - no financiamento da diferença entre o custo interno efetivo de construção de embarcações e o valor das operações contratadas, com recursos do FMM e de outras fontes, limitada a 10% (dez por cento) do valor do contrato de construção de embarcação destinada ao mercado interno;

IV - em crédito reserva, até o limite de 20% (vinte por cento) do valor do contrato de financiamento concedido com recursos do FMM e de outras fontes à produção de embarcação destinada à exportação, visando a assegurar o término da obra, no caso de descumprimento da correspondente obrigação de fazer por parte do estaleiro;

V - em programas especiais direcionados à pesca artesanal ou ao transporte de passageiros, considerados atividades prioritárias e de relevante interesse social, com redução de encargos financeiros referentes a juros e atualização monetária, conforme dispuser o Conselho Monetário Nacional, por proposta do Ministro de Estado dos Transportes; e

VI - em despesas relativas à arrecadação, gestão e utilização dos recursos do FMM.

Parágrafo único. As comissões de que trata a alínea b do inciso II deste artigo continuarão a ser reguladas pelas regras do Conselho Monetário Nacional vigentes na data da publicação desta Lei, e poderão ser pagas ao agente financeiro, mediante retenção nas prestações recebidas dos mutuários.

ART. 27. O financiamento concedido com recursos do FMM, destinado à construção, jumborização, conversão, modernização ou reparação de embarcação, poderá ter como garantias a alienação fiduciária, a hipoteca da embarcação financiada ou de outras embarcações, a fiança bancária, a cessão de direitos creditórios e aquelas emitidas pelo Fundo de Garantia para a Indústria Naval - FGIN.

§ 1º A alienação fiduciária só terá validade e eficácia após sua inscrição no Registro de Propriedade Marítima, no Tribunal Marítimo, aplicando-se-lhe, no que couber, o disposto na legislação vigente.

§ 2º O agente financeiro, a seu critério, poderá aceitar outras modalidades de garantia além das previstas no *caput* deste artigo.

ART. 28. A alienação da embarcação que, para construção, jumborização, conversão, modernização ou reparação, tenha sido objeto de financiamento com recursos do FMM dependerá de prévia autorização do Ministério dos Transportes, consultado o Conselho Diretor do Fundo da Marinha Mercante - CDFMM, quando o risco da operação for do Fundo, conforme disposto em regulamento.

ART. 29. O FMM terá como agente financeiro o Banco Nacional de Desenvolvimento Econômico e Social - BNDES e, nas condições fixadas em ato do CDFMM, os bancos oficiais federais.

§ 1º O BNDES poderá habilitar seus agentes financeiros para atuar nas operações de financiamento com recursos do FMM, continuando a suportar os riscos perante o FMM.

§ 2º Nas operações a que se refere o art. 26, inciso I, alínea d, desta Lei, o FMM, com autorização expressa do Ministro de Estado dos Transportes, concederá o empréstimo diretamente à Marinha do Brasil, sem a intermediação de agente financeiro, devendo os desembolsos anuais decorrentes desta operação observar a dotação prevista no orçamento da Marinha do Brasil para o projeto financiado, e respeitar os limites de movimentação de empenho e de pagamento dos decretos de programação financeira.

ART. 30. Os riscos resultantes das operações com recursos do FMM serão suportados pelos agentes financeiros, na forma que dispuser o Conselho Monetário Nacional, por proposta do Ministro de Estado dos Transportes.

Parágrafo único. Continuarão suportados pelo FMM, até final liquidação, os riscos das operações aprovadas pelo Ministro de Estado dos Transportes com base no § 5º do art. 12 do Decreto-Lei n. 1.801, de 18 de agosto de 1980, ou contratadas até 31 de dezembro de 1987.

ART. 31. Fica a União autorizada, nos limites da dotação orçamentária, a conceder subvenção econômica, em percentual, sobre o prêmio do seguro-garantia modalidade executante construtor, suportado por agente segurador, que obteve da Superintendência de Seguros Privados - SUSEP autorização para operar, ou sobre os custos de carta de fiança, emitida por instituições financeiras autorizadas a funcionar pelo Banco Central do Brasil, nos termos aprovados pelo Conselho Monetário Nacional, quando eventualmente exigidos durante a construção de embarcações financiadas.

ART. 32. A decisão de contratação de financiamento com recursos do FMM será, após aprovação do agente financeiro, imediatamente encaminhada ao CDFMM.

Parágrafo único. Os agentes financeiros manterão o CDFMM atualizado dos dados de todas as operações realizadas.

ART. 33. O Conselho Monetário Nacional, por proposta do Ministro de Estado dos Transportes, baixará normas reguladoras dos empréstimos a serem concedidos pelo FMM, no que concerne:

I - aos encargos financeiros e prazos;

II - às comissões devidas pelo mutuário pela concessão de financiamentos realizados com recursos do Fundo e de outras fontes, a título de administração ou risco das operações; e

III - à comissão devida pelo mutuário pela administração de operações aprovadas pelo Ministro de Estado dos Transportes com base no § 5º do art. 12 do Decreto-Lei n. 1.801, de 18 de agosto de 1980.

Parágrafo único. O somatório das comissões a que alude o inciso II deste artigo será menor que a taxa de juros dos respectivos financiamentos para os contratos celebrados a partir da edição desta Lei.

ART. 34. Os programas anuais de aplicação dos recursos do FMM serão aprovados pelo Ministro de Estado dos Transportes, sem prejuízo do disposto no art. 4º, § 1º, do Decreto-Lei n. 1.754, de 31 de dezembro de 1979.

ART. 35. Os recursos do FMM destinados a financiamentos liberados durante a fase de construção, bem como os respectivos saldos devedores, poderão, de comum acordo entre o tomador e o agente financeiro: (Alterado pela Lei 11.434/2006.)

I - ter como remuneração nominal: (Alterado pela Lei 13.483/2017.)

a) a Taxa de Juros de Longo Prazo (TJLP) do respectivo período, no caso dos financiamentos contratados com recursos do FMM que tenham previsto a TJLP como remuneração nominal, nos termos da legislação em vigor; ou (Incluída pela Lei n. 13.483, de 2017.)

b) aquela a que fazem jus os recursos do FMM aplicados pelas instituições financeiras oficiais federais em operações de financiamento, nos demais casos; (Incluída pela Lei n. 13.483, de 2017.)

II - ser referenciados pelo contravalor, em moeda nacional, da cotação do dólar norte-americano, divulgada pelo Banco Central do Brasil; ou (Incluído pela Lei n. 11.434, de 2006)

III - ter a combinação dos critérios referidos nos incisos I e II do *caput* deste artigo, na proporção a ser definida pelo tomador. (Incluído pela Lei n. 11.434, de 2006)

§§ 1º e **2ª** (Revogados). (Alterado pela Lei 11.434/2006.)

§ 3º Após a contratação do financiamento, a alteração do critério escolhido pelo tomador dependerá do consenso das partes. (Alterado pela Lei 11.434/2006.)

ART. 36. (Vetado)

ART. 37. Fica instituída a Taxa de Utilização do MERCANTE.

§ 1º A taxa a que se refere este artigo será devida na emissão do número "conhecimento de embarque do MERCANTE - CE-MERCANTE", à razão de R$ 50,00 (cinquenta reais) por unidade, e cobrada a partir de 1º de janeiro de 2005.

§ 2º Fica o Poder Executivo autorizado a reduzir o valor da Taxa de Utilização do MERCANTE fixado no § 1º deste artigo e a aumentá-lo, até o limite definido no referido parágrafo.

§ 3º A taxa de que trata o *caput* não incide sobre: (Alterado pela Lei 12.599/2012.)

I - as cargas destinadas ao exterior; e (Acrescentado pela Lei 12.599/2012.)

II - as cargas isentas do pagamento do AFRMM, conforme previsto no art. 14. (Acrescentado pela Lei 12.599/2012.)

III - as cargas submetidas à pena de perdimento, nos termos do inciso II do parágrafo único do art. 4º. (Acrescentado pela Lei 12.788/2013.)

§ 4º O produto da arrecadação da taxa de que trata o *caput* fica vinculado ao Fundo Especial de Desenvolvimento e Aperfeiçoamento das Atividades de Fiscalização - FUNDAF, instituído pelo art. 6º do Decreto-Lei n. 1.437, de 17 de dezembro de 1975. (Acrescentado pela Lei 12.599/2012.)

ART. 38. O FMM destinará, até 31 de dezembro de 2011, às empresas brasileiras de navegação, mediante crédito na conta vinculada, R$ 0,75 (setenta e cinco centavos de real) para cada R$ 1,00 (um real) de AFRMM gerado na navegação de cabotagem ou no transporte de granéis na navegação de longo curso, bem como na navegação fluvial e lacustre no transporte de granéis líquidos nas regiões Norte e Nordeste, por embarcações construídas em estaleiro brasileiro com tripulação brasileira e entregues a partir de 26 de março de 2004.

§§ 1º e **2º** (Vetados)

§ 3º O depósito do crédito na conta vinculada será processado e efetuado pela Secretaria do Tesouro Nacional, na forma prevista no *caput*. (Acrescentado pela Lei 12.599/2012.)

ART. 39. O montante da arrecadação do AFRMM e sua aplicação deverão ser divulgados de acordo com a Lei n. 9.755, de 16 de dezembro de 1998.

ARTS. 40 a 49. (Vetados)

ART. 50. Os armadores ou seus prepostos poderão exercer as atribuições de corretor de navios e de despachante aduaneiro no tocante às suas embarcações, de quaisquer bandeiras, empregadas em longo curso, em cabotagem ou navegação interior.

Parágrafo único. Só será devida remuneração aos corretores de navios e aos despachantes aduaneiros quando houver prestação efetiva de serviço.

ART. 51. (Vetado)

ART. 52. O *caput* do art. 7º da Lei n. 10.849, de 23 de março de 2004, passa a vigorar com a seguinte redação:

▸ Alteração promovida no texto da referida lei.

ART. 52-A. A Secretaria da Receita Federal do Brasil processará e viabilizará, mediante recursos decorrentes da arrecadação do AFRMM que cabem ao Fundo da Marinha Mercante - FMM, o ressarcimento às empresas brasileiras de navegação das parcelas previstas nos incisos II e III do *caput* do art. 17 que deixarem de ser recolhidas em razão da não incidência de que trata o *caput* do art. 17 da Lei n. 9.432, de 8 de janeiro de 1997. (Acrescentado pela Lei 12.599/2012.)

ART. 52-B. O disposto no art. 74 da Lei n. 9.430, de 27 de dezembro de 1996, não se aplica ao AFRMM e à Taxa de Utilização do Mercante. (Acrescentado pela Lei 12.788/2013.)

ART. 52-C. Ficam a cargo do Departamento do Fundo da Marinha Mercante a análise do direito creditório, a decisão e o pagamento dos processos de restituição e de ressarcimento referentes ao AFRMM e à Taxa de Utilização do Mercante relacionados a pedidos ocorridos até a data da vigência do ato do Poder Executivo de que trata o inciso I do art. 25 da Lei n. 12.599, de 23 de março de 2012. (Acrescentado pela Lei 12.788/2013.)

ART. 53. O Poder Executivo regulamentará o disposto nesta Lei.

ART. 54. Esta Lei entra em vigor na data de sua publicação.

ART. 55. Ficam revogados:

I - os arts. 2º a 6º e 8º a 33 do Decreto-Lei n. 2.404, de 23 de dezembro de 1987;

II - o Decreto-Lei n. 2.414, de 12 de fevereiro de 1988;

III - os arts. 7º e 9º da Lei n. 9.365, de 16 de dezembro de 1996;

IV - (Vetado); e

V - a Lei n. 10.206, de 23 de março de 2001.

Brasília, 13 de julho de 2004; 183º da Independência e 116º da República.

LUIZ INÁCIO LULA DA SILVA

LEI N. 10.925, DE 23 DE JULHO DE 2004

Reduz as alíquotas do PIS/PASEP e da COFINS incidentes na importação e na comercialização do mercado interno de fertilizantes e defensivos agropecuários e dá outras providências.

▸ *DOU*, 26.07.2004.

▸ Lei 12.794/2013 (Altera a Lei 12.546/2011, quanto à contribuição previdenciária de empresas dos setores industriais e de serviços; permite depreciação de bens de capital para apuração do Imposto de Renda; institui o Regime Especial de Incentivo ao Desenvolvimento da Infraestrutura da Indústria de Fertilizantes).

O Presidente da República. Faço saber que o Congresso Nacional decreta e eu sanciono a seguinte Lei:

ART. 1º Ficam reduzidas a 0 (zero) as alíquotas da contribuição para o PIS/PASEP e da Contribuição para o Financiamento da Seguridade Social - COFINS incidentes na importação e sobre a receita bruta de venda no mercado interno de:

▸ Dec. 5.630/2005 (Dispõe sobre a redução a zero das alíquotas da Contribuição para o PIS/PASEP e da COFINS incidentes na importação e na comercialização no mercado interno de adubos, fertilizantes, defensivos agropecuários e outros produtos, de que trata o art. 1º da Lei 10.925/2004).

I - adubos ou fertilizantes classificados no Capítulo 31, exceto os produtos de uso veterinário, da Tabela de Incidência do Imposto sobre Produtos Industrializados - TIPI, aprovada pelo Decreto n. 4.542, de 26 de dezembro de 2002, e suas matérias-primas;

II - defensivos agropecuários classificados na posição 38.08 da TIPI e suas matérias-primas;

III - sementes e mudas destinadas à semeadura e plantio, em conformidade com o disposto na Lei n. 10.711, de 5 de agosto de 2003, e produtos de natureza biológica utilizados em sua produção;

IV - corretivo de solo de origem mineral classificado no Capítulo 25 da TIPI;

V - produtos classificados nos códigos 0713.33.19, 0713.33.29, 0713.33.99, 1006.20, 1006.30 e 1106.20 da TIPI;

VI - inoculantes agrícolas produzidos a partir de bactérias fixadoras de nitrogênio, classificados no código 3002.90.99 da TIPI;

VII - produtos classificados no Código 3002.30 da TIPI; e

VIII - (Vetado.)

IX - farinha, grumos e sêmolas, grãos esmagados ou em flocos, de milho, classificados, respectivamente, nos códigos 1102.20, 1103.13 e 1104.19, todos da TIPI; (Incluído pela Lei 11.051/2004.)

X - pintos de 1 (um) dia classificados no código 0105.11 da TIPI; (Incluído pela Lei 11.051/2004.)

XI - leite fluido pasteurizado ou industrializado, na forma de ultrapasteurizado, leite em pó, integral, semidesnatado ou desnatado, leite fermentado, bebidas e compostos lácteos e fórmulas infantis, assim definidas conforme previsão legal específica, destinados ao consumo humano ou utilizados na industrialização de produtos que se destinam ao consumo humano; (Redação dada pela Lei 11.488/2007.)

XII - queijos tipo mozarela, minas, prato, queijo de coalho, ricota, requeijão, queijo provolone, queijo parmesão, queijo fresco não maturado e queijo do reino; (Redação dada pela Lei 12.655/2012.)

XIII - soro de leite fluido a ser empregado na industrialização de produtos destinados ao consumo humano. (Incluído pela Lei 11.488/2007.)

XIV - farinha de trigo classificada no código 1101.00.10 da Tipi; (Incluído pela Lei 11.787/2008.)

XV - trigo classificado na posição 10.01 da Tipi; e (Incluído pela Lei 11.787/2008.)

XVI - pré-misturas próprias para fabricação de pão comum e pão comum classificados, respectivamente, nos códigos 1901.20.00 Ex 01 e 1905.90.90 Ex 01 da Tipi. (Incluído pela Lei 11.787/2008.)

XVII - (Vetado.) (Incluído pela Lei 12.096/2009.)

XVIII - massas alimentícias classificadas na posição 19.02 da Tipi. (Incluído pela Lei 12.655/2012.)

XIX - carnes bovina, suína, ovina, caprina e de aves e produtos de origem animal classificados nos seguintes códigos da Tipi:

a) 02.01, 02.02, 0206.10.00, 0206.2, 0210.20.00, 0506.90.00, 0510.00.10 e 1502.10.1;

b) 02.03, 0206.30.00, 0206.4, 02.07, 02.09 e 0210.1 e carne de frango classificada nos códigos 0210.99.00;

c) 02.04 e miudezas comestíveis de ovinos e caprinos classificadas no código 0206.80.00;

d) (Vetado);

XX - peixes e outros produtos classificados nos seguintes códigos da Tipi:

a) 03.02, exceto 0302.90.00;

b) 03.03 e 03.04;

c) (Vetado);

XXI - café classificado nos códigos 09.01 e 2101.1 da Tipi;

XXII - açúcar classificado nos códigos 1701.14.00 e 1701.99.00 da Tipi;

XXIII - óleo de soja classificado na posição 15.07 da Tipi e outros óleos vegetais classificados nas posições 15.08 a 15.14 da Tipi;

XXIV - manteiga classificada no código 0405.10.00 da Tipi;

XXV - margarina classificada no código 1517.10.00 da Tipi;

XXVI - sabões de toucador classificados no código 3401.11.90 Ex 01 da Tipi;

XXVII - produtos para higiene bucal ou dentária classificados na posição 33.06 da Tipi;

XXVIII - papel higiênico classificado no código 4818.10.00 da Tipi;

XXIX a XLII - (Vetados);

§ 1º (Revogado pela Lei 12.839/2013.)

§ 2º O Poder Executivo poderá regulamentar a aplicação das disposições deste artigo. (Incluído pela Lei 11.787/2008.)

§ 3º No caso do inciso XVIII do *caput*, a redução a zero das alíquotas aplica-se até 31 de dezembro de 2013. (Alterado pela Lei 12.794/2013.)

§ 3º (Revogado pela Lei 12.839/2013.)

§ 4º Aplica-se a redução de alíquotas de que trata o *caput* também à receita bruta decorrente das saídas do estabelecimento industrial, na industrialização por conta e ordem de terceiros dos bens e produtos classificados nas posições 01.03, 01.05, 02.03, 02.06.30.00, 0206.4, 02.07 e 0210.1 da Tipi.

§§ 5º a 7º (Vetados).

ART. 2º O art. 14 da Lei n. 10.336, de 19 de dezembro de 2001, passa a vigorar com a seguinte redação:

▸ Alterações promovidas no texto da referida lei.

ART. 3º O art. 3º da Lei n. 10.485, de 3 de julho de 2002, passa a vigorar com a seguinte redação:

▸ Alterações promovidas no texto da referida lei.

ART. 4º Os arts. 2º, 5º-A e 11 da Lei n. 10.637, de 30 de dezembro de 2002, passam a vigorar com a seguinte redação:

▸ Alterações promovidas no texto da referida lei.

ART. 5º Os arts. 2º, 3º, 10, 12, 15, 31, 35, 51 e 52 da Lei n. 10.833, de 29 de dezembro de 2003, passam a vigorar com a seguinte redação:

▸ Alterações promovidas no texto da referida lei.

ART. 6º Os arts. 8º, 9º, 14-A, 15, 17, 28, 40 e 42 da Lei n. 10.865, de 30 de abril de 2004, passam a vigorar com a seguinte redação:

▸ Alterações promovidas no texto da referida lei.

ART. 7º Poderá ser efetuada até o último dia útil do mês de julho de 2004 a opção de que trata:

I - o art. 42 da Lei n. 10.865, de 30 de abril de 2004, para as pessoas jurídicas referidas no art. 3º da Lei n. 10.485, de 3 de julho de 2002; e

II - o art. 52 da Lei n. 10.865, de 30 de abril de 2004, para as pessoas jurídicas envasadoras de água classificada no código 22.01 da TIPI.

ART. 8º As pessoas jurídicas, inclusive cooperativas, que produzam mercadorias de origem animal ou vegetal, classificadas nos capítulos 2, 3, exceto os produtos vivos desse capítulo, e 4, 8 a 12, 15, 16 e 23, e nos códigos 03.02, 03.03, 03.04, 03.05, 0504.00, 0701.90.00, 0702.00.00, 0706.10.00, 07.08, 0709.90, 07.10, 07.12 a 07.14, exceto os códigos 0713.33.19, 0713.33.29 e 0713.33.99, 1701.11.00, 1701.99.00, 1702.90.00, 18.01, 18.03, 1804.00.00, 1805.00.00, 20.09, 2101.11.10 e 2209.00.00, todos da NCM, destinadas à alimentação humana ou animal, poderão deduzir da Contribuição para o PIS/Pasep e da Cofins, devidas em cada período de apuração, crédito presumido, calculado sobre o valor dos bens referidos no inciso II do *caput* do art. 3º das Leis n. 10.637, de 30 de dezembro de 2002, e 10.833, de 29 de dezembro de 2003, adquiridos de pessoa física ou recebidos de cooperado pessoa física. (Redação dada pela Lei 11.051/2004.)

- Lei 12.350/2010 (Dispõe sobre medidas tributárias referentes à realização, no Brasil, da Copa das Confederações Fifa 2013 e da Copa do Mundo Fifa 2014; promove desoneração tributária de subvenções governamentais destinadas ao fomento das atividades de pesquisa tecnológica e desenvolvimento de inovação tecnológica nas empresas).
- Lei 12.599/2012 (legislação alteradora).
- art. 2º, Lei 12.839/2013 (A partir da data de publicação desta lei o disposto neste artigo não mais se aplica aos produtos classificados nos códigos 02.04, 0206.80.00, 03.02, 03.03, 03.04, 0405.10.00, 15.07 a 15.14, 1517.10.00, 1701.14.00 e 1701.99.00 da Tipi).
- art. 30, Lei 12.865/2013 (A partir da data de publicação desta Lei, o disposto neste artigo não mais se aplica aos produtos classificados nos códigos 12.01, 1208.10.00, 2304.00 e 2309.10.00 da Tipi).

§ 1º O disposto no *caput* deste artigo aplica-se também às aquisições efetuadas de:

I - cerealista que exerça cumulativamente as atividades de limpar, padronizar, armazenar e comercializar os produtos *in natura* de origem vegetal classificados nos códigos 09.01, 10.01 a 10.08, exceto os dos códigos 1006.20 e 1006.30, e 18.01, todos da Nomenclatura Comum do Mercosul (NCM); (Alterado pela Lei 12.865/2013.)

II - pessoa jurídica que exerça cumulativamente as atividades de transporte, resfriamento e venda a granel de leite *in natura*; e

III - pessoa jurídica que exerça atividade agropecuária e cooperativa de produção agropecuária. (Redação dada pela Lei 11.051/2004.)

§ 2º O direito ao crédito presumido de que tratam o *caput* e o § 1º deste artigo só se aplica aos bens adquiridos ou recebidos, no mesmo período de apuração, de pessoa física ou jurídica residente ou domiciliada no País, observado o disposto no § 4º do art. 3º das Leis n. 10.637, de 30 de dezembro de 2002, e 10.833, de 29 de dezembro de 2003.

§ 3º O montante do crédito a que se referem o *caput* e o § 1º deste artigo será determinado mediante aplicação, sobre o valor das mencionadas aquisições, de alíquota correspondente a:

- art. 8º, Lei 12.839/2013 (Reduz a zero as alíquotas da Contribuição para o PIS/Pasep, da Cofins, da Contribuição para o PIS/Pasep-Importação e da Cofins-Importação incidentes sobre a receita decorrente da venda no mercado interno e sobre a importação de produtos que compõem a cesta básica), que estabelece:

"Art. 8º O saldo de créditos presumidos apurados na forma do § 3º do art. 8º da Lei n. 10.925, de 23 de julho de 2004, relativo aos bens classificados nos códigos 01.04, 02.04 e 0206.80.00 da NCM, existentes na data de publicação da Medida Provisória n. 609, de 8 de março de 2013, poderá:

I - ser compensado com débitos próprios, vencidos ou vincendos, relativos a tributos e contribuições administrados pela Secretaria da Receita Federal do Brasil, observada a legislação específica aplicável à matéria; ou

II - ser ressarcido em dinheiro, observada a legislação específica aplicável à matéria.

Parágrafo único. O disposto neste artigo aplica-se aos créditos presumidos que tenham sido apurados em relação a custos, despesas e encargos vinculados à receita de exportação, observado o disposto nos §§ 8º e 9º do art. 3º da Lei n. 10.637, de 30 de dezembro de 2002, e §§ 8º e 9º do art. 3º da Lei n. 10.833, de 29 de dezembro de 2003."

I - 60% (sessenta por cento) daquela prevista no art. 2º da Lei n. 10.637, de 30 de dezembro de 2002, e no art. 2º da Lei n. 10.833, de 29 de dezembro de 2003, para os produtos de origem animal classificados nos Capítulos 2, 3, 4, exceto leite *in natura*, 16, e nos códigos 15.01 a 15.06, 1516.10, e as misturas ou preparações de gorduras ou de óleos animais dos códigos 15.17 e 15.18; (Alterado pela Lei 13.137/2015. Vigência: no 1º dia do 4º mês subsequente ao da sua publicação.)

II - (Revogado pela Lei 12.865/2013.)

III - 35% (trinta e cinco por cento) daquela prevista no art. 2º das Leis n. 10.637, de 30 de dezembro de 2002, e 10.833, de 29 de dezembro de 2003, para os demais produtos. (Incluído pela Lei 11.488/2007.)

IV - 50% (cinquenta por cento) daquela prevista no *caput* do art. 2º da Lei n. 10.637, de 30 de dezembro de 2002, e no *caput* do art. 2º da Lei n. 10.833, de 29 de dezembro de 2003, para o leite *in natura*, adquirido por pessoa jurídica, inclusive cooperativa, regularmente habilitada, provisória ou definitivamente, perante o Poder Executivo na forma do art. 9º-A; (Acrescentado pela Lei 13.137/2015. Vigência: no 1º dia do 4º mês subsequente ao da sua publicação.)

V - 20% (vinte por cento) daquela prevista no *caput* do art. 2º da Lei n. 10.637, de 30 de dezembro de 2002, e no *caput* do art. 2º da Lei n. 10.833, de 29 de dezembro de 2003, para o leite *in natura*, adquirido por pessoa jurídica, inclusive cooperativa, não habilitada perante o Poder Executivo na forma do art. 9º-A. (Acrescentado pela Lei 13.137/2015. Vigência: no 1º dia do 4º mês subsequente ao da sua publicação.)

§ 4º É vedado às pessoas jurídicas de que tratam os incisos I a III do § 1º deste artigo o aproveitamento:

I - do crédito presumido de que trata o *caput* deste artigo;

II - de crédito em relação às receitas de vendas efetuadas com suspensão às pessoas jurídicas de que trata o *caput* deste artigo.

§ 5º Relativamente ao crédito presumido de que tratam o *caput* e o § 1º deste artigo, o valor das aquisições não poderá ser superior ao que vier a ser fixado, por espécie de bem, pela Secretaria da Receita Federal.

§ 6º (Revogado pela Lei 12.599/2012.)

§ 7º (Revogado pela Lei 12.599/2012.)

§ 8º (Sem eficácia. V. Dec. Leg. 247/2012.)

§ 9º (Sem eficácia. V. Ato Declaratório do Presidente da Mesa do Congresso Nacional 25/2012.)

§ 10. Para efeito de interpretação do inciso I do § 3º, o direito ao crédito na alíquota de 60% (sessenta por cento) abrange todos os insumos utilizados nos produtos ali referidos. (Acrescentado pela Lei 12.865/2013.)

- Lei 12.655/2012 (legislação alteradora).
- Dec. Leg. 247/2012 (Disciplina as relações jurídicas decorrentes do § 8º do art. 8º da Lei 10.925/2004, introduzido pelo art. 2º da Med. Prov. 552/ 2011).

ART. 9º A incidência da Contribuição para o PIS/Pasep e da Cofins fica suspensa no caso de venda: (Redação dada pela Lei 11.051/2004)

- Lei 12.599/2012 (legislação alteradora).
- art. 2º, Lei 12.839/2013 (A partir da data de publicação desta lei o disposto neste artigo não mais se aplica aos produtos classificados nos códigos 02.04, 0206.80.00, 03.02, 03.03, 03.04, 0405.10.00, 15.07 a 15.14, 1517.10.00, 1701.14.00 e 1701.99.00 da Tipi).
- art. 30, Lei 12.865/2013 (A partir da data de publicação desta Lei, o disposto neste artigo não mais se aplica aos produtos classificados nos códigos 12.01, 1208.10.00, 2304.00 e 2309.10.00 da Tipi).

I - de produtos de que trata o inciso I do § 1º do art. 8º desta Lei, quando efetuada por pessoas jurídicas referidas no mencionado inciso; (Incluído pela Lei 11.051/2004.)

II - de leite *in natura*, quando efetuada por pessoa jurídica mencionada no inciso II do § 1º do art. 8º desta Lei; e (Incluído pela Lei 11.051/2004.)

III - de insumos destinados à produção das mercadorias referidas no *caput* do art. 8º desta Lei, quando efetuada por pessoa jurídica ou cooperativa referidas no inciso III do § 1º do mencionado artigo. (Incluído pela Lei 11.051/2004.)

§ 1º O disposto neste artigo: (Incluído pela Lei 11.051/2004.)

I - aplica-se somente na hipótese de vendas efetuadas à pessoa jurídica tributada com base no lucro real; e (Incluído pela Lei 11.051/2004.)

II - não se aplica nas vendas efetuadas pelas pessoas jurídicas de que tratam os §§ 6º e 7º do art. 8º desta Lei. (Incluído pela Lei 11.051/2004.)

§ 2º A suspensão de que trata este artigo aplicar-se-á nos termos e condições estabelecidos pela Secretaria da Receita Federal - SRF. (Incluído pela Lei 11.051/2004.)

ART. 9º-A. A pessoa jurídica poderá utilizar o saldo de créditos presumidos de que trata o art. 8º apurado em relação a custos, despesas e encargos vinculados à produção e à comercialização de leite, acumulado até o dia anterior à publicação do ato de que trata o § 8º deste artigo ou acumulado ao final de cada trimestre do ano-calendário a partir da referida data, para: (Acrescentado pela Lei 13.137/2015. Vigência: no 1º dia do 4º mês subsequente ao da sua publicação.)

I - compensação com débitos próprios, vencidos ou vincendos, relativos a tributos administrados pela Secretaria da Receita Federal do Brasil, observada a legislação aplicável à matéria; ou (Acrescentado pela Lei 13.137/2015. Vigência: no 1º dia do 4º mês subsequente ao da sua publicação.)

II - ressarcimento em dinheiro, observada a legislação aplicável à matéria. (Acrescentado pela Lei 13.137/2015. Vigência: no 1º dia do 4º mês subsequente ao da sua publicação.)

§ 1º O pedido de compensação ou de ressarcimento do saldo de créditos de que trata o *caput* acumulado até o dia anterior à publicação do ato de que trata o § 8º somente poderá ser efetuado: (Acrescentado pela Lei 13.137/2015. Vigência: no 1º dia do 4º mês subsequente ao da sua publicação.)

I - relativamente aos créditos apurados no ano-calendário de 2010, a partir da data de publicação do ato de que trata o § 8º; (Acrescentado pela Lei 13.137/2015. Vigência: no

1º dia do 4º mês subsequente ao da sua publicação.)

II - relativamente aos créditos apurados no ano-calendário de 2011, a partir de 1º de janeiro de 2016; (Acrescentado pela Lei 13.137/2015. Vigência: no 1º dia do 4º mês subsequente ao da sua publicação.)

III - relativamente aos créditos apurados no ano-calendário de 2012, a partir de 1º de janeiro de 2017; (Acrescentado pela Lei 13.137/2015. Vigência: no 1º dia do 4º mês subsequente ao da sua publicação.)

IV - relativamente aos créditos apurados no ano-calendário de 2013, a partir de 1º de janeiro de 2018; (Acrescentado pela Lei 13.137/2015. Vigência: no 1º dia do 4º mês subsequente ao da sua publicação.)

V - relativamente aos créditos apurados no período compreendido entre 1º de janeiro de 2014 e o dia anterior à publicação do ato de que trata o § 8º, a partir de 1º de janeiro de 2019. (Acrescentado pela Lei 13.137/2015. Vigência: no 1º dia do 4º mês subsequente ao da sua publicação.)

§ 2º O disposto no *caput* em relação ao saldo de créditos presumidos apurados na forma do inciso IV do § 3º do art. 8º e acumulado ao final de cada trimestre do ano-calendário a partir da data de publicação do ato de que trata o § 8º deste artigo somente se aplica à pessoa jurídica regularmente habilitada, provisória ou definitivamente, perante o Poder Executivo. (Acrescentado pela Lei 13.137/2015. Vigência: no 1º dia do 4º mês subsequente ao da sua publicação.)

§ 3º A habilitação definitiva de que trata o § 2º fica condicionada: (Acrescentado pela Lei 13.137/2015. Vigência: no 1º dia do 4º mês subsequente ao da sua publicação.)

I - à regularidade fiscal da pessoa jurídica em relação aos tributos administrados pela Secretaria da Receita Federal do Brasil do Ministério da Fazenda; (Acrescentado pela Lei 13.137/2015. Vigência: no 1º dia do 4º mês subsequente ao da sua publicação.)

II - à realização pela pessoa jurídica interessada, no ano-calendário, de investimento no projeto de que trata o inciso III correspondente, no mínimo, a 5% (cinco por cento) do somatório dos valores dos créditos presumidos de que trata o § 3º do art. 8º efetivamente compensados com outros tributos ou ressarcidos em dinheiro no mesmo ano-calendário; (Acrescentado pela Lei 13.137/2015. Vigência: no 1º dia do 4º mês subsequente ao da sua publicação.)

III - à aprovação de projeto pelo Ministério da Agricultura, Pecuária e Abastecimento para a realização de investimentos destinados a auxiliar produtores rurais de leite no desenvolvimento da qualidade e da produtividade de sua atividade; (Acrescentado pela Lei 13.137/2015. Vigência: no 1º dia do 4º mês subsequente ao da sua publicação.)

IV - à regular execução do projeto de investimento de que trata o inciso III nos termos aprovados pelo Poder Executivo; (Acrescentado pela Lei 13.137/2015. Vigência: no 1º dia do 4º mês subsequente ao da sua publicação.)

V - ao cumprimento das obrigações acessórias estabelecidas pelo Poder Executivo para viabilizar a fiscalização da regularidade da execução do projeto de investimento de que trata o inciso III. (Acrescentado pela Lei 13.137/2015. Vigência: no 1º dia do 4º mês subsequente ao da sua publicação.)

§ 4º O investimento de que trata o inciso II do § 3º: (Acrescentado pela Lei 13.137/2015. Vigência: no 1º dia do 4º mês subsequente ao da sua publicação.)

I - poderá ser realizado, total ou parcialmente, individual ou coletivamente, por meio de aporte de recursos em instituições que se dediquem a auxiliar os produtores de leite em sua atividade, sem prejuízo da responsabilidade da pessoa jurídica interessada pela efetiva execução do projeto de investimento de que trata o inciso III do § 3º; (Acrescentado pela Lei 13.137/2015. Vigência: no 1º dia do 4º mês subsequente ao da sua publicação.)

II - não poderá abranger valores despendidos pela pessoa jurídica para cumprir requisito à fruição de qualquer outro benefício ou incentivo fiscal. (Acrescentado pela Lei 13.137/2015. Vigência: no 1º dia do 4º mês subsequente ao da sua publicação.)

§ 5º A pessoa jurídica que, em determinado ano-calendário, não alcançar o valor de investimento necessário nos termos do inciso II do § 3º poderá, em complementação, investir no projeto aprovado o valor residual até o dia 30 de junho do ano-calendário subsequente. (Acrescentado pela Lei 13.137/2015. Vigência: no 1º dia do 4º mês subsequente ao da sua publicação.)

§ 6º Os valores investidos na forma do § 5º não serão computados no valor do investimento de que trata o inciso II do § 3º apurado no ano-calendário em que foram investidos. (Acrescentado pela Lei 13.137/2015. Vigência: no 1º dia do 4º mês subsequente ao da sua publicação.)

§ 7º A pessoa jurídica que descumprir as condições estabelecidas no § 3º: (Acrescentado pela Lei 13.137/2015. Vigência: no 1º dia do 4º mês subsequente ao da sua publicação.)

I - terá sua habilitação cancelada; (Acrescentado pela Lei 13.137/2015. Vigência: no 1º dia do 4º mês subsequente ao da sua publicação.)

II - perderá o direito de utilizar o saldo de créditos presumidos de que trata o § 2º nas formas estabelecidas nos incisos I e II do *caput*, inclusive em relação aos pedidos de compensação ou ressarcimento apresentados anteriormente ao cancelamento da habilitação, mas ainda não apreciados ao tempo desta; (Acrescentado pela Lei 13.137/2015. Vigência: no 1º dia do 4º mês subsequente ao da sua publicação.)

III - não poderá habilitar-se novamente no prazo de dois anos, contados da publicação do cancelamento da habilitação; (Acrescentado pela Lei 13.137/2015. Vigência: no 1º dia do 4º mês subsequente ao da sua publicação.)

IV - deverá apurar o crédito presumido de que trata o art. 8º na forma do inciso V do § 3º daquele artigo. (Acrescentado pela Lei 13.137/2015. Vigência: no 1º dia do 4º mês subsequente ao da sua publicação.)

§ 8º Ato do Poder Executivo regulamentará o disposto neste artigo, estabelecendo, entre outros: (Acrescentado pela Lei 13.137/2015. Vigência: no 1º dia do 4º mês subsequente ao da sua publicação.)

I - os critérios para aprovação dos projetos de que trata o inciso III do § 3º apresentados pelos interessados; (Acrescentado pela Lei 13.137/2015. Vigência: no 1º dia do 4º mês subsequente ao da sua publicação.)

II - a forma de habilitação provisória e definitiva das pessoas jurídicas interessadas; (Acrescentado pela Lei 13.137/2015. Vigência: no 1º dia do 4º mês subsequente ao da sua publicação.)

III - a forma de fiscalização da atuação das pessoas jurídicas habilitadas. (Acrescentado pela Lei 13.137/2015. Vigência: no 1º dia do 4º mês subsequente ao da sua publicação.)

§ 9º A habilitação provisória será concedida mediante a apresentação do projeto de que trata o inciso III do § 3º e está condicionada à regularidade fiscal de que trata o inciso I do § 3º. (Acrescentado pela Lei 13.137/2015. Vigência: no 1º dia do 4º mês subsequente ao da sua publicação.)

§ 10. No caso de deferimento do requerimento de habilitação definitiva, cessará a vigência da habilitação provisória, e serão convalidados seus efeitos. (Acrescentado pela Lei 13.137/2015. Vigência: no 1º dia do 4º mês subsequente ao da sua publicação.)

§ 11. No caso de indeferimento do requerimento de habilitação definitiva ou de desistência do requerimento por parte da pessoa jurídica interessada, antes da decisão de deferimento ou indeferimento do requerimento, a habilitação provisória perderá seus efeitos retroativamente à data de apresentação do projeto de que trata o inciso III do § 3º, e a pessoa jurídica deverá: (Acrescentado pela Lei 13.137/2015. Vigência: no 1º dia do 4º mês subsequente ao da sua publicação.)

I - caso tenha utilizado os créditos presumidos apurados na forma do inciso IV do § 3º do art. 8º para desconto da Contribuição para o PIS/Pasep e da Cofins devidas, para compensação com outros tributos ou para ressarcimento em dinheiro, recolher, no prazo de trinta dias do indeferimento ou da desistência, o valor utilizado indevidamente, acrescido de juros de mora; (Acrescentado pela Lei 13.137/2015. Vigência: no 1º dia do 4º mês subsequente ao da sua publicação.)

II - caso não tenha utilizado os créditos presumidos apurados na forma do inciso IV do § 3º do art. 8º nas formas citadas no inciso I deste parágrafo, estornar o montante de créditos presumidos apurados indevidamente do saldo acumulado. (Acrescentado pela Lei 13.137/2015. Vigência: no 1º dia do 4º mês subsequente ao da sua publicação.)

ART. 10. Os débitos junto à Secretaria da Receita Federal ou à Procuradoria-Geral da Fazenda Nacional, apurados pelo Sistema Integrado de Pagamento de Impostos e Contribuições das Microempresas e das Empresas de Pequeno Porte - SIMPLES, relativos aos impostos e contribuições devidos pela pessoa jurídica optante nos termos da Lei n. 9.317, de 5 de dezembro de 1996, com vencimento até 30 de junho de 2004, poderão, excepcionalmente, ser objeto de parcelamento em até 60 (sessenta) prestações mensais e sucessivas.

§ 1º O parcelamento de que trata o *caput* deste artigo:

I - deverá ser requerido até 30 de setembro de 2004, não se aplicando, até a referida data, o disposto no § 2º do art. 6º da Lei n. 9.317, de 5 de dezembro de 1996;

II - reger-se-á pelo disposto nos arts. 10 a 14 da Lei n. 10.522, de 19 de julho de 2002;

III - compreenderá inclusive os tributos e contribuições administrados por outros órgãos federais ou da competência de outra entidade federada que estejam incluídos no débito apurado pela sistemática do SIMPLES.

§ 2º (Revogado pela Lei 11.033/2004.)

§ 3º O saldo remanescente de débito, decorrente de parcelamento na Secretaria da Receita Federal, concedido na forma deste artigo e posteriormente rescindido, sem prejuízo do disposto no parágrafo único do art. 13 da Lei n. 10.522, de 19 de julho de 2002, não poderá ser objeto de concessão de parcelamento no âmbito da Procuradoria-Geral da Fazenda Nacional, mesmo se requerido até a data a que se refere o inciso I do § 1º deste artigo.

ART. 11. A pessoa jurídica que tenha débitos inscritos em Dívida Ativa da União com a Procuradoria-Geral da Fazenda Nacional, cuja exigibilidade não esteja suspensa, não será excluída do SIMPLES durante o transcurso do prazo para requerer o parcelamento a que se refere o art. 10 desta Lei, salvo se incorrer em pelo menos uma das outras situações excludentes constantes do art. 9º da Lei n. 9.317, de 5 de dezembro de 1996.

§ 1º O disposto no *caput* deste artigo não impede a exclusão de ofício do SIMPLES:

I - com fundamento no inciso XV do *caput* do art. 9º da Lei n. 9.317, de 5 de dezembro de 1996, de pessoa jurídica que tenha débito inscrito em Dívida Ativa do Instituto Nacional do Seguro Social - INSS, cuja exigibilidade não esteja suspensa; ou

II - motivada por débito inscrito em Dívida Ativa decorrente da rescisão de parcelamento concedido na forma desta Lei, observado o disposto no parágrafo único do art. 13 da Lei n. 10.522, de 19 de julho de 2002.

§ 2º A exclusão de ofício, na hipótese referida no inciso II do § 1º deste artigo, surtirá efeito a partir do mês subsequente ao da inscrição do débito em Dívida Ativa, conforme o disposto no inciso II do *caput* do art. 15 da Lei n. 9.317, de 5 de dezembro de 1996, ainda que a inscrição tenha ocorrido em data anterior ao parcelamento.

ART. 12. Fica mantida a redução a 0 (zero) da alíquota do imposto de renda na fonte aplicável aos juros, comissões, despesas e descontos decorrentes de empréstimos contraídos no exterior e de colocações no exterior, a que se referem os incisos VIII e IX do art. 1º da Lei n. 9.481, de 13 de agosto de 1997, na repactuação dos prazos previstos nos contratos vigentes em 31 de dezembro de 1999, desde que não haja descumprimento das condições estabelecidas para gozo do benefício, e que a repactuação atenda às condições estabelecidas pelo Banco Central do Brasil, inclusive em relação à taxa de juros.

ART. 13. O disposto no parágrafo único do art. 53 da Lei n. 7.450, de 23 de dezembro de 1985, aplica-se na determinação da base de cálculo da contribuição para o PIS/PASEP e da COFINS das agências de publicidade e propaganda, sendo vedado o aproveitamento do crédito em relação às parcelas excluídas.

ART. 14. São isentas da contribuição para o PIS/PASEP e da COFINS a que se referem as Leis n. 10.637, de 30 de dezembro de 2002, 10.833, de 29 de dezembro de 2003, e 10.865, de 30 de abril de 2004, as receitas decorrentes da venda de energia elétrica pela Itaipu Binacional.

ART. 15. As pessoas jurídicas, inclusive cooperativas, que produzam mercadorias de origem vegetal, classificadas no código 22.04, da NCM, poderão deduzir da contribuição para o PIS/PASEP e da COFINS, devidas em cada período de apuração, crédito presumido, calculado sobre o valor dos bens referidos no inciso II do *caput* do art. 3º das Leis n. 10.637, de 30 de dezembro de 2002, e 10.833, de 29 de dezembro de 2003, adquiridos de pessoa física ou recebidos de cooperado pessoa física.

§ 1º O direito ao crédito presumido de que trata o *caput* deste artigo só se aplica aos bens adquiridos ou recebidos, no mesmo período de apuração, de pessoa física ou jurídica residente ou domiciliada no País, observado o disposto no § 4º do art. 3º das Leis n. 10.637, de 30 de dezembro de 2002, e 10.833, de 29 de dezembro de 2003.

§ 2º O montante do crédito a que se refere o *caput* deste artigo será determinado mediante aplicação, sobre o valor das aquisições, de alíquota correspondente a 35% (trinta e cinco por cento) daquela prevista no art. 2º das Leis n. 10.637, de 30 de dezembro de 2002, e 10.833, de 29 de dezembro de 2003.

§ 3º A incidência da Contribuição para o PIS/Pasep e da Cofins fica suspensa na hipótese de venda de produtos *in natura* de origem vegetal, efetuada por pessoa jurídica que exerça atividade rural e cooperativa de produção agropecuária, para pessoa jurídica tributada com base no lucro real, nos termos e condições estabelecidos pela Secretaria da Receita Federal - SRF. (Redação dada pela Lei 11.051/2004.)

§ 4º É vedado o aproveitamento de crédito pela pessoa jurídica que exerça atividade rural e pela cooperativa de produção agropecuária, em relação às receitas de vendas efetuadas com suspensão às pessoas jurídicas de que trata o *caput* deste artigo. (Redação dada pela Lei 11.051/2004.)

§ 5º Relativamente ao crédito presumido de que trata o *caput* deste artigo, o valor das aquisições não poderá ser superior ao que vier a ser fixado, por espécie de bem, pela Secretaria da Receita Federal.

ART. 16. Ficam revogados:

I - a partir do 1º (primeiro) dia do 4º (quarto) mês subsequente ao da publicação da Medida Provisória n. 183, de 30 de abril de 2004:

a) os §§ 10 e 11 do art. 3º da Lei n. 10.637, de 30 de dezembro de 2002; e

b) os §§ 5º, 6º, 11 e 12 do art. 3º da Lei n. 10.833, de 29 de dezembro de 2003;

II - a partir do 1º (primeiro) dia do 4º (quarto) mês subsequente ao da publicação desta Lei:

a) os incisos II e III do art. 50, o § 2º do art. 52, o art. 56 e o Anexo Único da Lei n. 10.833, de 29 de dezembro de 2003; e

b) os §§ 1º e 4º do art. 17 e o art. 26 da Lei n. 10.865, de 30 de abril de 2004;

III - (Vetado.)

ART. 17. Produz efeitos:

I - a partir do 1º (primeiro) dia do 4º (quarto) mês subsequente ao de publicação desta Lei, o disposto:

a) no art. 2º desta Lei;

› Lei 10.336/2001 (Institui Contribuição de Intervenção no Domínio Econômico incidente sobre a importação e a comercialização de petróleo e seus derivados, gás natural e seus derivados, e álcool etílico combustível - Cide).

b) no art. 4º desta Lei, quanto às alterações promovidas nos arts. 2º e 11 da Lei n. 10.637, de 30 de dezembro de 2002;

c) no art. 5º desta Lei, quanto às alterações promovidas no § 1º do art. 2º e no art. 51 da Lei n. 10.833, de 29 de dezembro de 2003; e

d) no art. 6º desta Lei, quanto às alterações promovidas no art. 8º, § 7º, da Lei n. 10.865, de 30 de abril de 2004;

II - na data da publicação desta Lei, o disposto:

a) nos arts. 1º, 3º, 7º, 10, 11, 12 e 15 desta Lei;

b) no art. 4º desta Lei, quanto às alterações promovidas no art. 5º-A da Lei n. 10.637, de 30 de dezembro de 2002;

c) no art. 5º desta Lei, quanto às alterações promovidas no § 4º do art. 2º e nos arts. 3º, 10, 12, 15, 31, 35 e 52 da Lei n. 10.833, de 29 de dezembro de 2003; e

d) no art. 6º desta Lei, quanto às alterações promovidas no § 12, incisos VI, VII e XII, e § 14 do art. 8º e nos §§ 9º e 10 do art. 15 e nos arts. 14-A, 17, 28 e 40 da Lei n. 10.865, de 30 de abril de 2004;

III - a partir de 1º de agosto de 2004, o disposto nos arts. 8º e 9º desta Lei;

IV - a partir de 1º de maio de 2004, o disposto no art. 14 desta Lei;

V - a partir da data de publicação da Medida Provisória n. 183, de 30 de abril de 2004, quanto às alterações promovidas no art. 42 da Lei n. 10.865, de 30 de abril de 2004.

ART. 18. Esta Lei entra em vigor na data de sua publicação.

Brasília, 23 de julho de 2004; 183º da Independência e 116º da República.

LUIZ INÁCIO LULA DA SILVA

LEI N. 10.964, DE 28 DE OUTUBRO DE 2004

Dá nova redação a dispositivos das Leis de n. 8.010, de 29 de março de 1990, e 8.032, de 12 de abril de 1990, para estender a cientistas e pesquisadores a isenção tributária relativa a bens destinados à pesquisa científica e tecnológica; e faculta a inscrição no Sistema Integrado de Pagamento de Impostos e Contribuições das Microempresas e das Empresas de Pequeno Porte - SIMPLES, das pessoas jurídicas que especifica.

› *DOU*, 29.10.2004.

O Presidente da República. Faço saber que o Congresso Nacional decreta e eu sanciono a seguinte Lei:

ART. 1º O § 2º do art. 1º da Lei n. 8.010, de 29 de março de 1990, passa a vigorar com a seguinte redação:

› Alterações promovidas no texto da referida lei.

ART. 2º As alíneas a e b do § 2º do art. 2º da Lei n. 8.010, de 29 de março de 1990, passam a vigorar com a seguinte redação:

› Alterações promovidas no texto da referida lei.

ART. 3º O inciso I do art. 2º da Lei n. 8.032, de 12 de abril de 1990, passa a vigorar acrescido da seguinte alínea f:

› Alterações promovidas no texto da referida lei.

ART. 4º Ficam excetuadas da restrição de que trata o inciso XIII do art. 9º da Lei n. 9.317, de 5 de dezembro de 1996, as pessoas jurídicas que se dediquem às seguintes atividades: (Redação dada pela Lei 11.051/2004.)

I - serviços de manutenção e reparação de automóveis, caminhões, ônibus e outros veículos pesados; (Redação dada pela Lei 11.051/2004.)

II - serviços de instalação, manutenção e reparação de acessórios para veículos automotores; (Redação dada pela Lei 11.051/2004.)

III - serviços de manutenção e reparação de motocicletas, motonetas e bicicletas; (Redação dada pela Lei 11.051/2004.)

IV - serviços de instalação, manutenção e reparação de máquinas de escritório e de informática; (Redação dada pela Lei 11.051/2004.)

V - serviços de manutenção e reparação de aparelhos eletrodomésticos. (Redação dada pela Lei 11.051/2004.)

§ 1º Fica assegurada a permanência no Sistema Integrado de Pagamento de Impostos e Contribuições das Microempresas e das Empresas de Pequeno Porte - SIMPLES, com efeitos retroativos à data de opção da empresa, das pessoas jurídicas de que trata o *caput* deste artigo que tenham feito a opção pelo sistema em data anterior à publicação desta Lei, desde que não se enquadrem nas demais hipóteses de vedação previstas na legislação. (Redação dada pela Lei 11.051/2004.)

§ 2º As pessoas jurídicas de que trata o *caput* deste artigo que tenham sido excluídas do SIMPLES exclusivamente em decorrência do disposto no inciso XIII do art. 9º da Lei n. 9.317, de 5 de dezembro de 1996, poderão solicitar o retorno ao sistema, com efeitos retroativos à data de opção desta, nos termos, prazos e condições estabelecidos pela Secretaria da Receita Federal - SRF, desde que não se enquadrem nas demais hipóteses de vedação previstas na legislação. (Redação dada pela Lei 11.051/2004.)

§ 3º Na hipótese de a exclusão de que trata o § 2º deste artigo ter ocorrido durante o ano-calendário de 2004 e antes da publicação desta Lei, a Secretaria da Receita Federal - SRF promoverá a reinclusão de ofício dessas pessoas jurídicas retroativamente à data de opção da empresa. (Redação dada pela Lei 11.051/2004.)

§ 4º Aplica-se o disposto no art. 2º da Lei n. 10.034, de 24 de outubro de 2000, a partir de 1º de janeiro de 2004. (Redação dada pela Lei 11.051/2004.)

ART. 5º Esta Lei entra em vigor na data de sua publicação.

Brasília, 28 de outubro de 2004; 183º da Independência e 116º da República.

LUIZ INÁCIO LULA DA SILVA

LEI N. 10.996, DE 15 DE DEZEMBRO DE 2004

Altera a legislação tributária federal e as Leis n. 10.637, de 30 de dezembro de 2002, e 10.833, de 29 de dezembro de 2003.

- *DOU*, 16.12.2004.
- Conversão da Med. Prov. 202/2004.

O Presidente da República. Faço saber que o Congresso Nacional decreta e eu sanciono a seguinte Lei:

ART. 1º Fica excluída, para fins de incidência na fonte e no ajuste anual do imposto de renda da pessoa física, a quantia de R$ 100,00 (cem reais) mensais do total dos rendimentos tributáveis provenientes do trabalho assalariado pagos nos meses de agosto a dezembro do ano-calendário de 2004.

Parágrafo único. O disposto no *caput* deste artigo aplica-se, também, ao 13º (décimo terceiro) salário para fins de incidência do imposto de renda na fonte.

ART. 2º Ficam reduzidas a 0 (zero) as alíquotas da Contribuição para o PIS/PASEP e da Contribuição para o Financiamento da Seguridade Social - COFINS incidentes sobre as receitas de vendas de mercadorias destinadas ao consumo ou à industrialização na Zona Franca de Manaus - ZFM, por pessoa jurídica estabelecida fora da ZFM.

§ 1º Para os efeitos deste artigo, entendem-se como vendas de mercadorias de consumo na Zona Franca de Manaus - ZFM as que tenham como destinatárias pessoas jurídicas que as venham utilizar diretamente ou para comercialização por atacado ou a varejo.

§ 2º Aplicam-se às operações de que trata o *caput* deste artigo as disposições do inciso II do § 2º do art. 3º da Lei n. 10.637, de 30 de dezembro de 2002, e do inciso II do § 2º do art. 3º da Lei n. 10.833, de 29 de dezembro de 2003.

§ 3º As disposições deste artigo aplicam-se às vendas de mercadorias destinadas ao consumo ou à industrialização nas Áreas de Livre Comércio de que tratam as Leis n. 7.965, de 22 de dezembro de 1989, 8.210, de 19 de julho de 1991, e 8.256, de 25 de novembro de 1991, o art. 11 da Lei n. 8.387, de 30 de dezembro de 1991, e a Lei n. 8.857, de 8 de março de 1994, por pessoa jurídica estabelecida fora dessas áreas. (Incluído pela Lei 11.945/2009).

§ 4º Não se aplica o disposto neste artigo às vendas de mercadorias que tenham como destinatárias pessoas jurídicas atacadistas e varejistas, sujeitas ao regime de apuração não cumulativa da Contribuição para o PIS/Pasep e da Cofins, estabelecidas nas Áreas de Livre Comércio referidas no § 3º. (Incluído pela Lei 12.350/2010.)

§ 5º Nas notas fiscais relativas à venda de que trata o *caput* deste artigo, deverá constar a expressão "Venda de mercadoria efetuada com alíquota zero da Contribuição para o PIS/Pasep e da Cofins", com a especificação do dispositivo legal correspondente. (Incluído pela Lei 12.350/2010.)

§ 6º O disposto neste artigo não se aplica aos produtos de que trata o art. 14 da Lei n. 13.097, de 19 de janeiro de 2015. (Acrescentado pela Lei 13.137/2015. Vigência: no 1º dia do 4º mês subsequente ao da sua publicação.)

ART. 3º Os arts. 2º e 3º da Lei n.10.637, de 30 de dezembro de 2002, passam a vigorar com a seguinte redação:

- Alterações promovidas no texto da referida lei.

ART. 4º Os arts. 2º e 3º da Lei n. 10.833, de 29 de dezembro de 2003, passam a vigorar com a seguinte redação:

- Alterações promovidas no texto da referida lei.

ART. 5º A suspensão da exigibilidade da Contribuição para o PIS/PASEP incidente na importação de produtos estrangeiros ou serviços e da COFINS devida pelo importador de bens estrangeiros ou serviços do exterior, prevista nos arts. 14, § 1º, e 14-A da Lei n. 10.865, de 30 de abril de 2004, será resolvida mediante a aplicação de alíquota 0 (zero), quando as mercadorias importadas forem utilizadas em processo de fabricação de matérias-primas, produtos industrializados finais, por estabelecimentos situados na Zona Franca de Manaus - ZFM, consoante projeto aprovado pelo Conselho de Administração da Superintendência da Zona Franca de Manaus - SUFRAMA.

- Lei 11.119/2005 (Altera a Legislação Tributária Federal).

ART. 6º Esta Lei entra em vigor na data de sua publicação.

Brasília, 15 de dezembro de 2004; 183º da Independência e 116º da República.

LUIZ INÁCIO LULA DA SILVA

LEI N. 10.999, DE 15 DE DEZEMBRO DE 2004

Autoriza a revisão dos benefícios previdenciários concedidos com data de início posterior a fevereiro de 1994 e o pagamento dos valores atrasados nas condições que especifica.

- *DOU*, 16.12.2004.
- Conversão da Med. Prov. 201/2004.

O Presidente da República. Faço saber que o Congresso Nacional decreta e eu sanciono a seguinte Lei:

ART. 1º Fica autorizada, nos termos desta Lei, a revisão dos benefícios previdenciários concedidos com data de início posterior a fevereiro de 1994, recalculando-se o salário-de-benefício original, mediante a inclusão, no fator de correção dos salários-de-contribuição anteriores a março de 1994, do percentual de 39,67% (trinta e nove inteiros e sessenta e sete centésimos por cento), referente ao Índice de Reajuste do Salário Mínimo - IRSM do mês de fevereiro de 1994.

ART. 2º Terão direito à revisão os segurados ou seus dependentes, beneficiários do Regime Geral de Previdência Social - RGPS, que se enquadrem no disposto no art. 1º desta Lei e venham a firmar, até 31 de outubro de 2005, o Termo de Acordo, na forma do Anexo I desta Lei, ou, caso tenham ajuizado ação até 26 de julho de 2004 cujo objeto seja a revisão referida no art. 1º desta Lei, o Termo de Transação Judicial, na forma do Anexo II desta Lei.

§ 1º Não serão objeto da revisão prevista no *caput* deste artigo os benefícios do Regime Geral de Previdência Social que:

I - não tenham utilizado salários-de-contribuição anteriores a março de 1994 no cálculo do salário-de-benefício; ou

II - tenham sido decorrentes de outros benefícios cujas datas de início sejam anteriores a fevereiro de 1994, inclusive.

§ 2º Aos benefícios revistos nos termos do *caput* deste artigo aplicam-se o § 2º do art. 29 da Lei n. 8.213, de 24 de julho de 1991, o art. 26 da Lei n. 8.870, de 15 de abril de 1994, e o § 3º do art. 21 da Lei n. 8.880, de 27 de maio de 1994.

§ 3º Os benefícios referidos neste artigo deverão ser revistos nos termos do art. 1º desta Lei, observando-se as regras de cálculo do salário-de-benefício, da renda mensal inicial e de reajustes previstas na legislação previdenciária em vigor em cada período.

ART. 3º Fica a Procuradoria Federal Especializada junto ao INSS autorizada a propor transação, a ser homologada judicialmente, nos processos em tramitação nos Juizados Especiais Federais ou na Justiça Comum, Federal ou Estadual, em qualquer instância, relativos à matéria delimitada nos arts. 1º e 2º desta Lei.

§ 1º A transação deverá versar, exclusivamente, sobre a revisão futura do benefício e sobre as parcelas vencidas, inclusive as natalinas, nos últimos 5 (cinco) anos anteriores a agosto de 2004, observado o disposto no art. 6º, inciso I e § 1º, desta Lei.

§ 2º O montante das parcelas referidas no § 1º deste artigo terá como limite máximo de pagamento o valor de fixação da competência dos Juizados Especiais Federais, no caso das ações de sua competência, devendo constar expressamente do Termo de Transação Judicial a renúncia irretratável aos valores eventualmente excedentes.

§ 3º O disposto no § 2º deste artigo não se aplica às transações efetivadas nas ações judiciais que tramitam na Justiça Comum, Federal ou Estadual.

§ 4º A proposta de transação judicial a ser homologada pelo juiz da causa não poderá incluir honorários advocatícios e juros de mora.

ART. 4º O pagamento mensal dos benefícios com o valor revisto nos termos do art. 1º desta Lei será feito pelo INSS, a partir da competência de agosto de 2004, para o segurado ou dependente que tenha firmado o Termo de Acordo referido no art. 2º desta Lei, observado como prazo máximo de implementação da revisão o 2º (segundo) pagamento subsequente à data de entrega do mencionado Termo de Acordo ao INSS e a seguinte programação:

I - no mês de setembro de 2004, os benefícios com número final 1 (um) e 6 (seis);

II - no mês de outubro de 2004, os benefícios com número final 2 (dois), 5 (cinco) e 7 (sete);

III - no mês de novembro de 2004, os benefícios com número final 3 (três), 8 (oito) e 0 (zero);

IV - no mês de dezembro de 2004, os benefícios com número final 4 (quatro) e 9 (nove).

§ 1º A diferença apurada a partir da competência de agosto de 2004 até a data da implementação da revisão será paga em parcelas mensais e sucessivas, atualizadas monetariamente, mês a mês, com base na variação do INPC-IBGE, em número equivalente ao de meses decorridos entre o mês de agosto de 2004 e a data da implementação da revisão.

§ 2º Caso o beneficiário exerça o direito de opção em data posterior à fixada para implementação da revisão nos prazos referidos no *caput* deste artigo, o 1º (primeiro) pagamento mensal dos benefícios com o valor revisto nos termos do art. 1º desta Lei será feito até o 2º (segundo) pagamento subsequente à data de entrega do Termo de Acordo ao INSS, observado o disposto no § 1º deste artigo.

ART. 5º O 1º (primeiro) pagamento mensal dos benefícios com o valor revisto nos termos do art. 1º desta Lei, para os segurados ou dependentes que tenham firmado o Termo de Transação Judicial, será feito pelo INSS até o 2º (segundo) pagamento subsequente à data da intimação da homologação judicial.

Parágrafo único. A diferença apurada a partir da competência de agosto de 2004 até a data de implementação da revisão, observado o disposto no *caput* deste artigo, será paga em parcelas mensais e sucessivas, corrigidas monetariamente, mês a mês, com base na variação do INPC-IBGE, em número equivalente ao de meses decorridos entre agosto de 2004 e a data de implementação da revisão.

ART. 6º O pagamento dos valores referentes aos últimos 5 (cinco) anos vencidos, anteriores a agosto de 2004, incluindo as parcelas natalinas, será feito aos segurados ou dependentes que, até 31 de outubro de 2005, firmarem o Termo de Acordo ou o Termo de Transação Judicial a que se refere o art. 2º desta Lei, mediante a aplicação dos seguintes critérios:

I - para o segurado ou dependente que tenha ajuizado ação até 26 de julho de 2004, observado o disposto nos §§ 2º e 3º do art. 3º desta Lei, conforme o caso, o montante apurado será pago em parcelas mensais, na seguinte forma:

a) até R$ 2.000,00 (dois mil reais):

1. com idade igual ou superior a 70 (setenta) anos, em 12 (doze) parcelas;
2. com idade igual ou superior a 65 (sessenta e cinco) anos e inferior a 70 (setenta) anos, em 24 (vinte e quatro) parcelas;
3. com idade igual ou superior a 60 (sessenta) anos e inferior a 65 (sessenta e cinco) anos, em 36 (trinta e seis) parcelas; e
4. com idade inferior a 60 (sessenta) anos, em 48 (quarenta e oito) parcelas;

b) entre R$ 2.000,01 (dois mil reais e um centavo) e R$ 5.000,00 (cinco mil reais):

1. com idade igual ou superior a 70 (setenta) anos, em 24 (vinte e quatro) parcelas;
2. com idade igual ou superior a 65 (sessenta e cinco) anos e inferior a 70 (setenta) anos, em 36 (trinta e seis) parcelas;
3. com idade igual ou superior a 60 (sessenta) anos e inferior a 65 (sessenta e cinco) anos, em 48 (quarenta e oito) parcelas; e
4. com idade inferior a 60 (sessenta) anos, em 60 (sessenta) parcelas;

c) entre R$ 5.000,01 (cinco mil reais e um centavo) e R$ 7.200,00 (sete mil e duzentos reais):

1. com idade igual ou superior a 70 (setenta) anos, em 24 (vinte e quatro) parcelas;
2. com idade igual ou superior a 65 (sessenta e cinco) anos e inferior a 70 (setenta) anos, em 48 (quarenta e oito) parcelas;
3. com idade igual ou superior a 60 (sessenta) anos e inferior a 65 (sessenta e cinco) anos, em 60 (sessenta) parcelas; e
4. com idade inferior a 60 (sessenta) anos, em 72 (setenta e duas) parcelas;

d) a partir de R$ 7.200,01 (sete mil e duzentos reais e um centavo):

1. com idade igual ou superior a 70 (setenta) anos, em 36 (trinta e seis) parcelas;
2. com idade igual ou superior a 65 (sessenta e cinco) anos e inferior a 70 (setenta) anos, em 60 (sessenta) parcelas;
3. com idade inferior a 65 (sessenta e cinco) anos, em 72 (setenta e duas) parcelas;

II - para o segurado ou dependente que não tenha ajuizado ação até 26 de julho de 2004, o montante apurado será pago em parcelas mensais, na seguinte forma:

a) até R$ 2.000,00 (dois mil reais):

1. com idade igual ou superior a 70 (setenta) anos, em 24 (vinte e quatro) parcelas;
2. com idade igual ou superior a 65 (sessenta e cinco) anos e inferior a 70 (setenta) anos, em 36 (trinta e seis) parcelas;
3. com idade igual ou superior a 60 (sessenta) anos e inferior a 65 (sessenta e cinco) anos, em 48 (quarenta e oito) parcelas; e
4. com idade inferior a 60 (sessenta) anos, em 60 (sessenta) parcelas;

b) entre R$ 2.000,01 (dois mil reais e um centavo) e R$ 5.000,00 (cinco mil reais):

1. com idade igual ou superior a 70 (setenta) anos, em 36 (trinta e seis) parcelas;
2. com idade igual ou superior a 65 (sessenta e cinco) anos e inferior a 70 (setenta) anos, em 48 (quarenta e oito) parcelas;
3. com idade igual ou superior a 60 (sessenta) anos e inferior a 65 (sessenta e cinco) anos, em 60 (sessenta) parcelas; e
4. com idade inferior a 60 (sessenta) anos, em 72 (setenta e duas) parcelas;

c) entre R$ 5.000,01 (cinco mil reais e um centavo) e R$ 7.200,00 (sete mil e duzentos reais):

1. com idade igual ou superior a 70 (setenta) anos, em 36 (trinta e seis) parcelas;
2. com idade igual ou superior a 65 (sessenta e cinco) anos e inferior a 70 (setenta) anos, em 60 (sessenta) parcelas;
3. com idade igual ou superior a 60 (sessenta) anos e inferior a 65 (sessenta e cinco) anos, em 72 (setenta e duas) parcelas; e
4. com idade inferior a 60 (sessenta) anos, em 84 (oitenta e quatro) parcelas;

d) a partir de R$ 7.200,01 (sete mil e duzentos reais e um centavo):

1. com idade igual ou superior a 70 (setenta) anos, em 36 (trinta e seis) parcelas;
2. com idade igual ou superior a 65 (sessenta e cinco) anos e inferior a 70 (setenta) anos, em 72 (setenta e duas) parcelas;
3. com idade igual ou superior a 60 (sessenta) anos e inferior a 65 (sessenta e cinco) anos, em 84 (oitenta e quatro) parcelas; e
4. com idade inferior a 60 (sessenta) anos, em 96 (noventa e seis) parcelas.

§ 1º Os montantes a que se referem os incisos I e II do *caput* deste artigo serão apurados e atualizados monetariamente entre cada mês de competência e o mês de julho de 2004, inclusive, de acordo com os índices utilizados para a atualização das parcelas pagas em atraso pela Previdência Social.

§ 2º O valor de cada parcela mensal a que se referem os incisos I e II do *caput* deste artigo será apurado, observados os seguintes critérios:

I - as parcelas relativas à 1ª (primeira) metade do período total de parcelamento corresponderão a 1/3 (um terço) do montante total apurado, dividido pelo número de meses referente à metade do número total de parcelas; e

II - as parcelas relativas à 2ª (segunda) metade do período total de parcelamento corresponderão a 2/3 (dois terços) do montante total apurado, dividido pelo número de meses referente à metade do número total de parcelas.

§ 3º Definidos os montantes a que se refere o § 1º deste artigo, sobre cada parcela apurada nos termos deste artigo incidirá atualização monetária pela variação acumulada do INPC-IBGE entre o mês de agosto de 2004, inclusive, e o mês imediatamente anterior ao do efetivo pagamento, utilizando-se como estimativa para o último mês da série a média geométrica dos 4 (quatro) meses imediatamente anteriores.

§ 4º Os valores a que se refere o *caput* deste artigo começarão a ser pagos em janeiro de 2005 ou até o 2º (segundo) pagamento do benefício do segurado ou do dependente subsequente:

I - ao protocolo do Termo de Acordo no INSS, na hipótese do inciso II do *caput* deste artigo, quando este ocorrer a partir de dezembro de 2004;

II - à intimação da homologação judicial do Termo de Transação Judicial, na hipótese do inciso I do *caput* deste artigo, quando esta ocorrer a partir de dezembro de 2004.

§ 5º A idade do segurado ou dependente a ser considerada para fins de aplicação do disposto nos incisos I e II do *caput* deste artigo será aquela apurada em 26 de julho de 2004.

§ 6º Observada a disponibilidade orçamentária, fica o Poder Executivo autorizado a antecipar o pagamento previsto no *caput* deste artigo:

I - das parcelas devidas a partir do exercício de 2006, assegurada a preferência, em qualquer caso, aos mais idosos, conforme a escala de idades constante dos incisos I e II do *caput* deste artigo;

II - aos dependentes ou sucessores de benefícios cessados que não tenham gerado novos benefícios; e

III - aos beneficiários de parcelas cujos valores sejam economicamente incompatíveis com os custos operacionais de seu pagamento mensal.

§ 7º Na ocorrência de óbito do segurado ou do dependente de benefício com direito à revisão durante o período de pagamento das parcelas a que se refere o *caput* deste artigo, todos os seus dependentes ou sucessores previstos na lei civil, indicados em alvará judicial, expedido a requerimento dos interessados, independentemente de inventário ou arrolamento, deverão se habilitar no INSS para receber os valores proporcionais a sua cota-parte.

§ 8º O pagamento dos atrasados será feito em parcela única nas seguintes condições:

I - na hipótese de o titular ou qualquer de seus dependentes ser acometido de neoplasia maligna, nos termos do inciso XI do art. 20 da Lei n. 8.036, de 11 de maio de 1990;

II - quando o titular ou qualquer de seus dependentes for portador do vírus HIV;

III - quando o titular ou qualquer de seus dependentes for acometido de doença terminal; e

IV - em qualquer hipótese, quando o valor do saldo decorrente da revisão do benefício for de até R$ 260,00 (duzentos e sessenta reais).

§ 9º Ressalvado o direito de opção, para o segurado ou dependente que conte, em 26 de julho de 2004, com 80 (oitenta) ou mais anos de idade, o pagamento dos atrasados será feito em até 12 (doze) parcelas mensais, sendo a 1ª (primeira) de valor equivalente a 50% (cinquenta por cento) do total devido.

§ 10. O valor da parcela mínima a ser paga aos segurados ou aos seus dependentes será de, no mínimo, R$ 30,00 (trinta reais).

ART. 7º A assinatura do Termo de Acordo ou de Transação Judicial importará:

I - a expressa concordância do segurado ou do dependente com a forma, prazos, montantes e limites de valores definidos nesta Lei;

II - a desistência de processo judicial em curso, em qualquer instância, e sua consequente extinção, assim como de seus eventuais recursos, nos termos do art. 269, inciso V da Lei n. 5.869, de 11 de janeiro de 1973 - Código de Processo Civil, quando o segurado ou seu dependente tiver ajuizado ação depois de 26 de julho de 2004;

III - a expressa concordância do segurado ou do dependente com o Termo de Transação Judicial e a consequente extinção da ação judicial, nos termos do art. 269, inciso III, da Lei n. 5.869, de 11 de janeiro de 1973 - Código de Processo Civil, quando o segurado ou o dependente tiver ajuizado ação até 26 de julho de 2004;

IV - a renúncia ao direito de pleitear na via administrativa ou judicial quaisquer valores ou vantagens decorrentes da mesma revisão prevista nesta Lei, salvo em caso de comprovado erro material;

V - a renúncia aos honorários advocatícios e aos juros de mora quando devidos, bem como aos valores excedentes referidos no § 2º do art. 3º desta Lei.

§ 1º O segurado ou o dependente que tenha ajuizado ação depois de 26 de julho de 2004 deverá requerer ao juiz da causa a desistência da referida ação, renunciando ao direito sobre o qual se funda a ação, nos termos do art. 269, inciso V, da Lei n. 5.869, de 11 de janeiro de 1973 - Código de Processo Civil, juntando cópia da petição protocolada ao Termo de Acordo a que se refere o art. 2º desta Lei.

§ 2º Na ocorrência de óbito do segurado ou do dependente de benefício com direito à revisão, o Termo de Acordo ou de Transação Judicial será firmado por todos os seus dependentes ou sucessores previstos na lei civil, indicados em alvará judicial, expedido a requerimento dos interessados, independentemente de inventário ou arrolamento.

ART. 8º Ocorrendo pagamento concomitante ou em duplicidade de valores referentes à revisão prevista nesta Lei, fica o INSS autorizado a reaver administrativamente, por meio de desconto direto em benefício mantido pelo Regime Geral de Previdência Social - RGPS, os valores pagos indevidamente.

ART. 9º Os arts. 191 e 202 da Lei n. 10.406, de 10 de janeiro de 2002, não se aplicam à matéria de que trata esta Lei, não importando esta em renúncia ou interrupção da prescrição referente às parcelas que antecedam os últimos 5 (cinco) anos anteriores a agosto de 2004, quando derivadas da revisão autorizada no art. 1º desta Lei.

ART. 10. As despesas decorrentes do disposto nesta Lei serão consignadas na lei orçamentária anual, no âmbito do Ministério da Previdência Social.

ART. 11. Fica prorrogado até 31 de julho de 2005 o prazo de que trata o art. 89 da Lei n. 10.833, de 29 de dezembro de 2003.

- O art. 89 da Lei 10.833/2003 prevê o prazo de 120 dias a partir da publicação desta Lei, para o Poder Executivo encaminhar Projeto de Lei ao Congresso Nacional prevendo a substituição parcial da contribuição a cargo da empresa, destinada à Seguridade Social, incidente sobre a folha de salários e demais rendimentos do trabalho, prevista no art. 22 da Lei n. 8.212/1991, em Contribuição Social incidente sobre a receita bruta, observado o princípio da não cumulatividade.
- Lei 10.865/2004 (Dispõe sobre a Contribuição para os Programas de Integração Social e de Formação do Patrimônio do Servidor Público e a Contribuição para o Financiamento da Seguridade Social incidentes sobre a importação de bens e serviços).

ART. 12. O INSS adotará as providências necessárias ao cumprimento do disposto nesta Lei, podendo para tanto firmar convênio ou contrato com a Empresa Brasileira de Correios e Telégrafos, a Caixa Econômica Federal e o Banco do Brasil S.A., para fins de entrega e recebimento dos Termos de Acordo e de entrega aos segurados dos Termos de Transação Judicial referidos no art. 2º desta Lei.

§ 1º O INSS poderá, ainda, firmar convênios ou contratos com entidades associativas ou sindicatos de aposentados e pensionistas para colaborarem com a sua rede de Gerências e Agências de Benefícios na entrega dos Termos de Acordo e dos Termos de Transação Judicial referidos no *caput* deste artigo, bem como no esclarecimento aos beneficiários sobre as condições dos mencionados Termos, assegurada a retribuição às citadas entidades e sindicatos pelos serviços prestados.

§ 2º Da aplicação do disposto neste artigo não poderá resultar nenhum ônus para os segurados e dependentes, sejam eles filiados ou não às entidades referidas no § 1º deste artigo.

§ 3º Os Termos de Transação Judicial referidos neste artigo serão juntados aos autos judiciais mediante requerimento do representante judicial da Procuradoria Federal Especializada junto ao INSS, ou do segurado ou de seus dependentes, ou das entidades mencionadas no § 1º deste artigo.

ART. 13. Aplicam-se aos Termos de Acordo e de Transação Judicial firmados até a data de publicação desta Lei as condições mais benéficas para os segurados e dependentes nela previstas.

ART. 14. Esta Lei entra em vigor na data de sua publicação.

ART. 15. Fica revogado o art. 43 da Lei n. 10.865, de 30 de abril de 2004.

Brasília, 15 de dezembro de 2004;
183º da Independência e 116º da República.
LUIZ INÁCIO LULA DA SILVA

ANEXO I
TERMO DE ACORDO

(segurado ou dependente sem ajuizamento de ação sobre o IRSM de fevereiro de 1994 - 39,67% (trinta e nove inteiros e sessenta e sete centésimos por cento) ou que tenha ajuizado ação depois de 26 de julho de 2004)

_________, (nome - assinale sua condição: segurado ou dependentes ou herdeiros) _________ (nacionalidade) (estado civil) documento de identidade n. _________, data de nascimento; _______, nome da mãe: _________, CIC/CPF n. _________, NIT/PIS n. _________, residente e domiciliado ___________, (rua ou avenida ou quadra, n., complemento, bairro, cidade, Estado e CEP: preencher com dados atuais), e-mail: _________, telefone ___________, e o Instituto Nacional do Seguro Social - INSS, por seu representante legal, com fulcro no art. 840 do Código Civil e no art. 2º desta Lei, firmam o presente acordo extrajudicial para revisão, por parte do INSS, do benefício n. _________, agência da Previdência Social __________, cujo endereço localiza-se à __________, e pagamento ao segurado ou dependente das parcelas vencidas, inclusive as natalinas, nos últimos 5 (cinco) anos anteriores a agosto de 2004, nos seguintes termos:

I - conforme determinado nesta Lei, deverá ser efetivada a revisão dos benefícios previdenciários concedidos, com data de início posterior a fevereiro de 1994, recalculando-se o salário-de-benefício original, mediante a inclusão, no fator de correção dos salários-de-contribuição anteriores a março de 1994, do percentual de 39,67% (trinta e nove inteiros e sessenta e sete centésimos por cento), referente ao Índice de Reajuste do Salário Mínimo - IRSM do mês de fevereiro de 1994;

II - terão direito à revisão dos benefícios previdenciários os segurados ou seus dependentes beneficiários do Regime Geral de Previdência Social que firmem, até 31 de outubro de 2005, o presente Termo de Acordo;

III - não serão objeto de revisão, nos termos desta Lei, os benefícios do Regime Geral de Previdência Social que no cálculo do salário-de-benefício não tenham utilizado salários-de-contribuição anteriores a março de 1994, ou tenham sido decorrentes de outros benefícios cujas datas de início sejam anteriores a fevereiro de 1994, inclusive;

IV - aos benefícios revistos nos termos desta Lei aplicam-se o § 2º do art. 29 da Lei n. 8.213, de 24 de julho de 1991, o art. 26 da Lei n. 8.870, de 15 de abril de 1994, e o § 3º do art. 21 da Lei n. 8.880, de 27 de maio de 1994, bem como deverão ser revistos nos termos do art. 1º desta Lei, em referência, observando-se as regras de cálculo do salário-de-benefício, da renda mensal inicial e de reajustes, previstas na legislação previdenciária em vigor em cada período;

V - o acordo deverá versar, exclusivamente, sobre a revisão futura do benefício previdenciário e sobre as parcelas vencidas, inclusive as natalinas, nos últimos 5 (cinco) anos anteriores a agosto de 2004, observado o parcelamento previsto no art. 6º, inciso II, desta Lei;

VI - o 1º (primeiro) pagamento mensal dos benefícios com o valor revisto nos termos do item I deste Anexo, para os segurados ou dependentes que tenham firmado o Termo de Acordo, será feito pelo INSS até o 2º (segundo) pagamento do benefício subsequente à data de entrega do mencionado Termo de Acordo no INSS e conforme a programação constante do art. 4º desta Lei;

VII - o montante referente às parcelas vencidas, inclusive as natalinas, nos últimos 5 (cinco) anos anteriores a agosto de 2004, será pago em parcelas mensais, conforme os critérios adotados no art. 6º, inciso II, desta Lei, ao segurado ou dependente que não tenha ajuizado ação judicial ou que a tenha ajuizado depois de 26 de julho de 2004;

VIII - o montante relativo às parcelas vencidas, inclusive as natalinas, nos últimos 5 (cinco) anos anteriores a agosto de 2004, será apurado e atualizado monetariamente entre cada mês de competência e o mês de julho de 2004, inclusive, de acordo com os índices utilizados para a atualização das parcelas pagas em atraso pela Previdência Social;

IX - definido o montante a que se refere o item VIII deste Anexo, sobre cada parcela apurada nos termos do art. 6º desta Lei incidirá atualização monetária pela variação acumulada do INPC-IBGE entre o mês de agosto de 2004, inclusive, e o mês imediatamente anterior ao do efetivo pagamento, utilizando-se como estimativa para o último mês da série a média geométrica dos 4 (quatro) meses imediatamente anteriores;

X - a idade do segurado ou dependente a ser considerada para fins de aplicação do disposto no inciso II do art. 6º desta Lei será aquela apurada em 26 de julho de 2004;

XI - verificado nos registros do INSS que o segurado ou dependente faz jus à revisão prevista nesta Lei, com base nas normas legais ora explicitadas, as partes acordaram entre si, transigindo conforme as cláusulas abaixo:

Cláusula 1ª O 1º (primeiro) pagamento mensal dos benefícios com o valor revisto nos termos do item I deste Anexo será feito pelo INSS, retroativo à competência de agosto de 2004, até o 2º(segundo) pagamento subsequente à data de entrega do Termo de Acordo no INSS e conforme a programação prevista no art. 4º desta Lei.

Cláusula 2ª Caso o segurado ou dependente entregue o Termo de Acordo em data posterior à fixada para implementação da revisão nos prazos referidos no art. 4º desta Lei, o 1º (primeiro) pagamento mensal dos benefícios com o valor revisto nos termos do item I deste Anexo será feito até o 2º (segundo) pagamento do benefício subsequente à data de entrega do Termo de Acordo ao INSS.

Cláusula 3ª Em qualquer situação, a diferença apurada a partir da competência de agosto de 2004 até a data de implementação da revisão será paga em parcelas mensais e sucessivas, corrigidas monetariamente, mês a mês, com base na variação do INPC-IBGE, em número equivalente ao de meses decorridos entre agosto de 2004 e a data de implementação da revisão.

Cláusula 4ª O pagamento do montante relativo às parcelas vencidas, inclusive as natalinas, nos últimos 5 (cinco) anos anteriores a agosto de 2004, será realizado em parcelas mensais, na forma prevista no art. 6º, inciso II, desta Lei, conforme o montante a receber e a faixa de idade em que se enquadrar o segurado ou dependente.

Cláusula 5ª O montante a que se refere a cláusula 4ª será apurado e atualizado monetariamente entre cada mês de competência e o mês de julho de 2004, inclusive, de acordo com os índices utilizados para a atualização das parcelas pagas em atraso pela Previdência Social.

Cláusula 6ª As parcelas mensais a que se refere a cláusula 4ª, relativas à 1ª (primeira) metade do período total de parcelamento, corresponderão a 1/3 (um terço) do montante total apurado na forma das cláusulas 4ª e 5ª, dividido pelo número de meses referente à metade do número total de parcelas.

Cláusula 7ª As parcelas mensais a que se refere a cláusula 4ª, relativas à 2ª (segunda) metade do período total de parcelamento, corresponderão a 2/3 (dois terços) do montante total apurado na forma das cláusulas 4ª e 5ª, dividido pelo número de meses referente à metade do número total de parcelas.

Cláusula 8ª Definido o montante a que se refere a cláusula 5ª, sobre cada parcela apurada nos termos das cláusulas 4ª, 6ª e 7ª incidirá atualização monetária pela variação acumulada do INPC-IBGE entre o mês de agosto de 2004, inclusive, e o mês imediatamente anterior ao do efetivo pagamento, utilizando-se como estimativa para o último mês da série a média geométrica dos 4 (quatro) meses imediatamente anteriores.

Cláusula 9ª O pagamento referido na cláusula 4ª terá início no mês de janeiro de 2005 ou, ocorrendo a entrega no INSS deste Termo de Acordo a partir de dezembro de 2004, seu início se dará até o 2º (segundo) pagamento do benefício subsequente ao protocolo do Termo no INSS.

Cláusula 10ª O segurado ou dependente declara, sob as penas da lei, que não se encontra em litígio judicial contra o INSS, bem como se compromete a não ingressar em juízo tendo como objetivo a revisão e o passivo relativos aos 39,67% (trinta e nove inteiros e sessenta e sete centésimos por cento), referentes ao IRSM de fevereiro de 1994.

Cláusula 11ª O segurado ou dependente também compromete-se a não pleitear na via administrativa quaisquer valores ou vantagens decorrentes da mesma revisão ajustada neste Termo de Acordo, salvo em caso de comprovado erro material.

Cláusula 12ª O segurado ou dependente obriga-se a preencher todos os dados de qualificação acima exigidos, sujeitando-se à suspensão imediata dos efeitos deste Termo de Acordo e às sanções civis e penais previstas em lei, na hipótese de preenchê-los em desacordo com a verdade.

Cláusula 13ª O segurado ou dependente declara que concorda e que se dá por satisfeito com a forma, prazos, montantes e limites de valores previstos neste Termo de Acordo e nesta Lei.

Por estarem de pleno acordo, as partes assinam o presente Termo de Acordo, para que surta seus efeitos jurídicos.

Nestes termos, pedem deferimento.

Localidade, (data).

____

____

Segurado/Dependente

____

____

Representante legal do INSS

ANEXO II
TERMO DE TRANSAÇÃO JUDICIAL

(Para quem tem ação contra o INSS, ajuizada até 26 de julho de 2004, tendo por objeto os 39,67% (trinta e nove inteiros e sessenta e sete centésimos por cento) relativos ao IRSM de fevereiro de 1994)

Exmo. Sr. Dr. Juiz (endereçamento ao juiz)

__________, (nome do autor da ação - assinale sua condição: segurado ou dependentes ou herdeiros) __________, (nacionalidade) (estado civil) documento de identidade n. __________, data de nascimento; __________, nome da mãe: __________, CIC/CPF n. __________, NIT/PIS n. __________, residente e domiciliado __________, (rua ou avenida ou quadra, n., complemento, bairro, cidade, Estado e CEP: preencher com dados atuais) e-mail: __________, telefone: __________, benefício n. __________, agência da Previdência Social __________, cujo endereço localiza-se à __________, e o Instituto Nacional do Seguro Social - INSS, por seu representante judicial, vêm, nos autos do Processo n. __________, em trâmite nesse ínclito juízo, com fulcro no art. 269, inciso III, do Código de Processo Civil, e nos arts. 2º e 3º desta Lei, requerer a homologação da transação ora proposta, nos termos que se seguem:

I - conforme determinado nesta Lei, deverá ser efetivada a revisão dos benefícios previdenciários concedidos, com data de início posterior a fevereiro de 1994, recalculando-se o salário-de-benefício original, mediante a inclusão, no fator de correção dos salários-de-contribuição anteriores a março de 1994, do percentual de 39,67% (trinta e nove inteiros e sessenta e sete centésimos por cento), referente ao Índice de Reajuste do Salário Mínimo - IRSM do mês de fevereiro de 1994;

II - terão direito à revisão dos benefícios previdenciários os segurados ou seus dependentes beneficiários do Regime Geral de Previdência Social que firmem, até 31 de outubro de 2005, o presente Termo de Transação Judicial;

III - não serão objeto de revisão, nos termos desta Lei, os benefícios do Regime Geral de Previdência Social que no cálculo do salário-de-benefício não tenham utilizado salários-de-contribuição anteriores a março de 1994, ou tenham sido decorrentes de outros benefícios cujas datas de início sejam anteriores a fevereiro de 1994, inclusive;

IV - aos benefícios revistos nos termos desta Lei aplicam-se o § 2º do art. 29 da Lei n. 8.213, de 24 de julho de 1991, o art. 26 da Lei n. 8.870, de 15 de abril de 1994, e o § 3º do art. 21 da Lei n. 8.880, de 27 de maio de 1994, bem como deverão ser revistos nos termos do art. 1º desta Lei, observando-se as regras de cálculo do salário-de-benefício, da renda mensal inicial e de reajustes, previstas na legislação previdenciária em vigor em cada período;

V - a transação judicial deverá versar, exclusivamente, sobre a revisão futura do benefício previdenciário e sobre as parcelas vencidas, inclusive as natalinas, nos últimos 5 (cinco) anos anteriores a agosto de 2004, observado o parcelamento previsto no art. 6º, inciso I, desta Lei, e não poderá incluir honorários advocatícios e juros de mora;

VI - o 1º (primeiro) pagamento mensal dos benefícios com o valor revisto nos termos do item I deste Anexo, para os segurados ou dependentes que tenham firmado o Termo de Transação Judicial, será feito pelo INSS até o 2º (segundo) pagamento subsequente à data da intimação de sua homologação judicial;

VII - o montante referente às parcelas vencidas, inclusive as natalinas, nos últimos 5 (cinco) anos anteriores a agosto de 2004, será pago em parcelas mensais aos segurados ou dependentes que tenham ajuizado ações até 26 de julho de 2004 conforme os critérios adotados no art. 6º, inciso I, desta Lei;

VIII - o montante relativo às parcelas vencidas, inclusive as natalinas, nos últimos 5 (cinco) anos anteriores a agosto de 2004, será apurado e atualizado monetariamente entre cada mês de competência e o mês de julho de 2004, inclusive, de acordo com os índices utilizados para a atualização das parcelas pagas em atraso pela Previdência Social;

IX - definido o montante a que se refere o item VIII deste Anexo, sobre cada parcela apurada nos termos do art. 6º desta Lei incidirá atualização monetária pela variação acumulada do INPC-IBGE entre o mês de agosto de 2004, inclusive, e o mês imediatamente anterior ao do efetivo pagamento, utilizando-se como estimativa para o último mês da série a média geométrica dos 4 (quatro) meses imediatamente anteriores;

X - a idade do segurado ou dependente a ser considerada para fins de aplicação do disposto nos incisos I e II do art. 6º desta Lei será aquela apurada em 26 de julho de 2004;

XI - verificado nos registros do INSS e nos autos do processo que o autor faz jus à aplicação do índice expresso nesta Lei, com base nas normas legais ora explicitadas, as partes acordaram entre si, transigindo conforme as cláusulas abaixo:

Cláusula 1ª O 1º (primeiro) pagamento mensal dos benefícios com o valor revisto nos termos do item I deste Anexo será feito pelo INSS, retroativo à competência de agosto de 2004, até o 2º (segundo) pagamento subsequente à intimação da homologação judicial deste Termo de Transação Judicial.

Cláusula 2ª Efetivada a intimação a que se refere a cláusula 1ª, a diferença apurada a partir da competência de agosto de 2004 até a data de implementação da revisão será paga em parcelas mensais e sucessivas, corrigidas monetariamente, mês a mês, com base na variação do INPC-IBGE, em número equivalente ao de meses decorridos entre agosto de 2004 e a data de implementação da revisão.

Cláusula 3ª O pagamento do montante relativo às parcelas vencidas, inclusive as natalinas, nos últimos 5 (cinco) anos anteriores a agosto de 2004, será realizado em parcelas mensais, na forma prevista no art. 6º, inciso I, desta Lei, conforme o montante a receber e a faixa de idade em que se enquadrar o segurado ou dependente.

Cláusula 4ª O montante a que se refere a cláusula 3ª será apurado e atualizado monetariamente entre cada mês de competência e o mês de julho de 2004, inclusive, de acordo com os índices utilizados para a atualização das parcelas pagas em atraso pela Previdência Social.

Cláusula 5ª As parcelas mensais a que se refere a cláusula 3ª, relativas à 1ª (primeira) metade do período total de parcelamento, corresponderão a 1/3 (um terço) do montante total apurado na forma das cláusulas 3ª e 4ª, dividido pelo número de meses referente à metade do número total de parcelas.

Cláusula 6ª As parcelas mensais a que se refere a cláusula 3ª, relativas à 2ª (segunda) metade do período total de parcelamento, corresponderão a 2/3 (dois terços) do montante total apurado na forma das cláusulas 3ª e 4ª, dividido pelo número de meses referente à metade do número total de parcelas.

Cláusula 7ª Definido o montante a que se refere a cláusula 4ª, sobre cada parcela apurada nos termos das cláusulas 3ª, 5ª e 6ª incidirá atualização monetária pela variação acumulada do INPC-IBGE entre o mês de agosto de 2004, inclusive, e o mês imediatamente anterior ao do efetivo pagamento, utilizando-se como estimativa para o último mês da série a média geométrica dos 4 (quatro) meses imediatamente anteriores.

Cláusula 8ª O pagamento referido na cláusula 3ª terá início no mês de janeiro de 2005 ou, ocorrendo a intimação da homologação deste Termo de Transação Judicial a partir de dezembro de 2004, seu início se dará até o 2º (segundo) pagamento do benefício subsequente à intimação da homologação judicial.

Cláusula 9ª O montante a receber na forma das cláusulas 3ª e 4ª terá como limite máximo o valor de fixação da competência dos Juizados Especiais Federais, para os processos que tramitam nestes Juizados, ressalvando-se os processos que tramitam na Justiça Comum, Federal ou Estadual, que não estão submetidos à limitação de valor.

Cláusula 10ª O autor segurado ou dependente renuncia, expressamente, aos honorários advocatícios e aos juros de mora, caso sejam devidos, bem como aos valores que extrapolem os limites da competência dos Juizados Especiais Federais, quando seu processo tramitar no âmbito desse Juizado.

Cláusula 11ª O autor segurado ou dependente também renuncia ao direito de pleitear na via administrativa ou judicial quaisquer valores ou vantagens decorrentes da mesma revisão acordada neste Termo de Transação Judicial, salvo em caso de comprovado erro material.

Cláusula 12ª O autor segurado ou dependente obriga-se a preencher todos os dados de qualificação acima exigidos, sujeitando-se à suspensão imediata dos efeitos deste Termo de Transação Judicial e às sanções civis e penais previstas em lei, na hipótese de preenchê-los em desacordo com a verdade.

Cláusula 13ª O autor declara que concorda e que se dá por satisfeito com a forma, prazos, montantes e limites de valores previstos neste Termo de Transação Judicial e nesta Lei.

XII - por fim, requerem a homologação deste Termo de Transação Judicial, nos termos das cláusulas acima, e consequente extinção do processo e eventuais recursos, com julgamento de mérito, nos termos do art. 269, inciso III, do Código de Processo Civil.

Por estarem de pleno acordo, as partes assinam o presente, para que surta seus efeitos jurídicos.

Nestes termos, pedem deferimento.

Localidade, (data).

____
Autor/Representante Jurídico

LEI N. 11.033, DE 21 DE DEZEMBRO DE 2004

Altera a tributação do mercado financeiro e de capitais; institui o Regime Tributário para Incentivo à Modernização e à Ampliação da Estrutura Portuária - REPORTO; altera as Leis n. 10.865, de 30 de abril de 2004, 8.850, de 28 de janeiro de 1994, 8.383, de 30 de dezembro de 1991, 10.522, de 19 de julho de 2002, 9.430, de 27 de dezembro de 1996, e 10.925, de 23 de julho de 2004; e dá outras providências.

- *DOU*, 22.12.2004.
- Conversão da Med. Prov. 206/2004.

O Presidente da República. Faço saber que o Congresso Nacional decreta e eu sanciono a seguinte Lei:

ART. 1º Os rendimentos de que trata o art. 5º da Lei n. 9.779, de 19 de janeiro de 1999, relativamente às aplicações e operações realizadas a partir de 1º de janeiro de 2005, sujeitam-se à incidência do imposto de renda na fonte, às seguintes alíquotas:

- arts. 6º, 12, 13, 15, II, *a*, Lei 13.043/2014 (Dispõe sobre os fundos de índice de renda fixa, sobre a responsabilidade tributária na integralização de cotas de fundos ou clubes de investimento por meio da entrega de ativos financeiros, sobre a tributação das operações de empréstimos de ativos financeiros e sobre a isenção de imposto sobre a renda na alienação de ações de empresas pequenas e médias.)

I - 22,5% (vinte e dois inteiros e cinco décimos por cento), em aplicações com prazo de até 180 (cento e oitenta) dias;

II - 20% (vinte por cento), em aplicações com prazo de 181 (cento e oitenta e um) dias até 360 (trezentos e sessenta) dias;

III - 17,5% (dezessete inteiros e cinco décimos por cento), em aplicações com prazo de 361 (trezentos e sessenta e um) dias até 720 (setecentos e vinte) dias;

IV - 15% (quinze por cento), em aplicações com prazo acima de 720 (setecentos e vinte) dias.

§ 1º No caso de aplicações existentes em 31 de dezembro de 2004:

I - os rendimentos produzidos até essa data serão tributados nos termos da legislação então vigente;

II - em relação aos rendimentos produzidos em 2005, os prazos a que se referem os incisos I a IV do *caput* deste artigo serão contados a partir:

a) de 1º de julho de 2004, no caso de aplicação efetuada até a data da publicação desta Lei; e

b) da data da aplicação, no caso de aplicação efetuada após a data da publicação desta Lei.

§ 2º No caso dos fundos de investimentos, será observado o seguinte:

I - os rendimentos serão tributados semestralmente, com base no art. 3º da Lei n. 10.892, de 13 de julho de 2004, à alíquota de 15% (quinze por cento), sem prejuízo do disposto no inciso III deste parágrafo;

II - na hipótese de fundos de investimentos com prazo de carência de até 90 (noventa) dias para resgate de quotas com rendimento, a incidência do imposto de renda na fonte a que se refere o inciso I deste parágrafo ocorrerá na data em que se completar cada período de carência para resgate de quotas com rendimento, sem prejuízo do disposto no inciso III deste parágrafo;

III - por ocasião do resgate das quotas, será aplicada alíquota complementar de acordo com o previsto nos incisos I a IV do *caput* deste artigo.

§ 3º O disposto neste artigo não se aplica:

I - aos fundos e clubes de investimento em ações cujos rendimentos serão tributados exclusivamente no resgate das quotas, à alíquota de 15% (quinze por cento);

- Art. 18, § 4º, Lei 13.043/2014 (Dispõe sobre os fundos de índice de renda fixa, sobre a responsabilidade tributária na integralização de cotas de fundos ou clubes de investimento por meio da entrega de ativos financeiros, sobre a tributação das operações de empréstimos de ativos financeiros e sobre a isenção de imposto sobre a renda na alienação de ações de empresas pequenas e médias.)

II - aos títulos de capitalização, no caso de resgate sem ocorrência de sorteio, cujos rendimentos serão tributados à alíquota de 20% (vinte por cento).

§ 4º Ao fundo ou clube de investimento em ações cuja carteira deixar de observar a proporção referida no art. 2º da Medida Provisória n. 2.189-49, de 23 de agosto de 2001, aplicar-se-á o disposto no *caput* e nos §§ 1º e 2º deste artigo, a partir do momento do desenquadramento da carteira, salvo no caso de, cumulativamente, a referida proporção não ultrapassar o limite de 50% (cinquenta por cento) do total da carteira, a situação for regularizada no prazo máximo de 30 (trinta) dias e o fundo ou clube não incorrer em nova hipótese de desenquadramento no período de 12 (doze) meses subsequentes.

§ 5º Consideram-se incluídos entre os rendimentos referidos pelo art. 5º da Lei n. 9.779, de 19 de janeiro de 1999, os predeterminados obtidos em operações conjugadas, realizadas nos mercados de opções de compra e de venda em bolsas de valores, de mercadorias e de futuros (box), no mercado a termo nas bolsas de valores, de mercadorias e de futuros, em operações de venda coberta e sem ajustes diários, e no mercado de balcão.

§ 6º As operações descritas no § 5º deste artigo, realizadas por fundo ou clube de investimento em ações, não integrarão a parcela da carteira aplicada em ações, para efeito da proporção referida no § 4º deste artigo.

§ 7º O Ministro da Fazenda poderá elevar e restabelecer o percentual a que se refere o art. 2º da Medida Provisória n. 2.189-49, de 23 de agosto de 2001.

ART. 2º O disposto no art. 1º desta Lei não se aplica aos ganhos líquidos auferidos em operações realizadas em bolsas de valores, de mercadorias, de futuros, e assemelhadas, inclusive *day trade*, que permanecem sujeitos à legislação vigente e serão tributados às seguintes alíquotas:

I - 20% (vinte por cento), no caso de operação *day trade*;

II - 15% (quinze por cento), nas demais hipóteses.

§ 1º As operações a que se refere o *caput* deste artigo, exceto *day trade*, sujeitam-se à incidência do imposto de renda na fonte, à alíquota de 0,005% (cinco milésimos por cento) sobre os seguintes valores:

- Art. 17, § 8º, Lei 13.043/2014 (Dispõe sobre os fundos de índice de renda fixa, sobre a responsabilidade tributária na integralização de cotas de fundos ou clubes de investimento por meio da entrega de ativos financeiros, sobre a tributação das operações de empréstimos de ativos financeiros e sobre a isenção de imposto sobre a renda na alienação de ações de empresas pequenas e médias.)

I - nos mercados futuros, a soma algébrica dos ajustes diários, se positiva, apurada por ocasião do encerramento da posição, antecipadamente ou no seu vencimento;

II - nos mercados de opções, o resultado, se positivo, da soma algébrica dos prêmios pagos e recebidos no mesmo dia;

III - nos contratos a termo:

a) quando houver a previsão de entrega do ativo objeto na data do seu vencimento, a diferença, se positiva, entre o preço a termo e o preço à vista na data da liquidação;

b) com liquidação exclusivamente financeira, o valor da liquidação financeira previsto no contrato;

IV - nos mercados à vista, o valor da alienação, nas operações com ações, ouro ativo financeiro e outros valores mobiliários neles negociados.

§ 2º O disposto no § 1º deste artigo:

I - não se aplica às operações de exercício de opção;

II - aplica-se às operações realizadas no mercado de balcão, com intermediação, tendo por objeto os valores mobiliários e ativos referidos no inciso IV do § 1º deste artigo, bem como às operações realizadas em mercados de liquidação futura fora de bolsa.

§ 3º As operações *day trade* permanecem tributadas, na fonte, nos termos da legislação vigente.

§ 4º Fica dispensada a retenção do imposto de que trata o § 1º deste artigo cujo valor seja igual ou inferior a R$ 1,00 (um real).

§ 5º Ocorrendo mais de uma operação no mesmo mês, realizada por uma mesma pessoa, física ou jurídica, deverá ser efetuada a soma dos valores de imposto incidente sobre todas as operações realizadas no mês, para efeito de cálculo do limite de retenção previsto no § 4º deste artigo.

§ 6º Fica responsável pela retenção do imposto de que tratam o § 1º e o inciso II do § 2º deste artigo a instituição intermediadora que receber diretamente a ordem do cliente, a bolsa que registrou as operações ou entidade responsável pela liquidação e compensação das operações, na forma regulamentada pela Secretaria da Receita Federal do Ministério da Fazenda.

§ 7º O valor do imposto retido na fonte a que se refere o § 1º deste artigo poderá ser:

I - deduzido do imposto sobre ganhos líquidos apurados no mês;

II - compensado com o imposto incidente sobre ganhos líquidos apurados nos meses subsequentes;

III - compensado na declaração de ajuste se, após a dedução de que tratam os incisos I e II deste parágrafo, houver saldo de imposto retido;

IV - compensado com o imposto devido sobre o ganho de capital na alienação de ações.

§ 8º O imposto de renda retido na forma do § 1º deste artigo deverá ser recolhido ao Tesouro Nacional até o 3º (terceiro) dia útil da semana subsequente à data da retenção.

ART. 3º Ficam isentos do imposto de renda:

I - os ganhos líquidos auferidos por pessoa física em operações no mercado à vista de ações nas bolsas de valores e em operações com ouro ativo financeiro cujo valor das alienações, realizadas em cada mês, seja igual ou inferior a R$ 20.000,00 (vinte mil reais), para o conjunto de ações e para o ouro ativo financeiro respectivamente;

› Art. 17, § 3º, Lei 13.043/2014 (Dispõe sobre os fundos de índice de renda fixa, sobre a responsabilidade tributária na integralização de cotas de fundos ou clubes de investimento por meio da entrega de ativos financeiros, sobre a tributação das operações de empréstimos de ativos financeiros e sobre a isenção de imposto sobre a renda na alienação de ações de empresas pequenas e médias.)

II - na fonte e na declaração de ajuste anual das pessoas físicas, a remuneração produzida por letras hipotecárias, certificados de recebíveis imobiliários e letras de crédito imobiliário.

III - na fonte e na declaração de ajuste anual das pessoas físicas, os rendimentos distribuídos pelos Fundos de Investimento Imobiliários cujas quotas sejam admitidas à negociação exclusivamente em bolsas de valores ou no mercado de balcão organizado. (Incluído pela Lei 11.196/2005.)

IV - na fonte e na declaração de ajuste anual das pessoas físicas, a remuneração produzida por Certificado de Depósito Agropecuário - CDA, Warrant Agropecuário - WA, Certificado de Direitos Creditórios do Agronegócio - CDCA, Letra de Crédito do Agronegócio - LCA e Certificado de Recebíveis do Agronegócio - CRA, instituídos pelos arts. 1º e 23 da Lei n. 11.076, de 30 de dezembro de 2004; (Incluído pela Lei 11.311/2006.)

V - na fonte e na declaração de ajuste anual das pessoas físicas, a remuneração produzida pela Cédula de Produto Rural - CPR, com liquidação financeira, instituída pela Lei n. 8.929, de 22 de agosto de 1994, alterada pela Lei n. 10.200, de 14 de fevereiro de 2001, desde que negociada no mercado financeiro. (Incluído pela Lei 11.311/2006.)

Parágrafo único. O benefício disposto no inciso III do *caput* deste artigo: (Incluído pela Lei 11.196/2005.)

I - será concedido somente nos casos em que o Fundo de Investimento Imobiliário possua, no mínimo, 50 (cinquenta) quotistas; (Incluído pela Lei 11.196/2005.)

II - não será concedido ao quotista pessoa física titular de quotas que representem 10% (dez por cento) ou mais da totalidade das quotas emitidas pelo Fundo de Investimento Imobiliário ou cujas quotas lhe derem direito ao recebimento de rendimento superior a 10% (dez por cento) do total de rendimentos auferidos pelo fundo. (Incluído pela Lei 11.196/2005.)

ART. 4º Não se aplica o disposto nos arts. 1º e 2º desta Lei às pessoas jurídicas de que trata o art. 77, inciso I, da Lei n. 8.981, de 20 de janeiro de 1995, aos investidores estrangeiros referidos no art. 16 da Medida Provisória n. 2.189-49, de 23 de agosto de 2001, e às entidades ou fundos optantes pelo regime especial de que trata o art. 2º da Medida Provisória n. 2.222, de 4 de setembro de 2001, que permanecem sujeitos às normas previstas na legislação vigente.

ART. 5º Na transferência de titularidade de ações negociadas fora de bolsa, sem intermediação, a entidade encarregada de seu registro deverá exigir o documento de arrecadação de receitas federais que comprove o pagamento do imposto de renda sobre o ganho de capital incidente na alienação ou declaração do alienante sobre a inexistência de imposto devido, observadas as normas estabelecidas pela Secretaria da Receita Federal.

› arts. 7º, § 1º, I, b; 8º, II e § 2º, 12, II, Lei 13.043/2014 (Dispõe sobre os fundos de índice de renda fixa, sobre a responsabilidade tributária na integralização de cotas de fundos ou clubes de investimento por meio da entrega de ativos financeiros, sobre a tributação das operações de empréstimos de ativos financeiros e sobre a isenção de imposto sobre a renda na alienação de ações de empresas pequenas e médias.)

§ 1º Quando a transferência for efetuada antes do vencimento do prazo legal para pagamento do imposto devido, a comprovação de que trata o *caput* deste artigo deverá ocorrer em até 15 (quinze) dias após o vencimento do referido prazo, ao final do qual, caso não tenha sido realizada, a entidade deverá comunicar o fato à Secretaria da Receita Federal na forma e prazo por ela regulamentados.

§ 2º O descumprimento do disposto neste artigo sujeita a entidade à multa de 30% (trinta por cento) do valor do imposto devido.

ART. 6º Os arts. 8º e 28 da Lei n. 10.865, de 30 de abril de 2004, passam a vigorar com a seguinte redação:

› Alterações promovidas no texto da referida lei.

ART. 7º As pessoas jurídicas que aufiram as receitas de que trata o inciso XXIII do art. 10 da Lei n. 10.833, de 29 de dezembro de 2003, são obrigadas a instalar equipamento emissor de cupom fiscal em seus estabelecimentos, ou outro sistema equivalente para controle de receitas, na forma disciplinada pela Secretaria da Receita Federal do Brasil. (Redação dada pela Lei 12.546/2011.)

ART. 8º A pessoa jurídica submetida ao lucro presumido poderá, excepcionalmente, em relação ao 3º (terceiro) e 4º (quarto) trimestres-calendário de 2004, apurar o Imposto de Renda com base no lucro real trimestral, sendo definitiva a tributação pelo lucro presumido relativa aos 2 (dois) primeiros trimestres, observadas as normas estabelecidas pela Secretaria da Receita Federal.

ART. 9º Os incisos I e II do art. 1º da Lei n. 8.850, de 28 de janeiro de 1994, passam a vigorar com a seguinte redação:

› Alterações promovidas no texto da referida lei.

ART. 10. (Revogado pela Lei 11.933/2009).

ART. 11. Sem prejuízo do disposto no inciso I do § 10 do art. 8º e no inciso I do *caput* do art. 16 da Lei n. 9.311, de 24 de outubro de 1996, será facultado o lançamento a débito em conta corrente de depósito para investimento para a realização de operações com os valores mobiliários de que tratam os referidos incisos, desde que seja mantido controle, em separado, pela instituição interveniente, dos valores mobiliários adquiridos por intermédio das contas correntes de depósito à vista e de investimento.

§ 1º Os valores referentes à liquidação das operações com os valores mobiliários de que trata o *caput* deste artigo, adquiridos por intermédio de lançamento a débito em conta corrente de depósito para investimento, serão creditados ou debitados a essa mesma conta.

§ 2º As instituições intervenientes deverão manter controles em contas segregadas que permitam identificar a origem dos recursos que serão investidos em ações e produtos derivados provenientes da conta corrente e da conta para investimento.

ART. 12. Será dada ciência ao sujeito passivo do ato que o excluir do parcelamento de débitos com a Secretaria da Receita Federal, com a Procuradoria-Geral da Fazenda Nacional e com o Instituto Nacional do Seguro Social - INSS, de que tratam os arts. 1º e 5º da Lei n. 10.684, de 30 de maio de 2003, mediante publicação no Diário Oficial da União.

Parágrafo único. Fica dispensada a publicação de que trata o *caput* deste artigo nos casos em que for dada ciência ao sujeito passivo pessoalmente ou por via postal, com aviso de recebimento.

ART. 13. Fica instituído o Regime Tributário para Incentivo à Modernização e à Ampliação da Estrutura Portuária - REPORTO, nos termos desta Lei.

ART. 14. Serão efetuadas com suspensão do Imposto sobre Produtos Industrializados - IPI, da Contribuição para o PIS/Pasep, da Contribuição para o Financiamento da Seguridade Social - COFINS e, quando for o caso, do Imposto de Importação - II, as vendas e as importações de máquinas, equipamentos, peças de reposição e outros bens, no mercado interno, quando adquiridos ou importados diretamente pelos beneficiários do Reporto e destinados ao seu ativo imobilizado para utilização exclusiva na execução de serviços de: (Redação dada pela Lei 12.715/2012.)

I - carga, descarga, armazenagem e movimentação de mercadorias e produtos; (Incluído pela Lei 12.715/2012.)

II - sistemas suplementares de apoio operacional; (Incluído pela Lei 12.715/2012.)

III - proteção ambiental; (Incluído pela Lei 12.715/2012.)

IV - sistemas de segurança e de monitoramento de fluxo de pessoas, mercadorias, produtos, veículos e embarcações; (Incluído pela Lei 12.715/2012.)

V - dragagens; e (Incluído pela Lei 12.715/2012.)

VI - treinamento e formação de trabalhadores, inclusive na implantação de Centros de Treinamento Profissional. (Incluído pela Lei 12.715/2012.)

§ 1º A suspensão do Imposto de Importação e do IPI converte-se em isenção após o decurso do prazo de 5 (cinco) anos, contado da data da ocorrência do respectivo fato gerador.

§ 2º A suspensão da contribuição para o PIS/PASEP e da COFINS converte-se em operação, inclusive de importação, sujeita a alíquota 0 (zero) após o decurso do prazo de 5 (cinco) anos, contado da data da ocorrência do respectivo fato gerador.

§ 3º A aplicação dos benefícios fiscais, relativos ao IPI e ao Imposto de Importação, fica condicionada à comprovação, pelo beneficiário, da quitação de tributos e contribuições federais e, no caso do IPI vinculado à importação e do Imposto de Importação, à formalização de termo de responsabilidade em relação ao crédito tributário suspenso.

§ 4º A suspensão do Imposto de Importação somente será aplicada a máquinas, equipamentos e outros bens que não possuam similar nacional.

§ 5º A transferência, a qualquer título, de propriedade dos bens adquiridos no mercado interno ou importados mediante aplicação do REPORTO, dentro do prazo fixado nos §§ 1º e 2º deste artigo, deverá ser precedida de autorização da Secretaria da Receita Federal e do recolhimento dos tributos suspensos, acrescidos de juros e de multa de mora estabelecidos na legislação aplicável.

§ 6º A transferência a que se refere o § 5º deste artigo, previamente autorizada pela Secretaria da Receita Federal, a adquirente também enquadrado no REPORTO será efetivada com dispensa da cobrança dos tributos suspensos desde que, cumulativamente:

I - o adquirente formalize novo termo de responsabilidade a que se refere o § 3º deste artigo;

II - assuma perante a Secretaria da Receita Federal a responsabilidade pelos tributos e contribuições suspensos, desde o momento de ocorrência dos respectivos fatos geradores.

§ 7º O Poder Executivo relacionará as máquinas, equipamentos e bens objetos da suspensão referida no *caput* deste artigo.

§ 8º O disposto no *caput* deste artigo aplica-se também aos bens utilizados na execução de serviços de transporte de mercadorias em ferrovias, classificados nas posições 86.01, 86.02 e 86.06 da Nomenclatura Comum do Mercosul, e aos trilhos e demais elementos de vias férreas, classificados na posição 73.02 da Nomenclatura Comum do Mercosul, relacionados pelo Poder Executivo. (Incluído pela Lei 11.774/2008.)

§ 9º As peças de reposição citadas no *caput* deste artigo deverão ter seu valor aduaneiro igual ou superior a 20% (vinte por cento) do valor aduaneiro da máquina ou equipamento ao qual se destinam, de acordo com a Declaração de Importação - DI respectiva. (Incluído pela Lei 11.726/2008.)

§ 10. Os veículos adquiridos com o benefício do Reporto deverão receber identificação visual externa a ser definida pelo órgão competente do Poder Executivo. (Redação dada pela Lei 12.715/2012.)

§ 11. Na hipótese de utilização do bem em finalidade diversa da que motivou a suspensão de que trata o *caput* deste artigo, a sua não incorporação ao ativo imobilizado ou a ausência da identificação citada no § 10 deste artigo, o beneficiário fica sujeito à multa de 50% (cinquenta por cento) sobre o valor de aquisição do bem no mercado interno ou do respectivo valor aduaneiro. (Incluído pela Lei 11.726/2008.)

§ 12. A aplicação da multa prevista no § 11 deste artigo não prejudica a exigência dos tributos suspensos, de outras penalidades cabíveis, bem como dos acréscimos legais. (Incluído pela Lei 11.726/2008.)

ART. 15. São beneficiários do Reporto o operador portuário, o concessionário de porto organizado, o arrendatário de instalação portuária de uso público e a empresa autorizada a explorar instalação portuária de uso privativo misto ou exclusivo, inclusive aquelas que operam com embarcações de offshore. (Redação dada pela Lei 12.715/2012.)

§ 1º Pode ainda ser beneficiário do Reporto o concessionário de transporte ferroviário. (Incluído pela Lei 11.774/2008.)

§ 2º A Secretaria da Receita Federal do Brasil estabelecerá os requisitos e os procedimentos para habilitação dos beneficiários ao Reporto, bem como para coabilitação dos fabricantes dos bens listados no § 8º do art. 14 desta Lei. (Redação dada pela Lei 12.688/2012)

ART. 16. Os beneficiários do Reporto descritos no art. 15 desta Lei ficam acrescidos das empresas de dragagem, definidas na Lei n. 11.610, de 12 de dezembro de 2007, dos recintos alfandegados de zona secundária e dos centros de treinamento profissional de que trata o art. 32 da Lei n. 8.630, de 25 de fevereiro de 1993 (Lei dos Portos), e poderão efetuar aquisições e importações amparadas pelo Reporto até 31 de dezembro de 2015. (Redação dada pela Lei 12.688/2012)

› Lei 12.815/2013 (Dispõe sobre a exploração direta e indireta pela União de portos e instalações portuárias e sobre as atividades desempenhadas pelos operadores portuários) e Dec. 8.033/2013 (regulamento).

ART. 17. As vendas efetuadas com suspensão, isenção, alíquota 0 (zero) ou não incidência da Contribuição para o PIS/PASEP e da COFINS não impedem a manutenção, pelo vendedor, dos créditos vinculados a essas operações.

ART. 18. Por um prazo de 10 (dez) anos a contar da vigência da Lei n. 9.432, de 8 de janeiro de 1997, não incidirá o Adicional de Frete para a Renovação da Marinha Mercante - AFRMM sobre as mercadorias cuja origem ou cujo destino seja porto localizado na Região Norte e Nordeste do país, exceto para as embarcações de casco com fundo duplo, destinadas ao transporte de combustíveis, cujo prazo será de 25 (vinte e cinco) anos.

ART. 19. O levantamento ou a autorização para depósito em conta bancária de valores decorrentes de precatório judicial somente poderá ocorrer mediante a apresentação ao juízo de certidão negativa de tributos federais, estaduais, municipais, bem como certidão de regularidade para com a Seguridade Social, o Fundo de Garantia do Tempo de Serviço - FGTS e a Dívida Ativa da União, depois de ouvida a Fazenda Pública.

› ADIn 3.453-7.

Parágrafo único. Não se aplica o disposto no *caput* deste artigo:

I - aos créditos de natureza alimentar, inclusive honorários advocatícios;

II - aos créditos de valor igual ou inferior ao disposto no art. 3º da Lei n. 10.259, de 12 de julho de 2001, que dispõe sobre a instituição dos Juizados Especiais Cíveis e Criminais no âmbito da Justiça Federal.

ART. 20. As intimações e notificações de que tratam os arts. 36 a 38 da Lei Complementar n. 73, de 10 de fevereiro de 1993, inclusive aquelas pertinentes a processos administrativos, quando dirigidas a Procuradores da Fazenda Nacional, dar-se-ão pessoalmente mediante a entrega dos autos com vista.

ART. 21. Os arts. 13, 19 e 20 da Lei n. 10.522, de 19 de julho de 2002, passam a vigorar com a seguinte redação:

› Alterações promovidas no texto da referida lei.

ART. 22. O art. 17 da Lei n. 9.430, de 27 de dezembro de 1996, passa a vigorar com a seguinte redação:

› Alteração promovida no texto da referida lei.

ART. 23. Esta Lei entra em vigor na data de sua publicação, produzindo efeitos:

I - na hipótese dos arts. 1º a 5º e 7º, a partir de 1º de janeiro de 2005;

II - na hipótese do art. 11, a partir de 1º de outubro de 2004;

III - na data de sua publicação, nas demais hipóteses.

ART. 24. Ficam revogados o art. 63 da Lei n. 8.383, de 30 de dezembro de 1991, a partir de 1º de janeiro de 2005, e o § 2º do art. 10 da Lei n. 10.925, de 23 de julho de 2004.

Brasília, 21 de dezembro de 2004; 183º da Independência e 116º da República.

LUIZ INÁCIO LULA DA SILVA

LEI N. 11.051, DE 29 DE DEZEMBRO DE 2004

Dispõe sobre o desconto de crédito na apuração da Contribuição Social sobre o Lucro Líquido - CSLL e da Contribuição para o PIS/Pasep e Cofins não cumulativas e dá outras providências.

› *DOU*, 30.12.2004, retificada nos *DOU*, 04.01.2005, 11.01.2005 e 16.02.2005.

O Presidente da República. Faço saber que o Congresso Nacional decreta e eu sanciono a seguinte Lei:

ART. 1º As pessoas jurídicas tributadas com base no lucro real poderão utilizar crédito relativo à Contribuição Social sobre o Lucro

Líquido - CSLL, à razão de 25% (vinte e cinco por cento) sobre a depreciação contábil de máquinas, aparelhos, instrumentos e equipamentos, novos, relacionados em regulamento, adquiridos entre 1º de outubro de 2004 e 31 de dezembro de 2010, destinados ao ativo imobilizado e empregados em processo industrial do adquirente. (Redação dada pela Lei n. 11.774, de 2008)

§ 1º O crédito de que trata o *caput* deste artigo será deduzido do valor da CSLL apurada, no regime trimestral ou anual.

§ 2º A utilização do crédito está limitada ao saldo da CSLL a pagar, observado o disposto no § 1º deste artigo, não gerando a parcela excedente, em qualquer hipótese, direito à restituição, compensação, ressarcimento ou aproveitamento em períodos de apuração posteriores.

§ 3º Será admitida a utilização do crédito no pagamento mensal por estimativa.

§ 4º Na hipótese do § 3º deste artigo, o crédito a ser efetivamente utilizado está limitado à CSLL apurada no encerramento do período de apuração.

§ 5º É vedada a utilização do crédito referido nos §§ 1º e 3º deste artigo, na hipótese de a pessoa jurídica não compensar base de cálculo negativa de períodos anteriores existente ou o fizer em valor inferior ao admitido na legislação.

§ 6º As pessoas jurídicas poderão se beneficiar do crédito a partir do mês em que o bem entrar em operação até o final do 4º (quarto) ano-calendário subsequente àquele a que se referir o mencionado mês.

§ 7º A partir do ano-calendário subsequente ao término do período de gozo do benefício a que se refere o § 6º deste artigo, deverá ser adicionado à CSLL devida o valor utilizado a título de crédito em função dos anos-calendário de gozo do benefício e do regime de apuração da CSLL.

§ 8º A parcela a ser adicionada nos termos do § 7º deste artigo será devida pelo seu valor integral, ainda que a pessoa jurídica apure, no período, base de cálculo negativa da CSLL.

§ 9º A pessoa jurídica que deixar de ser tributada com base no lucro real deverá adicionar os créditos a que se refere o *caput* deste artigo, aproveitados anteriormente, à CSLL devida relativa ao 1º (primeiro) período de apuração do novo regime de tributação adotado.

§ 10. Na hipótese de a pessoa jurídica vir a optar pelo Sistema Integrado de Pagamento de Impostos e Contribuições das Microempresas e Empresas de Pequeno Porte - SIMPLES, o crédito a que se refere o *caput* deste artigo, aproveitado anteriormente, deverá ser recolhido em separado, em quota única, até o último dia útil de janeiro do ano-calendário a que corresponderem os efeitos dessa opção.

§ 11. Na hipótese de extinção, a pessoa jurídica deverá recolher, em quota única, os créditos aproveitados anteriormente até o último dia útil do mês subsequente ao evento.

§ 12. Na hipótese de alienação dos bens de que trata o *caput* deste artigo, o valor total dos créditos aproveitados anteriormente deverá ser recolhido, em quota única, até o último dia útil do mês subsequente ao da alienação ou ser adicionado ao valor da CSLL devida no período de apuração em que ocorrer a alienação.

ART. 2º As pessoas jurídicas poderão optar pelo desconto, no prazo de 2 (dois) anos, dos créditos da Contribuição para o PIS/Pasep e da Cofins de que tratam o inciso III do § 1º do art. 3º das Leis n. 10.637, de 30 de dezembro de 2002, e 10.833, de 29 de dezembro de 2003, e o § 4º do art. 15 da Lei n. 10.865, de 30 de abril de 2004, na hipótese de aquisição dos bens de que trata o art. 1º desta Lei.

§ 1º Os créditos de que trata este artigo serão apurados mediante a aplicação, a cada mês, das alíquotas referidas no *caput* do art. 2º das Leis n. 10.637, de 30 de dezembro de 2002, e 10.833, de 29 de dezembro de 2003, sobre o valor correspondente a 1/24 (um vinte e quatro avos) do custo de aquisição do bem.

§ 2º O disposto neste artigo aplica-se às aquisições efetuadas após 1º de outubro de 2004. (Redação dada pela Lei 11.196/2006.)

ART. 3º Os arts. 14 e 18 da Lei n. 10.522, de 19 de julho de 2002, passam a vigorar com a seguinte redação:

‣ Alterações promovidas no texto da referida lei.

ART. 4º O art. 74 da Lei n. 9.430, de 27 de dezembro de 1996, passa a vigorar com a seguinte redação:

‣ Alterações promovidas no texto da referida lei.

ART. 5º O disposto nos arts. 36, 37 e 38 da Medida Provisória n. 2.158-35, de 24 de agosto de 2001, aplica-se aos estabelecimentos envasadores ou industriais fabricantes dos produtos classificados na posição 2201 da Tabela de Incidência do Imposto sobre Produtos Industrializados - TIPI, aprovada pelo Decreto n. 4.542, de 26 de dezembro de 2002.

ART. 6º O art. 40 da Lei n. 6.830, de 22 de setembro de 1980, passa a vigorar com a seguinte redação:

‣ Alteração promovida no texto da referida lei.

ART. 7º Na determinação das bases de cálculo da Contribuição para o PIS/Pasep e da Cofins, devidas pelas pessoas jurídicas, inclusive as equiparadas, relativamente às atividades de que trata o art. 4º da Lei n.10.833, de 29 de dezembro de 2003, deverá ser adotado o regime de reconhecimento de receitas previsto na legislação do imposto de renda.

ART. 8º A suspensão da exigibilidade da Contribuição para o PIS/Pasep e da Cofins incidentes sobre a importação de bens, na forma dos arts. 14 e 14-A da Lei n.10.865, de 30 de abril de 2004, será convertida em alíquota zero quando esses bens forem utilizados:

I - na elaboração de matérias-primas, produtos intermediários e materiais de embalagem destinados a emprego em processo de industrialização por estabelecimentos industriais instalados na Zona Franca de Manaus e consoante projetos aprovados pelo Conselho de Administração da Superintendência da Zona Franca de Manaus - Suframa;

II - como matérias-primas, produtos intermediários e materiais de embalagem em processo de industrialização por estabelecimentos industriais instalados na Zona Franca de Manaus e consoante projetos aprovados pelo Conselho de Administração da Superintendência da Zona Franca de Manaus - Suframa.

ART. 9º O direito ao crédito presumido de que trata o art. 8º da Lei n. 10.925, de 23 de julho de 2004, calculado sobre o valor dos bens referidos no inciso II do *caput* do art. 3º das Leis n. 10.637, de 30 de dezembro de 2002, e 10.833, de 29 de dezembro de 2003, recebidos de cooperado, fica limitado para as operações de mercado interno, em cada período de apuração, ao valor da Contribuição para o PIS/Pasep e da Cofins devidas em relação à receita bruta decorrente da venda de bens e de produtos deles derivados, após efetuadas as exclusões previstas no art. 15 da Medida Provisória n. 2.158-35, de 24 de agosto de 2001.

§ 1º O disposto neste artigo aplica-se também ao crédito presumido de que trata o art. 15 da Lei n.10.925, de 23 de julho de 2004.

‣ (Renumerado de p.u. pela Lei 13.137/2015.)

§ 2º O disposto neste artigo não se aplica no caso de recebimento, por cooperativa, de leite *in natura* de cooperado. (Acrescentado pela Lei 13.137/2015.)

ART. 10. Na determinação do valor da Contribuição para o PIS/Pasep e da Cofins incidentes sobre a receita bruta auferida pela pessoa jurídica encomendante, no caso de industrialização por encomenda, aplicam-se, conforme o caso, as alíquotas previstas:

I - nos incisos I a III do art. 4º da Lei n. 9.718, de 27 de novembro de 1998, e alterações posteriores, no caso de venda de gasolinas, exceto gasolina de aviação, óleo diesel e gás liquefeito de petróleo - GLP derivado de petróleo e de gás natural;

II - no art. 1º da Lei n. 10.485, de 3 de julho de 2002, e alterações posteriores, no caso de venda de máquinas e veículos classificados nos códigos 84.29, 8432.40.00, 84.32.80.00, 8433.20, 8433.30.00, 8433.40.00, 8433.5, 87.01, 87.02, 87.03, 87.04, 87.05 e 87.06, da TIPI;

III - para autopeças relacionadas nos Anexos I e II da Lei n. 10.485, de 3 de julho de 2002: (Redação dada pela Lei 11.196/2005.)

a) no inciso I do art. 3º da Lei n. 10.485, de 3 julho de 2002, no caso de venda para as pessoas jurídicas nele relacionadas; ou (Incluída pela Lei 11.196/2005.)

b) no inciso II do art. 3º da Lei n. 10.485, de 3 julho de 2002, no caso de venda para as pessoas jurídicas nele relacionadas; (Incluída pela Lei 11.196/2005.)

IV - no *caput* do art. 5º da Lei n. 10.485, de 3 de julho de 2002, e alterações posteriores, no caso de venda dos produtos classificados nas posições 40.11 (pneus novos de borracha) e 40.13 (câmaras-de-ar de borracha), da TIPI;

V - no art. 2º da Lei n. 10.560, de 13 de novembro de 2002, e alterações posteriores, no caso de venda de querosene de aviação; e

VI - (Revogado pela Lei 13.097/2015 a partir do 1º dia do 4º mês subsequente ao da sua publicação.)

§ 1º Na hipótese dos produtos de que tratam os incisos I e V do *caput*, aplica-se à pessoa jurídica encomendante o direito à opção pelo regime especial de que trata o art. 23 da Lei n. 10.865, de 30 de abril de 2004. (Alterado pela Lei 13.097/2015. Vigência: 1º dia do 4º mês subsequente ao de sua publicação.)

§ 2º A Contribuição para o PIS/Pasep e a Cofins incidirão sobre a receita bruta auferida pela pessoa jurídica executora da encomenda às alíquotas de 1,65% (um inteiro e sessenta e cinco centésimos por cento) e de 7,6% (sete inteiros e seis décimos por cento), respectivamente. (Redação dada pela Lei n. 11.196, de 2005)

§ 3º Para os efeitos deste artigo, aplicam-se os conceitos de industrialização por encomenda do Imposto sobre Produtos Industrializados - IPI. (Incluído pela Lei 11.196/2005.)

ART. 11. (Vetado.)

ART. 12. Não se considera industrialização a operação de que resultem os produtos relacionados na subposição 2401.20 da TIPI, quando exercida por produtor rural pessoa física. (Redação dada pela Lei 11.452/2007.)

ART. 13. Fica a administração fazendária federal, durante o prazo de 1 (um) ano, contado da publicação desta Lei, autorizada a atribuir os mesmos efeitos previstos no art. 205 da Lei n. 5.172, de 25 de outubro de 1966 - Código Tributário Nacional, à certidão quanto a tributos e contribuições administrados pela Secretaria da Receita Federal - SRF e à dívida ativa da União de que conste a existência de débitos em relação aos quais o interessado tenha apresentado, ao órgão competente, pedido de revisão fundado em alegação de pagamento integral anterior à inscrição pendente da apreciação há mais de 30 (trinta) dias.

§ 1º Para fins de obtenção da certidão a que se refere o *caput* deste artigo, o requerimento deverá ser instruído com:

I - cópia do pedido de revisão de débitos inscritos em dívida ativa da União instruído com os documentos de arrecadação da Receita Federal - DARF que comprovem o pagamento alegado;

II - declaração firmada pelo devedor de que o pedido de revisão e os documentos relativos aos pagamentos referem-se aos créditos de que tratará a certidão.

§ 2º A concessão da certidão a que se refere o *caput* deste artigo não implica o deferimento do pedido de revisão formulado.

§ 3º Será suspenso, até o pronunciamento formal do órgão competente, o registro no Cadastro Informativo de Créditos Não Quitados do Setor Público Federal - Cadin, de que trata a Lei n. 10.522, de 19 de julho de 2002, quando o devedor comprovar, nos termos do § 1º deste artigo, a situação descrita no *caput* deste artigo.

§ 4º A certidão fornecida nos termos do *caput* deste artigo perderá sua validade com a publicação, no Diário Oficial da União, do respectivo cancelamento.

§ 5º (Vetado.)

§ 6º A falsidade na declaração de que trata o inciso II do § 1º deste artigo implicará multa correspondente a 50% (cinquenta por cento) do pagamento alegado, não passível de redução, sem prejuízo de outras penalidades administrativas ou criminais.

§ 7º A Procuradoria-Geral da Fazenda Nacional - PGFN e a Secretaria da Receita Federal - SRF expedirão os atos necessários ao fiel cumprimento das disposições deste artigo.

ART. 14. Para os fins do disposto no § 4º do art. 1º da Lei n. 10.684, de 30 de maio de 2003, o enquadramento das pessoas jurídicas observará exclusivamente os limites de receita bruta expressos no art. 2º da Lei n. 9.841, de 5 de outubro de 1999.

ART. 15. O art. 4º da Lei n. 10.964, de 28 de outubro de 2004, passa a vigorar com a seguinte redação:

› Alterações promovidas no texto da referida lei.

ART. 16. O crédito apurado no âmbito do Parcelamento Especial - Paes de que trata o art. 1º da Lei n. 10.684, de 30 de maio de 2003, decorrente de pagamento indevido, bem como de pagamento a maior, no caso de liquidação deste parcelamento, será restituído a pedido do sujeito passivo.

§ 1º Na hipótese de existência de débitos do sujeito passivo relativos a tributos e contribuições perante a Secretaria da Receita Federal - SRF ou a Procuradoria-Geral da Fazenda Nacional - PGFN, o valor da restituição, após o prévio reconhecimento do direito creditório a pedido do sujeito passivo, deverá ser utilizado para quitá-los, mediante compensação em procedimento de ofício.

§ 2º À compensação com os créditos a que se refere o *caput* deste artigo não se aplicam as disposições sobre a declaração de compensação de que trata o art. 74 da Lei n. 9.430, de 27 de dezembro de 1996, cujo procedimento somente será realizado na forma do § 1º deste artigo.

§ 3º A restituição e a compensação de que trata este artigo serão efetuadas pela Secretaria da Receita Federal - SRF, aplicando-se o disposto no art. 39 da Lei n. 9.250, de 26 de dezembro de 1995, alterado pelo art. 73 da Lei n. 9.532, de 10 de dezembro de 1997.

ART. 17. O art. 32 da Lei n. 4.357, de 16 de julho de 1964, passa a vigorar com a seguinte redação:

› Alteração promovida no texto da referida lei.

ART. 18. O art. 4º da Lei n. 9.718, de 27 de novembro de 1998, com a redação dada pela Lei n. 10.865, de 30 de abril de 2004, passa a vigorar com a seguinte redação:

› Alterações promovidas no texto da referida lei.

ART. 19. O art. 7º da Lei n. 10.426, de 24 de abril de 2002, passa a vigorar com a seguinte redação:

› Alterações promovidas no texto da referida lei.

ART. 20. O art. 4º da Lei n. 10.560, de 13 de novembro de 2002, passa a vigorar com a seguinte redação:

› Alteração promovida no texto da referida lei.

ART. 21. O art. 3º da Lei n. 10.833, de 29 de dezembro de 2003, passa a vigorar acrescido do seguinte § 18:

› Alterações promovidas no texto da referida lei.

ART. 22. O disposto no art. 21 desta Lei produz efeitos a partir de 1º de agosto de 2004.

Parágrafo único. Para as pessoas jurídicas que apuram o imposto de renda com base no lucro real que, por opção, adotaram antecipadamente o regime de incidência não cumulativa da Contribuição para o PIS/Pasep e da Cofins, nos termos do art. 42 da Lei n. 10.865, de 30 de abril de 2004, o disposto no art. 21 desta Lei produz efeitos em relação aos fatos geradores ocorridos a partir de 1º de maio de 2004.

ART. 23. O art. 3º da Lei n. 10.833, de 29 de dezembro de 2003, passa a vigorar acrescido dos seguintes §§ 19 e 20:

› Alterações promovidas no texto da referida lei.

ART. 24. O disposto no art. 23 desta Lei aplica-se a partir da data da publicação desta Lei, produzindo efeitos, em relação ao § 20, no que se refere ao inciso II do § 19, ambos do art. 3º da Lei n. 10.833, de 29 de dezembro de 2003, a partir do 1º (primeiro) dia do 4º (quarto) mês subsequente ao de sua publicação.

ART. 25. Os arts. 10, 18, 51 e 58 da Lei n. 10.833, de 29 de dezembro de 2003, passam a vigorar com a seguinte redação:

› Alterações promovidas no texto da referida lei.

ART. 26. O art. 15 da Lei n. 10.833, de 29 de dezembro de 2003, passa a vigorar com a seguinte redação:

› Alteração promovida no texto da referida lei.

ART. 27. O art. 26 desta Lei entra em vigor na data de sua publicação, observados, com relação às alterações produzidas por esta Lei, os mesmos prazos de produção de efeitos determinados para a Cofins.

ART. 28. Os arts. 8º, 17, 23 e 40 da Lei n. 10.865, de 30 de abril de 2004, passam a vigorar com a seguinte redação:

› Alterações promovidas no texto da referida lei.

ART. 29. Os arts. 1º, 8º, 9º e 15 da Lei n. 10.925, de 23 de julho de 2004, passam a vigorar com a seguinte redação:

› Alterações promovidas no texto da referida lei.

ART. 30. As sociedades cooperativas de crédito e de transporte rodoviário de cargas, na apuração dos valores devidos a título de Cofins e PIS-faturamento, poderão excluir da base de cálculo os ingressos decorrentes do ato cooperativo, aplicando-se, no que couber, o disposto no art. 15 da Medida Provisória n. 2.158-35, de 24 de agosto de 2001, e demais normas relativas às cooperativas de produção agropecuária e de infraestrutura. (Redação dada pela Lei 11.196/2005.)

ART. 30-A. As cooperativas de radiotáxi, bem como aquelas cujos cooperados se dediquem a serviços relacionados a atividades culturais, de música, de cinema, de letras, de artes cênicas (teatro, dança, circo) e de artes plásticas, poderão excluir da base de cálculo da contribuição para PIS/Pasep e Cofins: (Alterado pela Lei 12.973/2014.)

I - os valores repassados aos associados pessoas físicas decorrentes de serviços por eles prestados em nome da cooperativa; (Incluído pela Lei 12.649/2012.)

II - as receitas de vendas de bens, mercadorias e serviços a associados, quando adquiridos de pessoas físicas não associadas; e (Incluído pela Lei 12.649/2012.)

III - as receitas financeiras decorrentes de repasses de empréstimos a associados, contraídos de instituições financeiras, até o limite dos encargos a estas devidos. (Incluído pela Lei 12.649/2012.)

Parágrafo único. Na hipótese de utilização de uma ou mais das exclusões referidas no *caput*, a cooperativa ficará também sujeita à incidência da contribuição para o PIS/Pasep, determinada em conformidade com o disposto no art. 13 da Medida Provisória n. 2.158-35, de 24 de agosto de 2001. (Incluído pela Lei 12.649/2012.)

ART. 30-B. São remidos os créditos tributários, constituídos ou não, inscritos ou não em dívida ativa, bem como anistiados os respectivos encargos legais, multas e juros de mora quando relacionados à falta de pagamento da Cofins e da contribuição para o PIS/Pasep sobre os valores passíveis de exclusão das suas bases de cálculo nos termos do art. 30-A desta Lei das associações civis e das sociedades cooperativas referidas no art. 30-A desta Lei. (Alterado pela Lei 12.973/2014.)

ART. 31. Fica a União autorizada, a exclusivo critério do Ministro de Estado da Fazenda, a assumir, mediante novação contratual, obrigações de responsabilidade de autarquias federais, desde que registradas pelo Banco Central do Brasil na Dívida Líquida do Setor Público na data da publicação desta Lei.

ART. 32. Para efeito de determinação da base de cálculo do imposto de renda das pessoas jurídicas e da contribuição social sobre o lucro líquido, da Contribuição para o Financiamento da Seguridade Social - Cofins e da Contribuição para o PIS/Pasep, os resultados positivos ou negativos incorridos nas operações realizadas em mercados de liquidação futura, inclusive os sujeitos a ajustes de posições, serão reconhecidos por ocasião da liquidação do contrato, cessão ou encerramento da posição.

§ 1º O resultado positivo ou negativo de que trata este artigo será constituído pela soma algébrica dos ajustes, no caso das operações a futuro sujeitas a essa especificação, e pelo rendimento, ganho ou perda, apurado na operação, nos demais casos.

§ 2º O disposto neste artigo aplica-se:

I - no caso de operações realizadas no mercado de balcão, somente àquelas registradas nos termos da legislação vigente;

II - em relação à pessoa física, aos ganhos líquidos auferidos em mercados de liquidação futura sujeitos a ajustes de posições, ficando mantidas para os demais mercados as regras previstas na legislação vigente.

ART. 33. A Secretaria da Receita Federal - SRF expedirá, no âmbito da sua competência, as normas necessárias ao cumprimento do disposto nesta Lei.

ART. 34. Esta Lei entra em vigor na data da sua publicação, produzindo efeitos, em relação:

I - ao art. 7º, a partir de 1º de novembro de 2004;

II - aos arts. 9º, 10 e 11, a partir do 1º (primeiro) dia do 4º (quarto) mês subsequente ao de sua publicação;

III - aos demais artigos, a partir da data da sua publicação.

ART. 35. Ficam revogados:

I - o § 3º do art. 3º da Lei n. 9.718, de 27 de novembro de 1998;

II - o inciso IV do *caput* do art. 17 da Lei n. 10.865, de 30 de abril de 2004;

III - o art. 90 da Lei n. 10.833, de 29 de dezembro de 2003;

IV - o art. 84 da Lei n. 10.833, de 29 de dezembro de 2003, a partir do 1º (primeiro) dia do 4º (quarto) mês subsequente ao de sua publicação.

Brasília, 29 de dezembro de 2004; 183º da Independência e 116º da República.

LUIZ INÁCIO LULA DA SILVA

LEI N. 11.053, DE 29 DE DEZEMBRO DE 2004

Dispõe sobre a tributação dos planos de benefícios de caráter previdenciário e dá outras providências.

‣ *DOU*, 30.12.2004.

O Presidente da República. Faço saber que o Congresso Nacional decreta e eu sanciono a seguinte Lei:

ART. 1º É facultada aos participantes que ingressarem a partir de 1º de janeiro de 2005 em planos de benefícios de caráter previdenciário, estruturados nas modalidades de contribuição definida ou contribuição variável, das entidades de previdência complementar e das sociedades seguradoras, a opção por regime de tributação no qual os valores pagos aos próprios participantes ou aos assistidos, a título de benefícios ou resgates de valores acumulados, sujeitam-se à incidência de imposto de renda na fonte às seguintes alíquotas:

I - 35% (trinta e cinco por cento), para recursos com prazo de acumulação inferior ou igual a 2 (dois) anos;

II - 30% (trinta por cento), para recursos com prazo de acumulação superior a 2 (dois) anos e inferior ou igual a 4 (quatro) anos;

III - 25% (vinte e cinco por cento), para recursos com prazo de acumulação superior a 4 (quatro) anos e inferior ou igual a 6 (seis) anos;

IV - 20% (vinte por cento), para recursos com prazo de acumulação superior a 6 (seis) anos e inferior ou igual a 8 (oito) anos;

V - 15% (quinze por cento), para recursos com prazo de acumulação superior a 8 (oito) anos e inferior ou igual a 10 (dez) anos; e

VI - 10% (dez por cento), para recursos com prazo de acumulação superior a 10 (dez) anos.

§ 1º O disposto neste artigo aplica-se:

I - aos quotistas que ingressarem em Fundo de Aposentadoria Programada Individual - FAPI a partir de 1º de janeiro de 2005;

II - aos segurados que ingressarem a partir de 1º de janeiro de 2005 em planos de seguro de vida com cláusula de cobertura por sobrevivência em relação aos rendimentos recebidos a qualquer título pelo beneficiário.

§ 2º O imposto de renda retido na fonte de que trata o *caput* deste artigo será definitivo.

§ 3º Para fins do disposto neste artigo, prazo de acumulação é o tempo decorrido entre o aporte de recursos no plano de benefícios mantido por entidade de previdência complementar, por sociedade seguradora ou em FAPI e o pagamento relativo ao resgate ou ao benefício, calculado na forma a ser disciplinada em ato conjunto da Secretaria da Receita Federal e do respectivo órgão fiscalizador das entidades de previdência complementar, sociedades seguradoras e FAPI, considerando-se o tempo de permanência, a forma e o prazo de recebimento e os valores aportados.

§ 4º Nos casos de portabilidade de recursos e de transferência de participantes e respectivas reservas entre planos de benefícios de que trata o *caput* deste artigo, o prazo de acumulação do participante que, no plano originário, tenha optado pelo regime de tributação previsto neste artigo será computado no plano receptor.

§ 5º As opções de que tratam o *caput* e o § 1º deste artigo serão exercidas pelos participantes e comunicadas pelas entidades de previdência complementar, sociedades seguradoras e pelos administradores de FAPI à Secretaria da Receita Federal na forma por ela disciplinada.

§ 6º As opções mencionadas no § 5º deste artigo deverão ser exercidas até o último dia útil do mês subsequente ao do ingresso nos planos de benefícios operados por entidade de previdência complementar, por sociedade seguradora ou em FAPI e serão irretratáveis, mesmo nas hipóteses de portabilidade de recursos e de transferência de participantes e respectivas reservas. (Redação dada pela Lei 11.196/2005.)

§ 7º Para o participante, segurado ou quotista que houver ingressado no plano de benefícios até o dia 30 de novembro de 2005, a opção de que trata o § 6º deste artigo deverá ser exercida até o último dia útil do mês de dezembro de 2005, permitida neste prazo, excepcionalmente, a retratação da opção para aqueles que ingressaram no referido plano entre 1º de janeiro e 4 de julho de 2005. (Incluído pela Lei 11.196/2005.)

ART. 2º É facultada aos participantes que ingressarem até 1º de janeiro de 2005 em planos de benefícios de caráter previdenciário estruturados nas modalidades de contribuição definida ou contribuição variável, a opção pelo regime de tributação de que trata o art. 1º desta Lei.

§ 1º O disposto neste artigo aplica-se:

I - aos quotistas de Fundo de Aposentadoria Programada Individual - FAPI que ingressarem até 1º de janeiro de 2005; e

II - aos segurados que ingressarem até 1º de janeiro de 2005 em planos de seguro de vida com cláusula de cobertura por sobrevivência em relação aos rendimentos recebidos a qualquer título pelo beneficiário.

§ 2º A opção de que trata este artigo deverá ser formalizada pelo participante, segurado ou quotista, à respectiva entidade de previdência complementar, sociedade seguradora ou ao administrador de FAPI, conforme o caso, até o último dia útil do mês de dezembro de 2005. (Redação dada pela Lei 11.196/2005.)

§ 3º Os prazos de acumulação mencionados nos incisos I a VI do art. 1º desta Lei serão contados a partir:

I - de 1º de janeiro de 2005, no caso de aportes de recursos realizados até 31 de dezembro de 2004; e

II - da data do aporte, no caso de aportes de recursos realizados a partir de 1º de janeiro de 2005.

§ 4º Aplica-se às opções realizadas na forma deste artigo o disposto nos §§ 2º a 6º do art. 1º desta Lei.

§ 5º Os valores pagos aos próprios participantes ou aos assistidos, a título de benefícios ou resgates de valores acumulados, antes da formalização da opção referida no § 2º deste artigo, sujeitam-se à incidência de imposto de renda com base na legislação vigente antes da edição desta Lei.

ART. 3º A partir de 1º de janeiro de 2005, os resgates, parciais ou totais, de recursos acumulados relativos a participantes dos planos mencionados no art. 1º desta Lei que não tenham efetuado a opção nele mencionada sujeitam-se à incidência de imposto de renda na fonte à alíquota de 15% (quinze por cento), como antecipação do devido na declaração de ajuste da pessoa física, calculado sobre:

I - os valores de resgate, no caso de planos de previdência, inclusive FAPI;

II - os rendimentos, no caso de seguro de vida com cláusula de cobertura por sobrevivência.

Parágrafo único. O disposto neste artigo não se aplica na hipótese de opção pelo regime de tributação previsto nos arts. 1º e 2º desta Lei.

ART. 4º A partir de 1º de janeiro de 2005, a dedução das contribuições da pessoa jurídica para seguro de vida com cláusula de cobertura por sobrevivência fica condicionada, cumulativamente:

I - ao limite de que trata o § 2º do art. 11 da Lei n. 9.532, de 10 de dezembro de 1997, com a redação dada pela Lei n. 10.887, de 18 de junho de 2004; e

II - a que o seguro seja oferecido indistintamente aos empregados e dirigentes.

ART. 5º A partir de 1º de janeiro de 2005, ficam dispensados a retenção na fonte e o pagamento em separado do imposto de renda sobre os rendimentos e ganhos auferidos nas aplicações de recursos das provisões, reservas técnicas e fundos de planos de benefícios de entidade de previdência complementar, sociedade seguradora e FAPI, bem como de seguro de vida com cláusula de cobertura por sobrevivência.

Parágrafo único. Aplica-se o disposto no *caput* deste artigo aos fundos administrativos constituídos pelas entidades fechadas de previdência complementar e às provisões, reservas técnicas e fundos dos planos assistenciais de que trata o art. 76 da Lei Complementar n. 109, de 29 de maio de 2001. (Incluído pela Lei 11.196/2005.)

ART. 6º Os fundos de investimento cuja carteira de títulos tenha prazo médio igual ou inferior a 365 (trezentos e sessenta e cinco) dias sujeitam-se à incidência do imposto de renda na fonte, por ocasião do resgate, na forma do disposto neste artigo.

§ 1º A carteira de títulos a que se refere o *caput* deste artigo é composta por títulos privados ou públicos federais, prefixados ou indexados à taxa de juros, a índices de preço ou à variação cambial, ou por operações compromissadas lastreadas nos referidos títulos públicos federais e por outros títulos e operações com características assemelhadas, nos termos a serem regulamentados pelo Ministro de Estado da Fazenda.

§ 2º Os rendimentos referidos no art. 1º da Medida Provisória n. 206, de 6 de agosto de 2004, quando auferidos em aplicações nos fundos de investimento referidos no *caput*

LEIS

deste artigo, sujeitam-se ao imposto sobre a renda na fonte, por ocasião do resgate, às seguintes alíquotas:

I - 22,5% (vinte e dois inteiros e cinco décimos por cento), em aplicações com prazo de até 6 (seis) meses;

II - 20% (vinte por cento), em aplicações com prazo acima de 6 (seis) meses.

§ 3º Em relação aos fundos de que trata o *caput* deste artigo, sobre os rendimentos tributados semestralmente com base no art. 3º da Lei n. 10.892, de 13 de julho de 2004, incidirá a alíquota de 20% (vinte por cento) e no resgate das quotas será aplicada alíquota complementar àquela prevista no inciso I do § 2º deste artigo, se o resgate ocorrer no prazo de até 6 (seis) meses.

§ 4º No caso de aplicações existentes em 31 de dezembro de 2004, em relação aos rendimentos produzidos em 2005, os prazos a que se referem os incisos I e II do § 2º deste artigo serão contados a partir:

I - de 1º de julho de 2004, no caso de aplicação efetuada até a data da publicação desta Lei; e

II - da data da aplicação, no caso de aplicação efetuada após a data da publicação desta Lei.

§ 5º É sujeito à tributação na forma deste artigo o fundo de investimento a que se refere o art. 1º da Medida Provisória n. 206, de 2004, se ele tiver sua carteira constituída por títulos com prazo médio igual ou inferior a 365 (trezentos e sessenta e cinco) dias.

§ 6º Não se aplica o disposto no § 5º deste artigo se, a cada ano-calendário, a carteira do fundo de investimento for constituída por títulos com prazo médio igual ou inferior a 365 (trezentos e sessenta e cinco) dias por até 3 (três) períodos e o total dos dias dos períodos for igual ou inferior a 45 (quarenta e cinco) dias.

§ 7º Na hipótese mencionada no § 5º deste artigo, o quotista terá seus rendimentos tributados na forma prevista no art. 1º da Medida Provisória n. 206, de 2004, até o dia imediatamente anterior ao da alteração de condição, sujeitando-se os rendimentos auferidos a partir de então à tributação prevista no § 2º deste artigo.

§ 8º O disposto neste artigo não se aplica aos fundos e clubes de investimento em ação, aos quais se aplicam as disposições específicas da Medida Provisória n. 206, de 2004.

§ 9º A Secretaria da Receita Federal regulamentará a periodicidade e a metodologia de cálculo do prazo médio a que se refere este artigo.

ART. 7º São mantidas todas as demais regras que disciplinam a incidência do imposto de renda nas hipóteses dos fatos geradores previstos nesta Lei, inclusive as relativas aos limites e às condições para as deduções da base de cálculo do imposto, das contribuições feitas por pessoa física ou jurídica, bem como a isenção a que se refere o *caput* do art. 6º do Decreto-Lei n. 2.065, de 26 de outubro de 1983.

ART. 8º Esta Lei entra em vigor na data de sua publicação, produzindo efeitos a partir de 1º de janeiro de 2005.

ART. 9º São revogados, a partir de 1º de janeiro de 2005, a Medida Provisória n. 2.222, de 4 de setembro de 2001, o art. 4º da Lei n.10.426, de 24 de abril de 2002, e a Lei n. 10.431, de 24 de abril de 2002.

Brasília, 29 de dezembro de 2004; 183º da Independência e 116º da República.

LUIZ INÁCIO LULA DA SILVA

LEI N. 11.116, DE 18 DE MAIO DE 2005

Dispõe sobre o Registro Especial, na Secretaria da Receita Federal do Ministério da Fazenda, de produtor ou importador de biodiesel e sobre a incidência da Contribuição para o PIS/Pasep e da Cofins sobre as receitas decorrentes da venda desse produto; altera as Leis n. 10.451, de 10 de maio de 2002, e 11.097, de 13 de janeiro de 2005; e dá outras providências.

- *DOU*, 19.5.2005.
- Conversão da Med. Prov. 227/2004.

O Presidente da República. Faço saber que o Congresso Nacional decreta e eu sanciono a seguinte Lei:

CAPÍTULO I
DO REGISTRO ESPECIAL DE PRODUTOR OU IMPORTADOR DE BIODIESEL

ART. 1º As atividades de importação ou produção de biodiesel deverão ser exercidas, exclusivamente, por pessoas jurídicas constituídas na forma de sociedade sob as leis brasileiras, com sede e administração no País, beneficiárias de autorização da Agência Nacional do Petróleo, Gás Natural e Biocombustíveis - ANP, em conformidade com o inciso XVI do art. 8º da Lei n. 9.478, de 6 de agosto de 1997, e que mantenham Registro Especial na Secretaria da Receita Federal do Ministério da Fazenda.

§ 1º São vedadas a comercialização e a importação do biodiesel sem a concessão do Registro Especial.

§ 2º A Secretaria da Receita Federal expedirá normas complementares relativas ao Registro Especial e ao cumprimento das exigências a que estão sujeitas as pessoas jurídicas, podendo, ainda, estabelecer:

I - obrigatoriedade de instalação de medidor de vazão do volume de biodiesel produzido;

II - valor mínimo de capital integralizado; e

III - condições quanto à idoneidade fiscal e financeira das mesmas empresas e de seus sócios ou diretores.

§ 3º Excepcionalmente, tratando-se de produtor de pequeno porte, poderá ser concedido registro provisório por período não superior a 6 (seis) meses, sem prejuízo do disposto no art. 5º desta Lei.

ART. 2º O Registro Especial poderá ser cancelado, a qualquer tempo, pela Secretaria da Receita Federal se, após a sua concessão, ocorrer qualquer dos seguintes fatos:

I - desatendimento dos requisitos que condicionaram a sua concessão;

II - cancelamento da autorização instituída pelo inciso XVI do art. 8º da Lei n. 9.478, de 6 de agosto de 1997, expedida pela ANP;

III - não cumprimento de obrigação tributária principal ou acessória, relativa a tributo ou contribuição administrados pela Secretaria da Receita Federal;

IV - utilização indevida do coeficiente de redução diferenciado de que trata o § 1º do art. 5º desta Lei; ou

V - prática de conluio ou fraude, como definidos na Lei n. 4.502, de 30 de novembro de 1964, ou de crime contra a ordem tributária, previsto na Lei n. 8.137, de 27 de dezembro de 1990, ou de qualquer outra infração cuja tipificação decorra do descumprimento de normas reguladoras da produção, importação e comercialização de biodiesel, após decisão transitada em julgado.

§ 1º Para os fins do disposto no inciso III do *caput* deste artigo, a Secretaria da Receita Federal poderá estabelecer a periodicidade e a forma de comprovação do pagamento dos tributos e contribuições devidos, inclusive mediante a instituição de obrigação acessória destinada ao controle da produção ou importação, da circulação dos produtos e da apuração da base de cálculo.

§ 2º Do ato que cancelar o Registro Especial caberá recurso ao Ministro de Estado da Fazenda.

CAPÍTULO II
DAS ALÍQUOTAS DAS CONTRIBUIÇÕES

ART. 3º A Contribuição para o PIS/Pasep e a Contribuição Social para o Financiamento da Seguridade Social - Cofins incidirão, uma única vez, sobre a receita bruta auferida, pelo produtor ou importador, com a venda de biodiesel, às alíquotas de 6,15% (seis inteiros e quinze centésimos por cento) e 28,32% (vinte e oito inteiros e trinta e dois centésimos por cento), respectivamente.

ART. 4º O importador ou produtor de biodiesel poderá optar por regime especial de apuração e pagamento da Contribuição para o PIS/Pasep e da Cofins, no qual os valores das contribuições são fixados, respectivamente, em R$ 120,14 (cento e vinte reais e quatorze centavos) e R$ 553,19 (quinhentos e cinquenta e três reais e dezenove centavos) por metro cúbico.

§ 1º A opção prevista neste artigo será exercida, segundo termos e condições estabelecidos pela Secretaria da Receita Federal, até o último dia útil do mês de novembro de cada ano-calendário, produzindo efeitos, de forma irretratável, durante todo o ano-calendário subsequente ao da opção.

§ 2º Excepcionalmente, a opção poderá ser exercida a qualquer tempo, produzindo efeitos, de forma irretratável, para o ano de 2005, a partir do 1º (primeiro) dia do mês em que se fizer a opção.

§ 3º Sem prejuízo do disposto no § 2º deste artigo, o importador ou o produtor de biodiesel poderá adotar antecipadamente o regime especial de que trata este artigo, a partir de 1º de janeiro de 2005, não se lhes aplicando as disposições do art. 18 desta Lei.

§ 4º A pessoa jurídica que iniciar suas atividades no transcorrer do ano poderá efetuar a opção de que trata o *caput* deste artigo no mês em que começar a fabricar ou importar biodiesel, produzindo efeitos, de forma irretratável, a partir do 1º (primeiro) dia desse mês.

§ 5º A opção a que se refere este artigo será automaticamente prorrogada para o ano-calendário seguinte, salvo se a pessoa jurídica dela desistir, nos termos e condições estabelecidos pela Secretaria da Receita Federal, até o último dia útil do mês de novembro do ano-calendário, hipótese em que a produção de efeitos se dará a partir do dia 1º de janeiro do ano-calendário subsequente.

§ 6º Na apuração das contribuições a serem pagas na forma deste artigo não será incluído o volume de produção de biodiesel utilizado para o consumo próprio do produtor.

ART. 5º Fica o Poder Executivo autorizado a fixar coeficiente para redução das alíquotas previstas no art. 4º desta Lei, o qual poderá ser alterado, a qualquer tempo, para mais ou para menos.

§ 1º As alíquotas poderão ter coeficientes de redução diferenciados em função:

I - da matéria-prima utilizada na produção do biodiesel, segundo a espécie;

II - do produtor-vendedor;

III - da região de produção da matéria-prima;

IV - da combinação dos fatores constantes dos incisos I a III deste artigo.

§ 2º A utilização dos coeficientes de redução diferenciados de que trata o § 1º deste artigo deve observar as normas regulamentares, os termos e as condições expedidos pelo Poder Executivo.

§ 3º O produtor-vendedor, para os fins de determinação do coeficiente de redução de alíquota, será o agricultor familiar ou sua cooperativa agropecuária, assim definidos no âmbito do Programa Nacional de Fortalecimento da Agricultura Familiar - Pronaf.

§ 4º Na hipótese de uso de matérias-primas que impliquem alíquotas diferenciadas para receitas decorrentes de venda de biodiesel, de acordo com o disposto no § 1º deste artigo, as alíquotas devem ser aplicadas proporcionalmente ao custo de aquisição das matérias-primas utilizadas no período.

§ 5º Para os efeitos do § 4º deste artigo, no caso de produção própria de matéria-prima, esta deve ser valorada ao preço médio de aquisição de matéria-prima de terceiros no período de apuração.

§ 6º O disposto no § 1º deste artigo não se aplica às receitas decorrentes da venda de biodiesel importado.

§ 7º A fixação e a alteração, pelo Poder Executivo, dos coeficientes de que trata este artigo não podem resultar em alíquotas efetivas superiores:

I - às alíquotas efetivas da Contribuição ao PIS/Pasep e à Cofins, adicionadas da alíquota efetiva da Contribuição de Intervenção do Domínio Econômico de que trata a Lei n. 10.336, de 19 de dezembro de 2001, previstas para incidência sobre o óleo diesel de origem mineral; nem

II - às alíquotas previstas no *caput* do art. 4º desta Lei.

§ 8º (Vetado).

ART. 6º Aplicam-se à produção e comercialização de biodiesel as disposições relativas ao § 1º do art. 2º das Leis n. 10.637, de 30 de dezembro de 2002, e n. 10.833, de 29 de dezembro de 2003.

ART. 7º A Contribuição para o PIS/Pasep-Importação e a Cofins-Importação, instituídas pelo art. 1º da Lei n. 10.865, de 30 de abril de 2004, incidirão às alíquotas previstas no *caput* do art. 4º desta Lei, independentemente de o importador haver optado pelo regime especial de apuração ali referido, observado o disposto no *caput* do art. 5º desta Lei.

ART. 8º As pessoas jurídicas sujeitas à apuração da Contribuição para o PIS/Pasep e da Cofins, nos termos dos arts. 2º e 3º das Leis n. 10.637, de 30 de dezembro de 2002, e 10.833, de 29 de dezembro de 2003, poderão, para fins de determinação dessas contribuições, descontar crédito em relação aos pagamentos efetuados nas importações de biodiesel.

Parágrafo único. O crédito será calculado mediante:

I - a aplicação dos percentuais de 1,65% (um inteiro e sessenta e cinco centésimos por cento) para a Contribuição para o PIS/Pasep e de 7,6% (sete inteiros e seis décimos por cento) para a Cofins sobre a base de cálculo de que trata o art. 7º da Lei n. 10.865, de 30 de abril de 2004, no caso de importação de biodiesel para ser utilizado como insumo; ou

II - a multiplicação do volume importado pelas alíquotas referidas no art. 4º desta Lei, com a redução prevista no art. 5º desta Lei, no caso de biodiesel destinado à revenda.

CAPÍTULO III
DAS PENALIDADES

ART. 9º A utilização de coeficiente de redução diferenciado na forma do § 1º do art. 5º desta Lei incompatível com a matéria-prima utilizada na produção do biodiesel ou o descumprimento do disposto em seu § 4ºacarretará, além do cancelamento do Registro Especial, a obrigatoriedade do recolhimento da diferença da Contribuição para o PIS/Pasep e da Cofins com base no *caput* do citado art. 5º, com os acréscimos legais cabíveis.

ART. 10. Será aplicada, ainda, multa correspondente ao valor comercial da mercadoria na hipótese de pessoa jurídica que:

I - fabricar ou importar biodiesel sem o registro de que trata o art. 1º desta Lei; e

II - adquirir biodiesel nas condições do inciso I do *caput* deste artigo.

CAPÍTULO IV
DISPOSIÇÕES GERAIS

ART. 11. A ANP estabelecerá os termos e condições de marcação do biodiesel para sua identificação.

ART. 12. Na hipótese de inoperância do medidor de vazão de que trata o inciso I do § 2º do art. 1º desta Lei, a produção por ele controlada será imediatamente interrompida.

§ 1º O contribuinte deverá comunicar à unidade da Secretaria da Receita Federal com jurisdição sobre seu domicílio fiscal, no prazo de 24h (vinte e quatro horas), a interrupção da produção de que trata o *caput* deste artigo.

§ 2º O descumprimento das disposições deste artigo ensejará a aplicação de multa:

I - correspondente a 100% (cem por cento) do valor comercial da mercadoria produzida no período de inoperância, não inferior a R$ 5.000,00 (cinco mil reais), sem prejuízo da aplicação das demais sanções fiscais e penais cabíveis, no caso do disposto no *caput* deste artigo; e

II - no valor de R$ 5.000,00 (cinco mil reais), sem prejuízo do disposto no inciso I deste parágrafo, no caso de falta da comunicação da inoperância do medidor na forma do § 1º deste artigo.

§ 3º Tratando-se de produtor de pequeno porte, as normas de que trata o § 2º do art. 1º desta Lei poderão prever a continuidade da produção, por período limitado, com registro em meio de controle alternativo, hipótese em que não se aplicará o disposto no inciso I do § 2º deste artigo.

ART. 13. A redução da emissão de Gases Geradores de Efeito Estufa - GEE mediante a adição de biodiesel ao óleo diesel de origem fóssil em veículos automotivos e em motores de unidades estacionárias será efetuada a partir de projetos do tipo "Mecanismos de Desenvolvimento Limpo - MDL", no âmbito do Protocolo de Quioto à Convenção-Quadro das Nações Unidas sobre Mudança do Clima, ratificado, no Brasil, pelo Decreto Legislativo n. 144, de 20 de junho de 2002.

ART. 14. O art. 8º, o inciso II do art. 10 e os arts. 12 e 13 da Lei n. 10.451, de 10 de maio de 2002, passam a vigorar com a seguinte redação:

▸ Alterações promovidas no texto da referida lei.

ART. 15. O art. 2º da Lei n. 11.097, de 13 de janeiro de 2005, passa a vigorar acrescido do seguinte § 4º:

▸ Alteração promovida no texto da referida lei.

ART. 16. O saldo credor da Contribuição para o PIS/Pasep e da Cofins apurado na forma do art. 3º das Leis n. 10.637, de 30 de dezembro de 2002, e 10.833, de 29 de dezembro de 2003, e do art. 15 da Lei n. 10.865, de 30 de abril de 2004, acumulado ao final de cada trimestre do ano-calendário em virtude do disposto no art. 17 da Lei n. 11.033, de 21 de dezembro de 2004, poderá ser objeto de:

I - compensação com débitos próprios, vencidos ou vincendos, relativos a tributos e contribuições administrados pela Secretaria da Receita Federal, observada a legislação específica aplicável à matéria; ou

II - pedido de ressarcimento em dinheiro, observada a legislação específica aplicável à matéria.

Parágrafo único. Relativamente ao saldo credor acumulado a partir de 9 de agosto de 2004 até o último trimestre-calendário anterior ao de publicação desta Lei, a compensação ou pedido de ressarcimento poderá ser efetuado a partir da promulgação desta Lei.

ART. 17. O financiamento agrícola no âmbito do Programa Nacional de Fortalecimento da Agricultura Familiar - Pronaf será adequado às peculiaridades do pequeno produtor, inclusive quanto a garantia de empréstimos destinados a safras sucessivas no mesmo ano.

ART. 18. O disposto no art. 3º desta Lei produz efeitos a partir de 1º de abril de 2005.

ART. 19. Esta Lei entra em vigor na data de sua publicação.

Brasília, 18 de maio de 2005;
184º da Independência e 117º da República.
LUIZ INÁCIO LULA DA SILVA

LEI N. 11.182, DE 27 DE SETEMBRO DE 2005

Cria a Agência Nacional de Aviação Civil - ANAC, e dá outras providências.

▸ *DOU*, 28.09.2005.

O Presidente da República. Faço saber que o Congresso Nacional decreta e eu sanciono a seguinte Lei:

CAPÍTULO I
DA AGÊNCIA NACIONAL DE AVIAÇÃO CIVIL - ANAC

ART. 1º Fica criada a Agência Nacional de Aviação Civil - ANAC, entidade integrante da Administração Pública Federal indireta, submetida a regime autárquico especial, vinculada ao Ministério da Defesa, com prazo de duração indeterminado.

Parágrafo único. A ANAC terá sede e foro no Distrito Federal, podendo instalar unidades administrativas regionais.

ART. 2º Compete à União, por intermédio da ANAC e nos termos das políticas estabelecidas pelos Poderes Executivo e Legislativo, regular e fiscalizar as atividades de aviação civil e de infraestrutura aeronáutica e aeroportuária.

ART. 3º A ANAC, no exercício de suas competências, deverá observar e implementar as orientações, diretrizes e políticas estabelecidas pelo governo federal, especialmente no que se refere a: (Redação dada pela Lei 12.462/2011.)

I - a representação do Brasil em convenções, acordos, tratados e atos de transporte aéreo internacional com outros países ou organizações internacionais de aviação civil;

II - o estabelecimento do modelo de concessão de infraestrutura aeroportuária, a ser submetido ao Presidente da República;

III - a outorga de serviços aéreos;

IV - a suplementação de recursos para aeroportos de interesse estratégico, econômico ou turístico; e

LEIS

V - a aplicabilidade do instituto da concessão ou da permissão na exploração comercial de serviços aéreos.

ART. 4º A natureza de autarquia especial conferida à ANAC é caracterizada por independência administrativa, autonomia financeira, ausência de subordinação hierárquica e mandato fixo de seus dirigentes.

ART. 5º A ANAC atuará como autoridade de aviação civil, assegurando-se-lhe, nos termos desta Lei, as prerrogativas necessárias ao exercício adequado de sua competência.

ART. 6º Com o objetivo de harmonizar suas ações institucionais na área da defesa e promoção da concorrência, a ANAC celebrará convênios com os órgãos e entidades do Governo Federal, competentes sobre a matéria.

Parágrafo único. Quando, no exercício de suas atribuições, a ANAC tomar conhecimento de fato que configure ou possa configurar infração contra a ordem econômica, ou que comprometa a defesa e a promoção da concorrência, deverá comunicá-lo aos órgãos e entidades referidos no *caput* deste artigo, para que adotem as providências cabíveis.

ART. 7º O Poder Executivo instalará a ANAC, mediante a aprovação de seu regulamento e estrutura organizacional, por decreto, no prazo de até 180 (cento e oitenta) dias a partir da publicação desta Lei.

Parágrafo único. A edição do regulamento investirá a ANAC no exercício de suas atribuições.

ART. 8º Cabe à ANAC adotar as medidas necessárias para o atendimento do interesse público e para o desenvolvimento e fomento da aviação civil, da infraestrutura aeronáutica e aeroportuária do País, atuando com independência, legalidade, impessoalidade e publicidade, competindo-lhe:

I - implementar, em sua esfera de atuação, a política de aviação civil;

II - representar o País junto aos organismos internacionais de aviação civil, exceto nos assuntos relativos ao sistema de controle do espaço aéreo e ao sistema de investigação e prevenção de acidentes aeronáuticos;

III - elaborar relatórios e emitir pareceres sobre acordos, tratados, convenções e outros atos relativos ao transporte aéreo internacional, celebrados ou a ser celebrados com outros países ou organizações internacionais;

IV - realizar estudos, estabelecer normas, promover a implementação das normas e recomendações internacionais de aviação civil, observados os acordos, tratados e convenções internacionais de que seja parte a República Federativa do Brasil;

V - negociar o estabelecimento de acordos e tratados sobre transporte aéreo internacional, observadas as diretrizes do CONAC;

VI - negociar, realizar intercâmbio e articular-se com autoridades aeronáuticas estrangeiras, para validação recíproca de atividades relativas ao sistema de segurança de voo, inclusive quando envolvam certificação de produtos aeronáuticos, de empresas prestadoras de serviços e fabricantes de produtos aeronáuticos, para a aviação civil;

VII - regular e fiscalizar a operação de serviços aéreos prestados, no País, por empresas estrangeiras, observados os acordos, tratados e convenções internacionais de que seja parte a República Federativa do Brasil;

VIII - promover, junto aos órgãos competentes, o cumprimento dos atos internacionais sobre aviação civil ratificados pela República Federativa do Brasil;

IX - regular as condições e a designação de empresa aérea brasileira para operar no exterior;

X - regular e fiscalizar os serviços aéreos, os produtos e processos aeronáuticos, a formação e o treinamento de pessoal especializado, os serviços auxiliares, a segurança da aviação civil, a facilitação do transporte aéreo, a habilitação de tripulantes, as emissões de poluentes e o ruído aeronáutico, os sistemas de reservas, a movimentação de passageiros e carga e as demais atividades de aviação civil;

XI - expedir regras sobre segurança em área aeroportuária e a bordo de aeronaves civis, porte e transporte de cargas perigosas, inclusive o porte ou transporte de armamento, explosivos, material bélico ou de quaisquer outros produtos, substâncias ou objetos que possam pôr em risco os tripulantes ou passageiros, ou a própria aeronave ou, ainda, que sejam nocivos à saúde;

XII - regular e fiscalizar as medidas a serem adotadas pelas empresas prestadoras de serviços aéreos, e exploradoras de infraestrutura aeroportuária, para prevenção quanto ao uso por seus tripulantes ou pessoal técnico de manutenção e operação que tenha acesso às aeronaves, de substâncias entorpecentes ou psicotrópicas, que possam determinar dependência física ou psíquica, permanente ou transitória;

XIII - regular e fiscalizar a outorga de serviços aéreos;

XIV - conceder, permitir ou autorizar a exploração de serviços aéreos;

XV - promover a apreensão de bens e produtos aeronáuticos de uso civil, que estejam em desacordo com as especificações;

XVI - fiscalizar as aeronaves civis, seus componentes, equipamentos e serviços de manutenção, com o objetivo de assegurar o cumprimento das normas de segurança de voo;

XVII - proceder à homologação e emitir certificados, atestados, aprovações e autorizações, relativos às atividades de competência do sistema de segurança de voo da aviação civil, bem como licenças de tripulantes e certificados de habilitação técnica e de capacidade física e mental, observados os padrões e normas por ela estabelecidos;

XVIII - administrar o Registro Aeronáutico Brasileiro;

XIX - regular as autorizações de horários de pouso e decolagem de aeronaves civis, observadas as condicionantes do sistema de controle do espaço aéreo e da infraestrutura aeroportuária disponível;

XX - compor, administrativamente, conflitos de interesses entre prestadoras de serviços aéreos e de infraestrutura aeronáutica e aeroportuária;

XXI - regular e fiscalizar a infraestrutura aeronáutica e aeroportuária, com exceção das atividades e procedimentos relacionados com o sistema de controle do espaço aéreo e com o sistema de investigação e prevenção de acidentes aeronáuticos;

XXII - aprovar os planos diretores dos aeroportos; (Redação dada pela Lei 12.462/2011.)

XXIII - (Revogado.); (Redação dada pela Lei 12.462/2011.)

XXIV - conceder ou autorizar a exploração da infraestrutura aeroportuária, no todo ou em parte;

XXV - estabelecer o regime tarifário da exploração da infraestrutura aeroportuária, no todo ou em parte;

XXVI - homologar, registrar e cadastrar os aeródromos;

XXVII - (Revogado); (Redação dada pela Lei 12.462/2011.)

XXVIII - fiscalizar a observância dos requisitos técnicos na construção, reforma e ampliação de aeródromos e aprovar sua abertura ao tráfego; (Redação dada pela Lei 12.462/2011.)

XXIX - expedir normas e padrões que assegurem a compatibilidade, a operação integrada e a interconexão de informações entre aeródromos;

XXX - expedir normas e estabelecer padrões mínimos de segurança de voo, de desempenho e eficiência, a serem cumpridos pelas prestadoras de serviços aéreos e de infraestrutura aeronáutica e aeroportuária, inclusive quanto a equipamentos, materiais, produtos e processos que utilizarem e serviços que prestarem;

XXXI - expedir certificados de aeronavegabilidade;

XXXII - regular, fiscalizar e autorizar os serviços aéreos prestados por aeroclubes, escolas e cursos de aviação civil;

XXXIII - expedir, homologar ou reconhecer a certificação de produtos e processos aeronáuticos de uso civil, observados os padrões e normas por ela estabelecidos;

XXXIV - integrar o Sistema de Investigação e Prevenção de Acidentes Aeronáuticos - SIPAER;

XXXV - reprimir infrações à legislação, inclusive quanto aos direitos dos usuários, e aplicar as sanções cabíveis;

XXXVI - arrecadar, administrar e aplicar suas receitas;

XXXVII - contratar pessoal por prazo determinado, de acordo com a legislação aplicável;

XXXVIII - adquirir, administrar e alienar seus bens;

XXXIX - apresentar ao Ministro de Estado Chefe da Secretaria de Aviação Civil da Presidência da República proposta de orçamento; (Redação dada pela Lei 12.462/2011.)

XL - elaborar e enviar o relatório anual de suas atividades à Secretaria de Aviação Civil da Presidência da República e, por intermédio da Presidência da República, ao Congresso Nacional; (Redação dada pela Lei 12.462/2011.)

XLI - aprovar o seu regimento interno;

XLII - administrar os cargos efetivos, os cargos comissionados e as gratificações de que trata esta Lei; (Redação dada pela Lei 11.292/2006.)

XLIII - decidir, em último grau, sobre as matérias de sua competência;

XLIV - deliberar, na esfera administrativa, quanto à interpretação da legislação, sobre serviços aéreos e de infraestrutura aeronáutica e aeroportuária, inclusive casos omissos, quando não houver orientação normativa da Advocacia-Geral da União;

XLV - deliberar, na esfera técnica, quanto à interpretação das normas e recomendações internacionais relativas ao sistema de segurança de voo da aviação civil, inclusive os casos omissos;

XLVI - editar e dar publicidade às instruções e aos regulamentos necessários à aplicação desta Lei;

XLVII - (revogado); (Redação dada pela Lei 12.462/2011.)

XLVIII - firmar convênios de cooperação técnica e administrativa com órgãos e entidades governamentais, nacionais ou estrangeiros, tendo em vista a descentralização e fiscalização eficiente dos setores de aviação civil e infraestrutura aeronáutica e aeroportuária; e

XLIX - contribuir para a preservação do patrimônio histórico e da memória da aviação civil e da infraestrutura aeronáutica e aeroportuária, em cooperação com as instituições dedicadas à cultura nacional, orientando e incentivando a participação das empresas do setor.

§ 1º A ANAC poderá credenciar, nos termos estabelecidos em norma específica, pessoas físicas ou jurídicas, públicas ou privadas, de notória especialização, de acordo com padrões internacionalmente aceitos para a aviação civil, para expedição de laudos, pareceres ou relatórios que demonstrem o cumprimento dos requisitos necessários à emissão de certificados ou atestados relativos às atividades de sua competência.

§ 2º A ANAC observará as prerrogativas específicas da Autoridade Aeronáutica, atribuídas ao Comandante da Aeronáutica, devendo ser previamente consultada sobre a edição de normas e procedimentos de controle do espaço aéreo que tenham repercussão econômica ou operacional na prestação de serviços aéreos e de infraestrutura aeronáutica e aeroportuária.

§ 3º Quando se tratar de aeródromo compartilhado, de aeródromo de interesse militar ou de aeródromo administrado pelo Comando da Aeronáutica, o exercício das competências previstas nos incisos XXII, XXIII, XXIV, XXVI, XXVIII e XXIX do *caput* deste artigo, dar-se-á em conjunto com o Comando da Aeronáutica.

§ 4º Sem prejuízo do disposto no inciso X do *caput* deste artigo, a execução dos serviços aéreos de aerolevantamento dependerá de autorização emitida pelo Ministério da Defesa.

§ 5º Sem prejuízo do disposto no inciso XI do *caput* deste artigo, a autorização para o transporte de explosivo e material bélico em aeronaves civis que partam ou se destinem a aeródromo brasileiro ou com sobrevoo do território nacional é de competência do Comando da Aeronáutica.

§ 6º Para os efeitos previstos nesta Lei, o Sistema de Controle do Espaço Aéreo Brasileiro será explorado diretamente pela União, por intermédio do Comando da Aeronáutica, ou por entidade a quem ele delegar.

§ 7º As expressões infraestrutura aeronáutica e infraestrutura aeroportuária, mencionadas nesta Lei, referem-se às infraestruturas civis, não se aplicando o disposto nela às infraestruturas militares.

§ 8º O exercício das atribuições da ANAC, na esfera internacional, dar-se-á em coordenação com o Ministério das Relações Exteriores.

CAPÍTULO II
DA ESTRUTURA ORGANIZACIONAL DA ANAC

SEÇÃO I
DA ESTRUTURA BÁSICA

ART. 9º A ANAC terá como órgão de deliberação máxima a Diretoria, contando, também, com uma Procuradoria, uma Corregedoria, um Conselho Consultivo e uma Ouvidoria, além das unidades especializadas.

ART. 10. A Diretoria atuará em regime de colegiado e será composta por 1 (um) Diretor-Presidente e 4 (quatro) Diretores, que decidirão por maioria absoluta, cabendo ao Diretor-Presidente, além do voto ordinário, o voto de qualidade.

§ 1º A Diretoria reunir-se-á com a maioria de seus membros.

§ 2º (Revogado pela Lei 12.462/2011.)

§ 3º As decisões da Diretoria serão fundamentadas.

§ 4º As sessões deliberativas da Diretoria que se destinem a resolver pendências entre agentes econômicos, ou entre estes e usuários da aviação civil, serão públicas.

ART. 11. Compete à Diretoria:

I - propor, por intermédio do Ministro de Estado Chefe da Secretaria de Aviação Civil da Presidência da República, ao Presidente da República, alterações do regulamento da Anac; (Redação dada pela Lei 12.462/2011.)

II - aprovar procedimentos administrativos de licitação;

III - conceder, permitir ou autorizar a prestação de serviços aéreos;

IV - conceder ou autorizar a exploração da infraestrutura aeronáutica e aeroportuária;

V - exercer o poder normativo da Agência;

VI - aprovar minutas de editais de licitação, homologar adjudicações, transferência e extinção de contratos de concessão e permissão, na forma do regimento interno;

VII - aprovar o regimento interno da ANAC;

VIII - apreciar, em grau de recurso, as penalidades impostas pela ANAC; e

IX - aprovar as normas relativas aos procedimentos administrativos internos da Agência.

Parágrafo único. É vedado à Diretoria delegar a qualquer órgão ou autoridade as competências previstas neste artigo.

ART. 12. Os diretores serão brasileiros, de reputação ilibada, formação universitária e elevado conceito no campo de especialidade dos cargos para os quais serão nomeados pelo Presidente da República, após serem aprovados pelo Senado Federal, nos termos da alínea f do inciso III do art. 52 da Constituição Federal.

ART. 13. O mandato dos diretores será de 5 (cinco) anos.

§ 1º Os mandatos dos 1ºs (primeiros) membros da Diretoria serão, respectivamente, 1 (um) diretor por 3 (três) anos, 2 (dois) diretores por 4 (quatro) anos e 2 (dois) diretores por 5 (cinco) anos, a serem estabelecidos no decreto de nomeação.

§ 2º Em caso de vacância no curso do mandato, este será completado por sucessor investido na forma prevista no art. 12 desta Lei.

ART. 14. Os diretores somente perderão o mandato em virtude de renúncia, de condenação judicial transitada em julgado, ou de pena demissória decorrente de processo administrativo disciplinar.

§ 1º (Vetado.)

§ 2º Cabe ao Ministro de Estado Chefe da Secretaria de Aviação Civil da Presidência da República instaurar o processo administrativo disciplinar, que será conduzido por comissão especial constituída por servidores públicos federais estáveis, competindo ao Presidente da República determinar o afastamento preventivo, quando for o caso, e proferir julgamento. (Redação dada pela Lei 12.462/2011.)

ART. 15. O regulamento disciplinará a substituição dos diretores em seus impedimentos.

ART. 16. Cabe ao Diretor-Presidente a representação da ANAC, o comando hierárquico sobre o pessoal e o serviço, exercendo todas as competências administrativas correspondentes, bem como a presidência das reuniões da Diretoria.

ART. 17. A representação judicial da ANAC, com prerrogativas processuais de Fazenda Pública, será exercida pela Procuradoria.

ART. 18. O Ouvidor será nomeado pelo Presidente da República para mandato de 2 (dois) anos.

§ 1º Cabe ao Ouvidor receber pedidos de informações, esclarecimentos, reclamações e sugestões, respondendo diretamente aos interessados e encaminhando, quando julgar necessário, seus pleitos à Diretoria da ANAC.

§ 2º O Ouvidor deverá produzir, semestralmente ou quando a Diretoria da ANAC julgar oportuno, relatório circunstanciado de suas atividades.

ART. 19. A Corregedoria fiscalizará a legalidade e a efetividade das atividades funcionais dos servidores e das unidades da ANAC, sugerindo as medidas corretivas necessárias, conforme disposto em regulamento.

ART. 20. O Conselho Consultivo da ANAC, órgão de participação institucional da comunidade de aviação civil na Agência, é órgão de assessoramento da diretoria, tendo sua organização, composição e funcionamento estabelecidos em regulamento.

SEÇÃO II
DOS CARGOS EFETIVOS E COMISSIONADOS E DAS GRATIFICAÇÕES

ART. 21. Ficam criados, para exercício exclusivo na ANAC, os Cargos Comissionados de Direção - CD, de Gerência Executiva - CGE, de Assessoria - CA e de Assistência - CAS, e os Cargos Comissionados Técnicos - CCT, nos quantitativos constantes da Tabela B do Anexo I desta Lei. (Redação dada pela Lei 11.292/2006.)

ART. 22. Ficam criadas as Gratificações de Exercício em Cargo de Confiança e de Representação pelo Exercício de Função, privativas dos militares da Aeronáutica a que se refere o art. 46 desta Lei, nos quantitativos e valores previstos no Anexo II desta Lei. (Redação dada pela Lei 11.292/2006.)

Parágrafo único. As gratificações a que se refere o *caput* deste artigo serão pagas àqueles militares designados pela Diretoria da ANAC para o exercício das atribuições dos cargos de Gerência Executiva, de Assessoria, de Assistência e Cargos Comissionados Técnicos da estrutura da ANAC e extinguir-se-ão gradualmente na forma do § 1º do art. 46 desta Lei. (Incluído pela Lei 11.292/2006.)

ART. 23. (Vetado.)

ART. 24. Na estrutura dos cargos da ANAC, o provimento por um servidor civil, de Cargo Comissionado de Gerência Executiva, de Assessoria, de Assistência e de Técnico, implicará o bloqueio, para um militar, da concessão de uma correspondente Gratificação de Exercício em Cargo de Confiança e de Gratificação de Representação pelo Exercício de Função, e vice-versa.

ART. 25. Os Cargos Comissionados Técnicos são de ocupação privativa de servidores e empregados do Quadro de Pessoal Efetivo, do Quadro de Pessoal Específico e de requisitados de outros órgãos e entidades da Administração Pública.

Parágrafo único. Ao ocupante de Cargo Comissionado Técnico será pago um valor acrescido ao salário ou vencimento, conforme tabela constante do Anexo I desta Lei.

CAPÍTULO III
DO PROCESSO DECISÓRIO

ART. 26. O processo decisório da ANAC obedecerá aos princípios da legalidade, impessoalidade, eficiência, moralidade e publicidade, assegurado o direito ao contraditório e à ampla defesa.

ART. 27. As iniciativas ou alterações de atos normativos que afetem direitos de agentes econômicos, inclusive de trabalhadores do setor ou de usuários de serviços aéreos, serão precedidas de audiência pública convocada e dirigida pela ANAC.

ART. 28. Ressalvados os documentos e autos cuja divulgação possa violar a segurança do País, o segredo protegido ou a intimidade de alguém, todos os demais permanecerão abertos à consulta pública.

CAPÍTULO IV
DA REMUNERAÇÃO POR SERVIÇOS PRESTADOS E PELA OUTORGA DE EXPLORAÇÃO DE INFRAESTRUTURA AEROPORTUÁRIA

ART. 29. Fica instituída a Taxa de Fiscalização da Aviação Civil - TFAC. (Redação dada pela Lei 11.292/2006.)

- Art. 8º, VIII, Lei 13.202/2015 (Autoriza o Poder Executivo a atualizar monetariamente, na forma do regulamento, o valor da taxa instituída neste artigo).

§ 1º O fato gerador da TFAC é o exercício do poder de polícia decorrente das atividades de fiscalização, homologação e registros, nos termos do previsto na Lei n. 7.565, de 19 de dezembro de 1986 - Código Brasileiro de Aeronáutica. (Redação dada pela Lei 11.292/2006.)

§ 2º São sujeitos passivos da TFAC as empresas concessionárias, permissionárias e autorizatárias de prestação de serviços aéreos comerciais, os operadores de serviços aéreos privados, as exploradoras de infraestrutura aeroportuária, as agências de carga aérea, pessoas jurídicas que explorem atividades de fabricação, manutenção, reparo ou revisão de produtos aeronáuticos e demais pessoas físicas e jurídicas que realizem atividades fiscalizadas pela ANAC. (Redação dada pela Lei 11.292/2006.)

§ 3º Os valores da TFAC são os fixados no Anexo III desta Lei. (Incluído pela Lei 11.292/2006.)

ART. 29-A. A TFAC não recolhida no prazo e na forma estabelecida em regulamento será cobrada com os seguintes acréscimos: (Incluído pela Lei 11.292/2006.)

I - juros de mora calculados na forma da legislação aplicável aos tributos federais;

II - multa de mora de 20% (vinte por cento), reduzida a 10% (dez por cento) caso o pagamento seja efetuado até o último dia do mês subsequente ao do seu vencimento; e

III - encargo de 20% (vinte por cento), substitutivo da condenação do devedor em honorários advocatícios, calculado sobre o total do débito inscrito em Dívida Ativa, que será reduzido para 10% (dez por cento) caso o pagamento seja efetuado antes do ajuizamento da execução.

Parágrafo único. Os débitos de TFAC poderão ser parcelados na forma da legislação aplicável aos tributos federais.

ART. 30. (Vetado.)

CAPÍTULO V
DAS RECEITAS

ART. 31. Constituem receitas da ANAC:

I - dotações, créditos adicionais e especiais e repasses que lhe forem consignados no Orçamento Geral da União;

II - recursos provenientes de convênios, acordos ou contratos celebrados com órgãos ou entidades federais, estaduais e municipais, empresas públicas ou privadas, nacionais ou estrangeiras, e organismos internacionais;

III - recursos do Fundo Aeroviário;

IV - recursos provenientes de pagamentos de taxas;

V - recursos provenientes da prestação de serviços de natureza contratual, inclusive pelo fornecimento de publicações, material técnico, dados e informações, ainda que para fins de licitação;

VI - valores apurados no aluguel ou alienação de bens móveis ou imóveis;

VII - produto das operações de crédito que contratar, no País e no exterior, e rendimentos de operações financeiras que realizar;

VIII - doações, legados e subvenções;

IX - rendas eventuais; e

X - outros recursos que lhe forem destinados.

CAPÍTULO VI
DISPOSIÇÕES FINAIS E TRANSITÓRIAS

ART. 32. São transferidos à ANAC o patrimônio, o acervo técnico, as obrigações e os direitos de organizações do Comando da Aeronáutica, correspondentes às atividades a ela atribuídas por esta Lei.

ART. 33. O Fundo Aeroviário, fundo de natureza contábil e de interesse da defesa nacional, criado pelo Decreto-Lei n. 270, de 28 de fevereiro de 1967, alterado pela Lei n. 5.989, de 17 de dezembro de 1973, incluídos seu saldo financeiro e seu patrimônio existentes nesta data, passa a ser administrado pela Agência Nacional de Aviação Civil.

Parágrafo único. O Diretor-Presidente da ANAC passa a ser o gestor do Fundo Aeroviário.

ART. 33-A. Até a instalação da Agência Nacional de Aviação Civil, o Diretor do Departamento de Aviação Civil será o gestor do Fundo Aeroviário. (Incluído pela Lei 11.204/ 2005.)

ART. 34. A alínea a do parágrafo único do art. 2º, o inciso I do art. 5º e o art. 11 da Lei n.6.009, de 26 de dezembro de 1973, passam a vigorar com a seguinte redação:

- Alteração promovida no texto da referida lei.

ART. 35. O Poder Executivo regulamentará a distribuição dos recursos referidos no inciso I do art. 1º da Lei n. 8.399, de 7 de janeiro de 1992, entre os órgãos e entidades integrantes do Sistema de Aviação Civil na proporção dos custos correspondentes às atividades realizadas.

ART. 36. Fica criado o Quadro de Pessoal Específico, integrado por servidores regidos pela Lei n. 8.112, de 11 de dezembro de 1990.

§ 1º O Quadro de que trata o *caput* deste artigo tem caráter temporário, ficando extintos os cargos nele alocados, à medida que ocorrerem vacâncias.

§ 2º O ingresso no quadro de que trata este artigo será feito mediante redistribuição, sendo restrito aos servidores que, em 31 de dezembro de 2004, se encontravam em exercício nas unidades do Ministério da Defesa cujas competências foram transferidas para a ANAC. (Redação dada pela Lei 11.292/2006.)

§ 3º (Vetado.)

§ 4º Aos servidores das Carreiras da Área de Ciência e Tecnologia redistribuídos na forma do § 2º deste artigo será devida a Gratificação de Desempenho de Atividade de Ciência e Tecnologia - GDACT, prevista na Medida Provisória n. 2.229-43, de 6 de setembro de 2001, como se em exercício estivessem nos órgãos ou entidades a que se refere o § 1º do art. 1º da Lei n. 8.691, de 28 de julho de 1993. (Incluído pela Lei 11.292/2006.)

ART. 37. A ANAC poderá requisitar, com ônus, servidores e empregados de órgãos e entidades integrantes da Administração Pública.

§ 1º Durante os primeiros 24 (vinte e quatro) meses subsequentes a sua instalação, a ANAC poderá complementar a remuneração do servidor ou empregado público requisitado até o limite da remuneração do cargo efetivo ou emprego permanente ocupado no órgão ou na entidade de origem, quando a requisição implicar redução dessa remuneração. (Parágrafo único renumerado pela Lei 11.292, de 2006)

§ 2º Os empregados das entidades integrantes da administração pública que na data da publicação desta Lei estejam em exercício nas unidades do Ministério da Defesa cujas competências foram transferidas para a ANAC poderão permanecer nessa condição, inclusive no exercício de funções comissionadas, salvo devolução do empregado à entidade de origem ou por motivo de rescisão ou extinção do contrato de trabalho. (Incluído pela Lei 11.292/2006.)

§ 3º Os empregados e servidores de órgãos e entidades integrantes da administração pública requisitados até o término do prazo de que trata o § 1º deste artigo poderão exercer funções comissionadas e cargos comissionados técnicos, salvo devolução do empregado à entidade de origem ou por motivo de rescisão ou extinção do contrato de trabalho. (Incluído pela Lei 11.292/2006.)

ART. 38. (Vetado.)

ART. 38-A. O quantitativo de servidores ocupantes dos cargos do Quadro de Pessoal Específico, acrescido dos servidores ou empregados requisitados, não poderá exceder o número de cargos efetivos. (Incluído pela Lei 11.292/2006.)

ART. 39. Nos termos do inciso IX do art. 37 da Constituição Federal, fica a ANAC autorizada a efetuar a contratação temporária do pessoal imprescindível à implantação de suas atividades, por prazo não excedente a 36 (trinta e seis) meses, a contar de sua instalação.

§ 1º (Vetado.)

§ 2º As contratações temporárias serão feitas por tempo determinado, observado o prazo máximo de 12 (doze) meses, podendo ser prorrogadas, desde que sua duração não ultrapasse o termo final da autorização de que trata o *caput* deste artigo.

ART. 40. Aplica-se à ANAC o disposto no art. 22 da Lei n. 9.986, de 18 de julho de 2000. (Redação dada pela Lei 11.314/2006.)

ART. 41. Ficam criados 50 (cinquenta) cargos de Procurador Federal na ANAC, observado o disposto na legislação específica.

ART. 42. Instalada a ANAC, fica o Poder Executivo autorizado a extinguir o Departamento de Aviação Civil - DAC e demais organizações do Comando da Aeronáutica que tenham tido a totalidade de suas atribuições transferidas para a ANAC, devendo remanejar para o Ministério do Planejamento, Orçamento e Gestão todos os cargos comissionados e gratificações, alocados aos órgãos extintos e atividades absorvidas pela Agência.

- Art. 9º, Dec. 8.909/2016 (Fica extinto o Departamento de Aviação Civil - DAC).

ART. 43. Aprovado seu regulamento, a ANAC passará a ter o controle sobre todas as atividades, contratos de concessão e permissão, e autorizações de serviços aéreos, celebrados por órgãos ou entidades da Administração direta ou indireta da União.

ART. 44. (Vetado.)

ART. 44-A. Fica o Poder Executivo autorizado a remanejar, transpor, transferir e utilizar para a ANAC as dotações orçamentárias aprovadas em favor das unidades orçamentárias do Ministério da Defesa, na lei orçamentária vigente no exercício financeiro da instalação da ANAC, relativas às funções por ela absorvidas, desde que mantida a mesma classificação orçamentária, expressa por categoria de programação em seu menor nível, conforme definido na lei de diretrizes orçamentárias, inclusive os títulos, descritores, metas e objetivos, assim como o respectivo detalhamento por esfera orçamentária, grupos de despesas, fontes de recursos, modalidades de aplicação e identificadores de uso. (Incluído pela Lei 11.292/2006.)

ART. 45. O Comando da Aeronáutica prestará os serviços de que a ANAC necessitar, com ônus limitado, durante 180 (cento e oitenta dias) após sua instalação, devendo ser celebrados convênios para a prestação dos serviços após este prazo.

ART. 46. Os militares da Aeronáutica da ativa em exercício nos órgãos do Comando da Aeronáutica correspondentes às atividades atribuídas à ANAC passam a ter exercício na ANAC, na data de sua instalação, sendo considerados como em serviço de natureza militar. (Redação dada pela Lei 11.292/2006.)

§ 1º Os militares da Aeronáutica a que se refere o *caput* deste artigo deverão retornar àquela Força, no prazo máximo de 60 (sessenta) meses, a contar daquela data, à razão mínima de 20% (vinte por cento) a cada 12 (doze) meses.

§ 2º O Comando da Aeronáutica poderá substituir, a seu critério, os militares em exercício na ANAC.

§ 3º Os militares de que trata este artigo somente poderão ser movimentados no interesse da ANAC, a expensas da Agência e com autorização do Comandante da Aeronáutica.

ART. 47. Na aplicação desta Lei, serão observadas as seguintes disposições:

I - os regulamentos, normas e demais regras em vigor serão gradativamente substituídos por regulamentação a ser editada pela ANAC, sendo que as concessões, permissões e autorizações pertinentes a prestação de serviços aéreos e a exploração de áreas e instalações aeroportuárias continuarão regidas pelos atuais regulamentos, normas e regras, enquanto não for editada nova regulamentação;

II - os contratos de concessão ou convênios de delegação, relativos à administração e exploração de aeródromos, celebrados pela União com órgãos ou entidades da Administração Federal, direta ou indireta, dos Estados, do Distrito Federal e dos Municípios, devem ser adaptados no prazo de 180 (cento e oitenta) dias contados da data de instalação da ANAC às disposições desta Lei; e

III - as atividades de administração e exploração de aeródromos exercidas pela Empresa Brasileira de Infraestrutura Aeroportuária - INFRAERO passarão a ser reguladas por atos da ANAC.

ART. 48. (Vetado.)

§ 1º Fica assegurada às empresas concessionárias de serviços aéreos domésticos a exploração de quaisquer linhas aéreas, mediante prévio registro na ANAC, observada exclusivamente a capacidade operacional de cada aeroporto e as normas regulamentares de prestação de serviço adequado expedidas pela ANAC.

§ 2º (Vetado.)

ART. 49. Na prestação de serviços aéreos regulares, prevalecerá o regime de liberdade tarifária.

§ 1º No regime de liberdade tarifária, as concessionárias ou permissionárias poderão determinar suas próprias tarifas, devendo comunicá-las à ANAC, em prazo por esta definido.

§ 2º (Vetado.)

§ 3º A ANAC estabelecerá os mecanismos para assegurar a fiscalização e a publicidade das tarifas.

ART. 50. As despesas decorrentes da aplicação desta Lei correrão à conta do Orçamento da ANAC.

ART. 51. Esta Lei entra em vigor na data de sua publicação.

Brasília, 27 de setembro de 2005; 184º da Independência e 117º da República.

LUIZ INÁCIO LULA DA SILVA

- Optamos, nesta edição, pela não publicação do Anexo.

LEI N. 11.196, DE 21 DE NOVEMBRO DE 2005

Institui o Regime Especial de Tributação para a Plataforma de Exportação de Serviços de Tecnologia da Informação - REPES, o Regime Especial de Aquisição de Bens de Capital para Empresas Exportadoras - RECAP e o Programa de Inclusão Digital; dispõe sobre incentivos fiscais para a inovação tecnológica; altera o Decreto-Lei n. 288, de 28 de fevereiro de 1967, o Decreto n. 70.235, de 6 de março de 1972, o Decreto-Lei n. 2.287, de 23 de julho de 1986, as Lei n. 4.502, de 30 de novembro de 1964, 8.212, de 24 de julho de 1991, 8.245, de 18 de outubro de 1991, 8.387, de 30 de dezembro de 1991, 8.666, de 21 de junho de 1993, 8.981, de 20 de janeiro de 1995, 8.987, de 13 de fevereiro de 1995, 8.989, de 24 de fevereiro de 1995, 9.249, de 26 de dezembro de 1995, 9.250, de 26 de dezembro de 1995, 9.311, de 24 de outubro de 1996, 9.317, de 5 de dezembro de 1996, 9.430, de 27 de dezembro de 1996, 9.718, de 27 de novembro de 1998, 10.336, de 19 de dezembro de 2001, 10.438, de 26 de abril de 2002, 10.485, de 3 de julho de 2002, 10.637, de 30 de dezembro de 2002, 10.755, de 3 de novembro de 2003, 10.833, de 29 de dezembro de 2003, 10.865, de 30 de abril de 2004, 10.925, de 23 de julho de 2004, 10.931, de 2 de agosto de 2004, 11.033, de 21 de dezembro de 2004, 11.051, de 29 de dezembro de 2004, 11.053, de 29 de dezembro de 2004, 11.101, de 9 de fevereiro de 2005, 11.128, de 28 de junho de 2005, e a Medida Provisória n. 2.199-14, de 24 de agosto de 2001; revoga a Lei n. 8.661, de 2 de junho de 1993, e dispositivos das Lei n. 8.668, de 25 de junho de 1993, 8.981, de 20 de janeiro de 1995, 10.637, de 30 de dezembro de 2002, 10.755, de 3 de novembro de 2003, 10.865, de 30 de abril de 2004, 10.931, de 2 de agosto de 2004, e da Medida Provisória n. 2.158-35, de 24 de agosto de 2001; e dá outras providências.

- *DOU*, 22.11.2005.
- Dec. 5.602/2005 (Regulamenta o Programa de Inclusão Digital instituído por esta lei).
- Conversão da Med. Prov. 255/2005.

O Presidente da República. Faço saber que o Congresso Nacional decreta e eu sanciono a seguinte Lei:

CAPÍTULO I DO REGIME ESPECIAL DE TRIBUTAÇÃO PARA A PLATAFORMA DE EXPORTAÇÃO DE SERVIÇOS DE TECNOLOGIA DA INFORMAÇÃO - REPES

ART. 1º Fica instituído o Regime Especial de Tributação para a Plataforma de Exportação de Serviços de Tecnologia da Informação - Repes, nos termos desta Lei.

- Dec. 5.712/2006 (Regulamenta o Regime Especial de Tributação para a Plataforma de Exportação de Serviços de Tecnologia da Informação - REPES, instituído pelos arts. 1º a 11 desta Lei).

Parágrafo único. O Poder Executivo disciplinará, em regulamento, as condições necessárias para a habilitação ao Repes.

ART. 2º É beneficiária do Repes a pessoa jurídica que exerça preponderantemente as atividades de desenvolvimento de *software* ou de prestação de serviços de tecnologia da informação e que, por ocasião da sua opção pelo Repes, assuma compromisso de exportação igual ou superior a 50% (cinquenta por cento) de sua receita bruta anual decorrente da venda dos bens e serviços de que trata este artigo. (Redação dada pela Lei 12.715/2012.)

§ 1º A receita bruta de que trata o *caput* deste artigo será considerada após excluídos os impostos e contribuições incidentes sobre a venda.

§ 2º (Revogado pela Lei 12.712/2012.)

§ 3º (Revogado pela Lei 11.774/2008.)

ART. 3º (Revogado pela Lei 11.774/2008.)

ART. 4º No caso de venda ou de importação de bens novos destinados ao desenvolvimento, no País, de *software* e de serviços de tecnologia da informação, fica suspensa a exigência:

- Dec. 5.712/2006 (Regulamenta o Regime Especial de Tributação para a Plataforma de Exportação de Serviços de Tecnologia da Informação - REPES, instituído pelos arts. 1º a 11 desta Lei).

I - da Contribuição para o PIS/Pasep e da Cofins incidentes sobre a receita bruta da venda no mercado interno, quando os referidos bens forem adquiridos por pessoa jurídica beneficiária do Repes para incorporação ao seu ativo imobilizado;

II - da Contribuição para o PIS/Pasep-Importação e da Cofins-Importação, quando os referidos bens forem importados diretamente por pessoa jurídica beneficiária do Repes para incorporação ao seu ativo imobilizado.

§ 1º Nas notas fiscais relativas à venda de que trata o inciso I do *caput* deste artigo, deverá constar a expressão "Venda efetuada com suspensão da exigência da Contribuição para o PIS/Pasep e da Cofins", com a especificação do dispositivo legal correspondente.

§ 2º Na hipótese deste artigo, o percentual de exportações de que trata o art. 2º desta Lei será apurado considerando-se a média obtida, a partir do ano-calendário subsequente ao do início de utilização dos bens adquiridos no âmbito do Repes, durante o período de 3 (três) anos-calendário.

§ 3º O prazo de início de utilização a que se refere o § 2º deste artigo não poderá ser superior a 1 (um) ano, contado a partir da aquisição.

§ 4º Os bens beneficiados pela suspensão referida no *caput* deste artigo serão relacionados em regulamento.

- Dec. 5.713/2006 (Dispõe sobre os bens e serviços amparados pelo Regime Especial de Tributação para a Plataforma de Exportação de Serviços de Tecnologia da Informação - REPES).

ART. 5º No caso de venda ou de importação de serviços destinados ao desenvolvimento, no País, de *software* e de serviços de tecnologia da informação, fica suspensa a exigência:

- Dec. 5.712/2006 (Regulamenta o Regime Especial de Tributação para a Plataforma de Exportação de Serviços de Tecnologia da Informação - REPES, instituído pelos arts. 1º a 11 desta Lei).

I - da Contribuição para o PIS/Pasep e da Cofins incidentes sobre a receita bruta auferida pela prestadora de serviços, quando tomados por pessoa jurídica beneficiária do Repes;

II - da Contribuição para o PIS/Pasep-Importação e da Cofins-Importação, para serviços importados diretamente por pessoa jurídica beneficiária do Repes.

§ 1º Nas notas fiscais relativas aos serviços de que trata o inciso I do *caput* deste artigo, deverá constar a expressão "Venda de serviços efetuada com suspensão da exigência da Contribuição para o PIS/Pasep e da Cofins", com a especificação do dispositivo legal correspondente.

§ 2º Na hipótese do disposto neste artigo, o percentual de exportação a que se refere o art. 2º desta Lei será apurado considerando as vendas efetuadas no ano-calendário subsequente ao da prestação do serviço adquirido com suspensão.

§ 3º Os serviços beneficiados pela suspensão referida no *caput* deste artigo serão relacionados em regulamento.

› Dec. 5.713/2006 (Dispõe sobre os bens e serviços amparados pelo Regime Especial de Tributação para a Plataforma de Exportação de Serviços de Tecnologia da Informação - REPES).

ART. 6º As suspensões de que tratam os arts. 4º e 5º desta Lei convertem-se em alíquota 0 (zero) após cumprida a condição de que trata o *caput* do art. 2º desta Lei, observados os prazos de que tratam os §§ 2º e 3º do art. 4º e o § 2º do art. 5º desta Lei.

› Dec. 5.712/2006 (Regulamenta o Regime Especial de Tributação para a Plataforma de Exportação de Serviços de Tecnologia da Informação - REPES, instituído pelos arts. 1º a 11 desta Lei).

ART. 7º A adesão ao Repes fica condicionada à regularidade fiscal da pessoa jurídica em relação aos tributos e contribuições administrados pela Receita Federal do Brasil.

› Dec. 5.712/2006 (Regulamenta o Regime Especial de Tributação para a Plataforma de Exportação de Serviços de Tecnologia da Informação - REPES, instituído pelos arts. 1º a 11 desta Lei).

ART. 8º A pessoa jurídica beneficiária do Repes terá a adesão cancelada:

› Dec. 5.712/2006 (Regulamenta o Regime Especial de Tributação para a Plataforma de Exportação de Serviços de Tecnologia da Informação - REPES, instituído pelos arts. 1º a 11 desta Lei).

I - na hipótese de descumprimento do compromisso de exportação de que trata o art. 2º desta Lei;

II - sempre que se apure que o beneficiário:

a) não satisfazia as condições ou não cumpria os requisitos para a adesão; ou

b) deixou de satisfazer as condições ou de cumprir os requisitos para a adesão;

III - a pedido.

§ 1º Na ocorrência do cancelamento da adesão ao Repes, a pessoa jurídica dele excluída fica obrigada a recolher juros e multa de mora, na forma da lei, contados a partir da data da aquisição no mercado interno ou do registro da Declaração de Importação, conforme o caso, referentes às contribuições não pagas em decorrência da suspensão de que tratam os arts. 4º e 5º desta Lei, na condição de contribuinte, em relação aos bens ou serviços importados, ou na condição de responsável, em relação aos bens ou serviços adquiridos no mercado interno.

§ 2º Na hipótese de não ser efetuado o recolhimento na forma do § 1º deste artigo, caberá lançamento de ofício, com aplicação de juros e da multa de que trata o *caput* do art. 44 da Lei n. 9.430, de 27 de dezembro de 1996.

§ 3º Relativamente à Contribuição para o PIS/Pasep e à Cofins, os juros e multa, de mora ou de ofício, de que trata este artigo serão exigidos:

I - isoladamente, na hipótese de que trata o inciso I do *caput* deste artigo;

II - juntamente com as contribuições não pagas, na hipótese de que tratam os incisos II e III do *caput* deste artigo.

§ 4º Nas hipóteses de que tratam os incisos I e II do *caput* deste artigo, a pessoa jurídica excluída do Repes somente poderá efetuar nova adesão após o decurso do prazo de 2 (dois) anos, contado da data do cancelamento.

§ 5º Na hipótese do inciso I do *caput* deste artigo, a multa, de mora ou de ofício, a que se referem os §§ 1º e 2º deste artigo e o art. 9º desta Lei será aplicada sobre o valor das contribuições não recolhidas, proporcionalmente à diferença entre o percentual mínimo de exportações estabelecido no art. 2º desta Lei e o efetivamente alcançado.

ART. 9º A transferência de propriedade ou a cessão de uso, a qualquer título, dos bens importados ou adquiridos no mercado interno com suspensão da exigência das contribuições de que trata o art. 4º desta Lei, antes da conversão das alíquotas a 0 (zero), conforme o disposto no art. 6º desta Lei, será precedida de recolhimento, pelo beneficiário do Repes, de juros e multa de mora, na forma da lei, contados a partir da data da aquisição ou do registro da Declaração de Importação, conforme o caso, na condição de contribuinte, em relação aos bens importados, ou na condição de responsável, em relação aos bens adquiridos no mercado interno.

› Dec. 5.712/2006 (Regulamenta o Regime Especial de Tributação para a Plataforma de Exportação de Serviços de Tecnologia da Informação - REPES, instituído pelos arts. 1º a 11 desta Lei).

§ 1º Na hipótese de não ser efetuado o recolhimento na forma do *caput* deste artigo, caberá lançamento de ofício, com aplicação de juros e da multa de que trata o *caput* do art. 44 da Lei n. 9.430, de 27 de dezembro de 1996.

§ 2º Os juros e multa, de mora ou de ofício, de que trata este artigo serão exigidos:

I - juntamente com as contribuições não pagas, no caso de transferência de propriedade efetuada antes de decorridos 18 (dezoito) meses da ocorrência dos fatos geradores;

II - isoladamente, no caso de transferência de propriedade efetuada após decorridos 18 (dezoito) meses da ocorrência dos fatos geradores.

ART. 10. É vedada a adesão ao Repes de pessoa jurídica optante do Sistema Integrado de Pagamento de Impostos e Contribuições das Microempresas e das Empresas de Pequeno Porte - Simples.

› Dec. 5.712/2006 (Regulamenta o Regime Especial de Tributação para a Plataforma de Exportação de Serviços de Tecnologia da Informação - REPES, instituído pelos arts. 1º a 11 desta Lei).

ART. 11. A importação dos bens relacionados pelo Poder Executivo na forma do § 4º do art. 4º desta Lei, sem similar nacional, efetuada diretamente pelo beneficiário do Repes para a incorporação ao seu ativo imobilizado, será efetuada com suspensão da exigência do Imposto sobre Produtos Industrializados - IPI.

› Dec. 5.712/2006 (Regulamenta o Regime Especial de Tributação para a Plataforma de Exportação de Serviços de Tecnologia da Informação - REPES, instituído pelos arts. 1º a 11 desta Lei).

§ 1º A suspensão de que trata o *caput* deste artigo converte-se em isenção após cumpridas as condições de que trata o art. 2º desta Lei, observados os prazos de que tratam os §§ 2º e 3º do art. 4º desta Lei.

§ 2º Na ocorrência do cancelamento da adesão ao Repes, na forma do art. 8º desta Lei, a pessoa jurídica dele excluída fica obrigada a recolher juros e multa de mora, na forma da lei, contados a partir da ocorrência do fato gerador, referentes ao imposto não pago em decorrência da suspensão de que trata o *caput* deste artigo.

§ 3º A transferência de propriedade ou a cessão de uso, a qualquer título, dos bens importados com suspensão da exigência do IPI na forma do *caput* deste artigo, antes de ocorrer o disposto no § 1º deste artigo, será precedida de recolhimento, pelo beneficiário do Repes, de juros e multa de mora, na forma da lei, contados a partir da ocorrência do fato gerador.

§ 4º Na hipótese de não ser efetuado o recolhimento na forma dos §§ 2º ou 3º deste artigo, caberá lançamento de ofício do imposto, acrescido de juros e da multa de que trata o *caput* do art. 44 da Lei n. 9.430, de 27 de dezembro de 1996.

CAPÍTULO II
DO REGIME ESPECIAL DE AQUISIÇÃO DE BENS DE CAPITAL PARA EMPRESAS EXPORTADORAS - RECAP

ART. 12. Fica instituído o Regime Especial de Aquisição de Bens de Capital para Empresas Exportadoras - Recap, nos termos desta Lei.

› Dec. 5.649/2005 (Regulamenta o Regime Especial de Aquisição de Bens de Capital para Empresas Exportadoras - RECAP, que suspende a exigência da Contribuição para o PIS/PASEP e da COFINS, instituído pelos arts. 12 a 16 desta Lei).

Parágrafo único. O Poder Executivo disciplinará, em regulamento, as condições para habilitação do Recap.

ART. 13. É beneficiária do Recap a pessoa jurídica preponderantemente exportadora, assim considerada aquela cuja receita bruta decorrente de exportação para o exterior, no ano-calendário imediatamente anterior à adesão ao Recap, houver sido igual ou superior a 50% (cinquenta por cento) de sua receita bruta total de venda de bens e serviços no período e que assuma compromisso de manter esse percentual de exportação durante o período de 2 (dois) anos-calendário. (Redação dada pela Lei 12.715/2012.)

§ 1º A receita bruta de que trata o *caput* deste artigo será considerada após excluídos os impostos e contribuições incidentes sobre a venda.

§ 2º A pessoa jurídica em início de atividade ou que não tenha atingido no ano anterior o percentual de receita de exportação exigido no *caput* deste artigo poderá habilitar-se ao Recap desde que assuma compromisso de auferir, no período de 3 (três) anos-calendário, receita bruta decorrente de exportação para o exterior de, no mínimo, 50% (cinquenta por cento) de sua receita bruta total de venda de bens e serviços. (Redação dada pela Lei 12.715/2012.)

§ 3º O disposto neste artigo:

I - não se aplica às pessoas jurídicas optantes pelo Simples e às que tenham suas receitas, no todo ou em parte, submetidas ao regime de incidência cumulativa da Contribuição para o PIS/Pasep e da Cofins;

II - aplica-se a estaleiro naval brasileiro, no caso de aquisição ou importação de bens de capital relacionados em regulamento destinados à incorporação ao seu ativo imobilizado para utilização nas atividades de construção, conservação, modernização, conversão e reparo de embarcações pré-registradas ou registradas no Registro Especial Brasileiro - REB, instituído pela Lei n. 9.432, de 8 de janeiro de 1997, independentemente de efetuar o compromisso de exportação para o exterior de que trata o *caput* e o § 2º deste artigo ou de possuir receita bruta decorrente de exportação para o exterior.

§ 4º Para as pessoas jurídicas que fabricam os produtos relacionados no art. 1º da Lei n. 11.529, de 22 de outubro de 2007, os percentuais de que tratam o *caput* e o § 2º deste artigo ficam reduzidos para 60% (sessenta por cento). (Incluído pela Lei 11.774/2008)

§ 5º (Revogado pela Lei 12.712/2012.)

ART. 14. No caso de venda ou de importação de máquinas, aparelhos, instrumentos e equipamentos, novos, fica suspensa a exigência:

- Dec. 5.649/2005 (Regulamenta o Regime Especial de Aquisição de Bens de Capital para Empresas Exportadoras - RECAP, que suspende a exigência da Contribuição para o PIS/PASEP e da COFINS, instituído pelos arts. 12 a 16 desta Lei).

I - da Contribuição para o PIS/Pasep e da Cofins incidentes sobre a receita bruta da venda no mercado interno, quando os referidos bens forem adquiridos por pessoa jurídica beneficiária do Recap para incorporação ao seu ativo imobilizado;

II - da Contribuição para o PIS/Pasep-Importação e da Cofins-Importação, quando os referidos bens forem importados diretamente por pessoa jurídica beneficiária do Recap para incorporação ao seu ativo imobilizado.

§ 1º O benefício de suspensão de que trata este artigo poderá ser usufruído nas aquisições e importações realizadas no período de 3 (três) anos contados da data de adesão ao Recap.

§ 2º O percentual de exportações de que tratam o *caput* e o § 2º do art. 13 desta Lei será apurado considerando-se a média obtida, a partir do ano-calendário subsequente ao do início de utilização dos bens adquiridos no âmbito do Recap, durante o período de:

I - 2 (dois) anos-calendário, no caso do *caput* do art. 13 desta Lei; ou

II - 3 (três) anos-calendário, no caso do § 2º do art. 13 desta Lei.

§ 3º O prazo de início de utilização a que se refere o § 2º deste artigo não poderá ser superior a 3 (três) anos.

§ 4º A pessoa jurídica que não incorporar o bem ao ativo imobilizado, revender o bem antes da conversão da alíquota a 0 (zero), na forma do § 8º deste artigo, ou não atender às demais condições de que trata o art. 13 desta Lei fica obrigada a recolher juros e multa de mora, na forma da lei, contados a partir da data da aquisição ou do registro da Declaração de Importação - DI, referentes às contribuições não pagas em decorrência da suspensão de que trata este artigo, na condição:

I - de contribuinte, em relação à Contribuição para o PIS/Pasep-Importação e à Cofins-Importação;

II - de responsável, em relação à Contribuição para o PIS/Pasep e à Cofins.

§ 5º Na hipótese de não ser efetuado o recolhimento na forma do § 4º deste artigo, caberá lançamento de ofício, com aplicação de juros e da multa de que trata o *caput* do art. 44 da Lei n. 9.430, de 27 de dezembro de 1996.

§ 6º Os juros e multa, de mora ou de ofício, de que trata este artigo serão exigidos:

I - isoladamente, na hipótese em que o contribuinte não alcançar o percentual de exportações de que tratam o *caput* e o § 2º do art. 13 desta Lei;

II - juntamente com as contribuições não pagas, nas hipóteses em que a pessoa jurídica não incorporar o bem ao ativo imobilizado, revender o bem antes da conversão da alíquota a 0 (zero), na forma do § 8º deste artigo, ou desatender as demais condições do art. 13 desta Lei.

§ 7º Nas notas fiscais relativas à venda de que trata o *caput* deste artigo deverá constar a expressão "Venda efetuada com suspensão da exigência da Contribuição para o PIS/Pasep e da Cofins", com a especificação do dispositivo legal correspondente.

§ 8º A suspensão de que trata este artigo converte-se em alíquota 0 (zero) após:

I - cumpridas as condições de que trata o *caput* do art. 13, observado o prazo a que se refere o inciso I do § 2º deste artigo;

II - cumpridas as condições de que trata o § 2º do art. 13 desta Lei, observado o prazo a que se refere o inciso II do § 2º deste artigo;

III - transcorrido o prazo de 18 (dezoito) meses, contado da data da aquisição, no caso do beneficiário de que trata o inciso II do § 3º do art. 13 desta Lei.

§ 9º A pessoa jurídica que efetuar o compromisso de que trata o § 2º do art. 13 desta Lei poderá, ainda, observadas as mesmas condições ali estabelecidas, utilizar o benefício de suspensão de que trata o art. 40 da Lei n. 10.865, de 30 de abril de 2004.

§ 10. Na hipótese de não atendimento do percentual de que tratam o *caput* e o § 2º do art. 13 desta Lei, a multa, de mora ou de ofício, a que se refere o § 4º deste artigo será aplicada sobre o valor das contribuições não recolhidas, proporcionalmente à diferença entre o percentual mínimo de exportações estabelecido e o efetivamente alcançado.

ART. 15. A adesão ao Recap fica condicionada à regularidade fiscal da pessoa jurídica em relação aos tributos e contribuições administrados pela Receita Federal do Brasil.

- Dec. 5.649/2005 (Regulamenta o Regime Especial de Aquisição de Bens de Capital para Empresas Exportadoras - RECAP, que suspende a exigência da Contribuição para o PIS/PASEP e da COFINS, instituído pelos arts. 12 a 16 desta Lei).

ART. 16. Os bens beneficiados pela suspensão da exigência de que trata o art. 14 desta Lei serão relacionados em regulamento.

- Dec. 5.649/2005 (Regulamenta o Regime Especial de Aquisição de Bens de Capital para Empresas Exportadoras - RECAP, que suspende a exigência da Contribuição para o PIS/PASEP e da COFINS, instituído pelos arts. 12 a 16 desta Lei).

CAPÍTULO III
DOS INCENTIVOS À INOVAÇÃO TECNOLÓGICA

ART. 17. A pessoa jurídica poderá usufruir dos seguintes incentivos fiscais:

- Dec. 5.798/2006 (Regulamenta os incentivos fiscais às atividades de pesquisa tecnológica e desenvolvimento de inovação tecnológica, de que tratam os arts. 17 a 26 da Lei).

I - dedução, para efeito de apuração do lucro líquido, de valor correspondente à soma dos dispêndios realizados no período de apuração com pesquisa tecnológica e desenvolvimento de inovação tecnológica classificáveis como despesas operacionais pela legislação do Imposto sobre a Renda da Pessoa Jurídica - IRPJ ou como pagamento na forma prevista no § 2º deste artigo;

II - redução de 50% (cinquenta por cento) do Imposto sobre Produtos Industrializados - IPI incidente sobre equipamentos, máquinas, aparelhos e instrumentos, bem como os acessórios sobressalentes e ferramentas que acompanhem esses bens, destinados à pesquisa e ao desenvolvimento tecnológico;

III - depreciação integral, no próprio ano da aquisição, de máquinas, equipamentos, aparelhos e instrumentos, novos, destinados à utilização nas atividades de pesquisa tecnológica e desenvolvimento de inovação tecnológica, para efeito de apuração do IRPJ e da CSLL; (Redação dada pela Lei 11.774/2008.)

IV - amortização acelerada, mediante dedução como custo ou despesa operacional, no período de apuração em que forem efetuados, dos dispêndios relativos à aquisição de bens intangíveis, vinculados exclusivamente às atividades de pesquisa tecnológica e desenvolvimento de inovação tecnológica, classificáveis no ativo diferido do beneficiário, para efeito de apuração do IRPJ;

V - (Revogado pela Lei 12.350/2010.)

VI - redução a 0 (zero) da alíquota do imposto de renda retido na fonte nas remessas efetuadas para o exterior destinadas ao registro e manutenção de marcas, patentes e cultivares.

§ 1º Considera-se inovação tecnológica a concepção de novo produto ou processo de fabricação, bem como a agregação de novas funcionalidades ou características ao produto ou processo que implique melhorias incrementais e efetivo ganho de qualidade ou produtividade, resultando maior competitividade no mercado.

§ 2º O disposto no inciso I do *caput* deste artigo aplica-se também aos dispêndios com pesquisa tecnológica e desenvolvimento de inovação tecnológica contratados no País com universidade, instituição de pesquisa ou inventor independente de que trata o inciso IX do art. 2º da Lei n. 10.973, de 2 de dezembro de 2004, desde que a pessoa jurídica que efetuou o dispêndio fique com a responsabilidade, o risco empresarial, a gestão e o controle da utilização dos resultados dos dispêndios.

§ 3º Na hipótese de dispêndios com assistência técnica, científica ou assemelhados e de *royalties* por patentes industriais pagos a pessoa física ou jurídica no exterior, a dedutibilidade fica condicionada à observância do disposto nos arts. 52 e 71 da Lei n. 4.506, de 30 de novembro de 1964.

§ 4º Na apuração dos dispêndios realizados com pesquisa tecnológica e desenvolvimento de inovação tecnológica, não serão computados os montantes alocados como recursos não reembolsáveis por órgãos e entidades do Poder Público.

§ 5º (Revogado pela Lei 12.350/2010.)

§ 6º A dedução de que trata o inciso I do *caput* deste artigo aplica-se para efeito de apuração da base de cálculo da Contribuição Social sobre o Lucro Líquido - CSLL.

§ 7º A pessoa jurídica beneficiária dos incentivos de que trata este artigo fica obrigada a prestar, em meio eletrônico, informações sobre os programas de pesquisa, desenvolvimento tecnológico e inovação, na forma estabelecida em regulamento.

§ 8º A quota de depreciação acelerada de que trata o inciso III do *caput* deste artigo constituirá exclusão do lucro líquido para fins de determinação do lucro real e será controlada em livro fiscal de apuração do lucro real.

§ 9º O total da depreciação acumulada, incluindo a contábil e a acelerada, não poderá ultrapassar o custo de aquisição do bem.

§ 10. A partir do período de apuração em que for atingido o limite de que trata o § 9º deste artigo, o valor da depreciação registrado na escrituração comercial deverá ser adicionado ao lucro líquido para efeito de determinação do lucro real.

§ 11. As disposições dos §§ 8º, 9º e 10 deste artigo aplicam-se também às quotas de amortização de que trata o inciso IV do *caput* deste artigo. (Incluído pela Lei 11.487/2007.)

ART. 18. Poderão ser deduzidas como despesas operacionais, na forma do inciso I do *caput* do art. 17 desta Lei e de seu § 6º, as importâncias transferidas a microempresas e empresas de pequeno porte de que trata a Lei n. 9.841, de 5 de outubro de 1999, destinadas à execução de pesquisa tecnológica e de desenvolvimento de inovação tecnológica de interesse e por conta e ordem da pessoa jurídica que promoveu a transferência, ainda que a pessoa jurídica recebedora dessas importâncias venha a ter participação no resultado econômico do produto resultante.

‣ Dec. 5.798/2006 (Regulamenta os incentivos fiscais às atividades de pesquisa tecnológica e desenvolvimento de inovação tecnológica, de que tratam os arts. 17 a 26 da Lei).

§ 1º O disposto neste artigo aplica-se às transferências de recursos efetuadas para inventor independente de que trata o inciso IX do art. 2º da Lei n. 10.973, de 2 de dezembro de 2004.

§ 2º Não constituem receita das microempresas e empresas de pequeno porte, nem rendimento do inventor independente, as importâncias recebidas na forma do *caput* deste artigo, desde que utilizadas integralmente na realização da pesquisa ou desenvolvimento de inovação tecnológica.

§ 3º Na hipótese do § 2º deste artigo, para as microempresas e empresas de pequeno porte de que trata o *caput* deste artigo que apuram o imposto de renda com base no lucro real, os dispêndios efetuados com a execução de pesquisa tecnológica e desenvolvimento de inovação tecnológica não serão dedutíveis na apuração do lucro real e da base de cálculo da CSLL.

ART. 19. Sem prejuízo do disposto no art. 17 desta Lei, a partir do ano-calendário de 2006, a pessoa jurídica poderá excluir do lucro líquido, na determinação do lucro real e da base de cálculo da CSLL, o valor correspondente a até 60% (sessenta por cento) da soma dos dispêndios realizados no período de apuração com pesquisa tecnológica e desenvolvimento de inovação tecnológica, classificáveis como despesa pela legislação do IRPJ, na forma do inciso I do *caput* do art. 17 desta Lei.

‣ Dec. 5.798/2006 (Regulamenta os incentivos fiscais às atividades de pesquisa tecnológica e desenvolvimento de inovação tecnológica, de que tratam os arts. 17 a 26 da Lei).

§ 1º A exclusão de que trata o *caput* deste artigo poderá chegar a até 80% (oitenta por cento) dos dispêndios em função do número de empregados pesquisadores contratados pela pessoa jurídica, na forma a ser definida em regulamento.

§ 2º Na hipótese de pessoa jurídica que se dedica exclusivamente à pesquisa e desenvolvimento tecnológico, poderão também ser considerados, na forma do regulamento, os sócios que exerçam atividade de pesquisa.

§ 3º Sem prejuízo do disposto no *caput* e no § 1º deste artigo, a pessoa jurídica poderá excluir do lucro líquido, na determinação do lucro real e da base de cálculo da CSLL, o valor correspondente a até 20% (vinte por cento) da soma dos dispêndios ou pagamentos vinculados à pesquisa tecnológica e desenvolvimento de inovação tecnológica objeto de patente concedida ou cultivar registrado.

§ 4º Para fins do disposto no § 3º deste artigo, os dispêndios e pagamentos serão registrados em livro fiscal de apuração do lucro real e excluídos no período de apuração da concessão da patente ou do registro do cultivar.

§ 5º A exclusão de que trata este artigo fica limitada ao valor do lucro real e da base de cálculo da CSLL antes da própria exclusão, vedado o aproveitamento de eventual excesso em período de apuração posterior.

§ 6º O disposto no § 5º deste artigo não se aplica à pessoa jurídica referida no § 2º deste artigo.

ART. 19-A. A pessoa jurídica poderá excluir do lucro líquido, para efeito de apuração do lucro real e da base de cálculo da Contribuição Social sobre o Lucro Líquido (CSLL), os dispêndios efetivados em projeto de pesquisa científica e tecnológica e de inovação tecnológica a ser executado por Instituição Científica e Tecnológica (ICT), a que se refere o inciso V do *caput* do art. 2º da Lei n. 10.973, de 2 de dezembro de 2004, ou por entidades científicas e tecnológicas privadas, sem fins lucrativos, conforme regulamento. (Redação dada pela Lei 12.546/2011.)

§ 1º A exclusão de que trata o *caput* deste artigo: (Incluído pela Lei 11.487/ 2007.)

I - corresponderá, à opção da pessoa jurídica, a no mínimo a metade e no máximo duas vezes e meia o valor dos dispêndios efetuados, observado o disposto nos §§ 6º, 7º e 8º deste artigo; (Incluído pela Lei 11.487/ 2007.)

II - deverá ser realizada no período de apuração em que os recursos forem efetivamente despendidos; (Incluído pela Lei 11.487/ 2007.)

III - fica limitada ao valor do lucro real e da base de cálculo da CSLL antes da própria exclusão, vedado o aproveitamento de eventual excesso em período de apuração posterior. (Incluído pela Lei 11.487/ 2007.)

§ 2º O disposto no *caput* deste artigo somente se aplica às pessoas jurídicas sujeitas ao regime de tributação com base no lucro real. (Incluído pela Lei 11.487/ 2007.)

§ 3º Deverão ser adicionados na apuração do lucro real e da base de cálculo da CSLL os dispêndios de que trata o *caput* deste artigo, registrados como despesa ou custo operacional. (Incluído pela Lei 11.487/ 2007.)

§ 4º As adições de que trata o § 3º deste artigo serão proporcionais ao valor das exclusões referidas no § 1º deste artigo, quando estas forem inferiores a 100% (cem por cento). (Incluído pela Lei 11.487/ 2007.)

§ 5º Os valores dos dispêndios serão creditados em conta corrente bancária mantida em instituição financeira oficial federal, aberta diretamente em nome da ICT, vinculada à execução do projeto e movimentada para esse único fim. (Incluído pela Lei 11.487/ 2007.)

§ 6º A participação da pessoa jurídica na titularidade dos direitos sobre a criação e a propriedade industrial e intelectual gerada por um projeto corresponderá à razão entre a diferença do valor despendido pela pessoa jurídica e do valor do efetivo benefício fiscal utilizado, de um lado, e o valor total do projeto, de outro, cabendo à ICT a parte remanescente. (Incluído pela Lei 11.487/ 2007.)

§ 7º A transferência de tecnologia, o licenciamento para outorga de direitos de uso e a exploração ou a prestação de serviços podem ser objeto de contrato entre a pessoa jurídica e a ICT, na forma da legislação, observados os direitos de cada parte, nos termos dos §§ 6º e 8º, ambos deste artigo. (Incluído pela Lei 11.487/ 2007.)

§ 8º Somente poderão receber recursos na forma do *caput* deste artigo projetos apresentados pela ICT previamente aprovados por comitê permanente de acompanhamento de ações de pesquisa científica e tecnológica e de inovação tecnológica, constituído por representantes do Ministério da Ciência e Tecnologia, do Ministério do Desenvolvimento, Indústria e Comércio Exterior e do Ministério da Educação, na forma do regulamento. (Incluído pela Lei 11.487/2007.)

§ 9º O recurso recebido na forma do *caput* deste artigo constitui receita própria da ICT beneficiária, para todos os efeitos legais, conforme disposto no art. 18 da Lei n.10.973, de 2 de dezembro de 2004. (Incluído pela Lei 11.487/2007.)

§ 10. Aplica-se ao disposto neste artigo, no que couber, a Lei n. 10.973, de 2 de dezembro de 2004, especialmente os seus arts. 6º a 18. (Incluído pela Lei 11.487/2007.)

§ 11. O incentivo fiscal de que trata este artigo não pode ser cumulado com o regime de incentivos fiscais à pesquisa tecnológica e à inovação tecnológica, previsto nos arts. 17 e 19 desta Lei, nem com a dedução a que se refere o inciso II do § 2º do art. 13 da Lei n. 9.249, de 26 de dezembro de 1995, relativamente a projetos desenvolvidos pela ICT com recursos despendidos na forma do *caput* deste artigo. (Incluído pela Lei 11.487/2007.)

§ 12. O Poder Executivo regulamentará este artigo. (Incluído pela Lei 11.487/2007.)

ART. 20. Para fins do disposto neste Capítulo, os valores relativos aos dispêndios incorridos em instalações fixas e na aquisição de aparelhos, máquinas e equipamentos, destinados à utilização em projetos de pesquisa e desenvolvimento tecnológico, metrologia, normalização técnica e avaliação da conformidade, aplicáveis a produtos, processos, sistemas e pessoal, procedimentos de autorização de registros, licenças, homologações e suas formas correlatas, bem como relativos a procedimentos de proteção de propriedade intelectual, poderão ser depreciados ou amortizados na forma da legislação vigente, podendo o saldo não depreciado ou não amortizado ser excluído na determinação do lucro real, no período de apuração em que for concluída sua utilização.

‣ Dec. 5.798/2006 (Regulamenta os incentivos fiscais às atividades de pesquisa tecnológica e desenvolvimento de inovação tecnológica, de que tratam os arts. 17 a 26 da Lei).

§ 1º O valor do saldo excluído na forma do *caput* deste artigo deverá ser controlado em livro fiscal de apuração do lucro real e será adicionado, na determinação do lucro real, em cada período de apuração posterior, pelo valor da depreciação ou amortização normal que venha a ser contabilizada como despesa operacional.

§ 2º A pessoa jurídica beneficiária de depreciação ou amortização acelerada nos termos dos incisos III e IV do *caput* do art. 17 desta Lei não poderá utilizar-se do benefício de que trata o *caput* deste artigo relativamente aos mesmos ativos.

§ 3º A depreciação ou amortização acelerada de que tratam os incisos III e IV do *caput* do art. 17 desta Lei bem como a exclusão do saldo não depreciado ou não amortizado na forma do *caput* deste artigo não se aplicam para efeito de apuração da base de cálculo da CSLL.

ART. 21. A União, por intermédio das agências de fomento de ciências e tecnologia, poderá subvencionar o valor da remuneração de pesquisadores, titulados como mestres ou doutores, empregados em atividades de inovação tecnológica em empresas localizadas no território brasileiro, na forma do regulamento.

› Dec. 5.798/2006 (Regulamenta os incentivos fiscais às atividades de pesquisa tecnológica e desenvolvimento de inovação tecnológica, de que tratam os arts. 17 a 26 da Lei).

Parágrafo único. O valor da subvenção de que trata o *caput* deste artigo será de:

I - até 60% (sessenta por cento) para as pessoas jurídicas nas áreas de atuação das extintas Sudene e Sudam;

II - até 40% (quarenta por cento), nas demais regiões.

ART. 22. Os dispêndios e pagamentos de que tratam os arts. 17 a 20 desta Lei:

› Dec. 5.798/2006 (Regulamenta os incentivos fiscais às atividades de pesquisa tecnológica e desenvolvimento de inovação tecnológica, de que tratam os arts. 17 a 26 da Lei).

I - serão controlados contabilmente em contas específicas; e

II - somente poderão ser deduzidos se pagos a pessoas físicas ou jurídicas residentes e domiciliadas no País, ressalvados os mencionados nos incisos V e VI do *caput* do art. 17 desta Lei.

ART. 23. O gozo dos benefícios fiscais e da subvenção de que tratam os arts. 17 a 21 desta Lei fica condicionado à comprovação da regularidade fiscal da pessoa jurídica.

› Dec. 5.798/2006 (Regulamenta os incentivos fiscais às atividades de pesquisa tecnológica e desenvolvimento de inovação tecnológica, de que tratam os arts. 17 a 26 da Lei).

ART. 24. O descumprimento de qualquer obrigação assumida para obtenção dos incentivos de que tratam os arts. 17 a 22 desta Lei bem como a utilização indevida dos incentivos fiscais neles referidos implicam perda do direito aos incentivos ainda não utilizados e o recolhimento do valor correspondente aos tributos não pagos em decorrência dos incentivos já utilizados, acrescidos de juros e multa, de mora ou de ofício, previstos na legislação tributária, sem prejuízo das sanções penais cabíveis.

› Dec. 5.798/2006 (Regulamenta os incentivos fiscais às atividades de pesquisa tecnológica e desenvolvimento de inovação tecnológica, de que tratam os arts. 17 a 26 da Lei).

ART. 25. Os Programas de Desenvolvimento Tecnológico Industrial - PDTI e Programas de Desenvolvimento Tecnológico Agropecuário - PDTA e os projetos aprovados até 31 de dezembro de 2005 ficarão regidos pela legislação em vigor na data da publicação da Medida Provisória n. 252, de 15 de junho de 2005, autorizada a migração para o regime previsto nesta Lei, conforme disciplinado em regulamento.

› Dec. 5.798/2006 (Regulamenta os incentivos fiscais às atividades de pesquisa tecnológica e desenvolvimento de inovação tecnológica, de que tratam os arts. 17 a 26 da Lei).

ART. 26. O disposto neste Capítulo não se aplica às pessoas jurídicas que utilizarem os benefícios de que tratam as Lei n. 8.248, de 23 de outubro de 1991, 8.387, de 30 de dezembro de 1991, e 10.176, de 11 de janeiro de 2001, observado o art. 27 desta Lei.

› Dec. 5.798/2006 (Regulamenta os incentivos fiscais às atividades de pesquisa tecnológica e desenvolvimento de inovação tecnológica, de que tratam os arts. 17 a 26 da Lei).

§ 1º A pessoa jurídica de que trata o *caput* deste artigo, relativamente às atividades de informática e automação, poderá deduzir, para efeito de apuração do lucro real e da base de cálculo da CSLL, o valor correspondente a até 160% (cento e sessenta por cento) dos dispêndios realizados no período de apuração com pesquisa tecnológica e desenvolvimento de inovação tecnológica. (Incluído pela Lei 11.774/2008.)

§ 2º A dedução de que trata o § 1º deste artigo poderá chegar a até 180% (cento e oitenta por cento) dos dispêndios em função do número de empregados pesquisadores contratados pela pessoa jurídica, na forma a ser definida em regulamento. (Incluído pela Lei 11.774/2008.)

§ 3º A partir do período de apuração em que ocorrer a dedução de que trata o § 1º deste artigo, o valor da depreciação ou amortização relativo aos dispêndios, conforme o caso, registrado na escrituração comercial deverá ser adicionado ao lucro líquido para efeito de determinação do lucro real. (Incluído pela Lei 11.774/2008.)

§ 4º A pessoa jurídica de que trata o *caput* deste artigo que exercer outras atividades além daquelas que geraram os benefícios ali referidos poderá usufruir, em relação a essas atividades, os benefícios de que trata este Capítulo. (Incluído pela Lei 11.774/2008.)

ART. 27. (Vetado.)

CAPÍTULO IV
DO PROGRAMA DE INCLUSÃO DIGITAL

ART. 28. Para os fatos geradores ocorridos a partir de 1º de janeiro de 2016, serão aplicadas na forma do art. 28-A desta Lei as alíquotas da Contribuição para PIS/Pasep e da Cofins incidentes sobre a receita bruta de venda a varejo dos seguintes produtos: (Alterado pela Lei 13.241/2015.)

I - unidades de processamento digital classificados no código 8471.50.10 da Tabela de Incidência do Imposto sobre Produtos Industrializados - TIPI; (Alterado pela Lei 13.241/2015.)

II - máquinas automáticas para processamento de dados, digitais, portáteis, de peso inferior a três quilos e meio, com tela (écran) de área superior a cento e quarenta centímetros quadrados, classificadas nos códigos 8471.30.12, 8471.30.19 ou 8471.30.90 da Tipi; (Alterado pela Lei 13.241/2015.)

III - máquinas automáticas de processamento de dados, apresentadas sob a forma de sistemas, do código 8471.49 da Tipi, contendo exclusivamente uma unidade de processamento digital, uma unidade de saída por vídeo (monitor), um teclado (unidade de entrada), um mouse(unidade de entrada), classificados, respectivamente, nos códigos 8471.50.10, 8471.60.7, 8471.60.52 e 8471.60.53 da Tipi; (Alterado pela Lei 13.241/2015.)

IV - teclado (unidade de entrada) e de mouse (unidade de entrada) classificados, respectivamente, nos códigos 8471.60.52 e 8471.60.53 da Tipi, quando acompanharem a unidade de processamento digital classificada no código 8471.50.10 da Tipi; (Alterado pela Lei 13.241/2015.)

V - modems, classificados nas posições 8517.62.55, 8517.62.62 ou 8517.62.72 da Tipi; (Alterado pela Lei 13.241/2015.)

VI - máquinas automáticas de processamento de dados, portáteis, sem teclado, que tenham uma unidade central de processamento com entrada e saída de dados por meio de uma tela sensível ao toque de área superior a cento e quarenta centímetros quadrados e inferior a seiscentos centímetros quadrados e que não possuem função de comando remoto (tablet PC) classificadas na subposição 8471.41 da Tipi; (Alterado pela Lei 13.241/2015.)

VII - telefones portáteis de redes celulares que possibilitem o acesso à internet em alta velocidade do tipo smartphone classificados na posição 8517.12.31 da Tipi; (Alterado pela Lei 13.241/2015.)

VIII - equipamentos terminais de clientes (roteadores digitais) classificados nas posições 8517.62.41 e 8517.62.77 da Tipi. (Alterado pela Lei 13.241/2015.)

§ 1º Os produtos de que trata este artigo atenderão aos termos e condições estabelecidos em regulamento, inclusive quanto ao valor e especificações técnicas. (Alterado pela Lei 13.241/2015.)

§ 2º O disposto neste artigo aplica-se também às aquisições realizadas por pessoas jurídicas de direito privado ou por órgãos e entidades da Administração Pública Federal, Estadual ou Municipal e do Distrito Federal, direta ou indireta, às fundações instituídas e mantidas pelo Poder Público e às demais organizações sob o controle direto ou indireto da União, dos Estados, dos Municípios ou do Distrito Federal.

§ 3º O disposto no *caput* deste artigo aplica-se igualmente nas vendas efetuadas às sociedades de arrendamento mercantil leasing.

§ 4º Nas notas fiscais emitidas pelo produtor, pelo atacadista e pelo varejista relativas à venda dos produtos de que tratam os incisos I, II, III e VI do *caput*, deverá constar a expressão "Produto fabricado conforme processo produtivo básico", com a especificação do ato que aprova o processo produtivo básico respectivo. (Alterado pela Lei 12.715/2012.)

§ 5º As aquisições de máquinas automáticas de processamento de dados, nos termos do inciso III do *caput*, realizadas por órgãos e entidades da administração pública federal, estadual ou municipal e do Distrito Federal, direta ou indireta, às fundações instituídas e mantidas pelo poder público e às demais organizações sob o controle direto ou indireto da União, dos Estados e dos Municípios ou do Distrito Federal, poderão estar acompanhadas de mais de uma unidade de saída por vídeo (monitor), mais de um teclado (unidade de entrada), e mais de um mouse (unidade de entrada). (Acrescentado pela Lei 12.715/2012.)

§ 6º O disposto no § 5º será regulamentado pelo Poder Executivo, inclusive no que se refere à quantidade de vídeos, teclados e mouses que poderão ser adquiridos com benefício. (Acrescentado pela Lei 12.715/2012.)

ART. 28-A. As alíquotas da Cofins e da Contribuição para o PIS/Pasep, em relação aos produtos previstos no art. 28 desta Lei, serão aplicadas da seguinte maneira: (Acrescentado pela Lei 13.241/2015.)

I - integralmente, para os fatos geradores ocorridos até 31 de dezembro de 2016; (Acrescentado pela Lei 13.241/2015.)

II e **III** - (Vetados); (Acrescentado pela Lei 13.241/2015.)

ART. 29. Nas vendas efetuadas na forma dos arts. 28 e 28-A desta Lei não se aplica a retenção na fonte da Contribuição para o PIS/Pasep e da Cofins a que se referem o art. 64 da Lei n. 9.430, de 27 de dezembro de 1996, e o art. 34 da Lei n. 10.833, de 29 de dezembro de 2003. (Alterado pela Lei 13.241/2015.)

ART. 30. As disposições dos arts. 28 e 29 desta Lei:

I - não se aplicam às vendas efetuadas por empresas optantes pelo Simples;

II - (Revogado pela Lei 13.241/2015.)

CAPÍTULO V
DOS INCENTIVOS ÀS MICRORREGIÕES NAS ÁREAS DE ATUAÇÃO DAS EXTINTAS SUDENE E SUDAM

ART. 31. Sem prejuízo das demais normas em vigor aplicáveis à matéria, para bens adquiridos a partir do ano-calendário de 2006 e até 31 de dezembro de 2018, as pessoas jurídicas que tenham projeto aprovado para instalação, ampliação, modernização ou diversificação enquadrado em setores da economia considerados prioritários para o desenvolvimento regional, em microrregiões menos desenvolvidas localizadas nas áreas de atuação das extintas Sudene e Sudam, terão direito: (Redação dada pela Lei 12.712/2012.)

I - à depreciação acelerada incentivada, para efeito de cálculo do imposto sobre a renda;

II - ao desconto, no prazo de 12 (doze) meses contado da aquisição, dos créditos da Contribuição para o PIS/Pasep e da Cofins de que tratam o inciso III do § 1º do art. 3º da Lei n. 10.637, de 30 de dezembro de 2002, o inciso III do § 1º do art. 3º da Lei n.10.833, de 29 de dezembro de 2003, e o § 4º do art. 15 da Lei n. 10.865, de 30 de abril de 2004, na hipótese de aquisição de máquinas, aparelhos, instrumentos e equipamentos, novos, relacionados em regulamento, destinados à incorporação ao seu ativo imobilizado.

§ 1º As microrregiões alcançadas bem como os limites e condições para fruição do benefício referido neste artigo serão definidos em regulamento.

§ 2º A fruição desse benefício fica condicionada à fruição do benefício de que trata o art. 1º da Medida Provisória n. 2.199-14, de 24 de agosto de 2001.

§ 3º A depreciação acelerada incentivada de que trata o *caput* deste artigo consiste na depreciação integral, no próprio ano da aquisição ou até o 4º (quarto) ano subsequente à aquisição. (Redação dada pela Lei 12.712/2012.)

§ 4º A quota de depreciação acelerada, correspondente ao benefício, constituirá exclusão do lucro líquido para fins de determinação do lucro real e será escriturada no livro fiscal de apuração do lucro real.

§ 5º O total da depreciação acumulada, incluindo a normal e a acelerada, não poderá ultrapassar o custo de aquisição do bem.

§ 6º A partir do período de apuração em que for atingido o limite de que trata o § 5º deste artigo, o valor da depreciação normal, registrado na escrituração comercial, será adicionado ao lucro líquido para efeito de determinação do lucro real.

§ 7º Os créditos de que trata o inciso II do *caput* deste artigo serão apurados mediante a aplicação, a cada mês, das alíquotas referidas no *caput* do art. 2º da Lei n.10.637, de 30 de dezembro de 2002, e no *caput* do art. 2º da Lei n. 10.833, de 29 de dezembro de 2003, sobre o valor correspondente a 1/12 (um doze avos) do custo de aquisição do bem.

§ 8º Salvo autorização expressa em lei, os benefícios fiscais de que trata este artigo não poderão ser usufruídos cumulativamente com outros de mesma natureza.

ART. 32. O art. 1º da Medida Provisória n. 2.199-14, de 24 de agosto de 2001, passa a vigorar com a seguinte redação:

› Alterações promovidas no texto da referida lei.

CAPÍTULO VI
DO SISTEMA INTEGRADO DE PAGAMENTO DE IMPOSTOS E CONTRIBUIÇÕES DAS MICROEMPRESAS E DAS EMPRESAS DE PEQUENO PORTE - SIMPLES

ART. 33. Os arts. 2º e 15 da Lei n. 9.317, de 5 de dezembro de 1996, passam a vigorar com a seguinte redação:

› Alterações promovidas no texto da referida lei.

CAPÍTULO VII
DO IMPOSTO DE RENDA DA PESSOA JURÍDICA - IRPJ E DA CONTRIBUIÇÃO SOCIAL SOBRE O LUCRO LÍQUIDO - CSLL

ART. 34. Os arts. 15 e 20 da Lei n. 9.249, de 26 de dezembro de 1995, passam a vigorar com a seguinte redação:

› Alterações promovidas no texto da referida lei.

ART. 35. O *caput* do art. 1º da Lei n. 11.051, de 29 de dezembro de 2004, passa a vigorar com a seguinte redação:

› Alteração promovida no texto da referida lei.
› Lei 11.482/2007 (Efetua alterações na tabela do imposto de renda da pessoa física; dispõe sobre a redução a 0 (zero) da alíquota da CPMF nas hipóteses que menciona).

ART. 36. Fica o Ministro da Fazenda autorizado a instituir, por prazo certo, mecanismo de ajuste para fins de determinação de preços de transferência, relativamente ao que dispõe o *caput* do art. 19 da Lei n. 9.430, de 27 de dezembro de 1996, bem como aos métodos de cálculo que especificar, aplicáveis à exportação, de forma a reduzir impactos relativos à apreciação da moeda nacional em relação a outras moedas.

Parágrafo único. O Secretário-Geral da Receita Federal do Brasil poderá determinar a aplicação do mecanismo de ajuste de que trata o *caput* deste artigo às hipóteses referidas no art. 45 da Lei n. 10.833, de 29 de dezembro de 2003.

ART. 37. A diferença entre o valor do encargo decorrente das taxas anuais de depreciação fixadas pela Receita Federal do Brasil e o valor do encargo contabilizado decorrente das taxas anuais de depreciação fixadas pela legislação específica aplicável aos bens do ativo imobilizado, exceto terrenos, adquiridos ou construídos por empresas concessionárias, permissionárias e autorizadas de geração de energia elétrica, poderá ser excluída do lucro líquido para a apuração do lucro real e da base de cálculo da CSLL.

§ 1º O disposto no *caput* deste artigo aplica-se somente aos bens novos adquiridos ou construídos destinados a empreendimentos cuja concessão, permissão ou autorização tenha sido outorgada a partir da data da publicação desta Lei até 31 de dezembro de 2018. (Alterado pela Lei 12.865/2013.)

§ 2º A diferença entre os valores dos encargos de que trata o *caput* deste artigo será controlada no livro fiscal destinado à apuração do lucro real.

§ 3º O total da depreciação acumulada, incluindo a contábil e a fiscal, não poderá ultrapassar o custo do bem depreciado.

§ 4º A partir do período de apuração em que for atingido o limite de que trata o § 3º deste artigo, o valor da depreciação registrado na escrituração comercial será adicionado ao lucro líquido, para efeito da determinação do lucro real e da base de cálculo da CSLL, com a concomitante baixa na conta de controle do livro fiscal de apuração do lucro real.

§ 5º O disposto neste artigo produz apenas efeitos fiscais, não altera as atribuições e competências fixadas na legislação para a atuação da Agência Nacional de Energia Elétrica - ANEEL e não poderá repercutir, direta ou indiretamente, no aumento de preços e tarifas de energia elétrica.

CAPÍTULO VIII
DO IMPOSTO DE RENDA DA PESSOA FÍSICA - IRPF

ART. 38. O art. 22 da Lei n. 9.250, de 26 de dezembro de 1995, passa a vigorar com a seguinte redação:

› Alteração promovida no texto da referida lei.

ART. 39. Fica isento do imposto de renda o ganho auferido por pessoa física residente no País na venda de imóveis residenciais, desde que o alienante, no prazo de 180 (cento e oitenta) dias contado da celebração do contrato, aplique o produto da venda na aquisição de imóveis residenciais localizados no País.

§ 1º No caso de venda de mais de 1 (um) imóvel, o prazo referido neste artigo será contado a partir da data de celebração do contrato relativo à 1ª (primeira) operação.

§ 2º A aplicação parcial do produto da venda implicará tributação do ganho proporcionalmente ao valor da parcela não aplicada.

§ 3º No caso de aquisição de mais de um imóvel, a isenção de que trata este artigo aplicar-se-á ao ganho de capital correspondente apenas à parcela empregada na aquisição de imóveis residenciais.

§ 4º A inobservância das condições estabelecidas neste artigo importará em exigência do imposto com base no ganho de capital, acrescido de:

I - juros de mora, calculados a partir do 2º (segundo) mês subsequente ao do recebimento do valor ou de parcela do valor do imóvel vendido; e

II - multa, de mora ou de ofício, calculada a partir do 2º (segundo) mês seguinte ao do recebimento do valor ou de parcela do valor do imóvel vendido, se o imposto não for pago até 30 (trinta) dias após o prazo de que trata o *caput* deste artigo.

§ 5º O contribuinte somente poderá usufruir do benefício de que trata este artigo 1 (uma) vez a cada 5 (cinco) anos.

ART. 40. Para a apuração da base de cálculo do imposto sobre a renda incidente sobre o ganho de capital por ocasião da alienação, a qualquer título, de bens imóveis realizada por pessoa física residente no País, serão aplicados fatores de redução (FR1 e FR2) do ganho de capital apurado.

§ 1º A base de cálculo do imposto corresponderá à multiplicação do ganho de capital pelos fatores de redução, que serão determinados pelas seguintes fórmulas:

I - FR1 = 1/1,0060m1, onde "m1" corresponde ao número de meses-calendário ou fração decorridos entre a data de aquisição do imóvel e o mês da publicação desta Lei, inclusive na hipótese de a alienação ocorrer no referido mês;

II - FR2 = 1/1,0035m2, onde "m2" corresponde ao número de meses-calendário ou fração decorridos entre o mês seguinte ao da publicação desta Lei ou o mês da aquisição do imóvel, se posterior, e o de sua alienação.

§ 2º Na hipótese de imóveis adquiridos até 31 de dezembro de 1995, o fator de redução de que trata o inciso I do § 1º deste artigo será aplicado a partir de 1º de janeiro de 1996, sem prejuízo do disposto no art. 18 da Lei n. 7.713, de 22 de dezembro de 1988.

CAPÍTULO IX
DA CONTRIBUIÇÃO PARA O PIS/PASEP E DA COFINS

ART. 41. O § 8º do art. 3º da Lei n. 9.718, de 27 de novembro de 1998, passa a vigorar acrescido do seguinte inciso III:

› Alteração promovida no texto da referida lei.

ART. 42. O art. 3º da Lei n. 10.485, de 3 de julho de 2002, passa a vigorar com a seguinte redação:

› Alteração promovida no texto da referida lei.

ART. 43. Os arts. 2º, 3º, 10 e 15 da Lei n. 10.833, de 29 de dezembro de 2003, passam a vigorar com a seguinte redação:

› Alterações promovidas no texto da referida lei.

ART. 44. Os arts. 7º, 8º, 15, 28 e 40 da Lei n. 10.865, de 30 de abril de 2004, passam a vigorar com a seguinte redação:

› Alterações promovidas no texto da referida lei.

ART. 45. O art. 3º da Lei n. 10.637, de 30 de dezembro de 2002, passa a vigorar com a seguinte redação:

› Alteração promovida no texto da referida lei.

ART. 46. Os arts. 2º, 10 e 30 da Lei n. 11.051, de 29 de dezembro de 2004, passam a vigorar com a seguinte redação:

› Alterações promovidas no texto da referida lei.

ART. 47. Fica vedada a utilização do crédito de que tratam o inciso II do *caput* do art. 3º da Lei n. 10.637, de 30 de dezembro de 2002, e o inciso II do *caput* do art. 3º da Lei n. 10.833, de 29 de dezembro de 2003, nas aquisições de desperdícios, resíduos ou aparas de plástico, de papel ou cartão, de vidro, de ferro ou aço, de cobre, de níquel, de alumínio, de chumbo, de zinco e de estanho, classificados respectivamente nas posições 39.15, 47.07, 70.01, 72.04, 74.04, 75.03, 76.02, 78.02, 79.02 e 80.02 da Tabela de Incidência do Imposto sobre Produtos Industrializados - TIPI, e demais desperdícios e resíduos metálicos do Capítulo 81 da Tipi.

ART. 48. A incidência da Contribuição para o PIS/Pasep e da Cofins fica suspensa no caso de venda de desperdícios, resíduos ou aparas de que trata o art. 47 desta Lei, para pessoa jurídica que apure o imposto de renda com base no lucro real.

Parágrafo único. A suspensão de que trata o *caput* deste artigo não se aplica às vendas efetuadas por pessoa jurídica optante pelo Simples.

ART. 49. Fica suspensa a exigência da Contribuição para o PIS/Pasep e da Cofins incidentes sobre a receita auferida por fabricante na venda a empresa sediada no exterior para entrega em território nacional de material de embalagem a ser totalmente utilizado no acondicionamento de mercadoria destinada à exportação para o exterior.

§ 1º A suspensão de que trata o *caput* deste artigo converte-se em alíquota 0 (zero) após a exportação da mercadoria acondicionada.

§ 2º Nas notas fiscais relativas às vendas com suspensão de que trata o *caput* deste artigo deverá constar a expressão "Saída com suspensão da exigência da Contribuição para o PIS/Pasep e da Cofins", com a especificação do dispositivo legal correspondente.

§ 3º O benefício de que trata este artigo somente poderá ser usufruído após atendidos os termos e condições estabelecidos em regulamento do Poder Executivo.

§ 4º A pessoa jurídica que, no prazo de 180 (cento e oitenta) dias, contado da data em que se realizou a operação de venda, não houver efetuado a exportação para o exterior das mercadorias acondicionadas com o material de embalagem recebido com suspensão da exigência da Contribuição para o PIS/Pasep e da Cofins fica obrigada ao recolhimento dessas contribuições, acrescidas de juros e multa de mora, na forma da lei, contados a partir da referida data de venda, na condição de responsável.

§ 5º Na hipótese de não ser efetuado o recolhimento na forma do § 4º deste artigo, caberá lançamento de ofício, com aplicação de juros e da multa de que trata o *caput* do art. 44 da Lei n. 9.430, de 27 de dezembro de 1996.

§ 6º Nas hipóteses de que tratam os §§ 4º e 5º deste artigo, a pessoa jurídica fabricante do material de embalagem será responsável solidária com a pessoa jurídica destinatária desses produtos pelo pagamento das contribuições devidas e respectivos acréscimos legais.

ART. 50. A suspensão de que trata o § 1º do art. 14 da Lei n. 10.865, de 30 de abril de 2004, aplica-se também nas importações de máquinas, aparelhos, instrumentos e equipamentos, novos, para incorporação ao ativo imobilizado da pessoa jurídica importadora.

› Dec. 5.691/2006 (Dispõe sobre as máquinas, aparelhos, instrumentos e equipamentos importados por pessoas jurídicas estabelecidas na Zona Franca de Manaus, objeto da suspensão da exigência da Contribuição para o PIS/PASEP-Importação e da COFINS-Importação, na forma do art. 50 da Lei).

§ 1º A suspensão de que trata o *caput* deste artigo converte-se em alíquota 0 (zero) após decorridos 18 (dezoito) meses da incorporação do bem ao ativo imobilizado da pessoa jurídica importadora.

§ 2º A pessoa jurídica importadora que não incorporar o bem ao seu ativo imobilizado ou revender o bem antes do prazo de que trata o § 1º deste artigo recolherá a Contribuição para o PIS/Pasep-Importação e a Cofins-Importação, acrescidas de juros e multa de mora, na forma da lei, contados a partir do registro da Declaração de Importação.

§ 3º Na hipótese de não ser efetuado o recolhimento na forma do § 2º deste artigo, caberá lançamento de ofício das contribuições, acrescidas de juros e da multa de que trata o *caput* do art. 44 da Lei n. 9.430, de 27 de dezembro de 1996.

§ 4º As máquinas, aparelhos, instrumentos e equipamentos beneficiados pela suspensão da exigência das contribuições na forma deste artigo serão relacionados em regulamento.

ART. 51. O *caput* do art. 1º da Lei n. 10.925, de 23 de julho de 2004, passa a vigorar acrescido dos seguintes incisos:

› Alterações promovidas no texto da referida lei.

ARTS. 52 a 54. (Revogados pela Lei 13.161/2015.)

ART. 55. A venda ou a importação de máquinas e equipamentos utilizados na fabricação de papéis destinados à impressão de jornais ou de papéis classificados nos códigos 4801.00.10, 4801.00.90, 4802.61.91, 4802.61.99, 4810.19.89 e 4810.22.90, todos da Tipi, destinados à impressão de periódicos, serão efetuadas com suspensão da exigência:

› Dec. 5.881/2006 (Regulamenta o art. 55 desta lei, que instituiu o regime de suspensão da Contribuição para o PIS/PASEP e da COFINS na aquisição de máquinas e equipamentos para a produção de papéis destinados à impressão de jornais e periódicos).

I - da Contribuição para o PIS/Pasep e da Cofins incidentes sobre a receita bruta da venda no mercado interno, quando os referidos bens forem adquiridos por pessoa jurídica industrial para incorporação ao seu ativo imobilizado; ou

II - da Contribuição para o PIS/Pasep-Importação e da Cofins-Importação, quando os referidos bens forem importados diretamente por pessoa jurídica industrial para incorporação ao seu ativo imobilizado.

§ 1º O benefício da suspensão de que trata este artigo:

I - aplica-se somente no caso de aquisições ou importações efetuadas por pessoa jurídica que auferir, com a venda dos papéis referidos no *caput* deste artigo, valor igual ou superior a 80% (oitenta por cento) da sua receita bruta de venda total de papéis;

II - não se aplica no caso de aquisições ou importações efetuadas por pessoas jurídicas optantes pelo Simples ou que tenham suas receitas, no todo ou em parte, submetidas ao regime de incidência cumulativa da Contribuição para o PIS/Pasep e da Cofins; e

III - poderá ser usufruído nas aquisições ou importações realizadas até 30 de abril de 2008 ou até que a produção nacional atenda a 80% (oitenta por cento) do consumo interno.

§ 2º O percentual de que trata o inciso I do § 1º deste artigo será apurado:

I - após excluídos os impostos e contribuições incidentes sobre a venda; e

II - considerando-se a média obtida, a partir do início de utilização do bem adquirido com suspensão, durante o período de 18 (dezoito) meses.

§ 3º O prazo de início de utilização a que se refere o § 2º deste artigo não poderá ser superior a 3 (três) anos.

§ 4º A suspensão de que trata este artigo converte-se em alíquota 0 (zero) após cumprida a condição de que trata o inciso I do § 1º deste artigo, observados os prazos determinados nos §§ 2º e 3º deste artigo.

§ 5º No caso de não ser efetuada a incorporação do bem ao ativo imobilizado ou de sua revenda antes da redução a 0 (zero) das alíquotas, na forma do § 4º deste artigo, as contribuições não pagas em decorrência da suspensão de que trata este artigo serão devidas, acrescidas de juros e multa, de mora ou de ofício, na forma da lei, contados a partir da data da aquisição ou do registro da Declaração de Importação - DI, na condição de responsável, em relação à Contribuição para o PIS/Pasep e à Cofins, ou de contribuinte, em relação à Contribuição para o PIS/Pasep-Importação e à Cofins-Importação.

§ 6º Nas notas fiscais relativas à venda de que trata o inciso I do *caput* deste artigo deverá constar a expressão "Venda efetuada com suspensão da exigência da Contribuição para o PIS/Pasep e da Cofins", com a especificação do dispositivo legal correspondente.

§ 7º Na hipótese de não atendimento do percentual de venda de papéis estabelecido no inciso I do § 1º deste artigo, a multa, de mora ou de ofício, a que se refere o § 5º deste artigo, será aplicada sobre o valor das contribuições não recolhidas, proporcionalmente à diferença entre esse percentual de venda e o efetivamente alcançado.

§ 8º A utilização do benefício da suspensão de que trata este artigo:

I - fica condicionada à regularidade fiscal da pessoa jurídica adquirente ou importadora das máquinas e equipamentos, em relação aos tributos e contribuições administrados pela Receita Federal do Brasil; e

II - será disciplinada pelo Poder Executivo em regulamento.

§ 9º As máquinas e equipamentos beneficiados pela suspensão da exigência das contribuições, na forma deste artigo, serão relacionados em regulamento.

ART. 56. A Contribuição para o PIS/Pasep e a Cofins devidas pelo produtor ou importador de nafta petroquímica, incidentes sobre a receita bruta decorrente da venda desse produto às centrais petroquímicas, serão calculadas, respectivamente, com base nas alíquotas de: (Alterado pela Lei 12.859/2013.)

I - 0,18% (dezoito centésimos por cento) e 0,82% (oitenta e dois centésimos por cento), para os fatos geradores ocorridos nos anos de 2013, 2014 e 2015; (Alterado pela Lei 12.859/2013.)

II - 0,54% (cinquenta e quatro centésimos por cento) e 2,46% (dois inteiros e quarenta e seis centésimos por cento), para os fatos geradores ocorridos no ano de 2016; (Alterado pela Lei 12.859/2013.)

III - 0,90% (noventa centésimos por cento) e 4,10% (quatro inteiros e dez centésimos por cento), para os fatos geradores ocorridos no ano de 2017; e (Alterado pela Lei 12.859/2013.)

IV - 1% (um por cento) e 4,6% (quatro inteiros e seis décimos por cento), para os fatos geradores ocorridos a partir do ano de 2018. (Alterado pela Lei 12.859/2013.)

Parágrafo único. O disposto no *caput* aplica-se também: (Alterado pela Lei 12.859/2013.)

I - às vendas de etano, propano, butano, condensado e correntes gasosas de refinaria - HLR - hidrocarbonetos leves de refino para centrais petroquímicas para serem utilizados como insumo na produção de eteno, propeno, buteno, butadieno, orto-xileno, benzeno, tolueno, isopreno e paraxileno; e (Alterado pela Lei 12.859/2013.)

II - às vendas de eteno, propeno, buteno, butadieno, orto-xileno, benzeno, tolueno, isopreno e paraxileno para indústrias químicas para serem utilizados como insumo produtivo. (Alterado pela Lei 12.859/2013.)

ART. 57. Na apuração da Contribuição para o PIS/Pasep e da Cofins no regime de não cumulatividade, a central petroquímica poderá descontar créditos calculados às alíquotas de 1,65% (um inteiro e sessenta e cinco centésimos por cento) e 7,6% (sete inteiros e seis décimos por cento), respectivamente, decorrentes de aquisição ou importação de nafta petroquímica.

§ 1º Na hipótese de revenda dos produtos adquiridos na forma do art. 56 ou importados na forma do § 15 do art. 8º da Lei n. 10.865, de 30 de abril de 2004, os créditos de que trata o *caput* serão calculados mediante a aplicação das alíquotas estabelecidas nos incisos do *caput* do art. 56. (Alterado pela Lei 12.859/2013.)

§ 2º (Revogado pela Lei 12.859/2013.)

ART. 57-A. O disposto no art. 57 aplica-se também às aquisições dos produtos cujas vendas são referidas nos incisos do parágrafo único do art. 56. (Alterado pela Lei 12.859/2013.)

§ 1º O saldo de créditos apurados pelas indústrias petroquímicas na forma do art. 3º da Lei n. 10.637, de 30 de dezembro de 2002, e do art. 3º da Lei n. 10.833, de 29 de dezembro de 2003, existente em 8 de maio de 2013, poderá, nos termos e prazos fixados em regulamento: (Alterado pela Lei 12.859/2013.)

I - ser compensado com débitos próprios, vencidos ou vincendos, relativos a tributos administrados pela Secretaria da Receita Federal do Brasil, observada a legislação específica aplicável à matéria; ou (Alterado pela Lei 12.859/2013.)

II - ser ressarcido em dinheiro, observada a legislação específica aplicável à matéria. (Alterado pela Lei 12.859/2013.)

§ 2º O crédito previsto no art. 57 e neste artigo, decorrente da aquisição dos produtos mencionados no *caput* e no parágrafo único do art. 56 que a pessoa jurídica não conseguir utilizar até o final de cada trimestre-calendário poderá ser: (Alterado pela Lei 12.859/2013.)

I - compensado com débitos próprios, vencidos ou vincendos, relativos a impostos e contribuições administrados pela Secretaria da Receita Federal do Brasil, observada a legislação específica aplicável à matéria; ou (Alterado pela Lei 12.859/2013.)

II - ressarcido em espécie, observada a legislação específica aplicável à matéria. (Alterado pela Lei 12.859/2013.)

ART. 57-B. É o Poder Executivo autorizado a conceder às centrais petroquímicas sujeitas ao regime de apuração não cumulativa da Contribuição para o PIS/Pasep e da Cofins crédito presumido relativo à aquisição de etanol utilizado na produção de polietileno. (Alterado pela Lei 12.859/2013.)

§ 1º O crédito presumido de que trata o *caput* será estabelecido com parâmetro nas oscilações de preço do etanol no mercado. (Alterado pela Lei 12.859/2013.)

§ 2º O montante do crédito presumido de que trata o *caput* será determinado mediante aplicação de alíquota específica correspondente a, no máximo, R$ 80,00 (oitenta reais) por metro cúbico de etanol. (Alterado pela Lei 12.859/2013.)

§ 3º O crédito presumido de que trata o *caput* poderá ser utilizado conforme estabelecido no § 2º do art. 57-A. (Alterado pela Lei 12.859/2013.)

ART. 58. O art. 8º da Lei n. 10.865, de 30 de abril de 2004, passa a vigorar com a seguinte redação:

- Alteração promovida no texto da referida lei.

ART. 59. O art. 14 da Lei n. 10.336, de 19 de dezembro de 2001, passa a vigorar com a seguinte redação:

- Alteração promovida no texto da referida lei.

ART. 60. (Revogado pela Lei 12.995/2014.)

ART. 61. O disposto no art. 33, § 2º , inciso I, do Decreto-Lei n. 1.593, de 21 de dezembro de 1977, também se aplica aos demais produtos sujeitos ao selo de controle a que se refere o art. 46 da Lei n. 4.502, de 30 de novembro de 1964.

ART. 62. O percentual e o coeficiente multiplicadores a que se referem o art. 3º da Lei Complementar n. 70, de 30 de dezembro de 1991, e o art. 5º da Lei n. 9.715, de 25 de novembro de 1998,, passam a ser de 291,69% (duzentos e noventa e um inteiros e sessenta e nove centésimos por cento) e 3,42 (três inteiros e quarenta e dois centésimos), respectivamente. (Redação dada pela Lei 12.024/2009.)

ART. 63. O art. 8º da Lei n. 10.925, de 23 de julho de 2004, passa a vigorar com a seguinte redação:

- Alteração promovida no texto da referida lei.

ART. 64. Na venda de álcool, inclusive para fins carburantes, destinado ao consumo ou à industrialização na Zona Franca de Manaus - ZFM, efetuada por produtor, importador ou distribuidor estabelecido fora da ZFM, aplica-se o disposto no art. 2º da Lei n. 10.996, de 15 de dezembro de 2004. (Redação dada pela Lei 11.727/2008.)

§ 1º A Contribuição para o PIS/Pasep e a Cofins incidirão nas vendas efetuadas pela pessoa jurídica adquirente na forma do *caput* deste artigo, às alíquotas referidas no § 4º do art. 5º da Lei n. 9.718, de 27 de novembro de 1998, observado o disposto nos §§ 8º e 9º do mesmo artigo. (Redação dada pela Lei 11.727/2008.)

§ 2º O produtor, importador ou distribuidor fica obrigado a cobrar e recolher, na condição de contribuinte-substituto, a Contribuição para o PIS/Pasep e a Cofins devidas pela pessoa jurídica de que trata o § 1º deste artigo. (Redação dada pela Lei 11.727/2008.)

§ 3º Para os efeitos do § 2º deste artigo, a Contribuição para o PIS/Pasep e a Cofins serão apuradas mediante a aplicação das alíquotas de que trata o § 1º deste artigo sobre o volume vendido pelo produtor, importador ou distribuidor. (Redação dada pela Lei 11.727/2008.)

§ 4º A pessoa jurídica domiciliada na ZFM que utilizar como insumo álcool adquirido com substituição tributária, na forma dos §§ 2º e 3º deste artigo, poderá abater da Contribuição para o PIS/Pasep e da Cofins incidentes sobre seu faturamento o valor dessas contribuições recolhidas pelo substituto tributário. (Redação dada pela Lei 11.727/2008.)

§ 5º Para fins deste artigo, não se aplica o disposto na alínea *b* do inciso VII do *caput* do art. 8º da Lei n. 10.637, de 30 de dezembro de 2002, e na alínea *b* do inciso VII do *caput* do art. 10 da Lei n. 10.833, de 29 de dezembro de 2003. (Incluído pela Lei 11.727/2008.)

§ 6º As disposições deste artigo também se aplicam às vendas destinadas ao consumo ou à industrialização nas Áreas de Livre Comércio de que tratam as Lei n. 7.965, de 22 de dezembro de 1989, 8.210, de 19 de julho de 1991, e 8.256, de 25 de novembro de 1991, o art. 11 da Lei n. 8.387, de 30 de dezembro de 1991, e a Lei n. 8.857, de 8 de março de 1994, por pessoa jurídica estabelecida fora dessas áreas. (Incluído pela Lei 11.945/2009.)

ART. 65. Nas vendas efetuadas por produtor, fabricante ou importador estabelecido fora da ZFM dos produtos relacionados nos incisos I a VII do § 1º do art. 2º da Lei n. 10.833, de 29 de dezembro de 2003, destinadas ao consumo ou industrialização na ZFM, aplica-se o disposto no art. 2º da Lei n. 10.996, de 15 de dezembro de 2004. (Alterado pela Lei 13.137/2015. Vigência: na data de sua publicação, produzindo efeitos a partir de 1º.05.2015.)

- Lei 11.727/2008 (Dispõe sobre medidas tributárias destinadas a estimular os investimentos e a modernização do setor de turismo, a reforçar o sistema de proteção tarifária brasileiro, a estabelecer a incidência de forma concentrada da Contribuição para o PIS/Pasep e da Contribuição para o Financiamento da Seguridade Social - Cofins na produção e comercialização de álcool).

§ 1º No caso deste artigo, nas revendas efetuadas pela pessoa jurídica adquirente na forma do *caput* deste artigo a Contribuição para o PIS/Pasep e a Cofins incidirão às alíquotas previstas:

I - no art. 23 da Lei n. 10.865, de 30 de abril de 2004;

II - na alínea b do inciso I do art. 1º e do art. 2º da Lei n. 10.147, de 21 de dezembro de 2000, com a redação dada pela Lei n. 10.865, de 30 de abril de 2004;

III - no art. 1º da Lei n. 10.485, de 3 de julho de 2002, com a redação dada pela Lei n. 10.865, de 30 de abril de 2004;

IV - no *caput* do art. 5º da Lei n. 10.485, de 3 de julho de 2002, com a redação dada pela Lei n. 10.865, de 30 de abril de 2004;

V - nos incisos I e II do *caput* do art. 3º da Lei n. 10.485, de 3 de julho de 2002, com a redação dada pela Lei n. 10.865, de 30 de abril de 2004;

VI a VIII - (Revogados pela Lei 13.137/2015. Vigência: na data de sua publicação, produzindo efeitos a partir de 1º.05.2015.)

§ 2º O produtor, fabricante ou importador, no caso deste artigo, fica obrigado a cobrar e recolher, na condição de contribuinte substituto, a Contribuição para o PIS/Pasep e a Cofins devidas pela pessoa jurídica de que trata o § 1º deste artigo.

§ 3º O disposto no § 2º deste artigo não se aplica aos produtos farmacêuticos classificados nas posições 30.01, 30.03, 30.04, nos itens 3002.10.1, 3002.10.2, 3002.10.3, 3002.20.1, 3002.20.2, 3006.30.1 e 3006.30.2 e nos códigos 3002.90.20, 3002.90.92, 3002.90.99, 3005.10.10, 3006.60.00, todos da Tipi.

§ 4º Para os efeitos do § 2º deste artigo, a Contribuição para o PIS/Pasep e a Cofins serão apuradas mediante a aplicação das alíquotas de que trata o § 1º deste artigo sobre: (Redação dada pela Lei 11.727/2008.)

I - o valor-base de que trata o art. 58-L da Lei n. 10.833, de 29 de dezembro de 2003, no caso do inciso VI do § 1º deste artigo; (Incluído pela Lei 11.727/2008.)

II - a quantidade de unidades de produtos vendidos pelo produtor, fabricante ou importador, no caso dos incisos I e VII do § 1º deste artigo; (Incluído pela Lei 11.727/2008.)

III - o preço de venda do produtor, fabricante ou importador, no caso dos demais incisos do § 1º deste artigo. (Incluído pela Lei 11.727/2008.)

§ 5º A pessoa jurídica domiciliada na ZFM que utilizar como insumo ou incorporar ao seu ativo permanente produtos adquiridos com substituição tributária, na forma dos §§ 2º e 4º deste artigo, poderá abater da Contribuição para o PIS/Pasep e da Cofins incidentes sobre seu faturamento o valor dessas contribuições recolhidas pelo substituto tributário.

§ 6º Não se aplicam as disposições dos §§ 2º, 4º e 5º deste artigo no caso de venda dos produtos referidos nos incisos IV e V do § 1º do art. 2º da Lei n. 10.833, de 29 de dezembro de 2003, para montadoras de veículos.

§ 7º Para fins deste artigo, não se aplica o disposto na alínea *b* do inciso VII do art. 8º da Lei n. 10.637, de 30 de dezembro de 2002, e na alínea *b* do inciso VII do art. 10 da Lei n. 10.833, de 29 de dezembro de 2003. (Incluído pela Lei 11.945/ 2009.)

§ 8º As disposições deste artigo também se aplicam às vendas destinadas ao consumo ou à industrialização nas Áreas de Livre Comércio de que tratam as Lei n. 7.965, de 22 de dezembro de 1989, 8.210, de 19 de julho de 1991, e 8.256, de 25 de novembro de 1991, o art. 11 da Lei n. 8.387, de 30 de dezembro de 1991, e a Lei n. 8.857, de 8 de março de 1994, por pessoa jurídica estabelecida fora dessas áreas. (Incluído pela Lei 11.945/2009.)

ART. 66. (Vetado.)

CAPÍTULO X
DO IMPOSTO SOBRE PRODUTOS INDUSTRIALIZADOS - IPI

ART. 67. Fica o Poder Executivo autorizado a fixar, para o IPI relativo aos produtos classificados nos códigos NCM 71.13, 71.14, 71.16 e 71.17, alíquotas correspondentes às mínimas estabelecidas para o Imposto sobre Circulação de Mercadorias e Serviços - ICMS, nos termos do inciso VI do § 2º do art. 155 da Constituição Federal.

Parágrafo único. As alíquotas do IPI fixadas na forma do *caput* deste artigo serão uniformes em todo o território nacional.

ART. 68. O § 2º do art. 43 da Lei n. 4.502, de 30 de novembro de 1964, passa a vigorar com a seguinte redação:

"Art. 43. [...]

§ 2º As indicações do *caput* deste artigo e de seu § 1º serão feitas na forma do regulamento, podendo ser substituídas por outros elementos que possibilitem a classificação e controle fiscal dos produtos.

[...]" (NR)

ART. 69. Fica prorrogada até 31 de dezembro de 2009 a vigência da Lei n. 8.989, de 24 de fevereiro de 1995.

Parágrafo único. O art. 2º e o *caput* do art. 6º da Lei n. 8.989, de 24 de fevereiro de 1995, passam a vigorar com a seguinte redação:

› Alterações promovidas no texto da referida lei.

CAPÍTULO XI
DOS PRAZOS DE RECOLHIMENTO DE IMPOSTOS E CONTRIBUIÇÕES

ART. 70. Em relação aos fatos geradores ocorridos a partir de 1º de janeiro de 2006, os recolhimentos do Imposto de Renda Retido na Fonte - IRRF e do Imposto sobre Operações de Crédito, Câmbio e Seguro, ou Relativas a Títulos ou Valores Mobiliários - IOF serão efetuados nos seguintes prazos:

› Art. 4º, § 6º, Lei 13.043/2014 (Dispõe sobre os fundos de índice de renda fixa, sobre a responsabilidade tributária na integralização de cotas de fundos ou clubes de investimento por meio da entrega de ativos financeiros, sobre a tributação das operações de empréstimos de ativos financeiros e sobre a isenção de imposto sobre a renda na alienação de ações de empresas pequenas e médias.)

I - IRRF:

a) na data da ocorrência do fato gerador, no caso de:

1. rendimentos atribuídos a residentes ou domiciliados no exterior;

2. pagamentos a beneficiários não identificados;

b) até o 3º (terceiro) dia útil subsequente ao decêndio de ocorrência dos fatos geradores, no caso de:

1. juros sobre o capital próprio e aplicações financeiras, inclusive os atribuídos a residentes ou domiciliados no exterior, e títulos de capitalização;

2. prêmios, inclusive os distribuídos sob a forma de bens e serviços, obtidos em concursos e sorteios de qualquer espécie e lucros decorrentes desses prêmios; e

3. multa ou qualquer vantagem, de que trata o art. 70 da Lei n. 9.430, de 27 de dezembro de 1996;

c) até o último dia útil do mês subsequente ao encerramento do período de apuração, no caso de rendimentos e ganhos de capital distribuídos pelos fundos de investimento imobiliário; e

d) até o dia 7 do mês subsequente ao mês de ocorrência dos fatos geradores, no caso de pagamento de rendimentos provenientes do trabalho assalariado a empregado doméstico; e (Alterada pela LC 150/2015.)

e) até o último dia útil do segundo decêndio do mês subsequente ao mês de ocorrência dos fatos geradores, nos demais casos; (Acrescentada pela LC 150/2015.)

II - IOF:

a) até o terceiro dia útil subsequente ao decêndio de ocorrência dos fatos geradores, no caso de aquisição de ouro e ativo financeiro; (Redação dada pela Lei 12.599/2012.)

b) até o último dia útil do mês subsequente ao de ocorrência dos fatos geradores, no caso de operações relativas a contrato de derivativos financeiros; e (Redação dada pela Lei 12.599/2012.)

c) até o terceiro dia útil subsequente ao decêndio da cobrança ou do registro contábil do imposto, nos demais casos. (Redação dada pela Lei 12.599/2012.)

Parágrafo único. Excepcionalmente, na hipótese de que trata a alínea d do inciso I do *caput* deste artigo, em relação aos fatos geradores ocorridos:

I - no mês de dezembro de 2006, os recolhimentos serão efetuados:

a) até o 3º (terceiro) dia útil do decêndio subsequente, para os fatos geradores ocorridos no 1º (primeiro) e 2º (segundo) decêndios; e

b) até o último dia útil do 1º (primeiro) decêndio do mês de janeiro de 2007, para os fatos geradores ocorridos no 3º (terceiro) decêndio;

II - no mês de dezembro de 2007, os recolhimentos serão efetuados:

a) até o 3º (terceiro) dia útil do 2º (segundo) decêndio, para os fatos geradores ocorridos no 1º (primeiro) decêndio; e

b) até o último dia útil do 1º (primeiro) decêndio do mês de janeiro de 2008, para os fatos geradores ocorridos no 2º (segundo) e no 3º (terceiro) decêndio.

ART. 71. O § 1º do art. 63 da Lei n. 8.981, de 20 de janeiro de 1995, passa a vigorar com a seguinte redação:

› Alteração promovida no texto da referida lei.

ART. 72. O parágrafo único do art. 10 da Lei n. 9.311, de 24 de outubro de 1996, passa a vigorar com a seguinte redação:

› Alteração promovida no texto da referida lei.

ART. 73. O § 2º do art. 70 da Lei n. 9.430, de 27 de dezembro de 1996, passa a vigorar com a seguinte redação:

› Alteração promovida no texto da referida lei.

ART. 74. O art. 35 da Lei n. 10.833, de 29 de dezembro de 2003, passa a vigorar com a seguinte redação:

› Alteração promovida no texto da referida lei.

ART. 75. O *caput* do art. 6º da Lei n. 9.317, de 5 de dezembro de 1996, passa a vigorar com a seguinte redação:

› Alteração promovida no texto da referida lei.

CAPÍTULO XII
DOS FUNDOS DE INVESTIMENTO CONSTITUÍDOS POR ENTIDADES ABERTAS DE PREVIDÊNCIA COMPLEMENTAR E POR SOCIEDADES SEGURADORAS E DOS FUNDOS DE INVESTIMENTO PARA GARANTIA DE LOCAÇÃO IMOBILIÁRIA

ART. 76. As entidades abertas de previdência complementar e as sociedades seguradoras poderão, a partir de 1º de janeiro de 2006, constituir fundos de investimento, com patrimônio segregado, vinculados exclusivamente a planos de previdência complementar ou a seguros de vida com cláusula de cobertura por sobrevivência, estruturados na modalidade de contribuição variável, por elas comercializados e administrados.

§ 1º Durante o período de acumulação, a remuneração da provisão matemática de benefícios a conceder, dos planos e dos seguros referidos no *caput* deste artigo, terá por base a rentabilidade da carteira de investimentos dos respectivos fundos.

§ 2º Os fundos de investimento de que trata o *caput* deste artigo somente poderão ser administrados por instituições autorizadas pela Comissão de Valores Mobiliários - CVM para o exercício da administração de carteira de valores mobiliários.

ART. 77. A aquisição de plano ou seguro enquadrado na estrutura prevista no art. 76 desta Lei far-se-á mediante subscrição pelo adquirente de quotas dos fundos de investimento vinculados.

§ 1º No caso de plano ou seguro coletivo:

I - a pessoa jurídica adquirente também será cotista do fundo; e

II - o contrato ou apólice conterá cláusula com a periodicidade em que as quotas adquiridas pela pessoa jurídica terão sua titularidade transferida para os participantes ou segurados.

§ 2º A transferência de titularidade de que trata o inciso II do § 1º deste artigo:

I - conferirá aos participantes ou segurados o direito à realização de resgates e à portabilidade dos recursos acumulados correspondentes às quotas;

II - não caracteriza resgate para fins de incidência do Imposto de Renda.

§ 3º Independentemente do disposto no inciso II do § 1º deste artigo, no caso de falência ou liquidação extrajudicial de pessoa jurídica proprietária de quotas:

I - a titularidade das quotas vinculadas a participantes ou segurados individualizados será transferida a estes;

II - a titularidade das quotas não vinculadas a qualquer participante ou segurado individualizado será transferida para todos os participantes ou segurados proporcionalmente ao número de quotas de propriedade destes, inclusive daquelas cuja titularidade lhes tenha sido transferida com base no inciso I deste parágrafo.

ART. 78. O patrimônio dos fundos de investimento de que trata o art. 76 desta Lei não se comunica com o das entidades abertas de previdência complementar ou das sociedades seguradoras que os constituírem, não respondendo, nem mesmo subsidiariamente, por dívidas destas.

§ 1º No caso de falência ou liquidação extrajudicial da entidade aberta de previdência complementar ou da sociedade seguradora, o patrimônio dos fundos não integrará a respectiva massa falida ou liquidanda.

§ 2º Os bens e direitos integrantes do patrimônio dos fundos não poderão ser penhorados, sequestrados, arrestados ou objeto de qualquer outra forma de constrição judicial em decorrência de dívidas da entidade aberta de previdência complementar ou da sociedade seguradora.

ART. 79. No caso de morte do participante ou segurado dos planos e seguros de que trata o art. 76 desta Lei, os seus beneficiários poderão optar pelo resgate das quotas ou pelo recebimento de benefício de caráter continuado previsto em contrato, independentemente da abertura de inventário ou procedimento semelhante.

ART. 80. Os planos de previdência complementar e os seguros de vida com cláusula de cobertura por sobrevivência comercializados até 31 de dezembro de 2005 poderão ser adaptados pelas entidades abertas de previdência complementar e sociedades seguradoras à estrutura prevista no art. 76 desta Lei.

ART. 81. O disposto no art. 80 desta Lei não afeta o direito dos participantes e segurados à portabilidade dos recursos acumulados para outros planos e seguros, estruturados ou não nos termos do art. 76 desta Lei.

ART. 82. A concessão de benefício de caráter continuado por plano ou seguro estruturado na forma do art. 76 desta Lei importará na transferência da propriedade das quotas dos fundos a que esteja vinculado o respectivo plano ou seguro para a entidade aberta de previdência complementar ou a sociedade seguradora responsável pela concessão.

Parágrafo único. A transferência de titularidade de quotas de que trata o *caput* deste artigo não caracteriza resgate para fins de incidência do Imposto de Renda.

ART. 83. Aplica-se aos planos e seguros de que trata o art. 76 desta Lei o disposto no art. 11 da Lei n. 9.532, de 10 de dezembro de 1997, e nos arts. 1º a 5º e 7º da Lei n. 11.053, de 29 de dezembro de 2004.

Parágrafo único. Fica responsável pela retenção e recolhimento dos impostos e contribuições incidentes sobre as aplicações efetuadas nos fundos de investimento de que trata o art. 76 desta Lei a entidade aberta de previdência complementar ou a sociedade seguradora que comercializar ou administrar o plano ou o seguro enquadrado na estrutura prevista no mencionado artigo, bem como pelo cumprimento das obrigações acessórias decorrentes dessa responsabilidade.

ART. 84. É facultado ao participante de plano de previdência complementar enquadrado na estrutura prevista no art. 76 desta Lei o oferecimento, como garantia de financiamento imobiliário, de quotas de sua titularidade dos fundos de que trata o referido artigo.

§ 1º O disposto neste artigo aplica-se também:

I - aos cotistas de Fundo de Aposentadoria Programada Individual - FAPI;

II - aos segurados titulares de seguro de vida com cláusula de cobertura por sobrevivência enquadrado na estrutura prevista no art. 76 desta Lei.

§ 2º A faculdade mencionada no *caput* deste artigo aplica-se apenas ao financiamento imobiliário tomado em instituição financeira, que poderá ser vinculada ou não à entidade operadora do plano ou do seguro.

ART. 85. É vedada às entidades abertas de previdência complementar e às sociedades seguradoras a imposição de restrições ao exercício da faculdade mencionada no art. 84 desta Lei, mesmo que o financiamento imobiliário seja tomado em instituição financeira não vinculada.

ART. 86. A garantia de que trata o art. 84 desta Lei será objeto de instrumento contratual específico, firmado pelo participante ou segurado, pela entidade aberta de previdência complementar ou sociedade seguradora e pela instituição financeira.

Parágrafo único. O instrumento contratual específico a que se refere o *caput* deste artigo será considerado, para todos os efeitos jurídicos, como parte integrante do plano de benefícios ou da apólice, conforme o caso.

ART. 87. As operações de financiamento imobiliário que contarem com a garantia mencionada no art. 84 desta Lei serão contratadas com seguro de vida com cobertura de morte e invalidez permanente.

ART. 88. As instituições autorizadas pela Comissão de Valores Mobiliários - CVM para o exercício da administração de carteira de títulos e valores mobiliários ficam autorizadas a constituir fundos de investimento que permitam a cessão de suas quotas em garantia de locação imobiliária.

§ 1º A cessão de que trata o *caput* deste artigo será formalizada, mediante registro perante o administrador do fundo, pelo titular das quotas, por meio de termo de cessão fiduciária acompanhado de 1 (uma) via do contrato de locação, constituindo, em favor do credor fiduciário, propriedade resolúvel das quotas.

§ 2º Na hipótese de o cedente não ser o locatário do imóvel locado, deverá também assinar o contrato de locação ou aditivo, na qualidade de garantidor.

§ 3º A cessão em garantia de que trata o *caput* deste artigo constitui regime fiduciário sobre as quotas cedidas, que ficam indisponíveis, inalienáveis e impenhoráveis, tornando-se a instituição financeira administradora do fundo seu agente fiduciário.

§ 4º O contrato de locação mencionará a existência e as condições da cessão de que trata o *caput* deste artigo, inclusive quanto a sua vigência, que poderá ser por prazo determinado ou indeterminado.

§ 5º Na hipótese de prorrogação automática do contrato de locação, o cedente permanecerá responsável por todos os seus efeitos, ainda que não tenha anuído no aditivo contratual, podendo, no entanto, exonerar-se da garantia, a qualquer tempo, mediante notificação ao locador, ao locatário e à administradora do fundo, com antecedência mínima de 30 (trinta) dias.

§ 6º Na hipótese de mora, o credor fiduciário notificará extrajudicialmente o locatário e o cedente, se pessoa distinta, comunicando o prazo de 10 (dez) dias para pagamento integral da dívida, sob pena de excussão extrajudicial da garantia, na forma do § 7º deste artigo.

§ 7º Não ocorrendo o pagamento integral da dívida no prazo fixado no § 6º deste artigo, o credor poderá requerer ao agente fiduciário que lhe transfira, em caráter pleno, exclusivo e irrevogável, a titularidade de quotas suficientes para a sua quitação, sem prejuízo da ação de despejo e da demanda, por meios próprios, da diferença eventualmente existente, na hipótese de insuficiência da garantia.

§ 8º A excussão indevida da garantia enseja responsabilidade do credor fiduciário pelo prejuízo causado, sem prejuízo da devolução das quotas ou do valor correspondente, devidamente atualizado.

§ 9º O agente fiduciário não responde pelos efeitos do disposto nos §§ 6º e 7º deste artigo, exceto na hipótese de comprovado dolo, má-fé, simulação, fraude ou negligência, no exercício da administração do fundo.

§ 10. Fica responsável pela retenção e recolhimento dos impostos e contribuições incidentes sobre as aplicações efetuadas nos fundos de investimento de que trata o *caput* deste artigo a instituição que administrar o fundo com a estrutura prevista neste artigo, bem como pelo cumprimento das obrigações acessórias decorrentes dessa responsabilidade.

ART. 89. Os arts. 37 e 40 da Lei n. 8.245, de 18 de outubro de 1991, passam a vigorar acrescidos dos seguintes incisos:

▸ Alterações promovidas no texto da referida lei.

ART. 90. Compete ao Banco Central do Brasil, à Comissão de Valores Mobiliários e à Superintendência de Seguros Privados, no âmbito de suas respectivas atribuições, dispor sobre os critérios complementares para a regulamentação deste Capítulo.

CAPÍTULO XIII
DA TRIBUTAÇÃO DE PLANOS DE BENEFÍCIO, SEGUROS E FUNDOS DE INVESTIMENTO DE CARÁTER PREVIDENCIÁRIO

ART. 91. A Lei n. 11.053, de 29 de dezembro de 2004, passa a vigorar com as seguintes alterações:

▸ Alterações promovidas no texto da referida lei.

ART. 92. O *caput* do art. 8º da Lei n. 9.311, de 24 de outubro de 1996, passa a vigorar acrescido do seguinte inciso IX:

ART. 93. O contribuinte que efetuou pagamento de tributos e contribuições com base no art. 5º da Medida Provisória n. 2.222, de 4 de setembro de 2001, em valor inferior ao devido, poderá quitar o débito remanescente até o último dia útil do mês de dezembro de

2005, com a incidência de multa, de mora ou de ofício, conforme o caso, bem como com a incidência de juros equivalentes à taxa referencial do Sistema Especial de Liquidação e Custódia - Selic, para títulos federais, acumulada mensalmente, calculados a partir do mês seguinte ao do vencimento do tributo e de 1% (um por cento) no mês do pagamento.

§ 1º O pagamento realizado na forma do *caput* deste artigo implicará a extinção dos créditos tributários relativos aos fatos geradores a ele relacionados, ainda que já constituídos, inscritos ou não em dívida ativa.

§ 2º O Poder Executivo disciplinará, em regulamento, o disposto neste artigo.

ART. 94. As entidades de previdência complementar, sociedades seguradoras e Fundos de Aposentadoria Programada Individual - FAPI que, para gozo do benefício previsto no art. 5º da Medida Provisória n. 2.222, de 4 de setembro de 2001, efetuaram o pagamento dos tributos e contribuições na forma ali estabelecida e desistiram das ações judiciais individuais deverão comprovar, perante a Delegacia da Receita Federal do Brasil de sua jurisdição, a desistência das ações judiciais coletivas, bem como a renúncia a qualquer alegação de direito a elas relativa, de modo irretratável e irrevogável, até o último dia útil do mês de dezembro de 2005.

Parágrafo único. O benefício mencionado no *caput* deste artigo surte efeitos enquanto não houver a homologação judicial do requerimento, tornando-se definitivo com a referida homologação.

ART. 95. Na hipótese de pagamento de benefício não programado oferecido em planos de benefícios de caráter previdenciário, estruturados nas modalidades de contribuição definida ou contribuição variável, após a opção do participante pelo regime de tributação de que trata o art. 1º da Lei n. 11.053, de 29 de dezembro de 2004, incidirá imposto de renda à alíquota:

I - de 25% (vinte e cinco por cento), quando o prazo de acumulação for inferior ou igual a 6 (seis) anos; e

II - prevista no inciso IV, V ou VI do art. 1º da Lei n. 11.053, de 29 de dezembro de 2004, quando o prazo de acumulação for superior a 6 (seis) anos.

§ 1º O disposto no *caput* deste artigo aplica-se, também, ao benefício não programado concedido pelos planos de benefícios cujos participantes tenham efetuado a opção pelo regime de tributação referido no *caput* deste artigo, nos termos do art. 2º da Lei n. 11.053, de 29 de dezembro de 2004.

§ 2º Para fins deste artigo e da definição da alíquota de imposto de renda incidente sobre as prestações seguintes, o prazo de acumulação continua a ser contado após o pagamento da 1ª (primeira) prestação do benefício, importando na redução progressiva da alíquota aplicável em razão do decurso do prazo de pagamento de benefícios, na forma definida em ato da Receita Federal do Brasil, da Secretaria de Previdência Complementar e da Superintendência de Seguros Privados.

CAPÍTULO XIV
DO PARCELAMENTO DE DÉBITOS PREVIDENCIÁRIOS DOS MUNICÍPIOS

ART. 96. Os Municípios poderão parcelar seus débitos e os de responsabilidade de autarquias e fundações municipais relativos às contribuições sociais de que tratam as alíneas *a* e *c* do parágrafo único do art. 11 da Lei n. 8.212, de 24 de julho de 1991, com vencimento até 31 de janeiro de 2009, após a aplicação do art. 103-A, em: (Redação dada pela Lei 11.960/2009)

I - 120 (cento e vinte) até 240 (duzentas e quarenta) prestações mensais e consecutivas, se relativos às contribuições sociais de que trata a alínea *a* do parágrafo único do art. 11 da Lei n. 8.212, de 24 de julho de 1991, com redução de 100% (cem por cento) das multas moratórias e as de ofício, e, também, com redução de 50% (cinquenta por cento) dos juros de mora; e/ou (Incluído pela Lei 11.960/2009)

II - 60 (sessenta) prestações mensais e consecutivas, se relativos às contribuições sociais de que trata a alínea *c* do parágrafo único do art. 11 da Lei n. 8.212, de 24 de julho de 1991, e às passíveis de retenção na fonte, de desconto de terceiros ou de sub-rogação, com redução de 100% (cem por cento) das multas moratórias e as de ofício, e, também, com redução de 50% (cinquenta por cento) dos juros de mora. (Incluído pela Lei 11.960/2009)

§ 1º Os débitos referidos no *caput* são aqueles originários de contribuições sociais e correspondentes obrigações acessórias, constituídos ou não, inscritos ou não em dívida ativa da União, ainda que em fase de execução fiscal já ajuizada, ou que tenham sido objeto de parcelamento anterior, não integralmente quitado, ainda que cancelado por falta de pagamento, inclusive aqueles parcelados na forma da Lei n. 9.639, de 25 de maio de 1998. (Redação dada pela Lei 11.960/2009)

§ 2º Os débitos ainda não constituídos deverão ser confessados, de forma irretratável e irrevogável.

§ 3º (Revogado pela Lei 11.960/2009)

§ 4º Caso a prestação não seja paga na data do vencimento, serão retidos e repassados à Receita Federal do Brasil recursos do Fundo de Participação dos Municípios suficientes para sua quitação. (Redação dada pela Lei 11.960/2009)

§ 5º Os valores pagos pelos Municípios relativos ao parcelamento objeto desta Lei não serão incluídos no limite a que se refere o § 4º do art. 5º da Lei n. 9.639, de 25 de maio de 1998, com a redação dada pela Medida Provisória n. 2.187-13, de 24 de agosto de 2001.

§ 6º A opção pelo parcelamento deverá ser formalizada até o último dia útil do segundo mês subsequente ao da publicação desta Lei, na unidade da Secretaria da Receita Federal do Brasil de circunscrição do Município requerente, sendo vedada, a partir da adesão, qualquer retenção referente a débitos de parcelamentos anteriores incluídos no parcelamento de que trata esta Lei. (Redação dada pela Lei 11.960/2009)

§ 7º Não se aplica aos parcelamentos de que trata este artigo o disposto no inciso IX do art. 14 e no § 2º do art. 14-A da Lei n. 10.522, de 19 de julho de 2002. (Incluído pela Lei 11.960/2009)

§ 8º Não constituem débitos dos Municípios aqueles considerados prescritos ou decadentes na forma da Lei n. 5.172, de 25 de outubro de 1966, mesmo que eventualmente confessados em parcelamentos anteriores. (Incluído pela Lei 11.960/2009)

§ 9º A emissão de certidão negativa condicionada à regularização dos débitos de que trata este artigo ocorrerá em até 2 (dois) dias úteis após a formalização da opção pelo parcelamento e terá validade por 180 (cento e oitenta) dias ou até a conclusão do encontro de contas previsto no art. 103-A desta Lei, o que ocorrer primeiro. (Incluído pela Lei 11.960/2009)

§ 10. Para o início do pagamento dos débitos referidos no *caput* deste artigo, os Municípios terão uma carência de: (Incluído pela Lei 11.960/2009)

I - 6 (seis) meses para aqueles que possuem até 50.000 (cinquenta mil) habitantes, contados da data a que se refere o § 6º; (Incluído pela Lei 11.960/2009)

II - 3 (três) meses para aqueles que possuem mais de 50.000 (cinquenta mil) habitantes, contados da data a que se refere o § 6º. (Incluído pela Lei 11.960/2009)

§ 11. Os Municípios que não conseguirem optar pelo parcelamento no prazo estipulado pelo § 6º terão um novo prazo para adesão que se encerrará no dia 30 de novembro de 2009. (Incluído pela Lei 12.058/2009.)

ART. 97. Os débitos serão consolidados por Município na data do pedido do parcelamento, reduzindo-se os valores referentes a juros de mora em 50% (cinquenta por cento).

- Dec. 5.612/2005 (Regulamenta o parcelamento dos débitos dos municípios, relativos às contribuições sociais de que tratam as alíneas "a" e "c" do p.u. do art. 11 da Lei 8.212/1991, instituído pelos arts. 96 a 103 desta lei).

ART. 98. Os débitos a que se refere o art. 96 serão parcelados em prestações mensais equivalentes a:

- Dec. 5.612/2005 (Regulamenta o parcelamento dos débitos dos municípios, relativos às contribuições sociais de que tratam as alíneas "a" e "c" do p.u. do art. 11 da Lei 8.212/1991, instituído pelos arts. 96 a 103 desta lei).

I - 1,5% (um inteiro e cinco décimos por cento), no mínimo, da média mensal da receita corrente líquida municipal, respeitados os prazos fixados nos incisos I e II do art. 96 desta Lei; (Redação dada pela Lei 11.960/2009)

II - (Vetado.)

ART. 99. O valor de cada prestação mensal, por ocasião do pagamento, será acrescido de juros equivalentes à taxa referencial do Sistema Especial de Liquidação e de Custódia - Selic para títulos federais, acumulada mensalmente a partir do 1º (primeiro) dia do mês subsequente ao da consolidação do débito até o último dia útil do mês anterior ao do pagamento, e de 1% (um por cento) no mês do pagamento da respectiva prestação.

- Dec. 5.612/2005 (Regulamenta o parcelamento dos débitos dos municípios, relativos às contribuições sociais de que tratam as alíneas "a" e "c" do p.u. do art. 11 da Lei 8.212/1991, instituído pelos arts. 96 a 103 desta lei).

ART. 100. Para o parcelamento objeto desta Lei, serão observadas as seguintes condições:

- Dec. 5.612/2005 (Regulamenta o parcelamento dos débitos dos municípios, relativos às contribuições sociais de que tratam as alíneas "a" e "c" do p.u. do art. 11 da Lei 8.212/1991, instituído pelos arts. 96 a 103 desta lei).

I - o percentual de 1,5% (um inteiro e cinco décimos por cento) será aplicado sobre a média mensal da Receita Corrente Líquida referente ao ano anterior ao do vencimento da prestação, publicada de acordo com o previsto nos arts. 52, 53 e 63 da Lei Complementar n. 101, de 4 de maio de 2000;

II - para fins de cálculo das prestações mensais, os Municípios se obrigam a encaminhar à Receita Federal do Brasil o demonstrativo de apuração da receita corrente líquida de que trata o inciso I do *caput* do art. 53 da Lei Complementar n. 101, de 4 de maio de 2000, até o último dia útil do mês de fevereiro de cada ano;

III - a falta de apresentação das informações a que se refere o inciso II do *caput* deste artigo implicará, para fins de apuração e cobrança da prestação mensal, a aplicação da variação do Índice Geral de Preços, Disponibilidade Interna - IGP-DI, acrescida de juros de 0,5%

(cinco décimos por cento) ao mês, sobre a última receita corrente líquida publicada nos termos da legislação.

§ 1º Para efeito do disposto neste artigo, às prestações vencíveis em janeiro, fevereiro e março de cada ano aplicar-se-ão os limites utilizados no ano anterior, nos termos do inciso I do *caput* deste artigo.

§ 2º Para os fins previstos nesta Lei, entende-se como receita corrente líquida aquela definida nos termos do art. 2º da Lei Complementar n. 101, de 4 de maio de 2000.

ART. 101. As prestações serão exigíveis no último dia útil de cada mês, a partir do mês subsequente ao da formalização do pedido de parcelamento.

- Dec. 5.612/2005 (Regulamenta o parcelamento dos débitos dos municípios, relativos às contribuições sociais de que tratam as alíneas "a" e "c" do p.u. do art. 11 da Lei 8.212/1991, instituído pelos arts. 96 a 103 desta lei).

§ 1º No período compreendido entre a formalização do pedido de parcelamento e o mês da consolidação, o Município deverá recolher mensalmente as prestações mínimas correspondentes aos valores previstos no inciso I do art. 98 desta Lei, sob pena de indeferimento do pedido.

§ 2º O pedido se confirma com o pagamento da 1ª (primeira) prestação na forma do § 1º deste artigo.

§ 3º A partir do mês seguinte à consolidação, o valor da prestação será obtido mediante a divisão do montante do débito parcelado, deduzidos os valores das prestações mínimas recolhidas nos termos do § 1º deste artigo, pelo número de prestações restantes, observados os valores mínimo e máximo constantes do art. 98 desta Lei.

ART. 102. A concessão do parcelamento objeto desta Lei está condicionada:

- Dec. 5.612/2005 (Regulamenta o parcelamento dos débitos dos municípios, relativos às contribuições sociais de que tratam as alíneas "a" e "c" do p.u. do art. 11 da Lei 8.212/1991, instituído pelos arts. 96 a 103 desta lei).

I - à apresentação pelo Município, na data da formalização do pedido, do demonstrativo referente à apuração da Receita Corrente Líquida Municipal, na forma do disposto na Lei Complementar n. 101, de 4 de maio de 2000, referente ao ano-calendário de 2008; (Redação dada pela Lei n. 11.960, de 2009)

II - ao adimplemento das obrigações vencidas após a data referida no *caput* do art. 96 desta Lei.

ART. 103. O parcelamento de que trata esta Lei será rescindido nas seguintes hipóteses:

- Dec. 5.612/2005 (Regulamenta o parcelamento dos débitos dos municípios, relativos às contribuições sociais de que tratam as alíneas "a" e "c" do p.u. do art. 11 da Lei 8.212/1991, instituído pelos arts. 96 a 103 desta lei).

I - inadimplemento por 3 (três) meses consecutivos ou 6 (seis) meses alternados, o que primeiro ocorrer;

II - inadimplemento das obrigações correntes referentes às contribuições de que trata o art. 96 desta Lei;

III - não complementação do valor da prestação na forma do § 4º do art. 96 desta Lei.

ART. 103-A. (Vetado.) (Incluído pela Lei 11.960/2009.)

ART. 103-B. Fica autorizada a repactuação do parcelamento dos débitos previdenciários, por meio dos mecanismos previstos nesta Lei e mediante suspensão temporária, na forma do regulamento, para o Município em situação de emergência ou estado de calamidade pública em decorrência de seca, estiagem prolongada ou outros eventos climáticos extremos. (Incluído pela Lei 12.716/2012.)

§ 1º O previsto no *caput* será aplicado com exclusividade ao contrato com Município em situação de emergência ou estado de calamidade pública decorrentes de eventos ocorridos em 2012 e reconhecidos pelo Poder Executivo federal nos termos da Lei n. 12.608, de 10 de abril de 2012, que dispõe sobre o Sistema Nacional de Proteção e Defesa Civil. (Incluído pela Lei 12.716/2012.)

§ 2º O valor das parcelas vincendas cujo pagamento foi adiado temporariamente será, obrigatoriamente, aplicado em atividades e ações em benefício direto da população afetada pela seca, estiagem prolongada ou outros eventos climáticos extremos. (Incluído pela Lei 12.716/2012.)

ART. 104. O Poder Executivo disciplinará, em regulamento, os atos necessários à execução do disposto nos arts. 96 a 103 desta Lei.

- Dec. 6.804/2009 (Regulamenta o parcelamento de débitos dos municípios e de suas autarquias e fundações, junto à SRFB e à Procuradoria-Geral da Fazenda Nacional, relativos às contribuições sociais de que tratam as alíneas "a" e "c" do p.u. do art. 11 da Lei 8.212/1991, instituído pelos arts. 96 a 103 desta lei).

Parágrafo único. Os débitos referidos no *caput* deste artigo serão consolidados no âmbito da Receita Federal do Brasil.

ART. 105. (Vetado.)

CAPÍTULO XV
DA DESONERAÇÃO TRIBUTÁRIA DA BOVINOCULTURA

ARTS. 106 a 108. (Vetados.)

CAPÍTULO XVI
DISPOSIÇÕES GERAIS

ART. 109. Para fins do disposto nas alíneas b e c do inciso XI do *caput* do art. 10 da Lei n. 10.833, de 29 de dezembro de 2003, o reajuste de preços em função do custo de produção ou da variação de índice que reflita a variação ponderada dos custos dos insumos utilizados, nos termos do inciso II do § 1º do art. 27 da Lei n. 9.069, de 29 de junho de 1995, não será considerado para fins da descaracterização do preço predeterminado.

Parágrafo único. O disposto neste artigo aplica-se desde 1º de novembro de 2003.

ART. 110. Para efeito de determinação da base de cálculo da Contribuição para o PIS/Pasep, da Cofins, do IRPJ e da CSLL, as instituições financeiras e as demais instituições autorizadas a funcionar pelo Banco Central do Brasil devem computar como receitas ou despesas incorridas nas operações realizadas em mercados de liquidação futura:

- Dec. 5.730/2006 (Regulamenta este artigo).

I - a diferença, apurada no último dia útil do mês, entre as variações das taxas, dos preços ou dos índices contratados (diferença de curvas), sendo o saldo apurado por ocasião da liquidação do contrato, da cessão ou do encerramento da posição, nos casos de:

a) swap e termo;

b) futuro e outros derivativos com ajustes financeiros diários ou periódicos de posições cujos ativos subjacentes aos contratos sejam taxas de juros spot ou instrumentos de renda fixa para os quais seja possível a apuração do critério previsto neste inciso;

II - o resultado da soma algébrica dos ajustes apurados mensalmente, no caso dos mercados referidos na alínea b do inciso I do *caput* deste artigo cujos ativos subjacentes aos contratos sejam mercadorias, moedas, ativos de renda variável, taxas de juros a termo ou qualquer outro ativo ou variável econômica para os quais não seja possível adotar o critério previsto no referido inciso;

III - o resultado apurado na liquidação do contrato, da cessão ou do encerramento da posição, no caso de opções e demais derivativos.

§ 1º O Poder Executivo disciplinará, em regulamento, o disposto neste artigo, podendo, inclusive, determinar que o valor a ser reconhecido mensalmente, na hipótese de que trata a alínea b do inciso I do *caput* deste artigo, seja calculado:

I - pela bolsa em que os contratos foram negociados ou registrados;

II - enquanto não estiver disponível a informação de que trata o inciso I do *caput* deste artigo, de acordo com os critérios estabelecidos pelo Banco Central do Brasil.

§ 2º Quando a operação for realizada no mercado de balcão, somente será admitido o reconhecimento de despesas ou de perdas se a operação tiver sido registrada em sistema que disponha de critérios para aferir se os preços, na abertura ou no encerramento da posição, são consistentes com os preços de mercado.

§ 3º No caso de operações de hedge realizadas em mercados de liquidação futura em bolsas no exterior, as receitas ou as despesas de que trata o *caput* deste artigo serão apropriadas pelo resultado:

I - da soma algébrica dos ajustes apurados mensalmente, no caso de contratos sujeitos a ajustes de posições;

II - auferido na liquidação do contrato, no caso dos demais derivativos.

§ 4º Para efeito de determinação da base de cálculo da Contribuição para o PIS/Pasep e da Cofins, fica vedado o reconhecimento de despesas ou de perdas apuradas em operações realizadas em mercados fora de bolsa no exterior.

§ 5º Os ajustes serão efetuados no livro fiscal destinado à apuração do lucro real.

ART. 111. O art. 4º da Lei n. 10.931, de 2 de agosto de 2004, passa a vigorar com a seguinte redação:

- Alteração promovida no texto da referida lei.

ART. 112. O Ministro de Estado da Fazenda poderá criar, nos Conselhos de Contribuintes do Ministério da Fazenda, Turmas Especiais, de caráter temporário, com competência para julgamento de processos que envolvam valores reduzidos ou matéria recorrente ou de baixa complexidade.

- Lei 11.941/2009 (Altera a legislação tributária federal relativa ao parcelamento ordinário de débitos tributários; concede remissão nos casos em que especifica; institui regime tributário de transição).

§ 1º As Turmas de que trata o *caput* deste artigo serão paritárias, compostas por 4 (quatro) membros, sendo 1 (um) conselheiro Presidente de Câmara, representante da Fazenda, e 3 (três) conselheiros com mandato pro tempore, designados entre os conselheiros suplentes.

- Lei 11.941/2009 (Altera a legislação tributária federal relativa ao parcelamento ordinário de débitos tributários; concede remissão nos casos em que especifica; institui regime tributário de transição).

§ 2º As Turmas Especiais a que se refere este artigo poderão funcionar nas cidades onde estão localizadas as Superintendências da Receita Federal do Brasil.

- Lei 11.941/2009 (Altera a legislação tributária federal relativa ao parcelamento ordinário de débitos tributários; concede remissão nos casos em que especifica; institui regime tributário de transição).

§ 3º O Ministro de Estado da Fazenda disciplinará o disposto neste artigo, inclusive quanto à definição da matéria e do valor a que se refere o *caput* deste artigo e ao funcionamento das Turmas Especiais.

▸ Lei 11.941/2009 (Altera a legislação tributária federal relativa ao parcelamento ordinário de débitos tributários; concede remissão nos casos em que especifica; institui regime tributário de transição).

ART. 113. O Decreto n. 70.235, de 6 de março de 1972, passa a vigorar acrescido do art. 26-A e com a seguinte redação para os arts. 2º, 9º, 16 e 23:

▸ Alterações promovidas no texto da referida lei.

ART. 114. O art. 7º do Decreto-Lei n. 2.287, de 23 de julho de 1986, passa a vigorar com a seguinte redação:

▸ Alterações promovidas no texto da referida lei.

ART. 115. O art. 89 da Lei n. 8.212, de 24 de julho de 1991 - Lei Orgânica da Seguridade Social, passa a vigorar acrescido do seguinte parágrafo 8º:

▸ Alterações promovidas no texto da referida lei.

ART. 116. O art. 8º-A da Lei n. 10.336, de 19 de dezembro de 2001, passa a vigorar com a seguinte redação:

▸ Alterações promovidas no texto da referida lei.

ART. 117. O art. 18 da Lei n. 10.833, de 29 de dezembro de 2003, passa a vigorar com a seguinte redação:

▸ Alterações promovidas no texto da referida lei.

ART. 118. O § 2º do art. 3º, o art. 17 e o art. 24 da Lei n. 8.666, de 21 de junho de 1993, passam a vigorar com a seguinte redação:

▸ Alterações promovidas no texto da referida lei.

ART. 119. O art. 27 da Lei n. 8.987, de 13 de fevereiro de 1995, passa a vigorar com a seguinte redação:

▸ Alteração promovida no texto da referida lei.

ART. 120. A Lei n. 8.987, de 13 de fevereiro de 1995, passa a vigorar acrescida dos arts. 18-A, 23-A e 28-A:

▸ Alterações promovidas no texto da referida lei.

ART. 121. O art. 25 da Lei n. 10.438, de 26 de abril de 2002, passa a vigorar com a seguinte redação:

▸ Alterações promovidas no texto da referida lei.

ART. 122. O art. 199 da Lei n. 11.101, de 9 de fevereiro de 2005, passa a vigorar com a seguinte redação:

▸ Alterações promovidas no texto da referida lei.

ART. 123. O disposto no art. 122 desta Lei não se aplica aos processos de falência, recuperação judicial ou extrajudicial que estejam em curso na data de publicação desta Lei.

ART. 124. A partir de 15 de agosto de 2005, a Receita Federal do Brasil deverá, por intermédio de convênio, arrecadar e fiscalizar, mediante remuneração de 1,5% (um e meio por cento) do montante arrecadado, o adicional de contribuição instituído pelo § 3º do art. 8º da Lei n. 8.029, de 12 de abril de 1990, observados, ainda, os §§ 4º e 5º do referido art. 8º e, no que couber, o disposto na Lei n. 8.212, de 24 de julho de 1991.

ART. 125. O art. 3º da Lei n. 11.033, de 21 de dezembro de 2004, passa a vigorar com a seguinte redação:

▸ Alterações promovidas no texto da referida lei.

ART. 126. O § 1º do art. 1º da Lei n. 10.755, de 3 de novembro de 2003, passa a vigorar com a seguinte redação:

▸ Alterações promovidas no texto da referida lei.

ART. 127. O art. 3º do Decreto-Lei n. 288, de 28 de fevereiro de 1967, passa a vigorar acrescido dos seguintes parágrafos:

▸ Alterações promovidas no texto da referida lei.

ART. 128. O art. 2º da Lei n. 8.387, de 30 de dezembro de 1991, passa a vigorar acrescido do seguinte § 19:

▸ Alterações promovidas no texto da referida lei.

ART. 129. Para fins fiscais e previdenciários, a prestação de serviços intelectuais, inclusive os de natureza científica, artística ou cultural, em caráter personalíssimo ou não, com ou sem a designação de quaisquer obrigações a sócios ou empregados da sociedade prestadora de serviços, quando por esta realizada, se sujeita tão somente à legislação aplicável às pessoas jurídicas, sem prejuízo da observância do disposto no art. 50 da Lei n. 10.406, de 10 de janeiro de 2002 - Código Civil.

Parágrafo único. (Vetado.)

ART. 130. (Vetado.)

ART. 131. (Revogado pela Lei 11.482/2007.)

CAPÍTULO XVII
DISPOSIÇÕES FINAIS

ART. 132. Esta Lei entra em vigor na data de sua publicação, produzindo efeitos:

I - a partir da data da publicação da Medida Provisória n. 255, de 1º de julho de 2005, em relação ao disposto:

a) no art. 91 desta Lei, relativamente ao § 6º do art. 1º, § 2º do art. 2º, parágrafo único do art. 5º, todos da Lei n. 11.053, de 29 de dezembro de 2004;

b) no art. 92 desta Lei;

II - desde 14 de outubro de 2005, em relação ao disposto:

a) no art. 33 desta Lei, relativamente ao art. 15 da Lei n. 9.317, de 5 de dezembro de 1996;

b) no art. 43 desta Lei, relativamente ao inciso XXVI do art. 10 e ao art. 15, ambos da Lei n. 10.833, de 29 de dezembro de 2003;

c) no art. 44 desta Lei, relativamente ao art. 40 da Lei n. 10.865, de 30 de abril de 2004;

d) nos arts. 38 a 40, 41, 111, 116 e 117 desta Lei;

III - a partir do 1º (primeiro) dia do mês subsequente ao da publicação desta Lei, em relação ao disposto:

a) no art. 42 desta Lei, observado o disposto na alínea a do inciso V deste artigo;

b) no art. 44 desta Lei, relativamente ao art. 15 da Lei n. 10.865, de 30 de abril de 2004;

c) no art. 43 desta Lei, relativamente ao art. 3º e ao inciso XXVII do art. 10 da Lei n. 10.833, de 29 de dezembro de 2003;

d) nos arts. 37, 45, 66 e 106 a 108;

IV - a partir de 1º de janeiro de 2006, em relação ao disposto:

a) no art. 33 desta Lei, relativamente ao art. 2º da Lei n. 9.317, de 5 de dezembro de 1996;

b) nos arts. 17 a 27, 31 e 32, 34, 70 a 75 e 76 a 90 desta Lei;

V - a partir do 1º (primeiro) dia do 4º (quarto) mês subsequente ao da publicação desta Lei, em relação ao disposto:

a) no art. 42 desta Lei, relativamente ao inciso I do § 3º e ao inciso II do § 7º, ambos do art. 3º da Lei n. 10.485, de 3 de julho de 2002;

b) no art. 46 desta Lei, relativamente ao art. 10 da Lei n. 11.051, de 29 de dezembro de 2004;

c) nos arts. 47 e 48, 51, 56 a 59, 60 a 62, 64 e 65;

VI - a partir da data da publicação do ato conjunto a que se refere o § 3º do art. 7º do Decreto-Lei n. 2.287, de 23 de julho de 1986, na forma do art. 114 desta Lei, em relação aos arts. 114 e 115 desta Lei;

VII - em relação ao art. 110 desta Lei, a partir da edição de ato disciplinando a matéria, observado, como prazo mínimo:

a) o 1º (primeiro) dia do 4º (quarto) mês subsequente ao da publicação desta Lei para a Contribuição para o PIS/Pasep e para a Cofins;

b) o 1º (primeiro) dia do mês de janeiro de 2006, para o IRPJ e para a CSLL;

VIII - a partir da data da publicação desta Lei, em relação aos demais dispositivos.

ART. 133. Ficam revogados:

I - a partir de 1º de janeiro de 2006:

a) a Lei n. 8.661, de 2 de junho de 1993;

b) o parágrafo único do art. 17 da Lei n. 8.668, de 25 de junho de 1993;

c) o § 4º do art. 82 e os incisos I e II do art. 83 da Lei n. 8.981, de 20 de janeiro de 1995;

d) os arts. 39, 40, 42 e 43 da Lei n. 10.637, de 30 de dezembro de 2002;

II - o art. 73 da Medida Provisória n. 2.158-35, de 24 de agosto de 2001;

III - o art. 36 da Lei n. 10.637, de 30 de dezembro de 2002;

IV - o art. 11 da Lei n. 10.931, de 2 de agosto de 2004;

V - o art. 4º da Lei n. 10.755, de 3 de novembro de 2003;

VI - a partir do 1º (primeiro) dia do 4º (quarto) mês subsequente ao da publicação desta Lei, o inciso VIII do § 12 do art. 8º da Lei n. 10.865, de 30 de abril de 2004.

Brasília, 21 de novembro de 2005; 184º da Independência e 117º da República.

LUIZ INÁCIO LULA DA SILVA

LEI N. 11.204, DE 5 DE DEZEMBRO DE 2005

Altera a Lei n. 10.683, de 28 de maio de 2003, que dispõe sobre a organização da Presidência da República e dos Ministérios; autoriza a prorrogação de contratos temporários firmados com fundamento no art. 23 da Lei n. 10.667, de 14 de maio de 2003; altera o art. 4º da Lei n. 8.745, de 9 de dezembro de 1993, e a Lei n. 11.182, de 27 de setembro de 2005; e dá outras providências.

▸ *DOU*, 06.12.2005.

O Presidente da República. Faço saber que o Congresso Nacional decreta e eu sanciono a seguinte Lei:

ART. 1º A Lei n. 10.683, de 28 de maio de 2003, passa a vigorar com as seguintes alterações:

▸ Alterações promovidas no texto da referida lei.

ART. 2º São transferidas as competências:

I - da Secretaria de Comunicação de Governo e Gestão Estratégica para a Secretaria-Geral da Presidência da República, no que compete à área de comunicação institucional, e para o Núcleo de Assuntos Estratégicos da Presidência da República, no que compete à área de assuntos estratégicos, nos termos dos arts. 3º e 6º-A, respectivamente, da Lei n. 10.683, de 28 de maio de 2003, com a redação dada por esta Lei;

II - do Porta-Voz da Presidência da República para a Secretaria de Imprensa e Porta-Voz da Presidência da República;

III - da Secretaria Especial do Conselho de Desenvolvimento Econômico e Social da Presidência da República para a Secretaria de Relações Institucionais da Presidência da República.

ART. 3º São transformados os cargos:

I - de Ministro de Estado Chefe da Secretaria de Coordenação Política e Assuntos Institucionais em Ministro de Estado Chefe da Secretaria de Relações Institucionais;

II - (Revogado pela Lei 11.754/2008.)

III - 1 (um) cargo do Grupo-Direção e Assessoramento Superiores - DAS-101.6 e 1 (um) DAS-102.4 da Estrutura do Porta-Voz da Presidência da República em 2 (dois) cargos em comissão DAS-5;

IV - de Natureza Especial de Subsecretário-Geral da Presidência da República em Secretário-Executivo da Secretaria-Geral da Presidência da República;

V - de Natureza Especial de Secretário-Adjunto da Secretaria de Comunicação de Governo e Gestão Estratégica da Presidência da República em Subsecretário de Comunicação Institucional da Secretaria-Geral da Presidência da República; e

VI - de Subcontrolador-Geral da União em Secretário-Executivo da Controladoria-Geral da União.

ART. 4º Ficam extintos:

I - o cargo de Ministro de Estado Chefe da Secretaria de Comunicação de Governo e Gestão Estratégica da Presidência da República; e

II - o cargo de Natureza Especial de Secretário Especial do Conselho de Desenvolvimento Econômico e Social.

ART. 5º Fica criado 1 (um) cargo de Natureza Especial de Chefe do Núcleo de Assuntos Estratégicos da Presidência da República, com a remuneração de que trata o parágrafo único do art. 39 da Lei n. 10.683, de 28 de maio de 2003.

ART. 6º O acervo patrimonial dos órgãos extintos, transformados, transferidos, incorporados ou desmembrados por esta Lei será transferido para os órgãos que tiverem absorvido as correspondentes competências.

ART. 7º É o Poder Executivo autorizado a manter em exercício nos órgãos que houverem absorvido as competências dos órgãos da Presidência da República extintos ou transferidos por esta Lei os servidores e empregados da administração federal direta e indireta, ocupantes ou não de cargo em comissão ou função de direção, chefia ou assessoramento que, em 30 de junho de 2005, se encontravam à disposição dos órgãos extintos ou transferidos.

ART. 8º É o Poder Executivo autorizado a remanejar, transpor, transferir ou utilizar as dotações orçamentárias aprovadas na Lei Orçamentária de 2005 em favor dos órgãos extintos, transformados, transferidos, incorporados ou desmembrados por esta Lei, mantida a mesma classificação funcional-programática, expressa por categoria de programação em seu menor nível, conforme definida no art. 7º, § 2º, da Lei n. 10.934, de 11 de agosto de 2004, inclusive os títulos, descritores, metas e objetivos, assim como o respectivo detalhamento por esfera orçamentária, grupos de despesa, fontes de recursos, modalidades de aplicação e identificadores de uso.

Parágrafo único. Aplicam-se os procedimentos previstos no *caput* deste artigo aos créditos antecipados na forma estabelecida no art. 70 da Lei n. 10.934, de 11 de agosto de 2004.

ART. 9º São transferidas aos órgãos que receberam as atribuições pertinentes e a seus titulares as competências e incumbências estabelecidas em leis gerais ou específicas aos órgãos transformados, transferidos ou extintos por esta Lei ou a seus titulares.

ART. 10. O Poder Executivo disporá, em decreto, sobre a organização, reorganização, competências, atribuições, denominação das unidades e cargos, suas especificações, funções e funcionamento dos órgãos de que trata esta Lei, mediante aprovação ou transformação das estruturas regimentais.

ART. 11. A estrutura dos órgãos essenciais e dos órgãos de assessoramento direto e imediato ao Presidente da República de que trata esta Lei será implementada sem aumento de despesa, observados os quantitativos totais de cargos em comissão e funções de confiança e a despesa deles decorrente, vigentes em 30 de junho de 2005, observadas as alterações introduzidas por esta Lei.

ART. 12. Até que sejam aprovadas as estruturas regimentais dos órgãos essenciais e de assessoramento da Presidência da República de que trata esta Lei, são mantidas as estruturas, as competências, as atribuições, a denominação das unidades e a especificação dos respectivos cargos, vigentes em 30 de junho de 2005, observado o disposto nesta Lei, relativamente aos cargos extintos ou transformados.

ART. 13. A Fundação Nacional de Saúde - Funasa poderá, em caráter excepcional, prorrogar por até 24 (vinte e quatro) meses, a contar do seu encerramento, a vigência dos contratos temporários firmados com fundamento no art. 23 da Lei n. 10.667, de 14 de maio de 2003.

§ 1º No prazo de vigência dos contratos de que trata o *caput* deste artigo, a Funasa e o Ministério da Saúde adotarão as providências necessárias para que as atividades de combate a endemias implementadas por intermédio dos referidos contratos passem a ser exercidas, em caráter definitivo, na forma do art. 18 da Lei n. 8.080, de 19 de setembro de 1990.

§ 2º Para os fins do disposto no § 1º deste artigo, ficam a União e a Funasa autorizadas a celebrar convênios com os Municípios responsáveis pela execução das atividades de combate a endemias nas áreas atendidas pelos contratos temporários referidos no *caput* deste artigo, ou com consórcios constituídos por esses Municípios, na forma da Lei n. 11.107, de 6 de abril de 2005.

§ 3º É permitida, durante a vigência dos contratos temporários referidos no *caput* deste artigo, a assistência à saúde ao contratado na forma do art. 23 da Lei n. 10.667, de 14 de maio de 2003, apenas em relação ao trabalhador, e observada a disponibilidade orçamentária.

ART. 14. Sem prejuízo dos recursos a que façam jus por força do art. 35 da Lei n. 8.080, de 19 de setembro de 1990, serão transferidos proporcionalmente aos Municípios que assumirem a execução das atividades de combate a endemias os recursos correspondentes em valor equivalente à redução das despesas com o custeio dos contratos temporários de que trata o art. 13 desta Lei.

ART. 15. O parágrafo único do art. 4º da Lei n. 8.745, de 9 de dezembro de 1993, passa a vigorar acrescido do seguinte inciso VI:

▸ Alteração promovida no texto da referida lei.

ART. 16. A Lei n. 11.182, de 27 de setembro de 2005, passa a vigorar acrescida do seguinte art. 33-A:

▸ A Lei 11.182/2005 cria a Agência Nacional de Aviação Civil - ANAC.
▸ Alteração promovida no texto da referida lei.

ART. 17. Esta Lei entra em vigor na data de sua publicação.

ART. 18. Revogam-se os §§ 1º e 2º do art. 143 da Lei n. 8.112, de 11 de dezembro de 1990, o inciso IX do § 1º e o inciso II do § 3º, ambos do art. 1º, os arts. 4º, 15 e 21 e os incisos V e VI do *caput* do art. 30 da Lei n. 10.683, de 28 de maio de 2003.

Brasília, 5 de dezembro de 2005;
184º da Independência e 117º da República.
LUIZ INÁCIO LULA DA SILVA

LEI N. 11.250, DE 27 DE DEZEMBRO DE 2005

Regulamenta o inciso III do § 4º do art. 153 da Constituição Federal.

▸ *DOU*, 28.12.2005.

O Presidente da República. Faço saber que o Congresso Nacional decreta e eu sanciono a seguinte Lei:

ART. 1º A União, por intermédio da Secretaria da Receita Federal, para fins do disposto no inciso III do § 4º do art. 153 da Constituição Federal, poderá celebrar convênios com o Distrito Federal e os Municípios que assim optarem, visando a delegar as atribuições de fiscalização, inclusive a de lançamento dos créditos tributários, e de cobrança do Imposto sobre a Propriedade Territorial Rural, de que trata o inciso VI do art. 153 da Constituição Federal, sem prejuízo da competência supletiva da Secretaria da Receita Federal.

§ 1º Para fins do disposto no *caput* deste artigo, deverá ser observada a legislação federal de regência do Imposto sobre a Propriedade Territorial Rural.

§ 2º A opção de que trata o *caput* deste artigo não poderá implicar redução do imposto ou qualquer outra forma de renúncia fiscal.

ART. 2º A Secretaria da Receita Federal baixará ato estabelecendo os requisitos e as condições necessárias à celebração dos convênios de que trata o art. 1º desta Lei.

ART. 3º Esta Lei entra em vigor na data de sua publicação.

Brasília, 27 de dezembro de 2005;
184º da Independência e 117º da República.
LUIZ INÁCIO LULA DA SILVA

LEI N. 11.312, DE 27 DE JUNHO DE 2006

Reduz a zero as alíquotas do imposto de renda e da Contribuição Provisória sobre Movimentação ou Transmissão de Valores e de Créditos e Direitos de Natureza Financeira - CPMF nos casos que especifica; altera a Lei n. 9.311, de 24 de outubro de 1996; e dá outras providências.

▸ *DOU*, 28.06.2006.
▸ Conversão da Med. Prov. 281/2006.

O Presidente da República. Faço saber que o Congresso Nacional decreta e eu sanciono a seguinte Lei:

ART. 1º Fica reduzida a zero a alíquota do imposto de renda incidente sobre os rendimentos definidos nos termos da alínea "a" do § 2º do art. 81 da Lei n. 8.981, de 20 de janeiro de 1995, produzidos por títulos públicos adquiridos a partir de 16 de fevereiro de 2006, quando pagos, creditados, entregues ou remetidos a beneficiário residente ou domiciliado no exterior, exceto em país que não tribute a renda ou que a tribute à alíquota máxima inferior a 20% (vinte por cento).

§ 1º O disposto neste artigo:

I - aplica-se exclusivamente às operações realizadas de acordo com as normas e condições estabelecidas pelo Conselho Monetário Nacional;

II - aplica-se às cotas de fundos de investimentos exclusivos para investidores não residentes que possuam no mínimo 98% (noventa e oito por cento) de títulos públicos;

III - não se aplica a títulos adquiridos com compromisso de revenda assumido pelo comprador.

§ 2º Os rendimentos produzidos pelos títulos e valores mobiliários, referidos no *caput* e no § 1º deste artigo, adquiridos anteriormente a 16 de fevereiro de 2006 continuam tributados na forma da legislação vigente, facultada a opção pelo pagamento antecipado do imposto nos termos do § 3º deste artigo.

§ 3º Até 31 de agosto de 2006, relativamente aos investimentos possuídos em 15 de fevereiro de 2006, fica facultado ao investidor estrangeiro antecipar o pagamento do imposto de renda incidente sobre os rendimentos produzidos por títulos públicos que seria devido por ocasião do pagamento, crédito, entrega ou remessa a beneficiário residente ou domiciliado no exterior, ficando os rendimentos auferidos a partir da data do pagamento do imposto sujeitos ao benefício da alíquota zero previsto neste artigo.

§ 4º A base de cálculo do imposto de renda de que trata o § 3º deste artigo será apurada com base em preço de mercado definido pela média aritmética, dos 10 (dez) dias úteis que antecedem o pagamento, das taxas indicativas para cada título público divulgadas pela Associação Nacional das Instituições do Mercado Financeiro - ANDIMA.

ART. 2º Os rendimentos auferidos no resgate de cotas dos Fundos de Investimento em Participações, Fundos de Investimento em Cotas de Fundos de Investimento em Participações e Fundos de Investimento em Empresas Emergentes, inclusive quando decorrentes da liquidação do fundo, ficam sujeitos ao imposto de renda na fonte à alíquota de 15% (quinze por cento) incidente sobre a diferença positiva entre o valor de resgate e o custo de aquisição das cotas.

§ 1º Os ganhos auferidos na alienação de cotas de fundos de investimento de que trata o *caput* deste artigo serão tributados à alíquota de 15% (quinze por cento):

I - como ganho líquido quando auferidos por pessoa física em operações realizadas em bolsa e por pessoa jurídica em operações realizadas dentro ou fora de bolsa;

II - de acordo com as regras aplicáveis aos ganhos de capital na alienação de bens ou direitos de qualquer natureza quando auferidos por pessoa física em operações realizadas fora de bolsa.

§ 2º No caso de amortização de cotas, o imposto incidirá sobre o valor que exceder o respectivo custo de aquisição à alíquota de que trata o *caput* deste artigo.

§ 3º O disposto neste artigo aplica-se somente aos fundos referidos no *caput* deste artigo que cumprirem os limites de diversificação e as regras de investimento constantes da regulamentação estabelecida pela Comissão de Valores Mobiliários.

§ 4º Sem prejuízo da regulamentação estabelecida pela Comissão de Valores Mobiliários, no caso de Fundo de Investimento em Empresas Emergentes e de Fundo de Investimento em Participações, além do disposto no § 3º deste artigo, os fundos deverão ter a carteira composta de, no mínimo, 67% (sessenta e sete por cento) de ações de sociedades anônimas, debêntures conversíveis em ações e bônus de subscrição.

§ 5º Ficam sujeitos à tributação do imposto de renda na fonte, às alíquotas previstas nos incisos I a IV do *caput* do art. 1º da Lei n. 11.033, de 21 de dezembro de 2004, os rendimentos auferidos pelo cotista quando da distribuição de valores pelos fundos de que trata o *caput* deste artigo, em decorrência de inobservância do disposto nos §§ 3º e 4º deste artigo.

ART. 3º Fica reduzida a zero a alíquota do imposto de renda incidente sobre os rendimentos auferidos nas aplicações em fundos de investimento de que trata o art. 2º desta Lei quando pagos, creditados, entregues ou remetidos a beneficiário residente ou domiciliado no exterior, individual ou coletivo, que realizar operações financeiras no País de acordo com as normas e condições estabelecidas pelo Conselho Monetário Nacional.

§ 1º O benefício disposto no *caput* deste artigo:

I - não será concedido ao cotista titular de cotas que, isoladamente ou em conjunto com pessoas a ele ligadas, represente 40% (quarenta por cento) ou mais da totalidade das cotas emitidas pelos fundos de que trata o art. 2º desta Lei ou cujas cotas, isoladamente ou em conjunto com pessoas a ele ligadas, lhe derem direito ao recebimento de rendimento superior a 40% (quarenta por cento) do total de rendimentos auferidos pelos fundos;

II - não se aplica aos fundos elencados no art. 2º desta Lei que detiverem em suas carteiras, a qualquer tempo, títulos de dívida em percentual superior a 5% (cinco por cento) de seu patrimônio líquido, ressalvados desse limite os títulos de dívida mencionados no § 4º do art. 2º desta Lei e os títulos públicos;

III - não se aplica aos residentes ou domiciliados em país que não tribute a renda ou que a tribute à alíquota máxima inferior a 20% (vinte por cento).

§ 2º Para efeito do disposto no inciso I do § 1º deste artigo, considera-se pessoa ligada ao cotista:

I - pessoa física:

a) seus parentes até o 2º (segundo) grau;

b) empresa sob seu controle ou de qualquer de seus parentes até o 2º (segundo) grau;

c) sócios ou dirigentes de empresa sob seu controle referida na alínea b deste inciso ou no inciso II deste artigo;

II - pessoa jurídica, a pessoa que seja sua controladora, controlada ou coligada, conforme definido nos §§ 1º e 2º do art. 243 da Lei n. 6.404, de 15 de dezembro de 1976.

§ 3º A alíquota 0 (zero) referida no *caput* também se aplica aos ganhos de capital auferidos na alienação ou amortização de quotas de fundos de investimentos de que trata este artigo. (Acrescentado pela Lei 12.973/2014.)

ART. 4º O *caput* do art. 8º da Lei n. 9.311, de 24 de outubro de 1996, passa a vigorar acrescido do seguinte inciso X:

> "Art. 8º [...]
>
> X - nos lançamentos a débito em conta corrente de depósito de titularidade de residente ou domiciliado no Brasil ou no exterior para liquidação de operações de aquisição de ações em oferta pública, registrada na Comissão de Valores Mobiliários, realizada fora dos recintos ou sistemas de negociação de bolsa de valores, desde que a companhia emissora tenha registro para negociação das ações em bolsas de valores." (NR)

ART. 5º Esta Lei entra em vigor na data de sua publicação.

Brasília, 27 de junho de 2006; 185º da Independência e 118º da República.

LUIZ INÁCIO LULA DA SILVA

LEI N. 11.326, DE 24 DE JULHO DE 2006

Estabelece as diretrizes para a formulação da Política Nacional da Agricultura Familiar e Empreendimentos Familiares Rurais.

- *DOU*, 25.07.2006.
- Dec. 8.473/2015 (Estabelece, no âmbito da Administração Pública federal, o percentual mínimo destinado à aquisição de gêneros alimentícios de agricultores familiares e suas organizações, empreendedores familiares rurais e demais beneficiários da Lei 11.326/2006).
- Dec. 9.064/2017 (Dispõe sobre a Unidade Familiar de Produção Agrária, institui o Cadastro Nacional da Agricultura Familiar e regulamenta esta lei).

O Presidente da República. Faço saber que o Congresso Nacional decreta e eu sanciono a seguinte Lei:

ART. 1º Esta Lei estabelece os conceitos, princípios e instrumentos destinados à formulação das políticas públicas direcionadas à Agricultura Familiar e Empreendimentos Familiares Rurais.

ART. 2º A formulação, gestão e execução da Política Nacional da Agricultura Familiar e Empreendimentos Familiares Rurais serão articuladas, em todas as fases de sua formulação e implementação, com a política agrícola, na forma da lei, e com as políticas voltadas para a reforma agrária.

ART. 3º Para os efeitos desta Lei, considera-se agricultor familiar e empreendedor familiar rural aquele que pratica atividades no meio rural, atendendo, simultaneamente, aos seguintes requisitos:

- art. 2º da Lei 12.897/2013 (Autoriza o Poder Executivo federal a instituir serviço social autônomo denominado Agência Nacional de Assistência Técnica e Extensão Rural - ANATER).

I - não detenha, a qualquer título, área maior do que 4 (quatro) módulos fiscais;

II - utilize predominantemente mão de obra da própria família nas atividades econômicas do seu estabelecimento ou empreendimento;

III - tenha percentual mínimo da renda familiar originada de atividades econômicas do seu estabelecimento ou empreendimento, na forma definida pelo Poder Executivo; (Redação dada pela Lei 12.512/2011.)

IV - dirija seu estabelecimento ou empreendimento com sua família.

§ 1º O disposto no inciso I do *caput* deste artigo não se aplica quando se tratar de condomínio rural ou outras formas coletivas de propriedade, desde que a fração ideal por proprietário não ultrapasse 4 (quatro) módulos fiscais.

§ 2º São também beneficiários desta Lei:

I - silvicultores que atendam simultaneamente a todos os requisitos de que trata o *caput* deste artigo, cultivem florestas nativas ou exóticas e que promovam o manejo sustentável daqueles ambientes;

II - aquicultores que atendam simultaneamente a todos os requisitos de que trata o *caput* deste artigo e explorem reservatórios hídricos com superfície total de até 2ha (dois hectares) ou ocupem até 500m^3 (quinhentos metros cúbicos) de água, quando a exploração se efetivar em tanques-rede;

III - extrativistas que atendam simultaneamente aos requisitos previstos nos incisos II, III e IV do *caput* deste artigo e exerçam essa atividade artesanalmente no meio rural, excluídos os garimpeiros e faiscadores;

IV - pescadores que atendam simultaneamente aos requisitos previstos nos incisos I, II, III e IV do *caput* deste artigo e exerçam a atividade pesqueira artesanalmente.

V - povos indígenas que atendam simultaneamente aos requisitos previstos nos incisos II, III e IV do *caput* do art. 3º; (Incluído pela Lei 12.512/2011.)

VI - integrantes de comunidades remanescentes de quilombos rurais e demais povos e comunidades tradicionais que atendam simultaneamente aos incisos II, III e IV do *caput* do art. 3º. (Incluído pela Lei 12.512/2011.)

§ 3º O Conselho Monetário Nacional - CMN pode estabelecer critérios e condições adicionais de enquadramento para fins de acesso às linhas de crédito destinadas aos agricultores familiares, de forma a contemplar as especificidades dos seus diferentes segmentos. (Incluído pela Lei 12.058/2009.)

§ 4º Podem ser criadas linhas de crédito destinadas às cooperativas e associações que atendam a percentuais mínimos de agricultores familiares em seu quadro de cooperados ou associados e de matéria-prima beneficiada, processada ou comercializada oriunda desses agricultores, conforme disposto pelo CMN. (Incluído pela Lei 12.058/2009.)

ART. 4º A Política Nacional da Agricultura Familiar e Empreendimentos Familiares Rurais observará, dentre outros, os seguintes princípios:

I - descentralização;

II - sustentabilidade ambiental, social e econômica;

III - equidade na aplicação das políticas, respeitando os aspectos de gênero, geração e etnia;

IV - participação dos agricultores familiares na formulação e implementação da política nacional da agricultura familiar e empreendimentos familiares rurais.

ART. 5º Para atingir seus objetivos, a Política Nacional da Agricultura Familiar e Empreendimentos Familiares Rurais promoverá o planejamento e a execução das ações, de forma a compatibilizar as seguintes áreas:

I - crédito e fundo de aval;

II - infraestrutura e serviços;

III - assistência técnica e extensão rural;

IV - pesquisa;

V - comercialização;

VI - seguro;

VII - habitação;

VIII - legislação sanitária, previdenciária, comercial e tributária;

IX - cooperativismo e associativismo;

X - educação, capacitação e profissionalização;

XI - negócios e serviços rurais não agrícolas;

XII - agroindustrialização.

ART. 6º O Poder Executivo regulamentará esta Lei, no que for necessário à sua aplicação.

ART. 7º Esta Lei entra em vigor na data de sua publicação.

Brasília, 24 de julho de 2006; 185º da Independência e 118º da República.

LUIZ INÁCIO LULA DA SILVA

LEI N. 11.350, DE 5 DE OUTUBRO DE 2006

Regulamenta o § 5º do art. 198 da Constituição, dispõe sobre o aproveitamento de pessoal amparado pelo parágrafo único do art. 2º da Emenda Constitucional n. 51, de 14 de fevereiro de 2006, e dá outras providências.

- *DOU*, 6.10.2006.
- § 5º do art. 198 da CF.

Faço saber que o Presidente da República adotou a Medida Provisória n. 297, de 2006, que o Congresso Nacional aprovou, e eu, Renan Calheiros, Presidente da Mesa do Congresso Nacional, para os efeitos do disposto no art. 62 da Constituição Federal, com a redação dada pela Emenda Constitucional n. 32, combinado com o art. 12 da Resolução n. 1, de 2002-CN, promulgo a seguinte Lei:

ART. 1º As atividades de Agente Comunitário de Saúde e de Agente de Combate às Endemias, passam a reger-se pelo disposto nesta Lei.

ART. 2º O exercício das atividades de Agente Comunitário de Saúde e de Agente de Combate às Endemias, nos termos desta Lei, dar-se-á exclusivamente no âmbito do Sistema Único de Saúde - SUS, na execução das atividades de responsabilidade dos entes federados, mediante vínculo direto entre os referidos Agentes e órgão ou entidade da administração direta, autárquica ou fundacional.

§ 1º É essencial e obrigatória a presença de Agentes Comunitários de Saúde na Estratégia Saúde da Família e de Agentes de Combate às Endemias na estrutura de vigilância epidemiológica e ambiental. (Alterado pela Lei 13.708/2018.)

§ 2º Incumbe aos Agentes Comunitários de Saúde e aos Agentes de Combate às Endemias desempenhar com zelo e presteza as atividades previstas nesta Lei. (Acrescentado pela Lei 13.595/2018.)

ART. 3º O Agente Comunitário de Saúde tem como atribuição o exercício de atividades de prevenção de doenças e de promoção da saúde, a partir dos referenciais da Educação Popular em Saúde, mediante ações domiciliares ou comunitárias, individuais ou coletivas, desenvolvidas em conformidade com as diretrizes do SUS que normatizam a saúde preventiva e a atenção básica em saúde, com objetivo de ampliar o acesso da comunidade assistida às ações e aos serviços de informação, de saúde, de promoção social e de proteção da cidadania, sob supervisão do gestor municipal, distrital, estadual ou federal. (Redação dada pela Lei 13.595/2018.)

Parágrafo único. (Revogado). (Redação dada pela Lei 13.595/2018.)

I a **VI** - (Revogados); (Redação dada pela Lei 13.595/2018.)

§ 1º Para fins desta Lei, entende-se por Educação Popular em Saúde as práticas político-pedagógicas que decorrem das ações voltadas para a promoção, a proteção e a recuperação da saúde, estimulando o autocuidado, a prevenção de doenças e a promoção da saúde individual e coletiva a partir do diálogo sobre a diversidade de saberes culturais, sociais e científicos e a valorização dos saberes populares, com vistas à ampliação da participação popular no SUS e ao fortalecimento do vínculo entre os trabalhadores da saúde e os usuários do SUS. (Acrescentado pela Lei 13.595/2018.)

§ 2º No modelo de atenção em saúde fundamentado na assistência multiprofissional em saúde da família, é considerada atividade precípua do Agente Comunitário de Saúde, em sua área geográfica de atuação, a realização de visitas domiciliares rotineiras, casa a casa, para a busca de pessoas com sinais ou sintomas de doenças agudas ou crônicas, de agravos ou de eventos de importância para a saúde pública e consequente encaminhamento para a unidade de saúde de referência. (Acrescentado pela Lei 13.595/2018.)

§ 3º No modelo de atenção em saúde fundamentado na assistência multiprofissional em saúde da família, são consideradas atividades típicas do Agente Comunitário de Saúde, em sua área geográfica de atuação: (Acrescentado pela Lei 13.595/2018.)

I - a utilização de instrumentos para diagnóstico demográfico e sociocultural; (Acrescentado pela Lei 13.595/2018.)

II - o detalhamento das visitas domiciliares, com coleta e registro de dados relativos a suas atribuições, para fim exclusivo de controle e planejamento das ações de saúde; (Acrescentado pela Lei 13.595/2018.)

III - a mobilização da comunidade e o estímulo à participação nas políticas públicas voltadas para as áreas de saúde e socioeducacional; (Acrescentado pela Lei 13.595/2018.)

IV - a realização de visitas domiciliares regulares e periódicas para acolhimento e acompanhamento: (Acrescentado pela Lei 13.595/2018.)

a) da gestante, no pré-natal, no parto e no puerpério; (Acrescentado pela Lei 13.595/2018.)

b) da lactante, nos seis meses seguintes ao parto; (Acrescentado pela Lei 13.595/2018.)

c) da criança, verificando seu estado vacinal e a evolução de seu peso e de sua altura; (Acrescentado pela Lei 13.595/2018.)

d) do adolescente, identificando suas necessidades e motivando sua participação em ações de educação em saúde, em conformidade com o previsto na Lei n. 8.069, de 13 de julho de 1990 (Estatuto da Criança e do Adolescente); (Acrescentado pela Lei 13.595/2018.)

e) da pessoa idosa, desenvolvendo ações de promoção de saúde e de prevenção de quedas e acidentes domésticos e motivando sua participação em atividades físicas e coletivas; (Acrescentado pela Lei 13.595/2018.)

f) da pessoa em sofrimento psíquico; (Acrescentado pela Lei 13.595/2018.)

g) da pessoa com dependência química de álcool, de tabaco ou de outras drogas; (Acrescentado pela Lei 13.595/2018.)

h) da pessoa com sinais ou sintomas de alteração na cavidade bucal; (Acrescentado pela Lei 13.595/2018.)

i) dos grupos homossexuais e transexuais, desenvolvendo ações de educação para promover a saúde e prevenir doenças; (Acrescentado pela Lei 13.595/2018.)

j) da mulher e do homem, desenvolvendo ações de educação para promover a saúde e prevenir doenças; (Acrescentado pela Lei 13.595/2018.)

V - realização de visitas domiciliares regulares e periódicas para identificação e acompanhamento: (Acrescentado pela Lei 13.595/2018.)

a) de situações de risco à família; (Acrescentado pela Lei 13.595/2018.)

b) de grupos de risco com maior vulnerabilidade social, por meio de ações de promoção da saúde, de prevenção de doenças e de educação em saúde; (Acrescentado pela Lei 13.595/2018.)

c) do estado vacinal da gestante, da pessoa idosa e da população de risco, conforme sua vulnerabilidade e em consonância com o previsto no calendário nacional de vacinação; (Acrescentado pela Lei 13.595/2018.)

VI - o acompanhamento de condicionalidades de programas sociais, em parceria com os Centros de Referência de Assistência Social (Cras). (Acrescentado pela Lei 13.595/2018.)

§ 4º No modelo de atenção em saúde fundamentado na assistência multiprofissional em saúde da família, desde que o Agente Comunitário de Saúde tenha concluído curso técnico e tenha disponíveis os equipamentos adequados, são atividades do Agente, em sua área geográfica de atuação, assistidas por profissional de saúde de nível superior, membro da equipe: (Acrescentado pela Lei 13.595/2018.)

I - a aferição da pressão arterial, durante a visita domiciliar, em caráter excepcional, encaminhando o paciente para a unidade de saúde de referência; (Acrescentado pela Lei 13.595/2018.)

II - a medição de glicemia capilar, durante a visita domiciliar, em caráter excepcional, encaminhando o paciente para a unidade de saúde de referência; (Acrescentado pela Lei 13.595/2018.)

III - a aferição de temperatura axilar, durante a visita domiciliar, em caráter excepcional, com o devido encaminhamento do paciente, quando necessário, para a unidade de saúde de referência; (Acrescentado pela Lei 13.595/2018.)

IV - a orientação e o apoio, em domicílio, para a correta administração de medicação de paciente em situação de vulnerabilidade; (Acrescentado pela Lei 13.595/2018.)

V - a verificação antropométrica. (Acrescentado pela Lei 13.595/2018.)

§ 5º No modelo de atenção em saúde fundamentado na assistência multiprofissional em saúde da família, são consideradas atividades do Agente Comunitário de Saúde compartilhadas com os demais membros da equipe, em sua área geográfica de atuação: (Acrescentado pela Lei 13.595/2018.)

I - a participação no planejamento e no mapeamento institucional, social e demográfico; (Acrescentado pela Lei 13.595/2018.)

II - a consolidação e a análise de dados obtidos nas visitas domiciliares; (Acrescentado pela Lei 13.595/2018.)

III - a realização de ações que possibilitem o conhecimento, pela comunidade, de informações obtidas em levantamentos socioepidemiológicos realizados pela equipe de saúde; (Acrescentado pela Lei 13.595/2018.)

IV - a participação na elaboração, na implementação, na avaliação e na reprogramação permanente dos planos de ação para o enfrentamento de determinantes do processo saúde-doença; (Acrescentado pela Lei 13.595/2018.)

V - a orientação de indivíduos e de grupos sociais quanto a fluxos, rotinas e ações desenvolvidos no âmbito da atenção básica em saúde; (Acrescentado pela Lei 13.595/2018.)

VI - o planejamento, o desenvolvimento e a avaliação de ações em saúde; (Acrescentado pela Lei 13.595/2018.)

VII - o estímulo à participação da população no planejamento, no acompanhamento e na avaliação de ações locais em saúde. (Acrescentado pela Lei 13.595/2018.)

ART. 4º O Agente de Combate às Endemias tem como atribuição o exercício de atividades de vigilância, prevenção e controle de doenças e promoção da saúde, desenvolvidas em conformidade com as diretrizes do SUS e sob supervisão do gestor de cada ente federado.

§ 1º São consideradas atividades típicas do Agente de Combate às Endemias, em sua área geográfica de atuação: (Acrescentado pela Lei 13.595/2018.)

I - desenvolvimento de ações educativas e de mobilização da comunidade relativas à prevenção e ao controle de doenças e agravos à saúde; (Acrescentado pela Lei 13.595/2018.)

II - realização de ações de prevenção e controle de doenças e agravos à saúde, em interação com o Agente Comunitário de Saúde e a equipe de atenção básica; (Acrescentado pela Lei 13.595/2018.)

III - identificação de casos suspeitos de doenças e agravos à saúde e encaminhamento, quando indicado, para a unidade de saúde de referência, assim como comunicação do fato à autoridade sanitária responsável; (Acrescentado pela Lei 13.595/2018.)

IV - divulgação de informações para a comunidade sobre sinais, sintomas, riscos e agentes transmissores de doenças e sobre medidas de prevenção individuais e coletivas; (Acrescentado pela Lei 13.595/2018.)

V - realização de ações de campo para pesquisa entomológica, malacológica e coleta de reservatórios de doenças; (Acrescentado pela Lei 13.595/2018.)

VI - cadastramento e atualização da base de imóveis para planejamento e definição de estratégias de prevenção e controle de doenças; (Acrescentado pela Lei 13.595/2018.)

VII - execução de ações de prevenção e controle de doenças, com a utilização de medidas de controle químico e biológico, manejo ambiental e outras ações de manejo integrado de vetores; (Acrescentado pela Lei 13.595/2018.)

VIII - execução de ações de campo em projetos que visem a avaliar novas metodologias de intervenção para prevenção e controle de doenças; (Acrescentado pela Lei 13.595/2018.)

IX - registro das informações referentes às atividades executadas, de acordo com as normas do SUS; (Acrescentado pela Lei 13.595/2018.)

X - identificação e cadastramento de situações que interfiram no curso das doenças ou que tenham importância epidemiológica relacionada principalmente aos fatores ambientais; (Acrescentado pela Lei 13.595/2018.)

XI - mobilização da comunidade para desenvolver medidas simples de manejo ambiental e outras formas de intervenção no ambiente para o controle de vetores. (Acrescentado pela Lei 13.595/2018.)

§ 2º É considerada atividade dos Agentes de Combate às Endemias assistida por profissional de nível superior e condicionada à estrutura de vigilância epidemiológica e ambiental e de atenção básica a participação: (Acrescentado pela Lei 13.595/2018.)

I - no planejamento, execução e avaliação das ações de vacinação animal contra zoonoses de relevância para a saúde pública normatizadas pelo Ministério da Saúde, bem como na notificação e na investigação de eventos adversos temporalmente associados a essas vacinações; (Acrescentado pela Lei 13.595/2018.)

II - na coleta de animais e no recebimento, no acondicionamento, na conservação e no transporte de espécimes ou amostras biológicas de animais, para seu encaminhamento aos laboratórios responsáveis pela identificação ou diagnóstico de zoonoses de relevância para a saúde pública no Município; (Acrescentado pela Lei 13.595/2018.)

III - na necropsia de animais com diagnóstico suspeito de zoonoses de relevância para a saúde pública, auxiliando na coleta e no encaminhamento de amostras laboratoriais, ou por meio de outros procedimentos pertinentes; (Acrescentado pela Lei 13.595/2018.)

IV - na investigação diagnóstica laboratorial de zoonoses de relevância para a saúde pública; (Acrescentado pela Lei 13.595/2018.)

V - na realização do planejamento, desenvolvimento e execução de ações de controle da população de animais, com vistas ao combate à propagação de zoonoses de relevância para a saúde pública, em caráter excepcional, e sob supervisão da coordenação da área de vigilância em saúde. (Acrescentado pela Lei 13.595/2018.)

§ 3º O Agente de Combate às Endemias poderá participar, mediante treinamento adequado, da execução, da coordenação ou da supervisão das ações de vigilância epidemiológica e ambiental. (Acrescentado pela Lei 13.595/2018.)

ART. 4º-A. O Agente Comunitário de Saúde e o Agente de Combate às Endemias realizarão atividades de forma integrada, desenvolvendo mobilizações sociais por meio da Educação Popular em Saúde, dentro de sua área geográfica de atuação, especialmente nas seguintes situações: (Acrescentado pela Lei 13.595/2018.)

I - na orientação da comunidade quanto à adoção de medidas simples de manejo ambiental para o controle de vetores, de medidas de proteção individual e coletiva e de outras ações de promoção de saúde, para a prevenção de doenças infecciosas, zoonoses, doenças por transmissão vetorial e agravos causados por animais peçonhentos; (Acrescentado pela Lei 13.595/2018.)

II - no planejamento, na programação e no desenvolvimento de atividades de vigilância em saúde, de forma articulada com as equipes de saúde da família; (Acrescentado pela Lei 13.595/2018.)

III - (Vetado); (Acrescentado pela Lei 13.595/2018.)

IV - na identificação e no encaminhamento, para a unidade de saúde de referência, de situações que, relacionadas a fatores ambientais, interfiram no curso de doenças ou tenham importância epidemiológica; (Acrescentado pela Lei 13.595/2018.)

V - na realização de campanhas ou de mutirões para o combate à transmissão de doenças infecciosas e a outros agravos. (Acrescentado pela Lei 13.595/2018.)

ART. 4º-B. Deverão ser observadas as ações de segurança e de saúde do trabalhador, notadamente o uso de equipamentos de proteção individual e a realização dos exames de saúde ocupacional, na execução das atividades dos Agentes Comunitários de Saúde e dos Agentes de Combate às Endemias. (Acrescentado pela Lei 13.595/2018.)

ART. 5º O Ministério da Saúde regulamentará as atividades de vigilância, prevenção e controle de doenças e de promoção da saúde a que se referem os arts. 3º, 4º e 4º-A e estabelecerá os parâmetros dos cursos previstos no inciso II do *caput* do art. 6º, no inciso I do *caput* do art. 7º e no § 2º deste artigo, observadas as diretrizes curriculares nacionais definidas pelo Conselho Nacional de Educação. (Redação dada pela Lei 13.595/2018.)

§ 1º Os cursos a que se refere o *caput* deste artigo utilizarão os referenciais da Educação Popular em Saúde e serão oferecidos ao Agente Comunitário de Saúde e ao Agente de Combate às Endemias nas modalidades presencial ou semipresencial durante a jornada de trabalho. (Acrescentado pela Lei 13.595/2018.)

§ 2º A cada 2 (dois) anos, os Agentes Comunitários de Saúde e os Agentes de Combate às Endemias frequentarão cursos de aperfeiçoamento. (Alterado pela Lei 13.708/2018.)

§ 2º-A Os cursos de que trata o § 2º deste artigo serão organizados e financiados, de modo tripartite, pela União, pelos Estados, pelo Distrito Federal e pelos Municípios. (Incluído pela Lei n. 13.708, de 2018)

§ 3º Cursos técnicos de Agente Comunitário de Saúde e de Agente de Combate às Endemias poderão ser ministrados nas modalidades presencial e semipresencial e seguirão as diretrizes estabelecidas pelo Conselho Nacional de Educação. (Acrescentado pela Lei 13.595/2018.)

ART. 6º O Agente Comunitário de Saúde deverá preencher os seguintes requisitos para o exercício da atividade:

I - residir na área da comunidade em que atuar, desde a data da publicação do edital do processo seletivo público;

II - ter concluído, com aproveitamento, curso de formação inicial, com carga horária mínima de quarenta horas; (Redação dada pela Lei 13.595/2018.)

III - ter concluído o ensino médio. (Redação dada pela Lei 13.595/2018.)

§ 1º Quando não houver candidato inscrito que preencha o requisito previsto no inciso III do *caput* deste artigo, poderá ser admitida a contratação de candidato com ensino fundamental, que deverá comprovar a conclusão do ensino médio no prazo máximo de três anos. (Redação dada pela Lei 13.595/2018.)

§ 2º É vedada a atuação do Agente Comunitário de Saúde fora da área geográfica a que se refere o inciso I do *caput* deste artigo. (Redação dada pela Lei 13.595/2018.)

§ 3º Ao ente federativo responsável pela execução dos programas relacionados às atividades do Agente Comunitário de Saúde compete a definição da área geográfica a que se refere o inciso I do *caput* deste artigo, devendo: (Acrescentado pela Lei 13.595/2018.)

I - observar os parâmetros estabelecidos pelo Ministério da Saúde; (Acrescentado pela Lei 13.595/2018.)

II - considerar a geografia e a demografia da região, com distinção de zonas urbanas e rurais; (Acrescentado pela Lei 13.595/2018.)

III - flexibilizar o número de famílias e de indivíduos a serem acompanhados, de acordo com as condições de acessibilidade local e de vulnerabilidade da comunidade assistida. (Acrescentado pela Lei 13.595/2018.)

§ 4º A área geográfica a que se refere o inciso I do *caput* deste artigo será alterada quando houver risco à integridade física do Agente Comunitário de Saúde ou de membro de sua família decorrente de ameaça por parte de membro da comunidade onde reside e atua. (Acrescentado pela Lei 13.595/2018.)

§ 5º Caso o Agente Comunitário de Saúde adquira casa própria fora da área geográfica de sua atuação, será excepcionado o disposto no inciso I do *caput* deste artigo e mantida sua vinculação à mesma equipe de saúde da família em que esteja atuando, podendo ser remanejado, na forma de regulamento, para equipe atuante na área onde está localizada a casa adquirida. (Acrescentado pela Lei 13.595/2018.)

ART. 7º O Agente de Combate às Endemias deverá preencher os seguintes requisitos para o exercício da atividade:

I - ter concluído, com aproveitamento, curso de formação inicial, com carga horária mínima de quarenta horas; (Redação dada pela Lei 13.595/2018.)

II - ter concluído o ensino médio. (Redação dada pela Lei 13.595/2018.)

§ 1º Quando não houver candidato inscrito que preencha o requisito previsto no inciso II do *caput* deste artigo, poderá ser admitida a contratação de candidato com ensino fundamental, que deverá comprovar a conclusão do ensino médio no prazo máximo de três anos. (Acrescentado pela Lei 13.595/2018.)

§ 2º Ao ente federativo responsável pela execução dos programas relacionados às atividades do Agente de Combate às Endemias compete a definição do número de imóveis a serem fiscalizados pelo Agente, observados os parâmetros estabelecidos pelo Ministério da Saúde e os seguintes: (Acrescentado pela Lei 13.595/2018.)

I - condições adequadas de trabalho; (Acrescentado pela Lei 13.595/2018.)

II - geografia e demografia da região, com distinção de zonas urbanas e rurais; (Acrescentado pela Lei 13.595/2018.)

III - flexibilização do número de imóveis, de acordo com as condições de acessibilidade local. (Acrescentado pela Lei 13.595/2018.)

ART. 8º Os Agentes Comunitários de Saúde e os Agentes de Combate às Endemias admitidos pelos gestores locais do SUS e pela Fundação Nacional de Saúde - FUNASA, na forma do disposto no § 4º do art. 198 da Constituição, submetem-se ao regime jurídico estabelecido pela Consolidação das Leis do Trabalho - CLT, salvo se, no caso dos Estados, do Distrito Federal e dos Municípios, lei local dispuser de forma diversa.

ART. 9º A contratação de Agentes Comunitários de Saúde e de Agentes de Combate às Endemias deverá ser precedida de processo seletivo público de provas ou de provas e títulos, de acordo com a natureza e a complexidade de suas atribuições e requisitos específicos para o exercício das atividades, que atenda aos princípios de legalidade, impessoalidade, moralidade, publicidade e eficiência.

§ 1º Caberá aos órgãos ou entes da administração direta dos Estados, do Distrito Federal ou dos Municípios certificar, em cada caso, a existência de anterior processo de seleção pública, para efeito da dispensa referida no parágrafo único do art. 2º da Emenda Constitucional n. 51, de 14 de fevereiro de 2006, considerando-se como tal aquele que tenha sido realizado com observância dos princípios referidos no *caput*. (Renumerado do parágrafo único pela Lei 13.342/2016.)

§ 2º O tempo prestado pelos Agentes Comunitários de Saúde e pelos Agentes de Combate às Endemias enquadrados na condição prevista no § 1º deste artigo, independentemente da forma de seu vínculo e desde que tenha sido efetuado o devido recolhimento da contribuição previdenciária, será considerado para fins de concessão de benefícios e contagem recíproca pelos regimes previdenciários. (Acrescentado pela Lei 13.342/2016.)

ART. 9º-A. O piso salarial profissional nacional é o valor abaixo do qual a União, os Estados, o Distrito Federal e os Municípios não poderão fixar o vencimento inicial das Carreiras de Agente Comunitário de Saúde e de Agente de Combate às Endemias para a jornada de 40 (quarenta) horas semanais. (Acrescentado pela Lei 12.994/2014.)

§ 1º O piso salarial profissional nacional dos Agentes Comunitários de Saúde e dos Agentes de Combate às Endemias é fixado no valor de R$ 1.550,00 (mil quinhentos e cinquenta reais) mensais, obedecido o seguinte escalonamento: (Alterado pela Lei 13.708/2018.)

I - R$ 1.250,00 (mil duzentos e cinquenta reais) em 1º de janeiro de 2019; (Acrescentado pela Lei 13.708/2018.)

II - R$ 1.400,00 (mil e quatrocentos reais) em 1º de janeiro de 2020; (Acrescentado pela Lei 13.708/2018.)

III - R$ 1.550,00 (mil quinhentos e cinquenta reais) em 1º de janeiro de 2021. (Acrescentado pela Lei 13.708/2018.)

§ 2º A jornada de trabalho de 40 (quarenta) horas semanais exigida para garantia do piso salarial previsto nesta Lei será integralmente dedicada às ações e aos serviços de promoção da saúde, de vigilância epidemiológica e ambiental e de combate a endemias em prol das famílias e das comunidades assistidas, no âmbito dos respectivos territórios de atuação, e assegurará aos Agentes Comunitários de Saúde e aos Agentes de Combate às Endemias participação nas atividades de planejamento e avaliação de ações, de detalhamento das atividades, de registro de dados e de reuniões de equipe. (Alterado pela Lei 13.708/2018.)

I e **II** - (Revogados); (Alterado pela Lei 13.708/2018.)

§ 3º O exercício de trabalho de forma habitual e permanente em condições insalubres, acima dos limites de tolerância estabelecidos pelo órgão competente do Poder Executivo federal, assegura aos agentes de que trata esta Lei a percepção de adicional de insalubridade, calculado sobre o seu vencimento ou salário-base: (Acrescentado pela Lei 13.342/2016.)

I - nos termos do disposto no art. 192 da Consolidação das Leis do Trabalho (CLT), aprovada pelo Decreto-Lei n. 5.452, de 1º de maio de 1943, quando submetidos a esse regime; (Acrescentado pela Lei 13.342/2016.)

II - nos termos da legislação específica, quando submetidos a vínculos de outra natureza. (Acrescentado pela Lei 13.342/2016.)

§ 4º As condições climáticas da área geográfica de atuação serão consideradas na definição do horário para cumprimento da jornada de trabalho. (Acrescentado pela Lei 13.595/2018.)

§ 5º O piso salarial de que trata o § 1º deste artigo será reajustado, anualmente, em 1º de janeiro, a partir do ano de 2022. (Acrescentado pela Lei 13.708/2018.)

ART. 9º-B. (Vetado). (Acrescentado pela Lei 12.994/2014.)

ART. 9º-C. Nos termos do § 5º do art. 198 da Constituição Federal, compete à União prestar assistência financeira complementar aos Estados, ao Distrito Federal e aos Municípios, para o cumprimento do piso salarial de que trata o art. 9º-A desta Lei. (Acrescentado pela Lei 12.994/2014.)

§ 1º Para fins do disposto no *caput* deste artigo, é o Poder Executivo federal autorizado a fixar em decreto os parâmetros referentes à quantidade máxima de agentes passível de contratação, em função da população e das peculiaridades locais, com o auxílio da assistência financeira complementar da União. (Acrescentado pela Lei 12.994/2014.)

§ 2º A quantidade máxima de que trata o § 1º deste artigo considerará tão somente os agentes efetivamente registrados no mês anterior à respectiva competência financeira que se encontrem no estrito desempenho de suas atribuições e submetidos à jornada de trabalho fixada para a concessão do piso salarial. (Acrescentado pela Lei 12.994/2014.)

§ 3º O valor da assistência financeira complementar da União é fixado em 95% (noventa e cinco por cento) do piso salarial de que trata o art. 9º-A desta Lei. (Acrescentado pela Lei 12.994/2014.)

§ 4º A assistência financeira complementar de que trata o *caput* deste artigo será devida em 12 (doze) parcelas consecutivas em cada exercício e 1 (uma) parcela adicional no último trimestre. (Acrescentado pela Lei 12.994/2014.)

§ 5º Até a edição do decreto de que trata o § 1º deste artigo, aplicar-se-ão as normas vigentes para os repasses de incentivos financeiros pelo Ministério da Saúde. (Acrescentado pela Lei 12.994/2014.)

§ 6º Para efeito da prestação de assistência financeira complementar de que trata este artigo, a União exigirá dos gestores locais do SUS a comprovação do vínculo direto dos Agentes Comunitários de Saúde e dos Agentes de Combate às Endemias com o respectivo ente federativo, regularmente formalizado, conforme o regime jurídico que vier a ser adotado na forma do art. 8º desta Lei. (Acrescentado pela Lei 12.994/2014.)

ART. 9º-D. É criado incentivo financeiro para fortalecimento de políticas afetas à atuação de agentes comunitários de saúde e de combate às endemias. (Acrescentado pela Lei 12.994/2014.)

§ 1º Para fins do disposto no *caput* deste artigo, é o Poder Executivo federal autorizado a fixar em decreto: (Acrescentado pela Lei 12.994/2014.)

I - parâmetros para concessão do incentivo; e (Acrescentado pela Lei 12.994/2014.)

II - valor mensal do incentivo por ente federativo. (Acrescentado pela Lei 12.994/2014.)

§ 2º Os parâmetros para concessão do incentivo considerarão, sempre que possível, as peculiaridades do Município. (Acrescentado pela Lei 12.994/2014.)

§§ 3º a **5º** (Vetados). (Acrescentado pela Lei 12.994/2014.)

ART. 9º-E. Atendidas as disposições desta Lei e as respectivas normas regulamentadoras, os recursos de que tratam os arts. 9º-C e 9º-D serão repassados pelo Fundo Nacional de Saúde (FNS) aos fundos de saúde dos Municípios, Estados e Distrito Federal como transferências correntes, regulares, automáticas e obrigatórias, nos termos do disposto no art. 3º da Lei n. 8.142, de 28 de dezembro de 1990. (Redação dada pela Lei 13.595/2018.)

ART. 9º-F. Para fins de apuração dos limites com pessoal de que trata a Lei Complementar n. 101, de 4 de maio de 2000, a assistência financeira complementar obrigatória prestada pela União e a parcela repassada como incentivo financeiro que venha a ser utilizada no pagamento de pessoal serão computadas como gasto de pessoal do ente federativo beneficiado pelas transferências. (Acrescentado pela Lei 12.994/2014.)

ART. 9º-G. Os planos de carreira dos Agentes Comunitários de Saúde e dos Agentes de Combate às Endemias deverão obedecer às seguintes diretrizes: (Acrescentado pela Lei 12.994/2014.)

I - remuneração paritária dos Agentes Comunitários de Saúde e dos Agentes de Combate às Endemias; (Acrescentado pela Lei 12.994/2014.)

II - definição de metas dos serviços e das equipes; (Acrescentado pela Lei 12.994/2014.)

III - estabelecimento de critérios de progressão e promoção; (Acrescentado pela Lei 12.994/2014.)

IV - adoção de modelos e instrumentos de avaliação que atendam à natureza das atividades, assegurados os seguintes princípios: (Acrescentado pela Lei 12.994/2014.)

a) transparência do processo de avaliação, assegurando-se ao avaliado o conhecimento sobre todas as etapas do processo e sobre o seu resultado final; (Acrescentado pela Lei 12.994/2014.)

b) periodicidade da avaliação; (Acrescentado pela Lei 12.994/2014.)

c) contribuição do servidor para a consecução dos objetivos do serviço; (Acrescentado pela Lei 12.994/2014.)

d) adequação aos conteúdos ocupacionais e às condições reais de trabalho, de forma que eventuais condições precárias ou adversas de trabalho não prejudiquem a avaliação; (Acrescentado pela Lei 12.994/2014.)

e) direito de recurso às instâncias hierárquicas superiores. (Acrescentado pela Lei 12.994/2014.)

ART. 9º-H Compete ao ente federativo ao qual o Agente Comunitário de Saúde ou o Agente de Combate às Endemias estiver vinculado fornecer ou custear a locomoção necessária para o exercício das atividades, conforme regulamento do ente federativo. (Alterado pela Lei 13.708/2018.)

ART. 10. A administração pública somente poderá rescindir unilateralmente o contrato do Agente Comunitário de Saúde ou do Agente de Combate às Endemias, de acordo com o regime jurídico de trabalho adotado, na ocorrência de uma das seguintes hipóteses:

I - prática de falta grave, dentre as enumeradas no art. 482 da Consolidação das Leis do Trabalho - CLT;

II - acumulação ilegal de cargos, empregos ou funções públicas;

III - necessidade de redução de quadro de pessoal, por excesso de despesa, nos termos da Lei n.9.801, de 14 de junho de 1999; ou

IV - insuficiência de desempenho, apurada em procedimento no qual se assegurem pelo menos um recurso hierárquico dotado de efeito suspensivo, que será apreciado em trinta dias, e o prévio conhecimento dos padrões mínimos exigidos para a continuidade da relação de emprego, obrigatoriamente estabelecidos de acordo com as peculiaridades das atividades exercidas.

Parágrafo único. No caso do Agente Comunitário de Saúde, o contrato também poderá ser rescindido unilateralmente na hipótese de não atendimento ao disposto no inciso I do art. 6º, ou em função de apresentação de declaração falsa de residência.

ART. 11. Fica criado, no Quadro de Pessoal da Fundação Nacional de Saúde - FUNASA, Quadro Suplementar de Combate às Endemias, destinado a promover, no âmbito do SUS, ações complementares de vigilância epidemiológica e combate a endemias, nos termos do inciso VI e parágrafo único do art. 16 da Lei n. 8.080, de 19 de setembro de 1990.

Parágrafo único. Ao Quadro Suplementar de que trata o *caput* aplica-se, no que couber, além do disposto nesta Lei, o disposto na Lei n. 9.962, de 22 de fevereiro de 2000, cumprindo-se jornada de trabalho de quarenta horas semanais.

ART. 12. Aos profissionais não ocupantes de cargo efetivo em órgão ou entidade da administração pública federal que, em 14 de fevereiro de 2006, a qualquer título, se achavam no desempenho de atividades de combate a endemias no âmbito da FUNASA é assegurada a dispensa de se submeterem ao processo seletivo público a que se refere o § 4º do art. 198 da Constituição, desde que tenham sido contratados a partir de anterior processo de seleção pública efetuado pela FUNASA, ou por outra instituição, sob a efetiva supervisão da FUNASA e mediante a observância dos princípios a que se refere o *caput* do art. 9º.

§ 1º Ato conjunto dos Ministros de Estado da Saúde e do Controle e da Transparência instituirá comissão com a finalidade de atestar a regularidade do processo seletivo para fins da dispensa prevista no *caput*.

§ 2º A comissão será integrada por três representantes da Secretaria Federal de Controle Interno da Controladoria-Geral da União, um dos quais a presidirá, pelo Assessor Especial de Controle Interno do Ministério da Saúde e pelo Chefe da Auditoria Interna da FUNASA.

ART. 13. Os Agentes de Combate às Endemias integrantes do Quadro Suplementar a que se refere o art. 11 poderão ser colocados à disposição dos Estados, do Distrito Federal e dos Municípios, no âmbito do SUS, mediante convênio, ou para gestão associada de serviços públicos, mediante contrato de consórcio público, nos termos da Lei n. 11.107, de 6 de abril de 2005, mantida a vinculação à FUNASA e sem prejuízo dos respectivos direitos e vantagens.

ART. 14. O gestor local do SUS responsável pela admissão dos profissionais de que trata esta Lei disporá sobre a criação dos cargos ou empregos públicos e demais aspectos inerentes à atividade, observadas as determinações desta Lei e as especificidades locais. (Redação dada pela Lei 13.595/2018.)

ART. 15. Ficam criados cinco mil, trezentos e sessenta e cinco empregos públicos de Agente de Combate às Endemias, no âmbito do Quadro Suplementar referido no art. 11, com retribuição mensal estabelecida na forma do Anexo desta Lei, cuja despesa não excederá o valor atualmente despendido pela FUNASA com a contratação desses profissionais.

§ 1º A FUNASA, em até trinta dias, promoverá o enquadramento do pessoal de que trata o art. 12 na tabela salarial constante do Anexo desta Lei, em classes e níveis com salários iguais aos pagos atualmente, sem aumento de despesa.

§ 2º Aplica-se aos ocupantes dos empregos referidos no *caput* a indenização de campo de que trata o art. 16 da Lei n. 8.216, de 13 de agosto de 1991.

§ 3º Caberá à Secretaria de Recursos Humanos do Ministério do Planejamento, Orçamento e Gestão disciplinar o desenvolvimento dos ocupantes dos empregos públicos referidos no *caput* na tabela salarial constante do Anexo desta Lei.

ART. 16. É vedada a contratação temporária ou terceirizada de Agentes Comunitários de Saúde e de Agentes de Combate às Endemias, salvo na hipótese de combate a surtos epidêmicos, na forma da lei aplicável. (Redação dada pela Lei n. 12.994, de 2014)

ART. 17. Os profissionais que, na data de publicação desta Lei, exerçam atividades próprias de Agente Comunitário de Saúde e Agente de Combate às Endemias, vinculados diretamente aos gestores locais do SUS ou a entidades de administração indireta, não investidos em cargo ou emprego público, e não alcançados pelo disposto no parágrafo único do art. 9º, poderão permanecer no exercício destas atividades, até que seja concluída a realização de processo seletivo público pelo ente federativo, com vistas ao cumprimento do disposto nesta Lei.

ART. 18. Os empregos públicos criados no âmbito da FUNASA, conforme disposto no art. 15 e preenchidos nos termos desta Lei, serão extintos, quando vagos.

ART. 19. As despesas decorrentes da criação dos empregos públicos a que se refere o art. 15 correrão à conta das dotações destinadas à FUNASA, consignadas no Orçamento Geral da União.

ART. 20. Esta Lei entra em vigor na data de sua publicação.

ART. 21. Fica revogada a Lei n. 10.507, de 10 de julho de 2002.

Brasília, 9 de junho de 2006; 185º da Independência e 118º da República.

LUIZ INÁCIO LULA DA SILVA

- Optamos, nesta edição, pela não publicação do Anexo.

LEI N. 11.371, DE 28 DE NOVEMBRO DE 2006

Dispõe sobre operações de câmbio, sobre registro de capitais estrangeiros, sobre o pagamento em lojas francas localizadas em zona primária de porto ou aeroporto, sobre a tributação do arrendamento mercantil de aeronaves, sobre a novação dos contratos celebrados nos termos do § 1º do art. 26 da Lei n. 9.491, de 9 de setembro de 1997, altera o Decreto n. 23.258, de 19 de outubro de 1933, a Lei n. 4.131, de 3 de setembro de 1962, o Decreto-Lei n. 1.455, de 7 de abril de 1976, e revoga dispositivo da Medida Provisória n. 303, de 29 de junho de 2006.

- *DOU*, 29.11.2006.

Faço saber que o Presidente da República adotou a Medida Provisória n. 315, de 2006, que o Congresso Nacional aprovou, e eu, Renan Calheiros, Presidente da Mesa do Congresso Nacional, para os efeitos do disposto no art. 62 da Constituição Federal, com a redação dada pela Emenda Constitucional n. 32, combinado com o art. 12 da Resolução n. 1, de 2002-CN, promulgo a seguinte Lei:

ART. 1º Os recursos em moeda estrangeira relativos aos recebimentos de exportações brasileiras de mercadorias e de serviços para o exterior, realizadas por pessoas físicas ou jurídicas, poderão ser mantidos em instituição financeira no exterior, observados os limites fixados pelo Conselho Monetário Nacional.

§ 1º O Conselho Monetário Nacional disporá sobre a forma e as condições para a aplicação do disposto no *caput*, deste artigo, vedado o tratamento diferenciado por setor ou atividade econômica.

§ 2º Os recursos mantidos no exterior na forma deste artigo somente poderão ser utilizados para a realização de investimento, aplicação financeira ou pagamento de obrigação próprios do exportador, vedada a realização de empréstimo ou mútuo de qualquer natureza.

ART. 2º O Conselho Monetário Nacional poderá estabelecer formas simplificadas de contratação de operações simultâneas de compra e de venda de moeda estrangeira, relacionadas a recursos provenientes de exportações, sem prejuízo do disposto no art. 23 da Lei n. 4.131, de 3 de setembro de 1962.

Parágrafo único. Na hipótese do *caput* deste artigo, os recursos da compra e da venda da moeda estrangeira deverão transitar, por seus valores integrais, a crédito e a débito de conta corrente bancária no País, de titularidade do contratante da operação.

ART. 3º Relativamente aos recursos em moeda estrangeira ingressados no País referentes aos recebimentos de exportações de mercadorias e de serviços, compete ao Banco Central do Brasil somente manter registro dos contratos de câmbio.

Parágrafo único. O Banco Central do Brasil fornecerá à Secretaria da Receita Federal os dados do registro de que trata o *caput* deste artigo, na forma por eles estabelecida em ato conjunto.

ART. 4º O art. 23 da Lei n. 4.131, de 1962, passa a vigorar acrescido do seguinte § 7º:

- A Lei 4.131/1962 disciplina a aplicação do capital estrangeiro e as remessas de valores para o exterior.
- Alterações promovidas no texto da referida lei.

ART. 5º Fica sujeito a registro em moeda nacional, no Banco Central do Brasil, o capital estrangeiro investido em pessoas jurídicas no País, ainda não registrado e não sujeito a outra forma de registro no Banco Central do Brasil.

§ 1º Para fins do disposto no *caput* deste artigo, o valor do capital estrangeiro em moeda nacional a ser registrado deve constar dos registros contábeis da pessoa jurídica brasileira receptora do capital estrangeiro, na forma da legislação em vigor.

§ 2º O capital estrangeiro em moeda nacional existente em 31 de dezembro de 2005, a que se refere o *caput* deste artigo, deverá ser regularizado até 30 de junho de 2007, observado o disposto no § 1º deste artigo.

§ 3º A hipótese de que trata o *caput* deste artigo, contabilizada a partir do ano de 2006, inclusive, deve ter o registro efetuado até o último dia útil do ano-calendário subsequente ao do balanço anual no qual a pessoa jurídica estiver obrigada a registrar o capital.

§ 4º O Banco Central do Brasil divulgará dados constantes do registro de que trata este artigo.

§ 5º O Conselho Monetário Nacional disciplinará o disposto neste artigo.

ART. 6º A multa de que trata a Lei n. 10.755, de 3 de novembro de 2003, não se aplica às importações:

- A Lei 10.755/2003 estabelece multa em operações de importação.

I - cujo vencimento ocorra a partir de 4 de agosto de 2006; ou

II - cujo termo final para a liquidação do contrato de câmbio de importação, na forma do inciso II do art. 1º da Lei n. 10.755, de 2003, não tenha transcorrido até 4 de agosto de 2006.

ART. 7º As infrações às normas que regulam os registros, no Banco Central do Brasil, de capital estrangeiro em moeda nacional sujeitam os responsáveis à aplicação da ação punitiva do Banco Central do Brasil, nos termos definidos pela legislação em vigor. (Alterado pela Lei 13.506/2017.)

Parágrafo único. (Revogado). (Alterado pela Lei 13.506/2017.)

ART. 8º A pessoa física ou jurídica residente ou domiciliada no País que mantiver no exterior recursos em moeda estrangeira relativos ao recebimento de exportação, de que trata o art. 1º desta Lei, deverá declarar à Secretaria da Receita Federal a utilização dos recursos.

§ 1º O exercício da faculdade prevista no *caput* do art. 1º desta Lei implica a autorização do fornecimento à Secretaria da Receita Federal, pela instituição financeira ou qualquer outro interveniente, residentes, domiciliados ou com sede no exterior, das informações sobre a utilização dos recursos.

§ 2º A pessoa jurídica que mantiver recursos no exterior na forma do art. 1º desta Lei fica obrigada a manter escrituração contábil nos termos da legislação comercial.

§ 3º A Secretaria da Receita Federal disciplinará o disposto neste artigo.

LEIS

ART. 9º A inobservância do disposto nos arts. 1º e 8º desta Lei acarretará a aplicação das seguintes multas de natureza fiscal:

I - 10% (dez por cento) incidentes sobre o valor dos recursos mantidos ou utilizados no exterior em desacordo com o disposto no art. 1º desta Lei, sem prejuízo da cobrança dos tributos devidos;

II - 0,5% (cinco décimos por cento) ao mês-calendário ou fração incidente sobre o valor correspondente aos recursos mantidos ou utilizados no exterior e não informados à Secretaria da Receita Federal, no prazo por ela estabelecido, limitada a 15% (quinze por cento).

§ 1º As multas de que trata o *caput* deste artigo serão:

I - aplicadas autonomamente a cada uma das infrações, ainda que caracterizada a ocorrência de eventual concurso;

II - na hipótese de que trata o inciso II do *caput* deste artigo:

a) reduzidas à metade, quando a informação for prestada após o prazo, mas antes de qualquer procedimento de ofício;

b) duplicada, inclusive quanto ao seu limite, em caso de fraude.

§ 2º Compete à Secretaria da Receita Federal promover a exigência das multas de que trata este artigo, observado o rito previsto no Decreto n. 70.235, de 6 de março de 1972.

› O Dec. 70.235/1972 dispõe sobre o processo administrativo fiscal.

ART. 10. Na hipótese de a pessoa jurídica manter os recursos no exterior na forma prevista no art. 1º desta Lei, independe do efetivo ingresso de divisas a aplicação das normas de que tratam o § 1º e o inciso III do *caput* do art. 14 da Medida Provisória n. 2.158-35, de 24 de agosto de 2001, o inciso II do *caput* do art. 5º da Lei n. 10.637, de 30 de dezembro de 2002, e o inciso II do *caput* do art. 6º da Lei n. 10.833, de 29 de dezembro de 2003.

ART. 11. O art. 3º do Decreto n. 23.258, de 19 de outubro de 1933, passa a vigorar com a seguinte redação:

› O Dec. 23.258/1933 dispõe sobre as operações de câmbio.

"Art. 3º É passível de penalidade o aumento de preço de mercadorias importadas para obtenção de coberturas indevidas." (NR)

ART. 12. (Revogado pela Lei 13.506/2017.)

ART. 13. O *caput* do art. 15 do Decreto-Lei n. 1.455, de 7 de abril de 1976, passa a vigorar com a seguinte redação:

"Art. 15. Na zona primária de porto ou aeroporto poderá ser autorizado, nos termos e condições fixados pelo Ministro de Estado da Fazenda, o funcionamento de lojas francas para venda de mercadoria nacional ou estrangeira a passageiros de viagens internacionais, na chegada ou saída do País, ou em trânsito, contra pagamento em moeda nacional ou estrangeira.

[...]" (NR)

ART. 14. Fica o Banco Central do Brasil dispensado de inscrever em dívida ativa e de promover a execução fiscal dos débitos provenientes de multas administrativas de sua competência, considerados de pequeno valor ou de comprovada inexequibilidade, nos termos de norma por ele estabelecida.

Parágrafo único. Para os efeitos do disposto no *caput* deste artigo, o Banco Central do Brasil poderá, mediante ato fundamentado, efetuar o cancelamento de débitos inscritos e requerer a desistência de execuções já propostas.

ART. 15. Fica a União autorizada a pactuar, com o Banco Nacional de Desenvolvimento Econômico e Social - BNDES, a novação dos contratos celebrados ao amparo do § 1º do art. 26 da Lei n. 9.491, de 9 de setembro de 1997, visando dar-lhes forma de instrumento híbrido de capital e dívida, conforme definido pelo Conselho Monetário Nacional, mantida, no mínimo, a equivalência econômica das condições alteradas.

ART. 16. Fica reduzida a 0 (zero), em relação aos fatos geradores que ocorrerem até 31 de dezembro de 2022, a alíquota do imposto sobre a renda na fonte incidente nas operações de que trata o inciso V do art. 1º da Lei n. 9.481, de 13 de agosto de 1997, na hipótese de pagamento, crédito, entrega, emprego ou remessa, por fonte situada no País, a pessoa jurídica domiciliada no exterior, a título de contraprestação de contrato de arrendamento mercantil de aeronave ou de motores destinados a aeronaves, celebrado por empresa de transporte aéreo público regular, de passageiros ou cargas, até 31 de dezembro de 2019. (Alterado pela Lei 13.043/2014.)

ART. 17. Esta Lei entra em vigor na data da sua publicação.

ART. 18. Fica revogado o inciso IV do art. 7º da Medida Provisória n. 303, de 29 de junho de 2006.

Congresso Nacional,
em 28 de novembro de 2006;
185º da Independência e
118º da República
SENADOR RENAN CALHEIROS
PRESIDENTE DA MESA
DO CONGRESSO NACIONAL

LEI N. 11.380, DE 1º DE DEZEMBRO DE 2006

Institui o Registro Temporário Brasileiro para embarcações de pesca estrangeiras arrendadas ou afretadas, a casco nu, por empresas, armadores de pesca ou cooperativas de pesca brasileiras e dá outras providências.

› *DOU*, 04.12.2006.

O Presidente da República. Faço saber que o Congresso Nacional decreta e eu sanciono a seguinte Lei:

CAPÍTULO I
DA APLICAÇÃO

ART. 1º Esta Lei institui o Registro Temporário Brasileiro para as embarcações de pesca estrangeiras arrendadas ou afretadas, a casco nu, por empresas, armadores de pesca ou cooperativas de pesca brasileiras, com suspensão provisória de bandeira no país de origem.

Parágrafo único. As empresas, os armadores de pesca ou as cooperativas de pesca brasileiras de que trata o *caput* deste artigo deverão ser registradas no Tribunal Marítimo como Armador de Pesca, bem como inscritos no Registro Geral da Pesca nas categorias de Indústria Pesqueira ou Armador de Pesca pela Secretaria Especial de Aquicultura e Pesca da Presidência da República, na forma da legislação específica.

CAPÍTULO II
DAS DEFINIÇÕES

ART. 2º Para os efeitos desta Lei, são estabelecidas as seguintes definições:

I - embarcação de pesca: é aquela que, devidamente autorizada, se dedica, exclusivamente, à captura, ao processamento ou ao beneficiamento do pescado, com finalidade comercial;

II - armador de pesca: pessoa física residente e domiciliada no País, devidamente registrada no Tribunal Marítimo, que, em seu nome ou sob sua responsabilidade, apresta a embarcação de pesca para sua exploração comercial;

III - empresa brasileira de pesca: pessoa jurídica constituída segundo as leis brasileiras, com sede no Brasil, devidamente inscrita no Registro Geral da Pesca, que tenha por objeto a pesca comercial;

IV - cooperativa de pesca brasileira: associação autônoma de pessoas que se unem, voluntariamente, segundo as leis brasileiras, para satisfazer aspirações econômicas e sociais que, devidamente inscrita no Registro Geral da Pesca, tem por finalidade o exercício da pesca comercial;

V - arrendamento ou afretamento a casco nu: contrato pelo qual o arrendatário ou afretador tem a posse, o uso e o controle da embarcação, por tempo determinado, incluindo o direito de designar o comandante e a tripulação; e

VI - suspensão provisória de bandeira: ato pelo qual o proprietário da embarcação estrangeira, arrendada ou afretada, suspende, temporariamente, o uso da bandeira do país de origem, a fim de que a embarcação seja inscrita em registro de outro país.

CAPÍTULO III
DA BANDEIRA DAS EMBARCAÇÕES

ART. 3º As embarcações de pesca arrendadas ou afretadas a casco nu, com suspensão provisória de bandeira no país de origem, inscritas no Registro Temporário Brasileiro, deverão arvorar a bandeira brasileira.

Parágrafo único. Nas embarcações de pesca de bandeira brasileira, de que trata o *caput* deste artigo, 2/3 (dois terços) da tripulação devem ser, obrigatoriamente, brasileiros, incluindo o Comandante e o Chefe de Máquinas.

CAPÍTULO IV
DO REGISTRO DE EMBARCAÇÕES DE PESCA ARRENDADAS OU AFRETADAS

ART. 4º O Registro Temporário Brasileiro será efetuado pelo Tribunal Marítimo para todas as embarcações de pesca estrangeiras arrendadas ou afretadas a casco nu, com suspensão provisória de bandeira, não suprimindo e sendo complementar ao Registro de Propriedade Marítima, nos termos da Lei n. 7.652, de 3 de fevereiro de 1988, e ao Registro Geral da Pesca, instituído pelo Decreto-Lei n. 221, de 28 de fevereiro de 1967.

§ 1º O Tribunal Marítimo expedirá Certificado de Registro Temporário - CRT, com validade igual à do contrato de arrendamento ou afretamento, não podendo exceder o período de 5 (cinco) anos.

§ 2º O CRT deverá ser renovado quando a prorrogação do contrato de arrendamento ou afretamento for autorizada pela Secretaria Especial de Aquicultura e Pesca da Presidência da República, conforme competência instituída pela Lei n. 10.683, de 28 de maio de 2003.

ART. 5º Caberá ao Poder Executivo Federal regulamentar o Registro Temporário Brasileiro, estabelecendo as normas complementares necessárias ao seu funcionamento e as condições para a inscrição de embarcações.

CAPÍTULO V
DO CANCELAMENTO

ART. 6º O cancelamento do Registro Temporário Brasileiro ocorrerá nas seguintes situações:

I - *ex officio*, quando do término do prazo concedido ou se for revogada a suspensão provisória de bandeira no país de origem;

II - quando a autorização para o arrendamento ou afretamento da embarcação de pesca for cancelada pela Secretaria Especial de Aquicultura e Pesca da Presidência da República;

III - por solicitação da empresa brasileira de pesca, do armador de pesca ou da cooperativa de pesca brasileira, arrendatária ou afretadora, que tenha requerido o registro;

IV - quando efetuado o Registro de Propriedade Marítima no Tribunal Marítimo da mesma embarcação de pesca, em decorrência de aquisição por empresa ou armador brasileiro;

V - quando o registro do armador for cancelado pelo Tribunal Marítimo;

VI - por afretamento da embarcação a empresa estrangeira, devidamente informado ao Tribunal Marítimo;

VII - por venda da embarcação, informada ao Tribunal Marítimo;

VIII - quando o registro da empresa ou cooperativa de pesca for cancelado pela Secretaria Especial de Aquicultura e Pesca da Presidência da República;

IX - por rescisão do contrato de arrendamento ou afretamento, informado ao Tribunal

Marítimo e à Secretaria Especial de Aquicultura e Pesca da Presidência da República; e

X - quando deixarem de ser satisfeitas as condições previstas nesta Lei para o Registro Temporário Brasileiro e na legislação complementar específica.

CAPÍTULO VI
DISPOSIÇÕES FINAIS

ART. 7º Caberá à Autoridade Marítima a fiscalização do Registro Temporário Brasileiro.

ART. 8º Esta Lei entra em vigor na data de sua publicação.

Brasília, 1º de dezembro de 2006; 185º da Independência e 118º da República.

LUIZ INÁCIO LULA DA SILVA

LEI N. 11.438, DE 29 DE DEZEMBRO DE 2006

Dispõe sobre incentivos e benefícios para fomentar as atividades de caráter desportivo e dá outras providências.

› *DOU*, 29.12.2006 - Edição extra.

O Presidente da República. Faço saber que o Congresso Nacional decreta e eu sanciono a seguinte Lei:

CAPÍTULO I
DOS INCENTIVOS AO DESPORTO

ART. 1º A partir do ano-calendário de 2007 e até o ano-calendário de 2022, inclusive, poderão ser deduzidos do imposto de renda devido, apurado na Declaração de Ajuste Anual pelas pessoas físicas ou em cada período de apuração, trimestral ou anual, pela pessoa jurídica tributada com base no lucro real os valores despendidos a título de patrocínio ou doação, no apoio direto a projetos desportivos e paradesportivos previamente aprovados pelo Ministério do Esporte. (Alterado pela Lei 13.155/2015.)

§ 1º As deduções de que trata o *caput* deste artigo ficam limitadas:

I - relativamente à pessoa jurídica, a 1% (um por cento) do imposto devido, observado o disposto no § 4º do art. 3º da Lei n. 9.249, de 26 de dezembro de 1995, em cada período de apuração; (Redação dada pela Lei 11.472/2007.)

II - relativamente à pessoa física, a 6% (seis por cento) do imposto devido na Declaração de Ajuste Anual, conjuntamente com as deduções de que trata o art. 22 da Lei n. 9.532, de 10 de dezembro de 1997.

§ 2º As pessoas jurídicas não poderão deduzir os valores de que trata o *caput* deste artigo para fins de determinação do lucro real e da base de cálculo da Contribuição Social sobre o Lucro Líquido - CSLL.

§ 3º Os benefícios de que trata este artigo não excluem ou reduzem outros benefícios fiscais e deduções em vigor.

§ 4º Não são dedutíveis os valores destinados a patrocínio ou doação em favor de projetos que beneficiem, direta ou indiretamente, pessoa física ou jurídica vinculada ao doador ou patrocinador.

§ 5º Consideram-se vinculados ao patrocinador ou ao doador:

I - a pessoa jurídica da qual o patrocinador ou o doador seja titular, administrador, gerente, acionista ou sócio, na data da operação ou nos 12 (doze) meses anteriores;

II - o cônjuge, os parentes até o terceiro grau, inclusive os afins, e os dependentes do patrocinador, do doador ou dos titulares, administradores, acionistas ou sócios de pessoa jurídica vinculada ao patrocinador ou ao doador, nos termos do inciso I deste parágrafo;

III - a pessoa jurídica coligada, controladora ou controlada, ou que tenha como titulares, administradores acionistas ou sócios alguma das pessoas a que se refere o inciso II deste parágrafo.

ART. 2º Os projetos desportivos e paradesportivos, em cujo favor serão captados e direcionados os recursos oriundos dos incentivos previstos nesta Lei, atenderão a pelo menos uma das seguintes manifestações, nos termos e condições definidas em regulamento: (Redação dada pela Lei 11.472/2007.)

I - desporto educacional;

II - desporto de participação;

III - desporto de rendimento.

§ 1º Poderão receber os recursos oriundos dos incentivos previstos nesta Lei os projetos desportivos destinados a promover a inclusão social por meio do esporte, preferencialmente em comunidades de vulnerabilidade social.

§ 2º É vedada a utilização dos recursos oriundos dos incentivos previstos nesta Lei para o pagamento de remuneração de atletas profissionais, nos termos da Lei n. 9.615, de 24 de março de 1998, em qualquer modalidade desportiva.

§ 3º O proponente não poderá captar, para cada projeto, entre patrocínio e doação, valor superior ao aprovado pelo Ministério do Esporte, na forma do art. 4º desta Lei.

ART. 3º Para fins do disposto nesta Lei, considera-se:

I - patrocínio:

a) a transferência gratuita, em caráter definitivo, ao proponente de que trata o inciso V do *caput* deste artigo de numerário para a realização de projetos desportivos e paradesportivos, com finalidade promocional e institucional de publicidade; (Redação dada pela Lei 11.472/2007.)

b) a cobertura de gastos ou a utilização de bens, móveis ou imóveis, do patrocinador, sem transferência de domínio, para a realização de projetos desportivos e paradesportivos pelo proponente de que trata o inciso V do *caput* deste artigo; (Redação dada pela Lei 11.472/2007.)

II - doação:

a) a transferência gratuita, em caráter definitivo, ao proponente de que trata o inciso V do *caput* deste artigo de numerário, bens ou serviços para a realização de projetos desportivos e paradesportivos, desde que não empregados em publicidade, ainda que para divulgação das atividades objeto do respectivo projeto; (Redação dada pela Lei 11.472/2007.)

b) a distribuição gratuita de ingressos para eventos de caráter desportivo e paradesportivo por pessoa jurídica a empregados e seus dependentes legais ou a integrantes de comunidades de vulnerabilidade social; (Redação dada pela Lei 11.472/2007.)

III - patrocinador: a pessoa física ou jurídica, contribuinte do imposto de renda, que apoie projetos aprovados pelo Ministério do Esporte nos termos do inciso I do *caput* deste artigo;

IV - doador: a pessoa física ou jurídica, contribuinte do imposto de renda, que apoiei projetos aprovados pelo Ministério do Esporte nos termos do inciso II do *caput* deste artigo;

V - proponente: a pessoa jurídica de direito público, ou de direito privado com fins não econômicos, de natureza esportiva, que tenha projetos aprovados nos termos desta Lei.

ART. 4º A avaliação e a aprovação do enquadramento dos projetos apresentados na forma prevista no art. 5º desta Lei cabem a uma Comissão Técnica vinculada ao Ministério do Esporte, garantindo-se a participação de representantes governamentais, designados pelo Ministro do Esporte, e representantes do setor desportivo, indicados pelo Conselho Nacional de Esporte.

Parágrafo único. A composição, a organização e o funcionamento da comissão serão estipulados e definidos em regulamento.

ART. 5º Os projetos desportivos e paradesportivos de que trata o art. 1º desta Lei serão submetidos ao Ministério do Esporte, acompanhados da documentação estabelecida em regulamento e de orçamento analítico.

§ 1º A aprovação dos projetos de que trata o *caput* deste artigo somente terá eficácia após a publicação de ato oficial contendo o título do projeto aprovado, a instituição responsável, o valor autorizado para captação e o prazo de validade da autorização.

§ 2º Os projetos aprovados e executados com recursos desta Lei serão acompanhados e avaliados pelo Ministério do Esporte.

CAPÍTULO II
DISPOSIÇÕES GERAIS

ART. 6º A divulgação das atividades, bens ou serviços resultantes dos projetos desportivos e paradesportivos financiados nos termos desta Lei mencionará o apoio institucional, com inserção da Bandeira Nacional, nos termos da Lei n. 5.700, de 1º de setembro de 1971.

ART. 7º A prestação de contas dos projetos beneficiados pelos incentivos previstos nesta Lei fica a cargo do proponente e será apresentada ao Ministério do Esporte, na forma estabelecida pelo regulamento.

ART. 8º O Ministério do Esporte informará à Secretaria da Receita Federal do Brasil - RFB os valores correspondentes a doação ou patrocínio destinados ao apoio direto a projetos desportivos e paradesportivos, no ano-calendário anterior. (Alterado pela Lei 13.043/2014.)

Parágrafo único. A RFB estabelecerá, em ato normativo próprio, a forma, o prazo e as condições para o cumprimento da obrigação acessória a que se refere o *caput* deste artigo. (Alterado pela Lei 13.043/2014.)

ART. 9º Compete à Secretaria da Receita Federal, no âmbito de suas atribuições, a fiscalização dos incentivos previstos nesta Lei.

ART. 10. Constituem infração aos dispositivos desta Lei:

I - o recebimento pelo patrocinador ou doador de qualquer vantagem financeira ou material em decorrência do patrocínio ou da doação que com base nela efetuar;

II - agir o patrocinador, o doador ou o proponente com dolo, fraude ou simulação para utilizar incentivo nela previsto;

III - desviar para finalidade diversa da fixada nos respectivos projetos dos recursos, bens, valores ou benefícios com base nela obtidos;

IV - adiar, antecipar ou cancelar, sem justa causa, atividade desportiva beneficiada pelos incentivos nela previstos;

V - o descumprimento de qualquer das suas disposições ou das estabelecidas em sua regulamentação.

ART. 11. As infrações aos dispositivos desta Lei, sem prejuízo das demais sanções cabíveis, sujeitarão:

I - o patrocinador ou o doador ao pagamento do imposto não recolhido, além das penalidades e demais acréscimos previstos na legislação;

II - o infrator ao pagamento de multa correspondente a 2 (duas) vezes o valor da vantagem auferida indevidamente, sem prejuízo do disposto no inciso I do *caput* deste artigo.

Parágrafo único. O proponente é solidariamente responsável por inadimplência ou irregularidade verificada quanto ao disposto no inciso I do *caput* deste artigo.

ART. 12. Os recursos provenientes de doações ou patrocínios efetuados nos termos do art. 1º desta Lei serão depositados e movimentados em conta bancária específica, no Banco do Brasil S.A. ou na Caixa Econômica Federal, que tenha como titular o proponente do projeto aprovado pelo Ministério do Esporte.

Parágrafo único. Não são dedutíveis, nos termos desta Lei, os valores em relação aos quais não se observe o disposto neste artigo.

ART. 13. Todos os recursos utilizados no apoio direto a projetos desportivos e paradesportivos previstos nesta Lei deverão ser disponibilizados na rede mundial de computadores, de acordo com a Lei n. 9.755, de 16 de dezembro de 1998.

Parágrafo único. Os recursos a que se refere o *caput* deste artigo ainda deverão ser disponibilizados, mensalmente, no sítio do Ministério do Esporte, constando a sua origem e destinação.

ART. 13-A. O valor máximo das deduções de que trata o art. 1º desta Lei será fixado anualmente em ato do Poder Executivo, com base em um percentual da renda tributável das pessoas físicas e do imposto sobre a renda devido por pessoas jurídicas tributadas com base no lucro real. (Incluído pela Lei 11.472/2007.)

Parágrafo único. Do valor máximo a que se refere o *caput* deste artigo o Poder Executivo fixará os limites a serem aplicados para cada uma das manifestações de que trata o art. 2º desta Lei. (Incluído pela Lei 11.472/2007.)

ART. 13-B. A divulgação das atividades, bens ou serviços resultantes de projetos desportivos e paradesportivos, culturais e de produção audiovisual e artística financiados com recursos públicos mencionará o apoio institucional com a inserção da Bandeira Nacional, nos terwmos da Lei n. 5.700, de 1º de setembro de 1971. (Incluído pela Lei 11.472/2007.)

ART. 13-C. Sem prejuízo do disposto no art. 166 da Constituição Federal, os Ministérios da Cultura e do Esporte encaminharão ao Congresso Nacional relatórios detalhados acerca da destinação e regular aplicação dos recursos provenientes das deduções e benefícios fiscais previstos nas Leis nos 8.313, de 23 de dezembro de 1991, e 11.438, de 29 de dezembro de 2006, para fins de acompanhamento e fiscalização orçamentária das operações realizadas. (Incluído pela Lei 11.472/2007.)

ART. 14. Esta Lei entra em vigor na data de sua publicação.

Brasília, 29 de dezembro de 2006; 185º da Independência e 118º da República.

LUIZ INÁCIO LULA DA SILVA

LEI N. 11.445, DE 5 DE JANEIRO DE 2007

Estabelece diretrizes nacionais para o saneamento básico; altera as Leis n. 6.766, de 19 de dezembro de 1979, 8.036, de 11 de maio de 1990, 8.666, de 21 de junho de 1993, 8.987, de 13 de fevereiro de 1995; revoga a Lei n. 6.528, de 11 de maio de 1978; e dá outras providências.

- *DOU*, 08.01.2007. Retificado em 11.01.2007.
- Dec. 7.217/2010 (Regulamenta esta lei.)
- Dec. 8.141/2013 (Dispõe sobre o Plano Nacional de Saneamento Básico - PNSB, e institui o Grupo de Trabalho Interinstitucional de Acompanhamento da Implementação do PNSB.)
- A Med. Prov. 868/2018 determinou a seguinte nova redação para a ementa desta lei: Estabelece as diretrizes nacionais para o saneamento básico, cria o Comitê Interministerial de Saneamento Básico, altera a Lei n. 6.766, de 19 de dezembro de 1979, a Lei n. 8.036, de 11 de maio de 1990, a Lei n. 8.666, de 21 de junho de 1993, e a Lei n. 8.987, de 13 de fevereiro de 1995, e revoga a Lei n. 6.528, de 11 de maio de 1978.

O Presidente da República. Faço saber que o Congresso Nacional decreta e eu sanciono a seguinte Lei:

CAPÍTULO I
DOS PRINCÍPIOS FUNDAMENTAIS

ART. 1º Esta Lei estabelece as diretrizes nacionais para o saneamento básico e para a política federal de saneamento básico.

ART. 2º Os serviços públicos de saneamento básico serão prestados com base nos seguintes princípios fundamentais:

- Art. 2º Para fins do disposto nesta Lei, considera-se: (Alterado pela Med. Prov. 868/2018.)

I - universalização do acesso;

- I - A Med. Prov. 868/2018 determinou a revogação deste inciso.

  I-A - saneamento básico - conjunto de serviços, infraestruturas e instalações operacionais de: (Acrescentado pela Med. Prov. 868/2018.)

  a) abastecimento de água potável, constituído pelas atividades, pela disponibilização, pela manutenção, pela infraestrutura e pelas instalações necessárias ao abastecimento público de água potável, desde a captação até as ligações prediais e os seus instrumentos de medição; (Acrescentado pela Med. Prov. 868/2018.)

  b) esgotamento sanitário, constituído pelas atividades, pela disponibilização e pela manutenção de infraestrutura e das instalações operacionais de coleta, transporte, tratamento e disposição final adequados dos esgotos sanitários, desde as ligações prediais até a sua destinação final para a produção de água de reuso ou o seu lançamento final no meio ambiente; (Acrescentado pela Med. Prov. 868/2018.)

  c) limpeza urbana e manejo de resíduos sólidos, constituídos pelas atividades, pela infraestrutura e pelas instalações operacionais de coleta, transporte, transbordo, tratamento e destinação final ambientalmente adequada dos resíduos sólidos domiciliares e dos resíduos de limpeza urbanas; e (Acrescentado pela Med. Prov. 868/2018.)

  d) drenagem e manejo das águas pluviais urbanas, constituídos pelas atividades, pela infraestrutura e pelas instalações operacionais de drenagem de águas pluviais, de transporte, detenção ou retenção para o amortecimento de vazões de cheias, tratamento e disposição final das águas pluviais drenadas, contempladas a limpeza e a fiscalização preventiva das redes; (Acrescentado pela Med. Prov. 868/2018.)

  II - gestão associada - associação voluntária entre entes federativos, por meio de convênio de cooperação ou de consórcio público, conforme disposto no art. 241 da Constituição; (Alterado pela Med. Prov. 868/2018.)

  III - universalização - ampliação progressiva do acesso ao saneamento básico para os domicílios ocupados do País; (Alterado pela Med. Prov. 868/2018.)

  IV - controle social - conjunto de mecanismos e procedimentos que garantem à sociedade informações, representações técnicas e participação nos processos de formulação de políticas, de planejamento e de avaliação relacionados com os serviços públicos de saneamento básico; (Alterado pela Med. Prov. 868/2018.)

  V - prestação regionalizada - prestação de serviço de saneamento básico em que único prestador atende a dois ou mais titulares; (Alterado pela Med. Prov. 868/2018.)

  VI - subsídios - instrumentos econômicos de política social para garantir a universalização do acesso ao saneamento básico, especialmente para populações e localidades de baixa renda; (Alterado pela Med. Prov. 868/2018.)

  VII - áreas rurais - áreas não urbanizadas de cidade ou vila, áreas urbanas isoladas, aglomerados rurais de extensão urbana, aglomerados rurais isolados (povoado), aglomerados rurais isolados (núcleo), aglomerados rurais isolados (lugarejo), aldeias e zonas rurais, assim definidas pela Fundação Instituto Brasileiro de Geografia e Estatística - IBGE; (Alterado pela Med. Prov. 868/2018.)

  VIII - pequenas comunidades - comunidades com população residente em áreas rurais ou urbanas de Municípios com até cinquenta mil habitantes; (Alterado pela Med. Prov. 868/2018.)

  IX - localidades de pequeno porte - vilas, aglomerados rurais, povoados, núcleos, lugarejos e aldeias, assim definidos pelo IBGE; e (Alterado pela Med. Prov. 868/2018.)

  X - núcleo urbano informal consolidado - aquele de difícil reversão, considerados o tempo da ocupação, a natureza das edificações, a localização das vias de circulação e a presença de equipamentos públicos, entre outras circunstâncias a serem avaliadas pelo Município. (Alterado pela Med. Prov. 868/2018.)

II - integralidade, compreendida como o conjunto de todas as atividades e componentes de cada um dos diversos serviços de saneamento básico, propiciando à população o acesso na conformidade de suas necessidades e maximizando a eficácia das ações e resultados;

III - abastecimento de água, esgotamento sanitário, limpeza urbana e manejo dos resíduos sólidos realizados de formas adequadas à saúde pública e à proteção do meio ambiente;

IV - disponibilidade, em todas as áreas urbanas, de serviços de drenagem e de manejo das águas pluviais adequados à saúde pública e à segurança da vida e do patrimônio público e privado;

V - adoção de métodos, técnicas e processos que considerem as peculiaridades locais e regionais;

VI - articulação com as políticas de desenvolvimento urbano e regional, de habitação, de combate à pobreza e de sua erradicação, de proteção ambiental, de promoção da saúde e outras de relevante interesse social voltadas para a melhoria da qualidade de vida, para as quais o saneamento básico seja fator determinante;

VII - eficiência e sustentabilidade econômica;

VIII - utilização de tecnologias apropriadas, considerando a capacidade de pagamento dos usuários e a adoção de soluções graduais e progressivas;

IX - transparência das ações, baseada em sistemas de informações e processos decisórios institucionalizados;

X - controle social;

XI - segurança, qualidade e regularidade;

- A Med. Prov. 868/2018 determinou a revogação deste inciso.

XII - integração das infraestruturas e serviços com a gestão eficiente dos recursos hídricos.

- A Med. Prov. 868/2018 determinou a revogação deste inciso.

XIII - adoção de medidas de fomento à moderação do consumo de água. (Acrescentado pela Lei 12.862/2013.)

- XIII - A Med. Prov. 868/2018 determinou a revogação deste inciso.
- Art. 2º-A. A definição do disposto no inciso VIII do *caput* do art. 2º desta Lei especifica as áreas a que se refere o inciso VI do *caput* do art. 3º da Lei Complementar n. 141, de 13 de janeiro de 2012. (Acrescentado pela Med. Prov. 868/2018.)

ART. 3º Para os efeitos desta Lei, considera-se:

I - saneamento básico: conjunto de serviços, infraestruturas e instalações operacionais de:

a) abastecimento de água potável: constituído pelas atividades, infraestruturas e instalações necessárias ao abastecimento público de água potável, desde a captação até as ligações prediais e respectivos instrumentos de medição;

b) esgotamento sanitário: constituído pelas atividades, infraestruturas e instalações operacionais de coleta, transporte, tratamento e disposição final adequados dos esgotos sanitários, desde as ligações prediais até o seu lançamento final no meio ambiente;

c) limpeza urbana e manejo de resíduos sólidos: conjunto de atividades, infraestruturas e instalações operacionais de coleta, transporte, transbordo, tratamento e destino final do lixo doméstico e do lixo originário da varrição e limpeza de logradouros e vias públicas;

d) drenagem e manejo das águas pluviais urbanas: conjunto de atividades, infraestruturas e instalações operacionais de drenagem urbana de águas pluviais, de transporte, detenção ou retenção para o amortecimento de vazões de cheias, tratamento e disposição final das águas pluviais drenadas nas áreas urbanas;

II - gestão associada: associação voluntária de entes federados, por convênio de cooperação ou consórcio público, conforme disposto no art. 241 da Constituição Federal;

III - universalização: ampliação progressiva do acesso de todos os domicílios ocupados ao saneamento básico;

IV - controle social: conjunto de mecanismos e procedimentos que garantem à sociedade informações, representações técnicas e participações nos processos de formulação de políticas, de planejamento e de avaliação relacionados aos serviços públicos de saneamento básico;

V - (Vetado.);

VI - prestação regionalizada: aquela em que um único prestador atende a 2 (dois) ou mais titulares;

VII - subsídios: instrumento econômico de política social para garantir a universalização do acesso ao saneamento básico, especialmente para populações e localidades de baixa renda;

VIII - localidade de pequeno porte: vilas, aglomerados rurais, povoados, núcleos, lugarejos e aldeias, assim definidos pela Fundação Instituto Brasileiro de Geografia e Estatística - IBGE.

§ 1º (Vetado.)

§ 2º (Vetado.)

§ 3º (Vetado.)

- Art. 3º Os serviços públicos de saneamento básico serão prestados com base nos seguintes princípios fundamentais: (Alterado pela Med. Prov. 868/2018.)

I - universalização do acesso; (Alterado pela Med. Prov. 868/2018.)
II - integralidade, compreendida como o conjunto de atividades e componentes de cada um dos diversos serviços de saneamento básico, que propicia à população o acesso de acordo com suas necessidades e maximiza a eficácia das ações e dos resultados; (Alterado pela Med. Prov. 868/2018.)
III - abastecimento de água, esgotamento sanitário, limpeza urbana e manejo dos resíduos sólidos realizados de forma adequada à saúde pública e à proteção do meio ambiente; (Alterado pela Med. Prov. 868/2018.)
IV - disponibilidade, nas áreas urbanas, de serviços de drenagem e manejo das águas pluviais, limpeza e fiscalização preventiva das redes, adequados à saúde pública e à segurança da vida e do patrimônio público e privado; (Alterado pela Med. Prov. 868/2018.)
V - (Vetado.)
V-A - adoção de métodos, técnicas e processos que considerem as peculiaridades locais e regionais; (Alterado pela Med. Prov. 868/2018.)
VI - articulação com as políticas de desenvolvimento urbano e regional, de habitação, de combate à pobreza e de sua erradicação, de proteção ambiental, de promoção da saúde, de recursos hídricos e outras de interesse social relevante, destinadas à melhoria da qualidade de vida, para as quais o saneamento básico seja fator determinante; (Alterado pela Med. Prov. 868/2018.)
VII - eficiência e sustentabilidade econômica; (Alterado pela Med. Prov. 868/2018.)
VIII - estímulo à pesquisa, ao desenvolvimento e à utilização de tecnologias apropriadas, consideradas a capacidade de pagamento dos usuários, a adoção de soluções graduais e progressivas e a melhoria da qualidade com ganhos de eficiência e redução dos custos para os usuários; (Alterado pela Med. Prov. 868/2018.)

- Os incisos IX a XIII foram incluídos pela Med. Prov. 844/2018, que teve vigência encerrada.

IX-A - transparência das ações, baseada em sistemas de informações e processos decisórios institucionalizados; (Acrescentado pela Med. Prov. 868/2018.)
X-A - controle social; (Acrescentado pela Med. Prov. 868/2018.)
XI-A - segurança, qualidade, regularidade e continuidade; (Acrescentado pela Med. Prov. 868/2018.)
XII-A - integração das infraestruturas e dos serviços com a gestão eficiente dos recursos hídricos; e (Acrescentado pela Med. Prov. 868/2018.)
XIII-A - combate às perdas de água, inclusive na distribuição de água tratada, e estímulo à racionalização de seu consumo pelos usuários e fomento à eficiência energética, ao reuso de efluentes sanitários e ao aproveitamento de águas de chuva. (Acrescentado pela Med. Prov. 868/2018.)

ART. 4º Os recursos hídricos não integram os serviços públicos de saneamento básico.

Parágrafo único. A utilização de recursos hídricos na prestação de serviços públicos de saneamento básico, inclusive para disposição ou diluição de esgotos e outros resíduos líquidos, é sujeita a outorga de direito de uso, nos termos da Lei n. 9.433, de 8 de janeiro de 1997, de seus regulamentos e das legislações estaduais.

ART. 5º Não constitui serviço público a ação de saneamento executada por meio de soluções individuais, desde que o usuário não dependa de terceiros para operar os serviços, bem como as ações e serviços de saneamento básico de responsabilidade privada, incluindo o manejo de resíduos de responsabilidade do gerador.

ART. 6º O lixo originário de atividades comerciais, industriais e de serviços cuja responsabilidade pelo manejo não seja atribuída ao gerador pode, por decisão do poder público, ser considerado resíduo sólido urbano.

ART. 7º Para os efeitos desta Lei, o serviço público de limpeza urbana e de manejo de resíduos sólidos urbanos é composto pelas seguintes atividades:

I - de coleta, transbordo e transporte dos resíduos relacionados na alínea c do inciso I do *caput* do art. 3º desta Lei;

- I - de coleta, transbordo e transporte dos resíduos relacionados na alínea "c" do inciso I do *caput* do art. 2º; (Alterado pela Med. Prov. 868/2018.)

II - de triagem para fins de reuso ou reciclagem, de tratamento, inclusive por compostagem, e de disposição final dos resíduos relacionados na alínea c do inciso I do *caput* do art. 3º desta Lei;

- II - de triagem, para fins de reuso ou reciclagem, de tratamento, inclusive por compostagem, e de disposição final dos resíduos relacionados na alínea "c" do inciso I do *caput* do art. 2º; e (Alterado pela Med. Prov. 868/2018.)

III - de varrição, capina e poda de árvores em vias e logradouros públicos e outros eventuais serviços pertinentes à limpeza pública urbana.

CAPÍTULO II
DO EXERCÍCIO DA TITULARIDADE

ART. 8º Os titulares dos serviços públicos de saneamento básico poderão delegar a organização, a regulação, a fiscalização e a prestação desses serviços, nos termos do art. 241 da Constituição Federal e da Lei n. 11.107, de 6 de abril de 2005.

- Os arts. 8º-A e 8º-B foram incluídos pela Med. Prov. 844/2018, que teve vigência encerrada.

Art. 8º-C. Os Municípios e o Distrito Federal são os titulares dos serviços públicos de saneamento básico. (Acrescentado pela Med. Prov. 868/2018.)
§ 1º Na hipótese de interesse comum, o exercício da titularidade dos serviços de saneamento básico será realizado por meio: (Acrescentado pela Med. Prov. 868/2018.)
I - de colegiado interfederativo formado a partir da instituição de região metropolitana, aglomeração urbana ou microrregião; ou (Acrescentado pela Med. Prov. 868/2018.)
II - de instrumentos de gestão associada, por meio de consórcios públicos ou de convênios de cooperação, nos termos estabelecidos no art. 241 da Constituição.
§ 2º Na hipótese prevista no inciso I do § 1º, o exercício da titularidade dos serviços públicos de saneamento básico observará o disposto na Lei n. 13.089, de 12 de janeiro de 2015. (Acrescentado pela Med. Prov. 868/2018.)
§ 3º O exercício da titularidade na forma prevista no § 2º 1º poderá ter como objeto a prestação conjunta de uma ou mais atividades previstas no inciso I do *caput* do art. 2º. (Acrescentado pela Med. Prov. 868/2018.)
§ 4º Nas hipóteses de consórcio público ou de convênio de cooperação, nos termos do disposto no inciso II do § 1º, os entes federativos estabelecerão a agência reguladora que será responsável pela regulação e pela fiscalização dos serviços prestados no âmbito da gestão associada. (Acrescentado pela Med. Prov. 868/2018.)
§ 5º Os serviços públicos de saneamento básico nas regiões metropolitanas, nas aglomerações urbanas e nas microrregiões serão fiscalizados e regulados por entidade reguladora estadual, distrital, regional ou intermunicipal, que observará os princípios estabelecidos no art. 21. (Acrescentado pela Med. Prov. 868/2018.)
Art. 8º-D. Excetuam-se da hipótese prevista no § 6º do art. 13 da Lei n. 11.107, de 2005, os casos de alienação do controle acionário de companhia estatal prestadora de serviços públicos de saneamento básico. (Acrescentado pela Med. Prov. 868/2018.)
§ 1º Anteriormente à alienação de controle acionário a que se refere o *caput*, a ser realizada por meio de licitação na forma prevista na Lei n. 8.987, de 13 de fevereiro de 1995, ou na Lei n. 11.079, de 30 de dezembro de 2004, o controlador comunicará formalmente a sua decisão aos titulares dos serviços de saneamento atendidos pela companhia. (Acrescentado pela Med. Prov. 868/2018.)
§ 2º A comunicação formal a que se refere o § 1º deverá: (Acrescentado pela Med. Prov. 868/2018.)
I - contemplar os estudos de viabilidade e a minuta do edital de licitação e os seus anexos, os quais poderão estabelecer novas obrigações, escopo, prazos e metas de atendimento para a prestação dos serviços de saneamento, a serem observados pela companhia após a alienação do seu controle acionário; e (Acrescentado pela Med. Prov. 868/2018.)
II - dispor sobre as condições e o prazo para a anuência, pelos titulares dos serviços de saneamento, a respeito da continuidade dos contratos de programa vigentes, permitida ao titular a apresentação de sugestões de melhoria nas condições propostas. (Acrescentado pela Med. Prov. 868/2018.)
§ 3º A anuência prevista no inciso II do § 2º será formalizada por meio de manifestação do titular, que precederá à alienação de controle da companhia. (Acrescentado pela Med. Prov. 868/2018.)
§ 4º A anuência quanto à continuidade dos contratos implicará a adesão automática às novas obrigações, ao escopo, aos prazos e às metas de atendimento para a prestação dos serviços de saneamento, se estabelecidas, as quais prevalecerão sobre aquelas constantes dos contratos de programa vigentes. (Acrescentado pela Med. Prov. 868/2018.)
§ 5º Os instrumentos de gestão associada poderão ser oportunamente adequados, no que couber, às novas obrigações, ao escopo, aos prazos e às metas de atendimento para a prestação de serviços de saneamento, a serem observadas pela companhia posteriormente à alienação de seu controle. (Acrescentado pela Med. Prov. 868/2018.)
§ 6º Os Municípios que decidirem pela não continuidade dos contratos de programa assumirão a prestação dos serviços públicos de saneamento básico e procederão ao pagamento de indenizações devidas em razão de investimentos realizados e ainda não amortizados ou depreciados, na forma prevista na Lei n. 8.987, de 13 de fevereiro de 1995. (Acrescentado pela Med. Prov. 868/2018.)
§ 7º O disposto neste artigo aplica-se, no que couber, às hipóteses de delegação ou de subdelegação de serviços à iniciativa privada. (Acrescentado pela Med. Prov. 868/2018.)

ART. 9º O titular dos serviços formulará a respectiva política pública de saneamento básico, devendo, para tanto:

I - elaborar os planos de saneamento básico, nos termos desta Lei;

II - prestar diretamente ou autorizar a delegação dos serviços e definir o ente responsável pela sua regulação e fiscalização, bem como os procedimentos de sua atuação;

III - adotar parâmetros para a garantia do atendimento essencial à saúde pública, inclusive quanto ao volume mínimo *per capita* de água para abastecimento público, observadas as normas nacionais relativas à potabilidade da água;

IV - fixar os direitos e os deveres dos usuários;

V - estabelecer mecanismos de controle social, nos termos do inciso IV do *caput* do art. 3º desta Lei;

VI - estabelecer sistema de informações sobre os serviços, articulado com o Sistema Nacional de Informações em Saneamento;

VII - intervir e retomar a operação dos serviços delegados, por indicação da entidade reguladora, nos casos e condições previstos em lei e nos documentos contratuais.

- II - prestar diretamente ou delegar a prestação dos serviços; (Alterado pela Med. Prov. 868/2018.)

III - definir a entidade responsável pela regulação e pela fiscalização dos serviços públicos de saneamento básico e os procedimentos para a sua atuação, observado o disposto no § 5º do art. 8º-C; (Alterado pela Med. Prov. 868/2018.)
IV - definir os parâmetros a serem adotados para a garantia do atendimento essencial à saúde pública, inclusive quanto ao volume mínimo per capita de água para abastecimento público, observadas as normas nacionais relativas à potabilidade da água; (Alterado pela Med. Prov. 868/2018.)
V - estabelecer os direitos e os deveres dos usuários; (Alterado pela Med. Prov. 868/2018.)
VI - estabelecer os mecanismos e os procedimentos de controle social, observado o disposto no inciso IV do *caput* do art. 2º; (Alterado pela Med. Prov. 868/2018.)
VII - implementar sistema de informações sobre os serviços públicos de saneamento básico, articulado com o Sistema Nacional de Informações em Saneamento Básico - Sinisa, o Sistema Nacional de Informações sobre a Gestão dos Resíduos Sólidos - Sinir e o Sistema Nacional de Gerenciamento de Recursos Hídricos, observadas a metodologia e a periodicidade estabelecidas pelo Ministério das Cidades; e (Alterado pela Med. Prov. 868/2018.)
VIII - intervir e retomar a operação dos serviços delegados, por indicação da entidade reguladora, nas hipóteses e nas condições previstas na legislação e nos contratos. (Acrescentado pela Med. Prov. 868/2018.)

ART. 10. A prestação de serviços públicos de saneamento básico por entidade que não integre a administração do titular depende da celebração de contrato, sendo vedada a sua disciplina mediante convênios, termos de parceria ou outros instrumentos de natureza precária.

§ 1º Excetuam-se do disposto no *caput* deste artigo:

I - os serviços públicos de saneamento básico cuja prestação o poder público, nos termos de lei, autorizar para usuários organizados em cooperativas ou associações, desde que se limitem a:

a) determinado condomínio;

b) localidade de pequeno porte, predominantemente ocupada por população de baixa renda, onde outras formas de prestação apresentem custos de operação e manutenção incompatíveis com a capacidade de pagamento dos usuários;

II - os convênios e outros atos de delegação celebrados até o dia 6 de abril de 2005.

§ 2º A autorização prevista no inciso I do § 1º deste artigo deverá prever a obrigação de transferir ao titular os bens vinculados aos serviços por meio de termo específico, com os respectivos cadastros técnicos.

› Os arts. 10-A e 10-B foram incluídos pela Med. Prov. 844/2018, que teve vigência encerrada.

Art. 10-C. Nas hipóteses legais de dispensa de licitação, anteriormente à celebração de contrato de programa, previsto na Lei n. 11.107, de 2005, o titular dos serviços publicará edital de chamamento público com vistas a angariar a proposta de manifestação de interesse mais eficiente e vantajosa para a prestação descentralizada dos serviços públicos de saneamento. (Acrescentado pela Med. Prov. 868/2018. Vigência do *caput*, §§ e incs.: 12 meses após a data de sua publicação.)

§ 1º O titular ouvirá o órgão responsável pela regulação e pela fiscalização dos serviços sobre a minuta de edital de chamamento público, anteriormente a sua publicação, e o órgão se manifestará no prazo de trinta dias. (Acrescentado pela Med. Prov. 868/2018.)

§ 2º O edital de chamamento público a que se refere o *caput* estabelecerá prazo mínimo de sessenta dias para apresentação das propostas, que conterão, entre outros: (Acrescentado pela Med. Prov. 868/2018.)

I - o objeto e o prazo de vigência do contrato, compatível com a amortização dos investimentos realizados, inclusive quanto a eventual prorrogação; (Acrescentado pela Med. Prov. 868/2018.)

II - a forma de remuneração e de atualização dos valores contratuais; (Acrescentado pela Med. Prov. 868/2018.)

III - as tarifas a serem praticadas e a metodologia de reajuste, conforme as diretrizes regulatórias do setor de saneamento básico; (Acrescentado pela Med. Prov. 868/2018.)

IV - o plano e o cronograma de investimentos a serem realizados para a prestação adequada dos serviços públicos de saneamento básico; (Acrescentado pela Med. Prov. 868/2018.)

V - os índices de qualidade de serviços e as metas parciais e finais a serem atingidas, de acordo com o plano e o cronograma propostos; e (Acrescentado pela Med. Prov. 868/2018.)

VI - o valor estimado do contrato de programa ou do contrato. (Acrescentado pela Med. Prov. 868/2018.)

§ 3º O proponente poderá adicionar à sua proposta de tarifa a ser praticada, conforme previsto no edital, percentual mínimo de adicional tarifário que será destinado à conta estadual para a promoção de programas de saneamento básico, que priorizará o financiamento de investimentos em saneamento básico nos Municípios que apresentarem os menores índices de cobertura, de acordo com os parâmetros estabelecidos em lei estadual. (Acrescentado pela Med. Prov. 868/2018.)

§ 4º Na hipótese de, no mínimo, um prestador de serviço além do interessado em celebrar contrato de programa demonstrar interesse no chamamento previsto no *caput*, será instituído processo licitatório, nos termos previstos na Lei n. 8.666, de 21 de junho de 1993, na Lei n. 8.987, de 1995, e na Lei n. 11.079, de 2004. (Acrescentado pela Med. Prov. 868/2018.)

§ 5º Na hipótese de não haver o número de interessados previsto no § 4º no chamamento público, o titular poderá proceder à assinatura de contrato de programa com dispensa de licitação, conforme o disposto no inciso XXVI do *caput* do art. 24 da Lei n. 8.666, de 1993. (Acrescentado pela Med. Prov. 868/2018.)

§ 6º O chamamento público previsto no *caput* não será exigível nas seguintes hipóteses: (Acrescentado pela Med. Prov. 868/2018.)

I - prorrogação única do prazo de vigência dos contratos de programa pelo prazo de até dois anos; e (Acrescentado pela Med. Prov. 868/2018.)

II - celebração ou aditamento de contratos de programa vigentes, no contexto de alienação do controle acionário de companhia estatal prestadora de serviços públicos de saneamento básico ou de delegação de seus serviços à iniciativa privada. (Acrescentado pela Med. Prov. 868/2018.)

§ 7º O edital de chamamento público será divulgado: (Acrescentado pela Med. Prov. 868/2018.)

I - no Diário Oficial do ente federativo, (Acrescentado pela Med. Prov. 868/2018.)

II - no sítio eletrônico oficial do ente federativo; (Acrescentado pela Med. Prov. 868/2018.)

III - em local de ampla circulação de pessoas na sede da administração pública; e (Acrescentado pela Med. Prov. 868/2018.)

IV - nos meios necessários para garantir ampla publicidade. (Acrescentado pela Med. Prov. 868/2018.)

§ 8º As condições estabelecidas no processo licitatório ou no contrato de programa deverão ser compatíveis com os termos do chamamento público. (Acrescentado pela Med. Prov. 868/2018.)

§ 9º O Município responsável pelo chamamento poderá informar outros municípios localizados na mesma região sobre sua intenção de realizá-lo, no intuito de possibilitar uma atuação conjunta, observados os instrumentos de gestão associada previstos no inciso II do § 1º do art. 8º-C. (Acrescentado pela Med. Prov. 868/2018.)

§ 10. Para atender ao disposto no § 9º, o titular poderá pleitear recursos do fundo previsto na Lei n. 13.529, de 4 de dezembro de 2017. (Acrescentado pela Med. Prov. 868/2018.)

Art. 10-D. Sem prejuízo do disposto nesta Lei e na Lei n. 11.107, de 2005, as cláusulas essenciais do contrato de concessão, estabelecidas nos art. 23 e art. 23-A da Lei n. 8.987, de 1995, serão reproduzidas nos contratos de programa para prestação de serviços de saneamento básico, exceto na hipótese de absoluta incompatibilidade devidamente motivada pelo titular do serviço público. (Acrescentado pela Med. Prov. 868/2018.)

ART. 11. São condições de validade dos contratos que tenham por objeto a prestação de serviços públicos de saneamento básico:

I - a existência de plano de saneamento básico;

II - a existência de estudo comprovando a viabilidade técnica e econômico-financeira da prestação universal e integral dos serviços, nos termos do respectivo plano de saneamento básico;

› II - a existência de estudo que comprove a viabilidade técnica e econômico-financeira da prestação dos serviços, nos termos estabelecidos no respectivo plano de saneamento básico; (Alterado pela Med. Prov. 868/2018.)

III - a existência de normas de regulação que prevejam os meios para o cumprimento das diretrizes desta Lei, incluindo a designação da entidade de regulação e de fiscalização;

IV - a realização prévia de audiência e de consulta públicas sobre o edital de licitação, no caso de concessão, e sobre a minuta do contrato.

§ 1º Os planos de investimentos e os projetos relativos ao contrato deverão ser compatíveis com o respectivo plano de saneamento básico.

§ 2º Nos casos de serviços prestados mediante contratos de concessão ou de programa, as normas previstas no inciso III do *caput* deste artigo deverão prever:

I - a autorização para a contratação dos serviços, indicando os respectivos prazos e a área a ser atendida;

II - a inclusão, no contrato, das metas progressivas e graduais de expansão dos serviços, de qualidade, de eficiência e de uso racional da água, da energia e de outros recursos naturais, em conformidade com os serviços a serem prestados;

› II - a inclusão, no contrato, das metas progressivas e graduais de expansão dos serviços, de redução de perdas na distribuição de água tratada, de qualidade, de eficiência e de uso racional da água, da energia e de outros recursos naturais, em conformidade com os serviços a serem prestados; (Alterado pela Med. Prov. 868/2018.)

III - as prioridades de ação, compatíveis com as metas estabelecidas;

IV - as condições de sustentabilidade e equilíbrio econômico-financeiro da prestação dos serviços, em regime de eficiência, incluindo:

a) o sistema de cobrança e a composição de taxas e tarifas;

b) a sistemática de reajustes e de revisões de taxas e tarifas;

c) a política de subsídios;

V - mecanismos de controle social nas atividades de planejamento, regulação e fiscalização dos serviços;

VI - as hipóteses de intervenção e de retomada dos serviços.

§ 3º Os contratos não poderão conter cláusulas que prejudiquem as atividades de regulação e de fiscalização ou o acesso às informações sobre os serviços contratados.

§ 4º Na prestação regionalizada, o disposto nos incisos I a IV do *caput* e nos §§ 1º e 2º deste artigo poderá se referir ao conjunto de municípios por ela abrangidos.

› O § 5º foi incluído pela Med. Prov. 844/2018, que teve vigência encerrada.

§ 5º-A Na hipótese de não existência de plano de saneamento básico aprovado nos termos estabelecidos no § 1º do art. 19, as condições de validade previstas nos incisos I e II do *caput* poderão ser supridas pela aprovação pelo titular de estudo que fundamente a contratação, com o diagnóstico e a comprovação da viabilidade técnica e econômico-financeira da prestação dos serviços, observado o disposto no § 2º. (Acrescentado pela Med. Prov. 868/2018.)

§ 6º O disposto no § 5º-A não exclui a obrigatoriedade de elaboração pelo titular do plano de saneamento básico, nos termos estabelecidos no art. 19. (Acrescentado pela Med. Prov. 868/2018.)

§ 7º A elaboração superveniente do plano de saneamento básico poderá ensejar medidas para assegurar a manutenção do equilíbrio econômico-financeiro dos contratos firmados com base no disposto no § 5º-A. (Acrescentado pela Med. Prov. 868/2018.)

› O art. 11-A foi incluído pela Med. Prov. 844/2018, que teve vigência encerrada.

Art. 11-B. Na hipótese de prestação dos serviços públicos de saneamento básico por meio de contrato de programa, o prestador de serviços poderá, desde que haja autorização expressa do titular dos serviços, subdelegar o objeto contratado total ou parcialmente. (Acrescentado pela Med. Prov. 868/2018.)

§ 1º A subdelegação fica condicionada à comprovação técnica, por parte do prestador de serviços, do benefício em termos de qualidade dos serviços públicos de saneamento básico. (Acrescentado pela Med. Prov. 868/2018.)

§ 2º Os contratos de subdelegação disporão sobre os limites da sub-rogação de direitos e obrigações do prestador de serviços pelo subdelegatário e observarão, no que couber, o disposto no § 2º do art. 11 e serão precedidos de procedimento licitatório na forma prevista na Lei n. 8.666, de 1993, na Lei n. 8.987, de 1995, e na Lei n. 11.079, de 2004. (Acrescentado pela Med. Prov. 868/2018.)

§ 3º O contrato de subdelegação poderá ter por objeto serviços públicos de saneamento básico que sejam objeto de um ou mais contratos. (Acrescentado pela Med. Prov. 868/2018.)

ART. 12. Nos serviços públicos de saneamento básico em que mais de um prestador execute atividade interdependente com outra, a relação entre elas deverá ser regulada por contrato e haverá entidade única encarregada das funções de regulação e de fiscalização.

§ 1º A entidade de regulação definirá, pelo menos:

I - as normas técnicas relativas à qualidade, quantidade e regularidade dos serviços prestados aos usuários e entre os diferentes prestadores envolvidos;

II - as normas econômicas e financeiras relativas às tarifas, aos subsídios e aos pagamentos por serviços prestados aos usuários e entre os diferentes prestadores envolvidos;

III - a garantia de pagamento de serviços prestados entre os diferentes prestadores dos serviços;

IV - os mecanismos de pagamento de diferenças relativas a inadimplemento dos usuários, perdas comerciais e físicas e outros créditos devidos, quando for o caso;

V - o sistema contábil específico para os prestadores que atuem em mais de um Município.

§ 2º O contrato a ser celebrado entre os prestadores de serviços a que se refere o *caput* deste artigo deverá conter cláusulas que estabeleçam pelo menos:

I - as atividades ou insumos contratados;

II - as condições e garantias recíprocas de fornecimento e de acesso às atividades ou insumos;

III - o prazo de vigência, compatível com as necessidades de amortização de investimentos, e as hipóteses de sua prorrogação;

IV - os procedimentos para a implantação, ampliação, melhoria e gestão operacional das atividades;

V - as regras para a fixação, o reajuste e a revisão das taxas, tarifas e outros preços públicos aplicáveis ao contrato;

VI - as condições e garantias de pagamento;

VII - os direitos e deveres sub-rogados ou os que autorizam a sub-rogação;

VIII - as hipóteses de extinção, inadmitida a alteração e a rescisão administrativas unilaterais;

IX - as penalidades a que estão sujeitas as partes em caso de inadimplemento;

X - a designação do órgão ou entidade responsável pela regulação e fiscalização das atividades ou insumos contratados.

§ 3º Inclui-se entre as garantias previstas no inciso VI do § 2º deste artigo a obrigação do contratante de destacar, nos documentos de cobrança aos usuários, o valor da remuneração dos serviços prestados pelo contratado e de realizar a respectiva arrecadação e entrega dos valores arrecadados.

§ 4º No caso de execução mediante concessão de atividades interdependentes a que se refere o *caput* deste artigo, deverão constar do correspondente edital de licitação as regras e os valores das tarifas e outros preços públicos a serem pagos aos demais prestadores, bem como a obrigação e a forma de pagamento.

ART. 13. Os entes da Federação, isoladamente ou reunidos em consórcios públicos, poderão instituir fundos, aos quais poderão ser destinadas, entre outros recursos, parcelas das receitas dos serviços, com a finalidade de custear, na conformidade do disposto nos respectivos planos de saneamento básico, a universalização dos serviços públicos de saneamento básico.

Parágrafo único. Os recursos dos fundos a que se refere o *caput* deste artigo poderão ser utilizados como fontes ou garantias em operações de crédito para financiamento dos investimentos necessários à universalização dos serviços públicos de saneamento básico.

> ▸ O p.u. foi renumerado em §§ 1º e 2º pela Med. Prov. 844/2018, que teve vigência encerrada. A Med. Prov. 868/2018 determinou a revogação deste p.u.
>
> § 1º-A Os recursos dos fundos a que se refere o *caput* poderão ser utilizados como fontes ou garantias em operações de crédito para financiamento dos investimentos necessários à universalização dos serviços públicos de saneamento básico. (Acrescentado pela Med. Prov. 868/2018.)
>
> § 2º-A Na hipótese de delegação onerosa de serviços de saneamento básico pelo titular, os recursos decorrentes da outorga pagos ao titular deverão ser destinados aos fundos previstos no *caput* e utilizados para fins de universalização dos serviços de saneamento nas áreas de responsabilidade do titular e, após a universalização dos serviços sob responsabilidade do titular, poderão ser utilizados para outras finalidades. (Acrescentado pela Med. Prov. 868/2018.)

CAPÍTULO III
DA PRESTAÇÃO REGIONALIZADA DE SERVIÇOS PÚBLICOS DE SANEAMENTO BÁSICO

ART. 14. A prestação regionalizada de serviços públicos de saneamento básico é caracterizada por:

I - um único prestador do serviço para vários Municípios, contíguos ou não;

II - uniformidade de fiscalização e regulação dos serviços, inclusive de sua remuneração;

III - compatibilidade de planejamento.

ART. 15. Na prestação regionalizada de serviços públicos de saneamento básico, as atividades de regulação e fiscalização poderão ser exercidas:

I - por órgão ou entidade de ente da Federação a que o titular tenha delegado o exercício dessas competências por meio de convênio de cooperação entre entes da Federação, obedecido o disposto no art. 241 da Constituição Federal;

II - por consórcio público de direito público integrado pelos titulares dos serviços.

Parágrafo único. No exercício das atividades de planejamento dos serviços a que se refere o *caput* deste artigo, o titular poderá receber cooperação técnica do respectivo Estado e basear-se em estudos fornecidos pelos prestadores.

ART. 16. A prestação regionalizada de serviços públicos de saneamento básico poderá ser realizada por:

I - órgão, autarquia, fundação de direito público, consórcio público, empresa pública ou sociedade de economia mista estadual, do Distrito Federal, ou municipal, na forma da legislação;

II - empresa a que se tenham concedido os serviços.

ART. 17. O serviço regionalizado de saneamento básico poderá obedecer a plano de saneamento básico elaborado para o conjunto de Municípios atendidos.

> ▸ Os §§ 1º a 5º foram incluídos pela Med. Prov. 844/2018, que teve vigência encerrada.
>
> § 1º-A. O plano de saneamento básico elaborado para o conjunto de Municípios poderá contemplar um ou mais elementos do saneamento básico, com vistas à otimização do planejamento e da prestação dos serviços. (Acrescentado pela Med. Prov. 868/2018.)
>
> § 2º-A. As disposições constantes do plano de saneamento básico elaborado para o conjunto de Municípios prevalecerão sobre aquelas constantes dos planos municipais de saneamento, quando existirem. (Acrescentado pela Med. Prov. 868/2018.)
>
> § 3º-A. A existência de plano de saneamento básico elaborado para o conjunto de Municípios atenderá ao requisito estabelecido no inciso I do *caput* do art. 11 e dispensará a necessidade de elaboração e publicação de planos de saneamento pelos Municípios contemplados pelo plano regional. (Acrescentado pela Med. Prov. 868/2018.)
>
> § 4º-A. O plano de saneamento básico para o conjunto de Municípios poderá ser elaborado com suporte de órgãos e entidades da administração pública federal e estadual e será convalidado em cada um dos Municípios por ele abrangidos, por meio da publicação de ato do Poder Executivo. (Acrescentado pela Med. Prov. 868/2018.)
>
> § 5º-A. Na hipótese de os Municípios integrarem região metropolitana, o plano de saneamento básico elaborado para o conjunto de Municípios será convalidado pelo colegiado de que trata o art. 8º da Lei n. 13.089, de 2015, naquilo que concernir ao interesse comum, dispensada a convalidação prevista no § 4º-A. (Acrescentado pela Med. Prov. 868/2018.)

ART. 18. Os prestadores que atuem em mais de um Município ou que prestem serviços públicos de saneamento básico diferentes em um mesmo Município manterão sistema contábil que permita registrar e demonstrar, separadamente, os custos e as receitas de cada serviço em cada um dos Municípios atendidos e, se for o caso, no Distrito Federal.

Parágrafo único. A entidade de regulação deverá instituir regras e critérios de estruturação de sistema contábil e do respectivo plano de contas, de modo a garantir que a apropriação e a distribuição de custos dos serviços estejam em conformidade com as diretrizes estabelecidas nesta Lei.

CAPÍTULO IV
DO PLANEJAMENTO

ART. 19. A prestação de serviços públicos de saneamento básico observará plano, que poderá ser específico para cada serviço, o qual abrangerá, no mínimo:

I - diagnóstico da situação e de seus impactos nas condições de vida, utilizando sistema de indicadores sanitários, epidemiológicos, ambientais e socioeconômicos e apontando as causas das deficiências detectadas;

II - objetivos e metas de curto, médio e longo prazos para a universalização, admitidas soluções graduais e progressivas, observando a compatibilidade com os demais planos setoriais;

III - programas, projetos e ações necessárias para atingir os objetivos e as metas, de modo compatível com os respectivos planos plurianuais e com outros planos governamentais correlatos, identificando possíveis fontes de financiamento;

IV - ações para emergências e contingências;

V - mecanismos e procedimentos para a avaliação sistemática da eficiência e eficácia das ações programadas.

§ 1º Os planos de saneamento básico serão editados pelos titulares, podendo ser elaborados com base em estudos fornecidos pelos prestadores de cada serviço.

> ▸ § 1º Os planos de saneamento básico serão aprovados por ato dos titulares e poderão ser elaborados com base em estudos fornecidos pelos prestadores de cada serviço. (Alterado pela Med. Prov. 868/2018.)

§ 2º A consolidação e compatibilização dos planos específicos de cada serviço serão efetuadas pelos respectivos titulares.

§ 3º Os planos de saneamento básico deverão ser compatíveis com os planos das bacias hidrográficas em que estiverem inseridos.

§ 4º Os planos de saneamento básico serão revistos periodicamente, em prazo não superior a 4 (quatro) anos, anteriormente à elaboração do Plano Plurianual.

§ 5º Será assegurada ampla divulgação das propostas dos planos de saneamento básico e dos estudos que as fundamentem, inclusive com a realização de audiências ou consultas públicas.

§ 6º A delegação de serviço de saneamento básico não dispensa o cumprimento pelo prestador do respectivo plano de saneamento básico em vigor à época da delegação.

§ 7º Quando envolverem serviços regionalizados, os planos de saneamento básico devem ser editados em conformidade com o estabelecido no art. 14 desta Lei.

§ 8º Exceto quando regional, o plano de saneamento básico deverá englobar integralmente o território do ente da Federação que o elaborou.

> ▸ O § 9º foi incluído pela Med. Prov. 844/2018, que teve vigência encerrada.
>
> § 9º-A Os Municípios com população inferior a vinte mil habitantes poderão apresentar planos simplificados com menor nível de detalhamento dos aspectos previstos nos incisos I ao V do *caput*, conforme regulamentação do Ministério das Cidades. (Acrescentado pela Med. Prov. 868/2018.)

ART. 20. (Vetado.)

Parágrafo único. Incumbe à entidade reguladora e fiscalizadora dos serviços a verificação do cumprimento dos planos de saneamento por parte dos prestadores de serviços, na forma das disposições legais, regulamentares e contratuais.

CAPÍTULO V
DA REGULAÇÃO

ART. 21. O exercício da função de regulação atenderá aos seguintes princípios:

I - independência decisória, incluindo autonomia administrativa, orçamentária e financeira da entidade reguladora;

II - transparência, tecnicidade, celeridade e objetividade das decisões.

ART. 22. São objetivos da regulação:

I - estabelecer padrões e normas para a adequada prestação dos serviços e para a satisfação dos usuários;

II - garantir o cumprimento das condições e metas estabelecidas;

III - prevenir e reprimir o abuso do poder econômico, ressalvada a competência dos órgãos integrantes do sistema nacional de defesa da concorrência;

› III - prevenir e reprimir o abuso do poder econômico, ressalvada a competência dos órgãos integrantes do Sistema Brasileiro de Defesa da Concorrência; e (Alterado pela Med. Prov. 868/2018.)

IV - definir tarifas que assegurem tanto o equilíbrio econômico e financeiro dos contratos como a modicidade tarifária, mediante mecanismos que induzam a eficiência e eficácia dos serviços e que permitam a apropriação social dos ganhos de produtividade.

› IV - definir tarifas que assegurem tanto o equilíbrio econômico-financeiro dos contratos quanto a modicidade tarifária, por meio de mecanismos que induzam a eficiência e a eficácia dos serviços e que permitam o compartilhamento dos ganhos de produtividade com os usuários. (Alterado pela Med. Prov. 868/2018.)

ART. 23. A entidade reguladora editará normas relativas às dimensões técnica, econômica e social de prestação dos serviços, que abrangerão, pelo menos, os seguintes aspectos:

I - padrões e indicadores de qualidade da prestação dos serviços;

II - requisitos operacionais e de manutenção dos sistemas;

III - as metas progressivas de expansão e de qualidade dos serviços e os respectivos prazos;

IV - regime, estrutura e níveis tarifários, bem como os procedimentos e prazos de sua fixação, reajuste e revisão;

V - medição, faturamento e cobrança de serviços;

VI - monitoramento dos custos;

› VI - monitoramento dos custos, quando aplicável; (Alterado pela Med. Prov. 868/2018.)

VII - avaliação da eficiência e eficácia dos serviços prestados;

VIII - plano de contas e mecanismos de informação, auditoria e certificação;

IX - subsídios tarifários e não tarifários;

X - padrões de atendimento ao público e mecanismos de participação e informação;

XI - medidas de contingências e de emergências, inclusive racionamento;

› XI - medidas de segurança, de contingência e de emergência, inclusive quanto a racionamento; (Alterado pela Med. Prov. 868/2018.)

XII - (Vetado.)

› O inciso XIII foi incluído pela Med. Prov. 844/2018, que teve vigência encerrada.
XIII-A - diretrizes para a redução progressiva da perda de água. (Acrescentado pela Med. Prov. 868/2018.)

§ 1º A regulação de serviços públicos de saneamento básico poderá ser delegada pelos titulares a qualquer entidade reguladora constituída dentro dos limites do respectivo Estado, explicitando, no ato de delegação da regulação, a forma de atuação e a abrangência das atividades a serem desempenhadas pelas partes envolvidas.

› § 1º A regulação de serviços públicos de saneamento básico poderá ser delegada pelos titulares a qualquer entidade reguladora e o ato de delegação explicitará a forma de atuação e a abrangência das atividades a serem desempenhadas pelas partes envolvidas. (Alterado pela Med. Prov. 868/2018.)

§ 2º As normas a que se refere o *caput* deste artigo fixarão prazo para os prestadores de serviços comunicarem aos usuários as providências adotadas em face de queixas ou de reclamações relativas aos serviços.

§ 3º As entidades fiscalizadoras deverão receber e se manifestar conclusivamente sobre as reclamações que, a juízo do interessado, não tenham sido suficientemente atendidas pelos prestadores dos serviços.

› O § 4º foi incluído pela Med. Prov. 844/2018, que teve vigência encerrada.
§ 4º-A No estabelecimento de metas, indicadores e métodos de monitoramento, poderá ser utilizada a comparação do desempenho de diferentes prestadores de serviços. (Acrescentado pela Med. Prov. 868/2018.)

ART. 24. Em caso de gestão associada ou prestação regionalizada dos serviços, os titulares poderão adotar os mesmos critérios econômicos, sociais e técnicos da regulação em toda a área de abrangência da associação ou da prestação.

ART. 25. Os prestadores de serviços públicos de saneamento básico deverão fornecer à entidade reguladora todos os dados e informações necessários para o desempenho de suas atividades, na forma das normas legais, regulamentares e contratuais.

§ 1º Incluem-se entre os dados e informações a que se refere o *caput* deste artigo aquelas produzidas por empresas ou profissionais contratados para executar serviços ou fornecer materiais e equipamentos específicos.

§ 2º Compreendem-se nas atividades de regulação dos serviços de saneamento básico a interpretação e a fixação de critérios para a fiel execução dos contratos, dos serviços e para a correta administração de subsídios.

› O art. 25-A foi incluído pela Med. Prov. 844/2018, que teve vigência encerrada.
Art. 25-B. A Agência Nacional de Águas - ANA instituirá normas de referência nacionais para a regulação da prestação dos serviços públicos de saneamento básico e por seus titulares e suas entidades reguladoras e fiscalizadoras, observada a legislação federal pertinente. (Acrescentado pela Med. Prov. 868/2018.)
§ 1º O acesso aos recursos públicos federais ou à contratação de financiamentos com recursos da União ou com recursos geridos ou operados por órgãos ou entidades da administração pública federal, quando destinados aos serviços de saneamento básico, será condicionado ao cumprimento das normas de referência nacionais para a regulação da prestação dos serviços públicos de saneamento básico estabelecidas pela ANA, observado o disposto no art. 50 desta Lei e no art. 4º-D da Lei n. 9.984, de 17 de julho de 2000. (Acrescentado pela Med. Prov. 868/2018.)
§ 2º A restrição ao acesso de recursos públicos federais e de financiamento prevista no § 1º somente produzirá efeitos após o estabelecimento, pela ANA, das normas de referência nacionais, respeitadas as regras dos contratos assinados anteriormente à vigência das normas da ANA. (Acrescentado pela Med. Prov. 868/2018.)
§ 3º O disposto no *caput* não se aplica: (Acrescentado pela Med. Prov. 868/2018.)
I - às ações de saneamento básico em: (Acrescentado pela Med. Prov. 868/2018.)
a) áreas rurais; (Acrescentado pela Med. Prov. 868/2018.)
b) comunidades tradicionais, incluídas as áreas quilombolas; e (Acrescentado pela Med. Prov. 868/2018.)
c) áreas indígenas; e (Acrescentado pela Med. Prov. 868/2018.)
II - às soluções individuais que não constituem serviço público em áreas rurais ou urbanas. (Acrescentado pela Med. Prov. 868/2018.)

ART. 26. Deverá ser assegurado publicidade aos relatórios, estudos, decisões e instrumentos equivalentes que se refiram à regulação ou à fiscalização dos serviços, bem como aos direitos e deveres dos usuários e prestadores, a eles podendo ter acesso qualquer do povo, independentemente da existência de interesse direto.

§ 1º Excluem-se do disposto no *caput* deste artigo os documentos considerados sigilosos em razão de interesse público relevante, mediante prévia e motivada decisão.

§ 2º A publicidade a que se refere o *caput* deste artigo deverá se efetivar, preferencialmente, por meio de sítio mantido na rede mundial de computadores - internet.

ART. 27. É assegurado aos usuários de serviços públicos de saneamento básico, na forma das normas legais, regulamentares e contratuais:

I - amplo acesso a informações sobre os serviços prestados;

II - prévio conhecimento dos seus direitos e deveres e das penalidades a que podem estar sujeitos;

III - acesso a manual de prestação do serviço e de atendimento ao usuário, elaborado pelo prestador e aprovado pela respectiva entidade de regulação;

IV - acesso a relatório periódico sobre a qualidade da prestação dos serviços.

ART. 28. (Vetado.)

CAPÍTULO VI
DOS ASPECTOS ECONÔMICOS E SOCIAIS

ART. 29. Os serviços públicos de saneamento básico terão a sustentabilidade econômico-financeira assegurada, sempre que possível, mediante remuneração pela cobrança dos serviços:

I - de abastecimento de água e esgotamento sanitário: preferencialmente na forma de tarifas e outros preços públicos, que poderão ser estabelecidos para cada um dos serviços ou para ambos conjuntamente;

II - de limpeza urbana e manejo de resíduos sólidos urbanos: taxas ou tarifas e outros preços públicos, em conformidade com o regime de prestação do serviço ou de suas atividades;

III - de manejo de águas pluviais urbanas: na forma de tributos, inclusive taxas, em conformidade com o regime de prestação do serviço ou de suas atividades.

› Art. 29. Os serviços públicos de saneamento básico terão a sustentabilidade econômico-financeira assegurada por meio de remuneração pela cobrança dos serviços, na forma estabelecida a seguir, e, quando necessário, por outras formas adicionais como subsídios ou subvenções: (Alterado pela Med. Prov. 868/2018.)
I - abastecimento de água e esgotamento sanitário - na forma de taxas, tarifas e outros preços públicos, que poderão ser estabelecidos para cada um dos serviços ou para ambos, conjuntamente; (Alterado pela Med. Prov. 868/2018.)
II - limpeza urbana e manejo de resíduos sólidos, exceto o serviço a que se refere o inciso III do *caput* do art. 7º - na forma de taxas, tarifas e outros preços públicos, conforme o regime de prestação do serviço ou das suas atividades; e (Alterado pela Med. Prov. 868/2018.)
III - drenagem e manejo de águas pluviais urbanas - na forma de tributos, inclusive taxas, conforme o regime de prestação do serviço ou das suas atividades. (Alterado pela Med. Prov. 868/2018.)

§ 1º Observado o disposto nos incisos I a III do *caput* deste artigo, a instituição das tarifas, preços públicos e taxas para os serviços de saneamento básico observará as seguintes diretrizes:

I - prioridade para atendimento das funções essenciais relacionadas à saúde pública;

II - ampliação do acesso dos cidadãos e localidades de baixa renda aos serviços;

III - geração dos recursos necessários para realização dos investimentos, objetivando o cumprimento das metas e objetivos do serviço;

IV - inibição do consumo supérfluo e do desperdício de recursos;

V - recuperação dos custos incorridos na prestação do serviço, em regime de eficiência;

VI - remuneração adequada do capital investido pelos prestadores dos serviços;

VII - estímulo ao uso de tecnologias modernas e eficientes, compatíveis com os níveis exigidos de qualidade, continuidade e segurança na prestação dos serviços;

VIII - incentivo à eficiência dos prestadores dos serviços.

§ 2º Poderão ser adotados subsídios tarifários e não tarifários para os usuários e localidades que não tenham capacidade de pagamento ou escala econômica suficiente para cobrir o custo integral dos serviços.

ART. 30. Observado o disposto no art. 29 desta Lei, a estrutura de remuneração e cobrança dos serviços públicos de saneamento básico poderá levar em consideração os seguintes fatores:

- Art. 30. Observado o disposto no art. 29, a estrutura de remuneração e de cobrança dos serviços públicos de saneamento básico considerará os seguintes fatores: (Alterado pela Med. Prov. 868/2018.)

I - categorias de usuários, distribuídas por faixas ou quantidades crescentes de utilização ou de consumo;

II - padrões de uso ou de qualidade requeridos;

III - quantidade mínima de consumo ou de utilização do serviço, visando à garantia de objetivos sociais, como a preservação da saúde pública, o adequado atendimento dos usuários de menor renda e a proteção do meio ambiente;

IV - custo mínimo necessário para disponibilidade do serviço em quantidade e qualidade adequadas;

V - ciclos significativos de aumento da demanda dos serviços, em períodos distintos; e

VI - capacidade de pagamento dos consumidores.

ART. 31. Os subsídios necessários ao atendimento de usuários e localidades de baixa renda serão, dependendo das características dos beneficiários e da origem dos recursos:

I - diretos, quando destinados a usuários determinados, ou indiretos, quando destinados ao prestador dos serviços;

II - tarifários, quando integrarem a estrutura tarifária, ou fiscais, quando decorrerem da alocação de recursos orçamentários, inclusive por meio de subvenções;

III - internos a cada titular ou entre localidades, nas hipóteses de gestão associada e de prestação regional.

ART. 32. (Vetado.)

ART. 33. (Vetado.)

ART. 34. (Vetado.)

ART. 35. As taxas ou tarifas decorrentes da prestação de serviço público de limpeza urbana e de manejo de resíduos sólidos urbanos devem levar em conta a adequada destinação dos resíduos coletados e poderão considerar:

I - o nível de renda da população da área atendida;

II - as características dos lotes urbanos e as áreas que podem ser neles edificadas;

III - o peso ou o volume médio coletado por habitante ou por domicílio.

- Art. 35. As taxas ou as tarifas decorrentes da prestação de serviço de limpeza urbana e manejo de resíduos sólidos considerarão a destinação adequada dos resíduos coletados e o nível de renda da população da área atendida, de forma isolada ou combinada, e poderão, ainda, considerar: (Alterado pela Med. Prov. 868/2018.)

  I - as características dos lotes e as áreas que podem ser neles edificadas; (Alterado pela Med. Prov. 868/2018.)

  II - o peso ou o volume médio coletado por habitante ou por domicílio; (Alterado pela Med. Prov. 868/2018.)

  III - o consumo de água; e (Alterado pela Med. Prov. 868/2018.)

- O inciso IV foi incluído pela Med. Prov. 844/2018, que teve vigência encerrada.

  IV-A - a frequência de coleta. (Alterado pela Med. Prov. 868/2018.)

- Os §§ 1º a 3º foram incluídos pela Med. Prov. 844/2018, que teve vigência encerrada.

  § 1º-A. Na hipótese de prestação sob regime de delegação, as taxas e as tarifas relativas às atividades previstas nos incisos I e II do *caput* do art. 7º poderão ser arrecadadas pelo delegatário diretamente do usuário. (Acrescentado pela Med. Prov. 868/2018.)

  § 2º-A. Na atividade prevista no inciso III do *caput* do art. 7º, não será aplicada a cobrança de taxa ou tarifa. (Acrescentado pela Med. Prov. 868/2018.)

  § 3º-A. A cobrança de taxa ou tarifa a que se refere o § 1º poderá ser realizada na fatura de consumo de outros serviços públicos, com a anuência da prestadora do serviço público. (Acrescentado pela Med. Prov. 868/2018.)

ART. 36. A cobrança pela prestação do serviço público de drenagem e manejo de águas pluviais urbanas deve levar em conta, em cada lote urbano, os percentuais de impermeabilização e a existência de dispositivos de amortecimento ou de retenção de água de chuva, bem como poderá considerar:

I - o nível de renda da população da área atendida;

II - as características dos lotes urbanos e as áreas que podem ser neles edificadas.

ART. 37. Os reajustes de tarifas de serviços públicos de saneamento básico serão realizados observando-se o intervalo mínimo de 12 (doze) meses, de acordo com as normas legais, regulamentares e contratuais.

ART. 38. As revisões tarifárias compreenderão a reavaliação das condições da prestação dos serviços e das tarifas praticadas e poderão ser:

I - periódicas, objetivando a distribuição dos ganhos de produtividade com os usuários e a reavaliação das condições de mercado;

II - extraordinárias, quando se verificar a ocorrência de fatos não previstos no contrato, fora do controle do prestador dos serviços, que alterem o seu equilíbrio econômico-financeiro.

§ 1º As revisões tarifárias terão suas pautas definidas pelas respectivas entidades reguladoras, ouvidos os titulares, os usuários e os prestadores dos serviços.

§ 2º Poderão ser estabelecidos mecanismos tarifários de indução à eficiência, inclusive fatores de produtividade, assim como de antecipação de metas de expansão e qualidade dos serviços.

§ 3º Os fatores de produtividade poderão ser definidos com base em indicadores de outras empresas do setor.

§ 4º A entidade de regulação poderá autorizar o prestador de serviços a repassar aos usuários custos e encargos tributários não previstos originalmente e por ele não administrados, nos termos da Lei n. 8.987, de 13 de fevereiro de 1995.

ART. 39. As tarifas serão fixadas de forma clara e objetiva, devendo os reajustes e as revisões serem tornados públicos com antecedência mínima de 30 (trinta) dias com relação à sua aplicação.

Parágrafo único. A fatura a ser entregue ao usuário final deverá obedecer a modelo estabelecido pela entidade reguladora, que definirá os itens e custos que deverão estar explicitados.

ART. 40. Os serviços poderão ser interrompidos pelo prestador nas seguintes hipóteses:

I - situações de emergência que atinjam a segurança de pessoas e bens;

II - necessidade de efetuar reparos, modificações ou melhorias de qualquer natureza nos sistemas;

- II - necessidade de efetuar reparos, modificações ou melhorias de qualquer natureza nos sistemas, respeitados os padrões de qualidade e continuidade estabelecidos pela regulação do serviço; (Alterado pela Med. Prov. 868/2018.)

III - negativa do usuário em permitir a instalação de dispositivo de leitura de água consumida, após ter sido previamente notificado a respeito;

IV - manipulação indevida de qualquer tubulação, medidor ou outra instalação do prestador, por parte do usuário; e

V - inadimplemento do usuário do serviço de abastecimento de água, do pagamento das tarifas, após ter sido formalmente notificado.

§ 1º As interrupções programadas serão previamente comunicadas ao regulador e aos usuários.

§ 2º A suspensão dos serviços prevista nos incisos III e V do *caput* deste artigo será precedida de prévio aviso ao usuário, não inferior a 30 (trinta) dias da data prevista para a suspensão.

§ 3º A interrupção ou a restrição do fornecimento de água por inadimplência a estabelecimentos de saúde, a instituições educacionais e de internação coletiva de pessoas e a usuário residencial de baixa renda beneficiário de tarifa social deverá obedecer a prazos e critérios que preservem condições mínimas de manutenção da saúde das pessoas atingidas.

ART. 41. Desde que previsto nas normas de regulação, grandes usuários poderão negociar suas tarifas com o prestador dos serviços, mediante contrato específico, ouvido previamente o regulador.

ART. 42. Os valores investidos em bens reversíveis pelos prestadores constituirão créditos perante o titular, a serem recuperados mediante a exploração dos serviços, nos termos das normas regulamentares e contratuais e, quando for o caso, observada a legislação pertinente às sociedades por ações.

§ 1º Não gerarão crédito perante o titular os investimentos feitos sem ônus para o prestador, tais como os decorrentes de exigência legal aplicável à implantação de empreendimentos imobiliários e os provenientes de subvenções ou transferências fiscais voluntárias.

§ 2º Os investimentos realizados, os valores amortizados, a depreciação e os respectivos saldos serão anualmente auditados e certificados pela entidade reguladora.

§ 3º Os créditos decorrentes de investimentos devidamente certificados poderão constituir garantia de empréstimos aos delegatários, destinados exclusivamente a investimentos nos sistemas de saneamento objeto do respectivo contrato.

§ 4º (Vetado.)

CAPÍTULO VII
DOS ASPECTOS TÉCNICOS

ART. 43. A prestação dos serviços atenderá a requisitos mínimos de qualidade, incluindo a regularidade, a continuidade e aqueles relativos aos produtos oferecidos, ao atendimento dos usuários e às condições operacionais e de manutenção dos sistemas, de acordo com as normas regulamentares e contratuais.

Parágrafo único. A União definirá parâmetros mínimos para a potabilidade da água.

- A Med. Prov. 868/2018 determinou a revogação deste p.u.

  § 1º A União definirá os parâmetros mínimos de potabilidade da água. (Acrescentado pela Med. Prov. 868/2018.)

  § 2º A entidade reguladora estabelecerá os limites máximos de perda na distribuição de água tratada, que poderão ser reduzidos gradualmente, conforme sejam verificados os avanços tecnológicos e os maiores investimentos em medidas para diminuição do desperdício. (Acrescentado pela Med. Prov. 868/2018.)

ART. 44. O licenciamento ambiental de unidades de tratamento de esgotos sanitários e de efluentes gerados nos processos de tratamento de água considerará etapas de eficiência, a fim de alcançar progressivamente os padrões estabelecidos pela legislação ambiental, em função da capacidade de pagamento dos usuários.

§ 1º A autoridade ambiental competente estabelecerá procedimentos simplificados de licenciamento para as atividades a que se refere o *caput* deste artigo, em função do porte das unidades e dos impactos ambientais esperados.

§ 2º A autoridade ambiental competente estabelecerá metas progressivas para que a qualidade dos efluentes de unidades de tratamento de esgotos sanitários atenda aos padrões das classes dos corpos hídricos em que forem lançados, a partir dos níveis presentes de tratamento e considerando a capacidade de pagamento das populações e usuários envolvidos.

ART. 45. Ressalvadas as disposições em contrário das normas do titular, da entidade de regulação e de meio ambiente, toda edificação permanente urbana será conectada às redes públicas de abastecimento de água e de esgotamento sanitário disponíveis e sujeita ao pagamento das tarifas e de outros preços públicos decorrentes da conexão e do uso desses serviços.

› Art. 45. As edificações permanentes urbanas serão conectadas às redes públicas de abastecimento de água e de esgotamento sanitário disponíveis e sujeitas ao pagamento de taxas, tarifas e outros preços públicos decorrentes da disponibilização e da manutenção da infraestrutura e do uso desses serviços. (Alterado pela Med. Prov. 868/2018.)

§ 1º Na ausência de redes públicas de saneamento básico, serão admitidas soluções individuais de abastecimento de água e de afastamento e destinação final dos esgotos sanitários, observadas as normas editadas pela entidade reguladora e pelos órgãos responsáveis pelas políticas ambiental, sanitária e de recursos hídricos.

§ 2º A instalação hidráulica predial ligada à rede pública de abastecimento de água não poderá ser também alimentada por outras fontes.

› Os §§ 3º a 7º foram incluídos pela Med. Prov. 844/2018, que teve vigência encerrada.

§ 3º-A Quando não viabilizada a conexão da edificação à rede de esgoto existente, o usuário não ficará isento dos pagamentos previstos no *caput*, exceto nas hipóteses de disposição e de tratamento dos esgotos sanitários por métodos alternativos, conforme as normas estabelecidas pela entidade reguladora e a legislação sobre o meio ambiente. (Acrescentado pela Med. Prov. 868/2018.)

§ 4º-A O pagamento de taxa ou de tarifa, na forma prevista no § 3º-A, não isenta o usuário da obrigação de conectar-se à rede pública de esgotamento sanitário e o descumprimento da obrigação sujeita o usuário ao pagamento de multa e às demais sanções previstas na legislação. (Acrescentado pela Med. Prov. 868/2018.)

§ 5º-A A entidade reguladora ou o titular dos serviços públicos de saneamento básico poderá estabelecer prazos e incentivos para a ligação das edificações à rede de esgotamento sanitário. (Acrescentado pela Med. Prov. 868/2018.)

§ 6º-A O serviço de conexão de edificação ocupada por família de baixa renda à rede de esgotamento sanitário poderá gozar de gratuidade, ainda que o serviço público de saneamento básico seja prestado de forma indireta, observado, quando couber, o reequilíbrio econômico-financeiro dos contratos. (Acrescentado pela Med. Prov. 868/2018.)

§ 7º-A Para fins de concessão da gratuidade prevista no § 6º-A, caberá ao titular regulamentar os critérios para enquadramento das famílias de baixa renda, consideradas as peculiaridades locais e regionais. (Acrescentado pela Med. Prov. 868/2018.)

ART. 46. Em situação crítica de escassez ou contaminação de recursos hídricos que obrigue à adoção de racionamento, declarada pela autoridade gestora de recursos hídricos, o ente regulador poderá adotar mecanismos tarifários de contingência, com objetivo de cobrir custos adicionais decorrentes, garantindo o equilíbrio financeiro da prestação do serviço e a gestão da demanda.

› Art. 46-A Sem prejuízo da adoção dos mecanismos a que se refere o art. 46, a ANA poderá recomendar, independentemente da dominialidade dos corpos hídricos que formem determinada bacia hidrográfica, a restrição ou a interrupção do uso de recursos hídricos e a prioridade do uso para o consumo humano e para a dessedentação de animais. (Acrescentado pela Med. Prov. 868/2018.)

CAPÍTULO VIII
DA PARTICIPAÇÃO DE ÓRGÃOS COLEGIADOS NO CONTROLE SOCIAL

ART. 47. O controle social dos serviços públicos de saneamento básico poderá incluir a participação de órgãos colegiados de caráter consultivo, estaduais, do Distrito Federal e municipais, assegurada a representação:

I - dos titulares dos serviços;

II - de órgãos governamentais relacionados ao setor de saneamento básico;

III - dos prestadores de serviços públicos de saneamento básico;

IV - dos usuários de serviços de saneamento básico;

V - de entidades técnicas, organizações da sociedade civil e de defesa do consumidor relacionadas ao setor de saneamento básico.

§ 1º As funções e competências dos órgãos colegiados a que se refere o *caput* deste artigo poderão ser exercidas por órgãos colegiados já existentes, com as devidas adaptações das leis que os criaram.

§ 2º No caso da União, a participação a que se refere o *caput* deste artigo será exercida nos termos da Medida Provisória n. 2.220, de 4 de setembro de 2001, alterada pela Lei n. 10.683, de 28 de maio de 2003.

CAPÍTULO IX
DA POLÍTICA FEDERAL DE SANEAMENTO BÁSICO

ART. 48. A União, no estabelecimento de sua política de saneamento básico, observará as seguintes diretrizes:

I - prioridade para as ações que promovam a equidade social e territorial no acesso ao saneamento básico;

II - aplicação dos recursos financeiros por ela administrados de modo a promover o desenvolvimento sustentável, a eficiência e a eficácia;

III - estímulo ao estabelecimento de adequada regulação dos serviços;

› III - uniformização da regulação do setor e divulgação de melhores práticas, conforme o disposto na Lei n. 9.984, de 2000; (Alterado pela Med. Prov. 868/2018.)

IV - utilização de indicadores epidemiológicos e de desenvolvimento social no planejamento, implementação e avaliação das suas ações de saneamento básico;

V - melhoria da qualidade de vida e das condições ambientais e de saúde pública;

VI - colaboração para o desenvolvimento urbano e regional;

VII - garantia de meios adequados para o atendimento da população rural dispersa, inclusive mediante a utilização de soluções compatíveis com suas características econômicas e sociais peculiares;

› VII - garantia de meios adequados para o atendimento da população rural, inclusive por meio da utilização de soluções compatíveis com as suas características econômicas e sociais peculiares; (Alterado pela Med. Prov. 868/2018.)

VIII - fomento ao desenvolvimento científico e tecnológico, à adoção de tecnologias apropriadas e à difusão dos conhecimentos gerados;

IX - adoção de critérios objetivos de elegibilidade e prioridade, levando em consideração fatores como nível de renda e cobertura, grau de urbanização, concentração populacional, disponibilidade hídrica, riscos sanitários, epidemiológicos e ambientais;

› IX - adoção de critérios objetivos de elegibilidade e prioridade, considerados fatores como nível de renda e cobertura, grau de urbanização, concentração populacional, porte populacional municipal, áreas rurais e comunidades tradicionais e indígenas, disponibilidade hídrica, riscos sanitários, epidemiológicos e ambientais; (Alterado pela Med. Prov. 868/2018.)

X - adoção da bacia hidrográfica como unidade de referência para o planejamento de suas ações;

XI - estímulo à implementação de infraestruturas e serviços comuns a Municípios, mediante mecanismos de cooperação entre entes federados.

XII - estímulo ao desenvolvimento e aperfeiçoamento de equipamentos e métodos economizadores de água. (Acrescentado pela Lei 12.862/2013.)

› XII - combate à perda de água e racionalização de seu consumo pelos usuários; (Alterado pela Med. Prov. 868/2018.)

› Os incisos XIII a XV foram incluídos pela Med. Prov. 844/2018, que teve vigência encerrada.

XIII-A - estímulo ao desenvolvimento e ao aperfeiçoamento de equipamentos e métodos economizadores de água; (Acrescentado pela Med. Prov. 868/2018.)

XIV-A - promoção da segurança jurídica e da redução dos riscos regulatórios, com vistas a estimular investimentos públicos e privados no setor; e (Acrescentado pela Med. Prov. 868/2018.)

XV-A - estímulo à integração das bases de dados do setor. (Acrescentado pela Med. Prov. 868/2018.)

Parágrafo único. As políticas e ações da União de desenvolvimento urbano e regional, de habitação, de combate e erradicação da pobreza, de proteção ambiental, de promoção da saúde e outras de relevante interesse social voltadas para a melhoria da qualidade de vida devem considerar a necessária articulação, inclusive no que se refere ao financiamento, com o saneamento básico.

ART. 49. São objetivos da Política Federal de Saneamento Básico:

I - contribuir para o desenvolvimento nacional, a redução das desigualdades regionais, a geração de emprego e de renda e a inclusão social;

› I - contribuir para o desenvolvimento nacional, a redução das desigualdades regionais, a geração de emprego e de renda, a inclusão social e a promoção da saúde pública; (Alterado pela Med. Prov. 868/2018.)

II - priorizar planos, programas e projetos que visem à implantação e ampliação dos serviços e ações de saneamento básico nas áreas ocupadas por populações de baixa renda;

› II - priorizar planos, programas e projetos que visem à implantação e à ampliação dos serviços e das ações de saneamento básico nas áreas ocupadas por populações de baixa renda, incluídos os núcleos urbanos informais consolidados, quando não se encontrarem em situação de risco; (Alterado pela Med. Prov. 868/2018.)

III - proporcionar condições adequadas de salubridade ambiental aos povos indígenas e outras populações tradicionais, com soluções compatíveis com suas características socioculturais;

› IV - proporcionar condições adequadas de salubridade ambiental às populações rurais e às pequenas comunidades; (Alterado pela Med. Prov. 868/2018.)

IV - proporcionar condições adequadas de salubridade ambiental às populações rurais e de pequenos núcleos urbanos isolados;

V - assegurar que a aplicação dos recursos financeiros administrados pelo poder público dê-se segundo critérios de promoção da salubridade ambiental, de maximização da relação benefício-custo e de maior retorno social;

VI - incentivar a adoção de mecanismos de planejamento, regulação e fiscalização da prestação dos serviços de saneamento básico;

VII - promover alternativas de gestão que viabilizem a auto-sustentação econômica e financeira dos serviços de saneamento básico, com ênfase na cooperação federativa;

VIII - promover o desenvolvimento institucional do saneamento básico, estabelecendo meios para a unidade e articulação das ações dos diferentes agentes, bem como do desenvolvimento de sua organização, capacidade técnica, gerencial, financeira e de recursos humanos, contempladas as especificidades locais;

IX - fomentar o desenvolvimento científico e tecnológico, a adoção de tecnologias apropriadas e a difusão dos conhecimentos gerados de interesse para o saneamento básico;

X - minimizar os impactos ambientais relacionados à implantação e desenvolvimento das ações, obras e serviços de saneamento básico e assegurar que sejam executadas de acordo com as normas relativas à proteção do meio ambiente, ao uso e ocupação do solo e à saúde.

XI - incentivar a adoção de equipamentos sanitários que contribuam para a redução do consumo de água; (Acrescentado pela Lei 12.862/2013.)

XII - promover educação ambiental voltada para a economia de água pelos usuários. (Acrescentado pela Lei 12.862/2013.)

› XII - promover a educação ambiental destinada à economia de água pelos usuários; e (Alterado pela Med. Prov. 868/2018.)

› O inciso XIII foi incluído pela Med. Prov. 844/2018, que teve vigência encerrada.

XIII-A - promover a capacitação técnica do setor. (Acrescentado pela Med. Prov. 868/2018.)

ART. 50. A alocação de recursos públicos federais e os financiamentos com recursos da União ou com recursos geridos ou operados por órgãos ou entidades da União serão feitos em conformidade com as diretrizes e objetivos estabelecidos nos arts. 48 e 49 desta Lei e com os planos de saneamento básico e condicionados:

I - ao alcance de índices mínimos de:

a) desempenho do prestador na gestão técnica, econômica e financeira dos serviços;

› a) desempenho do prestador na gestão técnica, econômica e financeira dos serviços; e (Alterado pela Med. Prov. 868/2018.)

b) eficiência e eficácia dos serviços, ao longo da vida útil do empreendimento;

› b) eficiência e eficácia na prestação dos serviços de saneamento básico; (Alterado pela Med. Prov. 868/2018.)

II - à adequada operação e manutenção dos empreendimentos anteriormente financiados com recursos mencionados no *caput* deste artigo.

› II - à operação adequada e à manutenção dos empreendimentos anteriormente financiados com os recursos mencionados no *caput*;

› Os incisos III a V foram incluídos pela Med. Prov. 844/2018, que teve vigência encerrada.

III-A - à observância às normas de referência nacionais para a regulação dos serviços públicos de saneamento básico expedidas pela ANA; (Acrescentado pela Med. Prov. 868/2018.)

IV-A - ao cumprimento de índice de perda de água na distribuição, conforme definido em ato do Ministro de Estado das Cidades; e (Acrescentado pela Med. Prov. 868/2018.)

V-A - ao fornecimento de informações atualizadas para o Sinisa, conforme os critérios, os métodos e a periodicidade estabelecidos pelo Ministério das Cidades. (Acrescentado pela Med. Prov. 868/2018.)

§ 1º Na aplicação de recursos não onerosos da União, será dado prioridade às ações e empreendimentos que visem ao atendimento de usuários ou Municípios que não tenham capacidade de pagamento compatível com a autossustentação econômico-financeira dos serviços, vedada sua aplicação a empreendimentos contratados de forma onerosa.

› § 1º Na aplicação de recursos não onerosos da União, será dada prioridade aos serviços prestados por gestão associada ou que visem ao atendimento dos Municípios com maiores déficits de atendimento e cuja população não tenha capacidade de pagamento compatível com a viabilidade econômico-financeira dos serviços, vedada a aplicação em empreendimentos contratados de forma onerosa. (Alterado pela Med. Prov. 868/2018.)

§ 2º A União poderá instituir e orientar a execução de programas de incentivo à execução de projetos de interesse social na área de saneamento básico com participação de investidores privados, mediante operações estruturadas de financiamentos realizados com recursos de fundos privados de investimento, de capitalização ou de previdência complementar, em condições compatíveis com a natureza essencial dos serviços públicos de saneamento básico.

§ 3º É vedada a aplicação de recursos orçamentários da União na administração, operação e manutenção de serviços públicos de saneamento básico não administrados por órgão ou entidade federal, salvo por prazo determinado em situações de eminente risco à saúde pública e ao meio ambiente.

§ 4º Os recursos não onerosos da União, para subvenção de ações de saneamento básico promovidas pelos demais entes da Federação, serão sempre transferidos para Municípios, o Distrito Federal ou Estados.

§ 5º No fomento à melhoria de operadores públicos de serviços de saneamento básico, a União poderá conceder benefícios ou incentivos orçamentários, fiscais ou creditícios como contrapartida ao alcance de metas de desempenho operacional previamente estabelecidas.

› § 5º No fomento à melhoria da prestação dos serviços públicos de saneamento básico, a União poderá conceder benefícios ou incentivos orçamentários, fiscais ou creditícios como contrapartida ao alcance de metas de desempenho operacional previamente estabelecidas. (Alterado pela Med. Prov. 868/2018.)

§ 6º A exigência prevista na alínea a do inciso I do *caput* deste artigo não se aplica à destinação de recursos para programas de desenvolvimento institucional do operador de serviços públicos de saneamento básico.

§ 7º (Vetado.)

› O § 8º foi incluído pela Med. Prov. 844/2018, que teve vigência encerrada.

§ 8º-A A manutenção das condições e do acesso aos recursos a que se refere o *caput* dependerá da continuidade da observância aos atos normativos e à conformidade dos órgãos e das entidades reguladoras ao disposto no inciso III-A do *caput*. (Acrescentado pela Med. Prov. 868/2018.)

ART. 51. O processo de elaboração e revisão dos planos de saneamento básico deverá prever sua divulgação em conjunto com os estudos que os fundamentarem, o recebimento de sugestões e críticas por meio de consulta ou audiência pública e, quando previsto na legislação do titular, análise e opinião por órgão colegiado criado nos termos do art. 47 desta Lei.

Parágrafo único. A divulgação das propostas dos planos de saneamento básico e dos estudos que as fundamentarem dar-se-á por meio da disponibilização integral de seu teor a todos os interessados, inclusive por meio da internet e por audiência pública.

ART. 52. A União elaborará, sob a coordenação do Ministério das Cidades:

I - o Plano Nacional de Saneamento Básico - PNSB que conterá:

› I - o Plano Nacional de Saneamento Básico, que conterá: (Alterado pela Med. Prov. 868/2018.)

a) os objetivos e metas nacionais e regionalizadas, de curto, médio e longo prazos, para a universalização dos serviços de saneamento básico e o alcance de níveis crescentes de saneamento básico no território nacional, observando a compatibilidade com os demais planos e políticas públicas da União;

b) as diretrizes e orientações para o equacionamento dos condicionantes de natureza político-institucional, legal e jurídica, econômico-financeira, administrativa, cultural e tecnológica com impacto na consecução das metas e objetivos estabelecidos;

c) a proposição de programas, projetos e ações necessários para atingir os objetivos e as metas da Política Federal de Saneamento Básico, com identificação das respectivas fontes de financiamento;

› c) a proposição de programas, projetos e ações necessários para atingir os objetivos e as metas da política federal de saneamento básico, com identificação das fontes de financiamento, de forma a ampliar os investimentos públicos e privados no setor; (Alterado pela Med. Prov. 868/2018.)

d) as diretrizes para o planejamento das ações de saneamento básico em áreas de especial interesse turístico;

e) os procedimentos para a avaliação sistemática da eficiência e eficácia das ações executadas;

II - planos regionais de saneamento básico, elaborados e executados em articulação com os Estados, Distrito Federal e Municípios envolvidos para as regiões integradas de desenvolvimento econômico ou nas que haja a participação de órgão ou entidade federal na prestação de serviço público de saneamento básico.

§ 1º O PNSB deve:

› § 1º O Plano Nacional de Saneamento Básico deverá: (Alterado pela Med. Prov. 868/2018.)

I - abranger o abastecimento de água, o esgotamento sanitário, o manejo de resíduos sólidos e o manejo de águas pluviais e outras ações de saneamento básico de interesse para a melhoria da salubridade ambiental, incluindo o provimento de banheiros e unidades hidrossanitárias para populações de baixa renda;

II - tratar especificamente das ações da União relativas ao saneamento básico nas áreas indígenas, nas reservas extrativistas da União e nas comunidades quilombolas.

› II - tratar especificamente das ações da União relativas ao saneamento básico nas áreas indígenas, nas reservas extrativistas da União e nas comunidades quilombolas; (Alterado pela Med. Prov. 868/2018.)

› Os incisos III a V foram incluídos pela Med. Prov. 844/2018, que teve vigência encerrada.

III-A - contemplar programa específico para ações de saneamento básico em áreas rurais; (Acrescentado pela Med. Prov. 868/2018.)

IV-A - contemplar ações específicas de segurança hídrica; e (Acrescentado pela Med. Prov. 868/2018.)

V-A - contemplar ações de saneamento básico em núcleos urbanos informais ocupados por populações de baixa renda, quando estes forem consolidados e não se encontrarem em situação de risco. (Acrescentado pela Med. Prov. 868/2018.)

§ 2º Os planos de que tratam os incisos I e II do *caput* deste artigo devem ser elaborados com horizonte de 20 (vinte) anos, avaliados anualmente e revisados a cada 4 (quatro) anos, preferencialmente em períodos coincidentes com os de vigência dos planos plurianuais.

ART. 53. Fica instituído o Sistema Nacional de Informações em Saneamento Básico - SINISA, com os objetivos de:

I - coletar e sistematizar dados relativos às condições da prestação dos serviços públicos de saneamento básico;

II - disponibilizar estatísticas, indicadores e outras informações relevantes para a caracterização da demanda e da oferta de serviços públicos de saneamento básico;

III - permitir e facilitar o monitoramento e avaliação da eficiência e da eficácia da prestação dos serviços de saneamento básico.

§ 1º As informações do Sinisa são públicas e acessíveis a todos, devendo ser publicadas por meio da internet.

§ 2º A União apoiará os titulares dos serviços a organizar sistemas de informação em saneamento básico, em atendimento ao disposto no inciso VI do *caput* do art. 9º desta Lei.

› Os §§ 3º a 7º foram incluídos pela Med. Prov. 844/2018, que teve vigência encerrada.

§ 3º-A. Compete ao Ministério das Cidades a organização, a implementação e a gestão do Sinisa, além de estabelecer os critérios, os métodos e a periodicidade para o preenchimento das informações pelos titulares, pelas entidades reguladoras e pelos prestadores dos serviços e para a auditoria do Sinisa. (Acrescentado pela Med. Prov. 868/2018.)

§ 4º-A. A ANA e o Ministério das Cidades promoverão a interoperabilidade do Sistema Nacional de Informações sobre Recursos Hídricos com o Sinisa. (Acrescentado pela Med. Prov. 868/2018.)

§ 5º-A. O Ministério das Cidades dará ampla transparência e publicidade aos sistemas de informações por ele geridos e considerará as demandas dos órgãos e das entidades envolvidos na política federal de saneamento básico, para fornecer os dados necessários ao desenvolvimento, à implementação e à avaliação das políticas públicas do setor. (Acrescentado pela Med. Prov. 868/2018.)

§ 6º-A. O Ministério das Cidades estabelecerá mecanismo sistemático de auditoria das informações inseridas no Sinisa. (Acrescentado pela Med. Prov. 868/2018.)

§ 7º-A. Os titulares, os prestadores de serviços de saneamento básico e as entidades reguladoras fornecerão as informações a serem inseridas no Sinisa. (Acrescentado pela Med. Prov. 868/2018.)

› Os arts. 53-A a 53-C foram incluídos pela Med. Prov. 844/2018, que teve vigência encerrada.

Art. 53-D. Fica criado o Comitê Interministerial de Saneamento Básico - Cisb, colegiado que, sob a presidência do Ministério das Cidades, tem a finalidade de assegurar a implementação da política federal de saneamento básico e de articular a atuação dos órgãos e das entidades federais na alocação de recursos financeiros em ações de saneamento básico. (Acrescentado pela Med. Prov. 868/2018.)

Parágrafo único. A composição do Cisb será definida em ato do Poder Executivo federal. (Acrescentado pela Med. Prov. 868/2018.)

Art. 53-E. Compete ao Cisb: (Acrescentado pela Med. Prov. 868/2018.)

I - coordenar, integrar, articular e avaliar a gestão, em âmbito federal, do Plano Nacional de Saneamento Básico; (Acrescentado pela Med. Prov. 868/2018.)

II - acompanhar o processo de articulação e as medidas que visem à destinação dos recursos para o saneamento básico, no âmbito do Poder Executivo federal; (Acrescentado pela Med. Prov. 868/2018.)

III - garantir a racionalidade da aplicação dos recursos federais no setor de saneamento básico com vistas à universalização dos serviços e à ampliação dos investimentos públicos e privados no setor; (Acrescentado pela Med. Prov. 868/2018.)

IV - elaborar estudos técnicos para subsidiar a tomada de decisões sobre a alocação de recursos federais no âmbito da política federal de saneamento básico; e (Acrescentado pela Med. Prov. 868/2018.)

V - avaliar e aprovar orientações para a aplicação dos recursos federais em saneamento básico. (Acrescentado pela Med. Prov. 868/2018.)

Art. 53-F. Regimento interno disporá sobre a organização e o funcionamento do Cisb. (Acrescentado pela Med. Prov. 868/2018.)

CAPÍTULO X
DISPOSIÇÕES FINAIS

ART. 54. (Vetado.)

ART. 54-A. Fica instituído o Regime Especial de Incentivos para o Desenvolvimento do Saneamento Básico - REISB, com o objetivo de estimular a pessoa jurídica prestadora de serviços públicos de saneamento básico a aumentar seu volume de investimentos por meio da concessão de créditos tributários. (Acrescentado pela Lei 13.329/2016.)

Parágrafo único. A vigência do Reisb se estenderá até o ano de 2026. (Acrescentado pela Lei 13.329/2016.)

ART. 54-B. É beneficiária do Reisb a pessoa jurídica que realize investimentos voltados para a sustentabilidade e para a eficiência dos sistemas de saneamento básico e em acordo com o Plano Nacional de Saneamento Básico. (Acrescentado pela Lei 13.329/2016.)

§ 1º Para efeitos do disposto no *caput*, ficam definidos como investimentos em sustentabilidade e em eficiência dos sistemas de saneamento básico aqueles que atendam: (Acrescentado pela Lei 13.329/2016.)

I - ao alcance das metas de universalização do abastecimento de água para consumo humano e da coleta e tratamento de esgoto; (Acrescentado pela Lei 13.329/2016.)

II - à preservação de áreas de mananciais e de unidades de conservação necessárias à proteção das condições naturais e de produção de água; (Acrescentado pela Lei 13.329/2016.)

III - à redução de perdas de água e à ampliação da eficiência dos sistemas de abastecimento de água para consumo humano e dos sistemas de coleta e tratamento de esgoto; (Acrescentado pela Lei 13.329/2016.)

IV - à inovação tecnológica. (Acrescentado pela Lei 13.329/2016.)

§ 2º Somente serão beneficiados pelo Reisb projetos cujo enquadramento às condições definidas no *caput* seja atestado pela Administração da pessoa jurídica beneficiária nas demonstrações financeiras dos períodos em que se apurarem ou se utilizarem os créditos. (Acrescentado pela Lei 13.329/2016.)

§ 3º Não se poderão beneficiar do Reisb as pessoas jurídicas optantes pelo Regime Especial Unificado de Arrecadação de Tributos e Contribuições devidos pelas Microempresas e Empresas de Pequeno Porte - Simples Nacional, de que trata a Lei Complementar n. 123, de 14 de dezembro de 2006, e as pessoas jurídicas de que tratam o inciso II do art. 8º da Lei n. 10.637, de 30 de dezembro de 2002, e o inciso II do art. 10 da Lei n. 10.833, de 29 de dezembro de 2003. (Acrescentado pela Lei 13.329/2016.)

§ 4º A adesão ao Reisb é condicionada à regularidade fiscal da pessoa jurídica em relação aos impostos e às contribuições administrados pela Secretaria da Receita Federal do Brasil. (Acrescentado pela Lei 13.329/2016.)

ART. 54-C. (Vetado). (Acrescentado pela Lei 13.329/2016.)

ART. 55. O § 5º do art. 2º da Lei n. 6.766, de 19 de dezembro de 1979, passa a vigorar com a seguinte redação:

› Alteração promovida no texto da referida lei.

ART. 56. (Vetado.)

ART. 57. O inciso XXVII do *caput* do art. 24 da Lei n. 8.666, de 21 de junho de 1993, passa a vigorar com a seguinte redação:

› Alteração promovida no texto da referida lei.

ART. 58. O art. 42 da Lei n. 8.987, de 13 de fevereiro de 1995, passa a vigorar com a seguinte redação:

› Alteração promovida no texto da referida lei.

ART. 59. (Vetado.)

ART. 60. Revoga-se a Lei n. 6.528, de 11 de maio de 1978.

Brasília, 5 de janeiro de 2007; 186º da Independência e 119º da República.

LUIZ INÁCIO LULA DA SILVA

LEI N. 11.473, DE 10 DE MAIO DE 2007

Dispõe sobre cooperação federativa no âmbito da segurança pública e revoga a Lei n. 10.277, de 10 de setembro de 2001.

› *DOU*, 11.05.2007.

› Conversão da Med. Prov. 345/2007.

O Presidente da República. Faço saber que o Congresso Nacional decreta e eu sanciono a seguinte Lei:

ART. 1º A União poderá firmar convênio com os Estados e o Distrito Federal para executar atividades e serviços imprescindíveis à preservação da ordem pública e da incolumidade das pessoas e do patrimônio.

ART. 2º A cooperação federativa de que trata o art. 1º, para os fins desta Lei, compreende operações conjuntas, transferências de recursos e desenvolvimento de atividades de capacitação e qualificação de profissionais, no âmbito da Secretaria Nacional de Segurança Pública (Senasp). (Alterado pela Lei 13.500/2017.)

› A Med. Prov. 870/2019 determinou a seguinte alteração:

Art. 2º A cooperação federativa de que trata o art. 1º, para fins do disposto nesta Lei, compreende operações conjuntas, transferências de recursos e desenvolvimento de atividades de capacitação e qualificação de profissionais, no âmbito do Ministério da Justiça e Segurança Pública.

Parágrafo único. As atividades de cooperação federativa têm caráter consensual e serão desenvolvidas sob a coordenação conjunta da União e do Ente convenente.

ART. 3º Consideram-se atividades e serviços imprescindíveis à preservação da ordem pública e da incolumidade das pessoas e do patrimônio, para os fins desta Lei:

I - o policiamento ostensivo;

II - o cumprimento de mandados de prisão;

III - o cumprimento de alvarás de soltura;

IV - a guarda, a vigilância e a custódia de presos;

V - os serviços técnico-periciais, qualquer que seja sua modalidade;

VI - o registro e a investigação de ocorrências policiais; (Alterado pela Lei 13.500/2017.)

VII - as atividades relacionadas à segurança dos grandes eventos. (Alterado pela Lei 13.173/2015.)

VIII - as atividades de inteligência de segurança pública; (Acrescentado pela Lei 13.500/2017.)

IX - a coordenação de ações e operações integradas de segurança pública; (Alterado pela Lei 13.756/2018.)

X - o auxílio na ocorrência de catástrofes ou desastres coletivos, inclusive para reconhecimento de vitimados; e (Alterado pela Lei 13.756/2018.)

XI - o apoio às atividades de conservação e policiamento ambiental. (Alterado pela Lei 13.756/2018.)

§ 1º A cooperação federativa no âmbito do Ministério da Segurança Pública também ocorrerá para fins de desenvolvimento de atividades de apoio administrativo e de projetos na área de segurança pública. (Renumerado de p.u. pela Lei 13.756/2018.)

› A Med. Prov. 870/2019 determinou a revogação deste parágrafo.

§ 2º A cooperação federativa no âmbito do Ministério da Segurança Pública também ocorrerá para fins de desenvolvimento de atividades de apoio administrativo e de projetos na área de segurança pública. (Acrescentado pela Lei 13.756/2018.)

ART. 4º Os ajustes celebrados na forma do art. 1º desta Lei deverão conter, essencialmente:

I - identificação do objeto;

II - identificação de metas;

III - definição das etapas ou fases de execução;

IV - plano de aplicação dos recursos financeiros;

V - cronograma de desembolso;

VI - previsão de início e fim da execução do objeto; e

VII - especificação do aporte de recursos, quando for o caso.

Parágrafo único. A União, por intermédio do Ministério da Justiça, poderá colocar à disposição dos Estados e do Distrito Federal, em caráter emergencial e provisório, servidores públicos federais, ocupantes de cargos congêneres e de formação técnica compatível, para execução do convênio de cooperação federativa de que trata esta Lei, sem ônus.

ART. 5º As atividades de cooperação federativa, no âmbito da Senasp serão desempenhadas por militares dos Estados e do Distrito Federal e por servidores das atividades-fim dos órgãos de segurança pública e dos órgãos de perícia criminal dos entes federados que celebrarem convênio, na forma do art. 1º desta Lei. (Alterado pela Lei 13.500/2017.)

› A Med. Prov. 870/2019 determinou a seguinte alteração:

Art. 5º As atividades de cooperação federativa, no âmbito do Ministério da Justiça e Segurança Pública, serão desempenhadas por militares dos Estados e do Distrito Federal e por servidores das atividades-fim dos órgãos de segurança pública, do sistema prisional e de perícia criminal dos entes federativos que celebrarem convênio, na forma do disposto no art. 1º.

§ 1º Se forem insuficientes os convênios firmados entre a União e os entes federados para suprir a previsão do efetivo da Força Nacional de Segurança Pública (FNSP), e em face da necessidade de excepcional interesse público, as atividades previstas no *caput* deste artigo poderão ser desempenhadas em caráter voluntário: (Acrescentado pela Lei 13.500/2017.)

I - por militares e por servidores das atividades-fim dos órgãos de segurança pública e dos órgãos de perícia criminal da União, dos Estados e do Distrito Federal que tenham passado para a inatividade há menos de cinco anos; (Acrescentado pela Lei 13.500/2017.)

II - por reservistas que tenham servido como militares temporários das Forças Armadas e passado para a reserva há menos de cinco anos, nos termos de convênio celebrado entre o Ministério da Defesa e o Ministério da Justiça e Segurança Pública. (Acrescentado pela Lei 13.500/2017.)

§ 2º (Vetado): (Acrescentado pela Lei 13.500 /2017.)

§ 3º Os militares, os servidores e os reservistas de que trata o § 1º deste artigo serão mobilizados na FNSP, no mesmo posto, graduação ou cargo que exerciam nas respectivas instituições quando estavam no serviço ativo. (Acrescentado pela Lei 13.500/2017.)

§ 4º O disposto no § 1º deste artigo aplica-se às hipóteses em que a condição de inatividade não tenha ocorrido em razão de doença, acidente, invalidez, incapacidade, idade-limite, aposentadoria compulsória, licenciamento ou exclusão a bem da disciplina, condenação judicial transitada em julgado ou expulsão. (Acrescentado pela Lei 13.500/2017.)

§ 5º Aos militares, aos servidores e aos reservistas de que trata o § 1º deste artigo aplica-se o regime disciplinar a que estão submetidos nas respectivas instituições de origem. (Acrescentado pela Lei 13.500/2017.)

§ 6º O disposto nos arts. 6º e 7º desta Lei aplica-se aos militares, aos servidores e aos reservistas de que trata o § 1º deste artigo. (Acrescentado pela Lei 13.500/2017.)

§ 7º Anualmente, será realizada a previsão do efetivo da FNSP pelo Ministério da Justiça e Segurança Pública, com prioridade para a convocação, na seguinte ordem: (Acrescentado pela Lei 13.500/2017.)

I - dos militares e dos servidores referidos no *caput* deste artigo; (Acrescentado pela Lei 13.500/2017.)

II - dos militares, dos servidores e dos reservistas referidos no § 1º deste artigo que já possuírem o curso de formação da FNSP na data de publicação desta Lei. (Acrescentado pela Lei 13.500/2017.)

§ 8º A convocação dos voluntários dar-se-á por processo seletivo cujos critérios serão definidos em regulamento. (Acrescentado pela Lei 13.500/2017.)

§ 9º Os militares e os servidores referidos no *caput* e no § 1º deste artigo, mobilizados para a Senasp, inclusive para a FNSP, poderão nela permanecer pelo prazo máximo de dois anos, prorrogável por ato do Ministro de Estado da Justiça e Segurança Pública, mediante anuência específica do respectivo ente federado convenente. (Acrescentado pela Lei 13.500/2017.)

§ 10. A permanência, até o dia 31 de janeiro de 2020, dos reservistas referidos no inciso II do § 1º deste artigo que, na data da publicação desta Lei, estiverem mobilizados pela FNSP, está condicionada à previsão orçamentária a que se refere o § 7º deste artigo e sua situação será definida por regulamento do Ministério da Justiça e Segurança Pública. (Acrescentado pela Lei 13.500/2017.)

§ 11. Os integrantes da Senasp, incluídos os da FNSP, que venham a responder a inquérito policial ou a processo judicial em função do seu emprego nas atividades e serviços referidos no art. 3º desta Lei serão representados judicialmente pela Advocacia-Geral da União. (Acrescentado pela Lei 13.500/2017.)

> ‣ A Med. Prov. 870/2019 determinou a seguinte alteração:
>
> § 11. Os integrantes da Secretaria Nacional de Segurança Pública, incluídos os da Força Nacional de Segurança Pública, os da Secretaria de Operações Integradas e os do Departamento Penitenciário Nacional que venham a responder a inquérito policial ou a processo judicial em função do seu emprego nas atividades e dos serviços referidos no art. 3º serão representados judicialmente pela Advocacia-Geral da União.

§ 12. (Vetado). (Acrescentado pela Lei 13.500 /2017.)

§ 13. A mobilização para a FNSP dos reservistas a que se refere o inciso II do § 1º deste artigo será restrita àqueles que contarem mais de um ano de serviço militar e menos de nove anos de serviço público e que atenderem às demais condições estabelecidas por esta Lei e pelo Ministério da Justiça e Segurança Pública, considerando, ainda, que a eventual prorrogação de sua permanência na FNSP só será concedida se não implicar estabilidade. (Acrescentado pela Lei 13.500/2017.)

§ 14. As despesas com a convocação e com a manutenção dos reservistas a que se refere o inciso II do § 1º deste artigo serão custeadas com dotações orçamentárias do Ministério da Justiça e Segurança Pública, nos termos do convênio estabelecido com o Ministério da Defesa, no período em que integrarem os quadros da Força Nacional de Segurança Pública. (Acrescentado pela Lei 13.500/2017.)

§ 15. O disposto no inciso II do *caput* do art. 6º da Lei n. 10.826, de 22 de dezembro de 2003, aplica-se aos militares da reserva remunerada dos Estados e do Distrito Federal que exerçam cargo ou função em Gabinete Militar, em Casa Militar ou em órgão equivalente dos governos dos Estados e do Distrito Federal. (Acrescentado pela Lei 13.500/2017.)

ART. 6º Os servidores civis e militares dos Estados e do Distrito Federal que participarem de atividades desenvolvidas em decorrência de convênio de cooperação de que trata esta Lei farão jus ao recebimento de diária a ser paga na forma prevista no art. 4º da Lei n. 8.162, de 8 de janeiro de 1991.

§ 1º A diária de que trata o *caput* deste artigo será concedida aos servidores enquanto mobilizados no âmbito do programa da Força Nacional de Segurança Pública em razão de deslocamento da sede em caráter eventual ou transitório para outro ponto do território nacional e não será computada para efeito de adicional de férias e do 13º (décimo terceiro) salário, nem integrará os salários, remunerações, subsídios, proventos ou pensões, inclusive alimentícias.

§ 2º A diária de que trata o *caput* deste artigo será custeada pelo Fundo Nacional de Segurança Pública, instituído pela Lei n. 10.201, de 14 de fevereiro de 2001, e, excepcionalmente, à conta de dotação orçamentária da União.

‣ A Lei 10.201/2001 foi revogada pela Lei 13.756/2018.

ART. 7º O servidor civil ou militar vitimado durante as atividades de cooperação federativa de que trata esta Lei, bem como o Policial Federal, o Policial Rodoviário Federal, o Policial Civil e o Policial Militar, em ação operacional conjunta com a Força Nacional de Segurança Pública, farão jus, no caso de invalidez incapacitante para o trabalho, à indenização no valor de R$ 100.000,00 (cem mil reais), e seus dependentes, ao mesmo valor, no caso de morte.

Parágrafo único. A indenização de que trata o *caput* deste artigo correrá à conta do Fundo Nacional de Segurança Pública.

ART. 8º As indenizações previstas nesta Lei não excluem outros direitos e vantagens previstos em legislação específica.

ART. 9º Ficam criados, no âmbito do Poder Executivo Federal, para atender às necessidades do Programa da Força Nacional de Segurança Pública, 9 (nove) cargos em comissão do Grupo Direção e Assessoramento Superiores DAS, sendo 1 (um) DAS-5, 3 (três) DAS-4 e 5 (cinco) DAS-3.

ART. 10. Esta Lei entra em vigor na data de sua publicação.

ART. 11. Fica revogada a Lei n. 10.277, de 10 de setembro de 2001.

Brasília, 10 de maio de 2007; 186º da Independência e 119º da República.

LUIZ INÁCIO LULA DA SILVA

LEI N. 11.481, DE 31 DE MAIO DE 2007

Dá nova redação a dispositivos das Leis n. 9.636, de 15 de maio de 1998, 8.666, de 21 de junho de 1993, 11.124, de 16 de junho de 2005, 10.406, de 10 de janeiro de 2002 - Código Civil, 9.514, de 20 de novembro de 1997, e 6.015, de 31 de dezembro de 1973, e dos Decretos-Leis n. 9.760, de 5 de setembro de 1946, 271, de 28 de fevereiro de 1967, 1.876, de 15 de julho de 1981, e 2.398, de 21 de dezembro de 1987; prevê medidas voltadas à regularização fundiária de interesse social em imóveis da União; e dá outras providências.

‣ *DOU*, 31.05.2007 edição extra.
‣ Conversão da Med. Prov. 335/2006.

O Presidente da República. Faço saber que o Congresso Nacional decreta e eu sanciono a seguinte Lei:

ART. 1º Os arts. 1º, 6º, 7º, 9º, 18, 19, 26, 29, 31 e 45 da Lei n. 9.636, de 15 de maio de 1998, passam a vigorar com a seguinte redação:

‣ Alterações promovidas no texto da referida lei.

ART. 2º A Lei n. 9.636, de 15 de maio de 1998, passa a vigorar acrescida dos seguintes artigos:

‣ Alterações promovidas no texto da referida lei.

ART. 3º O art. 17 da Lei n. 8.666, de 21 de junho de 1993, passa a vigorar com as seguintes alterações:

‣ Alterações promovidas no texto da referida lei.

ART. 4º Os arts. 8º e 24 da Lei n. 11.124, de 16 de junho de 2005, passam a vigorar com as seguintes alterações:

‣ Alterações promovidas no texto da referida lei.

ART. 5º Os arts. 11, 12, 79, 100, 103, 119 e 121 do Decreto-Lei n. 9.760, de 5 de setembro de 1946, passam a vigorar com a seguinte redação:

‣ Alterações promovidas no texto da referida lei.

ART. 6º O Decreto-Lei n. 9.760, de 5 de setembro de 1946, passa a vigorar acrescido dos seguintes dispositivos:

‣ Alterações promovidas no texto da referida lei.

ART. 7º O art. 7º do Decreto-Lei n. 271, de 28 de fevereiro de 1967, passa a vigorar com a seguinte redação:

‣ Alterações promovidas no texto da referida lei.

ART. 8º Os arts. 1º e 2º do Decreto-Lei n. 1.876, de 15 de julho de 1981, passam a vigorar com a seguinte redação:

‣ Alterações promovidas no texto da referida lei.

ART. 9º O Decreto-Lei n. 2.398, de 21 de dezembro de 1987, passa a vigorar acrescido do seguinte art. 3º-A:

‣ Alterações promovidas no texto da referida lei.

ART. 10. Os arts. 1.225 e 1.473 da Lei n. 10.406, de 10 de janeiro de 2002 - Código Civil, passam a vigorar com a seguinte redação:

‣ Alterações promovidas no texto do CC/2002.

ART. 11. O art. 22 da Lei n. 9.514, de 20 de novembro de 1997, passa a vigorar com a seguinte redação:

‣ Alterações promovidas no texto da referida lei.

ART. 12. A Lei n. 6.015, de 31 de dezembro de 1973, passa a vigorar acrescida do seguinte art. 290-A:

‣ Alterações promovidas no texto da referida lei.

ART. 13. A concessão de uso especial para fins de moradia, a concessão de direito real de uso e o direito de superfície podem ser objeto de garantia real, assegurada sua aceitação pelos agentes financeiros no âmbito do Sistema Financeiro da Habitação - SFH.

ART. 14. A alienação de bens imóveis do Fundo do Regime Geral de Previdência Social desnecessários ou não vinculados às suas atividades operacionais será feita mediante leilão público, observado o disposto nos §§ 1º e 2º deste artigo e as seguintes condições:

> ‣ A Med. Prov. 852/2018 determinou a seguinte alteração para este artigo:
>
> Art. 14. A alienação de bens imóveis do Fundo do Regime Geral de Previdência Social desnecessários ou não vinculados às suas atividades operacionais, ressalvadas as hipóteses previstas no art. 22 da Lei n. 13.240, de 30 de dezembro de 2015, será feita por meio de leilão público, observados o disposto nos § 1º e § 2º e as seguintes condições:

I - o preço mínimo inicial de venda será fixado com base no valor de mercado do imóvel estabelecido em avaliação elaborada pelo Instituto Nacional do Seguro Social - INSS ou por meio da contratação de serviços especializados de terceiros, cuja validade será de 12 (doze) meses, observadas as normas aplicáveis da Associação Brasileira de Normas Técnicas - ABNT;

II - não havendo lance compatível com o valor mínimo inicial na primeira oferta, os imóveis deverão ser novamente disponibilizados para alienação por valor correspondente a 80% (oitenta por cento) do valor mínimo inicial;

III - caso permaneça a ausência de interessados na aquisição em segunda oferta, os imóveis deverão ser novamente disponibilizados para alienação com valor igual a 60% (sessenta por cento) do valor mínimo inicial;

IV - na hipótese de ocorrer o previsto nos incisos II e III do *caput* deste artigo, tais procedimentos de alienação acontecerão na mesma data e na sequência do leilão realizado pelo valor mínimo inicial;

V - o leilão poderá ser realizado em 2 (duas) fases:

a) na primeira fase, os lances serão entregues ao leiloeiro em envelopes fechados, os quais serão abertos no início do pregão; e

b) a segunda fase ocorrerá por meio de lances sucessivos a viva voz entre os licitantes cujas propostas apresentem uma diferença igual ou inferior a 10% (dez por cento) em relação à maior oferta apurada na primeira fase;

VI - os licitantes apresentarão propostas ou lances distintos para cada imóvel;

VII - o arrematante pagará, no ato do pregão, sinal correspondente a, no mínimo, 10% (dez por cento) do valor da arrematação, complementando o preço no prazo e nas condições previstas no edital, sob pena de perder, em favor do Fundo do Regime Geral de Previdência Social, o valor correspondente ao sinal e, em favor do leiloeiro, se for o caso, a respectiva comissão;

VIII - o leilão público será realizado por leiloeiro oficial ou por servidor especialmente designado;

IX - quando o leilão público for realizado por leiloeiro oficial, a respectiva comissão será, na forma do regulamento, de até 5% (cinco por cento) do valor da arrematação e será paga pelo arrematante, juntamente com o sinal; e

X - demais condições previstas no edital de licitação.

§ 1º O leilão de que trata o *caput* deste artigo realizar-se-á após a oferta pública dos imóveis pelo INSS e a não manifestação de interesse pela administração pública para destinação dos imóveis, inclusive para programas habitacionais ou de regularização fundiária de interesse social.

§ 2º Caso haja interesse da administração pública, essa deverá apresentar ao INSS, no prazo de 60 (sessenta) dias, proposta de aquisição, nos termos do regulamento, observado o preço mínimo previsto no inciso I do *caput* deste artigo.

§ 3º Fica dispensado o sinal de pagamento quando os arrematantes forem beneficiários de programas habitacionais ou de regularização fundiária de interesse social, ou cooperativa ou outro tipo de associação que os represente.

§ 4º O edital preverá condições específicas de pagamento para o caso de os arrematantes serem beneficiários de programas habitacionais ou de regularização fundiária de interesse social, ou cooperativa ou outro tipo de associação que os represente.

ART. 15. Os bens imóveis do Fundo do Regime Geral de Previdência Social poderão ser alienados diretamente à União, Distrito Federal, Estados, Municípios e aos beneficiários de programas de regularização fundiária ou de provisão habitacional de interesse social.

- A Med. Prov. 852/2018 determinou a revogação deste artigo.

§ 1º Na alienação aos beneficiários de programas referidos no *caput* deste artigo, deverão ser observadas condições específicas de pagamento e as demais regras fixadas pelo Ministério da Previdência Social.

§ 2º Somente poderão ser alienados diretamente aos beneficiários dos programas de regularização fundiária ou provisão habitacional de interesse social os imóveis que tenham sido objeto de praceamento sem arrematação nos termos do art. 14 desta Lei.

§ 3º Os imóveis de que trata o § 2º deste artigo serão alienados pelo valor de viabilidade econômica do programa habitacional interessado em adquiri-los.

§ 4º A alienação será realizada no âmbito do programa habitacional de interesse social, sendo responsabilidade do gestor do programa estabelecer as condições de sua operacionalização, na forma estabelecida pelo órgão federal responsável pelas políticas setoriais de habitação.

§ 5º A operacionalização será efetivada nos termos do § 1º deste artigo, observada a celebração de instrumento de cooperação específico entre o Ministério da Previdência Social e o respectivo gestor do programa.

§ 6º A União, no prazo de até 5 (cinco) anos, compensará financeiramente o Fundo do Regime Geral de Previdência Social, para os fins do previsto no art. 61 da Lei n. 8.212, de 24 de julho de 1991, pelos imóveis que lhe forem alienados na forma do *caput* deste artigo, observada a avaliação prévia dos referidos imóveis nos termos da legislação aplicável.

ARTS. 16 a 19. (Vetados.)

ART. 20. Ficam autorizadas as procuradorias jurídicas dos órgãos responsáveis pelos imóveis de que trata o *caput* dos arts. 14, 15, 16, 17 e 18 desta Lei a requerer a suspensão das ações possessórias, consoante o disposto no inciso II do *caput* do art. 265 da Lei n. 5.869, de 11 de janeiro de 1973 - Código de Processo Civil, quando houver anuência do ente competente na alienação da área ou imóvel em litígio, observados os arts. 14 a 19 desta Lei.

- A Med. Prov. 852/2018 determinou a seguinte alteração para este artigo:
  Art. 20. Ficam autorizadas as procuradorias jurídicas dos órgãos da administração pública responsáveis pelos imóveis de que trata o *caput* do art. 14 a requerer a suspensão das ações possessórias, de acordo com o disposto no inciso II do *caput* do art. 313 da Lei n. 13.105, de 16 de março de 2015 - Código de Processo Civil, na hipótese de haver anuência do ente competente na alienação da área ou do imóvel em litígio, observado o disposto no art. 14.

ART. 21. O disposto no art. 14 desta Lei não se aplica aos imóveis do Fundo do Regime Geral de Previdência Social que tenham sido objeto de publicação oficial pelo Instituto Nacional de Seguridade Social - INSS, até 31 de agosto de 2006, para alienação no âmbito do Programa de Arrendamento Residencial instituído pela Lei n. 10.188, de 12 de fevereiro de 2001, os quais serão alienados pelo valor de viabilidade econômica do programa habitacional interessado em adquiri-los.

ART. 22. Os Estados, o Distrito Federal e os Municípios nas regularizações fundiárias de interesse social promovidas nos imóveis de sua propriedade poderão aplicar, no que couber, as disposições dos arts. 18-B a 18-F do Decreto-Lei n. 9.760, de 5 de setembro de 1946.

ART. 23. O Poder Executivo, por meio da Secretaria do Patrimônio da União, adotará providências visando a realização de levantamento dos imóveis da União que possam ser destinados a implementar políticas habitacionais direcionadas à população de menor renda no âmbito do Sistema Nacional de Habitação de Interesse Social - SNHIS, instituído pela Lei n. 11.124, de 16 de junho de 2005.

ART. 24. As ocupações irregulares de imóveis por organizações religiosas para as suas atividades finalísticas, ocorridas até 27 de abril de 2006, poderão ser regularizadas pela Secretaria do Patrimônio da União mediante cadastramento, inscrição da ocupação e pagamento dos encargos devidos, observada a legislação urbanística local e outras disposições legais pertinentes.

Parágrafo único. Para os fins previstos no *caput* deste artigo, os imóveis deverão estar situados em áreas objeto de programas de regularização fundiária de interesse social.

ART. 25. A concessão de uso especial de que trata a Medida Provisória n. 2.220, de 4 de setembro de 2001, aplica-se também a imóvel público remanescente de desapropriação cuja propriedade tenha sido transferida a empresa pública ou sociedade de economia mista.

ART. 26. A partir da data de publicação desta Lei, independentemente da data de inscrição, em todos os imóveis rurais da União destinados a atividade agropecuária sob administração da Secretaria do Patrimônio da União considerados produtivos será aplicada a taxa de ocupação prevista no inciso I do *caput* do art. 1º do Decreto-Lei n. 2.398, de 21 de dezembro de 1987, ressalvados os casos de isenção previstos em lei.

ART. 27. Esta Lei entra em vigor na data de sua publicação.

ART. 28. Ficam revogados:

I - os arts. 6º, 7º e 8º do Decreto-Lei n. 9.760, de 5 de setembro de 1946;

II - o art. 3º do Decreto-Lei n. 1.876, de 15 de julho de 1981; e

III - o art. 93 da Lei n. 7.450, de 23 de dezembro de 1985.

Brasília, 31 de maio de 2007; 186º da Independência e 119º da República.

LUIZ INÁCIO LULA DA SILVA

LEI N. 11.484, DE 31 DE MAIO DE 2007

Dispõe sobre os incentivos às indústrias de equipamentos para TV Digital e de componentes eletrônicos semicondutores e sobre a proteção à propriedade intelectual das topografias de circuitos integrados, instituindo o Programa de Apoio ao Desenvolvimento Tecnológico da Indústria de Semicondutores - PADIS e o Programa de Apoio ao Desenvolvimento Tecnológico da Indústria de Equipamentos para a TV Digital - PATVD; altera a Lei n. 8.666, de 21 de junho de 1993; e revoga o art. 26 da Lei n. 11.196, de 21 de novembro de 2005.

- *DOU*, 31.05.2007 - Edição extra.
- Conversão da Med. Prov. 352/2007.
- Dec. 6.233/2007 (Estabelece critérios para efeito de habilitação ao Programa de Apoio ao Desenvolvimento Tecnológico da Indústria de Semicondutores - PADIS, que concede isenção do imposto de renda e reduz a zero as alíquotas da Contribuição para o PIS/PASEP, da COFINS e do IPI, instituído pelos arts. 1º a 11 desta Lei).
- Dec. 6.234/2007 (Estabelece critérios para a fruição dos incentivos decorrentes do Programa de Apoio ao Desenvolvimento Tecnológico da Indústria de Equipamentos para a TV Digital - PATVD, que reduz a zero as alíquotas da Contribuição para o PIS/PASEP, da COFINS e do IPI, instituído pelos arts. 12 a 22 desta Lei).

O Presidente da República. Faço saber que o Congresso Nacional decreta e eu sanciono a seguinte Lei:

CAPÍTULO I
DO APOIO AO DESENVOLVIMENTO TECNOLÓGICO DA INDÚSTRIA DE SEMICONDUTORES

SEÇÃO I
DO PROGRAMA DE APOIO AO DESENVOLVIMENTO TECNOLÓGICO DA INDÚSTRIA DE SEMICONDUTORES

ART. 1º Fica instituído o Programa de Apoio ao Desenvolvimento Tecnológico da Indústria de Semicondutores - PADIS, nos termos e condições estabelecidos por esta Lei.

- Dec. 6.233/2007 (Estabelece critérios para efeito de habilitação ao Programa de Apoio ao Desenvolvimento Tecnológico da Indústria de Semicondutores - PADIS, que concede isenção do imposto de renda e reduz a zero as alíquotas da Contribuição para o PIS/PASEP, da COFINS e do IPI, instituído pelos arts. 1º a 11 desta Lei).

ART. 2º É beneficiária do Padis a pessoa jurídica que realize investimento em Pesquisa e Desenvolvimento - P&D na forma do art. 6º e que exerça isoladamente ou em conjunto, em relação a: (Redação dada pela Lei 12.715/2012.)

I - dispositivos eletrônicos semicondutores classificados nas posições 85.41 e 85.42 da Nomenclatura Comum do Mercosul - NCM, as atividades de: (Redação dada pela Lei 12.715/2012.)

a) concepção, desenvolvimento e projeto (design);

b) difusão ou processamento físico-químico; ou

c) corte, encapsulamento e teste; (Redação dada pela Lei 12.715/2012.)

II - mostradores de informação (displays) de que trata o § 2º deste artigo, as atividades de:

a) concepção, desenvolvimento e projeto (design);

b) fabricação dos elementos fotossensíveis, foto ou eletroluminescentes e emissores de luz; ou

c) montagem final do mostrador e testes elétricos e ópticos.

III - insumos e equipamentos dedicados e destinados à fabricação dos produtos descritos nos incisos I e II do *caput*, relacionados em ato do Poder Executivo e fabricados conforme Processo Produtivo Básico estabelecido pelos Ministérios do Desenvolvimento, Indústria e Comércio Exterior e da Ciência, Tecnologia e Inovação. (Incluído pela Lei 12.715/2012.)

§ 1º Para efeitos deste artigo, considera-se que a pessoa jurídica exerce as atividades:

I - isoladamente, quando executar todas as etapas previstas na alínea em que se enquadrar; ou

II - em conjunto, quando executar todas as atividades previstas no inciso em que se enquadrar.

§ 2º O disposto no inciso II do *caput* deste artigo:

I - alcança os mostradores de informações (displays) relacionados em ato do Poder Executivo, com tecnologia baseada em componentes de cristal líquido - LCD, fotoluminescentes (painel mostrador de plasma - PDP), eletroluminescentes (diodos emissores de luz - LED, diodos emissores de luz orgânicos - OLED ou displays eletroluminescentes a filme fino - TFEL) ou similares com microestruturas de emissão de campo elétrico, destinados à utilização como insumo em equipamentos eletrônicos;

II - não alcança os tubos de raios catódicos - CRT.

§ 3º A pessoa jurídica de que trata o *caput* deste artigo deve exercer, exclusivamente, as atividades previstas neste artigo.

§ 4º O investimento em pesquisa e desenvolvimento referido no *caput* e o exercício das atividades de que tratam os incisos I a III do *caput* devem ser efetuados de acordo com projetos aprovados na forma do art. 5º. (Redação dada pela Lei 12.715/2012.)

§ 5º O disposto no inciso I do *caput* alcança os dispositivos eletrônicos semicondutores, montados e encapsulados diretamente sob placa de circuito impresso - chip on board, classificada no código 8523.51 da Tabela de Incidência do Imposto sobre Produtos Industrializados - TIPI. (Redação dada pela Lei 12.715/2012.)

SEÇÃO II
DA APLICAÇÃO DO PADIS

ART. 3º No caso de venda no mercado interno ou de importação de máquinas, aparelhos, instrumentos e equipamentos, para incorporação ao ativo imobilizado da pessoa jurídica adquirente no mercado interno ou importadora, destinados às atividades de que tratam os incisos I a III do *caput* do art. 2º desta Lei, ficam reduzidas a zero as alíquotas: (Redação dada pela Lei 12.249/2010.)

I - da Contribuição para o Programa de Integração Social e de Formação do Patrimônio do Servidor Público - PIS/PASEP e da Contribuição para o Financiamento da Seguridade Social - COFINS incidentes sobre a receita da pessoa jurídica vendedora quando a aquisição for efetuada por pessoa jurídica beneficiária do Padis;

II - da Contribuição para o PIS/Pasep-Importação e da Cofins-Importação quando a importação for efetuada por pessoa jurídica beneficiária do Padis; e

III - do Imposto sobre Produtos Industrializados - IPI, incidente na importação ou na saída do estabelecimento industrial ou equiparado quando a importação ou a aquisição no mercado interno for efetuada por pessoa jurídica beneficiária do Padis.

§ 1º As reduções de alíquotas previstas no *caput* deste artigo alcançam também as ferramentas computacionais (softwares) e os insumos destinados às atividades de que trata o art. 2º desta Lei quando importados ou adquiridos no mercado interno por pessoa jurídica beneficiária do Padis.

§§ 1º-A. a 1º-C. (Vetados pela Lei 13.159/2015.)

§ 2º As disposições do *caput* e do § 1º deste artigo alcançam somente os bens ou insumos relacionados em ato do Poder Executivo.

§ 3º Fica reduzida a 0 (zero) a alíquota da Contribuição de Intervenção no Domínio Econômico - CIDE destinada a financiar o Programa de Estímulo à Interação Universidade-Empresa para o Apoio à Inovação de que trata o art. 2º da Lei n. 10.168, de 29 de dezembro de 2000, nas remessas destinadas ao exterior para pagamento de contratos relativos à exploração de patentes ou de uso de marcas e os de fornecimento de tecnologia e prestação de assistência técnica, quando efetuadas por pessoa jurídica beneficiária do Padis e vinculadas às atividades de que trata o art. 2º desta Lei.

§ 4º Para efeitos deste artigo, equipara-se ao importador a pessoa jurídica adquirente de bens estrangeiros no caso de importação realizada por sua conta e ordem por intermédio de pessoa jurídica importadora.

§ 5º Conforme ato do Poder Executivo e projeto aprovado nas condições e pelo prazo nele fixados e desde que destinados às atividades de que tratam os incisos I a III do *caput* do art. 2º desta Lei, poderá também ser reduzida a zero a alíquota do Imposto de Importação - II incidente sobre máquinas, aparelhos, instrumentos, equipamentos, ferramentas computacionais (software), para incorporação ao seu ativo imobilizado, e matéria-prima e insumos importados por pessoa jurídica beneficiária do Padis. (Alterado pela Lei 13.159/2015.)

§ 6º O disposto nos arts. 17 e 18 do Decreto-Lei n. 37, de 18 de novembro de 1966, e no Decreto-Lei n. 666, de 2 de julho de 1969, não se aplica aos produtos importados nos termos do § 5º. (Acrescentado pela Lei 12.767/2012.)

ART. 4º Nas vendas dos dispositivos referidos nos incisos I a III do *caput* do art. 2º desta Lei, efetuadas por pessoa jurídica beneficiária do Padis, ficam reduzidas: (Redação dada pela Lei 12.249/2010.)

I - a 0 (zero) as alíquotas da Contribuição para o PIS/Pasep e da Cofins incidentes sobre as receitas auferidas;

II - a 0 (zero) as alíquotas do IPI incidentes sobre a saída do estabelecimento industrial; e

III - em 100% (cem por cento) as alíquotas do imposto de renda e adicional incidentes sobre o lucro da exploração.

§ 1º As reduções de alíquotas previstas nos incisos I e III do *caput* deste artigo aplicam-se também às receitas decorrentes da venda de projeto (design) quando efetuada por pessoa jurídica beneficiária do Padis.

§ 2º As reduções de alíquotas previstas nos incisos I e II do *caput* deste artigo relativamente às vendas dos dispositivos referidos nos incisos II e III do *caput* do art. 2º desta Lei aplicam-se somente quando as atividades referidas nas alíneas a ou b do inciso II e no inciso III do *caput* do art. 2º desta Lei tenham sido realizadas no País. (Redação dada pela Lei 12.249/2010.)

§ 3º Para usufruir da redução de alíquotas de que trata o inciso III do *caput* deste artigo, a pessoa jurídica deverá demonstrar em sua contabilidade, com clareza e exatidão, os elementos que compõem as receitas, custos, despesas e resultados do período de apuração, referentes às vendas sobre as quais recaia a redução, segregados das demais atividades.

§ 4º O valor do imposto que deixar de ser pago em virtude da redução de que trata o inciso III do *caput* deste artigo não poderá ser distribuído aos sócios e constituirá reserva de capital da pessoa jurídica que somente poderá ser utilizada para absorção de prejuízos ou aumento do capital social. § 5º Consideram-se distribuição do valor do imposto:

I - a restituição de capital aos sócios em caso de redução do capital social, até o montante do aumento com a incorporação da reserva de capital; e

II - a partilha do acervo líquido da sociedade dissolvida até o valor do saldo da reserva de capital.

§ 6º A inobservância do disposto nos §§ 3º a 5º deste artigo importa perda do direito à redução de alíquotas de que trata o inciso III do *caput* deste artigo e obrigação de recolher, com relação à importância distribuída, o imposto que a pessoa jurídica tiver deixado de pagar, acrescido de juros e multa de mora, na forma da lei.

§ 7º As reduções de alíquotas de que trata este artigo não se aplicam cumulativamente com outras reduções ou benefícios relativos aos mesmos impostos ou contribuições, ressalvado o disposto no inciso I do *caput* deste artigo e no § 2º do art. 17 da Lei n. 11.196, de 21 de novembro de 2005.

SEÇÃO III
DA APROVAÇÃO DOS PROJETOS

ART. 5º Os projetos referidos no § 4º do art. 2º devem ser aprovados em ato conjunto dos Ministros de Estado da Ciência, Tecnologia e Inovação e do Desenvolvimento, Indústria e Comércio Exterior, nos termos e condições estabelecidos pelo Poder Executivo. (Redação dada pela Lei 12.715/2012.)

§ 1º A aprovação do projeto fica condicionada à comprovação da regularidade fiscal da pessoa jurídica interessada em relação aos tributos e contribuições administrados pela Secretaria da Receita Federal do Ministério da Fazenda e pela Secretaria da Receita Previdenciária do Ministério da Previdência Social.

§ 2º Os projetos poderão ser apresentados até 31 de julho de 2020. (Alterado pela Lei 13.169/2015.)

§ 3º O Poder Executivo estabelecerá, em regulamento, os procedimentos e prazos para apreciação dos projetos.

SEÇÃO IV
DO INVESTIMENTO EM PESQUISA E DESENVOLVIMENTO

ART. 6º A pessoa jurídica beneficiária do Padis referida no *caput* do art. 2º desta Lei deverá investir, anualmente, em atividades de pesquisa e desenvolvimento a serem realizadas no País, no mínimo, 5% (cinco por cento) do seu faturamento bruto no mercado interno, deduzidos os impostos incidentes na comercialização dos dispositivos de que tratam os incisos I e II do *caput* do art. 2º desta Lei e o valor das aquisições de produtos incentivados nos termos deste Capítulo.

§ 1º Serão admitidos apenas investimentos em atividades de pesquisa e desenvolvimento, nas áreas de microeletrônica, dos dispositivos mencionados nos incisos I e II do *caput* do art. 2º desta Lei, de optoeletrônicos, de ferramentas computacionais (softwares) de suporte a tais projetos e de metodologias de projeto e de processo de fabricação dos componentes mencionados nos incisos I e II do *caput* do art. 2º desta Lei.

§ 2º No mínimo 1% (um por cento) do faturamento bruto, deduzidos os impostos incidentes na comercialização na forma do *caput* deste artigo, deverá ser aplicado mediante convênio com centros ou institutos de pesquisa ou entidades brasileiras de ensino, oficiais ou reconhecidas, credenciados pelo Comitê da Área de Tecnologia da Informação - CATI, de que trata o art. 30 do Decreto n. 5.906, de 26 de setembro de 2006, ou pelo Comitê das Atividades de Pesquisa e Desenvolvimento na Amazônia - CAPDA, de que trata o art. 26 do Decreto n. 6.008, de 29 de dezembro de 2006.

§ 3º A propriedade intelectual resultante da pesquisa e desenvolvimento realizados mediante os projetos aprovados nos termos deste Capítulo deve ter a proteção requerida no território nacional ao órgão competente, conforme o caso, pela pessoa jurídica brasileira beneficiária do Padis.

§ 4º O Poder Executivo fixará condições e prazo para alteração do percentual previsto no *caput*, não inferior a 2% (dois por cento). (Incluído pela Lei 12.715/2012.)

§ 5º Serão considerados como aplicação em pesquisa e desenvolvimento do ano-calendário os dispêndios correspondentes à execução de atividades de pesquisa e desenvolvimento realizadas até 31 de março do ano subsequente, em cumprimento às obrigações de que trata este artigo, decorrentes da fruição dos incentivos do Padis. (Acrescentado pela Lei 13.159/2015.)

ART. 7º A pessoa jurídica beneficiária do Padis deverá encaminhar ao Ministério da Ciência e Tecnologia, até 31 de julho de cada ano civil, os relatórios demonstrativos do cumprimento, no ano anterior, das obrigações e condições estabelecidas no art. 6º desta Lei.

ART. 8º No caso de os investimentos em pesquisa e desenvolvimento previstos no art. 6º desta Lei não atingirem, em um determinado ano, o percentual mínimo fixado, a pessoa jurídica beneficiária do Padis deverá aplicar o valor residual no Fundo Nacional de Desenvolvimento Científico e Tecnológico - FNDCT (CT-Info ou CT-Amazônia), acrescido de multa de 20% (vinte por cento) e de juros equivalentes à taxa do Sistema Especial de Liquidação e de Custódia - SELIC, calculados desde 1º de janeiro do ano subsequente àquele em que não foi atingido o percentual até a data da efetiva aplicação.

§ 1º A pessoa jurídica beneficiária do Padis deverá efetuar a aplicação referida no *caput* deste artigo até o último dia útil do mês de março do ano subsequente àquele em que não foi atingido o percentual.

§ 2º Na hipótese do *caput* deste artigo, a não realização da aplicação ali referida, no prazo previsto no § 1º deste artigo, obriga o contribuinte ao pagamento:

I - de juros e multa de mora, na forma da lei, referentes às contribuições e ao imposto não pagos em decorrência das disposições dos incisos I e II do *caput* do art. 4º desta Lei; e

II - do imposto de renda e dos adicionais não pagos em função do disposto no inciso III do *caput* do art. 4º desta Lei, acrescido de juros e multa de mora, na forma da lei.

§ 3º Os juros e multa de que trata o inciso I do § 2º deste artigo serão recolhidos isoladamente e devem ser calculados:

I - a partir da data da efetivação da venda, no caso do inciso I do *caput* do art. 4º desta Lei, ou a partir da data da saída do produto do estabelecimento industrial, no caso do inciso II do *caput* do art. 4º desta Lei; e

II - sobre o valor das contribuições e do imposto não recolhidos, proporcionalmente à diferença entre o percentual mínimo de aplicações em pesquisa e desenvolvimento fixado e o efetivamente efetuado.

§ 4º Os pagamentos efetuados na forma dos §§ 2º e 3º deste artigo não desobrigam a pessoa jurídica beneficiária do Padis do dever de efetuar a aplicação no FNDCT (CT-Info ou CT-Amazônia), na forma do *caput* deste artigo.

§ 5º A falta ou irregularidade do recolhimento previsto no § 2º deste artigo sujeita a pessoa jurídica a lançamento de ofício, com aplicação de multa de ofício na forma da lei.

§ 6º O descumprimento das disposições deste artigo sujeita a pessoa jurídica às disposições do art. 9º desta Lei.

SEÇÃO V
DA SUSPENSÃO E DO CANCELAMENTO
DA APLICAÇÃO DO PADIS

ART. 9º A pessoa jurídica beneficiária do Padis será punida, a qualquer tempo, com a suspensão da aplicação dos arts. 3º e 4º desta Lei, sem prejuízo da aplicação de penalidades específicas, no caso das seguintes infrações:

I - não apresentação ou não aprovação dos relatórios de que trata o art. 7º desta Lei;

II - descumprimento da obrigação de efetuar investimentos em pesquisa e desenvolvimento, na forma do art. 6º desta Lei, observadas as disposições do seu art. 8º;

III - infringência aos dispositivos de regulamentação do Padis; ou

IV - irregularidade em relação a tributo ou contribuição administrados pela Secretaria da Receita Federal ou pela Secretaria da Receita Previdenciária.

§ 1º A suspensão de que trata o *caput* deste artigo converter-se-á em cancelamento da aplicação dos arts. 3º e 4º desta Lei, no caso de a pessoa jurídica beneficiária do Padis não sanar a infração no prazo de 90 (noventa) dias contado da notificação da suspensão.

§ 2º A pessoa jurídica que der causa a 2 (duas) suspensões em prazo inferior a 2 (dois) anos será punida com o cancelamento da aplicação dos arts. 3º e 4º desta Lei.

§ 3º A penalidade de cancelamento da aplicação somente poderá ser revertida após 2 (dois) anos de sanada a infração que a motivou.

§ 4º O Poder Executivo regulamentará as disposições deste artigo.

SEÇÃO VI
DISPOSIÇÕES GERAIS

ART. 10. O Ministério da Ciência e Tecnologia deverá comunicar à Secretaria da Receita Federal os casos de:

I - descumprimento pela pessoa jurídica beneficiária do Padis da obrigação de encaminhar os relatórios demonstrativos, no prazo disposto no art. 7º desta Lei, ou da obrigação de aplicar no FNDCT (CT-Info ou CT-Amazônia), na forma do *caput* do art. 8º desta Lei, observado o prazo do seu § 1º, quando não for alcançado o percentual mínimo de investimento em pesquisa e desenvolvimento;

II - não aprovação dos relatórios demonstrativos de que trata o art. 7º desta Lei; e

III - infringência aos dispositivos de regulamentação do Padis.

Parágrafo único. Os casos previstos no inciso I do *caput* deste artigo devem ser comunicados até 30 de agosto de cada ano civil, os demais casos até 30 (trinta) dias após a apuração da ocorrência.

ART. 11. O Ministério da Ciência e Tecnologia e o Ministério do Desenvolvimento, Indústria e Comércio Exterior divulgarão, a cada 3 (três) anos, relatório com os resultados econômicos e tecnológicos advindos da aplicação das disposições deste Capítulo.

Parágrafo único. O Poder Executivo divulgará, também, as modalidades e os montantes de incentivos concedidos e aplicações em P&D por empresa beneficiária e por projeto, na forma do regulamento.

CAPÍTULO II
DO APOIO AO DESENVOLVIMENTO TECNOLÓGICO DA INDÚSTRIA DE EQUIPAMENTOS PARA A TV DIGITAL

SEÇÃO I
DO PROGRAMA DE APOIO AO DESENVOLVIMENTO TECNOLÓGICO DA INDÚSTRIA DE EQUIPAMENTOS PARA A TV DIGITAL

ART. 12. Fica instituído o Programa de Apoio ao Desenvolvimento Tecnológico da Indústria de Equipamentos para TV Digital - PATVD, nos termos e condições estabelecidas por esta Lei.

- Dec. 6.234/2007 (Estabelece critérios para a fruição dos incentivos decorrentes do Programa de Apoio ao Desenvolvimento Tecnológico da Indústria de Equipamentos para a TV Digital - PATVD, que reduz a zero as alíquotas da Contribuição para o PIS/PASEP, da COFINS e do IPI, instituído pelos arts. 12 a 22 desta Lei).

ART. 13. É beneficiária do PATVD a pessoa jurídica que realize investimento em pesquisa e desenvolvimento - P&D na forma do art. 17 desta Lei e que exerça as atividades de desenvolvimento e fabricação de equipamentos transmissores de sinais por radiofrequência para televisão digital, classificados no código 8525.50.2 da NCM.

§ 1º Para efeitos deste artigo, a pessoa jurídica de que trata o *caput* deste artigo deve cumprir Processo Produtivo Básico - PPB estabelecido por portaria interministerial do Ministério do Desenvolvimento, Indústria e Comércio Exterior e do Ministério da Ciência e Tecnologia ou, alternativamente, atender aos critérios de bens desenvolvidos no País definidos por portaria do Ministério da Ciência e Tecnologia.

§ 2º O investimento em pesquisa e desenvolvimento e o exercício das atividades de que trata o *caput* deste artigo devem ser efetuados de acordo com projetos aprovados na forma do art. 16 desta Lei.

SEÇÃO II
DA APLICAÇÃO DO PATVD

ART. 14. No caso de venda no mercado interno ou de importação de máquinas, aparelhos, instrumentos e equipamentos, novos, para incorporação ao ativo imobilizado da pessoa jurídica adquirente no mercado interno ou importadora, destinados à fabricação dos equipamentos de que trata o *caput* do art. 13 desta Lei, ficam reduzidas a 0 (zero) as alíquotas:

I - da Contribuição para o PIS/Pasep e da Cofins incidentes sobre a receita da pessoa jurídica vendedora quando a aquisição for efetuada por pessoa jurídica beneficiária do PATVD;

II - da Contribuição para o PIS/Pasep-Importação e da Cofins-Importação quando a importação for efetuada por pessoa jurídica beneficiária do PATVD; e

III - do IPI incidente na importação ou na saída do estabelecimento industrial ou equiparado quando a importação ou a aquisição no mercado interno for efetuada por pessoa jurídica beneficiária do PATVD.

§ 1º As reduções de alíquotas previstas no *caput* deste artigo alcançam também as ferramentas computacionais (softwares) e os insumos destinados à fabricação dos equipamentos de que trata o art. 13 desta Lei quando adquiridos no mercado interno ou importados por pessoa jurídica beneficiária do PATVD.

§ 2º As reduções de alíquotas de que tratam o *caput* e o § 1º deste artigo alcançam somente bens ou insumos relacionados em ato do Poder Executivo.

§ 3º Fica reduzida a 0 (zero) a alíquota da Contribuição de Intervenção no Domínio Econômico - CIDE destinada a financiar o Programa de Estímulo à Interação Universidade-Empresa para o Apoio à Inovação de que trata o art. 2º da Lei n. 10.168, de 29 de dezembro de 2000, nas remessas destinadas ao exterior para pagamento de contratos relativos à exploração de patentes ou de uso de marcas e de fornecimento de tecnologia e prestação de assistência técnica, quando efetuadas por pessoa jurídica beneficiária do PATVD e vinculadas às atividades de que trata o art. 13 desta Lei.

§ 4º Para efeitos deste artigo, equipara-se ao importador a pessoa jurídica adquirente de bens estrangeiros, no caso de importação realizada por sua conta e ordem, por intermédio de pessoa jurídica importadora.

§ 5º Poderá também ser reduzida a 0 (zero) a alíquota do Imposto de Importação - II incidente sobre máquinas, aparelhos, instrumentos e equipamentos, novos, relacionados em ato do Poder Executivo e nas condições e pelo prazo nele fixados, importados por pessoa jurídica beneficiária do PATVD para incorporação ao seu ativo imobilizado e destinados às atividades de que trata o art. 13 desta Lei.

ART. 15. Nas vendas dos equipamentos transmissores de que trata o art. 13 desta Lei efetuadas por pessoa jurídica beneficiária do PATVD, ficam reduzidas a 0 (zero) as alíquotas:

I - da Contribuição para o PIS/Pasep e da Cofins incidentes sobre as receitas auferidas; e

II - do IPI incidente sobre a saída do estabelecimento industrial.

Parágrafo único. As reduções de alíquotas de que trata este artigo não se aplicam cumulativamente com outras reduções ou benefícios relativos ao mesmo imposto ou às mesmas contribuições.

SEÇÃO III
DA APROVAÇÃO DOS PROJETOS

ART. 16. Os projetos referidos no § 2º do art. 13 desta Lei devem ser aprovados em ato conjunto do Ministério da Fazenda, do Ministério da Ciência e Tecnologia e do Ministério do Desenvolvimento, Indústria e Comércio Exterior, nos termos e condições estabelecidas pelo Poder Executivo.

§ 1º A aprovação do projeto fica condicionada à comprovação da regularidade fiscal da pessoa jurídica interessada em relação aos tributos e contribuições administrados pela Secretaria da Receita Federal e pela Secretaria da Receita Previdenciária.

§ 2º O Poder Executivo estabelecerá, em regulamento, os procedimentos e prazos para apreciação dos projetos.

SEÇÃO IV
DO INVESTIMENTO EM PESQUISA E DESENVOLVIMENTO

ART. 17. A pessoa jurídica beneficiária do PATVD deverá investir, anualmente, em atividades de pesquisa e desenvolvimento a serem realizadas no País, no mínimo, 2,5% (dois e meio por cento) do seu faturamento bruto no mercado interno, deduzidos os impostos incidentes na comercialização dos equipamentos transmissores de que trata o art. 13 desta Lei.

§ 1º Serão admitidos apenas investimentos em atividades de pesquisa e desenvolvimento dos equipamentos referidos no art. 13 desta Lei, de software e de insumos para tais equipamentos.

§ 2º No mínimo 1% (um por cento) do faturamento bruto, deduzidos os impostos incidentes na comercialização na forma do *caput* deste artigo, deverá ser aplicado mediante convênio com centros ou institutos de pesquisa ou entidades brasileiras de ensino, oficiais ou reconhecidas, credenciados pelo Cati ou pelo CAPDA.

§ 3º A propriedade intelectual resultante da pesquisa e desenvolvimento realizados mediante os projetos aprovados nos termos deste Capítulo deve ter a proteção requerida no território nacional ao órgão competente, conforme o caso, pela pessoa jurídica brasileira beneficiária do PATVD.

ART. 18. A pessoa jurídica beneficiária do PATVD deverá encaminhar ao Ministério da Ciência e Tecnologia, até 31 de julho de cada ano civil, os relatórios demonstrativos do cumprimento, no ano anterior, das obrigações e condições estabelecidas no art. 17 desta Lei.

ART. 19. No caso de os investimentos em pesquisa e desenvolvimento previstos no art. 17 desta Lei não atingirem, em um determinado ano, o percentual mínimo fixado, a pessoa jurídica beneficiária do PATVD deverá aplicar o valor residual no FNDCT (CT-Info ou CT-Amazônia) acrescido de multa de 20% (vinte por cento) e de juros equivalentes à taxa Selic calculados desde 1º de janeiro do ano subsequente àquele em que não foi atingido o percentual até a data da efetiva aplicação.

§ 1º A pessoa jurídica beneficiária do PATVD deverá efetuar a aplicação referida no *caput* deste artigo até o último dia útil do mês de março do ano subsequente àquele em que não foi atingido o percentual.

§ 2º Na hipótese do *caput* deste artigo, a não realização da aplicação ali referida no prazo previsto no § 1º deste artigo obriga o contribuinte ao pagamento de juros e multa de mora, na forma da lei, referentes às contribuições e ao imposto não pagos em decorrência das disposições dos incisos I e II do *caput* do art. 15 desta Lei.

§ 3º Os juros e multa de que trata o § 2º deste artigo serão recolhidos isoladamente e devem ser calculados:

I - a partir da data da efetivação da venda, no caso do inciso I do *caput* do art. 15 desta Lei, ou a partir da data da saída do produto do estabelecimento industrial, no caso do inciso II do *caput* do art. 15 desta Lei; e

II - sobre o valor das contribuições e do imposto não recolhidos proporcionalmente à diferença entre o percentual mínimo de aplicações em pesquisa e desenvolvimento fixado e o efetivamente efetuado.

§ 4º Os pagamentos efetuados na forma dos §§ 2º e 3º deste artigo não desobrigam a pessoa jurídica beneficiária do PATVD do dever de efetuar a aplicação no FNDCT (CT-Info ou CT-Amazônia) na forma do *caput* deste artigo.

§ 5º A falta ou irregularidade do recolhimento previsto no § 2º deste artigo sujeita a pessoa jurídica a lançamento de ofício, com aplicação de multa de ofício na forma da lei.

§ 6º O descumprimento das disposições deste artigo sujeita a pessoa jurídica às disposições do art. 20 desta Lei.

SEÇÃO V
DA SUSPENSÃO E DO CANCELAMENTO DA APLICAÇÃO DO PATVD

ART. 20. A pessoa jurídica beneficiária do PATVD será punida, a qualquer tempo, com a suspensão da aplicação dos arts. 14 e 15 desta Lei, sem prejuízo da aplicação de penalidades específicas, no caso das seguintes infrações:

I - descumprimento das condições estabelecidas no § 1º do art. 13 desta Lei;

II - descumprimento da obrigação de efetuar investimentos em pesquisa e desenvolvimento na forma do art. 17 desta Lei, observadas as disposições do art. 19 desta Lei;

III - não apresentação ou não aprovação dos relatórios de que trata o art. 18 desta Lei;

IV - infringência aos dispositivos de regulamentação do PATVD; ou

V - irregularidade em relação a tributo ou contribuição administrados pela Secretaria da Receita Federal ou pela Secretaria da Receita Previdenciária.

§ 1º A suspensão de que trata o *caput* deste artigo converte-se em cancelamento da aplicação dos arts. 14 e 15 desta Lei n. caso de a pessoa jurídica beneficiária do PATVD não sanar a infração no prazo de 90 (noventa) dias contado da notificação da suspensão.

§ 2º A pessoa jurídica que der causa a 2 (duas) suspensões em prazo inferior a 2 (dois) anos será punida com o cancelamento da aplicação dos arts. 14 e 15 desta Lei.

§ 3º A penalidade de cancelamento da aplicação somente poderá ser revertida após 2 (dois) anos de sanada a infração que a motivou.

§ 4º O Poder Executivo regulamentará as disposições deste artigo.

SEÇÃO VI
DISPOSIÇÕES GERAIS

ART. 21. O Ministério da Ciência e Tecnologia deverá comunicar à Secretaria da Receita Federal os casos de:

I - descumprimento pela pessoa jurídica beneficiária do PATVD:

a) das condições estabelecidas no § 1º do art. 13 desta Lei;

b) da obrigação de encaminhar os relatórios demonstrativos, no prazo de que trata o art. 18 desta Lei, ou da obrigação de aplicar no FNDCT (CT-Info ou CT-Amazônia), na forma do *caput* do art. 19 desta Lei, observado o prazo do seu § 1º quando não for alcançado o percentual mínimo de investimento em pesquisa e desenvolvimento;

II - não aprovação dos relatórios demonstrativos de que trata o art. 18 desta Lei; e

III - infringência aos dispositivos de regulamentação do PATVD.

Parágrafo único. Os casos previstos na alínea b do inciso I do *caput* deste artigo devem ser comunicados até 30 de agosto de cada ano civil, e os demais casos, até 30 (trinta) dias após a apuração da ocorrência.

ART. 22. O Ministério da Ciência e Tecnologia e o Ministério do Desenvolvimento, Indústria e Comércio Exterior divulgarão, a cada 3 (três) anos, relatório com os resultados econômicos e tecnológicos advindos da aplicação das disposições deste Capítulo.

Parágrafo único. O Poder Executivo divulgará, também, as modalidades e os montantes de incentivos concedidos e aplicações em P&D por empresa beneficiária e por projeto, na forma do regulamento.

CAPÍTULO III
TOPOGRAFIA DE CIRCUITOS INTEGRADOS

SEÇÃO I
DAS DEFINIÇÕES

ART. 23. Este Capítulo estabelece as condições de proteção das topografias de circuitos integrados.

ART. 24. Os direitos estabelecidos neste Capítulo são assegurados:

I - aos nacionais e aos estrangeiros domiciliados no País; e

II - às pessoas domiciliadas em país que, em reciprocidade, conceda aos brasileiros ou pessoas domiciliadas no Brasil direitos iguais ou equivalentes.

ART. 25. O disposto neste Capítulo aplica-se também aos pedidos de registro provenientes do exterior e depositados no País por quem tenha proteção assegurada por tratado em vigor no Brasil.

ART. 26. Para os fins deste Capítulo, adotam-se as seguintes definições:

I - circuito integrado significa um produto, em forma final ou intermediária, com elementos dos quais pelo menos um seja ativo e com algumas ou todas as interconexões integralmente formadas sobre uma peça de material ou em seu interior e cuja finalidade seja desempenhar uma função eletrônica;

II - topografia de circuitos integrados significa uma série de imagens relacionadas, construídas ou codificadas sob qualquer meio ou forma, que represente a configuração tridimensional das camadas que compõem um circuito integrado, e na qual cada imagem represente, no todo ou em parte, a disposição geométrica ou arranjos da superfície do circuito integrado em qualquer estágio de sua concepção ou manufatura.

SEÇÃO II
DA TITULARIDADE DO DIREITO

ART. 27. Ao criador da topografia de circuito integrado será assegurado o registro que lhe garanta a proteção nas condições deste Capítulo.

§ 1º Salvo prova em contrário, presume-se criador o requerente do registro.

§ 2º Quando se tratar de topografia criada conjuntamente por 2 (duas) ou mais pessoas, o registro poderá ser requerido por todas ou quaisquer delas mediante nomeação e qualificação das demais para ressalva dos respectivos direitos.

§ 3º A proteção poderá ser requerida em nome próprio, pelos herdeiros ou sucessores do criador, pelo cessionário ou por aquele a quem a lei ou o contrato de trabalho, de prestação de serviços ou de vínculo estatutário determinar que pertença a titularidade, dispensada a legalização consular dos documentos pertinentes.

ART. 28. Salvo estipulação em contrário, pertencerão exclusivamente ao empregador, contratante de serviços ou entidade geradora de vínculo estatutário os direitos relativos à topografia de circuito integrado desenvolvida durante a vigência de contrato de trabalho, de prestação de serviços ou de vínculo estatutário, em que a atividade criativa decorra da própria natureza dos encargos concernentes a esses vínculos ou quando houver utilização de recursos, informações tecnológicas, segredos industriais ou de negócios, materiais, instalações ou equipamentos do empregador, contratante de serviços ou entidade geradora do vínculo.

§ 1º Ressalvado ajuste em contrário, a compensação do trabalho ou serviço prestado limitar-se-á à remuneração convencionada.

§ 2º Pertencerão exclusivamente ao empregado, prestador de serviços ou servidor público os direitos relativos à topografia de circuito integrado desenvolvida sem relação com o contrato de trabalho ou de prestação de serviços e sem a utilização de recursos, informações tecnológicas, segredos industriais ou de negócios, materiais, instalações ou equipamentos do empregador, contratante de serviços ou entidade geradora de vínculo estatutário.

§ 3º O disposto neste artigo também se aplica a bolsistas, estagiários e assemelhados.

SEÇÃO III
DAS TOPOGRAFIAS PROTEGIDAS

ART. 29. A proteção prevista neste Capítulo só se aplica à topografia que seja original, no sentido de que resulte do esforço intelectual do seu criador ou criadores e que não seja comum ou vulgar para técnicos, especialistas ou fabricantes de circuitos integrados, no momento de sua criação.

§ 1º Uma topografia que resulte de uma combinação de elementos e interconexões comuns ou que incorpore, com a devida autorização, topografias protegidas de terceiros somente será protegida se a combinação, considerada como um todo, atender ao disposto no *caput* deste artigo.

§ 2º A proteção não será conferida aos conceitos, processos, sistemas ou técnicas nas quais a topografia se baseie ou a qualquer informação armazenada pelo emprego da referida proteção.

§ 3º A proteção conferida neste Capítulo independe da fixação da topografia.

ART. 30. A proteção depende do registro, que será efetuado pelo Instituto Nacional de Propriedade Industrial - INPI.

SEÇÃO IV
DO PEDIDO DE REGISTRO

ART. 31. O pedido de registro deverá referir-se a uma única topografia e atender às condições legais regulamentadas pelo INPI, devendo conter:

I - requerimento;

II - descrição da topografia e de sua correspondente função;

III - desenhos ou fotografias da topografia, essenciais para permitir sua identificação e caracterizar sua originalidade;

IV - declaração de exploração anterior, se houver, indicando a data de seu início; e

V - comprovante do pagamento da retribuição relativa ao depósito do pedido de registro.

Parágrafo único. O requerimento e qualquer documento que o acompanhe deverão ser apresentados em língua portuguesa.

ART. 32. A requerimento do depositante, por ocasião do depósito, o pedido poderá ser mantido em sigilo, pelo prazo de 6 (seis) meses, contado da data do depósito, após o que será processado conforme disposto neste Capítulo.

Parágrafo único. Durante o período de sigilo, o pedido poderá ser retirado, com devolução da documentação ao interessado, sem produção de qualquer efeito, desde que o requerimento seja apresentado ao INPI até 1 (um) mês antes do fim do prazo de sigilo.

ART. 33. Protocolizado o pedido de registro, o INPI fará exame formal, podendo formular exigências as quais deverão ser cumpridas integralmente no prazo de 60 (sessenta) dias, sob pena de arquivamento definitivo do pedido.

Parágrafo único. Será também definitivamente arquivado o pedido que indicar uma data de início de exploração anterior a 2 (dois) anos da data do depósito.

ART. 34. Não havendo exigências ou sendo elas cumpridas integralmente, o INPI concederá o registro, publicando-o na íntegra e expedindo o respectivo certificado.

Parágrafo único. Do certificado de registro deverão constar o número e a data do registro, o nome, a nacionalidade e o domicílio do titular, a data de início de exploração, se houver, ou do depósito do pedido de registro e o título da topografia.

SEÇÃO V
DOS DIREITOS CONFERIDOS PELA PROTEÇÃO

ART. 35. A proteção da topografia será concedida por 10 (dez) anos contados da data do depósito ou da 1ª (primeira) exploração, o que tiver ocorrido primeiro.

ART. 36. O registro de topografia de circuito integrado confere ao seu titular o direito exclusivo de explorá-la, sendo vedado a terceiros sem o consentimento do titular:

I - reproduzir a topografia, no todo ou em parte, por qualquer meio, inclusive incorporá-la a um circuito integrado;

II - importar, vender ou distribuir por outro modo, para fins comerciais, uma topografia protegida ou um circuito integrado no qual esteja incorporada uma topografia protegida; ou

III - importar, vender ou distribuir por outro modo, para fins comerciais, um produto que incorpore um circuito integrado no qual esteja incorporada uma topografia protegida, somente na medida em que este continue a conter uma reprodução ilícita de uma topografia.

Parágrafo único. A realização de qualquer dos atos previstos neste artigo por terceiro não autorizado, entre a data do início da exploração ou do depósito do pedido de registro e a data de concessão do registro, autorizará o titular a obter, após a dita concessão, a indenização que vier a ser fixada judicialmente.

ART. 37. Os efeitos da proteção prevista no art. 36 desta Lei não se aplicam:

I - aos atos praticados por terceiros não autorizados com finalidade de análise, avaliação, ensino e pesquisa;

II - aos atos que consistam na criação ou exploração de uma topografia que resulte da análise, avaliação e pesquisa de topografia protegida, desde que a topografia resultante não seja substancialmente idêntica à protegida;

III - aos atos que consistam na importação, venda ou distribuição por outros meios, para fins comerciais ou privados, de circuitos integrados ou de produtos que os incorporem, colocados em circulação pelo titular do registro de topografia de circuito integrado respectivo ou com seu consentimento; e

IV - aos atos descritos nos incisos II e III do *caput* do art. 36 desta Lei, praticados ou determinados por quem não sabia, por ocasião da obtenção do circuito integrado ou do produto, ou não tinha base razoável para saber que o produto ou o circuito integrado incorpora uma topografia protegida, reproduzida ilicitamente.

§ 1º No caso do inciso IV do *caput* deste artigo, após devidamente notificado, o responsável pelos atos ou por sua determinação poderá efetuar tais atos com relação aos produtos ou circuitos integrados em estoque ou previamente encomendados, desde que, com relação a esses produtos ou circuitos, pague ao titular do direito a remuneração equivalente à que seria paga no caso de uma licença voluntária.

§ 2º O titular do registro de topografia de circuito integrado não poderá exercer os seus direitos em relação a uma topografia original idêntica que tiver sido criada de forma independente por um terceiro.

SEÇÃO VI
DA EXTINÇÃO DO REGISTRO

ART. 38. O registro extingue-se:

I - pelo término do prazo de vigência; ou

II - pela renúncia do seu titular, mediante documento hábil, ressalvado o direito de terceiros.

Parágrafo único. Extinto o registro, o objeto da proteção cai no domínio público.

SEÇÃO VII
DA NULIDADE

ART. 39. O registro de topografia de circuito integrado será declarado nulo judicialmente se concedido em desacordo com as disposições deste Capítulo, especialmente quando:

I - a presunção do § 1º do art. 27 desta Lei provar-se inverídica;

II - a topografia não atender ao requisito de originalidade consoante o art. 29 desta Lei;

III - os documentos apresentados conforme disposto no art. 31 desta Lei não forem suficientes para identificar a topografia; ou

IV - o pedido de registro não tiver sido depositado no prazo definido no parágrafo único do art. 33 desta Lei.

§ 1º A nulidade poderá ser total ou parcial.

§ 2º A nulidade parcial só ocorre quando a parte subsistente constitui matéria protegida por si mesma.

§ 3º A nulidade do registro produzirá efeitos a partir da data do início de proteção definida no art. 35 desta Lei.

§ 4º No caso de inobservância do disposto no § 1º do art. 27 desta Lei, o criador poderá, alternativamente, reivindicar a adjudicação do registro.

§ 5º A arguição de nulidade somente poderá ser formulada durante o prazo de vigência da proteção ou, como matéria de defesa, a qualquer tempo.

§ 6º É competente para as ações de nulidade a Justiça Federal com jurisdição sobre a sede do Instituto Nacional de Propriedade Industrial - INPI, o qual será parte necessária no feito.

ART. 40. Declarado nulo o registro, será cancelado o respectivo certificado.

SEÇÃO VIII
DAS CESSÕES E DAS ALTERAÇÕES NO REGISTRO

ART. 41. Os direitos sobre a topografia de circuito integrado poderão ser objeto de cessão.

§ 1º A cessão poderá ser total ou parcial, devendo, neste caso, ser indicado o percentual correspondente.

§ 2º O documento de cessão deverá conter as assinaturas do cedente e do cessionário, bem como de 2 (duas) testemunhas, dispensada a legalização consular.

ART. 42. O INPI fará as seguintes anotações:

I - da cessão, fazendo constar a qualificação completa do cessionário;

II - de qualquer limitação ou ônus que recaia sobre o registro; e

III - das alterações de nome, sede ou endereço do titular.

ART. 43. As anotações produzirão efeitos em relação a terceiros depois de publicadas no órgão oficial do INPI ou, à falta de publicação, 60 (sessenta) dias após o protocolo da petição.

SEÇÃO IX
DAS LICENÇAS E DO USO NÃO AUTORIZADO

ART. 44. O titular do registro de topografia de circuito integrado poderá celebrar contrato de licença para exploração.

Parágrafo único. Inexistindo disposição em contrário, o licenciado ficará investido de legitimidade para agir em defesa do registro.

ART. 45. O INPI averbará os contratos de licença para produzir efeitos em relação a terceiros.

ART. 46. Salvo estipulação contratual em contrário, na hipótese de licenças cruzadas, a remuneração relativa a topografia protegida licenciada não poderá ser cobrada de terceiros que adquirirem circuitos integrados que a incorporem.

Parágrafo único. A cobrança ao terceiro adquirente do circuito integrado somente será admitida se esse, no ato da compra, for expressamente notificado desta possibilidade.

ART. 47. O Poder Público poderá fazer uso público não comercial das topografias protegidas, diretamente ou mediante contratação ou autorização a terceiros, observado o previsto nos incisos III a VI do *caput* do art. 49 e no art. 51 desta Lei.

Parágrafo único. O titular do registro da topografia a ser usada pelo Poder Público nos termos deste artigo deverá ser prontamente notificado.

ART. 48. Poderão ser concedidas licenças compulsórias para assegurar a livre concorrência ou prevenir abusos de direito ou de poder econômico pelo titular do direito, inclusive o não atendimento do mercado quanto a preço, quantidade ou qualidade.

ART. 49. Na concessão das licenças compulsórias deverão ser obedecidas as seguintes condições e requisitos:

I - o pedido de licença será considerado com base no seu mérito individual;

II - o requerente da licença deverá demonstrar que resultaram infrutíferas, em prazo razoável, as tentativas de obtenção da licença em conformidade com as práticas comerciais normais;

III - o alcance e a duração da licença serão restritos ao objetivo para o qual a licença for autorizada;

IV - a licença terá caráter de não exclusividade;

V - a licença será intransferível, salvo se em conjunto com a cessão, alienação ou arrendamento do empreendimento ou da parte que a explore; e

VI - a licença será concedida para suprir predominantemente o mercado interno.

§ 1º As condições estabelecidas nos incisos II e VI do *caput* deste artigo não se aplicam quando a licença for concedida para remediar prática anticompetitiva ou desleal, reconhecida em processo administrativo ou judicial.

§ 2º As condições estabelecidas no inciso II do *caput* deste artigo também não se aplicam quando a licença for concedida em caso de emergência nacional ou de outras circunstâncias de extrema urgência.

§ 3º Nas situações de emergência nacional ou em outras circunstâncias de extrema urgência, o titular dos direitos será notificado tão logo quanto possível.

ART. 50. O pedido de licença compulsória deverá ser formulado mediante indicação das condições oferecidas ao titular do registro.

§ 1º Apresentado o pedido de licença, o titular será intimado para manifestar-se no prazo de 60 (sessenta) dias, findo o qual, sem manifestação do titular, considerar-se-á aceita a proposta nas condições oferecidas.

§ 2º O requerente de licença que invocar prática comercial anticompetitiva ou desleal deverá juntar documentação que a comprove.

§ 3º Quando a licença compulsória requerida com fundamento no art. 48 desta Lei envolver alegação de ausência de exploração ou exploração ineficaz, caberá ao titular do registro comprovar a improcedência dessa alegação.

§ 4º Em caso de contestação, o INPI realizará as diligências indispensáveis à solução da controvérsia, podendo, se necessário, designar comissão de especialistas, inclusive de não integrantes do quadro da autarquia.

ART. 51. O titular deverá ser adequadamente remunerado segundo as circunstâncias de cada uso, levando-se em conta, obrigatoriamente, no arbitramento dessa remuneração, o valor econômico da licença concedida.

Parágrafo único. Quando a concessão da licença se der com fundamento em prática anticompetitiva ou desleal, esse fato deverá ser tomado em consideração para estabelecimento da remuneração.

ART. 52. Sem prejuízo da proteção adequada dos legítimos interesses dos licenciados, a licença poderá ser cancelada, mediante requerimento fundamentado do titular dos direitos sobre a topografia, quando as circunstâncias que ensejaram a sua concessão deixarem de existir, e for improvável que se repitam.

Parágrafo único. O cancelamento previsto no *caput* deste artigo poderá ser recusado se as condições que propiciaram a concessão da licença tenderem a ocorrer novamente.

ART. 53. O licenciado deverá iniciar a exploração do objeto da proteção no prazo de 1 (um) ano, admitida:

I - 1 (uma) prorrogação, por igual prazo, desde que tenha o licenciado realizado substanciais e efetivos preparativos para iniciar a exploração ou existam outras razões que a legitimem;

II - 1 (uma) interrupção da exploração, por igual prazo, desde que sobrevenham razões legítimas que a justifiquem.

§ 1º As exceções previstas nos incisos I e II do *caput* deste artigo somente poderão ser exercitadas mediante requerimento ao INPI, devidamente fundamentado e no qual se comprovem as alegações que as justifiquem.

§ 2º Vencidos os prazos referidos no *caput* deste artigo e seus incisos sem que o licenciado inicie ou retome a exploração, extinguir-se-á a licença.

ART. 54. Comete crime de violação de direito do titular de topografia de circuito integrado quem, sem sua autorização, praticar ato previsto no art. 36 desta Lei, ressalvado o disposto no art. 37 desta Lei.

§ 1º Se a violação consistir na reprodução, importação, venda, manutenção em estoque ou distribuição, para fins comerciais, de topografia protegida ou de circuito integrado que a incorpore:

Pena: detenção, de 1 (um) a 4 (quatro) anos, e multa.

§ 2º A pena de detenção será acrescida de 1/3 (um terço) à 1/2 (metade) se:

I - o agente for ou tiver sido representante, mandatário, preposto, sócio ou empregado do titular do registro ou, ainda, do seu licenciado; ou

II - o agente incorrer em reincidência.

§ 3º O valor das multas, bem como sua atualização ou majoração, será regido pela sistemática do Decreto-Lei n. 2.848, de 7 de dezembro de 1940 - Código Penal.

§ 4º Nos crimes previstos neste artigo somente se procede mediante queixa, salvo quando praticados em prejuízo de entidade de direito público, empresa pública, sociedade de economia mista ou fundação instituída pelo poder público.

§ 5º Independentemente da ação penal, o prejudicado poderá intentar ação para proibir ao infrator a prática do ato incriminado, com a cominação de pena pecuniária para o caso de transgressão do preceito, cumulada de perdas e danos.

SEÇÃO X
DISPOSIÇÕES GERAIS

ART. 55. Os atos previstos neste Capítulo serão praticados pelas partes ou por seus procuradores, devidamente habilitados.

§ 1º O instrumento de procuração redigido em idioma estrangeiro, dispensada a legalização consular, deverá ser acompanhado por tradução pública juramentada.

§ 2º Quando não apresentada inicialmente, a procuração deverá ser entregue no prazo de 60 (sessenta) dias do protocolo do pedido de registro, sob pena de arquivamento definitivo.

ART. 56. Para os fins deste Capítulo, a pessoa domiciliada no exterior deverá constituir e manter procurador, devidamente qualificado e domiciliado no País, com poderes para representá-la administrativa e judicialmente, inclusive para receber citações.

ART. 57. O INPI não conhecerá da petição:

I - apresentada fora do prazo legal;

II - apresentada por pessoa sem legítimo interesse na relação processual; ou

III - desacompanhada do comprovante de pagamentos da respectiva retribuição no valor vigente à data de sua apresentação.

ART. 58. Não havendo expressa estipulação contrária neste Capítulo, o prazo para a prática de atos será de 60 (sessenta) dias.

ART. 59. Os prazos estabelecidos neste Capítulo são contínuos, extinguindo-se automaticamente o direito de praticar o ato após seu decurso, salvo se a parte provar que não o realizou por razão legítima.

Parágrafo único. Reconhecida a razão legítima, a parte praticará o ato no prazo que lhe assinalar o INPI.

ART. 60. Os prazos referidos neste Capítulo começam a correr, salvo expressa disposição em contrário, a partir do 1º (primeiro) dia útil após a intimação.

Parágrafo único. Salvo disposição em contrário, a intimação será feita mediante publicação no órgão oficial do INPI.

ART. 61. Pelos serviços prestados de acordo com este Capítulo será cobrada retribuição, cujo valor e processo de recolhimento serão estabelecidos em ato do Ministro de Estado a que estiver vinculado o INPI.

CAPÍTULO IV
DISPOSIÇÕES FINAIS

ART. 62. O *caput* do art. 24 da Lei n. 8.666, de 21 de junho de 1993, passa a vigorar acrescido do seguinte inciso XXVIII:

"Art. 24. [...]

XXVIII - para o fornecimento de bens e serviços, produzidos ou prestados no País, que envolvam, cumulativamente, alta complexidade tecnológica e defesa nacional, mediante parecer de comissão especialmente designada pela autoridade máxima do órgão.

[...]" (NR)

ART. 63. (Vetado.)

ART. 64. As disposições do art. 3º e dos incisos I e II do *caput* do art. 4º desta Lei vigorarão até 22 de janeiro de 2022.

ART. 65. As disposições do § 3º do art. 3º e do inciso III do *caput* do art. 4º desta Lei vigorarão por:

I - 16 (dezesseis) anos, contados da data de aprovação do projeto, no caso dos projetos que alcancem as atividades referidas nas alíneas:

a) a ou b do inciso I do *caput* do art. 2º desta Lei; ou

b) a ou b do inciso II do *caput* do art. 2º desta Lei;

II - 12 (doze) anos, contados da data de aprovação do projeto, no caso dos projetos que alcancem somente as atividades referidas nas alíneas:

a) c do inciso I do *caput* do art. 2º desta Lei; ou

b) c do inciso II do *caput* do art. 2º desta Lei.

III - 14 (quatorze) anos, contados da data de aprovação do projeto, no caso dos projetos que cumpram o Processo Produtivo Básico referido no inciso III do *caput* do art. 2º. (Incluído pela Lei 12.715/2012.)

ART. 66. As disposições dos arts. 14 e 15 desta Lei vigorarão até 22 de janeiro de 2017.

ART. 67. Esta Lei entra em vigor na data de sua publicação, produzindo efeitos em relação ao seu art. 62 a partir de 19 de fevereiro de 2007.

Brasília, 31 de maio de 2007; 186º da Independência e 119º da República.

LUIZ INÁCIO LULA DA SILVA

LEI N. 11.488, DE 15 DE JUNHO DE 2007

Cria o Regime Especial de Incentivos para o Desenvolvimento da Infraestrutura - REIDI; reduz para 24 (vinte e quatro) meses o prazo mínimo para utilização dos créditos da Contribuição para o PIS/Pasep e da Contribuição para o Financiamento da Seguridade Social - COFINS decorrentes da aquisição de edificações; amplia o prazo para pagamento de impostos e contribuições; altera a Medida Provisória n. 2.158-35, de 24 de agosto de 2001, e as Leis n. 9.779, de 19 de janeiro de 1999, 8.212, de 24 de julho de 1991, 10.666, de 8 de maio de 2003, 10.637, de 30 de dezembro de 2002, 4.502, de 30 de novembro de 1964, 9.430, de 27 de dezembro de 1996, 10.426, de 24 de abril de 2002, 10.833, de 29 de dezembro de 2003, 10.892, de 13 de julho de 2004, 9.074, de 7 de julho de 1995, 9.427, de 26 de dezembro de 1996, 10.438, de 26 de abril de 2002, 10.848, de 15 de março de 2004, 10.865, de 30 de abril de 2004, 10.925, de 23 de julho de 2004, 11.196, de 21 de novembro de 2005; revoga dispositivos das Leis n. 4.502, de 30 de novembro de 1964, 9.430, de 27 de dezembro de 1996, e do Decreto-Lei n. 1.593, de 21 de dezembro de 1977; e dá outras providências.

- *DOU*, 15.06.2007 - Edição extra.
- Conversão da Med. Prov. 351/2007.

O Presidente da República. Faço saber que o Congresso Nacional decreta e eu sanciono a seguinte Lei:

CAPÍTULO I
DO REGIME ESPECIAL DE INCENTIVOS PARA O DESENVOLVIMENTO DA INFRAESTRUTURA - REIDI

ART. 1º Fica instituído o Regime Especial de Incentivos para o Desenvolvimento da Infraestrutura - REIDI, nos termos desta Lei.

- Dec. 6.144/2007 (Regulamenta a forma de habilitação e coabilitação ao Regime Especial de Incentivos para o Desenvolvimento da Infraestrutura - REIDI, instituído pelos arts. 1º a 5º desta lei).

Parágrafo único. O Poder Executivo regulamentará a forma de habilitação e coabilitação ao Reidi.

ART. 2º É beneficiária do Reidi a pessoa jurídica que tenha projeto aprovado para implantação de obras de Infraestrutura nos setores de transportes, portos, energia, saneamento básico e irrigação.

- Dec. 6.144/2007 (Regulamenta a forma de habilitação e coabilitação ao Regime Especial de Incentivos para o Desenvolvimento da Infraestrutura - REIDI, instituído pelos arts. 1º a 5º desta lei).

§ 1º As pessoas jurídicas optantes pelo Sistema Integrado de Pagamento de Impostos e Contribuições das Microempresas e das Empresas de Pequeno Porte - Simples ou pelo Simples Nacional de que trata a Lei Complementar n. 123, de 14 de dezembro de 2006, não poderão aderir ao Reidi.

§ 2º A adesão ao Reidi fica condicionada à regularidade fiscal da pessoa jurídica em relação aos impostos e contribuições administradas pela Secretaria da Receita Federal do Brasil do Ministério da Fazenda.

§ 3º (Vetado.)

ART. 3º No caso de venda ou de importação de máquinas, aparelhos, instrumentos e equipamentos, novos, e de materiais de construção para utilização ou incorporação em obras de Infraestrutura destinadas ao ativo imobilizado, fica suspensa a exigência:

- Dec. 6.144/2007 (Regulamenta a forma de habilitação e coabilitação ao Regime Especial de Incentivos para o Desenvolvimento da Infraestrutura - REIDI, instituído pelos arts. 1º a 5º desta lei).

I - da Contribuição para o Programa de Integração Social e de Formação do Patrimônio do Servidor Público PIS/PASEP e da Contribuição para o Financiamento da Seguridade Social - COFINS incidentes sobre a venda no mercado interno quando os referidos bens ou materiais de construção forem adquiridos por pessoa jurídica beneficiária do Reidi;

II - da Contribuição para o PIS/Pasep-Importação e da Cofins-Importação quando os referidos bens ou materiais de construção forem importados diretamente por pessoa jurídica beneficiária do Reidi.

§ 1º Nas notas fiscais relativas às vendas de que trata o inciso I do *caput* deste artigo deverá constar a expressão Venda efetuada com suspensão da exigibilidade da Contribuição para o PIS/Pasep e da Cofins, com a especificação do dispositivo legal correspondente.

§ 2º As suspensões de que trata este artigo convertem-se em alíquota 0 (zero) após a utilização ou incorporação do bem ou material de construção na obra de infraestrutura.

§ 3º A pessoa jurídica que não utilizar ou incorporar o bem ou material de construção na obra de Infraestrutura fica obrigada a recolher as contribuições não pagas em decorrência da suspensão de que trata este artigo, acrescidas de juros e multa de mora, na forma da lei, contados a partir da data da aquisição ou do registro da Declaração de Importação - DI, na condição:

I - de contribuinte, em relação à Contribuição para o PIS/Pasep-Importação e à Cofins-Importação;

II - de responsável, em relação à Contribuição para o PIS/Pasep e à Cofins.

§ 4º Os benefícios previstos no *caput* aplicam-se também na hipótese de, em conformidade com as normas contábeis aplicáveis, as receitas das pessoas jurídicas titulares de contratos de concessão de serviços públicos reconhecidas durante a execução das obras de infraestrutura elegíveis ao Reidi terem como contrapartida ativo intangível representativo de direito de exploração ou ativo financeiro representativo de direito contratual incondicional de receber caixa ou outro ativo financeiro, estendendo-se, inclusive, aos projetos em andamento, já habilitados perante a Secretaria da Receita Federal do Brasil. (Acrescentado pela Lei 13.043/2014. Vigência: a partir do 1º dia do 4º mês subsequente ao da publicação desta Lei: 14.11.2014.)

ART. 4º No caso de venda ou importação de serviços destinados a obras de Infraestrutura para incorporação ao ativo imobilizado, fica suspensa a exigência:

- Dec. 6.144/2007 (Regulamenta a forma de habilitação e coabilitação ao Regime Especial de Incentivos para o Desenvolvimento da Infraestrutura - REIDI, instituído pelos arts. 1º a 5º desta lei).

I - da Contribuição para o PIS/Pasep e da Cofins incidentes sobre a prestação de serviços efetuada por pessoa jurídica estabelecida no País quando os referidos serviços forem prestados à pessoa jurídica beneficiária do Reidi; ou

II - da Contribuição para o PIS/Pasep-Importação e da Cofins-Importação incidentes sobre serviços quando os referidos serviços forem importados diretamente por pessoa jurídica beneficiária do Reidi.

§ 1º Nas vendas ou importação de serviços de que trata o *caput* deste artigo aplica-se o disposto nos §§ 2º e 3º do art. 3º desta Lei. (Renumerado do p.u., pela Med. Prov. 413/2008.)

§ 2º O disposto no inciso I do *caput* deste artigo aplica-se também na hipótese de receita de aluguel de máquinas, aparelhos, instrumentos e equipamentos para utilização em obras de Infraestrutura quando contratado por pessoa jurídica beneficiária do Reidi. (Incluído pela Lei 11.727/2008.)

§ 3º Os benefícios previstos no *caput* aplicam-se também na hipótese de, em conformidade com as normas contábeis aplicáveis, as receitas das pessoas jurídicas titulares de contratos de concessão de serviços públicos reconhecidas durante a execução das obras de infraestrutura elegíveis ao Reidi terem como contrapartida ativo intangível representativo de direito de exploração ou ativo financeiro representativo de direito contratual incondicional de receber caixa ou outro ativo financeiro, estendendo-se, inclusive, aos projetos em andamento, já habilitados perante a Secretaria da Receita Federal do Brasil. (Acrescentado pela Lei 13.043/2014. Vigência: a partir do 1º dia do 4º mês subsequente ao da publicação desta Lei: 14.11.2014.)

ART. 5º O benefício de que tratam os arts. 3º e 4º desta Lei poderá ser usufruído nas aquisições e importações realizadas no período de 5 (cinco) anos, contado da data da habilitação da pessoa jurídica, titular do projeto de infraestrutura. (Redação dada pela Lei 12.249/2010.)

Parágrafo único. O prazo para fruição do regime, para pessoa jurídica já habilitada na data de publicação da Medida Provisória n. 472, de 15 de dezembro de 2009, fica acrescido do período transcorrido entre a data da aprovação do projeto e a data da habilitação da pessoa jurídica. (Redação dada pela Lei 12.249/2010.)

CAPÍTULO II
DO DESCONTO DE CRÉDITOS DA CONTRIBUIÇÃO PARA O PIS/PASEP E DA COFINS DE EDIFICAÇÕES

ART. 6º As pessoas jurídicas poderão optar pelo desconto, no prazo de 24 (vinte e quatro) meses, dos créditos da Contribuição para o PIS/Pasep e da Cofins de que tratam o inciso VII do *caput* do art. 3º da Lei n. 10.637, de 30 de dezembro de 2002, e o inciso VII do *caput* do art. 3º da Lei n. 10.833, de 29 de dezembro de 2003, na hipótese de edificações incorporadas ao ativo imobilizado, adquiridas ou construídas para utilização na produção de bens destinados à venda ou na prestação de serviços.

§ 1º Os créditos de que trata o *caput* deste artigo serão apurados mediante a aplicação, a cada mês, das alíquotas referidas no *caput* do art. 2º da Lei n. 10.637, de 30 de dezembro de 2002, ou do art. 2º da Lei n. 10.833, de 29 de dezembro de 2003, conforme o caso, sobre o valor correspondente a 1/24 (um vinte e quatro avos) do custo de aquisição ou de construção da edificação.

§ 2º Para efeito do disposto no § 1º deste artigo, no custo de aquisição ou construção da edificação não se inclui o valor:

I - de terrenos;

II - de mão de obra paga a pessoa física; e

III - da aquisição de bens ou serviços não sujeitos ao pagamento das contribuições previstas no *caput* deste artigo em decorrência de imunidade, não incidência, suspensão ou alíquota 0 (zero) da Contribuição para o PIS/Pasep e da Cofins.

§ 3º Para os efeitos do inciso I do § 2º deste artigo, o valor das edificações deve estar destacado do valor do custo de aquisição do terreno, admitindo-se o destaque baseado em laudo pericial.

§ 4º Para os efeitos dos incisos II e III do § 2º deste artigo, os valores dos custos com mão de obra e com aquisições de bens ou serviços não sujeitos ao pagamento das contribuições deverão ser contabilizados em subcontas distintas.

§ 5º O disposto neste artigo aplica-se somente aos créditos decorrentes de gastos incorridos a partir de 1º de janeiro de 2007, efetuados na aquisição de edificações novas ou na construção de edificações.

§ 6º Observado o disposto no § 5º deste artigo, o direito ao desconto de crédito na forma do *caput* deste artigo aplicar-se-á a partir da data da conclusão da obra.

CAPÍTULO III
DO PRAZO DE RECOLHIMENTO DE IMPOSTOS E CONTRIBUIÇÕES

ART. 7º (Revogado pela Lei 11.933/2009.)

ART. 8º O parágrafo único do art. 9º da Lei n. 9.779, de 19 de janeiro de 1999, passa a vigorar com a seguinte redação:

"Art. 9º [...]

Parágrafo único. O imposto a que se refere este artigo será recolhido até o último dia útil do 1º (primeiro) decêndio do mês subsequente ao de apuração dos referidos juros e comissões." (NR)

ARTS. 9º a 12. (Revogados pela Lei 11.933/2009.)

CAPÍTULO IV
DISPOSIÇÕES GERAIS

ART. 13. O art. 80 da Lei n. 4.502, de 30 de novembro de 1964, passa a vigorar com a seguinte redação:

› Alterações promovidas no texto da referida lei.

ART. 14. O art. 44 da Lei n. 9.430, de 27 de dezembro de 1996, passa a vigorar com a seguinte redação, transformando-se as alíneas a, b e c do § 2º nos incisos I, II e III:

› Alterações promovidas no texto da referida lei.

ART. 15. Os arts. 33 e 81 da Lei n. 9.430, de 27 de dezembro de 1996, passam a vigorar com a seguinte redação:

› Alterações promovidas no texto da referida lei.

ART. 16. O art. 9º da Lei n. 10.426, de 24 de abril de 2002, passa a vigorar com a seguinte redação:

› Alterações promovidas no texto da referida lei.

ART. 17. Os arts. 2º, 3º e 38 da Lei n. 10.637, de 30 de dezembro de 2002, passam a vigorar com a seguinte redação:

› Alterações promovidas no texto da referida lei.

ART. 18. Os arts. 3º e 18 da Lei n. 10.833, de 29 de dezembro de 2003, passam a vigorar com a seguinte redação:

› Alterações promovidas no texto da referida lei.

ART. 19. O art. 2º da Lei n. 10.892, de 13 de julho de 2004, passa a vigorar com a seguinte redação:

› Alterações promovidas no texto da referida lei.

ART. 20. O art. 4º da Lei n. 9.074, de 7 de julho de 1995, passa a vigorar com a seguinte redação:

› Alterações promovidas no texto da referida lei.

ART. 21. O art. 26 da Lei n. 9.427, de 26 de dezembro de 1996, passa a vigorar com a seguinte redação:

› Alterações promovidas no texto da referida lei.

ART. 22. O art. 3º da Lei n. 10.438, de 26 de abril de 2002, passa a vigorar com a seguinte redação:

› Alterações promovidas no texto da referida lei.

ART. 23. A Lei n. 10.848, de 15 de março de 2004, passa a vigorar acrescida do seguinte art. 3º-A:

› Alterações promovidas no texto da referida lei.

ART. 24. Os arts. 2º e 20 da Lei n. 10.848, de 15 de março de 2004, passam a vigorar com a seguinte redação:

› Alterações promovidas no texto da referida lei.

ART. 25. O efetivo início do pagamento pelo uso de bem público de que tratam os §§ 10 a 12 do art. 4º da Lei n. 9.074, de 7 de julho de 1995, incluídos por esta Lei, não poderá ter prazo superior a 5 (cinco) anos, contado da data de publicação desta Lei.

ART. 26. Para fins de pagamento dos encargos relativos à Conta de Desenvolvimento Energético - CDE, ao Programa de Incentivos de Fontes Alternativas - PROINFA e à Conta de Consumo de Combustíveis Fósseis dos Sistemas Isolado - CCC-ISOL, equipara-se a autoprodutor o consumidor que atenda cumulativamente aos seguintes requisitos:

I - que venha a participar de sociedade de propósito específico constituída para explorar, mediante autorização ou concessão, a produção de energia elétrica;

II - que a sociedade referida no inciso I deste artigo inicie a operação comercial a partir da data de publicação desta Lei; e

III - que a energia elétrica produzida no empreendimento deva ser destinada, no todo ou em parte, para seu uso exclusivo.

§ 1º A equiparação de que trata este artigo limitar-se-á à parcela da energia destinada ao consumo próprio do consumidor ou a sua participação no empreendimento, o que for menor.

§ 2º A regulamentação deverá estabelecer, para fins de equiparação, montantes mínimos de demanda por unidade de consumo.

§ 3º Excepcionalmente, em até 120 (cento e vinte) dias contados da data de publicação desta Lei, os investidores cujas sociedades de propósito específico já tenham sido constituídas ou os empreendimentos já tenham entrado em operação comercial poderão solicitar à Agência Nacional de Energia Elétrica - ANEEL a equiparação de que trata este artigo.

ART. 27. Os estabelecimentos industriais fabricantes de cigarros classificados na posição 2402.20.00 da Tabela de Incidência do Imposto sobre Produtos Industrializados - TIPI, excetuados os classificados no Ex 01, estão obrigados à instalação de equipamentos contadores de produção, bem como de aparelhos para o controle, registro, gravação e transmissão dos quantitativos medidos na forma, condições e prazos estabelecidos pela Secretaria da Receita Federal do Brasil.

› Art. 13, II, Lei 12.995/2014, que institui a taxa de utilização a que se refere este artigo.

§ 1º Os equipamentos de que trata o *caput* deste artigo deverão possibilitar, ainda, o controle e o rastreamento dos produtos em todo o território nacional e a correta utilização do selo de controle de que trata o art. 46 da Lei n. 4.502, de 30 de novembro de 1964, com o fim de identificar a legítima origem e reprimir a produção e importação ilegais, bem como a comercialização de contrafações.

§ 2º No caso de inoperância de qualquer dos equipamentos previstos neste artigo, o contribuinte deverá comunicar a ocorrência no prazo de 24 (vinte e quatro) horas, devendo manter o controle do volume de produção, enquanto perdurar a interrupção, na forma estabelecida pela Secretaria da Receita Federal do Brasil.

§ 3º A falta de comunicação de que trata o § 2º deste artigo ensejará a aplicação de multa de R$ 10.000,00 (dez mil reais).

ART. 28. Os equipamentos contadores de produção de que trata o art. 27 desta Lei deverão ser instalados em todas as linhas de produção existentes nos estabelecimentos industriais fabricantes de cigarros, em local correspondente ao da aplicação do selo de controle de que trata o art. 46 da Lei n. 4.502, de 30 de novembro de 1964.

› Art. 13, II, Lei 12.995/2014, que institui a taxa de utilização a que se refere este artigo.

§ 1º O selo de controle será confeccionado pela Casa da Moeda do Brasil e conterá dispositivos de segurança aprovados pela Secretaria da Receita Federal do Brasil que possibilitem, ainda, a verificação de sua autenticidade no momento da aplicação no estabelecimento industrial fabricante de cigarros.

§ 2º Fica atribuída à Casa da Moeda do Brasil a responsabilidade pela integração, instalação e manutenção preventiva e corretiva de todos os equipamentos de que trata o art. 27 desta Lei nos estabelecimentos industriais fabricantes de cigarros, sob supervisão e acompanhamento da Secretaria da Receita Federal do Brasil e observância aos requisitos de segurança e controle fiscal por ela estabelecidos.

§§ 3º a **5º** (Revogados pela Lei 12.995/2014.)

ART. 29. Os equipamentos de que trata o art. 27 desta Lei, em condições normais de operação, deverão permanecer inacessíveis para ações de configuração ou para interação manual direta com o fabricante, mediante utilização de lacre de segurança, nos termos e condições estabelecidos pela Secretaria da Receita Federal do Brasil.

› Art. 13, II, Lei 12.995/2014, que institui a taxa de utilização a que se refere este artigo.

§ 1º O lacre de segurança de que trata o *caput* deste artigo será confeccionado pela Casa da Moeda do Brasil e deverá ser provido de proteção adequada para suportar as condições de umidade, temperatura, substâncias corrosivas, esforço mecânico e fadiga.

§ 2º O disposto neste artigo também se aplica aos medidores de vazão, condutivímetros e demais equipamentos de controle de produção exigidos em lei.

ART. 30. A cada período de apuração do Imposto sobre Produtos Industrializados, poderá ser aplicada multa de 100% (cem por cento) do valor comercial da mercadoria produzida, sem prejuízo da aplicação das demais sanções fiscais e penais cabíveis, não inferior a R$ 10.000,00 (dez mil reais):

› Art. 13, II, Lei 12.995/2014, que institui a taxa de utilização a que se refere este artigo.

I - se, a partir do 10º (décimo) dia subsequente ao prazo fixado para a entrada em operação do sistema, os equipamentos referidos no art. 28 desta Lei não tiverem sido instalados em virtude de impedimento criado pelo fabricante;

II - se o fabricante não efetuar o controle de volume de produção a que se refere o § 2º do art. 27 desta Lei.

§ 1º Para fins do disposto no inciso I do *caput* deste artigo, considera-se impedimento qualquer ação ou omissão praticada pelo fabricante tendente a impedir ou retardar a instalação dos equipamentos ou, mesmo após a sua instalação, prejudicar o seu normal funcionamento.

§ 2º A ocorrência do disposto no inciso I do *caput* deste artigo caracteriza, ainda, hipótese de cancelamento do registro especial de que trata o art. 1º do Decreto-Lei n. 1.593, de 21 de dezembro de 1977, do estabelecimento industrial.

ART. 31. Os arts. 8º e 40 da Lei n. 10.865, de 30 de abril de 2004, passam a vigorar com a seguinte redação:

› Alterações promovidas no texto da referida lei.

ART. 32. Os arts. 1º e 8º da Lei n. 10.925, de 23 de julho de 2004, passam a vigorar com a seguinte redação:

› Alterações promovidas no texto da referida lei.

ART. 33. A pessoa jurídica que ceder seu nome, inclusive mediante a disponibilização de documentos próprios, para a realização de operações de comércio exterior de terceiros com vistas no acobertamento de seus reais intervenientes ou beneficiários fica sujeita a multa de 10% (dez por cento) do valor da operação acobertada, não podendo ser inferior a R$ 5.000,00 (cinco mil reais).

Parágrafo único. À hipótese prevista no *caput* deste artigo não se aplica o disposto no art. 81 da Lei n. 9.430, de 27 de dezembro de 1996.

ART. 34. Aplica-se às sociedades cooperativas que tenham auferido, no ano-calendário anterior, receita bruta até o limite definido no inciso II do *caput* do art. 3º da Lei Complementar n. 123, de 14 de dezembro de 2006, nela incluídos os atos cooperados e não cooperados, o disposto nos Capítulos V a X, na Seção IV do Capítulo XI, e no Capítulo XII da referida Lei Complementar.

ART. 35. O art. 56 da Lei n. 11.196, de 21 de novembro de 2005, passa a vigorar acrescido do seguinte parágrafo único:

› Alterações promovidas no texto da referida lei.

ART. 36. O art. 57 da Lei n. 11.196, de 21 de novembro de 2005, passa a vigorar acrescido do seguinte § 2º, renumerando-se o atual parágrafo único para § 1º:

› Alterações promovidas no texto da referida lei.

ART. 37. (Vetado.)

ART. 38. É concedido isenção do imposto de importação, do imposto sobre produtos industrializados, da contribuição para o PIS/Pasep-Importação, da Cofins-Importação e da CIDE-Combustíveis, nos termos, limites e condições estabelecidos em regulamento, incidentes na importação de:

I - troféus, medalhas, placas, estatuetas, distintivos, flâmulas, bandeiras e outros objetos comemorativos recebidos em evento cultural, científico ou esportivo oficial realizado no exterior ou para serem distribuídos gratuitamente como premiação em evento esportivo realizado no País;

II - bens dos tipos e em quantidades normalmente consumidos em evento esportivo oficial; e

III - material promocional, impressos, folhetos e outros bens com finalidade semelhante, a serem distribuídos gratuitamente ou utilizados em evento esportivo oficial.

Parágrafo único. O disposto no *caput* deste artigo aplica-se também a bens importados por desportistas, desde que tenham sido utilizados por estes em evento esportivo oficial e recebidos em doação de entidade de prática desportiva estrangeira ou da promotora ou patrocinadora do evento.

ART. 39. (Vetado.)

CAPÍTULO V
DISPOSIÇÕES FINAIS

ART. 40. Ficam revogados:

I - os arts. 69 da Lei n. 4.502, de 30 de novembro de 1964, 45 e 46 da Lei n. 9.430, de 27 de dezembro de 1996; e

II - o art. 1º-A do Decreto-Lei n. 1.593, de 21 de dezembro de 1977.

ART. 41. Esta Lei entra em vigor na data de sua publicação.

Brasília, 15 de junho de 2007; 186º da Independência e 119º da República.

LUIZ INÁCIO LULA DA SILVA

LEI N. 11.508, DE 20 DE JULHO DE 2007

Dispõe sobre o regime tributário, cambial e administrativo das Zonas de Processamento de Exportação, e dá outras providências.

› *DOU*, 23.07.2007.

O Presidente da República. Faço saber que o Congresso Nacional decreta e eu sanciono a seguinte Lei:

ART. 1º É o Poder Executivo autorizado a criar, nas regiões menos desenvolvidas, Zonas de Processamento de Exportação (ZPE), sujeitas ao regime jurídico instituído por esta Lei, com a finalidade de reduzir desequilíbrios regionais, bem como fortalecer o balanço de pagamentos e promover a difusão tecnológica e o desenvolvimento econômico e social do País.

Parágrafo único. As ZPE caracterizam-se como áreas de livre comércio com o exterior, destinadas à instalação de empresas voltadas para a produção de bens a serem comercializados no exterior, sendo consideradas zonas primárias para efeito de controle aduaneiro.

ART. 2º A criação de ZPE far-se-á por decreto, que delimitará sua área, à vista de proposta dos Estados ou Municípios, em conjunto ou isoladamente.

§ 1º A proposta a que se refere este artigo deverá satisfazer os seguintes requisitos:

I - indicação de localização adequada no que diz respeito a acesso a portos e aeroportos internacionais;

II - comprovação da disponibilidade da área destinada a sediar a ZPE;

III - comprovação de disponibilidade financeira, considerando inclusive a possibilidade de aportes de recursos da iniciativa privada;

IV - comprovação de disponibilidade mínima de infraestrutura e de serviços capazes de absorver os efeitos de sua implantação;

V - indicação da forma de administração da ZPE; e

VI - atendimento de outras condições que forem estabelecidas em regulamento.

§ 2º A administradora da ZPE deverá atender às instruções dos órgãos competentes do Ministério da Fazenda quanto ao fechamento da área, ao sistema de vigilância e aos dispositivos de segurança.

§ 3º A administradora da ZPE proverá as instalações e os equipamentos necessários ao controle, à vigilância e à administração aduaneira local.

§ 4º O ato de criação de ZPE caducará: (Incluído pela Lei 11.732/2008.)

I - se, no prazo de 48 (quarenta e oito) meses, contado da sua publicação, a administradora da ZPE não tiver iniciado, efetivamente, as obras de implantação, de acordo com o cronograma previsto na proposta de criação; (Alterado pela Lei 12.865/2013.)

II - se as obras de implantação não forem concluídas, sem motivo justificado, no prazo de 12 (doze) meses, contado da data prevista para sua conclusão, constante do cronograma da proposta de criação. (Incluído pela Lei 11.732/2008.)

§ 5º A solicitação de instalação de empresa em ZPE será feita mediante apresentação de projeto, na forma estabelecida em regulamento. (Incluído pela Lei 11.732/2008.)

ART. 3º Fica mantido o Conselho Nacional das Zonas de Processamento de Exportação - CZPE, criado pelo art. 3º do Decreto-Lei n. 2.452, de 29 de julho de 1988, com competência para: (Redação dada pela Lei 11.732/2008.)

I - analisar as propostas de criação de ZPE; (Redação dada pela Lei 11.732/2008.)

II - aprovar os projetos industriais correspondentes, observado o disposto no § 5º do art. 2º desta Lei; e (Redação dada pela Lei 11.732/2008.)

III - traçar a orientação superior da política das ZPE. (Redação dada pela Lei 11.732/2008.)

IV - (Revogado.) (Redação dada pela Lei 11.732/2008.)

V - decidir sobre os pedidos de prorrogação dos prazos previstos nos incisos I e II do § 4º do art. 2º e no *caput* do art. 25 protocolados a partir de 1º de junho de 2012; (Acrescentado pela Lei 12.767/2012.)

VI - declarar a caducidade da ZPE no caso de não cumprimento dos prazos previstos nos incisos I e II do § 4º do art. 2º e no *caput* do art. 25. (Acrescentado pela Lei 12.767/2012.)

§ 1º Para fins de análise das propostas e aprovação dos projetos, o CZPE levará em consideração, entre outras que poderão ser fixadas em regulamento, as seguintes diretrizes: (Redação dada pela Lei 11.732/2008.)

I e II - (Revogados.); (Redação dada pela Lei 11.732/2008.)

III - atendimento às prioridades governamentais para os diversos setores da indústria nacional e da política econômica global, especialmente para as políticas industrial, tecnológica e de comércio exterior; (Redação dada pela Lei 11.732/2008.)

IV - prioridade para as propostas de criação de ZPE localizada em área geográfica privilegiada para a exportação; e (Redação dada pela Lei 11.732/2008.)

§ 2º (Vetado.)

§ 3º O CZPE estabelecerá mecanismos e formas de monitoramento do impacto da aplicação do regime de que trata esta Lei na indústria nacional. (Incluído pela Lei 11.732/2008.)

§ 4º Na hipótese de constatação de impacto negativo à indústria nacional relacionado à venda de produto industrializado em ZPE para o mercado interno, o CZPE poderá propor: (Incluído pela Lei 11.732/2008.)

I - elevação do percentual de receita bruta decorrente de exportação para o exterior, de que trata o *caput* do art. 18 desta Lei; ou (Incluído pela Lei 11.732/2008.)

II - vedação de venda para o mercado interno de produto industrializado em ZPE, enquanto persistir o impacto negativo à indústria nacional. (Incluído pela Lei 11.732/2008.)

§ 5º O Poder Executivo, ouvido o CZPE, poderá adotar as medidas de que trata o § 4º deste artigo. (Incluído pela Lei 11.732/2008.)

§ 6º A apreciação dos projetos de instalação de empresas em ZPE será realizada de acordo com a ordem de protocolo no CZPE. (Incluído pela Lei 11.732/2008.)

ART. 4º O início do funcionamento de ZPE dependerá do prévio alfandegamento da respectiva área.

Parágrafo único. O Poder Executivo disporá sobre as instalações aduaneiras, os equipamentos de segurança e de vigilância e os controles necessários ao seu funcionamento, bem como sobre as hipóteses de adoção de controle aduaneiro informatizado da ZPE e de dispensa de alfandegamento. (Redação dada pela Lei 11.732/2008.)

ART. 5º É vedada a instalação em ZPE de empresas cujos projetos evidenciem a simples transferência de plantas industriais já instaladas no País.

Parágrafo único. Não serão autorizadas, em ZPE, a produção, a importação ou exportação de:

I - armas ou explosivos de qualquer natureza, salvo com prévia autorização do Comando do Exército;

II - material radioativo, salvo com prévia autorização da Comissão Nacional de Energia Nuclear - CNEN; e

III - outros indicados em regulamento.

ART. 6º (Revogado pela Lei 11.732/2008.)

ART. 6º-A. As importações ou as aquisições no mercado interno de bens e serviços por empresa autorizada a operar em ZPE terão suspensão da exigência dos seguintes impostos e contribuições: (Incluído pela Lei 11.732/2008.)

I - Imposto de Importação; (Incluído pela Lei 11.732/2008.)

II - Imposto sobre Produtos Industrializados - IPI; (Incluído pela Lei 11.732/2008.)

III - Contribuição para o Financiamento da Seguridade Social - Cofins; (Incluído pela Lei 11.732/2008.)

IV - Contribuição Social para o Financiamento da Seguridade Social devida pelo Importador de Bens Estrangeiros ou Serviços do Exterior - Cofins-Importação; (Incluído pela Lei 11.732/2008.)

V - Contribuição para o PIS/Pasep; (Incluído pela Lei 11.732/2008.)

VI - Contribuição para o PIS/Pasep-Importação; e (Incluído pela Lei 11.732/2008.)

VII - Adicional de Frete para Renovação da Marinha Mercante - AFRMM. (Incluído pela Lei 11.732/2008.)

§ 1º A pessoa jurídica autorizada a operar em ZPE responde pelos impostos e contribuições com a exigibilidade suspensa na condição de: (Incluído pela Lei 11.732/2008.)

I - contribuinte, nas operações de importação, em relação ao Imposto de Importação, ao IPI, à Contribuição para o PIS/Pasep-Importação, à Cofins-Importação e ao AFRMM; e (Incluído pela Lei 11.732/2008.)

II - responsável, nas aquisições no mercado interno, em relação ao IPI, à Contribuição para o PIS/Pasep e à Cofins. (Incluído pela Lei 11.732/2008.)

§ 2º A suspensão de que trata o *caput* deste artigo, quando for relativa a máquinas, aparelhos, instrumentos e equipamentos, aplica-se a bens, novos ou usados, para incorporação ao ativo imobilizado da empresa autorizada a operar em ZPE. (Incluído pela Lei 11.732/2008.)

§ 3º Na hipótese de importação de bens usados, a suspensão de que trata o *caput* deste artigo será aplicada quando se tratar de conjunto industrial e que seja elemento constitutivo da integralização do capital social da empresa. (Incluído pela Lei 11.732/2008.)

§ 4º Na hipótese do § 2º deste artigo, a pessoa jurídica que não incorporar o bem ao ativo imobilizado ou revendê-lo antes da conversão em alíquota 0 (zero) ou em isenção, na forma dos §§ 7º e 8º deste artigo, fica obrigada a recolher os impostos e contribuições com a exigibilidade suspensa acrescidos de juros e multa de mora, na forma da lei, contados a partir da data da aquisição no mercado interno ou de registro da declaração de importação correspondente. (Incluído pela Lei 11.732/2008.)

§ 5º As matérias-primas, produtos intermediários e materiais de embalagem, importados ou adquiridos no mercado interno por empresa autorizada a operar em ZPE com a suspensão de que trata o *caput* deste artigo deverão ser integralmente utilizados no processo produtivo do produto final. (Incluído pela Lei 11.732/2008.)

§ 6º Nas notas fiscais relativas à venda para empresa autorizada a operar na forma do *caput* deste artigo deverá constar a expressão "Venda Efetuada com Regime de Suspensão", com a especificação do dispositivo legal correspondente. (Incluído pela Lei 11.732/2008.)

§ 7º Na hipótese da Contribuição para o PIS/Pasep, da Cofins, da Contribuição para o PIS/Pasep-Importação, da Cofins-Importação e do IPI, relativos aos bens referidos no § 2º deste artigo, a suspensão de que trata este artigo converte-se em alíquota 0% (zero por cento) depois de cumprido o compromisso de que trata o *caput* do art. 18 desta Lei e decorrido o prazo de 2 (dois) anos da data de ocorrência do fato gerador. (Incluído pela Lei 11.732/2008.)

§ 8º Na hipótese do Imposto de Importação e do AFRMM, a suspensão de que trata este artigo, se relativos: (Incluído pela Lei 11.732/2008.)

I - aos bens referidos no § 2º deste artigo, converte-se em isenção depois de cumprido o compromisso de que trata o *caput* do art. 18 desta Lei e decorrido o prazo de 5 (cinco) anos da data de ocorrência do fato gerador; e (Incluído pela Lei 11.732/2008.)

II - às matérias-primas, produtos intermediários e materiais de embalagem, resolve-se com a: (Incluído pela Lei 11.732/2008.)

a) reexportação ou destruição das mercadorias, a expensas do interessado; ou (Incluído pela Lei 11.732/2008.)

b) exportação das mercadorias no mesmo estado em que foram importadas ou do produto final no qual foram incorporadas. (Incluído pela Lei 11.732/2008.)

§ 9º Na hipótese de não ser efetuado o recolhimento na forma do § 4º deste artigo ou do inciso II do § 3º do art. 18 desta Lei caberá lançamento de ofício, com aplicação de juros e da multa de que trata o art. 44 da Lei n. 9.430, de 27 de dezembro de 1996. (Incluído pela Lei 11.732/2008.)

ART. 7º (Vetado.)

ART. 8º O ato que autorizar a instalação de empresa em ZPE relacionará os produtos a serem fabricados de acordo com a sua classificação na Nomenclatura Comum do Mercosul - NCM e assegurará o tratamento instituído por esta Lei pelo prazo de até 20 (vinte) anos.

§ 1º A empresa poderá solicitar alteração dos produtos a serem fabricados, na forma estabelecida pelo Poder Executivo. (Redação dada pela Lei 11.732/2008.)

§ 2º O prazo de que trata o *caput* deste artigo poderá, a critério do Conselho Nacional das Zonas de Processamento de Exportação - CZPE, ser prorrogado por igual período, nos casos de investimento de grande vulto que exijam longos prazos de amortização. (Redação dada pela Lei 11.732/2008.)

ART. 9º A empresa instalada em ZPE não poderá constituir filial ou participar de outra pessoa jurídica localizada fora de ZPE, ainda que para usufruir incentivos previstos na legislação tributária. (Redação dada pela Lei 11.732/2008.)

ART. 10. (Vetado.)

ART. 11. (Vetado.)

ART. 12. As importações e exportações de empresa autorizada a operar em ZPE estarão sujeitas ao seguinte tratamento administrativo:

I - dispensa de licença ou de autorização de órgãos federais, com exceção dos controles de ordem sanitária, de interesse da segurança nacional e de proteção do meio ambiente, vedadas quaisquer outras restrições à produção, operação, comercialização e importação de bens e serviços que não as impostas por esta Lei; e (Redação dada pela Lei 11.732/2008.)

II - somente serão admitidas importações, com a suspensão do pagamento de impostos e contribuições de que trata o art. 6º-A desta Lei, de equipamentos, máquinas, aparelhos e instrumentos, novos ou usados, e de matérias-primas, produtos intermediários e materiais de embalagem necessários à instalação industrial ou destinados a integrar o processo produtivo. (Redação dada pela Lei 11.732/2008.)

§ 1º A dispensa de licenças ou autorizações a que se refere o inciso I não se aplicará a exportações de produtos:

I - destinados a países com os quais o Brasil mantenha convênios de pagamento, as quais se submeterão às disposições e controles estabelecidos na forma da legislação em vigor;

II - sujeitos a regime de cotas aplicáveis às exportações do País, vigentes na data de aprovação do projeto, ou que venha a ser instituído posteriormente; e

III - sujeitos ao Imposto de Exportação.

§ 2º As mercadorias importadas poderão ser, ainda, mantidas em depósito, reexportadas ou destruídas, na forma prescrita na legislação aduaneira.

§ 3º O disposto no art. 17 do Decreto-Lei n. 37, de 18 de novembro de 1966, assim como o disposto no art. 2º do Decreto-Lei n. 666, de 2 de julho de 1969, não se aplica aos produtos importados nos termos do art. 6º-A desta Lei, os quais, se usados, ficam dispensados das normas administrativas aplicáveis aos bens usados em geral. (Incluído pela Lei 11.732/2008.)

§ 4º Não se aplica o disposto no § 3º deste artigo aos bens usados importados fora das condições estabelecidas no § 3º do art. 6º-A desta Lei. (Incluído pela Lei 11.732/2008.)

ART. 13. Somente serão permitidas aquisições no mercado interno, com a suspensão do pagamento de impostos e contribuições de que trata esta Lei, de bens necessários às atividades da empresa, mencionados no inciso II do *caput* do art. 12 desta Lei. (Redação dada pela Lei 11.732/2008.)

Parágrafo único. As mercadorias adquiridas no mercado interno poderão ser, ainda, mantidas em depósito, exportadas ou destruídas, na forma prescrita na legislação aduaneira. (Redação dada pela Lei 11.732/2008.)

ART. 14. (Vetado.)

ART. 15. Aplicam-se às empresas autorizadas a operar em ZPE as mesmas disposições legais e regulamentares relativas a câmbio e capitais internacionais aplicáveis às demais empresas nacionais. (Redação dada pela Lei 11.732/2008.)

Parágrafo único. Os limites de que trata o *caput* do art. 1º da Lei n. 11.371, de 28 de novembro de 2006, não se aplicam às empresas que operarem em ZPE. (Incluído pela Lei 11.732/2008.)

ART. 16. (Vetado.)

ART. 17. A empresa instalada em ZPE não poderá usufruir de quaisquer incentivos ou benefícios não expressamente previstos nesta Lei.

Parágrafo único. (Revogado pela Lei 11.732/2008.)

ART. 18. Somente poderá instalar-se em ZPE a pessoa jurídica que assuma o compromisso de auferir e manter, por ano-calendário, receita bruta decorrente de exportação para o exterior de, no mínimo, 80% (oitenta por cento) de sua receita bruta total de venda de bens e serviços. (Redação dada pela Lei 11.732/2008.)

§ 1º A receita bruta de que trata o *caput* deste artigo será considerada depois de excluídos os impostos e contribuições incidentes sobre as vendas. (Redação dada pela Lei 11.732/2008.)

§ 2º O percentual de receita bruta de que trata o *caput* deste artigo será apurado a partir do ano-calendário subsequente ao do início da efetiva entrada em funcionamento do projeto, em cujo cálculo será incluída a receita bruta auferida no primeiro ano-calendário de funcionamento. (Redação dada pela Lei 11.732/2008.)

I - (Revogado pela Lei 11.732/2008.)

a) a c) (Revogadas pela Lei 11.732/2008.)

II - (Revogado pela Lei 11.732/2008.)

a) a e) (Revogadas pela Lei 11.732/2008.)

III - (Revogado pela Lei 11.732/2008.)

a) a b) (Revogadas pela Lei 11.732/2008.)

§ 3º Os produtos industrializados em ZPE, quando vendidos para o mercado interno, estarão sujeitos ao pagamento: (Redação dada pela Lei 11.732/2008.)

I - de todos os impostos e contribuições normalmente incidentes na operação; e (Incluído pela Lei 11.732/2008.)

II - do Imposto de Importação e do AFRMM relativos a matérias-primas, produtos intermediários e materiais de embalagem de procedência estrangeira neles empregados, com acréscimo de juros e multa de mora, na forma da lei. (Incluído pela Lei 11.732/2008.)

§ 4º Será permitida, sob as condições previstas na legislação específica, a aplicação dos seguintes incentivos ou benefícios fiscais: (Incluído pela Lei 11.732/2008.)

I - regimes aduaneiros suspensivos previstos em regulamento; (Incluído pela Lei 11.732/2008.)

II - previstos para as áreas da Superintendência do Desenvolvimento da Amazônia - Sudam, instituída pela Lei Complementar n. 124, de 3 de janeiro de 2007; da Superintendência do Desenvolvimento do Nordeste - Sudene, instituída pela Lei Complementar n. 125, de 3 de janeiro de 2007; e dos programas e fundos de desenvolvimento da Região Centro-Oeste; (Incluído pela Lei 11.732/2008.)

III - previstos no art. 9º da Medida Provisória n. 2.159-70, de 24 de agosto de 2001; (Incluído pela Lei 11.732/2008.)

IV - previstos na Lei n. 8.248, de 23 de outubro de 1991; e (Incluído pela Lei 11.732/2008.)

V - previstos nos arts. 17 a 26 da Lei n. 11.196, de 21 de novembro de 2005. (Incluído pela Lei 11.732/2008.)

§ 5º Aplica-se o tratamento estabelecido no art. 6º-A desta Lei para as aquisições de mercadorias realizadas entre empresas autorizadas a operar em ZPE. (Redação dada pela Lei 11.732/2008.)

I a III - (Revogados pela Lei 11.732/2008.)

§ 6º A receita auferida com a operação de que trata o § 5º deste artigo será considerada receita bruta decorrente de venda de mercadoria no mercado externo. (Incluído pela Lei 11.732/2008.)

§ 7º Excepcionalmente, em casos devidamente autorizados pelo CZPE, as matérias-primas, produtos intermediários e materiais de embalagem adquiridos no mercado interno ou importados com a suspensão de que trata o art. 6º-A desta Lei poderão ser revendidos no mercado interno, observado o disposto nos §§ 3º e 6º deste artigo. (Incluído pela Lei 11.732/2008.)

ART. 18-A. (Vetado.) (Incluído pela Lei 11.732/2008.)

ART. 19. (Vetado.)

ART. 20. O Poder Executivo estabelecerá em regulamento as normas para a fiscalização, o despacho e o controle aduaneiro de mercadorias em ZPE e a forma como a autoridade aduaneira exercerá o controle e a verificação do embarque e, quando for o caso, da destinação de mercadoria exportada por empresa instalada em ZPE.

ART. 21. Para efeitos fiscais, cambiais e administrativos, aplicar-se-á aos serviços o seguinte tratamento:

I - (Vetado.)

II - os prestados em ZPE, por residente ou domiciliado no exterior, para empresas ali instaladas, serão considerados como prestados no exterior;

III e **IV** - (Vetados.)

§§ 1º e **2º** (Vetados.)

ART. 22. As sanções previstas nesta Lei não prejudicam a aplicação de outras penalidades, inclusive do disposto no art. 76 da Lei n. 10.833, de 29 de dezembro de 2003. (Redação dada pela Lei 11.732/2008.)

ART. 23. Considera-se dano ao erário, para efeito de aplicação da pena de perdimento, na forma da legislação específica, a introdução: (Redação dada pela Lei 11.732/2008.)

I - no mercado interno, de mercadoria procedente de ZPE que tenha sido importada, adquirida no mercado interno ou produzida em ZPE fora dos casos autorizados nesta Lei; e (Redação dada pela Lei 11.732/2008.)

II - em ZPE, de mercadoria estrangeira não permitida; (Redação dada pela Lei 11.732/2008.)

III - (Redação dada pela Lei 11.732/2008.)

Parágrafo único. Aplica-se o disposto no Decreto-Lei n. 1.455, de 7 de abril de 1976, para efeitos de aplicação e julgamento da pena de perdimento estabelecida neste artigo. (Redação dada pela Lei 11.732/2008.)

ART. 24. (Revogado pela Lei 11.732/2008.)

ART. 25. O ato de criação de ZPE já autorizada até 13 de outubro de 1994 caducará se até 31 de dezembro de 2015 a administradora da ZPE não tiver iniciado, sem motivo justificado, as obras de implantação. (Alterado pela Lei 12.767/2012.)

ART. 26. (Vetado.)

ART. 27. Esta Lei entra em vigor na data de sua publicação.

ART. 28. Revogam-se o Decreto-Lei n. 2.452, de 29 de julho de 1988, as Leis n. 8.396, de 2 de janeiro de 1992, e 8.924, de 29 de julho de 1994, o inciso II do § 2º do art. 14 da Medida Provisória n. 2.158-35, de 24 de agosto de 2001, e o inciso XVI do *caput* do art. 88 da Lei n. 9.430, de 27 de dezembro de 1996.

Brasília, 20 de julho de 2007; 186º da Independência e 119º da República.

LUIZ INÁCIO LULA DA SILVA

LEI N. 11.530, DE 24 DE OUTUBRO DE 2007

Institui o Programa Nacional de Segurança Pública com Cidadania - PRONASCI e dá outras providências.

▸ *DOU*, 25.10.2007.

O Presidente da República. Faço saber que o Congresso Nacional decreta e eu sanciono a seguinte Lei:

ART. 1º Fica instituído o Programa Nacional de Segurança Pública com Cidadania - PRONASCI, a ser executado pela União, por meio da articulação dos órgãos federais, em regime de cooperação com Estados, Distrito Federal e Municípios e com a participação das famílias e da comunidade, mediante programas, projetos e ações de assistência técnica e financeira e mobilização social, visando à melhoria da segurança pública.

ART. 2º O Pronasci destina-se a articular ações de segurança pública para a prevenção, controle e repressão da criminalidade, estabelecendo políticas sociais e ações de proteção às vítimas. (Redação dada pela Lei 11.707/2008.)

ART. 3º São diretrizes do Pronasci:

I - promoção dos direitos humanos, intensificando uma cultura de paz, de apoio ao desarmamento e de combate sistemático aos preconceitos de gênero, étnico, racial, geracional, de orientação sexual e de diversidade cultural; (Redação dada pela Lei 11.707/2008.)

II - criação e fortalecimento de redes sociais e comunitárias; (Redação dada pela Lei 11.707/2008.)

III - fortalecimento dos conselhos tutelares; (Redação dada pela Lei 11.707/2008.)

IV - promoção da segurança e da convivência pacífica; (Redação dada pela Lei 11.707/2008.)

V - modernização das instituições de segurança pública e do sistema prisional; (Redação dada pela Lei 11.707/2008.)

VI - valorização dos profissionais de segurança pública e dos agentes penitenciários; (Redação dada pela Lei 11.707/2008.)

VII - participação de jovens e adolescentes, de egressos do sistema prisional, de famílias expostas à violência urbana e de mulheres em situação de violência; (Redação dada pela Lei 11.707/2008.)

VIII - ressocialização dos indivíduos que cumprem penas privativas de liberdade e egressos do sistema prisional, mediante implementação de projetos educativos, esportivos e profissionalizantes; (Redação dada pela Lei 11.707/2008.)

IX - intensificação e ampliação das medidas de enfrentamento do crime organizado e da corrupção policial; (Redação dada pela Lei 11.707/2008.)

X - garantia do acesso à justiça, especialmente nos territórios vulneráveis; (Redação dada pela Lei 11.707/2008.)

XI - garantia, por meio de medidas de urbanização, da recuperação dos espaços públicos; (Redação dada pela Lei 11.707/2008.)

XII - observância dos princípios e diretrizes dos sistemas de gestão descentralizados e participativos das políticas sociais e das resoluções dos conselhos de políticas sociais e de defesa de direitos afetos ao Pronasci; (Redação dada pela Lei 11.707/2008.)

XIII - participação e inclusão em programas capazes de responder, de modo consistente e permanente, às demandas das vítimas da criminalidade por intermédio de apoio psicológico, jurídico e social; (Incluído pela Lei 11.707/2008.)

XIV - participação de jovens e adolescentes em situação de moradores de rua em programas educativos e profissionalizantes com vistas na ressocialização e reintegração à família; (Incluído pela Lei 11.707/2008.)

XV - promoção de estudos, pesquisas e indicadores sobre a violência que considerem as dimensões de gênero, étnicas, raciais, geracionais e de orientação sexual; (Incluído pela Lei 11.707/2008.)

XVI - transparência de sua execução, inclusive por meios eletrônicos de acesso público; e (Incluído pela Lei 11.707/2008.)

XVII - garantia da participação da sociedade civil. (Incluído pela Lei 11.707/2008.)

ART. 4º São focos prioritários dos programas, projetos e ações que compõem o Pronasci:

I - foco etário: população juvenil de 15 (quinze) a 24 (vinte e quatro) anos; (Redação dada pela Lei 11.707/2008.)

II - foco social: jovens e adolescentes egressos do sistema prisional ou em situação de moradores de rua, famílias expostas à violência urbana, vítimas da criminalidade e mulheres em situação de violência; (Redação dada pela Lei 11.707/2008.)

III - foco territorial: regiões metropolitanas e aglomerados urbanos que apresentem altos índices de homicídios e de crimes violentos; e (Redação dada pela Lei 11.707/2008.)

IV - foco repressivo: combate ao crime organizado. (Redação dada pela Lei 11.707/2008.)

ART. 5º O Pronasci será executado de forma integrada pelos órgãos e entidades federais envolvidos e pelos Estados, Distrito Federal e Municípios que a ele se vincularem voluntariamente, mediante instrumento de cooperação federativa.

ART. 6º Para aderir ao Pronasci, o ente federativo deverá aceitar as seguintes condições, sem prejuízo do disposto na legislação aplicável e do pactuado no respectivo instrumento de cooperação:

I - criação de Gabinete de Gestão Integrada - GGI; (Redação dada pela Lei 11.707/2008.)

II - garantia da participação da sociedade civil e dos conselhos tutelares nos fóruns de segurança pública que acompanharão e fiscalizarão os projetos do Pronasci; (Redação dada pela Lei 11.707/2008.)

III - participação na gestão e compromisso com as diretrizes do Pronasci; (Redação dada pela Lei 11.707/2008.)

IV - compartilhamento das ações e das políticas de segurança, sociais e de urbanização; (Redação dada pela Lei 11.707/2008.)

V - comprometimento de efetivo policial nas ações para pacificação territorial, no caso dos Estados e do Distrito Federal; (Redação dada pela Lei 11.707/2008.)

VI - disponibilização de mecanismos de comunicação e informação para mobilização social e divulgação das ações e projetos do Pronasci; (Redação dada pela Lei 11.707/2008.)

VII - apresentação de plano diretor do sistema penitenciário, no caso dos Estados e do Distrito Federal; (Incluído pela Lei 11.707/2008.)

VIII - compromisso de implementar programas continuados de formação em direitos humanos para os policiais civis, policiais militares, bombeiros militares e servidores do sistema penitenciário; (Incluído pela Lei 11.707/2008.)

IX - compromisso de criação de centros de referência e apoio psicológico, jurídico e social às vítimas da criminalidade; e (Incluído pela Lei 11.707/2008.)

X - (Vetado.) (Incluído pela Lei 11.707/2008.)

ART. 7º Para fins de execução do Pronasci, a União fica autorizada a realizar convênios, acordos, ajustes ou outros instrumentos congêneres com órgãos e entidades da administração pública dos Estados, do Distrito Federal e dos Municípios, assim como com entidades de direito público e Organizações da Sociedade Civil de Interesse Público - OSCIP, observada a legislação pertinente.

ART. 8º A gestão do Pronasci será exercida pelos Ministérios, pelos órgãos e demais entidades federais nele envolvidos, bem como pelos Estados, Distrito Federal e Municípios participantes, sob a coordenação do Ministério da Justiça, na forma estabelecida em regulamento.

ART. 8º-A. Sem prejuízo de outros programas, projetos e ações integrantes do Pronasci, ficam instituídos os seguintes projetos: (Incluído pela Lei 11.707/2008.)

I - Reservista-Cidadão; (Incluído pela Lei 11.707/2008.)

II - Proteção de Jovens em Território Vulnerável - Protejo; (Incluído pela Lei 11.707/2008.)

III - Mulheres da Paz; e (Incluído pela Lei 11.707/2008.)

IV - Bolsa-Formação. (Incluído pela Lei 11.707/2008.)

Parágrafo único. A escolha dos participantes dos projetos previstos nos incisos I a III do *caput* deste artigo dar-se-á por meio de seleção pública, pautada por critérios a serem estabelecidos conjuntamente pelos entes federativos conveniados, considerando, obrigatoriamente, os aspectos socioeconômicos dos pleiteantes. (Incluído pela Lei 11.707/2008.)

ART. 8º-B. O projeto Reservista-Cidadão é destinado à capacitação de jovens recém-licenciados do serviço militar obrigatório, para atuar como agentes comunitários nas áreas geográficas abrangidas pelo Pronasci. (Incluído pela Lei 11.707/2008.)

§ 1º O trabalho desenvolvido pelo Reservista-Cidadão, que terá duração de 12 (doze) meses, tem como foco a articulação com jovens e adolescentes para sua inclusão e participação em ações de promoção da cidadania. (Incluído pela Lei 11.707/2008.)

§ 2º Os participantes do projeto de que trata este artigo receberão formação sociojurídica e terão atuação direta na comunidade." (Incluído pela Lei 11.707/2008.)

ART. 8º-C. O projeto de Proteção de Jovens em Território Vulnerável - Protejo é destinado à formação e inclusão social de jovens e adolescentes expostos à violência doméstica ou urbana ou em situações de moradores de rua, nas áreas geográficas abrangidas pelo Pronasci. (Incluído pela Lei 11.707/2008.)

§ 1º O trabalho desenvolvido pelo Protejo terá duração de 1 (um) ano, podendo ser prorrogado por igual período, e tem como foco a formação cidadã dos jovens e adolescentes a partir de práticas esportivas, culturais e educacionais que visem a resgatar a autoestima, a convivência pacífica e o incentivo à reestruturação do seu percurso socioformativo para sua inclusão em uma vida saudável. (Incluído pela Lei 11.707/2008.)

§ 2º A implementação do Protejo dar-se-á por meio da identificação dos jovens e adolescentes participantes, sua inclusão em práticas esportivas, culturais e educacionais e formação sociojurídica realizada por meio de cursos de capacitação legal com foco em direitos humanos, no combate à violência e à criminalidade, na temática juvenil, bem como em atividades de emancipação e socialização que possibilitem a sua reinserção nas comunidades em que vivem. (Incluído pela Lei 11.707/2008.)

§ 3º A União bem como os entes federativos que se vincularem ao Pronasci poderão autorizar a utilização dos espaços ociosos de suas instituições de ensino (salas de aula, quadras de esporte, piscinas, auditórios e bibliotecas) pelos jovens beneficiários do Protejo, durante os finais de semana e feriados. (Incluído pela Lei 11.707/2008.)

ART. 8º-D. O projeto Mulheres da Paz é destinado à capacitação de mulheres socialmente atuantes nas áreas geográficas abrangidas pelo Pronasci. (Incluído pela Lei 11.707/2008.)

§ 1º O trabalho desenvolvido pelas Mulheres da Paz tem como foco: (Incluído pela Lei 11.707/2008.)

I - a mobilização social para afirmação da cidadania, tendo em vista a emancipação das mulheres e prevenção e enfrentamento da violência contra as mulheres; e (Incluído pela Lei 11.707/2008.)

II - a articulação com jovens e adolescentes, com vistas na sua participação e inclusão em programas sociais de promoção da cidadania e na rede de organizações parceiras capazes de responder de modo consistente e permanente às suas demandas por apoio psicológico, jurídico e social. (Incluído pela Lei 11.707/2008.)

§ 2º A implementação do projeto Mulheres da Paz dar-se-á por meio de: (Incluído pela Lei 11.707/2008.)

I - identificação das participantes; (Incluído pela Lei 11.707/2008.)

II - formação sociojurídica realizada mediante cursos de capacitação legal, com foco em direitos humanos, gênero e mediação pacífica de conflitos; (Incluído pela Lei 11.707/2008.)

III - desenvolvimento de atividades de emancipação da mulher e de reeducação e valorização dos jovens e adolescentes; e (Incluído pela Lei 11.707/2008.)

IV - colaboração com as ações desenvolvidas pelo Protejo, em articulação com os Conselhos Tutelares. (Incluído pela Lei 11.707/2008.)

§ 3º Fica o Poder Executivo autorizado a conceder, nos limites orçamentários previstos para o projeto de que trata este artigo, incentivos financeiros a mulheres socialmente atuantes nas áreas geográficas abrangidas pelo Pronasci, para a capacitação e exercício de ações de justiça comunitária relacionadas à mediação e à educação para direitos, conforme regulamento. (Incluído pela Lei 11.707/2008.)

ART. 8º-E. O projeto Bolsa-Formação é destinado à qualificação profissional dos integrantes das Carreiras já existentes das polícias militar e civil, do corpo de bombeiros, dos agentes penitenciários, dos agentes carcerários e dos peritos, contribuindo com a valorização desses profissionais e consequente benefício da sociedade brasileira. (Incluído pela Lei 11.707/2008.)

§ 1º Para aderir ao projeto Bolsa-Formação, o ente federativo deverá aceitar as seguintes condições, sem prejuízo do disposto no art. 6º desta Lei, na legislação aplicável e do pactuado no respectivo instrumento de cooperação: (Incluído pela Lei 11.707/2008.)

I - viabilização de amplo acesso a todos os policiais militares e civis, bombeiros, agentes penitenciários, agentes carcerários e peritos que demonstrarem interesse nos cursos de qualificação; (Incluído pela Lei 11.707/2008.)

II - instituição e manutenção de programas de polícia comunitária; e (Incluído pela Lei 11.707/2008.)

III - garantia de remuneração mensal pessoal não inferior a R$ 1.300,00 (mil e trezentos reais) aos membros das corporações indicadas no inciso I deste parágrafo, até 2012. (Incluído pela Lei 11.707/2008.)

§ 2º Os instrumentos de cooperação não poderão ter prazo de duração superior a 5 (cinco) anos. (Incluído pela Lei 11.707/2008.)

§ 3º O beneficiário policial civil ou militar, bombeiro, agente penitenciário, agente carcerário e perito dos Estados-membros que tiver aderido ao instrumento de cooperação receberá um valor referente à Bolsa-Formação, de acordo com o previsto em regulamento, desde que: (Incluído pela Lei 11.707/2008.)

I - frequente, a cada 12 (doze) meses, ao menos um dos cursos oferecidos ou reconhecidos pelos órgãos do Ministério da Justiça, nos termos dos §§ 4º a 7º deste artigo; (Incluído pela Lei 11.707/2008.)

II - não tenha cometido nem sido condenado pela prática de infração administrativa grave ou não possua condenação penal nos últimos 5 (cinco) anos; e (Incluído pela Lei 11.707/2008.)

III - não perceba remuneração mensal superior ao limite estabelecido em regulamento. (Incluído pela Lei 11.707/2008.)

§ 4º A Secretaria Nacional de Segurança Pública do Ministério da Justiça será responsável pelo oferecimento e reconhecimento dos cursos destinados aos peritos e aos policiais militares e civis, bem como aos bombeiros. (Incluído pela Lei 11.707/2008.)

§ 5º O Departamento Penitenciário Nacional do Ministério da Justiça será responsável pelo oferecimento e reconhecimento dos cursos destinados aos agentes penitenciários e agentes carcerários. (Incluído pela Lei 11.707/2008.)

§ 6º Serão dispensados do cumprimento do requisito indicado no inciso I do § 3º deste artigo os beneficiários que tiverem obtido aprovação em curso de especialização reconhecido pela Secretaria Nacional de Segurança Pública ou pelo Departamento Penitenciário Nacional do Ministério da Justiça. (Incluído pela Lei 11.707/2008.)

§ 7º O pagamento do valor referente à Bolsa-Formação será devido a partir do mês subsequente ao da homologação do requerimento pela Secretaria Nacional de Segurança Pública ou pelo Departamento Penitenciário Nacional, de acordo com a natureza do cargo exercido pelo requerente. (Incluído pela Lei 11.707/2008.)

§ 8º Os requisitos previstos nos incisos I a III do § 3º deste artigo deverão ser verificados conforme o estabelecido em regulamento. (Incluído pela Lei 11.707/2008.)

§ 9º Observadas as dotações orçamentárias do projeto, fica autorizada a inclusão dos guardas civis municipais e dos agentes de trânsito, enquadrados nos limites inferior e superior de remuneração definidos nas normas de concessão da Bolsa-Formação, como beneficiários do projeto, mediante o instrumento de cooperação federativa de que trata o art. 5º desta Lei, observadas as demais condições previstas em regulamento. (Alterado pela Lei 13.030/2014.)

ART. 8º-F. O Poder Executivo concederá auxílio financeiro aos participantes a que se referem os arts. 8º-B, 8º-C e 8º-D desta Lei, a partir do exercício de 2008, nos seguintes valores: (Incluído pela Lei 11.707/2008.)

I - R$ 100,00 (cem reais) mensais, no caso dos projetos Reservista-Cidadão e Protejo; e (Incluído pela Lei 11.707/2008.)

II - R$ 190,00 (cento e noventa reais) mensais, no caso do projeto Mulheres da Paz. (Incluído pela Lei 11.707/2008.)

Parágrafo único. A concessão do auxílio financeiro dependerá da comprovação da assiduidade e do comprometimento com as atividades estabelecidas no âmbito dos projetos de que tratam os arts. 8º-B, 8º-C e 8º-D desta Lei, além de outras condições previstas em regulamento, sob pena de exclusão do participante. (Incluído pela Lei 11.707/2008.)

ART. 8º-G. A percepção dos auxílios financeiros previstos por esta Lei não implica filiação do beneficiário ao Regime Geral de Previdência Social de que tratam as Leis n. 8.212 e 8.213, ambas de 24 de julho de 1991. (Incluído pela Lei 11.707/2008.)

ART. 8º-H. A Caixa Econômica Federal será o agente operador dos projetos instituídos nesta Lei, nas condições a serem estabelecidas com o Ministério da Justiça, obedecidas as formalidades legais. (Incluído pela Lei 11.707/2008.)

ART. 9º As despesas com a execução dos projetos correrão à conta das dotações orçamentárias consignadas anualmente no orçamento do Ministério da Justiça. (Redação dada pela Lei 11.707/2008.)

§ 1º Observadas as dotações orçamentárias, o Poder Executivo federal deverá, progressivamente, até o ano de 2012, estender os projetos referidos no art. 8º-A para as regiões metropolitanas de todos os Estados. (Alterado pela Lei 12.681/2012.)

§ 2º Os entes federados integrantes do Sistema Nacional de Informações de Segurança Pública, Prisionais, de Rastreabilidade de Armas e Munições, de Material Genético, de Digitais e de Drogas (Sinesp) que deixarem de fornecer ou de atualizar seus dados e informações no Sistema não poderão receber recursos do Pronasci. (Alterado pela Lei 13.675/2018.)

ART. 10. (Revogado pela Lei 11.707/2008.)

ART. 11. Esta Lei entra em vigor na data de sua publicação.

Brasília, 24 de outubro de 2007;
186º da Independência e 119º da República.
LUIZ INÁCIO LULA DA SILVA

LEI N. 11.631, DE 27 DE DEZEMBRO DE 2007

Dispõe sobre a Mobilização Nacional e cria o Sistema Nacional de Mobilização - SINAMOB.

- *DOU*, 28.12.2007.
- Dec. 6.592/2008 (Regulamenta esta lei).

O Presidente da República. Faço saber que o Congresso Nacional decreta e eu sanciono a seguinte Lei:

ART. 1º Esta Lei dispõe sobre a Mobilização Nacional a que se refere o inciso XIX do *caput* do art. 84 da Constituição Federal e cria o Sistema Nacional de Mobilização - SINAMOB.

ART. 2º Para os fins desta Lei, consideram-se:

I - Mobilização Nacional o conjunto de atividades planejadas, orientadas e empreendidas pelo Estado, complementando a Logística Nacional, destinadas a capacitar o País a realizar ações estratégicas, no campo da Defesa Nacional, diante de agressão estrangeira; e

II - Desmobilização Nacional o conjunto de atividades planejadas, orientadas e empreendidas pelo Estado, com vistas no retorno gradativo do País à situação de normalidade, quando cessados ou reduzidos os motivos determinantes da execução da Mobilização Nacional.

ART. 3º O preparo da Mobilização Nacional consiste na realização de ações estratégicas que viabilizem a sua execução, sendo desenvolvido desde a situação de normalidade, de modo contínuo, metódico e permanente.

ART. 4º A execução da Mobilização Nacional, caracterizada pela celeridade e compulsoriedade das ações a serem implementadas, com vistas em propiciar ao País condições para enfrentar o fato que a motivou, será decretada por ato do Poder Executivo autorizado pelo Congresso Nacional ou referendado por ele, quando no intervalo das sessões legislativas.

Parágrafo único. Na decretação da Mobilização Nacional, o Poder Executivo especificará o espaço geográfico do território nacional em que será realizada e as medidas necessárias à sua execução, dentre elas:

I - a convocação dos entes federados para integrar o esforço da Mobilização Nacional;

II - a reorientação da produção, da comercialização, da distribuição e do consumo de bens e da utilização de serviços;

III - a intervenção nos fatores de produção públicos e privados;

IV - a requisição e a ocupação de bens e serviços; e

V - a convocação de civis e militares.

ART. 5º Fica criado o Sistema Nacional de Mobilização - SINAMOB, que consiste no conjunto de órgãos que atuam de modo ordenado e integrado, a fim de planejar e realizar todas as fases da Mobilização e da Desmobilização Nacionais.

ART. 6º O Sinamob é composto pelos seguintes órgãos:

I - Ministério da Defesa;

II - Ministério da Justiça;

III - Ministério das Relações Exteriores;

IV - Ministério do Planejamento, Orçamento e Gestão;

V - Ministério da Ciência e Tecnologia;

VI - Ministério da Fazenda;

VII - Ministério da Integração Nacional;

VIII - Casa Civil da Presidência da República;

IX - Gabinete de Segurança Institucional da Presidência da República; e

X - Secretaria de Comunicação de Governo e Gestão Estratégica da Presidência da República.

Parágrafo único. O Sinamob, tendo como órgão central o Ministério da Defesa, estrutura-se sob a forma de direções setoriais que responderão pelas necessidades da Mobilização Nacional nas áreas política, econômica, social, psicológica, de segurança e inteligência, de defesa civil, científico-tecnológica e militar.

ART. 7º Compete ao Sinamob:

I - prestar assessoramento direto e imediato ao Presidente da República na definição das medidas necessárias à Mobilização Nacional, bem como aquelas relativas à Desmobilização Nacional;

II - formular a Política de Mobilização Nacional;

III - elaborar o Plano Nacional de Mobilização e os demais documentos relacionados com a Mobilização Nacional;

IV - elaborar propostas de atos normativos e conduzir a atividade de Mobilização Nacional;

V - consolidar os planos setoriais de Mobilização Nacional;

VI - articular o esforço de Mobilização Nacional com as demais atividades essenciais à vida da Nação; e

VII - exercer outras competências e atribuições que lhe forem cometidas por regulamento.

ART. 8º O Sinamob poderá requerer dos órgãos e entidades dos Estados, do Distrito Federal e dos Municípios e de pessoas ou de outras entidades as informações necessárias às suas atividades.

Parágrafo único. Na execução da Mobilização Nacional, as requisições referidas no *caput* deste artigo terão prioridade absoluta no seu atendimento pelos órgãos, pessoas e entidades requeridos.

ART. 9º Os recursos financeiros necessários ao preparo da Mobilização Nacional serão consignados nos orçamentos dos órgãos integrantes do Sinamob, respeitada a característica orçamentária de cada órgão.

ART. 10. O Poder Executivo regulamentará o disposto nesta Lei.

ART. 11. Esta Lei entra em vigor na data de sua publicação.

Brasília, 27 de dezembro de 2007; 186º da Independência e 119º da República.

LUIZ INÁCIO LULA DA SILVA

LEI N. 11.634, DE 27 DE DEZEMBRO DE 2007

Dispõe sobre o direito da gestante ao conhecimento e a vinculação à maternidade onde receberá assistência no âmbito do Sistema Único de Saúde.

› *DOU*, 28.12.2007.

O Presidente da República. Faço saber que o Congresso Nacional decreta e eu sanciono a seguinte Lei:

ART. 1º Toda gestante assistida pelo Sistema Único de Saúde - SUS tem direito ao conhecimento e à vinculação prévia à:

I - maternidade na qual será realizado seu parto;

II - maternidade na qual ela será atendida nos casos de intercorrência pré-natal.

§ 1º A vinculação da gestante à maternidade em que se realizará o parto e na qual será atendida nos casos de intercorrência é de responsabilidade do Sistema Único de Saúde e dar-se-á no ato de sua inscrição no programa de assistência pré-natal.

§ 2º A maternidade à qual se vinculará a gestante deverá ser comprovadamente apta a prestar a assistência necessária conforme a situação de risco gestacional, inclusive em situação de puerpério.

ART. 2º O Sistema Único de Saúde analisará os requerimentos de transferência da gestante em caso de comprovada falta de aptidão técnica e pessoal da maternidade e cuidará da transferência segura da gestante.

ART. 3º A execução desta Lei correrá por conta de recursos do orçamento da Seguridade Social, da União, dos Estados, do Distrito Federal e dos Municípios, além de outras fontes suplementares.

ART. 4º Esta Lei entra em vigor na data de sua publicação.

Brasília, 27 de dezembro de 2007; 186º da Independência e 119º da República.

LUIZ INÁCIO LULA DA SILVA

LEI N. 11.636, DE 28 DE DEZEMBRO DE 2007

Dispõe sobre as custas judiciais devidas no âmbito do Superior Tribunal de Justiça.

› Res. 2/2017, STJ/GP (Dispõe sobre o pagamento de custas judiciais e porte de remessa e retorno de autos no âmbito do STJ).

› Inst. Norm. 3/2017, STJ/GDG (Disciplina a devolução de custas judiciais e de porte de remessa e retorno no âmbito administrativo do STJ).

› *DOU*, 28.12.2007 - Edição extra.

O Presidente da República. Faço saber que o Congresso Nacional decreta e eu sanciono a seguinte Lei:

ART. 1º Esta Lei dispõe sobre a incidência e a cobrança das custas devidas à União que tenham como fato gerador a prestação de serviços públicos de natureza forense, no âmbito do Superior Tribunal de Justiça, nos processos de competência originária ou recursal.

ART. 2º Os valores e as hipóteses de incidência das custas são os constantes do Anexo desta Lei.

Parágrafo único. Os valores das custas judiciais do Superior Tribunal de Justiça constantes das Tabelas do Anexo desta Lei serão corrigidos anualmente pela variação do Índice Nacional de Preços ao Consumidor Amplo - IPCA, do IBGE, observado o disposto no art. 15 desta Lei.

ART. 3º As custas previstas nesta Lei não excluem as despesas estabelecidas em legislação processual específica, inclusive o porte de remessa e retorno dos autos.

ART. 4º O pagamento das custas deverá ser feito em bancos oficiais, mediante preenchimento de guia de recolhimento de receita da União, de conformidade com as normas estabelecidas pela Secretaria da Receita Federal do Ministério da Fazenda e por resolução do presidente do Superior Tribunal de Justiça.

ART. 5º Exceto em caso de isenção legal, nenhum feito será distribuído sem o respectivo preparo, nem se praticarão nele atos processuais, salvo os que forem ordenados de ofício pelo relator.

Parágrafo único. O preparo compreende todos os atos do processo, inclusive a baixa dos autos.

ART. 6º Quando autor e réu recorrerem, cada recurso estará sujeito a preparo integral e distinto, composto de custas e porte de remessa e retorno.

§ 1º Se houver litisconsortes necessários, bastará que um dos recursos seja preparado para que todos sejam julgados, ainda que não coincidam suas pretensões.

§ 2º Para efeito do disposto no § 1º deste artigo, o assistente é equiparado ao litisconsorte.

§ 3º O terceiro prejudicado que recorrer fará o preparo do seu recurso, independentemente do preparo dos recursos que, porventura, tenham sido interpostos pelo autor ou pelo réu.

ART. 7º Não são devidas custas nos processos de *habeas data*, *habeas corpus* e recursos em *habeas corpus*, e nos demais processos criminais, salvo a ação penal privada.

ART. 8º Não haverá restituição das custas quando se declinar da competência do Superior Tribunal de Justiça para outros órgãos jurisdicionais.

ART. 9º Quando se tratar de feitos de competência originária, o comprovante do recolhimento das custas deverá ser apresentado na unidade competente do Superior Tribunal de Justiça, no ato de protocolo.

ART. 10. Quando se tratar de recurso, o recolhimento do preparo, composto de custas e porte de remessa e retorno, será feito no tribunal de origem, perante as suas secretarias e no prazo da sua interposição.

Parágrafo único. Nenhum recurso subirá ao Superior Tribunal de Justiça, salvo caso de isenção, sem a juntada aos autos do comprovante de recolhimento do preparo.

ART. 11. O abandono ou desistência do feito, ou a existência de transação que lhe ponha termo, em qualquer fase do processo, não dispensa a parte do pagamento das custas nem lhe dá o direito à restituição.

ART. 12. Extinto o processo, se a parte responsável pelo pagamento das custas ou porte de remessa e retorno, devidamente intimada, não o fizer dentro de 15 (quinze) dias, o responsável pela unidade administrativa competente do órgão julgador a que estiver afeto o processo encaminhará os elementos necessários ao relator e este à Procuradoria-Geral da Fazenda Nacional, para sua inscrição como dívida ativa da União.

ART. 13. A assistência judiciária, perante o Superior Tribunal de Justiça, será requerida ao presidente antes da distribuição, e, nos demais casos, ao relator.

Parágrafo único. Prevalecerá no Superior Tribunal de Justiça a assistência judiciária já concedida em outra instância.

ART. 14. O regimento interno do Superior Tribunal de Justiça disporá sobre os atos complementares necessários ao cumprimento desta Lei.

ART. 15. Esta Lei entra em vigor na data de sua publicação, produzindo efeitos respeitando-se o disposto nas alíneas *b* e *c* do inciso III do *caput* do art. 150 da Constituição Federal.

Brasília, 28 de dezembro de 2007; 186º da Independência e 119º da República.

LUIZ INÁCIO LULA DA SILVA

› Optamos, nesta edição, pela não publicação do Anexo.

LEI N. 11.652, DE 7 DE ABRIL DE 2008

Institui os princípios e objetivos dos serviços de radiodifusão pública explorados pelo Poder Executivo ou outorgados a entidades de sua administração indireta; autoriza o Poder Executivo a constituir a Empresa Brasil de Comunicação - EBC; altera a Lei n. 5.070, de 7 de julho de 1966; e dá outras providências.

- *DOU*, 08.04.2008.
- Conversão da Med. Prov. 398/2007.

O Presidente da República. Faço saber que o Congresso Nacional decreta e eu sanciono a seguinte Lei:

ART. 1º Os serviços de radiodifusão pública explorados pelo Poder Executivo ou mediante outorga a entidades de sua administração indireta, no âmbito federal, serão prestados conforme as disposições desta Lei.

ART. 2º A prestação dos serviços de radiodifusão pública por órgãos do Poder Executivo ou mediante outorga a entidades de sua administração indireta deverá observar os seguintes princípios:

I - complementaridade entre os sistemas privado, público e estatal;

II - promoção do acesso à informação por meio da pluralidade de fontes de produção e distribuição do conteúdo;

III - produção e programação com finalidades educativas, artísticas, culturais, científicas e informativas;

IV - promoção da cultura nacional, estímulo à produção regional e à produção independente;

V - respeito aos valores éticos e sociais da pessoa e da família;

VI - não discriminação religiosa, político partidária, filosófica, étnica, de gênero ou de opção sexual;

VII - observância de preceitos éticos no exercício das atividades de radiodifusão;

VIII - autonomia em relação ao Governo Federal para definir produção, programação e distribuição de conteúdo no sistema público de radiodifusão; e

IX - participação da sociedade civil no controle da aplicação dos princípios do sistema público de radiodifusão, respeitando-se a pluralidade da sociedade brasileira.

X - atualização e modernização tecnológica dos equipamentos de produção e transmissão; (Acrescentado pela Lei 13.417/2017.)

XI - formação e capacitação continuadas de mão de obra, de forma a garantir a excelência na produção da programação veiculada. (Acrescentado pela Lei 13.417/2017.)

ART. 3º Constituem objetivos dos serviços de radiodifusão pública explorados pelo Poder Executivo ou mediante outorga a entidades de sua administração indireta:

I - oferecer mecanismos para debate público acerca de temas de relevância nacional e internacional;

II - desenvolver a consciência crítica do cidadão, mediante programação educativa, artística, cultural, informativa, científica e promotora de cidadania;

III - fomentar a construção da cidadania, a consolidação da democracia e a participação na sociedade, garantindo o direito à informação, à livre expressão do pensamento, à criação e à comunicação;

IV - cooperar com os processos educacionais e de formação do cidadão;

V - apoiar processos de inclusão social e socialização da produção de conhecimento garantindo espaços para exibição de produções regionais e independentes;

VI - buscar excelência em conteúdos e linguagens e desenvolver formatos criativos e inovadores, constituindo-se em centro de inovação e formação de talentos;

VII - direcionar sua produção e programação pelas finalidades educativas, artísticas, culturais, informativas, científicas e promotoras da cidadania, sem com isso retirar seu caráter competitivo na busca do interesse do maior número de ouvintes ou telespectadores;

VIII - promover parcerias e fomentar produção audiovisual nacional, contribuindo para a expansão de sua produção e difusão; e

IX - estimular a produção e garantir a veiculação, inclusive na rede mundial de computadores, de conteúdos interativos, especialmente aqueles voltados para a universalização da prestação de serviços públicos.

§ 1º É vedada qualquer forma de proselitismo na programação das emissoras públicas de radiodifusão. (Acrescentado pela Lei 13.417/2017.)

§ 2º Os serviços de radiodifusão pública explorados pelo Poder Executivo ou mediante outorga a entidades de sua administração indireta veicularão informações constantes da base de dados do Cadastro Nacional de Crianças e Adolescentes Desaparecidos de que trata a Lei n. 12.127, de 17 de dezembro de 2009, incluindo fotografias de pessoas desaparecidas, diariamente, por no mínimo um minuto, no período compreendido entre dezoito e vinte e duas horas. (Acrescentado pela Lei 13.417/2017.)

ART. 4º Os serviços de radiodifusão pública outorgados a entidades da administração indireta do Poder Executivo serão prestados pela empresa pública de que trata o art. 5º desta Lei e poderão ser difundidos e reproduzidos por suas afiliadas, associadas, repetidoras e retransmissoras do sistema público de radiodifusão e outras entidades públicas ou privadas parceiras, na forma do inciso III do *caput* do art. 8º desta Lei.

ART. 5º Fica o Poder Executivo autorizado a criar a empresa pública denominada Empresa Brasil de Comunicação S.A. - EBC, vinculada à Casa Civil da Presidência da República. (Alterado pela Lei 13.417/2017.)

ART. 6º A EBC tem por finalidade a prestação de serviços de radiodifusão pública e serviços conexos, observados os princípios e objetivos estabelecidos nesta Lei.

Parágrafo único. A EBC, com prazo de duração indeterminado, terá sede e foro em Brasília, Distrito Federal, mantendo como principal centro de produção o localizado na cidade do Rio de Janeiro, Estado do Rio de Janeiro, podendo instalar escritórios, dependências, unidades de produção e radiodifusão em qualquer local, dando continuidade obrigatoriamente àquelas já existentes no Distrito Federal, Rio de Janeiro e Maranhão.

ART. 7º A União integralizará o capital social da EBC e promoverá a constituição inicial de seu patrimônio por meio de capitalização e da incorporação de bens móveis ou imóveis.

ART. 8º Compete à EBC:

I - implantar e operar as emissoras e explorar os serviços de radiodifusão pública sonora e de sons e imagens do Governo Federal;

II - implantar e operar as suas próprias redes de Repetição e Retransmissão de Radiodifusão, explorando os respectivos serviços;

III - estabelecer cooperação e colaboração com entidades públicas ou privadas que explorem serviços de comunicação ou radiodifusão pública, mediante convênios ou outros ajustes, com vistas na formação da Rede Nacional de Comunicação Pública;

IV - produzir e difundir programação informativa, educativa, artística, cultural, científica, de cidadania e de recreação;

V - promover e estimular a formação e o treinamento de pessoal especializado, necessário às atividades de radiodifusão, comunicação e serviços conexos;

VI - prestar serviços no campo de radiodifusão, comunicação e serviços conexos, inclusive para transmissão de atos e matérias do Governo Federal;

VII - distribuir a publicidade legal dos órgãos e entidades da administração federal, à exceção daquela veiculada pelos órgãos oficiais da União;

VIII - (Revogado pela Lei 13.417/2017.)

IX - garantir os mínimos de 10% (dez por cento) de conteúdo regional e de 5% (cinco por cento) de conteúdo independente em sua programação semanal, em programas a serem veiculados no horário compreendido entre 6 (seis) e 24 (vinte e quatro) horas.

§ 1º Para fins do disposto no inciso VII do *caput* deste artigo, entende-se como publicidade legal a publicação de avisos, balanços, relatórios e outros a que os órgãos e entidades da administração pública federal estejam obrigados por força de lei ou regulamento.

§ 2º É dispensada a licitação para a:

I - celebração dos ajustes com vistas na formação da Rede Nacional de Comunicação Pública mencionados no inciso III do *caput* deste artigo, que poderão ser firmados, em igualdade de condições, com entidades públicas ou privadas que explorem serviços de comunicação ou radiodifusão, por até 10 (dez) anos, renováveis por iguais períodos;

II - contratação da EBC por órgãos e entidades da administração pública, com vistas na realização de atividades relacionadas ao seu objeto, desde que o preço contratado seja compatível com o de mercado.

§ 3º Para compor a Rede Nacional de Comunicação Pública, nos termos do disposto no inciso III do *caput* deste artigo, a programação das entidades públicas e privadas deverá obedecer aos princípios estabelecidos por esta Lei.

§ 4º Para os fins do disposto no inciso IX do *caput* deste artigo, entende-se:

I - conteúdo regional: conteúdo produzido num determinado Estado, com equipe técnica e artística composta majoritariamente por residentes locais;

II - conteúdo independente: conteúdo cuja empresa produtora, detentora majoritária dos direitos patrimoniais sobre a obra, não tenha qualquer associação ou vínculo, direto ou indireto, com empresas de serviço de radiodifusão de sons e imagens ou prestadoras de serviço de veiculação de conteúdo eletrônico.

§ 5º Para o cumprimento do percentual relativo a conteúdo regional, de que trata o inciso IX do *caput* deste artigo, deverão ser veiculados, na mesma proporção, programas produzidos em todas as regiões do País.

ART. 9º A EBC será organizada sob a forma de sociedade anônima de capital fechado e terá seu capital representado por ações ordinárias nominativas, das quais pelo menos 51% (cinqüenta e um por cento) serão de titularidade da União.

§ 1º A integralização do capital da EBC será realizada com recursos oriundos de dotações consignadas no orçamento da União, destinadas ao suporte e operação dos serviços de radiodifusão pública, mediante a incorporação do patrimônio da RADIOBRÁS - Empresa Brasileira de Comunicação S.A., criada pela Lei n. 6.301, de 15 de dezembro de 1975, e da incorporação de bens móveis e imóveis decorrentes do disposto no art. 26 desta Lei.

§ 2º Será admitida no restante do capital da EBC a participação de entidades da administração indireta federal, bem como de Estados, do Distrito Federal e de Municípios ou de entidades de sua administração indireta.

§ 3º A participação de que trata o § 2º deste artigo poderá ser realizada mediante a transferência para o patrimônio da EBC de bens representativos dos acervos de estações de radiodifusão de sua propriedade ou de outros bens necessários e úteis ao seu funcionamento.

§ 4º A EBC divulgará anualmente, como parte do balanço da empresa, listagem contendo nomes dos empregados, dos contratados, dos terceirizados e dos demais prestadores de serviços com que haja contratado nos últimos 12 (doze) meses.

ART. 10. O Ministro de Estado da Fazenda designará o representante da União nos atos constitutivos da EBC, dentre os membros da Procuradoria-Geral da Fazenda Nacional.

Parágrafo único. O Estatuto da EBC será publicado por decreto do Poder Executivo, e seus atos constitutivos serão arquivados no Registro do Comércio.

ART. 11. Os recursos da EBC serão constituídos da receita proveniente:

I - de dotações orçamentárias;

II - da exploração dos serviços de radiodifusão pública de que trata esta Lei;

III - no mínimo, de 75% (setenta e cinco por cento) da arrecadação da contribuição instituída no art. 32 desta Lei;

IV - de prestação de serviços a entes públicos ou privados, da distribuição de conteúdo, modelos de programação, licenciamento de marcas e produtos e outras atividades inerentes à comunicação;

V - de doações, legados, subvenções e outros recursos que lhe forem destinados por pessoas físicas ou jurídicas de direito público ou privado;

VI - de apoio cultural de entidades de direito público e de direito privado, sob a forma de patrocínio de programas, eventos e projetos;

VII - de publicidade institucional de entidades de direito público e de direito privado, vedada a veiculação de anúncios de produtos ou serviços;

VIII - da distribuição da publicidade legal dos órgãos e entidades da administração pública federal, segundo o disposto no § 1º do art. 8º desta Lei;

IX - de recursos obtidos nos sistemas instituídos pelas Leis n. 8.313, de 23 de dezembro de 1991, 8.685, de 20 de julho de 1993, e 11.437, de 28 de dezembro de 2006;

X - de recursos provenientes de acordos e convênios que realizar com entidades nacionais e internacionais, públicas ou privadas;

XI - de rendimentos de aplicações financeiras que realizar;

XII - de rendas provenientes de outras fontes, desde que não comprometam os princípios e objetivos da radiodifusão pública estabelecidos nesta Lei.

§ 1º Para os fins do disposto nesta Lei, entende-se apoio cultural como pagamento de custos relativos à produção de programação ou de um programa específico, sendo permitida a citação da entidade apoiadora, bem como de sua ação institucional, sem qualquer tratamento publicitário.

§ 2º O tempo destinado à publicidade institucional não poderá exceder 15% (quinze por cento) do tempo total de programação da EBC.

§ 3º Para os fins do inciso VIII do *caput* deste artigo, fica a EBC equiparada às agências a que se refere a Lei n. 4.680, de 18 de junho de 1965.

ART. 12. A EBC será administrada por um Conselho de Administração e por uma Diretoria Executiva e, em sua composição, contará com um Conselho Fiscal e um Comitê Editorial e de Programação. (Alterado pela Lei 13.417/2017.)

ART. 13. O Conselho de Administração, cujos membros serão nomeados pelo Presidente da República, será constituído:

I - por um Presidente, indicado pelo Ministro de Estado Chefe da Casa Civil da Presidência da República; (Alterado pela Lei 13.417/2017.)

II - pelo Diretor-Presidente da Diretoria Executiva; (Alterado pela Lei 13.417/2017.)

III - por um membro indicado pelo Ministro de Estado da Educação; (Alterado pela Lei 13.417/2017.)

IV - por um membro indicado pelo Ministro de Estado da Cultura; (Alterado pela Lei 13.417/2017.)

V - por um membro indicado pelo Ministro de Estado do Planejamento, Desenvolvimento e Gestão; (Alterado pela Lei 13.417/2017.)

VI - por um membro indicado pelo Ministro de Estado da Ciência, Tecnologia, Inovações e Comunicações; (Acrescentado pela Lei 13.417/2017.)

VII - por um membro representante dos empregados da EBC, escolhido na forma estabelecida por seu Estatuto; e (Acrescentado pela Lei 13.417/2017.)

VIII - por dois membros independentes, indicados na forma do art. 22 da Lei n. 13.303, de 30 de junho de 2016. (Acrescentado pela Lei 13.417/2017.)

§ 1º O Conselho de Administração reunir-se-á, ordinariamente, a cada mês e, extraordinariamente, sempre que convocado pelo seu Presidente ou por 2/3 (dois terços) dos seus membros.

§ 2º As decisões do Conselho de Administração serão tomadas por maioria simples, cabendo ao Presidente o voto de qualidade, em caso de empate.

§ 3º O quórum de deliberação é o de maioria absoluta de seus membros.

ART. 14. O Conselho Fiscal será constituído por 3 (três) membros e respectivos suplentes designados pelo Presidente da República.

§ 1º O Conselho Fiscal contará com 1 (um) representante do Tesouro Nacional, garantindo-se, ainda, a participação dos acionistas minoritários, nos termos do Estatuto.

§ 2º Os conselheiros exercerão suas atribuições pelo prazo de 4 (quatro) anos, vedada a recondução.

§ 3º O Conselho Fiscal reunir-se-á, ordinariamente, a cada 2 (dois) meses e, extraordinariamente, sempre que convocado pelo Conselho de Administração.

§ 4º As decisões do Conselho Fiscal serão tomadas por maioria simples, cabendo ao Presidente o voto de qualidade em caso de empate.

§ 5º As reuniões do Conselho Fiscal só terão caráter deliberativo se contarem com a presença do Presidente e de pelo menos 1 (um) membro.

ART. 15. O Comitê Editorial e de Programação, órgão técnico de participação institucionalizada da sociedade na EBC, terá natureza consultiva e deliberativa, sendo integrado por onze membros indicados por entidades representativas da sociedade, mediante lista tríplice, e designados pelo Presidente da República. (Alterado pela Lei 13.417/2017.)

§ 1º Os titulares do Comitê Editorial e de Programação serão escolhidos entre brasileiros natos ou naturalizados há mais de dez anos, de reputação ilibada, reconhecido espírito público e notório saber na área de comunicação social, da seguinte forma: (Alterado pela Lei 13.417/2017.)

I - um representante de emissoras públicas de rádio e televisão; (Alterado pela Lei 13.417/2017.)

II - um representante dos cursos superiores de Comunicação Social; (Alterado pela Lei 13.417/2017.)

III - um representante do setor audiovisual independente; (Alterado pela Lei 13.417/2017.)

IV - um representante dos veículos legislativos de comunicação; (Alterado pela Lei 13.417/2017.)

V - um representante da comunidade cultural; (Acrescentado pela Lei 13.417/2017.)

VI - um representante da comunidade científica e tecnológica; (Acrescentado pela Lei 13.417/2017.)

VII - um representante de entidades de defesa dos direitos de crianças e adolescentes; (Acrescentado pela Lei 13.417/2017.)

VIII - um representante de entidades de defesa dos direitos humanos e das minorias; (Acrescentado pela Lei 13.417/2017.)

IX - um representante de entidades da sociedade civil de defesa do direito à Comunicação; (Acrescentado pela Lei 13.417/2017.)

X - um representante dos cursos superiores de Educação; (Acrescentado pela Lei 13.417/2017.)

XI - um representante dos empregados da EBC. (Acrescentado pela Lei 13.417/2017.)

§ 2º É vedada a indicação ao Comitê Editorial de Programação de: (Alterado pela Lei 13.417/2017.)

I - pessoa que tenha vínculo de parentesco até terceiro grau com membro da Diretoria Executiva;

II - agente público detentor de cargo eletivo ou investido exclusivamente em cargo em comissão de livre provimento da União, Estados, Distrito Federal ou Municípios. (Alterado pela Lei 13.417/2017.)

§ 3º Cada uma das regiões do Brasil deverá ser representada por, pelo menos, um membro do Comitê. (Alterado pela Lei 13.417/2017.)

§ 4º Os membros do Comitê terão mandato de dois anos, vedada a recondução. (Alterado pela Lei 13.417/2017.)

§§ 5º e 6º (Vetados na Lei 13.417/2017.)

§ 7º O Comitê deverá reunir-se, ordinariamente, a cada mês e, extraordinariamente, sempre que convocado por seu Presidente ou por dois terços de seus membros. (Alterado pela Lei 13.417/2017.)

§ 8º Participarão das reuniões do Comitê, sem direito a voto, o Diretor-Geral e o Ouvidor da EBC. (Alterado pela Lei 13.417/2017.)

§ 9º Os membros do Comitê perderão o mandato: (Alterado pela Lei 13.417/2017.)

I - na hipótese de renúncia;

II - devido a processo judicial com decisão definitiva;

III - por ausência injustificada a três reuniões do Colegiado, durante o período de doze meses; (Alterado pela Lei 13.417/2017.)

IV - mediante decisão de três quintos de seus membros. (Alterado pela Lei 13.417/2017.)

§ 10. Regulamento específico disporá sobre o funcionamento e a indicação dos membros do Comitê Editorial e de Programação. (Acrescentado pela Lei 13.417/2017.)

§ 11. (Vetado). (Acrescentado pela Lei 13.417/2017.)

§ 12. São vedadas indicações originárias de partidos políticos ou instituições religiosas ou voltadas para a disseminação de credos, cultos, práticas e visões devocionais ou confessionais. (Acrescentado pela Lei 13.417/2017.)

ART. 16. A participação dos integrantes do Comitê Editorial e de Programação em suas reuniões não será remunerada, cabendo à EBC arcar com as despesas relativas a deslocamento e estadia para o exercício de suas atribuições. (Alterado pela Lei 13.417/2017.)

Parágrafo único. (Revogado). (Alterado pela Lei 13.417/2017.)

ART. 17. Compete ao Comitê Editorial e de Programação: (Alterado pela Lei 13.417/2017.)

I e **II** - (Vetados na Lei 13.417/2017.)

III - propor a ampliação de espaço, no âmbito da programação, para pautas sobre o papel e a importância da mídia pública no contexto brasileiro; (Alterado pela Lei 13.417/2017.)

IV - (Vetado na Lei 13.417/2017.)

V - formular mecanismo que permita a aferição permanente sobre a tipificação da audiência da EBC, mediante a construção de indicadores e métricas consentâneos com a natureza e os objetivos da radiodifusão pública, considerando as peculiaridades da recepção dos sinais e as diferenças regionais; (Alterado pela Lei 13.417/2017.)

VI - elaborar e aprovar seu regimento interno e eleger seu Presidente; (Alterado pela Lei 13.417/2017.)

VII - (revogado). (Alterado pela Lei 13.417/2017.)

§§ 1º a **3º** (Revogados). (Alterado pela Lei 13.417/2017.)

ART. 18. A condição de membro dos órgãos de administração da EBC e do Comitê Editorial e de Programação, a responsabilidade editorial e as atividades de seleção e de direção da programação veiculada são privativas de brasileiros natos ou naturalizados há mais de dez anos. (Alterado pela Lei 13.417/2017.)

ART. 19. A Diretoria Executiva será composta por um Diretor-Presidente, um Diretor-Geral e quatro diretores. (Alterado pela Lei 13.417/2017.)

§ 1º Os membros da Diretoria Executiva serão nomeados e exonerados pelo Presidente da República. (Alterado pela Lei 13.417/2017.)

§ 2º (Vetado na Lei 13.417/2017.)

§ 3º A indicação de membros para a composição da Diretoria Executiva deverá atender aos ditames previstos no art. 17 da Lei n. 13.303, de 30 de junho de 2016. (Alterado pela Lei 13.417/2017.)

§ 4º Sem prejuízo do disposto na legislação, os membros da Diretoria Executiva estão submetidos ao cumprimento das obrigações constantes nos arts. 16 a 22 da Lei n. 13.303, de 30 de junho de 2016. (Alterado pela Lei 13.417/2017.)

§ 5º (Vetado). (Acrescentado pela Lei 13.417/2017.)

§ 6º Os membros da Diretoria Executiva são responsáveis pelos atos praticados em desconformidade com a legislação, com o Estatuto da EBC e com as diretrizes institucionais emanadas pelo Conselho de Administração. (Acrescentado pela Lei 13.417/2017.)

§ 7º As atribuições dos membros da Diretoria Executiva serão definidas pelo Estatuto. (Acrescentado pela Lei 13.417/2017.)

ART. 20. A EBC contará com 1 (uma) Ouvidoria, dirigida por 1 (um) Ouvidor, a quem compete exercer a crítica interna da programação por ela produzida ou veiculada, com respeito à observância dos princípios e objetivos dos serviços de radiodifusão pública, bem como examinar e opinar sobre as queixas e reclamações de telespectadores e rádio-ouvintes referentes à programação.

§ 1º O Ouvidor será nomeado pelo Diretor-Presidente da EBC, para mandato de 2 (dois) anos, admitida uma recondução.

§ 2º O Ouvidor somente perderá o mandato nas hipóteses de renúncia ou de processo judicial com decisão definitiva.

§ 3º No exercício de suas funções o Ouvidor deverá:

I - redigir boletim interno diário com críticas à programação do dia anterior, a ser encaminhado à Diretoria Executiva;

II - conduzir, sob sua inteira responsabilidade editorial, no mínimo 15 (quinze) minutos de programação semanal, a ser veiculada pela EBC no horário compreendido entre 6 (seis) e 24 (vinte e quatro) horas, voltada à divulgação pública de análises sobre a programação da EBC;

III - elaborar relatórios bimestrais sobre a atuação da EBC, a serem encaminhados aos membros do Comitê Editorial e de Programação no prazo de até cinco dias antes das reuniões ordinárias daquele colegiado. (Alterado pela Lei 13.417/2017.)

ART. 21. Observadas as ressalvas desta Lei e da legislação de comunicação social, a EBC será regida pela legislação referente às sociedades por ações.

ART. 22. O regime jurídico do pessoal da EBC será o da Consolidação das Leis do Trabalho e respectiva legislação complementar.

§ 1º A contratação de pessoal permanente da EBC far-se-á por meio de concurso público de provas ou de provas e títulos, observadas as normas específicas editadas pelo Conselho de Administração.

§ 2º A EBC sucederá a Radiobras nos seus direitos e obrigações e absorverá, mediante sucessão trabalhista, os empregados integrantes do seu quadro de pessoal.

§ 3º Para fins de implantação, fica a EBC equiparada às pessoas jurídicas referidas no art. 1º da Lei n. 8.745, de 9 de dezembro de 1993, com vistas na contratação de pessoal técnico e administrativo por tempo determinado.

§ 4º Considera-se como necessidade temporária de excepcional interesse público, para os efeitos da Lei n. 8.745, de 9 de dezembro de 1993, a contratação de pessoal técnico e administrativo por tempo determinado, imprescindível ao funcionamento inicial da EBC.

§ 5º As contratações a que se refere o § 3º deste artigo observarão o disposto no *caput* do art. 3º, no art. 6º, no inciso II do *caput* do art. 7º e nos arts. 9º e 12 da Lei n. 8.745, de 9 de dezembro de 1993, e não poderão exceder o prazo de 36 (trinta e seis) meses, a contar da data da instalação da EBC.

§ 6º Durante os primeiros 180 (cento e oitenta) dias a contar da constituição da EBC, poderá ser contratado, nos termos dos §§ 3º e 4º deste artigo, mediante análise de curriculum vitae, e nos quantitativos aprovados pelo Ministro de Estado Chefe da Secretaria de Comunicação Social, pessoal técnico e administrativo para atendimento de necessidade temporária de excepcional interesse público, pelo prazo improrrogável de 36 (trinta e seis) meses.

ART. 23. Fica a EBC autorizada a patrocinar entidade fechada de previdência complementar, nos termos da legislação vigente.

ART. 24. As outorgas do serviço de radiodifusão exploradas pela Radiobrás serão transferidas diretamente à EBC, cabendo ao Ministério das Comunicações, em conjunto com a EBC, as providências cabíveis para formalização desta disposição.

ART. 25. A EBC terá regulamento simplificado para contratação de serviços e aquisição de bens, editado por decreto, observados os princípios constitucionais da publicidade, impessoalidade, moralidade, economicidade e eficiência.

ART. 26. Com vistas no cumprimento do disposto nesta Lei, no prazo de até 90 (noventa) dias a contar de sua publicação, o contrato de gestão firmado entre a União e a Associação de Comunicação Educativa Roquette Pinto - ACERP, nos termos da Lei n. 9.637, de 15 de maio de 1998, será objeto de repactuação, podendo ser prorrogado por até 36 (trinta e seis) meses.

§ 1º Até a data do seu encerramento, o contrato de gestão firmado entre a União e a Acerp terá seu objeto reduzido para adequar-se às disposições desta Lei, garantida a liquidação das obrigações previamente assumidas pela Acerp.

§ 2º O Poder Executivo poderá, mediante decreto, transpor, remanejar, transferir ou utilizar, total ou parcialmente, as dotações orçamentárias aprovadas na Lei Orçamentária de 2007 para o cumprimento do contrato de gestão referido no § 1º deste artigo em decorrência do disposto nesta Lei, mantida a estrutura programática, expressa por categoria de programação, conforme definida no § 1º do art. 5º da Lei n. 11.439, de 29 de dezembro de 2006, inclusive os títulos, descritores, metas e objetivos, assim como o respectivo detalhamento por esfera orçamentária, grupos de natureza da despesa, fontes de recursos, modalidades de aplicação e identificadores de uso e de resultado primário, mantidos os valores das programações aprovadas na Lei Orçamentária de 2007 ou em seus créditos adicionais, podendo haver, excepcionalmente, ajuste na classificação funcional.

§ 3º Reverterão à EBC os bens permitidos, cedidos ou transferidos para a Acerp pela União para os fins do cumprimento do contrato de gestão referido no *caput* deste artigo.

§ 4º Em decorrência do disposto neste artigo, serão incorporados ao patrimônio da União e transferidos para a EBC o patrimônio, os legados e as doações destinados à Acerp sujeitos ao disposto na alínea i do inciso I do *caput* do art. 2º da Lei n. 9.637, de 15 de maio de 1998.

ART. 27. A EBC poderá contratar, em caráter excepcional e segundo critérios fixados pelo Conselho de Administração, especialistas para a execução de trabalhos nas áreas artística, audiovisual e jornalística, por projetos ou prazos limitados, sendo inexigível a licitação quando configurada a hipótese referida no *caput* do art. 25 da Lei n. 8.666, de 21 de junho de 1993.

ART. 28. A Radiobras será incorporada à EBC após sua regular constituição, nos termos do art. 5º desta Lei.

Parágrafo único. Os bens e equipamentos integrantes do acervo da Radiobras serão transferidos e incorporados ao patrimônio da EBC.

ART. 29. As prestadoras de serviços de televisão por assinatura deverão tornar disponíveis, em sua área de prestação, em todos os planos de serviço, canais de programação de distribuição obrigatória para utilização pela EBC, pela Câmara dos Deputados, pelo Senado Federal, pelo Supremo Tribunal Federal e pela emissora oficial do Poder Executivo.

Parágrafo único. No caso de comprovada impossibilidade técnica da prestadora oferecer os canais obrigatórios de que trata este artigo, o órgão regulador de telecomunicações deverá dispor sobre quais canais de programação deverão ser oferecidos aos usuários.

ART. 30. Os servidores em exercício na Associação de Comunicação Educativa Roquette Pinto - ACERP poderão ser cedidos para a EBC, na forma do art. 93 da Lei n. 8.112, de 11 de dezembro de 1990, mediante termo de opção.

ART. 31. (Vetado)

ART. 32. Fica instituída a Contribuição para o Fomento da Radiodifusão Pública, com o objetivo de propiciar meios para a melhoria dos serviços de radiodifusão pública e para a ampliação de sua penetração mediante a utilização de serviços de telecomunicações.

§ 1º A Contribuição é devida pelas prestadoras dos serviços constantes do Anexo desta Lei, e o seu fato gerador é a prestação deles.

§ 2º A Contribuição será paga, anualmente, até o dia 31 de março, em valores constantes do Anexo desta Lei.

§ 3º A Contribuição sujeita-se às normas relativas ao processo administrativo fiscal de determinação e exigência de créditos tributários federais e de consulta, previstas no Decreto n. 70.235, de 6 de março de 1972, bem como, subsidiariamente e no que couber, às disposições da legislação do imposto de renda, especialmente quanto às penalidades e aos demais acréscimos legais.

§ 4º São isentos do pagamento da Contribuição o órgão regulador das telecomunicações, as Forças Armadas, a Polícia Federal, as Polícias Militares, a Polícia Rodoviária Federal, as Polícias Civis e os Corpos de Bombeiros Militares.

§ 5º A totalidade de recursos de que trata este artigo deverá ser programada em categoria específica e utilizada exclusivamente para o atendimento dos objetivos definidos no *caput* deste artigo.

§ 6º Na ocorrência de nova modalidade de serviço de telecomunicações, será devido pela prestadora, em caráter provisório, o valor da contribuição prevista no item 1 da Tabela constante do Anexo desta Lei, até que lei fixe seu valor.

§ 7º À Agência Nacional de Telecomunicações - ANATEL compete planejar, executar, acompanhar e avaliar as atividades relativas a tributação, fiscalização, arrecadação, cobrança e recolhimento da contribuição prevista neste artigo, cabendo-lhe promover as demais atividades necessárias à sua administração. (Acrescentado pela Lei 12.024/2009.)

§ 8º A retribuição à Anatel pelos serviços referidos no § 7º será de 2,5% (dois inteiros e cinco décimos por cento) do montante arrecadado. (Acrescentado pela Lei 12.024/2009.)

§ 9º O percentual e a forma de repasse à Empresa Brasil de Comunicação - EBC dos recursos arrecadados com a contribuição deste artigo serão definidos em regulamento, respeitados o mínimo estabelecido no inciso III do art. 11 desta Lei e o disposto no § 8º deste artigo. (Acrescentado pela Lei 12.024/2009.)

§ 10. Enquanto não editado o decreto a que se refere o § 9º, deverá a Anatel repassar integralmente à EBC toda a arrecadação da contribuição deste artigo, observado o disposto no § 8º deste artigo. (Acrescentado pela Lei 12.024/2009.)

§ 11. Excepcionalmente, no ano de 2009, a contribuição anual prevista no § 2º poderá ser paga até o dia 31 de maio de 2009, nos valores constantes do Anexo desta Lei. (Acrescentado pela Lei 12.024/2009.)

§ 12. O decreto a que se refere o § 9º regulamentará o percentual e a forma de repasse de parte do produto da arrecadação da contribuição prevista no *caput*, para o financiamento dos Serviços de Televisão e de Retransmissão de Televisão Pública Digital explorada por entes e órgãos integrantes dos Poderes da União, no âmbito do Sistema Brasileiro de Televisão Digital Terrestre - SBTVD, respeitado o mínimo estabelecido no inciso III do art. 11 desta Lei e o disposto no § 8º deste artigo. (Acrescentado pela Lei 12.024/2009.)

ART. 33. O *caput* do art. 8º da Lei n. 5.070, de 7 de julho de 1966, passa a vigorar com a seguinte redação:

> "Art. 8º A Taxa de Fiscalização de Funcionamento será paga, anualmente, até o dia 31 de março, e seus valores serão os correspondentes a 45% (quarenta e cinco por cento) dos fixados para a Taxa de Fiscalização de Instalação.
>
> [...]" (NR)

ART. 34. Esta Lei entra em vigor na data de sua publicação, produzindo efeitos, relativamente aos arts. 32 e 33 desta Lei, a partir do ano seguinte à sua publicação.

Brasília, 7 de abril de 2008; 187º da Independência e 120º da República.

LUIZ INÁCIO LULA DA SILVA

▸ Optamos, nesta edição, pela não publicação do Anexo.

LEI N. 11.685, DE 2 DE JUNHO DE 2008

Institui o Estatuto do Garimpeiro e dá outras providências.

▸ *DOU*, 03.06.2008.

O Vice-Presidente da República, no exercício do cargo de Presidente da República Faço saber que o Congresso Nacional decreta e eu sanciono a seguinte Lei:

CAPÍTULO I
DISPOSIÇÕES PRELIMINARES

ART. 1º Fica instituído o Estatuto do Garimpeiro, destinado a disciplinar os direitos e deveres assegurados aos garimpeiros.

ART. 2º Para os fins previstos nesta Lei entende-se por:

I - garimpeiro: toda pessoa física de nacionalidade brasileira que, individualmente ou em forma associativa, atue diretamente no processo da extração de substâncias minerais garimpáveis;

II - garimpo: a localidade onde é desenvolvida a atividade de extração de substâncias minerais garimpáveis, com aproveitamento imediato do jazimento mineral, que, por sua natureza, dimensão, localização e utilização econômica, possam ser lavradas, independentemente de prévios trabalhos de pesquisa, segundo critérios técnicos do Departamento Nacional de Produção Mineral - DNPM; e

III - minerais garimpáveis: ouro, diamante, cassiterita, columbita, tantalita, wolframita, nas formas aluvionar, eluvional e coluvial, scheelita, demais gemas, rutilo, quartzo, berilo, muscovita, espodumênio, lepidolita, feldspato, mica e outros, em tipos de ocorrência que vierem a ser indicados, a critério do DNPM.

ART. 3º O exercício da atividade de garimpagem só poderá ocorrer após a outorga do competente título minerário, expedido nos termos do Decreto-Lei n. 227, de 28 de fevereiro de 1967, e da Lei n. 7.805, de 18 de julho de 1989, sendo o referido título indispensável para a lavra e a primeira comercialização dos minerais garimpáveis extraídos.

CAPÍTULO II
DAS MODALIDADES DE TRABALHO

ART. 4º Os garimpeiros realizarão as atividades de extração de substâncias minerais garimpáveis sob as seguintes modalidades de trabalho:

I - autônomo;

II - em regime de economia familiar;

III - individual, com formação de relação de emprego;

IV - mediante Contrato de Parceria, por Instrumento Particular registrado em cartório; e

V - em Cooperativa ou outra forma de associativismo.

CAPÍTULO III
DOS DIREITOS E DEVERES DO GARIMPEIRO

SEÇÃO I
DOS DIREITOS

ART. 5º As cooperativas de garimpeiros terão prioridade na obtenção da permissão de lavra garimpeira nas áreas nas quais estejam atuando, desde que a ocupação tenha ocorrido nos seguintes casos:

I - em áreas consideradas livres, nos termos do Decreto-Lei n. 227, de 28 de fevereiro de 1967;

II - em áreas requeridas com prioridade, até a data de 20 de julho de 1989; e

III - em áreas onde sejam titulares de permissão de lavra garimpeira.

Parágrafo único. É facultado ao garimpeiro associar-se a mais de uma cooperativa que tenha atuação em áreas distintas.

ART. 6º As jazidas cujo título minerário esteja em processo de baixa no DNPM e que, comprovadamente, contenham, nos seus rejeitos, minerais garimpáveis que possam ser objeto de exploração garimpeira poderão ser tornadas disponíveis, por meio de edital, às cooperativas de garimpeiros, mediante a manifestação de interesse destas, conforme dispuser portaria do Diretor-Geral do DNPM.

ART. 7º As jazidas vinculadas a títulos minerários declarados caducos em conformidade com o art. 65 do Decreto-Lei n. 227, de 28 de fevereiro de 1967, relativos a substâncias minerais garimpáveis que possam ser objeto de atividade garimpeira, poderão ser tornadas disponíveis, por meio de edital, às cooperativas de garimpeiros, mediante a manifestação de interesse destas, conforme dispuser portaria do Diretor-Geral do DNPM.

ART. 8º A critério do DNPM, será admitido o aproveitamento de substâncias minerais garimpáveis por cooperativas de garimpeiros em áreas de manifesto de mina e em áreas oneradas por alvarás de pesquisa e portarias de lavra, com autorização do titular, quando houver exequibilidade da lavra por ambos os regimes.

ART. 9º Fica assegurado ao garimpeiro, em qualquer das modalidades de trabalho, o direito de comercialização da sua produção diretamente com o consumidor final, desde que se comprove a titularidade da área de origem do minério extraído.

ART. 10. A atividade de garimpagem será objeto de elaboração de políticas públicas pelo Ministério de Minas e Energia destinadas a promover o seu desenvolvimento sustentável.

ART. 11. Fica assegurado o registro do exercício da atividade de garimpagem nas carteiras expedidas pelas cooperativas de garimpeiros.

SEÇÃO II
DOS DEVERES DO GARIMPEIRO

ART. 12. O garimpeiro, a cooperativa de garimpeiros e a pessoa que tenha celebrado Contrato de Parceria com garimpeiros, em qualquer modalidade de trabalho, ficam obrigados a:

I - recuperar as áreas degradadas por suas atividades;

II - atender ao disposto no Código de Mineração no que lhe couber; e

III - cumprir a legislação vigente em relação à segurança e à saúde no trabalho.

ART. 13. É proibido o trabalho do menor de 18 (dezoito) anos na atividade de garimpagem.

CAPÍTULO IV
DAS ENTIDADES DE GARIMPEIROS

ART. 14. É livre a filiação do garimpeiro a associações, confederações, sindicatos, cooperativas ou outras formas associativas, devidamente registradas, conforme legislação específica.

ART. 15. As cooperativas, legalmente constituídas, titulares de direitos minerários deverão informar ao DNPM, anualmente, a relação dos garimpeiros cooperados, exclusivamente para fins de registro.

§ 1º A apresentação intempestiva ou que contenha informações inverídicas implicará multa de R$ 2.000,00 (dois mil reais), a ser aplicada pelo DNPM.

§ 2º No caso de reincidência, a multa será aplicada em dobro, podendo, no caso de não pagamento ou nova ocorrência, ensejar a caducidade do título.

CAPÍTULO V
DISPOSIÇÕES FINAIS

ART. 16. O garimpeiro que tenha Contrato de Parceria com o titular de direito minerário deverá comprovar a regularidade de sua atividade na área titulada mediante apresentação de cópias autenticadas do contrato e do respectivo título minerário.

Parágrafo único. O contrato referido no *caput* deste artigo não será objeto de averbação no DNPM.

ART. 17. Fica o titular de direito minerário obrigado a enviar, anualmente, ao DNPM a relação dos garimpeiros que atuam em sua área, sob a modalidade de Contrato de Parceria, com as respectivas cópias desses contratos.

§ 1º A apresentação intempestiva ou que contenha informações inverídicas implicará multa de R$ 1.000,00 (mil reais), a ser aplicada pelo DNPM.

§ 2º No caso de reincidência, a multa será aplicada em dobro, podendo, no caso de não pagamento ou nova ocorrência, ensejar a caducidade do título.

ART. 18. É instituído o Dia Nacional do Garimpeiro a ser comemorado em 21 de julho.

ART. 19. Fica intitulado Patrono dos Garimpeiros o Bandeirante Fernão Dias Paes Leme.

ART. 20. Esta Lei entra em vigor na data de sua publicação.

Brasília, 2 de junho de 2008;
187º da Independência e 120º da República.
JOSÉ ALENCAR GOMES DA SILVA

LEI N. 11.692, DE 10 DE JUNHO DE 2008

Dispõe sobre o Programa Nacional de Inclusão de Jovens - Projovem, instituído pela Lei n. 11.129, de 30 de junho de 2005; altera a Lei n. 10.836, de 9 de janeiro de 2004; revoga dispositivos das Leis n. 9.608, de 18 de fevereiro de 1998, 10.748, de 22 de outubro de 2003, 10.940, de 27 de agosto de 2004, 11.129, de 30 de junho de 2005, e 11.180, de 23 de setembro de 2005; e dá outras providências.

- *DOU*, 11.06.2008.
- Conversão da Med. Prov. 411-07.

O Presidente da República. Faço saber que o Congresso Nacional decreta e eu sanciono a seguinte Lei:

ART. 1º O Programa Nacional de Inclusão de Jovens - Projovem, instituído pela Lei n. 11.129, de 30 de junho de 2005, passa a reger-se, a partir de 1º de janeiro de 2008, pelo disposto nesta Lei.

ART. 2º O Projovem, destinado a jovens de 15 (quinze) a 29 (vinte e nove) anos, com o objetivo de promover sua reintegração ao processo educacional, sua qualificação profissional e seu desenvolvimento humano, será desenvolvido por meio das seguintes modalidades:

I - Projovem Adolescente - Serviço Socioeducativo;

II - Projovem Urbano;

III - Projovem Campo - Saberes da Terra; e

IV - Projovem Trabalhador.

ART. 3º A execução e a gestão do Projovem dar-se-ão por meio da conjugação de esforços da Secretaria-Geral da Presidência da República e dos Ministérios da Educação, do Trabalho e Emprego e do Desenvolvimento Social e Combate à Fome, observada a intersetorialidade, sem prejuízo da participação de outros órgãos e entidades da administração pública federal.

§ 1º Fica instituído o Conselho Gestor do Projovem, coordenado pela Secretaria Nacional de Juventude da Secretaria-Geral da Presidência da República e composto pelos Secretários-Executivos dos Ministérios referidos no *caput* deste artigo e por 1 (um) Secretário Nacional representante de cada um desses Ministérios, a ser indicado pelo respectivo Ministro de Estado.

§ 2º O Projovem Adolescente - Serviço Socioeducativo será coordenado pelo Ministério do Desenvolvimento Social e Combate à Fome; o Projovem Urbano, pela Secretaria-Geral da Presidência da República; o Projovem Campo - Saberes da Terra, pelo Ministério da Educação; e o Projovem Trabalhador, pelo Ministério do Trabalho e Emprego.

§ 3º Cada modalidade do Projovem contará com 1 (um) comitê gestor, a ser instituído pelo órgão responsável por sua coordenação, assegurada nele a participação de representantes dos 3 (três) outros órgãos a que se refere o *caput* deste artigo.

ART. 4º Para a execução das modalidades tratadas no art. 2º desta Lei, a União fica autorizada a transferir recursos aos Estados, ao Distrito Federal e aos Municípios, sem a necessidade de convênio, acordo, contrato, ajuste ou instrumento congênere, mediante depósito em conta-corrente específica, sem prejuízo da devida prestação de contas da aplicação dos recursos.

§ 1º O montante dos recursos financeiros a que se refere esta Lei será repassado em parcelas e calculado com base no número de jovens atendidos, conforme disposto em regulamentação, e destina-se à promoção de ações de elevação da escolaridade e qualificação profissional dos jovens, bem como à contratação, remuneração e formação de profissionais.

§ 2º Os profissionais de que trata o § 1º deste artigo deverão ser contratados em âmbito local.

§ 3º Os órgãos responsáveis pela coordenação das modalidades do Projovem definirão, a cada exercício financeiro, a forma de cálculo, o número e o valor das parcelas a serem repassadas aos Estados, ao Distrito Federal e aos Municípios, bem como as orientações e instruções necessárias à sua execução, observado o montante de recursos disponíveis para este fim, constante da Lei Orçamentária Anual.

§ 4º Nas modalidades previstas nos incisos II e III do *caput* do art. 2º desta Lei, a transferência de recursos financeiros será executada pelo Fundo Nacional de Desenvolvimento da Educação - FNDE, vinculado ao Ministério da Educação, observada a necessária descentralização dos recursos orçamentários pelos órgãos de que trata o *caput* do art. 3º desta Lei.

§ 5º A modalidade de que trata o inciso I do *caput* do art. 2º desta Lei será ofertada pelo Município que a ela aderir, nos termos do regulamento, e cofinanciada pela União, Estados, Distrito Federal e Municípios por intermédio dos respectivos Fundos de Assistência Social, respeitado o limite orçamentário da União e os critérios de partilha estabelecidos pelo Conselho Nacional de Assistência Social, de acordo com o inciso IX do *caput* do art. 18 da Lei n. 8.742, de 7 de dezembro de 1993.

§ 6º Os saldos dos recursos financeiros recebidos pelos órgãos e entidades da administração pública federal, estadual, municipal e do Distrito Federal à conta do Projovem, existentes na conta-corrente específica a que se refere o *caput* deste artigo em 31 de dezembro de cada ano deverão ser aplicados no exercício subsequente, com estrita observância ao objeto de sua transferência, nos termos da legislação vigente.

ART. 5º Os Estados, o Distrito Federal, os Municípios e as entidades de direito público e privado sem fins lucrativos prestarão conta dos recursos recebidos do Projovem, na forma e prazo definidos em regulamento e nas demais disposições aplicáveis.

ART. 6º Fica a União autorizada a conceder auxílio financeiro, no valor de R$ 100,00 (cem reais) mensais, aos beneficiários do Projovem, nas modalidades previstas nos incisos II, III e IV do *caput* do art. 2º desta Lei, a partir do exercício de 2008.

§ 1º Na modalidade Projovem Urbano, poderão ser pagos até 20 (vinte) auxílios financeiros.

§ 2º Na modalidade Projovem Campo - Saberes da Terra, poderão ser pagos até 12 (doze) auxílios financeiros.

§ 3º Na modalidade Projovem Trabalhador, poderão ser pagos até 6 (seis) auxílios financeiros.

§ 4º É vedada a cumulatividade da percepção do auxílio financeiro a que se refere o *caput* deste artigo com benefícios de natureza semelhante recebidos em decorrência de outros programas federais, permitida a opção por um deles.

ART. 7º O órgão responsável pelas modalidades do Projovem definirá o agente pagador entre uma instituição financeira oficial.

ART. 8º As despesas com a execução do Projovem observarão os limites de movimentação, de empenho e de pagamento da programação orçamentária e financeira anual.

Parágrafo único. O Poder Executivo deverá compatibilizar a quantidade de beneficiários de cada modalidade do Projovem com as dotações orçamentárias existentes.

ART. 9º O Projovem Adolescente - Serviço Socioeducativo, compreendido entre os serviços de que trata o art. 23 da Lei n. 8.742, de 7 de dezembro de 1993, tem como objetivos:

I - complementar a proteção social básica à família, criando mecanismos para garantir a convivência familiar e comunitária; e

II - criar condições para a inserção, reinserção e permanência do jovem no sistema educacional.

ART. 10. O Projovem Adolescente - Serviço Socioeducativo destina-se aos jovens de 15 (quinze) a 17 (dezessete) anos:

I - pertencentes a família beneficiária do Programa Bolsa Família - PBF;

II - egressos de medida socioeducativa de internação ou em cumprimento de outras medidas socioeducativas em meio aberto, conforme disposto na Lei n. 8.069, de 13 de julho de 1990 - Estatuto da Criança e do Adolescente;

III - em cumprimento ou egressos de medida de proteção, conforme disposto na Lei n. 8.069, de 13 de julho de 1990;

IV - egressos do Programa de Erradicação do Trabalho Infantil - PETI; ou

V - egressos ou vinculados a programas de combate ao abuso e à exploração sexual.

Parágrafo único. Os jovens a que se referem os incisos II a V do *caput* deste artigo devem ser encaminhados ao Projovem Adolescente - Serviço Socioeducativo pelos programas e serviços especializados de assistência social do Município ou do Distrito Federal ou pelo gestor de assistência social, quando demandado oficialmente pelo Conselho Tutelar, pela Defensoria Pública, pelo Ministério Público ou pelo Poder Judiciário.

ART. 11. O Projovem Urbano tem como objetivo elevar a escolaridade visando à conclusão do ensino fundamental, à qualificação profissional e ao desenvolvimento de ações comunitárias com exercício da cidadania, na forma de curso, conforme previsto no art. 81 da Lei n. 9.394, de 20 de dezembro de 1996.

ART. 12. O Projovem Urbano atenderá a jovens com idade entre 18 (dezoito) e 29 (vinte e nove) anos, que saibam ler e escrever e não tenham concluído o ensino fundamental.

ART. 13. Poderão ser realizadas parcerias com o Ministério da Justiça e com a Secretaria Especial dos Direitos Humanos da Presidência da República para implantação do Projovem Urbano nas unidades prisionais e nas unidades socioeducativas de privação de liberdade, respectivamente.

§ 1º O disposto no art. 4º desta Lei não será aplicado no caso das parcerias citadas no *caput* deste artigo, podendo ser realizado convênio, acordo, contrato, ajuste ou instrumento congênere.

§ 2º No caso das unidades socioeducativas de privação de liberdade, poderão participar do Projovem Urbano adolescentes em cumprimento de medidas socioeducativas de privação de liberdade que tenham idade mínima de 15 (quinze) anos.

§ 3º É assegurada aos jovens que iniciaram o Projovem Urbano nas unidades do sistema prisional ou nas unidades socioeducativas de privação de liberdade a continuidade do curso nas localidades onde existir o Programa.

ART. 14. O Projovem Campo - Saberes da Terra tem como objetivo elevar a escolaridade dos jovens da agricultura familiar, integrando a qualificação social e formação profissional, na forma do art. 81 da Lei n. 9.394, de 20 de dezembro de 1996, estimulando a conclusão do ensino fundamental e proporcionando a formação integral do jovem, na modalidade educação de jovens e adultos, em regime de alternância, nos termos do regulamento.

ART. 15. O Projovem Campo - Saberes da Terra atenderá a jovens com idade entre 18 (dezoito) e 29 (vinte e nove) anos, residentes no campo, que saibam ler e escrever, que não tenham concluído o ensino fundamental e que cumpram os requisitos previstos no art. 3º da Lei n. 11.326, de 24 de julho de 2006.

ART. 16. O Projovem Trabalhador tem como objetivo preparar o jovem para o mercado de trabalho e ocupações alternativas geradoras de renda, por meio da qualificação social e profissional e do estímulo à sua inserção.

ART. 17. O Projovem Trabalhador atenderá a jovens com idade entre 18 (dezoito) e 29 (vinte e nove) anos, em situação de desemprego e que sejam membros de famílias com renda mensal *per capita* de até 1 (um) salário-mínimo, nos termos do regulamento.

ART. 18. Nas unidades da Federação e nos Municípios onde existirem programas similares e congêneres ao previsto no Projovem Trabalhador, o Ministério do Trabalho e Emprego buscará promover a articulação e a integração das ações dos respectivos Programas.

ART. 19. Na execução do Projovem Trabalhador, o Ministério do Trabalho e Emprego fica autorizado, mediante convênio, a efetuar transferências de contribuições corrente e de capital aos órgãos e entidades da administração pública federal, estadual e municipal, bem como a entidades de direito público e privado sem fins lucrativos, observada a legislação pertinente.

§ 1º O regulamento disporá sobre critérios objetivos de habilitação e seleção de entidades privadas sem fins lucrativos para serem executoras do Projovem.

§ 2º A habilitação e seleção das entidades referidas no § 1º deste artigo serão processadas em estrita conformidade com os princípios básicos da legalidade, da impessoalidade, da moralidade, da igualdade, da publicidade e do julgamento objetivo.

ART. 20. Os arts. 2º e 3º da Lei n. 10.836, de 9 de janeiro de 2004, passam a vigorar com a seguinte redação:

▸ Alterações promovidas no texto da referida lei.

ART. 21. Ato do Poder Executivo disporá sobre as demais regras de funcionamento de cada modalidade do Projovem, inclusive no que se refere ao estabelecimento de metas, à avaliação, ao monitoramento e ao controle social, e sobre os critérios adicionais a serem observados para o ingresso no Programa, bem como para a concessão, a manutenção e a suspensão do auxílio a que se refere o art. 6º desta Lei.

§ 1º Cumpridos os requisitos estabelecidos nesta Lei e na sua regulamentação, ficam asseguradas aos jovens com deficiência as condições que lhes possibilitem a efetiva participação no Projovem.

§ 2º Nos currículos dos cursos oferecidos nas modalidades de que trata o art. 2º desta Lei deverão ser incluídas noções básicas de comunicação oral e escrita em língua portuguesa, de matemática, de informática, de cidadania e de língua estrangeira.

ART. 22. O Poder Executivo deverá veicular dados e informações detalhados sobre a execução orçamentária e financeira dos Programas Projovem e Bolsa Família, tratados nesta Lei.

ART. 23. Esta Lei entra em vigor na data de sua publicação.

Parágrafo único. Aos beneficiários e executores dos Programas disciplinados nas Leis n. 10.748, de 22 de outubro de 2003, 11.129, de 30 de junho de 2005, e 11.180, de 23 de setembro de 2005, ficam assegurados, no âmbito do Projovem, os seus direitos, bem como o cumprimento dos seus deveres, nos termos dos convênios, acordos ou instrumentos congêneres firmados até 31 de dezembro de 2007.

ART. 24. Ficam revogados, a partir de 1º de janeiro de 2008:

I - o art. 3º-A da Lei n. 9.608, de 18 de fevereiro de 1998;

II - a Lei n. 10.748, de 22 de outubro de 2003;

III - os arts. 1º, 2º e 3º da Lei n. 10.940, de 27 de agosto de 2004;

IV - os arts. 1º a 8º da Lei n. 11.129, de 30 de junho de 2005; e

V - os arts. 1º a 10 da Lei n. 11.180, de 23 de setembro de 2005.

Brasília, 10 de junho de 2008;
187º da Independência e 120º da República.

LUIZ INÁCIO LULA DA SILVA

LEI N. 11.697, DE 13 DE JUNHO DE 2008

Dispõe sobre a organização judiciária do Distrito Federal e dos Territórios e revoga as Leis n. 6.750, de 10 de dezembro de 1979, 8.185, de 14 de maio de 1991, 8.407, de 10 de janeiro de 1992, e 10.801, de 10 de dezembro de 2003, exceto na parte em que instituíram e regularam o funcionamento dos serviços notariais e de registro no Distrito Federal.

▸ *DOU*, 16.06.2008.

O Presidente da República. Faço saber que o Congresso Nacional decreta e eu sanciono a seguinte Lei:

LIVRO I
DA ESTRUTURA DA JUSTIÇA DO DISTRITO FEDERAL E DOS TERRITÓRIOS

TÍTULO I
DISPOSIÇÕES PRELIMINARES

ART. 1º Esta Lei organiza a Justiça do Distrito Federal e dos Territórios e regula o funcionamento dos seus serviços auxiliares, dos seus servidores e da estrutura dos serviços notariais e de registro.

ART. 2º Compõem a Justiça do Distrito Federal e dos Territórios:

I - o Tribunal de Justiça;

II - o Conselho Especial;

III - o Conselho da Magistratura;

IV - os Tribunais do Júri;

V - os Juízes de Direito do Distrito Federal e dos Territórios;

VI - os Juízes de Direito Substitutos do Distrito Federal;

VII - a Auditoria e o Conselho de Justiça Militar.

ART. 3º A competência dos magistrados, em geral, fixar-se-á pela distribuição dos feitos, alternada e obrigatória, na forma da lei.

TÍTULO II
DO TRIBUNAL DE JUSTIÇA DO DISTRITO FEDERAL E DOS TERRITÓRIOS

CAPÍTULO I
DA COMPOSIÇÃO DO TRIBUNAL

ART. 4º O Tribunal de Justiça, com sede na Capital Federal, compõe-se de 48 (quarenta e oito) desembargadores e exerce sua jurisdição no Distrito Federal e nos Territórios. (Alterado pela Lei 13.264/2016.)

ART. 5º O Presidente, o Primeiro Vice-Presidente, o Segundo Vice-Presidente e o Corregedor serão eleitos por seus pares, na forma da Lei Orgânica da Magistratura Nacional - LOMAM, para um período de 2 (dois) anos, vedada a reeleição.

§ 1º Vagando os cargos de Presidente, Primeiro e Segundo Vice-Presidentes ou Corregedor, realizar-se-á nova eleição para completar o mandato, salvo se faltarem menos de 6 (seis) meses para o seu término, caso em que a substituição do Presidente será feita pelo Primeiro e Segundo Vice-Presidentes, sucessivamente, e a destes ou do corregedor pelo desembargador mais antigo, observado o disposto no parágrafo único do art. 102 da Lei Complementar n. 35, de 14 de março de 1979 - Lei Orgânica da Magistratura Nacional.

§ 2º A eleição do Segundo Vice-Presidente proceder-se-á somente quando da composição total do número de desembargadores definido no art. 4º desta Lei.

ART. 6º A substituição de desembargador processar-se-á na forma da Lei Orgânica da Magistratura Nacional e do Regimento Interno.

Parágrafo único. A convocação de juízes far-se-á dentre os Juízes de Direito do Distrito Federal, nos termos da Lei Orgânica da Magistratura Nacional e do Regimento Interno.

ART. 7º Não poderão ter assento na mesma Turma ou Câmara do Tribunal de Justiça desembargadores cônjuges ou parentes em linha reta ou colateral, inclusive por afinidade, até o 3º (terceiro) grau.

CAPÍTULO II

SEÇÃO I
DA COMPETÊNCIA

ART. 8º Compete ao Tribunal de Justiça:

I - processar e julgar originariamente:

a) nos crimes comuns e de responsabilidade, os Governadores dos Territórios, o Vice-Governador do Distrito Federal e os Secretários dos Governos do Distrito Federal e dos Territórios, ressalvada a competência da Justiça Eleitoral;

b) nos crimes comuns, os Deputados Distritais, e nestes e nos de responsabilidade, os Juízes de Direito do Distrito Federal e dos Territórios, os Juízes de Direito Substitutos do Distrito Federal e dos Territórios, ressalvada a competência da Justiça Eleitoral;

c) os mandados de segurança e os *habeas data* contra atos do Presidente do Tribunal e de qualquer de seus órgãos e membros, do Procurador-Geral da Justiça do Distrito Federal e dos Territórios, dos Juízes do Distrito Federal e dos Territórios, do Governador do Distrito Federal, dos Governadores dos Territórios, do Presidente do Tribunal de Contas do Distrito Federal e de qualquer de seus membros, do Procurador-Geral do Distrito Federal e dos Secretários de Governo do Distrito Federal e dos Territórios;

d) os *habeas corpus*, quando o constrangimento apontado provier de ato de qualquer das autoridades indicadas na alínea c deste inciso, exceto o Governador do Distrito Federal;

e) os mandados de injunção, quando a elaboração da norma regulamentadora for atribuição de órgão, entidade ou autoridade do Distrito Federal, quer da administração direta, quer da indireta;

f) os conflitos de competência entre órgãos do próprio Tribunal;

g) as ações rescisórias e as revisões criminais de seus julgados;

h) os pedidos de uniformização de sua jurisprudência;

i) os embargos infringentes de seus julgados;

j) os embargos declaratórios a seus acórdãos;

l) as reclamações formuladas pelas partes e pelo Ministério Público, no prazo de 5 (cinco) dias, contra ato ou omissão de juiz de que não caiba recurso ou que, importando em erro de procedimento, possa causar dano irreparável ou de difícil reparação;

m) as representações por indignidade para o Oficialato da Polícia Militar e Corpo de Bombeiros do Distrito Federal e dos Territórios;

n) a ação direta de inconstitucionalidade de lei ou ato normativo do Distrito Federal em face de sua Lei Orgânica;

o) a ação declaratória de constitucionalidade de lei ou ato normativo do Distrito Federal em face de sua Lei Orgânica;

II - julgar as arguições de suspeição e impedimento opostas aos magistrados e ao Procurador-Geral de Justiça;

III - julgar os recursos e remessas de ofício relativos a decisões proferidas pelos Juízes de Direito do Distrito Federal e dos Territórios;

IV - julgar a exceção da verdade nos casos de crime contra a honra em que o querelante tenha direito a foro por prerrogativa da função;

V - julgar os recursos das decisões dos membros do Tribunal nos casos previstos nas leis de processo e em seu Regimento Interno;

VI - executar as decisões que proferir, nas causas de sua competência originária, podendo delegar aos juízes de primeiro grau a prática de atos não decisórios;

VII - aplicar as sanções disciplinares aos magistrados; decidir, para efeito de aposentadoria, sobre sua incapacidade física ou mental, bem como quanto à disponibilidade e à remoção compulsória de Juiz de Direito;

VIII - aplicar pena de demissão ou perda da delegação, se for o caso, aos integrantes dos serviços auxiliares da Justiça do Distrito Federal e dos Territórios;

IX - decidir sobre a perda de posto e da patente dos oficiais e da graduação dos praças;

X - elaborar lista tríplice para o preenchimento das vagas correspondentes ao quinto reservado aos advogados e membros do Ministério Público, bem como para a escolha dos advogados que devem integrar o Tribunal Regional Eleitoral do Distrito Federal, observado o disposto no inciso III do art. 120 da Constituição Federal;

XI - eleger os desembargadores e juízes de direito que devam integrar o Tribunal Regional Eleitoral do Distrito Federal;

XII - indicar ao Presidente do Tribunal o juiz que deva ser promovido por antiguidade ou merecimento e autorizar permutas;

XIII - indicar ao Presidente do Tribunal os juízes que devam compor as Turmas Recursais;

XIV - promover o pedido de Intervenção Federal no Distrito Federal ou nos Territórios, de ofício ou mediante provocação;

XV - elaborar o Regimento Interno do Tribunal;

XVI - aprovar o Regimento Administrativo da Secretaria e da Corregedoria;

XVII - organizar os serviços auxiliares, provendo os cargos, na forma da lei;

XVIII - decidir sobre matéria administrativa pertinente à organização e ao funcionamento da Justiça do Distrito Federal e dos Territórios;

XIX - organizar e realizar os concursos para o ingresso na Magistratura do Distrito Federal e dos Territórios;

XX - organizar e realizar concursos públicos para provimento dos cargos do Quadro do Tribunal de Justiça;

XXI - organizar e realizar concursos públicos para o exercício da atividade notarial e de registro;

XXII - dispor sobre normas e critérios para o concurso de remoção dos notários e oficiais de registro;

XXIII - propor ao Congresso Nacional o Regimento de Custas das Serventias Judiciais e dos Serviços Notariais e de Registro a viger no Distrito Federal e Territórios;

XXIV - designar, sem prejuízo de suas funções, até 2 (dois) Juízes de Direito para Assistentes da Presidência do Tribunal e até 4 (quatro) Juízes de Direito para Assistentes do Corregedor de Justiça, a eles podendo ser delegadas funções correicionais em cartórios judiciais e Serviços Notariais e de Registro.

§ 1º O procedimento da reclamação das ações direta de inconstitucionalidade e declaratória de constitucionalidade será regulado pelo Regimento Interno.

§ 2º Podem propor a ação direta de inconstitucionalidade:

I - o Governador do Distrito Federal;

II - a Mesa da Câmara Legislativa do Distrito Federal;

III - o Procurador-Geral de Justiça;

IV - a Ordem dos Advogados do Brasil, Seção do Distrito Federal;

V - as entidades sindicais ou de classe, de atuação no Distrito Federal, demonstrando que a pretensão por elas deduzida guarda relação de pertinência direta com os seus objetivos institucionais;

VI - os partidos políticos com representação na Câmara Legislativa.

§ 3º Podem propor a ação declaratória de constitucionalidade:

I - o Governador do Distrito Federal;

II - a Mesa da Câmara Legislativa do Distrito Federal;

III - o Procurador-Geral de Justiça.

§ 4º Aplicam-se ao processo e julgamento da ação direta de inconstitucionalidade perante o Tribunal de Justiça do Distrito Federal e dos Territórios as seguintes disposições:

I - o Procurador-Geral de Justiça será sempre ouvido nas ações diretas de constitucionalidade ou de inconstitucionalidade;

II - declarada a inconstitucionalidade por omissão de medida para tornar efetiva norma da Lei Orgânica do Distrito Federal, a decisão será comunicada ao Poder competente para adoção das providências necessárias e, tratando-se de órgão administrativo, para fazê-lo em 30 (trinta) dias;

III - somente pelo voto da maioria absoluta de seus membros ou de seu órgão especial, poderá o Tribunal de Justiça declarar a inconstitucionalidade de lei ou de ato normativo do Distrito Federal ou suspender a vigência em decisão de medida cautelar.

§ 5º Aplicam-se, no que couber, ao processo e julgamento da ação direta de inconstitucionalidade de lei ou ato normativo do Distrito Federal, em face da sua Lei Orgânica, as normas sobre o processo e o julgamento da ação direta de inconstitucionalidade perante o Supremo Tribunal Federal.

SEÇÃO II
DA COMPETÊNCIA DO TRIBUNAL PLENO, CONSELHO ADMINISTRATIVO, CONSELHO DA MAGISTRATURA, CONSELHO ESPECIAL, DAS CÂMARAS E DAS TURMAS

ART. 9º O Regimento Interno do Tribunal de Justiça disporá sobre a organização, competência, atribuição e funcionamento do Tribunal Pleno, do Conselho Administrativo, do Conselho Especial, do Conselho da Magistratura, das Câmaras, das Turmas e das Turmas Recursais, observadas as respectivas especializações e o disposto na Lei Orgânica da Magistratura Nacional.

SEÇÃO III
DAS ATRIBUIÇÕES DO PRESIDENTE

ART. 10. São atribuições do Presidente:

I - dirigir os trabalhos do Tribunal;

II - representar o Poder Judiciário do Distrito Federal e dos Territórios em suas relações com os demais Poderes e autoridades;

III - conceder a delegação para o exercício da atividade notarial e de registro, bem como extingui-la, nos casos previstos em lei, declarando vago o respectivo serviço;

IV - autorizar, na forma da lei, a ocupação de áreas de prédios da Justiça do Distrito Federal e dos Territórios.

Parágrafo único. As demais competências serão fixadas pelo Regimento Interno.

SEÇÃO IV
DAS ATRIBUIÇÕES DO PRIMEIRO E SEGUNDO VICE-PRESIDENTES

ART. 11. São atribuições do Primeiro e Segundo Vice-Presidentes substituírem, sucessivamente, o Presidente em suas faltas e impedimentos, bem como praticar todos os atos que lhe forem atribuídos no Regimento Interno.

Parágrafo único. Os Vice-Presidentes serão substituídos em suas faltas e impedimentos na forma que dispuser o Regimento Interno.

SEÇÃO V
DAS ATRIBUIÇÕES DO CORREGEDOR

ART. 12. São atribuições do Corregedor:

I - supervisionar e exercer o poder disciplinar, relativamente aos serviços forenses, sem prejuízo do que é deferido às autoridades de menor hierarquia;

II - instaurar sindicância e processo administrativo disciplinar para apurar infrações praticadas pelos notários, oficiais de registro e afins e seus prepostos, aplicando as penas cabíveis, exceto a perda de delegação;

III - exercer a fiscalização dos atos notariais e de registro, zelando para que sejam prestados com rapidez, qualidade satisfatória e de modo eficiente;

IV - designar o Juiz Diretor do Fórum das circunscrições judiciárias do Distrito Federal e fixar-lhe as atribuições;

V - designar o Juiz de Direito Substituto responsável pela distribuição da Circunscrição Judiciária de Brasília;

VI - indicar à nomeação os Diretores de Secretaria das Varas vagas, os Depositários Públicos, os Contadores-Partidores e os Distribuidores;

VII - regular a atividade do Depositário Público, dispondo especialmente sobre as formas de controle dos bens em depósito, bem como as atividades dos Contadores-Partidores e Distribuidores.

§ 1º O Corregedor poderá delegar a juízes a realização de correição nas serventias e a presidência de processos administrativos disciplinares, salvo para apurar a prática de infração penal atribuída a juiz.

§ 2º A correição geral dos Territórios será feita pessoalmente pelo Corregedor e abrangerá, no mínimo, em cada ano, a metade das circunscrições neles existentes, de forma que, no final do biênio, estejam todas inspecionadas.

§ 3º O Corregedor será substituído em suas faltas e impedimentos na forma que dispuser o Regimento Interno.

CAPÍTULO III
DO PROCEDIMENTO E JULGAMENTO DO TRIBUNAL

ART. 13. O Regimento Interno disciplinará o procedimento e o julgamento dos feitos pelo Tribunal, obedecido o disposto na lei processual e nesta Lei.

ART. 14. Após a distribuição e até a inclusão em pauta para julgamento, o relator presidirá o processo, determinando a realização de diligências que entender necessárias.

Parágrafo único. Verificando o relator que a competência para a causa é de outro órgão, encaminhará os autos por despacho à redistribuição.

ART. 15. Nas ações criminais de competência originária do Tribunal, o julgamento poderá ser realizado em sessão secreta, atendendo ao interesse público, nos termos da Constituição Federal.

TÍTULO III
DO PRIMEIRO GRAU DE JURISDIÇÃO NO DISTRITO FEDERAL

CAPÍTULO I
DA COMPOSIÇÃO

ART. 16. A Magistratura de Primeiro Grau do Distrito Federal compõe-se de Juízes de Direito e Juízes de Direito Substitutos.

ART. 17. A Justiça de Primeiro Grau do Distrito Federal compreende as Circunscrições Judiciárias com o respectivo quantitativo de Varas definido no Anexo IV desta Lei.

§ 1º As especializações das Varas referidas no *caput* deste artigo serão definidas pelo Regimento Interno, obedecendo-se às competências dos Juízos definidas nos arts. 18 a 44 desta Lei e mediante estudo técnico.

§ 2º O Tribunal de Justiça poderá utilizar, como critério para criação de novas Circunscrições Judiciárias, as Regiões Administrativas do Distrito Federal, mediante Resolução.

§ 3º O Tribunal de Justiça poderá remanejar Varas dentre as Circunscrições Judiciárias, quando for conveniente e oportuno.

§ 4º O Tribunal de Justiça poderá designar mais de uma das competências definidas nos arts. 18 a 44 desta Lei para 1 (uma) só Vara, observada a conveniência e oportunidade.

CAPÍTULO II
DAS COMPETÊNCIAS DAS VARAS EM GERAL

SEÇÃO I
DO TRIBUNAL DO JÚRI

ART. 18. Os Tribunais do Júri terão a organização e a competência estabelecidas no Código de Processo Penal.

ART. 19. Compete ao Juiz-Presidente do Tribunal do Júri:

I - processar os feitos da competência do Tribunal do Júri, ainda que anteriores à propositura da ação penal, até julgamento final;

II - processar e julgar *habeas corpus*, quando o crime atribuído ao paciente for da competência do Tribunal do Júri;

III - exercer as demais atribuições previstas nas leis processuais.

Parágrafo único. Em cada Tribunal do Júri, oficiará, sempre que possível, um Juiz de Direito Substituto, que terá competência para a instrução dos processos, sem prejuízo de outras atribuições que lhe sejam cometidas pelo titular da Vara.

SEÇÃO II
DA VARA CRIMINAL

ART. 20. Compete ao Juiz da Vara Criminal:

I - processar e julgar os feitos criminais da competência do juiz singular, ressalvada a dos juízos especializados, onde houver;

II - praticar atos anteriores à instauração do processo, deferidos aos juízes de primeiro grau pelas leis processuais penais.

SEÇÃO III
DA VARA DE ENTORPECENTES E CONTRAVENÇÕES PENAIS

ART. 21. Compete ao Juiz da Vara de Entorpecentes e Contravenções Penais:

I - processar e julgar os feitos relativos a entorpecentes ou substâncias capazes de determinar dependência física ou psíquica e os com eles conexos, ressalvada a competência do Tribunal do Júri;

II - decretar interdições, internamento e quaisquer medidas de natureza administrativa previstas na legislação pertinente;

III - baixar atos normativos visando à prevenção, à assistência e à repressão, relacionados com a matéria de sua competência;

IV - fiscalizar os estabelecimentos públicos ou privados destinados à prevenção e à repressão das toxicomanias e à assistência e à recuperação de toxicômanos, baixando os atos que se fizerem necessários;

V - processar e julgar as causas relativas às contravenções penais, salvo quando conexas com infração da competência de outra Vara.

SEÇÃO IV
DA VARA DE DELITOS DE TRÂNSITO

ART. 22. Compete ao Juiz da Vara de Delitos de Trânsito processar e julgar os feitos relativos às infrações penais previstas na legislação de trânsito, ressalvada a competência de outra Vara em crimes conexos e a dos Juizados Especiais Criminais.

SEÇÃO V
DA VARA DE EXECUÇÕES PENAIS

ART. 23. Compete ao Juiz da Vara de Execuções Penais:

I - a execução das penas e das medidas de segurança e o julgamento dos respectivos incidentes;

II - decidir os pedidos de unificação ou de detração das penas;

III - homologar as multas aplicadas pela autoridade policial nos casos previstos em lei;

IV - inspecionar os estabelecimentos prisionais e os órgãos de que trata a legislação processual penal;

V - expedir as normas e procedimentos previstos no Código de Processo Penal.

SEÇÃO VI
DA VARA DE EXECUÇÕES DAS PENAS E MEDIDAS ALTERNATIVAS

ART. 24. Compete ao Juiz da Vara de Execuções das Penas e Medidas Alternativas:

I - a execução de penas restritivas de direito provenientes de sentença penal condenatória, da suspensão condicional da pena e o regime aberto em prisão domiciliar e livramento condicional;

II - fixar as condições do regime aberto em prisão domiciliar;

III - o acompanhamento e a avaliação dos resultados das penas e medidas alternativas, articulando, para esse fim, as ações das instituições, órgãos e setores, externos e internos, envolvidos no programa;

IV - desenvolver contatos e articulações com vistas na busca de parcerias e celebração de convênios e acordos capazes de ampliar e aprimorar as oportunidades de aplicação e execução das penas e medidas alternativas;

V - colaborar com a Vara de Execuções Penais na descentralização de suas atividades;

VI - designar a entidade credenciada para cumprimento da pena ou medida alternativa, em cada caso, supervisionando e acompanhando seu cumprimento;

VII - inspecionar os estabelecimentos onde se efetive o cumprimento de penas ou medidas alternativas;

VIII - decidir os pedidos de unificação das penas referidas no inciso I do *caput* deste artigo, bem como julgar os respectivos incidentes;

IX - coordenar os núcleos descentralizados de execução das penas e medidas alternativas.

Parágrafo único. O Tribunal poderá estabelecer mecanismos de cooperação entre as Varas de Execuções das Penas e Medidas Alternativas - VEPEMA, Varas de Execuções Penais - VEP, Varas Criminais e Juizados Especiais Criminais, em matéria de execução e acompanhamento das penas e medidas alternativas.

SEÇÃO VII
DA VARA CÍVEL

ART. 25. Compete ao Juiz da Vara Cível processar e julgar feitos de natureza cível ou comercial, salvo os de competência das Varas especializadas.

SEÇÃO VIII
DA VARA DA FAZENDA PÚBLICA

ART. 26. Compete ao Juiz da Vara da Fazenda Pública processar e julgar:

I - os feitos em que o Distrito Federal ou entidades de sua administração descentralizada, inclusive empresas públicas e sociedades de economia mista de que participe, forem autores, réus, assistentes, litisconsortes, intervenientes ou opoentes, excetuados os de falência e acidentes de trabalho;

II - as ações populares que interessem ao Distrito Federal e às entidades de sua administração descentralizada;

III - os mandados de segurança contra atos de autoridade do Governo do Distrito Federal e de sua administração descentralizada.

Parágrafo único. Os embargos de terceiros propostos pelo Distrito Federal ou entidades de sua administração descentralizada serão processados e julgados perante o juízo onde tiver curso o processo principal.

SEÇÃO IX
DA VARA DE FAMÍLIA

ART. 27. Compete ao Juiz da Vara de Família:

I - processar e julgar:

a) as ações de Estado;

b) as ações de alimentos;

c) as ações referentes ao regime de bens e à guarda de filhos;

d) as ações de petição de herança, quando cumuladas com as de investigação de paternidade;

e) as ações decorrentes do art. 226 da Constituição Federal;

II - conhecer das questões relativas à capacidade e curatela, bem como de tutela, em casos de ausência ou interdição dos pais, ressalvada a competência das Varas da Infância e da Juventude e de Órfãos e Sucessões;

III - praticar os atos de jurisdição voluntária necessários à proteção de incapazes e à guarda e administração de seus bens, ressalvada a competência das Varas da Infância e da Juventude, de Órfãos e Sucessões e de Entorpecentes e Contravenções Penais;

IV - processar justificação judicial relativa a menores que não se encontrem em situação descrita no art. 98 da Lei n. 8.069, de 13 de julho de 1990;

V - declarar a ausência;

VI - autorizar a adoção de maiores de 18 (dezoito) anos.

SEÇÃO X
DA VARA DE ÓRFÃOS E SUCESSÕES

ART. 28. Compete ao Juiz da Vara de Órfãos e Sucessões:

I - processar e julgar os feitos relativos a sucessões causa mortis;

II - processar e julgar a arrecadação de herança jacente, bens de ausentes e vagos;

III - praticar os atos relativos à tutela de órfãos, ressalvada a competência das Varas da Infância e da Juventude;

IV - praticar os atos de jurisdição voluntária necessários à proteção de órfãos e à guarda e administração de seus bens, ressalvada a competência das Varas da Infância e da Juventude;

V - processar e julgar as ações de petição de herança quando não cumuladas com as de investigação de paternidade.

SEÇÃO XI
DA VARA DE ACIDENTES DO TRABALHO

ART. 29. (Vetado)

SEÇÃO XII
DA VARA DA INFÂNCIA E DA JUVENTUDE

ART. 30. Compete ao Juiz da Vara da Infância e da Juventude:

I - conhecer de representações promovidas pelo Ministério Público para apuração de ato infracional atribuído a adolescente, aplicando as medidas cabíveis;

II - conceder a remissão, como forma de suspensão ou extinção do processo;

III - conhecer de pedidos de adoção e seus incidentes;

IV - conhecer de ações civis fundadas em interesses individuais, difusos ou coletivos afetos à criança e ao adolescente;

V - conhecer de ações decorrentes de irregularidades em entidades de atendimento, aplicando as medidas cabíveis;

VI - aplicar penalidades administrativas nos casos de infrações contra norma de proteção à criança ou adolescente;

VII - conhecer de casos encaminhados pelo Conselho Tutelar, aplicando as medidas cabíveis.

§ 1º Quando se tratar de criança ou adolescente, nas hipóteses do art. 98 da Lei n. 8.069, de 13 de julho de 1990, é também competente o Juiz da Vara da Infância e da Juventude para o fim de:

I - conhecer de pedidos de guarda e tutela;

II - conhecer de ações de destituição do pátrio poder, perda ou modificação da tutela ou guarda;

III - suprir a capacidade ou o consentimento para o casamento;

IV - conhecer de pedidos baseados em discordância paterna ou materna, em relação ao exercício do pátrio poder;

V - conceder a emancipação, nos termos da lei civil, quando faltarem os pais;

VI - designar curador especial em casos de apresentação de queixa ou representação ou de outros procedimentos judiciais ou extrajudiciais em que haja interesses de criança ou adolescente;

VII - conhecer de ações de alimentos (art. 98 da Lei n. 8.069, de 13 de julho de 1990);

VIII - determinar o cancelamento, a retificação e o suprimento dos registros de nascimento e óbito.

§ 2º Compete, ainda, ao Juiz da Vara da Infância e da Juventude o poder normativo previsto no art. 149 da Lei n. 8.069, de 13 de julho de 1990, e a direção administrativa da Vara, especialmente:

I - receber, movimentar e prestar contas dos recursos orçamentários consignados ao juizado;

II - celebrar convênios com entidades públicas ou privadas para melhor desempenho das atividades de proteção, assistência e vigilância de menores;

III - designar comissários voluntários de menores;

IV - conceder autorização a menores de 18 (dezoito) anos para quaisquer atos ou atividades em que ela seja exigida.

SEÇÃO XIII
DA VARA DE REGISTROS PÚBLICOS

ART. 31. Compete ao Juiz de Registros Públicos:

I - inspecionar os serviços notariais e de registro, velando pela observância das prescrições legais e normativas, e representar ao Corregedor quando for o caso de aplicação de penalidades disciplinares;

II - baixar atos normativos relacionados à execução dos serviços notariais e de registro, ressalvada a competência do Corregedor;

III - processar e julgar as questões contenciosas e administrativas que se refiram diretamente a atos de registros públicos e notariais em si mesmos;

IV - fixar orientação no tocante à escrituração de livros, execução e desenvolvimento dos serviços, segundo normas estabelecidas pela Corregedoria-Geral da Justiça.

SEÇÃO XIV
DA VARA DE PRECATÓRIAS

ART. 32. Compete ao Juiz da Vara de Precatórias cumprir todas as cartas precatórias, rogatórias e de ordem remetidas ao Distrito Federal, ressalvada a competência das Varas de Falências e Concordatas, Execuções Penais, Infância e da Juventude e Auditoria Militar.

SEÇÃO XV
DA VARA DE FALÊNCIAS E CONCORDATAS

ART. 33. Compete ao Juiz da Vara de Falências e Concordatas:

I - rubricar balanços comerciais;

II - processar e julgar os feitos de falências e concordatas e as medidas cautelares que lhes forem acessórias;

III - cumprir cartas rogatórias, precatórias e de ordem relativas aos processos mencionados no inciso II deste artigo;

IV - processar e julgar as causas relativas a crimes falimentares.

SEÇÃO XVI
DA VARA DE MEIO AMBIENTE, DESENVOLVIMENTO URBANO E FUNDIÁRIO

ART. 34. Compete ao Juiz da Vara do Meio Ambiente, Desenvolvimento Urbano e Fundiário processar e julgar todos os feitos que versem sobre o meio ambiente natural, urbano e cultural, inclusive as questões relacionadas à ocupação do solo urbano ou rural e ao parcelamento do solo para fins urbanos, excetuadas as ações de natureza penal.

Parágrafo único. Passarão à competência do Juiz da Vara do Meio Ambiente, Desenvolvimento Urbano e Fundiário os feitos em curso nas Varas Cível e de Fazenda Pública do Distrito Federal, relacionados com as matérias indicadas no *caput* deste artigo.

SEÇÃO XVII
DA VARA DE EXECUÇÃO FISCAL

ART. 35. Compete ao Juiz da Vara de Execução Fiscal processar e julgar as execuções em que o Distrito Federal ou entidades de sua administração descentralizada, inclusive empresas públicas e sociedades de economia mista de que participe, forem autores, réus, assistentes, litisconsortes, intervenientes ou opoentes, excetuadas as de falência, acidentes de trabalho e de meio ambiente, desenvolvimento urbano e fundiário.

**CAPÍTULO III
DA JUSTIÇA MILITAR DO DISTRITO FEDERAL**

ART. 36. A Justiça Militar do Distrito Federal será exercida:

I - pelo Tribunal de Justiça em segundo grau;

II - pelo Juiz Auditor e pelos Conselhos de Justiça.

§ 1º Compete à Justiça Militar o processo e o julgamento dos crimes militares, definidos em lei, praticados por Oficiais e Praças da Polícia Militar do Distrito Federal e do Corpo de Bombeiros Militar do Distrito Federal.

§ 2º Os feitos de competência da Justiça Militar serão processados e julgados de acordo com o Decreto-Lei n. 1.002, de 21 de outubro de 1969 - Código de Processo Penal Militar e, no que couber, respeitada a competência do Tribunal de Justiça, pela Lei de Organização Judiciária Militar (Decreto-Lei n. 1.003, de 21 de outubro de 1969).

ART. 37. A Justiça Militar será composta de 1 (uma) Auditoria e dos Conselhos de Justiça, com jurisdição em todo o Distrito Federal.

Parágrafo único. O cargo de Juiz-Auditor será preenchido por Juiz de Direito da Circunscrição Judiciária de Brasília, a ele cabendo presidir e relatar todos os processos perante os Conselhos de Justiça.

ART. 38. Os Conselhos de Justiça serão de 2 (duas) espécies:

I - Conselho Especial de Justiça, para processar e julgar os Oficiais;

II - Conselho Permanente de Justiça, para processar e julgar os Praças.

ART. 39. O Conselho Especial de Justiça Militar será composto por 4 (quatro) Juízes Militares, de patente igual ou superior à do acusado, e do Juiz-Auditor.

§ 1º Na falta de oficial da ativa com a patente exigida, recorrer-se-á a oficiais em inatividade.

§ 2º O Conselho Permanente de Justiça compor-se-á de 4 (quatro) Juízes Militares, escolhidos dentre os oficiais da ativa, e do Juiz-Auditor.

§ 3º Os Juízes Militares do Conselho Permanente de Justiça servirão pelo período de 4 (quatro) meses consecutivos e só poderão ser de novo sorteados após transcorrido o prazo de 6 (seis) meses, contados da dissolução do Conselho que tenham integrado.

ART. 40. Cada Juiz Militar do Conselho Especial ou Permanente de Justiça terá um suplente, ambos escolhidos em sorteio presidido pelo Juiz-Auditor em sessão pública.

§ 1º Os Juízes Militares dos Conselhos Especial e Permanente de Justiça serão sorteados dentre os oficiais constantes da relação que deverá ser remetida ao Juiz-Auditor pelo Comando-Geral da Polícia Militar do Distrito Federal e pelo do Corpo de Bombeiros Militar do Distrito Federal.

§ 2º Não serão incluídos na relação os comandantes-gerais, os oficiais em serviço fora da respectiva Corporação, os assistentes militares e os ajudantes-de-ordem.

ART. 41. Compete ao Juiz-Auditor:

I - expedir alvarás, mandados e outros atos, em cumprimento às decisões dos Conselhos ou no exercício de suas próprias funções;

II - conceder *habeas corpus*, quando a coação partir de autoridade administrativa ou judiciária militar, ressalvada a competência do Tribunal de Justiça;

III - exercer supervisão administrativa dos serviços da Auditoria e o poder disciplinar sobre servidores que nela estejam localizados, respeitada a competência da Corregedoria de Justiça.

**CAPÍTULO IV
DO JUIZADO ESPECIAL DE FAZENDA PÚBLICA**

ART. 42. (Vetado)

**CAPÍTULO V
DO JUIZADO ESPECIAL CÍVEL E CRIMINAL**

ART. 43. Compete ao Juiz da Vara do Juizado Especial Cível a conciliação, o processo, o julgamento e a execução das causas cíveis de menor complexidade, na forma da lei.

ART. 44. Compete ao Juiz da Vara do Juizado Especial Criminal a conciliação, o processo e o julgamento das infrações penais de menor potencial ofensivo, na forma da lei, bem como o acompanhamento do cumprimento da transação penal e da suspensão condicional do processo.

**CAPÍTULO VI
DOS JUÍZES DE DIREITO**

ART. 45. Aos Juízes de Direito cabe, além de processar e julgar os feitos de sua competência:

I - inspecionar os serviços cartorários, informando, semestralmente, ao Corregedor o resultado das inspeções;

II - aplicar aos servidores que lhes sejam subordinados penalidades disciplinares que não excedam a 30 (trinta) dias de suspensão;

III - indicar servidores para substituição eventual de titulares;

IV - indicar à nomeação o cargo e as funções comissionadas da respectiva Secretaria.

**CAPÍTULO VII
DOS JUÍZES DE DIREITO SUBSTITUTOS**

ART. 46. Compete aos Juízes de Direito Substitutos substituir e auxiliar os Juízes de Direito.

Parágrafo único. O Juiz de Direito Substituto na substituição do juiz titular terá competência plena.

ART. 47. O Juiz de Direito Substituto designado para auxiliar Juiz de Direito terá competência para funcionar em quaisquer processos em curso na Vara e, nessa qualidade, perceberá vencimentos integrais, atribuídos ao Juiz de Direito do Distrito Federal, observados, para todos os efeitos, os percentuais das diferenças de vencimentos entre esses cargos e o de Desembargador, na forma da lei que fixa os respectivos valores de retribuição.

Parágrafo único. O Vice-Presidente disporá sobre a designação de juízes auxiliares e definirá a forma de substituição e auxílio.

**CAPÍTULO VIII
DAS SUBSTITUIÇÕES**

ART. 48. O Juiz de Direito, em suas faltas e impedimentos ocasionais, é substituído pelo da Vara da mesma competência e de numeração imediatamente superior.

§ 1º O Juiz da Vara de maior numeração será substituído pelo Juiz da 1ª Vara.

§ 2º Na Circunscrição Judiciária de Brasília, o Juiz da Vara de Órfãos e Sucessões será substituído pelo da 1ª Vara de Família da Circunscrição Judiciária de Brasília, ressalvada a criação de outra Vara de Órfãos e Sucessões; o Juiz da Vara de Meio Ambiente, Desenvolvimento Urbano e Fundiário será substituído pelo juiz da 1ª Vara da Fazenda Pública, ressalvada a criação de outra Vara de Meio Ambiente, Desenvolvimento Urbano e Fundiário; o da Vara de Execuções Penais e o da Vara de Execuções das Penas e Medidas Alternativas substituem-se mutuamente, ressalvada a criação de outras Varas de Execuções Penais e de Execuções das Penas e Medidas Alternativas; a substituição também será recíproca entre o substituto do Juiz da Vara de Registros Públicos e o da Vara de Acidentes de Trabalho, ressalvada a criação de outras Varas de Registros Públicos e de Acidentes de Trabalho.

§ 3º O Presidente do Tribunal do Júri e o Juiz-Auditor da Circunscrição Judiciária de Brasília substituem-se mutuamente.

§ 4º Na Circunscrição Judiciária de Taguatinga, Ceilândia, Samambaia e Gama, substituem-se mutuamente os Juízes dos Tribunais do Júri pelos respectivos Juízes das 1ªs Varas Criminais de Taguatinga, Ceilândia, Samambaia e Gama.

§ 5º Na Circunscrição Judiciária de Sobradinho, substituem-se mutuamente o Juiz do Tribunal do Júri e o Juiz da Vara Criminal e dos Delitos de Trânsito e os Juízes das Varas Cíveis e de Família, Órfãos e Sucessões.

§ 6º Na Circunscrição Judiciária de Planaltina, substituem-se mutuamente os Juízes do Tribunal do Júri e o Juiz da Vara Criminal e dos

Delitos de Trânsito e os Juízes das Varas Cíveis e de Família, Órfãos e Sucessões.

§ 7º Na Circunscrição Judiciária de Brazlândia, substituem-se mutuamente o Juiz do Tribunal do Júri e o Juiz da Vara Criminal e dos Delitos de Trânsito e os juízes das Varas Cíveis e de Família, Órfãos e Sucessões.

§ 8º Na Circunscrição Judiciária do Núcleo Bandeirante, substituem-se mutuamente o Juiz do Tribunal do Júri e o Juiz da Vara Criminal e dos Delitos de Trânsito, e os Juízes das Varas de Família, Órfãos e Sucessões serão substituídos pelo Juiz de Direito Substituto designado.

§ 9º Na Circunscrição Judiciária de São Sebastião, substituem-se mutuamente o Juiz do Tribunal do Júri e o Juiz da Vara Criminal e dos Delitos de Trânsito, e os Juízes das Varas de Família, Órfãos e Sucessões serão substituídos pelo Juiz de Direito Substituto designado.

§ 10. Na Circunscrição Judiciária do Riacho Fundo, substituem-se mutuamente o Juiz do Tribunal do Júri e o Juiz da Vara Criminal e dos Delitos de Trânsito, e os Juízes das Varas de Família, Órfãos e Sucessões serão substituídos pelo Juiz de Direito Substituto designado.

§ 11. Na Circunscrição Judiciária de Santa Maria, substituem-se mutuamente o Juiz do Tribunal do Júri e o Juiz da Vara Criminal e dos Delitos de Trânsito, e os Juízes das Varas de Família, Órfãos e Sucessões serão substituídos pelo Juiz de Direito Substituto designado.

§ 12. O Juiz da Vara da Infância e da Juventude será substituído pelo Juiz de Direito Substituto designado.

§ 13. Na falta, ausência ou impedimento de juízes nas circunscrições judiciárias, serão eles substituídos pelos Diretores do Fórum da própria Circunscrição ou da Circunscrição mais próxima, conforme provimento da Corregedoria de Justiça.

CAPÍTULO IX
DOS JUÍZES DE PAZ

ART. 49. Os juízes de paz têm a investidura e a competência para, na forma da lei, celebrar casamentos, além de outras previstas na legislação específica.

Parágrafo único. Para a celebração de casamento, os juízes de paz receberão importância fixada pela Corregedoria, observado o Regimento de Custas da Justiça do Distrito Federal.

TÍTULO IV
DOS MAGISTRADOS DO DISTRITO FEDERAL

CAPÍTULO I
DAS NORMAS GERAIS

ART. 50. Aplicam-se aos magistrados do Distrito Federal e dos Territórios as normas da Constituição Federal, da Lei Orgânica da Magistratura Nacional, desta Lei e, subsidiariamente, as do Regime Jurídico dos Servidores Públicos Civis da União.

ART. 51. As nomeações e promoções de Juízes de Direito e Substitutos serão feitas pelo Presidente do Tribunal, mediante prévia indicação do Tribunal de Justiça.

CAPÍTULO II
DO PROVIMENTO DOS CARGOS

ART. 52. O ingresso na Carreira da Magistratura dar-se-á nos cargos de Juiz de Direito Substituto do Distrito Federal ou de Juiz de Direito dos Territórios e dependerá de concurso de provas e títulos realizado pelo Tribunal de Justiça, com a participação do Conselho Seccional da Ordem dos Advogados do Brasil do lugar em que se realizarem as provas, exigindo-se dos candidatos que satisfaçam os seguintes requisitos:

I - ser brasileiro no gozo dos direitos civis e políticos;

II - estar quite com o serviço militar;

III - ser Bacharel em Direito, graduado em estabelecimento oficial ou reconhecido;

IV - ter exercido durante 3 (três) anos, no mínimo, no último quinquênio, advocacia, magistério jurídico em nível superior ou qualquer função para a qual se exija diploma de Bacharel em Direito;

V - ter mais de 25 (vinte e cinco) e menos de 50 (cinquenta) anos de idade, salvo quanto ao limite máximo, se for magistrado ou membro do Ministério Público;

VI - ser moralmente idôneo.

§ 1º Para a aprovação final no concurso, exigir-se-á exame de sanidade física e mental.

§ 2º O concurso terá validade de 2 (dois) anos, prorrogável 1 (uma) vez por igual período.

ART. 53. O concurso para provimento dos cargos iniciais de Juiz de Direito Substituto do Distrito Federal e dos Territórios da Carreira da Magistratura do Distrito Federal e dos Territórios será único, facultado aos candidatos aprovados, na ordem de classificação, o direito de opção para um ou outro cargo.

Parágrafo único. Poderá o Tribunal de Justiça determinar a realização de concurso apenas para o provimento de cargo de Juiz de Direito dos Territórios.

ART. 54. O preenchimento dos cargos de Juiz de Direito, à exceção da Circunscrição Judiciária de Brasília, far-se-á por promoção de Juízes de Direito Substitutos do Distrito Federal.

§ 1º Os cargos de Juiz de Direito da Circunscrição Judiciária de Brasília serão providos por remoção dos Juízes de Direito do Distrito Federal e dos Territórios, reservado aos últimos 0,1 (um décimo) das vagas, ou por promoção de Juiz Substituto, caso remanesça vaga não provida por remoção.

§ 2º Somente após 2 (dois) anos de exercício na classe, poderá o Juiz ser promovido ou removido, salvo se não houver com tal requisito quem aceite o lugar vago, ou se forem todos recusados pela maioria absoluta dos membros do Tribunal de Justiça.

§ 3º As indicações para promoção por merecimento serão, sempre que possível, feitas por lista tríplice, cabendo ao Tribunal a escolha do magistrado a ser promovido.

§ 4º No caso de promoção por antiguidade, o Tribunal de Justiça somente poderá recusar o Juiz mais antigo pelo voto de 2/3 (dois terços) dos seus membros, repetindo-se a votação até fixar-se a indicação.

ART. 55. O provimento de cargo de Desembargador far-se-á por promoção de Juiz de Direito do Distrito Federal, por antiguidade e merecimento alternadamente, reservado 1/5 (um quinto) de lugares, que será preenchido por membros do Ministério Público do Distrito Federal e Territórios e advogados em efetivo exercício da profissão.

§ 1º Concorrerão à promoção os Juízes de Direito do Distrito Federal e dos Territórios, observadas as disposições constitucionais e da Lei Orgânica da Magistratura Nacional.

§ 2º Os lugares reservados a membros do Ministério Público e da Ordem dos Advogados do Brasil serão preenchidos dentre aqueles de notório saber jurídico e de reputação ilibada, com mais de 10 (dez) anos de efetiva atividade profissional, indicados em lista sêxtupla pelos órgãos de representação das respectivas classes.

§ 3º Recebidas as indicações, o Tribunal formará lista tríplice, enviando-a ao Poder Executivo, que, nos 20 (vinte) dias subsequentes, escolherá um de seus integrantes para nomeação.

§ 4º A indicação de membro do Ministério Público e de advogado será feita de modo a resguardar a igualdade de representação das 2 (duas) categorias e observar-se-á o critério de alternatividade, iniciando-se por advogado.

ART. 56. As remoções requeridas por juízes do Distrito Federal e dos Territórios vinculam-se a ato do Presidente do Tribunal e poderão dar-se para qualquer Circunscrição Judiciária, exceto para Vara da mesma natureza dentro da própria Circunscrição Judiciária.

§ 1º Os pedidos de remoção serão formulados no prazo de 15 (quinze) dias, a contar da declaração de vacância do cargo, publicada no Diário de Justiça.

§ 2º A requerimento dos interessados, será permitida a permuta, condicionada a ato do Presidente, ouvido o Tribunal.

§ 3º Não será permitido permuta entre juízes de direito em condições de acesso ao Tribunal de Justiça após o surgimento de vaga enquanto não for ela provida.

ART. 57. A verificação de invalidez para o fim de aposentadoria será feita na forma da Lei Orgânica da Magistratura Nacional e do Regimento Interno do Tribunal.

CAPÍTULO III
DA ANTIGUIDADE

ART. 58. A antiguidade dos juízes apurar-se-á:

I - pelo efetivo exercício na classe;

II - pela data da posse;

III - pela data da nomeação;

IV - pela colocação anterior na classe em que se deu a promoção;

V - pela ordem de classificação no concurso;

VI - pelo tempo de serviço público efetivo;

VII - pela idade.

§ 1º Para efeito de antiguidade, conta-se como de efetivo exercício a licença para tratamento de saúde.

§ 2º Para efeito da promoção a que se refere o parágrafo único do art. 61 desta Lei, somente se contará o tempo de exercício no cargo de Juiz de Direito no Distrito Federal.

§ 3º A antiguidade no Tribunal apurar-se-á conforme estabelecido no Regimento Interno.

CAPÍTULO IV
DAS FÉRIAS, RECESSOS E FERIADOS

ART. 59. Os Desembargadores, Juízes de Direito e Juízes de Direito Substitutos do Distrito Federal e dos Territórios gozarão férias individuais, na forma disciplinada pelo Regimento Interno do Tribunal de Justiça do Distrito Federal e dos Territórios.

ART. 60. Será considerado feriado forense o período compreendido entre 20 de dezembro e 6 de janeiro.

§ 1º No feriado forense e nos dias em que não houver expediente forense, a Corregedoria regulará o plantão judiciário, designando juízes para conhecer de medidas urgentes em geral.

§ 2º Salvo as hipóteses previstas em lei, ficam suspensos os prazos durante o período de feriados forenses.

§ 3º Além dos feriados fixados em lei, também serão considerados como feriado forense pela Justiça do Distrito Federal e dos Territórios:

I - os dias da semana santa, compreendidos entre a quarta-feira e o domingo de Páscoa;

II - os dias de segunda-feira e terça-feira de carnaval e quarta-feira de cinzas;

III - os dias 11 de agosto, 1º e 2 de novembro e 8 de dezembro.

§ 4º O rodízio no plantão do Segundo Grau, nos feriados, finais de semana e nos dias em que não houver expediente, será definido pelo Regimento Interno da Corte.

CAPÍTULO V
DA AJUDA DE CUSTO

ART. 61. A ajuda de custo para mudança e transporte será atribuída na época do deslocamento do magistrado e sua família do Território Federal para o Distrito Federal ou vice-versa.

Parágrafo único. A ajuda de custo de que trata o *caput* deste artigo será arbitrada pelo Presidente do Tribunal e cobrirá o valor das passagens aéreas e do transporte de móveis e utensílios.

ART. 62. Os Juízes de Direito dos Territórios terão direito a uma ajuda de custo para o pagamento de aluguel em locais onde não exista residência oficial a eles destinada.

Parágrafo único. O valor da ajuda de custo mencionada no *caput* deste artigo não excederá a 30% (trinta por cento) dos vencimentos básicos dos magistrados.

CAPÍTULO VI
DOS DEVERES E SANÇÕES

ART. 63. Os deveres e sanções a que estão sujeitos os magistrados são os definidos na Lei Orgânica da Magistratura Nacional.

LIVRO II
DOS SERVIÇOS AUXILIARES

TÍTULO I
DA CLASSIFICAÇÃO

ART. 64. Os serviços auxiliares da Justiça serão executados:

I - pelos servidores do Quadro do Tribunal de Justiça em exercício nas Secretarias e nos Ofícios Judiciais;

II - pelos servidores dos Serviços Notariais e de Registro.

ART. 65. São Ofícios Judiciais os Cartórios dos diversos Juízos, os Serviços de Contadoria-Partidoria, de Distribuição e os Depósitos Públicos.

TÍTULO II
DAS ATRIBUIÇÕES

CAPÍTULO I
DAS SECRETARIAS E DEMAIS SERVIÇOS

ART. 66. As atribuições das Secretarias do Tribunal de Justiça e da Corregedoria serão definidas em seus respectivos regimentos, resoluções e provimentos.

Parágrafo único. As atribuições funcionais dos servidores do Tribunal de Justiça do Distrito Federal e dos Territórios bem como dos funcionários dos Serviços Notariais e de Registro serão definidas conforme o que dispõe o *caput* deste artigo.

CAPÍTULO II
DOS OFÍCIOS JUDICIAIS

ART. 67. Incumbe aos Cartórios das Varas a realização dos serviços de apoio aos respectivos Juízes, nos termos das leis processuais, das resoluções, dos provimentos da Corregedoria e das portarias e despachos dos Juízes aos quais se subordinam diretamente.

ART. 68. Incumbe ao Cartório de Registro de Distribuição o registro da distribuição dos feitos aos diversos Juízos do Distrito Federal, mediante comunicação dos Distribuidores, cabendo-lhe o fornecimento das correspondentes certidões.

§ 1º A distribuição na Circunscrição Judiciária de Brasília será presidida por Juiz de Direito Substituto, designado por ato do Corregedor da Justiça, e, nos Territórios, quando houver mais de uma Vara, incumbirá ao Juiz Diretor do Fórum fazê-lo.

§ 2º Da audiência de distribuição, que será pública e terá horário prefixado, participarão 1 (um) representante do Ministério Público, designado pelo Procurador-Geral da Justiça, e 1 (um) representante da Ordem dos Advogados do Brasil, Seção do Distrito Federal.

§ 3º A eventual ausência do membro do Ministério Público ou do advogado não impede a realização do ato.

§ 4º Em caso de manifesta urgência, a distribuição será feita em qualquer horário.

§ 5º A distribuição dos feitos às Varas das Circunscrições Judiciárias de Taguatinga, Brazlândia, Gama, Sobradinho, Planaltina, Ceilândia, Samambaia, Santa Maria, Paranoá, São Sebastião, Núcleo Bandeirante e Riacho Fundo será efetuada pelo respectivo Juiz Diretor do Fórum.

ART. 69. Nas Circunscrições Judiciárias do Distrito Federal, haverá um serviço de Distribuição de Mandados, ao qual compete:

I - receber os mandados oriundos dos diversos Juízos;

II - proceder à sua distribuição entre os Oficiais de Justiça, conforme sistema de zoneamento fixado pelo Juiz Diretor do Fórum;

III - efetuar o registro dos mandados recebidos e distribuídos, velando para que sejam devolvidos aos Juízes de origem nos prazos legais e comunicando-lhes eventuais irregularidades;

IV - exercer as demais atribuições que lhe forem determinadas pelo Corregedor e pelo Juiz Diretor do Fórum.

ART. 70. Não serão feitas redistribuições de inquéritos e processos para as Varas criadas por esta Lei e para as Varas instaladas após a edição desta Lei, ressalvado o disposto nos arts. 34 e 35 desta Lei.

Parágrafo único. O Tribunal de Justiça, dentro do prazo de 30 (trinta) dias, contados da publicação desta Lei, baixará ato determinando para cada área prazo e quantitativo de novas distribuições, a partir das quais a distribuição será feita para todas as Varas da área.

CAPÍTULO III
DOS DIRETORES DE SECRETARIA, OFICIAIS DE JUSTIÇA, CONTADORES-PARTIDORES, DISTRIBUIDORES E DEPOSITÁRIOS PÚBLICOS

ART. 71. Aos Diretores de Secretaria, Oficiais de Justiça, Contadores-Partidores, Distribuidores e Depositários Públicos incumbe exercer as funções que lhes são atribuídas pelas leis processuais, provimentos da Corregedoria e resoluções, bem como executar as determinações do Corregedor, do Juiz Diretor do Fórum e dos Juízes aos quais são subordinados.

Parágrafo único. Os Oficiais de Justiça, nos casos indicados em lei, funcionarão como perito oficial na determinação de valores, salvo quando, a critério do juiz, forem exigidos conhecimentos técnicos especializados.

ART. 72. O Juiz Diretor do Fórum de cada Circunscrição Judiciária designará os oficiais de justiça que devam desempenhar as funções de porteiro dos auditórios, realizar as praças e os leilões individuais e coletivos, quando não indicado leiloeiro pelas partes.

ART. 73. Poderá o Corregedor designar um dos Depositários Públicos para servir como Coordenador dos Depósitos Públicos.

CAPÍTULO IV
DOS SERVIÇOS NOTARIAIS E DE REGISTRO NO DISTRITO FEDERAL

ART. 74. São os seguintes os Serviços Notariais e de Registro no Distrito Federal:

I - Circunscrição Judiciária de Brasília:

a) 3 (três) Ofícios de Notas e Protesto de Títulos;

b) 1 (um) Ofício de Notas;

c) 1 (um) Ofício de Protesto de Títulos;

d) 1 (um) Ofício de Notas, Registro Civil, Títulos e Documentos, Protesto de Títulos e Pessoas Jurídicas;

e) 2 (dois) Ofícios de Registro Civil e Casamento, Títulos e Documentos e Pessoas Jurídicas;

f) 2 (dois) Ofícios de Registro de Imóveis, permanecendo o 2º Ofício de Registro de Imóveis com a circunscrição registrária originária;

II - Circunscrição Judiciária do Núcleo Bandeirante:

a) 1 (um) Ofício de Protesto de Títulos;

b) 1 (um) Ofício de Registro de Imóveis;

c) 1 (um) Ofício de Notas, Registro Civil, Protesto de Títulos, Títulos e Documentos e Pessoas Jurídicas;

III - Circunscrição Judiciária de Taguatinga:

a) 2 (dois) Ofícios de Notas;

b) 1 (um) Ofício de Notas, Registro Civil, Títulos e Documentos, Protesto de Títulos e Pessoas Jurídicas;

c) 1 (um) Ofício de Registro de Imóveis;

d) 1 (um) Ofício de Registro Civil, Títulos e Documentos e Pessoas Jurídicas;

IV - Circunscrição Judiciária de Samambaia:

a) 1 (um) Ofício de Registro Civil, Títulos e Documentos e Pessoas Jurídicas;

b) 1 (um) Ofício de Notas;

V - Circunscrição Judiciária do Gama:

a) 2 (dois) Ofícios de Notas e Protesto de Títulos;

b) 1 (um) Ofício de Registro Civil, Títulos e Documentos e Pessoas Jurídicas;

c) 1 (um) Ofício de Registro de Imóveis;

VI - Circunscrição Judiciária de Ceilândia:

a) 1 (um) Ofício de Notas e Protesto de Títulos;

b) 1 (um) Ofício de Registro Civil, Títulos e Documentos e Pessoas Jurídicas;

c) 1 (um) Ofício de Registro de Imóveis;

VII - Circunscrição Judiciária de Sobradinho:

a) 1 (um) Ofício de Notas e Protesto de Títulos;

b) 1 (um) Ofício de Notas, Registro Civil, Títulos e Documentos, Protesto de Títulos e Pessoas Jurídicas;

c) 1 (um) Ofício de Registro Civil, Títulos e Documentos e Pessoas Jurídicas;

d) 1 (um) Ofício de Registro de Imóveis;

VIII - Circunscrição Judiciária de Planaltina:

a) 1 (um) Ofício de Notas e Protesto de Títulos;

b) 1 (um) Ofício de Registro Civil, Títulos e Documentos e Pessoas Jurídicas;

c) 1 (um) Ofício de Registro de Imóveis;

IX - Circunscrição Judiciária de Brazlândia:

a) 1 (um) Ofício de Notas, Registro Civil, Títulos e Documentos, Protesto de Títulos e Pessoas Jurídicas;

b) 1 (um) Ofício de Registro de Imóveis;

X - Circunscrição Judiciária do Paranoá: 1 (um) Ofício de Registro Civil, Títulos e Documentos e Pessoas Jurídicas.

SEÇÃO ÚNICA
DOS SERVENTUÁRIOS

ART. 75. Os direitos dos empregados não remunerados pelos cofres públicos derivados do vínculo empregatício com o titular dos Serviços Notariais e de Registro são os previstos nas leis trabalhistas.

Parágrafo único. O Corregedor também poderá aplicar aos empregados das serventias não oficializadas penas disciplinares.

LIVRO III
DOS SERVIDORES DA JUSTIÇA DO DISTRITO FEDERAL E DOS TERRITÓRIOS

TÍTULO ÚNICO
DO REGIME JURÍDICO

ART. 76. Aos servidores do Quadro do Tribunal de Justiça aplica-se o Regime Jurídico dos Servidores Públicos Civis da União, observado, também, o ordenamento jurídico que regulamenta o Plano de Cargos e Salários dos Servidores Públicos do Poder Judiciário Federal.

CAPÍTULO ÚNICO
DO PROVIMENTO DOS CARGOS

ART. 77. Compete ao Tribunal de Justiça do Distrito Federal e dos Territórios prover os cargos dos serviços auxiliares previstos na Constituição Federal.

Parágrafo único. Salvo para os cargos de confiança, as nomeações obedecerão à ordem de classificação no concurso.

ART. 78. Os cargos em comissão de Diretor da Secretaria dos Ofícios Judiciais, das Turmas, Câmaras, Conselhos e Secretarias Judiciárias serão preenchidos por Bacharéis em Direito, do Quadro de Pessoal do Tribunal de Justiça do Distrito Federal e dos Territórios, em efetivo exercício.

Parágrafo único. Os mesmos requisitos mencionados no *caput* deste artigo serão exigidos dos substitutos eventuais dos titulares.

ART. 79. Em cada serventia judicial haverá, além do titular, pelo menos 2 (dois) outros servidores ativos, Bacharéis em Direito.

ART. 80. Os cargos em comissão e as funções comissionadas da estrutura administrativa das Secretarias do Tribunal e da Corregedoria da Justiça serão preenchidos obedecendo aos critérios previstos no Plano de Cargos e Salários do Judiciário Federal.

LIVRO IV
DISPOSIÇÕES GERAIS

ART. 81. Fica criado o Instituto de Formação, Desenvolvimento Profissional e Pesquisa, como Escola de Administração Judiciária do Distrito Federal e dos Territórios, que tem como missão a capacitação e o aperfeiçoamento dos seus magistrados e servidores, bem como demais atividades afins.

§ 1º A estrutura do Instituto compreende o estabelecido no Anexo III desta Lei, observado cronograma previsto no Anexo V desta Lei e desde que atendidas as disposições constantes dos incisos I e II do § 1º do art. 169 da Constituição Federal.

§ 2º A organização e o detalhamento das competências do Instituto serão definidos por ato próprio do Tribunal de Justiça.

ART. 82. Fica criada a Ouvidoria-Geral da Justiça do Distrito Federal e dos Territórios, que tem como missão tornar a Justiça mais próxima do cidadão, ouvindo sua opinião acerca dos serviços prestados pelo Tribunal de Justiça do Distrito Federal e dos Territórios, colaborando para elevar o nível de excelência das atividades necessárias à prestação jurisdicional, sugerindo medidas de aprimoramento e buscando soluções para os problemas apontados.

§ 1º A estrutura da Ouvidoria-Geral compreende o estabelecido no Anexo III desta Lei, observado o cronograma previsto no Anexo V desta Lei e desde que atendidas as disposições constantes dos incisos I e II do § 1º do art. 169 da Constituição Federal.

§ 2º A organização e o detalhamento das competências da Ouvidoria-Geral serão definidos por ato próprio do Tribunal de Justiça.

ART. 83. Fica criado o Programa de Modernização e Aperfeiçoamento da Justiça do Distrito Federal - PROJUS com o objetivo de executar os recursos financeiros arrecadados por esta Corte necessários à modernização e ao reaparelhamento da Justiça do Distrito Federal e dos Territórios, sem prejuízo da proposta orçamentária anual.

§ 1º Os recursos arrecadados compreenderão:

I - custas, taxas, emolumentos, multas e fianças arrecadados no âmbito da Justiça do Distrito Federal e dos Territórios de Primeiro e Segundo Graus, ressalvado o que dispõe a Lei Complementar n. 79, de 7 de janeiro de 1994, os repasses devidos à Ordem dos Advogados do Brasil - Seccional do Distrito Federal (Decreto-Lei n. 115, de 25 de janeiro de 1967) e os casos legais de devolução de custas;

II - auxílios, subvenções, contribuições, doações de entidades privadas e transferências de instituições públicas, nacionais ou estrangeiras;

III - inscrição em concursos públicos de ingresso no quadro de pessoal e em provas seletivas de estagiários;

IV - inscrição para realização de cursos, simpósios, seminários e congressos promovidos pelo Tribunal de Justiça do Distrito Federal e dos Territórios;

V - venda de assinatura ou volumes avulsos de revistas, boletins ou outras publicações editadas pelo Tribunal de Justiça;

VI - aluguéis ou permissões de uso de espaços para terceiros onde funcionam atividades da Justiça do Distrito Federal e dos Territórios;

VII - produto da alienação de equipamentos, veículos ou outros materiais permanentes inservíveis ou imprestáveis;

VIII - multas aplicadas a fornecedores por descumprimento contratual;

IX - quaisquer outros ingressos que lhe forem destinados por lei, bem como outros supervenientes.

§ 2º Os recursos do PROJUS serão aplicados, preferencialmente, na modernização e aperfeiçoamento dos serviços judiciários da Primeira Instância.

§ 3º A estrutura do programa compreende o estabelecido no Anexo III desta Lei, observado o cronograma previsto no Anexo V desta Lei e desde que atendidas as disposições constantes dos incisos I e II do § 1º do art. 169 da Constituição Federal.

§ 4º A organização e o detalhamento das atribuições do Programa serão definidos por ato próprio do Tribunal de Justiça.

ART. 84. O Regimento Interno do Tribunal de Justiça do Distrito Federal e dos Territórios será revisto, para a regulamentação desta Lei, no prazo de 60 (sessenta) dias.

ART. 85. A criação dos cargos constantes do Anexo I desta Lei sujeita-se ao cronograma previsto no Anexo V desta Lei e desde que atendidas as disposições constantes dos incisos I e II do § 1º do art. 169 da Constituição Federal.

ART. 86. A criação dos cargos em comissão e das funções comissionadas constantes do Anexo II desta Lei, destinadas à estrutura judiciária, sujeita-se ao cronograma previsto no Anexo V desta Lei, e desde que atendidas as disposições constantes dos incisos I e II do § 1º do art. 169 da Constituição Federal.

§ 1º É vedado o aproveitamento, a transferência ou transformação de cargos em comissão e funções comissionadas destinados aos Cartórios e Secretarias Judiciais ainda não instalados nas unidades administrativas do Tribunal de Justiça.

§ 2º Ficam transformados os atuais cargos em comissão de Depositário Público de símbolo CJ-02 para CJ-03.

ART. 87. A criação dos cargos em comissão e das funções comissionadas constantes do Anexo III desta Lei, destinadas à composição da Estrutura Administrativa da Secretaria e da Corregedoria de Justiça, sujeita-se ao cronograma previsto no Anexo V desta Lei e desde que atendidas as disposições constantes dos incisos I e II do § 1º do art. 169 da Constituição Federal.

ART. 88. Ficam criadas as Varas constantes do Anexo IV desta Lei, desde que observado o cronograma previsto no Anexo V desta Lei e atendidas as disposições constantes dos incisos I e II do § 1º do art. 169 da Constituição Federal.

Parágrafo único. A criação das Varas mencionadas no *caput* deste artigo fica condicionada à autorização específica na lei de diretrizes orçamentárias do respectivo exercício, nos termos do § 1º do art. 99 da Constituição Federal.

ART. 89. As despesas resultantes da implementação dos dispositivos constantes desta Lei, relativas à criação de cargos, funções comissionadas e órgãos, constarão da programação de trabalho orçamentária do Tribunal de Justiça do Distrito Federal e dos Territórios conforme cronograma constante do Anexo V desta Lei.

§ 1º Ficam criados os cargos, funções e órgãos mencionados nesta Lei a partir de 1º de janeiro de cada exercício mencionado no Anexo V desta Lei.

§ 2º As despesas mencionadas no *caput* deste artigo deverão constar de autorização expressa constante da lei de diretrizes orçamentárias a cada exercício, até a final implantação do Anexo V desta Lei.

ART. 90. Esta Lei entra em vigor na data de sua publicação.

ART. 91. Revogam-se as Leis n. 6.750, de 10 de dezembro de 1979, 8.185, de 14 de maio de 1991, 8.407, de 10 de janeiro de 1992, e 10.801, de 10 de dezembro de 2003.

Parágrafo único. (Vetado)

Brasília, 13 de junho de 2008; 187º da Independência e 120º da República.

LUIZ INÁCIO LULA DA SILVA

LEI N. 11.718, DE 20 DE JUNHO DE 2008

Acrescenta artigo à Lei n. 5.889, de 8 de junho de 1973, criando o contrato de trabalhador rural por pequeno prazo; estabelece normas transitórias sobre a aposentadoria do trabalhador rural; prorroga o prazo de contratação de financiamentos rurais de que trata o § 6º do art. 1º da Lei n. 11.524, de 24 de setembro de 2007; e altera as Leis n. 8.171, de 17 de janeiro de 1991, 7.102, de 20 de junho de 1993, 9.017, de 30 de março de 1995, e 8.212 e 8.213, ambas de 24 de julho de 1991.

› *DOU*, 23.06.2008.

O Presidente da República. Faço saber que o Congresso Nacional decreta e eu sanciono a seguinte Lei:

ART. 1º A Lei n. 5.889, de 8 de junho de 1973, passa a vigorar acrescida do seguinte art. 14-A:

› Alteração promovida no texto da referida lei.

ART. 2º Para o trabalhador rural empregado, o prazo previsto no art. 143 da Lei n. 8.213, de 24 de julho de 1991, fica prorrogado até o dia 31 de dezembro de 2010.

Parágrafo único. Aplica-se o disposto no *caput* deste artigo ao trabalhador rural enquadrado na categoria de segurado contribuinte individual que presta serviços de natureza rural, em caráter eventual, a 1 (uma) ou mais empresas, sem relação de emprego.

ART. 3º Na concessão de aposentadoria por idade do empregado rural, em valor equivalente ao salário mínimo, serão contados para efeito de carência:

I - até 31 de dezembro de 2010, a atividade comprovada na forma do art. 143 da Lei n. 8.213, de 24 de julho de 1991;

II - de janeiro de 2011 a dezembro de 2015, cada mês comprovado de emprego, multiplicado por 3 (três), limitado a 12 (doze) meses, dentro do respectivo ano civil; e

III - de janeiro de 2016 a dezembro de 2020, cada mês comprovado de emprego, multiplicado por 2 (dois), limitado a 12 (doze) meses dentro do respectivo ano civil.

Parágrafo único. Aplica-se o disposto no *caput* deste artigo e respectivo inciso I ao trabalhador rural enquadrado na categoria de segurado contribuinte individual que comprovar a prestação de serviço de natureza rural, em caráter eventual, a 1 (uma) ou mais empresas, sem relação de emprego.

ART. 4º (Vetado.)

ART. 5º O art. 48 da Lei n. 8.171, de 17 de janeiro de 1991, passa a vigorar acrescido dos seguintes §§ 1º e 2º:

› Alteração promovida no texto da referida lei.

ART. 6º Fica autorizada a reclassificação das operações contratadas ao abrigo da Linha Especial de Crédito FAT Integrar, de que trata a Lei n. 11.011, de 20 de dezembro de 2004, para o Fundo Constitucional de Financiamento do Centro-Oeste - FCO, observadas as seguintes condições:

I - a reclassificação será realizada mediante a celebração de termo aditivo ao instrumento de crédito;

II - a partir da data da reclassificação, as operações ficarão sujeitas às normas do FCO; e

III - as operações reclassificadas deverão manter as mesmas condições de prazo e de classificação de porte dos mutuários originalmente pactuadas.

ART. 7º O art. 1º da Lei n. 7.102, de 20 de junho de 1983, passa a vigorar com a seguinte redação, renumerando-se o parágrafo único para § 1º:

› Alterações promovidas no texto da referida lei.

ART. 8º O Anexo da n. 9.017, de 30 de março de 1995, passa a vigorar com a seguinte alteração no Item 13 e inclusão do Item 15, com a seguinte redação:

Situação	UFIR
13 - Vistoria de estabelecimentos financeiros, exceto cooperativas singulares de crédito, por agência ou posto	1.000
15 - Vistoria de cooperativas singulares de crédito.	300

ART. 9º A Lei n. 8.212, de 24 de julho de 1991, passa a vigorar com as seguintes alterações:

› Alterações promovidas nos arts. 12, V, a, VII, a, b, e c, §§ 3º, I e II, 7º a 13, 25, §§ 4º, 10 e 11, 30, XII e XIII, §§ 7º a 9º, 49, §§ 5º e 6º, da referida lei.

ART. 10. A Lei n. 8.213, de 24 de julho de 1991, passa a vigorar com as seguintes alterações:

› Alterações promovidas nos arts. 11, V, a, VII, a, b, c, §§ 1º, 6º a 11, 17, §§ 3º a 6º, 29, § 6º, 38-A, §§ 1º 3 2º, 48, §§ 2º a 4º, 106, VIII a X, da referida lei.

ART. 11. Na aquisição de produtos agropecuários no âmbito do Programa de Aquisição de Alimentos - PAA, instituído pelo art. 19 da Lei n. 10.696, de 2 de julho de 2003, os preços de referência serão assegurados aos agricultores familiares, associações e cooperativas livres dos valores referentes às incidências do Imposto sobre Operações Relativas à Circulação de Mercadorias e sobre Prestações de Serviços de Transporte Interestadual e Intermunicipal e de Comunicação - ICMS e da contribuição do produtor rural pessoa física ou jurídica ao Instituto Nacional do Seguro Social - INSS, cujo recolhimento, quando houver, será efetuado pela instituição executora do Programa, à conta do PAA. (Redação dada pela Lei 11.775/2008.)

ART. 12. Ficam revogados:

I - o § 3º do art. 12 e o § 4º do art. 25 da Lei n. 8.212, de 24 de julho de 1991; e

II - o § 3º do art. 17 da Lei n. 8.213, de 24 de julho de 1991.

ART. 13. Esta Lei entra em vigor na data de sua publicação.

Brasília, 20 de junho de 2008; 187º da Independência e 120º da República.

LUIZ INÁCIO LULA DA SILVA

LEI N. 11.727, DE 23 DE JUNHO DE 2008

Dispõe sobre medidas tributárias destinadas a estimular os investimentos e a modernização do setor de turismo, a reforçar o sistema de proteção tarifária brasileiro, a estabelecer a incidência de forma concentrada da Contribuição para o PIS/Pasep e da Contribuição para o Financiamento da Seguridade Social - Cofins na produção e comercialização de álcool; altera as Leis n. 10.865, de 30 de abril de 2004, 11.488, de 15 de junho de 2007, 9.718, de 27 de novembro de 1998, 11.196, de 21 de novembro de 2005, 10.637, de 30 de dezembro de 2002, 10.833, de 29 de dezembro de 2003, 7.689, de 15 de dezembro de 1988, 7.070, de 20 de dezembro de 1982, 9.250, de 26 de dezembro de 1995, 9.430, de 27 de dezembro de 1996, 9.249, de 26 de dezembro de 1995, 11.051, de 29 de dezembro de 2004, 9.393, de 19 de dezembro de 1996, 8.213, de 24 de julho de 1991, 7.856, de 24 de outubro de 1989, e a Medida Provisória n. 2.158-35, de 24 de agosto de 2001; e dá outras providências.

› *DOU*, 24.06.2008.

O Presidente da República. Faço saber que o Congresso Nacional decreta e eu sanciono a seguinte Lei:

ART. 1º Para efeito de apuração da base de cálculo do imposto de renda, a pessoa jurídica que explore a atividade de hotelaria poderá utilizar depreciação acelerada incentivada de bens móveis integrantes do ativo imobilizado, adquiridos a partir da data da publicação da Medida Provisória n. 413, de 3 de janeiro de 2008, até 31 de dezembro de 2010, calculada pela aplicação da taxa de depreciação admitida pela legislação tributária, sem prejuízo da depreciação contábil.

§ 1º A quota de depreciação acelerada incentivada de que trata o *caput* deste artigo constituirá exclusão do lucro líquido para fins de determinação do lucro real e será controlada no livro fiscal de apuração do lucro real.

§ 2º O total da depreciação acumulada, incluindo a contábil e a acelerada incentivada, não poderá ultrapassar o custo de aquisição do bem.

§ 3º A partir do período de apuração em que for atingido o limite de que trata o § 2º deste artigo, o valor da depreciação, registrado na contabilidade, deverá ser adicionado ao lucro líquido para efeito de determinação do lucro real.

ART. 2º O Poder Executivo poderá definir alíquotas específicas (ad rem) para o Imposto de Importação, por quilograma líquido ou unidade de medida estatística da mercadoria, estabelecer e alterar a relação de mercadorias sujeitas à incidência do Imposto de Importação sob essa forma, bem como diferenciar as alíquotas específicas por tipo de mercadoria.

Parágrafo único. A alíquota de que trata este artigo fica fixada em R$ 15,00 (quinze reais) por quilograma líquido ou unidade de medida estatística da mercadoria, podendo ser reduzida por ato do Poder Executivo nos termos do *caput* deste artigo.

ART. 3º O art. 8º da Lei n. 10.865, de 30 de abril de 2004, passa a vigorar acrescido dos seguintes §§ 17 e 18:

› Alterações promovidas no texto da referida lei.

ART. 4º O art. 4º da Lei n. 11.488, de 15 de junho de 2007, fica acrescido do seguinte § 2º, passando o parágrafo único a vigorar como § 1º:

› Alterações promovidas no texto da referida lei.

ART. 5º Os valores retidos na fonte a título da Contribuição para o PIS/Pasep e da Cofins, quando não for possível sua dedução dos valores a pagar das respectivas contribuições no mês de apuração, poderão ser restituídos ou compensados com débitos relativos a outros tributos e contribuições administrados pela Secretaria da Receita Federal do Brasil, observada a legislação específica aplicável à matéria.

› Dec. 6.662/2008 (Regulamenta este artigo).

§ 1º Fica configurada a impossibilidade da dedução de que trata o *caput* deste artigo quando o montante retido no mês exceder o valor da respectiva contribuição a pagar no mesmo mês.

§ 2º Para efeito da determinação do excesso de que trata o § 1º deste artigo, considera-se contribuição a pagar no mês da retenção o valor da contribuição devida descontada dos créditos apurados naquele mês.

§ 3º A partir da publicação da Medida Provisória n. 413, de 3 de janeiro de 2008, o saldo dos valores retidos na fonte a título da Contribuição para o PIS/Pasep e da Cofins apurados em períodos anteriores poderá também ser restituído ou compensado com débitos relativos a outros tributos e contribuições administrados pela Secretaria da Receita Federal do Brasil, na forma a ser regulamentada pelo Poder Executivo.

ART. 6º O art. 28 da Lei n. 10.865, de 30 de abril de 2004, passa a vigorar com as seguintes alterações:

› Alterações promovidas no texto da referida lei.

ART. 7º O art. 5º da Lei n. 9.718, de 27 de novembro de 1998, passa a vigorar com a seguinte redação:

▸ Alterações promovidas no texto da referida lei.

ART. 8º Excepcionalmente, para o ano-calendário de 2008, a opção de que trata o § 4º do art. 5º da Lei n. 9.718, de 27 de novembro de 1998, será exercida até o último dia útil do quarto mês subsequente ao da publicação desta Lei, produzindo efeitos, de forma irretratável, a partir do primeiro dia desse mês.

ART. 9º O art. 64 da Lei n. 11.196, de 21 de novembro de 2005, passa a vigorar com a seguinte redação:

▸ Alterações promovidas no texto da referida lei.

ART. 10. A pessoa jurídica sujeita ao regime de apuração não cumulativa da Contribuição para o PIS/Pasep e da Cofins, produtora ou importadora de álcool, inclusive para fins carburantes, poderá descontar créditos presumidos relativos ao estoque deste produto existente no último dia do terceiro mês subsequente ao da publicação desta Lei.

§ 1º Os créditos de que trata o *caput* deste artigo corresponderão a:

I - R$ 7,14 (sete reais e quatorze centavos) por metro cúbico de álcool, no caso da Contribuição para o PIS/Pasep; e

II - R$ 32,86 (trinta e dois reais e oitenta e seis centavos) por metro cúbico de álcool, no caso da Cofins.

§ 2º Os créditos de que trata o *caput* deste artigo:

I - serão apropriados em 12 (doze) parcelas mensais, iguais e sucessivas, a partir do quarto mês subsequente ao da publicação desta Lei, observado o disposto no § 1º deste artigo; e

II - somente poderão ser utilizados para compensação com débitos relativos à Contribuição para o PIS/Pasep e à Cofins apurados no regime não cumulativo.

§ 3º A pessoa jurídica distribuidora apurará a Contribuição para o PIS/Pasep e a Cofins incidentes sobre a venda do estoque de álcool, inclusive para fins carburantes, existente no último dia do terceiro mês subsequente ao da publicação desta Lei, com base no regime legal anterior à publicação da Medida Provisória n. 413, de 3 de janeiro de 2008, independentemente da data em que a operação de venda se realizar.

ART. 11. Fica suspenso o pagamento da Contribuição para o PIS/Pasep e da Cofins na venda de cana-de-açúcar, classificada na posição 12.12 da Nomenclatura Comum do Mercosul - NCM. (Redação dada pela Lei 12.844/2013.)

§ 1º É vedado à pessoa jurídica vendedora de cana-de-açúcar o aproveitamento de créditos vinculados à receita de venda efetuada com suspensão na forma do *caput* deste artigo.

§ 2º Não se aplicam as disposições deste artigo no caso de venda de cana-de-açúcar para pessoa jurídica que apura as contribuições no regime de cumulatividade.

ART. 12. No caso de produção por encomenda de álcool, inclusive para fins carburantes:

I - a pessoa jurídica encomendante fica sujeita às alíquotas previstas no *caput* do art. 5º da Lei n. 9.718, de 27 de novembro de 1998, observado o disposto em seus §§ 4º, 8º e 9º;

II - a pessoa jurídica executora da encomenda deverá apurar a Contribuição para o PIS/Pasep e a Cofins mediante a aplicação das alíquotas de 1,65% (um inteiro e sessenta e cinco centésimos por cento) e de 7,6% (sete inteiros e seis décimos por cento), respectivamente; e

III - aplicam-se os conceitos de industrialização por encomenda da legislação do Imposto sobre Produtos Industrializados - IPI.

ART. 13. Os produtores de álcool, inclusive para fins carburantes, ficam obrigados à instalação de equipamentos de controle de produção nos termos, condições e prazos estabelecidos pela Secretaria da Receita Federal do Brasil.

§ 1º A Secretaria da Receita Federal do Brasil poderá dispensar a instalação dos equipamentos previstos no *caput* deste artigo, em função de limites de produção ou faturamento que fixar.

§ 2º No caso de inoperância de qualquer dos equipamentos previstos no *caput* deste artigo, o produtor deverá comunicar a ocorrência à unidade da Secretaria da Receita Federal do Brasil com jurisdição sobre seu domicílio fiscal, no prazo de 24 (vinte e quatro) horas, devendo manter controle do volume de produção enquanto perdurar a interrupção.

§ 3º O descumprimento das disposições deste artigo ensejará a aplicação de multa:

I - correspondente a 50% (cinquenta por cento) do valor comercial da mercadoria produzida no período de inoperância, não inferior a R$ 5.000,00 (cinco mil reais), se, a partir do décimo dia subsequente ao prazo fixado para a entrada em operação do sistema, os equipamentos referidos no *caput* deste artigo não tiverem sido instalados em virtude de impedimento criado pelo produtor; e

II - no valor de R$ 5.000,00 (cinco mil reais), sem prejuízo do disposto no inciso I deste parágrafo, no caso de falta da comunicação da inoperância do medidor na forma do § 2º deste artigo.

§ 4º Para fins do disposto no inciso I do § 3º deste artigo, considera-se impedimento qualquer ação ou omissão praticada pelo fabricante tendente a impedir ou retardar a instalação dos equipamentos ou, mesmo após a sua instalação, prejudicar o seu normal funcionamento.

ART. 14. Os arts. 2º e 3º da Lei n. 10.637, de 30 de dezembro de 2002, passam a vigorar com as seguintes alterações:

▸ Alterações promovidas no texto da referida lei.

ART. 15. Os arts. 2º e 3º da Lei n. 10.833, de 29 de dezembro de 2003, passam a vigorar com as seguintes alterações:

▸ Alterações promovidas no texto da referida lei.

ART. 16. Os arts. 8º, 15 e 17 da Lei n. 10.865, de 30 de abril de 2004, passam a vigorar com as seguintes alterações:

▸ Alterações promovidas no texto da referida lei.

ART. 17. O art. 3º da Lei n. 7.689, de 15 de dezembro de 1988, passa a vigorar com a seguinte redação:

▸ Alterações promovidas no texto da referida lei.

ART. 18. Ficam prorrogados até 30 de abril de 2012, os prazos previstos nos incisos III e IV do § 12 do art. 8º e nos incisos I e II do *caput* do art. 28, da Lei n. 10.865, de 30 de abril de 2004.

ART. 19. O parágrafo único do art. 34 da Lei n. 10.833, de 29 de dezembro de 2003, passa a vigorar com a seguinte redação:

▸ Alterações promovidas no texto da referida lei.

ART. 20. A Lei n. 7.070, de 20 de dezembro de 1982, passa a vigorar acrescida do seguinte art. 4º-A:

▸ Alterações promovidas no texto da referida lei.

ART. 21. O inciso II do *caput* do art. 4º e a alínea *f* do inciso II do *caput* e o § 3º do art. 8º da Lei n. 9.250, de 26 de dezembro de 1995, passam a vigorar com a seguinte redação:

▸ Alterações promovidas no texto da referida lei.

ART. 22. O art. 24 da Lei n. 9.430, de 27 de dezembro de 1996, passa a vigorar acrescido do seguinte § 4º:

▸ Alterações promovidas no texto da referida lei.

ART. 23. A Lei n. 9.430, de 27 de dezembro de 1996, passa a vigorar acrescida dos seguintes arts. 24-A e 24-B:

▸ Alterações promovidas no texto da referida lei.

ART. 24. A pessoa jurídica sujeita ao regime de apuração não cumulativa da Contribuição para o PIS/Pasep e da Cofins, produtora ou fabricante dos produtos relacionados no § 1º do art. 2º da Lei n. 10.833, de 29 de dezembro de 2003, pode descontar créditos relativos à aquisição desses produtos de outra pessoa jurídica importadora, produtora ou fabricante, para revenda no mercado interno ou para exportação.

§ 1º Os créditos de que trata o *caput* deste artigo correspondem aos valores da Contribuição para o PIS/Pasep e da Cofins devidos pelo vendedor em decorrência da operação.

§ 2º Não se aplica às aquisições de que trata o *caput* deste artigo o disposto na alínea b do inciso I do *caput* do art. 3º da Lei n. 10.637, de 30 de dezembro de 2002, e na alínea b do inciso I do *caput* do art. 3º da Lei n. 10.833, de 29 de dezembro de 2003.

ART. 25. No caso de venda ou importação de acetona classificada no código 2914.11.00 da Tabela de Incidência do Imposto sobre Produtos Industrializados - Tipi, aprovada pelo Decreto n. 6.006, de 28 de dezembro de 2006, fica suspensa a exigência da Contribuição para o PIS/Pasep, da Cofins, da Contribuição para o PIS/Pasep-Importação e da Cofins-Importação.

§ 1º O disposto no *caput* deste artigo alcança exclusivamente a acetona destinada à produção de monoisopropilamina (Mipa) utilizada na elaboração de defensivos agropecuários classificados na posição 38.08 da Tipi.

§ 2º No caso de importação, a suspensão de que trata o *caput* deste artigo aplica-se apenas quando a acetona for importada diretamente pela pessoa jurídica fabricante da Mipa.

§ 3º A pessoa jurídica que der à acetona destinação diversa daquela prevista no § 1º deste artigo fica obrigada ao recolhimento das contribuições não pagas, acrescidas de juros e multa de mora, na forma da lei, contados da data da aquisição no mercado interno ou do registro da Declaração de Importação, conforme o caso, na condição de:

I - responsável, em relação à acetona adquirida no mercado interno;

II - contribuinte, em relação à acetona importada.

§ 4º Na hipótese de não ser efetuado o recolhimento na forma do § 3º deste artigo, caberá lançamento de ofício, com aplicação de juros e da multa de que trata o *caput* do art. 44 da Lei n. 9.430, de 27 de dezembro de 1996.

§ 5º Nas hipóteses de que tratam os §§ 3º e 4º deste artigo, a pessoa jurídica produtora de defensivos agropecuários será responsável solidária com a pessoa jurídica fabricante da Mipa pelo pagamento das contribuições devidas e respectivos acréscimos legais.

ART. 26. Os arts. 8º e 28 da Lei n. 10.865, de 30 de abril de 2004, passam a vigorar com as seguintes alterações:

▸ Alterações promovidas no texto da referida lei.

ART. 27. A Lei n. 10.865, de 30 de abril de 2004, passa a vigorar acrescida do seguinte art. 40-A:

▸ Acréscimo promovido no texto da referida lei.

ART. 28. Fica suspenso o pagamento do imposto de importação incidente sobre as partes, as peças e os componentes destinados a emprego na industrialização, revisão e manutenção dos bens de uso militar classificados nos códigos 8710.00.00, 8906.10.00, 88.02, 88.03 e 88.05 da Nomenclatura Comum do Mercosul.

§ 1º A suspensão de que trata o *caput* deste artigo converte-se em isenção com a utilização do bem na forma deste artigo.

§ 2º O Poder Executivo regulamentará o disposto neste artigo.

ART. 29. A alínea *a* do inciso III do § 1º do art. 15 da Lei n. 9.249, de 26 de dezembro de 1995, passa a vigorar com a seguinte redação:

▸ Alterações promovidas no texto da referida lei.

ART. 30. Até 31 de dezembro de 2008, a multa a que se refere o § 3º do art. 7º da Lei n. 10.426, de 24 de abril de 2002, quando aplicada a associação sem fins lucrativos que tenha observado o disposto em um dos incisos do § 2º do mesmo artigo, será reduzida a 10% (dez por cento).

ART. 31. A pessoa jurídica que tenha por objeto exclusivamente a gestão de participações societárias (holding) poderá diferir o reconhecimento das despesas com juros e encargos financeiros pagos ou incorridos relativos a empréstimos contraídos para financiamento de investimentos em sociedades controladas.

§ 1º A despesa de que trata o *caput* deste artigo constituirá adição ao lucro líquido para fins de determinação do lucro real e da base de cálculo da contribuição social sobre o lucro líquido e será controlada em livro fiscal de apuração do lucro real.

§ 2º As despesas financeiras de que trata este artigo devem ser contabilizadas individualizadamente por controlada, de modo a permitir a identificação e verificação em separado dos valores diferidos por investimento.

§ 3º O valor registrado na forma do § 2º deste artigo integrará o custo do investimento para efeito de apuração de ganho ou perda de capital na alienação ou liquidação do investimento.

ART. 32. A Lei n. 10.833, de 29 de dezembro de 2003, passa a vigorar acrescida dos seguintes arts. 58-A a 58-U:

▸ Acréscimos promovidos no texto da referida lei.

ART. 33. Os produtos referidos no art. 58-A da Lei n. 10.833, de 29 de dezembro de 2003, enquadrados no regime tributário do IPI previsto na Lei n. 7.798, de 10 de julho de 1989, e a pessoa jurídica optante pelo regime especial de tributação da Contribuição para o PIS/Pasep e da Cofins de que trata o art. 52 da Lei n. 10.833, de 29 de dezembro de 2003, serão excluídos dos respectivos regimes no último dia do mês de dezembro de 2008. (Redação dada pela Lei 11.827/2008.)

§ 1º Os produtos e as pessoas jurídicas enquadrados na hipótese de que trata o *caput*, a partir da data nele referida, ficarão sujeitos ao regime geral previsto nos arts. 58-D a 58-I da Lei n. 10.833, de 29 de dezembro de 2003, com a redação dada por esta Lei.

§ 2º Às pessoas jurídicas excluídas, na forma deste artigo, do regime especial de tributação das contribuições de que trata o art. 52 da Lei n. 10.833, de 29 de dezembro de 2003, não se aplica o disposto:

I - nos arts. 49, 50, 52, 55, 57 e 58 da Lei n. 10.833, de 29 de dezembro de 2003; e

II - no § 7º do art. 8º e nos §§ 9º e 10 do art. 15 da Lei n. 10.865, de 30 de abril de 2004.

ART. 34. O art. 28 da Lei n. 10.865, de 30 de abril de 2004, passa a vigorar acrescido do seguinte inciso XIII:

▸ Acréscimo promovido no texto da referida lei.

ART. 35. O art. 2º da Lei n. 10.637, de 30 de dezembro de 2002, passa a vigorar com as seguintes alterações:

▸ Alterações promovidas no texto da referida lei.

ART. 36. Os arts. 2º, 3º, 51 e 53 da Lei n. 10.833, de 29 de dezembro de 2003, passam a vigorar com as seguintes alterações:

▸ Alterações promovidas no texto da referida lei.

ART. 37. Os arts. 8º, 15, 17 e 28 da Lei n. 10.865, de 30 de abril de 2004, passam a vigorar com as seguintes alterações:

▸ Alterações promovidas no texto da referida lei.

ART. 38. O art. 10 da Lei n. 11.051, de 29 de dezembro de 2004, passa a vigorar com as seguintes alterações:

▸ Alterações promovidas no texto da referida lei.

ART. 39. O art. 65 da Lei n. 11.196, de 21 de novembro de 2005, passa a vigorar com as seguintes alterações:

▸ Alterações promovidas no texto da referida lei.

ART. 40. O inciso II do § 1º do art. 10 da Lei n. 9.393, de 19 de dezembro de 1996, passa a vigorar acrescido da seguinte alínea:

▸ Acréscimo promovido no texto da referida lei.

ART. 41. Esta Lei entra em vigor na data de sua publicação, produzindo efeitos em relação:

I - ao art. 2º, a partir da regulamentação;

II - aos arts. 3º, 13 e 17, a partir do primeiro dia do quarto mês subsequente ao da publicação da Medida Provisória n. 413, de 3 de janeiro de 2008;

III - ao art. 18, a partir de 1º de maio de 2008;

IV - aos arts. 7º, 9º a 12 e 14 a 16, a partir do primeiro dia do quarto mês subsequente ao da publicação desta Lei; (Redação dada pela Lei 11.827/2008.)

V - ao art. 21, a partir da data da publicação da Lei n. 11.441, de 4 de janeiro de 2007;

VI - aos arts. 22, 23, 29 e 31, a partir do primeiro dia do ano seguinte ao da publicação desta Lei.

VII - aos arts. 32 a 39, a partir de 1º de janeiro de 2009. (Incluído pela Lei 11.827/2008.)

Parágrafo único. Enquanto não produzirem efeitos os arts. 7º, 9º a 12 e 14 a 16 desta Lei, nos termos do inciso IV deste artigo, fica mantido o regime anterior à publicação da Medida Provisória n. 413, de 3 de janeiro de 2008, de incidência da Contribuição para o PIS/Pasep e da Cofins sobre a importação de álcool, inclusive para fins carburantes, e sobre a receita bruta auferida por produtor, importador ou distribuidor com a venda desse produto.

ART. 42. Ficam revogados:

I - a partir da data da publicação da Medida Provisória n. 413, de 3 de janeiro de 2008, os §§ 1º e 2º do art. 126 da Lei n. 8.213, de 24 de julho de 1991;

II - a partir do primeiro dia do quarto mês subsequente ao da publicação da Medida Provisória n. 413, de 3 de janeiro de 2008:

a) o art. 37 da Lei n. 10.637, de 30 de dezembro de 2002;

b) o art. 2º da Lei n. 7.856, de 24 de outubro de 1989;

III - a partir do primeiro dia do quarto mês subsequente ao da publicação desta Lei:

a) o parágrafo único do art. 6º da Lei n. 9.718, de 27 de novembro de 1998;

b) os incisos I e III do *caput* do art. 42 da Medida Provisória n. 2.158-35, de 24 de agosto de 2001;

c) o inciso IV do § 3º do art. 1º e a alínea a do inciso VII do art. 8º da Lei n. 10.637, de 30 de dezembro de 2002;

d) o inciso IV do § 3º do art. 1º e a alínea a do inciso VII do *caput* do art. 10 da Lei n. 10.833, de 29 de dezembro de 2003;

e) e f) (Revogadas pela Lei 11.827/2008.)

IV - a partir de 1º de janeiro de 2009: (Incluído pela Lei 11.827/2008.)

a) os arts. 49, 50, 52, 55, 57 e 58 da Lei n. 10.833, de 29 de dezembro de 2003, não havendo, após essa data, outra forma de tributação além dos 2 (dois) regimes previstos nos arts. 58-A a 58-U da Lei n. 10.833, de 29 de dezembro de 2003, e demais dispositivos contidos nesta Lei a eles relacionados; (Incluída pela Lei 11.827/2008.)

b) o § 7º do art. 8º e os §§ 9º e 10 do art. 15 da Lei n. 10.865, de 30 de abril de 2004. (Incluída pela Lei n. 11.827, de 2008)

Brasília, 23 de junho de 2008;
187º da Independência e 120º da República.
LUIZ INÁCIO LULA DA SILVA

LEI N. 11.732, DE 30 DE JUNHO DE 2008

Altera as Leis n. 11.508, de 20 de julho de 2007, que dispõe sobre o regime tributário, cambial e administrativo das Zonas de Processamento de Exportação, e 8.256, de 25 de novembro de 1991, que cria áreas de livre comércio nos municípios de Boa Vista e Bonfim, no Estado de Roraima; e dá outras providências.

▸ *DOU*, 1º.07.2008.

O Presidente da República. Faço saber que o Congresso Nacional decreta e eu sanciono a seguinte Lei:

ART. 1º A Lei n. 11.508, de 20 de julho de 2007, passa a vigorar acrescida do seguinte art. 6º-A:

▸ Alteração promovida no texto da referida lei.

ART. 2º Os arts. 2º, 3º, 4º, 8º, 9º, 12, 13, 15, 18, 22 e 23 da Lei n. 11.508, de 20 de julho de 2007, passam a vigorar com a seguinte redação e a mesma Lei fica acrescida do art. 18-A:

▸ Alterações promovidas no texto da referida lei.

ART. 3º Para efeito de interpretação do art. 5º da Lei n. 8.032, de 12 de abril de 1990, licitação internacional é aquela promovida tanto por pessoas jurídicas de direito público como por pessoas jurídicas de direito privado do setor público e do setor privado.

§ 1º Na licitação internacional de que trata o *caput* deste artigo, as pessoas jurídicas de direito público e as de direito privado do setor público deverão observar as normas e procedimentos previstos na legislação específica, e as pessoas jurídicas de direito privado do setor privado, as normas e procedimentos das entidades financiadoras.

§ 2º (Vetado.)

§ 3º Na ausência de normas e procedimentos específicos das entidades financiadoras, as pessoas jurídicas de direito privado do setor privado observarão aqueles previstos na legislação brasileira, no que couber.

§ 4º (Vetado.)

§ 5º O Poder Executivo regulamentará, por Decreto, no prazo de 60 (sessenta) dias contados da entrada em vigor da Medida Provisória n. 418, de 14 de fevereiro de 2008, as normas e procedimentos específicos a serem observados nas licitações internacionais promovidas por pessoas jurídicas de direito privado do setor privado a partir de 1º de maio de 2008, nos termos do *caput* e parágrafos deste artigo, sem prejuízo da validade das licitações internacionais promovidas por pessoas jurídicas de direito privado até esta data.

ART. 4º A Área de Livre Comércio de Pacaraima - ALCP, no Estado de Roraima, de que trata a Lei n. 8.256, de 25 de novembro de 1991, passa a denominar-se Área de Livre Comércio de Boa Vista - ALCBV.

ART. 5º Os arts. 1º, 2º, 3º, 4º, 5º, 6º, 7º, 8º, 9º, 10, 11, 12, 13 e 14 da Lei n. 8.256, de 25 de novembro de 1991, passam a vigorar com a seguinte redação:

› Alterações promovidas no texto da referida lei.

ART. 6º Os produtos industrializados nas Áreas de Livre Comércio de Boa Vista - ALCBV e de Bonfim - ALCB, de que trata a Lei n. 8.256, de 25 de novembro de 1991, ficam isentos do Imposto sobre Produtos Industrializados - IPI, quer se destinem ao seu consumo interno, quer à comercialização em qualquer outro ponto do território nacional.

§ 1º A isenção prevista no *caput* deste artigo somente se aplica a produtos em cuja composição final haja predominância de matérias-primas de origem regional provenientes dos segmentos animal, vegetal, mineral, exceto os minérios do capítulo 26 da Nomenclatura Comum do Mercosul - NCM, ou agrosilvopastoril, observada a legislação ambiental pertinente e conforme definida em regulamento.

§ 2º Excetuam-se da isenção prevista no *caput* deste artigo as armas e munições e fumo.

§ 3º A isenção prevista no *caput* deste artigo aplica-se exclusivamente aos produtos elaborados por estabelecimentos industriais cujos projetos tenham sido aprovados pela Superintendência da Zona Franca de Manaus - Suframa.

ART. 7º A venda de mercadorias nacionais ou nacionalizadas, efetuada por empresas estabelecidas fora das Áreas de Livre Comércio de Boa Vista - ALCBV e de Bonfim - ALCB, de que trata a Lei n. 8.256, de 25 de novembro de 1991, para empresas ali estabelecidas fica equiparada à exportação.

ART. 8º O prazo a que se refere o art. 25 da Lei n. 11.508, de 20 de julho de 2007, fica prorrogado até o dia 1º de julho de 2010. (Redação dada pela Lei 11.941/2009.)

ART. 9º A ementa da Lei n. 8.256, de 25 de novembro de 1991, passa a vigorar com a seguinte redação:

"Cria áreas de livre comércio nos municípios de Boa Vista e Bonfim, no Estado de Roraima e dá outras providências." (NR)

ART. 10. Esta Lei entra em vigor na data de sua publicação, observado, quanto ao *caput* do art. 3º desta Lei, o disposto no inciso I do *caput* do art. 106 da Lei n. 5.172, de 25 de outubro de 1966 - Código Tributário Nacional.

ART. 11. Ficam revogados o art. 6º, o parágrafo único do art. 17 e o art. 24 da Lei n. 11.508, de 20 de julho de 2007.

Brasília, 30 de junho de 2008;
187º da Independência e 120º da República.
LUIZ INÁCIO LULA DA SILVA

LEI N. 11.773, DE 17 DE SETEMBRO DE 2008

Dispõe sobre a apuração do imposto de renda na fonte incidente sobre rendimentos de prestação de serviços de transporte rodoviário internacional de carga, auferidos por transportador autônomo pessoa física, residente na República do Paraguai, considerado como sociedade unipessoal nesse País.

› *DOU*, 18.09.2008.

O Presidente da República. Faço saber que o Congresso Nacional decreta e eu sanciono a seguinte Lei:

ART. 1º Os valores pagos, creditados, entregues, empregados ou remetidos por contratante pessoa jurídica domiciliada no País, autorizada a operar transporte rodoviário internacional de carga, a beneficiário transportador autônomo pessoa física, residente na República do Paraguai, considerado como sociedade unipessoal nesse País, quando decorrentes da prestação de serviços de transporte rodoviário internacional de carga, estão sujeitos à incidência do imposto de renda na fonte, apurado sobre a base de cálculo de que trata o inciso I do *caput* do art. 9º da Lei n. 7.713, de 22 de dezembro de 1988.

§ 1º O valor do imposto a que se refere o *caput* deste artigo será calculado de acordo com as tabelas progressivas mensais previstas no art. 1º da Lei n. 11.482, de 31 de maio de 2007.

§ 2º O imposto deve ser retido por ocasião de cada pagamento, crédito, entrega, emprego ou remessa, aplicando-se, se houver mais de um desses eventos efetuados pela mesma fonte pagadora no mês de apuração, a alíquota correspondente à base de cálculo apurada após a soma dos rendimentos, compensando-se o imposto retido anteriormente.

ART. 2º O imposto de renda apurado nos termos desta Lei deve ser recolhido até o último dia útil do primeiro decêndio do mês subsequente ao mês de ocorrência dos fatos geradores.

ART. 3º O Poder Executivo regulamentará o disposto nesta Lei.

ART. 4º Esta Lei entra em vigor na data de sua publicação, produzindo efeitos a partir do primeiro dia do mês subsequente.

Brasília, 17 de setembro de 2008;
187º da Independência e 120º da República.
LUIZ INÁCIO LULA DA SILVA

LEI N. 11.774, DE 17 DE SETEMBRO DE 2008

Altera a legislação tributária federal, modificando as Leis n. 10.865, de 30 de abril de 2004, 11.196, de 21 de novembro de 2005, 11.033, de 21 de dezembro de 2004, 11.484, de 31 de maio de 2007, 8.850, de 28 de janeiro de 1994, 8.383, de 30 de dezembro de 1991, 9.481, de 13 de agosto de 1997, 11.051, de 29 de dezembro de 2004, 9.493, de 10 de setembro de 1997, 10.925, de 23 de julho de 2004; e dá outras providências.

› *DOU*, 18.09.2008.

O Presidente da República. Faço saber que o Congresso Nacional decreta e eu sanciono a seguinte Lei:

ART. 1º As pessoas jurídicas, nas hipóteses de aquisição no mercado interno ou de importação de máquinas e equipamentos destinados à produção de bens e prestação de serviços, poderão optar pelo desconto dos créditos da Contribuição para o Programa de Integração Social/Programa de Formação do Patrimônio do Servidor Público (PIS/Pasep) e da Contribuição para Financiamento da Seguridade Social (Cofins) de que tratam o inciso III do § 1º do art. 3º da Lei n. 10.637, de 30 de dezembro de 2002, o inciso III do § 1º do art. 3º da Lei n. 10.833, de 29 de dezembro de 2003, e o § 4º do art. 15 da Lei n. 10.865, de 30 de abril de 2004, da seguinte forma: (Redação dada pela Lei 12.546/2011.)

I - no prazo de 11 (onze) meses, no caso de aquisições ocorridas em agosto de 2011; (Incluído pela Lei 12.546/2011.)

II - no prazo de 10 (dez) meses, no caso de aquisições ocorridas em setembro de 2011; (Incluído pela Lei 12.546/2011.)

III - no prazo de 9 (nove) meses, no caso de aquisições ocorridas em outubro de 2011; (Incluído pela Lei 12.546/2011.)

IV - no prazo de 8 (oito) meses, no caso de aquisições ocorridas em novembro de 2011; (Incluído pela Lei 12.546/2011.)

V - no prazo de 7 (sete) meses, no caso de aquisições ocorridas em dezembro de 2011; (Incluído pela Lei 12.546/2011.)

VI - no prazo de 6 (seis) meses, no caso de aquisições ocorridas em janeiro de 2012; (Incluído pela Lei 12.546/2011.)

VII - no prazo de 5 (cinco) meses, no caso de aquisições ocorridas em fevereiro de 2012; (Incluído pela Lei 12.546/2011.)

VIII - no prazo de 4 (quatro) meses, no caso de aquisições ocorridas em março de 2012; (Incluído pela Lei 12.546/2011.)

IX - no prazo de 3 (três) meses, no caso de aquisições ocorridas em abril de 2012; (Incluído pela Lei 12.546/2011.)

X - no prazo de 2 (dois) meses, no caso de aquisições ocorridas em maio de 2012; (Incluído pela Lei 12.546/2011.)

XI - no prazo de 1 (um) mês, no caso de aquisições ocorridas em junho de 2012; e (Incluído pela Lei 12.546/2011.)

XII - imediatamente, no caso de aquisições ocorridas a partir de julho de 2012. (Incluído pela Lei 12.546/2011.)

§ 1º Os créditos de que trata este artigo serão determinados: (Incluído pela Lei 12.546/2011.)

I - mediante a aplicação dos percentuais previstos no *caput* do art. 2º da Lei n. 10.637, de 2002, e no *caput* do art. 2º da Lei n. 10.833, de 2003, sobre o valor correspondente ao custo de aquisição do bem, no caso de aquisição no mercado interno; ou (Incluído pela Lei 12.546/2011.)

II - na forma prevista no § 3º do art. 15 da Lei n. 10.865, de 2004, no caso de importação. (Incluído pela Lei 12.546/2011.)

§ 2º O disposto neste artigo aplica-se aos bens novos adquiridos ou recebidos a partir de 3 de agosto de 2011. (Incluído pela Lei 12.546/2011.)

§ 3º O regime de desconto de créditos no prazo de 12 (doze) meses continua aplicável aos bens novos adquiridos ou recebidos a partir do mês de maio de 2008 e anteriormente a 3 de agosto de 2011. (Incluído pela Lei 12.546/2011.)

ART. 2º Fica suspensa a exigência da Contribuição para o PIS/Pasep, da Contribuição para o PIS/Pasep-Importação, da Cofins e da Cofins-Importação, no caso de venda ou de importação, quando destinados à navegação de cabotagem e de apoio portuário e marítimo, para a pessoa jurídica previamente habilitada, nos termos e condições a serem fixados pela Secretaria da Receita Federal do Brasil, de:

I - óleo combustível, tipo bunker, MF - Marine Fuel, classificado no código 2710.19.22;

II - óleo combustível, tipo bunker, MGO - Marine Gás Oil, classificado no código 2710.19.21; e

III - óleo combustível, tipo bunker, ODM - Óleo Diesel Marítimo, classificado no código 2710.19.21.

§ 1º A pessoa jurídica que não destinar os produtos referidos nos incisos do *caput* deste artigo à navegação de cabotagem ou de apoio portuário e marítimo fica obrigada a recolher as contribuições não pagas em função da suspensão de que trata este artigo, acrescidas de juros e multa de mora, na forma da lei, contados a partir da data da aquisição ou do registro da Declaração de Importação - DI, na condição de:

I - contribuinte, em relação à Contribuição para o PIS/Pasep-Importação e à Cofins-Importação;

II - responsável, em relação à Contribuição para o PIS/Pasep e à Cofins.

§ 2º Na hipótese de não ser efetuado o recolhimento na forma do § 1º deste artigo, caberá lançamento de ofício, com aplicação de juros e da multa de que trata o *caput* do art. 44 da Lei n. 9.430, de 27 de dezembro de 1996.

§ 3º Nas notas fiscais relativas à venda de que trata o *caput* deste artigo deverá constar a expressão "Venda de óleo combustível, tipo bunker, efetuada com Suspensão de PIS/Cofins", com a especificação do dispositivo legal correspondente e do código fiscal do produto.

ART. 3º Os arts. 8º, 28 e 40 da Lei n. 10.865, de 30 de abril de 2004, passam a vigorar com a seguinte redação:

› Alterações promovidas no texto da referida lei.

ART. 4º Os arts. 2º, 13, o inciso III do *caput* do art. 17 e o art. 26 da Lei n. 11.196, de 21 de novembro de 2005, passam a vigorar com a seguinte redação:

› Alterações promovidas no texto da referida lei.

ART. 5º Os arts. 14 e 15 da Lei n. 11.033, de 21 de dezembro de 2004, passam a vigorar com a seguinte redação:

› Alterações promovidas no texto da referida lei.

ART. 6º O *caput* do art. 3º da Lei n. 11.484, de 31 de maio de 2007, passa a vigorar com a seguinte redação:

› Alteração promovida no texto da referida lei.

ART. 7º O art. 1º da Lei n. 8.850, de 28 de janeiro de 1994, passa a vigorar com a seguinte redação:

› Alteração promovida no texto da referida lei.

ART. 8º O art. 52 da Lei n. 8.383, de 30 de dezembro de 1991, passa a vigorar com a seguinte redação:

› Alteração promovida no texto da referida lei.

ART. 9º O art. 1º da Lei n. 9.481, de 13 de agosto de 1997, passa a vigorar com a seguinte redação:

› Alteração promovida no texto da referida lei.

ART. 10. O art. 1º da Lei n. 11.051, de 29 de dezembro de 2004, passa a vigorar com a seguinte redação:

› Alteração promovida no texto da referida lei.

ART. 11. Para efeito de apuração do imposto de renda, as empresas industriais fabricantes de veículos e de autopeças terão direito à depreciação acelerada, calculada pela aplicação da taxa de depreciação usualmente admitida, multiplicada por 4 (quatro), sem prejuízo da depreciação normal das máquinas, equipamentos, aparelhos e instrumentos, novos, relacionados em regulamento, adquiridos entre 1º de maio de 2008 e 31 de dezembro de 2010, destinados ao ativo imobilizado e empregados em processo industrial do adquirente.

› Dec. 6.701/2008 (Dispõe sobre a depreciação acelerada de que tratam os arts. 11 e 12 da Lei 11.774/2008).

§ 1º A depreciação acelerada de que trata o *caput* deste artigo constituirá exclusão do lucro líquido para fins de determinação do lucro real e será escriturada no livro fiscal de apuração do lucro real.

§ 2º O total da depreciação acumulada, incluindo a normal e a acelerada, não poderá ultrapassar o custo de aquisição do bem.

§ 3º A partir do período de apuração em que for atingido o limite de que trata o § 2º deste artigo, o valor da depreciação normal, registrado na escrituração comercial, será adicionado ao lucro líquido para efeito de determinação do lucro real.

§ 4º A depreciação acelerada de que trata o *caput* deste artigo deverá ser calculada antes da aplicação dos coeficientes de depreciação acelerada previstos no art. 69 da Lei n. 3.470, de 28 de novembro de 1958.

ART. 12. Para efeito de apuração do imposto de renda, as pessoas jurídicas fabricantes de bens de capital, sem prejuízo da depreciação normal, terão direito à depreciação acelerada, calculada pela aplicação da taxa de depreciação usualmente admitida, multiplicada por 4 (quatro), das máquinas, equipamentos, aparelhos e instrumentos, novos, adquiridos entre 1º de maio de 2008 e 31 de dezembro de 2010, destinados ao ativo imobilizado e empregados em processo industrial do adquirente.

› Dec. 6.701/2008 (Dispõe sobre a depreciação acelerada de que tratam os arts. 11 e 12 da Lei n. 11.774/2008).

§ 1º A depreciação acelerada de que trata o *caput* deste artigo constituirá exclusão do lucro líquido para fins de determinação do lucro real e será escriturada no livro fiscal de apuração do lucro real.

§ 2º O total da depreciação acumulada, incluindo a normal e a acelerada, não poderá ultrapassar o custo de aquisição do bem.

§ 3º A partir do período de apuração em que for atingido o limite de que trata o § 2º deste artigo, o valor da depreciação normal, registrado na escrituração comercial, será adicionado ao lucro líquido para efeito de determinação do lucro real.

§ 4º Os bens de capital e as máquinas, equipamentos, aparelhos e instrumentos de que trata este artigo serão relacionados em regulamento.

§ 5º A depreciação acelerada de que trata o *caput* deste artigo deverá ser calculada antes da aplicação dos coeficientes de depreciação acelerada previstos no art. 69 da Lei n. 3.470, de 28 de novembro de 1958.

ART. 13. (Vetado.)

ART. 13-A. As empresas dos setores de tecnologia da informação - TI e de tecnologia da informação e da comunicação - TIC poderão excluir do lucro líquido os custos e despesas com capacitação de pessoal que atua no desenvolvimento de programas de computador (software), para efeito de apuração do lucro real, sem prejuízo da dedução normal. (Incluído pela Lei 11.908/2009.)

ART. 14. As alíquotas de que tratam os incisos I e III do *caput* do art. 22 da Lei n. 8.212, de 24 de julho de 1991, em relação às empresas que prestam serviços de tecnologia da informação - TI e de tecnologia da informação e comunicação - TIC, ficam reduzidas pela subtração de 1/10 (um décimo) do percentual correspondente à razão entre a receita bruta de venda de serviços para o mercado externo e a receita bruta total de vendas de bens e serviços, após a exclusão dos impostos e contribuições incidentes sobre a venda, observado o disposto neste artigo.

§ 1º Para fins do disposto neste artigo, devem-se considerar as receitas auferidas nos 12 (doze) meses imediatamente anteriores a cada trimestre-calendário.

§ 2º A alíquota apurada na forma do *caput* e do § 1º deste artigo será aplicada uniformemente nos meses que compõem o trimestre-calendário.

§ 3º No caso de empresa em início de atividades ou sem receita de exportação até a data de publicação desta Lei, a apuração de que trata o § 1º deste artigo poderá ser realizada com base em período inferior a 12 (doze) meses, observado o mínimo de 3 (três) meses anteriores.

§ 4º Para efeito do *caput* deste artigo, consideram-se serviços de TI e TIC:

I - análise e desenvolvimento de sistemas;

II - programação;

III - processamento de dados e congêneres;

IV - elaboração de programas de computadores, inclusive de jogos eletrônicos;

V - licenciamento ou cessão de direito de uso de programas de computação;

VI - assessoria e consultoria em informática;

VII - suporte técnico em informática, inclusive instalação, configuração e manutenção de programas de computação e bancos de dados, bem como serviços de suporte técnico em equipamentos de informática em geral; e (Alterado pela Lei 12.844/2013.)

› Med. Prov. 601/2012 - vigência encerrada.

› Lei 12.844/2013 (Amplia o valor do Benefício Garantia-Safra para a safra de 2011/2012; amplia o Auxílio Emergencial Financeiro, de que trata a Lei 10.954/2004, relativo aos desastres ocorridos em 2012; autoriza a distribuição de milho para venda a pequenos criadores, nos termos que especifica; institui medidas de estímulo à liquidação ou regularização de dívidas originárias de operações de crédito rural).

VIII - planejamento, confecção, manutenção e atualização de páginas eletrônicas.

IX - execução continuada de procedimentos de preparação ou processamento de dados de gestão empresarial, pública ou privada, e gerenciamento de processos de clientes, com o uso combinado de mão de obra e sistemas computacionais. (Acrescentado pela Lei 13.043/2014. Vigência: a partir do 1º dia do 4º mês subsequente ao da publicação desta Lei: 14.11.2014.)

§ 5º O disposto neste artigo aplica-se também a empresas que prestam serviços de call center e àquelas que exercem atividades de concepção, desenvolvimento ou projeto de circuitos integrados. (Redação dada pela Lei 12.715/2012.)

§ 6º As operações relativas a serviços não relacionados nos §§ 4º e 5º deste artigo não deverão ser computadas na receita bruta de venda de serviços para o mercado externo.

§ 7º No caso das empresas que prestam serviços referidos nos §§ 4º e 5º deste artigo, os valores das contribuições devidas a terceiros, assim entendidos outras entidades ou fundos, ficam reduzidos no percentual referido no *caput* deste artigo, observado o disposto nos §§ 1º e 3º deste artigo.

§ 8º O disposto no § 7º deste artigo não se aplica à contribuição destinada ao Fundo Nacional de Desenvolvimento da Educação - FNDE.

§ 9º Para fazer jus às reduções de que tratam o *caput* e o § 7º deste artigo, a empresa deverá:

I - implantar programa de prevenção de riscos ambientais e de doenças ocupacionais decorrentes da atividade profissional, conforme critérios estabelecidos pelo Ministério da Previdência Social; e

II - realizar contrapartidas em termos de capacitação de pessoal, investimentos em pesquisa, desenvolvimento e inovação tecnológica e certificação da qualidade.

§ 10. A União compensará o Fundo do Regime Geral de Previdência Social, de que trata o art. 68 da Lei Complementar n. 101, de 4 de maio de 2000, no valor correspondente à estimativa de renúncia previdenciária decorrente da desoneração de que trata este artigo, de forma a não afetar a apuração do resultado financeiro do Regime Geral de Previdência Social.

§ 11. O não cumprimento das exigências de que trata o § 9º deste artigo implica a perda do direito das reduções de que tratam o *caput* e o § 7º deste artigo ensejando o recolhimento da diferença de contribuições com os acréscimos legais cabíveis.

§ 12. O disposto neste artigo aplica-se pelo prazo de 5 (cinco) anos, contado a partir do

1º (primeiro) dia do mês seguinte ao da publicação do regulamento referido no § 13 deste artigo, podendo esse prazo ser renovado pelo Poder Executivo.

§ 13. O disposto neste artigo será regulamentado pelo Poder Executivo.

ART. 15. O art. 10 da Lei n. 9.493, de 10 de setembro de 1997, passa a vigorar acrescido do seguinte § 2º, transformando-se o atual parágrafo único em § 1º:

› Alterações promovidas no texto da referida lei.

ART. 16. (Vetado.)

ART. 17. Para efeitos de adimplemento do compromisso de exportação nos regimes aduaneiros suspensivos, destinados à industrialização para exportação, os produtos importados ou adquiridos no mercado interno com suspensão do pagamento dos tributos incidentes podem ser substituídos por outros produtos, nacionais ou importados, da mesma espécie, qualidade e quantidade, importados ou adquiridos no mercado interno sem suspensão do pagamento dos tributos incidentes, nos termos, limites e condições estabelecidos pelo Poder Executivo. (Redação dada pela Lei 12.350/2010.)

§ 1º O disposto no *caput* aplica-se também ao regime aduaneiro de isenção e alíquota zero, nos termos, limites e condições estabelecidos pelo Poder Executivo. (Renumerado do parágrafo único pela Lei 12.350/2010.)

§ 2º A Secretaria da Receita Federal do Brasil e a Secretaria de Comércio Exterior disciplinarão em ato conjunto o disposto neste artigo. (Incluído pela Lei 12.350/2010.)

ART. 18. (Vetado.)

ART. 19. O art. 54 da Lei n. 11.196, de 21 de novembro de 2005, passa a vigorar com a seguinte redação:

› Alteração promovida no texto da referida lei.

ART. 20. (Vetado.)

ART. 21. (Vetado.)

ART. 22. Esta Lei entra em vigor na data de sua publicação, produzindo efeitos, em relação aos:

I - arts. 7º e 8º, a partir do 1º (primeiro) dia do mês de junho de 2008;

II - demais artigos, a partir da data de sua publicação.

ART. 23. Ficam revogados:

I - o art. 2º da Lei n. 9.493, de 10 de setembro de 1997; e

II - o § 3º do art. 2º e o art. 3º da Lei n. 11.196, de 21 de novembro de 2005.

Brasília, 17 de setembro de 2008; 187º da Independência e 120º da República.

LUIZ INÁCIO LULA DA SILVA

LEI N. 11.882, DE 23 DE DEZEMBRO DE 2008

Dispõe sobre as operações de redesconto pelo Banco Central do Brasil, autoriza a emissão da Letra de Arrendamento Mercantil - LAM, altera a Lei n. 6.099, de 12 de setembro de 1974, e dá outras providências.

› *DOU*, 24.12.2008.

O Presidente da República. Faço saber que o Congresso Nacional decreta e eu sanciono a seguinte Lei:

ART. 1º O Conselho Monetário Nacional, com o propósito de assegurar níveis adequados de liquidez no sistema financeiro, poderá:

I - estabelecer critérios e condições especiais de avaliação e de aceitação de ativos recebidos pelo Banco Central do Brasil em operações de redesconto em moeda nacional ou em garantia de operações de empréstimo em moeda estrangeira; e

II - afastar, em situações especiais e por prazo determinado, observado o disposto no § 3º do art. 195 da Constituição Federal, nas operações de redesconto e empréstimo realizadas pelo Banco Central do Brasil, as exigências de regularidade fiscal previstas no art. 62 do Decreto-Lei n. 147, de 3 de fevereiro de 1967, no § 1º do art. 1º do Decreto-Lei n. 1.715, de 22 de novembro de 1979, na alínea c do *caput* do art. 27 da Lei n. 8.036, de 11 de maio de 1990, e na Lei n. 10.522, de 19 de julho de 2002.

§ 1º Nas operações de empréstimo referidas no inciso I do *caput* deste artigo, fica o Banco Central do Brasil autorizado a:

I - liberar o valor da operação na mesma moeda estrangeira em que denominados ou referenciados os ativos recebidos em garantia; e

II - aceitar, em caráter complementar às garantias oferecidas nas operações, garantia real ou fidejussória outorgada pelo acionista controlador, por empresa coligada ou por instituição financeira.

§ 2º Na ocorrência de inadimplemento, o Banco Central do Brasil poderá, mediante oferta pública, alienar os ativos recebidos em operações de redesconto ou em garantia de operações de empréstimo.

§ 3º A alienação de que trata o § 2º deste artigo não será obstada pela intervenção, recuperação judicial, liquidação extrajudicial, falência ou insolvência civil a que sejam submetidos, conforme o caso, a instituição financeira ou o terceiro titular do ativo oferecido em garantia de empréstimo.

§ 4º O resultado, positivo ou negativo, da alienação de que trata o § 2º deste artigo será apropriado pelo Banco Central do Brasil e integrará seu balanço para os efeitos do art. 2º da Medida Provisória n. 2.179-36, de 24 de agosto de 2001.

§ 5º O Conselho Monetário Nacional regulamentará o disposto neste artigo, devendo observar, na fixação de critérios e condições especiais previstas no inciso I do *caput* deste artigo, regras transparentes e não discriminatórias para a aceitação de ativos em operações de redesconto.

§ 6º O Banco Central do Brasil deverá encaminhar ao Congresso Nacional, até o último dia útil do mês subsequente de cada trimestre, relatório sobre as operações realizadas com base no disposto no inciso I do *caput* deste artigo, indicando, entre outras informações, o valor total trimestral e o acumulado no ano das operações de redesconto ou empréstimo realizadas, as condições financeiras médias aplicadas nessas operações, o valor total trimestral e acumulado anual de créditos adimplidos e inadimplidos, além de um demonstrativo do impacto dessas operações nos resultados daquele órgão.

§ 7º Na mesma reunião conjunta com as comissões temáticas pertinentes do Congresso Nacional, conforme previsto no § 5º do art. 9º da Lei Complementar n. 101, de 4 de maio de 2000, o Ministro-Presidente do Banco Central do Brasil, com base no relatório previsto no § 6º deste artigo, informará e debaterá sobre os valores agregados e a taxa média praticada nas operações de redesconto em reais.

§ 8º (Vetado.)

§ 9º Os recursos provenientes de empréstimos em moeda estrangeira concedidos pelo Banco Central do Brasil, na forma deste artigo, poderão ser repassados, no País, com cláusula de reajuste vinculado à variação cambial. (Incluído pela Lei 12.058/2009.)

ART. 1º-A. Os créditos do Banco Central do Brasil decorrentes de operações de redesconto ou de empréstimo não serão alcançados pela decretação de intervenção, liquidação extrajudicial ou falência da instituição financeira. (Incluído pela Lei 12.058/2009.)

Parágrafo único. Os ativos recebidos pelo Banco Central do Brasil em operações de redesconto ou em garantia de operações de empréstimo não integrarão a massa, nem terão seu pagamento obstado pela suspensão da fluência do prazo das obrigações da instituição sob intervenção. (Incluído pela Lei 12.058/2009.)

ART. 2º As sociedades de arrendamento mercantil poderão emitir título de crédito representativo de promessa de pagamento em dinheiro, denominado Letra de Arrendamento Mercantil - LAM.

§ 1º O título de crédito de que trata o *caput* deste artigo, nominativo, endossável e de livre negociação, deverá conter:

I - a denominação "Letra de Arrendamento Mercantil";

II - o nome do emitente;

III - o número de ordem, o local e a data de emissão;

IV - o valor nominal;

V - a taxa de juros, fixa ou flutuante, admitida a capitalização;

VI - a descrição da garantia, real ou fidejussória, quando houver;

VII - a data de vencimento ou, se emitido para pagamento parcelado, a data de vencimento de cada parcela e o respectivo valor;

VIII - o local de pagamento; e

IX - o nome da pessoa a quem deve ser pago.

§ 2º O endossante da LAM não responde pelo seu pagamento, salvo estipulação em contrário.

§ 3º A LAM não constitui operação de empréstimo ou adiantamento, por sua aquisição em mercado primário ou secundário, nem se considera valor mobiliário para os efeitos da Lei n. 6.385, de 7 de dezembro de 1976.

ART. 3º A LAM será emitida sob a forma escritural, mediante registro em sistema de registro e de liquidação financeira de ativos autorizada pelo Banco Central do Brasil.

Parágrafo único. A transferência de titularidade da LAM será operada no sistema referido no *caput* deste artigo, que será responsável pela manutenção do registro das negociações.

ART. 4º Aplica-se à LAM, no que não contrariar o disposto nesta Lei, a legislação cambiária.

ART. 5º O art. 8º da Lei n. 6.099, de 12 de setembro de 1974, passa a vigorar com a seguinte redação:

› Alterações promovidas no texto da referida lei.

ART. 6º Em operação de arrendamento mercantil ou qualquer outra modalidade de crédito ou financiamento a anotação da alienação fiduciária de veículo automotor no certificado de registro a que se refere a Lei n. 9.503, de 23 de setembro de 1997, produz plenos efeitos probatórios contra terceiros, dispensado qualquer outro registro público.

§ 1º Consideram-se nulos quaisquer convênios celebrados entre entidades de títulos e registros públicos e as repartições de trânsito competentes para o licenciamento de veículos, bem como portarias e outros atos normativos por elas editados, que disponham de modo contrário ao disposto no *caput* deste artigo.

§ 2º O descumprimento do disposto neste artigo sujeita as entidades e as pessoas de que tratam, respectivamente, as Leis n. 6.015, de 31 de dezembro de 1973, e 8.935, de 18 de novembro de 1994, ao disposto no art. 56 e seguintes da Lei n. 8.078, de 11 de setembro de 1990, e às penalidades previstas no art. 32 da Lei n. 8.935, de 18 de novembro de 1994.

ART. 7º Esta Lei entra em vigor na data de sua publicação.

Brasília, 23 de dezembro de 2008;
187º da Independência e
120º da República.
LUIZ INÁCIO LULA DA SILVA

LEI N. 11.898, DE 8 DE JANEIRO DE 2009

Institui o Regime de Tributação Unificada - RTU na importação, por via terrestre, de mercadorias procedentes do Paraguai; e altera as Leis n. 10.637, de 30 de dezembro de 2002, e 10.833, de 29 de dezembro de 2003.

- *DOU*, 09.01.2009.
- Dec. 8.597/2015 (Regulamenta esta lei na parte que dispõe sobre a isenção do IPI nas Áreas de Livre Comércio localizadas nos Municípios de Tabatinga, no Estado do Amazonas, Guajará-Mirim, no Estado de Rondônia, Macapá e Santana, no Estado do Amapá, e Brasileia e Cruzeiro do Sul, no Estado do Acre).
- Dec. 6.956/2009 (Regulamenta esta lei).

O Presidente da República. Faço saber que o Congresso Nacional decreta e eu sanciono a seguinte Lei:

CAPÍTULO I
DO REGIME DE TRIBUTAÇÃO UNIFICADA

ART. 1º Fica instituído o Regime de Tributação Unificada - RTU na importação de mercadorias procedentes da República do Paraguai, nos termos desta Lei.

ART. 2º O Regime de que trata o art. 1º desta Lei permite a importação, por via terrestre, de mercadorias procedentes do Paraguai, mediante o pagamento unificado de impostos e contribuições federais incidentes na importação, observado o limite máximo de valor das mercadorias importadas por habilitado, por ano-calendário, fixado pelo Poder Executivo, bem como o disposto no art. 7º desta Lei.

Parágrafo único. A adesão ao Regime é opcional e será efetuada na forma estabelecida pelo Poder Executivo.

ART. 3º Somente poderão ser importadas ao amparo do Regime de que trata o art. 1º desta Lei as mercadorias relacionadas pelo Poder Executivo.

Parágrafo único. É vedada a inclusão no Regime de quaisquer mercadorias que não sejam destinadas ao consumidor final, bem como de armas e munições, fogos de artifícios, explosivos, bebidas, inclusive alcoólicas, cigarros, veículos automotores em geral e embarcações de todo tipo, inclusive suas partes e peças, medicamentos, pneus, bens usados e bens com importação suspensa ou proibida no Brasil.

ART. 4º O Poder Executivo poderá:

I - alterar o limite máximo de valor referido no *caput* do art. 2º desta Lei, para vigorar no ano-calendário seguinte ao da alteração;

II - estabelecer limites máximos trimestrais ou semestrais para a utilização do montante fixado para o respectivo ano-calendário; e

III - fixar limites quantitativos, por tipo de mercadoria, para as importações.

ART. 5º Os efeitos decorrentes dos atos do Poder Executivo previstos nos arts. 3º e 4º desta Lei serão monitorados por Comissão de Monitoramento do RTU - CMRTU, a quem compete:

I - acompanhar a evolução do fluxo de comércio entre o Brasil e o Paraguai;

II - monitorar e acompanhar eventuais impactos das importações realizadas sob o RTU no que tange à observância da legislação brasileira aplicável aos bens importados.

§ 1º A Secretaria da Receita Federal do Brasil - SRFB tornará públicos, mensalmente, os dados estatísticos sobre o fluxo de comércio, quantidades e valores, dentro do Regime.

§ 2º Em decorrência das informações coletadas e das análises realizadas, a Comissão poderá recomendar modificações na relação de que trata o art. 3º desta Lei e a revisão dos limites previstos no art. 4º desta Lei.

ART. 6º A Comissão de que trata o art. 5º desta Lei será composta por representantes do Ministério da Fazenda, do Ministério do Desenvolvimento, Indústria e Comércio Exterior, do Ministério da Ciência e Tecnologia, do Ministério das Relações Exteriores, de entidades representativas do setor industrial, incluindo uma do Polo Industrial de Manaus, de comércio e de serviços, e das 2 (duas) Casas do Congresso Nacional, conforme dispuser o Regulamento.

§ 1º A Comissão será coordenada de acordo com o Regulamento.

§ 2º A Comissão reunir-se-á ordinariamente a cada 3 (três) meses e extraordinariamente por determinação do seu Coordenador.

§ 3º O Coordenador poderá convidar para participar das reuniões outras partes interessadas nos temas a serem examinados pela Comissão, bem como entidades representativas de segmentos da economia nacional afetados direta ou indiretamente pelos efeitos desta Lei.

CAPÍTULO II
DA OPÇÃO PELO REGIME DE TRIBUTAÇÃO UNIFICADA - RTU

ART. 7º Somente poderá optar pelo Regime de que trata o art. 1º desta Lei a microempresa optante pelo Regime Especial Unificado de Arrecadação de Tributos e Contribuições devidos pelas Microempresas e Empresas de Pequeno Porte - SIMPLES NACIONAL, de que trata a Lei Complementar n. 123, de 14 de dezembro de 2006.

§ 1º Ao optante pelo Regime não se aplica o disposto no art. 56 da Lei Complementar n. 123, de 14 de dezembro de 2006.

§ 2º A operação de importação e o despacho aduaneiro poderão ser realizados pelo empresário ou pelo sócio da sociedade empresária, por pessoa física nomeada pelo optante pelo Regime ou por despachante aduaneiro.

§ 3º A Secretaria da Receita Federal do Brasil disciplinará os termos e condições de credenciamento das pessoas de que trata o § 2º deste artigo.

CAPÍTULO III
DO CONTROLE ADUANEIRO DAS MERCADORIAS

ART. 8º A entrada das mercadorias referidas no *caput* do art. 3º desta Lei n. território aduaneiro somente poderá ocorrer em ponto de fronteira alfandegado especificamente habilitado.

§ 1º A habilitação a que se refere o *caput* deste artigo fica condicionada à adoção de mecanismos adequados de controle e facilitação do comércio desde a aquisição das mercadorias até o seu desembaraço e posterior comercialização, a serem ajustados pelos órgãos de controle aduaneiro do Brasil e do Paraguai.

§ 2º A habilitação de que trata o *caput* deste artigo será outorgada pela Secretaria da Receita Federal do Brasil quando implementados os mecanismos de controle de que trata o § 1º deste artigo.

§ 3º Decorrido o prazo de 30 (trinta) dias da entrada no recinto alfandegado onde será realizado o despacho aduaneiro de importação ao amparo do Regime, sem que tenha sido iniciado ou retomado o respectivo despacho aduaneiro, por ação ou por omissão do optante pelo Regime, a mercadoria será declarada abandonada pela autoridade aduaneira e destinada na forma da legislação específica.

CAPÍTULO IV
DO PAGAMENTO E DA ALÍQUOTA

ART. 9º O Regime de que trata o art. 1º desta Lei implica o pagamento dos seguintes impostos e contribuições federais incidentes na importação:

I - Imposto de Importação;

II - Imposto sobre Produtos Industrializados;

III - Contribuição Social para o Financiamento da Seguridade Social devida pelo Importador de Bens Estrangeiros ou Serviços do Exterior - COFINS-Importação; e

IV - Contribuição para o PIS/Pasep-Importação.

§ 1º Os impostos e contribuições de que trata o *caput* deste artigo serão pagos na data do registro da Declaração de Importação.

§ 2º O optante pelo Regime não fará jus a qualquer benefício fiscal de isenção ou de redução dos impostos e contribuições referidos no *caput* deste artigo, bem como de redução de suas alíquotas ou bases de cálculo.

§ 3º O Regime poderá incluir o Imposto sobre Operações Relativas à Circulação de Mercadorias e sobre Prestações de Serviços de Transporte Interestadual e Intermunicipal e de Comunicação - ICMS devido pelo optante, desde que o Estado ou o Distrito Federal venha a aderir ao Regime mediante convênio.

ART. 10. Os impostos e contribuições federais devidos pelo optante pelo Regime de que trata o art. 1º desta Lei serão calculados pela aplicação da alíquota única de 42,25% (quarenta e dois inteiros e vinte e cinco centésimos por cento) sobre o preço de aquisição das mercadorias importadas, à vista da fatura comercial ou documento de efeito equivalente, observados os valores de referência mínimos estabelecidos pela Secretaria da Receita Federal do Brasil, sem prejuízo do disposto no § 3º do art. 9º desta Lei.

§ 1º A alíquota de que trata o *caput* deste artigo, relativamente a cada imposto ou contribuição federal, corresponde a:

I - 18% (dezoito por cento), a título de Imposto de Importação;

II - 15% (quinze por cento), a título de Imposto sobre Produtos Industrializados;

III - 7,60% (sete inteiros e sessenta centésimos por cento), a título de COFINS-Importação; e

IV - 1,65% (um inteiro e sessenta e cinco centésimos por cento), a título de Contribuição para o PIS-Pasep-Importação.

§ 2º O Poder Executivo poderá reduzir ou restabelecer a alíquota de que trata o *caput* deste artigo, mediante alteração dos percentuais de que tratam os incisos I e II do § 1º deste artigo.

CAPÍTULO V
DAS OBRIGAÇÕES ACESSÓRIAS

ART. 11. O documento fiscal de venda emitido pelo optante pelo Regime de que trata o art. 1º desta Lei, de conformidade com a legislação específica, deverá conter a expressão "Regime de Tributação Unificada na Importação" e a indicação do dispositivo legal correspondente.

CAPÍTULO VI
DAS INFRAÇÕES E PENALIDADES

ART. 12. O optante pelo Regime de que trata o art. 1º desta Lei será:

I - suspenso pelo prazo de 3 (três) meses:

a) na hipótese de inobservância, por 2 (duas) vezes em um período de 2 (dois) anos, dos limites de valor ou de quantidade estabelecidos para as importações;

b) quando vender mercadoria sem emissão do documento fiscal de venda; ou

c) na hipótese em que tiver contra si ou contra o seu representante decisão administrativa aplicando a pena de perdimento da mercadoria;

II - excluído do Regime:

a) quando for excluído do Simples Nacional;

b) na hipótese de acúmulo, em período de 3 (três) anos, de suspensão cujo prazo total supere 6 (seis) meses;

c) na hipótese de atuação em nome de microempresa excluída do Regime ou no interesse desta; ou

d) na hipótese de importação de mercadoria que não conste da lista positiva.

§ 1º Aplica-se, no que couber, o disposto no art. 76 da Lei n. 10.833, de 29 de dezembro de 2003, para efeitos de aplicação e julgamento das sanções administrativas estabelecidas neste artigo.

§ 2º Nas hipóteses de que trata o inciso II do *caput* deste artigo, a microempresa somente poderá requerer nova adesão após o decurso do prazo de 3 (três) anos, contados da data da exclusão do Regime.

§ 3º As sanções previstas neste artigo não prejudicam a aplicação de outras penalidades cabíveis e das sanções previstas no art. 76 da Lei n. 10.833, de 29 de dezembro de 2003, quando for o caso.

ART. 13. Aplica-se, relativamente às mercadorias submetidas a despacho ou desembaraçadas ao amparo do Regime de que trata o art. 1º desta Lei, a multa de:

I - 50% (cinquenta por cento), na hipótese de o excesso, em valor ou em quantidade, ser igual ou inferior a 20% (vinte por cento) do limite máximo, em valor ou em quantidade, permitido;

II - 75% (setenta e cinco por cento), na hipótese de o excesso, em valor ou em quantidade, ser superior a 20% (vinte por cento) e igual ou inferior a 50% (cinquenta por cento) do limite máximo, em valor ou em quantidade, permitido; e

III - 100% (cem por cento), na hipótese de o excesso, em valor ou em quantidade, ser superior a 50% (cinquenta por cento) do limite máximo, em valor ou em quantidade, permitido.

§ 1º As multas de que trata o *caput* deste artigo aplicam-se por inobservância do limite de valor ou de quantidade no trimestre-calendário, no semestre-calendário ou no ano-calendário correspondente.

§ 2º As multas de que trata o *caput* deste artigo incidem sobre:

I - a diferença entre o preço total das mercadorias importadas e o limite máximo de valor fixado; ou

II - o preço das mercadorias importadas que excederem o limite de quantidade fixado.

ART. 14. Aplica-se a multa de 100% (cem por cento) sobre a diferença de preço das mercadorias submetidas a despacho ou desembaraçadas ao amparo do Regime de que trata o art. 1º desta Lei quando:

I - a mercadoria declarada não for idêntica à mercadoria efetivamente importada; ou

II - a quantidade de mercadorias efetivamente importadas for maior que a quantidade declarada.

Parágrafo único. A multa prevista no inciso I do *caput* deste artigo não se aplica quando a mercadoria estiver sujeita à pena de perdimento prevista no inciso XII do *caput* do art. 105 do Decreto-Lei n. 37, de 18 de novembro de 1966.

ART. 15. Na ocorrência de mais de uma das condutas infracionais passíveis de enquadramento no mesmo inciso ou em diferentes incisos dos arts. 13 e 14 desta Lei, aplica-se a multa de maior valor.

CAPÍTULO VII
DISPOSIÇÕES FINAIS

ART. 16. A redução da multa de lançamento de ofício prevista no art. 6º da Lei n. 8.218, de 29 de agosto de 1991, e o disposto nos arts. 18 e 19 da Lei n. 9.779, de 19 de janeiro de 1999, não se aplicam às penalidades previstas nesta Lei.

ART. 17. A aplicação das penalidades previstas nesta Lei não elide a exigência dos impostos e contribuições incidentes, a aplicação de outras penalidades cabíveis e a representação fiscal para fins penais, quando for o caso.

ART. 18. A exclusão da microempresa do Regime poderá ser efetuada a pedido, não se aplicando o disposto no § 2º do art. 12 desta Lei.

ART. 19. O Poder Executivo regulamentará as disposições contidas nesta Lei e disporá sobre os mecanismos e formas de monitoramento do impacto do Regime na economia brasileira.

ARTS. 20 a **23.** (Vetados)

ART. 24. O *caput* do art. 3º da Lei n. 10.637, de 30 de dezembro de 2002, passa a vigorar acrescido do seguinte inciso X:

> "Art. 3º [...]
>
> X - vale-transporte, vale-refeição ou vale-alimentação, fardamento ou uniforme fornecidos aos empregados por pessoa jurídica que explore as atividades de prestação de serviços de limpeza, conservação e manutenção. [...]" (NR)

ART. 25. O *caput* do art. 3º da Lei n. 10.833, de 29 de dezembro de 2003, passa a vigorar acrescido do seguinte inciso X:

> "Art. 3º [...]
>
> X - vale-transporte, vale-refeição ou vale-alimentação, fardamento ou uniforme fornecidos aos empregados por pessoa jurídica que explore as atividades de prestação de serviços de limpeza, conservação e manutenção. [...] (NR)

ART. 26. Os produtos industrializados na área de livre comércio de importação e exportação de que tratam as Leis n. 7.965, de 22 de dezembro de 1989, n. 8.210, de 19 de julho de 1991, n. 8.387, de 30 de dezembro de 1991, e n. 8.857, de 8 de março de 1994, ficam isentos do Imposto sobre Produtos Industrializados, quer se destinem ao seu consumo interno, quer à comercialização em qualquer outro ponto do território nacional.

§ 1º A isenção prevista no *caput* deste artigo somente se aplica a produtos em cuja composição final haja preponderância de matérias-primas de origem regional, provenientes dos segmentos animal, vegetal, mineral, exceto os minérios do Capítulo 26 da Nomenclatura Comum do Mercosul - NCM, ou agrossilvopastoril, observada a legislação ambiental pertinente e conforme definido em regulamento.

§ 2º Excetuam-se da isenção prevista no *caput* deste artigo as armas e munições, o fumo, as bebidas alcoólicas, os automóveis de passageiros e os produtos de perfumaria ou de toucador, preparados e preparações cosméticas, salvos os classificados nas posições 3303 a 3307 da NCM, se destinados, exclusivamente, a consumo interno nas áreas de livre comércio referidas no *caput* deste artigo ou quando produzidos com utilização de matérias-primas da fauna e da flora regionais, em conformidade com processo produtivo básico e observada a preponderância de que trata o § 1º deste artigo.

ART. 27. A isenção prevista no art. 26 desta Lei aplica-se exclusivamente aos produtos elaborados por estabelecimentos industriais cujos projetos tenham sido aprovados pela Superintendência da Zona Franca de Manaus.

ART. 28. Esta Lei entra em vigor na data de sua publicação.

Brasília, 8 de janeiro de 2009; 188º da Independência e 121º da República.

LUIZ INÁCIO LULA DA SILVA

LEI N. 11.901, DE 12 DE JANEIRO DE 2009

Dispõe sobre a profissão de Bombeiro Civil e dá outras providências.

› *DOU*, 13.01.2009.

O Presidente da República. Faço saber que o Congresso Nacional decreta e eu sanciono a seguinte Lei:

ART. 1º O exercício da profissão de Bombeiro Civil reger-se-á pelo disposto nesta Lei.

ART. 2º Considera-se Bombeiro Civil aquele que, habilitado nos termos desta Lei, exerça, em caráter habitual, função remunerada e exclusiva de prevenção e combate a incêndio, como empregado contratado diretamente por empresas privadas ou públicas, sociedades de economia mista, ou empresas especializadas em prestação de serviços de prevenção e combate a incêndio.

§ 1º (Vetado.)

§ 2º No atendimento a sinistros em que atuem, em conjunto, os Bombeiros Civis e o Corpo de Bombeiros Militar, a coordenação e a direção das ações caberão, com exclusividade e em qualquer hipótese, à corporação militar.

ART. 3º (Vetado.)

ART. 4º As funções de Bombeiro Civil são assim classificadas:

I - Bombeiro Civil, nível básico, combatente direto ou não do fogo;

II - Bombeiro Civil Líder, o formado como técnico em prevenção e combate a incêndio, em nível de ensino médio, comandante de guarnição em seu horário de trabalho;

III - Bombeiro Civil Mestre, o formado em engenharia com especialização em prevenção e combate a incêndio, responsável pelo Departamento de Prevenção e Combate a Incêndio.

ART. 5º A jornada do Bombeiro Civil é de 12 (doze) horas de trabalho por 36 (trinta e seis) horas de descanso, num total de 36 (trinta e seis) horas semanais.

ART. 6º É assegurado ao Bombeiro Civil:

I - uniforme especial a expensas do empregador;

II - seguro de vida em grupo, estipulado pelo empregador;

III - adicional de periculosidade de 30% (trinta por cento) do salário mensal sem os acréscimos resultantes de gratificações, prêmios ou participações nos lucros da empresa;

IV - o direito à reciclagem periódica.

ART. 7º (Vetado.)

ART. 8º As empresas especializadas e os cursos de formação de Bombeiro Civil, bem como os cursos técnicos de segundo grau de prevenção e combate a incêndio que infringirem as disposições desta Lei, ficarão sujeitos às seguintes penalidades:

I - advertência;

II - (Vetado.)

III - proibição temporária de funcionamento;

IV - cancelamento da autorização e registro para funcionar.

ART. 9º As empresas e demais entidades que se utilizem do serviço de Bombeiro Civil poderão firmar convênios com os Corpos de Bombeiros Militares dos Estados, dos Territórios e do Distrito Federal, para assistência técnica a seus profissionais.

ART. 10. (Vetado.)

ART. 11. Esta Lei entra em vigor na data de sua publicação.

Brasília, 12 de janeiro de 2009; 188º da Independência e 121º da República.

LUIZ INÁCIO LULA DA SILVA

LEI N. 11.904, DE 14 DE JANEIRO DE 2009

Institui o Estatuto de Museus e dá outras providências.

- DOU, 15.01.2009.
- Dec. 8.124/2013 (Regulamenta dispositivos desta lei).
- Lei 12.840/2013 (Dispõe sobre a destinação dos bens de valor cultural, artístico ou histórico aos museus, nas hipóteses que descreve).

O Presidente da República. Faço saber que o Congresso Nacional decreta e eu sanciono a seguinte Lei:

CAPÍTULO I
DISPOSIÇÕES GERAIS

ART. 1º Consideram-se museus, para os efeitos desta lei, as instituições sem fins lucrativos que conservam, investigam, comunicam, interpretam e expõem, para fins de preservação, estudo, pesquisa, educação, contemplação e turismo, conjuntos e coleções de valor histórico, artístico, científico, técnico ou de qualquer outra natureza cultural, abertas ao público, a serviço da sociedade e de seu desenvolvimento.

Parágrafo único. Enquadrar-se-ão nesta Lei as instituições e os processos museológicos voltados para o trabalho com o patrimônio cultural e o território visando ao desenvolvimento cultural e socioeconômico e à participação das comunidades.

ART. 2º São princípios fundamentais dos museus:

I - a valorização da dignidade humana;

II - a promoção da cidadania;

III - o cumprimento da função social;

IV - a valorização e preservação do patrimônio cultural e ambiental;

V - a universalidade do acesso, o respeito e a valorização à diversidade cultural;

VI - o intercâmbio institucional.

Parágrafo único. A aplicação deste artigo está vinculada aos princípios basilares do Plano Nacional de Cultura e do regime de proteção e valorização do patrimônio cultural.

ART. 3º Conforme as características e o desenvolvimento de cada museu, poderão existir filiais, seccionais e núcleos ou anexos das instituições.

Parágrafo único. Para fins de aplicação desta lei, são definidos:

I - como filial os museus dependentes de outros quanto à sua direção e gestão, inclusive financeira, mas que possuem plano museológico autônomo;

II - como seccional a parte diferenciada de um museu que, com a finalidade de executar seu plano museológico, ocupa um imóvel independente da sede principal;

III - como núcleo ou anexo os espaços móveis ou imóveis que, por orientações museológicas específicas, fazem parte de um projeto de museu.

ART. 4º O Poder Público estabelecerá mecanismos de fomento e incentivo visando à sustentabilidade dos museus brasileiros.

ART. 5º Os bens culturais dos museus, em suas diversas manifestações, podem ser declarados como de interesse público, no todo ou em parte.

§ 1º Consideram-se bens culturais passíveis de musealização os bens móveis e imóveis de interesse público, de natureza material ou imaterial, tomados individualmente ou em conjunto, portadores de referência ao ambiente natural, à identidade, à cultura e à memória dos diferentes grupos formadores da sociedade brasileira.

§ 2º Será declarado como de interesse público o acervo dos museus cuja proteção e valorização, pesquisa e acesso à sociedade representar um valor cultural de destacada importância para a Nação, respeitada a diversidade cultural, regional, étnica e linguística do país.

§ 3º (Vetado.)

ART. 6º Esta Lei não se aplica às bibliotecas, aos arquivos, aos centros de documentação e às coleções visitáveis.

Parágrafo único. São consideradas coleções visitáveis os conjuntos de bens culturais conservados por uma pessoa física ou jurídica, que não apresentem as características previstas no art. 1º desta lei, e que sejam abertos à visitação, ainda que esporadicamente.

CAPÍTULO II
DO REGIME APLICÁVEL AOS MUSEUS

ART. 7º A criação de museus por qualquer entidade é livre, independentemente do regime jurídico, nos termos estabelecidos nesta Lei.

ART. 8º A criação, a fusão e a extinção de museus serão efetivadas por meio de documento público.

§ 1º A elaboração de planos, programas e projetos museológicos, visando à criação, à fusão ou à manutenção dos museus, deve estar em consonância com a Lei n. 7.287, de 18 de dezembro de 1984.

§ 2º A criação, a fusão ou a extinção de museus deverá ser registrada no órgão competente do Poder Público.

ART. 9º Os museus poderão estimular a constituição de associações de amigos dos museus, grupos de interesse especializado, voluntariado ou outras formas de colaboração e participação sistemática da comunidade e do público.

§ 1º Os museus, à medida das suas possibilidades, facultarão espaços para a instalação de estruturas associativas ou de voluntariado que tenham por fim a contribuição para o desempenho das funções e finalidades dos museus.

§ 2º Os museus poderão criar um serviço de acolhimento, formação e gestão de voluntariado, dotando-se de um regulamento específico, assegurando e estabelecendo o benefício mútuo da instituição e dos voluntários.

ART. 10. (Vetado.)

ART. 11. A denominação de museu estadual, regional ou distrital só pode ser utilizada por museu vinculado à Unidade da Federação ou por museus a quem o Estado autorize a utilização desta denominação.

ART. 12. A denominação de museu municipal só pode ser utilizada por museu vinculado a Município ou por museus a quem o Município autorize a utilização desta denominação.

SEÇÃO I
DOS MUSEUS PÚBLICOS

ART. 13. São considerados museus públicos as instituições museológicas vinculadas ao Poder Público, situadas no território nacional.

ART. 14. O Poder Público firmará um plano anual prévio, de modo a garantir o funcionamento dos museus públicos e permitir o cumprimento de suas finalidades.

ART. 15. Os museus públicos serão regidos por ato normativo específico.

Parágrafo único. Sem prejuízo do disposto neste artigo, o museu público poderá estabelecer convênios para a sua gestão.

ART. 16. É vedada a participação direta ou indireta de pessoal técnico dos museus públicos em atividades ligadas à comercialização de bens culturais.

Parágrafo único. Atividades de avaliação para fins comerciais serão permitidas aos funcionários em serviço nos museus, nos casos de uso interno, de interesse científico, ou a pedido de órgão do Poder Público, mediante procedimento administrativo cabível.

ART. 17. Os museus manterão funcionários devidamente qualificados, observada a legislação vigente.

Parágrafo único. A entidade gestora do museu público garantirá a disponibilidade de funcionários qualificados e em número suficiente para o cumprimento de suas finalidades.

SEÇÃO II
DO REGIMENTO E DAS ÁREAS BÁSICAS DOS MUSEUS

ART. 18. As entidades públicas e privadas de que dependam os museus deverão definir claramente seu enquadramento orgânico e aprovar o respectivo regimento.

ART. 19. Todo museu deverá dispor de instalações adequadas ao cumprimento das funções necessárias, bem como ao bem-estar dos usuários e funcionários.

ART. 20. Compete à direção dos museus assegurar o seu bom funcionamento, o cumprimento do plano museológico por meio de funções especializadas, bem como planejar e coordenar a execução do plano anual de atividades.

SUBSEÇÃO I
DA PRESERVAÇÃO, DA CONSERVAÇÃO, DA RESTAURAÇÃO E DA SEGURANÇA

ART. 21. Os museus garantirão a conservação e a segurança de seus acervos.

Parágrafo único. Os programas, as normas e os procedimentos de preservação, conservação e restauração serão elaborados por cada museu em conformidade com a legislação vigente.

ART. 22. Aplicar-se-á o regime de responsabilidade solidária às ações de preservação, conservação ou restauração que impliquem dano irreparável ou destruição de bens culturais dos museus, sendo punível a negligência.

ART. 23. Os museus devem dispor das condições de segurança indispensáveis para garantir a proteção e a integridade dos bens culturais sob sua guarda, bem como dos usuários, dos respectivos funcionários e das instalações.

Parágrafo único. Cada museu deve dispor de um Programa de Segurança periodicamente testado para prevenir e neutralizar perigos.

ART. 24. É facultado aos museus estabelecer restrições à entrada de objetos e, excepcionalmente, pessoas, desde que devidamente justificadas.

ART. 25. As entidades de segurança pública poderão cooperar com os museus, por meio da definição conjunta do Programa de Segurança e da aprovação dos equipamentos de prevenção e neutralização de perigos.

ART. 26. Os museus colaborarão com as entidades de segurança pública no combate aos crimes contra a propriedade e tráfico de bens culturais.

ART. 27. O Programa e as regras de segurança de cada museu têm natureza confidencial.

Parágrafo único. (Vetado.)

SUBSEÇÃO II
DO ESTUDO, DA PESQUISA
E DA AÇÃO EDUCATIVA

ART. 28. O estudo e a pesquisa fundamentam as ações desenvolvidas em todas as áreas dos museus, no cumprimento das suas múltiplas competências.

§ 1º O estudo e a pesquisa nortearão a política de aquisições e descartes, a identificação e caracterização dos bens culturais incorporados ou incorporáveis e as atividades com fins de documentação, de conservação, de interpretação e exposição e de educação.

§ 2º Os museus deverão promover estudos de público, diagnóstico de participação e avaliações periódicas objetivando a progressiva melhoria da qualidade de seu funcionamento e o atendimento às necessidades dos visitantes.

ART. 29. Os museus deverão promover ações educativas, fundamentadas no respeito à diversidade cultural e na participação comunitária, contribuindo para ampliar o acesso da sociedade às manifestações culturais e ao patrimônio material e imaterial da Nação.

ART. 30. Os museus deverão disponibilizar oportunidades de prática profissional aos estabelecimentos de ensino que ministrem cursos de museologia e afins, nos campos disciplinares relacionados às funções museológicas e à sua vocação.

SUBSEÇÃO III
DA DIFUSÃO CULTURAL
E DO ACESSO AOS MUSEUS

ART. 31. As ações de comunicação constituem formas de se fazer conhecer os bens culturais incorporados ou depositados no museu, de forma a propiciar o acesso público.

Parágrafo único. O museu regulamentará o acesso público aos bens culturais, levando em consideração as condições de conservação e segurança.

ART. 32. Os museus deverão elaborar e implementar programas de exposições adequados à sua vocação e tipologia, com a finalidade de promover acesso aos bens culturais e estimular a reflexão e o reconhecimento do seu valor simbólico.

ART. 33. Os museus poderão autorizar ou produzir publicações sobre temas vinculados a seus bens culturais e peças publicitárias sobre seu acervo e suas atividades.

§ 1º Serão garantidos a qualidade, a fidelidade e os propósitos científicos e educativos do material produzido, sem prejuízo dos direitos de autor e conexos.

§ 2º Todas as réplicas e demais cópias serão assinaladas como tais, de modo a evitar que sejam confundidas com os objetos ou espécimes originais.

ART. 34. A política de gratuidade ou onerosidade do ingresso ao museu será estabelecida por ele ou pela entidade de que dependa, para diferentes públicos, conforme dispositivos abrigados pelo sistema legislativo nacional.

ART. 35. Os museus caracterizar-se-ão pela acessibilidade universal dos diferentes públicos, na forma da legislação vigente.

ART. 36. As estatísticas de visitantes dos museus serão enviadas ao órgão ou entidade competente do Poder Público, na forma fixada pela respectiva entidade, quando solicitadas.

ART. 37. Os museus deverão disponibilizar um livro de sugestões e reclamações disposto de forma visível na área de acolhimento dos visitantes.

SUBSEÇÃO IV
DOS ACERVOS DOS MUSEUS

ART. 38. Os museus deverão formular, aprovar ou, quando cabível, propor, para aprovação da entidade de que dependa, uma política de aquisições e descartes de bens culturais, atualizada periodicamente.

Parágrafo único. Os museus vinculados ao Poder Público darão publicidade aos termos de descartes a serem efetuados pela instituição, por meio de publicação no respectivo *Diário Oficial*.

ART. 39. É obrigação dos museus manter documentação sistematicamente atualizada sobre os bens culturais que integram seus acervos, na forma de registros e inventários.

§ 1º O registro e o inventário dos bens culturais dos museus devem estruturar-se de forma a assegurar a compatibilização com o inventário nacional dos bens culturais.

§ 2º Os bens inventariados ou registrados gozam de proteção com vistas em evitar o seu perecimento ou degradação, a promover sua preservação e segurança e a divulgar a respectiva existência.

ART. 40. Os inventários museológicos e outros registros que identifiquem bens culturais, elaborados por museus públicos e privados, são considerados patrimônio arquivístico de interesse nacional e devem ser conservados nas respectivas instalações dos museus, de modo a evitar destruição, perda ou deterioração.

Parágrafo único. No caso de extinção dos museus, os seus inventários e registros serão conservados pelo órgão ou entidade sucessora.

ART. 41. A proteção dos bens culturais dos museus se completa pelo inventário nacional, sem prejuízo de outras formas de proteção concorrentes.

§ 1º Entende-se por inventário nacional a inserção de dados sistematizada e atualizada periodicamente sobre os bens culturais existentes em cada museu, objetivando a sua identificação e proteção.

§ 2º O inventário nacional dos bens dos museus não terá implicações na propriedade, posse ou outro direito real.

§ 3º O inventário nacional dos bens culturais dos museus será coordenado pela União.

§ 4º Para efeito da integridade do inventário nacional, os museus responsabilizar-se-ão pela inserção dos dados sobre seus bens culturais.

SUBSEÇÃO V
DO USO DAS IMAGENS E
REPRODUÇÕES DOS BENS CULTURAIS DOS MUSEUS

ART. 42. Os museus facilitarão o acesso à imagem e à reprodução de seus bens culturais e documentos conforme os procedimentos estabelecidos na legislação vigente e nos regimentos internos de cada museu.

Parágrafo único. A disponibilização de que trata este artigo será fundamentada nos princípios da conservação dos bens culturais, do interesse público, da não interferência na atividade dos museus e da garantia dos direitos de propriedade intelectual, inclusive imagem, na forma da legislação vigente.

ART. 43. Os museus garantirão a proteção dos bens culturais que constituem seus acervos, tanto em relação à qualidade das imagens e reproduções quanto à fidelidade aos sentidos educacional e de divulgação que lhes são próprios, na forma da legislação vigente.

SEÇÃO III
DO PLANO MUSEOLÓGICO

ART. 44. É dever dos museus elaborar e implementar o Plano Museológico.

ART. 45. O Plano Museológico é compreendido como ferramenta básica de planejamento estratégico, de sentido global e integrador, indispensável para a identificação da vocação da instituição museológica para a definição, o ordenamento e a priorização dos objetivos e das ações de cada uma de suas áreas de funcionamento, bem como fundamenta a criação ou a fusão de museus, constituindo instrumento fundamental para a sistematização do trabalho interno e para a atuação dos museus na sociedade.

ART. 46. O Plano Museológico do museu definirá sua missão básica e sua função específica na sociedade e poderá contemplar os seguintes itens, dentre outros:

I - o diagnóstico participativo da instituição, podendo ser realizado com o concurso de colaboradores externos;

II - a identificação dos espaços, bem como dos conjuntos patrimoniais sob a guarda dos museus;

III - a identificação dos públicos a quem se destina o trabalho dos museus;

IV - detalhamento dos Programas:

a) Institucional;

b) de Gestão de Pessoas;

c) de Acervos;

d) de Exposições;

e) Educativo e Cultural;

f) de Pesquisa;

g) Arquitetônico-urbanístico;

h) de Segurança;

i) de Financiamento e Fomento;

j) de Comunicação.

k) de acessibilidade a todas as pessoas. (Acrescentado pela Lei 13.146/2015. Vigência: 180 dias de sua publicação.)

§ 1º Na consolidação do Plano Museológico, deve-se levar em conta o caráter interdisciplinar dos Programas.

§ 2º O Plano Museológico será elaborado, preferencialmente, de forma participativa, envolvendo o conjunto dos funcionários dos museus, além de especialistas, parceiros sociais, usuários e consultores externos, levadas em conta suas especificidades.

§ 3º O Plano Museológico deverá ser avaliado permanentemente e revisado pela instituição com periodicidade definida em seu regimento.

ART. 47. Os projetos componentes dos Programas do Plano Museológico caracterizar-se-ão pela exequibilidade, adequação às especificações dos distintos Programas, apresentação de cronograma de execução, a explicitação da metodologia adotada, a descrição das ações planejadas e a implantação de um sistema de avaliação permanente.

CAPÍTULO III
A SOCIEDADE E OS MUSEUS

SEÇÃO I
DISPOSIÇÕES GERAIS

ART. 48. Em consonância com o propósito de serviço à sociedade estabelecido nesta Lei, poderão ser promovidos mecanismos de colaboração com outras entidades.

ART. 49. As atividades decorrentes dos mecanismos previstos no art. 48 desta lei serão autorizadas e supervisionadas pela direção do museu, que poderá suspendê-las caso seu desenvolvimento entre em conflito com o funcionamento normal do museu.

ART. 50. Serão entendidas como associações de amigos de museus as sociedades civis, sem fins lucrativos, constituídas na forma da lei civil, que preencham, ao menos, os seguintes requisitos:

I - constar em seu instrumento criador, como finalidade exclusiva, o apoio, a manutenção e o incentivo às atividades dos museus a que se refiram, especialmente aquelas destinadas ao público em geral;

II - não restringir a adesão de novos membros, sejam pessoas físicas ou jurídicas;

III - ser vedada a remuneração da diretoria.

Parágrafo único. O reconhecimento da associação de amigos dos museus será realizado em ficha cadastral elaborada pelo órgão mantenedor ou entidade competente.

ART. 51. (Vetado.)

ART. 52. As associações de amigos deverão tornar públicos seus balanços periodicamente.

Parágrafo único. As associações de amigos de museus deverão permitir quaisquer verificações determinadas pelos órgãos de controle competentes, prestando os esclarecimentos que lhes forem solicitados, além de serem obrigadas a remeter-lhes anualmente cópias de balanços e dos relatórios do exercício social.

ART. 53. As associações de amigos, no exercício de suas funções, submeter-se-ão à aprovação prévia e expressa da instituição a que se vinculem, dos planos, dos projetos e das ações.

ART. 54. As associações poderão reservar até dez por cento da totalidade dos recursos por elas recebidos e gerados para a sua própria administração e manutenção, sendo o restante revertido para a instituição museológica.

SEÇÃO II
DOS SISTEMAS DE MUSEUS

ART. 55. O Sistema de Museus é uma rede organizada de instituições museológicas, baseado na adesão voluntária, configurado de forma progressiva e que visa à coordenação, articulação, à mediação, à qualificação e à cooperação entre os museus.

ART. 56. Os entes federados estabelecerão em lei, denominada Estatuto Estadual, Regional, Municipal ou Distrital dos Museus, normas específicas de organização, articulação e atribuições das instituições museológicas em sistemas de museus, de acordo com os princípios dispostos neste Estatuto.

§ 1º A instalação dos sistemas estaduais ou regionais, distritais e municipais de museus será feita de forma gradativa, sempre visando à qualificação dos respectivos museus.

§ 2º Os sistemas de museus têm por finalidade:

I - apoiar tecnicamente os museus da área disciplinar e temática ou geográfica com eles relacionada;

II - promover a cooperação e a articulação entre os museus da área disciplinar e temática ou geográfica com eles relacionada, em especial com os museus municipais;

III - contribuir para a vitalidade e o dinamismo cultural dos locais de instalação dos museus;

IV - elaborar pareceres e relatórios sobre questões relativas à museologia no contexto de atuação a eles adstrito;

V - colaborar com o órgão ou entidade do Poder Público competente no tocante à apreciação das candidaturas ao Sistema Brasileiro de Museus, na promoção de programas e de atividade e no acompanhamento da respectiva execução.

ART. 57. O Sistema Brasileiro de Museus disporá de um Comitê Gestor, com a finalidade de propor diretrizes e ações, bem como apoiar e acompanhar o desenvolvimento do setor museológico brasileiro.

Parágrafo único. O Comitê Gestor do Sistema Brasileiro de Museus será composto por representantes de órgãos e entidades com representatividade na área da museologia nacional.

ART. 58. O Sistema Brasileiro de Museus tem a finalidade de promover:

I - a interação entre os museus, instituições afins e profissionais ligados ao setor, visando ao constante aperfeiçoamento da utilização de recursos materiais e culturais;

II - a valorização, registro e disseminação de conhecimentos específicos no campo museológico;

III - a gestão integrada e o desenvolvimento das instituições, acervos e processos museológicos;

IV - o desenvolvimento das ações voltadas para as áreas de aquisição de bens, capacitação de recursos humanos, documentação, pesquisa, conservação, restauração, comunicação e difusão entre os órgãos e entidades públicas, entidades privadas e unidades museológicas que integrem o Sistema;

V - a promoção da qualidade do desempenho dos museus por meio da implementação de procedimentos de avaliação.

ART. 59. Constituem objetivos específicos do Sistema Brasileiro de Museus:

I - promover a articulação entre as instituições museológicas, respeitando sua autonomia jurídico-administrativa, cultural e técnico-científica;

II - estimular o desenvolvimento de programas, projetos e atividades museológicas que respeitem e valorizem o patrimônio cultural de comunidades populares e tradicionais, de acordo com as suas especificidades;

III - divulgar padrões e procedimentos técnico-científicos que orientem as atividades desenvolvidas nas instituições museológicas;

IV - estimular e apoiar os programas e projetos de incremento e qualificação profissional de equipes que atuem em instituições museológicas;

V - estimular a participação e o interesse dos diversos segmentos da sociedade no setor museológico;

VI - estimular o desenvolvimento de programas, projetos e atividades educativas e culturais nas instituições museológicas;

VII - incentivar e promover a criação e a articulação de redes e sistemas estaduais, municipais e internacionais de museus, bem como seu intercâmbio e integração ao Sistema Brasileiro de Museus;

VIII - contribuir para a implementação, manutenção e atualização de um Cadastro Nacional de Museus;

IX - propor a criação e aperfeiçoamento de instrumentos legais para o melhor desempenho e desenvolvimento das instituições museológicas no país;

X - propor medidas para a política de segurança e proteção de acervos, instalações e edificações;

XI - incentivar a formação, a atualização e a valorização dos profissionais de instituições museológicas; e

XII - estimular práticas voltadas para permuta, aquisição, documentação, investigação, preservação, conservação, restauração e difusão de acervos museológicos.

ART. 60. Poderão fazer parte do Sistema Brasileiro de Museus, mediante a formalização de instrumento hábil a ser firmado com o órgão competente, os museus públicos e privados, instituições educacionais relacionadas à área da museologia e as entidades afins, na forma da legislação específica.

ART. 61. Terão prioridade, quanto ao beneficiamento por políticas especificamente desenvolvidas, os museus integrantes do Sistema Brasileiro de Museus.

Parágrafo único. Os museus em processo de adesão podem ser beneficiados por políticas de qualificação específicas.

ART. 62. Os museus integrantes do Sistema Brasileiro de Museus colaboram entre si e articulam os respectivos recursos com vistas em melhorar e potencializar a prestação de serviços ao público.

Parágrafo único. A colaboração supracitada traduz-se no estabelecimento de contratos, acordos, convênios e protocolos de cooperação entre museus ou com entidades públicas ou privadas.

ART. 63. Os museus integrados ao Sistema Brasileiro de Museus gozam do direito de preferência em caso de venda judicial ou leilão de bens culturais, respeitada a legislação em vigor.

§ 1º O prazo para o exercício do direito de preferência é de quinze dias, e, em caso de concorrência entre os museus do Sistema, cabe ao Comitê Gestor determinar qual o museu a que se dará primazia.

§ 2º A preferência só poderá ser exercida se o bem cultural objeto da preferência se integrar na política de aquisições dos museus, sob pena de nulidade do ato.

CAPÍTULO IV
DAS PENALIDADES

ARTS. 64 e 65. (Vetados.)

ART. 66. Sem prejuízo das penalidades definidas pela legislação federal, estadual e municipal, em especial os arts. 62, 63 e 64 da Lei n. 9.605, de 12 de fevereiro de 1998, o não cumprimento das medidas necessárias à preservação ou correção dos inconvenientes e danos causados pela degradação, inutilização e destruição de bens dos museus sujeitará os transgressores:

I - à multa simples ou diária, nos valores correspondentes, no mínimo, a dez e, no máximo, a mil dias-multa, agravada em casos de reincidência, conforme regulamentação específica, vedada a sua cobrança pela União se já tiver sido aplicada pelo Estado, pelo Distrito Federal, pelos Territórios ou pelos Municípios;

II - à perda ou restrição de incentivos e benefícios fiscais concedidos pelo Poder Público, pelo prazo de cinco anos;

III - à perda ou suspensão de participação em linhas de financiamento em estabelecimentos oficiais de crédito, pelo prazo de cinco anos;

IV - ao impedimento de contratar com o Poder Público, pelo prazo de cinco anos;

V - à suspensão parcial de sua atividade.

§ 1º Sem obstar a aplicação das penalidades previstas neste artigo, é o transgressor obrigado a indenizar ou reparar os danos causados aos bens musealizados e a terceiros prejudicados.

§ 2º No caso de omissão da autoridade, caberá à entidade competente, em âmbito federal, a aplicação das penalidades pecuniárias previstas neste artigo.

§ 3º Nos casos previstos nos incisos II e III do *caput* deste artigo, o ato declaratório da perda, restrição ou suspensão será atribuição da autoridade administrativa ou financeira que concedeu os benefícios, incentivos ou financiamento.

§ 4º Verificada a reincidência, a pena de multa será agravada.

CAPÍTULO V
DISPOSIÇÕES FINAIS E TRANSITÓRIAS

ART. 67. Os museus adequarão suas estruturas, recursos e ordenamentos ao disposto nesta Lei no prazo de cinco anos, contados da sua publicação.

Parágrafo único. Os museus federais já em funcionamento deverão proceder à adaptação de suas atividades aos preceitos desta lei no prazo de dois anos.

ART. 68. Resguardados a soberania nacional, a ordem pública e os bons costumes, o governo brasileiro prestará, no que concerne ao combate do tráfico de bens culturais dos museus, a necessária cooperação a outro país, sem qualquer ônus, quando solicitado para:

I - produção de prova;

II - exame de objetos e lugares;

III - informações sobre pessoas e coisas;

IV - presença temporária de pessoa presa, cujas declarações tenham relevância para a decisão de uma causa;

V - outras formas de assistência permitidas pela legislação em vigor pelos tratados de que o Brasil seja parte.

ART. 69. Para a consecução dos fins visados nesta Lei e especialmente para a reciprocidade da cooperação internacional, deverá ser mantido sistema de comunicações apto a facilitar o intercâmbio internacional, rápido e seguro, de informações sobre bens culturais dos museus.

ART. 70. Esta Lei entra em vigor cento e vinte dias após a data de sua publicação.

Brasília, 14 de janeiro de 2009; 188º da Independência e 121º da República.

LUIZ INÁCIO LULA DA SILVA

LEI N. 11.908, DE 3 DE MARÇO DE 2009

Autoriza o Banco do Brasil S.A. e a Caixa Econômica Federal a constituírem subsidiárias e a adquirirem participação em instituições financeiras sediadas no Brasil; altera as Leis n. 7.940, de 20 de dezembro de 1989, 10.637, de 30 de dezembro de 2002, 11.524, de 24 de setembro de 2007, e 11.774, de 17 de setembro de 2008; e dá outras providências.

▸ *DOU*, 04.03.2009.

O Presidente da República. Faço saber que o Congresso Nacional decreta e eu sanciono a seguinte Lei:

ART. 1º O Banco do Brasil S.A. e a Caixa Econômica Federal ficam autorizados a constituir subsidiárias integrais ou controladas, com vistas no cumprimento de atividades de seu objeto social.

ART. 2º O Banco do Brasil S.A. e a Caixa Econômica Federal, diretamente ou por intermédio de suas subsidiárias, poderão adquirir participação em instituições financeiras, públicas ou privadas, sediadas no Brasil, incluindo empresas dos ramos securitário, previdenciário, de capitalização e demais ramos descritos nos arts. 17 e 18 da Lei n. 4.595, de 31 de dezembro de 1964, além dos ramos de atividades complementares às do setor financeiro, com ou sem o controle do capital social, observado o disposto no inciso X do *caput* do art. 10 daquela Lei.

▸ Dec. 7.509/2011 (Prorroga o prazo de que trata este artigo.)

§ 1º Para a aquisição prevista no *caput* deste artigo, o Banco do Brasil S.A. e a Caixa Econômica Federal contratarão empresas avaliadoras especializadas, cujos dirigentes não possuam interesses nas empresas sujeitas à avaliação, observada a Lei n. 8.666, de 21 de junho de 1993, dispensado o procedimento licitatório em casos de justificada urgência.

§ 2º Na hipótese prevista no *caput* deste artigo, percentual do preço a ser desembolsado na operação de aquisição de participação societária poderá ser apartado para depósito em conta aberta na instituição financeira adquirente, para fazer frente a eventuais passivos contingentes não identificados, ficando o Banco do Brasil S.A. ou a Caixa Econômica Federal, conforme o caso, autorizado a debitar a referida conta sempre que identificado algum passivo dessa ordem, nos termos fixados no contrato de aquisição.

§ 3º É vedada a participação ou a aquisição de controle acionário das instituições referidas no art. 77 da Lei Complementar n. 109, de 29 de maio de 2001, assim como a aquisição exclusivamente de carteiras de planos de previdência privada na modalidade de benefício definido.

§ 4º A autorização prevista no *caput* deste artigo é válida até 30 de junho de 2011, podendo ser prorrogada por até 12 (doze) meses, mediante ato do Poder Executivo.

ART. 3º A realização dos negócios jurídicos mencionados nos arts. 1º e 2º desta Lei poderá ocorrer sob qualquer forma de aquisição de ações ou participações societárias previstas em lei.

Parágrafo único. Os negócios jurídicos referidos no *caput* deste artigo com sociedades do ramo da construção civil serão realizados com empresas constituídas sob a forma de Sociedades de Propósito Específico - SPE para a execução de empreendimentos imobiliários, inclusive mediante emissão de debêntures conversíveis em ações.

ART. 4º Fica autorizada a criação da empresa CAIXA - Banco de Investimentos S.A., sociedade por ações, subsidiária integral da Caixa Econômica Federal, com o objetivo de explorar atividades de banco de investimento, participações e demais operações previstas na legislação aplicável.

ART. 5º Fica dispensada de procedimento licitatório a venda para o Banco do Brasil S.A. e Caixa Econômica Federal de participação acionária em instituições financeiras públicas.

ART. 6º Fica o Banco Central do Brasil autorizado a realizar operações de swap de moedas com bancos centrais de outros países, nos limites e condições fixados pelo Conselho Monetário Nacional.

ART. 7º Fica a União autorizada a conceder crédito ao Banco Nacional de Desenvolvimento Econômico e Social - BNDES, no valor de até R$ 3.000.000.000,00 (três bilhões de reais), em condições financeiras e contratuais a serem definidas pelo Ministro de Estado da Fazenda, para ser utilizado na abertura de linhas de crédito para capital de giro das empresas contratadas pelos governos federal, estaduais ou municipais, para execução de obras de infraestrutura no âmbito do Programa de Aceleração do Crescimento - PAC.

§ 1º O crédito será concedido assegurada a equivalência econômica da operação em relação ao custo de captação de longo prazo do Tesouro Nacional, na data de sua efetivação.

§ 2º Para fazer frente aos recursos de que trata o *caput* deste artigo, a União poderá emitir, sob a forma de colocação direta em favor do BNDES, títulos da dívida pública mobiliária federal, cujas características serão definidas pelo Ministro da Fazenda.

ART. 8º (Vetado.)

ART. 9º O inciso I do § 1º do art. 29 da Lei n. 10.637, de 30 de dezembro de 2002, passa a vigorar acrescido da seguinte alínea c:

▸ Alteração promovida no texto da referida lei.

ART. 10. O art. 1º da Lei n. 11.524, de 24 de setembro de 2007, passa a vigorar com a seguinte redação:

▸ Alterações promovidas no texto da referida lei.

ART. 11. A Lei n. 11.774, de 17 de setembro de 2008, passa a vigorar acrescida do seguinte art. 13-A:

▸ Alterações promovidas no texto da referida lei.

ART. 12. Ficam incluídas na Tabela D a que se refere o inciso II do *caput* do art. 4º da Lei n. 7.940, de 20 de dezembro de 1989, sujeitas à alíquota de 0,05% (cinco centésimos por cento), as operações de registro de distribuição de Certificados de Recebíveis do Agronegócio e de Certificados de Recebíveis Imobiliários, da seguinte forma:

"Lei n. 7.940, de 20 de dezembro de 1989

TABELA "D" (art. 4º, II)

Taxa Estabelecida em Função do Valor do Registro

Tipo de Operação	Alíquota
....	
Registro de distribuição de Certificados de Recebíveis do Agronegócio e de Certificados de Recebíveis Imobiliários	 0,05
....	

ART. 13. Esta Lei entra em vigor na data de sua publicação.

Brasília, 3 de março de 2009; 188º da Independência e 121º da República.

LUIZ INÁCIO LULA DA SILVA

LEI N. 11.934, DE 5 DE MAIO DE 2009

Dispõe sobre limites à exposição humana a campos elétricos, magnéticos e eletromagnéticos; altera a Lei n. 4.771, de 15 de setembro de 1965; e dá outras providências.

› *DOU*, 06.05.2009.

O Presidente da República. Faço saber que o Congresso Nacional decreta e eu sanciono a seguinte Lei:

ART. 1º Esta Lei estabelece limites à exposição humana a campos elétricos, magnéticos e eletromagnéticos, associados ao funcionamento de estações transmissoras de radiocomunicação, de terminais de usuário e de sistemas de energia elétrica nas faixas de frequências até 300 GHz (trezentos giga-hertz), visando a garantir a proteção da saúde e do meio ambiente.

Parágrafo único. Estão sujeitos às obrigações estabelecidas por esta Lei as prestadoras de serviço que se utilizarem de estações transmissoras de radiocomunicação, os fornecedores de terminais de usuário comercializados no País e as concessionárias, permissionárias e autorizadas de serviços de energia elétrica.

ART. 2º Os limites estabelecidos nesta Lei referem-se à exposição:

I - da população em geral aos campos elétricos, magnéticos e eletromagnéticos; e

II - de trabalhadores aos campos elétricos, magnéticos e eletromagnéticos em razão de seu trabalho.

ART. 3º Para os fins desta Lei, são adotadas as seguintes definições:

I - área crítica: área localizada até 50 (cinquenta) metros de hospitais, clínicas, escolas, creches e asilos;

II - campos elétricos e magnéticos: campos de energia independentes um do outro, criados por voltagem ou diferença de potencial elétrico (campo elétrico) ou por corrente elétrica (campo magnético), associados à geração, transmissão, distribuição e uso de energia elétrica;

III - campos eletromagnéticos: campo radiante em que as componentes de campo elétrico e magnético são dependentes entre si, capazes de percorrer grandes distâncias; para efeitos práticos, são associados a sistemas de comunicação;

IV - estação transmissora de radiocomunicação: conjunto de equipamentos ou aparelhos, dispositivos e demais meios necessários à realização de comunicação, seus acessórios e periféricos que emitem radiofrequências e, quando for o caso, as instalações que os abrigam e complementam;

V - sistema de energia elétrica: conjunto de estruturas, fios e cabos condutores de energia, isoladores, transformadores, subestações e seus equipamentos, aparelhos, dispositivos e demais meios e equipamentos destinados aos serviços de geração, transmissão, distribuição e ao uso de energia elétrica;

VI - exposição: situação em que pessoas estão expostas a campos elétricos, magnéticos ou eletromagnéticos, ou estão sujeitas a correntes de contato ou induzidas, associadas a campos elétricos, magnéticos ou eletromagnéticos;

VII - infraestrutura de suporte: meios físicos fixos construídos para dar suporte a estações transmissoras de radiocomunicação, entre os quais postes, torres, mastros, armários, estruturas de superfície e estruturas suspensas;

VIII - (Vetado.)

IX - local multiusuário: local em que estejam instaladas ou em que venham a ser instaladas mais de uma estação transmissora de radiocomunicação operando em radiofrequências distintas;

X - radiocomunicação: telecomunicação que utiliza frequências radioelétricas não confinadas a fios, cabos ou outros meios físicos;

XI - radiofrequência - RF: frequências de ondas eletromagnéticas, abaixo de 3.000 GHz, que se propagam no espaço sem guia artificial e, para os fins desta Lei, situadas na faixa entre 9 kHz e 300 GHz;

XII - relatório de conformidade: documento elaborado e assinado por entidade competente, reconhecida pelo respectivo órgão regulador federal, contendo a memória de cálculo ou os resultados das medições utilizadas, com os métodos empregados, se for o caso, para demonstrar o atendimento aos limites de exposição;

XIII - taxa de absorção específica - SAR: medida dosimétrica utilizada para estimar a absorção de energia pelos tecidos do corpo;

XIV - terminal de usuário: estação transmissora de radiocomunicação destinada à prestação de serviço que pode operar quando em movimento ou estacionada em lugar não especificado;

XV - torre: modalidade de infraestrutura de suporte a estações transmissoras de radiocomunicação com configuração vertical.

ART. 4º Para garantir a proteção da saúde e do meio ambiente em todo o território brasileiro, serão adotados os limites recomendados pela Organização Mundial de Saúde - OMS para a exposição ocupacional e da população em geral a campos elétricos, magnéticos e eletromagnéticos gerados por estações transmissoras de radiocomunicação, por terminais de usuário e por sistemas de energia elétrica que operam na faixa até 300 GHz.

Parágrafo único. Enquanto não forem estabelecidas novas recomendações pela Organização Mundial de Saúde, serão adotados os limites da Comissão Internacional de Proteção Contra Radiação Não Ionizante - ICNIRP, recomendados pela Organização Mundial de Saúde.

ART. 5º As estações transmissoras de radiocomunicação, os terminais de usuário e os sistemas de energia elétrica em funcionamento no território nacional deverão atender aos limites de exposição humana aos campos elétricos, magnéticos ou eletromagnéticos estabelecidos por esta Lei, nos termos da regulamentação expedida pelo respectivo órgão regulador federal.

Parágrafo único. Não estão sujeitos às prescrições previstas nesta Lei os radares militares e civis, com propósito de defesa ou controle de tráfego aéreo, cujo funcionamento deverá obedecer a regulamentação própria.

ART. 6º Os condicionamentos estabelecidos pelo poder público para a instalação e o funcionamento de estações transmissoras de radiocomunicação, de terminais de usuário e de sistemas de energia elétrica deverão conciliar-se com as políticas públicas aplicáveis aos serviços de telecomunicações, de radiodifusão e de energia elétrica.

§ 1º As estações transmissoras de radiocomunicação, os terminais de usuários e as infraestruturas de suporte devem observar os imperativos de uso eficiente do espectro de radiofrequências, bem público da União e de desenvolvimento das redes de telecomunicações.

§ 2º São permitidos a instalação e o funcionamento de estações transmissoras de radiocomunicação e de infraestruturas de suporte em bens privados ou públicos, com a devida autorização do proprietário ou, quando não for possível, do possuidor do imóvel. (Alterado pela Lei 13.116/2015.)

ART. 7º As pesquisas sobre exposição humana a campos elétricos, magnéticos e eletromagnéticos serão financiadas com recursos do Fundo Nacional de Desenvolvimento Científico e Tecnológico - FNDCT, instituído pelo Decreto-Lei n. 719, de 31 de julho de 1969, em especial aqueles oriundos dos fundos setoriais de energia e de saúde, bem como do Fundo para o Desenvolvimento Tecnológico das Telecomunicações - FUNTTEL, instituído pela Lei n. 10.052, de 28 de novembro de 2000.

§ 1º Caberá ao Conselho Gestor do respectivo Fundo Setorial a determinação da forma de aplicação dos recursos destinados a tais atividades e de apreciação dos projetos a serem apoiados.

§ 2º (Vetado.)

§ 3º Parcela dos recursos referidos no *caput* deste artigo deverá ser destinada à realização de projetos, pesquisas e estudos relacionados à exposição aos campos elétricos, magnéticos e eletromagnéticos de ocupantes de postos de trabalho em empresas que utilizem fontes geradoras desses campos e de indivíduos que possam ser especialmente afetados por eles, tais como crianças, idosos e gestantes.

ART. 8º (Vetado.)

ART. 9º Para o desenvolvimento das atividades a serem executadas pelo órgão regulador federal de energia elétrica por força desta Lei, serão utilizados recursos oriundos da Taxa de Fiscalização de Serviços de Energia Elétrica, instituída pela Lei n. 9.427, de 26 de dezembro de 1996.

ART. 10. É obrigatório o compartilhamento de torres pelas prestadoras de serviços de telecomunicações que utilizam estações transmissoras de radiocomunicação, conforme definição constante do art. 73 da Lei n. 9.472, de 16 de julho de 1997, nas situações em que o afastamento entre elas for menor do que 500 (quinhentos) metros, exceto quando houver justificado motivo técnico.

§ 1º O disposto no *caput* deste artigo não se aplica à utilização de antenas fixadas sobre estruturas prediais, das harmonizadas à paisagem e tampouco das instaladas até 5 de maio de 2009. (Alterado pela Lei 13.116/2015.)

§ 2º O órgão regulador federal de telecomunicações estabelecerá as condições sob as quais o compartilhamento poderá ser dispensado devido a motivo técnico.

ART. 11. A fiscalização do atendimento aos limites estabelecidos por esta Lei para exposição humana aos campos elétricos, magnéticos e eletromagnéticos gerados por estações transmissoras de radiocomunicação, terminais de usuário e sistemas de energia elétrica será efetuada pelo respectivo órgão regulador federal.

ART. 12. Cabe ao órgão regulador federal de telecomunicações adotar as seguintes providências:

I - (Vetado.)

II - implementar, manter, operar e tornar público sistema de monitoramento de campos elétricos, magnéticos e eletromagnéticos de radiofrequências para acompanhamento, em tempo real, dos níveis de exposição no território nacional;

III - realizar medição de conformidade, 60 (sessenta) dias após a expedição da respectiva licença de funcionamento, no entorno de estação instalada em solo urbano e localizada em área crítica;

IV - realizar medições prévias dos campos elétricos, magnéticos e eletromagnéticos no entorno de locais multiusuários devidamente identificados e definidos em todo o território nacional; e

V - realizar medições de conformidade, atendendo a solicitações encaminhadas por autoridades do poder público de qualquer de suas esferas.

§ 1º As medições de conformidade a que se referem os incisos III e IV do *caput* deste artigo poderão ser realizadas por meio de amostras estatísticas representativas do total de estações transmissoras de radiocomunicação licenciadas no período referido.

§ 2º As medições de conformidade serão executadas pelo órgão regulador mencionado no *caput* deste artigo ou por entidade por ele designada.

ART. 13. As prestadoras de serviços que utilizem estações transmissoras de radiocomunicação deverão, em intervalos máximos de 5 (cinco) anos, realizar medições dos níveis de campo elétrico, magnético e eletromagnético de radiofrequência, provenientes de todas as suas estações transmissoras de radiocomunicação.

§ 1º (Vetado.)

§ 2º As emissoras de radiodifusão comercial não enquadradas na Classe Especial, de acordo com regulamento técnico, e as emissoras de radiodifusão educativa e de radiodifusão comunitária não são obrigadas a realizar as medições mencionadas no *caput* deste artigo, que ficarão a cargo do órgão regulador federal de telecomunicações.

§ 3º Em locais multiusuários, as medições deverão considerar o conjunto das emissões de todas as fontes de campos elétricos, magnéticos ou eletromagnéticos presentes.

§ 4º As prestadoras deverão disponibilizar ao órgão regulador federal de telecomunicações, no prazo de 180 (cento e oitenta) dias a contar da publicação desta Lei, informações sobre o atendimento aos limites de exposição previstos nesta Lei por suas estações transmissoras, na forma estabelecida na regulamentação.

§ 5º A critério do órgão regulador federal de telecomunicações, as prestadoras poderão ser dispensadas da apresentação de dados sobre estações transmissoras para as quais já tenham encaminhado, até julho de 2004, as informações referidas no § 4º deste artigo ao órgão regulador de telecomunicações.

§ 6º As informações referidas no § 4º deste artigo deverão ser divulgadas na rede mundial de computadores e deverão alimentar, em periodicidade a ser definida na regulamentação, o cadastro informatizado a que se refere o art. 17 desta Lei.

ART. 14. Os fornecedores de terminais de usuário comercializados no País deverão informar, com destaque, no manual de operação ou na embalagem, que o produto atende aos limites da taxa de absorção específica estabelecidos por esta Lei.

§ 1º Os valores de taxa de absorção específica medidos para cada produto comercializado deverão ser disponibilizados ao público pelos fornecedores na rede mundial de computadores e deverão alimentar o cadastro informatizado a que se refere o art. 17 desta Lei.

§ 2º Os manuais de operação e as embalagens deverão conter ainda informações sobre o uso adequado do terminal e alerta para outros cuidados que devem ser tomados pelos usuários, conforme regulamentação expedida pelo órgão regulador federal de telecomunicações.

§ 3º Para a comercialização de terminais de usuário, não serão exigidas por Estados, pelo Distrito Federal e por Municípios condições distintas daquelas previstas na regulamentação do órgão regulador federal de telecomunicações, na Lei n.8.078, de 11 de setembro de 1990 (Código de Defesa do Consumidor), e nas demais normas federais aplicáveis às relações de consumo, inclusive quanto ao conteúdo e à forma de disponibilização de informações ao usuário. (Acrescentado pela Lei 13.116/2015.)

ART. 15. Cabe ao órgão regulador federal de serviços de energia elétrica adotar as seguintes providências:

I - editar regulamentação sobre os métodos de avaliação e os procedimentos necessários para verificação do nível de campo elétrico e magnético, na fase de comissionamento e autorização de operação de sistemas de transmissão de energia elétrica, e sobre os casos e condições de medição destinada à verificação do atendimento dos limites estabelecidos por esta Lei;

II - tornar públicas informações e banco de dados sobre medições realizadas, segundo estabelecido pela normatização metodológica vigente, de campos elétricos e magnéticos gerados por sistemas de transmissão de energia elétrica para acompanhamento dos níveis de exposição no território nacional; e

III - solicitar medição ou verificação, por meio de relatório de cálculos efetuados com metodologia consagrada e verificação de conformidade, na fase de comissionamento, para autorização de operação de novo sistema de transmissão de energia elétrica a ser integrado à Rede Básica Nacional.

ART. 16. Os concessionários de serviços de transmissão de energia elétrica deverão, na fase de autorização e comissionamento de novo sistema de transmissão de energia ou sempre que houver alteração nas características vigentes dos sistemas de transmissão, realizar medições dos níveis de campo elétrico e magnético ou apresentar relatório de cálculos efetuados com metodologia consagrada e verificação de conformidade, conforme estabelecido pela normatização metodológica vigente.

§ 1º O órgão regulador federal de energia elétrica poderá estabelecer exceções à obrigatoriedade imposta no *caput* deste artigo, em virtude de características técnicas do serviço ou de parâmetros de operação ou localização de estações, submetendo-as previamente a consulta pública.

§ 2º O relatório de medições e verificações de conformidade deverá ser enviado ao órgão regulador federal de energia elétrica, na forma estabelecida por regulamentação própria.

§ 3º As informações referidas no § 2º deste artigo deverão ser divulgadas na rede mundial de computadores, conforme estabelecido em regulamentação própria.

ART. 17. Com vistas na coordenação da fiscalização, o respectivo órgão regulador federal implantará cadastro informatizado, que deverá conter todas as informações necessárias à verificação dos limites de exposição previstos nesta Lei, especialmente:

I - no caso de sistemas de radiocomunicação:

a) (Vetado.)

b) relatório de conformidade emitido por entidade competente para cada estação transmissora de radiocomunicação;

c) resultados de medições de conformidade efetuadas pelo órgão regulador federal de telecomunicações, por entidade por ele credenciada ou pelas prestadoras;

d) informações das prestadoras sobre o atendimento aos limites de exposição previstos nesta Lei e sobre o processo de licenciamento previsto na Lei n. 9.472, de 16 de julho de 1997; e

e) informações dos fornecedores de terminais de usuário comercializados no País sobre o atendimento aos limites de exposição previstos nesta Lei para cada um de seus produtos;

II - no caso de sistemas de energia elétrica:

a) relatórios de medição e cálculo para verificação de conformidade dos parâmetros de campo elétrico e magnético para autorização de operação de nova linha de transmissão de energia elétrica segundo estabelecido em normatização metodológica vigente, nos termos do art. 16 desta Lei;

b) resultados de medições de conformidade de sistemas de energia elétrica em operação efetuadas pelo órgão regulador federal de energia elétrica, por entidade por ele credenciada ou pelas prestadoras.

§ 1º Será franqueado acesso livre e gratuito a informações sobre estações transmissoras de radiocomunicação e sobre sistemas de energia elétrica aos entes estaduais, distritais e municipais encarregados do licenciamento ambiental e urbanístico.

§ 2º A fim de permitir sua compreensão pelo usuário leigo, as informações sobre as estações transmissoras de radiocomunicação e sobre os sistemas de transmissão de energia elétrica que compõem o cadastro a que se refere o *caput* deste artigo deverão ser também apresentadas na forma de um mapa de localização.

§ 3º A obrigação estabelecida no *caput* deste artigo deverá ser cumprida no prazo de 180 (cento e oitenta) dias, no caso do inciso I, e em 360 (trezentos e sessenta) dias, no caso do inciso II, ambos do *caput* deste artigo.

§ 4º A forma de apresentação das informações e o cronograma de implantação do cadastro serão definidos pelos órgãos reguladores federais de telecomunicações e de energia elétrica.

ART. 18. O descumprimento das obrigações estabelecidas por esta Lei sujeita as prestadoras de serviços de telecomunicações e as prestadoras de serviços de radiodifusão à aplicação das sanções estabelecidas no art. 173 da Lei n. 9.472, de 16 de julho de 1997.

Parágrafo único. Para os fins do disposto no *caput* deste artigo, será ainda aplicada a sanção de multa diária.

ART. 19. O descumprimento das obrigações estabelecidas por esta Lei sujeita os concessionários de energia elétrica à aplicação das sanções estabelecidas pelo art. 29 da Lei n. 8.987, de 13 de fevereiro de 1995, e pelo art. 3º da Lei n. 9.427, de 26 de dezembro de 1996.

ART. 20. Os fornecedores de terminais de usuário comercializados no País que descumprirem o disposto nesta Lei estarão sujeitos às sanções estabelecidas no art. 56 da Lei n. 8.078, de 11 de setembro de 1990.

ART. 21. A alínea *b* do inciso IV do § 2º do art. 1º da Lei n. 4.771, de 15 de setembro de 1965, passa a vigorar com a seguinte redação:

› Alteração promovida no texto da referida lei.

ART. 22. Esta Lei entra em vigor na data de sua publicação.

Brasília, 5 de maio de 2009; 188º da Independência e 121º da República.

LUIZ INÁCIO LULA DA SILVA

LEI N. 11.941, DE 27 DE MAIO DE 2009

Altera a legislação tributária federal relativa ao parcelamento ordinário de débitos tributários; concede remissão nos casos em que especifica; institui regime tributário de transição, alterando o Decreto n. 70.235, de 6 de março de 1972, as Leis n. 8.212, de 24 de julho de 1991, 8.213, de 24 de julho de 1991, 8.218, de 29 de agosto de 1991, 9.249, de 26 de dezembro de 1995, 9.430, de 27 de dezembro de 1996, 9.469, de 10 de julho de 1997, 9.532, de 10 de dezembro de 1997, 10.426, de 24 de abril de 2002, 10.480, de 2 de julho de 2002, 10.522, de 19 de julho de 2002, 10.887, de 18 de junho de 2004, e 6.404, de 15 de dezembro de 1976, o Decreto-Lei n. 1.598, de 26 de dezembro de 1977, e as Leis n. 8.981, de 20 de janeiro de 1995, 10.925, de 23 de julho de 2004, 10.637, de 30 de dezembro de 2002, 10.833, de 29 de dezembro de 2003, 11.116, de 18 de maio de 2005, 11.732, de 30 de junho de 2008, 10.260, de 12 de julho de 2001, 9.873, de 23 de novembro de 1999, 11.171, de 2 de setembro de 2005, 11.345, de 14 de setembro de 2006; prorroga a vigência da Lei n. 8.989, de 24 de fevereiro de 1995; revoga dispositivos das Leis n. 8.383, de 30 de dezembro de 1991, e 8.620, de 5 de janeiro de 1993, do Decreto-Lei n. 73, de 21 de novembro de 1966, das Leis n. 10.190, de 14 de fevereiro de 2001, 9.718, de 27 de novembro de 1998, e 6.938, de 31 de agosto de 1981, 9.964, de 10 de abril de 2000, e, a partir da instalação do Conselho Administrativo de Recursos Fiscais, os Decretos n. 83.304, de 28 de março de 1979, e 89.892, de 2 de julho de 1984, e o art. 112 da Lei n. 11.196, de 21 de novembro de 2005; e dá outras providências.

O Presidente da República. Faço saber que o Congresso Nacional decreta e eu sanciono a seguinte Lei:

CAPÍTULO I
DOS PARCELAMENTOS

SEÇÃO I
DO PARCELAMENTO OU PAGAMENTO DE DÍVIDAS

ART. 1º Poderão ser pagos ou parcelados, em até 180 (cento e oitenta) meses, nas condições desta Lei, os débitos administrados pela Secretaria da Receita Federal do Brasil e os débitos para com a Procuradoria-Geral da Fazenda Nacional, inclusive o saldo remanescente dos débitos consolidados no Programa de Recuperação Fiscal - REFIS, de que trata a Lei n. 9.964, de 10 de abril de 2000, no Parcelamento Especial - PAES, de que trata a Lei n. 10.684, de 30 de maio de 2003, no Parcelamento Excepcional - PAEX, de que trata a Medida Provisória n. 303, de 29 de junho de 2006, no parcelamento previsto no art. 38 da Lei n. 8.212, de 24 de julho de 1991, e no parcelamento previsto no art. 10 da Lei n. 10.522, de 19 de julho de 2002, mesmo que tenham sido excluídos dos respectivos programas e parcelamentos, bem como os débitos decorrentes do aproveitamento indevido de créditos do Imposto sobre Produtos Industrializados - IPI oriundos da aquisição de matérias-primas, material de embalagem e produtos intermediários relacionados na Tabela de Incidência do Imposto sobre Produtos Industrializados - TIPI, aprovada pelo Decreto n. 6.006, de 28 de dezembro de 2006, com incidência de alíquota 0 (zero) ou como não tributados.

› Art. 33, § 10, Lei 13.043/2014 (Dispõe sobre os fundos de índice de renda fixa, sobre a responsabilidade tributária na integralização de cotas de fundos ou clubes de investimento por meio da entrega de ativos financeiros, sobre a tributação das operações de empréstimos de ativos financeiros e sobre a isenção de imposto sobre a renda na alienação de ações de empresas pequenas e médias.)

§ 1º O disposto neste artigo aplica-se aos créditos constituídos ou não, inscritos ou não em Dívida Ativa da União, mesmo em fase de execução fiscal já ajuizada, inclusive os que foram indevidamente aproveitados na apuração do IPI referidos no *caput* deste artigo.

§ 2º Para os fins do disposto no *caput* deste artigo, poderão ser pagas ou parceladas as dívidas vencidas até 30 de novembro de 2008, de pessoas físicas ou jurídicas, consolidadas pelo sujeito passivo, com exigibilidade suspensa ou não, inscritas ou não em dívida ativa, consideradas isoladamente, mesmo em fase de execução fiscal já ajuizada, ou que tenham sido objeto de parcelamento anterior, não integralmente quitado, ainda que cancelado por falta de pagamento, assim considerados:

› Art. 2º, § 1º, Lei 12.996/2014 (Pagamento e parcelamento das dívidas de que trata este artigo.)

I - os débitos inscritos em Dívida Ativa da União, no âmbito da Procuradoria-Geral da Fazenda Nacional;

II - os débitos relativos ao aproveitamento indevido de crédito de IPI referido no *caput* deste artigo;

III - os débitos decorrentes das contribuições sociais previstas nas alíneas a, b e c do parágrafo único do art. 11 da Lei n. 8.212, de 24 de julho de 1991, das contribuições instituídas a título de substituição e das contribuições devidas a terceiros, assim entendidas outras entidades e fundos, administrados pela Secretaria da Receita Federal do Brasil; e

IV - os demais débitos administrados pela Secretaria da Receita Federal do Brasil.

§ 3º Observado o disposto no art. 3º desta Lei e os requisitos e as condições estabelecidos em ato conjunto do Procurador-Geral da Fazenda Nacional e do Secretário da Receita Federal do Brasil, a ser editado no prazo de 60 (sessenta) dias a partir da data de publicação desta Lei, os débitos que não foram objeto de parcelamentos anteriores a que se refere este artigo poderão ser pagos ou parcelados da seguinte forma:

I - pagos a vista, com redução de 100% (cem por cento) das multas de mora e de ofício, de 40% (quarenta por cento) das isoladas, de 45% (quarenta e cinco por cento) dos juros de mora e de 100% (cem por cento) sobre o valor do encargo legal;

II - parcelados em até 30 (trinta) prestações mensais, com redução de 90% (noventa por cento) das multas de mora e de ofício, de 35% (trinta e cinco por cento) das isoladas, de 40% (quarenta por cento) dos juros de mora e de 100% (cem por cento) sobre o valor do encargo legal;

III - parcelados em até 60 (sessenta) prestações mensais, com redução de 80% (oitenta por cento) das multas de mora e de ofício, de 30% (trinta por cento) das isoladas, de 35% (trinta e cinco por cento) dos juros de mora e de 100% (cem por cento) sobre o valor do encargo legal;

IV - parcelados em até 120 (cento e vinte) prestações mensais, com redução de 70% (setenta por cento) das multas de mora e de ofício, de 25% (vinte e cinco por cento) das isoladas, de 30% (trinta por cento) dos juros de mora e de 100% (cem por cento) sobre o valor do encargo legal; ou

V - parcelados em até 180 (cento e oitenta) prestações mensais, com redução de 60% (sessenta por cento) das multas de mora e de ofício, de 20% (vinte por cento) das isoladas, de 25% (vinte e cinco por cento) dos juros de mora e de 100% (cem por cento) sobre o valor do encargo legal.

§ 4º O requerimento do parcelamento abrange os débitos de que trata este artigo, incluídos a critério do optante, no âmbito de cada um dos órgãos.

§ 5º (Vetado.)

§ 6º Observado o disposto no art. 3º desta Lei, a dívida objeto do parcelamento será consolidada na data do seu requerimento e será dividida pelo número de prestações que forem indicadas pelo sujeito passivo, nos termos dos §§ 2º e 5º deste artigo, não podendo cada prestação mensal ser inferior a:

I - R$ 50,00 (cinquenta reais), no caso de pessoa física; e

II - R$ 100,00 (cem reais), no caso de pessoa jurídica.

§ 7º As empresas que optarem pelo pagamento ou parcelamento dos débitos nos termos deste artigo poderão liquidar os valores correspondentes a multa, de mora ou de ofício, e a juros moratórios, inclusive as relativas a débitos inscritos em dívida ativa, com a utilização de prejuízo fiscal e de base de cálculo negativa da contribuição social sobre o lucro líquido próprios.

§ 8º Na hipótese do § 7º deste artigo, o valor a ser utilizado será determinado mediante a aplicação sobre o montante do prejuízo fiscal e da base de cálculo negativa das alíquotas de 25% (vinte e cinco por cento) e 9% (nove por cento), respectivamente.

§ 9º A manutenção em aberto de 3 (três) parcelas, consecutivas ou não, ou de uma parcela, estando pagas todas as demais, implicará, após comunicação ao sujeito passivo, a imediata rescisão do parcelamento e, conforme o caso, o prosseguimento da cobrança.

§ 10. As parcelas pagas com até 30 (trinta) dias de atraso não configurarão inadimplência para os fins previstos no § 9º deste artigo.

§ 11. A pessoa jurídica optante pelo parcelamento previsto neste artigo deverá indicar pormenorizadamente, no respectivo requerimento de parcelamento, quais débitos deverão ser nele incluídos.

§ 12. Os contribuintes que tiverem optado pelos parcelamentos previstos nos arts. 1º a 3º da Medida Provisória n. 449, de 3 de dezembro de 2008, poderão optar, na forma de regulamento, pelo reparcelamento dos respectivos débitos segundo as regras previstas neste artigo até o último dia útil do 6º (sexto) mês subsequente ao da publicação desta Lei.

› Art. 17, Lei 12.865/2013 ("Fica reaberto, até 31.12.2013, o prazo previsto no § 12 do art. 1º e no art. 7º da Lei n. 11.941, de 27.05.2009, bem como o prazo previsto no § 18 do art. 65 da Lei n. 12.249, de 11.06.2010, atendidas as condições estabelecidas neste artigo".)

§ 13. Podem ser parcelados nos termos e condições desta Lei os débitos de Contribuição para o Financiamento da Seguridade Social - COFINS das sociedades civis de prestação de serviços profissionais relativos ao exercício de profissão legalmente regulamentada a que se referia o Decreto-Lei n. 2.397, de 21 de dezembro de 1987, revogado pela Lei n. 9.430, de 27 de dezembro de 1996.

§ 14. Na hipótese de rescisão do parcelamento com o cancelamento dos benefícios concedidos:

I - será efetuada a apuração do valor original do débito, com a incidência dos acréscimos legais, até a data da rescisão;

II - serão deduzidas do valor referido no inciso I deste parágrafo as parcelas pagas, com acréscimos legais até a data da rescisão.

§ 15. A pessoa física responsabilizada pelo não pagamento ou recolhimento de tributos devidos pela pessoa jurídica poderá efetuar, nos mesmos termos e condições previstos nesta Lei, em relação à totalidade ou à parte determinada dos débitos:

I - pagamento;

II - parcelamento, desde que com anuência da pessoa jurídica, nos termos a serem definidos em regulamento.

§ 16. Na hipótese do inciso II do § 15 deste artigo:

I - a pessoa física que solicitar o parcelamento passará a ser solidariamente responsável, juntamente com a pessoa jurídica, em relação à dívida parcelada;

II - fica suspensa a exigibilidade de crédito tributário, aplicando-se o disposto no art. 125 combinado com o inciso IV do parágrafo único do art. 174, ambos da Lei n. 5.172, de 25 de outubro de 1966 - Código Tributário Nacional;

III - é suspenso o julgamento na esfera administrativa.

§ 17. Na hipótese de rescisão do parcelamento previsto no inciso II do § 15 deste artigo, a pessoa jurídica será intimada a pagar o saldo remanescente calculado na forma do § 14 deste artigo.

SEÇÃO II DO PAGAMENTO OU DO PARCELAMENTO DE DÍVIDAS DECORRENTES DE APROVEITAMENTO INDEVIDO DE CRÉDITOS DE IPI, DOS PARCELAMENTOS ORDINÁRIOS E DOS PROGRAMAS REFIS, PAES E PAEX

ART. 2º No caso dos débitos decorrentes do aproveitamento indevido de créditos do Imposto sobre Produtos Industrializados - IPI oriundos da aquisição de matérias-primas, material de embalagem e produtos intermediários relacionados na Tabela de Incidência do Imposto sobre Produtos Industrializados - TIPI, aprovada pelo Decreto n. 6.006, de 28 de dezembro de 2006, com incidência de alíquota zero ou como não tributados:

› Art. 33, § 10, Lei 13.043/2014 (Dispõe sobre os fundos de índice de renda fixa, sobre a responsabilidade tributária na integralização de cotas de fundos ou clubes de investimento por meio da entrega de ativos financeiros, sobre a tributação das operações de empréstimos de ativos financeiros e sobre a isenção de imposto sobre a renda na alienação de ações de empresas pequenas e médias.)

I - o valor mínimo de cada prestação não poderá ser inferior a R$ 2.000,00 (dois mil reais);

II - a pessoa jurídica não está obrigada a consolidar todos os débitos existentes decorrentes do aproveitamento indevido de créditos do Imposto sobre Produtos Industrializados - IPI oriundos da aquisição de matérias-primas, material de embalagem e produtos intermediários relacionados na Tabela de Incidência do Imposto sobre Produtos Industrializados - TIPI neste parcelamento, devendo indicar, por ocasião do requerimento, quais débitos deverão ser incluídos nele.

ART. 3º No caso de débitos que tenham sido objeto do Programa de Recuperação Fiscal - REFIS, de que trata a Lei n. 9.964, de 10 de abril de 2000, do Parcelamento Especial - PAES, de que trata a Lei n. 10.684, de 30 de maio de 2003, do Parcelamento Excepcional - PAEX, de que trata a Medida Provisória n. 303, de 29 de junho de 2006, do parcelamento previsto no art. 38 da Lei n. 8.212, de 24 de julho de 1991, e do parcelamento previsto no art. 10 da Lei n. 10.522, de 19 de julho de 2002, observar-se-á o seguinte:

› Art. 33, § 10, Lei 13.043/2014 (Dispõe sobre os fundos de índice de renda fixa, sobre a responsabilidade tributária na integralização de cotas de fundos ou clubes de investimento por meio da entrega de ativos financeiros, sobre a tributação das operações de empréstimos de ativos financeiros e sobre a isenção de imposto sobre a renda na alienação de ações de empresas pequenas e médias.)

I - serão restabelecidos à data da solicitação do novo parcelamento os valores correspondentes ao crédito originalmente confessado e seus respectivos acréscimos legais, de acordo com a legislação aplicável em cada caso, consolidado à época do parcelamento anterior;

II - computadas as parcelas pagas, atualizadas pelos critérios aplicados aos débitos, até a data da solicitação do novo parcelamento, o pagamento ou parcelamento do saldo que houver poderá ser liquidado pelo contribuinte na forma e condições previstas neste artigo; e

III - a opção pelo pagamento ou parcelamento de que trata este artigo importará desistência compulsória e definitiva do REFIS, do PAES, do PAEX e dos parcelamentos previstos no art. 38 da Lei n. 8.212, de 24 de julho de 1991, e no art. 10 da Lei n. 10.522, de 19 de julho de 2002

§ 1º Relativamente aos débitos previstos neste artigo:

I - será observado como parcela mínima do parcelamento o equivalente a 85% (oitenta e cinco por cento) do valor da última parcela devida no mês anterior ao da edição da Medida Provisória n. 449, de 3 de dezembro de 2008;

II - no caso dos débitos do Programa de Recuperação Fiscal - REFIS, será observado como parcela mínima do parcelamento o equivalente a 85% (oitenta e cinco por cento) da média das 12 (doze) últimas parcelas devidas no Programa antes da edição da Medida Provisória n. 449, de 3 de dezembro de 2008;

III - caso tenha havido a exclusão ou rescisão do Programa de Recuperação Fiscal - REFIS em um período menor que 12 (doze) meses, será observado como parcela mínima do parcelamento o equivalente a 85% (oitenta e cinco por cento) da média das parcelas devidas no Programa antes da edição da Medida Provisória n. 449, de 3 de dezembro de 2008;

IV - (Vetado.)

V - na hipótese em que os débitos do contribuinte tenham sido objeto de reparcelamento na forma do Refis, do Paes ou do Paex, para a aplicação das regras previstas nesta Lei será levado em conta o primeiro desses parcelamentos em que os débitos tenham sido incluídos.

§ 2º Serão observadas as seguintes reduções para os débitos previstos neste artigo:

I - os débitos anteriormente incluídos no Refis terão redução de 40% (quarenta por cento) das multas de mora e de ofício, de 40% (quarenta por cento) das isoladas, de 25% (vinte e cinco por cento) dos juros de mora e de 100% (cem por cento) sobre o valor do encargo legal;

II - os débitos anteriormente incluídos no Paes terão redução de 70% (setenta por cento) das multas de mora e de ofício, de 40% (quarenta por cento) das isoladas, de 30% (trinta por cento) dos juros de mora e de 100% (cem por cento) sobre o valor do encargo legal;

III - os débitos anteriormente incluídos no Paex terão redução de 80% (oitenta por cento) das multas de mora e de ofício, de 40% (quarenta por cento) das isoladas, de 35% (trinta e cinco por cento) dos juros de mora e de 100% (cem por cento) sobre o valor do encargo legal; e

IV - os débitos anteriormente incluídos no parcelamento previsto no art. 38 da Lei n. 8.212, de 24 de julho de 1991, e do parcelamento previsto no art. 10 da Lei n. 10.522, de 19 de julho de 2002, terão redução de 100% (cem por cento) das multas de mora e de ofício, de 40% (quarenta por cento) das isoladas, de 40% (quarenta por cento) dos juros de mora e de 100% (cem por cento) sobre o valor do encargo legal.

SEÇÃO III DISPOSIÇÕES COMUNS AOS PARCELAMENTOS

ART. 4º Aos parcelamentos de que trata esta Lei não se aplica o disposto no § 1º do art. 3º da Lei n. 9.964, de 10 de abril de 2000, no § 2º do art. 14-A da Lei n. 10.522, de 19 de julho de 2002, e no § 10 do art. 1º da Lei n. 10.684, de 30 de maio de 2003.

› Art. 33, § 10, Lei 13.043/2014 (Dispõe sobre os fundos de índice de renda fixa, sobre a responsabilidade tributária na integralização de cotas de fundos ou clubes de investimento por meio da entrega de ativos financeiros, sobre a tributação das operações de empréstimos de ativos financeiros e sobre a isenção de imposto sobre a renda na alienação de ações de empresas pequenas e médias.)

Parágrafo único. Não será computada na apuração da base de cálculo do Imposto de Renda, da Contribuição Social sobre o Lucro Líquido, da Contribuição para o PIS/PASEP e da Contribuição para o Financiamento da Seguridade Social - COFINS a parcela equivalente à redução do valor das multas, juros e encargo legal em decorrência do disposto nos arts. 1º, 2º e 3º desta Lei.

ART. 5º A opção pelos parcelamentos de que trata esta Lei importa confissão irrevogável e irretratável dos débitos em nome do sujeito passivo na condição de contribuinte ou responsável e por ele indicados para compor os referidos parcelamentos, configura confissão extrajudicial nos termos dos arts. 348, 353 e 354 da Lei n. 5.869, de 11 de janeiro de 1973 - Código de Processo Civil, e condiciona o sujeito passivo à aceitação plena e irretratável de todas as condições estabelecidas nesta Lei.

› Art. 33, § 10, Lei 13.043/2014 (Dispõe sobre os fundos de índice de renda fixa, sobre a responsabilidade tributária na integralização de cotas de fundos ou clubes de investimento por meio da entrega de ativos financeiros, sobre a tributação das operações de empréstimos de ativos financeiros e sobre a isenção de imposto sobre a renda na alienação de ações de empresas pequenas e médias.)

ART. 6º O sujeito passivo que possuir ação judicial em curso, na qual requer o restabelecimento de sua opção ou a sua reinclusão em outros parcelamentos, deverá, como condição para valer-se das prerrogativas dos arts. 1º, 2º e 3º desta Lei, desistir da respectiva ação judicial e renunciar a qualquer alegação de direito sobre a qual se funda a referida ação, protocolando requerimento de extinção do processo com resolução do mérito, nos termos do inciso V do *caput* do art. 269 da Lei n. 5.869, de 11 de janeiro de 1973 - Código de Processo Civil, até 30 (trinta) dias após a data de ciência do deferimento do requerimento do parcelamento.

› Art. 33, § 10, Lei 13.043/2014 (Dispõe sobre os fundos de índice de renda fixa, sobre a responsabilidade tributária na integralização de cotas de fundos ou clubes de investimento por meio da entrega de ativos financeiros, sobre a tributação das operações de empréstimos de ativos financeiros e sobre a isenção de imposto sobre a renda na alienação de ações de empresas pequenas e médias.)

§ 1º Ficam dispensados os honorários advocatícios em razão da extinção da ação na forma deste artigo.

§ 2º Para os fins de que trata este artigo, o saldo remanescente será apurado de acordo com as regras estabelecidas no art. 3º desta Lei, adotando-se valores confessados e seus respectivos acréscimos devidos na data da opção do respectivo parcelamento.

ART. 7º A opção pelo pagamento a vista ou pelos parcelamentos de débitos de que trata esta Lei deverá ser efetivada até o último dia útil do 6º (sexto) mês subsequente ao da publicação desta Lei.

▸ Art. 33, § 10, Lei 13.043/2014 (Dispõe sobre os fundos de índice de renda fixa, sobre a responsabilidade tributária na integralização de cotas de fundos ou clubes de investimento por meio da entrega de ativos financeiros, sobre a tributação das operações de empréstimos de ativos financeiros e sobre a isenção de imposto sobre a renda na alienação de ações de empresas pequenas e médias.)

§ 1º As pessoas que se mantiverem ativas no parcelamento de que trata o art. 1º desta Lei poderão amortizar seu saldo devedor com as reduções de que trata o inciso I do § 3º do art. 1º desta Lei, mediante a antecipação no pagamento de parcelas.

§ 2º O montante de cada amortização de que trata o § 1º deste artigo deverá ser equivalente, no mínimo, ao valor de 12 (doze) parcelas.

§ 3º A amortização de que trata o § 1º deste artigo implicará redução proporcional da quantidade de parcelas vincendas.

ART. 8º A inclusão de débitos nos parcelamentos de que trata esta Lei não implica novação de dívida.

▸ Art. 33, § 10, Lei 13.043/2014 (Dispõe sobre os fundos de índice de renda fixa, sobre a responsabilidade tributária na integralização de cotas de fundos ou clubes de investimento por meio da entrega de ativos financeiros, sobre a tributação das operações de empréstimos de ativos financeiros e sobre a isenção de imposto sobre a renda na alienação de ações de empresas pequenas e médias.)

ART. 9º As reduções previstas nos arts. 1º, 2º e 3º desta Lei não são cumulativas com outras previstas em lei e serão aplicadas somente em relação aos saldos devedores dos débitos.

▸ Art. 33, § 10, Lei 13.043/2014 (Dispõe sobre os fundos de índice de renda fixa, sobre a responsabilidade tributária na integralização de cotas de fundos ou clubes de investimento por meio da entrega de ativos financeiros, sobre a tributação das operações de empréstimos de ativos financeiros e sobre a isenção de imposto sobre a renda na alienação de ações de empresas pequenas e médias.)

Parágrafo único. Na hipótese de anterior concessão de redução de multa, de mora e de ofício, de juros de mora ou de encargos legais em percentuais diversos dos estabelecidos nos arts. 1º, 2º e 3º desta Lei, prevalecerão os percentuais nela referidos, aplicados sobre os respectivos valores originais.

ART. 10. Os depósitos existentes vinculados aos débitos a serem pagos ou parcelados nos termos desta Lei serão automaticamente convertidos em renda da União, após aplicação das reduções para pagamento a vista ou parcelamento. (Redação dada pela Lei 12.024/2009.)

▸ Art. 33, § 10, Lei 13.043/2014 (Dispõe sobre os fundos de índice de renda fixa, sobre a responsabilidade tributária na integralização de cotas de fundos ou clubes de investimento por meio da entrega de ativos financeiros, sobre a tributação das operações de empréstimos de ativos financeiros e sobre a isenção de imposto sobre a renda na alienação de ações de empresas pequenas e médias.)

§ 1º Na hipótese em que o valor depositado exceda o valor do débito após a consolidação de que trata esta Lei, o saldo remanescente será levantado pelo sujeito passivo. (Renumerado de p.u. pela Lei 13.043/2014.)

§ 2º Tratando-se de depósito judicial, o disposto no *caput* somente se aplica aos casos em que tenha ocorrido desistência da ação ou recurso e renúncia a qualquer alegação de direito sobre o qual se funda a ação, para usufruir dos benefícios desta Lei. (Acrescentado pela Lei 13.043/2014.)

§ 3º Os valores oriundos de constrição judicial depositados na conta única do Tesouro Nacional até a edição da Medida Provisória n. 651, de 9 de julho de 2014, poderão ser utilizados para pagamento da antecipação prevista no § 2º do art. 2º da Lei n. 12.996, de 18 de junho de 2014. (Acrescentado pela Lei 13.137/2015.)

§ 4º A Procuradoria-Geral da Fazenda Nacional e a Secretaria da Receita Federal do Brasil, no âmbito das respectivas competências, editarão os atos regulamentares necessários a aplicação do disposto neste artigo. (Acrescentado pela Lei 13.137/2015.)

ART. 11. Os parcelamentos requeridos na forma e condições de que tratam os arts. 1º, 2º e 3º desta Lei:

▸ Art. 33, § 10, Lei 13.043/2014 (Dispõe sobre os fundos de índice de renda fixa, sobre a responsabilidade tributária na integralização de cotas de fundos ou clubes de investimento por meio da entrega de ativos financeiros, sobre a tributação das operações de empréstimos de ativos financeiros e sobre a isenção de imposto sobre a renda na alienação de ações de empresas pequenas e médias.)

I - não dependem de apresentação de garantia ou de arrolamento de bens, exceto quando já houver penhora em execução fiscal ajuizada; e

II - no caso de débito inscrito em Dívida Ativa da União, abrangerão inclusive os encargos legais que forem devidos, sem prejuízo da dispensa prevista no § 1º do art. 6º desta Lei.

ART. 12. A Secretaria da Receita Federal do Brasil e a Procuradoria-Geral da Fazenda Nacional, no âmbito de suas respectivas competências, editarão, no prazo máximo de 60 (sessenta) dias a contar da data de publicação desta Lei, os atos necessários à execução dos parcelamentos de que trata esta Lei, inclusive quanto à forma e ao prazo para confissão dos débitos a serem parcelados.

▸ Art. 33, § 10, Lei 13.043/2014 (Dispõe sobre os fundos de índice de renda fixa, sobre a responsabilidade tributária na integralização de cotas de fundos ou clubes de investimento por meio da entrega de ativos financeiros, sobre a tributação das operações de empréstimos de ativos financeiros e sobre a isenção de imposto sobre a renda na alienação de ações de empresas pequenas e médias.)

ART. 13. Aplicam-se, subsidiariamente, aos parcelamentos previstos nos arts. 1º, 2º e 3º desta Lei as disposições do § 1º do art. 14-A da Lei n. 10.522, de 19 de julho de 2002, não se lhes aplicando o disposto no art. 14 da mesma Lei.

▸ Art. 33, § 10, Lei 13.043/2014 (Dispõe sobre os fundos de índice de renda fixa, sobre a responsabilidade tributária na integralização de cotas de fundos ou clubes de investimento por meio da entrega de ativos financeiros, sobre a tributação das operações de empréstimos de ativos financeiros e sobre a isenção de imposto sobre a renda na alienação de ações de empresas pequenas e médias.)

CAPÍTULO II
DA REMISSÃO

ART. 14. Ficam remitidos os débitos com a Fazenda Nacional, inclusive aqueles com exigibilidade suspensa que, em 31 de dezembro de 2007, estejam vencidos há 5 (cinco) anos ou mais e cujo valor total consolidado, nessa mesma data, seja igual ou inferior a R$ 10.000,00 (dez mil reais).

§ 1º O limite previsto no *caput* deste artigo deve ser considerado por sujeito passivo e, separadamente, em relação:

I - aos débitos inscritos em Dívida Ativa da União, no âmbito da Procuradoria-Geral da Fazenda Nacional, decorrentes das contribuições sociais previstas nas alíneas a, b e c do parágrafo único do art. 11 da Lei n. 8.212, de 24 de julho de 1991, das contribuições instituídas a título de substituição e das contribuições devidas a terceiros, assim entendidas outras entidades e fundos;

II - aos demais débitos inscritos em Dívida Ativa da União, no âmbito da Procuradoria-Geral da Fazenda Nacional;

III - aos débitos decorrentes das contribuições sociais previstas nas alíneas a, b e c do parágrafo único do art. 11 da Lei n. 8.212, de 24 de julho de 1991, das contribuições instituídas a título de substituição e das contribuições devidas a terceiros, assim entendidas outras entidades e fundos, administrados pela Secretaria da Receita Federal do Brasil; e

IV - aos demais débitos administrados pela Secretaria da Receita Federal do Brasil.

§ 2º Na hipótese do IPI, o valor de que trata este artigo será apurado considerando a totalidade dos estabelecimentos da pessoa jurídica.

§ 3º O disposto neste artigo não implica restituição de quantias pagas.

§ 4º Aplica-se o disposto neste artigo aos débitos originários de operações de crédito rural e do Programa Especial de Crédito para a Reforma Agrária - PROCERA transferidas ao Tesouro Nacional, renegociadas ou não com amparo em legislação específica, inscritas na dívida ativa da União, inclusive aquelas adquiridas ou desoneradas de risco pela União por força da Medida Provisória n. 2.196-3, de 24 de agosto de 2001.

CAPÍTULO III
DO REGIME TRIBUTÁRIO DE TRANSIÇÃO

ARTS. 15 a 24. (Revogados pela Lei 12.973/2014.)

CAPÍTULO IV
DISPOSIÇÕES GERAIS

ART. 25. O Decreto n. 70.235, de 6 de março de 1972, passa a vigorar com as seguintes alterações:

▸ Alterações promovidas no texto da referida lei.

ART. 26. A Lei n. 8.212, de 24 de julho de 1991, passa a vigorar com as seguintes alterações:

▸ Alterações promovidas no texto da referida lei.

ART. 27. A Lei n. 8.213, de 24 de julho de 1991, passa a vigorar acrescida do seguinte art. 125-A:

▸ Alterações promovidas no texto da referida lei.

ART. 28. O art. 6º da Lei n. 8.218, de 29 de agosto de 1991, passa a vigorar com a seguinte redação:

▸ Alterações promovidas no texto da referida lei.

ART. 29. O art. 24 da Lei n. 9.249, de 26 de dezembro de 1995, passa a vigorar com as seguintes alterações:

▸ Alteração promovida no texto da referida lei.

ART. 30. A Lei n. 9.430, de 27 de dezembro de 1996, passa a vigorar com as seguintes alterações:

▸ Alterações promovidas no texto da referida lei.

ART. 31. A Lei n. 9.469, de 10 de julho de 1997, passa a vigorar com as seguintes alterações:

▸ Alterações promovidas no texto da referida lei.

ART. 32. Os arts. 62 e 64 da Lei n. 9.532, de 10 de dezembro de 1997, passam a vigorar com a seguinte redação:

▸ Alterações promovidas no texto da referida lei.

ART. 33. O art. 7º da Lei n. 10.426, de 24 de abril de 2002, passa a vigorar acrescido do seguinte § 6º:

▸ Alterações promovidas no texto da referida lei.

ART. 34. O art. 11 da Lei n. 10.480, de 2 de julho de 2002, passa a vigorar com a seguinte redação:

▸ Alterações promovidas no texto da referida lei.

ART. 35. A Lei n. 10.522, de 19 de julho de 2002, passa a vigorar com as seguintes alterações:

▸ Alterações promovidas no texto da referida lei.

ART. 36. A Lei n. 10.887, de 18 de junho de 2004, passa a vigorar acrescida do seguinte art. 16-A:

▸ Alteração promovida no texto da referida lei.

ART. 37. A Lei n. 6.404, de 15 de dezembro de 1976, passa a vigorar com as seguintes alterações:

▸ Alterações promovidas no texto da referida lei.

ART. 38. A Lei n. 6.404, de 15 de dezembro de 1976, passa a vigorar acrescida dos arts. 184-A, 299-A e 299-B:

▸ Alterações promovidas no texto da referida lei.

ART. 39. Os arts. 8º e 19 do Decreto-Lei n. 1.598, de 26 de dezembro de 1977, passam a vigorar com a seguinte redação:

▸ Alterações promovidas no texto da referida lei.

ART. 40. O art. 47 da Lei n. 8.981, de 20 de janeiro de 1995, passa a vigorar acrescido do seguinte inciso VIII:

▸ Alterações promovidas no texto da referida lei.

ARTS. 41 a **44.** (Vetados.)

ART. 45. O art. 8º da Lei n. 11.732, de 30 de junho de 2008, passa a vigorar com a seguinte redação:

▸ Alteração promovida no texto da referida lei.

ART. 46. O conceito de sociedade coligada previsto no art. 243 da Lei n. 6.404, de 15 de dezembro de 1976, com a redação dada por esta Lei, somente será utilizado para os propósitos previstos naquela Lei.

Parágrafo único. Para os propósitos previstos em leis especiais, considera-se coligada a sociedade referida no art. 1.099 da Lei n. 10.406, de 10 de janeiro de 2002 - Código Civil.

ART. 47. A Lei n. 10.260, de 12 de julho de 2001, passa a vigorar com as seguintes alterações:

▸ Alterações promovidas no texto da referida lei.

CAPÍTULO V
DISPOSIÇÕES FINAIS

ART. 48. O Primeiro, o Segundo e o Terceiro Conselhos de Contribuintes do Ministério da Fazenda, bem como a Câmara Superior de Recursos Fiscais, ficam unificados em um órgão, denominado Conselho Administrativo de Recursos Fiscais, colegiado, paritário, integrante da estrutura do Ministério da Fazenda, com competência para julgar recursos de ofício e voluntários de decisão de primeira instância, bem como recursos especiais, sobre a aplicação da legislação referente a tributos administrados pela Secretaria da Receita Federal do Brasil.

Parágrafo único. São prerrogativas do Conselheiro integrante do Conselho Administrativo de Recursos Fiscais - CARF: (Incluído pela Lei 12.833/2013.)

I - somente ser responsabilizado civilmente, em processo judicial ou administrativo, em razão de decisões proferidas em julgamento de processo no âmbito do CARF, quando proceder comprovadamente com dolo ou fraude no exercício de suas funções; e (Incluído pela Lei 12.833/2013.)

II - (Vetado.) (Incluído pela Lei 12.833/2013.)

ART. 49. Ficam transferidas para o Conselho Administrativo de Recursos Fiscais as atribuições e competências do Primeiro, Segundo e Terceiro Conselhos de Contribuintes do Ministério da Fazenda e da Câmara Superior de Recursos Fiscais, e suas respectivas câmaras e turmas.

§ 1º Compete ao Ministro de Estado da Fazenda instalar o Conselho Administrativo de Recursos Fiscais, nomear seu presidente, entre os representantes da Fazenda Nacional e dispor quanto às competências para julgamento em razão da matéria.

§ 2º (Vetado.)

§ 3º Fica prorrogada a competência dos Conselhos de Contribuintes e da Câmara Superior de Recursos Fiscais enquanto não instalado o Conselho Administrativo de Recursos Fiscais.

§ 4º Enquanto não aprovado o regimento interno do Conselho Administrativo de Recursos Fiscais serão aplicados, no que couber, os Regimentos Internos dos Conselhos de Contribuintes e da Câmara Superior de Recursos Fiscais do Ministério da Fazenda.

ART. 50. Ficam removidos, na forma do disposto no inciso I do parágrafo único do art. 36 da Lei n. 8.112, de 11 de dezembro de 1990, para o Conselho Administrativo de Recursos Fiscais, os servidores que, na data da publicação desta Lei, se encontravam lotados e em efetivo exercício no Primeiro, Segundo e Terceiro Conselhos de Contribuintes do Ministério da Fazenda e na Câmara Superior de Recursos Fiscais.

ART. 51. Ficam transferidos os cargos em comissão e funções gratificadas da estrutura do Primeiro, Segundo e Terceiro Conselhos de Contribuintes do Ministério da Fazenda e da Câmara Superior de Recursos Fiscais para o Conselho Administrativo de Recursos Fiscais.

ART. 52. As disposições da legislação tributária em vigor, que se refiram aos Conselhos de Contribuintes e à Câmara Superior de Recursos Fiscais devem ser entendidas como pertinentes ao Conselho Administrativo de Recursos Fiscais.

ART. 53. A prescrição dos créditos tributários pode ser reconhecida de ofício pela autoridade administrativa.

Parágrafo único. O reconhecimento de ofício a que se refere o *caput* deste artigo aplica-se inclusive às contribuições sociais previstas nas alíneas a, b e c do parágrafo único do art. 11 da Lei n. 8.212, de 24 de julho de 1991, às contribuições instituídas a título de substituição e às contribuições devidas a terceiros, assim entendidas outras entidades e fundos.

ART. 54. Terão sua inscrição no Cadastro Nacional da Pessoa Jurídica - CNPJ baixada, nos termos e condições definidos pela Secretaria da Receita Federal do Brasil, as pessoas jurídicas que tenham sido declaradas inaptas até a data de publicação desta Lei.

ART. 55. As pessoas jurídicas que tiverem sua inscrição no CNPJ baixada até 31 de dezembro de 2008, nos termos do art. 54 desta Lei e dos arts. 80 e 80-A da Lei n. 9.430, de 27 de dezembro de 1996, ficam dispensadas:

I - da apresentação de declarações e demonstrativos relativos a tributos administrados pela Secretaria da Receita Federal do Brasil;

II - da comunicação à Secretaria da Receita Federal do Brasil da baixa, extinção ou cancelamento nos órgãos de registro; e

III - das penalidades decorrentes do descumprimento das obrigações acessórias de que tratam os incisos I e II do *caput* deste artigo.

ART. 56. A partir de 1º de janeiro de 2008, o imposto de renda sobre prêmios obtidos em loterias incidirá apenas sobre o valor do prêmio em dinheiro que exceder ao valor da primeira faixa da tabela de incidência mensal do Imposto de Renda da Pessoa Física - IRPF.

Parágrafo único. (Vetado.)

ART. 57. A aplicação do disposto nos arts. 35 e 35-A da Lei n. 8.212, de 24 de julho de 1991, às prestações ainda não pagas de parcelamento e aos demais débitos, inscritos ou não em Dívida Ativa, cobrado por meio de processo ainda não definitivamente julgado, ocorrerá:

I - mediante requerimento do sujeito passivo, dirigido à autoridade administrativa competente, informando e comprovando que se subsume à mencionada hipótese; ou

II - de ofício, quando verificada pela autoridade administrativa a possibilidade de aplicação.

Parágrafo único. O procedimento de revisão de multas previsto neste artigo será regulamentado em portaria conjunta da Procuradoria-Geral da Fazenda Nacional e da Secretaria da Receita Federal do Brasil.

ART. 58. Os órgãos responsáveis pela cobrança da Dívida Ativa da União poderão utilizar serviços de instituições financeiras públicas para a realização de atos que viabilizem a satisfação amigável de créditos inscritos.

§ 1º Nos termos convencionados com as instituições financeiras, os órgãos responsáveis pela cobrança da Dívida Ativa:

I - orientarão a instituição financeira sobre a legislação tributária aplicável ao tributo objeto de satisfação amigável;

II - delimitarão os atos de cobrança amigável a serem realizados pela instituição financeira;

III - indicarão as remissões e anistias, expressamente previstas em lei, aplicáveis ao tributo objeto de satisfação amigável;

IV - fixarão o prazo que a instituição financeira terá para obter êxito na satisfação amigável do crédito inscrito, antes do ajuizamento da ação de execução fiscal, quando for o caso; e

V - fixarão os mecanismos e parâmetros de remuneração por resultado.

§ 2º Para os fins deste artigo, é dispensável a licitação, desde que a instituição financeira pública possua notória competência na atividade de recuperação de créditos não pagos.

§ 3º Ato conjunto do Advogado-Geral da União e do Ministro de Estado da Fazenda:

I - fixará a remuneração por resultado devida à instituição financeira; e

II - determinará os créditos que podem ser objeto do disposto no *caput* deste artigo, inclusive estabelecendo alçadas de valor.

ARTS. 59 e **60.** (Revogados pela Lei 12.973/2014.)

ART. 61. A escrituração de que trata o art. 177 da Lei n. 6.404, de 15 de dezembro de 1976, quando realizada por instituições financeiras e demais entidades autorizadas a funcionar pelo Banco Central do Brasil, inclusive as constituídas na forma de companhia aberta, deve observar as disposições da Lei n. 4.595, de 31 de dezembro de 1964, e os atos normativos dela decorrentes.

ART. 62. O texto consolidado da Lei n. 6.404, de 15 de dezembro de 1976, com todas as alterações nela introduzidas pela legislação posterior, inclusive por esta Lei, será publicado no Diário Oficial da União pelo Poder Executivo.

ART. 63. Ficam extintos, no âmbito do Poder Executivo Federal, 28 (vinte e oito) cargos em comissão do Grupo-Direção e Assessoramento Superiores - DAS e 16 (dezesseis) Funções Gratificadas - FG, sendo 16 (dezesseis) DAS-101.2, 12 (doze) DAS-101.1, 4 (quatro) FG-1, 2 (dois) FG-2 e 10 (dez) FG-3, e criados 15 (quinze) cargos em comissão do Grupo-Direção e Assessoramento Superiores - DAS, sendo 2 (dois) DAS-101.5, 1 (um) DAS-101.4 e 12 (doze) DAS-101.3.

ART. 64. O disposto nos arts. 1º a 7º da Medida Provisória n. 447, de 14 de novembro de 2008, aplica-se também aos fatos geradores ocorridos entre 1º e 31 de outubro de 2008.

ART. 65. Fica a União autorizada a conceder subvenção extraordinária para os produtores independentes de cana-de-açúcar da região Nordeste e do Estado do Rio de Janeiro na safra 2008/2009.

§ 1º Os Ministérios da Agricultura, Pecuária e Abastecimento e da Fazenda estabelecerão em ato conjunto as condições operacionais para a implementação, execução, pagamento, controle e fiscalização da subvenção prevista no *caput* deste artigo, devendo observar que a subvenção será:

I - concedida diretamente aos produtores ou por meio de suas cooperativas, em função da quantidade de cana-de-açúcar efetivamente vendida às usinas de açúcar e de álcool da região;

II - definida pela diferença entre o custo variável de produção do Nordeste para a safra 2008/2009, calculado pela Companhia Nacional de Abastecimento - CONAB em R$ 40,92 (quarenta reais e noventa e dois centavos) por tonelada de cana-de-açúcar e o preço médio líquido mensal da tonelada de cana padrão calculado a partir do preço apurado pelo Conselho dos Produtores de Cana-de-Açúcar, Açúcar e Álcool - CONSECANA, de Alagoas e de Pernambuco, ponderado pela produção desses Estados estimada no levantamento de safra da Conab de dezembro de 2008;

III - limitada a R$ 5,00 (cinco reais) por tonelada de cana-de-açúcar e a 10.000 (dez mil) toneladas por produtor em toda a safra;

IV - paga em 2008 e 2009, referente à produção da safra 2008/2009 efetivamente entregue a partir de 1º de maio de 2008 na hipótese do Estado do Rio de Janeiro e nos períodos de 1º de agosto de 2008 a 31 dezembro de 2008 nos demais casos e 1º de janeiro de 2009 ao final da safra, considerando a média dos valores mensais da subvenção de cada período.

§ 2º Os custos decorrentes dessa subvenção serão suportados pela ação correspondente à Garantia e Sustentação de Preços na Comercialização de Produtos Agropecuários, do Orçamento das Operações Oficiais de Crédito, sob a coordenação do Ministério da Fazenda.

ART. 66. Fica a União autorizada, em caráter excepcional, a proceder à aquisição de açúcar produzido pelas usinas circunscritas à região Nordeste, da safra 2008/2009, por preço não superior ao preço médio praticado na região, com base em parâmetros de preços definidos conjuntamente pelos Ministérios da Fazenda e da Agricultura, Pecuária e Abastecimento, observada a legislação vigente.

Parágrafo único. Os custos decorrentes das aquisições de que trata este artigo serão suportados pela dotação consignada no Programa Abastecimento Agroalimentar, na ação correspondente à Formação de Estoques, sob a coordenação da Conab.

ART. 67. Na hipótese de parcelamento do crédito tributário antes do oferecimento da denúncia, essa somente poderá ser aceita na superveniência de inadimplemento da obrigação objeto da denúncia.

ART. 68. É suspensa a pretensão punitiva do Estado, referente aos crimes previstos nos arts. 1º e 2º da Lei n. 8.137, de 27 de dezembro de 1990, e nos arts. 168-A e 337-A do Decreto-Lei n. 2.848, de 7 de dezembro de 1940 - Código Penal, limitada a suspensão aos débitos que tiverem sido objeto de concessão de parcelamento, enquanto não forem rescindidos os parcelamentos de que tratam os arts. 1º a 3º desta Lei, observado o disposto no art. 69 desta Lei.

Parágrafo único. A prescrição criminal não corre durante o período de suspensão da pretensão punitiva.

ART. 69. Extingue-se a punibilidade dos crimes referidos no art. 68 quando a pessoa jurídica relacionada com o agente efetuar o pagamento integral dos débitos oriundos de tributos e contribuições sociais, inclusive acessórios, que tiverem sido objeto de concessão de parcelamento.

Parágrafo único. Na hipótese de pagamento efetuado pela pessoa física prevista no § 15 do art. 1º desta Lei, a extinção da punibilidade ocorrerá com o pagamento integral dos valores correspondentes à ação penal.

ART. 70. (Vetado.)

ART. 71. A adjudicação de ações pela União, para pagamento de débitos inscritos na Dívida Ativa, que acarrete a participação em sociedades empresariais, deverá ter a anuência prévia, por meio de resolução, da Comissão Interministerial de Governança Corporativa e de Administração de Participações Societárias da União - CGPAR, vedada a assunção pela União do controle societário.

- Dec. 6.990/2009 (Regulamenta o art. 71 da Lei n. 11.941/2009, que trata da adjudicação de ações pela União, para pagamento de débitos inscritos na dívida Ativa que acarrete a participação no capital social de sociedade empresarial devedora).

§ 1º A adjudicação de que trata o *caput* deste artigo limitar-se-á às ações de sociedades empresariais com atividade econômica no setor de defesa nacional.

§ 2º O disposto no *caput* deste artigo aplica-se também à dação em pagamento, para quitação de débitos de natureza não tributária inscritos em Dívida Ativa.

§ 3º Ato do Poder Executivo regulamentará o disposto neste artigo.

ART. 72. A Lei n. 9.873, de 23 de novembro de 1999, passa a vigorar com as seguintes alterações:

- Alterações promovidas no texto da referida lei.

ART. 73. O art. 32 da Lei n. 9.430, de 27 de dezembro de 1996, passa a vigorar acrescido dos seguintes parágrafos:

- Alteração promovida no texto da referida lei.

ART. 74. O art. 28 da Lei n. 11.171, de 2 de setembro de 2005, passa a vigorar com a seguinte redação:

- Alteração promovida no texto da referida lei.

ART. 75. O art. 4º da Lei n. 11.345, de 14 de setembro de 2006, passa a vigorar com a seguinte redação:

- Alteração promovida no texto da referida lei.

ART. 76. O prazo previsto no art. 10 da Lei n. 11.345, de 14 de setembro de 2006, fica reaberto por 180 (cento e oitenta) dias contados da publicação desta Lei para as Santas Casas de Misericórdia, para as entidades de saúde de reabilitação física de deficientes sem fins econômicos e para os clubes sociais sem fins econômicos que comprovem a participação em competições oficiais em ao menos 3 (três) modalidades esportivas distintas, de acordo com certidão a ser expedida anualmente pela Confederação Brasileira de Clubes.

ART. 77. Fica prorrogada até 31 de dezembro de 2014 a vigência da Lei n. 8.989, de 24 de fevereiro de 1995.

ART. 78. (Vetado.)

ART. 79. Ficam revogados:

I - os §§ 1º e 3º a 8º do art. 32, o art. 34, os §§ 1º a 4º do art. 35, os §§ 1º e 2º do art. 37, os arts. 38 e 41, o § 8º do art. 47, o § 2º do art. 49, o parágrafo único do art. 52, o inciso II do *caput* do art. 80, o art. 81, os §§ 1º, 2º, 3º, 5º, 6º e 7º do art. 89 e o parágrafo único do art. 93 da Lei n. 8.212, de 24 de julho de 1991;

II - o art. 60 da Lei n. 8.383, de 30 de dezembro de 1991;

III - o parágrafo único do art. 133 da Lei n. 8.213, de 24 de julho de 1991;

IV - o art. 7º da Lei n. 9.469, de 10 de julho de 1997;

V - o parágrafo único do art. 10, os §§ 4º ao 9º do art. 11 e o parágrafo único do art. 14 da Lei n. 10.522, de 19 de julho de 2002;

VI - o parágrafo único do art. 15 do Decreto n. 70.235, de 6 de março de 1972;

VII - o art. 13 da Lei n. 8.620, de 5 de janeiro de 1993;

VIII - os §§ 1º, 2º e 3º do art. 84 do Decreto-Lei n. 73, de 21 de novembro de 1966;

IX - o art. 1º da Lei n. 10.190, de 14 de fevereiro de 2001, na parte em que altera o art. 84 do Decreto-Lei n. 73, de 21 de novembro de 1966;

X - o § 7º do art. 177, o inciso V do *caput* do art. 179, o art. 181, o inciso VI do *caput* do art. 183 e os incisos III e IV do *caput* do art. 188 da Lei n. 6.404, de 15 de dezembro de 1976;

XI - a partir da instalação do Conselho Administrativo de Recursos Fiscais:

a) o Decreto n. 83.304, de 28 de março de 1979;
b) o Decreto n. 89.892, de 2 de julho de 1984; e
c) o art. 112 da Lei n. 11.196, de 21 de novembro de 2005;

XII - o § 1º do art. 3º da Lei n. 9.718, de 27 de novembro de 1998;

XIII - o inciso III do *caput* do art. 8º da Lei n. 6.938, de 31 de agosto de 1981; e

XIV - o inciso II do § 2º do art. 1º da Lei n. 9.964, de 10 de abril de 2000.

ART. 80. Esta Lei entra em vigor na data de sua publicação.

Brasília, 27 de maio de 2009;
188º da Independência e 121º da República.
LUIZ INÁCIO LULA DA SILVA

LEI N. 11.945, DE 4 DE JUNHO DE 2009

Altera a legislação tributária federal e dá outras providências.

- *DOU*, 5.6.2009, retificado em 24.06.2009.

O Presidente da República. Faço saber que o Congresso Nacional decreta e eu sanciono a seguinte Lei:

ART. 1º Deve manter o Registro Especial na Secretaria da Receita Federal do Brasil a pessoa jurídica que:

I - exercer as atividades de comercialização e importação de papel destinado à impressão de livros, jornais e periódicos, a que se refere a alínea d do inciso VI do art. 150 da Constituição Federal; e

II - adquirir o papel a que se refere a alínea d do inciso VI do art. 150 da Constituição Federal para a utilização na impressão de livros, jornais e periódicos.

§ 1º A comercialização do papel a detentores do Registro Especial de que trata o *caput* deste artigo faz prova da regularidade da sua destinação, sem prejuízo da responsabilidade, pelos tributos devidos, da pessoa jurídica que, tendo adquirido o papel beneficiado com imunidade, desviar sua finalidade constitucional.

§ 2º O disposto no § 1º deste artigo aplica-se também para efeito do disposto no § 2º do art. 2º da Lei n. 10.637, de 30 de dezembro de 2002, no § 2º do art. 2º e no § 15 do art. 3º da Lei n. 10.833, de 29 de dezembro de 2003, e no § 10 do art. 8º da Lei n. 10.865, de 30 de abril de 2004.

§ 3º Fica atribuída à Secretaria da Receita Federal do Brasil competência para:

I - expedir normas complementares relativas ao Registro Especial e ao cumprimento das exigências a que estão sujeitas as pessoas jurídicas para sua concessão;

II - estabelecer a periodicidade e a forma de comprovação da correta destinação do papel beneficiado com imunidade, inclusive mediante a instituição de obrigação acessória destinada ao controle da sua comercialização e importação.

§ 4º O não cumprimento da obrigação prevista no inciso II do § 3º deste artigo sujeitará a pessoa jurídica às seguintes penalidades:

I - 5% (cinco por cento), não inferior a R$ 100,00 (cem reais) e não superior a R$ 5.000,00 (cinco mil reais), do valor das operações com papel imune omitidas ou apresentadas de forma inexata ou incompleta; e

II - de R$ 2.500,00 (dois mil e quinhentos reais) para micro e pequenas empresas e de R$ 5.000,00 (cinco mil reais) para as demais, independentemente da sanção prevista no inciso I deste artigo, se as informações não forem apresentadas no prazo estabelecido.

§ 5º Apresentada a informação fora do prazo, mas antes de qualquer procedimento de ofício, a multa de que trata o inciso II do § 4º deste artigo será reduzida à metade.

ART. 2º O Registro Especial de que trata o art. 1º desta Lei poderá ser cancelado, a qualquer tempo, pela Secretaria da Receita Federal do Brasil se, após a sua concessão, ocorrer uma das seguintes hipóteses:

I - desatendimento dos requisitos que condicionaram a sua concessão;

II - situação irregular da pessoa jurídica perante o Cadastro Nacional da Pessoa Jurídica - CNPJ;

III - atividade econômica declarada para efeito da concessão do Registro Especial divergente da informada perante o CNPJ ou daquela regularmente exercida pela pessoa jurídica;

IV - não comprovação da correta destinação do papel na forma a ser estabelecida no inciso II do § 3º do art. 1º desta Lei; ou

V - decisão final proferida na esfera administrativa sobre a exigência fiscal de crédito tributário decorrente do consumo ou da utilização do papel destinado à impressão de livros, jornais e periódicos em finalidade diferente daquela prevista no art. 1º desta Lei.

§ 1º Fica vedada a concessão de novo Registro Especial, pelo prazo de 5 (cinco) anos-calendário, à pessoa jurídica enquadrada nas hipóteses descritas nos incisos IV ou V do *caput* deste artigo.

§ 2º A vedação de que trata o § 1º deste artigo também se aplica à concessão de Registro Especial a pessoas jurídicas que possuam em seu quadro societário:

I - pessoa física que tenha participado, na qualidade de sócio, diretor, gerente ou administrador, de pessoa jurídica que teve Registro Especial cancelado em virtude do disposto nos incisos IV ou V do *caput* deste artigo; ou

II - pessoa jurídica que teve Registro Especial cancelado em virtude do disposto nos incisos IV ou V do *caput* deste artigo.

ART. 3º (Vetado.)

ART. 4º Ficam isentas do Imposto sobre a Renda da Pessoa Jurídica - IRPJ e da Contribuição Social sobre o Lucro Líquido - CSLL as receitas decorrentes de valores em espécie pagos ou creditados pelos Estados, Distrito Federal e Municípios, relativos ao Imposto sobre Operações relativas à Circulação de Mercadorias e sobre Prestações de Serviços de Transporte Interestadual e Intermunicipal e de Comunicação - ICMS e ao Imposto sobre Serviços de Qualquer Natureza - ISS, no âmbito de programas de concessão de crédito voltados ao estímulo à solicitação de documento fiscal na aquisição de mercadorias e serviços.

ART. 5º Ficam reduzidas a 0 (zero) as alíquotas da Contribuição para o PIS/Pasep e da Contribuição para o Financiamento da Seguridade Social - Cofins incidentes sobre as receitas decorrentes de valores pagos ou creditados pelos Estados, Distrito Federal e Municípios relativos ao ICMS e ao ISS, no âmbito de programas de concessão de crédito voltados ao estímulo à solicitação de documento fiscal na aquisição de mercadorias e serviços.

ART. 6º O art. 6º da Lei n. 7.713, de 22 de dezembro de 1988, passa a vigorar com a seguinte redação:

‣ Alteração promovida no texto da referida lei.

ART. 7º Sem prejuízo do disposto no § 3º do art. 195 da Constituição Federal, pelo prazo de 6 (seis) meses, nas operações de crédito realizadas com instituições financeiras públicas, incluídas as contratações e renegociações de dívidas, ficam afastadas as exigências de regularidade fiscal previstas no art. 62 do Decreto-Lei n. 147, de 3 de fevereiro de 1967, no § 1º do art. 1º do Decreto-Lei n. 1.715, de 22 de novembro de 1979, na alínea b do art. 27 da Lei n. 8.036, de 11 de maio de 1990, e na Lei n. 10.522, de 19 de julho de 2002.

Parágrafo único. O disposto no *caput* deste artigo aplica-se, pelo prazo de 18 (dezoito) meses, às liberações de recursos das operações de crédito realizadas com instituições financeiras públicas.

ART. 8º Os órgãos e entidades da administração pública federal responsáveis pela inscrição de pendências relativas a obrigações fiscais, legais ou de natureza financeira ou contratual devidas por Estados, Distrito Federal ou Municípios e que compõem a base de informações para fins de verificação das condições para transferência voluntária da União deverão:

I - adotar procedimento prévio de notificação como condicionante à inscrição definitiva de pendência nos sistemas próprios, cadastros ou bancos de dados de controle utilizados para essa finalidade;

II - manter, em seus sistemas, cadastros ou bancos de dados de controle, as informações sobre a data da notificação e o prazo para inscrição definitiva da pendência.

§ 1º Não estão sujeitas à obrigatoriedade de notificação prévia de que trata este artigo:

I - as obrigações certas de pagamento previstas em contratos de financiamento, parcelamentos ou outros de natureza assemelhada;

II - as obrigações de transparência previstas nos arts. 51, 52 e 54 da Lei Complementar n. 101, de 4 de maio de 2000.

§ 2º Na hipótese de inexistência de prazo diverso previsto em regulamentação própria para o procedimento de que trata este artigo, o prazo para inscrição definitiva da pendência será de 45 (quarenta e cinco) dias, contado da data da notificação.

ART. 9º Para efeitos de aplicação do disposto no art. 8º, os órgãos e entidades referidos no *caput* desse artigo deverão providenciar a adaptação de seus sistemas próprios, cadastros ou bancos de dados de controle na forma do inciso II do referido dispositivo no prazo máximo de 1 (um) ano, contado da data de publicação desta Lei, devendo tais informações ser incorporadas ao Cadastro Único de Convênios - Cauc e outros sistemas ou portais de consulta unificada de informações sobre Estados e Municípios.

ART. 10. O ato de entrega de recursos correntes e de capital a outro ente da Federação, a título de transferência voluntária, nos termos do art. 25 da Lei Complementar n. 101, de 4 de maio de 2000, é caracterizado no momento da assinatura do respectivo convênio ou contrato de repasse, bem como na assinatura dos correspondentes aditamentos, e não se confunde com as liberações financeiras de recurso, que devem obedecer ao cronograma de desembolso previsto no convênio ou contrato de repasse.

ART. 11. As liberações financeiras das transferências voluntárias decorrentes do disposto no art. 10 desta Lei não se submetem a quaisquer outras exigências previstas na legislação, exceto aquelas intrínsecas ao cumprimento do objeto do contrato ou convênio e respectiva prestação de contas e aquelas previstas na alínea a do inciso VI do art. 73 da Lei n. 9.504, de 30 de setembro de 1997.

ART. 12. A aquisição no mercado interno ou a importação, de forma combinada ou não, de mercadoria para emprego ou consumo na industrialização de produto a ser exportado poderá ser realizada com suspensão do Imposto de Importação, do Imposto sobre Produtos Industrializados - IPI, da Contribuição para o PIS/Pasep e da Cofins, da Contribuição para o PIS/Pasep-Importação e da Cofins--Importação.

§ 1º As suspensões de que trata o *caput* deste artigo:

I - aplicam-se também à aquisição no mercado interno ou à importação de mercadorias para emprego em reparo, criação, cultivo ou atividade extrativista de produto a ser exportado;

II - não alcançam as hipóteses previstas nos incisos IV a IX do art. 3º da Lei n. 10.637, de 30 de dezembro de 2002, e nos incisos III a IX do art. 3º da Lei n. 10.833, de 29 de dezembro de 2003, e nos incisos III a V do art. 15 da Lei n. 10.865, de 30 de abril de 2004.

III - aplicam-se também às aquisições no mercado interno ou importações de empresas denominadas fabricantes-intermediários, para industrialização de produto intermediário a ser diretamente fornecido a empresas industriais--exportadoras, para emprego ou consumo na industrialização de produto final destinado à exportação. (Incluído pela Lei 12.058/2009.)

§ 2º Apenas a pessoa jurídica habilitada pela Secretaria de Comércio Exterior poderá efetuar aquisições ou importações com suspensão na forma deste artigo. (Redação dada pela Lei 12.058/2009.)

§ 3º A Secretaria da Receita Federal do Brasil e a Secretaria de Comércio Exterior disciplinarão em ato conjunto o disposto neste artigo.

ART. 13. Os atos concessórios de *drawback* cujos prazos máximos, nos termos do art. 4º do Decreto-Lei n. 1.722, de 3 de dezembro de 1979, tenham vencimento entre 1º de outubro de 2008 e 31 de dezembro de 2009 poderão ser prorrogados, em caráter excepcional, por 1 (um) ano, contado do respectivo vencimento.

‣ Lei 12.453/2011 (Constitui fonte de recursos adicional ao BNDES; altera as Leis 12.096/2009; 12.409/2011, 10.841/2004, e 12.101/2009; dispõe sobre medidas de suspensão temporária de exigências de regularidade fiscal).

ART. 14. Os atos concessórios de *drawback*, incluído o regime de que trata o art. 12 desta Lei, poderão ser deferidos, a critério da Secretaria de Comércio Exterior, levando-se em conta a agregação de valor e o resultado da operação.

§ 1º A comprovação do regime poderá ser realizada com base no fluxo físico, por meio de comparação entre os volumes de importação e de aquisição no mercado interno em relação ao volume exportado, considerada, ainda, a variação cambial das moedas de negociação.

§ 2º A Secretaria da Receita Federal do Brasil e a Secretaria de Comércio Exterior disciplinarão em ato conjunto o disposto neste artigo.

ART. 15. Os arts. 3º e 5º da Lei n. 9.718, de 27 de novembro de 1998, passam a vigorar com a seguinte redação:

‣ Alterações promovidas no texto da referida lei.

ART. 16. Os arts. 1º, 2º e 3º da Lei n. 10.637, de 30 de dezembro de 2002, passam a vigorar com a seguinte redação:

‣ Alterações promovidas no texto da referida lei.

ART. 17. Os arts. 1º, 2º, 3º, 10, 58-J e 58-O da Lei n. 10.833, de 29 de dezembro de 2003, passam a vigorar com a seguinte redação:

‣ Alterações promovidas no texto da referida lei.

ART. 18. A Lei n. 10.833, de 29 de dezembro de 2003, passa a vigorar acrescida do seguinte art. 58-V:

‣ Acréscimo promovido no texto da referida lei.

ART. 19. Os arts. 15 e 16 da Lei n. 10.865, de 30 de abril de 2004, passam a vigorar com a seguinte redação:

‣ Alterações promovidas no texto da referida lei.

ART. 20. Os arts. 64 e 65 da Lei n. 11.196, de 21 de novembro de 2005, passam a vigorar com a seguinte redação:

‣ Alterações promovidas no texto da referida lei.

ART. 21. O art. 16 da Lei n. 11.371, de 28 de novembro de 2006, passa a vigorar com a seguinte redação:

‣ Alteração promovida no texto da referida lei.

ART. 22. Salvo disposição expressa em contrário, caso a não incidência, a isenção, a suspensão ou a redução das alíquotas da Contribuição para o PIS/Pasep, da Cofins, da Contribuição para o PIS/Pasep-Importação e da Cofins-Importação for condicionada à destinação do bem ou do serviço, e a este for dado destino diverso, ficará o responsável pelo fato sujeito ao pagamento das contribuições e das penalidades cabíveis, como se a não incidência, a isenção, a suspensão ou a redução das alíquotas não existisse.

ART. 23. Os incisos III e IV do art. 1º da Lei n. 11.482, de 31 de maio de 2007, passam a vigorar com a seguinte redação:

‣ Alteração promovida no texto da referida lei.

ART. 24. O art. 2º da Lei n. 10.996, de 15 de dezembro de 2004, passa a vigorar com a seguinte redação:

‣ Alteração promovida no texto da referida lei.

ART. 25. O art. 6º da Lei n. 11.345, de 14 de setembro de 2006, passa a vigorar com a seguinte redação:

‣ Alteração promovida no texto da referida lei.

ART. 26. Para as entidades desportivas referidas no § 2º do art. 1º da Lei n. 11.345, de 14 de setembro de 2006, o prazo previsto no art. 10 da referida Lei fica reaberto por 60 (sessenta) dias contados da data de publicação desta Lei.

ART. 27. (Vetado.)

ART. 28. A Lei n. 7.827, de 27 de setembro de 1989, passa a vigorar com as seguintes alterações:

‣ Alteração promovida no texto da referida lei.

ART. 29. O *caput* do art. 2º da Lei n. 11.529, de 22 de outubro de 2007, passa a vigorar com a seguinte redação:

‣ Alteração promovida no texto da referida lei.

ART. 30. O art. 12 da Lei n. 6.194, de 19 de dezembro de 1974, passa a vigorar acrescido dos seguintes §§ 3º e 4º:

‣ Alteração promovida no texto da referida lei.

ART. 31. Os arts. 3º e 5º da Lei n. 6.194, de 19 de dezembro de 1974, passam a vigorar com as seguintes alterações:

‣ Alterações promovidas no texto da referida lei.

ART. 32. A Lei n. 6.194, de 19 de dezembro de 1974, passa a vigorar acrescida da tabela anexa a esta Lei.

ART. 33. Esta Lei entra em vigor na data de sua publicação, produzindo efeitos:

I - a partir de 1º de janeiro de 2009, em relação ao disposto:

a) nos arts. 4º a 6º, 18, 23 e 24;

b) no art. 15, relativamente ao inciso V do § 2º do art. 3º da Lei n. 9.718, de 27 de novembro de 1998;

c) no art. 16, relativamente ao inciso VII do § 3º do art. 1º da Lei n. 10.637, de 30 de dezembro de 2002;

d) no art. 17, relativamente ao inciso VI do § 3º do art. 1º e ao art. 58-J da Lei n. 10.833, de 29 de dezembro de 2003;

e) no art. 19, relativamente aos §§ 11 e 12 do art. 15 da Lei n. 10.865, de 30 de abril de 2004;

f) no art. 20, relativamente ao § 6º do art. 64 e ao § 8º do art. 65 da Lei n. 11.196, de 21 de novembro de 2005;

II - a partir de 1º de abril de 2009, em relação ao disposto no art. 19, relativamente ao § 2º do art. 16 da Lei n. 10.865, de 30 de abril de 2004;

III - a partir da data de início de produção de efeitos do art. 65 da Lei n. 11.196, de 21 de novembro de 2005, em relação ao disposto no art. 20, relativamente ao § 7º do art. 65 da Lei n. 11.196, de 21 de novembro de 2005;

IV - a partir de 16 de dezembro de 2008, em relação:

a) aos arts. 1º, 2º, 21, 22, 29, 30, 31 e 32;

b) ao art. 16, relativamente ao § 15 do art. 3º da Lei n. 10.637, de 30 de dezembro de 2002;

c) ao art. 17, relativamente ao § 23 do art. 3º, inciso XX do art. 10 e § 5º do art. 58-O da Lei n. 10.833, de 29 de dezembro de 2003;

d) ao art. 19, relativamente ao § 1º do art. 16 da Lei n. 10.865, de 30 de abril de 2004;

V - a partir da data da publicação desta Lei, em relação aos demais dispositivos.

Brasília, 4 de junho de 2009;
188º da Independência e 121º da República.
LUIZ INÁCIO LULA DA SILVA

LEI N. 11.952, DE 25 DE JUNHO DE 2009

Dispõe sobre a regularização fundiária das ocupações incidentes em terras situadas em áreas da União, no âmbito da Amazônia Legal; altera as Leis n. 8.666, de 21 de junho de 1993, e 6.015, de 31 de dezembro de 1973; e dá outras providências.

‣ *DOU*, 26.06.2009.

‣ Dec. 7.341/2010 (Regulamenta esta lei para dispor sobre a regularização fundiária das áreas urbanas situadas em terras da União no âmbito da Amazônia Legal, definida pela LC 124/2007).

‣ Dec. 9.309/2018 (regulamenta esta lei para dispor sobre a regularização fundiária das áreas rurais).

O Presidente da República. Faço saber que o Congresso Nacional decreta e eu sanciono a seguinte Lei:

CAPÍTULO I
DISPOSIÇÕES GERAIS

ART. 1º Esta Lei dispõe sobre a regularização fundiária das ocupações incidentes em terras situadas em áreas da União, no âmbito da Amazônia Legal, definida no art. 2º da Lei Complementar n. 124, de 3 de janeiro de 2007, mediante alienação e concessão de direito real de uso de imóveis.

Parágrafo único. Fica vedado beneficiar, nos termos desta Lei, pessoa natural ou jurídica com a regularização de mais de uma área ocupada.

ART. 2º Para os efeitos desta Lei, entende-se por:

I - ocupação direta: aquela exercida pelo ocupante e sua família;

II - ocupação indireta: aquela exercida somente por interposta pessoa;

III - exploração direta: atividade econômica exercida em imóvel rural e gerenciada diretamente pelo ocupante com o auxílio de seus familiares, de terceiros, ainda que sejam assalariados, ou por meio de pessoa jurídica de cujo capital social ele seja titular majoritário ou integral; (Alterado pela Lei 13.465/2017.)

IV - exploração indireta: atividade econômica exercida em imóvel rural e gerenciada, de fato ou de direito, por terceiros, que não sejam os requerentes; (Alterado pela Lei 13.465/2017.)

V - cultura efetiva: exploração agropecuária, agroindustrial, extrativa, florestal, pesqueira, de turismo ou outra atividade similar que envolva a exploração do solo; (Alterado pela Lei 13.465/2017.)

VI - ocupação mansa e pacífica: aquela exercida sem oposição e de forma contínua;

VII - ordenamento territorial urbano: planejamento da área urbana, de expansão urbana ou de urbanização específica, que considere os princípios e diretrizes da Lei n. 10.257, de 10 de julho de 2001, e inclua, no mínimo, os seguintes elementos:

a) delimitação de zonas especiais de interesse social em quantidade compatível com a demanda de habitação de interesse social do Município;

b) diretrizes e parâmetros urbanísticos de parcelamento, uso e ocupação do solo urbano;

c) diretrizes para infraestrutura e equipamentos urbanos e comunitários; e

d) diretrizes para proteção do meio ambiente e do patrimônio cultural;

VIII - concessão de direito real de uso: cessão de direito real de uso, onerosa ou gratuita, por tempo certo ou indeterminado, para fins específicos de regularização fundiária; e

IX - alienação: doação ou venda, direta ou mediante licitação, nos termos da Lei n. 8.666, de 21 de junho de 1993, do domínio pleno das terras previstas no art. 1º.

X - área urbana: a definição levará em consideração, para fins do disposto nesta Lei, o critério da destinação. (Acrescentado pela Lei 13.465/2017.)

ART. 3º São passíveis de regularização fundiária nos termos desta Lei as ocupações incidentes em terras:

I - discriminadas, arrecadadas e registradas em nome da União com base no art. 1º do Decreto-Lei n. 1.164, de 1º de abril de 1971;

II - abrangidas pelas exceções dispostas no parágrafo único do art. 1º do Decreto-Lei n. 2.375, de 24 de novembro de 1987;

III - remanescentes de núcleos de colonização ou de projetos de reforma agrária que tiverem perdido a vocação agrícola e se destinem à utilização urbana;

IV - devolutas localizadas em faixa de fronteira; ou

V - registradas em nome do Instituto Nacional de Colonização e Reforma Agrária - Incra, ou por ele administradas.

Parágrafo único. Esta Lei aplica-se subsidiariamente a outras áreas sob domínio da União, na Amazônia Legal, sem prejuízo da utilização dos instrumentos previstos na legislação patrimonial.

ART. 4º Não serão passíveis de alienação ou concessão de direito real de uso, nos termos desta Lei, as ocupações que recaiam sobre áreas:

I - reservadas à administração militar federal e a outras finalidades de utilidade pública ou de interesse social a cargo da União;

II - tradicionalmente ocupadas por população indígena;

III - de florestas públicas, nos termos da Lei n. 11.284, de 2 de março de 2006, de unidades de conservação ou que sejam objeto de processo administrativo voltado à criação de unidades de conservação, conforme regulamento; ou

IV - que contenham acessões ou benfeitorias federais.

§ 1º As áreas ocupadas que abranjam parte ou a totalidade de terrenos de marinha, terrenos marginais ou reservados, seus acrescidos ou outras áreas insuscetíveis de alienação nos termos do art. 20 da Constituição Federal, poderão ser regularizadas mediante outorga de título de concessão de direito real de uso.

§ 2º As terras ocupadas por comunidades quilombolas ou tradicionais que façam uso coletivo da área serão regularizadas de acordo com as normas específicas, aplicando-se-lhes, no que couber, os dispositivos desta Lei.

▸ ADIn 4.269.

CAPÍTULO II
DA REGULARIZAÇÃO FUNDIÁRIA EM ÁREAS RURAIS

ART. 5º Para regularização da ocupação, nos termos desta Lei, o ocupante e seu cônjuge ou companheiro deverão atender os seguintes requisitos:

I - ser brasileiro nato ou naturalizado;

II - não ser proprietário de imóvel rural em qualquer parte do território nacional;

III - praticar cultura efetiva;

IV - comprovar o exercício de ocupação e exploração direta, mansa e pacífica, por si ou por seus antecessores, anterior a 22 de julho de 2008; (Alterado pela Lei 13.465/2017.)

V - não ter sido beneficiado por programa de reforma agrária ou de regularização fundiária de área rural, ressalvadas as situações admitidas pelo Ministério do Desenvolvimento Agrário.

§ 1º Fica vedada a regularização de ocupações em que o ocupante ou seu cônjuge ou companheiro exerçam cargo ou emprego público: (Alterado pela Lei 13.465/2017.)

I - no Incra; (Acrescentado pela Lei 13.465/2017.)

II - na Secretaria Especial de Agricultura Familiar e do Desenvolvimento Agrário da Casa Civil da Presidência da República; (Acrescentado pela Lei 13.465/2017.)

III - na Secretaria do Patrimônio da União (SPU); ou (Acrescentado pela Lei 13.465/2017.)

IV - nos órgãos estaduais de terras. (Acrescentado pela Lei 13.465/2017.)

§ 2º (Revogado). (Alterado pela Lei 13.465/2017.)

ART. 6º Preenchidos os requisitos previstos no art. 5º, o Ministério do Desenvolvimento Agrário ou, se for o caso, o Ministério do Planejamento, Orçamento e Gestão regularizará as áreas ocupadas mediante alienação.

§ 1º Serão regularizadas as ocupações de áreas não superiores a 2.500 ha (dois mil e quinhentos hectares). (Alterado pela Lei 13.465/2017.)

§ 2º Serão passíveis de alienação as áreas ocupadas, demarcadas e que não abranjam as áreas previstas no art. 4º desta Lei.

§ 3º Não serão regularizadas ocupações que incidam sobre áreas objeto de demanda judicial em que sejam parte a União ou os entes da administração pública federal indireta até o trânsito em julgado da decisão, ressalvadas a hipótese de o objeto da demanda não impedir a análise da regularização da ocupação pela administração pública e a hipótese de acordo judicial. (Alterado pela Lei 13.465/2017.)

§ 4º A concessão de direito real de uso nas hipóteses previstas no § 1º do art. 4º desta Lei será outorgada pelo Ministério do Planejamento, Orçamento e Gestão, após a identificação da área, nos termos de regulamento.

§ 5º Os ocupantes de áreas inferiores à fração mínima de parcelamento terão preferência como beneficiários na implantação de novos projetos de reforma agrária na Amazônia Legal.

ART. 7º (Vetado.)

ART. 8º Em caso de conflito nas regularizações de que trata este Capítulo, a União priorizará:

I - a regularização em benefício das comunidades locais, definidas no inciso X do art. 3º da Lei n. 11.284, de 2 de março de 2006, se o conflito for entre essas comunidades e particular, pessoa natural ou jurídica;

II - (Vetado.)

ART. 9º A identificação do título de domínio destacado originariamente do patrimônio público será obtida a partir de memorial descritivo, assinado por profissional habilitado e com a devida Anotação de Responsabilidade Técnica - ART, contendo as coordenadas dos vértices definidores dos limites do imóvel rural, georreferenciadas ao Sistema Geodésico Brasileiro.

Parágrafo único. O memorial descritivo de que trata o *caput* será elaborado nos termos do regulamento.

ART. 10. A certificação do memorial descritivo não será exigida no ato da abertura de matrícula baseada em título de domínio de imóvel destacado do patrimônio público, nos termos desta Lei.

Parágrafo único. Os atos registrais subsequentes deverão ser feitos em observância ao art. 176 da Lei n. 6.015, de 31 de dezembro de 1973.

ART. 11. Na ocupação de área contínua de até um módulo fiscal, a alienação e, no caso previsto no § 4º do art. 6º desta Lei, a concessão de direito real de uso dar-se-ão de forma gratuita, dispensada a licitação. (Alterado pela Lei 13.465/2017.)

ART. 12. Na ocupação de área contínua acima de um módulo fiscal e até o limite previsto no § 1º do art. 6º desta Lei, a alienação e, no caso previsto no § 4º do art. 6º desta Lei, a concessão de direito real de uso dar-se-ão de forma onerosa, dispensada a licitação. (Alterado pela Lei 13.465/2017.)

§ 1º O preço do imóvel considerará o tamanho da área e será estabelecido entre 10% (dez por cento) e 50% (cinquenta por cento) do valor mínimo da pauta de valores da terra nua para fins de titulação e regularização fundiária elaborada pelo Incra, com base nos valores de imóveis avaliados para a reforma agrária, conforme regulamento. (Alterado pela Lei 13.465/2017.)

§ 2º Na hipótese de inexistirem parâmetros para a definição do valor da terra nua na forma de que trata o § 1º deste artigo, a administração pública utilizará como referência avaliações de preços produzidas preferencialmente por entidades públicas, justificadamente. (Alterado pela Lei 13.465/2017.)

§ 3º Serão acrescidos ao preço do imóvel para alienação previsto no § 1º deste artigo custos relativos à execução dos serviços topográficos, se executados pelo poder público, exceto quando se tratar de ocupações cujas áreas não excedam a quatro módulos fiscais. (Alterado pela Lei 13.465/2017.)

§ 4º O disposto no § 1º deste artigo aplica-se à concessão de direito real de uso onerosa, à razão de 40% (quarenta por cento) dos percentuais estabelecidos no § 1º deste artigo. (Alterado pela Lei 13.465/2017.)

ART. 13. Os requisitos para a regularização fundiária dos imóveis de até 4 (quatro) módulos fiscais serão averiguados por meio de declaração do ocupante, sujeita a responsabilização nas esferas penal, administrativa e civil, dispensada a vistoria prévia.

▸ ADIn 4.269.

Parágrafo único. É facultado ao Ministério do Desenvolvimento Agrário ou, se for o caso, ao Ministério do Planejamento, Orçamento e Gestão determinar a realização de vistoria de fiscalização do imóvel rural na hipótese prevista no *caput* deste artigo.

ART. 14. As áreas ocupadas insuscetíveis de regularização por excederem o limite previsto no § 1º do art. 6º desta Lei poderão ser objeto de titulação parcial até esse limite e nos moldes desta Lei. (Alterado pela Lei 13.465/2017.)

§ 1º A opção pela titulação, nos termos do *caput*, será condicionada à desocupação da área excedente.

§ 2º Ao valor do imóvel serão acrescidos os custos relativos à execução dos serviços topográficos, se executados pelo poder público.

ART. 15. O título de domínio ou, no caso previsto no § 4º do art. 6º, o termo de concessão de direito real de uso deverá conter, entre outras, cláusulas que determinem, pelo prazo de dez anos, sob condição resolutiva, além da inalienabilidade do imóvel: (Alterado pela Lei 13.465/2017.)

▸ ADIn 4.269.

I - a manutenção da destinação agrária, por meio de prática de cultura efetiva; (Alterado pela Lei 13.465/2017.)

▸ ADIn 4.269.

II - o respeito à legislação ambiental, em especial quanto ao cumprimento do disposto no Capítulo VI da Lei n. 12.651, de 25 de maio de 2012; (Alterado pela Lei 13.465/2017.)

III - a não exploração de mão de obra em condição análoga à de escravo; e (Alterado pela Lei 13.465/2017.)

IV - as condições e a forma de pagamento. (Alterado pela Lei 13.465/2017.)

§ 1º Na hipótese de pagamento por prazo superior a dez anos, a eficácia da cláusula resolutiva prevista no inciso IV do *caput* deste

LEIS

artigo estender-se-á até a integral quitação. (Alterado pela Lei 13.465/2017.)

§ 2º Ficam extintas as condições resolutivas na hipótese de o beneficiário optar por realizar o pagamento integral do preço do imóvel, equivalente a 100% (cem por cento) do valor médio da terra nua estabelecido na forma dos §§ 1º e 2º do art. 12 desta Lei, vigente à época do pagamento, respeitado o período de carência previsto no art. 17 desta Lei e cumpridas todas as condições resolutivas até a data do pagamento. (Alterado pela Lei 13.465/2017.)

› ADIn 4.269.

§ 3º O disposto no § 2º deste artigo aplica-se aos imóveis de até um módulo fiscal. (Alterado pela Lei 13.465/2017.)

§ 4º (Revogado). (Alterado pela Lei 13.465 /2017.)

› ADIn 4.269.

§ 5º (Revogado). (Alterado pela Lei 13.465 /2017.)

› ADIn 4.269.

§ 6º O beneficiário que transferir ou negociar por qualquer meio o título obtido nos termos desta Lei não poderá ser beneficiado novamente em programas de reforma agrária ou de regularização fundiária.

ART. 16. As condições resolutivas do título de domínio e do termo de concessão de uso somente serão liberadas após a verificação de seu cumprimento. (Alterado pela Lei 13.465/2017.)

§ 1º O cumprimento do contrato deverá ser comprovado nos autos, por meio de juntada da documentação pertinente, nos termos estabelecidos em regulamento. (Acrescentado pela Lei 13.465/2017.)

§ 2º Caso a análise de que trata o § 1º não seja suficiente para atestar o cumprimento das condições resolutivas, deverá ser realizada vistoria. (Acrescentado pela Lei 13.465/2017.)

§ 3º A administração deverá, no prazo máximo de doze meses, contado da data do protocolo, concluir a análise do pedido de liberação das condições resolutivas. (Acrescentado pela Lei 13.465/2017.)

ART. 17. O valor do imóvel fixado na forma do art. 12 será pago pelo beneficiário da regularização fundiária em prestações amortizáveis em até 20 (vinte) anos, com carência de até 3 (três) anos.

§ 1º Sobre o valor fixado incidirão encargos financeiros na forma estabelecida em regulamento. (Alterado pela Lei 13.465/2017.)

§ 2º Na hipótese de pagamento à vista, será concedido desconto de 20% (vinte por cento), caso o pagamento ocorra em até cento e oitenta dias, contados da data de entrega do título. (Alterado pela Lei 13.465/2017.)

§ 3º O disposto no § 2º deste artigo não se aplica à hipótese de pagamento integral prevista no § 2º do art. 15 desta Lei. (Alterado pela Lei 13.465/2017.)

§ 4º Os títulos emitidos anteriormente a esta Lei terão seus valores passíveis de enquadramento no previsto nesta Lei mediante requerimento do interessado, observados os termos estabelecidos em regulamento e vedada a restituição de valores já pagos que, por conta do enquadramento, eventualmente excedam ao que se tornou devido. (Acrescentado pela Lei 13.465/2017.)

ART. 18. O descumprimento das condições resolutivas pelo titulado implica resolução de pleno direito do título de domínio ou do termo de concessão, declarada no processo administrativo que apurar o descumprimento das cláusulas resolutivas, assegurados os princípios da ampla defesa e do contraditório.

Parágrafo único. (Revogado). (Alterado pela Lei 13.465/2017.)

§ 1º A análise do cumprimento das cláusulas resolutivas recairá estritamente sobre o período de vigência das obrigações contratuais, tomando-se a mais longa como termo final. (Acrescentado pela Lei 13.465/2017.)

§ 2º O descumprimento das obrigações após o período de vigência das cláusulas contratuais não gerará o efeito previsto no *caput* deste artigo. (Acrescentado pela Lei 13.465/2017.)

§ 3º O descumprimento das obrigações pelo titulado durante a vigência das cláusulas resolutivas deverá ser demonstrado nos autos do processo administrativo por meio de prova material ou documental. (Acrescentado pela Lei 13.465/2017.)

§ 4º A prova material ou documental a que se refere o § 3º deste artigo será considerada essencial à propositura de ação judicial reivindicatória de domínio. (Acrescentado pela Lei 13.465/2017.)

§ 5º Em caso de inexistência da prova de que trata o § 4º, fica a Advocacia-Geral da União autorizada a desistir das ações já ajuizadas. (Acrescentado pela Lei 13.465/2017.)

§ 6º Na análise acerca do cumprimento das obrigações contratuais constantes dos títulos emitidos anteriormente a 25 de junho de 2009, deverão ser ratificadas as vistorias realizadas em data anterior à promulgação da Constituição Federal, a requerimento do interessado, garantidos o contraditório e a ampla defesa. (Acrescentado pela Lei 13.465/2017.)

§ 7º Resolvido o título de domínio ou o termo de concessão na forma do *caput* deste artigo, o contratante: (Acrescentado pela Lei 13.465/2017.)

I - terá direito à indenização pelas acessões e pelas benfeitorias, necessárias e úteis, podendo levantar as voluptuárias no prazo máximo de cento e oitenta dias após a desocupação do imóvel, sob pena de perda delas em proveito do alienante; (Acrescentado pela Lei 13.465/2017.)

II - terá direito à restituição dos valores pagos com a devida atualização monetária, deduzido o percentual das quantias abaixo: (Acrescentado pela Lei 13.465/2017.)

a) 15% (quinze por cento) do valor pago à título de multa compensatória; e (Incluída pela Lei n. 13.465, de 2017)

b) 0,3% (três décimos por cento) do valor atualizado do contrato por cada mês de ocupação do imóvel desde o início do contrato, a título de indenização pela fruição; (Incluída pela Lei n. 13.465, de 2017)

III - estará desobrigado de pagar eventual saldo devedor remanescente na hipótese de o montante das quantias indicadas nas alíneas *a* e *b* do inciso II deste parágrafo eventualmente exceder ao valor total pago a título de preço. (Acrescentado pela Lei 13.465/2017.)

§ 8º A critério da administração pública federal, exclusivamente em casos de interesse social na destinação da área, havendo desocupação voluntária, o ocupante poderá receber compensação financeira pelas benfeitorias úteis ou necessárias edificadas até a data de notificação da decisão que declarou a resolução do título de domínio ou da concessão. (Acrescentado pela Lei 13.465/2017.)

§ 9º Ato do Poder Executivo disporá sobre regulamento para disciplinar o valor e o limite da compensação financeira, além de estabelecer os prazos para pagamento e para a desocupação prevista no § 7º deste artigo. (Acrescentado pela Lei 13.465/2017.)

§ 10. Na hipótese de a área titulada passar a integrar a zona urbana ou de expansão urbana, deverá ser priorizada a análise do requerimento de liberação das condições resolutivas. (Acrescentado pela Lei 13.465/2017.)

ART. 19. No caso de descumprimento de contrato firmado com órgãos fundiários federais até 22 de dezembro de 2016, o beneficiário originário ou seus herdeiros que ocupem e explorem o imóvel terão prazo de cinco anos, contado da data de entrada em vigor da Medida Provisória no 759, de 22 de dezembro de 2016, para requerer a renegociação do contrato firmado, sob pena de reversão, observadas: (Alterado pela Lei 13.465/2017.)

I - as condições de pagamento fixadas nos arts. 11 e 12; e (Acrescentado pela Lei 13.465/2017.)

II - a comprovação do cumprimento das cláusulas a que se refere o art. 15 desta Lei. (Acrescentado pela Lei 13.465/2017.)

§ 1º O disposto no *caput* deste artigo não se aplica caso haja manifestação de interesse social ou utilidade pública relacionada aos imóveis titulados, independentemente do tamanho da área, sendo de rigor a análise do cumprimento das condições resolutivas nos termos pactuados. (Acrescentado pela Lei 13.465/2017.)

§ 2º Pagamentos comprovados nos autos deverão ser abatidos do valor fixado na renegociação. (Acrescentado pela Lei 13.465/2017.)

ART. 20. Todas as cessões de direitos a terceiros que envolvam títulos expedidos pelos órgãos fundiários federais em nome do ocupante original servirão somente para fins de comprovação da ocupação do imóvel pelo cessionário ou pelos seus antecessores. (Alterado pela Lei 13.465/2017.)

§ 1º O terceiro cessionário mencionado no *caput* deste artigo somente poderá regularizar a área por ele ocupada.

§ 2º Os imóveis que não puderem ser regularizados na forma desta Lei serão revertidos, total ou parcialmente, ao patrimônio da União.

CAPÍTULO III
DA REGULARIZAÇÃO FUNDIÁRIA EM ÁREAS URBANAS

ART. 21. São passíveis de regularização fundiária as ocupações incidentes em terras públicas da União, previstas no art. 3º desta Lei, situadas em áreas urbanas, de expansão urbana ou de urbanização específica.

§ 1º A regularização prevista no *caput* deste artigo será efetivada mediante doação aos Municípios interessados, para a qual fica o Poder Executivo autorizado, sob a condição de que sejam realizados pelas administrações locais os atos necessários à regularização das áreas ocupadas, nos termos desta Lei.

§ 2º Nas hipóteses previstas no § 1º do art. 4º desta Lei, será aplicada concessão de direito real de uso das terras.

§ 3º Fica vedado aos Municípios e ao Distrito Federal alienar os imóveis recebidos na forma do § 1º deste artigo por valor superior àquele cobrado pela Secretaria do Patrimônio da União (SPU) ou, na ausência de previsão nesse sentido, na forma de ato da SPU. (Acrescentado pela Lei 13.465/2017.)

ART. 22. Constitui requisito para que o Município seja beneficiário da doação ou da concessão de direito real de uso previstas no art. 21 desta Lei ordenamento territorial urbano que abranja a área a ser regularizada, observados os elementos exigidos no inciso VII do art. 2º desta Lei.

§ 1º Os elementos do ordenamento territorial das áreas urbanas, de expansão urbana ou de urbanização específica constarão no plano diretor, em lei municipal específica para a área ou áreas objeto de regularização ou em outra lei municipal.

§ 2º Em áreas com ocupações para fins urbanos já consolidadas ou com equipamentos públicos urbanos ou comunitários a serem implantados, nos termos estabelecidos em regulamento, a transferência da União para o Município poderá ser feita independentemente da existência da lei municipal referida no § 1º deste artigo. (Alterado pela Lei 13.465/2017.)

§ 3º Para transferência de áreas de expansão urbana, os municípios deverão apresentar justificativa que demonstre a necessidade da área solicitada, considerando a capacidade de atendimento dos serviços públicos em função do crescimento populacional previsto, o déficit habitacional, a aptidão física para a urbanização e outros aspectos definidos em regulamento.

§ 4º As áreas com destinação rural localizadas em perímetro urbano que venham a ser transferidas pela União para o Município deverão ser objeto de regularização fundiária, conforme as regras previstas em legislação federal específica de regularização fundiária urbana. (Acrescentado pela Lei 13.465/2017.)

ART. 23. O pedido de doação ou de concessão de direito real de uso de terras para regularização fundiária de área urbana ou de expansão urbana será dirigido:

I - ao Ministério do Desenvolvimento Agrário, em terras arrecadadas ou administradas pelo Incra; ou

II - ao Ministério do Planejamento, Orçamento e Gestão, em outras áreas sob domínio da União.

§ 1º Os procedimentos de doação ou de concessão de direito real de uso deverão ser instruídos pelo Município com as seguintes peças, além de outros documentos que poderão ser exigidos em regulamento:

I - pedido de doação devidamente fundamentado e assinado pelo seu representante;

II - comprovação das condições de ocupação;

III - planta e memorial descritivo do perímetro da área pretendida, cuja precisão posicional será fixada em regulamento;

IV - cópia do plano diretor ou da lei municipal que contemple os elementos do ordenamento territorial urbano, observado o previsto no § 2º do art. 22 desta Lei;

V - relação de acessões e benfeitorias federais existentes na área pretendida, contendo identificação e localização.

§ 2º Caberá ao Incra ou, se for o caso, ao Ministério do Planejamento, Orçamento e Gestão analisar se a planta e o memorial descritivo apresentados atendem as exigências técnicas fixadas.

§ 3º O Ministério das Cidades participará da análise do pedido de doação ou concessão de direito real de uso de imóveis urbanos e emitirá parecer. (Alterado pela Lei 13.465/2017.)

ART. 24. Quando necessária a prévia arrecadação ou a discriminação da área, o Incra ou, se for o caso, o Ministério do Planejamento, Orçamento e Gestão procederá à sua demarcação, com a cooperação do Município interessado e de outros órgãos públicos federais e estaduais, promovendo, em seguida, o registro imobiliário em nome da União.

ART. 25. No caso previsto no § 2º do art. 21 desta Lei, o Ministério do Planejamento, Orçamento e Gestão lavrará o auto de demarcação.

Parágrafo único. Nas áreas de várzeas, leitos de rios e outros corpos d'água federais, o auto de demarcação será instruído apenas pela planta e memorial descritivo da área a ser regularizada, fornecidos pelo Município, observado o disposto no inciso I do § 2º do art. 18-A do Decreto-Lei n. 9.760, de 5 de setembro de 1946.

ART. 26. O Ministério do Desenvolvimento Agrário ou, se for o caso, o Ministério do Planejamento, Orçamento e Gestão formalizará a doação em favor do Município, com a expedição de título que será levado a registro, nos termos do art. 167, inciso I, da Lei n. 6.015, de 1973.

§ 1º A formalização da concessão de direito real de uso no caso previsto no § 2º do art. 21 desta Lei será efetivada pelo Ministério do Planejamento, Orçamento e Gestão.

§ 2º Na hipótese de estarem abrangidas as áreas referidas nos incisos I a IV do *caput* do art. 4º desta Lei, o registro do título será condicionado à sua exclusão, bem como à abertura de nova matrícula para as áreas destacadas objeto de doação ou concessão no registro imobiliário competente, nos termos do inciso I do art. 167 da Lei n. 6.015, de 31 de dezembro de 1973.

§ 3º A delimitação das áreas de acessões, benfeitorias, terrenos de marinha e terrenos marginais será atribuição dos órgãos federais competentes, facultada a realização de parceria com Estados e Municípios.

§ 4º A doação ou a concessão de direito real de uso serão precedidas de avaliação da terra nua elaborada pelo Incra ou outro órgão federal competente com base em planilha referencial de preços, sendo dispensada a vistoria da área.

§ 5º A abertura de matrícula referente à área independerá do georreferenciamento do remanescente da gleba, nos termos do § 3º do art. 176 da Lei n. 6.015, de 31 de dezembro de 1973, desde que a doação ou a concessão de direito real de uso sejam precedidas do reconhecimento dos limites da gleba pelo Incra ou, se for o caso, pelo Ministério do Planejamento, Orçamento e Gestão, garantindo que a área esteja nela localizada.

ART. 27. A doação e a concessão de direito real de uso a um mesmo Município de terras que venham a perfazer quantitativo superior a 2.500ha (dois mil e quinhentos hectares) em 1 (uma) ou mais parcelas deverão previamente ser submetidas à aprovação do Congresso Nacional.

ART. 28. A doação e a concessão de direito real de uso implicarão o automático cancelamento, total ou parcial, das autorizações e licenças de ocupação e quaisquer outros títulos não definitivos outorgados pelo Incra ou, se for o caso, pelo Ministério do Planejamento, Orçamento e Gestão, que incidam na área.

§ 1º As novas pretensões de justificação ou legitimação de posse existentes sobre as áreas alcançadas pelo cancelamento deverão ser submetidas ao Município.

§ 2º Para o cumprimento do disposto no *caput*, o Ministério do Desenvolvimento Agrário ou, se for o caso, o Ministério do Planejamento, Orçamento e Gestão fará publicar extrato dos títulos expedidos em nome do Município, com indicação do número do processo administrativo e dos locais para consulta ou obtenção de cópias das peças técnicas necessárias à identificação da área doada ou concedida.

§ 3º Garantir-se-ão às pessoas atingidas pelos efeitos do cancelamento a que se refere o *caput*:

I - a opção de aquisição de lote urbano incidente na área do título cancelado, desde que preencham os requisitos fixados para qualquer das hipóteses do art. 30; e

II - o direito de receber do Município indenização pelas acessões e benfeitorias que houver erigido em boa-fé nas áreas de que tiver que se retirar.

§ 4º A União não responderá pelas acessões e benfeitorias erigidas de boa-fé nas áreas doadas ou concedidas.

ART. 29. Incumbe ao Município dispensar às terras recebidas a destinação prevista nesta Lei, observadas as condições nela previstas e aquelas fixadas no título, cabendo-lhe, em qualquer caso:

I - regularizar as ocupações nas áreas urbanas, de expansão urbana ou de urbanização específica; e

II - indenizar as benfeitorias de boa-fé erigidas nas áreas insuscetíveis de regularização.

ART. 30. O Município deverá efetuar a regularização fundiária das áreas doadas pela União mediante a aplicação dos instrumentos previstos na legislação federal específica de regularização fundiária urbana. (Alterado pela Lei 13.465/2017.)

I a IV - (Revogados); (Alterado pela Lei 13.465/2017.)

§§ 1º e 2º (Revogados). (Alterado pela Lei 13.465/2017.)

CAPÍTULO IV
DISPOSIÇÕES FINAIS

ART. 31. Os agentes públicos que cometerem desvios na aplicação desta Lei incorrerão nas sanções previstas na Lei n. 8.429, de 2 de junho de 1992, sem prejuízo de outras penalidades cabíveis.

Parágrafo único. Não haverá reversão do imóvel ao patrimônio da União em caso de descumprimento das disposições dos arts. 29 e 30 pelo Município.

ART. 32. Com a finalidade de efetivar as atividades previstas nesta Lei, a União firmará acordos de cooperação técnica, convênios ou outros instrumentos congêneres com Estados e Municípios.

ART. 33. Ficam transferidas do Incra para a Secretaria Especial de Agricultura Familiar e do Desenvolvimento Agrário da Casa Civil da Presidência da República as competências para coordenar, normatizar e supervisionar o processo de regularização fundiária de áreas rurais na Amazônia Legal, expedir os títulos de domínio correspondentes e efetivar a doação prevista no § 1º do art. 21 desta Lei, mantidas as atribuições do Ministério do Planejamento, Desenvolvimento e Gestão, na administração do patrimônio imobiliário das áreas não afetadas à regularização fundiária, e as demais previstas nesta Lei. (Alterado pela Lei 13.465/2017.)

- A Med. Prov. 870/2019 determinou a seguinte alteração:

  Art. 33. Ficam transferidas da Secretaria Especial de Agricultura Familiar e do Desenvolvimento Agrário da Casa Civil da Presidência da República para o Incra as competências para coordenar, normatizar e supervisionar o processo de regularização fundiária de áreas rurais na Amazônia Legal, expedir os títulos de domínio correspondentes e efetivar a doação prevista no § 1º do art. 21, mantidas as atribuições do Ministério da Economia, na administração do patrimônio imobiliário das áreas não afetadas à regularização fundiária, e as demais previstas nesta Lei.

ART. 34. O Ministério do Desenvolvimento Agrário e o Ministério do Planejamento, Orçamento e Gestão criarão sistema informatizado a ser disponibilizado na rede mundial de computadores - internet, visando a assegurar a transparência sobre o processo de regularização fundiária de que trata esta Lei.

ART. 35. A implementação das disposições desta Lei será avaliada de forma sistemática por comitê instituído especificamente para esse fim, assegurada a participação de representantes da sociedade civil organizada que atue na região amazônica, segundo composição e normas de funcionamento definidas em regulamento.

ART. 36. Os Estados da Amazônia Legal que não aprovarem, mediante lei estadual, o respectivo Zoneamento Ecológico-Econômico - ZEE no prazo máximo de 3 (três) anos, a contar da entrada em vigor desta Lei, ficarão proibidos de celebrar novos convênios com a União, até que tal obrigação seja adimplida.

ART. 37. Ficam transformadas, sem aumento de despesa, no âmbito do Poder Executivo, para fins de atendimento do disposto nesta Lei, 216 (duzentas e dezesseis) Funções Comissionadas Técnicas, criadas pelo art. 58 da Medida Provisória n. 2.229-43, de 6 de setembro de 2001, sendo 3 (três) FCT-1, 7 (sete) FCT-2, 10 (dez) FCT-3, 8 (oito) FCT-4, 14 (quatorze) FCT-9, 75 (setenta e cinco) FCT-10, 34 (trinta e quatro) FCT-11, 24 (vinte e quatro) FCT-12, 30 (trinta) FCT-13 e 11 (onze) FCT-15, em 71 (setenta e um) cargos do Grupo-Direção e Assessoramento Superiores - DAS, sendo 1 (um) DAS-6, 1 (um) DAS-5, 11 (onze) DAS-4, 29 (vinte e nove) DAS-3 e 29 (vinte e nove) DAS-2.

§ 1º Os cargos referidos no *caput* serão destinados ao Ministério do Desenvolvimento Agrário e à Secretaria do Patrimônio da União do Ministério do Planejamento, Orçamento e Gestão.

§ 2º O Poder Executivo disporá sobre a alocação dos cargos em comissão transformados por esta Lei na estrutura regimental dos órgãos referidos no § 1º.

§ 3º Fica o Poder Executivo autorizado a transformar, no âmbito do Incra, 10 (dez) DAS-1 e 1 (um) DAS-3 em 3 (três) DAS-4 e 2 (dois) DAS-2.

ART. 38. A União e suas entidades da administração indireta ficam autorizadas a proceder a venda direta de imóveis residenciais de sua propriedade situados na Amazônia Legal aos respectivos ocupantes que possam comprovar o período de ocupação efetiva e regular por período igual ou superior a 5 (cinco) anos, excluídos:

I - os imóveis residenciais administrados pelas Forças Armadas, destinados à ocupação por militares;

II - os imóveis considerados indispensáveis ao serviço público.

Parágrafo único. Aplica-se a modalidade de alienação prevista no *caput* deste artigo mediante o pagamento do valor máximo da terra nua definido na forma dos §§ 1º e 2º do art. 12 desta Lei, com expedição de título de domínio nos termos dos arts. 15 e 16 desta Lei, aos ocupantes de imóveis rurais situados na Amazônia Legal, até o limite de que trata o § 1º do art. 6º desta Lei, nas seguintes hipóteses: (Acrescentado pela Lei 13.465/2017.)

I - quando se tratar de ocupações posteriores a 22 de julho de 2008 ou em áreas em que tenha havido interrupção da cadeia alienatória posterior à referida data, desde que observado o disposto nos arts. 4º e 5º desta Lei e comprovado o período da ocupação atual por prazo igual ou superior a cinco anos, apurado até a data de entrada em vigor da Medida Provisória no 759, de 22 de dezembro de 2016; (Acrescentado pela Lei 13.465/2017.)

II - quando os ocupantes forem proprietários de outro imóvel rural, desde que a soma das áreas não ultrapasse o limite mencionado neste parágrafo único e observado o disposto nos arts. 4º e 5º desta Lei. (Acrescentado pela Lei 13.465/2017.)

ART. 39. A Lei n. 8.666, de 21 de junho de 1993, passa a vigorar com as seguintes alterações:

‣ Alterações promovidas no texto da referida lei.

ART. 40. A Lei n. 6.015, de 31 de dezembro de 1973, passa a vigorar com as seguintes alterações:

‣ Alterações promovidas no texto da referida lei.

ART. 40-A. Aplicam-se as disposições desta Lei, à exceção do disposto no art. 11, à regularização fundiária das ocupações fora da Amazônia Legal nas áreas urbanas e rurais do Incra, inclusive nas áreas remanescentes de projetos criados pelo Incra, dentro ou fora da Amazônia Legal, em data anterior a 10 de outubro de 1985 com características de colonização, conforme regulamento. (Acrescentado pela Lei 13.465/2017.)

§ 1º O disposto no art. 18 da Lei n. 12.024, de 27 de agosto de 2009, não se aplica à regularização fundiária de imóveis rurais da União e do Incra situados no Distrito Federal. (Acrescentado pela Lei 13.465/2017.)

§ 2º Aplica-se o disposto no § 1º do art. 12 desta Lei à regularização fundiária disciplinada pelo Decreto-Lei n. 1.942, de 31 de maio de 1982. (Acrescentado pela Lei 13.465/2017.)

§ 3º Aplica-se o disposto nesta Lei às áreas urbanas e rurais, dentro ou fora da Amazônia Legal, da Superintendência da Zona Franca de Manaus (Suframa), que fica autorizada a doar as seguintes áreas, independentemente de sua localização no território nacional: (Acrescentado pela Lei 13.465/2017.)

I - áreas rurais ao Incra para fins de reforma agrária; e (Acrescentado pela Lei 13.465/2017.)

II - áreas urbanas e rurais, aos Municípios de Manaus e Rio Preto da Eva, para fins de regularização fundiária, com ocupações consolidadas até 22 de dezembro de 2016, aplicando-se especialmente, e no que couber, o disposto nos arts. 21 a 30 desta Lei. (Acrescentado pela Lei 13.465/2017.)

ART. 41. Esta Lei entra em vigor na data de sua publicação.

Brasília, 25 de junho de 2009; 188º da Independência e 121º da República.

LUIZ INÁCIO LULA DA SILVA

LEI N. 11.959, DE 29 DE JUNHO DE 2009

Dispõe sobre a Política Nacional de Desenvolvimento Sustentável da Aquicultura e da Pesca, regula as atividades pesqueiras, revoga a Lei n. 7.679, de 23 de novembro de 1988, e dispositivos do Decreto-Lei n. 221, de 28 de fevereiro de 1967, e dá outras providências.

‣ *DOU*, 30.06.2009, retificado em 09.07.2009.

O Presidente da República. Faço saber que o Congresso Nacional decreta e eu sanciono a seguinte Lei:

CAPÍTULO I
NORMAS GERAIS DA POLÍTICA NACIONAL DE DESENVOLVIMENTO SUSTENTÁVEL DA AQUICULTURA E DA PESCA

ART. 1º Esta Lei dispõe sobre a Política Nacional de Desenvolvimento Sustentável da Aquicultura e da Pesca, formulada, coordenada e executada com o objetivo de promover:

I - o desenvolvimento sustentável da pesca e da aquicultura como fonte de alimentação, emprego, renda e lazer, garantindo-se o uso sustentável dos recursos pesqueiros, bem como a otimização dos benefícios econômicos decorrentes, em harmonia com a preservação e a conservação do meio ambiente e da biodiversidade;

II - o ordenamento, o fomento e a fiscalização da atividade pesqueira;

III - a preservação, a conservação e a recuperação dos recursos pesqueiros e dos ecossistemas aquáticos;

IV - o desenvolvimento socioeconômico, cultural e profissional dos que exercem a atividade pesqueira, bem como de suas comunidades.

CAPÍTULO II
DEFINIÇÕES

ART. 2º Para os efeitos desta Lei, consideram-se:

I - recursos pesqueiros: os animais e os vegetais hidróbios passíveis de exploração, estudo ou pesquisa pela pesca amadora, de subsistência, científica, comercial e pela aquicultura;

II - aquicultura: a atividade de cultivo de organismos cujo ciclo de vida em condições naturais se dá total ou parcialmente em meio aquático, implicando a propriedade do estoque sob cultivo, equiparada à atividade agropecuária e classificada nos termos do art. 20 desta Lei;

III - pesca: toda operação, ação ou ato tendente a extrair, colher, apanhar, apreender ou capturar recursos pesqueiros;

IV - aquicultor: a pessoa física ou jurídica que, registrada e licenciada pelas autoridades competentes, exerce a aquicultura com fins comerciais;

V - armador de pesca: a pessoa física ou jurídica que, registrada e licenciada pelas autoridades competentes, apresta, em seu nome ou sob sua responsabilidade, embarcação para ser utilizada na atividade pesqueira pondo-a ou não a operar por sua conta;

VI - empresa pesqueira: a pessoa jurídica que, constituída de acordo com a legislação e devidamente registrada e licenciada pelas autoridades competentes, dedica-se, com fins comerciais, ao exercício da atividade pesqueira prevista nesta Lei;

VII - embarcação brasileira de pesca: a pertencente a pessoa natural residente e domiciliada no Brasil ou a pessoa jurídica constituída segundo as leis brasileiras, com sede e administração no País, bem como aquela sob contrato de arrendamento por empresa pesqueira brasileira;

VIII - embarcação estrangeira de pesca: a pertencente a pessoa natural residente e domiciliada no exterior ou a pessoa jurídica constituída segundo as leis de outro país, em que tenha sede e administração, ou, ainda, as embarcações brasileiras arrendadas a pessoa física ou jurídica estrangeira;

IX - transbordo do produto da pesca: fase da atividade pesqueira destinada à transferência do pescado e dos seus derivados de embarcação de pesca para outra embarcação;

X - áreas de exercício da atividade pesqueira: as águas continentais, interiores, o mar territorial, a plataforma continental, a zona econômica exclusiva brasileira, o alto-mar e outras áreas de pesca, conforme acordos e tratados internacionais firmados pelo Brasil, excetuando-se as áreas demarcadas como unidades de conservação da natureza de proteção integral ou como patrimônio histórico e aquelas definidas como áreas de exclusão para a segurança nacional e para o tráfego aquaviário;

XI - processamento: fase da atividade pesqueira destinada ao aproveitamento do pescado e de seus derivados, provenientes da pesca e da aquicultura;

XII - ordenamento pesqueiro: o conjunto de normas e ações que permitem administrar a atividade pesqueira, com base no conhecimento atualizado dos seus componentes biológico-pesqueiros, ecossistêmico, econômicos e sociais;

XIII - águas interiores: as baías, lagunas, braços de mar, canais, estuários, portos, angras, enseadas, ecossistemas de manguezais, ainda que a comunicação com o mar seja sazonal, e as águas compreendidas entre a costa e a linha de base reta, ressalvado o disposto em acordos e tratados de que o Brasil seja parte;

XIV - águas continentais: os rios, bacias, ribeirões, lagos, lagoas, açudes ou quaisquer depósitos de água não marinha, naturais ou artificiais, e os canais que não tenham ligação com o mar;

XV - alto-mar: a porção de água do mar não incluída na zona econômica exclusiva, no mar territorial ou nas águas interiores e continentais de outro Estado, nem nas águas arquipelágicas de Estado arquipélago;

XVI - mar territorial: faixa de 12 (doze) milhas marítimas de largura, medida a partir da linha de baixa-mar do litoral continental e insular brasileiro, tal como indicada nas cartas náuticas de grande escala, reconhecidas oficialmente pelo Brasil;

XVII - zona econômica exclusiva: faixa que se estende das 12 (doze) às 200 (duzentas) milhas marítimas, contadas a partir das linhas de base que servem para medir a largura do mar territorial;

XVIII - plataforma continental: o leito e o subsolo das áreas submarinas que se estendem além do mar territorial, em toda a extensão do prolongamento natural do território terrestre, até o bordo exterior da margem continental, ou até uma distância de 200 (duzentas) milhas marítimas das linhas de base, a partir das quais se mede a largura do mar territorial, nos casos em que o bordo exterior da margem continental não atinja essa distância;

XIX - defeso: a paralisação temporária da pesca para a preservação da espécie, tendo como motivação a reprodução e/ou recrutamento, bem como paralisações causadas por fenômenos naturais ou acidentes;

XX - (Vetado.)

XXI - pescador amador: a pessoa física, brasileira ou estrangeira, que, licenciada pela autoridade competente, pratica a pesca sem fins econômicos;

XXII - pescador profissional: a pessoa física, brasileira ou estrangeira residente no País que, licenciada pelo órgão público competente, exerce a pesca com fins comerciais, atendidos os critérios estabelecidos em legislação específica.

CAPÍTULO III
DA SUSTENTABILIDADE DO USO DOS RECURSOS PESQUEIROS E DA ATIVIDADE DE PESCA

SEÇÃO I
DA SUSTENTABILIDADE DO USO DOS RECURSOS PESQUEIROS

ART. 3º Compete ao poder público a regulamentação da Política Nacional de Desenvolvimento Sustentável da Atividade Pesqueira, conciliando o equilíbrio entre o princípio da sustentabilidade dos recursos pesqueiros e a obtenção de melhores resultados econômicos e sociais, calculando, autorizando ou estabelecendo, em cada caso:

I - os regimes de acesso;

II - a captura total permissível;

III - o esforço de pesca sustentável;

IV - os períodos de defeso;

V - as temporadas de pesca;

VI - os tamanhos de captura;

VII - as áreas interditadas ou de reservas;

VIII - as artes, os aparelhos, os métodos e os sistemas de pesca e cultivo;

IX - a capacidade de suporte dos ambientes;

X - as necessárias ações de monitoramento, controle e fiscalização da atividade;

XI - a proteção de indivíduos em processo de reprodução ou recomposição de estoques.

§ 1º O ordenamento pesqueiro deve considerar as peculiaridades e as necessidades dos pescadores artesanais, de subsistência e da aquicultura familiar, visando a garantir sua permanência e sua continuidade.

§ 2º Compete aos Estados e ao Distrito Federal o ordenamento da pesca nas águas continentais de suas respectivas jurisdições, observada a legislação aplicável, podendo o exercício da atividade ser restrita a uma determinada bacia hidrográfica.

SEÇÃO II
DA ATIVIDADE PESQUEIRA

ART. 4º A atividade pesqueira compreende todos os processos de pesca, explotação e exploração, cultivo, conservação, processamento, transporte, comercialização e pesquisa dos recursos pesqueiros.

Parágrafo único. Consideram-se atividade pesqueira artesanal, para os efeitos desta Lei, os trabalhos de confecção e de reparos de artes e petrechos de pesca, os reparos realizados em embarcações de pequeno porte e o processamento do produto da pesca artesanal.

ART. 5º O exercício da atividade pesqueira somente poderá ser realizado mediante prévio ato autorizativo emitido pela autoridade competente, asseguradas:

I - a proteção dos ecossistemas e a manutenção do equilíbrio ecológico, observados os princípios de preservação da biodiversidade e o uso sustentável dos recursos naturais;

II - a busca de mecanismos para a garantia da proteção e da seguridade do trabalhador e das populações com saberes tradicionais;

III - a busca da segurança alimentar e a sanidade dos alimentos produzidos.

ART. 6º O exercício da atividade pesqueira poderá ser proibido transitória, periódica ou permanentemente, nos termos das normas específicas, para proteção:

I - de espécies, áreas ou ecossistemas ameaçados;

II - do processo reprodutivo das espécies e de outros processos vitais para a manutenção e a recuperação dos estoques pesqueiros;

III - da saúde pública;

IV - do trabalhador.

§ 1º Sem prejuízo do disposto no *caput* deste artigo, o exercício da atividade pesqueira é proibido:

I - em épocas e nos locais definidos pelo órgão competente;

II - em relação às espécies que devam ser preservadas ou espécimes com tamanhos não permitidos pelo órgão competente;

III - sem licença, permissão, concessão, autorização ou registro expedido pelo órgão competente;

IV - em quantidade superior à permitida pelo órgão competente;

V - em locais próximos às áreas de lançamento de esgoto nas águas, com distância estabelecida em norma específica;

VI - em locais que causem embaraço à navegação;

VII - mediante a utilização de:

a) explosivos;

b) processos, técnicas ou substâncias que, em contato com a água, produzam efeito semelhante ao de explosivos;

c) substâncias tóxicas ou químicas que alterem as condições naturais da água;

d) petrechos, técnicas e métodos não permitidos ou predatórios.

§ 2º São vedados o transporte, a comercialização, o processamento e a industrialização de espécimes provenientes da atividade pesqueira proibida.

ART. 7º O desenvolvimento sustentável da atividade pesqueira dar-se-á mediante:

I - a gestão do acesso e uso dos recursos pesqueiros;

II - a determinação de áreas especialmente protegidas;

III - a participação social;

IV - a capacitação da mão de obra do setor pesqueiro;

V - a educação ambiental;

VI - a construção e a modernização da infraestrutura portuária de terminais portuários, bem como a melhoria dos serviços portuários;

VII - a pesquisa dos recursos, técnicas e métodos pertinentes à atividade pesqueira;

VIII - o sistema de informações sobre a atividade pesqueira;

IX - o controle e a fiscalização da atividade pesqueira;

X - o crédito para fomento ao setor pesqueiro.

CAPÍTULO IV
DA PESCA

SEÇÃO I
DA NATUREZA DA PESCA

ART. 8º Pesca, para os efeitos desta Lei, classifica-se como:

I - comercial:

a) artesanal: quando praticada diretamente por pescador profissional, de forma autônoma ou em regime de economia familiar, com meios de produção próprios ou mediante contrato de parceria, desembarcado, podendo utilizar embarcações de pequeno porte;

b) industrial: quando praticada por pessoa física ou jurídica e envolver pescadores profissionais, empregados ou em regime de parceria por cotas-partes, utilizando embarcações de pequeno, médio ou grande porte, com finalidade comercial;

II - não comercial:

a) científica: quando praticada por pessoa física ou jurídica, com a finalidade de pesquisa científica;

b) amadora: quando praticada por brasileiro ou estrangeiro, com equipamentos ou petrechos previstos em legislação específica, tendo por finalidade o lazer ou o desporto;

c) de subsistência: quando praticada com fins de consumo doméstico ou escambo sem fins de lucro e utilizando petrechos previstos em legislação específica.

SEÇÃO II
DAS EMBARCAÇÕES DE PESCA

ART. 9º Podem exercer a atividade pesqueira em áreas sob jurisdição brasileira:

I - as embarcações brasileiras de pesca;

II - as embarcações estrangeiras de pesca cobertas por acordos ou tratados internacionais firmados pelo Brasil, nas condições neles estabelecidas e na legislação específica;

III - as embarcações estrangeiras de pesca arrendadas por empresas, armadores e cooperativas brasileiras de produção de pesca, nos termos e condições estabelecidos em legislação específica.

§ 1º Para os efeitos desta Lei, consideram-se equiparadas às embarcações brasileiras de pesca as embarcações estrangeiras de pesca arrendadas por pessoa física ou jurídica brasileira.

§ 2º A pesca amadora ou esportiva somente poderá utilizar embarcações classificadas pela autoridade marítima na categoria de esporte e recreio.

ART. 10. Embarcação de pesca, para os fins desta Lei, é aquela que, permissionada e registrada perante as autoridades competentes, na forma da legislação específica, opera, com exclusividade, em uma ou mais das seguintes atividades:

I - na pesca;

II - na aquicultura;

III - na conservação do pescado;

IV - no processamento do pescado;

V - no transporte do pescado;

VI - na pesquisa de recursos pesqueiros.

§ 1º As embarcações que operam na pesca comercial se classificam em:

I - de pequeno porte: quando possui arqueação bruta - AB igual ou menor que 20 (vinte);

II - de médio porte: quando possui arqueação bruta - AB maior que 20 (vinte) e menor que 100 (cem);

III - de grande porte: quando possui arqueação bruta - AB igual ou maior que 100 (cem).

§ 2º Para fins creditícios, são considerados bens de produção as embarcações, as redes e os demais petrechos utilizados na pesca ou na aquicultura comercial.

§ 3º Para fins creditícios, são considerados instrumentos de trabalho as embarcações, as redes e os demais petrechos e equipamentos utilizados na pesca artesanal.

§ 4º A embarcação utilizada na pesca artesanal, quando não estiver envolvida na atividade pesqueira, poderá transportar as famílias dos pescadores, os produtos da pequena lavoura e da indústria doméstica, observadas as normas da autoridade marítima aplicáveis ao tipo de embarcação.

§ 5º É permitida a admissão, em embarcações pesqueiras, de menores a partir de 14 (catorze) anos de idade, na condição de aprendizes de pesca, observadas as legislações trabalhista, previdenciária e de proteção à criança e ao adolescente, bem como as normas da autoridade marítima.

ART. 11. As embarcações brasileiras de pesca terão, no curso normal de suas atividades, prioridades no acesso aos portos e aos terminais pesqueiros nacionais, sem prejuízo da exigência de prévia autorização, podendo a descarga de pescado ser feita pela tripulação da embarcação de pesca.

Parágrafo único. Não se aplicam à embarcação brasileira de pesca ou estrangeira de pesca arrendada por empresa brasileira as normas reguladoras do tráfego de cabotagem e as referentes à praticagem.

ART. 12. O transbordo do produto da pesca, desde que previamente autorizado, poderá ser feito nos termos da regulamentação específica.

§ 1º O transbordo será permitido, independentemente de autorização, em caso de acidente ou defeito mecânico que implique o risco de perda do produto da pesca ou seu derivado.

§ 2º O transbordo de pescado em área portuária, para embarcação de transporte, poderá ser realizado mediante autorização da autoridade competente, nas condições nela estabelecidas.

§ 3º As embarcações pesqueiras brasileiras poderão desembarcar o produto da pesca em portos de países que mantenham acordo com o Brasil e que permitam tais operações na forma do regulamento desta Lei.

§ 4º O produto pesqueiro ou seu derivado oriundo de embarcação brasileira ou de embarcação estrangeira de pesca arrendada à pessoa jurídica brasileira é considerado produto brasileiro.

ART. 13. A construção e a transformação de embarcação brasileira de pesca, assim como a importação ou arrendamento de embarcação estrangeira de pesca, dependem de autorização prévia das autoridades competentes, observados os critérios definidos na regulamentação pertinente.

§ 1º A autoridade competente poderá dispensar, nos termos da legislação específica, a exigência de que trata o *caput* deste artigo para a construção e transformação de embarcação utilizada nas pescas artesanal e de subsistência, atendidas as diretrizes relativas à gestão dos recursos pesqueiros.

§ 2º A licença de construção, de alteração ou de reclassificação da embarcação de pesca expedida pela autoridade marítima está condicionada à apresentação da Permissão Prévia de Pesca expedida pelo órgão federal competente, conforme parâmetros mínimos definidos em regulamento conjunto desses órgãos.

SEÇÃO III
DOS PESCADORES

ARTS. 14 a **17.** (vetados.)

CAPÍTULO V
DA AQUICULTURA

ART. 18. O aquicultor poderá coletar, capturar e transportar organismos aquáticos silvestres, com finalidade técnico-científica ou comercial, desde que previamente autorizado pelo órgão competente, nos seguintes casos:

I - reposição de plantel de reprodutores;

II - cultivo de moluscos aquáticos e de macroalgas disciplinado em legislação específica.

ART. 19. A aquicultura é classificada como:

I - comercial: quando praticada com finalidade econômica, por pessoa física ou jurídica;

II - científica ou demonstrativa: quando praticada unicamente com fins de pesquisa, estudos ou demonstração por pessoa jurídica legalmente habilitada para essas finalidades;

III - recomposição ambiental: quando praticada sem finalidade econômica, com o objetivo de repovoamento, por pessoa física ou jurídica legalmente habilitada;

IV - familiar: quando praticada por unidade unifamiliar, nos termos da Lei n. 11.326, de 24 de julho de 2006;

V - ornamental: quando praticada para fins de aquariofilia ou de exposição pública, com fins comerciais ou não.

ART. 20. O regulamento desta Lei disporá sobre a classificação das modalidades de aquicultura a que se refere o art. 19, consideradas:

I - a forma do cultivo;

II - a dimensão da área explorada;

III - a prática de manejo;

IV - a finalidade do empreendimento.

Parágrafo único. As empresas de aquicultura são consideradas empresas pesqueiras.

ART. 21. O Estado concederá o direito de uso de águas e terrenos públicos para o exercício da aquicultura.

ART. 22. Na criação de espécies exóticas, é responsabilidade do aquicultor assegurar a contenção dos espécimes no âmbito do cativeiro, impedindo seu acesso às águas de drenagem de bacia hidrográfica brasileira.

Parágrafo único. Fica proibida a soltura, no ambiente natural, de organismos geneticamente modificados, cuja caracterização esteja em conformidade com os termos da legislação específica.

ART. 23. São instrumentos de ordenamento da aquicultura os planos de desenvolvimento da aquicultura, os parques e áreas aquícolas e o Sistema Nacional de Autorização de Uso de Águas da União para fins de aquicultura, conforme definidos em regulamentação específica.

Parágrafo único. A implantação de empreendimentos aquícolas em áreas de salinas, salgados, apicuns, restingas, bem como em todas e quaisquer áreas adjacentes a rios, lagoas, lagos, açudes, deverá observar o contido na Lei n. 4.771, de 15 de setembro de 1965 - Código Florestal, na Medida Provisória n. 2.166-67, de 24 de agosto de 2001, e nas demais legislações pertinentes que dispõem sobre as Áreas de Preservação Permanente - APP.

CAPÍTULO VI
DO ACESSO AOS RECURSOS PESQUEIROS

ART. 24. Toda pessoa, física ou jurídica, que exerça atividade pesqueira bem como a embarcação de pesca devem ser previamente inscritas no Registro Geral da Atividade Pesqueira - RGP, bem como no Cadastro Técnico Federal - CTF na forma da legislação específica.

Parágrafo único. Os critérios para a efetivação do Registro Geral da Atividade Pesqueira serão estabelecidos no regulamento desta Lei.

- Dec. 8.425/2015 (Regulamenta este parágrafo único, para dispor sobre os critérios para inscrição no Registro Geral da Atividade Pesqueira e para a concessão de autorização, permissão ou licença para o exercício da atividade pesqueira.)

ART. 25. A autoridade competente adotará, para o exercício da atividade pesqueira, os seguintes atos administrativos:

- Dec. 8.425/2015 (Regulamenta este artigo, para dispor sobre os critérios para inscrição no Registro Geral da Atividade Pesqueira e para a concessão de autorização, permissão ou licença para o exercício da atividade pesqueira.)

I - concessão: para exploração por particular de infraestrutura e de terrenos públicos destinados à exploração de recursos pesqueiros;

- Art. 11, Dec. 8.425/2015 (Regulamenta esta lei - não aplicação desta lei a hipóteses deste artigo.)

II - permissão: para transferência de permissão; para importação de espécies aquáticas para fins ornamentais e de aquicultura, em qualquer fase do ciclo vital; para construção, transformação e importação de embarcações de pesca; para arrendamento de embarcação estrangeira de pesca; para pesquisa; para o exercício de aquicultura em águas públicas; para instalação de armadilhas fixas em águas de domínio da União;

- Art. 11, Dec. 8.425/2015 (Regulamenta esta lei - não aplicação desta lei a hipóteses deste artigo.)

III - autorização: para operação de embarcação de pesca e para operação de embarcação de esporte e recreio, quando utilizada na pesca esportiva; e para a realização de torneios ou gincanas de pesca amadora;

▸ Art. 11, Dec. 8.425/2015 (Regulamenta esta lei - não aplicação desta lei a hipóteses deste artigo.)

IV - licença: para o pescador profissional e amador ou esportivo; para o aquicultor; para o armador de pesca; para a instalação e operação de empresa pesqueira;

V - cessão: para uso de espaços físicos em corpos d'água sob jurisdição da União, dos Estados e do Distrito Federal, para fins de aquicultura.

▸ Art. 11, Dec. 8.425/2015 (Regulamenta esta lei - não aplicação desta lei a hipóteses deste artigo.)

§ 1º Os critérios para a efetivação do Registro Geral da Atividade Pesqueira serão estabelecidos no regulamento desta Lei.

§ 2º A inscrição no RGP é condição prévia para a obtenção de concessão, permissão, autorização e licença em matéria relacionada ao exercício da atividade pesqueira.

ART. 26. Toda embarcação nacional ou estrangeira que se dedique à pesca comercial, além do cumprimento das exigências da autoridade marítima, deverá estar inscrita e autorizada pelo órgão público federal competente.

Parágrafo único. A inobservância do disposto no *caput* deste artigo implicará a interdição do barco até a satisfação das exigências impostas pelas autoridades competentes.

CAPÍTULO VII
DO ESTÍMULO À ATIVIDADE PESQUEIRA

ART. 27. São considerados produtores rurais e beneficiários da política agrícola de que trata o art. 187 da Constituição Federal as pessoas físicas e jurídicas que desenvolvam atividade pesqueira de captura e criação de pescado nos termos desta Lei.

§ 1º Podem ser beneficiários do crédito rural de comercialização os agentes que desenvolvem atividades de transformação, processamento e industrialização de pescado, desde que atendido o disposto no § 1º do art. 49 da Lei n. 8.171, de 17 de janeiro de 1991.

§ 2º Fica o Poder Executivo autorizado a criar sistema nacional de informações sobre a pesca e a aquicultura, com o objetivo de coletar, agregar, intercambiar e disseminar informações sobre o setor pesqueiro e aquícola nacional.

ART. 28. As colônias de pescadores poderão organizar a comercialização dos produtos pesqueiros de seus associados, diretamente ou por intermédio de cooperativas ou outras entidades constituídas especificamente para esse fim.

ART. 29. A capacitação da mão de obra será orientada para o desenvolvimento sustentável da atividade pesqueira.

Parágrafo único. Cabe ao poder público e à iniciativa privada a promoção e o incentivo da pesquisa e capacitação da mão de obra pesqueira.

ART. 30. A pesquisa pesqueira será destinada a obter e proporcionar, de forma permanente, informações e bases científicas que permitam o desenvolvimento sustentável da atividade pesqueira.

§ 1º Não se aplicam à pesquisa científica as proibições estabelecidas para a atividade pesqueira comercial.

§ 2º A coleta e o cultivo de recursos pesqueiros com finalidade científica deverão ser autorizados pelo órgão ambiental competente.

§ 3º O resultado das pesquisas deve ser difundido para todo o setor pesqueiro.

CAPÍTULO VIII
DA FISCALIZAÇÃO E DAS SANÇÕES

ART. 31. A fiscalização da atividade pesqueira abrangerá as fases de pesca, cultivo, desembarque, conservação, transporte, processamento, armazenamento e comercialização dos recursos pesqueiros, bem como o monitoramento ambiental dos ecossistemas aquáticos.

Parágrafo único. A fiscalização prevista no *caput* deste artigo é de competência do poder público federal, observadas as competências estadual, distrital e municipal pertinentes.

ART. 32. A autoridade competente poderá determinar a utilização de mapa de bordo e dispositivo de rastreamento por satélite, bem como de qualquer outro dispositivo ou procedimento que possibilite o monitoramento a distância e permita o acompanhamento, de forma automática e em tempo real, da posição geográfica e da profundidade do local de pesca da embarcação, nos termos de regulamento específico.

ART. 33. As condutas e atividades lesivas aos recursos pesqueiros e ao meio ambiente serão punidas na forma da Lei n. 9.605, de 12 de fevereiro de 1998, e de seu regulamento.

CAPITULO IX
DISPOSIÇÕES GERAIS

ART. 34. O órgão responsável pela gestão do uso dos recursos pesqueiros poderá solicitar amostra de material biológico oriundo da atividade pesqueira, sem ônus para o solicitante, com a finalidade de geração de dados e informações científicas, podendo ceder o material a instituições de pesquisa.

ART. 35. A autoridade competente, nos termos da legislação específica e sem comprometer os aspectos relacionados à segurança da navegação, à salvaguarda da vida humana e às condições de habitabilidade da embarcação, poderá determinar que os proprietários, armadores ou arrendatários das embarcações pesqueiras mantenham a bordo da embarcação, sem ônus para a referida autoridade, acomodações e alimentação para servir a:

I - observador de bordo, que procederá à coleta de dados, material para pesquisa e informações de interesse do setor pesqueiro, assim como ao monitoramento ambiental;

II - cientista brasileiro que esteja realizando pesquisa de interesse do Sistema Nacional de Informações da Pesca e Aquicultura.

ART. 36. A atividade de processamento do produto resultante da pesca e da aquicultura será exercida de acordo com as normas de sanidade, higiene e segurança, qualidade e preservação do meio ambiente e estará sujeita à observância da legislação específica e à fiscalização dos órgãos competentes.

Parágrafo único. (Vetado.)

ART. 37. Esta Lei entra em vigor após decorridos 60 (sessenta) dias de sua publicação oficial.

ART. 38. Ficam revogados a Lei n. 7.679, de 23 de novembro de 1988, e os arts. 1º a 5º, 7º a 18, 20 a 28, 30 a 50, 53 a 92 e 94 a 99 do Decreto-Lei n. 221, de 28 de fevereiro de 1967.

Brasília, 29 de junho de 2009; 188º da Independência e 121º da República.

LUIZ INÁCIO LULA DA SILVA

LEI N. 11.961, DE 2 DE JULHO DE 2009

Dispõe sobre a residência provisória para o estrangeiro em situação irregular no território nacional e dá outras providências.

▸ *DOU*, 03.07.2009

▸ Dec. 6.893/2009 (Regulamenta esta lei.)

O Presidente da República. Faço saber que o Congresso Nacional decreta e eu sanciono a seguinte Lei:

ART. 1º Poderá requerer residência provisória o estrangeiro que, tendo ingressado no território nacional até 1º de fevereiro de 2009, nele permaneça em situação migratória irregular.

ART. 2º Considera-se em situação migratória irregular, para fins desta Lei, o estrangeiro que:

I - tenha ingressado clandestinamente no território nacional;

II - admitido regularmente no território nacional, encontre-se com prazo de estada vencido; ou

III - beneficiado pela Lei n. 9.675, de 29 de junho de 1998, não tenha completado os trâmites necessários à obtenção da condição de residente permanente.

ART. 3º Ao estrangeiro beneficiado por esta Lei são assegurados os direitos e deveres previstos na Constituição Federal, excetuando-se aqueles reservados exclusivamente aos brasileiros.

ART. 4º O requerimento de residência provisória deverá ser dirigido ao Ministério da Justiça até 180 (cento e oitenta) dias após a publicação desta Lei, obedecendo ao disposto em regulamento, e deverá ser instruído com:

I - comprovante original do pagamento da taxa de expedição de Carteira de Identidade de Estrangeiro - CIE, em valor correspondente a 25% (vinte e cinco por cento) do fixado para expedição de 1ª (primeira) via de Carteira de Identidade de Estrangeiro Permanente;

II - comprovante original do pagamento da taxa de registro;

III - declaração, sob as penas da lei, de que não responde a processo criminal ou foi condenado criminalmente, no Brasil e no exterior;

IV - comprovante de entrada no Brasil ou qualquer outro documento que permita à Administração atestar o ingresso do estrangeiro no território nacional até o prazo previsto no art. 1º desta Lei; e V - demais documentos previstos em regulamento.

ART. 5º Os estrangeiros que requererem residência provisória estarão isentos do pagamento de multas ou de quaisquer outras taxas, além das previstas no art. 4º desta Lei.

ART. 6º Concedido o Registro Provisório, o Ministério da Justiça expedirá a Carteira de Identidade de Estrangeiro com validade de 2 (dois) anos.

ART. 7º No prazo de 90 (noventa) dias anteriores ao término da validade da CIE, o estrangeiro poderá requerer sua transformação em permanente, na forma do regulamento, devendo comprovar:

I - exercício de profissão ou emprego lícito ou a propriedade de bens suficientes à manutenção própria e da sua família;

II - inexistência de débitos fiscais e de antecedentes criminais no Brasil e no exterior; e

III - não ter se ausentado do território nacional por prazo superior a 90 (noventa) dias consecutivos durante o período de residência provisória.

ART. 8º A residência provisória ou permanente será declarada nula se, a qualquer tempo, se verificar a falsidade das informações prestadas pelo estrangeiro.

§ 1º O disposto no *caput* deste artigo, respeitados a ampla defesa e o contraditório, processar-se-á de ofício ou mediante representação fundamentada, na forma do regulamento, assegurado o prazo para recurso de 60 (sessenta) dias contado da notificação.

LEIS

§ 2º Negada ou declarada nula a residência provisória ou a permanente, será cancelado o registro, e a CIE perderá seus efeitos.

ART. 9º O disposto nesta Lei não se aplica ao estrangeiro expulso ou àquele que, na forma da lei, ofereça indícios de periculosidade ou indesejabilidade.

ART. 10. Aplicam-se subsidiariamente as disposições contidas na Lei n. 6.815, de 19 de agosto de 1980, alterada pela Lei n. 6.964, de 9 de dezembro de 1981, aos estrangeiros beneficiados por esta Lei.

ART. 11. O estrangeiro com processo de regularização imigratória em tramitação poderá optar por ser beneficiado por esta Lei.

ART. 12. O Poder Executivo regulamentará o disposto nesta Lei.

ART. 13. Esta Lei entra em vigor na data de sua publicação.

Brasília, 2 de julho de 2009; 188º da Independência e 121º da República.

LUIZ INÁCIO LULA DA SILVA

LEI N. 11.971, DE 6 DE JULHO DE 2009

Dispõe sobre as certidões expedidas pelos Ofícios do Registro de Distribuição e Distribuidores Judiciais.

- *DOU*, 07.07.2009.

O Vice-Presidente da República, no exercício do cargo de Presidente da República. Faço saber que o Congresso Nacional decreta e eu sanciono a seguinte Lei:

ART. 1º Esta Lei dispõe sobre os requisitos obrigatórios que devem constar das certidões expedidas pelos Ofícios do Registro de Distribuição, serviços extrajudiciais, e pelos Distribuidores Judiciais.

ART. 2º Os Ofícios do Registro de Distribuição, serviços extrajudiciais, e os Distribuidores Judiciais farão constar em suas certidões, obrigatoriamente, a distribuição dos feitos ajuizados ao Poder Judiciário e o resumo de suas respectivas sentenças criminais condenatórias e, na forma da Lei, as baixas e as sentenças absolutórias, quando requeridas.

Parágrafo único. Deverão constar das certidões referidas no *caput* deste artigo os seguintes dados de identificação, salvo aqueles que não forem disponibilizados pelo Poder Judiciário:

I - nome completo do réu, pessoa natural ou jurídica, proibido o uso de abreviações;

II - nacionalidade;

III - estado civil;

IV - número do documento de identidade e órgão expedidor;

V - número de inscrição do CPF ou CNPJ;

VI - filiação da pessoa natural;

VII - residência ou domicílio, se pessoa natural, e sede, se pessoa jurídica;

VIII - data da distribuição do feito;

IX - tipo da ação;

X - Ofício do Registro de Distribuição ou Distribuidor Judicial competente; e

XI - resumo da sentença criminal absolutória ou condenatória, ou o seu arquivamento.

ART. 3º É obrigatória a comunicação pelos Órgãos e Juízos competentes, em consonância com a legislação de cada Estado-membro, aos Ofícios do Registro de Distribuição ou Distribuidores Judiciais do teor das sentenças criminais absolutórias ou condenatórias, para o devido registro e as anotações de praxe.

ART. 4º Os Registradores de feitos ajuizados responderão civil e criminalmente, na forma do disposto no inciso I do *caput* do art. 31 e no art. 32 da Lei n. 8.935, de 18 de novembro de 1994, por danos causados a terceiros, decorrentes da omissão em sua certificação das exigências contidas nesta Lei.

ART. 5º Esta Lei entra em vigor na data de sua publicação.

Brasília, 6 de julho de 2009; 188º da Independência e 121º da República.

JOSÉ ALENCAR GOMES DA SILVA

LEI N. 11.977, DE 7 DE JULHO DE 2009

Dispõe sobre o Programa Minha Casa, Minha Vida - PMCMV e a regularização fundiária de assentamentos localizados em áreas urbanas; altera o Decreto-Lei n. 3.365, de 21 de junho de 1941, as Leis n. 4.380, de 21 de agosto de 1964, 6.015, de 31 de dezembro de 1973, 8.036, de 11 de maio de 1990, e 10.257, de 10 de julho de 2001, e a Medida Provisória n. 2.197-43, de 24 de agosto de 2001; e dá outras providências.

- *DOU*, 8.7.2009.
- Dec. 7.499/2011 (Regulamenta esta lei).

O Vice-Presidente da República, no exercício do cargo de Presidente da República Faço saber que o Congresso Nacional decreta e eu sanciono a seguinte Lei:

CAPÍTULO I
DO PROGRAMA MINHA CASA, MINHA VIDA - PMCMV

SEÇÃO I
REGULAMENTO DA ESTRUTURA E FINALIDADE DO PMCMV

ART. 1º O Programa Minha Casa, Minha Vida - PMCMV tem por finalidade criar mecanismos de incentivo à produção e aquisição de novas unidades habitacionais ou requalificação de imóveis urbanos e produção ou reforma de habitações rurais, para famílias com renda mensal de até R$ 4.650,00 (quatro mil, seiscentos e cinquenta reais) e compreende os seguintes subprogramas: (Alterado pela Lei 12.424/2011.)

I - o Programa Nacional de Habitação Urbana (PNHU); (Alterado pela Lei 13.173/2015.)

II - o Programa Nacional de Habitação Rural (PNHR); e (Alterado pela Lei 13.173/2015.)

III - (Vetado). (Alterado pela Lei 13.173/2015.)

§ 1º Para os fins desta Lei, considera-se: (Alterado pela Lei 13.173/2015.)

I - grupo familiar: unidade nuclear composta por um ou mais indivíduos que contribuem para o seu rendimento ou têm suas despesas por ela atendidas e abrange todas as espécies reconhecidas pelo ordenamento jurídico brasileiro, incluindo-se nestas a família unipessoal; (Acrescentado pela Lei 12.424/2011.)

II - imóvel novo: unidade habitacional com até 180 (cento e oitenta) dias de "habite-se", ou documento equivalente, expedido pelo órgão público municipal competente ou, nos casos de prazo superior, que não tenha sido habitada ou alienada; (Acrescentado pela Lei 12.424/2011.)

III - oferta pública de recursos: procedimento realizado pelo Poder Executivo federal destinado a prover recursos às instituições e agentes financeiros do Sistema Financeiro da Habitação - SFH para viabilizar as operações previstas no inciso III do art. 2º; (Acrescentado pela Lei 12.424/2011.)

IV - requalificação de imóveis urbanos: aquisição de imóveis conjugada com a execução de obras e serviços voltados à recuperação e ocupação para fins habitacionais, admitida ainda a execução de obras e serviços necessários à modificação de uso; (Acrescentado pela Lei 12.424/2011.)

V - agricultor familiar: aquele definido no *caput*, nos seus incisos e no § 2º do art. 3º da Lei n. 11.326, de 24 de julho de 2006; e (Acrescentado pela Lei 12.424/2011.)

VI - trabalhador rural: pessoa física que, em propriedade rural, presta serviços de natureza não eventual a empregador rural, sob a dependência deste e mediante salário. (Acrescentado pela Lei 12.424/2011.)

§ 2º (Vetado). (Alterado pela Lei 13.173/2015.)

ART. 2º Para a implementação do PMCMV, a União, observada a disponibilidade orçamentária e financeira: (Alterado pela Lei 12.424/2011.)

I - concederá subvenção econômica ao beneficiário pessoa física no ato da contratação de financiamento habitacional; (Acrescentado pela Lei 12.424/2011.)

II - participará do Fundo de Arrendamento Residencial (FAR), mediante integralização de cotas e transferirá recursos ao Fundo de Desenvolvimento Social (FDS) de que tratam, respectivamente, a Lei n. 10.188, de 12 de fevereiro de 2001, e a Lei n. 8.677, de 13 de julho de 1993; (Alterado pela Lei 12.693/2012.)

III - realizará oferta pública de recursos destinados à subvenção econômica ao beneficiário pessoa física de operações em Municípios com população de até 50.000 (cinquenta mil) habitantes; (Acrescentado pela Lei 12.424/2011.)

IV - participará do Fundo Garantidor da Habitação Popular - FGHab; e (Acrescentado pela Lei 12.424/2011.)

V - concederá subvenção econômica por meio do Banco Nacional de Desenvolvimento Econômico e Social - BNDES, sob a modalidade de equalização de taxas de juros e outros encargos financeiros, especificamente nas operações de financiamento de linha especial para infraestrutura em projetos de habitação popular. (Acrescentado pela Lei 12.424/2011.)

§ 1º A aplicação das condições previstas no inciso III do *caput* dar-se-á sem prejuízo da possibilidade de atendimento aos Municípios com população entre 20.000 (vinte mil) e 50.000 (cinquenta mil) habitantes por outras formas admissíveis no âmbito do PMCMV, nos termos do regulamento. (Acrescentado pela Lei 12.424/2011.)

§ 2º O regulamento previsto no § 1º deverá prever, entre outras condições, atendimento aos Municípios com população urbana igual ou superior a 70% (setenta por cento) de sua população total e taxa de crescimento populacional, entre os anos 2000 e 2010, superior à taxa verificada no respectivo Estado. (Acrescentado pela Lei 12.424/2011.)

§ 3º (Vetado). (Acrescentado pela Lei 13.274/2016.)

ART. 3º Para a indicação dos beneficiários do PMCMV, deverão ser observados os seguintes requisitos: (Alterado pela Lei 12.424/2011.)

I - comprovação de que o interessado integra família com renda mensal de até R$ 4.650,00 (quatro mil, seiscentos e cinquenta reais); (Acrescentado pela Lei 12.424/2011.)

II - faixas de renda definidas pelo Poder Executivo federal para cada uma das modalidades de operações; (Acrescentado pela Lei 12.424/2011.)

III - prioridade de atendimento às famílias residentes em áreas de risco, insalubres, que tenham sido desabrigadas ou que perderam a moradia em razão de enchente, alagamento, transbordamento ou em decorrência de qualquer desastre natural do gênero; (Alterado pela Lei 13.274/2016.)

IV - prioridade de atendimento às famílias com mulheres responsáveis pela unidade familiar; e (Acrescentado pela Lei 12.424/2011.)

V - prioridade de atendimento às famílias de que façam parte pessoas com deficiência. (Acrescentado pela Lei 12.424/2011.)

§ 1º Em áreas urbanas, os critérios de prioridade para atendimento devem contemplar também:

I - a doação pelos Estados, pelo Distrito Federal e pelos Municípios de terrenos localizados em área urbana consolidada para implantação de empreendimentos vinculados ao programa;

II - a implementação pelos Estados, pelo Distrito Federal e pelos Municípios de medidas de desoneração tributária, para as construções destinadas à habitação de interesse social;

III - a implementação pelos Municípios dos instrumentos da Lei n. 10.257, de 10 de julho de 2001, voltados ao controle da retenção das áreas urbanas em ociosidade.

§ 2º (Vetado).

§ 3º O Poder Executivo federal definirá: (Alterado pela Lei 12.424/2011.)

I - os parâmetros de priorização e enquadramento dos beneficiários do PMCMV; e (Acrescentado pela Lei 12.424/2011.)

II - a periodicidade de atualização dos limites de renda familiar estabelecidos nesta Lei.

§ 4º Além dos critérios estabelecidos no *caput*, os Estados, Municípios e Distrito Federal poderão fixar outros critérios de seleção de beneficiários do PMCMV, previamente aprovados pelos respectivos conselhos locais de habitação, quando existentes, e em conformidade com as respectivas políticas habitacionais e as regras estabelecidas pelo Poder Executivo federal. (Acrescentado pela Lei 12.424/2011.)

§ 5º Os Estados, Municípios e Distrito Federal que aderirem ao PMCMV e a Caixa Econômica Federal serão responsáveis pela execução do trabalho técnico e social pós-ocupação dos empreendimentos implantados, na forma estabelecida em termo de adesão a ser definido em regulamento. (Alterado pela Lei 13.590/2018.)

§ 6º Na atualização dos valores adotados como parâmetros de renda familiar estabelecidos nesta Lei deverão ser observados os seguintes critérios: (Acrescentado pela Lei 12.424/2011.)

I - quando o teto previsto no dispositivo for de R$ 4.650,00 (quatro mil, seiscentos e cinquenta reais), o valor atualizado não poderá ultrapassar 10 (dez) salários mínimos; (Acrescentado pela Lei 12.424/2011.)

II - quando o teto previsto no dispositivo for de R$ 2.790,00 (dois mil, setecentos e noventa reais), o valor atualizado não poderá ultrapassar 6 (seis) salários mínimos; (Acrescentado pela Lei 12.424/2011.)

III - quando o teto previsto no dispositivo for de R$ 1.395,00 (mil, trezentos e noventa e cinco reais), o valor atualizado não poderá ultrapassar 3 (três) salários mínimos. (Acrescentado pela Lei 12.424/2011.)

§ 7º Os requisitos dispostos no *caput* deste artigo, bem como aqueles definidos em regulamentos do Poder Executivo, relativos à situação econômica ou financeira dos beneficiários do PMCMV deverão ainda: (Acrescentado pela Lei 13.274/2016.)

I - observar a exigência da qualificação pessoal completa do beneficiário para constar do respectivo contrato, incluindo seu número de inscrição no Cadastro de Pessoa Física - CPF, mantido na Secretaria da Receita Federal do Brasil; (Acrescentado pela Lei 13.274/2016.)

II - ter sua veracidade verificada por meio do cruzamento de dados fiscais e bancários do beneficiário, assegurado o sigilo constitucional dos dados informados. (Acrescentado pela Lei 13.274/2016.)

§ 8º O agente financeiro responsável pelo financiamento responderá pelo cumprimento do disposto no § 7º deste artigo. (Acrescentado pela Lei 13.274/2016.)

§ 9º (Vetado). (Acrescentado pela Lei 13.274 /2016.)

SEÇÃO II
REGULAMENTO
DO PROGRAMA NACIONAL DE HABITAÇÃO URBANA - PNHU

ART. 4º O Programa Nacional de Habitação Urbana - PNHU tem por objetivo promover a produção ou aquisição de novas unidades habitacionais ou a requalificação de imóveis urbanos, desde 14 de abril de 2009. (Alterado pela Lei 13.043/2014.)

§ 1º Para a implementação do PNHU, a União disponibilizará recursos na forma prevista nos incisos I, II e III do art. 2º. (Alterado pela Lei 12.424/2011.)

I - (Revogado); (Alterado pela Lei 12.424/2011.)

II - (Vetado);

III - (Revogado); (Alterado pela Lei 12.424/2011.)

§ 2º A assistência técnica pode fazer parte da composição de custos do PNHU. (Alterado pela Lei 12.424/2011.)

ART. 5º (Revogado pela Lei 12.424/2011.)

Parágrafo único. (Revogado pela Lei 12.424/2011.)

ART. 5º-A. Para a implantação de empreendimentos no âmbito do PNHU, deverão ser observados: (Acrescentado pela Lei 12.424/2011.)

I - localização do terreno na malha urbana ou em área de expansão que atenda aos requisitos estabelecidos pelo Poder Executivo federal, observado o respectivo plano diretor, quando existente; (Acrescentado pela Lei 12.424/2011.)

II - adequação ambiental do projeto; (Acrescentado pela Lei 12.424/2011.)

III - infraestrutura básica que inclua vias de acesso, iluminação pública e solução de esgotamento sanitário e de drenagem de águas pluviais e permita ligações domiciliares de abastecimento de água e energia elétrica; e (Acrescentado pela Lei 12.424/2011.)

IV - a existência ou compromisso do poder público local de instalação ou de ampliação dos equipamentos e serviços relacionados a educação, saúde, lazer e transporte público. (Acrescentado pela Lei 12.424/2011.)

ART. 6º A subvenção econômica de que trata o inciso I do art. 2º será concedida no ato da contratação da operação de financiamento, com o objetivo de: (Alterado pela Lei 12.424/2011.)

I - facilitar a aquisição, produção e requalificação do imóvel residencial; ou (Alterado pela Lei 12.249/2010.)

II - complementar o valor necessário a assegurar o equilíbrio econômico-financeiro das operações de financiamento realizadas pelas entidades integrantes do Sistema Financeiro da Habitação - SFH, compreendendo as despesas de contratação, de administração e cobrança e de custos de alocação, remuneração e perda de capital.

§ 1º A subvenção econômica de que trata o *caput* será concedida exclusivamente a mutuários com renda familiar mensal de até R$ 2.790,00 (dois mil, setecentos e noventa reais), uma única vez por imóvel e por beneficiário e será cumulativa, até o limite máximo a ser fixado em ato do Poder Executivo federal, com os descontos habitacionais concedidos nas operações de financiamento realizadas na forma do art. 9º da Lei n. 8.036, de 11 de maio de 1990, com recursos do Fundo de Garantia do Tempo de Serviço - FGTS. (Alterado pela Lei 12.424/2011.)

§ 2º A subvenção poderá ser cumulativa com subsídios concedidos no âmbito de programas habitacionais dos Estados, do Distrito Federal ou dos Municípios.

§§ 3º a **5º** (Revogados pela Lei 12.693/2012.)

ART. 6º-A. As operações realizadas com recursos advindos da integralização de cotas no FAR e recursos transferidos ao FDS, conforme previsto no inciso II do *caput* do art. 2º, são limitadas a famílias com renda mensal de até R$ 1.395,00 (mil trezentos e noventa e cinco reais), e condicionadas a: (Alterado pela Lei 12.693/2012.)

I - exigência de participação financeira dos beneficiários, sob a forma de prestações mensais; (Acrescentado pela Lei 12.424/2011.)

II - quitação da operação, em casos de morte ou invalidez permanente do beneficiário, sem cobrança de contribuição do beneficiário; e (Acrescentado pela Lei 12.424/2011.)

III - cobertura de danos físicos ao imóvel, sem cobrança de contribuição do beneficiário. (Acrescentado pela Lei 12.424/2011.)

§ 1º Nos empreendimentos habitacionais em edificações multifamiliares produzidos com os recursos de que trata o *caput*, inclusive no caso de requalificação de imóveis urbanos, será admitida a produção de unidades destinadas à atividade comercial a eles vinculada, devendo o resultado de sua exploração ser destinado integralmente ao custeio do condomínio. (Acrescentado pela Lei 12.424/2011.)

§ 2º É vedada a alienação das unidades destinadas à atividade comercial de que trata o § 1º pelo condomínio a que estiverem vinculadas. (Acrescentado pela Lei 12.424/2011.)

§ 3º Serão dispensadas, na forma do regulamento, a participação financeira dos beneficiários de que trata o inciso I do *caput* e a cobertura a que se refere o inciso III do *caput* nas operações com recursos advindos da integralização de cotas no FAR, quando essas operações: (Alterado pela Lei 12.693/2012.)

I - forem vinculadas às programações orçamentárias do Programa de Aceleração do Crescimento (PAC) e demandarem reassentamento, remanejamento ou substituição de unidades habitacionais; (Alterado pela Lei 12.693/2012.)

II - forem vinculadas a intervenções financiadas por operações de crédito ao setor público, conforme hipóteses definidas no regulamento, e demandarem reassentamento, remanejamento ou substituição de unidades habitacionais; (Alterado pela Lei 13.173/2015.)

III - forem destinadas ao atendimento, nos casos de situação de emergência ou estado de calamidade pública reconhecidos pela União, a famílias desabrigadas que perderam seu único imóvel; ou (Alterado pela Lei 13.173/2015.)

IV - forem vinculadas a reassentamentos de famílias, indicadas pelo poder público municipal ou estadual, decorrentes de obras vinculadas à realização dos Jogos Rio 2016, de que trata a Lei n. 12.035, de 1º de outubro de 2009. (Alterado pela Lei 13.161/2015.)

§ 4º Exclusivamente nas operações previstas no § 3º, será admitido atendimento a famílias com renda mensal de até R$ 2.790,00 (dois mil, setecentos e noventa reais). (Acrescentado pela Lei 12.693/2012.)

§ 5º Nas operações com recursos previstos no *caput*: (Acrescentado pela Lei 12.693/2012.)

I - a subvenção econômica será concedida nas prestações do financiamento, ao longo de 120 (cento e vinte) meses; (Acrescentado pela Lei 12.693/2012.)

II - a quitação antecipada do financiamento implicará o pagamento do valor da dívida contratual do imóvel, sem a subvenção econômica conferida na forma deste artigo; (Acrescentado pela Lei 12.693/2012.)

III - não se admite transferência *inter vivos* de imóveis sem a respectiva quitação. (Acrescentado pela Lei 12.693/2012.)

§ 6º As cessões de direitos, promessas de cessões de direitos ou procurações que tenham por objeto a compra e venda, promessa de compra e venda ou cessão de imóveis adquiridos sob as regras do PMCMV, quando em desacordo com o inciso III do § 5º, serão consideradas nulas. (Acrescentado pela Lei 12.693/2012.)

§ 7º Nas operações previstas no § 3º, a subvenção econômica será concedida, no ato da contratação da unidade habitacional, exclusivamente para o beneficiário que comprovar a titularidade e regularidade fundiária do imóvel do qual será removido, do imóvel que foi destruído ou do imóvel cujo uso foi impedido definitivamente, quando nele esteja ou estivesse habitando, na forma do regulamento. (Acrescentado pela Lei 12.693/2012.)

§ 8º É vedada a concessão de subvenções econômicas lastreadas nos recursos do FAR ou do FDS a beneficiário que tenha recebido benefício de natureza habitacional oriundo de recursos orçamentários da União, do FAR, do FDS ou de descontos habitacionais concedidos com recursos do FGTS, excetuadas as subvenções ou descontos destinados à aquisição de material de construção e aquelas previstas no atendimento a famílias nas operações estabelecidas no § 3º, na forma do regulamento. (Acrescentado pela Lei 12.693/2012.)

§ 9º Uma vez consolidada a propriedade em seu nome, em virtude do não pagamento da dívida pelo beneficiário, o FAR e o FDS, na qualidade de credores fiduciários, ficam dispensados de levar o imóvel a leilão, devendo promover sua reinclusão no respectivo programa habitacional, destinando-o à aquisição por beneficiário a ser indicado conforme as políticas habitacionais e regras que estiverem vigentes. (Incluído pela Lei n. 13.043, de 2014)

§ 10. Nos casos das operações previstas no inciso IV do § 3º deste artigo, é dispensado o atendimento aos dispositivos estabelecidos no art. 3º, e caberá ao poder público municipal ou estadual restituir integralmente os recursos aportados pelo FAR no ato da alienação do imóvel a beneficiário final cuja renda familiar mensal exceda o limite estabelecido no *caput* deste artigo. (Alterado pela Lei 13.173/2015.)

§ 11. Serão disponibilizadas em sítio eletrônico informações relativas às operações previstas no inciso IV do § 3ºdeste artigo com a identificação do beneficiário final, os respectivos valores advindos da integralização de cotas do FAR e os valores restituídos ao FAR pelo poder público municipal ou estadual. (Incluído pela Lei n. 13.173, de 2015)

§ 12. O FAR poderá prestar garantia à instituição financeira em favor do beneficiário nos casos de operações de financiamento habitacional ao beneficiário com desconto concedido pelo FGTS para aquisição de imóveis construídos com recursos do FAR. (Acrescentado pela Lei 13.274/2016.)

§ 13. No caso de execução da garantia de que trata o § 12, ficará o FAR sub-rogado nos direitos do credor. (Acrescentado pela Lei 13.274/2016.)

§ 14. Para assegurar a expectativa trimestral de venda de imóveis estabelecida pelo FAR, as instituições financeiras executoras do PMCMV deverão repassar ao FAR o valor equivalente aos descontos do FGTS correspondente à referida expectativa trimestral. (Acrescentado pela Lei 13.274/2016.)

§ 15. Caso os recursos de que trata o § 14 não sejam integralmente utilizados, o FAR devolverá o excedente às instituições financeiras ao final de cada trimestre, corrigido pela taxa do Sistema Especial de Liquidação e de Custódia - SELIC apurada no período. (Acrescentado pela Lei 13.274/2016.)

ART. 6º-B. Para a concessão de subvenção econômica nas operações de que trata o inciso III do art. 2º, fica estabelecido que a instituição ou agente financeiro participante só poderá receber recursos até o máximo de 15% (quinze por cento) do total ofertado em cada oferta pública, na forma do regulamento, considerado o limite de 100 (cem) unidades habitacionais por Município. (Acrescentado pela Lei 12.424/2011.)

§ 1º O Poder Executivo federal disporá necessariamente sobre os seguintes aspectos: (Acrescentado pela Lei 12.424/2011.)

I - valores e limites das subvenções individualizadas a serem destinadas a cada beneficiário; (Acrescentado pela Lei 12.424/2011.)

II - remuneração das instituições e agentes financeiros pelas operações realizadas; (Acrescentado pela Lei 12.424/2011.)

III - quantidade, condições e modalidades de ofertas públicas de cotas de subvenções; e (Acrescentado pela Lei 12.424/2011.)

IV - tipologia e padrão das moradias e da infraestrutura urbana, com observância da legislação municipal pertinente. (Acrescentado pela Lei 12.424/2011.)

§ 2º As operações de que trata o *caput* poderão ser realizadas pelos bancos múltiplos, pelos bancos comerciais, pelas sociedades de crédito imobiliário, pelas companhias hipotecárias, por órgãos federais, estaduais e municipais, inclusive sociedades de economia mista em que haja participação majoritária do poder público, que operem no financiamento de habitações e obras conexas, e pelas cooperativas de crédito que tenham entre seus objetivos o financiamento habitacional a seus cooperados, desde que tais instituições e agentes financeiros sejam especificamente autorizados a operar o programa pelo Banco Central do Brasil e pelo Ministério das Cidades, no âmbito de suas competências. (Acrescentado pela Lei 12.424/2011.)

§ 3º Os Estados e os Municípios poderão complementar o valor das subvenções econômicas com créditos tributários, benefícios fiscais, bens ou serviços economicamente mensuráveis, assistência técnica ou recursos financeiros. (Acrescentado pela Lei 12.424/2011.)

§ 4º É vedada a concessão de subvenções econômicas de que trata o inciso III do *caput* do art. 2º a beneficiário que tenha recebido benefício de natureza habitacional oriundo de recursos orçamentários da União, do FAR, do FDS ou de descontos habitacionais concedidos com recursos do FGTS, excetuadas as subvenções ou descontos destinados à aquisição de material de construção, na forma do regulamento. (Acrescentado pela Lei 12.693/2012.)

ART. 7º Em casos de utilização dos recursos de que tratam os incisos I, II e III do art. 2º em finalidade diversa da definida nesta Lei, ou em desconformidade ao disposto nos arts. 6º, 6º-A e 6º-B, será exigida a devolução ao erário do valor da subvenção concedida, acrescido de juros e atualização monetária, com base na remuneração dos recursos que serviram de lastro à sua concessão, sem prejuízo das penalidades previstas em lei. (Alterado pela Lei 12.424/2011.)

Parágrafo único. Para as operações com recursos de que trata o inciso III do art. 2º desta Lei, fica o Ministério das Cidades autorizado a fixar novas condições de pagamento e prazos para a conclusão das unidades habitacionais contratadas, obedecidos os seguintes parâmetros: (Acrescentado pela Lei 13.465/2017.)

I - o prazo para conclusão das unidades habitacionais será de até doze meses, contados da entrada em vigor deste parágrafo; (Acrescentado pela Lei 13.465/2017.)

II - as instituições e agentes financeiros habilitados deverão declarar a viabilidade de execução das unidades habitacionais contratadas, dentro dos prazos fixados pelo Ministério das Cidades, observado o limite previsto no inciso I deste parágrafo; (Acrescentado pela Lei 13.465/2017.)

III - as instituições e agentes financeiros habilitados deverão declarar a viabilidade de execução das unidades habitacionais contratadas, dentro do valor originalmente previsto, sem custos adicionais para a União; (Acrescentado pela Lei 13.465/2017.)

IV - a aceitação e a adesão pelas instituições e agentes financeiros habilitados às novas condições e prazos fixados serão formalizadas em instrumento próprio a ser regulamentado pelo Ministério das Cidades; (Acrescentado pela Lei 13.465/2017.)

V - a liberação de recursos pela União às instituições e agentes financeiros habilitados dependerá da comprovação da correspondente parcela da obra executada, vedadas quaisquer formas de adiantamento; (Acrescentado pela Lei 13.465/2017.)

VI - o não atendimento das condições e prazos finais fixados pelo Ministério das Cidades ensejará imediata devolução ao erário do valor dos recursos liberados, acrescido de juros e atualização monetária, com base na remuneração dos recursos que serviram de lastro à sua concessão, sem prejuízo das penalidades previstas em lei; (Acrescentado pela Lei 13.465/2017.)

VII - nos casos de inadimplência pelas instituições e agentes financeiros habilitados das condições e prazos estabelecidos pelo Ministério das Cidades, fica autorizada a inscrição em dívida ativa da União dos valores previstos no inciso VI deste parágrafo; e (Acrescentado pela Lei 13.465/2017.)

VIII - a definição dos procedimentos a serem adotados nos casos omissos caberá ao Ministério das Cidades. (Acrescentado pela Lei 13.465/2017.)

ART. 7º-A. Os beneficiários de operações do PMCMV, com recursos advindos da integralização de cotas no FAR, obrigam-se a ocupar os imóveis adquiridos, em até trinta dias, a contar da assinatura do contrato de compra e venda com cláusula de alienação fiduciária em garantia, firmado com o FAR. (Acrescentado pela Lei 13.465/2017.)

Parágrafo único. Descumprido o prazo de que trata o *caput* deste artigo, fica o FAR automaticamente autorizado a declarar o contrato resolvido e a alienar o imóvel a beneficiário diverso, a ser indicado conforme a Política Nacional de Habitação. (Acrescentado pela Lei 13.465/2017.)

ART. 7º-B. Acarretam o vencimento antecipado da dívida decorrente de contrato de compra e venda com cláusula de alienação fiduciária em garantia firmado, no âmbito do PMCMV, com o FAR: (Acrescentado pela Lei 13.465/2017.)

I - a alienação ou cessão, por qualquer meio, dos imóveis objeto de operações realizadas com recursos advindos da integralização de cotas no FAR antes da quitação de que trata o inciso III do § 5º do art. 6º-A desta Lei; (Acrescentado pela Lei 13.465/2017.)

II - a utilização dos imóveis objeto de operações realizadas com recursos advindos da integralização de cotas no FAR em finalidade diversa da moradia dos beneficiários da subvenção de que trata o inciso I do art. 2º desta Lei e das respectivas famílias; e (Acrescentado pela Lei 13.465/2017.)

III - o atraso superior a noventa dias no pagamento das obrigações objeto de contrato firmado, no âmbito do PMCMV, com o FAR, incluindo os encargos contratuais e os encargos legais, inclusive os tributos e as contribuições condominiais que recaírem sobre o imóvel. (Acrescentado pela Lei 13.465/2017.)

ART. 7º-C. Vencida antecipadamente a dívida, o FAR, na condição de credor fiduciário, munido de certidão comprobatória de processo administrativo que ateste a ocorrência de uma das hipóteses previstas no art. 7º-B desta Lei, deverá requerer, ao oficial do registro de imóveis competente, que intime o beneficiário, ou seu representante legal ou procurador regularmente constituído, para satisfazer, no prazo previsto no § 1º do art. 26 da Lei n. 9.514, de 20 de novembro de 1997, a integralidade da dívida, compreendendo a devolução da subvenção devidamente corrigida nos termos do art. 7º desta Lei. (Acrescentado pela Lei 13.465/2017.)

§ 1º Decorrido o prazo de que trata o *caput* deste artigo sem o pagamento da dívida antecipadamente vencida, o contrato será reputado automaticamente resolvido de pleno direito, e o oficial do registro de imóveis competente, certificando esse fato, promoverá a averbação, na matrícula do imóvel, da consolidação da propriedade fiduciária em nome do FAR, respeitada a Lei n. 9.514, de 20 de novembro de 1997. (Acrescentado pela Lei 13.465/2017.)

§ 2º Uma vez consolidada a propriedade fiduciária em nome do FAR, proceder-se-á em conformidade com o disposto no § 9º do art. 6º-A desta Lei, e o imóvel deve ser-lhe imediatamente restituído, sob pena de esbulho possessório. (Acrescentado pela Lei 13.465/2017.)

§ 3º O FAR, em regulamento próprio, disporá sobre o processo administrativo de que trata o *caput* deste artigo. (Acrescentado pela Lei 13.465/2017.)

§ 4º A intimação de que trata o *caput* deste artigo poderá ser promovida, por solicitação do oficial do registro de imóveis, do oficial de registro de títulos e documentos da comarca da situação do imóvel ou do domicílio de quem deva recebê-la ou do serventuário por eles credenciado, ou pelo correio, com aviso de recebimento. (Acrescentado pela Lei 13.465/2017.)

§ 5º Quando, por duas vezes, o oficial de registro de imóveis ou de registro de títulos e documentos ou o serventuário por eles credenciado houver procurado o intimando em seu domicílio ou residência sem o encontrar, deverá, havendo suspeita motivada de ocultação, intimar qualquer pessoa da família ou, em sua falta, qualquer vizinho de que, no dia útil imediato, retornará ao imóvel, a fim de efetuar a intimação, na hora que designar, aplicando-se subsidiariamente o disposto nos arts. 252, 253 e 254 da Lei n. 13.105, de 16 de março de 2015 (Código de Processo Civil). (Acrescentado pela Lei 13.465/2017.)

§ 6º Nos condomínios edilícios ou outras espécies de conjuntos imobiliários com controle de acesso, a intimação de que trata este artigo poderá ser feita ao funcionário da portaria responsável pelo recebimento de correspondência. (Acrescentado pela Lei 13.465/2017.)

§ 7º Caso não seja efetuada a intimação pessoal ou por hora certa, o oficial de registro de imóveis ou de registro de títulos e documentos ou o serventuário por eles credenciado promoverá a intimação do devedor fiduciante por edital, publicado por três dias, pelo menos, em um dos jornais de maior circulação ou em outro de comarca de fácil acesso, se no local não houver imprensa diária, contado o prazo para o pagamento antecipado da dívida da data da última publicação do edital. (Acrescentado pela Lei 13.465/2017.)

ART. 8º Caberá ao Poder Executivo a regulamentação do PNHU, especialmente em relação:

I - à fixação das diretrizes e condições gerais;

II - à distribuição regional dos recursos e à fixação dos critérios complementares de distribuição desses recursos;

III - aos valores e limites máximos de subvenção;

IV - ao estabelecimento dos critérios adicionais de priorização da concessão da subvenção econômica; e

V - ao estabelecimento das condições operacionais para pagamento e controle da subvenção econômica.

ART. 9º A gestão operacional dos recursos destinados à concessão da subvenção do PNHU de que trata o inciso I do art. 2º desta Lei será efetuada pela Caixa Econômica Federal - CEF. (Alterado pela Lei 12.424/2011.)

Parágrafo único. Os Ministros de Estado das Cidades e da Fazenda fixarão, em ato conjunto, a remuneração da Caixa Econômica Federal pelas atividades exercidas no âmbito do PNHU.

ART. 10. Competem aos Ministérios da Fazenda e das Cidades a regulamentação e a gestão do PNHU no âmbito das suas respectivas competências.

SEÇÃO III
REGULAMENTO
DO PROGRAMA NACIONAL DE HABITAÇÃO RURAL - PNHR

ART. 11. O PNHR tem como finalidade subsidiar a produção ou reforma de imóveis para agricultores familiares e trabalhadores rurais, por intermédio de operações de repasse de recursos do orçamento geral da União ou de financiamento habitacional com recursos do Fundo de Garantia do Tempo de Serviço - FGTS, desde 14 de abril de 2009. (Alterado pela Lei 13.043/2014.)

Parágrafo único. A assistência técnica pode fazer parte da composição de custos do PNHR. (Alterado pela Lei 12.424/2011.)

ART.12. (Revogado pela Lei 12.424/2011.)

Parágrafo único. Enquanto não efetivado o aporte de recursos de que trata o *caput*, caso o agente operador do Fundo de Garantia do Tempo de Serviço - FGTS tenha suportado ou venha a suportar, com recursos das disponibilidades atuais do referido fundo, a parcela da subvenção econômica de que trata o *caput*, terá direito ao ressarcimento das quantias desembolsadas, devidamente atualizadas pela taxa Selic.

ART. 13. Nas operações de que trata o art. 11, poderá ser concedido subvenção econômica, no ato da contratação do financiamento, com o objetivo de: (Alterado pela Lei 12.424/2011.)

I - facilitar a produção ou reforma do imóvel residencial; (Alterado pela Lei 12.424/2011.)

II - complementar o valor necessário a assegurar o equilíbrio econômico-financeiro das operações de financiamento realizadas pelos agentes financeiros; ou

III - complementar a remuneração do agente financeiro, nos casos em que o subsídio não esteja vinculado a financiamento.

§ 1º A subvenção econômica do PNHR será concedida uma única vez por imóvel e por beneficiário e, excetuados os casos previstos no inciso III deste artigo, será cumulativa, até o limite máximo a ser fixado em ato do Poder Executivo federal, com os descontos habitacionais concedidos nas operações de financiamento realizadas na forma do art. 9º da Lei n. 8.036, de 11 de maio de 1990, com recursos do FGTS. (Alterado pela Lei 12.424/2011.)

§ 2º A subvenção poderá ser cumulativa com subsídios concedidos no âmbito de programas habitacionais dos Estados, Distrito Federal ou Municípios.

§ 3º Para definição dos beneficiários do PNHR, deverão ser respeitados, exclusivamente, o limite de renda definido para o PMCMV e as faixas de renda definidas pelo Poder Executivo federal. (Alterado pela Lei 12.424/2011.)

ART. 14. Em casos de utilização dos recursos de que trata o art. 11 em finalidade diversa da definida nesta Lei, ou em desconformidade ao disposto no art. 13, será exigida a devolução ao erário do valor da subvenção concedida, acrescido de juros e atualização monetária, com base na remuneração dos recursos que serviram de lastro à sua concessão, sem prejuízo das penalidades previstas em lei. (Alterado pela Lei 12.424/2011.)

ART. 15. O Poder Executivo regulamentará o disposto nesta Seção, especialmente no que concerne à definição das diretrizes e condições gerais de operação, gestão, acompanhamento, controle e avaliação do PNHR.

ART. 16. A gestão operacional do PNHR será efetuada pela Caixa Econômica Federal.

Parágrafo único. Os Ministros de Estado das Cidades e da Fazenda fixarão, em ato conjunto, a remuneração da Caixa Econômica Federal pelas atividades exercidas no âmbito do PNHR.

ART. 17. Competem aos Ministérios da Fazenda e das Cidades a regulamentação e a gestão do PNHR no âmbito das suas respectivas competências.

SEÇÃO IV
REGULAMENTO
DAS TRANSFERÊNCIAS DE RECURSOS POR PARTE DA UNIÃO E DA SUBVENÇÃO PARA MUNICÍPIOS DE PEQUENO PORTE

ARTS. 18 e **19.** (Revogados pela Lei 12.424/2011.)

SEÇÃO V
DO FUNDO GARANTIDOR DA
HABITAÇÃO POPULAR - FGHAB

ART. 20. Fica a União autorizada a participar, até o limite de R$ 2.000.000.000,00 (dois bilhões de reais), de Fundo Garantidor da Habitação Popular - FGHab, que terá por finalidades:

I - garantir o pagamento aos agentes financeiros de prestação mensal de financiamento habitacional, no âmbito do Sistema Financeiro da Habitação, devida por mutuário final, em caso de desemprego e redução temporária da capacidade de pagamento, para famílias com renda mensal de até R$ 4.650,00 (quatro mil, seiscentos e cinquenta reais); e (Alterado pela Lei 12.424/2011.)

II - assumir o saldo devedor do financiamento imobiliário, em caso de morte e invalidez permanente, e as despesas de recuperação relativas a danos físicos ao imóvel para mutuários com renda familiar mensal de até R$ 4.650,00 (quatro mil, seiscentos e cinquenta reais). (Alterado pela Lei 12.424/2011.)

§ 1º As condições e os limites das coberturas de que tratam os incisos I e II deste artigo serão definidos no estatuto do FGHab, que poderá estabelecer os casos em que será oferecida somente a cobertura de que trata o inciso II. (Alterado pela Lei 12.249/2010.)

§ 2º O FGHab terá natureza privada e patrimônio próprio dividido em cotas, separado do patrimônio dos cotistas.

§ 3º Constituem patrimônio do FGHab:

I - os recursos oriundos da integralização de cotas pela União e pelos agentes financeiros que optarem por aderir às coberturas previstas nos incisos I e II do *caput* deste artigo;

II - os rendimentos obtidos com a aplicação das disponibilidades financeiras em títulos públicos federais e em ativos com lastro em créditos de base imobiliária, cuja aplicação esteja prevista no estatuto social;

III - os recursos provenientes da recuperação de prestações honradas com recursos do FGHab;

IV - as comissões cobradas com fundamento nos incisos I e II do *caput* deste artigo; e

V - outras fontes de recursos definidas no estatuto do Fundo.

§ 4º Os agentes financeiros que optarem por aderir à cobertura do FGHab deverão integralizar cotas proporcionais ao valor do financiamento para o mutuário final, na forma definida pelo estatuto.

§ 5º A integralização de cotas pela União será autorizada por decreto e poderá ser realizada, a critério do Ministério da Fazenda:

I - em moeda corrente;

II - em títulos públicos;

III - por meio de suas participações minoritárias; ou

IV - por meio de ações de sociedades de economia mista federais excedentes ao necessário para manutenção de seu controle acionário.

§ 6º O FGHab terá direitos e obrigações próprias, pelas quais responderá com seu patrimônio, não respondendo os cotistas por qualquer obrigação do Fundo, salvo pela integralização das cotas que subscreverem.

ART. 21. É facultada a constituição de patrimônio de afetação para a cobertura de que trata o inciso II do *caput* do art. 20, que não se comunicará com o restante do patrimônio do FGHab, ficando vinculado exclusivamente à garantia da respectiva cobertura, não podendo ser objeto de penhora, arresto, sequestro, busca e apreensão ou qualquer ato de constrição judicial decorrente de outras obrigações do Fundo.

Parágrafo único. A constituição do patrimônio de afetação será feita por registro em cartório de registro de títulos e documentos.

ART. 22. O FGHab não pagará rendimentos a seus cotistas, assegurando-se a qualquer deles o direito de requerer o resgate total ou parcial de suas cotas, correspondente ao montante de recursos financeiros disponíveis ainda não vinculados às garantias já contratadas, fazendo-se a liquidação com base na situação patrimonial do Fundo.

ART. 23. Os rendimentos auferidos pela carteira do FGHab não se sujeitam à incidência de imposto de renda na fonte, devendo integrar a base de cálculo dos impostos e contribuições devidos pela pessoa jurídica, na forma da legislação vigente, quando houver o resgate de cotas, total ou parcial, ou na dissolução do Fundo.

ART. 24. O FGHab será criado, administrado, gerido e representado judicial e extrajudicialmente por instituição financeira controlada direta ou indiretamente pela União, com observância das normas a que se refere o inciso XXII do art. 4º da Lei n. 4.595, de 31 de dezembro de 1964.

§ 1º A representação da União na assembleia de cotistas dar-se-á na forma do inciso V do art. 10 do Decreto-Lei n. 147, de 3 de fevereiro de 1967.

§ 2º Caberá à instituição financeira de que trata o *caput* deste artigo, na forma estabelecida no estatuto do Fundo:

I - deliberar sobre a gestão e a alienação dos bens e direitos do FGHab, zelando pela manutenção de sua rentabilidade e liquidez, após autorização dos cotistas;

II - receber comissão pecuniária, em cada operação, do agente financeiro concedente do crédito, que poderá exigi-la do mutuário, desde que o valor cobrado do mutuário, somado a outras eventuais cobranças de caráter securitário, não ultrapasse 10% (dez por cento) da prestação mensal.

§ 3º A instituição financeira a que se refere o *caput* deste artigo fará jus à remuneração pela administração do FGHab, a ser estabelecida no estatuto do Fundo.

§ 4º O estatuto do FGHab será proposto pela instituição financeira e aprovado em assembleia de cotistas.

ART. 25. Fica criado o Comitê de Participação no Fundo Garantidor da Habitação Popular - CPFGHab, órgão colegiado com composição e competência estabelecidas em ato do Poder Executivo.

§ 1º O CPFGHab contará com representantes do Ministério da Fazenda, que o presidirá, do Ministério do Planejamento, Orçamento e Gestão e da Casa Civil da Presidência da República.

§ 2º O estatuto do FGHab deverá ser examinado previamente pelo CPFGHab antes de sua aprovação na assembleia de cotistas.

ART. 26. O FGHab não contará com qualquer tipo de garantia ou aval por parte do setor público e responderá por suas obrigações até o limite dos bens e direitos integrantes de seu patrimônio.

ART. 27. A garantia de que trata o inciso I do *caput* do art. 20 será prestada mediante as seguintes condições:

I - limite de cobertura, incluindo o número de prestações cobertas, a depender da renda familiar do mutuário, verificada no ato da contratação;

II - período de carência definido pelo estatuto;

III - retorno das prestações honradas pelo Fundo na forma contratada com o mutuário final, imediatamente após o término de cada período de utilização da garantia, dentro do prazo remanescente do financiamento habitacional ou com prorrogação do prazo inicial, atualizadas pelos mesmos índices previstos no contrato de financiamento; e

IV - risco de crédito compartilhado entre o Fundo e os agentes financeiros nos percentuais, respectivamente, de 95% (noventa e cinco por cento) e 5% (cinco por cento), a ser absorvido após esgotadas medidas de cobrança e execução dos valores honrados pelo FGHab.

ART. 28. Os financiamentos imobiliários garantidos pelo FGHab, na forma do inciso II do *caput* do art. 20, serão dispensados da contratação de seguro com cobertura de Morte, Invalidez Permanente - MIP e Danos Físicos ao Imóvel - DFI.

ART. 29. O FGHab concederá garantia para até 2.000.000 (dois milhões) de financiamentos imobiliários contratados exclusivamente no âmbito do PMCMV. (Alterado pela Lei 13.043/2014.)

ART. 30. As coberturas do FGHab descritas no art. 20 serão prestadas às operações de financiamento habitacional a partir de 14 de abril de 2009, nos casos de: (Alterado pela Lei 13.043/2014.)

I - produção ou aquisição de imóveis novos em áreas urbanas; (Alterado pela Lei 12.249/2010.)

II - requalificação de imóveis já existentes em áreas consolidadas no âmbito do Programa Nacional de Habitação Urbana - PNHU; ou (Alterado pela Lei 12.249/2010.)

III - produção de moradia no âmbito do Programa Nacional de Habitação Rural - PNHR. (Alterado pela Lei 12.249/2010.)

§ 1º A contratação das coberturas de que trata o *caput* está sujeita às seguintes condições: (Acrescentado pela Lei 12.249/2010.)

I - os valores de financiamento devem obedecer aos limites definidos no estatuto do Fundo; (Acrescentado pela Lei 12.249/2010.)

II - a cobertura do FGHab está limitada a um único imóvel financiado por mutuário no âmbito do SFH; e (Acrescentado pela Lei 12.249/2010.)

III - a previsão da cobertura pelo FGHab deve estar expressa em cláusula específica dos contratos celebrados entre os agentes financeiros e os mutuários. (Acrescentado pela Lei 12.249/2010.)

§ 2º O estatuto do FGHab definirá o prazo das coberturas oferecidas pelo Fundo. (Renumerado do parágrafo único pela Lei 12.249/2010.)

ART. 31. A dissolução do FGHab ficará condicionada à prévia quitação da totalidade dos débitos garantidos.

ART. 32. Dissolvido o FGHab, o seu patrimônio será distribuído entre os cotistas, na proporção de suas cotas, com base na situação patrimonial à data da dissolução.

SEÇÃO VI
DA SUBVENÇÃO ECONÔMICA
AO BANCO NACIONAL DE
DESENVOLVIMENTO
ECONÔMICO E SOCIAL - BNDES

ART. 33. Fica a União autorizada a conceder subvenção econômica ao BNDES, sob a modalidade de equalização de taxas de juros e outros encargos financeiros, especificamente nas operações de financiamento de linha especial para infraestrutura em projetos de habitação popular.

§ 1º O volume de recursos utilizado para a linha de que dispõe o *caput* deste artigo não pode superar R$ 5.000.000.000,00 (cinco bilhões de reais).

§ 2º A equalização de juros de que trata o *caput* deste artigo corresponderá ao diferencial entre o custo da fonte de captação do BNDES e o custo da linha para a instituição financeira oficial federal.

ART. 34. A concessão da subvenção de equalização de juros obedecerá aos limites e normas operacionais a serem estabelecidos pelo Conselho Monetário Nacional, especialmente no que diz respeito a custos de captação e de aplicação dos recursos.

SEÇÃO VII
DISPOSIÇÕES COMPLEMENTARES

ART. 35. Os contratos e registros efetivados no âmbito do PMCMV serão formalizados, preferencialmente, em nome da mulher.

ART. 35-A. Nas hipóteses de dissolução de união estável, separação ou divórcio, o título de propriedade do imóvel adquirido no âmbito do PMCMV, na constância do casamento ou da união estável, com subvenções oriundas de recursos do orçamento geral da União, do FAR e do FDS, será registrado em nome da mulher ou a ela transferido, independentemente do regime de bens aplicável, excetuados os casos que envolvam recursos do FGTS. (Acrescentado pela Lei 12.693/2012.)

Parágrafo único. Nos casos em que haja filhos do casal e a guarda seja atribuída exclusivamente ao marido ou companheiro, o título da propriedade do imóvel será registrado em seu nome ou a ele transferido. (Acrescentado pela Lei 12.693/2012.)

ART. 36. Os lotes destinados à construção de moradias no âmbito do PMCMV não poderão ser objeto de remembramento, devendo tal proibição constar expressamente dos contratos celebrados.

Parágrafo único. A vedação estabelecida no *caput* perdurará pelo prazo de 15 (quinze) anos, contados a partir da celebração do contrato.

CAPÍTULO II
DO REGISTRO ELETRÔNICO E DAS CUSTAS E EMOLUMENTOS

ART. 37. Os serviços de registros públicos de que trata a Lei n. 6.015, de 31 de dezembro de 1973, observados os prazos e condições previstas em regulamento, instituirão sistema de registro eletrônico.

ART. 38. Os documentos eletrônicos apresentados aos serviços de registros públicos ou por eles expedidos deverão atender aos requisitos da Infraestrutura de Chaves Públicas Brasileira - ICP e à arquitetura e-PING (Padrões de Interoperabilidade de Governo Eletrônico), conforme regulamento.

Parágrafo único. Os serviços de registros públicos disponibilizarão serviços de recepção de títulos e de fornecimento de informações e certidões em meio eletrônico.

ART. 39. Os atos registrais praticados a partir da vigência da Lei n. 6.015, de 31 de dezembro de 1973, serão inseridos no sistema de registro eletrônico, no prazo de até 5 (cinco) anos a contar da publicação desta Lei.

› Dec. 8.270/2014 (Institui o Sistema Nacional de Informações de Registro Civil - Sirc e seu comitê gestor).

Parágrafo único. Os atos praticados e os documentos arquivados anteriormente à vigência da Lei n. 6.015, de 31 de dezembro de 1973, deverão ser inseridos no sistema eletrônico.

ART. 40. Serão definidos em regulamento os requisitos quanto a cópias de segurança de documentos e de livros escriturados de forma eletrônica.

ART. 41. A partir da implementação do sistema de registro eletrônico de que trata o art. 37, os serviços de registros públicos disponibilizarão ao Poder Judiciário e ao Poder Executivo federal, por meio eletrônico e sem ônus, o acesso às informações constantes de seus bancos de dados, conforme regulamento. Alterado pela Lei 13.097/2015.)

Parágrafo único. O descumprimento do disposto no *caput* ensejará a aplicação das penas previstas nos incisos II a IV do *caput* do art. 32 da Lei n. 8.935, de 18 de novembro de 1994. Alterado pela Lei 13.097/2015.)

ART. 42. Os emolumentos devidos pelos atos de abertura de matrícula, registro de incorporação, parcelamento do solo, averbação de construção, instituição de condomínio, averbação da carta de "habite-se" e demais atos referentes à construção de empreendimentos no âmbito do PMCMV serão reduzidos em: (Alterado pela Lei 12.424/2011.)

I - 75% (setenta e cinco por cento) para os empreendimentos do FAR e do FDS; (Alterado pela Lei 12.424/2011.)

II - 50% (cinquenta por cento) para os atos relacionados aos demais empreendimentos do PMCMV. (Alterado pela Lei 12.424/2011.)

III - (Revogado). (Alterado pela Lei 12.424/2011.)

§ 1º A redução prevista no inciso I será também aplicada aos emolumentos devidos pelo registro da transferência de propriedade do imóvel para o FAR e o FDS. (Acrescentado pela Lei 12.424/2011.)

§ 2º No ato do registro de incorporação, o interessado deve declarar que o seu empreendimento está enquadrado no PMCMV para obter a redução dos emolumentos previstos no *caput*. (Acrescentado pela Lei 12.424/2011.)

§ 3º O desenquadramento do PMCMV de uma ou mais unidades habitacionais de empreendimento que tenha obtido a redução das custas na forma do § 2º implica a complementação do pagamento dos emolumentos relativos a essas unidades. (Acrescentado pela Lei 12.424/2011.)

ART. 43. Os emolumentos referentes a escritura pública, quando esta for exigida, ao registro da alienação de imóvel e de correspondentes garantias reais e aos demais atos relativos ao imóvel residencial adquirido ou financiado no âmbito do PMCMV serão reduzidos em: (Alterado pela Lei 12.424/2011.)

I - 75% (setenta e cinco por cento) para os imóveis residenciais adquiridos do FAR e do FDS; (Acrescentado pela Lei 12.424/2011.)

II - 50% (cinquenta por cento) para os imóveis residenciais dos demais empreendimentos do PMCMV. (Acrescentado pela Lei 12.424/2011.)

Parágrafo único. (Revogado). (Alterado pela Lei 12.424/2011.)

I e **II** - (Revogados); (Alterado pela Lei 12.424/2011.)

ART. 43-A. (Vetado). (Acrescentado pela Lei 12.424/2011.)

ART. 44. Os cartórios que não cumprirem o disposto nos arts. 42 e 43 ficarão sujeitos à multa no valor de até R$ 100.000,00 (cem mil reais), bem como a outras sanções previstas na Lei n. 8.935, de 18 de novembro de 1994.

ART. 44-A. Nos atos registrais relativos ao PMCMV, o prazo para qualificação do título e respectivo registro, averbação ou devolução com indicação das pendências a serem satisfeitas para sua efetivação não poderá ultrapassar a 15 (quinze) dias, contados da data em que ingressar na serventia. (Acrescentado pela Lei 12.424/2011.)

§ 1º Havendo exigências de qualquer ordem, elas deverão ser formuladas de uma só vez, por escrito, articuladamente, de forma clara e objetiva, em papel timbrado do cartório, com data, identificação e assinatura do servidor responsável, para que o interessado possa satisfazê-las, ou, não se conformando, requerer a suscitação de dúvida. (Acrescentado pela Lei 12.424/2011.)

§ 2º Reingressando o título dentro da vigência da prenotação, e estando em ordem, o registro ou averbação será feito no prazo de 10 (dez) dias. (Acrescentado pela Lei 12.424/2011.)

§ 3º Em caso de inobservância do disposto neste artigo, será aplicada multa, na forma do inciso II do *caput* do art. 32 da Lei n. 8.935, de 18 de novembro de 1994, com valor mínimo de 20% (vinte por cento) dos respectivos emolumentos, sem prejuízo de outras sanções cabíveis. (Acrescentado pela Lei 12.424/2011.)

ART. 45. Regulamento disporá sobre as condições e as etapas mínimas, bem como sobre os prazos máximos, a serem cumpridos pelos serviços de registros públicos, com vistas na efetiva implementação do sistema de registro eletrônico de que trata o art. 37.

CAPÍTULO III

ARTS. 46 a **71.** (Revogados pela Lei 13.465 /2017.)

CAPÍTULO IV
DISPOSIÇÕES FINAIS

ART. 72. Nas ações judiciais de cobrança ou execução de cotas de condomínio, de imposto sobre a propriedade predial e territorial urbana ou de outras obrigações vinculadas ou decorrentes da posse do imóvel urbano, nas quais o responsável pelo pagamento seja o possuidor investido nos respectivos direitos aquisitivos, assim como o usufrutuário ou outros titulares de direito real de uso, posse ou fruição, será notificado o titular do domínio pleno ou útil, inclusive o promitente vendedor ou fiduciário.

ART. 73. Serão assegurados no PMCMV:

I - condições de acessibilidade a todas as áreas públicas e de uso comum;

II - disponibilidade de unidades adaptáveis ao uso por pessoas com deficiência, com mobilidade reduzida e idosos, de acordo com a demanda;

III - condições de sustentabilidade das construções;

IV - uso de novas tecnologias construtivas.

Parágrafo único. Na ausência de legislação municipal ou estadual acerca de condições de acessibilidade que estabeleça regra específica, será assegurado que, do total de unidades habitacionais construídas no âmbito do PMCMV em cada Município, no mínimo, 3% (três por cento) sejam adaptadas ao uso por pessoas com deficiência. (Acrescentado pela Lei 12.424/2011.)

ART. 73-A. Excetuados os casos que envolvam recursos do FGTS, os contratos em que o beneficiário final seja mulher chefe de família, no âmbito do PMCMV ou em programas de regularização fundiária de interesse social promovidos pela União, Estados, Distrito Federal ou Municípios, poderão ser firmados

LEIS

independentemente da outorga do cônjuge, afastada a aplicação do disposto nos arts. 1.647 a 1.649 da Lei n. 10.406, de 10 de janeiro de 2002 (Código Civil). (Alterado pela Lei 12.693/2012.)

§ 1º O contrato firmado na forma do *caput* será registrado no registro de imóveis competente, sem a exigência de documentos relativos a eventual cônjuge. (Acrescentado pela Lei 12.424/2011.)

§ 2º Prejuízos sofridos pelo cônjuge por decorrência do previsto neste artigo serão resolvidos em perdas e danos. (Acrescentado pela Lei 12.424/2011.)

ART. 74. O Decreto-Lei n. 3.365, de 21 de junho de 1941, passa a vigorar com as seguintes alterações:

- O Dec.-Lei 3.365/1941 dispõe sobre desapropriações por utilidade pública.
- Alterações promovidas no texto da referida lei.

ART. 75. A Lei n. 4.380, de 21 de agosto de 1964, passa a vigorar com as seguintes alterações:

- A Lei 4.380/1964 Institui a correção monetária nos contratos imobiliários de interesse social, o sistema financeiro para aquisição da casa própria, cria o Banco Nacional da Habitação (BNH), e Sociedades de Crédito Imobiliário, as Letras Imobiliárias, o Serviço Federal de Habitação.
- Alterações promovidas no texto da referida lei.

ART. 76. A Lei n. 6.015, de 31 de dezembro de 1973, passa a vigorar com as seguintes alterações:

- A Lei 6.015/1973 dispõe sobre registros públicos.
- Alterações promovidas no texto da referida lei.

ART. 77. O inciso VII do art. 20 da Lei n. 8.036, de 11 de maio de 1990, passa a vigorar com a seguinte redação:

- A Lei 8.036/1990 dispõe sobre o FGTS.
- Alterações promovidas no texto da referida lei.

ART. 78. O inciso V do art. 4º da Lei n. 10.257, de 10 de julho de 2001, passa a vigorar acrescido das seguintes alíneas *t* e *u*:

- A Lei 10.257/2001 regulamenta os arts. 182 e 183 da CF e estabelece diretrizes gerais da política urbana).
- Alterações promovidas no texto da referida lei.

ART. 79. Os agentes financeiros do SFH somente poderão conceder financiamentos habitacionais com cobertura securitária que preveja, no mínimo, cobertura aos riscos de morte e invalidez permanente do mutuário e de danos físicos ao imóvel. (Alterado pela Lei 12.424/2011.)

§ 1º Para o cumprimento do disposto no *caput*, os agentes financeiros, respeitada a livre escolha do mutuário, deverão: (Acrescentado pela Lei 12.424/2011.)

I - disponibilizar, na qualidade de estipulante e beneficiário, quantidade mínima de apólices emitidas por entes seguradores diversos, que observem a exigência estabelecida no *caput*; (Acrescentado pela Lei 12.424/2011.)

II - aceitar apólices individuais apresentadas pelos pretendentes ao financiamento, desde que a cobertura securitária prevista observe a exigência mínima estabelecida no *caput* e o ente segurador cumpra as condições estabelecidas pelo Conselho Nacional de Seguros Privados - CNSP, para apólices direcionadas a operações da espécie. (Acrescentado pela Lei 12.424/2011.)

§ 2º Sem prejuízo da regulamentação do seguro habitacional pelo CNSP, o Conselho Monetário Nacional estabelecerá as condições necessárias à implementação do disposto no § 1º deste artigo, no que se refere às obrigações dos agentes financeiros. (Acrescentado pela Lei 12.424/2011.)

§ 3º Nas operações em que sejam utilizados recursos advindos do Fundo de Arrendamento Residencial - FAR e do Fundo de Desenvolvimento Social - FDS, os agentes financeiros poderão dispensar a contratação de seguro de que trata o *caput*, nas hipóteses em que os riscos de morte e invalidez permanente do mutuário e de danos físicos ao imóvel estejam garantidos pelos respectivos fundos. (Acrescentado pela Lei 12.424/2011.)

§ 4º Nas operações de financiamento na modalidade de aquisição de material de construção com recursos do FGTS, os agentes financeiros ficam autorizados a dispensar a contratação do seguro de danos físicos ao imóvel. (Acrescentado pela Lei 12.424/2011.)

§ 5º Nas operações de financiamento de habitação rural, na modalidade de aquisição de material de construção, com recursos do FGTS, os agentes financeiros ficam autorizados a dispensar a contratação do seguro de morte e invalidez permanente do mutuário nos casos em que estes riscos contarem com outra garantia. (Acrescentado pela Lei 12.424/2011.)

ART. 79-A. Para construção, reforma ou requalificação de imóveis no âmbito do PMCMV, a Caixa Econômica Federal fica autorizada a adquirir, em nome do FAR, e pelo prazo necessário à conclusão das obras e transferência da unidade construída aos beneficiários do programa: (Acrescentado pela Lei 12.424/2011.)

I - os direitos de posse em que estiver imitido qualquer ente da Federação a partir de decisão proferida em processo judicial de desapropriação em curso, conforme comprovado mediante registro no cartório de registro de imóveis competente; e (Acrescentado pela Lei 12.424/2011.)

II - os direitos reais de uso de imóvel público, de que trata o art. 7º do Decreto-Lei n. 271, de 28 de fevereiro de 1967. (Acrescentado pela Lei 12.424/2011.)

§ 1º A aquisição prevista no inciso I do *caput* será condicionada ao compromisso do ente público de transferir o direito de propriedade do imóvel ao FAR, após o trânsito em julgado da sentença do processo judicial de desapropriação. (Acrescentado pela Lei 12.424/2011.)

§ 2º A transferência ao beneficiário final será condicionada ao adimplemento das obrigações assumidas por ele com o FAR. (Acrescentado pela Lei 12.424/2011.)

§ 3º A aquisição prevista no inciso II do *caput* somente será admitida quando o direito real de uso for concedido por prazo indeterminado. (Acrescentado pela Lei 12.424/2011.)

§ 4º Os contratos de aquisição de imóveis ou de direitos a eles relativos pelo FAR serão celebrados por instrumento particular com força de escritura pública e registrados no registro de imóveis competente. (Acrescentado pela Lei 12.424/2011.)

ART. 80. Até que a quantidade mínima a que se refere o inciso I do § 1º do art. 79 desta Lei seja regulamentada pelo Conselho Monetário Nacional, os agentes financeiros poderão oferecer apenas uma apólice ao mutuário. (Alterado pela Lei 12.424/2011.)

ART. 81. Ficam convalidados os atos do Conselho Monetário Nacional que relacionaram as instituições integrantes do Sistema Financeiro da Habitação.

ART. 81-A. Os limites de renda familiar expressos nesta Lei constituem valores máximos, admitindo-se a atualização nos termos do § 6º do art. 3º, bem como a definição, em regulamento, de subtetos de acordo com as modalidades operacionais praticadas. (Acrescentado pela Lei 12.424/2011.)

ART. 82. Fica autorizado o custeio, no âmbito do PMCMV, da aquisição e instalação de equipamentos de energia solar ou que contribuam para a redução do consumo de água em moradias. (Alterado pela Lei 12.424/2011.)

Parágrafo único. (Revogado pela Lei 12.722/2012.)

ART. 82-A. Enquanto não efetivado o aporte de recursos necessários às subvenções econômicas de que tratam os incisos I e II do art. 2º e o art. 11 desta Lei, observado o disposto na lei orçamentária anual, o agente operador do FGTS, do FAR e do FDS, que tenha utilizado as disponibilidades dos referidos fundos em contratações no âmbito do PMCMV, terá direito ao ressarcimento das quantias desembolsadas, devidamente atualizadas pela taxa Selic. (Acrescentado pela Lei 12.424/2011.)

ART. 82-B. O PMCMV, nos termos do art. 1º desta Lei, tem como meta promover a produção, aquisição, requalificação e reforma de dois milhões de unidades habitacionais, a partir de 1º de dezembro de 2010 até 31 de dezembro de 2014, das quais, no mínimo, 220.000 (duzentas e vinte mil) unidades serão produzidas por meio de concessão de subvenção econômica na forma do inciso I do § 1º do art. 6º-B, nas operações de que trata o inciso III do *caput* do art. 2º, a beneficiários finais com renda de até R$ 1.395,00 (mil, trezentos e noventa e cinco reais), respeitados os valores consignados nas respectivas leis orçamentárias anuais. (Acrescentado pela Lei 12.424/2011.)

Parágrafo único. As diretrizes para a continuidade do programa poderão ser complementadas no plano nacional de habitação a ser apresentado pelo Poder Executivo federal mediante projeto de lei. (Acrescentado pela Lei 12.424/2011.)

ART. 82-C. Para o exercício de 2011, a União fica autorizada a utilizar os recursos previstos nos arts. 2º, 5º, 12, 18 e 19 desta Lei. (Acrescentado pela Lei 12.424/2011.)

ART. 82-D. No âmbito do PMCMV, no caso de empreendimentos construídos com recursos do FAR, poderá ser custeada a edificação de equipamentos de educação, saúde e outros complementares à habitação, inclusive em terrenos de propriedade pública, nos termos do regulamento. (Acrescentado pela Lei 12.722/2012.)

§ 1º A edificação dos equipamentos de que trata o *caput* está condicionada à existência de compromisso prévio do Governo Estadual, Municipal ou Distrital em assumir a operação, a guarda e a manutenção do equipamento, imediatamente após a conclusão da obra, e colocá-lo em funcionamento em prazo compatível com o atendimento da demanda do empreendimento, nos termos do regulamento. (Acrescentado pela Lei 12.722/2012.)

§ 2º Caso a operação não seja iniciada no prazo previsto no termo de compromisso, o ente responsável deverá ressarcir o FAR com os recursos gastos com a edificação, devidamente atualizados. (Acrescentado pela Lei 12.722/2012.)

§ 3º Os equipamentos de que trata o *caput* serão incorporados ao patrimônio do ente público proprietário do terreno no qual foi realizada a edificação ou doados ao ente público responsável pela operação, guarda e manutenção, caso a edificação seja realizada em terreno de propriedade do FAR. (Acrescentado pela Lei 12.722/2012.)

§ 4º Quando a edificação tiver que ser realizada em terreno cuja propriedade não seja do ente público responsável pela operação, guarda e manutenção dos equipamentos, o termo de compromisso deverá contar com a participação de todos os entes envolvidos como também prever a obrigação de transferência do uso ou da propriedade para o mencionado ente responsável pela operacionalização. (Acrescentado pela Lei 12.722/2012.)

ART. 83. Esta Lei entra em vigor na data de sua publicação.

Brasília, 7 de julho de 2009; 188º da Independência e 121º da República.

JOSÉ ALENCAR GOMES DA SILVA

LEI N. 12.023, DE 27 DE AGOSTO DE 2009

Dispõe sobre as atividades de movimentação de mercadorias em geral e sobre o trabalho avulso.

› *DOU*, 02.09.2009.

O Presidente da República. Faço saber que o Congresso Nacional decreta e eu sanciono a seguinte Lei:

ART. 1º As atividades de movimentação de mercadorias em geral exercidas por trabalhadores avulsos, para os fins desta Lei, são aquelas desenvolvidas em áreas urbanas ou rurais sem vínculo empregatício, mediante intermediação obrigatória do sindicato da categoria, por meio de Acordo ou Convenção Coletiva de Trabalho para execução das atividades.

Parágrafo único. A remuneração, a definição das funções, a composição de equipes e as demais condições de trabalho serão objeto de negociação entre as entidades representativas dos trabalhadores avulsos e dos tomadores de serviços.

ART. 2º São atividades da movimentação de mercadorias em geral:

I - cargas e descargas de mercadorias a granel e ensacados, costura, pesagem, embalagem, enlonamento, ensaque, arrasto, posicionamento, acomodação, reordenamento, reparação da carga, amostragem, arrumação, remoção, classificação, empilhamento, transporte com empilhadeiras, paletização, ova e desova de vagões, carga e descarga em feiras livres e abastecimento de lenha em secadores e caldeiras;

II - operações de equipamentos de carga e descarga;

III - pré-limpeza e limpeza em locais necessários à viabilidade das operações ou à sua continuidade.

Parágrafo único. (Vetado.)

ART. 3º As atividades de que trata esta Lei serão exercidas por trabalhadores com vínculo empregatício ou em regime de trabalho avulso nas empresas tomadoras do serviço.

ART. 4º O sindicato elaborará a escala de trabalho e as folhas de pagamento dos trabalhadores avulsos, com a indicação do tomador do serviço e dos trabalhadores que participaram da operação, devendo prestar, com relação a estes, as seguintes informações:

I - os respectivos números de registros ou cadastro no sindicato;

II - o serviço prestado e os turnos trabalhados;

III - as remunerações pagas, devidas ou creditadas a cada um dos trabalhadores, registrando-se as parcelas referentes a:

a) repouso remunerado;

b) Fundo de Garantia por Tempo de Serviço;

c) 13º salário;

d) férias remuneradas mais 1/3 (um terço) constitucional;

e) adicional de trabalho noturno;

f) adicional de trabalho extraordinário.

ART. 5º São deveres do sindicato intermediador:

I - divulgar amplamente as escalas de trabalho dos avulsos, com a observância do rodízio entre os trabalhadores;

II - proporcionar equilíbrio na distribuição das equipes e funções, visando à remuneração em igualdade de condições de trabalho para todos e a efetiva participação dos trabalhadores não sindicalizados;

III - repassar aos respectivos beneficiários, no prazo máximo de 72 (setenta e duas) horas úteis, contadas a partir do seu arrecadamento, os valores devidos e pagos pelos tomadores do serviço, relativos à remuneração do trabalhador avulso;

IV - exibir para os tomadores da mão de obra avulsa e para as fiscalizações competentes os documentos que comprovem o efetivo pagamento das remunerações devidas aos trabalhadores avulsos;

V - zelar pela observância das normas de segurança, higiene e saúde no trabalho;

VI - firmar Acordo ou Convenção Coletiva de Trabalho para normatização das condições de trabalho.

§ 1º Em caso de descumprimento do disposto no inciso III deste artigo, serão responsáveis, pessoal e solidariamente, os dirigentes da entidade sindical.

§ 2º A identidade de cadastro para a escalação não será a carteira do sindicato e não assumirá nenhuma outra forma que possa dar ensejo à distinção entre trabalhadores sindicalizados e não sindicalizados para efeito de acesso ao trabalho.

ART. 6º São deveres do tomador de serviços:

I - pagar ao sindicato os valores devidos pelos serviços prestados ou dias trabalhados, acrescidos dos percentuais relativos a repouso remunerado, 13º salário e férias acrescidas de 1/3 (um terço), para viabilizar o pagamento do trabalhador avulso, bem como os percentuais referentes aos adicionais extraordinários e noturnos;

II - efetuar o pagamento a que se refere o inciso I, no prazo máximo de 72 (setenta e duas) horas úteis, contadas a partir do encerramento do trabalho requisitado;

III - recolher os valores devidos ao Fundo de Garantia por Tempo de Serviço, acrescido dos percentuais relativos ao 13º salário, férias, encargos fiscais, sociais e previdenciários, observando o prazo legal.

ART. 7º A liberação das parcelas referentes ao 13º salário e às férias, depositadas nas contas individuais vinculadas e o recolhimento do FGTS e dos encargos fiscais e previdenciários serão efetuados conforme regulamentação do Poder Executivo.

ART. 8º As empresas tomadoras do trabalho avulso respondem solidariamente pela efetiva remuneração do trabalho contratado e são responsáveis pelo recolhimento dos encargos fiscais e sociais, bem como das contribuições ou de outras importâncias devidas à Seguridade Social, no limite do uso que fizerem do trabalho avulso intermediado pelo sindicato.

ART. 9º As empresas tomadoras do trabalho avulso são responsáveis pelo fornecimento dos Equipamentos de Proteção Individual e por zelar pelo cumprimento das normas de segurança no trabalho.

ART. 10. A inobservância dos deveres estipulados nos arts. 5º e 6º sujeita os respectivos infratores à multa administrativa no valor de R$ 500,00 (quinhentos reais) por trabalhador avulso prejudicado.

Parágrafo único. O processo de fiscalização, notificação, autuação e imposição de multas reger-se-á pelo disposto no Título VII da Consolidação das Leis do Trabalho - CLT, aprovada pelo Decreto-Lei n. 5.452, de 1º de maio de 1943.

ART. 11. Esta Lei não se aplica às relações de trabalho regidas pela Lei n. 8.630, de 25 de fevereiro de 1993, e pela Lei n. 9.719, de 27 de novembro de 1998.

› Lei 12.815/2013 (Dispõe sobre a exploração direta e indireta pela União de portos e instalações portuárias e sobre as atividades desempenhadas pelos operadores portuários) e Dec. 8.033/2013 (regulamento).

ART. 12. Esta Lei entra em vigor 30 (trinta) dias após sua publicação.

Brasília, 27 de agosto de 2009; 188º da Independência e 121º da República.

LUIZ INÁCIO LULA DA SILVA

LEI N. 12.086, DE 6 DE NOVEMBRO DE 2009

Dispõe sobre os militares da Polícia Militar do Distrito Federal e do Corpo de Bombeiros Militar do Distrito Federal; altera as Leis n. 6.450, de 14 de outubro de 1977, 7.289, de 18 de dezembro de 1984, 7.479, de 2 de junho de 1986, 8.255, de 20 de novembro de 1991, e 10.486, de 4 de julho de 2002; revoga as Leis n. 6.302, de 15 de dezembro de 1975, 6.645, de 14 de maio de 1979, 7.491, de 13 de junho de 1986, 7.687, de 13 de dezembro de 1988, 7.851, de 23 de outubro de 1989, 8.204, de 8 de julho de 1991, 8.258, de 6 de dezembro de 1991, 9.054, de 29 de maio de 1995, e 9.237, de 22 de dezembro de 1995; revoga dispositivos das Leis n. 7.457, de 9 de abril de 1986, 9.713, de 25 de novembro de 1998, e 11.134, de 15 de julho de 2005; e dá outras providências.

› *DOU*, 09.11.2009.

O Presidente da República. Faço saber que o Congresso Nacional decreta e eu sanciono a seguinte Lei:

ART. 1º Esta Lei estabelece os critérios e as condições que asseguram aos policiais militares da ativa da Polícia Militar do Distrito Federal e aos Bombeiros Militares da ativa do Corpo de Bombeiros Militar do Distrito Federal e o acesso à hierarquia das Corporações, mediante promoções, de forma seletiva, gradual e sucessiva, com base nos efetivos fixados para os Quadros que os integram.

TÍTULO I DA POLÍCIA MILITAR DO DISTRITO FEDERAL

CAPÍTULO I DISPOSIÇÕES PRELIMINARES

ART. 2º O efetivo da Polícia Militar do Distrito Federal é de 18.673 (dezoito mil e seiscentos e setenta e três) policiais militares distribuídos em Quadros, conforme disposto no Anexo I.

Parágrafo único. Não serão considerados no limite do efetivo fixado no *caput*:

I - os policiais militares da reserva remunerada designados para o serviço ativo;

II - os policiais militares da reserva remunerada e os reformados, sujeitos à prestação de serviço por tempo certo, em caráter transitório e mediante aceitação voluntária;

III - os Aspirantes-a-Oficial PM;

IV - os alunos dos cursos de ingresso na Carreira policial militar; e

V - os policiais militares agregados e excedentes.

ART. 3º A distribuição do pessoal ativo da Polícia Militar do Distrito Federal no Quadro de Organização da Corporação, respeitados os quantitativos estabelecidos nesta Lei, será feita em ato do Comandante-Geral.

ART. 4º As atividades desenvolvidas pelos integrantes dos Quadros da Polícia Militar do Distrito Federal serão especificadas em ato do Governador do Distrito Federal.

CAPÍTULO II
DAS PROMOÇÕES

ART. 5º Promoção é ato administrativo e tem como finalidade básica a ascensão seletiva aos postos e graduações superiores, com base nos interstícios de cada grau hierárquico, conforme disposto no Anexo I.

§ 1º Interstício é o tempo mínimo que cada policial militar deverá cumprir no posto ou graduação.

§ 2º Cumpridas as demais exigências estabelecidas para a promoção, o interstício poderá ser reduzido em até 50% (cinquenta por cento), sempre que houver vagas não preenchidas por esta condição.

§ 3º A redução de interstício prevista no § 2º será efetivada mediante ato:

I - do Governador do Distrito Federal, por proposta do Comandante-Geral, para as promoções de Oficiais; e

II - do Comandante-Geral, por proposta do titular do órgão de gestão de pessoal, para as promoções de Praças.

ART. 6º No âmbito da Polícia Militar do Distrito Federal, as promoções ocorrem pelos seguintes critérios:

I - antiguidade;

II - merecimento;

III - ato de bravura; e

IV - *post mortem*.

ART. 7º Promoção por antiguidade é aquela que se baseia na precedência hierárquica de um policial militar sobre os demais de igual grau hierárquico, dentro do mesmo Quadro, Especialidade, Qualificação ou Grupamento.

ART. 8º Promoção por merecimento é aquela que se baseia:

I - na ordem de classificação obtida ao final dos cursos iniciais de cada Quadro; e

II - no conjunto de atributos e qualidades que distingue e realça o valor do Oficial entre seus pares, avaliado no decurso da Carreira e no desempenho de cargos, funções, missões e comissões exercidas, em particular no posto que ocupe ao ser cogitado para a promoção.

ART. 9º A promoção por ato de bravura é aquela que resulta de ato não comum de coragem e audácia, que, ultrapassando os limites normais do cumprimento do dever, representa feito heróico indispensável ou relevante às operações policiais militares ou à sociedade, pelos resultados alcançados ou pelo exemplo positivo deles emanado.

§ 1º A promoção de que trata este artigo, decretada por intermédio de ato específico do Governador do Distrito Federal, dispensa as exigências para a promoção por outros critérios estabelecidos nesta Lei.

§ 2º Os atos de bravura que poderão ensejar a promoção de que trata o *caput* serão analisados pelas competentes comissões de promoção, com base em processo administrativo autuado para este fim.

§ 3º A solicitação de promoção por ato de bravura poderá ser feita pelo interessado, no prazo de até 120 (cento e vinte) dias da data do fato.

§ 4º Será proporcionado ao policial militar promovido por ato de bravura a oportunidade de satisfazer as condições exigidas para o acesso obtido.

§ 5º No caso de não cumprimento das condições de que trata o § 4º, será facultado ao policial militar continuar no serviço ativo, no grau hierárquico que atingiu, até a transferência para a inatividade com os benefícios que a lei lhe assegurar.

ART. 10. Promoção *post mortem* é aquela que visa a expressar o reconhecimento ao policial militar morto no cumprimento do dever ou em consequência disto, ou a reconhecer direito que lhe cabia, não efetivado por motivo de óbito.

§ 1º A promoção de que trata o *caput* será realizada quando o policial militar falecer em uma das seguintes situações:

I - em ação de manutenção e preservação da ordem pública, ou em ato ou consequência de atividade militar;

II - em consequência de ferimento, doença, moléstia ou enfermidade contraída em ação de manutenção e preservação da ordem pública, ou em ato ou consequência de atividade militar, ou que nela tenham sua causa eficiente; ou

III - em acidente em serviço ou em consequência de doença, moléstia ou enfermidade que nele tenham sua causa eficiente.

§ 2º As situações que possam ensejar a promoção de que trata o *caput* deverão ser devidamente analisadas pelas competentes comissões de promoção, com base em processo administrativo autuado para este fim.

§ 3º A promoção *post mortem* será efetivada ao grau hierárquico imediatamente superior do Quadro, Especialidade, Qualificação ou Grupamento a que pertencia o militar.

ART. 11. O policial militar também será promovido *post mortem* ao grau hierárquico cujas condições de acesso satisfazia e pertencia a faixa dos que concorreriam à promoção, nomeação ou declaração, se ao falecer possuía as condições de acesso e integrava a faixa dos que concorreriam à promoção pelos critérios de antiguidade ou merecimento.

ART. 12. Os casos de morte por ferimento, doença, moléstia ou enfermidade serão comprovados por procedimento apuratório adequado para este fim, podendo utilizar como meios subsidiários para esclarecer a situação documentos oriundos da área de saúde.

ART. 13. A promoção por ato de bravura exclui, em caso de falecimento, a promoção *post mortem* que resultaria de suas consequências.

ART. 14. Promoção em ressarcimento de preterição é aquela feita após ser reconhecido ao policial militar preterido o direito à promoção que lhe caberia, sendo efetivada segundo o critério de antiguidade ou merecimento, recebendo o militar assim promovido o número que lhe competia na escala hierárquica, como se houvesse sido promovido na época devida.

ART. 15. Em casos extraordinários, poderá haver promoção por ressarcimento de preterição decorrente do reconhecimento do direito de promoção que caberia a militar preterido.

Parágrafo único. O policial militar será ressarcido de preterição quando:

I - tiver solução favorável no recurso interposto;

II - cessar sua situação de desaparecido, extraviado ou desertor, desde que tal situação não tenha sido provocada por culpa ou dolo do militar;

III - for considerado capaz de permanecer nas fileiras da Corporação em decisão final prolatada a partir de apuração feita por conselho de justificação, conselho de disciplina ou processo administrativo de licenciamento a que tiver sido submetido;

IV - for absolvido ou impronunciado no processo a que estiver respondendo; ou

V - tiver sido prejudicado por comprovado erro administrativo.

ART. 16. As promoções *post mortem*, por ato de bravura e em ressarcimento de preterição, ocorrerão a qualquer tempo, com efeitos retroativos à data do fato que motivou ou preteriu a promoção.

ART. 17. O Governador do Distrito Federal editará os atos de nomeação e promoção de Oficiais.

§ 1º Os atos de nomeação para o posto inicial da Carreira e de promoção a este posto ou ao primeiro posto de Oficial Superior acarretam a expedição de carta patente, pelo Governador do Distrito Federal.

§ 2º As promoções aos demais postos serão apostiladas à carta patente expedida.

ART. 18. Os atos de declaração e promoção de Praças são efetivados em ato do Comandante-Geral da Corporação.

ART. 19. Nos diferentes quadros, as vagas a serem consideradas para as promoções serão provenientes de:

I - promoção ao grau hierárquico superior imediato;

II - agregação;

III - demissão, licenciamento ou exclusão do serviço ativo;

IV - aumento de efetivos; e

V - falecimento.

ART. 20. As vagas são consideradas abertas:

I - na data da publicação oficial do ato que promove, agrega, passa para a inatividade, demite, licencia ou exclui do serviço ativo o policial militar, salvo se no próprio ato for estabelecida outra data;

II - na data oficial do óbito; ou

III - como dispuser a lei, no caso de alteração de efetivo.

Parágrafo único. Serão também consideradas vagas abertas as que resultarem das transferências *ex officio* para a reserva remunerada, já previstas, até a data da promoção, inclusive, bem como as decorrentes de quota compulsória.

ART. 21. Feita a apuração de vagas a preencher, este número não sofrerá alteração.

Parágrafo único. Cada vaga aberta em determinado posto ou graduação acarretará vagas nos graus hierárquicos inferiores, sendo esta sequência interrompida no posto ou graduação em que houver preenchimento por excedente, ressalvado o caso de vaga aberta em decorrência de aplicação da quota compulsória conforme disposto no Estatuto dos Policiais Militares, de que trata a Lei n. 7.289, de 18 de dezembro de 1984.

ART. 22. O policial militar promovido indevidamente passará à situação de excedente e, nesse caso, contará antiguidade e receberá o número que lhe competir na escala hierárquica, quando a vaga a ser preenchida corresponder ao critério pelo qual deveria ser promovido, desde que preencha os requisitos para a promoção.

ART. 23. Não preenche vaga o policial militar que, estando agregado, venha a ser promovido e continue na mesma situação.

ART. 24. A promoção por merecimento será aplicada exclusivamente para o acesso ao último posto dos Quadros e Especialidades de Oficiais.

Parágrafo único. Os critérios gerais de avaliação dos Oficiais no decurso da Carreira e no exercício de cargos, funções, missões e comissões, para atendimento ao disposto no *caput*, serão estabelecidos pelo Poder Executivo federal, e os critérios específicos constarão de ato do Governador do Distrito Federal.

ART. 25. As promoções aos demais graus hierárquicos dos Quadros de Oficiais e Praças serão realizadas pelo critério de antiguidade.

Parágrafo único. A antiguidade no grau hierárquico é contada a partir da data do ato de promoção, nomeação, declaração ou na data especificada no próprio ato.

ART. 26. O policial militar agregado, quando no desempenho de cargo policial militar ou considerado de natureza ou interesse policial militar ou da segurança pública, concorrerá à promoção por quaisquer dos critérios, sem prejuízo do número de concorrentes regularmente estipulado.

Parágrafo único. O policial militar agregado por qualquer outro motivo não será promovido pelo critério de merecimento.

ART. 27. O policial militar não poderá constar em Quadro de Acesso quando:

I - for considerado não habilitado para o acesso, em caráter provisório, mediante decisão fundamentada da respectiva comissão de promoção, por ser, presumivelmente, incapaz de satisfazer ao critério estabelecido para o conceito moral da Corporação;

II - não possuir o interstício exigido para seu grau hierárquico;

III - não tiver concluído com aproveitamento o curso ou estágio previsto;

IV - estiver submetido a conselho de justificação, conselho de disciplina ou processo administrativo de licenciamento;

V - for condenado a pena privativa de liberdade, enquanto durar o seu cumprimento, inclusive no caso de suspensão condicional, não se computando o tempo acrescido à pena por ocasião de sua suspensão condicional;

VI - for condenado a pena de suspensão do exercício do posto, graduação, cargo ou função, durante o prazo dessa suspensão;

VII - for considerado desaparecido, extraviado ou desertor;

VIII - estiver em gozo de licença para tratamento de saúde de pessoa da família por mais de um ano contínuo; ou

IX - estiver em gozo de licença para tratar de interesse particular.

Parágrafo único. O policial militar incluído no inciso I será submetido, ex officio, a conselho de justificação, conselho de disciplina ou processo administrativo de licenciamento, conforme o caso.

ART. 28. Será excluído do Quadro de Acesso o policial militar que incidir em uma das circunstâncias previstas no art. 27 ou ainda:

I - for incluído indevidamente no referido Quadro;

II - for promovido; ou

III - for excluído do serviço ativo.

ART. 29. As promoções serão efetuadas anualmente, nos dias 22 de abril, 21 de agosto e 26 de dezembro, para as vagas abertas até o décimo dia útil do mês anterior às datas mencionadas, bem como para as decorrentes destas promoções.

Parágrafo único. Para a primeira data de promoção após a vigência desta Lei, a data de apuração de vagas a serem preenchidas será estipulada em conformidade com o calendário estabelecido pelo Comandante-Geral da Corporação.

CAPÍTULO III
DA INCLUSÃO

ART. 30. A inclusão nos postos e graduações iniciais de cada Quadro de Oficiais e Praças da Polícia Militar do Distrito Federal está condicionada ao atendimento das exigências legais.

Parágrafo único. Aplicam-se a todos os policiais militares, licenciados ou demitidos a pedido, as indenizações especificadas no art. 104 da Lei n. 7.289, de 18 de dezembro de 1984.

ART. 31. A ordem hierárquica de colocação dos Oficiais e Praças nos graus hierárquicos iniciais resulta da ordem de classificação em curso de formação ou habilitação, para a inclusão nos seguintes Quadros:

I - Quadro de Oficiais Policiais Militares - QOPM;

II - Quadro de Oficiais Policiais Militares de Saúde - QOPMS;

III - Quadro de Oficiais Policiais Militares Capelães - QOPMC;

IV - Quadro de Oficiais Policiais Militares Administrativos - QOPMA;

V - Quadro de Oficiais Policiais Militares Especialistas - QOPME;

VI - Quadro de Oficiais Policiais Militares Músicos - QOPMM;

VII - Quadro de Praças Policiais Militares Combatentes - QPPMC; e

VIII - Quadro de Praças Policiais Militares Especialistas - QPPME.

ART. 32. Para inclusão nos QOPMA, QOPME e QOPMM, o policial militar deverá:

I - ser selecionado dentro do somatório das vagas disponíveis no respectivo Quadro ou Especialidade para matrícula no Curso de Habilitação de Oficiais Administrativos, Especialistas e Músicos (CHOAEM), sendo: (Alterado pela Lei 13.459/2017.)

a) 50% (cinquenta por cento) das vagas ocupadas pelo critério de antiguidade; e (Acrescentada pela Lei 13.459/2017.)

b) 50% (cinquenta por cento) das vagas ocupadas mediante aprovação em processo seletivo de provas, de caráter classificatório e eliminatório, destinado a aferir o mérito intelectual dos candidatos; (Acrescentada pela Lei 13.459/2017.)

II - possuir diploma de ensino superior expedido por instituição reconhecida pelo Ministério da Educação, observada a área de atuação;

III - possuir, no mínimo, 18 (dezoito) anos de serviço policial militar, até a data da inscrição do processo seletivo;

IV - (Revogado pela Lei 13.459/2017.)

V - possuir o Curso de Aperfeiçoamento de Praças ou equivalente;

VI - pertencer ao QPPMC para o acesso ao QOPMA; e

VII - pertencer ao QPPME para o acesso ao QOPME ou para o QOPMM, correspondentes.

§ 1º A titulação ou qualificação necessária para ingresso nos Quadros e Especialidades de que trata o *caput* será estabelecida em ato do Governador do Distrito Federal. (Alterado pela Lei 13.459/2017.)

§ 2º Na hipótese de o quantitativo da aplicação das proporções estabelecidas no inciso I do *caput* deste artigo resultar em número fracionário: (Acrescentado pela Lei 13.459/2017.)

I - o quantitativo de vagas ocupadas por antiguidade será arredondado por inteiro e para mais; e (Acrescentado pela Lei 13.459/2017.)

II - o quantitativo de vagas ocupadas por mérito intelectual será arredondado por inteiro e para menos. (Acrescentado pela Lei 13.459/2017.)

§ 3º Para a inclusão referida no *caput* deste artigo, não será exigido o Curso de Aperfeiçoamento de Praças ao policial militar que possua os demais pré-requisitos, desde que a corporação não tenha ofertado o referido curso. (Acrescentado pela Lei 13.459/2017.)

ART. 33. A Praça a que se refere o art. 32 frequentará o Curso de Habilitação de Oficiais na graduação em que se encontra ou na que venha a ser promovida no decorrer do curso.

Parágrafo único. Se o candidato não concluir com aproveitamento o curso de que trata o *caput*, permanecerá na graduação e voltará a ocupar a mesma posição anterior na escala hierárquica.

ART. 34. Para a confirmação na graduação de Soldado, mediante promoção à graduação de Soldado PM 1ª Classe, independentemente de vagas na graduação, o Soldado PM 2ª Classe deverá concluir com aproveitamento o Curso de Formação de Praças e ser aprovado em estágio probatório.

Parágrafo único. As normas reguladoras de habilitação, acesso e situação das Praças especialistas serão estabelecidas pelo Comandante-Geral da Corporação.

ART. 35. Para inclusão no posto de Segundo-Tenente do QOPM, o policial militar deverá concluir com aproveitamento o Curso de Formação de Oficiais, ser declarado Aspirante-a-Oficial e ser aprovado no estágio probatório.

Parágrafo único. O Aspirante-a-Oficial será promovido ao posto de Segundo-Tenente após o cumprimento dos requisitos na graduação, na primeira data de promoção, independentemente da existência de vagas.

ART. 36. Para ingresso nos QOPMS e QOPMC no posto de Segundo-Tenente, o policial militar deverá concluir com aproveitamento o Curso de Habilitação de Oficiais de Saúde e Capelães. (Alterado pela Lei 13.459/2017.)

Parágrafo único. Para todos os efeitos legais, o Estágio de Adaptação de Oficiais - EAO, efetivado para o QOPMS e para o QOPMC, equivale ao Curso de Habilitação de Oficiais de Saúde e Capelães.

ART. 37. O candidato a que se refere o art. 36 frequentará o curso inicial de Carreira como aluno, na condição de Aspirante-a-Oficial.

Parágrafo único. Se o candidato não concluir, com aproveitamento, o curso inicial de Carreira, será licenciado ou demitido *ex officio*, conforme o caso, sem direito a qualquer remuneração ou indenização, e terá a sua situação definida pela Lei n. 4.375, de 17 de agosto de 1964 - Lei do Serviço Militar.

ART. 37-A. Concluído com aproveitamento o Curso de Habilitação de Oficiais de Saúde e Capelães, o Aspirante-a-Oficial será promovido ao posto de Segundo-Tenente após o cumprimento dos requisitos da graduação, na primeira data de promoção, observando-se o interstício mínimo de seis meses, independentemente da existência de vagas. (Acrescentado pela Lei 13.459/2017.)

CAPÍTULO IV
DAS CONDIÇÕES PARA INGRESSO NO QUADRO DE ACESSO

ART. 38. Para o ingresso no Quadro de Acesso é necessário que o policial militar satisfaça as seguintes condições de acesso:

I - possuir os cursos exigidos em leis ou regulamentos, concluídos com aproveitamento;

II - cumprir o interstício referente ao grau hierárquico;

III - não ser considerado incapaz definitivamente para o serviço ativo da Polícia Militar do Distrito Federal, em inspeção de saúde realizada na Corporação;

IV - atender às condições peculiares a cada posto ou graduação dos diferentes Quadros;

V - alcançar o critério estabelecido como necessário para o conceito profissional no âmbito da Corporação; e

VI - atender aos critérios estabelecidos para o conceito moral da Corporação.

§ 1º Enquadram-se no inciso I os seguintes Cursos, conforme o caso:

I - Curso de Formação de Oficiais, para acesso aos postos de Segundo-Tenente, Primeiro-Tenente e Capitão pertencentes ao QOPM;

II - Curso de Habilitação de Oficiais de Saúde e Capelães, para acesso aos postos de Segundo-Tenente, Primeiro-Tenente e Capitão pertencentes ao QOPMS e ao QOPMC;

III - Curso de Habilitação de Oficiais Administrativos, Especialistas e Músicos, para acesso aos postos de Segundo-Tenente, Primeiro-Tenente e Capitão pertencentes ao QOPMA, ao QOPME e ao QOPMM;

IV - Curso de Aperfeiçoamento de Oficiais, para acesso aos postos de Major e Tenente-Coronel pertencentes ao QOPM, ao QOPMS e ao QOPMC;

V - Curso de Aperfeiçoamento de Oficiais Administrativos, Especialistas e Músicos, para acesso ao posto de Major pertencentes ao QOPMA, ao QOPME e ao QOPMM;

VI - Curso de Altos Estudos para Oficiais, para acesso ao posto de Coronel pertencentes ao QOPM e ao QOPMS;

VII - Curso de Formação de Praças, para acesso às graduações de Soldado, Cabo e Terceiro-Sargento;

VIII - Curso de Aperfeiçoamento de Praças, para acesso às graduações de Segundo-Sargento e Primeiro-Sargento;

IX - Curso de Altos Estudos para Praças, para acesso à graduação de Subtenente; e

X - Curso de Especialização ou Habilitação, a cada período de 5 (cinco) anos, realizado de acordo com as condições estabelecidas pela Corporação, se oficial subalterno do Quadro de Oficiais Combatentes, Cabo ou Soldado.

§ 2º Ato do Governador do Distrito Federal estabelecerá critérios objetivos para a avaliação dos conceitos profissional e moral.

§ 3º Na impossibilidade de o policial militar realizar o teste de aptidão física por motivo de força maior ou caso fortuito, será considerado o resultado alcançado no teste imediatamente anterior.

§ 4º A inspeção de saúde a que se refere o inciso III do *caput* será realizada pela junta médica da Corporação.

§ 5º Em casos excepcionais, inspeções de saúde realizadas fora das unidades da Polícia Militar do Distrito Federal poderão ser convalidadas pela junta médica da Corporação.

ART. 39. Compete ao Comandante-Geral da Polícia Militar do Distrito Federal promover a incorporação dos candidatos aprovados nos concursos públicos para os diversos quadros ou qualificações existentes na Corporação.

CAPÍTULO V
DO QUADRO DE ACESSO

ART. 40. Serão estipulados limites quantitativos de antiguidade que definirão a faixa dos policiais militares que concorrerão às promoções ao grau hierárquico superior.

§ 1º Os limites quantitativos de antiguidade são os seguintes:

I - 1/4 (um quarto) do previsto em cada grau hierárquico dos quadros constantes do Anexo I; e

II - nos graus hierárquicos dos quadros em que o quantitativo previsto for até 10 (dez), concorrerá a sua totalidade, em caráter excepcional.

§ 2º Sempre que, nas divisões previstas no inciso I do § 1º, resultar quociente fracionário, será ele tomado por inteiro e para mais.

ART. 41. Quadros de Acesso são as relações de Oficiais e Praças organizadas por postos e graduações para as promoções por antiguidade, no Quadro de Acesso por Antiguidade, e por merecimento, no Quadro de Acesso por Merecimento.

§ 1º O Quadro de Acesso por Antiguidade é a relação dos Oficiais e Praças incluídos nos limites quantitativos de antiguidade habilitados ao acesso, dentro dos respectivos quadros, colocados em ordem decrescente de antiguidade na escala hierárquica.

§ 2º O Quadro de Acesso por Merecimento é a relação dos Oficiais incluídos nos limites quantitativos de antiguidade habilitados ao acesso, dentro dos respectivos quadros, resultante da apreciação dos méritos exigidos para a promoção.

§ 3º Somente será organizado Quadro de Acesso por Merecimento para as promoções ao último posto dos Quadros e Especialidades de Oficiais.

ART. 42. Para ser promovido pelos critérios de antiguidade ou de merecimento, é indispensável que o policial militar esteja incluído no Quadro de Acesso.

ART. 43. Não poderão constar no Quadro de Acesso por Merecimento os Oficiais que estiverem no exercício de cargo, emprego ou função pública civil temporária, não eletiva, ainda que da administração indireta, ou que estiverem à disposição de órgão do governo federal, estadual ou do Distrito Federal, para exercerem função de natureza civil.

ART. 44. São requisitos para o Oficial figurar no Quadro de Acesso por Merecimento, observado o disposto nos arts. 27, 38 e 43:

I - eficiência revelada no desempenho de cargos e comissões;

II - potencialidade para o desempenho de cargos mais elevados;

III - capacidade de liderança, iniciativa e presteza de decisões;

IV - resultado dos cursos regulamentares realizados; e

V - realce do Oficial entre seus pares.

§ 1º Os méritos e qualidades constantes deste artigo serão comprovados, expressamente, pelos Comandantes, Chefes ou Diretores da Organização Policial Militar à qual pertencer o Oficial ou, ainda, pelo responsável pelo órgão ou repartição onde ele tenha exercido cargo ou comissão.

§ 2º Os parâmetros gerais de aferição de mérito e de qualidade constantes dos incisos I a V serão estabelecidos pelo Poder Executivo federal, e os específicos mediante ato do Governador do Distrito Federal.

ART. 45. A promoção por merecimento será feita com base no Quadro de Acesso por Merecimento, obedecendo ao seguinte critério:

I - para a primeira vaga, será selecionado um entre os 3 (três) Oficiais que ocupam as 3 (três) primeiras classificações no Quadro;

II - para a segunda vaga, será selecionado um Oficial entre a sobra dos concorrentes à primeira vaga e mais os 3 (três) que ocupam as 3 (três) classificações que vêm imediatamente a seguir; e

III - para a terceira vaga, será selecionado um Oficial entre a sobra dos concorrentes à segunda vaga e mais 3 (três) que ocupam as 3 (três) classificações que vêm imediatamente a seguir, e assim por diante.

§ 1º Caso os concorrentes à primeira vaga venham a ser promovidos e permaneçam na condição de agregados, serão indicados para concorrer a esta vaga os 3 (três) oficiais que ocupam as 3 (três) classificações imediatamente a seguir, e assim por diante até o seu preenchimento.

§ 2º O Governador do Distrito Federal, nos casos de promoção por merecimento, apreciará livremente o mérito dos Oficiais contemplados na proposta encaminhada pelo Comandante-Geral e decidirá por quaisquer dos nomes.

§ 3º O Oficial que constar do Quadro de Acesso por Merecimento em primeiro lugar em 3 (três) datas de promoção, tendo havido promoção ao último posto nas 2 (duas) datas anteriores, será promovido por ocasião da apresentação deste terceiro Quadro ao Governador do Distrito Federal na primeira vaga apurada.

CAPÍTULO VI
DAS COMISSÕES DE PROMOÇÃO

ART. 46. Apenas os policiais militares que satisfaçam as condições de acesso e estejam compreendidos nos limites quantitativos de antiguidade definidos nesta Lei serão considerados pela Comissão de Promoção para possível inclusão no Quadro de Acesso.

ART. 47. A Comissão de Promoção de Oficiais e a Comissão de Promoção de Praças, de caráter permanente, são órgãos de processamento das promoções, sendo constituídas por membros natos e efetivos.

§ 1º Compõem a Comissão de Promoção de Oficiais:

I - o Comandante-Geral, que a presidirá, o Subcomandante da Corporação, o Corregedor-Geral e o titular do órgão de direção-geral de pessoal, como membros natos; e

II - 3 (três) coronéis designados pelo Comandante-Geral, pelo prazo de 1 (um) ano, admitindo-se a recondução, como membros efetivos.

§ 2º Compõem a Comissão de Promoção de Praças:

I - o Subcomandante da Corporação, que a presidirá, o Corregedor Adjunto e o titular do órgão de direção-geral de pessoal, como membros natos; e

II - 2 (dois) coronéis designados pelo Comandante-Geral, pelo prazo de 1 (um) ano, admitindo-se a recondução, como membros efetivos.

ART. 48. As regras de funcionamento e as competências das Comissões de Promoção serão estabelecidas pelo Poder Executivo federal.

CAPÍTULO VII
DOS RECURSOS

ART. 49. O policial militar que se julgar prejudicado, por ocasião de composição de Quadro de Acesso, poderá interpor recurso ao Presidente da respectiva Comissão de Promoções.

§ 1º Para a apresentação do recurso, o policial militar terá prazo de 15 (quinze) dias corridos contados do dia da publicação oficial do Quadro de Acesso.

§ 2º O recurso referente à composição do Quadro de Acesso deverá ser solucionado no prazo máximo de 15 (quinze) dias contados a partir da data de seu recebimento.

ART. 50. Os Oficiais e Praças que se julgarem preteridos ou prejudicados com relação a direito de promoção poderão interpor recurso ao Governador do Distrito Federal ou ao Comandante-Geral, respectivamente, como última instância na esfera administrativa.

Parágrafo único. Para a apresentação do recurso, o policial militar terá prazo de 15 (quinze) dias corridos, a contar da data da publicação do ato de promoção no órgão oficial.

CAPÍTULO VIII
DAS REGRAS DE TRANSIÇÃO

ART. 51. A progressão funcional do policial militar do Distrito Federal cessa com a sua transferência para a inatividade.

ART. 52. Aos Soldados e Cabos que não possuam o Curso de Formação de Praça deverá ser disponibilizado curso de nivelamento para promoção à graduação de Terceiro-Sargento, que substituirá a exigência constante do inciso VII do § 1º do art. 38.

Parágrafo único. O prazo para disponibilização do curso de nivelamento será de 2 (dois) anos, período em que, excepcionalmente, poderão ocorrer promoções às graduações de Cabo e de Terceiro-Sargento sem a obrigatoriedade da exigência do *caput*, limitando-se a uma promoção para cada graduado sem o referido curso.

ART. 53. No prazo máximo de 2 (dois) anos, após a publicação desta Lei, poderão ocorrer promoções às graduações de Segundo-Sargento e de Primeiro-Sargento, sem a obrigatoriedade do Curso de Aperfeiçoamento de Praças, limitando-se a uma promoção para cada graduado sem o referido curso.

ART. 54. No prazo máximo de 2 (dois) anos, após a publicação desta Lei, poderão ocorrer promoções à graduação de Subtenente, dos Primeiros-Sargentos que possuam somente o Curso de Aperfeiçoamento de Praças.

ART. 55. No prazo máximo de 1 (um) ano, após a publicação desta Lei, os Capitães que não possuam o Curso de Aperfeiçoamento de Oficiais poderão ser promovidos ao posto de Major, limitando-se a uma promoção para cada Oficial sem o referido curso.

ART. 56. No prazo máximo de 2 (dois) anos contados da publicação desta Lei, a exigência prevista no inciso X do § 1º do art. 38 poderá ser dispensada para as promoções aos postos de Capitão e de Primeiro-Tenente do QOPM, e às graduações de Cabo e de Terceiro-Sargento.

ART. 57. As exigências de que tratam os incisos I e II do art. 32 poderão ser sobrestadas, mediante ato do Governador do Distrito Federal, pelo prazo máximo de 60 (sessenta) meses, contado do início da vigência desta Lei.

Parágrafo único. Os atuais ocupantes do QOPMA poderão ser empregados em atividades operacionais, a critério do Comandante-Geral da Corporação.

ART. 58. A manutenção do efetivo dos militares da Polícia Militar do Distrito Federal será assegurada mediante ingresso anual, gradual e sucessivo de militares nos diversos quadros ou qualificações, observada a existência de recursos orçamentários e financeiros e o quantitativo proposto no Anexo I.

ART. 59. Para efeitos de promoção e de percepção do adicional de Certificação Profissional, o Curso de Aperfeiçoamento de Sargentos é equivalente ao Curso de Aperfeiçoamento de Praças.

ART. 60. O Curso de Altos Estudos para Praças somente é equivalente ao Curso de Altos Estudos para Oficiais para fins de pagamento de adicional de Certificação Profissional, conforme disposto no inciso III do art. 3º da Lei n. 10.486, de 4 de julho de 2002.

ART. 61. Os requisitos estabelecidos para os novos cursos instituídos por esta Lei serão de exigência obrigatória aos que ingressarem na Polícia Militar do Distrito Federal a partir de sua publicação.

ART. 62. O processamento das promoções e seu cronograma serão estabelecidos mediante ato do Governador do Distrito Federal.

Parágrafo único. Até que sejam editados os atos a que se referem o *caput*, o parágrafo único do art. 24, o § 2º do art. 38, o § 2º do art. 44 e o art. 48, as promoções dos policiais militares serão feitas com base na legislação aplicável até o dia imediatamente anterior ao da publicação desta Lei, em relação aos seguintes aspectos:

I - Comissões de Promoção de Oficiais e de Praças e suas respectivas constituições, competências e atribuições;

II - limites quantitativos de antiguidade, exceto nos casos em que a previsão desta Lei exceder os quantitativos previstos na legislação anterior;

III - datas de calendário, com exceção da primeira data de promoção que vier a ocorrer após a edição desta Lei, cujo calendário será fixado em ato do Comandante-Geral;

IV - aptidão física;

V - inspeção de saúde; e

VI - documentação básica.

CAPÍTULO IX
DA ORGANIZAÇÃO

ART. 63. Os arts. 1º, 9º, 11, 14, 16, 17, 19, 31, 32, 33, 40, 41, 48 e 49 da Lei n. 6.450, de 14 de outubro de 1977, passam a vigorar com a seguinte redação:

▸ Alterações promovidas no texto da referida lei.

ART. 64. Os arts. 11, 92 e 94 da Lei n. 7.289, de 18 de dezembro de 1984, passam a vigorar com a seguinte redação:

▸ Alterações promovidas no texto da referida lei.

TÍTULO II
DO CORPO DE BOMBEIROS MILITAR DO DISTRITO FEDERAL

CAPÍTULO I
DISPOSIÇÕES PRELIMINARES

ART. 65. O efetivo do Corpo de Bombeiros Militar do Distrito Federal é fixado em 9.703 (nove mil setecentos e três) bombeiros militares de Carreira, distribuídos nos quadros, qualificações, postos e graduações, na forma do Anexo II.

Parágrafo único. Não serão considerados nos limites do efetivo fixado no *caput*:

I - os bombeiros militares da reserva remunerada designados para o serviço ativo;

II - os bombeiros militares da reserva remunerada e os reformados, sujeitos à prestação de serviço por tempo certo, em caráter transitório e mediante aceitação voluntária;

III - os Aspirantes-a-Oficial BM;

IV - os alunos dos cursos de ingresso na Carreira bombeiro militar; e

V - os bombeiros militares agregados e os que, por força de legislação precedente, permanecerão sem numeração nos quadros de origem.

ART. 66. Ato do Comandante-Geral do Corpo de Bombeiros Militar do Distrito Federal disporá sobre a distribuição do pessoal ativo no Quadro de Organização da Corporação, respeitados os quantitativos estabelecidos nesta Lei.

ART. 67. As atividades desenvolvidas pelos integrantes dos Quadros do Corpo de Bombeiros Militar do Distrito Federal serão especificadas em ato do Governador do Distrito Federal.

CAPÍTULO II
DOS CRITÉRIOS DE PROMOÇÃO

ART. 68. A promoção é ato administrativo com a finalidade básica de ascensão seletiva aos postos e graduações superiores no âmbito do Corpo de Bombeiros Militar do Distrito Federal.

ART. 69. As promoções ocorrerão pelos critérios de:

I - antiguidade;

II - merecimento;

III - ato de bravura; e

IV - *post mortem*.

ART. 70. Promoção por antiguidade é aquela que se baseia na precedência hierárquica de um militar sobre os demais de igual grau hierárquico, dentro do mesmo Quadro.

ART. 71. Promoção por merecimento é aquela que se baseia:

I - na ordem de classificação obtida ao final dos cursos iniciais de cada Quadro;

II - na avaliação do desempenho medida pelas qualidades e atributos que distinguem e realçam o valor do oficial em relação aos seus pares, nos seguintes postos:

a) de Tenente-Coronel do Quadro de Oficiais Bombeiros Militares Combatentes - QOBM/Comb, Complementar - QOBM/Compl e de Saúde - QOBM/S;

b) de Major do Quadro de Oficiais Bombeiros Militares Capelães - QOBM/Cpl; e

c) de Capitão dos Quadros de Oficiais Bombeiros Militares Intendentes - QOBM/Intd, Condutores e Operadores de Viaturas - QOBM/Cond, Músicos - QOBM/Mús e de Manutenção - QOBM/Mnt.

§ 1º A ordem de classificação referida no inciso I do *caput* dar-se-á de forma crescente, a partir do primeiro colocado, considerando-se a classificação geral entre todas as turmas existentes no respectivo curso.

§ 2º A avaliação do desempenho referida no inciso II do *caput* será medida segundo o conjunto de qualidades e atributos que distinguirão o oficial no decurso de sua Carreira, exigida somente ao ser cogitado para as promoções, da seguinte forma:

I - ao posto de Coronel dos QOBM/Comb, QOBM/Compl e de QOBM/S;

II - ao posto de Tenente-coronel do QOBM/Cpl; e

III - ao posto de Major dos QOBM/Intd, QOBM/Cond, Músicos - QOBM/Mús e de QOBM/Mnt.

ART. 72. Promoção por ato de bravura é aquela que resulta de ato não comum de coragem e audácia, ainda que no cumprimento do dever, que represente feito relevante à operação bombeiro militar e à sociedade, pelos resultados alcançados ou pelo exemplo positivo dele emanado, podendo ocorrer a qualquer tempo, independentemente da existência de vaga e com efeitos retroativos à data da ocorrência do aludido ato.

ART. 73. Promoção *post mortem* é aquela que visa a expressar o reconhecimento ao militar morto no cumprimento do dever ou em consequência disso, ou a reconhecer direito que lhe cabia, não efetivado por motivo de óbito, podendo ocorrer a qualquer tempo, independentemente da existência de vaga e com efeitos retroativos à data da ocorrência do aludido ato.

Parágrafo único. A promoção *post mortem* não resultará em ocupação de vaga.

ART. 74. Em casos extraordinários, a qualquer tempo e independentemente da existência de vaga, poderá haver promoção por ressarcimento de preterição, decorrente do reconhecimento do direito de promoção que caberia a militar preterido.

§ 1º O bombeiro militar será ressarcido de preterição quando:

I - tiver solução favorável no recurso interposto;

II - cessar sua situação de desaparecido, extraviado ou desertor, desde que tal situação não tenha sido provocada por culpa ou dolo do militar;

III - for considerado capaz de permanecer nas fileiras da Corporação em decisão final prolatada a partir de apuração feita por conselho de justificação, conselho de disciplina ou processo administrativo de licenciamento a que tiver sido submetido;

IV - for absolvido ou impronunciado no processo a que estiver respondendo; ou

V - tiver sido prejudicado por comprovado erro administrativo.

§ 2º A promoção, motivada por ressarcimento de preterição, será efetuada com base no critério pleiteado pelo requerente, desde que reconhecido o seu direito, recebendo o bombeiro militar o número que lhe competia na escala hierárquica, como se houvesse sido promovido na época devida.

CAPÍTULO III
DO INGRESSO

ART. 75. Para o ingresso no QOBM/Comb, no posto de Segundo-Tenente, o candidato deverá:

I - ser selecionado dentro do número de vagas fixadas no Anexo III;

II - concluir, com aproveitamento, o Curso de Formação de Oficiais Bombeiro Militar;

III - ser declarado Aspirante-a-Oficial; e

IV - ser aprovado no estágio probatório.

ART. 76. Para ingresso no QOBM/Compl, no posto de Segundo-Tenente, o candidato deverá ser selecionado dentro do número de vagas fixadas no Anexo III e concluir, com aproveitamento, o respectivo Curso de Habilitação de Oficiais.

ART. 77. Para ingresso no QOBM/S, no posto de Segundo-Tenente, o candidato deverá ser selecionado dentro do número de vagas fixadas no Anexo III, e concluir, com aproveitamento, o respectivo Curso de Habilitação de Oficiais.

ART. 78. Para ingresso no QOBM/Cpl, no posto de Segundo-Tenente, o candidato deverá ser selecionado dentro do número de vagas fixadas no Anexo III, e concluir, com aproveitamento, o respectivo Curso de Habilitação de Oficiais.

ART. 79. Para ingresso nos QOBM/Intd, QOBM/Cond, QOBM/Mús e QOBM/Mnt no posto de Segundo-Tenente, a Praça obedecerá às seguintes regras: (Alterado pela Lei 13.459/2017.)

I - ser selecionada dentro do somatório de vagas disponíveis no respectivo Quadro para matrícula no Curso Preparatório de Oficiais (CPO), sendo: (Acrescentado pela Lei 13.459/2017.)

a) 50% (cinquenta por cento) das vagas ocupadas pelo critério de antiguidade; (Incluída pela Lei n. 13.459, de 2017)

b) 50% (cinquenta por cento) das vagas ocupadas mediante aprovação em processo seletivo de provas, de caráter classificatório e eliminatório, destinado a aferir o mérito intelectual dos candidatos; e (Incluída pela Lei n. 13.459, de 2017)

c) na hipótese de o quantitativo da aplicação das proporções estabelecidas nas alíneas a e b deste inciso resultar em número fracionário:

1. o quantitativo de vagas ocupadas por antiguidade será arredondado por inteiro e para mais; e (Acrescentado pela Lei 13.459/2017.)

2. o quantitativo de vagas ocupadas por mérito intelectual será arredondado por inteiro e para menos. (Acrescentado pela Lei 13.459/2017.)

II - possuir diploma de curso superior obtido em instituição de ensino superior reconhecida pelos sistemas de ensino federal, estadual ou do Distrito Federal;

III - ter concluído, com aproveitamento, o Curso de Aperfeiçoamento de Praças ou equivalente;

IV - possuir, no mínimo, 18 (dezoito) anos de tempo de serviço na ativa, até a data de inscrição do processo seletivo; e

V - concluir, com aproveitamento, o Curso Preparatório de Oficiais.

§ 1º As vagas a que se refere o inciso I do *caput* serão preenchidas mediante a transposição dos militares oriundos da:

I - Qualificação Bombeiro Militar Geral Operacional - QBMG-1 para o QOBM/Intd;

II - Qualificação Bombeiro Militar Geral de Condutor e Operador de Viaturas - QBMG-2 para o QOBM/Cond;

III - Qualificação Bombeiro Militar Geral de Manutenção - QBMG-3 para o QOBM/Mnt; ou

IV - Qualificação Bombeiro Militar Geral de Músico - QBMG-4 para o QOBM/Mús.

§ 2º As exigências de que tratam os incisos I, II e IV do *caput* serão aplicadas após 5 (cinco) anos contados da data de publicação desta Lei.

§ 3º No período de transição a que se refere o § 2º, a transposição aos Quadros de que trata o *caput* será processada observando-se as disposições desta Lei e o seguinte:

I - 50% (cinquenta por cento) das vagas existentes pelo critério de antiguidade;

II - 50% (cinquenta por cento) das vagas pelo critério de merecimento, observadas as regras de promoção de que tratam os incisos I a III do § 2º do art. 71;

III - o candidato deverá ser Subtenente ou, quando não houver Subtenente habilitado, deverá ser Primeiro-Sargento; e

IV - o militar deverá ter concluído, com aproveitamento, o Curso de Habilitação de Oficiais e possuir certificado emitido por instituição de ensino médio ou equivalente autorizada ou reconhecida pelos sistemas de ensino federal, estadual ou do Distrito Federal;

§ 4º A contar da data da publicação desta Lei, os Oficiais existentes no QOBM/Adm passam a integrar os seguintes Quadros:

I - o QOBM/Intd, se militar oriundo da QBMG-1; e

II - o QOBM/Cond, se militar oriundo da QBMG-2.

ART. 80. Para o ingresso no Quadro Geral de Praças, na graduação de Soldado de Primeira Classe, o candidato deverá concluir com aproveitamento o Curso de Formação de Praças Bombeiros Militares e ser aprovado em estágio probatório.

ART. 81. Os candidatos a que se referem os arts. 76, 77, 78 e 80, aprovados e selecionados, frequentarão o curso inicial de Carreira como aluno, na condição de Aspirante-a-Oficial ou de soldado de segunda classe, conforme o caso.

Parágrafo único. Se o candidato não concluir, com aproveitamento, o curso inicial de Carreira, será licenciado ou demitido *ex officio*, conforme o caso, sem direito a qualquer remuneração ou indenização, e terá a sua situação definida de acordo com a Lei n. 4.375, de 17 de agosto de 1964 - Lei do Serviço Militar.

ART. 82. O Aspirante-a-Oficial será promovido ao posto de Segundo-Tenente após o cumprimento dos requisitos na graduação, na primeira data de promoção que vier a ocorrer, independentemente da existência de vaga.

ART. 83. A Praça a que se refere o art. 79 frequentará o Curso Preparatório de Oficiais ou o Curso de Habilitação de Oficiais, conforme o caso, na graduação em que se encontra ou na que venha a ser promovido no decorrer do curso.

Parágrafo único. Se o candidato não concluir, com aproveitamento, o curso de que trata o *caput* permanecerá na graduação e voltará a ocupar a mesma posição anterior na escala hierárquica.

ART. 84. A manutenção do efetivo dos militares do Corpo de Bombeiros Militar do Distrito Federal será assegurada mediante ingresso anual, gradual e sucessivo de militares nos diversos quadros ou qualificações, observada a existência de recursos orçamentários e financeiros e o quantitativo proposto no Anexo III.

Parágrafo único. No ano em que o número de exclusões do serviço ativo for **igual** ou superior a 2 (duas) vezes a média dos últimos 10 (dez) anos, em qualquer Quadro ou Qualificação, no ano subsequente haverá o ingresso de 2 (duas) turmas de militares, com intervalo de 6 (seis) meses entre cada ingresso, respeitados os limites estabelecidos neste artigo.

ART. 85. Compete ao Comandante-Geral do Corpo de Bombeiros Militar do Distrito Federal promover a incorporação dos candidatos aprovados nos concursos públicos para os diversos Quadros ou Qualificações existentes na Corporação.

CAPÍTULO IV
DAS CONDIÇÕES BÁSICAS

ART. 86. São condições básicas, imprescindíveis, que habilitam o militar de Carreira à promoção ao posto ou graduação superior:

I - ter concluído, com aproveitamento, os seguintes cursos, conforme o caso:

a) Curso de Formação de Oficiais - CFO/BM, para acesso ao posto de Segundo-Tenente do Quadro de Oficiais Bombeiros Militares Combatentes;

b) Curso de Formação de Praça BM - CFP/BM, para acesso à graduação de Soldado de 1ª Classe, Cabo e Terceiro-Sargento;

c) Curso de Aperfeiçoamento de Oficiais - CAO/BM, para acesso ao posto de Major dos diversos Quadros de Oficiais Bombeiros Militares;

d) Curso de Aperfeiçoamento de Praça BM - CAP/BM, para o acesso à graduação de Segundo e Primeiro-Sargento;

e) Curso de Altos Estudos para Oficiais - CAEO/BM, para acesso ao posto de Coronel;

f) Curso de Altos Estudos para Praça BM - CAEP/BM, para acesso à graduação de Subtenente;

g) Curso Preparatório de Oficiais - CPO/BM, específico para acesso ao posto de Segundo-Tenente dos Quadros de Oficiais Bombeiros Militares de Administração - QOBM/Adm e Especialista - QOBM/Esp; e

h) Curso de Habilitação de Oficiais - CHO/BM - específico para acesso ao posto de Segundo-Tenente dos QOBM/Compl, de QOBM/S e de QOBM/Cpl;

II - possuir o interstício exigido para o respectivo grau hierárquico, conforme disposto no Anexo IV;

III - obter o aproveitamento mínimo de 70% (setenta por cento) no teste de aptidão física da Corporação;

IV - possuir o tempo de serviço arregimentado previsto no Anexo IV;

V - frequentar, com aproveitamento, a Instrução Geral - IG e a Instrução Específica - IE, a serem cumpridas dentro do planejamento exclusivo para cada interstício, conforme regulamentação do Comandante-Geral da Corporação;

VI - não ser considerado incapaz definitivamente para o serviço ativo do Corpo de Bombeiros Militar do Distrito Federal, em inspeção de saúde realizada na Corporação; e

VII - ter concluído, com aproveitamento, um curso de especialização ou habilitação no Corpo de Bombeiros Militar do Distrito Federal a cada período de 5 (cinco) anos, conforme normas estabelecidas pela Corporação, se Oficial subalterno do Quadro de Oficiais Combatentes, Cabo ou Soldado.

§ 1º O Curso de Aperfeiçoamento de Oficiais, a que se refere a alínea *c* do inciso I do *caput*, poderá ser desenvolvido em turmas específicas contemplando militares de um ou mais quadros, para adequação da capacitação com vistas no melhor aproveitamento dos militares nas suas futuras funções.

§ 2º O índice mínimo a que se refere o inciso III do *caput* é aquele obtido pelo militar no último teste de aptidão física precedente à data prevista para a promoção.

§ 3º Na impossibilidade de o militar realizar o teste de aptidão física dentro do período previsto no § 2º, por motivo de força maior ou caso fortuito, será considerado o resultado alcançado por ele no teste imediatamente anterior.

§ 4º Interstício é o tempo mínimo que cada militar deverá cumprir no posto ou graduação, conforme estabelecido no Anexo IV.

§ 5º Cumpridas as demais exigências estabelecidas para a promoção, o interstício poderá ser reduzido em até 50% (cinquenta por cento) sempre que houver vagas não preenchidas por esta condição.

§ 6º A redução de interstício prevista no § 5º será efetivada mediante ato:

I - do Governador do Distrito Federal, por proposta do Comandante-Geral, para as promoções de Oficiais; e

II - do Comandante-Geral, por proposta do Diretor de Pessoal, para as promoções de Praças.

§ 7º O tempo de serviço arregimentado somente será reduzido quando ocorrer a redução do interstício, prevista no § 5º, e na mesma proporção, bem como não será exigido, a contar da publicação desta Lei, para a primeira promoção do bombeiro militar.

§ 8º As exigências de que tratam os incisos V e VII do *caput* poderão ser sobrestadas por até 24 (vinte e quatro) meses contados da data da publicação desta Lei.

ART. 87. Ato do Governador do Distrito Federal definirá os parâmetros de equivalência dos cursos:

I - de aperfeiçoamento com cursos de especialização, de mestrado ou mestrado profissional para os Quadros de Oficiais Complementares, de Saúde, de Administração e Especialistas; e

II - de altos estudos com cursos de doutorado para os Quadros de Oficiais Complementares e de Saúde, desde que reconhecidos pelo Ministério da Educação.

CAPÍTULO V
DO PROCESSAMENTO DAS PROMOÇÕES

ART. 88. As promoções serão efetuadas nos seguintes dias, para o interstício completado até as respectivas datas:

I - em 22 de abril, 21 de agosto e 26 de dezembro, para promoção de Oficiais; e

II - em 30 de março, 30 de julho e 30 de novembro, para promoção das Praças.

Parágrafo único. Anualmente, o Comandante-Geral da Corporação fará publicar o calendário com as datas de encerramento das alterações e dos demais atos necessários ao processamento das promoções.

ART. 89. Até que seja expedido o ato de que tratam os §§ 3º e 4º do art. 94, as promoções dos bombeiros militares serão feitas com base na legislação aplicável até o dia imediatamente anterior ao da publicação desta Lei, em relação aos seguintes aspectos:

I - Comissões de Promoção de Oficiais e de Praças e suas respectivas constituições, competências e atribuições;

II - limites quantitativos de antiguidade;

III - organização dos Quadros de Acesso;

IV - condições de acesso;

V - interstícios, com as seguintes exceções:

a) o interstício para Terceiro-Sargento BM será o mesmo previsto para o Primeiro-Sargento BM; e

b) o interstício para Capitão BM será o mesmo previsto para o Major QOBM/Comb;

VI - serviço arregimentado;

VII - datas de calendário, com exceção da primeira data de promoção que vier a ocorrer após a edição desta Lei, cujo calendário será fixado mediante ato do Comandante-Geral;

VIII - datas de promoção;

IX - aptidão física;

X - inspeção de saúde;

XI - cursos, com as seguintes exceções:

a) não será exigido o Curso de Formação de Cabos para a promoção à graduação de Cabo;

b) não será exigido o Curso de Formação de Sargentos ou equivalente para a promoção à graduação de Terceiro-Sargento; e

c) não será exigido o Curso de Aperfeiçoamento de Sargentos para a promoção à graduação de Primeiro-Sargento;

XII - critérios de seleção;

XIII - documentação básica; e

XIV - processamento das promoções.

§ 1º Os limites quantitativos de antiguidade especificados no inciso II do *caput* para os Cabos e Soldados serão iguais aos previstos no § 2º do art. 92.

§ 2º Os limites quantitativos de antiguidade referidos no inciso II do *caput* serão calculados de acordo com as seguintes regras:

I - deverão ser tomados por base os quantitativos de efetivo fixados no Anexo II;

II - o resultado numérico final do limite quantitativo de antiguidade poderá ser acrescido de até 30% (trinta por cento) quando houver vagas disponíveis para serem preenchidas; e

III - serão contabilizados apenas os bombeiros militares numerados nos Quadros.

§ 3º Os militares promovidos conforme previsto na alínea *b* do inciso XI do *caput* serão compulsoriamente matriculados no primeiro Curso de Aperfeiçoamento de Praças a ser realizado, em conformidade com a alínea *d* do inciso I do *caput* do art. 86.

§ 4º A apuração das vagas para as promoções de que trata este artigo será realizada considerando o disposto no Anexo II.

ART. 90. O órgão de direção setorial do sistema de pessoal da Corporação será responsável pelo processamento das promoções.

ART. 91. O processamento das promoções será iniciado com a abertura de processo administrativo, devidamente autuado, protocolado e numerado, ao qual serão juntados, oportunamente, os documentos comprobatórios que justifiquem a composição do Quadro de Acesso.

ART. 92. Apenas os bombeiros militares que satisfaçam às condições de acesso e estejam compreendidos nos limites quantitativos de antiguidade serão relacionados pelas Comissões de Promoção, para estudo destinado à inclusão nos Quadros de Acesso.

§ 1º Os limites quantitativos de antiguidade, referidos neste artigo, destinam-se a estabelecer, por postos e graduações, nos Quadros e Qualificações, as faixas dos bombeiros militares que concorrem à constituição dos Quadros de Acesso.

§ 2º Os limites quantitativos de antiguidade dos bombeiros militares que concorrerão às promoções ao grau hierárquico superior serão os seguintes:

I - 1/5 (um quinto) do previsto em cada grau hierárquico dos quadros constantes do Anexo II, exceto o previsto no inciso II;

II - 1/3 (um terço) do previsto nos graus hierárquicos de que tratam as alíneas *a* a *c* do inciso II do *caput* do art. 71, constantes dos quadros do Anexo II;

III - em caráter excepcional, nos graus hierárquicos de que trata o inciso II em que o quantitativo previsto for igual ou inferior a 10 (dez), concorrerá a sua totalidade; e

IV - nos demais graus hierárquicos constantes dos Quadros do Anexo II, em que o quantitativo previsto for igual ou inferior a 10 (dez), concorrerá 1/3 (um terço), em caráter excepcional.

§ 3º Sempre que nas divisões previstas nos incisos I, II e IV do § 2º resultar quociente fracionário, será ele tomado por inteiro e para mais.

§ 4º Para as promoções aos postos de que tratam os incisos I a III do § 2º do art. 71, apenas os Oficiais que cumpram as condições básicas previstas no art. 86 serão avaliados pela Comissão de Promoção de Oficiais para composição dos Quadros de Acesso por Merecimento.

ART. 93. Quadro de Acesso é a relação nominal dos bombeiros militares organizados por postos ou graduações, dentro dos respectivos Quadros e Qualificações existentes na Corporação, colocados na seguinte ordem:

I - decrescente de precedência hierárquica, de acordo com o disposto no Estatuto dos Bombeiros Militares, aprovado pela Lei n. 7.479, de 2 de junho de 1986, para as promoções por antiguidade ou por ato de bravura;

II - de forma crescente, a partir do primeiro colocado do curso inicial de cada Quadro, considerando-se a classificação geral entre

LEIS

todas as turmas existentes no respectivo curso para promoção por merecimento, baseada na ordem de classificação obtida ao final dos respectivos cursos; e

III - decrescente, segundo o resultado da soma algébrica da quantidade de votos recebidos em todos os fatores de avaliação do desempenho para a promoção por merecimento aos postos definidos, conforme dispõem os incisos I a III do § 2º do art. 71.

ART. 94. A Comissão de Promoção de Oficiais e a Comissão de Promoção de Praças, de caráter permanente, são órgãos de processamento das promoções, sendo constituídas por membros natos e efetivos, tendo as seguintes competências:

I - proceder à investigação sumária dos atos motivadores de promoção por ato de bravura e *post mortem*;

II - consolidar juízo de valor, em caráter provisório, quanto ao conceito moral do bombeiro militar;

III - assessorar o Comandante-Geral da Corporação na coordenação, acompanhamento e fiscalização da gestão do processamento das promoções;

IV - julgar recursos, em primeira instância;

V - encaminhar os processos de promoção ao Comandante-Geral da Corporação com pronunciamento conclusivo para os atos decorrentes; e

VI - proceder à avaliação do desempenho e quantificação do mérito para o processamento das promoções por merecimento aos postos definidos, conforme dispõem os incisos I a III do § 2º do art. 71.

§ 1º Compõem a Comissão de Promoção de Oficiais:

I - o Comandante-Geral, que a presidirá, o Subcomandante-Geral, o Chefe do Estado-Maior-Geral e o titular do órgão de direção-geral de pessoal, como membros natos; e

II - 3 (três) Coronéis do Quadro de Oficiais Combatentes, designados pelo Comandante--Geral pelo prazo de 1 (um) ano, podendo ser reconduzidos por igual período, como membros efetivos.

§ 2º Compõem a Comissão de Promoção de Praças:

I - o Subcomandante-Geral, que a presidirá, os titulares dos órgãos de direção-geral de pessoal e operacional e o Controlador como membros natos; e

II - 3 (três) oficiais superiores designados pelo Comandante-Geral, pelo prazo de 1 (um) ano, podendo ser reconduzidos por igual período, como membros efetivos.

§ 3º As regras de funcionamento e as competências das Comissões de Promoção serão estabelecidas pelo Poder Executivo federal.

§ 4º Ato do Governador do Distrito Federal disporá sobre os critérios para avaliação do conceito moral e quantificação do mérito a que se referem os incisos II e VI do *caput*.

§ 5º Para a quantificação do mérito a que se refere o inciso VI do *caput* deverá ser utilizado como método de avaliação a comparação em relação aos seus pares, 2 (dois) a 2 (dois) de cada vez, com a escolha de um entre ambos em relação ao fator observado, de forma que cada Oficial seja comparado com todos os pares que integram o Quadro de Acesso.

§ 6º Na avaliação a que se refere o § 5º, será utilizado como pontuação o somatório do número de votos recebidos pelo militar em cada um dos seguintes fatores de avaliação:

I - produção: avaliação do trabalho respeitante à quantidade e à qualidade de serviços produzidos durante o desempenho da atividade bombeiro militar, bem como a comparação da exatidão, a frequência de erros, a apresentação, a ordem e o esmero que caracterizam os serviços dos avaliados;

II - responsabilidade: avaliação da maneira como o militar se dedica ao trabalho e faz o serviço no prazo estipulado;

III - cooperação: ponderação sobre a vontade de cooperar, a atitude e o auxílio que presta aos colegas e a maneira de acatar ordens;

IV - iniciativa: consideração sobre o bom senso das decisões do militar na ausência de instruções detalhadas, ou em situações fora do comum; e

V - contribuição futura: avaliação do potencial de desenvolvimento futuro, que compara o conjunto de conhecimentos, habilidades e experiências que credenciam cada avaliado a exercer o último posto do seu Quadro.

§ 7º É vedada a utilização de qualquer critério de avaliação ou escolha não previsto em lei.

ART. 95. O ato de promoção em qualquer posto, graduação, quadro e qualificação será consubstanciado pelo:

I - Governador do Distrito Federal, se a posto de Oficial; ou

II - Comandante-Geral do Corpo de Bombeiros Militar do Distrito Federal, se a graduação de Praça e Praça Especial Bombeiro Militar.

§ 1º O ato de nomeação para o posto inicial da Carreira e os atos de promoção àquele posto e ao primeiro de oficial superior acarretam expedição de carta-patente pelo Governador do Distrito Federal.

§ 2º A promoção aos demais postos é apostilada à última carta-patente expedida.

ART. 96. A promoção por merecimento é garantida aos bombeiros militares que concluíram, com aproveitamento, o curso do seu respectivo quadro ou qualificação, bem como será o único critério para a progressão do oficial bombeiro militar aos postos definidos, conforme dispõem os incisos I a III do § 2º do art. 71.

§ 1º Apenas o Oficial bombeiro militar que satisfaça as condições básicas e esteja compreendido no limite quantitativo de antiguidade fixado nesta Lei será relacionado pela Comissão de Promoção de Oficiais, para estudo destinado à inclusão nos Quadros de Acesso por Merecimento.

§ 2º Para a composição do Quadro de Acesso por Merecimento, a Comissão de Promoção de Oficiais procederá ao julgamento da avaliação de desempenho dos militares concorrentes à promoção.

§ 3º No julgamento a que se refere o § 2º, a avaliação e a quantificação do mérito serão aferidas individualmente pelos membros da Comissão de Promoção de Oficiais, somando--se, ao final, a pontuação de cada um dos avaliados.

§ 4º Para a promoção a que se referem os incisos I a III do § 2º do art. 71, a proposta extraída do Quadro de Acesso por Merecimento, a ser submetida ao Governador do Distrito Federal para escolha do Oficial a ser promovido, será organizada da seguinte forma:

I - os 3 (três) Oficiais mais bem pontuados, por ordem de classificação, para a primeira vaga aberta para a respectiva data de promoção;

II - aos Oficiais não promovidos na vaga existente serão acrescidos mais 2 (dois) Oficiais, na sequência do Quadro de Acesso por Merecimento, para concorrerem a cada vaga subsequente aberta para a mesma data de promoção;

III - sempre que os Oficiais concorrentes a uma vaga forem promovidos em sua totalidade, por estarem agregados, serão acrescidos 3 (três) Oficiais, na sequência do Quadro de Acesso por Merecimento, passando aquela vaga a ser a primeira, dando-se nova sequência às promoções conforme redação dos incisos I e II; e

IV - o Oficial que constar do Quadro de Acesso por Merecimento em primeiro lugar em 3 (três) datas de promoção, tendo havido promoção ao último posto nas 2 (duas) datas anteriores, será promovido por ocasião da apresentação do terceiro Quadro ao Governador do Distrito Federal, na primeira vaga apurada.

ART. 97. As promoções aos demais graus hierárquicos dos quadros de Oficiais e Praças, não contemplados pelos critérios por ato de bravura, *post mortem* e merecimento, serão realizadas pelo critério de antiguidade.

ART. 98. A promoção por bravura somente será processada após apuração do mérito do ato praticado em investigação sumária, determinada pelo Comandante-Geral da Corporação e procedida pelas Comissões de Promoção.

§ 1º Na promoção por bravura, não se aplicam as exigências para a promoção por outro critério estabelecidas nesta Lei.

§ 2º Na investigação sumária, as Comissões de Promoção deverão analisar os reflexos da incidência, pelo bombeiro militar, nos quesitos estabelecidos nos incisos I a X do art. 100.

§ 3º Será proporcionada ao bombeiro militar promovido por bravura, quando for o caso, a oportunidade de satisfazer às condições de acesso ao posto ou graduação a que foi promovido, de acordo com o disposto nesta Lei.

§ 4º Na hipótese de o bombeiro militar não conseguir satisfazer as condições exigidas, permanecerá no serviço ativo, no posto ou na graduação que atingiu, até que consiga satisfazê-las, ou até sua transferência para a reserva remunerada ou reforma, conforme as disposições do Estatuto dos Bombeiros Militares, aprovado pela Lei n. 7.479, de 2 de junho de 1986, e com os benefícios que a lei lhe assegurar.

ART. 99. A promoção *post mortem* é efetivada quando o bombeiro militar falecer em uma das seguintes situações, apuradas em investigação sumária pela Comissão de Promoção:

I - em ação de manutenção da ordem pública, ou em ato ou consequência de atividade de bombeiro militar;

II - em consequência de ferimento, doença, moléstia ou enfermidade contraída em ação de manutenção da ordem pública ou em atividade de bombeiro militar, ou que nelas tenham sua causa eficiente; ou

III - em acidente em serviço, conforme definido em ato do Governador do Distrito Federal, ou em consequência de doença, moléstia ou enfermidade que nele tenham sua causa eficiente.

§ 1º O bombeiro militar será também promovido se, ao falecer, satisfazia às condições de acesso e integrava a faixa dos que concorriam à promoção.

§ 2º Os casos de morte por ferimento, doença, moléstia ou enfermidade, referidos nos incisos I a III do *caput*, serão comprovados por documento sanitário de origem, sendo os termos do acidente, baixa a hospital, papeletas de tratamento nas enfermarias e hospitais e os registros de baixa utilizados como meios subsidiários para esclarecer a situação.

§ 3º A promoção que resultar de qualquer das situações estabelecidas nos incisos I a III do *caput* independerá daquela prevista no § 1º e será efetivada no grau imediato do Quadro ou Qualificação a que pertencia.

§ 4º A promoção que resultar de falecimento do bombeiro militar, em consequência de ato de bravura, exclui a promoção *post mortem* e será efetivada pelo critério de bravura no grau imediato do Quadro ou Qualificação a que pertencia.

ART. 100. O bombeiro militar não poderá constar de Quadro de Acesso quando não cumprir as condições básicas previstas no art. 86, bem como incidir em um dos seguintes quesitos:

I - esteja submetido a conselho de justificação, conselho de disciplina ou processo administrativo de licenciamento;

II - for condenado a pena privativa de liberdade, enquanto durar o cumprimento da pena, ou do prazo referente à sua suspensão condicional inclusive, não se computando o tempo acrescido à pena por ocasião de sua suspensão condicional;

III - estiver de licença para tratar de interesse particular;

IV - for condenado à pena de suspensão do exercício do posto, da graduação, cargo ou função, prevista no Código Penal Militar, durante o prazo dessa suspensão;

V - for considerado desaparecido, extraviado ou desertor;

VI - estiver em gozo de licença para tratamento de saúde de pessoa da família por prazo superior a 1 (um) ano contínuo;

VII - for preso preventivamente ou em flagrante delito, enquanto a prisão não for revogada;

VIII - for considerado não habilitado para o acesso, em caráter provisório, a juízo das Comissões de Promoção por, presumivelmente, ser incapaz de satisfazer ao critério estabelecido para o conceito moral de que trata o inciso II do *caput* do art. 94 e seu § 4º;

IX - venha a atingir, até a data das promoções, a idade limite para permanência no serviço ativo; ou

X - seja julgado incapaz, definitivamente, para o serviço do Corpo de Bombeiros Militar do Distrito Federal ou esteja agregado há mais de 2 (dois) anos por ter sido julgado incapaz, temporariamente, em inspeção de saúde.

Parágrafo único. O bombeiro militar incurso no inciso VIII será submetido a conselho de justificação ex officio ou a conselho de disciplina ex officio, conforme o caso.

ART. 101. Será excluído do quadro de acesso o bombeiro militar que incidir em uma das circunstâncias previstas no art. 100 ou ainda:

I - for nele incluído indevidamente;

II - for promovido; ou

III - for excluído do serviço ativo.

ART. 102. Nos diferentes quadros, as vagas a serem consideradas para as promoções serão provenientes de:

I - promoção ao nível hierárquico superior;

II - agregação;

III - demissão, licenciamento ou exclusão do serviço ativo;

IV - falecimento; e

V - aumento de efetivo.

§ 1º As vagas são consideradas abertas:

I - na data da publicação do ato que promove, agrega, passa para a inatividade ou demite, licencia ou exclui do serviço ativo, salvo se, no próprio ato, for estabelecida outra data;

II - na data oficial do óbito; e

III - como dispuser a lei, no caso de aumento de efetivo.

§ 2º Feita a apuração das vagas a preencher, este número não sofrerá alteração, sendo que cada vaga aberta, em determinado posto ou graduação, acarretará vagas nos graus hierárquicos inferiores e interromper-se-á no posto ou graduação em que houver preenchimento por excedente, ressalvado o caso de vaga aberta em decorrência de aplicação da quota compulsória prevista em legislação específica.

§ 3º Serão também consideradas as vagas que resultarem das transferências ex officio para a reserva remunerada, já previstas até a data de promoção, inclusive.

§ 4º Não preenche vaga o militar que, estando agregado, venha a ser promovido e continue na mesma situação.

§ 5º As vagas decorrentes de promoções por ressarcimento de preterição só serão consideradas se o ato que as originou for publicado antes da data prevista para a apuração das vagas a serem preenchidas.

ART. 103. O bombeiro militar agregado, quando no desempenho de cargo bombeiro militar ou considerado de natureza ou interesse bombeiro militar, ou da segurança pública, concorrerá à promoção por quaisquer dos critérios, sem prejuízo do número de concorrentes regularmente estipulados.

Parágrafo único. O bombeiro militar agregado por qualquer outro motivo não será promovido pelo critério de merecimento.

CAPÍTULO VI
DOS RECURSOS

ART. 104. O bombeiro militar que se julgar prejudicado em consequência de composição de Quadro de Acesso ou em seu direito de promoção poderá impetrar recurso, como última instância na esfera administrativa, ao:

I - Governador do Distrito Federal, se o recorrente postular à patente de Oficial; ou

II - Comandante-Geral da Corporação, se o recorrente postular à graduação de Praça.

§ 1º Para a apresentação do recurso, o militar terá o prazo previsto no art. 52 do Estatuto dos Bombeiros Militares, aprovado pela Lei n. 7.479, de 2 de junho de 1986, a contar da data da publicação do ato no órgão oficial.

§ 2º O recurso referente à composição do Quadro de Acesso e à promoção deverá ser solucionado, respectivamente, no prazo máximo de 10 (dez) e 60 (sessenta) dias corridos, a partir da data de recebimento do recurso.

CAPÍTULO VII
DISPOSIÇÕES ESPECIAIS

ART. 105. Para os efeitos do disposto no inciso I do art. 86, fica estabelecida a seguinte equivalência de cursos:

I - a Curso de Formação de Praça BM - CFP/BM, o Curso de Formação de Soldado BM - CFSd/BM;

II - a Curso de Aperfeiçoamento de Praça BM - CAP/BM, o Curso de Formação de Sargentos BM - CFS/BM;

III - a Curso de Altos Estudos para Praça BM - CAEP/BM, o Curso de Aperfeiçoamento de Sargentos BM - CAS/BM; e

IV - a Curso de Formação, os cursos superiores exigidos para o ingresso dos militares dos Quadros de Oficiais Bombeiros Militares Complementar - QOBM/Compl, de Saúde - QOBM/S e Capelães - QOBM/Cpl.

ART. 106. A contar da publicação desta Lei, o interstício exigido para as promoções por antiguidade e merecimento será o estabelecido no Anexo IV.

ART. 107. Aos Aspirantes-a-Oficial e Soldados de Segunda Classe serão aplicados os dispositivos constantes desta Lei, no que lhes for pertinente.

ART. 108. Será transferido para a reserva remunerada, ex officio, o militar dos postos definidos nos incisos I a III do § 2º do art. 71 ou da última graduação de cada Quadro ou Qualificação, que possuir 6 (seis) anos de permanência nesse posto ou graduação e contar, cumulativamente, com 30 (trinta) anos ou mais de serviço.

ART. 109. A progressão funcional do bombeiro militar de Carreira do Distrito Federal cessa com a sua transferência para a inatividade.

ART. 110. Os arts. 2º, 3º, 5º, 11, 78, 93, 95 e 121 do Estatuto dos Bombeiros Militares, aprovado pela Lei n. 7.479, de 2 de junho de 1986, passam a vigorar com a seguinte redação:

▸ Alterações promovidas no texto da referida lei.

ART. 111. O Estatuto dos Bombeiros Militares, aprovado pela Lei n. 7.479, de 2 de junho de 1986, passa a vigorar acrescido do seguinte dispositivo:

▸ Alterações promovidas no texto da referida lei.

CAPÍTULO VIII
DA ORGANIZAÇÃO DO CORPO DE BOMBEIROS MILITAR DO DISTRITO FEDERAL

ART. 112. Os arts. 2º, 8º, 10, 11, 12, 13, 22, 24, 26, 28, 29, 30 e 32 da Lei n. 8.255, de 20 de novembro de 1991, passam a vigorar com as seguintes alterações:

▸ Alterações promovidas no texto da referida lei.

ART. 113. Os Capítulos I e II do Título II da Lei n. 8.255, de 20 de novembro de 1991, passam a vigorar acrescidos dos seguintes arts. 7º-A, 8º-A, 10-A, 10-B e 23-A:

▸ Alterações promovidas no texto da referida lei.

ART. 114. Ficam os Comandantes-Gerais da Polícia Militar do Distrito Federal e do Corpo de Bombeiros Militar do Distrito Federal autorizados a designar policiais militares e bombeiros militares da reserva remunerada, referidos na alínea a do inciso II do § 1º do art. 3º da Lei n. 7.289, de 18 de dezembro de 1984, e na alínea c do inciso II do § 1º do art. 3º da Lei n. 7.479, de 2 de junho de 1986, respectivamente, até o limite fixado em ato do Governador do Distrito Federal, para a execução de tarefa, encargo, incumbência ou missão, em organizações da Polícia Militar do Distrito Federal e do Corpo de Bombeiros Militar do Distrito Federal, por tempo não superior a cinco anos, prorrogável por igual período, iniciando-se no primeiro dia do mês. (Alterado pela Lei 13.459/2017.)

§ 1º As nomeações, na forma do *caput*, destinam-se ao atendimento das seguintes atividades, de caráter voluntário e temporário, por absoluta necessidade do serviço de:

I - professores, instrutores e monitores em estabelecimento de ensino da Corporação;

II - administração, de saúde, de finanças, de informática e de ciência e tecnologia;

III - apoio e em complemento a atividade operacional; e

IV - realização de serviços ou atividades de natureza emergencial ou urgente.

§ 2º O chamamento e a seleção de militar inativo para a prestação de tarefa a que se refere o *caput* serão feitos por intermédio do órgão de direção setorial do sistema de pessoal da Corporação, mediante processo seletivo para o exercício do cargo, observadas as seguintes condicionantes:

I - observância dos princípios da legalidade, impessoalidade, moralidade, eficiência, publicidade e transparência;

II - comprovação de conhecimento ou experiência na execução da atividade para a qual o inativo é voluntário; e

III - aptidão comprovada para a execução da tarefa para a qual é voluntário, em inspeção de saúde realizada na Corporação.

§ 3º O militar da reserva remunerada do Distrito Federal, e excepcionalmente o reformado, que tenha modificada sua situação na inatividade para a prestação de tarefa por tempo certo, faz jus a adicional igual a 0,3 (três décimos) dos proventos que estiver percebendo.

§ 4º O militar do Distrito Federal, reformado de acordo com as situações previstas no inciso II do art. 94 da Lei n. 7.289, de 18 de dezembro de 1984, e no inciso II do art. 95 do Estatuto dos Bombeiros Militares, aprovado pela Lei n. 7.479, de 2 de junho 1986, poderá, observado o disposto no § 2º, ser aproveitado no serviço das Corporações, exercendo as atividades descritas nos incisos I e II do § 1º deste artigo, por meio de nomeação em idênticas condições conforme o previsto no *caput*, seus parágrafos e incisos, exceto quanto ao tempo de permanência, que poderá ser prorrogado até o limite de 30 (trinta) anos de serviço.

ART. 115. Os arts. 3º, 19, 23 e 26 da Lei n. 10.486, de 4 de julho de 2002, passam a vigorar com a seguinte redação:

› Alterações promovidas no texto da referida lei.

ART. 116. A Tabela V do Anexo IV da Lei n. 10.486, de 4 de julho de 2002, passa a vigorar na forma do Anexo V.

ART. 117. Fica instituída a Gratificação por Risco de Vida, parcela remuneratória devida mensal e regularmente aos militares do Distrito Federal, conforme valores constantes do Anexo VI, gerando efeitos financeiros a partir das datas nele especificadas.

§ 1º A gratificação de que trata o *caput* integra os proventos da inatividade e as pensões.

§ 2º (Vetado.)

ART. 118. Nos termos da legislação distrital, poderá o Governo do Distrito Federal manter instituições de ensino de sua rede pública de educação básica sob a orientação e supervisão do Comando da Polícia Militar do Distrito Federal e do Comando do Corpo de Bombeiros Militar do Distrito Federal, com vistas no atendimento dos dependentes de militares das Corporações e integrantes do Sistema de Segurança Pública do Distrito Federal e da população em geral.

ART. 119. (Vetado.)

ART. 120. As despesas decorrentes da aplicação desta Lei serão atendidas à conta das dotações consignadas no Fundo Constitucional do Distrito Federal, constantes do orçamento-geral da União.

ART. 121. Os Comandantes-Gerais da Polícia Militar do Distrito Federal e do Corpo de Bombeiros Militar do Distrito Federal estabelecerão os procedimentos para realização ou equiparação do Curso de Altos Estudos para os Oficiais oriundos das Carreiras de Praças, que não tenham realizado o referido curso quando Praças.

ART. 122. Esta Lei entra em vigor na data de sua publicação.

ART. 123. Ficam revogados:

I - a Lei n. 6.302, de 15 de dezembro de 1975;

II - a Lei n. 6.645, de 14 de maio de 1979;

III - os arts. 3º, 10, 12, 20, 21, 22, 23, 26, 27, 28, 29, o parágrafo único do art. 32, os arts. 34, 35, 36, 37, 39, 42, 43, 44, 45 e 46 da Lei n. 6.450, de 14 de outubro de 1977;

IV - o § 4º do art. 91 da Lei n. 7.289, de 18 de dezembro de 1984;

V - o art. 1º da Lei n. 7.457, de 9 de abril de 1986, na parte em que dá nova redação aos arts. 3º e 10 da Lei n. 6.450, de 14 de outubro de 1977;

VI - o § 3º do art. 92 e a alínea c do inciso I do art. 95 do Estatuto dos Bombeiros Militares, aprovado pela Lei n. 7.479, de 2 de junho de 1986;

VII - a Lei n. 7.491, de 13 de junho de 1986;

VIII - a Lei n. 7.687, de 13 de dezembro de 1988;

IX - a Lei n. 7.851, de 23 de outubro de 1989;

X - a Lei n. 8.204, de 8 de julho de 1991;

XI - as alíneas a a g do inciso III do art. 12 e seus §§ 4º e 5º, os arts. 14 a 20, o parágrafo único do art. 23, os §§ 1º a 4º do art. 29 e o art. 35 da Lei n. 8.255, de 20 de novembro de 1991;

XII - a Lei n. 8.258, de 6 de dezembro de 1991;

XIII - a Lei n. 9.054, de 29 de maio de 1995;

XIV - a Lei n. 9.237, de 22 de dezembro de 1995;

XV - o art. 1º da Lei n. 9.713, de 25 de novembro de 1998; e

XVI - os arts. 2º, 3º, 9º e 10 e os Anexos II e III da Lei n. 11.134, de 15 de julho de 2005.

Brasília, 6 de novembro de 2009; 188º da Independência e 121º da República.

LUIZ INÁCIO LULA DA SILVA

› Optamos, nesta edição, pela não publicação dos anexos.

LEI N. 12.097, DE 24 DE NOVEMBRO DE 2009

Dispõe sobre o conceito e a aplicação de rastreabilidade na cadeia produtiva das carnes de bovinos e de búfalos.

› *DOU*, 25.11.2009.

› Dec. 7.623/2011 (Regulamenta esta lei).

O Presidente da República. Faço saber que o Congresso Nacional decreta e eu sanciono a seguinte Lei:

ART. 1º Esta Lei conceitua e disciplina a aplicação de rastreabilidade na cadeia produtiva das carnes de bovinos e de búfalos.

ART. 2º A rastreabilidade de que trata esta Lei é a capacidade de garantir o registro e o acompanhamento das informações referentes às fases que compõem a cadeia produtiva das carnes de bovinos e de búfalos, permitindo seguir um animal ou grupo de animais durante todos os estágios da sua vida, bem como seguir um produto por todas as fases de produção, transporte, processamento e distribuição da cadeia produtiva das carnes de bovinos e de búfalos.

Parágrafo único. A rastreabilidade tem por objetivo primordial o aperfeiçoamento dos controles e garantias no campo da saúde animal, saúde pública e inocuidade dos alimentos.

ART. 3º Os agentes econômicos que integram a cadeia produtiva das carnes de bovinos e de búfalos ficam responsáveis, em relação à etapa de que participam, pela manutenção, por 5 (cinco) anos, dos documentos fiscais de movimentação e comercialização de animais e produtos de origem animal que permitam a realização do rastreamento de que trata esta Lei para eventual consulta da autoridade competente.

Parágrafo único. Os controles de que trata o *caput* deverão ser implementados no prazo de até 2 (dois) anos a contar da data de regulamentação desta Lei, devendo a norma reguladora, sempre que possível, estabelecer procedimentos que não sobrecarreguem o produtor em termos de formalidades administrativas.

ART. 4º Para os efeitos desta Lei, a rastreabilidade da cadeia produtiva das carnes de bovinos e de búfalos será implementada exclusivamente com base nos seguintes instrumentos:

I - marca a fogo, tatuagem ou outra forma permanente e auditável de marcação dos animais, para identificação do estabelecimento proprietário;

II - Guia de Trânsito Animal - GTA;

III - nota fiscal;

IV - registros oficiais dos serviços de inspeção de produtos de origem animal nos âmbitos federal, estadual e municipal, conforme exigir a legislação pertinente;

V - registros de animais e produtos efetuados no âmbito do setor privado pelos agentes econômicos de transformação industrial e distribuição.

§ 1º Poderão ser instituídos sistemas de rastreabilidade de adesão voluntária que adotem instrumentos adicionais aos citados no *caput*, e as suas regras deverão estar acordadas entre as partes.

§ 2º A organização e o registro das informações de que trata o *caput* deverão ser feitos por meio eletrônico, devendo o Poder Executivo Federal adotar os meios necessários para integrar e organizar as referidas informações.

ART. 5º A marca a fogo ou a tatuagem de que trata o inciso I do *caput* do art. 4º desta Lei é obrigatória e deverá ser aposta, respectivamente:

I - na perna ou na orelha esquerdas, conforme o caso, para indicar o estabelecimento de nascimento do animal;

II - na perna ou na orelha direitas, conforme o caso, para indicar os estabelecimentos proprietários subsequentes.

§ 1º As marcas e tatuagens referidas no inciso I do *caput* do art. 4º desta Lei obedecerão, quando for o caso, às disposições da Lei n. 4.714, de 29 de junho de 1965, e deverão ser inscritas em órgãos ou entes públicos municipais ou estaduais ou nas entidades locais do Sistema Unificado de Atenção à Sanidade Agropecuária - SUASA, referido na Lei n. 8.171, de 17 de janeiro de 1991.

§ 2º A União providenciará, em até 2 (dois) anos, em caráter suplementar, sistema de inscrição de marcas, nos municípios em que não haja sistema adequado de inscrição.

§ 3º Será dispensado o uso de marca a fogo, tatuagem ou outra forma de marcação permanente quando for utilizado sistema de identificação dos animais por dispositivo eletrônico.

§ 4º Será dispensado o uso de marca a fogo, tatuagem ou de outra forma de marcação permanente no caso de animais com registro genealógico em entidades privadas autorizadas pelo Ministério da Agricultura, Pecuária e Abastecimento, nos termos da Lei n. 4.716, de 29 de junho de 1965.

§ 5º Caso as formas de identificação de que trata o *caput* tornarem-se obsoletas ou inviáveis, outras formas poderão ser instituídas a critério do Poder Executivo.

ART. 6º Os estabelecimentos rurais e os de abate somente poderão receber bovinos e búfalos identificados na forma do art. 4º desta Lei e acompanhados de GTA em que essa identificação esteja presente.

ART. 7º Para o atendimento ao disposto nesta Lei, e para todos os efeitos fiscais, ficam autorizados os produtores rurais a emitir suas próprias notas fiscais, a partir de talonário previamente registrado perante a autoridade fazendária.

ART. 8º A autorização de importação de animais e produtos de origem animal de que trata esta Lei fica condicionada à comprovação pelo importador de que foram cumpridas as regras de rastreabilidade do país de origem e que essas normas sejam pelo menos equivalentes ao disposto nesta Lei.

Parágrafo único. O disposto no *caput* não se aplica aos embriões e ao sêmen de bovinos e búfalos cuja importação obedecerá a regulamentos próprios.

ART. 9º Esta Lei entra em vigor 45 (quarenta e cinco) dias após a data de sua publicação oficial.

Brasília, 24 de novembro de 2009; 188º da Independência e 121º da República.

LUIZ INÁCIO LULA DA SILVA

LEI N. 12.099, DE 27 DE NOVEMBRO DE 2009

Dispõe sobre a transferência de depósitos judiciais e extrajudiciais de tributos e contribuições federais para a Caixa Econômica Federal; e altera a Lei n. 9.703, de 17 de novembro de 1998.

- *DOU*, 30.11.2009.

O Presidente da República. Faço saber que o Congresso Nacional decreta e eu sanciono a seguinte Lei:

ART. 1º O art. 2º-A da Lei n. 9.703, de 17 de novembro de 1998, passa a vigorar com a seguinte redação:

- Alteração promovida no texto da referida lei.

ART. 2º Os depósitos judiciais e extrajudiciais de tributos e contribuições federais realizados em outra instituição financeira após 1º de dezembro de 1998 serão transferidos para a Caixa Econômica Federal, de acordo com as disposições previstas na Lei n. 9.703, de 17 de novembro de 1998.

ART. 3º Aos depósitos judiciais e extrajudiciais não tributários relativos à União e os tributários e não tributários relativos a fundos públicos, autarquias, fundações públicas e demais entidades federais integrantes dos orçamentos fiscal e da seguridade social, de que trata o Decreto-Lei n. 1.737, de 20 de dezembro de 1979, aplica-se o disposto na Lei n. 9.703, de 17 de novembro de 1998.

§ 1º Aos depósitos que forem anteriores à vigência desta Lei também se aplica o disposto na Lei n. 9.703, de 17 de novembro de 1998, observados os §§ 2º, 3º e 4º.

§ 2º Os juros dos depósitos referidos no § 1º serão calculados à taxa originalmente devida até a data da transferência à conta única do Tesouro Nacional.

§ 3º Após a transferência à conta única do Tesouro Nacional, os juros dos depósitos referidos no § 1º serão calculados na forma estabelecida pelo § 4º do art. 39 da Lei n. 9.250, de 26 de dezembro de 1995.

§ 4º A transferência dos depósitos referidos no § 1º dar-se-á de acordo com cronograma fixado por ato do Ministério da Fazenda, observado o prazo máximo de 180 (cento e oitenta) dias.

ART. 4º A transferência dos depósitos a que se refere o art. 2º-A da Lei n. 9.703, de 17 de novembro de 1998, deverá ocorrer em até 180 (cento e oitenta) dias a partir da publicação desta Lei.

ART. 5º Esta Lei entra em vigor na data de sua publicação.

Brasília, 27 de novembro de 2009; 188º da Independência e 121º da República.

LUIZ INÁCIO LULA DA SILVA

LEI N. 12.101, DE 27 DE NOVEMBRO DE 2009

Dispõe sobre a certificação das entidades beneficentes de assistência social; regula os procedimentos de isenção de contribuições para a seguridade social; altera a Lei n. 8.742, de 07 de dezembro de 1993; revoga dispositivos das Leis n. 8.212, de 24 de julho de 1991, 9.429, de 26 de dezembro de 1996, 9.732, de 11 de dezembro de 1998, 10.684, de 30 de maio de 2003, e da Medida Provisória n. 2.187-13, de 24 de agosto de 2001; e dá outras providências.

- *DOU*, 30.11.2009.
- Dec. 8.242/2014 (Regulamenta esta lei, para dispor sobre o processo de certificação das entidades beneficentes de assistência social e sobre procedimentos de isenção das contribuições para a seguridade social).

O Presidente da República. Faço saber que o Congresso Nacional decreta e eu sanciono a seguinte Lei:

CAPÍTULO I
DISPOSIÇÕES PRELIMINARES

ART. 1º A certificação das entidades beneficentes de assistência social e a isenção de contribuições para a seguridade social serão concedidas às pessoas jurídicas de direito privado, sem fins lucrativos, reconhecidas como entidades beneficentes de assistência social com a finalidade de prestação de serviços nas áreas de assistência social, saúde ou educação, e que atendam ao disposto nesta Lei.

Parágrafo único. (Vetado.)

ART. 2º As entidades de que trata o art. 1º deverão obedecer ao princípio da universalidade do atendimento, sendo vedado dirigir suas atividades exclusivamente a seus associados ou a categoria profissional.

CAPÍTULO II
DA CERTIFICAÇÃO

- arts. 7º e 8º, Lei 12.868/2013.

ART. 3º A certificação ou sua renovação será concedida à entidade beneficente que demonstre, no exercício fiscal anterior ao do requerimento, observado o período mínimo de 12 (doze) meses de constituição da entidade, o cumprimento do disposto nas Seções I, II, III e IV deste Capítulo, de acordo com as respectivas áreas de atuação, e cumpra, cumulativamente, os seguintes requisitos:

- Lei 13.650/2018 (Dispõe sobre a certificação das entidades beneficentes de assistência social, na área de saúde).

I - seja constituída como pessoa jurídica nos termos do *caput* do art. 1º; e

II - preveja, em seus atos constitutivos, em caso de dissolução ou extinção, a destinação do eventual patrimônio remanescente a entidade sem fins lucrativos congêneres ou a entidades públicas.

Parágrafo único. O período mínimo de cumprimento dos requisitos de que trata este artigo poderá ser reduzido se a entidade for prestadora de serviços por meio de contrato, convênio ou instrumento congênere com o Sistema Único de Saúde (SUS) ou com o Sistema Único de Assistência Social (Suas), em caso de necessidade local atestada pelo gestor do respectivo sistema. (Alterado pela Lei 12.868/2013.)

SEÇÃO I
DA SAÚDE

ART. 4º Para ser considerada beneficente e fazer jus à certificação, a entidade de saúde deverá, nos termos do regulamento:

- Art. 9º, § 11, Lei 8.036/1990 (As entidades hospitalares filantrópicas, bem como as instituições que atuam no campo para pessoas com deficiência, e sem fins lucrativos que participem de forma complementar do SUS deverão, para contratar operações de crédito com recursos do FGTS, atender ao disposto nos incisos II e III deste artigo).

I - celebrar contrato, convênio ou instrumento congênere com o gestor do SUS; (Alterado pela Lei 12.868/2013.)

- Lei 13.650/2018 (Dispõe sobre a certificação das entidades beneficentes de assistência social, na área de saúde).

II - ofertar a prestação de seus serviços ao SUS no percentual mínimo de 60% (sessenta por cento);

III - comprovar, anualmente, da forma regulamentada pelo Ministério da Saúde, a prestação dos serviços de que trata o inciso II, com base nas internações e nos atendimentos ambulatoriais realizados. (Redação dada pela Lei 12.453/2011.)

§ 1º O atendimento do percentual mínimo de que trata o *caput* pode ser individualizado por estabelecimento ou pelo conjunto de estabelecimentos de saúde da pessoa jurídica, desde que não abranja outra entidade com personalidade jurídica própria que seja por ela mantida.

§ 2º Para fins do disposto no § 1º, no conjunto de estabelecimentos de saúde da pessoa jurídica, poderá ser incorporado aquele vinculado por força de contrato de gestão, na forma do regulamento.

§ 3º Para fins do disposto no inciso III do *caput*, a entidade de saúde que aderir a programas e estratégias prioritárias definidas pelo Ministério da Saúde fará jus a índice percentual que será adicionado ao total de prestação de seus serviços ofertados ao SUS, observado o limite máximo de 10% (dez por cento), conforme estabelecido em ato do Ministro de Estado da Saúde. (Acrescentado pela Lei 12.868/2013.)

§ 4º Na hipótese de comprovada prestação de serviços pela entidade de saúde, sem a observância do disposto no inciso I do *caput* deste artigo, que dê causa ao indeferimento ou cancelamento da certificação, o Ministério da Saúde deverá informar aos órgãos de controle os indícios da irregularidade praticada pelo gestor do SUS. (Acrescentado pela Lei 13.650/2018.)

ART. 5º A entidade de saúde deverá ainda informar, obrigatoriamente, ao Ministério da Saúde, na forma por ele estabelecida:

I - a totalidade das internações e atendimentos ambulatoriais realizados para os pacientes não usuários do SUS;

II - a totalidade das internações e atendimentos ambulatoriais realizados para os pacientes usuários do SUS; e

III - as alterações referentes aos registros no Cadastro Nacional de Estabelecimentos de Saúde - CNES.

Parágrafo único. A entidade deverá manter o Cadastro Nacional de Estabelecimentos de Saúde - CNES atualizado, de acordo com a forma e o prazo determinado pelo Ministério da Saúde. (Incluído pela Lei 12.453/2011.)

ART. 6º A entidade de saúde que presta serviços exclusivamente na área ambulatorial deverá observar o disposto nos incisos I e II do art. 4º, comprovando, anualmente, a prestação dos serviços no percentual mínimo de 60% (sessenta por cento). (Redação dada pela Lei 12.453/2011.)

ART. 6º-A Para os requerimentos de renovação de certificado, caso a entidade de saúde não cumpra o disposto no inciso III do *caput* do art. 4º no exercício fiscal anterior ao exercício do requerimento, o Ministério da Saúde avaliará o cumprimento do requisito com base na média do total de prestação de serviços ao SUS de que trata o inciso III do *caput* do art. 4º pela entidade durante todo o período de certificação em curso, que deverá ser de, no mínimo, 60% (sessenta por cento). (Acrescentado pela Lei 12.868/2013.)

§ 1º Para fins do disposto no *caput*, apenas será admitida a avaliação pelo Ministério da Saúde caso a entidade tenha cumprido, no mínimo, 50% (cinquenta por cento) da prestação de seus serviços ao SUS de que trata o inciso III do *caput* do art. 4º em cada um dos anos do período de certificação. (Acrescentado pela Lei 12.868/2013.)

§ 2º A comprovação da prestação dos serviços, conforme regulamento do Ministério da Saúde, será feita com base nas internações, nos atendimentos ambulatoriais e nas ações prioritárias realizadas. (Acrescentado pela Lei 12.868/2013.)

ART. 7º Quando a disponibilidade de cobertura assistencial da população pela rede pública de determinada área for insuficiente, os gestores do SUS deverão observar, para a contratação de serviços privados, a preferência de participação das entidades beneficentes de saúde e das sem fins lucrativos.

ART. 7º-A. As instituições reconhecidas nos termos da legislação como serviços de atenção em regime residencial e transitório, incluídas as comunidades terapêuticas que prestem ao SUS serviços de atendimento e acolhimento, a pessoas com transtornos decorrentes do uso, abuso ou dependência de substância psicoativa poderão ser certificadas, desde que: (Acrescentado pela Lei 12.868/2013.)

I - sejam qualificadas como entidades de saúde; e (Acrescentado pela Lei 12.868/2013.)

II - comprovem a prestação de serviços de que trata o *caput*. (Acrescentado pela Lei 12.868/2013.)

§ 1º O cumprimento dos requisitos estabelecidos nos incisos I e II do *caput* deverá observar os critérios definidos pelo Ministério da Saúde. (Acrescentado pela Lei 12.868/2013.)

§ 2º A prestação dos serviços prevista no *caput* será pactuada com o gestor local do SUS por meio de contrato, convênio ou instrumento congênere. (Acrescentado pela Lei 12.868/2013.)

§ 3º O atendimento dos requisitos previstos neste artigo dispensa a observância das exigências previstas no art. 4º. (Acrescentado pela Lei 12.868/2013.)

ART. 8º Não havendo interesse do gestor local do SUS na contratação dos serviços de saúde ofertados pela entidade de saúde ou de contratação abaixo do percentual mínimo a que se refere o inciso II do art. 4º, a entidade deverá comprovar a aplicação de percentual da sua receita em gratuidade na área da saúde, da seguinte forma: (Alterado pela Lei 12.868/2013.)

I - 20% (vinte por cento), quando não houver interesse de contratação pelo gestor local do SUS ou se o percentual de prestação de serviços ao SUS for inferior a 30% (trinta por cento); (Alterado pela Lei 12.868/2013.)

II - 10% (dez por cento), se o percentual de prestação de serviços ao SUS for igual ou superior a 30% (trinta por cento) e inferior a 50% (cinquenta por cento); ou (Alterado pela Lei 12.868/2013.)

III - 5% (cinco por cento), se o percentual de prestação de serviços ao SUS for igual ou superior a 50% (cinquenta por cento). (Alterado pela Lei 12.868/2013.)

Parágrafo único. (Vetado.)

§ 2º A receita prevista no *caput* será a efetivamente recebida da prestação de serviços de saúde. (Incluído pela Lei 12.453/2011.)

ART. 8º-A. Excepcionalmente, será admitida a certificação de entidades que atuem exclusivamente na promoção da saúde sem exigência de contraprestação do usuário pelas ações e serviços de saúde realizados, nos termos do regulamento. (Acrescentado pela Lei 12.868/2013.)

§ 1º A oferta da totalidade de ações e serviços sem contraprestação do usuário dispensa a observância das exigências previstas no art. 4º. (Acrescentado pela Lei 12.868/2013.)

§ 2º A execução de ações e serviços de gratuidade em promoção da saúde será previamente pactuada por meio de contrato, convênio ou instrumento congênere com o gestor local do SUS. (Acrescentado pela Lei 12.868/2013.)

§ 3º Para efeito do disposto no *caput*, são consideradas ações e serviços de promoção da saúde as atividades voltadas para redução de risco à saúde, desenvolvidas em áreas como: (Acrescentado pela Lei 12.868/2013.)

I - nutrição e alimentação saudável; (Acrescentado pela Lei 12.868/2013.)

II - prática corporal ou atividade física; (Acrescentado pela Lei 12.868/2013.)

III - prevenção e controle do tabagismo; (Acrescentado pela Lei 12.868/2013.)

IV - prevenção ao câncer, ao vírus da imunodeficiência humana (HIV), às hepatites virais, à tuberculose, à hanseníase, à malária e à dengue; (Acrescentado pela Lei 12.868/2013.)

V - redução da morbimortalidade em decorrência do uso abusivo de álcool e outras drogas; (Acrescentado pela Lei 12.868/2013.)

VI - redução da morbimortalidade por acidentes de trânsito; (Acrescentado pela Lei 12.868/2013.)

VII - prevenção da violência; e (Acrescentado pela Lei 12.868/2013.)

VIII - redução da morbimortalidade nos diversos ciclos de vida. (Acrescentado pela Lei 12.868/2013.)

ART. 8º-B. Excepcionalmente, será admitida a certificação de entidades que prestam serviços de atenção em regime residencial e transitório, incluídas as comunidades terapêuticas, que executem exclusivamente ações de promoção da saúde voltadas para pessoas com transtornos decorrentes do uso, abuso ou dependência de drogas, desde que comprovem a aplicação de, no mínimo, 20% (vinte por cento) de sua receita bruta em ações de gratuidade. (Acrescentado pela Lei 12.868/2013.)

§ 1º Para fins do cálculo de que trata o *caput*, as receitas provenientes de subvenção pública e as despesas decorrentes não devem incorporar a receita bruta e o percentual aplicado em ações de gratuidade. (Acrescentado pela Lei 12.868/2013.)

§ 2º A execução das ações de gratuidade em promoção da saúde será previamente pactuada com o gestor local do SUS, por meio de contrato, convênio ou instrumento congênere. (Acrescentado pela Lei 12.868/2013.)

§ 3º O atendimento dos requisitos previstos neste artigo dispensa a observância das exigências previstas no art. 4º. (Acrescentado pela Lei 12.868/2013.)

ART. 9º (Vetado.)

ART. 10. Em hipótese alguma será admitida como aplicação em gratuidade a eventual diferença entre os valores pagos pelo SUS e os preços praticados pela entidade ou pelo mercado.

ART. 11. A entidade de saúde de reconhecida excelência poderá, alternativamente, para dar cumprimento ao requisito previsto no art. 4º, realizar projetos de apoio ao desenvolvimento institucional do SUS, celebrando ajuste com a União, por intermédio do Ministério da Saúde, nas seguintes áreas de atuação:

I - estudos de avaliação e incorporação de tecnologias;

II - capacitação de recursos humanos;

III - pesquisas de interesse público em saúde; ou

IV - desenvolvimento de técnicas e operação de gestão em serviços de saúde.

§ 1º O Ministério da Saúde definirá os requisitos técnicos essenciais para o reconhecimento de excelência referente a cada uma das áreas de atuação previstas neste artigo.

§ 2º O recurso despendido pela entidade de saúde no projeto de apoio não poderá ser inferior ao valor da isenção das contribuições sociais usufruída.

§ 3º O projeto de apoio será aprovado pelo Ministério da Saúde, ouvidas as instâncias do SUS, segundo procedimento definido em ato do Ministro de Estado.

§ 4º As entidades de saúde que venham a se beneficiar da condição prevista neste artigo poderão complementar as atividades relativas aos projetos de apoio com a prestação de serviços ambulatoriais e hospitalares ao SUS não remunerados, mediante pacto com o gestor local do SUS, observadas as seguintes condições:

I - a complementação não poderá ultrapassar 30% (trinta por cento) do valor usufruído com a isenção das contribuições sociais;

II - a entidade de saúde deverá apresentar ao gestor local do SUS plano de trabalho com previsão de atendimento e detalhamento de custos, os quais não poderão exceder o valor por ela efetivamente despendido;

III - a comprovação dos custos a que se refere o inciso II poderá ser exigida a qualquer tempo, mediante apresentação dos documentos necessários; e

IV - as entidades conveniadas deverão informar a produção na forma estabelecida pelo Ministério da Saúde, com observação de não geração de créditos.

§ 5º A participação das entidades de saúde ou de educação em projetos de apoio previstos neste artigo não poderá ocorrer em prejuízo das atividades beneficentes prestadas ao SUS.

§ 6º O conteúdo e o valor das atividades desenvolvidas em cada projeto de apoio ao desenvolvimento institucional e de prestação de serviços ao SUS deverão ser objeto de relatórios anuais, encaminhados ao Ministério da Saúde para acompanhamento e fiscalização, sem prejuízo das atribuições dos órgãos de fiscalização tributária.

SEÇÃO II
DA EDUCAÇÃO

ART. 12. A certificação ou sua renovação será concedida à entidade de educação que atenda ao disposto nesta Seção e na legislação aplicável.

Parágrafo único. As entidades de educação certificadas na forma desta Lei deverão prestar informações ao Censo da Educação Básica e ao Censo da Educação Superior, conforme definido pelo Ministério da Educação. (Acrescentado pela Lei 12.868/2013.)

ART. 12-A. As bolsas de estudo concedidas no âmbito do processo de certificação de entidades beneficentes de assistência social de que trata esta Lei constituem-se em instrumentos de promoção da política pública de acesso à educação do Ministério da Educação. (Acrescentado pela Lei 13.530/2017.)

ART. 13. Para fins de concessão ou renovação da certificação, a entidade de educação que atua nas diferentes etapas e modalidades da educação básica, regular e presencial, deverá: (Alterado pela Lei 12.868/2013.)

- Arts. 29 e ss., Dec. 8.242/2014 (Regulamenta esta lei, para dispor sobre o processo de certificação das entidades beneficentes de assistência social e sobre procedimentos de isenção das contribuições para a seguridade social).

I - demonstrar sua adequação às diretrizes e metas estabelecidas no Plano Nacional de Educação (PNE), na forma do art. 214 da Constituição Federal; (Alterado pela Lei 12.868/2013.)

II - atender a padrões mínimos de qualidade, aferidos pelos processos de avaliação conduzidos pelo Ministério da Educação; e (Alterado pela Lei 12.868/2013.)

III - conceder anualmente bolsas de estudo na proporção de 1 (uma) bolsa de estudo integral para cada 5 (cinco) alunos pagantes. (Alterado pela Lei 12.868/2013.)

§ 1º Para o cumprimento da proporção descrita no inciso III do *caput*, a entidade poderá oferecer bolsas de estudo parciais, observadas as seguintes condições: (Alterado pela Lei 12.868/2013.)

I - no mínimo, 1 (uma) bolsa de estudo integral para cada 9 (nove) alunos pagantes; e (Alterado pela Lei 12.868/2013.)

II - bolsas de estudo parciais de 50% (cinquenta por cento), quando necessário para o alcance do número mínimo exigido, conforme definido em regulamento; (Alterado pela Lei 12.868/2013.)

III - (Revogado pela Lei 12.868/2013.)

a) e b) (Revogadas pela Lei 12.868/2013.)

§ 2º Será facultado à entidade substituir até 25% (vinte e cinco por cento) da quantidade das bolsas de estudo definidas no inciso III do *caput* e no § 1º por benefícios concedidos a beneficiários cuja renda familiar mensal *per capita* não exceda o valor de um salário mínimo e meio, tais como transporte, uniforme, material didático, moradia, alimentação e outros benefícios, ações e serviços definidos em ato do Ministro de Estado da Educação. (Alterado pela Lei 13.043/2014.)

§ 3º Admite-se o cumprimento do percentual disposto no § 2º com projetos e atividades para a garantia da educação em tempo integral para alunos matriculados na educação básica em escolas públicas, desde que em articulação com as respectivas instituições públicas de ensino, na forma definida pelo Ministério da Educação. (Alterado pela Lei 12.868/2013.)

§ 4º Para fins do cumprimento da proporção de que trata o inciso III do *caput*: (Alterado pela Lei 12.868/2013.)

I - cada bolsa de estudo integral concedida a aluno com deficiência, assim declarado ao Censo da Educação Básica, equivalerá a 1,2 (um inteiro e dois décimos) do valor da bolsa de estudo integral; e (Alterado pela Lei 12.868/2013.)

II - cada bolsa de estudo integral concedida a aluno matriculado na educação básica em tempo integral equivalerá a 1,4 (um inteiro e quatro décimos) do valor da bolsa de estudo integral; (Alterado pela Lei 12.868/2013.)

III - (Revogado pela Lei 12.868/2013.)

§ 5º As equivalências previstas nos incisos I e II do § 4º não poderão ser cumulativas. (Alterado pela Lei 12.868/2013.)

§ 6º Considera-se, para fins do disposto nos §§ 3º e 4º, educação básica em tempo integral a jornada escolar com duração igual ou superior a 7 (sete) horas diárias, durante todo o período letivo, e compreende tanto o tempo em que o aluno permanece na escola como aquele em que exerce atividades escolares em outros espaços educacionais, conforme definido pelo Ministério da Educação. (Alterado pela Lei 12.868/2013.)

§ 7º As entidades de educação que prestam serviços integralmente gratuitos deverão garantir a observância da proporção de, no mínimo, 1 (um) aluno cuja renda familiar mensal *per capita* não exceda o valor de um salário-mínimo e meio para cada 5 (cinco) alunos matriculados. (Acrescentado pela Lei 12.868/2013.)

ART. 13-A. Para fins de concessão e de renovação da certificação, as entidades que atuam na educação superior e que aderiram ao Programa Universidade para Todos (Prouni), na forma do *caput* do art. 11 da Lei n. 11.096, de 13 de janeiro de 2005, deverão atender às condições previstas nos incisos do *caput* e nos §§ 1º, 2º e 7º do art. 13 desta Lei. (Acrescentado pela Lei 12.868/2013.)

- arts. 29 e ss., Dec. 8.242/2014 (Regulamenta esta lei, para dispor sobre o processo de certificação das entidades beneficentes de assistência social e sobre procedimentos de isenção das contribuições para a seguridade social).

§ 1º As entidades que atuam concomitantemente no nível de educação superior e que tenham aderido ao Prouni e no de educação básica estão obrigadas a cumprir os requisitos exigidos no art. 13, para cada nível de educação, inclusive quanto à complementação eventual da gratuidade por meio da concessão de bolsas de estudo parciais de 50% (cinquenta por cento) e de benefícios, conforme previsto nos §§ 1º e 2º do art. 13. (Alterado pela Lei 13.043/2014.)

§ 2º Somente serão aceitas no âmbito da educação superior bolsas de estudo vinculadas ao Prouni, salvo as bolsas integrais ou parciais de 50% (cinquenta por cento) para pós-graduação stricto sensu. (Acrescentado pela Lei 12.868/2013.)

§ 3º Excepcionalmente, serão aceitas como gratuidade, no âmbito da educação superior, as bolsas de estudo integrais ou parciais de 50% (cinquenta por cento) oferecidas fora do Prouni aos alunos enquadrados nos arts. 14 e 15, desde que a entidade tenha cumprido a proporção de uma bolsa de estudo integral para cada 9 (nove) alunos pagantes no Prouni e que tenha ofertado bolsas no âmbito do Prouni que não tenham sido preenchidas. (Acrescentado pela Lei 12.868/2013.)

§ 4º Para os fins do disposto neste artigo, somente serão computadas as bolsas concedidas em cursos de graduação ou sequencial de formação específica regulares, além das bolsas para pós-graduação *stricto sensu* previstas no § 2º. (Acrescentado pela Lei 12.868/2013.)

ART. 13-B. Para os fins da concessão da certificação, as entidades que atuam na educação superior e que não tenham aderido ao Prouni na forma do art. 10 da Lei n. 11.096, de 13 de janeiro de 2005, deverão: (Acrescentado pela Lei 12.868/2013.)

- arts. 29 e ss., Dec. 8.242/2014 (Regulamenta esta lei, para dispor sobre o processo de certificação das entidades beneficentes de assistência social e sobre procedimentos de isenção das contribuições para a seguridade social).

I - atender ao disposto nos incisos I e II do *caput* do art. 13; e (Acrescentado pela Lei 12.868/2013.)

II - conceder anualmente bolsas de estudo na proporção de 1 (uma) bolsa de estudo integral para cada 4 (quatro) alunos pagantes. (Acrescentado pela Lei 12.868/2013.)

§ 1º Para o cumprimento da proporção descrita no inciso II do *caput*, a entidade poderá oferecer bolsas de estudo parciais, desde que conceda: (Acrescentado pela Lei 12.868/2013.)

I - no mínimo, 1 (uma) bolsa de estudo integral para cada 9 (nove) alunos pagantes; e (Acrescentado pela Lei 12.868/2013.)

II - bolsas de estudo parciais de 50% (cinquenta por cento), quando necessário para o alcance do número mínimo exigido, conforme definido em regulamento. (Acrescentado pela Lei 12.868/2013.)

§ 2º Será facultado à entidade substituir até 25% (vinte e cinco por cento) da quantidade das bolsas de estudo definidas no inciso II do *caput* e no § 1º por benefícios concedidos a beneficiários cuja renda familiar mensal *per capita* não exceda o valor de um salário mínimo e meio, tais como transporte, uniforme, material didático, moradia, alimentação e outros benefícios, ações e serviços definidos em ato do Ministro de Estado da Educação. (Alterado pela Lei 13.043/2014.)

§ 3º Sem prejuízo da proporção definida no inciso II do *caput*, a entidade de educação deverá ofertar, em cada uma de suas instituições de ensino superior, no mínimo, 1 (uma) bolsa integral para cada 25 (vinte e cinco) alunos pagantes. (Acrescentado pela Lei 12.868/2013.)

§ 4º A entidade deverá ofertar bolsa integral em todos os cursos de todas as instituições de ensino superior por ela mantidos. (Acrescentado pela Lei 12.868/2013.)

§ 5º As entidades que atuam concomitantemente na educação superior e na educação básica são obrigadas a cumprir os requisitos exigidos no art. 13 e neste artigo de maneira segregada, por nível de educação, inclusive quanto à eventual complementação da gratuidade por meio da concessão de bolsas de estudo parciais de 50% (cinquenta por cento) e de benefícios. (Alterado pela Lei 13.043/2014.)

§ 6º Para os fins do disposto neste artigo, somente serão computadas as bolsas concedidas em cursos de graduação ou sequencial de formação específica regulares. (Acrescentado pela Lei 12.868/2013.)

ART. 13-C. Consideram-se alunos pagantes, para fins de aplicação das proporções previstas nos arts. 13, 13-A e 13-B, o total de alunos que não possuem bolsas de estudo integrais. (Acrescentado pela Lei 12.868/2013.)

§ 1º Na aplicação das proporções previstas nos arts. 13-A e 13-B, serão considerados os alunos pagantes matriculados em cursos de graduação ou sequencial de formação específica regulares. (Acrescentado pela Lei 12.868/2013.)

§ 2º Não se consideram alunos pagantes os inadimplentes por período superior a 90 (noventa) dias, cujas matrículas tenham sido recusadas no período letivo imediatamente subsequente ao inadimplemento, conforme definido em regulamento. (Acrescentado pela Lei 12.868/2013.)

ART. 14. Para os efeitos desta Lei, a bolsa de estudo refere-se às semestralidades ou anuidades escolares fixadas na forma da lei, vedada a cobrança de taxa de matrícula e de custeio de material didático.

§ 1º A bolsa de estudo integral será concedida a aluno cuja renda familiar mensal *per capita* não exceda o valor de 1 1/2 (um e meio) salário-mínimo.

§ 2º A bolsa de estudo parcial será concedida a aluno cuja renda familiar mensal *per capita* não exceda o valor de 3 (três) salários-mínimos.

ART. 15. Para fins da certificação a que se refere esta Lei, o aluno a ser beneficiado será pré-selecionado pelo perfil socioeconômico e, cumulativamente, por outros critérios definidos pelo Ministério da Educação.

§ 1º Os alunos beneficiários das bolsas de estudo de que trata esta Lei, ou seus pais ou responsáveis, quando for o caso, respondem legalmente pela veracidade e autenticidade das informações por eles prestadas. (Alterado pela Lei 13.530/2017.)

§ 2º Compete à entidade de educação confirmar o atendimento, pelo candidato, ao perfil socioeconômico e aos demais critérios estabelecidos pelo Ministério da Educação. (Alterado pela Lei 13.530/2017.)

§ 3º As bolsas de estudo poderão ser canceladas a qualquer tempo, em caso de constatação de falsidade da informação prestada pelo bolsista ou seu responsável, ou de inidoneidade de documento apresentado, sem prejuízo das demais sanções cíveis e penais cabíveis.

§ 4º Os estudantes a serem beneficiados pelas bolsas de estudo para os cursos de graduação poderão ser pré-selecionados pelos resultados do Exame Nacional do Ensino Médio (Enem). (Acrescentado pela Lei 13.530/2017.)

§ 5º É vedado ao estudante acumular bolsas de estudo em entidades de educação certificadas na forma desta Lei. (Acrescentado pela Lei 13.530/2017.)

§ 6º O Ministério da Educação disporá sobre os procedimentos para seleção de bolsistas, especialmente quanto à sua operacionalização por meio de sistema específico. (Acrescentado pela Lei 13.530/2017.)

ART. 16. É vedado qualquer discriminação ou diferença de tratamento entre alunos bolsistas e pagantes.

ART. 17. No ato de concessão ou de renovação da certificação, as entidades de educação que não tenham concedido o número mínimo de bolsas previsto nos arts. 13, 13-A e 13-B poderão compensar o número de bolsas devido nos 3 (três) exercícios subsequentes com acréscimo de 20% (vinte por cento) sobre o percentual não atingido ou o número de bolsas não concedido, mediante a assinatura de Termo de Ajuste de Gratuidade, nas condições estabelecidas pelo Ministério da Educação. (Alterado pela Lei 12.868/2013.)

§ 1º Após a publicação da decisão relativa ao julgamento do requerimento de concessão ou de renovação da certificação na primeira instância administrativa, as entidades de educação a que se refere o *caput* disporão do prazo improrrogável de 30 (trinta) dias para requerer a assinatura do Termo de Ajuste de Gratuidade. (Alterado pela Lei 12.868/2013.)

§ 2º Na hipótese de descumprimento do Termo de Ajuste de Gratuidade, a certificação da entidade será cancelada relativamente a todo o seu período de validade. (Alterado pela Lei 12.868/2013.)

§ 3º O Termo de Ajuste de Gratuidade poderá ser celebrado somente uma vez com a mesma entidade a cada período de 10 (dez) anos, a contar da data da assinatura do último termo e desde que este tenha sido devidamente cumprido. (Alterado pela Lei 13.043/2014.)

§ 4º As bolsas de pós-graduação *stricto sensu* poderão integrar o percentual de acréscimo de compensação de 20% (vinte por cento), desde que se refiram a áreas de formação definidas pelo Ministério da Educação. (Acrescentado pela Lei 12.868/2013.)

SEÇÃO III
DA ASSISTÊNCIA SOCIAL

ART. 18. A certificação ou sua renovação será concedida à entidade de assistência social que presta serviços ou realiza ações socioassistenciais, de forma gratuita, continuada e planejada, para os usuários e para quem deles necessitar, sem discriminação, observada a Lei n. 8.742, de 7 de dezembro de 1993. (Alterado pela Lei 12.868/2013.)

§ 1º Consideram-se entidades de assistência social aquelas que prestam, sem fins lucrativos, atendimento e assessoramento aos beneficiários abrangidos pela Lei n. 8.742, de 7 de dezembro de 1993, e as que atuam na defesa e garantia de seus direitos. (Alterado pela Lei 12.868/2013.)

§ 2º Observado o disposto no *caput* e no § 1º, também são consideradas entidades de assistência social: (Alterado pela Lei 12.868/2013.)

I - as que prestam serviços ou ações socioassistenciais, sem qualquer exigência de contraprestação dos usuários, com o objetivo de habilitação e reabilitação da pessoa com deficiência e de promoção da sua inclusão à vida comunitária, no enfrentamento dos limites existentes para as pessoas com deficiência, de forma articulada ou não com ações educacionais ou de saúde; (Alterado pela Lei 12.868/2013.)

II - as de que trata o inciso II do art. 430 da Consolidação das Leis do Trabalho (CLT), aprovada pelo Decreto-Lei n. 5.452, de 1º de maio de 1943, desde que os programas de aprendizagem de adolescentes, de jovens ou de pessoas com deficiência sejam prestados com a finalidade de promover a integração ao mercado de trabalho, nos termos da Lei n. 8.742, de 7 de dezembro de 1993, observadas as ações protetivas previstas na Lei n. 8.069, de 13 de julho de 1990; e (Alterado pela Lei 12.868/2013.)

III - as que realizam serviço de acolhimento institucional provisório de pessoas e de seus acompanhantes, que estejam em trânsito e sem condições de autossustento, durante o tratamento de doenças graves fora da localidade de residência, observada a Lei n. 8.742, de 7 de dezembro de 1993. (Alterado pela Lei 12.868/2013.)

§ 3º Desde que observado o disposto no *caput* e no § 1º deste artigo e no art. 19, exceto a exigência de gratuidade, as entidades referidas no art. 35 da Lei n. 10.741, de 1º de outubro de 2003, poderão ser certificadas, com a condição de que eventual cobrança de participação do idoso no custeio da entidade se dê nos termos e limites do § 2º do art. 35 da Lei n. 10.741, de 1º de outubro de 2003. (Alterado pela Lei 12.868/2013.)

§ 4º As entidades certificadas como de assistência social terão prioridade na celebração de convênios, contratos ou instrumentos congêneres com o poder público para a execução de programas, projetos e ações de assistência social. (Alterado pela Lei 12.868/2013.)

ART. 19. Constituem ainda requisitos para a certificação de uma entidade de assistência social:

I - estar inscrita no respectivo Conselho Municipal de Assistência Social ou no Conselho de Assistência Social do Distrito Federal, conforme o caso, nos termos do art. 9º da Lei n. 8.742, de 07 de dezembro de 1993; e

II - integrar o cadastro nacional de entidades e organizações de assistência social de que trata o inciso XI do art. 19 da Lei n. 8.742, de 07 de dezembro de 1993.

§ 1º Quando a entidade de assistência social atuar em mais de um Município ou Estado ou em quaisquer destes e no Distrito Federal, deverá inscrever suas atividades no Conselho de Assistência Social do respectivo Município de atuação ou do Distrito Federal, mediante a apresentação de seu plano ou relatório de atividades e do comprovante de inscrição no Conselho de sua sede ou de onde desenvolva suas principais atividades.

§ 2º Quando não houver Conselho de Assistência Social no Município, as entidades de assistência social dever-se-ão inscrever nos respectivos Conselhos Estaduais.

ART. 20. A comprovação do vínculo da entidade de assistência social à rede socioassistencial privada no âmbito do SUAS é condição suficiente para a concessão da certificação, no prazo e na forma a serem definidos em regulamento.

SEÇÃO IV
DA CONCESSÃO E DO CANCELAMENTO

ART. 21. A análise e decisão dos requerimentos de concessão ou de renovação dos certificados das entidades beneficentes de assistência social serão apreciadas no âmbito dos seguintes Ministérios:

I - da Saúde, quanto às entidades da área de saúde;

II - da Educação, quanto às entidades educacionais; e

III - do Desenvolvimento Social e Combate à Fome, quanto às entidades de assistência social.

§ 1º A entidade interessada na certificação deverá apresentar, juntamente com o requerimento, todos os documentos necessários à comprovação dos requisitos de que trata esta Lei, na forma do regulamento.

§ 2º A tramitação e a apreciação do requerimento deverão obedecer à ordem cronológica de sua apresentação, salvo em caso de diligência pendente, devidamente justificada, ou no caso de entidade ou instituição sem fins lucrativos e organização da sociedade civil que celebrem parceria para executar projeto, atividade ou serviço em conformidade com acordo de cooperação internacional do qual a República Federativa do Brasil seja parte. (Alterado pela Lei 13.204/2015.)

§ 3º O requerimento será apreciado no prazo a ser estabelecido em regulamento, observadas as peculiaridades do Ministério responsável pela área de atuação da entidade.

§ 4º O prazo de validade da certificação será de 1 (um) a 5 (cinco) anos, conforme critérios definidos em regulamento. (Redação dada pela Lei 12.868/2013.)

§ 5º O processo administrativo de certificação deverá, em cada Ministério envolvido, contar com plena publicidade de sua tramitação, devendo permitir à sociedade o acompanhamento pela internet de todo o processo.

§ 6º Os Ministérios responsáveis pela certificação deverão manter, nos respectivos sítios na internet, lista atualizada com os dados relativos aos certificados emitidos, seu período de vigência e sobre as entidades certificadas, incluindo os serviços prestados por essas dentro do âmbito certificado e recursos financeiros a elas destinados.

ART. 22. A entidade que atue em mais de uma das áreas especificadas no art. 1º deverá requerer a certificação e sua renovação no Ministério responsável pela área de atuação preponderante da entidade.

Parágrafo único. Considera-se área de atuação preponderante aquela definida como atividade econômica principal no Cadastro Nacional da Pessoa Jurídica do Ministério da Fazenda.

ART. 23. (Vetado.)

ART. 23-A. As entidades de que trata o inciso I do § 2º do art. 18 serão certificadas exclusivamente pelo Ministério do Desenvolvimento Social e Combate à Fome, ainda que exerçam suas atividades em articulação com ações educacionais ou de saúde, dispensadas a manifestação do Ministério da Saúde e do Ministério da Educação e a análise do critério da atividade preponderante previsto no art. 22. (Acrescentado pela Lei 12.868/2013.)

Parágrafo único. Para a certificação das entidades de que trata o inciso I do § 2º do art. 18, cabe ao Ministério do Desenvolvimento Social e Combate à Fome verificar, além dos requisitos do art. 19, o atendimento ao disposto: (Acrescentado pela Lei 12.868/2013.)

I - no parágrafo único do art. 5º, pelas entidades que exerçam suas atividades em articulação com ações de saúde; e (Acrescentado pela Lei 12.868/2013.)

II - no parágrafo único do art. 12, pelas entidades que exerçam suas atividades em articulação com ações educacionais. (Acrescentado pela Lei 12.868/2013.)

ART. 24. Os Ministérios referidos no art. 21 deverão zelar pelo cumprimento das condições que ensejaram a certificação da entidade como beneficente de assistência social, cabendo-lhes confirmar que tais exigências estão sendo atendidas por ocasião da apreciação do pedido de renovação da certificação.

§ 1º Será considerado tempestivo o requerimento de renovação da certificação protocolado no decorrer dos 360 (trezentos e sessenta) dias que antecedem o termo final de validade do certificado. (Alterado pela Lei 12.868/2013.)

- arts. 6º e 7º, Dec. 8.242/2014 (Regulamenta esta lei, para dispor sobre o processo de certificação das entidades beneficentes de assistência social e sobre procedimentos de isenção das contribuições para a seguridade social).

§ 2º A certificação da entidade permanecerá válida até a data da decisão sobre o requerimento de renovação tempestivamente apresentado.

§ 3º Os requerimentos protocolados antes de 360 (trezentos e sessenta) dias do termo final de validade do certificado não serão conhecidos. (Acrescentado pela Lei 12.868/2013.)

ART. 25. Constatada, a qualquer tempo, a inobservância de exigência estabelecida neste Capítulo, será cancelada a certificação, nos termos de regulamento, assegurado o contraditório e a ampla defesa.

CAPÍTULO III
DOS RECURSOS E DA REPRESENTAÇÃO

ART. 26. Da decisão que indeferir o requerimento para concessão ou renovação de certificação e da decisão que cancelar a certificação caberá recurso por parte da entidade interessada, assegurados o contraditório, a ampla defesa e a participação da sociedade civil, na forma definida em regulamento, no prazo de 30 (trinta) dias, contado da publicação da decisão.

§ 1º O disposto no *caput* não impede o lançamento de ofício do crédito tributário correspondente. (Acrescentado pela Lei 12.868/2013.)

§ 2º Se o lançamento de ofício a que se refere o § 1º for impugnado no tocante aos requisitos de certificação, a autoridade julgadora da impugnação aguardará o julgamento da decisão que julgar o recurso de que trata o *caput*. (Acrescentado pela Lei 12.868/2013.)

§ 3º O sobrestamento do julgamento de que trata o § 2º não impede o trâmite processual de eventual processo administrativo fiscal relativo ao mesmo ou outro lançamento de ofício, efetuado por descumprimento aos requisitos de que trata o art. 29. (Acrescentado pela Lei 12.868/2013.)

§ 4º Se a decisão final for pela procedência do recurso, o lançamento fundado nos requisitos de certificação, efetuado nos termos do § 1º, será objeto de comunicação, pelo ministério certificador, à Secretaria da Receita Federal do Brasil, que o cancelará de ofício. (Acrescentado pela Lei 12.868/2013.)

ART. 27. Verificado prática de irregularidade na entidade certificada, são competentes para representar, motivadamente, ao Ministério responsável pela sua área de atuação, sem prejuízo das atribuições do Ministério Público:

I - o gestor municipal ou estadual do SUS ou do SUAS, de acordo com a sua condição de gestão, bem como o gestor da educação municipal, distrital ou estadual;

II - a Secretaria da Receita Federal do Brasil;

III - os conselhos de acompanhamento e controle social previstos na Lei n. 11.494, de 20 de junho de 2007, e os Conselhos de Assistência Social e de Saúde; e

IV - o Tribunal de Contas da União.

Parágrafo único. A representação será dirigida ao Ministério que concedeu a certificação e conterá a qualificação do representante, a descrição dos fatos a serem apurados e, sempre que possível, a documentação pertinente e demais informações relevantes para o esclarecimento do seu objeto.

ART. 28. Caberá ao Ministério competente:

I - dar ciência da representação à entidade, que terá o prazo de 30 (trinta) dias para apresentação de defesa; e

II - decidir sobre a representação, no prazo de 30 (trinta) dias a contar da apresentação da defesa.

§ 1º Se improcedente a representação de que trata o inciso II, o processo será arquivado.

§ 2º Se procedente a representação de que trata o inciso II, após decisão final ou transcorrido o prazo para interposição de recurso, a autoridade responsável deverá cancelar a certificação e dar ciência do fato à Secretaria da Receita Federal do Brasil.

§ 3º O representante será cientificado das decisões de que tratam os §§ 1º e 2º.

CAPÍTULO IV
DA ISENÇÃO

SEÇÃO I
DOS REQUISITOS

ART. 29. A entidade beneficente certificada na forma do Capítulo II fará jus à isenção do pagamento das contribuições de que tratam os arts. 22 e 23 da Lei n. 8.212, de 24 de julho de 1991, desde que atenda, cumulativamente, aos seguintes requisitos:

I - não percebam seus diretores, conselheiros, sócios, instituidores ou benfeitores remuneração, vantagens ou benefícios, direta ou indiretamente, por qualquer forma ou título, em razão das competências, funções ou atividades que lhes sejam atribuídas pelos respectivos atos constitutivos, exceto no caso de associações assistenciais ou fundações, sem fins lucrativos, cujos dirigentes poderão ser remunerados, desde que atuem efetivamente na gestão executiva, respeitados como limites máximos os valores praticados pelo mercado na região correspondente à sua área de atuação, devendo seu valor ser fixado pelo órgão de deliberação superior da entidade, registrado em ata, com comunicação ao Ministério Público, no caso das fundações; (Alterado pela Lei 13.151/2015.)

II - aplique suas rendas, seus recursos e eventual superávit integralmente no território nacional, na manutenção e desenvolvimento de seus objetivos institucionais;

III - apresente certidão negativa ou certidão positiva com efeito de negativa de débitos relativos aos tributos administrados pela Secretaria da Receita Federal do Brasil e certificado de regularidade do Fundo de Garantia do Tempo de Serviço - FGTS;

IV - mantenha escrituração contábil regular que registre as receitas e despesas, bem como a aplicação em gratuidade de forma segregada, em consonância com as normas emanadas do Conselho Federal de Contabilidade;

V - não distribua resultados, dividendos, bonificações, participações ou parcelas do seu patrimônio, sob qualquer forma ou pretexto;

VI - conserve em boa ordem, pelo prazo de 10 (dez) anos, contado da data da emissão, os documentos que comprovem a origem e a aplicação de seus recursos e os relativos a atos ou operações realizados que impliquem modificação da situação patrimonial;

VII - cumpra as obrigações acessórias estabelecidas na legislação tributária;

VIII - apresente as demonstrações contábeis e financeiras devidamente auditadas por auditor independente legalmente habilitado nos Conselhos Regionais de Contabilidade quando a receita bruta anual auferida for superior ao limite fixado pela Lei Complementar n. 123, de 14 de dezembro de 2006.

§ 1º A exigência a que se refere o inciso I do *caput* não impede: (Acrescentado pela Lei 12.868/2013.)

I - a remuneração aos diretores não estatutários que tenham vínculo empregatício; (Acrescentado pela Lei 12.868/2013.)

II - a remuneração aos dirigentes estatutários, desde que recebam remuneração inferior, em seu valor bruto, a 70% (setenta por cento) do limite estabelecido para a remuneração de servidores do Poder Executivo federal. (Acrescentado pela Lei 12.868/2013.)

§ 2º A remuneração dos dirigentes estatutários referidos no inciso II do § 1º deverá obedecer às seguintes condições: (Acrescentado pela Lei 12.868/2013.)

I - nenhum dirigente remunerado poderá ser cônjuge ou parente até 3º (terceiro) grau, inclusive afim, de instituidores, sócios, diretores, conselheiros, benfeitores ou equivalentes da instituição de que trata o *caput* deste artigo; e (Acrescentado pela Lei 12.868/2013.)

II - o total pago a título de remuneração para dirigentes, pelo exercício das atribuições estatutárias, deve ser inferior a 5 (cinco) vezes o valor correspondente ao limite individual estabelecido neste parágrafo. (Acrescentado pela Lei 12.868/2013.)

§ 3º O disposto nos §§ 1º e 2º não impede a remuneração da pessoa do dirigente estatutário ou diretor que, cumulativamente, tenha vínculo estatutário e empregatício, exceto se houver incompatibilidade de jornadas de trabalho. (Acrescentado pela Lei 12.868/2013.)

ART. 30. A isenção de que trata esta Lei não se estende a entidade com personalidade jurídica própria constituída e mantida pela entidade à qual a isenção foi concedida.

SEÇÃO II
DO RECONHECIMENTO E DA SUSPENSÃO DO DIREITO À ISENÇÃO

ART. 31. O direito à isenção das contribuições sociais poderá ser exercido pela entidade a contar da data da publicação da concessão de sua certificação, desde que atendido o disposto na Seção I deste Capítulo.

ART. 32. Constatado o descumprimento pela entidade dos requisitos indicados na Seção I deste Capítulo, a fiscalização da Secretaria da Receita Federal do Brasil lavrará o auto de infração relativo ao período correspondente e relatará os fatos que demonstram o não atendimento de tais requisitos para o gozo da isenção.

§ 1º Considerar-se-á automaticamente suspenso o direito à isenção das contribuições referidas no art. 31 durante o período em que se constatar o descumprimento de requisito na forma deste artigo, devendo o lançamento correspondente ter como termo inicial a data da ocorrência da infração que lhe deu causa.

§ 2º O disposto neste artigo obedecerá ao rito do processo administrativo fiscal vigente.

CAPÍTULO V
DISPOSIÇÕES GERAIS E TRANSITÓRIAS

ART. 33. A entidade que atue em mais de uma das áreas a que se refere o art. 1º deverá, na forma de regulamento, manter escrituração contábil segregada por área, de modo a evidenciar o patrimônio, as receitas, os custos e as despesas de cada atividade desempenhada.

ART. 34. Os pedidos de concessão originária de Certificado de Entidade Beneficente de Assistência Social que não tenham sido objeto de julgamento até a data de publicação desta Lei serão remetidos, de acordo com a área de atuação da entidade, ao Ministério responsável, que os julgará nos termos da legislação em vigor à época da protocolização do requerimento.

§ 1º Caso a entidade requerente atue em mais de uma das áreas abrangidas por esta Lei, o pedido será remetido ao Ministério responsável pela área de atuação preponderante da entidade.

§ 2º Das decisões proferidas nos termos do *caput* que sejam favoráveis às entidades não caberá recurso.

§ 3º Das decisões de indeferimento proferidas com base no *caput* caberá recurso no prazo de 30 (trinta) dias, dirigido ao Ministro de Estado responsável pela área de atuação da entidade.

§ 4º É a entidade obrigada a oferecer todas as informações necessárias à análise do pedido, nos termos do art. 60 da Lei n. 9.784, de 29 de janeiro de 1999.

ART. 35. Os pedidos de renovação de Certificado de Entidade Beneficente de Assistência Social protocolados e ainda não julgados até a data de publicação desta Lei serão julgados pelo Ministério da área no prazo máximo de 180 (cento e oitenta) dias a contar da referida data.

- arts. 7º a 17, Lei 12.868/2013.
- Art. 8º, Dec. 8.242/2014 (Regulamenta esta lei, para dispor sobre o processo de certificação das entidades beneficentes de assistência social e sobre procedimentos de isenção das contribuições para a seguridade social).

§ 1º As representações em curso no CNAS, em face da renovação do certificado referida no *caput*, serão julgadas no prazo máximo de 180 (cento e oitenta) dias após a publicação desta Lei.

§ 2º Das decisões de indeferimento proferidas com base no *caput* caberá recurso no prazo de 30 (trinta) dias, com efeito suspensivo, dirigido ao Ministro de Estado responsável pela área de atuação da entidade.

ART. 36. Constatada a qualquer tempo alguma irregularidade, considerar-se-á cancelada a certificação da entidade desde a data de lavratura da ocorrência da infração, sem prejuízo da exigibilidade do crédito tributário e das demais sanções previstas em lei.

ART. 37. (Vetado.)

ART. 38. As entidades certificadas até o dia imediatamente anterior ao da publicação desta Lei poderão requerer a renovação do certificado até a data de sua validade.

ART. 38-A. As certificações concedidas ou que vierem a ser concedidas com base nesta Lei para requerimentos de renovação protocolados entre 30 de novembro de 2009 e 31 de dezembro de 2011 terão prazo de validade de 5 (cinco) anos. (Acrescentado pela Lei 12.868/2013.)

Parágrafo único. As certificações concedidas ou que vierem a ser concedidas para requerimentos de renovação protocolados entre 10 de novembro de 2008 e 31 de dezembro de 2011 terão prazo de validade de 5 (cinco) anos, no caso de entidades que atuam exclusivamente na área de assistência social ou se enquadrem nos incisos I ou II do § 2º do art. 18 desta Lei e que, a partir da publicação desta Lei, sejam certificadas pelo Ministério do Desenvolvimento Social e Combate à Fome. (Acrescentado pela Lei 12.868/2013.)

ART. 38-B. As entidades de educação previstas no art. 13 que tenham protocolado requerimentos de concessão ou de renovação no período compreendido entre 30 de novembro de 2009 e 31 de dezembro de 2010 poderão ser certificadas sem a exigência de uma bolsa de estudo integral para cada 9 (nove) alunos pagantes, desde que cumpridos os demais requisitos legais. (Acrescentado pela Lei 12.868/2013.)

CAPÍTULO VI
DISPOSIÇÕES FINAIS

ART. 39. (Vetado.)

ART. 40. Os Ministérios da Saúde, da Educação e do Desenvolvimento Social e Combate à Fome informarão à Secretaria da Receita Federal do Brasil, na forma e prazo por esta determinados, os pedidos de certificação originária e de renovação deferidos, bem como os definitivamente indeferidos, nos termos da Seção IV do Capítulo II.

Parágrafo único. Os Ministérios da Saúde, da Educação e do Desenvolvimento Social e Combate à Fome procederão ao recadastramento de todas as entidades sem fins lucrativos, beneficentes ou não, atuantes em suas respectivas áreas em até 180 (cento e oitenta) dias após a data de publicação desta Lei, e tornarão os respectivos cadastros disponíveis para consulta pública.

ART. 41. As entidades isentas na forma desta Lei deverão manter, em local visível ao público, placa indicativa contendo informações sobre a sua condição de beneficente e sobre sua área de atuação, conforme o disposto no art. 1º.

Parágrafo único. As entidades referidas no *caput* deverão dar publicidade e manter de fácil acesso ao público todos os demonstrativos contábeis e financeiros e o relatório de atividades. (Acrescentado pela Lei 12.868/2013.)

ART. 42. Os incisos III e IV do art. 18 da Lei n. 8.742, de 07 de dezembro de 1993, passam a vigorar com a seguinte redação:

- Alterações promovidas no texto da referida lei.

ART. 43. Serão objeto de auditoria operacional os atos dos gestores públicos previstos no parágrafo único do art. 3º, no art. 8º e no § 4º do art. 11.

ART. 44. Revogam-se:

I - o art. 55 da Lei n. 8.212, de 24 de julho de 1991;

II - o § 3º do art. 9º e o parágrafo único do art. 18 da Lei n. 8.742, de 07 de dezembro de 1993;

III - o art. 5º da Lei n. 9.429, de 26 de dezembro de 1996, na parte que altera o art. 55 da Lei n. 8.212, de 24 de julho de 1991;

IV - o art. 1º da Lei n. 9.732, de 11 de dezembro de 1998, na parte que altera o art. 55 da Lei n. 8.212, de 24 de julho de 1991;

V - o art. 21 da Lei n. 10.684, de 30 de maio de 2003;

VI - o art. 3º da Medida Provisória n. 2.187-13, de 24 de agosto de 2001, na parte que altera o art. 55 da Lei n. 8.212, de 24 de julho de 1991; e

VII - o art. 5º da Medida Provisória n. 2.187-13, de 24 de agosto de 2001, na parte que altera os arts. 9º e 18 da Lei n. 8.742, de 07 de dezembro de 1993.

VIII - os §§ 1º e 2º do art. 10 da Lei n. 11.096, de 13 de janeiro de 2005; e (Acrescentado pela Lei 12.868/2013.)

IX - os incisos I e II do *caput* do art. 11 da Lei n. 11.096, de 13 de janeiro de 2005. (Acrescentado pela Lei 12.868/2013.)

ART. 45. Esta Lei entra em vigor na data de sua publicação.

Brasília, 27 de novembro 2009; 188º da Independência e 121º da República.

LUIZ INÁCIO LULA DA SILVA

LEI N. 12.106, DE 2 DE DEZEMBRO DE 2009

Cria, no âmbito do Conselho Nacional de Justiça, o Departamento de Monitoramento e Fiscalização do Sistema Carcerário e do Sistema de Execução de Medidas Socioeducativas e dá outras providências.

- *DOU*, 08.12.2009.

O Presidente da República. Faço saber que o Congresso Nacional decreta e eu sanciono a seguinte Lei:

ART. 1º Fica criado, no âmbito do Conselho Nacional de Justiça, o Departamento de Monitoramento e Fiscalização do Sistema Carcerário e do Sistema de Execução de Medidas Socioeducativas - DMF.

§ 1º Constituem objetivos do DMF, dentre outros correlatos que poderão ser estabelecidos administrativamente:

I - monitorar e fiscalizar o cumprimento das recomendações e resoluções do Conselho Nacional de Justiça em relação à prisão provisória e definitiva, medida de segurança e de internação de adolescentes;

II - planejar, organizar e coordenar, no âmbito de cada tribunal, mutirões para reavaliação da prisão provisória e definitiva, da medida de segurança e da internação de adolescentes e para o aperfeiçoamento de rotinas cartorárias;

III - acompanhar e propor soluções em face de irregularidades verificadas no sistema carcerário e no sistema de execução de medidas socioeducativas;

IV - fomentar a implementação de medidas protetivas e de projetos de capacitação profissional e reinserção social do interno e do egresso do sistema carcerário;

V - propor ao Conselho Nacional de Justiça, em relação ao sistema carcerário e ao sistema de execução de medidas socioeducativas, a uniformização de procedimentos, bem como de estudos para aperfeiçoamento da legislação sobre a matéria;

VI - acompanhar e monitorar projetos relativos à abertura de novas vagas e ao cumprimento da legislação pertinente em relação ao sistema carcerário e ao sistema de execução de medidas socioeducativas;

VII - acompanhar a implantação e o funcionamento de sistema de gestão eletrônica da execução penal e de mecanismo de acompanhamento eletrônico das prisões provisórias;

VIII - coordenar a instalação de unidades de assistência jurídica voluntária no âmbito do sistema carcerário e do sistema de execução de medidas socioeducativas.

§ 2º Para a consecução dos objetivos institucionais do DMF, o Conselho Nacional de Justiça poderá:

I - estabelecer vínculos de cooperação e intercâmbio com órgãos e entidades públicas ou privadas, nacionais, estrangeiras ou supranacionais, no campo de sua atuação;

II - celebrar contratos com pessoas físicas e jurídicas especializadas.

ART. 2º O Departamento será coordenado por 1 (um) juiz auxiliar nomeado pelo Presidente do Conselho Nacional de Justiça e supervisionado por 1 (um) conselheiro designado pelo plenário e contará com a estrutura de cargos em comissão e funções comissionadas prevista no art. 3º.

ART. 3º Ficam criados no Quadro de Pessoal do Conselho Nacional de Justiça:

I - 1 (um) cargo em comissão de nível CJ-3;

II - 3 (três) funções comissionadas de nível FC-6;

III - 3 (três) funções comissionadas de nível FC-5.

ART. 4º As despesas decorrentes da aplicação desta Lei correrão à conta dos créditos consignados à unidade orçamentária do Conselho Nacional de Justiça no orçamento geral da União.

ART. 5º Esta Lei entra em vigor na data de sua publicação.

Brasília, 7 de dezembro de 2009; 188º da Independência e 121º da República.

LUIZ INÁCIO LULA DA SILVA

› Optamos, nesta edição, pela não publicação do Anexo.

LEI N. 12.127, DE 17 DE DEZEMBRO DE 2009

Cria o Cadastro Nacional de Crianças e Adolescentes Desaparecidos.

› *DOU*, 18.12.2009

O Vice-Presidente da República, no exercício do cargo de Presidente da República. Faço saber que o Congresso Nacional decreta e eu sanciono a seguinte Lei:

ART. 1º Fica criado o Cadastro Nacional de Crianças e Adolescentes Desaparecidos.

ART. 2º A União manterá, no âmbito do órgão competente do Poder Executivo, a base de dados do Cadastro Nacional de Crianças e Adolescentes Desaparecidos, a qual conterá as características físicas e dados pessoais de crianças e adolescentes cujo desaparecimento tenha sido registrado em órgão de segurança pública federal ou estadual.

ART. 3º Nos termos de convênio a ser firmado entre a União e os Estados e o Distrito Federal, serão definidos:

I - a forma de acesso às informações constantes da base de dados;

II - o processo de atualização e de validação dos dados inseridos na base de dados.

ART. 4º Os custos relativos ao desenvolvimento, instalação e manutenção da base de dados serão suportados por recursos do Fundo Nacional de Segurança Pública.

ART. 5º Esta Lei entra em vigor na data de sua publicação.

Brasília, 17 de dezembro de 2009; 188º da Independência e 121º da República.

JOSÉ ALENCAR GOMES DA SILVA

LEI N. 12.154, DE 23 DE DEZEMBRO DE 2009

Cria a Superintendência Nacional de Previdência Complementar - PREVIC e dispõe sobre o seu pessoal; inclui a Câmara de Recursos da Previdência Complementar na estrutura básica do Ministério da Previdência Social; altera disposições referentes a auditores-fiscais da Receita Federal do Brasil; altera as Leis n. 11.457, de 16 de março de 2007, e 10.683, de 28 de maio de 2003; e dá outras providências.

› *DOU*, 23.12.2009 - Edição extra

› Dec. 8.076/2013 (Regulamenta os critérios e procedimentos gerais para avaliação de desempenho institucional, avaliação de desempenho individual e pagamento da Gratificação de Desempenho de Atividade na Superintendência de Previdência Complementar e da Gratificação de Desempenho dos Cargos do Plano de Carreiras e Cargos da Previdência Complementar, de que trata a esta lei.)

O Presidente da República. Faço saber que o Congresso Nacional decreta e eu sanciono a seguinte Lei:

CAPÍTULO I
DA CRIAÇÃO DA AUTARQUIA

ART. 1º Fica criada a Superintendência Nacional de Previdência Complementar - PREVIC, autarquia de natureza especial, dotada de autonomia administrativa e financeira e patrimônio próprio, vinculada ao Ministério da Previdência Social, com sede e foro no Distrito Federal e atuação em todo o território nacional.

Parágrafo único. A Previc atuará como entidade de fiscalização e de supervisão das atividades das entidades fechadas de previdência complementar e de execução das políticas para o regime de previdência complementar operado pelas entidades fechadas de previdência complementar, observadas as disposições constitucionais e legais aplicáveis.

CAPÍTULO II
DAS COMPETÊNCIAS

ART. 2º Compete à Previc:

I - proceder à fiscalização das atividades das entidades fechadas de previdência complementar e de suas operações;

II - apurar e julgar infrações e aplicar as penalidades cabíveis;

III - expedir instruções e estabelecer procedimentos para a aplicação das normas relativas à sua área de competência, de acordo com as diretrizes do Conselho Nacional de Previdência Complementar, a que se refere o inciso XVIII do art. 29 da Lei n. 10.683, de 28 de maio de 2003;

IV - autorizar:

a) a constituição e o funcionamento das entidades fechadas de previdência complementar, bem como a aplicação dos respectivos estatutos e regulamentos de planos de benefícios;

b) as operações de fusão, de cisão, de incorporação ou de qualquer outra forma de reorganização societária, relativas às entidades fechadas de previdência complementar;

c) a celebração de convênios e termos de adesão por patrocinadores e instituidores, bem como as retiradas de patrocinadores e instituidores; e

d) as transferências de patrocínio, grupos de participantes e assistidos, planos de benefícios e reservas entre entidades fechadas de previdência complementar;

V - harmonizar as atividades das entidades fechadas de previdência complementar com as normas e políticas estabelecidas para o segmento;

VI - decretar intervenção e liquidação extrajudicial das entidades fechadas de previdência complementar, bem como nomear interventor ou liquidante, nos termos da lei;

VII - nomear administrador especial de plano de benefícios específico, podendo atribuir-lhe poderes de intervenção e liquidação extrajudicial, na forma da lei;

VIII - promover a mediação e a conciliação entre entidades fechadas de previdência complementar e entre estas e seus participantes, assistidos, patrocinadores ou instituidores, bem como dirimir os litígios que lhe forem submetidos na forma da Lei n. 9.307, de 23 de setembro de 1996;

IX - enviar relatório anual de suas atividades ao Ministério da Previdência Social e, por seu intermédio, ao Presidente da República e ao Congresso Nacional; e

X - adotar as demais providências necessárias ao cumprimento de seus objetivos.

§ 1º O Banco Central do Brasil, a Comissão de Valores Mobiliários e os órgãos de fiscalização da previdência complementar manterão permanente intercâmbio de informações e disponibilidade de base de dados, de forma a garantir a supervisão contínua das operações realizadas no âmbito da competência de cada órgão.

§ 2º O sigilo de operações não poderá ser invocado como óbice ao fornecimento de informações, inclusive de forma contínua e sistematizada, pelos entes integrantes do sistema de registro e liquidação financeira de ativos autorizados pelo Banco Central do Brasil ou pela Comissão de Valores Mobiliários, sobre ativos mantidos em conta de depósito em instituição ou entidade autorizada à prestação desse serviço.

§ 3º No exercício de suas competências administrativas, cabe ainda à Previc:

I - deliberar e adotar os procedimentos necessários, nos termos da lei, quanto à:

a) celebração, alteração ou extinção de seus contratos; e

b) nomeação e exoneração de servidores;

II - contratar obras ou serviços, de acordo com a legislação aplicável;

III - adquirir, administrar e alienar seus bens;

IV - submeter ao Ministro de Estado da Previdência Social a sua proposta de orçamento;

V - criar unidades regionais, nos termos do regulamento; e

VI - exercer outras atribuições decorrentes de lei ou de regulamento.

CAPÍTULO III
DA ESTRUTURA BÁSICA

ART. 3º A Previc terá a seguinte estrutura básica:

I - Diretoria;

II - Procuradoria Federal;

III - Coordenações-Gerais;

IV - Ouvidoria; e

V - Corregedoria.

CAPÍTULO IV
DA DIRETORIA COLEGIADA

ART. 4º A Previc será administrada por uma Diretoria Colegiada composta por 1 (um) Diretor-Superintendente e 4 (quatro) Diretores, escolhidos dentre pessoas de ilibada reputação e de notória competência, a serem indicados pelo Ministro de Estado da Previdência Social e nomeados pelo Presidente da República.

ART. 5º Ao Diretor-Superintendente e aos Diretores é vedado o exercício de qualquer outra atividade profissional sindical ou de direção político-partidária, salvo a de magistério, desde que em horário compatível, observadas as demais restrições aplicáveis aos servidores públicos federais em geral.

ART. 6º O ex-membro da Diretoria fica impedido, por um período de 4 (quatro) meses, contados da data de sua exoneração, de prestar serviço ou de exercer qualquer atividade no setor sujeito à atuação da Previc.

Parágrafo único. Durante o período de impedimento, é facultado ao ex-membro da Diretoria optar:

I - pelo recebimento da remuneração integral do cargo de Diretor, caso comprove não possuir outra fonte de renda decorrente de atividade remunerada fora das hipóteses previstas no *caput*; ou

II - pela diferença entre a remuneração integral e a renda da outra fonte, às quais se refere o inciso I, caso esta renda seja inferior àquela remuneração.

ART. 7º Sem prejuízo de outras atribuições previstas em regimento interno, compete à Diretoria Colegiada da Previc:

I - apresentar propostas e oferecer informações ao Ministério da Previdência Social para a formulação das políticas e a regulação do regime de previdência complementar operado por entidades fechadas de previdência complementar;

II - aprovar os critérios e as diretrizes do programa anual de fiscalização no âmbito do regime operado por entidades fechadas de previdência complementar;

III - decidir sobre a conclusão dos relatórios finais dos processos administrativos, iniciados por lavratura de auto de infração ou instauração de inquérito, com a finalidade de apurar responsabilidade de pessoa física ou jurídica, e sobre a aplicação das penalidades cabíveis;

IV - apreciar e julgar, em primeiro grau, as impugnações referentes aos lançamentos tributários da Taxa de Fiscalização e Controle da Previdência Complementar - TAFIC, a que se refere o art. 12;

V - elaborar e divulgar relatórios periódicos de suas atividades; e

VI - revisar e encaminhar os demonstrativos contábeis e as prestações de contas da Previc aos órgãos competentes.

§ 1º As deliberações da Diretoria Colegiada serão tomadas por maioria simples, presente a maioria de seus membros, cabendo ao Diretor-Superintendente, além do seu voto, o de qualidade.

§ 2º Considerando a gravidade da infração, o valor da multa aplicada ou o montante do crédito cobrado, conforme dispuser o regulamento, a Diretoria Colegiada poderá delegar as competências relativas aos incisos III e IV.

CAPÍTULO V
DAS METAS DE GESTÃO

ART. 8º O Ministério da Previdência Social estabelecerá metas de gestão e de desempenho para a Previc, mediante acordo celebrado entre o Ministro de Estado da Previdência Social e a Diretoria Colegiada da autarquia.

§ 1º As metas de gestão e de desempenho constituir-se-ão no instrumento de acompanhamento da atuação administrativa da Previc e de avaliação de seu desempenho.

§ 2º As metas deverão referenciar-se ao período mínimo de 1 (um) ano, sendo periodicamente avaliadas e, quando necessário, revisadas.

ART. 9º As metas de gestão e de desempenho serão acompanhadas e avaliadas por comissão integrada por representantes indicados pela Casa Civil da Presidência da República, pelo Ministério da Previdência Social e pelo Ministério do Planejamento, Orçamento e Gestão, designados pelo Ministro de Estado da Previdência Social.

CAPÍTULO VI
DOS BENS E DAS RECEITAS

ART. 10. Constituem acervo patrimonial da Previc os bens e direitos de sua propriedade, os que lhe forem conferidos ou os que venha a adquirir ou incorporar.

ART. 11. Constituem receitas da Previc:

I - dotações consignadas no orçamento geral da União, créditos adicionais, transferências e repasses que lhe forem conferidos;

II - recursos provenientes de convênios, acordos e contratos celebrados com entidades, organismos e empresas, públicas ou privadas, nacionais ou internacionais;

III - receitas provenientes do recolhimento da taxa a que se refere o art. 12;

IV - produto da arrecadação de multas resultantes da aplicação de penalidades decorrentes de fiscalização ou de execução judicial;

V - doações, legados, subvenções e outros recursos que lhe forem destinados;

VI - valores apurados na venda ou locação de bens, bem como os decorrentes de publicações, dados e informações técnicas; e

VII - outras rendas eventuais.

CAPÍTULO VII
DA TAXA DE FISCALIZAÇÃO E CONTROLE

ART. 12. Fica instituída a Taxa de Fiscalização e Controle da Previdência Complementar - TAFIC, cujo fato gerador é o exercício do poder de polícia legalmente atribuído à Previc para a fiscalização e a supervisão das atividades descritas no art. 2º.

§ 1º São contribuintes da Tafic as entidades fechadas de previdência complementar constituídas na forma da legislação.

§ 2º A Tafic será paga quadrimestralmente, em valores expressos em reais, conforme tabela constante do Anexo V, e seu recolhimento será feito até o dia 10 (dez) dos meses de janeiro, maio e setembro de cada ano.

§ 3º Os valores relativos à Tafic não pagos na forma e prazo determinados sofrerão acréscimos de acordo com a legislação aplicável aos débitos em atraso relativos a tributos e contribuições federais.

§ 4º Em caso de pagamento com atraso da Tafic, incidirá multa de mora de 20% (vinte por cento) sobre o montante devido, que será reduzida a 10% (dez por cento) se o pagamento for efetuado até o último dia útil do mês subsequente ao do vencimento.

§ 5º A Tafic será recolhida ao Tesouro Nacional, em conta vinculada à Previc, por intermédio de estabelecimento bancário integrante da rede credenciada.

CAPÍTULO VIII
DOS ÓRGÃOS COLEGIADOS

ART. 13. O Conselho de Gestão da Previdência Complementar, órgão da estrutura básica do Ministério da Previdência Social, passa a denominar-se Conselho Nacional de Previdência Complementar, que exercerá a função de órgão regulador do regime de previdência complementar operado pelas entidades fechadas de previdência complementar.

ART. 14. O Conselho Nacional de Previdência Complementar contará com 8 (oito) integrantes, com direito a voto e mandato de 2 (dois) anos, permitida uma recondução, sendo:

I - 5 (cinco) representantes do poder público; e

II - 3 (três) indicados, respectivamente:

a) pelas entidades fechadas de previdência complementar;

b) pelos patrocinadores e instituidores; e

c) pelos participantes e assistidos.

ART. 15. Fica criada, no âmbito do Ministério da Previdência Social, a Câmara de Recursos da Previdência Complementar, instância recursal e de julgamento das decisões de que tratam os incisos III e IV do art. 7º, cujo pronunciamento encerra a instância administrativa, devendo ser tal decisão e votos publicados no Diário Oficial da União, com segredo da identidade dos autuados ou investigados, quando necessário.

§ 1º A Câmara de Recursos da Previdência Complementar será composta por 7 (sete) integrantes, com direito a voto e mandato de 2 (dois) anos, permitida uma recondução, sendo:

I - 4 (quatro) escolhidos entre servidores federais ocupantes de cargo efetivo, em exercício no Ministério da Previdência Social ou entidades a ele vinculadas; e

II - 3 (três) indicados, respectivamente:

a) pelas entidades fechadas de previdência complementar;

b) pelos patrocinadores e instituidores; e

c) pelos participantes e assistidos.

§ 2º Os membros da Câmara de Recursos da Previdência Complementar e respectivos suplentes serão designados pelo Ministro de Estado da Previdência Social.

ART. 16. As regras de organização e funcionamento do Conselho Nacional de Previdência Complementar e da Câmara de Recursos da Previdência Complementar serão definidas em regulamento.

§ 1º O Conselho Nacional será presidido pelo Ministro de Estado da Previdência Social, e a Câmara de Recursos, por um dos servidores referidos no inciso I do § 1º do art. 15, por designação daquela autoridade, cabendo-lhes exercer, além do voto ordinário, também o voto de qualidade.

§ 2º Os membros da Câmara de Recursos deverão ter formação superior completa e experiência comprovada em matéria jurídica, gerencial, financeira, contábil, atuarial, de fiscalização ou de auditoria, que mantenha estreita relação com o segmento de previdência complementar de que trata esta Lei.

CAPÍTULO IX
DO QUADRO DE PESSOAL E DOS SERVIDORES

ART. 17. Fica criado o Plano de Carreiras e Cargos da Previc no seu Quadro de Pessoal, composto por cargos de provimento efetivo regidos pela Lei n. 8.112, de 11 de dezembro de 1990.

ART. 18. O Plano de Carreiras e Cargos da Previc - PCCPREVIC é composto pelas seguintes Carreiras e cargos:

I - Carreira de Especialista em Previdência Complementar, composta do cargo de Especialista em Previdência Complementar, de nível superior, com atribuições de alto nível de complexidade voltadas para as atividades especializadas de análise, avaliação e supervisão para fins de autorização, a que se refere o art. 33 da Lei Complementar n. 109, de 29 de maio de 2001, de compatibilização, de controle e supervisão do regime de previdência complementar, operado por entidades fechadas de previdência complementar, bem como para a implementação de políticas e para a realização de estudos e pesquisas respectivos a essas atividades;

II - Carreira de Analista Administrativo, composta do cargo de Analista Administrativo, de nível superior, com atribuições voltadas para o exercício de atividades administrativas e logísticas de nível superior relativas ao exercício das competências constitucionais e legais a cargo da Previc, fazendo uso dos equipamentos e recursos disponíveis para a consecução dessas atividades;

III - Carreira de Técnico Administrativo, composta do cargo de Técnico Administrativo, de nível intermediário, com atribuições voltadas para o exercício de atividades administrativas e logísticas relativas ao exercício das competências constitucionais e legais a cargo da Previc, fazendo uso dos equipamentos e recursos disponíveis para a consecução dessas atividades; e

IV - demais cargos de provimento efetivo de nível superior, intermediário e auxiliar, cujos titulares se encontravam em exercício na Secretaria de Previdência Complementar do Ministério da Previdência Social em 31 de março de 2008.

§ 1º Os cargos efetivos de que trata este artigo estão estruturados em Classes e Padrões, na forma do Anexo I.

§ 2º As atribuições específicas dos cargos de que trata este artigo serão estabelecidas em decreto.

ART. 19. O ingresso nos cargos de provimento efetivo de que tratam os incisos I a III do art. 18 dar-se-á por meio de concurso público de provas ou de provas e títulos, observados os seguintes critérios de escolaridade:

I - para os cargos de nível superior, será exigido diploma de nível superior, em nível de graduação e habilitação específica; e

II - para os cargos de nível intermediário, será exigido certificado de conclusão de ensino médio, ou equivalente, e habilitação específica, quando for o caso, conforme as atribuições do cargo.

§ 1º O concurso público referido no *caput* poderá ser realizado por área de especialização, organizado em uma ou mais fases, incluindo, se for o caso, curso de formação, conforme dispuser o edital de abertura do certame, observada a legislação específica.

§ 2º O concurso público será realizado para provimento efetivo de pessoal no padrão inicial da classe inicial de cada cargo.

§ 3º O edital disporá sobre as características de cada etapa do concurso público, a experiência profissional exigida e os critérios eliminatórios e classificatórios.

ART. 20. O desenvolvimento do servidor nos cargos de provimento efetivo do PCCPREVIC ocorrerá mediante progressão funcional e promoção.

§ 1º Para os fins desta Lei, progressão funcional é a passagem do servidor de um padrão para outro imediatamente superior, dentro de uma mesma classe, e promoção, a passagem do servidor do último padrão de uma classe para o padrão inicial da classe imediatamente superior, observando-se os seguintes requisitos:

I - para fins de progressão funcional:

a) cumprimento do interstício mínimo de 18 (dezoito) meses de efetivo exercício em cada padrão; e

b) resultado médio superior a 80% (oitenta por cento) do limite máximo da pontuação em avaliações de desempenho individual, de que trata o art. 27, no interstício considerado para a progressão; e

II - para fins de promoção:

a) cumprimento do interstício mínimo de 18 (dezoito) meses de efetivo exercício no último padrão de cada classe;

b) resultado médio superior a 90% (noventa por cento) do limite máximo da pontuação nas avaliações de desempenho individual, de que trata o art. 27, no interstício considerado para a promoção;

c) participação em eventos de capacitação com carga horária mínima estabelecida em regulamento; e

d) existência de vaga.

§ 2º Os interstícios estipulados nos incisos I e II do § 1º serão:

I - computados em dias, descontados os afastamentos remunerados que não forem legalmente considerados de efetivo exercício; e

II - suspensos, nos casos em que o servidor se afastar sem remuneração, e retomados a partir do retorno à atividade.

§ 3º Na contagem do interstício necessário ao desenvolvimento do servidor nos cargos de que trata o inciso IV do art. 18, será aproveitado o tempo computado da data da última progressão ou promoção até a data da regulamentação a que se refere o art. 21.

§ 4º Para os fins do disposto no § 3º, não será considerado como progressão ou promoção o enquadramento decorrente da aplicação desta Lei.

§ 5º O quantitativo máximo de cargos por classe, referidos nos incisos I a III do art. 18, é de:

I - até 30% (trinta por cento) do total de cargos da Carreira na classe A;

II - até 27% (vinte e sete por cento) do total de cada cargo da Carreira na classe B;

III - até 23% (vinte e três por cento) do total de cada cargo da Carreira na classe C; e

IV - até 20% (vinte por cento) do total de cada cargo da Carreira na classe Especial.

§ 6º Para fins do cálculo do total de vagas disponíveis por classe para promoção, o quantitativo de cargos cujos titulares estejam posicionados na classe há mais de 10 (dez) anos será somado às vagas existentes, observado o limite de cada classe conforme estabelecido nos incisos I a IV do § 5º.

§ 7º O titular de cargo integrante das Carreiras de que tratam os incisos I a III do art. 18 que permanecer por mais de 15 (quinze) anos posicionado em uma mesma classe, desde que tenha obtido, durante pelo menos 2/3 (dois terços) do período de permanência na classe, percentual na avaliação de desempenho individual suficiente para progressão com 18 (dezoito) meses de efetivo exercício, será automaticamente promovido à classe subsequente.

§ 8º O disposto no § 7º não se aplica à promoção para a classe Especial.

§ 9º Os limites estabelecidos no § 5º poderão ser redistribuídos por ato do Ministro de Estado da Previdência Social, para os primeiros 10 (dez) anos contados da data de publicação desta Lei, para permitir maior alocação de vagas nas classes iniciais e o ajuste gradual do quadro de distribuição de cargos por classe.

ART. 21. Os critérios de concessão de progressão funcional e promoção de que trata o art. 20 serão regulamentados por decreto.

ART. 22. Até que seja editado o decreto a que se refere o art. 21, as progressões funcionais e as promoções cujas condições tenham sido implementadas serão concedidas observando-se, no que couber, as normas aplicáveis aos servidores do Plano de Classificação de Cargos, instituído pela Lei n. 5.645, de 10 de dezembro de 1970.

ART. 23. Ficam instituídas a Gratificação de Desempenho de Atividade na Superintendência de Previdência Complementar - GDAPREVIC, devida aos servidores ocupantes dos cargos de que tratam os incisos I a III do art. 18, e a Gratificação de Desempenho dos Cargos do PCCPREVIC - GDCPREVIC, devida aos servidores ocupantes dos cargos de que trata o inciso IV daquele artigo.

Parágrafo único. As gratificações criadas no *caput* somente serão devidas quando o servidor estiver em exercício de atividades inerentes às atribuições do respectivo cargo nas unidades da Previc.

ART. 24. A GDAPREVIC e a GDCPREVIC serão pagas observando-se os seguintes limites:

I - máximo de 100 (cem) pontos por servidor; e

II - mínimo de 30 (trinta) pontos por servidor.

ART. 25. A pontuação a que se referem as gratificações será assim distribuída:

I - até 80 (oitenta) pontos em decorrência do resultado da avaliação de desempenho institucional; e

II - até 20 (vinte) pontos em decorrência dos resultados da avaliação de desempenho individual.

Parágrafo único. Os valores a serem pagos a título de GDAPREVIC e GDCPREVIC serão calculados multiplicando-se o somatório dos pontos auferidos nas avaliações de desempenho individual e institucional pelo valor do ponto constante do Anexo II, fixado para cada cargo, nível, classe e padrão.

ART. 26. A avaliação de desempenho institucional visa a aferir o desempenho do órgão no alcance dos objetivos organizacionais, podendo considerar projetos e atividades prioritárias e características específicas compatíveis com as suas atividades.

ART. 27. A avaliação de desempenho individual visa a aferir o desempenho do servidor no exercício das atribuições do cargo, com foco na contribuição individual para o alcance dos objetivos organizacionais.

ART. 28. A avaliação individual terá efeito financeiro apenas se o servidor tiver permanecido em exercício de atividades inerentes ao respectivo cargo por, no mínimo, 2/3 (dois terços) de um período completo de avaliação.

§ 1º A média das avaliações de desempenho individual do conjunto de servidores do

PCCPREVIC não poderá ser superior ao resultado da avaliação de desempenho institucional.

§ 2º O servidor ativo beneficiário da GDAPREVIC ou GDCPREVIC que obtiver avaliação de desempenho individual igual ou inferior a 10 (dez) pontos não fará jus à parcela referente à avaliação de desempenho institucional do período de avaliação.

§ 3º O servidor ativo beneficiário da GDAPREVIC ou GDCPREVIC que obtiver na avaliação de desempenho individual pontuação inferior a 50% (cinquenta por cento) do valor máximo desta parcela será imediatamente submetido a processo de capacitação ou de análise da adequação funcional, conforme o caso, sob responsabilidade da Previc.

§ 4º A análise de adequação funcional visa a identificar as causas dos resultados obtidos na avaliação do desempenho e servir de subsídio para a adoção de medidas que possam propiciar a melhoria do desempenho do servidor.

ART. 29. Ato do Poder Executivo disporá sobre os critérios gerais a serem observados para a realização das avaliações de desempenho individual e institucional da GDAPREVIC e da GDCPREVIC.

Parágrafo único. Os critérios e os procedimentos específicos de avaliação institucional e individual e de concessão da GDAPREVIC e da GDCPREVIC serão estabelecidos em ato do Ministro de Estado da Previdência Social, observada a legislação pertinente.

ART. 30. As metas de desempenho institucional serão fixadas em ato da diretoria colegiada da Previc. (Alterado pela Lei 13.328/2016.)

§ 1º As metas referidas no *caput* devem ser objetivamente mensuráveis e diretamente relacionadas às atividades da Previc, levando-se em conta, no momento de sua fixação, os índices alcançados nos exercícios anteriores, quando houver histórico.

§ 2º As metas de desempenho institucional e os resultados apurados a cada período serão amplamente divulgados pela Previc, inclusive no seu sítio eletrônico.

§ 3º As metas poderão ser revistas na hipótese de superveniência de fatores que tenham influência significativa e direta na sua consecução, desde que a própria entidade não tenha dado causa a tais fatores.

§ 4º O ato a que se refere o art. 29 definirá o percentual mínimo de alcance das metas abaixo do qual as parcelas da GDAPREVIC e da GDCPREVIC correspondente à avaliação institucional serão iguais a zero, sendo os percentuais de gratificação distribuídos proporcionalmente no intervalo entre esse limite e o índice máximo de alcance das metas.

ART. 31. As avaliações referentes aos desempenhos individual e institucional serão apuradas anualmente e produzirão efeitos financeiros mensais por igual período.

§ 1º O primeiro ciclo de avaliações de desempenho individual e institucional implementado a partir da publicação desta Lei poderá ter sua duração reduzida em função das peculiaridades da Previc, mediante ato da sua Diretoria Colegiada.

§ 2º (Revogado pela Lei 13.328/2016.)

§ 3º O período avaliativo e os efeitos financeiros dele decorrentes poderão ter duração diferente da prevista no *caput*, nos termos de regulamento, para fins de unificação dos ciclos de avaliação e de pagamento de diferentes gratificações de desempenho. (Acrescentado pela Lei 13.328/2016.)

ART. 32. Até que sejam regulamentados os critérios e procedimentos de aferição das avaliações de desempenho e processados os resultados do primeiro período de avaliação de desempenho, para fins de atribuição da GDAPREVIC e da GDCPREVIC, o valor devido de pagamento mensal por servidor ativo será correspondente a 80 (oitenta) pontos, observados os respectivos cargos, níveis, classes e padrões.

§ 1º O resultado da primeira avaliação de desempenho gerará efeitos financeiros a partir do início do primeiro ciclo de avaliação, devendo ser compensadas eventuais diferenças pagas a maior ou a menor.

§ 2º Em caso de afastamentos e licenças considerados como de efetivo exercício, sem prejuízo da remuneração e com direito à percepção de gratificação de desempenho, o servidor continuará percebendo a GDAPREVIC ou GDCPREVIC em valor correspondente ao da última pontuação obtida, até que seja processada a sua primeira avaliação após o retorno.

§ 3º O disposto no § 2º não se aplica aos casos de cessão.

§ 4º O disposto neste artigo aplica-se ao ocupante de cargo de Natureza Especial e de cargos em comissão.

ART. 33. Até que seja processada a sua primeira avaliação de desempenho individual que venha a surtir efeito financeiro, o servidor nomeado para cargo efetivo e aquele que tenha retornado de licença sem vencimento ou cessão sem direito à percepção da GDAPREVIC ou da GDCPREVIC no decurso do ciclo de avaliação receberá a gratificação no valor correspondente a 80 (oitenta) pontos.

ART. 34. O titular de cargo efetivo do PCCPREVIC em efetivo exercício na Previc, quando investido em cargo em comissão de Natureza Especial ou do Grupo-Direção e Assessoramento Superiores-DAS, níveis 6, 5, 4 ou equivalentes, fará jus à GDAPREVIC ou à GDCPREVIC calculada com base no valor máximo da parcela individual, somado ao resultado da avaliação institucional do período.

Parágrafo único. Ocorrendo exoneração do cargo em comissão, com manutenção do cargo efetivo, o servidor que faça jus à GDAPREVIC ou à GDCPREVIC continuará a perceber a respectiva gratificação de desempenho em valor correspondente ao da última pontuação atribuída, até que seja processada a sua primeira avaliação após a exoneração.

ART. 35. O ocupante de cargo efetivo do PCCPREVIC que não se encontre desenvolvendo atividades na PREVIC somente fará jus à GDAPREVIC ou GDCPREVIC:

I - quando cedido para a Presidência, Vice-Presidência da República, Ministério da Previdência Social ou requisitado para órgão da Justiça Eleitoral, situação na qual perceberá a respectiva gratificação de desempenho calculada com base nas regras aplicáveis como se estivesse em efetivo exercício na Previc;

II - quando cedido para órgãos ou entidades do Governo Federal distintos dos indicados no inciso I, o servidor investido em cargo em comissão de Natureza Especial, DAS-6, DAS-5, DAS-4 ou equivalentes, perceberá a respectiva gratificação de desempenho calculada com base no resultado da avaliação institucional do período; e

III - quando cedido para outro órgão, em cumprimento ao disposto em legislação específica, na forma do inciso I.

§ 1º A avaliação institucional considerada para o servidor alcançado pelos incisos I, II e III do *caput* será: (Acrescentado pela Lei 13.328/2016.)

I - a do órgão ou entidade onde o servidor permaneceu em exercício por mais tempo; (Acrescentado pela Lei 13.328/2016.)

II - a do órgão ou entidade onde o servidor se encontrar em exercício ao término do ciclo, caso ele tenha permanecido o mesmo número de dias em diferentes órgãos ou entidades; ou (Acrescentado pela Lei 13.328/2016.)

III - a do órgão de origem, quando requisitado ou cedido para órgão diverso da administração pública federal direta, autárquica ou fundacional. (Acrescentado pela Lei 13.328/2016.)

§ 2º A avaliação individual do servidor alcançado pelos incisos I e III do *caput* será realizada somente pela chefia imediata quando a regulamentação da sistemática para avaliação de desempenho a que se refere o *caput* do art. 29 não for igual à aplicável ao órgão ou entidade de exercício do servidor. (Acrescentado pela Lei 13.328/2016.)

ART. 36. A GDAPREVIC e a GDCPREVIC não poderão ser pagas cumulativamente com quaisquer outras gratificações ou vantagens que tenham como fundamento o desempenho profissional, individual, coletivo ou institucional ou a produção ou superação de metas, independentemente da sua denominação ou base de cálculo.

ART. 37. Para fins de incorporação da GDAPREVIC ou da GDCPREVIC aos proventos de aposentadoria ou às pensões, serão adotados os seguintes critérios:

I - para as aposentadorias concedidas e pensões instituídas até 19 de fevereiro de 2004, a gratificação será correspondente a 50% (cinquenta por cento) do valor máximo do respectivo nível, classe e padrão; e

II - para as aposentadorias concedidas e pensões instituídas após 19 de fevereiro de 2004:

a) quando ao servidor que deu origem à aposentadoria ou à pensão se aplicar o disposto nos arts. 3º e 6º da Emenda Constitucional n. 41, de 19 de dezembro de 2003, e no art. 3º da Emenda Constitucional n. 47, de 5 de julho de 2005, aplicar-se-á o percentual constante no inciso I; e

b) aos demais aplicar-se-á, para fins de cálculo das aposentadorias e pensões, o disposto na Lei n. 10.887, de 18 de junho de 2004.

ART. 38. A estrutura remuneratória das Carreiras e cargos integrantes do PCCPREVIC compõe-se de:

I - Vencimento Básico;

II - Gratificação de Desempenho de Atividade Previdenciária Complementar - GDAPREVIC, nos termos do art. 24; e

III - Gratificação de Desempenho dos Cargos do PCCPREVIC - GDCPREVIC, nos termos do art. 24.

ART. 39. Os servidores integrantes do PCCPREVIC não fazem jus à percepção das seguintes gratificações:

I - Gratificação de Atividade - GAE de que trata a Lei Delegada n. 13, de 27 de agosto de 1992;

II - Gratificação de Desempenho de Atividade Técnico-Administrativa - GDATA de que trata a Lei n. 10.404, de 9 de janeiro de 2002; e

III - Vantagem Pecuniária Individual - VPI de que trata a Lei n. 10.698, de 2 de julho de 2003.

ART. 40. Os padrões de vencimento básico das Carreiras e cargos do PCCPREVIC são os constantes do Anexo III.

ART. 41. Ficam, automaticamente, enquadrados no PCCPREVIC, nos termos desta Lei, os servidores titulares dos cargos de provimento efetivo de nível superior, intermediário e auxiliar do Plano de Classificação de Cargos, instituído pela Lei n. 5.645, de 10 de dezembro de 1970, do Plano Geral de Cargos do Poder Executivo, instituído pela Lei n. 11.357, de 19 de outubro de 2006, e dos Planos correlatos das autarquias e fundações públicas, não integrantes de Carreiras estruturadas, Planos de Carreiras ou Planos Especiais de Cargos, regidos pela Lei n. 8.112, de 11 de dezembro de 1990, pertencentes ao Quadro de Pessoal do Ministério da Previdência Social, que estavam em exercício na Secretaria da Previdência Complementar daquele Ministério em 31 de março de 2008, mantidas as denominações e as atribuições do cargo, bem como os requisitos de formação profissional e a posição relativa na tabela de correlação, de acordo com o Anexo IV.

§ 1º É vedada a mudança do nível do cargo ocupado pelo servidor em decorrência do disposto nesta Lei.

§ 2º Os cargos de nível superior e intermediário do Quadro de Pessoal do Ministério da Previdência Social à disposição da Secretaria de Previdência Complementar em 31 de dezembro de 2007, quando estiverem vagos, serão transformados em cargos das Carreiras referidas nos incisos I a III do art. 18, respeitado o respectivo nível.

ART. 42. O enquadramento dos cargos no PCCPREVIC não representa, para qualquer efeito legal, inclusive para efeito de aposentadoria, descontinuidade em relação aos cargos e às atribuições atuais desenvolvidas pelos servidores ocupantes de cargos efetivos objeto de enquadramento.

ART. 43. É vedada a redistribuição de cargos do PCCPREVIC para outros órgãos e entidades da administração pública federal, bem como a redistribuição de outros cargos para o Quadro de Pessoal da Previc.

ART. 44. É de 40 (quarenta) horas semanais a carga horária de trabalho dos integrantes do PCCPREVIC, ressalvados os casos amparados por legislação específica.

ART. 45. É vedada a acumulação das vantagens pecuniárias devidas aos ocupantes dos cargos do PCCPREVIC com outras vantagens de qualquer natureza a que o servidor faça jus em virtude de outros Planos de Carreiras ou de Classificação de Cargos.

ART. 46. Aplica-se o disposto nesta Lei aos aposentados e pensionistas, mantida a respectiva situação na tabela remuneratória no momento da aposentadoria ou da instituição da pensão, respeitadas as alterações relativas a posicionamento decorrentes de legislação específica.

ART. 47. A aplicação do disposto nesta Lei aos servidores ativos, aos inativos e aos pensionistas não poderá implicar redução de remuneração, proventos e pensões.

§ 1º Na hipótese de redução de remuneração, provento ou pensão decorrente da aplicação desta Lei, a diferença será paga a título de Vantagem Pessoal Nominalmente Identificada - VPNI, a ser absorvida por ocasião do desenvolvimento no cargo, da reorganização ou reestruturação das Carreiras, da reestruturação de tabela remuneratória, concessão de reajustes, adicionais, gratificações ou vantagem de qualquer natureza, conforme o caso.

§ 2º A VPNI estará sujeita exclusivamente à atualização decorrente de revisão geral da remuneração dos servidores públicos federais.

ART. 48. Além dos princípios, deveres e vedações previstos na Lei n. 8.112, de 11 de dezembro de 1990, aplicam-se aos servidores em exercício na Previc:

I - o dever de manter sigilo quanto às operações da entidade fechada de previdência complementar e às informações pessoais de participantes e assistidos, de que tiverem conhecimento em razão do cargo ou função, sem prejuízo do disposto no art. 64 da Lei Complementar n. 109, de 29 de maio de 2001, e na legislação correlata; e

II - a vedação de:

a) prestar serviços, ainda que eventuais, a entidade fechada de previdência complementar, exceto em caso de designação específica para exercício de atividade de competência da Previc;

b) firmar ou manter contrato com entidade fechada de previdência complementar, exceto na qualidade de participante ou assistido de plano de benefícios; e

c) exercer suas atribuições em processo administrativo em que seja parte ou interessado, em que haja atuado como representante de qualquer das partes ou no qual seja interessado parente consanguíneo ou afim, em linha reta ou colateral, até o segundo grau, cônjuge ou companheiro, bem como nas demais hipóteses da legislação, inclusive processual.

§ 1º A inobservância do dever previsto no inciso I é considerada falta grave, sujeitando o infrator à pena de demissão ou de cassação de aposentadoria ou disponibilidade, de que tratam os arts. 132 e 134 da Lei n. 8.112, de 11 de dezembro de 1990.

§ 2º As infrações das vedações estabelecidas no inciso II são punidas com a pena de advertência, suspensão, demissão ou cassação de aposentadoria, de acordo com a gravidade, conforme o disposto nos arts. 129, 130 e seu § 2º, 132 e 134 da Lei n. 8.112, de 11 de dezembro de 1990.

§ 3º As disposições deste artigo aplicam-se aos Procuradores Federais responsáveis pela representação judicial e extrajudicial da Previc, pelas suas atividades de consultoria e assessoramento jurídicos, bem como pela apuração da liquidez e certeza de seus créditos.

§ 4º O disposto no inciso I não se aplica ao servidor por dar conhecimento a qualquer autoridade hierarquicamente superior de informação concernente à prática de crime, descumprimento de disposição legal ou ato de improbidade.

ART. 49. O Procurador-Geral Federal definirá a distribuição de cargos de Procurador Federal na Procuradoria Federal de que trata o inciso II do art. 3º.

ART. 50. Ficam criados, na Carreira de Procurador Federal de que trata o art. 35 da Medida Provisória n. 2.229-43, de 6 de setembro de 2001, regidos pelas leis e normas próprias a ela aplicáveis, 40 (quarenta) cargos de Procurador Federal.

ART. 51. Ficam criados no Quadro de Pessoal da Previc:

I - na Carreira de Especialista em Previdência Complementar, 100 (cem) cargos de Especialista em Previdência Complementar;

II - na Carreira de Analista Administrativo, 50 (cinquenta) cargos de Analista Administrativo; e

III - na Carreira de Técnico Administrativo, 50 (cinquenta) cargos de Técnico Administrativo.

ART. 52. Ficam criados, no âmbito do Poder Executivo, destinados à estruturação da Previc, os seguintes cargos em comissão do Grupo-Direção e Assessoramento Superiores - DAS: 1 (um) DAS-6, 1 (um) DAS-5, 14 (quatorze) DAS-4, 38 (trinta e oito) DAS-3, 29 (vinte e nove) DAS-2 e 13 (treze) DAS-1.

§§ 1º e 2º (Vetados.)

CAPÍTULO X
DISPOSIÇÕES GERAIS

ART. 53. Fica o Poder Executivo autorizado a remanejar, transferir ou utilizar os saldos orçamentários do Ministério da Previdência Social, uma vez atendidas as necessidades de reestruturação deste, para fazer frente às despesas de estruturação e manutenção da Previc, utilizando-se das dotações orçamentárias destinadas às atividades finalísticas e administrativas, observadas as mesmas ações orçamentárias e grupos de despesas previstos na lei orçamentária.

§ 1º Serão transferidos para a Previc os acervos técnico e patrimonial, bem como as obrigações e direitos do Ministério da Previdência Social correspondentes às atividades a ela atribuídas.

§ 2º Os processos administrativos em tramitação no Conselho de Gestão da Previdência Complementar e na Secretaria de Previdência Complementar do Ministério da Previdência Social, respeitadas as competências mantidas no âmbito das unidades do referido Ministério, serão transferidos para a Câmara de Recursos da Previdência Complementar e para a Previc, respectivamente.

ART. 54. Ficam redistribuídos para a Previc os cargos efetivos do Quadro de Pessoal do Ministério da Previdência Social existentes na Secretaria de Previdência Complementar em 31 de março de 2008.

ART. 55. As competências atribuídas à Secretaria de Previdência Complementar do Ministério da Previdência Social, por meio de ato do Conselho de Gestão da Previdência Complementar, do Conselho Monetário Nacional e de decretos, ficam automaticamente transferidas para a Previc, ressalvadas as disposições em contrário desta Lei.

ART. 56. A Advocacia-Geral da União e o Ministério da Previdência Social promoverão, no prazo de 180 (cento e oitenta) dias, a contar da data de publicação desta Lei, levantamento dos processos judiciais em curso envolvendo matéria de competência da Previc, que, decorrido esse prazo, sucederá a União em tais ações.

§ 1º Após o decurso do prazo de que trata o *caput*, a Advocacia-Geral da União peticionará perante o juízo ou tribunal em que tramitarem os processos, informando da sucessão de partes.

§ 2º Durante o prazo previsto no *caput*, a União continuará parte legítima e a Advocacia-Geral da União acompanhará os feitos e praticará os atos processuais necessários.

ART. 57. Incluem-se entre as entidades fechadas de previdência complementar tratadas nesta Lei aquelas de natureza pública referidas no art. 40 da Constituição Federal.

ART. 58. Até que sejam publicados os regulamentos referentes à entidade e aos órgãos colegiados de que tratam os arts. 1º, 14 e 15, a Secretaria de Previdência Complementar e o Conselho de Gestão da Previdência Complementar continuarão desempenhando suas atribuições em conformidade com a legislação vigente na data anterior à da publicação desta Lei.

ART. 59. A implementação dos efeitos financeiros decorrentes do disposto nesta Lei nos exercícios de 2009 e 2010 fica condicionada à existência de disponibilidade orçamentária e financeira para a realização da despesa em montante igual ou superior à estimativa feita, nos termos do art. 17 da Lei Complementar n. 101, de 4 de maio de 2000, por ocasião da publicação desta Lei.

§ 1º A demonstração da existência de disponibilidade orçamentária e financeira de que trata o *caput* caberá aos Ministros de Estado do Planejamento, Orçamento e Gestão e da Fazenda, a ser apresentada até 60 (sessenta) dias anteriores ao início dos efeitos financeiros referidos no *caput*.

§ 2º O comportamento da receita corrente líquida e as medidas adotadas para o cumprimento das metas de resultados fiscais no período considerado poderão ensejar a antecipação ou a postergação dos efeitos financeiros referidos no *caput*, em cada exercício financeiro, condicionadas à edição de lei específica.

CAPÍTULO XI
DA ADEQUAÇÃO DE NORMAS CORRELATAS

ART. 60. O art. 11 da Lei n. 11.457, de 16 de março de 2007, passa vigorar com as seguintes alterações:

▸ Alterações promovidas no texto da referida lei.

ART. 61. O inciso XVIII do art. 29 da Lei n. 10.683, de 2003, passa a vigorar com a seguinte redação:

▸ Alteração promovida no texto da referida lei.

ART. 62. Esta Lei entra em vigor na data de sua publicação.

Brasília, 23 de dezembro de 2009; 188º da Independência e 121º da República.

LUIZ INÁCIO LULA DA SILVA

▸ Optamos, nesta edição, pela não publicação do Anexo.

LEI N. 12.187, DE 29 DE DEZEMBRO DE 2009

Institui a Política Nacional sobre Mudança do Clima - PNMC e dá outras providências.

▸ *DOU*, 30.12.2009 - Edição extra.

▸ Dec. de 15.09.2010 (Institui o Plano de Ação para Prevenção e Controle do Desmatamento e das Queimadas no Bioma Cerrado - PPCerrado, altera o Decreto de 3 de julho de 2003, que institui Grupo Permanente de Trabalho Interministerial para os fins que especifica).

▸ Dec. 9.578/2018 (Consolida atos normativos editados pelo Poder Executivo federal que dispõem sobre o Fundo Nacional sobre Mudança do Clima, de que trata a Lei 12.114/2009, e a Política Nacional sobre Mudança do Clima, de que trata esta lei).

O Presidente da República. Faço saber que o Congresso Nacional decreta e eu sanciono a seguinte Lei:

ART. 1º Esta Lei institui a Política Nacional sobre Mudança do Clima - PNMC e estabelece seus princípios, objetivos, diretrizes e instrumentos.

ART. 2º Para os fins previstos nesta Lei, entende-se por:

I - adaptação: iniciativas e medidas para reduzir a vulnerabilidade dos sistemas naturais e humanos frente aos efeitos atuais e esperados da mudança do clima;

II - efeitos adversos da mudança do clima: mudanças no meio físico ou biota resultantes da mudança do clima que tenham efeitos deletérios significativos sobre a composição, resiliência ou produtividade de ecossistemas naturais e manejados, sobre o funcionamento de sistemas socioeconômicos ou sobre a saúde e o bem-estar humanos;

III - emissões: liberação de gases de efeito estufa ou seus precursores na atmosfera numa área específica e num período determinado;

IV - fonte: processo ou atividade que libere na atmosfera gás de efeito estufa, aerossol ou precursor de gás de efeito estufa;

V - gases de efeito estufa: constituintes gasosos, naturais ou antrópicos, que, na atmosfera, absorvem e reemitem radiação infravermelha;

VI - impacto: os efeitos da mudança do clima nos sistemas humanos e naturais;

VII - mitigação: mudanças e substituições tecnológicas que reduzam o uso de recursos e as emissões por unidade de produção, bem como a implementação de medidas que reduzam as emissões de gases de efeito estufa e aumentem os sumidouros;

VIII - mudança do clima: mudança de clima que possa ser direta ou indiretamente atribuída à atividade humana que altere a composição da atmosfera mundial e que se some àquela provocada pela variabilidade climática natural observada ao longo de períodos comparáveis;

IX - sumidouro: processo, atividade ou mecanismo que remova da atmosfera gás de efeito estufa, aerossol ou precursor de gás de efeito estufa; e

X - vulnerabilidade: grau de suscetibilidade e incapacidade de um sistema, em função de sua sensibilidade, capacidade de adaptação, e do caráter, magnitude e taxa de mudança e variação do clima a que está exposto, de lidar com os efeitos adversos da mudança do clima, entre os quais a variabilidade climática e os eventos extremos.

ART. 3º A PNMC e as ações dela decorrentes, executadas sob a responsabilidade dos entes políticos e dos órgãos da administração pública, observarão os princípios da precaução, da prevenção, da participação cidadã, do desenvolvimento sustentável e o das responsabilidades comuns, porém diferenciadas, este último no âmbito internacional, e, quanto às medidas a serem adotadas na sua execução, será considerado o seguinte:

I - todos têm o dever de atuar, em benefício das presentes e futuras gerações, para a redução dos impactos decorrentes das interferências antrópicas sobre o sistema climático;

II - serão tomadas medidas para prever, evitar ou minimizar as causas identificadas da mudança climática com origem antrópica no território nacional, sobre as quais haja razoável consenso por parte dos meios científicos e técnicos ocupados no estudo dos fenômenos envolvidos;

III - as medidas tomadas devem levar em consideração os diferentes contextos socioeconômicos de sua aplicação, distribuir os ônus e encargos decorrentes entre os setores econômicos e as populações e comunidades interessadas de modo equitativo e equilibrado e sopesar as responsabilidades individuais quanto à origem das fontes emissoras e dos efeitos ocasionados sobre o clima;

IV - o desenvolvimento sustentável é a condição para enfrentar as alterações climáticas e conciliar o atendimento às necessidades comuns e particulares das populações e comunidades que vivem no território nacional;

V - as ações de âmbito nacional para o enfrentamento das alterações climáticas, atuais, presentes e futuras, devem considerar e integrar as ações promovidas no âmbito estadual e municipal por entidades públicas e privadas;

VI - (Vetado.)

ART. 4º A Política Nacional sobre Mudança do Clima - PNMC visará:

I - à compatibilização do desenvolvimento econômico-social com a proteção do sistema climático;

II - à redução das emissões antrópicas de gases de efeito estufa em relação às suas diferentes fontes;

III - (Vetado.);

IV - ao fortalecimento das remoções antrópicas por sumidouros de gases de efeito estufa no território nacional;

V - à implementação de medidas para promover a adaptação à mudança do clima pelas 3 (três) esferas da Federação, com a participação e a colaboração dos agentes econômicos e sociais interessados ou beneficiários, em particular aqueles especialmente vulneráveis aos seus efeitos adversos;

VI - à preservação, à conservação e à recuperação dos recursos ambientais, com particular atenção aos grandes biomas naturais tidos como Patrimônio Nacional;

VII - à consolidação e à expansão das áreas legalmente protegidas e ao incentivo aos reflorestamentos e à recomposição da cobertura vegetal em áreas degradadas;

VIII - ao estímulo ao desenvolvimento do Mercado Brasileiro de Redução de Emissões - MBRE.

Parágrafo único. Os objetivos da Política Nacional sobre Mudança do Clima deverão estar em consonância com o desenvolvimento sustentável a fim de buscar o crescimento econômico, a erradicação da pobreza e a redução das desigualdades sociais.

ART. 5º São diretrizes da Política Nacional sobre Mudança do Clima:

I - os compromissos assumidos pelo Brasil na Convenção-Quadro das Nações Unidas sobre Mudança do Clima, no Protocolo de Quioto e nos demais documentos sobre mudança do clima dos quais vier a ser signatário;

II - as ações de mitigação da mudança do clima em consonância com o desenvolvimento sustentável, que sejam, sempre que possível, mensuráveis para sua adequada quantificação e verificação a posteriori;

III - as medidas de adaptação para reduzir os efeitos adversos da mudança do clima e a vulnerabilidade dos sistemas ambiental, social e econômico;

IV - as estratégias integradas de mitigação e adaptação à mudança do clima nos âmbitos local, regional e nacional;

V - o estímulo e o apoio à participação dos governos federal, estadual, distrital e municipal, assim como do setor produtivo, do meio acadêmico e da sociedade civil organizada, no desenvolvimento e na execução de políticas, planos, programas e ações relacionados à mudança do clima;

VI - a promoção e o desenvolvimento de pesquisas científico-tecnológicas, e a difusão de tecnologias, processos e práticas orientados a:

a) mitigar a mudança do clima por meio da redução de emissões antrópicas por fontes e do fortalecimento das remoções antrópicas por sumidouros de gases de efeito estufa;

b) reduzir as incertezas nas projeções nacionais e regionais futuras da mudança do clima;

c) identificar vulnerabilidades e adotar medidas de adaptação adequadas;

VII - a utilização de instrumentos financeiros e econômicos para promover ações de mitigação e adaptação à mudança do clima, observado o disposto no art. 6º;

VIII - a identificação, e sua articulação com a Política prevista nesta Lei, de instrumentos de ação governamental já estabelecidos aptos a contribuir para proteger o sistema climático;

IX - o apoio e o fomento às atividades que efetivamente reduzam as emissões ou promovam as remoções por sumidouros de gases de efeito estufa;

X - a promoção da cooperação internacional no âmbito bilateral, regional e multilateral para o financiamento, a capacitação, o desenvolvimento, a transferência e a difusão de tecnologias e processos para a implementação de ações de mitigação e adaptação, incluindo a pesquisa científica, a observação sistemática e o intercâmbio de informações;

XI - o aperfeiçoamento da observação sistemática e precisa do clima e suas manifestações no território nacional e nas áreas oceânicas contíguas;

XII - a promoção da disseminação de informações, a educação, a capacitação e a conscientização pública sobre mudança do clima;

XIII - o estímulo e o apoio à manutenção e à promoção:

a) de práticas, atividades e tecnologias de baixas emissões de gases de efeito estufa;

b) de padrões sustentáveis de produção e consumo.

ART. 6º São instrumentos da Política Nacional sobre Mudança do Clima:

I - o Plano Nacional sobre Mudança do Clima;

II - o Fundo Nacional sobre Mudança do Clima;

III - os Planos de Ação para a Prevenção e Controle do Desmatamento nos biomas;

IV - a Comunicação Nacional do Brasil à Convenção-Quadro das Nações Unidas sobre Mudança do Clima, de acordo com os critérios estabelecidos por essa Convenção e por suas Conferências das Partes;

V - as resoluções da Comissão Interministerial de Mudança Global do Clima;

VI - as medidas fiscais e tributárias destinadas a estimular a redução das emissões e remoção de gases de efeito estufa, incluindo alíquotas diferenciadas, isenções, compensações e incentivos, a serem estabelecidos em lei específica;

VII - as linhas de crédito e financiamento específicas de agentes financeiros públicos e privados;

VIII - o desenvolvimento de linhas de pesquisa por agências de fomento;

IX - as dotações específicas para ações em mudança do clima no orçamento da União;

X - os mecanismos financeiros e econômicos referentes à mitigação da mudança do clima e à adaptação aos efeitos da mudança do clima que existam no âmbito da Convenção-Quadro das Nações Unidas sobre Mudança do Clima e do Protocolo de Quioto;

XI - os mecanismos financeiros e econômicos, no âmbito nacional, referentes à mitigação e à adaptação à mudança do clima;

XII - as medidas existentes, ou a serem criadas, que estimulem o desenvolvimento de processos e tecnologias, que contribuam para a redução de emissões e remoções de gases de efeito estufa, bem como para a adaptação, dentre as quais o estabelecimento de critérios de preferência nas licitações e concorrências públicas, compreendidas aí as parcerias público-privadas e a autorização, permissão, outorga e concessão para exploração de serviços públicos e recursos naturais, para as propostas que propiciem maior economia de energia, água e outros recursos naturais e redução da emissão de gases de efeito estufa e de resíduos;

XIII - os registros, inventários, estimativas, avaliações e quaisquer outros estudos de emissões de gases de efeito estufa e de suas fontes, elaborados com base em informações e dados fornecidos por entidades públicas e privadas;

XIV - as medidas de divulgação, educação e conscientização;

XV - o monitoramento climático nacional;

XVI - os indicadores de sustentabilidade;

XVII - o estabelecimento de padrões ambientais e de metas, quantificáveis e verificáveis, para a redução de emissões antrópicas por fontes e para as remoções antrópicas por sumidouros de gases de efeito estufa;

XVIII - a avaliação de impactos ambientais sobre o microclima e o macroclima.

ART. 7º Os instrumentos institucionais para a atuação da Política Nacional de Mudança do Clima incluem:

I - o Comitê Interministerial sobre Mudança do Clima;

II - a Comissão Interministerial de Mudança Global do Clima;

III - o Fórum Brasileiro de Mudança do Clima;

IV - a Rede Brasileira de Pesquisas sobre Mudanças Climáticas Globais - Rede Clima;

V - a Comissão de Coordenação das Atividades de Meteorologia, Climatologia e Hidrologia.

ART. 8º As instituições financeiras oficiais disponibilizarão linhas de crédito e financiamento específicas para desenvolver ações e atividades que atendam aos objetivos desta Lei e voltadas para induzir a conduta dos agentes privados à observância e execução da PNMC, no âmbito de suas ações e responsabilidades sociais.

ART. 9º O Mercado Brasileiro de Redução de Emissões - MBRE será operacionalizado em bolsas de mercadorias e futuros, bolsas de valores e entidades de balcão organizado, autorizadas pela Comissão de Valores Mobiliários - CVM, onde se dará a negociação de títulos mobiliários representativos de emissões de gases de efeito estufa evitadas certificadas.

ART. 10. (Vetado.)

ART. 11. Os princípios, objetivos, diretrizes e instrumentos das políticas públicas e programas governamentais deverão compatibilizar-se com os princípios, objetivos, diretrizes e instrumentos desta Política Nacional sobre Mudança do Clima.

Parágrafo único. Decreto do Poder Executivo estabelecerá, em consonância com a Política Nacional sobre Mudança do Clima, os Planos setoriais de mitigação e de adaptação às mudanças climáticas visando à consolidação de uma economia de baixo consumo de carbono, na geração e distribuição de energia elétrica, no transporte público urbano e nos sistemas modais de transporte interestadual de cargas e passageiros, na indústria de transformação e na de bens de consumo duráveis, nas indústrias químicas fina e de base, na indústria de papel e celulose, na mineração, na indústria da construção civil, nos serviços de saúde e na agropecuária, com vistas em atender metas gradativas de redução de emissões antrópicas quantificáveis e verificáveis, considerando as especificidades de cada setor, inclusive por meio do Mecanismo de Desenvolvimento Limpo - MDL e das Ações de Mitigação Nacionalmente Apropriadas - NAMAs.

ART. 12. Para alcançar os objetivos da PNMC, o País adotará, como compromisso nacional voluntário, ações de mitigação das emissões de gases de efeito estufa, com vistas em reduzir entre 36,1% (trinta e seis inteiros e um décimo por cento) e 38,9% (trinta e oito inteiros e nove décimos por cento) suas emissões projetadas até 2020.

- Dec. 9.578/2018 (Consolida atos normativos editados pelo Poder Executivo federal que dispõem sobre o Fundo Nacional sobre Mudança do Clima, de que trata a Lei 12.114/2009, e a Política Nacional sobre Mudança do Clima, de que trata esta lei).

Parágrafo único. A projeção das emissões para 2020 assim como o detalhamento das ações para alcançar o objetivo expresso no *caput* serão dispostos por decreto, tendo por base o segundo Inventário Brasileiro de Emissões e Remoções Antrópicas de Gases de Efeito Estufa não Controlados pelo Protocolo de Montreal, a ser concluído em 2010.

ART. 13. Esta Lei entra em vigor na data de sua publicação.

Brasília, 29 de dezembro de 2009; 188º da Independência e 121º da República.

LUIZ INÁCIO LULA DA SILVA

LEI N. 12.188, DE 11 DE JANEIRO DE 2010

Institui a Política Nacional de Assistência Técnica e Extensão Rural para a Agricultura Familiar e Reforma Agrária - PNATER e o Programa Nacional de Assistência Técnica e Extensão Rural na Agricultura Familiar e na Reforma Agrária - PRONATER, altera a Lei n. 8.666, de 21 de junho de 1993, e dá outras providências.

- *DOU*, 12.01.2010.
- Dec. 7.215/2010 (Regulamenta esta lei).

O Presidente da República. Faço saber que o Congresso Nacional decreta e eu sanciono a seguinte Lei:

CAPÍTULO I DA POLÍTICA NACIONAL DE ASSISTÊNCIA TÉCNICA E EXTENSÃO RURAL PARA A AGRICULTURA FAMILIAR E REFORMA AGRÁRIA - PNATER

ART. 1º Fica instituída a Política Nacional de Assistência Técnica e Extensão Rural para a Agricultura Familiar e Reforma Agrária - PNATER, cuja formulação e supervisão são de competência do Ministério do Desenvolvimento Agrário - MDA.

Parágrafo único. Na destinação dos recursos financeiros da Pnater, será priorizado o apoio às entidades e aos órgãos públicos e oficiais de Assistência Técnica e Extensão Rural - ATER.

ART. 2º Para os fins desta Lei, entende-se por:

I - Assistência Técnica e Extensão Rural - ATER: serviço de educação não formal, de caráter continuado, no meio rural, que promove processos de gestão, produção, beneficiamento e comercialização das atividades e dos serviços agropecuários e não agropecuários, inclusive das atividades agroextrativistas, florestais e artesanais;

II - Declaração de Aptidão ao Programa Nacional de Fortalecimento da Agricultura Familiar - DAP: documento que identifica os beneficiários do Programa Nacional de Fortalecimento da Agricultura Familiar - PRONAF; e

III - Relação de Beneficiários - RB: relação de beneficiários do Programa de Reforma Agrária, conforme definido pelo Instituto Nacional de Colonização e Reforma Agrária - INCRA.

Parágrafo único. Nas referências aos Estados, entende-se considerado o Distrito Federal.

ART. 3º São princípios da Pnater:

I - desenvolvimento rural sustentável, compatível com a utilização adequada dos recursos naturais e com a preservação do meio ambiente;

II - gratuidade, qualidade e acessibilidade aos serviços de assistência técnica e extensão rural;

III - adoção de metodologia participativa, com enfoque multidisciplinar, interdisciplinar e intercultural, buscando a construção da cidadania e a democratização da gestão da política pública;

IV - adoção dos princípios da agricultura de base ecológica como enfoque preferencial para o desenvolvimento de sistemas de produção sustentáveis;

V - equidade nas relações de gênero, geração, raça e etnia; e

VI - contribuição para a segurança e soberania alimentar e nutricional.

ART. 4º São objetivos da Pnater:

I - promover o desenvolvimento rural sustentável;

II - apoiar iniciativas econômicas que promovam as potencialidades e vocações regionais e locais;

III - aumentar a produção, a qualidade e a produtividade das atividades e serviços agropecuários e não agropecuários, inclusive agroextrativistas, florestais e artesanais;

IV - promover a melhoria da qualidade de vida de seus beneficiários;

V - assessorar as diversas fases das atividades econômicas, a gestão de negócios, sua organização, a produção, inserção no mercado e abastecimento, observando as peculiaridades das diferentes cadeias produtivas;

VI - desenvolver ações voltadas ao uso, manejo, proteção, conservação e recuperação dos recursos naturais, dos agroecossistemas e da biodiversidade;

VII - construir sistemas de produção sustentáveis a partir do conhecimento científico, empírico e tradicional;

VIII - aumentar a renda do público beneficiário e agregar valor a sua produção;

IX - apoiar o associativismo e o cooperativismo, bem como a formação de agentes de assistência técnica e extensão rural;

X - promover o desenvolvimento e a apropriação de inovações tecnológicas e organizativas adequadas ao público beneficiário e a integração deste ao mercado produtivo nacional;

XI - promover a integração da Ater com a pesquisa, aproximando a produção agrícola e o meio rural do conhecimento científico; e

XII - contribuir para a expansão do aprendizado e da qualificação profissional e diversificada, apropriada e contextualizada à realidade do meio rural brasileiro.

ART. 5º São beneficiários da Pnater:

I - os assentados da reforma agrária, os povos indígenas, os remanescentes de quilombos e os demais povos e comunidades tradicionais; e

II - nos termos da Lei n. 11.326, de 24 de julho de 2006, os agricultores familiares ou empreendimentos familiares rurais, os silvicultores, aquicultores, extrativistas e pescadores, bem como os beneficiários de programas de colonização e irrigação enquadrados nos limites daquela Lei.

Parágrafo único. Para comprovação da qualidade de beneficiário da Pnater, exigir-se-á ser detentor da Declaração de Aptidão ao Programa Nacional de Fortalecimento da Agricultura Familiar - DAP ou constar na Relação de Beneficiário - RB, homologada no Sistema de Informação do Programa de Reforma Agrária - SIPRA.

CAPÍTULO II
DO PROGRAMA NACIONAL DE ASSISTÊNCIA TÉCNICA E EXTENSÃO RURAL NA AGRICULTURA FAMILIAR E NA REFORMA AGRÁRIA - PRONATER

ART. 6º Fica instituído, como principal instrumento de implementação da Pnater, o Programa Nacional de Assistência Técnica e Extensão Rural na Agricultura Familiar e na Reforma Agrária - PRONATER.

ART. 7º O Pronater terá como objetivos a organização e a execução dos serviços de Ater ao público beneficiário previsto no art. 5º desta Lei, respeitadas suas disponibilidades orçamentária e financeira.

ART. 8º A proposta contendo as diretrizes do Pronater, a ser encaminhada pelo MDA para compor o Plano Plurianual, será elaborada tendo por base as deliberações de Conferência Nacional, a ser realizada sob a coordenação do Conselho Nacional de Desenvolvimento Rural Sustentável - CONDRAF.

Parágrafo único. O regulamento desta Lei definirá as normas de realização e de participação na Conferência, assegurada a participação paritária de representantes da sociedade civil.

ART. 9º O Condraf opinará sobre a definição das prioridades do Pronater, bem como sobre a elaboração de sua proposta orçamentária anual, recomendando a adoção de critérios e parâmetros para a regionalização de suas ações.

ART. 10. O Pronater será implementado em parceria com os Conselhos Estaduais de Desenvolvimento Sustentável e da Agricultura Familiar ou órgãos similares.

ART. 11. As Entidades Executoras do Pronater compreendem as instituições ou organizações públicas ou privadas, com ou sem fins lucrativos, previamente credenciadas na forma desta Lei, e que preencham os requisitos previstos no art. 15 desta Lei.

ART. 12. Os Estados cujos Conselhos referidos no art. 10 desta Lei firmarem Termo de Adesão ao Pronater poderão dele participar, mediante:

I - o credenciamento das Entidades Executoras, na forma do disposto no art. 13 desta Lei;

II - a formulação de sugestões relativas à programação das ações do Pronater;

III - a cooperação nas atividades de acompanhamento, controle, fiscalização e avaliação dos resultados obtidos com a execução do Pronater;

IV - a execução de serviços de Ater por suas empresas públicas ou órgãos, devidamente credenciados e selecionados em chamada pública.

CAPÍTULO III
DO CREDENCIAMENTO DAS ENTIDADES EXECUTORAS

ART. 13. O credenciamento de Entidades Executoras do Pronater será realizado pelos Conselhos a que se refere o art. 10 desta Lei.

ART. 14. Caberá ao MDA realizar diretamente o credenciamento de Entidades Executoras, nas seguintes hipóteses:

I - não adesão do Conselho ao Pronater no Estado onde pretenda a Entidade Executora ser credenciada;

II - provimento de recurso de que trata o inciso I do art. 16 desta Lei.

ART. 15. São requisitos para obter o credenciamento como Entidade Executora do Pronater:

I - contemplar em seu objeto social a execução de serviços de assistência técnica e extensão rural;

II - estar legalmente constituída há mais de 5 (cinco) anos;

III - possuir base geográfica de atuação no Estado em que solicitar o credenciamento;

IV - contar com corpo técnico multidisciplinar, abrangendo as áreas de especialidade exigidas para a atividade;

V - dispor de profissionais registrados em suas respectivas entidades profissionais competentes, quando for o caso;

VI - atender a outras exigências estipuladas em regulamento.

Parágrafo único. O prazo previsto no inciso II não se aplica às entidades públicas.

ART. 16. Do indeferimento de pedido de credenciamento, bem como do ato de descredenciamento de Entidade Executora do Pronater, caberá recurso, no prazo de 15 (quinze) dias contados da data em que o interessado tomar ciência do ato contestado:

I - ao gestor do Pronater no MDA, na hipótese de indeferimento ou descredenciamento por Conselho Estadual;

II - ao Ministro do Desenvolvimento Agrário, nas demais hipóteses de indeferimento ou descredenciamento.

ART. 17. A critério do órgão responsável pelo credenciamento ou pela contratação, será descredenciada a Entidade Executora que:

I - deixe de atender a qualquer dos requisitos de credenciamento estabelecidos no art. 15 desta Lei;

II - descumpra qualquer das cláusulas ou condições estabelecidas em contrato.

Parágrafo único. A Entidade Executora descredenciada nos termos do inciso II deste artigo somente poderá ser novamente credenciada decorridos 5 (cinco) anos, contados da data de publicação do ato que aplicar a sanção.

CAPÍTULO IV
DA CONTRATAÇÃO DAS ENTIDADES EXECUTORAS

ART. 18. A contratação das Entidades Executoras será efetivada pelo MDA ou pelo Incra, observadas as disposições desta Lei, bem como as da Lei n. 8.666, de 21 de junho de 1993.

ART. 19. A contratação de serviços de Ater será realizada por meio de chamada pública, que conterá, pelo menos:

I - o objeto a ser contratado, descrito de forma clara, precisa e sucinta;

II - a qualificação e a quantificação do público beneficiário;

III - a área geográfica da prestação dos serviços;

IV - o prazo de execução dos serviços;

V - os valores para contratação dos serviços;

VI - a qualificação técnica exigida dos profissionais, dentro das áreas de especialidade em que serão prestados os serviços;

VII - a exigência de especificação pela entidade que atender à chamada pública do número de profissionais que executarão os serviços, com suas respectivas qualificações técnico-profissionais;

VIII - os critérios objetivos para a seleção da Entidade Executora.

Parágrafo único. Será dada publicidade à chamada pública, pelo prazo mínimo de 30 (trinta) dias, por meio de divulgação na página inicial do órgão contratante na internet e no Diário Oficial da União, bem como, quando julgado necessário, por outros meios.

CAPÍTULO V
DO ACOMPANHAMENTO, CONTROLE, FISCALIZAÇÃO E DA AVALIAÇÃO DOS RESULTADOS DA EXECUÇÃO DO PRONATER

ART. 20. A execução dos contratos será acompanhada e fiscalizada nos termos do art. 67 da Lei n. 8.666, de 21 de junho de 1993.

ART. 21. Os contratos e todas as demais ações do Pronater serão objeto de controle e acompanhamento por sistema eletrônico, sem prejuízo do lançamento dos dados e informações relativos ao Programa nos demais sistemas eletrônicos do Governo Federal.

Parágrafo único. Os dados e informações contidos no sistema eletrônico deverão ser plenamente acessíveis a qualquer cidadão por meio da internet.

ART. 22. Para fins de acompanhamento da execução dos contratos firmados no âmbito do Pronater, as Entidades Executoras lançarão, periodicamente, em sistema eletrônico, as informações sobre as atividades executadas, conforme dispuser regulamento.

ART. 23. Para fins de liquidação de despesa, as Entidades Executoras lançarão Relatório de Execução dos Serviços Contratados em sistema eletrônico, contendo:

I - identificação de cada beneficiário assistido, contendo nome, qualificação e endereço;

II - descrição das atividades realizadas;

III - horas trabalhadas para realização das atividades;

IV - período dedicado à execução do serviço contratado;

V - dificuldades e obstáculos encontrados, se for o caso;

VI - resultados obtidos com a execução do serviço;

VII - o ateste do beneficiário assistido, preenchido por este, de próprio punho;

VIII - outros dados e informações exigidos em regulamento.

§ 1º A Entidade Executora manterá em arquivo, em sua sede, toda a documentação original referente ao contrato firmado, incluindo o Relatório a que se refere o *caput* deste artigo, para fins de fiscalização, pelo prazo de 5 (cinco) anos, a contar da aprovação das contas anuais do órgão contratante pelo Tribunal de Contas da União.

§ 2º O órgão contratante bem como os órgãos responsáveis pelo controle externo e interno poderão, a qualquer tempo, requisitar vista, na sede da Entidade Executora, da documentação original a que se refere o § 1º deste artigo, ou cópia de seu inteiro teor, a qual deverá ser providenciada e postada pela Entidade Executora no prazo de 5 (cinco) dias contados a partir da data de recebimento da requisição.

ART. 24. A metodologia e os mecanismos de acompanhamento, controle, fiscalização e avaliação dos resultados obtidos com a execução de cada serviço contratado serão objeto de regulamento.

ART. 25. Os relatórios de execução do Pronater, incluindo nome, CNPJ e endereço das Entidades Executoras, bem como o valor dos respectivos contratos e a descrição sucinta das atividades desenvolvidas, serão disponibilizados nas páginas do MDA e do Incra na internet.

ART. 26. O MDA encaminhará ao Condraf, para apreciação, relatório anual consolidado de execução do Pronater, abrangendo tanto as ações de sua responsabilidade como as do Incra.

CAPÍTULO VI
DISPOSIÇÕES FINAIS

ART. 27. O art. 24 da Lei n. 8.666, de 21 de junho de 1993, passa a vigorar acrescido do seguinte inciso XXX:

› Alterações promovidas no texto da referida lei.

ART. 28. A instituição do Pronater não exclui a responsabilidade dos Estados na prestação de serviços de Ater.

ART. 29. Esta Lei entra em vigor 30 (trinta) dias após a data de sua publicação oficial, observado o disposto no inciso I do art. 167 da Constituição Federal.

Brasília, 11 de janeiro de 2010; 189º da Independência e 122º da República.

LUIZ INÁCIO LULA DA SILVA

LEI N. 12.192, DE 14 DE JANEIRO DE 2010

Dispõe sobre o depósito legal de obras musicais na Biblioteca Nacional.

› DOU, 15.01.2010

O Presidente da República. Faço saber que o Congresso Nacional decreta e eu sanciono a seguinte Lei:

ART. 1º Esta Lei regulamenta o depósito legal de obras musicais na Biblioteca Nacional, com o intuito de assegurar o registro, a guarda e a divulgação da produção musical brasileira, bem como a preservação da memória fonográfica nacional.

ART. 2º Para os efeitos desta Lei, consideram-se obras musicais partituras, fonogramas e videogramas musicais, produzidos por qualquer meio ou processo, para distribuição gratuita ou venda.

ART. 3º Ficam os impressores e gravadoras fonográficas e videofonográficas obrigados a remeter à Biblioteca Nacional, no mínimo, 2 (dois) exemplares de cada obra editada ou gravada, bem como sua versão em arquivo digital, no prazo máximo de 30 (trinta) dias após a publicação da obra, cabendo à editora, ao produtor fonográfico e ao produtor videográfico a efetivação desta medida.

Parágrafo único. A obrigatoriedade de que trata este artigo compreende também a comunicação oficial à Biblioteca Nacional de todo lançamento e publicação musicais executados por editor, por produtor fonográfico e por produtor videográfico.

ART. 4º O descumprimento do depósito de obras musicais nos termos e prazo definidos por esta Lei acarretará:

I - multa correspondente a até 100 (cem) vezes o valor da obra no mercado;

II - apreensão de exemplares em número suficiente para atender às finalidades do depósito.

§ 1º Em se tratando de publicação musical oficial, a autoridade responsável responderá pessoalmente pelo descumprimento do disposto neste artigo.

§ 2º Constituirá receita da Biblioteca Nacional o valor da multa a ser cobrada por infração ao disposto nesta Lei.

§ 3º O descumprimento do estabelecido nesta Lei será comunicado pelo Diretor-Geral da Biblioteca Nacional à autoridade competente, para os fins do disposto neste artigo.

ART. 5º As despesas de porte decorrentes do depósito legal de obras musicais são de responsabilidade exclusiva dos respectivos depositantes.

Parágrafo único. A Biblioteca Nacional fornecerá recibos de depósito de todas as obras musicais arrecadadas, reservando-se o direito de determinar a substituição de todo e qualquer exemplar que apresente falha de integridade física.

ART. 6º A coleta do depósito legal de obras musicais pela Biblioteca Nacional poderá ser descentralizada, por meio de convênios com outras instituições, sendo-lhe permitido repassar a essas entidades um dos exemplares recolhidos.

ART. 7º As obras musicais recebidas pela Biblioteca Nacional estarão disponíveis para a consulta pública em versão impressa, em formato digital, em fonograma, em videograma e em outros suportes.

§ 1º A Biblioteca Nacional publicará boletim anual das obras musicais recebidas por força do depósito legal de que trata esta Lei.

§ 2º As obras depositadas na Biblioteca Nacional estarão disponíveis exclusivamente para fins de preservação e consulta, sendo vedadas a reprodução em qualquer meio e a divulgação em rede mundial de computadores - internet.

ART. 8º O depósito legal de obras musicais regulamentado nesta Lei não se confunde com o registro de obras intelectuais pelos autores ou cessionários.

ART. 9º Esta Lei entra em vigor na data de sua publicação.

Brasília, 14 de janeiro de 2010; 189º da Independência e 122º da República.

LUIZ INÁCIO LULA DA SILVA

LEI N. 12.212, DE 20 DE JANEIRO DE 2010

Dispõe sobre a Tarifa Social de Energia Elétrica; altera as Leis n. 9.991, de 24 de julho de 2000, 10.925, de 23 de julho de 2004, e 10.438, de 26 de abril de 2002; e dá outras providências.

› DOU, 21.01.2010.

O Presidente da República. Faço saber que o Congresso Nacional decreta e eu sanciono a seguinte Lei:

ART. 1º A Tarifa Social de Energia Elétrica, criada pela Lei n. 10.438, de 26 de abril de 2002, para os consumidores enquadrados na Subclasse Residencial Baixa Renda, caracterizada por descontos incidentes sobre a tarifa aplicável à classe residencial das distribuidoras de energia elétrica, será calculada de modo cumulativo, conforme indicado a seguir:

I - para a parcela do consumo de energia elétrica inferior ou igual a 30 (trinta) kWh/mês, o desconto será de 65% (sessenta e cinco por cento);

II - para a parcela do consumo compreendida entre 31 (trinta e um) kWh/mês e 100 (cem) kWh/mês, o desconto será de 40% (quarenta por cento);

III - para a parcela do consumo compreendida entre 101 (cento e um) kWh/mês e 220 (duzentos e vinte) kWh/mês, o desconto será de 10% (dez por cento);

IV - para a parcela do consumo superior a 220 (duzentos e vinte) kWh/mês, não haverá desconto.

ART. 2º A Tarifa Social de Energia Elétrica, a que se refere o art. 1º, será aplicada para as unidades consumidoras classificadas na Subclasse Residencial Baixa Renda, desde que atendam a pelo menos uma das seguintes condições:

I - seus moradores deverão pertencer a uma família inscrita no Cadastro Único para Programas Sociais do Governo Federal - CadÚnico, com renda familiar mensal *per capita* menor ou igual a meio salário mínimo nacional; ou

II - tenham entre seus moradores quem receba o benefício de prestação continuada da assistência social, nos termos dos arts. 20 e 21 da Lei n. 8.742, de 7 de dezembro de 1993.

§ 1º Excepcionalmente, será também beneficiada com a Tarifa Social de Energia Elétrica a unidade consumidora habitada por família inscrita no CadÚnico e com renda mensal de até 3 (três) salários mínimos, que tenha entre seus membros portador de doença ou patologia cujo tratamento ou procedimento médico pertinente requeira o uso continuado de aparelhos, equipamentos ou instrumentos que, para o seu funcionamento, demandem consumo de energia elétrica, nos termos do regulamento.

LEIS

§ 2º A Tarifa Social de Energia Elétrica será aplicada somente a uma única unidade consumidora por família de baixa renda.

§ 3º Será disponibilizado ao responsável pela unidade familiar o respectivo Número de Identificação Social - NIS, acompanhado da relação dos NIS dos demais familiares.

§ 4º As famílias indígenas e quilombolas inscritas no CadÚnico que atendam ao disposto nos incisos I ou II deste artigo terão direito a desconto de 100% (cem por cento) até o limite de consumo de 50 (cinquenta) kWh/mês, a ser custeado pela Conta de Desenvolvimento Energético - CDE, criada pelo art. 13 da Lei n. 10.438, de 26 de abril de 2002, conforme regulamento.

§ 5º (Vetado.)

ART. 3º Com a finalidade de serem beneficiários da Tarifa Social de Energia Elétrica, os moradores de baixa renda em áreas de ocupação não regular, em habitações multifamiliares regulares e irregulares, ou em empreendimentos habitacionais de interesse social, caracterizados como tal pelos Governos municipais, estaduais ou do Distrito Federal ou pelo Governo Federal, poderão solicitar às prefeituras municipais o cadastramento das suas famílias no CadÚnico, desde que atendam a uma das condições estabelecidas no art. 2º desta Lei, conforme regulamento.

Parágrafo único. Caso a prefeitura não efetue o cadastramento no prazo de 90 (noventa) dias, após a data em que foi solicitado, os moradores poderão pedir ao Ministério do Desenvolvimento Social e Combate à Fome as providências cabíveis, de acordo com o termo de adesão ao CadÚnico firmado pelo respectivo Município.

ART. 4º O Poder Executivo, as concessionárias, permissionárias e autorizadas de serviços e instalações de distribuição de energia elétrica deverão informar a todas as famílias inscritas no CadÚnico que atendam às condições estabelecidas nos incisos I ou II do art. 2º desta Lei o seu direito à Tarifa Social de Energia Elétrica, nos termos do regulamento.

Parágrafo único. O Ministério do Desenvolvimento Social e Combate à Fome e a Agência Nacional de Energia Elétrica - Aneel deverão compatibilizar e atualizar a relação de cadastrados que atendam aos critérios fixados no art. 2º desta Lei.

ART. 5º Sob pena da perda do benefício, os cadastrados na Tarifa Social de Energia Elétrica, quando mudarem de residência, deverão informar o seu novo endereço para a distribuidora de energia elétrica, que fará as devidas alterações, comunicando à Aneel.

ART. 6º Quando solicitado e desde que tecnicamente possível, as distribuidoras de energia elétrica deverão instalar medidores de energia para cada uma das famílias que residam em habitações multifamiliares regulares e irregulares de baixa renda.

Parágrafo único. A Aneel regulamentará a aplicação da Tarifa Social de Energia Elétrica para moradores de habitações multifamiliares regulares e irregulares de baixa renda onde não for tecnicamente possível a instalação de medidores para cada uma das famílias residentes.

ART. 7º As unidades consumidoras atualmente classificadas na Subclasse Residencial Baixa Renda, nos termos da Lei n. 10.438, de 26 de abril de 2002, e que não atendam ao que dispõem os incisos I ou II do art. 2º desta Lei deixarão de ter direito ao benefício da Tarifa Social de Energia Elétrica.

§ 1º A Aneel definirá os procedimentos necessários para, dentro do prazo de até 24 (vinte e quatro) meses, contado a partir da entrada em vigência desta Lei, excluir do rol dos beneficiários da Tarifa Social de Energia Elétrica as unidades consumidoras a que se refere o *caput*.

§ 2º A inclusão de novas unidades consumidoras que atendam aos critérios de elegibilidade dos incisos I ou II do art. 2º desta Lei só poderá ser feita a partir de 180 (cento e oitenta) dias da data de sua entrada em vigor, exceto para os indígenas e quilombolas de que trata o § 4º do art. 2º desta Lei.

ART. 8º As concessionárias, permissionárias e autorizadas de serviços e instalações de distribuição de energia elétrica deverão discriminar nas faturas de seus consumidores os valores dos tributos e encargos incidentes sobre as tarifas de energia elétrica, conforme regulamento da Aneel.

Parágrafo único. Nas faturas de energia elétrica enviadas às unidades consumidoras beneficiadas pelos descontos previstos no art. 1º desta Lei deverá constar, em destaque, no canto superior direito, que a Tarifa Social de Energia Elétrica foi criada pela Lei n. 10.438, de 26 de abril de 2002.

ART. 9º Os critérios para a interrupção do fornecimento de energia elétrica por falta de pagamento pelas unidades consumidoras beneficiadas pela Tarifa Social de Energia Elétrica, bem como o parcelamento da dívida, deverão ser objeto de resolução emitida pela Aneel.

ART. 10. O Poder Executivo poderá vincular a concessão do benefício tarifário, quando cabível, à adesão da unidade consumidora de baixa renda a programas de eficiência energética.

ART. 11. O art. 1º da Lei n. 9.991, de 24 de julho de 2000, passa a vigorar com a seguinte redação:

- Alterações promovidas no texto da referida lei.

ART. 12. Os arts. 1º e 3º da Lei n. 10.438, de 26 de abril de 2002, passam a vigorar com a seguinte redação:

- Alterações promovidas no texto da referida lei.

ART. 13. (Vetado.)

ART. 14. Esta Lei entra em vigor na data de sua publicação.

ART. 15. Ficam revogados os §§ 5º, 6º e 7º do art. 1º da Lei n. 10.438, de 26 de abril de 2002.

Brasília, 20 de janeiro de 2010; 189º da Independência e 122º da República.

LUIZ INÁCIO LULA DA SILVA

LEI N. 12.249, DE 11 DE JUNHO DE 2010

Institui o Regime Especial de Incentivos para o Desenvolvimento de Infraestrutura da Indústria Petrolífera nas Regiões Norte, Nordeste e Centro-Oeste - Repenec; cria o Programa Um Computador por Aluno - PROUCA e institui o Regime Especial de Aquisição de Computadores para Uso Educacional - RECOMPE; prorroga benefícios fiscais; constitui fonte de recursos adicional aos agentes financeiros do Fundo da Marinha Mercante - FMM para financiamentos de projetos aprovados pelo Conselho Diretor do Fundo da Marinha Mercante - CDFMM; institui o Regime Especial para a Indústria Aeronáutica Brasileira - RETAERO; dispõe sobre a Letra Financeira e o Certificado de Operações Estruturadas; ajusta o Programa Minha Casa Minha Vida - PMCMV; altera as Leis n. 8.248, de 23 de outubro de 1991, 8.387, de 30 de dezembro de 1991, 11.196, de 21 de novembro de 2005, 10.865, de 30 de abril de 2004, 11.484, de 31 de maio de 2007, 11.488, de 15 de junho de 2007, 9.718, de 27 de novembro de 1998, 9.430, de 27 de dezembro de 1996, 11.948, de 16 de junho de 2009, 11.977, de 7 de julho de 2009, 11.326, de 24 de julho de 2006, 11.941, de 27 de maio de 2009, 5.615, de 13 de outubro de 1970, 9.126, de 10 de novembro de 1995, 11.110, de 25 de abril de 2005, 7.940, de 20 de dezembro de 1989, 9.469, de 10 de julho de 1997, 12.029, de 15 de setembro de 2009, 12.189, de 12 de janeiro de 2010, 11.442, de 5 de janeiro de 2007, 11.775, de 17 de setembro de 2008, os Decretos-Leis n. 9.295, de 27 de maio de 1946, 1.040, de 21 de outubro de 1969, e a Medida Provisória n. 2.158-35, de 24 de agosto de 2001; revoga as Leis n. 7.944, de 20 de dezembro de 1989, 10.829, de 23 de dezembro de 2003, o Decreto-Lei n. 423, de 21 de janeiro de 1969; revoga dispositivos das Leis n. 8.003, de 14 de março de 1990, 8.981, de 20 de janeiro de 1995, 5.025, de 10 de junho de 1966, 6.704, de 26 de outubro de 1979, 9.503, de 23 de setembro de 1997; e dá outras providências.

- *DOU*, 14.6.2010.
- Conversão da Med. Prov. 472/2009.
- ADIn 4.717 (O STF, por unanimidade, julgou procedente o pedido para, sem pronunciamento de nulidade, declarar a inconstitucionalidade da Med. Prov. 558/2012, convertida na Lei 12.678/2012).
- Lei 13.681/2018 (Disciplina o disposto nas EC 60/2009, 79/2014, e 98/2017; dispõe sobre as tabelas de salários, vencimentos, soldos e demais vantagens aplicáveis aos servidores civis, aos militares e aos empregados dos ex-Territórios Federais, integrantes do quadro em extinção de que trata o art. 89 do ADCT e o art. 31 da EC 19/1998).

O Presidente da República. Faço saber que o Congresso Nacional decreta e eu sanciono a seguinte Lei:

CAPÍTULO I
DO REGIME ESPECIAL DE INCENTIVOS PARA O DESENVOLVIMENTO DE INFRAESTRUTURA DA INDÚSTRIA PETROLÍFERA NAS REGIÕES NORTE, NORDESTE E CENTRO-OESTE - REPENEC

ART. 1º Fica instituído o Regime Especial de Incentivos para o Desenvolvimento de Infraestrutura da Indústria Petrolífera nas Regiões Norte, Nordeste e Centro-Oeste - Repenec, nos termos e condições estabelecidos nos arts. 2º a 5º desta Lei.

- Dec. 7.320/2010 (Regulamenta a forma de habilitação e co-habilitação ao Repenec, de que trata este artigo).

Parágrafo único. O Poder Executivo regulamentará a forma de habilitação e co-habilitação ao regime de que trata o *caput*.

ART. 2º É beneficiária do Repenec a pessoa jurídica que tenha projeto aprovado para implantação de obras de infraestrutura nas Regiões Norte, Nordeste e Centro-Oeste, nos setores petroquímico, de refino de petróleo e de produção de amônia e ureia a partir do gás natural, para incorporação ao seu ativo imobilizado.

- Dec. 7.320/2010 (Regulamenta a forma de habilitação e co-habilitação ao Repenec, de que trata este artigo).

§ 1º Compete ao Ministério de Minas e Energia a aprovação de projeto e a definição, em portaria, dos projetos que se enquadram nas disposições do *caput*.

§ 2º As pessoas jurídicas optantes pelo Regime Especial Unificado de Arrecadação de Tributos e Contribuições devidos pelas Microempresas e Empresas de Pequeno Porte - Simples Nacional, de que trata a Lei Complementar n. 123, de 14 de dezembro de 2006, e as pessoas jurídicas de que tratam o inciso II do art. 8º da Lei n. 10.637, de 30 de dezembro de 2002, e o inciso II do art. 10 da Lei n. 10.833, de 29 de dezembro de 2003, não podem aderir ao Repenec.

§ 3º A fruição dos benefícios do Repenec fica condicionada à regularidade fiscal da pessoa jurídica em relação aos impostos e as contribuições administradas pela Secretaria da Receita Federal do Brasil do Ministério da Fazenda.

§ 4º Aplica-se o disposto neste artigo aos projetos protocolados até 31 de dezembro de 2010 e aprovados até 30 de junho de 2011.

§ 5º (Vetado).

ART. 3º No caso de venda no mercado interno ou de importação de máquinas, aparelhos, instrumentos e equipamentos, novos, e de materiais de construção para utilização ou incorporação nas obras referidas no *caput* do art. 2º, ficam suspensos:

- Dec. 7.320/2010 (Regulamenta a forma de habilitação e co-habilitação ao Repenec, de que trata este artigo).

I - a exigência da Contribuição para o PIS/Pasep e da Contribuição para o Financiamento da Seguridade Social - COFINS incidentes sobre a receita da pessoa jurídica vendedora, quando a aquisição for efetuada por pessoa jurídica beneficiária do Repenec;

II - a exigência da Contribuição para o PIS/Pasep-Importação e da Cofins-Importação, quando a importação for efetuada por pessoa jurídica beneficiária do Repenec;

III - o Imposto sobre Produtos Industrializados - IPI incidente na saída do estabelecimento industrial ou equiparado, quando a aquisição no mercado interno for efetuada por estabelecimento industrial de pessoa jurídica beneficiária do Repenec;

IV - o IPI incidente na importação, quando a importação for efetuada por estabelecimento industrial de pessoa jurídica beneficiária do Repenec;

V - o Imposto de Importação, quando os bens ou materiais de construção forem importados por pessoa jurídica beneficiária do Repenec.

§ 1º Nas notas fiscais relativas:

I - às vendas de que trata o inciso I do *caput*, deverá constar a expressão "Venda efetuada com suspensão da exigibilidade da Contribuição para o PIS/Pasep e da COFINS", com a especificação do dispositivo legal correspondente;

II - às saídas de que trata o inciso III do *caput*, deverá constar a expressão "Saída com suspensão do IPI", com a especificação do dispositivo legal correspondente, vedado o registro do imposto nas referidas notas.

§ 2º As suspensões de que trata este artigo convertem-se em alíquota zero após a utilização ou incorporação do bem ou material de construção na obra de infraestrutura.

§ 3º A pessoa jurídica que não utilizar ou incorporar o bem ou material de construção na obra de infraestrutura fica obrigada a recolher as contribuições e o imposto não pagos em decorrência da suspensão de que trata este artigo, acrescidos de juros e multa de mora, na forma da lei, contados a partir da data da aquisição ou do registro da Declaração de Importação - DI, na condição:

I - de contribuinte, em relação à Contribuição para o PIS/Pasep-Importação, à Cofins-Importação, ao IPI vinculado à importação e ao Imposto de Importação;

II - de responsável, em relação à Contribuição para o PIS/Pasep, à Cofins e ao IPI.

§ 4º Para efeitos deste artigo, equipara-se ao importador a pessoa jurídica adquirente de bens estrangeiros, no caso de importação realizada por sua conta e ordem, por intermédio de pessoa jurídica importadora.

§ 5º (Vetado).

§ 6º No caso do imposto de importação, o disposto neste artigo aplica-se somente a bens e materiais de construção sem similar nacional.

ART. 4º No caso de venda ou importação de serviços destinados às obras referidas no *caput* do art. 2º, ficam suspensas:

- Dec. 7.320/2010 (Regulamenta a forma de habilitação e co-habilitação ao Repenec, de que trata este artigo).

I - a exigência da Contribuição para o PIS/Pasep e da Cofins incidentes sobre a prestação de serviços efetuada por pessoa jurídica estabelecida no País quando prestados a pessoa jurídica beneficiária do Repenec;

II - a exigência da Contribuição para o PIS/Pasep-Importação e da Cofins-Importação incidentes sobre serviços quando importados diretamente por pessoa jurídica beneficiária do Repenec.

§ 1º Nas vendas ou importação de serviços de que trata o *caput*, aplica-se, no que couber, o disposto nos §§ 2º e 3º do art. 3º desta Lei.

§ 2º O disposto no inciso I do *caput* aplica-se também na hipótese de receita de aluguel de máquinas, aparelhos, instrumentos e equipamentos para utilização em obras de infraestrutura quando contratados por pessoa jurídica beneficiária do Repenec.

ART. 5º Os benefícios de que tratam os arts. 3º e 4º desta Lei podem ser usufruídos nas aquisições e importações realizadas no período de 5 (cinco) anos, contado da data de habilitação ou co-habilitação da pessoa jurídica titular do projeto de infraestrutura.

- Dec. 7.320/2010 (Regulamenta a forma de habilitação e co-habilitação ao Repenec, de que trata este artigo).

§ 1º Na hipótese de transferência de titularidade de projeto de infraestrutura aprovado no Repenec durante o período de fruição do benefício, a habilitação do novo titular do projeto fica condicionada a:

I - manutenção das características originais do projeto, conforme manifestação do Ministério de Minas e Energia;

II - observância do limite de prazo estipulado no *caput* deste artigo, contado desde a habilitação do primeiro titular do projeto;

III - revogação da habilitação do antigo titular do projeto.

§ 2º Na hipótese de transferência de titularidade de que trata o § 1º, são responsáveis solidários pelos tributos suspensos os antigos titulares e o novo titular do projeto.

CAPÍTULO II
DO PROGRAMA UM COMPUTADOR POR ALUNO - PROUCA E DO REGIME ESPECIAL DE AQUISIÇÃO DE COMPUTADORES PARA USO EDUCACIONAL - RECOMPE

ART. 6º Fica criado o Programa Um Computador por Aluno - PROUCA e instituído o Regime Especial para Aquisição de Computadores para Uso Educacional - RECOMPE, nos termos e condições estabelecidos nos arts. 7º a 14 desta Lei.

- Dec. 7.243/2010 (Regulamenta o Programa Um Computador por Aluno - PROUCA e o Regime Especial de Aquisição de Computadores para uso Educacional - RECOMPE).

ART. 7º O Prouca tem o objetivo de promover a inclusão digital nas escolas das redes públicas de ensino federal, estadual, distrital, municipal ou nas escolas sem fins lucrativos de atendimento a pessoas com deficiência, mediante a aquisição e a utilização de soluções de informática, constituídas de equipamentos de informática, de programas de computador (software) neles instalados e de suporte e assistência técnica necessários ao seu funcionamento.

§ 1º Ato conjunto dos Ministros de Estado da Educação e da Fazenda estabelecerá definições, especificações e características técnicas mínimas dos equipamentos referidos no *caput*, podendo inclusive determinar os valores mínimos e máximos alcançados pelo Prouca.

§ 2º Incumbe ao Poder Executivo:

I - relacionar os equipamentos de informática de que trata o *caput*; e

II - estabelecer processo produtivo básico específico, definindo etapas mínimas e condicionantes de fabricação dos equipamentos de que trata o *caput*.

§ 3º Os equipamentos mencionados no *caput* deste artigo destinam-se ao uso educacional por alunos e professores das escolas das redes públicas de ensino federal, estadual, distrital, municipal ou das escolas sem fins lucrativos de atendimento a pessoas com deficiência, exclusivamente como instrumento de aprendizagem.

§ 4º A aquisição a que se refere o *caput* será realizada por meio de licitação pública, observados termos e legislação vigentes.

ART. 8º É beneficiária do Recompe a pessoa jurídica habilitada que exerça atividade de fabricação dos equipamentos mencionados no art. 7º e que seja vencedora do processo de licitação de que trata o § 4º daquele artigo.

§ 1º Também será considerada beneficiária do Recompe a pessoa jurídica que exerça a atividade de manufatura terceirizada para a vencedora do processo de licitação referido no § 4º do art. 7º.

§ 2º As pessoas jurídicas optantes pelo Regime Especial Unificado de Arrecadação de Tributos e Contribuições devidos pelas Microempresas e Empresas de Pequeno Porte - Simples Nacional, de que trata a Lei Complementar n. 123, de 14 de dezembro de 2006, e as pessoas jurídicas de que tratam o inciso II do art. 8º da Lei n. 10.637, de 30 de dezembro de 2002, e o inciso II do art. 10 da Lei n. 10.833, de 29 de dezembro de 2003, não podem aderir ao Recompe.

§ 3º O Poder Executivo regulamentará o regime de que trata o *caput*.

ART. 9º O Recompe suspende, conforme o caso, a exigência:

I - do Imposto sobre Produtos Industrializados - IPI incidente sobre a saída do estabelecimento industrial de matérias-primas e produtos intermediários destinados à industrialização dos equipamentos mencionados no art. 7º quando adquiridos por pessoa jurídica habilitada ao regime;

II - da Contribuição para o PIS/Pasep e da Contribuição para o Financiamento da Seguridade Social - COFINS incidentes sobre a receita decorrente da:

a) venda de matérias-primas e produtos intermediários destinados à industrialização dos equipamentos mencionados no art. 7º quando adquiridos por pessoa jurídica habilitada ao regime;

b) prestação de serviços por pessoa jurídica estabelecida no País a pessoa jurídica habilitada ao regime quando destinados aos equipamentos mencionados no art. 7º;

III - do IPI, da Contribuição para o PIS/Pasep-Importação, da Cofins-Importação, do Imposto de Importação e da Contribuição de Intervenção no Domínio Econômico destinada a financiar o Programa de Estímulo à Interação Universidade-Empresa para o Apoio à Inovação incidentes sobre:

a) matérias-primas e produtos intermediários destinados à industrialização dos equipamentos mencionados no art. 7º quando importados diretamente por pessoa jurídica habilitada ao regime;

b) o pagamento de serviços importados diretamente por pessoa jurídica habilitada ao regime quando destinados aos equipamentos mencionados no art. 7º.

ART. 10. Ficam isentos de IPI os equipamentos de informática saídos da pessoa jurídica beneficiária do Recompe diretamente para as escolas referidas no art. 7º.

ART. 11. As operações de importação efetuadas com os benefícios previstos no Recompe dependem de anuência prévia do Ministério da Ciência e Tecnologia.

Parágrafo único. As notas fiscais relativas às operações de venda no mercado interno de bens e serviços adquiridos com os benefícios previstos no Recompe devem:

I - estar acompanhadas de documento emitido pelo Ministério da Ciência e Tecnologia, atestando que a operação é destinada ao Prouca;

II - conter a expressão "Venda efetuada com suspensão da exigência do IPI, da Contribuição para o PIS/Pasep e da Cofins", com a especificação do dispositivo legal correspondente e do número do atestado emitido pelo Ministério da Ciência e Tecnologia.

ART. 12. A fruição dos benefícios do Recompe fica condicionada à regularidade fiscal da pessoa jurídica em relação aos tributos e contribuições administrados pela Secretaria da Receita Federal do Brasil.

ART. 13. A pessoa jurídica beneficiária do Recompe terá a habilitação cancelada:

I - na hipótese de não atender ou deixar de atender ao processo produtivo básico específico referido no inciso II do § 2º do art. 7º desta Lei;

II - sempre que se apure que não satisfazia ou deixou de satisfazer, não cumpria ou deixou de cumprir os requisitos para habilitação ao regime; ou

III - a pedido.

ART. 14. Após a incorporação ou utilização dos bens ou dos serviços adquiridos ou importados com os benefícios do Recompe nos equipamentos mencionados no art. 7º, a suspensão de que trata o art. 9º converte-se em alíquota zero.

Parágrafo único. Na hipótese de não se efetuar a incorporação ou utilização de que trata o *caput*, a pessoa jurídica beneficiária do Recompe fica obrigada a recolher os tributos não pagos em função da suspensão de que trata o art. 9º, acrescidos de juros e multa, de mora ou de ofício, na forma da lei, contados a partir da data de aquisição ou do registro da Declaração de Importação - DI, na condição de:

I - contribuinte, em relação ao IPI vinculado à importação, à Contribuição para o PIS/Pasep-Importação e à Cofins-Importação;

II - responsável, em relação ao IPI, à Contribuição para o PIS/Pasep, à Cofins e à Contribuição de Intervenção no Domínio Econômico destinada a financiar o Programa de Estímulo à Interação Universidade-Empresa para o Apoio à Inovação.

CAPÍTULO III
DA CRIAÇÃO E PRORROGAÇÃO DE BENEFÍCIOS FISCAIS

ART. 15. O art. 11 da Lei n. 8.248, de 23 de outubro de 1991, passa a vigorar com a seguinte redação:

▸ Alterações promovidas no texto da referida lei.

ART. 16. O art. 2º da Lei n. 8.387, de 30 de dezembro de 1991, passa a vigorar com a seguinte redação:

▸ Alterações promovidas no texto da referida lei.

ART. 17. O art. 30 da Lei n. 11.196, de 21 de novembro de 2005, passa a vigorar com a seguinte redação:

▸ Alterações promovidas no texto da referida lei.

ART. 18. Fica reduzida a zero a alíquota do Imposto de Renda incidente na fonte sobre as importâncias pagas, creditadas, entregues, empregadas ou remetidas ao exterior a título de remuneração de serviços vinculados aos processos de avaliação da conformidade, metrologia, normalização, inspeção sanitária e fitossanitária, homologação, registros e outros procedimentos exigidos pelo país importador sob o resguardo dos acordos sobre medidas sanitárias e fitossanitárias (SPS) e sobre barreiras técnicas ao comércio (TBT), ambos do âmbito da Organização Mundial do Comércio - OMC.

§ 1º O disposto neste artigo aplica-se à Contribuição de Intervenção no Domínio Econômico destinada a financiar o Programa de Estímulo à Interação Universidade-Empresa para o Apoio à Inovação, de que trata a Lei n. 10.168, de 29 de dezembro de 2000.

§ 2º O disposto no *caput* e no § 1º não se aplica à remuneração de serviços prestados por pessoa física ou jurídica residente ou domiciliada em país ou dependência com tributação favorecida ou beneficiada por regime fiscal privilegiado, de que tratam os arts. 24 e 24-A da Lei n. 9.430, de 27 de dezembro de 1996.

ART. 19. O art. 2º da Lei n. 10.865, de 30 de abril de 2004, passa a vigorar com a seguinte redação:

▸ Alterações promovidas no texto da referida lei.

ART. 20. Os arts. 2º, 3º e 4º da Lei n. 11.484, de 31 de maio de 2007, passam a vigorar com a seguinte redação:

▸ Alterações promovidas no texto da referida lei.

ART. 21. O art. 5º da Lei n. 11.488, de 15 de junho de 2007, passa a vigorar com a seguinte redação:

▸ Alterações promovidas no texto da referida lei.

CAPÍTULO IV
DAS ALTERAÇÕES NA LEGISLAÇÃO TRIBUTÁRIA

ART. 22. O art. 14 da Lei n. 9.718, de 27 de novembro de 1998, passa a vigorar acrescido do seguinte inciso VII:

▸ Alterações promovidas no texto da referida lei.

ART. 23. O art. 44 da Lei n. 9.430, de 27 de dezembro de 1996, passa a vigorar acrescido do seguinte § 5º:

▸ Alterações promovidas no texto da referida lei.

ART. 24. Sem prejuízo do disposto no art. 22 da Lei n. 9.430, de 27 de dezembro de 1996, os juros pagos ou creditados por fonte situada no Brasil à pessoa física ou jurídica, vinculada nos termos do art. 23 da Lei n. 9.430, de 27 de dezembro de 1996, residente ou domiciliada no exterior, não constituída em país ou dependência com tributação favorecida ou sob regime fiscal privilegiado, somente serão dedutíveis, para fins de determinação do lucro real e da base de cálculo da Contribuição Social sobre o Lucro Líquido, quando se verifique constituírem despesa necessária à atividade, conforme definido pelo art. 47 da Lei n. 4.506, de 30 de novembro de 1964, no período de apuração, atendendo aos seguintes requisitos:

I - no caso de endividamento com pessoa jurídica vinculada no exterior que tenha participação societária na pessoa jurídica residente no Brasil, o valor do endividamento com a pessoa vinculada no exterior, verificado por ocasião da apropriação dos juros, não seja superior a 2 (duas) vezes o valor da participação da vinculada no patrimônio líquido da pessoa jurídica residente no Brasil;

II - no caso de endividamento com pessoa jurídica vinculada no exterior que não tenha participação societária na pessoa jurídica residente no Brasil, o valor do endividamento com a pessoa vinculada no exterior, verificado por ocasião da apropriação dos juros, não seja superior a 2 (duas) vezes o valor do patrimônio líquido da pessoa jurídica residente no Brasil;

III - em qualquer dos casos previstos nos incisos I e II, o valor do somatório dos endividamentos com pessoas vinculadas no exterior, verificado por ocasião da apropriação dos juros, não seja superior a 2 (duas) vezes o valor do somatório das participações de todas as vinculadas no patrimônio líquido da pessoa jurídica residente no Brasil.

§ 1º Para efeito do cálculo do total de endividamento a que se refere o *caput* deste artigo, serão consideradas todas as formas e prazos de financiamento, independentemente de registro do contrato no Banco Central do Brasil.

§ 2º Aplica-se o disposto neste artigo às operações de endividamento de pessoa jurídica residente ou domiciliada no Brasil em que o avalista, fiador, procurador ou qualquer interveniente for pessoa vinculada.

§ 3º Verificando-se excesso em relação aos limites fixados nos incisos I a III do *caput* deste artigo, o valor dos juros relativos ao excedente será considerado despesa não necessária à atividade da empresa, conforme definido pelo art. 47 da Lei n. 4.506, de 30 de novembro de 1964, e não dedutível para fins do Imposto de Renda e da Contribuição Social sobre o Lucro Líquido.

§ 4º Os valores do endividamento e da participação da vinculada no patrimônio líquido, a que se refere este artigo, serão apurados pela média ponderada mensal.

§ 5º O disposto no inciso III do *caput* deste artigo não se aplica no caso de endividamento exclusivamente com pessoas vinculadas no exterior que não tenham participação societária na pessoa jurídica residente no Brasil.

§ 6º Na hipótese a que se refere o § 5º deste artigo, o somatório dos valores de endividamento com todas as vinculadas sem participação no capital da entidade no Brasil, verificado por ocasião da apropriação dos juros, não poderá ser superior a 2 (duas) vezes o valor do patrimônio líquido da pessoa jurídica residente no Brasil.

§ 7º O disposto neste artigo não se aplica às operações de captação feitas no exterior por instituições de que trata o § 1º do art. 22 da Lei n. 8.212, de 24 de julho de 1991, para recursos captados no exterior e utilizados em operações de repasse, nos termos definidos pela Secretaria da Receita Federal do Brasil.

ART. 25. Sem prejuízo do disposto no art. 22 da Lei n. 9.430, de 27 de dezembro de 1996, os juros pagos ou creditados por fonte situada no Brasil à pessoa física ou jurídica residente, domiciliada ou constituída no exterior, em país ou dependência com tributação favorecida ou sob regime fiscal privilegiado, nos termos dos arts. 24 e 24-A da Lei n. 9.430, de 27 de dezembro de 1996, somente serão dedutíveis, para fins de determinação do lucro real e da base de cálculo da Contribuição Social sobre o Lucro Líquido, quando se verifique constituírem despesa necessária à atividade, conforme definido pelo art. 47 da Lei n. 4.506, de 30 de novembro de 1964, no período de apuração, atendendo cumulativamente ao requisito de que o valor total do somatório dos endividamentos com todas as entidades situadas em país ou dependência com tributação favorecida ou sob regime fiscal privilegiado não seja superior a 30% (trinta por cento) do valor do patrimônio líquido da pessoa jurídica residente no Brasil.

§ 1º Para efeito do cálculo do total do endividamento a que se refere o *caput* deste artigo, serão consideradas todas as formas e prazos de financiamento, independentemente de registro do contrato no Banco Central do Brasil.

§ 2º Aplica-se o disposto neste artigo às operações de endividamento de pessoa jurídica residente ou domiciliada no Brasil em que o avalista, fiador, procurador ou qualquer interveniente for residente ou constituído em país ou dependência com tributação favorecida ou sob regime fiscal privilegiado.

§ 3º Verificando-se excesso em relação ao limite fixado no *caput* deste artigo, o valor dos juros relativos ao excedente será considerado despesa não necessária à atividade da empresa, conforme definido pelo art. 47 da Lei n. 4.506, de 30 de novembro de 1964, e não dedutível para fins do Imposto de Renda e da Contribuição Social sobre o Lucro Líquido.

§ 4º Os valores do endividamento e do patrimônio líquido a que se refere este artigo serão apurados pela média ponderada mensal.

§ 5º O disposto neste artigo não se aplica às operações de captação feitas no exterior por instituições de que trata o § 1º do art. 22 da Lei n. 8.212, de 24 de julho de 1991, para recursos captados no exterior e utilizados em operações de repasse, nos termos definidos pela Secretaria da Receita Federal do Brasil.

ART. 26. Sem prejuízo das normas do Imposto sobre a Renda da Pessoa Jurídica - IRPJ, não são dedutíveis, na determinação do lucro real e da base de cálculo da Contribuição Social sobre o Lucro Líquido, as importâncias pagas, creditadas, entregues, empregadas ou remetidas a qualquer título, direta ou indiretamente, a pessoas físicas ou jurídicas residentes ou constituídas no exterior e submetidas a um tratamento de país ou dependência com tributação favorecida ou sob regime fiscal privilegiado, na forma dos arts. 24 e 24-A da Lei n. 9.430, de 27 de dezembro de 1996, salvo se houver, cumulativamente:

I - a identificação do efetivo beneficiário da entidade no exterior, destinatário dessas importâncias;

II - a comprovação da capacidade operacional da pessoa física ou entidade no exterior de realizar a operação; e

III - a comprovação documental do pagamento do preço respectivo e do recebimento dos bens e direitos ou da utilização de serviço.

§ 1º Para efeito do disposto no inciso I do *caput* deste artigo, considerar-se-á como efetivo beneficiário a pessoa física ou jurídica não constituída com o único ou principal objetivo de economia tributária que auferir esses valores por sua própria conta e não como agente, administrador fiduciário ou mandatário por conta de terceiro.

§ 2º O disposto neste artigo não se aplica ao pagamento de juros sobre o capital próprio de que trata o art. 9º da Lei n. 9.249, de 26 de dezembro de 1995.

§ 3º A comprovação do disposto no inciso II do *caput* deste artigo não se aplica no caso de operações:

I - que não tenham sido efetuadas com o único ou principal objetivo de economia tributária; e

II - cuja beneficiária das importâncias pagas, creditadas, entregues, empregadas ou remetidas a título de juros seja subsidiária integral, filial ou sucursal da pessoa jurídica remetente domiciliada no Brasil e tenha seus lucros tributados na forma do art. 74 da Medida Provisória n. 2.158-35, de 24 de agosto de 2001.

ART. 27. A transferência do domicílio fiscal da pessoa física residente e domiciliada no Brasil para país ou dependência com tributação favorecida ou regime fiscal privilegiado, nos termos a que se referem, respectivamente, os arts. 24 e 24-A da Lei n. 9.430, de 27 de dezembro de 1996, somente terá seus efeitos reconhecidos a partir da data em que o contribuinte comprove:

I - ser residente de fato naquele país ou dependência; ou

II - sujeitar-se a imposto sobre a totalidade dos rendimentos do trabalho e do capital, bem como o efetivo pagamento desse imposto.

Parágrafo único. Consideram-se residentes de fato, para os fins do disposto no inciso I do *caput* deste artigo, as pessoas físicas que tenham efetivamente permanecido no país ou dependência por mais de 183 (cento e oitenta e três) dias, consecutivos ou não, no período de até 12 (doze) meses, ou que comprovem ali se localizarem a residência habitual de sua família e a maior parte de seu patrimônio.

ART. 28. O § 1º do art. 7º da Lei n. 10.865, de 30 de abril de 2004, passa a vigorar com a seguinte redação:

› Alterações promovidas no texto da referida lei.

CAPÍTULO V
DO REGIME ESPECIAL PARA A INDÚSTRIA AERONÁUTICA BRASILEIRA - RETAERO

› Lei 12.598/2012 (Estabelece normas especiais para as compras, as contratações e o desenvolvimento de produtos e de sistemas de defesa; dispõe sobre regras de incentivo à área estratégica de defesa; altera a Lei 12.249/ 2010).

ART. 29. Fica instituído o Regime Especial para a Indústria Aeronáutica Brasileira - RETAERO, nos termos desta Lei.

› Dec. 7.451/2011 (Regulamenta o Regime Especial para a Indústria Aeroespacial Brasileira, instituído por este artigo.)

ART. 30. São beneficiárias do Retaero:

› Dec. 7.451/2011 (Regulamenta o Regime Especial para a Indústria Aeroespacial Brasileira, instituído por este artigo.)

I - a pessoa jurídica que produza partes, peças, ferramentais, componentes, equipamentos, sistemas, subsistemas, insumos e matérias-primas, ou preste serviços referidos no art. 32, a serem empregados na manutenção, conservação, modernização, reparo, revisão, conversão e industrialização das aeronaves classificadas na posição 88.02 da Nomenclatura Comum do Mercosul - NCM;

II - a pessoa jurídica que produza bens ou preste os serviços referidos no art. 32 desta Lei, utilizados como insumo na produção de bens referidos no inciso I.

§ 1º No caso do inciso II, somente poderá ser habilitada ao Retaero a pessoa jurídica preponderantemente fornecedora de pessoas jurídicas referidas no inciso I do *caput*.

§ 2º Considera-se pessoa jurídica preponderantemente fornecedora, de que trata o § 1º, aquela que tenha 70% (setenta por cento) ou mais de sua receita total de venda de bens e serviços, no ano-calendário imediatamente anterior ao da habilitação, decorrente do somatório das vendas:

I - às pessoas jurídicas referidas no inciso I do *caput*;

II - a pessoas jurídicas fabricantes de aeronaves classificadas na posição 88.02 da NCM; e

III - de exportação para o exterior.

§ 3º Para os fins do § 2º, exclui-se do cálculo da receita o valor dos impostos e contribuições incidentes sobre a venda.

§ 4º (Vetado).

§ 5º A fruição dos benefícios do Retaero condiciona-se ao atendimento cumulativo, pela pessoa jurídica, dos seguintes requisitos:

I - cumprimento das normas de homologação aeronáutica editadas no âmbito do Sistema de Segurança de Voo;

II - prévia habilitação na Secretaria da Receita Federal do Brasil;

III - regularidade fiscal em relação aos impostos e contribuições administradas pela Secretaria da Receita Federal do Brasil.

§ 6º As pessoas jurídicas optantes pelo Regime Especial Unificado de Arrecadação de Tributos e Contribuições devidos pelas Microempresas e Empresas de Pequeno Porte - Simples Nacional, de que trata a Lei Complementar n. 123, de 14 de dezembro de 2006, e as pessoas jurídicas de que tratam o inciso II do art. 8º da Lei n. 10.637, de 30 de dezembro de 2002, e o inciso II do art. 10 da Lei n. 10.833, de 29 de dezembro de 2003, não podem habilitar-se ao Retaero.

§ 7º À pessoa jurídica beneficiária do Retaero não se aplica o disposto no inciso VII do § 12 do art. 8º, no inciso IV do art. 28 da Lei n. 10.865, de 30 de abril de 2004, e na alínea b do inciso I do § 1º do art. 29 da Lei n. 10.637, de 30 de dezembro de 2002.

§ 8º Excetua-se do disposto no § 7º a receita bruta decorrente da venda, no mercado interno, das aeronaves classificadas na posição 88.02 da NCM, que continua sujeita a alíquotas zero da Contribuição para o PIS/Pasep e da Cofins.

§ 9º O Poder Executivo disciplinará em regulamento o Retaero.

ART. 31. No caso de venda no mercado interno ou de importação de bens de que trata o art. 30, ficam suspensos:

› Dec. 7.451/2011 (Regulamenta o Regime Especial para a Indústria Aeroespacial Brasileira, instituído por este artigo.)

I - a exigência da Contribuição para o Programa de Integração Social e de Formação do Patrimônio do Servidor Público - PIS/Pasep e da Contribuição para o Financiamento da Seguridade Social - COFINS incidentes sobre a receita da pessoa jurídica vendedora, quando a aquisição for efetuada por pessoa jurídica beneficiária do Retaero;

II - a exigência da Contribuição para o PIS/Pasep-Importação e da Cofins-Importação, quando a importação for efetuada por pessoa jurídica beneficiária do Retaero;

III - o IPI incidente na saída do estabelecimento industrial ou equiparado, quando a aquisição no mercado interno for efetuada por estabelecimento industrial de pessoa jurídica beneficiária do Retaero;

IV - o Imposto sobre Produtos Industrializados - IPI incidente na importação, quando efetuada por estabelecimento industrial de pessoa jurídica beneficiária do Retaero.

§ 1º Nas notas fiscais relativas:

I - às vendas de que trata o inciso I do *caput*, deverá constar a expressão "Venda efetuada com suspensão da exigibilidade da Contribuição para o PIS/Pasep e da Cofins", com a especificação do dispositivo legal correspondente;

II - às saídas de que trata o inciso III do *caput*, deverá constar a expressão "Saída com suspensão do IPI", com a especificação do dispositivo legal correspondente, vedado o registro do imposto nas referidas notas.

§ 2º As suspensões de que trata este artigo convertem-se em alíquota zero:

I - após o emprego ou utilização dos bens adquiridos ou importados no âmbito do Retaero, ou dos bens que resultaram de sua industrialização, na manutenção, conservação, modernização, reparo, revisão, conversão e industrialização das aeronaves classificadas na posição 88.02 da NCM;

II - após a exportação dos bens com tributação suspensa ou dos que resultaram de sua industrialização.

§ 3º A pessoa jurídica que não utilizar o bem na forma prevista no § 2º, ou não cumprir o compromisso previsto no § 4º do art. 30 desta Lei, é obrigada a recolher os tributos não pagos em decorrência da suspensão de que trata este artigo, acrescidos de juros e multa, de mora ou de ofício, na forma da lei, contados a partir da data da aquisição ou do registro da Declaração de Importação - DI, na condição:

I - de contribuinte, em relação à Contribuição para o PIS/Pasep-Importação, à Cofins-Importação e ao IPI incidente no desembaraço aduaneiro de importação;

II - de responsável, em relação à Contribuição para o PIS/Pasep, à Cofins e ao IPI.

§ 4º Para efeitos deste artigo, equipara-se ao importador a pessoa jurídica adquirente de bens estrangeiros, no caso de importação realizada por sua conta e ordem por intermédio de pessoa jurídica importadora.

ART. 32. No caso de venda ou importação de serviços de tecnologia industrial básica, desenvolvimento e inovação tecnológica, assistência técnica e transferência de tecnologia destinados a empresas beneficiárias do Retaero, fica suspensa a exigência:

- Dec. 7.451/2011 (Regulamenta o Regime Especial para a Indústria Aeroespacial Brasileira, instituído por este artigo.)

I - da Contribuição para o PIS/Pasep e da Cofins incidentes sobre a receita da prestação de serviços efetuada por pessoa jurídica estabelecida no País, quando prestados a pessoa jurídica beneficiária do Retaero;

II - da Contribuição para o PIS/Pasep-Importação e da Cofins-Importação incidentes sobre serviços, quando importados diretamente por pessoa jurídica beneficiária do Retaero.

§ 1º Nas vendas ou importação de serviços de que trata o *caput* aplica-se o disposto nos §§ 2º e 3º do art. 31 desta Lei.

§ 2º O disposto no inciso I do *caput* aplica-se também na hipótese de receita de aluguel de máquinas, aparelhos, instrumentos e equipamentos, quando contratados por pessoas jurídicas habilitadas ao Retaero.

§ 3º A fruição do benefício de que trata este artigo depende da comprovação da efetiva prestação do serviço para produção, reparo e manutenção de aeronaves classificadas na posição 88.02 da NCM.

ART. 33. A habilitação ao Retaero pode ser realizada em até 5 (cinco) anos, contados da data da vigência desta Lei.

- Dec. 7.451/2011 (Regulamenta o Regime Especial para a Indústria Aeroespacial Brasileira, instituído por este artigo.)

Parágrafo único. Os benefícios de que tratam os arts. 31 e 32 desta Lei podem ser utilizados nas aquisições e importações realizadas no período de 5 (cinco) anos, contados da data de habilitação no Retaero.

CAPÍTULO VI
DISPOSIÇÕES GERAIS

SEÇÃO I
DA CONCESSÃO DE CRÉDITO PARA O FUNDO DA MARINHA MERCANTE

ART. 34. Fica a União autorizada a conceder crédito aos agentes financeiros do Fundo da Marinha Mercante - FMM, no montante de até R$ 15.000.000.000,00 (quinze bilhões de reais), para viabilizar o financiamento de projetos aprovados pelo Conselho Diretor do Fundo da Marinha Mercante - CDFMM, em condições financeiras e contratuais a serem definidas pelo Ministro de Estado da Fazenda. (Alterado pela Lei 12.788/2013.)

§ 1º Para a cobertura do crédito de que trata o *caput*, a União poderá emitir, sob a forma de colocação direta, em favor dos agentes financeiros do FMM, títulos da Dívida Pública Mobiliária Federal, cujas características serão definidas pelo Ministro de Estado da Fazenda. (Alterado pela Lei 12.788/2013.)

§ 2º No caso de emissão de títulos, será respeitada a equivalência econômica com o valor previsto no *caput*. (Alterado pela Lei 12.788/2013.)

§ 3º As condições financeiras e contratuais para os financiamentos a serem concedidos pelos agentes financeiros aos tomadores para viabilizar os projetos de que trata o *caput* serão idênticas àquelas concedidas pelo FMM, conforme estabelece o Conselho Monetário Nacional - CMN. (Alterado pela Lei 12.788/2013.)

§ 4º O Tesouro Nacional fará jus a uma remuneração com base na TJLP, na variação cambial do dólar norte-americano ou na combinação de ambas, a critério do Ministro da Fazenda. (Alterado pela Lei 12.788/2013.)

§ 5º Os valores pagos pelos agentes financeiros do FMM à União, por conta das operações de crédito de que trata o *caput*, serão destinados exclusivamente ao pagamento da Dívida Pública Federal. (Acrescentado pela Lei 12.788/2013.)

ART. 35. Os agentes financeiros do FMM poderão recomprar da União, a qualquer tempo, os ativos porventura dados em contrapartida aos créditos de que trata o art. 34, a critério do Ministro de Estado da Fazenda.

ART. 36. O CMN estabelecerá condições financeiras diferenciadas de financiamento, considerando os percentuais para os conteúdos nacional e importado das embarcações a serem construídas com recursos do FMM e desta Lei.

SEÇÃO II
DA LETRA FINANCEIRA E DO CERTIFICADO DE OPERAÇÕES ESTRUTURADAS

ART. 37. As instituições financeiras e demais instituições autorizadas a funcionar pelo Banco Central do Brasil podem emitir Letra Financeira, título de crédito nominativo, transferível e de livre negociação. (Alterado pela Lei 12.838/2013.)

ART. 38. A Letra Financeira será emitida exclusivamente sob a forma escritural, mediante registro em sistema de registro e de liquidação financeira de ativos autorizado pelo Banco Central do Brasil, com as seguintes características:

I - a denominação Letra Financeira;

II - o nome da instituição financeira emitente;

III - o número de ordem, o local e a data de emissão;

IV - o valor nominal;

V - a taxa de juros, fixa ou flutuante, admitida a capitalização;

VI - a cláusula de correção pela variação cambial, quando houver;

VII - outras formas de remuneração, inclusive baseadas em índices ou taxas de conhecimento público, quando houver;

VIII - a cláusula de subordinação, quando houver;

IX - a data ou as condições de vencimento; (Alterado pela Lei 12.838/2013.)

X - o local de pagamento;

XI - o nome da pessoa a quem se deve pagar;

XII - a descrição da garantia real ou fidejussória, quando houver;

XIII - a cláusula de pagamento periódico dos rendimentos, quando houver.

XIV - a cláusula de suspensão do pagamento da remuneração estipulada, quando houver; (Acrescentado pela Lei 12.838/2013.)

XV - a cláusula de extinção do direito de crédito representado pela Letra Financeira, quando houver; e (Acrescentado pela Lei 12.838/2013.)

XVI - a cláusula de conversão da Letra Financeira em ações da instituição emitente, quando houver. (Acrescentado pela Lei 12.838/2013.)

§ 1º A Letra Financeira é título executivo extrajudicial, que pode ser executado independentemente de protesto, com base em certidão de inteiro teor dos dados informados no registro, emitida pela entidade administradora do sistema referido no *caput*.

§ 2º A Letra Financeira pode, dependendo dos critérios de remuneração, gerar valor de resgate inferior ao valor de sua emissão.

§ 3º A transferência de titularidade da Letra Financeira efetiva-se por meio do sistema referido no *caput* deste artigo, que manterá registro da sequência histórica das negociações.

§ 4º O registro da Letra Financeira deverá conter todas as características mencionadas neste artigo e as condições negociais que disciplinarão sua conversão, caso emitida com a cláusula de que trata o inciso XVI do *caput*. (Acrescentado pela Lei 12.838/2013.)

§ 5º A cláusula de que trata o inciso IX do *caput* poderá estabelecer, como condições de vencimento da Letra Financeira, o inadimplemento da obrigação de pagar a remuneração ou a dissolução da instituição emitente, caso em que ambas as condições deverão constar no título. (Acrescentado pela Lei 12.838/2013.)

§ 6º Será considerada extinta a remuneração referente ao período da suspensão do pagamento levada a efeito pela cláusula de que trata o inciso XIV do *caput*. (Acrescentado pela Lei 12.838/2013.)

§ 7º A conversão em ações de que trata o inciso XVI do *caput* não poderá decorrer de iniciativa do titular ou da instituição emitente da Letra Financeira. (Acrescentado pela Lei 12.838/2013.)

ART. 39. A distribuição pública de Letra Financeira observará o disposto pela Comissão de Valores Mobiliários.

ART. 40. A Letra Financeira pode ser emitida com cláusula de subordinação aos credores quirografários, preferindo apenas aos acionistas no ativo remanescente, se houver, na hipótese de liquidação ou falência da instituição emissora.

§ 1º A Letra Financeira de que trata o *caput* pode ser utilizada para fins de composição do patrimônio de referência da instituição emitente, nas condições especificadas pelo CMN. (Alterado pela Lei 12.838/2013.)

§ 2º As normas editadas pelo CMN poderão estabelecer ordem de preferência no pagamento dos titulares da Letra Financeira de que trata o *caput*, de acordo com as características do título. (Acrescentado pela Lei 12.838/2013.)

ART. 41. Incumbe ao CMN a disciplina das condições de emissão da Letra Financeira, em especial os seguintes aspectos:

I - o tipo de instituição autorizada à sua emissão; (Alterado pela Lei 12.838/2013.)

II - a utilização de índices, taxas ou metodologias de remuneração;

III - o prazo de vencimento, não inferior a 1 (um) ano;

IV - as condições de resgate antecipado do título, que somente poderá ocorrer em ambiente de negociação competitivo, observado o prazo mínimo de vencimento; e

V - os limites de emissão, considerados em função do tipo de instituição; (Alterado pela Lei 12.838/2013.)

VI - as condições de vencimento; (Alterado pela Lei 12.838/2013.)

VII - as situações durante as quais ocorrerá a suspensão do pagamento da remuneração estipulada; e (Alterado pela Lei 12.838/2013.)

VIII - as situações em que ocorrerá a extinção do direito de crédito ou a conversão do título em ações da instituição emitente. (Alterado pela Lei 12.838/2013.)

ART. 42. Aplica-se à Letra Financeira, no que não contrariar o disposto nesta Lei, a legislação cambial.

Parágrafo único. O Banco Central do Brasil produzirá e divulgará, para acesso público por meio da internet, relatório anual sobre a negociação de Letras Financeiras, com informações sobre os mercados primário e secundário do título, condições financeiras de negociação, prazos, perfil dos investidores e indicadores de risco, quando houver.

ART. 43. As instituições financeiras podem emitir Certificado de Operações Estruturadas, representativo de operações realizadas com base em instrumentos financeiros derivativos, nas condições especificadas em regulamento do CMN.

SEÇÃO III
DA CONCESSÃO DE CRÉDITO AO BANCO NACIONAL DE DESENVOLVIMENTO ECONÔMICO E SOCIAL

ART. 44. O *caput* do art. 1º da Lei n. 11.948, de 16 de junho de 2009, passa a vigorar com a seguinte redação:

▸ Alterações promovidas no texto da referida lei.

ART. 45. (Vetado).

SEÇÃO IV
DAS ALTERAÇÕES NO PROGRAMA MINHA CASA, MINHA VIDA E DA CRIAÇÃO DO CNPI

ART. 46. Os arts. 6º, 11, 13, 20 e 30 da Lei n. 11.977, de 7 de julho de 2009, passam a vigorar com a seguinte redação:

▸ Alterações promovidas no texto da referida lei.

ART. 47. Fica instituído o Cadastro Nacional de Pessoas Físicas e Jurídicas Impedidas de Operar com os Fundos e Programas Habitacionais Públicos ou Geridos por Instituição Pública e com o Sistema Financeiro da Habitação - CNPI.

§ 1º À Caixa Econômica Federal incumbe desenvolver, implantar, gerir, organizar e operar o CNPI, bem como divulgar a Relação Nacional de Pessoas Impedidas de Operar com os Fundos e Programas Habitacionais e com o Sistema Financeiro da Habitação - RNPI.

§ 2º As instituições integrantes do Sistema Financeiro da Habitação - SFH e as que operam com os fundos e programas habitacionais públicos ou geridos por instituição pública encaminharão à Caixa Econômica Federal, na forma e nos prazos estabelecidos em regulamento, os dados, documentos e informações necessários à instrução do procedimento de inclusão ou exclusão das pessoas físicas e jurídicas do CNPI.

§ 3º Podem ser incluídos no CNPI, na forma do regulamento, por se recusarem a assumir o ônus da recuperação do imóvel que, previamente vistoriado, acuse vício de construção, ou por não cumprirem suas obrigações contratuais no tocante a prazos estabelecidos para entrega da obra:

I - o construtor, seja pessoa física ou jurídica, bem como seus sócios e diretores, e os responsáveis técnicos pela empresa ou pela obra; ou

II - a sociedade construtora, no caso das sociedades regidas pela Lei n. 6.404, de 15 de dezembro de 1976, bem como seus diretores e acionistas controladores, e os responsáveis técnicos pela empresa ou pela obra.

§ 4º Salvo disposição contratual em contrário, os nomes dos avalistas ou fiadores de operação de financiamento habitacional não serão incluídos no CNPI.

§ 5º Ficam impedidas de operar com os fundos e programas habitacionais públicos ou geridos por instituição pública e com o SFH, além das pessoas incluídas no CNPI na forma do § 3º, as empresas que possuam como sócio, diretor, acionista controlador ou responsável técnico pessoa física incluída no CNPI.

§ 6º O impedimento previsto no § 5º abrange qualquer forma de operação que envolva recursos do SFH ou dos fundos e programas habitacionais públicos ou de gestão pública.

§ 7º Fica extinta a Relação de Pessoas Impedidas de Operar com o SFH - RPI, devendo os registros nela existentes ser transferidos para o CNPI.

§ 8º A regulamentação do CNPI ficará a cargo do Conselho Monetário Nacional - CMN.

SEÇÃO V
DAS TAXAS E DEMAIS DISPOSIÇÕES

ART. 48. É instituída a Taxa de Fiscalização dos Mercados de Seguro e Resseguro, de Capitalização e de Previdência Complementar Aberta.

▸ Art. 8º, Lei 13.202/2015 (Autoriza o Poder Executivo a atualizar monetariamente o valor da taxa instituída neste artigo.)

ART. 49. Considera-se, para fins desta Lei:

I - prêmio retido: prêmio emitido menos as restituições e as cessões de risco;

II - sinistro retido: sinistro total menos os sinistros correspondentes a cessões de risco; e

III - provisão técnica: montante detido pelo segurador ou ressegurador visando a garantir os riscos assumidos no contrato.

ART. 50. O fato gerador da Taxa de Fiscalização de que trata esta Seção é o exercício do poder de polícia atribuído à Superintendência de Seguros Privados - SUSEP.

ART. 51. São contribuintes da Taxa de Fiscalização de que trata esta Seção as sociedades seguradoras, resseguradores locais e admitidos, sociedades de capitalização e entidades abertas de previdência complementar.

§ 1º Excetuam-se do disposto no *caput* as sociedades seguradoras que operam seguro saúde.

§ 2º Incluem-se no *caput* as sociedades cooperativas autorizadas a operar em seguros privados, na forma estabelecida na legislação em vigor.

ART. 52. Os valores da Taxa de Fiscalização, expressos em reais, apuram-se com base na tabela constante do Anexo I.

Parágrafo único. Para efeito do enquadramento nas faixas indicadas na tabela do Anexo I, a Base de Cálculo da Taxa de Fiscalização - BCTF corresponde à margem de solvência na forma abaixo:

I - para as sociedades seguradoras que operam com seguro de pessoas - produtos de vida de acumulação: 8% (oito por cento) do total das provisões técnicas e fundos relacionados aos seguros de vida caracterizados como produtos de acumulação somados, no caso dos demais seguros de pessoas, ao maior dos 2 (dois) valores abaixo:

a) 20% (vinte por cento) do total dos prêmios retidos dos 12 (doze) meses anteriores; ou

b) 33% (trinta e três por cento) da média anual dos sinistros retidos dos 36 (trinta e seis) meses anteriores;

II - para as seguradoras que operam com seguros de danos, o maior dos 2 (dois) valores abaixo:

a) 20% (vinte por cento) do total dos prêmios retidos dos 12 (doze) meses anteriores; ou

b) 33% (trinta e três por cento) da média anual dos sinistros retidos dos 36 (trinta e seis) meses anteriores;

III - para as sociedades seguradoras que operam simultaneamente com seguros de danos e pessoas: o somatório dos valores dos incisos I e II;

IV - para as sociedades seguradoras e as entidades abertas de previdência complementar que operam previdência complementar aberta: 8% (oito por cento) do total das provisões técnicas e fundos relacionados aos planos de previdência;

V - para as sociedades de capitalização: 8% (oito por cento) do total das provisões técnicas;

VI - para efeito de enquadramento nas faixas indicadas na tabela constante do Anexo I, a margem de solvência dos resseguradores locais será calculada pela soma dos resultados obtidos nos incisos I e II;

VII - para os resseguradores admitidos, fica estabelecido valor de taxa única, conforme tabela constante do Anexo I.

ART. 53. A Taxa de Fiscalização de que trata esta Seção será recolhida trimestralmente até o último dia útil do primeiro decêndio dos meses de janeiro, abril, julho e outubro de cada ano.

Parágrafo único. Para apuração da Taxa de Fiscalização devida, serão obedecidos os seguintes critérios:

I - no mês de janeiro, a apuração será feita com base nas demonstrações financeiras encerradas em 30 de junho do exercício anterior;

II - nos meses de abril e julho, a apuração será feita com base nas demonstrações financeiras encerradas em 31 de dezembro do exercício anterior; e

III - no mês de outubro, a apuração será feita com base nas demonstrações financeiras encerradas em 30 de junho do exercício corrente.

ART. 54. Os contribuintes não enquadrados nos critérios desta Lei recolherão a Taxa de Fiscalização com base na menor faixa de cada ramo ou atividade em que estiverem autorizados a operar.

ART. 55. A Taxa de Fiscalização não recolhida no prazo fixado será acrescida de juros e multa de mora, calculados nos termos da legislação federal aplicável aos tributos federais.

ART. 56. Os débitos referentes à Taxa de Fiscalização serão inscritos em Dívida Ativa e executados judicialmente pela Procuradoria Federal junto à Susep.

ART. 57. Os débitos relativos à Taxa de Fiscalização podem ser parcelados, a juízo do Conselho Diretor da Susep, de acordo com os mesmos critérios do parcelamento ordinário de tributos federais estabelecidos noart. 37-B da Lei n. 10.522, de 19 de julho de 2002.

ART. 58. A Taxa de Fiscalização de que trata esta Seção será recolhida ao Tesouro Nacional, em conta vinculada à Susep, mediante Guia de Recolhimento da União - GRU, por intermédio de estabelecimento bancário integrante da rede credenciada.

ART. 59. A Taxa de Serviços Metrológicos, instituída pelo art. 11 da Lei n. 9.933, de 20 de dezembro de 1999, passa a vigorar com os valores constantes do Anexo II desta Lei.

ART. 60. Até 31 de dezembro de 2019, fica reduzida a 6% (seis por cento) a alíquota do imposto de renda retido na fonte incidente sobre os valores pagos, creditados, entregues, empregados ou remetidos para pessoa física ou jurídica residente oudomiciliada no exterior, destinados à cobertura de gastos pessoais, no exterior, de pessoas físicas residentes no País, em viagens de turismo, negócios, serviço, treinamento ou missões oficiais, até o limite global de R$ 20.000,00 (vinte mil reais) ao mês, nos termos, limites e condições estabelecidos pelo Poder Executivo. (Alterado pela Lei 13.315/2016.)

§ 1º O limite global previsto no *caput* não se aplica em relação às operadoras e agências de viagem. (Alterado pela Lei 12.844/2013.)

§ 2º Salvo se atendidas as condições previstas no art. 26, a redução da alíquota prevista no *caput* não se aplica ao caso de beneficiário residente ou domiciliado em país ou dependência com tributação favorecida ou de pessoa física ou jurídica submetida a regime fiscal privilegiado, de que tratam os arts. 24 e 24-A da Lei n. 9.430, de 27 de dezembro de 1996. (Alterado pela Lei 13.315/2016.)

§ 3º As operadoras e agências de viagem, na hipótese de cumprimento da ressalva constante do § 2º, sujeitam-se ao limite de R$ 10.000,00 (dez mil reais) ao mês por passageiro, obedecida a regulamentação do Poder Executivo quanto a limites, quantidade de passageiros e condições para utilização da redução, conforme o tipo de gasto custeado. (Alterado pela Lei 13.315/2016.)

§ 4º Para fins de cumprimento das condições para utilização da alíquota reduzida de que trata este artigo, as operadoras e agências de viagem deverão ser cadastradas no Ministério do Turismo, e suas operações deverão ser realizadas por intermédio de instituição financeira domiciliada no País. (Alterado pela Lei 13.315/2016.)

ART. 61. Os atos concessórios de *drawback* cujos prazos máximos tenham sido prorrogados nos termos do art. 4º do Decreto-Lei n. 1.722, de 3 de dezembro de 1979, com vencimento em 2010, ou nos termos do art. 13 da Lei n. 11.945, de 4 de junho de 2009, poderão, em caráter excepcional, ser objeto de nova prorrogação por período de 1 (um) ano.

- Lei 12.453/2011 (Constitui fonte de recursos adicional ao; dispõe sobre medidas de suspensão temporária de exigências de regularidade fiscal).
- Lei 12.872/2013 (Altera a Lei 10.552/2002, para dispor sobre a concessão de garantia da União a entidades controladas indiretamente pelos entes da Federação; autoriza o aumento do capital social da VALEC - Engenharia, Construções e Ferrovias S.A.; autoriza a União a renegociar condições financeiras e contratuais das operações de crédito com o BNDES; altera o cálculo da receita líquida real dos Municípios, para adequação à Lei 10.257/2001; autoriza a União a conceder crédito ao BNDES, em condições financeiras e contratuais que permitam o seu enquadramento como instrumento híbrido de capital e dívida ou elemento patrimonial que venha a substituí-lo na formação do patrimônio de referência; promove ações de cooperação energética com países da América Latina).
- Lei 12.995/2014 (Prorroga o prazo para a destinação de recursos aos Fundos Fiscais de Investimentos, altera a legislação tributária federal).

ART. 62. O art. 74 da Lei n. 9.430, de 27 de dezembro de 1996, passa a vigorar com a seguinte redação:

- Alterações promovidas no texto da referida lei.

ART. 63. É a União autorizada a conceder crédito ao Banco do Nordeste do Brasil S.A., no montante de R$ 1.000.000.000,00 (um bilhão de reais), em condições financeiras e contratuais a serem definidas pelo Ministro de Estado da Fazenda.

Parágrafo único. Para a cobertura do crédito de que trata o *caput*, a União poderá emitir, sob a forma de colocação direta, em favor do Banco do Nordeste do Brasil S.A., títulos da Dívida Pública Mobiliária Federal, cujas características serão definidas pelo Ministro de Estado da Fazenda, devendo ser respeitada a equivalência econômica dos títulos com o valor previsto no *caput*. (Acrescentado pela Lei 12.409/2011.)

ART. 64. É a União, mediante aprovação do Ministro de Estado da Fazenda, autorizada a renegociar ou a estabelecer as condições financeiras e contratuais de operações de crédito realizadas com o Banco do Nordeste do Brasil S.A., até o montante de R$ 1.000.000.000,00 (um bilhão de reais), visando a enquadrá-las como instrumento híbrido de capital e dívida apto a integrar o seu patrimônio de referência, conforme definido pelo Conselho Monetário Nacional.

ART. 65. Poderão ser pagos ou parcelados, em até 180 (cento e oitenta) meses, nas condições desta Lei, os débitos administrados pelas autarquias e fundações públicas federais e os débitos de qualquer natureza, tributários ou não tributários, com a Procuradoria-Geral Federal.

- Lei 12.865/2013 (Autoriza o pagamento de subvenção econômica aos produtores da safra 2011/2012 de cana-de-açúcar e de etanol que especifica e o financiamento da renovação e implantação de canaviais com equalização da taxa de juros; dispõe sobre os arranjos de pagamento e as instituições de pagamento integrantes do SPB; autoriza a União a emitir, sob a forma de colocação direta, em favor da CDE, títulos da dívida pública mobiliária federal; estabelece novas condições para as operações de crédito rural oriundas de, ou contratadas com recursos do FNE; altera os prazos previstos nas Leis 11.941/2009, e 12.249/2010; autoriza a União a contratar o Banco do Brasil S.A. ou suas subsidiárias para atuar na gestão de recursos, obras e serviços de engenharia relacionados ao desenvolvimento de projetos, modernização, ampliação, construção ou reforma da rede integrada e especializada para atendimento da mulher em situação de violência; disciplina o documento digital no Sistema Financeiro Nacional; disciplina a transferência, no caso de falecimento, do direito de utilização privada de área pública por equipamentos urbanos do tipo quiosque, trailer, feira e banca de venda de jornais e de revistas; altera a incidência da Contribuição para o PIS/Pasep e da Cofins na cadeia de produção e comercialização da soja e de seus subprodutos).
- Lei 12.996/2014 (Altera as Leis 12.715/2012, que institui o INOVAR-AUTO, 12.873/2013 e 10.233/ 2001).
- Lei 13.043/2014 (Dispõe sobre os fundos de índice de renda fixa, sobre a responsabilidade tributária na integralização de cotas de fundos ou clubes de investimento por meio da entrega de ativos financeiros, sobre a tributação das operações de empréstimos de ativos financeiros e sobre a isenção de imposto sobre a renda na alienação de ações de empresas pequenas e médias).

§ 1º O disposto neste artigo aplica-se aos créditos constituídos ou não, inscritos ou não como dívida ativa das autarquias e fundações, mesmo em fase de execução fiscal já ajuizada.

§ 2º Para os fins do disposto no *caput* deste artigo, poderão ser pagas ou parceladas as dívidas vencidas até 30 de novembro de 2008, de pessoas físicas ou jurídicas, consolidadas pelo sujeito passivo, com exigibilidade suspensa ou não, inscritas ou não em dívida ativa, consideradas isoladamente, mesmo em fase de execução fiscal já ajuizada, assim considerados:

I - os débitos de qualquer natureza, tributários ou não, inscritos em dívida ativa no âmbito da Procuradoria-Geral Federal e os que não estejam inscritos em dívida ativa perante as autarquias e fundações públicas federais;

II - os demais débitos de qualquer natureza, tributários ou não, com as autarquias e fundações.

§ 3º Observados o disposto nesta Lei e os requisitos e as condições estabelecidos em ato da Advocacia-Geral da União, a ser editado no prazo de 120 (cento e vinte) dias a partir da data de publicação desta Lei, os débitos a que se refere este artigo poderão ser pagos ou parcelados da seguinte forma:

I - pagos à vista, com redução de 100% (cem por cento) das multas de mora e de ofício, de 40% (quarenta por cento) das isoladas, de 45% (quarenta e cinco por cento) dos juros de mora e de 100% (cem por cento) sobre o valor do encargo legal;

II - parcelados em até 30 (trinta) prestações mensais, com redução de 90% (noventa por cento) das multas de mora e de ofício, de 35% (trinta e cinco por cento) das isoladas, de 40% (quarenta por cento) dos juros de mora e de 100% (cem por cento) sobre o valor do encargo legal;

III - parcelados em até 60 (sessenta) prestações mensais, com redução de 80% (oitenta por cento) das multas de mora e de ofício, de 30% (trinta por cento) das isoladas, de 35% (trinta e cinco por cento) dos juros de mora e de 100% (cem por cento) sobre o valor do encargo legal;

IV - parcelados em até 120 (cento e vinte) prestações mensais, com redução de 70% (setenta por cento) das multas de mora e de ofício, de 25% (vinte e cinco por cento) das isoladas, de 30% (trinta por cento) dos juros de mora e de 100% (cem por cento) sobre o valor do encargo legal; ou

V - parcelados em até 180 (cento e oitenta) prestações mensais, com redução de 60% (sessenta por cento) das multas de mora e de ofício, de 20% (vinte por cento) das isoladas, de 25% (vinte e cinco por cento) dos juros de mora e de 100% (cem por cento) sobre o valor do encargo legal.

§ 4º Os débitos não tributários pagos ou parcelados na forma dos incisos I a V do § 3º deste artigo terão como definição de juros de mora, para todos os fins desta Lei, o montante total de correção e juros estabelecidos na legislação aplicável a cada tipo de débito objeto de pagamento ou parcelamento.

§ 5º O requerimento do parcelamento abrange os débitos de que trata este artigo, incluídos, a critério do optante, no âmbito de cada um dos órgãos.

§ 6º Observado o disposto nesta Lei, a dívida objeto do parcelamento será consolidada na data de seu requerimento e dividida pelo número de prestações que forem indicadas pelo sujeito passivo, nos termos dos §§ 2º e 3º deste artigo, não podendo cada prestação mensal ser inferior a:

I - R$ 50,00 (cinquenta reais), no caso de pessoa física; e

II - R$ 100,00 (cem reais), no caso de pessoa jurídica.

§ 7º (Vetado).

§ 8º (Vetado).

§ 9º A manutenção em aberto de 3 (três) parcelas, consecutivas ou não, ou de uma parcela, estando pagas todas as demais, implicará, após comunicação ao sujeito passivo, a imediata rescisão do parcelamento e, conforme o caso, o prosseguimento da cobrança.

§ 10. As parcelas pagas com até 30 (trinta) dias de atraso não configurarão inadimplência para os fins previstos no § 9º deste artigo.

§ 11. A pessoa jurídica optante pelo parcelamento previsto neste artigo deverá indicar pormenorizadamente, no respectivo requerimento de parcelamento, quais débitos deverão ser nele incluídos.

§ 12. Na hipótese de rescisão do parcelamento com o cancelamento dos benefícios concedidos:

I - será efetuada a apuração do valor original do débito, com a incidência dos acréscimos legais, até a data da rescisão;

II - serão deduzidas do valor referido no inciso I deste parágrafo as parcelas pagas, com acréscimos legais até a data da rescisão.

§ 13. A pessoa física responsabilizada pelo não pagamento ou recolhimento de tributos devidos pela pessoa jurídica poderá efetuar, nos mesmos termos e condições previstos nesta Lei, em relação à totalidade ou à parte determinada dos débitos:

I - pagamento;

II - parcelamento, desde que com anuência da pessoa jurídica, nos termos a serem definidos em regulamento.

§ 14. Na hipótese do inciso II do § 13 deste artigo:

I - a pessoa física que solicitar o parcelamento passará a ser solidariamente responsável, juntamente com a pessoa jurídica, em relação à dívida parcelada;

II - é suspenso o julgamento na esfera administrativa.

§ 15. Na hipótese de rescisão do parcelamento previsto no inciso II do § 13 deste artigo, a pessoa jurídica será intimada a pagar o saldo remanescente, calculado na forma do § 12 deste artigo.

§ 16. A opção pelos parcelamentos de que trata esta Lei importa confissão irrevogável e irretratável dos débitos em nome do sujeito passivo, na condição de contribuinte ou de responsável, e por ele indicados para compor os referidos parcelamentos, configura confissão extrajudicial nos termos dos arts. 348, 353 e 354 da Lei n. 5.869, de 11 de janeiro de 1973 - Código de Processo Civil, e condiciona o sujeito passivo à aceitação plena e irretratável de todas as condições estabelecidas nesta Lei.

§ 17. São dispensados os honorários advocatícios em razão da extinção da ação na forma deste artigo.

§ 18. A opção pelo pagamento à vista ou pelos parcelamentos de débitos de que trata esta Lei deverá ser efetivada até o último dia útil do sexto mês subsequente ao da publicação desta Lei.

- Lei 12.865/2013 (Autoriza o pagamento de subvenção econômica aos produtores da safra 2011/2012 de cana-de-açúcar e de etanol que especifica e o financiamento da renovação e implantação de canaviais com equalização da taxa de juros; dispõe sobre os arranjos de pagamento e as instituições de pagamento integrantes do SPB; autoriza a União a emitir, sob a forma de colocação direta, em favor da CDE, títulos da dívida pública mobiliária federal; estabelece novas condições para as operações de crédito rural oriundas de, ou contratadas com recursos do FNE; altera os prazos previstos nas Leis 11.941/2009, e 12.249/2010; autoriza a União a contratar o Banco do Brasil S.A. ou suas subsidiárias para atuar na gestão de recursos, obras e serviços de engenharia relacionados ao desenvolvimento de projetos, modernização, ampliação, construção ou reforma da rede integrada e especializada para atendimento da mulher em situação de violência; disciplina o documento digital no Sistema Financeiro Nacional; disciplina a transferência, no caso de falecimento, do direito de utilização privada de área pública por equipamentos urbanos do tipo quiosque, trailer, feira e banca de venda de jornais e de revistas; altera a incidência da Contribuição para o PIS/Pasep e da Cofins na cadeia de produção e comercialização da soja e de seus subprodutos).
- Lei 12.996/2014 (Altera as Leis 12.715/2012, que institui o INOVAR-AUTO, 12.873/2013 e 10.233/ 2001).

§ 19. As pessoas que se mantiverem ativas no parcelamento de que trata este artigo poderão amortizar seu saldo devedor com as reduções de que trata o inciso I do § 3º deste artigo, mediante a antecipação no pagamento de parcelas.

§ 20. O montante de cada amortização de que trata o § 19 deste artigo deverá ser equivalente, no mínimo, ao valor de 12 (doze) parcelas.

§ 21. A amortização de que trata o § 19 deste artigo implicará redução proporcional da quantidade de parcelas vincendas.

§ 22. A inclusão de débitos nos parcelamentos de que trata esta Lei não implica novação de dívida.

§ 23. As reduções previstas neste artigo não são cumulativas com outras previstas em lei e serão aplicadas somente em relação aos saldos devedores dos débitos.

§ 24. Na hipótese de anterior concessão de redução de multa, de mora e de ofício, de juros de mora ou de encargos legais em percentuais diversos dos estabelecidos neste artigo, prevalecerão os percentuais nela referidos, aplicados sobre os respectivos valores originais.

§ 25. O saldo dos depósitos existentes, em espécie ou em instrumentos da dívida pública federal, exceto precatórios, vinculados aos débitos a serem pagos ou parcelados nos termos deste artigo será automaticamente convertido em renda das respectivas autarquias e fundações, após aplicação das reduções sobre o valor atualizado do depósito para o pagamento à vista ou parcelamento.

§ 26. Na hipótese em que o saldo exceda ao valor do débito após a consolidação de que trata este artigo, o saldo remanescente será levantado pelo sujeito passivo, caso não haja outro crédito tributário ou não tributário vencido e exigível em face do sujeito passivo.

§ 27. Na hipótese de depósitos ou garantias de instrumentos da dívida pública federal, exceto precatórios, o órgão credor os recepcionará pelo valor reconhecido por ele como representativo de valor real ou pelo valor aceito como garantia pelo mesmo órgão credor.

§ 28. No cálculo dos saldos em espécie existentes na data de adesão ao pagamento ou parcelamento previstos neste artigo, serão excluídos os juros remuneratórios sobre débitos cuja exigibilidade tenha sido suspensa por meio do referido depósito e que não tenham incidência de multa ou juros de mora.

§ 29. Para fins de determinação do saldo dos depósitos a serem levantados após a dedução dos débitos consolidados, se o sujeito passivo tiver efetivado tempestivamente apenas o depósito do principal, será deduzido o principal acrescido de valor equivalente ao que decorreria da incidência de multas de mora e juros de mora, observada a aplicação das reduções e dos demais benefícios previstos neste artigo.

§ 30. A Advocacia-Geral da União expedirá normas que possibilitem, se for o caso, a revisão dos valores dos débitos consolidados para o efeito do disposto no § 29.

§ 31. Os parcelamentos requeridos na forma e nas condições de que trata este artigo:

I - não dependem de apresentação de garantia ou de arrolamento de bens, exceto quando já houver penhora em execução fiscal ajuizada; e

II - no caso de débito inscrito em dívida ativa, abrangerão inclusive os encargos legais que forem devidos, sem prejuízo da dispensa prevista neste artigo.

§ 32. O disposto neste artigo não se aplica ao Conselho Administrativo de Defesa Econômica - CADE e ao Instituto Nacional de Metrologia, Normalização e Qualidade Industrial - INMETRO.

§ 33. As pessoas jurídicas que se encontrem inativas desde o ano-calendário de 2009 ou que estiverem em regime de liquidação ordinária, judicial ou extrajudicial, ou em regime de falência, que optaram pelo pagamento ou parcelamento dos débitos, nos termos deste artigo, poderão compensar os débitos do Imposto de Renda da Pessoa Jurídica (IRPJ) e da Contribuição Social sobre o Lucro Líquido (CSLL) apurados em razão da concessão do benefício de redução dos valores de multas, juros de mora e encargo legal, em decorrência do disposto no § 3º deste artigo, respectivamente, com a utilização de prejuízo fiscal e da base de cálculo negativa da CSLL, próprios, acumulados de exercícios anteriores, sendo que o valor a ser utilizado será determinado mediante a aplicação da alíquota de 25% (vinte e cinco por cento) sobre o montante do prejuízo fiscal e de 9% (nove por cento) sobre a base de cálculo negativa da CSLL. (Acrescentado pela Lei 12.402/2011.)

- Lei 12.973/2014 (Altera a legislação tributária federal relativa ao IRPJ, à CSLL, à Contribuição para o PIS/Pasep e à Cofins; revoga o Regime Tributário de Transição - RTT, instituído pela Lei 11.941/2009; dispõe sobre a tributação da pessoa jurídica domiciliada no Brasil, com relação ao acréscimo patrimonial decorrente de participação em lucros auferidos no exterior por controladas e coligadas).

§ 34. Para fins do disposto no § 33, a pessoa jurídica inativa que retornar à atividade antes de 31 de dezembro de 2013 deverá recolher os valores referentes ao IRPJ e à CSLL objeto da compensação com todos os encargos legais e recompor o prejuízo fiscal do IRPJ e a base de cálculo negativa da CSLL correspondentes. (Acrescentado pela Lei 12.402/2011.)

§ 35. A Secretaria da Receita Federal do Brasil disciplinará o disposto nos §§ 33 e 34. (Acrescentado pela Lei 12.402/2011.)

ART. 66. (Vetado).

ART. 67. O art. 2º da Lei n. 5.615, de 13 de outubro de 1970, passa a vigorar com a seguinte redação, renumerando-se o atual parágrafo único para § 1º:

- Alterações promovidas no texto da referida lei.

ART. 68. A Lei n. 5.615, de 13 de outubro de 1970, passa a vigorar acrescida dos seguintes arts. 2º-A e 2º-B:

- Alterações promovidas no texto da referida lei.

ART. 69. São remitidas as dívidas decorrentes de operações de crédito rural renegociadas nas condições do art. 2º da Lei n. 11.322, de 13 de julho de 2006, cujos saldos devedores na data de publicação desta Lei, atualizados pelos encargos financeiros contratuais aplicáveis para a situação de normalidade, excluídos os bônus, sejam de até R$ 10.000,00 (dez mil reais), desde que as operações sejam:

- Dec. 7.339/2010 (Dispõe sobre a remissão, rebate para liquidação e desconto adicional para liquidação de dívidas rurais de que tratam os arts. 69 a 72 desta lei).

I - lastreadas em recursos do Fundo Constitucional de Financiamento do Nordeste - FNE;

II - lastreadas em recursos mistos do FNE com outras fontes;

III - lastreadas em outras fontes de crédito rural cujo risco seja da União; ou

IV - contratadas no âmbito do Programa Nacional de Fortalecimento da Agricultura Familiar - PRONAF.

§ 1º Do valor de que trata o *caput* deste artigo excluem-se as multas.

§ 2º A remissão de que trata este artigo também se aplica às operações de crédito rural que se enquadrem nas condições para renegociação previstas no art. 2º da Lei n. 11.322, de 13 de julho de 2006, efetuadas com recursos do FNE, ou com recursos mistos do FNE com outras fontes, ou com recursos de outras fontes efetuadas com risco da União, ou ainda às operações contratadas no âmbito do Pronaf, cujos mutuários não as tenham renegociado nas condições ali estabelecidas e cujo saldo devedor atualizado até a data de publicação desta Lei, nas condições abaixo especificadas, seja inferior a R$ 10.000,00 (dez mil reais):

I - até 15 de janeiro de 2001, pelos encargos financeiros originalmente contratados, sem bônus e sem encargos adicionais de inadimplemento;

II - de 16 de janeiro de 2001 até a data de publicação desta Lei:

a) para as operações efetuadas no âmbito do Pronaf, taxa efetiva de juros de 3% a.a. (três por cento ao ano);

b) para as demais operações, pelos encargos financeiros previstos no art. 45 da Lei n. 11.775, de 17 de setembro de 2008, para cada período, sem encargos adicionais de inadimplemento, observado o porte do mutuário.

§ 3º Para fins de enquadramento na remissão de que trata este artigo, os saldos devedores das operações de crédito rural contratadas com cooperativas, associações e condomínios de produtores rurais, inclusive as operações efetuadas na modalidade grupal ou coletiva, serão apurados:

I - por cédula-filha ou instrumento de crédito individual firmado por beneficiário final do crédito;

II - no caso de operação que não tenha envolvido repasse de recursos a cooperados ou associados, pelo resultado da divisão dos saldos devedores pelo número total de cooperados ou associados ativos da entidade;

III - no caso de condomínios de produtores rurais, por participante identificado pelo respectivo Cadastro de Pessoa Física - CPF, excluindo-se cônjuges; ou

IV - no caso de crédito grupal ou coletivo, por mutuário constante da cédula de crédito.

§ 4º O disposto no § 2º deste artigo aplica-se às operações ali enquadráveis renegociadas com base em outros instrumentos legais, mantida a vedação prevista no § 8º do art. 2º da Lei n. 11.322, de 13 de julho de 2006.

§ 5º A remissão de que trata este artigo abrange somente o saldo devedor, sendo que em nenhuma hipótese haverá devolução de valores a mutuários.

§ 6º É o FNE autorizado a assumir os ônus decorrentes das disposições deste artigo referentes às operações lastreadas em seus recursos e às operações lastreadas em recursos mistos do FNE com outras fontes.

§ 7º É a União autorizada a assumir os ônus decorrentes das disposições deste artigo referentes às operações efetuadas com recursos de outras fontes no âmbito do Pronaf e às demais operações efetuadas com risco da União.

§ 8º É o Poder Executivo autorizado a definir a metodologia e as demais condições para ressarcir às instituições financeiras públicas federais os custos da remissão e dos rebates definidos neste artigo para as operações ou parcelas das operações efetuadas com risco da instituição financeira, observado o disposto nos §§ 6º e 7º.

ART. 69-A. Ficam suspensos, até 31 de dezembro de 2014, as execuções fiscais e os respectivos prazos processuais, cujo objeto seja a cobrança de débitos inscritos em Dívida Ativa da União ou que venham a ser incluídos até 31 de dezembro de 2014, oriundos de operações de crédito rural contratados entre 17 de maio de 1984 e 31 de maio de 2002, de responsabilidade de produtores rurais vinculados ao Projeto Agro-Industrial do Canavieiro Abraham Lincoln - PACAL, situado no Município de Prainha, Estado do Pará (Km 92 da Rodovia Transamazônica, trecho Altamira-Itaituba), desapropriado pela União Federal na forma do Decreto n. 89.677, de 17 de maio de 1984. (Acrescentado pela Lei 12.872/2013.)

Parágrafo único. As instituições financeiras oficiais federais deverão encaminhar à Procuradoria-Geral da Fazenda Nacional, até o último dia útil do mês seguinte ao da publicação desta Lei, listagem com todos os débitos já encaminhados para inscrição em Dívida Ativa da União que se enquadrem nos requisitos dispostos no *caput*. (Acrescentado pela Lei 12.872/2013.)

ART. 70. É autorizada a concessão de rebate para liquidação, até 29 de março de 2013, das operações de crédito rural que tenham sido renegociadas nas condições do art. 2º da Lei n. 11.322, de 13 de julho de 2006, e que estejam lastreadas em recursos do FNE, ou em recursos mistos do FNE com outras fontes, ou em recursos de outras fontes efetuadas com risco da União, ou ainda das operações realizadas no âmbito do Pronaf, em substituição a todos os bônus de adimplência e de liquidação previstos para essas operações na Lei n. 11.322, de 13 de julho de 2006, e no art. 28 da Lei n. 11.775, de 17 de setembro de 2008, não remitidas na forma do art. 69 desta Lei, observadas ainda as seguintes condições: (Alterado pela Lei 12.599/2012.)

- Dec. 7.339/2010 (Dispõe sobre a remissão, rebate para liquidação e desconto adicional para liquidação de dívidas rurais de que tratam os arts. 69 a 72 desta lei).

I - para liquidação antecipada das operações renegociadas com base nos incisos I e II do art. 2º da Lei n. 11.322, de 13 de julho de 2006, será concedido rebate de 65% (sessenta e cinco por cento) sobre o saldo devedor da dívida, atualizado pelos encargos financeiros contratuais aplicáveis para a situação de normalidade, excluídos os bônus, sendo que nas regiões do semiárido, no norte do Espírito Santo e nos Municípios do norte de Minas Gerais, do Vale do Jequitinhonha e do Vale do Mucuri, compreendidos na área de atuação da Superintendência de Desenvolvimento do Nordeste - SUDENE, o rebate para liquidação será de 85% (oitenta e cinco por cento);

II - para liquidação antecipada das operações renegociadas com base no inciso III ou no § 5º do art. 2º da Lei n. 11.322, de 13 de julho de 2006, observado o disposto no art. 28 da Lei n. 11.775, de 17 de setembro de 2008:

a) aplica-se o disposto no inciso I deste artigo para a parcela do saldo devedor que corresponda ao limite de R$ 15.000,00 (quinze mil reais) na data do contrato original;

b) será concedido rebate de 45% (quarenta e cinco por cento) sobre a parcela do saldo devedor da dívida, atualizado pelos encargos financeiros contratuais aplicáveis para a situação de normalidade, excluídos os bônus, que diz respeito ao crédito original excedente ao limite de R$ 15.000,00 (quinze mil reais), sendo que nas regiões do semiárido, no norte do Espírito Santo e nos Municípios do norte de Minas Gerais, do Vale do Jequitinhonha e do Vale do Mucuri, compreendidos na área de atuação da Superintendência de Desenvolvimento do Nordeste - SUDENE, o rebate para liquidação será de 75% (setenta e cinco por cento).

§ 1º O disposto neste artigo também pode ser aplicado para liquidação das operações de crédito rural que se enquadrem nas condições para renegociação previstas no art. 2º da Lei n. 11.322, de 13 de julho de 2006, lastreadas em recursos do FNE, ou em recursos mistos do FNE com outras fontes, ou em recursos de outras fontes efetuadas com risco da União, ou ainda das operações contratadas no âmbito do Pronaf, cujos mutuários não as tenham renegociado nas condições ali estabelecidas, sendo que os rebates serão aplicados sobre o saldo devedor atualizado da seguinte forma:

I - até 15 de janeiro de 2001, pelos encargos financeiros originalmente contratados, sem bônus e sem encargos adicionais de inadimplemento;

II - de 16 de janeiro de 2001 até a data da liquidação da operação:

a) para as operações efetuadas no âmbito do Pronaf, taxa efetiva de juros de 3% a.a. (três por cento ao ano);

b) para as demais operações, pelos encargos financeiros previstos no art. 45 da Lei n. 11.775, de 17 de setembro de 2008, para cada período, sem encargos adicionais de inadimplemento, observado o porte do mutuário.

§ 2º O disposto no § 1º deste artigo aplica-se às operações ali enquadráveis renegociadas com base em outros instrumentos legais, mantida a vedação prevista no § 8º do art. 2º da Lei n. 11.322, de 13 de julho de 2006.

§ 3º Caso o recálculo da dívida de que trata o § 1º deste artigo, efetuado considerando os encargos financeiros de normalidade, resulte em saldo devedor zero ou menor que zero, a operação será considerada liquidada, não havendo, em hipótese alguma, devolução de valores a mutuários.

§ 4º O mutuário de operação de crédito rural que se enquadrar no disposto neste artigo, cujo saldo devedor atualizado pelos encargos financeiros contratuais aplicáveis para a situação de normalidade, excluídos os bônus, seja inferior a R$ 80.000,00 (oitenta mil reais), observado o disposto no § 2º do art. 69, e que não disponha de capacidade de pagamento para honrar sua dívida, recalculada nas condições e com os rebates de que trata este artigo, poderá solicitar desconto adicional para liquidação da sua dívida mediante apresentação de pedido formal à instituição financeira pública federal detentora da operação, contendo demonstrativo de sua incapacidade de pagamento.

§ 5º Para fins do disposto no § 4º deste artigo, caberá ao Poder Executivo definir em regulamento:

I - os prazos para a solicitação do desconto adicional;

II - os documentos exigidos para a comprovação da incapacidade de pagamento do mutuário;

III - os percentuais de descontos adicionais que poderão ser concedidos, considerando as diferentes situações;

IV - a criação de grupo de trabalho para acompanhar e monitorar a implementação das medidas de que trata este artigo; e

V - demais normas necessárias à implantação do disposto no § 4º deste artigo.

§ 6º É o FNE autorizado a assumir os ônus decorrentes das disposições deste artigo referentes às operações lastreadas em seus recursos e às operações lastreadas em recursos mistos do FNE com outras fontes.

§ 7º É a União autorizada a assumir os ônus decorrentes das disposições deste artigo referentes às operações efetuadas com outras fontes no âmbito do Pronaf e às demais operações efetuadas com risco da União.

§ 8º É o Poder Executivo autorizado a definir a metodologia e as demais condições para ressarcir às instituições financeiras públicas federais os custos da remissão e dos rebates definidos neste artigo para as operações ou parcelas das operações efetuadas com risco da instituição financeira, observado o disposto nos §§ 6º e 7º deste artigo.

§ 9º Fica autorizada a suspensão das execuções judiciais e dos respectivos prazos processuais referentes às operações enquadráveis neste artigo até a data limite para concessão de rebate definida no *caput*, desde que o mutuário formalize interesse em liquidar a operação perante a instituição financeira. (Acrescentado pela Lei 12.599/2012.)

§ 10. O prazo de prescrição das dívidas de que trata o *caput* fica suspenso a partir da data de publicação desta Lei até 29 de março de 2013. (Acrescentado pela Lei 12.599/2012.)

ART. 71. São remitidas as dívidas referentes às operações de crédito rural do Grupo 'B' do Pronaf contratadas até 31 de dezembro de 2004 com recursos do orçamento geral da União ou dos Fundos Constitucionais de Financiamento do Nordeste, Norte e Centro-Oeste, efetuadas com risco da União ou dos respectivos Fundos, cujo valor contratado por mutuário tenha sido de até R$ 1.000,00 (mil reais).

› Dec. 7.339/2010 (Dispõe sobre a remissão, rebate para liquidação e desconto adicional para liquidação de dívidas rurais de que tratam os arts. 69 a 72 desta lei).

§ 1º Para fins de enquadramento na remissão de que trata o *caput* deste artigo, no caso de operações de crédito rural grupais ou coletivas, o valor considerado por mutuário será obtido pelo resultado da divisão do valor contratado da operação pelo número de mutuários constantes da cédula de crédito.

§ 2º Aplica-se o disposto neste artigo às operações nele enquadradas que tenham sido renegociadas ao amparo de legislação específica, inclusive àquelas efetuadas por meio de resoluções do Conselho Monetário Nacional - CMN.

§ 3º Aplica-se o disposto neste artigo às operações nele enquadradas que tenham sido inscritas ou estejam em processo de inscrição na Dívida Ativa da União - DAU.

§ 4º A remissão de que trata este artigo é limitada ao saldo devedor existente na data de promulgação desta Lei, não cabendo devolução de recursos aos mutuários que já tenham efetuado o pagamento total ou parcial das operações.

§ 5º São a União e os Fundos Constitucionais de Financiamento autorizados a assumir os ônus decorrentes das disposições deste artigo referentes às operações realizadas com os respectivos recursos.

ART. 72. É autorizada a concessão de rebate de 60% (sessenta por cento) sobre o saldo devedor atualizado pelos encargos financeiros contratuais aplicáveis para a situação de normalidade, excluídos os bônus, para a liquidação, até 29 de março de 2013, das operações de crédito rural do Grupo 'B' do Pronaf contratadas entre 2 de janeiro de 2005 e 31 de dezembro de 2006, com recursos do orçamento geral da União ou dos Fundos Constitucionais de Financiamento do Nordeste, Norte e Centro-Oeste, efetuadas com risco da União ou dos respectivos Fundos, cujo valor contratado por mutuário tenha sido de até R$ 1.500,00 (mil e quinhentos reais). (Alterado pela Lei 12.599/2012.)

› Dec. 7.339/2010 (Dispõe sobre a remissão, rebate para liquidação e desconto adicional para liquidação de dívidas rurais de que tratam os arts. 69 a 72 desta lei).

§ 1º Para fins de enquadramento na concessão do rebate de que trata o *caput* deste artigo, no caso de operações de crédito rural grupais ou coletivas, o valor considerado por mutuário será obtido pelo resultado da divisão do saldo devedor da operação pelo número de mutuários constantes da cédula de crédito.

§ 2º O disposto neste artigo aplica-se às operações nele enquadradas que tenham sido renegociadas ao amparo de legislação específica, inclusive àquelas efetuadas por meio de resoluções do CMN.

§ 3º O rebate previsto neste artigo substitui os rebates e os bônus de adimplência contratuais, inclusive nos casos previstos no § 2º deste artigo.

§ 4º São a União e os Fundos Constitucionais de Financiamento autorizados a assumir os ônus decorrentes das disposições deste artigo referentes às operações realizadas com os respectivos recursos.

§ 5º Fica autorizada a suspensão das execuções judiciais e dos respectivos prazos processuais referentes às operações enquadráveis neste artigo até a data limite para concessão de rebate definida no *caput*, desde que o mutuário formalize interesse em liquidar a operação perante a instituição financeira. (Acrescentado pela Lei 12.599/2012.)

§ 6º O prazo de prescrição das dívidas de que trata o *caput* fica suspenso a partir da data de publicação desta Lei até 29 de março de 2013. (Acrescentado pela Lei 12.599/2012.)

ART. 73. O CMN poderá definir normas complementares para a operacionalização do disposto nos arts. 69, 70, 71 e 72 desta Lei.

ART. 74. O art. 7º da Lei n. 9.126, de 10 de novembro de 1995, passa a vigorar com a seguinte redação:

› Alterações promovidas no texto da referida lei.

ART. 75. Os arts. 1º e 2º da Lei n. 11.110, de 25 de abril de 2005, passam a vigorar com a seguinte redação, renumerando-se o parágrafo único do art. 2º para § 1º:

› Alterações promovidas no texto da referida lei.

ART. 76. Os arts. 2º, 6º, 12, 21, 22, 23 e 27 do Decreto-Lei n. 9.295, de 27 de maio de 1946, passam a vigorar com a seguinte redação, renumerando-se o parágrafo único do art. 12 para § 1º:

› Alterações promovidas no texto da referida lei.

ART. 77. O Decreto-Lei n. 9.295, de 27 de maio de 1946, passa a vigorar acrescido do seguinte art. 36-A:

› Alterações promovidas no texto da referida lei.

ART. 78. (Vetado).

ART. 79. O art. 28 da Lei n. 10.865, de 30 de abril de 2004, passa a vigorar com a seguinte redação:

› Alterações promovidas no texto da referida lei.

ART. 80. (Vetado).

ART. 81. As pessoas jurídicas que, no prazo estabelecido no art. 3º da Medida Provisória n. 470, de 13 de outubro de 2009, optaram pelo parcelamento dos débitos decorrentes do aproveitamento indevido do incentivo fiscal setorial instituído pelo art. 1º do Decreto-Lei n. 491, de 5 de março de 1969, e dos oriundos da aquisição de matérias-primas, material de embalagem e produtos intermediários relacionados na Tabela de Incidência do Imposto sobre Produtos Industrializados - TIPI, aprovada pelo Decreto n. 6.006, de 28 de dezembro de 2006, com incidência de alíquota zero ou como não tributados - NT, poderão liquidar os valores correspondentes às prestações do parcelamento com a utilização de prejuízo fiscal e de base de cálculo negativa da Contribuição Social sobre o Lucro Líquido - CSLL relativos aos períodos de apuração encerrados até 31 de dezembro de 2009, desde que sejam:

I - próprios;

II - passíveis de compensação, na forma da legislação vigente; e

III - devidamente declarados, no tempo e forma determinados na legislação, à Secretaria da Receita Federal do Brasil.

§ 1º (Vetado).

§ 2º O valor a ser utilizado será determinado mediante a aplicação, sobre o montante do prejuízo fiscal e da base de cálculo negativa, das alíquotas de 25% (vinte e cinco por cento) e 9% (nove por cento), respectivamente.

§ 3º As prestações a serem liquidadas devem obedecer à ordem decrescente do seu vencimento.

§ 4º Para os fins de utilização de prejuízo fiscal e de base de cálculo negativa da CSLL nos termos do *caput* deste artigo, não se aplica o limite de 30% (trinta por cento) do lucro líquido ajustado, previsto no art. 42 da Lei n. 8.981, de 20 de janeiro de 1995, e no art. 15 da Lei n. 9.065, de 20 de junho de 1995.

§ 5º A Procuradoria-Geral da Fazenda Nacional e a Secretaria da Receita Federal do Brasil editarão os atos necessários à execução do disposto neste artigo no prazo máximo de 30 (trinta) dias a partir da data de publicação desta Lei.

ART. 82. O art. 3º da Lei n. 7.940, de 20 de dezembro de 1989, passa a vigorar acrescido do seguinte parágrafo único:

› Alterações promovidas no texto da referida lei.

ART. 83. Ficam excluídas as receitas provenientes das transferências obrigatórias de que tratam a Lei n. 11.578, de 26 de novembro de 2007, e o art. 51 da Lei n. 11.775, de 17 de setembro de 2008, inclusive as já realizadas, para fins de cálculo da Receita Líquida Real prevista nas Leis nos 9.496, de 11 de setembro de 1997, e 8.727, de 5 de novembro de 1993, e na Medida Provisória n. 2.185-35, de 24 de agosto de 2001.

ART. 84. A Lei n. 9.469, de 10 de julho de 1997, passa a vigorar acrescida do seguinte art. 4º-A:

- Alterações promovidas no texto da referida lei.

ART. 85. A inclusão em quadro em extinção da administração federal dos servidores civis e militares oriundos do ex-Território Federal de Rondônia e do Estado de Rondônia, de que trata o art. 89 do Ato das Disposições Constitucionais Transitórias - ADCT, com a redação dada pela Emenda Constitucional n. 60, de 11 de novembro de 2009, observará as disposições e normas estabelecidas nos arts. 86 a 102.

- Dec. 8.365/2014 (Regulamenta a Med. Prov. 660/2014, dispõe sobre o exercício da opção para a inclusão em quadro em extinção da União de que trata a EC 79/2014, institui a Comissão Especial dos ex-Territórios Federais de Rondônia, do Amapá e de Roraima - CEEXT).
- Lei 12.800/2013 (Dispõe sobre as tabelas de salários, vencimentos, soldos e demais vantagens aplicáveis aos servidores civis, aos militares e aos empregados oriundos do ex-Território Federal de Rondônia integrantes do quadro em extinção de que trata este artigo).
- Lei 13.681/2018 (Disciplina EC 60/2009, 79/2014 e 98/2017).

ART. 86. Constituirão, mediante opção, quadro em extinção da administração federal, assegurados os direitos e vantagens a eles inerentes:

- Dec. 8.365/2014 (Regulamenta a Med. Prov. 660/2014, dispõe sobre o exercício da opção para a inclusão em quadro em extinção da União de que trata a EC 79/2014, institui a Comissão Especial dos ex-Territórios Federais de Rondônia, do Amapá e de Roraima - CEEXT).
- Lei 12.800/2013 (Dispõe sobre as tabelas de salários, vencimentos, soldos e demais vantagens aplicáveis aos servidores civis, aos militares e aos empregados oriundos do ex-Território Federal de Rondônia integrantes do quadro em extinção de que trata este artigo).
- Lei 13.681/2018 (Disciplina EC 60/2009, 79/2014 e 98/2017).

I - os integrantes da Carreira Policial Militar e os servidores municipais do ex-Território de Rondônia que, comprovadamente, se encontravam no exercício regular de suas funções, prestando serviço àquele ex-Território, na data em que foi transformado em Estado;

II - os servidores admitidos regularmente nos quadros do Estado de Rondônia até a data de posse do primeiro governador eleito - 15 de março de 1987; e

III - os servidores e os policiais militares alcançados pelos efeitos do art. 36 da Lei Complementar n. 41, de 22 de dezembro de 1981.

Parágrafo único. É vedado o pagamento, a qualquer título, de diferenças remuneratórias.

ART. 87. (Vetado).

ART. 88. Os servidores de que trata o art. 86 desta Lei somente farão jus à opção pela inclusão no quadro em extinção da administração federal se:

- Dec. 8.365/2014 (Regulamenta a Med. Prov. 660/2014, dispõe sobre o exercício da opção para a inclusão em quadro em extinção da União de que trata a EC 79/2014, institui a Comissão Especial dos ex-Territórios Federais de Rondônia, do Amapá e de Roraima - CEEXT).
- Lei 13.681/2018 (Disciplina EC 60/2009, 79/2014 e 98/2017).

I - (Vetado);

II - comprovadamente, se encontravam:

a) no desempenho de suas funções no âmbito da administração do Estado de Rondônia ou de seus Municípios; ou

b) cedidos em conformidade com as disposições legais e regulamentares da época.

Parágrafo único. Para os fins desta Lei, não serão admitidos de forma regular nos quadros do ex-Território de Rondônia, do Estado de Rondônia ou dos respectivos Municípios:

I - os contratados como prestadores de serviços;

II - os terceirizados;

III - os que laboravam informalmente e eram pagos mediante recibo; e

IV - os ocupantes de cargos, empregos e funções de confiança ou em comissão, ou os que lei declare de livre nomeação e exoneração.

ART. 89. Para fins da inclusão no quadro em extinção de que trata o art. 85 desta Lei, será considerado o cargo ou emprego ocupado pelo servidor na data da entrega do documento da opção pela inclusão em quadro em extinção da administração federal e documentação comprobatória dos requisitos estabelecidos por esta Lei, assegurados os direitos e vantagens a eles inerentes, inclusive as eventuais alterações remuneratórias decorrentes de decisões judiciais.

§§ 1º e **2º** (Vetados).

ARTS. 90 a **96.** (Vetados).

ART. 97. A opção de que trata o art. 86 desta Lei será formalizada mediante Termo de Opção, na forma do regulamento.

- Dec. 8.365/2014 (Regulamenta a Med. Prov. 660/2014, dispõe sobre o exercício da opção para a inclusão em quadro em extinção da União de que trata a EC 79/2014, institui a Comissão Especial dos ex-Territórios Federais de Rondônia, do Amapá e de Roraima - CEEXT).

ART. 98. O Termo de Opção produzirá efeitos a partir da publicação do ato a que se refere o art. 97, quando será considerado ato irretratável.

- Dec. 8.365/2014 (Regulamenta a Med. Prov. 660/2014, dispõe sobre o exercício da opção para a inclusão em quadro em extinção da União de que trata a EC 79/2014, institui a Comissão Especial dos ex-Territórios Federais de Rondônia, do Amapá e de Roraima - CEEXT).
- Lei 13.681/2018 (Disciplina EC 60/2009, 79/2014 e 98/2017).

ART. 99. (Vetado).

ART. 100. Após a publicação do ato a que se refere o art. 98, os servidores continuarão prestando serviço ao governo do Estado de Rondônia, na condição de cedidos, sem ônus para o cessionário, até que sejam aproveitados em órgão ou entidade da administração federal direta, autárquica ou fundacional.

- Dec. 8.365/2014 (Regulamenta a Med. Prov. 660/2014, dispõe sobre o exercício da opção para a inclusão em quadro em extinção da União de que trata a EC 79/2014, institui a Comissão Especial dos ex-Territórios Federais de Rondônia, do Amapá e de Roraima - CEEXT).
- Lei 13.681/2018 (Disciplina EC 60/2009, 79/2014 e 98/2017).

ART. 101. Haverá compensação financeira das contribuições previdenciárias entre o Instituto de Previdência dos Servidores Públicos do Estado de Rondônia - IPERON, criado pela Lei Estadual no 20, de 13 de abril de 1984, e o Regime Próprio de Previdência Social dos Servidores da União, nos moldes definidos pela Lei n. 9.796, de 5 de maio de 1999, e pelo Decreto n. 3.112, de 6 de julho de 1999, no que se refere aos servidores e militares que formalizarem o Termo de Opção pela inclusão no referido quadro em extinção da administração federal.

ART. 102. (Vetado).

ART. 103. O ato de entrega dos recursos correntes e de capital a outro ente da Federação, a título de transferência voluntária, nos termos do art. 25 da Lei Complementar n. 101, de 4 de maio de 2000, é caracterizado no momento da assinatura do respectivo convênio ou contrato de repasse, bem como na assinatura dos correspondentes aditamentos de valor, e não se confunde com as liberações financeiras de recursos, que devem obedecer ao cronograma de desembolso previsto no convênio ou contrato de repasse.

ART. 104. As transferências obrigatórias de recursos financeiros pelos órgãos e entidades da União aos órgãos e entidades dos Municípios para a execução de ações no âmbito do Programa Territórios da Cidadania - PTC, cuja execução por esses entes federados seja de interesse da União, observarão as disposições desta Lei.

Parágrafo único. As transferências obrigatórias referidas no *caput* destinam-se exclusivamente aos Municípios com menos de 50.000 (cinquenta mil) habitantes.

ART. 105. O Poder Executivo, por proposta do Comitê Gestor Nacional do PTC, discriminará as programações do PTC a serem executadas por meio das transferências obrigatórias a que se refere o art. 104.

Parágrafo único. Caberá ao Comitê Gestor Nacional do PTC divulgar em sítio na internet a relação das programações de que trata o *caput*, bem como promover as atualizações devidas nessa relação, inclusive no que se refere a alterações nas classificações orçamentárias decorrentes de lei orçamentária anual e seus créditos adicionais.

ART. 106. As transferências obrigatórias para a execução das ações do PTC são condicionadas ao cumprimento dos seguintes requisitos pelos Municípios beneficiários, conforme constante em termo de compromisso:

I - identificação do objeto a ser executado;

II - metas a serem atingidas;

III - etapas ou fases da execução;

IV - plano de aplicação dos recursos financeiros;

V - cronograma de desembolso;

VI - previsão de início e fim da execução do objeto, bem como da conclusão das etapas ou fases programadas; e

VII - comprovação de que os recursos próprios para complementar a execução do objeto estão devidamente assegurados, salvo se o custo total do objeto a ser executado recair sobre a entidade ou órgão descentralizador.

§ 1º A aprovação formal pela União do termo de compromisso de que trata o *caput* é condição prévia para a efetivação das transferências de recursos financeiros da União.

§ 2º Compete ao órgão ou entidade da administração pública federal ao qual estiver consignada a dotação orçamentária relativa à programação prevista no *caput* do art. 105 a análise e aprovação formal do termo de compromisso.

§ 3º Na hipótese de as transferências obrigatórias serem efetivadas por intermédio de instituição ou agente financeiro público federal, atuando como mandatário da União, caberá a essas entidades a aprovação de que trata o § 2º deste artigo.

ART. 107. A União, por intermédio de suas unidades gestoras, deverá exigir da parte beneficiada pela transferência de recursos a comprovação da regularidade de utilização das parcelas liberadas anteriormente com base no termo de compromisso.

ART. 108. No caso de irregularidades e descumprimento pelos Municípios das condições estabelecidas no termo de compromisso, a União, por intermédio de suas unidades gestoras, suspenderá a liberação das parcelas previstas, bem como determinará à instituição financeira oficial a suspensão do saque dos valores da conta vinculada do Município, até a regularização da pendência.

§ 1º A utilização dos recursos em desconformidade com o termo de compromisso ensejará obrigação de o Município beneficiado devolvê-los devidamente atualizados com base na variação da Taxa Referencial do Sistema Especial de Liquidação e de Custódia - SELIC, acumulada mensalmente, até o último dia do mês anterior ao da devolução dos recursos, acrescido esse montante de 1% (um por cento) no mês de efetivação da devolução dos recursos à Conta Única do Tesouro Nacional.

§ 2º Para fins de efetivação da devolução dos recursos à União, a parcela de atualização referente à variação da Selic será calculada proporcionalmente à quantidade de dias compreendida entre a data da liberação da parcela para o beneficiário e a data de efetivo crédito, na Conta Única do Tesouro Nacional, do montante devido pelo Município.

§ 3º A União, por intermédio de suas unidades gestoras, notificará o Município cuja utilização dos recursos transferidos for considerada irregular para que apresente justificativa no prazo de 30 (trinta) dias.

§ 4º Caso não aceitas as razões apresentadas pelo Município, a unidade gestora concederá prazo de 30 (trinta) dias para a devolução dos recursos, findo o qual encaminhará denúncia ao Tribunal de Contas da União.

ART. 109. Sem prejuízo das atribuições do Tribunal de Contas da União, a fiscalização quanto à regularidade da aplicação dos recursos financeiros transferidos com base nesta Lei é de competência da Controladoria-Geral da União e das unidades gestoras da União perante as quais forem apresentados os termos de compromisso.

ART. 110. As entidades da área de saúde certificadas até o dia imediatamente anterior ao da publicação da Lei n. 12.101, de 27 de novembro de 2009, que prestam serviços assistenciais de saúde não remunerados pelo Sistema Único de Saúde - SUS a trabalhadores ativos e inativos e respectivos dependentes econômicos, decorrentes do estabelecido em Norma Coletiva de Trabalho, desde que, simultaneamente, destinem no mínimo 20% (vinte por cento) do valor total das isenções de suas contribuições sociais em serviços, com universalidade de atendimento, a beneficiários do SUS, mediante pacto do gestor do local, terão concedida a renovação, na forma do regulamento.

ART. 111. O parágrafo único do art. 6º da Lei n. 12.029, de 15 de setembro de 2009, passa a vigorar com a seguinte redação:

› Alterações promovidas no texto da referida lei.

ART. 112. O parágrafo único do art. 6º da Lei n. 12.189, de 12 de janeiro de 2010, passa a vigorar com a seguinte redação:

› Alterações promovidas no texto da referida lei.

ART. 113. São alterados os limites da Floresta Nacional do Bom Futuro, unidade de conservação federal criada pelo Decreto n. 96.188, de 21 de junho de 1988, conforme o memorial descritivo previsto no art. 114 desta Lei, passando a área desta unidade de conservação dos atuais cerca de 280.000 ha (duzentos e oitenta mil hectares) para cerca de 97.357 ha (noventa e sete mil, trezentos e cinquenta e sete hectares).

§ 1º É a União autorizada a doar ao Estado de Rondônia os imóveis rurais de sua propriedade inseridos na área originária e desafetada da Floresta Nacional do Bom Futuro, com exceção daqueles relacionados nos incisos II a XI do art. 20 da Constituição Federal, com a condição de que sejam criadas, no perímetro desafetado, uma Área de Proteção Ambiental - APA e uma Floresta Estadual.

§ 2º A Floresta Estadual de que trata o § 1º deste artigo deverá ser organizada de forma a conservar os fragmentos florestais existentes, admitindo-se sua divisão em blocos, com formação de corredores ecológicos que garantam a conservação da biodiversidade.

ART. 114. A Floresta Nacional do Bom Futuro passa a ter seus limites descritos pelo seguinte memorial, produzido a partir da base de dados digital do Sistema de Proteção da Amazônia - SIPAM, em escala 1:20.000 - Estradas; e da Secretaria de Estado do Meio Ambiente de Rondônia - SEDAM, em escala 1:100.000 - Cursos d›água: Inicia-se no Ponto 1 (P1) de coordenadas geográficas aproximadas (cga) 9º 26' 43,99"S e 64º 19' 07,53"W, localizado na margem direita do rio Branco; daí, segue em linha reta em sentido leste, com distância aproximada de 47.805 m, passando pelo limite sul da Terra Indígena Karitiana até P2, com cga 9º 26' 45,6"S e 63º 52' 58,8"W; daí segue por uma linha reta em sentido norte com distância aproximada de 14.852 m, pelo limite leste da Terra Indígena Karitiana até P3, com cga 9º 18' 45,5"S e 63º 52' 58,6"W; daí segue pelo limite leste da Terra Indígena Karitiana, conforme descrito no Decreto n. 93.068, de 6 de agosto de 1986, passando pelos pontos com as seguintes cga: P4 (9º 18' 39,6"S; 63º 52' 48"W), P5 (9º 18' 32,4"S; 63º 52' 48"W), P6 (9º 18' 28,8"S; 63º 52' 51,6"W), P7 (9º 18' 21,6"S; 63º 52' 48"W), P8 (9º 18' 18"S; 63º 52' 48"W), P9 (9º 18' 14,4"S; 63º 52' 51,6"W), P10 (9º 18' 07,2"S; 63º 52' 44,4"W), P11 (9º 18' 00"S; 63º 52' 44,4"W), P12 (9º 17' 56,4"S; 63º 52' 48"W), P13 (9º 17' 49,2"S; 63º 52' 48"W), P14 (9º 17' 45,6"S; 63º 52' 40,8"W), P15 (9º 17' 42"S; 63º 52' 33,6"W), P16 (9º 17' 31,2"S; 63º 52' 33,6"W), P17 (9º 17' 27,6"S; 63º 52' 30"W), P18 (9º 17' 20,4"S; 63º 52' 30"W), P19 (9º 17' 16,8"S; 63º 52' 26,4"W), P20 (9º 17' 06"S; 63º 52' 30"W), P21 (9º 16' 58,8"S; 63º 52' 26,4"W), P22 (9º 16' 58,8"S; 63º 52' 19,2"W), P23 (9º 16' 48"S; 63º 52' 19,2"W), P24 (9º 16' 40,8"S; 63º 52' 22,8"W), P25 (9º 16' 26,4"S; 63º 52' 26,4"W), P26 (9º 16' 15,6"S; 63º 52' 22,8"W), P27 (9º 16' 04,8"S; 63º 52' 19,2"W), P28 (9º 15' 50,4"S; 63º 52' 33,6"W), P29 (9º 15' 54"S; 63º 52' 40,8"W), P30 (9º 15' 50,4"S; 63º 52' 48"W), P31 (9º 15' 43,2"S; 63º 52' 55,2"W), P32 (9º 15' 35,6"S; 63º 52' 57,6"W); daí segue em linha reta em sentido norte, com distância aproximada de 4.261 m, pelo limite leste da Terra Indígena Karitiana até P33, com cga 9º 13' 19,2"S; 63º 52' 57,2"W; daí segue em linha reta em sentido leste, com distância aproximada de 5.153 m até P34, com cga 9º 13' 20"S; 63º 50' 08"W; daí segue em linha reta em sentido norte, com distância aproximada de 12.500 m até P35, situado na margem esquerda do Igarapé João Ramos, com cga 9º 06' 33"S; 63º 50' 08"W; daí segue por este igarapé, em sua margem esquerda no sentido da montante, limite com a Gleba Baixo Candeias e Igarapé Três Casas até a sua nascente, no P36, com cga 9º 12' 16"S; 63º 48' 29"W; daí segue em linha reta no sentido sudeste, com distância aproximada de 6.262 m até P37, com cga 9º 15' 33"S; 63º 47' 40"W; daí segue em linha reta no sentido oeste, com distância aproximada de 3.614 m até P38, com cga 9º 15' 33"S; 63º 49' 38"W; daí segue em linha reta em sentido sudeste, com distância aproximada de 13.261 m até P39, com cga 9º 22' 35"S; 63º 48' 10"W; daí segue por linha reta em sentido sudeste, com distância aproximada de 6.916 m até P40, com cga 9º 25' 51"S; 63º 46' 18"W; daí segue em linha reta em sentido sudeste, com distância aproximada de 9.117 m até P41, com cga 9º 28' 45"S; 63º 42' 16"W; daí segue em linha reta em sentido nordeste, com distância aproximada de 4.187 m até P42, com cga 9º 27' 30"S; 63º 40' 22"W; daí segue em linha reta em sentido leste, com distância aproximada de 7.886 m até P43, com cga 9º 27' 32,4"S; 63º 36' 3,6"W; daí segue em linha reta em sentido sudeste, com distância aproximada de 2.874 m até P44, com cga 9º 29' 00"S; 63º 35' 34"W; daí segue em linha reta em sentido sudoeste, com distância aproximada de 15.815 m até P45, com cga 9º 36' 38,6"S; 63º 39' 29,69"W; daí segue em linha reta com distância aproximada de 1.454 m até P46, com cga 9º 36' 30,07"S; 63º 40' 16,62"W; daí segue em linha reta com distância aproximada de 318 m até P47 (cga 9º 36' 39,7"S; 63º 40' 20,48"W); daí segue em linha reta com distância aproximada de 1.554 m até P48 (9º 36' 39,8"S; 63º41› 11,46"W); daí segue em linha reta com distância aproximada de 2.599 m até P49 (9º 36' 48,45"S; 63º 42' 36,28"W); daí segue em linha reta com distância aproximada de 1.883 m até P50 (9º 36' 35,07"S; 63º 43' 36,56"W); daí segue em linha reta com distância aproximada de 2.347 m até P51 (9º 35' 44,55"S; 63º 44' 34,32"W); daí segue em linha reta com distância aproximada de 1.586 m até P52 (9º 35' 03,1"S; 63º 45' 05,39"W); daí segue em linha reta com distância aproximada de 8.250 m até P53 (9º 31' 08,29"S; 63º 47' 16,82"W); daí segue em linha reta com distância aproximada de 5.580 m até P54 (9º 28' 58,77"S; 63º 49' 25,11"W); daí segue em linha reta com distância aproximada de 19.904 m até P55 (9º 29' 12,44"S; 64º 00' 17,71"W); daí segue em linha reta com distância aproximada de 4.218 m até P56 (9º 31' 24,77"S; 64º 00' 54,66"W); daí segue em linha reta com distância aproximada de 13.089 m até P57 (9º 33' 06"S; 64º 07' 51,67"W); daí segue em linha reta com distância aproximada de 2.043 m até P58 (9º 34' 10,84"S; 64º 07' 36,66"W); daí segue em linha reta com distância aproximada de 956 m até P59 (9º 34' 03,38"S; 64º 07' 06,2"W); daí segue em linha reta com distância aproximada de 779 m até P60 (9º 33' 38,69"S; 64º 07' 00,25"W); daí segue em linha reta com distância aproximada de 4.583 m até P61 (9º 33' 19,14"S; 64º 04' 31,25"W); daí segue em linha reta com distância aproximada de 4.712 m até P62 (9º 35' 50,92"S; 64º 04' 08,8"W); daí segue em linha reta com distância aproximada de 788 m até P63 (9º 35' 55,93"S; 64º 04' 34,12"W), daí segue pela margem direita do rio Branco até P1, ponto inicial da descrição deste perímetro.

Parágrafo único. É excluída dos limites da Floresta Nacional do Bom Futuro a faixa de domínio da estrada que liga a vila de Rio Pardo à BR-364, conhecida como Linha do Caracol ou Estrada Km 67.

ART. 115. Ficam redefinidos os limites do Parque Nacional Mapinguari, criado pelo Decreto de 5 de junho de 2008, atualmente localizado no Estado do Amazonas, nos Municípios de Canutama e Lábrea, que passa a incluir em seus limites a área de cerca de 172.430 ha descrita em conformidade com os arts. 116 e 117, localizada no Município de Porto Velho, Estado de Rondônia. (Alterado pela Lei 12.678/2012.)

ART. 116. A área de ampliação do Parque Nacional Mapinguari tem seus limites descritos a partir das Cartas Topográficas MIR Folhas 1541,

LEIS

1542, 1466 e 1467 em escala 1:100.000, todas editadas pela Diretoria do Serviço Geográfico do Exército - DSG, com o seguinte memorial descritivo: inicia-se no ponto 1, localizado sobre a divisa entre os Estados do Amazonas e de Rondônia, que coincide com o ponto 87 do memorial descritivo do Parque Nacional Mapinguari, constante do art. 2º do Decreto de 5 de junho de 2008, de coordenadas planas aproximadas (c.p.a.) 276092 E e 8964778 N; deste segue sempre pela divisa dos Estados do Amazonas e de Rondônia, em sentido predominante nordeste até o ponto 2, de c.p.a. 285396 E e 8974140 N, localizado sobre a divisa dos referidos Estados; deste segue em linha reta até o ponto 3, de c.p.a. 285690 E e 8974132 N, localizado na nascente do igarapé Tuxaua; deste segue a jusante pela margem esquerda do igarapé Tuxaua até o ponto 4, de c.p.a. 294201 E e 8965941 N, localizado na confluência do referido igarapé com o igarapé Caripuninhas; deste segue para a montante pela margem esquerda do igarapé Caripuninhas, pelo limite da Estação Ecológica Estadual Serra dos Três Irmãos - EEESTI até o ponto 5, de c.p.a. 297548 E e 8978890 N, localizado em frente à confluência do referido igarapé com um seu tributário sem denominação à margem direita; deste segue em linha reta, ainda pelo limite da EEESTI, até o ponto 6, de c.p.a. 305280 E e 8978751 N; deste segue em linha reta, ainda pelo limite da EEESTI, até o ponto 7, de c.p.a. 316374 E e 8988597 N, localizado na margem direita do rio Caripunás; deste segue em linha reta, ainda pelo limite da EEESTI, até o ponto 8, de c.p.a. 320557 E e 8992885 N; deste segue em linha reta, ainda pelo limite da EEESTI, até o ponto 9, de c.p.a. 322821 E e 8987457 N; deste segue em linha reta, ainda pelo limite da EEESTI, até o ponto 10, de c.p.a. 332658 E e 8992629 N; deste segue em linha reta até o ponto 11, de c.p.a. 332944 E e 8992355 N, localizado na margem direita de um igarapé sem denominação, afluente do igarapé Marapaná; deste segue a jusante pelo referido igarapé até o ponto 12, de c.p.a. 331890 E e 8990388 N, localizado na sua confluência com o igarapé Marapaná; deste segue a jusante pela margem direita do igarapé Marapaná até o ponto 13, de c.p.a. 332490 E e 8989383 N, localizado em sua foz no rio Madeira; deste segue a montante pela margem esquerda do rio Madeira até o ponto 14, de c.p.a. 236491 E e 8936739 N, localizado na foz do igarapé do Ferreira; deste segue a montante pela margem esquerda do igarapé do Ferreira até o ponto 15, de c.p.a. 230721 E e 8951806 N, localizado em uma de suas nascentes; deste segue em linha reta até o ponto 16, de c.p.a. 230692 E e 8952242 N, localizado na divisa entre os Estados do Amazonas e de Rondônia; deste segue sempre pela divisa dos Estados até o ponto 17, de c.p.a. 247272 E e 8972157 N, que coincide com o ponto 92 do memorial descritivo do Parque Nacional Mapinguari, constante do art. 2º do Decreto de 5 de junho de 2008, que o criou.

Parágrafo único. O subsolo da área descrita no *caput* deste artigo integra os limites do Parque Nacional Mapinguari.

ART. 117. Ficam excluídos da área de ampliação do Parque Nacional Mapinguari, descrita no art. 116: (Alterado pela Lei 12.678/2012.)

I - o polígono com a seguinte descrição: inicia-se no Ponto 18, de c.p.a. 259763 E e 8958250 N, localizado sobre a divisa entre os Estados do Amazonas e de Rondônia; deste, segue para o Ponto 19, de c.p.a. 264103 E e 8955061 N, que coincide com o Ponto 91 do memorial descritivo constante do Decreto de 5 de junho de 2008, que criou o Parque Nacional Mapinguari; deste, segue para o Ponto 20, que coincide com o Ponto 90 do memorial descritivo do Parque Nacional Mapinguari (Decreto de 5 de junho de 2008), localizado na nascente do rio Coti, com c.p.a. 266000 E e 8956158 N; deste, segue a montante pela margem esquerda do rio Coti para o Ponto 21, que coincide com o Ponto 89 do memorial descritivo do Parque Nacional Mapinguari, localizado na confluência do rio Coti com o igarapé Branco, com c.p.a. 268336 E e 8973087 N; deste, segue a montante pela margem direita do igarapé Branco até o Ponto 22, que coincide com o Ponto 88 do memorial descritivo do Parque Nacional Mapinguari, de c.p.a. 273632 E e 8963034 N; deste, segue em linha reta para o Ponto 23, de c.p.a. 278170 E e 8958856 N; deste, segue em linha reta para o Ponto 24, de c.p.a. 279192 E e 8955010 N; deste, segue em linha reta para o Ponto 25, de c.p.a. 277575 E e 8950507 N; deste, segue em linha reta para o Ponto 26, de c.p.a. 277559 E e 8947119 N; deste, segue em linha reta para o Ponto 27, de c.p.a. 274278 E e 8947516 N; deste, segue em linha reta para o Ponto 28, de c.p.a. 271378 E e 8948477 N; deste, segue em linha reta para o Ponto 29, de c.p.a. 266234 E e 8947989 N; deste, segue em linha reta para o Ponto 30, de c.p.a. 262693 E e 8950980 N; deste, segue em linha reta para o Ponto 31, de c.p.a. 256665 E e 8951499 N; deste, segue em linha reta para o Ponto 32, de c.p.a. 256985 E e 8953483 N; deste, segue em linha reta para o Ponto 33, de c.p.a. 259510 E e 8956411 N; deste, segue em linha reta para o Ponto 18, ponto inicial desta descrição; (Acrescentado pela Lei 12.678/2012.)

II - a área que será inundada pelo lago artificial a ser formado pela barragem da Usina Hidroelétrica - UHE de Jirau, até a cota noventa metros, nível do barramento, e também a área acima desta cota a ser inundada em função do efeito remanso, cuja cota altimétrica limite aumenta gradativamente em direção a montante até a cota altimétrica aproximada noventa e três metros e trinta e dois centímetros, atingida no ponto de coordenadas planas aproximadas - c.p.a. 234.115 E e 8.938.992 N; (Acrescentado pela Lei 12.678/2012.)

III - a área que será inundada pelo lago artificial a ser formado pela barragem da UHE de Santo Antônio, que se inicia no ponto de c.p.a. 332.474 E e 8.992.048 N, de cota altimétrica aproximada setenta e três metros e cinquenta centímetros até o limite da área destinada ao canteiro de obras da UHE de Jirau, na cota altimétrica aproximada setenta e quatro metros; (Acrescentado pela Lei 12.678/2012.)

IV - o polígono de aproximadamente 163 ha com a seguinte descrição: inicia-se no Ponto 1, localizado sobre o limite da Estação Ecológica Estadual da Serra dos Três Irmãos - EEESTI, de c.p.a. 330.556 E e 8.991.532 N; deste, segue em linha reta, ainda confrontando com a EEESTI até o Ponto 2, de c.p.a. 332.658 E e 8.992.629 N; deste, segue em linha reta, com azimute 133º47'9" por uma distância aproximada de 396,2 m até o Ponto 3, de c.p.a. 332.944 E e 8.992.355 N; deste, segue pela margem direita do igarapé sem denominação, afluente pela margem esquerda do igarapé Maparaná, até o Ponto 4, de c.p.a. 332.474 E e 8.992.048 N; deste, segue pela margem esquerda do futuro lago artificial da UHE Santo Antônio, que inundará neste trecho, em função do efeito remanso, as terras localizadas até a cota altimétrica aproximada setenta e três metros e cinquenta centímetros, até o Ponto 1, início da descrição deste polígono; e (Acrescentado pela Lei 12.678/2012.)

V - o polígono de aproximadamente 1.055 ha sobreposto à área declarada de utilidade pública destinada ao canteiro de obras da UHE de Jirau, com a seguinte descrição: inicia-se no Ponto 1, localizado sobre o atual limite do Parque Nacional Mapinguari, na cota altimétrica aproximada noventa metros, de c.p.a. 320.771 E e 8.979.846 N; daí segue confrontando com a área destinada ao canteiro de obras da UHE Jirau, com o azimute de 284º47'20" e distância de 44,07 m até o Ponto 2, de c.p.a. 320.728 E e 8.979.858 N; daí, segue com a mesma confrontação, com o azimute de 270º53'5" e distância de 3.003,10 m até o Ponto 3, de c.p.a. 317.725 E e 8.979.902 N; deste, segue em linha reta, ainda com a mesma confrontação, com o azimute de 204º55'35" e distância de 5.150.73 m, até o Ponto 4, de c.p.a. 315.550 E e 8.975.223 N; deste, segue em direção a jusante, pela margem esquerda do futuro lago artificial da UHE Jirau, pela cota altimétrica aproximada noventa metros até o Ponto 1, início desta descrição. (Acrescentado pela Lei 12.678/2012.)

Parágrafo único. Nos momentos em que os níveis dos lagos das UHE Jirau e Santo Antônio estiverem abaixo das cotas altimétricas mencionadas nos incisos II e III do *caput*, ficam proibidas atividades agropecuárias, de mineração, edificações permanentes ou temporárias e quaisquer outros empreendimentos nestas faixas das margens esquerdas temporariamente emersas dos referidos lagos. (Acrescentado pela Lei 12.678/2012.)

ART. 118. (Revogado pela Lei 12.678/2012.)

ART. 119. É estabelecida como limite da zona de amortecimento do Parque Nacional Mapinguari a faixa de 10 km (dez quilômetros) em projeção horizontal, a partir do seu novo perímetro.

ART. 120. É permitido no Parque Nacional Mapinguari o deslocamento de veículos envolvidos em atividades de mineração ou de transporte do seu produto pela estrada já existente no momento da publicação desta Lei e que passa pela área descrita no art. 116, dando acesso às áreas de mineração São Lourenço e Macisa, desde que devidamente licenciadas, exclusivamente pelo trecho já existente no momento da publicação desta Lei, entre os pontos de c.p.a. 277975 E e 8941724 N, localizado às margens do rio Madeira, e de c.p.a. 275739 E e 8947339 N, localizado sobre o limite sul do polígono descrito no art. 117 desta Lei.

ART. 121. Na elaboração do Plano de Manejo do Parque Nacional Mapinguari, o Conselho de Defesa Nacional, por meio de sua Secretaria Executiva, e o Ministério da Defesa serão ouvidos, devendo se manifestar sobre as questões pertinentes às suas atribuições legais.

ART. 122. No exercício das atribuições constitucionais e legais das Forças Armadas e da Polícia Federal na área de ampliação do Parque Nacional Mapinguari, estão compreendidas:

I - a liberdade de trânsito e acesso, por via aquática, aérea ou terrestre, de militares e policiais para a realização de deslocamento, estacionamentos, patrulhamento e demais operações ou atividades indispensáveis à segurança e integridade do território nacional;

II - a instalação e a manutenção de unidades militares e policiais, de equipamentos para fiscalização e apoio à navegação aérea e marítima, bem como das vias de acesso e demais medidas de infraestrutura e logística necessárias, compatibilizadas com o Plano de Manejo da Unidade, quando fora da faixa de fronteira; e

III - a implantação de programas e projetos de controle e ocupação da fronteira.

ART. 123. É ampliada a Estação Ecológica de Cuniã, estabelecida pelo Decreto de 27 de setembro de 2001 e pelo Decreto de 21 de dezembro de 2007, atualmente localizada nos Estados de Rondônia e do Amazonas, respectivamente nos Municípios de Porto Velho e Canutama, que passa a incluir em seus limites a área de cerca de 63.812 ha (sessenta e três mil, oitocentos e doze hectares) relativa à Floresta Estadual de Rendimento Sustentável Rio Madeira "A", unidade de conservação criada pelo Decreto Estadual n. 4.574, de 23 de março de 1990, no Município de Porto Velho, Estado de Rondônia.

ART. 124. A área de ampliação da Estação Ecológica de Cuniã tem as seguintes características e confrontações: a descrição do perímetro inicia no ponto "P-01", de coordenadas geográficas aproximadas latitude 08°07›31"S e longitude 63°03›03"WGR, situado ao norte da linha divisória das terras pertencentes aos Títulos Definitivos Nova Esperança e Assunção; deste, segue pela divisa do Título Definitivo Nova Esperança com um rumo aproximado de 65°00›SW, percorrendo uma distância aproximada de 13.011,00 m (treze mil e onze metros), até o ponto "P-02", de coordenadas geográficas aproximadas latitude 08°10›31"S e longitude 63°09›29"WGR, situado no canto comum aos Títulos Definitivos Nova Esperança e Espírito Santo; deste, segue pela divisa do Título Definitivo Espírito Santo com um rumo aproximado de 72°20›SW, percorrendo uma distância de 4.328,00 m (quatro mil, trezentos e vinte e oito metros), até o ponto "P-03", de coordenadas geográficas aproximadas latitude 08°11›14"S e longitude 63°11›44"WGR, situado no canto comum aos Títulos Definitivos Espírito Santo e Cunacho; deste, segue pela divisa do Título Definitivo Cunacho com um rumo aproximado de 87°00›SW, percorrendo uma distância aproximada de 4.099,00 m (quatro mil e noventa e nove metros), até o ponto "P-04", de coordenadas geográficas aproximadas latitude 08°11›21"S e longitude 63°13›58"WGR, situado na divisa dos Títulos Definitivos Cunacho e Tira Fogo; deste, segue pela lateral do Título Definitivo Tira Fogo com um rumo aproximado de 0°03'NW, percorrendo uma distância aproximada de 1.222,00 m (mil, duzentos e vinte e dois metros), até o ponto "P-05", de coordenadas geográficas aproximadas latitude 08°10'41"S e longitude 63°13'58"WGR; deste, segue pela divisa fundiária do Título Definitivo Tira Fogo com um rumo aproximado de 66°34'NW, percorrendo uma distância aproximada de 2.996,00 m (dois mil, novecentos e noventa e seis metros), até o ponto "P-06", de coordenadas geográficas aproximadas latitude 08°10'02"S e longitude 63°15'28WGR, situado na divisa da Reserva Biológica do Lago do Cuniã; deste, segue pela citada divisa com um rumo aproximado de 39°00'NE, percorrendo uma distância aproximada de 11.990,00 m (onze mil, novecentos e noventa metros), até o ponto "P-07", de coordenadas geográficas aproximadas latitude 08°04'57"S e longitude 63°11'21"WGR; deste, segue pela lateral da citada reserva com um rumo aproximado de 45°24'NW, percorrendo uma distância aproximada de 18.319,00 m (dezoito mil, trezentos e dezenove metros), até o ponto "P-08", de coordenadas geográficas aproximadas latitude 07°57'56"S e longitude 63°18'28"S, situado na linha divisória interestadual - Rondônia e Amazonas; deste, segue pela citada linha com um rumo aproximado de 90°00'NE, percorrendo uma distância aproximada de 45.061,00 m (quarenta e cinco mil e sessenta e um metros), até o ponto "P-09", de coordenadas geográficas aproximadas latitude 07°57'56"S e longitude 62°53'53"WGR; deste, segue com um rumo aproximado de 21°08'SW, confrontando com terras matriculadas em nome da União, numa distância aproximada de 7.795,00 m (sete mil, setecentos e noventa e cinco metros), até o ponto "P-10", de coordenadas geográficas aproximadas latitude 08°01'54"S e longitude 62°55'25"WGR, situado na divisa do Título Definitivo Firmeza; deste, segue pela linha fundiária do cito Título Definitivo com um rumo aproximado de 50°11'SW, percorrendo uma distância aproximada de 5.488,00 m (cinco mil, quatrocentos e oitenta e oito metros), até o ponto "P-11", de coordenadas geográficas aproximadas latitude 08°03'49"S e longitude 62°57'43"WGR; deste, segue com um rumo aproximado de 60°12'SW, confrontando com terras matriculadas em nome da União, numa distância aproximada de 7.252,00 m (sete mil, duzentos e cinquenta e dois metros), até o ponto "P-12", de coordenadas geográficas aproximadas latitude 08°05'47"S e longitude 63°01'09"WGR, situado na divisa do Título Definitivo Assunção; deste, segue pela citada divisa com um rumo de 47°37'SW, percorrendo uma distância aproximada de 4.714,00 m (quatro mil, setecentos e quatorze metros), até o ponto "P-01", ponto de partida e fechamento da descrição deste perímetro.

ART. 125. As terras da União contidas nos novos limites do Parque Nacional Mapinguari e da Estação Ecológica de Cuniã serão doadas ao Instituto Chico Mendes de Conservação da Biodiversidade pelos órgãos e entidades federais que as detenham.

ART. 126. São declarados de utilidade pública, para fins de desapropriação, pelo Instituto Chico Mendes de Conservação da Biodiversidade os imóveis rurais privados existentes nas áreas de ampliação do Parque Nacional Mapinguari e da Estação Ecológica de Cuniã, nos termos da alínea k do art. 5º e do art. 6º do Decreto-Lei n. 3.365, de 21 de junho de 1941.

Parágrafo único. A Procuradoria-Geral Federal, órgão da Advocacia-Geral da União, por intermédio de sua unidade jurídica de execução no Instituto Chico Mendes de Conservação da Biodiversidade, é autorizada a promover as medidas administrativas e judiciais pertinentes, visando à declaração de nulidade de eventuais títulos de propriedade e respectivos registros imobiliários considerados irregulares, incidentes nas áreas de ampliação do Parque Nacional Mapinguari e da Estação Ecológica de Cuniã.

ART. 127. Até que ocorra a indicação de que trata o art. 5º da Lei n. 11.941, de 27 de maio de 2009, os débitos de devedores que apresentaram pedidos de parcelamentos previstos nos arts. 1º, 2º e 3º da Lei n. 11.941, de 27 de maio de 2009, inclusive nas reaberturas de prazo operadas pelo disposto no art. 17 da Lei n. 12.865, de 9 de outubro de 2013, no art. 93 da Lei n. 12.973, de 13 de maio de 2014, e no art. 2º da Lei n. 12.996, de 18 de junho de 2014, que tenham sido deferidos pela administração tributária devem ser considerados parcelados para os fins do inciso VI do art. 151 da Lei n. 5.172, de 25 de outubro de 1966 - Código Tributário Nacional. (Alterado pela Lei 13.043/2014.)

Parágrafo único. A indicação de que trata o art. 5º da Lei n. 11.941, de 27 de maio de 2009, poderá ser instada a qualquer tempo pela administração tributária.

ART. 128. A Lei n. 11.442, de 5 de janeiro de 2007, passa a vigorar acrescida do seguinte art. 5º-A:

› Alterações promovidas no texto da referida lei.

ART. 129. (Vetado).

ART. 130. (Vetado).

ART. 131. É a União autorizada a conceder subvenção extraordinária para os produtores independentes de cana-de-açúcar na região Nordeste, referente à safra 2009/2010.

§ 1º Os Ministérios da Agricultura, Pecuária e Abastecimento e da Fazenda estabelecerão, em ato conjunto, as condições operacionais para implementação, execução, pagamento, controle e fiscalização da subvenção prevista no *caput* deste artigo, devendo observar que:

I - a subvenção será concedida aos produtores, diretamente ou por meio de suas cooperativas, em função da quantidade de cana-de-açúcar efetivamente vendida às usinas e destilarias da Região Nordeste, excluindo-se a produção própria das unidades agroindustriais, bem como a produção dos respectivos sócios ou acionistas; (Alterado pela Lei 12.490/2011.)

II - a subvenção será de R$ 5,00 (cinco reais) por tonelada de cana-de-açúcar e limitada a 10.000 (dez mil) toneladas por produtor em toda a safra 2009/2010;

III - o pagamento será realizado em 2010 e 2011, referente à produção da safra 2009/2010 efetivamente entregue a partir de 1º de agosto de 2009, observados os limites estabelecidos nos incisos I e II deste parágrafo.

§ 2º Os custos decorrentes da subvenção prevista neste artigo serão suportados pela ação correspondente à Garantia e Sustentação de Preços na Comercialização de Produtos Agropecuários, do Orçamento das Operações Oficiais de Crédito, sob a coordenação do Ministério da Fazenda.

ART. 132. O pagamento da subvenção deverá ser realizado diretamente aos produtores, mediante apresentação da nota fiscal à Companhia Nacional de Abastecimento - CONAB, comprovando a venda da cana-de-açúcar às unidades agroindustriais da região Nordeste.

ART. 133. (Vetado).

ART. 134. (Vetado).

ART. 135. (Vetado).

ART. 136. O Poder Executivo poderá indicar representantes da administração pública federal para participar de órgãos colegiados de pessoa jurídica de direito privado, sem fins lucrativos, designada para receber recursos de governos estrangeiros em decorrência de acordos negociados para a solução de controvérsias no âmbito da Organização Mundial do Comércio - OMC.

§ 1º A pessoa jurídica de direito privado referida no *caput* deste artigo deve, além de cumprir outros requisitos previstos na legislação civil, dispor de um conselho de administração, de um conselho fiscal e de uma diretoria, definidos nos termos do estatuto, assegurada a participação de representantes da administração pública federal nesses conselhos.

§ 2º Os representantes da administração pública federal no conselho de administração e no conselho fiscal da entidade referida no *caput* deste artigo serão indicados por meio de ato do Poder Executivo e, posteriormente, nomeados nos termos do estatuto.

§ 3º É vedada a percepção de remuneração ou de subsídio, a qualquer título, pelos representantes da administração pública federal em razão da participação na pessoa jurídica de direito privado mencionada no *caput*deste artigo.

ART. 137. O art. 30 da Medida Provisória n. 2.158-35, de 24 de agosto de 2001, passa a vigorar com a seguinte redação:

▸ Alterações promovidas no texto da referida lei.

ART. 138. Os arts. 3º, 7º e 8º e os Anexos III a IX da Lei n. 11.775, de 17 de setembro de 2008, passam a vigorar com a seguinte redação:

▸ Alterações promovidas no texto da referida lei.

CAPÍTULO VII
DISPOSIÇÕES FINAIS

ART. 139. Esta Lei entra em vigor:

I - na data de sua publicação, produzindo efeitos:

a) a partir da regulamentação e até 31 de dezembro de 2011, em relação ao disposto nos arts. 6º a 14;

b) a partir de 1º de janeiro de 2010, em relação ao disposto nos arts. 15 a 17;

c) a partir de 1º de abril de 2010, em relação aos arts. 28 e 59; e

d) a partir de 16 de dezembro de 2009, em relação aos demais dispositivos;

II - em 1º de janeiro de 2010, produzindo efeitos a partir de 1º de abril de 2010, em relação ao disposto nos arts. 48 a 58.

ART. 140. Ficam revogados:

I - a partir de 1º de abril de 2010:

a) a Lei n. 7.944, de 20 de dezembro de 1989;

b) o art. 2º da Lei n. 8.003, de 14 de março de 1990;

c) o art. 112 da Lei n. 8.981, de 20 de janeiro de 1995; e

d) a Lei n. 10.829, de 23 de dezembro de 2003;

II - a partir da publicação desta Lei:

a) o parágrafo único do art. 74 da Lei n. 5.025, de 10 de junho de 1966;

b) o art. 2º da Lei n. 6.704, de 26 de outubro de 1979;

c) o Decreto-Lei n. 423, de 21 de janeiro de 1969;

d) o § 2º do art. 288 da Lei n. 9.503, de 23 de setembro de 1997 - Código de Trânsito Brasileiro; e

e) o art. 15 da Lei n. 12.189, de 12 de janeiro de 2010.

Brasília, 11 de junho de 2010;
189º da Independência e 122º da República.
LUIZ INÁCIO LULA DA SILVA

▸ Optamos, nesta edição, pela não publicação dos Anexos.

LEI N. 12.254, DE 15 DE JUNHO DE 2010

Dispõe sobre o reajuste dos benefícios mantidos pela Previdência Social em 2010 e 2011 e altera a Lei n. 8.213, de 24 de julho de 1991.

▸ *DOU*, 16.06.2010.

O Presidente da República. Faço saber que o Congresso Nacional decreta e eu sanciono a seguinte Lei:

ART. 1º Os benefícios mantidos pela Previdência Social serão reajustados, a partir de 1º de janeiro de 2010, em 7,72% (sete inteiros e setenta e dois centésimos por cento).

Parágrafo único. Para os benefícios concedidos pela Previdência Social a partir de 1º de março de 2009, o reajuste de que trata o *caput* dar-se-á de acordo com os percentuais indicados no Anexo desta Lei.

ART. 2º A partir de 1º de janeiro de 2010, o limite máximo do salário de contribuição e do salário de benefício será de R$ 3.467,40 (três mil, quatrocentos e sessenta e sete reais e quarenta centavos).

ART. 3º Em cumprimento ao § 4º do art. 201 da Constituição Federal, no exercício de 2010, aplica-se, para todos os fins, o reajuste concedido por esta Lei.

Parágrafo único. Para os exercícios seguintes, com vistas à preservação do valor real dos benefícios, volta a vigorar o disposto no art. 41-A da Lei n. 8.213, de 24 de julho de 1991, salvo disposição em contrário.

ART. 4º Para os benefícios majorados devido à elevação do salário-mínimo em 2010, o referido aumento deverá ser compensado no momento da aplicação do disposto nesta Lei, de acordo com normas a serem estabelecidas pelo Ministério da Previdência Social.

ART. 5º (Vetado.)

ART. 6º Esta Lei entra em vigor na data de sua publicação.

Brasília, 15 de junho de 2010;
189º da Independência e 122º da República.
LUIZ INÁCIO LULA DA SILVA

ANEXO
FATOR DE REAJUSTE DOS BENEFÍCIOS CONCEDIDOS DE ACORDO COM AS RESPECTIVAS DATAS DE INÍCIO

Data de início do benefício	Reajuste (%)
Até fevereiro de 2009	7,72%
Em março de 2009	7,39%
Em abril de 2009	7,17%
Em maio de 2009	6,58%
Em junho de 2009	5,95%
Em julho de 2009	5,51%
Em agosto de 2009	5,26%
Em setembro de 2009	5,18%
Em outubro de 2009	5,01%
Em novembro de 2009	4,77%
Em dezembro de 2009	4,38%

LEI N. 12.270, DE 24 DE JUNHO DE 2010

Dispõe sobre medidas de suspensão de concessões ou outras obrigações do País relativas aos direitos de propriedade intelectual e outros, em casos de descumprimento de obrigações do Acordo Constitutivo da Organização Mundial do Comércio.

▸ *DOU*, 22.06.2010.

O Presidente da República. Faço saber que o Congresso Nacional decreta e eu sanciono a seguinte Lei:

ART. 1º Esta Lei dispõe sobre medidas de suspensão de concessões ou outras obrigações do País relativas aos direitos de propriedade intelectual e outros, em casos de descumprimento de obrigações multilaterais por Membro da Organização Mundial do Comércio - OMC, quando a República Federativa do Brasil tenha sido autorizada pelo Órgão de Solução de Controvérsias da OMC a suspender a aplicação para o referido Membro de concessões ou outras obrigações sob os Acordos da OMC.

ART. 2º Para os efeitos desta Lei, considera-se:

I - Acordo Constitutivo da Organização Mundial do Comércio de 1994: o tratado que institui a Organização Mundial do Comércio, concluído em Maraqueche, em 12 de abril de 1994, constante da Ata Final que Incorpora os Resultados da Rodada Uruguai de Negociações Comerciais Multilaterais do GATT, de 12 de abril de 1994, incorporado ao ordenamento jurídico brasileiro pelo Decreto n. 1.355, de 30 de dezembro de 1994;

II - Acordo sobre Aspectos dos Direitos de Propriedade Intelectual Relacionados ao Comércio: o Acordo integrante do Anexo 1C da Ata Final que Incorpora os Resultados da Rodada Uruguai de Negociações Comerciais Multilaterais do GATT, de 1994, incorporado ao ordenamento jurídico brasileiro pelo Decreto n. 1.355, de 30 de dezembro de 1994;

III - Entendimento sobre Soluções de Controvérsias: o Entendimento Relativo às Normas e Procedimentos sobre Soluções de Controvérsias da OMC, integrante do Anexo II da Ata Final que Incorpora os Resultados da Rodada Uruguai de Negociações Comerciais Multilaterais do GATT, de 1994, incorporado ao ordenamento jurídico brasileiro pelo Decreto n. 1.355, de 30 de dezembro de 1994; e

IV - direitos de propriedade intelectual: direitos relativos à propriedade intelectual de:

a) obras literárias, artísticas e científicas;

b) artistas intérpretes ou executantes, produtores de fonogramas e organismos de radiodifusão;

c) programas de computador;

d) marcas;

e) indicações geográficas;

f) desenhos industriais;

g) patentes de invenção e de modelos de utilidade;

h) cultivares ou variedades vegetais;

i) topografias de circuitos integrados;

j) informações confidenciais ou não divulgadas; e

k) demais direitos de propriedade intelectual estabelecidos pela legislação brasileira vigente.

ART. 3º Na aplicação desta Lei, poderão ser adotadas as seguintes medidas:

I - suspensão de direitos de propriedade intelectual;

II - limitação de direitos de propriedade intelectual;

III - alteração de medidas para a aplicação de normas de proteção de direitos de propriedade intelectual;

IV - alteração de medidas para obtenção e manutenção de direitos de propriedade intelectual;

V - bloqueio temporário de remessa de *royalties* ou remuneração relativa ao exercício de direitos de propriedade intelectual; e

VI - aplicação de direitos de natureza comercial sobre a remuneração do titular de direitos de propriedade intelectual.

Parágrafo único. Para efeitos de aplicação das medidas de que trata este artigo, serão consideradas as disposições relativas aos procedimentos registrais previstos na legislação pertinente, respeitadas as atribuições do Instituto Nacional da Propriedade Industrial - INPI e do Ministério da Agricultura, Pecuária e Abastecimento.

ART. 4º As medidas previstas nesta Lei podem ser aplicadas às seguintes Partes do Acordo sobre Aspectos dos Direitos de Propriedade Intelectual Relacionados ao Comércio:

I - Parte II - sobre padrões relativos à existência, abrangência e exercício de direitos de propriedade intelectual no que concerne a:

a) direito do autor e direitos conexos;

b) marcas;

c) indicações geográficas;

d) desenhos industriais;

e) patentes;

f) topografias de circuitos integrados; e

g) proteção de informação confidencial ou proteção de informação não divulgada;

II - Parte III - sobre aplicação de normas de proteção dos direitos de propriedade intelectual; e

III - Parte IV - sobre obtenção e manutenção de direitos de propriedade intelectual e procedimentos interpartes conexos.

§ 1º A proteção da propriedade intelectual de programas de computador, conforme obrigações internacionais, é considerada como parte integrante da alínea *a* do inciso I do *caput* deste artigo.

§ 2º A proteção da propriedade intelectual de cultivares ou variedades vegetais, conforme obrigações internacionais, é considerada como parte integrante das obrigações decorrentes da alínea *e* do inciso I do *caput* deste artigo, nos termos da alínea *b* do parágrafo 3 do artigo 27 do Acordo sobre Aspectos dos Direitos de Propriedade Intelectual Relacionados ao Comércio.

ART. 5º As medidas de que trata esta Lei somente poderão atingir requerentes, titulares ou licenciados de direitos de propriedade intelectual que sejam:

I - pessoas naturais nacionais do Membro da OMC, na situação descrita no art. 1º, ou nele domiciliadas; ou

II - pessoas jurídicas domiciliadas ou com estabelecimento no Membro da OMC, na situação descrita no art. 1º.

ART. 6º As medidas de que trata esta Lei poderão ser aplicadas isolada ou cumulativamente, na forma aprovada em resolução do Conselho de Ministros da Câmara de Comércio Exterior - CAMEX, nos seguintes modos:

I - postergação do início da proteção a partir de data a ser definida pelo Poder Executivo, com a consequente redução do prazo de proteção, para pedidos em andamento de proteção de propriedade intelectual;

II - subtração do prazo de proteção, por prazo determinado, em qualquer momento de sua duração;

III - licenciamento ou uso público não comercial, sem autorização do titular;

IV - suspensão do direito exclusivo do titular de impedir a importação e comercialização no mercado interno de bens que incorporem direitos de patente, ainda que o bem importado não tenha sido colocado no mercado externo diretamente pelo titular dos direitos de propriedade intelectual ou com seu consentimento;

V - majoração ou instituição de adicional sobre os valores devidos aos órgãos ou entidades da administração pública para efetivação de registros de direitos de propriedade intelectual, inclusive para sua obtenção e manutenção;

VI - bloqueio temporário de remessas de *royalties* ou remuneração relativa ao exercício de direitos de propriedade intelectual dos licenciados nacionais ou autorizados no território nacional;

VII - aplicação de direitos de natureza comercial a serem deduzidos da remuneração a que fizer jus o titular de direitos de propriedade intelectual; ou

VIII - criação de obrigatoriedade de registro para obtenção e manutenção de direitos de propriedade intelectual.

§ 1º No caso de cessação das medidas de que tratam os incisos I e II do *caput* deste artigo, a retomada ou restabelecimento da proteção não importa:

I - em restituição do prazo subtraído, ainda que o direito dependa de concessão de direitos ou ato registral efetivados posteriormente à cessação; ou

II - em prorrogação do prazo de proteção.

§ 2º No caso de que trata o inciso III do *caput* deste artigo, a medida poderá ser aplicada com ou sem remuneração.

§ 3º No caso da medida de que trata o inciso VIII deste artigo, o requerimento do registro será efetuado antes da distribuição, comercialização ou comunicação ao público das obras protegidas por direitos de autor e direitos conexos protegidos em território nacional.

§ 4º O requerimento de que trata o § 3º deste artigo será efetuado pelo titular dos direitos de autor e direitos conexos, respondendo solidariamente o seu representante legal e o responsável por efetuar a remuneração dos respectivos direitos de propriedade intelectual.

§ 5º O descumprimento do disposto no § 4º deste artigo implicará, alternativa ou cumulativamente, nos termos e gradação estabelecidos na regulamentação desta Lei:

I - apreensão de exemplares;

II - suspensão da comunicação ao público;

III - suspensão da comercialização; ou

IV - multa de até 100 (cem) vezes o valor do registro.

ART. 7º A aplicação de direitos de natureza comercial de que trata o inciso VII do art. 6º será aprovada por resolução do Conselho de Ministros da Camex, por prazo determinado, mediante aplicação de percentual compensatório sobre o montante da remuneração a que fazem jus as pessoas mencionadas no art. 5º.

§ 1º É responsável pelo recolhimento de direitos de natureza comercial a pessoa física ou jurídica que efetuar, com recursos mantidos no País ou no exterior, por qualquer meio, o pagamento, a remessa, o crédito ou a transferência de recursos financeiros que sejam, direta ou indiretamente, destinados a remunerar os direitos de propriedade intelectual abrangidos pela resolução do Conselho de Ministros da Camex de que trata o *caput* deste artigo.

§ 2º O recolhimento dos direitos de natureza comercial de que trata o *caput* deste artigo independe de quaisquer ações de natureza administrativa ou tributária e será devido em reais na data do pagamento, da remessa, do crédito ou da transferência de que trata o § 1º, adotando-se para a conversão, quando aplicável:

I - a taxa de câmbio utilizada no fechamento do contrato de câmbio após a dedução do direito a ser recolhido, quando for realizado contrato de câmbio por agentes autorizados a operar no mercado de câmbio do País; ou

II - nos demais casos:

a) taxa de câmbio, para venda, da moeda estrangeira utilizada, divulgada pelo Banco Central do Brasil, referente ao dia anterior ao pagamento, à remessa, ao crédito ou à transferência; ou

b) quando a moeda estrangeira utilizada não tiver cotação divulgada pelo Banco Central do Brasil, a taxa de câmbio dessa moeda em relação ao dólar dos Estados Unidos da América, subsequentemente convertida em relação ao real, mediante a utilização da taxa de câmbio do dólar em relação ao real, obtida nos termos da alínea *a* deste inciso.

§ 3º A falta de recolhimento dos direitos de natureza comercial de que trata o *caput* deste artigo acarretará:

I - no caso de pagamento espontâneo realizado após a remessa, o pagamento, o crédito ou a transferência de que trata o § 1º, a incidência de multa de mora e de juros de mora; e

II - no caso de exigência de ofício, multa de 75% (setenta e cinco por cento) e dos juros de mora previstos no inciso I.

§ 4º A multa de mora prevista no inciso I do § 3º será calculada à taxa de 0,33% (trinta e três centésimos por cento) por dia de atraso, a partir do primeiro dia subsequente à data da remessa, do pagamento, do crédito ou da transferência de que trata o § 1º até o dia em que ocorrer o seu pagamento, limitada a 20% (vinte por cento).

§ 5º Os juros de mora previstos no inciso I do § 3º serão calculados à taxa referencial do Sistema Especial de Liquidação e de Custódia - SELIC, para títulos federais, acumulada, mensalmente, a partir do primeiro dia do mês subsequente à remessa, ao pagamento, ao crédito ou à transferência de que trata o § 1º até o último dia do mês anterior ao do pagamento e de 1% (um por cento) no mês do pagamento.

§ 6º A multa de que trata o inciso II do § 3º será exigida isoladamente quando os direitos de natureza comercial de que trata este artigo houverem sido pagos após a remessa, o pagamento, o crédito ou a transferência de que trata o § 1º às pessoas mencionadas no art. 5º, mas sem acréscimos moratórios.

§ 7º A realização da operação de câmbio para fins de remessa ao exterior ou a realização da transferência internacional em reais, na forma da legislação vigente, fica condicionada à comprovação do recolhimento dos direitos de natureza comercial de que trata o *caput* deste artigo, sujeitando a instituição integrante do Sistema Financeiro Nacional que efetuar a referida operação, nos casos de descumprimento deste parágrafo, à multa de 50% (cinquenta por cento) sobre o valor dos direitos de natureza comercial, ainda que o pagamento desses direitos tenha sido efetuado posteriormente pelas pessoas mencionadas no § 1º deste artigo.

§ 8º A exigência de ofício de direitos de natureza comercial de que trata o *caput* deste artigo, bem como dos acréscimos moratórios e das penalidades, será formalizada em auto de infração lavrado por Auditor-Fiscal da Receita Federal do Brasil, observado o disposto no Decreto n. 70.235, de 6 de março de 1972, e o prazo de 5 (cinco) anos contados da data da remessa, do pagamento, do crédito ou da transferência de que trata o § 1º.

§ 9º Verificado o inadimplemento da obrigação, a Secretaria da Receita Federal do Brasil encaminhará o débito à Procuradoria-Geral da Fazenda Nacional - PGFN para inscrição em Dívida Ativa da União e respectiva cobrança, observado o prazo de prescrição de 5 (cinco) anos.

§ 10. Somente serão passíveis de ressarcimento os valores recolhidos a título de cobrança de direitos de que trata o *caput* deste artigo nos casos de pagamento indevido ou em valor maior que o devido, observados os procedimentos estabelecidos pela Secretaria da Receita Federal do Brasil.

§ 11. Os valores recolhidos a título do direito de natureza comercial de que trata o *caput* deste artigo serão registrados como receitas originárias e classificados na categoria de "Receita Decorrente de Medidas de Suspensão de Concessões dos Direitos de Propriedade Intelectual" e serão destinados ao Ministério do Desenvolvimento, Indústria e Comércio Exterior, para aplicação em ações de comércio exterior, conforme diretrizes aprovadas e estabelecidas em resolução do Conselho de Ministros da Camex.

§ 12. Os valores recolhidos a título de multa de mora e de ofício, bem como os juros de mora, de que tratam os §§ 3º e 8º deste artigo, serão destinados ao Fundo Especial de Desenvolvimento e Aperfeiçoamento das Atividades de Fiscalização - FUNDAF, instituído pelo art. 6º do Decreto-Lei n. 1.437, de 17 de dezembro de 1975.

ART. 8º Durante a vigência e nos limites estabelecidos para a aplicação de quaisquer das medidas de que trata esta Lei, ficam suspensos, para as pessoas de que trata o art. 5º:

I - a aplicação do princípio do tratamento nacional e do princípio da nação mais favorecida, cabendo a aplicação de tratamento discriminatório nos termos do Entendimento Relativo a Normas e Procedimentos sobre Soluções de Controvérsias da OMC;

II - os direitos conferidos ao titular ou requerente de direitos de propriedade intelectual nos termos da legislação vigente de propriedade intelectual, de que trata o art. 4º;

III - os direitos conferidos para os beneficiários ou requerentes da proteção contra o uso comercial desleal de informações relativas aos resultados de testes ou outros dados não divulgados apresentados às autoridades competentes como condição para aprovar ou manter o registro para a comercialização de produtos; e

IV - a obtenção e manutenção de direitos de propriedade intelectual e procedimentos interpartes conexos.

Parágrafo único. A aplicação das medidas previstas nesta Lei não importa em qualquer tipo de remuneração ou compensação relativa ao exercício de direitos por terceiros, ressalvados os casos de licenciamento ou uso público não comercial remunerados sem autorização do titular.

ART. 9º A aplicação de medidas previstas nesta Lei será precedida de relatório preliminar da Camex, com minuta das medidas e respectiva fundamentação.

§ 1º As partes interessadas terão prazo de 20 (vinte) dias para apresentar manifestação, a partir da data da publicação do relatório preliminar no Diário Oficial da União.

§ 2º Decorrido o prazo previsto no § 1º, o Conselho de Ministros da Camex decidirá em caráter final, salvo se deliberar pela aplicação de medida não contida no relatório preliminar, ocasião em que deverá ser repetido o procedimento descrito neste artigo.

§ 3º Na aplicação das medidas de que trata esta Lei, poderão ser avaliadas propostas apresentadas pelos setores brasileiros que solicitaram o recurso ao mecanismo de solução de controvérsias da OMC que originou a autorização de que trata o art. 1º desta Lei.

ART. 10. As medidas de que trata esta Lei terão prazo determinado e somente poderão ser adotadas enquanto perdurar a autorização do Órgão de Solução de Controvérsias da OMC.

Parágrafo único. O restabelecimento, no âmbito da OMC, a qualquer tempo, de concessões ou de outras obrigações brasileiras suspensas:

I - não importa na restauração de direitos que tenham sido afetados pela aplicação das medidas; e

II - não prejudicará os interesses legítimos de terceiros decorrentes de contratos firmados ou de usos autorizados pelo Poder Executivo, durante a aplicação de medidas adotadas com fundamento nesta Lei.

ART. 11. O Poder Executivo estabelecerá mecanismos para monitorar a aplicação das medidas adotadas com fundamento nesta Lei.

ART. 12. Esta Lei entra em vigor na data de sua publicação.

Brasília, 24 de junho de 2010; 189º da Independência e 122º da República.

LUIZ INÁCIO LULA DA SILVA

LEI N. 12.305, DE 2 DE AGOSTO DE 2010

Institui a Política Nacional de Resíduos Sólidos; altera a Lei n. 9.605, de 12 de fevereiro de 1998; e dá outras providências.

- *DOU*, 03.08.2010.
- Art. 2º, Lei 6.803/1980 (Dispõe sobre as diretrizes básicas para o zoneamento industrial nas áreas críticas de poluição).
- Art. 10, § 3º, Lei 6.938/1981 (Dispõe sobre a Política Nacional do Meio Ambiente, seus fins e mecanismos de formulação e aplicação).
- Lei 9.605/1998 (Lei dos Crimes Ambientais).
- Lei 9.966/2000 (Dispõe sobre a prevenção, o controle e a fiscalização da poluição causada por lançamento de óleo e outras substâncias nocivas ou perigosas em águas sob jurisdição nacional).
- Lei 11.445/2007 (Estabelece diretrizes nacionais para o saneamento básico).
- Dec. 99.274/1990 (Regulamenta a Lei 6.902/1981 e a Lei 6.938/1981 - que dispõem, respectivamente, sobre a criação de Estações Ecológicas e Áreas de Proteção Ambiental e sobre a Política Nacional do Meio Ambiente).
- Dec. 6.514/2008 (Dispõe sobre as infrações e sanções administrativas ao meio ambiente, estabelece o processo administrativo federal para apuração destas infrações).
- Dec. 7.404/2010 (Regulamenta esta lei).

O Presidente da República. Faço saber que o Congresso Nacional decreta e eu sanciono a seguinte Lei:

TÍTULO I
DISPOSIÇÕES GERAIS

CAPÍTULO I
DO OBJETO E DO CAMPO DE APLICAÇÃO

ART. 1º Esta Lei institui a Política Nacional de Resíduos Sólidos, dispondo sobre seus princípios, objetivos e instrumentos, bem como sobre as diretrizes relativas à gestão integrada e ao gerenciamento de resíduos sólidos, incluídos os perigosos, às responsabilidades dos geradores e do poder público e aos instrumentos econômicos aplicáveis.

§ 1º Estão sujeitas à observância desta Lei as pessoas físicas ou jurídicas, de direito público ou privado, responsáveis, direta ou indiretamente, pela geração de resíduos sólidos e as que desenvolvam ações relacionadas à gestão integrada ou ao gerenciamento de resíduos sólidos.

§ 2º Esta Lei não se aplica aos rejeitos radioativos, que são regulados por legislação específica.

ART. 2º Aplicam-se aos resíduos sólidos, além do disposto nesta Lei, nas Leis n. 11.445, de 05 de janeiro de 2007, 9.974, de 06 de junho de 2000, e 9.966, de 28 de abril de 2000, as normas estabelecidas pelos órgãos do Sistema Nacional do Meio Ambiente (SISNAMA), do Sistema Nacional de Vigilância Sanitária (SNVS), do Sistema Unificado de Atenção à Sanidade Agropecuária (SUASA) e do Sistema Nacional de Metrologia, Normalização e Qualidade Industrial (SINMETRO).

CAPÍTULO II
DEFINIÇÕES

ART. 3º Para os efeitos desta Lei, entende-se por:

I - acordo setorial: ato de natureza contratual firmado entre o poder público e fabricantes, importadores, distribuidores ou comerciantes, tendo em vista a implantação da responsabilidade compartilhada pelo ciclo de vida do produto;

II - área contaminada: local onde há contaminação causada pela disposição, regular ou irregular, de quaisquer substâncias ou resíduos;

III - área órfã contaminada: área contaminada cujos responsáveis pela disposição não sejam identificáveis ou individualizáveis;

IV - ciclo de vida do produto: série de etapas que envolvem o desenvolvimento do produto, a obtenção de matérias-primas e insumos, o processo produtivo, o consumo e a disposição final;

V - coleta seletiva: coleta de resíduos sólidos previamente segregados conforme sua constituição ou composição;

VI - controle social: conjunto de mecanismos e procedimentos que garantam à sociedade informações e participação nos processos de formulação, implementação e avaliação das políticas públicas relacionadas aos resíduos sólidos;

VII - destinação final ambientalmente adequada: destinação de resíduos que inclui a reutilização, a reciclagem, a compostagem, a recuperação e o aproveitamento energético ou outras destinações admitidas pelos órgãos competentes do SISNAMA, do SNVS e do SUASA, entre elas a disposição final, observando normas operacionais específicas de modo a evitar danos ou riscos à saúde pública e à segurança e a minimizar os impactos ambientais adversos;

VIII - disposição final ambientalmente adequada: distribuição ordenada de rejeitos em aterros, observando normas operacionais específicas de modo a evitar danos ou riscos à saúde pública e à segurança e a minimizar os impactos ambientais adversos;

IX - geradores de resíduos sólidos: pessoas físicas ou jurídicas, de direito público ou privado, que geram resíduos sólidos por meio de suas atividades, nelas incluído o consumo;

X - gerenciamento de resíduos sólidos: conjunto de ações exercidas, direta ou indiretamente, nas etapas de coleta, transporte, transbordo, tratamento e destinação final ambientalmente adequada dos resíduos sólidos e disposição final ambientalmente adequada dos rejeitos, de acordo com plano municipal de gestão integrada de resíduos sólidos ou com plano de gerenciamento de resíduos sólidos, exigidos na forma desta Lei;

XI - gestão integrada de resíduos sólidos: conjunto de ações voltadas para a busca de soluções para os resíduos sólidos, de forma a considerar as dimensões política, econômica, ambiental, cultural e social, com controle social e sob a premissa do desenvolvimento sustentável;

XII - logística reversa: instrumento de desenvolvimento econômico e social caracterizado por um conjunto de ações, procedimentos e meios destinados a viabilizar a coleta e a restituição dos resíduos sólidos ao setor empresarial, para reaproveitamento, em seu ciclo ou em outros ciclos produtivos, ou outra destinação final ambientalmente adequada;

XIII - padrões sustentáveis de produção e consumo: produção e consumo de bens e serviços de forma a atender as necessidades das atuais gerações e permitir melhores condições de vida, sem comprometer a qualidade ambiental e o atendimento das necessidades das gerações futuras;

XIV - reciclagem: processo de transformação dos resíduos sólidos que envolve a alteração de suas propriedades físicas, físico-químicas ou biológicas, com vistas à transformação em insumos ou novos produtos, observadas as condições e os padrões estabelecidos pelos órgãos competentes do SISNAMA e, se couber, do SNVS e do SUASA;

XV - rejeitos: resíduos sólidos que, depois de esgotadas todas as possibilidades de tratamento e recuperação por processos tecnológicos disponíveis e economicamente viáveis, não apresentem outra possibilidade que não a disposição final ambientalmente adequada;

XVI - resíduos sólidos: material, substância, objeto ou bem descartado resultante de atividades humanas em sociedade, a cuja destinação final se procede, se propõe proceder ou se está obrigado a proceder, nos estados sólido ou semissólido, bem como gases contidos em recipientes e líquidos cujas particularidades tornem inviável o seu lançamento na rede pública de esgotos ou em corpos d'água, ou exijam para isso soluções técnica ou economicamente inviáveis em face da melhor tecnologia disponível;

XVII - responsabilidade compartilhada pelo ciclo de vida dos produtos: conjunto de atribuições individualizadas e encadeadas dos fabricantes, importadores, distribuidores e comerciantes, dos consumidores e dos titulares dos serviços públicos de limpeza urbana e de manejo dos resíduos sólidos, para minimizar o volume de resíduos sólidos e rejeitos gerados, bem como para reduzir os impactos causados à saúde humana e à qualidade ambiental decorrentes do ciclo de vida dos produtos, nos termos desta Lei;

XVIII - reutilização: processo de aproveitamento dos resíduos sólidos sem sua transformação biológica, física ou físico-química, observadas as condições e os padrões estabelecidos pelos órgãos competentes do SISNAMA e, se couber, do SNVS e do SUASA;

XIX - serviço público de limpeza urbana e de manejo de resíduos sólidos: conjunto de atividades previstas no art. 7º da Lei n. 11.445, de 2007.

TÍTULO II
DA POLÍTICA NACIONAL DE RESÍDUOS SÓLIDOS

CAPÍTULO I
DISPOSIÇÕES GERAIS

ART. 4º A Política Nacional de Resíduos Sólidos reúne o conjunto de princípios, objetivos, instrumentos, diretrizes, metas e ações adotados pelo Governo Federal, isoladamente ou em regime de cooperação com Estados, Distrito Federal, Municípios ou particulares, com vistas à gestão integrada e ao gerenciamento ambientalmente adequado dos resíduos sólidos.

ART. 5º A Política Nacional de Resíduos Sólidos integra a Política Nacional do Meio Ambiente e articula-se com a Política Nacional de Educação Ambiental, regulada pela Lei n. 9.795, de 27 de abril de 1999, com a Política Federal de Saneamento Básico, regulada pela Lei n. 11.445, de 2007, e com a Lei n. 11.107, de 06 de abril de 2005.

- Lei 6.938/1981 (Dispõe sobre a Política Nacional do Meio Ambiente, seus fins e mecanismos de formulação e aplicação).
- Lei 9.795/1999 (Dispõe sobre a educação ambiental, institui a Política Nacional de Educação Ambiental).
- Lei 11.107/2005 (Lei de Consórcios Públicos).
- Lei 11.445/2007 (Estabelece diretrizes nacionais para o saneamento básico).

CAPÍTULO II
DOS PRINCÍPIOS E OBJETIVOS

ART. 6º São princípios da Política Nacional de Resíduos Sólidos:

I - a prevenção e a precaução;

II - o poluidor-pagador e o protetor-recebedor;

III - a visão sistêmica, na gestão dos resíduos sólidos, que considere as variáveis ambiental, social, cultural, econômica, tecnológica e de saúde pública;

IV - o desenvolvimento sustentável;

V - a ecoeficiência, mediante a compatibilização entre o fornecimento, a preços competitivos, de bens e serviços qualificados que satisfaçam as necessidades humanas e tragam qualidade de vida e a redução do impacto ambiental e do consumo de recursos naturais a um nível, no mínimo, equivalente à capacidade de sustentação estimada do planeta;

VI - a cooperação entre as diferentes esferas do poder público, o setor empresarial e demais segmentos da sociedade;

VII - a responsabilidade compartilhada pelo ciclo de vida dos produtos;

VIII - o reconhecimento do resíduo sólido reutilizável e reciclável como um bem econômico e de valor social, gerador de trabalho e renda e promotor de cidadania;

IX - o respeito às diversidades locais e regionais;

X - o direito da sociedade à informação e ao controle social;

XI - a razoabilidade e a proporcionalidade.

ART. 7º São objetivos da Política Nacional de Resíduos Sólidos:

I - proteção da saúde pública e da qualidade ambiental;

II - não geração, redução, reutilização, reciclagem e tratamento dos resíduos sólidos, bem como disposição final ambientalmente adequada dos rejeitos;

III - estímulo à adoção de padrões sustentáveis de produção e consumo de bens e serviços;

IV - adoção, desenvolvimento e aprimoramento de tecnologias limpas como forma de minimizar impactos ambientais;

V - redução do volume e da periculosidade dos resíduos perigosos;

VI - incentivo à indústria da reciclagem, tendo em vista fomentar o uso de matérias-primas e insumos derivados de materiais recicláveis e reciclados;

VII - gestão integrada de resíduos sólidos;

VIII - articulação entre as diferentes esferas do poder público, e destas com o setor empresarial, com vistas à cooperação técnica e financeira para a gestão integrada de resíduos sólidos;

IX - capacitação técnica continuada na área de resíduos sólidos;

X - regularidade, continuidade, funcionalidade e universalização da prestação dos serviços públicos de limpeza urbana e de manejo de resíduos sólidos, com adoção de mecanismos gerenciais e econômicos que assegurem a recuperação dos custos dos serviços prestados, como forma de garantir sua sustentabilidade operacional e financeira, observada a Lei n. 11.445, de 2007;

XI - prioridade, nas aquisições e contratações governamentais, para:

a) produtos reciclados e recicláveis;

b) bens, serviços e obras que considerem critérios compatíveis com padrões de consumo social e ambientalmente sustentáveis;

XII - integração dos catadores de materiais reutilizáveis e recicláveis nas ações que envolvam a responsabilidade compartilhada pelo ciclo de vida dos produtos;

XIII - estímulo à implementação da avaliação do ciclo de vida do produto;

XIV - incentivo ao desenvolvimento de sistemas de gestão ambiental e empresarial voltados para a melhoria dos processos produtivos e ao reaproveitamento dos resíduos sólidos, incluídos a recuperação e o aproveitamento energético;

XV - estímulo à rotulagem ambiental e ao consumo sustentável.

CAPÍTULO III
DOS INSTRUMENTOS

ART. 8º São instrumentos da Política Nacional de Resíduos Sólidos, entre outros:

I - os planos de resíduos sólidos;

II - os inventários e o sistema declaratório anual de resíduos sólidos;

III - a coleta seletiva, os sistemas de logística reversa e outras ferramentas relacionadas à implementação da responsabilidade compartilhada pelo ciclo de vida dos produtos;

IV - o incentivo à criação e ao desenvolvimento de cooperativas ou de outras formas de associação de catadores de materiais reutilizáveis e recicláveis;

V - o monitoramento e a fiscalização ambiental, sanitária e agropecuária;

VI - a cooperação técnica e financeira entre os setores público e privado para o desenvolvimento de pesquisas de novos produtos, métodos, processos e tecnologias de gestão, reciclagem, reutilização, tratamento de resíduos e disposição final ambientalmente adequada de rejeitos;

VII - a pesquisa científica e tecnológica;

VIII - a educação ambiental;

IX - os incentivos fiscais, financeiros e creditícios;

X - o Fundo Nacional do Meio Ambiente e o Fundo Nacional de Desenvolvimento Científico e Tecnológico;

XI - o Sistema Nacional de Informações sobre a Gestão dos Resíduos Sólidos (Sinir);

XII - o Sistema Nacional de Informações em Saneamento Básico (Sinisa);

XIII - os conselhos de meio ambiente e, no que couber, os de saúde;

XIV - os órgãos colegiados municipais destinados ao controle social dos serviços de resíduos sólidos urbanos;

XV - o Cadastro Nacional de Operadores de Resíduos Perigosos;

XVI - os acordos setoriais;

XVII - no que couber, os instrumentos da Política Nacional de Meio Ambiente, entre eles:

a) os padrões de qualidade ambiental;

b) o Cadastro Técnico Federal de Atividades Potencialmente Poluidoras ou Utilizadoras de Recursos Ambientais;

c) o Cadastro Técnico Federal de Atividades e Instrumentos de Defesa Ambiental;

d) a avaliação de impactos ambientais;

e) o Sistema Nacional de Informação sobre Meio Ambiente (Sinima);

f) o licenciamento e a revisão de atividades efetiva ou potencialmente poluidoras;

XVIII - os termos de compromisso e os termos de ajustamento de conduta; XIX - o incentivo à adoção de consórcios ou de outras formas de cooperação entre os entes federados, com vistas à elevação das escalas de aproveitamento e à redução dos custos envolvidos.

TÍTULO III
DAS DIRETRIZES APLICÁVEIS AOS RESÍDUOS SÓLIDOS

CAPÍTULO I
DISPOSIÇÕES PRELIMINARES

ART. 9º Na gestão e gerenciamento de resíduos sólidos, deve ser observada a seguinte ordem de prioridade: não geração, redução, reutilização, reciclagem, tratamento dos resíduos sólidos e disposição final ambientalmente adequada dos rejeitos.

§ 1º Poderão ser utilizadas tecnologias visando à recuperação energética dos resíduos sólidos urbanos, desde que tenha sido comprovada sua viabilidade técnica e ambiental e com a implantação de programa de monitoramento de emissão de gases tóxicos aprovado pelo órgão ambiental.

§ 2º A Política Nacional de Resíduos Sólidos e as Políticas de Resíduos Sólidos dos Estados, do Distrito Federal e dos Municípios serão compatíveis com o disposto no *caput* e no § 1º deste artigo e com as demais diretrizes estabelecidas nesta Lei.

ART. 10. Incumbe ao Distrito Federal e aos Municípios a gestão integrada dos resíduos sólidos gerados nos respectivos territórios, sem prejuízo das competências de controle e fiscalização dos órgãos federais e estaduais do SISNAMA, do SNVS e do SUASA, bem como da responsabilidade do gerador pelo gerenciamento de resíduos, consoante o estabelecido nesta Lei.

ART. 11. Observadas as diretrizes e demais determinações estabelecidas nesta Lei e em seu regulamento, incumbe aos Estados:

I - promover a integração da organização, do planejamento e da execução das funções públicas de interesse comum relacionadas à gestão dos resíduos sólidos nas regiões metropolitanas, aglomerações urbanas e microrregiões, nos termos da lei complementar estadual prevista no § 3º do art. 25 da Constituição Federal;

II - controlar e fiscalizar as atividades dos geradores sujeitas a licenciamento ambiental pelo órgão estadual do SISNAMA.

Parágrafo único. A atuação do Estado na forma do *caput* deve apoiar e priorizar as iniciativas do Município de soluções consorciadas ou compartilhadas entre 2 (dois) ou mais Municípios.

ART. 12. A União, os Estados, o Distrito Federal e os Municípios organizarão e manterão, de forma conjunta, o Sistema Nacional de Informações sobre a Gestão dos Resíduos Sólidos (Sinir), articulado com o Sinisa e o Sinima.

Parágrafo único. Incumbe aos Estados, ao Distrito Federal e aos Municípios fornecer ao órgão federal responsável pela coordenação do Sinir todas as informações necessárias sobre os resíduos sob sua esfera de competência, na forma e na periodicidade estabelecidas em regulamento.

ART. 13. Para os efeitos desta Lei, os resíduos sólidos têm a seguinte classificação:

I - quanto à origem:

a) resíduos domiciliares: os originários de atividades domésticas em residências urbanas;

b) resíduos de limpeza urbana: os originários da varrição, limpeza de logradouros e vias públicas e outros serviços de limpeza urbana;

c) resíduos sólidos urbanos: os englobados nas alíneas *a* e *b*;

d) resíduos de estabelecimentos comerciais e prestadores de serviços: os gerados nessas atividades, excetuados os referidos nas alíneas *b, e, g, h* e *j*;

e) resíduos dos serviços públicos de saneamento básico: os gerados nessas atividades, excetuados os referidos na alínea *c*;

f) resíduos industriais: os gerados nos processos produtivos e instalações industriais;

g) resíduos de serviços de saúde: os gerados nos serviços de saúde, conforme definido em regulamento ou em normas estabelecidas pelos órgãos do SISNAMA e do SNVS;

h) resíduos da construção civil: os gerados nas construções, reformas, reparos e demolições de obras de construção civil, incluídos os resultantes da preparação e escavação de terrenos para obras civis;

i) resíduos agrossilvopastoris: os gerados nas atividades agropecuárias e silviculturais, incluídos os relacionados a insumos utilizados nessas atividades;

j) resíduos de serviços de transportes: os originários de portos, aeroportos, terminais alfandegários, rodoviários e ferroviários e passagens de fronteira;

k) resíduos de mineração: os gerados na atividade de pesquisa, extração ou beneficiamento de minérios;

II - quanto à periculosidade:

a) resíduos perigosos: aqueles que, em razão de suas características de inflamabilidade, corrosividade, reatividade, toxicidade, patogenicidade, carcinogenicidade, teratogenicidade e mutagenicidade, apresentam significativo risco à saúde pública ou à qualidade ambiental, de acordo com lei, regulamento ou norma técnica;

b) resíduos não perigosos: aqueles não enquadrados na alínea *a*.

Parágrafo único. Respeitado o disposto no art. 20, os resíduos referidos na alínea *d* do inciso I do *caput*, se caracterizados como não perigosos, podem, em razão de sua natureza, composição ou volume, ser equiparados aos resíduos domiciliares pelo poder público municipal.

CAPÍTULO II
DOS PLANOS DE RESÍDUOS SÓLIDOS

SEÇÃO I
DISPOSIÇÕES GERAIS

ART. 14. São planos de resíduos sólidos:

I - o Plano Nacional de Resíduos Sólidos;

II - os planos estaduais de resíduos sólidos;

III - os planos microrregionais de resíduos sólidos e os planos de resíduos sólidos de regiões metropolitanas ou aglomerações urbanas;

IV - os planos intermunicipais de resíduos sólidos;

V - os planos municipais de gestão integrada de resíduos sólidos;

VI - os planos de gerenciamento de resíduos sólidos.

Parágrafo único. É assegurada ampla publicidade ao conteúdo dos planos de resíduos sólidos, bem como controle social em sua formulação, implementação e operacionalização, observado o disposto na Lei n. 10.650, de 16 de abril de 2003, e no art. 47 da Lei n. 11.445, de 2007.

- Lei 10.650/2003 (Dispõe sobre o acesso público aos dados e informações existentes nos órgãos e entidades integrantes do SISNAMA).
- Lei 11.445/2007 (Estabelece diretrizes nacionais para o saneamento básico).

SEÇÃO II
DO PLANO NACIONAL DE RESÍDUOS SÓLIDOS

ART. 15. A União elaborará, sob a coordenação do Ministério do Meio Ambiente, o Plano Nacional de Resíduos Sólidos, com vigência por prazo indeterminado e horizonte de 20 (vinte) anos, a ser atualizado a cada 4 (quatro) anos, tendo como conteúdo mínimo:

I - diagnóstico da situação atual dos resíduos sólidos;

II - proposição de cenários, incluindo tendências internacionais e macroeconômicas;

III - metas de redução, reutilização, reciclagem, entre outras, com vistas a reduzir a quantidade de resíduos e rejeitos encaminhados para disposição final ambientalmente adequada;

IV - metas para o aproveitamento energético dos gases gerados nas unidades de disposição final de resíduos sólidos;

V - metas para a eliminação e recuperação de lixões, associadas à inclusão social e à emancipação econômica de catadores de materiais reutilizáveis e recicláveis;

VI - programas, projetos e ações para o atendimento das metas previstas;

VII - normas e condicionantes técnicas para o acesso a recursos da União, para a obtenção de seu aval ou para o acesso a recursos administrados, direta ou indiretamente, por entidade federal, quando destinados a ações e programas de interesse dos resíduos sólidos;

VIII - medidas para incentivar e viabilizar a gestão regionalizada dos resíduos sólidos;

IX - diretrizes para o planejamento e demais atividades de gestão de resíduos sólidos das regiões integradas de desenvolvimento instituídas por lei complementar, bem como para as áreas de especial interesse turístico;

X - normas e diretrizes para a disposição final de rejeitos e, quando couber, de resíduos;

XI - meios a serem utilizados para o controle e a fiscalização, no âmbito nacional, de sua implementação e operacionalização, assegurado o controle social.

Parágrafo único. O Plano Nacional de Resíduos Sólidos será elaborado mediante processo de mobilização e participação social, incluindo a realização de audiências e consultas públicas.

SEÇÃO III
DOS PLANOS ESTADUAIS DE RESÍDUOS SÓLIDOS

ART. 16. A elaboração de plano estadual de resíduos sólidos, nos termos previstos por esta Lei, é condição para os Estados terem acesso a recursos da União, ou por ela controlados, destinados a empreendimentos e serviços relacionados à gestão de resíduos sólidos, ou para serem beneficiados por incentivos ou financiamentos de entidades federais de crédito ou fomento para tal finalidade.

§ 1º Serão priorizados no acesso aos recursos da União referidos no *caput* os Estados que instituírem microrregiões, consoante o § 3º do art. 25 da Constituição Federal, para integrar a organização, o planejamento e a execução das ações a cargo de Municípios limítrofes na gestão dos resíduos sólidos.

§ 2º Serão estabelecidas em regulamento normas complementares sobre o acesso aos recursos da União na forma deste artigo.

§ 3º Respeitada a responsabilidade dos geradores nos termos desta Lei, as microrregiões instituídas conforme previsto no § 1º abrangem atividades de coleta seletiva, recuperação e reciclagem, tratamento e destinação final dos resíduos sólidos urbanos, a gestão de resíduos de construção civil, de serviços de transporte, de serviços de saúde, agrossilvopastoris ou outros resíduos, de acordo com as peculiaridades microrregionais.

ART. 17. O plano estadual de resíduos sólidos será elaborado para vigência por prazo indeterminado, abrangendo todo o território do Estado, com horizonte de atuação de 20 (vinte) anos e revisões a cada 4 (quatro) anos, e tendo como conteúdo mínimo:

I - diagnóstico, incluída a identificação dos principais fluxos de resíduos no Estado e seus impactos socioeconômicos e ambientais;

II - proposição de cenários;

III - metas de redução, reutilização, reciclagem, entre outras, com vistas a reduzir a quantidade de resíduos e rejeitos encaminhados para disposição final ambientalmente adequada;

IV - metas para o aproveitamento energético dos gases gerados nas unidades de disposição final de resíduos sólidos;

V - metas para a eliminação e recuperação de lixões, associadas à inclusão social e à emancipação econômica de catadores de materiais reutilizáveis e recicláveis;

VI - programas, projetos e ações para o atendimento das metas previstas;

VII - normas e condicionantes técnicas para o acesso a recursos do Estado, para a obtenção de seu aval ou para o acesso de recursos administrados, direta ou indiretamente, por entidade estadual, quando destinados às ações e programas de interesse dos resíduos sólidos;

VIII - medidas para incentivar e viabilizar a gestão consorciada ou compartilhada dos resíduos sólidos;

IX - diretrizes para o planejamento e demais atividades de gestão de resíduos sólidos de regiões metropolitanas, aglomerações urbanas e microrregiões;

X - normas e diretrizes para a disposição final de rejeitos e, quando couber, de resíduos, respeitadas as disposições estabelecidas em âmbito nacional;

XI - previsão, em conformidade com os demais instrumentos de planejamento territorial, especialmente o zoneamento ecológico-econômico e o zoneamento costeiro, de:

a) zonas favoráveis para a localização de unidades de tratamento de resíduos sólidos ou de disposição final de rejeitos;

b) áreas degradadas em razão de disposição inadequada de resíduos sólidos ou rejeitos a serem objeto de recuperação ambiental;

XII - meios a serem utilizados para o controle e a fiscalização, no âmbito estadual, de sua implementação e operacionalização, assegurado o controle social.

§ 1º Além do plano estadual de resíduos sólidos, os Estados poderão elaborar planos microrregionais de resíduos sólidos, bem como planos específicos direcionados às regiões metropolitanas ou às aglomerações urbanas.

§ 2º A elaboração e a implementação pelos Estados de planos microrregionais de resíduos sólidos, ou de planos de regiões metropolitanas ou aglomerações urbanas, em consonância com o previsto no § 1º, dar-se-ão obrigatoriamente com a participação dos Municípios envolvidos e não excluem nem substituem qualquer das prerrogativas a cargo dos Municípios previstas por esta Lei.

§ 3º Respeitada a responsabilidade dos geradores nos termos desta Lei, o plano microrregional de resíduos sólidos deve atender ao previsto para o plano estadual e estabelecer soluções integradas para a coleta seletiva, a recuperação e a reciclagem, o tratamento e a destinação final dos resíduos sólidos urbanos e, consideradas as peculiaridades microrregionais, outros tipos de resíduos.

SEÇÃO IV
DOS PLANOS MUNICIPAIS DE GESTÃO INTEGRADA DE RESÍDUOS SÓLIDOS

ART. 18. A elaboração de plano municipal de gestão integrada de resíduos sólidos, nos termos previstos por esta Lei, é condição para o Distrito Federal e os Municípios terem acesso a recursos da União, ou por ela controlados, destinados a empreendimentos e serviços relacionados à limpeza urbana e ao manejo de resíduos sólidos, ou para serem beneficiados por incentivos ou financiamentos de entidades federais de crédito ou fomento para tal finalidade.

§ 1º Serão priorizados no acesso aos recursos da União referidos no *caput* os Municípios que:

I - optarem por soluções consorciadas intermunicipais para a gestão dos resíduos sólidos, incluída a elaboração e implementação de plano intermunicipal, ou que se inserirem de forma voluntária nos planos microrregionais de resíduos sólidos referidos no § 1º do art. 16;

II - implantarem a coleta seletiva com a participação de cooperativas ou outras formas de associação de catadores de materiais reutilizáveis e recicláveis formadas por pessoas físicas de baixa renda.

§ 2º Serão estabelecidas em regulamento normas complementares sobre o acesso aos recursos da União na forma deste artigo.

ART. 19. O plano municipal de gestão integrada de resíduos sólidos tem o seguinte conteúdo mínimo:

I - diagnóstico da situação dos resíduos sólidos gerados no respectivo território, contendo a origem, o volume, a caracterização dos resíduos e as formas de destinação e disposição final adotadas;

II - identificação de áreas favoráveis para disposição final ambientalmente adequada de rejeitos, observado o plano diretor de que trata o § 1º do art. 182 da Constituição Federal e o zoneamento ambiental, se houver;

III - identificação das possibilidades de implantação de soluções consorciadas ou compartilhadas com outros Municípios, considerando, nos critérios de economia de escala, a proximidade dos locais estabelecidos e as formas de prevenção dos riscos ambientais;

IV - identificação dos resíduos sólidos e dos geradores sujeitos a plano de gerenciamento específico nos termos do art. 20 ou a sistema de logística reversa na forma do art. 33, observadas as disposições desta Lei e de seu regulamento, bem como as normas estabelecidas pelos órgãos do SISNAMA e do SNVS;

V - procedimentos operacionais e especificações mínimas a serem adotados nos serviços públicos de limpeza urbana e de manejo de resíduos sólidos, incluída a disposição final ambientalmente adequada dos rejeitos e observada a Lei n. 11.445, de 2007;

VI - indicadores de desempenho operacional e ambiental dos serviços públicos de limpeza urbana e de manejo de resíduos sólidos;

VII - regras para o transporte e outras etapas do gerenciamento de resíduos sólidos de que trata o art. 20, observadas as normas estabelecidas pelos órgãos do SISNAMA e do SNVS e demais disposições pertinentes da legislação federal e estadual;

VIII - definição das responsabilidades quanto à sua implementação e operacionalização, incluídas as etapas do plano de gerenciamento de resíduos sólidos a que se refere o art. 20 a cargo do poder público;

IX - programas e ações de capacitação técnica voltados para sua implementação e operacionalização;

X - programas e ações de educação ambiental que promovam a não geração, a redução, a reutilização e a reciclagem de resíduos sólidos;

XI - programas e ações para a participação dos grupos interessados, em especial das cooperativas ou outras formas de associação de catadores de materiais reutilizáveis e recicláveis formadas por pessoas físicas de baixa renda, se houver;

XII - mecanismos para a criação de fontes de negócios, emprego e renda, mediante a valorização dos resíduos sólidos;

XIII - sistema de cálculo dos custos da prestação dos serviços públicos de limpeza urbana e de manejo de resíduos sólidos, bem como a forma de cobrança desses serviços, observada a Lei n. 11.445, de 2007;

XIV - metas de redução, reutilização, coleta seletiva e reciclagem, entre outras, com vistas a reduzir a quantidade de rejeitos encaminhados para disposição final ambientalmente adequada;

XV - descrição das formas e dos limites da participação do poder público local na coleta seletiva e na logística reversa, respeitado o disposto no art. 33, e de outras ações relativas à responsabilidade compartilhada pelo ciclo de vida dos produtos;

XVI - meios a serem utilizados para o controle e a fiscalização, no âmbito local, da implementação e operacionalização dos planos de gerenciamento de resíduos sólidos de que trata o art. 20 e dos sistemas de logística reversa previstos no art. 33;

XVII - ações preventivas e corretivas a serem praticadas, incluindo programa de monitoramento;

XVIII - identificação dos passivos ambientais relacionados aos resíduos sólidos, incluindo áreas contaminadas, e respectivas medidas saneadoras;

XIX - periodicidade de sua revisão, observado prioritariamente o período de vigência do plano plurianual municipal.

§ 1º O plano municipal de gestão integrada de resíduos sólidos pode estar inserido no plano de saneamento básico previsto no art. 19 da Lei n. 11.445, de 2007, respeitado o conteúdo mínimo previsto nos incisos do *caput* e observado o disposto no § 2º, todos deste artigo.

§ 2º Para Municípios com menos de 20.000 (vinte mil) habitantes, o plano municipal de gestão integrada de resíduos sólidos terá conteúdo simplificado, na forma do regulamento.

§ 3º O disposto no § 2º não se aplica a Municípios:

I - integrantes de áreas de especial interesse turístico;

II - inseridos na área de influência de empreendimentos ou atividades com significativo impacto ambiental de âmbito regional ou nacional;

III - cujo território abranja, total ou parcialmente, Unidades de Conservação.

§ 4º A existência de plano municipal de gestão integrada de resíduos sólidos não exime o Município ou o Distrito Federal do licenciamento ambiental de aterros sanitários e de outras infraestruturas e instalações operacionais integrantes do serviço público de limpeza urbana e de manejo de resíduos sólidos pelo órgão competente do SISNAMA.

§ 5º Na definição de responsabilidades na forma do inciso VIII do *caput* deste artigo, é vedado atribuir ao serviço público de limpeza urbana e de manejo de resíduos sólidos a realização de etapas do gerenciamento dos resíduos a que se refere o art. 20 em desacordo com a respectiva licença ambiental ou com normas estabelecidas pelos órgãos do SISNAMA e, se couber, do SNVS.

§ 6º Além do disposto nos incisos I a XIX do *caput* deste artigo, o plano municipal de gestão integrada de resíduos sólidos contemplará ações específicas a serem desenvolvidas no âmbito dos órgãos da administração pública, com vistas à utilização racional dos recursos ambientais, ao combate a todas as formas de desperdício e à minimização da geração de resíduos sólidos.

§ 7º O conteúdo do plano municipal de gestão integrada de resíduos sólidos será disponibilizado para o Sinir, na forma do regulamento.

§ 8º A inexistência do plano municipal de gestão integrada de resíduos sólidos não pode ser utilizada para impedir a instalação ou a operação de empreendimentos ou atividades devidamente licenciados pelos órgãos competentes.

§ 9º Nos termos do regulamento, o Município que optar por soluções consorciadas intermunicipais para a gestão dos resíduos sólidos, assegurado que o plano intermunicipal preencha os requisitos estabelecidos nos incisos I a XIX do *caput* deste artigo, pode ser dispensado da elaboração de plano municipal de gestão integrada de resíduos sólidos.

SEÇÃO V
DO PLANO DE GERENCIAMENTO DE RESÍDUOS SÓLIDOS

ART. 20. Estão sujeitos à elaboração de plano de gerenciamento de resíduos sólidos:

I - os geradores de resíduos sólidos previstos nas alíneas *e, f, g* e *k* do inciso I do art. 13;

II - os estabelecimentos comerciais e de prestação de serviços que:

a) gerem resíduos perigosos;

b) gerem resíduos que, mesmo caracterizados como não perigosos, por sua natureza, composição ou volume, não sejam equiparados aos resíduos domiciliares pelo poder público municipal;

III - as empresas de construção civil, nos termos do regulamento ou de normas estabelecidas pelos órgãos do SISNAMA;

IV - os responsáveis pelos terminais e outras instalações referidas na alínea *j* do inciso I do art. 13 e, nos termos do regulamento ou de normas estabelecidas pelos órgãos do SISNAMA e, se couber, do SNVS, as empresas de transporte;

V - os responsáveis por atividades agrossilvopastoris, se exigido pelo órgão competente do SISNAMA, do SNVS ou do SUASA.

Parágrafo único. Observado o disposto no Capítulo IV deste Título, serão estabelecidas por regulamento exigências específicas relativas ao plano de gerenciamento de resíduos perigosos.

ART. 21. O plano de gerenciamento de resíduos sólidos tem o seguinte conteúdo mínimo:

I - descrição do empreendimento ou atividade;

II - diagnóstico dos resíduos sólidos gerados ou administrados, contendo a origem, o volume e a caracterização dos resíduos, incluindo os passivos ambientais a eles relacionados;

III - observadas as normas estabelecidas pelos órgãos do SISNAMA, do SNVS e do SUASA e, se houver, o plano municipal de gestão integrada de resíduos sólidos:

a) explicitação dos responsáveis por cada etapa do gerenciamento de resíduos sólidos;

b) definição dos procedimentos operacionais relativos às etapas do gerenciamento de resíduos sólidos sob responsabilidade do gerador;

IV - identificação das soluções consorciadas ou compartilhadas com outros geradores;

V - ações preventivas e corretivas a serem executadas em situações de gerenciamento incorreto ou acidentes;

VI - metas e procedimentos relacionados à minimização da geração de resíduos sólidos e, observadas as normas estabelecidas pelos órgãos do SISNAMA, do SNVS e do SUASA, à reutilização e reciclagem;

VII - se couber, ações relativas à responsabilidade compartilhada pelo ciclo de vida dos produtos, na forma do art. 31;

VIII - medidas saneadoras dos passivos ambientais relacionados aos resíduos sólidos;

IX - periodicidade de sua revisão, observado, se couber, o prazo de vigência da respectiva licença de operação a cargo dos órgãos do SISNAMA.

§ 1º O plano de gerenciamento de resíduos sólidos atenderá ao disposto no plano municipal de gestão integrada de resíduos sólidos do respectivo Município, sem prejuízo das normas estabelecidas pelos órgãos do SISNAMA, do SNVS e do SUASA.

§ 2º A inexistência do plano municipal de gestão integrada de resíduos sólidos não obsta a elaboração, a implementação ou a operacionalização do plano de gerenciamento de resíduos sólidos.

§ 3º Serão estabelecidos em regulamento:

I - normas sobre a exigibilidade e o conteúdo do plano de gerenciamento de resíduos sólidos relativo à atuação de cooperativas ou de outras formas de associação de catadores de materiais reutilizáveis e recicláveis;

II - critérios e procedimentos simplificados para apresentação dos planos de gerenciamento de resíduos sólidos para microempresas e empresas de pequeno porte, assim consideradas as definidas nos incisos I e II do art. 3º da Lei Complementar n. 123, de 14 de dezembro de 2006, desde que as atividades por elas desenvolvidas não gerem resíduos perigosos.

▸ LC 123/2006 (Estatuto Nacional da Microempresa e da Empresa de Pequeno Porte).

ART. 22. Para a elaboração, implementação, operacionalização e monitoramento de todas as etapas do plano de gerenciamento de resíduos sólidos, nelas incluído o controle da disposição final ambientalmente adequada dos rejeitos, será designado responsável técnico devidamente habilitado.

ART. 23. Os responsáveis por plano de gerenciamento de resíduos sólidos manterão atualizadas e disponíveis ao órgão municipal competente, ao órgão licenciador do SISNAMA e a outras autoridades, informações completas sobre a implementação e a operacionalização do plano sob sua responsabilidade.

§ 1º Para a consecução do disposto no *caput*, sem prejuízo de outras exigências cabíveis por parte das autoridades, será implementado sistema declaratório com periodicidade, no mínimo, anual, na forma do regulamento.

§ 2º As informações referidas no *caput* serão repassadas pelos órgãos públicos ao Sinir, na forma do regulamento.

ART. 24. O plano de gerenciamento de resíduos sólidos é parte integrante do processo de licenciamento ambiental do empreendimento ou atividade pelo órgão competente do SISNAMA.

§ 1º Nos empreendimentos e atividades não sujeitos a licenciamento ambiental, a aprovação do plano de gerenciamento de resíduos sólidos cabe à autoridade municipal competente.

§ 2º No processo de licenciamento ambiental referido no § 1º a cargo de órgão federal ou estadual do SISNAMA, será assegurada oitiva do órgão municipal competente, em especial quanto à disposição final ambientalmente adequada de rejeitos.

CAPÍTULO III
DAS RESPONSABILIDADES DOS GERADORES E DO PODER PÚBLICO

SEÇÃO I
DISPOSIÇÕES GERAIS

ART. 25. O poder público, o setor empresarial e a coletividade são responsáveis pela efetividade das ações voltadas para assegurar a observância da Política Nacional de Resíduos Sólidos e das diretrizes e demais determinações estabelecidas nesta Lei e em seu regulamento.

ART. 26. O titular dos serviços públicos de limpeza urbana e de manejo de resíduos sólidos é responsável pela organização e prestação direta ou indireta desses serviços, observados o respectivo plano municipal de gestão integrada de resíduos sólidos, a Lei n. 11.445, de 2007, e as disposições desta Lei e seu regulamento.

ART. 27. As pessoas físicas ou jurídicas referidas no art. 20 são responsáveis pela implementação e operacionalização integral do plano de gerenciamento de resíduos sólidos aprovado pelo órgão competente na forma do art. 24.

§ 1º A contratação de serviços de coleta, armazenamento, transporte, transbordo, tratamento ou destinação final de resíduos sólidos, ou de disposição final de rejeitos, não isenta as pessoas físicas ou jurídicas referidas no art. 20 da responsabilidade por danos que vierem a ser provocados pelo gerenciamento inadequado dos respectivos resíduos ou rejeitos.

§ 2º Nos casos abrangidos pelo art. 20, as etapas sob responsabilidade do gerador que forem realizadas pelo poder público serão devidamente remuneradas pelas pessoas físicas ou jurídicas responsáveis, observado o disposto no § 5º do art. 19.

ART. 28. O gerador de resíduos sólidos domiciliares tem cessada sua responsabilidade pelos resíduos com a disponibilização adequada para a coleta ou, nos casos abrangidos pelo art. 33, com a devolução.

ART. 29. Cabe ao poder público atuar, subsidiariamente, com vistas a minimizar ou cessar o dano, logo que tome conhecimento de evento lesivo ao meio ambiente ou à saúde pública relacionado ao gerenciamento de resíduos sólidos.

Parágrafo único. Os responsáveis pelo dano ressarcirão integralmente o poder público pelos gastos decorrentes das ações empreendidas na forma do *caput*.

SEÇÃO II
DA RESPONSABILIDADE
COMPARTILHADA

ART. 30. É instituída a responsabilidade compartilhada pelo ciclo de vida dos produtos, a ser implementada de forma individualizada e encadeada, abrangendo os fabricantes, importadores, distribuidores e comerciantes, os consumidores e os titulares dos serviços públicos de limpeza urbana e de manejo de resíduos sólidos, consoante as atribuições e procedimentos previstos nesta Seção.

Parágrafo único. A responsabilidade compartilhada pelo ciclo de vida dos produtos tem por objetivo:

I - compatibilizar interesses entre os agentes econômicos e sociais e os processos de gestão empresarial e mercadológica com os de gestão ambiental, desenvolvendo estratégias sustentáveis;

II - promover o aproveitamento de resíduos sólidos, direcionando-os para a sua cadeia produtiva ou para outras cadeias produtivas;

III - reduzir a geração de resíduos sólidos, o desperdício de materiais, a poluição e os danos ambientais;

IV - incentivar a utilização de insumos de menor agressividade ao meio ambiente e de maior sustentabilidade;

V - estimular o desenvolvimento de mercado, a produção e o consumo de produtos derivados de materiais reciclados e recicláveis;

VI - propiciar que as atividades produtivas alcancem eficiência e sustentabilidade;

VII - incentivar as boas práticas de responsabilidade socioambiental.

ART. 31. Sem prejuízo das obrigações estabelecidas no plano de gerenciamento de resíduos sólidos e com vistas a fortalecer a responsabilidade compartilhada e seus objetivos, os fabricantes, importadores, distribuidores e comerciantes têm responsabilidade que abrange:

I - investimento no desenvolvimento, na fabricação e na colocação no mercado de produtos:

a) que sejam aptos, após o uso pelo consumidor, à reutilização, à reciclagem ou a outra forma de destinação ambientalmente adequada;

b) cuja fabricação e uso gerem a menor quantidade de resíduos sólidos possível;

II - divulgação de informações relativas às formas de evitar, reciclar e eliminar os resíduos sólidos associados a seus respectivos produtos;

III - recolhimento dos produtos e dos resíduos remanescentes após o uso, assim como sua subsequente destinação final ambientalmente adequada, no caso de produtos objeto de sistema de logística reversa na forma do art. 33;

IV - compromisso de, quando firmados acordos ou termos de compromisso com o Município, participar das ações previstas no plano municipal de gestão integrada de resíduos sólidos, no caso de produtos ainda não inclusos no sistema de logística reversa.

ART. 32. As embalagens devem ser fabricadas com materiais que propiciem a reutilização ou a reciclagem.

§ 1º Cabe aos respectivos responsáveis assegurar que as embalagens sejam:

I - restritas em volume e peso às dimensões requeridas à proteção do conteúdo e à comercialização do produto;

II - projetadas de forma a serem reutilizadas de maneira tecnicamente viável e compatível com as exigências aplicáveis ao produto que contêm;

III - recicladas, se a reutilização não for possível.

§ 2º O regulamento disporá sobre os casos em que, por razões de ordem técnica ou econômica, não seja viável a aplicação do disposto no *caput*.

§ 3º É responsável pelo atendimento do disposto neste artigo todo aquele que:

I - manufatura embalagens ou fornece materiais para a fabricação de embalagens;

II - coloca em circulação embalagens, materiais para a fabricação de embalagens ou produtos embalados, em qualquer fase da cadeia de comércio.

ART. 33. São obrigados a estruturar e implementar sistemas de logística reversa, mediante retorno dos produtos após o uso pelo consumidor, de forma independente do serviço público de limpeza urbana e de manejo dos resíduos sólidos, os fabricantes, importadores, distribuidores e comerciantes de:

‣ Dec. 9.177/2017 (Regulamenta este artigo).

I - agrotóxicos, seus resíduos e embalagens, assim como outros produtos cuja embalagem, após o uso, constitua resíduo perigoso, observadas as regras de gerenciamento de resíduos perigosos previstas em lei ou regulamento, em normas estabelecidas pelos órgãos do SISNAMA, do SNVS e do SUASA, ou em normas técnicas;

II - pilhas e baterias;

III - pneus;

IV - óleos lubrificantes, seus resíduos e embalagens;

V - lâmpadas fluorescentes, de vapor de sódio e mercúrio e de luz mista;

VI - produtos eletroeletrônicos e seus componentes.

§ 1º Na forma do disposto em regulamento ou em acordos setoriais e termos de compromisso firmados entre o poder público e o setor empresarial, os sistemas previstos no *caput* serão estendidos a produtos comercializados em embalagens plásticas, metálicas ou de vidro, e aos demais produtos e embalagens, considerando, prioritariamente, o grau e a extensão do impacto à saúde pública e ao meio ambiente dos resíduos gerados.

§ 2º A definição dos produtos e embalagens a que se refere o § 1º considerará a viabilidade técnica e econômica da logística reversa, bem como o grau e a extensão do impacto à saúde pública e ao meio ambiente dos resíduos gerados.

§ 3º Sem prejuízo de exigências específicas fixadas em lei ou regulamento, em normas estabelecidas pelos órgãos do SISNAMA e do SNVS, ou em acordos setoriais e termos de compromisso firmados entre o poder público e o setor empresarial, cabe aos fabricantes, importadores, distribuidores e comerciantes dos produtos a que se referem os incisos II, III, V e VI ou dos produtos e embalagens a que se referem os incisos I e IV do *caput* e o § 1º tomar todas as medidas necessárias para assegurar a implementação e operacionalização do sistema de logística reversa sob seu encargo, consoante o estabelecido neste artigo, podendo, entre outras medidas:

I - implantar procedimentos de compra de produtos ou embalagens usados;

II - disponibilizar postos de entrega de resíduos reutilizáveis e recicláveis;

III - atuar em parceria com cooperativas ou outras formas de associação de catadores de materiais reutilizáveis e recicláveis, nos casos de que trata o § 1º.

§ 4º Os consumidores deverão efetuar a devolução após o uso, aos comerciantes ou distribuidores, dos produtos e das embalagens a que se referem os incisos I a VI do *caput*, e de outros produtos ou embalagens objeto de logística reversa, na forma do § 1º.

§ 5º Os comerciantes e distribuidores deverão efetuar a devolução aos fabricantes ou aos importadores dos produtos e embalagens reunidos ou devolvidos na forma dos §§ 3º e 4º.

§ 6º Os fabricantes e os importadores darão destinação ambientalmente adequada aos produtos e às embalagens reunidos ou devolvidos, sendo o rejeito encaminhado para a disposição final ambientalmente adequada, na forma estabelecida pelo órgão competente do SISNAMA e, se houver, pelo plano municipal de gestão integrada de resíduos sólidos.

§ 7º Se o titular do serviço público de limpeza urbana e de manejo de resíduos sólidos, por acordo setorial ou termo de compromisso firmado com o setor empresarial, encarregar-se de atividades de responsabilidade dos fabricantes, importadores, distribuidores e comerciantes nos sistemas de logística reversa dos produtos e embalagens a que se refere este artigo, as ações do poder público serão devidamente remuneradas, na forma previamente acordada entre as partes.

§ 8º Com exceção dos consumidores, todos os participantes dos sistemas de logística reversa manterão atualizadas e disponíveis ao órgão municipal competente e a outras autoridades informações completas sobre a realização das ações sob sua responsabilidade.

ART. 34. Os acordos setoriais ou termos de compromisso referidos no inciso IV do *caput* do art. 31 e no § 1º do art. 33 podem ter abrangência nacional, regional, estadual ou municipal.

‣ Dec. 9.177/2017 (Regulamenta o art. 33 desta lei).

§ 1º Os acordos setoriais e termos de compromisso firmados em âmbito nacional têm prevalência sobre os firmados em âmbito regional ou estadual, e estes sobre os firmados em âmbito municipal.

§ 2º Na aplicação de regras concorrentes consoante o § 1º, os acordos firmados com menor abrangência geográfica podem ampliar, mas não abrandar, as medidas de proteção ambiental constantes nos acordos setoriais e termos de compromisso firmados com maior abrangência geográfica.

ART. 35. Sempre que estabelecido sistema de coleta seletiva pelo plano municipal de gestão integrada de resíduos sólidos e na aplicação do art. 33, os consumidores são obrigados a:

I - acondicionar adequadamente e de forma diferenciada os resíduos sólidos gerados;

II - disponibilizar adequadamente os resíduos sólidos reutilizáveis e recicláveis para coleta ou devolução.

Parágrafo único. O poder público municipal pode instituir incentivos econômicos aos consumidores que participam do sistema de coleta seletiva referido no *caput*, na forma de lei municipal.

ART. 36. No âmbito da responsabilidade compartilhada pelo ciclo de vida dos produtos, cabe ao titular dos serviços públicos de limpeza urbana e de manejo de resíduos sólidos, observado, se houver, o plano municipal de gestão integrada de resíduos sólidos:

I - adotar procedimentos para reaproveitar os resíduos sólidos reutilizáveis e recicláveis oriundos dos serviços públicos de limpeza urbana e de manejo de resíduos sólidos;

II - estabelecer sistema de coleta seletiva;

III - articular com os agentes econômicos e sociais medidas para viabilizar o retorno ao ciclo produtivo dos resíduos sólidos reutilizáveis e recicláveis oriundos dos serviços de limpeza urbana e de manejo de resíduos sólidos;

IV - realizar as atividades definidas por acordo setorial ou termo de compromisso na forma do § 7º do art. 33, mediante a devida remuneração pelo setor empresarial;

V - implantar sistema de compostagem para resíduos sólidos orgânicos e articular com os agentes econômicos e sociais formas de utilização do composto produzido;

VI - dar disposição final ambientalmente adequada aos resíduos e rejeitos oriundos dos serviços públicos de limpeza urbana e de manejo de resíduos sólidos.

§ 1º Para o cumprimento do disposto nos incisos I a IV do *caput*, o titular dos serviços públicos de limpeza urbana e de manejo de resíduos sólidos priorizará a organização e o funcionamento de cooperativas ou de outras formas de associação de catadores de materiais reutilizáveis e recicláveis formadas por pessoas físicas de baixa renda, bem como sua contratação.

§ 2º A contratação prevista no § 1º é dispensável de licitação, nos termos do inciso XXVII do art. 24 da Lei n. 8.666, de 21 de junho de 1993.

› Lei 8.666/1993 (Lei de Licitações e Contratos Administrativos).

CAPÍTULO IV
DOS RESÍDUOS PERIGOSOS

ART. 37. A instalação e o funcionamento de empreendimento ou atividade que gere ou opere com resíduos perigosos somente podem ser autorizados ou licenciados pelas autoridades competentes se o responsável comprovar, no mínimo, capacidade técnica e econômica, além de condições para prover os cuidados necessários ao gerenciamento desses resíduos.

ART. 38. As pessoas jurídicas que operam com resíduos perigosos, em qualquer fase do seu gerenciamento, são obrigadas a se cadastrar no Cadastro Nacional de Operadores de Resíduos Perigosos.

§ 1º O cadastro previsto no *caput* será coordenado pelo órgão federal competente do SISNAMA e implantado de forma conjunta pelas autoridades federais, estaduais e municipais.

§ 2º Para o cadastramento, as pessoas jurídicas referidas no *caput* necessitam contar com responsável técnico pelo gerenciamento dos resíduos perigosos, de seu próprio quadro de funcionários ou contratado, devidamente habilitado, cujos dados serão mantidos atualizados no cadastro.

§ 3º O cadastro a que se refere o *caput* é parte integrante do Cadastro Técnico Federal de Atividades Potencialmente Poluidoras ou Utilizadoras de Recursos Ambientais e do Sistema de Informações previsto no art. 12.

ART. 39. As pessoas jurídicas referidas no art. 38 são obrigadas a elaborar plano de gerenciamento de resíduos perigosos e submetê-lo ao órgão competente do SISNAMA e, se couber, do SNVS, observado o conteúdo mínimo estabelecido no art. 21 e demais exigências previstas em regulamento ou em normas técnicas.

§ 1º O plano de gerenciamento de resíduos perigosos a que se refere o *caput* poderá estar inserido no plano de gerenciamento de resíduos a que se refere o art. 20.

§ 2º Cabe às pessoas jurídicas referidas no art. 38:

I - manter registro atualizado e facilmente acessível de todos os procedimentos relacionados à implementação e à operacionalização do plano previsto no *caput*;

II - informar anualmente ao órgão competente do SISNAMA e, se couber, do SNVS, sobre a quantidade, a natureza e a destinação temporária ou final dos resíduos sob sua responsabilidade;

III - adotar medidas destinadas a reduzir o volume e a periculosidade dos resíduos sob sua responsabilidade, bem como a aperfeiçoar seu gerenciamento;

IV - informar imediatamente aos órgãos competentes sobre a ocorrência de acidentes ou outros sinistros relacionados aos resíduos perigosos.

§ 3º Sempre que solicitado pelos órgãos competentes do SISNAMA e do SNVS, será assegurado acesso para inspeção das instalações e dos procedimentos relacionados à implementação e à operacionalização do plano de gerenciamento de resíduos perigosos.

§ 4º No caso de controle a cargo de órgão federal ou estadual do SISNAMA e do SNVS, as informações sobre o conteúdo, a implementação e a operacionalização do plano previsto no *caput* serão repassadas ao poder público municipal, na forma do regulamento.

ART. 40. No licenciamento ambiental de empreendimentos ou atividades que operem com resíduos perigosos, o órgão licenciador do SISNAMA pode exigir a contratação de seguro de responsabilidade civil por danos causados ao meio ambiente ou à saúde pública, observadas as regras sobre cobertura e os limites máximos de contratação fixados em regulamento.

Parágrafo único. O disposto no *caput* considerará o porte da empresa, conforme regulamento.

ART. 41. Sem prejuízo das iniciativas de outras esferas governamentais, o Governo Federal deve estruturar e manter instrumentos e atividades voltados para promover a descontaminação de áreas órfãs.

Parágrafo único. Se, após descontaminação de sítio órfão realizada com recursos do Governo Federal ou de outro ente da Federação, forem identificados os responsáveis pela contaminação, estes ressarcirão integralmente o valor empregado ao poder público.

CAPÍTULO V
DOS INSTRUMENTOS ECONÔMICOS

ART. 42. O poder público poderá instituir medidas indutoras e linhas de financiamento para atender, prioritariamente, às iniciativas de:

I - prevenção e redução da geração de resíduos sólidos no processo produtivo;

II - desenvolvimento de produtos com menores impactos à saúde humana e à qualidade ambiental em seu ciclo de vida;

III - implantação de infraestrutura física e aquisição de equipamentos para cooperativas ou outras formas de associação de catadores de materiais reutilizáveis e recicláveis formadas por pessoas físicas de baixa renda;

IV - desenvolvimento de projetos de gestão dos resíduos sólidos de caráter intermunicipal ou, nos termos do inciso I do *caput* do art. 11, regional;

V - estruturação de sistemas de coleta seletiva e de logística reversa;

VI - descontaminação de áreas contaminadas, incluindo as áreas órfãs;

VII - desenvolvimento de pesquisas voltadas para tecnologias limpas aplicáveis aos resíduos sólidos;

VIII - desenvolvimento de sistemas de gestão ambiental e empresarial voltados para a melhoria dos processos produtivos e ao reaproveitamento dos resíduos.

ART. 43. No fomento ou na concessão de incentivos creditícios destinados a atender diretrizes desta Lei, as instituições oficiais de crédito podem estabelecer critérios diferenciados de acesso dos beneficiários aos créditos do Sistema Financeiro Nacional para investimentos produtivos.

ART. 44. A União, os Estados, o Distrito Federal e os Municípios, no âmbito de suas competências, poderão instituir normas com o objetivo de conceder incentivos fiscais, financeiros ou creditícios, respeitadas as limitações da Lei Complementar n. 101, de 04 de maio de 2000 (Lei de Responsabilidade Fiscal), a:

I - indústrias e entidades dedicadas à reutilização, ao tratamento e à reciclagem de resíduos sólidos produzidos no território nacional;

II - projetos relacionados à responsabilidade pelo ciclo de vida dos produtos, prioritariamente em parceria com cooperativas ou outras formas de associação de catadores de materiais reutilizáveis e recicláveis formadas por pessoas físicas de baixa renda;

III - empresas dedicadas à limpeza urbana e a atividades a ela relacionadas.

ART. 45. Os consórcios públicos constituídos, nos termos da Lei n. 11.107, de 2005, com o objetivo de viabilizar a descentralização e a prestação de serviços públicos que envolvam resíduos sólidos, têm prioridade na obtenção dos incentivos instituídos pelo Governo Federal.

› Lei 11.107/2005 (Lei de Consórcios Públicos).

ART. 46. O atendimento ao disposto neste Capítulo será efetivado em consonância com a Lei Complementar n. 101, de 2000 (Lei de Responsabilidade Fiscal), bem como com as diretrizes e objetivos do respectivo plano plurianual, as metas e as prioridades fixadas pelas leis de diretrizes orçamentárias e no limite das disponibilidades propiciadas pelas leis orçamentárias anuais.

CAPÍTULO VI
DAS PROIBIÇÕES

ART. 47. São proibidas as seguintes formas de destinação ou disposição final de resíduos sólidos ou rejeitos:

I - lançamento em praias, no mar ou em quaisquer corpos hídricos;

II - lançamento *in natura* a céu aberto, excetuados os resíduos de mineração;

III - queima a céu aberto ou em recipientes, instalações e equipamentos não licenciados para essa finalidade;

IV - outras formas vedadas pelo poder público.

§ 1º Quando decretada emergência sanitária, a queima de resíduos a céu aberto pode ser realizada, desde que autorizada e acompanhada pelos órgãos competentes do SISNAMA, do SNVS e, quando couber, do SUASA.

§ 2º Assegurada a devida impermeabilização, as bacias de decantação de resíduos ou rejeitos industriais ou de mineração, devidamente licenciadas pelo órgão competente do SISNAMA, não são consideradas corpos hídricos para efeitos do disposto no inciso I do *caput*.

ART. 48. São proibidas, nas áreas de disposição final de resíduos ou rejeitos, as seguintes atividades:

I - utilização dos rejeitos dispostos como alimentação;

II - catação, observado o disposto no inciso V do art. 17;

III - criação de animais domésticos;

IV - fixação de habitações temporárias ou permanentes;

V - outras atividades vedadas pelo poder público.

ART. 49. É proibida a importação de resíduos sólidos perigosos e rejeitos, bem como de resíduos sólidos cujas características causem dano ao meio ambiente, à saúde pública e animal e à sanidade vegetal, ainda que para tratamento, reforma, reuso, reutilização ou recuperação.

TÍTULO IV
DISPOSIÇÕES TRANSITÓRIAS E FINAIS

ART. 50. A inexistência do regulamento previsto no § 3º do art. 21 não obsta a atuação, nos termos desta Lei, das cooperativas ou outras formas de associação de catadores de materiais reutilizáveis e recicláveis.

ART. 51. Sem prejuízo da obrigação de, independentemente da existência de culpa, reparar os danos causados, a ação ou omissão das pessoas físicas ou jurídicas que importe inobservância aos preceitos desta Lei ou de seu regulamento sujeita os infratores às sanções previstas em lei, em especial às fixadas na Lei n. 9.605, de 12 de fevereiro de 1998, que "dispõe sobre as sanções penais e administrativas derivadas de condutas e atividades lesivas ao meio ambiente, e dá outras providências", e em seu regulamento.

ART. 52. A observância do disposto no *caput* do art. 23 e no § 2º do art. 39 desta Lei é considerada obrigação de relevante interesse ambiental para efeitos do art. 68 da Lei n. 9.605, de 1998, sem prejuízo da aplicação de outras sanções cabíveis nas esferas penal e administrativa.

ART. 53. O § 1º do art. 56 da Lei n. 9.605, de 12 de fevereiro de 1998, passa a vigorar com a seguinte redação:

▸ Alterações promovidas no texto da referida Lei.

ART. 54. A disposição final ambientalmente adequada dos rejeitos, observado o disposto no § 1º do art. 9º, deverá ser implantada em até 4 (quatro) anos após a data de publicação desta Lei.

ART. 55. O disposto nos arts. 16 e 18 entra em vigor 2 (dois) anos após a data de publicação desta Lei.

ART. 56. A logística reversa relativa aos produtos de que tratam os incisos V e VI do *caput* do art. 33 será implementada progressivamente segundo cronograma estabelecido em regulamento.

ART. 57. Esta Lei entra em vigor na data de sua publicação.

Brasília,02 de agosto de 2010; 189º da Independência e 122º da República.

LUIZ INÁCIO LULA DA SILVA

LEI N. 12.334, DE 20 DE SETEMBRO DE 2010

Estabelece a Política Nacional de Segurança de Barragens destinadas à acumulação de água para quaisquer usos, à disposição final ou temporária de rejeitos e à acumulação de resíduos industriais, cria o Sistema Nacional de Informações sobre Segurança de Barragens e altera a redação do art. 35 da Lei n. 9.433, de 8 de janeiro de 1997, e do art. 4º da Lei n. 9.984, de 17 de julho de 2000.

▸ *DOU*, 21.09.2010.

O Presidente da República. Faço saber que o Congresso Nacional decreta e eu sanciono a seguinte Lei:

CAPÍTULO I
DISPOSIÇÕES GERAIS

ART. 1º Esta Lei estabelece a Política Nacional de Segurança de Barragens (PNSB) e cria o Sistema Nacional de Informações sobre Segurança de Barragens (SNISB).

Parágrafo único. Esta Lei aplica-se a barragens destinadas à acumulação de água para quaisquer usos, à disposição final ou temporária de rejeitos e à acumulação de resíduos industriais que apresentem pelo menos uma das seguintes características:

I - altura do maciço, contada do ponto mais baixo da fundação à crista, maior ou igual a 15m (quinze metros);

II - capacidade total do reservatório maior ou igual a 3.000.000m^3 (três milhões de metros cúbicos);

III - reservatório que contenha resíduos perigosos conforme normas técnicas aplicáveis;

IV - categoria de dano potencial associado, médio ou alto, em termos econômicos, sociais, ambientais ou de perda de vidas humanas, conforme definido no art. 6º.

ART. 2º Para os efeitos desta Lei, são estabelecidas as seguintes definições:

I - barragem: qualquer estrutura em um curso permanente ou temporário de água para fins de contenção ou acumulação de substâncias líquidas ou de misturas de líquidos e sólidos, compreendendo o barramento e as estruturas associadas;

II - reservatório: acumulação não natural de água, de substâncias líquidas ou de mistura de líquidos e sólidos;

III - segurança de barragem: condição que vise a manter a sua integridade estrutural e operacional e a preservação da vida, da saúde, da propriedade e do meio ambiente;

IV - empreendedor: agente privado ou governamental com direito real sobre as terras onde se localizam a barragem e o reservatório ou que explore a barragem para benefício próprio ou da coletividade;

V - órgão fiscalizador: autoridade do poder público responsável pelas ações de fiscalização da segurança da barragem de sua competência;

VI - gestão de risco: ações de caráter normativo, bem como aplicação de medidas para prevenção, controle e mitigação de riscos;

VII - dano potencial associado à barragem: dano que pode ocorrer devido a rompimento, vazamento, infiltração no solo ou mau funcionamento de uma barragem.

CAPÍTULO II
DOS OBJETIVOS

ART. 3º São objetivos da Política Nacional de Segurança de Barragens (PNSB):

I - garantir a observância de padrões de segurança de barragens de maneira a reduzir a possibilidade de acidente e suas consequências;

II - regulamentar as ações de segurança a serem adotadas nas fases de planejamento, projeto, construção, primeiro enchimento e primeiro vertimento, operação, desativação e de usos futuros de barragens em todo o território nacional;

III - promover o monitoramento e o acompanhamento das ações de segurança empregadas pelos responsáveis por barragens;

IV - criar condições para que se amplie o universo de controle de barragens pelo poder público, com base na fiscalização, orientação e correção das ações de segurança;

V - coligir informações que subsidiem o gerenciamento da segurança de barragens pelos governos;

VI - estabelecer conformidades de natureza técnica que permitam a avaliação da adequação aos parâmetros estabelecidos pelo poder público;

VII - fomentar a cultura de segurança de barragens e gestão de riscos.

CAPÍTULO III
DOS FUNDAMENTOS E DA FISCALIZAÇÃO

ART. 4º São fundamentos da Política Nacional de Segurança de Barragens (PNSB):

I - a segurança de uma barragem deve ser considerada nas suas fases de planejamento, projeto, construção, primeiro enchimento e primeiro vertimento, operação, desativação e de usos futuros;

II - a população deve ser informada e estimulada a participar, direta ou indiretamente, das ações preventivas e emergenciais;

III - o empreendedor é o responsável legal pela segurança da barragem, cabendo-lhe o desenvolvimento de ações para garanti-la;

IV - a promoção de mecanismos de participação e controle social;

V - a segurança de uma barragem influi diretamente na sua sustentabilidade e no alcance de seus potenciais efeitos sociais e ambientais.

ART. 5º A fiscalização da segurança de barragens caberá, sem prejuízo das ações fiscalizatórias dos órgãos ambientais integrantes do Sistema Nacional do Meio Ambiente (Sisnama):

I - à entidade que outorgou o direito de uso dos recursos hídricos, observado o domínio do corpo hídrico, quando o objeto for de acumulação de água, exceto para fins de aproveitamento hidrelétrico;

II - à entidade que concedeu ou autorizou o uso do potencial hidráulico, quando se tratar de uso preponderante para fins de geração hidrelétrica;

III - à entidade outorgante de direitos minerários para fins de disposição final ou temporária de rejeitos;

IV - à entidade que forneceu a licença ambiental de instalação e operação para fins de disposição de resíduos industriais.

CAPÍTULO IV
DOS INSTRUMENTOS

ART. 6º São instrumentos da Política Nacional de Segurança de Barragens (PNSB):

I - o sistema de classificação de barragens por categoria de risco e por dano potencial associado;

II - o Plano de Segurança de Barragem;

III - o Sistema Nacional de Informações sobre Segurança de Barragens (SNISB);

IV - o Sistema Nacional de Informações sobre o Meio Ambiente (Sinima);

V - o Cadastro Técnico Federal de Atividades e Instrumentos de Defesa Ambiental;

VI - o Cadastro Técnico Federal de Atividades Potencialmente Poluidoras ou Utilizadoras de Recursos Ambientais;

VII - o Relatório de Segurança de Barragens.

SEÇÃO I
DA CLASSIFICAÇÃO

ART. 7º As barragens serão classificadas pelos agentes fiscalizadores, por categoria de risco, por dano potencial associado e pelo seu volume, com base em critérios gerais estabelecidos pelo Conselho Nacional de Recursos Hídricos (CNRH).

§ 1º A classificação por categoria de risco em alto, médio ou baixo será feita em função das características técnicas, do estado de conservação do empreendimento e do atendimento ao Plano de Segurança da Barragem.

§ 2º A classificação por categoria de dano potencial associado à barragem em alto, médio ou baixo será feita em função do potencial de perdas de vidas humanas e dos impactos econômicos, sociais e ambientais decorrentes da ruptura da barragem.

SEÇÃO II
DO PLANO DE SEGURANÇA DA BARRAGEM

ART. 8º O Plano de Segurança da Barragem deve compreender, no mínimo, as seguintes informações:

I - identificação do empreendedor;

II - dados técnicos referentes à implantação do empreendimento, inclusive, no caso de empreendimentos construídos após a promulgação desta Lei, do projeto como construído, bem como aqueles necessários para a operação e manutenção da barragem;

III - estrutura organizacional e qualificação técnica dos profissionais da equipe de segurança da barragem;

IV - manuais de procedimentos dos roteiros de inspeções de segurança e de monitoramento e relatórios de segurança da barragem;

V - regra operacional dos dispositivos de descarga da barragem;

VI - indicação da área do entorno das instalações e seus respectivos acessos, a serem resguardados de quaisquer usos ou ocupações permanentes, exceto aqueles indispensáveis à manutenção e à operação da barragem;

VII - Plano de Ação de Emergência (PAE), quando exigido;

VIII - relatórios das inspeções de segurança;

IX - revisões periódicas de segurança.

§ 1º A periodicidade de atualização, a qualificação do responsável técnico, o conteúdo mínimo e o nível de detalhamento dos planos de segurança deverão ser estabelecidos pelo órgão fiscalizador.

§ 2º As exigências indicadas nas inspeções periódicas de segurança da barragem deverão ser contempladas nas atualizações do Plano de Segurança.

ART. 9º As inspeções de segurança regular e especial terão a sua periodicidade, a qualificação da equipe responsável, o conteúdo mínimo e o nível de detalhamento definidos pelo órgão fiscalizador em função da categoria de risco e do dano potencial associado à barragem.

§ 1º A inspeção de segurança regular será efetuada pela própria equipe de segurança da barragem, devendo o relatório resultante estar disponível ao órgão fiscalizador e à sociedade civil.

§ 2º A inspeção de segurança especial será elaborada, conforme orientação do órgão fiscalizador, por equipe multidisciplinar de especialistas, em função da categoria de risco e do dano potencial associado à barragem, nas fases de construção, operação e desativação, devendo considerar as alterações das condições a montante e a jusante da barragem.

§ 3º Os relatórios resultantes das inspeções de segurança devem indicar as ações a serem adotadas pelo empreendedor para a manutenção da segurança da barragem.

ART. 10. Deverá ser realizada Revisão Periódica de Segurança de Barragem com o objetivo de verificar o estado geral de segurança da barragem, considerando o atual estado da arte para os critérios de projeto, a atualização dos dados hidrológicos e as alterações das condições a montante e a jusante da barragem.

§ 1º A periodicidade, a qualificação técnica da equipe responsável, o conteúdo mínimo e o nível de detalhamento da revisão periódica de segurança serão estabelecidos pelo órgão fiscalizador em função da categoria de risco e do dano potencial associado à barragem.

§ 2º A Revisão Periódica de Segurança de Barragem deve indicar as ações a serem adotadas pelo empreendedor para a manutenção da segurança da barragem, compreendendo, para tanto:

I - o exame de toda a documentação da barragem, em particular dos relatórios de inspeção;

II - o exame dos procedimentos de manutenção e operação adotados pelo empreendedor;

III - a análise comparativa do desempenho da barragem em relação às revisões efetuadas anteriormente.

ART. 11. O órgão fiscalizador poderá determinar a elaboração de PAE em função da categoria de risco e do dano potencial associado à barragem, devendo exigi-lo sempre para a barragem classificada como de dano potencial associado alto.

ART. 12. O PAE estabelecerá as ações a serem executadas pelo empreendedor da barragem em caso de situação de emergência, bem como identificará os agentes a serem notificados dessa ocorrência, devendo contemplar, pelo menos:

I - identificação e análise das possíveis situações de emergência;

II - procedimentos para identificação e notificação de mau funcionamento ou de condições potenciais de ruptura da barragem;

III - procedimentos preventivos e corretivos a serem adotados em situações de emergência, com indicação do responsável pela ação;

IV - estratégia e meio de divulgação e alerta para as comunidades potencialmente afetadas em situação de emergência.

Parágrafo único. O PAE deve estar disponível no empreendimento e nas prefeituras envolvidas, bem como ser encaminhado às autoridades competentes e aos organismos de defesa civil.

SEÇÃO III
DO SISTEMA NACIONAL DE INFORMAÇÕES SOBRE SEGURANÇA DE BARRAGENS (SNISB)

ART. 13. É instituído o Sistema Nacional de Informações sobre Segurança de Barragens (SNISB), para registro informatizado das condições de segurança de barragens em todo o território nacional.

Parágrafo único. O SNISB compreenderá um sistema de coleta, tratamento, armazenamento e recuperação de suas informações, devendo contemplar barragens em construção, em operação e desativadas.

ART. 14. São princípios básicos para o funcionamento do SNISB:

I - descentralização da obtenção e produção de dados e informações;

II - coordenação unificada do sistema;

III - acesso a dados e informações garantido a toda a sociedade.

SEÇÃO IV
DA EDUCAÇÃO E DA COMUNICAÇÃO

ART. 15. A PNSB deverá estabelecer programa de educação e de comunicação sobre segurança de barragem, com o objetivo de conscientizar a sociedade da importância da segurança de barragens, o qual contemplará as seguintes medidas:

I - apoio e promoção de ações descentralizadas para conscientização e desenvolvimento de conhecimento sobre segurança de barragens;

II - elaboração de material didático;

III - manutenção de sistema de divulgação sobre a segurança das barragens sob sua jurisdição;

IV - promoção de parcerias com instituições de ensino, pesquisa e associações técnicas relacionadas à engenharia de barragens e áreas afins;

V - disponibilização anual do Relatório de Segurança de Barragens.

CAPÍTULO V
DAS COMPETÊNCIAS

ART. 16. O órgão fiscalizador, no âmbito de suas atribuições legais, é obrigado a:

I - manter cadastro das barragens sob sua jurisdição, com identificação dos empreendedores, para fins de incorporação ao SNISB;

II - exigir do empreendedor a anotação de responsabilidade técnica, por profissional habilitado pelo Sistema Conselho Federal de Engenharia, Arquitetura e Agronomia (Confea) / Conselho Regional de Engenharia, Arquitetura e Agronomia (Crea), dos estudos, planos, projetos, construção, fiscalização e demais relatórios citados nesta Lei;

III - exigir do empreendedor o cumprimento das recomendações contidas nos relatórios de inspeção e revisão periódica de segurança;

IV - articular-se com outros órgãos envolvidos com a implantação e a operação de barragens no âmbito da bacia hidrográfica;

V - exigir do empreendedor o cadastramento e a atualização das informações relativas à barragem no SNISB.

§ 1º O órgão fiscalizador deverá informar imediatamente à Agência Nacional de Águas (ANA) e ao Sistema Nacional de Defesa Civil (Sindec) qualquer não conformidade que implique risco imediato à segurança ou qualquer acidente ocorrido nas barragens sob sua jurisdição.

§ 2º O órgão fiscalizador deverá implantar o cadastro das barragens a que alude o inciso I no prazo máximo de 2 (dois) anos, a partir da data de publicação desta Lei.

ART. 17. O empreendedor da barragem obriga-se a:

I - prover os recursos necessários à garantia da segurança da barragem;

II - providenciar, para novos empreendimentos, a elaboração do projeto final como construído;

III - organizar e manter em bom estado de conservação as informações e a documentação referentes ao projeto, à construção, à operação, à manutenção, à segurança e, quando couber, à desativação da barragem;

IV - informar ao respectivo órgão fiscalizador qualquer alteração que possa acarretar redução da capacidade de descarga da barragem ou que possa comprometer a sua segurança;

V - manter serviço especializado em segurança de barragem, conforme estabelecido no Plano de Segurança da Barragem;

VI - permitir o acesso irrestrito do órgão fiscalizador e dos órgãos integrantes do Sindec ao local da barragem e à sua documentação de segurança;

VII - providenciar a elaboração e a atualização do Plano de Segurança da Barragem, observadas as recomendações das inspeções e as revisões periódicas de segurança;

VIII - realizar as inspeções de segurança previstas no art. 9º desta Lei;

IX - elaborar as revisões periódicas de segurança;

X - elaborar o PAE, quando exigido;

XI - manter registros dos níveis dos reservatórios, com a respectiva correspondência em volume armazenado, bem como das características químicas e físicas do fluido armazenado, conforme estabelecido pelo órgão fiscalizador;

XII - manter registros dos níveis de contaminação do solo e do lençol freático na área de influência do reservatório, conforme estabelecido pelo órgão fiscalizador;

XIII - cadastrar e manter atualizadas as informações relativas à barragem no SNISB.

Parágrafo único. Para reservatórios de aproveitamento hidrelétrico, a alteração de que trata o inciso IV também deverá ser informada ao Operador Nacional do Sistema Elétrico (ONS).

CAPÍTULO VI
DISPOSIÇÕES FINAIS E TRANSITÓRIAS

ART. 18. A barragem que não atender aos requisitos de segurança nos termos da legislação pertinente deverá ser recuperada ou desativada pelo seu empreendedor, que deverá comunicar ao órgão fiscalizador as providências adotadas.

§ 1º A recuperação ou a desativação da barragem deverá ser objeto de projeto específico.

§ 2º Na eventualidade de omissão ou inação do empreendedor, o órgão fiscalizador poderá tomar medidas com vistas à minimização de riscos e de danos potenciais associados à segurança da barragem, devendo os custos dessa ação ser ressarcidos pelo empreendedor.

ART. 19. Os empreendedores de barragens enquadradas no parágrafo único do art. 1º terão prazo de 2 (dois) anos, contado a partir da publicação desta Lei, para submeter à aprovação dos órgãos fiscalizadores o relatório especificando as ações e o cronograma para a implantação do Plano de Segurança da Barragem.

Parágrafo único. Após o recebimento do relatório de que trata o *caput*, os órgãos fiscalizadores terão prazo de até 1 (um) ano para se pronunciarem.

ART. 20. O art. 35 da Lei n. 9.433, de 8 de janeiro de 1997, passa a vigorar acrescido dos seguintes incisos XI, XII e XIII:

› Alterações introduzidas no texto da referida lei.

ART. 21. O *caput* do art. 4º da Lei n. 9.984, de 17 de julho de 2000, passa a vigorar acrescido dos seguintes incisos XX, XXI e XXII:

› Alterações introduzidas no texto da referida lei.

ART. 22. O descumprimento dos dispositivos desta Lei sujeita os infratores às penalidades estabelecidas na legislação pertinente.

ART. 23. Esta Lei entra em vigor na data de sua publicação.

Brasília, 20 de setembro de 2010;
189º da Independência e 122º da República.
LUIZ INÁCIO LULA DA SILVA

LEI N. 12.350, DE 20 DE DEZEMBRO DE 2010

Dispõe sobre medidas tributárias referentes à realização, no Brasil, da Copa das Confederações Fifa 2013 e da Copa do Mundo Fifa 2014; promove desoneração tributária de subvenções governamentais destinadas ao fomento das atividades de pesquisa tecnológica e desenvolvimento de inovação tecnológica nas empresas; altera as Leis n. 11.774, de 17 de setembro de 2008, 10.182, de 12 de fevereiro de 2001, 9.430, de 27 de dezembro de 1996, 7.713, de 22 de dezembro de 1988, 9.959, de 27 de janeiro de 2000, 10.887, de 18 de junho de 2004, 12.058, de 13 de outubro de 2009, 10.865, de 30 de abril de 2004, 10.931, de 2 de agosto de 2004, 12.024, de 27 de agosto de 2009, 9.504, de 30 de setembro de 1997, 10.996, de 15 de dezembro de 2004, 11.977, de 7 de julho de 2009, e 12.249, de 11 de junho de 2010, os Decretos-Leis n. 37, de 18 de novembro de 1966, e 1.455, de 7 de abril de 1976; revoga dispositivos das Leis n. 11.196, de 21 de novembro de 2005, 8.630, de 25 de fevereiro de 1993, 9.718, de 27 de novembro de 1998, e 10.833, de 29 de dezembro de 2003; e dá outras providências.

› *DOU*, 21.12.2010.

O Presidente da República. Faço saber que o Congresso Nacional decreta e eu sanciono a seguinte Lei:

ART. 1º Esta Lei institui medidas tributárias referentes à realização, no Brasil, da Copa das Confederações Fifa 2013 e da Copa do Mundo Fifa 2014; promove desoneração tributária de subvenções governamentais destinadas ao fomento das atividades de pesquisa tecnológica e desenvolvimento de inovação tecnológica nas empresas; e dá outras providências.

CAPÍTULO I
DAS MEDIDAS TRIBUTÁRIAS RELATIVAS À REALIZAÇÃO, NO BRASIL, DA COPA DAS CONFEDERAÇÕES FIFA 2013 E DA COPA DO MUNDO FIFA 2014

› Art. 62 desta lei.

SEÇÃO I
DISPOSIÇÕES PRELIMINARES

ART. 2º Para os fins desta Lei, considera-se:

› Dec. 7.578/2011 (Regulamenta as medidas tributárias referentes à realização, no Brasil, da Copa das Confederações FIFA 2013 e da Copa do Mundo FIFA 2014 de que trata esta lei).

I - Fédération Internationale de Football Association (Fifa) - associação suíça de direito privado, entidade mundial que regula o esporte de futebol de associação, e suas subsidiárias, não domiciliadas no Brasil;

II - Subsidiária Fifa no Brasil - pessoa jurídica de direito privado, domiciliada no Brasil, cujo capital social total pertence à Fifa;

III - Copa do Mundo Fifa 2014 - Comitê Organizador Brasileiro Ltda. (LOC) - pessoa jurídica brasileira de direito privado, reconhecida pela Fifa, constituída com o objetivo de promover, no Brasil, a Copa das Confederações Fifa 2013 e a Copa do Mundo Fifa 2014, bem como os Eventos relacionados;

IV - Confederação Brasileira de Futebol (CBF) - associação brasileira de direito privado, sendo a associação nacional de futebol no Brasil;

V - Competições - a Copa das Confederações Fifa 2013 e a Copa do Mundo Fifa 2014;

VI - Eventos - as Competições e as seguintes atividades relacionadas às Competições, oficialmente organizadas, chanceladas, patrocinadas ou apoiadas pela Fifa, pela Subsidiária Fifa no Brasil, pelo LOC ou pela CBF:

a) os congressos da Fifa, banquetes, cerimônias de abertura, encerramento, premiação e outras cerimônias, sorteio preliminar, final e quaisquer outros sorteios, lançamentos de mascote e outras atividades de lançamento;

b) seminários, reuniões, conferências, workshops e coletivas de imprensa;

c) atividades culturais: concertos, exibições, apresentações, espetáculos ou outras expressões culturais, bem como os projetos Futebol pela Esperança (Football for Hope) ou projetos beneficentes similares;

d) partidas de futebol e sessões de treino; e

e) outras atividades consideradas relevantes para a realização, organização, preparação, marketing, divulgação, promoção ou encerramento das Competições;

VII - Confederações Fifa - as seguintes confederações:

a) Confederação Asiática de Futebol (Asian Football Confederation - AFC);

b) Confederação Africana de Futebol (Confédération Africaine de Football - CAF);

c) Confederação de Futebol da América do Norte, Central e Caribe (Confederation of North, Central American and Caribbean Association Football - Concacaf);

d) Confederação Sul-Americana de Futebol (Confederación Sudamericana de Fútbol - Conmebol);

e) Confederação de Futebol da Oceania (Oceania Football Confederation - OFC); e

f) União das Associações Europeias de Futebol (Union des Associations Européennes de Football - Uefa);

VIII - Associações estrangeiras membros da Fifa - as associações nacionais de futebol de origem estrangeira, oficialmente afiliadas à Fifa, participantes ou não das Competições;

IX - Emissora Fonte da Fifa - pessoa jurídica licenciada ou nomeada, com base em relação contratual, para produzir o sinal e o conteúdo audiovisual básicos ou complementares dos Eventos, com o objetivo de distribuição no Brasil e no exterior para os detentores de direitos de mídia;

X - Prestadores de Serviços da Fifa - pessoas jurídicas licenciadas ou nomeadas, com base em relação contratual, para prestar serviços relacionados à organização e produção dos Eventos:

a) como coordenadores da Fifa na gestão de acomodações, de serviços de transporte, de programação de operadores de turismo e dos estoques de ingressos;

b) como fornecedores da Fifa de serviços de hospitalidade e de soluções de tecnologia da informação; ou

c) outros prestadores licenciados ou nomeados pela Fifa para a prestação de serviços ou fornecimento de bens, admitidos em regulamento;

XI - Parceiros Comerciais da Fifa - pessoa jurídica licenciada ou nomeada, com base em qualquer relação contratual, em relação aos Eventos, bem como os seus subcontratados, para atividades relacionadas aos Eventos, excluindo-se as entidades referidas nos incisos III, IV e VII a X;

XII - Voluntário da Fifa, de Subsidiária Fifa no Brasil ou do LOC - pessoa física que dedica parte do seu tempo, sem vínculo empregatício, para auxiliar a Fifa, a Subsidiária Fifa no Brasil ou o LOC na organização e realização dos Eventos; e

XIII - bens duráveis - aqueles cuja vida útil ultrapasse o período de 1 (um) ano.

§ 1º As pessoas jurídicas estrangeiras previstas neste artigo, qualquer que seja o seu objeto, somente poderão funcionar no País pelo prazo de vigência desta Lei, ainda que por estabelecimentos subordinados ou base temporária de negócios, salvo autorização do Poder Executivo, nos termos da legislação brasileira.

§ 2º É facultado à Fifa ou a qualquer de suas subsidiárias integrais constituir ou incorporar subsidiárias integrais no País, até o limite de 5 (cinco), mediante escritura pública, sob qualquer modalidade societária, desde que tal Subsidiária Fifa no Brasil tenha finalidade específica vinculada à organização e realização dos Eventos, com duração não superior ao prazo de vigência desta Lei, e tenha como único acionista ou cotista a própria Fifa ou qualquer de suas subsidiárias integrais.

§ 3º A Emissora Fonte da Fifa, os Prestadores de Serviço e os Parceiros Comerciais referidos nos incisos IX, X e XI poderão ser nomeados ou licenciados diretamente pela Fifa ou por meio de uma de suas nomeadas ou licenciadas.

§ 4º O Poder Executivo poderá estabelecer condições necessárias à defesa dos interesses nacionais, inclusive quanto ao montante de capital destinado às operações no País e à individualização do seu representante legal para resolver quaisquer questões e receber comunicações oficiais.

SEÇÃO II
DA DESONERAÇÃO DE TRIBUTOS

SUBSEÇÃO I
DA ISENÇÃO ÀS IMPORTAÇÕES

ART. 3º Fica concedida, nos termos, limites e condições estabelecidos em ato do Poder Executivo, isenção de tributos federais incidentes nas importações de bens ou mercadorias para uso ou consumo exclusivo na organização e realização dos Eventos, tais como:

- Dec. 7.578/2011 (Regulamenta as medidas tributárias referentes à realização, no Brasil, da Copa das Confederações FIFA 2013 e da Copa do Mundo FIFA 2014 de que trata esta lei).

I - alimentos, suprimentos médicos, inclusive produtos farmacêuticos, combustível e materiais de escritório;

II - troféus, medalhas, placas, estatuetas, distintivos, flâmulas, bandeiras e outros objetos comemorativos;

III - material promocional, impressos, folhetos e outros bens com finalidade semelhante, a serem distribuídos gratuitamente ou utilizados nos Eventos;

IV - bens dos tipos e em quantidades normalmente consumidos em atividades esportivas da mesma magnitude; e

V - outros bens não duráveis, assim considerados aqueles cuja vida útil seja de até 1 (um) ano.

§ 1º A isenção de que trata este artigo abrange os seguintes impostos, contribuições e taxas:

I - Imposto sobre Produtos Industrializados (IPI) incidente no desembaraço aduaneiro;

II - Imposto de Importação;

III - Contribuição para os Programas de Integração Social e de Formação do Patrimônio do Servidor Público incidente sobre a importação (PIS/Pasep-Importação);

IV - Contribuição para o Financiamento da Seguridade Social incidente sobre a importação de bens e serviços (Cofins-Importação);

V - Taxa de utilização do Siscomex;

VI - Taxa de utilização do Mercante;

VII - Adicional ao Frete para Renovação da Marinha Mercante (AFRMM); e

VIII - Contribuição de Intervenção no Domínio Econômico incidente sobre a importação de combustíveis.

§ 2º O disposto neste artigo aplica-se somente às importações promovidas pela Fifa, Subsidiária Fifa no Brasil, Confederações Fifa, Associações estrangeiras membros da Fifa, Parceiros Comerciais da Fifa domiciliados no exterior, Emissora Fonte da Fifa e Prestadores de Serviço da Fifa domiciliados no exterior, que serão discriminados em ato do Poder Executivo, ou por intermédio de pessoa física ou jurídica por eles contratada para representá-los, observados os requisitos estabelecidos pela Secretaria da Receita Federal do Brasil.

§ 3º As importações efetuadas na forma deste artigo não darão, em nenhuma hipótese, direito a crédito da Contribuição para o PIS/Pasep e da Contribuição para o Financiamento da Seguridade Social (Cofins).

§ 4º A isenção concedida neste artigo será aplicável, também, a bens duráveis de que trata o art. 4º cujo valor unitário, apurado segundo as normas do Artigo VII do Acordo Geral Sobre Tarifas e Comércio - GATT 1994, seja igual ou inferior a R$ 5.000,00 (cinco mil reais), nos termos, limites e condições estabelecidos em regulamento.

ART. 4º A isenção de que trata o art. 3º não se aplica à importação de bens e equipamentos duráveis para os Eventos, os quais poderão ser admitidos no País sob o Regime Aduaneiro Especial de Admissão Temporária, com suspensão do pagamento dos tributos incidentes sobre a importação.

- Dec. 7.578/2011 (Regulamenta as medidas tributárias referentes à realização, no Brasil, da Copa das Confederações FIFA 2013 e da Copa do Mundo FIFA 2014 de que trata esta lei).

§ 1º O benefício fiscal previsto no *caput* é aplicável, entre outros, aos seguintes bens duráveis:

I - equipamento técnico-esportivo;

II - equipamento técnico de gravação e transmissão de sons e imagens;

III - equipamento médico;

IV - equipamento técnico de escritório; e

V - outros bens duráveis previstos em regulamento.

§ 2º Na hipótese prevista no *caput*, será concedida suspensão total dos tributos federais mencionados no § 1º do art. 3º, inclusive no caso de bens admitidos temporariamente no País para utilização econômica, observados os requisitos e as condições estabelecidos em ato do Poder Executivo.

§ 3º Será dispensada a apresentação de garantias dos tributos suspensos, observados os requisitos e as condições estabelecidos pela Secretaria da Receita Federal do Brasil.

ART. 5º A suspensão dos tributos federais mencionados no § 1º do art. 3º, no caso da importação de bens sob o Regime Aduaneiro Especial de Admissão Temporária pelas entidades referidas no § 2º do art. 3º, converter-se-á em isenção, desde que tais bens tenham sido utilizados nos Eventos e, posteriormente:

- Dec. 7.578/2011 (Regulamenta as medidas tributárias referentes à realização, no Brasil, da Copa das Confederações FIFA 2013 e da Copa do Mundo FIFA 2014).

I - reexportados para o exterior em até 180 (cento e oitenta) dias contados do término do prazo estabelecido pelo art. 62;

II - doados à União em até 180 (cento e oitenta) dias contados do término do prazo estabelecido pelo art. 62, que poderá repassá-los a:

a) entidades beneficentes de assistência social, certificadas nos termos da Lei n. 12.101, de 27 de novembro de 2009, desde que atendidos os requisitos do art. 14 da Lei n. 5.172, de 25 de outubro de 1966 (Código Tributário Nacional), e do § 2º do art. 12 da Lei n. 9.532, de 10 de dezembro de 1997; ou

b) pessoas jurídicas de direito público;

III - doados diretamente pelos beneficiários, em até 180 (cento e oitenta) dias contados do término do prazo estabelecido pelo art. 62, para:

a) entidades beneficentes de assistência social, certificadas nos termos da Lei n. 12.101, de 27 de novembro de 2009, desde que atendidos os requisitos do art. 14 da Lei n. 5.172, de 25 de outubro de 1966, e do § 2º do art. 12 da Lei n. 9.532, de 10 de dezembro de 1997;

b) pessoas jurídicas de direito público; ou

c) entidades sem fins lucrativos desportivas ou outras pessoas jurídicas cujos objetos sociais sejam relacionados à prática de esportes, desenvolvimento social, proteção ambiental ou assistência a crianças, desde que atendidos os requisitos das alíneas a a g do § 2º do art. 12 da Lei n. 9.532, de 10 de dezembro de 1997.

§ 1º As entidades relacionadas na alínea *c* do inciso III deverão ser reconhecidas pelos Ministérios do Esporte, do Desenvolvimento Social e Combate à Fome ou do Meio Ambiente, conforme critérios a serem definidos em atos expedidos pelos respectivos órgãos certificantes.

§ 2º As entidades de assistência a crianças a que se refere a alínea *c* do inciso III são aquelas que recebem recursos dos fundos controlados pelos Conselhos Municipais, Estaduais e Nacional dos Direitos da Criança e do Adolescente.

§ 3º As entidades de prática de esportes a que se refere a alínea *c* do inciso III deverão aplicar as doações em apoio direto a projetos desportivos e paradesportivos previamente aprovados pelo Ministério do Esporte.

§ 4º As importações efetuadas na forma deste artigo não darão, em nenhuma hipótese, direito a crédito da Contribuição para o PIS/Pasep e da Cofins.

ART. 6º A Secretaria da Receita Federal do Brasil poderá editar atos normativos específicos relativos ao tratamento tributário aplicável à bagagem dos viajantes que ingressarem no País para participar dos Eventos de que trata esta Lei.

- Dec. 7.578/2011 (Regulamenta as medidas tributárias referentes à realização, no Brasil, da Copa das Confederações FIFA 2013 e da Copa do Mundo FIFA 2014).

SUBSEÇÃO II
DAS ISENÇÕES CONCEDIDAS A PESSOAS JURÍDICAS

ART. 7º Fica concedida à Fifa isenção, em relação aos fatos geradores decorrentes das atividades próprias e diretamente vinculadas à organização ou realização dos Eventos, dos seguintes tributos federais:

- Dec. 7.578/2011 (Regulamenta as medidas tributárias referentes à realização, no Brasil, da Copa das Confederações FIFA 2013 e da Copa do Mundo FIFA 2014 de que trata esta lei).

I - impostos:

a) Imposto sobre a Renda Retido na Fonte (IRRF); e

b) Imposto sobre Operações de Crédito, Câmbio e Seguro, ou relativas a Títulos ou Valores Mobiliários (IOF);

II - contribuições sociais:

a) contribuições sociais previstas na alínea *a* do parágrafo único do art. 11 da Lei n. 8.212, de 24 de julho de 1991;

b) contribuições administradas pela Secretaria da Receita Federal do Brasil na forma do art.

3º da Lei n. 11.457, de 16 de março de 2007, devidas por lei a terceiros, assim entendidos os fundos públicos e as entidades privadas de serviço social e de formação profissional;

c) Contribuição para o PIS/Pasep-Importação; e

d) Contribuição para a Cofins-Importação;

III - contribuições de intervenção no domínio econômico:

a) Contribuição para o Programa de Estímulo à Interação Universidade-Empresa para o Apoio à Inovação, instituída pela Lei n. 10.168, de 29 de dezembro de 2000; e

b) Contribuição para o Desenvolvimento da Indústria Cinematográfica Nacional (Condecine), instituída pela Medida Provisória n. 2.228-1, de 6 de setembro de 2001.

§ 1º A isenção prevista nos incisos I e III do *caput* aplica-se exclusivamente:

I - aos rendimentos pagos, creditados, entregues, empregados, ou remetidos à Fifa ou pela Fifa, em espécie ou de outra forma, inclusive mediante o fornecimento de bens ou prestação de serviços; e

II - às operações de crédito, câmbio e seguro realizadas pela Fifa.

§ 2º O disposto neste artigo aplica-se também às seguintes pessoas jurídicas não domiciliadas no País:

I - Confederações Fifa;

II - Associações estrangeiras membros da Fifa;

III - Emissora Fonte da Fifa; e

IV - Prestadores de Serviços da Fifa.

§ 3º A isenção prevista nas alíneas *c* e *d* do inciso II do *caput* refere-se a importação de serviços.

§ 4º Para os fins desta Lei, a base temporária de negócios no País, instalada pelas pessoas jurídicas referidas no § 2º, com a finalidade específica de servir à organização e realização dos Eventos, não configura estabelecimento permanente para efeitos de aplicação da legislação brasileira e não se sujeita ao disposto nos incisos II e III do art. 147 do Decreto n. 3.000, de 26 de março de 1999, bem como no art. 126 da Lei n. 5.172, de 25 de outubro de 1966.

§ 5º A isenção de que trata este artigo não alcança os rendimentos e ganhos de capital auferidos em operações financeiras ou alienação de bens e direitos.

§ 6º O disposto neste artigo não desobriga:

I - a pessoa jurídica domiciliada no País e a pessoa física residente no País que aufiram renda ou proventos de qualquer natureza, recebidos das pessoas jurídicas de que trata este artigo, do pagamento do Imposto sobre a Renda da Pessoa Jurídica (IRPJ) e do Imposto sobre a Renda da Pessoa Física (IRPF), respectivamente, observada a legislação específica;

II - a pessoa física residente no País que aufira renda ou proventos de qualquer natureza decorrentes da prestação de serviços às pessoas jurídicas de que trata este artigo, do recolhimento da contribuição previdenciária de que trata o art. 21 da Lei n. 8.212, de 24 de julho de 1991; e

III - as pessoas jurídicas de que trata este artigo de reter e recolher a contribuição previdenciária dos segurados empregados, prevista no art. 20 da Lei n. 8.212, de 24 de julho de 1991.

ART. 8º Fica concedida à Subsidiária Fifa no Brasil, em relação aos fatos geradores decorrentes das atividades próprias e diretamente vinculadas à organização ou realização dos Eventos, isenção dos seguintes tributos federais:

- Dec. 7.578/2011 (Regulamenta as medidas tributárias referentes à realização, no Brasil, da Copa das Confederações FIFA 2013 e da Copa do Mundo FIFA 2014 de que trata esta lei).

I - impostos:

a) IRPJ;

b) IRRF;

c) IOF; e

d) IPI, na saída de produtos importados do estabelecimento importador da Fifa no Brasil;

II - contribuições sociais:

a) Contribuição Social sobre o Lucro Líquido (CSLL);

b) Contribuição para o PIS/Pasep e PIS/Pasep-Importação;

c) Cofins e Cofins-Importação;

d) contribuições sociais previstas na alínea *a* do parágrafo único do art. 11 da Lei n. 8.212, de 24 de julho de 1991; e

e) contribuições administradas pela Secretaria da Receita Federal do Brasil na forma do art. 3º da Lei n. 11.457, de 16 de março de 2007, devidas por lei a terceiros, assim entendidos os fundos públicos e as entidades privadas de serviço social e de formação profissional;

III - contribuições de intervenção no domínio econômico:

a) Contribuição para o Programa de Estímulo à Interação Universidade-Empresa para o Apoio à Inovação, instituída pela Lei n. 10.168, de 29 de dezembro de 2000; e

b) Contribuição para o Desenvolvimento da Indústria Cinematográfica Nacional (Condecine), instituída pela Medida Provisória n. 2.228-1, de 6 de setembro de 2001.

§ 1º A isenção prevista nas alíneas *a*, *b* e *c* do inciso I, na alínea *a* do inciso II e no inciso III do *caput* aplica-se exclusivamente:

I - às receitas, lucros e rendimentos auferidos por Subsidiária Fifa no Brasil, excluindo-se os rendimentos e ganhos de capital auferidos em operações financeiras ou alienação de bens e direitos;

II - aos rendimentos pagos, creditados, entregues, empregados ou remetidos pela Subsidiária Fifa no Brasil ou para Subsidiária Fifa no Brasil, em espécie ou de outra forma, inclusive mediante o fornecimento de bens ou prestação de serviços; e

III - às operações de crédito, câmbio e seguro realizadas por Subsidiária Fifa no Brasil.

§ 2º A isenção de que trata a alínea *b* do inciso I do *caput* não desobriga a Subsidiária Fifa no Brasil de efetuar a retenção do imposto sobre a renda, de que trata o art. 7º da Lei n. 7.713, de 22 de dezembro de 1988.

§ 3º A isenção de que tratam as alíneas *b* e *c* do inciso II do *caput* não alcança as receitas da venda de ingressos e de pacotes de hospedagem, observado o disposto no art. 16.

§ 4º Das notas fiscais relativas às vendas realizadas pela Subsidiária Fifa no Brasil com a isenção de que tratam as alíneas *b* e *c* do inciso II do *caput* deverá constar a expressão "Venda efetuada com isenção da Contribuição para o PIS/Pasep e da Cofins", com a indicação do dispositivo legal correspondente.

§ 5º Não serão admitidos os descontos de créditos da Contribuição para o PIS/Pasep ou da Cofins, previstos respectivamente no art. 3º da Lei n. 10.637, de 30 de dezembro de 2002, e no art. 3º da Lei n. 10.833, de 29 de dezembro de 2003, pelos adquirentes, em relação às vendas realizadas por Subsidiária Fifa no Brasil, observado o disposto no § 4º.

§ 6º O disposto neste artigo não desobriga:

I - a pessoa física residente no País que aufira renda ou proventos de qualquer natureza decorrentes da prestação de serviços à pessoa jurídica de que trata este artigo, do recolhimento da contribuição previdenciária de que trata o art. 21 da Lei n. 8.212, de 24 de julho de 1991; e

II - a pessoa jurídica de que trata este artigo de reter e recolher a contribuição previdenciária dos segurados empregados, prevista no art. 20 da Lei n. 8.212, de 24 de julho de 1991.

§ 7º As importações efetuadas na forma deste artigo não darão, em nenhuma hipótese, direito a crédito da Contribuição para o PIS/Pasep e da Cofins.

§ 8º O disposto neste artigo aplica-se à Emissora Fonte, na hipótese de ser pessoa jurídica domiciliada no Brasil.

ART. 9º Fica concedida aos Prestadores de Serviços da Fifa, estabelecidos no País sob a forma de sociedade com finalidade específica para o desenvolvimento de atividades diretamente relacionadas à realização dos Eventos, isenção dos seguintes tributos federais:

- Dec. 7.578/2011 (Regulamenta as medidas tributárias referentes à realização, no Brasil, da Copa das Confederações FIFA 2013 e da Copa do Mundo FIFA 2014 de que trata esta lei).

I - impostos:

a) IRPJ;

b) IOF; e

II - contribuições sociais:

a) CSLL;

b) Contribuição para o PIS/Pasep; e

c) Cofins.

§ 1º A isenção de que trata o *caput* aplica-se, apenas, aos fatos geradores decorrentes das atividades próprias e diretamente vinculadas à organização ou realização dos Eventos.

§ 2º A isenção prevista no inciso I e na alínea *a* do inciso II do *caput* aplica-se, exclusivamente:

I - às receitas, lucros e rendimentos auferidos, decorrentes da prestação de serviços diretamente à Fifa ou a Subsidiária Fifa no Brasil, excluindo-se os rendimentos e ganhos de capital auferidos em operações financeiras ou alienação de bens e direitos; e

II - às operações de crédito, câmbio e seguro realizadas pelos Prestadores de Serviços da Fifa de que trata o *caput*.

§ 3º A isenção de que tratam as alíneas *b* e *c* do inciso II do *caput*:

I - não alcança as receitas da venda de ingressos e de pacotes de hospedagem, observado o disposto no art. 16;

II - aplica-se, exclusivamente, às receitas provenientes de serviços prestados diretamente à Fifa ou a Subsidiária Fifa no Brasil; e

III - não dará, em hipótese alguma, direito a crédito da Contribuição para o PIS/Pasep e da Cofins.

§ 4º Das notas fiscais relativas às vendas realizadas pelos Prestadores de Serviços da Fifa estabelecidos no País sob a forma de sociedade com finalidade específica, com a isenção de que tratam as alíneas b e c do inciso II do *caput*, deverá constar a expressão "Venda efetuada com isenção da Contribuição para o PIS/Pasep e da Cofins", com a indicação do dispositivo legal correspondente.

§ 5º O disposto neste artigo aplica-se ao LOC.

SUBSEÇÃO III
DAS ISENÇÕES A PESSOAS FÍSICAS

ART. 10. Estão isentos do imposto sobre a renda os rendimentos pagos, creditados, empregados, entregues ou remetidos pela Fifa, pelas demais pessoas jurídicas de que trata o § 2º do art. 7º ou por Subsidiária Fifa no Brasil, para pessoas físicas, não residentes no País, empregadas ou de outra forma contratadas para trabalhar de forma pessoal e direta na organização ou realização dos Eventos, que ingressarem no País com visto temporário.

- Dec. 7.578/2011 (Regulamenta as medidas tributárias referentes à realização, no Brasil, da Copa das Confederações FIFA 2013 e da Copa do Mundo FIFA 2014 de que trata esta lei).

§ 1º As isenções deste artigo também são aplicáveis aos árbitros, jogadores de futebol e outros membros das delegações, exclusivamente no que concerne ao pagamento de prêmios relacionados aos Eventos, efetuado pelas pessoas jurídicas mencionadas no *caput*.

§ 2º Para os fins deste artigo, não caracteriza residência no País a permanência no Brasil durante o período de que trata o art. 62, salvo o caso de obtenção de visto permanente ou vínculo empregatício com pessoa jurídica distinta da Fifa, de Subsidiária Fifa no Brasil e das demais pessoas jurídicas de que trata o § 2º do art. 7º.

§ 3º Sem prejuízo dos acordos, tratados e convenções internacionais firmados pelo Brasil ou da existência de reciprocidade de tratamento, os demais rendimentos recebidos de fonte no Brasil, inclusive o ganho de capital na alienação de bens e direitos situados no País, pelas pessoas físicas referidas no *caput* são tributados de acordo com normas específicas aplicáveis aos não residentes no Brasil.

ART. 11. Estão isentos do imposto sobre a renda os valores dos benefícios indiretos e o reembolso de despesas recebidos por Voluntário da Fifa, da Subsidiária Fifa no Brasil ou do LOC que auxiliar na organização e realização dos Eventos, até o valor de 5 (cinco) salários mínimos por mês, sem prejuízo da aplicação da tabela de incidência mensal do imposto sobre a renda sobre o valor excedente.

- Dec. 7.578/2011 (Regulamenta as medidas tributárias referentes à realização, no Brasil, da Copa das Confederações FIFA 2013 e da Copa do Mundo FIFA 2014 de que trata esta lei).

§ 1º No caso de recebimento de 2 (dois) ou mais pagamentos em um mesmo mês, a parcela isenta deve ser considerada em relação à soma desses pagamentos.

§ 2º Caso esteja obrigado a apresentar a Declaração de Ajuste Anual, o contribuinte deverá informar a soma dos valores mensais recebidos e considerados isentos na forma deste artigo.

§ 3º Os rendimentos que excederem o limite de isenção de que trata o *caput* não poderão ser aproveitados para fruição da isenção em meses subsequentes.

ART. 12. Estão isentas do IOF incidente sobre operações de contrato de câmbio as pessoas físicas não residentes no País, empregadas ou de outra forma contratadas para trabalhar na organização e realização dos Eventos, que ingressarem no Brasil com visto temporário.

- Dec. 7.578/2011 (Regulamenta as medidas tributárias referentes à realização, no Brasil, da Copa das Confederações FIFA 2013 e da Copa do Mundo FIFA 2014 de que trata esta lei).

SUBSEÇÃO IV
DA DESONERAÇÃO DE TRIBUTOS INDIRETOS NAS AQUISIÇÕES REALIZADAS NO MERCADO INTERNO PELA FIFA, POR SUBSIDIÁRIA FIFA NO BRASIL E PELA EMISSORA FONTE DA FIFA

ART. 13. Ficam isentos do IPI os produtos nacionais adquiridos pela Fifa, por Subsidiária Fifa no Brasil e pela Emissora Fonte da Fifa, diretamente de estabelecimento industrial fabricante, para uso ou consumo na organização e realização dos Eventos.

§ 1º O disposto neste artigo não se aplica aos bens e equipamentos duráveis adquiridos para utilização nos Eventos.

§ 2º O Poder Executivo definirá os limites, termos e condições para aplicação do disposto no *caput*.

§ 3º A isenção prevista neste artigo será aplicada, também, nos casos de doação e dação em pagamento, bem como qualquer outra forma de pagamento, inclusive mediante o fornecimento de bens ou prestação de serviços.

ART. 14. Fica suspensa a incidência do IPI sobre os bens duráveis adquiridos diretamente de estabelecimento industrial, para utilização nos Eventos, pela Fifa, por Subsidiária Fifa no Brasil ou pela Emissora Fonte da Fifa.

- Dec. 7.578/2011 (Regulamenta as medidas tributárias referentes à realização, no Brasil, da Copa das Confederações FIFA 2013 e da Copa do Mundo FIFA 2014 de que trata esta lei).

§ 1º A suspensão de que trata o *caput* converter-se-á em isenção desde que os referidos bens sejam reexportados para o exterior ou doados nos prazos e condições estabelecidos no art. 5º.

§ 2º Caso não ocorra a conversão em isenção de que trata o § 1º, o IPI suspenso será exigido como se a suspensão não tivesse existido.

§ 3º Os benefícios previstos neste artigo serão aplicáveis, também, nos casos de doação e dação em pagamento, bem como qualquer outra forma de pagamento, inclusive mediante o fornecimento de bens ou prestação de serviços.

ART. 15. As vendas realizadas no mercado interno para a Fifa, para Subsidiária Fifa no Brasil ou para a Emissora Fonte da Fifa, de mercadorias destinadas a uso ou consumo exclusivo na organização e realização dos Eventos, dar-se-ão com suspensão da incidência da Contribuição para o PIS/Pasep e da Cofins.

- Dec. 7.578/2011 (Regulamenta as medidas tributárias referentes à realização, no Brasil, da Copa das Confederações FIFA 2013 e da Copa do Mundo FIFA 2014 de que trata esta lei).

§ 1º A suspensão de que trata este artigo converter-se-á em isenção após comprovação da utilização ou consumo do bem nas finalidades previstas nesta Lei, observado o disposto no § 5º.

§ 2º Ficam a Fifa, a Subsidiária Fifa no Brasil e a Emissora Fonte da Fifa obrigadas solidariamente a recolher, na condição de responsáveis, as contribuições não pagas em decorrência da suspensão de que trata este artigo, acrescidas de juros e multa de mora, na forma da lei, calculados a partir da data da aquisição, se não utilizar ou consumir o bem na finalidade prevista, ressalvado o disposto no § 6º.

§ 3º A suspensão prevista neste artigo somente se aplica aos bens adquiridos diretamente de pessoa jurídica indicada pela Fifa, ou por Subsidiária Fifa no Brasil, e habilitada pela Secretaria da Receita Federal do Brasil, nos termos do art. 17.

§ 4º Das notas fiscais relativas às vendas de que trata o *caput* deverá constar a expressão "Venda efetuada com suspensão da incidência da Contribuição para o PIS/Pasep e da Cofins", com a indicação do dispositivo legal correspondente.

§ 5º A suspensão, e posterior conversão em isenção, de que trata este artigo não dará, em hipótese alguma, direito a crédito da Contribuição para o PIS/Pasep e da Cofins à Fifa, à Subsidiária Fifa no Brasil e à Emissora Fonte.

§ 6º O disposto neste artigo aplica-se ainda aos bens e equipamentos duráveis adquiridos para utilização nos Eventos, desde que esses bens e equipamentos sejam reexportados ou doados nos prazos e condições estabelecidos no art. 5º.

§ 7º A Secretaria da Receita Federal do Brasil poderá relacionar os bens sujeitos aos benefícios deste artigo.

SEÇÃO III
DO REGIME DE APURAÇÃO DE CONTRIBUIÇÕES POR SUBSIDIÁRIA FIFA NO BRASIL

ART. 16. A Contribuição para o PIS/Pasep e a Cofins serão apuradas por Subsidiária Fifa no Brasil na forma do art. 8º da Lei n. 10.637, de 30 de dezembro de 2002, e do art. 10 da Lei n. 10.833, de 29 de dezembro de 2003, observado o disposto no § 3º do art. 8º.

- Dec. 7.578/2011 (Regulamenta as medidas tributárias referentes à realização, no Brasil, da Copa das Confederações FIFA 2013 e da Copa do Mundo FIFA 2014 de que trata esta lei).

Parágrafo único. O disposto neste artigo aplica-se à Emissora Fonte da Fifa, na hipótese de ser pessoa jurídica domiciliada no Brasil.

SEÇÃO IV
DO REGIME ESPECIAL DE TRIBUTAÇÃO PARA CONSTRUÇÃO, AMPLIAÇÃO, REFORMA OU MODERNIZAÇÃO DE ESTÁDIOS DE FUTEBOL (RECOPA)

- Art. 62 desta lei.

ART. 17. Fica instituído o Regime Especial de Tributação para Construção, Ampliação, Reforma ou Modernização de Estádios de Futebol (Recopa).

§ 1º O Recopa destina-se à construção, ampliação, reforma ou modernização de estádios de futebol com utilização prevista nas partidas oficiais da Copa das Confederações Fifa 2013 e da Copa do Mundo Fifa 2014, nos termos estabelecidos por esta Lei.

§ 2º O Poder Executivo regulamentará a forma de habilitação e co-habilitação ao regime de que trata o *caput*.

ART. 18. É beneficiária do Recopa a pessoa jurídica que tenha projeto aprovado para construção, ampliação, reforma ou modernização dos estádios de futebol com utilização prevista nas partidas oficiais da Copa das Confederações Fifa 2013 e da Copa do Mundo Fifa 2014, nos termos do Convênio ICMS 108, de 26 de setembro de 2008.

§ 1º Compete ao Ministério do Esporte, em ato próprio, definir e aprovar os projetos que se enquadram nas disposições do *caput*.

§ 2º As pessoas jurídicas optantes pelo Regime Especial Unificado de Arrecadação de Tributos e Contribuições devidos pelas Microempresas e Empresas de Pequeno Porte - Simples Nacional, de que trata a Lei Complementar n. 123, de 14 de dezembro de 2006, e as pessoas jurídicas de que tratam o inciso II do art. 8º da Lei n. 10.637, de 30 de dezembro de 2002, e o inciso II do art. 10 da Lei n. 10.833, de 29 de dezembro de 2003, não poderão aderir ao Recopa.

§ 3º A fruição do Recopa fica condicionada à regularidade fiscal da pessoa jurídica em relação aos impostos e contribuições administrados pela Secretaria da Receita Federal do Brasil.

§ 4º (Vetado.)

§ 5º Aplica-se o disposto neste artigo aos projetos aprovados até 31 de dezembro de 2012.

ART. 19. No caso de venda no mercado interno ou de importação de máquinas, aparelhos, instrumentos e equipamentos novos e de materiais de construção para utilização ou incorporação no estádio de futebol de que trata o *caput* do art. 18, ficam suspensos:

I - a exigência da Contribuição para o PIS/Pasep e da Contribuição para o Financiamento da Seguridade Social (Cofins) incidentes sobre a receita da pessoa jurídica vendedora, quando a aquisição for efetuada por pessoa jurídica beneficiária do Recopa;

II - a exigência da Contribuição para o PIS/Pasep-Importação e da Contribuição para a Seguridade Social devida pelo Importador de Bens Estrangeiros ou Serviços do Exterior (Cofins-Importação), quando a importação for efetuada por pessoa jurídica beneficiária do Recopa;

III - o Imposto sobre Produtos Industrializados (IPI) incidente na saída do estabelecimento industrial ou equiparado, quando a aquisição no mercado interno for efetuada por pessoa jurídica beneficiária do Recopa;

IV - o IPI incidente na importação, quando a importação for efetuada por pessoa jurídica beneficiária do Recopa; e

V - o Imposto de Importação (II), quando os referidos bens ou materiais de construção forem importados por pessoa jurídica beneficiária do Recopa.

§ 1º Nas notas fiscais relativas:

I - às vendas de que trata o inciso I do *caput*, deverá constar a expressão "Venda efetuada com suspensão da exigibilidade da Contribuição para o PIS/Pasep e da Cofins", com a especificação do dispositivo legal correspondente; e

II - às saídas de que trata o inciso III do *caput*, deverá constar a expressão "Saída com suspensão do IPI", com a especificação do dispositivo legal correspondente, vedado o registro do imposto nas referidas notas.

§ 2º As suspensões de que trata este artigo convertem-se em alíquota zero após a utilização ou incorporação do bem ou material de construção ao estádio de que trata o *caput* do art. 18.

§ 3º A pessoa jurídica que não utilizar ou incorporar o bem ou material de construção ao estádio de futebol de que trata o *caput* do art. 18 fica obrigada a recolher as contribuições e os impostos não pagos em decorrência da suspensão de que trata este artigo, acrescidos de juros e multa de mora, na forma da lei, contados a partir da data da aquisição ou do registro da Declaração de Importação, na condição:

I - de contribuinte, em relação à Contribuição para o PIS/Pasep-Importação, à Cofins-Importação, ao IPI vinculado à importação e ao Imposto de Importação; ou

II - de responsável, em relação à Contribuição para o PIS/Pasep, à Cofins e ao IPI.

§ 4º Para efeitos deste artigo, equipara-se ao importador a pessoa jurídica adquirente de bens estrangeiros no caso de importação realizada por sua conta e ordem por intermédio de pessoa jurídica importadora.

§ 5º No caso do Imposto de Importação (II), o disposto neste artigo aplica-se somente a produtos sem similar nacional.

ART. 20. No caso de venda ou importação de serviços destinados a obras de que trata o art. 18, ficam suspensas:

I - a exigência da Contribuição para o PIS/Pasep e da Cofins incidentes sobre a prestação de serviços efetuada por pessoa jurídica estabelecida no País quando os referidos serviços forem prestados à pessoa jurídica beneficiária do Recopa; e

II - a exigência da Contribuição para o PIS/Pasep-Importação e da Cofins-Importação incidentes sobre serviços quando os referidos serviços forem importados diretamente por pessoa jurídica beneficiária do Recopa.

§ 1º Nas vendas ou importação de serviços de que trata o *caput* aplica-se, no que couber, o disposto nos §§ 1º a 3º do art. 19.

§ 2º O disposto no inciso I do *caput* aplica-se também na hipótese de receita de aluguel de máquinas, aparelhos, instrumentos e equipamentos para utilização em obras de que tratam os arts. 17 e 18, quando contratado por pessoa jurídica beneficiária do Recopa.

ART. 21. Os benefícios de que tratam os arts. 18 a 20 alcançam apenas as aquisições e importações realizadas entre a data de publicação desta Lei e 30 de junho de 2014.

Parágrafo único. Os benefícios de que trata o *caput* somente poderão ser usufruídos nas aquisições e importações realizadas a partir da data de habilitação ou co-habilitação da pessoa jurídica.

SEÇÃO V
DEMAIS DISPOSIÇÕES

ART. 22. A Fifa ou Subsidiária Fifa no Brasil apresentarão à Secretaria da Receita Federal do Brasil relação dos Eventos e das pessoas físicas e jurídicas passíveis de serem beneficiadas pelas desonerações previstas nesta Lei.

› Dec. 7.578/2011 (Regulamenta as medidas tributárias referentes à realização, no Brasil, da Copa das Confederações FIFA 2013 e da Copa do Mundo FIFA 2014).

§ 1º A lista referida no *caput* deverá ser atualizada trimestralmente ou sempre que exigido na forma prevista em regulamento.

§ 2º A Secretaria da Receita Federal do Brasil divulgará a relação das pessoas físicas e jurídicas habilitadas à fruição dos benefícios de que trata esta Lei.

§ 3º Na impossibilidade de a Fifa ou de Subsidiária Fifa no Brasil apresentar a relação de que trata o *caput*, caberá ao LOC apresentá-la.

ART. 23. As desonerações previstas nesta Lei aplicam-se somente às operações que a Fifa, as Subsidiárias Fifa no Brasil, a Emissora Fonte da Fifa e os Prestadores de Serviço da Fifa demonstrarem, por intermédio de documentação fiscal ou contratual idônea, estar relacionadas com os Eventos, nos termos da regulamentação desta Lei.

ART. 24. Eventuais tributos federais recolhidos indevidamente com inobservância do disposto nesta Lei serão restituídos de acordo com as regras previstas na legislação brasileira.

ART. 25. A utilização dos benefícios fiscais concedidos por esta Lei em desacordo com os seus termos sujeitará o beneficiário, ou o responsável tributário, ao pagamento dos tributos devidos, acrescidos da taxa Selic, sem prejuízo das demais penalidades cabíveis.

Parágrafo único. Fica a Fifa sujeita aos pagamentos referidos no *caput* no caso de vício contido na lista de que trata o art. 22 que impossibilite ou torne incerta a identificação e localização do sujeito passivo ou do responsável tributário.

ART. 26. A União compensará o Fundo do Regime Geral de Previdência Social de que trata o art. 68 da Lei Complementar n. 101, de 4 de maio de 2000, no valor correspondente à estimativa de renúncia relativa às contribuições previdenciárias decorrente da desoneração de que trata esta Lei, de forma a não afetar a apuração do resultado financeiro do Regime Geral de Previdência Social.

§ 1º A renúncia de que trata o *caput* consistirá na diferença entre o valor da contribuição que seria devido, como se não houvesse incentivo, e o valor da contribuição efetivamente recolhido.

§ 2º O valor estimado da renúncia será incluído na lei orçamentária anual, sem prejuízo do repasse, enquanto não constar na mencionada lei.

ART. 27. As alterações na legislação tributária posteriores à publicação desta Lei serão contempladas em lei específica destinada a preservar as medidas ora instituídas.

ART. 28. O Poder Executivo regulamentará o disposto neste Capítulo.

Parágrafo único. A Secretaria da Receita Federal do Brasil, nos termos do art. 16 da Lei n. 9.779, de 19 de janeiro de 1999, bem como os demais órgãos competentes do Governo Federal, no âmbito das respectivas competências, disciplinarão a execução desta Lei.

ART. 29. O Poder Executivo encaminhará ao Congresso Nacional e fará publicar, até 1º de agosto de 2016, prestação de contas relativas à Copa das Confederações Fifa 2013 e à Copa do Mundo Fifa 2014, em que conste, dentre outras informações que possam ser atribuídas às competições, o seguinte:

› Dec. 7.578/2011 (Regulamenta as medidas tributárias referentes à realização, no Brasil, da Copa das Confederações FIFA 2013 e da Copa do Mundo FIFA 2014 de que trata esta lei).

I - renúncia fiscal total;

II - aumento de arrecadação;

III - geração de empregos;

IV - número de estrangeiros que ingressaram no País para assistir aos jogos; e

V - custo total das obras de que trata o Recopa.

CAPÍTULO II
DAS SUBVENÇÕES GOVERNAMENTAIS DE QUE TRATAM O ART. 19 DA LEI N. 10.973, DE 2 DE DEZEMBRO DE 2004, E O ART. 21 DA LEI N. 11.196, DE 21 DE NOVEMBRO DE 2005

ART. 30. As subvenções governamentais de que tratam o art. 19 da Lei n. 10.973, de 2 de dezembro de 2004, e o art. 21 da Lei n. 11.196, de 21 de novembro de 2005, não serão computadas para fins de determinação da base de cálculo do Imposto de Renda Pessoa Jurídica (IRPJ), da Contribuição Social sobre o Lucro Líquido (CSLL), da Contribuição para o PIS/Pasep e da Cofins, desde que tenham atendido aos requisitos estabelecidos na legislação específica e realizadas as contrapartidas assumidas pela empresa beneficiária.

§ 1º O emprego dos recursos decorrentes das subvenções governamentais de que trata o *caput* não constituirá despesas ou custos para fins de determinação da base de cálculo do IRPJ e da CSLL, nem dará direito a apuração de créditos da Contribuição para o PIS/Pasep e da Cofins.

§ 2º Para efeito do disposto no *caput* e no § 1º:

I - o valor das despesas ou dos custos já considerados na base de cálculo do IRPJ e da CSLL, em períodos anteriores ao do recebimento da subvenção, deverá ser adicionado ao lucro líquido para fins de determinação da base de cálculo do IRPJ e da CSLL, no período de recebimento da subvenção;

II - os créditos da Contribuição para o PIS/Pasep e da Cofins decorrentes de despesas e custos incorridos anteriormente ao recebimento da subvenção deverão ser estornados.

CAPÍTULO III
DO *DRAWBACK*

ART. 31. A aquisição no mercado interno ou a importação, de forma combinada ou não, de mercadoria equivalente à empregada ou consumida na industrialização de produto exportado poderá ser realizada com isenção do Imposto de Importação e com redução a zero do IPI, da Contribuição para o PIS/Pasep e da Cofins, da Contribuição para o PIS/Pasep-Importação e da Cofins-Importação.

§ 1º O disposto no *caput* aplica-se também à aquisição no mercado interno ou à importação de mercadoria equivalente:

I - à empregada em reparo, criação, cultivo ou atividade extrativista de produto já exportado; e

II - para industrialização de produto intermediário fornecido diretamente a empresa industrial-exportadora e empregado ou consumido na industrialização de produto final já exportado.

§ 2º O disposto no *caput* não alcança as hipóteses previstas nos incisos IV a IX do art. 3º da Lei n. 10.637, de 30 de dezembro de 2002, nos incisos III a IX do art. 3º da Lei n. 10.833, de 29 de dezembro de 2003, e nos incisos III a V do art. 15 da Lei n. 10.865, de 30 de abril de 2004.

§ 3º O beneficiário poderá optar pela importação ou pela aquisição no mercado interno da mercadoria equivalente, de forma combinada ou não, considerada a quantidade total adquirida ou importada com pagamento de tributos.

§ 4º Para os efeitos deste artigo, considera-se mercadoria equivalente a mercadoria nacional ou estrangeira da mesma espécie, qualidade e quantidade, adquirida no mercado interno ou importada sem fruição dos benefícios referidos no *caput*, nos termos, limites e condições estabelecidos pelo Poder Executivo.

ART. 32. O art. 17 da Lei n. 11.774, de 17 de setembro de 2008, passa a vigorar com a seguinte redação:

▸ Alteração promovida no texto da referida lei.

ART. 33. A Secretaria da Receita Federal do Brasil e a Secretaria de Comércio Exterior disciplinarão em ato conjunto o disposto no art. 31, inclusive sobre prazos e critérios para habilitação.

CAPÍTULO IV
DOS LOCAIS E RECINTOS ALFANDEGADOS

ART. 34. Compete à Secretaria da Receita Federal do Brasil definir os requisitos técnicos e operacionais para o alfandegamento dos locais e recintos onde ocorram, sob controle aduaneiro, movimentação, armazenagem e despacho aduaneiro de mercadorias procedentes do exterior, ou a ele destinadas, inclusive sob regime aduaneiro especial, bagagem de viajantes procedentes do exterior, ou a ele destinados, e remessas postais internacionais.

§ 1º Na definição dos requisitos técnicos e operacionais de que trata o *caput*, a Secretaria da Receita Federal do Brasil deverá estabelecer:

I - a segregação e a proteção física da área do local ou recinto, inclusive entre as áreas de armazenagem de mercadorias ou bens para exportação, para importação ou para regime aduaneiro especial;

II - a disponibilização de edifícios e instalações, aparelhos de informática, mobiliário e materiais para o exercício de suas atividades e, quando necessário, de outros órgãos ou agências da administração pública federal;

III - a disponibilização e manutenção de balanças e outros instrumentos necessários à fiscalização e controle aduaneiros;

IV - a disponibilização e manutenção de instrumentos e aparelhos de inspeção não invasiva de cargas e veículos, como os aparelhos de raios X ou gama;

V - a disponibilização de edifícios e instalações, equipamentos, instrumentos e aparelhos especiais para a verificação de mercadorias frigorificadas, apresentadas em tanques ou recipientes que não devam ser abertos durante o transporte, produtos químicos, tóxicos e outras mercadorias que exijam cuidados especiais para seu transporte, manipulação ou armazenagem;

VI - a disponibilização de sistemas, com acesso remoto pela fiscalização aduaneira, para:

a) vigilância eletrônica do recinto;

b) registro e controle:

1. de acesso de pessoas e veículos; e
2. das operações realizadas com mercadorias, inclusive seus estoques.

§ 2º A utilização dos sistemas referidos no inciso VI do § 1º deste artigo deverá ser supervisionada por Auditor-Fiscal da Receita Federal do Brasil e acompanhada por ele por ocasião da realização da conferência aduaneira.

§ 3º A Secretaria da Receita Federal do Brasil poderá dispensar a implementação de requisito previsto no § 1º, considerando as características específicas do local ou recinto.

ART. 35. A pessoa jurídica responsável pela administração do local ou recinto alfandegado, referido no art. 34, fica obrigada a observar os requisitos técnicos e operacionais definidos pela Secretaria da Receita Federal do Brasil.

ART. 36. O disposto nos arts. 34 e 35 aplica-se também aos atuais responsáveis pela administração de locais e recintos alfandegados.

§ 1º Ato da Secretaria da Receita Federal do Brasil fixará os prazos para o cumprimento dos requisitos técnicos e operacionais para alfandegamento previstos no art. 34, assegurado, quanto aos requisitos previstos nos incisos IV e VI do § 1º daquele artigo, o prazo de até 2 (dois) anos a partir da publicação do ato da Secretaria. (Acrescentado pela Lei 12.995 /2014.)

§ 2º No caso do requisito previsto no inciso IV do § 1º do art. 34, o prazo de cumprimento é 31 de dezembro de 2014 para: (Acrescentado pela Lei 12.995 /2014.)

I - os portos alfandegados que apresentem movimentação diária média, no período de 1 (um) ano, inferior a 100 (cem) unidades de carga por dia, conforme fórmula de cálculo estabelecida em ato da Secretaria da Receita Federal do Brasil; ou (Acrescentado pela Lei 12.995 /2014.)

II - os recintos alfandegados que comprovarem haver contratado a aquisição dos equipamentos de inspeção não invasiva, mas que, por dificuldades da empresa fornecedora, nos casos devidamente justificados, não tenham recebido tais equipamentos. (Acrescentado pela Lei 12.995 /2014.)

§ 3º O descumprimento do requisito previsto no inciso IV do § 1º do art. 34 não enseja a aplicação das penalidades previstas nos arts. 37 e 38 para os recintos alfandegados que, na data de publicação da Medida Provisória n. 634, de 26 de dezembro de 2013, já tenham recebido os equipamentos de inspeção não invasiva, ainda que a entrega tenha ocorrido depois de esgotado o prazo de que trata o § 1º. (Acrescentado pela Lei 12.995 /2014.)

ART. 37. A pessoa jurídica de que tratam os arts. 35 e 36, responsável pela administração de local ou recinto alfandegado, fica sujeita, observados a forma, o rito e as competências estabelecidos no art. 76 da Lei n. 10.833, de 29 de dezembro de 2003, à aplicação da sanção de:

I - advertência, na hipótese de descumprimento de requisito técnico ou operacional para o alfandegamento, definido com fundamento no art. 34; e

II - suspensão das atividades de movimentação, armazenagem e despacho aduaneiro de mercadorias sob controle aduaneiro, referidas no *caput* do art. 34, na hipótese de reincidência em conduta já punida com advertência, até a constatação pela autoridade aduaneira do cumprimento do requisito ou da obrigação estabelecida.

§ 1º Para os fins do disposto no inciso II do *caput*, será considerado reincidente o infrator que, no período de 365 (trezentos e sessenta e cinco) dias, contados da data da aplicação da sanção, cometer nova infração pela mesma conduta já penalizada com advertência ou que não sanar, depois de 1 (um) mês da aplicação da sanção ou do prazo fixado em compromisso de ajuste de conduta, a irregularidade que ensejou sua aplicação. (Renumerado de p.u. pela Lei 13.043/2014.)

§ 2º A aplicação da multa referida no art. 38 poderá ser reduzida em 75% (setenta e cinco por cento) mediante a adesão a compromisso de ajuste de conduta técnica e operacional do infrator com a Secretaria da Receita Federal do Brasil, a partir da assinatura do respectivo termo, condicionada a referida redução ao cumprimento do respectivo compromisso. (Acrescentado pela Lei 13.043/2014.)

§ 3º Para a aplicação da sanção de suspensão do alfandegamento que atinja local ou recinto de estabelecimento prestador de serviço público portuário ou aeroportuário, deverão ser adotadas medidas para preservar, tanto quanto possível, as operações dos usuários cujas atividades estejam concentradas no recinto atingido pela sanção, mediante: (Acrescentado pela Lei 13.043/2014.)

I - a realização de despachos aduaneiros para a retirada ou embarque de mercadorias que estavam armazenadas no momento da aplicação da suspensão ou para aquelas que estavam em vias de chegar ao local ou recinto; (Acrescentado pela Lei 13.043/2014.)

II - postergação, por até 3 (três) meses, do início da execução da suspensão, para que os intervenientes afetados possam realocar atividades; e (Acrescentado pela Lei 13.043/2014.)

III - limitação dos efeitos da sanção ao segmento de atividades do estabelecimento onde se verificou a respectiva infração. (Acrescentado pela Lei 13.043/2014.)

§ 4º A postergação prevista no inciso II do § 3º poderá ser condicionada à: (Acrescentado pela Lei 13.043/2014.)

I - adesão da empresa interessada a compromisso de ajustamento de conduta técnica e operacional com a Secretaria da Receita Federal do Brasil, caso ainda não tenha aderido; e (Acrescentado pela Lei 13.043/2014.)

II - substituição de administrador ou dirigente responsável pela área de gestão onde ocorreu a infração. (Acrescentado pela Lei 13.043/2014.)

§ 5º Em qualquer caso, o descumprimento de requisito técnico ou operacional para o alfandegamento deverá ser seguido de: (Acrescentado pela Lei 13.043/2014.)

I - ressarcimento pelo órgão ou ente responsável pela administração do local ou recinto de qualquer despesa incorrida pela Secretaria da Receita Federal do Brasil para suprir o requisito descumprido ou mitigar os efeitos de sua falta, mediante recolhimento ao Fundo Especial de Desenvolvimento e Aperfeiçoamento das Atividades de Fiscalização - FUNDAF, criado pelo Decreto-Lei n. 1.437, de 17 de dezembro de 1975, no prazo de 60 (sessenta) dias da apresentação do respectivo auto de cobrança; e (Acrescentado pela Lei 13.043/2014.)

II - instauração pelo órgão ou ente público responsável pela administração do local ou recinto de processo disciplinar para apuração de responsabilidades; ou (Acrescentado pela Lei 13.043/2014.)

III - verificação da inadimplência da concessionária ou permissionária pelo órgão ou ente responsável pela fiscalização contratual, na forma do § 2º do art. 38 da Lei n. 8.987, de 13 de fevereiro de 1995, caso não tenha firmado compromisso de ajuste de conduta com a Secretaria da Receita Federal do Brasil, ou se o tiver descumprido. (Acrescentado pela Lei 13.043/2014.)

§ 6º As providências referidas nos incisos II e III do § 5º deverão ser tomadas pelo órgão ou ente público responsável pela administração do local ou do recinto ou pela fiscalização da concessão ou permissão, no prazo de 10 (dez) dias do recebimento da representação dos fatos pela Secretaria da Receita Federal do Brasil. (Acrescentado pela Lei 13.043/2014.)

ART. 38. Será aplicada a multa de R$ 10.000,00 (dez mil reais), por dia, pelo descumprimento de requisito estabelecido no art. 34 ou pelo seu cumprimento fora do prazo fixado com base no art. 36.

Parágrafo único. O recolhimento da multa prevista no *caput* não garante o direito à operação regular do local ou recinto nem prejudica a aplicação das sanções estabelecidas no art. 37 e de outras penalidades cabíveis ou a representação fiscal para fins penais, quando for o caso.

ART. 39. A Secretaria da Receita Federal do Brasil, no âmbito de sua competência, disciplinará a aplicação do disposto nos arts. 34 a 37 desta Lei.

CAPÍTULO V
DAS DEMAIS ALTERAÇÕES NA LEGISLAÇÃO TRIBUTÁRIA

ART. 40. Os arts. 1º, 23, 25, 50, 60, 75 e 102 do Decreto-Lei n. 37, de 18 de novembro de 1966, passam a vigorar com a seguinte redação:

- Alterações promovidas no texto do referido decreto-lei.

ART. 41. Os arts. 23, 28, 29 e 30 do Decreto-Lei n. 1.455, de 7 de abril de 1976, passam a vigorar com a seguinte redação:

- Alterações promovidas no texto da referida lei.

ART. 42. O art. 5º da Lei n. 10.182, de 12 de fevereiro de 2001, passa a vigorar com a seguinte redação:

- Alterações promovidas no texto da referida lei.

ART. 43. O art. 83 da Lei n. 9.430, de 27 de dezembro de 1996, passa a vigorar com a seguinte redação:

- Alteração promovida no texto da referida lei.

ART. 44. A Lei n. 7.713, de 22 de dezembro de 1988, passa a vigorar acrescida do seguinte art. 12-A:

- Acréscimo promovido no texto da referida lei.

ART. 45. O art. 8º da Lei n. 9.959, de 27 de janeiro de 2000, passa a vigorar com a seguinte redação:

- Alteração promovida no texto da referida lei.

ART. 46. Compete à Secretaria da Receita Federal do Brasil a normatização, cobrança, fiscalização e controle da arrecadação da contribuição destinada ao custeio do Regime de Previdência Social do Servidor de que trata a Lei n. 10.887, de 18 de junho de 2004.

Parágrafo único. A contribuição de que trata este artigo sujeita-se às normas relativas ao processo administrativo fiscal de determinação e exigência de créditos tributários federais e de consulta, previstas no Decreto n. 70.235, de 6 de março de 1972, e na Lei n. 9.430, de 27 de dezembro de 1996.

ART. 47. A Lei n. 10.887, de 18 de junho de 2004, passa a vigorar acrescida do seguinte art. 8º-A:

- Acréscimo promovido no texto da referida lei.

ART. 48. O art. 16-A da Lei n. 10.887, de 18 de junho de 2004, passa a vigorar com a seguinte redação:

- Alteração promovida no texto da referida lei.

ART. 49. Os valores retidos pelas instituições financeiras na forma do art. 16-A da Lei n. 10.887, de 18 de junho de 2004, a título de contribuição para o Plano de Seguridade do Servidor Público (PSS), que se encontram pendentes de recolhimento, deverão ser recolhidos no prazo de 30 (trinta) dias contado da publicação desta Lei.

ART. 50. Os arts. 32 a 34 da Lei n. 12.058, de 13 de outubro de 2009, passam a vigorar com a seguinte redação:

- Alterações promovidas no texto da referida lei.

ART. 51. O art. 28 da Lei n. 10.865, de 30 de abril de 2004, passa a vigorar com a seguinte redação:

- Alteração promovida no texto da referida lei.

ART. 52. O art. 4º da Lei n. 10.931, de 2 de agosto de 2004, passa a vigorar com a seguinte redação:

- Alteração promovida no texto da referida lei.

ART. 53. O art. 2º da Lei n. 12.024, de 27 de agosto de 2009, passa a vigorar com a seguinte redação:

- Alterações promovidas no texto da referida lei.

ART. 54. Fica suspenso o pagamento da Contribuição para o PIS/Pasep e da Cofins incidente sobre a receita bruta da venda, no mercado interno, de:

I - insumos de origem vegetal classificados nas posições 10.01 a 10.08, exceto os dos códigos 1006.20 e 1006.30, e na posição 23.06 da Nomenclatura Comum do Mercosul (NCM), quando efetuada por pessoa jurídica, inclusive cooperativa, vendidos: (Alterado pela Lei 12.865/2013.)

a) para pessoas jurídicas que produzam mercadorias classificadas nos códigos 02.03, 0206.30.00, 0206.4, 02.07 e 0210.1 da NCM;

b) para pessoas jurídicas que produzam preparações dos tipos utilizados na alimentação de animais vivos classificados nas posições 01.03 e 01.05, classificadas no código 2309.90 da NCM; e

c) para pessoas físicas;

II - preparações dos tipos utilizados na alimentação de animais vivos classificados nas posições 01.03 e 01.05, classificadas no código 2309.90 da NCM;

III - animais vivos classificados nas posições 01.03 e 01.05 da NCM, quando efetuada por pessoa jurídica, inclusive cooperativa, vendidos para pessoas jurídicas que produzam mercadorias classificadas nos códigos 02.03, 0206.30.00, 0206.4, 02.07 e 0210.1 da NCM;

IV - (Revogado pela Lei 12.839/2013).

Parágrafo único. A suspensão de que trata este artigo:

I - não alcança a receita bruta auferida nas vendas a varejo;

II - aplicar-se-á nos termos e condições estabelecidos pela Secretaria da Receita Federal do Brasil.

ART. 55. As pessoas jurídicas sujeitas ao regime de apuração não cumulativa da Contribuição para o PIS/Pasep e da Cofins, inclusive cooperativas, que produzam mercadorias classificadas nos códigos 02.03, 0206.30.00, 0206.4, 02.07 e 0210.1 da NCM, destinadas a exportação, poderão descontar da Contribuição para o PIS/Pasep e da Cofins devidas em cada período de apuração crédito presumido, calculado sobre:

I - o valor dos bens classificados nas posições 10.01 a 10.08, exceto os dos códigos 1006.20 e 1006.30, e na posição 23.06 da NCM, adquiridos de pessoa física ou recebidos de cooperado pessoa física; (Alterado pela Lei 12.865/2013.)

II - o valor das preparações dos tipos utilizados na alimentação de animais vivos classificados nas posições 01.03 e 01.05, classificadas no código 2309.90 da NCM, adquiridos de pessoa física ou recebidos de cooperado pessoa física;

III - o valor dos bens classificados nas posições 01.03 e 01.05 da NCM, adquiridos de pessoa física ou recebidos de cooperado pessoa física.

§ 1º O disposto nos incisos I a III do *caput* deste artigo aplica-se também às aquisições de pessoa jurídica.

§ 2º O direito ao crédito presumido de que tratam o *caput* e o § 1º deste artigo só se aplica aos bens adquiridos ou recebidos, no mesmo período de apuração, de pessoa física ou jurídica residente ou domiciliada no País, observado o disposto no § 4º do art. 3º da Lei n. 10.637, de 30 de dezembro de 2002, e no § 4º do art. 3º da Lei n. 10.833, de 29 de dezembro de 2003.

§ 3º O montante do crédito a que se referem os incisos I e II do *caput* e o § 1º deste artigo será determinado mediante aplicação, sobre o valor das mencionadas aquisições, de percentual correspondente a 30% (trinta por cento) das alíquotas previstas no *caput* do art. 2º da Lei n. 10.637, de 30 de dezembro de 2002, e no *caput* do art. 2º da Lei n. 10.833, de 29 de dezembro de 2003.

§ 4º O montante do crédito a que se referem o inciso III do *caput* e o § 1º deste artigo será determinado mediante aplicação sobre o valor das mencionadas aquisições de percentual correspondente a 30% (trinta por cento) das alíquotas previstas no *caput* do art. 2º da Lei n. 10.637, de 30 de dezembro de 2002, e no *caput* do art. 2º da Lei n. 10.833, de 29 de dezembro de 2003.

§ 5º É vedado às pessoas jurídicas de que trata o § 1º deste artigo o aproveitamento:

I - do crédito presumido de que trata o *caput* deste artigo;

II - de crédito em relação às receitas de vendas efetuadas com suspensão às pessoas jurídicas de que trata o *caput* deste artigo, exceto em relação às receitas auferidas com vendas dos produtos classificados nas posições 23.04 e 23.06 da NCM. (Redação dada pela Lei 12.431/2011.)

§ 6º O crédito apurado na forma do *caput* deste artigo deverá ser utilizado para desconto do valor da Contribuição para o PIS/Pasep e da Cofins a recolher, decorrente das demais operações no mercado interno.

§ 7º A pessoa jurídica que, até o final de cada trimestre-calendário, não conseguir utilizar o crédito na forma prevista no § 6º deste artigo poderá:

I - efetuar sua compensação com débitos próprios, vencidos ou vincendos, relativos a tributos e contribuições administrados pela Secretaria da Receita Federal do Brasil, observada a legislação específica aplicável à matéria;

II - solicitar seu ressarcimento em dinheiro, observada a legislação específica aplicável à matéria.

LEIS

§ 8º O disposto no § 7º deste artigo aplica-se somente à parcela dos créditos presumidos determinada com base no resultado da aplicação, sobre o valor da aquisição de bens relacionados nos incisos do *caput* deste artigo, da relação percentual existente entre a receita de exportação e a receita bruta total, auferidas em cada mês.

§ 9º O disposto neste artigo aplica-se também no caso de vendas a empresa comercial exportadora com o fim específico de exportação.

§ 10. O crédito presumido de que trata este artigo aplicar-se-á nos termos e condições estabelecidos pela Secretaria da Receita Federal do Brasil.

ART. 56. A pessoa jurídica tributada com base no lucro real que adquirir para industrialização produtos cuja comercialização seja fomentada com as alíquotas zero da Contribuição para o PIS/Pasep e da Cofins previstas na alínea b do inciso XIX do art. 1º da Lei n. 10.925, de 23 de julho de 2004, poderá descontar das referidas contribuições, devidas em cada período de apuração, crédito presumido determinado mediante a aplicação sobre o valor das aquisições de percentual correspondente a 12% (doze por cento) das alíquotas previstas no *caput* do art. 2º da Lei n. 10.637, de 30 de dezembro de 2002, e no *caput* do art. 2º da Lei n. 10.833, de 29 de dezembro de 2003. (Redação dada pela Lei 12.839/2013.)

§ 1º É vedada a apuração do crédito presumido de que trata o *caput* nas aquisições realizadas por pessoa jurídica que industrializa os produtos classificados nas posições 01.03 e 01.05 da NCM ou que revende os produtos referidos no *caput*. (Redação dada pela Lei 12.839/2013.)

§ 2º O direito ao crédito presumido somente se aplica aos produtos de que trata o *caput* adquiridos com alíquota zero das contribuições, no mesmo período de apuração, de pessoa jurídica residente ou domiciliada no País, observado o disposto no § 4º do art. 3º da Lei n. 10.637, de 30 de dezembro de 2002, e no § 4º do art. 3º da Lei n. 10.833, de 29 de dezembro de 2003. (Redação dada pela Lei 12.839/2013.)

§ 3º O disposto no *caput* não se aplica no caso de o produto adquirido ser utilizado na industrialização de produto cuja receita de venda seja beneficiada com suspensão, alíquota zero, isenção ou não incidência da Contribuição para o PIS/Pasep e da Cofins, exceto na hipótese de exportação. (Incluído pela Lei 12.839/2013.)

ART. 56-A. O saldo de créditos presumidos apurados a partir do ano-calendário de 2006 na forma do § 3º do art. 8º da Lei n. 10.925, de 23 de julho de 2004, existentes na data de publicação desta Lei, poderá: (Incluído pela Lei 12.431/2011.).

I - ser compensado com débitos próprios, vencidos ou vincendos, relativos a tributos administrados pela Secretaria da Receita Federal do Brasil, observada a legislação específica aplicável à matéria; (Incluído pela Lei 12.431/2011.).

II - ser ressarcido em dinheiro, observada a legislação específica aplicável à matéria. (Incluído pela Lei 12.431/2011.).

§ 1º O pedido de ressarcimento ou de compensação dos créditos presumidos de que trata o *caput* somente poderá ser efetuado: (Incluído pela Lei 12.431/2011.).

I - relativamente aos créditos apurados nos anos-calendário de 2006 a 2008, a partir do primeiro dia do mês subsequente ao da publicação desta Lei; (Incluído pela Lei 12.431/2011.).

II - relativamente aos créditos apurados no ano-calendário de 2009 e no período compreendido entre janeiro de 2010 e o mês de publicação desta Lei, a partir de 1º de janeiro de 2012. (Incluído pela Lei 12.431/2011.).

§ 2º O disposto neste artigo aplica-se aos créditos presumidos que tenham sido apurados em relação a custos, despesas e encargos vinculados à receita de exportação, observado o disposto nos §§ 8º e 9º do art. 3º da Lei n. 10.637, de 30 de dezembro de 2002, e nos §§ 8º e 9º do art. 3º da Lei n. 10.833, de 29 de dezembro de 2003. (Incluído pela Lei 12.431/2011.).

ART. 56-B. A pessoa jurídica, inclusive cooperativa, que até o final de cada trimestre-calendário, não conseguir utilizar os créditos presumidos apurados na forma do inciso II do § 3º do art. 8º da Lei n. 10.925, de 23 de julho de 2004, poderá: (Incluído pela Lei 12.431/2011.).

I - efetuar sua compensação com débitos próprios, vencidos ou vincendos, relativos a tributos administrados pela Secretaria da Receita Federal do Brasil, observada a legislação específica aplicável à matéria; (Incluído pela Lei 12.431/2011.).

II - solicitar seu ressarcimento em dinheiro, observada a legislação específica aplicável à matéria. (Incluído pela Lei 12.431/2011.).

Parágrafo único. O disposto no *caput* aplica-se aos créditos presumidos que tenham sido apurados em relação a custos, despesas e encargos vinculados à receita auferida com a venda no mercado interno ou com a exportação de farelo de soja classificado na posição 23.04 da NCM, observado o disposto nos §§ 8º e 9º do art. 3º da Lei n. 10.637, de 30 de dezembro de 2002, e nos §§ 8º e 9º do art. 3º da Lei n. 10.833, de 29 de dezembro de 2003. (Incluído pela Lei 12.431/2011.)

ART. 57. A partir do primeiro dia do mês subsequente ao de publicação desta Lei, não mais se aplica o disposto nos arts. 8º e 9º da Lei n. 10.925, de 23 de julho de 2004, às mercadorias ou aos produtos classificados nos códigos 02.03, 0206.30.00, 0206.4, 02.07, 0210.1 e 23.09.90 da NCM. (Redação dada pela Lei 12.431/2011.)

I e II - (revogados); (Redação dada pela Lei 12.431/2011.)

ART. 58. O art. 99 da Lei n. 9.504, de 30 de setembro de 1997, alterado pelo art. 3º da Lei n. 12.034, de 29 de setembro de 2009, passa a vigorar com a seguinte redação:

› Alteração promovida no texto da referida lei.

ART. 59. O art. 2º da Lei n. 10.996, de 15 de dezembro de 2004, passa a vigorar com a seguinte redação:

› Alteração promovida no texto da referida lei.

ART. 60. O *caput* do art. 3º da Lei n. 11.977, de 7 de julho de 2009, passa a vigorar com a seguinte redação:

› Alterações promovidas no texto da referida lei.

ART. 61. (Vetado.)

CAPÍTULO VI
DISPOSIÇÕES FINAIS E TRANSITÓRIAS

ART. 62. O disposto no Capítulo I desta Lei aplicar-se-á aos fatos geradores que ocorrerem no período de 1º de janeiro de 2011 a 31 de dezembro de 2015, ressalvados os dispositivos previstos na Seção IV do mesmo Capítulo.

› Dec. 7.578/2011 (Regulamenta as medidas tributárias referentes à realização, no Brasil, da Copa das Confederações FIFA 2013 e da Copa do Mundo FIFA 2014 de que trata esta lei).

ART. 62-A. Para efeito da análise das operações de crédito destinadas ao financiamento dos projetos para os Jogos Olímpicos e Paraolímpicos, para a Copa das Confederações da Federação Internacional de Futebol Associação - Fifa 2013 e para a Copa do Mundo Fifa 2014, a verificação da adimplência será efetuada pelo número do registro no Cadastro Nacional da Pessoa Jurídica (CNPJ) principal que represente a pessoa jurídica do mutuário ou tomador da operação de crédito. (Incluído pela Lei 12.462/2011.)

ART. 63. Ficam revogados:

I - o inciso V do *caput* e o § 5º do art. 17 da Lei n. 11.196, de 21 de novembro de 2005;

II - os arts. 63 a 70 e o § 2º do art. 78 do Decreto-Lei n. 37, de 18 de novembro de 1966;

III - o inciso VI do art. 36 da Lei n. 8.630, de 25 de fevereiro de 1993;

IV - (Vetado); e

V - o art. 39 da Lei n. 10.833, de 29 de dezembro de 2003.

ART. 64. Esta Lei entra em vigor na data de sua publicação.

Brasília, 20 de dezembro de 2010; 189º da Independência e 122º da República.

LUIZ INÁCIO LULA DA SILVA

LEI N. 12.351, DE 22 DE DEZEMBRO DE 2010

Dispõe sobre a exploração e a produção de petróleo, de gás natural e de outros hidrocarbonetos fluidos, sob o regime de partilha de produção, em áreas do pré-sal e em áreas estratégicas; cria o Fundo Social - FS e dispõe sobre sua estrutura e fontes de recursos; altera dispositivos da Lei n. 9.478, de 6 de agosto de 1997; e dá outras providências.

› *DOU*, 23.12.2010.

› Dec. 9.041/2017 (Regulamenta esta lei para dispor sobre o direito de preferência da Petróleo Brasileiro S.A. - Petrobras atuar como operadora nos consórcios formados para exploração e produção de blocos a serem contratados sob o regime de partilha de produção).

O Presidente da República. Faço saber que o Congresso Nacional decreta e eu sanciono a seguinte Lei:

CAPÍTULO I
DISPOSIÇÕES PRELIMINARES

ART. 1º Esta Lei dispõe sobre a exploração e a produção de petróleo, de gás natural e de outros hidrocarbonetos fluidos em áreas do pré-sal e em áreas estratégicas, cria o Fundo Social - FS e dispõe sobre sua estrutura e fontes de recursos, e altera a Lei n. 9.478, de 6 de agosto de 1997.

CAPÍTULO II
DAS DEFINIÇÕES TÉCNICAS

ART. 2º Para os fins desta Lei, são estabelecidas as seguintes definições:

I - partilha de produção: regime de exploração e produção de petróleo, de gás natural e de outros hidrocarbonetos fluidos no qual o contratado exerce, por sua conta e risco, as atividades de exploração, avaliação, desenvolvimento e produção e, em caso de descoberta comercial, adquire o direito à apropriação do custo em óleo, do volume da produção correspondente aos *royalties* devidos, bem como de parcela do excedente em óleo, na proporção, condições e prazos estabelecidos em contrato;

II - custo em óleo: parcela da produção de petróleo, de gás natural e de outros hidrocarbonetos fluidos, exigível unicamente em caso de descoberta comercial, correspondente aos custos e aos investimentos realizados pelo contratado na execução das atividades de exploração, avaliação, desenvolvimento, produção e desativação das instalações, sujeita a limites, prazos e condições estabelecidos em contrato;

III - excedente em óleo: parcela da produção de petróleo, de gás natural e de outros hidrocarbonetos fluidos a ser repartida entre a União e o contratado, segundo critérios definidos em contrato, resultante da diferença entre o volume total da produção e as parcelas relativas ao custo em óleo, aos *royalties* devidos e, quando exigível, à participação de que trata o art. 43;

IV - área do pré-sal: região do subsolo formada por um prisma vertical de profundidade indeterminada, com superfície poligonal definida pelas coordenadas geográficas de seus vértices estabelecidas no Anexo desta Lei, bem como outras regiões que venham a ser delimitadas em ato do Poder Executivo, de acordo com a evolução do conhecimento geológico;

V - área estratégica: região de interesse para o desenvolvimento nacional, delimitada em ato do Poder Executivo, caracterizada pelo baixo risco exploratório e elevado potencial de produção de petróleo, de gás natural e de outros hidrocarbonetos fluidos;

VI - operador: o responsável pela condução e execução, direta ou indireta, de todas as atividades de exploração, avaliação, desenvolvimento, produção e desativação das instalações de exploração e produção; (Alterado pela Lei 13.365/2016.)

VII - contratado: a Petrobras, quando for realizada a contratação direta, nos termos do art. 8º, inciso I, desta Lei, ou a empresa ou o consórcio de empresas vencedor da licitação para a exploração e produção de petróleo, de gás natural e de outros hidrocarbonetos fluidos em regime de partilha de produção; (Alterado pela Lei 13.365/2016.)

VIII - conteúdo local: proporção entre o valor dos bens produzidos e dos serviços prestados no País para execução do contrato e o valor total dos bens utilizados e dos serviços prestados para essa finalidade;

IX - individualização da produção: procedimento que visa à divisão do resultado da produção e ao aproveitamento racional dos recursos naturais da União, por meio da unificação do desenvolvimento e da produção relativos à jazida que se estenda além do bloco concedido ou contratado sob o regime de partilha de produção;

X - ponto de medição: local definido no plano de desenvolvimento de cada campo onde é realizada a medição volumétrica do petróleo ou do gás natural produzido, conforme regulação da Agência Nacional do Petróleo, Gás Natural e Biocombustíveis - ANP;

XI - ponto de partilha: local em que há divisão entre a União e o contratado de petróleo, de gás natural e de outros hidrocarbonetos fluidos produzidos, nos termos do respectivo contrato de partilha de produção;

XII - bônus de assinatura: valor fixo devido à União pelo contratado, a ser pago no ato da celebração e nos termos do respectivo contrato de partilha de produção; e

XIII - *royalties*: compensação financeira devida aos Estados, ao Distrito Federal e aos Municípios, bem como a órgãos da administração direta da União, em função da produção de petróleo, de gás natural e de outros hidrocarbonetos fluidos sob o regime de partilha de produção, nos termos do § 1º do art. 20 da Constituição Federal.

CAPÍTULO III
DO REGIME DE PARTILHA DE PRODUÇÃO

SEÇÃO I
DISPOSIÇÕES GERAIS

ART. 3º A exploração e a produção de petróleo, de gás natural e de outros hidrocarbonetos fluidos na área do pré-sal e em áreas estratégicas serão contratadas pela União sob o regime de partilha de produção, na forma desta Lei.

ART. 4º O Conselho Nacional de Política Energética (CNPE), considerando o interesse nacional, oferecerá à Petrobras a preferência para ser operador dos blocos a serem contratados sob o regime de partilha de produção. (Alterado pela Lei 13.365/2016.)

§ 1º A Petrobras deverá manifestar-se sobre o direito de preferência em cada um dos blocos ofertados, no prazo de até 30 (trinta) dias a partir da comunicação pelo CNPE, apresentando suas justificativas. (Acrescentado pela Lei 13.365/2016.)

§ 2º Após a manifestação da Petrobras, o CNPE proporá à Presidência da República quais blocos deverão ser operados pela empresa, indicando sua participação mínima no consórcio previsto no art. 20, que não poderá ser inferior a 30% (trinta por cento). (Acrescentado pela Lei 13.365/2016.)

ART. 5º A União não assumirá os riscos das atividades de exploração, avaliação, desenvolvimento e produção decorrentes dos contratos de partilha de produção.

ART. 6º Os custos e os investimentos necessários à execução do contrato de partilha de produção serão integralmente suportados pelo contratado, cabendo-lhe, no caso de descoberta comercial, a sua restituição nos termos do inciso II do art. 2º.

Parágrafo único. A União, por intermédio de fundo específico criado por lei, poderá participar dos investimentos nas atividades de exploração, avaliação, desenvolvimento e produção na área do pré-sal e em áreas estratégicas, caso em que assumirá os riscos correspondentes à sua participação, nos termos do respectivo contrato.

ART. 7º Previamente à contratação sob o regime de partilha de produção, o Ministério de Minas e Energia, diretamente ou por meio da ANP, poderá promover a avaliação do potencial das áreas do pré-sal e das áreas estratégicas.

Parágrafo único. A Petrobras poderá ser contratada diretamente para realizar estudos exploratórios necessários à avaliação prevista no *caput*.

ART. 8º A União, por intermédio do Ministério de Minas e Energia, celebrará os contratos de partilha de produção:

I - diretamente com a Petrobras, dispensada a licitação; ou

II - mediante licitação na modalidade leilão.

§ 1º A gestão dos contratos previstos no *caput* caberá à empresa pública a ser criada com este propósito.

§ 2º A empresa pública de que trata o § 1º deste artigo não assumirá os riscos e não responderá pelos custos e investimentos referentes às atividades de exploração, avaliação, desenvolvimento, produção e desativação das instalações de exploração e produção decorrentes dos contratos de partilha de produção.

SEÇÃO II
DAS COMPETÊNCIAS DO CONSELHO NACIONAL DE POLÍTICA ENERGÉTICA - CNPE

ART. 9º O Conselho Nacional de Política Energética - CNPE tem como competências, entre outras definidas na legislação, propor ao Presidente da República:

I - o ritmo de contratação dos blocos sob o regime de partilha de produção, observando-se a política energética e o desenvolvimento e a capacidade da indústria nacional para o fornecimento de bens e serviços;

II - os blocos que serão destinados à contratação direta com a Petrobras sob o regime de partilha de produção;

III - os blocos que serão objeto de leilão para contratação sob o regime de partilha de produção;

IV - os parâmetros técnicos e econômicos dos contratos de partilha de produção;

V - a delimitação de outras regiões a serem classificadas como área do pré-sal e áreas a serem classificadas como estratégicas, conforme a evolução do conhecimento geológico;

VI - a política de comercialização do petróleo destinado à União nos contratos de partilha de produção, observada a prioridade de abastecimento do mercado nacional; (Alterado pela Lei 13.679/2018.)

VII - a política de comercialização do gás natural proveniente dos contratos de partilha de produção, observada a prioridade de abastecimento do mercado nacional.

VIII - a indicação da Petrobras como operador, nos termos do art. 4º; (Acrescentado pela Lei 13.365/2016.)

IX - a participação mínima da Petrobras caso a empresa seja indicada como operador, nos termos do art. 4º. (Acrescentado pela Lei 13.365/2016.)

SEÇÃO III
DAS COMPETÊNCIAS DO MINISTÉRIO DE MINAS E ENERGIA

ART. 10. Caberá ao Ministério de Minas e Energia, entre outras competências:

I - planejar o aproveitamento do petróleo e do gás natural;

II - propor ao CNPE, ouvida a ANP, a definição dos blocos que serão objeto de concessão ou de partilha de produção;

III - propor ao CNPE os seguintes parâmetros técnicos e econômicos dos contratos de partilha de produção:

a) os critérios para definição do excedente em óleo da União;

b) o percentual mínimo do excedente em óleo da União;

c) a indicação da Petrobras como operador e sua participação mínima, nos termos do art. 4º; (Alterada pela Lei 13.365/2016.)

d) os limites, prazos, critérios e condições para o cálculo e apropriação pelo contratado do custo em óleo e do volume da produção correspondente aos *royalties* devidos;

e) o conteúdo local mínimo e outros critérios relacionados ao desenvolvimento da indústria nacional; e

f) o valor do bônus de assinatura, bem como a parcela a ser destinada à empresa pública de que trata o § 1º do art. 8º;

IV - estabelecer as diretrizes a serem observadas pela ANP para promoção da licitação prevista no inciso II do art. 8º, bem como para a elaboração das minutas dos editais e dos contratos de partilha de produção; e

V - aprovar as minutas dos editais de licitação e dos contratos de partilha de produção elaboradas pela ANP.

§ 1º Ao final de cada semestre, o Ministério de Minas e Energia emitirá relatório sobre as atividades relacionadas aos contratos de partilha de produção.

§ 2º O relatório será publicado até 30 (trinta) dias após o encerramento do semestre, assegurado amplo acesso ao público.

SEÇÃO IV
DAS COMPETÊNCIAS DA AGÊNCIA NACIONAL DO PETRÓLEO, GÁS NATURAL E BIOCOMBUSTÍVEIS - ANP

- Dec. 9.641/2018 (Delega competência à ANP para definir blocos em bacias terrestres a serem objeto de licitação, sob regime de concessão, no sistema de Oferta Permanente).

ART. 11. Caberá à ANP, entre outras competências definidas em lei:

I - promover estudos técnicos para subsidiar o Ministério de Minas e Energia na delimitação dos blocos que serão objeto de contrato de partilha de produção;

II - elaborar e submeter à aprovação do Ministério de Minas e Energia as minutas dos contratos de partilha de produção e dos editais, no caso de licitação;

III - promover as licitações previstas no inciso II do art. 8º desta Lei;

IV - fazer cumprir as melhores práticas da indústria do petróleo;

V - analisar e aprovar, de acordo com o disposto no inciso IV deste artigo, os planos de exploração, de avaliação e de desenvolvimento da produção, bem como os programas anuais de trabalho e de produção relativos aos contratos de partilha de produção; e

VI - regular e fiscalizar as atividades realizadas sob o regime de partilha de produção, nos termos do inciso VII do art. 8º da Lei n. 9.478, de 6 de agosto de 1997.

SEÇÃO V
DA CONTRATAÇÃO DIRETA

ART. 12. O CNPE proporá ao Presidente da República os casos em que, visando à preservação do interesse nacional e ao atendimento dos demais objetivos da política energética, a Petrobras será contratada diretamente pela União para a exploração e produção de petróleo, de gás natural e de outros hidrocarbonetos fluidos sob o regime de partilha de produção.

Parágrafo único. Os parâmetros da contratação prevista no *caput* serão propostos pelo CNPE, nos termos do inciso IV do art. 9º e do inciso III do art. 10, no que couber.

SEÇÃO VI
DA LICITAÇÃO

ART. 13. A licitação para a contratação sob o regime de partilha de produção obedecerá ao disposto nesta Lei, nas normas a serem expedidas pela ANP e no respectivo edital.

ART. 14. A Petrobras poderá participar da licitação prevista no inciso II do art. 8º, inclusive para ampliar sua participação mínima definida nos termos do art. 4º. (Alterado pela Lei 13.365/2016.)

SUBSEÇÃO I
DO EDITAL DE LICITAÇÃO

ART. 15. O edital de licitação será acompanhado da minuta básica do respectivo contrato e indicará, obrigatoriamente:

I - o bloco objeto do contrato de partilha de produção;

II - o critério de julgamento da licitação, nos termos do art. 18;

III - o percentual mínimo do excedente em óleo da União;

IV - a formação do consórcio previsto no art. 20 e, nos termos do art. 4º, caso a Petrobras seja indicada como operador, a participação mínima desta empresa; (Alterado pela Lei 13.365/2016.)

V - os limites, prazos, critérios e condições para o cálculo e apropriação pelo contratado do custo em óleo e do volume da produção correspondente aos *royalties* devidos;

VI - os critérios para definição do excedente em óleo do contratado;

VII - o programa exploratório mínimo e os investimentos estimados correspondentes;

VIII - o conteúdo local mínimo e outros critérios relacionados ao desenvolvimento da indústria nacional;

IX - o valor do bônus de assinatura, bem como a parcela a ser destinada à empresa pública de que trata o § 1º do art. 8º;

X - as regras e as fases da licitação;

XI - as regras aplicáveis à participação conjunta de empresas na licitação;

XII - a relação de documentos exigidos e os critérios de habilitação técnica, jurídica, econômico-financeira e fiscal dos licitantes;

XIII - a garantia a ser apresentada pelo licitante para sua habilitação;

XIV - o prazo, o local e o horário em que serão fornecidos aos licitantes os dados, estudos e demais elementos e informações necessários à elaboração das propostas, bem como o custo de sua aquisição; e

XV - o local, o horário e a forma para apresentação das propostas.

ART. 16. Quando permitida a participação conjunta de empresas na licitação, o edital conterá, entre outras, as seguintes exigências:

I - comprovação de compromisso, público ou particular, de constituição do consórcio previsto no art. 20, subscrito pelas proponentes;

II - indicação da empresa responsável no processo licitatório, sem prejuízo da responsabilidade solidária das demais proponentes;

III - apresentação, por parte de cada uma das empresas proponentes, dos documentos exigidos para efeito de avaliação da qualificação técnica e econômico-financeira do consórcio a ser constituído; e

IV - proibição de participação de uma mesma empresa, conjunta ou isoladamente, em mais de uma proposta na licitação de um mesmo bloco.

ART. 17. O edital conterá a exigência de que a empresa estrangeira que concorrer, em conjunto com outras empresas ou isoladamente, deverá apresentar com sua proposta, em envelope separado:

I - prova de capacidade técnica, idoneidade financeira e regularidade jurídica e fiscal;

II - inteiro teor dos atos constitutivos e prova de se encontrar organizada e em funcionamento regular, conforme a lei de seu país;

III - designação de um representante legal perante a ANP, com poderes especiais para a prática de atos e assunção de responsabilidades relativamente à licitação e à proposta apresentada; e

IV - compromisso de constituir empresa segundo as leis brasileiras, com sede e administração no Brasil, caso seja vencedora da licitação.

SUBSEÇÃO II
DO JULGAMENTO DA LICITAÇÃO

ART. 18. O julgamento da licitação identificará a proposta mais vantajosa segundo o critério da oferta de maior excedente em óleo para a União, respeitado o percentual mínimo definido nos termos da alínea *b* do inciso III do art. 10.

SEÇÃO VII
DO CONSÓRCIO

ART. 19. A Petrobras, quando contratada diretamente ou no caso de ser vencedora isolada da licitação, deverá constituir consórcio com a empresa pública de que trata o § 1º do art. 8º desta Lei, na forma do disposto no art. 279 da Lei n. 6.404, de 15 de dezembro de 1976.

ART. 20. O licitante vencedor deverá constituir consórcio com a empresa pública de que trata o § 1º do art. 8º desta Lei e com a Petrobras, nos termos do art. 4º, caso ela seja indicada como operadora, na forma do disposto no art. 279 da Lei n. 6.404, de 15 de dezembro de 1976. (Alterado pela Lei 13.365/2016.)

§ 1º A participação da Petrobras no consórcio implicará sua adesão às regras do edital e à proposta vencedora.

§ 2º Os direitos e as obrigações patrimoniais da Petrobras e dos demais contratados serão proporcionais à sua participação no consórcio.

§ 3º Caso a Petrobras seja indicada como operador, nos termos do art. 4º, o contrato de constituição de consórcio deverá designá-la como responsável pela execução do contrato, sem prejuízo da responsabilidade solidária das consorciadas perante o contratante ou terceiros, observado o disposto no § 2º do art. 8º desta Lei. (Alterado pela Lei 13.365/2016.)

ART. 21. A empresa pública de que trata o § 1º do art. 8º integrará o consórcio como representante dos interesses da União no contrato de partilha de produção.

ART. 22. A administração do consórcio caberá ao seu comitê operacional.

ART. 23. O comitê operacional será composto por representantes da empresa pública de que trata o § 1º do art. 8º e dos demais consorciados.

Parágrafo único. A empresa pública de que trata o § 1º do art. 8º indicará a metade dos integrantes do comitê operacional, inclusive o seu presidente, cabendo aos demais consorciados a indicação dos outros integrantes.

ART. 24. Caberá ao comitê operacional:

I - definir os planos de exploração, a serem submetidos à análise e à aprovação da ANP;

II - definir o plano de avaliação de descoberta de jazida de petróleo e de gás natural a ser submetido à análise e à aprovação da ANP;

III - declarar a comercialidade de cada jazida descoberta e definir o plano de desenvolvimento da produção do campo, a ser submetido à análise e à aprovação da ANP;

IV - definir os programas anuais de trabalho e de produção, a serem submetidos à análise e à aprovação da ANP;

V - analisar e aprovar os orçamentos relacionados às atividades de exploração, avaliação, desenvolvimento e produção previstas no contrato;

VI - supervisionar as operações e aprovar a contabilização dos custos realizados;

VII - definir os termos do acordo de individualização da produção a ser firmado com o titular da área adjacente, observado o disposto no Capítulo IV desta Lei; e

VIII - outras atribuições definidas no contrato de partilha de produção.

ART. 25. O presidente do comitê operacional terá poder de veto e voto de qualidade, conforme previsto no contrato de partilha de produção.

ART. 26. A assinatura do contrato de partilha de produção ficará condicionada à comprovação do arquivamento do instrumento constitutivo do consórcio no Registro do Comércio do lugar de sua sede.

SEÇÃO VIII
DO CONTRATO DE PARTILHA DE PRODUÇÃO

ART. 27. O contrato de partilha de produção preverá 2 (duas) fases:

I - a de exploração, que incluirá as atividades de avaliação de eventual descoberta de petróleo ou gás natural, para determinação de sua comercialidade; e

II - a de produção, que incluirá as atividades de desenvolvimento.

ART. 28. O contrato de partilha de produção de petróleo, de gás natural e de outros hidrocarbonetos fluidos não se estende a qualquer outro recurso natural, ficando o operador obrigado a informar a sua descoberta, nos termos do inciso I do art. 30.

ART. 29. São cláusulas essenciais do contrato de partilha de produção:

I - a definição do bloco objeto do contrato;

II - a obrigação de o contratado assumir os riscos das atividades de exploração, avaliação, desenvolvimento e produção;

III - a indicação das garantias a serem prestadas pelo contratado;

IV - o direito do contratado à apropriação do custo em óleo, exigível unicamente em caso de descoberta comercial;

V - os limites, prazos, critérios e condições para o cálculo e apropriação pelo contratado do custo em óleo e do volume da produção correspondente aos *royalties* devidos;

VI - os critérios para cálculo do valor do petróleo ou do gás natural, em função dos preços de mercado, da especificação do produto e da localização do campo;

VII - as regras e os prazos para a repartição do excedente em óleo, podendo incluir critérios relacionados à eficiência econômica, à rentabilidade, ao volume de produção e à variação do preço do petróleo e do gás natural, observado o percentual estabelecido segundo o disposto no art. 18;

VIII - as atribuições, a composição, o funcionamento e a forma de tomada de decisões e de solução de controvérsias no âmbito do comitê operacional;

IX - as regras de contabilização, bem como os procedimentos para acompanhamento e controle das atividades de exploração, avaliação, desenvolvimento e produção;

X - as regras para a realização de atividades, por conta e risco do contratado, que não implicarão qualquer obrigação para a União ou contabilização no valor do custo em óleo;

XI - o prazo de duração da fase de exploração e as condições para sua prorrogação;

XII - o programa exploratório mínimo e as condições para sua revisão;

XIII - os critérios para formulação e revisão dos planos de exploração e de desenvolvimento da produção, bem como dos respectivos planos de trabalho, incluindo os pontos de medição e de partilha de petróleo, de gás natural e de outros hidrocarbonetos fluidos produzidos;

XIV - a obrigatoriedade de o contratado fornecer à ANP e à empresa pública de que trata o § 1º do art. 8º relatórios, dados e informações relativos à execução do contrato;

XV - os critérios para devolução e desocupação de áreas pelo contratado, inclusive para a retirada de equipamentos e instalações e para a reversão de bens;

XVI - as penalidades aplicáveis em caso de inadimplemento das obrigações contratuais;

XVII - os procedimentos relacionados à cessão dos direitos e obrigações relativos ao contrato, conforme o disposto no art. 31;

XVIII - as regras sobre solução de controvérsias, que poderão prever conciliação e arbitragem;

XIX - o prazo de vigência do contrato, limitado a 35 (trinta e cinco) anos, e as condições para a sua extinção;

XX - o valor e a forma de pagamento do bônus de assinatura;

XXI - a obrigatoriedade de apresentação de inventário periódico sobre as emissões de gases que provocam efeito estufa - GEF, ao qual se dará publicidade, inclusive com cópia ao Congresso Nacional;

XXII - a apresentação de plano de contingência relativo a acidentes por vazamento de petróleo, de gás natural, de outros hidrocarbonetos fluidos e seus derivados; e

XXIII - a obrigatoriedade da realização de auditoria ambiental de todo o processo operacional de retirada e distribuição de petróleo e gás oriundos do pré-sal.

ART. 30. O operador do contrato de partilha de produção deverá: (Alterado pela Lei 13.365/2016.)

I - informar ao comitê operacional e à ANP, no prazo contratual, a descoberta de qualquer jazida de petróleo, de gás natural, de outros hidrocarbonetos fluidos ou de quaisquer minerais;

II - submeter à aprovação do comitê operacional o plano de avaliação de descoberta de jazida de petróleo, de gás natural e de outros hidrocarbonetos fluidos, para determinação de sua comercialidade;

III - realizar a avaliação da descoberta de jazida de petróleo e de gás natural nos termos do plano de avaliação aprovado pela ANP, apresentando relatório de comercialidade ao comitê operacional;

IV - submeter ao comitê operacional o plano de desenvolvimento da produção do campo, bem como os planos de trabalho e de produção, contendo cronogramas e orçamentos;

V - adotar as melhores práticas da indústria do petróleo, obedecendo às normas e aos procedimentos técnicos e científicos pertinentes e utilizando técnicas apropriadas de recuperação, objetivando a racionalização da produção e o controle do declínio das reservas; e

VI - encaminhar ao comitê operacional todos os dados e documentos relativos às atividades realizadas.

ART. 31. A cessão dos direitos e obrigações relativos ao contrato de partilha de produção somente poderá ocorrer mediante prévia e expressa autorização do Ministério de Minas e Energia, ouvida a ANP, observadas as seguintes condições:

I - preservação do objeto contratual e de suas condições;

II - atendimento, por parte do cessionário, dos requisitos técnicos, econômicos e jurídicos estabelecidos pelo Ministério de Minas e Energia; e

III - exercício do direito de preferência dos demais consorciados, na proporção de suas participações no consórcio.

Parágrafo único. A Petrobras somente poderá ceder a participação nos contratos de partilha de produção que obtiver como vencedora da licitação, nos termos do art. 14.

ART. 32. O contrato de partilha de produção extinguir-se-á:

I - pelo vencimento de seu prazo;

II - por acordo entre as partes;

III - pelos motivos de resolução nele previstos;

IV - ao término da fase de exploração, sem que tenha sido feita qualquer descoberta comercial, conforme definido no contrato;

V - pelo exercício do direito de desistência pelo contratado na fase de exploração, desde que cumprido o programa exploratório mínimo ou pago o valor correspondente à parcela não cumprida, conforme previsto no contrato; e

VI - pela recusa em firmar o acordo de individualização da produção, após decisão da ANP.

§ 1º A devolução de áreas não implicará obrigação de qualquer natureza para a União nem conferirá ao contratado qualquer direito de indenização pelos serviços e bens.

§ 2º Extinto o contrato de partilha de produção, o contratado fará a remoção dos equipamentos e bens que não sejam objeto de reversão, ficando obrigado a reparar ou a indenizar os danos decorrentes de suas atividades e a praticar os atos de recuperação ambiental determinados pelas autoridades competentes.

CAPÍTULO IV
DA INDIVIDUALIZAÇÃO DA PRODUÇÃO

ART. 33. O procedimento de individualização da produção de petróleo, de gás natural e de outros hidrocarbonetos fluidos deverá ser instaurado quando se identificar que a jazida se estende além do bloco concedido ou contratado sob o regime de partilha de produção.

§ 1º O concessionário ou o contratado sob o regime de partilha de produção deverá informar à ANP que a jazida será objeto de acordo de individualização da produção.

§ 2º A ANP determinará o prazo para que os interessados celebrem o acordo de individualização da produção, observadas as diretrizes do CNPE.

ART. 34. A ANP regulará os procedimentos e as diretrizes para elaboração do acordo de individualização da produção, o qual estipulará:

I - a participação de cada uma das partes na jazida individualizada, bem como as hipóteses e os critérios de sua revisão;

II - o plano de desenvolvimento da área objeto de individualização da produção; e

III - os mecanismos de solução de controvérsias.

Parágrafo único. A ANP acompanhará a negociação entre os interessados sobre os termos do acordo de individualização da produção.

ART. 35. O acordo de individualização da produção indicará o operador da respectiva jazida.

ART. 36. A União, representada pela empresa pública referida no § 1º do art. 8º e com base nas avaliações realizadas pela ANP, celebrará com os interessados, nos casos em que as jazidas da área do pré-sal e das áreas estratégicas se estendam por áreas não concedidas ou não partilhadas, acordo de individualização da produção, cujos termos e condições obrigarão o futuro concessionário ou contratado sob regime de partilha de produção.

§ 1º A ANP deverá fornecer à empresa pública referida no § 1º do art. 8º todas as informações necessárias para o acordo de individualização da produção.

§ 2º O regime de exploração e produção a ser adotado nas áreas de que trata o *caput* independe do regime vigente nas áreas adjacentes.

ART. 37. A União, representada pela ANP, celebrará com os interessados, após as devidas avaliações, nos casos em que a jazida não se localize na área do pré-sal ou em áreas estratégicas e se estenda por áreas não concedidas, acordo de individualização da produção, cujos termos e condições obrigarão o futuro concessionário.

ART. 38. A ANP poderá contratar diretamente a Petrobras para realizar as atividades de avaliação das jazidas previstas nos arts. 36 e 37.

ART. 39. Os acordos de individualização da produção serão submetidos à prévia aprovação da ANP.

Parágrafo único. A ANP deverá se manifestar em até 60 (sessenta) dias, contados do recebimento da proposta de acordo.

ART. 40. Transcorrido o prazo de que trata o § 2º do art. 33 e não havendo acordo entre as partes, caberá à ANP determinar, em até 120 (cento e vinte) dias e com base em laudo técnico, a forma como serão apropriados os direitos e as obrigações sobre a jazida e notificar as partes para que firmem o respectivo acordo de individualização da produção.

Parágrafo único. A recusa de uma das partes em firmar o acordo de individualização da produção implicará resolução dos contratos de concessão ou de partilha de produção.

ART. 41. O desenvolvimento e a produção da jazida ficarão suspensos enquanto não aprovado o acordo de individualização da produção, exceto nos casos autorizados e sob as condições definidas pela ANP.

CAPÍTULO V
DAS RECEITAS GOVERNAMENTAIS NO REGIME DE PARTILHA DE PRODUÇÃO

ART. 42. O regime de partilha de produção terá as seguintes receitas governamentais:

I - *royalties*; e

II - bônus de assinatura.

§ 1º Os *royalties*, com alíquota de 15% (quinze por cento) do valor da produção, correspondem à compensação financeira pela exploração do petróleo, de gás natural e de outros hidrocarbonetos líquidos de que trata o § 1º do art. 20 da Constituição Federal, sendo vedado, em qualquer hipótese, seu ressarcimento ao contratado e sua inclusão no cálculo do custo em óleo. (Redação dada pela Lei 12.734/2012.)

§ 2º O bônus de assinatura não integra o custo em óleo e corresponde a valor fixo devido à União pelo contratado, devendo ser estabelecido pelo contrato de partilha de produção e pago no ato da sua assinatura, sendo vedado, em qualquer hipótese, seu ressarcimento ao contratado. (Redação dada pela Lei 12.734/2012.)

ART. 42-A. Os *royalties* serão pagos mensalmente pelo contratado em moeda nacional, e incidirão sobre a produção de petróleo, de gás natural e de outros hidrocarbonetos fluidos, calculados a partir da data de início da produção comercial. (Incluído pela Lei 12.734/2012.)

§ 1º Os critérios para o cálculo do valor dos *royalties* serão estabelecidos em ato do Poder Executivo, em função dos preços de mercado do petróleo, do gás natural e de outros hidrocarbonetos fluidos, das especificações do produto e da localização do campo. (Incluído pela Lei 12.734/2012.)

§ 2º A queima de gás em flares, em prejuízo de sua comercialização, e a perda de produto ocorrida sob a responsabilidade do contratado serão incluídas no volume total da produção a ser computada para cálculo dos *royalties*, sob os regimes de concessão e partilha, e para cálculo da participação especial, devida sob regime de concessão. (Incluído pela Lei 12.734/2012.)

ART. 42-B. Os *royalties* devidos em função da produção de petróleo, de gás natural e de outros hidrocarbonetos fluidos sob o regime de partilha de produção serão distribuídos da seguinte forma: (Acrescentado pela Lei 12.734/2012.)

I - quando a produção ocorrer em terra, rios, lagos, ilhas lacustres ou fluviais: (Acrescentado pela Lei 12.734/2012.)

a) 20% (vinte por cento) para os Estados ou o Distrito Federal, se for o caso, produtores; (Acrescentado pela Lei 12.734/2012.)

b) 10% (dez por cento) para os Municípios produtores; (Acrescentado pela Lei 12.734/2012.)

c) 5% (cinco por cento) para os Municípios afetados por operações de embarque e desembarque de petróleo, gás natural e outro hidrocarboneto fluido, na forma e critérios estabelecidos pela Agência Nacional do Petróleo, Gás Natural e Biocombustíveis (ANP); (Acrescentado pela Lei 12.734/2012.)

d) 25% (vinte e cinco por cento) para constituição de fundo especial, a ser distribuído entre Estados e o Distrito Federal, se for o caso, de acordo com os seguintes critérios:

1. os recursos serão distribuídos somente para os Estados e, se for o caso, o Distrito Federal, que não tenham recebido recursos em decorrência do disposto na alínea "a" deste inciso, na alínea "a" do inciso II deste artigo, na alínea "a" do inciso II dos arts. 48 e 49 da Lei n. 9.478, de 6 de agosto de 1997, e no inciso II do § 2º do art. 50 da Lei n. 9.478, de 6 de agosto de 1997; (Acrescentado pela Lei 12.734/2012.)

2. o rateio dos recursos do fundo especial obedecerá às mesmas regras do rateio do Fundo de Participação dos Estados e do Distrito Federal (FPE), de que trata o art. 159 da Constituição; (Acrescentado pela Lei 12.734/2012.)

3. o percentual que o FPE destina aos Estados e ao Distrito Federal, se for o caso, que serão excluídos do rateio dos recursos do fundo especial em decorrência do disposto no item 1 será redistribuído entre os demais Estados e o Distrito Federal, se for o caso, proporcionalmente às suas participações no FPE; (Acrescentado pela Lei 12.734/2012.)

4. o Estado produtor ou confrontante, e o Distrito Federal, se for produtor, poderá optar por receber os recursos do fundo especial de que trata esta alínea, desde que não receba recursos em decorrência do disposto na alínea "a" deste inciso, na alínea "a" do inciso II deste artigo, na alínea "a" do inciso II dos arts. 48 e 49 da Lei n. 9.478, de 6 de agosto de 1997, e no inciso II do § 2º do art. 50 da Lei n. 9.478, de 6 de agosto de 1997; (Acrescentado pela Lei 12.734/2012.)

5. os recursos que Estados produtores ou confrontantes, ou que o Distrito Federal, se for o caso, tenham deixado de arrecadar em função da opção prevista no item 4 serão adicionados aos recursos do fundo especial de que trata esta alínea; (Acrescentado pela Lei 12.734/2012.)

e) 25% (vinte e cinco por cento) para constituição de fundo especial, a ser distribuído entre os Municípios de acordo com os seguintes critérios: (Acrescentado pela Lei 12.734/2012.)

1. os recursos serão distribuídos somente para os Municípios que não tenham recebido recursos em decorrência do disposto nas alíneas "b" e "c" deste inciso e do inciso II deste artigo, nas alíneas "b" e "c" do inciso II dos arts. 48 e 49 da Lei n. 9.478, de 6 de agosto de 1997, e no inciso III do § 2º do art. 50 da Lei n. 9.478, de 6 de agosto de 1997; (Acrescentado pela Lei 12.734/2012.)

2. o rateio dos recursos do fundo especial obedecerá às mesmas regras do rateio do Fundo de Participação dos Municípios (FPM), de que trata o art. 159 da Constituição; (Acrescentado pela Lei 12.734/2012.)

3. o percentual que o FPE destina aos Estados e ao Distrito Federal, se for o caso, que serão excluídos do rateio dos recursos do fundo especial em decorrência do disposto no item 1 será redistribuído entre os demais Estados e o Distrito Federal, se for o caso, proporcionalmente às suas participações no FPE; (Acrescentado pela Lei 12.734/2012.)

4. o Estado produtor ou confrontante, e o Distrito Federal, se for produtor, poderá optar por receber os recursos do fundo especial de que trata esta alínea, desde que não receba recursos em decorrência do disposto na alínea "a" deste inciso, na alínea "a" do inciso II deste artigo, na alínea "a" do inciso II dos arts. 48 e 49 da Lei n. 9.478, de 6 de agosto de 1997, e no inciso II do § 2º do art. 50 da Lei n. 9.478, de 6 de agosto de 1997; (Acrescentado pela Lei 12.734/2012.)

5. os recursos que Estados produtores ou confrontantes, ou que o Distrito Federal, se for o caso, tenham deixado de arrecadar em função da opção prevista no item 4 serão adicionados aos recursos do fundo especial de que trata esta alínea; (Acrescentado pela Lei 12.734/2012.)

f) 15% (quinze por cento) para a União, a ser destinado ao Fundo Social, instituído por esta Lei, deduzidas as parcelas destinadas aos órgãos específicos da Administração Direta da União, nos termos do regulamento do Poder Executivo; (Acrescentado pela Lei 12.734/2012.)

II - quando a produção ocorrer na plataforma continental, no mar territorial ou na zona econômica exclusiva: (Acrescentado pela Lei 12.734/2012.)

a) 22% (vinte e dois por cento) para os Estados confrontantes; (Acrescentado pela Lei 12.734/2012.)

b) 5% (cinco por cento) para os Municípios confrontantes; (Acrescentado pela Lei 12.734/2012.)

c) 2% (dois por cento) para os Municípios afetados por operações de embarque e desembarque de petróleo, gás natural e outro hidrocarboneto fluido, na forma e critérios estabelecidos pela ANP; (Acrescentado pela Lei 12.734/2012.)

d) 24,5% (vinte e quatro inteiros e cinco décimos por cento) para constituição de fundo especial, a ser distribuído entre Estados e o Distrito Federal, se for o caso, de acordo com os seguintes critérios: (Acrescentado pela Lei 12.734/2012.)

1. os recursos serão distribuídos somente para os Estados e, se for o caso, o Distrito Federal, que não tenham recebido recursos em decorrência do disposto na alínea "a" do inciso I e deste inciso II, na alínea "a" do inciso II dos arts. 48 e 49 da Lei n. 9.478, de 6 de agosto de 1997, e no inciso II do § 2º do art. 50 da Lei n. 9.478, de 6 de agosto de 1997; (Acrescentado pela Lei 12.734/2012.)

2. o rateio dos recursos do fundo especial obedecerá às mesmas regras do rateio do Fundo de Participação dos Estados e do Distrito Federal (FPE), de que trata o art. 159 da Constituição; (Acrescentado pela Lei 12.734/2012.)

3. o percentual que o FPE destina aos Estados e ao Distrito Federal, se for o caso, que serão excluídos do rateio dos recursos do fundo especial em decorrência do disposto no item 1 será redistribuído entre os demais Estados e o Distrito Federal, se for o caso, proporcionalmente às suas participações no FPE; (Acrescentado pela Lei 12.734/2012.)

4. o Estado produtor ou confrontante, e o Distrito Federal, se for produtor, poderá optar por receber os recursos do fundo especial de que trata esta alínea, desde que não receba recursos em decorrência do disposto na alínea "a" do inciso I e deste inciso II, na alínea "a" do inciso II dos arts. 48 e 49 da Lei n. 9.478, de 6 de agosto de 1997, e no inciso II do § 2º do art. 50 da Lei n. 9.478, de 6 de agosto de 1997; (Acrescentado pela Lei 12.734/2012.)

5. os recursos que Estados produtores ou confrontantes, ou que o Distrito Federal, se for o caso, tenham deixado de arrecadar em função da opção prevista no item 4 serão adicionados aos recursos do fundo especial de que trata esta alínea; (Acrescentado pela Lei 12.734/2012.)

e) 24,5% (vinte e quatro inteiros e cinco décimos por cento) para constituição de fundo especial, a ser distribuído entre os Municípios de acordo com os seguintes critérios: (Acrescentado pela Lei 12.734/2012.)

1. os recursos serão distribuídos somente para os Municípios que não tenham recebido recursos em decorrência do disposto nas alíneas "b" e "c" do inciso I e deste inciso II, nas alíneas "b" e "c" do inciso II dos arts. 48 e 49 da Lei n. 9.478, de 6 de agosto de 1997, e no inciso III do § 2º do art. 50 da Lei n. 9.478, de 6 de agosto de 1997; (Acrescentado pela Lei 12.734/2012.)

2. o rateio dos recursos do fundo especial obedecerá às mesmas regras do rateio do Fundo de Participação dos Municípios (FPM), de que trata o art. 159 da Constituição; (Acrescentado pela Lei 12.734/2012.)

3. o percentual que o FPM destina aos Municípios que serão excluídos do rateio dos recursos do fundo especial em decorrência do disposto no item 1 será redistribuído entre Municípios proporcionalmente às suas participações no FPM; (Acrescentado pela Lei 12.734/2012.)

4. o Município produtor ou confrontante poderá optar por receber os recursos do fundo especial de que trata esta alínea, desde que não receba recursos em decorrência do disposto nas alíneas "b" e "c" do inciso I e deste inciso II, nas alíneas "b" e "c" do inciso II dos arts. 48 e 49 da Lei n. 9.478, de 6 de agosto de 1997, e no inciso III do § 2º do art. 50 da Lei n. 9.478, de 6 de agosto de 1997; (Acrescentado pela Lei 12.734/2012.)

5. os recursos que Municípios produtores ou confrontantes tenham deixado de arrecadar em função da opção prevista no item 4 serão adicionados aos recursos do fundo especial de que trata esta alínea; (Acrescentado pela Lei 12.734/2012.)

f) 22% (vinte e dois por cento) para a União, a ser destinado ao Fundo Social, instituído por esta Lei, deduzidas as parcelas destinadas aos órgãos específicos da Administração Direta da União, nos termos do regulamento do Poder Executivo. (Acrescentado pela Lei 12.734/2012.)

§ 1º A soma dos valores referentes aos *royalties* devidos aos Municípios nos termos das alíneas "b" e "c" dos incisos I e II deste artigo, com os *royalties* devidos nos termos das alíneas "b" e "c" dos incisos I e II dos arts. 48 e 49 da Lei n. 9.478, de 6 de agosto de 1997, com a participação especial devida nos termos do inciso III do § 2º do art. 50 da Lei n. 9.478, de 6 de agosto de 1997, ficarão limitados ao maior dos seguintes valores: (Acrescentado pela Lei 12.734/2012.)

I - os valores que o Município recebeu a título de *royalties* e participação especial em 2011; (Acrescentado pela Lei 12.734/2012.)

II - 2 (duas) vezes o valor *per capita* distribuído pelo FPM, calculado em nível nacional, multiplicado pela população do Município. (Acrescentado pela Lei 12.734/2012.)

§ 2º A parcela dos *royalties* de que trata este artigo que contribuiu para o valor que exceder o limite de pagamentos aos Municípios em decorrência do disposto no § 1º será transferida para o fundo especial de que trata a alínea "e" dos incisos I e II. (Acrescentado pela Lei 12.734/2012.)

§ 3º Os pontos de entrega às concessionárias de gás natural produzido no País serão considerados instalações de embarque e desembarque, para fins de pagamento de *royalties* aos Municípios afetados por essas operações, em razão do disposto na alínea "c" dos incisos I e II. (Acrescentado pela Lei 12.734/2012.)

§ 4º A opção dos Estados, Distrito Federal e Municípios de que trata o item 4 das alíneas "d" e "e" dos incisos I e II poderá ser feita após conhecido o valor dos *royalties* e da participação especial a serem distribuídos, nos termos do regulamento.' (Acrescentado pela Lei 12.734/2012.)

ART. 42-C. Os recursos do fundo especial de que tratam os incisos I e II do *caput* do art. 42-B terão a destinação prevista no art. 50-E da Lei n. 9.478, de 6 de agosto de 1997. (Acrescentado pela Lei 12.734/2012.)

ART. 43. O contrato de partilha de produção, quando o bloco se localizar em terra, conterá cláusula determinando o pagamento, em moeda nacional, de participação equivalente a até 1% (um por cento) do valor da produção de petróleo ou gás natural aos proprietários da terra onde se localiza o bloco.

§ 1º A participação a que se refere o *caput* será distribuída na proporção da produção realizada nas propriedades regularmente demarcadas na superfície do bloco, vedada a sua inclusão no cálculo do custo em óleo.

§ 2º O cálculo da participação de terceiro de que trata o *caput* será efetivado pela ANP.

ART. 44. Não se aplicará o disposto no art. 50 da Lei n. 9.478, de 6 de agosto de 1997, aos contratos de partilha de produção.

CAPÍTULO VI
DA COMERCIALIZAÇÃO DO PETRÓLEO, DO GÁS NATURAL E DE OUTROS HIDROCARBONETOS FLUIDOS DA UNIÃO

ART. 45. O petróleo, o gás natural e outros hidrocarbonetos fluidos destinados à União serão comercializados de acordo com as normas do direito privado, dispensada a licitação, segundo a política de comercialização referida nos incisos VI e VII do art. 9º.

Parágrafo único. A empresa pública de que trata o § 1º do art. 8º, representando a União, poderá contratar diretamente a Petrobras, dispensada a licitação, como agente comercializador do petróleo, do gás natural e de outros hidrocarbonetos fluidos referidos no *caput*.

ART. 46. A receita advinda da comercialização referida no art. 45 será destinada ao Fundo Social, conforme dispõem os arts. 47 a 60.

CAPÍTULO VII
DO FUNDO SOCIAL - FS

SEÇÃO I
DA DEFINIÇÃO E OBJETIVOS DO FUNDO SOCIAL - FS

ART. 47. É criado o Fundo Social - FS, de natureza contábil e financeira, vinculado à Presidência da República, com a finalidade de constituir fonte de recursos para o desenvolvimento social e regional, na forma de programas e projetos nas áreas de combate à pobreza e de desenvolvimento:

I - da educação;

II - da cultura;

III - do esporte;

IV - da saúde pública;

V - da ciência e tecnologia;

VI - do meio ambiente; e

VII - de mitigação e adaptação às mudanças climáticas.

§ 1º Os programas e projetos de que trata o *caput* observarão o plano plurianual - PPA, a lei de diretrizes orçamentárias - LDO e as respectivas dotações consignadas na lei orçamentária anual - LOA.

§ 2º (Vetado.)

ART. 48. O FS tem por objetivos:

I - constituir poupança pública de longo prazo com base nas receitas auferidas pela União;

II - oferecer fonte de recursos para o desenvolvimento social e regional, na forma prevista no art. 47; e

III - mitigar as flutuações de renda e de preços na economia nacional, decorrentes das variações na renda gerada pelas atividades de produção e exploração de petróleo e de outros recursos não renováveis.

Parágrafo único. É vedado ao FS, direta ou indiretamente, conceder garantias.

SEÇÃO II
DOS RECURSOS DO FUNDO SOCIAL - FS

ART. 49. Constituem recursos do FS:

I - parcela do valor do bônus de assinatura destinada ao FS pelos contratos de partilha de produção;

II - parcela dos *royalties* que cabe à União, deduzidas aquelas destinadas aos seus órgãos específicos, conforme estabelecido nos contratos de partilha de produção, na forma do regulamento;

III - receita advinda da comercialização de petróleo, de gás natural e de outros hidrocarbonetos fluidos da União, conforme definido em lei;

IV - os *royalties* e a participação especial das áreas localizadas no pré-sal contratadas sob o regime de concessão destinados à administração direta da União, observado o disposto nos §§ 1º e 2º deste artigo;

V - os resultados de aplicações financeiras sobre suas disponibilidades; e

VI - outros recursos destinados ao FS por lei.

§ 1º A Lei n. 9.478, de 6 de agosto de 1997, passa a vigorar com as seguintes alterações:

‣ Alterações promovidas nos arts. 49, § 3º, e 50, § 4º, da referida lei.

§ 2º O cumprimento do disposto no § 1º deste artigo obedecerá a regra de transição, a critério do Poder Executivo, estabelecida na forma do regulamento.

SEÇÃO III
DA POLÍTICA DE INVESTIMENTOS DO FUNDO SOCIAL

ART. 50. A política de investimentos do FS tem por objetivo buscar a rentabilidade, a segurança e a liquidez de suas aplicações e assegurar sua sustentabilidade econômica e financeira para o cumprimento das finalidades definidas nos arts. 47 e 48.

Parágrafo único. Os investimentos e aplicações do FS serão destinados preferencialmente a ativos no exterior, com a finalidade de mitigar a volatilidade de renda e de preços na economia nacional.

ART. 51. Os recursos do FS para aplicação nos programas e projetos a que se refere o art. 47 deverão ser os resultantes do retorno sobre o capital.

Parágrafo único. Constituído o FS e garantida a sua sustentabilidade econômica e financeira, o Poder Executivo, na forma da lei, poderá propor o uso de percentual de recursos do principal para a aplicação nas finalidades previstas no art. 47, na etapa inicial de formação de poupança do fundo.

ART. 52. A política de investimentos do FS será definida pelo Comitê de Gestão Financeira do Fundo Social - CGFFS.

§ 1º O CGFFS terá sua composição e funcionamento estabelecidos em ato do Poder Executivo, assegurada a participação do Ministro de Estado da Fazenda, do Ministro de Estado do Planejamento, Orçamento e Gestão e do Presidente do Banco Central do Brasil.

§ 2º Aos membros do CGFFS não cabe qualquer tipo de remuneração pelo desempenho de suas funções.

§ 3º As despesas relativas à operacionalização do CGFFS serão custeadas pelo FS.

ART. 53. Cabe ao CGFFS definir:

I - o montante a ser resgatado anualmente do FS, assegurada sua sustentabilidade financeira;

II - a rentabilidade mínima esperada;

III - o tipo e o nível de risco que poderão ser assumidos na realização dos investimentos, bem como as condições para que o nível de risco seja minimizado;

IV - os percentuais, mínimo e máximo, de recursos a serem investidos no exterior e no País;

V - a capitalização mínima a ser atingida antes de qualquer transferência para as finalidades e os objetivos definidos nesta Lei.

ART. 54. A União, a critério do CGFFS, poderá contratar instituições financeiras federais para atuarem como agentes operadores do FS, as quais farão jus a remuneração pelos serviços prestados.

ART. 55. A União poderá participar, com recursos do FS, como cotista única, de fundo de investimento específico.

Parágrafo único. O fundo de investimento específico de que trata este artigo deve ser constituído por instituição financeira federal, observadas as normas a que se refere o inciso XXII do art. 4º da Lei n. 4.595, de 31 de dezembro de 1964.

ART. 56. O fundo de investimento de que trata o art. 55 deverá ter natureza privada e patrimônio próprio separado do patrimônio do cotista e do administrador, sujeitando-se a direitos e obrigações próprias.

§ 1º A integralização das cotas do fundo de investimento será autorizada em ato do Poder Executivo, ouvido o CGFFS.

§ 2º O fundo de investimento terá por finalidade promover a aplicação em ativos no Brasil e no exterior.

§ 3º O fundo de investimento responderá por suas obrigações com os bens e direitos integrantes de seu patrimônio, ficando o cotista obrigado somente pela integralização das cotas que subscrever.

§ 4º A dissolução do fundo de investimento dar-se-á na forma de seu estatuto, e seus recursos retornarão ao FS.

§ 5º Sobre as operações de crédito, câmbio e seguro e sobre rendimentos e lucros do fundo de investimento não incidirá qualquer imposto ou contribuição social de competência da União.

§ 6º O fundo de investimento deverá elaborar os demonstrativos contábeis de acordo com a legislação em vigor e conforme o estabelecido no seu estatuto.

ART. 57. O estatuto do fundo de investimento definirá, inclusive, as políticas de aplicação, critérios e níveis de rentabilidade e de risco, questões operacionais da gestão administrativa e financeira e regras de supervisão prudencial de investimentos.

SEÇÃO IV
DA GESTÃO DO FUNDO SOCIAL

ART. 58. É criado o Conselho Deliberativo do Fundo Social - CDFS, com a atribuição de propor ao Poder Executivo, ouvidos os Ministérios afins, a prioridade e a destinação dos recursos resgatados do FS para as finalidades estabelecidas no art. 47, observados o PPA, a LDO e a LOA.

§ 1º A composição, as competências e o funcionamento do CDFS serão estabelecidos em ato do Poder Executivo.

§ 2º Aos membros do CDFS não cabe qualquer tipo de remuneração pelo desempenho de suas funções.

§ 3º A destinação de recursos para os programas e projetos definidos como prioritários pelo CDFS é condicionada à prévia fixação de metas, prazo de execução e planos de avaliação, em coerência com as disposições estabelecidas no PPA.

§ 4º O CDFS deverá submeter os programas e projetos a criteriosa avaliação quantitativa e qualitativa durante todas as fases de execução, monitorando os impactos efetivos sobre a população e nas regiões de intervenção, com o apoio de instituições públicas e universitárias de pesquisa.

§ 5º Os recursos do FS destinados aos programas e projetos de que trata o art. 47 devem observar critérios de redução das desigualdades regionais.

ART. 59. As demonstrações contábeis e os resultados das aplicações do FS serão elaborados e apurados semestralmente, nos termos previstos pelo órgão central de contabilidade de que trata o inciso I do art. 17 da Lei n. 10.180, de 6 de fevereiro de 2001.

Parágrafo único. Ato do Poder Executivo definirá as regras de supervisão do FS, sem prejuízo da fiscalização dos entes competentes.

ART. 60. O Poder Executivo encaminhará trimestralmente ao Congresso Nacional relatório de desempenho do FS, conforme disposto em regulamento do Fundo.

CAPÍTULO VIII
DISPOSIÇÕES FINAIS E TRANSITÓRIAS

ART. 61. Aplicam-se às atividades de exploração, avaliação, desenvolvimento e produção de que trata esta Lei os regimes aduaneiros especiais e os incentivos fiscais aplicáveis à indústria de petróleo no Brasil.

ART. 62. A Lei n. 9.478, de 6 de agosto de 1997, passa a vigorar com as seguintes alterações:

▸ Alterações promovidas nos arts. 2º, VIII, IX e X, 5º, 8º, II, 21, 22, § 3º e 23 da referida lei.

ART. 63. Enquanto não for criada a empresa pública de que trata o § 1º do art. 8º, suas competências serão exercidas pela União, por intermédio da ANP, podendo ainda ser delegadas por meio de ato do Poder Executivo.

ART. 64. (Vetado.)

ART. 65. O Poder Executivo estabelecerá política e medidas específicas visando ao aumento da participação de empresas de pequeno e médio porte nas atividades de exploração, desenvolvimento e produção de petróleo e gás natural.

Parágrafo único. O Poder Executivo regulamentará o disposto no *caput* no prazo de 120 (cento e vinte) dias, contado da data de publicação desta Lei.

ART. 66. O Poder Executivo regulamentará o disposto nesta Lei.

ART. 67. Revogam-se o § 1º do art. 23 e o art. 27 da Lei n. 9.478, de 6 de agosto de 1997.

ART. 68. Esta Lei entra em vigor na data de sua publicação.

Brasília, 22 de dezembro de 2010; 189º da Independência e 122º da República.

LUIZ INÁCIO LULA DA SILVA

▸ Optamos, nesta edição, pela não publicação do Anexo.

LEI N. 12.353, DE 28 DE DEZEMBRO DE 2010

Dispõe sobre a participação de empregados nos conselhos de administração das empresas públicas e sociedades de economia mista, suas subsidiárias e controladas e demais empresas em que a União, direta ou indiretamente, detenha a maioria do capital social com direito a voto e dá outras providências.

▸ *DOU*, 29.12.2010.

O Presidente da República. Faço saber que o Congresso Nacional decreta e eu sanciono a seguinte Lei:

ART. 1º Esta Lei dispõe sobre a participação de representante dos empregados nos conselhos de administração das empresas públicas e sociedades de economia mista, suas subsidiárias e controladas e demais empresas em que a União, direta ou indiretamente, detenha a maioria do capital social com direito a voto.

ART. 2º Os estatutos das empresas públicas e sociedades de economia mista de que trata esta Lei deverão prever a participação nos seus conselhos de administração de representante dos trabalhadores, assegurado o direito da União de eleger a maioria dos seus membros.

§ 1º O representante dos trabalhadores será escolhido dentre os empregados ativos da empresa pública ou sociedade de economia mista, pelo voto direto de seus pares, em eleição organizada pela empresa em conjunto com as entidades sindicais que os representem.

§ 2º O representante dos empregados está sujeito a todos os critérios e exigências para o cargo de conselheiro de administração previstos em lei e no estatuto da respectiva empresa.

§ 3º Sem prejuízo da vedação aos administradores de intervirem em qualquer operação social em que tiverem interesse conflitante com o da empresa, o conselheiro de administração representante dos empregados não participará das discussões e deliberações sobre assuntos que envolvam relações sindicais, remuneração, benefícios e vantagens, inclusive matérias de previdência complementar e assistenciais, hipóteses em que fica configurado o conflito de interesse.

ART. 3º No caso de os representantes do acionista majoritário deixarem de totalizar a maioria dos membros do conselho de administração, em razão da modificação da composição do colegiado para fins de cumprimento ao disposto nesta Lei, fica autorizado o aumento suficiente do número de conselheiros para assegurar o direito do acionista controlador de eleger a maioria dos conselheiros.

ART. 4º Para os fins do disposto nesta Lei, fica autorizada a alteração do número máximo de membros dos conselhos de administração das empresas públicas e sociedades de economia mista federais.

ART. 5º O disposto nesta Lei não se aplica às empresas que tenham um número inferior a 200 (duzentos) empregados próprios.

ART. 6º Observar-se-á, quanto aos direitos e deveres dos membros dos conselhos de que trata esta Lei e ao respectivo funcionamento, o disposto na Lei 6.404, de 15 de dezembro de 1976, no que couber.

ART. 7º O Poder Executivo, por intermédio do Ministério do Planejamento, Orçamento e Gestão, editará as instruções necessárias ao cumprimento do disposto nesta Lei.

ART. 8º Observar-se-á, quanto aos requisitos e impedimentos para a participação nos conselhos de que trata esta Lei, além do disposto na legislação sobre conflitos de interesse no âmbito da administração pública federal, subsidiariamente, o disposto na Lei 6.404, de 15 de dezembro de 1976.

ART. 9º Esta Lei entra em vigor na data de sua publicação.

Brasília, 28 de dezembro de 2010; 189º da Independência e 122º da República.

LUIZ INÁCIO LULA DA SILVA

LEI N. 12.382, DE 25 DE FEVEREIRO DE 2011

Dispõe sobre o valor do salário-mínimo em 2011 e a sua política de valorização de longo prazo; disciplina a representação fiscal para fins penais nos casos em que houve parcelamento do crédito tributário; altera a Lei n. 9.430, de 27 de dezembro de 1996; e revoga a Lei n. 12.255, de 15 de junho de 2010.

- *DOU*, 28.02.2011.
- Dec. 7.655/2011 (Regulamenta esta lei.)
- Dec. 7.872/2012 (Regulamenta esta lei.)
- Dec. 8.166/2013 (Regulamenta esta lei fixando o salário-mínimo, a partir de 1º.01.2014, em R$ 724,00).
- Dec. 8.381/2014 (Regulamenta esta lei fixando o salário-mínimo, a partir de 1º.01.2015, em R$ 788,00.)

A Presidenta da República. Faço saber que o Congresso Nacional decreta e eu sanciono a seguinte Lei:

ART. 1º O salário-mínimo passa a corresponder ao valor de R$ 545,00 (quinhentos e quarenta e cinco reais).

Parágrafo único. Em virtude do disposto no *caput*, o valor diário do salário-mínimo corresponderá a R$ 18,17 (dezoito reais e dezessete centavos) e o valor horário, a R$ 2,48 (dois reais e quarenta e oito centavos).

ART. 2º Ficam estabelecidas as diretrizes para a política de valorização do salário-mínimo a vigorar entre 2012 e 2015, inclusive, a serem aplicadas em 1º de janeiro do respectivo ano.

§ 1º Os reajustes para a preservação do poder aquisitivo do salário-mínimo corresponderão à variação do Índice Nacional de Preços ao Consumidor - INPC, calculado e divulgado pela Fundação Instituto Brasileiro de Geografia e Estatística - IBGE, acumulada nos doze meses anteriores ao mês do reajuste.

§ 2º Na hipótese de não divulgação do INPC referente a um ou mais meses compreendidos no período do cálculo até o último dia útil imediatamente anterior à vigência do reajuste, o Poder Executivo estimará os índices dos meses não disponíveis.

§ 3º Verificada a hipótese de que trata o § 2º, os índices estimados permanecerão válidos para os fins desta Lei, sem qualquer revisão, sendo os eventuais resíduos compensados no reajuste subsequente, sem retroatividade.

§ 4º A título de aumento real, serão aplicados os seguintes percentuais:

I - em 2012, será aplicado o percentual equivalente à taxa de crescimento real do Produto Interno Bruto - PIB, apurada pelo IBGE, para o ano de 2010;

II - em 2013, será aplicado o percentual equivalente à taxa de crescimento real do PIB, apurada pelo IBGE, para o ano de 2011;

III - em 2014, será aplicado o percentual equivalente à taxa de crescimento real do PIB, apurada pelo IBGE, para o ano de 2012; e

IV - em 2015, será aplicado o percentual equivalente à taxa de crescimento real do PIB, apurada pelo IBGE, para o ano de 2013.

§ 5º Para fins do disposto no § 4º, será utilizada a taxa de crescimento real do PIB para o ano de referência, divulgada pelo IBGE até o último dia útil do ano imediatamente anterior ao de aplicação do respectivo aumento real.

ART. 3º Os reajustes e aumentos fixados na forma do art. 2º serão estabelecidos pelo Poder Executivo, por meio de decreto, nos termos desta Lei.

Parágrafo único. O decreto do Poder Executivo a que se refere o *caput* divulgará a cada ano os valores mensal, diário e horário do salário-mínimo decorrentes do disposto neste artigo, correspondendo o valor diário a um trinta avos e o valor horário a um duzentos e vinte avos do valor mensal.

ART. 4º Até 31 de dezembro de 2015, o Poder Executivo encaminhará ao Congresso Nacional projeto de lei dispondo sobre a política de valorização do salário-mínimo para o período compreendido entre 2016 e 2019, inclusive.

ART. 5º O Poder Executivo constituirá grupo interministerial, sob coordenação do Ministério do Trabalho e Emprego, encarregado de definir e implementar sistemática de monitoramento e avaliação da política de valorização do salário-mínimo.

Parágrafo único. O grupo a que se refere o *caput* identificará a cesta básica dos produtos adquiridos pelo salário-mínimo e suas projeções futuras decorrentes do aumento de seu poder de compra, nos termos definidos em decreto.

ART. 6º O art. 83 da Lei n. 9.430, de 27 de dezembro de 1996, passa a vigorar acrescido dos seguintes §§ 1º a 5º, renumerando-se o atual parágrafo único para § 6º:

- Alterações promovidas no texto da referida lei.

ART. 7º Esta Lei entra em vigor no primeiro dia do mês subsequente à data de sua publicação.

ART. 8º Fica revogada a Lei n. 12.255, de 15 de junho de 2010.

Brasília, 25 de fevereiro de 2011; 190º da Independência e 123º da República.

DILMA ROUSSEFF

LEI N. 12.402, DE 2 DE MAIO DE 2011

Regula o cumprimento de obrigações tributárias por consórcios que realizarem contratações de pessoas jurídicas e físicas; acresce dispositivos à Lei n. 10.168, de 29 de dezembro de 2000, que institui contribuição de intervenção de domínio econômico destinada a financiar o Programa de Estímulo à Interação Universidade-Empresa para o Apoio à Inovação; altera as Leis n. 12.249, de 11 de junho de 2010, e 9.532, de 10 de dezembro de 1997, e o Decreto-Lei n. 1.593, de 21 de dezembro de 1977; e dá outras providências.

- *DOU*, 03.05.2011.

A Presidenta da República. Faço saber que o Congresso Nacional decreta e eu sanciono a seguinte Lei:

ART. 1º As empresas integrantes de consórcio constituído nos termos do disposto nos arts. 278 e 279 da Lei n. 6.404, de 15 de dezembro de 1976, respondem pelos tributos devidos, em relação às operações praticadas pelo consórcio, na proporção de sua participação no empreendimento, observado o disposto nos §§ 1º a 4º.

§ 1º O consórcio que realizar a contratação, em nome próprio, de pessoas jurídicas e físicas, com ou sem vínculo empregatício, poderá efetuar a retenção de tributos e o cumprimento das respectivas obrigações acessórias, ficando as empresas consorciadas solidariamente responsáveis.

§ 2º Se a retenção de tributos ou o cumprimento das obrigações acessórias relativos ao consórcio forem realizados por sua empresa líder, aplica-se, também, a solidariedade de que trata o § 1º.

§ 3º O disposto nos §§ 1º e 2º abrange o recolhimento das contribuições previdenciárias patronais, da contribuição prevista no art. 7º da Lei n. 12.546, de 14 de dezembro de 2011, inclusive a incidente sobre a remuneração dos trabalhadores avulsos, e das contribuições destinadas a outras entidades e fundos, além da multa por atraso no cumprimento das obrigações acessórias. (Alterado pela Lei 12.995/2014.)

§ 4º O disposto neste artigo aplica-se somente aos tributos administrados pela Secretaria da Receita Federal do Brasil.

ART. 2º O art. 2º da Lei n. 10.168, de 29 de dezembro de 2000, passa a vigorar acrescido do seguinte § 6º:

- Alteração promovida no texto da referida lei.

ART. 3º A Lei n. 10.168, de 29 de dezembro de 2000, passa a vigorar acrescida do seguinte art. 2º-B:

- Alteração promovida no texto da referida lei.

ART. 4º O art. 65 da Lei n. 12.249, de 11 de junho de 2010, passa a vigorar acrescido dos seguintes §§ 33 a 35:

- Alteração promovida no texto da referida lei.

ART. 5º Os fabricantes e importadores de cigarrilhas classificadas no código 2402.10.00 da Tabela de Incidência do Imposto sobre Produtos Industrializados (TIPI) ficam sujeitos à inscrição no registro especial de que trata o art. 1º do Decreto-Lei n. 1.593, de 21 de dezembro de 1977.

Parágrafo único. O disposto nos arts. 27 a 30 da Lei n. 11.488, de 15 de junho de 2007, também se aplica aos estabelecimentos industriais fabricantes de cigarrilhas.

ART. 6º Os fabricantes e importadores de cigarrilhas ficam sujeitos à apuração e ao pagamento do Imposto sobre Produtos Industrializados (IPI), da Contribuição para o PIS/PASEP e da COFINS, segundo as mesmas normas aplicáveis aos cigarros nacionais e importados, inclusive em relação às regras:

I - de equiparação a estabelecimento industrial, no caso do IPI; e

II - de substituição tributária, no caso da Contribuição para o PIS/PASEP e da COFINS.

ART. 7º Os arts. 12 e 18 do Decreto-Lei n. 1.593, de 21 de dezembro de 1977, passam a vigorar com a seguinte redação:

› Alteração promovida no texto da referida lei.

ART. 8º Os arts. 48 e 50 da Lei n. 9.532, de 10 de dezembro de 1997, passam a vigorar com a seguinte redação:

› Alteração promovida no texto da referida lei.

ART. 9º Esta Lei entra em vigor na data de sua publicação, produzindo efeitos:

I - em relação ao art. 1º, a partir de 29 de outubro de 2010;

II - em relação aos arts. 2º e 3º, a partir de 1º de janeiro de 2011;

III - em relação aos arts. 5º e 6º, a partir do primeiro dia do quarto mês subsequente ao da sua publicação;

IV - em relação aos demais artigos, a partir da data de sua publicação.

ART. 10. Ficam revogados a partir da entrada em vigor desta Lei os seguintes dispositivos:

I - os §§ 1º e 2º do art. 48 da Lei n. 9.532, de 10 de dezembro de 1997;

II - o § 3º do art. 49 da Lei n. 9.532, de 10 de dezembro de 1997;

III - o inciso II do art. 6º-A do Decreto-Lei n. 1.593, de 21 de dezembro de 1977;

IV - o art. 11 do Decreto-Lei n. 1.593, de 21 de dezembro de 1977.

Brasília, 02 de maio de 2011; 190º da Independência e 123º da República.

DILMA ROUSSEFF

LEI N. 12.408, DE 25 DE MAIO DE 2011

Altera o art. 65 da Lei n. 9.605, de 12 de fevereiro de 1998, para descriminalizar o ato de grafitar, e dispõe sobre a proibição de comercialização de tintas em embalagens do tipo aerossol a menores de 18 (dezoito) anos.

A Presidenta da República. Faço saber que o Congresso Nacional decreta e eu sanciono a seguinte Lei:

ART. 1º Esta Lei altera o art. 65 da Lei n. 9.605, de 12 de fevereiro de 1998, dispondo sobre a proibição de comercialização de tintas em embalagens do tipo aerossol a menores de 18 (dezoito) anos, e dá outras providências.

ART. 2º Fica proibida a comercialização de tintas em embalagens do tipo aerossol em todo o território nacional a menores de 18 (dezoito) anos.

ART. 3º O material citado no art. 2º desta Lei só poderá ser vendido a maiores de 18 (dezoito) anos, mediante apresentação de documento de identidade.

Parágrafo único. Toda nota fiscal lançada sobre a venda desse produto deve possuir identificação do comprador.

ART. 4º As embalagens dos produtos citados no art. 2º desta Lei deverão conter, de forma legível e destacada, as expressões "PICHAÇÃO É CRIME (art. 65 da Lei n. 9.605/98). PROIBIDA A VENDA A MENORES DE 18 ANOS".

ART. 5º Independentemente de outras cominações legais, o descumprimento do disposto nesta Lei sujeita o infrator às sanções previstas no art. 72 da Lei n. 9.605, de 12 de fevereiro de 1998.

ART. 6º O art. 65 da Lei n. 9.605, de 12 de fevereiro de 1998, passa a vigorar com a seguinte redação:

Art. 65. Pichar ou por outro meio conspurcar edificação ou monumento urbano:

Pena - detenção, de 3 (três) meses a 1 (um) ano, e multa.

§ 1º Se o ato for realizado em monumento ou coisa tombada em virtude do seu valor artístico, arqueológico ou histórico, a pena é de 6 (seis) meses a 1 (um) ano de detenção e multa.

§ 2º Não constitui crime a prática de grafite realizada com o objetivo de valorizar o patrimônio público ou privado mediante manifestação artística, desde que consentida pelo proprietário e, quando couber, pelo locatário ou arrendatário do bem privado e, no caso de bem público, com a autorização do órgão competente e a observância das posturas municipais e das normas editadas pelos órgãos governamentais responsáveis pela preservação e conservação do patrimônio histórico e artístico nacional." (NR)

ART. 7º Os fabricantes, importadores ou distribuidores dos produtos terão um prazo de 180 (cento e oitenta) dias, após a regulamentação desta Lei, para fazer as alterações nas embalagens mencionadas no art. 2º desta Lei.

ART. 8º Os produtos envasados dentro do prazo constante no art. 7º desta Lei poderão permanecer com seus rótulos sem as modificações aqui estabelecidas, podendo ser comercializados até o final do prazo de sua validade.

ART. 9º Esta Lei entra em vigor na data de sua publicação.

Brasília, 25 de maio de 2011; 190º da Independência e 123º da República.

DILMA ROUSSEFF

LEI N. 12.431, DE 24 DE JUNHO DE 2011

Dispõe sobre a incidência do imposto sobre a renda nas operações que especifica; altera as Leis n. 11.478, de 29 de maio de 2007, 6.404, de 15 de dezembro de 1976, 9.430, de 27 de dezembro de 1996, 12.350, de 20 de dezembro de 2010, 11.196, de 21 de novembro de 2005, 8.248, de 23 de outubro de 1991, 9.648, de 27 de maio de 1998, 11.943, de 28 de maio de 2009, 9.808, de 20 de julho de 1999, 10.260, de 12 de julho de 2001, 11.096, de 13 de janeiro de 2005, 11.180, de 23 de setembro de 2005, 11.128, de 28 de junho de 2005, 11.909, de 4 de março de 2009, 11.371, de 28 de novembro de 2006, 12.249, de 11 de junho de 2010, 10.150, de 21 de dezembro de 2000, 10.312, de 27 de novembro de 2001, e 12.058, de 13 de outubro de 2009, e o Decreto-Lei n. 288, de 28 de fevereiro de 1967; institui o Regime Especial de Incentivos para o Desenvolvimento de Usinas Nucleares (Renuclear); dispõe sobre medidas tributárias relacionadas ao Plano Nacional de Banda Larga; altera a legislação relativa à isenção do Adicional ao Frete para Renovação da Marinha Mercante (AFRMM); dispõe sobre a extinção do Fundo Nacional de Desenvolvimento; e dá outras providências.

› DOU, 27.06.2011, retificado em 29.06.2011.

› Conversão da Med. Prov. 517/2010.

A Presidenta da República. Faço saber que o Congresso Nacional decreta e eu sanciono a seguinte Lei:

ART. 1º Fica reduzida a 0 (zero) a alíquota do imposto sobre a renda incidente sobre os rendimentos definidos nos termos da alínea a do § 2º do art. 81 da Lei n. 8.981, de 20 de janeiro de 1995, quando pagos, creditados, entregues ou remetidos a beneficiário residente ou domiciliado no exterior, exceto em país que não tribute a renda ou que a tribute à alíquota máxima inferior a 20% (vinte por cento), produzidos por: (Alterado pela Lei 12.844/2013).

I - títulos ou valores mobiliários adquiridos a partir de 1º de janeiro de 2011, objeto de distribuição pública, de emissão de pessoas jurídicas de direito privado não classificadas como instituições financeiras; ou (Alterado pela Lei 12.844/2013).

II - fundos de investimento em direitos creditórios constituídos sob a forma de condomínio fechado, regulamentados pela Comissão de Valores Mobiliários - CVM, cujo originador ou cedente da carteira de direitos creditórios não seja instituição financeira. (Alterado pela Lei 12.844/2013).

§ 1º Para fins do disposto no inciso I do *caput*, os títulos ou valores mobiliários deverão ser remunerados por taxa de juros pré-fixada, vinculada a índice de preço ou à Taxa Referencial - TR, vedada a pactuação total ou parcial de taxa de juros pós-fixada, e ainda, cumulativamente, apresentar: (Alterado pela Lei 12.844/2013).

I - prazo médio ponderado superior a 4 (quatro) anos; (Alterado pela Lei 12.844/2013).

II - vedação à recompra do título ou valor mobiliário pelo emissor ou parte a ele relacionada nos 2 (dois) primeiros anos após a sua emissão e à liquidação antecipada por meio de resgate ou pré-pagamento, salvo na forma a ser regulamentada pelo Conselho Monetário Nacional; (Alterado pela Lei 12.844/2013).

III - inexistência de compromisso de revenda assumido pelo comprador; (Alterado pela Lei 12.844/2013).

IV - prazo de pagamento periódico de rendimentos, se existente, com intervalos de, no mínimo, 180 (cento e oitenta) dias; (Alterado pela Lei 12.844/2013).

V - comprovação de que o título ou valor mobiliário esteja registrado em sistema de registro devidamente autorizado pelo Banco Central do Brasil ou pela CVM, nas suas respectivas áreas de competência; e (Alterado pela Lei 12.844/2013).

VI - procedimento simplificado que demonstre o compromisso de alocar os recursos captados no pagamento futuro ou no reembolso de gastos, despesas ou dívidas relacionados aos projetos de investimento, inclusive os voltados à pesquisa, desenvolvimento e inovação. (Alterado pela Lei 12.844/2013).

§ 1º-A. Para fins do disposto no inciso II do *caput*, a rentabilidade esperada das cotas de emissão dos fundos de investimento em direitos creditórios deverá ser referenciada em taxa de juros pré-fixada, vinculada a índice de preço ou à TR, observados, cumulativamente, os seguintes requisitos: (Alterado pela Lei 12.844/2013).

I - o fundo deve possuir prazo de duração mínimo de 6 (seis) anos; (Alterado pela Lei 12.844/2013).

II - vedação ao pagamento total ou parcial do principal das cotas nos 2 (dois) primeiros anos a partir da data de encerramento da oferta pública de distribuição de cotas constitutivas do patrimônio inicial do fundo, exceto nas hipóteses de liquidação antecipada do fundo, previstas em seu regulamento; (Alterado pela Lei 12.844/2013).

III - vedação à aquisição de cotas pelo originador ou cedente ou por partes a eles relacionadas, exceto quando se tratar de cotas cuja classe subordine-se às demais para efeito de amortização e resgate; (Alterado pela Lei 12.844/2013).

IV - prazo de amortização parcial de cotas, inclusive as provenientes de rendimentos incorporados, caso existente, com intervalos de, no mínimo, 180 (cento e oitenta) dias; (Alterado pela Lei 12.844/2013).

V - comprovação de que as cotas estejam admitidas a negociação em mercado organizado de valores mobiliários ou registrados em sistema de registro devidamente autorizado pelo Banco Central do Brasil ou pela CVM, nas suas respectivas áreas de competência; (Alterado pela Lei 12.844/2013).

VI - procedimento simplificado que demonstre o objetivo de alocar os recursos obtidos com a operação em projetos de investimento, inclusive os voltados à pesquisa, ao desenvolvimento e à inovação; e (Alterado pela Lei 12.844/2013).

VII - presença obrigatória no contrato de cessão, no regulamento e no prospecto, se houver, na forma a ser regulamentada pela CVM: (Alterado pela Lei 12.844/2013).

a) do objetivo do projeto ou projetos beneficiados; (Alterada pela Lei 12.844/2013).

b) do prazo estimado para início e encerramento ou, para os projetos em andamento, a descrição da fase em que se encontram e a estimativa do seu encerramento; (Alterada pela Lei 12.844/2013).

c) do volume estimado dos recursos financeiros necessários para a realização do projeto ou projetos não iniciados ou para a conclusão dos já iniciados; e (Alterada pela Lei 12.844/2013).

d) do percentual que se estima captar com a venda dos direitos creditórios, frente às necessidades de recursos financeiros dos projetos beneficiados; (Alterada pela Lei 12.844/2013).

VIII - percentual mínimo de 85% (oitenta e cinco por cento) de patrimônio líquido representado por direitos creditórios, e a parcela restante por títulos públicos federais, operações compromissadas lastreadas em títulos públicos federais ou cotas de fundos de investimento que invistam em títulos públicos federais. (Alterado pela Lei 12.844/2013).

§ 1º-B. Para fins do disposto no inciso I do *caput*, os certificados de recebíveis imobiliários deverão ser remunerados por taxa de juros pré-fixada, vinculada a índice de preço ou à TR, vedada a pactuação total ou parcial de taxa de juros pós-fixada, e ainda, cumulativamente, apresentar os seguintes requisitos: (Alterado pela Lei 12.844/2013).

I - prazo médio ponderado superior a 4 (quatro) anos, na data de sua emissão; (Alterado pela Lei 12.844/2013).

II - vedação à recompra dos certificados de recebíveis imobiliários pelo emissor ou parte a ele relacionada e o cedente ou originador nos 2 (dois) primeiros anos após a sua emissão e à liquidação antecipada por meio de resgate ou pré-pagamento, salvo na forma a ser regulamentada pelo Conselho Monetário Nacional; (Alterado pela Lei 12.844/2013).

III - inexistência de compromisso de revenda assumido pelo comprador; (Alterado pela Lei 12.844/2013).

IV - prazo de pagamento periódico de rendimentos, se existente, com intervalos de, no mínimo, 180 (cento e oitenta) dias; (Alterado pela Lei 12.844/2013).

V - comprovação de que os certificados de recebíveis imobiliários estejam registrados em sistema de registro, devidamente autorizado pelo Banco Central do Brasil ou pela CVM, nas respectivas áreas de competência; e (Alterado pela Lei 12.844/2013).

VI - procedimento simplificado que demonstre o compromisso de alocar os recursos captados no pagamento futuro ou no reembolso de gastos, despesas ou dívidas relacionados a projetos de investimento, inclusive os voltados à pesquisa, ao desenvolvimento e à inovação. (Alterado pela Lei 12.844/2013).

§ 1º-C. O procedimento simplificado previsto nos incisos VI dos §§ 1º, 1º-A e 1º-B deve demonstrar que os gastos, despesas ou dívidas passíveis de reembolso ocorreram em prazo igual ou inferior a 24 (vinte e quatro) meses da data de encerramento da oferta pública. (Acrescentado pela Lei 12.844/2013).

§ 1º-D. Para fins do disposto neste artigo, os fundos de investimento em direitos creditórios e os certificados de recebíveis imobiliários podem ser constituídos para adquirir recebíveis de um único cedente ou devedor ou de empresas pertencentes ao mesmo grupo econômico. (Alterado pela Lei 12.844/2013).

§ 2º O Conselho Monetário Nacional definirá a fórmula de cômputo do prazo médio a que se refere o inciso I dos §§ 1º e 1º-B, e o procedimento simplificado a que se referem os incisos VI dos §§ 1º, 1º-A e 1º-B. (Alterado pela Lei 12.844/2013).

§ 3º Para fins do disposto neste artigo são consideradas instituições financeiras bancos de qualquer espécie, cooperativas de crédito, caixa econômica, sociedades distribuidoras de títulos e valores mobiliários, sociedades corretoras de câmbio, de títulos de valores mobiliários, sociedades de crédito, financiamento e investimentos, sociedades de crédito imobiliário, sociedades de arrendamento mercantil.

§ 4º O disposto neste artigo aplica-se:

I - exclusivamente a beneficiário residente ou domiciliado no exterior que realizar operações financeiras no País de acordo com as normas e condições estabelecidas pelo Conselho Monetário Nacional;

II - às cotas de fundos de investimento exclusivos para investidores não residentes que possuam no mínimo 85% (oitenta e cinco por cento) do valor do patrimônio líquido do fundo aplicado em títulos de que trata o inciso I do *caput*. (Alterado pela Lei 12.844/2013).

§ 4º-A. O percentual mínimo a que se refere o inciso II do § 4º poderá ser de, no mínimo, 67% (sessenta e sete por cento) do valor do patrimônio líquido do fundo aplicado em títulos de que trata o inciso I do *caput* no prazo de 2 (dois) anos, contado da data da primeira integralização de cotas. (Alterado pela Lei 12.844/2013).

§ 5º Os fundos a que se refere o inciso II do § 4º observarão as regras disciplinadas nos §§ 4º, 5º e 6º do art. 3º.

§ 6º Até 30 de junho de 2011, relativamente aos investimentos em títulos ou valores mobiliários possuídos em 1º de janeiro de 2011 e que obedeçam ao disposto no § 1º, fica facultado ao investidor estrangeiro antecipar o pagamento do imposto sobre a renda que seria devido por ocasião do pagamento, crédito, entrega ou remessa a beneficiário residente ou domiciliado no exterior, ficando os rendimentos auferidos a partir da data do pagamento do imposto sujeitos ao benefício da alíquota 0 (zero) previsto neste artigo.

§ 7º O Ministério da Fazenda poderá disciplinar o cômputo do imposto sobre a renda devido pelo investidor estrangeiro, nos casos em que este opte pela antecipação de pagamento disposta no § 6º, tendo como base para apuração do tributo:

I - o preço de mercado do título, definido pela média aritmética dos valores negociados apurados nos 10 (dez) dias úteis que antecedem o pagamento antecipado do imposto sobre a renda; ou

II - o preço apurado com base na curva de juros do papel, nos casos em que, cumulativamente ou não:

a) inexista, no prazo de antecedência disposto no inciso I, a negociação do título em plataforma eletrônica;

b) o volume negociado se mostre insuficiente para concluir que o preço observado espelha o valor do título.

§ 8º Fica sujeito à multa equivalente a 20% (vinte por cento) do valor captado na forma deste artigo não alocado no projeto de investimento, a ser aplicada pela Secretaria da Receita Federal do Brasil - RFB: (Incluído pela Lei 12.715/2012.)

I - o emissor dos títulos e valores mobiliários; ou (Incluído pela Lei 12.715/2012.)

II - o cedente, no caso de certificados de recebíveis imobiliários e de cotas de fundo de investimento em direitos creditórios. (Alterado pela Lei 12.844/2013).

§ 9º Os rendimentos produzidos pelos títulos ou valores mobiliários a que se refere este artigo sujeitam-se à alíquota reduzida de imposto de renda ainda que ocorra a hipótese prevista no § 8º, sem prejuízo da multa nele estabelecida. (Incluído pela Lei 12.715/2012.)

§ 10. Aplica-se o disposto neste artigo aos fundos soberanos que realizarem operações financeiras no País de acordo com as normas e condições estabelecidas pelo Conselho Monetário Nacional, ainda que domiciliados ou residentes em países com tributação favorecida nos termos do art. 24 da Lei n. 9.430, de 27 de dezembro de 1996. (Acrescentado pela Lei 13.043/2014.)

ART. 2º No caso de debêntures emitidas por sociedade de propósito específico, constituída sob a forma de sociedade por ações, dos certificados de recebíveis imobiliários e de cotas de emissão de fundo de investimento em direitos creditórios, constituídos sob a forma de condomínio fechado, relacionados à captação de recursos com vistas em implementar projetos de investimento na área de infraestrutura, ou de produção econômica intensiva em pesquisa, desenvolvimento e inovação, considerados como prioritários na forma regulamentada pelo Poder Executivo federal, os rendimentos auferidos por pessoas físicas ou jurídicas residentes ou domiciliadas no País sujeitam-se à incidência do imposto sobre a renda, exclusivamente na fonte, às seguintes alíquotas: (Alterado pela Lei 12.844/2013).

I - 0% (zero por cento), quando auferidos por pessoa física; e

II - 15% (quinze por cento), quando auferidos por pessoa jurídica tributada com base no lucro real, presumido ou arbitrado, pessoa jurídica isenta ou optante pelo Regime Especial Unificado de Arrecadação de Tributos e Contribuições devidos pelas Microempresas e Empresas de Pequeno Porte (Simples Nacional).

§ 1º O disposto neste artigo aplica-se somente aos ativos que atendam ao disposto nos §§ 1º, 1º-A, 1º-B, 1º-C e 2º do art. 1º, emitidos entre a data da publicação da regulamentação mencionada no § 2º do art. 1º e 31 de dezembro de 2030. [...] (Alterado pela Lei 13.043/2014.)

§ 1º-A. As debêntures objeto de distribuição pública, emitidas por concessionária, permissionária, autorizatária ou arrendatária, constituídas sob a forma de sociedade por ações, para captar recursos com vistas em implementar projetos de investimento na área de infraestrutura ou de produção econômica intensiva em pesquisa, desenvolvimento e inovação, considerados como prioritários na forma regulamentada pelo Poder Executivo federal também fazem jus aos benefícios dispostos no *caput*, respeitado o disposto no § 1º. (Alterado pela Lei 12.844/2013).

§ 1º-B. As debêntures mencionadas no *caput* e no § 1o-A poderão ser emitidas por sociedades controladoras das pessoas jurídicas mencionadas neste artigo, desde que constituídas sob a forma de sociedade por ações. (Incluído pela Lei 12.715/2012.)

§ 2º O regime de tributação previsto neste artigo aplica-se inclusive às pessoas jurídicas relacionadas no inciso I do art. 77 da Lei n. 8.981, de 20 de janeiro de 1995.

§ 3º Os rendimentos tributados exclusivamente na fonte poderão ser excluídos na apuração do lucro real.

§ 4º As perdas apuradas nas operações com os ativos a que se refere este artigo, quando realizadas por pessoa jurídica tributada com base no lucro real, não serão dedutíveis na apuração do lucro real. (Redação dada pela Lei 12.715/2012.)

§ 5º Ficam sujeitos à multa equivalente a 20% (vinte por cento) do valor captado na forma deste artigo não alocado no projeto de investimento, a ser aplicada pela Secretaria da Receita Federal do Brasil do Ministério da Fazenda: (Alterado pela Lei 12.844/2013).

I - o emissor dos títulos e valores mobiliários; ou (Acrescentado pela Lei 12.844/2013).

II - o cedente, no caso de certificados de recebíveis imobiliários e fundos de investimento em direitos creditórios. (Acrescentado pela Lei 12.844/2013).

§ 6º O controlador da sociedade de propósito específico criada para implementar o projeto de investimento na forma deste artigo responderá de forma subsidiária com relação ao pagamento da multa estabelecida no § 5º. (Incluído pela Lei 12.715/2012.)

§ 7º Os rendimentos produzidos pelos valores mobiliários a que se refere este artigo sujeitam-se à alíquota reduzida de imposto de renda ainda que ocorra a hipótese prevista no § 5º, sem prejuízo da multa nele estabelecida. (Incluído pela Lei 12.715/2012.)

§ 8º Para fins do disposto neste artigo, consideram-se rendimentos quaisquer valores que constituam remuneração do capital aplicado, inclusive ganho de capital auferido na alienação. (Incluído pela Lei 12.715/2012.)

ART. 3º As instituições autorizadas pela Comissão de Valores Mobiliários ao exercício da administração de carteira de títulos e valores mobiliários poderão constituir fundo de investimento, que disponha em seu regulamento que a aplicação de seus recursos nos ativos de que trata o art. 2º não poderá ser inferior a 85% (oitenta e cinco por cento) do valor do patrimônio líquido do fundo. (Redação dada pela Lei 12.715/2012.)

§ 1º Os cotistas dos fundos de investimento de que trata o *caput* ou dos fundos de investimentos em cotas de fundo de investimento que detenham, no mínimo, 95% (noventa e cinco por cento) dos seus recursos alocados em cotas dos fundos de investimento de que trata o *caput*, terão sua alíquota do imposto sobre a renda, incidente sobre os rendimentos produzidos pelos fundos de que trata o *caput*, reduzida a:

I - 0% (zero por cento), quando:

a) pagos, creditados, entregues ou remetidos a beneficiário residente ou domiciliado no exterior, que realizar operações financeiras no País de acordo com as normas e condições estabelecidas pelo Conselho Monetário Nacional, exceto em país que não tribute a renda ou que a tribute à alíquota máxima inferior a 20% (vinte por cento);

b) auferidos por pessoa física;

II - 15% (quinze por cento), quando auferidos por pessoa jurídica tributada com base no lucro real, presumido ou arbitrado e por pessoa jurídica isenta ou optante pelo Simples Nacional.

§ 1º-A. O percentual mínimo a que se refere o *caput* poderá ser de, no mínimo, 67% (sessenta e sete por cento) do valor do patrimônio líquido do fundo aplicado nos ativos no prazo de 2 (dois) anos contado da data da primeira integralização de cotas. (Alterado pela Lei 12.844/2013).

§ 2º Os cotistas dispostos na alínea "b" do inciso I e no inciso II do § 1º sujeitam-se à incidência do imposto sobre a renda exclusivamente na fonte.

§ 2º-A. Para fins do disposto neste artigo, consideram-se rendimentos quaisquer valores que constituam remuneração do capital aplicado, inclusive ganho de capital auferido na alienação de cotas. (Acrescentado pela Lei 12.844/2013).

§ 2º-B. Não se aplica ao fundo de investimento de que trata o *caput* e ao fundo de investimento em cota de fundo de investimento de que trata o § 1º a incidência do imposto de renda na fonte prevista no art. 3º da Lei n. 10.892, de 13 de julho de 2004. (Acrescentado pela Lei 12.844/2013).

§ 3º O não atendimento pelo fundo de investimento de que trata o *caput* ou pelo fundo de investimento em cota de fundo de investimento de que trata o § 1º de qualquer das condições dispostas neste artigo implica a sua liquidação ou transformação em outra modalidade de fundo de investimento ou de fundo de investimento em cota de fundo de investimento, no que couber.

§ 4º O fundo de investimento de que trata o *caput* e o fundo de investimento em cota de fundo de investimento de que trata o § 1º terão prazo de até 180 (cento e oitenta) dias contados da data da primeira integralização de cotas para enquadrar-se ao disposto no § 1º-A. (Alterado pela Lei 12.844/2013).

§ 5º Sem prejuízo do prazo previsto no § 4º, não se aplica o disposto no § 1º se, em um mesmo ano-calendário, a carteira do fundo de investimento não cumprir as condições estabelecidas neste artigo por mais de 3 (três) vezes ou por mais de 90 (noventa) dias, hipótese em que os rendimentos produzidos a partir do dia imediatamente após a alteração da condição serão tributados na forma do § 6º. (Alterado pela Lei 12.844/2013).

§ 5º-A. Ocorrida a hipótese prevista no § 5º e após cumpridas as condições estabelecidas neste artigo, admitir-se-á o retorno ao enquadramento anterior a partir do 1º (primeiro) dia do ano-calendário subsequente. (Alterado pela Lei 12.844/2013).

§ 6º Na hipótese de liquidação ou transformação do fundo conforme previsto no § 3º, aplicar-se-ão aos rendimentos de que trata o § 1º a alíquota de 15% (quinze por cento) para os cotistas dispostos na alínea "a" do inciso I e as alíquotas previstas nos incisos I a IV do *caput* do art. 1º da Lei n. 11.033, de 21 de dezembro de 2004, para os cotistas dispostos na alínea "b" do inciso I e no inciso II, não se aplicando a incidência exclusivamente na fonte para os cotistas do inciso II.

§ 7º A Comissão de Valores Mobiliários e a Secretaria da Receita Federal do Brasil regulamentarão, dentro de suas respectivas competências, no que for necessário, o disposto neste artigo.

§ 8º O regime de tributação previsto neste artigo aplica-se inclusive às pessoas jurídicas relacionadas no inciso I do art. 77 da Lei n. 8.981, de 20 de janeiro de 1995.

§ 9º Os rendimentos tributados exclusivamente na fonte poderão ser excluídos na apuração do lucro real.

§ 10. As perdas apuradas nas operações com cotas dos fundos a que se refere o § 1º, quando realizadas por pessoa jurídica tributada com base no lucro real, não serão dedutíveis na apuração do lucro real.

ART. 4º A ementa e os arts. 1º e 2º da Lei n. 11.478, de 29 de maio de 2007, passam a vigorar com a seguinte redação:

› Alterações promovidas no texto da referida lei.

ART. 5º O imposto sobre a renda incidente sobre os rendimentos periódicos a que se refere o § 3º do art. 65 da Lei n. 8.981, de 20 de janeiro de 1995, incidirá, pro-rata tempore, sobre a parcela do rendimento produzido entre a data de aquisição ou a data do pagamento periódico anterior e a data de sua percepção, podendo ser deduzida da base de cálculo a parcela dos rendimentos correspondente ao período entre a data do pagamento do rendimento periódico anterior e a data de aquisição do título.

§ 1º Ocorrido o primeiro pagamento periódico de rendimentos após a aquisição do título sem alienação pelo adquirente, a parcela do rendimento não submetida à incidência do imposto sobre a renda na fonte deverá ser deduzida do custo de aquisição para fins de apuração da base de cálculo do imposto, quando de sua alienação.

§ 2º As instituições intervenientes deverão manter registros que permitam verificar a correta apuração da base de cálculo do imposto de que trata este artigo, na forma regulamentada pela Secretaria da Receita Federal do Brasil.

ART. 6º Os arts. 55, 59, 66, 100, 121, 122, 127, 146 e 289 da Lei n. 6.404, de 15 de dezembro de 1976, passam a vigorar com a seguinte redação:

› Alterações promovidas no texto da referida lei.

ART. 7º (Vetado).

ART. 8º As debêntures e as letras financeiras podem sofrer correção monetária em periodicidade igual àquela estipulada para o pagamento periódico de juros, ainda que em periodicidade inferior a 1 (um) ano.

ART. 9º O art. 12 da Lei n. 9.430, de 27 de dezembro de 1996, passa a vigorar com a seguinte redação:

› Alterações promovidas no texto da referida lei.

ART. 10. A Lei n. 12.350, de 20 de dezembro de 2010, passa a vigorar acrescida dos seguintes arts. 56-A e 56-B:

› Alterações promovidas no texto da referida lei.

ART. 11. O inciso IV do art. 54 da Lei n. 12.350, de 20 de dezembro de 2010, passa a vigorar com a seguinte redação:

› Alterações promovidas no texto da referida lei.

ART. 12. O inciso II do § 5º do art. 55 da Lei n. 12.350, de 20 de dezembro de 2010, passa a vigorar com a seguinte redação:

› Alterações promovidas no texto da referida lei.

ART. 13. O art. 57 da Lei n. 12.350, de 20 de dezembro de 2010, passa a vigorar com a seguinte redação:

› Alterações promovidas no texto da referida lei.

ART. 14. Fica instituído o Regime Especial de Incentivos para o Desenvolvimento de Usinas

Nucleares (Renuclear), nos termos e condições estabelecidos nesta Lei.

Parágrafo único. O Poder Executivo regulamentará o regime de que trata o *caput*, inclusive quanto à habilitação e coabilitação de pessoa jurídica ao Renuclear.

ART. 15. É beneficiária do Renuclear a pessoa jurídica habilitada perante a Secretaria da Receita Federal do Brasil que tenha projeto aprovado para implantação de obras de infraestrutura no setor de geração de energia elétrica de origem nuclear, observado o disposto no inciso XXIII do art. 21 e no inciso XIV do art. 49 da Constituição Federal.

§ 1º Compete ao Ministério de Minas e Energia a aprovação de projeto e a definição, em portaria, dos projetos que se enquadram nas disposições do *caput*.

§ 2º As pessoas jurídicas optantes pelo Regime Especial Unificado de Arrecadação de Tributos e Contribuições devidos pelas Microempresas e Empresas de Pequeno Porte (Simples Nacional), de que trata a Lei Complementar n. 123, de 14 de dezembro de 2006, e as pessoas jurídicas de que tratam o inciso II do art. 8º da Lei n. 10.637, de 30 de dezembro de 2002, e o inciso II do art. 10 da Lei n. 10.833, de 29 de dezembro de 2003, não poderão aderir ao Renuclear.

§ 3º A fruição do Renuclear fica condicionada à regularidade fiscal da pessoa jurídica em relação aos tributos administrados pela Secretaria da Receita Federal do Brasil.

§ 4º Aplica-se o disposto neste artigo aos projetos aprovados até 31 de dezembro de 2017. (Alterado pela Lei 13.043/2014.)

ART. 16. No caso de venda no mercado interno ou de importação de máquinas, aparelhos, instrumentos e equipamentos, novos, e de materiais de construção para utilização ou incorporação em obras de infraestrutura destinadas ao ativo imobilizado, fica suspensa a exigência do:

I - Imposto sobre Produtos Industrializados (IPI) incidente na saída do estabelecimento industrial ou equiparado, quando a aquisição no mercado interno for efetuada por pessoa jurídica beneficiária do Renuclear;

II - IPI incidente no desembaraço aduaneiro, quando a importação for efetuada por pessoa jurídica beneficiária do Renuclear;

III - Imposto de Importação, quando os referidos bens ou materiais de construção forem importados por pessoa jurídica beneficiária do Renuclear.

§ 1º Nas notas fiscais relativas às saídas de que trata o inciso I do *caput* deverá constar a expressão "Saída com suspensão da exigibilidade do IPI", com a especificação do dispositivo legal correspondente, vedado o registro do imposto nas referidas notas.

§ 2º As suspensões de que trata este artigo convertem-se em isenção após a utilização ou incorporação do bem ou material de construção na obra de infraestrutura.

§§ 3º e 4º (Revogados pela Lei 13.043/2014.)

§ 5º No caso da suspensão aplicável ao Imposto de Importação, fica dispensado, exceto para materiais de construção, o exame de similaridade de que trata o art. 17 do Decreto-Lei n. 37, de 18 de novembro de 1966. (Alterado pela Lei 13.043/2014.)

ART. 16-A. No caso de venda no mercado interno ou de importação de máquinas, aparelhos, instrumentos e equipamentos, novos, e de materiais de construção para utilização ou incorporação em obras de infraestrutura destinadas ao ativo imobilizado, fica suspensa a exigência da: (Acrescentado pela Lei 13.043/2014. Vigência: a partir de 1º.01.2015.)

I - Contribuição para os Programas de Integração Social e de Formação do Patrimônio do Servidor Público - Contribuição para o PIS/Pasep e da Contribuição para o Financiamento da Seguridade Social - COFINS incidentes sobre a venda no mercado interno quando os referidos bens ou materiais de construção forem adquiridos por pessoa jurídica beneficiária do Renuclear; (Acrescentado pela Lei 13.043/2014. Vigência: a partir de 1º.01.2015.)

II - Contribuição para o PIS/Pasep-Importação e da Cofins-Importação quando os referidos bens ou materiais de construção forem importados diretamente por pessoa jurídica beneficiária do Renuclear. (Acrescentado pela Lei 13.043/2014. Vigência: a partir de 1º.01.2015.)

§ 1º Nas notas fiscais relativas às vendas de que trata o inciso I do *caput* deverá constar a expressão "Venda efetuada com suspensão do pagamento da Contribuição para o PIS/Pasep e da Cofins", com a especificação do dispositivo legal correspondente. (Acrescentado pela Lei 13.043/2014. Vigência: a partir de 1º.01.2015.)

§ 2º As suspensões de que trata este artigo convertem-se em alíquota 0 (zero) após a utilização ou incorporação do bem ou material de construção na obra de infraestrutura. (Acrescentado pela Lei 13.043/2014. Vigência: a partir de 1º.01.2015.)

ART. 16-B. No caso de venda no mercado interno ou de importação de serviços destinados a obras de infraestrutura para incorporação ao ativo imobilizado, fica suspensa a exigência da: (Acrescentado pela Lei 13.043/2014. Vigência: a partir de 1º.01.2015.)

I - Contribuição para o PIS/Pasep e da Cofins incidentes sobre a prestação de serviços efetuada por pessoa jurídica estabelecida no País quando os referidos serviços forem prestados à pessoa jurídica beneficiária do Renuclear; ou (Acrescentado pela Lei 13.043/2014. Vigência: a partir de 1º.01.2015.)

II - Contribuição para o PIS/Pasep-Importação e da Cofins-Importação incidentes sobre a prestação de serviços quando os referidos serviços forem importados diretamente por pessoa jurídica beneficiária do Renuclear. (Acrescentado pela Lei 13.043/2014. Vigência: a partir de 1º.01.2015.)

§ 1º Nas notas fiscais relativas às prestações de serviço de que trata o inciso I do *caput*, deverá constar a expressão "Prestação de serviço efetuada com suspensão do pagamento da Contribuição para o PIS/Pasep e da Cofins", com a especificação do dispositivo legal correspondente. (Acrescentado pela Lei 13.043/2014. Vigência: a partir de 1º.01.2015.)

§ 2º As suspensões de que trata este artigo convertem-se em alíquota 0 (zero) após o serviço ser aplicado na obra de infraestrutura. (Acrescentado pela Lei 13.043/2014. Vigência: a partir de 1º.01.2015.)

ART. 16-C. No caso de locação de máquinas, aparelhos, instrumentos e equipamentos à pessoa jurídica beneficiária do Renuclear para utilização em obras de infraestrutura a serem incorporadas ao ativo imobilizado, fica suspensa a exigência da Contribuição para o PIS/Pasep e da Cofins incidentes sobre a receita auferida pelo locador. (Acrescentado pela Lei 13.043/2014.)

Parágrafo único. As suspensões de que trata este artigo convertem-se em alíquota 0 (zero) após a aplicação do bem locado na obra de infraestrutura. (Acrescentado pela Lei 13.043/2014. Vigência: a partir de 1º.01.2015.)

ART. 16-D. Para efeitos dos arts. 16 e 16-A, equipara-se ao importador a pessoa jurídica adquirente de bens estrangeiros, no caso de importação realizada por sua conta e ordem por intermédio de pessoa jurídica importadora. (Acrescentado pela Lei 13.043/2014. Vigência: a partir de 1º.01.2015.)

ART. 16-E. A pessoa jurídica habilitada ao Renuclear que não utilizar ou incorporar o bem ou material de construção na obra de infraestrutura ou que não aplicar o serviço ou o bem locado na citada obra, fica obrigada a recolher os tributos não pagos em decorrência das suspensões usufruídas, acrescidas de juros e multa de mora, na forma da legislação específica, contados a partir do vencimento do tributo relativo à aquisição, locação ou prestação, ou do registro da Declaração de Importação - DI, na condição: (Acrescentado pela Lei 13.043/2014. Vigência: a partir de 1º.01.2015.)

I - de contribuinte, em relação à Contribuição para o PIS/Pasep-Importação, à Cofins-Importação, ao IPI vinculado à importação e ao Imposto de Importação; (Acrescentado pela Lei 13.043/2014. Vigência: a partir de 1º.01.2015.)

II - de responsável, em relação à Contribuição para o PIS/Pasep, à Cofins e ao IPI. (Acrescentado pela Lei 13.043/2014. Vigência: a partir de 1º.01.2015.)

Parágrafo único. A incorporação ou utilização do bem ou material de construção na obra de infraestrutura deve ocorrer no prazo de 5 (cinco) anos, contado da data da respectiva aquisição. (Acrescentado pela Lei 13.043/2014. Vigência: a partir de 1º.01.2015.)

ART. 17. Os benefícios de que tratam os arts. 16 a 16-C poderão ser usufruídos nas aquisições, importações e locações realizadas até 31 de dezembro de 2020 pela pessoa jurídica habilitada ou coabilitada ao Renuclear. (Alterado pela Lei 13.043/2014.)

ART. 18. O art. 28 da Lei n. 11.196, de 21 de novembro de 2005, passa a vigorar acrescido do seguinte inciso:

▸ Alterações promovidas no texto da referida lei.

ART. 19. O § 7º do art. 4º da Lei n. 8.248, de 23 de outubro de 1991, passa a vigorar com a seguinte redação:

▸ Alterações promovidas no texto da referida lei.

ART. 20. O art. 8º da Lei n. 9.648, de 27 de maio de 1998, passa a vigorar com a seguinte redação:

▸ Alterações promovidas no texto da referida lei.

ART. 21. O art. 21 da Lei n. 11.943, de 28 de maio de 2009, passa a vigorar com a seguinte redação:

▸ Alterações promovidas no texto da referida lei.

ART. 22. O art. 4º da Lei n. 9.808, de 20 de julho de 1999, passa a vigorar com a seguinte redação:

▸ Alterações promovidas no texto da referida lei.

ART. 23. Fica extinto o Fundo Nacional de Desenvolvimento (FND), de natureza autárquica, instituído pelo Decreto-Lei n. 2.288, de 23 de julho de 1986.

§ 1º A União sucederá o FND nos seus direitos e obrigações e ações judiciais em que este seja autor, réu, assistente, opoente ou terceiro interessado.

§ 2º Os bens, direitos e obrigações do extinto FND serão inventariados em processo sob a coordenação e supervisão do Ministério do Desenvolvimento, Indústria e Comércio Exterior.

§ 3º Ato do Poder Executivo disporá sobre a estrutura e o prazo de duração do processo de inventariança.

§ 4º Ficam encerrados os mandatos dos componentes do Conselho de Orientação do FND.

§ 5º Aos cotistas minoritários fica assegurado o ressarcimento de sua participação no extinto FND, calculado com base no valor patrimonial de cada cota, segundo o montante do patrimônio líquido registrado no balanço patrimonial apurado em 31 de dezembro de 2010, atualizado monetariamente pelo Índice Nacional de Preços ao Consumidor Amplo (IPCA), divulgado pela Fundação Instituto Brasileiro de Geografia e Estatística (IBGE), do mês anterior à data do pagamento.

§ 6º Fica a União autorizada a utilizar os títulos e valores mobiliários oriundos do extinto FND para promover, perante entidades da administração indireta, o pagamento dos dividendos e o ressarcimento das cotas, mediante dação em pagamento.

ART. 24. O art. 5º da Lei n. 10.260, de 12 de julho de 2001, passa a vigorar com a seguinte redação:

› Alterações promovidas no texto da referida lei.

ART. 25. O § 1º do art. 3º e o art. 20-A da Lei n. 10.260, de 12 de julho de 2001, passam a vigorar com a seguinte redação:

› Alterações promovidas no texto da referida lei.

ART. 26. O art. 8º da Lei n. 11.096, de 13 de janeiro de 2005, passa a vigorar com a seguinte redação:

› Alterações promovidas no texto da referida lei.

ART. 27. O art. 11 da Lei n. 11.180, de 23 de setembro de 2005, passa a vigorar com a seguinte redação:

› Alterações promovidas no texto da referida lei.

ART. 28. O parágrafo único do art. 1º da Lei n. 11.128, de 28 de junho de 2005, passa a vigorar com a seguinte redação:

› Alterações promovidas no texto da referida lei.

ART. 29. (Vetado).

ART. 30. A compensação de débitos perante a Fazenda Pública Federal com créditos provenientes de precatórios, na forma prevista nos §§ 9º e 10 do art. 100 da Constituição Federal, observará o disposto nesta Lei.

§ 1º Para efeitos da compensação de que trata o *caput*, serão considerados os débitos líquidos e certos, inscritos ou não em dívida ativa da União, incluídos os débitos parcelados.

§ 2º O disposto no § 1º não se aplica a débitos cuja exigibilidade esteja suspensa, ressalvado o parcelamento, ou cuja execução esteja suspensa em virtude do recebimento de embargos do devedor com efeito suspensivo, ou em virtude de outra espécie de contestação judicial que confira efeito suspensivo à execução.

§ 3º A Fazenda Pública Federal, antes da requisição do precatório ao Tribunal, será intimada para responder, no prazo de 30 (trinta) dias, sobre eventual existência de débitos do autor da ação, cujos valores poderão ser abatidos a título de compensação.

§ 4º A intimação de que trata o § 3º será dirigida ao órgão responsável pela representação judicial da pessoa jurídica devedora do precatório na ação de execução e será feita por mandado, que conterá os dados do beneficiário do precatório, em especial o nome e a respectiva inscrição no Cadastro de Pessoas Físicas (CPF) ou no Cadastro Nacional da Pessoa Jurídica (CNPJ).

§ 5º A informação prestada pela Fazenda Pública Federal deverá conter os dados necessários para identificação dos débitos a serem compensados e para atualização dos valores pela contadoria judicial.

§ 6º Somente poderão ser objeto da compensação de que trata este artigo os créditos e os débitos oriundos da mesma pessoa jurídica devedora do precatório.

ART. 31. Recebida a informação de que trata o § 3º do art. 30 desta Lei, o juiz intimará o beneficiário do precatório para se manifestar em 15 (quinze) dias.

§ 1º A impugnação do beneficiário deverá vir acompanhada de documentos que comprovem de plano suas alegações e poderá versar exclusivamente sobre:

I - erro aritmético do valor do débito a ser compensado;

II - suspensão da exigibilidade do débito, ressalvado o parcelamento;

III - suspensão da execução, em virtude do recebimento de embargos do devedor com efeito suspensivo ou em virtude de outra espécie de contestação judicial que confira efeito suspensivo à execução; ou

IV - extinção do débito.

§ 2º Outras exceções somente poderão ser arguidas pelo beneficiário em ação autônoma.

ART. 32. Apresentada a impugnação pelo beneficiário do precatório, o juiz intimará, pessoalmente, mediante entrega dos autos com vista, o órgão responsável pela representação judicial da pessoa jurídica devedora do precatório na ação de execução, para manifestação em 30 (trinta) dias.

ART. 33. O juiz proferirá decisão em 10 (dez) dias, restringindo-se a identificar eventuais débitos que não poderão ser compensados, o montante que deverá ser submetido ao abatimento e o valor líquido do precatório.

Parágrafo único. O cálculo do juízo deverá considerar as deduções tributárias que serão retidas pela instituição financeira.

ART. 34. Da decisão mencionada no art. 33 desta Lei, caberá agravo de instrumento.

§ 1º O agravo de instrumento terá efeito suspensivo e impedirá a requisição do precatório ao Tribunal até o seu trânsito em julgado.

§ 2º O agravante, no prazo de 3 (três) dias, requererá juntada, aos autos do processo, de cópia da petição do agravo de instrumento e do comprovante de sua interposição, assim como a relação dos documentos que instruíram o recurso.

§ 3º O agravante, no prazo de 3 (três) dias, informará o cumprimento do disposto no § 2º ao Tribunal, sob pena de inadmissibilidade do agravo de instrumento.

ART. 35. Antes do trânsito em julgado da decisão mencionada no art. 34 desta Lei, somente será admissível a requisição ao Tribunal de precatório relativo à parte incontroversa da compensação.

ART. 36. A compensação operar-se-á no momento em que a decisão judicial que a determinou transitar em julgado, ficando sob condição resolutória de ulterior disponibilização financeira do precatório.

§ 1º A Fazenda Pública Federal será intimada do trânsito em julgado da decisão que determinar a compensação, com remessa dos autos, para fins de registro.

§ 2º No prazo de 30 (trinta) dias, a Fazenda Pública Federal devolverá os autos instruídos com os dados para preenchimento dos documentos de arrecadação referentes aos débitos compensados.

§ 3º Recebidos os dados para preenchimento dos documentos de arrecadação pelo juízo, este intimará o beneficiário, informando os registros de compensação efetuados pela Fazenda Pública Federal.

§ 4º Em caso de débitos parcelados, a compensação parcial implicará a quitação das parcelas, sucessivamente:

I - na ordem crescente da data de vencimento das prestações vencidas; e

II - na ordem decrescente da data de vencimento das prestações vincendas.

§ 5º Transitada em julgado a decisão que determinou a compensação, os atos de cobrança dos débitos ficam suspensos até que haja disponibilização financeira do precatório, sendo cabível a expedição de certidão positiva com efeitos de negativa.

§ 6º Os efeitos financeiros da compensação, para fins de repasses e transferências constitucionais, somente ocorrerão no momento da disponibilização financeira do precatório.

§ 7º Entende-se por disponibilização financeira do precatório o ingresso de recursos nos cofres da União decorrente dos recolhimentos de que trata o § 4º do art. 39.

§ 8º Os valores informados, submetidos ao abatimento, serão atualizados até a data do trânsito em julgado da decisão judicial que determinou a compensação, nos termos da legislação que rege a cobrança dos créditos da Fazenda Pública Federal.

ART. 37. A requisição do precatório pelo juiz ao Tribunal conterá informações acerca do valor integral do débito da Fazenda Pública Federal, do valor deferido para compensação, dos dados para preenchimento dos documentos de arrecadação e do valor líquido a ser pago ao credor do precatório, observado o disposto no parágrafo único do art. 33.

ART. 38. O precatório será expedido pelo Tribunal em seu valor integral, contendo, para enquadramento no fluxo orçamentário da Fazenda Pública Federal, informações sobre os valores destinados à compensação, os valores a serem pagos ao beneficiário e os dados para preenchimento dos documentos de arrecadação.

ART. 39. O precatório será corrigido na forma prevista no § 12 do art. 100 da Constituição Federal.

§ 1º A partir do trânsito em julgado da decisão judicial que determinar a compensação, os débitos compensados serão atualizados na forma do *caput*.

§ 2º O valor bruto do precatório será depositado integralmente na instituição financeira responsável pelo pagamento.

§ 3º O Tribunal respectivo, por ocasião da remessa dos valores do precatório à instituição financeira, atualizará os valores correspondentes aos débitos compensados, conforme critérios previstos no § 1º, e remeterá os dados para preenchimento dos documentos de arrecadação à instituição financeira juntamente com o comprovante da transferência do numerário integral do precatório.

§ 4º Ao receber os dados para preenchimento dos documentos de arrecadação de que trata o § 3º, a instituição financeira efetuará sua quitação em até 24 (vinte e quatro) horas.

§ 5º Após a disponibilização financeira do precatório, caberá restituição administrativa ao beneficiário de valores compensados a maior.

ART. 40. Recebidas pelo juízo as informações de quitação dos débitos compensados, o órgão responsável pela representação judicial da pessoa jurídica devedora do precatório na ação de execução será intimado pessoalmente, mediante entrega dos autos com vista, para registro da extinção definitiva dos débitos.

ART. 41. Em caso de cancelamento do precatório, será intimada a Fazenda Pública Federal para dar prosseguimento aos atos de cobrança.

§ 1º Em se tratando de débitos parcelados, uma vez cancelado o precatório, o parcelamento será reconsolidado para pagamento no prazo restante do parcelamento original, respeitado o valor da parcela mínima, se houver.

§ 2º Se o cancelamento do precatório ocorrer após a quitação dos débitos compensados, o Tribunal solicitará à entidade arrecadadora a devolução dos valores à conta do Tribunal.

ART. 42. Somente será objeto do parcelamento de que trata o art. 78 do Ato das Disposições Constitucionais Transitórias (ADCT) o valor líquido do precatório a ser pago ao beneficiário, após abatimento dos valores compensados com os créditos da Fazenda Pública Federal e das correspondentes retenções tributárias.

Parágrafo único. Os débitos compensados serão quitados integralmente, de imediato, na forma do § 4º do art. 39.

ART. 43. O precatório federal de titularidade do devedor, inclusive aquele expedido anteriormente à Emenda Constitucional n. 62, de 9 de dezembro de 2009, poderá ser utilizado, nos termos do art. 7º da Lei n. 11.941, de 27 de maio de 2009, para amortizar a dívida consolidada.

§ 1º O disposto no *caput* deste artigo aplica-se ao precatório federal de titularidade de pessoa jurídica que, em 31 de dezembro de 2012, seja considerada controladora, controlada, direta ou indireta, ou coligada do devedor, nos termos dos arts. 1.097 a 1.099 da Lei n. 10.406, de 10 de janeiro de 2002 - Código Civil. (Alterado de p.u. pela Lei 13.043/2014.)

§ 2º Para os fins do disposto no § 1º, inclui-se também como controlada a sociedade na qual a participação da controladora seja igual ou inferior a 50% (cinquenta por cento), desde que existente acordo de acionistas que assegure de modo permanente a preponderância individual ou comum nas deliberações sociais, assim como o poder individual ou comum de eleger a maioria dos administradores. (Acrescentado pela Lei 13.043/2014.)

ART. 44. O disposto nesta Lei não se aplica aos pagamentos de obrigações definidas em lei como de pequeno valor que a Fazenda Pública Federal deva fazer em virtude de sentença judicial transitada em julgado.

ART. 45. O art. 16 da Lei n. 11.371, de 28 de novembro de 2006, passa a vigorar com a seguinte redação:

› Alterações promovidas no texto da referida lei.

ARTS. 46 a 48. (Vetados).

ART. 49. Fica desafetada parcialmente a Reserva Particular do Patrimônio Natural denominada Seringal Triunfo, no Estado do Amapá, criada pela Portaria no 89-N, de 1º de julho de 1998, do Ibama.

§ 1º Ficam redefinidos os limites sul e leste da Reserva Particular do Patrimônio Natural denominada Seringal Triunfo, no Estado do Amapá, criada pela Portaria no 89-N, de 1º de julho de 1998, do Ibama, os quais referem-se àqueles coincidentes com a margem esquerda do Rio Araguari, que passam agora a ser coincidentes com o limite da Área de Preservação Permanente (APP) da margem esquerda do futuro reservatório da AHE Cachoeira Caldeirão, cuja cota de referência é a elevação 58,5m, correspondente à cota de inundação do reservatório no eixo da barragem.

§ 2º A área parcialmente desafetada da Reserva Particular do Patrimônio Natural denominada Seringal Triunfo deverá ser objeto de compensação ambiental no âmbito do processo de licenciamento da AHE Cachoeira Caldeirão.

ART. 50. O art. 1º da Lei n. 10.312, de 27 de novembro de 2001, passa a vigorar com a seguinte redação:

› Alterações promovidas no texto da referida lei.

ART. 51. Sem prejuízo do disposto no art. 55, para os efeitos da redução de alíquotas de que trata o art. 1º da Lei n. 10.312, de 27 de novembro de 2001, na redação dada pelo art. 50, a pessoa jurídica que efetuar vendas de gás natural canalizado destinadas a usinas termelétricas deverá:

I - manter registro dos atos de inclusão, exclusão e suspensão dessas usinas no PPT; e

II - estar em situação regular em relação a impostos e contribuições administrados pela Secretaria da Receita Federal do Brasil.

ART. 52. Fica concedida remissão dos débitos de responsabilidade da pessoa jurídica supridora de gás e das companhias distribuidoras de gás estaduais, constituídos ou não, inscritos ou não em Dívida Ativa da União, correspondentes à Contribuição para o PIS/Pasep e à Contribuição para o Financiamento da Seguridade Social (Cofins) incidentes sobre a receita bruta decorrente da venda de gás natural canalizado, destinado à produção de energia elétrica pelas usinas integrantes do PPT, relativamente aos fatos geradores ocorridos a partir de 1º de março de 2002 e até a data anterior à publicação desta Lei.

Parágrafo único. O disposto neste artigo não implica restituição de valores pagos.

ART. 53. O inciso II do art. 32 da Lei n. 12.058, de 13 de outubro de 2009, e o inciso I do parágrafo único do mesmo artigo passam a vigorar com a seguinte redação:

› Alterações promovidas no texto da referida lei.

ART. 54. O art. 7º do Decreto-Lei n. 288, de 28 de fevereiro de 1967, passa a vigorar com a seguinte redação:

› Alterações promovidas no texto da referida lei.

ART. 55. Esta Lei entra em vigor na data de sua publicação.

ART. 56. Revogam-se:

I - o art. 60 da Lei n. 6.404, de 15 de dezembro de 1976;

II - o § 5º do art. 1º e o inciso III do § 1º do art. 2º da Lei n. 11.478, de 29 de maio de 2007;

III - o inciso III do § 9º do art. 5º da Lei n. 10.260, de 12 de julho de 2001; e

IV - (Vetado).

Brasília, 24 de junho de 2011; 190º da Independência e 123º da República.

DILMA ROUSSEFF

LEI N. 12.436, DE 6 DE JULHO DE 2011

Veda o emprego de práticas que estimulem o aumento de velocidade por motociclistas profissionais.

› *DOU*, 07.07.2011.

› Lei 12.009/2009 (Regulamenta o exercício das atividades dos profissionais em transporte de passageiros, "mototaxista", em entrega de mercadorias e em serviço comunitário de rua, e "motoboy", com o uso de motocicleta).

A Presidenta da República. Faço saber que o Congresso Nacional decreta e eu sanciono a seguinte Lei:

ART. 1º É vedado às empresas e pessoas físicas empregadoras ou tomadoras de serviços prestados por motociclistas estabelecer práticas que estimulem o aumento de velocidade, tais como:

I - oferecer prêmios por cumprimento de metas por números de entregas ou prestação de serviço;

II - prometer dispensa de pagamento ao consumidor, no caso de fornecimento de produto ou prestação de serviço fora do prazo ofertado para a sua entrega ou realização;

III - estabelecer competição entre motociclistas, com o objetivo de elevar o número de entregas ou de prestação de serviço.

ART. 2º Pela infração de qualquer dispositivo desta Lei, ao empregador ou ao tomador Lei 12.41de serviço será imposta a multa de R$ 300,00 (trezentos reais) a R$ 3.000,00 (três mil reais).

Parágrafo único. A penalidade será sempre aplicada no grau máximo:

I - se ficar apurado o emprego de artifício ou simulação para fraudar a aplicação dos dispositivos desta Lei;

II - nos casos de reincidência.

ART. 3º Esta Lei entra em vigor na data de sua publicação.

Brasília, 06 de julho de 2011; 190º da Independência e 123º da República.

DILMA ROUSSEFF

LEI N. 12.467, DE 26 DE AGOSTO DE 2011

Dispõe sobre a regulamentação do exercício da profissão de Sommelier.

› *DOU*, 29.8.2011.

A Presidenta da República. Faço saber que o Congresso Nacional decreta e eu sanciono a seguinte Lei:

ART. 1º Considera-se sommelier, para efeitos desta Lei, aquele que executa o serviço especializado de vinhos em empresas de eventos gastronômicos, hotelaria, restaurantes, supermercados e enotecas e em comissaria de companhias aéreas e marítimas.

Parágrafo único. (Vetado).

ART. 2º (Vetado).

ART. 3º São atividades específicas do sommelier:

I - participar no planejamento e na organização do serviço de vinhos nos estabelecimentos referidos no art. 1º desta Lei;

II - assegurar a gestão do aprovisionamento e armazenagem dos produtos relacionados ao serviço de vinhos;

III - preparar e executar o serviço de vinhos;

IV - atender e resolver reclamações de clientes, aconselhando e informando sobre as características do produto;

V - ensinar em cursos básicos e avançados de profissionais sommelier.

ART. 4º Esta Lei entra em vigor na data de sua publicação.

Brasília, 26 de agosto de 2011; 190º da Independência e 123º da República.

DILMA ROUSSEFF

LEI N. 12.469, DE 26 DE AGOSTO DE 2011

Altera os valores constantes da tabela do Imposto sobre a Renda da Pessoa Física e altera as Leis n. 11.482, de 31 de maio de 2007, 7.713, de 22 de dezembro de 1988, 9.250, de 26 de dezembro de 1995, 9.656, de 3 de junho de 1998, e 10.480, de 2 de julho de 2002.

› Conversão da Med. Prov. 528/ 2011

› *DOU*, 29.08.2011

A Presidenta da República. Faço saber que o Congresso Nacional decreta e eu sanciono a seguinte Lei:

ART. 1º O art. 1º da Lei n. 11.482, de 31 de maio de 2007, passa a vigorar com a seguinte redação:

› Alterações promovidas no texto da referida lei.

ART. 2º O art. 6º da Lei n. 7.713, de 22 de dezembro de 1988, passa a vigorar com a seguinte redação:

› Alterações promovidas no texto da referida lei.

ART. 3º Os arts. 4º, 8º, 10 e 12 da Lei n. 9.250, de 26 de dezembro de 1995, passam a vigorar com a seguinte redação:

▸ Alterações promovidas no texto da referida lei.

ART. 4º O art. 32 da Lei n. 9.656, de 3 de junho de 1998, passa a vigorar com a seguinte redação:

▸ Alterações promovidas no texto da referida lei.

ART. 5º O montante dos valores relativos ao ressarcimento ao Sistema Único de Saúde - SUS, recebidos pela Agência Nacional de Saúde Suplementar - ANS e ainda não transferidos nos termos da Lei n. 9.656, de 3 de junho de 1998, será creditado ao Fundo Nacional de Saúde - FNS.

ART. 6º A Secretaria da Receita Federal do Brasil poderá exigir a aplicação do disposto no art. 35 da Lei n. 13.097, de 19 de janeiro de 2015, aos estabelecimentos envasadores ou industriais fabricantes de outras bebidas classificadas no Capítulo 22 da Tabela de Incidência do Imposto sobre Produtos Industrializados - TIPI, aprovada pelo Decreto n. 7.660, de 23 de dezembro de 2011, não mencionadas no art. 14 da Lei n. 13.097, de 19 de janeiro de 2015. (Alterado pela Lei 13.137/2015. Vigência: na data de sua publicação, produzindo efeitos a partir de 1º.05.2015).

ART. 7º (Revogado pela Lei 12.809/2013.)

ART. 8º As alterações decorrentes do disposto no art. 7º desta Lei produzem efeitos financeiros a contar de 2 de junho de 2011 para os servidores que, em 1º de junho de 2011, se encontravam recebendo a Gratificação de Representação de Gabinete ou a Gratificação Temporária.

Parágrafo único. Os efeitos retroativos de que trata o *caput* deste artigo somente serão devidos durante o período em que o servidor continuou preenchendo as condições para o recebimento da Gratificação de Representação de Gabinete ou da Gratificação Temporária.

ART. 9º Os prazos estabelecidos pela Secretaria da Receita Federal do Brasil para a apresentação de documentação comprobatória de lançamentos na Declaração de Ajuste Anual do Imposto de Renda Pessoa Física, ao abrigo do art. 928 do Decreto n. 3.000, de 26 de março de 1999, não poderão ser inferiores a 30 (trinta) dias.

ART. 10. Observado o disposto no art. 8º, esta Lei entra em vigor na data de sua publicação, produzindo efeitos em relação aos arts. 1º a 3º:

I - a partir de 1º de janeiro de 2011, para fins do disposto no parágrafo único do art. 1º da Lei n. 11.482, de 31 de maio de 2007, relativamente ao ano-calendário de 2011;

II - (Vetado.);

III - a partir de 1º de abril de 2011, para os demais casos.

Brasília, 26 de agosto de 2011; 190º da Independência e 123º da República.

DILMA ROUSSEFF

LEI N. 12.484, DE 8 DE SETEMBRO DE 2011

Dispõe sobre a Política Nacional de Incentivo ao Manejo Sustentado e ao Cultivo do Bambu e dá outras providências.

A Presidenta da República. Faço saber que o Congresso Nacional decreta e eu sanciono a seguinte Lei:

ART. 1º Esta Lei institui a Política Nacional de Incentivo ao Manejo Sustentado e ao Cultivo do Bambu - PNMCB, que tem por objetivo o desenvolvimento da cultura do bambu no Brasil por meio de ações governamentais e de empreendimentos privados.

ART. 2º Os incentivos a que se refere o art. 1º desta Lei destinam-se ao manejo sustentado das formações nativas e ao cultivo de bambu voltado para a produção de colmos, para a extração de brotos e obtenção de serviços ambientais, bem como à valorização desse ativo ambiental como instrumento de promoção de desenvolvimento socioeconômico regional.

ART. 3º São diretrizes da PNMCB:

I - a valorização do bambu como produto agro-silvo-cultural capaz de suprir necessidades ecológicas, econômicas, sociais e culturais;

II - o desenvolvimento tecnológico do manejo sustentado, cultivo e das aplicações do bambu;

III - o desenvolvimento de polos de manejo sustentado, cultivo e de beneficiamento de bambu, em especial nas regiões de maior ocorrência de estoques naturais do vegetal, em regiões cuja produção agrícola baseia-se em unidades familiares de produção e no entorno de centros geradores de tecnologias aplicáveis ao produto.

ART. 4º São instrumentos da PNMCB:

I - crédito rural sob condições favorecidas, em especial no que se refere a taxas de juros e prazos de pagamento;

II - assistência técnica durante o ciclo produtivo da cultura e as fases de transformação e de comercialização da produção;

III - certificação de origem e de qualidade dos produtos destinados à comercialização.

ART. 5º Na implementação da política de que trata esta Lei, compete aos órgãos competentes:

I - incentivar a pesquisa e o desenvolvimento tecnológico voltados para o manejo sustentado, o cultivo, os serviços ambientais e as aplicações dos produtos e subprodutos do bambu;

II - orientar o cultivo para a produção e a extração de brotos para a alimentação;

III - incentivar o cultivo e a utilização do bambu pela agricultura familiar;

IV - estabelecer parcerias com entidades públicas e privadas para maximizar a produção e a comercialização dos produtos derivados do bambu;

V - estimular o comércio interno e externo de bambu e de seus subprodutos;

VI - incentivar o intercâmbio com instituições congêneres nacionais e internacionais.

ART. 6º Esta Lei entra em vigor na data de sua publicação.

Brasília, 08 de setembro de 2011; 190º da Independência e 123º da República.

DILMA ROUSSEFF

LEI N. 12.485, DE 12 DE SETEMBRO DE 2011

Dispõe sobre a comunicação audiovisual de acesso condicionado; altera a Medida Provisória n. 2.228-1, de 06 de setembro de 2001, e as Leis n. 11.437, de 28 de dezembro de 2006, 5.070, de 07 de julho de 1966, 8.977, de 06 de janeiro de 1995, e 9.472, de 16 de julho de 1997; e dá outras providências.

▸ *DOU*, 13.09.2011.

A Presidenta da República. Faço saber que o Congresso Nacional decreta e eu sanciono a seguinte Lei:

CAPÍTULO I
DO OBJETO E DAS DEFINIÇÕES

ART. 1º Esta Lei dispõe sobre a comunicação audiovisual de acesso condicionado.

Parágrafo único. Excluem-se do campo de aplicação desta Lei os serviços de radiodifusão sonora e de sons e imagens, ressalvados os dispositivos previstos nesta Lei que expressamente façam menção a esses serviços ou a suas prestadoras.

ART. 2º Para os efeitos desta Lei, considera-se:

I - Assinante: contratante do serviço de acesso condicionado;

II - Canal de Espaço Qualificado: canal de programação que, no horário nobre, veicule majoritariamente conteúdos audiovisuais que constituam espaço qualificado;

III - Canal Brasileiro de Espaço Qualificado: canal de espaço qualificado que cumpra os seguintes requisitos, cumulativamente:

a) ser programado por programadora brasileira;

b) veicular majoritariamente, no horário nobre, conteúdos audiovisuais brasileiros que constituam espaço qualificado, sendo metade desses conteúdos produzidos por produtora brasileira independente;

c) não ser objeto de acordo de exclusividade que impeça sua programadora de comercializar, para qualquer empacotadora interessada, os direitos de sua exibição ou veiculação;

IV - Canal de Programação: resultado da atividade de programação que consiste no arranjo de conteúdos audiovisuais organizados em sequência linear temporal com horários predeterminados;

V - Coligada: pessoa natural ou jurídica que detiver, direta ou indiretamente, pelo menos 20% (vinte por cento) de participação no capital votante de outra pessoa ou se o capital votante de ambas for detido, direta ou indiretamente, em pelo menos 20% (vinte por cento) por uma mesma pessoa natural ou jurídica, nos termos da regulamentação editada pela Agência Nacional de Telecomunicações - Anatel;

VI - Comunicação Audiovisual de Acesso Condicionado: complexo de atividades que permite a emissão, transmissão e recepção, por meios eletrônicos quaisquer, de imagens, acompanhadas ou não de sons, que resulta na entrega de conteúdo audiovisual exclusivamente a assinantes;

VII - Conteúdo Audiovisual: resultado da atividade de produção que consiste na fixação ou transmissão de imagens, acompanhadas ou não de som, que tenha a finalidade de criar a impressão de movimento, independentemente dos processos de captação, do suporte utilizado inicial ou posteriormente para fixá-las ou transmiti-las, ou dos meios utilizados para sua veiculação, reprodução, transmissão ou difusão;

VIII - Conteúdo Brasileiro: conteúdo audiovisual produzido em conformidade com os critérios estabelecidos no inciso V do art. 1º da Medida Provisória n. 2.228-1, de 06 de setembro de 2001;

IX - Conteúdo Jornalístico: telejornais, debates, entrevistas, reportagens e outros programas que visem a noticiar ou a comentar eventos;

X - Distribuição: atividades de entrega, transmissão, veiculação, difusão ou provimento de pacotes ou conteúdos audiovisuais a assinantes por intermédio de meios eletrônicos quaisquer, próprios ou de terceiros, cabendo ao distribuidor a responsabilidade final pelas atividades complementares de comercialização, atendimento ao assinante, faturamento, cobrança, instalação e manutenção de dispositivos, entre outras;

XI - Empacotamento: atividade de organização, em última instância, de canais de programação, inclusive nas modalidades avulsa de programação e avulsa de conteúdo programado, a serem distribuídos para o assinante;

XII - Espaço Qualificado: espaço total do canal de programação, excluindo-se conteúdos religiosos ou políticos, manifestações e eventos esportivos, concursos, publicidade, televendas, infomerciais, jogos eletrônicos, propaganda política obrigatória, conteúdo audiovisual veiculado em horário eleitoral gratuito, conteúdos jornalísticos e programas de auditório ancorados por apresentador;

XIII - Eventos de Interesse Nacional: acontecimentos públicos de natureza cultural, artística, esportiva, religiosa ou política que despertem significativo interesse da população brasileira, notadamente aqueles em que participem, de forma preponderante, brasileiros, equipes brasileiras ou seleções brasileiras;

XIV - Modalidade Avulsa de Conteúdo Programado ou Modalidade de Vídeo por Demanda Programado: modalidade de conteúdos audiovisuais organizados em canais de programação e em horário previamente definido pela programadora para aquisição avulsa por parte do assinante;

XV - Modalidade Avulsa de Programação, ou Modalidade de Canais de Venda Avulsa: modalidade de canais de programação organizados para aquisição avulsa por parte do assinante;

XVI - Pacote: agrupamento de canais de programação ofertados pelas empacotadoras às distribuidoras, e por estas aos assinantes, excluídos os canais de distribuição obrigatória de que trata o art. 32;

XVII - Produção: atividade de elaboração, composição, constituição ou criação de conteúdos audiovisuais em qualquer meio de suporte;

XVIII - Produtora Brasileira: empresa que produza conteúdo audiovisual que atenda as seguintes condições, cumulativamente:

a) ser constituída sob as leis brasileiras;

b) ter sede e administração no País;

c) 70% (setenta por cento) do capital total e votante devem ser de titularidade, direta ou indireta, de brasileiros natos ou naturalizados há mais de 10 (dez) anos;

d) a gestão das atividades da empresa e a responsabilidade editorial sobre os conteúdos produzidos devem ser privativas de brasileiros natos ou naturalizados há mais de 10 (dez) anos;

XIX - Produtora Brasileira Independente: produtora brasileira que atenda os seguintes requisitos, cumulativamente:

a) não ser controladora, controlada ou coligada a programadoras, empacotadoras, distribuidoras ou concessionárias de serviço de radiodifusão de sons e imagens;

b) não estar vinculada a instrumento que, direta ou indiretamente, confira ou objetive conferir a sócios minoritários, quando estes forem programadoras, empacotadoras, distribuidoras ou concessionárias de serviços de radiodifusão de sons e imagens, direito de veto comercial ou qualquer tipo de interferência comercial sobre os conteúdos produzidos;

c) não manter vínculo de exclusividade que a impeça de produzir ou comercializar para terceiros os conteúdos audiovisuais por ela produzidos;

XX - Programação: atividade de seleção, organização ou formatação de conteúdos audiovisuais apresentados na forma de canais de programação, inclusive nas modalidades avulsa de programação e avulsa de conteúdo programado;

XXI - Programadora Brasileira: empresa programadora que execute suas atividades de programação no território brasileiro e que atenda, cumulativamente, as condições previstas nas alíneas *a* a *c* do inciso XVIII deste artigo e cuja gestão, responsabilidade editorial e seleção dos conteúdos do canal de programação sejam privativas de brasileiros natos ou naturalizados há mais de 10 (dez) anos;

XXII - Programadora Brasileira Independente: programadora brasileira que atenda os seguintes requisitos, cumulativamente:

a) não ser controladora, controlada ou coligada a empacotadora ou distribuidora;

b) não manter vínculo de exclusividade que a impeça de comercializar, para qualquer empacotadora, os direitos de exibição ou veiculação associados aos seus canais de programação;

XXIII - Serviço de Acesso Condicionado: serviço de telecomunicações de interesse coletivo prestado no regime privado, cuja recepção é condicionada à contratação remunerada por assinantes e destinado à distribuição de conteúdos audiovisuais na forma de pacotes, de canais nas modalidades avulsa de programação e avulsa de conteúdo programado e de canais de distribuição obrigatória, por meio de tecnologias, processos, meios eletrônicos e protocolos de comunicação quaisquer.

CAPÍTULO II
DOS PRINCÍPIOS FUNDAMENTAIS DA COMUNICAÇÃO AUDIOVISUAL DE ACESSO CONDICIONADO

ART. 3º A comunicação audiovisual de acesso condicionado, em todas as suas atividades, será guiada pelos seguintes princípios:

I - liberdade de expressão e de acesso à informação;

II - promoção da diversidade cultural e das fontes de informação, produção e programação;

III - promoção da língua portuguesa e da cultura brasileira;

IV - estímulo à produção independente e regional;

V - estímulo ao desenvolvimento social e econômico do País;

VI - liberdade de iniciativa, mínima intervenção da administração pública e defesa da concorrência por meio da livre, justa e ampla competição e da vedação ao monopólio e oligopólio nas atividades de comunicação audiovisual de acesso condicionado.

Parágrafo único. Adicionam-se aos princípios previstos nos incisos deste artigo aqueles estabelecidos na Convenção sobre a Proteção e Promoção da Diversidade das Expressões Culturais, aprovada pelo Decreto Legislativo n. 485, de 20 de dezembro de 2006.

CAPÍTULO III
DAS ATIVIDADES DA COMUNICAÇÃO AUDIOVISUAL DE ACESSO CONDICIONADO

ART. 4º São atividades da comunicação audiovisual de acesso condicionado:

I - produção;

II - programação;

III - empacotamento;

IV - distribuição.

§ 1º A atuação em uma das atividades de que trata este artigo não implica restrição de atuação nas demais, exceto nos casos dispostos nesta Lei.

§ 2º Independentemente do objeto ou da razão social, a empresa que atuar em quaisquer das atividades de que trata este artigo será considerada, conforme o caso, produtora, programadora, empacotadora ou distribuidora.

ART. 5º O controle ou a titularidade de participação superior a 50% (cinquenta por cento) do capital total e votante de empresas prestadoras de serviços de telecomunicações de interesse coletivo não poderá ser detido, direta, indiretamente ou por meio de empresa sob controle comum, por concessionárias e permissionárias de radiodifusão sonora e de sons e imagens e por produtoras e programadoras com sede no Brasil, ficando vedado a estas explorar diretamente aqueles serviços.

§ 1º O controle ou a titularidade de participação superior a 30% (trinta por cento) do capital total e votante de concessionárias e permissionárias de radiodifusão sonora e de sons e imagens e de produtoras e programadoras com sede no Brasil não poderá ser detido, direta, indiretamente ou por meio de empresa sob controle comum, por prestadoras de serviços de telecomunicações de interesse coletivo, ficando vedado a estas explorar diretamente aqueles serviços.

§ 2º É facultado às concessionárias e permissionárias de radiodifusão sonora e de sons e imagens e a produtoras e programadoras com sede no Brasil, diretamente ou por meio de empresa sobre a qual detenham controle direto, indireto ou sob controle comum, prestar serviços de telecomunicações exclusivamente para concessionárias e permissionárias dos serviços de radiodifusão sonora e de sons e imagens ou transportar conteúdo audiovisual das produtoras ou programadoras com sede no Brasil para entrega às distribuidoras, desde que no âmbito da própria rede.

§ 3º É facultado às empresas prestadoras de serviços de telecomunicações de interesse coletivo, diretamente ou por meio de empresa sobre a qual detenham controle direto, indireto ou sob controle comum, controlar produtoras e programadoras com sede no Brasil que exerçam atividades exclusivamente destinadas à comercialização de produtos e serviços para o mercado internacional.

ART. 6º As prestadoras de serviços de telecomunicações de interesse coletivo, bem como suas controladas, controladoras ou coligadas, não poderão, com a finalidade de produzir conteúdo audiovisual para sua veiculação no serviço de acesso condicionado ou no serviço de radiodifusão sonora e de sons e imagens:

I - adquirir ou financiar a aquisição de direitos de exploração de imagens de eventos de interesse nacional; e

II - contratar talentos artísticos nacionais de qualquer natureza, inclusive direitos sobre obras de autores nacionais.

Parágrafo único. As restrições de que trata este artigo não se aplicam quando a aquisição ou a contratação se destinar exclusivamente à produção de peças publicitárias.

ART. 7º É vedada a realização de subsídios cruzados, preços discriminatórios ou práticas comerciais, gerenciais ou contábeis que contribuam para a consecução de lucros ou prejuízos artificialmente construídos que busquem dissimular os reais resultados econômicos ou financeiros obtidos, em quaisquer das atividades de comunicação audiovisual de acesso condicionado de que tratam os incisos I a IV do art. 4º, ainda que esses resultados venham a ser compensados por lucros em outras atividades quaisquer, mesmo que exercidas pela mesma empresa.

ART. 8º As normas gerais de proteção à ordem econômica são aplicáveis à comunicação audiovisual de acesso condicionado.

CAPÍTULO IV
DA PRODUÇÃO, PROGRAMAÇÃO E EMPACOTAMENTO DE CONTEÚDO

ART. 9º As atividades de produção, programação e empacotamento são livres para empresas constituídas sob as leis brasileiras e com sede e administração no País.

Parágrafo único. As atividades de programação e de empacotamento serão objeto de regulação e fiscalização pela Agência Nacional do Cinema - Ancine no âmbito das competências atribuídas a ela pela Medida Provisória n. 2.228-1, de 06 de setembro de 2001.

ART. 10. A gestão, a responsabilidade editorial e as atividades de seleção e direção inerentes à programação e ao empacotamento são privativas de brasileiros natos ou naturalizados há mais de 10 (dez) anos.

§ 1º As programadoras e empacotadoras deverão depositar e manter atualizada, na Ancine, relação com a identificação dos profissionais de que trata o *caput* deste artigo, os documentos e atos societários, inclusive os referentes à escolha dos dirigentes e gestores em exercício, das pessoas físicas e jurídicas envolvidas na sua cadeia de controle, cujas informações deverão ficar disponíveis ao conhecimento público, inclusive pela rede mundial de computadores, excetuadas as consideradas confidenciais pela legislação e regulamentação, cabendo à Agência zelar pelo sigilo destas.

§ 2º Para a finalidade de aferição do cumprimento das obrigações previstas nos arts. 16 a 18 desta Lei, as programadoras e empacotadoras deverão publicar, nos seus sítios na rede mundial de computadores, a listagem atualizada dos conteúdos audiovisuais e canais de programação disponibilizados, respectivamente, incluindo sua classificação em conformidade com os tipos definidos nesta Lei.

§ 3º Para efeito do cumprimento do disposto no Capítulo V, a Ancine poderá solicitar à programadora documentos comprobatórios de que o conteúdo exibido é brasileiro, incluindo o Certificado de Produto Brasileiro, para os casos de que trata a Medida Provisória n. 2.228-1, de 06 de setembro de 2001.

ART. 11. Nenhum conteúdo veiculado por meio do Serviço de Acesso Condicionado será exibido sem aviso, antes de sua apresentação, de classificação informando a natureza do conteúdo e as faixas etárias a que não se recomende.

§ 1º O Ministério da Justiça fiscalizará o disposto no *caput* e oficiará à Ancine e à Anatel em caso de seu descumprimento.

§ 2º A Anatel oficiará às distribuidoras sobre os canais de programação em desacordo com o disposto no *caput*, cabendo a elas a cessação da distribuição desses canais após o recebimento da comunicação.

§ 3º A distribuidora deverá ofertar ao assinante dispositivo eletrônico que permita o bloqueio da recepção dos conteúdos transmitidos.

§ 4º (Vetado.)

ART. 12. O exercício das atividades de programação e empacotamento é condicionado a credenciamento perante a Ancine.

Parágrafo único. A Ancine deverá se pronunciar sobre a solicitação do credenciamento no prazo de até 30 (trinta) dias e, em não havendo manifestação contrária da Ancine nesse período, o credenciamento será considerado válido.

ART. 13. As programadoras e empacotadoras credenciadas pela ANCINE deverão prestar as informações solicitadas pela Agência para efeito de fiscalização do cumprimento das obrigações de programação, empacotamento e publicidade.

Parágrafo único. Para efeito de aferição das restrições de capital de que trata esta Lei, além das informações previstas no *caput*, as programadoras deverão apresentar a documentação relativa à composição do seu capital total e votante, cabendo à Ancine zelar pelo sigilo das informações consideradas confidenciais pela legislação e regulamentação.

ART. 14. O art. 1º da Medida Provisória n. 2.228-1, de 06 de setembro de 2001, passa a vigorar acrescido do seguinte § 4º:

‣ Alteração promovida no texto da referida Lei.

ART. 15. O art. 7º da Medida Provisória n. 2.228-1, de 06 de setembro de 2001, passa a vigorar acrescido dos seguintes incisos XVIII a XXI:

‣ Alteração promovida no texto da referida Lei.

CAPÍTULO V
DO CONTEÚDO BRASILEIRO

ART. 16. Nos canais de espaço qualificado, no mínimo 3h30 (três horas e trinta minutos) semanais dos conteúdos veiculados no horário nobre deverão ser brasileiros e integrar espaço qualificado, e metade deverá ser produzida por produtora brasileira independente.

ART. 17. Em todos os pacotes ofertados ao assinante, a cada 3 (três) canais de espaço qualificado existentes no pacote, ao menos 1 (um) deverá ser canal brasileiro de espaço qualificado.

§ 1º Da parcela mínima de canais brasileiros de espaço qualificado de que trata o *caput*, pelo menos 1/3 (um terço) deverá ser programado por programadora brasileira independente.

§ 2º A empacotadora estará obrigada a cumprir o disposto no *caput* até o limite de 12 (doze) canais brasileiros de espaço qualificado.

§ 3º As empacotadoras que ofertarem pacotes distribuídos por tecnologias que possibilitem distribuir, no máximo, pacotes com até 31 (trinta e um) canais de programação estarão obrigadas a cumprir o disposto no *caput* deste artigo até o limite de 3 (três) canais, bem como serão dispensadas do cumprimento do disposto no art. 18.

§ 4º Dos canais brasileiros de espaço qualificado a serem veiculados nos pacotes, ao menos 2 (dois) canais deverão veicular, no mínimo, 12 (doze) horas diárias de conteúdo audiovisual brasileiro produzido por produtora brasileira independente, 3 (três) das quais em horário nobre.

§ 5º A programadora de pelo menos um dos canais de que trata o § 4º não poderá ser controlada, controladora ou coligada a concessionária de serviço de radiodifusão de sons e imagens.

ART. 18. Nos pacotes em que houver canal de programação gerado por programadora brasileira que possua majoritariamente conteúdos jornalísticos no horário nobre, deverá ser ofertado pelo menos um canal adicional de programação com as mesmas características no mesmo pacote ou na modalidade avulsa de programação, observado o disposto no § 4º do art. 19.

Parágrafo único. As programadoras dos canais de que trata o *caput* deste artigo não poderão deter relação de controle ou coligação entre si.

ART. 19. Para efeito do cumprimento do disposto nos arts. 16 e 17, serão desconsiderados:

I - os canais de programação de distribuição obrigatória de que trata o art. 32, ainda que veiculados em localidade distinta daquela em que é distribuído o pacote;

II - os canais de programação que retransmitirem canais de geradoras detentoras de outorga de radiodifusão de sons e imagens em qualquer localidade;

III - os canais de programação operados sob a responsabilidade do poder público;

IV - os canais de programação cuja grade de programação não tenha passado por qualquer modificação para se adaptar ao público brasileiro, incluindo legendagem, dublagem para língua portuguesa ou publicidade específica para o mercado brasileiro;

V - os canais de programação dedicados precipuamente à veiculação de conteúdos de cunho erótico;

VI - os canais ofertados na modalidade avulsa de programação;

VII - os canais de programação ofertados em modalidade avulsa de conteúdo programado.

§ 1º Para os canais de que trata o inciso VI, aplica-se o disposto no art. 16.

§ 2º Na oferta dos canais de que trata o inciso VII, no mínimo 10% (dez por cento) dos conteúdos ofertados que integrarem espaço qualificado deverão ser brasileiros.

§ 3º O cumprimento da obrigação de que trata o § 2º será aferido em conformidade com período de apuração estabelecido pela Ancine.

§ 4º Para efeito do cumprimento do disposto no art. 18, serão desconsiderados os canais de que tratam os incisos III, IV, V e VII do *caput* deste artigo.

ART. 20. A programadora ou empacotadora, no cumprimento das obrigações previstas nos arts. 16 a 18, observará as seguintes condições:

I - pelo menos a metade dos conteúdos audiovisuais deve ter sido produzida nos 7 (sete) anos anteriores à sua veiculação;

II - o conteúdo produzido por brasileiro nato ou naturalizado há mais de 10 (dez) anos será equiparado ao produzido por produtora brasileira;

III - o conteúdo produzido por brasileiro nato ou naturalizado há mais de 10 (dez) anos será equiparado ao produzido por produtora brasileira independente, caso seu produtor atenda as condições previstas na alínea c do inciso XIX do art. 2º;

IV - quando o cálculo dos percentuais e razões não resultar em número inteiro exato, considerar-se-á a parte inteira do resultado.

ART. 21. Em caso de comprovada impossibilidade de cumprimento integral do disposto nos arts. 16 a 18, o interessado deverá submeter solicitação de dispensa à Ancine, que, caso reconheça a impossibilidade alegada, pronunciar-se-á sobre as condições e limites de cumprimento desses artigos.

ART. 22. Regulamentação da Ancine disporá sobre a fixação do horário nobre, respeitado o limite máximo de 7 (sete) horas diárias para canais de programação direcionados para crianças e adolescentes e de 6 (seis) horas para os demais canais de programação.

ART. 23. Nos 2 (dois) primeiros anos de vigência desta Lei, o número de horas de que trata o *caput* do art. 16, as resultantes das razões estipuladas no *caput* e no § 1º do art. 17 e o limite de que trata o § 3º do art. 17 serão reduzidos nas seguintes razões:

I - 2/3 (dois terços) no primeiro ano de vigência da Lei;

II - 1/3 (um terço) no segundo ano de vigência da Lei.

ART. 24. O tempo máximo destinado à publicidade comercial em cada canal de programação deverá ser igual ao limite estabelecido para o serviço de radiodifusão de sons e imagens.

Parágrafo único. O disposto no *caput* deste artigo não se aplica aos canais de que trata o art. 32 desta Lei e aos canais exclusivos de publicidade comercial, de vendas e de infomerciais.

ART. 25. Os programadores não poderão ofertar canais que contenham publicidade de serviços e produtos em língua portuguesa, legendada em português ou de qualquer forma direcionada ao público brasileiro, com veiculação contratada no exterior, senão por meio de agência de publicidade nacional.

▸ ADIn 4.679 (O STF declarou a inconstitucionalidade deste artigo. DJ, 05.04.2018.)

§ 1º A Ancine fiscalizará o disposto no *caput* e oficiará à Anatel e à Secretaria da Receita Federal do Brasil em caso de seu descumprimento.

§ 2º A Anatel oficiará às distribuidoras sobre os canais de programação em desacordo com o disposto no § 1º, cabendo a elas a cessação da distribuição desses canais após o recebimento da comunicação.

CAPÍTULO VI DO ESTÍMULO À PRODUÇÃO AUDIOVISUAL

ART. 26. O Anexo I da Medida Provisória n. 2.228-1, de 06 de setembro de 2001, passa a vigorar acrescido do quadro constante do Anexo desta Lei, e seus arts. 32, 33, 35, 36, 38 e 39 passam a vigorar com a seguinte redação, renumerando-se o parágrafo único do art. 38 para § 1º.

▸ Alterações promovidas no texto da referida Medida Provisória.

ART. 27. O art. 4º da Lei 11.437, de 28 de dezembro de 2006, passa a vigorar com a seguinte redação:

▸ Alteração promovida no texto da referida Lei.

ART. 28. O *caput* do art. 8º da Lei 5.070, de 07 de julho de 1966, passa a vigorar com a seguinte redação:

▸ Alteração promovida no texto da referida Lei.

CAPÍTULO VII DA DISTRIBUIÇÃO DE CONTEÚDO PELAS PRESTADORAS DO SERVIÇO DE ACESSO CONDICIONADO

ART. 29. A atividade de distribuição por meio do serviço de acesso condicionado é livre para empresas constituídas sob as leis brasileiras, com sede e administração no País, sendo regida pelas disposições previstas nesta Lei, na Lei 9.472, de 16 de julho de 1997, e na regulamentação editada pela Agência Nacional de Telecomunicações - Anatel.

Parágrafo único. A Anatel regulará e fiscalizará a atividade de distribuição.

ART. 30. As distribuidoras e empacotadoras não poderão, diretamente ou por intermédio de suas controladas, controladoras ou coligadas inserir ou associar qualquer tipo de publicidade ou conteúdo audiovisual nos canais de programação ou nos conteúdos audiovisuais avulsos veiculados sem a prévia e expressa autorização do titular do canal de programação ou do conteúdo a ser veiculado, respectivamente.

ART. 31. As prestadoras do serviço de acesso condicionado somente poderão distribuir conteúdos empacotados por empresa regularmente credenciada pela Ancine, observado o § 2º do art. 4º desta Lei.

§ 1º As prestadoras do serviço de acesso condicionado deverão tornar pública a empacotadora do pacote por ela distribuído.

§ 2º A distribuidora não poderá ofertar aos assinantes pacotes que estiverem em desacordo com esta Lei.

ART. 32. A prestadora do serviço de acesso condicionado, em sua área de prestação, independentemente de tecnologia de distribuição empregada, deverá tornar disponíveis, sem quaisquer ônus ou custos adicionais para seus assinantes, em todos os pacotes ofertados, canais de programação de distribuição obrigatória para as seguintes destinações:

I - canais destinados à distribuição integral e simultânea, sem inserção de qualquer informação, do sinal aberto e não codificado, transmitido em tecnologia analógica pelas geradoras locais de radiodifusão de sons e imagens, em qualquer faixa de frequências, nos limites territoriais da área de cobertura da concessão;

II - um canal reservado para a Câmara dos Deputados, para a documentação dos seus trabalhos, especialmente a transmissão ao vivo das sessões;

III - um canal reservado para o Senado Federal, para a documentação dos seus trabalhos, especialmente a transmissão ao vivo das sessões;

IV - um canal reservado ao Supremo Tribunal Federal, para a divulgação dos atos do Poder Judiciário e dos serviços essenciais à Justiça;

V - um canal reservado para a prestação de serviços de radiodifusão pública pelo Poder Executivo, a ser utilizado como instrumento de universalização dos direitos à informação, à comunicação, à educação e à cultura, bem como dos outros direitos humanos e sociais;

VI - um canal reservado para a emissora oficial do Poder Executivo;

VII - um canal educativo e cultural, organizado pelo Governo Federal e destinado para o desenvolvimento e aprimoramento, entre outros, do ensino a distância de alunos e capacitação de professores, assim como para a transmissão de produções culturais e programas regionais;

VIII - um canal comunitário para utilização livre e compartilhada por entidades não governamentais e sem fins lucrativos;

IX - um canal de cidadania, organizado pelo Governo Federal e destinado para a transmissão de programações das comunidades locais, para divulgação de atos, trabalhos, projetos, sessões e eventos dos poderes públicos federal, estadual e municipal;

X - um canal legislativo municipal/estadual, reservado para o uso compartilhado entre as Câmaras de Vereadores localizadas nos Municípios da área de prestação do serviço e a Assembleia Legislativa do respectivo Estado ou para uso da Câmara Legislativa do Distrito Federal, destinado para a divulgação dos trabalhos parlamentares, especialmente a transmissão ao vivo das sessões;

XI - um canal universitário, reservado para o uso compartilhado entre as instituições de ensino superior localizadas no Município ou Municípios da área de prestação do serviço, devendo a reserva atender a seguinte ordem de precedência:

a) universidades;

b) centros universitários;

c) demais instituições de ensino superior.

§ 1º A programação dos canais previstos nos incisos II e III deste artigo poderá ser apresentada em um só canal, se assim o decidir a Mesa do Congresso Nacional.

§ 2º A cessão às distribuidoras das programações das geradoras de que trata o inciso I deste artigo será feita a título gratuito e obrigatório.

§ 3º A distribuidora do serviço de acesso condicionado não terá responsabilidade sobre o conteúdo da programação veiculada nos canais previstos neste artigo nem estará obrigada a fornecer infraestrutura para as atividades de produção, programação ou empacotamento.

§ 4º As programadoras dos canais de que tratam os incisos II a XI deste artigo deverão viabilizar, a suas expensas, a entrega dos sinais dos canais nas instalações indicadas pelas distribuidoras, nos termos e condições técnicas estabelecidos pela Anatel.

§ 5º Os canais previstos nos incisos II a XI deste artigo não terão caráter privado, sendo vedadas a veiculação remunerada de anúncios e outras práticas que configurem comercialização de seus intervalos, assim como a transmissão de publicidade comercial, ressalvados os casos de patrocínio de programas, eventos e projetos veiculados sob a forma de apoio cultural.

§ 6º Os canais de que trata este artigo deverão ser ofertados em bloco e em ordem numérica virtual sequencial, sendo vedado intercalá-los com outros canais de programações, respeitada a ordem de alocação dos canais no serviço de radiodifusão de sons e imagens, inclusive em tecnologia digital, de cada localidade.

§ 7º Em caso de inviabilidade técnica ou econômica, o interessado estará desobrigado do cumprimento do disposto no § 6º deste artigo e deverá comunicar o fato à Anatel, que deverá ou não aquiescer no prazo de 90 (noventa) dias do comunicado, sob pena de aceitação tácita mediante postura silente em função de decurso de prazo.

§ 8º Em casos de inviabilidade técnica ou econômica comprovada, a Anatel determinará a não obrigatoriedade da distribuição de parte ou da totalidade dos canais de que trata este artigo nos meios de distribuição considerados inapropriados para o transporte desses canais em parte ou na totalidade das localidades servidas pela distribuidora.

§ 9º Na hipótese da determinação da não obrigatoriedade da distribuição de parte dos canais de que trata este artigo, a Anatel disporá sobre quais canais de programação deverão ser ofertados pelas distribuidoras aos usuários, observando-se a isonomia entre os canais de que trata o inciso I deste artigo de uma mesma localidade, priorizando após as geradoras locais de conteúdo nacional ao menos um canal religioso em cada localidade, caso existente, na data da promulgação desta Lei.

§ 10. Ao distribuir os canais de que trata este artigo, a prestadora do serviço de acesso condicionado não poderá efetuar alterações de qualquer natureza nas programações desses canais.

§ 11. O disposto neste artigo não se aplica aos distribuidores que ofertarem apenas modalidades avulsas de conteúdo.

§ 12. A geradora local de radiodifusão de sons e imagens de caráter privado poderá, a seu critério, ofertar sua programação transmitida com tecnologia digital para as distribuidoras de forma isonômica e não discriminatória, nas condições comerciais pactuadas entre as partes e nos termos técnicos estabelecidos pela Anatel, ficando, na hipótese de pactuação, facultada à prestadora do serviço de acesso condicionado a descontinuidade da transmissão da programação com tecnologia analógica prevista no inciso I deste artigo.

§ 13. Caso não seja alcançado acordo quanto às condições comerciais de que trata o § 12, a geradora local de radiodifusão de sons e imagens de caráter privado poderá, a seu critério, exigir que sua programação transmitida com tecnologia digital seja distribuída gratuitamente na área de prestação do serviço de acesso condicionado, desde que a tecnologia de transmissão empregada pelo distribuidor e de recepção disponível pelo assinante assim o permitam, de acordo com critérios estabelecidos em regulamentação da Anatel.

§ 14. Na hipótese de que trata o § 13, a cessão da programação em tecnologia digital não ensejará pagamento por parte da distribuidora, que ficará desobrigada de ofertar aos assinantes a programação em tecnologia analógica.

§ 15. Equiparam-se às geradoras de que trata o inciso I deste artigo as retransmissoras habilitadas a operar em regiões de fronteira de desenvolvimento do País que realizarem inserções locais de programação e publicidade, inclusive as que operarem na Amazônia Legal.

§ 16. É facultado à geradora de radiodifusão que integre rede nacional proibir que seu sinal seja distribuído mediante serviço de acesso condicionado fora dos limites territoriais de sua área de concessão, bem como vedar que o sinal de outra geradora integrante da mesma rede seja distribuído mediante serviço de acesso condicionado nos limites territoriais alcançados pela transmissão de seus sinais via radiodifusão.

§ 17. Na distribuição dos canais de que trata este artigo, deverão ser observados os critérios de qualidade técnica estabelecidos pela Anatel, sendo que, para os canais de que trata o inciso I, é de exclusiva responsabilidade da prestadora do serviço de acesso condicionado a recepção do sinal das geradoras para sua distribuição aos assinantes.

§ 18. A Anatel regulamentará os critérios de compartilhamento do canal de que trata o inciso XI entre entidades de uma mesma área de prestação de serviço.

§ 19. A programação dos canais previstos nos incisos VIII e IX deste artigo poderá ser apresentada em um só canal, se assim o decidirem os responsáveis por esses canais.

§ 20. A dispensa da obrigação de distribuição de canais nos casos previstos no § 8º deverá ser solicitada pela interessada à Anatel, que deverá se manifestar no prazo de 90 (noventa) dias do recebimento da solicitação, sob pena de aceitação tácita mediante postura silente em função de decurso de prazo.

§ 21. Nas localidades onde não houver concessão para exploração do serviço de radiodifusão de sons e imagens, caso o sinal de geradora ou retransmissora de radiodifusão de sons e imagens em tecnologia analógica alcance os limites territoriais dessa localidade, a distribuidora deverá distribuir esse sinal, vedada a distribuição de programação coincidente e observado o disposto nos §§ 7º a 9º e 16.

CAPÍTULO VIII
DOS ASSINANTES DO SERVIÇO DE ACESSO CONDICIONADO

ART. 33. São direitos do assinante do serviço de acesso condicionado, sem prejuízo do disposto na Lei 8.078, de 11 de setembro de 1990 (Código de Defesa do Consumidor), e nas demais normas aplicáveis às relações de consumo e aos serviços de telecomunicações:

I - conhecer, previamente, o tipo de programação a ser exibida;

II - contratar com a distribuidora do serviço de acesso condicionado os serviços de instalação e manutenção dos equipamentos necessários à recepção dos sinais;

III - (Vetado.);

IV - relacionar-se apenas com a prestadora do serviço de acesso condicionado da qual é assinante;

V - receber cópia impressa ou em meio eletrônico dos contratos assim que formalizados;

VI - ter a opção de contratar exclusivamente, de forma onerosa, os canais de distribuição obrigatória de que trata o art. 32.

ART. 34. As prestadoras do serviço de acesso condicionado deverão atender os usuários em bases não discriminatórias, exceto se a discriminação for necessária para o alcance de objetivos sociais relevantes suportados por políticas públicas que a justifiquem.

CAPÍTULO IX
DAS SANÇÕES E PENALIDADES

ART. 35. O não cumprimento do disposto nesta Lei por prestadora do serviço de acesso condicionado implicará a aplicação das penalidades previstas na Lei 9.472, de 16 de julho de 1997.

ART. 36. A empresa no exercício das atividades de programação ou empacotamento da comunicação audiovisual de acesso condicionado que descumprir quaisquer das obrigações dispostas nesta Lei sujeitar-se-á às seguintes sanções aplicáveis pela Ancine, sem prejuízo de outras previstas em lei, inclusive as de natureza civil e penal:

I - advertência;

II - multa, inclusive diária;

III - suspensão temporária do credenciamento;

IV - cancelamento do credenciamento.

§ 1º Na aplicação de sanções, serão considerados a natureza e a gravidade da infração, os danos dela resultantes para os assinantes, a vantagem auferida pelo infrator, as circunstâncias agravantes, os antecedentes do infrator e a reincidência específica, entendida como a repetição de falta de igual natureza após decisão administrativa anterior.

§ 2º Nas infrações praticadas por pessoa jurídica, também serão punidos com a sanção de multa seus administradores ou controladores, quando tiverem agido de má-fé.

§ 3º A existência de sanção anterior será considerada como agravante na aplicação de outra sanção.

§ 4º A multa poderá ser imposta isoladamente ou em conjunto com outra sanção, não devendo ser inferior a R$ 2.000,00 (dois mil reais) nem superior a R$ 5.000.000,00 (cinco milhões de reais) para cada infração cometida.

§ 5º Na aplicação de multa, serão considerados a condição econômica do infrator e o princípio da proporcionalidade entre a gravidade da falta e a intensidade da sanção.

§ 6º A suspensão temporária do credenciamento, que não será superior a 30 (trinta) dias, será imposta em caso de infração grave cujas circunstâncias não justifiquem o cancelamento do credenciamento.

CAPÍTULO X
DISPOSIÇÕES FINAIS E TRANSITÓRIAS

ART. 37. Revogam-se o art. 31 da Medida Provisória n. 2.228-1, de 06 de setembro de 2001, e os dispositivos constantes dos Capítulos I a IV, VI e VIII a XI da Lei 8.977, de 06 de janeiro de 1995.

§ 1º Os atos de outorga de concessão e respectivos contratos das atuais prestadoras do Serviço de TV a Cabo - TVC, os termos de autorização já emitidos para as prestadoras do Serviço de Distribuição de Canais Multiponto Multicanal - MMDS e do Serviço de Distribuição de Sinais de Televisão e de Áudio por Assinatura Via Satélite - DTH, assim como os atos de autorização de uso de radiofrequência das prestadoras do MMDS e do Serviço Especial de Televisão por Assinatura - TVA, continuarão em vigor, sem prejuízo da adaptação aos condicionamentos relativos à programação e empacotamento previstos no Capítulo V, até o término dos prazos de validade neles consignados, respeitada a competência da Anatel quanto à regulamentação do uso e à administração do espectro de radiofrequências, devendo a Agência, no que couber, adequar a regulamentação desses serviços às disposições desta Lei.

§ 2º A partir da aprovação do regulamento do serviço de acesso condicionado, as atuais prestadoras de TVC, MMDS, DTH e TVA, desde que preenchidas as condições objetivas e subjetivas necessárias, poderão solicitar à Anatel a adaptação das respectivas outorgas para termos de autorização para prestação do serviço de acesso condicionado, assegurando-se o direito de uso de radiofrequência pelos prazos remanescentes, na forma prevista na legislação pertinente e na regulamentação editada pela Anatel, em especial a de uso da radiofrequência.

§ 3º As prestadoras de TVC, MMDS, DTH e TVA que tiverem suas outorgas adaptadas para prestação do serviço de acesso condicionado deverão assegurar a continuidade da prestação dos serviços aos seus assinantes, com preços similares ou inferiores aos por elas praticados, na mesma área de prestação dos serviços.

§ 4º O disposto nos arts. 16 a 18 desta Lei será aplicado a partir de 180 (cento e oitenta) dias da data de vigência desta Lei a todas as empresas que exerçam atividades de programação ou empacotamento, inclusive aquelas cujos canais ou pacotes sejam distribuídos mediante os serviços de TVC, MMDS, DTH e TVA, independentemente das obrigações dispostas nos demais parágrafos deste artigo relativas à atividade de distribuição mediante serviço de acesso condicionado, TVC, MMDS, DTH e TVA.

§ 5º Não serão devidas compensações financeiras às prestadoras dos serviços mencionados no § 1º nos casos de adaptação de outorgas de que trata este artigo.

§ 6º Até a aprovação do regulamento do serviço de acesso condicionado, só serão admitidas pela Anatel renovações de outorgas, de autorização do direito de uso de radiofequências, alterações na composição societária da prestadora, bem como transferências de outorgas, de controle ou demais alterações de instrumentos contratuais referentes à prestação dos serviços mencionados no § 1º para prestadoras que se comprometerem com a Anatel a promover a adaptação de seus instrumentos de outorga para o serviço de acesso condicionado imediatamente após a aprovação do regulamento, que conterá os critérios de adaptação.

§ 7º Após a aprovação do regulamento do serviço de acesso condicionado pela Anatel, só serão admitidas renovações e transferências de outorgas, de controle, renovações de autorização do direito de uso de radiofrequência, alterações na composição societária da prestadora ou demais alterações de instrumentos contratuais referentes à prestação dos serviços mencionados no § 1º para prestadoras que adaptarem seus instrumentos de outorga para o serviço de acesso condicionado.

§ 8º A partir da aprovação desta Lei, não serão outorgadas novas concessões ou autorizações para a prestação dos serviços de TVC, DTH, MMDS e TVA.

§ 9º A outorga para a prestação do serviço de acesso condicionado estará condicionada à não detenção de outorgas para os serviços de TV a Cabo - TVC, de Distribuição de Canais Multiponto Multicanal - MMDS, de Distribuição de Sinais de Televisão e de Áudio por Assinatura Via Satélite - DTH ou Especial de Televisão por Assinatura - TVA pela interessada ou por suas controladas, controladoras ou coligadas, bem como à adaptação de todas as outorgas da interessada e de suas controladas, controladoras ou coligadas para termos de autorização para prestação do serviço de acesso condicionado, nos termos dos §§ 2º e 6º.

§ 10. A Anatel deverá adotar as medidas necessárias para o tratamento da solicitação de que tratam os §§ 2º e 6º e se pronunciar sobre ela no prazo máximo de 90 (noventa) dias do seu recebimento.

§ 11. As atuais concessões para a prestação de TVA cujos atos de autorização de uso de radiofrequência estejam em vigor, ou dentro de normas e regulamentos editados pela Anatel, até a data da promulgação desta Lei, poderão ser adaptadas para prestação do serviço de acesso condicionado, nas condições estabelecidas nesta Lei, permanecendo, neste caso, vigentes os atos de autorização de uso de radiofrequência associados pelo prazo remanescente da outorga, contado da data de vencimento de cada outorga individualmente, não sendo objeto de renovação adicional.

§ 12. Não se aplica o disposto nos arts. 5º e 6º aos detentores de autorizações para a prestação de TVA.

§ 13. O disposto nos §§ 1º, 2º e 11 deste artigo não retira da Anatel a competência para alterar a destinação de radiofrequências ou faixas prevista no art. 161 da Lei 9.472, de 16 de julho de 1997.

§ 14. As solicitações de que tratam os §§ 2º e 6º serão consideradas automaticamente aprovadas caso a Anatel não se pronuncie sobre elas no prazo estabelecido no § 10.

§ 15. O art. 24 da Lei 8.977, de 06 de janeiro de 1995, passa a vigorar com a seguinte redação:

▸ Alteração promovida no texto da referida Lei.

§ 16. Aplicam-se às distribuidoras dos serviços de TVC, MMDS e DTH o disposto nos incisos XIX e XXII do art. 2º, nos §§ 1º e 2º do art. 4º e nos arts. 7º, 8º, 11, 30 e 31 desta Lei.

§ 17. No caso das prestadoras de TVC, para efeito do cumprimento do disposto nos arts. 16 a 18 desta Lei, serão desconsiderados os canais de que trata o art. 23 da Lei 8.977, de 06 de janeiro de 1995.

§ 18. A concessionária do STFC - Serviço Telefônico Fixo Comutado poderá solicitar, a qualquer tempo, a adequação do contrato de concessão para eliminação das restrições que vedem a possibilidade de que a concessionária do serviço e suas coligadas, controladas ou controladoras prestem serviço de TVC, inclusive nas áreas geográficas de prestação do serviço objeto da referida concessão, desde que se comprometam com a adaptação obrigatória de que tratam os §§ 2º, 6º, 7º e 9º.

§ 19. A Anatel adotará todas as medidas necessárias para o tratamento da solicitação de que trata o § 18, publicando formalmente o ato de aprovação quanto ao solicitado no prazo máximo de 90 (noventa) dias do seu recebimento.

§ 20. O disposto no art. 32 aplica-se aos serviços de TVC, MMDS e DTH.

ART. 38. O art. 86 da Lei 9.472, de 16 de julho de 1997, passa a vigorar com a seguinte redação:

▸ Alteração promovida no texto da referida Lei.

§ 1º A concessionária do STFC poderá solicitar, a qualquer tempo, a adequação do contrato de concessão às disposições deste artigo.

§ 2º A Anatel deverá adotar as medidas necessárias para o tratamento da solicitação de que trata o § 1º e pronunciar-se sobre ela em até 90 (noventa) dias do seu recebimento, cabendo à Anatel, se for o caso, promover as alterações necessárias ao contrato de concessão, considerando-se os critérios e condições previstos no parágrafo único do art. 86 da Lei 9.472, de 16 de julho de 1997.

ART. 39. As prestadoras dos serviços de TV a Cabo - TVC, de Distribuição de Canais Multiponto Multicanal - MMDS, de Distribuição de Sinais de Televisão e de Áudio por Assinatura Via Satélite - DTH e Especial de Televisão por Assinatura - TVA, bem como suas controladas, controladoras ou coligadas, não poderão fazer uso de recursos do Fundo Nacional da Cultura, criado pela Lei 7.505, de 02 de julho de 1986, restabelecido pela Lei 8.313, de 23 de dezembro de 1991, ou dos mecanismos de fomento e de incentivo previstos nas Leis n. 8.685, de 20 de julho de 1993, e n. 8.313, de 23 de dezembro de 1991.

ART. 40. O art. 5º passa a viger 1 (um) ano após a promulgação desta Lei; o inciso I do *caput* do art. 20 passa a viger 4 (quatro) anos após a promulgação desta Lei; o art. 18 passa a viger 1 (um) ano após a promulgação desta Lei e os arts. 26 a 28 produzirão efeitos a partir do ano seguinte à sua publicação.

ART. 41. Os arts. 16 a 23 deixarão de viger após 12 (doze) anos da promulgação desta Lei.

ART. 42. A Anatel e a Ancine, no âmbito de suas respectivas competências, regulamentarão as disposições desta Lei em até 180 (cento e oitenta) dias da sua publicação, ouvido o parecer do Conselho de Comunicação Social.

Parágrafo único. Caso o Conselho de Comunicação Social não se manifeste no prazo de 30 (trinta) dias do recebimento das propostas de regulamento, estas serão consideradas referendadas pelo Conselho.

ART. 43. Esta Lei entra em vigor na data de sua publicação.

Brasília, 12 de setembro de 2011; 190º da Independência e 123º da República.

DILMA ROUSSEFF

▸ Optamos, nesta edição, pela não publicação dos Anexos.

LEI N. 12.487, DE 15 DE SETEMBRO DE 2011

Institui, no âmbito do Ministério da Educação, o plano especial de recuperação da rede física escolar pública, com a finalidade de prestar assistência financeira para recuperação das redes físicas das escolas públicas estaduais, do Distrito Federal e municipais afetadas por desastres.

▸ *DOU*, 16.09.2011.

A Presidenta da República. Faço saber que o Congresso Nacional decreta e eu sanciono a seguinte Lei:

ART. 1º Fica instituído, no âmbito do Ministério da Educação, o plano especial de recuperação da rede física escolar pública, com a finalidade de prestar assistência financeira para recuperação das redes físicas das escolas públicas estaduais, do Distrito Federal e municipais afetadas por desastres, incluindo as bibliotecas escolares, na forma desta Lei.

Parágrafo único. O plano especial de recuperação da rede física escolar pública atenderá a Estados, Distrito Federal e Municípios que tenham decretado situação de emergência ou estado de calamidade pública que comprometam o funcionamento regular dos respectivos sistemas de ensino, na forma da legislação aplicável.

ART. 2º O plano especial de recuperação da rede física escolar pública tem como objetivos:

I - reequipar as escolas municipais, estaduais ou do Distrito Federal que tenham sofrido prejuízos ocasionados por desastres;

II - reconstruir, reformar ou adequar a infraestrutura física predial das escolas públicas municipais, estaduais ou do Distrito Federal atingidas por desastres;

III - prover outras ações necessárias para garantir a manutenção do atendimento aos alunos das escolas atingidas.

Parágrafo único. As intervenções realizadas no âmbito do plano constante do *caput* serão executadas contemplando-se as normas de acessibilidade para pessoas com deficiência.

ART. 3º O plano especial de recuperação da rede física escolar pública será executado pelo Fundo Nacional de Desenvolvimento da Educação - FNDE por meio de transferência direta de recursos financeiros aos entes previstos no parágrafo único do art. 1º, com base nos impactos causados na rede escolar pública.

§ 1º A transferência prevista no *caput* será efetivada pelo FNDE, sem necessidade de convênio, acordo, contrato, ajuste ou instrumento congênere, mediante depósito em conta-corrente específica em parcela única, até o 10º (décimo) dia útil após a aprovação do crédito orçamentário para a finalidade.

§ 2º O Conselho Deliberativo do FNDE disporá, em ato próprio, sobre os demais critérios de distribuição dos recursos e os procedimentos operacionais para execução e prestação de contas do plano especial de recuperação da rede física escolar pública.

§ 3º A transferência de que trata o § 1º dependerá da apresentação de declaração do beneficiário, informando as escolas a serem atendidas, vedada a inclusão de escolas interditadas, salvo quando a obra de reconstrução se destinar a remover o motivo da interdição ou tornar a escola segura.

ART. 4º A prestação de contas dos recursos recebidos à conta do plano especial de recuperação da rede física escolar pública deverá ser apresentada pelos seus beneficiários na forma e nos prazos definidos pelo FNDE.

§ 1º Os eventuais saldos de recursos financeiros remanescentes na data da prestação de contas poderão ser reprogramados para utilização em período subsequente, com estrita observância ao objeto de sua transferência, nos termos a serem definidos pelo Conselho Deliberativo do FNDE.

§ 2º Os beneficiários disponibilizarão, sempre que solicitados, a documentação do plano especial de recuperação da rede física escolar pública ao Tribunal de Contas da União, ao FNDE, aos órgãos de controle interno do Poder Executivo federal e aos conselhos de que trata o art. 24 da Lei 11.494, de 20 de junho de 2007.

§ 3º Os beneficiários deverão ainda realizar audiências públicas com a comunidade local a fim de prestar contas dos recursos que foram utilizados.

ART. 5º O acompanhamento e o controle social sobre a transferência e aplicação dos recursos repassados à conta do plano especial de recuperação da rede física escolar pública serão exercidos em âmbito municipal, estadual e do Distrito Federal pelos conselhos previstos no art. 24 da Lei 11.494, de 20 de junho de 2007.

§ 1º Os conselhos a que se refere o *caput* analisarão as prestações de contas dos recursos repassados à conta do plano especial de recuperação da rede física escolar pública e encaminharão ao FNDE demonstrativo sintético anual da execução físico-financeira, com parecer conclusivo acerca da aplicação dos recursos transferidos.

§ 2º A fiscalização da aplicação dos recursos financeiros relativos à execução do plano especial de recuperação de rede física escolar pública é de competência do FNDE, do Tribunal de Contas da União e dos órgãos de controle interno do Poder Executivo federal, sem prejuízo da competência própria dos demais órgãos federais, estaduais, distritais e municipais de controle.

ART. 6º As despesas do plano especial de recuperação da rede física escolar pública correrão à conta de dotações específicas consignadas ao FNDE, observadas as limitações de movimentação, empenho e pagamento na forma da legislação orçamentária e financeira.

ART. 7º Os valores transferidos à conta do plano especial de recuperação da rede física escolar pública não poderão ser considerados pelos beneficiários para fins de cumprimento do disposto no art. 212 da Constituição Federal.

ART. 8º Esta Lei entra em vigor na data de sua publicação.

Brasília, 15 de setembro de 2011; 190º da Independência e 123º da República.

DILMA ROUSSEFF

LEI N. 12.505, DE 11 DE OUTUBRO DE 2011

Concede anistia aos policiais e bombeiros militares dos Estados de Alagoas, de Goiás, do Maranhão, de Minas Gerais, da Paraíba, do Piauí, do Rio de Janeiro, de Rondônia, de Sergipe, do Tocantins, da Bahia, do Ceará, de Mato Grosso, de Pernambuco, do Rio Grande do Norte, de Roraima, de Santa Catarina, do Amazonas, do Pará, do Acre, de Mato Grosso do Sul, do Paraná e do Distrito Federal.

- Ementa alterada pela Lei 13.293/2016.
- *DOU*, 13.10.2011.

A Presidenta da República. Faço saber que o Congresso Nacional decreta e eu sanciono a seguinte Lei:

ART. 1º É concedida anistia aos policiais e bombeiros militares que participaram de movimentos reivindicatórios por melhorias de vencimentos e condições de trabalho ocorridos: (Alterado pela Lei 13.293/2016.)

I - entre o dia 1º de janeiro de 1997 e a data de publicação desta Lei, inclusive, nos Estados de Alagoas, de Goiás, do Maranhão, de Minas Gerais, da Paraíba, do Piauí, do Rio de Janeiro, de Rondônia, de Sergipe e do Tocantins; (Alterado pela Lei 13.293/2016.)

II - entre a data de publicação da Lei n. 12.191, de 13 de janeiro de 2010, e a data de publicação desta Lei, inclusive, nos Estados da Bahia, do Ceará, de Mato Grosso, de Pernambuco, do Rio Grande do Norte, de Roraima, de Santa Catarina, do Amazonas, do Pará, do Acre, de Mato Grosso do Sul, do Maranhão, de Alagoas, do Rio de Janeiro, da Paraíba, do Paraná e do Distrito Federal. (Alterado pela Lei 13.293/2016.)

ART. 2º A anistia de que trata esta Lei abrange os crimes definidos no Decreto-Lei n. 1.001, de 21 de outubro de 1969 - Código Penal Militar, e na Lei n. 7.170, de 14 de dezembro de 1983 - Lei de Segurança Nacional, e as infrações disciplinares conexas, não incluindo os crimes definidos no Decreto-Lei n. 2.848, de 7 de dezembro de 1940 - Código Penal, e nas demais leis penais especiais. (Alterado pela Lei 13.293/2016.)

ART. 3º Esta Lei entra em vigor na data de sua publicação.

Brasília, 11 de outubro de 2011; 190º da Independência e 123º da República.

DILMA ROUSSEFF

LEI N. 12.512, DE 14 DE OUTUBRO DE 2011

Institui o Programa de Apoio à Conservação Ambiental e o Programa de Fomento às Atividades Produtivas Rurais; altera as Leis n. 10.696, de 02 de julho de 2003, 10.836, de 09 de janeiro de 2004, e 11.326, de 24 de julho de 2006.

- *DOU*, 17.10.2011.

A Presidenta da República. Faço saber que o Congresso Nacional decreta e eu sanciono a seguinte Lei:

CAPÍTULO I
DO PROGRAMA DE APOIO À CONSERVAÇÃO AMBIENTAL

ART. 1º Fica instituído o Programa de Apoio à Conservação Ambiental, com os seguintes objetivos:

I - incentivar a conservação dos ecossistemas, entendida como sua manutenção e uso sustentável;

II - promover a cidadania, a melhoria das condições de vida e a elevação da renda da população em situação de extrema pobreza que exerça atividades de conservação dos recursos naturais no meio rural nas áreas definidas no art. 3º; e

III - incentivar a participação de seus beneficiários em ações de capacitação ambiental, social, educacional, técnica e profissional.

Parágrafo único. A execução do Programa de Apoio à Conservação Ambiental ficará sob a responsabilidade do Ministério do Meio Ambiente, ao qual caberá definir as normas complementares do Programa.

ART. 2º Para cumprir os objetivos do Programa de Apoio à Conservação Ambiental, a União fica autorizada a transferir recursos financeiros e a disponibilizar serviços de assistência técnica a famílias em situação de extrema pobreza que desenvolvam atividades de conservação de recursos naturais no meio rural, conforme regulamento.

Parágrafo único. Fica atribuída à Caixa Econômica Federal a função de Agente Operador do Programa de Apoio à Conservação Ambiental, mediante remuneração e condições a serem pactuadas com o Governo Federal.

ART. 3º Poderão ser beneficiárias do Programa de Apoio à Conservação Ambiental as famílias em situação de extrema pobreza que desenvolvam atividades de conservação nas seguintes áreas:

I - Florestas Nacionais, Reservas Extrativistas e Reservas de Desenvolvimento Sustentável federais;

II - projetos de assentamento florestal, projetos de desenvolvimento sustentável ou projetos de assentamento agroextrativista instituídos pelo Instituto Nacional de Colonização e Reforma Agrária (INCRA);

III - territórios ocupados por ribeirinhos, extrativistas, populações indígenas, quilombolas e outras comunidades tradicionais; e

IV - outras áreas rurais definidas como prioritárias por ato do Poder Executivo.

§ 1º O Poder Executivo definirá os procedimentos para a verificação da existência de recursos naturais nas áreas de que tratam os incisos I a IV.

§ 2º O monitoramento e o controle das atividades de conservação ambiental nas áreas elencadas nos incisos I a IV ocorrerão por meio de auditorias amostrais das informações referentes ao período de avaliação, ou outras formas, incluindo parcerias com instituições governamentais estaduais e municipais, conforme previsto em regulamento.

ART. 4º Para a participação no Programa de Apoio à Conservação Ambiental, a família interessada deverá atender, cumulativamente, às seguintes condições:

I - encontrar-se em situação de extrema pobreza;

II - estar inscrita no Cadastro Único para Programas Sociais do Governo Federal; e

III - desenvolver atividades de conservação nas áreas previstas no art. 3º.

ART. 5º Para receber os recursos financeiros do Programa de Apoio à Conservação Ambiental, a família beneficiária deverá:

I - estar inscrita em cadastro a ser mantido pelo Ministério do Meio Ambiente, contendo informações sobre as atividades de conservação ambiental; e

II - aderir ao Programa de Apoio à Conservação Ambiental por meio da assinatura de termo de adesão por parte do responsável pela família beneficiária, no qual serão especificadas as atividades de conservação a serem desenvolvidas.

§ 1º O Poder Executivo definirá critérios de priorização das famílias a serem beneficiadas, de acordo com características populacionais e regionais e conforme disponibilidade orçamentária e financeira.

§ 2º O recebimento dos recursos do Programa de Apoio à Conservação Ambiental tem caráter temporário e não gera direito adquirido.

§ 3º Os recursos financeiros serão pagos preferencialmente à mulher responsável pela unidade familiar, quando cabível. (Acrescentado pela Lei 13.014/2014. Vigência: 90 dias após a data de sua publicação - 22.07.2014)

ART. 6º A transferência de recursos financeiros do Programa de Apoio à Conservação Ambiental será realizada por meio de repasses trimestrais no valor de R$ 300,00 (trezentos reais), na forma do regulamento.

Parágrafo único. A transferência dos recursos de que trata o *caput* será realizada por um prazo de até 2 (dois) anos, podendo ser prorrogada nos termos do regulamento.

ART. 7º São condições de cessação da transferência de recursos do Programa de Apoio à Conservação Ambiental:

I - não atendimento das condições definidas nos arts. 4º e 5º e nas regras do Programa, conforme definidas em regulamento; ou

II - habilitação do beneficiário em outros programas ou ações federais de incentivo à conservação ambiental.

ART. 8º O Poder Executivo instituirá o Comitê Gestor do Programa de Apoio à Conservação Ambiental, sob a coordenação do Ministério do Meio Ambiente, com as seguintes atribuições, sem prejuízo de outras definidas em regulamento:

I - aprovar o planejamento do Programa, compatibilizando os recursos disponíveis com o número de famílias beneficiárias;

II - definir a sistemática de monitoramento e avaliação do Programa; e

III - indicar áreas prioritárias para a implementação do Programa, observado o disposto no art. 3º.

Parágrafo único. O Poder Executivo definirá a composição e a forma de funcionamento do Comitê Gestor, bem como os procedimentos e instrumentos de controle social.

CAPÍTULO II
DO PROGRAMA DE FOMENTO ÀS ATIVIDADES PRODUTIVAS RURAIS

ART. 9º Fica instituído o Programa de Fomento às Atividades Produtivas Rurais, com os seguintes objetivos:

‣ Dec. 7.644/2011 (Regulamenta esta lei).

I - estimular a geração de trabalho e renda com sustentabilidade;

II - promover a segurança alimentar e nutricional dos seus beneficiários;

III - incentivar a participação de seus beneficiários em ações de capacitação social, educacional, técnica e profissional; e

IV - incentivar a organização associativa e cooperativa de seus beneficiários.

§ 1º O Programa de Fomento às Atividades Produtivas Rurais será executado em conjunto pelos Ministérios do Desenvolvimento Agrário e do Desenvolvimento Social e Combate à Fome, conforme o regulamento.

§ 2º O Poder Executivo disporá sobre a participação de outros Ministérios e outras instituições vinculadas na execução do Programa de que trata o *caput* deste artigo.

§ 3º O Programa de Fomento às Atividades Produtivas Rurais será executado por meio da transferência de recursos financeiros não reembolsáveis e da disponibilização de serviços de assistência técnica.

ART. 10. Poderão ser beneficiários do Programa de Fomento às Atividades Produtivas Rurais:

I - os agricultores familiares e os demais beneficiários que se enquadrem nas disposições da Lei n. 11.326, de 24 de julho de 2006; e

II - outros grupos populacionais definidos como prioritários por ato do Poder Executivo.

ART. 11. Para a participação no Programa de Fomento às Atividades Produtivas Rurais, a família interessada deverá atender, cumulativamente, às seguintes condições:

I - encontrar-se em situação de extrema pobreza; e

II - estar inscrita no Cadastro Único para Programas Sociais do Governo Federal (CADÚNICO).

ART. 12. Para o recebimento dos recursos financeiros do Programa de Fomento às Atividades Produtivas Rurais, a família beneficiária deverá aderir ao Programa por meio da assinatura de termo de adesão pelo seu responsável, contendo o projeto de estruturação da unidade produtiva familiar e as etapas de sua implantação.

§ 1º No caso de beneficiários cujas atividades produtivas sejam realizadas coletivamente, o projeto poderá contemplar mais de uma família, conforme o regulamento.

§ 2º O Poder Executivo definirá critérios de priorização das famílias a serem beneficiadas, conforme aspectos técnicos e de disponibilidade orçamentária e financeira.

§ 3º O recebimento dos recursos do Programa de Fomento às Atividades Produtivas Rurais tem caráter temporário e não gera direito adquirido.

ART. 13. É a União autorizada a transferir diretamente à família beneficiária do Programa de Fomento às Atividades Produtivas Rurais os recursos financeiros no valor de até R$ 2.400,00 (dois mil e quatrocentos reais) por unidade familiar, na forma do regulamento. (Alterado pela Lei 13.014/2014. Vigência: 90 dias após a data de sua publicação - 22.07.2014)

§ 1º A transferência dos recursos de que trata o *caput* ocorrerá, no mínimo, em 2 (duas) parcelas e no período máximo de 2 (dois) anos, na forma do regulamento. (Alterado pela Lei 12.844/2013).

§ 2º Na ocorrência de situações excepcionais e que impeçam ou retardem a execução do projeto, o prazo a que se refere o § 1º poderá ser prorrogado em até 6 (seis) meses, conforme o regulamento.

§ 3º A função de agente operador do Programa de Fomento às Atividades Produtivas Rurais será atribuída à instituição financeira oficial, mediante remuneração e condições a serem pactuadas com o Governo Federal.

§ 4º À família beneficiada pelo disposto no *caput* não se aplica o benefício do *caput* do art. 13-A. (Acrescentado pela Lei 12.844/2013).

§ 5º Os recursos financeiros de que trata o *caput* serão pagos preferencialmente à mulher responsável pela unidade familiar, quando cabível. (Acrescentado pela Lei 13.014/2014. Vigência: 90 dias após a data de sua publicação - 22.07.2014)

ART. 13-A. Para beneficiários localizados na Região do Semiárido, fica a União autorizada a transferir, diretamente ao responsável pela família beneficiária do Programa de Fomento às Atividades Produtivas Rurais, recursos financeiros no valor de até R$ 3.000,00 (três mil reais) por família, para utilização de técnicas de convivência com o Semiárido, na forma indicada por assistência técnica. (Acrescentado pela Lei 12.844/2013).

§ 1º Incluem-se no Programa, na forma do *caput*, além das famílias em situação de extrema pobreza, nos termos do inciso I do *caput* do art. 11, aquelas em situação de pobreza, conforme disposto no § 6º do art. 2º da Lei n. 10.836, de 9 de janeiro de 2004. (Acrescentado pela Lei 12.844/2013).

§ 2º Aplica-se o disposto nos §§ 1º, 2º e 3º do art. 13 às transferências do benefício de que trata o *caput*. (Acrescentado pela Lei 12.844/2013).

§ 3º À família beneficiada pelo disposto no *caput* não se aplica o benefício do *caput* do art. 13. (Acrescentado pela Lei 12.844/2013).

§ 4º A transferência de recursos fica condicionada à disponibilidade orçamentária e financeira prevista para o Programa. (Acrescentado pela Lei 12.844/2013).

§ 5º O regulamento poderá estabelecer critérios adicionais para o recebimento do benefício de que trata o *caput* e demais condições para o seu pagamento. (Acrescentado pela Lei 12.844/2013).

ART. 14. A cessação da transferência de recursos no âmbito do Programa de Fomento às Atividades Produtivas Rurais ocorrerá em razão da não observância das regras do Programa, conforme o regulamento.

ART. 15. O Poder Executivo instituirá o Comitê Gestor do Programa de Fomento às Atividades Produtivas Rurais, com as seguintes atribuições, sem prejuízo de outras definidas em regulamento:

I - aprovar o planejamento do Programa, compatibilizando os recursos disponíveis ao número de famílias beneficiárias; e

II - definir a sistemática de monitoramento e avaliação do Programa.

Parágrafo único. O Poder Executivo definirá a composição e a forma de funcionamento do Comitê Gestor, bem como os procedimentos e instrumentos de controle social.

ART. 15-A. É instituído o Programa de Fomento às Atividades Produtivas de Pequeno Porte Urbanas, com o objetivo de promover a cidadania e de melhorar as condições de vida e de renda de empreendedores em situação de pobreza. (Acrescentado pela LC 155/2016.)

§ 1º O Programa de Fomento às Atividades Produtivas de Pequeno Porte Urbanas beneficiará os inscritos no Cadastro Único para Programas Sociais do Governo Federal - CadÚnico que exerçam atividade produtiva de pequeno porte formalizada, na qualidade de Microempreendedor Individual - MEI, conforme definido no art. 18-A da Lei Complementar n. 123, de 14 de dezembro de 2006. (Acrescentado pela LC 155/2016.)

§ 2º O Programa de Fomento às Atividades Produtivas de Pequeno Porte Urbanas será executado por meio da transferência de recursos financeiros não reembolsáveis e da disponibilização de serviços de assistência técnica e gerencial, sob a responsabilidade do Ministério do Desenvolvimento Social e Agrário, ao qual caberá definir as normas complementares do Programa. (Acrescentado pela LC 155/2016.)

§ 3º O Poder Executivo disporá sobre a participação de outros ministérios e de outras instituições vinculadas no planejamento, na execução, no monitoramento e na avaliação do Programa de que trata o *caput* deste artigo. (Acrescentado pela LC 155/2016.)

§ 4º Para cumprir os objetivos do Programa de Fomento às Atividades Produtivas de Pequeno Porte Urbanas, a União é autorizada a estabelecer cooperação com serviços sociais autônomos e entidades de apoio e fomento empresariais, com ou sem transferência de recursos financeiros, para a disponibilização de serviços de assistência técnica e gerencial a empreendedores em situação de pobreza inscritos no CadÚnico que desenvolvam atividade produtiva de pequeno porte formalizada, na qualidade de MEI, conforme definido no art. 18-A da Lei Complementar n. 123, de 14 de dezembro de 2006. (Acrescentado pela LC 155/2016.)

§ 5º O recebimento dos recursos do Programa de Fomento às Atividades Produtivas de Pequeno Porte Urbanas tem caráter temporário e não gera direito adquirido. (Acrescentado pela LC 155/2016.)

ART. 15-B. É a União autorizada a transferir diretamente ao empreendedor beneficiário do Programa de Fomento às Atividades Produtivas de Pequeno Porte Urbanas os recursos financeiros no valor de até R$ 2.400,00 (dois mil e quatrocentos reais), na forma de regulamento. (Acrescentado pela LC 155/2016.)

§ 1º A função de agente operador do Programa de Fomento às Atividades Produtivas de Pequeno Porte Urbanas será atribuída a instituição financeira oficial, mediante remuneração e condições a serem pactuadas com o Governo Federal. (Acrescentado pela LC 155/2016.)

§ 2º Os recursos transferidos no âmbito do Programa de Fomento às Atividades Produtivas de Pequeno Porte Urbanas não compõem a receita bruta para efeito de enquadramento nos limites a que se referem os §§ 1º e 2º do art. 18-A da Lei Complementar n. 123, de 14 de dezembro de 2006. (Acrescentado pela LC 155/2016.)

CAPÍTULO III
DO PROGRAMA DE AQUISIÇÃO DE ALIMENTOS (PAA)

‣ Dec. 7.775/2012 (Regulamenta este Capítulo).

ART. 16. Podem fornecer produtos ao Programa de Aquisição de Alimentos (PAA), de que trata o art. 19 da Lei n. 10.696, de 02 de julho de 2003, os agricultores familiares e os demais beneficiários que se enquadrem nas disposições da Lei n. 11.326, de 24 de julho de 2006.

§ 1º As aquisições dos produtos para o PAA poderão ser efetuadas diretamente dos beneficiários de que trata o *caput* ou, indiretamente, por meio de suas cooperativas e demais organizações formais.

§ 2º Nas aquisições realizadas por meio de cooperativas dos agricultores familiares e dos demais beneficiários que se enquadrem nas disposições da Lei n. 11.326, de 24 de julho de 2006, a transferência dos produtos do associado para a cooperativa constitui ato cooperativo, previsto na Lei n. 5.764, de 16 de dezembro de 1971.

§ 3º O Poder Executivo federal poderá estabelecer critérios e condições de prioridade de atendimento pelo PAA, de forma a contemplar as especificidades de seus diferentes segmentos e atendimento dos beneficiários de menor renda.

§ 4º A aquisição de produtos na forma do *caput* somente poderá ser feita nos limites das disponibilidades orçamentárias e financeiras.

ART. 17. Fica o Poder Executivo federal, estadual, municipal e do Distrito Federal autorizado a adquirir alimentos produzidos pelos beneficiários descritos no art. 16, dispensando-se o procedimento licitatório, obedecidas, cumulativamente, as seguintes exigências:

I - os preços sejam compatíveis com os vigentes no mercado, em âmbito local ou regional, aferidos e definidos segundo metodologia instituída pelo Grupo Gestor do PAA; (Alterado pela Lei 13.465/2017.)

II - o valor máximo anual ou semestral para aquisições de alimentos, por unidade familiar, por cooperativa ou por demais organizações formais da agricultura familiar seja respeitado, conforme definido em regulamento; e (Alterado pela Lei 13.465/2017.)

III - os alimentos adquiridos sejam de produção própria dos beneficiários referidos no *caput* e no § 1º do art. 16 desta Lei e cumpram os requisitos de controle de qualidade dispostos nas normas vigentes. (Acrescentado pela Lei 13.465/2017.)

§ 1º Na hipótese de impossibilidade de cotação de preços no mercado local ou regional, produtos agroecológicos ou orgânicos poderão ter um acréscimo de até 30% (trinta por cento) em relação aos preços estabelecidos para produtos convencionais, observadas as condições definidas pelo Grupo Gestor do PAA. (Acrescentado pela Lei 13.465/2017.)

§ 2º São considerados produção própria os produtos *in natura*, os processados, os beneficiados ou os industrializados, resultantes das atividades dos beneficiários referidos no *caput* e no § 1º do art. 16 desta Lei. (Acrescentado pela Lei 13.465/2017.)

§ 3º São admitidas a aquisição de insumos e a contratação de prestação de serviços necessárias ao processamento, ao beneficiamento ou à industrialização dos produtos a serem fornecidos ao PAA, inclusive de pessoas físicas e jurídicas não enquadradas como beneficiárias do Programa, desde que observadas as diretrizes e as condições definidas pelo Grupo Gestor do PAA. (Acrescentado pela Lei 13.465/2017.)

ART. 18. Os produtos adquiridos para o PAA terão as seguintes destinações, obedecidas as regras estabelecidas pelo Grupo Gestor do PAA nas modalidades específicas: (Alterado pela Lei 13.465/2017.)

I - promoção de ações de segurança alimentar e nutricional; (Acrescentado pela Lei 13.465/2017.)

II - formação de estoques; e (Acrescentado pela Lei 13.465/2017.)

III - atendimento às demandas de gêneros alimentícios e materiais propagativos por parte da administração pública, direta ou indireta, federal, estadual, distrital ou municipal. (Incluído pela Lei n. 13.465, de 2017)

Parágrafo único. Excepcionalmente, será admitida a aquisição de produtos destinados à alimentação animal, para venda com deságio aos beneficiários da Lei n. 11.326, de 24 de julho de 2006, nos Municípios em situação de emergência ou de calamidade pública, reconhecida nos termos dos §§ 1º e 2º do art. 3º da Lei n. 12.340, de 1º de dezembro de 2010. (Alterado pela Lei 12.873/2013.)

ART. 19. Os alimentos adquiridos no âmbito do PAA poderão ser doados a pessoas e famílias em situação de insegurança alimentar e nutricional, observado o disposto em regulamento.

ART. 20. Sem prejuízo das modalidades já instituídas, o PAA poderá ser executado mediante a celebração de Termo de Adesão firmado por órgãos ou entidades da administração pública estadual, do Distrito Federal ou municipal, direta ou indireta, e consórcios públicos, dispensada a celebração de convênio.

ART. 21. Para a execução das ações de implementação do PAA, fica a União autorizada a realizar pagamentos aos executores do Programa, nas condições específicas estabelecidas em regulamento, com a finalidade de contribuir com as despesas de operacionalização das metas acordadas.

ART. 22. A Companhia Nacional de Abastecimento (CONAB), no âmbito das operações do PAA, poderá realizar ações de articulação com cooperativas e demais organizações formais da agricultura familiar.

ART. 23. O pagamento aos fornecedores descritos no art. 16 será realizado diretamente pela União ou por intermédio das instituições financeiras oficiais, admitido o convênio com cooperativas de crédito e bancos cooperativos para o repasse aos beneficiários.

§ 1º Para a efetivação do pagamento de que trata o *caput*, será admitido, como comprovação da entrega e da qualidade dos produtos, termo de recebimento e aceitabilidade, atestado por representante da entidade que receber os alimentos e referendado pela unidade executora, conforme o regulamento. Renumerado de p.u. e alterado pela Lei 12.873/2013.)

§ 2º Para os fins do disposto no § 1º, o documento fiscal será atestado pela unidade executora, a quem caberá a responsabilidade pela guarda dos documentos, conforme o regulamento. (Alterado pela Lei 12.873/2013.)

ART. 24. Os Conselhos de Segurança Alimentar e Nutricional (CONSEA) são instâncias de controle e participação social do PAA.

Parágrafo único. Na hipótese de inexistência de CONSEA na esfera administrativa de execução do programa, deverá ser indicada outra instância de controle social responsável pelo acompanhamento de sua execução, que será, preferencialmente, o Conselho de Desenvolvimento Rural Sustentável ou o Conselho de Assistência Social.

CAPÍTULO IV
DISPOSIÇÕES FINAIS

ART. 25. O Poder Executivo definirá em regulamento o conceito de família em situação de extrema pobreza, para efeito da caracterização dos beneficiários das transferências de recursos a serem realizadas no âmbito dos Programas instituídos nesta Lei.

ART. 26. A participação nos Comitês previstos nesta Lei será considerada prestação de serviço público relevante, não remunerada.

ART. 27. Os recursos transferidos no âmbito do Programa de Apoio à Conservação Ambiental e do Programa de Fomento às Atividades Produtivas Rurais não comporão a renda familiar mensal, para efeito de elegibilidade nos programas de transferência de renda do Governo Federal.

ART. 28. As despesas com a execução das ações dos programas instituídos por esta Lei correrão à conta de dotação orçamentária consignada anualmente aos órgãos e entidades envolvidos em sua implementação, observados os limites de movimentação, empenho e pagamento da programação orçamentária e financeira anual.

ART. 29. O Poder Executivo manterá, em base de dados apropriada, relação atualizada contendo o nome, o Número de Identificação Social- NISinscrito no CadÚnico, a unidade federativa, o Município de residência e os valores pagos aos beneficiários dos programas de que tratam os arts. 1º, 9º e 15-A desta Lei. (Alterado pela LC 155/2016.)

ART. 30. Fica autorizado o Poder Executivo a discriminar, por meio de ato próprio, programações do Plano Brasil Sem Miséria a serem executadas por meio das transferências obrigatórias de recursos financeiros pelos órgãos e entidades da União aos órgãos e entidades dos Estados, Distrito Federal e Municípios para a execução de ações no âmbito do Plano Brasil Sem Miséria.

Parágrafo único. Caberá ao Comitê Gestor Nacional do Plano Brasil Sem Miséria divulgar em sítio na internet a relação das programações de que trata o *caput*, bem como proceder às atualizações devidas nessa relação, inclusive no que se refere a alterações nas classificações orçamentárias decorrentes de lei orçamentária anual e seus créditos adicionais.

ART. 31. Os recursos de que tratam os arts. 6º, 13 e 15-B poderão ser majorados pelo Poder Executivo em razão da dinâmica socioeconômica do País e de estudos técnicos sobre o tema, observada a dotação orçamentária disponível. (Alterado pela LC 155/2016.)

ART. 32. Na definição dos critérios de que tratam o § 1º do art. 5º e o § 2º do art. 12, o Poder Executivo dará prioridade de atendimento às famílias com mulheres responsáveis pela unidade familiar e às famílias residentes nos Municípios com menor Índice de Desenvolvimento Humano (IDH).

ART. 33. O art. 19 da Lei n. 10.696, de 02 de julho de 2003, passa a vigorar com a seguinte redação:

▸ Alterações promovidas no texto da referida lei.

ART. 34. O inciso II do art. 2º da Lei n. 10.836, de 09 de janeiro de 2004, passa a vigorar com a seguinte redação:

▸ Alterações promovidas no texto da referida lei.

ART. 35. O aumento do número de benefícios variáveis atualmente percebidos pelas famílias beneficiárias, decorrente da alteração prevista no art. 34, ocorrerá nos termos de cronograma a ser definido em ato do Ministro de Estado do Desenvolvimento Social e Combate à Fome.

ART. 36. O art. 11 da Lei n. 10.836, de 09 de janeiro de 2004, passa a vigorar acrescido do seguinte parágrafo único:

▸ Alterações promovidas no texto da referida lei.

ART. 37. O art. 14 da Lei n. 10.836, de 9 de janeiro de 2004, passa a vigorar com a seguinte redação:

› Alterações promovidas no texto da referida lei.

ART. 38. A Lei n. 10.836, de 9 de janeiro de 2004, passa a vigorar acrescida do seguinte art. 14-A:

› Alterações promovidas no texto da referida lei.

ART. 39. O art. 3º da Lei n. 11.326, de 24 de julho de 2006, passa a vigorar com a seguinte redação:

› Alterações promovidas no texto da referida lei.

ART. 40. Esta Lei entra em vigor na data de sua publicação.

Brasília, 14 de outubro de 2011;
190º da Independência e 123º da República.
DILMA ROUSSEFF

LEI N. 12.513, DE 26 DE OUTUBRO DE 2011

Institui o Programa Nacional de Acesso ao Ensino Técnico e Emprego (Pronatec); altera as Leis n. 7.998, de 11 de janeiro de 1990, que regula o Programa do Seguro-Desemprego, o Abono Salarial e institui o Fundo de Amparo ao Trabalhador (FAT), n. 8.212, de 24 de julho de 1991, que dispõe sobre a organização da Seguridade Social e institui Plano de Custeio, n. 10.260, de 12 de julho de 2001, que dispõe sobre o Fundo de Financiamento ao Estudante do Ensino Superior, e n. 11.129, de 30 de junho de 2005, que institui o Programa Nacional de Inclusão de Jovens (ProJovem); e dá outras providências.

› *DOU*, 27.10.2011.

A Presidenta da República. Faço saber que o Congresso Nacional decreta e eu sanciono a seguinte Lei:

ART. 1º É instituído o Programa Nacional de Acesso ao Ensino Técnico e Emprego (Pronatec), a ser executado pela União, com a finalidade de ampliar a oferta de educação profissional e tecnológica, por meio de programas, projetos e ações de assistência técnica e financeira.

Parágrafo único. São objetivos do Pronatec:

I - expandir, interiorizar e democratizar a oferta de cursos de educação profissional técnica de nível médio presencial e a distância e de cursos e programas de formação inicial e continuada ou qualificação profissional;

II - fomentar e apoiar a expansão da rede física de atendimento da educação profissional e tecnológica;

III - contribuir para a melhoria da qualidade do ensino médio público, por meio da articulação com a educação profissional;

IV - ampliar as oportunidades educacionais dos trabalhadores, por meio do incremento da formação e qualificação profissional;

V - estimular a difusão de recursos pedagógicos para apoiar a oferta de cursos de educação profissional e tecnológica.

VI - estimular a articulação entre a política de educação profissional e tecnológica e as políticas de geração de trabalho, emprego e renda. (Incluído pela Lei 12.816/2013.)

ART. 2º O Pronatec atenderá prioritariamente:

I - estudantes do ensino médio da rede pública, inclusive da educação de jovens e adultos;

II - trabalhadores;

III - beneficiários dos programas federais de transferência de renda; e

IV - estudante que tenha cursado o ensino médio completo em escola da rede pública ou em instituições privadas na condição de bolsista integral, nos termos do regulamento.

§ 1º Entre os trabalhadores a que se refere o inciso II, incluem-se os agricultores familiares, silvicultores, aquicultores, extrativistas e pescadores.

§ 2º Será estimulada a participação das pessoas com deficiência nas ações de educação profissional e tecnológica desenvolvidas no âmbito do Pronatec, observadas as condições de acessibilidade e participação plena no ambiente educacional, tais como adequação de equipamentos, de materiais pedagógicos, de currículos e de estrutura física.

§ 3º As ações desenvolvidas no âmbito do Pronatec contemplarão a participação de povos indígenas, comunidades quilombolas e adolescentes e jovens em cumprimento de medidas socioeducativas.

§ 4º Será estimulada a participação de mulheres responsáveis pela unidade familiar beneficiárias de programas federais de transferência de renda, nos cursos oferecidos por intermédio da Bolsa-Formação. (Incluído pela Lei 12.816/2013.)

ART. 3º O Pronatec cumprirá suas finalidades e objetivos em regime de colaboração entre a União, os Estados, o Distrito Federal e os Municípios, com a participação voluntária dos serviços nacionais de aprendizagem, de instituições privadas e públicas de ensino superior, de instituições de educação profissional e tecnológica e de fundações públicas de direito privado precipuamente dedicadas à educação profissional e tecnológica, habilitadas nos termos desta Lei. (Redação dada pela Lei 12.816/2013.)

ART. 4º O Pronatec será desenvolvido por meio das seguintes ações, sem prejuízo de outras:

I - ampliação de vagas e expansão da rede federal de educação profissional e tecnológica;

II - fomento à ampliação de vagas e à expansão das redes estaduais de educação profissional;

III - incentivo à ampliação de vagas e à expansão da rede física de atendimento dos serviços nacionais de aprendizagem;

IV - oferta de bolsa-formação, nas modalidades:

a) Bolsa-Formação Estudante; e

b) Bolsa-Formação Trabalhador;

V - financiamento da educação profissional e tecnológica;

VI - fomento à expansão da oferta de educação profissional técnica de nível médio na modalidade de educação a distância;

VII - apoio técnico voltado à execução das ações desenvolvidas no âmbito do Programa;

VIII - estímulo à expansão de oferta de vagas para as pessoas com deficiência, inclusive com a articulação dos Institutos Públicos Federais, Estaduais e Municipais de Educação; e

IX - articulação com o Sistema Nacional de Emprego.

X - articulação com o Programa Nacional de Inclusão de Jovens - PROJOVEM, nos termos da Lei n. 11.692, de 10 de junho de 2008. (Incluído pela Lei 12.816/2013.)

§ 1º A Bolsa-Formação Estudante será destinada aos beneficiários previstos no art. 2º para cursos de educação profissional técnica de nível médio, nas formas concomitante, integrada ou subsequente, e para cursos de formação de professores em nível médio na modalidade normal, nos termos definidos em ato do Ministro de Estado da Educação. (Alterado pela Lei 12.863/2013.)

§ 2º A Bolsa-Formação Trabalhador será destinada ao trabalhador e aos beneficiários dos programas federais de transferência de renda, para cursos de formação inicial e continuada ou qualificação profissional.

§ 3º O Poder Executivo definirá os requisitos e critérios de priorização para concessão das bolsas-formação, considerando-se capacidade de oferta, identificação da demanda, nível de escolaridade, faixa etária, existência de deficiência, entre outros, observados os objetivos do programa.

§ 4º O financiamento previsto no inciso V poderá ser contratado pelo estudante, em caráter individual, ou por empresa, para custeio da formação de trabalhadores nos termos da Lei n. 10.260, de 12 de julho de 2001, nas instituições habilitadas na forma do art. 10 desta Lei.

ART. 5º Para os fins desta Lei, são consideradas modalidades de educação profissional e tecnológica os cursos:

I - de formação inicial e continuada ou qualificação profissional; e

II - de educação profissional técnica de nível médio; e (Alterado pela Lei 12.863/2013.)

III - de formação de professores em nível médio na modalidade normal. (Acrescentado pela Lei 12.863/2013.)

§ 1º Os cursos referidos no inciso I serão relacionados pelo Ministério da Educação, devendo contar com carga horária mínima de 160 (cento e sessenta) horas.

§ 2º Os cursos referidos no inciso II submetem-se às diretrizes curriculares nacionais definidas pelo Conselho Nacional de Educação, bem como às demais condições estabelecidas na legislação aplicável, devendo constar do Catálogo Nacional de Cursos Técnicos, organizado pelo Ministério da Educação.

§ 3º (Vetado.) (Incluído pela Lei 12.816/2013.)

ART. 6º Para cumprir os objetivos do Pronatec, a União é autorizada a transferir recursos financeiros às instituições de educação profissional e tecnológica das redes públicas estaduais e municipais ou dos serviços nacionais de aprendizagem correspondentes aos valores das bolsas-formação de que trata o inciso IV do art. 4º desta Lei.

§ 1º As transferências de recursos de que trata o *caput* dispensam a realização de convênio, acordo, contrato, ajuste ou instrumento congênere, observada a obrigatoriedade de prestação de contas da aplicação dos recursos.

§ 2º Do total dos recursos financeiros de que trata o *caput* deste artigo, um mínimo de 30% (trinta por cento) deverá ser destinado para as Regiões Norte e Nordeste com a finalidade de ampliar a oferta de educação profissional e tecnológica.

§ 3º O montante dos recursos a ser repassado para as bolsas-formação de que trata o *caput* corresponderá ao número de vagas pactuadas por cada instituição de ensino ofertante, que serão posteriormente confirmadas como matrículas em sistema eletrônico de informações da educação profissional mantido pelo Ministério da Educação, observada a obrigatoriedade de devolução de recursos em caso de vagas não ocupadas. (Redação dada pela Lei 12.816/2013.)

§ 4º Os valores das bolsas-formação concedidas na forma prevista no *caput* correspondem ao custo total do curso por estudante, incluídas as mensalidades, encargos educacionais e o eventual custeio de transporte e alimentação ao beneficiário, vedada cobrança direta aos estudantes de taxas de matrícula, custeio de material didático ou qualquer outro valor pela prestação do serviço. (Redação dada pela Lei 12.816/2013.)

§ 5º O Poder Executivo disporá sobre o valor de cada bolsa-formação, considerando-se, entre outros, os eixos tecnológicos, a modalidade do curso, a carga horária e a complexidade da infraestrutura necessária para a oferta dos cursos.

§ 6º O Poder Executivo disporá sobre normas relativas ao atendimento ao aluno, às transferências e à prestação de contas dos recursos repassados no âmbito do Pronatec.

§ 7º Qualquer pessoa, física ou jurídica, poderá denunciar ao Ministério da Educação, ao Tribunal de Contas da União e aos órgãos de controle interno do Poder Executivo irregularidades identificadas na aplicação dos recursos destinados à execução do Pronatec.

ART. 6º-A. A execução do Pronatec poderá ser realizada por meio da concessão das bolsas-formação de que trata a alínea *a* do inciso IV do *caput* do art. 4º aos estudantes matriculados em instituições privadas de ensino superior e de educação profissional técnica de nível médio, nas formas e modalidades definidas em ato do Ministro de Estado da Educação. (Incluído pela Lei 12.816/2013.)

§ 1º Para fins do disposto no *caput*, as instituições privadas de ensino superior e de educação profissional técnica de nível médio deverão: (Incluído pela Lei 12.816/2013.)

I - aderir ao Pronatec com assinatura de termo de adesão por suas mantenedoras; (Incluído pela Lei 12.816/2013.)

II - habilitar-se perante o Ministério da Educação; (Incluído pela Lei 12.816/2013.)

III - atender aos índices de qualidade acadêmica e a outros requisitos estabelecidos em ato do Ministro de Estado da Educação; e (Incluído pela Lei 12.816/2013.)

IV - garantir aos beneficiários de Bolsa-Formação acesso a sua infraestrutura educativa, recreativa, esportiva e cultural. (Incluído pela Lei 12.816/2013.)

§ 2º A habilitação de que trata o inciso II do § 1º deste artigo, no caso da instituição privada de ensino superior, estará condicionada ao atendimento dos seguintes requisitos: (Incluído pela Lei 12.816/2013.)

I - atuação em curso de graduação em áreas de conhecimento correlatas à do curso técnico a ser ofertado ou aos eixos tecnológicos previstos no catálogo de que trata o § 2º do art. 5º; (Incluído pela Lei 12.816/2013.)

II - excelência na oferta educativa comprovada por meio de índices satisfatórios de qualidade, nos termos estabelecidos em ato do Ministro de Estado da Educação; (Incluído pela Lei 12.816/2013.)

III - promoção de condições de acessibilidade e de práticas educacionais inclusivas. (Incluído pela Lei 12.816/2013.)

§ 3º A habilitação de que trata o inciso II do § 1º deste artigo, no caso da instituição privada de educação profissional técnica de nível médio, estará condicionada ao resultado da sua avaliação, de acordo com critérios e procedimentos fixados em ato do Ministro de Estado da Educação, observada a regulação pelos órgãos competentes do respectivo sistema de ensino. (Incluído pela Lei 12.816/2013.)

§ 4º Para a habilitação de que trata o inciso II do § 1º deste artigo, o Ministério da Educação definirá eixos e cursos prioritários, especialmente nas áreas relacionadas aos processos de inovação tecnológica e à elevação de produtividade e competitividade da economia do País. (Incluído pela Lei 12.816/2013.)

ART. 6º-B. O valor da bolsa-formação concedida na forma do art. 6º-A será definido pelo Poder Executivo e seu pagamento será realizado, por matrícula efetivada, diretamente às mantenedoras das instituições privadas de ensino superior e de educação profissional técnica de nível médio, mediante autorização do estudante e comprovação de sua matrícula e frequência em sistema eletrônico de informações da educação profissional mantido pelo Ministério da Educação. (Incluído pela Lei 12.816/2013.)

§ 1º O Ministério da Educação avaliará a eficiência, eficácia e efetividade da aplicação de recursos voltados à concessão das bolsas-formação na forma prevista no *caput* do art. 6º-A. (Incluído pela Lei 12.816/2013.)

§ 2º As mantenedoras das instituições privadas de ensino superior e das instituições privadas de educação profissional técnica de nível médio disponibilizarão ao Ministério da Educação as informações sobre os beneficiários da bolsa-formação concedidas para fins da avaliação de que trata o § 1º, nos termos da legislação vigente, observado o direito à intimidade e vida privada do cidadão. (Incluído pela Lei 12.816/2013.)

ART. 6º-C. A denúncia do termo de adesão de que trata o inciso I do § 1º do art. 6º-A não implicará ônus para o poder público nem prejuízo para o estudante beneficiário da Bolsa-Formação Estudante, que gozará do benefício concedido até a conclusão do curso. (Incluído pela Lei 12.816/2013.)

Parágrafo único. O descumprimento das obrigações assumidas no termo de adesão ao Pronatec sujeita as instituições privadas de ensino superior e de educação profissional técnica de nível médio às seguintes penalidades: (Incluído pela Lei 12.816/2013.)

I - impossibilidade de nova adesão por até 3 (três) anos e, no caso de reincidência, impossibilidade permanente de adesão, sem prejuízo para os estudantes já beneficiados; e (Incluído pela Lei 12.816/2013.)

II - ressarcimento à União do valor corrigido das Bolsas-Formação Estudante concedidas indevidamente, retroativamente à data da infração, sem prejuízo do previsto no inciso I. (Incluído pela Lei 12.816/2013.)

ART. 6º-D. As normas gerais de execução do Pronatec por meio da concessão das bolsas-formação de que trata a alínea a do inciso IV do *caput* do art. 4º aos estudantes matriculados em instituições privadas de ensino superior e de educação profissional técnica de nível médio serão disciplinadas em ato do Ministro de Estado da Educação, que deverá prever: (Incluído pela Lei 12.816/2013.)

I - normas relativas ao atendimento ao aluno; (Incluído pela Lei 12.816/2013.)

II - obrigações dos estudantes e das instituições; (Incluído pela Lei 12.816/2013.)

III - regras para seleção de estudantes, inclusive mediante a fixação de critérios de renda, e de adesão das instituições mantenedoras; (Incluído pela Lei 12.816/2013.)

IV - forma e condições para a concessão das bolsas, comprovação da oferta pelas instituições e participação dos estudantes nos cursos; (Incluído pela Lei 12.816/2013.)

V - normas de transferência de curso ou instituição, suspensão temporária ou permanente da matrícula do estudante; (Incluído pela Lei 12.816/2013.)

VI - exigências de qualidade acadêmica das instituições de ensino, aferidas por sistema de avaliação nacional e indicadores específicos da educação profissional, observado o disposto no inciso III do § 1º do art. 6º-A; (Incluído pela Lei 12.816/2013.)

VII - mecanismo de monitoramento e acompanhamento das bolsas concedidas pelas instituições, do atendimento dos beneficiários em relação ao seu desempenho acadêmico e outros requisitos; e (Incluído pela Lei 12.816/2013.)

VIII - normas de transparência, publicidade e divulgação relativas à concessão das Bolsas-Formação Estudante. (Incluído pela Lei 12.816/2013.)

ART. 7º O Ministério da Educação, diretamente ou por meio de suas entidades vinculadas, disponibilizará recursos às instituições de educação profissional e tecnológica da rede pública federal para permitir o atendimento aos alunos matriculados em cada instituição no âmbito do Pronatec.

Parágrafo único. Aplica-se ao *caput* o disposto nos §§ 1º a 7º do art. 6º, no que couber.

ART. 8º O Pronatec poderá ainda ser executado com a participação de entidades privadas sem fins lucrativos, devidamente habilitadas, mediante a celebração de convênio ou contrato, observada a obrigatoriedade de prestação de contas da aplicação dos recursos nos termos da legislação vigente.

Parágrafo único. O Poder Executivo definirá critérios mínimos de qualidade para que as entidades privadas a que se refere o *caput* possam receber recursos financeiros do Pronatec.

ART. 9º São as instituições de educação profissional e tecnológica das redes públicas autorizadas a conceder bolsas aos profissionais envolvidos nas atividades do Pronatec.

§ 1º Os servidores das redes públicas de educação profissional, científica e tecnológica poderão perceber bolsas pela participação nas atividades do Pronatec, desde que não haja prejuízo à sua carga horária regular e ao atendimento do plano de metas de cada instituição pactuado com seu mantenedor, se for o caso.

§ 2º Os valores e os critérios para concessão e manutenção das bolsas serão fixados pelo Poder Executivo.

§ 3º As atividades exercidas pelos profissionais no âmbito do Pronatec não caracterizam vínculo empregatício e os valores recebidos a título de bolsa não se incorporam, para qualquer efeito, ao vencimento, salário, remuneração ou proventos recebidos.

§ 4º O Ministério da Educação poderá conceder bolsas de intercâmbio a profissionais vinculados a empresas de setores considerados estratégicos pelo governo brasileiro, que colaborem em pesquisas desenvolvidas no âmbito de instituições públicas de educação profissional e tecnológica, na forma do regulamento.

ART. 10. As unidades de ensino privadas, inclusive as dos serviços nacionais de aprendizagem, ofertantes de cursos de formação inicial e continuada ou qualificação profissional e de cursos de educação profissional técnica de nível médio que desejarem aderir ao Fundo de Financiamento ao Estudante do Ensino Superior (Fies), de que trata a Lei n. 10.260, de 12 de julho de 2001, deverão cadastrar-se em sistema eletrônico de informações da educação profissional e tecnológica mantido pelo Ministério da Educação e solicitar sua habilitação.

Parágrafo único. A habilitação da unidade de ensino dar-se-á de acordo com critérios fixados pelo Ministério da Educação e não dispensa a necessária regulação pelos órgãos competentes dos respectivos sistemas de ensino.

ART. 11. O Fundo de Financiamento de que trata a Lei n. 10.260, de 12 de julho de 2001, passa a se denominar Fundo de Financiamento Estudantil (Fies).

ART. 12. Os arts. 1º e 6º da Lei n. 10.260, de 12 de julho de 2001, passam a vigorar com a seguinte redação:

- Alterações promovidas no texto da referida lei.

ART. 13. A Lei n. 10.260, de 12 de julho de 2001, passa a vigorar acrescida dos seguintes arts. 5º-B, 6º-C, 6º-D e 6º-E:

- Alterações promovidas no texto da referida lei.

ART. 14. Os arts. 3º, 8º e 10 da Lei n. 7.998, de 11 de janeiro de 1990, passam a vigorar com seguinte redação:

- Alterações promovidas no texto da referida lei.

ART. 15. O art. 28 da Lei n. 8.212, de 24 de julho de 1991, passa a vigorar com as seguintes alterações:

- Alterações promovidas no texto da referida lei.

ART. 16. Os arts. 15 e 16 da Lei n. 11.129, de 30 de junho de 2005, passam a vigorar com a seguinte redação:

- Alterações promovidas no texto da referida lei.

ART. 17. É criado o Conselho Deliberativo de Formação e Qualificação Profissional, com a atribuição de promover a articulação e avaliação dos programas voltados à formação e qualificação profissional no âmbito da administração pública federal, cuja composição, competências e funcionamento serão estabelecidos em ato do Poder Executivo.

- Dec. 7.855/2012 (Dispõe sobre as competências, a composição e o funcionamento do Conselho Deliberativo de Formação e Qualificação Profissional, criado por esta lei).

ART. 18. Compete ao Ministério da Educação a habilitação de instituições para o desenvolvimento de atividades de educação profissional realizadas com recursos federais, nos termos do regulamento. (Redação dada pela Lei 12.816/2013.)

ART. 19. As despesas com a execução das ações do Pronatec correrão à conta de dotação orçamentária consignada anualmente aos respectivos órgãos e entidades, observados os limites de movimentação, empenho e pagamento da programação orçamentária e financeira anual.

ART. 20. Os serviços nacionais de aprendizagem integram o sistema federal de ensino na condição de mantenedores, podendo criar instituições de educação profissional técnica de nível médio, de formação inicial e continuada e de educação superior, observada a competência de regulação, supervisão e avaliação da União, nos termos dos incisos VIII e IX do art. 9º da Lei n. 9.394, de 20 de dezembro de 1996, e do inciso VI do art. 6º-D desta Lei. (Redação dada pela Lei 12.816/2013.)

§ 1º As instituições de educação profissional técnica de nível médio e de formação inicial e continuada dos serviços nacionais de aprendizagem terão autonomia para criação de cursos e programas de educação profissional e tecnológica, com autorização do órgão colegiado superior do respectivo departamento regional da entidade. (Incluído pela Lei 12.816/2013.)

§ 2º A criação de instituições de educação superior pelos serviços nacionais de aprendizagem será condicionada à aprovação do Ministério da Educação, por meio de processo de credenciamento. (Incluído pela Lei 12.816/2013.)

§ 3º As instituições de educação superior dos serviços nacionais de aprendizagem terão autonomia para: (Incluído pela Lei 12.816/2013.)

I - criação de cursos superiores de tecnologia, na modalidade presencial; (Incluído pela Lei 12.816/2013.)

II - alteração do número de vagas ofertadas nos cursos superiores de tecnologia; (Incluído pela Lei 12.816/2013.)

III - criação de unidades vinculadas, nos termos de ato do Ministro de Estado da Educação; (Incluído pela Lei 12.816/2013.)

IV - registro de diplomas. (Incluído pela Lei 12.816/2013.)

§ 4º O exercício das prerrogativas previstas no § 3º dependerá de autorização do órgão colegiado superior do respectivo departamento regional da entidade. (Incluído pela Lei 12.816/2013.)

ART. 20-A. Os serviços nacionais sociais terão autonomia para criar unidades de ensino para a oferta de educação profissional técnica de nível médio e educação de jovens e adultos integrada à educação profissional, desde que em articulação direta com os serviços nacionais de aprendizagem, observada a competência de supervisão e avaliação dos Estados. (Incluído pela Lei 12.816/2013.)

ART. 20-B. As instituições privadas de ensino superior habilitadas nos termos do § 2º do art. 6º-A ficam autorizadas a criar e ofertar cursos técnicos de nível médio, nas formas e modalidades definidas no regulamento, resguardadas as competências de supervisão e avaliação da União, previstas no inciso IX do *caput* do art. 9º da Lei n. 9.394, de 20 de dezembro de 1996. (Incluído pela Lei 12.816/2013.)

§ 1º A supervisão e a avaliação dos cursos serão realizadas em regime de colaboração com os órgãos competentes dos Estados e do Distrito Federal, nos termos estabelecidos em ato do Ministro de Estado da Educação. (Incluído pela Lei 12.816/2013.)

§ 2º A criação de novos cursos deverá ser comunicada pelas instituições de ensino superior aos órgãos competentes dos Estados, que poderão, a qualquer tempo, pronunciar-se sobre eventual descumprimento de requisitos necessários para a oferta dos cursos. (Incluído pela Lei 12.816/2013.)

ART. 21. Esta Lei entra em vigor na data de sua publicação.

Brasília, 26 de outubro de 2011; 190º da Independência e 123º da República.

DILMA ROUSSEFF

LEI N. 12.514, DE 28 DE OUTUBRO DE 2011

Dá nova redação ao art. 4º da Lei n. 6.932, de 07 de julho de 1981, que dispõe sobre as atividades do médico-residente; e trata das contribuições devidas aos conselhos profissionais em geral.

- *DOU*, 31.10.2011.
- ADIn 4.697.

A Presidenta da República. Faço saber que o Congresso Nacional decreta e eu sanciono a seguinte Lei:

ART. 1º O art. 4º da Lei n. 6.932, de 07 de julho de 1981, passa a vigorar com a seguinte redação:

- Alterações promovidas no texto da referida lei.

ART. 2º O art. 26 da Lei n. 9.250, de 26 de dezembro de 1995, passa a vigorar acrescido do seguinte parágrafo único:

- Alterações promovidas no texto da referida lei.

ART. 3º As disposições aplicáveis para valores devidos a conselhos profissionais, quando não existir disposição a respeito em lei específica, são as constantes desta Lei.

Parágrafo único. Aplica-se esta Lei também aos conselhos profissionais quando lei específica:

I - estabelecer a cobrança de valores expressos em moeda ou unidade de referência não mais existente;

II - não especificar valores, mas delegar a fixação para o próprio conselho.

ART. 4º Os Conselhos cobrarão:

I - multas por violação da ética, conforme disposto na legislação;

II - anuidades; e

III - outras obrigações definidas em lei especial.

ART. 5º O fato gerador das anuidades é a existência de inscrição no conselho, ainda que por tempo limitado, ao longo do exercício.

ART. 6º As anuidades cobradas pelo conselho serão no valor de:

I - para profissionais de nível superior: até R$ 500,00 (quinhentos reais);

II - para profissionais de nível técnico: até R$ 250,00 (duzentos e cinquenta reais); e

III - para pessoas jurídicas, conforme o capital social, os seguintes valores máximos:

a) até R$ 50.000,00 (cinquenta mil reais): R$ 500,00 (quinhentos reais);

b) acima de R$ 50.000,00 (cinquenta mil reais) e até R$ 200.000,00 (duzentos mil reais): R$ 1.000,00 (mil reais);

c) acima de R$ 200.000,00 (duzentos mil reais) e até R$ 500.000,00 (quinhentos mil reais): R$ 1.500,00 (mil e quinhentos reais);

d) acima de R$ 500.000,00 (quinhentos mil reais) e até R$ 1.000.000,00 (um milhão de reais): R$ 2.000,00 (dois mil reais);

e) acima de R$ 1.000.000,00 (um milhão de reais) e até R$ 2.000.000,00 (dois milhões de reais): R$ 2.500,00 (dois mil e quinhentos reais);

f) acima de R$ 2.000.000,00 (dois milhões de reais) e até R$ 10.000.000,00 (dez milhões de reais): R$ 3.000,00 (três mil reais);

g) acima de R$ 10.000.000,00 (dez milhões de reais): R$ 4.000,00 (quatro mil reais).

§ 1º Os valores das anuidades serão reajustados de acordo com a variação integral do Índice Nacional de Preços ao Consumidor - INPC, calculado pela Fundação Instituto Brasileiro de Geografia e Estatística - IBGE, ou pelo índice oficial que venha a substituí-lo.

§ 2º O valor exato da anuidade, o desconto para profissionais recém-inscritos, os critérios de isenção para profissionais, as regras de recuperação de créditos, as regras de parcelamento, garantido o mínimo de 5 (cinco) vezes, e a concessão de descontos para pagamento antecipado ou à vista, serão estabelecidos pelos respectivos conselhos federais.

ART. 7º Os Conselhos poderão deixar de promover a cobrança judicial de valores inferiores a 10 (dez) vezes o valor de que trata o inciso I do art. 6º.

ART. 8º Os Conselhos não executarão judicialmente dívidas referentes a anuidades inferiores a 4 (quatro) vezes o valor cobrado anualmente da pessoa física ou jurídica inadimplente.

Parágrafo único. O disposto no *caput* não limitará a realização de medidas administrativas de cobrança, a aplicação de sanções por violação da ética ou a suspensão do exercício profissional.

ART. 9º A existência de valores em atraso não obsta o cancelamento ou a suspensão do registro a pedido.

ART. 10. O percentual da arrecadação destinado ao conselho regional e ao conselho federal respectivo é o constante da legislação específica.

ART. 11. O valor da Taxa de Anotação de Responsabilidade Técnica - ART, prevista na Lei n.

6.496, de 07 de dezembro de 1977, não poderá ultrapassar R$ 150,00 (cento e cinquenta reais).

Parágrafo único. O valor referido no *caput* será atualizado, anualmente, de acordo com a variação integral do Índice Nacional de Preços ao Consumidor - INPC, calculado pela Fundação Instituto Brasileiro de Geografia e Estatística - IBGE, ou índice oficial que venha a substituí-lo.

ART. 12. Esta Lei entra em vigor na data de sua publicação.

Brasília, 28 de outubro de 2011; 190º da Independência e 123º da República.

DILMA ROUSSEFF

LEI N. 12.528, DE 18 DE NOVEMBRO DE 2011

Cria a Comissão Nacional da Verdade no âmbito da Casa Civil da Presidência da República.

- *DOU*, 18.11.2011 - Edição extra.
- Dec. 7.727/2012 (Remaneja temporariamente cargos em comissão para atividades da Comissão Nacional da Verdade.)
- Dec. 7.757/2012 (Altera o Dec. 7.727/2012.)
- Dec. 7.919/2013 (Remaneja temporariamente cargos em comissão para atividades da Comissão Nacional da Verdade, criada por esta lei.)

A Presidenta da República. Faço saber que o Congresso Nacional decreta e eu sanciono a seguinte Lei:

ART. 1º É criada, no âmbito da Casa Civil da Presidência da República, a Comissão Nacional da Verdade, com a finalidade de examinar e esclarecer as graves violações de direitos humanos praticadas no período fixado no art. 8º do Ato das Disposições Constitucionais Transitórias, a fim de efetivar o direito à memória e à verdade histórica e promover a reconciliação nacional.

ART. 2º A Comissão Nacional da Verdade, composta de forma pluralista, será integrada por 7 (sete) membros, designados pelo Presidente da República, dentre brasileiros, de reconhecida idoneidade e conduta ética, identificados com a defesa da democracia e da institucionalidade constitucional, bem como com o respeito aos direitos humanos.

§ 1º Não poderão participar da Comissão Nacional da Verdade aqueles que:

I - exerçam cargos executivos em agremiação partidária, com exceção daqueles de natureza honorária;

II - não tenham condições de atuar com imparcialidade no exercício das competências da Comissão;

III - estejam no exercício de cargo em comissão ou função de confiança em quaisquer esferas do poder público.

§ 2º Os membros serão designados para mandato com duração até o término dos trabalhos da Comissão Nacional da Verdade, a qual será considerada extinta após a publicação do relatório mencionado no art. 11.

§ 3º A participação na Comissão Nacional da Verdade será considerada serviço público relevante.

ART. 3º São objetivos da Comissão Nacional da Verdade:

I - esclarecer os fatos e as circunstâncias dos casos de graves violações de direitos humanos mencionados no *caput* do art. 1º;

II - promover o esclarecimento circunstanciado dos casos de torturas, mortes, desaparecimentos forçados, ocultação de cadáveres e sua autoria, ainda que ocorridos no exterior;

- Lei 12.847/2013 (Institui o Sistema Nacional de Prevenção e Combate à Tortura; cria o Comitê Nacional de Prevenção e Combate à Tortura e o Mecanismo Nacional de Prevenção e Combate à Tortura).
- Dec. 6.085/2007 (Promulga o Protocolo Facultativo à Convenção contra a Tortura e Outros Tratamentos ou Penas Cruéis, Desumanos ou Degradantes, adotado em 18.12.2002).
- Dec. 8.154/2013 (Regulamenta o funcionamento do SNPCT, a composição e o funcionamento do CNPCT e dispõe sobre o MNPCT).

III - identificar e tornar públicos as estruturas, os locais, as instituições e as circunstâncias relacionados à prática de violações de direitos humanos mencionadas no *caput* do art. 1º e suas eventuais ramificações nos diversos aparelhos estatais e na sociedade;

IV - encaminhar aos órgãos públicos competentes toda e qualquer informação obtida que possa auxiliar na localização e identificação de corpos e restos mortais de desaparecidos políticos, nos termos do art. 1º da Lei 9.140, de 04 de dezembro de 1995;

V - colaborar com todas as instâncias do poder público para apuração de violação de direitos humanos;

VI - recomendar a adoção de medidas e políticas públicas para prevenir violação de direitos humanos, assegurar sua não repetição e promover a efetiva reconciliação nacional; e

VII - promover, com base nos informes obtidos, a reconstrução da história dos casos de graves violações de direitos humanos, bem como colaborar para que seja prestada assistência às vítimas de tais violações.

ART. 4º Para execução dos objetivos previstos no art. 3º, a Comissão Nacional da Verdade poderá:

I - receber testemunhos, informações, dados e documentos que lhe forem encaminhados voluntariamente, assegurada a não identificação do detentor ou depoente, quando solicitada;

II - requisitar informações, dados e documentos de órgãos e entidades do poder público, ainda que classificados em qualquer grau de sigilo;

III - convocar, para entrevistas ou testemunho, pessoas que possam guardar qualquer relação com os fatos e circunstâncias examinados;

IV - determinar a realização de perícias e diligências para coleta ou recuperação de informações, documentos e dados;

V - promover audiências públicas;

VI - requisitar proteção aos órgãos públicos para qualquer pessoa que se encontre em situação de ameaça em razão de sua colaboração com a Comissão Nacional da Verdade;

VII - promover parcerias com órgãos e entidades, públicos ou privados, nacionais ou internacionais, para o intercâmbio de informações, dados e documentos; e

VIII - requisitar o auxílio de entidades e órgãos públicos.

§ 1º As requisições previstas nos incisos II, VI e VIII serão realizadas diretamente aos órgãos e entidades do poder público.

§ 2º Os dados, documentos e informações sigilosos fornecidos à Comissão Nacional da Verdade não poderão ser divulgados ou disponibilizados a terceiros, cabendo a seus membros resguardar seu sigilo.

§ 3º É dever dos servidores públicos e dos militares colaborar com a Comissão Nacional da Verdade.

§ 4º As atividades da Comissão Nacional da Verdade não terão caráter jurisdicional ou persecutório.

§ 5º A Comissão Nacional da Verdade poderá requerer ao Poder Judiciário acesso a informações, dados e documentos públicos ou privados necessários para o desempenho de suas atividades.

§ 6º Qualquer cidadão que demonstre interesse em esclarecer situação de fato revelada ou declarada pela Comissão terá a prerrogativa de solicitar ou prestar informações para fins de estabelecimento da verdade.

ART. 5º As atividades desenvolvidas pela Comissão Nacional da Verdade serão públicas, exceto nos casos em que, a seu critério, a manutenção de sigilo seja relevante para o alcance de seus objetivos ou para resguardar a intimidade, a vida privada, a honra ou a imagem de pessoas.

ART. 6º Observadas as disposições da Lei 6.683, de 28 de agosto de 1979, a Comissão Nacional da Verdade poderá atuar de forma articulada e integrada com os demais órgãos públicos, especialmente com o Arquivo Nacional, a Comissão de Anistia, criada pela Lei 10.559, de 13 de novembro de 2002, e a Comissão Especial sobre mortos e desaparecidos políticos, criada pela Lei 9.140, de 04 de dezembro de 1995.

ART. 7º Os membros da Comissão Nacional da Verdade perceberão o valor mensal de R$ 11.179,36 (onze mil, cento e setenta e nove reais e trinta e seis centavos) pelos serviços prestados.

§ 1º O servidor ocupante de cargo efetivo, o militar ou o empregado permanente de qualquer dos Poderes da União, dos Estados, dos Municípios ou do Distrito Federal, designados como membros da Comissão, manterão a remuneração que percebem no órgão ou entidade de origem acrescida da diferença entre esta, se de menor valor, e o montante previsto no *caput*.

§ 2º A designação de servidor público federal da administração direta ou indireta ou de militar das Forças Armadas implicará a dispensa das suas atribuições do cargo.

§ 3º Além da remuneração prevista neste artigo, os membros da Comissão receberão passagens e diárias para atender aos deslocamentos, em razão do serviço, que exijam viagem para fora do local de domicílio.

ART. 8º A Comissão Nacional da Verdade poderá firmar parcerias com instituições de ensino superior ou organismos internacionais para o desenvolvimento de suas atividades.

ART. 9º São criados, a partir de 1º de janeiro de 2011, no âmbito da administração pública federal, para exercício na Comissão Nacional da Verdade, os seguintes cargos em comissão do Grupo-Direção e Assessoramento Superiores:

I - 1 (um) DAS-5;

II 10 (dez) DAS-4; e

III - 3 (três) DAS-3.

Parágrafo único. Os cargos previstos neste artigo serão automaticamente extintos após o término do prazo dos trabalhos da Comissão Nacional da Verdade, e os seus ocupantes, exonerados.

ART. 10. A Casa Civil da Presidência da República dará o suporte técnico, administrativo e financeiro necessário ao desenvolvimento das atividades da Comissão Nacional da Verdade.

ART. 11. A Comissão Nacional da Verdade terá prazo até 16 de dezembro de 2014, para a conclusão dos trabalhos, e deverá apresentar, ao final, relatório circunstanciado contendo as atividades realizadas, os fatos examinados, as conclusões e as recomendações. (Alterado pela Lei 12.998/2014.)

Parágrafo único. Todo o acervo documental e de multimídia resultante da conclusão dos trabalhos da Comissão Nacional da Verdade deverá ser encaminhado ao Arquivo Nacional para integrar o Projeto Memórias Reveladas.

ART. 12. O Poder Executivo regulamentará o disposto nesta Lei.

ART. 13. Esta Lei entra em vigor na data de sua publicação.

Brasília, 18 de novembro de 2011; 190º da Independência e 123º da República.
DILMA ROUSSEFF

LEI N. 12.546, DE 14 DE DEZEMBRO DE 2011

Institui o Regime Especial de Reintegração de Valores Tributários para as Empresas Exportadoras (Reintegra); dispõe sobre a redução do Imposto sobre Produtos Industrializados (IPI) à indústria automotiva; altera a incidência das contribuições previdenciárias devidas pelas empresas que menciona; altera as Leis n. 11.774, de 17 de setembro de 2008, n. 11.033, de 21 de dezembro de 2004, n. 11.196, de 21 de novembro de 2005, n. 10.865, de 30 de abril de 2004, n. 11.508, de 20 de julho de 2007, n. 7.291, de 19 de dezembro de 1984, n. 11.491, de 20 de junho de 2007, n. 9.782, de 26 de janeiro de 1999, e n. 9.294, de 15 de julho de 1996, e a Medida Provisória n. 2.199-14, de 24 de agosto de 2001; revoga o art. 1º da Lei n. 11.529, de 22 de outubro de 2007, e o art. 6º do Decreto-Lei n. 1.593, de 21 de dezembro de 1977, nos termos que especifica; e dá outras providências.

› *DOU*, 15.12.2011.

A Presidenta da República. Faço saber que o Congresso Nacional decreta e eu sanciono a seguinte Lei:

ART. 1º É instituído o Regime Especial de Reintegração de Valores Tributários para as Empresas Exportadoras (Reintegra), com o objetivo de reintegrar valores referentes a custos tributários federais residuais existentes nas suas cadeias de produção.

ART. 2º No âmbito do Reintegra, a pessoa jurídica produtora que efetue exportação de bens manufaturados no País poderá apurar valor para fins de ressarcir parcial ou integralmente o resíduo tributário federal existente na sua cadeia de produção.

§ 1º O valor será calculado mediante a aplicação de percentual estabelecido pelo Poder Executivo sobre a receita decorrente da exportação de bens produzidos pela pessoa jurídica referida no *caput*.

§ 2º O Poder Executivo poderá fixar o percentual de que trata o § 1º entre zero e 3% (três por cento), bem como poderá diferenciar o percentual aplicável por setor econômico e tipo de atividade exercida.

§ 3º Para os efeitos deste artigo, considera-se bem manufaturado no País aquele:

I - classificado em código da Tabela de Incidência do Imposto sobre Produtos Industrializados (Tipi), aprovada pelo Decreto n. 6.006, de 28 de dezembro de 2006, relacionado em ato do Poder Executivo; e

II - cujo custo dos insumos importados não ultrapasse o limite percentual do preço de exportação, conforme definido em relação discriminada por tipo de bem, constante do ato referido no inciso I deste parágrafo.

§ 4º A pessoa jurídica utilizará o valor apurado para:

I - efetuar compensação com débitos próprios, vencidos ou vincendos, relativos a tributos administrados pela Secretaria da Receita Federal do Brasil, observada a legislação específica aplicável à matéria; ou

II - solicitar seu ressarcimento em espécie, nos termos e condições estabelecidos pela Secretaria da Receita Federal do Brasil.

§ 5º Para os fins deste artigo, considera-se exportação a venda direta ao exterior ou à empresa comercial exportadora com o fim específico de exportação para o exterior.

§ 6º O disposto neste artigo não se aplica a:

I - empresa comercial exportadora; e

II - bens que tenham sido importados.

§ 7º A empresa comercial exportadora é obrigada ao recolhimento do valor atribuído à empresa produtora vendedora se:

I - revender, no mercado interno, os produtos adquiridos para exportação; ou

II - no prazo de 180 (cento e oitenta) dias, contado da data da emissão da nota fiscal de venda pela empresa produtora, não houver efetuado a exportação dos produtos para o exterior.

§ 8º O recolhimento do valor referido no § 7º deverá ser efetuado até o décimo dia subsequente: (Alterado pela Lei 12.688/2012.)

I - ao da revenda no mercado interno; ou (Acrescentado pela Lei 12.688/2012.)

II - ao do vencimento do prazo estabelecido para a efetivação da exportação. (Acrescentado pela Lei 12.688/2012.)

§ 9º O recolhimento do valor referido no § 7º deverá ser efetuado acrescido de multa de mora ou de ofício e de juros equivalentes à taxa referencial do Sistema Especial de Liquidação e de Custódia (Selic), para títulos federais, acumulada mensalmente, calculados a partir do primeiro dia do mês subsequente ao da emissão da nota fiscal de venda dos produtos para a empresa comercial exportadora até o último dia do mês anterior ao do pagamento, e de 1% (um por cento) no mês do pagamento. (Acrescentado pela Lei 12.688/2012.)

§ 10. As pessoas jurídicas de que tratam os arts. 11-A e 11-B da Lei n. 9.440, de 14 de março de 1997, e o art. 1º da Lei n. 9.826, de 23 de agosto de 1999, poderão requerer o Reintegra. (Acrescentado pela Lei 12.688/2012.)

§ 11. Do valor apurado referido no *caput*: (Acrescentado pela Lei 12.688/2012.)

I - 17,84% (dezessete inteiros e oitenta e quatro centésimos por cento) corresponderão a crédito da Contribuição para o PIS/Pasep; e (Acrescentado pela Lei 12.688/2012.)

II - 82,16% (oitenta e dois inteiros e dezesseis centésimos por cento) corresponderão a crédito da Cofins. (Acrescentado pela Lei 12.688/2012.)

§ 12. Não serão computados na apuração da base de cálculo da Contribuição para o PIS/Pasep e da Cofins os valores ressarcidos no âmbito do Reintegra. (Acrescentado pela Lei 12.844/2013.)

ART. 3º O Reintegra aplicar-se-á às exportações realizadas: (Alterado pela Lei 12.844/2013.)

I - de 4 de junho de 2013 até 31 de dezembro de 2013; e (Acrescentado pela Lei 12.844/2013.)

II - (Vetado.). (Acrescentado pela Lei 12.844/2013.)

ART. 4º O art. 1º da Lei n. 11.774, de 17 de setembro de 2008, passa a vigorar com a seguinte redação:

› Alterações promovidas no texto da referida lei.

ART. 5º As empresas fabricantes, no País, de produtos classificados nas posições 87.01 a 87.06 da Tipi, aprovada pelo Decreto n. 6.006, de 2006, observados os limites previstos nos incisos I e II do art. 4º do Decreto-Lei n. 1.199, de 27 de dezembro de 1971, poderão usufruir da redução das alíquotas do Imposto sobre Produtos Industrializados (IPI), mediante ato do Poder Executivo, com o objetivo de estimular a competitividade, a agregação de conteúdo nacional, o investimento, a inovação tecnológica e a produção local.

› Dec. 7.819/2012 (Regulamenta este artigo).

§ 1º A redução de que trata o *caput*:

I - deverá observar, atendidos os requisitos estabelecidos em ato do Poder Executivo, níveis de investimento, de inovação tecnológica e de agregação de conteúdo nacional;

II - poderá ser usufruída até 31 de dezembro de 2017; e (Alterado pela Lei 12.844/2013.)

III - abrangerá os produtos indicados em ato do Poder Executivo.

§ 2º Para fins deste artigo, o Poder Executivo definirá:

I - os percentuais da redução de que trata o *caput*, podendo diferenciá-los por tipo de produto, tendo em vista os critérios estabelecidos no § 1º; e

II - a forma de habilitação da pessoa jurídica.

§ 3º A redução de que trata o *caput* não exclui os benefícios previstos nos arts. 11-A e 11-B da Lei n. 9.440, de 14 de março de 1997, e no art. 1º da Lei n. 9.826, de 23 de agosto de 1999, e o regime especial de tributação de que trata o art. 56 da Medida Provisória n. 2.158-35, de 24 de agosto de 2001, nos termos, limites e condições estabelecidos em ato do Poder Executivo.

ART. 6º A redução de que trata o art. 5º aplica-se aos produtos de procedência estrangeira classificados nas posições 87.01 a 87.06 da Tipi, observado o disposto no inciso III do § 1º do art. 5º, atendidos os limites e condições estabelecidos em ato do Poder Executivo.

› Dec. 7.819/2012 (Regulamenta este artigo).

§ 1º Respeitados os acordos internacionais dos quais a República Federativa do Brasil seja signatária, o disposto no *caput* aplica-se somente no caso de saída dos produtos importados de estabelecimento importador pertencente a pessoa jurídica fabricante que atenda aos requisitos mencionados nos §§ 1º e 2º do art. 5º.

§ 2º A exigência de que trata o § 1º não se aplica às importações de veículos realizadas ao amparo de acordos internacionais que contemplem programas de integração específicos, nos termos estabelecidos em ato do Poder Executivo.

ART. 7º Até 31 de dezembro de 2020, poderão contribuir sobre o valor da receita bruta, excluídas as vendas canceladas e os descontos incondicionais concedidos, em substituição às contribuições previstas nos incisos I e III do *caput* do art. 22 da Lei n. 8.212, de 24 de julho de 1991: (Alterado pela Lei 13.670/2018.)(Vigência: 1º dia ao mês seguinte ao da publicação.)

› Dec. 7.828/2012 (Regulamenta a incidência da contribuição previdenciária sobre a receita devida pelas empresas de que trata este artigo).

I - as empresas que prestam os serviços referidos nos §§ 4º e 5º do art. 14 da Lei n. 11.774, de 17 de setembro de 2008; (Acrescentado pela Lei 12.715/2012.)

II - (Revogado pela Lei 13.670/2018.) (Vigência: 1º dia ao mês seguinte ao da publicação.)

III - as empresas de transporte rodoviário coletivo de passageiros, com itinerário fixo, municipal, intermunicipal em região metropolitana, intermunicipal, interestadual e internacional enquadradas nas classes 4921-3 e 4922-1 da CNAE 2.0. (Acrescentado pela Lei 12.715/2012.)

IV - as empresas do setor de construção civil, enquadradas nos grupos 412, 432, 433 e 439 da CNAE 2.0; (Acrescentado pela Lei 12.844/2013.)

V - as empresas de transporte ferroviário de passageiros, enquadradas nas subclasses 4912-4/01 e 4912-4/02 da CNAE 2.0; (Alterado pela Lei 12.844/2013.)

VI - as empresas de transporte metroferroviário de passageiros, enquadradas na subclasse 4912-4/03 da CNAE 2.0; (Alterado pela Lei 12.844/2013.)

VII - as empresas de construção de obras de infraestrutura, enquadradas nos grupos 421,

422, 429 e 431 da CNAE 2.0. (Alterado pela Lei 12.844/2013.)

VIII a **XI** - (Revogados pela Lei 12.844/2013.)

XII e **XIII** - (Vetados.); (Acrescentado pela Lei 13.043/2014.)

§ 1º Durante a vigência deste artigo, as empresas abrangidas pelo *caput* e pelos §§ 3º e 4º deste artigo não farão jus às reduções previstas no *caput* do art. 14 da Lei n. 11.774, de 2008.

§ 2º O disposto neste artigo não se aplica a empresas que exerçam as atividades de representante, distribuidor ou revendedor de programas de computador, cuja receita bruta decorrente dessas atividades seja igual ou superior a 95% (noventa e cinco por cento) da receita bruta total. (Alterado pela Lei 12.715/2012.)

§§ 3º e **4º** (Revogados pela Lei 12.715/2012.)

§ 5º (Vetado.).

§ 6º No caso de contratação de empresas para a execução dos serviços referidos no *caput*, mediante cessão de mão de obra, na forma definida pelo art. 31 da Lei n. 8.212, de 24 de julho de 1991, e para fins de elisão da responsabilidade solidária prevista no inciso VI do art. 30 da Lei n. 8.212, de 24 de julho de 1991, a empresa contratante deverá reter 3,5% (três inteiros e cinco décimos por cento) do valor bruto da nota fiscal ou da fatura de prestação de serviços. Alterado pela Lei 12.995/2014.)

§ 7º As empresas relacionadas no inciso IV do *caput* poderão antecipar para 4 de junho de 2013 sua inclusão na tributação substitutiva prevista neste artigo. (Alterado pela Lei 12.844/2013.)

§ 8º A antecipação de que trata o § 7º será exercida de forma irretratável mediante o recolhimento, até o prazo de vencimento, da contribuição substitutiva prevista no *caput*, relativa a junho de 2013. (Acrescentado pela Lei 12.844/2013.)

§ 9º Serão aplicadas às empresas referidas no inciso IV do *caput* as seguintes regras: (Acrescentado pela Lei 12.844/2013.)

I - para as obras matriculadas no Cadastro Específico do INSS - CEI até o dia 31 de março de 2013, o recolhimento da contribuição previdenciária deverá ocorrer na forma dos incisos I e III do *caput* do art. 22 da Lei n. 8.212, de 24 de julho de 1991, até o seu término; (Acrescentado pela Lei 12.844/2013.)

II - para as obras matriculadas no Cadastro Específico do INSS - CEI no período compreendido entre 1º de abril de 2013 e 31 de maio de 2013, o recolhimento da contribuição previdenciária deverá ocorrer na forma do *caput*, até o seu término; (Acrescentado pela Lei 12.844/2013.)

III - para as obras matriculadas no Cadastro Específico do INSS - CEI no período compreendido entre 1º de junho de 2013 até o último dia do terceiro mês subsequente ao da publicação desta Lei, o recolhimento da contribuição previdenciária poderá ocorrer, tanto na forma do *caput*, como na forma dos incisos I e III do *caput* do art. 22 da Lei n. 8.212, de 24 de julho de 1991; (Acrescentado pela Lei 12.844/2013.)

IV - para as obras matriculadas no Cadastro Específico do INSS - CEI após o primeiro dia do quarto mês subsequente ao da publicação desta Lei, o recolhimento da contribuição previdenciária deverá ocorrer na forma do *caput*, até o seu término; (Acrescentado pela Lei 12.844/2013.)

V - no cálculo da contribuição incidente sobre a receita bruta, serão excluídas da base de cálculo, observado o disposto no art. 9º, as receitas provenientes das obras cujo recolhimento da contribuição tenha ocorrido na forma dos incisos I e III do *caput* do art. 22 da Lei n. 8.212, de 24 de julho de 1991. (Acrescentado pela Lei 12.844/2013.)

§ 10. A opção a que se refere o inciso III do § 9º será exercida de forma irretratável mediante o recolhimento, até o prazo de vencimento, da contribuição previdenciária na sistemática escolhida, relativa a junho de 2013 e será aplicada até o término da obra. (Acrescentado pela Lei 12.844/2013.)

§ 11. (Vetado.). (Acrescentado pela Lei 12.844/2013.)

§ 12. (Vetado.). (Acrescentado pela Lei 12.844/2013.)

ART. 7º-A. A alíquota da contribuição sobre a receita bruta prevista no art. 7º será de 4,5% (quatro inteiros e cinco décimos por cento), exceto para as empresas de call center referidas no inciso I, que contribuirão à alíquota de 3% (três por cento), e para as empresas identificadas nos incisos III, V e VI, todos do *caput* do art. 7º, que contribuirão à alíquota de 2% (dois por cento). Alterado pela Lei 13.202/2015.)

ART. 8º Até 31 de dezembro de 2020, poderão contribuir sobre o valor da receita bruta, excluídos as vendas canceladas e os descontos incondicionais concedidos, em substituição às contribuições previstas nos incisos I e III do *caput* do art. 22 da Lei n. 8.212, de 24 de julho de 1991: (Alterado pela Lei 13.670/2018.) (Vigência: 1º dia ao mês seguinte ao da publicação.)

▸ Dec. 7.828/2012 (Regulamenta a incidência da contribuição previdenciária sobre a receita devida pelas empresas de que trata este artigo).

I a **V** - (revogados); (Alterado pela Lei 12.715/2012.)

VI - as empresas jornalísticas e de radiodifusão sonora e de sons e imagens de que trata a Lei n. 10.610, de 20 de dezembro de 2002, enquadradas nas classes 1811-3, 5811-5, 5812-3, 5813-1, 5822-1, 5823-9, 6010-1, 6021-7 e 6319-4 da CNAE 2.0; (Acrescentado pela Lei 13.670/2018.) (Vigência: 1º dia ao mês seguinte ao da publicação.)

VII - (Vetado.); (Acrescentado pela Lei 13.670/2018.) (Vigência: 1º dia ao mês seguinte ao da publicação.)

VIII - as empresas que fabriquem os produtos classificados na Tipi nos códigos: (Acrescentado pela Lei 13.670/2018.) (Vigência: 1º dia ao mês seguinte ao da publicação.)

a) 3926.20.00, 40.15, 42.03, 43.03, 4818.50.00, 6505.00, 6812.91.00, 8804.00.00, e nos capítulos 61 a 63; (Acrescentada pela Lei 13.670/2018.) (Vigência: 1º dia ao mês seguinte ao da publicação.)

b) 64.01 a 64.06; (Acrescentada pela Lei 13.670/2018.) (Vigência: 1º dia ao mês seguinte ao da publicação.)

c) 41.04, 41.05, 41.06, 41.07 e 41.14; (Acrescentada pela Lei 13.670/2018.) (Vigência: 1º dia ao mês seguinte ao da publicação.)

d) 8308.10.00, 8308.20.00, 96.06 e 96.07; (Acrescentada pela Lei 13.670/2018.) (Vigência: 1º dia ao mês seguinte ao da publicação.)

e) 87.02, exceto 8702.90.10, e 87.07; (Acrescentada pela Lei 13.670/2018.) (Vigência: 1º dia ao mês seguinte ao da publicação.)

f) (Vetado.); (Acrescentada pela Lei 13.670/2018.) (Vigência: 1º dia ao mês seguinte ao da publicação.)

g) 4016.93.00; 7303.00.00; 7304.11.00; 7304.19.00; 7304.22.00; 7304.23.10; 7304.23.90; 7304.24.00; 7304.29.10; 7304.29.31; 7304.29.39; 7304.29.90; 7305.11.00; 7305.12.00; 7305.19.00; 7305.20.00; 7306.11.00; 7306.19.00; 7306.21.00; 7306.29.00; 7308.20.00; 7308.40.00; 7309.00.10; 7309.00.90; 7311.00.00; 7315.11.00; 7315.12.10; 7315.12.90; 7315.19.00; 7315.20.00; 7315.81.00; 7315.82.00; 7315.89.00; 7315.90.00; 8307.10.10; 8401; 8402; 8403; 8404; 8405; 8406; 8407; 8408; 8410; 8439; 8454; 8412 (exceto 8412.2, 8412.30.00, 8412.40, 8412.50, 8418.69.30, 8418.69.40); 8413; 8414; 8415; 8416; 8417; 8418; 8419; 8420; 8421; 8422 (exceto 8422.11.90 e 8422.19.00); 8423; 8424; 8425; 8426; 8427; 8428; 8429; 8430; 8431; 8432; 8433; 8434; 8435; 8436; 8437; 8438; 8439; 8440; 8441; 8442; 8443; 8444; 8445; 8446; 8447; 8448; 8449; 8452; 8453; 8454; 8455; 8456; 8457; 8458; 8459; 8460; 8461; 8462; 8463; 8464; 8465; 8466; 8467; 8468; 8470.50.90; 8470.90.10; 8470.90.90; 8472; 8474; 8475; 8476; 8477; 8478; 8479; 8480; 8481; 8482; 8483; 8484; 8485; 8486; 8487; 8501; 8502; 8503; 8505; 8514; 8515; 8543; 8701.10.00; 8701.30.00; 8701.94.10; 8701.95.10; 8704.10.10; 8704.10.90; 8705.10.10; 8705.10.90; 8705.20.00; 8705.30.00; 8705.40.00; 8705.90.10; 8705.90.90; 8706.00.20; 8707.90.10; 8708.29.11; 8708.29.12; 8708.29.13; 8708.29.14; 8708.29.19; 8708.30.11; 8708.40.11; 8708.40.19; 8708.50.11; 8708.50.12; 8708.50.19; 8708.50.91; 8708.70.10; 8708.94.11; 8708.94.12; 8708.94.13; 8709.11.00; 8709.19.00; 8709.90.00; 8716.20.00; 8716.31.00; 8716.39.00; 9015; 9016; 9017; 9022; 9024; 9025; 9026; 9027; 9028; 9029; 9031; 9032; 9506.91.00; e 9620.00.00; (Acrescentada pela Lei 13.670/2018.) (Vigência: 1º dia ao mês seguinte ao da publicação.)

h) e *i)* (Vetados.); (Acrescentada pela Lei 13.670/2018.) (Vigência: 1º dia ao mês seguinte ao da publicação.)

j) 02.03, 0206.30.00, 0206.4, 02.07, 02.09, 0210.1, 0210.99.00, 1601.00.00, 1602.3, 1602.4, 03.03, 03.04 e 03.02, exceto 03.02.90.00; (Acrescentada pela Lei 13.670/2018.) (Vigência: 1º dia ao mês seguinte ao da publicação.)

k) 5004.00.00, 5005.00.00, 5006.00.00, 50.07, 5104.00.00, 51.05, 51.06, 51.07, 51.08, 51.09, 5110.00.00, 51.11, 51.12, 5113.00, 5203.00.00, 52.04, 52.05, 52.06, 52.07, 52.08, 52.09, 52.10, 52.11, 52.12, 53.06, 53.07, 53.08, 53.09, 53.10, 5311.00.00, no capítulo 54, exceto os códigos 5402.46.00, 5402.47.00 e 5402.33.10, e nos capítulos 55 a 60; (Acrescentada pela Lei 13.670/2018.) (Vigência: 1º dia ao mês seguinte ao da publicação.)

l) e *m)* (Vetados.); (Acrescentada pela Lei 13.670/2018.) (Vigência: 1º dia ao mês seguinte ao da publicação.)

IX - as empresas de transporte rodoviário de cargas, enquadradas na classe 4930-2 da CNAE 2.0; (Acrescentado pela Lei 13.670/2018.) (Vigência: 1º dia ao mês seguinte ao da publicação.)

X a **XIV** - (Vetados.); (Acrescentado pela Lei 13.670/2018.) (Vigência: 1º dia ao mês seguinte ao da publicação.)

§ 1º O disposto no *caput*: (Acrescentado pela Lei 12.715/2012.)

I - aplica-se apenas em relação aos produtos industrializados pela empresa; (Acrescentado pela Lei 12.715/2012.)

II - não se aplica: (Acrescentado pela Lei 12.715/2012.)

a) a empresas que se dediquem a outras atividades, além das previstas no *caput*, cuja receita bruta decorrente dessas outras atividades seja igual ou superior a 95% (noventa e cinco por cento) da receita bruta total; e (Acrescentada pela Lei 12.715/2012.)

b) e *c)* (Revogadas pela Lei 13.670/2018.) (Vigência: 1º dia ao mês seguinte ao da publicação.)

§ 2º Para efeito do inciso I do § 1º, devem ser considerados os conceitos de industrialização e de industrialização por encomenda previstos na legislação do Imposto sobre Produtos

Industrializados - IPI. (Acrescentado pela Lei 12.715/2012.)

§§ 3º a 9º (Revogados pela Lei 13.670/2018.) (Vigência: 1º dia ao mês seguinte ao da publicação.)

§ 10. (Vetado.). (Acrescentado pela Lei 12.844/2013.)

§ 11. (Revogado pela Lei 13.670/2018.) (Vigência: 1º dia ao mês seguinte ao da publicação.)

ART. 8º-A A alíquota da contribuição sobre a receita bruta prevista no art. 8º desta Lei será de 2,5% (dois inteiros e cinco décimos por cento), exceto para as empresas referidas nos incisos VI, IX, X e XI do *caput* do referido artigo e para as empresas que fabricam os produtos classificados na Tipi nos códigos 6309.00, 64.01 a 64.06 e 87.02, exceto 8702.90.10, que contribuirão à alíquota de 1,5% (um inteiro e cinco décimos por cento), e para as empresas que fabricam os produtos classificados na Tipi nos códigos 02.03, 0206.30.00, 0206.4, 02.07, 02.09, 0210.1, 0210.99.00, 1601.00.00, 1602.3, 1602.4, 03.03 e 03.04, que contribuirão à alíquota de 1% (um por cento). (Alterado pela Lei 13.670/2018.) (Vigência: 1º dia ao mês seguinte ao da publicação.)

ART. 8º-B. (Vetado.). (Acrescentado pela Lei 13.161/2015.)

ART. 9º Para fins do disposto nos arts. 7º e 8º desta Lei:

- Dec. 7.828/2012 (Regulamenta a incidência da contribuição previdenciária sobre a receita devida pelas empresas de que trata este artigo).

I - a receita bruta deve ser considerada sem o ajuste de que trata o inciso VIII do art. 183 da Lei n. 6.404, de 15 de dezembro de 1976;

II - exclui-se da base de cálculo das contribuições a receita bruta: (Alterado pela Lei 12.844/2013.)

a) de exportações; e (Acrescentada pela Lei 12.844/2013.)

b) decorrente de transporte internacional de carga; (Acrescentada pela Lei 12.844/2013.)

c) reconhecida pela construção, recuperação, reforma, ampliação ou melhoramento da infraestrutura, cuja contrapartida seja ativo intangível representativo de direito de exploração, no caso de contratos de concessão de serviços públicos; (Acrescentado pela Lei 13.043/2014.)

III - a data de recolhimento das contribuições obedecerá ao disposto na alínea "b" do inciso I do art. 30 da Lei n. 8.212, de 1991;

IV - a União compensará o Fundo do Regime Geral de Previdência Social, de que trata o art. 68 da Lei Complementar n. 101, de 4 de maio de 2000, no valor correspondente à estimativa de renúncia previdenciária decorrente da desoneração, de forma a não afetar a apuração do resultado financeiro do Regime Geral de Previdência Social (RGPS); e

V - com relação às contribuições de que tratam os arts. 7º e 8º, as empresas continuam sujeitas ao cumprimento das demais obrigações previstas na legislação previdenciária.

VI - (Vetado.). (Acrescentado pela Lei 12.715/2012.)

VII - para os fins da contribuição prevista no *caput* dos arts. 7º e 8º, considera-se empresa a sociedade empresária, a sociedade simples, a cooperativa, a empresa individual de responsabilidade limitada e o empresário a que se refere o art. 966 da Lei n. 10.406, de 10 de janeiro de 2002 - Código Civil, devidamente registrados no Registro de Empresas Mercantis ou no Registro Civil de Pessoas Jurídicas, conforme o caso; (Alterado pela Lei 12.844/2013.)

VIII - para as sociedades cooperativas, a metodologia adotada para a contribuição sobre a receita bruta, em substituição às contribuições previstas nos incisos I e III do *caput* do art. 22 da Lei n. 8.212, de 24 de julho de 1991, limita-se às previsões constantes do art. 8º desta Lei e somente às atividades abrangidas pelos códigos nele referidos; (Alterado pela Lei 13.670/2018.) (Vigência: 1º dia ao mês seguinte ao da publicação.)

IX - equipara-se a empresa o consórcio constituído nos termos dos arts. 278 e 279 da Lei n. 6.404, de 15 de dezembro de 1976, que realizar a contratação e o pagamento, mediante a utilização de CNPJ próprio do consórcio, de pessoas físicas ou jurídicas, com ou sem vínculo empregatício, ficando as empresas consorciadas solidariamente responsáveis pelos tributos relacionados às operações praticadas pelo consórcio. (Acrescentado pela Lei 12.995/2014.)

X - no caso de contrato de concessão de serviços públicos, a receita decorrente da construção, recuperação, reforma, ampliação ou melhoramento da infraestrutura, cuja contrapartida seja ativo financeiro representativo de direito contratual incondicional de receber caixa ou outro ativo financeiro, integrará a base de cálculo da contribuição à medida do efetivo recebimento. (Acrescentado pela Lei 13.043/2014.)

§ 1º No caso de empresas que se dedicam a outras atividades além das previstas nos arts. 7º e 8º, o cálculo da contribuição obedecerá: (Redação dada pela Lei n. 13.043, de 2014)

I - ao disposto no *caput* desses artigos quanto à parcela da receita bruta correspondente às atividades neles referidas; e (Acrescentado pela Lei 12.715/2012.)

II - ao disposto no art. 22 da Lei n. 8.212, de 24 de julho de 1991, reduzindo-se o valor da contribuição dos incisos I e III do *caput* do referido artigo ao percentual resultante da razão entre a receita bruta de atividades não relacionadas aos serviços de que tratam o *caput* do art. 7º desta Lei ou à fabricação dos produtos de que tratam os incisos VII e VIII do *caput* do art. 8º desta Lei e a receita bruta total. (Alterado pela Lei 13.670/2018.) (Vigência: 1º dia ao mês seguinte ao da publicação.)

§ 2º A compensação de que trata o inciso IV do *caput* será feita na forma regulamentada em ato conjunto da Secretaria da Receita Federal do Brasil, Secretaria do Tesouro Nacional do Ministério da Fazenda, Instituto Nacional do Seguro Social - INSS e Ministério da Previdência Social, mediante transferências do Orçamento Fiscal. (Acrescentado pela Lei 12.715/2012.)

§ 3º Relativamente aos períodos anteriores à tributação da empresa nas formas instituídas pelos arts. 7º e 8º desta Lei, mantém-se a incidência das contribuições previstas no art. 22 da Lei n. 8.212, de 24 de julho de 1991, aplicada de forma proporcional sobre o 13º (décimo terceiro) salário. (Acrescentado pela Lei 12.715/2012.)

§ 4º Para fins de cálculo da razão a que se refere o inciso II do § 1º, aplicada ao 13º (décimo terceiro) salário, será considerada a receita bruta acumulada nos 12 (doze) meses anteriores ao mês de dezembro de cada ano-calendário. (Acrescentado pela Lei 12.715/2012.)

§ 5º O disposto no § 1º aplica-se às empresas que se dediquem a outras atividades, além das previstas nos arts. 7º e 8º, somente se a receita bruta decorrente de outras atividades for superior a 5% (cinco por cento) da receita bruta total. (Acrescentado pela Lei 12.715/2012.)

§ 6º Não ultrapassado o limite previsto no § 5º, a contribuição a que se refere o *caput* dos arts. 7º e 8º será calculada sobre a receita bruta total auferida no mês. (Acrescentado pela Lei 12.715/2012.)

§ 7º Para efeito da determinação da base de cálculo, podem ser excluídos da receita bruta: (Acrescentado pela Lei 12.715/2012.)

I - as vendas canceladas e os descontos incondicionais concedidos; (Acrescentado pela Lei 12.715/2012.)

II - (Vetado.); (Acrescentado pela Lei 12.715/2012.)

III - o Imposto sobre Produtos Industrializados - IPI, se incluído na receita bruta; e (Acrescentado pela Lei 12.715/2012.)

IV - o Imposto sobre Operações relativas à Circulação de Mercadorias e sobre Prestações de Serviços de Transporte Interestadual e Intermunicipal e de Comunicação - ICMS, quando cobrado pelo vendedor dos bens ou prestador dos serviços na condição de substituto tributário. (Acrescentado pela Lei 12.715/2012.)

§ 8º (Vetado.). (Acrescentado pela Lei 12.715/2012.)

§ 9º As empresas para as quais a substituição da contribuição previdenciária sobre a folha de pagamento pela contribuição sobre a receita bruta estiver vinculada ao seu enquadramento no CNAE deverão considerar apenas o CNAE relativo a sua atividade principal, assim considerada aquela de maior receita auferida ou esperada, não lhes sendo aplicado o disposto no § 1º. (Alterado pela Lei 12.844/2013.)

§ 10. Para fins do disposto no § 9º, a base de cálculo da contribuição a que se referem o *caput* do art. 7º e o *caput* do art. 8º será a receita bruta da empresa relativa a todas as suas atividades. (Acrescentado pela Lei 12.844/2013.)

§ 11. Na hipótese do inciso IX do *caput*, no cálculo da contribuição incidente sobre a receita, a consorciada deve deduzir de sua base de cálculo, observado o disposto neste artigo, a parcela da receita auferida pelo consórcio proporcional a sua participação no empreendimento. (Acrescentado pela Lei 12.995/2014.)

§ 12. As contribuições referidas no *caput* do art. 7º e no *caput* do art. 8º podem ser apuradas utilizando-se os mesmos critérios adotados na legislação da Contribuição para o PIS/Pasep e da Cofins para o reconhecimento no tempo de receitas e para o diferimento do pagamento dessas contribuições. (Acrescentado pela Lei 12.995/2014.)

§ 13. A opção pela tributação substitutiva prevista nos arts. 7º e 8º será manifestada mediante o pagamento da contribuição incidente sobre a receita bruta relativa a janeiro de cada ano, ou à primeira competência subsequente para a qual haja receita bruta apurada, e será irretratável para todo o ano calendário. (Acrescentado pela Lei 13.161/2015.)

§ 14. Excepcionalmente, para o ano de 2015, a opção pela tributação substitutiva prevista nos arts. 7º e 8º será manifestada mediante o pagamento da contribuição incidente sobre a receita bruta relativa a novembro de 2015, ou à primeira competência subsequente para a qual haja receita bruta apurada, e será irretratável para o restante do ano. (Acrescentado pela Lei 13.161/2015.)

§ 15. A opção de que tratam os §§ 13 e 14, no caso de empresas que contribuem simultaneamente com as contribuições previstas nos arts. 7º e 8º, valerá para ambas as contribuições, e não será permitido à empresa fazer a opção apenas com relação a uma delas. (Acrescentado pela Lei 13.161/2015.)

§ 16. Para as empresas relacionadas no inciso IV do *caput* do art. 7º, a opção dar-se-á por obra de construção civil e será manifestada mediante o pagamento da contribuição incidente sobre a receita bruta relativa à competência de cadastro no CEI ou à primeira competência subsequente para a qual haja receita bruta apurada para a obra, e será irretratável até o seu encerramento. (Acrescentado pela Lei 13.161/2015.)

§ 17. No caso de empresas que se dediquem a atividades ou fabriquem produtos sujeitos a alíquotas sobre a receita bruta diferentes, o valor da contribuição será calculado mediante aplicação da respectiva alíquota sobre a receita bruta correspondente a cada atividade ou produto. (Acrescentado pela Lei 13.161/2015.)

ART. 10. Ato do Poder Executivo instituirá comissão tripartite com a finalidade de acompanhar e avaliar a implementação das medidas de que tratam os arts. 7º a 9º, formada por representantes dos trabalhadores e empresários dos setores econômicos neles indicados, bem como do Poder Executivo federal.

Parágrafo único. Os setores econômicos referidos nos arts. 7º e 8º serão representados na comissão tripartite de que trata o *caput*. (Acrescentado pela Lei 12.715/2012.)

ART. 11. O art. 1º da Medida Provisória n. 2.199-14, de 24 de agosto de 2001, passa a vigorar com a seguinte redação:

‣ Alterações promovidas no texto da referida lei.

ART. 12. O art. 7º da Lei n. 11.033, de 21 de dezembro de 2004, passa a vigorar com a seguinte redação:

‣ Alterações promovidas no texto da referida lei.

ART. 13. O art. 19-A da Lei n. 11.196, de 21 de novembro de 2005, passa a vigorar com a seguinte redação:

‣ Alterações promovidas no texto da referida lei.

ART. 14. Os cigarros classificados no código 2402.20.00 da Tipi, aprovada pelo Decreto n. 6.006, de 2006, de fabricação nacional ou importados, excetuados os classificados no Ex 01, são sujeitos ao IPI à alíquota de 300% (trezentos por cento).

§ 1º É facultado ao Poder Executivo alterar a alíquota de que trata o *caput*, observado o disposto nos incisos I e II do art. 4º do Decreto-Lei n. 1.199, de 1971.

§ 2º O IPI será calculado mediante aplicação da alíquota sobre o valor tributável disposto no inciso I do art. 4º do Decreto-Lei n. 1.593, de 21 de dezembro de 1977.

ART. 15. A percentagem fixada pelo Poder Executivo, em observância ao disposto no inciso I do art. 4º do Decreto-Lei n. 1.593, de 1977, não poderá ser inferior a 15% (quinze por cento).

ART. 16. O IPI de que trata o art. 14 será apurado e recolhido uma única vez:

I - pelo estabelecimento industrial, em relação às saídas dos cigarros destinados ao mercado interno; ou

II - pelo importador, no desembaraço aduaneiro dos cigarros de procedência estrangeira.

§ 1º Na hipótese de adoção de preços diferenciados em relação a uma mesma marca comercial de cigarro, prevalecerá, para fins de apuração e recolhimento do IPI, o maior preço de venda no varejo praticado em cada Estado ou no Distrito Federal.

§ 2º A Secretaria da Receita Federal do Brasil divulgará, por meio de seu sítio na internet, o nome das marcas comerciais de cigarros e os preços de venda no varejo de que trata o § 1º, bem como a data de início de sua vigência.

ART. 17. A pessoa jurídica industrial ou importadora dos cigarros referidos no art. 14 poderá optar por regime especial de apuração e recolhimento do IPI, no qual o valor do imposto será obtido pelo somatório de 2 (duas) parcelas, calculadas mediante a utilização de alíquotas:

I - *ad valorem*, observado o disposto no § 2º do art. 14; e

II - específica, fixada em reais por vintena, tendo por base as características físicas do produto.

§ 1º O Poder Executivo fixará as alíquotas do regime especial de que trata o *caput*:

I - em percentagem não superior a um terço da alíquota de que trata o *caput* do art. 14, em relação à alíquota *ad valorem*; ou

II - em valor não inferior a R$ 0,80 (oitenta centavos de real), em relação à alíquota específica.

§ 2º As disposições contidas no art. 16 também se aplicam ao IPI devido pelas pessoas jurídicas optantes pelo regime especial de que trata o *caput*.

§ 3º A propositura pela pessoa jurídica de ação judicial questionando os termos do regime especial de que trata o *caput* implica desistência da opção e incidência do IPI na forma do art. 14.

ART. 18. A opção pelo regime especial previsto no art. 17 será exercida pela pessoa jurídica em relação a todos os estabelecimentos, até o último dia útil do mês de dezembro de cada ano-calendário, produzindo efeitos a partir do primeiro dia do ano-calendário subsequente ao da opção.

§ 1º A opção a que se refere este artigo será automaticamente prorrogada para o ano-calendário seguinte, salvo se a pessoa jurídica dela desistir, nos termos e condições estabelecidos pela Secretaria da Receita Federal do Brasil.

§ 2º No ano-calendário em que a pessoa jurídica iniciar atividades de produção ou importação de cigarros de que trata o art. 14, a opção pelo regime especial poderá ser exercida em qualquer data, produzindo efeitos a partir do primeiro dia do mês subsequente ao da opção.

§ 3º Excepcionalmente no ano-calendário de 2011, a opção a que se refere o *caput* poderá ser exercida até o último dia útil do mês de novembro de 2011, produzindo efeitos a partir do primeiro dia do mês subsequente ao da opção.

§ 4º A Secretaria da Receita Federal do Brasil divulgará, por meio de seu sítio na internet, o nome das pessoas jurídicas optantes na forma deste artigo, bem como a data de início da respectiva opção.

ART. 19. Nas hipóteses de infração à legislação do IPI, a exigência de multas e juros de mora dar-se-á em conformidade com as normas gerais desse imposto.

ART. 20. O Poder Executivo poderá fixar preço mínimo de venda no varejo de cigarros classificados no código 2402.20.00 da Tipi, válido em todo o território nacional, abaixo do qual fica proibida a sua comercialização.

§ 1º A Secretaria da Receita Federal do Brasil aplicará pena de perdimento aos cigarros comercializados em desacordo com o disposto no *caput*, sem prejuízo das sanções penais cabíveis na hipótese de produtos introduzidos clandestinamente em território nacional.

§ 2º É vedada, pelo prazo de 5 (cinco) anos-calendário, a comercialização de cigarros pela pessoa jurídica enquadrada por descumprimento ao disposto no *caput*.

§ 3º É sujeito ao cancelamento do registro especial de fabricante de cigarros de que trata o art. 1º do Decreto-Lei n. 1.593, de 1977, o estabelecimento industrial que:

I - divulgar tabela de preços de venda no varejo em desacordo com o disposto no *caput*; ou

II - comercializar cigarros com pessoa jurídica enquadrada na hipótese do § 2º.

ART. 21. O art. 8º da Lei n. 10.865, de 30 de abril de 2004, passa a vigorar com a seguinte redação:

‣ Alterações promovidas no texto da referida lei.

ART. 22. O art. 25 da Lei n. 11.508, de 20 de julho de 2007, passa a vigorar com a seguinte redação:

‣ Alterações promovidas no texto da referida lei.

ART. 23. O art. 11 da Lei n. 7.291, de 19 de dezembro de 1984, passa vigorar com a seguinte redação:

‣ Alterações promovidas no texto da referida lei.

ART. 24. Sem prejuízo do disposto na Lei Complementar n. 116, de 31 de julho de 2003, é o Poder Executivo autorizado a instituir a Nomenclatura Brasileira de Serviços, Intangíveis e outras Operações que Produzam Variações no Patrimônio (NBS) e as Notas Explicativas da Nomenclatura Brasileira de Serviços, Intangíveis e Outras Operações que Produzam Variações no Patrimônio (Nebs).

ART. 25. É instituída a obrigação de prestar informações para fins econômico-comerciais ao Ministério do Desenvolvimento, Indústria e Comércio Exterior relativas às transações entre residentes ou domiciliados no País e residentes ou domiciliados no exterior que compreendam serviços, intangíveis e outras operações que produzam variações no patrimônio das pessoas físicas, das pessoas jurídicas ou dos entes despersonalizados.

§ 1º A prestação das informações de que trata o *caput* deste artigo:

I - será estabelecida na forma, no prazo e nas condições definidos pelo Ministério do Desenvolvimento, Indústria e Comércio Exterior;

II - não compreende as operações de compra e venda efetuadas exclusivamente com mercadorias; e

III - será efetuada por meio de sistema eletrônico a ser disponibilizado na rede mundial de computadores.

§ 2º Os serviços, os intangíveis e as outras operações de que trata o *caput* deste artigo serão definidos na Nomenclatura de que trata o art. 24.

§ 3º São obrigados a prestar as informações de que trata o *caput* deste artigo:

I - o prestador ou tomador do serviço residente ou domiciliado no Brasil;

II - a pessoa física ou jurídica, residente ou domiciliada no Brasil, que transfere ou adquire o intangível, inclusive os direitos de propriedade intelectual, por meio de cessão, concessão, licenciamento ou por quaisquer outros meios admitidos em direito; e

III - a pessoa física ou jurídica ou o responsável legal do ente despersonalizado, residente ou domiciliado no Brasil, que realize outras operações que produzam variações no patrimônio.

§ 4º A obrigação prevista no *caput* deste artigo estende-se ainda:

I - às operações de exportação e importação de serviços, intangíveis e demais operações; e

II - às operações realizadas por meio de presença comercial no exterior relacionada a pessoa jurídica domiciliada no Brasil, conforme alínea "d" do Artigo XXVIII do Acordo Geral sobre o Comércio de Serviços (Gats), aprovado pelo Decreto Legislativo n. 30, de 15 de dezembro de 1994, e promulgado pelo Decreto n. 1.355, de 30 de dezembro de 1994.

§ 5º As situações de dispensa da obrigação previstas no *caput* deste artigo serão definidas pelo Ministério do Desenvolvimento, Indústria e Comércio Exterior.

§ 6º As informações de que trata o *caput* deste artigo poderão subsidiar outros sistemas eletrônicos da administração pública.

ART. 26. As informações de que trata o art. 25 serão utilizadas pelo Ministério do Desenvolvimento, Indústria e Comércio Exterior na sistemática de coleta, tratamento e divulgação de estatísticas, no auxílio à gestão e ao acompanhamento dos mecanismos de apoio ao comércio exterior de serviços, intangíveis e às demais operações, instituídos no âmbito da administração pública, bem como no exercício das demais atribuições legais de sua competência.

§ 1º As pessoas de que trata o § 3º do art. 25 deverão indicar a utilização dos mecanismos de apoio ao comércio exterior de serviços, intangíveis e às demais operações, mediante a vinculação desses às informações de que trata o art. 25, sem prejuízo do disposto na legislação específica.

§ 2º Os órgãos e as entidades da administração pública que tenham atribuição legal de regulação, normatização, controle ou fiscalização dos mecanismos previstos no *caput* deste artigo utilizarão a vinculação de que trata o § 1º deste artigo para verificação do adimplemento das condições necessárias à sua fruição.

§ 3º A concessão ou o reconhecimento dos mecanismos de que trata o *caput* deste artigo é condicionada ao cumprimento da obrigação prevista no art. 25.

§ 4º O Ministério do Desenvolvimento, Indústria e Comércio Exterior assegurará os meios para cumprimento do previsto neste artigo.

ART. 27. O Ministério da Fazenda e o Ministério do Desenvolvimento, Indústria e Comércio Exterior emitirão as normas complementares para o cumprimento do disposto nos arts. 24 a 26 desta Lei.

ART. 28. As regras de origem de que trata o Acordo sobre Regras de Origem do Acordo Geral sobre Tarifas Aduaneiras e Comércio 1994 (Gatt), aprovado pelo Decreto Legislativo n. 30, de 15 de dezembro de 1994, e promulgado pelo Decreto n. 1.355, de 30 de dezembro de 1994, serão aplicadas tão somente em instrumentos não preferenciais de política comercial, de forma consistente, uniforme e imparcial.

ART. 29. As investigações de defesa comercial sob a competência do Departamento de Defesa Comercial (Decom) da Secretaria de Comércio Exterior (Secex) do Ministério do Desenvolvimento, Indústria e Comércio Exterior serão baseadas na origem declarada do produto.

§ 1º A aplicação de medidas de defesa comercial será imposta por intermédio de ato específico da Câmara de Comércio Exterior (Camex) e prescindirá de investigação adicional àquela realizada ao amparo do *caput*.

§ 2º Ainda que os requisitos estabelecidos nesta Lei tenham sido cumpridos, poderão ser estendidas medidas de defesa comercial amparadas pelo art. 10-A da Lei n. 9.019, de 30 de março de 1995, a produtos cuja origem seja distinta daquela na qual se baseou a aplicação da medida de defesa comercial a que faz referência o § 1º deste artigo.

ART. 30. Nos casos em que a aplicação de medida de defesa comercial tiver sido estabelecida por ato específico da Camex com base na origem dos produtos, a cobrança dos valores devidos será realizada pela Secretaria da Receita Federal do Brasil, considerando as regras de origem não preferenciais estabelecidas nos arts. 31 e 32 desta Lei.

ART. 31. Respeitados os critérios decorrentes de ato internacional de que o Brasil seja parte, tem-se por país de origem da mercadoria aquele onde houver sido produzida ou, no caso de mercadoria resultante de material ou de mão de obra de mais de um país, aquele onde houver recebido transformação substancial.

§ 1º Considera-se mercadoria produzida, para fins do disposto nos arts. 28 a 45 desta Lei:

I - os produtos totalmente obtidos, assim entendidos:

a) produtos do reino vegetal colhidos no território do país;

b) animais vivos, nascidos e criados no território do país;

c) produtos obtidos de animais vivos no território do país;

d) mercadorias obtidas de caça, captura com armadilhas ou pesca realizada no território do país;

e) minerais e outros recursos naturais não incluídos nas alíneas "a" a "d", extraídos ou obtidos no território do país;

f) peixes, crustáceos e outras espécies marinhas obtidos do mar fora de suas zonas econômicas exclusivas por barcos registrados ou matriculados no país e autorizados para arvorar a bandeira desse país, ou por barcos arrendados ou fretados a empresas estabelecidas no território do país;

g) mercadorias produzidas a bordo de barcos-fábrica a partir dos produtos identificados nas alíneas "d" e "f" deste inciso, sempre que esses barcos-fábrica estejam registrados, matriculados em um país e estejam autorizados a arvorar a bandeira desse país, ou por barcos-fábrica arrendados ou fretados por empresas estabelecidas no território do país;

h) mercadorias obtidas por uma pessoa jurídica de um país do leito do mar ou do subsolo marinho, sempre que o país tenha direitos para explorar esse fundo do mar ou subsolo marinho; e

i) mercadorias obtidas do espaço extraterrestre, sempre que sejam obtidas por pessoa jurídica ou por pessoa natural do país;

II - os produtos elaborados integralmente no território do país, quando em sua elaboração forem utilizados, única e exclusivamente, materiais dele originários.

§ 2º Entende-se por transformação substancial, para efeito do disposto nos arts. 28 a 45 desta Lei, os produtos em cuja elaboração forem utilizados materiais não originários do país, quando resultantes de um processo de transformação que lhes confira uma nova individualidade, caracterizada pelo fato de estarem classificados em uma posição tarifária (primeiros 4 (quatro) dígitos do Sistema Harmonizado de Designação e Codificação de Mercadorias - SH) diferente da posição dos mencionados materiais, ressalvado o disposto no § 3º deste artigo.

§ 3º Não será considerado originário do país exportador o produto resultante de operação ou processo efetuado no seu território, pelo qual adquire a forma final em que será comercializado, quando, na operação ou no processo, for utilizado material ou insumo não originário do país e consista apenas em montagem, embalagem, fracionamento em lotes ou volumes, seleção, classificação, marcação, composição de sortimentos de mercadorias ou simples diluições em água ou outra substância que não altere as características do produto como originário ou outras operações ou processos equivalentes, ainda que essas operações alterem a classificação do produto, considerada a 4 (quatro) dígitos.

ART. 32. O Poder Executivo poderá definir critérios de origem não preferenciais específicos.

Parágrafo único. Os requisitos específicos definidos com base no *caput* prevalecerão sobre os estabelecidos no art. 31 desta Lei.

ART. 33. A Secretaria da Receita Federal do Brasil e a Secex, no âmbito de suas competências, promoverão a verificação de origem não preferencial sob os aspectos da autenticidade, veracidade e observância das normas previstas nos arts. 28 a 45 desta Lei ou em seus regulamentos.

ART. 34. A comprovação de origem será verificada mediante a apresentação pelo exportador/produtor ou pelo importador de informações relativas, dentre outras:

I - à localização do estabelecimento produtor;

II - à capacidade operacional;

III - ao processo de fabricação;

IV - às matérias-primas constitutivas; e

V - ao índice de insumos não originários utilizados na obtenção do produto.

§ 1º A apresentação das informações a que se refere o *caput* não exclui a possibilidade de realização de diligência ou fiscalização no estabelecimento produtor ou exportador.

§ 2º O Poder Executivo poderá estabelecer os procedimentos e os requisitos adicionais necessários à comprovação de origem, bem como a forma, o prazo para apresentação e o conteúdo dos documentos exigidos para sua verificação.

ART. 35. O importador é solidariamente responsável pelas informações apresentadas pelo exportador/produtor relativas aos produtos que tenha importado.

ART. 36. Compete à Secex realizar a verificação de origem não preferencial, mediante denúncia ou de ofício, na fase de licenciamento de importação.

ART. 37. A não comprovação da origem declarada implicará o indeferimento da licença de importação pela Secex.

§ 1º Após o indeferimento da licença de importação para determinada mercadoria, a Secex estenderá a medida às importações de mercadorias idênticas do mesmo exportador ou produtor até que ele demonstre o cumprimento das regras de origem.

§ 2º A Secex estenderá a medida às importações de mercadorias idênticas de outros exportadores ou produtores do mesmo país ou de outros países que não cumpram com as regras de origem.

ART. 38. A licença de importação do produto objeto da verificação somente será deferida após a conclusão do processo de investigação que comprove a origem declarada.

ART. 39. Compete à Secretaria da Receita Federal do Brasil realizar a verificação de origem não preferencial no curso do despacho aduaneiro ou durante a realização de ações fiscais aduaneiras iniciadas após o desembaraço de mercadorias e aplicar, quando cabível, as penalidades pecuniárias estabelecidas nesta Lei.

ART. 40. No caso de importação de produto submetido à restrição quantitativa, quando não for comprovada a origem declarada, o importador é obrigado a devolver os produtos ao exterior.

Parágrafo único. O importador arcará com os ônus decorrentes da devolução ao exterior dos produtos a que se refere o *caput*.

ART. 41. Sem prejuízo da caracterização de abandono, nos termos do inciso II do art. 23 do Decreto-Lei n. 1.455, de 7 de abril de 1976, durante o curso do despacho aduaneiro, a importação de produto submetido a restrição quantitativa, quando a origem declarada não for comprovada, estará sujeita à multa de R$ 5.000,00 (cinco mil reais) por dia, contada da data do registro da Declaração de Importação até a data da efetiva devolução do produto ao exterior.

ART. 42. Excetuado o caso previsto no art. 41 desta Lei, a falta de comprovação da origem não preferencial sujeitará o importador à multa de 30% (trinta por cento) sobre o valor aduaneiro da mercadoria.

ART. 43. A aplicação de penalidades relacionadas com a comprovação de origem não prejudica a cobrança, provisória ou definitiva, de direito antidumping ou compensatório ou, ainda, de medidas de salvaguarda, pela Secretaria da Receita Federal do Brasil.

ART. 44. A Secex e a Secretaria da Receita Federal do Brasil notificarão uma à outra por escrito a abertura e a conclusão dos respectivos processos de investigação de origem não preferencial e os conduzirão de forma coordenada.

Parágrafo único. Em caso de abertura de investigação por um órgão sobre determinado produto e empresa que já tenham sido objeto de investigação anterior por outro órgão, as informações obtidas por este e suas conclusões deverão ser levadas em consideração no processo de investigação aberto.

ART. 45. A Secex e a Secretaria da Receita Federal do Brasil expedirão, no âmbito de suas competências, as normas complementares necessárias à execução dos arts. 28 a 44 desta Lei.

ART. 46. (Vetado.).

ART. 47. (Revogado pela Lei 12.865/2013.)

ART. 47-A. Fica suspensa a incidência da Contribuição para o PIS/Pasep e da Cofins sobre as receitas decorrentes da venda de matéria-prima *in natura* de origem vegetal, destinada à produção de biodiesel, quando efetuada por pessoa jurídica ou cooperativa referida no § 1º do art. 47 desta Lei. (Acrescentado pela Lei 12.715/2012.)

ART. 47-B. É autorizada a apuração do crédito presumido instituído pelo art. 47 em relação a operações ocorridas durante o período de sua vigência. (Acrescentado pela Lei 12.995/2014.)

§ 1º É vedada a apuração do crédito presumido de que trata o *caput* e do crédito presumido instituído pelo art. 8º da Lei n. 10.925, de 23 de julho de 2004, em relação à mesma operação. (Acrescentado pela Lei 12.995/2014.)

§ 2º São convalidados os créditos presumidos de que trata o art. 8º da Lei n. 10.925, de 23 de julho de 2004, regularmente apurados em relação à aquisição ou ao recebimento de soja *in natura* por pessoa jurídica produtora de biodiesel. (Acrescentado pela Lei 12.995/2014.)

§ 3º A Secretaria da Receita Federal do Brasil disciplinará o disposto neste artigo. (Acrescentado pela Lei 12.995/2014.)

ART. 48. É alterado o texto da coluna "FATOS GERADORES" do item 9.1 do Anexo II da Lei n. 9.782, de 26 de janeiro de 1999, que passa a vigorar com a seguinte redação: "Registro, revalidação ou renovação de registro de fumígenos, com exceção dos produtos destinados exclusivamente à exportação".

ART. 49. Os arts. 2º e 3º da Lei n. 9.294, de 15 de julho de 1996, passam a vigorar com a seguinte redação:

Alterações promovidas no texto da referida lei.

ART. 50. O Poder Executivo regulamentará o disposto nos arts. 1º a 3º, 7º a 10, 14 a 20, 46 e 49 desta Lei.

ART. 51. Revogam-se:

I - a partir de 1º de julho de 2012, o art. 1º da Lei n. 11.529, de 22 de outubro de 2007; e

II - a partir da data de entrada em vigor dos arts. 14 a 20 desta Lei, o art. 6º do Decreto-Lei n. 1.593, de 21 de dezembro de 1977.

ART. 52. Esta Lei entra em vigor na data de sua publicação.

§ 1º Os arts. 1º a 3º produzirão efeitos somente após a sua regulamentação.

§ 2º Os arts. 7º a 9º e 14 a 21 entram em vigor no primeiro dia do quarto mês subsequente à data de publicação da Medida Provisória n. 540, de 2 de agosto de 2011, observado o disposto nos §§ 3º e 4º deste artigo.

§ 3º Os §§ 3º a 5º do art. 7º e os incisos III a V do *caput* do art. 8º desta Lei produzirão efeitos a partir do primeiro dia do quarto mês subsequente à data de publicação desta Lei.

§ 4º Os incisos IV a VI do § 21 do art. 8º da Lei n. 10.865, de 30 de abril de 2004, com a redação dada pelo art. 21 desta Lei, produzirão efeitos a partir do primeiro dia do quarto mês subsequente à data de publicação desta Lei.

§ 5º Os arts. 28 a 45 entram em vigor 70 (setenta) dias após a data de publicação desta Lei.

Brasília, 14 de dezembro de 2011; 190º da Independência e 123º da República.

DILMA ROUSSEFF

LEI N. 12.598, DE 22 DE MARÇO DE 2012

Estabelece normas especiais para as compras, as contratações e o desenvolvimento de produtos e de sistemas de defesa; dispõe sobre regras de incentivo à área estratégica de defesa; altera a Lei n. 12.249, de 11 de junho de 2010; e dá outras providências.

- *DOU*, 22.3.2012 - Edição extra.
- Conversão da Med. Prov. 544/2011.
- Dec. 7.970/2013 (Regulamenta dispositivos desta lei.)
- Dec. 8.122/2013 (Regulamenta o Regime Especial Tributário para a Indústria de Defesa - Retid, instituído por esta lei.)

A Presidenta da República. Faço saber que o Congresso Nacional decreta e eu sanciono a seguinte Lei:

CAPÍTULO I
DISPOSIÇÕES PRELIMINARES

ART. 1º Esta Lei estabelece normas especiais para as compras, as contratações e o desenvolvimento de produtos e de sistemas de defesa e dispõe sobre regras de incentivo à área estratégica de defesa.

Parágrafo único. Subordinam-se ao regime especial de compras, de contratações de produtos, de sistemas de defesa, e de desenvolvimento de produtos e de sistemas de defesa, além dos órgãos da administração direta, os fundos especiais, as autarquias, as fundações públicas, as empresas públicas e privadas, as sociedades de economia mista, os órgãos e as entidades públicas fabricantes de produtos de defesa e demais entidades controladas, direta ou indiretamente, pela União, pelos Estados, pelo Distrito Federal e pelos Municípios.

ART. 2º Para os efeitos desta Lei, são considerados:

I - Produto de Defesa - PRODE - todo bem, serviço, obra ou informação, inclusive armamentos, munições, meios de transporte e de comunicações, fardamentos e materiais de uso individual e coletivo utilizados nas atividades finalísticas de defesa, com exceção daqueles de uso administrativo;

II - Produto Estratégico de Defesa - PED - todo Prode que, pelo conteúdo tecnológico, pela dificuldade de obtenção ou pela imprescindibilidade, seja de interesse estratégico para a defesa nacional, tais como:

a) recursos bélicos navais, terrestres e aeroespaciais;

b) serviços técnicos especializados na área de projetos, pesquisas e desenvolvimento científico e tecnológico;

c) equipamentos e serviços técnicos especializados para as áreas de informação e de inteligência;

III - Sistema de Defesa - SD - conjunto inter-relacionado ou interativo de Prode que atenda a uma finalidade específica;

IV - Empresa Estratégica de Defesa - EED - toda pessoa jurídica credenciada pelo Ministério da Defesa mediante o atendimento cumulativo das seguintes condições:

a) ter como finalidade, em seu objeto social, a realização ou condução de atividades de pesquisa, projeto, desenvolvimento, industrialização, prestação dos serviços referidos no art. 10, produção, reparo, conservação, revisão, conversão, modernização ou manutenção de PED no País, incluídas a venda e a revenda somente quando integradas às atividades industriais supracitadas;

b) ter no País a sede, a sua administração e o estabelecimento industrial, equiparado a industrial ou prestador de serviço;

c) dispor, no País, de comprovado conhecimento científico ou tecnológico próprio ou complementado por acordos de parceria com Instituição Científica e Tecnológica para realização de atividades conjuntas de pesquisa científica e tecnológica e desenvolvimento de tecnologia, produto ou processo, relacionado à atividade desenvolvida, observado o disposto no inciso X do *caput*;

d) assegurar, em seus atos constitutivos ou nos atos de seu controlador direto ou indireto, que o conjunto de sócios ou acionistas e grupos de sócios ou acionistas estrangeiros não possam exercer em cada assembleia geral número de votos superior a 2/3 (dois terços) do total de votos que puderem ser exercidos pelos acionistas brasileiros presentes; e

e) assegurar a continuidade produtiva no País;

V - Inovação - introdução de novidade ou aperfeiçoamento no ambiente produtivo de Prode;

VI - Desenvolvimento - concepção ou projeto de novo Prode ou seu aperfeiçoamento, incluindo, quando for o caso, produção de protótipo ou lote piloto;

VII - Compensação - toda e qualquer prática acordada entre as partes, como condição para a compra ou contratação de bens, serviços ou tecnologia, com a intenção de gerar benefícios de natureza tecnológica, industrial ou comercial, conforme definido pelo Ministério da Defesa;

VIII - Acordo de Compensação - instrumento legal que formaliza o compromisso e as obrigações do fornecedor para compensar as compras ou contratações realizadas;

IX - Plano de Compensação - documento que regula a especificidade de cada compromisso e permite controlar o andamento de sua execução;

X - Instituição Científica e Tecnológica - ICT - órgão ou entidade da administração pública definida nos termos do inciso V do *caput* do art. 2º da Lei n. 10.973, de 2 de dezembro de 2004;

XI - Sócios ou Acionistas Brasileiros:

a) pessoas naturais brasileiras, natas ou naturalizadas, residentes no Brasil ou no exterior;

b) pessoas jurídicas de direito privado organizadas em conformidade com a lei brasileira que tenham no País a sede e a administração, que não tenham estrangeiros como acionista controlador nem como sociedade controladora e sejam controladas, direta ou indiretamente, por uma ou mais pessoas naturais de que trata a alínea *a*; e

c) os fundos ou clubes de investimentos, organizados em conformidade com a lei brasileira, com sede e administração no País e cujos administradores ou condôminos, detentores da maioria de suas quotas, sejam pessoas que atendam ao disposto nas alíneas *a* e *b*;

XII - Sócios ou Acionistas Estrangeiros - as pessoas, naturais ou jurídicas, os fundos ou clubes de investimento e quaisquer outras entidades não compreendidas no inciso XI do *caput*.

Parágrafo único. As EED serão submetidas à avaliação das condições previstas no inciso IV do *caput* na forma disciplinada pelo Ministério da Defesa.

CAPÍTULO II
DAS COMPRAS, DAS CONTRATAÇÕES E DO DESENVOLVIMENTO DE PRODUTOS E DE SISTEMAS DE DEFESA

ART. 3º As compras e contratações de Prode ou SD, e do seu desenvolvimento, observarão o disposto nesta Lei.

§ 1º O poder público poderá realizar procedimento licitatório:

I - destinado exclusivamente à participação de EED quando envolver fornecimento ou desenvolvimento de PED;

II - destinado exclusivamente à compra ou à contratação de Prode ou SD produzido ou desenvolvido no País ou que utilize insumos nacionais ou com inovação desenvolvida no País, e, caso o SD envolva PED, aplica-se o disposto no inciso I deste parágrafo; e

III - que assegure à empresa nacional produtora de Prode ou à ICT, no percentual e nos termos fixados no edital e no contrato, a transferência do conhecimento tecnológico empregado ou a participação na cadeia produtiva.

§ 2º Os editais e contratos referentes a PED ou a SD conterão cláusulas relativas:

I - à continuidade produtiva;

II - à transferência de direitos de propriedade intelectual ou industrial; e

III - aos poderes reservados à administração pública federal para dispor sobre:

a) a criação ou alteração de PED que envolva ou não o País; e

b) a capacitação de terceiros em tecnologia para PED.

§ 3º Os critérios de seleção das propostas poderão abranger a avaliação das condições de financiamento oferecidas pelos licitantes.

§ 4º Poderá ser admitida a participação de empresas em consórcio, inclusive sob a forma de sociedade de propósito específico, desde que formalizada a sua constituição antes da celebração do contrato, observadas as seguintes normas:

I - quando houver fornecimento ou desenvolvimento de PED, a liderança do consórcio caberá à empresa credenciada pelo Ministério da Defesa como EED; e

II - se a participação do consórcio se der sob a forma de sociedade de propósito específico, a formalização de constituição deverá ocorrer antes da celebração do contrato, e seus acionistas serão as empresas consorciadas com participação idêntica à que detiverem no consórcio.

§ 5º O edital e o contrato poderão determinar a segregação de área reservada para pesquisa, projeto, desenvolvimento, produção ou industrialização de Prode ou SD.

§ 6º O edital e o contrato poderão determinar percentual mínimo de agregação de conteúdo nacional.

ART. 4º Os editais e contratos que envolvam importação de Prode ou SD disporão de regras definidas pelo Ministério da Defesa quanto a acordos de compensação tecnológica, industrial e comercial.

§ 1º Constará dos editais de que trata o *caput* deste artigo a exigência de apresentação de Plano de Compensação que explicite o objeto da compensação, o cronograma e o detalhamento da possível inovação.

§ 2º Na impossibilidade comprovada de atendimento ao disposto no *caput* deste artigo e caracterizada a urgência ou relevância da operação, a importação poderá ser realizada, independentemente de compensação, a critério do Ministério da Defesa.

§ 3º Na hipótese do § 2º, o Ministério da Defesa poderá exigir que a importação de PED seja feita com envolvimento de EED capacitada a realizar ou conduzir, em território nacional, no mínimo, uma das atividades previstas na alínea *a* do inciso IV do *caput* do art. 2º.

ART. 5º As contratações de Prode ou SD, e do seu desenvolvimento, poderão ser realizadas sob a forma de concessão administrativa a que se refere a Lei n. 11.079, de 30 de dezembro de 2004, observado, quando couber, o regime jurídico aplicável aos casos que possam comprometer a segurança nacional.

§ 1º O edital definirá, entre outros critérios, aqueles relativos ao valor estimado do contrato, ao período de prestação de serviço e ao objeto.

§ 2º O edital e o contrato de concessão administrativa disciplinarão a possibilidade e os requisitos para a realização de subcontratações pela concessionária.

§ 3º Caso as contratações previstas no *caput* envolvam fornecimento ou desenvolvimento de PED, mesmo que sob a responsabilidade dos concessionários, suas aquisições obedecerão aos critérios e normas definidos por esta Lei.

CAPÍTULO III
DO INCENTIVO À ÁREA ESTRATÉGICA DE DEFESA

› Dec. 8.122/2013 (Regulamenta o Regime Especial Tributário para a Indústria de Defesa - Retid, instituído por esta lei.)

ART. 6º As EED terão acesso a regimes especiais tributários e financiamentos para programas, projetos e ações relativos, respectivamente, aos bens e serviços de defesa nacional de que trata o inciso I do *caput* do art. 8º e a PED, nos termos da lei.

ART. 7º Fica instituído o Regime Especial Tributário para a Indústria de Defesa - RETID, nos termos e condições estabelecidos neste Capítulo.

ART. 8º São beneficiárias do Retid:

I - a EED que produza ou desenvolva bens de defesa nacional definidos em ato do Poder Executivo ou preste os serviços referidos no art. 10 empregados na manutenção, conservação, modernização, reparo, revisão, conversão e industrialização dos referidos bens;

II - a pessoa jurídica que produza ou desenvolva partes, peças, ferramentais, componentes, equipamentos, sistemas, subsistemas, insumos e matérias-primas a serem empregados na produção ou desenvolvimento dos bens referidos no inciso I do *caput*; e

III - a pessoa jurídica que preste os serviços referidos no art. 10 a serem empregados como insumos na produção ou desenvolvimento dos bens referidos nos incisos I e II do *caput*.

§ 1º No caso dos incisos II e III do *caput*, somente poderá ser habilitada ao Retid a pessoa jurídica preponderantemente fornecedora para as pessoas jurídicas referidas no inciso I do *caput*.

§ 2º Considera-se pessoa jurídica preponderantemente fornecedora, de que trata o § 1º, aquela que tenha pelo menos 70% (setenta por cento) da sua receita total de venda de bens e serviços, no ano-calendário imediatamente anterior ao da habilitação, decorrentes do somatório das vendas:

I - para as pessoas jurídicas referidas no inciso I do *caput*;

II - para as pessoas jurídicas fabricantes de bens de defesa nacional definidos no ato do Poder Executivo de que trata o inciso I do *caput*;

III - de exportação; e

IV - para o Ministério da Defesa e suas entidades vinculadas.

§ 3º Para os fins do § 2º, excluem-se do cálculo da receita o valor dos impostos e as contribuições incidentes sobre a venda.

§ 4º A pessoa jurídica em início de atividade ou que não se enquadre como preponderantemente fornecedora, nos termos do § 2º, poderá habilitar-se ao Retid, desde que assuma compromisso de atingir o percentual mínimo referido no § 2º até o término do ano-calendário seguinte ao da habilitação.

§ 5º Condiciona-se a fruição dos benefícios do Retid ao atendimento cumulativo dos seguintes requisitos pela pessoa jurídica:

I - credenciamento por órgão competente do Ministério da Defesa;

II - prévia habilitação na Secretaria da Receita Federal do Brasil; e

III - regularidade fiscal em relação aos impostos e contribuições administradas pela Secretaria da Receita Federal do Brasil.

§ 6º As pessoas jurídicas optantes pelo Regime Especial Unificado de Arrecadação de Tributos e Contribuições devidos pelas Microempresas e Empresas de Pequeno Porte - Simples Nacional, de que trata a Lei Complementar n. 123, de 14 de dezembro de 2006, e as pessoas jurídicas de que tratam o inciso II do *caput* do art. 8º da Lei n. 10.637, de 30 de dezembro de 2002, e o inciso II do *caput* do art. 10 da Lei n. 10.833, de 29 de dezembro de 2003, não podem habilitar-se ao Retid.

§ 7º O Poder Executivo disciplinará em regulamento o Retid.

ART. 9º No caso de venda no mercado interno ou de importação dos bens de que trata o art. 8º, ficam suspensos:

I - a exigência da Contribuição para o Programa de Integração Social e de Formação do Patrimônio do Servidor Público - PIS/Pasep e da Contribuição para o Financiamento da Seguridade Social - COFINS incidentes sobre a receita da pessoa jurídica vendedora, quando a aquisição for efetuada por pessoa jurídica beneficiária do Retid;

II - a exigência da Contribuição para o PIS/Pasep-Importação e da Cofins-Importação, quando a importação for efetuada por pessoa jurídica beneficiária do Retid;

III - o Imposto sobre Produtos Industrializados - IPI incidente na saída do estabelecimento industrial ou equiparado, quando a aquisição no mercado interno for efetuada por estabelecimento industrial de pessoa jurídica beneficiária do Retid;

IV - o IPI incidente na importação, quando efetuada por estabelecimento industrial de pessoa jurídica beneficiária do Retid.

§ 1º Deverá constar nas notas fiscais relativas:

I - às vendas de que trata o inciso I do *caput* a expressão "Venda efetuada com suspensão da exigibilidade da Contribuição para o PIS/Pasep e da Cofins", com a especificação do dispositivo legal correspondente; e

II - às saídas de que trata o inciso III do *caput* a expressão "Saída com suspensão do IPI", com a especificação do dispositivo legal correspondente, vedado o registro do imposto nas referidas notas.

§ 2º As suspensões de que trata este artigo convertem-se em alíquota 0 (zero):

I - após o emprego ou utilização dos bens adquiridos ou importados no âmbito do Retid, ou dos bens que resultaram de sua industrialização, na manutenção, conservação, modernização, reparo, revisão, conversão, industrialização de bens de defesa nacional definidos no ato do Poder Executivo de que trata o inciso I do *caput* do art. 8º, quando destinados à venda à União, para uso privativo das Forças Armadas, exceto para uso pessoal e administrativo, ou os definidos em ato do Poder Executivo como de interesse estratégico para a Defesa Nacional; ou

II - após exportação dos bens com tributação suspensa ou dos que resultaram de sua industrialização.

§ 3º A pessoa jurídica que não utilizar o bem na forma prevista no § 2º, ou não tiver atendido às condições de que trata o § 4º do art. 8º ao término do ano-calendário subsequente ao da concessão da habilitação ao Retid, fica obrigada a recolher os tributos não pagos em decorrência da suspensão de que trata este artigo, acrescidos de juros e multa, de mora ou de ofício, na forma da lei, contados a partir da data da aquisição ou do registro da Declaração de Importação - DI, na condição:

I - de contribuinte, em relação à Contribuição para o PIS/Pasep-Importação, à Cofins-Importação, ao IPI incidente no desembaraço aduaneiro de importação; e

II - de responsável, em relação à Contribuição para o PIS/Pasep, à Cofins e ao IPI.

§ 4º Para os efeitos deste artigo, equipara-se ao importador a pessoa jurídica adquirente de bens estrangeiros, no caso de importação realizada por sua conta e ordem por intermédio de pessoa jurídica importadora.

ART. 9º-A. Ficam reduzidas a zero as alíquotas: (Alterado pela Lei 12.794/2013.)

I - da Contribuição para o PIS/Pasep e da Cofins incidentes sobre a receita decorrente da venda dos bens referidos no inciso I do *caput* do art. 8º efetuada por pessoa jurídica beneficiária do Retid à União, para uso privativo das Forças Armadas, exceto para uso pessoal e administrativo; e (Alterado pela Lei 12.794/2013.)

II - da Contribuição para o PIS/Pasep e da Cofins incidentes sobre a receita decorrente da prestação dos serviços referidos no art. 10 por pessoa jurídica beneficiária do Retid à União, para uso privativo das Forças Armadas, exceto para uso pessoal e administrativo. (Alterado pela Lei 12.794/2013.)

ART. 9º-B. Ficam isentos do IPI os bens referidos no inciso I do *caput* do art. 8º saídos do estabelecimento industrial ou equiparado de pessoa jurídica beneficiária do Retid, quando adquiridos pela União, para uso privativo das Forças Armadas, exceto para uso pessoal e administrativo. (Alterado pela Lei 12.794/2013.)

ART. 10. No caso de venda ou importação de serviços de tecnologia industrial básica, projetos, pesquisa, desenvolvimento e inovação tecnológica, assistência técnica e transferência de tecnologia, destinados a empresas beneficiárias do Retid, fica suspensa a exigência:

I - da Contribuição para o PIS/Pasep e da Cofins incidentes sobre a receita de prestação de serviços efetuada por pessoa jurídica estabelecida no País, quando prestados para pessoa jurídica beneficiária do Retid; e

II - da Contribuição para o PIS/Pasep-Importação e da Cofins-Importação incidentes sobre serviços, quando importados diretamente por pessoa jurídica beneficiária do Retid.

§ 1º As suspensões de que trata este artigo convertem-se em alíquota 0 (zero) após o emprego ou utilização dos serviços nas destinações a que se referem os incisos I a III do *caput* do art. 8º.

§ 2º A pessoa jurídica que não empregar ou utilizar os serviços na forma prevista no § 1º, ou não tiver atendido às condições de que trata o § 4º do art. 8º ao término do ano-calendário subsequente ao da concessão da habilitação ao Retid, fica obrigada a recolher os tributos não pagos em decorrência da suspensão de que trata o *caput*, acrescidos de juros e multa, de mora ou de ofício, na forma da lei, contados a partir da data:

I - do pagamento, do crédito, da entrega, do emprego ou da remessa de valores, na condição de contribuinte, em relação à Contribuição para o PIS/Pasep-Importação e para a Cofins-Importação; e

II - da aquisição, na condição de responsável, em relação à Contribuição para o PIS/Pasep e à Cofins.

§ 3º O disposto no inciso I do *caput* aplica-se também à hipótese da receita de aluguel de máquinas, aparelhos, instrumentos e equipamentos, quando contratados por pessoas jurídicas habilitadas ao Retid.

§ 4º A fruição do benefício de que trata este artigo depende da comprovação da efetiva prestação do serviço nas destinações a que se refere o art. 8º.

ART. 11. Os benefícios de que tratam os arts. 9º, 9º-A, 9º-B e 10 poderão ser usufruídos em até 20 (vinte) anos contados da data de publicação desta Lei, nas aquisições e importações realizadas depois da habilitação das pessoas jurídicas beneficiadas pelo Retid. (Alterado pela Lei 13.043/2014.)

ART. 12. As operações de exportação de Prode realizadas pelas EED poderão receber a cobertura de garantia do Seguro de Crédito à Exportação, por intermédio do Fundo de Garantia à Exportação - FGE, a que se refere a Lei n. 9.818, de 23 de agosto de 1999, compreendidas as garantias prestadas pela União em operações de seguro de crédito interno para a produção de PED.

CAPÍTULO IV
DISPOSIÇÕES FINAIS

ART. 13. O disposto nesta Lei não exclui o controle e as restrições à importação, à exportação, à fabricação, à comercialização e à utilização de produtos controlados.

ART. 14. As compras e contratações a que se refere esta Lei observarão as diretrizes de política externa e os compromissos internacionais ratificados pelo Brasil na área de defesa, em especial os referentes às salvaguardas.

ART. 15. A Lei n. 8.666, de 21 de junho de 1993, será aplicada de forma subsidiária aos procedimentos licitatórios e aos contratos regidos por esta Lei.

ART. 16. O Capítulo V da Lei n. 12.249, de 11 de junho de 2010, passa a vigorar com as seguintes alterações: (Vigência: a partir de 1º.01.2013.)

▸ Alterações promovidas no texto da referida lei.

ART. 17. O Poder Executivo regulamentará o disposto nesta Lei.

ART. 18. Esta Lei entra em vigor:

I - a partir de 1º de janeiro de 2013, em relação ao art. 16;

II - na data de sua publicação, em relação aos demais dispositivos.

Brasília, 21 de março de 2012; 191º da Independência e 124º da República.

DILMA ROUSSEFF

LEI N. 12.618, DE 30 DE ABRIL DE 2012

Institui o regime de previdência complementar para os servidores públicos federais titulares de cargo efetivo, inclusive os membros dos órgãos que menciona; fixa o limite máximo para a concessão de aposentadorias e pensões pelo regime de previdência de que trata o art. 40 da Constituição Federal; autoriza a criação de 3 (três) entidades fechadas de previdência complementar, denominadas Fundação de Previdência Complementar do Servidor Público Federal do Poder Executivo (Funpresp-Exe), Fundação de Previdência Complementar do Servidor Público Federal do Poder Legislativo (Funpresp-Leg) e Fundação de Previdência Complementar do Servidor Público Federal do Poder Judiciário (Funpresp-Jud); altera dispositivos da Lei n. 10.887, de 18 de junho de 2004; e dá outras providências.

▸ *DOU*, 02.05.2012

A Presidenta da República. Faço saber que o Congresso Nacional decreta e eu sanciono a seguinte Lei:

CAPÍTULO I
DO REGIME DE PREVIDÊNCIA COMPLEMENTAR

ART. 1º É instituído, nos termos desta Lei, o regime de previdência complementar a que se referem os §§ 14, 15 e 16 do art. 40 da Constituição Federal para os servidores públicos titulares de cargo efetivo da União, suas autarquias e fundações, inclusive para os membros do Poder Judiciário, do Ministério Público da União e do Tribunal de Contas da União.

§ 1º Os servidores e os membros referidos no *caput* deste artigo que tenham ingressado no serviço público até a data anterior ao início da vigência do regime de previdência complementar poderão, mediante prévia e expressa opção, aderir ao regime de que trata este artigo, observado o disposto no art. 3º desta Lei. (Renumerado do parágrafo único pela Lei 13.183/2015.)

§ 2º Os servidores e os membros referidos no *caput* deste artigo com remuneração superior ao limite máximo estabelecido para os benefícios do Regime Geral de Previdência Social, que venham a ingressar no serviço público a partir do início da vigência do regime de previdência complementar de que trata esta Lei, serão automaticamente inscritos no respectivo plano de previdência complementar desde a data de entrada em exercício. (Acrescentado pela Lei 13.183/2015.)

§ 3º Fica assegurado ao participante o direito de requerer, a qualquer tempo, o cancelamento de sua inscrição, nos termos do regulamento do plano de benefícios. (Acrescentado pela Lei 13.183/2015.)

§ 4º Na hipótese do cancelamento ser requerido no prazo de até noventa dias da data da inscrição, fica assegurado o direito à restituição integral das contribuições vertidas, a ser paga em até sessenta dias do pedido de cancelamento, corrigidas monetariamente. (Acrescentado pela Lei 13.183/2015.)

§ 5º O cancelamento da inscrição previsto no § 4º não constitui resgate. (Acrescentado pela Lei 13.183/2015.)

§ 6º A contribuição aportada pelo patrocinador será devolvida à respectiva fonte pagadora no mesmo prazo da devolução da contribuição aportada pelo participante. (Acrescentado pela Lei 13.183/2015.)

ART. 2º Para os efeitos desta Lei, entende-se por:

I - patrocinador: a União, suas autarquias e fundações, em decorrência da aplicação desta Lei;

II - participante: o servidor público titular de cargo efetivo da União, inclusive o membro do Poder Judiciário, do Ministério Público e do Tribunal de Contas da União, que aderir aos planos de benefícios administrados pelas entidades a que se refere o art. 4º desta Lei;

III - assistido: o participante ou o seu beneficiário em gozo de benefício de prestação continuada.

ART. 3º Aplica-se o limite máximo estabelecido para os benefícios do regime geral de previdência social às aposentadorias e pensões a serem concedidas pelo regime de previdência da União de que trata o art. 40 da Constituição Federal, observado o disposto na Lei n. 10.887, de 18 de junho de 2004, aos servidores e membros referidos no *caput* do art. 1º desta Lei que tiverem ingressado no serviço público:

- Art. 2º, Med. Prov. 853/2018 (O direito ao benefício de que trata este artigo será assegurado aos servidores que realizarem a opção prevista no § 16 do art. 40 da Constituição, inclusive nas prorrogações e nas reaberturas de prazos posteriores).

I - a partir do início da vigência do regime de previdência complementar de que trata o art. 1º desta Lei, independentemente de sua adesão ao plano de benefícios; e

II - até a data anterior ao início da vigência do regime de previdência complementar de que trata o art. 1º desta Lei, e nele tenham permanecido sem perda do vínculo efetivo, e que exerçam a opção prevista no § 16 do art. 40 da Constituição Federal.

§ 1º É assegurado aos servidores e membros referidos no inciso II do *caput* deste artigo o direito a um benefício especial calculado com base nas contribuições recolhidas ao regime de previdência da União, dos Estados, do Distrito Federal ou dos Municípios de que trata o art. 40 da Constituição Federal, observada a sistemática estabelecida nos §§ 2º a 3º deste artigo e o direito à compensação financeira de que trata o § 9º do art. 201 da Constituição Federal, nos termos da lei.

§ 2º O benefício especial será equivalente à diferença entre a média aritmética simples das maiores remunerações anteriores à data de mudança do regime, utilizadas como base para as contribuições do servidor ao regime de previdência da União, dos Estados, do Distrito Federal ou dos Municípios, atualizadas pelo Índice Nacional de Preços ao Consumidor Amplo (IPCA), divulgado pela Fundação Instituto Brasileiro de Geografia e Estatística (IBGE), ou outro índice que venha a substituí-lo, correspondentes a 80% (oitenta por cento) de todo o período contributivo desde a competência julho de 1994 ou desde a do início da contribuição, se posterior àquela competência, e o limite máximo a que se refere o *caput* deste artigo, na forma regulamentada pelo Poder Executivo, multiplicada pelo fator de conversão.

§ 3º O fator de conversão de que trata o § 2º deste artigo, cujo resultado é limitado ao máximo de 1 (um), será calculado mediante a aplicação da seguinte fórmula:

FC = Tc/Tt

Onde:

FC = fator de conversão;

Tc = quantidade de contribuições mensais efetuadas para o regime de previdência da União de que trata o art. 40 da Constituição Federal, efetivamente pagas pelo servidor titular de cargo efetivo da União ou por membro do Poder Judiciário, do Tribunal de Contas e do Ministério Público da União até a data da opção;

Tt = 455, quando servidor titular de cargo efetivo da União ou membro do Poder Judiciário, do Tribunal de Contas e do Ministério Público da União, se homem, nos termos da alínea "a" do inciso III do art. 40 da Constituição Federal;

Tt = 390, quando servidor titular de cargo efetivo da União ou membro do Poder Judiciário, do Tribunal de Contas e do Ministério Público da União, se mulher, ou professor de educação infantil e do ensino fundamental, nos termos do § 5º do art. 40 da Constituição Federal, se homem;

Tt = 325, quando servidor titular de cargo efetivo da União de professor de educação infantil e do ensino fundamental, nos termos do § 5º do art. 40 da Constituição Federal, se mulher.

§ 4º O fator de conversão será ajustado pelo órgão competente para a concessão do benefício quando, nos termos das respectivas leis complementares, o tempo de contribuição exigido para concessão da aposentadoria de servidor com deficiência, ou que exerça atividade de risco, ou cujas atividades sejam exercidas sob condições especiais que prejudiquem a saúde ou a integridade física, for inferior ao Tt de que trata o § 3º.

§ 5º O benefício especial será pago pelo órgão competente da União, por ocasião da concessão de aposentadoria, inclusive por invalidez, ou pensão por morte pelo regime próprio de previdência da União, de que trata o art. 40 da Constituição Federal, enquanto perdurar o benefício pago por esse regime, inclusive junto com a gratificação natalina.

§ 6º O benefício especial calculado será atualizado pelo mesmo índice aplicável ao benefício de aposentadoria ou pensão mantido pelo regime geral de previdência social.

§ 7º O prazo para a opção de que trata o inciso II do *caput* deste artigo será de 24 (vinte e quatro) meses, contados a partir do início da vigência do regime de previdência complementar instituído no *caput* do art. 1º desta Lei.

- A Med. Prov. 853/2018 reabriu, até 29.03.2019, o prazo para opção pelo regime de previdência complementar de que trata este parágrafo.

§ 8º O exercício da opção a que se refere o inciso II do *caput* é irrevogável e irretratável, não sendo devida pela União e suas autarquias e fundações públicas qualquer contrapartida referente ao valor dos descontos já efetuados sobre a base de contribuição acima do limite previsto no *caput* deste artigo.

CAPÍTULO II
DAS ENTIDADES FECHADAS DE PREVIDÊNCIA COMPLEMENTAR

SEÇÃO I
DA CRIAÇÃO DAS ENTIDADES

ART. 4º É a União autorizada a criar, observado o disposto no art. 26 e no art. 31, as seguintes entidades fechadas de previdência complementar, com a finalidade de administrar e executar planos de benefícios de caráter previdenciário nos termos das Leis Complementares n. 108 e 109, de 29 de maio de 2001:

I - a Fundação de Previdência Complementar do Servidor Público Federal do Poder Executivo (Funpresp-Exe), para os servidores públicos titulares de cargo efetivo do Poder Executivo, por meio de ato do Presidente da República;

II - a Fundação de Previdência Complementar do Servidor Público Federal do Poder Legislativo (Funpresp-Leg), para os servidores públicos titulares de cargo efetivo do Poder Legislativo e do Tribunal de Contas da União e para os membros deste Tribunal, por meio de ato conjunto dos Presidentes da Câmara dos Deputados e do Senado Federal; e

III - a Fundação de Previdência Complementar do Servidor Público Federal do Poder Judiciário (Funpresp-Jud), para os servidores públicos titulares de cargo efetivo e para os membros do Poder Judiciário, por meio de ato do Presidente do Supremo Tribunal Federal.

§ 1º A Funpresp-Exe, a Funpresp-Leg e a Funpresp-Jud serão estruturadas na forma de fundação, de natureza pública, com personalidade jurídica de direito privado, gozarão de autonomia administrativa, financeira e gerencial e terão sede e foro no Distrito Federal.

§ 2º Por ato conjunto das autoridades competentes para a criação das fundações previstas nos incisos I a III, poderá ser criada fundação que contemple os servidores públicos de 2 (dois) ou dos 3 (três) Poderes.

§ 3º Consideram-se membros do Tribunal de Contas da União, para os efeitos desta Lei, os Ministros, os Auditores de que trata o § 4º do art. 73 da Constituição Federal e os Subprocuradores-Gerais e Procuradores do Ministério Público junto ao Tribunal de Contas da União.

SEÇÃO II
DA ORGANIZAÇÃO DAS ENTIDADES

ART. 5º A estrutura organizacional das entidades de que trata esta Lei será constituída de conselho deliberativo, conselho fiscal e diretoria executiva, observadas as disposições da Lei Complementar n. 108, de 29 de maio de 2001.

§ 1º Os Conselhos Deliberativos terão composição paritária e cada um será integrado por 6 (seis) membros.

§ 2º Os Conselhos Fiscais terão composição paritária e cada um deles será integrado por 4 (quatro) membros.

§ 3º Os membros dos conselhos deliberativos e dos conselhos fiscais das entidades fechadas serão designados pelos Presidentes da República e do Supremo Tribunal Federal e por ato conjunto dos Presidentes da Câmara dos Deputados e do Senado Federal, respectivamente.

§ 4º A presidência dos conselhos deliberativos será exercida pelos membros indicados pelos patrocinadores, na forma prevista no estatuto das entidades fechadas de previdência complementar.

§ 5º A presidência dos conselhos fiscais será exercida pelos membros indicados pelos participantes e assistidos, na forma prevista no estatuto das entidades fechadas de previdência complementar.

§ 6º As diretorias executivas serão compostas, no máximo, por 4 (quatro) membros, nomeados pelos conselhos deliberativos das entidades fechadas de previdência complementar.

§ 7º (Vetado.)

§ 8º A remuneração e as vantagens de qualquer natureza dos membros das diretorias executivas das entidades fechadas de previdência complementar serão fixadas pelos seus conselhos deliberativos em valores compatíveis com os níveis prevalecentes no mercado de trabalho para profissionais de graus equivalentes de formação profissional e de especialização, observado o disposto no inciso XI do art. 37 da Constituição Federal.

§ 9º A remuneração dos membros dos conselhos deliberativo e fiscal é limitada a 10% (dez por cento) do valor da remuneração dos membros da diretoria executiva.

§ 10. Os requisitos previstos nos incisos I a IV do art. 20 da Lei Complementar n. 108, de 29 de maio de 2001, estendem-se aos membros dos conselhos deliberativos e fiscais das entidades fechadas de previdência complementar.

§ 11. As entidades fechadas de previdência complementar poderão criar, observado o disposto no estatuto e regimento interno, comitês de assessoramento técnico, de caráter consultivo, para cada plano de benefícios por elas administrado, com representação paritária entre os patrocinadores e os participantes e assistidos, sendo estes eleitos pelos seus pares, com as atribuições de apresentar propostas e sugestões quanto à gestão da entidade e sua política de investimentos e à situação financeira e atuarial dos respectivos planos de benefícios e de formular recomendações prudenciais a elas relacionadas.

§ 12. (Vetado.)

SEÇÃO III
DISPOSIÇÕES GERAIS

ART. 6º É exigida a instituição de código de ética e de conduta, inclusive com regras para prevenir conflito de interesses e proibir operações dos dirigentes com partes relacionadas, que terá ampla divulgação, especialmente entre os participantes e assistidos e as partes relacionadas, cabendo aos conselhos fiscais das entidades fechadas de previdência complementar assegurar o seu cumprimento.

Parágrafo único. Compete ao órgão fiscalizador das entidades fechadas de previdência complementar definir o universo das partes relacionadas a que se refere o *caput* deste artigo.

ART. 7º O regime jurídico de pessoal das entidades fechadas de previdência complementar referidas no art. 4º desta Lei será o previsto na legislação trabalhista.

ART. 8º Além da sujeição às normas de direito público que decorram de sua instituição pela União como fundação de direito privado, integrante da sua administração indireta, a natureza pública das entidades fechadas a que se refere o § 15 do art. 40 da Constituição Federal consistirá na:

I - submissão à legislação federal sobre licitação e contratos administrativos;

II - realização de concurso público para a contratação de pessoal, no caso de empregos permanentes, ou de processo seletivo, em se tratando de contrato temporário, conforme a Lei n. 8.745, de 09 de dezembro de 1993;

III - publicação anual, na imprensa oficial ou em sítio oficial da administração pública certificado digitalmente por autoridade para esse fim credenciada no âmbito da Infraestrutura de Chaves Públicas Brasileira (ICP Brasil), de seus demonstrativos contábeis, atuariais, financeiros e de benefícios, sem prejuízo do fornecimento de informações aos participantes e assistidos dos planos de benefícios e ao órgão fiscalizador das entidades fechadas de previdência complementar, na forma das Leis Complementares n. 108 e 109, de 29 de maio de 2001.

ART. 9º A administração das entidades fechadas de previdência complementar referidas no art. 4º desta Lei observará os princípios que regem a administração pública, especialmente os da eficiência e da economicidade, devendo adotar mecanismos de gestão operacional que maximizem a utilização de recursos, de forma a otimizar o atendimento aos participantes e assistidos e diminuir as despesas administrativas.

§ 1º As despesas administrativas referidas no *caput* deste artigo serão custeadas na forma dos regulamentos dos planos de benefícios, observado o disposto no *caput* do art. 7º da Lei Complementar n. 108, de 29 de maio de 2001, e ficarão limitadas aos valores estritamente necessários à sustentabilidade do funcionamento das entidades fechadas de previdência complementar.

§ 2º O montante de recursos destinados à cobertura das despesas administrativas será revisto ao final de cada ano, com vistas ao atendimento do disposto neste artigo.

ART. 10. As entidades fechadas de previdência complementar referidas no art. 4º desta Lei serão mantidas integralmente por suas receitas, oriundas das contribuições de patrocinadores, participantes e assistidos, dos resultados financeiros de suas aplicações e de doações e legados de qualquer natureza, observado o disposto no § 3º do art. 202 da Constituição Federal.

ART. 11. A União, suas autarquias e fundações são responsáveis, na qualidade de patrocinadores, pelo aporte de contribuições e pelas transferências às entidades fechadas de previdência complementar das contribuições descontadas dos seus servidores, observado o disposto nesta Lei e nos estatutos respectivos das entidades.

§ 1º As contribuições devidas pelos patrocinadores deverão ser pagas de forma centralizada pelos respectivos Poderes da União, pelo Ministério Público da União e pelo Tribunal de Contas da União.

§ 2º O pagamento ou a transferência das contribuições após o dia 10 (dez) do mês seguinte ao da competência:

I - enseja a aplicação dos acréscimos de mora previstos para os tributos federais; e

II - sujeita o responsável às sanções penais e administrativas cabíveis.

CAPÍTULO III
DOS PLANOS DE BENEFÍCIOS

SEÇÃO I
DAS LINHAS GERAIS DOS PLANOS DE BENEFÍCIOS

ART. 12. Os planos de benefícios da Funpresp-Exe, da Funpresp-Leg e da Funpresp-Jud serão estruturados na modalidade de contribuição definida, nos termos da regulamentação estabelecida pelo órgão regulador das entidades fechadas de previdência complementar, e financiados de acordo com os planos de custeio definidos nos termos do art. 18 da Lei Complementar n. 109, de 29 de maio de 2001, observadas as demais disposições da Lei Complementar n. 108, de 29 de maio de 2001.

§ 1º A distribuição das contribuições nos planos de benefícios e nos planos de custeio será revista sempre que necessário, para manter o equilíbrio permanente dos planos de benefícios.

§ 2º Sem prejuízo do disposto no § 3º do art. 18 da Lei Complementar n. 109, de 29 de maio de 2001, o valor do benefício programado será calculado de acordo com o montante do saldo da conta acumulado pelo participante, devendo o valor do benefício estar permanentemente ajustado ao referido saldo.

§ 3º Os benefícios não programados serão definidos nos regulamentos dos planos, observado o seguinte:

I - devem ser assegurados, pelo menos, os benefícios decorrentes dos eventos invalidez e morte e, se for o caso, a cobertura de outros riscos atuariais; e

II - terão custeio específico para sua cobertura.

§ 4º Na gestão dos benefícios de que trata o § 3º deste artigo, as entidades fechadas de previdência complementar referidas no art. 4º desta Lei poderão contratá-los externamente ou administrá-los em seus próprios planos de benefícios.

§ 5º A concessão dos benefícios de que trata o § 3º aos participantes ou assistidos pela entidade fechada de previdência social é condicionada à concessão do benefício pelo regime próprio de previdência social.

ART. 13. Os requisitos para aquisição, manutenção e perda da qualidade de participante, assim como os requisitos de elegibilidade e a forma de concessão, cálculo e pagamento dos benefícios, deverão constar dos regulamentos dos planos de benefícios, observadas as disposições das Leis Complementares n. 108 e 109, de 29 de maio de 2001, e a regulamentação do órgão regulador das entidades fechadas de previdência complementar.

Parágrafo único. O servidor com remuneração inferior ao limite máximo estabelecido para os benefícios do regime geral de previdência social poderá aderir aos planos de benefícios administrados pelas entidades fechadas de previdência complementar de que trata esta Lei, sem contrapartida do patrocinador, cuja base de cálculo será definida nos regulamentos.

ART. 14. Poderá permanecer filiado aos respectivos planos de benefícios o participante:

I - cedido a outro órgão ou entidade da administração pública direta ou indireta da União, Estados, Distrito Federal e Municípios, inclusive suas empresas públicas e sociedades de economia mista;

II - afastado ou licenciado do cargo efetivo temporariamente, com ou sem recebimento de remuneração;

III - que optar pelo benefício proporcional diferido ou autopatrocínio, na forma do regulamento do plano de benefícios.

§ 1º Os regulamentos dos planos de benefícios disciplinarão as regras para a manutenção do custeio do plano de benefícios, observada a legislação aplicável.

§ 2º Os patrocinadores arcarão com as suas contribuições somente quando a cessão, o afastamento ou a licença do cargo efetivo implicar ônus para a União, suas autarquias e fundações.

§ 3º Havendo cessão com ônus para o cessionário, este deverá recolher às entidades fechadas de previdência complementar referidas no art. 4º desta Lei a contribuição aos planos de benefícios, nos mesmos níveis e condições que seria devida pelos patrocinadores, na forma definida nos regulamentos dos planos.

SEÇÃO II
DOS RECURSOS GARANTIDORES

ART. 15. A aplicação dos recursos garantidores correspondentes às reservas, às provisões e aos fundos dos planos de benefícios da Funpresp-Exe, da Funpresp-Leg e da Funpresp-Jud obedecerá às diretrizes e aos limites prudenciais estabelecidos pelo Conselho Monetário Nacional (CMN).

§ 1º A gestão dos recursos garantidores dos planos de benefícios administrados pelas entidades referidas no *caput* poderá ser realizada por meio de carteira própria, carteira administrada ou fundos de investimento.

§ 2º As entidades referidas no *caput* contratarão, para a gestão dos recursos garantidores prevista neste artigo, somente instituições, administradores de carteiras ou fundos de investimento que estejam autorizados e registrados na Comissão de Valores Mobiliários (CVM).

§ 3º A contratação das instituições a que se refere o § 2º deste artigo será feita mediante licitação, cujos contratos terão prazo total máximo de execução de 5 (cinco) anos.

§ 4º O edital da licitação prevista no § 3º estabelecerá, entre outras, disposições relativas aos limites de taxa de administração e de custos que poderão ser imputados aos fundos, bem como, no que concerne aos administradores, a solidez, o porte e a experiência em gestão de recursos.

§ 5º Cada instituição contratada na forma deste artigo poderá administrar, no máximo, 20% (vinte por cento) dos recursos garantidores correspondentes às reservas técnicas, aos fundos e às provisões.

§ 6º As instituições referidas no § 5º deste artigo não poderão ter qualquer ligação societária com outra instituição que esteja concorrendo na mesma licitação ou que já administre reservas, provisões e fundos da mesma entidade fechada de previdência complementar.

SEÇÃO III
DAS CONTRIBUIÇÕES

ART. 16. As contribuições do patrocinador e do participante incidirão sobre a parcela da base de contribuição que exceder o limite máximo a que se refere o art. 3º desta Lei, observado o disposto no inciso XI do art. 37 da Constituição Federal.

§ 1º Para efeitos desta Lei, considera-se base de contribuição aquela definida pelo § 1º do art. 4º da Lei n. 10.887, de 18 de junho de 2004, podendo o participante optar pela inclusão de parcelas remuneratórias percebidas em decorrência do local de trabalho e do exercício de cargo em comissão ou função de confiança.

§ 2º A alíquota da contribuição do participante será por ele definida anualmente, observado o disposto no regulamento do plano de benefícios.

§ 3º A alíquota da contribuição do patrocinador será igual à do participante, observado o disposto no regulamento do plano de benefícios, e não poderá exceder o percentual de 8,5% (oito inteiros e cinco décimos por cento).

§ 4º Além da contribuição normal, o participante poderá contribuir facultativamente, sem contrapartida do patrocinador, na forma do regulamento do plano.

§ 5º A remuneração do servidor, quando devida durante afastamentos considerados por lei como de efetivo exercício, será integralmente coberta pelo ente público, continuando a incidir a contribuição para o regime instituído por esta Lei.

SEÇÃO IV
DISPOSIÇÕES ESPECIAIS

ART. 17. O plano de custeio previsto no art. 18 da Lei Complementar n. 109, de 29 de maio de 2001, discriminará o percentual da contribuição do participante e do patrocinador, conforme o caso, para cada um dos benefícios previstos no plano de benefícios, observado o disposto no art. 6º da Lei Complementar n. 108, de 29 de maio de 2001.

§ 1º O plano de custeio referido no *caput* deverá prever parcela da contribuição do participante e do patrocinador com o objetivo de compor o Fundo de Cobertura de Benefícios Extraordinários (FCBE), do qual serão vertidos montantes, a título de contribuições extraordinárias, à conta mantida em favor do participante, nas hipóteses e na forma prevista nesta Lei.

§ 2º As contribuições extraordinárias a que se refere o § 1º serão vertidas nas seguintes hipóteses:

I - morte do participante;

II - invalidez do participante;

III - aposentadoria nas hipóteses dos §§ 4º e 5º do art. 40 da Constituição Federal;

IV - aposentadoria das mulheres, na hipótese da alínea "a" do inciso III do § 1º do art. 40 da Constituição Federal; e

V - sobrevivência do assistido.

§ 3º O montante do aporte extraordinário de que tratam os incisos III e IV do § 2º será equivalente à diferença entre a reserva acumulada pelo participante e o produto desta mesma reserva multiplicado pela razão entre 35 (trinta e cinco) e o número de anos de contribuição exigido para a concessão do benefício pelo regime próprio de previdência social de que trata o art. 40 da Constituição Federal.

ART. 18. As entidades fechadas de previdência complementar referidas no art. 4º desta Lei manterão controles das reservas constituídas em nome do participante, registrando contabilmente as contribuições deste e as dos patrocinadores.

CAPÍTULO IV
DO CONTROLE E DA FISCALIZAÇÃO

ART. 19. A constituição, o funcionamento e a extinção da Funpresp-Exe, da Funpresp-Leg e da Funpresp-Jud, a aplicação de seus estatutos, regulamentos dos planos de benefícios, convênios de adesão e suas respectivas alterações, assim como as retiradas de patrocínios, dependerão de prévia e expressa autorização do órgão fiscalizador das entidades fechadas de previdência complementar.

§ 1º Serão submetidas ao órgão fiscalizador das entidades fechadas de previdência complementar:

I - as propostas de aprovação do estatuto e de instituição de planos de benefícios da entidade fechada de previdência complementar, bem como suas alterações; e

II - a proposta de adesão de novos patrocinadores a planos de benefícios em operação na entidade fechada de previdência complementar.

§ 2º No caso da Funpresp-Exe, as propostas de aprovação do estatuto, de adesão de novos patrocinadores e de instituição de planos devem estar acompanhadas de manifestação favorável do Ministério do Planejamento, Orçamento e Gestão e do Ministério da Fazenda.

§ 3º No caso da Funpresp-Leg, as propostas de aprovação do estatuto, de adesão de novos patrocinadores e de instituição de planos devem estar acompanhadas de manifestação favorável das Mesas Diretoras da Câmara dos Deputados e do Senado Federal.

§ 4º No caso da Funpresp-Jud, as propostas de aprovação do estatuto, de adesão de novos patrocinadores e de instituição de planos devem estar acompanhadas de manifestação favorável:

I - do Supremo Tribunal Federal;

II - (Vetado.)

ART. 20. A supervisão e a fiscalização da Funpresp-Exe, da Funpresp-Leg e da Funpresp-Jud e dos seus planos de benefícios competem ao órgão fiscalizador das entidades fechadas de previdência complementar.

§ 1º A competência exercida pelo órgão referido no *caput* deste artigo não exime os patrocinadores da responsabilidade pela supervisão e fiscalização sistemática das atividades das entidades fechadas de previdência complementar.

§ 2º Os resultados da supervisão e da fiscalização exercidas pelos patrocinadores serão encaminhados ao órgão mencionado no *caput* deste artigo.

ART. 21. Aplica-se, no âmbito da Funpresp-Exe, da Funpresp-Leg e da Funpresp-Jud, o regime disciplinar previsto no Capítulo VII da Lei Complementar n. 109, de 29 de maio de 2001.

CAPÍTULO V
DISPOSIÇÕES FINAIS E TRANSITÓRIAS

ART. 22. Aplica-se o benefício especial de que tratam os §§ 1º a 8º do art. 3º ao servidor público titular de cargo efetivo da União, inclusive ao membro do Poder Judiciário, do Ministério Público e do Tribunal de Contas da União, oriundo, sem quebra de continuidade, de cargo público estatutário de outro ente da federação que não tenha instituído o respectivo regime de previdência complementar e que ingresse em cargo público efetivo federal a partir da instituição do regime de previdência complementar de que trata esta Lei, considerando-se, para esse fim, o tempo de contribuição estadual, distrital ou municipal, assegurada a compensação financeira de que trata o § 9º do art. 201 da Constituição Federal.

ART. 23. Após a autorização de funcionamento da Funpresp-Exe, da Funpresp-Jud e da Funpresp-Leg, nos termos desta Lei, os servidores que deverão compor provisoriamente os conselhos deliberativos e os conselhos fiscais, dispensados da exigência da condição de participante ou assistido dos planos de benefícios das entidades fechadas de previdência complementar, serão nomeados, respectivamente, pelo Presidente da República, pelo Presidente do Supremo Tribunal Federal e por ato conjunto dos Presidentes da Câmara dos Deputados e do Senado Federal.

Parágrafo único. O mandato dos conselheiros de que trata o *caput* deste artigo será de 2 (dois) anos, durante os quais será realizada eleição direta para que os participantes e assistidos escolham os seus representantes, e os patrocinadores indicarão os seus representantes.

ART. 24. Para fins de implantação, ficam a Funpresp-Exe, a Funpresp-Leg e a Funpresp-Jud equiparadas às pessoas jurídicas a que se refere o art. 1º da Lei n. 8.745, de 09 de dezembro de 1993, com vistas à contratação de pessoal técnico e administrativo por tempo determinado.

§ 1º Considera-se como necessidade temporária de excepcional interesse público, para os efeitos da Lei n. 8.745, de 09 de dezembro de 1993, a contratação de pessoal técnico e administrativo, por tempo determinado, imprescindível ao funcionamento inicial da Funpresp-Exe, da Funpresp-Leg e da Funpresp-Jud.

§ 2º As contratações observarão o disposto no *caput* do art. 3º, no art. 6º, no inciso II do art. 7º e nos arts. 9º e 12 da Lei n. 8.745, de 9 de dezembro de 1993, e não poderão exceder o prazo de 24 (vinte e quatro) meses.

ART. 25. É a União autorizada, em caráter excepcional, no ato de criação das entidades fechadas de previdência complementar referidas no art. 4º, a promover aporte a título de adiantamento de contribuições futuras, necessário ao regular funcionamento inicial, no valor de:

I - Funpresp-Exe: até R$ 50.000.000,00 (cinquenta milhões de reais);

II - Funpresp-Leg: até R$ 25.000.000,00 (vinte e cinco milhões de reais); e

III - Funpresp-Jud: até R$ 25.000.000,00 (vinte e cinco milhões de reais).

ART. 26. A Funpresp-Exe, a Funpresp-Leg e a Funpresp-Jud deverão entrar em funcionamento em até 240 (duzentos e quarenta) dias após a publicação da autorização de funcionamento concedida pelo órgão fiscalizador das entidades fechadas de previdência complementar.

ART. 27. Aplicam-se ao regime de previdência complementar a que se referem os §§ 14, 15 e 16 do art. 40 da Constituição Federal as disposições das Leis Complementares n. 108 e 109, de 29 de maio de 2001.

ART. 28. Até que seja promovida a contratação na forma prevista no § 3º do art. 15 desta Lei, a totalidade dos recursos garantidores correspondentes às reservas técnicas, aos fundos e às provisões dos planos de benefícios da Funpresp-Exe, da Funpresp-Leg e da Funpresp-Jud será administrada por instituição financeira federal, mediante taxa de administração praticada a preço de mercado, vedada a cobrança de taxas de performance.

ART. 29. O *caput* do art. 4º da Lei n. 10.887, de 18 de junho de 2004, passa a vigorar com a seguinte redação:

› Alterações promovidas no texto da referida lei.

ART. 30. Para os fins do exercício do direito de opção de que trata o parágrafo único do art. 1º, considera-se instituído o regime de previdência complementar de que trata esta Lei a partir da data da publicação pelo órgão fiscalizador da autorização de aplicação dos regulamentos dos planos de benefícios de qualquer das entidades de que trata o art. 4º desta Lei.

ART. 31. A Funpresp-Exe, a Funpresp-Leg e a Funpresp-Jud deverão ser criadas pela União no prazo de 180 (cento e oitenta) dias, contado da publicação desta Lei, e iniciar o seu funcionamento nos termos do art. 26.

§ 1º Ultrapassados os prazos de que trata o *caput*, considera-se vigente, para todos os fins, o regime de previdência complementar de que trata esta Lei.

§ 2º Ultrapassados os prazos de que trata o *caput* sem o início do funcionamento de alguma das entidades referidas no art. 4º, os servidores e membros do respectivo Poder poderão aderir ao plano de benefícios da entidade que primeiro entrou em funcionamento até a regularização da situação.

ART. 32. Considera-se ato de improbidade, nos termos do art. 10 da Lei n. 8.429, de 02 de junho de 1992, o descumprimento injustificado dos prazos de que trata o art. 31.

ART. 33. Esta Lei entra em vigor:

I - quanto ao disposto no Capítulo I, na data em que forem criadas quaisquer das entidades de que trata o art. 4º, observado o disposto no art. 31; e

› Dec. 7.808/2012 (Cria a Fundação de Previdência Complementar do Servidor Público Federal do Poder Executivo - Funpresp-Exe, dispõe sobre sua vinculação no âmbito do Poder Executivo).

II - quanto aos demais dispositivos, na data de sua publicação.

Brasília, 30 de abril de 2012; 191º da Independência e 124º da República.

DILMA ROUSSEFF

LEI N. 12.649, DE 17 DE MAIO DE 2012

Reduz a zero as alíquotas da Contribuição para o PIS/Pasep, da Contribuição para o Financiamento da Seguridade Social (Cofins), da Contribuição para o PIS/Pasep - Importação e da Cofins - Importação incidentes sobre a importação e a receita de venda no mercado interno dos produtos que menciona; altera as Leis n. 10.865, de 30 de abril de 2004, 10.522, de 19 de julho de 2002, 8.989, de 24 de fevereiro de 1995, 5.991, de 17 de dezembro de 1973, 10.451, de 10 de maio de 2002, e 11.051, de 29 de dezembro de 2004; e revoga dispositivos das Leis n. 10.637, de 30 de dezembro de 2002, e 10.833, de 29 de dezembro de 2003.

› *DOU*, 18.5.2012.

A Presidenta da República. Faço saber que o Congresso Nacional decreta e eu sanciono a seguinte Lei:

ART. 1º A Lei n. 10.865, de 30 de abril de 2004, passa a vigorar com as seguintes alterações:

› Alterações promovidas no texto da referida lei.

ART. 2º É o Poder Executivo autorizado a exigir rotulagem das embalagens de papel destinado à impressão de livros e periódicos, por meio de meios físicos ou eletrônicos, com vistas à identificação e ao controle fiscal do produto.

› Dec. 7.882/2012 (regulamenta este artigo.)

§ 1º A exigência de rotulagem prevista no *caput* deverá incidir sobre fabricantes, importadores e comerciantes de papel destinado à impressão de livros e periódicos.

§ 2º O papel que não apresentar a rotulagem prevista neste artigo não terá reconhecida, para fins fiscais, a destinação a que se refere o *caput*.

§ 3º O Poder Executivo regulamentará o disposto neste artigo.

ART. 3º São prorrogados até 30 de abril de 2016 os prazos previstos nos incisos III e IV do § 12 do art. 8º e nos incisos I e II do *caput* do art. 28, ambos da Lei n. 10.865, de 30 de abril de 2004.

ART. 4º A Lei n. 10.522, de 19 de julho de 2002, passa a vigorar acrescida do seguinte art. 20-A:

› Alterações promovidas no texto da referida lei.

ART. 5º Fica o Poder Executivo autorizado a contribuir para a manutenção dos foros, grupos e iniciativas internacionais abaixo discriminados, nos montantes que venham a ser atribuídos ao Brasil nos orçamentos desses respectivos foros, grupos e iniciativas internacionais, nos limites dos recursos destinados, conforme o caso, ao Conselho de Controle de Atividades Financeiras - COAF, à Secretaria da Receita Federal do Brasil - RFB ou à Secretaria de Assuntos Internacionais do Ministério da Fazenda, consoante a Lei Orçamentária Anual - LOA: (Alterado pela Lei 12.995/2014.)

I - Grupo de Ação Financeira contra a Lavagem de Dinheiro e o Financiamento do Terrorismo (GAFI/FATF);

II - Grupo de Ação Financeira da América do Sul contra a Lavagem de Dinheiro e o Financiamento do Terrorismo - GAFISUD; (Alterado pela Lei 12.995/2014.)

III - Grupo de Egmont; (Alterado pela Lei 12.995/2014.)

IV - Fórum Global sobre Transparência e Intercâmbio de Informações para Fins Tributários (Global Forum on Transparency and Exchange of Information for Tax Purposes); (Acrescentado pela Lei 12.995/2014.)

V - Comitê de Assuntos Fiscais (Committee on Fiscal Affairs) da Organização para Cooperação e Desenvolvimento Econômico - OCDE; (Acrescentado pela Lei 12.995/2014.)

VI - Fórum sobre Administração Tributária vinculado à OCDE (Forum on Tax Administration); (Acrescentado pela Lei 12.995/2014.)

VII - Grupo de Coordenação e Administração da Convenção sobre Assistência Mútua Administrativa em Assuntos Tributários (Convention on Mutual Administrative Assistance in Tax Matters); (Acrescentado pela Lei 12.995/2014.)

VIII - Projeto sobre Erosão de Base de Cálculo e Deslocamento de Lucros - BEPS (Project on Base Erosion and Profit Shifting); e (Acrescentado pela Lei 12.995/2014.)

IX - Entendimento Setorial Aeronáutico no âmbito da OCDE (ASU - Aircraft Sector Understanding). (Acrescentado pela Lei 12.995/2014.)

Parágrafo único. (Revogado). (Alterado pela Lei 12.995/2014.)

ART. 6º O Poder Executivo é igualmente autorizado a realizar os pagamentos referentes às contribuições do Brasil aos foros, grupos e iniciativas internacionais citados no art. 5º que se encontrem em atraso até a data de publicação desta Lei. (Alterado pela Lei12.995/2014.)

ART. 7º (Vetado).

ART. 8º (Vetado).

ART. 9º O art. 8º da Lei n. 10.451, de 10 de maio de 2002, passa a vigorar com a seguinte redação:

› Alterações promovidas no texto da referida lei.

ART. 10. A Lei n. 11.051, de 29 de dezembro de 2004, passa a vigorar acrescida dos arts. 30-A e 30-B:

› Alterações promovidas no texto da referida lei.

ARTS. 11 a 13. (Vetados).

ART. 14. Esta Lei entra em vigor na data de sua publicação.

Parágrafo único. O art. 3º produz efeitos a partir de 1º de maio de 2012.

Brasília, 17 de maio de 2012; 191º da Independência e 124º da República.

DILMA ROUSSEFF

LEI N. 12.665, DE 13 DE JUNHO DE 2012

Dispõe sobre a criação de estrutura permanente para as Turmas Recursais dos Juizados Especiais Federais; cria os respectivos cargos de Juízes Federais; e revoga dispositivos da Lei n. 10.259, de 12 de julho de 2001.

› *DOU*, 14.06.2012

A Presidenta da República. Faço saber que o Congresso Nacional decreta e eu sanciono a seguinte Lei:

ART. 1º Ficam criadas na Justiça Federal de primeiro grau 75 (setenta e cinco) Turmas Recursais dos Juizados Especiais Federais permanentes, assim distribuídas:

I - 25 (vinte e cinco) Turmas Recursais dos Juizados Especiais Federais na Primeira Região;

II - 10 (dez) Turmas Recursais dos Juizados Especiais Federais na Segunda Região;

III - 18 (dezoito) Turmas Recursais dos Juizados Especiais Federais na Terceira Região;

IV - 12 (doze) Turmas Recursais dos Juizados Especiais Federais na Quarta Região;

V - 10 (dez) Turmas Recursais dos Juizados Especiais Federais na Quinta Região.

ART. 2º As Turmas Recursais dos Juizados Especiais Federais das Seções Judiciárias são formadas, cada uma, por 3 (três) juízes federais titulares dos cargos de Juiz Federal de Turmas Recursais e por 1 (um) juiz suplente.

ART. 3º Ficam criados na Justiça Federal de primeiro grau 225 (duzentos e vinte e cinco) cargos de Juiz Federal de Turma Recursal dos Juizados Especiais Federais, assim distribuídos:

I - 75 (setenta e cinco) cargos na Primeira Região;

II - 30 (trinta) cargos na Segunda Região;

III - 54 (cinquenta e quatro) cargos na Terceira Região;

IV - 36 (trinta e seis) cargos na Quarta Região;

V - 30 (trinta) cargos na Quinta Região.

ART. 4º Os cargos de Juiz Federal de Turmas Recursais serão providos por concurso de remoção entre Juízes Federais, observado, no que couber, o disposto nas alíneas *a*, *b*, *c* e *e* do inciso II do art. 93 da Constituição Federal ou, na falta de candidatos a remoção, por promoção de Juízes Federais Substitutos, alternadamente pelos critérios de antiguidade e merecimento.

Parágrafo único. As remoções e promoções de que trata o *caput* estão condicionadas à existência de candidatos aprovados em concurso público em número correspondente ao dos cargos vagos de Juiz Federal criados por esta Lei.

ART. 5º A criação dos cargos prevista nesta Lei fica condicionada à sua expressa autorização em anexo próprio da lei orçamentária anual com a respectiva dotação suficiente para seu primeiro provimento, nos termos do § 1º do art. 169 da Constituição Federal.

Parágrafo único. Se a autorização e os respectivos recursos orçamentários forem suficientes somente para provimento parcial dos cargos, o saldo da autorização e das respectivas dotações para seu provimento deverá constar de anexo da lei orçamentária correspondente ao exercício em que forem considerados criados e providos.

ART. 6º Será indicado como suplente pelo Presidente do Tribunal Regional Federal de cada Região o juiz federal, titular ou substituto, mais antigo que tenha manifestado interesse em integrar uma das Turmas Recursais, nessa qualidade.

§ 1º O juiz suplente não receberá distribuição ordinária e atuará nas férias, afastamentos ou impedimentos dos Juízes Federais de Turmas Recursais.

§ 2º O juiz suplente será designado para atuar sem prejuízo de suas atribuições normais.

ART. 7º As despesas decorrentes da aplicação desta Lei correrão por conta das dotações orçamentárias consignadas à Justiça Federal de primeiro grau.

ART. 8º Revogam-se os §§ 1º e 2º do art. 21 da Lei n. 10.259, de 12 de julho de 2001.

ART. 9º Esta Lei entra em vigor na data de sua publicação.

Brasília, 13 de junho de 2012;
191º da Independência e 124º da República.
DILMA ROUSSEFF

LEI N. 12.711, DE 29 DE AGOSTO DE 2012

Dispõe sobre o ingresso nas universidades federais e nas instituições federais de ensino técnico de nível médio e dá outras providências.

› *DOU*, 30.08.2012.

› Dec. 7.824/2012 (Regulamenta esta lei.)

A Presidenta da República. Faço saber que o Congresso Nacional decreta e eu sanciono a seguinte Lei:

ART. 1º As instituições federais de educação superior vinculadas ao Ministério da Educação reservarão, em cada concurso seletivo para ingresso nos cursos de graduação, por curso e turno, no mínimo 50% (cinquenta por cento) de suas vagas para estudantes que tenham cursado integralmente o ensino médio em escolas públicas.

Parágrafo único. No preenchimento das vagas de que trata o *caput* deste artigo, 50% (cinquenta por cento) deverão ser reservados aos estudantes oriundos de famílias com renda igual ou inferior a 1,5 salário-mínimo (um salário-mínimo e meio) *per capita*.

ART. 2º (Vetado.)

ART. 3º Em cada instituição federal de ensino superior, as vagas de que trata o art. 1º desta Lei serão preenchidas, por curso e turno, por autodeclarados pretos, pardos e indígenas e por pessoas com deficiência, nos termos da legislação, em proporção ao total de vagas no mínimo igual à proporção respectiva de pretos, pardos, indígenas e pessoas com deficiência na população da unidade da Federação onde está instalada a instituição, segundo o último censo da Fundação Instituto Brasileiro de Geografia e Estatística - IBGE. (Alterado pela Lei 13.409/2016.)

Parágrafo único. No caso de não preenchimento das vagas segundo os critérios estabelecidos no *caput* deste artigo, aquelas remanescentes deverão ser completadas por estudantes que tenham cursado integralmente o ensino médio em escolas públicas.

ART. 4º As instituições federais de ensino técnico de nível médio reservarão, em cada concurso seletivo para ingresso em cada curso, por turno, no mínimo 50% (cinquenta por cento) de suas vagas para estudantes que cursaram integralmente o ensino fundamental em escolas públicas.

Parágrafo único. No preenchimento das vagas de que trata o *caput* deste artigo, 50% (cinquenta por cento) deverão ser reservados aos estudantes oriundos de famílias com renda igual ou inferior a 1,5 salário-mínimo (um salário-mínimo e meio) *per capita*.

ART. 5º Em cada instituição federal de ensino técnico de nível médio, as vagas de que trata o art. 4º desta Lei serão preenchidas, por curso e turno, por autodeclarados pretos, pardos e indígenas e por pessoas com deficiência, nos termos da legislação, em proporção ao total de vagas no mínimo igual à proporção respectiva de pretos, pardos, indígenas e pessoas com deficiência na população da unidade da Federação onde está instalada a instituição, segundo o último censo do IBGE. (Alterado pela Lei 13.409/2016.)

Parágrafo único. No caso de não preenchimento das vagas segundo os critérios estabelecidos no *caput* deste artigo, aquelas remanescentes deverão ser preenchidas por estudantes que tenham cursado integralmente o ensino fundamental em escola pública.

ART. 6º O Ministério da Educação e a Secretaria Especial de Políticas de Promoção da Igualdade Racial, da Presidência da República, serão responsáveis pelo acompanhamento e avaliação do programa de que trata esta Lei, ouvida a Fundação Nacional do Índio (Funai).

ART. 7º No prazo de dez anos a contar da data de publicação desta Lei, será promovida a revisão do programa especial para o acesso às instituições de educação superior de estudantes pretos, pardos e indígenas e de pessoas com deficiência, bem como daqueles que tenham cursado integralmente o ensino médio em escolas públicas. (Alterado pela Lei 13.409/2016.)

ART. 8º As instituições de que trata o art. 1º desta Lei deverão implementar, no mínimo, 25% (vinte e cinco por cento) da reserva de vagas prevista nesta Lei, a cada ano, e terão o prazo máximo de 4 (quatro) anos, a partir da data de sua publicação, para o cumprimento integral do disposto nesta Lei.

ART. 9º Esta Lei entra em vigor na data de sua publicação.

Brasília, 29 de agosto de 2012;
191º da Independência e 124º da República.
DILMA ROUSSEFF

LEI N. 12.725, DE 16 DE OUTUBRO DE 2012

Dispõe sobre o controle da fauna nas imediações de aeródromos.

› *DOU*, 17.10.2012.

A Presidenta da República. Faço saber que o Congresso Nacional decreta e eu sanciono a seguinte Lei:

ART. 1º Esta Lei estabelece regras que visam à diminuição do risco de acidentes e incidentes aeronáuticos decorrentes da colisão de aeronaves com espécimes da fauna nas imediações de aeródromos.

ART. 2º Para os efeitos desta Lei, considera-se:

I - abate: morte de animais em qualquer fase do seu ciclo de vida, causada e controlada pelo homem;

II - aeródromo: toda área destinada ao pouso, à decolagem e à movimentação de aeronaves;

III - aeródromo militar: aquele destinado ao uso de aeronaves militares;

IV - aeroporto: todo aeródromo público dotado de instalações e facilidades para apoio a aeronaves e ao embarque e desembarque de pessoas e cargas;

V - Área de Segurança Aeroportuária - ASA: área circular do território de um ou mais municípios, definida a partir do centro geométrico da maior pista do aeródromo ou do aeródromo militar, com 20 km (vinte quilômetros) de raio, cujos uso e ocupação estão sujeitos a restrições especiais em função da natureza atrativa de fauna;

VI - atividade atrativa de fauna: vazadouros de resíduos sólidos e quaisquer outras atividades que sirvam de foco ou concorram para a atração relevante de fauna, no interior da ASA, comprometendo a segurança operacional da aviação;

VII - atividade com potencial atrativo de fauna: aterros sanitários e quaisquer outras atividades que, utilizando as devidas técnicas de operação e de manejo, não se constituam como foco atrativo de fauna no interior da ASA, nem comprometam a segurança operacional da aviação;

VIII - autoridade ambiental: órgão ou entidade federal, estadual ou municipal integrante do Sistema Nacional do Meio Ambiente - SISNAMA e responsável pela concessão de licenciamento ambiental;

LEIS

IX - autoridade aeronáutica militar: o Comando da Aeronáutica - COMAER ou aquele a quem o Comando tenha delegado competência para o desempenho de suas atribuições;

X - autoridade de aviação civil: a Agência Nacional de Aviação Civil - ANAC;

XI - autoridade municipal: o órgão ou entidade competente da administração municipal ou do Distrito Federal;

XII - captura: ato ou efeito de deter, conter por meio mecânico ou impedir a movimentação de um animal, seguido de sua coleta ou soltura;

XIII - espécie-problema: espécie da fauna, nativa ou exótica, que interfira na segurança operacional da aviação;

XIV - espécie sinantrópica: espécie animal adaptada a viver junto ao homem, a despeito da vontade deste, e que difere dos animais domésticos criados com as finalidades de companhia, produção de alimentos ou transporte;

XV - manejo de fauna: aplicação de conhecimento ecológico às populações de espécies da fauna e da flora, que busca o equilíbrio entre as necessidades dessas populações e as necessidades das pessoas;

XVI - operador do aeródromo: órgão, entidade ou empresa responsável pela administração do aeródromo;

XVII - parâmetros de adequação: medidas determinadas pela autoridade competente com a finalidade de gerenciar e reduzir o risco de acidentes e incidentes aeronáuticos decorrentes da colisão de aeronaves com espécimes da fauna nos aeródromos;

XVIII - Plano de Manejo da Fauna em Aeródromos - PMFA: documento técnico que especifica detalhadamente as intervenções necessárias no meio ambiente, natural ou antrópico, de um aeródromo ou diretamente nas populações de espécies da fauna, nativa ou exótica, com o objetivo de reduzir o risco de colisões com aeronaves;

XIX - Programa Nacional de Gerenciamento do Risco da Fauna - PNGRF: documento de caráter normativo que estabelece objetivos e metas com o intuito de aprimorar a segurança operacional no País por meio do gerenciamento proativo do risco decorrente da colisão de aeronaves com espécies da fauna, nativa ou exótica;

XX - restrições especiais: quaisquer das seguintes limitações impostas pela autoridade competente no âmbito da aviação ao aproveitamento de imóvel, público ou privado, situado no interior da ASA:

a) proibição de implantação de atividade atrativa de espécimes da fauna;

b) cessação, imediata ou gradual, de atividade atrativa de espécimes da fauna, devendo o responsável pela atividade observar o estrito cumprimento do previsto na legislação ambiental vigente, inclusive quanto à recuperação da área degradada;

c) adequação das atividades com potencial de atração de espécimes da fauna aos parâmetros definidos pela autoridade competente, acompanhada ou não de sua suspensão;

d) implantação e operação de atividades com potencial de atração de espécimes da fauna, observados a autorização e os parâmetros de adequação, ambos definidos pela autoridade competente;

XXI - segurança operacional: estado em que o risco de lesões às pessoas ou de danos aos bens se reduz e se mantém em um nível aceitável, ou abaixo deste, por meio de um processo contínuo de identificação de perigos e gestão de riscos; e

XXII - translocação: captura de organismos vivos em uma determinada área para posterior soltura em outra área previamente determinada, conforme a distribuição geográfica da espécie.

ART. 3º Para o gerenciamento e a redução do risco de acidentes e incidentes aeronáuticos decorrentes da colisão de aeronaves com espécimes da fauna nos aeródromos, é estabelecida a Área de Segurança Aeroportuária - ASA, onde o aproveitamento e o uso do solo são restritos e condicionados ao cumprimento de exigências normativas específicas de segurança operacional da aviação e ambientais.

§ 1º O perímetro da Área de Segurança Aeroportuária - ASA do aeródromo será definido a partir do centro geométrico da maior pista do aeródromo ou do aeródromo militar e compreenderá um raio de 20 km (vinte quilômetros).

§ 2º O Programa Nacional de Gerenciamento do Risco da Fauna - PNGRF, desenvolvido e supervisionado pelas autoridades de aviação civil, aeronáutica militar e ambiental, abrangerá objetivos e metas comuns aos aeródromos e suas respectivas ASAs.

ART. 4º As restrições especiais constantes no PNGRF devem ser observadas, obrigatoriamente:

I - pela autoridade municipal, na ordenação e controle do uso e ocupação do solo urbano, sendo ela a responsável pela implementação e fiscalização do PNGRF;

II - pela autoridade ambiental, no processo de licenciamento ambiental e durante as atividades de fiscalização e controle; e

III - pelo operador do aeródromo, na administração do sítio aeroportuário.

§ 1º As propriedades rurais incorporadas à ASA também são sujeitas às restrições especiais previstas no PNGRF e à fiscalização pela autoridade municipal.

§ 2º Os instrumentos de planejamento municipal que disciplinam o parcelamento, o uso e a ocupação do solo observarão as disposições desta Lei e as restrições especiais previstas no PNGRF.

ART. 5º A administração pública federal, estadual ou municipal, o operador do aeródromo e o proprietário dos imóveis ou empreendimentos situados na ASA são obrigados a prestar as informações requisitadas pela autoridade de aviação civil ou pela autoridade aeronáutica militar.

ART. 6º O manejo da fauna em aeródromos e em áreas de entorno será autorizado pela autoridade ambiental mediante a aprovação do Plano de Manejo da Fauna em Aeródromos - PMFA e poderá envolver:

I - manejo do ambiente;

II - manejo de animais ou de partes destes;

III - transporte e destinação do material zoológico coletado;

IV - captura e translocação;

V - coleta e destruição de ovos e ninhos; e

VI - abate de animais.

§ 1º O PMFA deve avaliar as formas de controle e de redução do potencial perigo de colisões de aeronaves com espécimes da fauna, subsidiado por dados obtidos a partir de método científico e que contemplem aspectos da dinâmica populacional da(s) espécie(s)-problema.

§ 2º O abate de animais somente será permitido:

I - após comprovação de que o uso de manejo indireto e direto da(s) espécie(s)-problema ou do ambiente não tenha gerado resultados significativos na redução do perigo de colisões de aeronaves com espécimes da fauna no aeródromo;

II - após comprovação de que o impacto ambiental ou o custo econômico da transferência de espécies sinantrópicas ou da(s) espécie(s)-problema não ameaçada(s) de extinção não justificam a translocação.

§ 3º Os animais abatidos, ninhos e demais materiais zoológicos coletados poderão ser encaminhados para coleções de instituições científicas ou descartados.

§ 4º O descarte de material zoológico deverá ser feito por meio de enterro, deposição em aterro sanitário, incineração ou demais formas adequadas e possíveis no Município onde se localiza o aeródromo em questão.

§ 5º A autorização para o manejo da fauna silvestre não exime os portadores do cumprimento da Lei n. 9.605, de 12 de fevereiro de 1998.

ART. 7º Constitui infração ao disposto nesta Lei:

I - implantar ou operar atividade com potencial de atração de espécimes da fauna na ASA sem submetê-la à aprovação da autoridade municipal e da autoridade ambiental;

II - estimular, desenvolver ou permitir que se desenvolva atividade com potencial de atração de espécimes da fauna consideradas proibidas no interior da ASA;

III - desrespeitar prazo que haja sido estabelecido para a cessação de atividade com potencial de atração de espécimes da fauna;

IV - deixar de adequar atividade com potencial de atração de espécimes da fauna a parâmetros definidos nas restrições especiais; e

V - desrespeitar a determinação de suspender atividade atrativa de espécimes da fauna.

ART. 8º Em razão das infrações previstas no art. 7º desta Lei, são cabíveis as seguintes sanções administrativas:

I - notificação de advertência;

II - multa simples;

III - multa diária;

IV - suspensão de atividade;

V - interdição de área ou estabelecimento; e

VI - embargo de obra.

§ 1º As sanções administrativas serão suspensas tão logo sejam sanados os motivos que ensejaram a sua imposição.

§ 2º As sanções previstas nos incisos II e IV do *caput* deste artigo poderão ser aplicadas cumulativamente.

§ 3º As multas serão aplicadas de acordo com a gravidade da infração, respeitados os seguintes limites:

I - para multa simples, o mínimo de R$ 1.000,00 (mil reais) e o máximo de R$ 1.250.000,00 (um milhão, duzentos e cinquenta mil reais); e

II - para multa diária, o mínimo de R$ 250,00 (duzentos e cinquenta reais) e o máximo de R$ 12.500,00 (doze mil e quinhentos reais).

ART. 9º São circunstâncias que agravam as sanções previstas nesta Lei:

I - reincidência;

II - evidências de que o infrator, por incorrer em quaisquer das atitudes previstas no art. 7º desta Lei, colaborou para a ocorrência de acidente ou incidente aeronáutico resultante da colisão de aeronave com espécimes da fauna nas imediações de aeródromo.

ART. 10. A aplicação das sanções administrativas previstas nesta Lei é atribuição da autoridade municipal.

ART. 11. O montante auferido pela arrecadação de multas deverá ser empregado em atividades que concorram para a redução do risco de acidentes e incidentes aeronáuticos decorrentes da colisão de aeronaves com espécimes da fauna.

ART. 12. Esta Lei entra em vigor após decorridos 180 (cento e oitenta) dias de sua publicação oficial.

Brasília, 16 de outubro de 2012;
191º da Independência e 124º da República.
DILMA ROUSSEFF

LEI N. 12.731, DE 21 DE NOVEMBRO DE 2012

Institui o Sistema de Proteção ao Programa Nuclear Brasileiro - SIPRON e revoga o Decreto-Lei n. 1.809, de 7 de outubro de 1980.

▸ *DOU*, 22.11.2012.

A Presidenta da República. Faço saber que o Congresso Nacional decreta e eu sanciono a seguinte Lei:

ART. 1º O Sistema de Proteção ao Programa Nuclear Brasileiro - SIPRON, instituído pelo Decreto-Lei n. 1.809, de 7 de outubro de 1980, passa a reger-se pelo disposto nesta Lei.

ART. 2º O Sipron será coordenado por órgão do Poder Executivo federal e terá as seguintes atribuições:

I - coordenar as ações para atender permanentemente as necessidades de proteção e segurança do Programa Nuclear Brasileiro;

II - coordenar as ações para proteger os conhecimentos e a tecnologia detidos por órgãos, entidades, empresas, instituições de pesquisa e demais organizações públicas ou privadas que executem atividades para o Programa Nuclear Brasileiro;

III - planejar e coordenar as ações, em situações de emergência nuclear, que tenham como objetivo proteger:

a) as pessoas envolvidas na operação das instalações nucleares e na guarda, manuseio e transporte dos materiais nucleares;

b) a população e o meio ambiente situados nas proximidades das instalações nucleares; e

c) as instalações e materiais nucleares.

ART. 3º Integram o Sipron:

I - os órgãos, instituições, entidades e empresas federais e estaduais responsáveis pela proteção e segurança do Programa Nuclear Brasileiro com o objetivo de executar ações para garantir a integridade, a invulnerabilidade e a proteção dos materiais, das instalações, do conhecimento e da tecnologia nucleares, na forma do regulamento; e

II - os órgãos, instituições, entidades e empresas federais, estaduais e municipais responsáveis por situações de emergência nuclear com o objetivo de executar ações em caso de emergência nuclear, na forma do regulamento.

Parágrafo único. Em situações de emergência nuclear, caso ocorra a indisponibilidade de meios para atuar por parte dos órgãos referidos no inciso II do *caput*, o Governo Federal, em colaboração com os governos estaduais, distrital e municipais dos locais onde haja instalações nucleares, executará as ações necessárias para suprir eventuais deficiências.

ART. 4º O regulamento estabelecerá a estrutura organizacional do Sipron, as atribuições dos órgãos, instituições e empresas que o compõem e demais disposições necessárias ao cumprimento do disposto nesta Lei.

ART. 5º Esta Lei entra em vigor na data de sua publicação.

ART. 6º Revoga-se o Decreto-Lei n. 1.809, de 7 de outubro de 1980.

Brasília, 21 de novembro de 2012;
191º da Independência e 124º da República.
DILMA ROUSSEFF

LEI N. 12.732, DE 22 DE NOVEMBRO DE 2012

Dispõe sobre o primeiro tratamento de paciente com neoplasia maligna comprovada e estabelece prazo para seu início.

▸ *DOU*, 23.11.2012.

A Presidenta da República. Faço saber que o Congresso Nacional decreta e eu sanciono a seguinte Lei:

ART. 1º O paciente com neoplasia maligna receberá, gratuitamente, no Sistema Único de Saúde (SUS), todos os tratamentos necessários, na forma desta Lei.

Parágrafo único. A padronização de terapias do câncer, cirúrgicas e clínicas, deverá ser revista e republicada, e atualizada sempre que se fizer necessário, para se adequar ao conhecimento científico e à disponibilidade de novos tratamentos comprovados.

ART. 2º O paciente com neoplasia maligna tem direito de se submeter ao primeiro tratamento no Sistema Único de Saúde (SUS), no prazo de até 60 (sessenta) dias contados a partir do dia em que for firmado o diagnóstico em laudo patológico ou em prazo menor, conforme a necessidade terapêutica do caso registrada em prontuário único.

§ 1º Para efeito do cumprimento do prazo estipulado no *caput*, considerar-se-á efetivamente iniciado o primeiro tratamento da neoplasia maligna, com a realização de terapia cirúrgica ou com o início de radioterapia ou de quimioterapia, conforme a necessidade terapêutica do caso.

§ 2º Os pacientes acometidos por manifestações dolorosas consequentes de neoplasia maligna terão tratamento privilegiado e gratuito, quanto ao acesso às prescrições e dispensação de analgésicos opiáceos ou correlatos.

ART. 3º O descumprimento desta Lei sujeitará os gestores direta e indiretamente responsáveis às penalidades administrativas.

ART. 4º Os Estados que apresentarem grandes espaços territoriais sem serviços especializados em oncologia deverão produzir planos regionais de instalação deles, para superar essa situação.

ART. 4º-A. As doenças, agravos e eventos em saúde relacionados às neoplasias terão notificação e registro compulsórios, nos serviços de saúde públicos e privados em todo o território nacional, nos termos regulamentares. (Acrescentado pela Lei 13.685/2018. Vigência: 180 dias da publicação oficial.)

ART. 5º Esta Lei entra em vigor após decorridos 180 (cento e oitenta) dias de sua publicação oficial.

Brasília, 22 de novembro de 2012;
191º da Independência e 124º da República.
DILMA ROUSSEFF

LEI N. 12.734, DE 30 DE NOVEMBRO DE 2012

Modifica as Leis n. 9.478, de 6 de agosto de 1997, e n. 12.351, de 22 de dezembro de 2010, para determinar novas regras de distribuição entre os entes da Federação dos royalties e da participação especial devidos em função da exploração de petróleo, gás natural e outros hidrocarbonetos fluidos, e para aprimorar o marco regulatório sobre a exploração desses recursos no regime de partilha.

▸ *DOU*, 30.11.2012 - Edição extra

A Presidenta da República. Faço saber que o Congresso Nacional decreta e eu sanciono a seguinte Lei:

ART. 1º Esta Lei dispõe sobre o pagamento e a distribuição dos *royalties* devidos em função da produção de petróleo, de gás natural e de outros hidrocarbonetos fluidos conforme disposto nas Leis n. 9.478, de 6 de agosto de 1997, e n. 12.351, de 22 de dezembro de 2010, bem como sobre o pagamento e a distribuição da participação especial a que se refere o art. 45 da Lei n. 9.478, de 1997.

Parágrafo único. Os *royalties* correspondem à compensação financeira devida à União, aos Estados, ao Distrito Federal e aos Municípios pela exploração e produção de petróleo, de gás natural e de outros hidrocarbonetos fluidos de que trata o § 1º do art. 20 da Constituição.

ART. 2º A Lei n. 12.351, de 22 de dezembro de 2010, passa a vigorar com a seguinte nova redação para o art. 42 e com os seguintes novos arts. 42-A, 42-B e 42-C:

▸ Alterações promovidas no texto da referida lei.

ART. 3º A Lei n. 9.478, de 6 de agosto de 1997, passa a vigorar com as seguintes novas redações para os arts. 48, 49 e 50, e com os seguintes novos arts. 49-A, 49-B, 49-C, 50-A, 50-B, 50-C, 50-D, 50-E e 50-F: (Promulgado em 14.03.2013)

▸ Alterações promovidas no texto da referida lei.

ART. 4º Revogam-se: (Promulgado em 14.03.2013)

I - os §§ 1º, 2º e 3º do art. 49 e o § 4º do art. 50, todos da Lei n. 9.478, de 6 de agosto de 1997; e

II - o inciso IV e o § 1º do art. 49 da Lei n. 12.351, de 22 de dezembro de 2010.

ART. 5º Esta Lei entra em vigor na data de sua publicação.

Brasília, 30 de novembro de 2012;
191º da Independência e 124º da República.
DILMA ROUSSEFF

LEI N. 12.764, DE 27 DE DEZEMBRO DE 2012

Institui a Política Nacional de Proteção dos Direitos da Pessoa com Transtorno do Espectro Autista; e altera o § 3º do art. 98 da Lei n. 8.112, de 11 de dezembro de 1990.

▸ *DOU*, 28.12.2012.

▸ Dec. 8.368/2014 (Regulamenta esta lei).

A Presidenta da República. Faço saber que o Congresso Nacional decreta e eu sanciono a seguinte Lei:

ART. 1º Esta Lei institui a Política Nacional de Proteção dos Direitos da Pessoa com Transtorno do Espectro Autista e estabelece diretrizes para sua consecução.

§ 1º Para os efeitos desta Lei, é considerada pessoa com transtorno do espectro autista aquela portadora de síndrome clínica caracterizada na forma dos seguintes incisos I ou II:

I - deficiência persistente e clinicamente significativa da comunicação e da interação sociais, manifestada por deficiência marcada de comunicação verbal e não verbal usada para interação social; ausência de reciprocidade social; falência em desenvolver e manter relações apropriadas ao seu nível de desenvolvimento;

II - padrões restritivos e repetitivos de comportamentos, interesses e atividades, manifestados por comportamentos motores ou verbais estereotipados ou por comportamentos sensoriais incomuns; excessiva aderência a rotinas e padrões de comportamento ritualizados; interesses restritos e fixos.

§ 2º A pessoa com transtorno do espectro autista é considerada pessoa com deficiência, para todos os efeitos legais.

ART. 2º São diretrizes da Política Nacional de Proteção dos Direitos da Pessoa com Transtorno do Espectro Autista:

I - a intersetorialidade no desenvolvimento das ações e das políticas e no atendimento à pessoa com transtorno do espectro autista;

II - a participação da comunidade na formulação de políticas públicas voltadas para as pessoas com transtorno do espectro autista e o controle social da sua implantação, acompanhamento e avaliação;

III - a atenção integral às necessidades de saúde da pessoa com transtorno do espectro autista, objetivando o diagnóstico precoce, o atendimento multiprofissional e o acesso a medicamentos e nutrientes;

IV - (Vetado);

V - o estímulo à inserção da pessoa com transtorno do espectro autista no mercado de trabalho, observadas as peculiaridades da deficiência e as disposições da Lei n. 8.069, de 13 de julho de 1990 (Estatuto da Criança e do Adolescente);

VI - a responsabilidade do poder público quanto à informação pública relativa ao transtorno e suas implicações;

VII - o incentivo à formação e à capacitação de profissionais especializados no atendimento à pessoa com transtorno do espectro autista, bem como a pais e responsáveis;

VIII - o estímulo à pesquisa científica, com prioridade para estudos epidemiológicos tendentes a dimensionar a magnitude e as características do problema relativo ao transtorno do espectro autista no País.

Parágrafo único. Para cumprimento das diretrizes de que trata este artigo, o poder público poderá firmar contrato de direito público ou convênio com pessoas jurídicas de direito privado.

ART. 3º São direitos da pessoa com transtorno do espectro autista:

I - a vida digna, a integridade física e moral, o livre desenvolvimento da personalidade, a segurança e o lazer;

II - a proteção contra qualquer forma de abuso e exploração;

III - o acesso a ações e serviços de saúde, com vistas à atenção integral às suas necessidades de saúde, incluindo:

a) o diagnóstico precoce, ainda que não definitivo;

b) o atendimento multiprofissional;

c) a nutrição adequada e a terapia nutricional;

d) os medicamentos;

e) informações que auxiliem no diagnóstico e no tratamento;

IV - o acesso:

a) à educação e ao ensino profissionalizante;

b) à moradia, inclusive à residência protegida;

c) ao mercado de trabalho;

d) à previdência social e à assistência social.

Parágrafo único. Em casos de comprovada necessidade, a pessoa com transtorno do espectro autista incluída nas classes comuns de ensino regular, nos termos do inciso IV do art. 2º, terá direito a acompanhante especializado.

ART. 4º A pessoa com transtorno do espectro autista não será submetida a tratamento desumano ou degradante, não será privada de sua liberdade ou do convívio familiar nem sofrerá discriminação por motivo da deficiência.

Parágrafo único. Nos casos de necessidade de internação médica em unidades especializadas, observar-se-á o que dispõe o art. 4º da Lei n. 10.216, de 6 de abril de 2001.

ART. 5º A pessoa com transtorno do espectro autista não será impedida de participar de planos privados de assistência à saúde em razão de sua condição de pessoa com deficiência, conforme dispõe o art. 14 da Lei n.9.656, de 3 de junho de 1998.

ART. 6º (Vetado).

ART. 7º O gestor escolar, ou autoridade competente, que recusar a matrícula de aluno com transtorno do espectro autista, ou qualquer outro tipo de deficiência, será punido com multa de 3 (três) a 20 (vinte) salários-mínimos.

§ 1º Em caso de reincidência, apurada por processo administrativo, assegurado o contraditório e a ampla defesa, haverá a perda do cargo.

§ 2º (Vetado).

ART. 8º Esta Lei entra em vigor na data de sua publicação.

Brasília, 27 de dezembro de 2012; 191º da Independência e 124º da República.

DILMA ROUSSEFF

LEI N. 12.787, DE 11 DE JANEIRO DE 2013

Dispõe sobre a Política Nacional de Irrigação; altera o art. 25 da Lei n. 10.438, de 26 de abril de 2002; revoga as Leis n. 6.662, de 25 de junho de 1979, 8.657, de 21 de maio de 1993, e os Decretos-Leis n. 2.032, de 9 de junho de 1983, e 2.369, de 11 de novembro de 1987; e dá outras providências.

▸ *DOU*, 14.01.2013.

A Presidenta da República. Faço saber que o Congresso Nacional decreta e eu sanciono a seguinte Lei:

CAPÍTULO I
DISPOSIÇÕES PRELIMINARES

ART. 1º Esta Lei institui a Política Nacional de Irrigação, a ser executada em todo o território nacional.

ART. 2º Para os fins desta Lei, entende-se por:

I - agricultor irrigante: pessoa física ou jurídica que exerce agricultura irrigada, podendo ser classificado em familiar, pequeno, médio e grande, conforme definido em regulamento;

II - agricultor irrigante familiar: pessoa física classificada como agricultor familiar, nos termos da Lei n. 11.326, de 24 de julho de 2006, que pratica agricultura irrigada;

III - agricultura irrigada: atividade econômica que explora culturas agrícolas, florestais e ornamentais e pastagens, bem como atividades agropecuárias afins, com o uso de técnicas de irrigação ou drenagem;

IV - projeto de irrigação: sistema planejado para o suprimento ou a drenagem de água em empreendimento de agricultura irrigada, de modo programado, em quantidade e qualidade, podendo ser composto por estruturas e equipamentos de uso individual ou coletivo de captação, adução, armazenamento, distribuição e aplicação de água;

V - infraestrutura de irrigação de uso comum: conjunto de estruturas e equipamentos de captação, adução, armazenamento, distribuição ou drenagem de água, estradas, redes de distribuição de energia elétrica e instalações para o gerenciamento e administração do projeto de irrigação;

VI - infraestrutura de apoio à produção: conjunto de benfeitorias e equipamentos para beneficiamento, armazenagem e transformação da produção agrícola, para apoio à comercialização, pesquisa, assistência técnica e extensão, bem como para treinamento e capacitação dos agricultores irrigantes;

VII - infraestrutura das unidades parcelares: conjunto de benfeitorias e equipamentos de utilização individual, implantado nas unidades parcelares de projetos de irrigação;

VIII - infraestrutura social: conjunto de estruturas e equipamentos destinados a atender às necessidades de saúde, educação, segurança, saneamento e comunicação nos projetos de irrigação;

IX - unidade parcelar: área de uso individual destinada ao agricultor irrigante nos Projetos Públicos de Irrigação;

X - serviços de irrigação: atividades de administração, operação, conservação e manutenção da infraestrutura de irrigação de uso comum;

XI - módulo produtivo operacional: módulo mínimo planejado dos Projetos Públicos de Irrigação com infraestrutura de irrigação de uso comum implantada e em operação, permitindo o pleno funcionamento das unidades parcelares de produção;

XII - gestor do Projeto Público de Irrigação: órgão ou entidade pública ou privada responsável por serviços de irrigação.

CAPÍTULO II
DOS PRINCÍPIOS

ART. 3º A Política Nacional de Irrigação rege-se pelos seguintes princípios:

I - uso e manejo sustentável dos solos e dos recursos hídricos destinados à irrigação;

II - integração com as políticas setoriais de recursos hídricos, de meio ambiente, de energia, de saneamento ambiental, de crédito e seguro rural e seus respectivos planos, com prioridade para projetos cujas obras possibilitem o uso múltiplo dos recursos hídricos;

III - articulação entre as ações em irrigação das diferentes instâncias e esferas de governo e entre estas e as ações do setor privado;

IV - gestão democrática e participativa dos Projetos Públicos de Irrigação com infraestrutura de irrigação de uso comum, por meio de mecanismos a serem definidos em regulamento;

V - prevenção de endemias rurais de veiculação hídrica.

CAPÍTULO III
DOS OBJETIVOS

ART. 4º A Política Nacional de Irrigação tem por objetivos:

I - incentivar a ampliação da área irrigada e o aumento da produtividade em bases ambientalmente sustentáveis;

II - reduzir os riscos climáticos inerentes à atividade agropecuária, principalmente nas regiões sujeitas a baixa ou irregular distribuição de chuvas;

III - promover o desenvolvimento local e regional, com prioridade para as regiões com baixos indicadores sociais e econômicos;

IV - concorrer para o aumento da competitividade do agronegócio brasileiro e para a geração de emprego e renda;

V - contribuir para o abastecimento do mercado interno de alimentos, de fibras e de energia renovável, bem como para a geração de excedentes agrícolas para exportação;

VI - capacitar recursos humanos e fomentar a geração e transferência de tecnologias relacionadas a irrigação;

VII - incentivar projetos privados de irrigação, conforme definição em regulamento.

CAPÍTULO IV
DOS INSTRUMENTOS

ART. 5º São instrumentos da Política Nacional de Irrigação:

I - os Planos e Projetos de Irrigação;

II - o Sistema Nacional de Informações sobre Irrigação;

III - os incentivos fiscais, o crédito e o seguro rural;

IV - a formação de recursos humanos;

V - a pesquisa científica e tecnológica;

VI - a assistência técnica e a extensão rural;

VII - as tarifas especiais de energia elétrica para irrigação;

VIII - a certificação dos projetos de irrigação;

IX - o Fundo de Investimento em Participações em Infraestrutura (FIP-IE);

X - o Conselho Nacional de Irrigação.

SEÇÃO I
DOS PLANOS E PROJETOS DE IRRIGAÇÃO

ART. 6º Os Planos de Irrigação visam a orientar o planejamento e a implementação da Política Nacional de Irrigação, em consonância com os Planos de Recursos Hídricos, e abrangerão o seguinte conteúdo mínimo:

I - diagnóstico das áreas com aptidão para agricultura irrigada, em especial quanto à capacidade de uso dos solos e à disponibilidade de recursos hídricos;

II - hierarquização de regiões ou bacias hidrográficas prioritárias para a implantação de projetos públicos de agricultura irrigada, com base no potencial produtivo, em indicadores socioeconômicos e no risco climático para a agricultura;

III - levantamento da infraestrutura de suporte à agricultura irrigada, em especial quanto à disponibilidade de energia elétrica, sistema de escoamento e transportes;

IV - indicação das culturas e dos sistemas de produção, dos métodos de irrigação e drenagem a serem empregados e dos arranjos produtivos recomendados para cada região ou bacia hidrográfica.

§ 1º Os Planos de Irrigação conterão previsão das fontes de financiamento e estimativas acerca dos recursos financeiros requeridos.

§ 2º O Plano Nacional de Irrigação terá caráter orientador para a elaboração dos planos e projetos de irrigação pelos Estados e pelo Distrito Federal e caráter determinativo para a implantação de projetos de irrigação pela União.

§ 3º Na elaboração dos Planos Estaduais de Irrigação, as unidades da Federação deverão consultar os comitês de bacias de sua área de abrangência.

ART. 7º Os Projetos Públicos de Irrigação serão planejados e implementados em conformidade com os respectivos Planos de Irrigação.

Parágrafo único. Os Projetos Públicos de Irrigação conterão previsão das fontes de financiamento e estimativas acerca dos recursos financeiros requeridos e cronograma de desembolso.

SEÇÃO II
DO SISTEMA NACIONAL DE INFORMAÇÕES SOBRE IRRIGAÇÃO

ART. 8º É instituído o Sistema Nacional de Informações sobre Irrigação, destinado a coleta, processamento, armazenamento e recuperação de informações referentes à agricultura irrigada, em especial sobre:

I - as áreas irrigadas, as culturas exploradas, os métodos de irrigação empregados e o nível tecnológico da atividade;

II - o inventário de recursos hídricos e as informações hidrológicas das bacias hidrográficas;

III - o mapeamento de solos com aptidão para a agricultura irrigada;

IV - a agroclimatologia;

V - a infraestrutura de suporte à produção agrícola irrigada;

VI - a disponibilidade de energia elétrica e de outras fontes de energia para a irrigação;

VII - as informações socioeconômicas acerca do agricultor irrigante;

VIII - a quantidade, a qualidade, a destinação e o valor bruto dos produtos oriundos de sistemas irrigados;

IX - as áreas públicas da União e de suas autarquias, fundações, empresas públicas e sociedades de economia mista aptas para desenvolvimento de projeto de irrigação.

§ 1º A entidade federal responsável pelo Sistema Nacional de Informações sobre Irrigação, suas atribuições e formas de articulação com os demais entes da federação serão especificadas em regulamento.

§ 2º O Sistema Nacional de Informações sobre Irrigação manterá cadastro nacional único dos agricultores irrigantes.

ART. 9º São princípios básicos do Sistema Nacional de Informações sobre Irrigação:

I - cooperação institucional para obtenção e produção de dados e informações;

II - coordenação unificada;

III - acesso da sociedade aos dados e às informações, observada a legislação que trata de sigilo.

ART. 10. São objetivos do Sistema Nacional de Informações sobre Irrigação:

I - fornecer subsídios para a elaboração de planos de irrigação pela União, Estados e Distrito Federal;

II - permitir a avaliação e a classificação dos Projetos Públicos de Irrigação segundo seus resultados sociais e econômicos, inclusive para fins de emancipação;

III - facilitar a disseminação de práticas que levem ao êxito dos projetos;

IV - subsidiar o planejamento da expansão da agricultura irrigada.

SEÇÃO III
DOS INCENTIVOS FISCAIS, DO CRÉDITO E DO SEGURO RURAL

ART. 11. Os projetos públicos e privados de irrigação poderão receber incentivos fiscais, nos termos da legislação específica, que observará as regiões com os mais baixos indicadores de desenvolvimento social e econômico, bem como as consideradas prioritárias para o desenvolvimento regional.

ART. 12. O crédito rural privilegiará a aquisição de equipamentos de irrigação mais eficientes no uso dos recursos hídricos, a modernização tecnológica dos equipamentos em uso e a implantação de sistemas de suporte à decisão para o manejo da irrigação.

ART. 13. O poder público criará estímulos à contratação de seguro rural por agricultores que pratiquem agricultura irrigada.

ART. 14. No atendimento do disposto nos arts. 11, 12 e 13, o poder público poderá apoiar, prioritariamente, os agricultores irrigantes familiares e pequenos.

SEÇÃO IV
DA FORMAÇÃO DE RECURSOS HUMANOS, DA PESQUISA CIENTÍFICA E TECNOLÓGICA, DA ASSISTÊNCIA TÉCNICA E DO TREINAMENTO DOS AGRICULTORES IRRIGANTES

ART. 15. O poder público incentivará a formação e a capacitação de recursos humanos por meio da educação superior e tecnológica, voltadas para o planejamento, a gestão e a operação da agricultura irrigada.

ART. 16. As instituições públicas participantes do Sistema Nacional de Pesquisa Agropecuária, de que trata a Lei n. 8.171, de 17 de janeiro de 1991, poderão dar prioridade à implementação de projetos de pesquisa e transferência de tecnologia em agricultura irrigada.

ART. 17. O poder público garantirá ao agricultor irrigante familiar assistência técnica e extensão rural, em projetos públicos e privados de irrigação.

Parágrafo único. As ações de assistência técnica e extensão rural articular-se-ão com o Ministério do Desenvolvimento Agrário e o Ministério da Integração Nacional, observando-se a Lei n. 12.188, de 11 de janeiro de 2010.

SEÇÃO V
DAS TARIFAS ESPECIAIS

ART. 18. (Vetado).

SEÇÃO VI
DA CERTIFICAÇÃO DOS PROJETOS DE IRRIGAÇÃO

ART. 19. Os projetos públicos e privados de irrigação e as unidades parcelares de Projetos Públicos de Irrigação poderão obter certificação quanto ao uso racional dos recursos hídricos disponíveis, incluindo os aspectos quantitativos e qualitativos associados à água e à tecnologia de irrigação.

§ 1º O Poder Executivo federal definirá o órgão público responsável pela certificação e disporá sobre normas, procedimentos e requisitos a serem observados na certificação e no credenciamento de entidades e profissionais certificadores, além da forma e periodicidade mínima de monitoramento e fiscalização dos projetos de irrigação.

§ 2º As unidades parcelares e projetos de irrigação certificados poderão obter benefícios, nos termos da lei.

SEÇÃO VII
DOS FINANCIAMENTOS AO AMPARO DO FUNDO DE INVESTIMENTO EM PARTICIPAÇÕES EM INFRAESTRUTURA

ART. 20. A implantação de projetos de irrigação e a expansão de projetos já existentes poderão ser financiadas por sociedades especificamente criadas para esse fim, nos termos da Lei n. 11.478, de 29 de maio de 2007, que instituiu o Fundo de Investimento em Participações em Infraestrutura (FIP-IE).

SEÇÃO VIII
DO CONSELHO NACIONAL DE IRRIGAÇÃO

ART. 21. É o Poder Executivo autorizado a instituir Conselho Nacional de Irrigação, cuja competência, composição e funcionamento serão definidos no ato de sua criação.

CAPÍTULO V
DA IMPLANTAÇÃO DOS PROJETOS DE IRRIGAÇÃO

SEÇÃO I
DISPOSIÇÕES GERAIS

ART. 22. A implantação de projeto de irrigação dependerá de licenciamento ambiental, quando exigido em legislação federal, estadual, distrital ou municipal específica.

§ 1º O órgão responsável pela licença a que se refere o *caput* indicará o prazo máximo necessário para deliberação, a partir das datas de recebimento e avaliação prévia dos estudos e informações requeridos, podendo a licença ambiental ser concedida para etapas do projeto de irrigação, conforme os módulos produtivos operacionais.

§ 2º As obras de infraestrutura de irrigação, inclusive os barramentos de cursos d'água que provoquem intervenção ou supressão de vegetação em área de preservação permanente, poderão ser consideradas de utilidade pública para efeito de licenciamento ambiental, quando declaradas pelo poder público federal essenciais para o desenvolvimento social e econômico.

ART. 23. A utilização de recurso hídrico por projeto de irrigação dependerá de prévia outorga do direito de uso de recursos hídricos, concedida por órgão federal, estadual ou distrital, conforme o caso.

§ 1º As instituições participantes do sistema nacional de crédito rural de que trata a Lei n. 4.829, de 5 de novembro de 1965, somente financiarão a implantação, a ampliação e o custeio de projetos de irrigação que detenham outorga prévia do direito de uso dos recursos hídricos.

§ 2º O órgão responsável pela outorga a que se refere o *caput* deste artigo indicará o prazo máximo necessário para deliberação, a partir das datas de recebimento e avaliação prévia das informações requeridas.

§ 3º Os projetos de irrigação que não tenham outorga do direito de uso de recursos hídricos na data da vigência desta Lei deverão requerer a outorga no prazo e condições a serem estabelecidos pelo órgão federal, estadual ou distrital a que se refere o *caput*.

SEÇÃO II
DOS PROJETOS PÚBLICOS DE IRRIGAÇÃO E DAS INFRAESTRUTURAS DE USO COMUM, DE APOIO À PRODUÇÃO E DA UNIDADE PARCELAR

SUBSEÇÃO I
DOS PROJETOS PÚBLICOS DE IRRIGAÇÃO

ART. 24. Os Projetos Públicos de Irrigação poderão ser custeados pela União, Estados, Distrito Federal ou Municípios, isolada ou solidariamente, sendo, neste caso, a fração ideal de propriedade das infraestruturas proporcional ao capital investido.

Parágrafo único. As unidades parcelares de Projetos Públicos de Irrigação considerados, na forma do regulamento desta Lei, de interesse social, serão destinadas majoritariamente a agricultores irrigantes familiares.

ART. 25. Os Projetos Públicos de Irrigação poderão ser implantados:

I - diretamente pelo poder público;

II - mediante concessão de serviço público, precedida ou não de execução de obra pública, inclusive na forma de parceria público-privada;

III - mediante permissão de serviço público.

§ 1º Nas hipóteses previstas nos incisos II e III do *caput* deste artigo, o edital de licitação disporá sobre a seleção dos agricultores irrigantes e sobre as tarifas e outros preços a que estes estarão sujeitos.

§ 2º As entidades públicas responsáveis pela implementação da Política Nacional de Irrigação poderão implantar, direta ou indiretamente, total ou parcialmente, infraestrutura social nos Projetos Públicos de Irrigação para facilitar a prestação dos serviços públicos de saúde, educação, segurança e saneamento pelos respectivos entes responsáveis por esses serviços.

§ 3º O custeio da prestação dos serviços públicos de saúde, educação, segurança e saneamento fica a cargo dos respectivos entes responsáveis por esses serviços.

ART. 26. As entidades públicas responsáveis pela implementação da Política Nacional de Irrigação poderão implantar, direta ou indiretamente, infraestruturas de irrigação de uso comum que sirvam para suporte à prática de irrigação e drenagem em benefício de projetos privados, desde que em áreas com comprovada aptidão ao desenvolvimento sustentável da agricultura irrigada e nas quais os irrigantes já estejam organizados quanto à forma de gestão, de operação e de manutenção do sistema coletivo de irrigação e drenagem agrícola.

Parágrafo único. A decisão sobre as regiões com comprovada aptidão ao desenvolvimento sustentável da agricultura irrigada será baseada em planos diretores de bacias hidrográficas, em estudos de aptidão agrícola para irrigação, em estudos de viabilidade técnica, social, econômica e ambiental e em projetos básicos das infraestruturas, e será condicionada à prévia cessão das faixas de domínio para implantação das infraestruturas de uso comum.

ART. 27. Os Projetos Públicos de Irrigação poderão prever a transferência da propriedade ou a cessão das unidades parcelares e das infraestruturas de uso comum e de apoio à produção aos agricultores irrigantes.

Parágrafo único. No caso de cessão, esta será realizada sob qualquer dos regimes previstos no Decreto-Lei n. 9.760, de 5 de setembro de 1946, na Lei n. 9.636, de 15 de maio de 1998, ou, ainda, sob o regime de concessão de direito real de uso resolúvel, previsto no art. 7º do Decreto-Lei n. 271, de 28 de fevereiro de 1967.

ART. 28. A exploração de unidades parcelares de Projetos Públicos de Irrigação por parte de agricultor irrigante será condicionada a pagamentos periódicos referentes:

I - ao uso ou à aquisição da terra, conforme o caso;

II - ao rateio das despesas de administração, operação, conservação e manutenção da infraestrutura de irrigação de uso comum e de apoio à produção;

III - conforme o caso, ao uso ou à amortização da infraestrutura de irrigação de uso comum, da infraestrutura de apoio à produção e da infraestrutura da unidade parcelar.

§ 1º Os valores referentes ao rateio previsto no inciso II do *caput* deste artigo serão apurados e arrecadados pelo gestor do projeto de irrigação.

§ 2º Serão publicados, com a periodicidade estabelecida em regulamento, os valores de que trata o inciso II do *caput* deste artigo, cobrados e recebidos de cada unidade parcelar, bem como as despesas custeadas por tais recursos.

§ 3º Os prazos para a amortização de que trata o inciso III do *caput* deste artigo serão computados a partir da entrega da unidade parcelar e do respectivo módulo produtivo operacional ao agricultor irrigante, ambos em condições de pleno funcionamento, facultada a concessão de prazo de carência conforme estabelecido em regulamento.

§ 4º Os prazos referidos no § 3º deste artigo podem ser diferenciados entre si e específicos para cada projeto de irrigação ou categoria de agricultor irrigante.

§ 5º Os valores apurados e arrecadados na forma do inciso II do *caput* deste artigo serão referendados pelo órgão ou entidade pública responsável pelo acompanhamento do projeto, excetuados os projetos de interesse social.

§ 6º (Vetado).

§ 7º Na forma do regulamento desta Lei, a entidade responsável por Projeto Público de Irrigação poderá, com base em estudo de viabilidade da situação atualizada, revisar o prazo e as condições de amortização das infraestruturas de uso comum e de apoio à produção, às quais se refere o inciso III do *caput* deste artigo.

§ 8º (Vetado).

ART. 29. Os projetos de irrigação a serem implementados total ou parcialmente com recursos públicos fundamentar-se-ão em estudos que comprovem viabilidade técnica, ambiental, hídrica e econômica ou social.

Parágrafo único. Os editais de licitação das unidades parcelares de Projetos Públicos de Irrigação deverão estipular prazos e condições para a emancipação dos empreendimentos, com base nos estudos de viabilidade de que trata o *caput* deste artigo.

ART. 30. Em cada Projeto Público de Irrigação, ao menos uma unidade parcelar com área não inferior à da unidade de agricultor irrigante familiar será destinada a atividades de pesquisa, transferência de tecnologia e treinamento de agricultores irrigantes.

§ 1º A unidade parcelar de que trata este artigo poderá ser cedida, gratuitamente, a entidade pública ou privada habilitada, na forma do parágrafo único do art. 27 desta Lei.

§ 2º A unidade parcelar a que se refere este artigo reverterá ao órgão ou entidade responsável pela implantação do projeto caso não tenha sido cumprida sua destinação no prazo de 2 (dois) anos.

§ 3º A entidade pública ou privada que obtiver a cessão da unidade parcelar para os fins de que trata o *caput* deste artigo poderá ficar isenta do rateio de que trata o inciso II do *caput* do art. 28 desta Lei.

ART. 31. Nos casos em que a implantação da infraestrutura parcelar for de responsabilidade do agricultor irrigante, este deverá tê-la integralmente em operação no prazo previamente estabelecido, sob pena de perda do direito de ocupação e exploração da unidade parcelar, aplicando-se, neste caso, o disposto no art. 38 desta Lei.

SUBSEÇÃO II
DA INFRAESTRUTURA DOS PROJETOS PÚBLICOS DE IRRIGAÇÃO

ART. 32. O custeio dos Projetos Públicos de Irrigação será realizado aplicando-se a sistemática de ressarcimento prevista no art. 28.

§ 1º Nos Projetos Públicos de Irrigação considerados de interesse social, os custos de implementação das infraestruturas de irrigação de uso comum, de apoio à produção, das unidades parcelares e social serão suportados pelo poder público.

§ 2º No caso de que trata o § 1º deste artigo, somente poderá ser exigido do agricultor irrigante, na forma do regulamento, o ressarcimento ao poder público dos custos de implantação da infraestrutura das unidades parcelares.

ART. 33. Integram as infraestruturas de irrigação de uso comum e de apoio à produção as terras em que essas se localizam e as respectivas faixas de domínio.

Parágrafo único. As infraestruturas de uso comum localizadas no interior das unidades parcelares constituem servidões do gestor do Projeto Público de Irrigação.

SUBSEÇÃO III
DAS UNIDADES PARCELARES DOS PROJETOS PÚBLICOS DE IRRIGAÇÃO

ART. 34. A unidade parcelar de agricultor irrigante familiar é indivisível e terá, no mínimo, área suficiente para assegurar sua viabilidade econômica.

SUBSEÇÃO IV
DO AGRICULTOR IRRIGANTE DOS PROJETOS PÚBLICOS DE IRRIGAÇÃO

ART. 35. A seleção de agricultores irrigantes para Projetos Públicos de Irrigação será realizada consoante a legislação aplicável.

§ 1º A seleção de agricultores irrigantes familiares de Projeto Público de Irrigação considerado de interesse social será realizada observando-se a forma e os critérios definidos em regulamento.

§ 2º Quando o Projeto Público de Irrigação for implantado nas modalidades de que tratam os incisos II ou III do art. 25 desta Lei, a forma e os critérios de seleção dos agricultores irrigantes constarão do edital de licitação para a contratação da concessão ou permissão do serviço público, conforme o caso.

ART. 36. Constituem obrigações do agricultor irrigante em Projetos Públicos de Irrigação:

I - promover o aproveitamento econômico da sua unidade parcelar, mediante o exercício da agricultura irrigada;

II - adotar práticas e técnicas de irrigação e drenagem que promovam a conservação dos recursos ambientais, em especial do solo e dos recursos hídricos;

III - empregar práticas e técnicas de irrigação e drenagem adequadas às condições da região e à cultura escolhida;

IV - colaborar com a fiscalização das atividades inerentes ao sistema de produção e ao uso da água e do solo, prestando, em tempo hábil, as informações solicitadas;

V - colaborar com a conservação, manutenção, ampliação e modernização das infraestruturas de irrigação de uso comum, de apoio à produção e social;

VI - promover a conservação, manutenção, ampliação e modernização da infraestrutura parcelar;

VII - pagar, com a periodicidade previamente definida, tarifa pelos serviços de irrigação colocados à sua disposição;

VIII - pagar, conforme o caso, com a periodicidade previamente definida, as parcelas referentes à aquisição da unidade parcelar e ao custo de implantação das infraestruturas de irrigação de uso comum, de apoio à produção e da unidade parcelar.

Parágrafo único. Aplica-se ao agricultor irrigante, em projetos privados de irrigação, o disposto nos incisos II, III e IV do *caput* deste artigo.

SUBSEÇÃO V
DA EMANCIPAÇÃO DOS PROJETOS PÚBLICOS DE IRRIGAÇÃO

ART. 37. A emancipação de Projetos Públicos de Irrigação é instituto aplicável a empreendimentos com previsão de transferência, para os agricultores irrigantes, da propriedade das infraestruturas de irrigação de uso comum, de apoio à produção e da unidade parcelar.

§ 1º O regulamento estabelecerá a forma, as condições e a oportunidade em que ocorrerá a emancipação de cada Projeto Público de Irrigação.

§ 2º Quando o Projeto Público de Irrigação for implantado nas modalidades de que tratam os incisos II ou III do *caput* do art. 25 desta Lei, as condições e a oportunidade da emancipação constarão do edital de licitação para a contratação da concessão ou permissão do serviço público, conforme o caso.

§ 3º A emancipação poderá ser simultânea à entrega das unidades parcelares e dos respectivos módulos produtivos operacionais, em condições de pleno funcionamento.

SUBSEÇÃO VI
DAS PENALIDADES AOS AGRICULTORES IRRIGANTES DOS PROJETOS PÚBLICOS DE IRRIGAÇÃO

ART. 38. Os agricultores irrigantes de Projetos Públicos de Irrigação que infringirem as obrigações estabelecidas nesta Lei, bem como nas demais disposições legais, regulamentares e contratuais, serão sujeitos a:

I - suspensão do fornecimento de água, respeitada a fase de desenvolvimento dos cultivos, se decorridos 30 (trinta) dias de prévia notificação sem a regularização das pendências;

II - suspensão do fornecimento de água, independentemente da fase de desenvolvimento dos cultivos, se decorridos 120 (cento e vinte) dias da notificação de que trata o inciso I do *caput* deste artigo sem a regularização das pendências;

III - retomada da unidade parcelar pelo poder público, concessionária ou permissionária, conforme o caso, se decorridos 180 (cento e oitenta) dias da notificação de que trata o inciso I do *caput* deste artigo sem a regularização das pendências.

§ 1º Não se aplica o disposto no inciso III do *caput* deste artigo caso o imóvel esteja hipotecado às instituições financeiras oficiais que tenham prestado assistência creditícia ao agricultor irrigante para desenvolvimento de suas atividades em projeto público de irrigação. (Alterado pela Lei 13.702/2018.)

§ 2º As instituições financeiras oficiais informarão ao poder público sobre a hipoteca a que se refere o § 1º deste artigo. (Alterado pela Lei 13.702/2018.)

ART. 39. Retomada a unidade parcelar, o poder público, a concessionária ou a permissionária, conforme o caso, indenizará o agricultor irrigante, na forma do regulamento, pelas benfeitorias úteis e necessárias à produção agropecuária na área da unidade parcelar.

Parágrafo único. Da indenização de que trata o *caput* deste artigo, será descontado todo e qualquer valor em atraso de responsabilidade do agricultor irrigante, bem como multas e quaisquer outras penalidades incidentes por conta de disposições contratuais.

ART. 40. A unidade parcelar retomada será objeto de nova cessão ou alienação, nos termos da legislação em vigor.

CAPÍTULO VI
DISPOSIÇÕES FINAIS

ART. 41. O poder público estimulará a organização dos agricultores irrigantes mediante a constituição de associações ou cooperativas de produtores.

ART. 42. Demonstrada a inviabilidade socioeconômica do Projeto Público de Irrigação, o gestor deste poderá extingui-lo, procedendo à alienação das infraestruturas de sua propriedade, e adotará medidas alternativas ou compensatórias aos agricultores irrigantes afetados.

Parágrafo único. A alienação a que se refere o *caput* será realizada mediante procedimento licitatório.

ART. 43. É autorizada, na forma do regulamento, a transferência, para os agricultores irrigantes, da propriedade das infraestruturas de irrigação de uso comum e de apoio à produção dos Projetos Públicos de Irrigação implantados até a data de publicação desta Lei.

ART. 44. Revogam-se as Leis n. 6.662, de 25 de junho de 1979, e 8.657, de 21 de maio de 1993, e os Decretos-Lei n. 2.032, de 9 de junho de 1983, e 2.369, de 11 de novembro de 1987.

ART. 45. Esta Lei entra em vigor na data de sua publicação.

Brasília, 11 de janeiro de 2013;
192º da Independência e 125º da República.
DILMA ROUSSEFF

LEI N. 12.790, DE 14 DE MARÇO DE 2013

Dispõe sobre a regulamentação do exercício da profissão de comerciário.

▸ *DOU*, 15.3.2013.

A Presidenta da República. Faço saber que o Congresso Nacional decreta e eu sanciono a seguinte Lei:

ART. 1º Aos comerciários, integrantes da categoria profissional de empregados no comércio, conforme o quadro de atividades e profissões do art. 577, combinado com o art. 511, ambos da Consolidação das Leis do Trabalho (CLT), aprovada pelo Decreto-Lei n. 5.452, de 1º de maio de 1943, aplicam-se os dispositivos da presente Lei, sem prejuízo das demais normas trabalhistas que lhes sejam aplicáveis.

ART. 2º Na Carteira de Trabalho e Previdência Social (CTPS), a atividade ou função desempenhada pelos empregados do comércio deverá ser especificada, desde que inexista a possibilidade de classificação por similaridade.

ART. 3º A jornada normal de trabalho dos empregados no comércio é de 8 (oito) horas diárias e 44 (quarenta e quatro) semanais.

§ 1º Somente mediante convenção coletiva ou acordo coletivo de trabalho poderá ser alterada a jornada normal de trabalho estabelecida no caput deste artigo.

§ 2º É admitida jornada de 6 (seis) horas para o trabalho realizado em turnos de revezamento, sendo vedada a utilização do mesmo empregado em mais de 1 (um) turno de trabalho, salvo negociação coletiva de trabalho.

ART. 4º O piso salarial será fixado em convenção ou acordo coletivo de trabalho, nos termos do inciso V do art. 7º da Constituição Federal.

ART. 5º (Vetado).

ART. 6º As entidades representativas das categorias econômica e profissional poderão, no âmbito da negociação coletiva, negociar a inclusão, no instrumento normativo, de cláusulas que instituam programas e ações de educação, formação e qualificação profissional.

ART. 7º É instituído o Dia do Comerciário, a ser comemorado no dia 30 de outubro de cada ano.

ART. 8º Esta Lei entra em vigor na data de sua publicação.

Brasília, 14 de março de 2013; 192º da Independência e 125º da República.
DILMA ROUSSEFF

LEI N. 12.794, DE 2 DE ABRIL DE 2013

Altera a Lei n. 12.546, de 14 de dezembro de 2011, quanto à contribuição previdenciária de empresas dos setores industriais e de serviços; permite depreciação de bens de capital para apuração do Imposto de Renda; institui o; altera a Lei n. 12.598, de 22 de março de 2012, quanto à abrangência do Regime Especial Tributário para a Indústria de Defesa; altera a incidência da Contribuição para o PIS/Pasep e da Cofins na comercialização da laranja; reduz o Imposto de Renda devido pelo prestador autônomo de transporte de carga; altera as Leis n. 12.715, de 17 de setembro de 2012, 7.713, de 22 de dezembro de 1988, 10.925, de 23 de julho de 2004, e 9.718, de 27 de novembro de 1998; e dá outras providências.

- *DOU*, 03.04.2013.
- Conversão da Med. Prov. 582/2012.

A Presidenta da República. Faço saber que o Congresso Nacional decreta e eu sanciono a seguinte Lei:

ART. 1º A Lei n. 12.546, de 14 de dezembro de 2011, passa a vigorar com as seguintes alterações: (Vigência: a partir de 1º de janeiro de 2013.)

- Alterações promovidas no texto da referida lei.

ART. 2º O Anexo I referido no *caput* do art. 8º da Lei n. 12.546, de 14 de dezembro de 2011, passa a vigorar: (Vigência: a partir de 1º de janeiro de 2013.)

I - acrescido dos produtos classificados nos códigos da Tabela de Incidência do Imposto sobre Produtos Industrializados - TIPI, aprovada pelo Decreto n. 7.660, de 23 de dezembro de 2011, constantes do Anexo I desta Lei;

II - subtraído dos produtos classificados nos códigos 3923.30.00 e 8544.49.00 da Tipi; e

III - (Vetado.).

ART. 3º Aplica-se o disposto no § 21 do art. 8º da Lei n. 10.865, de 30 de abril de 2004, aos produtos referidos: (Vigência: a partir de 1º de janeiro de 2013.)

I - no inciso I do *caput* do art. 2º; e

II - (Vetado.).

ART. 4º Para efeito de apuração do imposto sobre a renda, as pessoas jurídicas tributadas com base no lucro real terão direito à depreciação acelerada, calculada pela aplicação adicional da taxa de depreciação usualmente admitida, sem prejuízo da depreciação contábil das máquinas, equipamentos, aparelhos e instrumentos.

§ 1º O disposto no *caput* aplica-se aos bens novos, relacionados em regulamento, adquiridos ou objeto de contrato de encomenda entre 16 de setembro e 31 de dezembro de 2012, e destinados ao ativo imobilizado do adquirente.

§ 2º A depreciação acelerada de que trata o *caput*:

I - constituirá exclusão do lucro líquido para fins de determinação do lucro real e será controlada no livro fiscal de apuração do lucro real;

II - será calculada antes da aplicação dos coeficientes de depreciação acelerada a que se refere o art. 69 da Lei n. 3.470, de 28 de novembro de 1958; e

III - será apurada a partir de 1º de janeiro de 2013.

§ 3º O total da depreciação acumulada, incluindo a contábil e a acelerada incentivada, não poderá ultrapassar o custo de aquisição do bem.

§ 4º A partir do período de apuração em que for atingido o limite de que trata o § 3º, o valor da depreciação, registrado na contabilidade, deverá ser adicionado ao lucro líquido para efeito de determinação do lucro real.

ART. 5º Fica instituído o Regime Especial de Incentivo ao Desenvolvimento da Infraestrutura da Indústria de Fertilizantes - REIF, nos termos e condições estabelecidos nos arts. 5º a 11 desta Lei.

Parágrafo único. O Poder Executivo regulamentará a forma de habilitação e de coabilitação ao regime de que trata o *caput*.

ART. 6º São beneficiárias do Reif a pessoa jurídica que tenha projeto aprovado para implantação ou ampliação de infraestrutura para produção de fertilizantes e de seus insumos, para incorporação ao seu ativo imobilizado, e a pessoa jurídica coabilitada.

§ 1º O disposto neste artigo aplica-se ainda aos projetos de investimento que, a partir da transformação química dos insumos de que trata o *caput*, não produzam exclusivamente fertilizantes, na forma do regulamento.

§ 2º Competem ao Ministério de Minas e Energia e ao Ministério da Agricultura, Pecuária e Abastecimento a definição dos projetos que se enquadram nas disposições do *caput* e do § 1º e a aprovação de projeto apresentado pela pessoa jurídica interessada, conforme regulamento.

§ 3º Não poderão aderir ao Reif as pessoas jurídicas optantes pelo Regime Especial Unificado de Arrecadação de Tributos e Contribuições devidos pelas Microempresas e Empresas de Pequeno Porte - Simples Nacional, de que trata a Lei Complementar n. 123, de 14 de dezembro de 2006, e as pessoas jurídicas de que tratam o inciso II do *caput* do art. 8º da Lei n. 10.637, de 30 de dezembro de 2002, e o inciso II do *caput* do art. 10 da Lei n. 10.833, de 29 de dezembro de 2003.

ART. 7º A fruição dos benefícios do Reif fica condicionada à regularidade fiscal da pessoa jurídica em relação aos tributos administrados pela Secretaria da Receita Federal do Brasil do Ministério da Fazenda e ao cumprimento dos seguintes requisitos, nos termos do regulamento:

I - investimento mínimo em pesquisa e desenvolvimento e inovação tecnológica; e

II - percentual mínimo de conteúdo local em relação ao valor global do projeto.

ART. 8º No caso de venda no mercado interno ou de importação de máquinas, aparelhos, instrumentos e equipamentos, novos, e de materiais de construção para utilização ou incorporação no projeto de que trata o *caput* do art. 6º, fica suspenso o pagamento:

I - da Contribuição para o PIS/Pasep e da Contribuição para o Financiamento da Seguridade Social - COFINS incidentes sobre a receita da pessoa jurídica vendedora, quando a aquisição for efetuada por pessoa jurídica beneficiária do Reif;

II - da Contribuição para o PIS/Pasep-Importação e da Cofins-Importação, quando a importação for efetuada por pessoa jurídica beneficiária do Reif;

III - do Imposto sobre Produtos Industrializados - IPI incidente na saída do estabelecimento industrial ou equiparado, quando a aquisição no mercado interno for efetuada por estabelecimento industrial de pessoa jurídica beneficiária do Reif; e

IV - do IPI vinculado à importação, quando a importação for efetuada por estabelecimento de pessoa jurídica beneficiária do Reif.

§ 1º Nas notas fiscais relativas:

I - às vendas de que trata o inciso I do *caput* deverá constar a expressão "Venda efetuada com suspensão do pagamento da Contribuição para o PIS/Pasep e da Cofins", com a especificação do dispositivo legal correspondente; e

II - às saídas de que trata o inciso III do *caput* deverá constar a expressão "Saída com suspensão do IPI", com a especificação do dispositivo legal correspondente, vedado o registro do imposto nas referidas notas.

§ 2º A suspensão do pagamento de tributos de que tratam os incisos I e II do *caput* converte-se em alíquota 0 (zero) depois da utilização ou incorporação do bem ou material de construção na execução do projeto de que trata o *caput* do art. 6º.

§ 3º A suspensão do pagamento de tributos de que tratam os incisos III e IV do *caput* converte-se em isenção depois da utilização ou incorporação do bem ou material de construção na execução do projeto de que trata o *caput* do art. 6º.

§ 4º A pessoa jurídica que não utilizar ou incorporar o bem ou material de construção no projeto de que trata o *caput* do art. 6º fica obrigada a recolher as contribuições e o imposto não pagos em decorrência da suspensão de que trata este artigo, acrescidos de juros e multa, de mora ou de ofício, na forma da legislação específica, contados a partir da data da aquisição ou do registro da Declaração de Importação - DI, na condição:

I - de contribuinte, em relação à Contribuição para o PIS/Pasep-Importação, à Cofins-Importação e ao IPI vinculado à importação; ou

II - de responsável, em relação à Contribuição para o PIS/Pasep, à Cofins e ao IPI.

§ 5º Para efeitos do disposto neste artigo, equipara-se ao importador a pessoa jurídica adquirente de bens estrangeiros, no caso de importação realizada por sua conta e ordem, por intermédio de pessoa jurídica importadora.

ART. 9º No caso de venda ou importação de serviços destinados ao projeto referido no *caput* do art. 6º, fica suspenso o pagamento da:

I - Contribuição para o PIS/Pasep e da Cofins incidentes sobre a receita da pessoa jurídica estabelecida no País decorrente da prestação de serviços a pessoa jurídica beneficiária do Reif; e

II - Contribuição para o PIS/Pasep-Importação e da Cofins-Importação incidentes na importação de serviços diretamente por pessoa jurídica beneficiária do Reif.

§ 1º Nas vendas ou importações de serviços de que trata o *caput*, aplica-se, no que couber, o disposto no § 4º do art. 8º.

§ 2º A suspensão de que trata este artigo converte-se em alíquota zero depois da utilização dos serviços de que trata o *caput* deste artigo na execução do projeto de que trata o *caput* do art. 6º.

ART. 10. Fica suspenso, também, o pagamento da Contribuição para o PIS/Pasep e da Cofins incidentes sobre a receita decorrente da locação de máquinas, aparelhos, instrumentos e equipamentos a pessoa jurídica beneficiária do Reif, para utilização na execução do projeto de que trata o *caput* do art. 6º.

Parágrafo único. A suspensão de que trata este artigo converte-se em alíquota zero depois da utilização dos bens locados na execução do projeto de que trata o *caput* do art. 6º.

ART. 11. Os benefícios de que tratam os arts. 8º a 10 podem ser usufruídos em até 5 (cinco) anos contados da data de publicação da Medida Provisória n. 582, de 20 de setembro de 2012, nas aquisições, importações e locações realizadas depois da habilitação ou coabilitação das pessoas jurídicas beneficiadas pelo Reif.

§ 1º Na hipótese de transferência de titularidade de projeto aprovado no Reif durante o período de fruição do benefício, a habilitação do novo titular do projeto fica condicionada a:

I - manutenção das características originais do projeto;

II - observância do limite de prazo estipulado no *caput*; e

III - cancelamento da habilitação do titular anterior do projeto.

§ 2º Na hipótese de transferência de titularidade de que trata o § 1º, são responsáveis solidários pelos tributos suspensos os titulares anteriores e o titular atual do projeto.

ART. 12. A Lei n. 12.598, de 22 de março de 2012, passa a vigorar com as seguintes alterações:

› Alterações promovidas no texto da referida lei.

ART. 13. (Vetado.).

ART. 14. Fica suspenso o pagamento da Contribuição para o PIS/Pasep e da Cofins incidentes sobre as receitas decorrentes da venda dos produtos classificados no código 0805.10.00 da Tipi, quando utilizados na industrialização dos produtos classificados no código 2009.1 da Tipi, e estes forem destinados à exportação. (Vigência: a partir de 1º de janeiro de 2013.)

Parágrafo único. É vedada às pessoas jurídicas que realizem as operações de que trata o *caput* a apuração de créditos vinculados às receitas de vendas efetuadas com suspensão.

ART. 15. A pessoa jurídica sujeita ao regime de apuração não cumulativa da Contribuição para o PIS/Pasep e da Cofins poderá descontar das referidas contribuições, devidas em cada período de apuração, crédito presumido calculado sobre o valor de aquisição dos produtos classificados no código 0805.10.00 da Tipi utilizados na industrialização dos produtos classificados no código 2009.1 da Tipi destinados à exportação. (Vigência: a partir de 1º de janeiro de 2013.)

§ 1º O direito ao crédito presumido de que trata o *caput* aplica-se somente aos produtos adquiridos de pessoa física ou jurídica residente ou domiciliada no País.

§ 2º O montante do crédito presumido a que se refere o *caput* será determinado mediante aplicação, sobre o valor de aquisição dos produtos classificados no código 0805.10.00 da Tipi, de percentual correspondente a 25% (vinte e cinco por cento) das alíquotas previstas no *caput* do art. 2º da Lei n.10.637, de 30 de dezembro de 2002, e no *caput* do art. 2º da Lei n. 10.833, de 29 de dezembro de 2003.

§ 3º O crédito presumido não aproveitado em determinado mês poderá ser aproveitado nos meses subsequentes.

§ 4º A pessoa jurídica que até o final de cada trimestre-calendário não conseguir utilizar o crédito presumido de que trata este artigo na forma prevista no *caput* poderá:

I - efetuar sua compensação com débitos próprios, vencidos ou vincendos, relativos a impostos e contribuições administrados pela Secretaria da Receita Federal do Brasil do Ministério da Fazenda, observada a legislação específica aplicável à matéria; ou

II - solicitar seu ressarcimento em dinheiro, observada a legislação específica aplicável à matéria.

§ 5º Para fins do disposto neste artigo, considera-se exportação a venda direta ao exterior ou a empresa comercial exportadora com o fim específico de exportação.

§ 6º O disposto neste artigo não se aplica a:

I - empresa comercial exportadora;

II - operações que consistam em mera revenda dos bens a serem exportados; e

III - bens que tenham sido importados.

ART. 16. O saldo de créditos presumidos apurados na forma do § 3º do art. 8º da Lei n. 10.925, de 23 de julho de 2004, relativo aos bens classificados no código 0805.10.00 da Tipi existentes na data de publicação da Medida Provisória n. 582, de 20 de setembro de 2012, poderá:

I - ser compensado com débitos próprios, vencidos ou vincendos, relativos a tributos administrados pela Secretaria da Receita Federal do Brasil do Ministério da Fazenda, observada a legislação específica aplicável à matéria; e

II - ser ressarcido em dinheiro, observada a legislação específica aplicável à matéria.

§ 1º O pedido de ressarcimento ou de compensação dos créditos presumidos somente poderá ser efetuado:

I - relativamente aos créditos apurados nos anos-calendário de 2008 a 2010, a partir do primeiro dia do mês subsequente ao de publicação da Medida Provisória n. 582, de 20 de setembro de 2012; e

II - relativamente aos créditos apurados no ano-calendário de 2011 e no período compreendido entre janeiro de 2012 e o mês de publicação da Medida Provisória n. 582, de 20 de setembro de 2012, a partir de 1º de janeiro de 2013.

§ 2º O disposto neste artigo aplica-se somente aos créditos presumidos que tenham sido apurados em relação a custos, despesas e encargos vinculados à receita de exportação, observado o disposto nos §§ 8º e 9º do art. 3º da Lei n. 10.637, de 30 de dezembro de 2002, e §§ 8º e 9º do art. 3º da Lei n. 10.833, de 29 de dezembro de 2003.

ART. 17. O disposto nos arts. 14 e 15 será aplicado somente depois de estabelecidos termos e formas pela Secretaria da Receita Federal do Brasil do Ministério da Fazenda, respeitado, no mínimo, o prazo de que trata o inciso I do *caput* do art. 21. (Vigência: a partir de 1º de janeiro de 2013.)

Parágrafo único. O disposto nos arts. 8º e 9º da Lei n. 10.925, de 23 de julho de 2004, deixará de ser aplicado aos produtos classificados no código 0805.10.00 da Tipi a partir da data de produção de efeitos definida no *caput*, desde que utilizados na industrialização dos produtos classificados no código 2009.1 da Nomenclatura Comum do Mercosul - NCM, e destinados à exportação.

ART. 18. A Lei n. 7.713, de 22 de dezembro de 1988, passa a vigorar com a seguinte alteração: (Vigência: a partir de 1º de janeiro de 2013.)

"Art. 9º [...]

I - 10% (dez por cento) do rendimento bruto, decorrente do transporte de carga;

[...]" (NR)

ART. 19. A Lei n. 10.925, de 23 de julho de 2004, passa a vigorar com a seguinte alteração:

"Art. 1º [...]

§ 3º No caso do inciso XVIII do *caput*, a redução a zero das alíquotas aplica-se até 31 de dezembro de 2013."

ART. 20. (Vetado.).

ART. 21. Esta Lei entra em vigor:

I - a partir de 1º de janeiro de 2013, em relação aos arts. 1º a 3º, 14, 15, 17, 18 e 20 desta Lei, observado o disposto no parágrafo único deste artigo; e

II - na data de sua publicação para os demais dispositivos.

Parágrafo único. (Vetado.).

Brasília, 2 de abril de 2013; 192º da Independência e 125º da República.

DILMA ROUSSEFF

› Optamos, nesta edição, pela não publicação dos Anexos.

LEI N. 12.810, DE 15 DE MAIO DE 2013

Dispõe sobre o parcelamento de débitos com a Fazenda Nacional relativos às contribuições previdenciárias de responsabilidade dos Estados, do Distrito Federal e dos Municípios; altera as Leis n. 8.212, de 24 de julho de 1991, 9.715, de 25 de novembro de 1998, 11.828, de 20 de novembro de 2008, 10.522, de 19 de julho de 2002, 10.222, de 9 de maio de 2001, 12.249, de 11 de junho de 2010, 11.110, de 25 de abril de 2005, 5.869, de 11 de janeiro de 1973 - Código de Processo Civil, 6.404, de 15 de dezembro de 1976, 6.385, de 7 de dezembro de 1976, 6.015, de 31 de dezembro de 1973, e 9.514, de 20 de novembro de 1997; e revoga dispositivo da Lei n. 12.703, de 7 de agosto de 2012.

› *DOU*, 16.5.2013.

A Presidenta da República. Faço saber que o Congresso Nacional decreta e eu sanciono a seguinte Lei:

ART. 1º Os débitos com a Fazenda Nacional de responsabilidade dos Estados, do Distrito Federal, dos Municípios e das respectivas autarquias e fundações públicas, relativos às contribuições sociais de que tratam as alíneas a e c do parágrafo único do art. 11 da Lei n. 8.212, de 24 de julho de 1991, e às respectivas obrigações acessórias, provenientes de competências vencidas até 28 de fevereiro de 2013, inclusive décimo terceiro salário, constituídos ou não, inscritos ou não em dívida ativa da União, ainda que em fase de execução fiscal já ajuizada, ou que tenham sido objeto de parcelamento anterior não integralmente quitado, serão consolidados e pagos em 240 (duzentas e quarenta) parcelas a serem retidas no respectivo Fundo de Participação dos Estados - FPE e Fundo de Participação dos Municípios - FPM e repassadas à União, ou em prestações equivalentes a 1% (um por cento) da média mensal da receita corrente líquida do Estado, do Distrito Federal ou do Município, o que for de menor prestação.

§ 1º Os débitos cujos fatos geradores ocorrerem até 28 de fevereiro de 2013, que forem apurados posteriormente, serão incorporados ao parcelamento de que trata o *caput*, mediante aumento do número de parcelas, não implicando no aumento do valor das prestações.

§ 2º Os débitos parcelados terão redução de 100% (cem por cento) das multas de mora ou de ofício, de 50% (cinquenta por cento) dos juros de mora e de 100% (cem por cento) dos encargos legais, inclusive honorários advocatícios.

§ 3º Os contribuintes que tiverem optado pelos parcelamentos previstos no art. 1º da Medida Provisória n. 589, de 13 de novembro de 2012, poderão optar, na forma de regulamento, pelo reparcelamento dos respectivos débitos segundo as regras previstas neste artigo até o último dia útil do 3º (terceiro) mês subsequente ao da publicação desta Lei.

§ 4º A multa isolada de que trata o § 10 do art. 89 da Lei n. 8.212, de 24 de julho de 1991, cujo fato gerador ocorra até a data estabelecida no *caput*, poderá ser incluída no parcelamento, sem a aplicação das reduções de que trata o § 2º. (Acrescentado pela Lei 13.137/2015.)

ART. 2º Para fins do disposto nesta Lei, entende-se como receita corrente líquida aquela definida nos termos do inciso IV do art. 2º da Lei Complementar n. 101, de 4 de maio de 2000.

§ 1º O percentual de 1% (um por cento) será aplicado sobre a média mensal da receita corrente líquida referente ao ano anterior ao do vencimento da parcela, publicada de acordo com o previsto nos arts. 52, 53 e 63 da Lei Complementar n. 101, de 4 de maio de 2000.

§ 2º Para fins de cálculo das parcelas mensais, os Estados, o Distrito Federal e os Municípios obrigam-se a encaminhar à Secretaria da Receita Federal do Brasil do Ministério da Fazenda, até o último dia útil do mês de fevereiro de cada ano, o demonstrativo de apuração da receita corrente líquida de que trata o inciso I do *caput* do art. 53 da Lei Complementar n. 101, de 4 de maio de 2000.

§ 3º Às parcelas com vencimento em janeiro, fevereiro e março de cada ano serão aplicados os limites utilizados no ano anterior, nos termos do § 1º.

§ 4º As informações de que trata o § 2º, prestadas pelo ente político, poderão ser revistas de ofício.

ART. 3º A adesão ao parcelamento de que trata o art. 1º desta Lei implica autorização pelo Estado, pelo Distrito Federal ou pelo Município para a retenção, no FPE ou no FPM, e repasse à União do valor correspondente às obrigações previdenciárias correntes dos meses anteriores ao do recebimento do respectivo Fundo de Participação, no caso de não pagamento no vencimento.

§ 1º A retenção e o repasse serão efetuados a partir do mês seguinte ao vencimento da obrigação previdenciária não paga, com a incidência dos encargos legais devidos até a data da retenção

§ 2º Na hipótese de não apresentação da Guia de Recolhimento do Fundo de Garantia do Tempo de Serviço e de Informações à Previdência Social - GFIP no prazo legal, o valor a ser retido nos termos do § 1ºcorresponderá à média das últimas 12 (doze) competências recolhidas ou devidas, sem prejuízo da cobrança, da restituição ou da compensação de eventuais diferenças.

§ 3º A retenção e o repasse do FPE ou do FPM serão efetuados obedecendo-se à seguinte ordem de preferência:

I - as obrigações correntes não pagas no vencimento;

II - as prestações do parcelamento de que trata o art. 1º desta Lei; e

III - as prestações dos demais parcelamentos que tenham essa previsão.

§ 4º Na hipótese de o FPE ou o FPM não ser suficiente para retenção do somatório dos valores correspondentes às obrigações devidas na forma do § 3º, o valor da diferença não retida deverá ser recolhido por meio de Guia da Previdência Social - GPS.

ART. 4º O deferimento do pedido de parcelamento de que trata o art. 1º desta Lei fica condicionado à apresentação pelo Estado, pelo Distrito Federal ou pelo Município, na data da formalização do pedido, do demonstrativo referente à apuração da receita corrente líquida do ano calendário anterior ao da publicação desta Lei.

ART. 5º As prestações do parcelamento de que trata o art. 1º desta Lei serão exigíveis mensalmente, a partir do último dia útil do 2º (segundo) mês subsequente ao mês do seu pedido.

ART. 6º O parcelamento de que trata o art. 1º desta Lei será rescindido nas seguintes hipóteses:

I - falta de recolhimento de diferença não retida no FPE ou no FPM por 3 (três) meses, consecutivos ou alternados;

II - inadimplência de débitos referente aos tributos abrangidos pelo parcelamento com competência igual ou posterior a março de 2013, por 3 (três) meses consecutivos ou alternados;

III - constatação, caracterizada por lançamento de ofício, de diferença de débito correspondente à obrigação previdenciária abrangida pelo parcelamento de que trata o art. 1º desta Lei, salvo se integralmente pago no prazo de 60 (sessenta dias), contado da ciência do lançamento ou da decisão definitiva na esfera administrativa ou judicial; ou

IV - falta de apresentação das informações relativas ao demonstrativo de apuração da receita corrente líquida referido no § 2º do art. 2º.

Parágrafo único. A critério do ente político, a diferença de que trata o inciso III do *caput* poderá ser incluída no parcelamento de que trata o art. 1º desta Lei.

ART. 7º Os pedidos de parcelamento de que trata o art. 1º desta Lei deverão ser formalizados até o último dia útil do terceiro mês subsequente ao da publicação desta Lei, na unidade da Receita Federal do Brasil de circunscrição do requerente, sendo vedada, a partir da adesão, qualquer retenção referente a débitos de parcelamentos anteriores incluídos no parcelamento de que trata esta Lei.

§ 1º A existência de outras modalidades de parcelamento em curso não impede a concessão do parcelamento de que trata o art. 1º desta Lei.

§ 2º Ao ser protocolado pelo ente federativo o pedido de parcelamento, fica suspensa a exigibilidade dos débitos incluídos no parcelamento perante a Fazenda Nacional, que emitirá certidão positiva do ente, com efeito negativo, em relação aos referidos débitos.

§ 3º Em seguida à formalização do pedido de parcelamento e até que seja consolidado o débito e calculado o valor das parcelas a serem pagas na forma do art. 1º desta Lei, será retido o correspondente a 0,5% (cinco décimos por cento) da média mensal da receita corrente líquida do ano anterior do respectivo Fundo de Participação dos Estados - FPE e Fundo de Participação dos Municípios - FPM e repassadas à União, como antecipação dos pagamentos a serem efetuados no momento do início efetivo do parcelamento.

§ 4º A adesão ao parcelamento de que trata o art. 1º desta Lei não afeta os termos e condições de abatimentos e reduções de parcelamentos concedidos anteriormente.

ART. 8º Ao parcelamento de que trata o art. 1º desta Lei aplica-se, no que couber, o disposto nos arts. 12,13 e 14-B da Lei n. 10.522, de 19 de julho de 2002.

ART. 9º A Secretaria da Receita Federal do Brasil do Ministério da Fazenda e a Procuradoria-Geral da Fazenda Nacional, no âmbito das respectivas competências, editarão os atos necessários à execução do parcelamento de que trata o art. 1º desta Lei.

ART. 10. A Lei n. 8.212, de 24 de julho de 1991, passa a vigorar acrescida do seguinte art. 32-B:

‣ Alterações promovidas no texto da referida lei.

ART. 11. (Vetado).

ART. 12. Os débitos com a Fazenda Nacional de responsabilidade dos Estados, do Distrito Federal, dos Municípios e das respectivas autarquias e fundações públicas, relativos ao Programa de Formação do Patrimônio do Servidor Público - PASEP, instituído pela Lei Complementar n. 8, de 3 de dezembro de 1970, vencidos até 28 de fevereiro de 2013, constituídos ou não, inscritos ou não em dívida ativa da União, ainda que em fase de execução fiscal já ajuizada, ou que tenham sido objeto de parcelamento anterior não integralmente quitado, serão consolidados e pagos em 240 (duzentas e quarenta) parcelas a serem retidas no Fundo de Participação dos Estados - FPE e Fundo de Participação dos Municípios - FPM e repassadas à União.

§ 1º Os débitos cujos fatos geradores ocorrerem até 28 de fevereiro de 2013, que forem apurados posteriormente, poderão ser incorporados ao parcelamento de que trata o *caput*, mediante aumento do número de parcelas, não implicando no aumento do valor das prestações.

§ 2º Os débitos parcelados terão redução de 100% (cem por cento) das multas de mora ou de ofício, de 50% (cinquenta por cento) dos juros de mora e de 100% (cem por cento) dos encargos legais.

§ 3º Os pedidos de parcelamento de que trata o *caput* deste artigo deverão ser formalizados até o último dia útil do terceiro mês subsequente ao da publicação desta Lei, na unidade da Receita Federal do Brasil de circunscrição do requerente, sendo vedada, a partir da adesão, qualquer retenção referente a débitos de parcelamentos anteriores incluídos no parcelamento de que trata esta Lei.

§ 4º A Secretaria da Receita Federal do Brasil e a Procuradoria-Geral da Fazenda Nacional, do Ministério da Fazenda, editarão os atos necessários à execução do parcelamento de que trata o *caput*.

ART. 13. O art. 2º da Lei n. 9.715, de 25 de novembro de 1998, passa a vigorar acrescido do seguinte § 7º:

‣ Alterações promovidas no texto da referida lei.

ART. 14. O art. 1º da Lei n. 11.828, de 20 de novembro de 2008, passa a vigorar com a seguinte redação:

‣ Alterações promovidas no texto da referida lei.

ART. 15. O art. 26 da Lei n. 10.522, de 19 de julho de 2002, passa a vigorar com a seguinte redação:

‣ Alterações promovidas no texto da referida lei.

ART. 16. A Lei n. 10.522, de 19 de julho de 2002, passa a vigorar acrescida do seguinte art. 26-A:

‣ Alterações promovidas no texto da referida lei.

ART. 17. O art. 56 da Lei n. 8.212, de 24 de julho de 1991, passa a vigorar acrescido do seguinte § 2º, renumerando o parágrafo único para § 1º:

‣ Alterações promovidas no texto da referida lei.

ART. 18. Os arts. 1º e 3º da Lei n. 10.222, de 9 de maio de 2001, passam a vigorar com a seguinte redação:

‣ Alterações promovidas no texto da referida lei.

ART. 19. O art. 60 da Lei n. 12.249, de 11 de junho de 2010, passa a vigorar com as seguintes alterações:

‣ Alterações promovidas no texto da referida lei.

ART. 20. Os arts. 2º, 3º e 4º-A da Lei n. 11.110, de 25 de abril de 2005, passam a vigorar com a seguinte redação:

‣ Alterações promovidas no texto da referida lei.

ART. 21. A Lei n. 5.869, de 11 de janeiro de 1973 - Código de Processo Civil, passa a vigorar acrescida do seguinte art. 285-B:

‣ Alterações promovidas no texto da referida lei.

ART. 22. Compete ao Banco Central do Brasil e à Comissão de Valores Mobiliários, no âmbito das respectivas competências:

I - autorizar e supervisionar o exercício da atividade de depósito centralizado de ativos financeiros e de valores mobiliários; e

II - estabelecer as condições para o exercício da atividade prevista no inciso I.

ART. 23. O depósito centralizado, realizado por entidades qualificadas como depositários centrais, compreende a guarda centralizada de ativos financeiros e de valores mobiliários, fungíveis e infungíveis, o controle de sua titularidade efetiva e o tratamento de seus eventos.

Parágrafo único. As entidades referidas no *caput* são responsáveis pela integridade dos sistemas por elas mantidos e dos registros correspondentes aos ativos financeiros e valores mobiliários sob sua guarda centralizada.

ART. 24. Para fins do depósito centralizado, os ativos financeiros e valores mobiliários, em forma física ou eletrônica, serão transferidos no regime de titularidade fiduciária para o depositário central.

§ 1º A constituição e a extinção da titularidade fiduciária em favor do depositário central serão realizadas, inclusive para fins de publicidade e eficácia perante terceiros, exclusivamente com a inclusão e a baixa dos ativos financeiros e valores mobiliários nos controles de titularidade da entidade.

§ 2º Os registros do emissor ou do escriturador dos ativos financeiros e dos valores mobiliários devem refletir fielmente os controles de titularidade do depositário central.

§ 3º Os ativos financeiros e valores mobiliários transferidos na forma do *caput*:

I - não se comunicarão com o patrimônio geral ou com outros patrimônios especiais das entidades qualificadas como depositário central;

II - devem permanecer nas contas de depósito centralizado em nome do respectivo titular efetivo ou, quando admitido pela regulamentação pertinente, de seu representante, até que sejam resgatados, retirados de circulação ou restituídos aos seus titulares efetivos; e

III - não são passíveis de constituição de garantia pelas entidades qualificadas como depositários centrais e não respondem pelas suas obrigações.

§ 4º O depositário central não pode dispor dos ativos financeiros e dos valores mobiliários recebidos em titularidade fiduciária e fica obrigado a restituí-los ao seu titular efetivo ou, quando admitido pela regulamentação pertinente, ao seu representante, com todos os direitos e ônus que lhes tiverem sido atribuídos enquanto mantidos em depósito centralizado.

ART. 25. A titularidade efetiva dos ativos financeiros e dos valores mobiliários objeto de depósito centralizado se presume pelos controles de titularidade mantidos pelo depositário central.

Parágrafo único. A transferência dos ativos financeiros e dos valores mobiliários de que trata o *caput* dá-se exclusivamente em conformidade com instruções recebidas.

ART. 26. A constituição de gravames e ônus, inclusive para fins de publicidade e eficácia perante terceiros, sobre ativos financeiros e valores mobiliários objeto de registro ou de depósito centralizado será realizada, exclusivamente, nas entidades registradoras ou nos depositários centrais em que os ativos financeiros e valores mobiliários estejam registrados ou depositados, independentemente da natureza do negócio jurídico a que digam respeito. (Alterado pela Lei 13.476/2017.)

§ 1º Para fins de constituição de gravames e ônus sobre ativos financeiros e valores mobiliários que não estejam registrados ou depositados nas entidades registradoras ou nos depositários centrais, aplica-se o disposto nas respectivas legislações específicas. (Acrescentado pela Lei 13.476/2017.)

§ 2º A constituição de gravames e ônus de que trata o *caput* deste artigo poderá ser realizada de forma individualizada ou universal, por meio de mecanismos de identificação e agrupamento definidos pelas entidades registradoras ou pelos depositários centrais de ativos financeiros e valores mobiliários. (Acrescentado pela Lei 13.476/2017.)

§ 3º Nas hipóteses em que a lei exigir instrumento ou disposição contratual específica para a constituição de gravames e ônus, deverá o instrumento ser registrado na entidade registradora ou no depositário central, para os fins previstos no *caput* deste artigo. (Acrescentado pela Lei 13.476/2017.)

§ 4º Compete ao Banco Central do Brasil e à Comissão de Valores Mobiliários, no âmbito de suas competências, estabelecer as condições para a constituição de gravames e ônus prevista neste artigo pelas entidades registradoras ou pelos depositários centrais, inclusive no que concerne ao acesso à informação. (Acrescentado pela Lei 13.476/2017.)

§ 5º Compete ao Banco Central do Brasil, no âmbito de suas atribuições legais, monitorar as operações de crédito afetadas pelo disposto neste artigo, com a verificação do nível de redução do custo médio dessas operações, a ser divulgado mensalmente, na forma do regulamento. (Acrescentado pela Lei 13.476/2017.)

ART. 26-A. Compete ao Conselho Monetário Nacional: (Acrescentado pela Lei 13.476/2017.)

I - disciplinar a exigência de registro ou de depósito centralizado de ativos financeiros e valores mobiliários por instituições financeiras e demais instituições autorizadas a funcionar pelo Banco Central do Brasil, inclusive no que se refere à constituição dos gravames e ônus prevista no art. 26 desta Lei; e (Acrescentado pela Lei 13.476/2017.)

II - dispor sobre os ativos financeiros que serão considerados para fins do registro e do depósito centralizado de que trata esta Lei, inclusive no que se refere à constituição de gravames e ônus referida no art. 26 desta Lei, em função de sua inserção em operações no âmbito do sistema financeiro nacional. (Acrescentado pela Lei 13.476/2017.)

ART. 27. Permanece aplicável às ações e aos valores mobiliários emitidos com amparo no regime da Lei n. 6.404, de 15 de dezembro de 1976, o disposto no seu art. 41, observando-se, no que couber, os procedimentos fixados nesta Lei.

ART. 28. Compete ainda ao Banco Central do Brasil e à Comissão de Valores Mobiliários, no âmbito das respectivas competências:

I - autorizar e supervisionar o exercício da atividade de registro de ativos financeiros e de valores mobiliários; e

II - estabelecer as condições para o exercício da atividade prevista no inciso I.

Parágrafo único. O registro de ativos financeiros e de valores mobiliários compreende a escrituração, o armazenamento e a publicidade de informações referentes a transações financeiras, ressalvados os sigilos legais.

ART. 29. A infração às normas legais e regulamentares que regem as atividades de depósito centralizado e de registro de ativos financeiros e de valores mobiliários sujeita as entidades autorizadas a exercer essas atividades, seus administradores e membros de conselhos fiscais, consultivos e assemelhados ao disposto na Lei n. 6.385, de 7 de dezembro de 1976, aplicável pela Comissão de Valores Mobiliários, e às demais disposições legais. (Alterado pela Lei 13.506/2017.)

ART. 30. O § 2º do art. 34 da Lei n. 6.404, de 15 de dezembro de 1976, passa a vigorar com a seguinte redação:

▸ Alterações promovidas no texto da referida lei.

ART. 31. O *caput* do art. 24 da Lei n. 6.385, de 7 de dezembro de 1976, passa a vigorar com a seguinte redação:

▸ Alterações promovidas no texto da referida lei.

ART. 32. O art. 167 da Lei n. 6.015, de 31 de dezembro de 1973, passa a vigorar com a seguinte alteração:

A Lei 6.015/1973 dispõe sobre os registros públicos.

▸ Alterações promovidas no texto da referida lei.

ART. 33. O art. 31 da Lei n. 9.514, de 20 de novembro de 1997, passa a vigorar acrescido do seguinte parágrafo único:

▸ A Lei 9.514/1997 dispõe sobre o Sistema de Financiamento Imobiliário e institui a alienação fiduciária de coisa imóvel.

▸ Alterações promovidas no texto da referida lei.

ART. 34. A Lei n. 9.514, de 20 de dezembro de 1997, passa a vigorar acrescida do seguinte Capítulo II-A:

▸ Alterações promovidas no texto da referida lei.

ART. 35. Esta Lei entra em vigor na data de sua publicação.

ART. 36. Revogam-se os §§ 1º e 3º do art. 1º e o art. 3º da Lei n. 11.828, de 20 de novembro de 2008.

ART. 37. Revoga-se o parágrafo único do art. 293 da Lei n. 6.404, de 15 de dezembro de 1976.

ART. 38. Revogam-se o § 3º do art. 25 da Lei n. 9.514, de 20 de novembro de 1997, e o art. 6º da Lei n.12.703, de 7 de agosto de 2012.

A Lei 9.514/1997 dispõe sobre o Sistema de Financiamento Imobiliário e institui a alienação fiduciária de coisa imóvel.

Brasília, 15 de maio de 2013; 192º da Independência e 125º da República.

DILMA ROUSSEFF

LEI N. 12.813, DE 16 DE MAIO DE 2013

Dispõe sobre o conflito de interesses no exercício de cargo ou emprego do Poder Executivo federal e impedimentos posteriores ao exercício do cargo ou emprego; e revoga dispositivos da Lei n. 9.986, de 18 de julho de 2000, e das Medidas Provisórias n. 2.216-37, de 31 de agosto de 2001, e 2.225-45, de 4 de setembro de 2001.

▸ *DOU*, 17.05.2013.

A Presidenta da República. Faço saber que o Congresso Nacional decreta e eu sanciono a seguinte Lei:

CAPÍTULO I
DISPOSIÇÕES GERAIS

ART. 1º As situações que configuram conflito de interesses envolvendo ocupantes de cargo ou emprego no âmbito do Poder Executivo federal, os requisitos e restrições a ocupantes de cargo ou emprego que tenham acesso a informações privilegiadas, os impedimentos posteriores ao exercício do cargo ou emprego e as competências para fiscalização, avaliação e prevenção de conflitos de interesses regulam-se pelo disposto nesta Lei.

ART. 2º Submetem-se ao regime desta Lei os ocupantes dos seguintes cargos e empregos:

I - de ministro de Estado;

II - de natureza especial ou equivalentes;

III - de presidente, vice-presidente e diretor, ou equivalentes, de autarquias, fundações públicas, empresas públicas ou sociedades de economia mista; e

IV - do Grupo-Direção e Assessoramento Superiores - DAS, níveis 6 e 5 ou equivalentes.

Parágrafo único. Além dos agentes públicos mencionados nos incisos I a IV, sujeitam-se ao disposto nesta Lei os ocupantes de cargos ou empregos cujo exercício proporcione acesso a informação privilegiada capaz de trazer vantagem econômica ou financeira para o agente público ou para terceiro, conforme definido em regulamento.

ART. 3º Para os fins desta Lei, considera-se:

I - conflito de interesses: a situação gerada pelo confronto entre interesses públicos e privados, que possa comprometer o interesse coletivo ou influenciar, de maneira imprópria, o desempenho da função pública; e

II - informação privilegiada: a que diz respeito a assuntos sigilosos ou aquela relevante ao processo de decisão no âmbito do Poder Executivo federal que tenha repercussão econômica ou financeira e que não seja de amplo conhecimento público.

ART. 4º O ocupante de cargo ou emprego no Poder Executivo federal deve agir de modo a prevenir ou a impedir possível conflito de interesses e a resguardar informação privilegiada.

§ 1º No caso de dúvida sobre como prevenir ou impedir situações que configurem conflito de interesses, o agente público deverá consultar a Comissão de Ética Pública, criada no âmbito do Poder Executivo federal, ou a Controladoria-Geral da União, conforme o disposto no parágrafo único do art. 8º desta Lei.

§ 2º A ocorrência de conflito de interesses independe da existência de lesão ao patrimônio público, bem como do recebimento de qualquer vantagem ou ganho pelo agente público ou por terceiro.

CAPÍTULO II
DAS SITUAÇÕES QUE CONFIGURAM CONFLITO DE INTERESSES NO EXERCÍCIO DO CARGO OU EMPREGO

ART. 5º Configura conflito de interesses no exercício de cargo ou emprego no âmbito do Poder Executivo federal:

I - divulgar ou fazer uso de informação privilegiada, em proveito próprio ou de terceiro, obtida em razão das atividades exercidas;

II - exercer atividade que implique a prestação de serviços ou a manutenção de relação de negócio com pessoa física ou jurídica que tenha interesse em decisão do agente público ou de colegiado do qual este participe;

III - exercer, direta ou indiretamente, atividade que em razão da sua natureza seja incompatível com as atribuições do cargo ou emprego, considerando-se como tal, inclusive, a atividade desenvolvida em áreas ou matérias correlatas;

IV - atuar, ainda que informalmente, como procurador, consultor, assessor ou intermediário de interesses privados nos órgãos ou entidades da administração pública direta ou indireta de qualquer dos Poderes da União, dos Estados, do Distrito Federal e dos Municípios;

V - praticar ato em benefício de interesse de pessoa jurídica de que participe o agente público, seu cônjuge, companheiro ou parentes, consanguíneos ou afins, em linha reta ou colateral, até o terceiro grau, e que possa ser por ele beneficiada ou influir em seus atos de gestão;

VI - receber presente de quem tenha interesse em decisão do agente público ou de colegiado do qual este participe fora dos limites e condições estabelecidos em regulamento; e

VII - prestar serviços, ainda que eventuais, a empresa cuja atividade seja controlada, fiscalizada ou regulada pelo ente ao qual o agente público está vinculado.

Parágrafo único. As situações que configuram conflito de interesses estabelecidas neste artigo aplicam-se aos ocupantes dos cargos ou empregos mencionados no art. 2º ainda que em gozo de licença ou em período de afastamento.

CAPÍTULO III
DAS SITUAÇÕES QUE CONFIGURAM CONFLITO DE INTERESSES APÓS O EXERCÍCIO DO CARGO OU EMPREGO

ART. 6º Configura conflito de interesses após o exercício de cargo ou emprego no âmbito do Poder Executivo federal:

I - a qualquer tempo, divulgar ou fazer uso de informação privilegiada obtida em razão das atividades exercidas; e

II - no período de 6 (seis) meses, contado da data da dispensa, exoneração, destituição, demissão ou aposentadoria, salvo quando expressamente autorizado, conforme o caso, pela Comissão de Ética Pública ou pela Controladoria-Geral da União:

a) prestar, direta ou indiretamente, qualquer tipo de serviço a pessoa física ou jurídica com quem tenha estabelecido relacionamento relevante em razão do exercício do cargo ou emprego;

b) aceitar cargo de administrador ou conselheiro ou estabelecer vínculo profissional com pessoa física ou jurídica que desempenhe atividade relacionada à área de competência do cargo ou emprego ocupado;

c) celebrar com órgãos ou entidades do Poder Executivo federal contratos de serviço, consultoria, assessoramento ou atividades similares, vinculados, ainda que indiretamente, ao órgão ou entidade em que tenha ocupado o cargo ou emprego; ou

d) intervir, direta ou indiretamente, em favor de interesse privado perante órgão ou entidade em que haja ocupado cargo ou emprego ou com o qual tenha estabelecido relacionamento relevante em razão do exercício do cargo ou emprego.

ART. 7º (Vetado.)

CAPÍTULO IV
DA FISCALIZAÇÃO E DA AVALIAÇÃO DO CONFLITO DE INTERESSES

ART. 8º Sem prejuízo de suas competências institucionais, compete à Comissão de Ética Pública, instituída no âmbito do Poder Executivo federal, e à Controladoria-Geral da União, conforme o caso:

I - estabelecer normas, procedimentos e mecanismos que objetivem prevenir ou impedir eventual conflito de interesses;

II - avaliar e fiscalizar a ocorrência de situações que configuram conflito de interesses e determinar medidas para a prevenção ou eliminação do conflito;

III - orientar e dirimir dúvidas e controvérsias acerca da interpretação das normas que regulam o conflito de interesses, inclusive as estabelecidas nesta Lei;

IV - manifestar-se sobre a existência ou não de conflito de interesses nas consultas a elas submetidas;

V - autorizar o ocupante de cargo ou emprego no âmbito do Poder Executivo federal a exercer atividade privada, quando verificada a inexistência de conflito de interesses ou sua irrelevância;

VI - dispensar a quem haja ocupado cargo ou emprego no âmbito do Poder Executivo federal de cumprir o período de impedimento a que se refere o inciso II do art. 6º, quando verificada a inexistência de conflito de interesses ou sua irrelevância;

VII - dispor, em conjunto com o Ministério do Planejamento, Orçamento e Gestão, sobre a comunicação pelos ocupantes de cargo ou emprego no âmbito do Poder Executivo federal de alterações patrimoniais relevantes, exercício de atividade privada ou recebimento de propostas de trabalho, contrato ou negócio no setor privado; e

VIII - fiscalizar a divulgação da agenda de compromissos públicos, conforme prevista no art. 11.

Parágrafo único. A Comissão de Ética Pública atuará nos casos que envolvam os agentes públicos mencionados nos incisos I a IV do art. 2º e a Controladoria-Geral da União, nos casos que envolvam os demais agentes, observado o disposto em regulamento.

ART. 9º Os agentes públicos mencionados no art. 2º desta Lei, inclusive aqueles que se encontram em gozo de licença ou em período de afastamento, deverão:

I - enviar à Comissão de Ética Pública ou à Controladoria-Geral da União, conforme o caso, anualmente, declaração com informações sobre situação patrimonial, participações societárias, atividades econômicas ou profissionais e indicação sobre a existência de cônjuge, companheiro ou parente, por consanguinidade ou afinidade, em linha reta ou colateral, até o terceiro grau, no exercício de atividades que possam suscitar conflito de interesses; e

II - comunicar por escrito à Comissão de Ética Pública ou à unidade de recursos humanos do órgão ou entidade respectivo, conforme o caso, o exercício de atividade privada ou o recebimento de propostas de trabalho que pretende aceitar, contrato ou negócio no setor privado, ainda que não vedadas pelas normas vigentes, estendendo-se esta obrigação ao período a que se refere o inciso II do art. 6º.

Parágrafo único. As unidades de recursos humanos, ao receber a comunicação de exercício de atividade privada ou de recebimento de propostas de trabalho, contrato ou negócio no setor privado, deverão informar ao servidor e à Controladoria-Geral da União as situações que suscitem potencial conflito de interesses entre a atividade pública e a atividade privada do agente.

CAPÍTULO V
DISPOSIÇÕES FINAIS

ART. 10. As disposições contidas nos arts. 4º e 5º e no inciso I do art. 6º estendem-se a todos os agentes públicos no âmbito do Poder Executivo federal.

ART. 11. Os agentes públicos mencionados nos incisos I a IV do art. 2º deverão, ainda, divulgar, diariamente, por meio da rede mundial de computadores - internet, sua agenda de compromissos públicos.

ART. 12. O agente público que praticar os atos previstos nos arts. 5º e 6º desta Lei incorre em improbidade administrativa, na forma do art. 11 da Lei n. 8.429, de 2 de junho de 1992, quando não caracterizada qualquer das condutas descritas nos arts. 9º e 10 daquela Lei.

Parágrafo único. Sem prejuízo do disposto no *caput* e da aplicação das demais sanções cabíveis, fica o agente público que se encontrar em situação de conflito de interesses sujeito à aplicação da penalidade disciplinar de demissão, prevista no inciso III do art. 127 e no art. 132 da Lei n. 8.112, de 11 de dezembro de 1990, ou medida equivalente.

ART. 13. O disposto nesta Lei não afasta a aplicabilidade da Lei n. 8.112, de 11 de dezembro de 1990, especialmente no que se refere à apuração das responsabilidades e possível aplicação de sanção em razão de prática de ato que configure conflito de interesses ou ato de improbidade nela previstos.

ARTS. 14 e 15. (vetados.)

Brasília, 16 de maio de 2013;
192º da Independência e 125º da República.
DILMA ROUSSEFF

LEI N. 12.815, DE 5 DE JUNHO DE 2013

Dispõe sobre a exploração direta e indireta pela União de portos e instalações portuárias e sobre as atividades desempenhadas pelos operadores portuários; altera as Leis n. 5.025, de 10 de junho de 1966, 10.233, de 5 de junho de 2001, 10.683, de 28 de maio de 2003, 9.719, de 27 de novembro de 1998, e 8.213, de 24 de julho de 1991; revoga as Leis n. 8.630, de 25 de fevereiro de 1993, e 11.610, de 12 de dezembro de 2007, e dispositivos das Leis n. 11.314, de 3 de julho de 2006, e 11.518, de 5 de setembro de 2007; e dá outras providências.

- *DOU*, 5.6.2013 - edição extra.
- Dec. 8.033/2013 (Regulamenta esta lei).

A Presidenta da República. Faço saber que o Congresso Nacional decreta e eu sanciono a seguinte Lei:

CAPÍTULO I
DEFINIÇÕES E OBJETIVOS

ART. 1º Esta Lei regula a exploração pela União, direta ou indiretamente, dos portos e instalações portuárias e as atividades desempenhadas pelos operadores portuários.

§ 1º A exploração indireta do porto organizado e das instalações portuárias nele localizadas ocorrerá mediante concessão e arrendamento de bem público.

§ 2º A exploração indireta das instalações portuárias localizadas fora da área do porto organizado ocorrerá mediante autorização, nos termos desta Lei.

§ 3º As concessões, os arrendamentos e as autorizações de que trata esta Lei serão outorgados a pessoa jurídica que demonstre capacidade para seu desempenho, por sua conta e risco.

ART. 2º Para os fins desta Lei, consideram-se:

I - porto organizado: bem público construído e aparelhado para atender a necessidades de navegação, de movimentação de passageiros ou de movimentação e armazenagem de mercadorias, e cujo tráfego e operações portuárias estejam sob jurisdição de autoridade portuária;

II - área do porto organizado: área delimitada por ato do Poder Executivo que compreende as instalações portuárias e a infraestrutura de proteção e de acesso ao porto organizado;

III - instalação portuária: instalação localizada dentro ou fora da área do porto organizado e utilizada em movimentação de passageiros, em movimentação ou armazenagem de mercadorias, destinadas ou provenientes de transporte aquaviário;

IV - terminal de uso privado: instalação portuária explorada mediante autorização e localizada fora da área do porto organizado;

V - estação de transbordo de cargas: instalação portuária explorada mediante autorização, localizada fora da área do porto organizado e utilizada exclusivamente para operação de transbordo de mercadorias em embarcações de navegação interior ou cabotagem;

VI - instalação portuária pública de pequeno porte: instalação portuária explorada mediante autorização, localizada fora do porto organizado e utilizada em movimentação de passageiros ou mercadorias em embarcações de navegação interior;

VII - instalação portuária de turismo: instalação portuária explorada mediante arrendamento ou autorização e utilizada em embarque, desembarque e trânsito de passageiros, tripulantes e bagagens, e de insumos para o provimento e abastecimento de embarcações de turismo;

VIII - (Vetado):

a) a *c)* (Vetados);

IX - concessão: cessão onerosa do porto organizado, com vistas à administração e à exploração de sua infraestrutura por prazo determinado;

X - delegação: transferência, mediante convênio, da administração e da exploração do porto organizado para Municípios ou Estados, ou a consórcio público, nos termos da Lei n. 9.277, de 10 de maio de 1996;

XI - arrendamento: cessão onerosa de área e infraestrutura públicas localizadas dentro do porto organizado, para exploração por prazo determinado;

XII - autorização: outorga de direito à exploração de instalação portuária localizada fora da área do porto organizado e formalizada mediante contrato de adesão; e

XIII - operador portuário: pessoa jurídica pré-qualificada para exercer as atividades de movimentação de passageiros ou movimentação e armazenagem de mercadorias, destinadas ou provenientes de transporte aquaviário, dentro da área do porto organizado.

ART. 3º A exploração dos portos organizados e instalações portuárias, com o objetivo de aumentar a competitividade e o desenvolvimento do País, deve seguir as seguintes diretrizes:

I - expansão, modernização e otimização da infraestrutura e da superestrutura que integram os portos organizados e instalações portuárias;

II - garantia da modicidade e da publicidade das tarifas e preços praticados no setor, da qualidade da atividade prestada e da efetividade dos direitos dos usuários;

III - estímulo à modernização e ao aprimoramento da gestão dos portos organizados e instalações portuárias, à valorização e à qualificação da mão de obra portuária e à eficiência das atividades prestadas;

IV - promoção da segurança da navegação na entrada e na saída das embarcações dos portos; e

V - estímulo à concorrência, incentivando a participação do setor privado e assegurando o amplo acesso aos portos organizados, instalações e atividades portuárias.

CAPÍTULO II
DA EXPLORAÇÃO DOS PORTOS E INSTALAÇÕES PORTUÁRIAS

SEÇÃO I
DA CONCESSÃO DE PORTO ORGANIZADO E DO ARRENDAMENTO DE INSTALAÇÃO PORTUÁRIA

ART. 4º A concessão e o arrendamento de bem público destinado à atividade portuária serão realizados mediante a celebração de contrato, sempre precedida de licitação, em conformidade com o disposto nesta Lei e no seu regulamento.

ART. 5º São essenciais aos contratos de concessão e arrendamento as cláusulas relativas:

I - ao objeto, à área e ao prazo;

II - ao modo, forma e condições da exploração do porto organizado ou instalação portuária;

III - aos critérios, indicadores, fórmulas e parâmetros definidores da qualidade da atividade prestada, assim como às metas e prazos para o alcance de determinados níveis de serviço;

IV - ao valor do contrato, às tarifas praticadas e aos critérios e procedimentos de revisão e reajuste;

V - aos investimentos de responsabilidade do contratado;

VI - aos direitos e deveres dos usuários, com as obrigações correlatas do contratado e as sanções respectivas;

VII - às responsabilidades das partes;

VIII - à reversão de bens;

IX - aos direitos, garantias e obrigações do contratante e do contratado, inclusive os relacionados a necessidades futuras de suplementação, alteração e expansão da atividade e consequente modernização, aperfeiçoamento e ampliação das instalações;

X - à forma de fiscalização das instalações, dos equipamentos e dos métodos e práticas de execução das atividades, bem como à indicação dos órgãos ou entidades competentes para exercê-las;

XI - às garantias para adequada execução do contrato;

XII - à responsabilidade do titular da instalação portuária pela inexecução ou deficiente execução das atividades;

XIII - às hipóteses de extinção do contrato;

XIV - à obrigatoriedade da prestação de informações de interesse do poder concedente, da Agência Nacional de Transportes Aquaviários - Antaq e das demais autoridades que atuam no setor portuário, inclusive as de interesse específico da Defesa Nacional, para efeitos de mobilização;

XV - à adoção e ao cumprimento das medidas de fiscalização aduaneira de mercadorias, veículos e pessoas;

XVI - ao acesso ao porto organizado ou à instalação portuária pelo poder concedente, pela Antaq e pelas demais autoridades que atuam no setor portuário;

XVII - às penalidades e sua forma de aplicação; e

XVIII - ao foro.

§ 1º (Vetado).

§ 2º Findo o prazo dos contratos, os bens vinculados à concessão ou ao arrendamento reverterão ao patrimônio da União, na forma prevista no contrato.

ART. 6º Nas licitações dos contratos de concessão e arrendamento, serão considerados como critérios para julgamento, de forma isolada ou combinada, a maior capacidade de movimentação, a menor tarifa ou o menor tempo de movimentação de carga, e outros estabelecidos no edital, na forma do regulamento.

§ 1º As licitações de que trata este artigo poderão ser realizadas na modalidade leilão, conforme regulamento.

§ 2º Compete à Antaq, com base nas diretrizes do poder concedente, realizar os procedimentos licitatórios de que trata este artigo.

§ 3º Os editais das licitações de que trata este artigo serão elaborados pela Antaq, observadas as diretrizes do poder concedente.

§ 4º (Vetado).

§ 5º Sem prejuízo das diretrizes previstas no art. 3º, o poder concedente poderá determinar a transferência das competências de elaboração do edital e a realização dos procedimentos licitatórios de que trata este artigo à Administração do Porto, delegado ou não.

§ 6º O poder concedente poderá autorizar, mediante requerimento do arrendatário, na forma do regulamento, expansão da área arrendada para área contígua dentro da poligonal do porto organizado, sempre que a medida trouxer comprovadamente eficiência na operação portuária.

ART. 7º A Antaq poderá disciplinar a utilização em caráter excepcional, por qualquer interessado, de instalações portuárias arrendadas ou exploradas pela concessionária, assegurada a remuneração adequada ao titular do contrato.

SEÇÃO II
DA AUTORIZAÇÃO DE INSTALAÇÕES PORTUÁRIAS

ART. 8º Serão exploradas mediante autorização, precedida de chamada ou anúncio públicos e, quando for o caso, processo seletivo público, as instalações portuárias localizadas fora da área do porto organizado, compreendendo as seguintes modalidades:

I - terminal de uso privado;

II - estação de transbordo de carga;

III - instalação portuária pública de pequeno porte;

IV - instalação portuária de turismo;

V - (Vetado).

§ 1º A autorização será formalizada por meio de contrato de adesão, que conterá as cláusulas essenciais previstas no *caput* do art. 5º, com exceção daquelas previstas em seus incisos IV e VIII.

§ 2º A autorização de instalação portuária terá prazo de até 25 (vinte e cinco) anos, prorrogável por períodos sucessivos, desde que:

I - a atividade portuária seja mantida; e

II - o autorizatário promova os investimentos necessários para a expansão e modernização das instalações portuárias, na forma do regulamento.

§ 3º A Antaq adotará as medidas para assegurar o cumprimento dos cronogramas de investimento previstos nas autorizações e poderá exigir garantias ou aplicar sanções, inclusive a cassação da autorização.

§ 4º (Vetado).

ART. 9º Os interessados em obter a autorização de instalação portuária poderão requerê-la à Antaq a qualquer tempo, na forma do regulamento.

§ 1º Recebido o requerimento de autorização de instalação portuária, a Antaq deverá:

I - publicar o extrato do requerimento, inclusive na internet; e

II - promover a abertura de processo de anúncio público, com prazo de 30 (trinta) dias, para identificar a existência de outros interessados na obtenção de autorização de instalação portuária na mesma região e com características semelhantes.

§§ 2º e **3º** (Vetados).

ART. 10. O poder concedente poderá determinar à Antaq, a qualquer momento e em consonância com as diretrizes do planejamento e das políticas do setor portuário, a abertura de processo de chamada pública para identificar a existência de interessados na obtenção de autorização de instalação portuária, na forma do regulamento e observado o prazo previsto no inciso II do § 1º do art. 9º.

ART. 11. O instrumento da abertura de chamada ou anúncio público indicará obrigatoriamente os seguintes parâmetros:

I - a região geográfica na qual será implantada a instalação portuária;

II - o perfil das cargas a serem movimentadas; e

III - a estimativa do volume de cargas ou de passageiros a ser movimentado nas instalações portuárias.

Parágrafo único. O interessado em autorização de instalação portuária deverá apresentar título de propriedade, inscrição de ocupação, certidão de aforamento, cessão de direito real ou outro instrumento jurídico que assegure o direito de uso e fruição do respectivo terreno, além de outros documentos previstos no instrumento de abertura.

ART. 12. Encerrado o processo de chamada ou anúncio público, o poder concedente deverá analisar a viabilidade locacional das propostas e sua adequação às diretrizes do planejamento e das políticas do setor portuário.

§ 1º Observado o disposto no regulamento, poderão ser expedidas diretamente as autorizações de instalação portuária quando:

I - o processo de chamada ou anúncio público seja concluído com a participação de um único interessado; ou

II - havendo mais de uma proposta, não haja impedimento locacional à implantação de todas elas de maneira concomitante.

§ 2º Havendo mais de uma proposta e impedimento locacional que inviabilize sua implantação de maneira concomitante, a Antaq deverá promover processo seletivo público, observados os princípios da legalidade, impessoalidade, moralidade, publicidade e eficiência.

§ 3º O processo seletivo público de que trata o § 2º atenderá ao disposto no regulamento e considerará como critério de julgamento, de forma isolada ou combinada, a maior capacidade de movimentação, a menor tarifa ou o menor tempo de movimentação de carga, e outros estabelecidos no edital.

§ 4º Em qualquer caso, somente poderão ser autorizadas as instalações portuárias compatíveis com as diretrizes do planejamento e das políticas do setor portuário, na forma do *caput*.

ART. 13. A Antaq poderá disciplinar as condições de acesso, por qualquer interessado, em caráter excepcional, às instalações portuárias autorizadas, assegurada remuneração adequada ao titular da autorização.

SEÇÃO III
DOS REQUISITOS PARA A INSTALAÇÃO DOS PORTOS E INSTALAÇÕES PORTUÁRIAS

ART. 14. A celebração do contrato de concessão ou arrendamento e a expedição de autorização serão precedidas de:

I - consulta à autoridade aduaneira;

II - consulta ao respectivo poder público municipal; e

III - emissão, pelo órgão licenciador, do termo de referência para os estudos ambientais com vistas ao licenciamento.

SEÇÃO IV
DA DEFINIÇÃO DA ÁREA DE PORTO ORGANIZADO

ART. 15. Ato do Presidente da República disporá sobre a definição da área dos portos organizados, a partir de proposta da Secretaria de Portos da Presidência da República.

Parágrafo único. A delimitação da área deverá considerar a adequação dos acessos marítimos e terrestres, os ganhos de eficiência e competitividade decorrente da escala das operações e as instalações portuárias já existentes.

CAPÍTULO III
DO PODER CONCEDENTE

ART. 16. Ao poder concedente compete:

I - elaborar o planejamento setorial em conformidade com as políticas e diretrizes de logística integrada;

II - definir as diretrizes para a realização dos procedimentos licitatórios, das chamadas públicas e dos processos seletivos de que trata esta Lei, inclusive para os respectivos editais e instrumentos convocatórios;

III - celebrar os contratos de concessão e arrendamento e expedir as autorizações de instalação portuária, devendo a Antaq fiscalizá-los em conformidade com o disposto na Lei n. 10.233, de 5 de junho de 2001; e

IV - estabelecer as normas, os critérios e os procedimentos para a pré-qualificação dos operadores portuários.

§ 1º Para os fins do disposto nesta Lei, o poder concedente poderá celebrar convênios ou instrumentos congêneres de cooperação técnica e administrativa com órgãos e entidades da administração pública federal, dos Estados, do Distrito Federal e dos Municípios, inclusive com repasse de recursos.

§ 2º No exercício da competência prevista no inciso II do *caput*, o poder concedente deverá ouvir previamente a Agência Nacional do Petróleo, Gás Natural e Biocombustíveis sempre que a licitação, a chamada pública ou o processo seletivo envolver instalações portuárias voltadas à movimentação de petróleo, gás natural, seus derivados e biocombustíveis.

CAPÍTULO IV
DA ADMINISTRAÇÃO DO PORTO ORGANIZADO

SEÇÃO I
DAS COMPETÊNCIAS

ART. 17. A administração do porto é exercida diretamente pela União, pela delegatária ou pela entidade concessionária do porto organizado.

§ 1º Compete à administração do porto organizado, denominada autoridade portuária:

I - cumprir e fazer cumprir as leis, os regulamentos e os contratos de concessão;

II - assegurar o gozo das vantagens decorrentes do melhoramento e aparelhamento do porto ao comércio e à navegação;

III - pré-qualificar os operadores portuários, de acordo com as normas estabelecidas pelo poder concedente;

IV - arrecadar os valores das tarifas relativas às suas atividades;

V - fiscalizar ou executar as obras de construção, reforma, ampliação, melhoramento e conservação das instalações portuárias;

VI - fiscalizar a operação portuária, zelando pela realização das atividades com regularidade, eficiência, segurança e respeito ao meio ambiente;

VII - promover a remoção de embarcações ou cascos de embarcações que possam prejudicar o acesso ao porto;

VIII - autorizar a entrada e saída, inclusive atracação e desatracação, o fundeio e o tráfego de embarcação na área do porto, ouvidas as demais autoridades do porto;

IX - autorizar a movimentação de carga das embarcações, ressalvada a competência da autoridade marítima em situações de assistência e salvamento de embarcação, ouvidas as demais autoridades do porto;

X - suspender operações portuárias que prejudiquem o funcionamento do porto, ressalvados os aspectos de interesse da autoridade marítima responsável pela segurança do tráfego aquaviário;

XI - reportar infrações e representar perante a Antaq, visando à instauração de processo administrativo e aplicação das penalidades previstas em lei, em regulamento e nos contratos;

XII - adotar as medidas solicitadas pelas demais autoridades no porto;

XIII - prestar apoio técnico e administrativo ao conselho de autoridade portuária e ao órgão de gestão de mão de obra;

XIV - estabelecer o horário de funcionamento do porto, observadas as diretrizes da Secretaria de Portos da Presidência da República, e as jornadas de trabalho no cais de uso público; e

XV - organizar a guarda portuária, em conformidade com a regulamentação expedida pelo poder concedente.

§ 2º A autoridade portuária elaborará e submeterá à aprovação da Secretaria de Portos da Presidência da República o respectivo Plano de Desenvolvimento e Zoneamento do Porto.

§ 3º O disposto nos incisos IX e X do § 1º não se aplica à embarcação militar que não esteja praticando comércio.

§ 4º A autoridade marítima responsável pela segurança do tráfego pode intervir para assegurar aos navios da Marinha do Brasil a prioridade para atracação no porto.

§ 5º (Vetado).

ART. 18. Dentro dos limites da área do porto organizado, compete à administração do porto:

I - sob coordenação da autoridade marítima:

a) estabelecer, manter e operar o balizamento do canal de acesso e da bacia de evolução do porto;

b) delimitar as áreas de fundeadouro, de fundeio para carga e descarga, de inspeção sanitária e de polícia marítima;

c) delimitar as áreas destinadas a navios de guerra e submarinos, plataformas e demais embarcações especiais, navios em reparo ou aguardando atracação e navios com cargas inflamáveis ou explosivas;

d) estabelecer e divulgar o calado máximo de operação dos navios, em função dos levantamentos batimétricos efetuados sob sua responsabilidade; e

e) estabelecer e divulgar o porte bruto máximo e as dimensões máximas dos navios que trafegarão, em função das limitações e características físicas do cais do porto;

II - sob coordenação da autoridade aduaneira:

a) delimitar a área de alfandegamento; e

b) organizar e sinalizar os fluxos de mercadorias, veículos, unidades de cargas e de pessoas.

ART. 19. A administração do porto poderá, a critério do poder concedente, explorar direta ou indiretamente áreas não afetas às operações portuárias, observado o disposto no respectivo Plano de Desenvolvimento e Zoneamento do Porto.

Parágrafo único. O disposto no *caput* não afasta a aplicação das normas de licitação e contratação pública quando a administração do porto for exercida por órgão ou entidade sob controle estatal.

ART. 20. Será instituído em cada porto organizado um conselho de autoridade portuária, órgão consultivo da administração do porto.

§ 1º O regulamento disporá sobre as atribuições, o funcionamento e a composição dos conselhos de autoridade portuária, assegurada a participação de representantes da classe empresarial, dos trabalhadores portuários e do poder público.

§ 2º A representação da classe empresarial e dos trabalhadores no conselho a que alude o *caput* será paritária.

§ 3º A distribuição das vagas no conselho a que alude o *caput* observará a seguinte proporção:

I - 50% (cinquenta por cento) de representantes do poder público;

II - 25% (vinte e cinco por cento) de representantes da classe empresarial; e

III - 25% (vinte e cinco por cento) de representantes da classe trabalhadora.

ART. 21. Fica assegurada a participação de um representante da classe empresarial e outro da classe trabalhadora no conselho de administração ou órgão equivalente da administração do porto, quando se tratar de entidade sob controle estatal, na forma do regulamento.

Parágrafo único. A indicação dos representantes das classes empresariais e trabalhadora a que alude o *caput* será feita pelos respectivos representantes no conselho de autoridade portuária.

ART. 22. A Secretaria de Portos da Presidência da República coordenará a atuação integrada dos órgãos e entidades públicos nos portos organizados e instalações portuárias, com a finalidade de garantir a eficiência e a qualidade de suas atividades, nos termos do regulamento.

SEÇÃO II
DA ADMINISTRAÇÃO ADUANEIRA NOS PORTOS ORGANIZADOS E NAS INSTALAÇÕES PORTUÁRIAS ALFANDEGADAS

ART. 23. A entrada ou a saída de mercadorias procedentes do exterior ou a ele destinadas somente poderá efetuar-se em portos ou instalações portuárias alfandegados.

Parágrafo único. O alfandegamento de portos organizados e instalações portuárias destinados à movimentação e armazenagem de mercadorias importadas ou à exportação será efetuado após cumpridos os requisitos previstos na legislação específica.

ART. 24. Compete ao Ministério da Fazenda, por intermédio das repartições aduaneiras:

I - cumprir e fazer cumprir a legislação que regula a entrada, a permanência e a saída de quaisquer bens ou mercadorias do País;

II - fiscalizar a entrada, a permanência, a movimentação e a saída de pessoas, veículos, unidades de carga e mercadorias, sem prejuízo das atribuições das outras autoridades no porto;

III - exercer a vigilância aduaneira e reprimir o contrabando e o descaminho, sem prejuízo das atribuições de outros órgãos;

IV - arrecadar os tributos incidentes sobre o comércio exterior;

V - proceder ao despacho aduaneiro na importação e na exportação;

VI - proceder à apreensão de mercadoria em situação irregular, nos termos da legislação fiscal;

VII - autorizar a remoção de mercadorias da área portuária para outros locais, alfandegados ou não, nos casos e na forma prevista na legislação aduaneira;

VIII - administrar a aplicação de regimes suspensivos, exonerativos ou devolutivos de tributos às mercadorias importadas ou a exportar;

IX - assegurar o cumprimento de tratados, acordos ou convenções internacionais no plano aduaneiro; e

X - zelar pela observância da legislação aduaneira e pela defesa dos interesses fazendários nacionais.

§ 1º No exercício de suas atribuições, a autoridade aduaneira terá livre acesso a quaisquer dependências do porto ou instalação portuária, às embarcações atracadas ou não e aos locais onde se encontrem mercadorias procedentes do exterior ou a ele destinadas.

§ 2º No exercício de suas atribuições, a autoridade aduaneira poderá, sempre que julgar necessário, requisitar documentos e informações e o apoio de força pública federal, estadual ou municipal.

CAPÍTULO V
DA OPERAÇÃO PORTUÁRIA

ART. 25. A pré-qualificação do operador portuário será efetuada perante a administração do porto, conforme normas estabelecidas pelo poder concedente.

§ 1º As normas de pré-qualificação devem obedecer aos princípios da legalidade, impessoalidade, moralidade, publicidade e eficiência.

§ 2º A administração do porto terá prazo de 30 (trinta) dias, contado do pedido do interessado, para decidir sobre a pré-qualificação.

§ 3º Em caso de indeferimento do pedido mencionado no § 2º, caberá recurso, no prazo de 15 (quinze) dias, dirigido à Secretaria de Portos da Presidência da República, que deverá apreciá-lo no prazo de 30 (trinta) dias, nos termos do regulamento.

§ 4º Considera-se pré-qualificada como operador portuário a administração do porto.

ART. 26. O operador portuário responderá perante:

I - a administração do porto pelos danos culposamente causados à infraestrutura, às instalações e ao equipamento de que a administração do porto seja titular, que se encontre a seu serviço ou sob sua guarda;

II - o proprietário ou consignatário da mercadoria pelas perdas e danos que ocorrerem durante as operações que realizar ou em decorrência delas;

III - o armador pelas avarias ocorridas na embarcação ou na mercadoria dada a transporte;

IV - o trabalhador portuário pela remuneração dos serviços prestados e respectivos encargos;

V - o órgão local de gestão de mão de obra do trabalho avulso pelas contribuições não recolhidas;

VI - os órgãos competentes pelo recolhimento dos tributos incidentes sobre o trabalho portuário avulso; e

VII - a autoridade aduaneira pelas mercadorias sujeitas a controle aduaneiro, no período em que lhe estejam confiadas ou quando tenha controle ou uso exclusivo de área onde se encontrem depositadas ou devam transitar.

Parágrafo único. Compete à administração do porto responder pelas mercadorias a que se referem os incisos II e VII do *caput* quando estiverem em área por ela controlada e após o seu recebimento, conforme definido pelo regulamento de exploração do porto.

ART. 27. As atividades do operador portuário estão sujeitas às normas estabelecidas pela Antaq.

§ 1º O operador portuário é titular e responsável pela coordenação das operações portuárias que efetuar.

§ 2º A atividade de movimentação de carga a bordo da embarcação deve ser executada de acordo com a instrução de seu comandante ou de seus prepostos, responsáveis pela segurança da embarcação nas atividades de arrumação ou retirada da carga, quanto à segurança da embarcação.

ART. 28. É dispensável a intervenção de operadores portuários em operações:

I - que, por seus métodos de manipulação, suas características de automação ou mecanização, não requeiram a utilização de mão de obra ou possam ser executadas exclusivamente pela tripulação das embarcações;

II - de embarcações empregadas:

a) em obras de serviços públicos nas vias aquáticas do País, executadas direta ou indiretamente pelo poder público;

b) no transporte de gêneros de pequena lavoura e da pesca, para abastecer mercados de âmbito municipal;

c) na navegação interior e auxiliar;

d) no transporte de mercadorias líquidas a granel; e

e) no transporte de mercadorias sólidas a granel, quando a carga ou descarga for feita por aparelhos mecânicos automáticos, salvo quanto às atividades de rechego;

III - relativas à movimentação de:

a) cargas em área sob controle militar, quando realizadas por pessoal militar ou vinculado a organização militar;

b) materiais por estaleiros de construção e reparação naval; e

c) peças sobressalentes, material de bordo, mantimentos e abastecimento de embarcações; e

IV - relativas ao abastecimento de aguada, combustíveis e lubrificantes para a navegação.

Parágrafo único. (Vetado).

ART. 29. As cooperativas formadas por trabalhadores portuários avulsos, registrados de acordo com esta Lei, poderão estabelecer-se como operadores portuários.

ART. 30. A operação portuária em instalações localizadas fora da área do porto organizado será disciplinada pelo titular da respectiva autorização, observadas as normas estabelecidas pelas autoridades marítima, aduaneira, sanitária, de saúde e de polícia marítima.

ART. 31. O disposto nesta Lei não prejudica a aplicação das demais normas referentes ao transporte marítimo, inclusive as decorrentes de convenções internacionais ratificadas, enquanto vincularem internacionalmente o País.

CAPÍTULO VI
DO TRABALHO PORTUÁRIO

ART. 32. Os operadores portuários devem constituir em cada porto organizado um órgão de gestão de mão de obra do trabalho portuário, destinado a:

I - administrar o fornecimento da mão de obra do trabalhador portuário e do trabalhador portuário avulso;

II - manter, com exclusividade, o cadastro do trabalhador portuário e o registro do trabalhador portuário avulso;

III - treinar e habilitar profissionalmente o trabalhador portuário, inscrevendo-o no cadastro;

IV - selecionar e registrar o trabalhador portuário avulso;

V - estabelecer o número de vagas, a forma e a periodicidade para acesso ao registro do trabalhador portuário avulso;

VI - expedir os documentos de identificação do trabalhador portuário; e

VII - arrecadar e repassar aos beneficiários os valores devidos pelos operadores portuários relativos à remuneração do trabalhador portuário avulso e aos correspondentes encargos fiscais, sociais e previdenciários.

Parágrafo único. Caso celebrado contrato, acordo ou convenção coletiva de trabalho entre trabalhadores e tomadores de serviços, o disposto no instrumento precederá o órgão gestor e dispensará sua intervenção nas relações entre capital e trabalho no porto.

ART. 33. Compete ao órgão de gestão de mão de obra do trabalho portuário avulso:

I - aplicar, quando couber, normas disciplinares previstas em lei, contrato, convenção ou acordo coletivo de trabalho, no caso de transgressão disciplinar, as seguintes penalidades:

a) repreensão verbal ou por escrito;

b) suspensão do registro pelo período de 10 (dez) a 30 (trinta) dias; ou

c) cancelamento do registro;

II - promover:

a) a formação profissional do trabalhador portuário e do trabalhador portuário avulso, adequando-a aos modernos processos de movimentação de carga e de operação de aparelhos e equipamentos portuários;

b) o treinamento multifuncional do trabalhador portuário e do trabalhador portuário avulso; e

c) a criação de programas de realocação e de cancelamento do registro, sem ônus para o trabalhador;

III - arrecadar e repassar aos beneficiários contribuições destinadas a incentivar o cancelamento do registro e a aposentadoria voluntária;

IV - arrecadar as contribuições destinadas ao custeio do órgão;

V - zelar pelas normas de saúde, higiene e segurança no trabalho portuário avulso; e

VI - submeter à administração do porto propostas para aprimoramento da operação portuária e valorização econômica do porto.

§ 1º O órgão não responde por prejuízos causados pelos trabalhadores portuários avulsos aos tomadores dos seus serviços ou a terceiros.

§ 2º O órgão responde, solidariamente com os operadores portuários, pela remuneração devida ao trabalhador portuário avulso e pelas indenizações decorrentes de acidente de trabalho.

§ 3º O órgão pode exigir dos operadores portuários garantia prévia dos respectivos pagamentos, para atender a requisição de trabalhadores portuários avulsos.

§ 4º As matérias constantes nas alíneas *a* e *b* do inciso II deste artigo serão discutidas em fórum permanente, composto, em caráter paritário, por representantes do governo e da sociedade civil.

§ 5º A representação da sociedade civil no fórum previsto no § 4º será paritária entre trabalhadores e empresários.

ART. 34. O exercício das atribuições previstas nos arts. 32 e 33 pelo órgão de gestão de mão de obra do trabalho portuário avulso não implica vínculo empregatício com trabalhador portuário avulso.

ART. 35. O órgão de gestão de mão de obra pode ceder trabalhador portuário avulso, em caráter permanente, ao operador portuário.

ART. 36. A gestão da mão de obra do trabalho portuário avulso deve observar as normas do contrato, convenção ou acordo coletivo de trabalho.

ART. 37. Deve ser constituída, no âmbito do órgão de gestão de mão de obra, comissão paritária para solucionar litígios decorrentes da aplicação do disposto nos arts. 32, 33 e 35.

§ 1º Em caso de impasse, as partes devem recorrer à arbitragem de ofertas finais.

§ 2º Firmado o compromisso arbitral, não será admitida a desistência de qualquer das partes.

§ 3º Os árbitros devem ser escolhidos de comum acordo entre as partes, e o laudo arbitral proferido para solução da pendência constitui título executivo extrajudicial.

§ 4º As ações relativas aos créditos decorrentes da relação de trabalho avulso prescrevem em 5 (cinco) anos até o limite de 2 (dois) anos após o cancelamento do registro ou do cadastro no órgão gestor de mão de obra.

ART. 38. O órgão de gestão de mão de obra terá obrigatoriamente 1 (um) conselho de supervisão e 1 (uma) diretoria executiva.

§ 1º O conselho de supervisão será composto por 3 (três) membros titulares e seus suplentes, indicados na forma do regulamento, e terá como competência:

I - deliberar sobre a matéria contida no inciso V do *caput* do art. 32;

II - editar as normas a que se refere o art. 42; e

III - fiscalizar a gestão dos diretores, examinar, a qualquer tempo, os livros e papéis do órgão e solicitar informações sobre quaisquer atos praticados pelos diretores ou seus prepostos.

§ 2º A diretoria executiva será composta por 1 (um) ou mais diretores, designados e destituíveis na forma do regulamento, cujo prazo de gestão será de 3 (três) anos, permitida a redesignação.

§ 3º Até 1/3 (um terço) dos membros do conselho de supervisão poderá ser designado para cargos de diretores.

§ 4º No silêncio do estatuto ou contrato social, competirá a qualquer diretor a representação do órgão e a prática dos atos necessários ao seu funcionamento regular.

ART. 39. O órgão de gestão de mão de obra é reputado de utilidade pública, sendo-lhe vedado ter fins lucrativos, prestar serviços a terceiros ou exercer qualquer atividade não vinculada à gestão de mão de obra.

ART. 40. O trabalho portuário de capatazia, estiva, conferência de carga, conserto de carga, bloco e vigilância de embarcações, nos portos organizados, será realizado por trabalhadores portuários com vínculo empregatício por prazo indeterminado e por trabalhadores portuários avulsos.

§ 1º Para os fins desta Lei, consideram-se:

I - capatazia: atividade de movimentação de mercadorias nas instalações dentro do porto, compreendendo o recebimento, conferência, transporte interno, abertura de volumes para a conferência aduaneira, manipulação, arrumação e entrega, bem como o carregamento e descarga de embarcações, quando efetuados por aparelhamento portuário;

II - estiva: atividade de movimentação de mercadorias nos conveses ou nos porões das embarcações principais ou auxiliares, incluindo o transbordo, arrumação, peação e despeação, bem como o carregamento e a descarga, quando realizados com equipamentos de bordo;

III - conferência de carga: contagem de volumes, anotação de suas características, procedência ou destino, verificação do estado das mercadorias, assistência à pesagem, conferência do manifesto e demais serviços correlatos, nas operações de carregamento e descarga de embarcações;

IV - conserto de carga: reparo e restauração das embalagens de mercadorias, nas operações de carregamento e descarga de embarcações, reembalagem, marcação, remarcação, carimbagem, etiquetagem, abertura de volumes para vistoria e posterior recomposição;

V - vigilância de embarcações: atividade de fiscalização da entrada e saída de pessoas a bordo das embarcações atracadas ou fundeadas ao largo, bem como da movimentação de mercadorias nos portalós, rampas, porões, conveses, plataformas e em outros locais da embarcação; e

VI - bloco: atividade de limpeza e conservação de embarcações mercantes e de seus tanques, incluindo batimento de ferrugem, pintura, reparos de pequena monta e serviços correlatos.

§ 2º A contratação de trabalhadores portuários de capatazia, bloco, estiva, conferência de carga, conserto de carga e vigilância de embarcações com vínculo empregatício por prazo indeterminado será feita exclusivamente dentre trabalhadores portuários avulsos registrados.

§ 3º O operador portuário, nas atividades a que alude o *caput*, não poderá locar ou tomar mão de obra sob o regime de trabalho temporário de que trata a Lei n. 6.019, de 3 de janeiro de 1974.

§ 4º As categorias previstas no *caput* constituem categorias profissionais diferenciadas.

ART. 41. O órgão de gestão de mão de obra:

I - organizará e manterá cadastro de trabalhadores portuários habilitados ao desempenho das atividades referidas no § 1º do art. 40; e

II - organizará e manterá o registro dos trabalhadores portuários avulsos.

§ 1º A inscrição no cadastro do trabalhador portuário dependerá exclusivamente de prévia habilitação profissional do trabalhador interessado, mediante treinamento realizado em entidade indicada pelo órgão de gestão de mão de obra.

§ 2º O ingresso no registro do trabalhador portuário avulso depende de prévia seleção e inscrição no cadastro de que trata o inciso I do *caput*, obedecidas a disponibilidade de vagas e a ordem cronológica de inscrição no cadastro.

§ 3º A inscrição no cadastro e o registro do trabalhador portuário extinguem-se por morte ou cancelamento.

ART. 42. A seleção e o registro do trabalhador portuário avulso serão feitos pelo órgão de gestão de mão de obra avulsa, de acordo com as normas estabelecidas em contrato, convenção ou acordo coletivo de trabalho.

ART. 43. A remuneração, a definição das funções, a composição dos ternos, a multifuncionalidade e as demais condições do trabalho avulso serão objeto de negociação entre as entidades representativas dos trabalhadores portuários avulsos e dos operadores portuários.

Parágrafo único. A negociação prevista no *caput* contemplará a garantia de renda mínima inserida no item 2 do Artigo 2 da Convenção n. 137 da Organização Internacional do Trabalho - OIT.

ART. 44. É facultada aos titulares de instalações portuárias sujeitas a regime de autorização a contratação de trabalhadores a prazo indeterminado, observado o disposto no contrato, convenção ou acordo coletivo de trabalho.

ART. 45. (Vetado).

CAPÍTULO VII
DAS INFRAÇÕES E PENALIDADES

ART. 46. Constitui infração toda ação ou omissão, voluntária ou involuntária, que importe em:

I - realização de operações portuárias com infringência ao disposto nesta Lei ou com inobservância dos regulamentos do porto;

II - recusa injustificada, por parte do órgão de gestão de mão de obra, da distribuição de trabalhadores a qualquer operador portuário; ou

III - utilização de terrenos, área, equipamentos e instalações portuárias, dentro ou fora do porto organizado, com desvio de finalidade ou com desrespeito à lei ou aos regulamentos.

Parágrafo único. Responde pela infração, conjunta ou isoladamente, qualquer pessoa física ou jurídica que, intervindo na operação portuária, concorra para sua prática ou dela se beneficie.

ART. 47. As infrações estão sujeitas às seguintes penas, aplicáveis separada ou cumulativamente, de acordo com a gravidade da falta:

I - advertência;

II - multa;

III - proibição de ingresso na área do porto por período de 30 (trinta) a 180 (cento e oitenta) dias;

IV - suspensão da atividade de operador portuário, pelo período de 30 (trinta) a 180 (cento e oitenta) dias; ou

V - cancelamento do credenciamento do operador portuário.

Parágrafo único. Sem prejuízo do disposto nesta Lei, aplicam-se subsidiariamente às infrações previstas no art. 46 as penalidades estabelecidas na Lei n. 10.233, de 5 de junho de 2001, separada ou cumulativamente, de acordo com a gravidade da falta.

ART. 48. Apurada, no mesmo processo, a prática de 2 (duas) ou mais infrações pela mesma pessoa física ou jurídica, aplicam-se cumulativamente as penas a elas cominadas, se as infrações não forem idênticas.

§ 1º Serão reunidos em um único processo os diversos autos ou representações de infração continuada, para aplicação da pena.

§ 2º Serão consideradas continuadas as infrações quando se tratar de repetição de falta ainda não apurada ou objeto do processo, de cuja instauração o infrator não tenha conhecimento, por meio de intimação.

ART. 49. Na falta de pagamento de multa no prazo de 30 (trinta) dias, contado da ciência pelo infrator da decisão final que impuser a penalidade, será realizado processo de execução.

ART. 50. As importâncias pecuniárias resultantes da aplicação das multas previstas nesta Lei reverterão para a Antaq, na forma do inciso V do *caput* do art. 77 da Lei n. 10.233, de 5 de junho de 2001.

ART. 51. O descumprimento do disposto nos arts. 36, 39 e 42 desta Lei sujeitará o infrator à multa prevista no inciso I do art. 10 da Lei n. 9.719, de 27 de novembro de 1998, sem prejuízo das demais sanções cabíveis.

ART. 52. O descumprimento do disposto no *caput* e no § 3º do art. 40 desta Lei sujeitará o infrator à multa prevista no inciso III do art. 10 da Lei n. 9.719, de 27 de novembro de 1998, sem prejuízo das demais sanções cabíveis.

CAPÍTULO VIII
DO PROGRAMA NACIONAL DE DRAGAGEM PORTUÁRIA E HIDROVIÁRIA II

ART. 53. Fica instituído o Programa Nacional de Dragagem Portuária e Hidroviária II, a ser implantado pela Secretaria de Portos da Presidência da República e pelo Ministério dos Transportes, nas respectivas áreas de atuação.

§ 1º O Programa de que trata o *caput* abrange, dentre outras atividades:

I - as obras e serviços de engenharia de dragagem para manutenção ou ampliação de áreas portuárias e de hidrovias, inclusive canais de navegação, bacias de evolução e de fundeio, e berços de atracação, compreendendo a remoção do material submerso e a escavação ou derrocamento do leito;

II - o serviço de sinalização e balizamento, incluindo a aquisição, instalação, reposição, manutenção e modernização de sinais náuticos e equipamentos necessários às hidrovias e ao acesso aos portos e terminais portuários;

III - o monitoramento ambiental; e

IV - o gerenciamento da execução dos serviços e obras.

§ 2º Para fins do Programa de que trata o *caput*, consideram-se:

I - dragagem: obra ou serviço de engenharia que consiste na limpeza, desobstrução, remoção, derrocamento ou escavação de material do fundo de rios, lagos, mares, baías e canais;

II - draga: equipamento especializado acoplado à embarcação ou à plataforma fixa, móvel ou flutuante, utilizado para execução de obras ou serviços de dragagem;

III - material dragado: material retirado ou deslocado do leito dos corpos d'água decorrente da atividade de dragagem e transferido para local de despejo autorizado pelo órgão competente;

IV - empresa de dragagem: pessoa jurídica que tenha por objeto a realização de obra ou serviço de dragagem com a utilização ou não de embarcação; e

V - sinalização e balizamento: sinais náuticos para o auxílio à navegação e à transmissão de informações ao navegante, de forma a possibilitar posicionamento seguro de acesso e tráfego.

ART. 54. A dragagem por resultado compreende a contratação de obras de engenharia destinadas ao aprofundamento, alargamento ou expansão de áreas portuárias e de hidrovias, inclusive canais de navegação, bacias de evolução e de fundeio e berços de atracação, bem como os serviços de sinalização, balizamento, monitoramento ambiental e outros com o objetivo de manter as condições de profundidade e segurança estabelecidas no projeto implantado.

§ 1º As obras ou serviços de dragagem por resultado poderão contemplar mais de um porto, num mesmo contrato, quando essa medida for mais vantajosa para a administração pública.

§ 2º Na contratação de dragagem por resultado, é obrigatória a prestação de garantia pelo contratado.

§ 3º A duração dos contratos de que trata este artigo será de até 10 (dez) anos, improrrogável.

§ 4º As contratações das obras e serviços no âmbito do Programa Nacional de Dragagem Portuária e Hidroviária II poderão ser feitas por meio de licitações internacionais e utilizar o Regime Diferenciado de Contratações Públicas, de que trata a Lei n. 12.462, de 4 de agosto de 2011.

§ 5º A administração pública poderá contratar empresa para gerenciar e auditar os serviços e obras contratados na forma do *caput*.

ART. 55. As embarcações destinadas à dragagem sujeitam-se às normas específicas de segurança da navegação estabelecidas pela autoridade marítima e não se submetem ao disposto na Lei n. 9.432, de 8 de janeiro de 1997.

CAPÍTULO IX
DISPOSIÇÕES FINAIS E TRANSITÓRIAS

ART. 56. (Vetado).

Parágrafo único. (Vetado).

ART. 57. Os contratos de arrendamento em vigor firmados sob a Lei nº 8.630, de 25 de fevereiro de 1993, que possuam previsão expressa de prorrogação ainda não realizada, poderão ter sua prorrogação antecipada, a critério do poder concedente.

§ 1º A prorrogação antecipada de que trata o *caput* dependerá da aceitação expressa de obrigação de realizar investimentos, segundo plano elaborado pelo arrendatário e aprovado pelo poder concedente em até 60 (sessenta) dias.

§ 2º (Vetado).

§ 3º Caso, a critério do poder concedente, a antecipação das prorrogações de que trata o *caput* não seja efetivada, tal decisão não implica obrigatoriamente na recusa da prorrogação contratual prevista originalmente.

§ 4º (Vetado).

§ 5º O Poder Executivo deverá encaminhar ao Congresso Nacional, até o último dia útil do mês de março de cada ano, relatório detalhado sobre a implementação das iniciativas tomadas com base nesta Lei, incluindo, pelo menos, as seguintes informações:

I - relação dos contratos de arrendamento e concessão em vigor até 31 de dezembro do ano anterior, por porto organizado, indicando data dos contratos, empresa detentora, objeto detalhado, área, prazo de vigência e situação de adimplemento com relação às cláusulas contratuais;

II - relação das instalações portuárias exploradas mediante autorizações em vigor até 31 de dezembro do ano anterior, segundo a localização, se dentro ou fora do porto organizado, indicando data da autorização, empresa detentora, objeto detalhado, área, prazo de vigência e situação de adimplemento com relação às cláusulas dos termos de adesão e autorização;

III - relação dos contratos licitados no ano anterior com base no disposto no art. 56 desta Lei, por porto organizado, indicando data do contrato, modalidade da licitação, empresa detentora, objeto, área, prazo de vigência e valor dos investimentos realizados e previstos nos contratos de concessão ou arrendamento;

IV - relação dos termos de autorização e os contratos de adesão adaptados no ano anterior, com base no disposto nos arts. 58 e 59 desta Lei, indicando data do contrato de autorização, empresa detentora, objeto, área, prazo de vigência e valor dos investimentos realizados e previstos nos termos de adesão e autorização;

V - relação das instalações portuárias operadas no ano anterior com base no previsto no art. 7º desta Lei, indicando empresa concessionária, empresa que utiliza efetivamente a instalação portuária, motivo e justificativa da utilização por interessado não detentor do arrendamento ou concessão e prazo de utilização.

ART. 58. Os termos de autorização e os contratos de adesão em vigor deverão ser adaptados ao disposto nesta Lei, em especial ao previsto nos §§ 1º a 4º do art. 8º, independentemente de chamada pública ou processo seletivo.

Parágrafo único. A Antaq deverá promover a adaptação de que trata o *caput* no prazo de 1 (um) ano, contado da data de publicação desta Lei.

ART. 59. As instalações portuárias enumeradas nos incisos I a IV do *caput* do art. 8º, localizadas dentro da área do porto organizado, terão assegurada a continuidade das suas atividades, desde que realizada a adaptação nos termos do art. 58.

Parágrafo único. Os pedidos de autorização para exploração de instalações portuárias enumeradas nos incisos I a IV do art. 8º, localizadas dentro da área do porto organizado, protocolados na Antaq até dezembro de 2012, poderão ser deferidos pelo poder concedente, desde que tenha sido comprovado até a referida data o domínio útil da área.

ART. 60. Os procedimentos licitatórios para contratação de dragagem homologados e os contratos de dragagem em vigor na data da publicação desta Lei permanecem regidos pelo disposto na Lei n. 11.610, de 12 de dezembro de 2007.

ART. 61. Até a publicação do regulamento previsto nesta Lei, ficam mantidas as regras para composição dos conselhos da autoridade portuária e dos conselhos de supervisão e diretorias executivas dos órgãos de gestão de mão de obra.

ART. 62. O inadimplemento, pelas concessionárias, arrendatárias, autorizatárias e operadoras portuárias no recolhimento de tarifas portuárias e outras obrigações financeiras perante a administração do porto e a Antaq, assim declarado em decisão final, impossibilita a inadimplente de celebrar ou prorrogar contratos de concessão e arrendamento, bem como obter novas autorizações.

§ 1º Para dirimir litígios relativos aos débitos a que se refere o *caput*, poderá ser utilizada a arbitragem, nos termos da Lei n. 9.307, de 23 de setembro de 1996.

▸ Dec. 8.465/2015 (regulamenta este parágrafo para dispor sobre os critérios de arbitragem para dirimir litígios no âmbito do setor portuário).

§ 2º O impedimento previsto no *caput* também se aplica às pessoas jurídicas, direta ou indiretamente, controladoras, controladas, coligadas, ou de controlador comum com a inadimplente.

ART. 63. As Companhias Docas observarão regulamento simplificado para contratação de serviços e aquisição de bens, observados os princípios constitucionais da publicidade, impessoalidade, moralidade, economicidade e eficiência.

ART. 64. As Companhias Docas firmarão com a Secretaria de Portos da Presidência da República compromissos de metas e desempenho empresarial que estabelecerão, nos termos do regulamento:

I - objetivos, metas e resultados a serem atingidos, e prazos para sua consecução;

II - indicadores e critérios de avaliação de desempenho;

III - retribuição adicional em virtude do seu cumprimento; e

IV - critérios para a profissionalização da gestão das Docas.

ART. 65. Ficam transferidas à Secretaria de Portos da Presidência da República as competências atribuídas ao Ministério dos Transportes e ao Departamento Nacional de Infraestrutura de Transportes - DNIT em leis gerais e específicas relativas a portos fluviais e lacustres, exceto as competências relativas a instalações portuárias públicas de pequeno porte.

ART. 66. Aplica-se subsidiariamente às licitações de concessão de porto organizado e de arrendamento de instalação portuária o disposto nas Leis n. 12.462, de 4 de agosto de 2011, 8.987, de 13 de fevereiro de 1995, e 8.666, de 21 de junho de 1993.

ART. 67. Aplica-se subsidiariamente a esta Lei o disposto na Lei n. 10.233, de 5 de junho de 2001, em especial no que se refere às competências e atribuições da Antaq.

ART. 68. As poligonais de áreas de portos organizados que não atendam ao disposto no art. 15 deverão ser adaptadas no prazo de 1 (um) ano.

ART. 69. (Vetado).

ART. 70. O art. 29 da Lei n. 5.025, de 10 de junho de 1966, passa a vigorar com a seguinte redação:

▸ Alterações promovidas no texto da referida lei.

ART. 71. A Lei n. 10.233, de 5 de junho de 2001, passa a vigorar com as seguintes alterações:

▸ Alterações promovidas no texto da referida lei.

ART. 72. A Lei n. 10.683, de 28 de maio de 2003, passa a vigorar com as seguintes alterações:

▸ Alterações promovidas no texto da referida lei.

ART. 73. A Lei n. 9.719, de 27 de novembro de 1998, passa a vigorar acrescida do seguinte art. 10-A:

▸ Alterações promovidas no texto da referida lei.

ART. 74. (Vetado).

ART. 75. Esta Lei entra em vigor na data de sua publicação.

ART. 76. Ficam revogados:

I - a Lei n. 8.630, de 25 de fevereiro de 1993;

II - a Lei n. 11.610, de 12 de dezembro de 2007;

III - o art. 21 da Lei n. 11.314, de 3 de julho de 2006;

IV - o art. 14 da Lei n. 11.518, de 5 de setembro de 2007;

V - os seguintes dispositivos da Lei n. 10.233, de 5 de junho de 2001:

a) as alíneas g e h do inciso III do *caput* do art. 14;

b) as alíneas a e b do inciso III do *caput* do art. 27;

c) o inciso XXVII do *caput* do art. 27;

d) os §§ 3º e 4º do art. 27; e

e) o inciso IV do *caput* do art. 81; e

VI - o art. 11 da Lei n. 9.719, de 27 de novembro de 1998.

Brasília, 5 de junho de 2013; 192º da Independência e 125º da República.

DILMA ROUSSEFF

LEI N. 12.849, DE 2 DE AGOSTO DE 2013

Dispõe sobre a obrigatoriedade de as fábricas de produtos que contenham látex natural gravarem em suas embalagens advertência sobre a presença dessa substância.

▸ *DOU*, 05.08.2013 - Edição extra.

A Presidenta da República. Faço saber que o Congresso Nacional decreta e eu sanciono a seguinte Lei:

ART. 1º Os fabricantes e importadores de produtos que contenham látex natural são obrigados a gravar em suas embalagens advertência sobre a presença dessa substância em sua composição.

ART. 2º O desrespeito ao disposto nesta Lei sujeita os infratores às penalidades previstas na Lei n. 8.078, de 11 de setembro de 1990 (Código de Defesa do Consumidor) e constitui-se, também, em infração sanitária.

ART. 3º Esta Lei entra em vigor após decorridos 180 (cento e oitenta) dias de sua publicação oficial.

Brasília, 2 de agosto de 2013;
192º da Independência e 125º da República.
DILMA ROUSSEFF

LEI N. 12.854, DE 26 DE AGOSTO DE 2013

Fomenta e incentiva ações que promovam a recuperação florestal e a implantação de sistemas agroflorestais em áreas rurais desapropriadas e em áreas degradadas, nos casos que especifica.

› *DOU*, 27.08.2013.

A Presidenta da República. Faço saber que o Congresso Nacional decreta e eu sanciono a seguinte Lei:

ART. 1º Esta Lei fomenta e incentiva ações que promovam a recuperação florestal e a implantação de sistemas agroflorestais em áreas rurais desapropriadas pelo Poder Público e em áreas degradadas em posse de agricultores familiares assentados, de quilombolas e de indígenas.

ART. 2º O Governo Federal incentivará e fomentará, dentro dos programas e políticas públicas ambientais já existentes, ações de recuperação florestal e implantação de sistemas agroflorestais em áreas de assentamento rural desapropriadas pelo Poder Público ou em áreas degradadas que estejam em posse de agricultores familiares assentados, em especial, de comunidades quilombolas e indígenas.

Parágrafo único. Nas áreas citadas no art. 1º, as ações de reflorestamento deverão representar alternativa econômica e de segurança alimentar e energética para o público beneficiado.

ART. 3º O incentivo e o fomento de que trata esta Lei deverão buscar alternativas econômicas aos agricultores familiares, em especial, às famílias beneficiárias de programas de assentamento rural, pequenos produtores rurais, quilombolas e indígenas.

ART. 4º As ações de recuperação florestal e a implantação de sistemas agroflorestais poderão ser financiadas com recursos de fundos nacionais como o de Mudança do Clima, o da Amazônia, o do Meio Ambiente e o de Desenvolvimento Florestal, além de outras fontes provenientes de acordos bilaterais ou multilaterais, de acordos decorrentes de ajustes, contratos de gestão e convênios celebrados com órgãos e entidades da Administração Pública federal, estadual ou municipal, de doações e, ainda, de verbas do orçamento da União ou privadas.

ART. 5º Esta Lei entra em vigor na data de sua publicação.

Brasília, 26 de agosto de 2013;
192º da Independência e 125º da República.
DILMA ROUSSEFF

LEI N. 12.858, DE 9 DE SETEMBRO DE 2013

Dispõe sobre a destinação para as áreas de educação e saúde de parcela da participação no resultado ou da compensação financeira pela exploração de petróleo e gás natural, com a finalidade de cumprimento da meta prevista no inciso VI do caput do art. 214 e no art. 196 da Constituição Federal; altera a Lei n. 7.990, de 28 de dezembro de 1989; e dá outras providências.

› *DOU*, 10.09.2013.

A Presidenta da República. Faço saber que o Congresso Nacional decreta e eu sanciono a seguinte Lei:

ART. 1º Esta Lei dispõe sobre a destinação para as áreas de educação e saúde de parcela da participação no resultado ou da compensação financeira pela exploração de petróleo e gás natural, de que trata o § 1º do art. 20 da Constituição Federal.

ART. 2º Para fins de cumprimento da meta prevista no inciso VI do *caput* do art. 214 e no art. 196 da Constituição Federal, serão destinados exclusivamente para a educação pública, com prioridade para a educação básica, e para a saúde, na forma do regulamento, os seguintes recursos:

I - as receitas dos órgãos da administração direta da União provenientes dos *royalties* e da participação especial decorrentes de áreas cuja declaração de comercialidade tenha ocorrido a partir de 3 de dezembro de 2012, relativas a contratos celebrados sob os regimes de concessão, de cessão onerosa e de partilha de produção, de que tratam respectivamente as Leis n. 9.478, de 6 de agosto de 1997, 12.276, de 30 de junho de 2010, e 12.351, de 22 de dezembro de 2010, quando a lavra ocorrer na plataforma continental, no mar territorial ou na zona econômica exclusiva;

II - as receitas dos Estados, do Distrito Federal e dos Municípios provenientes dos *royalties* e da participação especial, relativas a contratos celebrados a partir de 3 de dezembro de 2012, sob os regimes de concessão, de cessão onerosa e de partilha de produção, de que tratam respectivamente as Leis n. 9.478, de 6 de agosto de 1997, 12.276, de 30 de junho de 2010, e 12.351, de 22 de dezembro de 2010, quando a lavra ocorrer na plataforma continental, no mar territorial ou na zona econômica exclusiva;

III - 50% (cinquenta por cento) dos recursos recebidos pelo Fundo Social de que trata o art. 47 da Lei n. 12.351, de 22 de dezembro de 2010, até que sejam cumpridas as metas estabelecidas no Plano Nacional de Educação; e

IV - as receitas da União decorrentes de acordos de individualização da produção de que trata o art. 36 da Lei n. 12.351, de 22 de dezembro de 2010.

§ 1º As receitas de que trata o inciso I serão distribuídas de forma prioritária aos Estados, ao Distrito Federal e aos Municípios que determinarem a aplicação da respectiva parcela de receitas de *royalties* e de participação especial com a mesma destinação exclusiva.

§ 2º A Agência Nacional do Petróleo, Gás Natural e Biocombustíveis - ANP tornará público, mensalmente, o mapa das áreas sujeitas à individualização da produção de que trata o inciso IV do *caput*, bem como a estimativa de cada percentual do petróleo e do gás natural localizados em área da União.

§ 3º União, Estados, Distrito Federal e Municípios aplicarão os recursos previstos nos incisos I e II deste artigo no montante de 75% (setenta e cinco por cento) na área de educação e de 25% (vinte e cinco por cento) na área de saúde.

ART. 3º Os recursos dos *royalties* e da participação especial destinados à União, provenientes de campos sob o regime de concessão, de que trata a Lei n. 9.478, de 6 de agosto de 1997, cuja declaração de comercialidade tenha ocorrido antes de 3 de dezembro de 2012, quando oriundos da produção realizada no horizonte geológico denominado pré-sal, localizados na área definida no inciso IV do *caput* do art. 2º da Lei n. 12.351, de 22 de dezembro de 2010, serão integralmente destinados ao Fundo Social previsto no art. 47 da Lei n. 12.351, de 22 de dezembro de 2010.

ART. 4º Os recursos destinados para as áreas de educação e saúde na forma do art. 2º serão aplicados em acréscimo ao mínimo obrigatório previsto na Constituição Federal.

ART. 5º O § 1º do art. 8º da Lei n. 7.990, de 28 de dezembro de 1989, passa a vigorar com a seguinte redação:

› Alteração promovida no texto da referida lei.

ART. 6º Esta Lei entra em vigor na data de sua publicação.

Brasília, 9 de setembro de 2013;
192º da Independência e 125º da República.
DILMA ROUSSEFF

LEI N. 12.859, DE 10 DE SETEMBRO DE 2013

Institui crédito presumido da Contribuição para o PIS/Pasep e da Contribuição para o Financiamento da Seguridade Social (Cofins) na venda de álcool, inclusive para fins carburantes; altera as Leis n. 9.718, de 27 de novembro de 1998, 10.865, de 30 de abril de 2004, 11.196, de 21 de novembro de 2005, e 9.532, de 10 de dezembro de 1997, e a Medida Provisória n. 2.199-14, de 24 de agosto de 2001, para dispor sobre a incidência das referidas contribuições na importação e sobre a receita decorrente da venda no mercado interno de insumos da indústria química nacional que especifica; revoga o § 2º do art. 57 da Lei n. 11.196, de 21 de novembro de 2005; e dá outras providências.

› *DOU*, 11.09.2013.

A Presidenta da República. Faço saber que o Congresso Nacional decreta e eu sanciono a seguinte Lei:

ART. 1º A pessoa jurídica importadora ou produtora de álcool, inclusive para fins carburantes, sujeita ao regime de apuração não cumulativa da Contribuição para o PIS/Pasep e da Contribuição para o Financiamento da Seguridade Social (Cofins) poderá descontar das referidas contribuições, devidas em cada período de apuração, crédito presumido calculado sobre o volume mensal de venda no mercado interno do referido produto.

› Dec. 8.212/2014 (Regulamenta o crédito presumido da Contribuição para o PIS/Pasep e da Cofins de que tratam os arts. 1º e 2º desta lei, e a utilização pelas pessoas jurídicas importadoras ou produtoras de álcool dos créditos de que tratam o art. 3º da Lei 10.637/2002, o art. 3º da Lei 10.833/2003, e o art. 15 da Lei 10.865/2004).

§ 1º O crédito presumido de que trata o *caput* poderá ser aproveitado em relação a vendas efetuadas até 31 de dezembro de 2016.

§ 2º O montante do crédito presumido a que se refere o *caput* será determinado mediante aplicação das seguintes alíquotas específicas:

I - entre a data de publicação da Medida Provisória n. 613, de 7 de maio de 2013, e 31 de agosto de 2013:

a) R$ 8,57 (oito reais e cinquenta e sete centavos) por metro cúbico de álcool comercializado, em relação à Contribuição para o PIS/Pasep; e

b) R$ 39,43 (trinta e nove reais e quarenta e três centavos) por metro cúbico de álcool comercializado, em relação à Cofins;

II - a partir de 1º de setembro de 2013:

a) R$ 21,43 (vinte e um reais e quarenta e três centavos) por metro cúbico de álcool comercializado, em relação à Contribuição para o PIS/Pasep; e

b) R$ 98,57 (noventa e oito reais e cinquenta e sete centavos) por metro cúbico de álcool comercializado, em relação à Cofins.

§ 3º O crédito presumido não aproveitado em determinado mês poderá ser aproveitado nos meses subsequentes.

§ 4º O disposto neste artigo não se aplica a operações que consistam em mera revenda de álcool adquirido no mercado interno. (Alterado pela Lei 12.995/2014.)

§ 5º Entre a data de publicação da Medida Provisória n. 613, de 7 de maio de 2013, e 31 de agosto de 2013, a pessoa jurídica de que trata o *caput* poderá optar por regime especial em que:

I - a Contribuição para o PIS/Pasep e a Cofins devidas serão calculadas mediante alíquotas específicas de R$ 21,43 (vinte e um reais e quarenta e três centavos) e R$ 98,57 (noventa e oito reais e cinquenta e sete centavos) por metro cúbico de álcool, respectivamente; e

II - o crédito presumido de que trata o *caput* poderá ser apurado mediante aplicação das alíquotas estabelecidas no inciso II do § 2º.

§ 6º A opção prevista no § 5º será irretratável.

§ 7º Durante o prazo de que trata o § 1º, o saldo credor da Contribuição para o PIS/Pasep e da Cofins apurado pelas pessoas jurídicas de que trata o *caput*, na forma do art. 3º da Lei n. 10.637, de 30 de dezembro de 2002, do art. 3º da Lei n. 10.833, de 29 de dezembro de 2003, e do art. 15 da Lei n. 10.865, de 30 de abril de 2004, em relação a custos, despesas e encargos vinculados à produção e à comercialização de álcool, inclusive para fins carburantes, acumulado ao final de cada trimestre do ano-calendário, poderá ser objeto de: (Alterado pela Lei 12.995/2014.)

I - compensação com débitos próprios, vencidos ou vincendos, relativos a tributos e contribuições administrados pela Secretaria da Receita Federal do Brasil, observada a legislação específica aplicável à matéria; ou

II - pedido de ressarcimento em dinheiro, observada a legislação específica aplicável à matéria.

§ 8º As cooperativas de produtores de etanol, responsáveis pelo recolhimento da Contribuição para o PIS/Pasep e da Cofins nos termos do art. 66 da Lei n. 9.430, de 27 de dezembro de 1996, são também responsáveis pela apuração do crédito presumido de que trata o *caput*, o qual será compensado com as contribuições devidas por suas cooperadas.

§ 9º (Vetado).

ART. 2º Durante a vigência do regime especial de que trata o § 5º do art. 1º, caso a pessoa jurídica de que trata o § 19 do art. 5º da Lei n. 9.718, de 27 de novembro de 1998, adquira álcool de pessoa jurídica optante pelo regime especial, o montante do crédito de que trata o § 13 do art. 5º da Lei n. 9.718, de 27 de novembro de 1998, será apurado mediante aplicação das alíquotas específicas aplicáveis no caso de venda por pessoa jurídica produtora ou importadora do produto não optante pelo regime especial.

‣ Dec. 8.212/2014 (Regulamenta o crédito presumido da Contribuição para o PIS/Pasep e da Cofins de que tratam os arts. 1º e 2º desta lei, e a utilização pelas pessoas jurídicas importadoras ou produtoras de álcool dos créditos de que tratam o art. 3º da Lei 10.637/2002, o art. 3º da Lei 10.833/2003, e o art. 15 da Lei 10.865/2004).

ART. 3º O saldo de créditos apurados pelas pessoas jurídicas importadoras ou produtoras de álcool na forma do art. 3º da Lei n. 10.637, de 30 de dezembro de 2002, e do art. 3º da Lei n. 10.833, de 29 de dezembro de 2003, existente na data de publicação da Medida Provisória n. 613, de 7 de maio de 2013, poderá, nos termos e prazos fixados em regulamento:

I - ser compensado com débitos próprios, vencidos ou vincendos, relativos a tributos administrados pela Secretaria da Receita Federal do Brasil, observada a legislação aplicável à matéria; ou

II - ser ressarcido em dinheiro, observada a legislação aplicável à matéria.

ART. 4º A Lei n. 9.718, de 27 de novembro de 1998, passa a vigorar com as seguintes alterações:

‣ Alteração promovida no texto da referida lei.

ART. 5º A Lei n. 10.865, de 30 de abril de 2004, passa a vigorar com as seguintes alterações:

‣ Alteração promovida no texto da referida lei.

ART. 6º A Lei n. 11.196, de 21 de novembro de 2005, passa a vigorar com as seguintes alterações:

‣ Alteração promovida no texto da referida lei.

ART. 7º A União prestará auxílio financeiro aos Municípios no montante de R$ 3.000.000.000,00 (três bilhões de reais), com o objetivo de incentivar a melhoria da qualidade dos serviços públicos municipais, de acordo com critérios, prazos e condições previstos nesta Lei.

§ 1º O montante referido no *caput* será entregue aos Municípios em 2 (duas) parcelas iguais de R$ 1.500.000.000,00 (um bilhão e quinhentos milhões de reais), na forma fixada pela Secretaria do Tesouro Nacional do Ministério da Fazenda, até as seguintes datas:

I - a primeira parcela será entregue até 15 de setembro de 2013; e

II - a segunda parcela será entregue até 15 de abril de 2014.

§ 2º O rateio do montante de que trata o *caput* entre os Municípios observará os coeficientes individuais do Fundo de Participação dos Municípios, estabelecidos pelo Tribunal de Contas da União para cada exercício.

§ 3º O auxílio financeiro é condicionado à existência de dotação orçamentária específica para essa finalidade.

ART. 8º O § 3º do art. 1º da Medida Provisória n. 2.199-14, de 24 de agosto de 2001, passa a vigorar com a seguinte redação:

‣ Alteração promovida no texto da referida lei.

ART. 9º O § 2º do art. 77 da Lei n. 9.532, de 10 de dezembro de 1997, passa a vigorar com a seguinte redação:

‣ Alteração promovida no texto da referida lei.

ART. 10. Revoga-se o § 2º do art. 57 da Lei n. 11.196, de 21 de novembro de 2005.

ART. 11. Esta Lei entra em vigor na data de sua publicação.

Brasília, 10 de setembro de 2013;
192º da Independência e 125º da República.
DILMA ROUSSEFF

LEI N. 12.860, DE 11 DE SETEMBRO DE 2013

Dispõe sobre a redução a 0 (zero) das alíquotas da Contribuição para o PIS/Pasep e da Cofins incidentes sobre as receitas decorrentes da prestação de serviços de transporte público coletivo rodoviário, metroviário, ferroviário e aquaviário de passageiros.

‣ Ementa com nova redação dada pela Lei 13.043/2014. (Vigência: a partir do 1º dia do 4º mês subsequente ao da publicação desta Lei: 14.11.2014.)

‣ *DOU*, 12.09.2013.

A Presidenta da República. Faço saber que o Congresso Nacional decreta e eu sanciono a seguinte Lei:

ART. 1º Ficam reduzidas a 0 (zero) as alíquotas da Contribuição para os Programas de Integração Social e de Formação do Patrimônio do Servidor Público - PIS/Pasep e da Contribuição para o Financiamento da Seguridade Social - COFINS incidentes sobre a receita decorrente da prestação de serviços de transporte público coletivo municipal de passageiros, por meio rodoviário, metroviário, ferroviário e aquaviário. (Alterado pela Lei 13.043/2014.)

Parágrafo único. A desoneração de que trata o *caput* alcança também as receitas decorrentes da prestação dos serviços nele referidos no território de região metropolitana regularmente constituída e da prestação dos serviços definidos nos incisos XI a XIII do art. 4º da Lei n. 12.587, de 3 de janeiro de 2012, por qualquer dos meios citados no *caput*. (Alterado pela Lei 13.043/2014. Vigência: a partir do 1º dia do 4º mês subsequente ao da publicação desta Lei: 14.11.2014.)

ART. 2º Esta Lei entra em vigor na data de sua publicação.

Brasília, 11 de setembro de 2013;
192º da Independência e 125º da República.
DILMA ROUSSEFF

LEI N. 12.865, DE 9 DE OUTUBRO DE 2013

Autoriza o pagamento de subvenção econômica aos produtores da safra 2011/2012 de cana-de-açúcar e de etanol que especifica e o financiamento da renovação e implantação de canaviais com equalização da taxa de juros; dispõe sobre os arranjos de pagamento e as instituições de pagamento integrantes do Sistema de Pagamentos Brasileiro (SPB); autoriza a União a emitir, sob a forma de colocação direta, em favor da Conta de Desenvolvimento Energético (CDE), títulos da dívida pública mobiliária federal; estabelece novas condições para as operações de crédito rural oriundas de, ou contratadas com, recursos do Fundo Constitucional de Financiamento do Nordeste (FNE); altera os prazos previstos nas Leis n. 11.941, de 27 de maio de 2009, e n. 12.249, de 11 de junho de 2010; autoriza a União a contratar o Banco do Brasil S.A. ou suas subsidiárias para atuar na gestão de recursos, obras e serviços de engenharia relacionados ao desenvolvimento de projetos, modernização, ampliação, construção ou reforma da rede integrada e especializada para atendimento da mulher em situação de violência; disciplina o documento digital no Sistema Financeiro Nacional; disciplina a transferência, no caso de falecimento, do direito de utilização privada de área pública por equipamentos urbanos do tipo quiosque, trailer, feira e banca de venda de jornais e de revistas; altera a incidência da Contribuição para o PIS/Pasep e da Cofins na cadeia de produção e comercialização da soja e de seus subprodutos; altera as Leis n. 12.666, de 14 de junho de 2012, 5.991, de 17 de dezembro de 1973, 11.508, de 20 de julho de 2007, 9.503, de 23 de setembro de 1997, 9.069, de 29 de junho de 1995, 10.865, de 30 de abril de 2004, 12.587, de 3 de janeiro de 2012, 10.826, de 22 de dezembro de 2003, 10.925, de 23 de julho de 2004, 12.350, de 20 de dezembro de 2010, 4.870, de 1º de dezembro de 1965 e 11.196, de 21 de novembro de 2005, e o Decreto n. 70.235, de 6 de março de 1972; revoga dispositivos das Leis n. 10.865, de 30 de abril de 2004, 10.925, de 23 de julho de 2004, 12.546, de 14 de dezembro de 2011, e 4.870, de 1º de dezembro de 1965; e dá outras providências.

‣ *DOU*, 10.10.2013.

A Presidenta da República. Faço saber que o Congresso Nacional decreta e eu sanciono a seguinte Lei:

ART. 1º É a União autorizada a conceder subvenção extraordinária aos produtores fornecedores independentes de cana-de-açúcar afetados por condições climáticas adversas referente à safra 2011/2012 na Região Nordeste.

Parágrafo único. O Poder Executivo estabelecerá as condições operacionais para a implementação, a execução, o pagamento, o controle e a fiscalização da subvenção prevista no *caput*, observado o seguinte:

I - a subvenção será concedida aos produtores fornecedores independentes diretamente ou por intermédio de suas cooperativas, em função da quantidade de cana-de-açúcar efetivamente vendida às usinas de açúcar e às destilarias da área referida no *caput*, excluindo-se a produção própria das unidades agroindustriais e a produção dos respectivos sócios e acionistas;

II - a subvenção será de R$ 12,00 (doze reais) por tonelada de cana-de-açúcar e limitada a 10.000 (dez mil) toneladas por produtor fornecedor independente em toda a safra 2011/2012; e

III - o pagamento da subvenção será realizado em 2013 e 2014, referente à produção da safra 2011/2012 efetivamente entregue a partir de 1º de agosto de 2011, observados os limites estabelecidos nos incisos I e II deste parágrafo.

ART. 2º É a União autorizada a conceder subvenção econômica às unidades industriais produtoras de etanol combustível que desenvolvam suas atividades na área referida no *caput* do art. 1º, referente à produção da safra 2011/2012.

§ 1º A subvenção de que trata o *caput* deste artigo será concedida diretamente às unidades industriais, ou por intermédio de suas cooperativas ou do respectivo sindicato de produtores regularmente constituído, no valor de R$ 0,20 (vinte centavos de real) por litro de etanol efetivamente produzido e comercializado na safra 2011/2012.

§ 2º O Poder Executivo estabelecerá as condições operacionais para o pagamento, o controle e a fiscalização da concessão da equalização de que trata este artigo.

§ 3º A aplicação irregular ou o desvio dos recursos provenientes de subvenção econômica de que tratam este artigo e o art. 1º sujeitarão o infrator à devolução, em dobro, do valor recebido, atualizado monetariamente, sem prejuízo das demais penalidades previstas em lei.

ART. 3º Observado o disposto no § 3º do art. 195 da Constituição Federal, para o fim de concessão das subvenções de que tratam os arts. 1º e 2º, ficam os beneficiários, as cooperativas e o sindicato de produtores regularmente constituído dispensados da comprovação de regularidade fiscal para efeito do recebimento da subvenção.

ART. 4º Fica reduzida a 0 (zero) a alíquota da Contribuição para os Programas de Integração Social e de Formação do Patrimônio do Servidor Público (PIS/Pasep) e da Contribuição para o Financiamento da Seguridade Social (Cofins) incidentes sobre os valores efetivamente recebidos exclusivamente a título da subvenção de que tratam os arts. 1º e 2º.

ART. 5º A Lei n. 12.666, de 14 de junho de 2012, passa a vigorar com as seguintes alterações:

› Alterações promovidas no texto da referida lei.

ART. 6º Para os efeitos das normas aplicáveis aos arranjos e às instituições de pagamento que passam a integrar o Sistema de Pagamentos Brasileiro (SPB), nos termos desta Lei, considera-se:

I - arranjo de pagamento - conjunto de regras e procedimentos que disciplina a prestação de determinado serviço de pagamento ao público aceito por mais de um recebedor, mediante acesso direto pelos usuários finais, pagadores e recebedores;

II - instituidor de arranjo de pagamento - pessoa jurídica responsável pelo arranjo de pagamento e, quando for o caso, pelo uso da marca associada ao arranjo de pagamento;

III - instituição de pagamento - pessoa jurídica que, aderindo a um ou mais arranjos de pagamento, tenha como atividade principal ou acessória, alternativa ou cumulativamente:

a) disponibilizar serviço de aporte ou saque de recursos mantidos em conta de pagamento;

b) executar ou facilitar a instrução de pagamento relacionada a determinado serviço de pagamento, inclusive transferência originada de ou destinada a conta de pagamento;

c) gerir conta de pagamento;

d) emitir instrumento de pagamento;

e) credenciar a aceitação de instrumento de pagamento;

f) executar remessa de fundos;

g) converter moeda física ou escritural em moeda eletrônica, ou vice-versa, credenciar a aceitação ou gerir o uso de moeda eletrônica; e

h) outras atividades relacionadas à prestação de serviço de pagamento, designadas pelo Banco Central do Brasil;

IV - conta de pagamento - conta de registro detida em nome de usuário final de serviços de pagamento utilizada para a execução de transações de pagamento;

V - instrumento de pagamento - dispositivo ou conjunto de procedimentos acordado entre o usuário final e seu prestador de serviço de pagamento utilizado para iniciar uma transação de pagamento; e

VI - moeda eletrônica - recursos armazenados em dispositivo ou sistema eletrônico que permitem ao usuário final efetuar transação de pagamento.

§ 1º As instituições financeiras poderão aderir a arranjos de pagamento na forma estabelecida pelo Banco Central do Brasil, conforme diretrizes estabelecidas pelo Conselho Monetário Nacional.

§ 2º É vedada às instituições de pagamento a realização de atividades privativas de instituições financeiras, sem prejuízo do desempenho das atividades previstas no inciso III do *caput*.

§ 3º O conjunto de regras que disciplina o uso de instrumento de pagamento emitido por sociedade empresária destinado à aquisição de bens ou serviços por ela ofertados não se caracteriza como arranjo de pagamento.

§ 4º Não são alcançados por esta Lei os arranjos de pagamento em que o volume, a abrangência e a natureza dos negócios, a serem definidos pelo Banco Central do Brasil, conforme parâmetros estabelecidos pelo Conselho Monetário Nacional, não forem capazes de oferecer risco ao normal funcionamento das transações de pagamentos de varejo.

§ 5º O Banco Central do Brasil, respeitadas as diretrizes estabelecidas pelo Conselho Monetário Nacional, poderá requerer informações para acompanhar o desenvolvimento dos arranjos de que trata o § 4º.

ART. 7º Os arranjos de pagamento e as instituições de pagamento observarão os seguintes princípios, conforme parâmetros a serem estabelecidos pelo Banco Central do Brasil, observadas as diretrizes do Conselho Monetário Nacional:

I - interoperabilidade ao arranjo de pagamento e entre arranjos de pagamento distintos;

II - solidez e eficiência dos arranjos de pagamento e das instituições de pagamento, promoção da competição e previsão de transferência de saldos em moeda eletrônica, quando couber, para outros arranjos ou instituições de pagamento;

III - acesso não discriminatório aos serviços e às infraestruturas necessários ao funcionamento dos arranjos de pagamento;

IV - atendimento às necessidades dos usuários finais, em especial liberdade de escolha, segurança, proteção de seus interesses econômicos, tratamento não discriminatório, privacidade e proteção de dados pessoais, transparência e acesso a informações claras e completas sobre as condições de prestação de serviços;

V - confiabilidade, qualidade e segurança dos serviços de pagamento; e

VI - inclusão financeira, observados os padrões de qualidade, segurança e transparência equivalentes em todos os arranjos de pagamento.

Parágrafo único. A regulamentação deste artigo assegurará a capacidade de inovação e a diversidade dos modelos de negócios das instituições de pagamento e dos arranjos de pagamento.

ART. 8º O Banco Central do Brasil, o Conselho Monetário Nacional, o Ministério das Comunicações e a Agência Nacional de Telecomunicações (Anatel) estimularão, no âmbito de suas competências, a inclusão financeira por meio da participação do setor de telecomunicações na oferta de serviços de pagamento e poderão, com base em avaliações periódicas, adotar medidas de incentivo ao desenvolvimento de arranjos de pagamento que utilizem terminais de acesso aos serviços de telecomunicações de propriedade do usuário.

Parágrafo único. O Sistema de Pagamentos e Transferência de Valores Monetários por meio de Dispositivos Móveis (STDM), parte integrante do SPB, consiste no conjunto formado pelos arranjos de pagamento que disciplinam a prestação dos serviços de pagamento de que trata o inciso III do art. 6º, baseado na utilização de dispositivo móvel em rede de telefonia móvel, e pelas instituições de pagamento que a eles aderirem.

ART. 9º Compete ao Banco Central do Brasil, conforme diretrizes estabelecidas pelo Conselho Monetário Nacional:

I - disciplinar os arranjos de pagamento;

II - disciplinar a constituição, o funcionamento e a fiscalização das instituições de pagamento, bem como a descontinuidade na prestação de seus serviços;

III - limitar o objeto social de instituições de pagamento;

IV - autorizar a instituição de arranjos de pagamento no País;

V - autorizar constituição, funcionamento, transferência de controle, fusão, cisão e incorporação de instituição de pagamento, inclusive quando envolver participação de pessoa física ou jurídica não residente;

VI - estabelecer condições e autorizar a posse e o exercício de cargos em órgãos estatutários e contratuais em instituição de pagamento;

VII - exercer vigilância sobre os arranjos de pagamento e aplicar as sanções cabíveis;

VIII - supervisionar as instituições de pagamento e aplicar as sanções cabíveis;

IX - adotar medidas preventivas, com o objetivo de assegurar solidez, eficiência e regular funcionamento dos arranjos de pagamento e das instituições de pagamento, podendo, inclusive:

a) estabelecer limites operacionais mínimos;

b) fixar regras de operação, de gerenciamento de riscos, de controles internos e de governança, inclusive quanto ao controle societário e aos mecanismos para assegurar a autonomia deliberativa dos órgãos de direção e de controle; e

c) limitar ou suspender a venda de produtos, a prestação de serviços de pagamento e a utilização de modalidades operacionais;

X - adotar medidas para promover competição, inclusão financeira e transparência na prestação de serviços de pagamentos;

XI - cancelar, de ofício ou a pedido, as autorizações de que tratam os incisos IV, V e VI do *caput*;

XII - coordenar e controlar os arranjos de pagamento e as atividades das instituições de pagamento;

XIII - disciplinar a cobrança de tarifas, comissões e qualquer outra forma de remuneração referentes a serviços de pagamento, inclusive entre integrantes do mesmo arranjo de pagamento; e

XIV - dispor sobre as formas de aplicação dos recursos registrados em conta de pagamento.

§ 1º O Banco Central do Brasil, respeitadas as diretrizes estabelecidas pelo Conselho Monetário Nacional, disciplinará as hipóteses de dispensa da autorização de que tratam os incisos IV, V e VI do *caput*.

§ 2º O Banco Central do Brasil, respeitadas as diretrizes estabelecidas pelo Conselho Monetário Nacional, poderá dispor sobre critérios de interoperabilidade ao arranjo de pagamento ou entre arranjos de pagamento distintos.

§ 3º No exercício das atividades previstas nos incisos VII e VIII do *caput*, o Banco Central do Brasil poderá exigir do instituidor de arranjo de pagamento e da instituição de pagamento a exibição de documentos e livros de escrituração e o acesso, inclusive em tempo real, aos dados armazenados em sistemas eletrônicos, considerando-se a negativa de atendimento como embaraço à fiscalização, sujeita às sanções aplicáveis na forma do art. 11.

§ 4º O Banco Central do Brasil poderá submeter a consulta pública as minutas de atos normativos a serem editados no exercício das competências previstas neste artigo.

§ 5º As competências do Conselho Monetário Nacional e do Banco Central do Brasil previstas neste artigo não afetam as atribuições legais do Sistema Brasileiro de Defesa da Concorrência, nem as dos outros órgãos ou entidades responsáveis pela regulação e supervisão setorial.

§ 6º O Banco Central do Brasil, respeitadas as diretrizes estabelecidas pelo Conselho Monetário Nacional, definirá as hipóteses que poderão provocar o cancelamento de que trata o inciso XI do *caput* e os atos processuais necessários.

ART. 10. O Banco Central do Brasil poderá, respeitadas as diretrizes estabelecidas pelo Conselho Monetário Nacional, estabelecer requisitos para a terceirização de atividades conexas às atividades fins pelos participantes dos arranjos de pagamento e para a atuação de terceiros como agentes de instituições de pagamento.

§ 1º O instituidor do arranjo de pagamento e a instituição de pagamento respondem administrativamente pela atuação dos terceiros que contratarem na forma do *caput*.

§ 2º Não se aplica o disposto no *caput* caso a entidade não participe de nenhuma atividade do arranjo de pagamento e atue exclusivamente no fornecimento de infraestrutura, como os serviços de telecomunicações.

ART. 11. As infrações às normas legais e regulamentares que regem os arranjos e as instituições de pagamento sujeitam o instituidor de arranjo de pagamento e a instituição de pagamento, os seus administradores e os membros de seus órgãos estatutários ou contratuais às penalidades previstas pela legislação em vigor. (Alterado pela Lei 13.506/2017.)

Parágrafo único. O disposto no *caput* não afasta a aplicação, pelos órgãos integrantes do Sistema Nacional de Defesa do Consumidor e do Sistema Brasileiro de Defesa da Concorrência, das penalidades cabíveis por violação das normas de proteção do consumidor e de defesa da concorrência.

ART. 12. Os recursos mantidos em contas de pagamento:

I - constituem patrimônio separado, que não se confunde com o da instituição de pagamento;

II - não respondem direta ou indiretamente por nenhuma obrigação da instituição de pagamento nem podem ser objeto de arresto, sequestro, busca e apreensão ou qualquer outro ato de constrição judicial em função de débitos de responsabilidade da instituição de pagamento;

III - não compõem o ativo da instituição de pagamento, para efeito de falência ou liquidação judicial ou extrajudicial; e

IV - não podem ser dados em garantia de débitos assumidos pela instituição de pagamento.

ART. 13. As instituições de pagamento sujeitam-se ao regime de administração especial temporária, à intervenção e à liquidação extrajudicial, nas condições e forma previstas na legislação aplicável às instituições financeiras.

ART. 14. É o Banco Central do Brasil autorizado a acolher depósitos em benefício de entidades não financeiras integrantes do Sistema de Pagamentos Brasileiro.

ART. 15. É o Banco Central do Brasil autorizado a baixar as normas e instruções necessárias ao seu cumprimento.

§ 1º No prazo de 180 (cento e oitenta) dias, o Banco Central do Brasil, tendo em vista diretrizes estabelecidas pelo Conselho Monetário Nacional, definirá as condições mínimas para prestação dos serviços de que trata esta Lei.

§ 2º É o Banco Central do Brasil autorizado a estabelecer, para os arranjos de pagamento, os instituidores de arranjo de pagamento e as instituições de pagamento já em funcionamento, prazos para adequação às disposições desta Lei, às normas por ele estabelecidas e às diretrizes do Conselho Monetário Nacional.

ART. 16. É a União autorizada a emitir, sob a forma de colocação direta, em favor da Conta de Desenvolvimento Energético (CDE), títulos da Dívida Pública Mobiliária Federal, a valor de mercado e até o limite dos créditos totais detidos, em 1º de março de 2013, por ela e pela Eletrobrás na Itaipu Binacional.

§ 1º As características dos títulos de que trata o *caput* serão definidas pelo Ministro de Estado da Fazenda.

§ 2º Os valores recebidos pela União em decorrência de seus créditos na Itaipu Binacional serão destinados exclusivamente ao pagamento da Dívida Pública Federal.

ART. 17. O prazo previsto no § 12 do art. 1º e no art. 7º da Lei n. 11.941, de 27 de maio de 2009, bem como o prazo previsto no § 18 do art. 65 da Lei n. 12.249, de 11 de junho de 2010, passa a ser o do último dia útil do segundo mês subsequente ao da publicação da Lei decorrente da conversão da Medida Provisória no 627, de 11 de novembro de 2013, atendidas as condições estabelecidas neste artigo. (Alterado pela Lei 12.973/2014.)

§ 1º A opção de pagamento ou parcelamento de que trata este artigo não se aplica aos débitos que já tenham sido parcelados nos termos dos arts. 1º a 13 da Lei n. 11.941, de 27 de maio de 2009, e nos termos do art. 65 da Lei n. 12.249, de 11 de junho de 2010.

§ 2º Enquanto não consolidada a dívida, o contribuinte deve calcular e recolher mensalmente parcela equivalente ao maior valor entre:

I - o montante dos débitos objeto do parcelamento dividido pelo número de prestações pretendidas; e

II - os valores constantes no § 6º do art. 1º ou no inciso I do § 1º do art. 3º da Lei n. 11.941, de 27 de maio de 2009, conforme o caso, ou os valores constantes do § 6º do art. 65 da Lei n. 12.249, de 11 de junho de 2010, quando aplicável esta Lei.

§ 3º Por ocasião da consolidação, será exigida a regularidade de todas as prestações devidas desde o mês de adesão até o mês anterior ao da conclusão da consolidação dos débitos parcelados pelo disposto neste artigo.

§ 4º Aplica-se a restrição prevista no § 32 do art. 65 da Lei n. 12.249, de 11 de junho de 2010, aos débitos para com a Anatel, que não terão o prazo reaberto nos moldes do *caput* deste artigo.

§ 5º Aplica-se aos débitos pagos ou parcelados, na forma do art. 65 da Lei n. 12.249, de 11 de junho de 2010, o disposto no parágrafo único do art. 4º da Lei n. 11.941, de 27 de maio de 2009, bem como o disposto no § 16 do art. 39 desta Lei, para os pagamentos ou parcelas ocorridos após 1º de janeiro de 2014. (Acrescentado pela Lei 12.973/2014.)

§ 6º Os percentuais de redução previstos nos arts. 1º e 3º da Lei n. 11.941, de 27 de maio de 2009, serão aplicados sobre o valor do débito atualizado à época do depósito e somente incidirão sobre o valor das multas de mora e de ofício, das multas isoladas, dos juros de mora e do encargo legal efetivamente depositados. (Acrescentado pela Lei 12.973/2014.)

§ 7º A transformação em pagamento definitivo dos valores depositados somente ocorrerá após a aplicação dos percentuais de redução, observado o disposto no § 6º. (Acrescentado pela Lei 12.973/2014.)

§ 8º A pessoa jurídica que, após a transformação dos depósitos em pagamento definitivo, possuir débitos não liquidados pelo depósito poderá obter as reduções para pagamento à vista e liquidar os juros relativos a esses débitos com a utilização de montantes de prejuízo fiscal ou de base de cálculo negativa da CSLL, desde que pague à vista os débitos remanescentes. (Acrescentado pela Lei 12.973/2014.)

§ 9º Na hipótese do § 8º, as reduções serão aplicadas sobre os valores atualizados na data do pagamento. (Acrescentado pela Lei 12.973/2014.)

§ 10. Para fins de aplicação do disposto nos §§ 6º e 9º, a RFB deverá consolidar o débito, considerando a utilização de montantes de prejuízo fiscal ou de base de cálculo negativa da CSLL de acordo com a alíquota aplicável a cada pessoa jurídica, e informar ao Poder Judiciário o resultado para fins de transformação do depósito em pagamento definitivo ou levantamento de eventual saldo. (Acrescentado pela Lei 12.973/2014.)

§ 11. O montante transformado em pagamento definitivo será o necessário para apropriação aos débitos envolvidos no litígio objeto da desistência, inclusive a débitos referentes ao mesmo litígio que eventualmente estejam sem o correspondente depósito ou com depósito em montante insuficiente a sua quitação. (Acrescentado pela Lei 12.973/2014.)

§ 12. Após a transformação em pagamento definitivo de que trata o § 7º, o sujeito passivo poderá requerer o levantamento do saldo remanescente, se houver, observado o disposto no § 13. (Acrescentado pela Lei 12.973/2014.)

§ 13. Na hipótese de que trata o § 12, o saldo remanescente somente poderá ser levantado pelo sujeito passivo após a confirmação pela RFB dos montantes de prejuízo fiscal e de base de cálculo negativa da CSLL utilizados na forma do § 7º do art. 1º da Lei n. 11.941, de 27 de maio de 2009. (Acrescentado pela Lei 12.973/2014.)

§ 14. O saldo remanescente de que trata o § 12 será corrigido pela taxa Selic. (Acrescentado pela Lei 12.973/2014.)

§ 15. Para os sujeitos passivos que aderirem ao parcelamento na forma do *caput*, nenhum percentual de multa, antes das reduções, será superior a 100% (cem por cento). (Acrescentado pela Lei 12.973/2014.)

ART. 18. É a União, por intermédio da Secretaria de Políticas para as Mulheres da Presidência da República (SPM/PR), autorizada a contratar o Banco do Brasil S.A. ou suas subsidiárias para atuar na gestão de recursos, obras e serviços de engenharia relacionados ao desenvolvimento de projetos, modernização, ampliação, construção ou reforma da rede integrada e especializada para atendimento da mulher em situação de violência.

§ 1º É dispensada a licitação para a contratação prevista no *caput*.

§ 2º Os recursos destinados à realização das atividades previstas no *caput* serão depositados, aplicados e movimentados no Banco do Brasil S.A. ou por instituição integrante do conglomerado financeiro por ele liderado.

§ 3º Para a consecução dos objetivos previstos no *caput*, o Banco do Brasil S.A., ou suas subsidiárias, realizará procedimentos licitatórios, em nome próprio ou de terceiros, para adquirir bens e contratar obras, serviços de engenharia e quaisquer outros serviços técnicos especializados, ressalvados os casos previstos em lei.

§ 4º Para os fins previstos no § 3º, o Banco do Brasil S.A. ou suas subsidiárias poderão utilizar o Regime Diferenciado de Contratações Públicas (RDC), instituído pela Lei n. 12.462, de 4 de agosto de 2011.

§ 5º Para a contratação prevista no *caput*, o Banco do Brasil S.A. ou suas subsidiárias seguirão as diretrizes e os critérios de remuneração e de gestão de recursos definidos em ato da Secretaria de Políticas para as Mulheres da Presidência da República (SPM/PR).

ART. 19. (Vetado).

ART. 20. O inciso I do § 4º do art. 2º da Lei n. 11.508, de 20 de julho de 2007, passa a vigorar com a seguinte redação:

› Alteração promovida no texto da referida lei.

ART. 21. O prazo de 48 (quarenta e oito) meses previsto no inciso I do § 4º do art. 2º da Lei n. 11.508, de 20 de julho de 2007, com a redação dada por esta Lei, aplica-se às Zonas de Processamento de Exportação (ZPE) criadas a partir de 23 de julho de 2007, desde que não tenha sido declarada a sua caducidade até a publicação desta Lei.

ART. 22. O art. 10 da Lei n. 9.503, de 23 de setembro de 1997, passa a vigorar com as seguintes alterações:

› Alteração promovida no texto da referida lei.

ART. 23. Sem prejuízo do disposto na Lei n. 12.682, de 9 de julho de 2012, nas operações e transações realizadas no sistema financeiro nacional, inclusive por meio de instrumentos regulados por lei específica, o documento digitalizado terá o mesmo valor legal que o documento que lhe deu origem, respeitadas as normas do Conselho Monetário Nacional.

§ 1º As normas mencionadas no *caput* disporão sobre o conjunto de procedimentos e operações técnicas referentes a produção, classificação, tramitação, uso, avaliação, arquivamento, reprodução e acesso ao documento digitalizado e ao documento que lhe deu origem, observado o disposto nos arts. 7º a 10 da Lei n. 8.159, de 8 de janeiro de 1991, quando se tratar de documentos públicos. (Acrescentado pela Lei 13.097/2015.)

§ 2º O Conselho Monetário Nacional poderá disciplinar ainda o procedimento para o descarte das matrizes físicas dos documentos digitalizados e armazenados eletronicamente, nos termos do § 1º. (Acrescentado pela Lei 13.097/2015.)

ART. 24. O Decreto n. 70.235, de 6 de março de 1972, passa a vigorar com as seguintes alterações:

› Alteração promovida no texto da referida lei.

ART. 25. O art. 65 da Lei n. 9.069, de 29 de junho de 1995, passa a vigorar com as seguintes alterações:

› Alteração promovida no texto da referida lei.

ART. 26. O art. 7º da Lei n. 10.865, de 30 de abril de 2004, passa a vigorar com a seguinte redação:

› Alteração promovida no texto da referida lei.

ART. 27. A Lei n. 12.587, de 3 de janeiro de 2012, passa a vigorar com as seguintes alterações:

› Alteração promovida no texto da referida lei.

ART. 28. (Vetado).

ART. 29. Fica suspensa a incidência da Contribuição para o PIS/Pasep e da Cofins sobre as receitas decorrentes da venda de soja classificada na posição 12.01 e dos produtos classificados nos códigos 1208.10.00 e 2304.00 da Tabela de Incidência do Imposto sobre Produtos Industrializados (Tipi), aprovada pelo Decreto n. 7.660, de 23 de dezembro de 2011.

ART. 30. A partir da data de publicação desta Lei, o disposto nos arts. 8º e 9º da Lei n. 10.925, de 23 de julho de 2004, não mais se aplica aos produtos classificados nos códigos 12.01, 1208.10.00, 2304.00 e 2309.10.00 da Tipi.

ART. 31. A pessoa jurídica sujeita ao regime de apuração não cumulativa da Contribuição para o PIS/Pasep e da Cofins poderá descontar das referidas contribuições, devidas em cada período de apuração, crédito presumido calculado sobre a receita decorrente da venda no mercado interno ou da exportação dos produtos classificados nos códigos 1208.10.00, 15.07, 1517.10.00, 2304.00, 2309.10.00 e 3826.00.00 e de lecitina de soja classificada no código 2923.20.00, todos da Tipi.

§ 1º O crédito presumido de que trata o *caput* poderá ser aproveitado inclusive na hipótese de a receita decorrente da venda dos referidos produtos estar desonerada da Contribuição para o PIS/Pasep e da Cofins.

§ 2º O montante do crédito presumido da Contribuição para o PIS/Pasep e da Cofins a que se refere o *caput* será determinado, respectivamente, mediante aplicação, sobre o valor da receita mencionada no *caput*, de percentual das alíquotas previstas no *caput* do art. 2º da Lei n. 10.637, de 30 de dezembro de 2002, e no *caput* do art. 2º da Lei n. 10.833, de 29 de dezembro de 2003, correspondente a:

I - 27% (vinte e sete por cento), no caso de comercialização de óleo de soja classificado no código 15.07 da Tipi;

II - 27% (vinte e sete por cento), no caso de comercialização de produtos classificados nos códigos 1208.10.00 e 2304.00 da Tipi;

III - 10% (dez por cento), no caso de comercialização de margarina classificada no código 1517.10.00 da Tipi;

IV - 5% (cinco por cento), no caso de comercialização de rações classificadas no código 2309.10.00 da Tipi;

V - 45% (quarenta e cinco por cento), no caso de comercialização de biodiesel classificado no código 3826.00.00 da Tipi;

VI - 13% (treze por cento), no caso de comercialização de lecitina de soja classificada no código 2923.20.00 da Tipi.

§ 3º A pessoa jurídica deverá subtrair do montante do crédito presumido da Contribuição para o PIS/Pasep e da Cofins que apurar na forma prevista no § 2º, respectivamente, o montante correspondente:

I - à aplicação do percentual de alíquotas previsto no inciso I do § 2º sobre o valor de aquisição de óleo de soja classificado no código 15.07 da Tipi utilizado como insumo na produção de:

a) óleo de soja classificado no código 1507.90.1 da Tipi;

b) margarina classificada no código 1517.10.00 da Tipi;

c) biodiesel classificado no código 3826.00.00 da Tipi;

d) lecitina de soja classificada no código 2923.20.00 da Tipi;

II - à aplicação do percentual de alíquotas previsto no inciso II do § 2º sobre o valor de aquisição dos produtos classificados nos códigos 1208.10.00 e 2304.00 da Tipi utilizados como insumo na produção de rações classificadas nos códigos 2309.10.00 da Tipi.

§ 4º O disposto no § 3º somente se aplica em caso de insumos adquiridos de pessoa jurídica.

§ 5º O crédito presumido não aproveitado em determinado mês poderá ser aproveitado nos meses subsequentes.

§ 6º A pessoa jurídica que até o final de cada trimestre-calendário não conseguir utilizar o crédito presumido de que trata este artigo na forma prevista no *caput* poderá:

I - efetuar sua compensação com débitos próprios, vencidos ou vincendos, relativos a impostos e contribuições administrados pela Secretaria da Receita Federal do Brasil, observada a legislação específica aplicável à matéria; ou

II - solicitar seu ressarcimento em espécie, observada a legislação específica aplicável à matéria.

§ 7º O disposto neste artigo aplica-se exclusivamente à pessoa jurídica que industrializa os produtos citados no *caput*, não sendo aplicável a:

I - operações que consistam em mera revenda de bens;

II - empresa comercial exportadora.

§ 8º Para os fins deste artigo, considera-se exportação a venda direta ao exterior ou a empresa comercial exportadora com o fim específico de exportação.

ART. 32. Os créditos presumidos de que trata o art. 31 serão apurados e registrados em separado dos créditos previstos no art. 3º da Lei n. 10.637, de 30 de dezembro de 2002, no art. 3º da Lei n. 10.833, de 29 de dezembro de 2003, e no art. 15 da Lei n. 10.865, de 30 de abril de 2004, e poderão ser ressarcidos em conformidade com procedimento específico estabelecido pela Secretaria da Receita Federal do Brasil.

Parágrafo único. O procedimento específico de ressarcimento de que trata o *caput* somente será aplicável aos créditos presumidos apurados pela pessoa jurídica em relação à operação de comercialização acobertada por nota fiscal referente exclusivamente a produtos cuja venda no mercado interno ou exportação seja contemplada com o crédito presumido de que trata o art. 31.

ART. 33. O art. 8º da Lei n. 10.925, de 23 de julho de 2004, passa a vigorar com as seguintes alterações:

‣ Alteração promovida no texto da referida lei.

ART. 34. Os arts. 54 e 55 da Lei n. 12.350, de 20 de dezembro de 2010, passam a vigorar com as seguintes alterações: Vigência

‣ Alteração promovida no texto da referida lei.

ARTS. 35 a **37.** (Vetados).

ART. 38. São extintas todas as obrigações, inclusive as anteriores à data de publicação desta Lei, exigidas de pessoas físicas ou jurídicas de direito privado com fundamento nas alíneas "a" e "c" do *caput* do art. 36 da Lei n. 4.870, de 1º de dezembro de 1965, preservadas aquelas já adimplidas.

ART. 39. Os débitos para com a Fazenda Nacional relativos à contribuição para o Programa de Integração Social - PIS e à Contribuição para o Financiamento da Seguridade Social - Cofins, de que trata o Capítulo I da Lei n. 9.718, de 27 de novembro de 1998, devidos por instituições financeiras e equiparadas, vencidos até 31 de dezembro de 2013, poderão ser: (Alterado pela Lei 12.973/2014.)

I - pagos à vista com redução de 100% (cem por cento) das multas de mora e de ofício, de 100% (cem por cento) das multas isoladas, de 100% (cem por cento) dos juros de mora e de 100% (cem por cento) sobre o valor do encargo legal; ou (Alterado pela Lei 12.973/2014.)

II - parcelados em até 60 (sessenta) prestações, sendo 20% (vinte por cento) de entrada e o restante em parcelas mensais, com redução de 80% (oitenta por cento) das multas de mora e de ofício, de 80% (oitenta por cento) das multas isoladas, de 40% (quarenta por cento) dos juros de mora e de 100% (cem por cento) sobre o valor do encargo legal.

§ 1º Poderão ser pagos ou parcelados pelas pessoas jurídicas, nos mesmos prazos e condições estabelecidos neste artigo, os débitos objeto de discussão judicial relativos à exclusão do ICMS da base de cálculo do PIS e da Cofins.

§ 2º O disposto neste artigo aplica-se à totalidade dos débitos, constituídos ou não, com exigibilidade suspensa ou não, inscritos ou não em Dívida Ativa da União, mesmo que em fase de execução fiscal já ajuizada, ou que tenham sido objeto de parcelamento anterior não integralmente quitado, ainda que excluído por falta de pagamento.

§ 3º Para usufruir dos benefícios previstos neste artigo, a pessoa jurídica deverá comprovar a desistência expressa e irrevogável de todas as ações judiciais que tenham por objeto os tributos indicados no *caput* e renunciar a qualquer alegação de direito sobre as quais se fundam as referidas ações.

§ 4º A desistência de que trata o § 3º poderá ser parcial, desde que o débito, objeto de desistência, seja passível de distinção dos demais débitos discutidos na ação judicial ou no processo administrativo. (Alterado pela Lei 12.973/2014.)

§ 5º Os depósitos existentes vinculados aos débitos a serem pagos ou parcelados nos termos deste artigo serão automaticamente convertidos em pagamento definitivo, aplicando-se as reduções previstas no *caput* ao saldo remanescente a ser pago ou parcelado.

§ 6º As reduções previstas no *caput* não serão cumulativas com quaisquer outras reduções admitidas em lei.

§ 7º Na hipótese de anterior concessão de redução de multas ou de juros em percentuais diversos dos estabelecidos no *caput*, prevalecerão os percentuais nele referidos, aplicados sobre o saldo original das multas ou dos juros.

§ 8º Enquanto não consolidada a dívida, o contribuinte deve calcular e recolher mensalmente parcela equivalente ao montante dos débitos objeto do parcelamento, dividido pelo número de prestações pretendidas.

§ 9º O pedido de pagamento ou parcelamento deverá ser efetuado até o último dia do segundo mês subsequente ao da publicação da Lei decorrente da conversão da Medida Provisória no 627, de 11 de novembro de 2013, e independerá de apresentação de garantia, mantidas aquelas decorrentes de débitos transferidos de outras modalidades de parcelamento ou de execução fiscal. (Alterado pela Lei 12.973/2014.)

§ 10. Implicará imediata rescisão do parcelamento, com cancelamento dos benefícios concedidos, a falta de pagamento:

I - de 3 (três) parcelas, consecutivas ou não; ou

II - de até 2 (duas) prestações, estando pagas todas as demais ou estando vencida a última prestação do parcelamento.

§ 11. É considerada inadimplida a parcela parcialmente paga.

§ 12. Rescindido o parcelamento:

I - será efetuada a apuração do valor original do débito, restabelecendo-se os acréscimos legais na forma da legislação aplicável à época da ocorrência dos respectivos fatos geradores;

II - serão deduzidas do valor referido no inciso I as prestações pagas.

§ 13. Aplica-se ao parcelamento de que trata este artigo o disposto no *caput* e nos §§ 2º e 3º do art. 11, no art. 12, no *caput* do art. 13 e no inciso IX do art. 14 da Lei n. 10.522, de 19 de julho de 2002.

§ 14. Ao parcelamento de que trata este artigo não se aplicam:

I - o § 1º do art. 3º da Lei n. 9.964, de 10 de abril de 2000; e

II - o § 10 do art. 1º da Lei n. 10.684, de 30 de maio de 2003.

§ 15. A Secretaria da Receita Federal do Brasil e a Procuradoria-Geral da Fazenda Nacional, no âmbito de suas competências, editarão os atos necessários à execução do parcelamento de que trata este artigo.

§ 16. Não será computada na apuração da base de cálculo do Imposto de Renda, da Contribuição Social sobre o Lucro Líquido - CSLL, da Contribuição para o PIS/Pasep e da Contribuição para o Financiamento da Seguridade Social - Cofins a parcela equivalente à redução do valor das multas, dos juros e do encargo legal em decorrência do disposto neste artigo. (Alterado pela Lei 12.973/2014.)

ART. 40. Os débitos para com a Fazenda Nacional relativos ao Imposto sobre a Renda das Pessoas Jurídicas - IRPJ e à Contribuição Social sobre o Lucro Líquido - CSLL, decorrentes da aplicação do art. 74 da Medida Provisória no 2.158-35, de 24 de agosto de 2001, relativos a fatos geradores ocorridos até 31 de dezembro de 2013, poderão ser: (Alterado pela Lei 12.973/2014.)

‣ Art. 115, Lei 12.973/2014.

I - pagos à vista, com redução de 100% (cem por cento) das multas de mora e de ofício, das multas isoladas, dos juros de mora e do valor do encargo legal; ou

II - parcelados em até 180 (cento e oitenta) prestações, sendo 20% (vinte por cento) de entrada e o restante em parcelas mensais, com redução de 80% (oitenta por cento) das multas de mora e de ofício, de 80% (oitenta por cento) das multas isoladas, de 50% (cinquenta por cento) dos juros de mora e de 100% (cem por cento) sobre o valor do encargo legal. (Alterado pela Lei 12.973/2014.)

§ 1º O disposto neste artigo aplica-se à totalidade dos débitos, constituídos ou não, com exigibilidade suspensa ou não, inscritos ou não em Dívida Ativa da União, mesmo que em fase de execução fiscal já ajuizada, ou que tenham sido objeto de parcelamento anterior não integralmente quitado, ainda que excluído por falta de pagamento.

§ 2º Para inclusão no parcelamento de que trata este artigo dos débitos que se encontram com exigibilidade suspensa nas hipóteses previstas nos incisos III a V do art. 151 da Lei n. 5.172, de 25 de outubro de 1966 (Código Tributário Nacional), o sujeito passivo deverá desistir expressamente e de forma irrevogável, total ou parcialmente, da impugnação ou do recurso interposto, ou da ação judicial proposta e, cumulativamente, renunciar a quaisquer alegações de direito sobre as quais se fundamentam os referidos processos administrativos e as ações judiciais.

§ 3º O sujeito passivo que possuir ação judicial em curso na qual requer o restabelecimento de sua opção ou a sua reinclusão em outros parcelamentos, para fazer jus à inclusão dos débitos abrangidos pelos referidos parcelamentos no parcelamento de que trata este artigo, deverá desistir da respectiva ação judicial e renunciar a qualquer alegação de direito sobre a qual se funda a referida ação, protocolando requerimento de extinção do processo com resolução do mérito, nos termos do inciso V do *caput* do art. 269 da Lei n. 5.869, de 11 de janeiro de 1973 (Código de Processo Civil), até o prazo final para adesão ao parcelamento.

§ 4º Os depósitos existentes vinculados aos débitos a serem pagos ou parcelados nos termos deste artigo serão automaticamente convertidos em pagamento definitivo, aplicando-se as reduções previstas no *caput* ao saldo remanescente a ser pago ou parcelado.

§ 5º As reduções previstas no *caput* não serão cumulativas com quaisquer outras reduções admitidas em lei.

§ 6º Na hipótese de anterior concessão de redução de multas ou de juros em percentuais diversos dos estabelecidos no *caput*, prevalecerão os percentuais nele referidos, aplicados sobre o saldo original das multas ou dos juros.

§ 7º Os valores correspondentes a multas, de mora ou de ofício ou isoladas, a juros moratórios e até 30% (trinta por cento) do valor principal do tributo, inclusive relativos a débitos inscritos em dívida ativa e do restante a ser pago em parcelas mensais a que se refere o inciso II do *caput*, poderão ser liquidados com a utilização de créditos de prejuízo fiscal e de base de cálculo negativa da Contribuição Social sobre o Lucro Líquido próprios e de sociedades controladas ou coligadas, além das demais mencionadas no inciso II do § 8º deste artigo, em 31 de dezembro de 2011, domiciliadas no Brasil, desde que se mantenham nesta condição até a data da opção pelo parcelamento. (Alterado pela Lei 12.995/2014.)

§ 8º Na hipótese do disposto no § 7º:

I - o valor a ser utilizado será determinado mediante a aplicação, sobre o montante do prejuízo fiscal e da base de cálculo negativa, das alíquotas de 25% (vinte e cinco por cento) e 9% (nove por cento), respectivamente;

II - somente será admitida a utilização de prejuízo fiscal e base de cálculo negativa da Contribuição Social sobre o Lucro Líquido - CSLL próprios ou incorridos pelas sociedades controladoras e controladas e pelas sociedades que estejam sob controle comum, direto e indireto, até 31 de dezembro de 2012; e (Alterado pela Lei 12.973/2014.)

III - aplica-se à controladora e à controlada, para fins de aproveitamento de créditos de prejuízo fiscal e de base de cálculo negativa da Contribuição Social sobre o Lucro Líquido, o conceito previsto no § 2º do art. 243 da Lei n. 6.404, de 15 de dezembro de 1976. (Alterado pela Lei 12.973/2014.)

§ 9º A dívida objeto do parcelamento será consolidada na data do seu requerimento e será dividida pelo número de prestações indicadas pelo sujeito passivo, não podendo a parcela ser inferior a R$ 300.000,00 (trezentos mil reais).

§ 10. Enquanto não consolidada a dívida, o contribuinte deve calcular e recolher mensalmente parcela equivalente ao montante dos débitos objeto do parcelamento, dividido pelo número de prestações pretendidas, observado o disposto no § 9º.

§ 11. O pedido de pagamento ou de parcelamento deverá ser efetuado até o último dia do segundo mês subsequente ao da publicação da Lei decorrente da conversão da Medida Provisória no 627, de 11 de novembro de 2013, e independerá da apresentação de garantia, mantidas aquelas decorrentes de débitos transferidos de outras modalidades de parcelamento ou de execução fiscal. (Alterado pela Lei 12.973/2014.)

§ 12. Implicará imediata rescisão do parcelamento, com cancelamento dos benefícios concedidos, a falta de pagamento:

I - de 3 (três) parcelas, consecutivas ou não; ou

II - de até 2 (duas) prestações, estando pagas todas as demais ou estando vencida a última prestação do parcelamento.

§ 13. É considerada inadimplida a parcela parcialmente paga.

§ 14. Rescindido o parcelamento:

I - será efetuada a apuração do valor original do débito, restabelecendo-se os acréscimos legais na forma da legislação aplicável à época da ocorrência dos respectivos fatos geradores;

II - serão deduzidas do valor referido no inciso I as prestações pagas.

§ 15. Aplica-se ao parcelamento de que trata este artigo o disposto no *caput* e nos §§ 2º e 3º do art. 11, no art. 12, no *caput* do art. 13 e nos incisos V e IX do *caput* do art. 14 da Lei n. 10.522, de 19 de julho de 2002, e no parágrafo único do art. 4º da Lei n. 11.941, de 27 de maio de 2009. (Alterado pela Lei 12.973/2014.)

§ 16. Ao parcelamento de que trata este artigo não se aplicam:

I - o § 1º do art. 3º da Lei n. 9.964, de 10 de abril de 2000; e

II - o § 10 do art. 1º da Lei n. 10.684, de 30 de maio de 2003.

§ 17. A Secretaria da Receita Federal do Brasil e a Procuradoria-Geral da Fazenda Nacional, no âmbito de suas competências, editarão os atos necessários à execução do parcelamento de que trata este artigo.

ART. 41. O § 1º do art. 37 da Lei n. 11.196, de 21 de novembro de 2005, passa a vigorar com a seguinte redação:

‣ Alterações promovidas no texto da referida lei.

ART. 42. Revogam-se:

I - os §§ 4º e 5º do art. 7º da Lei n. 10.865, de 30 de abril de 2004;

II - o inciso II do § 3º do art. 8º da Lei n. 10.925, de 23 de julho de 2004;

III - o art. 47 da Lei n. 12.546, de 14 de dezembro de 2011; e

IV - o art. 36 da Lei n. 4.870, de 1º de dezembro de 1965.

ART. 43. Esta Lei entra em vigor:

I - a partir do primeiro dia do quarto mês subsequente ao de sua publicação, em relação ao disposto no art. 34 desta Lei;

II - na data de sua publicação, para os demais dispositivos.

Brasília, 9 de outubro de 2013; 192º da Independência e 125º da República.

DILMA ROUSSEFF

LEI N. 12.867, DE 10 DE OUTUBRO DE 2013

Regula a profissão de árbitro de futebol e dá outras providências.

‣ *DOU*, 11.10.2013.

A Presidenta da República. Faço saber que o Congresso Nacional decreta e eu sanciono a seguinte Lei:

ART. 1º A profissão de árbitro de futebol é reconhecida e regulada por esta Lei, sem prejuízo das disposições não colidentes contidas na legislação vigente.

ART. 2º O árbitro de futebol exercerá atribuições relacionadas às atividades esportivas disciplinadas pela Lei n. 9.615, de 24 de março de 1998, destacando-se aquelas inerentes ao árbitro de partidas de futebol e as de seus auxiliares.

ART. 3º (Vetado).

ART. 4º É facultado aos árbitros de futebol organizar-se em associações profissionais e sindicatos.

ART. 5º É facultado aos árbitros de futebol prestar serviços às entidades de administração, às ligas e às entidades de prática da modalidade desportiva futebol.

ART. 6º Esta Lei entra em vigor na data de sua publicação.

Brasília, 10 de outubro de 2013; 192º da Independência e 125º da República.

DILMA ROUSSEFF

LEI N. 12.869, DE 15 DE OUTUBRO DE 2013

Dispõe sobre o exercício da atividade e a remuneração do permissionário lotérico e dá outras providências.

‣ *DOU*, 16.10.2013.

A Presidenta da República. Faço saber que o Congresso Nacional decreta e eu sanciono a seguinte Lei:

ART. 1º Esta Lei estabelece critérios para a contratação e remuneração de permissionários lotéricos nesse regime e fixa outras providências relativamente às atividades econômicas complementares que vierem a ser por eles exercidas.

ART. 2º Para os fins desta Lei, considera-se:

I - permissão lotérica: a outorga, a título precário, mediante licitação, da prestação de serviços públicos feita pelo poder outorgante à pessoa física ou jurídica que demonstre capacidade para seu desempenho, por sua conta e risco, para comercializar todas as loterias federais e os produtos autorizados, bem como para atuar na prestação de serviços delegados pela outorgante, nos termos e condições definidos pela legislação e normas reguladoras vigentes;

II - outorgante de serviços lotéricos: a Caixa Econômica Federal (CEF) na forma da lei.

ART. 3º Os editais de licitação e os contratos firmados pela outorgante com os permissionários referidos no *caput* do art. 1º observarão, obrigatoriamente, as seguintes diretrizes operacionais e critérios de remuneração:

I - é admitida a conjugação da atividade do permissionário lotérico com outra atividade comercial quando prévia e expressamente autorizada pela outorgante, em função da aderência aos produtos de loterias, produtos conveniados e serviços;

II - a outorgante pode exigir que os permissionários atuem em atividades acessórias com exclusividade como forma de oferecer à sociedade serviços padronizados em todo o território nacional, incluindo a prestação de serviços como correspondente, de forma a não assumir idênticas obrigações com qualquer outra instituição financeira, sendo-lhes vedado prestar serviços que não aqueles previamente autorizados pela outorgante;

III - pela comercialização das modalidades de loterias, os permissionários farão jus a comissão estipulada pela outorgante, a qual incidirá sobre o preço de venda das apostas, deduzidos os repasses previstos em lei e respeitado o equilíbrio econômico-financeiro do produto lotérico;

IV - (Vetado);

V - a mudança de endereço e novas permissões ou credenciamentos sujeitar-se-ão à autorização da outorgante, que deverá observar o potencial para a venda das loterias federais e a demanda para atendimento da população local, comprovados por estudos técnicos;

VI - os contratos de permissão serão firmados pelo prazo de 20 (vinte) anos, com renovação automática por idêntico período, ressalvadas a rescisão ou a declaração de caducidade fundada em comprovado descumprimento das cláusulas contratuais, ou a extinção, nas situações previstas em lei.

Parágrafo único. Em caso de permissão de serviços lotéricos, o prazo de renovação referido no inciso VI deste artigo contar-se-á a partir do término do prazo de permissão, independentemente do termo inicial desta.

ART. 4º O exercício da atividade de permissionário lotérico não obsta o exercício de atividades complementares impostas ou autorizadas pela outorgante, nos termos e condições definidos pela legislação e normas reguladoras vigentes.

ART. 5º A Caixa Econômica Federal, como outorgante da permissão de serviços lotéricos e quando se enquadrar na condição de contratante de serviços de correspondente bancário:

I - prestará assistência e consultoria, fornecerá orientações e ministrará treinamentos e todas as demais instruções necessárias ao início e à manutenção das atividades do permissionário, bem como à implementação de inovações operacionais indispensáveis ao exercício da atividade e à melhoria na gestão e desempenho empresarial, ficando por conta do permissionário as despesas com transporte, alimentação, hospedagem e outras que não estiverem ligadas ao objeto do treinamento ou curso necessário;

II - (Vetado).

ART. 5º-A São válidas as outorgas de permissão lotérica e seus aditivos contratuais celebrados até 15 de outubro de 2013 perante a Caixa Econômica Federal, por meio de termos de responsabilidade e compromisso, que concederam prazo de permissão adicional de duzentos e quarenta meses, aos quais serão aplicadas as renovações automáticas previstas no inciso VI e parágrafo único do art. 3º. (Acrescentado pela Lei 13.177/2015.)

Parágrafo único. Não se aplica o disposto no *caput* quando tiver havido rescisão contratual por comprovado descumprimento das cláusulas contratuais pelo permissionário lotérico. (Acrescentado pela Lei 13.177/2015.)

ART. 5º-B Aplica-se a renovação automática prevista no art. 5º-A às demais permissões lotéricas celebradas até a data de publicação desta Lei após a data final de vigência, inclusive quando decorrente de renovação automática prevista no respectivo contrato. (Acrescentado pela Lei 13.177/2015.)

ART. 6º Esta Lei entra em vigor na data de sua publicação.

Brasília, 15 de outubro de 2013; 192º da Independência e 125º da República.

DILMA ROUSSEFF

LEI N. 12.870, DE 15 DE OUTUBRO DE 2013

Dispõe sobre o exercício da atividade profissional de vaqueiro.

- *DOU*, 16.10.2013.

A Presidenta da República. Faço saber que o Congresso Nacional decreta e eu sanciono a seguinte Lei:

ART. 1º Fica reconhecida a atividade de vaqueiro como profissão.

ART. 2º Considera-se vaqueiro o profissional apto a realizar práticas relacionadas ao trato, manejo e condução de espécies animais do tipo bovino, bubalino, equino, muar, caprino e ovino.

ART. 3º Constituem atribuições do vaqueiro:

I - realizar tratos culturais em forrageiras, pastos e outras plantações para ração animal;

II - alimentar os animais sob seus cuidados;

III - realizar ordenha;

IV - cuidar da saúde dos animais sob sua responsabilidade;

V - auxiliar nos cuidados necessários para a reprodução das espécies, sob a orientação de veterinários e técnicos qualificados;

VI - treinar e preparar animais para eventos culturais e socioesportivos, garantindo que não sejam submetidos a atos de violência;

VII - efetuar manutenção nas instalações dos animais sob seus cuidados.

ART. 4º A contratação pelos serviços de vaqueiro é de responsabilidade do administrador, proprietário ou não, do estabelecimento agropecuário de exploração de animais de grande e médio porte, de pecuária de leite, de corte e de criação.

Parágrafo único. (Vetado).

ART. 5º Esta Lei entra em vigor na data de sua publicação.

Brasília, 15 de outubro de 2013; 192º da Independência e 125º da República.

DILMA ROUSSEFF

LEI N. 12.973, DE 13 DE MAIO DE 2014

Altera a legislação tributária federal relativa ao Imposto sobre a Renda das Pessoas Jurídicas - IRPJ, à Contribuição Social sobre o Lucro Líquido - CSLL, à Contribuição para o PIS/Pasep e à Contribuição para o Financiamento da Seguridade Social - Cofins; revoga o Regime Tributário de Transição - RTT, instituído pela Lei n. 11.941, de 27 de maio de 2009; dispõe sobre a tributação da pessoa jurídica domiciliada no Brasil, com relação ao acréscimo patrimonial decorrente de participação em lucros auferidos no exterior por controladas e coligadas; altera o Decreto-Lei n. 1.598, de 26 de dezembro de 1977 e as Leis n. 9.430, de 27 de dezembro de 1996, 9.249, de 26 de dezembro de 1995, 8.981, de 20 de janeiro de 1995, 4.506, de 30 de novembro de 1964, 7.689, de 15 de dezembro de 1988, 9.718, de 27 de novembro de 1998, 10.865, de 30 de abril de 2004, 10.637, de 30 de dezembro de 2002, 10.833, de 29 de dezembro de 2003, 12.865, de 9 de outubro de 2013, 9.532, de 10 de dezembro de 1997, 9.656, de 3 de junho de 1998, 9.826, de 23 de agosto de 1999, 10.485, de 3 de julho de 2002, 10.893, de 13 de julho de 2004, 11.312, de 27 de junho de 2006, 11.941, de 27 de maio de 2009, 12.249, de 11 de junho de 2010, 12.431, de 24 de junho de 2011, 12.716, de 21 de setembro de 2012, e 12.844, de 19 de julho de 2013; e dá outras providências.

- *DOU*, 14.05.2014.
- Conversão da Med. Prov. 627/2013.

A Presidenta da República. Faço saber que o Congresso Nacional decreta e eu sanciono a seguinte Lei:

ART. 1º O Imposto sobre a Renda das Pessoas Jurídicas - IRPJ, a Contribuição Social sobre o Lucro Líquido - CSLL, a Contribuição para o PIS/Pasep e a Contribuição para o Financiamento da Seguridade Social - Cofins serão determinados segundo as normas da legislação vigente, com as alterações desta Lei.

CAPÍTULO I
DO IMPOSTO SOBRE A RENDA DAS PESSOAS JURÍDICAS E DA CONTRIBUIÇÃO SOCIAL SOBRE O LUCRO LÍQUIDO

ART. 2º O Decreto-Lei n. 1.598, de 26 de dezembro de 1977, passa a vigorar com as seguintes alterações:

- Alterações promovidas no texto da referida lei.

ART. 3º Ficam isentos do Imposto sobre a Renda das Pessoas Físicas os rendimentos recebidos pelos condomínios residenciais constituídos nos termos da Lei n. 4.591, de 16 de dezembro de 1964, limitado a R$ 24.000,00 (vinte e quatro mil reais) por ano-calendário, e desde que sejam revertidos em benefício do condomínio para cobertura de despesas de custeio e de despesas extraordinárias, estejam previstos e autorizados na convenção condominial, não sejam distribuídos aos condôminos e decorram:

I - de uso, aluguel ou locação de partes comuns do condomínio;

II - de multas e penalidades aplicadas em decorrência de inobservância das regras previstas na convenção condominial; ou

III - de alienação de ativos detidos pelo condomínio.

SEÇÃO I
AJUSTE A VALOR PRESENTE

ART. 4º Os valores decorrentes do ajuste a valor presente, de que trata o inciso VIII do *caput* do art. 183 da Lei n. 6.404, de 15 de dezembro de 1976, relativos a cada operação, somente serão considerados na determinação do lucro real no mesmo período de apuração em que a receita ou resultado da operação deva ser oferecido à tributação.

ART. 5º Os valores decorrentes do ajuste a valor presente, de que trata o inciso III do *caput* do art. 184 da Lei n. 6.404, de 15 de dezembro de 1976, relativos a cada operação, somente serão considerados na determinação do lucro real no período de apuração em que:

I - o bem for revendido, no caso de aquisição a prazo de bem para revenda;

II - o bem for utilizado como insumo na produção de bens ou serviços, no caso de aquisição a prazo de bem a ser utilizado como insumo na produção de bens ou serviços;

III - o ativo for realizado, inclusive mediante depreciação, amortização, exaustão, alienação ou baixa, no caso de aquisição a prazo de ativo não classificável nos incisos I e II do *caput*;

IV - a despesa for incorrida, no caso de aquisição a prazo de bem ou serviço contabilizado diretamente como despesa; e

V - o custo for incorrido, no caso de aquisição a prazo de bem ou serviço contabilizado diretamente como custo de produção de bens ou serviços.

§ 1º Nas hipóteses previstas nos incisos I, II e III do *caput*, os valores decorrentes do ajuste a valor presente deverão ser evidenciados contabilmente em subconta vinculada ao ativo.

§ 2º Os valores decorrentes de ajuste a valor presente de que trata o *caput* não poderão ser considerados na determinação do lucro real:

I - na hipótese prevista no inciso III do *caput*, caso o valor realizado, inclusive mediante depreciação, amortização, exaustão, alienação ou baixa não seja dedutível;

II - na hipótese prevista no inciso IV do *caput*, caso a despesa não seja dedutível; e

III - nas hipóteses previstas nos incisos I, II e III do *caput*, caso os valores decorrentes do ajuste a valor presente não tenham sido evidenciados conforme disposto no § 1º.

ART. 6º A Lei n. 9.430, de 27 de dezembro de 1996, passa a vigorar com as seguintes alterações:

- Alterações promovidas no texto da referida lei.

SEÇÃO II
CUSTO DE EMPRÉSTIMOS - LUCRO PRESUMIDO E ARBITRADO

ART. 7º Para fins de determinação do ganho de capital previsto no inciso II do *caput* do art. 25 da Lei n. 9.430, de 27 de dezembro de 1996, é vedado o cômputo de qualquer parcela a título de encargos associados a empréstimos, registrados como custo na forma da alínea "b" do § 1º do art. 17 do Decreto-Lei n. 1.598, de 26 de dezembro de 1977.

Parágrafo único. O disposto no *caput* aplica-se também ao ganho de capital previsto no inciso II do *caput* do art. 27 e no inciso II do *caput* do art. 29 da Lei n. 9.430, de 27 de dezembro de 1996.

ART. 8º No caso de pessoa jurídica tributada com base no lucro presumido ou arbitrado, as receitas financeiras relativas às variações monetárias dos direitos de crédito e das obrigações do contribuinte, em função da taxa de câmbio, originadas dos saldos de valores a apropriar decorrentes de ajuste a valor presente não integrarão a base de cálculo do imposto sobre a renda.

ART. 9º A Lei n. 9.249, de 26 de dezembro de 1995, passa a vigorar com as seguintes alterações:

- Alterações promovidas no texto da referida lei.

ART. 10. A Lei n. 8.981, de 20 de janeiro de 1995, passa a vigorar com as seguintes alterações:

- Alterações promovidas no texto da referida lei.

SEÇÃO III
DESPESAS PRÉ-OPERACIONAIS OU PRÉ-INDUSTRIAIS

ART. 11. Para fins de determinação do lucro real, não serão computadas, no período de apuração em que incorridas, as despesas:

I - de organização pré-operacionais ou pré-industriais, inclusive da fase inicial de operação, quando a empresa utilizou apenas parcialmente o seu equipamento ou as suas instalações; e

II - de expansão das atividades industriais.

Parágrafo único. As despesas referidas no *caput* poderão ser excluídas para fins de determinação do lucro real, em quotas fixas mensais e no prazo mínimo de 5 (cinco) anos, a partir:

I - do início das operações ou da plena utilização das instalações, no caso do inciso I do *caput*; e

II - do início das atividades das novas instalações, no caso do inciso II do *caput*.

SEÇÃO IV
VARIAÇÃO CAMBIAL - AJUSTE A VALOR PRESENTE

ART. 12. As variações monetárias em razão da taxa de câmbio referentes aos saldos de valores a apropriar decorrentes de ajuste a valor presente não serão computadas na determinação do lucro real.

SEÇÃO V
AVALIAÇÃO A VALOR JUSTO

SUBSEÇÃO I
GANHO

ART. 13. O ganho decorrente de avaliação de ativo ou passivo com base no valor justo não será computado na determinação do lucro real desde que o respectivo aumento no valor do ativo ou a redução no valor do passivo seja evidenciado contabilmente em subconta vinculada ao ativo ou passivo.

§ 1º O ganho evidenciado por meio da subconta de que trata o *caput* será computado na determinação do lucro real à medida que o ativo for realizado, inclusive mediante depreciação, amortização, exaustão, alienação ou baixa, ou quando o passivo for liquidado ou baixado.

§ 2º O ganho a que se refere o § 1º não será computado na determinação do lucro real caso o valor realizado, inclusive mediante depreciação, amortização, exaustão, alienação ou baixa, seja indedutível.

§ 3º Na hipótese de não ser evidenciado por meio de subconta na forma prevista no *caput*, o ganho será tributado.

§ 4º Na hipótese de que trata o § 3º, o ganho não poderá acarretar redução de prejuízo fiscal do período, devendo, neste caso, ser considerado em período de apuração seguinte em que exista lucro real antes do cômputo do referido ganho.

§ 5º O disposto neste artigo não se aplica aos ganhos no reconhecimento inicial de ativos avaliados com base no valor justo decorrentes de doações recebidas de terceiros.

§ 6º No caso de operações de permuta que envolvam troca de ativo ou passivo de que trata o *caput*, o ganho decorrente da avaliação com base no valor justo poderá ser computado na determinação do lucro real na medida da realização do ativo ou passivo recebido na permuta, de acordo com as hipóteses previstas nos §§ 1º a 4º.

SUBSEÇÃO II
PERDA

ART. 14. A perda decorrente de avaliação de ativo ou passivo com base no valor justo somente poderá ser computada na determinação do lucro real à medida que o ativo for realizado, inclusive mediante depreciação, amortização, exaustão, alienação ou baixa, ou quando o passivo for liquidado ou baixado, e desde que a respectiva redução no valor do ativo ou aumento no valor do passivo seja evidenciada contabilmente em subconta vinculada ao ativo ou passivo.

§ 1º A perda a que se refere este artigo não será computada na determinação do lucro real caso o valor realizado, inclusive mediante depreciação, amortização, exaustão, alienação ou baixa, seja indedutível.

§ 2º Na hipótese de não ser evidenciada por meio de subconta na forma prevista no *caput*, a perda será considerada indedutível na apuração do lucro real.

ART. 15. A Secretaria da Receita Federal do Brasil irá disciplinar o controle em subcontas previsto nos arts. 5º, 13 e 14.

SEÇÃO VI
AJUSTE A VALOR JUSTO

SUBSEÇÃO I
LUCRO PRESUMIDO PARA LUCRO REAL

ART. 16. A pessoa jurídica tributada pelo lucro presumido que, em período de apuração imediatamente posterior, passar a ser tributada pelo lucro real deverá incluir na base de cálculo do imposto apurado pelo lucro presumido os ganhos decorrentes de avaliação com base no valor justo, que façam parte do valor contábil, e na proporção deste, relativos aos ativos constantes em seu patrimônio.

§ 1º A tributação dos ganhos poderá ser diferida para os períodos de apuração em que a pessoa jurídica for tributada pelo lucro real, desde que observados os procedimentos e requisitos previstos no art. 13.

§ 2º As perdas verificadas nas condições do *caput* somente poderão ser computadas na determinação do lucro real dos períodos de apuração posteriores se observados os procedimentos e requisitos previstos no art. 14.

§ 3º O disposto neste artigo aplica-se, também, na hipótese de avaliação com base no valor justo de passivos relacionados a ativos ainda não totalmente realizados na data de transição para o lucro real.

SUBSEÇÃO II
GANHO DE CAPITAL SUBSCRIÇÃO DE AÇÕES

ART. 17. O ganho decorrente de avaliação com base no valor justo de bem do ativo incorporado ao patrimônio de outra pessoa jurídica, na subscrição em bens de capital social, ou de valores mobiliários emitidos por companhia, não será computado na determinação do lucro real, desde que o aumento no valor do bem do ativo seja evidenciado contabilmente em subconta vinculada à participação societária ou aos valores mobiliários, com discriminação do bem objeto de avaliação com base no valor justo, em condições de permitir a determinação da parcela realizada em cada período.

§ 1º O ganho evidenciado por meio da subconta de que trata o *caput* será computado na determinação do lucro real:

I - na alienação ou na liquidação da participação societária ou dos valores mobiliários, pelo montante realizado;

II - proporcionalmente ao valor realizado, no período-base em que a pessoa jurídica que houver recebido o bem realizar seu valor, inclusive mediante depreciação, amortização, exaustão, alienação ou baixa, ou com ele integralizar capital de outra pessoa jurídica; ou

III - na hipótese de bem não sujeito à realização por depreciação, amortização ou exaustão que não tenha sido alienado, baixado ou utilizado na integralização do capital de outra pessoa jurídica, nos 5 (cinco) anos-calendário subsequentes à subscrição em bens de capital social, ou de valores mobiliários emitidos por companhia, à razão de 1/60 (um sessenta avos), no mínimo, para cada mês do período de apuração.

§ 2º Na hipótese de não ser evidenciado por meio de subconta na forma prevista no *caput*, o ganho será tributado.

§ 3º Na hipótese de que trata o § 2º, o ganho não poderá acarretar redução de prejuízo fiscal do período e deverá, nesse caso, ser considerado em período de apuração seguinte em que exista lucro real antes do cômputo do referido ganho.

§ 4º Na hipótese de a subscrição de capital social de que trata o *caput* ser feita por meio da entrega de participação societária, será considerada realização, nos termos do inciso III do § 1º, a absorção do patrimônio da investida, em virtude de incorporação, fusão ou cisão, pela pessoa jurídica que teve o capital social subscrito por meio do recebimento da participação societária.

§ 5º O disposto no § 4º aplica-se inclusive quando a investida absorver, em virtude de incorporação, fusão ou cisão, o patrimônio da pessoa jurídica que teve o capital social subscrito por meio do recebimento da participação societária.

ART. 18. A perda decorrente de avaliação com base no valor justo de bem do ativo incorporado ao patrimônio de outra pessoa jurídica, na subscrição em bens de capital social, ou de valores mobiliários emitidos por companhia, somente poderá ser computada na determinação do lucro real caso a respectiva redução no valor do bem do ativo seja evidenciada contabilmente em subconta vinculada à participação societária ou aos valores mobiliários, com discriminação do bem objeto de avaliação com base no valor justo, em condições de permitir a determinação da parcela realizada em cada período, e:

I - na alienação ou na liquidação da participação societária ou dos valores mobiliários, pelo montante realizado;

II - proporcionalmente ao valor realizado, no período-base em que a pessoa jurídica que houver recebido o bem realizar seu valor, inclusive mediante depreciação, amortização, exaustão, alienação ou baixa, ou com ele integralizar capital de outra pessoa jurídica; ou

III - na hipótese de bem não sujeito à realização por depreciação, amortização ou exaustão que não tenha sido alienado, baixado ou utilizado na integralização do capital de outra pessoa jurídica, a perda poderá ser amortizada nos balanços correspondentes à apuração de lucro real, levantados durante os 5 (cinco) anos-calendário subsequentes à subscrição em bens de capital social, ou de valores mobiliários emitidos por companhia, à razão de 1/60 (um sessenta avos), no máximo, para cada mês do período de apuração.

§ 1º Na hipótese de não ser evidenciada por meio de subconta na forma prevista no *caput*, a perda será considerada indedutível na apuração do lucro real.

§ 2º Na hipótese da subscrição de capital social de que trata o *caput* ser feita por meio da entrega de participação societária, será considerada realização, nos termos do inciso II do *caput*, a absorção do patrimônio da investida, em virtude de incorporação, fusão ou cisão pela pessoa jurídica que teve o capital social subscrito por meio do recebimento da participação societária.

§ 3º O disposto no § 2º aplica-se inclusive quando a investida absorver, em virtude de incorporação, fusão ou cisão, o patrimônio da pessoa jurídica que teve o capital social subscrito por meio do recebimento da participação societária.

ART. 19. A Secretaria da Receita Federal do Brasil irá disciplinar o controle em subcontas de que tratam os arts. 17 e 18.

SEÇÃO VII
INCORPORAÇÃO, FUSÃO OU CISÃO

SUBSEÇÃO I
MAIS-VALIA

ART. 20. Nos casos de incorporação, fusão ou cisão, o saldo existente na contabilidade, na data da aquisição da participação societária, referente à mais-valia de que trata o inciso II do *caput* do art. 20 do Decreto-Lei n. 1.598, de 26 de dezembro de 1977, decorrente da aquisição de participação societária entre partes não dependentes, poderá ser considerado como integrante do custo do bem ou direito que lhe deu causa, para efeito de determinação de ganho ou perda de capital e do cômputo da depreciação, amortização ou exaustão.

§ 1º Se o bem ou direito que deu causa ao valor de que trata o *caput* não houver sido transferido, na hipótese de cisão, para o patrimônio da sucessora, esta poderá, para efeitos de apuração do lucro real, deduzir a referida importância em quotas fixas mensais e no prazo mínimo de 5 (cinco) anos contados da data do evento.

§ 2º A dedutibilidade da despesa de depreciação, amortização ou exaustão está condicionada ao cumprimento da condição estabelecida no inciso III do *caput* do art. 13 da Lei n. 9.249, de 26 de dezembro de 1995.

§ 3º O contribuinte não poderá utilizar o disposto neste artigo, quando:

I - o laudo a que se refere o § 3º do art. 20 do Decreto-Lei n. 1.598, de 26 de dezembro de 1977, não for elaborado e tempestivamente protocolado ou registrado; ou

II - os valores que compõem o saldo da mais-valia não puderem ser identificados em decorrência da não observância do disposto no § 3º do art. 37 ou no § 1º do art. 39 desta Lei.

§ 4º O laudo de que trata o inciso I do § 3º será desconsiderado na hipótese em que os dados nele constantes apresentem comprovadamente vícios ou incorreções de caráter relevante.

§ 5º A vedação prevista no inciso I do § 3º não se aplica para participações societárias adquiridas até 31 de dezembro de 2013, para os optantes conforme o art. 75, ou até 31 de dezembro de 2014, para os não optantes.

SUBSEÇÃO II
MENOS-VALIA

ART. 21. Nos casos de incorporação, fusão ou cisão, o saldo existente na contabilidade, na data da aquisição da participação societária, referente à menos-valia de que trata o inciso II do *caput* do art. 20 do Decreto-Lei n. 1.598, de 26 de dezembro de 1977, deverá ser considerado como integrante do custo do bem ou direito que lhe deu causa para efeito de determinação de ganho ou perda de capital e do cômputo da depreciação, amortização ou exaustão.

§ 1º Se o bem ou direito que deu causa ao valor de que trata o *caput* não houver sido transferido, na hipótese de cisão, para o patrimônio da sucessora, esta poderá, para efeitos de apuração do lucro real, diferir o reconhecimento da referida importância, oferecendo à tributação quotas fixas mensais no prazo máximo de 5 (cinco) anos contados da data do evento.

§ 2º A dedutibilidade da despesa de depreciação, amortização ou exaustão está condicionada ao cumprimento da condição estabelecida no inciso III do *caput* do art. 13 da Lei n. 9.249, de 26 de dezembro de 1995.

§ 3º O valor de que trata o *caput* será considerado como integrante do custo dos bens ou direitos que forem realizados em menor prazo depois da data do evento, quando:

I - o laudo a que se refere o § 3º do art. 20 do Decreto-Lei n. 1.598, de 26 de dezembro de 1977, não for elaborado e tempestivamente protocolado ou registrado; ou

II - os valores que compõem o saldo da menos-valia não puderem ser identificados em decorrência da não observância do disposto no § 3º do art. 37 ou no § 1º do art. 39 desta Lei.

§ 4º O laudo de que trata o inciso I do § 3º será desconsiderado na hipótese em que os dados nele constantes apresentem comprovadamente vícios ou incorreções de caráter relevante.

§ 5º A vedação prevista no inciso I do § 3º não se aplica para participações societárias adquiridas até 31 de dezembro de 2013, para os optantes conforme o art. 75, ou até 31 de dezembro de 2014, para os não optantes.

SUBSEÇÃO III
GOODWILL

ART. 22. A pessoa jurídica que absorver patrimônio de outra, em virtude de incorporação, fusão ou cisão, na qual detinha participação societária adquirida com ágio por rentabilidade futura (*goodwill*) decorrente da aquisição de participação societária entre partes não dependentes, apurado segundo o disposto no inciso III do *caput* do art. 20 do Decreto-Lei n. 1.598, de 26 de dezembro de 1977, poderá excluir para fins de apuração do lucro real dos períodos de apuração subsequentes o saldo do referido ágio existente na contabilidade na data da aquisição da participação societária, à razão de 1/60 (um sessenta avos), no máximo, para cada mês do período de apuração.

§ 1º O contribuinte não poderá utilizar o disposto neste artigo, quando:

I - o laudo a que se refere o § 3º do art. 20 do Decreto-Lei n. 1.598, de 26 de dezembro de 1977, não for elaborado e tempestivamente protocolado ou registrado;

II - os valores que compõem o saldo do ágio por rentabilidade futura (*goodwill*) não puderem ser identificados em decorrência da não observância do disposto no § 3º do art. 37 ou no § 1º do art. 39 desta Lei.

§ 2º O laudo de que trata o inciso I do § 1º será desconsiderado na hipótese em que os dados nele constantes apresentem comprovadamente vícios ou incorreções de caráter relevante.

§ 3º A vedação prevista no inciso I do § 1º não se aplica para participações societárias adquiridas até 31 de dezembro de 2013, para os optantes conforme o art. 75, ou até 31 de dezembro de 2014, para os não optantes.

SUBSEÇÃO IV
GANHO POR COMPRA VANTAJOSA

ART. 23. A pessoa jurídica que absorver patrimônio de outra, em virtude de incorporação, fusão ou cisão, na qual detinha participação societária adquirida com ganho proveniente de compra vantajosa, conforme definido no § 6º do art. 20 do Decreto-Lei n. 1.598, de 26 de dezembro de 1977, deverá computar o referido ganho na determinação do lucro real dos períodos de apuração subsequentes à data do evento, à razão de 1/60 (um sessenta avos), no mínimo, para cada mês do período de apuração.

ART. 24. O disposto nos arts. 20, 21, 22 e 23 aplica-se inclusive quando a empresa incorporada, fusionada ou cindida for aquela que detinha a propriedade da participação societária.

ART. 25. Para fins do disposto nos arts. 20 e 22, consideram-se partes dependentes quando:

I - o adquirente e o alienante são controlados, direta ou indiretamente, pela mesma parte ou partes;

II - existir relação de controle entre o adquirente e o alienante;

III - o alienante for sócio, titular, conselheiro ou administrador da pessoa jurídica adquirente;

IV - o alienante for parente ou afim até o terceiro grau, cônjuge ou companheiro das pessoas relacionadas no inciso III; ou

V - em decorrência de outras relações não descritas nos incisos I a IV, em que fique comprovada a dependência societária.

Parágrafo único. No caso de participação societária adquirida em estágios, a relação de dependência entre o(s) alienante(s) e o(s) adquirente(s) de que trata este artigo deve ser verificada no ato da primeira aquisição, desde que as condições do negócio estejam previstas no instrumento negocial.

SUBSEÇÃO V
AVALIAÇÃO COM BASE NO VALOR JUSTO NA SUCEDIDA TRANSFERIDO PARA A SUCESSORA

ART. 26. Nos casos de incorporação, fusão ou cisão, os ganhos decorrentes de avaliação com base no valor justo na sucedida não poderão ser considerados na sucessora como integrante do custo do bem ou direito que lhe deu causa para efeito de determinação de ganho ou perda de capital e do cômputo da depreciação, amortização ou exaustão.

Parágrafo único. Os ganhos e perdas evidenciados nas subcontas de que tratam os arts. 13 e 14 transferidos em decorrência de incorporação, fusão ou cisão terão, na sucessora, o mesmo tratamento tributário que teriam na sucedida.

SEÇÃO VIII
GANHO POR COMPRA VANTAJOSA

ART. 27. O ganho decorrente do excesso do valor líquido dos ativos identificáveis adquiridos e dos passivos assumidos, mensurados pelos respectivos valores justos, em relação à contraprestação transferida, será computado na determinação do lucro real no período de apuração relativo à data do evento e posteriores, à razão de 1/60 (um sessenta avos), no mínimo, para cada mês do período de apuração.

Parágrafo único. Quando o ganho proveniente de compra vantajosa se referir ao valor de que trata o inciso II do § 5º do art. 20 do Decreto-Lei n. 1.598, de 26 de dezembro de 1977, deverá ser observado, conforme o caso, o disposto no § 6º do art. 20 do mesmo Decreto-Lei ou o disposto no art. 22 desta Lei.

SEÇÃO IX
TRATAMENTO TRIBUTÁRIO
DO *GOODWILL*

ART. 28. A contrapartida da redução do ágio por rentabilidade futura (*goodwill*), inclusive mediante redução ao valor recuperável, não será computada na determinação do lucro real.

Parágrafo único. Quando a redução se referir ao valor de que trata o inciso III do art. 20 do Decreto-Lei n. 1.598, de 26 de dezembro de 1977, deve ser observado o disposto no art. 25 do mesmo Decreto-Lei.

SEÇÃO X
CONTRATOS DE LONGO PRAZO

ART. 29. Na hipótese de a pessoa jurídica utilizar critério, para determinação da porcentagem do contrato ou da produção executada, distinto dos previstos no § 1º do art. 10 do Decreto-Lei n. 1.598, de 26 de dezembro de 1977, que implique resultado do período diferente daquele que seria apurado com base nesses critérios, a diferença verificada deverá ser adicionada ou excluída, conforme o caso, por ocasião da apuração do lucro real.

SEÇÃO XI
SUBVENÇÕES PARA INVESTIMENTO

ART. 30. As subvenções para investimento, inclusive mediante isenção ou redução de impostos, concedidas como estímulo à implantação ou expansão de empreendimentos econômicos e as doações feitas pelo poder público não serão computadas na determinação do lucro real, desde que seja registrada em reserva de lucros a que se refere o art. 195-A da Lei n. 6.404, de 15 de dezembro de 1976, que somente poderá ser utilizada para:

I - absorção de prejuízos, desde que anteriormente já tenham sido totalmente absorvidas as demais Reservas de Lucros, com exceção da Reserva Legal; ou

II - aumento do capital social.

§ 1º Na hipótese do inciso I do *caput*, a pessoa jurídica deverá recompor a reserva à medida que forem apurados lucros nos períodos subsequentes.

§ 2º As doações e subvenções de que trata o *caput* serão tributadas caso não seja observado o disposto no § 1º ou seja dada destinação diversa da que está prevista no *caput*, inclusive nas hipóteses de

I - capitalização do valor e posterior restituição de capital aos sócios ou ao titular, mediante redução do capital social, hipótese em que a base para a incidência será o valor restituído, limitado ao valor total das exclusões decorrentes de doações ou subvenções governamentais para investimentos;

II - restituição de capital aos sócios ou ao titular, mediante redução do capital social, nos 5 (cinco) anos anteriores à data da doação ou da subvenção, com posterior capitalização do valor da doação ou da subvenção, hipótese em que a base para a incidência será o valor restituído, limitada ao valor total das exclusões decorrentes de doações ou de subvenções governamentais para investimentos; ou

III - integração à base de cálculo dos dividendos obrigatórios.

§ 3º Se, no período de apuração, a pessoa jurídica apurar prejuízo contábil ou lucro líquido contábil inferior à parcela decorrente de doações e de subvenções governamentais e, nesse caso, não puder ser constituída como parcela de lucros nos termos do *caput*, esta deverá ocorrer à medida que forem apurados lucros nos períodos subsequentes.

§ 4º Os incentivos e os benefícios fiscais ou financeiro-fiscais relativos ao imposto previsto no inciso II do *caput* do art. 155 da Constituição Federal, concedidos pelos Estados e pelo Distrito Federal, são considerados subvenções para investimento, vedada a exigência de outros requisitos ou condições não previstos neste artigo. (Acrescentado pela LC 160/2017.)

§ 5º O disposto no § 4º deste artigo aplica-se inclusive aos processos administrativos e judiciais ainda não definitivamente julgados. (Acrescentado pela LC 160/2017.)

SEÇÃO XII
PRÊMIO NA EMISSÃO DE DEBÊNTURES

ART. 31. O prêmio na emissão de debêntures não será computado na determinação do lucro real, desde que:

I - a titularidade da debênture não seja de sócio ou titular da pessoa jurídica emitente; e

II - seja registrado em reserva de lucros específica, que somente poderá ser utilizada para:

a) absorção de prejuízos, desde que anteriormente já tenham sido totalmente absorvidas as demais Reservas de Lucros, com exceção da Reserva Legal; ou

b) aumento do capital social.

§ 1º Na hipótese da alínea "a" do inciso II do *caput*, a pessoa jurídica deverá recompor a reserva à medida que forem apurados lucros nos períodos subsequentes.

§ 2º O prêmio na emissão de debêntures de que trata o *caput* será tributado caso não seja observado o disposto no § 1º ou seja dada destinação diversa da que está prevista no *caput*, inclusive nas hipóteses de:

I - capitalização do valor e posterior restituição de capital aos sócios ou ao titular, mediante redução do capital social, hipótese em que a base para a incidência será o valor restituído, limitado ao valor total das exclusões decorrentes do prêmio na emissão de debêntures;

II - restituição de capital aos sócios ou ao titular, mediante redução do capital social, nos 5 (cinco) anos anteriores à data da emissão das debêntures, com posterior capitalização do valor do prêmio na emissão de debêntures, hipótese em que a base para a incidência será o valor restituído, limitada ao valor total das exclusões decorrentes de prêmio na emissão de debêntures; ou

III - integração à base de cálculo dos dividendos obrigatórios.

§ 3º Se, no período de apuração, a pessoa jurídica apurar prejuízo contábil ou lucro líquido contábil inferior à parcela decorrente de prêmio na emissão de debêntures e, nesse caso, não puder ser constituída como parcela de lucros nos termos do *caput*, esta deverá ocorrer à medida que forem apurados lucros nos períodos subsequentes.

§ 4º A reserva de lucros específica a que se refere o inciso II do *caput*, para fins do limite de que trata o art. 199 da Lei n. 6.404, de 15 de dezembro de 1976, terá o mesmo tratamento dado à reserva de lucros prevista no art. 195-A da referida Lei.

§ 5º Para fins do disposto no inciso I do *caput*, serão considerados os sócios com participação igual ou superior a 10% (dez por cento) do capital social da pessoa jurídica emitente.

SEÇÃO XIII
TESTE DE RECUPERABILIDADE

ART. 32. O contribuinte poderá reconhecer na apuração do lucro real somente os valores contabilizados como redução ao valor recuperável de ativos que não tenham sido objeto de reversão, quando ocorrer a alienação ou baixa do bem correspondente.

Parágrafo único. No caso de alienação ou baixa de um ativo que compõe uma unidade geradora de caixa, o valor a ser reconhecido na apuração do lucro real deve ser proporcional à relação entre o valor contábil desse ativo e o total da unidade geradora de caixa à data em que foi realizado o teste de recuperabilidade.

SEÇÃO XIV
PAGAMENTO BASEADO EM AÇÕES

ART. 33. O valor da remuneração dos serviços prestados por empregados ou similares, efetuada por meio de acordo com pagamento baseado em ações, deve ser adicionado ao lucro líquido para fins de apuração do lucro real no período de apuração em que o custo ou a despesa forem apropriados.

§ 1º A remuneração de que trata o *caput* será dedutível somente depois do pagamento, quando liquidados em caixa ou outro ativo, ou depois da transferência da propriedade definitiva das ações ou opções, quando liquidados com instrumentos patrimoniais.

§ 2º Para efeito do disposto no § 1º, o valor a ser excluído será:

I - o efetivamente pago, quando a liquidação baseada em ação for efetuada em caixa ou outro ativo financeiro; ou

II - o reconhecido no patrimônio líquido nos termos da legislação comercial, quando a liquidação for efetuada em instrumentos patrimoniais.

ART. 34. As aquisições de serviços, na forma do art. 33 e liquidadas com instrumentos patrimoniais, terão efeitos no cálculo dos juros sobre o capital próprio de que trata o art. 9º da Lei n. 9.249, de 26 de dezembro de 1995, somente depois da transferência definitiva da propriedade dos referidos instrumentos patrimoniais.

SEÇÃO XV
CONTRATOS DE CONCESSÃO

ART. 35. No caso de contrato de concessão de serviços públicos em que a concessionária reconhece como receita o direito de exploração recebido do poder concedente, o resultado decorrente desse reconhecimento deverá ser computado no lucro real à medida que ocorrer a realização do respectivo ativo intangível, inclusive mediante amortização, alienação ou baixa.

Parágrafo único. Para fins dos pagamentos mensais referidos no art. 2º da Lei n. 9.430, de 27 de dezembro de 1996, a receita mencionada no *caput* não integrará a base de cálculo, exceto na hipótese prevista no art. 35 da Lei n. 8.981, de 20 de janeiro de 1995.

ART. 36. No caso de contrato de concessão de serviços públicos, o lucro decorrente da receita reconhecida pela construção, recuperação, reforma, ampliação ou melhoramento da infraestrutura, cuja contrapartida seja ativo financeiro representativo de direito contratual incondicional de receber caixa ou outro ativo financeiro, poderá ser tributado à medida do efetivo recebimento.

Parágrafo único. Para fins dos pagamentos mensais determinados sobre a base de cálculo estimada de que trata o art. 2º da Lei n. 9.430, de 27 de dezembro de 1996, a concessionária poderá considerar como receita o montante efetivamente recebido.

SEÇÃO XVI
AQUISIÇÃO DE PARTICIPAÇÃO SOCIETÁRIA EM ESTÁGIOS

ART. 37. No caso de aquisição de controle de outra empresa na qual se detinha participação societária anterior, o contribuinte deve observar as seguintes disposições:

I - o ganho decorrente de avaliação da participação societária anterior com base no valor justo, apurado na data da aquisição, poderá ser diferido, sendo reconhecido para fins de apuração do lucro real por ocasião da alienação ou baixa do investimento;

II - a perda relacionada à avaliação da participação societária anterior com base no valor justo, apurada na data da aquisição, poderá ser considerada na apuração do lucro real somente por ocasião da alienação ou baixa do investimento; e

III - o ganho decorrente do excesso do valor justo dos ativos líquidos da investida, na proporção da participação anterior, em relação ao valor dessa participação avaliada a valor justo, também poderá ser diferido, sendo reconhecido para fins de apuração do lucro real por ocasião da alienação ou baixa do investimento.

§ 1º Para fins do disposto neste artigo, a pessoa jurídica deverá manter controle dos valores de que tratam o *caput* no livro de que trata o inciso I do *caput* do art. 8º do Decreto-Lei n. 1.598, de 26 de dezembro de 1977, que serão baixados quando do cômputo do ganho ou perda na apuração do lucro real.

§ 2º Os valores apurados em decorrência da operação, relativos à participação societária anterior, que tenham a mesma natureza das parcelas discriminadas nos incisos II e III do *caput* do art. 20 do Decreto-Lei n. 1.598, de 26 de dezembro de 1977, sujeitam-se ao mesmo disciplinamento tributário dado a essas parcelas.

§ 3º Deverão ser contabilizadas em subcontas distintas:

I - a mais ou menos-valia e o ágio por rentabilidade futura (*goodwill*) relativos à participação societária anterior, existente antes da aquisição do controle; e

II - as variações nos valores a que se refere o inciso I, em decorrência da aquisição do controle.

§ 4º O disposto neste artigo aplica-se aos demais casos em que o contribuinte avalia a valor justo a participação societária anterior no momento da aquisição da nova participação societária.

SUBSEÇÃO I
INCORPORAÇÃO, FUSÃO E CISÃO

ART. 38. Na hipótese tratada no art. 37, caso ocorra incorporação, fusão ou cisão:

I - deve ocorrer a baixa dos valores controlados no livro de que trata o inciso I do *caput* do art. 8º do Decreto-Lei n. 1.598, de 26 de dezembro de 1977, a que se refere o § 1º do art. 37, sem qualquer efeito na apuração do lucro real;

II - não deve ser computada na apuração do lucro real a variação da mais-valia ou menos-valia de que trata o inciso II do § 3º do art. 37, que venha a ser:

a) considerada contabilmente no custo do ativo ou no valor do passivo que lhe deu causa; ou

b) baixada, na hipótese de o ativo ou o passivo que lhe deu causa não integrar o patrimônio da sucessora; e

III - não poderá ser excluída na apuração do lucro real a variação do ágio por rentabilidade futura (*goodwill*) de que trata o inciso II do § 3º do art. 37.

Parágrafo único. Excetuadas as hipóteses previstas nos incisos II e III do *caput*, aplica-se ao saldo existente na contabilidade, na data da aquisição da participação societária, referente a mais ou menos-valia e ao ágio por rentabilidade futura (*goodwill*) de que tratam os incisos II e III do *caput* do art. 20 do Decreto-Lei n. 1.598, de 26 de dezembro de 1977, o disposto nos arts. 20 a 22 da presente Lei.

ART. 39. Nas incorporações, fusões ou cisões de empresa não controlada na qual se detinha participação societária anterior que não se enquadrem nas situações previstas nos arts. 37 e 38, não terá efeito na apuração do lucro real:

I - o ganho ou perda decorrente de avaliação da participação societária anterior com base no valor justo, apurado na data do evento; e

II - o ganho decorrente do excesso do valor justo dos ativos líquidos da investida, na proporção da participação anterior, em relação ao valor dessa participação avaliada a valor justo.

§ 1º Deverão ser contabilizadas em subcontas distintas:

I - a mais ou menos-valia e o ágio por rentabilidade futura (*goodwill*) relativos à participação societária anterior, existentes antes da incorporação, fusão ou cisão; e

II - as variações nos valores a que se refere o inciso I, em decorrência da incorporação, fusão ou cisão.

§ 2º Não deve ser computada na apuração do lucro real a variação da mais-valia ou menos-valia de que trata o inciso II do § 1º, que venha a ser:

I - considerada contabilmente no custo do ativo ou no valor do passivo que lhe deu causa; ou

II - baixada, na hipótese de o ativo ou o passivo que lhe deu causa não integrar o patrimônio da sucessora.

§ 3º Não poderá ser excluída na apuração do lucro real a variação do ágio por rentabilidade futura (*goodwill*) de que trata o inciso II do § 1º.

§ 4º Excetuadas as hipóteses previstas nos §§ 2º e 3º, aplica-se ao saldo existente na contabilidade, na data da aquisição da participação societária, referente a mais ou menos-valia e ao ágio por rentabilidade futura (*goodwill*) de que tratam os incisos II e III do *caput* do art. 20 do Decreto-Lei n. 1.598, de 26 de dezembro de 1977, o disposto nos arts. 20 a 22 da presente Lei.

SEÇÃO XVII
DEPRECIAÇÃO - EXCLUSÃO NO E-LALUR

ART. 40. O art. 57 da Lei n. 4.506, de 30 de novembro de 1964, passa a vigorar com as seguintes alterações:

▸ Alterações promovidas no texto da referida lei.

SEÇÃO XVIII
AMORTIZAÇÃO DO INTANGÍVEL

ART. 41. A amortização de direitos classificados no ativo não circulante intangível é considerada dedutível na determinação do lucro real, observado o disposto no inciso III do *caput* do art. 13 da Lei n. 9.249, de 26 de dezembro de 1995.

ART. 42. Poderão ser excluídos, para fins de apuração do lucro real, os gastos com desenvolvimento de inovação tecnológica referidos no inciso I do *caput* e no § 2º do art. 17 da Lei n. 11.196, de 21 de novembro de 2005, quando registrados no ativo não circulante intangível, no período de apuração em que forem incorridos e observado o disposto nos arts. 22 a 24 da referida Lei.

Parágrafo único. O contribuinte que utilizar o benefício referido no *caput* deverá adicionar ao lucro líquido, para fins de apuração do lucro real, o valor da realização do ativo intangível, inclusive por amortização, alienação ou baixa.

SEÇÃO XIX
PREJUÍZOS NÃO OPERACIONAIS

ART. 43. Os prejuízos decorrentes da alienação de bens e direitos do ativo imobilizado, investimento e intangível, ainda que reclassificados para o ativo circulante com intenção de venda, poderão ser compensados, nos períodos de apuração subsequentes ao de sua apuração, somente com lucros de mesma natureza, observado o limite previsto no art. 15 da Lei n. 9.065, de 20 de junho de 1995.

Parágrafo único. O disposto no *caput* não se aplica em relação às perdas decorrentes de baixa de bens ou direitos em virtude de terem se tornado imprestáveis ou obsoletos ou terem caído em desuso, ainda que posteriormente venham a ser alienados como sucata.

SEÇÃO XX
CONTRATO DE CONCESSÃO - LUCRO PRESUMIDO

ART. 44. No caso de contratos de concessão de serviços públicos, a receita reconhecida pela construção, recuperação, reforma, ampliação ou melhoramento da infraestrutura, cuja contrapartida seja ativo intangível representativo de direito de exploração, não integrará a base de cálculo do imposto sobre a renda, quando se tratar de imposto sobre a renda apurado com base no lucro presumido ou arbitrado.

Parágrafo único. O ganho de capital na alienação do ativo intangível a que se refere o *caput* corresponderá à diferença positiva entre o valor da alienação e o valor dos custos incorridos na sua obtenção, deduzido da correspondente amortização.

SEÇÃO XXI
CUSTOS ESTIMADOS DE DESMONTAGENS

ART. 45. Os gastos de desmontagem e retirada de item de ativo imobilizado ou restauração do local em que está situado somente serão dedutíveis quando efetivamente incorridos.

§ 1º Caso constitua provisão para gastos de desmontagem e retirada de item de ativo imobilizado ou restauração do local em que está situado, a pessoa jurídica deverá proceder ao ajuste no lucro líquido para fins de apuração do lucro real, no período de apuração em que o imobilizado for realizado, inclusive por depreciação, amortização, exaustão, alienação ou baixa.

§ 2º Eventuais efeitos contabilizados no resultado, provenientes de ajustes na provisão de que trata o § 1º ou de atualização de seu valor, não serão computados na determinação do lucro real.

SEÇÃO XXII
ARRENDAMENTO MERCANTIL

ART. 46. Na hipótese de operações de arrendamento mercantil que não estejam sujeitas ao tratamento tributário previsto pela Lei n. 6.099, de 12 de setembro de 1974, as pessoas jurídicas arrendadoras deverão reconhecer, para fins de apuração do lucro real, o resultado relativo à operação de arrendamento mercantil proporcionalmente ao valor de cada contraprestação durante o período de vigência do contrato.

§ 1º A pessoa jurídica deverá proceder, caso seja necessário, aos ajustes ao lucro líquido para fins de apuração do lucro real, no livro de que trata o inciso I do *caput* do art. 8º do Decreto-Lei n. 1.598, de 26 de dezembro de 1977.

§ 2º O disposto neste artigo aplica-se somente às operações de arrendamento mercantil em que há transferência substancial dos riscos e benefícios inerentes à propriedade do ativo.

§ 3º Para efeitos do disposto neste artigo, entende-se por resultado a diferença entre o valor do contrato de arrendamento e somatório dos custos diretos iniciais e o custo de aquisição ou construção dos bens arrendados.

§ 4º Na hipótese de a pessoa jurídica de que trata o *caput* ser tributada pelo lucro presumido ou arbitrado, o valor da contraprestação deverá ser computado na determinação da base de cálculo do imposto sobre a renda.

ART. 47. Poderão ser computadas na determinação do lucro real da pessoa jurídica arrendatária as contraprestações pagas ou creditadas por força de contrato de arrendamento mercantil, referentes a bens móveis ou imóveis intrinsecamente relacionados com a produção ou comercialização dos bens e serviços, inclusive as despesas financeiras nelas consideradas.

ART. 48. São indedutíveis na determinação do lucro real as despesas financeiras incorridas pela arrendatária em contratos de arrendamento mercantil.

Parágrafo único. O disposto no *caput* também se aplica aos valores decorrentes do ajuste a valor presente, de que trata o inciso III do *caput* do art. 184 da Lei n. 6.404, de 15 de dezembro de 1976.

ART. 49. Aos contratos não tipificados como arrendamento mercantil que contenham elementos contabilizados como arrendamento mercantil por força de normas contábeis e da legislação comercial serão aplicados os dispositivos a seguir indicados:

I - inciso VIII do *caput* do art. 13 da Lei n. 9.249, de 26 de dezembro de 1995, com a redação dada pelo art. 9º;

II - §§ 3º e 4º do art. 13 do Decreto-Lei n. 1.598, de 26 de dezembro de 1977, com a redação dada pelo art. 2º;

III - arts. 46, 47 e 48;

IV - § 18 do art. 3º da Lei n. 10.637, de 30 de dezembro de 2002, com a redação dada pelo art. 54;

V - § 26 do art. 3º da Lei n. 10.833, de 29 de dezembro de 2003, com a redação dada pelo art. 55; e

VI - § 14 do art. 15 da Lei n. 10.865, de 30 de abril de 2004, com a redação dada pelo art. 53.

Parágrafo único. O disposto neste artigo restringe-se aos elementos do contrato contabilizados em observância às normas contábeis que tratam de arrendamento mercantil.

SEÇÃO XXIII
CONTRIBUIÇÃO SOCIAL SOBRE O LUCRO LÍQUIDO

ART. 50. Aplicam-se à apuração da base de cálculo da CSLL as disposições contidas nos arts. 2º a 8º, 10 a 42 e 44 a 49.

§ 1º Aplicam-se à CSLL as disposições contidas no art. 8º do Decreto-Lei n. 1.598, de 26 de dezembro de 1977, devendo ser informados no livro de apuração do lucro real:

I - os lançamentos de ajustes do lucro líquido do período, relativos a adições, exclusões ou compensações prescritas ou autorizadas pela legislação tributária;

II - a demonstração da base de cálculo e o valor da CSLL devida com a discriminação das deduções, quando aplicáveis; e

III - os registros de controle de base de cálculo negativa da CSLL a compensar em períodos subsequentes, e demais valores que devam influenciar a determinação da base de cálculo da CSLL de período futuro e não constem de escrituração comercial.

§ 2º Aplicam-se à CSLL as disposições contidas no inciso II do *caput* do art. 8º-A do Decreto-Lei n. 1.598, de 26 de dezembro de 1977, exceto nos casos de registros idênticos para fins de ajuste nas bases de cálculo do IRPJ e da CSLL que deverão ser considerados uma única vez.

ART. 51. O art. 2º da Lei n. 7.689, de 15 de dezembro de 1988, passa a vigorar com a seguinte redação:

› Alterações promovidas no texto da referida lei.

CAPÍTULO II
DA CONTRIBUIÇÃO PARA O PIS/PASEP E DA COFINS

ART. 52. A Lei n. 9.718, de 27 de novembro de 1998, passa a vigorar com as seguintes alterações:

› Alterações promovidas no texto da referida lei.

ART. 53. A Lei n. 10.865, de 30 de abril de 2004, passa a vigorar com as seguintes alterações:

› Alterações promovidas no texto da referida lei.

ART. 54. A Lei n. 10.637, de 30 de dezembro de 2002, passa a vigorar com as seguintes alterações:

› Alterações promovidas no texto da referida lei.

ART. 55. A Lei n. 10.833, de 29 de dezembro de 2003, passa a vigorar com as seguintes alterações:

› Alterações promovidas no texto da referida lei.

ART. 56. No caso de contrato de concessão de serviços públicos, a receita decorrente da construção, recuperação, reforma, ampliação ou melhoramento da infraestrutura, cuja contrapartida seja ativo financeiro representativo de direito contratual incondicional de receber caixa ou outro ativo financeiro, integrará a base de cálculo da contribuição para o PIS/Pasep e da Cofins, à medida do efetivo recebimento.

SEÇÃO I
ARRENDAMENTO MERCANTIL

ART. 57. No caso de operação de arrendamento mercantil não sujeita ao tratamento tributário previsto na Lei n. 6.099, de 12 de setembro de 1974, em que haja transferência substancial dos riscos e benefícios inerentes à propriedade do ativo, o valor da contraprestação deverá ser computado na base de cálculo da Contribuição para o PIS/Pasep e da Cofins pela pessoa jurídica arrendadora.

Parágrafo único. As pessoas jurídicas sujeitas ao regime de tributação de que tratam as Leis nos 10.637, de 30 de dezembro de 2002, e 10.833, de 29 de dezembro de 2003, poderão descontar créditos calculados sobre o valor do custo de aquisição ou construção dos bens arrendados proporcionalmente ao valor de cada contraprestação durante o período de vigência do contrato.

CAPÍTULO III
DAS DEMAIS DISPOSIÇÕES RELATIVAS À LEGISLAÇÃO TRIBUTÁRIA

ART. 58. A modificação ou a adoção de métodos e critérios contábeis, por meio de atos administrativos emitidos com base em competência atribuída em lei comercial, que sejam posteriores à publicação desta Lei, não terá implicação na apuração dos tributos federais até que lei tributária regule a matéria.

Parágrafo único. Para fins do disposto no *caput*, compete à Secretaria da Receita Federal do Brasil, no âmbito de suas atribuições, identificar os atos administrativos e dispor sobre os procedimentos para anular os efeitos desses atos sobre a apuração dos tributos federais.

ART. 59. Para fins da legislação tributária federal, as referências a provisões alcançam as perdas estimadas no valor de ativos, inclusive as decorrentes de redução ao valor recuperável.

Parágrafo único. A Secretaria da Receita Federal do Brasil, no âmbito de suas atribuições, disciplinará o disposto neste artigo.

ART. 60. As disposições contidas na legislação tributária sobre reservas de reavaliação aplicam-se somente aos saldos remanescentes na escrituração comercial em 31 de dezembro de 2013, para os optantes conforme o art. 75, ou em 31 de dezembro de 2014, para os não optantes, e até a sua completa realização.

ART. 61. A falta de registro na escrituração comercial das receitas e despesas relativas aos resultados não realizados a que se referem o inciso I do *caput* do art. 248 e o inciso III do *caput* do art. 250 da Lei n. 6.404, de 15 de dezembro de 1976, não elide a tributação de acordo com a legislação de regência.

ART. 62. O contribuinte do imposto sobre a renda deverá, para fins tributários, reconhecer e mensurar os seus ativos, passivos, receitas, custos, despesas, ganhos, perdas e rendimentos com base na moeda nacional.

§ 1º Na hipótese de o contribuinte adotar, para fins societários, moeda diferente da moeda nacional no reconhecimento e na mensuração de que trata o *caput*, a diferença entre os resultados apurados com base naquela moeda e na moeda nacional deverá ser adicionada ou excluída na determinação do lucro real.

§ 2º Os demais ajustes de adição, exclusão ou compensação prescritos ou autorizados pela legislação tributária para apuração da base de cálculo do imposto deverão ser realizados com base nos valores reconhecidos e mensurados nos termos do *caput*.

§ 3º O disposto neste artigo aplica-se também à apuração do imposto sobre a renda com base no lucro presumido ou arbitrado, da Contribuição Social sobre o Lucro Líquido - CSLL, da Contribuição para o PIS/Pasep e da Cofins.

§ 4º A Secretaria da Receita Federal do Brasil definirá controles específicos no caso da ocorrência da hipótese prevista no § 1º.

SEÇÃO I
AVALIAÇÃO A VALOR JUSTO

ART. 63. Para fins de avaliação a valor justo de instrumentos financeiros, no caso de operações realizadas em mercados de liquidação futura sujeitos a ajustes de posições, não se considera como hipótese de liquidação ou baixa o pagamento ou recebimento de tais ajustes durante a vigência do contrato, permanecendo aplicáveis para tais operações:

I - o art. 110 da Lei n. 11.196, de 21 de novembro de 2005, no caso de instituições financeiras e das demais instituições autorizadas a funcionar pelo Banco Central do Brasil; e

II - os arts. 32 e 33 da Lei n. 11.051, de 29 de dezembro de 2004, no caso das demais pessoas jurídicas.

CAPÍTULO IV
DA ADOÇÃO INICIAL

ART. 64. Para as operações ocorridas até 31 de dezembro de 2013, para os optantes conforme o art. 75, ou até 31 de dezembro de 2014, para os não optantes, permanece a neutralidade tributária estabelecida nos arts. 15 e 16 da Lei n. 11.941, de 27 de maio de 2009, e a pessoa jurídica deverá proceder, nos períodos de apuração a partir de janeiro de 2014, para os optantes conforme o art. 75, ou a partir de janeiro de 2015, para os não optantes, aos respectivos ajustes nas bases de cálculo do IRPJ, da CSLL, da Contribuição para o PIS/Pasep e da Cofins, observado o disposto nos arts. 66 e 67.

Parágrafo único. As participações societárias de caráter permanente serão avaliadas de acordo com a Lei n. 6.404, de 15 de dezembro de 1976.

ART. 65. As disposições contidas nos arts. 7º e 8º da Lei n. 9.532, de 10 de dezembro de 1997, e nos arts. 35 e 37 do Decreto-Lei n. 1.598, de 26 de dezembro de 1977, continuam a ser aplicadas somente às operações de incorporação, fusão e cisão, ocorridas até 31 de dezembro de 2017, cuja participação societária tenha sido adquirida até 31 de dezembro de 2014.

Parágrafo único. No caso de aquisições de participações societárias que dependam da aprovação de órgãos reguladores e fiscalizadores para a sua efetivação, o prazo para incorporação de que trata o *caput* poderá ser até 12 (doze) meses da data da aprovação da operação.

ART. 66. Para fins do disposto no art. 64, a diferença positiva, verificada em 31 de dezembro de 2013, para os optantes conforme o art. 75, ou em 31 de dezembro de 2014, para os não optantes, entre o valor de ativo mensurado de acordo com as disposições da Lei n. 6.404, de 15 de dezembro de 1976, e o valor mensurado pelos métodos e critérios vigentes em 31 de dezembro de 2007, deve ser adicionada na determinação do lucro real e da base de cálculo da CSLL em janeiro de 2014, para os optantes conforme o art. 75, ou em janeiro de 2015, para os não optantes, salvo se o contribuinte evidenciar contabilmente essa diferença em subconta vinculada ao ativo, para ser adicionada à medida de sua realização, inclusive mediante depreciação, amortização, exaustão, alienação ou baixa.

Parágrafo único. O disposto no *caput* aplica-se à diferença negativa do valor de passivo e deve ser adicionada na determinação do lucro real e da base de cálculo da CSLL em janeiro de 2014, para os optantes conforme o art. 75, ou em janeiro de 2015, para os não optantes, salvo se o contribuinte evidenciar contabilmente essa diferença em subconta vinculada ao passivo para ser adicionada à medida da baixa ou liquidação.

ART. 67. Para fins do disposto no art. 64, a diferença negativa, verificada em 31 de dezembro de 2013, para os optantes conforme o art. 75, ou em 31 de dezembro de 2014, para os não optantes, entre o valor de ativo mensurado de acordo com as disposições da Lei n. 6.404, de 15 de dezembro de 1976, e o valor mensurado pelos métodos e critérios vigentes em 31 de dezembro de 2007 não poderá ser excluída na determinação do lucro real e da base de cálculo da CSLL, salvo se o contribuinte evidenciar contabilmente essa diferença em subconta vinculada ao ativo para ser excluída à medida de sua realização, inclusive mediante depreciação, amortização, exaustão, alienação ou baixa.

Parágrafo único. O disposto no *caput* aplica-se à diferença positiva no valor do passivo e não pode ser excluída na determinação do lucro real e da base de cálculo da CSLL, salvo se o contribuinte evidenciar contabilmente essa diferença em subconta vinculada ao passivo para ser excluída à medida da baixa ou liquidação.

ART. 68. O disposto nos arts. 64 a 67 será disciplinado pela Secretaria da Receita Federal do Brasil, que poderá instituir controles fiscais alternativos à evidenciação contábil de que tratam os arts. 66 e 67 e instituir controles fiscais adicionais.

ART. 69. No caso de contrato de concessão de serviços públicos, o contribuinte deverá:

I - calcular o resultado tributável acumulado até 31 de dezembro de 2013, para os optantes conforme o art. 75, ou até 31 de dezembro de 2014, para os não optantes, considerados os métodos e critérios vigentes em 31 de dezembro de 2007;

II - calcular o resultado tributável acumulado até 31 de dezembro de 2013, para os optantes conforme o art. 75, ou até 31 de dezembro de 2014, para os não optantes, consideradas as disposições desta Lei e da Lei n. 6.404, de 15 de dezembro de 1976;

III - calcular a diferença entre os valores referidos nos incisos I e II do *caput*; e

IV - adicionar, se negativa, ou excluir, se positiva, a diferença referida no inciso III do *caput*, na apuração do lucro real e da base de cálculo da CSLL, em quotas fixas mensais e durante o prazo restante de vigência do contrato.

§ 1º A partir de 1º de janeiro de 2014, para os optantes conforme o art. 75, ou a partir de 1º de janeiro de 2015, para os não optantes, o resultado tributável de todos os contratos de concessão de serviços públicos será determinado consideradas as disposições desta Lei e da Lei n. 6.404, de 15 de dezembro de 1976.

§ 2º O disposto neste artigo aplica-se ao valor a pagar da Contribuição para o PIS/Pasep e da Cofins.

ART. 70. O saldo de prejuízos não operacionais de que trata o art. 31 da Lei n. 9.249, de 26 de dezembro de 1995, existente em 31 de dezembro de 2013, para os optantes conforme o art. 75, ou em 31 de dezembro de 2014, para os não optantes, somente poderá ser compensado com os lucros a que se refere o art. 43 da presente Lei, observado o limite previsto no art. 15 da Lei n. 9.065, de 20 de junho de 1995.

CAPÍTULO V
DISPOSIÇÕES ESPECÍFICAS RELATIVAS ÀS INSTITUIÇÕES FINANCEIRAS E DEMAIS AUTORIZADAS A FUNCIONAR PELO BANCO CENTRAL DO BRASIL

ART. 71. A escrituração de que trata o art. 177 da Lei n. 6.404, de 15 de dezembro de 1976, quando realizada por instituições financeiras e demais autorizadas a funcionar pelo Banco Central do Brasil, deve observar as disposições do art. 61 da Lei n. 11.941, de 27 de maio de 2009.

Parágrafo único. Para fins tributários, a escrituração de que trata o *caput* não afeta os demais dispositivos desta Lei, devendo inclusive ser observado o disposto no art. 58.

CAPÍTULO VI
DAS DISPOSIÇÕES RELATIVAS AO REGIME DE TRIBUTAÇÃO TRANSITÓRIO

ART. 72. Os lucros ou dividendos calculados com base nos resultados apurados entre 1º de janeiro de 2008 e 31 de dezembro de 2013 pelas pessoas jurídicas tributadas com base no lucro real, presumido ou arbitrado, em valores superiores aos apurados com observância dos métodos e critérios contábeis vigentes em 31 de dezembro de 2007, não ficarão sujeitos à incidência do imposto de renda na fonte, nem integrarão a base de cálculo do imposto de renda e da Contribuição Social sobre o Lucro Líquido do beneficiário, pessoa física ou jurídica, residente ou domiciliado no País ou no exterior.

ART. 73. Para os anos-calendário de 2008 a 2014, para fins do cálculo do limite previsto no art. 9º da Lei n. 9.249, de 26 de dezembro de 1995, a pessoa jurídica poderá utilizar as contas do patrimônio líquido mensurado de acordo com as disposições da Lei n. 6.404, de 15 de dezembro de 1976.

§ 1º No cálculo da parcela a deduzir prevista no *caput*, não serão considerados os valores relativos a ajustes de avaliação patrimonial a que se refere o § 3º do art. 182 da Lei n. 6.404, de 15 de dezembro de 1976.

§ 2º No ano-calendário de 2014, a opção ficará restrita aos não optantes das disposições contidas nos arts. 1º e 2º e 4º a 70 desta Lei.

ART. 74. Para os anos-calendário de 2008 a 2014, o contribuinte poderá avaliar o investimento pelo valor de patrimônio líquido da coligada ou controlada, determinado de acordo com as disposições da Lei n. 6.404, de 15 de dezembro de 1976.

Parágrafo único. No ano-calendário de 2014, a opção ficará restrita aos não optantes das disposições contidas nos arts. 1º e 2º e 4º a 70 desta Lei.

CAPÍTULO VII
DA OPÇÃO PELOS EFEITOS EM 2014

ART. 75. A pessoa jurídica poderá optar pela aplicação das disposições contidas nos arts. 1º e 2º e 4º a 70 desta Lei para o ano-calendário de 2014.

§ 1º A opção será irretratável e acarretará a observância de todas as alterações trazidas pelos arts. 1º e 2º e 4º a 70 e os efeitos dos incisos I a VI, VIII e X do *caput* do art. 117 a partir de 1º de janeiro de 2014.

§ 2º A Secretaria da Receita Federal do Brasil definirá a forma, o prazo e as condições da opção de que trata o *caput*.

CAPÍTULO VIII
DISPOSIÇÕES GERAIS SOBRE A TRIBUTAÇÃO EM BASES UNIVERSAIS

ART. 76. A pessoa jurídica controladora domiciliada no Brasil ou a ela equiparada, nos termos do art. 83, deverá registrar em subcontas da conta de investimentos em controlada direta no exterior, de forma individualizada, o resultado contábil na variação do valor do investimento equivalente aos lucros ou prejuízos auferidos pela própria controlada direta e suas controladas, direta ou indiretamente, no Brasil ou no exterior, relativo ao ano-calendário em que foram apurados em balanço, observada a proporção de sua participação em cada controlada, direta ou indireta.

§ 1º Dos resultados das controladas diretas ou indiretas não deverão constar os resultados auferidos por outra pessoa jurídica sobre a qual a pessoa jurídica controladora domiciliada no Brasil mantenha o controle direto ou indireto.

§ 2º A variação do valor do investimento equivalente ao lucro ou prejuízo auferido no exterior será convertida em reais, para efeito da apuração da base de cálculo do imposto de renda e da CSLL, com base na taxa de câmbio da moeda do país de origem fixada para venda, pelo Banco Central do Brasil, correspondente à data do levantamento de balanço da controlada direta ou indireta.

§ 3º Caso a moeda do país de origem do tributo não tenha cotação no Brasil, o seu valor será convertido em dólares dos Estados Unidos da América e, em seguida, em reais.

CAPÍTULO IX DA TRIBUTAÇÃO EM BASES UNIVERSAIS DAS PESSOAS JURÍDICAS

SEÇÃO I DAS CONTROLADORAS

ART. 77. A parcela do ajuste do valor do investimento em controlada, direta ou indireta, domiciliada no exterior equivalente aos lucros por ela auferidos antes do imposto sobre a renda, excetuando a variação cambial, deverá ser computada na determinação do lucro real e na base de cálculo da Contribuição Social sobre o Lucro Líquido - CSLL da pessoa jurídica controladora domiciliada no Brasil, observado o disposto no art. 76.

§ 1º A parcela do ajuste de que trata o *caput* compreende apenas os lucros auferidos no período, não alcançando as demais parcelas que influenciaram o patrimônio líquido da controlada, direta ou indireta, domiciliada no exterior.

§ 2º O prejuízo acumulado da controlada, direta ou indireta, domiciliada no exterior referente aos anos-calendário anteriores à produção de efeitos desta Lei poderá ser compensado com os lucros futuros da mesma pessoa jurídica no exterior que lhes deu origem, desde que os estoques de prejuízos sejam informados na forma e prazo estabelecidos pela RFB.

§ 3º Até 31 de dezembro de 2019, a parcela do lucro auferido no exterior por controlada, direta ou indireta, ou coligada, correspondente às atividades de afretamento por tempo ou casco nu, arrendamento mercantil operacional, aluguel, empréstimo de bens ou prestação de serviços diretamente relacionados às fases de exploração e de produção de petróleo e de gás natural no território brasileiro não será computada na determinação do lucro real e na base de cálculo da CSLL da pessoa jurídica controladora domiciliada no País. (Alterado pela Lei 13.586/2017.)

§ 4º O disposto no § 3º aplica-se somente nos casos de controlada, direta ou indireta, ou coligada no exterior de pessoa jurídica brasileira:

I - detentora de concessão ou autorização nos termos da Lei n. 9.478, de 6 de agosto de 1997, ou sob o regime de partilha de produção de que trata a Lei n. 12.351, de 22 de dezembro de 2010, ou sob o regime de cessão onerosa previsto na Lei n. 12.276, de 30 de junho de 2010;

II - contratada pela pessoa jurídica de que trata o inciso I.

§ 5º O disposto no § 3º aplica-se inclusive nos casos de coligada de controlada direta ou indireta de pessoa jurídica brasileira.

ART. 78. Até o ano-calendário de 2022, as parcelas de que trata o art. 77 poderão ser consideradas de forma consolidada na determinação do lucro real e da base de cálculo da CSLL da controladora no Brasil, excepcionadas as parcelas referentes às pessoas jurídicas investidas que se encontrem em pelo menos uma das seguintes situações:

I - estejam situadas em país com o qual o Brasil não mantenha tratado ou ato com cláusula específica para troca de informações para fins tributários;

II - estejam localizadas em país ou dependência com tributação favorecida, ou sejam beneficiárias de regime fiscal privilegiado, de que tratam os arts. 24 e 24-A da Lei n. 9.430, de 27 de dezembro de 1996, ou estejam submetidas a regime de tributação definido no inciso III do *caput* do art. 84 da presente Lei;

III - sejam controladas, direta ou indiretamente, por pessoa jurídica submetida a tratamento tributário previsto no inciso II do *caput*; ou

IV - tenham renda ativa própria inferior a 80% (oitenta por cento) da renda total, nos termos definidos no art. 84.

§ 1º A consolidação prevista neste artigo deverá conter a demonstração individualizada em subcontas prevista no art. 76 e a demonstração das rendas ativas e passivas na forma e prazo estabelecidos pela Secretaria da Receita Federal do Brasil - RFB.

§ 2º O resultado positivo da consolidação prevista no *caput* deverá ser adicionado ao lucro líquido relativo ao balanço de 31 de dezembro do ano-calendário em que os lucros tenham sido apurados pelas empresas domiciliadas no exterior para fins de determinação do lucro real e da base de cálculo da CSLL da pessoa jurídica controladora domiciliada no Brasil.

§ 3º No caso de resultado negativo da consolidação prevista no *caput*, a controladora domiciliada no Brasil deverá informar à RFB as parcelas negativas utilizadas na consolidação, no momento da apuração, na forma e prazo por ela estabelecidos.

§ 4º Após os ajustes decorrentes das parcelas negativas de que trata o § 3º, nos prejuízos acumulados, o saldo remanescente de prejuízo de cada pessoa jurídica poderá ser utilizado na compensação com lucros futuros das mesmas pessoas jurídicas no exterior que lhes deram origem, desde que os estoques de prejuízos sejam informados na forma e prazo estabelecidos pela RFB.

§ 5º O prejuízo auferido no exterior por controlada de que tratam os §§ 3º, 4º e 5º do art. 77 não poderá ser utilizado na consolidação a que se refere este artigo.

§ 6º A opção pela consolidação de que trata este artigo é irretratável para o ano-calendário correspondente.

§ 7º Na ausência da condição do inciso I do *caput*, a consolidação será admitida se a controladora no Brasil disponibilizar a contabilidade societária em meio digital e a documentação de suporte da escrituração, na forma e prazo a ser estabelecido pela RFB, mantidas as demais condições.

ART. 79. Quando não houver consolidação, nos termos do art. 78, a parcela do ajuste do valor do investimento em controlada, direta ou indireta, domiciliada no exterior equivalente aos lucros ou prejuízos por ela auferidos deverá ser considerada de forma individualizada na determinação do lucro real e da base de cálculo da CSLL da pessoa jurídica controladora domiciliada no Brasil, nas seguintes formas:

I - se positiva, deverá ser adicionada ao lucro líquido relativo ao balanço de 31 de dezembro do ano-calendário em que os lucros tenham sido apurados pela empresa domiciliada no exterior; e

II - se negativa, poderá ser compensada com lucros futuros da mesma pessoa jurídica no exterior que lhes deu origem, desde que os estoques de prejuízos sejam informados na forma e prazo estabelecidos pela Secretaria da Receita Federal do Brasil - RFB.

ART. 80. O disposto nesta Seção aplica-se à coligada equiparada à controladora nos termos do art. 83.

SEÇÃO II DAS COLIGADAS

ART. 81. Os lucros auferidos por intermédio de coligada domiciliada no exterior serão computados na determinação do lucro real e da base de cálculo da CSLL no balanço levantado no dia 31 de dezembro do ano-calendário em que tiverem sido disponibilizados para a pessoa jurídica domiciliada no Brasil, desde que se verifiquem as seguintes condições, cumulativamente, relativas à investida:

I - não esteja sujeita a regime de subtributação, previsto no inciso III do *caput* do art. 84;

II - não esteja localizada em país ou dependência com tributação favorecida, ou não seja beneficiária de regime fiscal privilegiado, de que tratam os arts. 24 e 24-A da Lei n. 9.430, de 27 de dezembro de 1996;

III - não seja controlada, direta ou indiretamente, por pessoa jurídica submetida a tratamento tributário previsto no inciso I.

§ 1º Para efeitos do disposto neste artigo, os lucros serão considerados disponibilizados para a empresa coligada no Brasil:

I - na data do pagamento ou do crédito em conta representativa de obrigação da empresa no exterior;

II - na hipótese de contratação de operações de mútuo, se a mutuante, coligada, possuir lucros ou reservas de lucros; ou

III - na hipótese de adiantamento de recursos efetuado pela coligada, por conta de venda futura, cuja liquidação, pela remessa do bem ou serviço vendido, ocorra em prazo superior ao ciclo de produção do bem ou serviço.

§ 2º Para efeitos do disposto no inciso I do § 1º, considera-se:

I - creditado o lucro, quando ocorrer a transferência do registro de seu valor para qualquer conta representativa de passivo exigível da coligada domiciliada no exterior; e

II - pago o lucro, quando ocorrer:

a) o crédito do valor em conta bancária, em favor da coligada no Brasil;

b) a entrega, a qualquer título, a representante da beneficiária;

c) a remessa, em favor da beneficiária, para o Brasil ou para qualquer outra praça; ou

d) o emprego do valor, em favor da beneficiária, em qualquer praça, inclusive no aumento de capital da coligada, domiciliada no exterior.

§ 3º Os lucros auferidos por intermédio de coligada domiciliada no exterior que não atenda aos requisitos estabelecidos no *caput* serão tributados na forma do art. 82.

§ 4º O disposto neste artigo não se aplica às hipóteses em que a pessoa jurídica coligada domiciliada no Brasil for equiparada à controladora nos termos do art. 83.

§ 5º Para fins do disposto neste artigo, equiparam-se à condição de coligada os empreendimentos controlados em conjunto com partes não vinculadas.

ART. 82. Na hipótese em que se verifique o descumprimento de pelo menos uma das condições previstas no *caput* do art. 81, o resultado na coligada domiciliada no exterior equivalente aos lucros ou prejuízos por ela apurados deverá ser computado na determinação do lucro real e na base de cálculo da CSLL da pessoa jurídica investidora domiciliada no Brasil, nas seguintes formas:

I - se positivo, deverá ser adicionado ao lucro líquido relativo ao balanço de 31 de dezembro do ano-calendário em que os lucros tenham sido apurados pela empresa domiciliada no exterior; e

II - se negativo, poderá ser compensado com lucros futuros da mesma pessoa jurídica no exterior que lhes deu origem, desde que os estoques de prejuízos sejam informados na forma e prazo estabelecidos pela Secretaria da Receita Federal do Brasil - RFB.

§ 1º Os resultados auferidos por intermédio de outra pessoa jurídica, na qual a coligada no exterior mantiver qualquer tipo de participação societária, ainda que indiretamente, serão consolidados no seu balanço para efeito de determinação do lucro real e da base de cálculo da CSLL da coligada no Brasil.

§ 2º O disposto neste artigo não se aplica às hipóteses em que a pessoa jurídica coligada domiciliada no Brasil é equiparada à controladora nos termos do art. 83.

ART. 82-A. Opcionalmente, a pessoa jurídica domiciliada no Brasil poderá oferecer à tributação os lucros auferidos por intermédio de suas coligadas no exterior na forma prevista no art. 82, independentemente do descumprimento das condições previstas no *caput* do art. 81. (Acrescentado pela Lei 13.259/2016.)

§ 1º O disposto neste artigo não se aplica às hipóteses em que a pessoa jurídica coligada domiciliada no Brasil é equiparada à controladora, nos termos do art. 83. (Acrescentado pela Lei 13.259/2016.)

§ 2º A Secretaria da Receita Federal do Brasil estabelecerá a forma e as condições para a opção de que trata o *caput*. (Acrescentado pela Lei 13.259/2016.)

SEÇÃO III
DA EQUIPARAÇÃO À CONTROLADORA

ART. 83. Para fins do disposto nesta Lei, equipara-se à condição de controladora a pessoa jurídica domiciliada no Brasil que detenha participação em coligada no exterior e que, em conjunto com pessoas físicas ou jurídicas residentes ou domiciliadas no Brasil ou no exterior, consideradas a ela vinculadas, possua mais de 50% (cinquenta por cento) do capital votante da coligada no exterior.

Parágrafo único. Para efeitos do disposto no *caput*, será considerada vinculada à pessoa jurídica domiciliada no Brasil:

I - a pessoa física ou jurídica cuja participação societária no seu capital social a caracterize como sua controladora, direta ou indireta, na forma definida nos §§ 1º e 2º do art. 243 da Lei n. 6.404, de 15 de dezembro de 1976;

II - a pessoa jurídica que seja caracterizada como sua controlada, direta ou indireta, ou coligada, na forma definida nos §§ 1º e 2º do art. 243 da Lei n. 6.404, de 15 de dezembro de 1976;

III - a pessoa jurídica quando esta e a empresa domiciliada no Brasil estiverem sob controle societário ou administrativo comum ou quando pelo menos 10% (dez por cento) do capital social de cada uma pertencer a uma mesma pessoa física ou jurídica;

IV - a pessoa física ou jurídica que seja sua associada, na forma de consórcio ou condomínio, conforme definido na legislação brasileira, em qualquer empreendimento;

V - a pessoa física que for parente ou afim até o terceiro grau, cônjuge ou companheiro de qualquer de seus conselheiros, administradores, sócios ou acionista controlador em participação direta ou indireta; e

VI - a pessoa jurídica residente ou domiciliada em país com tributação favorecida ou beneficiária de regime fiscal privilegiado, conforme dispõem os arts. 24 e 24-A da Lei n. 9.430, de 27 de dezembro de 1996, desde que não comprove que seus controladores não estejam enquadrados nos incisos I a V.

SEÇÃO IV
DAS DEFINIÇÕES

ART. 84. Para fins do disposto nesta Lei, considera-se:

I - renda ativa própria - aquela obtida diretamente pela pessoa jurídica mediante a exploração de atividade econômica própria, excluídas as receitas decorrentes de:

a) *royalties*;

b) juros;

c) dividendos;

d) participações societárias;

e) aluguéis;

f) ganhos de capital, salvo na alienação de participações societárias ou ativos de caráter permanente adquiridos há mais de 2 (dois) anos;

g) aplicações financeiras; e

h) intermediação financeira.

II - renda total - somatório das receitas operacionais e não operacionais, conforme definido na legislação comercial do país de domicílio da investida; e

III - regime de subtributação - aquele que tributa os lucros da pessoa jurídica domiciliada no exterior a alíquota nominal inferior a 20% (vinte por cento)

§ 1º As alíneas "b", "g" e "h" do inciso I não se aplicam às instituições financeiras reconhecidas e autorizadas a funcionar pela autoridade monetária do país em que estejam situadas.

§ 2º Poderão ser considerados como renda ativa própria os valores recebidos a título de dividendos ou a receita decorrente de participações societárias relativos a investimentos efetuados até 31 de dezembro de 2013 em pessoa jurídica cuja receita ativa própria seja igual ou superior a 80% (oitenta por cento)

§ 3º O Poder Executivo poderá reduzir a alíquota nominal de que trata o inciso III do *caput* para até 15% (quinze por cento), ou a restabelecer, total ou parcialmente.

SEÇÃO V
DAS DEDUÇÕES

ART. 85. Para fins de apuração do imposto sobre a renda e da CSLL devida pela controladora no Brasil, poderá ser deduzida da parcela do lucro da pessoa jurídica controlada, direta ou indireta, domiciliada no exterior, a parcela do lucro oriunda de participações destas em pessoas jurídicas controladas ou coligadas domiciliadas no Brasil.

ART. 86. Poderão ser deduzidos do lucro real e da base de cálculo da CSLL os valores referentes às adições, espontaneamente efetuadas, decorrentes da aplicação das regras de preços de transferência, previstas nos arts. 18 a 22 da Lei n. 9.430, de 27 de dezembro de 1996, e das regras previstas nos arts. 24 a 26 da Lei n. 12.249, de 11 de junho de 2010, desde que os lucros auferidos no exterior tenham sido considerados na respectiva base de cálculo do Imposto sobre a Renda da Pessoa Jurídica - IRPJ e da CSLL da pessoa jurídica controladora domiciliada no Brasil ou a ela equiparada, nos termos do art. 83 e cujo imposto sobre a renda e contribuição social correspondentes, em qualquer das hipóteses, tenham sido recolhidos.

§ 1º A dedução de que trata o *caput*:

I - deve referir-se a operações efetuadas com a respectiva controlada, direta ou indireta, da qual o lucro seja proveniente;

II - deve ser proporcional à participação na controlada no exterior;

III - deve estar limitada ao valor do lucro auferido pela controlada no exterior; e

IV - deve ser limitada ao imposto devido no Brasil em razão dos ajustes previstos no *caput*.

§ 2º O disposto neste artigo aplica-se à hipótese prevista no art. 82.

ART. 87. A pessoa jurídica poderá deduzir, na proporção de sua participação, o imposto sobre a renda pago no exterior pela controlada direta ou indireta, incidente sobre as parcelas positivas computadas na determinação do lucro real da controladora no Brasil, até o limite dos tributos sobre a renda incidentes no Brasil sobre as referidas parcelas.

§ 1º Para efeitos do disposto no *caput*, considera-se imposto sobre a renda o tributo que incida sobre lucros, independentemente da denominação oficial adotada, do fato de ser este de competência de unidade da federação do país de origem e de o pagamento ser exigido em dinheiro ou outros bens, desde que comprovado por documento oficial emitido pela administração tributária estrangeira, inclusive quanto ao imposto retido na fonte sobre o lucro distribuído para a controladora brasileira.

§ 2º No caso de consolidação, deverá ser considerado para efeito da dedução prevista no *caput* o imposto sobre a renda pago pelas pessoas jurídicas cujos resultados positivos tiverem sido consolidados.

§ 3º No caso de não haver consolidação, a dedução de que trata o *caput* será efetuada de forma individualizada por controlada, direta ou indireta.

§ 4º O valor do tributo pago no exterior a ser deduzido não poderá exceder o montante do imposto sobre a renda e adicional, devidos no Brasil, sobre o valor das parcelas positivas dos resultados, incluído na apuração do lucro real.

§ 5º O tributo pago no exterior a ser deduzido será convertido em reais, tomando-se por base a taxa de câmbio da moeda do país de origem fixada para venda pelo Banco Central do Brasil, correspondente à data do balanço apurado ou na data da disponibilização.

§ 6º Caso a moeda do país de origem do tributo não tenha cotação no Brasil, o seu valor será convertido em dólares dos Estados Unidos da América e, em seguida, em reais.

§ 7º Na hipótese de os lucros da controlada, direta ou indireta, virem a ser tributados no exterior em momento posterior àquele em que tiverem sido tributados pela controladora domiciliada no Brasil, a dedução de que trata este artigo deverá ser efetuada no balanço correspondente ao ano-calendário em que ocorrer a tributação, ou em ano-calendário posterior, e deverá respeitar os limites previstos nos §§ 4º e 8º deste artigo.

§ 8º O saldo do tributo pago no exterior que exceder o valor passível de dedução do valor do imposto sobre a renda e adicional devidos no Brasil poderá ser deduzido do valor da CSLL, devida em virtude da adição à sua base de cálculo das parcelas positivas dos resultados oriundos do exterior, até o valor devido em decorrência dessa adição.

§ 9º Para fins de dedução, o documento relativo ao imposto sobre a renda pago no exterior deverá ser reconhecido pelo respectivo órgão arrecadador e pelo Consulado da Embaixada Brasileira no país em que for devido o imposto.

§ 10. Até o ano-calendário de 2022, a controladora no Brasil poderá deduzir até 9% (nove por cento), a título de crédito presumido sobre a renda incidente sobre a parcela positiva computada no lucro real, observados o disposto no § 2º deste artigo e as condições previstas nos incisos I e IV do art. 91 desta Lei, relativo a investimento em pessoas jurídicas no exterior que realizem as atividades de fabricação de bebidas, de fabricação de produtos alimentícios e de construção de edifícios e de obras de infraestrutura, além das demais indústrias em geral. (Alterado pela Lei 13.043/2014.)

§ 11. O Poder Executivo poderá, desde que não resulte em prejuízo aos investimentos no País, ampliar o rol de atividades com investimento em pessoas jurídicas no exterior de que trata o § 10.

§ 12. (Vetado).

ART. 88. A pessoa jurídica coligada domiciliada no Brasil poderá deduzir do imposto sobre a renda ou da CSLL devidos o imposto sobre a renda retido na fonte no exterior incidente sobre os dividendos que tenham sido computados na determinação do lucro real e da base de cálculo da CSLL, desde que sua coligada no exterior se enquadre nas condições previstas no art. 81, observados os limites previstos nos §§ 4º e 8º do art. 87.

Parágrafo único. Na hipótese de a retenção do imposto sobre a renda no exterior vir a ocorrer em momento posterior àquele em que tiverem sido considerados no resultado da coligada domiciliada no Brasil, a dedução de que trata este artigo somente poderá ser efetuada no balanço correspondente ao ano-calendário em que ocorrer a retenção, e deverá respeitar os limites previstos no *caput*.

ART. 89. A matriz e a pessoa jurídica controladora ou a ela equiparada, nos termos do art. 83, domiciliadas no Brasil poderão considerar como imposto pago, para fins da dedução de que trata o art. 87, o imposto sobre a renda retido na fonte no Brasil e no exterior, na proporção de sua participação, decorrente de rendimentos recebidos pela filial, sucursal ou controlada, domiciliadas no exterior. (Alterado pela Lei 13.043/2014.)

§ 1º O disposto no *caput* somente será permitido se for reconhecida a receita total auferida pela filial, sucursal ou controlada, com a inclusão do imposto retido. (Acrescentado pela Lei 13.043/2014.)

§ 2º Para o imposto sobre a renda retido na fonte no exterior, o valor do imposto a ser considerado está limitado ao valor que o país de domicílio do beneficiário do rendimento permite que seja aproveitado na apuração do imposto devido pela filial, sucursal ou controlada no exterior. (Acrescentado pela Lei 13.043/2014.)

SEÇÃO VI
DO PAGAMENTO

ART. 90. À opção da pessoa jurídica, o imposto sobre a renda e a CSLL devidos decorrentes do resultado considerado na apuração da pessoa jurídica domiciliada no Brasil, nos termos dos arts. 77 a 80 e 82, poderão ser pagos na proporção dos lucros distribuídos nos anos subsequentes ao encerramento do período de apuração a que corresponder, observado o 8º (oitavo) ano subsequente ao período de apuração para a distribuição do saldo remanescente dos lucros ainda não oferecidos a tributação, assim como a distribuição mínima de 12,50% (doze inteiros e cinquenta centésimos por cento) no 1º (primeiro) ano subsequente.

§ 1º No caso de infração ao art. 91, será aplicada multa isolada de 75% (setenta e cinco por cento) sobre o valor do tributo declarado.

§ 2º A opção, na forma prevista neste artigo, aplica-se, exclusivamente, ao valor informado pela pessoa jurídica domiciliada no Brasil em declaração que represente confissão de dívida e constituição do crédito tributário, relativa ao período de apuração dos resultados no exterior, na forma estabelecida pela Receita Federal do Brasil - RFB.

§ 3º No caso de fusão, cisão, incorporação, encerramento de atividade ou liquidação da pessoa jurídica domiciliada no Brasil, o pagamento do tributo deverá ser feito até a data do evento ou da extinção da pessoa jurídica, conforme o caso.

§ 4º O valor do pagamento, a partir do 2º (segundo) ano subsequente, será acrescido de juros calculados com base na taxa London Interbank Offered Rate - Libor, para depósitos em dólares dos Estados Unidos da América pelo prazo de 12 (doze) meses, referente ao último dia útil do mês civil imediatamente anterior ao vencimento, acrescida da variação cambial dessa moeda, definida pelo Banco Central do Brasil, pro rata tempore, acumulados anualmente, calculados na forma definida em ato do Poder Executivo, sendo os juros dedutíveis na apuração do lucro real e da base de cálculo da CSLL.

ART. 91. A opção pelo pagamento do imposto sobre a renda e da CSLL, na forma do art. 90, poderá ser realizada somente em relação à parcela dos lucros decorrentes dos resultados considerados na apuração da pessoa jurídica domiciliada no Brasil de controlada, direta ou indireta, no exterior:

I - não sujeita a regime de subtributação;

II - não localizada em país ou dependência com tributação favorecida, ou não beneficiária de regime fiscal privilegiado, de que tratam os arts. 24 e 24-A da Lei n. 9.430, de 27 de dezembro de 1996;

III - não controlada, direta ou indiretamente, por pessoa jurídica submetida ao tratamento tributário previsto no inciso II do *caput*; e

IV - que tenha renda ativa própria igual ou superior a 80% (oitenta por cento) da sua renda total, conforme definido no art. 84.

ART. 92. Aplica-se o disposto nos arts. 77 a 80 e nos arts. 85 a 91 ao resultado obtido por filial ou sucursal, no exterior.

CAPÍTULO X
DO PARCELAMENTO ESPECIAL

ART. 93. A Lei n. 12.865, de 9 de outubro de 2013, passa a vigorar com as seguintes alterações:

▸ Alterações promovidas no texto da referida lei.

CAPÍTULO XI
DISPOSIÇÕES FINAIS

ART. 94. Para fins do disposto nesta Lei, as pessoas jurídicas domiciliadas no Brasil deverão manter disponível à autoridade fiscal documentação hábil e idônea que comprove os requisitos nela previstos, enquanto não ocorridos os prazos decadencial e prescricional.

ART. 95. O art. 25 da Lei n. 9.249, de 26 de dezembro de 1995, passa a vigorar acrescido do seguinte § 7º:

▸ Alterações promovidas no texto da referida lei.

ART. 96. A pessoa jurídica poderá optar pela aplicação das disposições contidas nos arts. 76 a 92 desta Lei para o ano-calendário de 2014.

§ 1º A opção de que trata o *caput* será irretratável e acarretará a observância de todas as alterações trazidas pelos arts. 76 a 92 a partir de 1º de janeiro de 2014.

§ 2º A Secretaria da Receita Federal do Brasil definirá a forma, o prazo e as condições para a opção de que trata o *caput*.

§ 3º Fica afastado, a partir de 1º de janeiro de 2014, o disposto na alínea "b" do § 1º e nos §§ 2º e 4º do art. 1º da Lei n. 9.532, de 10 de dezembro de 1997, e no art. 74 da Medida Provisória no 2.158-35, de 24 de agosto de 2001, para as pessoas jurídicas que exerceram a opção de que trata o *caput*.

ART. 97. Ficam isentos de Imposto sobre a Renda - IR os rendimentos, inclusive ganhos de capital, pagos, creditados, entregues ou remetidos a beneficiário residente ou domiciliado no exterior, exceto em país com tributação favorecida, nos termos do art. 24 da Lei n. 9.430, de 27 de dezembro de 1996, produzidos por fundos de investimentos, cujos cotistas sejam exclusivamente investidores estrangeiros.

§ 1º Para fazer jus à isenção de que trata o *caput*, o regulamento do fundo deverá prever que a aplicação de seus recursos seja realizada exclusivamente em depósito à vista, ou em ativos sujeitos a isenção de Imposto sobre a Renda - IR, ou tributados à alíquota 0 (zero), nas hipóteses em que o beneficiário dos rendimentos produzidos por esses ativos seja residente ou domiciliado no exterior, exceto em país com tributação favorecida, nos termos do art. 24 da Lei n. 9.430, de 27 de dezembro de 1996.

§ 2º Incluem-se entre os ativos de que trata o § 1º aqueles negociados em bolsas de valores, de mercadorias, de futuros e assemelhadas e que sejam isentos de tributação, na forma da alínea "b" do § 2º do art. 81 da Lei n. 8.981, de 20 de janeiro de 1995, desde que sejam negociados pelos fundos, nas mesmas condições previstas na referida Lei, para gozo do incentivo fiscal.

§ 3º Caso o regulamento do fundo restrinja expressamente seus cotistas a investidores estrangeiros pessoas físicas, também se incluirão entre os ativos de que trata o § 1º os ativos beneficiados pelo disposto no art. 3º da Lei n. 11.033, de 21 de dezembro de 2004, desde que observadas as condições previstas para gozo do benefício fiscal.

ART. 98. (Vetado).

ART. 99. O prazo de que trata o § 4º do art. 1º da Lei n. 9.532, de 10 de dezembro de 1997, não se aplica a partir da entrada em vigor do art. 74 da Medida Provisória no 2.158-35, de 24 de agosto de 2001.

§ 1º Na hipótese de existência de lançamento de ofício sem a observância do disposto no *caput*, fica assegurado o direito ao aproveitamento do imposto pago no exterior, limitado ao imposto correspondente ao lucro objeto do lançamento.

§ 2º Aplica-se o disposto no *caput* aos débitos ainda não constituídos que vierem a ser incluídos no parcelamento de que trata o art. 40 da Lei n. 12.865, de 9 de outubro de 2013.

ART. 100. A Lei n. 9.532, de 10 de dezembro de 1997, passa a vigorar com as seguintes alterações:

▸ Alterações promovidas no texto da referida lei.

ART. 101. (Vetado).

ART. 102. O art. 1º da Lei n. 9.826, de 23 de agosto de 1999, passa a vigorar com a seguinte alteração:

› Alterações promovidas no texto da referida lei.

ART. 103. O art. 1º da Lei n. 10.485, de 3 de julho de 2002, passa a vigorar com a seguinte redação:

› Alterações promovidas no texto da referida lei.

ART. 104. Aplica-se ao § 7º do art. 37-B da Lei n. 10.522, de 19 de julho de 2002, constante do art. 35 da Lei n. 11.941, de 27 de maio de 2009, e ao § 33 do art. 65 da Lei n. 12.249, de 11 de junho de 2010, no caso de instituições financeiras e assemelhadas, a alíquota de 15% (quinze por cento) sobre a base de cálculo negativa da CSLL, para manter a isonomia de alíquotas.

ART. 105. (Vetado).

ART. 106. O art. 3º da Lei n. 11.312, de 27 de junho de 2006, passa a vigorar acrescido do seguinte § 3º:

"Art. 3º [...]

§ 3º A alíquota 0 (zero) referida no *caput* também se aplica aos ganhos de capital auferidos na alienação ou amortização de quotas de fundos de investimentos de que trata este artigo." (NR)

ART. 107. (Vetado).

ART. 108. (Vetado).

ART. 109. As pessoas jurídicas que se encontrem inativas desde o ano-calendário de 2009 ou que estejam em regime de liquidação ordinária, judicial ou extrajudicial, ou em regime de falência, poderão apurar o Imposto de Renda e a CSLL relativos ao ganho de capital resultante da alienação de bens ou direitos, ou qualquer ato que enseje a realização de ganho de capital, sem a aplicação dos limites previstos nos arts. 15 e 16 da Lei n. 9.065, de 20 de junho de 1995, desde que o produto da venda seja utilizado para pagar débitos de qualquer natureza com a União.

ART. 110. O art. 43 da Lei n. 12.431, de 24 de junho de 2011, passa a vigorar acrescido do seguinte parágrafo único:

"Art. 43. [...]

Parágrafo único. O disposto no *caput* deste artigo aplica-se ao precatório federal de titularidade de pessoa jurídica que, em 31 de dezembro de 2012, seja considerada controlada ou coligada do devedor, nos termos dos arts. 1.097 a 1.099 da Lei n. 10.406, de 10 de janeiro de 2002 - Código Civil." (NR)

ART. 111. (Vetado).

ART. 112. (Vetado).

ART. 113. Os arts. 30-A e 30-B da Lei n. 11.051, de 29 de dezembro de 2004, passam a vigorar com as seguintes alterações:

"Art. 30-A. As cooperativas de radiotáxi, bem como aquelas cujos cooperados se dediquem a serviços relacionados a atividades culturais, de música, de cinema, de letras, de artes cênicas (teatro, dança, circo) e de artes plásticas, poderão excluir da base de cálculo da contribuição para PIS/Pasep e Cofins:

[...]" (NR)

"Art. 30-B. São remidos os créditos tributários, constituídos ou não, inscritos ou não em dívida ativa, bem como anistiados os respectivos encargos legais, multas e juros de mora quando relacionados à falta de pagamento da Cofins e da contribuição para o PIS/Pasep sobre os valores passíveis de exclusão das suas bases de cálculo nos termos do art. 30-A desta Lei das associações civis e das sociedades cooperativas referidas no art. 30-A desta Lei." (NR)

ART. 114. (Vetado).

ART. 115. Aplica-se o disposto no *caput* do art. 40 da Lei n. 12.865, de 9 de outubro de 2013, constante do art. 93 desta Lei, aos débitos relativos à contribuição à Comissão Coordenadora da Criação do Cavalo Nacional - CCCCN, estabelecida na Lei n. 7.291, de 19 de dezembro de 1984.

Parágrafo único. Fica autorizado o cálculo do valor da contribuição à Comissão Coordenadora da Criação do Cavalo Nacional - CCCCN, vencida até 14 de dezembro de 2011, conforme o disposto no § 4º do art. 11 da Lei n. 7.291, de 19 de dezembro de 1984, vedada qualquer restituição.

ART. 116. A Secretaria da Receita Federal do Brasil editará os atos necessários à aplicação do disposto nesta Lei.

ART. 117. Revogam-se, a partir de 1º de janeiro de 2015:

I - a alínea "b" do *caput* e o § 3º do art. 58 da Lei n. 4.506, de 30 de novembro de 1964;

II - o art. 15 da Lei n. 6.099, de 12 de setembro de 1974;

III - os seguintes dispositivos do Decreto-Lei n. 1.598, de 26 de dezembro de 1977:

a) o inciso II do *caput* do art. 8º;

b) o § 1º do art. 15;

c) o § 2º do art. 20;

d) o inciso III do *caput* do art. 27;

e) o inciso I do *caput* do art. 29;

f) o § 3º do art. 31;

g) o art. 32;

h) o inciso IV do *caput* e o § 1º do art. 33;

i) o art. 34; e

j) o inciso III do *caput* do art. 38;

IV - o art. 18 da Lei n. 8.218, de 29 de agosto de 1991;

V - o art. 31 da Lei n. 8.981, de 20 de janeiro de 1995;

VI - os §§ 2º e 3º do art. 21 e o art. 31 da Lei n. 9.249, de 26 de dezembro de 1995;

VII - a alínea "b" do § 1º e os §§ 2º e 4º do art. 1º da Lei n. 9.532, de 10 de dezembro de 1997;

VIII - o inciso V do § 2º do art. 3º da Lei n. 9.718, de 27 de novembro de 1998;

IX - o art. 74 da Medida Provisória n. 2.158-35, de 24 de agosto de 2001; e

X - os arts. 15 a 24, 59 e 60 da Lei n. 11.941, de 27 de maio de 2009.

ART. 118. Revoga-se o art. 55 da Lei n. 10.637, de 30 de dezembro de 2002, a partir da data de publicação desta Lei.

ART. 119. Esta Lei entra em vigor em 1º de janeiro de 2015, exceto os arts. 3º, 72 a 75 e 93 a 119, que entram em vigor na data de sua publicação.

§ 1º Aos contribuintes que fizerem a opção prevista no art. 75, aplicam-se, a partir de 1º de janeiro de 2014:

I - os arts. 1º e 2º e 4º a 70; e

II - as revogações previstas nos incisos I a VI, VIII e X do *caput* do art. 117.

§ 2º Aos contribuintes que fizerem a opção prevista no art. 96, aplicam-se, a partir de 1º de janeiro de 2014:

I - os arts. 76 a 92; e

II - as revogações previstas nos incisos VII e IX do *caput* do art. 117.

Brasília, 13 de maio de 2014;
193º da Independência e
126º da República.
DILMA ROUSSEFF

LEI N. 12.974, DE 15 DE MAIO DE 2014

Dispõe sobre as atividades das Agências de Turismo.

› *DOU*, 16.5.2014.

A Presidenta da República. Faço saber que o Congresso Nacional decreta e eu sanciono a seguinte Lei:

ART. 1º Esta Lei dispõe sobre as atividades das Agências de Turismo.

ART. 2º Entende-se por Agência de Turismo a empresa que tenha por objeto, exclusivamente, a prestação das atividades de turismo definidas nesta Lei.

ART. 3º É privativo das Agências de Turismo o exercício das seguintes atividades:

I - venda comissionada ou intermediação remunerada na comercialização de passagens, passeios, viagens e excursões, nas modalidades aérea, aquaviária, terrestre, ferroviária e conjugadas;

II - assessoramento, planejamento e organização de atividades associadas à execução de viagens turísticas ou excursões;

III - (Vetado);

IV - organização de programas, serviços, roteiros e itinerários de viagens, individuais ou em grupo, e intermediação remunerada na sua execução e comercialização; e

V - organização de programas e serviços relativos a viagens educacionais ou culturais e intermediação remunerada na sua execução e comercialização.

§ 1º As Agências de Turismo poderão exercer todas ou algumas das atividades previstas neste artigo.

§ 2º O disposto no inciso I do *caput* deste artigo não inclui a organização dos programas, serviços, roteiros e itinerários relativos aos passeios, viagens e excursões.

§ 3º O disposto no inciso III do *caput* deste artigo não elide a venda direta ao público dos serviços prestados pelas empresas transportadoras, pelos meios de hospedagem e pelas demais empresas fornecedoras de serviços turísticos, inclusive por meio da rede mundial de computadores.

ART. 4º As Agências de Turismo poderão exercer, ainda, e sem caráter privativo, as seguintes atividades:

I - obtenção e legalização de documentos para viajantes;

II - transporte turístico de superfície;

III - desembaraço de bagagens, nas viagens e excursões de seus clientes;

IV - intermediação remunerada de serviços de carga aérea e terrestre;

V - intermediação remunerada na reserva e contratação de hospedagem e na locação de veículos;

VI - intermediação remunerada na reserva e venda de ingressos para espetáculos públicos, artísticos, esportivos e culturais;

VII - (Vetado);

VIII - representação de empresa transportadora, de meios de hospedagem e de outras empresas fornecedoras de serviços turísticos;

IX - assessoramento, organização e execução de atividades relativas a feiras, exposições, congressos e eventos similares;

X - venda comissionada ou intermediação remunerada de seguros vinculados a viagens e excursões e de cartões de assistência ao viajante;

XI - venda de livros, revistas e outros artigos destinados a viajantes; e

XII - outros serviços de interesse de viajantes.

ART. 5º Para os efeitos desta Lei, as Agências de Turismo classificam-se nas 2 (duas) categorias abaixo, conforme os serviços que estejam habilitadas a prestar:

I - Agências de Viagens; e

II - Agências de Viagens e Turismo.

§ 1º É privativa das Agências de Viagens e Turismo a execução das atividades referidas nos incisos II, III, IV e V do *caput* do art. 3º.

§ 2º A Agência de Viagens e Turismo poderá utilizar-se da denominação de Operadora Turística.

ART. 6º (Vetado).

ART. 7º É vedado o registro como Agência de Turismo à empresa:

I - cuja atividade principal prevista no seu objetivo social seja distinta da estabelecida no art. 2º;

II - que não preencha as condições previstas nesta Lei e no Regulamento.

ART. 8º Constituem prerrogativas das Agências de Turismo registradas na forma desta Lei:

I - o exercício das atividades privativas de que trata o art. 3º, observado o disposto no art. 5º;

II - o recebimento de remuneração pelo exercício de suas atividades; e

III - a habilitação ao recebimento de incentivos e estímulos governamentais previstos na legislação em vigor.

ART. 9º São obrigações das Agências de Turismo, passíveis de fiscalização, em conformidade com os procedimentos previstos nesta Lei e nos atos dela decorrentes:

I - cumprir rigorosamente os contratos e acordos de prestação de serviços turísticos firmados com os usuários ou outras entidades turísticas;

II - disponibilizar e conservar instalações em condições adequadas para o atendimento ao consumidor, em ambiente destinado exclusivamente a essa atividade;

III - mencionar, em qualquer forma impressa de promoção ou de divulgação de viagem ou excursão, o nome das empresas responsáveis pela operação dos serviços contratados e o número de registro no órgão federal responsável pelo cadastramento e pela fiscalização das empresas dedicadas à exploração dos serviços turísticos;

IV - prestar ou apresentar, na forma e no prazo estabelecidos pelo órgão federal responsável pelo cadastramento e pela fiscalização das empresas dedicadas à exploração dos serviços turísticos, as informações e os documentos referentes ao exercício de suas atividades;

V - manter em local visível de suas instalações cópia do certificado de registro no órgão federal responsável pelo cadastramento e pela fiscalização das empresas dedicadas à exploração dos serviços turísticos;

VI - comunicar ao órgão federal responsável pelo cadastramento e pela fiscalização das empresas dedicadas à exploração dos serviços turísticos eventual mudança de endereço e paralisação temporária ou definitiva das atividades; e

VII - apresentar ao órgão federal responsável pelo cadastramento e pela fiscalização das empresas dedicadas à exploração dos serviços turísticos cópia do instrumento que altere o ato constitutivo da sociedade, no prazo máximo de 30 (trinta) dias, contados do seu arquivamento no registro apropriado.

ART. 10. A oferta do serviço prestado pela Agência de Turismo expressará:

I - o serviço oferecido;

II - o preço total, as condições de pagamento e, se for o caso, as de financiamento;

III - as condições para alteração, cancelamento e reembolso do pagamento dos serviços;

IV - as empresas e empreendimentos participantes da viagem ou excursão; e

V - a responsabilidade legal pela execução dos serviços e eventuais restrições existentes para a sua realização.

ARTS. 11 a 19. (Vetados).

ART. 20. A Agência de Turismo é diretamente responsável pelos atos de seus prepostos, inclusive os praticados por terceiros por ela contratados ou autorizados, se ao contrário não dispuser a legislação vigente.

ART. 21. A sociedade civil ou comercial de qualquer natureza somente poderá oferecer a seus integrantes, associados, empregados ou terceiros os serviços turísticos de que trata esta Lei quando prestados ou intermediados por Agências de Turismo registradas no órgão federal responsável pelo cadastramento e pela fiscalização das empresas dedicadas à exploração dos serviços turísticos.

Parágrafo único. O disposto neste artigo não se aplica aos casos de fretamento de veículo para uso dos associados, mediante simples ressarcimento das despesas realizadas.

ART. 22. O órgão federal responsável pelo cadastramento e pela fiscalização das empresas dedicadas à exploração dos serviços turísticos exercerá a fiscalização das atividades das Agências de Turismo, objetivando:

I - a proteção ao consumidor, exercida prioritariamente pelo atendimento e averiguação da reclamação;

II - a orientação às empresas para o perfeito atendimento das normas reguladoras de suas atividades; e

III - a verificação do cumprimento da legislação pertinente em vigor.

Parágrafo único. Para os fins deste artigo, os agentes da fiscalização terão livre acesso às instalações, áreas, equipamentos, arquivos, livros e documentos fiscais da empresa fiscalizada, sendo obrigação desta, nos limites da lei, prestar todos os esclarecimentos e informações solicitadas.

ART. 23. A inobservância pela Agência de Turismo das determinações desta Lei sujeitá-la-á às seguintes penalidades, além das sanções penais cabíveis:

I - advertência por escrito;

II - multa;

III - interdição da instalação, estabelecimento, empreendimento ou equipamento;

IV - (Vetado); e

V - cancelamento do registro.

Parágrafo único. As penalidades mencionadas neste artigo serão reguladas e aplicadas pelo órgão federal responsável pelo cadastramento e pela fiscalização das empresas dedicadas à exploração dos serviços turísticos.

ART. 24. O exercício de atividades privativas de Agência de Turismo, na forma desta Lei, sem o correspondente registro no órgão federal responsável pelo cadastramento e pela fiscalização das empresas dedicadas à exploração dos serviços turísticos constitui ilícito penal e sujeita o infrator às penas dispostas no art. 47 do Decreto-Lei n. 3.688, de 3 de outubro de 1941 - Lei das Contravenções Penais.

Parágrafo único. (Vetado).

ART. 25. (Vetado).

ART. 26. A responsabilidade civil da Agência de Turismo poderá ser objeto de seguro.

ART. 27. A Agência de Turismo já registrada como Agência de Turismo, Agência de Viagens ou Agência de Viagens e Turismo deverá adaptar sua denominação ao disposto nesta Lei no prazo máximo de 90 (noventa) dias, contados de sua entrada em vigor.

ART. 28. Esta Lei entra em vigor na data de sua publicação.

Brasília, 15 de maio de 2014; 193º da Independência e 126º da República.

DILMA ROUSSEFF

LEI N. 12.986, DE 2 DE JUNHO DE 2014

Transforma o Conselho de Defesa dos Direitos da Pessoa Humana em Conselho Nacional dos Direitos Humanos - CNDH; revoga as Leis n. 4.319, de 16 de março de 1964, e 5.763, de 15 de dezembro de 1971; e dá outras providências.

› *DOU*, 03.06.2014.

A Presidenta da República. Faço saber que o Congresso Nacional decreta e eu sanciono a seguinte Lei:

CAPÍTULO I
DISPOSIÇÕES PRELIMINARES

ART. 1º O Conselho de Defesa dos Direitos da Pessoa Humana criado pela Lei n. 4.319, de 16 de março de 1964, passa a denominar-se Conselho Nacional dos Direitos Humanos - CNDH, com finalidade, composição, competência, prerrogativas e estrutura organizacional definidas por esta Lei.

ART. 2º O CNDH tem por finalidade a promoção e a defesa dos direitos humanos, mediante ações preventivas, protetivas, reparadoras e sancionadoras das condutas e situações de ameaça ou violação desses direitos.

§ 1º Constituem direitos humanos sob a proteção do CNDH os direitos e garantias fundamentais, individuais, coletivos ou sociais previstos na Constituição Federal ou nos tratados e atos internacionais celebrados pela República Federativa do Brasil.

§ 2º A defesa dos direitos humanos pelo CNDH independe de provocação das pessoas ou das coletividades ofendidas.

CAPÍTULO II
DA COMPOSIÇÃO, COMPETÊNCIA E PRERROGATIVAS

ART. 3º O Conselho Nacional dos Direitos Humanos - CNDH é integrado pelos seguintes membros:

I - representantes de órgãos públicos:

a) Secretário Especial dos Direitos Humanos;

b) Procurador-Geral da República;

c) 2 (dois) Deputados Federais;

d) 2 (dois) Senadores;

e) 1 (um) de entidade de magistrados;

f) 1 (um) do Ministério das Relações Exteriores;

g) 1 (um) do Ministério da Justiça;

h) 1 (um) da Polícia Federal;

i) 1 (um) da Defensoria Pública da União;

II - representantes da sociedade civil:

a) 1 (um) da Ordem dos Advogados do Brasil, indicado pelo Conselho Federal da entidade;

b) 9 (nove) de organizações da sociedade civil de abrangência nacional e com relevantes atividades relacionadas à defesa dos direitos humanos;

c) 1 (um) do Conselho Nacional dos Procuradores-Gerais do Ministério Público dos Estados e da União.

§ 1º Os representantes dos órgãos públicos serão designados pelos ministros, chefes ou presidentes das respectivas instituições.

§ 2º Os representantes indicados na alínea b do inciso II deste artigo e seus suplentes serão eleitos em encontro nacional para um mandato de 2 (dois) anos.

§ 3º O edital de convocação do encontro nacional a que se refere o § 2º será divulgado, na primeira vez, pela Secretaria Especial dos Direitos Humanos e, quanto aos encontros subsequentes, pelo CNDH, observando-se os princípios da ampla publicidade e da participação plural dos diversos segmentos da sociedade.

§ 4º Os representantes do Senado Federal e da Câmara dos Deputados serão designados pelos presidentes das respectivas Casas no início de cada legislatura, obedecida a paridade entre os partidos de situação e de oposição.

§ 5º As situações de perda e de substituição de mandato, bem como as regras de funcionamento do CNDH, serão definidas no seu regimento interno.

ART. 4º O CNDH é o órgão incumbido de velar pelo efetivo respeito aos direitos humanos por parte dos poderes públicos, dos serviços de relevância pública e dos particulares, competindo-lhe:

I - promover medidas necessárias à prevenção, repressão, sanção e reparação de condutas e situações contrárias aos direitos humanos, inclusive os previstos em tratados e atos internacionais ratificados no País, e apurar as respectivas responsabilidades;

II - fiscalizar a política nacional de direitos humanos, podendo sugerir e recomendar diretrizes para a sua efetivação;

III - receber representações ou denúncias de condutas ou situações contrárias aos direitos humanos e apurar as respectivas responsabilidades;

IV - expedir recomendações a entidades públicas e privadas envolvidas com a proteção dos direitos humanos, fixando prazo razoável para o seu atendimento ou para justificar a impossibilidade de fazê-lo;

V - (Vetado);

VI - articular-se com órgãos federais, estaduais, do Distrito Federal e municipais encarregados da proteção e defesa dos direitos humanos;

VII - manter intercâmbio e cooperação com entidades públicas ou privadas, nacionais ou internacionais, com o objetivo de dar proteção aos direitos humanos e demais finalidades previstas neste artigo;

VIII - acompanhar o desempenho das obrigações relativas à defesa dos direitos humanos resultantes de acordos internacionais, produzindo relatórios e prestando a colaboração que for necessária ao Ministério das Relações Exteriores;

IX - opinar sobre atos normativos, administrativos e legislativos de interesse da política nacional de direitos humanos e elaborar propostas legislativas e atos normativos relacionados com matéria de sua competência;

X - realizar estudos e pesquisas sobre direitos humanos e promover ações visando à divulgação da importância do respeito a esses direitos;

XI - recomendar a inclusão de matéria específica de direitos humanos nos currículos escolares, especialmente nos cursos de formação das polícias e dos órgãos de defesa do Estado e das instituições democráticas;

XII - dar especial atenção às áreas de maior ocorrência de violações de direitos humanos, podendo nelas promover a instalação de representações do CNDH pelo tempo que for necessário;

XIII - (Vetado);

XIV - representar:

a) à autoridade competente para a instauração de inquérito policial ou procedimento administrativo, visando à apuração da responsabilidade por violações aos direitos humanos ou por descumprimento de sua promoção, inclusive o estabelecido no inciso XI, e aplicação das respectivas penalidades;

b) ao Ministério Público para, no exercício de suas atribuições, promover medidas relacionadas com a defesa de direitos humanos ameaçados ou violados;

c) ao Procurador-Geral da República para fins de intervenção federal, na situação prevista na alínea b do inciso VII do art. 34 da Constituição Federal;

d) ao Congresso Nacional, visando a tornar efetivo o exercício das competências de suas Casas e Comissões sobre matéria relativa a direitos humanos;

XV - realizar procedimentos apuratórios de condutas e situações contrárias aos direitos humanos e aplicar sanções de sua competência;

XVI - pronunciar-se, por deliberação expressa da maioria absoluta de seus conselheiros, sobre crimes que devam ser considerados, por suas características e repercussão, como violações a direitos humanos de excepcional gravidade, para fins de acompanhamento das providências necessárias a sua apuração, processo e julgamento.

ART. 5º Para a realização de procedimentos apuratórios de situações ou condutas contrárias aos direitos humanos, o CNDH goza das seguintes prerrogativas:

I - (Vetado);

II - requisitar informações, documentos e provas necessárias às suas atividades;

III - requisitar o auxílio da Polícia Federal ou de força policial, quando necessário ao exercício de suas atribuições;

IV - (Vetado);

V - requerer aos órgãos públicos os serviços necessários ao cumprimento de diligências ou à realização de vistorias, exames ou inspeções e ter acesso a bancos de dados de caráter público ou relativo a serviços de relevância pública.

CAPÍTULO III
DAS SANÇÕES E DOS CRIMES

ART. 6º Constituem sanções a serem aplicadas pelo CNDH:

I - advertência;

II - censura pública;

III - recomendação de afastamento de cargo, função ou emprego na administração pública direta, indireta ou fundacional da União, Estados, Distrito Federal, Territórios e Municípios do responsável por conduta ou situações contrárias aos direitos humanos;

IV - recomendação de que não sejam concedidos verbas, auxílios ou subvenções a entidades comprovadamente responsáveis por condutas ou situações contrárias aos direitos humanos.

§ 1º As sanções previstas neste artigo serão aplicadas isolada ou cumulativamente, sendo correspondentes e proporcionais às ações ou omissões ofensivas à atuação do CNDH ou às lesões de direitos humanos, consumadas ou tentadas, imputáveis a pessoas físicas ou jurídicas e a entes públicos ou privados.

§ 2º As sanções de competência do CNDH têm caráter autônomo, devendo ser aplicadas independentemente de outras sanções de natureza penal, financeira, política, administrativa ou civil previstas em lei.

§ 3º (Vetado).

CAPÍTULO IV
DA ESTRUTURA ORGANIZACIONAL

ART. 7º São órgãos do CNDH:

I - o Plenário;

II - as Comissões;

III - as Subcomissões;

IV - a Secretaria Executiva.

ART. 8º O Plenário reunir-se-á:

I - ordinariamente, por convocação do Presidente, na forma do regimento interno;

II - extraordinariamente, por iniciativa do Presidente ou de 1/3 (um terço) dos membros titulares.

§ 1º O Vice-Presidente poderá convocar reuniões ordinárias do Plenário, na hipótese de omissão injustificável do Presidente quanto a essa atribuição.

§ 2º O Plenário poderá reunir-se, com um mínimo de 1/3 (um terço) dos conselheiros titulares, para tratar de assuntos que não exijam deliberação mediante votação.

§ 3º As resoluções do CNDH serão tomadas por deliberação da maioria absoluta dos conselheiros.

§ 4º Em caso de empate, o Presidente terá o voto de qualidade.

§ 5º O Plenário poderá nomear consultores ad hoc, sem remuneração, com o objetivo de subsidiar tecnicamente os debates e os estudos temáticos.

ART. 9º As Comissões e as Subcomissões serão constituídas pelo Plenário e poderão ser compostas por conselheiros do CNDH, por técnicos e profissionais especializados e por pessoas residentes na área investigada, nas condições estipuladas pelo regimento interno.

Parágrafo único. As Comissões e as Subcomissões, durante o período de sua vigência, terão as prerrogativas estabelecidas no art. 5º.

ART. 10. Os serviços de apoio técnico e administrativo do CNDH competem à sua Secretaria Executiva, cabendo-lhe, ainda, secretariar as reuniões do Plenário e providenciar o cumprimento de suas decisões.

Parágrafo único. (Vetado).

ART. 11. O Departamento de Polícia Federal do Ministério da Justiça designará e capacitará delegados, peritos e agentes para o atendimento das requisições do CNDH, objetivando o necessário apoio às suas ações institucionais e diligências investigatórias.

ART. 12. (Vetado).

CAPÍTULO V
DISPOSIÇÕES FINAIS

ART. 13. O exercício da função de conselheiro do CNDH não será remunerado a qualquer título, constituindo serviço de relevante interesse público.

ART. 14. As despesas decorrentes do funcionamento do CNDH correrão à conta de dotação própria no orçamento da União.

ART. 15. O CNDH elaborará o seu regimento interno no prazo de 90 (noventa) dias.

ART. 16. Esta Lei entra em vigor na data de sua publicação.

ART. 17. Revogam-se as Leis n. 4.319, de 16 de março de 1964, e 5.763, de 15 de novembro de 1971.

Brasília, 2 de junho de 2014; 193º da Independência e 126º da República.

DILMA ROUSSEFF

LEI N. 12.990, DE 9 DE JUNHO DE 2014

Reserva aos negros 20% (vinte por cento) das vagas oferecidas nos concursos públicos para provimento de cargos efetivos e empregos públicos no âmbito da administração pública federal, das autarquias, das fundações públicas, das empresas públicas e das sociedades de economia mista controladas pela União.

A Presidenta da República. Faço saber que o Congresso Nacional decreta e eu sanciono a seguinte Lei:

- *DOU*, 10.6.2014.
- Vigência: 10 anos a partir da publicação.
- Res. 203/2015, CNJ. (Dispõe sobre a reserva aos negros, no âmbito do Poder Judiciário, de 20% (vinte por cento) das vagas oferecidas nos concursos públicos para provimento de cargos efetivos e de ingresso na magistratura).

ART. 1º Ficam reservadas aos negros 20% (vinte por cento) das vagas oferecidas nos concursos públicos para provimento de cargos efetivos e empregos públicos no âmbito da administração pública federal, das autarquias, das fundações públicas, das empresas públicas e das sociedades de economia mista controladas pela União, na forma desta Lei.

§ 1º A reserva de vagas será aplicada sempre que o número de vagas oferecidas no concurso público for igual ou superior a 3 (três).

§ 2º Na hipótese de quantitativo fracionado para o número de vagas reservadas a candidatos negros, esse será aumentado para o primeiro número inteiro subsequente, em caso de fração igual ou maior que 0,5 (cinco décimos), ou diminuído para número inteiro imediatamente inferior, em caso de fração menor que 0,5 (cinco décimos).

§ 3º A reserva de vagas a candidatos negros constará expressamente dos editais dos concursos públicos, que deverão especificar o total de vagas correspondentes à reserva para cada cargo ou emprego público oferecido.

ART. 2º Poderão concorrer às vagas reservadas a candidatos negros aqueles que se autodeclararem pretos ou pardos no ato da inscrição no concurso público, conforme o quesito cor ou raça utilizado pela Fundação Instituto Brasileiro de Geografia e Estatística - IBGE.

Parágrafo único. Na hipótese de constatação de declaração falsa, o candidato será eliminado do concurso e, se houver sido nomeado, ficará sujeito à anulação da sua admissão ao serviço ou emprego público, após procedimento administrativo em que lhe sejam assegurados o contraditório e a ampla defesa, sem prejuízo de outras sanções cabíveis.

ART. 3º Os candidatos negros concorrerão concomitantemente às vagas reservadas e às vagas destinadas à ampla concorrência, de acordo com a sua classificação no concurso.

§ 1º Os candidatos negros aprovados dentro do número de vagas oferecido para ampla concorrência não serão computados para efeito do preenchimento das vagas reservadas.

§ 2º Em caso de desistência de candidato negro aprovado em vaga reservada, a vaga será preenchida pelo candidato negro posteriormente classificado.

§ 3º Na hipótese de não haver número de candidatos negros aprovados suficiente para ocupar as vagas reservadas, as vagas remanescentes serão revertidas para a ampla concorrência e serão preenchidas pelos demais candidatos aprovados, observada a ordem de classificação.

ART. 4º A nomeação dos candidatos aprovados respeitará os critérios de alternância e proporcionalidade, que consideram a relação entre o número de vagas total e o número de vagas reservadas a candidatos com deficiência e a candidatos negros.

ART. 5º O órgão responsável pela política de promoção da igualdade étnica de que trata o § 1º do art. 49 da Lei n. 12.288, de 20 de julho de 2010, será responsável pelo acompanhamento e avaliação anual do disposto nesta Lei, nos moldes previstos no art. 59 da Lei n. 12.288, de 20 de julho de 2010.

ART. 6º Esta Lei entra em vigor na data de sua publicação e terá vigência pelo prazo de 10 (dez) anos.

Parágrafo único. Esta Lei não se aplicará aos concursos cujos editais já tiverem sido publicados antes de sua entrada em vigor.

Brasília, 9 de junho de 2014; 193º da Independência e 126º da República.

DILMA ROUSSEFF

LEI N. 13.021, DE 8 DE AGOSTO DE 2014

Dispõe sobre o exercício e a fiscalização das atividades farmacêuticas.

- *DOU*, 11.8.2014 - Edição extra.

A Presidenta da República Faço saber que o Congresso Nacional decreta e eu sanciono a seguinte Lei:

CAPÍTULO I
DISPOSIÇÕES PRELIMINARES

ART. 1º As disposições desta Lei regem as ações e serviços de assistência farmacêutica executados, isolada ou conjuntamente, em caráter permanente ou eventual, por pessoas físicas ou jurídicas de direito público ou privado.

ART. 2º Entende-se por assistência farmacêutica o conjunto de ações e de serviços que visem a assegurar a assistência terapêutica integral e a promoção, a proteção e a recuperação da saúde nos estabelecimentos públicos e privados que desempenhem atividades farmacêuticas, tendo o medicamento como insumo essencial e visando ao seu acesso e ao seu uso racional.

ART. 3º Farmácia é uma unidade de prestação de serviços destinada a prestar assistência farmacêutica, assistência à saúde e orientação sanitária individual e coletiva, na qual se processe a manipulação e/ou dispensação de medicamentos magistrais, oficinais, farmacopeicos ou industrializados, cosméticos, insumos farmacêuticos, produtos farmacêuticos e correlatos.

Parágrafo único. As farmácias serão classificadas segundo sua natureza como:

I - farmácia sem manipulação ou drogaria: estabelecimento de dispensação e comércio de drogas, medicamentos, insumos farmacêuticos e correlatos em suas embalagens originais;

II - farmácia com manipulação: estabelecimento de manipulação de fórmulas magistrais e oficinais, de comércio de drogas, medicamentos, insumos farmacêuticos e correlatos, compreendendo o de dispensação e o de atendimento privativo de unidade hospitalar ou de qualquer outra equivalente de assistência médica.

ART. 4º É responsabilidade do poder público assegurar a assistência farmacêutica, segundo os princípios e diretrizes do Sistema Único de Saúde, de universalidade, equidade e integralidade.

CAPÍTULO II
DAS ATIVIDADES FARMACÊUTICAS

ART. 5º No âmbito da assistência farmacêutica, as farmácias de qualquer natureza requerem, obrigatoriamente, para seu funcionamento, a responsabilidade e a assistência técnica de farmacêutico habilitado na forma da lei.

CAPÍTULO III
DOS ESTABELECIMENTOS FARMACÊUTICOS

SEÇÃO I
DAS FARMÁCIAS

ART. 6º Para o funcionamento das farmácias de qualquer natureza, exigem-se a autorização e o licenciamento da autoridade competente, além das seguintes condições:

I - ter a presença de farmacêutico durante todo o horário de funcionamento;

II - ter localização conveniente, sob o aspecto sanitário;

III - dispor de equipamentos necessários à conservação adequada de imunobiológicos;

IV - contar com equipamentos e acessórios que satisfaçam aos requisitos técnicos estabelecidos pela vigilância sanitária.

ART. 7º Poderão as farmácias de qualquer natureza dispor, para atendimento imediato à população, de medicamentos, vacinas e soros que atendam o perfil epidemiológico de sua região demográfica.

ART. 8º A farmácia privativa de unidade hospitalar ou similar destina-se exclusivamente ao atendimento de seus usuários.

Parágrafo único. Aplicam-se às farmácias a que se refere o *caput* as mesmas exigências legais previstas para as farmácias não privativas no que concerne a instalações, equipamentos, direção e desempenho técnico de farmacêuticos, assim como ao registro em Conselho Regional de Farmácia.

ART. 9º (Vetado).

SEÇÃO II
DAS RESPONSABILIDADES

ART. 10. O farmacêutico e o proprietário dos estabelecimentos farmacêuticos agirão sempre solidariamente, realizando todos os esforços para promover o uso racional de medicamentos.

ART. 11. O proprietário da farmácia não poderá desautorizar ou desconsiderar as orientações técnicas emitidas pelo farmacêutico.

Parágrafo único. É responsabilidade do estabelecimento farmacêutico fornecer condições adequadas ao perfeito desenvolvimento das atividades profissionais do farmacêutico.

ART. 12. Ocorrendo a baixa do profissional farmacêutico, obrigam-se os estabelecimentos à contratação de novo farmacêutico, no prazo máximo de 30 (trinta) dias, atendido o disposto nas Leis n. 5.991, de 17 de dezembro de 1973, e 6.437, de 20 de agosto de 1977.

ART. 13. Obriga-se o farmacêutico, no exercício de suas atividades, a:

I - notificar os profissionais de saúde e os órgãos sanitários competentes, bem como o laboratório industrial, dos efeitos colaterais, das reações adversas, das intoxicações, voluntárias ou não, e da farmacodependência observados e registrados na prática da farmacovigilância;

II - organizar e manter cadastro atualizado com dados técnico-científicos das drogas, fármacos e medicamentos disponíveis na farmácia;

III - proceder ao acompanhamento farmacoterapêutico de pacientes, internados ou não, em estabelecimentos hospitalares ou ambulatoriais, de natureza pública ou privada;

IV - estabelecer protocolos de vigilância farmacológica de medicamentos, produtos farmacêuticos e correlatos, visando a assegurar o seu uso racionalizado, a sua segurança e a sua eficácia terapêutica;

V - estabelecer o perfil farmacoterapêutico no acompanhamento sistemático do paciente, mediante elaboração, preenchimento e interpretação de fichas farmacoterapêuticas;

VI - prestar orientação farmacêutica, com vistas a esclarecer ao paciente a relação benefício e risco, a conservação e a utilização de fármacos e medicamentos inerentes à terapia, bem como as suas interações medicamentosas e a importância do seu correto manuseio.

ART. 14. Cabe ao farmacêutico, na dispensação de medicamentos, visando a garantir a eficácia e a segurança da terapêutica prescrita, observar os aspectos técnicos e legais do receituário.

CAPÍTULO IV
DA FISCALIZAÇÃO

ART. 15. (Vetado).

ART. 16. É vedado ao fiscal farmacêutico exercer outras atividades profissionais de farmacêutico, ser responsável técnico ou proprietário ou participar da sociedade em estabelecimentos farmacêuticos.

CAPÍTULO V
DISPOSIÇÕES GERAIS E TRANSITÓRIAS

ARTS. 17 e 18. (Vetados).

Brasília, 8 de agosto de 2014; 193º da Independência e 126º da República.

DILMA ROUSSEFF

LEI N. 13.022, DE 8 DE AGOSTO DE 2014

Dispõe sobre o Estatuto Geral das Guardas Municipais.

› *DOU*, 11.8.2014 - Edição extra.

A Presidenta da República. Faço saber que o Congresso Nacional decreta e eu sanciono a seguinte Lei:

CAPÍTULO I
DISPOSIÇÕES PRELIMINARES

ART. 1º Esta Lei institui normas gerais para as guardas municipais, disciplinando o § 8º do art. 144 da Constituição Federal.

ART. 2º Incumbe às guardas municipais, instituições de caráter civil, uniformizadas e armadas conforme previsto em lei, a função de proteção municipal preventiva, ressalvadas as competências da União, dos Estados e do Distrito Federal.

CAPÍTULO II
DOS PRINCÍPIOS

ART. 3º São princípios mínimos de atuação das guardas municipais:

I - proteção dos direitos humanos fundamentais, do exercício da cidadania e das liberdades públicas;

II - preservação da vida, redução do sofrimento e diminuição das perdas;

III - patrulhamento preventivo;

IV - compromisso com a evolução social da comunidade; e

V - uso progressivo da força.

CAPÍTULO III
DAS COMPETÊNCIAS

ART. 4º É competência geral das guardas municipais a proteção de bens, serviços, logradouros públicos municipais e instalações do Município.

Parágrafo único. Os bens mencionados no *caput* abrangem os de uso comum, os de uso especial e os dominiais.

ART. 5º São competências específicas das guardas municipais, respeitadas as competências dos órgãos federais e estaduais:

I - zelar pelos bens, equipamentos e prédios públicos do Município;

II - prevenir e inibir, pela presença e vigilância, bem como coibir, infrações penais ou administrativas e atos infracionais que atentem contra os bens, serviços e instalações municipais;

III - atuar, preventiva e permanentemente, no território do Município, para a proteção sistêmica da população que utiliza os bens, serviços e instalações municipais;

IV - colaborar, de forma integrada com os órgãos de segurança pública, em ações conjuntas que contribuam com a paz social;

V - colaborar com a pacificação de conflitos que seus integrantes presenciarem, atentando para o respeito aos direitos fundamentais das pessoas;

VI - exercer as competências de trânsito que lhes forem conferidas, nas vias e logradouros municipais, nos termos da Lei n. 9.503, de 23 de setembro de 1997 (Código de Trânsito Brasileiro), ou de forma concorrente, mediante convênio celebrado com órgão de trânsito estadual ou municipal;

VII - proteger o patrimônio ecológico, histórico, cultural, arquitetônico e ambiental do Município, inclusive adotando medidas educativas e preventivas;

VIII - cooperar com os demais órgãos de defesa civil em suas atividades;

IX - interagir com a sociedade civil para discussão de soluções de problemas e projetos locais voltados à melhoria das condições de segurança das comunidades;

X - estabelecer parcerias com os órgãos estaduais e da União, ou de Municípios vizinhos, por meio da celebração de convênios ou consórcios, com vistas ao desenvolvimento de ações preventivas integradas;

XI - articular-se com os órgãos municipais de políticas sociais, visando à adoção de ações interdisciplinares de segurança no Município;

XII - integrar-se com os demais órgãos de poder de polícia administrativa, visando a contribuir para a normatização e a fiscalização das posturas e ordenamento urbano municipal;

XIII - garantir o atendimento de ocorrências emergenciais, ou prestá-lo direta e imediatamente quando deparar-se com elas;

XIV - encaminhar ao delegado de polícia, diante de flagrante delito, o autor da infração, preservando o local do crime, quando possível e sempre que necessário;

XV - contribuir no estudo de impacto na segurança local, conforme plano diretor municipal, por ocasião da construção de empreendimentos de grande porte;

XVI - desenvolver ações de prevenção primária à violência, isoladamente ou em conjunto com os demais órgãos da própria municipalidade, de outros Municípios ou das esferas estadual e federal;

XVII - auxiliar na segurança de grandes eventos e na proteção de autoridades e dignatários; e

XVIII - atuar mediante ações preventivas na segurança escolar, zelando pelo entorno e participando de ações educativas com o corpo discente e docente das unidades de ensino municipal, de forma a colaborar com a implantação da cultura de paz na comunidade local.

Parágrafo único. No exercício de suas competências, a guarda municipal poderá colaborar ou atuar conjuntamente com órgãos de segurança pública da União, dos Estados e do Distrito Federal ou de congêneres de Municípios vizinhos e, nas hipóteses previstas nos incisos XIII e XIV deste artigo, diante do comparecimento de órgão descrito nos incisos do *caput* do art. 144 da Constituição Federal, deverá a guarda municipal prestar todo o apoio à continuidade do atendimento.

CAPÍTULO IV
DA CRIAÇÃO

ART. 6º O Município pode criar, por lei, sua guarda municipal.

Parágrafo único. A guarda municipal é subordinada ao chefe do Poder Executivo municipal.

ART. 7º As guardas municipais não poderão ter efetivo superior a:

I - 0,4% (quatro décimos por cento) da população, em Municípios com até 50.000 (cinquenta mil) habitantes;

II - 0,3% (três décimos por cento) da população, em Municípios com mais de 50.000 (cinquenta mil) e menos de 500.000 (quinhentos mil) habitantes, desde que o efetivo não seja inferior ao disposto no inciso I;

III - 0,2% (dois décimos por cento) da população, em Municípios com mais de 500.000 (quinhentos mil) habitantes, desde que o efetivo não seja inferior ao disposto no inciso II.

Parágrafo único. Se houver redução da população referida em censo ou estimativa oficial da Fundação Instituto Brasileiro de Geografia e Estatística (IBGE), é garantida a preservação do efetivo existente, o qual deverá ser ajustado à variação populacional, nos termos de lei municipal.

ART. 8º Municípios limítrofes podem, mediante consórcio público, utilizar, reciprocamente, os serviços da guarda municipal de maneira compartilhada.

ART. 9º A guarda municipal é formada por servidores públicos integrantes de carreira única e plano de cargos e salários, conforme disposto em lei municipal.

CAPÍTULO V
DAS EXIGÊNCIAS PARA INVESTIDURA

ART. 10. São requisitos básicos para investidura em cargo público na guarda municipal:

I - nacionalidade brasileira;

II - gozo dos direitos políticos;

III - quitação com as obrigações militares e eleitorais;

IV - nível médio completo de escolaridade;

V - idade mínima de 18 (dezoito) anos;

VI - aptidão física, mental e psicológica; e

VII - idoneidade moral comprovada por investigação social e certidões expedidas perante o Poder Judiciário estadual, federal e distrital.

Parágrafo único. Outros requisitos poderão ser estabelecidos em lei municipal.

CAPÍTULO VI
DA CAPACITAÇÃO

ART. 11. O exercício das atribuições dos cargos da guarda municipal requer capacitação específica, com matriz curricular compatível com suas atividades.

Parágrafo único. Para fins do disposto no *caput*, poderá ser adaptada a matriz curricular nacional para formação em segurança pública, elaborada pela Secretaria Nacional de Segurança Pública (Senasp) do Ministério da Justiça.

ART. 12. É facultada ao Município a criação de órgão de formação, treinamento e aperfeiçoamento dos integrantes da guarda municipal, tendo como princípios norteadores os mencionados no art. 3º.

§ 1º Os Municípios poderão firmar convênios ou consorciar-se, visando ao atendimento do disposto no *caput* deste artigo.

§ 2º O Estado poderá, mediante convênio com os Municípios interessados, manter órgão de formação e aperfeiçoamento centralizado, em cujo conselho gestor seja assegurada a participação dos Municípios conveniados.

§ 3º O órgão referido no § 2º não pode ser o mesmo destinado a formação, treinamento ou aperfeiçoamento de forças militares.

CAPÍTULO VII
DO CONTROLE

ART. 13. O funcionamento das guardas municipais será acompanhado por órgãos próprios, permanentes, autônomos e com atribuições de fiscalização, investigação e auditoria, mediante:

I - controle interno, exercido por corregedoria, naquelas com efetivo superior a 50 (cinquenta) servidores da guarda e em todas as que utilizam arma de fogo, para apurar as infrações disciplinares atribuídas aos integrantes de seu quadro; e

II - controle externo, exercido por ouvidoria, independente em relação à direção da respectiva guarda, qualquer que seja o número de servidores da guarda municipal, para receber, examinar e encaminhar reclamações, sugestões, elogios e denúncias acerca da conduta de seus dirigentes e integrantes e das atividades do órgão, propor soluções, oferecer recomendações e informar os resultados aos interessados, garantindo-lhes orientação, informação e resposta.

§ 1º O Poder Executivo municipal poderá criar órgão colegiado para exercer o controle social das atividades de segurança do Município, analisar a alocação e aplicação dos recursos públicos e monitorar os objetivos e metas da política municipal de segurança e, posteriormente, a adequação e eventual necessidade de adaptação das medidas adotadas face aos resultados obtidos.

§ 2º Os corregedores e ouvidores terão mandato cuja perda será decidida pela maioria absoluta da Câmara Municipal, fundada em razão relevante e específica prevista em lei municipal.

ART. 14. Para efeito do disposto no inciso I do *caput* do art. 13, a guarda municipal terá código de conduta próprio, conforme dispuser lei municipal.

Parágrafo único. As guardas municipais não podem ficar sujeitas a regulamentos disciplinares de natureza militar.

CAPÍTULO VIII
DAS PRERROGATIVAS

ART. 15. Os cargos em comissão das guardas municipais deverão ser providos por membros efetivos do quadro de carreira do órgão ou entidade.

§ 1º Nos primeiros 4 (quatro) anos de funcionamento, a guarda municipal poderá ser dirigida por profissional estranho a seus quadros, preferencialmente com experiência ou formação na área de segurança ou defesa social, atendido o disposto no *caput*.

§ 2º Para ocupação dos cargos em todos os níveis da carreira da guarda municipal, deverá ser observado o percentual mínimo para o sexo feminino, definido em lei municipal.

§ 3º Deverá ser garantida a progressão funcional da carreira em todos os níveis.

ART. 16. Aos guardas municipais é autorizado o porte de arma de fogo, conforme previsto em lei.

Parágrafo único. Suspende-se o direito ao porte de arma de fogo em razão de restrição médica, decisão judicial ou justificativa da adoção da medida pelo respectivo dirigente.

ART. 17. A Agência Nacional de Telecomunicações (Anatel) destinará linha telefônica de número 153 e faixa exclusiva de frequência de rádio aos Municípios que possuam guarda municipal.

ART. 18. É assegurado ao guarda municipal o recolhimento à cela, isoladamente dos demais presos, quando sujeito à prisão antes de condenação definitiva.

CAPÍTULO IX
DAS VEDAÇÕES

ART. 19. A estrutura hierárquica da guarda municipal não pode utilizar denominação idêntica à das forças militares, quanto aos postos e graduações, títulos, uniformes, distintivos e condecorações.

CAPÍTULO X
DA REPRESENTATIVIDADE

ART. 20. É reconhecida a representatividade das guardas municipais no Conselho Nacional de Segurança Pública, no Conselho Nacional das Guardas Municipais e, no interesse dos Municípios, no Conselho Nacional de Secretários e Gestores Municipais de Segurança Pública.

CAPÍTULO XI
DISPOSIÇÕES DIVERSAS E TRANSITÓRIAS

ART. 21. As guardas municipais utilizarão uniforme e equipamentos padronizados, preferencialmente, na cor azul-marinho.

ART. 22. Aplica-se esta Lei a todas as guardas municipais existentes na data de sua publicação, a cujas disposições devem adaptar-se no prazo de 2 (dois) anos.

Parágrafo único. É assegurada a utilização de outras denominações consagradas pelo uso, como guarda civil, guarda civil municipal, guarda metropolitana e guarda civil metropolitana.

ART. 23. Esta Lei entra em vigor na data de sua publicação.

Brasília, 8 de agosto de 2014; 193º da Independência e 126º da República.

DILMA ROUSSEFF

LEI N. 13.033, DE 24 DE SETEMBRO DE 2014

Dispõe sobre a adição obrigatória de biodiesel ao óleo diesel comercializado com o consumidor final; altera as Leis n. 9.478, de 6 de agosto de 1997, e 8.723, de 28 de outubro de 1993; revoga dispositivos da Lei n. 11.097, de 13 de janeiro de 2005; e dá outras providências.

A Presidenta da República. Faço saber que o Congresso Nacional decreta e eu sanciono a seguinte Lei:

ART. 1º São estabelecidos os seguintes percentuais de adição obrigatória, em volume, de biodiesel ao óleo diesel vendido ao consumidor final, em qualquer parte do território nacional: (Alterado pela Lei 13.263/2016.)

I - 8% (oito por cento), em até doze meses após a data de promulgação desta Lei; (Alterado pela Lei 13.263/2016.)

II - 9% (nove por cento), em até vinte e quatro meses após a data de promulgação desta Lei; (Alterado pela Lei 13.263/2016.)

III - 10% (dez por cento), em até trinta e seis meses após a data de promulgação desta Lei. (Acrescentado pela Lei 13.263/2016.)

Parágrafo único. O Conselho Nacional de Política Energética - CNPE poderá, a qualquer tempo, por motivo justificado de interesse público, reduzir esse percentual para até 6% (seis por cento), restabelecendo-o por ocasião da normalização das condições que motivaram a redução do percentual.

ART. 1º-A Após a realização, em até doze meses contados da promulgação desta Lei, de testes e ensaios em motores que validem a utilização da mistura, é autorizada a adição de até 10% (dez por cento), em volume, de biodiesel ao óleo diesel vendido ao consumidor final, em qualquer parte do território nacional, observado o disposto no inciso XI do art. 2º da Lei n. 9.478, de 6 de agosto de 1997. (Acrescentado pela Lei 13.263/2016.)

ART. 1º-B Após a realização, em até trinta e seis meses contados da promulgação desta Lei, de testes e ensaios em motores que validem a utilização da mistura, é autorizada a adição de até 15% (quinze por cento), em volume, de biodiesel ao óleo diesel vendido ao consumidor final, em qualquer parte do território nacional, observado o disposto no inciso XI do art. 2º da Lei n. 9.478, de 6 de agosto de 1997. (Acrescentado pela Lei 13.263/2016.)

Parágrafo único. Realizados os testes previstos no *caput* deste artigo, é o Conselho Nacional de Política Energética - CNPE autorizado a elevar a mistura obrigatória de biodiesel ao óleo diesel em até 15% (quinze por cento), em volume, em todo o território nacional. (Acrescentado pela Lei 13.263/2016.)

ART. 1º-C São facultados a adição voluntária de biodiesel ao óleo diesel em quantidade superior ao percentual obrigatório e o uso voluntário da mistura no transporte público, no transporte ferroviário, na navegação interior, em equipamentos e veículos destinados à extração mineral e à geração de energia elétrica, em tratores e nos demais aparelhos automotores destinados a puxar ou arrastar maquinaria agrícola ou a executar trabalhos agrícolas, observado o disposto no inciso XI do art. 2º da Lei n. 9.478, de 6 de agosto de 1997. (Acrescentado pela Lei 13.263/2016.)

ART. 2º Caberá à Agência Nacional do Petróleo, Gás Natural e Biocombustíveis - ANP:

I - estabelecer os limites de variação admissíveis para efeito de medição do percentual de adição de biodiesel ao óleo diesel; e

II - autorizar a dispensa, em caráter excepcional, de adição mínima obrigatória de biodiesel ao óleo diesel, considerando critérios de aplicabilidade, razoabilidade e segurança do abastecimento nacional de combustíveis.

ART. 3º O biodiesel necessário à adição obrigatória ao óleo diesel deverá ser fabricado preferencialmente a partir de matérias-primas produzidas pela agricultura familiar, e caberá ao Poder Executivo federal estabelecer mecanismos para assegurar sua participação prioritária na comercialização no mercado interno.

ART. 4º O art. 2º da Lei n. 9.478, de 6 de agosto de 1997, passa a vigorar com as seguintes alterações:

▸ Alterações promovidas no texto da referida lei.

ART. 5º O § 1º do art. 9º da Lei n. 8.723, de 28 de outubro de 1993, passa a vigorar com a seguinte redação:

▸ Alterações promovidas no texto da referida lei.

ART. 6º Fica revogado o art. 2º da Lei n. 11.097, de 13 de janeiro de 2005.

ART. 7º Esta Lei entra em vigor na data de sua publicação.

Brasília, 24 de setembro de 2014; 193º da Independência e 126º da República.

DILMA ROUSSEFF

LEI N. 13.043, DE 13 DE NOVEMBRO DE 2014

Dispõe sobre os fundos de índice de renda fixa, sobre a responsabilidade tributária na integralização de cotas de fundos ou clubes de investimento por meio da entrega de ativos financeiros, sobre a tributação das operações de empréstimos de ativos financeiros e sobre a isenção de imposto sobre a renda na alienação de ações de empresas pequenas e médias; prorroga o prazo de que trata a Lei n. 12.431, de 24.06.2011; altera as Leis n. 10.179, de 6.02.2001, 12.431, de 24.06.2011, 9.718, de 27.11.1998, 10.637, de 30.12.2002, 10.833, de 29.12.2003, 12.996, de 18.06.2014, 11.941, de 27.05.2009, 12.249, de 11.06.2010, 10.522, de 19.07.2002, 12.546, de 14.12.2011, 11.774, de 17.09.2008, 12.350, de 20.12.2010, 9.430, de 27.12.1996, 11.977, de 7.07.2009, 12.409, de 25.05.2011, 5.895, de 19.06.1973, 11.948, de 16.06.2009, 12.380, de 10.01.2011, 12.087, de 11.11.2009, 12.712, de 30.08.2012, 12.096, de 24.11.2009, 11.079, de 30.12.2004, 11.488, de 15.06.2007, 6.830, de 22.09.1980, 9.532, de 10.12.1997, 11.196, de 21.11.2005, 10.147, de 21.12.2000, 12.860, de 11.09.2013, 9.393, de 19.12.1996, 9.250, de 26.12.1995, 12.598, de 21.03.2012, 12.715, de 17.09.2012, 11.371, de 28.11.2006, 9.481, de 13.08.1997, 12.688, de 18.07.2012, 12.101, de 27.11.2009, 11.438, de 29.12.2006, 11.478, de 29.05.2007, 12.973, de 13.05.2014, 11.033, de 21.12.2004, 9.782, de 26.01.1999, 11.972, de 6.07.2009, 5.991, de 17.12.1973, 10.406, de 10.01.2002, 9.514, de 20.11.1997, 11.775, de 17.09.2008, 10.150, de 21.12.2000, e 10.865, de 30.04.2004, e o Decreto-Lei n. 911, de 1º.10.1969; revoga dispositivos do Decreto-Lei n. 1.569, de 8.08.1977, das Leis n. 5.010, de 30.05.1966, e 8.666, de 21.06.1993, da Medida Provisória n. 2.158-35, de 24.08.2001, e do Decreto-Lei n. 1.598, de 26.12.1977; e dá outras providências.

▸ *DOU*, 14.11.2014 e retificado em 14.11.2014 - Edição extra.

▸ Conversão da Med. Prov. 651/2014.

▸ Dec. 8.415/2015 (Regulamenta a aplicação do Regime Especial de Reintegração de Valores Tributários para as Empresas Exportadoras - Reintegra.)

O Vice-Presidente da República, no exercício do cargo de Presidente da República. Faço saber que o Congresso Nacional decreta e eu sanciono a seguinte Lei:

CAPÍTULO I
DA LEGISLAÇÃO FISCAL E FINANCEIRA

SEÇÃO I
DA RESPONSABILIDADE TRIBUTÁRIA NA INTEGRALIZAÇÃO DE COTAS DE FUNDOS OU CLUBES DE INVESTIMENTO POR MEIO DA ENTREGA DE ATIVOS FINANCEIROS

ART. 1º Na integralização de cotas de fundos ou clubes de investimento por meio da entrega de ativos financeiros, fica o administrador que receber os ativos a serem integralizados responsável pela cobrança e recolhimento do imposto sobre a renda devido sobre o ganho de capital, observado o disposto no item 1 da alínea *b* do inciso I do *caput* do art. 70 da Lei n. 11.196, de 21 de novembro de 2005.

▸ Art. 111 desta lei.

§ 1º Em relação aos ativos financeiros sujeitos a retenção do imposto sobre a renda na fonte, a responsabilidade pelo recolhimento do imposto será da instituição ou entidade que faça o pagamento ao beneficiário final, ainda que não seja a fonte pagadora inicial.

§ 2º Cabe ao investidor que integralizar cotas de fundos e clubes de investimento com ativos financeiros a responsabilidade de comprovar o custo de aquisição dos ativos, bem como o valor de mercado pelo qual será realizada a integralização.

§ 3º Cabe ao investidor disponibilizar previamente ao responsável tributário os recursos necessários para o recolhimento do imposto sobre a renda devido nos termos deste artigo e do Imposto sobre Operações de Crédito, Câmbio e Seguro, ou relativas a Títulos ou Valores Mobiliários - IOF, quando aplicável.

§ 4º A comprovação do que dispõe o § 2º será feita por meio da disponibilização ao responsável tributário de nota de corretagem de aquisição, de boletim de subscrição, de instrumento de compra, venda ou doação, de declaração do imposto sobre a renda do investidor, ou de declaração do custo médio de aquisição, conforme instrução da Secretaria da Receita Federal do Brasil.

§ 5º O investidor é responsável pela veracidade, integridade e completude das informações prestadas e constantes dos documentos mencionados no § 4º.

§ 6º O custo de aquisição ou o valor da aplicação financeira não comprovado será considerado igual a 0 (zero), para fins de cômputo da base de cálculo do imposto sobre a renda devido sobre o ganho de capital.

§ 7º É vedada a integralização de cotas de fundos ou de clubes de investimento por meio da entrega de ativos financeiros que não estejam registrados em sistema de registro ou depositados em depositário central autorizado pelo Banco Central do Brasil ou pela Comissão de Valores Mobiliários.

§ 8º Não se aplica o disposto neste artigo à integralização de cotas de fundos ou clubes de investimento por meio da entrega de imóveis, hipótese em que cabe ao cotista o recolhimento do imposto sobre a renda, na forma prevista na legislação específica.

SEÇÃO II
DOS FUNDOS DE ÍNDICE DE RENDA FIXA E DAS EMISSÕES DE TÍTULOS DE RESPONSABILIDADE DO TESOURO NACIONAL

ART. 2º Os rendimentos e ganhos de capital auferidos por cotistas de fundos de investimento cujas cotas sejam admitidas à negociação no mercado secundário administrado por bolsa de valores ou entidade do mercado de balcão organizado, cujas carteiras sejam compostas por ativos financeiros que busquem refletir as variações e rentabilidade de índices de renda fixa (Fundos de Índice de Renda Fixa) e cujos regulamentos determinem que suas carteiras sejam compostas, no mínimo, por 75% (setenta e cinco por cento) de ativos financeiros que integrem o índice de renda fixa de referência, sujeitam-se ao imposto sobre a renda às seguintes alíquotas:

▸ Art. 111 desta lei.

I - 25% (vinte e cinco por cento), no caso de Fundos de Índice de Renda Fixa cuja carteira de ativos financeiros apresente prazo médio de repactuação igual ou inferior a 180 (cento e oitenta) dias;

II - 20% (vinte por cento), no caso de Fundos de Índice de Renda Fixa cuja carteira de ativos financeiros apresente prazo médio de repactuação superior a cento e oitenta dias e igual ou inferior a 720 (setecentos e vinte) dias; e

III - 15% (quinze por cento), no caso de Fundos de Índice de Renda Fixa cuja carteira de ativos financeiros apresente prazo médio de repactuação superior a 720 (setecentos e vinte) dias.

§ 1º Os Fundos de Índice de Renda Fixa que descumprirem o percentual mínimo de composição definido no *caput* ficarão sujeitos à incidência do imposto sobre a renda à alíquota de 30% (trinta por cento) durante o prazo do descumprimento.

§ 2º No caso de alteração do prazo médio de repactuação da carteira dos Fundos de Índice de Renda Fixa que implique modificação de seu enquadramento para fins de determinação do regime tributário, será aplicada a alíquota correspondente ao prazo médio de repactuação do Fundo até o dia imediatamente anterior ao da alteração da condição, sujeitando-se os rendimentos auferidos a partir de então à alíquota correspondente ao novo prazo médio de repactuação.

§ 3º É obrigatório o registro das cotas dos Fundos de Índice de Renda Fixa em depositária central de ativos autorizada pela Comissão de Valores Mobiliários ou pelo Banco Central do Brasil.

§ 4º O imposto sobre a renda de que trata este artigo incidirá na fonte e exclusivamente por ocasião do resgate ou da alienação das cotas ou da distribuição de rendimentos.

§ 5º A periodicidade e a metodologia de cálculo do prazo médio de repactuação a que se refere este artigo serão estabelecidas em ato do Ministro de Estado da Fazenda.

§ 6º Ficam isentos de imposto sobre a renda os rendimentos, inclusive ganhos de capital, pagos, creditados, entregues ou remetidos a beneficiário residente ou domiciliado no exterior, exceto em país com tributação favorecida, nos termos do art. 24 da Lei n. 9.430, de 27 de dezembro de 1996, produzidos por cotas de Fundo de Índice de Renda Fixa cujo regulamento determine que sua carteira de ativos financeiros apresente prazo de repactuação superior a 720 (setecentos e vinte) dias.

ART. 3º A base de cálculo do imposto sobre a renda incidente sobre os rendimentos e ganhos auferidos por cotistas de Fundo de Índice de Renda Fixa será:

▸ Art. 111 desta lei.

I - no resgate de cotas, a diferença entre o valor da cota efetivamente utilizado para resgate, conforme condições estipuladas no regulamento do Fundo, e o valor de integralização ou de aquisição da cota no mercado secundário, excluídos o valor do IOF e o dos custos e despesas incorridos, necessários à realização das operações;

II - na alienação de cotas em mercado secundário, a diferença entre o valor da alienação e o valor de integralização ou de aquisição da cota no mercado secundário, excluídos o valor do IOF e o dos custos e despesas incorridos, necessários à realização das operações; e

III - na distribuição de qualquer valor, o valor distribuído.

ART. 4º São responsáveis pelo recolhimento do imposto sobre a renda devido:

I - na alienação de cotas em mercado secundário, a instituição ou entidade que faça o pagamento dos rendimentos ou ganhos ao beneficiário final, ainda que não seja a fonte pagadora original; e

II - no resgate de cotas e na distribuição de qualquer valor, o administrador do fundo.

§ 1º A bolsa de valores ou a entidade de balcão organizado na qual as cotas do Fundo de Índice de Renda Fixa sejam negociadas deverá enviar à instituição ou entidade a que se refere o inciso I do *caput* as informações sobre o custo de aquisição dos ativos para a apuração da base de cálculo do imposto sobre a renda devido pelo investidor, caso a aquisição do ativo tenha sido realizada por intermédio dessa instituição ou entidade e ela não disponha das referidas informações.

§ 2º Nos casos em que a alienação das cotas seja realizada por intermédio de instituição ou entidade diferente da que foi utilizada para aquisição do ativo, o investidor poderá autorizar, expressamente, a bolsa de valores ou a entidade de balcão organizado na qual as cotas do Fundo de Índice de Renda Fixa sejam negociadas a enviar as informações sobre o custo de aquisição dos ativos para apuração da base de cálculo do imposto devido pelo investidor aos responsáveis tributários referidos no *caput*.

§ 3º Nas negociações de cotas no mercado secundário que não tenham sido realizadas em bolsas de valores ou em balcão organizado, ou no resgate de cotas, caberá ao investidor fornecer aos responsáveis tributários referidos no *caput* a data de realização do negócio, a quantidade e o custo dos ativos negociados e outras informações que se façam necessárias para apuração da base de cálculo do imposto sobre a renda devido, cuja comprovação será feita por meio de nota de corretagem de aquisição, de boletim de subscrição, de instrumento de compra, venda ou doação, de declaração do imposto sobre a renda do investidor ou de declaração do custo médio de aquisição, conforme modelo a ser disponibilizado pela Secretaria da Receita Federal do Brasil.

§ 4º A falta da autorização de que trata o § 2º ou a falta de comprovação do custo de aquisição ou do valor da aplicação financeira a que se refere o § 3º implicam considerar o custo de aquisição ou o valor da aplicação financeira igual a 0 (zero), para fins de cômputo da base de cálculo do imposto sobre a renda devido.

§ 5º O investidor é responsável pela veracidade, integridade e completude das informações prestadas.

§ 6º O recolhimento do imposto sobre a renda deverá ser efetuado com observância do disposto no item 1 da alínea *b* do inciso I do *caput* do art. 70 da Lei n. 11.196, de 21 de novembro de 2005.

ART. 5º A Lei n. 10.179, de 6 de fevereiro de 2001, passa a vigorar com as seguintes alterações:

‣ Alterações promovidas no texto da referida lei.

SEÇÃO III
DA TRIBUTAÇÃO NAS OPERAÇÕES DE EMPRÉSTIMO DE AÇÕES E OUTROS TÍTULOS E VALORES MOBILIÁRIOS

ART. 6º A remuneração auferida pelo emprestador nas operações de empréstimo de ações de emissão de companhias abertas realizadas em entidades autorizadas a prestar serviços de compensação e liquidação de operações com valores mobiliários será tributada pelo imposto sobre a renda de acordo com as regras estabelecidas para aplicação de renda fixa às alíquotas previstas no art. 1º da Lei n. 11.033, de 21 de dezembro de 2004.

‣ Art. 111 desta lei.

§ 1º No caso de pessoa jurídica tributada com base no lucro real, a remuneração de que trata o *caput* será reconhecida pelo emprestador ou pelo tomador como receita ou despesa, conforme o caso, segundo o regime de competência, sem prejuízo do imposto de que trata o *caput*, considerado como antecipação do devido.

§ 2º Quando a remuneração for fixada em percentual sobre o valor das ações objeto do empréstimo, as receitas ou despesas terão por base de cálculo o preço médio da ação verificado no mercado à vista da bolsa de valores em que as ações estiverem admitidas à negociação no dia útil anterior à data de concessão do empréstimo ou no dia útil anterior à data do vencimento da operação, conforme previsto no contrato.

§ 3º Fica responsável pela retenção e recolhimento do imposto de que trata este artigo a entidade autorizada a prestar serviços de compensação e liquidação de operações com valores mobiliários.

ART. 7º O valor, integral ou parcial, reembolsado ao emprestador pelo tomador, decorrente dos proventos distribuídos pela companhia emissora das ações durante o decurso do contrato de empréstimo, é isento do imposto sobre a renda retido na fonte para o emprestador, pessoa física ou jurídica, domiciliado no País ou no exterior.

‣ Art. 111 desta lei.

§ 1º O valor do reembolso de que trata este artigo será:

I - integral em relação aos proventos correspondentes às ações tomadas em empréstimo, caso ocorra o reembolso em decorrência do pagamento de valor equivalente:

a) aos dividendos, em qualquer hipótese; e

b) aos juros sobre o capital próprio - JCP, quando o emprestador não for sujeito à retenção do imposto sobre a renda de que trata o § 2º do art. 9º da Lei n. 9.249, de 26 de dezembro de 1995, por ser entidade imune, fundo ou clube de investimento, ou entidade de previdência complementar, sociedade seguradora e Fundo de Aposentadoria Programada Individual - FAPI, no caso de aplicações dos recursos de que trata o art. 5º da Lei n. 11.053, de 29 de dezembro de 2004; ou

II - parcial em relação ao JCP correspondente às ações tomadas em empréstimo, deduzido o valor equivalente ao imposto sobre a renda na fonte que seria retido e recolhido pela companhia em nome do emprestador na hipótese de o emprestador não ter colocado suas ações para empréstimo nas entidades de que trata o *caput* do art. 6º.

§ 2º No caso de tomador pessoa jurídica tributada com base no lucro real, presumido ou arbitrado, o valor do imposto sobre a renda a que se refere o inciso II do § 1º não poderá ser compensado como antecipação do devido na apuração do Imposto sobre a Renda das Pessoas Jurídicas - IRPJ.

§ 3º No caso de emprestador pessoa jurídica, o valor do reembolso a que se refere o inciso II do § 1º deverá ser incluído na apuração da base de cálculo do IRPJ e da Contribuição Social sobre o Lucro Líquido - CSLL, adicionado do valor correspondente ao imposto sobre a renda retido pela fonte pagadora do JCP em nome do tomador.

§ 4º O valor correspondente ao imposto sobre a renda que foi adicionado na forma do § 3º poderá ser compensado como antecipação do devido na apuração do IRPJ devido pelo emprestador pessoa jurídica, ainda que não tenha sido retido em seu nome.

§ 5º (Vetado).

§ 6º O valor correspondente ao JCP reembolsado ao emprestador poderá ser dedutível na apuração do IRPJ, no caso de tomador pessoa jurídica tributada com base no lucro real.

ART. 8º Será devido pelo tomador o imposto sobre a renda à alíquota de 15% (quinze por cento) incidente sobre o valor correspondente ao JCP distribuído pela companhia emissora do papel objeto do empréstimo em ambientes de que trata o art. 6º, na hipótese de operação de empréstimo de ações que tenha como parte emprestadora pessoa física ou jurídica sujeita ao imposto sobre a renda, e como parte tomadora:

I - fundo ou clube de investimento; ou

II - no caso de aplicações dos recursos de que trata o art. 5º da Lei n. 11.053, de 29 de dezembro de 2004:

a) entidade de previdência complementar;

b) sociedade seguradora; ou

c) Fapi.

§ 1º Para fins do disposto no *caput*, a base de cálculo do imposto a ser recolhido é o valor correspondente ao montante originalmente distribuído pela companhia, a título de JCP, em relação ao saldo das ações emprestadas ao tomador mantidas em custódia em sua titularidade acrescido do saldo de ações emprestadas a terceiros.

§ 2º Cabe ao administrador do fundo ou clube de investimento ou entidade responsável pela aplicação dos recursos de que trata o art. 5º da Lei n. 11.053, de 29 de dezembro de 2004, efetuar o recolhimento do imposto sobre a renda à alíquota de 15% (quinze por cento) prevista no *caput*.

§ 3º Para a hipótese de tomador previsto no *caput* que, na data do pagamento do JCP pela companhia emissora, seja também titular de ações não tomadas por meio de empréstimo ou também tenha emprestado ações, a base de cálculo para o imposto sobre a renda será o valor bruto do JCP pago por ação, multiplicado pelo somatório do saldo de ações de sua titularidade e do saldo de ações que o tomador tenha emprestado a terceiros, observando-se para o somatório o limite máximo do número de ações tomadas em empréstimo pelo tomador.

§ 4º O imposto sobre a renda de que trata este artigo será:

I - definitivo, sem direito a qualquer restituição ou compensação por parte do tomador das ações em empréstimo; e

II - recolhido até o terceiro dia útil subsequente ao decêndio de ocorrência dos fatos geradores.

ART. 9º No caso do tomador de ações por empréstimo, a diferença positiva ou negativa entre o valor da alienação e o custo médio de aquisição desses valores será considerada ganho líquido ou perda do mercado de renda variável, sendo esse resultado apurado por ocasião da recompra das ações.

Parágrafo único. Na apuração do imposto de que trata o *caput*, poderão ser computados como custo da operação as corretagens e demais emolumentos efetivamente pagos pelo tomador.

ART. 10. Aplica-se, no que couber, o disposto no art. 6º aos empréstimos de títulos e outros valores mobiliários.

§ 1º No caso do tomador, a diferença positiva entre o valor de alienação e o valor de aquisição será considerada:

I - ganho líquido ou perda, em relação a valores mobiliários de renda variável negociados em bolsa de valores, sendo esse resultado apurado por ocasião da recompra dos valores mobiliários a serem devolvidos; e

II - rendimento, nos demais casos, sendo esse rendimento apurado por ocasião da recompra dos títulos ou valores mobiliários a serem devolvidos.

§ 2º Na apuração do imposto de que trata o inciso I do § 1º, poderão ser computados como custos da operação as corretagens e demais emolumentos efetivamente pagos pelo tomador.

ART. 11. O valor reembolsado ao emprestador pelo tomador, decorrente dos rendimentos distribuídos durante o decurso do contrato de empréstimo de títulos e outros valores mobiliários, é isento do imposto sobre a renda retido na fonte para o emprestador, pessoa física ou jurídica, domiciliado no País ou no exterior.

Parágrafo único. O valor do reembolso de que trata este artigo será deduzido:

I - do valor equivalente ao imposto sobre a renda na fonte que seria devido pelo emprestador; ou

II - do valor equivalente ao imposto de renda retido na fonte previsto no § 1º do art. 12, para as hipóteses previstas no *caput* do art. 12.

ART. 12. O imposto de que trata o art. 8º também incidirá sobre os rendimentos pagos durante o decurso do contrato de empréstimo de títulos e valores mobiliários sujeitos à tributação pelo imposto sobre a renda de acordo com o disposto no art. 1º da Lei n. 11.033, de 21 de dezembro de 2004, quando tenham como parte emprestadora pessoa física ou jurídica sujeita ao imposto sobre a renda, e como parte tomadora:

I - fundo ou clube de investimento; ou

II - no caso de aplicações dos recursos de que trata o art. 5º da Lei n. 11.053, de 29 de dezembro de 2004:

a) entidade de previdência complementar;

b) sociedade seguradora; ou

c) Fapi.

§ 1º O tomador será responsável pelo pagamento do imposto de renda à alíquota de 15% (quinze por cento), incidente sobre os rendimentos distribuídos pelo título ou valor mobiliário.

§ 2º O emprestador dos ativos, pessoa física ou jurídica, será responsável pelo pagamento da diferença entre o valor do imposto que seria devido na hipótese em que o rendimento fosse pago diretamente ao emprestador e o valor devido pelo tomador nos termos do § 1º deste artigo, aplicando-se, no que couber, os procedimentos previstos nos §§ 1º a 4º do art. 8º desta Lei.

ART. 13. No caso do tomador de títulos ou valores mobiliários sujeitos à tributação pelo imposto sobre a renda de acordo com o disposto no art. 1º da Lei n. 11.033, de 21 de dezembro de 2004, a diferença positiva entre o valor da alienação, líquido do IOF, eventualmente incidente, e o valor da aplicação financeira é considerada rendimento, sendo apurada por ocasião da recompra dos referidos títulos e valores mobiliários.

Parágrafo único. Caberá ao tomador o pagamento do imposto de renda de que trata o *caput*.

ART. 14. No caso do emprestador de títulos, ações e outros valores mobiliários, não constitui fato gerador do imposto sobre a renda a liquidação do empréstimo efetivada pela devolução do mesmo título, ação ou valor mobiliário de mesma classe, espécie e emissor.

Parágrafo único. Quando a operação for liquidada por meio de entrega de numerário, o ganho líquido ou rendimento será representado pela diferença positiva entre o valor da liquidação financeira do empréstimo e o custo médio de aquisição dos títulos, ações e outros valores mobiliários.

ART. 15. São responsáveis pela retenção do imposto sobre a renda:

▸ Art. 111 desta lei.

I - a entidade autorizada a prestar serviços de compensação e liquidação, na hipótese prevista no art. 6º; e

II - a instituição que efetuar a recompra dos títulos e dos valores mobiliários, na hipótese prevista no inciso II do § 1º do art. 10.

Parágrafo único. Para efeito do disposto no inciso II do *caput*:

I - o tomador deverá entregar à instituição responsável pela retenção do imposto a nota de corretagem ou de negociação referente à alienação dos títulos ou valores mobiliários; e

II - será aplicada sobre o rendimento:

a) uma das alíquotas de que trata o art. 1º da Lei n. 11.033, de 21 de dezembro de 2004, em função do prazo decorrido entre as datas de alienação e de recompra dos títulos e dos valores mobiliários;

b) a alíquota de 15% (quinze por cento), no caso de investidor residente ou domiciliado no exterior, individual ou coletivo, que realizar operações financeiras no País de acordo com as normas e condições estabelecidas pelo Conselho Monetário Nacional; ou

c) as alíquotas previstas na legislação em vigor para o investidor residente ou domiciliado em país com tributação favorecida, nos termos do art. 24 da Lei n. 9.430, de 27 de dezembro de 1996.

SEÇÃO IV
DA ISENÇÃO DE IMPOSTO DE RENDA SOBRE ALIENAÇÃO EM BOLSA DE VALORES DE AÇÕES DE PEQUENAS E MÉDIAS EMPRESAS

ART. 16. Fica isento de imposto sobre a renda o ganho de capital auferido por pessoa física, até 31 de dezembro de 2023, na alienação, realizada no mercado à vista de bolsas de valores, de ações que tenham sido emitidas por companhias que, cumulativamente:

I - tenham as suas ações admitidas à negociação em segmento especial, instituído por bolsa de valores, que assegure, por meio de vínculo contratual entre a bolsa e o emissor, práticas diferenciadas de governança corporativa, contemplando, no mínimo, a obrigatoriedade de cumprimento das seguintes regras:

a) realização de oferta pública de aquisição de ações - OPA, quando exigida pela bolsa de valores, a valor econômico estabelecido em laudo de avaliação, em caso de saída da companhia do segmento especial;

b) resolução de conflitos societários por meio de arbitragem;

c) realização de oferta pública de aquisição para todas as ações em caso de alienação do controle da companhia, pelo mesmo valor e nas mesmas condições ofertadas ao acionista controlador (*tag along*); e

d) previsão expressa no estatuto social da companhia de que seu capital social seja dividido exclusivamente em ações ordinárias;

II - tenham valor de mercado inferior a R$ 700.000.000,00 (setecentos milhões de reais):

a) na data da oferta pública inicial de ações da companhia;

b) em 10 de julho de 2014, para as ações das companhias que já tinham efetuado oferta pública inicial de ações antes dessa data; ou

c) na data das ofertas públicas subsequentes de ações, para as companhias já enquadradas nos casos a que se referem as alíneas *a* e *b*;

III - tenham receita bruta anual inferior a R$ 500.000.000,00 (quinhentos milhões de reais), apurada no balanço consolidado do exercício social:

a) imediatamente anterior ao da data da oferta pública inicial de ações da companhia;

b) de 2013, para as ações das companhias que já tinham efetuado oferta pública inicial de ações antes de 10 de julho de 2014;

c) imediatamente anterior ao da data das ofertas públicas subsequentes de ações, para as companhias já enquadradas nos casos a que se referem as alíneas *a* e *b*; e

IV - em que se verifique distribuição primária correspondente a, no mínimo, 67% (sessenta e sete por cento) do volume total de ações de emissão pela companhia:

a) na oferta pública inicial de ações da companhia;

b) em 10 de julho de 2014, para as ações das companhias que já tinham efetuado oferta pública inicial de ações antes dessa data; ou

c) caso exista, na data da oferta pública de ações subsequente, para as companhias já enquadradas nos casos a que se referem as alíneas *a* e *b*.

§ 1º Para efeitos do disposto no inciso II do *caput*, entende-se por valor de mercado da companhia:

I - para a hipótese prevista na alínea *a* do inciso II do *caput*, o valor apurado ao fim do processo de formação de preço (*bookbuilding* ou leilão em bolsa de valores) na oferta pública inicial de ações;

II - para a hipótese prevista na alínea *b* do inciso II do *caput*, o valor apurado pela média do preço de fechamento das ações, ponderada pelo volume negociado, nos 30 (trinta) pregões imediatamente anteriores a 10 de julho de 2014; ou

III - para a hipótese prevista na alínea *c* do inciso II do *caput*, o valor apurado pela média do preço de fechamento das ações, ponderada pelo volume negociado, nos 30 (trinta) pregões imediatamente anteriores à data de pedido de registro de oferta pública subsequente.

§ 2º Para efeito da isenção de que trata o *caput*, as companhias de que trata este artigo estão obrigadas à apuração do imposto sobre a renda com base no lucro real.

§ 3º A Comissão de Valores Mobiliários disponibilizará, em seu sítio na internet, a relação das ofertas cujo objeto sejam ações beneficiadas por esta Seção, juntamente com o montante de cada emissão.

§ 4º A companhia que atenda aos requisitos previstos neste artigo deve destacar esse fato, por ocasião da emissão pública de ações, na primeira página do Prospecto, ou documento equivalente, e do Anúncio de Início de Distribuição.

§ 5º As companhias de que trata este artigo estão obrigadas a disponibilizar à Secretaria da Receita Federal do Brasil, na forma estabelecida em ato do Secretário da Receita Federal do Brasil, sua base acionária:

I - do dia anterior ao da entrada em vigor do benefício; e

II - do último dia de vigência do benefício.

ART. 17. Para gozo da isenção de que trata o *caput* do art. 16, as ações devem ser adquiridas a partir de 10 de julho de 2014:

‣ Art. 112 desta lei.

I - por ocasião da oferta pública inicial e de ofertas públicas subsequentes de ações;

II - em bolsas de valores, inclusive para as ações das companhias que já tinham efetuado oferta pública inicial de ações antes de 10 de julho de 2014 com observância das condições estabelecidas nesta Seção;

III - no exercício do direito de preferência do acionista, conforme previsto na Lei n. 6.404, de 15 de dezembro de 1976; ou

IV - por meio de bonificações em ações distribuídas até 31 de dezembro de 2023.

§ 1º A manutenção da isenção prevista no *caput* depende da permanência das ações em depositários centrais de ações, nos termos da legislação em vigor.

§ 2º Até 31 de dezembro de 2023, é vedada a compensação de perdas ou prejuízos incorridos na alienação das ações nos termos do *caput*.

§ 3º Até 31 de dezembro de 2023, o valor de alienação das ações referidas neste artigo não será computado para fins de cálculo do limite a que se refere o inciso I do *caput* do art. 3º da Lei n. 11.033, de 21 de dezembro de 2004.

§ 4º O empréstimo das ações referidas neste artigo não afasta a manutenção do direito à isenção pelo emprestador, pessoa física.

§ 5º Em relação ao investidor que já tinha adquirido as ações a que se refere o inciso II do *caput* até 10 de julho de 2014, o custo de aquisição dessas ações será ajustado, para fins de apuração da base de cálculo do imposto sobre a renda, ao maior valor entre o custo de aquisição efetivamente pago e a média do preço de fechamento, ponderada pelo volume negociado, nos últimos 30 (trinta) pregões anteriores a 10 de julho de 2014.

§ 6º As ações adquiridas e não alienadas até 31 de dezembro de 2023 terão seus custos de aquisição ajustados, para fins de apuração da base de cálculo do imposto sobre a renda, ao maior valor entre o custo de aquisição efetivamente pago e a média do preço de fechamento, ponderada pelo volume negociado nos últimos 30 (trinta) pregões anteriores a 31 de dezembro de 2023.

§ 7º As entidades responsáveis pelo depósito centralizado deverão disponibilizar à Secretaria da Receita Federal do Brasil, em relação às companhias de que trata o art. 16 desta Lei, o valor correspondente à média do preço de fechamento das ações de sua emissão, ponderada pelo volume negociado, nos últimos 30 (trinta) pregões anteriores a:

I - 10 de julho de 2014; e

II - 31 de dezembro de 2023.

§ 8º Não se aplica às ações de emissão das companhias que cumpram os requisitos do art. 16, quando negociadas em bolsa de valores, o disposto no § 1º do art. 2º da Lei n. 11.033, de 21 de dezembro de 2004, e no art. 8º da Lei n. 9.959, de 27 de janeiro de 2000.

ART. 18. Ficam isentos de imposto sobre a renda os rendimentos auferidos por pessoa física no resgate de cotas de fundos de investimento em ações constituídos sob a forma de condomínio aberto e que atendam aos requisitos previstos neste artigo.

§ 1º Os fundos de investimento em ações de que trata o *caput* deverão:

I - possuir, no mínimo, 67% (sessenta e sete por cento) de seu patrimônio aplicado em ações cujos ganhos sejam isentos do imposto sobre a renda conforme disposto no art. 16;

II - ter prazo mínimo de resgate de 180 (cento e oitenta) dias; e

III - ter a designação "FIA-Mercado de Acesso".

§ 2º Os fundos de ações tratados neste artigo deverão ter um mínimo de 10 (dez) cotistas, sendo que cada cotista, individualmente ou em conjunto com pessoas a ele ligadas, não poderá deter mais de 10% (dez por cento) das cotas emitidas.

§ 3º Para fins do disposto no § 2º, considera-se pessoa ligada ao cotista:

I - a pessoa física que for parente ou afim até o terceiro grau, cônjuge ou companheiro; ou

II - a pessoa física que seja sua associada, na forma de consórcio ou condomínio, conforme definido na legislação brasileira, em qualquer empreendimento.

§ 4º Os fundos de investimento em ações referidos neste artigo cujas carteiras deixarem de observar o disposto neste artigo terão os seus rendimentos, produzidos a partir do momento do desenquadramento da carteira, tributados na forma estabelecida no inciso I do § 3º do art. 1º da Lei n. 11.033, de 21 de dezembro de 2004, salvo no caso de, cumulativamente:

I - a proporção a que se refere o inciso I do § 1º não se reduzir abaixo de 50% (cinquenta por cento) do total da carteira;

II - a situação de que trata o inciso I deste parágrafo ser regularizada no prazo máximo de 30 (trinta) dias; e

III - não ocorrer nova hipótese de desenquadramento até o último dia do exercício subsequente àquele em que ocorreu o desenquadramento.

§ 5º A Comissão de Valores Mobiliários notificará a Secretaria da Receita Federal do Brasil sempre que for comunicada por administradores de fundos a respeito de desenquadramentos de um FIA-Mercado de Acesso.

ART. 19. As publicações ordenadas pela Lei n. 6.404, de 15 de dezembro de 1976, das companhias que atendam aos requisitos estabelecidos no art. 16 serão feitas por meio do sítio na internet da Comissão de Valores Mobiliários e da entidade administradora do mercado em que as ações da companhia estiverem admitidas à negociação.

‣ Art. 112 desta lei.

§ 1º As companhias de que trata o *caput* estão dispensadas de fazer suas publicações no órgão oficial da União, ou do Estado ou do Distrito Federal, mantida a publicação em jornal de grande circulação editado na localidade em que está situada a sede da companhia, que deverá ser efetuada de forma resumida e com divulgação simultânea da íntegra dos documentos no sítio do mesmo jornal na internet, durante o período em que fizerem jus ao benefício estabelecido no art. 16.

§ 2º A publicação de forma resumida, no caso de demonstrações financeiras, deverá conter, no mínimo, comparativamente com os dados do exercício social anterior, informações ou valores globais relativos a cada grupo e respectiva classificação de contas ou registros, assim como extratos das informações relevantes contempladas nas notas explicativas, no parecer dos auditores independentes e do conselho fiscal, se houver.

§ 3º Incumbe ao respectivo jornal providenciar certificação digital da autenticidade dos documentos mantidos no sítio próprio, por autoridade certificadora credenciada no âmbito da Infraestrutura de Chaves Públicas Brasileiras - ICP-Brasil.

SEÇÃO V
DA TRIBUTAÇÃO INCENTIVADA DE TÍTULOS E VALORES MOBILIÁRIOS

ART. 20. A Lei n. 12.431, de 24 de junho de 2011, passa a vigorar com as seguintes alterações:

‣ Alterações promovidas no texto da referida lei.

SEÇÃO VI
DO REGIME ESPECIAL DE REINTEGRAÇÃO DE VALORES TRIBUTÁRIOS PARA AS EMPRESAS EXPORTADORAS

‣ Dec. 8.415/2015 (Regulamenta a aplicação do Regime Especial de Reintegração de Valores Tributários para as Empresas Exportadoras - Reintegra, de que tratam os arts. 21 a 29 desta lei.)

ART. 21. Fica reinstituído o Regime Especial de Reintegração de Valores Tributários para as Empresas Exportadoras - REINTEGRA, que tem por objetivo devolver parcial ou integralmente o resíduo tributário remanescente na cadeia de produção de bens exportados.

ART. 22. No âmbito do Reintegra, a pessoa jurídica que exporte os bens de que trata o art. 23 poderá apurar crédito, mediante a aplicação de percentual estabelecido pelo Poder Executivo, sobre a receita auferida com a exportação desses bens para o exterior.

§ 1º O percentual referido no *caput* poderá variar entre 0,1% (um décimo por cento) e 3% (três por cento), admitindo-se diferenciação por bem.

§ 2º Excepcionalmente, poderá ser acrescido em até 2 (dois) pontos percentuais o percentual a que se refere o § 1º, em caso de exportação de bens em cuja cadeia de produção se verifique a ocorrência de resíduo tributário que justifique a devolução adicional de que trata este parágrafo, comprovado por estudo ou levantamento realizado conforme critérios e parâmetros definidos em regulamento.

§ 3º Considera-se também exportação a venda a empresa comercial exportadora - ECE, com o fim específico de exportação para o exterior.

§ 4º Para efeitos do *caput*, entende-se como receita de exportação:

I - o valor do bem no local de embarque, no caso de exportação direta; ou

II - o valor da nota fiscal de venda para ECE, no caso de exportação via ECE.

§ 5º Do crédito de que trata este artigo:

I - 17,84% (dezessete inteiros e oitenta e quatro centésimos por cento) serão devolvidos a título da Contribuição para os Programas de Integração Social e de Formação do Patrimônio do Servidor Público - Contribuição para o PIS/Pasep; e

II - 82,16% (oitenta e dois inteiros e dezesseis centésimos por cento) serão devolvidos a título da Contribuição para o Financiamento da Seguridade Social - COFINS.

§ 6º O valor do crédito apurado conforme o disposto neste artigo não será computado na base de cálculo da Contribuição para o PIS/Pasep, da Cofins, do Imposto sobre a Renda das Pessoas Jurídicas - IRPJ e da Contribuição Social sobre o Lucro Líquido - CSLL.

§ 7º Na hipótese de exportação efetuada por cooperativa ou por encomendante, admite-se que os bens sejam produzidos pelo cooperado ou pelo encomendado, respectivamente.

ART. 23. A apuração de crédito nos termos do Reintegra será permitida na exportação de bem que cumulativamente:

- Dec. 8.415/2015 (Regulamenta a aplicação do Regime Especial de Reintegração de Valores Tributários para as Empresas Exportadoras - Reintegra).

I - tenha sido industrializado no País;

II - esteja classificado em código da Tabela de Incidência do Imposto sobre Produtos Industrializados - TIPI, aprovada pelo Decreto n. 7.660, de 23 de dezembro de 2011, e relacionado em ato do Poder Executivo; e

III - tenha custo total de insumos importados não superior a limite percentual do preço de exportação, limite este estabelecido no ato de que trata o inciso II do *caput*.

§ 1º Para efeitos do disposto no inciso I do *caput*, considera-se industrialização, nos termos da legislação do Imposto sobre Produtos Industrializados - IPI, as operações de:

I - transformação;

II - beneficiamento;

III - montagem; e

IV - renovação ou recondicionamento.

§ 2º Para efeitos do disposto no inciso III do *caput*:

I - os insumos originários dos demais países integrantes do Mercado Comum do Sul - MERCOSUL que cumprirem os requisitos do Regime de Origem do MERCOSUL serão considerados nacionais;

II - o custo do insumo importado corresponderá a seu valor aduaneiro, adicionado dos montantes pagos do Imposto de Importação e do Adicional sobre Frete para Renovação da Marinha Mercante, se houver;

III - no caso de insumo importado adquirido de empresa importadora, o custo do insumo corresponderá ao custo final de aquisição do produto colocado no armazém do fabricante exportador; e

IV - o preço de exportação será o preço do bem no local de embarque.

ART. 24. O crédito referido no art. 22 somente poderá ser:

- Dec. 8.415/2015 (Regulamenta a aplicação do Regime Especial de Reintegração de Valores Tributários para as Empresas Exportadoras - Reintegra).

I - compensado com débitos próprios, vencidos ou vincendos, relativos a tributos e contribuições administrados pela Secretaria da Receita Federal do Brasil, observada a legislação específica; ou

II - ressarcido em espécie, observada a legislação específica.

ART. 25. A ECE é obrigada ao recolhimento de valor correspondente ao crédito atribuído à empresa produtora vendedora se:

- Dec. 8.415/2015 (Regulamenta a aplicação do Regime Especial de Reintegração de Valores Tributários para as Empresas Exportadoras - Reintegra).

I - revender, no mercado interno, os produtos adquiridos para exportação; ou

II - no prazo de 180 (cento e oitenta) dias, contado da data da emissão da nota fiscal de venda pela empresa produtora, não houver efetuado a exportação dos produtos para o exterior.

Parágrafo único. O recolhimento do valor referido no *caput* deverá ser efetuado:

I - acrescido de multa de mora ou de ofício e de juros equivalentes à taxa referencial do Sistema Especial de Liquidação e de Custódia - SELIC, para títulos federais, acumulada mensalmente, calculados a partir do primeiro dia do mês subsequente ao da emissão da nota fiscal de venda dos produtos para a ECE até o último dia do mês anterior ao do pagamento, e de 1% (um por cento) no mês do pagamento;

II - a título da Contribuição para o PIS/Pasep e da Cofins, nas proporções definidas no § 5º do art. 22; e

III - até o 10º (décimo) dia subsequente:

a) ao da revenda no mercado interno; ou

b) ao do vencimento do prazo estabelecido para a efetivação da exportação para o exterior.

ART. 26. O Reintegra não se aplica à ECE.

- Dec. 8.415/2015 (Regulamenta a aplicação do Regime Especial de Reintegração de Valores Tributários para as Empresas Exportadoras - Reintegra).

ART. 27. Poderão também fruir do Reintegra as pessoas jurídicas de que tratam os arts. 11-A e 11-B da Lei n. 9.440, de 14 de março de 1997, e o art. 1º da Lei n. 9.826, de 23 de agosto de 1999.

- Dec. 8.415/2015 (Regulamenta a aplicação do Regime Especial de Reintegração de Valores Tributários para as Empresas Exportadoras - Reintegra).

ART. 28. No caso de industrialização por encomenda, somente a pessoa jurídica encomendante poderá fruir do Reintegra.

- Dec. 8.415/2015 (Regulamenta a aplicação do Regime Especial de Reintegração de Valores Tributários para as Empresas Exportadoras - Reintegra).

ART. 29. O Poder Executivo regulamentará o disposto nos arts. 21 a 28, contemplando a relação de que trata o inciso II do *caput* do art. 23.

- Dec. 8.415/2015 (Regulamenta a aplicação do Regime Especial de Reintegração de Valores Tributários para as Empresas Exportadoras - Reintegra).

SEÇÃO VII
DA CONTRIBUIÇÃO PARA O PIS/PASEP E DA COFINS INCIDENTES SOBRE A RECEITA DE ALIENAÇÃO DE PARTICIPAÇÃO SOCIETÁRIA

ART. 30. A Lei n. 9.718, de 27 de novembro de 1998, passa a vigorar com as seguintes alterações:

- Alterações promovidas no texto da referida lei.

ART. 31. A Lei n. 10.637, de 30 de dezembro de 2002, passa a vigorar com a seguinte alteração:

- Alterações promovidas no texto da referida lei.

ART. 32. A Lei n. 10.833, de 29 de dezembro de 2003, passa a vigorar com a seguinte alteração:

- Alterações promovidas no texto da referida lei.

SEÇÃO VIII
DO APROVEITAMENTO DE CRÉDITOS FISCAIS NO PAGAMENTO DE DÉBITOS E DEMAIS DISPOSIÇÕES SOBRE PARCELAMENTOS

ART. 33. O contribuinte com parcelamento que contenha débitos de natureza tributária, vencidos até 31 de dezembro de 2013, perante a Secretaria da Receita Federal do Brasil - RFB ou a Procuradoria-Geral da Fazenda Nacional - PGFN poderá, mediante requerimento, utilizar créditos próprios de prejuízos fiscais e de base de cálculo negativa da CSLL, apurados até 31 de dezembro de 2013 e declarados até 30 de junho de 2014, para a quitação antecipada dos débitos parcelados.

§ 1º Os créditos de prejuízo fiscal e de base de cálculo negativa da CSLL poderão ser utilizados, nos termos do *caput*, entre empresas controladora e controlada, de forma direta ou indireta, ou entre empresas que sejam controladas direta ou indiretamente por uma mesma empresa, em 31 de dezembro de 2013, domiciliadas no Brasil, desde que se mantenham nesta condição até a data da opção pela quitação antecipada.

- Lei 13.097/2015 (Reduz a zero as alíquotas da Contribuição para o PIS/PASEP, da COFINS, da Contribuição para o PIS/Pasep-Importação e da Cofins-Importação incidentes sobre a receita de vendas e na importação de partes utilizadas em aerogeradores; prorroga os benefícios).

§ 2º Poderão ainda ser utilizados pelo contribuinte a que se refere o *caput* os créditos de prejuízo fiscal e de base de cálculo negativa da CSLL do responsável ou corresponsável pelo crédito tributário que deu origem ao parcelamento.

§ 3º Os créditos das empresas de que tratam os §§ 1º e 2º somente poderão ser utilizados após a utilização total dos créditos próprios.

§ 4º A opção de que trata o *caput* deverá ser feita mediante requerimento apresentado em até 15 (quinze) dias após a publicação desta Lei, observadas as seguintes condições:

I - pagamento em espécie equivalente a, no mínimo, 30% (trinta por cento) do saldo do parcelamento; e

II - quitação integral do saldo remanescente mediante a utilização de créditos de prejuízos fiscais e de base de cálculo negativa da contribuição social sobre o lucro líquido.

§ 5º Para fins de aplicação deste artigo, o valor do crédito a ser utilizado para a quitação de que trata o inciso II do § 4º será determinado mediante a aplicação das seguintes alíquotas:

I - 25% (vinte e cinco por cento) sobre o montante do prejuízo fiscal;

II - 15% (quinze por cento) sobre a base de cálculo negativa da CSLL, no caso das pessoas jurídicas de seguros privados, das de capitalização e das referidas nos incisos I a VII, IX e X do § 1º do art. 1º da Lei Complementar n. 105, de 10 de janeiro de 2001; e

III - 9% (nove por cento) sobre a base de cálculo negativa da CSLL, no caso das demais pessoas jurídicas.

§ 6º O requerimento de que trata o § 4º suspende a exigibilidade das parcelas até ulterior análise dos créditos utilizados.

§ 7º A RFB dispõe do prazo de 5 (cinco) anos para análise dos créditos indicados para a quitação.

§ 8º Na hipótese de indeferimento dos créditos, no todo ou em parte, será concedido o prazo de 30 (trinta) dias para o contribuinte, o responsável ou o corresponsável promover o pagamento em espécie do saldo remanescente do parcelamento.

§ 9º A falta do pagamento de que trata o § 8º implicará rescisão do parcelamento e prosseguimento da cobrança dos débitos remanescentes.

§ 10. Aos débitos parcelados de acordo com as regras descritas nos arts. 1º a 13 da Lei n.

11.941, de 27 de maio de 2009, o disposto nos §§ 1º a 3º do art. 7º daquela Lei somente é aplicável para os valores pagos em espécie, nos termos do inciso I do § 4º deste artigo.

§ 11. A RFB e a PGFN editarão os atos necessários à execução dos procedimentos de que trata este artigo.

§ 12. Para os fins do disposto no § 1º, inclui-se também como controlada a sociedade na qual a participação da controladora seja igual ou inferior a 50% (cinquenta por cento), desde que existente acordo de acionistas que assegure de modo permanente a preponderância individual ou comum nas deliberações sociais, assim como o poder individual ou comum de eleger a maioria dos administradores.

ART. 34. A Lei n. 12.996, de 18 de junho de 2014, passa a vigorar com as seguintes alterações:

‣ Alterações promovidas no texto da referida lei.

ART. 35. (Vetado).

ART. 36. Na hipótese de indeferimento dos créditos de prejuízos fiscais e de bases de cálculo negativas da CSLL utilizados para liquidar os débitos parcelados com base no art. 3º da Medida Provisória n. 470, de 13 de outubro de 2009, e nos arts. 1º a 13 da Lei n. 11.941, de 27 de maio de 2009, cabe manifestação de inconformidade que observará o rito do Decreto n. 70.235, de 6 de março de 1972.

Parágrafo único. O contribuinte será intimado a pagar o saldo remanescente do parcelamento no prazo de 30 (trinta) dias da intimação do indeferimento dos créditos de prejuízos fiscais e de bases de cálculo negativas da CSLL ou da intimação da última decisão administrativa no processo administrativo fiscal de que trata o *caput*.

ART. 37. O art. 43 da Lei n. 12.431, de 24 de junho de 2011, passa a vigorar com as seguintes alterações:

‣ Alterações promovidas no texto da referida lei.

ART. 38. Não serão devidos honorários advocatícios, bem como qualquer sucumbência, em todas as ações judiciais que, direta ou indiretamente, vierem a ser extintas em decorrência de adesão aos parcelamentos previstos na Lei n. 11.941, de 27 de maio de 2009, inclusive nas reaberturas de prazo operadas pelo disposto no art. 17 da Lei n. 12.865, de 9 de outubro de 2013, no art. 93 da Lei n. 12.973, de 13 de maio de 2014, no art. 2º da Lei n. 12.996, de 18 de junho de 2014, e no art. 65 da Lei n. 12.249, de 11 de junho de 2010.

Parágrafo único. O disposto no *caput* aplica-se somente:

I - aos pedidos de desistência e renúncia protocolados a partir de 10 de julho de 2014; ou

II - aos pedidos de desistência e renúncia já protocolados, mas cujos valores de que trata o *caput* não tenham sido pagos até 10 de julho de 2014.

ART. 39. O art. 10 da Lei n. 11.941, de 27 de maio de 2009, passa a vigorar acrescido do seguinte § 2º, renumerando-se o atual parágrafo único para § 1º:

‣ Alterações promovidas no texto da referida lei.

ART. 40. O art. 127 da Lei n. 12.249, de 11 de junho de 2010, passa a vigorar com a seguinte alteração:

‣ Alterações promovidas no texto da referida lei.

ART. 41. Os débitos relativos à Contribuição Provisória sobre Movimentação ou Transmissão de Valores e de Créditos e Direitos de Natureza Financeira - CPMF podem ser parcelados nos termos da Lei n. 12.996, de 18 junho de 2014, não se aplicando a vedação contida no art. 15 da Lei n. 9.311, de 24 de outubro de 1996.

ART. 42. Os débitos para com a Fazenda Nacional relativos ao Imposto sobre a Renda das Pessoas Jurídicas - IRPJ e à Contribuição Social sobre o Lucro Líquido - CSLL decorrentes do ganho de capital ocorrido até 31 de dezembro de 2008 pela alienação de ações que tenham sido originadas da conversão de títulos patrimoniais de associações civis sem fins lucrativos, poderão ser: (Alterado pela Lei 13.097/2015.)

I - pagos à vista com redução de 100% (cem por cento) das multas de mora e de ofício e de 100% (cem por cento) dos juros de mora; (Alterado pela Lei 13.097/2015.)

II - parcelados em até 60 (sessenta) prestações, sendo 20% (vinte por cento) de entrada e o restante em parcelas mensais, com redução de 80% (oitenta por cento) da multa isolada e das multas de mora e de ofício, de 40% (quarenta por cento) dos juros de mora. (Alterado pela Lei 13.097/2015.)

§ 1º Na hipótese do *caput*, fica remitido, sob condição resolutória até que se efetive o pagamento de que trata o inciso I ou seja quitado o parcelamento de que trata o inciso II, o valor do IRPJ e da CSLL incidente sobre a parcela do ganho de capital relativa a diferença entre o valor atribuído à ação na subscrição de capital e considerado na apuração do referido ganho, ainda que em eventual lançamento de ofício, e o valor verificado na data de início das negociações da ação em operação regular em bolsa de valores, independentemente da existência de cláusula de restrição de comercialização ou transferência. (Alterado pela Lei 13.097/2015.)

§ 2º O disposto neste artigo aplica-se à totalidade dos débitos, constituídos ou não, com exigibilidade suspensa ou não, inscritos ou não em Dívida Ativa da União, mesmo que em fase de execução fiscal já ajuizada, ou que tenham sido objeto de parcelamento anterior não integralmente quitado, ainda que excluído por falta de pagamento. (Alterado pela Lei 13.097/2015.)

§ 3º Para efeito de consolidação dos débitos de que trata o *caput*, após o ajuste referido no § 1º, poderão ser deduzidos os valores do IRPJ e da CSLL que tenham sido recolhidos, até 31 de dezembro de 2013, em função da alienação posterior das ações decorrentes da conversão de títulos patrimoniais de associações civis sem fins lucrativos pelo próprio sujeito passivo, por empresa controladora ou por empresa controlada de forma direta, desde que: (Alterado pela Lei 13.097/2015.)

I - tenha sido utilizado o custo original dos respectivos títulos patrimoniais na apuração do ganho; (Alterado pela Lei 13.097/2015.)

II - seja limitado ao valor do IRPJ e da CSLL incidentes sobre o ganho de capital apurado considerando como valor de venda o valor verificado das ações na data de início das negociações em operação regular em bolsa de valores. (Alterado pela Lei 13.097/2015.)

§ 4º Os depósitos existentes vinculados aos débitos a serem pagos ou parcelados nos termos deste artigo serão automaticamente convertidos em pagamento definitivo, aplicando-se as reduções previstas no *caput* ao saldo remanescente a ser pago ou parcelado. (Alterado pela Lei 13.097/2015.)

§ 5º O contribuinte poderá, mediante requerimento, utilizar créditos de prejuízos fiscais e de base negativa da Contribuição Social sobre o Lucro Líquido - CSLL próprios, apurados até 31 de dezembro de 2013 e declarados até 30 de junho de 2014, para a quitação do saldo remanescente dos débitos após as reduções previstas no *caput*. (Alterado pela Lei 13.097/2015.)

§ 6º Para usufruir dos benefícios previstos neste artigo, a pessoa jurídica deverá comprovar a desistência expressa e irrevogável de todas as ações judiciais que tenham por objeto os débitos que serão pagos ou parcelados na forma deste artigo e renunciar a qualquer alegação de direito sobre as quais se fundam as referidas ações. (Alterado pela Lei 13.097/2015.)

§ 7º As reduções previstas no *caput* não serão cumulativas com quaisquer outras reduções admitidas em lei. (Alterado pela Lei 13.097/2015.)

§ 8º Na hipótese de anterior concessão de redução de multas ou de juros em percentuais diversos dos estabelecidos no *caput*, prevalecerão os percentuais nele referidos, aplicados sobre o saldo original das multas ou dos juros. (Alterado pela Lei 13.097/2015.)

§ 9º Enquanto não consolidada a dívida, em relação às parcelas mensais referidas no inciso II do *caput*, o contribuinte deve calcular e recolher mensalmente o valor equivalente ao montante dos débitos objeto do parcelamento dividido pelo número de prestações pretendidas. (Alterado pela Lei 13.097/2015.)

I e II - (revogados); (Alterados pela Lei 13.097/2015.)

§ 10. O pagamento ou o pedido de parcelamento deverá ser efetuado até o 15º (décimo quinto) dia após a publicação desta Lei e independerá de apresentação de garantia, mantidas aquelas decorrentes de débitos transferidos de outras modalidades de parcelamento ou de execução fiscal. (Alterado pela Lei 13.097/2015.)

§ 11. Implicará imediata rescisão do parcelamento, com cancelamento dos benefícios concedidos, a falta de pagamento: (Alterado pela Lei 13.097/2015.)

I - de 3 (três) parcelas, consecutivas ou não; ou (Alterado pela Lei 13.097/2015.)

II - de até 2 (duas) prestações, estando pagas todas as demais ou estando vencida a última prestação do parcelamento. (Alterado pela Lei 13.097/2015.)

§ 12. É considerada inadimplida a parcela parcialmente paga. (Alterado pela Lei 13.097/2015.)

§ 13. Rescindindo o parcelamento: (Alterado pela Lei 13.097/2015.)

I - será efetuada a apuração do valor original do débito, restabelecendo-se os acréscimos legais na forma da legislação aplicável à época da ocorrência dos respectivos fatos geradores; (Alterado pela Lei 13.097/2015.)

II - serão deduzidas do valor referido no inciso I as prestações pagas. (Alterado pela Lei 13.097/2015.)

§ 14. Aplica-se ao parcelamento de que trata este artigo o disposto no *caput* e nos §§ 2º e 3º do art. 11, no art. 12, no *caput* do art. 13 e no inciso IX do art. 14 da Lei n. 10.522, de 19 de julho de 2002. (Alterado pela Lei 13.097/2015.)

§ 15. Ao parcelamento de que trata este artigo não se aplicam: (Alterado pela Lei 13.097/2015.)

I - o § 1º do art. 3º da Lei n. 9.964, de 10 de abril de 2000; e (Alterado pela Lei 13.097/2015.)

II - o § 10 do art. 1º da Lei n. 10.684, de 30 de maio de 2003. (Alterado pela Lei 13.097/2015.)

§ 16. Não será computado na base de cálculo do IRPJ, da CSLL, do PIS e da Cofins a parcela equivalente à redução do valor do montante principal dos tributos, das multas, dos juros e dos encargos legais em decorrência do disposto neste artigo. (Alterado pela Lei 13.097/2015.)

§ 17. A Secretaria da Receita Federal do Brasil e a Procuradoria-Geral da Fazenda Nacional, no âmbito de suas competências, editarão os atos necessários à execução do parcelamento de que trata este artigo. (Alterado pela Lei 13.097/2015.)

ART. 43. A Lei n. 10.522, de 19 de julho de 2002, passa a vigorar acrescida do seguinte art. 10-A:

‣ Alterações promovidas no texto da referida lei.

ART. 44. A Secretaria da Receita Federal do Brasil e a Procuradoria-Geral da Fazenda Nacional, inclusive por meio de ato conjunto quando couber, editarão os atos necessários à efetivação do disposto nesta Seção.

SEÇÃO IX
DO FUNDO DE GARANTIA DO TEMPO DE SERVIÇO - FGTS

ART. 45. Não serão inscritos em Dívida Ativa os débitos de um mesmo devedor com o Fundo de Garantia do Tempo de Serviço - FGTS cujo valor consolidado seja igual ou inferior a R$ 1.000,00 (mil reais).

ART. 46. Não serão ajuizadas execuções fiscais para a cobrança de débitos de um mesmo devedor com o FGTS cujo valor consolidado seja igual ou inferior a R$ 20.000,00 (vinte mil reais).

Parágrafo único. Entende-se por valor consolidado o resultante da atualização do débito originário, somado aos encargos e acréscimos legais ou contratuais, vencidos até a data da apuração.

ART. 47. Ficam cancelados os débitos com o FGTS inscritos em Dívida Ativa de valor consolidado igual ou inferior a R$ 100,00 (cem reais).

ART. 48. O Procurador da Fazenda Nacional requererá o arquivamento, sem baixa na distribuição, das execuções fiscais de débitos com o FGTS, cujo valor consolidado seja igual ou inferior a R$ 20.000,00 (vinte mil reais), desde que não conste dos autos garantia, integral ou parcial, útil à satisfação do crédito.

ART. 49. O disposto nesta Seção não prejudica o direito conferido ao trabalhador de buscar a satisfação do crédito fundiário de que é titular, qualquer que seja o valor, mediante o ajuizamento de reclamação trabalhista, nos termos do art. 25 da Lei n. 8.036, de 11 de maio de 1990.

SEÇÃO X
DA SUBSTITUIÇÃO DA CONTRIBUIÇÃO PREVIDENCIÁRIA SOBRE FOLHA DE PAGAMENTOS

ART. 50. A Lei n. 12.546, de 14 de dezembro de 2011, passa a vigorar com as seguintes alterações:

‣ Alterações promovidas no texto da referida lei.

ART. 51. Ficam excluídos do Anexo I da Lei n. 12.546, de 14 de dezembro de 2011, os produtos classificados nos seguintes códigos da Tabela de Incidência do Imposto sobre Produtos Industrializados - TIPI, aprovada pelo Decreto n. 7.660, de 23 de dezembro de 2011:

I - 1901.20.00;

II - 1901.90.90;

III - 5402.46.00, 5402.47.00 e 5402.33.10.

ART. 52. (Vetado).

ART. 53. O art. 14 da Lei n. 11.774, de 17 de setembro de 2008, passa a vigorar com a seguinte alteração:

‣ Alterações promovidas no texto da referida lei.

SEÇÃO XI
DA LEGISLAÇÃO ADUANEIRA

ART. 54. Na situação de calamidade pública, assim reconhecida por ato da autoridade competente, em que haja risco de desabastecimento para atendimento das necessidades básicas da população, poderá ser autorizada a entrega antecipada da mercadoria ao importador, previamente à formalização dos registros associados aos controles administrativos e aduaneiros, em conformidade com o estabelecido em ato do Poder Executivo.

§ 1º Na hipótese do *caput*, o importador terá prazo de 30 (trinta) dias para formalizar os registros exigidos e apresentar os documentos comprobatórios da regular importação e da destinação das mercadorias importadas.

§ 2º A ausência de regularização da importação no prazo estabelecido ensejará a apreensão da mercadoria importada e a instauração de processo administrativo para a aplicação da pena de perdimento.

§ 3º Os órgãos intervenientes no comércio exterior poderão estabelecer normas específicas e outros procedimentos excepcionais de controle para atender ao disposto no *caput*.

§ 4º Os Ministros de Estado da Fazenda e do Desenvolvimento, Indústria e Comércio Exterior editarão ato conjunto estabelecendo a lista de mercadorias que poderão receber o tratamento excepcional a que se refere o *caput*.

ART. 55. Os tributos decorrentes de importação realizada nos termos do art. 54 serão calculados na data do registro da respectiva Declaração de Importação, observado o prazo máximo previsto no § 1º daquele artigo.

ART. 56. A Lei n. 10.833, de 29 de dezembro de 2003, passa a vigorar com as seguintes alterações:

‣ Alterações promovidas no texto da referida lei.

ART. 57. O art. 37 da Lei n. 12.350, de 20 de dezembro de 2010, passa a vigorar com as seguintes alterações:

‣ Alterações promovidas no texto da referida lei.

ART. 58. As alterações de matérias processuais introduzidas no art. 76 da Lei n. 10.833, de 29 de dezembro de 2003, por meio do art. 54 desta Lei, aplicar-se-ão aos processos em curso, sem prejuízo dos atos realizados na forma do rito anterior.

SEÇÃO XII
DA DISPENSA DE RETENÇÃO DE TRIBUTOS FEDERAIS NA AQUISIÇÃO DE PASSAGENS AÉREAS PELOS ÓRGÃOS DA ADMINISTRAÇÃO PÚBLICA FEDERAL

ART. 59. A Lei n. 9.430, de 27 de dezembro de 1996, passa a vigorar com a seguinte alteração:

‣ Alterações promovidas no texto da referida lei.

SEÇÃO XIII
DO PROGRAMA NACIONAL DE HABITAÇÃO URBANA E DO FUNDO GARANTIDOR DA HABITAÇÃO POPULAR

ART. 60. A Lei n. 11.977, de 7 de julho de 2009, passa a vigorar com as seguintes alterações:

‣ Alterações promovidas no texto da referida lei.

SEÇÃO XIV
DA CASA DA MOEDA DO BRASIL

ART. 61. O art. 10 da Lei n. 12.409, de 25 de maio de 2011, passa a vigorar com a seguinte alteração:

‣ Alterações promovidas no texto da referida lei.

ART. 62. A Lei n. 5.895, de 19 de junho de 1973, passa a vigorar com as seguintes alterações:

‣ Alterações promovidas no texto da referida lei.

SEÇÃO XV
DO BANCO NACIONAL DE DESENVOLVIMENTO ECONÔMICO E SOCIAL E DO BANCO DA AMAZÔNIA S.A.

ART. 63. Fica a União autorizada a renegociar as condições financeiras e contratuais das operações de crédito com o Banco Nacional de Desenvolvimento Econômico e Social - BNDES firmadas com fundamento no art. 1º da Lei n. 12.397, de 23 de março de 2011, no art. 2º da Lei n. 12.453, de 21 de julho de 2011, e no art. 3º da Lei n. 12.872, de 24 de outubro de 2013.

Parágrafo único. As condições financeiras e contratuais da renegociação de que trata o *caput* serão definidas em ato do Ministro de Estado da Fazenda, observado o seguinte:

I - as dívidas originais e os saldos renegociados deverão ser considerados pelo seu valor de face; e

II - a remuneração será equivalente à Taxa de Juros de Longo Prazo.

ART. 64. O inciso I do *caput* do art. 2º-A da Lei n. 11.948, de 16 de junho de 2009, passa a vigorar com a seguinte redação:

‣ Alterações promovidas no texto da referida lei.

ART. 65. Fica a União autorizada, até o montante de R$ 5.000.000.000,00 (cinco bilhões de reais), a renegociar ou estabelecer as condições financeiras e contratuais definidas pelo Ministro de Estado da Fazenda de operações de crédito realizadas com o BNDES, que permitam o seu enquadramento como instrumento elegível ao capital principal, nos termos das normas estabelecidas pelo Conselho Monetário Nacional, devendo a remuneração a ser recebida pelo Tesouro Nacional ser variável e limitada à Taxa de Juros de Longo Prazo.

ART. 66. O art. 1º da Lei n. 12.380, de 10 de janeiro de 2011, passa a vigorar com as seguintes alterações:

‣ Alterações promovidas no texto da referida lei.

ART. 67. O art. 7º da Lei n. 12.087, de 11 de novembro de 2009, passa a vigorar com a seguinte alteração:

‣ Alterações promovidas no texto da referida lei.

ART. 68. A Lei n. 12.712, de 30 de agosto de 2012, passa a vigorar com as seguintes alterações:

‣ Alterações promovidas no texto da referida lei.

ART. 69. A alínea *a* do inciso I do art. 1º da Lei n. 12.096, de 24 de novembro de 2009, passa a vigorar com a seguinte redação:

‣ Alterações promovidas no texto da referida lei.

SEÇÃO XVI
DA DESONERAÇÃO TRIBUTÁRIA NA VENDA DE EQUIPAMENTOS OU MATERIAIS DESTINADOS A USO MÉDICO, HOSPITALAR, CLÍNICO OU LABORATORIAL

ART. 70. Ficam reduzidas a 0 (zero) as alíquotas da Contribuição para o PIS/Pasep e da Cofins incidentes sobre a receita decorrente da venda de equipamentos ou materiais destinados a uso médico, hospitalar, clínico ou laboratorial, quando adquiridos:

I - pela União, Estados, Distrito Federal ou Municípios, bem como pelas suas autarquias e fundações instituídas e mantidas pelo poder público; ou

II - por entidades beneficentes de assistência social que atendam ao disposto na Lei n. 12.101, de 27 de novembro de 2009.

§ 1º O disposto no *caput* aplica-se:

I - exclusivamente aos equipamentos ou materiais listados pelo Poder Executivo;

II - inclusive na venda dos equipamentos ou materiais por pessoa jurídica revendedora às pessoas jurídicas de que trata o *caput*, hipótese em que as reduções de alíquotas ficam condicionadas à observância dos procedimentos estabelecidos pelo Poder Executivo.

§ 2º A pessoa jurídica industrial, ou equiparada, e a pessoa jurídica revendedora ficam solidariamente responsáveis pelas contribuições não pagas em decorrência de aplicação irregular das reduções de alíquotas de que trata este artigo, acrescidas de juros e de multa, na forma da lei.

SEÇÃO XVII
DA LEGISLAÇÃO TRIBUTÁRIA
E FINANCEIRA APLICÁVEL AOS
CONTRATOS DE CONCESSÃO DE
SERVIÇOS PÚBLICOS

ART. 71. A Lei n. 11.079, de 30 de dezembro de 2004, passa a vigorar com as seguintes alterações:

› Alterações promovidas no texto da referida lei.

ART. 72. A Lei n. 11.488, de 15 de junho de 2007, passa a vigorar com as seguintes alterações:

› Alterações promovidas no texto da referida lei.

SEÇÃO XVIII
DA EXECUÇÃO FISCAL E DO
ARROLAMENTO DE BENS E DIREITOS

ART. 73. A Lei n. 6.830, de 22 de setembro de 1980, passa a vigorar com as seguintes alterações:

› Alterações promovidas no texto da referida lei.

ART. 74. As execuções fiscais de créditos de natureza não tributária cuja prescrição ficou suspensa por mais de 5 (cinco) anos por força da revogação do parágrafo único do art. 5º do Decreto-Lei n. 1.569, de 8 de agosto de 1977, constante do inciso VIII do art. 114 desta Lei, deverão ser extintas.

ART. 75. A revogação do inciso I do art. 15 da Lei n. 5.010, de 30 de maio de 1966, constante do inciso IX do art. 114 desta Lei, não alcança as execuções fiscais da União e de suas autarquias e fundações públicas ajuizadas na Justiça Estadual antes da vigência desta Lei.

ART. 76. O art. 64 da Lei n. 9.532, de 10 de dezembro de 1997, passa a vigorar acrescido do seguinte § 12:

› Alterações promovidas no texto da referida lei.

SEÇÃO XIX
DA LEGISLAÇÃO TRIBUTÁRIA APLICÁVEL
AO GÁS NATURAL E À NAFTA

ART. 77. (Vetado).

SEÇÃO XX
DAS DEMAIS DISPOSIÇÕES SOBRE A
CONTRIBUIÇÃO PARA O PIS/PASEP E A
COFINS

ART. 78. O art. 3º da Lei n. 10.147, de 21 de dezembro de 2000, passa a vigorar acrescido do seguinte § 4º:

› Alterações promovidas no texto da referida lei.

ART. 79. O inciso XX do art. 10 da Lei n. 10.833, de 29 de dezembro de 2003, passa a vigorar com a seguinte redação:

› Alterações promovidas no texto da referida lei.

ART. 80. A ementa da Lei n. 12.860, de 11 de setembro de 2013, passa a vigorar com a seguinte redação:

› Alterações promovidas no texto da referida lei.

ART. 81. O art. 1º da Lei n. 12.860, de 11 de setembro de 2013, passa a vigorar com a seguinte redação:

› Alterações promovidas no texto da referida lei.

SEÇÃO XXI
DO IMPOSTO SOBRE A PROPRIEDADE
TERRITORIAL RURAL E DO IMPOSTO DE
RENDA DAS PESSOAS FÍSICAS

ART. 82. A Lei n. 9.393, de 19 de dezembro de 1996, passa a vigorar acrescida do seguinte art. 3º-A:

› Alterações promovidas no texto da referida lei.

ART. 83. O art. 8º da Lei n. 9.393, de 19 de dezembro de 1996, passa a vigorar com a seguinte alteração:

› Alterações promovidas no texto da referida lei.

ART. 84. A Lei n. 9.250, de 26 de dezembro de 1995, passa a vigorar com as seguintes alterações:

› Alterações promovidas no texto da referida lei.

ART. 85. O art. 11 da Lei n. 9.532, de 10 de dezembro de 1997, passa a vigorar acrescido dos seguintes §§ 6º e 7º:

› Alterações promovidas no texto da referida lei.

SEÇÃO XXII
DO REGIME ESPECIAL DE INCENTIVOS
PARA O DESENVOLVIMENTO DE USINAS
NUCLEARES

ART. 86. A Lei n. 12.431, de 24 de junho de 2011, passa a vigorar com as seguintes alterações:

› Alterações promovidas no texto da referida lei.

SEÇÃO XXIII
DAS PRORROGAÇÕES REFERENTES A
REGIMES ESPECIAIS DE TRIBUTAÇÃO

ART. 87. O art. 11 da Lei n. 12.598, de 21 de março de 2012, passa a vigorar com a seguinte redação:

› Alterações promovidas no texto da referida lei.

ART. 88. O art. 29 da Lei n. 12.715, de 17 de setembro de 2012, passa a vigorar com a seguinte alteração:

› Alterações promovidas no texto da referida lei.

ART. 89. O art. 16 da Lei n. 11.371, de 28 de novembro de 2006, passa a vigorar com a seguinte redação:

› Alterações promovidas no texto da referida lei.

ART. 90. O inciso I do art. 1º da Lei n. 9.481, de 13 de agosto de 1997, passa a vigorar com a seguinte redação:

› Alterações promovidas no texto da referida lei.

SEÇÃO XXIV
DAS DEMAIS ALTERAÇÕES NA
LEGISLAÇÃO TRIBUTÁRIA

ART. 91. O art. 13 da Lei n. 12.688, de 18 de julho de 2012, passa a vigorar acrescido do seguinte § 12:

› Alterações promovidas no texto da referida lei.

ART. 92. As perdas incorridas em Certificados de Operações Estruturadas - COE, emitidos de acordo com as normas do Conselho Monetário Nacional, serão dedutíveis na apuração do lucro real.

ART. 93. A Lei n. 12.101, de 27 de novembro de 2009, passa a vigorar com as seguintes alterações:

› Alterações promovidas no texto da referida lei.

ART. 94. O art. 8º da Lei n. 11.438, de 29 de dezembro de 2006, passa a vigorar com a seguinte redação:

› Alterações promovidas no texto da referida lei.

ART. 95. O § 1º do art. 2º da Lei n. 11.478, de 29 de maio de 2007, passa a vigorar acrescido do seguinte inciso IV:

› Alterações promovidas no texto da referida lei.

ART. 96. O art. 89 da Lei n. 12.973, de 13 de maio de 2014, passa a vigorar com a seguinte redação:

› Alterações promovidas no texto da referida lei.

ART. 97. As receitas auferidas pelos fundos garantidores constituídos nos termos das Leis n. 11.079, de 30 de dezembro de 2004, 11.786, de 25 de setembro de 2008, 11.977, de 7 de julho de 2009, 12.087, de 11 de novembro de 2009, e 12.712, de 30 de agosto de 2012, ficam isentas do Imposto sobre a Renda das Pessoas Jurídicas e da Contribuição Social sobre o Lucro Líquido, inclusive no tocante aos ganhos líquidos mensais e à retenção na fonte sobre os rendimentos de aplicação financeira de renda fixa e de renda variável.

Parágrafo único. Ficam reduzidas a 0 (zero) as alíquotas da Contribuição para o PIS/Pasep e da Contribuição para o Financiamento da Seguridade Social incidentes sobre as receitas e ganhos líquidos de que trata o *caput*.

ART. 98. (Vetado).

CAPÍTULO II
DAS DEMAIS ALTERAÇÕES NA
LEGISLAÇÃO

SEÇÃO I
DA VIGILÂNCIA SANITÁRIA

ART. 99. Os itens 3.1, 3.2, 5.1 e 7.1, bem como seus respectivos subitens, do Anexo II da Lei n. 9.782, de 26 de janeiro de 1999, passam a vigorar na forma do Anexo desta Lei.

ART. 100. O art. 1º da Lei n. 11.972, de 6 de julho de 2009, passa a vigorar com a seguinte alteração:

› Alterações promovidas no texto da referida lei.

SEÇÃO II
DA ALIENAÇÃO FIDUCIÁRIA

ART. 101. O Decreto-Lei n. 911, de 1º de outubro de 1969, passa a vigorar com as seguintes alterações:

› Alterações promovidas no texto do referido decreto-lei.

ART. 102. A Lei n. 10.406, de 10 de janeiro de 2002 - Código Civil, passa a vigorar com as seguintes alterações:

› Alterações promovidas no texto do CC.

ART. 103. A Lei n. 9.514, de 20 de novembro de 1997, passa a vigorar com as seguintes alterações:

› Alterações promovidas no texto da referida lei.

SEÇÃO III
DA ADVOCACIA-GERAL DA UNIÃO

ART. 104. O § 7º do art. 8º-A da Lei n. 11.775, de 17 de setembro 2008, passa a vigorar com a seguinte redação:

› Alterações promovidas no texto da referida lei.

SEÇÃO IV
DISPOSIÇÕES FINAIS

ART. 105. A Lei n. 10.150, de 21 de dezembro de 2000, passa a vigorar com as seguintes alterações:

› Alterações promovidas no texto da referida lei.

ART. 106. O art. 1º da Lei n. 9.481, de 13 de agosto de 1997, passa a vigorar acrescido dos seguintes §§ 2º a 8º, renumerando-se o atual parágrafo único para § 1º:

▸ Alterações promovidas no texto da referida lei.

ART. 107. (Vetado).

ART. 108. (Vetado).

ART. 109. O § 10 do art. 87 da Lei n. 12.973, de 13 de maio de 2014, passa a vigorar com a seguinte redação:

▸ Alterações promovidas no texto da referida lei.

ART. 110. (Vetado).

CAPÍTULO III
DISPOSIÇÕES FINAIS

ART. 111. A Secretaria da Receita Federal do Brasil regulamentará o disposto nos arts. 1º a 3º e 6º a 15 desta Lei.

ART. 112. A Secretaria da Receita Federal do Brasil e a Comissão de Valores Mobiliários, no âmbito de suas competências, regulamentarão a aplicação do disposto nos arts. 16 a 19 desta Lei.

ART. 113. Esta Lei entra em vigor na data de sua publicação, exceto:

I - os arts. 21 a 28, que entram em vigor a partir da data de publicação do ato do Poder Executivo que estabelecer o percentual de que trata o *caput* do art. 22;

II - os arts. 1º a 15, 30 a 32, 97, 106 e os artigos da Seção XXI do Capítulo I, que entram em vigor a partir de 1º de janeiro de 2015;

III - os arts. 16-A a 16-C da Lei n. 12.431, de 24 de junho de 2011, incluídos pelo art. 86, que entram em vigor a partir de 1º de janeiro de 2015;

IV - os seguintes dispositivos, que entram em vigor a partir do primeiro dia do quarto mês subsequente ao da publicação desta Lei:

a) os incisos XII e XIII do *caput* do art. 7º da Lei n. 12.546, de 14 de dezembro de 2011, com redação dada pelo art. 50, e os arts. 51 a 53; e

b) o art. 98 e os artigos das Seções XVI, XVII, XIX e XX do Capítulo I.

ART. 114. Ficam revogados:

I - os incisos IV e V do *caput* do art. 1º da Lei n. 10.179, de 6 de fevereiro de 2001;

II - o § 3º do art. 20 da Lei n. 10.522, de 19 de julho de 2002;

III - as seguintes alíneas do art. 76 da Lei n. 10.833, de 29 de dezembro de 2003:

a) a, b e *f* do inciso I do *caput*;

b) c do inciso II do *caput*;

c) e do inciso III do *caput*;

IV - (Vetado);

V - (Vetado);

VI - (Vetado);

VII - os §§ 3º e 4º do art. 16 da Lei n. 12.431, de 24 de junho de 2011;

VIII - o parágrafo único do art. 5º do Decreto-Lei n. 1.569, de 8 de agosto de 1977;

IX - o inciso I do art. 15 da Lei n. 5.010, de 30 de maio de 1966.

Brasília, 13 de novembro de 2014; 193º da Independência e 126º da República.

MICHEL TEMER

▸ Optamos, nesta edição, pela não publicação dos Anexos.

LEI N. 13.081, DE 2 DE JANEIRO DE 2015

Dispõe sobre a construção e a operação de eclusas ou de outros dispositivos de transposição hidroviária de níveis em vias navegáveis e potencialmente navegáveis; altera as Leis n. 9.074, de 7 de julho de 1995, 9.984, de 17 de julho de 2000, 10.233, de 5 de junho de 2001, e 12.712, de 30 de agosto de 2012; e dá outras providências.

▸ *DOU*, 05.01.2015.

A Presidenta da República. Faço saber que o Congresso Nacional decreta e eu sanciono a seguinte Lei:

ART. 1º A construção de barragens para a geração de energia elétrica em vias navegáveis ou potencialmente navegáveis deverá ocorrer de forma concomitante com a construção, total ou parcial, de eclusas ou de outros dispositivos de transposição de níveis previstos em regulamentação estabelecida pelo Poder Executivo do ente da Federação detentor do domínio do corpo de água.

§ 1º Não se aplica o disposto no *caput* aos potenciais hidráulicos cujo aproveitamento hidrelétrico ótimo seja igual ou inferior a 50 MW (cinquenta megawatts) e às barragens existentes, às em construção ou às já licitadas por ocasião da publicação desta Lei.

§ 2º Para os fins desta Lei, consideram-se:

I - via navegável: espaço físico, natural ou não, nas águas dos rios, lagos e lagoas, utilizado para a navegação interior de cargas, de passageiros, ou de passageiros e cargas por empresa de navegação;

II - via potencialmente navegável: espaço físico, natural ou não, nas águas dos rios, lagos e lagoas, que possa tornar-se via navegável mediante a implantação de barragens ou outras obras.

§ 3º As vias potencialmente navegáveis serão definidas, mediante a realização de estudos técnicos, econômicos e socioambientais, pelo Poder Executivo do ente da Federação que detenha o domínio do corpo de água.

§ 4º No caso de licitação para exploração de aproveitamento hidrelétrico de via navegável ou potencialmente navegável, o edital deverá estabelecer que o projeto e a implantação da barragem deverão ser compatíveis com a construção concomitante, parcial ou integral, de eclusas ou de outros dispositivos de transposição de níveis.

§ 5º Os custos do licenciamento ambiental e da construção, total ou parcial, de eclusas ou de outros dispositivos de transposição de níveis em vias potencialmente navegáveis de domínio da União serão de responsabilidade do Ministério dos Transportes, conforme o edital.

§ 6º O planejamento, licenciamento e implantação de eclusa ou de outro dispositivo de transposição de níveis deverão ser promovidos de forma a não prejudicar o cronograma, os custos e os processos para a implantação do aproveitamento de geração de energia elétrica.

ART. 2º Deverão ser garantidas a separação e a independência dos aproveitamentos de cada uso do recurso hídrico no que se refere aos custos, tarifas, licitações, estudos, projetos, licenciamento ambiental, construção, operação, manutenção e processos administrativos, respeitadas as áreas de competência de cada órgão responsável pelos respectivos usos.

§ 1º Nos casos em que os estudos indiquem a viabilidade de construção concomitante de eclusas ou de outros dispositivos de transposição de níveis, poderá ser dispensada a aplicação do disposto no *caput* quanto aos estudos, projetos, licenciamento ambiental, licitação e construção, desde que os cronogramas de cada um dos aproveitamentos do recurso hídrico sejam compatíveis.

§ 2º Nos casos de vias navegáveis, a responsabilidade pela manutenção da navegabilidade no ponto do barramento é do responsável pelo barramento, ao qual caberão os custos de que trata o *caput*, exceto os de operação e manutenção.

§ 3º Sem prejuízo da separação e da independência dos aproveitamentos previstos no *caput*, a operação das infraestruturas de geração de energia e de transporte hidroviário deverá ser integrada, na forma de regulamentação específica.

ART. 3º A operação e a manutenção de eclusas ou de outros dispositivos de transposição de níveis constituem serviço público, que pode ser prestado direta ou indiretamente pela União no corpo de água sob seu domínio ou pelo ente da Federação que detenha o domínio do corpo de água em que forem implantados.

§ 1º Na hipótese da prestação indireta, o ente da Federação observará o disposto nas Leis n. 8.987, de 13 de fevereiro de 1995, 9.074, de 7 de julho de 1995, e 11.079, de 30 de dezembro de 2004.

§ 2º Poderá ser dada, por ocasião da concessão, preferência ao concessionário de geração de energia operador da barragem, que deverá constituir pessoa jurídica distinta e com fins específicos, mantendo contabilização independente e desassociada, ou poderá contratar prestadores de serviço, mediante prévia autorização do poder concedente, para execução da operação e da manutenção de eclusas ou de outros dispositivos de transposição de níveis.

§ 3º Os custos do serviço de operação e de manutenção de eclusas ou de outros dispositivos de transposição de níveis a que alude o *caput* não poderão ser subsidiados pelos preços da energia elétrica.

ART. 4º O inciso V do art. 1º da Lei n. 9.074, de 7 de julho de 1995, passa a vigorar com a seguinte redação:

▸ Alterações promovidas no texto da referida lei.

ART. 5º O art. 7º da Lei n. 9.984, de 17 de julho de 2000, passa a vigorar com a seguinte redação:

▸ Alterações promovidas no texto da referida lei.

ART. 6º A Lei n. 10.233, de 5 de junho de 2001, passa a vigorar com as seguintes alterações:

▸ Alterações promovidas no texto da referida lei.

ART. 7º O art. 33 da Lei n. 12.712, de 30 de agosto de 2012, passa a vigorar com a seguinte alteração:

▸ Alterações promovidas no texto da referida lei.

ART. 8º As medidas necessárias ao cumprimento do disposto nesta Lei serão definidas em regulamento.

ART. 9º Esta Lei entra em vigor na data de sua publicação.

Brasília, 2 de janeiro de 2015; 194º da Independência e 127º da República.

Dilma Rousseff

LEI N. 13.109, DE 25 DE MARÇO DE 2015

Dispõe sobre a licença à gestante e à adotante, as medidas de proteção à maternidade para militares grávidas e a licença-paternidade, no âmbito das Forças Armadas.

▸ *DOU*, 26.03.2015.

A Presidenta da República. Faço saber que o Congresso Nacional decreta e eu sanciono a seguinte Lei:

ART. 1º Será concedida licença à gestante, no âmbito das Forças Armadas, conforme o previsto no inciso XVIII do art. 7º da Constituição Federal, para as militares, inclusive as temporárias, que ficarem grávidas durante a prestação do Serviço Militar.

§ 1º A licença será de 120 (cento e vinte) dias e terá início ex officio na data do parto ou durante o 9º (nono) mês de gestação, mediante requerimento da interessada, salvo em casos de antecipação por prescrição médica.

§ 2º A licença à gestante poderá ser prorrogada por 60 (sessenta) dias, nos termos de programa instituído pelo Poder Executivo federal.

§ 3º No caso de nascimento prematuro, a licença terá início a partir do parto.

§ 4º No caso de natimorto, decorridos 30 (trinta) dias do parto, a militar será submetida a inspeção de saúde e, se julgada apta, reassumirá o exercício de suas funções.

§ 5º No caso de aborto, atestado pela Junta de Inspeção de Saúde das Forças Armadas, a militar terá direito a 30 (trinta) dias de licença para tratamento de saúde própria.

ART. 2º Fica assegurado o direito à mudança de função quando as condições de saúde da militar gestante, atestadas pela Junta de Inspeção de Saúde das Forças Armadas, o exigirem, bem como o retorno à função anteriormente exercida, logo após o término da licença à gestante.

ART. 3º À militar que adotar ou obtiver a guarda judicial de criança de até 1 (um) ano de idade serão concedidos 90 (noventa) dias de licença remunerada.

§ 1º No caso de adoção ou guarda judicial de criança com mais de 1 (um) ano de idade, o prazo de que trata o *caput* deste artigo será de 30 (trinta) dias.

§ 2º Poderá ser concedida prorrogação de 45 (quarenta e cinco) dias à militar de que trata o *caput* e de 15 (quinze) dias à militar de que trata o § 1º deste artigo, nos termos de programa instituído pelo Poder Executivo federal que garanta a prorrogação.

ART. 4º Durante o período de amamentação do próprio filho, até que este complete 6 (seis) meses de idade, a militar terá direito, durante a jornada de trabalho, a uma hora de descanso, que poderá ser parcelada em 2 (dois) períodos de meia hora.

§ 1º No caso de a gestante optar pela prorrogação da licença, de acordo com o § 2º do art. 1º desta Lei, não fará jus, durante o gozo da prorrogação, ao período de amamentação citado no *caput* deste artigo.

§ 2º A Junta de Inspeção de Saúde das Forças Armadas poderá propor a prorrogação do período de 6 (seis) meses, em razão da saúde do filho da militar.

ART. 5º Se o tempo de serviço da militar temporária for concluído durante a licença à gestante ou à adotante, a militar deverá ser licenciada ao término da referida licença e após ser julgada apta em inspeção de saúde para fins de licenciamento.

Parágrafo único. O tempo de serviço adicional cumprido pela militar temporária em função do disposto no *caput* deste artigo contará para todos os fins de direito, exceto para fins de caracterização de estabilidade conforme previsto na alínea a do inciso IV do art. 50 da Lei n. 6.880, de 9 de dezembro de 1980.

ART. 6º Pelo nascimento de filho, adoção ou obtenção de guarda judicial para fins de adoção, o militar terá licença-paternidade de 20 (vinte) dias consecutivos, vedada a prorrogação. (Alterado pela Lei 13.716/2018.)

ART. 7º Ato do Poder Executivo disciplinará a concessão da licença à militar gestante e à militar adotante, da licença por motivo de gravidez de risco e da licença-paternidade e indicará as atividades vedadas às militares gestantes.

ART. 8º Esta Lei entra em vigor na data de sua publicação.

Brasília, 25 de março de 2015; 194º da Independência e 127º da República.

DILMA ROUSSEFF

LEI N. 13.116, DE 20 DE ABRIL DE 2015

Estabelece normas gerais para implantação e compartilhamento da infraestrutura de telecomunicações e altera as Leis n. 9.472, de 16 de julho de 1997, 11.934, de 5 de maio de 2009, e 10.257, de 10 de julho de 2001.

▸ *DOU*, 22.04.2015.

A Presidenta da República. Faço saber que o Congresso Nacional decreta e eu sanciono a seguinte Lei:

CAPÍTULO I
DISPOSIÇÕES GERAIS

ART. 1º Esta Lei estabelece normas gerais aplicáveis ao processo de licenciamento, instalação e compartilhamento de infraestrutura de telecomunicações, com o propósito de torná-lo compatível com o desenvolvimento socioeconômico do País.

§ 1º A gestão da infraestrutura de que trata o *caput* será realizada de forma a atender às metas sociais, econômicas e tecnológicas estabelecidas pelo poder público.

§ 2º Não estão sujeitos aos dispositivos previstos nesta Lei:

I - as infraestruturas de telecomunicações destinadas à prestação de serviços de interesse restrito em plataformas off-shore de exploração de petróleo;

II - os radares militares e civis com propósito de defesa ou controle de tráfego aéreo, cujo funcionamento deverá obedecer à regulamentação específica;

III - as infraestruturas de radionavegação aeronáutica e as de telecomunicações aeronáuticas, fixas e móveis, destinadas a garantir a segurança das operações aéreas, cujo funcionamento deverá obedecer à regulamentação específica.

§ 3º Aplicam-se de forma suplementar as legislações estaduais e distrital, resguardado o disposto no art. 24, § 4º, da Constituição Federal.

ART. 2º O disposto nesta Lei tem por objetivo promover e fomentar os investimentos em infraestrutura de redes de telecomunicações, visando, entre outros:

I - à uniformização, simplificação e celeridade de procedimentos e critérios para a outorga de licenças pelos órgãos competentes;

II - à minimização dos impactos urbanísticos, paisagísticos e ambientais;

III - à ampliação da capacidade instalada de redes de telecomunicações, tendo em vista a atualização tecnológica e a melhoria da cobertura e da qualidade dos serviços prestados;

IV - à precaução contra os efeitos da emissão de radiação não ionizante, de acordo com os parâmetros definidos em lei; e

V - ao incentivo ao compartilhamento de infraestrutura de redes de telecomunicações.

ART. 3º Para os fins desta Lei, adotam-se as seguintes definições:

I - capacidade excedente: infraestrutura de suporte instalada e não utilizada, total ou parcialmente, disponível para compartilhamento;

II - compartilhamento de infraestrutura: cessão, a título oneroso, de capacidade excedente da infraestrutura de suporte, para a prestação de serviços de telecomunicações por prestadoras de outros grupos econômicos;

III - detentora: pessoa física ou jurídica que detém, administra ou controla, direta ou indiretamente, uma infraestrutura de suporte;

IV - direito de passagem: prerrogativa de acessar, utilizar, atravessar, cruzar, transpor e percorrer imóvel de propriedade alheia, com o objetivo de construir, instalar, alterar ou reparar infraestrutura de suporte, bem como cabos, sistemas, equipamentos ou quaisquer outros recursos ou elementos de redes de telecomunicações;

V - estação transmissora de radiocomunicação: conjunto de equipamentos ou aparelhos, dispositivos e demais meios necessários à realização de comunicação, incluindo seus acessórios e periféricos, que emitem radiofrequências, possibilitando a prestação dos serviços de telecomunicações;

VI - infraestrutura de suporte: meios físicos fixos utilizados para dar suporte a redes de telecomunicações, entre os quais postes, torres, mastros, armários, estruturas de superfície e estruturas suspensas;

VII - limiar de acionamento: percentual de uso da capacidade da estação transmissora de radiocomunicação que determina a necessidade de expansão da capacidade da estação ou do sistema da prestadora;

VIII - prestadora: pessoa jurídica que detém concessão, permissão ou autorização para a exploração de serviço de telecomunicações;

IX - radiocomunicação: telecomunicação que utiliza frequências radioelétricas não confinadas a fios, cabos ou outros meios físicos; e

X - rede de telecomunicações: conjunto operacional contínuo de circuitos e equipamentos, incluindo funções de transmissão, comutação, multiplexação ou quaisquer outras indispensáveis à operação de serviços de telecomunicações.

ART. 4º A aplicação das disposições desta Lei rege-se pelos seguintes pressupostos:

I - o sistema nacional de telecomunicações compõe-se de bens e serviços de utilidade pública e de relevante interesse social;

II - a regulamentação e a fiscalização de aspectos técnicos das redes e dos serviços de telecomunicações é competência exclusiva da União, sendo vedado aos Estados, aos Municípios e ao Distrito Federal impor condicionamentos que possam afetar a seleção de tecnologia, a topologia das redes e a qualidade dos serviços prestados;

III - (Vetado);

IV - as prestadoras devem cumprir integralmente as disposições legais e regulamentares aplicáveis a sua atividade econômica, em especial as relativas à segurança dos usuários dos serviços, sendo passíveis de responsabilização civil e penal em caso de descumprimento;

V - a otimização dos recursos proveniente do compartilhamento de infraestrutura deve ser revertida em investimentos, pelas prestadoras dos serviços, em sua ampliação e modernização, bem como no mapeamento e georreferenciamento das redes a fim de garantir ao poder público a devida informação acerca de sua localização, dimensão e capacidade disponível;

VI - o uso racional dos recursos e a modernização tecnológica das redes e de sua infraestrutura de suporte, com vistas a reduzir o impacto ambiental, devem nortear permanentemente as decisões das prestadoras;

VII - aos entes federados compete promover a conciliação entre as normas ambientais, de ordenamento territorial e de telecomunicações;

VIII - a atuação dos Estados, dos Municípios e do Distrito Federal não deve comprometer as condições e os prazos impostos ou contratados pela União em relação a qualquer serviço de telecomunicações de interesse coletivo.

CAPÍTULO II
DA INSTALAÇÃO DE INFRAESTRUTURA E DE REDES DE TELECOMUNICAÇÕES

ART. 5º O licenciamento para a instalação de infraestrutura e de redes de telecomunicações em área urbana obedecerá ao disposto nesta Lei e será pautado pelos seguintes princípios:

I - razoabilidade e proporcionalidade;

II - eficiência e celeridade;

III - integração e complementaridade entre as atividades de instalação de infraestrutura de suporte e de urbanização;

IV - redução do impacto paisagístico da infraestrutura de telecomunicações, sempre que tecnicamente possível e economicamente viável.

ART. 6º A instalação de infraestrutura de rede de telecomunicações em área urbana não poderá:

I - obstruir a circulação de veículos, pedestres ou ciclistas;

II - contrariar parâmetros urbanísticos e paisagísticos aprovados para a área;

III - prejudicar o uso de praças e parques;

IV - prejudicar a visibilidade dos motoristas que circulem em via pública ou interferir na visibilidade da sinalização de trânsito;

V - danificar, impedir acesso ou inviabilizar a manutenção, o funcionamento e a instalação de infraestrutura de outros serviços públicos;

VI - pôr em risco a segurança de terceiros e de edificações vizinhas;

VII - desrespeitar as normas relativas à Zona de Proteção de Aeródromo, à Zona de Proteção de Heliponto, à Zona de Proteção de Auxílios à Navegação Aérea e à Zona de Proteção de Procedimentos de Navegação Aérea, editadas pelo Comando da Aeronáutica.

ART. 7º As licenças necessárias para a instalação de infraestrutura de suporte em área urbana serão expedidas mediante procedimento simplificado, sem prejuízo da manifestação dos diversos órgãos competentes no decorrer da tramitação do processo administrativo.

§ 1º O prazo para emissão de qualquer licença referida no *caput* não poderá ser superior a 60 (sessenta) dias, contados da data de apresentação do requerimento.

§ 2º O requerimento de que trata o § 1º será único e dirigido a um único órgão ou entidade em cada ente federado.

§ 3º O prazo previsto no § 1º será contado de forma comum nos casos em que for exigida manifestação de mais de um órgão ou entidade de um mesmo ente federado.

§ 4º O órgão ou entidade de que trata o § 2º poderá exigir, uma única vez, esclarecimentos, complementação de informações ou a realização de alterações no projeto original, respeitado o prazo previsto no § 1º.

§ 5º O prazo previsto no § 1º ficará suspenso entre a data da notificação da exigência a que se refere o § 4º e a data da apresentação dos esclarecimentos, das informações ou das alterações pela solicitante.

§ 6º Nas hipóteses de utilização de mecanismos de consulta ou audiência públicas, nos processos a que se refere o *caput*, o prazo previsto no § lo deste artigo não será postergado por mais de 15 (quinze) dias.

§ 7º O prazo de vigência das licenças referidas no *caput* não será inferior a 10 (dez) anos e poderá ser renovado por iguais períodos.

§ 8º Será dispensada de novo licenciamento a infraestrutura de suporte a estação transmissora de radiocomunicação por ocasião da alteração de características técnicas decorrente de processo de remanejamento, substituição ou modernização tecnológica, nos termos da regulamentação.

§ 9º Será dispensada de novo licenciamento a infraestrutura de suporte a estação transmissora de radiocomunicação com padrões e características técnicas equiparadas a anteriores já licenciadas, nos termos da regulamentação da Agência Nacional de Telecomunicações (Anatel).

§ 10. O processo de licenciamento ambiental, quando for necessário, ocorrerá de maneira integrada ao procedimento de licenciamento indicado neste artigo.

ART. 8º Os órgãos competentes não poderão impor condições ou vedações que impeçam a prestação de serviços de telecomunicações de interesse coletivo, nos termos da legislação vigente.

Parágrafo único. Eventuais condicionamentos impostos pelas autoridades competentes na instalação de infraestrutura de suporte não poderão provocar condições não isonômicas de competição e de prestação de serviços de telecomunicações.

ART. 9º O Conselho Nacional do Meio Ambiente (Conama) disciplinará o procedimento de licenciamento ambiental a que se refere o § 10 do art. 7º.

ART. 10. A instalação, em área urbana, de infraestrutura de redes de telecomunicações de pequeno porte, conforme definido em regulamentação específica, prescindirá da emissão das licenças previstas no art. 7º.

ART. 11. Sem prejuízo de eventual direito de regresso, a responsabilidade pela conformidade técnica da infraestrutura de redes de telecomunicações será da detentora daquela infraestrutura.

ART. 12. Não será exigida contraprestação em razão do direito de passagem em vias públicas, em faixas de domínio e em outros bens públicos de uso comum do povo, ainda que esses bens ou instalações sejam explorados por meio de concessão ou outra forma de delegação, excetuadas aquelas cujos contratos decorram de licitações anteriores à data de promulgação desta Lei.

§ 1º O disposto no *caput* não abrange os custos necessários à instalação, à operação, à manutenção e à remoção da infraestrutura e dos equipamentos, que deverão ser arcados pela entidade interessada, e não afeta obrigações indenizatórias decorrentes de eventual dano efetivo ou de restrição de uso significativa.

§ 2º O direito de passagem será autorizado pelos órgãos reguladores sob cuja competência estiver a área a ser ocupada ou atravessada.

ART. 13. O órgão regulador competente, na forma do regulamento:

I - estabelecerá os parâmetros técnicos para instalação, operação, manutenção e remoção das redes de telecomunicações, incluindo sua infraestrutura de suporte;

II - (Vetado).

CAPÍTULO III
DO COMPARTILHAMENTO DE INFRAESTRUTURA DE TELECOMUNICAÇÕES

ART. 14. É obrigatório o compartilhamento da capacidade excedente da infraestrutura de suporte, exceto quando houver justificado motivo técnico.

§ 1º A obrigação a que se refere o *caput* será observada de forma a não prejudicar o patrimônio urbanístico, histórico, cultural, turístico e paisagístico.

§ 2º As condições sob as quais o compartilhamento poderá ser dispensado serão determinadas em regulamentação específica.

§ 3º A construção e a ocupação de infraestrutura de suporte devem ser planejadas e executadas com vistas a permitir seu compartilhamento pelo maior número possível de prestadoras.

§ 4º O compartilhamento de infraestrutura será realizado de forma não discriminatória e a preços e condições justos e razoáveis, tendo como referência o modelo de custos setorial.

ART. 15. Nos termos da regulamentação da Anatel, as detentoras devem tornar disponíveis, de forma transparente e não discriminatória, às possíveis solicitantes, documentos que descrevam as condições de compartilhamento, incluindo, entre outras, informações técnicas georreferenciadas da infraestrutura disponível e os preços e prazos aplicáveis.

ART. 16. As obras de infraestrutura de interesse público deverão comportar a instalação de infraestrutura para redes de telecomunicações, conforme regulamentação específica.

CAPÍTULO IV
DAS ESTAÇÕES TRANSMISSORAS DE RADIOCOMUNICAÇÃO

ART. 17. A instalação das estações transmissoras de radiocomunicação deve ocorrer com o mínimo de impacto paisagístico, buscando a harmonização estética com a edificação e a integração dos equipamentos à paisagem urbana.

ART. 18. As estações transmissoras de radiocomunicação, incluindo terminais de usuário, deverão atender aos limites de exposição humana aos campos elétricos, magnéticos e eletromagnéticos estabelecidos em lei e na regulamentação específica.

§ 1º A fiscalização do atendimento aos limites legais mencionados no *caput* é de competência do órgão regulador federal de telecomunicações.

§ 2º Os órgãos estaduais, distritais ou municipais deverão oficiar ao órgão regulador federal de telecomunicações no caso de eventuais indícios de irregularidades quanto aos limites legais de exposição humana a campos elétricos, magnéticos e eletromagnéticos.

ART. 19. A avaliação das estações transmissoras de radiocomunicação deve ser efetuada por entidade competente, que elaborará e assinará relatório de conformidade para cada estação analisada, nos termos da regulamentação específica.

§ 1º O relatório de conformidade deve ser publicado na internet e apresentado por seu responsável, sempre que requisitado pelas autoridades competentes.

§ 2º As estações devidamente licenciadas pela Anatel que possuírem relatório de conformidade adequado às exigências legais e regulamentares não poderão ter sua instalação impedida por razões relativas à exposição humana a radiação não ionizante.

ART. 20. Compete às prestadoras e aos poderes públicos federal, estadual, distrital e municipal promover a conscientização da sociedade quanto aos limites de exposição humana aos campos elétricos, magnéticos e eletromagnéticos.

CAPÍTULO V
DA CAPACIDADE DAS ESTAÇÕES

ART. 21. (Vetado).

§ 1º As prestadoras de que trata esta Lei deverão publicar e manter atualizados em sítio de internet próprio ou do órgão regulador federal de telecomunicações, para qualquer interessado, os percentuais de uso da capacidade das estações, conforme regulamentação da Anatel.

§ 2º (Vetado).

ARTS. 22 e **23.** (Vetados).

CAPÍTULO VI
DISPOSIÇÕES FINAIS

ART. 24. Em municípios com população superior a 300.000 (trezentos mil) habitantes, o poder público municipal deverá instituir comissão de natureza consultiva, que contará com a participação de representantes da sociedade civil e de prestadoras de serviços de telecomunicações, cuja finalidade é contribuir para a implementação do disposto nesta Lei no âmbito local.

ART. 25. O descumprimento das obrigações estabelecidas por esta Lei sujeita as prestadoras de serviços de telecomunicações à aplicação das sanções estabelecidas no art. 173 da Lei n. 9.472, de 16 de julho de 1997.

ART. 26. As prestadoras de serviços de telecomunicações deverão disponibilizar informações técnicas e georreferenciadas acerca de sua infraestrutura, de acordo com os parâmetros estabelecidos em regulamentação específica.

Parágrafo único. A regulamentação preverá, entre outros aspectos, o procedimento para acesso às informações pelos entes federados interessados e as condições em que os dados serão disponibilizados a terceiros.

ART. 27. O art. 74 da Lei n. 9.472, de 16 de julho de 1997, passa a vigorar com a seguinte redação:

- Alteração promovida no texto da referida lei.

ART. 28. Os arts. 6º, 10 e 14 da Lei n. 11.934, de 5 de maio de 2009, passam a vigorar com a seguinte redação:

- Alterações promovidas no texto da referida lei.

ART. 29. A construção de edifício público ou privado destinado ao uso coletivo deverá ser executada de modo a dispor de dutos, condutos, caixas de passagem e outras infraestruturas que permitam a passagem de cabos e fibras óticas para a instalação de redes de telecomunicações, nos termos das normas técnicas de edificações.

ART. 30. Os arts. 2º e 3º da Lei n. 10.257, de 10 de julho de 2001, passam a vigorar com a seguinte redação:

- Alterações promovidas no texto da referida lei.

ART. 31. Esta Lei entra em vigor na data de sua publicação.

Brasília, 20 de abril de 2015;
194º da Independência e 127º da República.
DILMA ROUSSEFF

LEI N. 13.123, DE 20 DE MAIO DE 2015

Regulamenta o inciso II do § 1º e o § 4º do art. 225 da Constituição Federal, o Artigo 1, a alínea j do Artigo 8, a alínea c do Artigo 10, o Artigo 15 e os §§ 3º e 4º do Artigo 16 da Convenção sobre Diversidade Biológica, promulgada pelo Decreto n. 2.519, de 16 de março de 1998; dispõe sobre o acesso ao patrimônio genético, sobre a proteção e o acesso ao conhecimento tradicional associado e sobre a repartição de benefícios para conservação e uso sustentável da biodiversidade; revoga a Medida Provisória n. 2.186-16, de 23 de agosto de 2001; e dá outras providências.

- *DOU*, 14.5.2015.
- Vigência: após decorridos 180 dias da data de sua publicação oficial.
- Art. 225, §§ 1º, II, e 4º, CF.
- Dec. 8.772/2016 (Regulamenta esta lei).
- Dec. 2.519/1998 (Promulga a Convenção sobre Diversidade Biológica, assinada no Rio de Janeiro, em 05.06.1992).

A Presidenta da República. Faço saber que o Congresso Nacional decreta e eu sanciono a seguinte Lei:

CAPÍTULO I
DISPOSIÇÕES GERAIS

ART. 1º Esta Lei dispõe sobre bens, direitos e obrigações relativos:

I - ao acesso ao patrimônio genético do País, bem de uso comum do povo encontrado em condições *in situ*, inclusive as espécies domesticadas e populações espontâneas, ou mantido em condições *ex situ*, desde que encontrado em condições *in situ* no território nacional, na plataforma continental, no mar territorial e na zona econômica exclusiva;

II - ao conhecimento tradicional associado ao patrimônio genético, relevante à conservação da diversidade biológica, à integridade do patrimônio genético do País e à utilização de seus componentes;

III - ao acesso à tecnologia e à transferência de tecnologia para a conservação e a utilização da diversidade biológica;

IV - à exploração econômica de produto acabado ou material reprodutivo oriundo de acesso ao patrimônio genético ou ao conhecimento tradicional associado;

V - à repartição justa e equitativa dos benefícios derivados da exploração econômica de produto acabado ou material reprodutivo oriundo de acesso ao patrimônio genético ou ao conhecimento tradicional associado, para conservação e uso sustentável da biodiversidade;

VI - à remessa para o exterior de parte ou do todo de organismos, vivos ou mortos, de espécies animais, vegetais, microbianas ou de outra natureza, que se destine ao acesso ao patrimônio genético; e

VII - à implementação de tratados internacionais sobre o patrimônio genético ou o conhecimento tradicional associado aprovados pelo Congresso Nacional e promulgados.

§ 1º O acesso ao patrimônio genético ou ao conhecimento tradicional associado será efetuado sem prejuízo dos direitos de propriedade material ou imaterial que incidam sobre o patrimônio genético ou sobre o conhecimento tradicional associado acessado ou sobre o local de sua ocorrência.

§ 2º O acesso ao patrimônio genético existente na plataforma continental observará o disposto na Lei n. 8.617, de 4 de janeiro de 1993.

ART. 2º Além dos conceitos e das definições constantes da Convenção sobre Diversidade Biológica - CDB, promulgada pelo Decreto n. 2.519, de 16 de março de 1998, consideram-se para os fins desta Lei:

I - patrimônio genético - informação de origem genética de espécies vegetais, animais, microbianas ou espécies de outra natureza, incluindo substâncias oriundas do metabolismo destes seres vivos;

II - conhecimento tradicional associado - informação ou prática de população indígena, comunidade tradicional ou agricultor tradicional sobre as propriedades ou usos diretos ou indiretos associada ao patrimônio genético;

III - conhecimento tradicional associado de origem não identificável - conhecimento tradicional associado em que não há a possibilidade de vincular a sua origem a, pelo menos, uma população indígena, comunidade tradicional ou agricultor tradicional;

IV - comunidade tradicional - grupo culturalmente diferenciado que se reconhece como tal, possui forma própria de organização social e ocupa e usa territórios e recursos naturais como condição para a sua reprodução cultural, social, religiosa, ancestral e econômica, utilizando conhecimentos, inovações e práticas geradas e transmitidas pela tradição;

V - provedor de conhecimento tradicional associado - população indígena, comunidade tradicional ou agricultor tradicional que detém e fornece a informação sobre conhecimento tradicional associado para o acesso;

VI - consentimento prévio informado - consentimento formal, previamente concedido por população indígena ou comunidade tradicional segundo os seus usos, costumes e tradições ou protocolos comunitários;

VII - protocolo comunitário - norma procedimental das populações indígenas, comunidades tradicionais ou agricultores tradicionais que estabelece, segundo seus usos, costumes e tradições, os mecanismos para o acesso ao conhecimento tradicional associado e a repartição de benefícios de que trata esta Lei;

VIII - acesso ao patrimônio genético - pesquisa ou desenvolvimento tecnológico realizado sobre amostra de patrimônio genético;

IX - acesso ao conhecimento tradicional associado - pesquisa ou desenvolvimento tecnológico realizado sobre conhecimento tradicional associado ao patrimônio genético que possibilite ou facilite o acesso ao patrimônio genético, ainda que obtido de fontes secundárias tais como feiras, publicações, inventários, filmes, artigos científicos, cadastros e outras formas de sistematização e registro de conhecimentos tradicionais associados;

X - pesquisa - atividade, experimental ou teórica, realizada sobre o patrimônio genético ou conhecimento tradicional associado, com o objetivo de produzir novos conhecimentos, por meio de um processo sistemático de construção do conhecimento que gera e testa hipóteses e teorias, descreve e interpreta os fundamentos de fenômenos e fatos observáveis;

XI - desenvolvimento tecnológico - trabalho sistemático sobre o patrimônio genético ou sobre o conhecimento tradicional associado, baseado nos procedimentos existentes, obtidos pela pesquisa ou pela experiência prática, realizado com o objetivo de desenvolver novos materiais, produtos ou dispositivos, aperfeiçoar ou desenvolver novos processos para exploração econômica;

XII - cadastro de acesso ou remessa de patrimônio genético ou de conhecimento tradicional associado - instrumento declaratório obrigatório das atividades de acesso ou remessa de patrimônio genético ou de conhecimento tradicional associado;

XIII - remessa - transferência de amostra de patrimônio genético para instituição localizada fora do País com a finalidade de acesso, na qual a responsabilidade sobre a amostra é transferida para a destinatária;

XIV - autorização de acesso ou remessa - ato administrativo que permite, sob condições específicas, o acesso ao patrimônio genético ou ao conhecimento tradicional associado e a remessa de patrimônio genético;

XV - usuário - pessoa natural ou jurídica que realiza acesso a patrimônio genético ou conhecimento tradicional associado ou explora economicamente produto acabado ou material reprodutivo oriundo de acesso ao patrimônio genético ou ao conhecimento tradicional associado;

XVI - produto acabado - produto cuja natureza não requer nenhum tipo de processo produtivo adicional, oriundo de acesso ao patrimônio genético ou ao conhecimento tradicional associado, no qual o componente do patrimônio genético ou do conhecimento tradicional associado seja um dos elementos principais de agregação de valor ao produto, estando apto à utilização pelo consumidor final, seja este pessoa natural ou jurídica;

XVII - produto intermediário - produto cuja natureza é a utilização em cadeia produtiva, que o agregará em seu processo produtivo, na condição de insumo, excipiente e matéria-prima, para o desenvolvimento de outro produto intermediário ou de produto acabado;

XVIII - elementos principais de agregação de valor ao produto - elementos cuja presença no produto acabado é determinante para a existência das características funcionais ou para a formação do apelo mercadológico;

XIX - notificação de produto - instrumento declaratório que antecede o início da atividade de exploração econômica de produto acabado ou material reprodutivo oriundo de acesso ao patrimônio genético ou ao conhecimento tradicional associado, no qual o usuário declara o cumprimento dos requisitos desta Lei e indica a modalidade de repartição de benefícios, quando aplicável, a ser estabelecida no acordo de repartição de benefícios;

XX - acordo de repartição de benefícios - instrumento jurídico que qualifica as partes, o objeto e as condições para repartição de benefícios;

XXI - acordo setorial - ato de natureza contratual firmado entre o poder público e usuários, tendo em vista a repartição justa e equitativa dos benefícios decorrentes da exploração econômica oriunda de acesso ao patrimônio genético ou ao conhecimento tradicional associado de origem não identificável;

XXII - atestado de regularidade de acesso - ato administrativo pelo qual o órgão competente declara que o acesso ao patrimônio genético ou ao conhecimento tradicional associado cumpriu os requisitos desta Lei;

XXIII - termo de transferência de material - instrumento firmado entre remetente e destinatário para remessa ao exterior de uma ou mais amostras contendo patrimônio genético acessado ou disponível para acesso, que indica, quando for o caso, se houve acesso a conhecimento tradicional associado e que estabelece o compromisso de repartição de benefícios de acordo com as regras previstas nesta Lei;

XXIV - atividades agrícolas - atividades de produção, processamento e comercialização de alimentos, bebidas, fibras, energia e florestas plantadas;

XXV - condições *in situ* - condições em que o patrimônio genético existe em ecossistemas e *habitats* naturais e, no caso de espécies domesticadas ou cultivadas, nos meios onde naturalmente tenham desenvolvido suas características distintivas próprias, incluindo as que formem populações espontâneas;

XXVI - espécie domesticada ou cultivada - espécie em cujo processo de evolução influiu o ser humano para atender suas necessidades;

XXVII - condições *ex situ* - condições em que o patrimônio genético é mantido fora de seu *habitat* natural;

XXVIII - população espontânea - população de espécies introduzidas no território nacional, ainda que domesticadas, capazes de se autoperpetuarem naturalmente nos ecossistemas e *habitats* brasileiros;

XXIX - material reprodutivo - material de propagação vegetal ou de reprodução animal de qualquer gênero, espécie ou cultivo proveniente de reprodução sexuada ou assexuada;

XXX - envio de amostra - envio de amostra que contenha patrimônio genético para a prestação de serviços no exterior como parte de pesquisa ou desenvolvimento tecnológico na qual a responsabilidade sobre a amostra é de quem realiza o acesso no Brasil;

XXXI - agricultor tradicional - pessoa natural que utiliza variedades tradicionais locais ou crioulas ou raças localmente adaptadas ou crioulas e mantém e conserva a diversidade genética, incluído o agricultor familiar;

XXXII - variedade tradicional local ou crioula - variedade proveniente de espécie que ocorre em condição *in situ* ou mantida em condição *ex situ*, composta por grupo de plantas dentro de um táxon no nível mais baixo conhecido, com diversidade genética desenvolvida ou adaptada por população indígena, comunidade tradicional ou agricultor tradicional, incluindo seleção natural combinada com seleção humana no ambiente local, que não seja substancialmente semelhante a cultivares comerciais; e

XXXIII - raça localmente adaptada ou crioula - raça proveniente de espécie que ocorre em condição *in situ* ou mantida em condição *ex situ*, representada por grupo de animais com diversidade genética desenvolvida ou adaptada a um determinado nicho ecológico e formada a partir de seleção natural ou seleção realizada adaptada por população indígena, comunidade tradicional ou agricultor tradicional.

Parágrafo único. Considera-se parte do patrimônio genético existente no território nacional, para os efeitos desta Lei, o microrganismo que tenha sido isolado a partir de substratos do território nacional, do mar territorial, da zona econômica exclusiva ou da plataforma continental.

ART. 3º O acesso ao patrimônio genético existente no País ou ao conhecimento tradicional associado para fins de pesquisa ou desenvolvimento tecnológico e a exploração econômica de produto acabado ou material reprodutivo oriundo desse acesso somente serão realizados mediante cadastro, autorização ou notificação, e serão submetidos a fiscalização, restrições e repartição de benefícios nos termos e nas condições estabelecidos nesta Lei e no seu regulamento.

Parágrafo único. São de competência da União a gestão, o controle e a fiscalização das atividades descritas no *caput*, nos termos do disposto no inciso XXIII do *caput* do art. 7º da Lei Complementar n. 140, de 8 de dezembro de 2011.

ART. 4º Esta Lei não se aplica ao patrimônio genético humano.

ART. 5º É vedado o acesso ao patrimônio genético e ao conhecimento tradicional associado para práticas nocivas ao meio ambiente, à reprodução cultural e à saúde humana e para o desenvolvimento de armas biológicas e químicas.

CAPÍTULO II
DAS COMPETÊNCIAS E ATRIBUIÇÕES INSTITUCIONAIS

ART. 6º Fica criado no âmbito do Ministério do Meio Ambiente o Conselho de Gestão do Patrimônio Genético - CGen, órgão colegiado de caráter deliberativo, normativo, consultivo e recursal, responsável por coordenar a elaboração e a implementação de políticas para a gestão do acesso ao patrimônio genético e ao conhecimento tradicional associado e da repartição de benefícios, formado por representação de órgãos e entidades da administração pública federal que detêm competência sobre as diversas ações de que trata esta Lei com participação máxima de 60% (sessenta por cento) e a representação da sociedade civil em no mínimo 40% (quarenta por cento) dos membros, assegurada a paridade entre:

I - setor empresarial;

II - setor acadêmico; e

III - populações indígenas, comunidades tradicionais e agricultores tradicionais.

§ 1º Compete também ao CGen:

I - estabelecer:

a) normas técnicas;

b) diretrizes e critérios para elaboração e cumprimento do acordo de repartição de benefícios;

c) critérios para a criação de banco de dados para o registro de informação sobre patrimônio genético e conhecimento tradicional associado;

II - acompanhar, em articulação com órgãos federais, ou mediante convênio com outras instituições, as atividades de:

a) acesso e remessa de amostra que contenha o patrimônio genético; e

b) acesso a conhecimento tradicional associado;

III - deliberar sobre:

a) as autorizações de que trata o inciso II do § 3º do art. 13;

b) o credenciamento de instituição nacional que mantém coleção *ex situ* de amostras que contenham o patrimônio genético; e

c) o credenciamento de instituição nacional para ser responsável pela criação e manutenção da base de dados de que trata o inciso IX;

IV - atestar a regularidade do acesso ao patrimônio genético ou ao conhecimento tradicional associado de que trata o Capítulo IV desta Lei;

V - registrar o recebimento da notificação do produto acabado ou material reprodutivo e a apresentação do acordo de repartição de benefícios, nos termos do art. 16;

VI - promover debates e consultas públicas sobre os temas de que trata esta Lei;

VII - funcionar como instância superior de recurso em relação à decisão de instituição credenciada e aos atos decorrentes da aplicação desta Lei, na forma do regulamento;

VIII - estabelecer diretrizes para aplicação dos recursos destinados ao Fundo Nacional para a Repartição de Benefícios - FNRB, previsto no art. 30, a título de repartição de benefícios;

IX - criar e manter base de dados relativos:

a) aos cadastros de acesso ao patrimônio genético ou ao conhecimento tradicional associado e de remessa;

b) às autorizações de acesso ao patrimônio genético ou ao conhecimento tradicional associado e de remessa;

c) aos instrumentos e termos de transferência de material;

d) às coleções *ex situ* das instituições credenciadas que contenham amostras de patrimônio genético;

e) às notificações de produto acabado ou material reprodutivo;

f) aos acordos de repartição de benefícios;

g) aos atestados de regularidade de acesso;

X - cientificar órgãos federais de proteção dos direitos de populações indígenas e comunidades tradicionais sobre o registro em cadastro de acesso a conhecimentos tradicionais associados;

XI - (Vetado); e

XII - aprovar seu regimento interno.

§ 2º Regulamento disporá sobre a composição e o funcionamento do CGen.

§ 3º O CGen criará Câmaras Temáticas e Setoriais, com a participação paritária do Governo e da sociedade civil, sendo esta representada pelos setores empresarial, acadêmico e representantes das populações indígenas, comunidades tradicionais e agricultores tradicionais, para subsidiar as decisões do plenário.

ART. 7º A administração pública federal disponibilizará ao CGen, na forma do regulamento, as informações necessárias para a rastreabilidade das atividades decorrentes de acesso ao patrimônio genético ou ao conhecimento tradicional associado, inclusive as relativas à exploração econômica oriunda desse acesso.

CAPÍTULO III
DO CONHECIMENTO TRADICIONAL ASSOCIADO

ART. 8º Ficam protegidos por esta Lei os conhecimentos tradicionais associados ao patrimônio genético de populações indígenas, de comunidade tradicional ou de agricultor tradicional contra a utilização e exploração ilícita.

§ 1º O Estado reconhece o direito de populações indígenas, de comunidades tradicionais e de agricultores tradicionais de participar da tomada de decisões, no âmbito nacional, sobre assuntos relacionados à conservação e ao uso sustentável de seus conhecimentos tradicionais associados ao patrimônio genético do País, nos termos desta Lei e do seu regulamento.

§ 2º O conhecimento tradicional associado ao patrimônio genético de que trata esta Lei integra o patrimônio cultural brasileiro e poderá ser depositado em banco de dados, conforme dispuser o CGen ou legislação específica.

§ 3º São formas de reconhecimento dos conhecimentos tradicionais associados, entre outras:

I - publicações científicas;

II - registros em cadastros ou bancos de dados; ou

III - inventários culturais.

§ 4º O intercâmbio e a difusão de patrimônio genético e de conhecimento tradicional associado praticados entre si por populações indígenas, comunidade tradicional ou agricultor tradicional para seu próprio benefício e baseados em seus usos, costumes e tradições são isentos das obrigações desta Lei.

ART. 9º O acesso ao conhecimento tradicional associado de origem identificável está condicionado à obtenção do consentimento prévio informado.

§ 1º A comprovação do consentimento prévio informado poderá ocorrer, a critério da população indígena, da comunidade tradicional ou do agricultor tradicional, pelos seguintes instrumentos, na forma do regulamento:

I - assinatura de termo de consentimento prévio;

II - registro audiovisual do consentimento;

III - parecer do órgão oficial competente; ou

IV - adesão na forma prevista em protocolo comunitário.

§ 2º O acesso a conhecimento tradicional associado de origem não identificável independe de consentimento prévio informado.

§ 3º O acesso ao patrimônio genético de variedade tradicional local ou crioula ou à raça localmente adaptada ou crioula para atividades agrícolas compreende o acesso ao conhecimento tradicional associado não identificável que deu origem à variedade ou à raça e não depende do consentimento prévio da população indígena, da comunidade tradicional ou do agricultor tradicional que cria, desenvolve, detém ou conserva a variedade ou a raça.

ART. 10. Às populações indígenas, às comunidades tradicionais e aos agricultores tradicionais que criam, desenvolvem, detêm ou conservam conhecimento tradicional associado são garantidos os direitos de:

I - ter reconhecida sua contribuição para o desenvolvimento e conservação de patrimônio genético, em qualquer forma de publicação, utilização, exploração e divulgação;

II - ter indicada a origem do acesso ao conhecimento tradicional associado em todas as publicações, utilizações, explorações e divulgações;

III - perceber benefícios pela exploração econômica por terceiros, direta ou indiretamente, de conhecimento tradicional associado, nos termos desta Lei;

IV - participar do processo de tomada de decisão sobre assuntos relacionados ao acesso a conhecimento tradicional associado e à repartição de benefícios decorrente desse acesso, na forma do regulamento;

V - usar ou vender livremente produtos que contenham patrimônio genético ou conhecimento tradicional associado, observados os dispositivos das Leis n. 9.456, de 25 de abril de 1997, e 10.711, de 5 de agosto de 2003; e

VI - conservar, manejar, guardar, produzir, trocar, desenvolver, melhorar material reprodutivo que contenha patrimônio genético ou conhecimento tradicional associado.

§ 1º Para os fins desta Lei, qualquer conhecimento tradicional associado ao patrimônio genético será considerado de natureza coletiva, ainda que apenas um indivíduo de população indígena ou de comunidade tradicional o detenha.

§ 2º O patrimônio genético mantido em coleções *ex situ* em instituições nacionais geridas com recursos públicos e as informações a ele associadas poderão ser acessados pelas populações indígenas, pelas comunidades tradicionais e pelos agricultores tradicionais, na forma do regulamento.

CAPÍTULO IV
DO ACESSO, DA REMESSA E DA EXPLORAÇÃO ECONÔMICA

ART. 11. Ficam sujeitas às exigências desta Lei as seguintes atividades:

I - acesso ao patrimônio genético ou ao conhecimento tradicional associado;

II - remessa para o exterior de amostras de patrimônio genético; e

III - exploração econômica de produto acabado ou material reprodutivo oriundo de acesso ao patrimônio genético ou ao conhecimento tradicional associado realizado após a vigência desta Lei.

§ 1º É vedado o acesso ao patrimônio genético ou ao conhecimento tradicional associado por pessoa natural estrangeira.

§ 2º A remessa para o exterior de amostra de patrimônio genético depende de assinatura do termo de transferência de material, na forma prevista pelo CGen.

ART. 12. Deverão ser cadastradas as seguintes atividades:

I - acesso ao patrimônio genético ou ao conhecimento tradicional associado dentro do País realizado por pessoa natural ou jurídica nacional, pública ou privada;

II - acesso ao patrimônio genético ou conhecimento tradicional associado por pessoa jurídica sediada no exterior associada a instituição nacional de pesquisa científica e tecnológica, pública ou privada;

III - acesso ao patrimônio genético ou ao conhecimento tradicional associado realizado no exterior por pessoa natural ou jurídica nacional, pública ou privada;

IV - remessa de amostra de patrimônio genético para o exterior com a finalidade de acesso, nas hipóteses dos incisos II e III deste *caput*; e

V - envio de amostra que contenha patrimônio genético por pessoa jurídica nacional, pública ou privada, para prestação de serviços no exterior como parte de pesquisa ou desenvolvimento tecnológico.

§ 1º O cadastro de que trata este artigo terá seu funcionamento definido em regulamento.

§ 2º O cadastramento deverá ser realizado previamente à remessa, ou ao requerimento de qualquer direito de propriedade intelectual, ou à comercialização do produto intermediário, ou à divulgação dos resultados, finais ou parciais, em meios científicos ou de comunicação, ou à notificação de produto acabado ou material reprodutivo desenvolvido em decorrência do acesso.

§ 3º São públicas as informações constantes do banco de dados de que trata o inciso IX do § 1º do art. 6º, ressalvadas aquelas que possam prejudicar as atividades de pesquisa ou desenvolvimento científico ou tecnológico ou as atividades comerciais de terceiros, podendo ser estas informações disponibilizadas mediante autorização do usuário.

ART. 13. As seguintes atividades poderão, a critério da União, ser realizadas mediante autorização prévia, na forma do regulamento:

I - acesso ao patrimônio genético ou ao conhecimento tradicional associado em área indispensável à segurança nacional, que se dará após anuência do Conselho de Defesa Nacional;

II - acesso ao patrimônio genético ou ao conhecimento tradicional associado em águas jurisdicionais brasileiras, na plataforma continental e na zona econômica exclusiva, que se dará após anuência da autoridade marítima.

§ 1º As autorizações de acesso e de remessa podem ser requeridas em conjunto ou isoladamente.

§ 2º A autorização de remessa de amostra de patrimônio genético para o exterior transfere a responsabilidade da amostra ou do material remetido para a destinatária.

§§ 3º e 4º (Vetados.)

ART. 14. A conservação *ex situ* de amostra do patrimônio genético encontrado na condição *in situ* deverá ser preferencialmente realizada no território nacional.

ART. 15. A autorização ou o cadastro para remessa de amostra do patrimônio genético para o exterior depende da informação do uso pretendido, observados os requisitos do regulamento.

ART. 16. Para a exploração econômica de produto acabado ou material reprodutivo oriundo de acesso ao patrimônio genético ou ao conhecimento tradicional associado serão exigidas:

I - a notificação do produto acabado ou do material reprodutivo ao CGen; e

II - a apresentação do acordo de repartição de benefícios, ressalvado o disposto no § 5º do art. 17 e no § 4º do art. 25.

§ 1º A modalidade de repartição de benefícios, monetária ou não monetária, deverá ser indicada no momento da notificação do produto acabado ou material reprodutivo oriundo do acesso ao patrimônio genético ou ao conhecimento tradicional associado.

§ 2º O acordo de repartição de benefícios deve ser apresentado em até 365 (trezentos e sessenta e cinco) dias a partir do momento da notificação do produto acabado ou do material reprodutivo, na forma prevista no Capítulo V desta Lei, ressalvados os casos que envolverem conhecimentos tradicionais associados de origem identificável.

CAPÍTULO V
DA REPARTIÇÃO DE BENEFÍCIOS

ART. 17. Os benefícios resultantes da exploração econômica de produto acabado ou de material reprodutivo oriundo de acesso ao patrimônio genético de espécies encontradas em condições *in situ* ou ao conhecimento tradicional associado, ainda que produzido fora do País, serão repartidos, de forma justa e equitativa, sendo que no caso do produto acabado o componente do patrimônio genético ou do conhecimento tradicional associado deve ser um dos elementos principais de agregação de valor, em conformidade ao que estabelece esta Lei.

§ 1º Estará sujeito à repartição de benefícios exclusivamente o fabricante do produto acabado ou o produtor do material reprodutivo, independentemente de quem tenha realizado o acesso anteriormente.

§ 2º Os fabricantes de produtos intermediários e desenvolvedores de processos oriundos de acesso ao patrimônio genético ou ao conhecimento tradicional associado ao longo da cadeia produtiva estarão isentos da obrigação de repartição de benefícios.

§ 3º Quando um único produto acabado ou material reprodutivo for o resultado de acessos distintos, estes não serão considerados cumulativamente para o cálculo da repartição de benefícios.

§ 4º As operações de licenciamento, transferência ou permissão de utilização de qualquer forma de direito de propriedade intelectual sobre produto acabado, processo ou material reprodutivo oriundo do acesso ao patrimônio genético ou ao conhecimento tradicional associado por terceiros são caracterizadas como exploração econômica isenta da obrigação de repartição de benefícios.

§ 5º Ficam isentos da obrigação de repartição de benefícios, nos termos do regulamento:

I - as microempresas, as empresas de pequeno porte, os microempreendedores individuais, conforme disposto na Lei Complementar n. 123, de 14 de dezembro de 2006; e

II - os agricultores tradicionais e suas cooperativas, com receita bruta anual igual ou inferior ao limite máximo estabelecido no inciso II do art. 3º da Lei Complementar n. 123, de 14 de dezembro de 2006.

§ 6º No caso de acesso ao conhecimento tradicional associado pelas pessoas previstas no § 5º, os detentores desse conhecimento serão beneficiados nos termos do art. 33.

§ 7º Caso o produto acabado ou o material reprodutivo não tenha sido produzido no Brasil, o importador, subsidiária, controlada, coligada, vinculada ou representante comercial do produtor estrangeiro em território nacional ou em território de países com os quais o Brasil mantiver acordo com este fim responde solidariamente com o fabricante do produto acabado ou do material reprodutivo pela repartição de benefícios.

§ 8º Na ausência de acesso a informações essenciais à determinação da base de cálculo de repartição de benefícios em tempo adequado, nos casos a que se refere o § 7º, a União arbitrará o valor da base de cálculo de acordo com a melhor informação disponível, considerando o percentual previsto nesta Lei ou em acordo setorial, garantido o contraditório.

§ 9º A União estabelecerá por decreto a Lista de Classificação de Repartição de Benefícios, com base na Nomenclatura Comum do Mercosul - NCM.

§ 10. (Vetado.)

ART. 18. Os benefícios resultantes da exploração econômica de produto oriundo de acesso ao patrimônio genético ou ao conhecimento tradicional associado para atividades agrícolas serão repartidos sobre a comercialização do material reprodutivo, ainda que o acesso ou a exploração econômica dê-se por meio de pessoa física ou jurídica subsidiária, controlada, coligada, contratada, terceirizada ou vinculada, respeitado o disposto no § 7º do art. 17.

§ 1º A repartição de benefícios, prevista no *caput*, deverá ser aplicada ao último elo da cadeia produtiva de material reprodutivo, ficando isentos os demais elos.

§ 2º No caso de exploração econômica de material reprodutivo oriundo de acesso a patrimônio genético ou a conhecimento tradicional associado para fins de atividades agrícolas e destinado exclusivamente à geração de produtos acabados nas cadeias produtivas que não envolvam atividade agrícola, a repartição de benefícios ocorrerá somente sobre a exploração econômica do produto acabado.

§ 3º Fica isenta da repartição de benefícios a exploração econômica de produto acabado ou de material reprodutivo oriundo do acesso ao patrimônio genético de espécies introduzidas no território nacional pela ação humana, ainda que domesticadas, exceto:

I - as que formem populações espontâneas que tenham adquirido características distintivas próprias no País; e

II - variedade tradicional local ou crioula ou a raça localmente adaptada ou crioula.

ART. 19. A repartição de benefícios decorrente da exploração econômica de produto acabado ou material reprodutivo oriundo de acesso ao patrimônio genético ou ao conhecimento tradicional associado poderá constituir-se nas seguintes modalidades:

I - monetária; ou

II - não monetária, incluindo, entre outras:

a) projetos para conservação ou uso sustentável de biodiversidade ou para proteção e manutenção de conhecimentos, inovações ou práticas de populações indígenas, de comunidades tradicionais ou de agricultores tradicionais, preferencialmente no local de ocorrência da espécie em condição *in situ* ou de obtenção da amostra quando não se puder especificar o local original;

b) transferência de tecnologias;

c) disponibilização em domínio público de produto, sem proteção por direito de propriedade intelectual ou restrição tecnológica;

d) licenciamento de produtos livre de ônus;

e) capacitação de recursos humanos em temas relacionados à conservação e uso sustentável do patrimônio genético ou do conhecimento tradicional associado; e

f) distribuição gratuita de produtos em programas de interesse social.

§ 1º No caso de acesso a patrimônio genético fica a critério do usuário a opção por uma das modalidades de repartição de benefícios previstas no *caput*.

§ 2º Ato do Poder Executivo disciplinará a forma de repartição de benefícios da modalidade não monetária nos casos de acesso a patrimônio genético.

§ 3º A repartição de benefícios não monetária correspondente a transferência de tecnologia poderá realizar-se, dentre outras formas, mediante:

I - participação na pesquisa e desenvolvimento tecnológico;

II - intercâmbio de informações;

III - intercâmbio de recursos humanos, materiais ou tecnologia entre instituição nacional de pesquisa científica e tecnológica, pública ou privada, e instituição de pesquisa sediada no exterior;

IV - consolidação de infraestrutura de pesquisa e de desenvolvimento tecnológico; e

V - estabelecimento de empreendimento conjunto de base tecnológica.

§ 4º (Vetado.)

ART. 20. Quando a modalidade escolhida for a repartição de benefícios monetária decorrente da exploração econômica de produto acabado ou de material reprodutivo oriundo de acesso ao patrimônio genético, será devida uma parcela de 1% (um por cento) da receita líquida anual obtida com a exploração econômica, ressalvada a hipótese de redução para até 0,1 (um décimo) por acordo setorial previsto no art. 21.

ART. 21. Com o fim de garantir a competitividade do setor contemplado, a União poderá, a pedido do interessado, conforme o regulamento, celebrar acordo setorial que permita reduzir o valor da repartição de benefícios monetária para até 0,1% (um décimo por cento) da receita líquida anual obtida com a exploração econômica do produto acabado ou do material reprodutivo oriundo de acesso ao patrimônio genético ou ao conhecimento tradicional associado de origem não identificável.

Parágrafo único. Para subsidiar a celebração de acordo setorial, os órgãos oficiais de defesa dos direitos de populações indígenas e de comunidades tradicionais poderão ser ouvidos, nos termos do regulamento.

ART. 22. Nas modalidades de repartição de benefícios não monetárias correspondentes às alíneas *a*, *e* e *f* do inciso II do *caput* do art. 19, a repartição de benefícios deverá ser equivalente a 75% (setenta e cinco por cento) do previsto para a modalidade monetária, conforme os critérios definidos pelo CGen.

Parágrafo único. O CGen poderá delimitar critérios ou parâmetros de resultado ou efetividade que os usuários deverão atender, em substituição ao parâmetro de custo previsto no *caput* para a repartição de benefícios não monetária.

ART. 23. Quando o produto acabado ou o material reprodutivo for oriundo de acesso ao conhecimento tradicional associado de origem não identificável, a repartição decorrente do uso desse conhecimento deverá ser feita na modalidade prevista no inciso I do *caput* do art. 19 e em montante correspondente ao estabelecido nos arts. 20 e 21 desta Lei.

ART. 24. Quando o produto acabado ou o material reprodutivo for oriundo de acesso ao conhecimento tradicional associado que seja de origem identificável, o provedor de conhecimento tradicional associado terá direito de receber benefícios mediante acordo de repartição de benefícios.

§ 1º A repartição entre usuário e provedor será negociada de forma justa e equitativa entre as partes, atendendo a parâmetros de clareza, lealdade e transparência nas cláusulas pactuadas, que deverão indicar condições, obrigações, tipos e duração dos benefícios de curto, médio e longo prazo.

§ 2º A repartição com os demais detentores do mesmo conhecimento tradicional associado dar-se-á na modalidade monetária, realizada por meio do Fundo Nacional para a Repartição de Benefícios - FNRB.

§ 3º A parcela devida pelo usuário para a repartição de benefícios prevista no § 2º, a ser depositada no Fundo Nacional para a Repartição de Benefícios - FNRB, corresponderá à metade daquela prevista no art. 20 desta Lei ou definida em acordo setorial.

§ 4º A repartição de benefícios de que trata o § 3º independe da quantidade de demais detentores do conhecimento tradicional associado acessado.

§ 5º Em qualquer caso, presume-se, de modo absoluto, a existência de demais detentores do mesmo conhecimento tradicional associado.

ART. 25. O acordo de repartição de benefícios deverá indicar e qualificar com clareza as partes, que serão:

I - no caso de exploração econômica de produto acabado ou de material reprodutivo oriundo de acesso a patrimônio genético ou conhecimento tradicional associado de origem não identificável:

a) a União, representada pelo Ministério do Meio Ambiente; e

b) aquele que explora economicamente produto acabado ou material reprodutivo oriundo de acesso ao patrimônio genético ou ao conhecimento tradicional associado de origem não identificável; e

II - no caso de exploração econômica de produto acabado ou de material reprodutivo oriundo de acesso a conhecimento tradicional associado de origem identificável:

a) o provedor de conhecimento tradicional associado; e

b) aquele que explora economicamente produto acabado ou material reprodutivo oriundo de acesso ao conhecimento tradicional associado.

§ 1º Adicionalmente ao Acordo de Repartição de Benefícios, o usuário deverá depositar o valor estipulado no § 3º do art. 24 no Fundo Nacional para a Repartição de Benefícios - FNRB quando explorar economicamente produto acabado ou material reprodutivo oriundo de acesso a conhecimento tradicional associado de origem identificável.

§ 2º No caso de exploração econômica de produto acabado ou de material reprodutivo oriundo de acesso ao patrimônio genético ou ao conhecimento tradicional associado de origem não identificável, poderão ser assinados acordos setoriais com a União com objetivo de repartição de benefícios, conforme regulamento.

§ 3º A repartição de benefícios decorrente da exploração econômica de produto acabado ou de material reprodutivo oriundo de acesso ao conhecimento tradicional associado dispensa o usuário de repartir benefícios referentes ao patrimônio genético.

§ 4º A repartição de benefícios monetária de que trata o inciso I do *caput* poderá, a critério do usuário, ser depositada diretamente no Fundo Nacional para a Repartição de Benefícios - FNRB, sem necessidade de celebração de acordo de repartição de benefícios, na forma do regulamento.

ART. 26. São cláusulas essenciais do acordo de repartição de benefícios, sem prejuízo de outras que venham a ser estabelecidas em regulamento, as que dispõem sobre:

I - produtos objeto de exploração econômica;

II - prazo de duração;

III - modalidade de repartição de benefícios;

IV - direitos e responsabilidades das partes;

V - direito de propriedade intelectual;

VI - rescisão;

VII - penalidades; e

VIII - foro no Brasil.

CAPÍTULO VI
DAS SANÇÕES ADMINISTRATIVAS

ART. 27. Considera-se infração administrativa contra o patrimônio genético ou contra o conhecimento tradicional associado toda ação ou omissão que viole as normas desta Lei, na forma do regulamento.

§ 1º Sem prejuízo das sanções penais e cíveis cabíveis, as infrações administrativas serão punidas com as seguintes sanções:

I - advertência;

II - multa;

III - apreensão:

a) das amostras que contêm o patrimônio genético acessado;

b) dos instrumentos utilizados na obtenção ou no processamento do patrimônio genético ou do conhecimento tradicional associado acessado;

c) dos produtos derivados de acesso ao patrimônio genético ou ao conhecimento tradicional associado; ou

d) dos produtos obtidos a partir de informação sobre conhecimento tradicional associado;

IV - suspensão temporária da fabricação e venda do produto acabado ou do material reprodutivo derivado de acesso ao patrimônio genético ou ao conhecimento tradicional associado até a regularização;

V - embargo da atividade específica relacionada à infração;

VI - interdição parcial ou total do estabelecimento, atividade ou empreendimento;

VII - suspensão de atestado ou autorização de que trata esta Lei; ou

VIII - cancelamento de atestado ou autorização de que trata esta Lei.

§ 2º Para imposição e gradação das sanções administrativas, a autoridade competente observará:

I - a gravidade do fato;

II - os antecedentes do infrator, quanto ao cumprimento da legislação referente ao patrimônio genético e ao conhecimento tradicional associado;

III - a reincidência; e

IV - a situação econômica do infrator, no caso de multa.

§ 3º As sanções previstas no § 1º poderão ser aplicadas cumulativamente.

§ 4º As amostras, os produtos e os instrumentos de que trata o inciso III do § 1º terão sua destinação definida pelo CGen.

§ 5º A multa de que trata o inciso II do § 1º será arbitrada pela autoridade competente, por infração, e pode variar:

I - de R$ 1.000,00 (mil reais) a R$ 100.000,00 (cem mil reais), quando a infração for cometida por pessoa natural; ou

II - de R$ 10.000,00 (dez mil reais) a R$ 10.000.000,00 (dez milhões de reais), quando a infração for cometida por pessoa jurídica, ou com seu concurso.

§ 6º Verifica-se a reincidência quando o agente comete nova infração no prazo de até 5 (cinco) anos contados do trânsito em julgado da decisão administrativa que o tenha condenado por infração anterior.

§ 7º O regulamento disporá sobre o processo administrativo próprio para aplicação das sanções de que trata esta Lei, assegurado o direito a ampla defesa e a contraditório.

ART. 28. Os órgãos federais competentes exercerão a fiscalização, a interceptação e a apreensão de amostras que contêm o patrimônio genético acessado, de produtos ou de material reprodutivo oriundos de acesso ao patrimônio genético ou ao conhecimento tradicional associado, quando o acesso ou a exploração econômica tiver sido em desacordo com as disposições desta Lei e seu regulamento.

ART. 29. (Vetado.)

CAPÍTULO VII
DO FUNDO NACIONAL PARA A REPARTIÇÃO DE BENEFÍCIOS E DO PROGRAMA NACIONAL DE REPARTIÇÃO DE BENEFÍCIOS

ART. 30. Fica instituído o Fundo Nacional para a Repartição de Benefícios - FNRB, de natureza financeira, vinculado ao Ministério do Meio Ambiente, com o objetivo de valorizar o patrimônio genético e os conhecimentos tradicionais associados e promover o seu uso de forma sustentável.

ART. 31. O Poder Executivo disporá em regulamento sobre a composição, organização e funcionamento do Comitê Gestor do FNRB.

Parágrafo único. A gestão de recursos monetários depositados no FNRB destinados a populações indígenas, a comunidades tradicionais e a agricultores tradicionais dar-se-á com a sua participação, na forma do regulamento.

ART. 32. Constituem receitas do FNRB:

I - dotações consignadas na lei orçamentária anual e seus créditos adicionais;

II - doações;

III - valores arrecadados com o pagamento de multas administrativas aplicadas em virtude do descumprimento desta Lei;

IV - recursos financeiros de origem externa decorrentes de contratos, acordos ou convênios, especialmente reservados para as finalidades do Fundo;

V - contribuições feitas por usuários de patrimônio genético ou de conhecimento tradicional associado para o Programa Nacional de Repartição de Benefícios;

VI - valores provenientes da repartição de benefícios; e

LEIS

VII - outras receitas que lhe vierem a ser destinadas.

§ 1º Os recursos monetários depositados no FNRB decorrentes da exploração econômica de produto acabado ou de material reprodutivo oriundo de acesso a conhecimento tradicional associado serão destinados exclusivamente em benefício dos detentores de conhecimentos tradicionais associados.

§ 2º Os recursos monetários depositados no FNRB decorrentes da exploração econômica de produto acabado ou de material reprodutivo oriundo de acesso a patrimônio genético proveniente de coleções *ex situ* serão parcialmente destinados em benefício dessas coleções, na forma do regulamento.

§ 3º O FNRB poderá estabelecer instrumentos de cooperação, inclusive com Estados, Municípios e o Distrito Federal.

ART. 33. Fica instituído o Programa Nacional de Repartição de Benefícios - PNRB, com a finalidade de promover:

I - conservação da diversidade biológica;

II - recuperação, criação e manutenção de coleções *ex situ* de amostra do patrimônio genético;

III - prospecção e capacitação de recursos humanos associados ao uso e à conservação do patrimônio genético ou do conhecimento tradicional associado;

IV - proteção, promoção do uso e valorização dos conhecimentos tradicionais associados;

V - implantação e desenvolvimento de atividades relacionadas ao uso sustentável da diversidade biológica, sua conservação e repartição de benefícios;

VI - fomento a pesquisa e desenvolvimento tecnológico associado ao patrimônio genético e ao conhecimento tradicional associado;

VII - levantamento e inventário do patrimônio genético, considerando a situação e o grau de variação das populações existentes, incluindo aquelas de uso potencial e, quando viável, avaliando qualquer ameaça a elas;

VIII - apoio aos esforços das populações indígenas, das comunidades tradicionais e dos agricultores tradicionais no manejo sustentável e na conservação de patrimônio genético;

IX - conservação das plantas silvestres;

X - desenvolvimento de um sistema eficiente e sustentável de conservação *ex situ* e *in situ* e desenvolvimento e transferência de tecnologias apropriadas para essa finalidade com vistas a melhorar o uso sustentável do patrimônio genético;

XI - monitoramento e manutenção da viabilidade, do grau de variação e da integridade genética das coleções de patrimônio genético;

XII - adoção de medidas para minimizar ou, se possível, eliminar as ameaças ao patrimônio genético;

XIII - desenvolvimento e manutenção dos diversos sistemas de cultivo que favoreçam o uso sustentável do patrimônio genético;

XIV - elaboração e execução dos Planos de Desenvolvimento Sustentável de Populações ou Comunidades Tradicionais; e

▸ Dec. 8.892/2016 (Cria a Comissão Nacional para os Objetivos de Desenvolvimento Sustentável).

XV - outras ações relacionadas ao acesso ao patrimônio genético e aos conhecimentos tradicionais associados, conforme o regulamento.

ART. 34. O PNRB será implementado por meio do FNRB.

CAPÍTULO VIII
DAS DISPOSIÇÕES TRANSITÓRIAS SOBRE A ADEQUAÇÃO E A REGULARIZAÇÃO DE ATIVIDADES

ART. 35. O pedido de autorização ou regularização de acesso e de remessa de patrimônio genético ou de conhecimento tradicional associado ainda em tramitação na data de entrada em vigor desta Lei deverá ser reformulado pelo usuário como pedido de cadastro ou de autorização de acesso ou remessa, conforme o caso.

ART. 36. O prazo para o usuário reformular o pedido de autorização ou regularização de que trata o art. 35 será de 1 (um) ano, contado da data da disponibilização do cadastro pelo CGen.

ART. 37. Deverá adequar-se aos termos desta Lei, no prazo de 1 (um) ano, contado da data da disponibilização do cadastro pelo CGen, o usuário que realizou, a partir de 30 de junho de 2000, as seguintes atividades de acordo com a Medida Provisória n. 2.186-16, de 23 de agosto de 2001:

I - acesso a patrimônio genético ou conhecimento tradicional associado;

II - exploração econômica de produto acabado ou de material reprodutivo oriundo de acesso a patrimônio genético ou ao conhecimento tradicional associado.

Parágrafo único. Para fins do disposto no *caput*, o usuário, observado o art. 44, deverá adotar uma ou mais das seguintes providências, conforme o caso:

I - cadastrar o acesso ao patrimônio genético ou ao conhecimento tradicional associado;

II - notificar o produto acabado ou o material reprodutivo objeto da exploração econômica, nos termos desta Lei; e

III - repartir os benefícios referentes à exploração econômica realizada a partir da data de entrada em vigor desta Lei, nos termos do Capítulo V, exceto quando o tenha feito na forma da Medida Provisória n. 2.186-16, de 23 de agosto de 2001.

ART. 38. Deverá regularizar-se nos termos desta Lei, no prazo de 1 (um) ano, contado da data da disponibilização do Cadastro pelo CGen, o usuário que, entre 30 de junho de 2000 e a data de entrada em vigor desta Lei, realizou as seguintes atividades em desacordo com a legislação em vigor à época:

I - acesso a patrimônio genético ou a conhecimento tradicional associado;

II - acesso e exploração econômica de produto ou processo oriundo do acesso a patrimônio genético ou a conhecimento tradicional associado, de que trata a Medida Provisória n. 2.186-16, de 23 de agosto de 2001;

III - remessa ao exterior de amostra de patrimônio genético; ou

IV - divulgação, transmissão ou retransmissão de dados ou informações que integram ou constituem conhecimento tradicional associado.

§ 1º A regularização de que trata o *caput* está condicionada a assinatura de Termo de Compromisso.

§ 2º Na hipótese de acesso ao patrimônio genético ou ao conhecimento tradicional associado unicamente para fins de pesquisa científica, o usuário estará dispensado de firmar o Termo de Compromisso, regularizando-se por meio de cadastro ou autorização da atividade, conforme o caso.

§ 3º O cadastro e a autorização de que trata o § 2º extinguem a exigibilidade das sanções administrativas previstas na Medida Provisória n. 2.186-16, de 23 de agosto de 2001, e especificadas nos arts. 15 e 20 do Decreto n. 5.459, de 7 de junho de 2005, desde que a infração tenha sido cometida até o dia anterior à data de entrada em vigor desta Lei.

§ 4º Para fins de regularização no Instituto Nacional de Propriedade Industrial - INPI dos pedidos de patentes depositados durante a vigência da Medida Provisória n. 2.186-16, de 23 de agosto de 2001, o requerente deverá apresentar o comprovante de cadastro ou de autorização de que trata este artigo.

ART. 39. O Termo de Compromisso será firmado entre o usuário e a União, representada pelo Ministro de Estado do Meio Ambiente.

Parágrafo único. O Ministro de Estado do Meio Ambiente poderá delegar a competência prevista no *caput*.

ART. 40. O Termo de Compromisso deverá prever, conforme o caso:

I - o cadastro ou a autorização de acesso ou remessa de patrimônio genético ou de conhecimento tradicional associado;

II - a notificação de produto ou processo oriundo do acesso a patrimônio genético ou a conhecimento tradicional associado, de que trata a Medida Provisória n. 2.186-16, de 23 de agosto de 2001; e

III - a repartição de benefícios obtidos, na forma do Capítulo V desta Lei, referente ao tempo em que o produto desenvolvido após 30 de junho de 2000 oriundo de acesso a patrimônio genético ou a conhecimento tradicional associado tiver sido disponibilizado no mercado, no limite de até 5 (cinco) anos anteriores à celebração do Termo de Compromisso, subtraído o tempo de sobrestamento do processo em tramitação no CGen.

ART. 41. A assinatura do Termo de Compromisso suspenderá, em todos os casos:

I - a aplicação das sanções administrativas previstas na Medida Provisória n. 2.186-16, de 23 de agosto de 2001, e especificadas nos arts. 16 a 19 e 21 a 24 do Decreto n. 5.459, de 7 de junho de 2005, desde que a infração tenha sido cometida até o dia anterior à data da entrada em vigor desta Lei; e

II - a exigibilidade das sanções aplicadas com base na Medida Provisória n. 2.186-16, de 23 de agosto de 2001, e nos arts. 16 a 19 e 21 a 24 do Decreto n. 5.459, de 7 de junho de 2005.

§ 1º O Termo de Compromisso de que trata este artigo constitui título executivo extrajudicial.

§ 2º Suspende-se a prescrição durante o período de vigência do Termo de Compromisso.

§ 3º Cumpridas integralmente as obrigações assumidas no Termo de Compromisso, desde que comprovado em parecer técnico emitido pelo Ministério do Meio Ambiente:

I - não se aplicarão as sanções administrativas de que tratam os arts. 16, 17, 18, 21, 22, 23 e 24 do Decreto n. 5.459, de 7 de junho de 2005;

II - as sanções administrativas aplicadas com base nos arts. 16 a 18 do Decreto n. 5.459, de 7 de junho de 2005, terão sua exigibilidade extinta; e

III - os valores das multas aplicadas com base nos arts. 19, 21, 22, 23 e 24 do Decreto n. 5.459, de 7 de junho de 2005, atualizadas monetariamente, serão reduzidos em 90% (noventa por cento) do seu valor.

§ 4º O usuário que tiver iniciado o processo de regularização antes da data de entrada em vigor desta Lei poderá, a seu critério, repartir os benefícios de acordo com os termos da Medida Provisória n. 2.186-16, de 23 de agosto de 2001.

§ 5º O saldo remanescente dos valores de que trata o inciso III do § 3º será convertido, a pedido do usuário, pela autoridade fiscalizadora, em obrigação de executar uma das modalidades de repartição de benefícios não monetária, previstas no inciso II do *caput* do art. 19 desta Lei.

§ 6º As sanções previstas no *caput* terão exigibilidade imediata nas hipóteses de:

I - descumprimento das obrigações previstas no Termo de Compromisso por fato do infrator; ou

II - prática de nova infração administrativa prevista nesta Lei durante o prazo de vigência do Termo de Compromisso.

§ 7º A extinção da exigibilidade da multa não descaracteriza a infração já cometida para fins de reincidência.

ART. 42. Havendo interesse das partes, com o intuito de findar questões controversas e eventuais litígios administrativos ou judiciais, poderão ser aplicadas as regras de regularização ou adequação, conforme a hipótese observada, ainda que para casos anteriores à Medida Provisória n. 2.052, de 29 de junho de 2000.

Parágrafo único. No caso de litígio judicial, respeitadas as regras de regularização ou adequação previstas nesta Lei, a União fica autorizada a:

I - firmar acordo ou transação judicial; ou

II - desistir da ação.

ART. 43. Permanecem válidos os atos e decisões do CGen referentes a atividades de acesso ou de remessa de patrimônio genético ou de conhecimento tradicional associado que geraram produtos ou processos em comercialização no mercado e que já foram objeto de regularização antes da entrada em vigor desta Lei.

§ 1º Caberá ao CGen cadastrar no sistema as autorizações já emitidas.

§ 2º Os acordos de repartição de benefícios celebrados antes da entrada em vigor desta Lei serão válidos pelo prazo neles previstos.

ART. 44. Ficam remitidas as indenizações civis relacionadas a patrimônio genético ou a conhecimento tradicional associado das quais a União seja credora.

ART. 45. O pedido de regularização previsto neste Capítulo autoriza a continuidade da análise de requerimento de direito de propriedade industrial em andamento no órgão competente.

CAPÍTULO IX
DISPOSIÇÕES FINAIS

ART. 46. As atividades realizadas sobre patrimônio genético ou sobre conhecimento tradicional associado que constarem em acordos internacionais aprovados pelo Congresso Nacional e promulgados, quando utilizadas para os fins dos referidos acordos internacionais, deverão ser efetuadas em conformidade com as condições neles definidas, mantidas as exigências deles constantes.

Parágrafo único. A repartição de benefícios prevista no Protocolo de Nagoia não se aplica à exploração econômica, para fins de atividade agrícola, de material reprodutivo de espécies introduzidas no País pela ação humana até a entrada em vigor desse Tratado.

ART. 47. A concessão de direito de propriedade intelectual pelo órgão competente sobre produto acabado ou sobre material reprodutivo obtido a partir de acesso a patrimônio genético ou a conhecimento tradicional associado fica condicionada ao cadastramento ou autorização, nos termos desta Lei.

ART. 48. Ficam extintas, no âmbito do Poder Executivo, Funções Comissionadas Técnicas, criadas pelo art. 58 da Medida Provisória n. 2.229-43, de 6 de setembro de 2001, nos seguintes quantitativos por nível:

I - 33 (trinta e três) FCT-12; e

II - 53 (cinquenta e três) FCT-11.

Parágrafo único. Ficam criados os seguintes cargos em comissão Grupo-Direção e Assessoramento Superiores - DAS, destinados à unidade que exercerá a função de Secretaria Executiva do CGen:

I - 1 (um) DAS-5;

II - 3 (três) DAS-4; e

III - 6 (seis) DAS-3.

ART. 49. Esta Lei entra em vigor após decorridos 180 (cento e oitenta) dias da data de sua publicação oficial.

ART. 50. Fica revogada a Medida Provisória n. 2.186-16, de 23 de agosto de 2001.

Brasília, 20 de maio de 2015; 194º da Independência e 127º da República.

DILMA ROUSSEFF

LEI N. 13.155, DE 4 DE AGOSTO DE 2015

Estabelece princípios e práticas de responsabilidade fiscal e financeira e de gestão transparente e democrática para entidades desportivas profissionais de futebol; institui parcelamentos especiais para recuperação de dívidas pela União, cria a Autoridade Pública de Governança do Futebol - APFUT; dispõe sobre a gestão temerária no âmbito das entidades desportivas profissionais; cria a Loteria Exclusiva - LOTEX; altera as Leis n. 9.615, de 24 de março de 1998, 8.212, de 24 de julho de 1991, 10.671, de 15 de maio de 2003, 10.891, de 9 de julho de 2004, 11.345, de 14 de setembro de 2006, e 11.438, de 29 de dezembro de 2006, e os Decretos-Leis n.3.688, de 3 de outubro de 1941, e 204, de 27 de fevereiro de 1967; revoga a Medida Provisória n. 669, de 26 de fevereiro de 2015; cria programa de iniciação esportiva escolar; e dá outras providências.

- *DOU*, 5.8.2015 - Edição extra.
- Dec. 8.642/2016 (Dispõe sobre Autoridade Pública de Governança do Futebol - Apfut).
- Dec. 9.327/2018 (Regulamenta a Loteria Instantânea Exclusiva, criada por esta lei).

A Presidenta da República. Faço saber que o Congresso Nacional decreta e eu sanciono a seguinte Lei:

ART. 1º Esta Lei de Responsabilidade Fiscal do Esporte - LRFE estabelece princípios e práticas de responsabilidade fiscal e financeira e de gestão transparente e democrática para entidades desportivas profissionais de futebol, cria o Programa de Modernização da Gestão e de Responsabilidade Fiscal do Futebol Brasileiro e dispõe sobre a gestão temerária no âmbito das referidas entidades.

CAPÍTULO I
DO PROGRAMA DE MODERNIZAÇÃO DA GESTÃO E DE RESPONSABILIDADE FISCAL DO FUTEBOL BRASILEIRO - PROFUT

SEÇÃO I
DISPOSIÇÕES GERAIS

ART. 2º Fica criado o Programa de Modernização da Gestão e de Responsabilidade Fiscal do Futebol Brasileiro - Profut, com o objetivo de promover a gestão transparente e democrática e o equilíbrio financeiro das entidades desportivas profissionais de futebol.

Parágrafo único. Para os fins desta Lei, consideram-se entidade desportiva profissional de futebol a entidade de prática desportiva envolvida em competições de atletas profissionais, nos termos dos arts. 26 e 28 da Lei n. 9.615, de 24 de março de 1998, as ligas em que se organizarem e as respectivas entidades de administração de desporto profissional.

ART. 3º A adesão ao Profut dar-se-á com o requerimento das entidades desportivas profissionais de futebol do parcelamento de que trata a Seção II deste Capítulo.

Parágrafo único. Para aderir ao Profut, as entidades desportivas profissionais de futebol deverão apresentar os seguintes documentos:

I - estatuto social ou contrato social e atos de designação e responsabilidade de seus gestores;

II - demonstrações financeiras e contábeis, nos termos da legislação aplicável; e

III - relação das operações de antecipação de receitas realizadas, assinada pelos dirigentes e pelo conselho fiscal.

ART. 4º Para que as entidades desportivas profissionais de futebol mantenham-se no Profut, serão exigidas as seguintes condições:

I - regularidade das obrigações trabalhistas e tributárias federais correntes, vencidas a partir da data de publicação desta Lei, inclusive as retenções legais, na condição de responsável tributário, na forma da lei;

II - fixação do período do mandato de seu presidente ou dirigente máximo e demais cargos eletivos em até quatro anos, permitida uma única recondução;

III - comprovação da existência e autonomia do seu conselho fiscal;

IV - proibição de antecipação ou comprometimento de receitas referentes a períodos posteriores ao término da gestão ou do mandato, salvo:

a) o percentual de até 30% (trinta por cento) das receitas referentes ao 1º (primeiro) ano do mandato subsequente; e

b) em substituição a passivos onerosos, desde que implique redução do nível de endividamento;

V - redução do défice, nos seguintes prazos:

a) a partir de 1º de janeiro de 2017, para até 10% (dez por cento) de sua receita bruta apurada no ano anterior; e

b) a partir de 1º de janeiro de 2019, para até 5% (cinco por cento) de sua receita bruta apurada no ano anterior;

VI - publicação das demonstrações contábeis padronizadas, separadamente, por atividade econômica e por modalidade esportiva, de modo distinto das atividades recreativas e sociais, após terem sido submetidas a auditoria independente;

VII - cumprimento dos contratos e regular pagamento dos encargos relativos a todos os profissionais contratados, referentes a verbas atinentes a salários, de Fundo de Garantia do Tempo de Serviço - FGTS, de contribuições previdenciárias, de pagamento das obrigações contratuais e outras havidas com os atletas e demais funcionários, inclusive direito de imagem, ainda que não guardem relação direta com o salário;

VIII - previsão, em seu estatuto ou contrato social, do afastamento imediato e inelegibilidade, pelo período de, no mínimo, cinco anos, de dirigente ou administrador que praticar ato de gestão irregular ou temerária;

IX - demonstração de que os custos com folha de pagamento e direitos de imagem de atletas profissionais de futebol não superam 80%

(oitenta por cento) da receita bruta anual das atividades do futebol profissional; e

X - manutenção de investimento mínimo na formação de atletas e no futebol feminino e oferta de ingressos a preços populares, mediante a utilização dos recursos provenientes:

a) da remuneração pela cessão de direitos de que trata o inciso I do § 2º do art. 28 desta Lei; e

b) (Vetado).

§ 1º Sem prejuízo do disposto nos incisos I a VIII do *caput* deste artigo, no caso de entidade de administração do desporto, será exigida a representação da categoria de atletas no âmbito dos órgãos e conselhos técnicos incumbidos da aprovação de regulamentos das competições.

§ 2º As entidades deverão publicar, em sítio eletrônico próprio, documentos que atestem o cumprimento do disposto nos incisos I a X do *caput* deste artigo, garantido o sigilo acerca dos valores pagos a atletas e demais profissionais contratados.

§ 3º Para os fins do disposto no inciso III do *caput* deste artigo, será considerado autônomo o conselho fiscal que tenha asseguradas condições de instalação, de funcionamento e de independência, garantidas, no mínimo, por meio das seguintes medidas:

I - escolha de seus membros mediante voto ou outro sistema estabelecido previamente à escolha;

II - exercício de mandato de seus membros, do qual somente possam ser destituídos nas condições estabelecidas previamente ao seu início e determinadas por órgão distinto daquele sob a sua fiscalização; e

III - existência de regimento interno que regule o seu funcionamento.

§ 4º As entidades desportivas profissionais com faturamento anual inferior a uma vez e meia o teto do faturamento da empresa de pequeno porte de que trata o inciso II do art. 3º da Lei Complementar n. 123, de 14 de dezembro de 2006, ficam dispensadas do cumprimento do disposto nos incisos V e IX do *caput* deste artigo e, quanto ao disposto no inciso VI do *caput* deste artigo, ficam autorizadas a contratar contador para o exercício da função de auditor independente.

§ 5º Não constitui descumprimento da condição prevista no inciso VII do *caput* deste artigo a existência de débitos em discussão judicial.

§ 6º As demonstrações contábeis de que trata o inciso VI do *caput* deste artigo deverão explicitar, além de outros valores exigidos pela legislação e pelas normas contábeis, os referentes a:

I - receitas de transmissão e de imagem;

II - receitas de patrocínios, publicidade, luva e marketing;

III - receitas com transferência de atletas;

IV - receitas de bilheteria;

V - receitas e despesas com atividades sociais da entidade;

VI - despesas totais com modalidade desportiva profissional;

VII - despesas com pagamento de direitos econômicos de atletas;

VIII - despesas com pagamento de direitos de imagem de atletas;

IX - despesas com modalidades desportivas não profissionais; e

X - receitas decorrentes de repasses de recursos públicos de qualquer natureza, origem e finalidade.

ART. 5º A entidade de administração do desporto ou liga que organizar competição profissional de futebol deverá:

I - publicar, em sítio eletrônico próprio, sua prestação de contas e demonstrações contábeis padronizadas, após terem sido submetidas a auditoria independente;

II - garantir a representação da categoria de atletas no âmbito dos órgãos e conselhos técnicos incumbidos da aprovação de regulamentos das competições;

III - assegurar a existência e a autonomia do seu conselho fiscal;

IV - estabelecer em seu estatuto ou contrato social:

a) mandato de até quatro anos para seu presidente ou dirigente máximo e demais cargos eletivos, permitida uma única recondução; e

b) a representação da categoria de atletas no âmbito dos órgãos e conselhos técnicos incumbidos da aprovação de regulamentos das competições;

V - prever, em seu regulamento geral de competições, no mínimo, as seguintes sanções para o descumprimento das condições previstas nos incisos I a X do *caput* do art. 4º desta Lei:

a) advertência; e

b) proibição de registro de contrato especial de trabalho desportivo, para os fins do disposto no § 5º do art. 28 da Lei n. 9.615, de 24 de março de 1998.

Parágrafo único. A aplicação das penalidades de que tratam as alíneas *a* e *b* do inciso V do *caput* deste artigo não tem natureza desportiva ou disciplinar e prescinde de decisão prévia da Justiça Desportiva.

SEÇÃO II
DO PARCELAMENTO ESPECIAL DE DÉBITOS DAS ENTIDADES DESPORTIVAS PROFISSIONAIS DE FUTEBOL PERANTE A UNIÃO

SUBSEÇÃO I
DISPOSIÇÕES GERAIS

ART. 6º As entidades desportivas profissionais de futebol que aderirem ao Profut poderão parcelar os débitos na Secretaria da Receita Federal do Brasil do Ministério da Fazenda, na Procuradoria-Geral da Fazenda Nacional e no Banco Central do Brasil, e os débitos previstos na Subseção II, no Ministério do Trabalho e Emprego.

§ 1º O disposto neste artigo aplica-se aos débitos tributários ou não tributários, cujos fatos geradores tenham ocorrido até a data de publicação desta Lei, constituídos ou não, inscritos ou não como dívida ativa, mesmo que em fase de execução fiscal ajuizada, ou que tenham sido objeto de parcelamento anterior, não integralmente quitado, ainda que cancelado por falta de pagamento.

§ 2º O requerimento de parcelamento implica confissão irrevogável e irretratável dos débitos abrangidos pelo parcelamento e configura confissão extrajudicial, podendo a entidade de prática desportiva profissional, a seu critério, não incluir no parcelamento débitos que se encontrem em discussão na esfera administrativa ou judicial, estejam ou não submetidos à causa legal de suspensão de exigibilidade.

§ 3º Para inclusão no parcelamento de que trata este Capítulo de débitos que se encontrem vinculados a discussão administrativa ou judicial, submetidos ou não a hipótese legal de suspensão, o devedor deverá desistir de forma irrevogável, até o prazo final para adesão, de impugnações ou recursos administrativos, de ações judiciais propostas ou de qualquer defesa em sede de execução fiscal e, cumulativamente, renunciar a quaisquer alegações de direito sobre as quais se fundam os processos administrativos e as ações judiciais, observado o disposto na parte final do § 2º deste artigo.

§ 4º O devedor poderá ser intimado, a qualquer tempo, pelo órgão ou autoridade competente a comprovar que protocolou requerimento de extinção dos processos, com resolução do mérito.

ART. 7º A dívida objeto do parcelamento será consolidada, no âmbito de cada órgão responsável pela cobrança, na data do pedido, e deverá ser paga em até duzentas e quarenta parcelas, com redução de 70% (setenta por cento) das multas, 40% (quarenta por cento) dos juros e 100% (cem por cento) dos encargos legais.

§ 1º O valor das parcelas de que trata este artigo não poderá ser inferior a R$ 3.000,00 (três mil reais).

§ 2º As reduções previstas no *caput* deste artigo não serão cumulativas com outras reduções admitidas em lei.

§ 3º Na hipótese de anterior concessão de redução de multas ou de juros em percentuais diversos dos estabelecidos no *caput* deste artigo, prevalecerão os percentuais nele referidos, aplicados sobre o saldo original das multas ou dos juros.

§ 4º Enquanto não consolidado o parcelamento, a entidade desportiva deverá calcular e recolher, mensalmente, parcela equivalente ao montante dos débitos objeto do parcelamento dividido pelo número de prestações indicado no requerimento de parcelamento, observado o disposto no § 1º deste artigo.

§ 5º O valor de cada uma das parcelas, determinado na forma deste artigo, será acrescido de juros obtidos pela aplicação da taxa referencial do Sistema Especial de Liquidação e de Custódia - SELIC para títulos federais, acumulada mensalmente, calculados a partir do mês subsequente ao da consolidação até o mês anterior ao do pagamento, e de 1% (um por cento) relativamente ao mês em que o pagamento estiver sendo efetuado.

§ 6º A entidade desportiva profissional de futebol poderá reduzir:

I - em 50% (cinquenta por cento), o valor da 1ª (primeira) a 24ª (vigésima quarta) prestações mensais;

II - em 25% (vinte e cinco por cento), o valor da 25ª (vigésima quinta) a 48ª (quadragésima oitava) prestações mensais; e

III - em 10% (dez por cento), o valor da 49ª (quadragésima nona) a 60ª (sexagésima) prestações mensais.

§ 7º As prestações vencerão no último dia útil de cada mês.

§ 8º Por ocasião da consolidação, será exigida a regularidade de todas as prestações devidas desde o mês de adesão até o mês anterior ao da conclusão da consolidação dos débitos parcelados nos termos do disposto neste artigo.

ART. 8º Na hipótese de os débitos a serem parcelados estarem vinculados a depósitos administrativos ou judiciais, os percentuais de redução previstos no *caput* do art. 7º desta Lei serão aplicados sobre o valor do débito atualizado à época do depósito e somente incidirão sobre o valor das multas de mora e de ofício, das multas isoladas, dos juros de mora e do encargo legal efetivamente depositados.

ART. 9º O requerimento de parcelamento deverá ser apresentado até o último dia útil do terceiro mês subsequente ao da publicação desta Lei.

› Lei 13.262/2016 (Reabre o prazo previsto neste artigo).

§ 1º O deferimento do parcelamento não autoriza o levantamento de garantias eventualmente existentes, as quais somente poderão ser liberadas após a quitação do parcelamento ao qual o débito garantido esteja vinculado, exceto a penhora de dinheiro, em espécie ou em depósito ou aplicação em instituição financeira, o qual poderá, a requerimento da entidade desportiva, ser utilizado para quitação automática do saldo da dívida ou de parcelas vincendas de que trata o *caput* do art. 7º desta Lei.

§§ 2º e **3º** (Vetado).

ART. 10. Não serão devidos honorários advocatícios ou qualquer verba de sucumbência nas ações judiciais que, direta ou indiretamente, vierem a ser extintas em decorrência de adesão ao parcelamento de que trata esta Seção.

ART. 11. Ao parcelamento de que trata esta Seção não se aplica o disposto no § 1º do art. 3º da Lei n. 9.964, de 10 de abril de 2000, e no § 10 do art. 1º da Lei n. 10.684, de 30 de maio de 2003.

SUBSEÇÃO II
DAS CONDIÇÕES ESPECÍFICAS PARA O PARCELAMENTO DE DÉBITOS RELATIVOS AO FGTS E ÀS CONTRIBUIÇÕES INSTITUÍDAS PELA LEI COMPLEMENTAR N. 110, DE 29 DE JUNHO DE 2001

ART. 12. As dívidas das entidades desportivas profissionais de futebol relativas ao FGTS e às contribuições instituídas pela Lei Complementar n. 110, de 29 de junho de 2001, poderão ser parceladas em até cento e oitenta prestações mensais, observadas as condições estabelecidas nesta Subseção.

§ 1º O deferimento dos parcelamentos de débitos será feito pelo Ministério do Trabalho e Emprego ou pela Procuradoria-Geral da Fazenda Nacional, diretamente, ou por intermédio da Caixa Econômica Federal, mediante autorização.

§ 2º As reduções previstas no *caput* do art. 7º desta Lei não se aplicam aos débitos relativos ao FGTS destinados à cobertura de importâncias devidas aos trabalhadores.

§ 3º Nas hipóteses em que o trabalhador fizer jus à utilização de valores de sua conta vinculada ao FGTS durante o período de vigência do parcelamento, a entidade deverá, sob pena de rescisão, antecipar os recolhimentos relativos ao trabalhador, podendo observar o valor da parcela vigente para realizar as antecipações.

§ 4º O valor do débito, para fins de quitação da parcela e do saldo remanescente do parcelamento, será atualizado conforme a Lei n. 8.036, de 11 de maio de 1990.

ART. 13. Os depósitos existentes vinculados aos débitos a serem parcelados nos termos desta Lei serão automaticamente convertidos em renda para o FGTS após aplicação das reduções para pagamento ou parcelamento.

Parágrafo único. No caso previsto no *caput* deste artigo, deve o juiz determinar à Caixa Econômica Federal que proceda à emissão da guia própria e providencie sua quitação com os valores depositados.

ART. 14. O pedido de parcelamento deferido constitui confissão de dívida e instrumento hábil e suficiente para a exigência do crédito devido ao FGTS.

ART. 15. Ao parcelamento dos débitos de que trata esta Subseção aplica-se o disposto na Subseção I, exceto o disposto no art. 8º desta Lei, cabendo ao Conselho Curador do FGTS, nos termos do inciso IX do art. 5º da Lei n. 8.036, de 11 de maio de 1990, a determinação dos demais critérios a serem aplicados ao parcelamento.

SUBSEÇÃO III
DA RESCISÃO DO PARCELAMENTO

ART. 16. Implicará imediata rescisão do parcelamento, com cancelamento dos benefícios concedidos:

I - o descumprimento do disposto no art. 4º desta Lei, observado o disposto nos arts. 21 a 24 desta Lei;

II - a falta de pagamento de três parcelas; ou

III - a falta de pagamento de até duas prestações, se extintas todas as demais ou vencida a última prestação do parcelamento.

Parágrafo único. É considerada inadimplida a parcela parcialmente paga.

ART. 17. Rescindido o parcelamento:

I - será efetuada a apuração do valor original do débito, restabelecendo-se os acréscimos legais na forma da legislação aplicável à época da ocorrência dos fatos geradores; e

II - será deduzido do valor referido no inciso I deste artigo o valor correspondente às prestações extintas.

ART. 18. Na hipótese de rescisão do parcelamento, a entidade desportiva de que trata o parágrafo único do art. 2º desta Lei não poderá beneficiar-se de incentivo ou benefício fiscal previsto na legislação federal nem poderá receber repasses de recursos públicos federais da administração direta ou indireta pelo prazo de dois anos, contado da data da rescisão.

CAPÍTULO II
DA AUTORIDADE PÚBLICA DE GOVERNANÇA DO FUTEBOL - APFUT

SEÇÃO I
DISPOSIÇÕES GERAIS

ART. 19. Fica criada, no âmbito do Ministério do Esporte, a Autoridade Pública de Governança do Futebol - APFUT, sem aumento de despesa, com as seguintes competências:

I - fiscalizar as obrigações previstas no art. 4º desta Lei e, em caso de descumprimento, comunicar ao órgão federal responsável para fins de exclusão do Profut;

II - expedir regulamentação sobre procedimento de fiscalização do cumprimento das condições previstas nos incisos II a X do *caput* do art. 4º desta Lei;

III - requisitar informações e documentos às entidades desportivas profissionais; e

IV - elaborar e aprovar o seu regimento interno.

§ 1º A Apfut contará com a participação de representantes do Poder Executivo federal e da sociedade civil, garantida a participação paritária de atletas, dirigentes, treinadores e árbitros, na forma do regulamento.

§ 2º Na fiscalização do cumprimento das obrigações de que trata o inciso I do *caput* deste artigo, a Apfut poderá fixar prazos para que sejam sanadas irregularidades.

§ 3º O apoio e o assessoramento técnico à Apfut serão prestados pelo Ministério do Esporte.

§ 4º Decreto do Poder Executivo federal disporá sobre a organização e o funcionamento da Apfut, inclusive sobre os procedimentos e ritos necessários ao exercício de sua finalidade.

SEÇÃO II
DA APURAÇÃO DE EVENTUAL DESCUMPRIMENTO DAS CONDIÇÕES PREVISTAS NO ART. 4º DESTA LEI

ART. 20. Para apurar eventual descumprimento das condições previstas no art. 4º desta Lei, a Apfut agirá de ofício ou quando provocada mediante denúncia fundamentada.

§ 1º São legitimados para apresentar a denúncia referida no *caput* deste artigo:

I - a entidade nacional ou regional de administração do desporto;

II - a entidade desportiva profissional;

III - o atleta profissional vinculado à entidade desportiva profissional denunciada;

IV - a associação ou o sindicato de atletas profissionais;

V - a associação de empregados de entidade desportiva profissional;

VI - a associação ou o sindicato de empregados das entidades de que tratam os incisos I e II do art. 45 desta Lei; e

VII - o Ministério do Trabalho e Emprego.

§ 2º A Apfut poderá averiguar teor de denúncia noticiada em pelo menos dois veículos de grande circulação, se a considerar fundamentada.

ART. 21. No caso de denúncia recebida, relacionada a eventual descumprimento das condições previstas no art. 4º desta Lei, a Apfut deverá, nos termos do regulamento, notificar a entidade beneficiária do parcelamento para apresentar sua defesa no prazo de quinze dias.

ART. 22. Esgotado o prazo para apresentação da defesa e recebimento das informações, a Apfut decidirá motivadamente acerca do descumprimento do disposto no art. 4º desta Lei, podendo:

I - arquivar a denúncia;

II - advertir a entidade desportiva profissional;

III - advertir a entidade desportiva profissional e fixar prazo de até cento e oitenta dias para que regularize a situação objeto da denúncia; ou

IV - comunicar o fato ao órgão federal responsável pelo parcelamento para que este proceda à efetiva exclusão do parcelamento.

ART. 23. A Apfut poderá deixar de realizar a comunicação a que se refere o inciso IV do *caput* do art. 22 desta Lei, caso:

I - a entidade desportiva profissional, quando cabível:

a) adote mecanismos de responsabilização pessoal dos dirigentes e membros de conselho que tiverem dado causa às irregularidades; e

b) regularize a situação que tenha motivado a advertência;

II - a entidade de administração do desporto ou liga aplique a sanção prevista na alínea *b* do inciso V do *caput* do art. 5º.

CAPÍTULO III
DA GESTÃO TEMERÁRIA NAS ENTIDADES DESPORTIVAS PROFISSIONAIS DE FUTEBOL

ART. 24. Os dirigentes das entidades desportivas profissionais de futebol, independentemente da forma jurídica adotada, têm seus bens particulares sujeitos ao disposto no art. 50 da Lei n. 10.406, de 10 de janeiro de 2002 - Código Civil.

§ 1º Para os fins do disposto nesta Lei, dirigente é todo aquele que exerça, de fato ou de direito, poder de decisão na gestão da entidade, inclusive seus administradores.

§ 2º Os dirigentes de entidades desportivas profissionais respondem solidária e ilimitadamente pelos atos ilícitos praticados e pelos atos de gestão irregular ou temerária ou contrários ao previsto no contrato social ou estatuto.

§ 3º O dirigente que, tendo conhecimento do não cumprimento dos deveres estatutários ou contratuais por seu predecessor ou pelo administrador competente, deixar de comunicar o fato ao órgão estatutário competente será responsabilizado solidariamente.

ART. 25. Consideram-se atos de gestão irregular ou temerária praticados pelo dirigente aqueles que revelem desvio de finalidade na direção da entidade ou que gerem risco excessivo e irresponsável para seu patrimônio, tais como:

I - aplicar créditos ou bens sociais em proveito próprio ou de terceiros;

II - obter, para si ou para outrem, vantagem a que não faz jus e de que resulte ou possa resultar prejuízo para a entidade desportiva profissional;

III - celebrar contrato com empresa da qual o dirigente, seu cônjuge ou companheiro, ou parentes, em linha reta, colateral ou por afinidade, até o terceiro grau, sejam sócios ou administradores, exceto no caso de contratos de patrocínio ou doação em benefício da entidade desportiva;

IV - receber qualquer pagamento, doação ou outra forma de repasse de recursos oriundos de terceiros que, no prazo de até um ano, antes ou depois do repasse, tenham celebrado contrato com a entidade desportiva profissional;

V - antecipar ou comprometer receitas referentes a períodos posteriores ao término da gestão ou do mandato, salvo:

a) o percentual de até 30% (trinta por cento) das receitas referentes ao primeiro ano do mandato subsequente; ou

b) em substituição a passivos onerosos, desde que implique redução do nível de endividamento;

VI - formar défice ou prejuízo anual acima de 20% (vinte por cento) da receita bruta apurada no ano anterior;

VII - atuar com inércia administrativa na tomada de providências que assegurem a diminuição dos défices fiscal e trabalhista determinados no art. 4º desta Lei; e

VIII - não divulgar de forma transparente informações de gestão aos associados e torcedores.

§ 1º Em qualquer hipótese, o dirigente não será responsabilizado caso:

I - não tenha agido com culpa grave ou dolo; ou

II - comprove que agiu de boa-fé e que as medidas realizadas visavam a evitar prejuízo maior à entidade.

§ 2º Para os fins do disposto no inciso IV do *caput* deste artigo, também será considerado ato de gestão irregular ou temerária o recebimento de qualquer pagamento, doação ou outra forma de repasse de recursos por:

I - cônjuge ou companheiro do dirigente;

II - parentes do dirigente, em linha reta, colateral ou por afinidade, até o terceiro grau; e

III - empresa ou sociedade civil da qual o dirigente, seu cônjuge ou companheiro ou parentes, em linha reta, colateral ou por afinidade, até o terceiro grau, sejam sócios ou administradores.

§ 3º Para os fins do disposto no inciso VI do *caput* deste artigo, não serão considerados atos de gestão irregular ou temerária o aumento de endividamento decorrente de despesas relativas ao planejamento e à execução de obras de infraestrutura, tais como estádios e centros de treinamento, bem como a aquisição de terceiros dos direitos que envolvam a propriedade plena de estádios e centros de treinamento:

I - desde que haja previsão e comprovação de elevação de receitas capazes de arcar com o custo do investimento; e

II - desde que estruturados na forma de financiamento-projeto, por meio de sociedade de propósito específico, constituindo um investimento de capital economicamente separável das contas da entidade.

ART. 26. Os dirigentes que praticarem atos de gestão irregular ou temerária poderão ser responsabilizados por meio de mecanismos de controle social internos da entidade, sem prejuízo da adoção das providências necessárias à apuração das eventuais responsabilidades civil e penal.

§ 1º Na ausência de disposição específica, caberá à assembleia geral da entidade deliberar sobre a instauração de procedimentos de apuração de responsabilidade.

§ 2º A assembleia geral poderá ser convocada por 15% (quinze por cento) dos associados com direito a voto para deliberar sobre a instauração de procedimento de apuração de responsabilidade dos dirigentes, caso, após três meses da ciência do ato tido como de gestão irregular ou temerária:

I - não tenha sido instaurado o referido procedimento; ou

II - não tenha sido convocada assembleia geral para deliberar sobre os procedimentos internos de apuração da responsabilidade.

§ 3º Caso constatada a responsabilidade, o dirigente será considerado inelegível por dez anos para cargos eletivos em qualquer entidade desportiva profissional.

ART. 27. Compete à entidade desportiva profissional, mediante prévia deliberação da assembleia geral, adotar medida judicial cabível contra os dirigentes para ressarcimento dos prejuízos causados ao seu patrimônio.

§ 1º Os dirigentes contra os quais deva ser proposta medida judicial ficarão impedidos e deverão ser substituídos na mesma assembleia.

§ 2º O impedimento previsto no § 1º deste artigo será suspenso caso a medida judicial não tenha sido proposta após três meses da deliberação da assembleia geral.

CAPÍTULO IV
DAS LOTERIAS

ART. 28. Fica o Poder Executivo federal autorizado a instituir a Loteria Instantânea Exclusiva - LOTEX, tendo como tema marcas, emblemas, hinos, símbolos, escudos e similares relativos às entidades de prática desportiva da modalidade futebol, implementada em meio físico ou virtual.

§ 1º A loteria de que trata o *caput* deste artigo será autorizada pelo Ministério da Fazenda e executada diretamente, pela Caixa Econômica Federal, ou indiretamente, mediante concessão.

§ 2º Poderá participar do concurso de prognóstico a entidade de prática desportiva da modalidade futebol que, cumulativamente:

I - ceder os direitos de uso de sua denominação, marca, emblema, hino, símbolos e similares para divulgação e execução do concurso; e

II - publicar demonstrações financeiras nos termos do inciso VI do art. 4º desta Lei.

§ 3º (Vetado).

§§ 4º e **5º** (Revogados pela Lei 13.756/2018.)

§§ 6º e **7º** (Vetados).

ARTS. 29 e **30.** (Vetados).

CAPÍTULO V
DO REGIME ESPECIAL DE TRIBUTAÇÃO DAS SOCIEDADES EMPRESÁRIAS DESPORTIVAS PROFISSIONAIS

ARTS. 31 a **36.** (Vetados).

CAPÍTULO VI
ALTERAÇÕES NA LEGISLAÇÃO

ART. 37. O § 2º do art. 50 do Decreto-Lei n. 3.688, de 3 de outubro de 1941 - Lei das Contravenções Penais, passa a vigorar com a seguinte redação:

› Alteração promovida no texto da referida lei.

ART. 38. A Lei n. 9.615, de 24 de março de 1998, passa a vigorar com as seguintes alterações:

› Alterações promovidas no texto da referida lei.

ART. 39. (Vetado).

ART. 40. A Lei n. 10.671, de 15 de maio de 2003, passa a vigorar com as seguintes alterações:

› Alterações promovidas no texto da referida lei.

ART. 41. O art. 1º da Lei n. 10.891, de 9 de julho de 2004, passa a vigorar acrescido dos seguintes §§ 6º e 7º:

› Alterações promovidas no texto da referida lei.

ART. 42. A Lei n. 11.345, de 14 de setembro de 2006, passa a vigorar com as seguintes alterações:

› Alterações promovidas no texto da referida lei.

ART. 43. O *caput* do art. 1º da Lei n. 11.438, de 29 de dezembro de 2006, passa a vigorar com a seguinte redação:

› Alterações promovidas no texto da referida lei.

CAPÍTULO VII
DISPOSIÇÕES FINAIS E TRANSITÓRIAS

ART. 44. Aplicam-se a todas entidades desportivas previstas no parágrafo único do art. 13 da Lei n. 9.615, de 24 de março de 1998, o disposto nos arts. 24 a 27 desta Lei.

ART. 45. Observadas as condições de ingresso referidas no parágrafo único do art. 3º desta Lei, poderão aderir aos parcelamentos a que se refere a Seção II do Capítulo I desta Lei:

I - as entidades nacionais e regionais de administração do desporto referidas nos incisos III e IV do parágrafo único do art. 13 da Lei n. 9.615, de 24 de março de 1998; e

II - as entidades de prática desportiva referidas no inciso VI do parágrafo único do art. 13 da Lei n. 9.615, de 24 de março de 1998, que não estejam envolvidas em competições de atletas profissionais, nos termos dos arts. 26 e 28 da referida Lei.

§ 1º As entidades referidas no inciso I do *caput* deste artigo deverão observar as condições de manutenção previstas nos incisos I, II, III, VI, VII e VIII do *caput* do art. 4º desta Lei e no inciso I do *caput* do art. 5º desta Lei.

§ 2º As entidades referidas no inciso II do *caput* deste artigo deverão observar as condições de manutenção previstas nos incisos I, II, III, VI, VII e VIII do *caput* do art. 4º desta Lei.

§ 3º As condições previstas nos §§ 1º e 2º deste artigo serão fiscalizadas pela Apfut, que comunicará aos órgãos federais responsáveis os casos de descumprimento, para fins de exclusão do parcelamento e providências cabíveis quanto à isenção fiscal.

§ 4º O Poder Executivo regulamentará de forma diferenciada este artigo.

§ 5º (Vetado).

ART. 46. Serão exigidas:

I - a partir da entrada em vigor desta Lei, as condições previstas nos incisos I a VII do *caput* do art. 4º desta Lei; e

II - a partir de 1º de janeiro de 2016, as condições previstas:

a) nos incisos VIII a X do *caput* do art. 4º desta Lei; e

b) no parágrafo único do art. 4º desta Lei.

ART. 47. A Secretaria da Receita Federal do Brasil do Ministério da Fazenda, o Ministério do Trabalho e Emprego, a Procuradoria-Geral da Fazenda Nacional e a Procuradoria-Geral do Banco Central do Brasil, no âmbito de suas atribuições, editarão as normas necessárias à execução dos parcelamentos previstos nesta Lei.

Parágrafo único. O Poder Executivo divulgará, semestralmente, o valor da arrecadação de receitas resultante da adesão aos parcelamentos de que trata esta Lei, detalhado no menor nível possível, observado o disposto no art. 198 da Lei n. 5.172, de 25 de outubro de 1966 - Código Tributário Nacional.

ARTS. 48 e 49. (Vetado).

ART. 50. Ficam os Tribunais Regionais do Trabalho, ou outro órgão definido por determinação dos próprios Tribunais, autorizados a instaurar o Regime Centralizado de Execução (Ato Trabalhista) para as entidades desportivas de que trata o § 10 do art. 27 da Lei n.9.615, de 24 de março de 1998.

ART. 51. (Vetado).

ART. 52. Esta Lei entra em vigor na data de sua publicação.

ART. 53. Fica revogada a Medida Provisória n. 669, de 26 de fevereiro de 2015.

Brasília, 4 de agosto de 2015; 194º da Independência e 127º da República.

DILMA ROUSSEFF

LEI N. 13.178, DE 22 DE OUTUBRO DE 2015

Dispõe sobre a ratificação dos registros imobiliários decorrentes de alienações e concessões de terras públicas situadas nas faixas de fronteira; e revoga o Decreto-Lei n. 1.414, de 18.08.1975, e a Lei n. 9.871, de 23.11.1999

- *DOU*, 23.10.2015.

A Presidenta da República Faço saber que o Congresso Nacional decreta e eu sanciono a seguinte Lei:

ART. 1º São ratificados pelos efeitos desta Lei os registros imobiliários referentes a imóveis rurais com origem em títulos de alienação ou de concessão de terras devolutas expedidos pelos Estados em faixa de fronteira, incluindo os seus desmembramentos e remembramentos, devidamente inscritos no Registro de Imóveis até a data de publicação desta Lei, desde que a área de cada registro não exceda ao limite de quinze módulos fiscais, exceto os registros imobiliários referentes a imóveis rurais:

I - cujo domínio esteja sendo questionado ou reivindicado na esfera administrativa ou judicial por órgão ou entidade da administração federal direta e indireta;

II - que sejam objeto de ações de desapropriação por interesse social para fins de reforma agrária ajuizadas até a data de publicação desta Lei.

Parágrafo único. Na hipótese de haver sobreposição entre a área correspondente ao registro ratificado e a área correspondente a título de domínio de outro particular, a ratificação não produzirá efeitos na definição de qual direito prevalecerá.

ART. 2º Os registros imobiliários referentes aos imóveis rurais com origem em títulos de alienação ou de concessão de terras devolutas expedidos pelos Estados em faixa de fronteira, incluindo os seus desmembramentos e remembramentos, devidamente inscritos no Registro de Imóveis até a data de publicação desta Lei, com área superior a quinze módulos fiscais, serão ratificados desde que os interessados obtenham no órgão federal responsável:

I - a certificação do georreferenciamento do imóvel, nos termos dos §§ 3º e 5º do art. 176 da Lei n. 6.015, de 31 de dezembro de 1973; e

II - a atualização da inscrição do imóvel no Sistema Nacional de Cadastro Rural, instituído pela Lei n. 5.868, de 12 de dezembro de 1972.

§ 1º Às ratificações de que trata o *caput* deste artigo aplicam-se as exceções constantes dos incisos I e II do *caput* do art. 1º e a regra prevista no parágrafo único do mesmo artigo.

§ 2º Os interessados em obter a ratificação de que trata o *caput* deverão requerer a certificação e a atualização de que tratam os incisos I e II do *caput* no prazo de quatro anos a partir da publicação desta Lei.

§ 3º O requerimento de que trata o § 2º será apreciado pelo órgão federal responsável em até dois anos do pedido, salvo se houver diligências propostas pela autarquia agrária referentes à certificação do georreferenciamento do imóvel, hipótese na qual o período utilizado pelo proprietário para seu atendimento deverá ser debitado do prazo total de análise.

§ 4º Não se admitirá a ratificação pelo decurso do prazo de que trata o § 3º.

§ 5º Decorrido o prazo constante do § 2º sem que o interessado tenha requerido as providências dispostas nos incisos I e II do *caput*, ou na hipótese de a ratificação não ser possível, o órgão federal responsável deverá requerer o registro do imóvel em nome da União ao Cartório de Registro de Imóveis.

§ 6º A ratificação dos registros imobiliários referentes a imóveis com área superior a dois mil e quinhentos hectares ficará condicionada à aprovação do Congresso Nacional, nos termos do § 1º do art. 188 da Constituição Federal.

§ 7º O encaminhamento ao Congresso Nacional para o fim disposto no § 6º dar-se-á nos termos do regulamento.

ART. 3º A ratificação prevista nos arts. 1º e 2º alcançará os registros imobiliários oriundos de alienações e concessões de terras devolutas:

I - federais, efetuadas pelos Estados:

a) na faixa de até sessenta e seis quilômetros de largura, a partir da linha de fronteira, no período compreendido entre o início da vigência da Constituição da República dos Estados Unidos do Brasil, de 24 de fevereiro de 1891, até o início da vigência da Lei n. 4.947, de 6 de abril de 1966; e

b) na faixa de sessenta e seis a cento e cinquenta quilômetros de largura, a partir da linha de fronteira, no período compreendido entre o início da vigência da Lei n. 2.597, de 5 de julho de 1955, até o início da vigência da Lei n. 4.947, de 6 de abril de 1966;

II - estaduais, efetuadas pelos Estados sem prévio assentimento do Conselho de Segurança Nacional:

a) na faixa de sessenta e seis a cem quilômetros de largura, a partir da linha de fronteira, no período entre o início da vigência da Constituição da República dos Estados Unidos do Brasil, de 16 de julho de 1934, até o início da vigência da Lei n. 2.597, de 5 de julho de 1955; e

b) na faixa de cem a cento e cinquenta quilômetros de largura, a partir da linha de fronteira, no período entre o início da vigência da Constituição dos Estados Unidos do Brasil, de 10 de novembro de 1937, até o início da vigência da Lei n. 2.597, de 5 de julho de 1955.

ART. 4º Caso a desapropriação por interesse social para fins de reforma agrária recaia sobre imóvel rural, inscrito no Registro Geral de Imóveis em nome de particular, que não tenha sido destacado, validamente, do domínio público por título formal ou por força de legislação específica, o Estado no qual esteja situada a área será citado para integrar a ação de desapropriação.

§ 1º Nas ações judiciais em andamento, o órgão federal responsável requererá a citação do Estado.

§ 2º Em qualquer hipótese, feita a citação, se o Estado reivindicar o domínio do imóvel, o valor depositado ficará retido até decisão final sobre a propriedade da área.

§ 3º Nas situações de que trata este artigo, caso venha a ser reconhecido o domínio do Estado sobre a área, fica a União previamente autorizada a desapropriar o imóvel rural de domínio do Estado, prosseguindo a ação de desapropriação em relação a este.

ART. 5º Esta Lei entra em vigor após decorridos quarenta e cinco dias de sua publicação oficial.

ART. 6º Ficam revogados:

I - o Decreto-Lei n. 1.414, de 18 de agosto de 1975; e

II - a Lei n. 9.871, de 23 de novembro de 1999.

Brasília, 22 de outubro de 2015; 194º da Independência e 127º da República.

DILMA ROUSSEFF

LEI N. 13.202, DE 8 DE DEZEMBRO DE 2015

Institui o Programa de Redução de Litígios Tributários - Prorelit; autoriza o Poder Executivo federal a atualizar monetariamente o valor das taxas que indica; altera as Leis n. 12.873, de 24 de outubro de 2013, 8.212, de 24 de julho de 1991, 8.213, de 24 de julho de 1991, 9.250, de 26 de dezembro de 1995, e 12.546, de 14 de dezembro de 2011; e dá outras providências.

- *DOU*, 9.12.2015.
- Conversão da Med. Prov. 685/2015.

A Presidenta da República. Faço saber que o Congresso Nacional decreta e eu sanciono a seguinte Lei:

ART. 1º Fica instituído o Programa de Redução de Litígios Tributários - PRORELIT, na forma desta Lei.

§ 1º O sujeito passivo com débitos de natureza tributária, vencidos até 30 de junho de 2015 e em discussão administrativa ou judicial perante a Secretaria da Receita Federal do Brasil ou a Procuradoria-Geral da Fazenda Nacional poderá, mediante requerimento, desistir do respectivo contencioso e utilizar créditos próprios de prejuízos fiscais e de base de cálculo negativa da Contribuição Social sobre o Lucro Líquido - CSLL, apurados até 31 de dezembro de 2013 e declarados até 30 de junho de 2015, para a quitação dos débitos em contencioso administrativo ou judicial.

§ 2º Os créditos de prejuízo fiscal e de base de cálculo negativa da CSLL poderão ser utilizados, nos termos do *caput*, entre pessoas jurídicas controladora e controlada, de forma direta ou indireta, ou entre pessoas jurídicas que sejam controladas direta ou indiretamente por uma mesma empresa, em 31 de dezembro de 2014, domiciliadas no Brasil, desde que se mantenham nesta condição até a data da opção pela quitação.

§ 3º Poderão ainda ser utilizados pela pessoa jurídica a que se refere o § 1º os créditos de prejuízo fiscal e de base de cálculo negativa da CSLL do responsável tributário ou corresponsável pelo crédito tributário em contencioso administrativo ou judicial.

§ 4º Para os fins do disposto no § 2º, inclui-se também como controlada a sociedade na qual a participação da controladora seja igual ou inferior a 50% (cinquenta por cento), desde que existente acordo de acionistas que assegure de modo permanente à sociedade controladora a preponderância individual ou comum nas deliberações sociais, assim como o poder individual ou comum de eleger a maioria dos administradores.

§ 5º Os créditos das pessoas jurídicas de que tratam os §§ 2º e 3º somente poderão ser utilizados após a utilização total dos créditos próprios.

ART. 2º O requerimento de que trata o § 1º do art. 1º deverá ser apresentado até 30 de novembro de 2015, observadas as seguintes condições:

I - pagamento em espécie equivalente a, no mínimo:

a) 30% (trinta por cento) do valor consolidado dos débitos indicados para a quitação, a ser efetuado até 30 de novembro de 2015;

b) 33% (trinta e três por cento) do valor consolidado dos débitos indicados para a quitação, a ser efetuado em duas parcelas vencíveis até o último dia útil dos meses de novembro e dezembro de 2015; ou

c) 36% (trinta e seis por cento) do valor consolidado dos débitos indicados para a quitação, a ser efetuado em três parcelas vencíveis até o último dia útil dos meses de novembro e dezembro de 2015 e janeiro de 2016; e

II - quitação do saldo remanescente mediante a utilização de créditos de prejuízos fiscais e de base de cálculo negativa da CSLL.

§ 1º O requerimento de que trata o *caput* importa confissão irrevogável e irretratável dos débitos indicados pelo sujeito passivo e configura confissão extrajudicial nos termos dos arts. 348, 353 e 354 da Lei n. 5.869, de 11 de janeiro de 1973 - Código de Processo Civil.

› Refere-se ao CPC/1973. V. arts. 389 e ss., NCPC.

§ 2º O valor de cada parcela mensal, por ocasião do pagamento de que tratam as alíneas *b* e *c* do inciso I do *caput*, será acrescido de juros equivalentes à taxa referencial do Sistema Especial de Liquidação e Custódia - SELIC para títulos federais, acumulada mensalmente, calculados a partir do mês subsequente ao da consolidação até o mês anterior ao do pagamento, e de 1% (um por cento) relativamente ao mês em que o pagamento estiver sendo efetuado.

§ 3º Para aderir ao programa de que trata o art. 1º, o sujeito passivo deverá comprovar a desistência expressa e irrevogável das impugnações ou dos recursos administrativos e das ações judiciais que tenham por objeto os débitos que serão quitados e renunciar a qualquer alegação de direito sobre as quais se fundem as referidas impugnações e recursos ou ações.

§ 4º A quitação de que trata o § 1º do art. 1º não abrange débitos decorrentes de desistência de impugnações, recursos administrativos e ações judiciais que tenham sido incluídos em programas de parcelamentos anteriores, ainda que rescindidos.

§ 5º Somente será considerada a desistência parcial de impugnação e de recursos administrativos interpostos ou de ação judicial proposta se o débito objeto de desistência for passível de distinção dos demais débitos discutidos no processo administrativo ou na ação judicial.

ART. 3º Os depósitos existentes vinculados aos débitos a serem quitados nos termos desta Lei serão automaticamente convertidos em renda da União, aplicando-se o disposto no art. 2º sobre o saldo remanescente da conversão.

ART. 4º O valor do crédito a ser utilizado para a quitação de que trata o inciso II do *caput* do art. 2º será determinado mediante a aplicação das seguintes alíquotas:

I - 25% (vinte e cinco por cento) sobre o montante do prejuízo fiscal;

II - 15% (quinze por cento) sobre a base de cálculo negativa da CSLL, no caso das pessoas jurídicas de seguros privados, das de capitalização e das referidas nos incisos I a VII, IX e X do § 1º do art. 1º da Lei Complementar n. 105, de 10 de janeiro de 2001; e

III - 9% (nove por cento) sobre a base de cálculo negativa da CSLL, no caso das demais pessoas jurídicas.

ART. 5º Na hipótese de indeferimento dos créditos de prejuízos fiscais e de base de cálculo negativa da CSLL, no todo ou em parte, será concedido o prazo de trinta dias para a pessoa jurídica promover o pagamento em espécie do saldo remanescente dos débitos incluídos no pedido de quitação.

Parágrafo único. A falta do pagamento de que trata o *caput* implicará mora do devedor e o restabelecimento da cobrança dos débitos remanescentes.

ART. 6º A quitação na forma disciplinada nos arts. 1º a 5º extingue o crédito tributário sob condição resolutória de sua ulterior homologação.

Parágrafo único. A Secretaria da Receita Federal do Brasil e a Procuradoria-Geral da Fazenda Nacional dispõem do prazo de cinco anos, contado da data de apresentação do requerimento, para análise da quitação na forma do art. 2º.

ART. 7º A Secretaria da Receita Federal do Brasil e a Procuradoria-Geral da Fazenda Nacional, no âmbito de suas competências, editarão os atos necessários à execução dos procedimentos de que trata esta Lei.

ART. 8º Fica o Poder Executivo autorizado a atualizar monetariamente, desde que o valor da atualização não exceda a variação do índice oficial de inflação apurado no período desde a última correção, em periodicidade não inferior a um ano, na forma do regulamento, o valor das taxas instituídas:

I - no art. 17 da Lei n. 9.017, de 30 de março de 1995;

II - no art. 16 da Lei n. 10.357, de 27 de dezembro de 2001;

III - no art. 11 da Lei n. 10.826, de 22 de dezembro de 2003;

IV - no art. 1º da Lei n. 7.940, de 20 de dezembro de 1989;

V - no art. 23 da Lei n. 9.782, de 26 de janeiro de 1999;

VI - no art. 18 da Lei n. 9.961 de 28 de janeiro de 2000;

VII - no art. 12 da Lei n. 9.427, de 26 de dezembro de 1996;

VIII - no art. 29 da Lei n. 11.182, de 27 de setembro de 2005;

IX - no inciso III do *caput* do art. 77 da Lei n. 10.233, de 5 de junho de 2001;

X - nos arts. 3º-A e 11 da Lei n. 9.933, de 20 de dezembro de 1999; e

XI - no art. 48 da Lei n. 12.249, de 11 de junho de 2010.

§ 1º A primeira atualização monetária relativa às taxas previstas no *caput* fica limitada ao montante de 50% (cinquenta por cento) do valor total de recomposição referente à aplicação do índice oficial desde a instituição da taxa.

§ 2º Caso o Poder Executivo tenha determinado a atualização monetária em montante superior ao previsto no § 1º do *caput*, poderá o contribuinte requerer a restituição do valor pago em excesso.

ART. 9º (Vetado).

ART. 10. As entidades de saúde privadas filantrópicas e as entidades de saúde sem fins lucrativos que tenham obtido o deferimento do pedido de adesão ao Programa de Fortalecimento das Entidades Privadas Filantrópicas e das Entidades sem Fins Lucrativos que Atuam na Área de Saúde e que Participam de Forma Complementar do Sistema Único de Saúde - PROSUS poderão incluir no programa, até o décimo quinto dia após a publicação desta Lei, decorrente da conversão da Medida Provisória no 685, de 21 de julho de 2015, débitos que tenham sido objeto:

I - de parcelamento concedido anteriormente à data de que trata o § 2º do art. 37 da Lei n. 12.873, de 24 de outubro de 2013; e

II - dos parcelamentos a que se refere o art. 2º da Lei n. 12.996, de 18 de junho de 2014.

Parágrafo único. A inclusão dos débitos a que se refere o *caput* restabelece a adesão ao Prosus e a moratória concedida pelo programa.

ART. 11. Para efeito de interpretação, os acordos e convenções internacionais celebrados pelo Governo da República Federativa do Brasil para evitar dupla tributação da renda abrangem a CSLL.

Parágrafo único. O disposto no *caput* alcança igualmente os acordos em forma simplificada firmados com base no disposto no art. 30 do Decreto-Lei n. 5.844, de 23 de setembro de 1943.

ART. 12. Os arts. 15, 22, 24, 28 e 30 da Lei n. 8.212, de 24 de julho de 1991, passam a vigorar com as seguintes alterações:

› Alterações promovidas no texto da referida lei.

ART. 13. O parágrafo único do art. 14 da Lei n. 8.213, de 24 de julho de 1991, passa a vigorar com a seguinte redação:

› Alterações promovidas no texto da referida lei.

ART. 14. O art. 4º da Lei n. 9.250, de 26 de dezembro de 1995, passa a vigorar com as seguintes alterações:

› Alterações promovidas no texto da referida lei.

ART. 15. O art. 7º-A da Lei n. 12.546, de 14 de dezembro de 2011, acrescido pela Lei n. 13.161, de 31 de agosto de 2015, passa a vigorar com a seguinte redação:

› Alterações promovidas no texto da referida lei.

ART. 16. Esta Lei entra em vigor:

I - a partir de 1º de dezembro de 2015 quanto ao art. 15;

II - na data de sua publicação quanto aos demais dispositivos.

ART. 17. Fica revogado o § 6º do art. 30 da Lei n. 8.212, de 24 de julho de 1991.

Brasília, 8 de dezembro de 2015;
194º da Independência e 127º da República.
DILMA ROUSSEFF

LEI N. 13.257, DE 8 DE MARÇO DE 2016

Dispõe sobre as políticas públicas para a primeira infância e altera a Lei n. 8.069, de 13 de julho de 1990 (Estatuto da Criança e do Adolescente), o Decreto-Lei n. 3.689, de 3 de outubro de 1941 (Código de Processo Penal), a Consolidação das Leis do Trabalho (CLT), aprovada pelo Decreto-Lei n. 5.452, de 1º de maio de 1943, a Lei n. 11.770, de 9 de setembro de 2008, e a Lei n. 12.662, de 5 de junho de 2012.

› *DOU*, 9.3.2016.

A Presidenta da República. Faço saber que o Congresso Nacional decreta e eu sanciono a seguinte Lei:

ART. 1º Esta Lei estabelece princípios e diretrizes para a formulação e a implementação de políticas públicas para a primeira infância em atenção à especificidade e à relevância dos primeiros anos de vida no desenvolvimento infantil e no desenvolvimento do ser humano, em consonância com os princípios e diretrizes da Lei n. 8.069, de 13 de julho de 1990 (Estatuto da Criança e do Adolescente); altera a Lei n. 8.069, de 13 de julho de 1990 (Estatuto da Criança e do Adolescente); altera os arts. 6º, 185, 304 e 318 do Decreto-Lei n. 3.689, de 3 de outubro de 1941 (Código de Processo Penal); acrescenta incisos ao art. 473 da Consolidação das Leis do Trabalho (CLT), aprovada pelo Decreto-Lei n. 5.452, de 1º de maio de 1943; altera os arts. 1º, 3º, 4º e 5º da Lei n. 11.770, de 9 de setembro de 2008; e acrescenta parágrafos ao art. 5º da Lei n. 12.662, de 5 de junho de 2012.

ART. 2º Para os efeitos desta Lei, considera-se primeira infância o período que abrange os primeiros 6 (seis) anos completos ou 72 (setenta e dois) meses de vida da criança.

ART. 3º A prioridade absoluta em assegurar os direitos da criança, do adolescente e do jovem, nos termos do art. 227 da Constituição Federal e do art. 4º da Lei n. 8.069, de 13 de julho de 1990, implica o dever do Estado de estabelecer políticas, planos, programas e serviços para a primeira infância que atendam às especificidades dessa faixa etária, visando a garantir seu desenvolvimento integral.

ART. 4º As políticas públicas voltadas ao atendimento dos direitos da criança na primeira infância serão elaboradas e executadas de forma a:

I - atender ao interesse superior da criança e à sua condição de sujeito de direitos e de cidadã;

II - incluir a participação da criança na definição das ações que lhe digam respeito, em conformidade com suas características etárias e de desenvolvimento;

III - respeitar a individualidade e os ritmos de desenvolvimento das crianças e valorizar a diversidade da infância brasileira, assim como as diferenças entre as crianças em seus contextos sociais e culturais;

IV - reduzir as desigualdades no acesso aos bens e serviços que atendam aos direitos da criança na primeira infância, priorizando o investimento público na promoção da justiça social, da equidade e da inclusão sem discriminação da criança;

V - articular as dimensões ética, humanista e política da criança cidadã com as evidências científicas e a prática profissional no atendimento da primeira infância;

VI - adotar abordagem participativa, envolvendo a sociedade, por meio de suas organizações representativas, os profissionais, os pais e as crianças, no aprimoramento da qualidade das ações e na garantia da oferta dos serviços;

VII - articular as ações setoriais com vistas ao atendimento integral e integrado;

VIII - descentralizar as ações entre os entes da Federação;

IX - promover a formação da cultura de proteção e promoção da criança, com apoio dos meios de comunicação social.

Parágrafo único. A participação da criança na formulação das políticas e das ações que lhe dizem respeito tem o objetivo de promover sua inclusão social como cidadã e dar-se-á de acordo com a especificidade de sua idade, devendo ser realizada por profissionais qualificados em processos de escuta adequados às diferentes formas de expressão infantil.

ART. 5º Constituem áreas prioritárias para as políticas públicas para a primeira infância a saúde, a alimentação e a nutrição, a educação infantil, a convivência familiar e comunitária, a assistência social à família da criança, a cultura, o brincar e o lazer, o espaço e o meio ambiente, bem como a proteção contra toda forma de violência e de pressão consumista, a prevenção de acidentes e a adoção de medidas que evitem a exposição precoce à comunicação mercadológica.

ART. 6º A Política Nacional Integrada para a primeira infância será formulada e implementada mediante abordagem e coordenação intersetorial que articule as diversas políticas setoriais a partir de uma visão abrangente de todos os direitos da criança na primeira infância.

ART. 7º A União, os Estados, o Distrito Federal e os Municípios poderão instituir, nos respectivos âmbitos, comitê intersetorial de políticas públicas para a primeira infância com a finalidade de assegurar a articulação das ações voltadas à proteção e à promoção dos direitos da criança, garantida a participação social por meio dos conselhos de direitos.

§ 1º Caberá ao Poder Executivo no âmbito da União, dos Estados, do Distrito Federal e dos Municípios indicar o órgão responsável pela coordenação do comitê intersetorial previsto no *caput* deste artigo.

§ 2º O órgão indicado pela União nos termos do § 1º deste artigo manterá permanente articulação com as instâncias de coordenação das ações estaduais, distrital e municipais de atenção à criança na primeira infância, visando à complementaridade das ações e ao cumprimento do dever do Estado na garantia dos direitos da criança.

ART. 8º O pleno atendimento dos direitos da criança na primeira infância constitui objetivo comum de todos os entes da Federação, segundo as respectivas competências constitucionais e legais, a ser alcançado em regime de colaboração entre a União, os Estados, o Distrito Federal e os Municípios.

Parágrafo único. A União buscará a adesão dos Estados, do Distrito Federal e dos Municípios à abordagem multi e intersetorial no atendimento dos direitos da criança na primeira infância e oferecerá assistência técnica na elaboração de planos estaduais, distrital e municipais para a primeira infância que articulem os diferentes setores.

ART. 9º As políticas para a primeira infância serão articuladas com as instituições de formação profissional, visando à adequação dos cursos às características e necessidades das crianças e à formação de profissionais qualificados, para possibilitar a expansão com qualidade dos diversos serviços.

ART. 10. Os profissionais que atuam nos diferentes ambientes de execução das políticas e programas destinados à criança na primeira infância terão acesso garantido e prioritário à qualificação, sob a forma de especialização e atualização, em programas que contemplem, entre outros temas, a especificidade da primeira infância, a estratégia da intersetorialidade na promoção do desenvolvimento integral e a prevenção e a proteção contra toda forma de violência contra a criança.

ART. 11. As políticas públicas terão, necessariamente, componentes de monitoramento e coleta sistemática de dados, avaliação periódica dos elementos que constituem a oferta dos serviços à criança e divulgação dos seus resultados.

§ 1º A União manterá instrumento individual de registro unificado de dados do crescimento e desenvolvimento da criança, assim como sistema informatizado, que inclua as redes pública e privada de saúde, para atendimento ao disposto neste artigo.

§ 2º A União informará à sociedade a soma dos recursos aplicados anualmente no conjunto dos programas e serviços para a primeira infância e o percentual que os valores representam em relação ao respectivo orçamento realizado, bem como colherá informações sobre os valores aplicados pelos demais entes da Federação.

ART. 12. A sociedade participa solidariamente com a família e o Estado da proteção e da promoção da criança na primeira infância, nos termos do *caput* e do § 7º do art. 227, combinado com o inciso II do art. 204 da Constituição Federal, entre outras formas:

I - formulando políticas e controlando ações, por meio de organizações representativas;

II - integrando conselhos, de forma paritária com representantes governamentais, com funções de planejamento, acompanhamento, controle social e avaliação;

III - executando ações diretamente ou em parceria com o poder público;

IV - desenvolvendo programas, projetos e ações compreendidos no conceito de responsabilidade social e de investimento social privado;

V - criando, apoiando e participando de redes de proteção e cuidado à criança nas comunidades;

VI - promovendo ou participando de campanhas e ações que visem a aprofundar a consciência social sobre o significado da primeira infância no desenvolvimento do ser humano.

ART. 13. A União, os Estados, o Distrito Federal e os Municípios apoiarão a participação das famílias em redes de proteção e cuidado da criança em seus contextos sociofamiliar e comunitário visando, entre outros objetivos, à formação e ao fortalecimento dos vínculos familiares e comunitários, com prioridade aos contextos que apresentem riscos ao desenvolvimento da criança.

ART. 14. As políticas e programas governamentais de apoio às famílias, incluindo as visitas domiciliares e os programas de promoção da paternidade e maternidade responsáveis, buscarão a articulação das áreas de saúde, nutrição, educação, assistência social, cultura, trabalho, habitação, meio ambiente e direitos humanos, entre outras, com vistas ao desenvolvimento integral da criança.

§ 1º Os programas que se destinam ao fortalecimento da família no exercício de sua função de cuidado e educação de seus filhos na primeira infância promoverão atividades centradas na criança, focadas na família e baseadas na comunidade.

§ 2º As famílias identificadas nas redes de saúde, educação e assistência social e nos órgãos do Sistema de Garantia dos Direitos da Criança e do Adolescente que se encontrem em situação de vulnerabilidade e de risco ou com direitos violados para exercer seu papel protetivo de cuidado e educação da criança na primeira infância, bem como as que têm crianças com indicadores de risco ou deficiência, terão prioridade nas políticas sociais públicas.

§ 3º As gestantes e as famílias com crianças na primeira infância deverão receber orientação e formação sobre maternidade e paternidade responsáveis, aleitamento materno, alimentação complementar saudável, crescimento e desenvolvimento infantil integral, prevenção de acidentes e educação sem uso de castigos físicos, nos termos da Lei n. 13.010, de 26 de junho de 2014, com o intuito de favorecer a formação e a consolidação de vínculos afetivos e estimular o desenvolvimento integral na primeira infância.

§ 4º A oferta de programas e de ações de visita domiciliar e de outras modalidades que estimulem o desenvolvimento integral na primeira infância será considerada estratégia de atuação sempre que respaldada pelas políticas públicas sociais e avaliada pela equipe profissional responsável.

§ 5º Os programas de visita domiciliar voltados ao cuidado e educação na primeira infância deverão contar com profissionais qualificados, apoiados por medidas que assegurem sua permanência e formação continuada.

ART. 15. As políticas públicas criarão condições e meios para que, desde a primeira infância, a criança tenha acesso à produção cultural e seja reconhecida como produtora de cultura.

ART. 16. A expansão da educação infantil deverá ser feita de maneira a assegurar a qualidade da oferta, com instalações e equipamentos que obedeçam a padrões de infraestrutura estabelecidos pelo Ministério da Educação, com profissionais qualificados conforme dispõe a Lei n. 9.394, de 20 de dezembro de 1996 (Lei de Diretrizes e Bases da Educação Nacional), e com currículo e materiais pedagógicos adequados à proposta pedagógica.

Parágrafo único. A expansão da educação infantil das crianças de 0 (zero) a 3 (três) anos de idade, no cumprimento da meta do Plano Nacional de Educação, atenderá aos critérios definidos no território nacional pelo competente sistema de ensino, em articulação com as demais políticas sociais.

ART. 17. A União, os Estados, o Distrito Federal e os Municípios deverão organizar e estimular a criação de espaços lúdicos que propiciem o bem-estar, o brincar e o exercício da criatividade em locais públicos e privados onde haja circulação de crianças, bem como a fruição de ambientes livres e seguros em suas comunidades.

ART. 18. O art. 3º da Lei n. 8.069, de 13 de julho de 1990 (Estatuto da Criança e do Adolescente), passa a vigorar acrescido do seguinte parágrafo único:

- Alterações promovidas no texto da referida lei.

ART. 19. O art. 8º da Lei n. 8.069, de 13 de julho de 1990, passa a vigorar com a seguinte redação:

- Alterações promovidas no texto da referida lei.

ART. 20. O art. 9º da Lei n. 8.069, de 13 de julho de 1990, passa a vigorar acrescido dos seguintes §§ 1º e 2º:

- Alterações promovidas no texto da referida lei.

ART. 21. O art. 11 da Lei n. 8.069, de 13 de julho de 1990, passa a vigorar com a seguinte redação:

- Alterações promovidas no texto da referida lei.

ART. 22. O art. 12 da Lei n. 8.069, de 13 de julho de 1990, passa a vigorar com a seguinte redação:

- Alterações promovidas no texto da referida lei.

ART. 23. O art. 13 da Lei n. 8.069, de 13 de julho de 1990, passa a vigorar acrescido do seguinte § 2º, numerando-se o atual parágrafo único como § 1º:

- Alterações promovidas no texto da referida lei.

ART. 24. O art. 14 da Lei n. 8.069, de 13 de julho de 1990, passa a vigorar acrescido dos seguintes §§ 2º, 3º e 4º, numerando-se o atual parágrafo único como § 1º:

- Alterações promovidas no texto da referida lei.

ART. 25. O art. 19 da Lei n. 8.069, de 13 de julho de 1990, passa a vigorar com a seguinte redação:

- Alterações promovidas no texto da referida lei.

ART. 26. O art. 22 da Lei n. 8.069, de 13 de julho de 1990, passa a vigorar acrescido do seguinte parágrafo único:

- Alterações promovidas no texto da referida lei.

ART. 27. O § 1º do art. 23 da Lei n. 8.069, de 13 de julho de 1990, passa a vigorar com a seguinte redação:

- Alterações promovidas no texto da referida lei.

ART. 28. O art. 34 da Lei n. 8.069, de 13 de julho de 1990, passa a vigorar acrescido dos seguintes §§ 3º e 4º:

- Alterações promovidas no texto da referida lei.

ART. 29. O inciso II do art. 87 da Lei n. 8.069, de 13 de julho de 1990, passa a vigorar com a seguinte redação:

- Alterações promovidas no texto da referida lei.

ART. 30. O art. 88 da Lei n. 8.069, de 13 de julho de 1990, passa a vigorar acrescido dos seguintes incisos VIII, IX e X:

- Alterações promovidas no texto da referida lei.

ART. 31. O art. 92 da Lei n. 8.069, de 13 de julho de 1990, passa a vigorar acrescido do seguinte § 7º:

- Alterações promovidas no texto da referida lei.

ART. 32. O inciso IV do *caput* do art. 101 da Lei n. 8.069, de 13 de julho de 1990, passa a vigorar com a seguinte redação:

- Alterações promovidas no texto da referida lei.

ART. 33. O art. 102 da Lei n. 8.069, de 13 de julho de 1990, passa a vigorar acrescido dos seguintes §§ 5º e 6º:

- Alterações promovidas no texto da referida lei.

ART. 34. O inciso I do art. 129 da Lei n. 8.069, de 13 de julho de 1990, passa a vigorar com a seguinte redação:

- Alterações promovidas no texto da referida lei.

ART. 35. Os §§ 1º-A e 2º do art. 260 da Lei n. 8.069, de 13 de julho de 1990, passam a vigorar com a seguinte redação:

- Alterações promovidas no texto da referida lei.

ART. 36. A Lei n. 8.069, de 13 de julho de 1990, passa a vigorar acrescida do seguinte art. 265-A:

- Alterações promovidas no texto da referida lei.

ART. 37. O art. 473 da Consolidação das Leis do Trabalho (CLT), aprovada pelo Decreto-Lei n. 5.452, de 1º de maio de 1943, passa a vigorar acrescido dos seguintes incisos X e XI:

- Alterações promovidas no texto da referida lei.

ART. 38. Os arts. 1º, 3º, 4º e 5º da Lei n. 11.770, de 9 de setembro de 2008, passam a vigorar com as seguintes alterações:

- Alterações promovidas no texto da referida lei.

ART. 39. O Poder Executivo, com vistas ao cumprimento do disposto no inciso II do *caput* do art. 5º e nos arts. 12 e 14 da Lei Complementar n. 101, de 4 de maio de 2000, estimará o montante da renúncia fiscal decorrente do disposto no art. 38 desta Lei e o incluirá no demonstrativo a que se refere o § 6º do art. 165 da Constituição Federal, que acompanhará o projeto de lei orçamentária cuja apresentação se der após decorridos 60 (sessenta) dias da publicação desta Lei.

ART. 40. Os arts. 38 e 39 desta Lei produzem efeitos a partir do primeiro dia do exercício subsequente àquele em que for implementado o disposto no art. 39.

ART. 41. Os arts. 6º, 185, 304 e 318 do Decreto-Lei n. 3.689, de 3 de outubro de 1941 (Código de Processo Penal), passam a vigorar com as seguintes alterações:

- Alterações promovidas no texto da referida lei.

ART. 42. O art. 5º da Lei n. 12.662, de 5 de junho de 2012, passa a vigorar acrescido dos seguintes §§ 3º e 4º:

- Alterações promovidas no texto da referida lei.

ART. 43. Esta Lei entra em vigor na data de sua publicação.

Brasília, 8 de março de 2016;
195º da Independência e 128º da República.
DILMA ROUSSEFF

LEI N. 13.259, DE 16 DE MARÇO DE 2016

Altera as Leis n. 8.981, de 20 de janeiro de 1995, para dispor acerca da incidência de imposto sobre a renda na hipótese de ganho de capital em decorrência da alienação de bens e direitos de qualquer natureza, e 12.973, de 13 de maio de 2014, para possibilitar opção de tributação de empresas coligadas no exterior na forma de empresas controladas; e regulamenta o inciso XI do art. 156 da Lei n. 5.172, de 25 de outubro de 1966 - Código Tributário Nacional.

- *DOU*, 17.3.2016 - Edição extra.
- Conversão da Med. Prov. 692/2015.

A Presidenta da República. Faço saber que o Congresso Nacional decreta e eu sanciono a seguinte Lei:

ART. 1º O art. 21 da Lei n. 8.981, de 20 de janeiro de 1995, passa a vigorar com as seguintes alterações:

- Alterações promovidas no texto da referida lei.

ART. 2º O ganho de capital percebido por pessoa jurídica em decorrência da alienação de bens e direitos do ativo não circulante sujeita-se à incidência do imposto sobre a renda, com a aplicação das alíquotas previstas no *caput* do art. 21 da Lei n. 8.981, de 20 de janeiro de 1995, e do disposto nos §§ 1º, 3º e 4º do referido artigo, exceto para as pessoas jurídicas tributadas com base no lucro real, presumido ou arbitrado.

ART. 3º A Lei n. 12.973, de 13 de maio de 2014, passa a vigorar acrescida do seguinte art. 82-A:

- Alterações promovidas no texto da referida lei.

ART. 4º O crédito tributário inscrito em dívida ativa da União poderá ser extinto, nos termos do inciso XI do *caput* do art. 156 da Lei n. 5.172, de 25 de outubro de 1966 - Código Tributário Nacional, mediante dação em pagamento de bens imóveis, a critério do credor, na forma desta Lei, desde que atendidas asseguintes condições: (Alterado pela Lei 13.313/2016.)

I - a dação seja precedida de avaliação do bem ou dos bens ofertados, que devem estar livres e desembaraçados de quaisquer ônus, nos termos de ato do Ministério da Fazenda; e (Alterado pela Lei 13.313/2016.)

II - a dação abranja a totalidade do crédito ou créditos que se pretende liquidar com atualização, juros, multa e encargos legais, sem desconto de qualquer natureza, assegurando-se ao devedor a possibilidade de complementação em dinheiro de eventual diferença entre os valores da totalidade da dívida e o valor do bem ou dos bens ofertados em dação. (Alterado pela Lei 13.313/2016.)

§ 1º O disposto no *caput* não se aplica aos créditos tributários referentes ao Regime Especial Unificado de Arrecadação de Tributos e Contribuições devidos pelas Microempresas e Empresas de Pequeno Porte - Simples Nacional. (Alterado pela Lei 13.313/2016.)

§ 2º Caso o crédito que se pretenda extinguir seja objeto de discussão judicial, a dação em pagamento somente produzirá efeitos após a desistência da referida ação pelo devedor ou corresponsável e a renúncia do direito sobre o qual se funda a ação, devendo o devedor ou o corresponsável arcar com o pagamento das custas judiciais e honorários advocatícios. (Alterado pela Lei 13.313/2016.)

§ 3º A União observará a destinação específica dos créditos extintos por dação em pagamento, nos termos de ato do Ministério da Fazenda. (Alterado pela Lei 13.313/2016.)

ART. 5º Esta Lei entra em vigor na data de sua publicação, produzindo efeitos a partir de 1º de janeiro de 2016.

§§ 1º e 2º (Vetados).

Brasília, 16 de março de 2016; 195º da Independência e 128º da República.

DILMA ROUSSEFF

LEI N. 13.271, DE 15 DE ABRIL DE 2016

Dispõe sobre a proibição de revista íntima de funcionárias nos locais de trabalho e trata da revista íntima em ambientes prisionais.

‣ *DOU*, 18.04.2016.

A Presidenta da República. Faço saber que o Congresso Nacional decreta e eu sanciono a seguinte Lei:

ART. 1º As empresas privadas, os órgãos e entidades da administração pública, direta e indireta, ficam proibidos de adotar qualquer prática de revista íntima de suas funcionárias e de clientes do sexo feminino.

ART. 2º Pelo não cumprimento do art. 1º, ficam os infratores sujeitos a:

I - multa de R$ 20.000,00 (vinte mil reais) ao empregador, revertidos aos órgãos de proteção dos direitos da mulher;

II - multa em dobro do valor estipulado no inciso I, em caso de reincidência, independentemente da indenização por danos morais e materiais e sanções de ordem penal.

ART. 3º (Vetado).

ART. 4º Esta Lei entra em vigor na data de sua publicação.

BRASÍLIA, 15 DE ABRIL DE 2016; 195º DA INDEPENDÊNCIA E 128º DA REPÚBLICA.

DILMA ROUSSEFF

LEI N. 13.311, DE 11 DE JULHO DE 2016

Institui, nos termos do caput do art. 182 da Constituição Federal, normas gerais para a ocupação e utilização de área pública urbana por equipamentos urbanos do tipo quiosque, trailer, feira e banca de venda de jornais e de revistas.

‣ *DOU*, 12.07.2016.

O Vice-Presidente da República, no exercício do cargo de Presidente da República. Faço saber que o Congresso Nacional decreta e eu sanciono a seguinte Lei:

ART. 1º Esta Lei institui normas gerais para a ocupação e utilização de área pública urbana por equipamentos urbanos do tipo quiosque, trailer, feira e banca de venda de jornais e de revistas.

ART. 2º O direito de utilização privada de área pública por equipamentos urbanos do tipo quiosque, trailer, feira e banca de venda de jornais e de revistas poderá ser outorgado a qualquer interessado que satisfaça os requisitos exigidos pelo poder público local.

§ 1º É permitida a transferência da outorga, pelo prazo restante, a terceiros que atendam aos requisitos exigidos em legislação municipal.

§ 2º No caso de falecimento do titular ou de enfermidade física ou mental que o impeça de gerir seus próprios atos, a outorga será transferida, pelo prazo restante, nesta ordem:

I - ao cônjuge ou companheiro;

II - aos ascendentes e descendentes.

§ 3º Entre os parentes de mesma classe, preferir-se-ão os parentes de grau mais próximo.

§ 4º Somente será deferido o direito de que trata o inciso I do § 2º deste artigo ao cônjuge que atender aos requisitos do art. 1.830 da Lei n. 10.406, de 10 de janeiro de 2002 - Código Civil.

§ 5º O direito de que trata o § 2º deste artigo não será considerado herança, para todos os efeitos de direito.

§ 6º A transferência de que trata o § 2º deste artigo dependerá de:

I - requerimento do interessado no prazo de sessenta dias, contado do falecimento do titular, da sentença que declarar sua interdição ou do reconhecimento, pelo titular, por escrito, da impossibilidade de gerir os seus próprios atos em razão de enfermidade física atestada por profissional da saúde;

II - preenchimento, pelo interessado, dos requisitos exigidos pelo Município para a outorga.

ART. 3º Extingue-se a outorga:

I - pelo advento do termo;

II - pelo descumprimento das obrigações assumidas;

III - por revogação do ato pelo poder público municipal, desde que demonstrado o interesse público de forma motivada.

ART. 4º O Município poderá dispor sobre outros requisitos para a outorga, observada a gestão democrática de que trata o art. 43 da Lei n. 10.257, de 10 de julho de 2001 - Estatuto da Cidade.

ART. 5º Esta Lei entra em vigor na data de sua publicação.

Brasília, 11 de julho de 2016; 195º da Independência e 128º da República.

MICHEL TEMER

LEI N. 13.428, DE 30 DE MARÇO DE 2017

Altera a Lei n. 13.254, de 13 de janeiro de 2016, que "Dispõe sobre o Regime Especial de Regularização Cambial e Tributária (RERCT) de recursos, bens ou direitos de origem lícita, não declarados ou declarados incorretamente, remetidos, mantidos no exterior ou repatriados por residentes ou domiciliados no País".

‣ *DOU*, 31.3.2017.

O Presidente da República. Faço saber que o Congresso Nacional decreta e eu sanciono a seguinte Lei:

ART. 1º A Lei n. 13.254, de 13 de janeiro de 2016, passa a vigorar com as seguintes alterações:

‣ Alterações promovidas no texto da referida lei.

ART. 2º O prazo para adesão ao RERCT de que trata a Lei n. 13.254, de 13 de janeiro de 2016, será reaberto por 120 (cento e vinte) dias, contados da data da regulamentação para a declaração voluntária da situação patrimonial em 30 de junho de 2016 de ativos, bens e direitos existentes em períodos anteriores a essa data, mediante pagamento de imposto e multa.

§ 1º Para as adesões efetuadas nos termos deste artigo, altera-se:

I - a referência a "31 de dezembro de 2014" constante da Lei n. 13.254, de 13 de janeiro de 2016, para "30 de junho de 2016";

II - a referência a "mês de dezembro de 2014" constante da Lei n. 13.254, de 13 de janeiro de 2016, para "mês de junho de 2016";

III - a referência a "no ano-calendário de 2015" constante do § 7º do art. 4º da Lei n. 13.254, de 13 de janeiro de 2016, para "a partir de 1º de julho de 2016".

§ 2º Os bens ou direitos de qualquer natureza regularizados nos termos deste artigo e os rendimentos, frutos e acessórios decorrentes do seu aproveitamento, no exterior ou no País, obtidos a partir de 1º de julho de 2016, deverão ser incluídos na:

I - declaração de ajuste anual do imposto sobre a renda relativa ao ano-calendário de 2016, ou em sua retificadora, no caso de pessoa física;

II - declaração de bens e capitais no exterior relativa ao ano-calendário de 2016, no caso de pessoa física ou jurídica, se a ela estiver obrigada; e

III - escrituração contábil societária relativa ao ano-calendário da adesão e posteriores, no caso de pessoa jurídica.

§ 3º Às adesões efetuadas nos termos deste artigo não se aplica o disposto no § 2º do art. 4º da Lei n. 13.254, de 13 de janeiro de 2016.

§ 4º Aos rendimentos, frutos e acessórios de que trata o § 2º deste artigo incluídos nas declarações nele indicadas aplica-se o disposto no art. 138 da Lei n. 5.172, de 25 de outubro de 1966 (Código Tributário Nacional), inclusive com dispensa do pagamento de multas moratórias, se as inclusões forem feitas até o último dia do prazo para adesão ao RERCT ou até o último dia do prazo regular de apresentação da respectiva declaração anual, o que for posterior.

§ 5º Às adesões ocorridas no período previsto neste artigo aplica-se a alíquota do imposto de renda de que trata o art. 6º da Lei n. 13.254, de 13 de janeiro de 2016.

§ 6º Em substituição à multa a que se refere o *caput* do art. 8º da Lei n. 13.254, de 13 de janeiro de 2016, sobre o valor do imposto apurado na forma do § 5º deste artigo incidirá multa administrativa de 135% (cento e trinta e cinco por cento).

§ 7º Do produto da arrecadação da multa prevista no § 6º a União entregará 46% (quarenta e seis por cento) aos Estados, ao Distrito Federal e aos Municípios na forma das alíneas "a", "b", "d" e "e" do inciso I do art. 159 da Constituição Federal.

ART. 3º As adesões realizadas com base no § 4º-A do art. 1º da Lei n. 13.254, de 13 de janeiro de 2016, submetem-se aos requisitos do art. 2º desta Lei.

ART. 4º É facultado ao contribuinte que aderiu ao RERCT até 31 de outubro de 2016 complementar a declaração de que trata o art. 5º da Lei n.13.254, de 13 de janeiro de 2016, obrigando-se, caso exerça esse direito, a pagar os respectivos imposto e multa devidos sobre o valor adicional e a observar a nova data fixada para a conversão do valor expresso em moeda estrangeira, nos termos do art. 2º desta Lei.

ART. 5º O disposto nesta Lei será regulamentado pela Secretaria da Receita Federal do Brasil em até 30 (trinta) dias.

ART. 6º Esta Lei entra em vigor na data de sua publicação.

Brasília, 30 de março de 2017; 196º da Independência e 129º da República.

MICHEL TEMER

LEI N. 13.432, DE 11 DE ABRIL DE 2017

Dispõe sobre o exercício da profissão de detetive particular.

‣ *DOU*, 12.4.2017.

O Presidente da República. Faço saber que o Congresso Nacional decreta e eu sanciono a seguinte Lei:

ART. 1º (Vetado).

ART. 2º Para os fins desta Lei, considera-se detetive particular o profissional que, habitualmente, por conta própria ou na forma de sociedade civil ou empresarial, planeje e execute coleta de dados e informações de natureza não criminal, com conhecimento técnico e utilizando recursos e meios tecnológicos permitidos, visando ao esclarecimento de assuntos de interesse privado do contratante.

§ 1º Consideram-se sinônimas, para efeito desta Lei, as expressões "detetive particular", "detetive profissional" e outras que tenham ou venham a ter o mesmo objeto.

§ 2º (Vetado).

ARTS. 3º e **4º** (Vetados).

ART. 5º O detetive particular pode colaborar com investigação policial em curso, desde que expressamente autorizado pelo contratante.

Parágrafo único. O aceite da colaboração ficará a critério do delegado de polícia, que poderá admiti-la ou rejeitá-la a qualquer tempo.

ART. 6º Em razão da natureza reservada de suas atividades, o detetive particular, no desempenho da profissão, deve agir com técnica, legalidade, honestidade, discrição, zelo e apreço pela verdade.

ART. 7º O detetive particular é obrigado a registrar em instrumento escrito a prestação de seus serviços.

ART. 8º O contrato de prestação de serviços do detetive particular conterá:

I - qualificação completa das partes contratantes;

II - prazo de vigência;

III - natureza do serviço;

IV - relação de documentos e dados fornecidos pelo contratante;

V - local em que será prestado o serviço;

VI - estipulação dos honorários e sua forma de pagamento.

Parágrafo único. É facultada às partes a estipulação de seguro de vida em favor do detetive particular, que indicará os beneficiários, quando a atividade envolver risco de morte.

ART. 9º Ao final do prazo pactuado para a execução dos serviços profissionais, o detetive particular entregará ao contratante ou a seu representante legal, mediante recibo, relatório circunstanciado sobre os dados e informações coletados, que conterá:

I - os procedimentos técnicos adotados;

II - a conclusão em face do resultado dos trabalhos executados e, se for o caso, a indicação das providências legais a adotar;

III - data, identificação completa do detetive particular e sua assinatura.

ART. 10. É vedado ao detetive particular:

I - aceitar ou captar serviço que configure ou contribua para a prática de infração penal ou tenha caráter discriminatório;

II - aceitar contrato de quem já tenha detetive particular constituído, salvo:

a) com autorização prévia daquele com o qual irá colaborar ou a quem substituirá;

b) na hipótese de dissídio entre o contratante e o profissional precedente ou de omissão deste que possa causar dano ao contratante;

III - divulgar os meios e os resultados da coleta de dados e informações a que tiver acesso no exercício da profissão, salvo em defesa própria;

IV - participar diretamente de diligências policiais;

V - utilizar, em demanda contra o contratante, os dados, documentos e informações coletados na execução do contrato.

ART. 11. São deveres do detetive particular:

I - preservar o sigilo das fontes de informação;

II - respeitar o direito à intimidade, à privacidade, à honra e à imagem das pessoas;

III - exercer a profissão com zelo e probidade;

IV - defender, com isenção, os direitos e as prerrogativas profissionais, zelando pela própria reputação e a da classe;

V - zelar pela conservação e proteção de documentos, objetos, dados ou informações que lhe forem confiados pelo cliente;

VI - restituir, íntegro, ao cliente, findo o contrato ou a pedido, documento ou objeto que lhe tenha sido confiado;

VII - prestar contas ao cliente.

ART. 12. São direitos do detetive particular:

I - exercer a profissão em todo o território nacional na defesa dos direitos ou interesses que lhe forem confiados, na forma desta Lei;

II - recusar serviço que considere imoral, discriminatório ou ilícito;

III - renunciar ao serviço contratado, caso gere risco à sua integridade física ou moral;

IV - compensar o montante dos honorários recebidos ou recebê-lo proporcionalmente, de acordo com o período trabalhado, conforme pactuado;

V - (Vetado);

VI - reclamar, verbalmente ou por escrito, perante qualquer autoridade, contra a inobservância de preceito de lei, regulamento ou regimento;

VII - ser publicamente desagravado, quando injustamente ofendido no exercício da profissão.

ART. 13. Esta Lei entra em vigor na data de sua publicação.

Brasília, 11 de abril de 2017; 196º da Independência e 129º da República.

MICHEL TEMER

LEI N. 13.439, DE 27 DE ABRIL DE 2017

Cria o Programa Cartão Reforma e dá outras providências.

› *DOU*, 28.4.2017.
› Dec. 9.084/2017 (Regulamenta esta lei.)

O Presidente da República. Faço saber que o Congresso Nacional decreta e eu sanciono a seguinte Lei:

CAPÍTULO I
DA ESTRUTURA E FINALIDADE DO PROGRAMA CARTÃO REFORMA

ART. 1º Fica instituído o Programa Cartão Reforma, que tem por finalidade a concessão de subvenção econômica para aquisição de materiais de construção, destinada à reforma, à ampliação ou à conclusão de unidades habitacionais dos grupos familiares contemplados, incluídos o fornecimento de assistência técnica e os custos operacionais do Programa que estejam a cargo da União.

§ 1º A União fica autorizada a conceder a subvenção econômica de que trata o *caput* deste artigo mediante recursos dos Orçamentos Fiscal e da Seguridade Social, observada a disponibilidade orçamentária e financeira.

§ 2º A parcela da subvenção econômica destinada à aquisição de materiais de construção deverá ser aplicada exclusivamente no imóvel indicado pelo beneficiário, por ocasião da inscrição no processo de seleção do Programa.

§ 3º A subvenção econômica de que trata o *caput* deste artigo poderá ser concedida mais de uma vez por grupo familiar e por imóvel, desde que não ultrapasse o valor máximo estipulado pelo Poder Executivo federal.

§ 4º A subvenção econômica de que trata o *caput* deste artigo não poderá ser cumulada com outros subsídios concedidos no âmbito de programas habitacionais da União, excetuados aqueles concedidos a pessoas físicas há mais de dez anos, contados a partir do seu cadastro no Programa Cartão Reforma, bem como os descontos habitacionais concedidos nas operações de financiamento de aquisição de material de construção realizadas com recursos do Fundo de Garantia do Tempo de Serviço (FGTS).

§ 5º A subvenção de que trata este artigo também poderá ser empregada na aquisição de materiais de construção destinados a promover a acessibilidade nos imóveis em que residirem pessoas com deficiência.

§ 6º A União transferirá para os entes apoiadores, no todo ou em parte, a parcela dos recursos destinada à assistência técnica, limitada a 15% (quinze por cento) da dotação orçamentária do Programa.

ART. 2º Compete ao Ministério das Cidades a gestão do Programa.

Parágrafo único. O software utilizado na gestão do Programa Cartão Reforma será auditado pelo órgão de controle externo do Poder Executivo.

ART. 3º Fica atribuída à Caixa Econômica Federal a função de Agente Operador do Programa.

§ 1º Os Ministros de Estado das Cidades, da Fazenda e do Planejamento, Desenvolvimento e Gestão fixarão, em ato conjunto, a remuneração a ser oferecida à Caixa Econômica Federal pelas atividades exercidas no âmbito do Programa.

§ 2º Compete à Caixa Econômica Federal, na condição de Agente Operador do Programa, expedir os atos necessários à atuação de instituições financeiras oficiais na operacionalização do Programa.

ART. 4º A União, por intermédio do Ministério das Cidades, manterá controle gerencial das ações do Programa, a partir de relatórios periodicamente encaminhados pela Caixa Econômica Federal, na condição de Agente Operador, e pelos entes apoiadores.

ART. 5º Para os fins desta Lei, considera-se:

I - grupo familiar: a unidade nuclear composta por um ou mais moradores permanentes que contribuam para o seu rendimento conjunto ou que tenham as suas despesas por ela atendidas, abrangidas todas as espécies de famílias reconhecidas pelo ordenamento jurídico brasileiro, inclusive a família unipessoal;

II - renda familiar mensal: a soma dos rendimentos brutos auferidos mensalmente pela totalidade dos integrantes de um grupo familiar, incluídos os rendimentos provenientes de programas oficiais de transferência de renda;

III - reforma, ampliação e conclusão de unidade habitacional: as obras destinadas à melhoria de condições de habitabilidade, de salubridade, de segurança, de acessibilidade e de dignidade da moradia, conforme regulamentação do Poder Executivo federal;

IV - cartão reforma: meio de pagamento nominal aos beneficiários do Programa para que adquiram exclusivamente materiais de construção, obedecidos os requisitos previstos nesta Lei e em regulamentação do Poder Executivo federal;

V - entes apoiadores: os Estados, o Distrito Federal e os Municípios responsáveis pela fiel execução das ações do Programa;

VI - participantes: os beneficiários, a União e seus agentes, a Caixa Econômica Federal e seus agentes, os entes apoiadores e seus agentes, os comerciantes de materiais de construção e todos aqueles que concorrerem para as ações do Programa ou que se beneficiarem, direta ou indiretamente, dos recursos deste;

VII - assistência técnica: conjunto de ações, definido pelo Poder Executivo federal, a ser adotado pelos Estados, pelo Distrito Federal e pelos Municípios para a orientação aos beneficiários do Programa quanto à adequada aplicação dos recursos oriundos da subvenção econômica recebida; e

VIII - subvenção econômica: recursos provenientes dos Orçamentos Fiscal e da Seguridade Social destinados à aquisição de materiais de construção, incluídos o fornecimento de assistência técnica e os custos operacionais do Programa que estejam a cargo da União.

ART. 6º Os Estados, o Distrito Federal, os Municípios e instituições privadas poderão complementar o valor da subvenção econômica de que trata o *caput* do art. 1º, mediante aportes de recursos financeiros, concessão de incentivos fiscais ou fornecimento de bens e serviços economicamente mensuráveis, nas condições a serem definidas pelo Poder Executivo federal.

Parágrafo único. O disposto no *caput* deste artigo não exclui a competência dos Estados, do Distrito Federal e dos Municípios para instituírem programas complementares, com recursos próprios.

CAPÍTULO II
DOS REQUISITOS PARA PARTICIPAÇÃO E ENQUADRAMENTO NO PROGRAMA

ART. 7º Para participar do Programa, o candidato a beneficiário deverá atender, no mínimo, aos seguintes requisitos:

I - integrar grupo familiar com renda mensal de até R$ 2.811,00 (dois mil, oitocentos e onze reais);

II - ser proprietário, possuidor ou detentor de imóvel residencial, em áreas regularizadas ou passíveis de regularização, na forma da lei, excluído o ocupante de imóveis cedidos ou alugados; e

III - ser maior de dezoito anos ou emancipado.

§ 1º O limite fixado no inciso I do *caput* deste artigo poderá ser corrigido com base em índices oficiais, estabelecido em regulamento.

§ 2º É vedada a utilização da subvenção econômica do Programa em imóveis de natureza exclusivamente comercial.

§ 3º Na comprovação da situação econômico-financeira dos beneficiários, o poder público deverá:

I - exigir qualificação pessoal completa do beneficiário, incluindo seu número de inscrição no Cadastro de Pessoas Físicas (CPF), mantido pela Secretaria da Receita Federal do Brasil;

II - verificar a veracidade das informações por meio do cruzamento de dados oficiais do beneficiário, assegurado o sigilo constitucional das informações.

§ 4º Outros requisitos para participação no Programa poderão ser definidos em regulamento.

ART. 8º Terão prioridade de atendimento, no âmbito do Programa, os grupos familiares:

I - cujo responsável pela subsistência seja mulher;

II - de que façam parte pessoas com deficiência, conforme a Lei n. 13.146, de 6 de julho de 2015;

III - de que façam parte idosos, conforme a Lei n. 10.741, de 1º de outubro de 2003;

IV - com menor renda familiar.

ART. 9º Os recursos da subvenção econômica ficarão disponíveis para o beneficiário por até doze meses, contados da disponibilização do benefício para efetivo uso.

Parágrafo único. A comprovação do uso dos recursos disponibilizados no âmbito do Programa será efetivada por meio da comprovação da devida aquisição dos materiais de construção.

ART. 10. (Vetado).

CAPÍTULO III
DA OPERACIONALIZAÇÃO DO PROGRAMA

ART. 11. A execução e a gestão do Programa contarão com a participação dos entes apoiadores.

§ 1º A supervisão e a avaliação das ações do Programa serão realizadas em regime de colaboração com os órgãos competentes dos entes apoiadores.

§ 2º O Poder Executivo federal estabelecerá:

I - os procedimentos e as condições necessárias para adesão ao Programa;

II - as competências dos participantes do Programa;

III - os instrumentos a serem celebrados entre a União e os entes apoiadores no âmbito do Programa;

IV - os limites da parcela da subvenção econômica concedida a cada beneficiário do Programa;

V - (Vetado);

VI - os limites da parcela da subvenção econômica destinada à satisfação dos custos operacionais do Programa que estejam a cargo da União;

VII - os procedimentos e os instrumentos de controle e de acompanhamento das ações do Programa pelos entes federados;

VIII - as metas a serem atingidas pelo Programa;

IX - as diretrizes para gestão e avaliação dos resultados do Programa;

X - os critérios de alocação dos recursos do Programa no território nacional;

XI - os critérios de seleção dos beneficiários do Programa;

XII - a periodicidade e os critérios de atualização dos limites da renda familiar mensal.

ART. 12. Compete aos Estados, ao Distrito Federal e aos Municípios que aderirem ao Programa, na qualidade de entes apoiadores:

I - elaborar proposta de melhorias habitacionais em áreas específicas da cidade aptas a receberem a subvenção prevista no Programa;

II - cadastrar os grupos familiares interessados em participar do Programa nas áreas propostas;

III - prestar, na forma do § 6º do art. 1º desta Lei, assistência técnica aos beneficiários e realizar as ações de coordenação, acompanhamento e controle do Programa nas respectivas esferas de atuação.

Parágrafo único. No âmbito municipal, o Programa terá um coordenador-geral, responsável pelas ações de gestão, e um coordenador técnico, obrigatoriamente profissional com registro nos Conselhos Regionais de Engenharia e Agronomia ou nos Conselhos Regionais de Arquitetura e Urbanismo, encarregado do gerenciamento das equipes de assistência técnica.

ART. 13. Os conselhos municipais de habitação, onde houver, poderão auxiliar, em caráter consultivo, no planejamento, no monitoramento, na fiscalização e na avaliação do Programa.

CAPÍTULO IV
DISPOSIÇÕES FINAIS

ART. 14. A aplicação indevida dos recursos da subvenção econômica de que trata esta Lei sujeitará o beneficiário às seguintes penalidades, sem prejuízo de outras sanções civis, administrativas e penais cabíveis:

I - vedação ao recebimento de recursos ou benefícios associados a qualquer programa habitacional federal; e

II - obrigação de devolver integralmente os recursos recebidos, em valor corrigido monetariamente pelo Índice Nacional de Preços ao Consumidor Amplo (IPCA), divulgado pela Fundação Instituto Brasileiro de Geografia e Estatística (IBGE).

ART. 15. Os participantes do Programa, públicos ou privados, que venham a descumprir normas ou a contribuir, por ação ou omissão, para a aplicação indevida dos recursos do Programa, perderão a possibilidade de atuar nele, sem prejuízo do dever de ressarcimento dos danos causados e das demais sanções civis, administrativas e penais aplicáveis, em especial as previstas na Lei n. 8.429, de 2 de junho de 1992.

§ 1º O servidor público e o agente da entidade participante do Programa serão responsabilizados quando:

I - informarem, inserirem ou fizerem inserir dados ou informações falsas no âmbito do Programa;

II - contribuírem para que pessoa diversa do beneficiário final do Programa receba vantagem indevida; ou

III - derem causa ou contribuírem para irregularidades na implementação das ações do Programa.

§ 2º Na hipótese do § 1º deste artigo, caso comprovado dolo ou fraude, o servidor público e o agente da entidade participante do Programa ficarão adicionalmente obrigados a pagar multa, nunca inferior ao dobro e superior ao quádruplo da quantia da subvenção econômica recebida ou do dano causado.

§ 3º Apurado, por meio de processo administrativo, o valor a ser ressarcido e não tendo sido pago pelo responsável, ao débito serão aplicados os procedimentos de cobrança dos créditos da União, na forma da legislação pertinente.

ART. 16. Pela inexecução total ou parcial das ações do Programa, o Poder Executivo federal poderá, garantidos a prévia e ampla defesa e o contraditório, aplicar multa aos entes apoiadores e ao Agente Operador, na forma prevista no instrumento celebrado.

ART. 17. Ato do Poder Executivo regulamentará o disposto nesta Lei.

ART. 18. Esta Lei entra em vigor na data de sua publicação.

Brasília, 27 de abril de 2017; 196º da Independência e 129º da República.

MICHEL TEMER

LEI N. 13.444, DE 11 DE MAIO DE 2017

Dispõe sobre a Identificação Civil Nacional (ICN).

› *DOU*, 12.05.2017.

O Presidente da República. Faço saber que o Congresso Nacional decreta e eu sanciono a seguinte Lei:

ART. 1º É criada a Identificação Civil Nacional (ICN), com o objetivo de identificar o brasileiro em suas relações com a sociedade e com os órgãos e entidades governamentais e privados.

ART. 2º A ICN utilizará:

I - a base de dados biométricos da Justiça Eleitoral;

II - a base de dados do Sistema Nacional de Informações de Registro Civil (Sirc), criado pelo Poder Executivo federal, e da Central Nacional de Informações do Registro Civil (CRC Nacional), instituída pelo Conselho Nacional de Justiça, em cumprimento ao disposto no art. 41 da Lei n. 11.977, de 7 de julho de 2009;

III - outras informações, não disponíveis no Sirc, contidas em bases de dados da Justiça Eleitoral, dos institutos de identificação dos Estados e do Distrito Federal ou do Instituto Nacional de Identificação, ou disponibilizadas por outros órgãos, conforme definido pelo Comitê Gestor da ICN.

§ 1º A base de dados da ICN será armazenada e gerida pelo Tribunal Superior Eleitoral, que a manterá atualizada e adotará as providências necessárias para assegurar a integridade, a disponibilidade, a autenticidade e a confidencialidade de seu conteúdo e a interoperabilidade entre os sistemas eletrônicos governamentais.

§ 2º A interoperabilidade de que trata o § 1º deste artigo observará a legislação aplicável e as recomendações técnicas da arquitetura dos Padrões de Interoperabilidade de Governo Eletrônico (e-Ping).

ART. 3º O Tribunal Superior Eleitoral garantirá aos Poderes Executivo e Legislativo da União, dos Estados, do Distrito Federal e dos Municípios acesso à base de dados da ICN, de forma gratuita, exceto quanto às informações eleitorais.

§ 1º O Poder Executivo dos entes federados poderá integrar aos seus próprios bancos de dados as informações da base de dados da ICN, com exceção dos dados biométricos.

§ 2º Ato do Tribunal Superior Eleitoral disporá sobre a integração dos registros biométricos pelas Polícias Federal e Civil, com exclusividade, às suas bases de dados.

ART. 4º É vedada a comercialização, total ou parcial, da base de dados da ICN.

§ 1º (Vetado.)

§ 2º O disposto no *caput* deste artigo não impede o serviço de conferência de dados que envolvam a biometria prestado a particulares, a ser realizado exclusivamente pelo Tribunal Superior Eleitoral.

ART. 5º É criado o Comitê Gestor da ICN.

§ 1º O Comitê Gestor da ICN será composto por:

I - 3 (três) representantes do Poder Executivo federal;

II - 3 (três) representantes do Tribunal Superior Eleitoral;

III - 1 (um) representante da Câmara dos Deputados;

IV - 1 (um) representante do Senado Federal;

V - 1 (um) representante do Conselho Nacional de Justiça.

§ 2º Compete ao Comitê Gestor da ICN:

I - recomendar:

a) o padrão biométrico da ICN;

b) a regra de formação do número da ICN;

c) o padrão e os documentos necessários para expedição do Documento Nacional de Identidade (DNI);

d) os parâmetros técnicos e econômico-financeiros da prestação do serviço de conferência de dados que envolvam a biometria;

e) as diretrizes para administração do Fundo da Identificação Civil Nacional (FICN) e para gestão de seus recursos;

II - orientar a implementação da interoperabilidade entre os sistemas eletrônicos do Poder Executivo federal e da Justiça Eleitoral;

III - estabelecer regimento.

§ 3º As decisões do Comitê Gestor da ICN serão tomadas por maioria de 2/3 (dois terços) dos membros.

§ 4º O Comitê Gestor da ICN poderá criar grupos técnicos, com participação paritária do Poder Executivo federal, do Poder Legislativo federal e do Tribunal Superior Eleitoral, para assessorá-lo em suas atividades.

§ 5º A participação no Comitê Gestor da ICN e em seus grupos técnicos será considerada serviço público relevante, não remunerado.

§ 6º A coordenação do Comitê Gestor da ICN será alternada entre os representantes do Poder Executivo federal e do Tribunal Superior Eleitoral, conforme regimento.

ART. 6º É instituído o Fundo da Identificação Civil Nacional (FICN), de natureza contábil, gerido e administrado pelo Tribunal Superior Eleitoral, com a finalidade de constituir fonte de recursos para o desenvolvimento e a manutenção da ICN e das bases por ela utilizadas.

§ 1º Constituem recursos do FICN:

I - os que lhe forem destinados no orçamento da União especificamente para os fins de que trata esta Lei, que não se confundirão com os recursos do orçamento da Justiça Eleitoral;

II - o resultado de aplicações financeiras sobre as receitas diretamente arrecadadas;

III - a receita proveniente da prestação do serviço de conferência de dados;

IV - outros recursos que lhe forem destinados, tais como os decorrentes de convênios e de instrumentos congêneres ou de doações.

§ 2º O FICN será administrado pelo Tribunal Superior Eleitoral, observadas as diretrizes estabelecidas pelo Comitê Gestor da ICN.

§ 3º O saldo positivo do FICN apurado em balanço será transferido para o exercício seguinte, a crédito do mesmo fundo.

§ 4º Observadas as diretrizes estabelecidas pelo Comitê Gestor da ICN, o FICN deverá garantir o funcionamento, a integração, a padronização e a interoperabilidade das bases biométricas no âmbito da União.

ART. 7º O Tribunal Superior Eleitoral estabelecerá cronograma das etapas de implementação da ICN e de coleta das informações biométricas.

ART. 8º É criado o Documento Nacional de Identidade (DNI), com fé pública e validade em todo o território nacional.

§ 1º O DNI faz prova de todos os dados nele incluídos, dispensando a apresentação dos documentos que lhe deram origem ou que nele tenham sido mencionados.

§ 2º (Vetado.)

§ 3º O DNI será emitido:

I - pela Justiça Eleitoral;

II - pelos institutos de identificação civil dos Estados e do Distrito Federal, com certificação da Justiça Eleitoral;

III - por outros órgãos, mediante delegação do Tribunal Superior Eleitoral, com certificação da Justiça Eleitoral.

§ 4º O DNI poderá substituir o título de eleitor, observada a legislação do alistamento eleitoral, na forma regulamentada pelo Tribunal Superior Eleitoral.

§ 5º (Vetado.)

ART. 9º O número de inscrição no Cadastro de Pessoas Físicas (CPF) será incorporado, de forma gratuita, aos documentos de identidade civil da União, dos Estados e do Distrito Federal.

ART. 10. O documento emitido por entidade de classe somente será validado se atender aos requisitos de biometria e de fotografia estabelecidos para o DNI.

Parágrafo único. As entidades de classe terão 2 (dois) anos para adequarem seus documentos aos requisitos estabelecidos para o DNI.

ART. 11. O poder público deverá oferecer mecanismos que possibilitem o cruzamento de informações constantes de bases de dados oficiais, a partir do número de inscrição no CPF do solicitante, de modo que a verificação do cumprimento de requisitos de elegibilidade para a concessão e a manutenção de benefícios sociais possa ser feita pelo órgão concedente.

ART. 12. O Poder Executivo federal e o Tribunal Superior Eleitoral editarão, no âmbito de suas competências, atos complementares para a execução do disposto nesta Lei.

ART. 13. Esta Lei entra em vigor na data de sua publicação.

Brasília, 11 de maio de 2017; 196º da Independência e 129º da República.

MICHEL TEMER

LEI N. 13.448, DE 5 DE JUNHO DE 2017

Estabelece diretrizes gerais para prorrogação e relicitação dos contratos de parceria definidos nos termos da Lei n. 13.334, de 13 de setembro de 2016, nos setores rodoviário, ferroviário e aeroportuário da administração pública federal, e altera a Lei n. 10.233, de 5 de junho de 2001, e a Lei n. 8.987, de 13 de fevereiro de 1995.

O Presidente da República. Faço saber que o Congresso Nacional decreta e eu sanciono a seguinte Lei:

CAPÍTULO I
DISPOSIÇÕES PRELIMINARES

ART. 1º Esta Lei estabelece diretrizes gerais para prorrogação e relicitação dos contratos de parceria definidos nos termos da Lei n.13.334, de 13 de setembro de 2016, nos setores rodoviário, ferroviário e aeroportuário da administração pública federal, e altera a Lei n.10.233, de 5 de junho de 2001, e a Lei n. 8.987, de 13 de fevereiro de 1995.

ART. 2º A prorrogação e a relicitação de que trata esta Lei aplicam-se apenas a empreendimento público prévia e especificamente qualificado para esse fim no Programa de Parcerias de Investimentos (PPI).

ART. 3º O ministério ou a agência reguladora, na condição de órgão ou de entidade competente, adotará no contrato prorrogado ou relicitado as melhores práticas regulatórias, incorporando novas tecnologias e serviços e, conforme o caso, novos investimentos.

ART. 4º Para os fins desta Lei, considera-se:

I - prorrogação contratual: alteração do prazo de vigência do contrato de parceria, expressamente admitida no respectivo edital ou no instrumento contratual original, realizada a critério do órgão ou da entidade competente e de comum acordo com o contratado, em razão do término da vigência do ajuste;

II - prorrogação antecipada: alteração do prazo de vigência do contrato de parceria, quando expressamente admitida a prorrogação contratual no respectivo edital ou no instrumento contratual original, realizada a critério do órgão ou da entidade competente e de comum acordo com o contratado, produzindo efeitos antes do término da vigência do ajuste;

III - relicitação: procedimento que compreende a extinção amigável do contrato de parceria e a celebração de novo ajuste negocial para o empreendimento, em novas condições contratuais e com novos contratados, mediante licitação promovida para esse fim.

CAPÍTULO II
DA PRORROGAÇÃO DO CONTRATO DE PARCERIA

ART. 5º A prorrogação contratual e a prorrogação antecipada do contrato de parceria nos setores rodoviário e ferroviário observarão as disposições dos respectivos instrumentos contratuais, balizando-se, adicionalmente, pelo disposto nesta Lei.

§ 1º As prorrogações previstas no *caput* deste artigo poderão ocorrer por provocação de qualquer uma das partes do contrato de parceria e estarão sujeitas à discricionariedade do órgão ou da entidade competente.

§ 2º Exceto quando houver disposição contratual em contrário, o pedido de prorrogação contratual deverá ser manifestado formalmente ao órgão ou à entidade competente com antecedência mínima de 24 (vinte e quatro) meses, contados do término do contrato originalmente firmado.

§ 3º Para fins do disposto nesta Lei, e desde que já não tenha sido prorrogado anteriormente, o contrato de parceria poderá ser prorrogado uma única vez, por período igual ou inferior ao prazo de prorrogação originalmente fixado ou admitido no contrato.

ART. 6º A prorrogação antecipada ocorrerá por meio da inclusão de investimentos não previstos no instrumento contratual vigente, observado o disposto no art. 3º desta Lei.

§ 1º A prorrogação antecipada ocorrerá apenas no contrato de parceria cujo prazo de vigência, à época da manifestação da parte interessada, encontrar-se entre 50% (cinquenta por cento) e 90% (noventa por cento) do prazo originalmente estipulado.

§ 2º A prorrogação antecipada estará, ainda, condicionada ao atendimento das seguintes exigências por parte do contratado:

I - quanto à concessão rodoviária, a execução de, no mínimo, 80% (oitenta por cento) das obras obrigatórias exigíveis entre o início da concessão e o encaminhamento da proposta de prorrogação antecipada, desconsideradas as hipóteses de inadimplemento contratual para as quais o contratado não tenha dado causa, conforme relatório elaborado pelo órgão ou pela entidade competente;

II - quanto à concessão ferroviária, a prestação de serviço adequado, entendendo-se como tal o cumprimento, no período antecedente de 5 (cinco) anos, contado da data da proposta de antecipação da prorrogação, das metas de produção e de segurança definidas no contrato, por 3 (três) anos, ou das metas de segurança definidas no contrato, por 4 (quatro) anos.

ART. 7º O termo aditivo de prorrogação do contrato de parceria deverá conter o respectivo cronograma dos investimentos obrigatórios previstos e incorporar mecanismos que desestimulem eventuais inexecuções ou atrasos de obrigações, como o desconto anual de reequilíbrio e o pagamento de adicional de outorga.

ART. 8º Caberá ao órgão ou à entidade competente, após a qualificação referida no art. 2º desta Lei, realizar estudo técnico prévio que fundamente a vantagem da prorrogação do contrato de parceria em relação à realização de nova licitação para o empreendimento.

§ 1º Sem prejuízo da regulamentação do órgão ou da entidade competente, deverão constar do estudo técnico de que trata o *caput* deste artigo:

I - o programa dos novos investimentos, quando previstos;

II - as estimativas dos custos e das despesas operacionais;

III - as estimativas de demanda;

IV - a modelagem econômico-financeira;

V - as diretrizes ambientais, quando exigíveis, observado o cronograma de investimentos;

VI - as considerações sobre as principais questões jurídicas e regulatórias existentes;

VII - os valores devidos ao poder público pela prorrogação, quando for o caso.

§ 2º A formalização da prorrogação do contrato de parceria dependerá de avaliação prévia e favorável do órgão ou da entidade competente acerca da capacidade de o contratado garantir a continuidade e a adequação dos serviços.

ART. 9º Sem prejuízo das demais disposições desta Lei, as prorrogações dos contratos de parceria no setor ferroviário também serão orientadas:

I - pela adoção, quando couber, de obrigações de realização de investimento para aumento de capacidade instalada, de forma a reduzir o nível de saturação do trecho ferroviário, assegurado o reequilíbrio econômico-financeiro do contrato;

II - pelos parâmetros de qualidade dos serviços, com os respectivos planos de investimento, a serem pactuados entre as partes;

III - pela garantia contratual de capacidade de transporte a terceiros outorgados pela Agência Nacional de Transportes Terrestres (ANTT), garantindo-se o direito de passagem, de tráfego mútuo e de exploração por operador ferroviário independente, mediante acesso à infraestrutura ferroviária e aos respectivos recursos operacionais do concessionário, garantida a remuneração pela capacidade contratada.

§ 1º Os níveis de capacidade de transporte deverão ser fixados para cada ano de vigência do contrato de parceria prorrogado, e caberá ao órgão ou à entidade competente acompanhar o seu atendimento pelo contratado.

§ 2º Os planos de investimento pactuados poderão prever intervenções obrigatórias pelo contratado, compatíveis com os níveis de capacidade ajustados.

§ 3º Mediante anuência prévia do órgão ou da entidade competente, os planos de investimento serão revistos para fazer frente aos níveis de capacidade, nos termos do contrato.

§ 4º O nível de saturação a que se refere o inciso I do *caput* deste artigo será determinado ao contratado pelo poder concedente.

ART. 10. As prorrogações de que trata o art. 5º desta Lei deverão ser submetidas previamente a consulta pública pelo órgão ou pela entidade competente, em conjunto com o estudo referido no art. 8º desta Lei.

Parágrafo único. A consulta pública será divulgada na imprensa oficial e na internet e deverá conter a identificação do objeto, a motivação para a prorrogação e as condições propostas, entre outras informações relevantes, fixando-se o prazo mínimo de 45 (quarenta e cinco) dias para recebimento de sugestões.

ART. 11. Encerrada a consulta pública, serão encaminhados ao Tribunal de Contas da União o estudo de que trata o art. 8º desta Lei, os documentos que comprovem o cumprimento das exigências de que tratam os incisos I e II do § 2º do art. 6º desta Lei, quando for o caso, e o termo aditivo de prorrogação contratual.

ART. 12. (Vetado).

CAPÍTULO III
DA RELICITAÇÃO DO OBJETO DO CONTRATO DE PARCERIA

ART. 13. Com o objetivo de assegurar a continuidade da prestação dos serviços, o órgão ou a entidade competente poderá realizar, observadas as condições fixadas nesta Lei, a relicitação do objeto dos contratos de parceria nos setores rodoviário, ferroviário e aeroportuário cujas disposições contratuais não estejam sendo atendidas ou cujos contratados demonstrem incapacidade de adimplir as obrigações contratuais ou financeiras assumidas originalmente.

ART. 14. A relicitação de que trata o art. 13 desta Lei ocorrerá por meio de acordo entre as partes, nos termos e prazos definidos em ato do Poder Executivo.

§ 1º Caberá ao órgão ou à entidade competente, em qualquer caso, avaliar a necessidade, a pertinência e a razoabilidade da instauração do processo de relicitação do objeto do contrato de parceria, tendo em vista os aspectos operacionais e econômico-financeiros e a continuidade dos serviços envolvidos.

§ 2º Sem prejuízo de outros requisitos definidos em ato do Poder Executivo, a instauração do processo de relicitação é condicionada à apresentação pelo contratado:

I - das justificativas e dos elementos técnicos que demonstrem a necessidade e a conveniência da adoção do processo de relicitação, com as eventuais propostas de solução para as questões enfrentadas;

II - da renúncia ao prazo para corrigir eventuais falhas e transgressões e para o enquadramento previsto no § 3º do art. 38 da Lei n.8.987, de 13 de fevereiro de 1995, caso seja posteriormente instaurado ou retomado o processo de caducidade;

III - de declaração formal quanto à intenção de aderir, de maneira irrevogável e irretratável, ao processo de relicitação do contrato de parceria, nos termos desta Lei;

IV - da renúncia expressa quanto à participação no novo certame ou no futuro contrato de parceria relicitado, nos termos do art. 16 desta Lei;

V - das informações necessárias à realização do processo de relicitação, em especial as demonstrações relacionadas aos investimentos em bens reversíveis vinculados ao empreendimento e aos eventuais instrumentos de financiamento utilizados no contrato, bem como de todos os contratos em vigor de cessão de uso de áreas para fins comerciais e de prestação de serviços, nos espaços sob a titularidade do atual contratado.

§ 3º Qualificado o contrato de parceria para a relicitação, nos termos do art. 2º desta Lei, serão sobrestadas as medidas destinadas a instaurar ou a dar seguimento a processos de caducidade eventualmente em curso contra o contratado.

§ 4º Não se aplicam ao contrato de parceria especificamente qualificado para fins de relicitação, até sua conclusão, os regimes de recuperação judicial e extrajudicial previstos na Lei n. 11.101, de 9 de fevereiro de 2005, exceto na hipótese prevista no § 1º do art. 20 desta Lei.

ART. 15. A relicitação do contrato de parceria será condicionada à celebração de termo aditivo com o atual contratado, do qual constarão, entre outros elementos julgados pertinentes pelo órgão ou pela entidade competente:

I - a aderência irrevogável e irretratável do atual contratado à relicitação do empreendimento e à posterior extinção amigável do ajuste originário, nos termos desta Lei;

II - a suspensão das obrigações de investimento vincendas a partir da celebração do termo aditivo e as condições mínimas em que os serviços deverão continuar sendo prestados pelo atual contratado até a assinatura do novo contrato de parceria, garantindo-se, em qualquer caso, a continuidade e a segurança dos serviços essenciais relacionados ao empreendimento;

III - o compromisso arbitral entre as partes com previsão de submissão, à arbitragem ou a outro mecanismo privado de resolução de conflitos admitido na legislação aplicável, das questões que envolvam o cálculo das indenizações pelo órgão ou pela entidade competente, relativamente aos procedimentos estabelecidos por esta Lei.

§ 1º Também poderão constar do termo aditivo de que trata o *caput* deste artigo e do futuro contrato de parceria a ser celebrado pelo órgão ou pela entidade competente:

I - a previsão de que as indenizações apuradas nos termos do inciso VII do § 1º do art. 17 desta Lei serão pagas pelo novo contratado, nos termos e limites previstos no edital da relicitação;

II - a previsão de pagamento, diretamente aos financiadores do contratado original, dos valores correspondentes às indenizações devidas pelo órgão ou pela entidade competente nos termos do inciso VII do § 1º do art. 17 desta Lei.

§ 2º As multas e as demais somas de natureza não tributária devidas pelo anterior contratado ao órgão ou à entidade competente deverão ser abatidas dos valores de que trata o inciso I do § 1º deste artigo, inclusive o valor relacionado à outorga originalmente ofertada, calculado conforme ato do órgão ou da entidade competente.

§ 3º O pagamento ao anterior contratado da indenização calculada com base no § 2º deste artigo será condição para o início do novo contrato de parceria.

ART. 16. São impedidos de participar do certame licitatório da relicitação de que trata esta Lei:

I - o contratado ou a Sociedade de Propósito Específico (SPE) responsável pela execução do contrato de parceria;

II - os acionistas da SPE responsável pela execução do contrato de parceria titulares de, no mínimo, 20% (vinte por cento) do capital votante em qualquer momento anterior à instauração do processo de relicitação.

Parágrafo único. As vedações de que trata este artigo também alcançam a participação das entidades mencionadas:

I - em consórcios constituídos para participar da relicitação;

II - no capital social de empresa participante da relicitação;

III - na nova SPE constituída para executar o empreendimento relicitado.

ART. 17. O órgão ou a entidade competente promoverá o estudo técnico necessário de forma precisa, clara e suficiente para subsidiar a relicitação dos contratos de parceria, visando a assegurar sua viabilidade econômico-financeira e operacional.

§ 1º Sem prejuízo de outros elementos fixados na regulamentação do órgão ou da entidade competente, deverão constar do estudo técnico de que trata o *caput* deste artigo:

I - o cronograma de investimentos previstos;

II - as estimativas dos custos e das despesas operacionais;

III - as estimativas de demanda;

IV - a modelagem econômico-financeira;

V - as diretrizes ambientais, quando exigíveis, observado o cronograma de investimentos;

VI - as considerações sobre as principais questões jurídicas e regulatórias existentes;

VII - o levantamento de indenizações eventualmente devidas ao contratado pelos investimentos em bens reversíveis vinculados ao contrato de parceria realizados e não amortizados ou depreciados.

§ 2º A metodologia para calcular as indenizações de que trata o inciso VII do § 1º deste artigo será disciplinada em ato normativo do órgão ou da entidade competente.

§ 3º Sem prejuízo das disposições do contrato de parceria, o órgão ou a entidade competente poderá consultar os financiadores do contratado sobre possíveis contribuições para os estudos relacionados à relicitação do empreendimento.

§ 4º Quando as condições de financiamento se mostrarem vantajosas para o poder público e viáveis para os financiadores, o órgão ou a entidade competente poderá, consultados os financiadores, exigir a assunção, pela futura SPE, das dívidas adquiridas pelo anterior contratado, nos termos estabelecidos pelo edital.

ART. 18. O órgão ou a entidade competente submeterá os estudos de que trata o art. 17 desta Lei a consulta pública, que deverá ser divulgada na imprensa oficial e na internet, contendo a identificação do objeto, a motivação para a relicitação e as condições propostas, entre outras informações relevantes, e fixará prazo de no mínimo 45 (quarenta e cinco) dias para recebimento de sugestões.

ART. 19. Encerrada a consulta pública, os estudos de que trata o art. 17 desta Lei deverão ser encaminhados ao Tribunal de Contas da União, em conjunto com os documentos referidos no art. 14 desta Lei.

ART. 20. Na hipótese de não acudirem interessados para o processo licitatório previsto no art. 13 desta Lei, o contratado deverá dar continuidade à prestação do serviço público, nas condições previstas no inciso II do *caput* do art. 15 desta Lei, até a realização de nova sessão para recebimento de propostas.

§ 1º Se persistir o desinteresse de potenciais licitantes ou não for concluído o processo de relicitação no prazo de 24 (vinte e quatro) meses, contado da data da qualificação referida no art. 2º desta Lei, o órgão ou a entidade competente adotará as medidas contratuais e legais pertinentes, revogando o sobrestamento das medidas destinadas a instaurar ou a dar seguimento a processo de caducidade anteriormente instaurado, na forma da lei.

§ 2º O prazo de que trata o § 1º deste artigo poderá ser prorrogado, justificadamente, mediante deliberação do Conselho do Programa de Parcerias de Investimentos da Presidência da República (CPPI).

CAPÍTULO IV
DISPOSIÇÕES FINAIS

ART. 21. A Lei n. 10.233, de 5 de junho de 2001, passa a vigorar com as seguintes alterações:

▸ Alterações promovidas no texto da referida lei.

ART. 22. As alterações dos contratos de parceria decorrentes da modernização, da adequação, do aprimoramento ou da ampliação dos serviços não estão condicionadas aos limites fixados nos §§ 1º e 2º do art. 65 da Lei n. 8.666, de 21 de junho de 1993.

ART. 23. Na hipótese de concessão à iniciativa privada de aeroportos atribuídos à Empresa Brasileira de Infraestrutura Aeroportuária (Infraero), o edital e o respectivo contrato de concessão poderão prever o pagamento, pela concessionária, diretamente à Infraero, de indenização pelos custos de adequação de efetivo de pessoal.

ART. 24. O Poder Executivo estabelecerá as diretrizes para a utilização da metodologia do fluxo de caixa marginal para fins de recomposição do equilíbrio econômico-financeiro dos contratos de parceria relacionados aos setores de que trata esta Lei.

ART. 25. O órgão ou a entidade competente é autorizado a promover alterações nos contratos de parceria no setor ferroviário a fim de solucionar questões operacionais e logísticas, inclusive por meio de prorrogações ou relicitações da totalidade ou de parte dos empreendimentos contratados.

§ 1º O órgão ou a entidade competente poderá, de comum acordo com os contratados, buscar soluções para todo o sistema e adotar medidas diferenciadas por contrato ou por trecho ferroviário que considerem a reconfiguração de malhas, admitida a previsão de investimentos pelos contratados em malha própria ou naquelas de interesse da administração pública.

§ 2º Para efeito do disposto no § 1º deste artigo, admitir-se-ão, entre outras medidas, observada a manutenção do equilíbrio econômico-financeiro dos ajustes:

I - a incorporação da totalidade ou de partes resultantes de cisão de outros contratos de parceria;

II - a desafetação de bens vinculados à prestação dos serviços e a extinção dos serviços relacionados àqueles bens;

III - a utilização de trechos desincorporados para a prestação de serviços de transporte de curta distância por terceiros;

IV - o desmembramento de parte da faixa de domínio para entes federados que pretendam implantar o transporte ferroviário de passageiros.

§ 3º Nos termos e prazos definidos em ato do Poder Executivo, as partes promoverão a extinção dos contratos de arrendamento de bens vinculados aos contratos de parceria no setor ferroviário, preservando-se as obrigações financeiras pagas e a pagar dos contratos de arrendamento extintos na equação econômico-financeira dos contratos de parceria.

§ 4º Os bens operacionais e não operacionais relacionados aos contratos de arrendamento extintos serão transferidos de forma não onerosa ao contratado e integrarão o contrato de parceria adaptado, com exceção dos bens imóveis, que serão objeto de cessão de uso ao contratado, observado o disposto no § 2º deste artigo e sem prejuízo de outras obrigações.

§ 5º Ao contratado caberá gerir, substituir, dispor ou desfazer-se dos bens móveis operacionais e não operacionais já transferidos ou que venham a integrar os contratos de parceria nos termos do § 3º deste artigo, observadas as condições relativas à capacidade de transporte e à qualidade dos serviços pactuadas contratualmente.

§ 6º Ao final da vigência dos contratos de parceria, todos os bens móveis e imóveis necessários à execução dos serviços contratados e vinculados à disponibilização de capacidade, nos volumes e nas condições pactuadas entre as partes, serão revertidos à União, respeitado o equilíbrio econômico-financeiro do contrato, cabendo indenização no caso da parcela não amortizada do investimento.

§ 7º O disposto no inciso XVII do *caput* e no § 4º, ambos do art. 82 da Lei n. 10.233, de 5 junho de 2001, não se aplica às hipóteses previstas neste artigo.

ART. 26. Os contratados poderão promover, nos termos de regulamentação do Poder Executivo, a alienação ou a disposição de bens móveis inservíveis do Departamento Nacional de Infraestrutura de Transportes (Dnit), arrendados ou não, localizados na faixa de domínio da ferrovia objeto do contrato de parceria.

ART. 27. Os contratos de parceria do setor ferroviário poderão abranger a construção de novos trechos ou ramais ferroviários, com a extensão necessária para atender polos geradores de carga, mediante requerimento do concessionário e anuência do poder concedente.

§ 1º Para os fins do disposto no *caput* deste artigo, exige-se a apresentação de estudo que demonstre a viabilidade técnico-econômico-financeira do projeto.

§ 2º O estudo mencionado no § 1º deste artigo deverá demonstrar, em relação ao novo trecho, a inexequibilidade econômica de sua exploração segregada do contrato de parceria.

§ 3º Os investimentos realizados por conta e risco do contratado para a viabilização de novos trechos ou ramais ferroviários não gerarão indenização por ocasião do término do contrato.

ART. 28. (Vetado).

ART. 29. (Vetado).

ART. 30. São a União e os entes da administração pública federal indireta, em conjunto ou isoladamente, autorizados a compensar haveres e deveres de natureza não tributária, incluindo multas, com os respectivos contratados, no âmbito dos contratos nos setores rodoviário e ferroviário.

§ 1º Excluem-se da compensação de que trata o *caput* deste artigo os valores já inscritos em dívida ativa da União.

§ 2º Os valores apurados com base no *caput* deste artigo poderão ser utilizados para o investimento, diretamente pelos respectivos concessionários e subconcessionários, em malha própria ou naquelas de interesse da administração pública.

§ 3º A parcela dos investimentos correspondente aos valores compensados não poderá ser utilizada para fins de reequilíbrio econômico-financeiro do contrato e indenização.

§ 4º O órgão ou a entidade competente realizará estudo técnico que fundamente a inclusão dos novos investimentos ou serviços a serem considerados, podendo valer-se para tanto de estudos técnicos realizados pelo respectivo parceiro contratado.

ART. 31. As controvérsias surgidas em decorrência dos contratos nos setores de que trata esta Lei após decisão definitiva da autoridade competente, no que se refere aos direitos patrimoniais disponíveis, podem ser submetidas a arbitragem ou a outros mecanismos alternativos de solução de controvérsias.

§ 1º Os contratos que não tenham cláusula arbitral, inclusive aqueles em vigor, poderão ser aditados a fim de se adequar ao disposto no *caput* deste artigo.

§ 2º As custas e despesas relativas ao procedimento arbitral, quando instaurado, serão antecipadas pelo parceiro privado e, quando for o caso, serão restituídas conforme posterior deliberação final em instância arbitral.

§ 3º A arbitragem será realizada no Brasil e em língua portuguesa.

§ 4º Consideram-se controvérsias sobre direitos patrimoniais disponíveis, para fins desta Lei:

I - as questões relacionadas à recomposição do equilíbrio econômico-financeiro dos contratos;

II - o cálculo de indenizações decorrentes de extinção ou de transferência do contrato de concessão; e

III - o inadimplemento de obrigações contratuais por qualquer das partes.

§ 5º Ato do Poder Executivo regulamentará o credenciamento de câmaras arbitrais para os fins desta Lei.

ART. 32. Nos casos em que houver estudo ou licitação em andamento para substituição de contrato em vigor e não haja tempo hábil para que o vencedor do certame assuma o objeto do contrato, o órgão ou a entidade competente fica autorizado a estender o prazo do contrato, justificadamente, por até 24 (vinte e quatro) meses, a fim de que não haja descontinuidade na prestação do serviço.

ART. 33. Os concessionários de serviços ferroviários poderão subconceder a manutenção e a operação de trechos ferroviários aos entes federados interessados, desde que haja anuência do poder concedente, conforme regulamento.

ART. 34. Quando se mostrar necessário à viabilidade dos projetos associados ou dos empreendimentos acessórios, admitir-se-á que a exploração de tais projetos ou empreendimentos ocorra por prazo superior à vigência dos respectivos contratos de parceria.

Parágrafo único. O órgão ou a entidade competente avaliará a pertinência da adoção da medida de que trata o *caput* deste artigo, sendo vedada, em qualquer caso, a antecipação das receitas oriundas dos projetos associados ou dos empreendimentos acessórios relativamente ao período que extrapolar o prazo do contrato de parceria.

ART. 35. (Vetado).

ART. 36. Admitir-se-á, para a execução dos contratos de parceria, a constituição de subsidiária integral tendo como único acionista sociedade estrangeira.

ART. 37. Esta Lei entra em vigor na data de sua publicação.

Brasília, 5 de junho de 2017;
196º da Independência e 129º da República.
MICHEL TEMER

LEI N. 13.451, DE 16 DE JUNHO DE 2017

Dispõe sobre a competência da Superintendência da Zona Franca de Manaus (Suframa) para regular e controlar a importação e o ingresso de mercadorias, com incentivos fiscais, na Zona Franca de Manaus, nas áreas de livre comércio e na Amazônia Ocidental e institui a Taxa de Controle de Incentivos Fiscais (TCIF) e a Taxa de Serviços (TS).

▸ *DOU*, 19.6.2017.

O Presidente da República. Faço saber que o Congresso Nacional decreta e eu sanciono a seguinte Lei:

ART. 1º Esta Lei dispõe sobre a competência da Superintendência da Zona Franca de Manaus (Suframa) para regular e controlar a importação e o ingresso de mercadorias, com incentivos fiscais, na Zona Franca de Manaus, nas áreas de livre comércio e na Amazônia Ocidental e institui a Taxa de Controle de Incentivos Fiscais (TCIF) e a Taxa de Serviços (TS).

ART. 2º A importação de mercadorias estrangeiras no âmbito da Zona Franca de Manaus, das áreas de livre comércio e da Amazônia Ocidental deverá ser previamente licenciada pela Suframa para efeito de fruição dos incentivos fiscais por ela administrados.

§ 1º O licenciamento dependerá da regularidade cadastral da pessoa jurídica perante a Suframa, da compatibilidade com ato aprobatório de projeto de que dependa a fruição dos incentivos fiscais e da inexistência de motivo determinante de suspensão ou de exclusão dos incentivos fiscais.

§ 2º A Suframa controlará o cumprimento da licença de importação por ocasião da entrada das mercadorias referidas no *caput* deste artigo.

ART. 3º O ingresso de mercadorias procedentes do território nacional no âmbito da Zona Franca de Manaus, das áreas de livre comércio e da Amazônia Ocidental deverá ser previamente registrado perante a Suframa para efeito de fruição dos incentivos fiscais por ela administrados.

§ 1º O registro dependerá da regularidade cadastral da pessoa jurídica perante a Suframa e da inexistência de motivo determinante de suspensão ou de exclusão dos incentivos fiscais.

§ 2º A Suframa controlará o cumprimento das condições especificadas no registro por ocasião da entrada das mercadorias referidas no *caput* deste artigo.

ART. 4º O controle a ser exercido pela Suframa, conforme previsto no § 2º do art. 2º e no § 2º do art. 3º desta Lei, compreenderá, entre outras providências, a conferência da situação cadastral e fiscal da pessoa jurídica, ou da entidade equiparada, e da documentação fiscal e de transporte das mercadorias, a vistoria física das mercadorias, conforme a necessidade, e a averiguação de situações que possam ensejar a suspensão ou a exclusão dos incentivos fiscais.

Parágrafo único. No caso de importação ou de ingresso de mercadorias destinadas a integrar processo fabril nas áreas incentivadas, como insumos, componentes, partes e peças, o controle envolverá, adicionalmente, o acompanhamento de seu emprego em conformidade com o processo produtivo básico correspondente ao projeto econômico aprovado pela Suframa e do qual dependa a fruição dos incentivos fiscais, consoante critérios a serem estabelecidos pelo Conselho de Administração da Suframa.

ART. 5º Compete à Suframa prestar os serviços previstos no Anexo II desta Lei, sem prejuízo de outros disciplinados em legislação específica.

ART. 6º São instituídas a Taxa de Controle de Incentivos Fiscais (TCIF), pelo exercício do poder de polícia de que tratam os arts. 2º, 3º e 4º desta Lei, e a Taxa de Serviços (TS), pela prestação dos serviços referidos no Anexo II desta Lei.

ART. 7º São sujeitos passivos da TCIF a pessoa jurídica e a entidade equiparada que solicitarem o licenciamento de importação ou o registro de ingresso de mercadorias procedentes do território nacional, nos termos dos arts. 2º e 3º desta Lei.

ART. 8º Ocorre o fato gerador da TCIF no momento do registro de pedido de licenciamento de importação a que se refere o art. 2º desta Lei ou do registro de protocolo de ingresso de mercadorias a que se refere o art. 3º desta Lei, sendo devida em conformidade com a soma dos seguintes valores:

I - por cada pedido de licenciamento de importação ou por cada nota fiscal incluída em registro de ingresso de mercadorias em geral, o valor de R$ 200,00 (duzentos reais), limitando-se a 0,5% (cinco décimos por cento)

do valor total das mercadorias constantes do respectivo documento;

II - por cada mercadoria constante do pedido de licenciamento de importação ou por cada nota fiscal incluída em registro de protocolo de ingresso de mercadorias, o valor de R$ 30,00 (trinta reais), limitando-se cada parcela a 0,5% (cinco décimos por cento) do valor individual da mercadoria.

§ 1º Na hipótese do parágrafo único do art. 4º desta Lei, os percentuais referidos nos incisos I e II do *caput* deste artigo são de 1,5% (um inteiro e cinco décimos por cento).

§ 2º A partir de 1º de janeiro de 2018, exclusivamente na hipótese do parágrafo único do art. 4º desta Lei, os valores fixos referidos nos incisos I e II do *caput* deste artigo serão, respectivamente, de R$ 250,00 (duzentos e cinquenta reais) e de R$ 45,00 (quarenta e cinco reais), mantidos os limites percentuais referidos no § 1º deste artigo.

§ 3º Considera-se mercadoria cada bem especificado como item em pedido de licenciamento de importação ou em nota fiscal vinculada a protocolo de ingresso de mercadoria, para fins do inciso II do *caput* deste artigo.

ART. 9º São isentos do pagamento da TCIF:

I - a União, os Estados da Amazônia Ocidental, o Estado do Amapá, e os respectivos Municípios, autarquias e fundações públicas;

II - o microempreendedor individual, as microempresas e as empresas de pequeno porte optantes pelo regime especial simplificado de arrecadação de tributos e contribuições, em conformidade com a Lei Complementar n. 123, de 14 de dezembro de 2006,e a Lei Complementar n. 128, de 19 de dezembro de 2008;

III - as operações comerciais relativas a livros, jornais e periódicos e o papel destinado à sua impressão, os equipamentos médico-hospitalares e as mercadorias integrantes da cesta básica constantes do Anexo I desta Lei destinados à venda na Zona Franca de Manaus, nas áreas de livre comércio e na Amazônia Ocidental;

IV - as operações comerciais relativas a matérias-primas, produtos intermediários, materiais secundários e de embalagem, bens finais, componentes e outros insumos de origem nacional destinados às áreas de livre comércio para a produção de bens com preponderância de matéria-prima regional, conforme definido pelo Decreto n. 8.597, de 18 de dezembro de 2015, pelo Decreto n. 6.614, de 23 de outubro de 2008, e pelos demais critérios estabelecidos pelo Conselho de Administração da Suframa;

V - as operações comerciais internas de compra e venda entre as áreas incentivadas sujeitas ao controle da Suframa;

VI - as importações de produtos destinados à venda na Zona Franca de Manaus e nas áreas de livre comércio;

VII - as operações comerciais relativas a dispositivos de tecnologia assistiva definidos em regulamento destinados à venda na Zona Franca de Manaus e nas áreas de livre comércio.

Parágrafo único. As mercadorias que ingressarem na Zona Franca de Manaus para industrialização e posterior exportação terão suspensão da TCIF, que se converterá em isenção, em razão da efetiva saída dos produtos do território nacional, conforme critérios a serem estabelecidos pelo Conselho de Administração da Suframa.

ART. 10. Os valores da TCIF, estipulados no art. 8º desta Lei, serão reduzidos em 20% (vinte por cento) para os bens de informática, seus insumos e componentes, na hipótese em que o sujeito passivo os empregar em processo fabril que importe em realização de investimentos em pesquisa e desenvolvimento, conforme legislação específica e observado o disposto no parágrafo único do art. 4º desta Lei.

ART. 11. A TCIF será recolhida por meio de Guia de Recolhimento da União (GRU) até o último dia útil do mês seguinte ao da ocorrência do fato gerador enunciado no art. 8º desta Lei.

§ 1º É vedado o recolhimento de valores inferiores a R$ 50,00 (cinquenta reais), que deverão ser adicionados aos valores de operações subsequentes para recolhimento a ocorrer no prazo estabelecido para a primeira operação que resultar na superação desse limite.

§ 2º Os valores não recolhidos no prazo previsto no *caput* deste artigo serão acrescidos de juros e multa de mora calculados nos termos e na forma da legislação aplicável aos tributos federais.

§ 3º Os créditos inscritos em dívida ativa serão acrescidos de encargo legal substitutivo da condenação do devedor em honorários advocatícios, calculado nos termos e na forma da legislação aplicável à dívida ativa da União.

§ 4º A não realização da exportação na forma do parágrafo único do art. 9º desta Lei importará na cobrança da TCIF com os acréscimos previstos nos §§ 2º e 3º deste artigo.

§ 5º O pedido de licenciamento de importação ou o registro de ingresso de mercadorias será cancelado pela Suframa na hipótese de as mercadorias neles referidas não ingressarem nas áreas incentivadas enunciadas nos arts. 2º e 3º desta Lei até o último dia de validade da licença de importação ou do prazo para confirmação do recebimento das mercadorias pelo destinatário.

§ 6º O cancelamento de que trata o § 5º deste artigo não inibe a ocorrência do fato gerador da TCIF enunciado no art. 8º desta Lei.

§ 7º A existência de dívidas líquidas e exigíveis decorrentes do não recolhimento da TCIF importará em bloqueio automático do cadastro do sujeito passivo perante a Suframa.

ART. 12. São sujeitos passivos da TS a pessoa jurídica, a entidade equiparada e a pessoa física que solicitarem os serviços previstos no Anexo II desta Lei.

ART. 13. Ocorre o fato gerador da TS no momento da solicitação dos serviços constantes do Anexo II desta Lei, de acordo com as especificações e os valores nele previstos.

Parágrafo único. Os valores da TS deverão ser recolhidos por meio de GRU até o quinto dia útil seguinte ao do registro dos pedidos, sob pena de não processamento e cancelamento.

ART. 14. Os valores previstos no art. 8º e no Anexo II desta Lei poderão ser atualizados anualmente por ato do Ministro de Estado da Indústria, Comércio Exterior e Serviços, por aplicação do Índice Nacional de Preços ao Consumidor Amplo Especial (IPCA-E) da Fundação Instituto Brasileiro de Geografia e Estatística (IBGE) ou por índice que venha a substituí-lo.

ARTS. 15 e **16.** (Vetados).

ART. 17. São convalidados os atos praticados com base na Medida Provisória no 757, de 19 de dezembro de 2016, durante sua vigência.

ART. 18. A partir de 1º de janeiro de 2018, o valor do serviço de "Atualização Cadastral e Recadastramento" previsto no Anexo II desta Lei passa a ser de R$ 50,00 (cinquenta reais).

ART. 19. Revogam-se, após o prazo de 90 (noventa) dias, contado da data de publicação da Medida Provisória no 757, de 19 de dezembro de 2016, os arts. 1º a 7º da Lei n. 9.960, de 28 de janeiro de 2000.

ART. 20. Esta Lei entra em vigor na data de sua publicação.

Brasília, 16 de junho de 2017; 196º da Independência e 129º da República.

MICHEL TEMER

‣ Optamos, nesta edição, pela não publicação dos Anexos.

LEI N.13.475, DE 28 DE AGOSTO DE 2017

Dispõe sobre o exercício da profissão de tripulante de aeronave, denominado aeronauta; e revoga a Lei n. 7.183, de 5 de abril de 1984.

‣ *DOU*, de 29.8.2017.

O Presidente da República. Faço saber que o Congresso Nacional decreta e eu sanciono a seguinte Lei:

CAPÍTULO I
DISPOSIÇÕES PRELIMINARES

SEÇÃO I
DOS TRIPULANTES DE AERONAVES E DA SUA CLASSIFICAÇÃO

ART. 1º Esta Lei regula o exercício das profissões de piloto de aeronave, comissário de voo e mecânico de voo, denominados aeronautas.

§ 1º Para o desempenho das profissões descritas no *caput*, o profissional deve obrigatoriamente ser detentor de licença e certificados emitidos pela autoridade de aviação civil brasileira.

§ 2º Esta Lei aplica-se também aos pilotos de aeronave, comissários de voo e mecânicos de voos brasileiros que exerçam suas funções a bordo de aeronave estrangeira em virtude de contrato de trabalho regido pela legislação brasileira.

ART. 2º O piloto de aeronave e o mecânico de voo, no exercício de função específica a bordo de aeronave, de acordo com as prerrogativas da licença de que são titulares, têm a designação de tripulante de voo.

ART. 3º O comissário de voo, no exercício de função específica a bordo de aeronave, de acordo com as prerrogativas da licença de que é titular, tem a designação de tripulante de cabine.

ART. 4º O tripulante de voo ou de cabine que se deslocar a serviço do empregador, em aeronave própria ou não, sem exercer função a bordo de aeronave, tem a designação de tripulante extra a serviço.

§ 1º O tripulante extra a serviço será considerado tripulante a serviço no que diz respeito aos limites da jornada de trabalho, ao repouso e à remuneração.

§ 2º Ao tripulante extra a serviço será disponibilizado assento na cabine de passageiros, salvo em aeronaves no transporte exclusivo de cargas.

ART. 5º Os tripulantes de voo e de cabine exercem suas funções profissionais nos seguintes serviços aéreos:

I - serviço de transporte aéreo público regular e não regular, exceto na modalidade de táxi aéreo;

II - serviço de transporte aéreo público não regular na modalidade de táxi aéreo;

III - serviço aéreo especializado (SAE), prestado por organização de ensino, na modalidade de instrução de voo;

IV - demais serviços aéreos especializados, abrangendo as atividades definidas pela Lei n.7.565, de 19 de dezembro de 1986 (Código

Brasileiro de Aeronáutica) e pela autoridade de aviação civil brasileira;

V - serviço aéreo privado, entendido como aquele realizado, sem fins lucrativos, a serviço do operador da aeronave.

§ 1º É denominado instrutor de voo o piloto de aeronave contratado para ministrar treinamento em voo em aeronave empregada no serviço aéreo especializado referido no inciso III do *caput* deste artigo.

§ 2º Para os efeitos do disposto em convenção ou acordo coletivo de trabalho:

I - os tripulantes empregados nos serviços aéreos definidos nos incisos III e V do *caput* deste artigo são equiparados aos tripulantes que exercem suas funções nos serviços de transporte aéreo público não regular na modalidade de táxi aéreo;

II - os tripulantes empregados no serviço aéreo definido no inciso V do *caput* deste artigo, quando em atividade de fomento ou proteção à agricultura, são equiparados aos tripulantes de voo que operam os serviços aéreos especializados na modalidade de atividade de fomento ou proteção à agricultura.

ART. 6º O exercício das profissões de piloto de aeronave, mecânico de voo e comissário de voo, previstas nesta Lei, é privativo de brasileiros natos ou naturalizados.

§ 1º As empresas brasileiras, quando estiverem prestando serviço aéreo internacional, poderão utilizar comissários de voo estrangeiros, desde que o número destes não exceda a 1/3 (um terço) dos comissários de voo a bordo da mesma aeronave.

§ 2º Todas as empresas de transporte aéreo público, salvo empresas estrangeiras de transporte aéreo público não regular na modalidade de táxi aéreo, quando estiverem operando voos domésticos em território brasileiro, terão obrigatoriamente seu quadro de tripulantes composto por brasileiros natos ou naturalizados, com contrato de trabalho regido pela legislação brasileira.

§ 3º Na falta de tripulantes de voo brasileiros, instrutores estrangeiros poderão ser admitidos em caráter provisório, por período restrito ao da instrução, de acordo com regulamento exarado pela autoridade de aviação civil brasileira.

ART. 7º Os tripulantes de voo exercem as seguintes funções a bordo da aeronave:

I - comandante: piloto responsável pela operação e pela segurança da aeronave, exercendo a autoridade que a legislação lhe atribui;

II - copiloto: piloto que auxilia o comandante na operação da aeronave; e

III - mecânico de voo: auxiliar do comandante, encarregado da operação e do controle de sistemas diversos, conforme especificação dos manuais técnicos da aeronave.

§ 1º Sem prejuízo das atribuições originalmente designadas, o comandante e o mecânico de voo poderão exercer cumulativamente outras prerrogativas decorrentes de qualificação ou credenciamento, previstas nos regulamentos aeronáuticos, desde que autorizados pela autoridade de aviação civil brasileira.

§ 2º O comandante será designado pelo operador da aeronave e será seu preposto durante toda a viagem.

§ 3º O copiloto é o substituto eventual do comandante nas tripulações simples, não o sendo nos casos de tripulação composta ou de revezamento.

ART. 8º Os tripulantes de cabine, na função de comissários de voo, são auxiliares do comandante encarregados do cumprimento das normas relativas à segurança e ao atendimento dos passageiros a bordo, da guarda de bagagens, documentos, valores e malas postais e de outras tarefas que lhes tenham sido delegadas pelo comandante.

§ 1º Sem prejuízo das atribuições originalmente designadas, os comissários de voo poderão exercer cumulativamente outras prerrogativas decorrentes de qualificação ou credenciamento, previstas nos regulamentos aeronáuticos, desde que autorizados pela autoridade de aviação civil brasileira.

§ 2º A guarda de valores é condicionada à existência de local apropriado e seguro na aeronave, sendo responsabilidade do empregador atestar a segurança do local.

§ 3º A guarda de cargas e malas postais em terra somente será confiada aos comissários de voo quando no local inexistir serviço próprio para essa finalidade.

SEÇÃO II
DAS TRIPULAÇÕES

ART. 9º Tripulação é o conjunto de tripulantes de voo e de cabine que exercem função a bordo de aeronave.

ART. 10. O tripulante, sem prejuízo das atribuições originalmente designadas, não poderá exercer, simultaneamente, mais de uma função a bordo de aeronave, mesmo que seja titular de licenças correspondentes.

ART. 11. Os membros de uma tripulação são subordinados técnica e disciplinarmente ao comandante, durante todo o tempo em que transcorrer a viagem.

ART. 12. O comandante exerce a autoridade inerente à função desde o momento em que se apresenta para o voo até o momento em que, concluída a viagem, entrega a aeronave.

ART. 13. Uma tripulação pode ser classificada como mínima, simples, composta ou de revezamento.

Parágrafo único. A autoridade de aviação civil brasileira, considerando o interesse da segurança operacional, as características da rota e do voo e a programação a ser cumprida, poderá determinar a composição da tripulação ou as modificações necessárias para a realização do voo.

ART. 14. Tripulação mínima é a determinada na forma da certificação de tipo da aeronave, homologada pela autoridade de aviação civil brasileira, sendo permitida sua utilização em voos locais de instrução, de experiência, de vistoria e de traslado.

ART. 15. Tripulação simples é a constituída de uma tripulação mínima acrescida, quando for o caso, dos tripulantes necessários à realização do voo.

ART. 16. Tripulação composta é a constituída de uma tripulação simples acrescida de um comandante, de um mecânico de voo, quando o equipamento assim o exigir, e de, no mínimo, 25% (vinte e cinco por cento) do número de comissários de voo.

Parágrafo único. A tripulação composta somente poderá ser utilizada em voos internacionais, exceto nas seguintes situações, quando poderá ser utilizada em voos domésticos:

I - para atender a atrasos ocasionados por condições meteorológicas desfavoráveis ou por trabalhos de manutenção não programados;

II - quando os critérios de utilização dos tripulantes de voo e de cabine empregados no serviço aéreo definido no inciso I do *caput* do art. 5º estiverem definidos em convenção ou acordo coletivo de trabalho;

III - para atendimento de missão humanitária, transportando ou destinada ao transporte de enfermos ou órgãos para transplante, no caso de tripulantes de voo e de cabine empregados nos serviços aéreos definidos no inciso II do *caput* do art. 5º desta Lei.

ART. 17. Tripulação de revezamento é a constituída de uma tripulação simples acrescida de um comandante, de um piloto, de um mecânico de voo, quando o equipamento assim o exigir, e de 50% (cinquenta por cento) do número de comissários de voo.

Parágrafo único. A tripulação de revezamento só poderá ser empregada em voos internacionais.

ART. 18. Um tipo de tripulação só poderá ser transformado na origem do voo e até o limite de 3 (três) horas, contadas a partir da apresentação da tripulação previamente escalada.

Parágrafo único. A contagem de tempo para limite da jornada será a partir da hora de apresentação da tripulação original ou do tripulante de reforço, considerando o que ocorrer primeiro.

SEÇÃO III
DO SISTEMA DE GERENCIAMENTO DE RISCO DE FADIGA HUMANA

ART. 19. As limitações operacionais estabelecidas nesta Lei poderão ser alteradas pela autoridade de aviação civil brasileira com base nos preceitos do Sistema de Gerenciamento de Risco de Fadiga Humana.

§ 1º As limitações operacionais referidas no *caput* deste artigo compreendem quaisquer prescrições temporais relativas aos tripulantes de voo e de cabine no que tange a limites de voo, de pouso, de jornada de trabalho, de sobreaviso, de reserva e de períodos de repouso, bem como a outros fatores que possam reduzir o estado de alerta da tripulação ou comprometer o seu desempenho operacional.

§ 2º O Sistema de Gerenciamento de Risco de Fadiga Humana será regulamentado pela autoridade de aviação civil brasileira com base nas normas e recomendações internacionais de aviação civil.

§ 3º A implantação e a atualização do Sistema de Gerenciamento de Risco de Fadiga Humana serão acompanhadas pelo sindicato da categoria profissional.

§ 4º Nos casos em que o Sistema de Gerenciamento de Risco de Fadiga Humana autorizar a superação das 12 (doze) horas de jornada de trabalho e a diminuição do período de 12 (doze) horas de repouso, em tripulação simples, tais alterações deverão ser implementadas por meio de convenção ou acordo coletivo de trabalho entre o operador da aeronave e o sindicato da categoria profissional.

CAPÍTULO II
DO REGIME DE TRABALHO

SEÇÃO I
DO CONTRATO DE TRABALHO

ART. 20. A função remunerada dos tripulantes a bordo de aeronave deverá, obrigatoriamente, ser formalizada por meio de contrato de trabalho firmado diretamente com o operador da aeronave.

§ 1º O tripulante de voo ou de cabine só poderá exercer função remunerada a bordo de aeronave de um operador ao qual não esteja diretamente vinculado por contrato de trabalho quando o serviço aéreo não constituir atividade fim, e desde que por prazo não superior a 30 (trinta) dias consecutivos, contado da data de início da prestação dos serviços.

§ 2º A prestação de serviço remunerado conforme prevê o § 1º deste artigo não poderá ocorrer por mais de uma vez ao ano e deverá ser formalizada por contrato escrito, sob pena de presunção de vínculo empregatício do tripulante diretamente com o operador da aeronave.

ART. 21. O operador da aeronave poderá utilizar-se de tripulantes instrutores que não estejam a ele vinculados por contrato de trabalho quando em seu quadro de tripulantes não existirem instrutores habilitados no equipamento em que se pretende operar, desde que por período restrito ao da instrução e mediante autorização da autoridade de aviação civil brasileira.

ART. 22. O operador de aeronaves poderá, por meio de contrato de prestação de serviços, autorizar que seus instrutores ministrem instrução para tripulantes que não estejam a ele vinculados por contrato de trabalho quando os empregadores dos respectivos tripulantes não possuírem equipamento ou instrutores próprios para a específica instrução, desde que por período restrito ao da instrução e mediante autorização da autoridade de aviação civil brasileira.

Parágrafo único. Este artigo só é aplicável aos operadores de aeronaves que realizam os serviços aéreos referidos nos incisos I e II do *caput* do art. 5º.

SEÇÃO II
DA BASE CONTRATUAL

ART. 23. Entende-se por base contratual a matriz ou filial onde o contrato de trabalho do tripulante estiver registrado.

ART. 24. Resguardados os direitos e as condições previstos nesta Lei, os demais direitos, condições de trabalho e obrigações do empregado estarão definidos no contrato de trabalho e poderão ser devidamente regulados em convenção ou acordo coletivo de trabalho, desde que não ultrapassem os parâmetros estabelecidos na regulamentação da autoridade de aviação civil brasileira.

ART. 25. Será fornecido pelo empregador transporte gratuito aos tripulantes de voo e de cabine sempre que se iniciar ou finalizar uma programação de voo em aeroporto situado a mais de 50 (cinquenta) quilômetros de distância do aeroporto definido como base contratual.

§ 1º O tempo de deslocamento entre o aeroporto definido como base contratual e o aeroporto designado para o início do voo será computado na jornada de trabalho e não será remunerado.

§ 2º No caso de viagem que termine em aeroporto diferente do definido como base contratual e situado a mais de 50 (cinquenta) quilômetros de distância, a jornada de trabalho será encerrada conforme o disposto no art. 35, e o repouso mínimo regulamentar será acrescido de, no mínimo, 2 (duas) horas.

SEÇÃO III
DA ESCALA DE SERVIÇO

ART. 26. A prestação de serviço do tripulante empregado no serviço aéreo definido no inciso I do *caput* do art. 5º, respeitados os períodos de folgas e repousos regulamentares, será determinada por meio de:

I - escala, no mínimo mensal, divulgada com antecedência mínima de 5 (cinco) dias, determinando os horários de início e término de voos, serviços de reserva, sobreavisos e folgas, sendo vedada a consignação de situações de trabalho e horários não definidos;

II - escala ou convocação, para realização de cursos, reuniões, exames relacionados a treinamento e verificação de proficiência técnica.

§ 1º Em 4 (quatro) meses do ano, as empresas estão autorizadas, caso julguem necessário, a divulgar escala semanal para voos de horário, serviços de reserva, sobreavisos e folgas com antecedência mínima de 2 (dois) dias, para a primeira semana de cada mês, e de 7 (sete) dias, para as semanas subsequentes.

§ 2º Para voos exclusivamente cargueiros, é autorizada a divulgação de escala semanal para voos de horário, serviços de reserva, sobreavisos e folgas com antecedência mínima de 2 (dois) dias, para a primeira semana de cada mês, e 7 (sete) dias, para as semanas subsequentes.

§ 3º Os limites previstos no inciso I do *caput* deste artigo poderão ser alterados mediante convenção ou acordo coletivo de trabalho, desde que não ultrapassem os parâmetros estabelecidos na regulamentação da autoridade de aviação civil brasileira.

ART. 27. A determinação para a prestação de serviço do tripulante empregado nos serviços aéreos definidos nos incisos II, III, IV e V do *caput* do art. 5º, respeitados os períodos de folgas e repousos regulamentares, será feita por meio de:

I - escala, no mínimo semanal, divulgada com antecedência mínima de 2 (dois) dias, determinando os horários de início e término de voos, serviços de reserva, sobreavisos e folgas, sendo vedada a consignação de situações de trabalho e horários não definidos;

II - escala ou convocação, para realização de cursos, reuniões, exames relacionados a treinamento e verificação de proficiência técnica.

Parágrafo único. Outros critérios para a determinação da prestação de serviço dos tripulantes poderão ser estabelecidos em convenção ou acordo coletivo de trabalho, desde que não ultrapassem os parâmetros estabelecidos na regulamentação da autoridade de aviação civil brasileira.

ART. 28. Na escala de serviço, deverão ser observados regime de rodízio de tripulantes e turnos compatíveis com a saúde, a higiene e a segurança do trabalho.

Parágrafo único. A programação de rodízios e turnos obedecerá ao princípio da equidade na distribuição entre as diversas situações de trabalho para que não haja discriminação entre os tripulantes com qualificações idênticas, salvo em empresas que adotem critérios específicos estabelecidos em acordo coletivo de trabalho, desde que não ultrapassem os parâmetros estabelecidos na regulamentação da autoridade de aviação civil brasileira.

SEÇÃO IV
DAS ACOMODAÇÕES PARA DESCANSO A BORDO DE AERONAVE

ART. 29. Será assegurado aos tripulantes de voo e de cabine, quando estiverem em voo com tripulação composta ou de revezamento, descanso a bordo da aeronave, em acomodação adequada, de acordo com as especificações definidas em norma estabelecida pela autoridade de aviação civil brasileira.

§ 1º Aos tripulantes de voo e de cabine realizando voos em tripulação composta será assegurado número de acomodações para descanso a bordo igual ao número de tripulantes somados à tripulação simples.

§ 2º Aos tripulantes de voo e de cabine realizando voos em tripulação de revezamento será assegurado número de acomodações para descanso a bordo igual à metade do total de tripulantes.

SEÇÃO V
DOS LIMITES DE VOOS E DE POUSOS

ART. 30. Denomina-se hora de voo ou tempo de voo o período compreendido desde o início do deslocamento, quando se tratar de aeronave de asa fixa, ou desde a partida dos motores, quando se tratar de aeronave de asa rotativa, até o momento em que, respectivamente, se imobiliza a aeronave ou se efetua o corte dos motores, ao término do voo ("calço a calço").

ART. 31. Aos tripulantes de voo ou de cabine empregados no serviço aéreo definido no inciso I do *caput* do art. 5º serão assegurados os seguintes limites de horas de voo e de pousos em uma mesma jornada de trabalho:

I - 8 (oito) horas de voo e 4 (quatro) pousos, na hipótese de integrante de tripulação mínima ou simples;

II - 11 (onze) horas de voo e 5 (cinco) pousos, na hipótese de integrante de tripulação composta;

III - 14 (catorze) horas de voo e 4 (quatro) pousos, na hipótese de integrante de tripulação de revezamento; e

IV - 7 (sete) horas sem limite de pousos, na hipótese de integrante de tripulação de helicópteros.

§ 1º O número de pousos na hipótese do inciso I deste artigo poderá ser aumentado em mais 1 (um), a critério do empregador, acrescendo-se, nesse caso, 2 (duas) horas ao repouso que precede a jornada.

§ 2º Não obstante o previsto no § 1º deste artigo, em caso de desvio para aeroporto de alternativa, será permitido o acréscimo de mais 1 (um) pouso aos limites estabelecidos nos incisos I, II e III deste artigo.

§ 3º Os tripulantes que operam aeronaves convencionais e turbo-hélice poderão ter o limite de pousos estabelecido no inciso I deste artigo aumentado em mais 2 (dois) pousos.

ART. 32. Aos tripulantes empregados nos serviços aéreos definidos nos incisos II, III, IV e V do *caput* do art. 5º são assegurados os seguintes limites de horas de voo em uma mesma jornada de trabalho:

I - 9 (nove) horas e 30 (trinta) minutos de voo, na hipótese de integrante de tripulação mínima ou simples;

II - 12 (doze) horas de voo, na hipótese de integrante de tripulação composta;

III - 16 (dezesseis) horas de voo, na hipótese de integrante de tripulação de revezamento;

IV - 8 (oito) horas de voo, na hipótese de integrante de tripulação de helicópteros.

§ 1º Aos tripulantes referidos neste artigo não serão assegurados limites de pousos em uma mesma jornada de trabalho.

§ 2º Os tripulantes empregados nos serviços aéreos definidos no inciso IV do *caput* do art. 5º, quando em atividade de fomento ou proteção à agricultura, poderão ter os limites previstos neste artigo estabelecidos em convenção ou acordo coletivo de trabalho, desde que não ultrapassem os parâmetros de segurança de voo determinados na regulamentação da autoridade de aviação civil brasileira.

ART. 33. Aos tripulantes são assegurados os seguintes limites mensais e anuais de horas de voo:

I - 80 (oitenta) horas de voo por mês e 800 (oitocentas) horas por ano, em aviões a jato;

II - 85 (oitenta e cinco) horas de voo por mês e 850 (oitocentas e cinquenta) horas por ano, em aviões turbo-hélice;

III - 100 (cem) horas de voo por mês e 960 (novecentas e sessenta) horas por ano, em aviões convencionais;

IV - 90 (noventa) horas de voo por mês e 930 (novecentas e trinta) horas por ano, em helicópteros.

§ 1º Quando os tripulantes operarem diferentes tipos de aeronaves, o limite inferior será respeitado.

§ 2º Os tripulantes de voo empregados nos serviços aéreos especializados definidos no inciso IV do *caput* do art. 5º, quando em atividade de fomento ou proteção à agricultura, poderão ter os limites previstos neste artigo estabelecidos em convenção ou acordo coletivo de trabalho, desde que não ultrapassem os parâmetros de segurança de voo determinados na regulamentação da autoridade de aviação civil brasileira.

ART. 34. O trabalho realizado como tripulante extra a serviço será computado para os limites da jornada de trabalho diária, semanal e mensal, não sendo considerado para o cômputo dos limites de horas de voo diários, mensais e anuais, previstos nos arts. 31, 32 e 33.

SEÇÃO VI
DOS LIMITES DA JORNADA DE TRABALHO

ART. 35. Jornada é a duração do trabalho do tripulante de voo ou de cabine, contada entre a hora da apresentação no local de trabalho e a hora em que ele é encerrado.

§ 1º A jornada na base contratual será contada a partir da hora de apresentação do tripulante no local de trabalho.

§ 2º Fora da base contratual, a jornada será contada a partir da hora de apresentação do tripulante no local estabelecido pelo empregador.

§ 3º Nas hipóteses previstas nos §§ 1º e 2º deste artigo, a apresentação no aeroporto ou em outro local estabelecido pelo empregador deverá ocorrer com antecedência mínima de 30 (trinta) minutos da hora prevista para o início do voo.

§ 4º A jornada será considerada encerrada 30 (trinta) minutos após a parada final dos motores, no caso de voos domésticos, e 45 (quarenta e cinco) minutos após a parada final dos motores, no caso de voos internacionais.

§ 5º Para atividades em terra, não se aplicam as disposições dos §§ 3º e 4º deste artigo.

§ 6º Os limites previstos no § 4º deste artigo podem ser alterados pelos operadores de aeronaves que possuírem Sistema de Gerenciamento de Risco de Fadiga Humana no planejamento e na execução das escalas de serviço de seus tripulantes, sendo o limite mínimo de 30 (trinta) minutos.

ART. 36. Aos tripulantes de voo ou de cabine empregados no serviço aéreo definido no inciso I do *caput* do art. 5º são assegurados os seguintes limites de jornada de trabalho:

I - 9 (nove) horas, se integrantes de uma tripulação mínima ou simples;

II - 12 (doze) horas, se integrantes de uma tripulação composta;

III - 16 (dezesseis) horas, se integrantes de uma tripulação de revezamento.

ART. 37. Aos tripulantes de voo ou de cabine empregados nos serviços aéreos definidos nos incisos II, III, IV e V do *caput* do art. 5º são assegurados os seguintes limites de jornada de trabalho:

I - 11 (onze) horas, se integrantes de uma tripulação mínima ou simples;

II - 14 (catorze) horas, se integrantes de uma tripulação composta;

III - 18 (dezoito) horas, se integrantes de uma tripulação de revezamento.

Parágrafo único. Os tripulantes de voo empregados nos serviços aéreos especializados definidos no inciso IV do *caput* do art. 5º, quando em atividade de fomento à agricultura, poderão ter os limites previstos neste artigo estabelecidos em convenção ou acordo coletivo de trabalho, desde que não ultrapassem os parâmetros de segurança de voo determinados na regulamentação da autoridade de aviação civil brasileira.

ART. 38. Em caso de interrupção de jornada, os tripulantes de voo ou de cabine empregados nos serviços aéreos definidos nos incisos II, IV e V do *caput* do art. 5º, quando compondo tripulação mínima ou simples, poderão ter suas jornadas de trabalho acrescidas de até a metade do tempo da interrupção, nos seguintes casos:

I - quando houver interrupção da jornada fora da base contratual, superior a 3 (três) horas e inferior a 6 (seis) horas consecutivas, e for proporcionado pelo empregador local para descanso separado do público e com controle de temperatura e luminosidade;

II - quando houver interrupção da jornada fora da base contratual, superior a 6 (seis) horas e inferior a 10 (dez) horas consecutivas, e forem proporcionados pelo empregador quartos individuais com banheiro privativo, condições adequadas de higiene e segurança, mínimo ruído e controle de temperatura e luminosidade.

Parágrafo único. A condição prevista neste artigo deverá ser consignada no diário de bordo da aeronave, com assinatura do comandante.

ART. 39. A hora de trabalho noturno, para efeito de jornada, será computada como de 52 (cinquenta e dois) minutos e 30 (trinta) segundos.

Parágrafo único. Para efeitos desta Lei, considera-se noturno:

I - o trabalho executado em terra entre as 22 (vinte e duas) horas de um dia e as 5 (cinco) horas do dia seguinte, considerado o horário local;

II - o período de tempo de voo realizado entre as 18 (dezoito) horas de um dia e as 6 (seis) horas do dia seguinte, considerado o fuso horário oficial da base contratual do tripulante.

ART. 40. Os limites da jornada de trabalho poderão ser ampliados em 60 (sessenta) minutos, a critério exclusivo do comandante da aeronave, nos seguintes casos:

I - inexistência, em local de escala regular, de acomodações apropriadas para o repouso da tripulação e dos passageiros;

II - espera demasiadamente longa, fora da base contratual, em local de espera regular intermediária, ocasionada por condições meteorológicas desfavoráveis e trabalho de manutenção não programada;

III - por imperiosa necessidade, entendida como a decorrente de catástrofe ou problema de infraestrutura que não configure caso de falha ou falta administrativa da empresa.

Parágrafo único. Qualquer ampliação dos limites das horas de trabalho deverá ser comunicada, em no máximo 24 (vinte e quatro) horas após a viagem, pelo comandante ao empregador, que, no prazo de 15 (quinze) dias, comunicará à autoridade de aviação civil brasileira.

ART. 41. A duração do trabalho dos tripulantes de voo ou de cabine não excederá a 44 (quarenta e quatro) horas semanais e 176 (cento e setenta e seis) horas mensais, computados os tempos de:

I - jornada e serviço em terra durante a viagem;

II - reserva e 1/3 (um terço) do sobreaviso;

III - deslocamento como tripulante extra a serviço;

IV - adestramento em simulador, cursos presenciais ou a distância, treinamentos e reuniões;

V - realização de outros serviços em terra, quando escalados pela empresa.

§ 1º O limite semanal de trabalho previsto neste artigo poderá ser alterado mediante convenção ou acordo coletivo de trabalho, desde que não ultrapasse os parâmetros estabelecidos na regulamentação da autoridade de aviação civil brasileira, sendo vedada, sob qualquer hipótese, a extrapolação do limite mensal de 176 (cento e setenta e seis) horas.

§ 2º Os tripulantes de voo ou de cabine empregados nos serviços aéreos definidos nos incisos II, III, IV e V do *caput* do art. 5º terão como período máximo de trabalho consecutivo 21 (vinte e um) dias, contados do dia de saída do tripulante de sua base contratual até o dia do regresso a ela.

§ 3º Para os tripulantes de voo ou de cabine empregados nos serviços aéreos definidos nos incisos II, III, IV e V do *caput* do art. 5º, o período consecutivo de trabalho, no local de operação, não poderá exceder a 17 (dezessete) dias.

§ 4º Quando prestarem serviço fora da base contratual por período superior a 6 (seis) dias, os tripulantes referidos no § 3º deste artigo terão, no retorno, folgas correspondentes a, no mínimo, o número de dias fora da base contratual menos 2 (dois) dias.

§ 5º Os tripulantes empregados no serviço aéreo definido no inciso I do *caput* do art. 5º que também exerçam atividades administrativas terão os limites de sua jornada de trabalho definidos em convenção ou acordo coletivo de trabalho, desde que não ultrapassem os parâmetros estabelecidos na regulamentação da autoridade de aviação civil brasileira.

§ 6º As disposições do *caput* e dos §§ 1º, 2º, 3º e 4º deste artigo não se aplicam aos tripulantes empregados nos serviços aéreos definidos no inciso IV do *caput* do art. 5º em atividade de fomento ou proteção à agricultura, que poderão ter os referidos limites reduzidos ou ampliados por convenção ou acordo coletivo de trabalho, desde que não ultrapassem os parâmetros de segurança de voo determinados na regulamentação da autoridade de aviação civil brasileira.

ART. 42. Será observado o limite máximo de 2 (duas) madrugadas consecutivas de trabalho, e o de 4 (quatro) madrugadas totais no período de 168 (cento e sessenta e oito) horas consecutivas, contadas desde a apresentação do tripulante.

§ 1º O tripulante de voo ou de cabine poderá ser escalado para jornada de trabalho na terceira madrugada consecutiva desde que como tripulante extra, em voo de retorno à base contratual e encerrando sua jornada de trabalho, vedada, nessa hipótese, a escalação do tripulante para compor tripulação no período que antecede a terceira madrugada consecutiva na mesma jornada de trabalho.

§ 2º Sempre que for disponibilizado ao tripulante período mínimo de 48 (quarenta e oito) horas livre de qualquer atividade, poderá ser iniciada a contagem de novo período de 168 (cento e sessenta e oito) horas consecutivas referido no *caput* deste artigo.

§ 3º Os limites previstos neste artigo poderão ser reduzidos ou ampliados mediante convenção ou acordo coletivo de trabalho, desde que não ultrapassem os parâmetros estabelecidos na regulamentação da autoridade de aviação civil brasileira.

§ 4º Entende-se como madrugada o período transcorrido, total ou parcialmente, entre 0 (zero) hora e 6 (seis) horas, considerado o fuso horário oficial da base contratual do tripulante.

SEÇÃO VII
DO SOBREAVISO E DA RESERVA

ART. 43. Sobreaviso é o período não inferior a 3 (três) horas e não excedente a 12 (doze) horas em que o tripulante permanece em local de sua escolha à disposição do empregador, devendo apresentar-se no aeroporto ou em outro local determinado, no prazo de até 90 (noventa) minutos, após receber comunicação para o início de nova tarefa.

§ 1º Em Município ou conurbação com 2 (dois) ou mais aeroportos, o tripulante designado para aeroporto diferente da base contratual terá prazo de 150 (cento e cinquenta) minutos para a apresentação, após receber comunicação para o início de nova tarefa.

§ 2º As horas de sobreaviso serão pagas à base de 1/3 (um terço) do valor da hora de voo.

§ 3º Caso o tripulante seja convocado para uma nova tarefa, o tempo remunerado será contabilizado entre o início do sobreaviso e o início do deslocamento.

§ 4º Caso o tripulante de voo ou de cabine não seja convocado para uma tarefa durante o período de sobreaviso, o tempo de repouso mínimo de 8 (oito) horas deverá ser respeitado antes do início de nova tarefa.

§ 5º O período de sobreaviso, contabilizado desde seu início até o início do deslocamento caso o tripulante seja acionado para nova tarefa, não poderá ser superior a 12 (doze) horas.

§ 6º No período de 12 (doze) horas previsto no § 5º, não serão computados os períodos de deslocamento de 90 (noventa) e 150 (cento e cinquenta) minutos previstos no *caput* e no § 1º deste artigo.

§ 7º O tripulante de voo ou de cabine empregado no serviço aéreo previsto no inciso I do *caput* do art. 5º terá a quantidade de sobreavisos limitada a 8 (oito) mensais, podendo ser reduzida ou ampliada por convenção ou acordo coletivo de trabalho, observados os limites estabelecidos na regulamentação da autoridade de aviação civil brasileira.

ART. 44. Reserva é o período em que o tripulante de voo ou de cabine permanece à disposição, por determinação do empregador, no local de trabalho.

§ 1º A hora de reserva será paga na mesma base da hora de voo.

§ 2º A reserva do tripulante empregado no serviço aéreo previsto no inciso I do *caput* do art. 5º terá duração mínima de 3 (três) horas e máxima de 6 (seis) horas.

§ 3º A reserva do tripulante empregado nos serviços aéreos previstos nos incisos II, III, IV e V do *caput* do art. 5º terá duração mínima de 3 (três) horas e máxima de 10 (dez) horas.

§ 4º Prevista a reserva por prazo superior a 3 (três) horas, o empregador deverá assegurar ao tripulante acomodação adequada para descanso.

§ 5º Entende-se por acomodação adequada para fins deste artigo poltronas em sala específica com controle de temperatura, em local diferente do destinado ao público e à apresentação das tripulações.

§ 6º Para efeito de remuneração, caso o tripulante seja acionado em reserva para assumir programação de voo, será considerado tempo de reserva o período compreendido entre o início da reserva e o início do voo.

§ 7º Os limites previstos neste artigo poderão ser reduzidos ou ampliados por convenção ou acordo coletivo de trabalho, observados os parâmetros estabelecidos na regulamentação da autoridade de aviação civil brasileira.

SEÇÃO VIII
DAS VIAGENS

ART. 45. Viagem é o trabalho realizado pelo tripulante de voo ou de cabine, contado desde a saída de sua base até o seu regresso.

§ 1º Uma viagem pode compreender uma ou mais jornadas.

§ 2º O tripulante de voo ou de cabine poderá cumprir uma combinação de voos, passando por sua base contratual sem ser dispensado do serviço, desde que a programação obedeça à escala previamente publicada.

§ 3º O empregador poderá exigir do tripulante de voo ou de cabine complementação de voo, quando fora da base contratual, para atender à realização de serviços inadiáveis.

§ 4º O empregador não poderá exigir do tripulante de voo ou de cabine complementação de voo ou qualquer outra atividade ao final da viagem, por ocasião do retorno à base contratual, sendo facultada ao tripulante a aceitação, não cabendo qualquer tipo de penalidade em caso de recusa.

SEÇÃO IX
DOS PERÍODOS DE REPOUSO

ART. 46. Repouso é o período ininterrupto, após uma jornada, em que o tripulante fica desobrigado da prestação de qualquer serviço.

ART. 47. É assegurada ao tripulante, fora de sua base contratual, acomodação adequada para repouso e transporte entre o aeroporto e o local de repouso, e vice-versa.

§ 1º O previsto neste artigo não será aplicado ao tripulante empregado nos serviços aéreos previstos nos incisos II, III, IV e V do *caput* do art. 5º quando o custeio do transporte e da hospedagem for ressarcido pelo empregador.

§ 2º O ressarcimento de que trata o § 1º deste artigo deverá ocorrer no máximo até 30 (trinta) dias após o pagamento.

§ 3º Entende-se por acomodação adequada para repouso do tripulante quarto individual com banheiro privativo e condições adequadas de higiene, segurança, ruído, controle de temperatura e luminosidade.

§ 4º Quando não houver disponibilidade de transporte ao término da jornada, o período de repouso será computado a partir da colocação de transporte à disposição da tripulação.

ART. 48. O tempo mínimo de repouso terá duração relacionada ao tempo da jornada anterior, observando-se os seguintes limites:

I - 12 (doze) horas de repouso, após jornada de até 12 (doze) horas;

II - 16 (dezesseis) horas de repouso, após jornada de mais de 12 (doze) horas e até 15 (quinze) horas;

III - 24 (vinte e quatro) horas de repouso, após jornada de mais de 15 (quinze) horas.

Parágrafo único. Os limites previstos neste artigo poderão ser alterados por convenção ou acordo coletivo de trabalho, observados os parâmetros de segurança de voo estabelecidos na regulamentação da autoridade de aviação civil brasileira.

ART. 49. Quando ocorrer o cruzamento de 3 (três) ou mais fusos horários em um dos sentidos da viagem, o tripulante terá, na base contratual, o repouso acrescido de 2 (duas) horas por cada fuso cruzado.

SEÇÃO X
DA FOLGA PERIÓDICA

ART. 50. Folga é o período não inferior a 24 (vinte e quatro) horas consecutivas em que o tripulante, em sua base contratual, sem prejuízo da remuneração, está desobrigado de qualquer atividade relacionada com seu trabalho.

§ 1º Salvo o previsto nos §§ 2º e 3º do art. 41, a folga deverá ter início, no máximo, após o 6º (sexto) período consecutivo de até 24 (vinte e quatro) horas, contada a partir da apresentação do tripulante, observados os limites da duração da jornada de trabalho e do repouso.

§ 2º Os períodos de repouso mínimo regulamentar deverão estar contidos nos 6 (seis) períodos consecutivos de até 24 (vinte e quatro) horas previstos no § 1º deste artigo.

§ 3º No caso de voos internacionais de longo curso, o limite previsto no § 1º deste artigo poderá ser ampliado em 36 (trinta e seis) horas, ficando o empregador obrigado a conceder ao tripulante mais 2 (dois) períodos de folga no mesmo mês em que o voo for realizado, além das folgas previstas neste artigo e no art. 51.

§ 4º Os limites previstos nos §§ 1º e 2º deste artigo poderão ser alterados por convenção ou acordo coletivo de trabalho, observados os parâmetros determinados na regulamentação da autoridade de aviação civil brasileira.

ART. 51. O tripulante empregado no serviço aéreo previsto no inciso I do *caput* do art. 5º terá número mensal de folgas não inferior a 10 (dez), das quais pelo menos 2 (duas) deverão compreender um sábado e um domingo consecutivos, devendo a primeira destas ter início até as 12 (doze) horas do sábado, no horário de Brasília.

§ 1º O número mensal de folgas previsto neste artigo poderá ser reduzido até 9 (nove), conforme critérios estabelecidos em convenção ou acordo coletivo de trabalho.

§ 2º Quando o tripulante concorrer parcialmente à escala de serviço do mês, por motivo de férias ou afastamento, aplicar-se-á a proporcionalidade do número de dias trabalhados ao número de folgas a serem concedidas, com aproximação para o inteiro superior.

ART. 52. O tripulante de voo ou de cabine empregado nos serviços aéreos previstos nos incisos II, III, IV e V do *caput* do art. 5º terá número de folgas mensal não inferior a 8 (oito), das quais pelo menos 2 (duas) deverão compreender um sábado e um domingo consecutivos.

Parágrafo único. O tripulante empregado nos serviços aéreos previstos no inciso IV do *caput* do art. 5º, quando em atividade de fomento ou proteção à agricultura, poderá ter os limites previstos neste artigo modificados por convenção ou acordo coletivo de trabalho, observados os parâmetros estabelecidos na regulamentação da autoridade de aviação civil brasileira.

ART. 53. A folga só terá início após a conclusão do repouso da jornada, e seus horários de início e término serão definidos em escala previamente publicada.

ART. 54. Quando o tripulante for designado para curso fora da base contratual, sua folga poderá ser gozada nesse local, devendo a empresa assegurar, no regresso, uma licença remunerada de 1 (um) dia para cada 15 (quinze) dias fora da base contratual.

Parágrafo único. A licença remunerada não deverá coincidir com sábado, domingo ou feriado se a permanência do tripulante fora da base for superior a 30 (trinta) dias.

CAPÍTULO III
DA REMUNERAÇÃO E DAS CONCESSÕES

SEÇÃO I
DA REMUNERAÇÃO

ART. 55. Sem prejuízo da liberdade contratual, a remuneração do tripulante corresponderá à soma das quantias por ele percebidas da empresa.

Parágrafo único. Não integram a remuneração as importâncias pagas pela empresa a título de ajuda de custo, assim como as diárias de hospedagem, alimentação e transporte.

ART. 56. A remuneração dos tripulantes poderá ser fixa ou ser constituída por parcela fixa e parcela variável.

Parágrafo único. A parcela variável da remuneração será obrigatoriamente calculada com base nas horas de voo, salvo no caso:

I - do tripulante empregado no serviço de transporte aéreo público não regular na modalidade de táxi aéreo, previsto no inciso II do *caput* do art. 5º, que poderá ter a parcela variável de seu salário calculada com base na quilometragem entre a origem e o destino do voo, desde que estabelecido em convenção ou acordo coletivo de trabalho;

II - do tripulante empregado nos serviços aéreos previstos no inciso IV do *caput* do art. 5º em atividade de fomento ou proteção à agricultura, que poderá ter a parcela variável de seu salário calculada com base na área produzida ou aplicada ou conforme outros critérios estabelecidos em convenção ou acordo coletivo de trabalho.

ART. 57. O período de tempo em solo entre etapas de voo em uma mesma jornada será remunerado.

Parágrafo único. Os valores e critérios para remuneração do período de que trata o *caput* deste artigo serão estabelecidos no contrato de trabalho e em convenção ou acordo coletivo de trabalho.

ART. 58. A empresa pagará a remuneração do trabalho não realizado por motivo alheio à vontade do tripulante, se outra atividade equivalente não lhe for atribuída.

ART. 59. A remuneração da hora de voo noturno e das horas de voo como tripulante extra será calculada na forma da legislação em vigor, observadas as condições estabelecidas no contrato de trabalho e em convenção ou acordo coletivo de trabalho.

§ 1º Considera-se voo noturno, para efeitos deste artigo, o voo executado entre as 21 (vinte e uma) horas, Tempo Universal Coordenado, de um dia e as 9 (nove) horas, Tempo Universal Coordenado, do dia seguinte.

§ 2º A hora de voo noturno, para efeito de remuneração, é contada à razão de 52 (cinquenta e dois) minutos e 30 (trinta) segundos.

ART. 60. As frações de hora serão computadas para efeito de remuneração.

SEÇÃO II
DA ALIMENTAÇÃO

ART. 61. Durante a viagem, o tripulante terá direito a alimentação, em terra ou em voo, de acordo com as instruções técnicas do Ministério do Trabalho e das autoridades competentes.

§ 1º O tripulante extra a serviço terá direito à alimentação.

§ 2º Quando em terra, o intervalo para a alimentação do tripulante deverá ter duração mínima de 45 (quarenta e cinco) minutos e máxima de 60 (sessenta) minutos.

§ 3º Quando em voo, a alimentação deverá ser servida em intervalos máximos de 4 (quatro) horas.

ART. 62. Para tripulante de helicópteros, a alimentação será servida em terra ou a bordo de unidades marítimas, com duração de 60 (sessenta) minutos, período este que não será computado na jornada de trabalho.

ART. 63. Nos voos realizados no período entre as 22 (vinte e duas) horas de um dia e as 6 (seis) horas do dia seguinte, deverá ser servida uma refeição se a duração do voo for igual ou superior a 3 (três) horas.

ART. 64. É assegurada alimentação ao tripulante que esteja em situação de reserva ou em cumprimento de uma programação de treinamento entre as 12 (doze) e as 14 (catorze) horas e entre as 19 (dezenove) e as 21 (vinte e uma) horas, em intervalo com duração de 60 (sessenta) minutos.

Parágrafo único. O intervalo para alimentação de que trata este artigo:

I - não será computado na duração da jornada de trabalho;

II - não será observado na hipótese de programação de treinamento em simulador.

SEÇÃO III
DA ASSISTÊNCIA MÉDICA

ART. 65. Ao tripulante em serviço fora da base contratual o empregador deverá assegurar e custear, em casos de urgência, assistência médica e remoção, por via aérea, para retorno à base ou ao local de tratamento.

SEÇÃO IV
DO UNIFORME

ART. 66. O tripulante receberá gratuitamente da empresa, quando não forem de uso comum, as peças de uniforme e os equipamentos exigidos, por ato da autoridade competente, para o exercício de sua atividade profissional.

Parágrafo único. Não serão considerados como salário, para os efeitos previstos neste artigo, os vestuários, equipamentos e outros acessórios fornecidos ao tripulante para a realização dos respectivos serviços.

SEÇÃO V
DAS FÉRIAS

ART. 67. As férias anuais do tripulante serão de 30 (trinta) dias consecutivos.

§ 1º Mediante acordo coletivo, as férias poderão ser fracionadas.

§ 2º A concessão de férias será comunicada ao tripulante, por escrito, com antecedência mínima de 30 (trinta) dias.

ART. 68. A empresa manterá quadro atualizado de concessão de férias, devendo existir rodízio entre os tripulantes do mesmo equipamento quando houver concessão nos meses de janeiro, fevereiro, julho e dezembro.

ART. 69. Ressalvados os casos de rescisão de contrato, as férias não serão convertidas em abono pecuniário.

ART. 70. Ressalvadas condições mais favoráveis, a remuneração das férias e o décimo terceiro salário do aeronauta serão calculados pela média das parcelas fixas e variáveis da remuneração no período aquisitivo.

ART. 71. O pagamento da remuneração das férias será realizado até 2 (dois) dias antes de seu início.

SEÇÃO VI
DOS CERTIFICADOS E DAS HABILITAÇÕES

ART. 72. É de responsabilidade do empregador o custeio do certificado médico e de habilitação técnica de seus tripulantes, sendo responsabilidade do tripulante manter em dia seu certificado médico, como estabelecido na legislação em vigor.

§ 1º Cabe ao empregador o controle de validade do certificado médico e da habilitação técnica para que sejam programadas, na escala de serviço do tripulante, as datas e, quando necessárias, as dispensas para realização dos exames necessários para a revalidação.

§ 2º É dever do empregador o pagamento ou o reembolso dos valores pagos pelo tripulante para a revalidação do certificado médico e de habilitação técnica, tendo como limite os valores definidos pelos órgãos públicos, bem como dos valores referentes a exames de proficiência linguística e a eventuais taxas relativas a documentos necessários ao exercício de suas funções contratuais.

§ 3º No caso dos tripulantes empregados nos serviços aéreos previstos no inciso IV do *caput* do art. 5º em atividade de fomento ou proteção à agricultura, o pagamento e o reembolso previstos neste artigo poderão observar valores e critérios estabelecidos em convenção ou acordo coletivo de trabalho.

CAPÍTULO IV
DAS TRANSFERÊNCIAS

ART. 73. Para efeito de transferência, provisória ou permanente, considera-se base do tripulante a localidade onde ele está obrigado a prestar serviço.

§ 1º Entende-se como:

I - transferência provisória: o deslocamento do tripulante de sua base, por período mínimo de 30 (trinta) dias e não superior a 120 (cento e vinte) dias, para prestação de serviços temporários, sem mudança de domicílio, seguido de retorno à base tão logo cesse a incumbência que lhe foi atribuída; e

II - transferência permanente: o deslocamento do tripulante de sua base, por período superior a 120 (cento e vinte) dias, com mudança de domicílio.

§ 2º Após cada transferência provisória, o tripulante deverá permanecer na sua base por, pelo menos, 180 (cento e oitenta) dias.

§ 3º O interstício entre transferências permanentes será de 2 (dois) anos.

§ 4º Na transferência provisória, serão assegurados aos tripulantes acomodação, alimentação, transporte a serviço, transporte aéreo de ida e volta e, no regresso, licença remunerada de, considerada a duração da transferência, 2 (dois) dias para o primeiro mês mais 1 (um) dia para cada mês ou fração subsequente, sendo que, no mínimo, 2 (dois) dias não deverão coincidir com sábado, domingo ou feriado.

§ 5º Na transferência permanente, serão assegurados ao tripulante pelo empregador:

I - ajuda de custo, para fazer face às despesas de instalação na nova base, não inferior a 4 (quatro) vezes o valor do salário mensal, calculado o salário variável por sua taxa atual, multiplicada pela média do correspondente trabalho nos últimos 12 (doze) meses;

II - transporte aéreo para si e seus dependentes;

III - translação da respectiva bagagem; e

IV - dispensa de qualquer atividade relacionada com o trabalho pelo período de 8 (oito) dias, a ser fixado por sua opção, com aviso prévio de 8 (oito) dias ao empregador, dentro dos 60 (sessenta) dias seguintes à sua chegada à nova base.

§ 6º A transferência provisória poderá ser transformada em transferência permanente.

ART. 74. O tripulante deverá ser notificado pelo empregador com antecedência mínima de 60 (sessenta) dias na transferência permanente e de 15 (quinze) dias na provisória.

CAPÍTULO V
DISPOSIÇÕES FINAIS E TRANSITÓRIAS

ART. 75. Aos tripulantes de voo empregados nos serviços aéreos definidos no inciso IV do *caput* do art. 5º, quando em atividade de fomento ou proteção à agricultura, não se aplicam as seguintes disposições desta Lei:

I - a Seção II do Capítulo II;

II - os arts. 27, 28, 43, 44 e 45;

III - o Capítulo IV;

IV - o regime de transição estabelecido no art. 80.

ART. 76. Além dos casos previstos nesta Lei, as responsabilidades dos tripulantes são definidas na Lei n. 7.565, de 19 de dezembro de 1986 (Código Brasileiro de Aeronáutica), nas leis e nos regulamentos em vigor e, no que decorrer do contrato de trabalho, em convenções e acordos coletivos.

ART. 77. Sem prejuízo do disposto no Capítulo III do Título IX da Lei n. 7.565, de 19 de dezembro de 1986 (Código Brasileiro de Aeronáutica), os infratores das disposições constantes nesta Lei ficam sujeitos às penalidades previstas no art. 351 da Consolidação das Leis do Trabalho (CLT), aprovada pelo Decreto-Lei n. 5.452, de 1º de maio de 1943.

Parágrafo único. O processo de multas administrativas será regido pelo disposto no Título VII da Consolidação das Leis do Trabalho (CLT), aprovada pelo Decreto-Lei n. 5.452, de 1º de maio de 1943.

ART. 78. Caberá à autoridade de aviação civil brasileira expedir as normas necessárias para a implantação do Sistema de Gerenciamento de Risco de Fadiga Humana de que trata a Seção III do Capítulo I.

ART. 79. O art. 30 da Lei n. 7.183, de 5 de abril de 1984, passa a vigorar com a seguinte redação:

- Alterações promovidas no texto da referida lei.

ART. 80. Aplicam-se aos tripulantes, desde a entrada em vigor desta Lei até que tenham decorrido 30 (trinta) meses de sua publicação, como regime de transição, os seguintes dispositivos da Lei n. 7.183, de 5 de abril de 1984:

I - os arts. 12, 13 e 20;

II - o *caput*, incluídas suas alíneas, e o § 1º, todos do art. 21;

III - os arts. 29 e 30.

ART. 81. Revogam-se:

I - após decorridos 90 (noventa) dias da publicação oficial desta Lei, a Lei n. 7.183, de 5 de abril de 1984, com exceção dos dispositivos referidos no art. 80;

II - após decorridos 30 (trinta) meses da publicação oficial desta Lei, os dispositivos da Lei n. 7.183, de 5 de abril de 1984, referidos no art. 80.

ART. 82. Esta Lei entra em vigor após decorridos 90 (noventa) dias de sua publicação oficial, exceto os arts. 31, 32, 33, 35, 36 e 37, que entram em vigor após decorridos 30 (trinta) meses da publicação oficial desta Lei.

Brasília, 28 de agosto de 2017; 196º da Independência e 129º da República.

MICHEL TEMER

LEI N. 13.477, DE 30 DE AGOSTO DE 2017

Dispõe sobre a instalação de cerca eletrificada ou energizada em zonas urbana e rural.

- *DOU*, 31.08.2017.

O Presidente da Câmara dos Deputados, no exercício do cargo de Presidente da República. Faço saber que o Congresso Nacional decreta e eu sanciono a seguinte Lei:

ART. 1º Esta Lei estabelece os cuidados e procedimentos que devem ser observados na instalação de cerca eletrificada ou energizada em zonas urbana e rural.

ART. 2º As instalações de que trata o art. 1º deverão observar as seguintes exigências:

I - o primeiro fio eletrificado deverá estar a uma altura compatível com a finalidade da cerca eletrificada;

II - em áreas urbanas, deverá ser observada uma altura mínima, a partir do solo, que minimize o risco de choque acidental em moradores e em usuários das vias públicas;

III - o equipamento instalado para energizar a cerca deverá prover choque pulsativo em corrente contínua, com amperagem que não seja mortal, em conformidade com as normas da Associação Brasileira de Normas Técnicas (ABNT);

IV - deverão ser fixadas, em lugar visível, em ambos os lados da cerca eletrificada, placas de aviso que alertem sobre o perigo iminente de choque e que contenham símbolos que possibilitem a sua compreensão por pessoas analfabetas;

V - a instalação de cercas eletrificadas próximas a recipientes de gás liquefeito de petróleo deve obedecer às normas da ABNT.

ART. 3º Sem prejuízo de sanções penais e civis pelo descumprimento dos procedimentos definidos nesta Lei, é estabelecida a penalidade de multa de R$ 5.000,00 (cinco mil reais) para o proprietário do imóvel infrator, ou síndico, no caso de área comum de condomínio edilício, e de R$ 10.000,00 (dez mil reais) para o responsável técnico pela instalação.

§§ 1º e 2º (Vetados).

§ 3º A multa prevista no *caput* deste artigo será transferida ao morador do imóvel no caso em que o proprietário provar que a cerca eletrificada foi instalada sem o seu consentimento.

§ 4º A multa prevista no *caput* deste artigo será aplicada em dobro, no caso de reincidência.

§ 5º O valor da multa referido no *caput* deste artigo poderá ser atualizado por decreto.

ART. 4º Os imóveis que, na data de publicação desta Lei, possuam cerca eletrificada ou energizada também deverão adequar-se aos parâmetros nela previstos.

ART. 5º Esta Lei entra em vigor após decorridos noventa dias de sua publicação oficial.

Brasília, 30 de agosto de 2017; 196º da Independência e 129º da República.

RODRIGO MAIA

LEI N. 13.488, DE 6 DE OUTUBRO DE 2017

Altera as Leis n. 9.504, de 30 de setembro de 1997 (Lei das Eleições), 9.096, de 19 de setembro de 1995, e 4.737, de 15 de julho de 1965 (Código Eleitoral), e revoga dispositivos da Lei n. 13.165, de 29 de setembro de 2015 (Minirreforma Eleitoral de 2015), com o fim de promover reforma no ordenamento político-eleitoral.

- *DOU*, 06.10.2017 - Edição extra.

O Presidente da República. Faço saber que o Congresso Nacional decreta e eu sanciono a seguinte Lei:

CAPÍTULO I
DAS ALTERAÇÕES DA LEGISLAÇÃO ELEITORAL

ART. 1º A Lei n. 9.504, de 30 de setembro de 1997, passa a vigorar com as seguintes alterações:

- Alterações promovidas nos arts. 4º, 9º, 11, §§ 8º, III e IV, e 14, 16-D, §§ 1º e 2º, 18, 22-A, §§ 3º e 4º , 23, §§ 3º e 4º, IV, 4º-A, 4º-B, e 6º a 9º, 26, IV e XV e §§ 1º a 3º, 28, § 6º , III, 36-A, VII, 37, § 2º, 39, §§ 5º, IV, e 11, 46, 49, 51, §§ 1º e 2º, 57-B, IV, e §§ 1º a 6º, 57-C, §§ 2º e 3º, 57-I, 57-J, 58, § 3º, IV, e 93-A da Lei 9.504/1997.

ART. 2º A Lei n. 9.096, de 19 de setembro de 1995, passa a vigorar com as seguintes alterações:

- Alterações promovidas nos arts. 1º e 31 da Lei 9.096/1995.

ART. 3º A Lei n. 4.737, de 15 de julho de 1965 (Código Eleitoral), passa a vigorar com as seguintes alterações:

- Alterações promovidas nos arts. 109 e 354-A do CE.

CAPÍTULO II
DISPOSIÇÕES TRANSITÓRIAS

ART. 4º Em 2018, para fins do disposto nos incisos III e IV do *caput* do art. 16-D da Lei n. 9.504, de 30 de setembro de 1997, a distribuição dos recursos entre os partidos terá por base o número de representantes titulares na Câmara dos Deputados e no Senado Federal, apurado em 28 de agosto de 2017 e, nas eleições subsequentes, apurado no último dia da sessão legislativa imediatamente anterior ao ano eleitoral.

ART. 5º Nas eleições para Presidente da República em 2018, o limite de gastos de campanha de cada candidato será de R$ 70.000.000,00 (setenta milhões de reais).

Parágrafo único. Na campanha para o segundo turno, se houver, o limite de gastos de cada candidato será de 50% (cinquenta por cento) do valor estabelecido no *caput* deste artigo.

ART. 6º O limite de gastos nas campanhas dos candidatos às eleições de Governador e Senador em 2018 será definido de acordo com o número de eleitores de cada unidade da Federação apurado no dia 31 de maio de 2018, nos termos previstos neste artigo.

§ 1º Nas eleições para Governador, serão os seguintes os limites de gastos de campanha de cada candidato:

I - nas unidades da Federação com até um milhão de eleitores: R$ 2.800.000,00 (dois milhões e oitocentos mil reais);

II - nas unidades da Federação com mais de um milhão de eleitores e de até dois milhões de eleitores: R$ 4.900.000,00 (quatro milhões e novecentos mil reais);

III - nas unidades da Federação com mais de dois milhões de eleitores e de até quatro milhões de eleitores: R$ 5.600.000,00 (cinco milhões e seiscentos mil reais);

IV - nas unidades da Federação com mais de quatro milhões de eleitores e de até dez milhões de eleitores: R$ 9.100.000,00 (nove milhões e cem mil reais);

V - nas unidades da Federação com mais de dez milhões de eleitores e de até vinte milhões de eleitores: R$ 14.000.000,00 (catorze milhões de reais);

VI - nas unidades da Federação com mais de vinte milhões de eleitores: R$ 21.000.000,00 (vinte e um milhões de reais).

§ 2º Nas eleições para Senador, serão os seguintes os limites de gastos de campanha de cada candidato:

I - nas unidades da Federação com até dois milhões de eleitores: R$ 2.500.000,00 (dois milhões e quinhentos mil reais);

II - nas unidades da Federação com mais de dois milhões de eleitores e de até quatro milhões de eleitores: R$ 3.000.000,00 (três milhões de reais);

III - nas unidades da Federação com mais de quatro milhões de eleitores e de até dez milhões de eleitores: R$ 3.500.000,00 (três milhões e quinhentos mil reais);

IV - nas unidades da Federação com mais de dez milhões de eleitores e de até vinte milhões de eleitores: R$ 4.200.000,00 (quatro milhões e duzentos mil reais);

V - nas unidades da Federação com mais de vinte milhões de eleitores: R$ 5.600.000,00 (cinco milhões e seiscentos mil reais).

§ 3º Nas campanhas para o segundo turno de governador, onde houver, o limite de gastos de cada candidato será de 50% (cinquenta por cento) dos limites fixados no § 1º deste artigo.

ART. 7º Em 2018, o limite de gastos será de:

I - R$ 2.500.000,00 (dois milhões e quinhentos mil reais) para as campanhas dos candidatos às eleições de Deputado Federal;

II - R$ 1.000.000,00 (um milhão de reais) para as campanhas dos candidatos às eleições de Deputado Estadual e Deputado Distrital.

ART. 8º Nas eleições de 2018, se as doações de pessoas físicas a candidatos, somadas aos recursos públicos, excederem o limite de gastos permitido para a respectiva campanha, o valor excedente poderá ser transferido para o partido do candidato.

CAPÍTULO III DISPOSIÇÕES FINAIS

ART. 9º Os partidos deverão adequar seus estatutos aos termos desta Lei até o final do exercício de 2017.

ART. 10. Esta Lei entra em vigor na data de sua publicação.

ART. 11. Ficam revogados o § 1º-A do art. 23 da Lei n. 9.504, de 30 de setembro de 1997, e os arts. 5º, 6º, 7º, 8º, 10 e 11 da Lei n. 13.165, de 29 de setembro de 2015. (Promulgação de parte vetada.)

Brasília, 6 de outubro de 2017; 196º da Independência e 129º da República.

MICHEL TEMER

LEI N. 13.502, DE 1º DE NOVEMBRO DE 2017

Estabelece a organização básica dos órgãos da Presidência da República e dos Ministérios; altera a Lei n. 13.334, de 13 de setembro de 2016; e revoga a Lei n. 10.683, de 28 de maio de 2003, e a Medida Provisória n. 768, de 2 de fevereiro de 2017.

› *DOU*, 3.11.2017.

› A Med. Prov. 870/2019, incorporada no Anexo deste volume, determinou a revogação desta lei.

O Presidente da República. Faço saber que o Congresso Nacional decreta e eu sanciono a seguinte Lei:

CAPÍTULO I DO OBJETO E DO ÂMBITO DE APLICAÇÃO

ART. 1º Esta Lei estabelece a organização básica dos órgãos da Presidência da República e dos Ministérios.

§ 1º O detalhamento da organização dos órgãos de que trata esta Lei será definido nos decretos de estrutura regimental.

§ 2º Ato do Poder Executivo federal estabelecerá a vinculação das entidades aos órgãos da administração pública federal.

CAPÍTULO II DOS ÓRGÃOS DA PRESIDÊNCIA DA REPÚBLICA

ART. 2º Integram a Presidência da República:

I - a Casa Civil;

II - a Secretaria de Governo;

III - a Secretaria-Geral;

IV - o Gabinete Pessoal do Presidente da República;

V - o Gabinete de Segurança Institucional; e

VI - a Secretaria Especial da Aquicultura e da Pesca.

› A Med. Prov. 869/2018 determinou a seguinte alteração:

V - o Gabinete de Segurança Institucional;

VI - a Secretaria Especial da Aquicultura e da Pesca; e

VII - a Autoridade Nacional de Proteção de Dados Pessoais.

§ 1º Integram a Presidência da República, como órgãos de assessoramento imediato ao Presidente da República:

I - o Conselho de Governo;

II - o Conselho de Desenvolvimento Econômico e Social;

III - o Conselho Nacional de Segurança Alimentar e Nutricional;

IV - o Conselho Nacional de Política Energética;

V - o Conselho Nacional de Integração de Políticas de Transporte;

VI - o Conselho do Programa de Parcerias de Investimentos da Presidência da República;

VII - a Câmara de Comércio Exterior (Camex);

VIII - o Advogado-Geral da União;

IX - a Assessoria Especial do Presidente da República; e

X - o Conselho Nacional de Aquicultura e Pesca.

§ 2º São órgãos de consulta do Presidente da República:

I - o Conselho da República; e

II - o Conselho de Defesa Nacional.

§ 3º Ao Conselho Nacional de Aquicultura e Pesca, a que se refere o inciso X do § 1º deste artigo, presidido pelo Secretário da Aquicultura e da Pesca e composto na forma estabelecida em ato do Poder Executivo federal, compete subsidiar a formulação da política nacional para a pesca e a aquicultura, propor diretrizes para o desenvolvimento e o fomento da produção pesqueira e aquícola, apreciar as diretrizes para o desenvolvimento do plano de ação da pesca e da aquicultura e propor medidas que visem a garantir a sustentabilidade da atividade pesqueira e aquícola.

SEÇÃO I DA CASA CIVIL DA PRESIDÊNCIA DA REPÚBLICA

ART. 3º À Casa Civil da Presidência da República compete:

I - assistir direta e imediatamente o Presidente da República no desempenho de suas atribuições, especialmente:

a) na coordenação e na integração das ações governamentais;

b) na verificação prévia da constitucionalidade e da legalidade dos atos presidenciais;

c) na análise do mérito, da oportunidade e da compatibilidade das propostas, inclusive das matérias em tramitação no Congresso Nacional, com as diretrizes governamentais;

d) na avaliação e no monitoramento da ação governamental e da gestão dos órgãos e das entidades da administração pública federal;

II - publicar e preservar os atos oficiais;

III - promover a reforma agrária;

IV - promover o desenvolvimento sustentável do segmento rural constituído pelos agricultores familiares; e

V - delimitar as terras dos remanescentes das comunidades dos quilombos e determinar as suas demarcações, a serem homologadas por decreto.

ART. 4º A Casa Civil da Presidência da República tem como estrutura básica:

I - o Gabinete;

II - a Secretaria Executiva;

III - a Assessoria Especial;

IV - a Secretaria Especial de Agricultura Familiar e do Desenvolvimento Agrário;

V - até três Subchefias;

VI - a Imprensa Nacional;

VII - uma Secretaria;

VIII - o Conselho Nacional de Desenvolvimento Rural Sustentável; e

IX - a Secretaria do Conselho de Desenvolvimento Econômico e Social.

SEÇÃO II DA SECRETARIA DE GOVERNO DA PRESIDÊNCIA DA REPÚBLICA

ART. 5º À Secretaria de Governo da Presidência da República compete:

I - assistir direta e imediatamente o Presidente da República no desempenho de suas atribuições, especialmente:

a) no relacionamento e na articulação com as entidades da sociedade civil e na criação e na implementação de instrumentos de consulta e de participação popular de interesse do Poder Executivo federal;

b) na realização de estudos de natureza político-institucional;

c) na coordenação política do governo federal;

d) na condução do relacionamento do governo federal com o Congresso Nacional e com os partidos políticos; e

e) na interlocução com os Estados, o Distrito Federal e os Municípios;

II - formular, supervisionar, coordenar, integrar e articular políticas públicas para a juventude;

III - articular, promover e executar programas de cooperação com organismos nacionais e internacionais, públicos e privados, destinados à implementação de políticas de juventude;

IV - coordenar o Programa Bem Mais Simples Brasil;

V - formular, coordenar, definir as diretrizes e articular políticas públicas para as mulheres, incluídas atividades antidiscriminatórias e voltadas à promoção da igualdade de direitos entre homens e mulheres; e

VI - exercer outras atribuições que lhe forem cometidas pelo Presidente da República.

Parágrafo único. Caberá ao Secretário-Executivo da Secretaria de Governo da Presidência da República exercer, além da supervisão e da coordenação das Secretarias integrantes da estrutura regimental da Secretaria de Governo da Presidência da República subordinadas ao Ministro de Estado Chefe da Secretaria de Governo da Presidência da República, as atribuições que lhe forem por este cometidas.

ART. 6º A Secretaria de Governo da Presidência da República tem como estrutura básica:

I - o Gabinete;

II - a Secretaria Executiva;

III - a Assessoria Especial;

IV - a Secretaria Nacional de Juventude;

V - a Secretaria Nacional de Articulação Social;

VI - a Secretaria Nacional de Políticas para Mulheres;

VII - o Conselho Nacional de Juventude;

VIII - o Conselho Nacional dos Direitos da Mulher;

IX - o Conselho Deliberativo do Programa Bem Mais Simples Brasil;

X - a Secretaria Executiva do Programa Bem Mais Simples Brasil;

XI - até uma Secretaria; e

XII - até duas Subchefias.

SEÇÃO III
DA SECRETARIA-GERAL DA PRESIDÊNCIA DA REPÚBLICA

ART. 7º À Secretaria-Geral da Presidência da República compete:

I - assistir direta e imediatamente o Presidente da República no desempenho de suas atribuições:

a) na supervisão e na execução das atividades administrativas da Presidência da República e, supletivamente, da Vice-Presidência da República;

b) no acompanhamento da ação governamental e do resultado da gestão dos administradores, no âmbito dos órgãos integrantes da Presidência da República e da Vice-Presidência da República, além de outros determinados em legislação específica, por intermédio da fiscalização contábil, financeira, orçamentária, operacional e patrimonial;

c) no planejamento nacional de longo prazo;

d) na discussão das opções estratégicas do País, consideradas a situação atual e as possibilidades para o futuro;

e) na elaboração de subsídios para a preparação de ações de governo;

f) na comunicação com a sociedade e no relacionamento com a imprensa nacional, regional e internacional;

g) na coordenação, no monitoramento, na avaliação e na supervisão das ações do Programa de Parcerias de Investimentos e no apoio às ações setoriais necessárias à sua execução; e

h) na implementação de políticas e ações voltadas à ampliação das oportunidades de investimento e emprego e da infraestrutura pública;

II - formular e implementar a política de comunicação e de divulgação social do governo federal;

III - organizar e desenvolver sistemas de informação e pesquisa de opinião pública;

IV - coordenar a comunicação interministerial e as ações de informação e de difusão das políticas de governo;

V - coordenar, normatizar, supervisionar e realizar o controle da publicidade e dos patrocínios dos órgãos e das entidades da administração pública federal, direta e indireta, e de sociedades sob o controle da União;

VI - convocar as redes obrigatórias de rádio e televisão;

VII - coordenar a implementação e a consolidação do sistema brasileiro de televisão pública;

VIII - (Vetado.); e

IX - coordenar o credenciamento de profissionais de imprensa e o acesso e o fluxo a locais onde ocorram atividades das quais o Presidente da República participe.

ART. 8º A Secretaria-Geral da Presidência da República tem como estrutura básica:

I - o Gabinete;

II - a Secretaria Executiva;

III - a Assessoria Especial;

IV - a Secretaria Especial do Programa de Parcerias de Investimentos, com até três Secretarias;

V - a Secretaria Especial de Assuntos Estratégicos, com até duas Secretarias;

VI - a Secretaria Especial de Comunicação Social, com até cinco Secretarias;

VII - o Cerimonial da Presidência da República;

VIII - até duas Secretarias; e

IX - um órgão de controle interno.

SEÇÃO IV
DO GABINETE PESSOAL DO PRESIDENTE DA REPÚBLICA

ART. 9º Ao Gabinete Pessoal do Presidente da República compete:

I - assessorar na elaboração da agenda futura do Presidente da República;

II - formular subsídios para os pronunciamentos do Presidente da República;

III - coordenar a agenda do Presidente da República;

IV - exercer as atividades de secretariado particular do Presidente da República;

V - desempenhar a ajudância de ordens do Presidente da República; e

VI - organizar o acervo documental privado do Presidente da República.

SEÇÃO V
DO GABINETE DE SEGURANÇA INSTITUCIONAL DA PRESIDÊNCIA DA REPÚBLICA

ART. 10. Ao Gabinete de Segurança Institucional da Presidência da República compete:

I - assistir direta e imediatamente o Presidente da República no desempenho de suas atribuições, especialmente quanto a assuntos militares e de segurança;

II - analisar e acompanhar questões com potencial de risco, prevenir a ocorrência de crises e articular seu gerenciamento, em caso de grave e iminente ameaça à estabilidade institucional;

III - coordenar as atividades de inteligência federal;

IV - coordenar as atividades de segurança da informação e das comunicações;

V - zelar, assegurado o exercício do poder de polícia, pela segurança pessoal do Presidente da República, do Vice-Presidente da República, e de seus familiares, e dos titulares dos órgãos essenciais da Presidência da República, pela segurança dos palácios presidenciais e das residências do Presidente da República e do Vice-Presidente da República e, quando determinado pelo Presidente da República, pela de outras autoridades federais;

VI - coordenar as atividades do Sistema de Proteção ao Programa Nuclear Brasileiro como seu órgão central;

VII - planejar e coordenar viagens presidenciais no País e no exterior, estas em articulação com o Ministério das Relações Exteriores;

VIII - realizar o acompanhamento de assuntos pertinentes ao terrorismo e às ações destinadas à sua prevenção e à sua neutralização e intercambiar subsídios para a avaliação de risco de ameaça terrorista; e

IX - realizar o acompanhamento de assuntos pertinentes às infraestruturas críticas, com prioridade aos que se referem à avaliação de riscos.

Parágrafo único. Os locais onde o Presidente da República e o Vice-Presidente da República trabalham, residem, estejam ou haja a iminência de virem a estar, e adjacências, são áreas consideradas de segurança das referidas autoridades, e cabe ao Gabinete de Segurança Institucional da Presidência da República, para os fins do disposto neste artigo, adotar as medidas necessárias para a sua proteção e coordenar a participação de outros órgãos de segurança.

ART. 11. O Gabinete de Segurança Institucional da Presidência da República tem como estrutura básica:

I - o Gabinete;

II - a Secretaria Executiva;

III - a Assessoria Especial;

IV - até três Secretarias; e

V - a Agência Brasileira de Inteligência (Abin).

SEÇÃO VI
DA SECRETARIA ESPECIAL DA AQUICULTURA E DA PESCA

ART. 12. Constitui área de competência da Secretaria Especial da Aquicultura e da Pesca:

I - política nacional pesqueira e aquícola, abrangidos a pesquisa, a produção, o transporte, o beneficiamento, a transformação, a comercialização, o abastecimento e a armazenagem;

II - fomento da produção pesqueira e aquícola;

III - implantação e manutenção de infraestrutura de apoio à pesquisa, ao controle de sanidade pesqueira e aquícola, à produção, ao beneficiamento e à comercialização do pescado e de fomento à pesca e à aquicultura;

IV - organização e manutenção do Registro Geral da Atividade Pesqueira;

V - (Vetado.);

VI - elaboração de análise de risco de importação referente a autorizações para importações de produtos pesqueiros vivos, resfriados, congelados e derivados;

VII - normatização da atividade pesqueira;

VIII - fiscalização das atividades de aquicultura e de pesca no âmbito de suas atribuições e competências;

IX - concessão de licenças, permissões e autorizações para o exercício da aquicultura e das seguintes modalidades de pesca no território nacional, compreendidos as águas continentais e interiores e o mar territorial da plataforma continental e da zona econômica exclusiva, as áreas adjacentes e as águas internacionais, excluídas as unidades de conservação federais e sem prejuízo das licenças ambientais previstas na legislação vigente:

a) pesca comercial, incluídas as categorias industrial e artesanal;

b) pesca de espécimes ornamentais;

c) pesca de subsistência;

d) pesca amadora ou desportiva; e

e) (Vetado.).

X - autorização do arrendamento de embarcações estrangeiras de pesca e de sua operação, observados os limites de sustentabilidade;

XI - operacionalização da concessão da subvenção econômica ao preço do óleo diesel instituída pela Lei n. 9.445, de 14 de março de 1997;

XII - pesquisa pesqueira e aquícola; e

XIII - fornecimento ao Ministério do Meio Ambiente dos dados do Registro Geral da

Atividade Pesqueira relativos às licenças, permissões e autorizações concedidas para pesca e aquicultura, para fins de registro automático dos beneficiários no Cadastro Técnico Federal de Atividades Potencialmente Poluidoras e Utilizadoras de Recursos Ambientais.

§ 1º A competência de que trata o inciso VIII do *caput* deste artigo não exclui o exercício do poder de polícia ambiental do Instituto Brasileiro do Meio Ambiente e dos Recursos Naturais Renováveis (Ibama).

§ 2º Cabe à Secretaria Especial da Aquicultura e da Pesca e ao Ministério do Meio Ambiente, em conjunto e sob a coordenação da Secretaria Especial da Aquicultura e da Pesca, nos aspectos relacionados ao uso sustentável dos recursos pesqueiros:

I - fixar as normas, os critérios, os padrões e as medidas de ordenamento do uso sustentável dos recursos pesqueiros, com base nos melhores dados científicos existentes, na forma de regulamento; e

II - subsidiar, assessorar e participar, em articulação com o Ministério das Relações Exteriores, de negociações e eventos que envolvam o comprometimento de direitos ou obrigações e a interferência em assuntos de interesses nacionais sobre a pesca e a aquicultura.

§ 3º Cabe à Secretaria Especial da Aquicultura e da Pesca repassar ao Ibama 50% (cinquenta por cento) das receitas das taxas arrecadadas, destinadas ao custeio das atividades de fiscalização da pesca e da aquicultura.

› A Med. Prov. 869/2018 determinou o seguinte acréscimo:

SEÇÃO VI-A
DA AUTORIDADE NACIONAL DE PROTEÇÃO DE DADOS PESSOAIS

Art. 12-A. À Autoridade Nacional de Proteção de Dados Pessoais compete exercer as competências estabelecidas na Lei n. 13.709, de 14 de agosto de 2018.

SEÇÃO VII
DO CONSELHO DE GOVERNO

ART. 13. Ao Conselho de Governo compete assessorar o Presidente da República na formulação de diretrizes de ação governamental, com os seguintes níveis de atuação:

I - Conselho de Governo, presidido pelo Presidente da República ou, por sua determinação, pelo Ministro de Estado Chefe da Casa Civil da Presidência da República, que será integrado pelos Ministros de Estado e pelo titular do Gabinete Pessoal do Presidente da República; e

II - Câmaras do Conselho de Governo, a serem criadas em ato do Poder Executivo federal, com a finalidade de formular políticas públicas setoriais cujas competências ultrapassem o escopo de um único Ministério.

§ 1º Para desenvolver as ações executivas das Câmaras mencionadas no inciso II do *caput* deste artigo, serão constituídos comitês executivos, cujos funcionamento, competência e composição serão definidos em ato do Poder Executivo federal.

§ 2º O Conselho de Governo será convocado pelo Presidente da República e secretariado por um de seus membros, por ele designado.

SEÇÃO VIII
DO CONSELHO DE DESENVOLVIMENTO ECONÔMICO E SOCIAL

ART. 14. Ao Conselho de Desenvolvimento Econômico e Social compete:

I - assessorar o Presidente da República na formulação de políticas e diretrizes específicas destinadas ao desenvolvimento econômico e social;

II - produzir indicações normativas, propostas políticas e acordos de procedimento que visem ao desenvolvimento econômico e social; e

III - apreciar propostas de políticas públicas e de reformas estruturais e de desenvolvimento econômico e social que lhe sejam submetidas pelo Presidente da República, com vistas à articulação das relações de governo com representantes da sociedade civil organizada e ao concerto entre os diversos setores da sociedade nele representados.

§ 1º O Conselho de Desenvolvimento Econômico e Social reunir-se-á por convocação do Presidente da República, e as reuniões serão realizadas com a presença da maioria de seus membros.

§ 2º O Conselho de Desenvolvimento Econômico e Social poderá instituir, simultaneamente, até nove comissões de trabalho, de caráter temporário, destinadas ao estudo e à elaboração de propostas sobre temas específicos, a serem submetidas à sua composição plenária.

§ 3º O Conselho de Desenvolvimento Econômico e Social poderá requisitar, em caráter transitório, sem prejuízo dos direitos e das vantagens a que façam jus no órgão ou na entidade de origem, servidores de qualquer órgão ou entidade da administração pública federal.

§ 4º O Conselho de Desenvolvimento Econômico e Social poderá requisitar aos órgãos e às entidades da administração pública federal estudos e informações indispensáveis ao cumprimento de suas competências.

§ 5º A participação no Conselho de Desenvolvimento Econômico e Social será considerada prestação de serviço público relevante, não remunerada.

§ 6º É vedada a participação no Conselho de Desenvolvimento Econômico e Social de detentor de direitos que representem mais de 5% (cinco por cento) do capital social de empresa em situação fiscal ou previdenciária irregular.

SEÇÃO IX
DO CONSELHO NACIONAL DE SEGURANÇA ALIMENTAR E NUTRICIONAL

ART. 15. Ao Conselho Nacional de Segurança Alimentar e Nutricional compete assessorar o Presidente da República na formulação de políticas e diretrizes para garantir o direito à alimentação e, especialmente, integrar as ações governamentais que visem ao atendimento da parcela da população que não dispõe de meios para prover suas necessidades básicas e, sobretudo, ao combate à fome.

SEÇÃO X
DO CONSELHO NACIONAL DE POLÍTICA ENERGÉTICA

ART. 16. Ao Conselho Nacional de Política Energética compete assessorar o Presidente da República na formulação de políticas e diretrizes na área da energia, nos termos do art. 2º da Lei n. 9.478, de 6 de agosto de 1997.

SEÇÃO XI
DO CONSELHO NACIONAL DE INTEGRAÇÃO DE POLÍTICAS DE TRANSPORTE

ART. 17. Ao Conselho Nacional de Integração de Políticas de Transporte compete assessorar o Presidente da República na formulação de políticas nacionais de integração dos diferentes modos de transporte de pessoas e de bens, nos termos do art. 5º da Lei n. 10.233, de 5 de junho de 2001.

SEÇÃO XII
DO ADVOGADO-GERAL DA UNIÃO

ART. 18. Ao Advogado-Geral da União incumbe:

I - assessorar o Presidente da República nos assuntos de natureza jurídica, por meio da elaboração de pareceres e de estudos ou da proposição de normas, medidas e diretrizes;

II - assistir o Presidente da República no controle interno da legalidade dos atos da administração pública federal;

III - sugerir ao Presidente da República medidas de caráter jurídico de interesse público;

IV - apresentar ao Presidente da República as informações a serem prestadas ao Poder Judiciário quando impugnado ato ou omissão presidencial; e

V - exercer outras atribuições estabelecidas na Lei Complementar n. 73, de 10 de fevereiro de 1993.

SEÇÃO XIII
DA ASSESSORIA ESPECIAL DO PRESIDENTE DA REPÚBLICA

ART. 19. À Assessoria Especial do Presidente da República compete assistir direta e imediatamente o Presidente da República no desempenho de suas atribuições e, especialmente:

I - realizar estudos e contatos que pelo Presidente da República lhe sejam determinados em assuntos que subsidiem a coordenação de ações em setores específicos do governo federal;

II - articular-se com o Gabinete Pessoal do Presidente da República na preparação de material de informação e de apoio e de encontros e audiências do Presidente da República com autoridades e personalidades nacionais e estrangeiras;

III - preparar a correspondência do Presidente da República com autoridades e personalidades estrangeiras;

IV - participar, juntamente com os demais órgãos competentes, do planejamento, da preparação e da execução das viagens presidenciais no País e no exterior; e

V - encaminhar e processar proposições e expedientes da área diplomática em tramitação na Presidência da República.

SEÇÃO XIV
DO CONSELHO DA REPÚBLICA E DO CONSELHO DE DEFESA NACIONAL

ART. 20. O Conselho da República e o Conselho de Defesa Nacional, com a composição e as competências previstas na Constituição Federal, têm a organização e o funcionamento regulados pela Lei n. 8.041, de 5 junho de 1990, e pela Lei n. 8.183, de 11 de abril de 1991, respectivamente.

§ 1º O Conselho da República e o Conselho de Defesa Nacional terão como Secretários-Executivos, respectivamente, o Ministro de Estado Chefe da Secretaria de Governo da Presidência da República e o Ministro de Estado Chefe do Gabinete de Segurança Institucional da Presidência da República.

§ 2º A Câmara de Relações Exteriores e Defesa Nacional será presidida pelo Ministro de Estado Chefe do Gabinete de Segurança Institucional da Presidência da República.

CAPÍTULO III
DOS MINISTÉRIOS

ART. 21. Os Ministérios são os seguintes:

I - da Agricultura, Pecuária e Abastecimento;

II - das Cidades;

III - da Ciência, Tecnologia, Inovações e Comunicações;

IV - da Cultura;

V - da Defesa;

VI - do Desenvolvimento Social;

VII - dos Direitos Humanos;

VIII - da Educação;

IX - do Esporte;

X - da Fazenda;

XI - da Indústria, Comércio Exterior e Serviços;

XII - da Integração Nacional;

XIII - da Justiça; (Alterado pela Lei 13.690/2018)

XIV - do Meio Ambiente;

XV - de Minas e Energia;

XVI - do Planejamento, Desenvolvimento e Gestão;

XVII - do Trabalho;

XVIII - dos Transportes, Portos e Aviação Civil;

XIX - do Turismo;

XX - das Relações Exteriores;

XXI - da Saúde; e

XXII - da Transparência e Controladoria-Geral da União.

XXIII - da Segurança Pública. (Acrescentado pela Lei 13.690/2018)

ART. 22. São Ministros de Estado:

I - os titulares dos Ministérios;

II - o Chefe da Casa Civil da Presidência da República;

III - o Chefe da Secretaria de Governo da Presidência da República;

IV - o Chefe do Gabinete de Segurança Institucional da Presidência da República;

V - o Chefe da Secretaria-Geral da Presidência da República;

VI - o Advogado-Geral da União, até que seja aprovada emenda constitucional para incluí-lo no rol das alíneas c e d do inciso I do *caput* do art. 102 da Constituição Federal; e

VII - o Presidente do Banco Central do Brasil, até que seja aprovada emenda constitucional para incluí-lo, juntamente com os diretores do Banco Central do Brasil, no rol das alíneas c e d do inciso I do *caput* do art. 102 da Constituição Federal.

SEÇÃO I
DO MINISTÉRIO DA AGRICULTURA, PECUÁRIA E ABASTECIMENTO

ART. 23. Constitui área de competência do Ministério da Agricultura, Pecuária e Abastecimento:

I - política agrícola, abrangidos a produção e a comercialização, o abastecimento, a armazenagem e a garantia de preços mínimos;

II - produção e fomento agropecuário, incluídas as atividades da heveicultura;

III - mercado, comercialização e abastecimento agropecuário, incluídos os estoques reguladores e estratégicos;

IV - informação agrícola;

V - defesa sanitária animal e vegetal;

VI - fiscalização dos insumos utilizados nas atividades agropecuárias e da prestação de serviços no setor;

VII - classificação e inspeção de produtos e derivados animais e vegetais, incluídas as ações de apoio às atividades exercidas pelo Ministério da Fazenda relativamente ao comércio exterior;

VIII - proteção, conservação e manejo do solo voltados ao processo produtivo agrícola e pecuário e sistemas agroflorestais;

IX - pesquisa tecnológica em agricultura e pecuária e sistemas agroflorestais;

X - meteorologia e climatologia;

XI - cooperativismo e associativismo rural;

XII - energização rural e agroenergia, incluída a eletrificação rural;

XIII - assistência técnica e extensão rural;

XIV - políticas relativas ao café, ao açúcar e ao álcool; e

XV - planejamento e exercício da ação governamental nas atividades do setor agroindustrial canavieiro.

§ 1º A competência de que trata o inciso XII do *caput* deste artigo será exercida pelo Ministério da Agricultura, Pecuária e Abastecimento, quando utilizados recursos do orçamento geral da União, e pelo Ministério de Minas e Energia, quando utilizados recursos vinculados ao Sistema Elétrico Nacional.

§ 2º A competência de que trata o inciso XIII do *caput* deste artigo será exercida em conjunto com a Casa Civil da Presidência da República, relativamente à sua área de atuação.

ART. 24. Integram a estrutura básica do Ministério da Agricultura, Pecuária e Abastecimento:

I - o Conselho Nacional de Política Agrícola;

II - o Conselho Deliberativo da Política do Café;

III - a Comissão Especial de Recursos;

IV - a Comissão Executiva do Plano da Lavoura Cacaueira;

V - o Instituto Nacional de Meteorologia; e

VI - até quatro Secretarias.

SEÇÃO II
DO MINISTÉRIO DAS CIDADES

ART. 25. Constitui área de competência do Ministério das Cidades:

I - política de desenvolvimento urbano;

II - políticas setoriais de habitação, saneamento ambiental, transporte urbano e trânsito;

III - promoção, em articulação com as diversas esferas de governo, com o setor privado e com as organizações não governamentais, de ações e programas de urbanização, habitação, saneamentos básico e ambiental, transporte urbano, trânsito e desenvolvimento urbano;

IV - política de subsídio à habitação popular, saneamento e transporte urbano;

V - planejamento, regulação, normatização e gestão da aplicação de recursos em políticas de desenvolvimento urbano, urbanização, habitação, saneamentos básico e ambiental, transporte urbano e trânsito; e

VI - participação na formulação das diretrizes gerais para conservação dos sistemas urbanos de água e para a adoção de bacias hidrográficas como unidades básicas do planejamento e gestão do saneamento.

ART. 26. Integram a estrutura básica do Ministério das Cidades:

I - o Conselho Curador do Fundo de Desenvolvimento Social;

II - o Conselho das Cidades;

III - o Conselho Nacional de Trânsito;

IV - o Departamento Nacional de Trânsito; e

V - até quatro Secretarias.

SEÇÃO III
DO MINISTÉRIO DA CIÊNCIA, TECNOLOGIA, INOVAÇÕES E COMUNICAÇÕES

ART. 27. Constitui área de competência do Ministério da Ciência, Tecnologia, Inovações e Comunicações:

I - política nacional de telecomunicações;

II - política nacional de radiodifusão;

III - serviços postais, telecomunicações e radiodifusão;

IV - políticas nacionais de pesquisa científica e tecnológica e de incentivo à inovação;

V - planejamento, coordenação, supervisão e controle das atividades de ciência, tecnologia e inovação;

VI - política de desenvolvimento de informática e automação;

VII - política nacional de biossegurança;

VIII - política espacial;

IX - política nuclear;

X - controle da exportação de bens e serviços sensíveis; e

XI - articulação com os governos dos Estados, do Distrito Federal e dos Municípios, com a sociedade civil e com órgãos do governo federal para estabelecimento de diretrizes para as políticas nacionais de ciência, tecnologia e inovação.

ART. 28. Integram a estrutura básica do Ministério da Ciência, Tecnologia, Inovações e Comunicações:

I - o Conselho Nacional de Ciência e Tecnologia;

II - o Conselho Nacional de Informática e Automação;

III - o Conselho Nacional de Controle de Experimentação Animal;

IV - o Instituto Nacional de Águas;

V - o Instituto Nacional da Mata Atlântica;

VI - o Instituto Nacional de Pesquisa do Pantanal;

VII - o Instituto Nacional do Semiárido;

VIII - o Instituto Nacional de Pesquisas Espaciais;

IX - o Instituto Nacional de Pesquisas da Amazônia;

X - o Instituto Nacional de Tecnologia;

XI - o Instituto Brasileiro de Informação em Ciência e Tecnologia;

XII - o Centro de Tecnologias Estratégicas do Nordeste;

XIII - o Centro de Tecnologia da Informação Renato Archer;

XIV - o Centro de Tecnologia Mineral;

XV - o Centro Brasileiro de Pesquisas Físicas;

XVI - o Centro Nacional de Monitoramento e Alertas de Desastres Naturais;

XVII - o Laboratório Nacional de Computação Científica;

XVIII - o Laboratório Nacional de Astrofísica;

XIX - o Museu Paraense Emílio Goeldi;

XX - o Museu de Astronomia e Ciências Afins;

XXI - o Observatório Nacional;

XXII - a Comissão de Coordenação das Atividades de Meteorologia, Climatologia e Hidrologia;

XXIII - a Comissão Técnica Nacional de Biossegurança; e

XXIV - até cinco Secretarias.

SEÇÃO IV
DO MINISTÉRIO DA CULTURA

ART. 29. Constitui área de competência do Ministério da Cultura:

I - política nacional de cultura;

II - proteção do patrimônio histórico e cultural;

III - regulação de direitos autorais;

IV - assistência e acompanhamento da Casa Civil da Presidência da República e do Instituto Nacional de Colonização e Reforma Agrária (Incra) nas ações de regularização fundiária, para garantir a preservação da identidade cultural dos remanescentes das comunidades dos quilombos; e

- A Med. Prov. 850/2018 determinou a alteração deste inciso:
IV - assistência e acompanhamento da Casa Civil da Presidência da República e do Instituto Nacional de Colonização e Reforma Agrária - Incra nas ações de regularização fundiária, para garantir a preservação da identidade cultural dos remanescentes das comunidades dos quilombos; (Produção de efeitos: a partir da data de instituição da Abram).

V - desenvolvimento e implementação de políticas e ações de acessibilidade cultural.

- A Med. Prov. 850/2018 determinou a alteração deste inciso:
V - desenvolvimento e implementação de políticas e ações de acessibilidade cultural; e (Produção de efeitos: a partir da data de instituição da Abram).
- A Med. Prov. 850/2018 determinou o acréscimo deste inciso:
VI - formulação e implementação de políticas, programas e ações para o desenvolvimento do setor museal. (Produção de efeitos: a partir da data de instituição da Abram).

ART. 30. Integram a estrutura básica do Ministério da Cultura:

I - o Conselho Superior do Cinema;

II - o Conselho Nacional de Política Cultural;

III - a Comissão Nacional de Incentivo à Cultura;

IV - a Comissão do Fundo Nacional da Cultura; e

V - até seis Secretarias.

- A Med. Prov. 850/2018 determinou a alteração deste inciso:
V - até sete Secretarias. (Produção de efeitos: a partir da data de instituição da Abram).

Parágrafo único. Ato do Poder Executivo federal disporá sobre a composição e o funcionamento do Conselho Superior do Cinema, garantida a participação de representantes da indústria cinematográfica e videofonográfica nacional.

SEÇÃO V
DO MINISTÉRIO DA DEFESA

ART. 31. Constitui área de competência do Ministério da Defesa:

I - política de defesa nacional, estratégia nacional de defesa e elaboração do Livro Branco de Defesa Nacional;

II - políticas e estratégias setoriais de defesa e militares;

III - doutrina, planejamento, organização, preparo e emprego conjunto e singular das Forças Armadas;

IV - projetos especiais de interesse da defesa nacional;

V - inteligência estratégica e operacional no interesse da defesa;

VI - operações militares das Forças Armadas;

VII - relacionamento internacional de defesa;

VIII - orçamento de defesa;

IX - legislação de defesa e militar;

X - política de mobilização nacional;

XI - política de ensino de defesa;

XII - política de ciência, tecnologia e inovação de defesa;

XIII - política de comunicação social de defesa;

XIV - política de remuneração dos militares e de seus pensionistas;

XV - política nacional:

a) de indústria de defesa, abrangida a produção;

b) de compra, contratação e desenvolvimento de produtos de defesa, abrangidas as atividades de compensação tecnológica, industrial e comercial;

c) de inteligência comercial de produtos de defesa; e

d) de controle da exportação e importação de produtos de defesa e em áreas de interesse da defesa;

XVI - atuação das Forças Armadas, quando couber:

a) na garantia da lei e da ordem, visando à preservação da ordem pública e da incolumidade das pessoas e do patrimônio;

b) na garantia da votação e da apuração eleitoral; e

c) na cooperação com o desenvolvimento nacional e a defesa civil e no combate a delitos transfronteiriços e ambientais;

XVII - logística de defesa;

XVIII - serviço militar;

XIX - assistência à saúde, social e religiosa das Forças Armadas;

XX - constituição, organização, efetivos, adestramento e aprestamento das forças navais, terrestres e aéreas;

XXI - política marítima nacional;

XXII - segurança da navegação aérea e do tráfego aquaviário e salvaguarda da vida humana no mar;

XXIII - patrimônio imobiliário administrado pelas Forças Armadas, sem prejuízo das competências atribuídas ao Ministério do Planejamento, Desenvolvimento e Gestão;

XXIV - política militar aeronáutica e atuação na política aeroespacial nacional;

XXV - infraestrutura aeroespacial e aeronáutica; e

XXVI - operacionalização do Sistema de Proteção da Amazônia.

ART. 32. Integram a estrutura básica do Ministério da Defesa:

I - o Conselho Militar de Defesa;

II - o Comando da Marinha;

III - o Comando do Exército;

IV - o Comando da Aeronáutica;

V - o Estado-Maior Conjunto das Forças Armadas;

VI - a Secretaria-Geral;

VII - a Escola Superior de Guerra;

VIII - o Centro Gestor e Operacional do Sistema de Proteção da Amazônia;

IX - o Hospital das Forças Armadas;

X - a Representação do Brasil na Junta Interamericana de Defesa;

XI - o Conselho Deliberativo do Sistema de Proteção da Amazônia (Consipam);

XII - até três Secretarias; e

XIII - um órgão de controle interno.

SEÇÃO VI
DO MINISTÉRIO DO DESENVOLVIMENTO SOCIAL

ART. 33. Constitui área de competência do Ministério do Desenvolvimento Social:

I - política nacional de desenvolvimento social;

II - política nacional de segurança alimentar e nutricional;

III - política nacional de assistência social;

IV - política nacional de renda de cidadania;

V - articulação entre os governos federal, estaduais, distrital e municipais e a sociedade civil no estabelecimento de diretrizes e na execução de ações e programas nas áreas de desenvolvimento social, de segurança alimentar e nutricional, de renda de cidadania e de assistência social;

VI - orientação, acompanhamento, avaliação e supervisão de planos, programas e projetos relativos às áreas de desenvolvimento social, de segurança alimentar e nutricional, de renda de cidadania e de assistência social;

VII - normatização, orientação, supervisão e avaliação da execução das políticas de desenvolvimento social, segurança alimentar e nutricional, de renda de cidadania e de assistência social;

VIII - gestão do Fundo Nacional de Assistência Social;

IX - coordenação, supervisão, controle e avaliação da operacionalização de programas de transferência de renda; e

X - aprovação dos orçamentos gerais do Serviço Social da Indústria (Sesi), do Serviço Social do Comércio (Sesc) e do Serviço Social do Transporte (Sest).

ART. 34. Integram a estrutura básica do Ministério do Desenvolvimento Social:

I - o Conselho Nacional de Assistência Social;

II - o Conselho Gestor do Programa Bolsa Família;

III - o Conselho de Articulação de Programas Sociais;

IV - o Conselho de Recursos do Seguro Social;

V - o Conselho Consultivo e de Acompanhamento do Fundo de Combate e Erradicação da Pobreza; e

VI - até seis Secretarias.

Parágrafo único. Ao Conselho de Articulação de Programas Sociais, presidido pelo Ministro de Estado do Desenvolvimento Social e composto na forma estabelecida em regulamento pelo Poder Executivo, compete propor mecanismos de articulação e integração de programas sociais e acompanhar a sua implementação.

SEÇÃO VII
DO MINISTÉRIO DOS DIREITOS HUMANOS

ART. 35. Constitui área de competência do Ministério dos Direitos Humanos:

I - formulação, coordenação e execução de políticas e diretrizes voltadas à promoção dos direitos humanos, incluídos:

a) direitos da cidadania;

b) direitos da criança e do adolescente;

c) direitos da pessoa idosa;

d) direitos da pessoa com deficiência; e

e) direitos das minorias;

II - articulação de iniciativas e apoio a projetos de proteção e promoção dos direitos humanos;

III - promoção da integração social das pessoas com deficiência;

IV - exercício da função de ouvidoria nacional em assuntos relativos aos direitos humanos, da cidadania, da criança e do adolescente, da pessoa idosa, da pessoa com deficiência e das minorias;

V - formulação, coordenação, definição de diretrizes e articulação de políticas para a promoção da igualdade racial, com ênfase na população negra, afetada por discriminação racial e demais formas de intolerância;

VI - combate à discriminação racial e étnica; e

VII - coordenação da Política Nacional da Pessoa Idosa, prevista na Lei n. 8.842, de 4 de janeiro de 1994.

ART. 36. Integram a estrutura básica do Ministério dos Direitos Humanos:

I - a Secretaria Nacional de Cidadania;

II - a Secretaria Nacional dos Direitos da Pessoa com Deficiência;

III - a Secretaria Nacional de Políticas de Promoção da Igualdade Racial;

IV - a Secretaria Nacional de Promoção e Defesa dos Direitos da Pessoa Idosa;

V - a Secretaria Nacional dos Direitos da Criança e do Adolescente;

VI - o Conselho Nacional de Promoção da Igualdade Racial;

VII - o Conselho Nacional dos Direitos Humanos;

VIII - o Conselho Nacional de Combate à Discriminação;

IX - o Conselho Nacional dos Direitos da Criança e do Adolescente;

X - o Conselho Nacional dos Direitos da Pessoa com Deficiência;

XI - o Conselho Nacional dos Direitos da Pessoa Idosa;

XII - o Conselho Nacional dos Povos e Comunidades Tradicionais; e

XIII - até uma Secretaria.

SEÇÃO VIII
DO MINISTÉRIO DA EDUCAÇÃO

ART. 37. Constitui área de competência do Ministério da Educação:

I - política nacional de educação;

II - educação infantil;

III - educação em geral, compreendidos o ensino fundamental, o ensino médio, o ensino superior, a educação de jovens e adultos, a educação profissional, a educação especial e a educação a distância, exceto o ensino militar;

IV - avaliação, informação e pesquisa educacional;

V - pesquisa e extensão universitárias;

VI - magistério; e

VII - assistência financeira a famílias carentes para a escolarização de seus filhos ou dependentes.

ART. 38. Integram a estrutura básica do Ministério da Educação:

I - o Conselho Nacional de Educação;

II - o Instituto Benjamin Constant;

III - o Instituto Nacional de Educação de Surdos; e

IV - até seis Secretarias.

SEÇÃO IX
DO MINISTÉRIO DO ESPORTE

ART. 39. Constitui área de competência do Ministério do Esporte:

I - política nacional de desenvolvimento da prática dos esportes;

II - intercâmbio com organismos públicos e privados, nacionais, internacionais e estrangeiros, destinados à promoção do esporte;

III - estímulo às iniciativas públicas e privadas de incentivo às atividades esportivas; e

IV - planejamento, coordenação, supervisão e avaliação dos planos e programas de incentivo aos esportes e de ações de democratização da prática esportiva e de inclusão social por intermédio do esporte.

ART. 40. Integram a estrutura básica do Ministério do Esporte:

I - o Conselho Nacional do Esporte;

II - a Autoridade Pública de Governança do Futebol;

III - a Autoridade Brasileira de Controle de Dopagem; e

IV - até quatro Secretarias.

SEÇÃO X
DO MINISTÉRIO DA FAZENDA

ART. 41. Constitui área de competência do Ministério da Fazenda:

I - moeda, crédito, instituições financeiras, capitalização, poupança popular, seguros privados e previdência privada aberta;

II - política, administração, fiscalização e arrecadação tributária e aduaneira;

III - administração financeira e contabilidade públicas;

IV - administração das dívidas públicas interna e externa;

V - negociações econômicas e financeiras com governos, organismos multilaterais e agências governamentais;

VI - preços em geral e tarifas públicas e administradas;

VII - fiscalização e controle do comércio exterior;

VIII - realização de estudos e pesquisas para acompanhamento da conjuntura econômica;

IX - autorização, ressalvadas as competências do Conselho Monetário Nacional:

a) da distribuição gratuita de prêmios, a título de propaganda, quando efetuada mediante sorteio, vale-brinde, concurso ou operação assemelhada;

b) das operações de consórcio, fundo mútuo e outras formas associativas assemelhadas, que objetivem a aquisição de bens de qualquer natureza;

c) da venda ou da promessa de venda de mercadorias a varejo, mediante oferta pública e com recebimento antecipado, parcial ou total, do preço;

d) da venda ou da promessa de venda de direitos, inclusive cotas de propriedade de entidades civis, como hospital, motel, clube, hotel, centro de recreação, alojamento ou organização de serviços de qualquer natureza, com ou sem rateio de despesas de manutenção, mediante oferta pública e com pagamento antecipado do preço;

e) da venda ou da promessa de venda de terrenos loteados a prestações mediante sorteio; e

f) da exploração de loterias, inclusive os sweepstakes e outras modalidades de loterias realizadas por entidades promotoras de corridas de cavalos;

X - previdência; e

XI - previdência complementar.

ART. 42. Integram a estrutura básica do Ministério da Fazenda:

I - o Conselho Monetário Nacional;

II - o Conselho Nacional de Política Fazendária;

III - o Conselho de Recursos do Sistema Financeiro Nacional;

IV - o Conselho Nacional de Seguros Privados;

V - o Conselho de Recursos do Sistema Nacional de Seguros Privados, de Previdência Privada Aberta e de Capitalização;

VI - o Conselho de Controle de Atividades Financeiras;

VII - o Conselho Administrativo de Recursos Fiscais;

VIII - o Comitê Brasileiro de Nomenclatura;

IX - o Comitê de Avaliação e Renegociação de Créditos ao Exterior;

X - a Secretaria da Receita Federal do Brasil;

XI - a Procuradoria-Geral da Fazenda Nacional;

XII - a Escola de Administração Fazendária;

XIII - o Conselho Nacional de Previdência Complementar;

XIV - a Câmara de Recursos da Previdência Complementar;

XV - o Conselho Nacional de Previdência; e

XVI - até seis Secretarias.

Parágrafo único. O Conselho Nacional de Previdência estabelecerá as diretrizes gerais previdenciárias a serem seguidas pelo Instituto Nacional do Seguro Social (INSS).

SEÇÃO XI
DO MINISTÉRIO DA INDÚSTRIA, COMÉRCIO EXTERIOR E SERVIÇOS

ART. 43. Constitui área de competência do Ministério da Indústria, Comércio Exterior e Serviços:

I - políticas de desenvolvimento da indústria, do comércio e dos serviços;

II - propriedade intelectual e transferência de tecnologia;

III - metrologia, normalização e qualidade industrial;

IV - políticas de comércio exterior;

V - regulamentação e execução dos programas e das atividades relativas ao comércio exterior;

VI - aplicação dos mecanismos de defesa comercial;

VII - participação em negociações internacionais relativas ao comércio exterior;

VIII - execução das atividades de registro do comércio;

IX - formulação da política de apoio à microempresa, à empresa de pequeno porte e ao artesanato;

X - articulação e supervisão dos órgãos e das entidades envolvidos na integração para o registro e a legalização de empresas.

ART. 44. Integram a estrutura básica do Ministério da Indústria, Comércio Exterior e Serviços:

I - o Conselho Nacional de Metrologia, Normalização e Qualidade Industrial;

II - o Conselho Nacional das Zonas de Processamento de Exportação;

III - a Secretaria Especial da Micro e Pequena Empresa;

IV - a Secretaria Executiva da Câmara de Comércio Exterior; e

V - até cinco Secretarias.

SEÇÃO XII
DO MINISTÉRIO DA INTEGRAÇÃO NACIONAL

ART. 45. Constitui área de competência do Ministério da Integração Nacional:

I - formulação e condução da política de desenvolvimento nacional integrada;

II - formulação de planos e programas regionais de desenvolvimento;

III - estabelecimento de estratégias de integração das economias regionais;

IV - estabelecimento de diretrizes e prioridades na aplicação dos recursos dos programas de financiamento de que trata a alínea c do inciso I do *caput* do art. 159 da Constituição Federal;

V - estabelecimento de diretrizes e prioridades na aplicação dos recursos do Fundo de Desenvolvimento da Amazônia (FDA) e do Fundo de Desenvolvimento do Nordeste (FDNE);

VI - estabelecimento de normas para cumprimento dos programas de financiamento dos fundos constitucionais e das programações orçamentárias dos fundos de investimentos regionais;

VII - acompanhamento e avaliação dos programas integrados de desenvolvimento nacional;

VIII - defesa civil;

IX - obras contra as secas e de infraestrutura hídrica;

X - formulação e condução da política nacional de irrigação;

XI - ordenação territorial; e

XII - obras públicas em faixa de fronteira.

Parágrafo único. A competência de que trata o inciso XI do *caput* deste artigo será exercida em conjunto com o Ministério da Defesa.

ART. 46. Integram a estrutura básica do Ministério da Integração Nacional:

I - o Conselho Deliberativo do Fundo Constitucional de Financiamento do Centro-Oeste;

II - o Conselho Administrativo da Região Integrada de Desenvolvimento do Distrito Federal e Entorno;

III - o Conselho Nacional de Proteção e Defesa Civil;

IV - o Conselho Deliberativo para Desenvolvimento da Amazônia;

V - o Conselho Deliberativo para o Desenvolvimento do Nordeste;

VI - o Grupo Executivo para Recuperação Econômica do Estado do Espírito Santo; e

VII - até cinco Secretarias.

SEÇÃO XIII
DO MINISTÉRIO DA JUSTIÇA

› Alterado pela Lei 13.690/2018.

ART. 47. Constitui área de competência do Ministério da Justiça: (Alterado pela Lei 13.690/2018.)

I - defesa da ordem jurídica, dos direitos políticos e das garantias constitucionais;

II - política judiciária;

III - direitos dos índios;

IV - políticas sobre drogas; (Alterado pela Lei 13.690/2018.)

V - defesa da ordem econômica nacional e dos direitos do consumidor;

VI - (revogado); (Alterado pela Lei 13.690/2018.)

VII - nacionalidade, imigração e estrangeiros;

VIII - ouvidoria-geral dos índios e do consumidor;

IX - (revogado); (Alterado pela Lei 13.690/2018.)

X - prevenção e repressão à lavagem de dinheiro e cooperação jurídica internacional;

XI - (revogado); (Alterado pela Lei 13.690/2018.)

XII - articulação, coordenação, supervisão, integração e proposição das ações governamentais e do Sistema Nacional de Políticas Públicas sobre Drogas nos aspectos relacionados com as atividades de prevenção, repressão ao tráfico e à produção não autorizada de drogas e aquelas relacionadas com o tratamento, a recuperação e a reinserção social de usuários e dependentes e ao Plano Integrado de Enfrentamento ao Crack e outras Drogas;

XIII - atuação em favor da ressocialização e da proteção dos dependentes químicos, sem prejuízo das atribuições dos órgãos integrantes do Sistema Nacional de Políticas Públicas sobre Drogas (Sisnad);

XIV - política nacional de arquivos; e

XV - assistência ao Presidente da República em matérias não afetas a outro Ministério.

§ 1º A competência de que trata o inciso III do *caput* deste artigo inclui o acompanhamento das ações de saúde desenvolvidas em prol das comunidades indígenas.

§§ 2º e **3º** (Revogados). (Alterado pela Lei 13.690/2018.)

ART. 48. Integram a estrutura básica do Ministério da Justiça: (Alterado pela Lei 13.690/2018.)

I e **II** - (revogados) (Alterado pela Lei 13.690/2018.)

III - o Conselho Nacional de Políticas sobre Drogas;

IV - o Conselho Nacional de Arquivos;

V - o Conselho Nacional de Combate à Pirataria e Delitos contra a Propriedade Intelectual;

VI - o Conselho Federal Gestor do Fundo de Defesa dos Direitos Difusos;

VII a **IX** - (revogados) (Alterado pela Lei 13.690/2018.)

X - o Arquivo Nacional; e

XI - até 4 (quatro) Secretarias. (Alterado pela Lei 13.690/2018.)

SEÇÃO XIV
DO MINISTÉRIO DO MEIO AMBIENTE

ART. 49. Constitui área de competência do Ministério do Meio Ambiente:

I - política nacional do meio ambiente e dos recursos hídricos;

II - política de preservação, conservação e utilização sustentável dos ecossistemas, da biodiversidade e das florestas;

III - proposição de estratégias, mecanismos e instrumentos econômicos e sociais para a melhoria da qualidade ambiental e do uso sustentável dos recursos naturais;

IV - políticas para integração do meio ambiente e produção;

V - políticas e programas ambientais para a Amazônia Legal; e

VI - zoneamento ecológico-econômico.

Parágrafo único. A competência de que trata o inciso VI do *caput* deste artigo será exercida em conjunto com os Ministérios da Agricultura, Pecuária e Abastecimento, do Planejamento, Desenvolvimento e Gestão, da Indústria, Comércio Exterior e Serviços e da Integração Nacional e com a Secretaria Especial da Aquicultura e da Pesca.

ART. 50. Integram a estrutura básica do Ministério do Meio Ambiente:

I - o Conselho Nacional do Meio Ambiente;

II - o Conselho Nacional da Amazônia Legal;

III - o Conselho Nacional de Recursos Hídricos;

IV - o Conselho de Gestão do Patrimônio Genético;

V - o Conselho Deliberativo do Fundo Nacional do Meio Ambiente;

VI - o Serviço Florestal Brasileiro;

VII - a Comissão de Gestão de Florestas Públicas;

VIII - a Comissão Nacional de Florestas; e

IX - até cinco Secretarias.

SEÇÃO XV
DO MINISTÉRIO DE MINAS E ENERGIA

ART. 51. Constitui área de competência do Ministério de Minas e Energia:

I - geologia, recursos minerais e energéticos;

II - aproveitamento da energia hidráulica;

III - mineração e metalurgia;

IV - petróleo, combustível e energia elétrica, incluída a nuclear; e

V - energização rural e agroenergia, incluída a eletrificação rural, quando custeada com recursos vinculados ao Sistema Elétrico Nacional.

Parágrafo único. Compete, ainda, ao Ministério de Minas e Energia zelar pelo equilíbrio conjuntural e estrutural entre a oferta e a demanda de energia elétrica no País.

ART. 52. Integram a estrutura básica do Ministério de Minas e Energia até cinco Secretarias.

SEÇÃO XVI
DO MINISTÉRIO DO PLANEJAMENTO, DESENVOLVIMENTO E GESTÃO

ART. 53. Constitui área de competência do Ministério do Planejamento, Desenvolvimento e Gestão:

I - formulação do planejamento estratégico nacional e elaboração de subsídios para formulação de políticas públicas de longo prazo destinadas ao desenvolvimento nacional;

II - avaliação dos impactos socioeconômicos das políticas e dos programas do governo federal e elaboração de estudos especiais para a reformulação de políticas;

III - realização de estudos e pesquisas para acompanhamento da conjuntura socioeconômica e gestão dos sistemas cartográficos e estatísticos nacionais;

IV - elaboração, acompanhamento e avaliação do plano plurianual de investimentos e dos orçamentos anuais;

V - viabilização de novas fontes de recursos para os planos de governo;

VI - formulação de diretrizes, coordenação de negociações e acompanhamento e avaliação de financiamentos externos de projetos públicos com organismos multilaterais e agências governamentais;

VII - coordenação e gestão dos sistemas de planejamento e orçamento federal, de pessoal civil, de organização e modernização administrativa, de administração de recursos de informação e informática e de serviços gerais;

VIII - formulação de diretrizes, coordenação e definição de critérios de governança corporativa das empresas estatais federais; e

IX - administração patrimonial.

Parágrafo único. Nos conselhos de administração das empresas públicas, das sociedades de economia mista, de suas subsidiárias e controladas, e das demais empresas em que a União, direta ou indiretamente, detenha a maioria do capital social com direito a voto, sempre haverá um membro indicado pelo Ministro de Estado do Planejamento, Desenvolvimento e Gestão.

ART. 54. Integram a estrutura básica do Ministério do Planejamento, Desenvolvimento e Gestão:

I - a Comissão de Financiamentos Externos;

II - a Comissão Nacional de Cartografia;

III - a Comissão Nacional de Classificação;

IV - o Conselho Nacional de Fomento e Colaboração; e

V - até dez Secretarias.

SEÇÃO XVII
DO MINISTÉRIO DO TRABALHO

ART. 55. Constitui área de competência do Ministério do Trabalho:

I - política e diretrizes para a geração de emprego e renda e de apoio ao trabalhador;

II - política e diretrizes para a modernização das relações de trabalho;

III - fiscalização do trabalho, inclusive do trabalho portuário, e aplicação das sanções previstas em normas legais ou coletivas;

IV - política salarial;

V - formação e desenvolvimento profissional;

VI - segurança e saúde no trabalho;

VII - política de imigração laboral; e

VIII - cooperativismo e associativismo urbano.

ART. 56. Integram a estrutura básica do Ministério do Trabalho:

I - o Conselho Nacional do Trabalho;

II - o Conselho Nacional de Imigração;

III - o Conselho Nacional de Economia Solidária;

IV - o Conselho Curador do Fundo de Garantia do Tempo de Serviço;

V - o Conselho Deliberativo do Fundo de Amparo ao Trabalhador;

VI - (Vetado.);

VII - (Vetado.); e

VIII - até três Secretarias.

Parágrafo único. Os Conselhos a que se referem os incisos I, II, III, IV e V do *caput* deste artigo são órgãos colegiados de composição tripartite, observada a paridade entre representantes dos trabalhadores e dos empregadores, na forma estabelecida pelo Poder Executivo federal.

SEÇÃO XVIII
DO MINISTÉRIO DOS TRANSPORTES, PORTOS E AVIAÇÃO CIVIL

ART. 57. Constitui área de competência do Ministério dos Transportes, Portos e Aviação Civil:

I - política nacional de transportes ferroviário, rodoviário, aquaviário e aeroviário;

II - marinha mercante e vias navegáveis;

III - formulação de políticas e diretrizes para o desenvolvimento e o fomento do setor de portos e instalações portuárias marítimos, fluviais e lacustres e execução e avaliação de medidas, programas e projetos de apoio ao desenvolvimento da infraestrutura e da superestrutura dos portos e instalações portuárias marítimos, fluviais e lacustres;

IV - formulação, coordenação e supervisão das políticas nacionais do setor de portos e instalações portuárias marítimos, fluviais e lacustres;

V - participação no planejamento estratégico, no estabelecimento de diretrizes para sua implementação e na definição das prioridades dos programas de investimentos em transportes;

VI - elaboração ou aprovação dos planos de outorgas, na forma da legislação específica;

VII - estabelecimento de diretrizes para a representação do País nos organismos internacionais e em convenções, acordos e tratados referentes às suas competências;

VIII - desenvolvimento da infraestrutura e da superestrutura aquaviária dos portos e instalações portuárias em sua esfera de competência, com a finalidade de promover a segurança e a eficiência do transporte aquaviário de cargas e de passageiros; e

IX - aviação civil e infraestruturas aeroportuária e de aeronáutica civil, em articulação, no que couber, com o Ministério da Defesa.

Parágrafo único. As competências atribuídas ao Ministério dos Transportes, Portos e Aviação Civil nos incisos I, II, III, IV, V, VI, VII, VIII e IX do *caput* deste artigo compreendem:

I - a formulação, a coordenação e a supervisão das políticas nacionais;

II - a formulação e a supervisão da execução da política referente ao Fundo da Marinha Mercante (FMM), destinado à renovação, à recuperação e à ampliação da frota mercante nacional, em articulação com os Ministérios da Fazenda e do Planejamento, Desenvolvimento e Gestão;

III - o estabelecimento de diretrizes para afretamento de embarcações estrangeiras por empresas brasileiras de navegação e para liberação do transporte de cargas prescritas;

IV - a elaboração de estudos e projeções relativos aos assuntos de aviação civil e de infraestruturas aeroportuária e aeronáutica civil e relativos à logística do transporte aéreo e do transporte intermodal e multimodal, ao longo de eixos e fluxos de produção, em articulação com os demais órgãos governamentais competentes, com atenção às exigências de mobilidade urbana e de acessibilidade;

V - a proposição de que se declare a utilidade pública, para fins de desapropriação ou instituição de servidão administrativa, dos bens necessários à construção, à manutenção e à expansão da infraestrutura em transportes, na forma da legislação específica;

VI - a coordenação dos órgãos e das entidades do sistema de aviação civil, em articulação com o Ministério da Defesa, no que couber;

VII - a transferência para os Estados, o Distrito Federal ou os Municípios da implantação, da administração, da operação, da manutenção e da exploração da infraestrutura integrante do Sistema Federal de Viação, excluídos os órgãos, serviços, instalações e demais estruturas necessárias à operação regular e segura da navegação aérea;

VIII - a atribuição da infraestrutura aeroportuária a ser explorada pela Empresa Brasileira de Infraestrutura Aeroportuária (Infraero); e

IX - a aprovação dos planos de zoneamento civil e militar dos aeródromos públicos de uso compartilhado, em conjunto com o Comando da Aeronáutica do Ministério da Defesa.

ART. 58. Integram a estrutura básica do Ministério dos Transportes, Portos e Aviação Civil:

I - o Conselho de Aviação Civil;

II - o Conselho Diretor do Fundo da Marinha Mercante;

III - a Comissão Nacional das Autoridades nos Portos;

IV - a Comissão Nacional de Autoridades Aeroportuárias;

V - o Instituto Nacional de Pesquisas Hidroviárias; e

VI - até cinco Secretarias.

SUBSEÇÃO ÚNICA
DO CONSELHO DE AVIAÇÃO CIVIL

ART. 59. Ao Conselho de Aviação Civil, presidido pelo Ministro de Estado dos Transportes, Portos e Aviação Civil, com composição e funcionamento estabelecidos pelo Poder Executivo, compete estabelecer as diretrizes da política relativa ao setor de aviação civil.

SEÇÃO XIX
DO MINISTÉRIO DO TURISMO

ART. 60. Constitui área de competência do Ministério do Turismo:

I - política nacional de desenvolvimento do turismo;

II - promoção e divulgação do turismo nacional, no País e no exterior;

III - estímulo às iniciativas públicas e privadas de incentivo às atividades turísticas;

IV - planejamento, coordenação, supervisão e avaliação dos planos e programas de incentivo ao turismo;

V - gestão do Fundo Geral de Turismo; e

VI - desenvolvimento do Sistema Brasileiro de Certificação e Classificação das atividades, empreendimentos e equipamentos dos prestadores de serviços turísticos.

ART. 61. Integram a estrutura básica do Ministério do Turismo:

I - o Conselho Nacional de Turismo; e

II - até duas Secretarias.

SEÇÃO XX
DO MINISTÉRIO DAS RELAÇÕES EXTERIORES

ART. 62. Constitui área de competência do Ministério das Relações Exteriores:

I - política internacional;

II - relações diplomáticas e serviços consulares;

III - participação nas negociações comerciais, econômicas, técnicas e culturais com governos e entidades estrangeiras;

IV - programas de cooperação internacional;

V - promoção do comércio exterior, de investimentos e da competitividade internacional do País, incluída a supervisão do Serviço Social Autônomo Agência de Promoção de Exportações do Brasil (Apex-Brasil), em coordenação com as políticas governamentais de comércio exterior;

VI - apoio a delegações, a comitivas e a representações brasileiras em agências e organismos internacionais e multilaterais;

VII - (Vetado.); e

VIII - presidência do Conselho Deliberativo do Serviço Social Autônomo Agência de Promoção de Exportações do Brasil (Apex-Brasil).

ART. 63. Integram a estrutura básica do Ministério das Relações Exteriores:

I - a Secretaria-Geral das Relações Exteriores, composta por até nove Subsecretarias-Gerais;

II - o Instituto Rio Branco;

III - a Secretaria de Controle Interno;

IV - o Conselho de Política Externa;

V - as missões diplomáticas permanentes;

VI - as repartições consulares; e

VII - as unidades específicas no exterior.

§ 1º O Conselho de Política Externa, a que se refere o inciso IV do *caput* deste artigo, será presidido pelo Ministro de Estado das Relações Exteriores e integrado pelo Secretário-Geral e pelos Subsecretários-Gerais da Secretaria-Geral das Relações Exteriores e pelo Chefe de Gabinete do Ministro de Estado das Relações Exteriores.

§ 2º O Secretário-Geral e os Subsecretários-Gerais do Ministério das Relações Exteriores serão nomeados pelo Presidente da República entre os Ministros de Primeira Classe da Carreira de Diplomata.

SEÇÃO XXI
DO MINISTÉRIO DA SAÚDE

ART. 64. Constitui área de competência do Ministério da Saúde:

I - política nacional de saúde;

II - coordenação e fiscalização do Sistema Único de Saúde;

III - saúde ambiental e ações de promoção, proteção e recuperação da saúde individual e coletiva, inclusive a dos trabalhadores e a dos índios;

IV - informações de saúde;

V - insumos críticos para a saúde;

VI - ação preventiva em geral, vigilância e controle sanitário de fronteiras e de portos marítimos, fluviais e aéreos;

VII - vigilância de saúde, especialmente quanto a drogas, medicamentos e alimentos; e

VIII - pesquisa científica e tecnologia na área de saúde.

ART. 65. Integram a estrutura básica do Ministério da Saúde:

I - o Conselho Nacional de Saúde;

II - a Comissão Nacional de Incorporação de Tecnologias no Sistema Único de Saúde;

III - o Conselho Nacional de Saúde Suplementar; e

IV - até seis Secretarias.

SEÇÃO XXII
DO MINISTÉRIO DA TRANSPARÊNCIA E CONTROLADORIA-GERAL DA UNIÃO

ART. 66. Constituem área de competência do Ministério da Transparência e Controladoria-Geral da União:

I - providências necessárias à defesa do patrimônio público, ao controle interno, à auditoria pública, à correição, à prevenção e ao combate à corrupção, às atividades de ouvidoria e ao incremento da transparência da gestão no âmbito da administração pública federal;

II - decisão preliminar acerca de representações ou denúncias fundamentadas que receber, com indicação das providências cabíveis;

III - instauração de procedimentos e processos administrativos a seu cargo, constituindo comissões, e requisição de instauração daqueles injustificadamente retardados pela autoridade responsável;

IV - acompanhamento de procedimentos e processos administrativos em curso em órgãos ou entidades da administração pública federal;

V - realização de inspeções e avocação de procedimentos e processos em curso na administração pública federal, para exame de sua regularidade, e proposição de providências ou a correção de falhas;

VI - efetivação ou promoção da declaração da nulidade de procedimento ou processo administrativo e, se for o caso, da apuração imediata e regular dos fatos envolvidos nos autos e na nulidade declarada;

VII - requisição de dados, informações e documentos relativos a procedimentos e processos administrativos já arquivados por autoridade da administração pública federal;

VIII - requisição a órgão ou entidade da administração pública federal de informações e documentos necessários a seus trabalhos ou atividades;

IX - requisição a órgãos ou entidades da administração pública federal de servidores ou empregados necessários à constituição de comissões, incluídas as que são objeto do disposto no inciso III deste artigo, e de qualquer servidor ou empregado indispensável à instrução de processo ou procedimento;

X - proposição de medidas legislativas ou administrativas e sugestão de ações necessárias a evitar a repetição de irregularidades constatadas;

XI - recebimento de reclamações relativas à prestação de serviços públicos em geral e à apuração do exercício negligente de cargo, emprego ou função na administração pública federal, quando não houver disposição legal que atribua competências específicas a outros órgãos; e

XII - execução das atividades de controladoria no âmbito do Poder Executivo federal.

§ 1º Ao Ministério da Transparência e Controladoria-Geral da União, no exercício de suas competências, compete dar andamento às representações ou às denúncias fundamentadas que receber, relativas a lesão ou ameaça de lesão ao patrimônio público, velando por seu integral deslinde.

§ 2º Ao Ministro de Estado da Transparência e Controladoria-Geral da União, sempre que constatar omissão da autoridade competente, cumpre requisitar a instauração de sindicância, procedimentos e processos administrativos e avocar aqueles já em curso perante órgão ou entidade da administração pública federal, visando à correção do andamento, inclusive mediante a aplicação da penalidade administrativa cabível.

§ 3º Ao Ministério da Transparência e Controladoria-Geral da União, na hipótese a que se refere o § 2º deste artigo, compete instaurar sindicância ou processo administrativo ou, conforme o caso, representar à autoridade competente para apurar a omissão das autoridades responsáveis.

§ 4º O Ministério da Transparência e Controladoria-Geral da União encaminhará à Advocacia-Geral da União os casos que configurarem improbidade administrativa e aqueles que recomendarem a indisponibilidade de bens, o ressarcimento ao erário e outras providências a cargo da Advocacia-Geral da União e provocará, sempre que necessário, a atuação do Tribunal de Contas da União, da Secretaria da Receita Federal do Brasil do Ministério da Fazenda, dos órgãos do sistema de controle interno do Poder Executivo federal e, quando houver indícios de responsabilidade penal, do Departamento de Polícia Federal do Ministério da Justiça e Segurança Pública e do Ministério Público, inclusive quanto a representações ou denúncias que se afigurarem manifestamente caluniosas.

§ 5º Os procedimentos e processos administrativos de instauração e avocação facultados ao Ministério da Transparência e Controladoria-Geral da União incluem aqueles de que tratam o Título V da Lei n. 8.112, de 11 de dezembro de 1990, e o Capítulo V da Lei n. 8.429, de 2 de junho de 1992, e outros a serem desenvolvidos ou já em curso em órgão ou entidade da administração pública federal, desde que relacionados a lesão ou ameaça de lesão ao patrimônio público.

§ 6º Os titulares dos órgãos do sistema de controle interno do Poder Executivo federal devem cientificar o Ministro de Estado da Transparência e Controladoria-Geral da União acerca de irregularidades que, registradas em seus relatórios, tratem de atos ou fatos atribuíveis a agentes da administração pública federal e das quais haja resultado ou possa resultar prejuízo ao erário de valor superior ao limite fixado pelo Tribunal de Contas da União para efeito da tomada de contas especial elaborada de forma simplificada.

§ 7º O Ministro de Estado da Transparência e Controladoria-Geral da União poderá requisitar servidores na forma estabelecida pelo art. 2º da Lei n. 9.007, de 17 de março de 1995.

§ 8º Para efeito do disposto no § 6º deste artigo, os órgãos e as entidades da administração pública federal ficam obrigados a atender, no prazo indicado, às requisições e solicitações do Ministro de Estado da Transparência e Controladoria-Geral da União e a comunicar-lhe a instauração de sindicância ou processo administrativo e o seu resultado.

§ 9º Fica autorizada a manutenção no Ministério da Transparência e Controladoria-Geral da União das Gratificações de Representação da Presidência da República alocadas à Controladoria-Geral da União da Presidência da República na data de publicação desta Lei.

ART. 67. Ao Ministro de Estado da Transparência e Controladoria-Geral da União, no exercício da sua competência, incumbe, especialmente:

I - decidir, preliminarmente, sobre representações ou denúncias fundamentadas que receber, com indicação das providências cabíveis;

II - instaurar procedimentos e processos administrativos a seu cargo, constituir comissões, e requisitar a instauração daqueles que venham sendo injustificadamente retardados pela autoridade responsável;

III - acompanhar procedimentos e processos administrativos em curso em órgãos ou entidades da administração pública federal;

IV - realizar inspeções e avocar procedimentos e processos em curso na administração pública federal, para exame de sua regularidade, e propor a adoção de providências ou a correção de falhas;

V - efetivar ou promover a declaração da nulidade de procedimento ou processo administrativo e, se for o caso, a imediata e regular apuração dos fatos mencionados nos autos e na nulidade declarada;

VI - requisitar procedimentos e processos administrativos já arquivados por autoridade da administração pública federal;

VII - requisitar a órgão ou entidade da administração pública federal ou, quando for o caso, propor ao Presidente da República, que sejam solicitados as informações e os documentos necessários às atividades do Ministério da Transparência e Controladoria-Geral da União;

VIII - requisitar aos órgãos e às entidades federais servidores e empregados necessários à constituição das comissões referidas no inciso II deste artigo, e de outras análogas, e qualquer servidor ou empregado indispensável à instrução do processo;

IX - propor medidas legislativas ou administrativas e sugerir ações que visem a evitar a repetição de irregularidades constatadas;

X - receber as reclamações relativas à prestação de serviços públicos em geral e promover a apuração de exercício negligente de cargo, emprego ou função na administração pública federal, quando não houver disposição legal que atribua a competência a outros órgãos; e

XI - desenvolver outras atribuições cometidas pelo Presidente da República.

ART. 68. Integram a estrutura básica do Ministério da Transparência e Controladoria-Geral da União:

I - o Conselho de Transparência Pública e Combate à Corrupção;

II - a Comissão de Coordenação de Controle Interno;

III - a Corregedoria-Geral da União;

IV - a Ouvidoria-Geral da União; e

V - duas Secretarias, sendo uma a Secretaria Federal de Controle Interno.

Parágrafo único. O Conselho de Transparência Pública e Combate à Corrupção, a que se refere o inciso I do *caput* deste artigo, será presidido pelo Ministro de Estado da Transparência e Controladoria-Geral da União e composto, paritariamente, por representantes da sociedade civil organizada e representantes do governo federal.

SEÇÃO XXIII
DO MINISTÉRIO DA
SEGURANÇA PÚBLICA

▸ Acrescentado pela Lei 13.690/2018

ART. 68-A. Compete ao Ministério da Segurança Pública: (Acrescentado pela Lei 13.690/2018)

I - coordenar e promover a integração da segurança pública em todo o território nacional em cooperação com os demais entes federativos; (Acrescentado pela Lei 13.690/2018)

II - exercer: (Acrescentado pela Lei 13.690/2018)

a) a competência prevista nos incisos I, II, III e IV do § 1º do art. 144 da Constituição Federal, por meio da polícia federal; (Acrescentado pela Lei 13.690/2018)

b) o patrulhamento ostensivo das rodovias federais, na forma do § 2º do art. 144 da Constituição Federal, por meio da polícia rodoviária federal; (Acrescentado pela Lei 13.690/2018)

c) (Vetado); (Acrescentado pela Lei 13.690/2018)

d) a política de organização e manutenção da polícia civil, da polícia militar e do corpo de bombeiros militar do Distrito Federal, nos termos do inciso XIV do *caput* do art. 21 da Constituição Federal; (Acrescentado pela Lei 13.690/2018)

e) a função de ouvidoria das polícias federais; (Acrescentado pela Lei 13.690/2018)

f) a defesa dos bens e dos próprios da União e das entidades integrantes da administração pública federal indireta; e (Acrescentado pela Lei 13.690/2018)

g) (Vetado); (Acrescentado pela Lei 13.690/2018)

III - planejar, coordenar e administrar a política penitenciária nacional; (Acrescentado pela Lei 13.690/2018)

IV - coordenar, em articulação com os órgãos e entidades competentes da administração federal, a instituição de escola superior de altos estudos ou congêneres, ou de programas, enquanto não instalada, em matérias de segurança pública, em instituição existente; (Acrescentado pela Lei 13.690/2018)

V - promover a integração entre os órgãos federais, estaduais, distritais e municipais, bem como articular-se com os órgãos e entidades de coordenação e supervisão das atividades de segurança pública; (Acrescentado pela Lei 13.690/2018)

VI - estimular e propor aos órgãos federais, estaduais, distritais e municipais a elaboração de planos e programas integrados de segurança pública, com o objetivo de prevenção e repressão da violência e da criminalidade; e (Acrescentado pela Lei 13.690/2018)

VII - desenvolver estratégia comum baseada em modelos de gestão e de tecnologia que permitam a integração e a interoperabilidade dos sistemas de tecnologia da informação dos entes federativos. (Acrescentado pela Lei 13.690/2018)

ART. 68-B. Integram a estrutura básica do Ministério da Segurança Pública: (Acrescentado pela Lei 13.690/2018)

I - o Departamento de Polícia Federal (DPF); (Acrescentado pela Lei 13.690/2018)

II - o Departamento de Polícia Rodoviária Federal (DPRF); (Acrescentado pela Lei 13.690/2018)

III e **IV** - (Vetados); (Acrescentado pela Lei 13.690/2018)

V - o Departamento Penitenciário Nacional (Depen); (Acrescentado pela Lei 13.690/2018)

VI - o Conselho Nacional de Segurança Pública (Conasp); (Acrescentado pela Lei 13.690/2018)

VII - o Conselho Nacional de Política Criminal e Penitenciária (CNPCP); (Acrescentado pela Lei 13.690/2018)

VIII - a Secretaria Nacional de Segurança Pública (Senasp); e (Acrescentado pela Lei 13.690/2018)

IX - até 1 (uma) Secretaria. (Acrescentado pela Lei 13.690/2018)

Parágrafo único. (Vetado). (Acrescentado pela Lei 13.690/2018)

CAPÍTULO IV
DA AÇÃO CONJUNTA ENTRE OS ÓRGÃOS

ART. 69. Em casos de calamidade pública ou de necessidade de especial atendimento à população, o Presidente da República poderá dispor sobre a ação articulada entre órgãos, inclusive de diferentes níveis da administração pública.

CAPÍTULO V
DAS UNIDADES COMUNS
À ESTRUTURA BÁSICA DOS MINISTÉRIOS

ART. 70. Haverá, na estrutura básica de cada Ministério:

I - Secretaria Executiva, exceto nos Ministérios da Defesa e das Relações Exteriores;

II - Gabinete do Ministro; e

III - Consultoria Jurídica, exceto no Ministério da Fazenda.

§ 1º As funções de Consultoria Jurídica no Ministério da Fazenda serão exercidas pela Procuradoria-Geral da Fazenda Nacional, nos termos do art. 13 da Lei Complementar n. 73, de 10 de fevereiro de 1993.

§ 2º Caberá ao Secretário-Executivo, titular do órgão a que se refere o inciso I do *caput* deste artigo, além da supervisão e da coordenação das Secretarias integrantes da estrutura do Ministério, exercer as atribuições que lhe forem cometidas pelo Ministro de Estado.

§ 3º Poderá haver na estrutura básica de cada Ministério, vinculado à Secretaria Executiva, órgão responsável pelas atividades de administração de pessoal, de material, patrimonial, de serviços gerais, de orçamento e finanças, de contabilidade e de tecnologia da informação e informática.

CAPÍTULO VI
DA EXTINÇÃO E DA CRIAÇÃO
DE ÓRGÃOS E CARGOS

ART. 71. Ficam criados:

I - a Secretaria-Geral da Presidência da República; e

II - o Ministério dos Direitos Humanos.

ART. 72. Ficam extintas as seguintes Secretarias Especiais do Ministério da Justiça e Cidadania:

I - de Políticas para as Mulheres;

II - de Políticas de Promoção da Igualdade Racial;

III - de Direitos Humanos;

IV - dos Direitos da Pessoa com Deficiência;

V - de Promoção e Defesa dos Direitos da Pessoa Idosa; e

VI - dos Direitos da Criança e do Adolescente.

ART. 73. Ficam extintos os seguintes cargos de Natureza Especial do Ministério da Justiça e Cidadania:

I - Secretário Especial de Políticas para as Mulheres;

II - Secretário Especial de Políticas de Promoção da Igualdade Racial; e

III - Secretário Especial dos Direitos da Pessoa com Deficiência.

ART. 74. Ficam criados, mediante a transformação dos cargos extintos pelo art. 73 desta Lei:

I - o cargo de Ministro de Estado Chefe da Secretaria-Geral da Presidência da República; e

II - o cargo de Ministro de Estado dos Direitos Humanos.

ART. 75. Ficam transformados os cargos:

I - de Ministro de Estado da Justiça e Cidadania em cargo de Ministro de Estado da Justiça e Segurança Pública;

II - de Ministro de Estado do Desenvolvimento Social e Agrário em Ministro de Estado do Desenvolvimento Social;

III - de Natureza Especial de Secretário-Executivo do Ministério da Justiça e Cidadania em cargo de Natureza Especial de Secretário-Executivo do Ministério da Justiça e Segurança Pública;

IV - de Natureza Especial de Secretário-Executivo da Secretaria do Programa de Parcerias de Investimentos da Presidência da República em cargo de Natureza Especial de Secretário Especial da Secretaria Especial do Programa de Parcerias de Investimentos da Secretaria-Geral da Presidência da República;

V - de Natureza Especial de Secretário-Executivo do Ministério do Desenvolvimento Social e Agrário em cargo de Natureza Especial de Secretário-Executivo do Ministério do Desenvolvimento Social;

VI - de Natureza Especial de Secretário Especial de Direitos Humanos do Ministério da Justiça e Cidadania em cargo de Natureza Especial de Secretário-Executivo do Ministério dos Direitos Humanos;

VII - de Natureza Especial de Secretário Especial de Promoção e Defesa dos Direitos da Pessoa Idosa do Ministério da Justiça e Cidadania em cargo de Natureza Especial de Secretário-Executivo da Secretaria-Geral da Presidência da República;

VIII - de Natureza Especial de Secretário Especial dos Direitos da Criança e do Adolescente do Ministério da Justiça e Cidadania em cargo de Natureza Especial de Secretário Especial de Assuntos Estratégicos da Secretaria-Geral da Presidência da República;

IX - de Natureza Especial de Secretário Especial de Comunicação Social da Casa Civil da Presidência da República em cargo de Natureza Especial de Secretário Especial de Comunicação Social da Secretaria-Geral da Presidência da República; e

X - de Natureza Especial de Secretário Especial de Agricultura Familiar e do Desenvolvimento Agrário do Ministério do Desenvolvimento Social e Agrário em cargo de Natureza Especial de Secretário Especial de Agricultura Familiar e do Desenvolvimento Agrário da Casa Civil da Presidência da República.

CAPÍTULO VII
DA TRANSFORMAÇÃO DE ÓRGÃOS

ART. 76. Ficam transformados:

I - o Ministério da Justiça e Cidadania em Ministério da Justiça e Segurança Pública; e

II - o Ministério do Desenvolvimento Social e Agrário em Ministério do Desenvolvimento Social.

CAPÍTULO VIII
DAS REQUISIÇÕES DE SERVIDORES PÚBLICOS

ART. 77. É aplicável o disposto no art. 2º da Lei n. 9.007, de 17 de março de 1995, aos servidores, aos militares e aos empregados requisitados:

I - para a Secretaria Especial dos Direitos Humanos, para a Secretaria Especial de Políticas de Promoção da Igualdade Racial e para a Secretaria Especial de Políticas para as Mulheres, que estiverem em exercício no Ministério dos Direitos Humanos na data de publicação desta Lei ou que forem requisitados pelo Ministério dos Direitos Humanos até 1º de julho de 2018; e

II - para o Instituto Nacional de Tecnologia da Informação (ITI) até 1º de julho de 2019, sem prejuízo das requisições realizadas nos termos dos §§ 1º e 2º do art. 16 da Medida Provisória n. 2.200-2, de 24 de agosto de 2001.

Parágrafo único. Os servidores, os militares e os empregados de que trata o *caput* deste artigo poderão ser designados para o exercício de Gratificações de Representação da Presidência da República e, no caso de militares, de Gratificação de Exercício em Cargo de Confiança destinada aos órgãos da Presidência da República, enquanto permanecerem em exercício no Ministério dos Direitos Humanos.

CAPÍTULO IX
DA TRANSFERÊNCIA DE COMPETÊNCIAS

ART. 78. As competências e as incumbências estabelecidas em lei para os órgãos extintos ou transformados por esta Lei, assim como para os seus agentes públicos, ficam transferidas para os órgãos e os agentes públicos que receberem as atribuições.

CAPÍTULO X
DA TRANSFERÊNCIA DE SERVIDORES EFETIVOS E ACERVO PATRIMONIAL

ART. 79. O acervo patrimonial e o quadro de servidores efetivos dos órgãos e das entidades extintos, transformados, transferidos, incorporados ou desmembrados por esta Lei serão transferidos aos órgãos que absorverem as suas competências, bem como os direitos, os créditos e as obrigações decorrentes de lei, atos administrativos ou contratos, inclusive as receitas e despesas.

§ 1º O disposto no art. 54 da Lei n. 13.408, de 26 de dezembro de 2016, aplica-se às dotações orçamentárias dos órgãos e das entidades de que trata o *caput* deste artigo.

§ 2º A transferência de servidores efetivos por força desta Lei não implicará alteração remuneratória e não poderá ser obstada a pretexto de limitação de exercício em outro órgão por força de lei especial.

CAPÍTULO XI
DAS ALTERAÇÕES NO PROGRAMA DE PARCERIAS DE INVESTIMENTOS

ART. 80. A Lei n. 13.334, de 13 de setembro de 2016, passa a vigorar com as seguintes alterações:

▸ Alterações promovidas no texto da referida lei.

CAPÍTULO XII
DA VIGÊNCIA E DA PRODUÇÃO DE EFEITOS

ART. 81. Esta Lei entra em vigor na data de sua publicação, produzindo efeitos:

I - quanto à criação, à extinção, à transformação e à alteração de estrutura e de competência de órgãos e quanto aos arts. 72 e 73, a partir da data de entrada em vigor dos respectivos decretos de estrutura regimental; e

II - quanto à criação, extinção e à transformação de cargos, ressalvado o disposto nos arts. 72 e 73, incluído o exercício das competências inerentes aos novos titulares, e quanto ao art. 80, de imediato.

CAPÍTULO XIII
DAS REVOGAÇÕES

ART. 82. Ficam revogados:

I - a Lei n. 10.683, de 28 de maio de 2003;

II - a Medida Provisória n. 768, de 2 de fevereiro de 2017; e

III - os seguintes dispositivos da Lei n. 13.334, de 13 de setembro de 2016:

a) incisos II, III e V do *caput* do art. 8º; e

b) art. 10.

Brasília, 1º de novembro de 2017;
196º da Independência e 129º da República.
MICHEL TEMER

LEI N. 13.575, DE 26 DE DEZEMBRO DE 2017

Cria a Agência Nacional de Mineração (ANM); extingue o Departamento Nacional de Produção Mineral (DNPM); altera as Leis n. 11.046, de 27 de dezembro de 2004, e 10.826, de 22 de dezembro de 2003; e revoga a Lei n. 8.876, de 2 de maio de 1994, e dispositivos do Decreto-Lei n. 227, de 28 de fevereiro de 1967 (Código de Mineração).

▸ *DOU*, 27.12.2017.
▸ Dec. 9.406/2018 (Regulamenta esta lei).

O Presidente da República. Faço saber que o Congresso Nacional decreta e eu sanciono a seguinte Lei:

CAPÍTULO I
DA INSTITUIÇÃO E DAS COMPETÊNCIAS

ART. 1º Fica criada a Agência Nacional de Mineração (ANM), integrante da Administração Pública federal indireta, submetida ao regime autárquico especial e vinculada ao Ministério de Minas e Energia.

Parágrafo único. (Vetado.)

ART. 2º A ANM, no exercício de suas competências, observará e implementará as orientações e diretrizes fixadas no Decreto-Lei n. 227, de 28 de fevereiro de 1967 (Código de Mineração), em legislação correlata e nas políticas estabelecidas pelo Ministério de Minas e Energia, e terá como finalidade promover a gestão dos recursos minerais da União, bem como a regulação e a fiscalização das atividades para o aproveitamento dos recursos minerais no País, competindo-lhe:

I - implementar a política nacional para as atividades de mineração;

II - estabelecer normas e padrões para o aproveitamento dos recursos minerais, observadas as políticas de planejamento setorial definidas pelo Ministério de Minas e Energia e as melhores práticas da indústria de mineração;

III - prestar apoio técnico ao Ministério de Minas e Energia;

IV - requisitar, guardar e administrar os dados e as informações sobre as atividades de pesquisa e lavra produzidos por titulares de direitos minerários;

V - gerir os direitos e os títulos minerários para fins de aproveitamento de recursos minerais;

VI - estabelecer os requisitos técnicos, jurídicos, financeiros e econômicos a serem atendidos pelos interessados na obtenção de títulos minerários;

VII - estabelecer os requisitos e os critérios de julgamento dos procedimentos de disponibilidade de área, conforme diretrizes fixadas em atos da ANM;

VIII - regulamentar os processos administrativos sob sua competência, notadamente os relacionados com a outorga de títulos minerários, com a fiscalização de atividades de mineração e aplicação de sanções;

IX - consolidar as informações do setor mineral fornecidas pelos titulares de direitos minerários, cabendo-lhe a sua divulgação periódica, em prazo não superior a um ano;

X - emitir o Certificado do Processo de Kimberley, de que trata a Lei n. 10.743, de 9 de outubro de 2003, ressalvada a competência prevista no § 2º do art. 6º da referida Lei;

XI - fiscalizar a atividade de mineração, podendo realizar vistorias, notificar, autuar infratores, adotar medidas acautelatórias como de interdição e paralisação, impor as sanções cabíveis, firmar termo de ajustamento de conduta, constituir e cobrar os créditos delas decorrentes, bem como comunicar aos órgãos competentes a eventual ocorrência de infração, quando for o caso;

XII - regular, fiscalizar, arrecadar, constituir e cobrar os créditos decorrentes:

a) da Compensação Financeira pela Exploração de Recursos Minerais (CFEM), de que trata a Lei n. 7.990, de 28 de dezembro de 1989;

b) da taxa anual, por hectare, a que se refere o inciso II do *caput* do art. 20 do Decreto-Lei n. 227, de 28 de fevereiro de 1967 (Código de Mineração); e

c) das multas aplicadas pela ANM;

XIII - normatizar, orientar e fiscalizar a extração e coleta de espécimes fósseis a que se refere o inciso III do *caput* do art. 10 do Decreto-Lei n. 227, de 28 de fevereiro de 1967 (Código de Mineração), e o Decreto-Lei n. 4.146, de 4 de março de 1942, e adotar medidas para promoção de sua preservação;

XIV - mediar, conciliar e decidir os conflitos entre os agentes da atividade de mineração;

XV - decidir sobre direitos minerários e outros requerimentos em procedimentos administrativos de outorga ou de fiscalização da atividade de mineração, observado o disposto no art. 3º desta Lei;

XVI - julgar o processo administrativo instaurado em função de suas decisões;

XVII - expedir os títulos minerários e os demais atos referentes à execução da legislação minerária, observado o disposto no art. 3º desta Lei;

XVIII - decidir requerimentos de lavra e outorgar concessões de lavra das substâncias minerais de que trata o art. 1º da Lei n. 6.567, de 24 de setembro de 1978;

XIX - declarar a caducidade dos direitos minerários, cuja outorga de concessões de lavra seja de sua competência;

XX - estabelecer as condições para o aproveitamento das substâncias minerais destinadas à realização de obras de responsabilidade do poder público;

XXI - aprovar a delimitação de áreas e declarar a utilidade pública para fins de desapropriação ou constituição de servidão mineral;

XXII - estabelecer normas e exercer fiscalização, em caráter complementar, sobre controle ambiental, higiene e segurança das atividades de mineração, atuando em articulação com os demais órgãos responsáveis pelo meio ambiente e pela higiene, segurança e saúde ocupacional dos trabalhadores;

XXIII - definir e disciplinar os conceitos técnicos aplicáveis ao setor de mineração;

XXIV - fomentar a concorrência entre os agentes econômicos, monitorar e acompanhar as práticas de mercado do setor de mineração brasileiro e cooperar com os órgãos de defesa da concorrência, observado o disposto na Lei n. 12.529, de 30 de novembro de 2011, e na legislação pertinente;

XXV - regular e autorizar a execução de serviços de geologia e geofísica aplicados à atividade de mineração, visando ao levantamento de dados técnicos destinados à comercialização, em bases não exclusivas;

XXVI - estabelecer os requisitos e procedimentos para a aprovação e decidir sobre o relatório final de pesquisa;

XXVII - apreender, destruir, doar a instituição pública substâncias minerais e equipamentos encontrados ou provenientes de atividades ilegais ou promover leilão deles, conforme dispuser resolução da ANM, com acompanhamento de força policial sempre que necessário, ficando autorizado o leilão antecipado de substâncias minerais e equipamentos, no caso de risco de depreciação, mantido o valor apurado em depósito até o término do procedimento administrativo de perdimento pertinente;

XXVIII - normatizar, fiscalizar e arrecadar os encargos financeiros do titular do direito minerário e os demais valores devidos ao poder público nos termos desta Lei, bem como constituir e cobrar os créditos deles decorrentes e efetuar as restituições devidas;

XXIX - normatizar e reprimir as infrações à legislação e aplicar as sanções cabíveis, observado o disposto nesta Lei;

XXX - instituir o contencioso administrativo para julgar os créditos devidos à ANM em 1ª instância administrativa e os recursos voluntários, assim como os pedidos de restituição do indébito, assegurados o contraditório e a ampla defesa;

XXXI - manter o registro mineral e as averbações referentes aos títulos e aos direitos minerários;

XXXII - expedir certidões e autorizações;

XXXIII - conceder anuência prévia aos atos de cessão ou transferência de concessão de lavra cuja outorga seja de sua competência, conforme estabelecido pelo § 3º do art. 176 da Constituição Federal;

XXXIV - regulamentar o compartilhamento de informações sobre a atividade de mineração entre órgãos e entidades da União, dos Estados, do Distrito Federal e dos Municípios;

XXXV - normatizar o sistema brasileiro de certificação de reservas e recursos minerais, no prazo de até um ano, contado da publicação desta Lei;

XXXVI - aprovar seu regimento interno;

XXXVII - regulamentar a aplicação de recursos de pesquisa, desenvolvimento tecnológico e inovação, do setor mineral.

§ 1º A ANM deverá, ao tomar conhecimento de fato que possa configurar indício de infração da ordem econômica, comunicá-lo imediatamente ao Conselho Administrativo de Defesa Econômica (Cade).

§ 2º Se a comunicação prevista no § 1º deste artigo decorrer de cessão de direitos minerários que não atenda aos critérios previstos na legislação de defesa da concorrência brasileira, a anuência da cessão estará vinculada à decisão terminativa proferida pelo Cade publicada em meio oficial.

§ 3º A ANM deverá, ao tomar conhecimento de fato que possa configurar indício de infração penal, comunicá-lo imediatamente à autoridade competente.

§ 4º As competências de fiscalização das atividades de mineração e da arrecadação da Compensação Financeira pela Exploração de Recursos Minerais (CFEM) poderão ser exercidas por meio de convênio com os Estados, o Distrito Federal e os Municípios, desde que os entes possuam serviços técnicos e administrativos organizados e aparelhados para execução das atividades, conforme condições estabelecidas em ato da ANM.

§ 5º (Vetado.)

§ 6º Para o desempenho das competências previstas no *caput* deste artigo, os órgãos e entidades federais, estaduais, distritais e municipais deverão disponibilizar as informações necessárias ao exercício da competência da ANM.

ART. 3º Compete ao Ministro de Estado de Minas e Energia:

I - decidir requerimento de lavra e outorgar concessões de lavra, ressalvado o disposto no inciso XXXIII do *caput* do art. 2º desta Lei;

II - declarar a caducidade e a nulidade de concessões de lavra e manifestos de mina, ressalvado o disposto no inciso XIX do *caput* do art. 2º desta Lei; e

III - conceder anuência prévia aos atos de cessão ou transferência de concessões de lavra e manifestos de mina, conforme estabelecido no § 3º do art. 176 da Constituição Federal, ressalvado o disposto no inciso XXXIII do *caput* do art. 2º desta Lei.

Parágrafo único. Nos procedimentos definidos no *caput* deste artigo, a fim de agilizar o andamento processual, todas as análises técnicas necessárias deverão ser realizadas pela ANM, conforme dispõe o inciso III do *caput* do art. 2º desta Lei.

ART. 4º No exercício das competências de fiscalização da ANM, poderão ser requisitados e examinados livros, mercadorias, arquivos ou documentos que repercutam no objeto da fiscalização, e poderão ser realizadas vistorias ou inspeções nas instalações dos titulares de direitos minerários.

§ 1º A ANM disciplinará os prazos e as condições para apresentação de documentos requisitados, salvo na hipótese de vistoria e inspeção, quando a apresentação dos documentos deverá ser imediata.

§ 2º Os livros, os arquivos ou os documentos referidos no *caput* deste artigo deverão ser conservados até o termo final do prazo de prescrição dos créditos decorrentes das operações a que se refiram.

CAPÍTULO II
DA ESTRUTURA ORGANIZACIONAL E DO FUNCIONAMENTO

ART. 5º A ANM será dirigida por Diretoria Colegiada, composta por um Diretor-Geral e quatro Diretores.

§ 1º O Diretor-Geral da ANM exercerá a representação da ANM, a presidência da Diretoria Colegiada e o comando hierárquico sobre o pessoal e os serviços, e caber-lhe-á desempenhar as competências administrativas correspondentes e a presidência das sessões da Diretoria Colegiada, sem prejuízo das deliberações colegiadas para matérias definidas no regimento interno.

§ 2º A estrutura organizacional da ANM será definida em decreto e contará com Procuradoria, Ouvidoria, Corregedoria, Auditoria e unidades administrativas.

ART. 6º (Vetado.)

ART. 7º Os membros da Diretoria exercerão mandatos de quatro anos, não coincidentes, permitida única recondução.

ART. 8º Os membros da Diretoria Colegiada ficam impedidos de exercer atividade ou de prestar qualquer serviço no setor regulado pela ANM, pelo período de seis meses, contado da data de exoneração ou do término de seus mandatos, assegurada a remuneração compensatória.

ART. 9º É vedada a indicação para a Diretoria Colegiada:

I - de Ministro de Estado, Secretário de Estado, Secretário Municipal, dirigente estatutário de partido político e titular de mandato no Poder Legislativo de qualquer ente federativo, ainda que licenciados dos cargos;

II - de pessoa que tenha atuado, nos últimos seis meses, como participante de estrutura decisória de partido político;

III - de pessoa que tenha participação, direta ou indireta, em empresa ou entidade que atue no setor sujeito à regulação exercida pela ANM;

IV - de pessoa que se enquadre nas hipóteses de inelegibilidade previstas no inciso I do *caput* do art. 1º da Lei Complementar n. 64, de 18 de maio de 1990; e

V - de membro de conselho ou de diretoria de associação, regional ou nacional, representativa de interesses patronais ou trabalhistas ligados às atividades reguladas pela ANM.

Parágrafo único. A vedação prevista no inciso I do *caput* deste artigo estende-se também aos parentes consanguíneos ou afins até o terceiro grau das pessoas nele mencionadas.

ART. 10. Ao membro da Diretoria Colegiada é vedado:

I - receber, a qualquer título e sob qualquer pretexto, honorários, percentagens ou custas;

II - exercer outra atividade profissional, ressalvado o exercício do magistério, se houver compatibilidade de horários;

III - participar de sociedade simples ou empresária ou de empresa de qualquer espécie, na forma de controlador, diretor, administrador, gerente, membro de conselho de administração ou conselho fiscal, preposto ou mandatário;

IV - emitir parecer sobre matéria de sua especialização, ainda que em tese, ou atuar como consultor de qualquer tipo de empresa;

V - exercer atividade sindical;

VI - exercer atividade político-partidária; e

VII - estar em situação de conflito de interesse, nos termos da Lei n. 12.813, de 16 de maio de 2013.

ART. 11. A organização e o funcionamento da Diretoria Colegiada serão estabelecidos na estrutura regimental da ANM.

§ 1º Compete à Diretoria Colegiada:

I - exercer a administração da ANM;

II - editar as normas sobre matérias de competência da ANM; e

III - decidir, em última instância, na esfera da ANM, sobre as matérias de sua competência, exceto nas hipóteses em que o regulamento ou resolução da ANM estabelecer o Diretor-Geral como última instância recursal.

§ 2º A Diretoria Colegiada deliberará por maioria absoluta de seus membros, e caberá ao Diretor-Geral, além do voto ordinário, o voto de qualidade.

§ 3º O regimento interno da ANM estabelecerá a competência da Diretoria Colegiada, do Diretor-Geral, dos Diretores e de outras autoridades da ANM para a prática dos atos atribuídos ao Departamento Nacional de Produção Mineral (DNPM) pelo Decreto-Lei n. 227, de 28 de fevereiro de 1967 (Código de Mineração), pelo Decreto-Lei n. 7.841, de 8 de agosto de 1945 (Código de Águas Minerais), por regulamentos e legislação minerária correlatos, inclusive quanto ao processamento e à decisão de recursos administrativos.

ART. 12. Os atos normativos da ANM que afetarem, de forma substancial e direta, direitos de agentes econômicos do setor de mineração deverão ser acompanhados da exposição formal dos motivos que os justifiquem e ser submetidos a consulta ou a audiência pública.

ART. 13. A ANM, por meio de resolução, disporá sobre os processos administrativos em seu âmbito de atuação, notadamente sobre:

I - requisitos e procedimentos de outorga de títulos minerários, de fiscalização da atividade de mineração e sobre outros requerimentos relacionados a direitos minerários;

II - regras e procedimentos de aplicação de medidas acautelatórias e sanções administrativas;

III - hipóteses e critérios para a apresentação de garantias financeiras ou a contratação de seguros para cobertura dos riscos de atividades minerárias;

IV - hipóteses e critérios para realização de consulta pública e audiência pública para os atos normativos da agência; e

V - apreensão e leilão de substâncias minerais e de equipamentos encontrados ou provenientes de lavra ilegal.

Parágrafo único. Resolução sobre a apreensão e o leilão a que se refere o inciso V do *caput* deste artigo incluirá, para hipóteses excepcionais devidamente justificadas:

I - as regras para designação de fiel depositário, para dispensa de realização de apreensão ou de leilão, para doação de bem mineral ou equipamento apreendido com o objetivo de atender a interesse público relevante; e

II - a possibilidade de celebração de termo de ajustamento de conduta com vistas a autorizar que o próprio infrator promova a venda do bem apreendido, situação em que o valor de venda deverá ser integralmente revertido à ANM.

ART. 14. As sessões deliberativas da Diretoria Colegiada afetas às atividades de mineração serão públicas e terão suas datas, pautas e atas divulgadas.

Parágrafo único. Nas sessões da Diretoria Colegiada de que trata o *caput* deste artigo, é assegurada a manifestação da Procuradoria da ANM, das partes envolvidas no processo e de terceiros interessados, na forma estabelecida no regulamento da ANM.

ART. 15. A adoção das propostas de alterações de atos normativos de interesse geral dos agentes econômicos será, nos termos do regulamento, precedida da realização de Análise de Impacto Regulatório (AIR), que conterá informações e dados sobre os possíveis efeitos do ato normativo.

§ 1º Regulamento disporá sobre o conteúdo e a metodologia da análise de impacto regulatório, os quesitos mínimos a serem objeto de exame, os casos em que será obrigatória sua realização e aqueles em que poderá ser dispensada.

§ 2º A Diretoria Colegiada da ANM manifestar-se-á, em relação ao relatório de análise de impacto regulatório, sobre a adequação da proposta de ato normativo aos objetivos pretendidos, e indicará se os impactos estimados recomendam a sua adoção e, quando for o caso, os complementos necessários.

§ 3º A manifestação de que trata o § 2º deste artigo integrará, juntamente ao relatório de análise de impacto regulatório, a documentação a ser disponibilizada aos interessados para a realização de consulta ou de audiência pública, quando a Diretoria Colegiada decidir pela continuidade do procedimento administrativo.

§ 4º O regimento interno da ANM disporá sobre a operacionalização da análise de impacto regulatório.

§ 5º Nos casos em que não for realizada a análise de impacto regulatório, deverá ser disponibilizada, no mínimo, nota técnica ou documento equivalente que fundamente a proposta de decisão.

ART. 16. (Vetado.)

ART. 17. A ANM disporá sobre os procedimentos a serem adotados para a solução de conflitos entre agentes da atividade de mineração, com ênfase na conciliação e na mediação.

ART. 18. (Vetado.)

CAPÍTULO III
DAS RECEITAS

ART. 19. Constituem receitas da ANM:

I - o produto de operações de crédito efetuadas no País e no exterior;

II - a venda de publicações, os recursos oriundos dos serviços de inspeção e fiscalização ou provenientes de palestras e cursos ministrados e as receitas diversas estabelecidas em lei, regulamento ou contrato;

III - o produto do pagamento da taxa anual por hectare a que se refere o inciso II do *caput* do art. 20 do Decreto-Lei n. 227, de 28 de fevereiro de 1967 (Código de Mineração), dos emolumentos devidos como condição necessária para o conhecimento e o processamento de requerimentos e pedidos formulados à ANM, e o das multas de sua competência;

IV - os recursos provenientes de convênios, acordos ou contratos celebrados com entidades, organismos ou empresas, públicos ou privados, nacionais ou internacionais;

V - as doações, os legados, as subvenções e outros recursos que lhe forem destinados, incluídas as doações de bens e equipamentos destinados à ANM, conforme previsto em acordos firmados pela União para fins de ressarcimento de danos causados por usurpação de recursos minerais por lavra ilegal;

VI - as dotações consignadas no orçamento geral da União, os créditos especiais, as transferências e os repasses que lhe forem conferidos;

VII - os valores apurados na venda ou na locação dos bens móveis e imóveis de sua propriedade;

VIII - o produto do leilão de bens e equipamentos encontrados ou apreendidos decorrentes de atividade de mineração ilegal;

IX - as receitas provenientes das áreas colocadas em disponibilidade, de qualquer natureza; e

X - o valor recolhido a título de CFEM, a ser repassado à ANM, por intermédio do Ministério de Minas e Energia, na forma estabelecida no inciso III do § 2º do art. 2º da Lei n. 8.001, de 13 de março de 1990.

§ 1º As receitas de que trata o *caput* deste artigo serão consignadas no orçamento geral da União.

§ 2º O regulamento estabelecerá as hipóteses e os valores dos emolumentos a que se refere o inciso III do *caput* deste artigo.

ART. 20. A ANM atuará como autoridade administrativa independente, a qual ficam asseguradas, nos termos desta Lei, as prerrogativas necessárias ao exercício adequado de sua competência.

CAPÍTULO IV
DISPOSIÇÕES FINAIS E TRANSITÓRIAS

ART. 21. Ficam criados, na estrutura organizacional da ANM, os seguintes cargos em comissão:

I - um CD-I;

II - quatro CD-II;

III - quatro CGE-II;

IV - (Vetado.);

V - vinte CGE-IV;

VI - (Vetado.);

VII - quatro CA-II;

VIII - nove CA-III;

IX - nove CAS-I;

X - cinco CAS-II;

XI - vinte e quatro CCT-I;

XII - cinquenta e seis CCT-II;

XIII - trinta e um CCT-III;

XIV - (Vetado.); e

XV - oitenta e sete CCT-V.

§ 1º (Vetado.)

§ 2º Os cargos CD-I e CD-II são, respectivamente, de Diretor-Geral e de Diretor.

§ 3º A estrutura de cargos em comissão da ANM será regida pelas disposições da Lei n. 9.986, de 18 de julho de 2000, e pelo disposto nesta Lei.

ART. 22. Ficam extintos na estrutura regimental do DNPM, a partir da produção dos efeitos desta Lei, os seguintes cargos em comissão do Grupo-DAS, Funções Comissionadas do Poder Executivo (FCPE) e Funções Gratificadas (FG) do DNPM:

I - um DAS 101.6;

II - cinco DAS 101.5;

III - treze DAS 101.4;
IV - dezesseis DAS 101.3;
V - um DAS 102.4;
VI - um DAS 102.3;
VII - oito DAS 102.2;
VIII - dois DAS 102.1;
IX - sete FCPE-4;
X - dezoito FCPE-3;
XI - oitenta e sete FCPE-2;
XII - cento e duas FCPE-I;
XIII - trinta e uma FG-1;
XIV - cinquenta e seis FG-2; e
XV - trinta e duas FG-3.

Parágrafo único. A extinção dos cargos de que trata o *caput* deste artigo e a criação dos cargos de que trata o art. 21 desta Lei somente produzirão efeitos a partir da data da entrada em vigor da Estrutura Regimental da ANM.

ART. 23. Fica criado o Quadro de Pessoal da Agência Nacional de Mineração (ANM), composto das Carreiras e do Plano Especial de Cargos de que tratam os arts. 1º e 3º da Lei n. 11.046, de 27 de dezembro de 2004.

ART. 24. Ficam redistribuídos de ofício, com fundamento no § 1º do art. 37 da Lei n. 8.112, de 11 de dezembro de 1990, para o quadro de pessoal efetivo da Agência Nacional de Mineração (ANM) os cargos vagos e ocupados das carreiras criadas pelo art. 1º da Lei n. 11.046, de 27 de dezembro de 2004, e os cargos ocupados das carreiras criadas pelo art. 3º da Lei n. 11.046, de 27 de dezembro de 2004.

§§ 1º e 2º (Vetados.)

ARTS. 25 a 31. (Vetados.)

ART. 32. Ficam transferidos para a ANM o acervo técnico, documental e patrimonial do DNPM.

Parágrafo único. A ANM será sucessora das obrigações, dos direitos, das receitas do DNPM, das lides em curso e daquelas ajuizadas posteriormente à entrada em vigor desta Lei, ficando afastada a legitimidade passiva da União.

ART. 33. Na composição da primeira Diretoria da ANM, visando a implementar a transição para o sistema de mandatos não coincidentes, o Diretor-Geral e demais Diretores serão nomeados pelo Presidente da República, observados os seguintes prazos de mandato:

I - o Diretor-Geral e um Diretor nomeados com mandato de quatro anos;

II - dois Diretores nomeados com mandatos de três anos; e

III - um Diretor nomeado com mandato de dois anos.

§ 1º Na hipótese de vacância no curso do mandato, o Diretor-Geral ou o Diretor nomeado em substituição ocupará o cargo pelo prazo remanescente para o fim do mandato.

§ 2º Os integrantes da primeira Diretoria da ANM, previamente aprovados pelo Senado Federal, serão nomeados na mesma data de entrada em vigor do decreto que aprovar o regulamento e a estrutura regimental da ANM.

ART. 34. A ANM poderá disciplinar, por meio de resolução, o uso de meios eletrônicos para os atos dos processos administrativos da sua área de atuação.

ART. 35. No exercício de suas atividades, a ANM poderá:

I - solicitar diretamente ao Ministério do Planejamento, Desenvolvimento e Gestão a autorização para a realização de concursos públicos e para o provimento dos cargos efetivos autorizados em lei para seu Quadro de Pessoal e as alterações no referido Quadro, observada a disponibilidade orçamentária;

II - celebrar contratos administrativos ou prorrogar contratos em vigor; e

III - conceder diárias e passagens na hipótese de deslocamentos nacionais e internacionais e autorizar afastamentos do País de seus servidores.

ART. 36. Caberá ao Poder Executivo federal instalar a ANM, e seu regulamento deverá ser aprovado em decreto do Presidente da República, no qual será definida sua estrutura regimental.

ART. 37. Fica mantida a estrutura regimental e organizacional estabelecida pelo Decreto n. 7.092, de 2 de fevereiro de 2010, enquanto não for editado o decreto a que se refere o art. 36 desta Lei.

ART. 38. Esta Lei entra em vigor:

I - (Vetado.);

II - quanto aos demais dispositivos, na data de sua publicação.

ART. 39. Ficam revogados:

I - na data de publicação desta Lei:

a) a Lei n. 8.876, de 2 de maio de 1994; e

b) (Vetado.)

II - (Vetado.)

Brasília, 26 de dezembro de 2017; 196º da Independência e 129º da República.

MICHEL TEMER

LEI N. 13.576, DE 26 DE DEZEMBRO DE 2017

Dispõe sobre a Política Nacional de Biocombustíveis (RenovaBio) e dá outras providências.

- *DOU*, 27.12.2017.
- Dec. 9.308/2018 (Dispõe sobre a definição das metas compulsórias anuais de redução de emissões de gases causadores do efeito estufa para a comercialização de combustíveis de que trata esta lei).

O Presidente da República. Faço saber que o Congresso Nacional decreta e eu sanciono a seguinte Lei:

CAPÍTULO I
DA POLÍTICA NACIONAL DE BIOCOMBUSTÍVEIS

ART. 1º Fica instituída a Política Nacional de Biocombustíveis (RenovaBio), parte integrante da política energética nacional de que trata o art. 1º da Lei n. 9.478, de 6 de agosto de 1997, com os seguintes objetivos:

I - contribuir para o atendimento aos compromissos do País no âmbito do Acordo de Paris sob a Convenção-Quadro das Nações Unidas sobre Mudança do Clima;

II - contribuir com a adequada relação de eficiência energética e de redução de emissões de gases causadores do efeito estufa na produção, na comercialização e no uso de biocombustíveis, inclusive com mecanismos de avaliação de ciclo de vida;

III - promover a adequada expansão da produção e do uso de biocombustíveis na matriz energética nacional, com ênfase na regularidade do abastecimento de combustíveis; e

IV - contribuir com previsibilidade para a participação competitiva dos diversos biocombustíveis no mercado nacional de combustíveis.

ART. 2º São fundamentos da Política Nacional de Biocombustíveis (RenovaBio):

I - a contribuição dos biocombustíveis para a segurança do abastecimento nacional de combustíveis, da preservação ambiental e para a promoção do desenvolvimento e da inclusão econômica e social;

II - a promoção da livre concorrência no mercado de biocombustíveis;

III - a importância da agregação de valor à biomassa brasileira; e

IV - o papel estratégico dos biocombustíveis na matriz energética nacional.

ART. 3º A Política Nacional de Biocombustíveis (RenovaBio), composta por ações, atividades, projetos e programas, deverá viabilizar oferta de energia cada vez mais sustentável, competitiva e segura, observados os seguintes princípios:

I - previsibilidade para a participação dos biocombustíveis, com ênfase na sustentabilidade da indústria de biocombustíveis e na segurança do abastecimento;

II - proteção dos interesses do consumidor quanto a preço, qualidade e oferta de produtos;

III - eficácia dos biocombustíveis em contribuir para a mitigação efetiva de emissões de gases causadores do efeito estufa e de poluentes locais;

IV - potencial de contribuição do mercado de biocombustíveis para a geração de emprego e de renda e para o desenvolvimento regional, bem como para a promoção de cadeias de valor relacionadas à bioeconomia sustentável;

V - avanço da eficiência energética, com o uso de biocombustíveis em veículos, em máquinas e em equipamentos; e

VI - impulso ao desenvolvimento tecnológico e à inovação, visando a consolidar a base tecnológica, a aumentar a competitividade dos biocombustíveis na matriz energética nacional e a acelerar o desenvolvimento e a inserção comercial de biocombustíveis avançados e de novos biocombustíveis.

ART. 4º São instrumentos da Política Nacional de Biocombustíveis (RenovaBio), entre outros:

I - as metas de redução de emissões de gases causadores do efeito estufa na matriz de combustíveis de que trata o Capítulo III desta Lei;

II - os Créditos de Descarbonização de que trata o Capítulo V desta Lei;

III - a Certificação de Biocombustíveis de que trata o Capítulo VI desta Lei;

IV - as adições compulsórias de biocombustíveis aos combustíveis fósseis;

V - os incentivos fiscais, financeiros e creditícios; e

VI - as ações no âmbito do Acordo de Paris sob a Convenção-Quadro das Nações Unidas sobre Mudança do Clima.

Parágrafo único. Os instrumentos previstos neste artigo, em relação às metas de redução das emissões mencionadas no inciso II do *caput* do art. 1º desta Lei, guardarão compatibilidade com as metas previstas para os demais setores.

CAPÍTULO II
DAS DEFINIÇÕES

ART. 5º Ficam estabelecidas as seguintes definições:

I - Certificação de Biocombustíveis: conjunto de procedimentos e critérios em um processo, no qual a firma inspetora avalia a conformidade da mensuração de aspectos relativos à produção ou à importação de biocombustíveis, em função da eficiência energética e das emissões de gases do efeito estufa, com base em avaliação do ciclo de vida;

II - Certificado da Produção Eficiente de Biocombustíveis: documento emitido exclusivamente por firma inspetora como resultado do processo de Certificação de Biocombustíveis;

III - ciclo de vida: estágios consecutivos e encadeados de um sistema de produto, desde a matéria-prima ou de sua geração a partir de recursos naturais até a disposição final, conforme definido em regulamento;

IV - credenciamento: procedimento pelo qual se avalia, qualifica, credencia e registra a habilitação de uma firma inspetora para realizar a certificação e emitir o Certificado da Produção Eficiente de Biocombustíveis;

V - Crédito de Descarbonização (CBIO): instrumento registrado sob a forma escritural, para fins de comprovação da meta individual do distribuidor de combustíveis de que trata o art. 7º desta Lei;

VI - distribuidor de combustíveis: agente econômico autorizado pela Agência Nacional do Petróleo, Gás Natural e Biocombustíveis (ANP) a exercer a atividade de distribuição de combustíveis, nos termos do regulamento próprio da ANP;

VII - emissor primário: produtor ou importador de biocombustível, autorizado pela ANP, habilitado a solicitar a emissão de Crédito de Descarbonização em quantidade proporcional ao volume de biocombustível produzido ou importado e comercializado, relativamente à Nota de Eficiência Energético-Ambiental constante do Certificado da Produção Eficiente de Biocombustíveis, nos termos definidos em regulamento;

VIII - escriturador: banco ou instituição financeira contratada pelo produtor ou pelo importador de biocombustível responsável pela emissão de Créditos de Descarbonização escriturais em nome do emissor primário;

IX - firma inspetora: organismo credenciado para realizar a Certificação de Biocombustíveis e emitir o Certificado da Produção Eficiente de Biocombustíveis e a Nota de Eficiência Energético-Ambiental;

X - importador de biocombustível: agente econômico autorizado pela ANP a exercer a atividade de importação de biocombustível, nos termos do regulamento;

XI - intensidade de carbono: relação da emissão de gases causadores do efeito estufa, com base em avaliação do ciclo de vida, computada no processo produtivo do combustível, por unidade de energia;

XII - meta de descarbonização: meta fixada para assegurar menor intensidade de carbono na matriz nacional de combustíveis;

XIII - Nota de Eficiência Energético-Ambiental: valor atribuído no Certificado da Produção Eficiente de Biocombustíveis, individualmente, por emissor primário, que representa a diferença entre a intensidade de carbono de seu combustível fóssil substituto e sua intensidade de carbono estabelecida no processo de certificação;

XIV - produtor de biocombustível: agente econômico, nos termos do art. 68-A da Lei n. 9.478, de 6 de agosto de 1997, autorizado pela ANP a exercer a atividade de produção de biocombustível, conforme o regulamento próprio da ANP; e

XV - sistema de produto: coleção de processos unitários, com fluxos elementares e de produtos, que realizam uma ou mais funções definidas e que modelam o ciclo de vida de um produto.

CAPÍTULO III
DAS METAS DE REDUÇÃO DE EMISSÕES NA MATRIZ DE COMBUSTÍVEIS

- Dec. 9.308/2018 (Dispõe sobre a definição das metas compulsórias anuais de redução de emissões de gases causadores do efeito estufa para a comercialização de combustíveis de que trata esta lei).

ART. 6º As metas compulsórias anuais de redução de emissões de gases causadores do efeito estufa para a comercialização de combustíveis serão definidas em regulamento, considerada a melhoria da intensidade de carbono da matriz brasileira de combustíveis ao longo do tempo, para um período mínimo de dez anos, observados: (Vigência: 180 dias a partir da data de sanção desta lei.)

I - a proteção dos interesses do consumidor quanto a preço, qualidade e oferta de combustíveis;

II - a disponibilidade de oferta de biocombustíveis por produtores e por importadores detentores do Certificado da Produção Eficiente de Biocombustíveis;

III - (Vetado);

IV - a valorização dos recursos energéticos;

V - a evolução do consumo nacional de combustíveis e das importações;

VI - os compromissos internacionais de redução de emissões de gases causadores do efeito estufa assumidos pelo Brasil e ações setoriais no âmbito desses compromissos; e

VII - o impacto de preços de combustíveis em índices de inflação.

ART. 7º A meta compulsória anual de que trata o art. 6º desta Lei será desdobrada, para cada ano corrente, em metas individuais, aplicadas a todos os distribuidores de combustíveis, proporcionais à respectiva participação de mercado na comercialização de combustíveis fósseis no ano anterior.

- Art. 12, Dec. 9.308/2018 (Dispõe sobre a definição das metas compulsórias anuais de redução de emissões de gases causadores do efeito estufa para a comercialização de combustíveis de que trata esta lei).

§ 1º As metas individuais de cada distribuidor de combustíveis deverão ser tornadas públicas, preferencialmente por meio eletrônico.

§ 2º A comprovação de atendimento à meta individual por cada distribuidor de combustíveis será realizada a partir da quantidade de Créditos de Descarbonização em sua propriedade, na data definida em regulamento.

§ 3º Cada distribuidor de combustíveis comprovará ter alcançado sua meta individual de acordo com sua estratégia, sem prejuízo às adições volumétricas previstas em lei específica, como de etanol à gasolina e de biodiesel ao óleo diesel.

§ 4º Até 15% (quinze por cento) da meta individual de um ano poderá ser comprovada pelo distribuidor de combustíveis no ano subsequente, desde que tenha comprovado cumprimento integral da meta no ano anterior.

ART. 8º O regulamento poderá autorizar a redução da meta individual do distribuidor de combustíveis nos seguintes casos:

I - aquisição de biocombustíveis mediante:

a) contratos de fornecimento com prazo superior a um ano, firmados com produtor de biocombustível detentor do Certificado da Produção Eficiente de Biocombustíveis;

b) (Vetado);

II - (Vetado).

ART. 9º O não atendimento à meta individual sujeitará o distribuidor de combustíveis à multa, proporcional à quantidade de Crédito de Descarbonização que deixou de ser comprovada, sem prejuízo das demais sanções administrativas e pecuniárias previstas nesta Lei e na Lei n. 9.847, de 26 de outubro de 1999, e de outras de natureza civil e penal cabíveis.

Parágrafo único. A multa a que se refere o *caput* deste artigo poderá variar, nos termos do regulamento, entre R$ 100.000,00 (cem mil reais) e R$ 50.000.000,00 (cinquenta milhões de reais).

ART. 10. Serão anualmente publicados o percentual de atendimento à meta individual por cada distribuidor de combustíveis e, quando for o caso, as respectivas sanções administrativas e pecuniárias aplicadas.

CAPÍTULO IV
DO MONITORAMENTO DE BIOCOMBUSTÍVEIS E COMBUSTÍVEIS

ART. 11. O monitoramento do abastecimento nacional de biocombustíveis será realizado nos termos de regulamento, e servirá de base para a definição:

I - das metas compulsórias anuais de redução de emissões de gases causadores do efeito estufa para a comercialização de combustíveis, nos termos do art. 6º desta Lei, e dos respectivos intervalos de tolerância; (Vigência: 18 meses após a entrada em vigor das metas previstas no art. 6º desta Lei.)

II - dos critérios, diretrizes e parâmetros para o credenciamento de firmas inspetoras e a Certificação de Biocombustíveis; e

III - dos requisitos para regulação técnica e econômica do Crédito de Descarbonização.

ART. 12. Previamente à sua aprovação, as metas compulsórias a que se refere o inciso I do *caput* do art. 11 desta Lei deverão ser submetidas a consulta pública.

CAPÍTULO V
DO CRÉDITO DE DESCARBONIZAÇÃO (CBIO)

ART. 13. A emissão primária de Créditos de Descarbonização será efetuada, sob a forma escritural, nos livros ou registros do escriturador, mediante solicitação do emissor primário, em quantidade proporcional ao volume de biocombustível produzido, importado e comercializado.

§ 1º A definição da quantidade de Créditos de Descarbonização a serem emitidos considerará o volume de biocombustível produzido, importado e comercializado pelo emissor primário, observada a respectiva Nota de Eficiência Energético-Ambiental constante do Certificado da Produção Eficiente de Biocombustíveis do emissor primário.

§ 2º A solicitação de que trata o *caput* deste artigo deverá ser efetuada em até sessenta dias pelo emissor primário da nota fiscal de compra e venda do biocombustível, extinguindo-se, para todos os efeitos, o direito de emissão de Crédito de Descarbonização após esse período.

ART. 14. O Crédito de Descarbonização deve conter as seguintes informações:

I - denominação "Crédito de Descarbonização - CBIO";

II - número de controle;

III - data de emissão do Crédito de Descarbonização;

IV - identificação, qualificação e endereços das empresas destacadas na nota fiscal de compra e venda do biocombustível que servirão de lastro ao Crédito de Descarbonização;

V - data de emissão da nota fiscal que servirá de lastro ao Crédito de Descarbonização;

VI - descrição e código do produto constantes da nota fiscal que servirão de lastro ao Crédito de Descarbonização; e

VII - peso bruto e volume comercializado constantes da nota fiscal que servirão de lastro ao Crédito de Descarbonização.

ART. 15. A negociação dos Créditos de Descarbonização será feita em mercados organizados, inclusive em leilões.

ART. 16. O escriturador será o responsável pela manutenção do registro da cadeia de negócios ocorridos no período em que os títulos estiverem registrados.

ART. 17. Regulamento disporá sobre a emissão, o vencimento, a distribuição, a intermediação, a custódia, a negociação e os demais aspectos relacionados aos Créditos de Descarbonização.

CAPÍTULO VI
DA CERTIFICAÇÃO DE BIOCOMBUSTÍVEIS

ART. 18. A certificação da produção ou importação eficiente de biocombustíveis, para os fins desta Lei, terá como prioridade o aumento da eficiência, com base em avaliação do ciclo de vida, em termos de conteúdo energético com menor emissão de gases causadores do efeito estufa em comparação às emissões auferidas pelo combustível fóssil.

Parágrafo único. Regulamento estabelecerá os critérios, os procedimentos e as responsabilidades para concessão, renovação, suspensão e cancelamento do Certificado da Produção Eficiente de Biocombustíveis.

ART. 19. O Certificado da Produção Eficiente de Biocombustíveis será concedido ao produtor ou ao importador de biocombustível que atender individualmente aos parâmetros definidos em regulamento.

§ 1º O Certificado de que trata o *caput* deste artigo terá validade de até quatro anos, renovável sucessivamente por igual período.

§ 2º (Vetado).

ART. 20. Para a emissão do Certificado da Produção Eficiente de Biocombustíveis, poderão ser exigidos garantias, seguro e capital mínimo integralizado, para o fiel cumprimento de suas obrigações.

ART. 21. O Certificado da Produção Eficiente de Biocombustíveis incluirá expressamente a Nota de Eficiência Energético-Ambiental do emissor primário.

ART. 22. No âmbito do credenciamento de firma inspetora referente à certificação da produção ou importação eficiente de biocombustíveis, cabe ao órgão competente, nos termos de regulamento:

I - estabelecer os procedimentos e responsabilidades para o credenciamento da firma inspetora;

II - proceder ao credenciamento, por ato administrativo próprio ou mediante instrumento específico, com órgãos da Administração Pública direta e indireta da União;

III - manter atualizada na internet a relação das Firmas Inspetoras credenciadas;

IV - fiscalizar as firmas inspetoras credenciadas e aplicar as sanções administrativas e pecuniárias, quanto ao cumprimento dos requisitos previstos nesta Lei e em atos relacionados;

V - solicitar dados e informações das firmas inspetoras e estabelecer prazos de atendimento, para fins de avaliação, monitoramento e fiscalização; e

VI - auditar o processo de emissão ou de renovação do Certificado da Produção Eficiente de Biocombustíveis.

Parágrafo único. Anualmente, deverá ser publicado na internet relatório com o resultado das ações de fiscalização e com as eventuais sanções administrativas e pecuniárias aplicadas às firmas inspetoras.

ART. 23. No âmbito da certificação da produção ou importação eficiente de biocombustíveis, será realizada, nos termos de regulamento, fiscalização da movimentação de combustíveis comercializados, de forma a verificar sua adequação com os Créditos de Descarbonização emitidos e o cumprimento das metas individuais compulsórias.

§ 1º Para atendimento ao disposto no *caput* deste artigo, serão requisitados dados e informações dos produtores de biocombustíveis, dos importadores de biocombustíveis e dos distribuidores de combustíveis, sem prejuízo de outras ações de monitoramento e fiscalização definidas na Lei n. 9.478, de 6 de agosto de 1997, e na Lei n. 9.847, de 26 de outubro de 1999.

§ 2º Será publicada na internet lista atualizada dos Certificados da Produção ou Importação Eficiente de Biocombustíveis emitidos, renovados, suspensos, cancelados ou expirados, em base mensal, com informações do produtor ou do importador de biocombustível, da Nota de Eficiência Energético-Ambiental, da validade do certificado, do volume produzido e do volume comercializado, sem prejuízo de demais dados previstos no regulamento.

§ 3º (Vetado).

ART. 24. Previamente à emissão ou à renovação do Certificado da Produção Eficiente de Biocombustíveis, a firma inspetora submeterá a consulta pública, por no mínimo trinta dias, proposta de certificação, com indicação expressa da proposição da Nota de Eficiência Energético-Ambiental a ser atribuída, cabendo-lhe dar ampla divulgação ao processo.

§ 1º A proposta de certificação incluirá os valores e os dados utilizados para a proposição da Nota de Eficiência Energético-Ambiental.

§ 2º As sugestões e os comentários apresentados durante a consulta pública serão considerados pela firma inspetora:

I - com incorporação ao processo daqueles que forem pertinentes; e

II - com recusa motivada dos demais.

§ 3º A firma inspetora deverá dar ciência aos órgãos federais competentes acerca do resultado da consulta pública, que incluirá as sugestões e os comentários apresentados e sua avaliação.

§ 4º É assegurado, mediante prévia solicitação, amplo acesso à integralidade do processo de certificação.

ART. 25. Durante o período de suspensão ou de cancelamento do Certificado da Produção Eficiente de Biocombustíveis, a quantidade de biocombustível produzido, importado, comercializado, negociado, despachado ou entregue não surtirá efeito para fins de emissão de Créditos de Descarbonização.

ART. 26. (Vetado).

CAPÍTULO VII
DISPOSIÇÕES GERAIS

ART. 27. Na comercialização de biodiesel por meio de leilões públicos, deverão ser estabelecidos mecanismos e metas para assegurar a participação prioritária de produtores de biodiesel de pequeno porte e de agricultores familiares.

§ 1º Regulamento estabelecerá as condições para a participação dos produtores de biodiesel de pequeno porte de que trata o *caput* deste artigo.

- Dec. 9.308/2018 (Dispõe sobre a definição das metas compulsórias anuais de redução de emissões de gases causadores do efeito estufa para a comercialização de combustíveis de que trata esta lei).
- Dec. 9.365/2018 (Regulamenta este parágrafo para estabelecer as condições para a participação dos produtores de pequeno porte na comercialização de biodiesel por meio de leilões públicos).

§ 2º Para a definição de produtores de pequeno porte, aplica-se o disposto na Lei n. 11.326, de 24 de julho de 2006.

ART. 28. Será aplicado um bônus sobre a Nota de Eficiência Energético-Ambiental do produtor ou do importador de biocombustível cuja Certificação de Biocombustíveis comprove a emissão negativa de gases causadores do efeito estufa no ciclo de vida em relação ao seu substituto de origem fóssil.

Parágrafo único. Será de até 20% (vinte por cento) sobre o valor da Nota de Eficiência Energético-Ambiental mencionada no *caput* deste artigo o valor do bônus previsto neste artigo.

ART. 29. Os infratores às disposições desta Lei e às demais normas pertinentes ficarão sujeitos, nos termos de regulamento, às sanções administrativas e pecuniárias previstas na Lei n. 9.847, de 26 de outubro de 1999, sem prejuízo de outras de natureza civil e penal cabíveis.

ART. 30. Esta Lei entra em vigor na data de sua publicação.

Parágrafo único. As metas compulsórias a que se refere o art. 6º desta Lei entrarão em vigor em cento e oitenta dias, contados a partir da data de sanção, e as metas a que se refere o inciso I do *caput* do art. 11 desta Lei entrarão em vigor dezoito meses após a entrada em vigor das metas previstas no art. 6º desta Lei.

Brasília, 26 de dezembro de 2017;
196º da Independência e 129º da República.

MICHEL TEMER

LEI N. 13.589, DE 4 DE JANEIRO DE 2018

Dispõe sobre a manutenção de instalações e equipamentos de sistemas de climatização de ambientes.

› *DOU*, 5.1.2018.

O Presidente da República. Faço saber que o Congresso Nacional decreta e eu sanciono a seguinte Lei:

ART. 1º Todos os edifícios de uso público e coletivo que possuem ambientes de ar interior climatizado artificialmente devem dispor de um Plano de Manutenção, Operação e Controle - PMOC dos respectivos sistemas de climatização, visando à eliminação ou minimização de riscos potenciais à saúde dos ocupantes.

§ 1º Esta Lei, também, se aplica aos ambientes climatizados de uso restrito, tais como aqueles dos processos produtivos, laboratoriais, hospitalares e outros, que deverão obedecer a regulamentos específicos.

§ 2º (Vetado).

ART. 2º Para os efeitos desta Lei, são adotadas as seguintes definições:

I - ambientes climatizados artificialmente: espaços fisicamente delimitados, com dimensões e instalações próprias, submetidos ao processo de climatização por meio de equipamentos;

II - sistemas de climatização: conjunto de instalações e processos empregados para se obter, por meio de equipamentos em recintos fechados, condições específicas de conforto e boa qualidade do ar, adequadas ao bem-estar dos ocupantes; e

III - manutenção: atividades de natureza técnica ou administrativa destinadas a preservar as características do desempenho técnico dos componentes dos sistemas de climatização, garantindo as condições de boa qualidade do ar interior.

ART. 3º Os sistemas de climatização e seus Planos de Manutenção, Operação e Controle - PMOC devem obedecer a parâmetros de qualidade do ar em ambientes climatizados artificialmente, em especial no que diz respeito a poluentes de natureza física, química e biológica, suas tolerâncias e métodos de controle, assim como obedecer aos requisitos estabelecidos nos projetos de sua instalação.

Parágrafo único. Os padrões, valores, parâmetros, normas e procedimentos necessários à garantia da boa qualidade do ar interior, inclusive de temperatura, umidade, velocidade, taxa de renovação e grau de pureza, são os regulamentados pela Resolução no 9, de 16 de janeiro de 2003, da Agência Nacional de Vigilância Sanitária - ANVISA, e posteriores alterações, assim como as normas técnicas da ABNT - Associação Brasileira de Normas Técnicas.

ART. 4º Aos proprietários, locatários e prepostos responsáveis por sistemas de climatização já instalados é facultado o prazo de 180 (cento e oitenta) dias, a contar da regulamentação desta Lei, para o cumprimento de todos os seus dispositivos.

ART. 5º Esta Lei entra em vigor na data da sua publicação.

Brasília, 4 de janeiro de 2018; 197º da Independência e 130º da República.

MICHEL TEMER

LEI N. 13.601, DE 9 DE JANEIRO DE 2018

Regulamenta o exercício da profissão de Técnico em Biblioteconomia.

› *DOU*, 10.1.2018.

O Presidente da República. Faço saber que o Congresso Nacional decreta e eu sanciono a seguinte Lei:

ART. 1º O exercício da profissão de Técnico em Biblioteconomia é regulamentado na forma desta Lei.

ART. 2º Considera-se Técnico em Biblioteconomia o profissional legalmente habilitado em curso de formação específica.

ART. 3º São requisitos para o exercício da atividade profissional de Técnico em Biblioteconomia:

I - possuir diploma de formação de nível médio de Técnico em Biblioteconomia, expedido no Brasil, por escolas oficiais ou reconhecidas na forma da lei;

II - possuir diploma de formação de nível médio de Técnico em Biblioteconomia, expedido por escola estrangeira, revalidado no Brasil de acordo com a legislação em vigor;

III - (Vetado);

IV - exercer suas atividades sob a supervisão de Bibliotecário com registro em CRB.

ART. 4º Compete aos Técnicos em Biblioteconomia, observando-se os limites de sua formação e sob a supervisão do Bibliotecário:

I - auxiliar nas atividades e serviços concernentes ao funcionamento de bibliotecas e outros serviços de documentação e informação;

II - auxiliar no planejamento e desenvolvimento de projetos que ampliem as atividades de atuação sociocultural das instituições em que atuam.

ART. 5º (Vetado).

ART. 6º Esta Lei entra em vigor na data de sua publicação.

Brasília, 9 de janeiro de 2018; 197º da Independência e 130º da República.

MICHEL TEMER

LEI N. 13.606, DE 9 DE JANEIRO DE 2018

Institui o Programa de Regularização Tributária Rural (PRR) na Secretaria da Receita Federal do Brasil e na Procuradoria-Geral da Fazenda Nacional; altera as Leis n. 8.212, de 24 de julho de 1991, 8.870, de 15 de abril de 1994, 9.528, de 10 de dezembro de 1997, 13.340, de 28 de setembro de 2016, 10.522, de 19 de julho de 2002, 9.456, de 25 de abril de 1997, 13.001, de 20 de junho de 2014, 8.427, de 27 de maio de 1992, e 11.076, de 30 de dezembro de 2004, e o Decreto-Lei n. 2.848, de 7 de dezembro de 1940 (Código Penal); e dá outras providências.

› *DOU*, 10.01.2018.

O Presidente da República. Faço saber que o Congresso Nacional decreta e eu sanciono a seguinte Lei:

ART. 1º Fica instituído o Programa de Regularização Tributária Rural (PRR) na Secretaria da Receita Federal do Brasil e na Procuradoria-Geral da Fazenda Nacional, cuja implementação obedecerá ao disposto nesta Lei.

§ 1º Poderão ser quitados, na forma do PRR, os débitos vencidos até 30 de agosto de 2017 das contribuições de que tratam o art. 25 da Lei n. 8.212, de 24 de julho de 1991, e o art. 25 da Lei nº 8.870, de 15 de abril de 1994, constituídos ou não, inscritos ou não em dívida ativa da União, inclusive objeto de parcelamentos anteriores rescindidos ou ativos, em discussão administrativa ou judicial, ou ainda provenientes de lançamento efetuado de ofício após a publicação desta Lei, desde que o requerimento ocorra no prazo de que trata o § 2º deste artigo.

§ 2º A adesão ao PRR ocorrerá por meio de requerimento a ser efetuado até 31 de dezembro de 2018 e abrangerá os débitos indicados pelo sujeito passivo, na condição de contribuinte ou de sub-rogado. (Alterado pela Lei 13.729/2018.)

§ 3º A adesão ao PRR implicará:

I - a confissão irrevogável e irretratável dos débitos em nome do sujeito passivo, na condição de contribuinte ou sub-rogado, e por ele indicados para compor o PRR, nos termos dos arts. 389 e 395 da Lei n.13.105, de 16 de março de 2015 (Código de Processo Civil);

II - a aceitação plena e irretratável pelo sujeito passivo, na condição de contribuinte ou de sub-rogado, das condições estabelecidas nesta Lei;

III - o dever de pagar regularmente as parcelas da dívida consolidada no PRR e os débitos relativos às contribuições dos produtores rurais pessoas físicas e dos adquirentes de produção rural de que trata o art. 25 da Lei n. 8.212, de 24 de julho de 1991, e às contribuições dos produtores rurais pessoas jurídicas de que trata o art. 25 da Lei n. 8.870, de 15 de abril de 1994, vencidos após 30 de agosto de 2017, inscritos ou não em dívida ativa da União; e

IV - o cumprimento regular das obrigações com o Fundo de Garantia do Tempo de Serviço (FGTS).

§ 4º A confissão de que trata o inciso I do § 3º deste artigo não impedirá a aplicação do disposto no art. 19 da Lei nº 10.522, de 19 de julho de 2002, caso decisão ulterior do Superior Tribunal de Justiça ou do Supremo Tribunal Federal resulte na ilegitimidade de cobrança dos débitos confessados.

ART. 2º O produtor rural pessoa física e o produtor rural pessoa jurídica que aderir ao PRR poderão liquidar os débitos de que trata o art. 1º desta Lei da seguinte forma:

I - pelo pagamento de, no mínimo, 2,5% (dois inteiros e cinco décimos por cento) do valor da dívida consolidada, sem as reduções de que trata o inciso II do *caput* deste artigo, em até duas parcelas iguais, mensais e sucessivas; e

II - pelo pagamento do restante da dívida consolidada, por meio de parcelamento em até cento e setenta e seis prestações mensais e sucessivas, vencíveis a partir do mês seguinte ao vencimento da segunda parcela prevista no inciso I do *caput* deste artigo, equivalentes a 0,8% (oito décimos por cento) da média mensal da receita bruta proveniente da comercialização de sua produção rural do ano civil imediatamente anterior ao do vencimento da parcela, com as seguintes reduções:

a) 100% (cem por cento) das multas de mora e de ofício e dos encargos legais, incluídos os honorários advocatícios; e (Promulgação de parte vetada)

b) 100% (cem por cento) dos juros de mora.

§ 1º O valor da parcela previsto no inciso II do *caput* deste artigo não será inferior a R$ 100,00 (cem reais).

§ 2º Na hipótese de concessão do parcelamento e manutenção dos pagamentos de que trata o inciso II do *caput* deste artigo perante a Secretaria da Receita Federal do Brasil e a Procuradoria-Geral da Fazenda Nacional, 50% (cinquenta por cento) do valor arrecadado será destinado para cada órgão.

§ 3º Encerrado o prazo do parcelamento, eventual resíduo da dívida não quitada poderá ser pago à vista, acrescido à última prestação, ou ser parcelado na forma prevista na Lei n. 10.522, de 19 de julho de 2002, em até sessenta prestações, hipótese em que não se aplicará o disposto no § 2º do art. 14-A da referida Lei, mantidas, em qualquer caso, as reduções previstas no inciso II do *caput* deste artigo.

§ 4º Na hipótese de suspensão das atividades relativas à produção rural ou de não auferimento de receita bruta por período superior a um ano, o valor da prestação mensal de que trata o inciso II do *caput* deste artigo será equivalente ao saldo da dívida consolidada com as reduções previstas no referido inciso, dividido pela quantidade de meses que faltarem para complementar cento e setenta e seis meses.

§ 5º O eventual adiantamento de parcelas de que trata o inciso II do *caput* deste artigo implicará a amortização de tantas parcelas subsequentes quantas forem adiantadas.

ART. 3º O adquirente de produção rural ou a cooperativa que aderir ao PRR poderá liquidar os débitos de que trata o art. 1º desta Lei da seguinte forma:

I - pelo pagamento de, no mínimo, 2,5% (dois inteiros e cinco décimos por cento) do valor da dívida consolidada, sem as reduções de que trata o inciso II do *caput* deste artigo, em até duas parcelas iguais, mensais e sucessivas; e

II - pelo pagamento do restante da dívida consolidada, por meio de parcelamento em até cento e setenta e seis prestações mensais e sucessivas, vencíveis a partir do mês seguinte ao vencimento da segunda parcela prevista no inciso I do *caput* deste artigo, equivalentes a 0,3% (três décimos por cento) da média mensal da receita bruta proveniente da comercialização do ano civil imediatamente anterior ao do vencimento da parcela, com as seguintes reduções:

a) 100% (cem por cento) das multas de mora e de ofício e dos encargos legais, incluídos os honorários advocatícios; e (Promulgação de parte vetada)

b) 100% (cem por cento) dos juros de mora.

§ 1º O valor da parcela previsto no inciso II do *caput* deste artigo não será inferior a R$ 1.000,00 (mil reais).

§ 2º Na hipótese de concessão do pagamento e manutenção dos pagamentos de que trata o inciso II do *caput* deste artigo perante a Secretaria da Receita Federal do Brasil e a Procuradoria-Geral da Fazenda Nacional, 50% (cinquenta por cento) do valor arrecadado será destinado para cada órgão.

§ 3º Encerrado o prazo do parcelamento, eventual resíduo da dívida não quitada poderá ser pago à vista, acrescido à última prestação, ou ser parcelado na forma prevista na Lei n. 10.522, de 19 de julho de 2002, em até sessenta prestações, hipótese em que não se aplicará o disposto no § 2º do art. 14-A da referida Lei, mantidas, em qualquer caso, as reduções previstas no inciso II do *caput* deste artigo.

§ 4º Na hipótese de suspensão das atividades do adquirente ou da cooperativa ou de não auferimento de receita bruta por período superior a um ano, o valor da prestação mensal de que trata o inciso II do *caput* deste artigo será equivalente ao saldo da dívida consolidada com as reduções previstas no referido inciso, dividido pela quantidade de meses que faltarem para completar cento e setenta e seis meses.

§ 5º O eventual adiantamento de parcelas de que trata o inciso II do *caput* deste artigo implicará a amortização de tantas parcelas subsequentes quantas forem adiantadas.

ART. 4º O parcelamento de débitos na forma prevista nos arts. 2º e 3º desta Lei não requer a apresentação de garantia.

ART. 5º Para incluir no PRR débitos que se encontrem em discussão administrativa ou judicial, o sujeito passivo deverá desistir previamente das impugnações ou dos recursos administrativos e das ações judiciais que tenham por objeto os débitos que serão quitados, renunciar a quaisquer alegações de direito sobre as quais se fundem as referidas impugnações, os recursos administrativos ou as ações judiciais e protocolar, no caso de ações judiciais, requerimento de extinção do processo com resolução do mérito, nos termos estabelecidos na alínea c do inciso III do *caput* do art. 487 da Lei n. 13.105, de 16 de março de 2015 (Código de Processo Civil), o que eximirá o autor da ação do pagamento dos honorários advocatícios, afastando-se o disposto no art. 90 da Lei n. 13.105, de 16 de março de 2015 (Código de Processo Civil).

§ 1º Somente será considerada a desistência parcial de impugnação de recurso administrativo interposto ou de ação judicial proposta se o débito objeto de desistência for passível de distinção dos demais débitos discutidos no processo administrativo ou na ação judicial.

§ 2º A comprovação do pedido de desistência ou da renúncia de ações judiciais será apresentada na unidade de atendimento integrado do domicílio fiscal do sujeito passivo na condição de contribuinte ou de sub-rogado, até trinta dias após o prazo final de adesão de que trata o § 2º do art. 1º desta Lei.

ART. 6º Os depósitos vinculados aos débitos incluídos no PRR serão automaticamente transformados em pagamento definitivo ou convertidos em renda da União.

§ 1º Depois da alocação do valor depositado à dívida incluída no PRR, se restarem débitos não liquidados pelo depósito, o saldo devedor poderá ser quitado na forma prevista nos arts. 2º ou 3º desta Lei.

§ 2º Depois da conversão em renda ou da transformação em pagamento definitivo, o sujeito passivo, na condição de contribuinte ou de sub-rogado, poderá requerer o levantamento do saldo remanescente, se houver, desde que não haja outro débito exigível.

§ 3º Na hipótese de depósito judicial, o disposto no *caput* deste artigo somente se aplicará aos casos em que tenha ocorrido desistência da ação ou do recurso e renúncia a qualquer alegação de direito sobre o qual se funde a ação.

ART. 7º A dívida objeto do parcelamento será consolidada na data do requerimento de adesão ao PRR.

§ 1º Enquanto a dívida não for consolidada, caberá ao sujeito passivo calcular e recolher os valores de que tratam os arts. 2º e 3º desta Lei.

§ 2º O parcelamento terá sua formalização condicionada ao prévio pagamento da primeira parcela de que tratam o inciso I do *caput* do art. 2º e o inciso I do *caput* do art. 3º desta Lei.

§ 3º Sobre o valor de cada prestação mensal, por ocasião do pagamento, incidirão juros equivalentes à taxa referencial do Sistema Especial de Liquidação e de Custódia (Selic) para títulos federais, acumulada mensalmente, calculados a partir do mês subsequente ao da consolidação até o mês anterior ao do pagamento, e de 1% (um por cento) relativamente ao mês em que o pagamento for efetuado.

ART. 8º No âmbito da Secretaria da Receita Federal do Brasil, o sujeito passivo, na condição de contribuinte ou sub-rogado, que aderir ao PRR, poderá liquidar o saldo consolidado de que trata o inciso II do *caput* do art. 2º e o inciso II do *caput* do art. 3º desta Lei com a utilização de créditos de prejuízo fiscal e de base de cálculo negativa da Contribuição Social sobre o Lucro Líquido (CSLL), liquidando-se o saldo remanescente com parcelamento em até cento e setenta e seis meses. (Promulgação de parte vetada)

§ 1º Na liquidação dos débitos na forma prevista no *caput* deste artigo, poderão ser utilizados créditos de prejuízos fiscais e de base de cálculo negativa da CSLL apurados até 31 de dezembro de 2015 e declarados até 29 de julho de 2016, próprios ou do responsável tributário ou corresponsável pelo débito, e de empresas controladora e controlada, de forma direta ou indireta, ou de empresas que sejam controladas direta ou indiretamente por uma mesma empresa, em 31 de dezembro de 2015, domiciliadas no País, desde que se mantenham nessa condição até a data da opção pela quitação.

§ 2º Para fins do disposto no § 1º deste artigo, inclui-se também como controlada a sociedade na qual a participação da controladora seja igual ou inferior a 50% (cinquenta por cento), desde que exista acordo de acionistas que assegure, de modo permanente, a preponderância individual ou comum nas deliberações sociais e o poder individual ou comum de eleger a maioria dos administradores.

§ 3º Na hipótese de utilização dos créditos de que tratam os §§ 1º e 2º deste artigo, os créditos próprios deverão ser utilizados primeiro.

§ 4º O valor do crédito decorrente de prejuízo fiscal e de base de cálculo negativa da CSLL será determinado por meio da aplicação das seguintes alíquotas:

I - 25% (vinte e cinco por cento) sobre o montante do prejuízo fiscal;

II - 20% (vinte por cento) sobre a base de cálculo negativa da CSLL, no caso das pessoas jurídicas de seguros privados, das pessoas jurídicas de capitalização e das pessoas jurídicas referidas nos incisos I, II, III, IV, V, VI, VII e X do § 1º do art. 1º da Lei Complementar n. 105, de 10 de janeiro de 2001;

III - 17% (dezessete por cento) sobre a base de cálculo negativa da CSLL, no caso das pessoas jurídicas referidas no inciso IX do § 1º do art. 1º da Lei Complementar n. 105, de 10 de janeiro de 2001; e

IV - 9% (nove por cento) sobre a base de cálculo negativa da CSLL, no caso das demais pessoas jurídicas.

§ 5º Na hipótese de indeferimento dos créditos a que se refere o *caput* deste artigo, no todo ou em parte, será concedido o prazo de trinta dias para que o sujeito passivo efetue o pagamento em espécie dos débitos amortizados indevidamente com créditos de prejuízo fiscal e de base de cálculo negativa da CSLL não reconhecidos pela Secretaria da Receita Federal do Brasil.

§ 6º A falta do pagamento de que trata o § 5º deste artigo, ou o atraso superior a trinta dias, implicará a exclusão do devedor do PRR e o restabelecimento da cobrança dos débitos remanescentes.

§ 7º A utilização dos créditos na forma disciplinada no *caput* deste artigo extingue os débitos sob condição resolutória de sua ulterior homologação.

§ 8º A Secretaria da Receita Federal do Brasil dispõe do prazo de cinco anos para a análise dos créditos utilizados na forma prevista no *caput* deste artigo.

ART. 9º O sujeito passivo, na condição de contribuinte ou sub-rogado, que aderir ao PRR no âmbito da Procuradoria-Geral da Fazenda Nacional para parcelar dívida total, sem reduções, igual ou inferior a R$ 15.000.000,00 (quinze milhões de reais) poderá liquidar o saldo consolidado de que trata o inciso II do *caput* do art. 2º e o inciso II do *caput* do art. 3º desta Lei com a utilização de créditos próprios de prejuízo fiscal e de base de cálculo negativa da CSLL, apurados até 31 de dezembro de 2015 e declarados até 29 de julho de 2016, liquidando-se o saldo remanescente com parcelamento em até cento e setenta e seis meses. (Promulgação de parte vetada)

Parágrafo único. Na liquidação dos débitos na forma prevista no *caput* deste artigo, aplica-se o disposto nos §§ 4º, 5º e 6º do art. 8º desta Lei.

ART. 10. Implicará a exclusão do devedor do PRR e a exigibilidade imediata da totalidade do débito confessado e ainda não pago:

I - a falta de pagamento de três parcelas consecutivas ou de seis parcelas alternadas;

II - a falta de pagamento da última parcela, se as demais estiverem pagas;

III - a inobservância do disposto nos incisos III e IV do § 3º do art. 1º desta Lei, por três meses consecutivos ou por seis meses alternados, no mesmo ano civil; ou

IV - a não quitação integral dos valores de que tratam o inciso I do *caput* do art. 2º e o inciso I do *caput* do art. 3º desta Lei, nos prazos estabelecidos.

§ 1º Não implicará a exclusão do produtor rural pessoa física ou do produtor rural pessoa jurídica do PRR a falta de pagamento referida nos incisos I, II ou III do *caput* deste artigo ocasionada pela queda significativa de safra decorrente de razões edafoclimáticas que tenham motivado a declaração de situação de emergência ou de estado de calamidade pública devidamente reconhecido pelo Poder Executivo federal, conforme disposto no inciso X do art. 6º da Lei n. 12.608, de 10 de abril de 2012.

§ 2º Na hipótese de exclusão do devedor do PRR, serão cancelados os benefícios concedidos e:

I - será efetuada a apuração do valor original do débito com a incidência dos acréscimos legais até a data da exclusão; e

II - serão deduzidas do valor referido no inciso I deste parágrafo as parcelas pagas, com os acréscimos legais até a data da exclusão.

ART. 11. A opção pelo PRR implicará a manutenção automática dos gravames decorrentes de arrolamento de bens, de medida cautelar fiscal e das garantias prestadas nas ações de execução fiscal ou de qualquer outra ação judicial.

ART. 12. Aplica-se aos parcelamentos dos débitos incluídos no PRR o disposto no *caput* e nos §§ 2º e 3º do art. 11, no art. 12 e no inciso IX do *caput* do art. 14 da Lei n. 10.522, de 19 de julho de 2002.

Parágrafo único. A vedação da inclusão em qualquer outra forma de parcelamento dos débitos parcelados com base na Lei n. 9.964, de 10 de abril de 2000, na Lei n. 10.684, de 30 de maio de 2003, e na Lei n. 13.496, de 24 de outubro de 2017, na Medida Provisória n. 766, de 4 de janeiro de 2017, e na Medida Provisória n. 793, de 31 de julho de 2017, não se aplica ao PRR.

ART. 13. A Secretaria da Receita Federal do Brasil e a Procuradoria-Geral da Fazenda Nacional, no âmbito de suas competências, editarão, no prazo de até trinta dias, contado da data de publicação desta Lei, os atos necessários à execução dos procedimentos previstos nos arts. 1º a 12 desta Lei.

Parágrafo único. A regulamentação deverá garantir a possibilidade de migração para o PRR aos produtores rurais e aos adquirentes que aderiram ao parcelamento previsto na Medida Provisória n. 793, de 31 de julho de 2017.

ART. 14. O art. 25 da Lei n. 8.212, de 24 de julho de 1991, passa a vigorar com as seguintes alterações:

‣ Alterações promovidas no texto da referida lei.

ART. 15. O art. 25 da Lei n. 8.870, de 15 de abril de 1994, passa a vigorar com as seguintes alterações:

‣ Alterações promovidas no texto da referida lei.

ART. 16. O art. 6º da Lei n. 9.528, de 10 de dezembro de 1997, passa a vigorar acrescido do seguinte parágrafo único:

‣ Alterações promovidas no texto da referida lei.

ART. 17. O art. 168-A do Decreto-Lei n. 2.848, de 7 de dezembro de 1940 (Código Penal), passa a vigorar acrescido do seguinte § 4º:

‣ Alterações promovidas no texto da referida lei.

ART. 18. A Lei n. 13.340, de 28 de setembro de 2016, passa a vigorar com as seguintes alterações:

‣ Alterações promovidas no texto da referida lei.

ART. 19. A Lei n. 13.340, de 28 de setembro de 2016, passa a vigorar acrescida do Anexo IV, na forma do Anexo II desta Lei. (Promulgação de parte vetada)

ART. 20. Fica a Advocacia-Geral da União autorizada a conceder descontos para a liquidação, até 30 de dezembro de 2019, de dívidas originárias de operações de crédito rural, cujos ativos tenham sido transferidos para o Tesouro Nacional e os respectivos débitos, não inscritos na dívida ativa da União, estejam sendo executados pela Procuradoria-Geral da União, devendo incidir os referidos descontos sobre o valor consolidado por ação de execução judicial. (Alterado pela Lei 13.729/2018.)

§ 1º Os descontos de que trata o *caput* deste artigo, independentemente do valor original contratado, serão concedidos sobre o valor consolidado por ação de execução judicial, segundo seu enquadramento em uma das faixas de valores indicadas no Anexo I desta Lei, devendo primeiro ser aplicado o correspondente desconto percentual e, em seguida, o respectivo desconto de valor fixo.

§ 2º Entende-se por valor consolidado por ação de execução judicial de que trata o *caput* deste artigo o montante do débito a ser liquidado, atualizado até o mês em que ocorrerá a liquidação.

§ 3º Formalizado o pedido de adesão, a Advocacia-Geral da União fica autorizada a adotar as medidas necessárias à suspensão, até análise do requerimento, das ações de execução ajuizadas, cujo objeto seja a cobrança de crédito rural de que trata o *caput* deste artigo.

§ 4º O prazo de prescrição das dívidas de crédito rural de que trata este artigo fica suspenso a partir da data de publicação desta Lei até 30 de dezembro de 2019. (Alterado pela Lei 13.729/2018.)

ART. 21. Para as dívidas oriundas de operações de crédito rural contratadas com o extinto Banco Nacional de Crédito Cooperativo (BNCC), cujos respectivos débitos, não inscritos na dívida ativa da União, estejam sendo executados pela Procuradoria-Geral da União, independentemente da apresentação de pedidos de adesão aos benefícios de que trata o art. 20 desta Lei pelos mutuários, os saldos devedores serão recalculados pela Advocacia-Geral da União, incidindo sobre o valor atribuído à causa, desde a elaboração do cálculo que o embasou:

I - atualização monetária, segundo os índices oficiais vigentes em cada período;

II - juros remuneratórios de 6% a.a. (seis por cento ao ano);

III - juros de mora de 1% a.a. (um por cento ao ano).

Parágrafo único. Fica a Advocacia-Geral da União autorizada a aplicar descontos adicionais, aferidos com base em critérios objetivos fixados em ato conjunto pelos Ministérios da Fazenda e da Agricultura, Pecuária e Abastecimento, para liquidação das operações de crédito rural enquadradas no *caput* deste artigo, contratadas ao amparo do Programa de Cooperação Nipo-Brasileira para o Desenvolvimento dos Cerrados (Prodecer) - Fase II, do Programa de Financiamento de Equipamentos de Irrigação (Profir) e do Programa Nacional de Valorização e Utilização de Várzeas Irrigáveis (Provárzeas).

ART. 22. O mutuário que tenha aderido a pedidos de renegociação com a Advocacia-Geral da União, fundamentado no art. 8º-A da Lei n. 11.775, de 17 de setembro de 2008, ou no art. 8º-B da Lei n. 12.844, de 19 de julho de 2013, ainda em curso, após renunciar expressamente ao acordo em execução, poderá requerer a liquidação do saldo remanescente, com os descontos previstos no art. 20 desta Lei, apurando-se o saldo devedor segundo os critérios estabelecidos nos §§ 1º e 2º do art. 20 desta Lei.

ART. 23. É vedada a acumulação dos descontos previstos nos arts. 20, 21 e 22 desta Lei com outros consignados na legislação.

ART. 24. A liquidação de que tratam os arts. 20, 21 e 22 desta Lei será regulamentada por ato do Advogado-Geral da União.

ART. 25. A Lei n. 10.522, de 19 de julho de 2002, passa a vigorar acrescida dos seguintes arts. 20-B, 20-C, 20-D e 20-E:

‣ Alterações promovidas no texto da referida lei.

ART. 26. A Empresa Brasileira de Pesquisa Agropecuária (Embrapa) deverá renegociar e prorrogar, até dezembro de 2022, as dívidas com os empreendimentos da agricultura familiar que se enquadram na Lei n. 11.326, de 24 de julho de 2006, de operações que foram contratadas até 31 de dezembro de 2015, referentes aos pagamentos do licenciamento para a multiplicação e a exploração comercial de sementes, observadas as seguintes condições: (Alterado pela Lei 13.729/2018.)

I - a renegociação das dívidas, vencidas e vincendas, deverá ser requerida pelo mutuário e formalizada pela Embrapa até 29 de junho de 2018;

II - o saldo devedor será apurado na data da renegociação com base nos encargos contratuais de normalidade, sem o cômputo de multa, mora, quaisquer outros encargos por inadimplemento ou honorários advocatícios;

III - sobre o saldo devedor apurado será aplicado rebate de 95% (noventa e cinco por cento);

IV - o pagamento do saldo devedor apurado na forma do inciso III do *caput* deste artigo deverá ser realizado em seis parcelas anuais, com dois anos de carência, mantidos os encargos originalmente contratados. (Alterado pela Lei 13.729/2018.)

ART. 27. A Lei n. 9.456, de 25 de abril de 1997, passa a vigorar com as seguintes alterações: (Promulgação de parte vetada)

‣ Alterações promovidas no texto da referida lei.

ARTS. 28. a **32.** (Revogados pela Lei 13.729 /2018.)

ART. 33. A Lei n. 13.001, de 20 de junho de 2014, passa a vigorar com as seguintes alterações:

› Alterações promovidas no texto da referida lei.

ART. 34. A Lei n. 8.427, de 27 de maio de 1992, passa a vigorar acrescido do seguinte art. 4º-A:

› Alterações promovidas no texto da referida lei.

ART. 35. O § 2º do art. 23 da Lei n. 11.076, de 30 de dezembro de 2004, passa a vigorar acrescida do seguinte art. 4º-A:

› Alterações promovidas no texto da referida lei.

ART. 36. É permitida a renegociação de dívidas de operações de crédito rural de custeio e investimento contratadas até 31 de dezembro de 2016, lastreadas com recursos controlados do crédito rural, inclusive aquelas prorrogadas por autorização do CMN, contratadas por produtores rurais e por suas cooperativas de produção agropecuária em Municípios da área de atuação da Sudene e do Estado do Espírito Santo, observadas as seguintes condições: (Promulgação de parte vetada)

I - os saldos devedores serão apurados com base nos encargos contratuais de normalidade, excluídos os bônus, rebates e descontos, sem o cômputo de multa, mora ou quaisquer outros encargos por inadimplemento, honorários advocatícios ou ressarcimento de custas processuais;

II - o reembolso deverá ser efetuado em prestações iguais e sucessivas, fixado o vencimento da primeira parcela para 2020 e o vencimento da última parcela para 2030, mantida a periodicidade da operação renegociada, sem a necessidade de estudo de capacidade de pagamento;

III - os encargos financeiros serão os mesmos pactuados na operação original;

IV - a amortização mínima em percentual a ser aplicado sobre o saldo devedor vencido apurado na forma do inciso I do *caput* deste artigo será de:

a) 2% (dois por cento) para as operações de custeio agropecuário;

b) 10% (dez por cento) para as operações de investimento;

V - o prazo de adesão será de até cento e oitenta dias, contado da data do regulamento de que trata o § 7ºdeste artigo;

VI - o prazo de formalização da renegociação será de até cento e oitenta dias após a adesão de que trata o inciso IV do *caput* deste artigo.

§ 1º As disposições de que trata este artigo aplicam-se aos financiamentos contratados com:

I - equalização de encargos financeiros pelo Tesouro Nacional, desde que as operações sejam previamente reclassificadas pela instituição financeira para recursos obrigatórios ou outra fonte não equalizável, admitida, a critério da instituição financeira, a substituição de aditivo contratual por "carimbo texto" para formalização da renegociação;

II - recursos do FNE, admitida, a critério da instituição financeira, a substituição de aditivo contratual por "carimbo texto" para formalização da renegociação.

§ 2º O enquadramento no disposto neste artigo fica condicionado à demonstração da ocorrência de prejuízo no empreendimento rural em decorrência de fatores climáticos, salvo no caso de municípios em que foi decretado estado de emergência ou de calamidade pública reconhecido pelo Governo Federal, após a contratação da operação e até a publicação desta Lei.

§ 3º No caso de operações contratadas por miniprodutores rurais e pequenos produtores rurais, inclusive aquelas contratadas por produtores amparados pela Lei n. 11.326, de 24 de julho de 2006, a demonstração de ocorrência de prejuízo descrito no § 2º deste artigo poderá ser comprovada por meio de laudo grupal ou coletivo.

§ 4º As operações de custeio rural que tenham sido objeto de cobertura parcial das perdas pelo Programa de Garantia da Atividade Agropecuária (Proagro), ou por outra modalidade de seguro rural, somente podem ser renegociadas mediante a exclusão do valor referente à indenização recebida pelo beneficiário, considerada a receita obtida.

§ 5º Não podem ser objeto da renegociação de que trata este artigo:

I - as operações cujo empreendimento financiado tenha sido conduzido sem a aplicação de tecnologia recomendada, incluindo inobservância do Zoneamento Agrícola de Risco Climático (ZARC) e do calendário agrícola para plantio da lavoura;

II - as operações contratadas por mutuários que tenham comprovadamente cometido desvio de crédito, exceto se a irregularidade tiver sido sanada previamente à renegociação da dívida;

III - as operações contratadas por grandes produtores nos Municípios pertencentes à região do Matopiba, conforme definição do Ministério da Agricultura, Pecuária e Abastecimento, exceto naqueles em que foi decretado estado de emergência ou de calamidade pública reconhecido pelo Governo Federal, após a contratação da operação e até a publicação desta Lei.

§ 6º Nos Municípios em que foi decretado estado de emergência ou de calamidade pública após 1º de janeiro de 2016 reconhecido pelo Governo Federal, fica dispensada a amortização mínima estabelecida no inciso IV do *caput* deste artigo.

§ 7º O CMN regulamentará as disposições deste artigo, no que couber, no prazo de trinta dias, incluindo condições alternativas para renegociação das operações de que trata o inciso III do § 5º deste artigo, exceto quanto às operações com recursos do FNE, nas quais caberá ao gestor dos recursos implementar as disposições deste artigo.

ART. 37. Admite-se a reclassificação para o âmbito exclusivo do FNE das operações de crédito rural contratadas com recursos mistos do fundo com outras fontes, observadas as seguintes condições: (Promulgação de parte vetada)

I - a reclassificação da operação para FNE não caracteriza novação da dívida, considerando-se a nova operação uma continuidade da operação renegociada;

II - a nova operação de que trata este artigo ficará sob risco compartilhado na proporção de 50% (cinquenta por cento) para o agente financeiro e 50% (cinquenta por cento) para o FNE;

III - o saldo devedor da operação a ser reclassificada será atualizado nas condições de normalidade e, se for o caso, em condições mais adequadas a serem acordadas entre o agente financeiro e o respectivo mutuário;

IV - as operações reclassificadas terão, a partir da data da reclassificação, os encargos financeiros das operações de crédito rural do FNE, definidos em função da classificação atual do produtor rural;

V - aplicam-se às operações reclassificadas, cuja contratação original ocorreu até 31 de dezembro de 2016, as condições estabelecidas no art. 36 desta Lei.

ART. 38. O Poder Executivo federal, com vistas ao cumprimento do disposto no inciso II do *caput* do art. 5º e no art. 14 da Lei Complementar n. 101, de 4 de maio de 2000 (Lei de Responsabilidade Fiscal), estimará o montante da renúncia fiscal e dos custos decorrentes do disposto no inciso II do *caput* do art. 2º, no inciso II do *caput* do art. 3º, e nos arts. 14, 15, 18, 19, de 20 a 24, de 26 a 28, de 30 a 33 e 36 desta Lei, os incluirá no demonstrativo que acompanhar o projeto de lei orçamentária anual, nos termos do § 6º do art. 165 da Constituição Federal, e fará constar das propostas orçamentárias subsequentes os valores relativos à referida renúncia.

Parágrafo único. Os benefícios constantes do inciso II do *caput* do art. 2º, do inciso II do *caput* do art. 3ºe dos arts. 14, 15, 18, 19, de 20 a 24, de 26 a 28, de 30 a 33 e 36 desta Lei somente serão concedidos se atendido o disposto no *caput* deste artigo, inclusive com a demonstração pelo Poder Executivo federal de que a renúncia foi considerada na estimativa de receita da lei orçamentária anual, na forma estabelecida no art. 12 da Lei Complementar n. 101, de 4 de maio de 2000 (Lei de Responsabilidade Fiscal), e de que não afetará as metas de resultados fiscais previstas no anexo próprio da lei de diretrizes orçamentárias.

ART. 39. Para fins do disposto nos arts. 8º e 9º desta Lei, ficam reduzidas a zero as alíquotas do imposto de renda, da CSLL, da Contribuição para o PIS/Pasep e da Contribuição para Financiamento da Seguridade Social (Cofins) incidentes sobre a receita auferida pelo cedente com a cessão de créditos de prejuízo fiscal e de base de cálculo negativa da CSLL para pessoas jurídicas controladas, controladoras ou coligadas. (Promulgação de parte vetada)

§ 1º Nos termos do *caput* deste artigo, ficam também reduzidas a zero as alíquotas do imposto de renda, da CSLL, da Contribuição para o PIS/Pasep e da Cofins incidentes sobre a receita auferida pela cessionária na hipótese dos créditos cedidos com deságio.

§ 2º Não será computada na apuração da base de cálculo do imposto de renda, da CSLL, da Contribuição para o PIS/Pasep e da Cofins a parcela equivalente à redução do valor das multas, juros e encargo legal.

§ 3º A variação patrimonial positiva decorrente da aplicação do disposto neste artigo será creditada à Reserva de Capital, na forma da alínea a do § 2º do art. 38 do Decreto-Lei n. 1.598, de 26 de dezembro de 1977.

ART. 40. Esta Lei entra em vigor na data de sua publicação e produzirá efeitos:

I - a partir de 1º de janeiro de 2018, quanto ao disposto nos arts. 14 e 15, exceto o § 13 do art. 25 da Lei n.8.212, de 24 de julho de 1991, incluído pelo art. 14 desta Lei, e o § 7º do art. 25 da Lei n. 8.870, de 15 de abril de 1994, incluído pelo art. 15 desta Lei, que produzirão efeitos a partir de 1º de janeiro de 2019; e

II - a partir da data de sua publicação, quanto aos demais dispositivos.

Brasília, 9 de janeiro de 2018; 197º da Independência e 130º da República.

MICHEL TEMER

ANEXO I
DESCONTOS A SEREM APLICADOS SOBRE O VALOR CONSOLIDADO A SER LIQUIDADO NOS TERMOS DO ART. 20 DESTA LEI

Faixas para enquadramento do valor consolidado por ação de execução	Desconto percentual	Desconto de valor fixo, após aplicação do desconto percentual
Até R$ 15.000,00	95%	-
De R$ 15.000,01 até R$ 35.000,00	90%	R$ 750,00
De R$ 35.000,01 até R$ 100.000,00	85%	R$ 2.250,00
De R$ 100.000,01 até R$ 200.000,00	80%	R$ 7.500,00
De R$ 200.000,01 até R$ 500.000,00	75%	R$ 17.500,00
De R$ 500.000,01 até R$ 1.000.000,00	70%	R$ 42.500,00
Acima de R$ 1.000.000,00	60%	R$ 142.500,00

ANEXO II

‣ Promulgação de parte vetada.

(Anexo IV da Lei n. 13.340, de 28 de setembro de 2016)

‣ Descontos a serem aplicados sobre o valor consolidado a ser liquidado nos termos do art. 4º

Faixas para enquadramento do valor consolidado da inscrição em dívida ativa da União	Desconto percentual	Desconto de valor fixo, após aplicação do desconto percentual
Até R$ 35.000,00	95%	-
De R$ 35.000,01 até R$ 200.000,00	90%	R$ 1.750,00
De R$ 200.000,01 até R$ 500.000,00	85%	R$ 11.750,00
De R$ 500.000,01 até R$ 1.000.000,00	80%	R$ 36.750,00
Acima de R$ 1.000.000,00	75%	R$ 76.750,00

LEI N. 13.631, DE 1º DE MARÇO DE 2018

Dispõe sobre a contratação, o aditamento, a repactuação e a renegociação de operações de crédito, a concessão de garantia pela União e a contratação com a União realizadas com fundamento nas Leis Complementares n. 156, de 28 de dezembro de 2016, e 159, de 19 de maio de 2017, e sobre a realização de termos aditivos a contratos de refinanciamento celebrados com a União com fundamento na Lei Complementar n. 148, de 25 de novembro de 2014.

‣ *DOU*, 2.3.2018.

Faço saber que o Presidente da Câmara dos Deputados, no exercício do cargo de Presidente da República, adotou a Medida Provisória n. 801, de 2017, que o Congresso Nacional aprovou, e eu, Eunício Oliveira, Presidente da Mesa do Congresso Nacional, para os efeitos do disposto no art. 62 da Constituição Federal, com a redação dada pela Emenda Constitucional n. 32, combinado com o art. 12 da Resolução n. 1, de 2002-CN, promulgo a seguinte Lei:

ART. 1º Para fins de contratação, de aditamento, de repactuação e de renegociação de operações de crédito, de concessão de garantia pela União e de contratação com a União realizadas com fundamento nas Leis Complementares n. 156, de 28 de dezembro de 2016, e 159, de 19 de maio de 2017, ficam dispensados os seguintes requisitos:

I - regularidade perante o Fundo de Garantia do Tempo de Serviço (FGTS);

II - cumprimento do disposto na Lei n. 9.717, de 27 de novembro de 1998;

III - regularidade perante o Cadastro Informativo de Créditos não Quitados do Setor Público Federal (Cadin), de que trata a Lei n. 10.522, de 19 de julho de 2002;

IV - atendimento ao disposto no art. 28 da Lei n. 11.079, de 30 de dezembro de 2004;

V - regularidade fiscal relativa aos tributos federais e à dívida ativa da União, ressalvado o disposto no § 3º do art. 195 da Constituição Federal; e

VI - adimplemento das obrigações contratuais de natureza acessória de que tratam os contratos firmados com fundamento nas Leis n. 8.727, de 5 de novembro de 1993, e 9.496, de 11 de setembro de 1997, e na Medida Provisória n. 2.185-35, de 24 de agosto de 2001.

ART. 2º Aplica-se a dispensa dos requisitos referidos no art. 1º desta Lei na efetivação de todos os atos necessários à celebração de termos aditivos a contratos de refinanciamento firmados com a União com fundamento na Lei Complementar n. 148, de 25 de novembro de 2014.

ART. 3º Fica o Ministério da Fazenda autorizado a dispensar a fixação das metas ou dos compromissos de que trata o art. 2º da Lei n. 9.496, de 11 de setembro de 1997, e o § 1º do art. 5º da Lei Complementar n. 148, de 25 de novembro de 2014, para os Estados que tenham feito pedido de ingresso no Regime de Recuperação Fiscal, nos termos da Lei Complementar n. 159, de 19 de maio de 2017.

Parágrafo único. O disposto no *caput* deste artigo também será aplicado durante a vigência do Regime de Recuperação Fiscal.

ART. 4º O § 7º do art. 3º da Lei n. 9.496, de 11 de setembro de 1997, passa a vigorar com a seguinte redação:

"Art. 3º [...]

§ 7º A aplicação do disposto no § 6º deste artigo poderá ser revista pelo Ministro de Estado da Fazenda, mediante justificativa fundamentada. [...] (NR)

ART. 5º Esta Lei entra em vigor na data de sua publicação.

Congresso Nacional,
em 1º de março de 2018;
197º da Independência
e 130º da República
SENADOR EUNÍCIO OLIVEIRA
PRESIDENTE DA MESA
DO CONGRESSO NACIONAL

LEI N. 13.636, DE 20 DE MARÇO DE 2018

Dispõe sobre o Programa Nacional de Microcrédito Produtivo Orientado (PNMPO); e revoga dispositivos das Leis n. 11.110, de 25 de abril de 2005, e 10.735, de 11 de setembro de 2003.

‣ *DOU*, 21.3.2018.

O Presidente da República. Faço saber que o Congresso Nacional decreta e eu sanciono a seguinte Lei:

ART. 1º Fica instituído, no âmbito do Ministério do Trabalho, o Programa Nacional de Microcrédito Produtivo Orientado (PNMPO), com objetivo de apoiar e financiar atividades produtivas de empreendedores, principalmente por meio da disponibilização de recursos para o microcrédito produtivo orientado.

§ 1º São beneficiárias do PNMPO pessoas naturais e jurídicas empreendedoras de atividades produtivas urbanas e rurais, apresentadas de forma individual ou coletiva.

§ 2º A renda ou a receita bruta anual para enquadramento dos beneficiários do PNMPO, definidos no § 1º deste artigo, fica limitada ao valor de R$ 200.000,00 (duzentos mil reais).

§ 3º Para os efeitos do disposto nesta Lei, considera-se microcrédito produtivo orientado o crédito concedido para financiamento das atividades produtivas, cuja metodologia será estabelecida em regulamento, observada a preferência do relacionamento direto com os empreendedores, admitido o uso de tecnologias digitais e eletrônicas que possam substituir o contato presencial.

§ 4º O primeiro contato com os empreendedores, para fins de orientação e obtenção de crédito, dar-se-á de forma presencial.

ART. 2º São recursos destinados ao PNMPO aqueles provenientes:

I - do Fundo de Amparo ao Trabalhador (FAT), nos termos estabelecidos no art. 9º da Lei n. 8.019, de 11 de abril de 1990;

II - da parcela dos recursos de depósitos à vista destinados ao microcrédito, de que trata o art. 1º da Lei n. 10.735, de 11 de setembro de 2003;

III - do orçamento geral da União;

IV - dos fundos constitucionais de financiamento do Norte, do Nordeste e do Centro-Oeste, de que trata a alínea "c" do inciso I do *caput* do art. 159 da Constituição Federal, aplicáveis no âmbito de suas regiões; e

V - de outras fontes alocadas para o PNMPO.

ART. 3º São entidades autorizadas a operar ou participar do PNMPO, respeitadas as operações a elas permitidas, nos termos da legislação e da regulamentação em vigor:

I - Caixa Econômica Federal;

II - Banco Nacional de Desenvolvimento Econômico e Social;

III - bancos comerciais;

IV - bancos múltiplos com carteira comercial;

V - bancos de desenvolvimento;

VI - cooperativas centrais de crédito;

VII - cooperativas singulares de crédito;

VIII - agências de fomento;

IX - sociedades de crédito ao microempreendedor e à empresa de pequeno porte;

X - organizações da sociedade civil de interesse público;

XI - agentes de crédito constituídos como pessoas jurídicas, nos termos da Classificação Nacional de Atividades Econômicas (CNAE);

XII - fintechs, assim entendidas as sociedades que prestam serviços financeiros, inclusive operações de crédito, por meio de plataformas eletrônicas.

§ 1º As instituições elencadas nos incisos I a XII do *caput* deste artigo deverão estimular e promover a participação dos seus respectivos correspondentes no PNMPO.

§ 2º As instituições financeiras públicas federais que se enquadrem nas disposições do *caput* deste artigo poderão atuar no PNMPO por intermédio de sociedade da qual participem direta ou indiretamente, ou por meio de convênio ou contrato com quaisquer das instituições referidas nos incisos V a XII do *caput* deste artigo, desde que tais entidades tenham por objeto prestar serviços necessários à contratação e ao acompanhamento de operações de microcrédito produtivo orientado e desde que esses serviços não representem atividades privativas de instituições financeiras.

§ 3º Para o atendimento ao disposto no § 1º deste artigo, as instituições financeiras públicas federais, diretamente ou por intermédio de suas subsidiárias, poderão constituir sociedade ou adquirir participação em sociedade sediada no País, vedada a aquisição das instituições mencionadas no inciso IX do *caput* deste artigo.

§ 4º As organizações da sociedade civil de interesse público e os agentes de crédito constituídos como pessoas jurídicas, de que tratam, respectivamente, os incisos X e XI do *caput* deste artigo, devem habilitar-se no Ministério do Trabalho para realizar operações no âmbito do PNMPO, nos termos estabelecidos no inciso II do *caput* do art. 6º desta Lei.

§ 5º As entidades previstas nos incisos V a XII do *caput* deste artigo poderão prestar os seguintes serviços, sob responsabilidade das demais entidades previstas no *caput* deste artigo:

I - a recepção e o encaminhamento de propostas de abertura de contas de depósitos à vista e de conta de poupança;

II - a recepção e o encaminhamento de propostas de emissão de instrumento de pagamento para movimentação de moeda eletrônica aportada em conta de pagamento do tipo pré-paga;

III - a elaboração e a análise de propostas de crédito e o preenchimento de ficha cadastral e de instrumentos de crédito, com a conferência da exatidão das informações prestadas pelo proponente, à vista de documentação competente;

IV - a cobrança não judicial;

V - a realização de visitas de acompanhamento, de orientação e de qualificação, e a elaboração de laudos e relatórios; e

VI - a digitalização e a guarda de documentos, na qualidade de fiel depositário.

§ 6º Todas as instituições listadas no *caput* deste artigo poderão, ainda, prestar os seguintes serviços com vistas à ampliação do alcance do PNMPO:

I - a promoção e divulgação do PNMPO em áreas habitadas e frequentadas por população de baixa renda;

II - a busca ativa de público-alvo para adesão ao PNMPO.

§ 7º Os recursos do FAT, no âmbito do PNMPO, serão operados pelas instituições financeiras oficiais federais, mediante os depósitos especiais de que trata o art. 9º da Lei n. 8.019, de 11 de abril de 1990, bem como pelas entidades previstas nos incisos V a XII do *caput* deste artigo, nesse segundo caso com prestação de garantia por meio de títulos do Tesouro Nacional ou outra a ser definida pelo órgão gestor do FAT, nas condições estabelecidas pelo Conselho Deliberativo do Fundo de Amparo ao Trabalhador (Codefat).

§ 8º (Vetado).

ART. 4º O Conselho Monetário Nacional (CMN), o Codefat e os conselhos deliberativos dos fundos constitucionais de financiamento disciplinarão, no âmbito de suas competências, as condições:

I - de repasse de recursos e de aquisição de operações de crédito das instituições financeiras operadoras; e

II - de financiamento aos tomadores finais dos recursos, podendo estabelecer estratificações que priorizem e estimulem os segmentos de mais baixa renda entre os beneficiários do PNMPO.

Parágrafo único. No caso dos recursos de que trata o inciso I do *caput* do art. 2º desta Lei, o Codefat poderá estabelecer condições diferenciadas de depósitos especiais de que trata o art. 9º da Lei n. 8.019, de 11 de abril de 1990.

ART. 5º As operações de crédito no âmbito do PNMPO poderão contar com garantias, para as quais será admitido o uso, em conjunto ou isoladamente, de aval, inclusive o solidário, de contrato de fiança, de alienação fiduciária ou de outras modalidades e formas alternativas de garantias.

§ 1º O cumprimento de operações de crédito no âmbito do PNMPO poderá ser assegurado por sistemas de garantias de crédito públicos ou privados inclusive do Fundo de Aval para a Geração de Emprego e Renda (Funproger), instituído pela Lei n. 9.872, de 23 de novembro de 1999, e do Fundo de Aval às Micro e Pequenas Empresas (Fampe), do Serviço Brasileiro de Apoio às Micro e Pequenas Empresas (Sebrae).

§ 2º Fica vedado às instituições financeiras, cumpridos os requisitos necessários à concessão do empréstimo, utilizar a condição de pessoa com idade igual ou superior a sessenta anos como critério para indeferir empréstimo ao tomador final.

ART. 6º Ao Ministério do Trabalho compete:

I - celebrar convênios, parcerias, acordos, ajustes e outros instrumentos de cooperação técnico-científica, que objetivem o aprimoramento da atuação das entidades de que trata o art. 3º desta Lei;

II - estabelecer os requisitos para a habilitação das entidades de que tratam os incisos X e XI do *caput* do art. 3º desta Lei, entre os quais deverão constar o cadastro e, quando se tratar de organizações da sociedade civil de interesse público, o termo de compromisso;

III - desenvolver e implementar instrumentos de avaliação do PNMPO e de monitoramento das entidades de que trata o art. 3º desta Lei; e

IV - publicar em seu sítio eletrônico oficial, no primeiro quadrimestre de cada ano, relatório de efetividade que trate exclusivamente da performance do PNMPO no exercício anterior.

ART. 7º Ficam criadas as seguintes instâncias no âmbito do PNMPO:

I - Conselho Consultivo do PNMPO, órgão de natureza consultiva e propositiva, composto por representantes de órgãos e de entidades da União, com a finalidade de propor políticas e ações de fortalecimento e expansão do Programa; e

II - Fórum Nacional de Microcrédito, com a participação de órgãos federais competentes e entidades representativas do setor, com o objetivo de promover o contínuo debate entre as entidades vinculadas ao segmento.

§ 1º O Fórum Nacional de Microcrédito será composto por um representante, titular e suplente, dos seguintes órgãos e entidades, entre outros previstos por decreto:

I - Ministério do Trabalho, que o presidirá;

II - Ministério da Fazenda;

III - Ministério do Desenvolvimento Social;

IV - Ministério da Indústria, Comércio Exterior e Serviços;

V - Ministério do Planejamento, Desenvolvimento e Gestão;

VI - Ministério da Integração Nacional;

VII - Secretaria de Governo da Presidência da República;

VIII - Banco Central do Brasil;

IX - Banco Nacional de Desenvolvimento Econômico e Social;

X - Caixa Econômica Federal;

XI - Banco do Brasil S.A.;

XII - Banco do Nordeste do Brasil S.A.;

XIII - Banco da Amazônia S.A.;

XIV - Casa Civil da Presidência da República;

XV - Instituto Nacional de Colonização e Reforma Agrária.

§ 2º Poderão ser convidadas a participar do Fórum Nacional de Microcrédito as seguintes entidades:

I - Fórum Nacional de Secretarias Estaduais do Trabalho (Fonset);

II - Serviço Brasileiro de Apoio às Micro e Pequenas Empresas (Sebrae);

III - Associação Brasileira de Entidades Operadoras de Microcrédito e Microfinanças (ABCRED);

IV - Organização das Cooperativas do Brasil (OCB);

V - Associação Brasileira das Sociedades de Microcrédito (ABSCM);

VI - Associação Brasileira de Desenvolvimento (ABDE);

VII - Federação Brasileira de Bancos (Febraban);

VIII - União Nacional das Organizações Cooperativistas Solidárias (Unicopas);

IX - Fórum Brasileiro de Economia Solidária (FBES).

§ 3º O Fórum Nacional de Microcrédito poderá convidar outros representantes para participar de suas reuniões.

§ 4º As proposições do Conselho Consultivo do PNMPO não vinculam a atuação do CMN, do Codefat e dos conselhos dos fundos constitucionais de financiamento.

§ 5º A participação nas instâncias do PNMPO será considerada prestação de serviço público relevante, não remunerada.

ART. 8º Ficam revogados:

I - os arts. 1º, 2º, 3º, 4º, 4º-A, 4º-B, 4º-C, 5º e 6º da Lei n. 11.110, de 25 de abril de 2005; e

II - os seguintes dispositivos da Lei n. 10.735, de 11 de setembro de 2003:

a) alíneas "a" e "c" do inciso I do *caput* do art. 1º; e

b) incisos II e IV do *caput* do art. 2º.

ART. 9º Esta Lei entra em vigor na data de sua publicação.

Brasília, 20 de março de 2018; 197º da Independência e 130º da República.

MICHEL TEMER

LEI N. 13.643, DE 3 DE ABRIL DE 2018

Regulamenta as profissões de Esteticista, que compreende o Esteticista e Cosmetólogo, e de Técnico em Estética.

› *DOU*, 4.4.2018.

O Presidente da República. Faço saber que o Congresso Nacional decreta e eu sanciono a seguinte Lei:

ART. 1º Esta Lei regulamenta o exercício das profissões de Esteticista, que compreende o Esteticista e Cosmetólogo, e de Técnico em Estética.

Parágrafo único. Esta Lei não compreende atividades em estética médica, nos termos definidos no art. 4º da Lei n. 12.842, de 10 de julho de 2013.

ART. 2º O exercício da profissão de Esteticista é livre em todo o território nacional, observadas as disposições desta Lei.

ART. 3º Considera-se Técnico em Estética o profissional habilitado em:

I - curso técnico com concentração em Estética oferecido por instituição regular de ensino no Brasil;

II - curso técnico com concentração em Estética oferecido por escola estrangeira, com revalidação de certificado ou diploma pelo Brasil, em instituição devidamente reconhecida pelo Ministério da Educação.

Parágrafo único. O profissional que possua prévia formação técnica em estética, ou que comprove o exercício da profissão há pelo menos três anos, contados da data de entrada em vigor desta Lei, terá assegurado o direito ao exercício da profissão, na forma estabelecida em regulamento.

ART. 4º Considera-se Esteticista e Cosmetólogo o profissional:

I - graduado em curso de nível superior com concentração em Estética e Cosmética, ou equivalente, oferecido por instituição regular de ensino no Brasil, devidamente reconhecida pelo Ministério da Educação;

II - graduado em curso de nível superior com concentração em Estética e Cosmética, ou equivalente, oferecido por escola estrangeira, com diploma revalidado no Brasil, por instituição de ensino devidamente reconhecida pelo Ministério da Educação.

ART. 5º Compete ao Técnico em Estética:

I - executar procedimentos estéticos faciais, corporais e capilares, utilizando como recursos de trabalho produtos cosméticos, técnicas e equipamentos com registro na Agência Nacional de Vigilância Sanitária (Anvisa);

II - solicitar, quando julgar necessário, parecer de outro profissional que complemente a avaliação estética;

III - observar a prescrição médica ou fisioterápica apresentada pelo cliente, ou solicitar, após exame da situação, avaliação médica ou fisioterápica.

ART. 6º Compete ao Esteticista e Cosmetólogo, além das atividades descritas no art. 5º desta Lei:

I - a responsabilidade técnica pelos centros de estética que executam e aplicam recursos estéticos, observado o disposto nesta Lei;

II - a direção, a coordenação, a supervisão e o ensino de disciplinas relativas a cursos que compreendam estudos com concentração em Estética ou Cosmetologia, desde que observadas as leis e as normas regulamentadoras da atividade docente;

III - a auditoria, a consultoria e a assessoria sobre cosméticos e equipamentos específicos de estética com registro na Anvisa;

IV - a elaboração de informes, pareceres técnico-científicos, estudos, trabalhos e pesquisas mercadológicas ou experimentais relativos à Estética e à Cosmetologia, em sua área de atuação;

V - a elaboração do programa de atendimento, com base no quadro do cliente, estabelecendo as técnicas a serem empregadas e a quantidade de aplicações necessárias;

VI - observar a prescrição médica apresentada pelo cliente, ou solicitar, após avaliação da situação, prévia prescrição médica ou fisioterápica.

ART. 7º O Esteticista, no exercício das suas atividades e atribuições, deve zelar:

I - pela observância a princípios éticos;

II - pela relação de transparência com o cliente, prestando-lhe o atendimento adequado e informando-o sobre técnicas, produtos utilizados e orçamento dos serviços;

III - pela segurança dos clientes e das demais pessoas envolvidas no atendimento, evitando exposição a riscos e potenciais danos.

ART. 8º O Esteticista deve cumprir e fazer cumprir as normas relativas à biossegurança e à legislação sanitária.

ART. 9º Regulamento disporá sobre a fiscalização do exercício da profissão de Esteticista e sobre as adequações necessárias à observância do disposto nesta Lei.

ART. 10. Esta Lei entra em vigor na data de sua publicação.

Brasília, 3 de abril de 2018; 197º da Independência e 130º da República.

MICHEL TEMER

LEI N. 13.650, DE 11 DE ABRIL DE 2018

Dispõe sobre a certificação das entidades beneficentes de assistência social, na área de saúde, de que trata o art. 4º da Lei n. 12.101, de 27 de novembro de 2009; e altera as Leis n. 12.101, de 27 de novembro de 2009, e 8.429, de 2 de junho de 1992.

› *DOU*, 12.4.2018.

O Presidente da República. Faço saber que o Congresso Nacional decreta e eu sanciono a seguinte Lei:

ART. 1º Esta Lei dispõe sobre a forma de comprovação do requisito a que se refere o inciso I do *caput* do art. 4º da Lei n. 12.101, de 27 de novembro de 2009, para fins de certificação das entidades beneficentes de assistência social, na área de saúde.

§ 1º A comprovação do atendimento ao requisito a que se refere o inciso I do *caput* do art. 4º da Lei n. 12.101, de 27 de novembro de 2009, poderá ser efetuada por meio da apresentação de cópia do contrato, do convênio ou do instrumento congênere.

§ 2º Nos processos de concessão e renovação da certificação com requerimentos protocolados até 31 de dezembro de 2018 e com exercício de análise até 2017, nos termos do *caput* do art. 3º da Lei n. 12.101, de 27 de novembro de 2009, será considerada como instrumento congênere declaração do gestor local do Sistema Único de Saúde (SUS) que ateste a existência de relação de prestação de serviços de saúde, conforme definido em ato do Ministro de Estado da Saúde.

§ 3º O disposto neste artigo aplica-se também aos processos de concessão e renovação de certificação pendentes de decisão na data de publicação desta Lei.

§ 4º A declaração de que trata o § 2º deste artigo não será aceita nos processos de concessão e renovação de certificação cujos requerimentos sejam protocolados a partir de 1º de janeiro de 2019 e com exercício de análise a partir de 2018, nos termos do *caput* do art. 3º da Lei n. 12.101, de 27 de novembro de 2009.

§ 5º A declaração de que trata o § 2º deste artigo aplica-se ao disposto nos arts. 7º-A, 8º-A e 8º-B da Lei n. 12.101, de 27 de novembro de 2009.

ART. 2º A Lei n. 12.101, de 27 de novembro de 2009, passa a vigorar com as seguintes alterações:

> "Art. 4º [...]
>
> § 4º Na hipótese de comprovada prestação de serviços pela entidade de saúde, sem a observância do disposto no inciso I do *caput* deste artigo, que dê causa ao indeferimento ou cancelamento da certificação, o Ministério da Saúde deverá informar aos órgãos de controle os indícios da irregularidade praticada pelo gestor do SUS.
>
> "Art. 7º-A. (Vetado)."

ART. 3º O art. 11 da Lei n. 8.429, de 2 de junho de 1992, passa a vigorar com as seguintes alterações:

> "Art. 11. [...]
>
> X - transferir recurso a entidade privada, em razão da prestação de serviços na área de saúde sem a prévia celebração de contrato, convênio ou instrumento congênere, nos termos do parágrafo único do art. 24 da Lei n. 8.080, de 19 de setembro de 1990." (NR)

ART. 4º Esta Lei entra em vigor na data de sua publicação.

Brasília, 11 de abril de 2018; 197º da Independência e 130º da República.

MICHEL TEMER

LEI N. 13.653, DE 18 DE ABRIL DE 2018

Dispõe sobre a regulamentação da profissão de arqueólogo e dá outras providências.

› *DOU*, 19.4.2018.

O Presidente da República. Faço saber que o Congresso Nacional decreta e eu sanciono a seguinte Lei:

CAPÍTULO I
DISPOSIÇÃO PRELIMINAR

ART. 1º (Vetado).

CAPÍTULO II
DA PROFISSÃO DE ARQUEÓLOGO

ART. 2º O exercício da profissão de arqueólogo é privativo:

I - dos diplomados em bacharelado em Arqueologia por escolas oficiais ou reconhecidas pelo Ministério da Educação;

II - dos diplomados em Arqueologia por escolas estrangeiras reconhecidas pelas leis do país de origem, cujos títulos tenham sido revalidados no Brasil, na forma da legislação pertinente;

III - dos pós-graduados por escolas ou cursos devidamente reconhecidos pelo Ministério da Educação, com área de concentração em Arqueologia, com dissertação de mestrado ou tese de doutorado sobre Arqueologia e com pelo menos dois anos consecutivos de atividades científicas próprias do campo profissional da Arqueologia, devidamente comprovadas;

IV - dos diplomados em outros cursos de nível superior que, na data de publicação desta Lei, contem com, pelo menos, cinco anos consecutivos, ou dez anos intercalados, no exercício de atividades científicas próprias do campo profissional da Arqueologia, devidamente comprovadas;

V - dos que, na data de publicação desta Lei, tenham concluído cursos de especialização em Arqueologia reconhecidos pelo Ministério da Educação e contem com, pelo menos, três anos consecutivos de atividades científicas próprias do campo profissional da Arqueologia, devidamente comprovadas.

Parágrafo único. A comprovação a que se referem os incisos III, IV e V do *caput* deste artigo deverá ser feita nos termos do regulamento desta Lei.

ART. 3º São atribuições do arqueólogo:

I - planejar, organizar, administrar, dirigir e supervisionar as atividades de pesquisa arqueológica;

II - identificar, registrar, prospectar e escavar sítios arqueológicos, bem como proceder ao seu levantamento;

III - executar serviços de análise, classificação, interpretação e informação científicas de interesse arqueológico;

IV - zelar pelo bom cumprimento da legislação que trata das atividades de Arqueologia no País;

V - chefiar, supervisionar e administrar os setores de Arqueologia nas instituições governamentais da Administração Pública direta e indireta, bem como em órgãos particulares;

VI - prestar serviços de consultoria e assessoramento na área de Arqueologia;

VII - realizar perícias destinadas a apurar o valor científico e cultural de bens de interesse arqueológico, assim como sua autenticidade;

VIII - orientar, supervisionar e executar programas de formação, aperfeiçoamento e especialização de pessoas habilitadas na área de Arqueologia;

IX - orientar a realização, na área de Arqueologia, de seminários, colóquios, concursos e exposições de âmbito nacional ou internacional, fazendo-se neles representar;

X - elaborar pareceres relacionados a assuntos de interesse na área de Arqueologia;

XI - coordenar, supervisionar e chefiar projetos e programas na área de Arqueologia.

ART. 4º (Vetado).

ART. 5º A condição de arqueólogo não dispensa a prestação de concurso, quando exigido para provimento de cargo, emprego ou função.

ART. 6º (Vetado).

ART. 7º O exercício da profissão de arqueólogo depende de registro, nos termos definidos em regulamento.

CAPÍTULO III
DO EXERCÍCIO PROFISSIONAL

ART. 8º Para o exercício da profissão, em qualquer modalidade de relação trabalhista ou empregatícia, é exigida, como condição essencial, a comprovação da condição de arqueólogo.

CAPÍTULO IV
DA RESPONSABILIDADE E DA AUTORIA

ART. 9º Enquanto durar a execução da pesquisa de campo, é obrigatória a colocação e a manutenção de placas visíveis e legíveis ao público, que contenha o nome da instituição de pesquisa, o nome do projeto e o nome do responsável pelo projeto.

ART. 10. Os direitos de autoria de plano, projeto ou programa de Arqueologia são do profissional que o elaborar.

ART. 11. (Vetado).

ART. 12. Quando a concepção geral que caracteriza plano, projeto ou programa for elaborada em conjunto por profissionais legalmente habilitados, todos serão considerados coautores do plano, projeto ou programa, com direitos e deveres correspondentes.

ART. 13. (Vetado).

ART. 14. É assegurado à equipe científica o direito de participação plena em todas as etapas de execução do projeto, plano ou programa, inclusive em sua divulgação científica, ficando-lhe atribuído o dever de executá-lo de acordo com o aprovado.

CAPÍTULO V
DISPOSIÇÃO GERAL

ART. 15. Em toda expedição ou missão estrangeira de Arqueologia será obrigatória a presença de número de arqueólogos brasileiros que corresponda, pelo menos, à metade do número de arqueólogos estrangeiros nela atuantes.

ART. 16. Esta Lei entra em vigor na data de sua publicação.

Brasília, 18 de abril de 2018; 197º da Independência e 130º da República.

MICHEL TEMER

LEI N. 13.656, DE 30 DE ABRIL DE 2018

Isenta os candidatos que especifica do pagamento de taxa de inscrição em concursos para provimento de cargo efetivo ou emprego permanente em órgãos ou entidades da administração pública direta e indireta da União.

▸ *DOU*, 2.5.2018.

O Presidente da República. Faço saber que o Congresso Nacional decreta e eu sanciono a seguinte Lei:

ART. 1º São isentos do pagamento de taxa de inscrição em concursos públicos para provimento de cargo efetivo ou emprego permanente em órgãos ou entidades da administração pública direta e indireta de qualquer dos Poderes da União:

I - os candidatos que pertençam a família inscrita no Cadastro Único para Programas Sociais (CadÚnico), do Governo Federal, cuja renda familiar mensal per capita seja inferior ou igual a meio salário-mínimo nacional;

II - os candidatos doadores de medula óssea em entidades reconhecidas pelo Ministério da Saúde.

Parágrafo único. O cumprimento dos requisitos para a concessão da isenção deverá ser comprovado pelo candidato no momento da inscrição, nos termos do edital do concurso.

ART. 2º Sem prejuízo das sanções penais cabíveis, o candidato que prestar informação falsa com o intuito de usufruir da isenção de que trata o art. 1º estará sujeito a:

I - cancelamento da inscrição e exclusão do concurso, se a falsidade for constatada antes da homologação de seu resultado;

II - exclusão da lista de aprovados, se a falsidade for constatada após a homologação do resultado e antes da nomeação para o cargo;

III - declaração de nulidade do ato de nomeação, se a falsidade for constatada após a sua publicação.

ART. 3º O edital do concurso deverá informar sobre a isenção de que trata esta Lei e sobre as sanções aplicáveis aos candidatos que venham a prestar informação falsa, referidas no art. 2º.

ART. 4º A isenção de que trata esta Lei não se aplica aos concursos públicos cujos editais tenham sido publicados anteriormente à sua vigência.

ART. 5º Esta Lei entra em vigor na data de sua publicação.

Brasília, 30 de abril de 2018; 197º da Independência e 130º da República.

MICHEL TEMER

LEI N. 13.667, DE 17 DE MAIO DE 2018

Dispõe sobre o Sistema Nacional de Emprego (Sine), criado pelo Decreto n. 76.403, de 8 de outubro de 1975.

▸ *DOU*, 18.5.2018.

O Presidente da República. Faço saber que o Congresso Nacional decreta e eu sanciono a seguinte Lei:

ART. 1º Esta Lei dispõe sobre o Sistema Nacional de Emprego (Sine), nos termos do inciso XVI do *caput* do art. 22 da Constituição Federal.

Parágrafo único. O Sine será financiado e gerido pela União e pelas esferas de governo que a ele aderirem, observado o disposto nesta Lei.

CAPÍTULO I
DAS DIRETRIZES DO SISTEMA NACIONAL DE EMPREGO

ART. 2º São diretrizes do Sine:

I - a otimização do acesso ao trabalho decente, exercido em condições de liberdade, equidade, dignidade e segurança, e a sistemas de educação e de qualificação profissional e tecnológica;

II - a integração de suas ações e de seus serviços nas distintas esferas de governo em que se fizer presente;

III - a execução descentralizada das ações e dos serviços referidos no inciso II do *caput* deste artigo, em consonância com normas e diretrizes editadas em âmbito nacional;

IV - o compartilhamento da gestão, do financiamento e de recursos técnicos entre as esferas de governo que o integrem;

V - a participação de representantes da sociedade civil em sua gestão;

VI - a integração e a sistematização das informações e pesquisas sobre o mercado formal e informal de trabalho, com vistas a subsidiar a operacionalização de suas ações e de seus serviços no âmbito da União e das esferas de governo que dele participem;

VII - a adequação entre a oferta e a demanda de força de trabalho em todos os níveis de ocupação e qualificação;

VIII - a integração técnica e estatística com os sistemas de educação e de qualificação profissional e tecnológica, com vistas à elaboração, à implementação e à avaliação das respectivas políticas;

IX - a padronização do atendimento, da organização e da oferta de suas ações e de seus serviços no âmbito das esferas de governo participantes, respeitadas as especificidades regionais e locais;

X - a melhoria contínua da qualidade dos serviços ofertados, de forma eficiente, eficaz, efetiva e sustentável, especialmente por meio do desenvolvimento de aplicativos e de soluções tecnológicas a serem ofertados aos trabalhadores;

XI - a articulação permanente com a implementação das demais políticas públicas, com ênfase nas destinadas à população em condições de vulnerabilidade social.

CAPÍTULO II
DA ORGANIZAÇÃO

ART. 3º O Sine será gerido e financiado, e suas ações e serviços serão executados, conjuntamente pelo Ministério do Trabalho e por órgãos específicos integrados à estrutura administrativa das esferas de governo que dele participem, na forma estabelecida por esta Lei.

§ 1º O Conselho Deliberativo do Fundo de Amparo ao Trabalhador (Codefat), instituído pela Lei n. 7.998, de 11 de janeiro de 1990, constitui instância regulamentadora do Sine, sem prejuízo do disposto no § 2º deste artigo.

§ 2º O Codefat e os Conselhos do Trabalho, Emprego e Renda instituídos pelas esferas de governo que aderirem ao Sine constituirão instâncias deliberativas do Sistema.

ART. 4º São unidades de atendimento do Sine, de funcionamento contínuo:

I - as Superintendências Regionais do Trabalho e as unidades implantadas por instituições federais autorizadas pelo Codefat;

II - as unidades instituídas pelas esferas de governo que integrarem o Sine.

§ 1º O Codefat poderá autorizar outras unidades, de funcionamento contínuo ou não, para atendimento do Sine.

§ 2º O atendimento ao trabalhador, requerente ou não requerente do seguro-desemprego, será obrigatoriamente realizado por meio de ações e serviços integrados de orientação, recolocação e qualificação profissional, para auxiliá-lo na busca ou preservação do emprego ou estimular seu empreendedorismo, podendo o Codefat dispor sobre a exceção de oferta básica não integrada de ações e serviços.

§ 3º As unidades de atendimento integrantes do Sine deverão ser objeto de padronização de acordo com os níveis de abrangência das ações e dos serviços nelas prestados, observados os critérios estabelecidos pelo Codefat.

ART. 5º Nos termos estabelecidos pelo Codefat, os Conselhos do Trabalho, Emprego e Renda poderão autorizar a constituição de consórcios públicos para executar as ações e os serviços do Sine, devendo os consórcios ser submetidos à prévia avaliação do Ministério do Trabalho.

CAPÍTULO III
DAS COMPETÊNCIAS

ART. 6º Compete simultaneamente à União e às esferas de governo que aderirem ao Sine:

I - prover o pessoal e a infraestrutura necessários à execução das ações e dos serviços do Sine, bem como financiá-lo, por meio de repasses fundo a fundo;

II - acompanhar e controlar a rede de atendimento aos trabalhadores;

III - administrar os recursos orçamentários e financeiros de seus fundos do trabalho;

IV - acompanhar, avaliar e divulgar informações sobre o mercado formal e informal de trabalho;

V - alimentar sistemas integrados e informatizados destinados a colher dados relacionados ao mercado formal e informal de trabalho;

VI - subsidiar a elaboração de normas técnicas e o estabelecimento de padrões de qualidade e parâmetros de custos destinados a nortear as ações e os serviços abrangidos pelo Sine;

VII - elaborar plano de ações e serviços do Sine, bem como a respectiva proposta orçamentária, os quais deverão ser submetidos, conforme a esfera de governo, à aprovação do Codefat ou do respectivo Conselho do Trabalho, Emprego e Renda;

VIII - participar da formulação e da execução da política de formação e desenvolvimento de pessoal especificamente voltado a prestar serviços no âmbito do Sine;

IX - disponibilizar informações referentes às ações e aos serviços executados;

X - propor medidas para aperfeiçoamento e modernização do Sine à coordenação nacional do Sistema.

ART. 7º Compete à União:

I - exercer, por intermédio do Ministério do Trabalho, a coordenação nacional do Sine, com supervisão, monitoramento e avaliação das ações e dos serviços do Sistema executados por ela e pelas esferas de governo que a ele aderirem;

II - executar, em caráter privativo, os seguintes serviços e ações integrados ao Sine:

a) concessão do seguro-desemprego e do abono salarial;

b) identificação dos trabalhadores;

c) coordenação da certificação profissional;

d) manutenção de cadastro de instituições habilitadas a qualificar os trabalhadores;

III - apoiar e assessorar tecnicamente as esferas de Governo que aderirem ao Sine;

IV - estimular a constituição de consórcios públicos municipais e fornecer-lhes suporte técnico, para viabilização das ações e serviços do Sine.

Parágrafo único. A União poderá executar, em caráter suplementar, as ações e os serviços do Sine de competência das demais esferas de governo, tenham ou não a ele aderido.

ART. 8º Compete aos Estados que aderirem ao Sine:

I - exercer, por intermédio de órgão específico integrado à sua estrutura administrativa, a coordenação estadual do Sine, com supervisão, monitoramento e avaliação das ações e dos serviços a eles atribuídos;

II - executar as ações e os serviços do Sine na ausência de atuação dos Municípios ou de consórcios públicos municipais;

III - estimular os Municípios e os consórcios que eles venham a constituir, e fornecer-lhes suporte técnico e financeiro, para viabilização das ações e serviços do Sine.

Parágrafo único. Os Estados poderão executar, em caráter suplementar, as ações e os serviços do Sine de competência dos Municípios.

ART. 9º Compete aos Municípios que aderirem ao Sine, sem prejuízo de outras atividades que lhes sejam distribuídas pelo Codefat:

I - exercer, por intermédio de órgão específico integrado à sua estrutura administrativa, a coordenação municipal do Sine, com supervisão, monitoramento e avaliação das ações e dos serviços a eles atribuídos;

II - habilitar o trabalhador à percepção de seguro-desemprego;

III - intermediar o aproveitamento da mão de obra;

IV - cadastrar os trabalhadores desempregados em sistema informatizado acessível ao conjunto das unidades do Sine;

V - prestar apoio à certificação profissional;

VI - promover a orientação e a qualificação profissional;

VII - prestar assistência a trabalhadores resgatados de situação análoga à de escravo;

VIII - fomentar o empreendedorismo, o crédito para a geração de trabalho, emprego e renda, o microcrédito produtivo orientado e o assessoramento técnico ao trabalho autônomo, autogestionário ou associado.

ART. 10. O Distrito Federal, se aderir ao Sine, exercerá, cumulativamente, no âmbito de seu território, as competências dos Estados e dos Municípios.

CAPÍTULO IV
DO FINANCIAMENTO E DA FISCALIZAÇÃO

ART. 11. As despesas com a organização, a implementação, a manutenção, a modernização e a gestão do Sine correrão por conta dos seguintes recursos:

I - provenientes do Fundo de Amparo ao Trabalhador (FAT);

II - aportados pelas esferas de governo que aderirem ao Sine;

III - outros que lhe sejam destinados.

Parágrafo único. A União e as esferas de governo que aderirem ao Sine poderão realizar operações externas de natureza financeira, autorizadas pelo Senado Federal, para captação de recursos direcionados aos respectivos fundos do trabalho.

ART. 12. As esferas de governo que aderirem ao Sine deverão instituir fundos do trabalho próprios para financiamento e transferências automáticas de recursos no âmbito do Sistema, observada a regulamentação do Codefat.

§ 1º Constituem condição para as transferências automáticas dos recursos de que trata esta Lei às esferas de governo que aderirem ao Sine a instituição e o funcionamento efetivo de:

I - Conselho do Trabalho, Emprego e Renda, constituído de forma tripartite e paritária por representantes dos trabalhadores, dos empregadores e do governo, observadas as disposições desta Lei;

II - fundo do trabalho, orientado e controlado pelo respectivo Conselho do Trabalho, Emprego e Renda;

III - plano de ações e serviços, aprovado na forma estabelecida pelo Codefat.

§ 2º Constitui condição para a transferência de recursos do FAT às esferas de governo que aderirem ao Sine a comprovação orçamentária da existência de recursos próprios destinados à área do trabalho e alocados aos respectivos fundos, adicionados aos recebidos do FAT.

§ 3º As despesas com o funcionamento dos Conselhos do Trabalho, Emprego e Renda, exceto as de pessoal, poderão ser custeadas por recursos alocados ao fundo do trabalho, observadas as deliberações do Codefat.

ART. 13. O financiamento de programas, projetos, ações e serviços do Sine será efetivado por meio de transferências automáticas entre os fundos do trabalho ou mediante a alocação de recursos próprios nesses fundos por parte da União e das esferas de governo que aderirem ao Sistema.

Parágrafo único. (Vetado).

ART. 14. Para a definição dos valores a serem repassados pela União às esferas de governo que aderirem ao Sine, serão observados os critérios aprovados pelo Codefat e as disponibilidades orçamentárias e financeiras.

§ 1º Caberá ao Ministério do Trabalho, na qualidade de coordenador nacional do Sine, propor ao Codefat os critérios de que trata o *caput* deste artigo.

§ 2º Caberá ao Codefat estabelecer as condições de financiamento do Sine e de aplicação de seus recursos.

ART. 15. (Vetado).

ART. 16. O Ministério do Trabalho, na forma estabelecida pelo Codefat, apoiará financeiramente, com as dotações orçamentárias existentes, o aprimoramento da gestão descentralizada das ações e dos serviços do Sine, por meio do Índice de Gestão Descentralizada do Sine (IGD-Sine), destinado ao custeio de despesas correntes e de capital.

Parágrafo único. É vedada a utilização dos recursos repassados a título de IGD-Sine para pagamento de pessoal efetivo e de gratificações de qualquer natureza a servidor público federal, estadual, municipal ou do Distrito Federal.

ART. 17. Os recursos financeiros destinados ao Sine serão depositados em conta especial de titularidade do fundo do trabalho e movimentados com a fiscalização do respectivo Conselho do Trabalho, Emprego e Renda.

§ 1º O Ministério do Trabalho acompanhará a conformidade da aplicação dos recursos do FAT transferidos automaticamente às esferas de governo que aderirem ao Sine, observada a programação orçamentária aprovada para cada ente federativo.

§ 2º Sem prejuízo de outras sanções cabíveis em decorrência da legislação, constitui crime, sujeito à pena de reclusão de 3 (três) meses a 1 (um) ano, o emprego irregular, ou em finalidades diversas das previstas nesta Lei, de verbas, de rendas públicas ou de recursos do Sine.

ART. 18. Caberá à esfera de governo que aderir ao Sine a responsabilidade pela correta utilização dos recursos de seu fundo do trabalho, bem como pelo controle e pelo acompanhamento dos programas, dos projetos, dos benefícios, das ações e dos serviços vinculados ao Sistema, independentemente de ações do órgão repassador dos recursos.

ART. 19. A utilização dos recursos federais descentralizados para os fundos do trabalho das esferas de governo que aderirem ao Sine será anualmente declarada pelos entes recebedores ao ente responsável pela transferência automática, mediante relatório de gestão que comprove a execução das ações, na forma do regulamento, a ser submetido à apreciação do respectivo Conselho do Trabalho, Emprego e Renda.

Parágrafo único. O ente responsável pela transferência automática poderá requisitar informações referentes à aplicação dos recursos transferidos, para fins de análise e acompanhamento de sua utilização.

CAPÍTULO V
DISPOSIÇÕES FINAIS E TRANSITÓRIAS

ART. 20. A denominação Sistema Nacional de Emprego, a sigla Sine e as suas marcas ou logomarcas, utilizadas separada ou conjuntamente, são consideradas bens públicos nacionais e não poderão ser objeto de nenhum tipo de registro de propriedade ou de domínio, por pessoas físicas ou jurídicas.

ART. 21. É garantida, às esferas de governo que aderirem ao Sine, a participação no Codefat, mediante a indicação de representantes - titular e suplente -, efetivada, conforme o caso, pelo Fórum Nacional de Secretarias Estaduais do Trabalho (Fonset) ou pelo Fórum Nacional de Secretarias Municipais do Trabalho (Fonsemt).

Parágrafo único. A participação de representantes - titular e suplente - das Superintendências Regionais do Trabalho nos Conselhos de Trabalho, Emprego e Renda instituídos pelos Estados e pelo Distrito Federal é condição para a adesão dessas esferas de governo ao Sine.

ART. 22. Os entes públicos que tenham Convênio Plurianual do Sine (CP-Sine) e Convênio Plurianual de Qualificação Social e Profissional (CP-QSP) vigentes à data de publicação desta Lei terão o prazo de 12 (doze) meses para se adaptar à nova organização do Sine e constituir os seus fundos do trabalho.

§ 1º Durante o período previsto no *caput* deste artigo, as transferências de recursos relacionados ao Sine observarão, em caráter transitório, os termos dos convênios vigentes, os quais poderão ser objeto de termos aditivos para garantir a continuidade da execução das ações e serviços do Sistema durante esse período.

§ 2º A adesão de novos entes públicos ao Sine somente poderá ocorrer 12 (doze) meses após a data de entrada em vigor desta Lei, de acordo com cronograma aprovado pelo Codefat.

ART. 23. O Sine, criado pelo Decreto n. 76.403, de 8 de outubro de 1975, passa a ser regido pelas disposições desta Lei e pela regulamentação do Codefat.

ART. 24. Esta Lei entra em vigor na data de sua publicação.

Brasília, 17 de maio de 2018; 197º da Independência e 130º da República.

MICHEL TEMER

LEI N. 13.675, DE 11 DE JUNHO DE 2018

Disciplina a organização e o funcionamento dos órgãos responsáveis pela segurança pública, nos termos do § 7º do art. 144 da Constituição Federal; cria a Política Nacional de Segurança Pública e Defesa Social (PNSPDS); institui o Sistema Único de Segurança Pública (Susp); altera a Lei Complementar n. 79, de 7 de janeiro de 1994, a Lei n. 10.201, de 14 de fevereiro de 2001, e a Lei n. 11.530, de 24 de outubro de 2007; e revoga dispositivos da Lei n. 12.681, de 4 de julho de 2012.

- *DOU*, 12.06.2018.
- Dec. 9.489/2018 (Regulamenta esta lei, no âmbito da União, para estabelecer normas, estrutura e procedimentos para a execução da Política Nacional de Segurança Pública e Defesa Social).
- Dec. 9.630/2018 (Institui o Plano Nacional de Segurança Pública e Defesa Social).

O Presidente da República. Faço saber que o Congresso Nacional decreta e eu sanciono a seguinte Lei:

CAPÍTULO I
DISPOSIÇÕES PRELIMINARES

ART. 1º Esta Lei institui o Sistema Único de Segurança Pública (Susp) e cria a Política Nacional de Segurança Pública e Defesa Social (PNSPDS), com a finalidade de preservação da ordem pública e da incolumidade das pessoas e do patrimônio, por meio de atuação conjunta, coordenada, sistêmica e integrada dos órgãos de segurança pública e defesa social da União, dos Estados, do Distrito Federal e dos Municípios, em articulação com a sociedade.

ART. 2º A segurança pública é dever do Estado e responsabilidade de todos, compreendendo a União, os Estados, o Distrito Federal e os Municípios, no âmbito das competências e atribuições legais de cada um.

CAPÍTULO II
DA POLÍTICA NACIONAL DE SEGURANÇA PÚBLICA E DEFESA SOCIAL (PNSPDS)

SEÇÃO I
DA COMPETÊNCIA PARA ESTABELECIMENTO DAS POLÍTICAS DE SEGURANÇA PÚBLICA E DEFESA SOCIAL

ART. 3º Compete à União estabelecer a Política Nacional de Segurança Pública e Defesa Social (PNSPDS) e aos Estados, ao Distrito Federal e aos Municípios estabelecer suas respectivas políticas, observadas as diretrizes da política nacional, especialmente para análise e enfrentamento dos riscos à harmonia da convivência social, com destaque às situações de emergência e aos crimes interestaduais e transnacionais.

SEÇÃO II
DOS PRINCÍPIOS

ART. 4º São princípios da PNSPDS:

I - respeito ao ordenamento jurídico e aos direitos e garantias individuais e coletivos;

II - proteção, valorização e reconhecimento dos profissionais de segurança pública;

III - proteção dos direitos humanos, respeito aos direitos fundamentais e promoção da cidadania e da dignidade da pessoa humana;

IV - eficiência na prevenção e no controle das infrações penais;

V - eficiência na repressão e na apuração das infrações penais;

VI - eficiência na prevenção e na redução de riscos em situações de emergência e desastres que afetam a vida, o patrimônio e o meio ambiente;

VII - participação e controle social;

VIII - resolução pacífica de conflitos;

IX - uso comedido e proporcional da força;

X - proteção da vida, do patrimônio e do meio ambiente;

XI - publicidade das informações não sigilosas;

XII - promoção da produção de conhecimento sobre segurança pública;

XIII - otimização dos recursos materiais, humanos e financeiros das instituições;

XIV - simplicidade, informalidade, economia procedimental e celeridade no serviço prestado à sociedade;

XV - relação harmônica e colaborativa entre os Poderes;

XVI - transparência, responsabilização e prestação de contas.

SEÇÃO III
DAS DIRETRIZES

ART. 5º São diretrizes da PNSPDS:

I - atendimento imediato ao cidadão;

II - planejamento estratégico e sistêmico;

III - fortalecimento das ações de prevenção e resolução pacífica de conflitos, priorizando políticas de redução da letalidade violenta, com ênfase para os grupos vulneráveis;

IV - atuação integrada entre a União, os Estados, o Distrito Federal e os Municípios em ações de segurança pública e políticas transversais para a preservação da vida, do meio ambiente e da dignidade da pessoa humana;

V - coordenação, cooperação e colaboração dos órgãos e instituições de segurança pública nas fases de planejamento, execução, monitoramento e avaliação das ações, respeitando-se as respectivas atribuições legais e promovendo-se a racionalização de meios com base nas melhores práticas;

VI - formação e capacitação continuada e qualificada dos profissionais de segurança pública, em consonância com a matriz curricular nacional;

VII - fortalecimento das instituições de segurança pública por meio de investimentos e do desenvolvimento de projetos estruturantes e de inovação tecnológica;

VIII - sistematização e compartilhamento das informações de segurança pública, prisionais e sobre drogas, em âmbito nacional;

IX - atuação com base em pesquisas, estudos e diagnósticos em áreas de interesse da segurança pública;

X - atendimento prioritário, qualificado e humanizado às pessoas em situação de vulnerabilidade;

XI - padronização de estruturas, de capacitação, de tecnologia e de equipamentos de interesse da segurança pública;

XII - ênfase nas ações de policiamento de proximidade, com foco na resolução de problemas;

XIII - modernização do sistema e da legislação de acordo com a evolução social;

XIV - participação social nas questões de segurança pública;

XV - integração entre os Poderes Legislativo, Executivo e Judiciário no aprimoramento e na aplicação da legislação penal;

XVI - colaboração do Poder Judiciário, do Ministério Público e da Defensoria Pública na elaboração de estratégias e metas para alcançar os objetivos desta Política;

XVII - fomento de políticas públicas voltadas à reinserção social dos egressos do sistema prisional;

XVIII - (Vetado);

XIX - incentivo ao desenvolvimento de programas e projetos com foco na promoção da cultura de paz, na segurança comunitária e na integração das políticas de segurança com as políticas sociais existentes em outros órgãos e entidades não pertencentes ao sistema de segurança pública;

XX - distribuição do efetivo de acordo com critérios técnicos;

XXI - deontologia policial e de bombeiro militar comuns, respeitados os regimes jurídicos e as peculiaridades de cada instituição;

XXII - unidade de registro de ocorrência policial;

XXIII - uso de sistema integrado de informações e dados eletrônicos;

XXIV - (Vetado);

XXV - incentivo à designação de servidores da carreira para os cargos de chefia, levando em consideração a graduação, a capacitação, o mérito e a experiência do servidor na atividade policial específica;

XXVI - celebração de termo de parceria e protocolos com agências de vigilância privada, respeitada a lei de licitações.

SEÇÃO IV
DOS OBJETIVOS

ART. 6º São objetivos da PNSPDS:

I - fomentar a integração em ações estratégicas e operacionais, em atividades de inteligência de segurança pública e em gerenciamento de crises e incidentes;

II - apoiar as ações de manutenção da ordem pública e da incolumidade das pessoas, do patrimônio, do meio ambiente e de bens e direitos;

III - incentivar medidas para a modernização de equipamentos, da investigação e da perícia e para a padronização de tecnologia dos órgãos e das instituições de segurança pública;

IV - estimular e apoiar a realização de ações de prevenção à violência e à criminalidade, com prioridade para aquelas relacionadas à letalidade da população jovem negra, das mulheres e de outros grupos vulneráveis;

V - promover a participação social nos Conselhos de segurança pública;

VI - estimular a produção e a publicação de estudos e diagnósticos para a formulação e a avaliação de políticas públicas;

VII - promover a interoperabilidade dos sistemas de segurança pública;

VIII - incentivar e ampliar as ações de prevenção, controle e fiscalização para a repressão aos crimes transfronteiriços;

IX - estimular o intercâmbio de informações de inteligência de segurança pública com instituições estrangeiras congêneres;

X - integrar e compartilhar as informações de segurança pública, prisionais e sobre drogas;

XI - estimular a padronização da formação, da capacitação e da qualificação dos profissionais de segurança pública, respeitadas as especificidades e as diversidades regionais, em consonância com esta Política, nos âmbitos federal, estadual, distrital e municipal;

XII - fomentar o aperfeiçoamento da aplicação e do cumprimento de medidas restritivas de direito e de penas alternativas à prisão;

XIII - fomentar o aperfeiçoamento dos regimes de cumprimento de pena restritiva de liberdade em relação à gravidade dos crimes cometidos;

XIV - (Vetado);

XV - racionalizar e humanizar o sistema penitenciário e outros ambientes de encarceramento;

XVI - fomentar estudos, pesquisas e publicações sobre a política de enfrentamento às drogas e de redução de danos relacionados aos seus usuários e aos grupos sociais com os quais convivem;

XVII - fomentar ações permanentes para o combate ao crime organizado e à corrupção;

XVIII - estabelecer mecanismos de monitoramento e de avaliação das ações implementadas;

XIX - promover uma relação colaborativa entre os órgãos de segurança pública e os integrantes do sistema judiciário para a construção das estratégias e o desenvolvimento das ações necessárias ao alcance das metas estabelecidas;

XX - estimular a concessão de medidas protetivas em favor de pessoas em situação de vulnerabilidade;

XXI - estimular a criação de mecanismos de proteção dos agentes públicos que compõem o sistema nacional de segurança pública e de seus familiares;

XXII - estimular e incentivar a elaboração, a execução e o monitoramento de ações nas áreas de valorização profissional, de saúde, de qualidade de vida e de segurança dos servidores que compõem o sistema nacional de segurança pública;

XXIII - priorizar políticas de redução da letalidade violenta;

XXIV - fortalecer os mecanismos de investigação de crimes hediondos e de homicídios;

XXV - fortalecer as ações de fiscalização de armas de fogo e munições, com vistas à redução da violência armada;

XXVI - fortalecer as ações de prevenção e repressão aos crimes cibernéticos.

Parágrafo único. Os objetivos estabelecidos direcionarão a formulação do Plano Nacional de Segurança Pública e Defesa Social, documento que estabelecerá as estratégias, as metas, os indicadores e as ações para o alcance desses objetivos.

SEÇÃO V
DAS ESTRATÉGIAS

ART. 7º **A PNSPDS será implementada por estratégias que garantam integração, coordenação e cooperação federativa, interoperabilidade, liderança situacional, modernização da gestão das instituições de segurança pública, valorização e proteção dos profissionais, complementaridade, dotação de recursos humanos, diagnóstico dos problemas a serem enfrentados, excelência técnica, avaliação continuada dos resultados e garantia da regularidade orçamentária para execução de planos e programas de segurança pública.**

SEÇÃO VI
DOS MEIOS E INSTRUMENTOS

ART. 8º São meios e instrumentos para a implementação da PNSPDS:

I - os planos de segurança pública e defesa social;

II - o Sistema Nacional de Informações e de Gestão de Segurança Pública e Defesa Social, que inclui:

a) o Sistema Nacional de Acompanhamento e Avaliação das Políticas de Segurança Pública e Defesa Social (Sinaped);

b) o Sistema Nacional de Informações de Segurança Pública, Prisionais, de Rastreabilidade de Armas e Munições, de Material Genético, de Digitais e de Drogas (Sinesp); (Alterado pela Lei 13.756/2018.)

c) o Sistema Integrado de Educação e Valorização Profissional (Sievap);

d) a Rede Nacional de Altos Estudos em Segurança Pública (Renaesp);

e) o Programa Nacional de Qualidade de Vida para Profissionais de Segurança Pública (Pró-Vida);

III - (Vetado);

IV - o Plano Nacional de Enfrentamento de Homicídios de Jovens;

V - os mecanismos formados por órgãos de prevenção e controle de atos ilícitos contra a Administração Pública e referentes à ocultação ou dissimulação de bens, direitos e valores.

CAPÍTULO III
DO SISTEMA ÚNICO DE SEGURANÇA PÚBLICA

SEÇÃO I
DA COMPOSIÇÃO DO SISTEMA

ART. 9º É instituído o Sistema Único de Segurança Pública (Susp), que tem como órgão central o Ministério Extraordinário da Segurança Pública e é integrado pelos órgãos de que trata o art. 144 da Constituição Federal, pelos agentes penitenciários, pelas guardas municipais e pelos demais integrantes estratégicos e operacionais, que atuarão nos limites de suas competências, de forma cooperativa, sistêmica e harmônica.

§ 1º São integrantes estratégicos do Susp:

I - a União, os Estados, o Distrito Federal e os Municípios, por intermédio dos respectivos Poderes Executivos;

II - os Conselhos de Segurança Pública e Defesa Social dos três entes federados.

§ 2º São integrantes operacionais do Susp:

I - polícia federal;

II - polícia rodoviária federal;

III - (Vetado);

IV - polícias civis;

V - polícias militares;

VI - corpos de bombeiros militares;

VII - guardas municipais;

VIII - órgãos do sistema penitenciário;

IX - (Vetado);

X - institutos oficiais de criminalística, medicina legal e identificação;

XI - Secretaria Nacional de Segurança Pública (Senasp);

XII - secretarias estaduais de segurança pública ou congêneres;

XIII - Secretaria Nacional de Proteção e Defesa Civil (Sedec);

XIV - Secretaria Nacional de Política Sobre Drogas (Senad);

XV - agentes de trânsito;

XVI - guarda portuária.

§ 3º (Vetado).

§ 4º Os sistemas estaduais, distrital e municipais serão responsáveis pela implementação dos respectivos programas, ações e projetos de segurança pública, com liberdade de organização e funcionamento, respeitado o disposto nesta Lei.

SEÇÃO II
DO FUNCIONAMENTO

ART. 10. A integração e a coordenação dos órgãos integrantes do Susp dar-se-ão nos limites das respectivas competências, por meio de:

I - operações com planejamento e execução integrados;

II - estratégias comuns para atuação na prevenção e no controle qualificado de infrações penais;

III - aceitação mútua de registro de ocorrência policial;

IV - compartilhamento de informações, inclusive com o Sistema Brasileiro de Inteligência (Sisbin);

V - intercâmbio de conhecimentos técnicos e científicos;

VI - integração das informações e dos dados de segurança pública por meio do Sinesp.

§ 1º O Susp será coordenado pelo Ministério Extraordinário da Segurança Pública.

§ 2º As operações combinadas, planejadas e desencadeadas em equipe poderão ser ostensivas, investigativas, de inteligência ou mistas, e contar com a participação de órgãos integrantes do Susp e, nos limites de suas competências, com o Sisbin e outros órgãos dos sistemas federal, estadual, distrital ou municipal, não necessariamente vinculados diretamente aos órgãos de segurança pública e defesa social, especialmente quando se tratar de enfrentamento a organizações criminosas.

§ 3º O planejamento e a coordenação das operações referidas no § 2º deste artigo serão exercidos conjuntamente pelos participantes.

§ 4º O compartilhamento de informações será feito preferencialmente por meio eletrônico, com acesso recíproco aos bancos de dados, nos termos estabelecidos pelo Ministério Extraordinário da Segurança Pública.

§ 5º O intercâmbio de conhecimentos técnicos e científicos para qualificação dos profissionais de segurança pública e defesa social dar-se-á, entre outras formas, pela reciprocidade na abertura de vagas nos cursos de especialização, aperfeiçoamento e estudos estratégicos, respeitadas as peculiaridades e o regime jurídico de cada instituição, e observada, sempre que possível, a matriz curricular nacional.

ART. 11. O Ministério Extraordinário da Segurança Pública fixará, anualmente, metas de excelência no âmbito das respectivas competências, visando à prevenção e à repressão das infrações penais e administrativas e à prevenção dos desastres, e utilizará indicadores públicos que demonstrem de forma objetiva os resultados pretendidos.

ART. 12. A aferição anual de metas deverá observar os seguintes parâmetros:

I - as atividades de polícia judiciária e de apuração das infrações penais serão aferidas, entre outros fatores, pelos índices de elucidação dos delitos, a partir dos registros de ocorrências policiais, especialmente os de crimes dolosos com resultado em morte e de roubo, pela identificação, prisão dos autores e cumprimento de mandados de prisão de condenados a crimes com penas de reclusão, e pela recuperação do produto de crime em determinada circunscrição;

II - as atividades periciais serão aferidas mediante critérios técnicos emitidos pelo órgão responsável pela coordenação das perícias oficiais, considerando os laudos periciais e o resultado na produção qualificada das provas relevantes à instrução criminal;

III - as atividades de polícia ostensiva e de preservação da ordem pública serão aferidas, entre outros fatores, pela maior ou menor incidência de infrações penais e administrativas em determinada área, seguindo os parâmetros do Sinesp;

IV - as atividades dos corpos de bombeiros militares serão aferidas, entre outros fatores, pelas ações de prevenção, preparação para emergências e desastres, índices de tempo de resposta aos desastres e de recuperação de locais atingidos, considerando-se áreas determinadas;

V - a eficiência do sistema prisional será aferida com base nos seguintes fatores, entre outros:

a) o número de vagas ofertadas no sistema;

b) a relação existente entre o número de presos e a quantidade de vagas ofertadas;

c) o índice de reiteração criminal dos egressos;

d) a quantidade de presos condenados atendidos de acordo com os parâmetros estabelecidos pelos incisos do *caput* deste artigo, com observância de critérios objetivos e transparentes.

§ 1º A aferição considerará aspectos relativos à estrutura de trabalho físico e de equipamentos, bem como de efetivo.

§ 2º A aferição de que trata o inciso I do *caput* deste artigo deverá distinguir as autorias definidas em razão de prisão em flagrante das autorias resultantes de diligências investigatórias.

ART. 13. O Ministério Extraordinário da Segurança Pública, responsável pela gestão do Susp, deverá orientar e acompanhar as atividades dos órgãos integrados ao Sistema, além de promover as seguintes ações:

I - apoiar os programas de aparelhamento e modernização dos órgãos de segurança pública e defesa social do País;

II - implementar, manter e expandir, observadas as restrições previstas em lei quanto a sigilo, o Sistema Nacional de Informações e de Gestão de Segurança Pública e Defesa Social;

III - efetivar o intercâmbio de experiências técnicas e operacionais entre os órgãos policiais federais, estaduais, distrital e as guardas municipais;

IV - valorizar a autonomia técnica, científica e funcional dos institutos oficiais de criminalística, medicina legal e identificação, garantindo-lhes condições plenas para o exercício de suas funções;

V - promover a qualificação profissional dos integrantes da segurança pública e defesa social, especialmente nas dimensões operacional, ética e técnico-científica;

VI - realizar estudos e pesquisas nacionais e consolidar dados e informações estatísticas sobre criminalidade e vitimização;

VII - coordenar as atividades de inteligência da segurança pública e defesa social integradas ao Sisbin;

VIII - desenvolver a doutrina de inteligência policial.

ART. 14. É de responsabilidade do Ministério Extraordinário da Segurança Pública:

I - disponibilizar sistema padronizado, informatizado e seguro que permita o intercâmbio de informações entre os integrantes do Susp;

II - apoiar e avaliar periodicamente a infraestrutura tecnológica e a segurança dos processos, das redes e dos sistemas;

III - estabelecer cronograma para adequação dos integrantes do Susp às normas e aos procedimentos de funcionamento do Sistema.

ART. 15. A União poderá apoiar os Estados, o Distrito Federal e os Municípios, quando não dispuserem de condições técnicas e operacionais necessárias à implementação do Susp.

ART. 16. Os órgãos integrantes do Susp poderão atuar em vias urbanas, rodovias, terminais rodoviários, ferrovias e hidrovias federais, estaduais, distrital ou municipais, portos e aeroportos, no âmbito das respectivas competências, em efetiva integração com o órgão cujo local de atuação esteja sob sua circunscrição, ressalvado o sigilo das investigações policiais.

ART. 17. Regulamento disciplinará os critérios de aplicação de recursos do Fundo Nacional de Segurança Pública (FNSP) e do Fundo Penitenciário Nacional (Funpen), respeitando-se a atribuição constitucional dos órgãos que integram o Susp, os aspectos geográficos, populacionais e socioeconômicos dos entes federados, bem como o estabelecimento de metas e resultados a serem alcançados.

ART. 18. As aquisições de bens e serviços para os órgãos integrantes do Susp terão por objetivo a eficácia de suas atividades e obedecerão a critérios técnicos de qualidade, modernidade, eficiência e resistência, observadas as normas de licitação e contratos.

Parágrafo único. (Vetado).

CAPÍTULO IV
DOS CONSELHOS DE SEGURANÇA PÚBLICA E DEFESA SOCIAL

SEÇÃO I
DA COMPOSIÇÃO

ART. 19. A estrutura formal do Susp dar-se-á pela formação de Conselhos permanentes a serem criados na forma do art. 21 desta Lei.

ART. 20. Serão criados Conselhos de Segurança Pública e Defesa Social, no âmbito da União, dos Estados, do Distrito Federal e dos Municípios, mediante proposta dos chefes dos Poderes Executivos, encaminhadas aos respectivos Poderes Legislativos.

§ 1º O Conselho Nacional de Segurança Pública e Defesa Social, com atribuições, funcionamento e composição estabelecidos em regulamento, terá a participação de representantes da União, dos Estados, do Distrito Federal e dos Municípios.

§ 2º Os Conselhos de Segurança Pública e Defesa Social congregarão representantes com poder de decisão dentro de suas estruturas governamentais e terão natureza de colegiado, com competência consultiva, sugestiva e de acompanhamento social das atividades de segurança pública e defesa social, respeitadas as instâncias decisórias e as normas de organização da Administração Pública.

§ 3º Os Conselhos de Segurança Pública e Defesa Social exercerão o acompanhamento das instituições referidas no § 2º do art. 9º desta Lei e poderão recomendar providências legais às autoridades competentes.

§ 4º O acompanhamento de que trata o § 3º deste artigo considerará, entre outros, os seguintes aspectos:

I - as condições de trabalho, a valorização e o respeito pela integridade física e moral dos seus integrantes;

II - o atingimento das metas previstas nesta Lei;

III - o resultado célere na apuração das denúncias em tramitação nas respectivas corregedorias;

IV - o grau de confiabilidade e aceitabilidade do órgão pela população por ele atendida.

§ 5º Caberá aos Conselhos propor diretrizes para as políticas públicas de segurança pública e defesa social, com vistas à prevenção e à repressão da violência e da criminalidade.

§ 6º A organização, o funcionamento e as demais competências dos Conselhos serão regulamentados por ato do Poder Executivo, nos limites estabelecidos por esta Lei.

§ 7º Os Conselhos Estaduais, Distrital e Municipais de Segurança Pública e Defesa Social, que contarão também com representantes da sociedade civil organizada e de representantes dos trabalhadores, poderão ser descentralizados ou congregados por região para melhor atuação e intercâmbio comunitário.

SEÇÃO II
DOS CONSELHEIROS

ART. 21. Os Conselhos serão compostos por:

I - representantes de cada órgão ou entidade integrante do Susp;

II - representante do Poder Judiciário;

III - representante do Ministério Público;

IV - representante da Ordem dos Advogados do Brasil (OAB);

V - representante da Defensoria Pública;

VI - representantes de entidades e organizações da sociedade cuja finalidade esteja relacionada com políticas de segurança pública e defesa social;

VII - representantes de entidades de profissionais de segurança pública.

§ 1º Os representantes das entidades e organizações referidas nos incisos VI e VII do *caput* deste artigo serão eleitos por meio de processo aberto a todas as entidades e organizações cuja finalidade seja relacionada com as políticas de segurança pública, conforme convocação pública e critérios objetivos previamente definidos pelos Conselhos.

§ 2º Cada conselheiro terá 1 (um) suplente, que substituirá o titular em sua ausência.

§ 3º Os mandatos eletivos dos membros referidos nos incisos VI e VII do *caput* deste artigo e a designação dos demais membros terão a duração de 2 (dois) anos, permitida apenas uma recondução ou reeleição.

§ 4º Na ausência de representantes dos órgãos ou entidades referidos no *caput* deste artigo, aplica-se o disposto no § 7º do art. 20 desta Lei.

CAPÍTULO V
DA FORMULAÇÃO DOS PLANOS DE SEGURANÇA PÚBLICA E DEFESA SOCIAL

SEÇÃO I
DOS PLANOS

ART. 22. A União instituirá Plano Nacional de Segurança Pública e Defesa Social, destinado a articular as ações do poder público, com a finalidade de:

I - promover a melhora da qualidade da gestão das políticas sobre segurança pública e defesa social;

II - contribuir para a organização dos Conselhos de Segurança Pública e Defesa Social;

III - assegurar a produção de conhecimento no tema, a definição de metas e a avaliação dos resultados das políticas de segurança pública e defesa social;

IV - priorizar ações preventivas e fiscalizatórias de segurança interna nas divisas, fronteiras, portos e aeroportos.

§ 1º As políticas públicas de segurança não se restringem aos integrantes do Susp, pois devem considerar um contexto social amplo, com abrangência de outras áreas do serviço público, como educação, saúde, lazer e cultura, respeitadas as atribuições e as finalidades de cada área do serviço público.

§ 2º O Plano de que trata o *caput* deste artigo terá duração de 10 (dez) anos a contar de sua publicação.

§ 3º As ações de prevenção à criminalidade devem ser consideradas prioritárias na elaboração do Plano de que trata o *caput* deste artigo.

§ 4º A União, por intermédio do Ministério Extraordinário da Segurança Pública, deverá elaborar os objetivos, as ações estratégicas, as metas, as prioridades, os indicadores e as formas de financiamento e gestão das Políticas de Segurança Pública e Defesa Social.

§ 5º Os Estados, o Distrito Federal e os Municípios deverão, com base no Plano Nacional de Segurança Pública e Defesa Social, elaborar e implantar seus planos correspondentes em até 2 (dois) anos a partir da publicação do documento nacional, sob pena de não poderem receber recursos da União para a execução de programas ou ações de segurança pública e defesa social.

§ 6º O poder público deverá dar ampla divulgação ao conteúdo das Políticas e dos Planos de segurança pública e defesa social.

ART. 23. A União, em articulação com os Estados, o Distrito Federal e os Municípios, realizará avaliações anuais sobre a implementação do Plano Nacional de Segurança Pública e Defesa Social, com o objetivo de verificar o cumprimento das metas estabelecidas e elaborar recomendações aos gestores e operadores das políticas públicas.

Parágrafo único. A primeira avaliação do Plano Nacional de Segurança Pública e Defesa Social realizar-se-á no segundo ano de vigência desta Lei, cabendo ao Poder Legislativo Federal acompanhá-la.

SEÇÃO II
DAS DIRETRIZES GERAIS

ART. 24. Os agentes públicos deverão observar as seguintes diretrizes na elaboração e na execução dos planos:

I - adotar estratégias de articulação entre órgãos públicos, entidades privadas, corporações policiais e organismos internacionais, a fim de implantar parcerias para a execução de políticas de segurança pública e defesa social;

II - realizar a integração de programas, ações, atividades e projetos dos órgãos e entidades públicas e privadas nas áreas de saúde, planejamento familiar, educação, trabalho, assistência social, previdência social, cultura, desporto e lazer, visando à prevenção da criminalidade e à prevenção de desastres;

III - viabilizar ampla participação social na formulação, na implementação e na avaliação das políticas de segurança pública e defesa social;

IV - desenvolver programas, ações, atividades e projetos articulados com os estabelecimentos de ensino, com a sociedade e com a família para a prevenção da criminalidade e a prevenção de desastres;

V - incentivar a inclusão das disciplinas de prevenção da violência e de prevenção de desastres nos conteúdos curriculares dos diversos níveis de ensino;

VI - ampliar as alternativas de inserção econômica e social dos egressos do sistema prisional, promovendo programas que priorizem a melhoria de sua escolarização e a qualificação profissional;

VII - garantir a efetividade dos programas, ações, atividades e projetos das políticas de segurança pública e defesa social;

VIII - promover o monitoramento e a avaliação das políticas de segurança pública e defesa social;

IX - fomentar a criação de grupos de estudos formados por agentes públicos dos órgãos integrantes do Susp, professores e pesquisadores, para produção de conhecimento e reflexão sobre o fenômeno da criminalidade, com o apoio e a coordenação dos órgãos públicos de cada unidade da Federação;

X - fomentar a harmonização e o trabalho conjunto dos integrantes do Susp;

XI - garantir o planejamento e a execução de políticas de segurança pública e defesa social;

XII - fomentar estudos de planejamento urbano para que medidas de prevenção da criminalidade façam parte do plano diretor das cidades, de forma a estimular, entre outras ações, o reforço na iluminação pública e a verificação de pessoas e de famílias em situação de risco social e criminal.

SEÇÃO III
DAS METAS PARA ACOMPANHAMENTO E AVALIAÇÃO DAS POLÍTICAS DE SEGURANÇA PÚBLICA E DEFESA SOCIAL

ART. 25. Os integrantes do Susp fixarão, anualmente, metas de excelência no âmbito das respectivas competências, visando à prevenção e à repressão de infrações penais e administrativas e à prevenção de desastres, que tenham como finalidade:

I - planejar, pactuar, implementar, coordenar e supervisionar as atividades de educação gerencial, técnica e operacional, em cooperação com as unidades da Federação;

II - apoiar e promover educação qualificada, continuada e integrada;

III - identificar e propor novas metodologias e técnicas de educação voltadas ao aprimoramento de suas atividades;

IV - identificar e propor mecanismos de valorização profissional;

V - apoiar e promover o sistema de saúde para os profissionais de segurança pública e defesa social;

VI - apoiar e promover o sistema habitacional para os profissionais de segurança pública e defesa social.

SEÇÃO IV
DA COOPERAÇÃO, DA INTEGRAÇÃO E DO FUNCIONAMENTO HARMÔNICO DOS MEMBROS DO SUSP

ART. 26. É instituído, no âmbito do Susp, o Sistema Nacional de Acompanhamento e Avaliação das Políticas de Segurança Pública e Defesa Social (Sinaped), com os seguintes objetivos:

I - contribuir para organização e integração dos membros do Susp, dos projetos das políticas de segurança pública e defesa social e dos respectivos diagnósticos, planos de ação, resultados e avaliações;

II - assegurar o conhecimento sobre os programas, ações e atividades e promover a melhora da qualidade da gestão dos programas, ações, atividades e projetos de segurança pública e defesa social;

III - garantir que as políticas de segurança pública e defesa social abranjam, no mínimo, o adequado diagnóstico, a gestão e os resultados das políticas e dos programas de prevenção e de controle da violência, com o objetivo de verificar:

a) a compatibilidade da forma de processamento do planejamento orçamentário e de sua execução com as necessidades do respectivo sistema de segurança pública e defesa social;

b) a eficácia da utilização dos recursos públicos;

c) a manutenção do fluxo financeiro, consideradas as necessidades operacionais dos programas, as normas de referência e as condições previstas nos instrumentos jurídicos celebrados entre os entes federados, os órgãos gestores e os integrantes do Susp;

d) a implementação dos demais compromissos assumidos por ocasião da celebração dos instrumentos jurídicos relativos à efetivação das políticas de segurança pública e defesa social;

e) a articulação interinstitucional e intersetorial das políticas.

ART. 27. Ao final da avaliação do Plano Nacional de Segurança Pública e Defesa Social, será elaborado relatório com o histórico e a caracterização do trabalho, as recomendações e os prazos para que elas sejam cumpridas, além de outros elementos a serem definidos em regulamento.

§ 1º Os resultados da avaliação das políticas serão utilizados para:

I - planejar as metas e eleger as prioridades para execução e financiamento;

II - reestruturar ou ampliar os programas de prevenção e controle;

III - adequar os objetivos e a natureza dos programas, ações e projetos;

IV - celebrar instrumentos de cooperação com vistas à correção de problemas constatados na avaliação;

V - aumentar o financiamento para fortalecer o sistema de segurança pública e defesa social;

VI - melhorar e ampliar a capacitação dos operadores do Susp.

§ 2º O relatório da avaliação deverá ser encaminhado aos respectivos Conselhos de Segurança Pública e Defesa Social.

ART. 28. As autoridades, os gestores, as entidades e os órgãos envolvidos com a segurança pública e defesa social têm o dever de colaborar com o processo de avaliação, facilitando o acesso às suas instalações, à documentação e a todos os elementos necessários ao seu efetivo cumprimento.

ART. 29. O processo de avaliação das políticas de segurança pública e defesa social deverá contar com a participação de representantes dos Poderes Legislativo, Executivo e Judiciário, do Ministério Público, da Defensoria Pública e dos Conselhos de Segurança Pública e Defesa Social, observados os parâmetros estabelecidos nesta Lei.

ART. 30. Cabe ao Poder Legislativo acompanhar as avaliações do respectivo ente federado.

ART. 31. O Sinaped assegurará, na metodologia a ser empregada:

I - a realização da autoavaliação dos gestores e das corporações;

II - a avaliação institucional externa, contemplando a análise global e integrada das instalações físicas, relações institucionais, compromisso social, atividades e finalidades das corporações;

III - a análise global e integrada dos diagnósticos, estruturas, compromissos, finalidades e resultados das políticas de segurança pública e defesa social;

IV - o caráter público de todos os procedimentos, dados e resultados dos processos de avaliação.

ART. 32. A avaliação dos objetivos e das metas do Plano Nacional de Segurança Pública e Defesa Social será coordenada por comissão permanente e realizada por comissões temporárias, essas compostas, no mínimo, por 3 (três) membros, na forma do regulamento próprio.

Parágrafo único. É vedado à comissão permanente designar avaliadores que sejam titulares ou servidores dos órgãos gestores avaliados, caso:

I - tenham relação de parentesco até terceiro grau com titulares ou servidores dos órgãos gestores avaliados;

II - estejam respondendo a processo criminal ou administrativo.

CAPÍTULO VI
DO CONTROLE E DA TRANSPARÊNCIA

SEÇÃO I
DO CONTROLE INTERNO

ART. 33. Aos órgãos de correição, dotados de autonomia no exercício de suas competências, caberá o gerenciamento e a realização dos processos e procedimentos de apuração de responsabilidade funcional, por meio de sindicância e processo administrativo disciplinar, e a proposição de subsídios para o aperfeiçoamento das atividades dos órgãos de segurança pública e defesa social.

SEÇÃO II
DO ACOMPANHAMENTO PÚBLICO DA ATIVIDADE POLICIAL

ART. 34. A União, os Estados, o Distrito Federal e os Municípios deverão instituir órgãos de ouvidoria dotados de autonomia e independência no exercício de suas atribuições.

Parágrafo único. À ouvidoria competirá o recebimento e tratamento de representações, elogios e sugestões de qualquer pessoa sobre as ações e atividades dos profissionais e membros integrantes do Susp, devendo encaminhá-los ao órgão com atribuição para as providências legais e a resposta ao requerente.

SEÇÃO III
DA TRANSPARÊNCIA E DA INTEGRAÇÃO DE DADOS E INFORMAÇÕES

ART. 35. É instituído o Sistema Nacional de Informações de Segurança Pública, Prisionais, de Rastreabilidade de Armas e Munições, de Material Genético, de Digitais e de Drogas (Sinesp), com a finalidade de armazenar, tratar e integrar dados e informações para auxiliar na formulação, implementação, execução, acompanhamento e avaliação das políticas relacionadas com:

I - segurança pública e defesa social;

II - sistema prisional e execução penal;

III - rastreabilidade de armas e munições;

IV - banco de dados de perfil genético e digitais;

V - enfrentamento do tráfico de drogas ilícitas.

ART. 36. O Sinesp tem por objetivos:

I - proceder à coleta, análise, atualização, sistematização, integração e interpretação de dados e informações relativos às políticas de segurança pública e defesa social;

II - disponibilizar estudos, estatísticas, indicadores e outras informações para auxiliar na formulação, implementação, execução, monitoramento e avaliação de políticas públicas;

III - promover a integração das redes e sistemas de dados e informações de segurança pública e defesa social, criminais, do sistema prisional e sobre drogas;

IV - garantir a interoperabilidade dos sistemas de dados e informações, conforme os padrões definidos pelo conselho gestor.

Parágrafo único. O Sinesp adotará os padrões de integridade, disponibilidade, confidencialidade, confiabilidade e tempestividade dos sistemas informatizados do governo federal.

ART. 37. Integram o Sinesp todos os entes federados, por intermédio de órgãos criados ou designados para esse fim.

§ 1º Os dados e as informações de que trata esta Lei deverão ser padronizados e categorizados e serão fornecidos e atualizados pelos integrantes do Sinesp.

§ 2º O integrante que deixar de fornecer ou atualizar seus dados e informações no Sinesp poderá não receber recursos nem celebrar parcerias com a União para financiamento de programas, projetos ou ações de segurança pública e defesa social e do sistema prisional, na forma do regulamento.

§ 3º O Ministério Extraordinário da Segurança Pública é autorizado a celebrar convênios com órgãos do Poder Executivo que não integrem o Susp, com o Poder Judiciário e com o Ministério Público, para compatibilização de sistemas de informação e integração de dados, ressalvadas as vedações constitucionais de sigilo e desde que o objeto fundamental dos acordos seja a prevenção e a repressão da violência.

§ 4º A omissão no fornecimento das informações legais implica responsabilidade administrativa do agente público.

CAPÍTULO VII
DA CAPACITAÇÃO E DA VALORIZAÇÃO DO PROFISSIONAL EM SEGURANÇA PÚBLICA E DEFESA SOCIAL

SEÇÃO I
DO SISTEMA INTEGRADO DE EDUCAÇÃO E VALORIZAÇÃO PROFISSIONAL (SIEVAP)

ART. 38. É instituído o Sistema Integrado de Educação e Valorização Profissional (Sievap), com a finalidade de:

I - planejar, pactuar, implementar, coordenar e supervisionar as atividades de educação gerencial, técnica e operacional, em cooperação com as unidades da Federação;

II - identificar e propor novas metodologias e técnicas de educação voltadas ao aprimoramento de suas atividades;

III - apoiar e promover educação qualificada, continuada e integrada;

IV - identificar e propor mecanismos de valorização profissional.

§ 1º O Sievap é constituído, entre outros, pelos seguintes programas:

I - matriz curricular nacional;

II - Rede Nacional de Altos Estudos em Segurança Pública (Renaesp);

III - Rede Nacional de Educação a Distância em Segurança Pública (Rede EaD-Senasp);

IV - programa nacional de qualidade de vida para segurança pública e defesa social.

§ 2º Os órgãos integrantes do Susp terão acesso às ações de educação do Sievap, conforme política definida pelo Ministério Extraordinário da Segurança Pública.

ART. 39. A matriz curricular nacional constitui-se em referencial teórico, metodológico e avaliativo para as ações de educação aos profissionais de segurança pública e defesa social e deverá ser observada nas atividades formativas de ingresso, aperfeiçoamento, atualização, capacitação e especialização na área de segurança pública e defesa social, nas modalidades presencial e a distância, respeitados o regime jurídico e as peculiaridades de cada instituição.

§ 1º A matriz curricular é pautada nos direitos humanos, nos princípios da andragogia e nas teorias que enfocam o processo de construção do conhecimento.

§ 2º Os programas de educação deverão estar em consonância com os princípios da matriz curricular nacional.

ART. 40. A Renaesp, integrada por instituições de ensino superior, observadas as normas de licitação e contratos, tem como objetivo:

I - promover cursos de graduação, extensão e pós-graduação em segurança pública e defesa social;

II - fomentar a integração entre as ações dos profissionais, em conformidade com as políticas nacionais de segurança pública e defesa social;

III - promover a compreensão do fenômeno da violência;

IV - difundir a cidadania, os direitos humanos e a educação para a paz;

V - articular o conhecimento prático dos profissionais de segurança pública e defesa social com os conhecimentos acadêmicos;

VI - difundir e reforçar a construção de cultura de segurança pública e defesa social fundada nos paradigmas da contemporaneidade, da inteligência, da informação e do exercício de atribuições estratégicas, técnicas e científicas;

VII - incentivar produção técnico-científica que contribua para as atividades desenvolvidas pelo Susp.

ART. 41. A Rede EaD-Senasp é escola virtual destinada aos profissionais de segurança pública e defesa social e tem como objetivo viabilizar o acesso aos processos de aprendizagem, independentemente das limitações geográficas e sociais existentes, com o propósito de democratizar a educação em segurança pública e defesa social.

SEÇÃO II
DO PROGRAMA NACIONAL
DE QUALIDADE DE VIDA PARA
PROFISSIONAIS DE SEGURANÇA
PÚBLICA (PRÓ-VIDA)

ART. 42. O Programa Nacional de Qualidade de Vida para Profissionais de Segurança Pública (Pró-Vida) tem por objetivo elaborar, implementar, apoiar, monitorar e avaliar, entre outros, os projetos de programas de atenção psicossocial e de saúde no trabalho dos profissionais de segurança pública e defesa social, bem como a integração sistêmica das unidades de saúde dos órgãos que compõem o Susp.

CAPÍTULO VIII
DISPOSIÇÕES FINAIS

ART. 43. Os documentos de identificação funcional dos profissionais da área de segurança pública e defesa social serão padronizados mediante ato do Ministro de Estado Extraordinário da Segurança Pública e terão fé pública e validade em todo o território nacional.

ART. 44. (Vetado).

ART. 45. Deverão ser realizadas conferências a cada 5 (cinco) anos para debater as diretrizes dos planos nacional, estaduais e municipais de segurança pública e defesa social.

ART. 46. O art. 3º da Lei Complementar n. 79, de 7 de janeiro de 1994, passa a vigorar com as seguintes alterações:

- Alterações promovidas no texto da referida lei.

ART. 47. O inciso II do § 3º e o § 5º do art. 4º da Lei n. 10.201, de 14 de fevereiro de 2001, passam a vigorar com a seguinte redação:

- Alterações promovidas no texto da referida lei.
- A Lei 10.201/2001 foi revogada pela Lei 13.756/2018.

ART. 48. O § 2º do art. 9º da Lei n. 11.530, de 24 de outubro de 2007, passa a vigorar com a seguinte redação:

- Alterações promovidas no texto da referida lei.

ART. 49. Revogam-se os arts. 1º a 8º da Lei n. 12.681, de 4 de julho de 2012.

ART. 50. Esta Lei entra em vigor após decorridos 30 (trinta) dias de sua publicação oficial.

Brasília, 11 de junho de 2018;
197º da Independência e 130º da República.
MICHEL TEMER

LEI N. 13.684, DE 21 DE JUNHO DE 2018

Dispõe sobre medidas de assistência emergencial para acolhimento a pessoas em situação de vulnerabilidade decorrente de fluxo migratório provocado por crise humanitária; e dá outras providências.

- *DOU*, 22.6.2018.

O Presidente da República. Faço saber que o Congresso Nacional decreta e eu sanciono a seguinte Lei:

ART. 1º Esta Lei dispõe sobre as medidas de assistência emergencial para acolhimento a pessoas em situação de vulnerabilidade decorrente de fluxo migratório provocado por crise humanitária.

ART. 2º As ações desenvolvidas no âmbito desta Lei observarão os acordos internacionais concernentes à matéria, dos quais a República Federativa do Brasil seja parte, bem como os dispositivos das Leis n. 9.474, de 22 de julho de 1997, e 13.445, de 24 de maio de 2017.

ART. 3º Para os fins do disposto nesta Lei, considera-se:

I - situação de vulnerabilidade: condição emergencial e urgente que evidencie a fragilidade da pessoa no âmbito da proteção social, decorrente de fluxo migratório desordenado provocado por crise humanitária;

II - proteção social: conjunto de políticas públicas estruturadas para prevenir e remediar situações de vulnerabilidade social e de risco pessoal que impliquem violação dos direitos humanos; e

III - crise humanitária: situação de grave ou iminente instabilidade institucional, de conflito armado, de calamidade de grande proporção, de desastre ambiental ou de grave e generalizada violação de direitos humanos ou de direito internacional humanitário que cause fluxo migratório desordenado em direção a região do território nacional.

Parágrafo único. A situação de vulnerabilidade decorrente de fluxo migratório provocado por crise humanitária, no território nacional, será reconhecida por ato do Presidente da República.

ART. 4º As medidas de assistência emergencial para acolhimento a pessoas em situação de vulnerabilidade decorrente de fluxo migratório provocado por crise humanitária têm o objetivo de articular ações integradas a serem desempenhadas pelos governos federal, estaduais, distrital e municipais, por meio de adesão a instrumento de cooperação federativa, no qual serão estabelecidas as responsabilidades dos entes federativos envolvidos.

ART. 5º As medidas de assistência emergencial para acolhimento a pessoas em situação de vulnerabilidade decorrente de fluxo migratório provocado por crise humanitária visam à ampliação das políticas de:

I - proteção social;

II - atenção à saúde;

III - oferta de atividades educacionais;

IV - formação e qualificação profissional;

V - garantia dos direitos humanos;

VI - proteção dos direitos das mulheres, das crianças, dos adolescentes, dos idosos, das pessoas com deficiência, da população indígena, das comunidades tradicionais atingidas e de outros grupos sociais vulneráveis;

VII - oferta de infraestrutura e saneamento;

VIII - segurança pública e fortalecimento do controle de fronteiras;

IX - logística e distribuição de insumos; e

X - mobilidade, contemplados a distribuição e a interiorização no território nacional, o repatriamento e o reassentamento das pessoas mencionadas no *caput* deste artigo.

§ 1º Caberá à Comissão Intergestores Tripartite de que trata a Lei n. 8.080, de 19 de setembro de 1990, no tocante à ampliação das políticas de que trata o inciso II do *caput* deste artigo, pactuar as diretrizes, o financiamento e as questões operacionais que envolvam a ampliação da demanda por serviços de saúde, mediante proposta ao Ministério da Saúde de valores per capita em cada bloco de financiamento do Sistema Único de Saúde compatíveis com as necessidades dos Estados e dos Municípios receptores do fluxo migratório.

§ 2º Caberá à Comissão Intergovernamental de Financiamento para a Educação Básica de Qualidade de que trata a Lei n. 11.494, de 20 de junho de 2007, no tocante à ampliação das políticas de que trata o inciso III do *caput* deste artigo, revisar as ponderações aplicáveis entre diferentes etapas, modalidades e tipos de estabelecimento de ensino da educação básica, o limite proporcional de apropriação de recursos pelas diferentes etapas, modalidades e tipos de estabelecimento de ensino da educação básica e a parcela da complementação da União a ser distribuída para os fundos por meio de programas direcionados à melhoria da qualidade da educação básica, bem como respectivos critérios de distribuição.

§ 3º No âmbito da administração pública federal, a promoção das políticas de que trata o *caput* deste artigo ocorrerá de forma integrada entre os Ministérios competentes, que poderão valer-se, para isso, da celebração de:

I - acordos de cooperação ou instrumentos congêneres com organismos internacionais; e

II - acordos de cooperação, termos de fomento ou termos de colaboração com organizações da sociedade civil que desenvolvam atividades relevantes na defesa dos direitos dos migrantes, em especial dos imigrantes e refugiados, observado o disposto na Lei n. 13.019, de 31 de julho de 2014.

§ 4º A implantação das medidas relacionadas à política de mobilidade de que trata o inciso X do *caput* deste artigo observará a necessidade da anuência prévia das pessoas atingidas em estabelecer-se em outro ponto do território nacional, retornar ao seu país de origem ou estabelecer-se em um terceiro país, conforme o caso.

§ 5º (Vetado).

ART. 6º Fica instituído o Comitê Federal de Assistência Emergencial para acolhimento a pessoas em situação de vulnerabilidade decorrente de fluxo migratório provocado por crise humanitária, e sua composição, suas competências e seu funcionamento serão definidos em regulamento.

§ 1º Além das competências definidas em regulamento, caberá ao Comitê de que trata o *caput* deste artigo:

I - estabelecer as diretrizes e as ações prioritárias da administração pública federal para a execução das medidas de assistência emergencial;

II - representar a União na assinatura do instrumento de cooperação federativa de que trata o art. 4º desta Lei, a ser firmado com os entes federativos que queiram aderir às medidas de assistência emergencial previstas nesta Lei; e

III - promover e articular a participação das entidades e organizações da sociedade civil na execução das medidas de assistência emergencial.

§ 2º Os órgãos e as entidades da administração pública federal obedecerão às diretrizes e priorizarão as ações definidas pelo Comitê de que trata o *caput* deste artigo.

§ 3º O Estado ou o Município receptor de fluxo migratório poderá, quando for convidado, enviar representante para participar, com direito a voz, das reuniões do Comitê de que trata o *caput* deste artigo destinadas a discutir medidas de assistência emergencial a serem implementadas em seu território.

§ 4º As organizações da sociedade civil que desenvolvam atividades relevantes na defesa dos direitos dos migrantes, em especial dos imigrantes e refugiados, poderão participar, com direito a voz, das reuniões do Comitê de que trata o *caput* deste artigo.

ART. 7º Em razão do caráter emergencial das medidas de assistência de que trata esta Lei, os órgãos do governo federal priorizarão os procedimentos e as formas de transferências de recursos e de contratação mais céleres previstos em lei.

§ 1º As transferências de que trata o *caput* deste artigo serão realizadas para conta específica do instrumento de cooperação firmado, e os recursos correspondentes somente poderão ser utilizados para pagamento de despesas relacionadas às medidas de assistência emergencial previstas nesta Lei.

§ 2º As contratações a serem realizadas por Estados e Municípios receptores de fluxo migratório poderão ocorrer de forma direta, nos termos do inciso IV do art. 24 da Lei n. 8.666, de 21 de junho de 1993.

ART. 8º As ações realizadas em razão das medidas de assistência emergencial, enquanto durar a situação que desencadeou a emergência, correrão à conta dos orçamentos dos órgãos e das entidades participantes.

§ 1º A execução das ações previstas no *caput* deste artigo fica sujeita às disponibilidades orçamentárias e financeiras anuais.

§ 2º Os créditos adicionais abertos em razão do disposto no § 1º deste artigo serão exclusivamente destinados à execução das medidas de assistência emergencial e das ações descritas no art. 5º desta Lei.

§ 3º Os recursos de que trata este artigo deverão ser aplicados prioritariamente nas ações e serviços de saúde e segurança pública.

§ 4º Fica a União autorizada a aumentar o repasse de recursos para os fundos estaduais e municipais de saúde, de educação e de assistência social dos entes afetados, na forma fixada pelo Poder Executivo federal, após a aprovação do crédito orçamentário para essa finalidade.

ART. 9º As informações relativas à execução de recursos destinados a medidas de assistência emergencial previstas nesta Lei receberão ampla transparência, com obrigatoriedade de sua divulgação em sítios oficiais da rede mundial de computadores.

ART. 10. Qualquer cidadão poderá representar aos órgãos de controle interno e externo e ao Ministério Público contra irregularidades relacionadas a medidas de assistência emergencial previstas nesta Lei.

ART. 11. A União poderá prestar cooperação humanitária, sob a coordenação do Ministério das Relações Exteriores, a fim de apoiar países ou populações que se encontrem em estado de conflito armado, de desastre natural, de calamidade pública, de insegurança alimentar e nutricional ou em outra situação de emergência ou de vulnerabilidade, inclusive grave ameaça à vida, à saúde e aos direitos humanos ou humanitários de sua população.

Parágrafo único. O Poder Executivo regulamentará a prestação de cooperação humanitária, inclusive a participação dos órgãos da administração pública federal em suas ações.

ART. 12. Esta Lei entra em vigor na data de sua publicação.

Brasília, 21 de junho de 2018; 197º da Independência e 130º da República.

MICHEL TEMER

LEI N. 13.690, DE 10 DE JULHO DE 2018

Altera a Lei n. 13.502, de 1º de novembro de 2017, que dispõe sobre a organização básica da Presidência da República e dos Ministérios, para criar o Ministério da Segurança Pública, e as Leis nos 11.134, de 15 de julho de 2005, e 9.264, de 7 de fevereiro de 1996; e revoga dispositivos da Lei n. 11.483, de 31 de maio de 2007.

- *DOU*, 11.7.2018.
- A Med. Prov. 870/2019, incorporada no Anexo deste volume, determinou a revogação da Lei 13.502/2017.

O Presidente da República. Faço saber que o Congresso Nacional decreta e eu sanciono a seguinte Lei:

ART. 1º Fica criado o Ministério da Segurança Pública e transformado o Ministério da Justiça e Segurança Pública em Ministério da Justiça.

ART. 2º A Lei n. 13.502, de 1º de novembro de 2017, passa a vigorar com as seguintes alterações:

- Alterações promovidas no texto da referida lei.

ART. 3º É transferida do Ministério da Justiça e Segurança Pública para o Ministério da Segurança Pública a gestão dos fundos relacionados com as unidades e as competências deste Ministério.

ART. 4º Ficam transformados:

I - o cargo de Ministro de Estado da Justiça e Segurança Pública em cargo de Ministro de Estado da Justiça;

II - o cargo de natureza especial de Secretário-Executivo do Ministério da Justiça e Segurança Pública em cargo de natureza especial de Secretário-Executivo do Ministério da Justiça;

III - 19 (dezenove) cargos em comissão do Grupo-Direção e Assessoramento Superiores (DAS), de nível 1, nos cargos de:

a) Ministro de Estado da Segurança Pública; e

b) natureza especial de Secretário-Executivo do Ministério da Segurança Pública.

ART. 5º Aplica-se o disposto no art. 2º da Lei n. 9.007, de 17 de março de 1995, aos servidores e aos empregados requisitados para o Ministério da Segurança Pública até 1º de agosto de 2019.

Parágrafo único. (Vetado).

ART. 6º As competências e as incumbências relacionadas com o disposto no art. 68-A da Lei n. 13.502, de 1º de novembro de 2017, estabelecidas em lei para o Ministério da Justiça e para os seus agentes públicos ficam transferidas para o Ministério da Segurança Pública e para os agentes públicos que receberem essas atribuições.

ART. 7º O acervo patrimonial e o quadro de servidores efetivos do Ministério da Justiça e Segurança Pública, relativamente às competências que forem absorvidas, serão transferidos ao Ministério da Segurança Pública, bem como os direitos, os créditos e as obrigações decorrentes de lei, atos administrativos ou contratos, inclusive as receitas e as despesas.

Parágrafo único. O disposto no art. 52 da Lei n. 13.473, de 8 de agosto de 2017, aplica-se às dotações orçamentárias dos órgãos de que trata o *caput* deste artigo.

ART. 8º A transferência de servidores efetivos por força de modificação nas competências de órgão ou entidade da administração pública federal direta, autárquica ou fundacional não implicará alteração remuneratória e não será obstada pela limitação de exercício em outro órgão ou entidade por força de lei especial.

ART. 9º Até o prazo definido em decreto, caberá ao Ministério da Justiça prestar ao Ministério da Segurança Pública apoio técnico, administrativo e jurídico necessário ao desempenho das atribuições previstas no art. 68-A da Lei n. 13.502, de 1º de novembro de 2017.

ART. 10. Os cargos de que trata o art. 23 da Lei n. 11.483, de 31 de maio de 2007, poderão ser utilizados para estruturar o Ministério da Segurança Pública.

ART. 11. A Lei n. 11.134, de 15 de julho de 2005, passa a vigorar acrescida do seguinte art. 29-A:

"Art. 29-A. São considerados no exercício de função de natureza ou interesse policial militar ou bombeiro militar os policiais militares e bombeiros militares da ativa nomeados ou designados para os seguintes órgãos:

I - Presidência e Vice-Presidência da República, para o exercício de cargo em comissão ou função de confiança;

II - Ministério ou órgão equivalente, para o exercício de cargo em comissão ou função de confiança;

III - Supremo Tribunal Federal, demais Tribunais Superiores e Conselho Nacional de Justiça, para o exercício de cargo em comissão cuja remuneração seja igual ou superior à de cargo DAS-101.4 ou equivalente;

IV - órgãos do Tribunal Regional Federal da 1ª Região situados no Distrito Federal, Tribunal Regional Eleitoral do Distrito

Federal, órgãos do Tribunal Regional do Trabalho da 10ª Região situados no Distrito Federal e Tribunal de Justiça do Distrito Federal e dos Territórios, para o exercício de cargo em comissão cuja remuneração seja igual ou superior à de cargo DAS-101.4 ou equivalente;

V - órgãos do Ministério Público da União situados no Distrito Federal e Conselho Nacional do Ministério Público, para o exercício de cargo em comissão ou função de confiança;

VI - órgãos do Tribunal de Contas da União situados no Distrito Federal e Tribunal de Contas do Distrito Federal, para o exercício de cargo em comissão cuja remuneração seja igual ou superior à de cargo DAS-101.4 ou equivalente;

VII - Casa Militar do Distrito Federal, para o exercício de cargo em comissão ou função de confiança;

VIII - Governadoria e Vice-Governadoria do Distrito Federal, para o exercício de cargo em comissão ou função de confiança;

IX - Secretaria de Estado da Segurança Pública e da Paz Social do Distrito Federal, para o exercício de cargo em comissão ou função de confiança;

X - Defesa Civil do Distrito Federal ou órgão equivalente;

XI - Justiça Militar do Distrito Federal; e

XII - demais órgãos da administração pública do Distrito Federal considerados estratégicos, a critério do Governador do Distrito Federal, para o exercício de cargo em comissão cuja remuneração seja igual ou superior à de cargo DAS-101.4 ou equivalente.

§ 1º O ônus da remuneração do militar cedido será de responsabilidade do órgão cessionário, salvo quando a cessão ocorrer para órgão da União, Tribunal de Justiça do Distrito Federal e dos Territórios, órgão da Justiça Militar Distrital, Casa Militar do Distrito Federal, Vice-Governadoria do Distrito Federal, Secretaria de Estado da Segurança Pública e da Paz Social do Distrito Federal ou Defesa Civil do Distrito Federal ou órgão equivalente.

§ 2º O militar distrital só poderá ser cedido após completar 5 (cinco) anos de efetivo serviço na corporação de origem.

§ 3º O número total de cessões de militares do Distrito Federal não poderá exceder 5% (cinco por cento) do efetivo existente nas respectivas corporações.

§ 4º (Vetado)."

ART. 12. A Lei n. 9.264, de 7 de fevereiro de 1996, passa a vigorar acrescida do seguinte art. 12-B:

"Art. 12-B. A cessão dos integrantes das carreiras de que trata esta Lei somente será autorizada para:

I - Presidência da República e Vice-Presidência da República, para o exercício de cargo em comissão ou função de confiança;

II - Ministério ou órgão equivalente, para o exercício de cargo em comissão ou função de confiança;

III - Tribunais Superiores, órgãos do Tribunal Regional Federal da 1ª Região situados no Distrito Federal, Tribunal Regional Eleitoral do Distrito Federal, órgãos do Tribunal Regional do Trabalho da 10ª Região situados no Distrito Federal e Tribunal de Justiça do Distrito Federal e dos Territórios, para o exercício de cargo em comissão cuja remuneração seja igual ou superior à de cargo DAS-101.4 ou equivalente;

IV - órgãos do Ministério Público da União situados no Distrito Federal, para o exercício de cargo em comissão cuja remuneração seja igual ou superior à de cargo DAS-101.4 ou equivalente;

V - órgãos do Tribunal de Contas da União situados no Distrito Federal e Tribunal de Contas do Distrito Federal, para o exercício de cargo em comissão cuja remuneração seja igual ou superior à de cargo DAS-101.4 ou equivalente;

VI - Governadoria e Vice-Governadoria do Distrito Federal, para o exercício de cargo em comissão;

VII - Secretaria de Estado da Segurança Pública e da Paz Social do Distrito Federal, para o exercício de cargo em comissão ou função de confiança; e

VIII - demais órgãos da administração pública do Distrito Federal considerados estratégicos, a critério do Governador do Distrito Federal, para o exercício de cargo em comissão cuja remuneração seja igual ou superior à de cargo DAS-101.4 ou equivalente.

§ 1º É vedada a cessão de servidor que não tenha cumprido o estágio probatório de que trata o art. 41 da Constituição Federal;

§ 2º É obrigatório o ressarcimento ao órgão cedente do valor correspondente à remuneração do servidor cedido, salvo quando a cessão ocorrer para órgão da União, Governadoria e Vice-Governadoria do Distrito Federal, ou Secretaria de Estado da Segurança Pública e da Paz Social do Distrito Federal;

§ 3º A cessão à Presidência e Vice-Presidência da República, ao Gabinete de Segurança Institucional da Presidência da República, ao Ministério da Justiça, ao Ministério da Segurança Pública, à Presidência do Supremo Tribunal Federal, à Presidência do Tribunal de Justiça do Distrito Federal e dos Territórios, à Governadoria e Vice-Governadoria do Distrito Federal, à Secretaria de Estado da Segurança Pública e da Paz Social do Distrito Federal e às unidades de inteligência da administração pública federal e distrital e dos Tribunais de Contas da União e do Distrito Federal é considerada de interesse policial civil, resguardados todos os direitos e vantagens da carreira policial."

ART. 13. Esta Lei entra em vigor na data de sua publicação.

ART. 14. Ficam revogados:

I - os §§ 1º e 2º do art. 23 da Lei n. 11.483, de 31 de maio de 2007; e

II - os seguintes dispositivos da Lei n. 13.502, de 1º de novembro de 2017:

a) incisos VI, IX e XI do *caput* e §§ 2º e 3º do art. 47; e

b) incisos I, II, VII, VIII e IX do *caput* do art. 48.

Brasília, 10 de julho de 2018; 197º da Independência e 130º da República.

MICHEL TEMER

LEI N. 13.691, DE 10 DE JULHO DE 2018

Dispõe sobre o exercício da profissão de físico e dá outras providências.

› *DOU*, 11.7.2018.

O Presidente da República. Faço saber que o Congresso Nacional decreta e eu sanciono a seguinte Lei:

ART. 1º O exercício da profissão de físico, observadas as condições de habilitação e as demais exigências desta Lei, é assegurado:

I - aos diplomados em Física por estabelecimentos de ensino superior, oficiais ou reconhecidos;

II - aos diplomados em curso superior similar, no exterior, após a revalidação do diploma, nos termos da legislação em vigor;

III - aos que, até a data da publicação desta Lei, obtiveram o diploma de mestrado em Física, em estabelecimentos de pós-graduação, oficiais ou reconhecidos, permitindo-se ao portador de diploma de doutorado em Física, obtido a qualquer tempo, o gozo pleno dos direitos a que se refere esta Lei;

IV - (Vetado).

ART. 2º São atribuições do físico, sem prejuízo de outras profissões regulamentadas que se qualifiquem para tanto:

I - realizar pesquisas científicas e tecnológicas nos vários setores da Física ou a ela relacionados;

II - aplicar princípios, conceitos e métodos da Física em atividades específicas envolvendo radiação ionizante e não ionizante, estudos ambientais, análise de sistemas ecológicos e estudos na área financeira;

III - desenvolver programas e softwares computacionais baseados em modelos físicos;

IV - elaborar documentação técnica e científica, realizar perícias, emitir e assinar laudos técnicos e pareceres, organizar procedimentos operacionais, de segurança, de radioproteção, de análise de impacto ambiental, redigir documentação instrumental e de aplicativos no que couber sua qualificação;

V - difundir conhecimentos da área, orientar trabalhos técnicos e científicos, ministrar palestras, seminários e cursos, organizar eventos científicos, treinar especialistas e técnicos;

VI - administrar, na sua área de atuação, atividades de pesquisas e aplicações, planejar, coordenar e executar pesquisas científicas, auxiliar no planejamento de instalações, especificar equipamentos e infraestrutura laboratorial, em instituições públicas e privadas;

VII - realizar medidas físicas e aplicar técnicas de espectrometria, avaliar parâmetros físicos em sistemas ambientais, aferir equipamentos científicos, caracterizar propriedades físicas e estruturais de materiais, realizar ensaios e testes e desenvolver padrões metrológicos;

VIII - orientar, dirigir, assessorar e prestar consultoria, no âmbito de sua especialidade;

IX - (Vetado).

ART. 3º O exercício da profissão de físico, nos termos desta Lei, depende de prévio registro em Conselho competente.

ART. 4º Esta Lei entra em vigor na data de sua publicação.

Brasília, 10 de julho de 2018; 197º da Independência e 130º da República.

MICHEL TEMER

LEI N. 13.695, DE 12 DE JULHO DE 2018

Regulamenta a profissão de corretor de moda.

› *DOU*, 13.7.2018.

O Presidente da República. Faço saber que o Congresso Nacional decreta e eu sanciono a seguinte Lei:

ART. 1º O exercício da profissão de corretor de moda regula-se por esta Lei.

ART. 2º O corretor de moda terá que comprovar os seguintes requisitos, cumulativamente, para o exercício da profissão:

I - possuir diploma de conclusão do ensino médio;

II - possuir diploma de conclusão de curso específico para formação de corretor de moda.

Parágrafo único. O exercício da profissão é assegurado às pessoas que, independentemente do disposto nos incisos I e II, comprovarem o exercício efetivo como corretor de moda no período de até um ano antes da publicação desta Lei.

ART. 3º Esta Lei entra em vigor na data de sua publicação.

Brasília, 12 de julho de 2018; 197º da Independência e 130º da República.

MICHEL TEMER

LEI N. 13.696, DE 12 DE JULHO DE 2018

Institui a Política Nacional de Leitura e Escrita.

‣ *DOU*, 13.7.2018.

O Presidente da República. Faço saber que o Congresso Nacional decreta e eu sanciono a seguinte Lei:

ART. 1º Fica instituída a Política Nacional de Leitura e Escrita como estratégia permanente para promover o livro, a leitura, a escrita, a literatura e as bibliotecas de acesso público no Brasil.

Parágrafo único. A Política Nacional de Leitura e Escrita será implementada pela União, por intermédio do Ministério da Cultura e do Ministério da Educação, em cooperação com os Estados, o Distrito Federal e os Municípios e com a participação da sociedade civil e de instituições privadas.

ART. 2º São diretrizes da Política Nacional de Leitura e Escrita:

I - a universalização do direito ao acesso ao livro, à leitura, à escrita, à literatura e às bibliotecas;

II - o reconhecimento da leitura e da escrita como um direito, a fim de possibilitar a todos, inclusive por meio de políticas de estímulo à leitura, as condições para exercer plenamente a cidadania, para viver uma vida digna e para contribuir com a construção de uma sociedade mais justa;

III - o fortalecimento do Sistema Nacional de Bibliotecas Públicas (SNBP), no âmbito do Sistema Nacional de Cultura (SNC);

IV - a articulação com as demais políticas de estímulo à leitura, ao conhecimento, às tecnologias e ao desenvolvimento educacional, cultural e social do País, especialmente com a Política Nacional do Livro, instituída pela Lei n. 10.753, de 30 de outubro de 2003;

V - o reconhecimento das cadeias criativa, produtiva, distributiva e mediadora do livro, da leitura, da escrita, da literatura e das bibliotecas como integrantes fundamentais e dinamizadoras da economia criativa.

Parágrafo único. A Política Nacional de Leitura e Escrita observará, no que couber, princípios e diretrizes de planos nacionais estruturantes, especialmente do:

I - Plano Nacional de Educação (PNE);

II - Plano Nacional de Cultura (PNC);

III - Plano Plurianual da União (PPA).

ART. 3º São objetivos da Política Nacional de Leitura e Escrita:

I - democratizar o acesso ao livro e aos diversos suportes à leitura por meio de bibliotecas de acesso público, entre outros espaços de incentivo à leitura, de forma a ampliar os acervos físicos e digitais e as condições de acessibilidade;

II - fomentar a formação de mediadores de leitura e fortalecer ações de estímulo à leitura, por meio da formação continuada em práticas de leitura para professores, bibliotecários e agentes de leitura, entre outros agentes educativos, culturais e sociais;

III - valorizar a leitura e o incremento de seu valor simbólico e institucional por meio de campanhas, premiações e eventos de difusão cultural do livro, da leitura, da literatura e das bibliotecas;

IV - desenvolver a economia do livro como estímulo à produção intelectual e ao fortalecimento da economia nacional, por meio de ações de incentivo ao mercado editorial e livreiro, às feiras de livros, aos eventos literários e à aquisição de acervos físicos e digitais para bibliotecas de acesso público;

V - promover a literatura, as humanidades e o fomento aos processos de criação, formação, pesquisa, difusão e intercâmbio literário e acadêmico em território nacional e no exterior, para autores e escritores, por meio de prêmios, intercâmbios e bolsas, entre outros mecanismos;

VI - fortalecer institucionalmente as bibliotecas de acesso público, com qualificação de espaços, acervos, mobiliários, equipamentos, programação cultural, atividades pedagógicas, extensão comunitária, incentivo à leitura, capacitação de pessoal, digitalização de acervos, empréstimos digitais, entre outras ações;

VII - incentivar pesquisas, estudos e o estabelecimento de indicadores relativos ao livro, à leitura, à escrita, à literatura e às bibliotecas, com vistas a fomentar a produção de conhecimento e de estatísticas como instrumentos de avaliação e qualificação das políticas públicas do setor;

VIII - promover a formação profissional no âmbito das cadeias criativa e produtiva do livro e mediadora da leitura, por meio de ações de qualificação e capacitação sistemáticas e contínuas;

IX - incentivar a criação e a implantação de planos estaduais, distrital e municipais do livro e da leitura, em fortalecimento ao SNC;

X - incentivar a expansão das capacidades de criação cultural e de compreensão leitora, por meio do fortalecimento de ações educativas e culturais focadas no desenvolvimento das competências de produção e interpretação de textos.

ART. 4º Para a consecução dos objetivos da Política Nacional de Leitura e Escrita, será elaborado, a cada decênio, o Plano Nacional do Livro e Leitura (PNLL), que estabelecerá metas e ações, nos termos de regulamento.

§ 1º O PNLL será elaborado nos 6 (seis) primeiros meses de mandato do chefe do Poder Executivo, com vigência para o decênio seguinte.

§ 2º O PNLL será elaborado em conjunto pelo Ministério da Cultura e pelo Ministério da Educação de forma participativa, assegurada a manifestação do Conselho Nacional de Educação (CNE), do Conselho Nacional de Política Cultural (CNPC) e de representantes de secretarias estaduais, distritais e municipais de cultura e de educação, da sociedade civil e do setor privado.

§ 3º O PNLL deverá viabilizar a inclusão de pessoas com deficiência, observadas as condições de acessibilidade e o disposto em acordos, convenções e tratados internacionais que visem a facilitar o acesso de pessoas com deficiência a obras literárias.

ART. 5º O Prêmio Viva Leitura será concedido no âmbito da Política Nacional de Leitura e Escrita com o objetivo de estimular, fomentar e reconhecer as melhores experiências que promovam o livro, a leitura, a escrita, a literatura e as bibliotecas, nos termos de regulamento.

ART. 6º Ato conjunto do Ministério da Cultura e do Ministério da Educação regulamentará o disposto nesta Lei.

ART. 7º Esta Lei entra em vigor na data de sua publicação.

Brasília, 12 de julho de 2018; 197º da Independência e 130º da República.

MICHEL TEMER

LEI N. 13.703, DE 8 DE AGOSTO DE 2018

Institui a Política Nacional de Pisos Mínimos do Transporte Rodoviário de Cargas.

‣ *DOU*, 9.8.2018.

O Presidente da República. Faço saber que o Congresso Nacional decreta e eu sanciono a seguinte Lei:

ART. 1º Fica instituída a Política Nacional de Pisos Mínimos do Transporte Rodoviário de Cargas.

ART. 2º A Política Nacional de Pisos Mínimos do Transporte Rodoviário de Cargas tem a finalidade de promover condições mínimas para a realização de fretes no território nacional, de forma a proporcionar adequada retribuição ao serviço prestado.

ART. 3º Para fins do disposto nesta Lei, entende-se por:

I - carga geral: a carga embarcada e transportada com acondicionamento, com marca de identificação e com contagem de unidades;

II - carga a granel: a carga líquida ou seca embarcada e transportada sem acondicionamento, sem marca de identificação e sem contagem de unidades;

III - carga frigorificada: a carga que necessita ser refrigerada ou congelada para conservar as qualidades essenciais do produto transportado;

IV - carga perigosa: a carga ou produto que seja perigoso ou represente risco para a saúde de pessoas, para a segurança pública ou para o meio ambiente; e

V - carga neogranel: a carga formada por conglomerados homogêneos de mercadorias, de carga geral, sem acondicionamento específico cujo volume ou quantidade possibilite o transporte em lotes, em um único embarque.

ART. 4º O transporte rodoviário de cargas, em âmbito nacional, deverá ter seu frete remunerado em patamar igual ou superior aos pisos mínimos de frete fixados com base nesta Lei.

§ 1º Os pisos mínimos de frete deverão refletir os custos operacionais totais do transporte, definidos e divulgados nos termos de regulamentação da Agência Nacional de Transportes Terrestres (ANTT), com priorização dos custos referentes ao óleo diesel e aos pedágios.

§ 2º É expressamente vedada a celebração de qualquer acordo ou convenção, individual ou coletivamente, ou mesmo por qualquer entidade ou representação de qualquer natureza, em condições que representem a prática de fretes em valores inferiores aos pisos mínimos estabelecidos na forma desta Lei.

ART. 5º Para a execução da Política Nacional de Pisos Mínimos do Transporte Rodoviário de Cargas, a ANTT publicará norma com os pisos mínimos referentes ao quilômetro rodado na realização de fretes, por eixo carregado, consideradas as distâncias e as especificidades das cargas definidas no art. 3º desta Lei, bem como planilha de cálculos utilizada para a obtenção dos respectivos pisos mínimos.

§ 1º A publicação dos pisos e da planilha a que se refere o *caput* deste artigo ocorrerá até os dias 20 de janeiro e 20 de julho de cada ano, e os valores serão válidos para o semestre em que a norma for editada.

§ 2º Na hipótese de a norma a que se refere o *caput* deste artigo não ser publicada nos prazos estabelecidos no § 1º, os valores anteriores permanecerão válidos, atualizados pelo Índice Nacional de Preços ao Consumidor Amplo (IPCA), ou por outro que o substitua, no período acumulado.

§ 3º Sempre que ocorrer oscilação no preço do óleo diesel no mercado nacional superior a 10% (dez por cento) em relação ao preço considerado na planilha de cálculos de que trata o *caput* deste artigo, para mais ou para menos, nova norma com pisos mínimos deverá ser publicada pela ANTT, considerando a variação no preço do combustível.

§ 4º Os pisos mínimos definidos na norma a que se refere o *caput* deste artigo têm natureza vinculativa e sua não observância, a partir do dia 20 de julho de 2018, sujeitará o infrator a indenizar o transportador em valor equivalente a 2 (duas) vezes a diferença entre o valor pago e o que seria devido, sendo anistiadas as indenizações decorrentes de infrações ocorridas entre 30 de maio de 2018 e 19 de julho de 2018.

§ 5º A norma de que trata o *caput* deste artigo poderá fixar pisos mínimos de frete diferenciados para o transporte de contêineres e de veículos de frotas específicas, dedicados ou fidelizados por razões sanitárias ou por outras razões consideradas pertinentes pela ANTT, consideradas as características e especificidades do transporte.

§ 6º Cabe à ANTT adotar as medidas administrativas, coercitivas e punitivas necessárias ao fiel cumprimento do disposto no § 4º deste artigo, nos termos de regulamento.

ART. 6º O processo de fixação dos pisos mínimos deverá ser técnico, ter ampla publicidade e contar com a participação dos representantes dos embarcadores, dos contratantes dos fretes, das cooperativas de transporte de cargas, dos sindicatos de empresas de transportes e de transportadores autônomos de cargas.

Parágrafo único. A ANTT regulamentará a participação das diversas partes interessadas no processo de fixação dos pisos mínimos de que trata o *caput* deste artigo, garantida a participação igualitária de transportadores autônomos e demais setores.

ART. 7º Toda operação de transporte rodoviário de cargas deverá ser acompanhada de documento referente ao contrato de frete, com informações do contratante, do contratado e do subcontratado, quando houver, e também da carga, origem e destino, forma de pagamento do frete e indicação expressa do valor do frete pago ao contratado e ao subcontratado e do piso mínimo de frete aplicável.

Parágrafo único. O documento de que trata o *caput* deste artigo, com o devido registro realizado perante a ANTT, na forma de regulamento, será de porte obrigatório pelo motorista do veículo durante o transporte.

ART. 8º Respondem subsidiariamente pelo pagamento da indenização a que se refere o § 4º do art. 5º, os responsáveis por anúncios de ofertas de frete em valores inferiores aos pisos mínimos estabelecidos na forma desta Lei.

ART. 9º (Vetado).

ART. 10. Esta Lei entra em vigor na data de sua publicação.

Brasília, 8 de agosto de 2018; 197º da Independência e 130º da República.

MICHEL TEMER

LEI N. 13.726, DE 8 DE OUTUBRO DE 2018

Racionaliza atos e procedimentos administrativos dos Poderes da União, dos Estados, do Distrito Federal e dos Municípios e institui o Selo de Desburocratização e Simplificação.

› *DOU*, 9.10.2018.

O Presidente da República. Faço saber que o Congresso Nacional decreta e eu sanciono a seguinte Lei:

ART. 1º Esta Lei racionaliza atos e procedimentos administrativos dos Poderes da União, dos Estados, do Distrito Federal e dos Municípios mediante a supressão ou a simplificação de formalidades ou exigências desnecessárias ou superpostas, cujo custo econômico ou social, tanto para o erário como para o cidadão, seja superior ao eventual risco de fraude, e institui o Selo de Desburocratização e Simplificação.

ART. 2º (Vetado).

ART. 3º Na relação dos órgãos e entidades dos Poderes da União, dos Estados, do Distrito Federal e dos Municípios com o cidadão, é dispensada a exigência de:

I - reconhecimento de firma, devendo o agente administrativo, confrontando a assinatura com aquela constante do documento de identidade do signatário, ou estando este presente e assinando o documento diante do agente, lavrar sua autenticidade no próprio documento;

II - autenticação de cópia de documento, cabendo ao agente administrativo, mediante a comparação entre o original e a cópia, atestar a autenticidade;

III - juntada de documento pessoal do usuário, que poderá ser substituído por cópia autenticada pelo próprio agente administrativo;

IV - apresentação de certidão de nascimento, que poderá ser substituída por cédula de identidade, título de eleitor, identidade expedida por conselho regional de fiscalização profissional, carteira de trabalho, certificado de prestação ou de isenção do serviço militar, passaporte ou identidade funcional expedida por órgão público;

V - apresentação de título de eleitor, exceto para votar ou para registrar candidatura;

VI - apresentação de autorização com firma reconhecida para viagem de menor se os pais estiverem presentes no embarque.

§ 1º É vedada a exigência de prova relativa a fato que já houver sido comprovado pela apresentação de outro documento válido.

§ 2º Quando, por motivo não imputável ao solicitante, não for possível obter diretamente do órgão ou entidade responsável documento comprobatório de regularidade, os fatos poderão ser comprovados mediante declaração escrita e assinada pelo cidadão, que, em caso de declaração falsa, ficará sujeito às sanções administrativas, civis e penais aplicáveis.

§ 3º Os órgãos e entidades integrantes de Poder da União, de Estado, do Distrito Federal ou de Município não poderão exigir do cidadão a apresentação de certidão ou documento expedido por outro órgão ou entidade do mesmo Poder, ressalvadas as seguintes hipóteses:

I - certidão de antecedentes criminais;

II - informações sobre pessoa jurídica;

III - outras expressamente previstas em lei.

ART. 4º (Vetado).

ART. 5º Os Poderes da União, dos Estados, do Distrito Federal e dos Municípios poderão criar grupos setoriais de trabalho com os seguintes objetivos:

I - identificar, nas respectivas áreas, dispositivos legais ou regulamentares que prevejam exigências descabidas ou exageradas ou procedimentos desnecessários ou redundantes;

II - sugerir medidas legais ou regulamentares que visem a eliminar o excesso de burocracia.

ART. 6º Ressalvados os casos que impliquem imposição de deveres, ônus, sanções ou restrições ao exercício de direitos e atividades, a comunicação entre o Poder Público e o cidadão poderá ser feita por qualquer meio, inclusive comunicação verbal, direta ou telefônica, e correio eletrônico, devendo a circunstância ser registrada quando necessário.

ART. 7º É instituído o Selo de Desburocratização e Simplificação, destinado a reconhecer e a estimular projetos, programas e práticas que simplifiquem o funcionamento da administração pública e melhorem o atendimento aos usuários dos serviços públicos.

Parágrafo único. O Selo será concedido na forma de regulamento por comissão formada por representantes da Administração Pública e da sociedade civil, observados os seguintes critérios:

I - a racionalização de processos e procedimentos administrativos;

II - a eliminação de formalidades desnecessárias ou desproporcionais para as finalidades almejadas;

III - os ganhos sociais oriundos da medida de desburocratização;

IV - a redução do tempo de espera no atendimento dos serviços públicos;

V - a adoção de soluções tecnológicas ou organizacionais que possam ser replicadas em outras esferas da administração pública.

ART. 8º A participação do servidor no desenvolvimento e na execução de projetos e programas que resultem na desburocratização do serviço público será registrada em seus assentamentos funcionais.

ART. 9º Os órgãos ou entidades estatais que receberem o Selo de Desburocratização e Simplificação serão inscritos em Cadastro Nacional de Desburocratização.

Parágrafo único. Serão premiados, anualmente, 2 (dois) órgãos ou entidades, em cada unidade federativa, selecionados com base nos critérios estabelecidos por esta Lei.

ART. 10. (Vetado).

Brasília, 8 de outubro de 2018; 197º da Independência e 130º da República.

MICHEL TEMER

LEI N. 13.731, DE 8 DE NOVEMBRO DE 2018

Dispõe sobre mecanismos de financiamento para a arborização urbana e a recuperação de áreas degradadas.

› *DOU*, 9.11.2018.

O Presidente da República. Faço saber que o Congresso Nacional decreta e eu sanciono a seguinte Lei:

ART. 1º Esta Lei determina mecanismos de financiamento para a arborização urbana e para a recuperação de áreas degradadas, a partir do direcionamento de recursos arrecadados da aplicação de multa por crime, infração penal ou infração administrativa, no caso de condutas e atividades lesivas ao meio ambiente, assim como da cobrança de taxas pela autorização de poda e de corte de árvores.

ART. 2º Um décimo do valor das multas por crime, infração penal ou infração administrativa decorrentes de condutas e atividades lesivas ao meio ambiente, arrecadadas pelos órgãos ambientais integrantes do Sistema Nacional de Meio Ambiente - SISNAMA, será destinado à arborização urbana e à recuperação de áreas degradadas.

§ 1º O recurso advindo das multas de que trata o *caput* deve ser aplicado no Município onde ocorreu a infração ou o crime ambiental.

§ 2º Regulamentação deverá prever os critérios e as normas para a aplicação do recurso de que trata o *caput*.

ART. 3º (Vetado).

ART. 4º Esta Lei entra em vigor na data de sua publicação.

Brasília, 8 de novembro de 2018; 197º da Independência e 130º da República.

MICHEL TEMER

LEI N. 13.752, DE 26 DE NOVEMBRO DE 2018

Dispõe sobre o subsídio dos Ministros do Supremo Tribunal Federal.

▸ *DOU*, 27.11.2018.

O Presidente da República. Faço saber que o Congresso Nacional decreta e eu sanciono a seguinte Lei:

ART. 1º O subsídio mensal dos Ministros do Supremo Tribunal Federal, referido no inciso XV do art. 48 da Constituição Federal, observado o disposto no art. 3º desta Lei, corresponderá a R$ 39.293,32 (trinta e nove mil, duzentos e noventa e três reais e trinta e dois centavos).

ART. 2º As despesas resultantes da aplicação desta Lei correrão à conta das dotações orçamentárias consignadas aos órgãos do Poder Judiciário da União.

ART. 3º A implementação do disposto nesta Lei observará o art. 169 da Constituição Federal.

ART. 4º Esta Lei entra em vigor na data de sua publicação.

Brasília, 26 de novembro de 2018; 197º da Independência e 130º da República.

MICHEL TEMER

LEI N. 13.753, DE 26 DE NOVEMBRO DE 2018

Dispõe sobre o subsídio do Procurador-Geral da República.

▸ *DOU*, 27.11.2018.

O Presidente da República. Faço saber que o Congresso Nacional decreta e eu sanciono a seguinte Lei:

ART. 1º O subsídio mensal do Procurador-Geral da República, observados o inciso XI do art. 37, o § 4º do art. 39, o § 2º do art. 127 e a alínea "c" do inciso I do § 5º do art. 128, todos da Constituição Federal, corresponderá a R$ 39.293,32 (trinta e nove mil, duzentos e noventa e três reais e trinta e dois centavos).

ART. 2º As despesas resultantes da aplicação desta Lei correrão à conta das dotações orçamentárias consignadas ao Ministério Público da União.

ART. 3º A implementação do disposto nesta Lei observará o previsto no art. 169 da Constituição Federal e as normas pertinentes da Lei Complementar n. 101, de 4 de maio de 2000 (Lei de Responsabilidade Fiscal).

ART. 4º Esta Lei entra em vigor na data de sua publicação.

Brasília, 26 de novembro de 2018; 197º da Independência e 130º da República.

MICHEL TEMER

LEI N. 13.755, DE 10 DE DEZEMBRO DE 2018

Estabelece requisitos obrigatórios para a comercialização de veículos no Brasil; institui o Programa Rota 2030 - Mobilidade e Logística; dispõe sobre o regime tributário de autopeças não produzidas; e altera as Leis n. 9.440, de 14 de março de 1997, 12.546, de 14 de dezembro de 2011, 10.865, de 30 de abril de 2004, 9.826, de 23 de agosto de 1999, 10.637, de 30 de dezembro de 2002, 8.383, de 30 de dezembro de 1991, e 8.989, de 24 de fevereiro de 1995, e o Decreto-Lei n. 288, de 28 de fevereiro de 1967.

▸ DOU, 11.12.2018.

▸ O Dec. 9.557/2018 regulamentou a Med. Prov. 843/2018, convertida nesta lei.

O Presidente da República. Faço saber que o Congresso Nacional decreta e eu sanciono a seguinte Lei:

CAPÍTULO I
DOS REQUISITOS OBRIGATÓRIOS E DAS SANÇÕES ADMINISTRATIVAS PARA A COMERCIALIZAÇÃO E PARA A IMPORTAÇÃO DE VEÍCULOS NOVOS NO PAÍS

SEÇÃO I
DOS REQUISITOS OBRIGATÓRIOS

ART. 1º O Poder Executivo federal estabelecerá requisitos obrigatórios para a comercialização de veículos novos produzidos no País e para a importação de veículos novos classificados nos códigos 87.01 a 87.06 da Tabela de Incidência do Imposto sobre Produtos Industrializados (Tipi), aprovada pelo Decreto n. 8.950, de 29 de dezembro de 2016, relativos a:

I - rotulagem veicular;

II - eficiência energética veicular; e

III - desempenho estrutural associado a tecnologias assistivas à direção.

§ 1º A fixação dos requisitos previstos nos incisos I, II e III do *caput* deste artigo considerará critérios quantitativos e qualitativos, tais como o número de veículos comercializados ou importados, o atingimento de padrões internacionais e o desenvolvimento de projetos.

§ 2º O cumprimento dos requisitos de que trata o *caput* deste artigo será comprovado perante o Ministério da Indústria, Comércio Exterior e Serviços, que definirá os termos e os prazos de comprovação e emitirá ato de registro dos compromissos.

§ 3º O disposto no *caput* deste artigo não exime os veículos da obtenção prévia do Certificado de Adequação à Legislação de Trânsito (CAT) e do código de marca-modelo-versão do veículo do Registro Nacional de Veículos Automotores (Renavam), do Departamento Nacional de Trânsito do Ministério das Cidades, e da Licença para Uso da Configuração de Veículo ou Motor (LCVM), do Instituto Brasileiro do Meio Ambiente e dos Recursos Naturais Renováveis (Ibama).

§ 4º Na fixação dos requisitos de que trata este artigo, será concedido aos bens importados tratamento não menos favorável que o concedido aos bens similares de origem nacional.

ART. 2º O Poder Executivo federal poderá reduzir as alíquotas do Imposto sobre Produtos Industrializados (IPI) para os veículos de que trata o *caput* do art. 1º desta Lei em:

I - até dois pontos percentuais para os veículos que atenderem a requisitos específicos de eficiência energética; e

II - até um ponto percentual para os veículos que atenderem a requisitos específicos de desempenho estrutural associado a tecnologias assistivas à direção.

§ 1º Observado o disposto no § 2º, a redução de alíquota de que trata o inciso II do *caput* poderá ser concedida somente ao veículo cuja alíquota de IPI aplicável já tenha sido reduzida, nos termos do inciso I do *caput* deste artigo, em, no mínimo, um ponto percentual.

§ 2º O somatório das reduções de alíquotas de que tratam os incisos I e II do *caput* deste artigo fica limitado a dois pontos percentuais.

§ 3º Na redução de alíquotas de que trata este artigo, será concedido aos bens importados tratamento não menos favorável que o concedido aos bens similares de origem nacional.

§ 4º Os veículos híbridos equipados com motor que utilize, alternativa ou simultaneamente, gasolina e álcool (flexibe fuel engine) devem ter uma redução de, no mínimo, três pontos percentuais na alíquota do IPI em relação aos veículos convencionais, de classe e categoria similares, equipados com esse mesmo tipo de motor.

SEÇÃO II
DAS SANÇÕES ADMINISTRATIVAS

ART. 3º A comercialização ou a importação de veículos no País sem o ato de registro dos compromissos de que trata o § 2º do art. 1º, por parte do fabricante ou do importador, acarretará multa compensatória de 20% (vinte por cento) incidente sobre a receita decorrente da venda dos veículos de que trata o art. 1º desta Lei.

Parágrafo único. Na hipótese de veículos importados, a multa compensatória de que trata o *caput* deste artigo incidirá, no momento da importação, sobre o valor aduaneiro acrescido dos tributos incidentes na nacionalização.

ART. 4º O não cumprimento da meta de eficiência energética de que trata o inciso II do *caput* do art. 1º desta Lei ensejará multa compensatória, nos seguintes valores:

I - R$ 50,00 (cinquenta reais), para até o primeiro centésimo, inclusive, maior que o consumo energético correspondente à meta de eficiência energética estabelecida, expressa em megajoules por quilômetro;

II - R$ 90,00 (noventa reais), a partir do primeiro centésimo, exclusive, até o segundo centésimo, inclusive, maior que o consumo energético correspondente à meta de eficiência energética estabelecida, expressa em megajoules por quilômetro;

III - R$ 270,00 (duzentos e setenta reais), a partir do segundo centésimo, exclusive, até o terceiro centésimo, inclusive, maior que o consumo energético correspondente à meta de eficiência energética estabelecida, expressa em megajoules por quilômetro; e

IV - R$ 360,00 (trezentos e sessenta reais), a partir do terceiro centésimo, exclusive, para cada centésimo maior que o consumo energético correspondente à meta de eficiência energética estabelecida, expressa em megajoules por quilômetro.

ART. 5º O descumprimento das metas de rotulagem veicular de âmbito nacional ou de desempenho estrutural associado a tecnologias assistivas à direção de que tratam os incisos I e III do *caput* do art. 1º desta Lei ensejará multa compensatória, nos seguintes valores:

I - R$ 50,00 (cinquenta reais), para até 5% (cinco por cento), inclusive, menor que a meta estabelecida;

II - R$ 90,00 (noventa reais), de 5% (cinco por cento), exclusive, até 10% (dez por cento), inclusive, menor que a meta estabelecida;

III - R$ 270,00 (duzentos e setenta reais), de 10% (dez por cento), exclusive, até 15% (quinze por cento), inclusive, menor que a meta estabelecida;

IV - R$ 360,00 (trezentos e sessenta reais), de 15% (quinze por cento), exclusive, até 20% (vinte por cento), inclusive, menor que a meta estabelecida; e

V - 20% (vinte por cento), exclusive, menor que a meta estabelecida e, a cada 5 (cinco) pontos percentuais, será acrescido o valor de que trata o inciso IV do *caput* deste artigo.

ART. 6º Os valores de que tratam os arts. 4º e 5º serão multiplicados pelo número de veículos licenciados a partir da regulamentação desta Lei e serão pagos na forma disposta no § 3º do art. 10 desta Lei.

Parágrafo único. O somatório das multas compensatórias de que tratam os arts. 4º e 5º desta Lei está limitado a 20% (vinte por cento) incidente sobre a receita decorrente da venda ou sobre o valor aduaneiro acrescido dos tributos incidentes na nacionalização, no caso de veículos importados, dos veículos que não cumprem os requisitos obrigatórios de que trata o art. 1º desta Lei.

CAPÍTULO II
DO PROGRAMA ROTA 2030 - MOBILIDADE E LOGÍSTICA

SEÇÃO I
DOS OBJETIVOS E DAS DIRETRIZES DO PROGRAMA

ART. 7º Fica instituído o Programa Rota 2030 - Mobilidade e Logística, com o objetivo de apoiar o desenvolvimento tecnológico, a competitividade, a inovação, a segurança veicular, a proteção ao meio ambiente, a eficiência energética e a qualidade de automóveis, de caminhões, de ônibus, de chassis com motor e de autopeças.

ART. 8º O Programa Rota 2030 - Mobilidade e Logística terá as seguintes diretrizes:

I - incremento da eficiência energética, do desempenho estrutural e da disponibilidade de tecnologias assistivas à direção dos veículos comercializados no País;

II - aumento dos investimentos em pesquisa, desenvolvimento e inovação no País;

III - estímulo à produção de novas tecnologias e inovações, de acordo com as tendências tecnológicas globais;

IV - incremento da produtividade das indústrias para a mobilidade e logística;

V - promoção do uso de biocombustíveis e de formas alternativas de propulsão e valorização da matriz energética brasileira;

VI - garantia da capacitação técnica e da qualificação profissional no setor de mobilidade e logística; e

VII - garantia da expansão ou manutenção do emprego no setor de mobilidade e logística.

SEÇÃO II
DAS MODALIDADES DE HABILITAÇÃO AO PROGRAMA

ART. 9º Poderão habilitar-se ao Programa Rota 2030 - Mobilidade e Logística as empresas que:

I - produzam, no País, os veículos classificados nos códigos 87.01 a 87.06 da Tipi, aprovada pelo Decreto n. 8.950, de 29 de dezembro de 2016, as autopeças ou os sistemas estratégicos para a produção dos veículos classificados nos referidos códigos da Tipi, conforme regulamento do Poder Executivo federal; ou

II - tenham projeto de desenvolvimento e produção tecnológica aprovado para a produção, no País, de novos produtos ou de novos modelos de produtos já existentes referidos no inciso I do *caput* deste artigo, ou de novas soluções estratégicas para a mobilidade e logística, conforme regulamento do Poder Executivo federal.

§ 1º A habilitação ao Programa Rota 2030 - Mobilidade e Logística será concedida por ato do Ministro de Estado da Indústria, Comércio Exterior e Serviços, com a comprovação anual do atendimento aos compromissos assumidos.

§ 2º O projeto de desenvolvimento e produção tecnológica de que trata o inciso II do *caput* deste artigo compreenderá a pesquisa para o desenvolvimento de novos produtos ou de novos modelos de produtos já existentes, ou de novas soluções estratégicas para a mobilidade e logística, e investimentos em ativos fixos.

§ 3º Poderão ainda habilitar-se ao Programa Rota 2030 - Mobilidade e Logística, nos termos do inciso II do *caput*, observado o disposto no § 2º deste artigo e conforme regulamento do Poder Executivo federal, as empresas que:

I - tenham em execução, na data de publicação da Medida Provisória n. 843, de 5 de julho de 2018, projeto de desenvolvimento e produção tecnológica para a instalação de novas plantas ou de projetos industriais;

II - tenham projeto de investimento nos termos dispostos no inciso III do § 2º do art. 40 da Lei n. 12.715, de 17 de setembro de 2012, com a finalidade de instalação, no País, de fábrica de veículos leves com capacidade produtiva anual de até 35.000 (trinta e cinco mil) unidades e com investimento específico de, no mínimo, R$ 17.000,00 (dezessete mil reais) por veículo;

III - tenham projeto de investimento relativo à instalação de fábrica de veículos leves com capacidade produtiva anual de até 35.000 (trinta e cinco mil) unidades e com investimento específico de, no mínimo, R$ 23.300,00 (vinte e três mil e trezentos reais) por veículo; ou

IV - tenham projeto de investimento relativo à instalação, no País, de linha de produção de veículos com tecnologias de propulsão alternativas à combustão.

§ 4º As empresas de autopeças ou sistemas estratégicos ou soluções estratégicas para a mobilidade e logística de que tratam os incisos I e II do *caput* deste artigo deverão:

I - ser tributadas pelo regime de lucro real; e

II - possuir centro de custo de pesquisa e desenvolvimento.

§ 5º No fim do prazo a que se refere o art. 29 desta Lei, as habilitações vigentes serão consideradas canceladas e seus efeitos serão cessados, exceto quanto ao cumprimento dos compromissos assumidos.

SEÇÃO III
DOS REQUISITOS PARA A HABILITAÇÃO

ART. 10. Para fins de habilitação ao Programa Rota 2030 - Mobilidade e Logística, o Poder Executivo federal estabelecerá requisitos relativos a:

I - rotulagem veicular;

II - eficiência energética veicular;

III - desempenho estrutural associado a tecnologias assistivas à direção; e

IV - dispêndios com pesquisa e desenvolvimento tecnológico.

§ 1º Poderá habilitar-se ao Programa Rota 2030 - Mobilidade e Logística a empresa que estiver em situação regular em relação aos tributos federais.

§ 2º A empresa interessada em habilitar-se ao Programa Rota 2030 - Mobilidade e Logística deverá comprovar que está formalmente autorizada a:

I - realizar, no território nacional, as atividades de prestação de serviços de assistência técnica e de organização de rede de distribuição; e

II - utilizar as marcas do fabricante em relação aos veículos objeto de importação, mediante documento válido no Brasil.

§ 3º Os dispêndios de que trata o inciso IV do *caput* deste artigo poderão ser realizados sob a forma de projetos de pesquisa, desenvolvimento e inovação e de programas prioritários de apoio ao desenvolvimento industrial e tecnológico para o setor automotivo e sua cadeia, conforme regulamento do Poder Executivo federal, em parceria com:

I - Instituições Científica, Tecnológica e de Inovação (ICTs);

II - entidades brasileiras de ensino, oficiais ou reconhecidas pelo poder público;

III - empresas públicas dotadas de personalidade jurídica de direito privado que mantenham fundos de investimento que se destinem a empresas de base tecnológica, com foco no desenvolvimento e na sustentabilidade industrial e tecnológica para a mobilidade e logística; ou

IV - organizações sociais, qualificadas conforme a Lei n. 9.637, de 15 de maio de 1998, ou serviços sociais autônomos, que mantenham contrato de gestão com o governo federal e que promovam e incentivem a realização de projetos de pesquisa aplicada, desenvolvimento e inovação para o setor automotivo e sua cadeia.

§ 4º A realização dos projetos de que trata o § 3º deste artigo, conforme regulamento do Poder Executivo federal, desonera as empresas beneficiárias da responsabilidade quanto à efetiva utilização dos recursos nos programas e projetos de interesse nacional nas áreas de que trata este artigo.

§ 5º Nas hipóteses de glosa ou de necessidade de complementação residual de dispêndios em pesquisa e desenvolvimento tecnológico de que trata o inciso IV do *caput* deste artigo, a empresa poderá cumprir o compromisso por meio de depósitos em contas específicas para aplicação em programas prioritários de apoio ao desenvolvimento industrial e tecnológico para a mobilidade e logística, limitados ao montante equivalente a 20% (vinte por cento) do valor mínimo necessário para o cumprimento do requisito.

§ 6º O cumprimento dos requisitos de que trata este artigo será comprovado perante o Ministério da Indústria, Comércio Exterior e Serviços, que definirá os termos e os prazos de comprovação.

§ 7º O Ministério da Indústria, Comércio Exterior e Serviços encaminhará à Secretaria da Receita Federal do Brasil do Ministério da Fazenda, em até 3 (três) anos, contados da utilização dos créditos de que trata esta Lei, os resultados das auditorias relativas ao cumprimento dos requisitos de habilitação ao Programa Rota 2030 - Mobilidade e Logística.

§ 8º Os requisitos mínimos estabelecidos nos incisos I, II e III do *caput* deste artigo serão iguais ou superiores àqueles estipulados, respectivamente, nos incisos I, II e III do *caput* do art. 1º desta Lei.

§ 9º Na fixação dos requisitos previstos neste artigo, será concedido aos bens importados tratamento não menos favorável que o concedido aos bens similares de origem nacional.

SEÇÃO IV
DOS INCENTIVOS DO PROGRAMA

ART. 11. A pessoa jurídica habilitada no Programa Rota 2030 - Mobilidade e Logística poderá deduzir do Imposto sobre a Renda das Pessoas Jurídicas (IRPJ) e da Contribuição Social sobre o Lucro Líquido (CSLL) devidos o valor correspondente à aplicação da alíquota e adicional do IRPJ e da alíquota da CSLL sobre até 30% (trinta por cento) dos dispêndios realizados no País, no próprio período de apuração, desde que sejam classificáveis como despesas operacionais pela legislação do IRPJ e aplicados em:

I - pesquisa, abrangidas as atividades de pesquisa básica dirigida, de pesquisa aplicada, de desenvolvimento experimental e de projetos estruturantes; e

II - desenvolvimento, abrangidas as atividades de desenvolvimento, de capacitação de fornecedores, de manufatura básica, de tecnologia industrial básica e de serviços de apoio técnico.

§ 1º A dedução de que trata o *caput* deste artigo não poderá exceder, em cada período de apuração, o valor do IRPJ e da CSLL devido com base:

I - no lucro real e no resultado ajustado trimestral;

II - no lucro real e no resultado ajustado apurado no ajuste anual; ou

III - na base de cálculo estimada, calculada com base na receita bruta e acréscimos ou com base no resultado apurado em balanço ou balancete de redução.

§ 2º O valor deduzido do IRPJ e da CSLL apurado a partir da base de cálculo estimada de que trata o inciso III do § 1º deste artigo:

I - não será considerado IRPJ e CSLL pagos por estimativa para fins do cálculo do tributo devido no ajuste anual e do tributo devido no balanço de redução e suspensão posteriores; e

II - poderá ser considerado na dedução do IRPJ e da CSLL devidos no ajuste anual, observado o limite de que trata o § 1º deste artigo.

§ 3º A parcela apurada na forma do *caput* excedente ao limite de dedução previsto no § 1º deste artigo somente poderá ser deduzida do IRPJ e da CSLL devidos, respectivamente, em períodos de apuração subsequentes, e a dedução será limitada a 30% (trinta por cento) do valor dos tributos.

§ 4º Na hipótese de dispêndios com pesquisa e desenvolvimento tecnológico considerados estratégicos, sem prejuízo da dedução de que trata o *caput* deste artigo, a empresa poderá beneficiar-se de dedução adicional do IRPJ e da CSLL correspondente à aplicação da alíquota e adicional do IRPJ e da alíquota da CSLL sobre até 15% (quinze por cento) incidentes sobre esses dispêndios, limitados a 45% (quarenta e cinco por cento) dos dispêndios de que trata o *caput* deste artigo.

§ 5º São considerados dispêndios estratégicos com pesquisa e desenvolvimento aqueles que atendam ao disposto no *caput* deste artigo e, adicionalmente, sejam relativos à manufatura avançada, conectividade, sistemas estratégicos, soluções estratégicas para a mobilidade e logística, novas tecnologias de propulsão ou autonomia veicular e suas autopeças, desenvolvimento de ferramental, moldes e modelos, nanotecnologia, pesquisadores exclusivos, big data, sistemas analíticos e preditivos (data analytics) e inteligência artificial, conforme regulamento do Poder Executivo federal.

§ 6º As deduções de que trata este artigo:

I - somente poderão ser efetuadas a partir de 1º de janeiro de 2019 para as empresas habilitadas até essa data; e

II - somente poderão ser efetuadas a partir da habilitação para as empresas habilitadas após 1º de janeiro de 2019.

§ 7º O valor do benefício fiscal não estará sujeito a qualquer correção, inclusive pela taxa referencial do Sistema Especial de Liquidação e de Custódia (Selic).

§ 8º O valor da contrapartida do benefício fiscal previsto neste artigo, reconhecido no resultado operacional, não será computado na base de cálculo das contribuições para o Programa de Integração Social (PIS) e para o Programa de Formação do Patrimônio do Servidor Público (Pasep), da Contribuição para Financiamento da Seguridade Social (Cofins), do IRPJ e da CSLL.

ART. 12. Os benefícios fiscais de que trata o art. 11 desta Lei não excluem os benefícios previstos no Decreto-Lei n. 288, de 28 de fevereiro de 1967, na Lei n. 8.248, de 23 de outubro de 1991, nos arts. 11-B e 11-C da Lei n. 9.440, de 14 de março de 1997, no art. 1º da Lei n. 9.826, de 23 de agosto de 1999, no regime especial de tributação de que trata o art. 56 da Medida Provisória n. 2.158-35, de 24 de agosto de 2001, e na Lei n. 11.196, de 21 de novembro de 2005.

SEÇÃO V
DO ACOMPANHAMENTO DO PROGRAMA

ART. 13. Fica instituído o Grupo de Acompanhamento do Programa Rota 2030 - Mobilidade e Logística, composto por representantes do Ministério da Fazenda, do Ministério da Indústria, Comércio Exterior e Serviços e do Ministério da Ciência, Tecnologia, Inovações e Comunicações, com o objetivo de definir os critérios para monitoramento dos impactos do Programa, conforme ato do Ministro de Estado da Indústria, Comércio Exterior e Serviços.

§ 1º O Grupo de Acompanhamento de que trata o *caput* deste artigo:

I - deverá ser implementado até 31 de dezembro de 2018;

II - terá o prazo de 6 (seis) meses, após sua implementação, para definir os critérios para monitoramento e avaliação dos impactos do Programa; e

III - deverá divulgar, anualmente, relatório com os resultados econômicos e técnicos advindos da aplicação do Programa no ano anterior.

§ 2º O relatório de que trata o inciso III do § 1º deste artigo:

I - será elaborado pelo Ministério da Indústria, Comércio Exterior e Serviços, sob a supervisão do Grupo de Acompanhamento do Programa Rota 2030 - Mobilidade e Logística; e

II - deverá conter os impactos decorrentes dos dispêndios beneficiados pelo Programa Rota 2030 - Mobilidade e Logística na produção, no emprego, nos investimentos, na inovação e na agregação de valor do setor automobilístico.

ART. 14. Ficam criados o Observatório Nacional das Indústrias para a Mobilidade e Logística e o Conselho Gestor do Observatório, constituído por representantes do governo, do setor empresarial, dos trabalhadores e da comunidade científica, responsável, entre outras atribuições, por acompanhar o impacto do Programa Rota 2030 - Mobilidade e Logística no setor e na sociedade, conforme ato do Ministro de Estado da Indústria, Comércio Exterior e Serviços.

SEÇÃO VI
DAS SANÇÕES ADMINISTRATIVAS

ART. 15. O descumprimento de requisitos, de compromissos, de condições e de obrigações acessórias previstos nesta Lei, no seu regulamento ou em atos complementares do Programa Rota 2030 - Mobilidade e Logística poderá acarretar as seguintes penalidades:

I - cancelamento da habilitação com efeitos retroativos;

II - suspensão da habilitação; ou

III - multa de até 2% (dois por cento) sobre o faturamento apurado no mês anterior à prática da infração.

ART. 16. A penalidade de cancelamento da habilitação:

I - poderá ser aplicada nas hipóteses de:

a) descumprimento do requisito de que trata o inciso IV do *caput* do art. 10 desta Lei; ou

b) não realização do projeto de desenvolvimento e produção tecnológica de que trata o inciso II do *caput* do art. 9º desta Lei; e

II - implicará o recolhimento do valor equivalente ao IRPJ e à CSLL não recolhido ou o estorno do prejuízo fiscal e da base de cálculo negativa de CSLL formados em função do benefício até o último dia útil do mês seguinte ao cancelamento da habilitação.

Parágrafo único. Na hipótese de a empresa possuir mais de uma habilitação ao Programa Rota 2030 - Mobilidade e Logística, o cancelamento de uma delas não afetará as demais.

ART. 17. A penalidade de suspensão da habilitação poderá ser aplicada nas hipóteses de:

I - verificação de não atendimento pela empresa habilitada da condição de que trata o § 1º do art. 10 desta Lei; ou

II - descumprimento, por mais de 3 (três) meses consecutivos, de obrigação acessória de que trata o art. 18 desta Lei.

Parágrafo único. Ficará suspenso o usufruto dos benefícios de que trata esta Lei enquanto não forem sanados os motivos que deram causa à suspensão da habilitação.

ART. 18. A penalidade de multa de que trata o inciso III do *caput* do art. 15 desta Lei poderá ser aplicada à empresa que descumprir obrigação acessória relativa ao Programa Rota 2030 - Mobilidade e Logística prevista nesta Lei, em seu regulamento ou em ato específico do Ministério da Indústria, Comércio Exterior e Serviços.

ART. 19. O descumprimento dos requisitos de que tratam os incisos I, II e III do *caput* do art. 10 desta Lei pelas empresas habilitadas no Programa Rota 2030 - Mobilidade e Logística enseja a aplicação das sanções previstas nos arts. 4º, 5º e 6º desta Lei.

CAPÍTULO III
DO REGIME DE AUTOPEÇAS NÃO PRODUZIDAS

ART. 20. Fica instituído o regime tributário para a importação das partes, peças, componentes, conjuntos e subconjuntos, acabados e semiacabados, e pneumáticos, sem capacidade de produção nacional equivalente, todos novos.

ART. 21. Será concedida isenção do imposto de importação para os produtos a que se refere o art. 20 desta Lei quando destinados à industrialização de produtos automotivos.

§ 1º O beneficiário do regime tributário poderá realizar a importação diretamente ou por sua conta e ordem, por intermédio de pessoa jurídica importadora.

§ 2º O Poder Executivo federal relacionará os bens objeto da isenção a que se refere o *caput* deste artigo por classificação fiscal na Nomenclatura Comum do Mercosul (NCM).

SEÇÃO I
DOS CONCEITOS

ART. 22. Para fins do disposto nos arts. 20 e 21 desta Lei, considera-se:

I - capacidade de produção nacional: a disponibilidade de tecnologia, de meios de produção e de mão de obra para fornecimento regular em série;

II - equivalente nacional: o produto intercambiável de mesma tecnologia ou que cumpra a mesma função;

III - produtos automotivos:

a) automóveis e veículos comerciais leves com até 1.500 kg (mil e quinhentos quilogramas) de capacidade de carga;

b) ônibus;

c) caminhões;

d) tratores rodoviários para semirreboques;

e) chassis com motor, incluídos os com cabina;

f) reboques e semirreboques;

g) carrocerias e cabinas;

h) tratores agrícolas, colheitadeiras e máquinas agrícolas autopropulsadas;

i) máquinas rodoviárias autopropulsadas; e

j) autopeças; e

IV - autopeças: peças, incluídos pneumáticos, subconjuntos e conjuntos necessários à produção dos veículos listados nas alíneas a a i do inciso III do *caput*, e as necessárias à produção dos bens indicados na alínea j do inciso III do *caput* deste artigo, incluídas as destinadas ao mercado de reposição.

SEÇÃO II
DOS BENEFICIÁRIOS

ART. 23. São beneficiários do regime tributário instituído no art. 20 desta Lei as empresas habilitadas que importem autopeças destinadas à industrialização dos produtos automotivos a que se refere o art. 22 desta Lei.

Parágrafo único. Poderão habilitar-se a operar no regime tributário instituído no art. 20 desta Lei as empresas que atendam aos termos, aos limites e às condições estabelecidos pelo Poder Executivo federal.

SEÇÃO III
DO PRAZO E DA APLICAÇÃO DO REGIME

ART. 24. Os bens importados com a isenção de que trata o art. 21 desta Lei serão integralmente aplicados na industrialização dos produtos automotivos pelo prazo de 3 (três) anos, contado da data de ocorrência do fato gerador do imposto de importação.

§ 1º O beneficiário que não promover a industrialização no prazo a que se refere o *caput* deste artigo fica obrigado a recolher o imposto de importação não pago em decorrência da isenção usufruída, acrescido de juros e multa de mora, nos termos de legislação específica, calculados a partir da data de ocorrência do fato gerador.

§ 2º O Poder Executivo federal disporá sobre o percentual de tolerância no caso de perda inevitável no processo produtivo.

ART. 25. A isenção do imposto de importação de que trata o art. 21 desta Lei fica condicionada à realização, pela empresa habilitada, de dispêndios, no País, correspondentes ao montante equivalente à aplicação da alíquota de 2% (dois por cento) do valor aduaneiro em projetos de pesquisa, desenvolvimento e inovação e em programas prioritários de apoio ao desenvolvimento industrial e tecnológico para o setor automotivo e sua cadeia, conforme regulamento do Poder Executivo federal, em parceria com:

I - ICTs;

II - entidades brasileiras de ensino, oficiais ou reconhecidas pelo poder público;

III - empresas públicas dotadas de personalidade jurídica de direito privado que mantenham fundos de investimento que se destinem a empresas de base tecnológica, com foco no desenvolvimento e na sustentabilidade industrial e tecnológica para a mobilidade e logística; ou

IV - organizações sociais, qualificadas conforme a Lei n. 9.637, de 15 de maio de 1998, ou serviços sociais autônomos, que mantenham contrato de gestão com o governo federal e que promovam e incentivem a realização de projetos de pesquisa aplicada, desenvolvimento e inovação para o setor automotivo e sua cadeia.

§ 1º Para fins do disposto no *caput* deste artigo, aplicam-se os §§ 4º e 6º do art. 10 desta Lei.

§ 2º Os dispêndios de que trata o *caput* deste artigo deverão ser realizados até o último dia útil do segundo mês-calendário posterior ao mês de realização das importações, contado o prazo a partir da data do desembaraço aduaneiro.

SEÇÃO IV
DAS SANÇÕES ADMINISTRATIVAS

ART. 26. O beneficiário do regime tributário deverá comprovar anualmente a realização dos dispêndios de que trata o art. 25 desta Lei, conforme regulamento do Poder Executivo federal.

§ 1º Aplica-se sanção de suspensão da habilitação ao beneficiário que não comprovar a realização dos dispêndios de que trata o art. 25 desta Lei, até o pagamento da multa de que trata o § 2º deste artigo.

§ 2º Aplica-se multa de 100% (cem por cento) sobre a diferença entre o valor do dispêndio de que trata o *caput* do art. 25 desta Lei e o valor efetivamente realizado.

CAPÍTULO IV
DISPOSIÇÕES FINAIS

ART. 27. As políticas públicas e as regulações dirigidas ao setor automotivo observarão os objetivos e as diretrizes do Programa Rota 2030 - Mobilidade e Logística.

ART. 28. O Poder Executivo federal regulamentará esta Lei no prazo de 30 (trinta) dias, contado da data de sua publicação.

ART. 29. Os benefícios de que trata esta Lei poderão ser usufruídos pelo prazo de 5 (cinco) anos, na forma da Lei n. 13.473, de 8 de agosto de 2017.

ART. 30. A Lei n. 9.440, de 14 de março de 1997, passa a vigorar com as seguintes alterações:

▸ Alterações promovidas no texto da referida lei.

ARTS. 31. e **32.** (Vetados).

ART. 33. Os arts. 7º e 9º do Decreto-Lei n. 288, de 28 de fevereiro de 1967, passam a vigorar com as seguintes alterações:

▸ Alterações promovidas no texto da referida lei.

ARTS. 34. e **38.** (Vetados).

ART. 39. Esta Lei entra em vigor na data de sua publicação e produzirá efeitos:

I - a partir de 2022, quanto ao art. 2º;

II - a partir de 1º de agosto de 2018, quanto aos arts. 7º a 19 e 27;

III - a partir de 1º de janeiro de 2019, quanto aos arts. 20 a 26; e

IV - na data de sua publicação, quanto aos demais artigos.

Brasília, 10 de dezembro de 2018; 197º da Independência e 130º da República.

MICHEL TEMER

LEI N. 13.756, DE 12 DE DEZEMBRO DE 2018

Dispõe sobre o Fundo Nacional de Segurança Pública (FNSP), sobre a destinação do produto da arrecadação das loterias e sobre a promoção comercial e a modalidade lotérica denominada apostas de quota fixa; altera as Leis n. 8.212, de 24 de julho de 1991, 9.615, de 24 março de 1998, 10.891, de 9 de julho de 2004, 11.473, de 10 de maio de 2007, e 13.675, de 11 de junho de 2018; e revoga dispositivos das Leis n. 6.168, de 9 de dezembro de 1974, 6.717, de 12 de novembro de 1979, 8.313, de 23 de dezembro de 1991, 9.649, de 27 de maio de 1998, 10.260, de 12 de julho de 2001, 11.345, de 14 de setembro de 2006, e 13.155, de 4 de agosto de 2015, da Lei Complementar n. 79, de 7 de janeiro de 1994, e dos Decretos-Leis n. 204, de 27 de fevereiro de 1967, e 594, de 27 de maio de 1969, as Leis n. 6.905, de 11 de maio de 1981, 9.092, de 12 de setembro de 1995, 9.999, de 30 de agosto de 2000, 10.201, de 14 de fevereiro de 2001, e 10.746, de 10 de outubro de 2003, e os Decretos-Leis n. 1.405, de 20 de junho de 1975, e 1.923, de 20 de janeiro de 1982.

▸ *DOU*, 13.12.2018.

▸ Dec. 9.609/2018 (Regulamenta esta lei.)

▸ Lei 10.201/2001 (Institui o Fundo Nacional de Segurança Pública - FNSP).

O Presidente da República. Faço saber que o Congresso Nacional decreta e eu sanciono a seguinte Lei:

CAPÍTULO I
DISPOSIÇÕES PRELIMINARES

ART. 1º Esta Lei dispõe sobre o Fundo Nacional de Segurança Pública (FNSP) e sobre a destinação do produto da arrecadação das loterias, com o objetivo de promover:

I - as alterações necessárias ao funcionamento do FNSP, para conferir efetividade às ações do Ministério da Segurança Pública quanto à execução de sua competência de coordenar e promover a integração da segurança pública em cooperação com os entes federativos; e

II - a consolidação dos dispositivos legais relacionados com a destinação do produto da arrecadação das loterias, para proporcionar clareza e transparência ao sistema de rateio e, por meio de alterações pontuais, garantir recursos às ações de segurança pública.

CAPÍTULO II
DO FUNDO NACIONAL DE SEGURANÇA PÚBLICA (FNSP)

SEÇÃO I
DISPOSIÇÕES GERAIS

ART. 2º O Fundo Nacional de Segurança Pública (FNSP), fundo especial de natureza contábil, instituído pela Lei n. 10.201, de 14 de fevereiro de 2001, tem por objetivo garantir recursos para apoiar projetos, atividades e ações nas áreas de segurança pública e de prevenção à violência, observadas as diretrizes do Plano Nacional de Segurança Pública e Defesa Social.

▸ A Lei 10.201/2001 foi revogada por esta lei.

Parágrafo único. A gestão do FNSP caberá ao Ministério da Segurança Pública.

ART. 3º Constituem recursos do FNSP:

I - as doações e os auxílios de pessoas naturais ou jurídicas, públicas ou privadas, nacionais ou estrangeiras;

II - as receitas decorrentes:

a) da exploração de loterias, nos termos da legislação; e

b) das aplicações de recursos orçamentários do FNSP, observada a legislação aplicável;

III - as dotações consignadas na lei orçamentária anual e nos créditos adicionais; e

IV - as demais receitas destinadas ao FNSP.

ART. 4º O Conselho Gestor do FNSP será composto pelos seguintes representantes, titular e suplente:

I - 3 (três) do Ministério da Segurança Pública;

II - 1 (um) da Casa Civil da Presidência da República;

III - 1 (um) do Ministério do Planejamento, Desenvolvimento e Gestão;

IV - 1 (um) do Ministério dos Direitos Humanos;

V - 1 (um) do Gabinete de Segurança Institucional da Presidência da República; e

VI - 2 (dois) do Colégio Nacional de Secretários de Segurança Pública (Consesp), de regiões geográficas distintas.

§ 1º Os representantes a que se referem os incisos I a V do *caput* deste artigo serão indicados pelos titulares dos respectivos órgãos e designados em ato do Ministro de Estado da Segurança Pública.

§ 2º Os representantes a que se refere o inciso VI do *caput* deste artigo serão indicados pelo Consesp e designados em ato do Ministro de Estado da Segurança Pública.

§ 3º O Conselho Gestor do FNSP será presidido por um dos representantes do Ministério da Segurança Pública, a ser designado no ato do Ministro de Estado da Segurança Pública a que se refere o § 1º deste artigo.

§ 4º As decisões do Conselho Gestor serão homologadas pelo Ministro de Estado da Segurança Pública.

§ 5º Caberá ao Conselho Gestor zelar pela aplicação dos recursos do FNSP em consonância com o disposto na Política Nacional de Segurança Pública e Defesa Social.

§ 6º O Conselho Gestor poderá instituir comissão para monitorar a prestação de contas e a análise do relatório de gestão apresentados pelos entes federativos beneficiários dos recursos do FNSP.

ART. 5º Os recursos do FNSP serão destinados a:

I - construção, reforma, ampliação e modernização de unidades policiais, periciais, de corpos de bombeiros militares e de guardas municipais;

II - aquisição de materiais, de equipamentos e de veículos imprescindíveis ao funcionamento da segurança pública;

III - tecnologia e sistemas de informações e de estatísticas de segurança pública;

IV - inteligência, investigação, perícia e policiamento;

V - programas e projetos de prevenção ao delito e à violência, incluídos os programas de polícia comunitária e de perícia móvel;

VI - capacitação de profissionais da segurança pública e de perícia técnico-científica;

VII - integração de sistemas, base de dados, pesquisa, monitoramento e avaliação de programas de segurança pública;

VIII - atividades preventivas destinadas à redução dos índices de criminalidade;

IX - serviço de recebimento de denúncias, com garantia de sigilo para o usuário;

X - premiação em dinheiro por informações que auxiliem na elucidação de crimes, a ser regulamentada em ato do Poder Executivo federal; e

XI - ações de custeio relacionadas com a cooperação federativa de que trata a Lei n. 11.473, de 10 de maio de 2007.

§ 1º Entre 10% (dez por cento) e 15% (quinze por cento) dos recursos do FNSP devem ser destinados a aplicação em programas:

I - habitacionais em benefício dos profissionais da segurança pública; e

II - de melhoria da qualidade de vida dos profissionais da segurança pública.

§ 2º É vedado o contingenciamento de recursos do FNSP.

§ 3º É vedada a utilização de recursos do FNSP em:

I - despesas e encargos sociais de qualquer natureza, relacionados com pessoal civil ou militar, ativo, inativo ou pensionista; e

II - unidades de órgãos e de entidades destinadas exclusivamente à realização de atividades administrativas.

ART. 6º Os recursos do FNSP serão aplicados diretamente pela União ou transferidos aos Estados ou ao Distrito Federal na hipótese de estes entes federativos terem instituído fundo estadual ou distrital de segurança pública, observado o limite previsto no inciso I do *caput* do art. 7º desta Lei.

§ 1º É admitida a transferência de recursos aos Estados, ao Distrito Federal ou aos Municípios, por meio de convênios ou de contratos de repasse, nos termos do inciso II do *caput* do art. 7º desta Lei.

§ 2º A responsabilidade pela execução dos recursos e pelo alcance dos objetivos do FNSP é comum à União e aos entes federativos.

§ 3º Os entes federativos zelarão pela consistência técnica dos projetos, das atividades e das ações e estabelecerão regime de acompanhamento da execução com vistas a viabilizar a prestação de contas aos órgãos competentes.

SEÇÃO II
DA TRANSFERÊNCIA DOS RECURSOS

ART. 7º As transferências dos recursos do FNSP destinadas aos Estados, ao Distrito Federal e aos Municípios serão repassadas aos entes federativos, nos termos da legislação em vigor, observadas as seguintes proporções e condições:

I - a título de transferência obrigatória, no mínimo, 50% (cinquenta por cento) dos recursos de que trata a alínea *a* do inciso II do *caput* do art. 3º desta Lei para o fundo estadual ou distrital, independentemente da celebração de convênio, de contrato de repasse ou de instrumento congênere; e

II - por meio da celebração de convênio, de contrato de repasse ou de instrumento congênere, as demais receitas destinadas ao FNSP e os recursos de que trata *a* alínea a do inciso II do *caput* do art. 3º desta Lei não transferidos nos termos do disposto no inciso I do *caput* deste artigo.

Parágrafo único. As despesas de que trata este artigo correrão à conta das dotações orçamentárias destinadas ao FNSP.

ART. 8º O repasse dos recursos de que trata o inciso I do *caput* do art. 7º desta Lei ficará condicionado:

I - à instituição e ao funcionamento de:

a) Conselho Estadual ou Distrital de Segurança Pública e Defesa Social; e

b) Fundo Estadual ou Distrital de Segurança Pública, cujas gestão e movimentação financeira ocorrerão por meio de conta bancária específica, aberta pelo Ministério da Segurança Pública em nome dos destinatários, mantida em instituição financeira pública federal;

II - à existência de:

a) plano de segurança e de aplicação dos recursos no âmbito dos Estados e do Distrito Federal, observadas as diretrizes do Plano Nacional de Segurança Pública e Defesa Social; e

b) conjunto de critérios para a promoção e a progressão funcional, por antiguidade e merecimento, de peritos, de policiais civis e militares e de integrantes dos corpos de bombeiros militares;

III - à integração aos sistemas nacionais e ao fornecimento e à atualização de dados e informações de segurança pública ao Ministério da Segurança Pública, nos termos estabelecidos em ato do Ministro de Estado da Segurança Pública; e

IV - ao cumprimento de percentual máximo de profissionais da área de segurança que atuem fora das corporações de segurança pública, nos termos estabelecidos em ato do Ministro de Estado da Segurança Pública.

§ 1º A instituição financeira pública federal de que trata a alínea *b* do inciso I do *caput* deste artigo disponibilizará as informações relacionadas com as movimentações financeiras ao Ministério da Segurança Pública por meio de aplicativo que identifique o destinatário do recurso.

§ 2º Os recursos do FNSP liberados para os Estados e o Distrito Federal não poderão ser transferidos para outras contas do próprio ente federativo.

§ 3º Enquanto não forem destinados às finalidades previstas no art. 5º desta Lei, os recursos serão automaticamente aplicados em fundos de investimento lastreados em títulos públicos federais de curto prazo.

§ 4º Os rendimentos das aplicações de que trata o § 3º deste artigo serão obrigatoriamente destinados às ações de segurança pública, observadas as finalidades, as regras e as condições de prestação de contas exigidas para os recursos transferidos.

§ 5º A conta-corrente recebedora dos recursos será movimentada por meio eletrônico.

§ 6º O ente federativo enviará, anualmente, relatório de gestão referente à aplicação dos recursos de que trata o art. 6º desta Lei.

§ 7º O Ministério da Segurança Pública fica autorizado a realizar o bloqueio dos recursos repassados de que trata o inciso I do *caput* do art. 7º desta Lei quando identificada a ocorrência de desvio ou de irregularidade que possa resultar em dano ao erário ou em comprometimento da aplicação regular dos recursos.

SEÇÃO III
DA EXECUÇÃO DIRETA PELA UNIÃO E DA TRANSFERÊNCIA POR CONVÊNIOS E CONTRATOS DE REPASSE

ART. 9º Os recursos a que se refere o art. 3º desta Lei que não forem destinados na forma prevista no inciso I do *caput* do art. 7º desta Lei serão executados diretamente pela União ou transferidos por meio de convênios ou contratos de repasse.

Parágrafo único. A transferência de recursos de que trata o *caput* deste artigo ficará condicionada aos seguintes critérios:

I - existência de plano de segurança nos Estados, no Distrito Federal e nos Municípios; e

II - integração aos sistemas nacionais e fornecimento e atualização de dados e informações de segurança pública ao Ministério da Segurança Pública, estabelecidos em ato do Ministro de Estado da Segurança Pública.

ART. 10. Os projetos habilitados a receber recursos do FNSP, por meio de convênios ou contratos de repasse, não poderão ter prazo superior a 2 (dois) anos, admitida uma prorrogação por até igual período.

ART. 11. Os Estados, o Distrito Federal e os Municípios prestarão contas ao Ministério da Segurança Pública e darão publicidade e transparência durante o período de aplicação dos recursos de que trata o art. 3º desta Lei.

SEÇÃO IV
DOS CRITÉRIOS PARA A
APLICAÇÃO DOS RECURSOS

ART. 12. Ato do Ministro de Estado da Segurança Pública estabelecerá:

I - os critérios para a execução do disposto nos incisos III e IV do *caput* do art. 8º e no inciso II do parágrafo único do art. 9º desta Lei;

II - a sistemática de liberação de recursos prevista no inciso I do *caput* do art. 7º desta Lei;

III - o prazo de utilização dos recursos transferidos;

IV - os critérios para a mensuração da eficácia da utilização dos recursos transferidos;

V - a periodicidade da apresentação pelos Estados e pelo Distrito Federal da prestação de contas relacionada com o uso dos recursos recebidos;

VI - a organização, o conteúdo mínimo, a forma e os elementos constantes do relatório de gestão e de prestação de contas apresentados pelos entes federativos; e

VII - a forma e os critérios para a integração de sistemas e de dados relacionados com a segurança pública.

Parágrafo único. A não utilização dos recursos transferidos no prazo a que se refere o inciso III do *caput* deste artigo ensejará a devolução do saldo remanescente atualizado.

ART. 13. As vedações temporárias, de qualquer natureza, constantes de lei, não incidirão na transferência voluntária de recursos da União aos Estados, ao Distrito Federal e aos Municípios, bem como dos Estados aos Municípios, destinados a garantir a segurança pública, a execução da lei penal e a preservação da ordem pública, da incolumidade das pessoas e do patrimônio.

Parágrafo único. O disposto no *caput* deste artigo não se aplica às vedações de transferências decorrentes da não implementação ou do não fornecimento de informações ao Sistema Nacional de Informações de Segurança Pública, Prisionais, de Rastreabilidade de Armas e Munições, de Material Genético, de Digitais e de Drogas (Sinesp).

CAPÍTULO III
DA DESTINAÇÃO DOS
RECURSOS DAS LOTERIAS

ART. 14. O produto da arrecadação total obtida por meio da captação de apostas ou da venda de bilhetes de loterias, em meio físico ou em meio virtual, será destinado na forma prevista neste Capítulo, ressalvado o disposto no Capítulo V desta Lei.

§ 1º Consideram-se modalidades lotéricas:

I - loteria federal (espécie passiva): loteria em que o apostador adquire bilhete já numerado, em meio físico (impresso) ou virtual (eletrônico);

II - loteria de prognósticos numéricos: loteria em que o apostador tenta prever quais serão os números sorteados no concurso;

III - loteria de prognóstico específico: loteria instituída pela Lei n. 11.345, de 14 de setembro de 2006;

IV - loteria de prognósticos esportivos: loteria em que o apostador tenta prever o resultado de eventos esportivos; e

V - loteria instantânea exclusiva (Lotex): loteria que apresenta, de imediato, se o apostador foi ou não agraciado com alguma premiação.

§ 2º Os valores dos prêmios relativos às modalidades lotéricas a que se referem os incisos I a IV do § 1º deste artigo não reclamados pelos apostadores contemplados no prazo de prescrição serão revertidos ao Fundo de Financiamento Estudantil (Fies), observada a programação financeira e orçamentária do Poder Executivo federal.

§ 3º Os recursos de que trata o § 2º deste artigo serão depositados na conta única do Tesouro Nacional e transferidos ao Fundo Garantidor do Fies (FG-Fies) até que seja alcançado o valor-limite da participação global da União, na forma estabelecida no art. 6º-G da Lei n. 10.260, de 12 de julho de 2001.

§ 4º Eventual discrepância positiva entre o valor esperado da premiação homologado pelo Ministério da Fazenda e o valor de premiação efetivamente pago na modalidade lotérica de que trata o inciso V do § 1º deste artigo, entre séries de uma mesma emissão, será equalizada por meio de promoção comercial, em favor dos apostadores, em séries subsequentes no prazo de 1 (um) ano após o fim do período definido para a emissão, de forma que a totalidade da arrecadação de cada emissão cumpra o disposto no art. 20 desta Lei.

§ 5º O Ministério da Fazenda editará as normas complementares para o cumprimento do disposto neste artigo.

§ 6º A destinação de recursos de que trata este Capítulo somente produzirá efeitos:

I - a partir da data da homologação pelo Ministério da Fazenda dos planos de premiação apresentados pelo agente operador da modalidade a que se refere o inciso I do § 1º deste artigo, observado o disposto no art. 15 desta Lei; e

II - na forma prevista nos arts. 16, 17 e 18 desta Lei, nas modalidades lotéricas de que tratam, respectivamente, os incisos II, III e IV do § 1º deste artigo.

§ 7º O superávit financeiro apurado em balanço patrimonial do exercício anterior, relacionado com as receitas lotéricas recolhidas à conta única do Tesouro Nacional, será utilizado na amortização e no pagamento do serviço da dívida pública federal.

ART. 15. O produto da arrecadação da loteria federal será destinado da seguinte forma:

I - a partir da data de publicação desta Lei até 31 de dezembro de 2018:

a) 17,04% (dezessete inteiros e quatro centésimos por cento) para a seguridade social;

b) 1,5% (um inteiro e cinco décimos por cento) para o Fundo Nacional da Cultura (FNC);

c) 0,81% (oitenta e um centésimos por cento) para o Fundo Penitenciário Nacional (Funpen);

d) 5% (cinco por cento) para o FNSP;

e) 1,48% (um inteiro e quarenta e oito centésimos por cento) para o Comitê Olímpico Brasileiro (COB);

f) 0,87% (oitenta e sete centésimos por cento) para o Comitê Paralímpico Brasileiro (CPB);

g) 17,39% (dezessete inteiros e trinta e nove centésimos por cento) para a cobertura de despesas de custeio e manutenção do agente operador da loteria federal; e

h) 55,91% (cinquenta e cinco inteiros e noventa e um centésimos por cento) para o pagamento de prêmios e o recolhimento do imposto de renda incidente sobre a premiação; e

II - a partir de 1º de janeiro de 2019:

a) 17,04% (dezessete inteiros e quatro centésimos por cento) para a seguridade social;

b) 0,5% (cinco décimos por cento) para o FNC;

c) 0,5% (cinco décimos por cento) para o Funpen;

d) 2,22% (dois inteiros e vinte e dois centésimos por cento) para o FNSP;

e) 1,48% (um inteiro e quarenta e oito centésimos por cento) para o COB;

f) 0,87% (oitenta e sete centésimos por cento) para o CPB;

g) 17,39% (dezessete inteiros e trinta e nove centésimos por cento) para a cobertura de despesas de custeio e de manutenção do agente operador da loteria federal; e

h) 60% (sessenta por cento) para o pagamento de prêmios e o recolhimento do imposto de renda incidente sobre a premiação.

ART. 16. O produto da arrecadação da loteria de prognósticos numéricos será destinado da seguinte forma:

I - a partir da data de publicação desta Lei até 31 de dezembro de 2018:

a) 17,32% (dezessete inteiros e trinta e dois centésimos por cento) para a seguridade social;

b) 2,92% (dois inteiros e noventa e dois centésimos por cento) para o FNC;

c) 1% (um por cento) para o Funpen;

d) 9,26% (nove inteiros e vinte e seis centésimos por cento) para o FNSP;

e) 4,33% (quatro inteiros e trinta e três centésimos por cento) para a área do desporto, por meio da seguinte decomposição:

1. 3,5% (três inteiros e cinco décimos por cento) para o Ministério do Esporte;

2. 0,5% (cinco décimos por cento) para o Comitê Brasileiro de Clubes (CBC);

3. 0,22% (vinte e dois centésimos por cento) para a Confederação Brasileira do Desporto Escolar (CBDE); e

4. 0,11% (onze centésimos por cento) para a Confederação Brasileira do Desporto Universitário (CBDU);

f) 1,73% (um inteiro e setenta e três centésimos por cento) para o COB;

g) 0,96% (noventa e seis centésimos por cento) para o CPB;

h) 19,13% (dezenove inteiros e treze centésimos por cento) para a cobertura de despesas de custeio e manutenção do agente operador da loteria de prognósticos numéricos; e

i) 43,35% (quarenta e três inteiros e trinta e cinco centésimos por cento) para o pagamento de prêmios e o recolhimento do imposto de renda incidente sobre a premiação; e

II - a partir de 1º de janeiro de 2019:

a) 17,32% (dezessete inteiros e trinta e dois centésimos por cento) para a seguridade social;

b) 2,91% (dois inteiros e noventa e um centésimos por cento) para o FNC;

c) 3% (três por cento) para o Funpen;

d) 6,8% (seis inteiros e oito décimos por cento) para o FNSP;

e) 4,36% (quatro inteiros e trinta e seis centésimos por cento) para a área do desporto, por meio da seguinte decomposição:

1. 3,53% (três inteiros e cinquenta e três centésimos por cento) para o Ministério do Esporte;

2. 0,5% (cinco décimos por cento) para o CBC;

3. 0,22% (vinte e dois centésimos por cento) para a CBDE; e

4. 0,11% (onze centésimos por cento) para a CBDU;

f) 1,73% (um inteiro e setenta e três centésimos por cento) para o COB;

g) 0,96% (noventa e seis centésimos por cento) para o CPB;

h) 19,13% (dezenove inteiros e treze centésimos por cento) para a cobertura de despesas de custeio e manutenção do agente operador da loteria de prognósticos numéricos; e *i)* 43,79% (quarenta e três inteiros e setenta e nove centésimos por cento) para o pagamento de prêmios e o recolhimento do imposto de renda incidente sobre a premiação.

§ 1º O CBC aplicará, no mínimo, 15% (quinze por cento) dos recursos a que se referem o item 2 da alínea *e* do inciso I e o item 2 da alínea *e* do inciso II do *caput* deste artigo em atividades paradesportivas:

I - diretamente, sem possibilidade de restringir a participação nos editais de chamamento público em função de filiação das entidades de práticas desportivas; ou

II - por meio de repasses ao CPB.

§ 2º Os percentuais destinados ao Ministério do Esporte serão decompostos da seguinte forma:

I - 3,5% (três inteiros e cinco décimos por cento), previstos no item 1 da alínea *e* do inciso I do *caput* deste artigo:

a) 2,46% (dois inteiros e quarenta e seis centésimos por cento) para o Ministério do Esporte;

b) 1% (um por cento) para as secretarias de esporte, ou órgãos equivalentes, dos Estados e do Distrito Federal, proporcionalmente ao montante das apostas efetuadas em cada unidade federativa, para aplicação prioritária em jogos escolares de esportes olímpicos e paralímpicos, admitida sua aplicação nas destinações previstas nos incisos I, VI e VIII do *caput* do art. 7º da Lei n. 9.615, de 24 de março de 1998; e

c) 0,04% (quatro centésimos por cento) para a Federação Nacional dos Clubes Esportivos (Fenaclubes); e

II - 3,53% (três inteiros e cinquenta e três centésimos por cento), previstos no item 1 da alínea *e* do inciso II do *caput* deste artigo:

a) 2,49% (dois inteiros e quarenta e nove centésimos por cento) para o Ministério do Esporte;

b) 1% (um por cento) para as secretarias de esporte, ou órgãos equivalentes, dos Estados e do Distrito Federal, proporcionalmente ao montante das apostas efetuadas em cada unidade federativa, para aplicação prioritária em jogos escolares de esportes olímpicos e paralímpicos, admitida sua aplicação nas destinações previstas nos incisos I, VI e VIII do *caput* do art. 7º da Lei n. 9.615, de 24 de março de 1998; e

c) 0,04% (quatro centésimos por cento) para a Fenaclubes.

ART. 17. O produto da arrecadação da loteria de prognóstico específico será destinado da seguinte forma:

I - a partir da data de publicação desta Lei até 31 de dezembro de 2018:

a) 1% (um por cento) para a seguridade social;

b) 1,75% (um inteiro e setenta e cinco centésimos por cento) para o Fundo Nacional de Saúde (FNS);

c) 1% (um por cento) para o Funpen;

d) 5% (cinco por cento) para o FNSP;

e) 0,5% (cinco décimos por cento) para o Fundo Nacional para a Criança e o Adolescente (FNCA);

f) 0,75% (setenta e cinco centésimos por cento) para o Ministério do Esporte;

g) 1,26% (um inteiro e vinte e seis centésimos por cento) para o COB;

h) 0,74% (setenta e quatro centésimos por cento) para o CPB;

i) 22% (vinte e dois por cento) para as entidades desportivas da modalidade futebol que cederem os direitos de uso de suas denominações, suas marcas, seus emblemas, seus hinos ou seus símbolos para divulgação e execução do concurso de prognóstico específico;

j) 20% (vinte por cento) para a cobertura de despesas de custeio e manutenção do agente operador da loteria de prognóstico específico; e

k) 46% (quarenta e seis por cento) para o pagamento de prêmios e o recolhimento do imposto de renda incidente sobre a premiação; e

II - a partir de 1º de janeiro de 2019:

a) 1% (um por cento) para a seguridade social;

b) 0,75% (setenta e cinco centésimos por cento) para o FNS;

c) 0,5% (cinco décimos por cento) para o Funpen;

d) 3% (três por cento) para o FNSP;

e) 0,5% (cinco décimos por cento) para o FNCA;

f) 0,25% (vinte e cinco centésimos por cento) para o Ministério do Esporte;

g) 1,26% (um inteiro e vinte e seis centésimos por cento) para o COB;

h) 0,74% (setenta e quatro centésimos por cento) para o CPB;

i) 22% (vinte e dois por cento) para as entidades desportivas da modalidade futebol que cederem os direitos de uso de suas denominações, suas marcas, seus emblemas, seus hinos ou seus símbolos para divulgação e execução do concurso de prognóstico específico;

j) 20% (vinte por cento) para a cobertura de despesas de custeio e manutenção do agente operador da loteria de prognóstico específico; e

k) 50% (cinquenta por cento) para o pagamento de prêmios e o recolhimento do imposto de renda incidente sobre a premiação.

ART. 18. O produto da arrecadação da loteria de prognósticos esportivos será destinado da seguinte forma:

I - a partir da data de publicação desta Lei até 31 de dezembro de 2018:

a) 7,61% (sete inteiros e sessenta e um centésimos por cento) para a seguridade social;

b) 1% (um por cento) para o FNC;

c) 1% (um por cento) para o Funpen;

d) 11,49% (onze inteiros e quarenta e nove centésimos por cento) para o FNSP;

e) 10% (dez por cento) para o Ministério do Esporte;

f) 1,63% (um inteiro e sessenta e três centésimos por cento) para o COB;

g) 0,96% (noventa e seis centésimos por cento) para o CPB;

h) 9,57% (nove inteiros e cinquenta e sete centésimos por cento) para as entidades desportivas e para as entidades de práticas desportivas constantes do concurso de prognóstico esportivo pelo uso de suas denominações, suas marcas e seus símbolos;

i) 19,13% (dezenove inteiros e treze centésimos por cento) para a cobertura de despesas de custeio e manutenção do agente operador da loteria de prognósticos esportivos; e

j) 37,61% (trinta e sete inteiros e sessenta e um centésimos por cento) para o pagamento de prêmios e o recolhimento do imposto de renda incidente sobre a premiação; e

II - a partir de 1º de janeiro de 2019:

a) 7,61% (sete inteiros e sessenta e um centésimos por cento) para a seguridade social;

b) 1% (um por cento) para o FNC;

c) 2% (dois por cento) para o FNSP;

d) 3,1% (três inteiros e um décimo por cento) para o Ministério do Esporte;

e) 1,63% (um inteiro e sessenta e três centésimos por cento) para o COB;

f) 0,96% (noventa e seis centésimos por cento) para o CPB;

g) 9,57% (nove inteiros e cinquenta e sete centésimos por cento) para entidades desportivas e para entidades de práticas desportivas constantes do concurso de prognóstico esportivo pelo uso de suas denominações, suas marcas e seus símbolos;

h) 19,13% (dezenove inteiros e treze centésimos por cento) para a cobertura de despesas de custeio e manutenção do agente operador da loteria de prognósticos esportivos; e

i) 55% (cinquenta e cinco por cento) para o pagamento de prêmios e o recolhimento do imposto de renda incidente sobre a premiação.

ART. 19. A renda líquida de 3 (três) concursos por ano da loteria de prognósticos esportivos será destinada, alternadamente, para as seguintes entidades da sociedade civil:

I - Federação Nacional das Associações de Pais e Amigos dos Excepcionais (Fenapaes);

II - Cruz Vermelha Brasileira; e

III - Federação Nacional das Associações Pestalozzi (Fenapestalozzi).

§ 1º As entidades da sociedade civil a que se refere o *caput* deste artigo ficam obrigadas a prestar contas públicas, na forma da lei, do dinheiro que receberem na forma do disposto neste artigo.

§ 2º As datas de realização dos concursos de que trata este artigo, a cada ano, serão estabelecidas pelo agente operador da loteria de prognósticos esportivos, dentre os concursos programados.

§ 3º Para os efeitos do disposto neste artigo, considera-se renda líquida a resultante da arrecadação do concurso, deduzidos as parcelas destinadas à cobertura de despesas de custeio e manutenção do agente operador da loteria de prognósticos esportivos e ao pagamento de prêmios e o recolhimento do imposto de renda incidente sobre a premiação.

§ 4º O agente operador da loteria de prognósticos esportivos repassará diretamente às entidades da sociedade civil a que se refere o *caput* deste artigo a renda líquida de cada concurso realizado nos termos deste artigo, as quais redistribuirão os recursos equitativamente entre o seu órgão central e suas filiais estaduais e municipais.

ART. 20. O produto da arrecadação de cada emissão da Lotex será destinado da seguinte forma:

I - 0,4% (quatro décimos por cento) para a seguridade social;

II - 13% (treze por cento) para o FNSP;

III - 0,9% (nove décimos por cento) para o Ministério do Esporte;

IV - 0,9% (nove décimos por cento) para o FNC;

V - 1,5% (um inteiro e cinco décimos por cento) para as entidades desportivas da modalidade futebol que cederem os direitos de uso de suas denominações, suas marcas, seus emblemas, seus hinos, seus símbolos e similares para divulgação e execução da Lotex;

VI - 18,3% (dezoito inteiros e três décimos por cento) para as despesas de custeio e manutenção do agente operador da Lotex; e

VII - 65% (sessenta e cinco por cento) para o pagamento de prêmios e o recolhimento do imposto de renda incidente sobre a premiação.

ART. 21. Os agentes operadores depositarão na conta única do Tesouro Nacional os valores destinados à seguridade social, ao imposto de renda incidente sobre a premiação e aos demais beneficiários legais, exceto os valores previstos no art. 22 desta Lei.

§ 1º O disposto no inciso II do *caput* do art. 15, no inciso II do *caput* do art. 16, no inciso II do *caput* do art. 17 e no inciso II do *caput* do art. 18 desta Lei somente se aplica a partir do início do ingresso dos recursos de arrecadação da Lotex na conta única do Tesouro Nacional.

§ 2º Ficam mantidas as destinações previstas no inciso I do *caput* do art. 15, no inciso I do *caput* do art. 16, no inciso I do *caput* do art. 17 e no inciso I do *caput* do art. 18 desta Lei enquanto não for constatado o início do ingresso dos recursos de arrecadação da Lotex na conta única do Tesouro Nacional.

§ 3º A parcela de recursos do agente operador será definida com base no percentual destinado à cobertura de despesas de custeio e manutenção das modalidades previstas nos arts. 15, 16, 17, 18 e 20 desta Lei, após a dedução dos valores destinados à Comissão de Revendedores e das demais despesas com os serviços lotéricos.

§ 4º O Ministério da Fazenda disciplinará a forma da entrega dos recursos de que trata este artigo.

ART. 22. Os agentes operadores repassarão as arrecadações das loterias diretamente aos seguintes beneficiários legais:

I - o COB;

II - o CPB;

III - o CBC;

IV - a CBDE;

V - a CBDU;

VI - a Fenaclubes;

VII - as secretarias estaduais de esporte ou órgãos equivalentes;

VIII - as entidades desportivas da modalidade futebol que cederem os direitos de uso de suas denominações, suas marcas, seus emblemas, seus hinos ou seus símbolos para divulgação e execução do concurso de prognóstico específico e da Lotex; e

IX - as entidades desportivas e entidades de práticas desportivas constantes do concurso de prognósticos esportivos pelo uso de suas denominações, suas marcas e seus símbolos.

Parágrafo único. O repasse dos recursos aos beneficiários de que trata o inciso VIII do *caput* deste artigo observará o disposto no art. 3º da Lei n. 11.345, de 14 de setembro de 2006, no tocante ao concurso de prognóstico específico.

ART. 23. Os recursos destinados ao COB, ao CPB, ao CBC, à CBDE e à CBDU serão aplicados, exclusiva e integralmente, em programas e projetos de fomento, desenvolvimento e manutenção do desporto, de formação de recursos humanos, de preparação técnica, manutenção e locomoção de atletas, de participação em eventos desportivos e no custeio de despesas administrativas, conforme regulamentação do Ministério do Esporte.

§ 1º As entidades a que se refere o *caput* darão ciência ao Ministério da Educação e ao Ministério do Esporte dos programas e projetos de que trata o *caput* deste artigo.

§ 2º O Ministério do Esporte acompanhará os programas e projetos a que refere o *caput* deste artigo e apresentará, anualmente, relatório acerca da aplicação dos recursos, que será objeto de deliberação do Conselho Nacional do Esporte (CNE), para fins de aprovação.

§ 3º Na hipótese de o relatório de que trata o § 2º deste artigo não ser aprovado pelo CNE, as entidades beneficiárias a que se refere o *caput* deste artigo não receberão recursos do ano subsequente.

§ 4º O relatório de que trata o § 2º deste artigo será divulgado no sítio eletrônico do Ministério do Esporte, com a discriminação, dentre outras informações consideradas pertinentes, dos:

I - programas e projetos desenvolvidos, por entidade beneficiada com destinação de recursos;

II - valores gastos; e

III - critérios de escolha ou seleção de cada entidade beneficiada e a respectiva prestação de contas acerca da utilização dos recursos recebidos.

§ 5º Os recursos de que trata o *caput* deste artigo serão geridos de forma direta pela entidade beneficiada ou de forma descentralizada, em conjunto com as entidades nacionais de administração ou prática de desporto.

§ 6º Além das hipóteses de aplicação de recursos referidas no *caput* deste artigo, o COB e o CPB deverão aplicar, no mínimo, 10% (dez por cento) dos recursos recebidos para fomento de eventos e competições esportivas, realização de treinamentos, manutenção, custeio, adequação e aperfeiçoamento de infraestrutura física nas instalações esportivas olímpicas e paralímpicas, inclusive naquelas sob sua gestão.

§ 7º A administração pública federal poderá dispensar o chamamento público de que trata a Lei n. 13.019, de 31 de julho de 2014, para permitir a utilização das instalações esportivas olímpicas e paralímpicas mencionadas no § 6º deste artigo.

ART. 24. Os recursos destinados à Fenaclubes serão utilizados em capacitação, formação e treinamento de gestores de clubes sociais.

ART. 25. O Tribunal de Contas da União, sem prejuízo da análise das contas anuais de gestores de recursos públicos, fiscalizará a aplicação dos recursos destinados ao COB, ao CPB, ao CBC, à CBDE, à CBDU e à Fenaclubes.

CAPÍTULO IV
DA PROMOÇÃO COMERCIAL

ART. 26. Ressalvadas as competências do Conselho Monetário Nacional, são de responsabilidade do Ministério da Fazenda as atribuições inerentes ao poder público estabelecidas na Lei n. 5.768, de 20 de dezembro de 1971.

§ 1º Em razão do disposto no *caput* deste artigo, ficam sob responsabilidade do Ministério da Fazenda a análise dos pedidos de autorização, a emissão das autorizações e a fiscalização das operações de que trata a Lei n. 5.768, de 20 de dezembro de 1971.

§ 2º As autorizações serão concedidas a título precário e por evento promocional, o qual não poderá exceder o prazo de 12 (doze) meses.

§ 3º A partir da data de publicação desta Lei, os pedidos de autorização que estiverem em tramitação na Caixa Econômica Federal deverão ser repassados ao Ministério da Fazenda, para fins do disposto neste artigo.

ART. 27. A taxa de fiscalização de que trata o art. 50 da Medida Provisória no 2.158-35, de 24 de agosto de 2001, será atualizada monetariamente, desde que o valor da atualização não exceda a variação do índice oficial de inflação apurado no período desde a última correção, em periodicidade não inferior a 1 (um) ano, na forma do regulamento.

ART. 28. As infrações à Lei n. 5.768, de 20 de dezembro de 1971, e respectivas regulamentações, não alcançadas pelo disposto nos arts. 12, 13 e 14 da referida Lei sujeitam o infrator, de modo isolado ou cumulativo, às seguintes sanções:

I - cassação da autorização;

II - proibição de realizar as operações regidas pela Lei n. 5.768, de 20 de dezembro de 1971, por período estabelecido pelo Ministério da Fazenda, que não poderá exceder 2 (dois) anos; e

III - multa de até 100% (cem por cento) da soma dos valores dos bens prometidos como prêmios, a ser estabelecida pelo Ministério da Fazenda.

CAPÍTULO V
DAS APOSTAS DE QUOTA FIXA

ART. 29. Fica criada a modalidade lotérica, sob a forma de serviço público exclusivo da União, denominada apostas de quota fixa, cuja exploração comercial ocorrerá em todo o território nacional.

§ 1º A modalidade lotérica de que trata o *caput* deste artigo consiste em sistema de apostas relativas a eventos reais de temática esportiva, em que é definido, no momento de efetivação da aposta, quanto o apostador pode ganhar em caso de acerto do prognóstico.

§ 2º A loteria de apostas de quota fixa será autorizada ou concedida pelo Ministério da Fazenda e será explorada, exclusivamente, em ambiente concorrencial, com possibilidade de ser comercializada em quaisquer canais de distribuição comercial, físicos e em meios virtuais.

§ 3º O Ministério da Fazenda regulamentará no prazo de até 2 (dois) anos, prorrogável por até igual período, a contar da data de publicação desta Lei, o disposto neste artigo.

ART. 30. O produto da arrecadação da loteria de apostas de quota fixa será destinado da seguinte forma:

I - em meio físico:

a) 80% (oitenta por cento), no mínimo, para o pagamento de prêmios e o recolhimento do imposto de renda incidente sobre a premiação;

b) 0,5% (cinco décimos por cento) para a seguridade social;

c) 1% (um por cento) para as entidades executoras e unidades executoras próprias das unidades escolares públicas de educação infantil, ensino fundamental e ensino médio que tiverem alcançado as metas estabelecidas para os resultados das avaliações nacionais da educação básica, conforme ato do Ministério da Educação;

d) 2,5% (dois inteiros e cinco décimos por cento) para o FNSP;

e) 2% (dois por cento) para as entidades desportivas da modalidade futebol que cederem os direitos de uso de suas denominações, suas marcas, seus emblemas, seus hinos, seus símbolos e similares para divulgação e execução da loteria de apostas de quota fixa;

f) 14% (quatorze por cento), no máximo, para a cobertura de despesas de custeio e manutenção do agente operador da loteria de apostas de quota fixa; e

II - em meio virtual:

a) 89% (oitenta e nove por cento), no mínimo, para o pagamento de prêmios e o recolhimento do imposto de renda incidente sobre a premiação;

b) 0,25% (vinte e cinco centésimos por cento) para a seguridade social;

c) 0,75% (setenta e cinco centésimos por cento) para as entidades executoras e unidades executoras próprias das unidades escolares públicas de educação infantil, ensino fundamental e ensino médio que tiverem alcançado as metas estabelecidas para os resultados das avaliações nacionais da educação básica, conforme ato do Ministério da Educação;

d) 1% (um por cento) para o FNSP;

e) 1% (um por cento) para as entidades desportivas da modalidade futebol que cederem os direitos de uso de suas denominações, suas marcas, seus emblemas, seus hinos, seus símbolos e similares para divulgação e execução da loteria de apostas de quota fixa;

f) 8% (oito por cento), no máximo, para a cobertura de despesas de custeio e de manutenção do agente operador da loteria de apostas de quota fixa.

§ 1º Os percentuais destinados à premiação e às despesas de custeio e manutenção previstos nas alíneas *a* e *f* dos incisos I e II do *caput* deste artigo poderão variar, desde que a média anual atenda aos percentuais mínimos e máximos estabelecidos nas referidas alíneas.

§ 2º Os agentes operadores repassarão as arrecadações das loterias diretamente aos beneficiários legais de que tratam as alíneas *c* e *e* dos incisos I e II do *caput* deste artigo.

§ 3º Os recursos de que tratam a alínea *c* dos incisos I e II do *caput* deste artigo deverão ser aplicados em custeio e investimentos que concorram para a garantia do funcionamento e a melhoria da infraestrutura física e pedagógica dos estabelecimentos de ensino.

§ 4º Para os fins desta Lei, consideram-se:

I - entidades executoras: as secretarias distrital, estaduais e municipais responsáveis pela formalização dos procedimentos necessários ao recebimento e execução de recursos destinados às escolas de suas redes de ensino que não apresentam unidades executoras próprias;

II - unidades executoras próprias: as entidades privadas sem fins lucrativos, representativas das escolas públicas e integradas por membros da comunidade escolar, comumente denominadas caixas escolares, conselhos escolares, colegiados escolares, associações de pais e mestres, entre outras denominações, responsáveis pela formalização dos procedimentos necessários ao recebimento de repasses, bem como pela execução desses recursos.

ART. 31. Sobre os ganhos obtidos com prêmios decorrentes de apostas na loteria de apostas de quota fixa incidirá imposto de renda na forma prevista no art. 14 da Lei n. 4.506, de 30 de novembro de 1964, observado para cada ganho o disposto no art. 56 da Lei n. 11.941, de 27 de maio de 2009.

ART. 32. Fica instituída a Taxa de Fiscalização devida pela exploração comercial da loteria de apostas de quota fixa, que tem como fato gerador o exercício regular do poder de polícia de que trata o § 2º do art. 29 desta Lei, e incide sobre o total destinado à premiação distribuída mensalmente.

§ 1º A Taxa de Fiscalização abrange todos os atos do regular poder de polícia inerentes à atividade e será aplicada de acordo com as faixas de prêmios ofertados mensalmente, na forma do Anexo desta Lei.

§ 2º A Taxa de Fiscalização será recolhida até o dia 10 (dez) do mês seguinte ao da distribuição da premiação.

§ 3º A Taxa de Fiscalização não paga no prazo previsto na legislação será acrescida de multa de mora e juros de mora, nos termos do art. 61 da Lei n. 9.430, de 27 de dezembro de 1996.

§ 4º Os débitos referentes à Taxa de Fiscalização serão inscritos em dívida ativa da União.

§ 5º O valor decorrente da cobrança da Taxa de Fiscalização será repassado para a unidade do Ministério da Fazenda responsável pela fiscalização da exploração comercial da loteria de apostas de quota fixa.

§ 6º A taxa de que trata o *caput* deste artigo será atualizada monetariamente, desde que o valor da atualização não exceda a variação do índice oficial de inflação apurado no período desde a instituição da taxa, para a primeira atualização, e a partir da última correção, para as atualizações subsequentes, em periodicidade não inferior a 1 (um) ano, na forma de regulamento.

§ 7º São contribuintes da Taxa de Fiscalização as pessoas jurídicas que, nos termos do art. 29 desta Lei, explorarem a loteria de apostas de quota fixa.

ART. 33. As ações de comunicação, publicidade e marketing da loteria de apostas de quota fixa deverão ser pautadas pelas melhores práticas de responsabilidade social corporativa direcionadas à exploração de loterias, conforme regulamento.

ART. 34. Os apostadores perdem o direito de receber seus prêmios ou de solicitar reembolsos se o pagamento não for reclamado em até 90 (noventa) dias, contados da data da primeira divulgação do resultado do último evento real objeto da aposta.

ART. 35. Em observância à Lei n. 9.613, de 3 de março de 1998, a pessoa jurídica detentora da autorização remeterá ao Conselho de Controle de Atividades Financeiras (Coaf), na forma das normas expedidas pelo Poder Executivo, informações sobre os apostadores relativas à prevenção de lavagem de dinheiro e de financiamento ao terrorismo.

CAPÍTULO VI
DISPOSIÇÕES FINAIS

ART. 36. A Lei n. 8.212, de 24 de julho de 1991, passa a vigorar com as seguintes alterações:

‣ Alterações promovidas no texto da referida lei.

ART. 37. A Lei n. 9.615, de 24 de março de 1998, passa a vigorar com as seguintes alterações:

‣ Alterações promovidas no texto da referida lei.

ART. 38. A Lei n. 10.891, de 9 de julho de 2004, passa a vigorar com as seguintes alterações:

‣ Alterações promovidas no texto da referida lei.

ART. 39. O art. 3º da Lei n. 11.473, de 10 de maio de 2007, passa a vigorar com as seguintes alterações, numerando-se o parágrafo único, revogado pela Lei n. 13.500, de 26 de outubro de 2017, como § 1º:

‣ Alterações promovidas no texto da referida lei.

ART. 40. O art. 8º da Lei n. 13.675, de 11 de junho de 2018, passa a vigorar com a seguinte redação:

‣ Alterações promovidas no texto da referida lei.

ART. 41. Ficam dispensados a constituição de créditos da Fazenda Nacional, a inscrição como dívida ativa da União e o ajuizamento da respectiva execução fiscal, bem como cancelados o lançamento e a inscrição, relativamente à contribuição previdenciária prevista nos §§ 6º e 7º do art. 1º da Lei n. 10.891, de 9 de julho de 2004, com a redação que lhes foi conferida pela Lei n. 13.155, de 4 de agosto de 2015.

ART. 42. Ato do Ministro de Estado da Segurança Pública estabelecerá o cronograma de aplicação das condicionantes previstas nos incisos II, III e IV do *caput* do art. 8º e nos incisos I e II do parágrafo único do art. 9º desta Lei.

ART. 43. Os instrumentos de transferência de recursos do FNSP celebrados com fundamento na Lei n. 10.201, de 14 de fevereiro de 2001, serão por ela regidos até o fim de sua vigência.

‣ A Lei 10.201/2001 foi revogada pela Lei 13.756/2018.

Parágrafo único. A previsão constante do *caput* deste artigo não será observada se a aplicação do disposto nesta Lei beneficiar a consecução do objeto do instrumento, no todo ou em parte.

ART. 44. Os saldos remanescentes à disposição do COB, do CPB e do CBC na data de publicação desta Lei somente poderão ser utilizados na forma e com a finalidade previstas no art. 23 desta Lei.

ART. 45. O Poder Executivo federal, com vistas ao cumprimento do disposto no inciso II do *caput* do art. 5º e no art. 14 da Lei Complementar n. 101, de 4 de maio de 2000, estimará os montantes das renúncias fiscais decorrentes do disposto no inciso III do art. 19 e nos arts. 36 e 41 desta Lei e incluí-los-á no demonstrativo a que se refere o § 6º do art. 165 da Constituição Federal que acompanhar o projeto de lei orçamentária e fará constar das propostas orçamentárias subsequentes os valores relativos às renúncias.

Parágrafo único. Os benefícios fiscais previstos nesta Lei somente serão concedidos se atendido o disposto no *caput* deste artigo, inclusive com a demonstração pelo Poder Executivo federal de que a renúncia foi considerada na estimativa de receita da lei orçamentária, na forma do art. 12 da Lei Complementar n. 101, de 4 de maio de 2000, e de que não afetará as metas de resultados fiscais previstas no anexo próprio da lei de diretrizes orçamentárias.

ART. 46. Ficam revogados:

I - os seguintes dispositivos do Decreto-Lei n. 204, de 27 de fevereiro de 1967:

a) inciso I do *caput* do art. 3º;

b) art. 4º; e

c) art. 5º;

II - os seguintes dispositivos do Decreto-Lei n. 594, de 27 de maio de 1969:

a) art. 3º; e

b) art. 5º;

III - os incisos I e III do *caput* e os §§ 1º e 2º do art. 2º da Lei n. 6.168, de 9 de dezembro de 1974;

IV - o Decreto-Lei n. 1.405, de 20 de junho de 1975;

V - o art. 2º da Lei n. 6.717, de 12 de novembro de 1979;

VI - a Lei n. 6.905, de 11 de maio de 1981;

VII - o Decreto-Lei n. 1.923, de 20 de janeiro de 1982;

VIII - o inciso VIII do *caput* do art. 5º da Lei n. 8.313, de 23 de dezembro de 1991;

IX - o inciso VIII do *caput* do art. 2º da Lei *Complementar n.* 79, de 7 de janeiro de 1994;

X - a Lei n. 9.092, de 12 de setembro de 1995;

XI - os seguintes dispositivos da Lei n. 9.615, de 24 de março de 1998:

a) incisos II, III, IV e VI do *caput* e os §§ 1º a 4º do art. 6º;

b) arts. 8º a 10; e

c) incisos IV, VI e VIII do *caput* e os §§ 1º a 10 do art. 56;

XII - os §§ 1º a 3º do art. 18-B da Lei n. 9.649, de 27 de maio de 1998;

XIII - a Lei n. 9.999, de 30 de agosto de 2000;

XIV - a Lei n. 10.201, de 14 de fevereiro de 2001;

XV - o inciso II do *caput* do art. 2º da Lei n. 10.260, de 12 de julho de 2001;

XVI - a Lei n. 10.746, de 10 de outubro de 2003;

XVII - o § 7º do art. 1º da Lei n. 10.891, de 9 de julho de 2004;

XVIII - o art. 2º da Lei n. 11.345, de 14 de setembro de 2006; e

XIX - os §§ 4º e 5º do art. 28 da Lei n. 13.155, de 4 de agosto de 2015.

ART. 47. Esta Lei entra em vigor:

I - após decorridos 180 (cento e oitenta dias) da data de sua publicação oficial, em relação à alteração do art. 18-A da Lei n. 9.615, de 24 de março de 1998, constante do art. 37 desta Lei; e

II - na data de sua publicação, em relação aos demais dispositivos.

Brasília, 12 de dezembro de 2018; 197º da Independência e 130º da República.

MICHEL TEMER

‣ Optamos, nesta edição, pela não publicação do Anexo.

LEI N. 13.775, DE 20 DE DEZEMBRO DE 2018

Dispõe sobre a emissão de duplicata sob a forma escritural; altera a Lei n. 9.492, de 10 de setembro de 1997; e dá outras providências.

› *DOU*, 21.12.2018.

O Presidente da República. Faço saber que o Congresso Nacional decreta e eu sanciono a seguinte Lei:

ART. 1º Esta Lei dispõe sobre a emissão de duplicata sob a forma escritural.

ART. 2º A duplicata de que trata a Lei n. 5.474, de 18 de julho de 1968, pode ser emitida sob a forma escritural, para circulação como efeito comercial, observadas as disposições desta Lei.

ART. 3º A emissão de duplicata sob a forma escritural far-se-á mediante lançamento em sistema eletrônico de escrituração gerido por quaisquer das entidades que exerçam a atividade de escrituração de duplicatas escriturais.

§ 1º As entidades de que trata o *caput* deste artigo deverão ser autorizadas por órgão ou entidade da administração federal direta ou indireta a exercer a atividade de escrituração de duplicatas.

§ 2º No caso da escrituração de que trata o *caput* deste artigo, feita por Central Nacional de Registro de Títulos e Documentos, após autorizada a exercer a atividade prevista no *caput* deste artigo, nos termos do § 1º deste artigo, a referida escrituração caberá ao oficial de registro do domicílio do emissor da duplicata.

§ 3º Se o oficial de registro não estiver integrado ao sistema central, a competência de que trata o § 2º deste artigo será transferida para a Capital da respectiva entidade federativa.

§ 4º O valor total dos emolumentos cobrados pela central nacional de que trata o § 2º deste artigo para a prática dos atos descritos nesta Lei será fixado pelos Estados e pelo Distrito Federal, observado o valor máximo de R$ 1,00 (um real) por duplicata.

ART. 4º Deverá ocorrer no sistema eletrônico de que trata o art. 3º desta Lei, relativamente à duplicata emitida sob a forma escritural, a escrituração, no mínimo, dos seguintes aspectos:

I - apresentação, aceite, devolução e formalização da prova do pagamento;

II - controle e transferência da titularidade;

III - prática de atos cambiais sob a forma escritural, tais como endosso e aval;

IV - inclusão de indicações, informações ou de declarações referentes à operação com base na qual a duplicata foi emitida ou ao próprio título; e

V - inclusão de informações a respeito de ônus e gravames constituídos sobre as duplicatas.

§ 1º O gestor do sistema eletrônico de escrituração deverá realizar as comunicações dos atos de que trata o *caput* deste artigo ao devedor e aos demais interessados.

§ 2º O órgão ou entidade da administração federal de que trata o § 1º do art. 3º desta Lei poderá definir a forma e os procedimentos que deverão ser observados para a realização das comunicações previstas no § 1º deste artigo.

§ 3º O sistema eletrônico de escrituração de que trata o *caput* deste artigo disporá de mecanismos que permitam ao sacador e ao sacado comprovarem, por quaisquer meios de prova admitidos em direito, a entrega e o recebimento das mercadorias ou a prestação do serviço, devendo a apresentação das provas ser efetuada em meio eletrônico.

§ 4º Os endossantes e avalistas indicados pelo apresentante ou credor como garantidores do cumprimento da obrigação constarão como tal dos extratos de que trata o art. 6º desta Lei.

ART. 5º Constituirá prova de pagamento, total ou parcial, da duplicata emitida sob a forma escritural a liquidação do pagamento em favor do legítimo credor, utilizando-se qualquer meio de pagamento existente no âmbito do Sistema de Pagamentos Brasileiro.

Parágrafo único. A prova de pagamento de que trata o *caput* deste artigo deverá ser informada no sistema eletrônico de escrituração previsto no art. 3º desta Lei, com referência expressa à duplicata amortizada ou liquidada.

ART. 6º Os gestores dos sistemas eletrônicos de escrituração de que trata o art. 3º desta Lei ou os depositários centrais, na hipótese de a duplicata emitida sob a forma escritural ter sido depositada de acordo com a Lei n. 12.810, de 15 de maio de 2013, expedirão, a pedido de qualquer solicitante, extrato do registro eletrônico da duplicata.

§ 1º Deverão constar do extrato expedido, no mínimo:

I - a data da emissão e as informações referentes ao sistema eletrônico de escrituração no âmbito do qual a duplicata foi emitida;

II - os elementos necessários à identificação da duplicata, nos termos do art. 2º da Lei n. 5.474, de 18 de julho de 1968;

III - a cláusula de inegociabilidade; e

IV - as informações acerca dos ônus e gravames.

§ 2º O extrato de que trata o *caput* deste artigo pode ser emitido em forma eletrônica, observados requisitos de segurança que garantam a autenticidade do documento.

§ 3º O sistema eletrônico de escrituração de que trata o art. 3º desta Lei deverá manter em seus arquivos cópia eletrônica dos extratos emitidos.

§ 4º Será gratuita a qualquer solicitante a informação, prestada por meio da rede mundial de computadores, de inadimplementos registrados em relação a determinado devedor.

ART. 7º A duplicata emitida sob a forma escritural e o extrato de que trata o art. 6º desta Lei são títulos executivos extrajudiciais, devendo-se observar, para sua cobrança judicial, o disposto no art. 15 da Lei n. 5.474, de 18 de julho de 1968.

ART. 8º A Lei n. 9.492, de 10 de setembro de 1997, passa a vigorar com as seguintes alterações:

"Art. 8º [...]

§ 1º [...]

§ 2º Os títulos e documentos de dívida mantidos sob a forma escritural nos sistemas eletrônicos de escrituração ou nos depósitos centralizados de que trata a Lei n. 12.810, de 15 de maio de 2013, poderão ser recepcionados para protesto por extrato, desde que atestado por seu emitente, sob as penas da lei, que as informações conferem com o que consta na origem." (NR)

"Art. 41-A. Os tabeliães de protesto manterão, em âmbito nacional, uma central nacional de serviços eletrônicos compartilhados que prestará, ao menos, os seguintes serviços:

I - escrituração e emissão de duplicata sob a forma escritural, observado o disposto na legislação específica, inclusive quanto ao requisito de autorização prévia para o exercício da atividade de escrituração pelo órgão supervisor e aos demais requisitos previstos na regulamentação por ele editada;

II - recepção e distribuição de títulos e documentos de dívida para protesto, desde que escriturais;

III - consulta gratuita quanto a devedores inadimplentes e aos protestos realizados, aos dados desses protestos e dos tabelionatos aos quais foram distribuídos, ainda que os respectivos títulos e documentos de dívida não sejam escriturais;

IV - confirmação da autenticidade dos instrumentos de protesto em meio eletrônico; e

V - anuência eletrônica para o cancelamento de protestos.

§ 1º A partir da implementação da central de que trata o *caput* deste artigo, os tabelionatos de protesto disponibilizarão ao poder público, por meio eletrônico e sem ônus, o acesso às informações constantes dos seus bancos de dados.

§ 2º É obrigatória a adesão imediata de todos os tabeliães de protesto do País ou responsáveis pelo expediente à central nacional de serviços eletrônicos compartilhados de que trata o *caput* deste artigo, sob pena de responsabilização disciplinar nos termos do inciso I do *caput* do art. 31 da Lei n. 8.935, de 18 de novembro de 1994."

ART. 9º Os lançamentos no sistema eletrônico de que trata o art. 3º desta Lei substituem o Livro de Registro de Duplicatas, previsto no art. 19 da Lei n. 5.474, de 18 de julho de 1968.

ART. 10. São nulas de pleno direito as cláusulas contratuais que vedam, limitam ou oneram, de forma direta ou indireta, a emissão ou a circulação de duplicatas emitidas sob a forma cartular ou escritural.

ART. 11. O órgão ou entidade da administração federal de que trata o § 1º do art. 3º desta Lei poderá regulamentar o disposto nesta Lei, inclusive quanto à forma e periodicidade do compartilhamento de registros, à fiscalização da atividade de escrituração de duplicatas escriturais, aos requisitos de funcionamento do sistema eletrônico de escrituração e às condições de emissão, de negociação, de liquidação e de escrituração da duplicata emitida sob a forma escritural.

Parágrafo único. Em caso de descumprimento desta Lei ou da regulamentação de que trata o *caput* deste artigo, serão aplicáveis as disposições da Lei n. 13.506, de 13 de novembro de 2017, pelo órgão ou entidade da administração federal de que trata o § 1º do art. 3º desta Lei.

ART. 12. Às duplicatas escriturais são aplicáveis, de forma subsidiária, as disposições da Lei n. 5.474, de 18 de julho de 1968.

§ 1º A apresentação da duplicata escritural será efetuada por meio eletrônico, observados os prazos determinados pelo órgão ou entidade da administração federal de que trata o § 1º do art. 3º desta Lei ou, na ausência dessa determinação, o prazo de 2 (dois) dias úteis contados de sua emissão.

§ 2º O devedor poderá, por meio eletrônico, recusar, no prazo, nas condições e pelos motivos previstos nos arts. 7º e 8º da Lei n. 5.474, de 18 de julho de 1968, a duplicata escritural apresentada ou, no mesmo prazo acrescido de sua metade, aceitá-la.

§ 3º Para fins de protesto, a praça de pagamento das duplicatas escriturais de que trata o inciso VI do § 1º do art. 2º da Lei n. 5.474, de 18 de julho de 1968, deverá coincidir com o domicílio do devedor, segundo a regra geral do § 1º do art. 75 e do art. 327 da Lei n. 10.406, de 10 de janeiro de 2002 (Código Civil), salvo convenção expressa entre as partes que demonstre a concordância inequívoca do devedor.

ART. 13. Esta Lei entra em vigor após decorridos 120 (cento e vinte) dias de sua publicação oficial.

Brasília, 20 de dezembro de 2018; 197º da Independência e 130º da República.

MICHEL TEMER

[illegible]

» DOU, 21.12.2018.

§ 4º O valor total dos emolumentos cobrados pela central nacional de que trata o § 2º deste artigo para a prática dos atos descritos nesta Lei será fixado pelos Estados e pelo Distrito Federal, observado o valor máximo de R$ 1,00 (um real) por duplicata.

LEIS COMPLEMENTARES

LEI COMPLEMENTAR N. 7, DE 7 DE SETEMBRO DE 1970

Institui o Programa de Integração Social, e dá outras providências.

- *DOU*, 08.09.1970.
- Dec.-Lei 2.052/1983 (Dispõe sobre as contribuições para o PIS-PASEP, sua cobrança, fiscalização, processo administrativo e de consulta).
- LC 8/1970 (Institui o Programa de Formação do Patrimônio do Servidor Público)

O Presidente da República. Faço saber que o Congresso Nacional decreta e eu sanciono a seguinte Lei Complementar:

ART. 1º É instituído, na forma prevista nesta Lei, o Programa de Integração Social, destinado a promover a integração do empregado na vida e no desenvolvimento das empresas.

§ 1º Para os fins desta Lei, entende-se por empresa a pessoa jurídica, nos termos da legislação do Imposto de Renda, e por empregado todo aquele assim definido pela Legislação Trabalhista.

§ 2º A participação dos trabalhadores avulsos, assim definidos os que prestam serviços a diversas empresas, sem relação empregatícia, no Programa de Integração Social, far-se-á nos termos do Regulamento a ser baixado, de acordo com o art. 11 desta Lei.

ART. 2º O Programa de que trata o artigo anterior será executado mediante Fundo de Participação, constituído por depósitos efetuados pelas empresas na Caixa Econômica Federal.

Parágrafo único. A Caixa Econômica Federal poderá celebrar convênios com estabelecimentos da rede bancária nacional, para o fim de receber os depósitos a que se refere este artigo.

ART. 3º O Fundo de Participação será constituído por duas parcelas:

a) a primeira, mediante dedução do Imposto de Renda devido, na forma estabelecida no § 1º deste artigo, processando-se o seu recolhimento ao Fundo juntamente com o pagamento do Imposto de Renda;

b) a segunda, com recursos próprios da empresa, calculados com base no faturamento, como segue:

- LC 17/1973 (Dispõe sobre o Programa de Integração Social de que trata a LC 7/1970).

1) no exercício de 1971, 0,15%;

2) no exercício de 1972, 0,25%;

3) no exercício de 1973, 0,40%;

4) no exercício de 1974 e subsequentes, 0,50%.

§ 1º A dedução a que se refere a alínea *a* deste artigo será feita sem prejuízo do direito de utilização dos incentivos fiscais previstos na legislação em vigor e calculada com base no valor do Imposto de Renda devido, nas seguintes proporções:

a) no exercício de 1971 -> 2%;

b) no exercício de 1972 - 3%;

c) no exercício de 1973 e subsequentes - 5%.

§ 2º As instituições financeiras, sociedades seguradoras e outras empresas que não realizam operações de vendas de mercadorias participarão do Programa de Integração Social com uma contribuição ao Fundo de Participação de, recursos próprios de valor idêntico do que for apurado na forma do parágrafo anterior.

§ 3º As empresas a título de incentivos fiscais estejam isentas, ou venham a ser isentadas, do pagamento do Imposto de Renda, contribuirão para o Fundo de Participação, na base de cálculo como se aquele tributo fosse devido, obedecidas as percentagens previstas neste artigo.

§ 4º As entidades de fins não lucrativos, que tenham empregados assim definidos pela legislação trabalhista, contribuirão para o Fundo na forma da lei.

§ 5º A Caixa Econômica Federal resolverá os casos omissos, de acordo com os critérios fixados pelo Conselho Monetário Nacional.

ART. 4º O Conselho Nacional poderá alterar, até 50% (cinquenta por cento), para mais ou para menos, os percentuais de contribuição de que trata o § 2º do art. 3º, tendo em vista a proporcionalidade das contribuições.

ART. 5º A Caixa Econômica Federal emitirá, em nome de cada empregado, uma Caderneta de Participação - Programa de Integração Social - movimentável na forma dos arts. 8º e 9º desta Lei.

ART. 6º A efetivação dos depósitos no Fundo correspondente à contribuição referida na alínea b do art. 3º será processada mensalmente a partir de 1º de julho de 1971.

Parágrafo único. A contribuição de julho será calculada com base no faturamento de janeiro; a de agosto, com base no faturamento de fevereiro; e assim sucessivamente.

- Súmula 468, STJ.

ART. 7º A participação do empregado no Fundo far-se-á mediante depósitos efetuados em contas individuais abertas em nome de cada empregado, obedecidos os seguintes critérios:

a) 50% (cinquenta por cento) do valor destinado ao Fundo será dividido em partes proporcionais ao montante de salários recebidos no período);

b) os 50% (cinquenta por cento) restantes serão divididos em partes proporcionais aos quinquênios de serviços prestados pelo empregado.

§ 1º Para os fins deste artigo, a Caixa Econômica Federal, com base nas Informações fornecidas pelas empresas, no prazo de 180 (cento e oitenta) dias, contados da publicação desta Lei, organizará um Cadastro - Geral dos participantes do Fundo, na forma que for estabelecida em regulamento.

§ 2º A omissão dolosa de nome de empregado entre os participantes do Fundo sujeitará a empresa a multa, em benefício do Fundo, no valor de 10 (dez) meses de salários, devidos ao empregado cujo nome houver sido omitido.

§ 3º Igual penalidade será aplicada em caso de declaração falsa sobre o valor do salário e do tempo de serviço do empregado na empresa.

ARTS. 8º e **9º** (Revogados pela LC 26/1975).

ART. 10. As obrigações das empresas, decorrentes desta Lei, são de caráter exclusivamente fiscal, não gerando direitos de natureza trabalhista nem incidência de qualquer contribuição previdenciária em relação a quaisquer prestações devidas, por lei ou por sentença judicial, ao empregado.

Parágrafo único. As importâncias incorporadas ao Fundo não se classificam como rendimento do trabalho, para qualquer efeito da legislação trabalhista, de Previdência Social ou Fiscal e não se incorporam aos salários ou gratificações, nem estão sujeitas ao imposto sobre a renda e proventos de qualquer natureza.

ART. 11. Dentro de 120 (cento e vinte) dias, a contar da vigência desta Lei, a Caixa Econômica Federal submeterá à aprovação do Conselho Monetário Nacional o regulamento do Fundo, fixando as normas para o recolhimento e a distribuição dos recursos, assim como as diretrizes e os critérios para a sua aplicação.

Parágrafo único. O Conselho Monetário Nacional pronunciar-se-á, no prazo de 60 (sessenta) dias, a contar do seu recebimento, sobre o projeto de regulamento do Fundo.

ART. 12. As disposições desta Lei não se aplicam a quaisquer entidades integrantes da Administração Pública federal, estadual ou municipal, dos Territórios e do Distrito Federal, Direta ou Indireta adotando-se, em todos os níveis, para efeito de conceituação, como entidades da Administração Indireta, os critérios constantes dos Decretos-Leis n. 200, de 25 de fevereiro de 1967, e 900, de 29 de setembro de 1969.

ART. 13. Esta Lei Complementar entrará em vigor na data de sua publicação.

ART. 14. Revogam-se as disposições em contrário.

Brasília, 7 de setembro de 1970; 149º da Independência e 82º da República.

EMILIO G. MÉDICI

LEI COMPLEMENTAR N. 8, DE 3 DE DEZEMBRO DE 1970

Institui o Programa de Formação do Patrimônio do Servidor Público, e dá outras providências.

- *DOU*, 04.12.1970.
- Dec.-Lei 2.052/1983 (Dispõe sobre as contribuições para o PIS-PASEP, sua cobrança, fiscalização, processo administrativo e de consulta).

O Presidente da República. Faço saber que o Congresso Nacional decreta e eu sanciono a seguinte Lei Complementar:

ART. 1º É instituído, na forma prevista nesta Lei Complementar, o Programa de Formação do Patrimônio do Servidor Público.

ART. 2º A União, os Estados, os Municípios, o Distrito Federal e os Territórios contribuirão para o Programa, mediante recolhimento mensal ao Banco do Brasil das seguintes parcelas:

I - União:

1% (um por cento) das receitas correntes efetivamente arrecadadas, deduzidas as transferências feitas a outras entidades da Administração Pública, a partir de 1º de julho de 1971; 1,5% (um e meio por cento) em 1972 e 2% (dois por cento) no ano de 1973 e subsequentes.

II - Estados, Municípios, Distrito Federal e Territórios:

a) 1% (um por cento) das receitas correntes próprias, deduzidas as transferências feitas a outras entidades da Administração Pública, a partir de 1º de julho de 1971; 1,5% (um e meio por cento) em 1972 e 2% (dois por cento) no ano de 1973 e subsequentes;

b) 2% (dois por cento) das transferências recebidas do Governo da União e dos Estados através do Fundo de Participações dos Estados, Distrito Federal e Municípios, a partir de 1º de julho de 1971.

Parágrafo único. Não recairá, em nenhuma hipótese, sobre as transferências de que trata este artigo, mais de uma contribuição.

ART. 3º As autarquias, empresas públicas, sociedades de economia mista e fundações, da União, dos Estados, dos Municípios, do Distrito Federal e dos Territórios contribuirão para o Programa com 0,4% (quatro décimos por cento) da receita orçamentária, inclusive transferências e receita operacional, a partir de 1º de julho de 1971; 0,6% (seis décimos por cento) em 1972 e 0,8% (oito décimos por cento) no ano de 1973 e subsequentes.

ART. 4º As contribuições recebidas pelo Banco do Brasil serão distribuídas entre todos os servidores em atividade, civis e militares, da União, dos Estados, Municípios, Distrito Federal e Territórios, bem como das suas entidades da Administração Indireta e fundações, observados os seguintes critérios:

a) 50% proporcionais ao montante da remuneração percebida pelo servidor, no período;

b) 50% em partes proporcionais aos quinquênios de serviços prestados pelo servidor.

Parágrafo único. A distribuição de que trata este artigo somente beneficiará os titulares, nas entidades mencionadas nesta Lei Complementar, de cargo ou função de provimento efetivo ou que possam adquirir estabilidade, ou de emprego de natureza não eventual, regido pela legislação trabalhista.

ART. 5º O Banco do Brasil S.A., ao qual competirá a administração do Programa, manterá contas individualizadas para cada servidor e cobrará uma comissão de serviço, tudo na forma que for estipulada pelo Conselho Monetário Nacional.

§ 1º Os depósitos a que se refere este artigo não estão sujeitos a imposto de renda ou contribuição previdenciária, nem se incorporam, para qualquer fim, à remuneração do cargo, função ou emprego.

§§ 2º a **5º** (Revogados pela LC 26/1975.)

§ 6º O Banco do Brasil S.A. organizará o cadastro geral dos beneficiários desta Lei Complementar.

ART. 6º (Revogado pela LC 19/1974.)

ART. 7º As importâncias creditadas nas contas do Programa de Formação do Patrimônio do Servidor Público e do Programa de Integração Social são inalienáveis e impenhoráveis, e serão obrigatoriamente transferidas de um para outro, no caso de passar o servidor, pela alteração da relação de emprego, do setor público para o privado, e vice-versa.

ART. 8º A aplicação do disposto nesta Lei complementar aos Estados e Municípios, às suas entidades da Administração Indireta e fundações, bem como aos seus servidores, dependerá de norma legislativa estadual ou municipal.

ART. 9º Esta Lei Complementar entrará em vigor na data de sua publicação, revogadas as disposições em contrário.

Brasília, 3 de dezembro de 1970; 149º da Independência e 82º da República.

EMÍLIO G. MÉDICI

LEI COMPLEMENTAR N. 11, DE 25 DE MAIO DE 1971

Institui o Programa de Assistência ao Trabalhador Rural, e dá outras providências.

- DOU, 26.5.1971, republicado em 05.8.1971, em 24.11.1971, em 25.11.1971 e retificado em 26.11.1971.
- Lei 8.213/1991 (Dispõe sobre os Planos de Benefícios da Previdência Social).

O Presidente da República. Faço saber que o Congresso Nacional decreta e eu sanciono a seguinte Lei Complementar:

ART. 1º É instituído o Programa de Assistência ao Trabalhador Rural (PRORURAL), nos termos da presente Lei Complementar.

§ 1º Ao Fundo de Assistência ao Trabalhador Rural - FUNRURAL -, diretamente subordinado ao Ministro do Trabalho e Previdência Social e ao qual é atribuída personalidade jurídica de natureza autárquica, caberá a execução do Programa de Assistência ao Trabalhador Rural, na forma do que dispuser o Regulamento desta Lei Complementar.

§ 2º O FUNRURAL gozará em toda a sua plenitude, inclusive no que se refere a seus bens, serviços e ações, das regalias, privilégios e imunidades da União e terá por foro o da sua sede, na Capital da República, ou o da Capital do Estado para os atos do âmbito deste.

ART. 2º O Programa de Assistência ao Trabalhador Rural consistirá na prestação dos seguintes benefícios:

- Lei 7.604/1987 (Dispõe sobre a atualização de benefícios da Previdência Social).

I - aposentadoria por velhice;

II - aposentadoria por invalidez;

III - pensão;

IV - auxílio-funeral;

V - serviço de saúde;

VI - serviço de social.

ART. 3º São beneficiários do Programa de Assistência instituído nesta Lei Complementar o trabalhador rural e seus dependentes.

§ 1º Considera-se trabalhador rural, para os efeitos desta Lei Complementar:

a) a pessoa física que presta serviços de natureza rural a empregador, mediante remuneração de qualquer espécie.

b) o produtor, proprietário ou não, que sem empregado, trabalhe na atividade rural, individualmente ou em regime de economia familiar, assim entendido o trabalho dos membros da família indispensável à própria subsistência e exercido em condições de mutua dependência e colaboração.

§ 2º Considera-se dependente o definido como tal na Lei Orgânica da Previdência Social e legislação posterior em relação aos segurados do Sistema Geral de Previdência Social.

ART. 4º A aposentadoria por velhice corresponderá a uma prestação mensal equivalente a 50% (cinquenta por cento) do salário-mínimo de maior valor no País, e será devida ao trabalhador rural que tiver completado 65 (sessenta e cinco) anos de idade.

Parágrafo único. Não será devida a aposentadoria a mais de um componente da unidade familiar, cabendo apenas o benefício ao respectivo chefe ou arrimo.

ART. 5º A aposentadoria por velhice, corresponderá a uma prestação igual a da aposentadoria por velhice, e com ela não acumulável, devida ao trabalhador vítima de enfermidade ou lesão orgânica, total e definitivamente incapaz para o trabalho, observado o princípio estabelecido no parágrafo único do artigo anterior.

ART. 6º A pensão por morte do trabalhador rural, concedida segundo ordem preferencial aos dependentes, consistirá numa prestação mensal, equivalente a 30% (trinta por cento) do salário-mínimo de maior valor no País.

- LC 16/1973 (Altera a LC 11/1971).
- Lei 7.604/1987 (Dispõe sobre a atualização de benefícios da Previdência Social).

ART. 7º Por morte presumida do trabalhador, declarada pela autoridade judiciária competente, depois de seis meses de sua ausência, será concedida uma pensão provisória, na forma estabelecida no artigo anterior.

ART. 8º Mediante prova hábil do desaparecimento do trabalhador, em virtude de acidente, desastre ou catástrofe, seus dependentes farão jus à pensão provisória referida no artigo anterior, dispensados o prazo e a declaração nele exigidos.

Parágrafo único. Verificado o reaparecimento do trabalhador, cessará imediatamente o pagamento da pensão, desobrigados os beneficiários do reembolso de quaisquer quantias recebidas.

ART. 9º O auxílio-funeral, no importe de um salário mínimo de maior valor vigente no País, será devido por morte do trabalhador rural, chefe ou arrimo da unidade familiar, ou de seu cônjuge dependente, e pago a quem, dependente ou não, houver, comprovadamente, promovido, à suas expensas, o sepultamento. (Alterado pela LC 16/1973.)

ART. 10. As importâncias devidas ao trabalhador rural serão pagas, caso ocorra sua morte, aos seus dependentes e, na suas morte, aos seus dependentes e, na falta desses, reverterão ao FUNRURAL.

ART. 11. A concessão das prestações pecuniárias asseguradas por esta Lei Complementar será devida a partir do mês de janeiro de 1972, arredondando-se os respectivos valores globais para a unidade de cruzeiro imediatamente superior, quando for o caso. (Alterado pela LC 16/1973.)

ART. 12. Os serviços de saúde serão prestados aos beneficiários, na escala que permitirem os recursos orçamentários do FUNRURAL, em regime de gratuidade total ou parcial segundo a renda familiar do trabalhador ou dependente.

ART. 13. O Serviço Social visa a propiciar aos beneficiários melhoria de seus hábitos e de suas condições de existência, mediante ajuda pessoal, nos desajustamentos individuais e da unidade familiar e, predominantemente, em suas diversas necessidades ligadas à assistência prevista nesta Lei, e será prestado com a amplitude que permitirem os recursos orçamentários do FUNRURAL, e segundo as possibilidades locais.

ART. 14. O ingresso do trabalhador rural e dependentes, abrangidos por esta Lei Complementar, no regime de qualquer entidade de previdência social não lhes acarretará a perda do direito as prestações do Programa de Assistência, enquanto não decorrer o período de carência a que se condicionar a concessão dos benefícios pelo novo regime.

ART. 15. Os recursos para o custeio do Programa de Assistência ao Trabalhador Rural provirão das seguintes fontes:

I - da contribuição de 2% (dois por cento) devida pelo produtor sobre o valor comercial dos produtos rurais, e recolhida:

- art. 3º, § 3º, Dec. 87.043/1982 (Regulamenta o Dec.-Lei 1.422/1975, que dispõe sobre o cumprimento do art. 178 da CF por empresas e empregadores de toda natureza, mediante a manutenção do ensino de 1º grau gratuito ou recolhimento da contribuição do Salário-Educação).

a) pelo adquirente, consignatário ou cooperativa que ficam sub-rogados, para esse fim, em todas as obrigações do produtor;

b) pelo produtor, quando ele próprio industrializar seus produtos vendê-los ao consumidor, no varejo, ou a adquirente domiciliado no exterior; (Alterado pela LC 16/1973.)

II - da contribuição de que trata o art. 3º do Decreto-lei n. 1.146, de 31 de dezembro de 1970, a qual fica elevada para 2,6% (dois e seis décimos por cento), cabendo 2,4% (dois e quatro décimos por cento) ao FUNRURAL.

§ 1º Entende-se como produto rural todo aquele que, não tendo sofrido qualquer processo de industrialização, provenha de origem vegetal ou animal inclusive as espécies aquáticas, ainda que haja sido submetido a beneficiamento, assim compreendidos os processos primários de preparação do produto para consumo imediato ou posterior industrialização, tais como descaroçamento, pilagem, descaroçamento limpeza, abate o seccionamento de árvores, pasteurização, resfriamento, secagem, aferventação e outros do mesmo teor, estendendo-se aos subprodutos e resíduos obtidos através dessas operações a qualificação de produtos rurais. (Alterado pela LC 16/1973.)

§ 2º O recolhimento da contribuição estabelecida no item I deverá ser feito até o último dia do mês seguinte àquele em que haja ocorrido a operação de venda ou transformação industrial.

§ 3º A falta de recolhimento, na época própria da contribuição estabelecida no item I sujeitará, automaticamente, o contribuinte a multa de 10% (dez por cento) por semestre ou fração de atraso, calculada sobre o montante do débito, à correção monetária deste e aos juros moratórios de 1% (um por cento) ao mês sobre o referido montante.

§ 4º A infração de qualquer dispositivo desta Lei Complementar e de sua regulamentação, para a qual não haja penalidade expressamente comunada, conforme a gravidade da infração, sujeitará o infrator a multa de 1 (um) a 10 (dez) salários-mínimos de maior valor no País, imposta e cobrada na forma a ser definida no regulamento.

§ 5º A arrecadação da contribuição devida ao FUNRURAL, na forma do artigo anterior, bem assim das correspondentes multas impostas e demais cominações legais, será realizada, preferencialmente, pela rede bancária credenciada para efetuar a arrecadação das contribuições devidas no INPS.

§ 6º As contribuições de que tratam os itens I e II serão devidas a partir de 1º de julho de 1971, sem prejuízo do recolhimento das contribuições devidas ao FUNRURAL, até o dia imediatamente anterior àquela data, por força do disposto no Decreto-lei número 276, de 28 de fevereiro de 1967.

ART. 16. Integram, ainda, a receita do FUNRURAL:

I - As multas, a correção monetária e os juros moratórios a que estão sujeitos os contribuintes, na forma do § 3º do artigo anterior e por atraso no pagamento das contribuições a que se refere o item II do mesmo artigo;

II - As multas provenientes de infrações praticadas pelo contribuinte, nas relações praticadas pelo contribuinte, nas relações com o FUNRURAL;

III - As doações e legados, rendas extraordinárias ou eventuais, bem assim recursos incluídos no Orçamento da União.

ART. 17. Os débitos relativos ao FUNRURAL e resultantes do disposto no Decreto-lei n. 276, de 28 de fevereiro de 1967, de responsabilidade dos adquirentes ou consignatários, na qualidade de sub-rogados dos produtores rurais e os de responsabilidade daqueles que produzem mercadorias rurais e as vendem, diretamente, aos consumidores, ou as industrializam ficam isentos de multa e de correção monetária, sem prejuízo dos correspondentes juros moratórios, deste que recolhidos ou confessados até noventa dias após a promulgação desta Lei complementar.

Parágrafo único. Em relação ao período de 1º de março a 19 de outubro de 1967, os adquirentes e consignatários de produtos rurais só ficam obrigados a recolher ao FUNRURAL as contribuições a este devidas, quando as tenham descontado do pagamento que efetuaram, aos produtores, no dito período, pela compra dos referidos produtos.

ART. 18. A confissão a que se refere o artigo anterior terá por objeto os débitos relativos ao período de 1º de março de 1967 a dezembro de 1969 que poderão ser recolhidos em até vinte parcelas mensais, iguais e sucessivas, vencendo-se a primeira no último dia útil do mês subsequentes ao da confissão.

Parágrafo único. O parcelamento de que trata este artigo é condicionado às seguintes exigências:

a) consolidação da dívida, compreendendo as contribuições em atraso e os respectivos juros moratórios, calculados até a data do parcelamento;

b) confissão expressa da dívida apurada na forma da alínea anterior;

c) cálculo da parcela correspondente à amortização da dívida confessada e aos juros de 1% (um por cento) ao mês, sobre os saldos decrescentes dessa mesma dívida;

d) apresentação, pelo devedor, de fiador idôneo, a critério do FUNRURAL, que responda solidariamente pelo débito consolidado e demais obrigações a cargo do devedor;

e) incidência, em cada parcela recolhida posteriormente ao vencimento, da correção monetária, bem como das sanções previstas no art. 82 da Lei n. 3.807, de 26 de agosto de 1960, e respectiva regulamentação.

ART. 19. Ficam cancelados os débitos dos produtores rurais para com o FUNRURAL, correspondentes ao período de fevereiro de 1964 a fevereiro de 1967.

ART. 20. Para efeito de sua atualização, os benefícios instituídos por esta Lei Complementar, bem o respectivo sistema de custeio, serão revistos de dois em dois anos pelo Poder Executivo, mediante proposta do Serviço Atuarial do Ministério do Trabalho e Previdência Social.

ART. 21. O FUNRURAL terá seus recursos financeiros depositados no Banco do Brasil S.A. e utilizados de maneira que a receita de um semestre se destine à despesa do semestre imediato.

Parágrafo único. Até que entre em vigor o Programa de Assistência ora instituído, o FUNRURAL continuará prestado aos seus beneficiários a assistência médico-social na forma do Regulamento aprovado pelo Decreto n. 61.554, de 17 de outubro de 1967.

ART. 22. É criado o Conselho Diretor do FUNRURAL, que será presidido pelo Ministro do Trabalho e Previdência Social, ou por seu representante expressamente designado, e integrado ainda, pelos representantes dos seguintes órgãos: Ministério da Agricultura, Ministério da Saúde, Instituto Nacional de Previdência Social, bem assim de cada uma das Confederações representativas das categorias econômica e profissional agrárias.

Parágrafo único. O FUNRURAL será representado em juízo ou fora dele pelo Presidente do respectivo Conselho Diretor ou seu substituto legal.

ART. 23. O FUNRURAL terá a estrutura administrativa que for estabelecida no Regulamento desta Lei Complementar.

Parágrafo único. O INPS dará à Administração do FUNRURAL, pela sua rede operacional e sob a forma de serviços de terceiros, sem prejuízos de seus interesses, a assistência que se fizer necessária em pessoal, material, instalações e serviços administrativos.

ART. 24. O custo de administração do FUNRURAL, em cada exercício, não poderá exceder ao valor correspondente a 10% (dez por cento) da receita realizada no exercício anterior.

ART. 25. As despesas de organização dos serviços necessários à execução desta Lei Complementar, inclusive instalação adequada do Conselho Diretor e dos Órgãos da estrutura administrativas do FUNRURAL, serão atendidas pelos recursos deste, utilizando-se, para tanto, até 10% (dez por cento) das dotações das despesas previstas no orçamento vigente.

ART. 26. Os débitos relativos à contribuição fixada no item I do artigo 15, bem assim as correspondentes multas impostas e demais cominações legais, serão lançados em livro próprio destinado pelo Conselho Diretor à inscrição da dívida ativa do FUNRURAL.

Parágrafo único. É considerada líquida e certa a dívida regularmente inscrita no livro de que trata este artigo e a certidão respectiva servirá de título para a cobrança judicial, como dívida pública, pelo mesmo processo e com os privilégios reservados à Fazenda Nacional.

ART. 27. Fica extinto o Plano Básico da Previdência Social, instituído pelo Decreto-lei n. 564, de 1º de maio de 1969, e alterado pelo Decreto-lei n. 704, de 14 de julho de 1969, ressalvados os direitos daqueles que, contribuindo para o INPS pelo referido Plano, cumpram período de carência até 30 de junho de 1971.

§ 1º As contribuições para o Plano Básico daqueles que tiverem direito assegurado, na forma deste artigo, serão recolhidas somente em correspondência ao período a encerrar-se em 30 de junho de 1971, cessando o direito de habilitação aos benefícios em 30 de junho de 1972.

§ 2º Caberá a devolução das contribuições descontadas, já recolhidas ou não, àqueles que, havendo começado a contribuir tardiamente, não puderem cumprir o período de carência até 30 de junho de 1971.

§ 3º As empresas abrangidas pelo Plano Básico são incluídas como contribuintes do Programa de Assistência ora instituído, participando do seu custeio na forma do disposto no item I do art. 15, e dispensadas, em consequência, da contribuição relativa ao referido Plano, ressalvado o disposto no § 1º.

ART. 28. As entidades sindicais de trabalhadores e de empregadores rurais poderão ser utilizadas na fiscalização e identificação dos grupos rurais beneficiados com a presente Lei Complementar e, mediante convênio com o FUNRURAL, auxiliá-lo na implantação, divulgação e execução do PRORURAL.

ART. 29. (Revogado pela LC 16/1973.)

ART. 30. A dotação correspondente ao abono previsto no Decreto-lei número 3.200, de 19 de abril de 1941, destinar-se-á ao reforço dos recursos orçamentários do Ministério do Trabalho e Previdência Social, especificamente, para suplementar a receita do FUNRURAL, ressalvada a continuidade do pagamento dos benefícios já concedidos até a data de entrada em vigor desta Lei.

ART. 31. (Revogado pela LC 16/1973.)

ART. 32. É lícito ao trabalhador ou dependente menor, a critério do FUNRURAL, firmar recibo de pagamento de benefício, independentemente da presença dos pais ou tutores.

ART. 33. Os benefícios concedidos aos trabalhadores rurais e seus dependentes, salvo quanto às importâncias devidas ao FUNRURAL, aos descontos autorizados por lei, ou derivados da obrigação de prestar alimentos, reconhecidos judicialmente, não poderão ser objeto de penhora, arresto ou sequestro, sendo nulas de pleno direito qualquer venda ou cessão, a constituição de qualquer ônus, bem assim a outorga de poderes irrevogáveis ou em causa própria para a respectiva percepção.

ART. 34. Não prescreverá o direito ao benefício, mas prescreverão as prestações não reclamadas no prazo de cinco anos, a contar da data em que forem devidas.

ART. 35. A presente Lei Complementar será regulamentada no prazo de 90 dias de sua publicação.

ART. 36. Terá aplicação imediata o disposto no artigo 1º e seu § 1º, artigo 22, parágrafo único do artigo 23, artigos 25 e 27 e seus §§ e artigo 29.

ART. 37. Ficam revogados, a partir da vigência desta Lei, o título IX da Lei n. 4.214, de 2 março de 1963, os Decretos-Leis n. 276, de 28 de fevereiro de 1967, 564, de 1º de maio de 1969, 704, de 24 de julho de 1969, e o artigo 29 e respectivo parágrafo único do Decreto-lei n. 3.200 de 19 de abril de 1941, bem como as demais disposições em contrário.

ART. 38. Esta Lei Complementar entrará em vigor na data de sua publicação.

Brasília, 25 de maio de 1971; 150º da Independência e 83º da República.

EMÍLIO G. MÉDICI

LEI COMPLEMENTAR N. 16, DE 30 DE OUTUBRO DE 1973

Altera a redação de dispositivos da Lei Complementar n. 11, de 25 de maio de 1971, e dá outras providências.

▸ DOU, 31.10.1973, republicado em 10.12.1973.

O Presidente da República. Faço saber que o Congresso Nacional decreta e eu sanciono a seguinte Lei Complementar:

ART. 1º A Lei Complementar n. 11, de 25 de maio de 1971, passa a vigorar com as seguintes alterações:

▸ Alterações promovidas no texto da referida LC.

ART. 2º A habilitação do trabalhador rural e seus dependentes aos benefícios em dinheiro do PRORURAL será feita diretamente pelo beneficiário, salvo nos casos de moléstia contagiosa ou impossibilidade de locomoção, quando poderá ser promovida por procurador, mediante autorização expressa do FUNRURAL, que, no entanto, fica com o direito de negá-la se o beneficiário puder ser representado por órgão de serviço social ou entidade de classe rural.

Parágrafo único. O disposto neste artigo aplica-se ao recebimento das prestações pecuniárias, estendendo-se aos casos de ausência.

ART. 3º A aposentadoria por idade concedida ao trabalhador rural, na forma da mencionada Lei Complementar n. 11 e sua regulamentação, não acarreta a rescisão do respectivo contrato de trabalho, nem constitui justa causa para a dispensa.

§ 1º Constitui justa causa, para efeito do disposto neste artigo, além de outras razões devidamente apuradas em inquérito administrativo a cargo do Ministério do Trabalho e Previdência Social, a incapacidade total e permanente, resultante de idade avançada, enfermidade ou lesão orgânica, comprovada mediante perícia médica requerida à Delegacia Regional do Trabalho.

§ 2º O trabalhador rural que houver sido dispensado antes da publicação desta Lei Complementar, após lhe ter sido concedida a aposentadoria por velhice, deverá ser reintegrado, aplicando-se-lhe, igualmente, o disposto no parágrafo anterior.

ART. 4º Os empregados que prestam exclusivamente serviços de natureza rural às empresas agroindustriais e agrocomerciais são considerados beneficiários do PRORURAL, ressalvado o disposto no parágrafo único deste artigo.

Parágrafo único. Aos empregados referidos neste artigo que, pelo menos, desde a data da Lei Complementar n. 11, de 25 de maio de 1971, vem sofrendo, em seus salários, o desconto da contribuição devida ao INPS é garantida a condição de segurados desse Instituto, não podendo ser dispensados senão por justa causa, devidamente comprovada em inquérito administrativo a cargo do Ministério do Trabalho e Previdência Social.

ART. 5º A caracterização da qualidade de trabalhador rural, para efeito da concessão das prestações pecuniárias do PRORURAL, dependerá da comprovação de sua atividade pelo menos nos três últimos anos anteriores à data do pedido do benefício, ainda, que de forma descontínua.

ART. 6º É fixada, a partir de janeiro de 1974, em 50% (cinquenta por cento) do salário mínimo de maior valor vigente no País, a mensalidade da pensão de que trata o artigo 6º, da Lei Complementar n. 11, de 25 de maio de 1971.

§ 1º A pensão não será diminuída por redução do número de dependentes do trabalhador rural chefe ou arrimo da unidade familiar falecido, e o seu pagamento será sempre efetuado, pelo valor global, ao dependente que assumir a qualidade de novo chefe ou arrimo da unidade familiar.

§ 2º Fica vedada a acumulação do benefício da pensão com o da aposentadoria por velhice ou por invalidez de que tratam os artigos 4º e 5º da Lei Complementar n. 11, de 25 de maio de 1971, ressalvado ao novo chefe ou arrimo da unidade familiar o direito de optar pela aposentadoria quando a ela fizer jus, sem prejuízo do disposto no parágrafo anterior.

ART. 7º O Poder Executivo, por intermédio do Ministério do Trabalho e Previdência Social, constituirá Comissão para avaliar os resultados do PRORURAL, estudar e planejar a majoração das percentagens relativas aos benefícios referidos no artigo 8º e a criação de novos benefícios.

ART. 8º São fixadas como datas em que passam a ser devidas as mensalidades relativas aos benefícios de que tratam os arts. 4º, 5º e 6º da Lei Complementar n. 11, de 25 de maio de 1971, a da entrada do requerimento para a aposentadoria por velhice, a do respectivo laudo médico no que respeita à aposentadoria por invalidez, e aquela da ocorrência do óbito, quanto à pensão.

§ 1º Ficam ressalvados os direitos daquelas que, mediante documentos hábeis, originários de assentos lavrados antes de 31 de dezembro de 1971, comprovem haver atingido a idade de 65 anos até a data da publicação desta Lei Complementar.

§ 2º Em relação àqueles que não possam fazer prova, na forma estabelecida no parágrafo anterior, fica a critério do FUNRURAL aceitar outros elementos de convicção para a concessão da aposentadoria por velhice.

ART. 9º Esta Lei Complementar entrará em vigor em 1º de janeiro de 1974, ressalvados os §§ 1º e 2º do art. 6º e o art. 8º, os quais terão vigência a partir da data de publicação desta Lei.

ART. 10. Revogam-se os artigos 29 e 31 da Lei Complementar n. 11, de 25 de maio de 1971, e demais disposições em contrário.

Brasília, 30 de outubro de 1973; 152º da Independência e 85º da República.

EMÍLIO G. MÉDICI

LEI COMPLEMENTAR N. 17, DE 12 DE DEZEMBRO DE 1973

Dispõe sobre o Programa de Integração Social de que trata a Lei Complementar n. 7, de 7 de setembro de 1970, e dá outras providências.

▸ *DOU*, 14.12.1973.

O Presidente da República. Faço saber que o Congresso Nacional decreta e eu sanciono a seguinte Lei:

ART. 1º A parcela destinada ao Fundo de Participação do Programa de Integração Social, relativa à contribuição com recursos próprios da empresa, de que trata o art. 3º, letra *b*, da Lei Complementar n. 7, de 7 de setembro de 1970, é acrescida de um adicional a partir do exercício financeiro de 1975.

Parágrafo único. O adicional de que trata este artigo será calculado com base no faturamento da empresa, como segue:

a) no exercício de 1975 - 0,125%;

b) no exercício de 1976 e subsequentes - 0,25%.

ART. 2º O adicional a que se refere o artigo anterior será incorporado ao Fundo de Participação, aplicando-se os recursos de sua arrecadação, preferencialmente, na concessão de financiamentos aos Estados, mediante garantia de obrigações do Tesouro estadual, reajustáveis.

ART. 3º O Conselho Monetário Nacional poderá autorizar, para efeito dos recolhimentos devidos, o ajustamento das alíquotas indicadas nos arts. 2º e 3º da Lei Complementar n. 8, de 3 de dezembro de 1970, para o fim de equiparar as contribuições das empresas públicas e sociedades de economia mista às das empresas privadas.

ART. 4º Esta Lei Complementar entrará em vigor na data de sua publicação, revogadas as disposições em contrário.

Brasília, 12 de dezembro de 1973; 152º da Independência e 85º da República.

EMÍLIO G. MÉDICI

LEI COMPLEMENTAR N. 24, DE 7 DE JANEIRO DE 1975

Dispõe sobre os convênios para a concessão de isenções do imposto sobre operações relativas à circulação de mercadorias, e dá outras providências.

▸ *DOU*, 09.01.1975.

O Presidente da República: Faço saber que o Congresso Nacional decreta e eu sanciono a seguinte Lei Complementar:

ART. 1º As isenções do imposto sobre operações relativas à circulação de mercadorias serão concedidas ou revogadas nos termos de convênios celebrados e ratificados pelos Estados e pelo Distrito Federal, segundo esta Lei.

Parágrafo único. O disposto neste artigo também se aplica:

I - à redução da base de cálculo;

II - à devolução total ou parcial, direta ou indireta, condicionada ou não, do tributo, ao contribuinte, a responsável ou a terceiros;

III - à concessão de créditos presumidos;

IV - à quaisquer outros incentivos ou favores fiscais ou financeiro-fiscais, concedidos com base no Imposto de Circulação de Mercadorias, dos quais resulte redução ou eliminação, direta ou indireta, do respectivo ônus;

V - às prorrogações e às extensões das isenções vigentes nesta data.

ART. 2º Os convênios a que alude o art. 1º, serão celebrados em reuniões para as quais tenham sido convocados representantes de todos os Estados e do Distrito Federal, sob a presidência de representantes do Governo federal.

§ 1º As reuniões se realizarão com a presença de representantes da maioria das Unidades da Federação.

§ 2º A concessão de benefícios dependerá sempre de decisão unânime dos Estados representados; a sua revogação total ou parcial dependerá de aprovação de quatro quintos, pelo menos, dos representantes presentes.

§ 3º Dentro de 10 (dez) dias, contados da data final da reunião a que se refere este artigo, a resolução nela adotada será publicada no Diário Oficial da União.

ART. 3º Os convênios podem dispor que a aplicação de qualquer de suas cláusulas seja limitada a uma ou a algumas Unidades da Federação.

ART. 4º Dentro do prazo de 15 (quinze) dias contados da publicação dos convênios no Diário Oficial da União, e independentemente de qualquer outra comunicação, o Poder Executivo de cada Unidade da Federação publicará decreto ratificando ou não os convênios celebrados, considerando-se ratificação tácita dos convênios a falta de manifestação no prazo assinalado neste artigo.

§ 1º O disposto neste artigo aplica-se também às Unidades da Federação cujos representantes não tenham comparecido à reunião em que hajam sido celebrados os convênios.

§ 2º Considerar-se-á rejeitado o convênio que não for expressa ou tacitamente ratificado pelo Poder Executivo de todas as Unidades da Federação ou, nos casos de revogação a que se refere o art. 2º, § 2º, desta Lei, pelo Poder Executivo de, no mínimo, quatro quintos das Unidades da Federação.

ART. 5º Até 10 (dez) dias depois de findo o prazo de ratificação dos convênios, promover-se-á, segundo o disposto em Regimento, a publicação relativa à ratificação ou à rejeição no Diário Oficial da União.

ART. 6º Os convênios entrarão em vigor no trigésimo dia após a publicação a que se refere o art. 5º, salvo disposição em contrário.

ART. 7º Os convênios ratificados obrigam todas as Unidades da Federação inclusive as que, regularmente convocadas, não se tenham feito representar na reunião.

ART. 8º A inobservância dos dispositivos desta Lei acarretará, cumulativamente:

I - a nulidade do ato e a ineficácia do crédito fiscal atribuído ao estabelecimento recebedor da mercadoria;

II - a exigibilidade do imposto não pago ou devolvido e a ineficácia da lei ou ato que conceda remissão do débito correspondente.

Parágrafo único. As sanções previstas neste artigo poder-se-ão acrescer a presunção de irregularidade das contas correspondentes ao exercício, a juízo do Tribunal de Contas da União, e a suspensão do pagamento das quotas referentes ao Fundo de Participação, ao Fundo Especial e aos impostos referidos nos itens VIII e IX do art. 21 da Constituição federal.

ART. 9º É vedado aos Municípios, sob pena das sanções previstas no artigo anterior, concederem qualquer dos benefícios relacionados no art. 1º no que se refere à sua parcela na receita do imposto de circulação de mercadorias.

ART. 10. Os convênios definirão as condições gerais em que se poderão conceder, unilateralmente, anistia, remissão, transação, moratória, parcelamento de débitos fiscais e ampliação do prazo de recolhimento do imposto de circulação de mercadorias.

ART. 11. O Regimento das reuniões de representantes das Unidades da Federação será aprovado em convênio.

ART. 12. São mantidos os benefícios fiscais decorrentes de convênios regionais e nacionais vigentes à data desta Lei, até que revogados ou alterados por outro.

§ 1º Continuam em vigor os benefícios fiscais ressalvados pelo § 6º do art. 3º do Decreto-Lei n. 406, de 31 de dezembro de 1968, com a redação que lhe deu o art. 5º do Decreto-Lei n. 834, de 8 de setembro de 1969, até o vencimento do prazo ou cumprimento das condições correspondentes.

§ 2º Quaisquer outros benefícios fiscais concedidos pela legislação estadual considerar-se-ão revogados se não forem convalidados pelo primeiro convênio que se realizar na forma desta Lei, ressalvados os concedidos por prazo certo ou em função de determinadas condições que já tenham sido incorporadas ao patrimônio jurídico de contribuinte. O prazo para a celebração deste convênio será de 90 (noventa) dias a contar da data da publicação desta Lei.

§ 3º A convalidação de que trata o parágrafo anterior se fará pela aprovação de 2/3 (dois terços) dos representantes presentes, observando-se, na respectiva ratificação, este quórum e o mesmo processo do disposto no art. 4º.

ART. 13. O art. 178 do Código Tributário Nacional (Lei n. 5.172, de 25 de outubro de 1966), passa a vigorar com a seguinte redação:

> "Art. 178. A isenção, salvo se concedida por prazo certo e em função de determinadas condições, pode ser revogada ou modificada por lei, a qualquer tempo, observado o disposto no inciso III do art. 104."

ART. 14. Sairão com suspensão do Imposto de Circulação de Mercadorias:

I - as mercadorias remetidas pelo estabelecimento do produtor para estabelecimento de Cooperativa de que faça parte, situada no mesmo Estado;

II - as mercadorias remetidas pelo estabelecimento de Cooperativa de Produtores, para estabelecimento, no mesmo Estado, da própria Cooperativa, de Cooperativa Central ou de Federação de Cooperativas de que a Cooperativa remetente faça parte.

§ 1º O imposto devido pelas saídas mencionadas nos incisos I e II será recolhido pelo destinatário quando da saída subsequente, esteja esta sujeita ou não ao pagamento do tributo.

§ 2º Ficam revogados os incisos IX e X do art. 1º da Lei Complementar n. 4, de 2 de dezembro de 1969.

ART. 15. O disposto nesta Lei não se aplica às indústrias instaladas ou que vierem a instalar-se na Zona Franca de Manaus, sendo vedado às demais Unidades da Federação determinar a exclusão de incentivo fiscal, prêmio ou estimulo concedido pelo Estado do Amazonas.

ART. 16. Esta Lei entrará em vigor na data de sua publicação, revogadas as disposições em contrário.

Brasília, em 7 de janeiro de 1975; 154º da Independência e 87º da República.

ERNESTO GEISEL

LEI COMPLEMENTAR N. 26, DE 11 DE SETEMBRO DE 1975

Altera disposições da legislação que regula o Programa de Integração Social (PIS) e o Programa de Formação do Patrimônio do Servidor Público (PASEP).

- *DOU*, 12.09.1975.
- Dec. 4.751/2003 (Dispõe sobre o Fundo PIS-PASEP).

O Presidente da República. Faço saber que o Congresso Nacional decreta e eu sanciono a seguinte Lei Complementar:

ART. 1º A partir do exercício financeiro a iniciar-se em 1º de julho de 1976, serão unificados, sob a denominação de PIS-PASEP, os fundos constituídos com os recursos do Programa de Integração Social (PIS) e do Programa de Formação do Patrimônio do Servidor Público (PASEP), instituídos pelas Leis Complementares n. 7 e 8, de 7 de setembro e de 3 de dezembro de 1970, respectivamente.

Parágrafo único. A unificação de que trata este artigo não afetará os saldos das contas individuais existentes em 30 de junho de 1976.

ART. 2º Ressalvado o disposto no parágrafo único deste artigo, são mantidos os critérios de participação dos empregados e servidores estabelecidos nos arts. 7º e 4º, respectivamente, das Leis Complementares n. 7 e 8, referidas, passando a ser considerado, para efeito do cálculo dos depósitos efetuados nas contas individuais, o valor global dos recursos que passarem a integrar o PIS-PASEP.

Parágrafo único. (Revogado pela Lei 13.677/2018.)

ART. 3º Após a unificação determinada no art. 1º, as contas individuais dos participantes passarão a ser creditadas:

a) pela correção monetária anual do saldo credor, obedecidos os índices aplicáveis às Obrigações Reajustáveis do Tesouro Nacional (ORTN);

b) pelos juros mínimos de 3% (três por cento) calculados anualmente sobre o saldo credor corrigido;

c) pelo resultado líquido adicional das operações realizadas com recursos do PIS-PASEP, deduzidas as despesas administrativas e as provisões de reserva cuja constituição seja indispensável.

ART. 4º As importâncias creditadas nas contas individuais dos participantes do PIS-PASEP são inalienáveis, impenhoráveis e, ressalvado o disposto nos parágrafos deste artigo, indisponíveis por seus titulares.

§ 1º Fica disponível a qualquer titular da conta individual dos participantes do PIS/Pasep o saque do saldo até 29 de junho de 2018 e, após essa data, aos titulares enquadrados nos seguintes casos: (Alterado pela Lei 13.677/2018.)

I - atingida a idade de 60 (sessenta) anos; (Alterado pela Lei 13.677/2018.)

II - aposentadoria; (Alterado pela Lei 13.677/2018.)

III - transferência para a reserva remunerada ou reforma; (Alterado pela Lei 13.677/2018.)

IV - invalidez do titular ou de seu dependente; (Alterado pela Lei 13.677/2018.)

V - titular do benefício de prestação continuada, de que trata a Lei n. 8.742, de 7 de dezembro de 1993; ou (Alterado pela Lei 13.677/2018.)

VI - titular ou seu dependente com tuberculose ativa, hanseníase, alienação mental, neoplasia maligna, cegueira, paralisia irreversível e incapacitante, cardiopatia grave, doença de Parkinson, espondiloartrose anquilosante, nefropatia grave, estado avançado da doença de Paget (osteíte deformante), Síndrome de Imunodeficiência Adquirida (Aids) ou portador do vírus HIV, hepatopatia grave, contaminação por radiação, com base em conclusão da medicina especializada, ou outra doença grave indicada em ato do Poder Executivo. (Acrescentado pela Lei 13.677/2018.)

§ 2º Será facultada, no final de cada exercício financeiro posterior da abertura da conta individual, a retirada das parcelas correspondentes aos créditos de que tratam as alíneas b e c do art. 3º.

§ 3º Aos participantes cadastrados há pelo menos 5 (cinco) anos e que percebam salário mensal igual ou inferior a 5 (cinco) vezes o respectivo salário mínimo regional, será facultado, ao final de cada exercício financeiro, retirada complementar que permita perfazer valor igual ao do salário mínimo regional mensal vigente, respeitadas as disponibilidades de suas contas individuais.

§ 4º Na hipótese de morte do titular da conta individual do PIS/Pasep, o saldo da conta será disponibilizado a seus dependentes, de acordo com a legislação da Previdência Social e com a legislação específica relativa aos servidores civis e aos militares ou, na falta daqueles, aos sucessores do titular, nos termos da lei civil. (Alterado pela Lei 13.677/2018.)

§ 5º Os saldos das contas individuais do PIS/Pasep ficam disponíveis aos participantes de que tratam o *caput* e os incisos I, II e III do § 1º deste artigo ou, na hipótese de morte do titular da conta individual, a seus dependentes, de acordo com a legislação da Previdência Social, independentemente de solicitação. (Alterado pela Lei 13.677/2018.)

§ 6º Até 28 de setembro de 2018, a disponibilização dos saldos das contas individuais de que trata o § 5º deste artigo será efetuada conforme cronograma de atendimento, critério e forma estabelecidos pela Caixa Econômica Federal, quanto ao PIS, e pelo Banco do Brasil S.A., quanto ao Pasep. (Alterado pela Lei 13.677/2018.)

§ 7º Ato do Poder Executivo reabrirá o prazo de saque do saldo do PIS/Pasep por qualquer titular de que trata o § 1º deste artigo, desde que a data final de saque não ultrapasse 28 de setembro de 2018. (Acrescentado pela Lei 13.677/2018.)

- Dec. 9.409/2018 (Reabre o prazo de saque do saldo PIS/PASEP a que se refere este parágrafo.)

ART. 4º-A. A Caixa Econômica Federal e o Banco do Brasil S.A. ficam autorizados a disponibilizar o saldo da conta individual do participante do PIS/Pasep em folha de pagamento ou mediante crédito automático em conta de depósito, conta-poupança ou outro arranjo de pagamento de titularidade do participante, quando este estiver enquadrado nas hipóteses normativas para saque e não houver sua prévia manifestação contrária. (Alterado pela Lei 13.677/2018.)

§ 1º Comprovada a morte do titular da conta individual do PIS/Pasep, aplica-se o disposto no *caput* deste artigo a seus dependentes, de acordo com a legislação da Previdência Social, quando não houver prévia manifestação contrária dos dependentes. (Alterado pela Lei 13.677/2018.)

§ 2º Na hipótese do crédito automático de que tratam o *caput* e o § 1º deste artigo, o interessado poderá solicitar a transferência do valor para outra instituição financeira, em até 3 (três) meses após o depósito, sem pagamento de tarifa, conforme procedimento a ser definido pela Caixa Econômica Federal, quanto ao PIS, e pelo Banco do Brasil S.A., quanto ao Pasep. (Alterado pela Lei 13.677/2018.)

§ 3º O valor a ser disponibilizado nos termos deste artigo poderá ser emitido em unidades inteiras de moeda corrente, com a suplementação das partes decimais até a unidade inteira imediatamente superior. (Alterado pela Lei 13.677/2018.)

ART. 5º É mantido, para os recursos do PIS-PASEP, inclusive aqueles a que se refere o art. 1º da Lei Complementar n. 17, de 12 de dezembro de 1973, o sistema de aplicação unificada estabelecido na Lei Complementar n. 19, de 25 de junho de 1974.

ART. 6º O Poder Executivo regulamentará esta Lei Complementar dentro de 120 (cento e vinte) dias, contados de sua publicação.

ART. 7º Esta Lei Complementar entrará em vigor em 1º de julho de 1970, revogados os arts. 8º e seu parágrafo, e 9º, e seus §§ 1º e 2º, da Lei Complementar n. 7, de 7 de setembro de 1970, e os §§ 2º, 3º, 4º e 5º do art. 5º da Lei Complementar n. 8, de 3 de dezembro de 1970, e as demais disposições em contrário.

Brasília, 11 de setembro de 1975; 154º da Independência e 87º da República.

ERNESTO GEISEL

LEI COMPLEMENTAR N. 61, DE 26 DE DEZEMBRO DE 1989

Estabelece normas para a participação dos Estados e do Distrito Federal no produto da arrecadação do Imposto sobre Produtos Industrializados IPI, relativamente às exportações.

- DOU, 27.12.1989.
- LC 8.016/1990 (Dispõe sobre a entrega das quotas de participação dos Estados e do Distrito Federal na arrecadação do IPI de que trata o do art. 159, II, CF).

O Presidente da República. Faço saber que o Congresso Nacional decreta e eu sanciono a seguinte Lei:

ART. 1º A União entregará, do produto da arrecadação do Imposto sobre Produtos Industrializados - IPI, 10% (dez por cento) aos Estados e ao Distrito Federal, proporcionalmente ao valor das respectivas exportações de produtos industrializados, nos termos do inciso II e do § 2º do art. 159 da Constituição Federal.

§ 1ºPara efeito de cálculo das parcelas pertencentes a cada unidade federada, considerar-se-ão:

I - as origens indicadas nas respectivas as guias de exportação ou em outros documentos que identifiquem a unidade federada exportadora;

II - o conceito de produtos industrializados adotados pela legislação federal referente ao IPI.

§ 2º Para os fins do inciso I do § 1ºdesta Lei Complementar, na hipótese de a operação interestadual anterior à exportação ter sido realizada ao abrigo de isenção, total ou parcial, do imposto de que trata a alínea *b* do inciso I do art. 155 da Constituição Federal, será considerada a unidade federada de origem, ou seja, aquela onde teve início a referida operação interestadual .

§ 3º Os coeficientes de rateio serão calculados para aplicação no ano-calendário, tomando-se como base o valor em dólar norte-americano das exportações ocorridas nos 12 (doze) meses antecedentes a primeiro de julho do ano imediatamente anterior.

§ 4º Sempre que a participação de qualquer unidade federada ultrapassar o limite de 20% (vinte por cento) do montante a que se refere o *caput* deste artigo, o eventual excedente será distribuído entre as demais, na proporção de suas respectivas participações relativas.

§ 5º O órgão encarregado do controle das exportações fornecerá ao Tribunal de Contas da União, de forma consolidada, até 25 do mês de julho de cada ano, o valor total em dólares das exportações do período a que se refere o § 3º deste artigo.

ART. 2º Os coeficientes individuais de participação, calculados na forma do artigo anterior, deverão ser apurados e publicados no Diário Oficial da União pelo Tribunal de Contas da União até o último dia útil do mês de julho de cada ano.

§ 1ºAs unidades federadas disporão de 30 (trinta) dias, a partir da publicação referida no *caput* deste artigo, para apresentar contestação, juntando desde logo as provas em que se fundamentar.

§ 2º O Tribunal de Contas da União, no prazo de 30 (trinta) dias contados do recebimento da contestação mencionada no parágrafo anterior, deverá manifestar-se sobre a mesma.

ART. 3º As quotas das unidades da federação serão determinadas de acordo com os coeficientes individuais da participação a que se refere o artigo anterior.

§ 1º (Vetado).

§ 2º O cumprimento do disposto neste artigo será comunicado pelo Ministério da Fazenda ao Tribunal de Contas da União, discriminadamente por unidade federada, até o último dia útil do mês em que o crédito tiver sido lançado.

ART. 4º O Ministério da Fazenda publicará, até o último dia do mês subsequente ao da arrecadação , o montante do IPI arrecadado, bem como as parcelas distribuídas a cada unidade da federação.

Parágrafo único. Cada unidade federada poderá contestar os valores distribuídos, devendo tal contestação ser objeto de manifestação pelo órgão competente, no prazo de 30 (trinta) dias .

ART. 5º Os Estados entregarão aos seus respectivos Municípios 25% (vinte e cinco por cento) dos recursos que nos termos desta Lei Complementar receberem, observando-se para tanto os mesmos critérios, forma e prazos estabelecidos para o repasse da parcela do ICMS que a Constituição Federal assegura às municipalidades.

ART. 6º Para efeitos de apuração dos coeficientes a serem aplicados no período de 1º de março a 31 de dezembro de 1989, adotar-se-ão os critérios previstos nesta Lei Complementar.

ART. 7º (Vetado).

ART. 8º Esta Lei Complementar entra em vigor na data de sua publicação, retroagindo seus efeitos a 1ºde março de 1989.

ART. 9º Revogam-se as disposições em contrário.

Brasília, 26 de dezembro de 1989; 168º da Independência e 101ºda República.

JOSÉ SARNEY

LEI COMPLEMENTAR N. 62, DE 28 DE DEZEMBRO DE 1989

Estabelece normas sobre o cálculo, a entrega e o controle das liberações dos recursos dos Fundos de Participação e dá outras providências.

- DOU, 27.12.1989.
- LC 8.016/1990 (Dispõe sobre a entrega das quotas de participação dos Estados e do Distrito Federal na arrecadação do IPI de que trata o do art. 159, II, CF).
- ADIn 875, 1.987, 2.727, 3.243.

O Presidente da República. Faço saber que o Congresso Nacional decreta e eu sanciono a seguinte Lei Complementar:

ART. 1º O cálculo, a entrega e o controle das liberações dos recursos do Fundo de Participação dos Estados e do Distrito Federal - FPE e do Fundo de Participação dos Municípios - FPM, de que tratam as alíneas *a* e *b* do inciso I do art. 159 da Constituição, far-se-ão nos termos desta Lei Complementar, consoante o disposto nos incisos II e III do art. 161 da Constituição.

Parágrafo único. Para fins do disposto neste artigo, integrarão a base de cálculo das transferências, além do montante dos impostos nele referidos, inclusive os extintos por compensação ou dação, os respectivos adicionais, juros e multa moratória, cobrados administrativa ou judicialmente, com a correspondente atualização monetária paga.

ART. 2º Os recursos do Fundo de Participação dos Estados e do Distrito Federal (FPE), observado o disposto no art. 4º, serão entregues da seguinte forma: (Alterado pela LC 143/2013.)

I - os coeficientes individuais de participação dos Estados e do Distrito Federal no FPE a serem aplicados até 31 de dezembro de 2015 são os constantes do Anexo Único desta Lei Complementar; (Alterado pela LC 143/2013.)

II - a partir de 1º de janeiro de 2016, cada entidade beneficiária receberá valor igual ao que foi distribuído no correspondente decêndio do exercício de 2015, corrigido pela variação acumulada do Índice Nacional de Preços ao Consumidor Amplo (IPCA) ou outro que vier a substituí-lo e pelo percentual equivalente a 75% (setenta e cinco por cento) da variação real do Produto Interno Bruto nacional do ano anterior ao ano considerado para base de cálculo; (Alterado pela LC 143/2013.)

III - também a partir de 1º de janeiro de 2016, a parcela que superar o montante especificado no inciso II será distribuída proporcionalmente a coeficientes individuais de participação obtidos a partir da combinação de fatores representativos da população e do inverso da renda domiciliar *per capita* da entidade beneficiária, assim definidos: (Acrescentado pela LC 143/2013.)

a) o fator representativo da população corresponderá à participação relativa da população da entidade beneficiária na população do País, observados os limites superior e inferior de, respectivamente, 0,07 (sete centésimos) e 0,012 (doze milésimos), que incidirão uma única vez nos cálculos requeridos; (Acrescentado pela LC 143/2013.)

b) o fator representativo do inverso da renda domiciliar *per capita* corresponderá à participação relativa do inverso da renda domiciliar *per capita* da entidade beneficiária na soma dos inversos da renda domiciliar *per capita* de todas as entidades. (Acrescentado pela LC 143/2013.)

§ 1º Em relação à parcela de que trata o inciso III do *caput*, serão observados os seguintes procedimentos: (Alterado pela LC 143/2013.)

I - a soma dos fatores representativos da população e a dos fatores representativos do inverso da renda domiciliar *per capita* deverão ser ambas iguais a 0,5 (cinco décimos), ajustando-se proporcionalmente, para esse efeito, os fatores das entidades beneficiárias; (Acrescentado pela LC 143/2013.)

II - o coeficiente individual de participação será a soma dos fatores representativos da população e do inverso da renda domiciliar *per capita* da entidade beneficiária, observados os ajustes previstos nos incisos III e IV deste parágrafo; (Acrescentado pela LC 143/2013.)

III - os coeficientes individuais de participação das entidades beneficiárias cujas rendas domiciliares *per capita* excederem valor de referência correspondente a 72% (setenta e dois por cento) da renda domiciliar *per capita* nacional serão reduzidos proporcionalmente à razão entre o excesso da renda domiciliar *per capita* da entidade beneficiária e o valor de referência, observado que nenhuma entidade beneficiária poderá ter coeficiente individual de participação inferior a 0,005 (cinco milésimos); (Acrescentado pela LC 143/2013.)

IV - em virtude da aplicação do disposto no inciso III deste parágrafo, os coeficientes individuais de participação de todas as entidades beneficiárias deverão ser ajustados proporcionalmente, de modo que resultem em soma igual a 1 (um). (Acrescentado pela LC 143/2013.)

§ 2º Caso a soma dos valores a serem distribuídos, nos termos do inciso II do *caput*, seja igual ou superior ao montante a ser distribuído, a partilha dos recursos será feita exclusivamente de acordo com o referido inciso, ajustando-se proporcionalmente os valores. (Alterado pela LC 143/2013.)

§ 3º Para efeito do disposto neste artigo, serão considerados os valores censitários ou as estimativas mais recentes da população e da renda domiciliar *per capita* publicados pela entidade federal competente. (Alterado pela LC 143/2013.)

ART. 3º Ficam mantidos os atuais critérios de distribuição dos recursos do Fundo de Participação dos Municípios até que lei específica sobre eles disponha, com base no resultado do Censo de 1991, realizado pela Fundação IBGE. (Alterado pela LC 71/1992.)

ART. 4º A União observará, a partir de março de 1990, os seguintes prazos máximos na entrega, através de créditos em contas individuais dos Estados e Municípios, dos recursos do Fundo de Participação:

I - recursos arrecadados do primeiro ao décimo dia de cada mês: até o vigésimo dia;

II - recursos arrecadados do décimo primeiro ao vigésimo dia de cada mês: até o trigésimo dia;

III - recursos arrecadados do vigésimo primeiro dia ao final de cada mês: até o décimo dia do mês subsequente.

§ 1º Até a data prevista no *caput* deste artigo, a União observará os seguintes prazos máximos:

I - recursos arrecadados do primeiro ao vigésimo dia de cada mês: até o décimo quinto dia do mês subsequente;

II - recursos arrecadados do vigésimo primeiro dia ao final de cada mês: até o vigésimo dia do mês subsequente.

§ 2º Ficam sujeitos à correção monetária, com base na variação do Bônus do Tesouro Nacional Fiscal, os recursos não liberados nos prazos previstos neste artigo.

ART. 5º O Tribunal de Contas da União efetuará o cálculo das quotas referentes aos Fundos de Participação e acompanhará, junto aos órgãos competentes da União, a classificação das receitas que lhes dão origem.

Parágrafo único. No caso de criação e instalação de Município, o Tribunal de Contas da União fará revisão dos coeficientes individuais de participação dos demais Municípios do Estado a que pertence, reduzindo proporcionalmente as parcelas que a estes couberem, de modo a lhe assegurar recursos do Fundo de Participação dos Municípios - FPM.

ART. 6º A União divulgará mensalmente os montantes dos impostos arrecadados e classificados para efeitos de distribuição através dos Fundos de Participação e os valores das liberações por Estado e Município, além da previsão do comportamento dessas variáveis nos 3 (três) meses seguintes ao da divulgação.

ART. 7º A União, através do Ministério da Fazenda, e o Tribunal de Contas da União baixarão, nas suas respectivas áreas de competência, as normas e instrução complementares necessárias ao pleno cumprimento do disposto nesta Lei Complementar.

ART. 8º Esta Lei Complementar entra em vigor a partir do primeiro mês subsequente ao de sua publicação.

ART. 9º Revogam-se as disposições em contrário.

Brasília, 28 de dezembro de 1989; 168º da Independência e 101º da República.

JOSÉ SARNEY

ANEXO ÚNICO À LEI COMPLEMENTAR N. 62, DE 28.12.1989

Acre	3,4210
Amapá	3,4120
Amazonas	2,7904
Pará	6,1120
Rondônia	2,8156
Roraima	2,4807
Tocantins	4,3400
Alagoas	4,1601
Bahia	9,3962
Ceará	7,3369
Maranhão	7,2182
Paraíba	4,7889
Pernambuco	6,9002
Piauí	4,3214
Rio Grande do Norte	4,1779
Sergipe	4,1553
Distrito Federal	0,6902
Goiás	2,8431
Mato Grosso	2,3079
Mato Grosso do Sul	1,3320
Espírito Santo	1,5000
Minas Gerais	4,4545
Rio de Janeiro	1,5277
São Paulo	1,0000
Paraná	2,8832
Rio Grande do Sul	2,3548
Santa Catarina	1,2798

LEI COMPLEMENTAR N. 63, DE 11 DE JANEIRO DE 1990

Dispõe sobre critérios e prazos de crédito das parcelas do produto da arrecadação de impostos de competência dos Estados e de transferências por estes recebidos, pertencentes aos Municípios, e dá outras providências.

DOU, 12.1.1990.

O Presidente da República, faço saber que o Congresso Nacional decreta e eu sanciono a seguinte Lei:

ART. 1º As parcelas pertencentes aos Municípios do produto da arrecadação de impostos de competência dos Estados e de transferência por estes recebidas, conforme os incisos III e IV do art. 158 e inciso II e § 3º do art. 159, da Constituição Federal, serão creditadas segundo os critérios e prazos previstos nesta Lei Complementar.

Parágrafo único. As parcelas de que trata o *caput* deste artigo compreendem os juros, a multa moratória e a correção monetária, quando arrecadados como acréscimos dos impostos nele referidos.

ART. 2º 50% (cinquenta por cento) do produto da arrecadação do Imposto sobre a Propriedade de Veículos Automotores licenciados no território de cada Município serão imediatamente creditados a este, através do próprio documento de arrecadação, no montante em que esta estiver sendo realizada.

ART. 3º 25% (vinte e cinco por cento) do produto da arrecadação do Imposto sobre Operações relativas à Circulação de Mercadorias e sobre Prestação de Serviços de Transporte Interestadual e Intermunicipal e de Comunicação serão creditados, pelos Estados, aos respectivos Municípios, conforme os seguintes critérios:

I - 3/4 (três quartos), no mínimo, na proporção do valor adicionado nas operações relativas à circulação de mercadorias e nas prestações de serviços, realizadas em seus territórios;

II - até 1/4 (um quarto), de acordo com o que dispuser lei estadual ou, no caso dos territórios, lei federal.

§ 1º O valor adicionado corresponderá, para cada Município: (Redação dada pela LC 123/2006.)

I - ao valor das mercadorias saídas, acrescido do valor das prestações de serviços, no seu território, deduzido o valor das mercadorias entradas, em cada ano civil; (Acrescentado pela LC 123/2006.)

II - nas hipóteses de tributação simplificada a que se refere o parágrafo único do art. 146 da Constituição Federal, e, em outras situações, em que se dispensem os controles de entrada, considerar-se-á como valor adicionado o percentual de 32% (trinta e dois por cento) da receita bruta. (Acrescentado pela LC 123/2006.)

§ 1º-A. Na hipótese de pessoa jurídica promover saídas de mercadorias por estabelecimento diverso daquele no qual as transações comerciais são realizadas, excluídas as transações comerciais não presenciais, o valor adicionado deverá ser computado em favor do Município onde ocorreu a transação comercial, desde que ambos os estabelecimentos estejam localizados no mesmo Estado ou no Distrito Federal. (Acrescentado pela LC 157/2016.)

§ 1º-B. No caso do disposto no § 1º-A deste artigo, deverá constar no documento fiscal correspondente a identificação do estabelecimento no qual a transação comercial foi realizada. (Acrescentado pela LC 157/2016.)

§ 2º Para efeito de cálculo do valor adicionado serão computadas:

I - as operações e prestações que constituam fato gerador do imposto, mesmo quando o pagamento for antecipado ou diferido, ou quando o crédito tributário for diferido, reduzido ou excluído em virtude de isenção ou outros benefícios, incentivos ou favores fiscais;

II - as operações imunes do imposto, conforme as alíneas a e b do inciso X do § 2º do art. 155, e a alínea d do inciso VI do art. 150, da Constituição Federal.

§ 3º O Estado apurará a relação percentual entre o valor adicionado em cada Município e o valor total do Estado, devendo este índice ser aplicado para a entrega das parcelas dos Municípios a partir do primeiro dia do ano imediatamente seguinte ao da apuração.

§ 4º O índice referido no parágrafo anterior corresponderá à média dos índices apurados no dois anos civis imediatamente anteriores ao da apuração.

§ 5º Os Prefeitos Municipais, as associações de Municípios e seus representantes terão livre acesso às informações e documentos utilizados pelos Estados no cálculo do valor adicionado, sendo vedado, a estes, omitir quaisquer dados ou critérios, ou dificultar ou impedir aqueles no acompanhamento dos cálculos.

§ 6º Para efeito de entrega das parcelas de um determinado ano, o Estado fará publicar, no seu órgão oficial, até o dia 30 de junho do ano da apuração, o valor adicionado em cada Município, além dos índices percentuais referidos nos §§ 3º e 4º deste artigo.

§ 7º Os Prefeitos Municipais e as associações de Municípios, ou seus representantes, poderão impugnar, no prazo de 30 (trinta) dias corridos contados da sua publicação, os dados e os índices de que trata o parágrafo anterior, sem prejuízo das ações cíveis e criminais cabíveis.

§ 8º No prazo de 60 (sessenta) dias corridos, contados da data da primeira publicação, os Estados deverão julgar e publicar as impugnações mencionadas no parágrafo anterior, bem como os índices definidos de cada Município.

§ 9º Quando decorrentes de ordem judicial, as correções de índices deverão ser publicadas até o dia 15 (quinze) do mês seguinte ao da data do ato que as determinar.

§ 10. Os Estados manterão um sistema de informações baseadas em documentos fiscais obrigatórios, capaz de apurar, com precisão, o valor adicionado de cada Município.

§ 11. O valor adicionado relativo a operações constatadas em ação fiscal será considerado no ano em que o resultado desta se tornar definitivo, em virtude da decisão administrativa irrecorrível.

§ 12. O valor adicionado relativo a operações ou prestações espontaneamente confessadas pelo contribuinte será considerado no período em que ocorrer a confissão.

§ 13º A lei estadual que criar, desmembrar, fundir ou incorporar Municípios levará em conta, no ano em que ocorrer, o valor adicionado de cada área abrangida.

§ 14. O valor da produção de energia proveniente de usina hidrelétrica, para fins da apuração do valor mencionado no inciso I do § 1º, corresponderá à quantidade de energia produzida, multiplicada pelo preço médio da energia hidráulica comprada das geradoras pelas distribuidoras, calculado pela Agência Nacional de Energia Elétrica (Aneel). (Acrescentado pela LC 158/2017.)

ART. 4º Do produto da arrecadação do imposto de que trata o artigo anterior, 25% (vinte e cinco por cento) serão depositados ou remetidos no momento em que a arrecadação estiver sendo realizada à "conta de participação dos Municípios no Imposto sobre Operações relativas à Circulação de Mercadorias e sobre Prestações de Serviços de Transporte Interestadual e Intermunicipal e de Comunicações", aberta em estabelecimento oficial de crédito e de que são titulares, conjuntos, todos os Municípios do Estado.

§ 1º Na hipótese de ser o crédito relativo ao Imposto sobre Operações relativas à Circulação de Mercadorias e sobre Prestações de Serviços de Transporte Interestadual e Interestadual e Intermunicipal e de Comunicação extinto por compensação ou transação, a repartição estadual deverá, no mesmo ato, efetuar o depósito ou a remessa dos 25% (vinte e cinco por cento) pertencentes aos Municípios na conta de que trata este artigo.

§ 2º Os agentes arrecadadores farão os depósitos e remessas a que alude este artigo independentemente de ordem das autoridades superiores, sob pena de responsabilidade pessoal.

ART. 5º Até o segundo dia útil de cada semana, o estabelecimento oficial de crédito entregará, a cada Município, mediante crédito em conta individual ou pagamento em dinheiro, à conveniência do beneficiário, a parcela que a este pertencer, do valor dos depósitos ou remessas feitos, na semana imediatamente anterior, na conta a que se refere o artigo anterior.

ART. 6º Os Municípios poderão verificar os documentos fiscais que, nos termos da lei federal ou estadual, devam acompanhar as mercadorias, em operações de que participem produtores, indústrias e comerciantes estabelecidos em seus territórios; apurada qualquer irregularidade, os agentes municipais deverão comunicá-la à repartição estadual incumbida do cálculo do índice de que tratam os §§ 3º e 4º do art. 3º desta Lei Complementar, assim como à autoridade competente.

§ 1º Sem prejuízo do cumprimento de outras obrigações a que estiverem sujeitos por lei federal ou estadual, os produtores serão obrigados, quando solicitados, a informar, às autoridades municipais, o valor e o destino das mercadorias que tiverem produzido.

§ 2º Fica vedado aos Municípios apreender mercadorias ou documentos, impor penalidade ou cobrar quaisquer taxas ou emolumentos em razão da verificação de que trata este artigo.

§ 3º Sempre que solicitado pelos Municípios, ficam os Estados obrigados a autorizá-lo a promover a verificação de que tratam o *caput* e o § 1º deste artigo, em estabelecimentos situados fora de seus territórios.

§ 4º O disposto no parágrafo anterior não prejudica a celebração, entre os Estados e seus Municípios e entre estes, de convênios para assistência mútua na fiscalização dos tributos e permuta de informações.

ART. 7º Dos recursos recebidos na forma do inciso II do art. 159 da Constituição Federal, os Estados entregarão, imediatamente, 25% (vinte e cinco por cento) aos respectivos Municípios, observados os critérios e a forma estabelecidos nos arts. 3º e 4º desta Lei Complementar.

ART. 8º Mensalmente, os Estados publicarão no seu órgão oficial a arrecadação total dos impostos a que se referem os arts. 2º e 3º desta Lei Complementar e o valor total dos recursos de que trata o art. 7º, arrecadados ou transferidos no mês anterior, discriminadas as parcelas entregues a cada Município.

Parágrafo único. A falta ou a incorreção da publicação de que trata este artigo implica a presunção da falta de entrega, aos Municípios, das receitas tributárias que lhes pertencem, salvo erro devidamente justificado e publicado até 15 (quinze) dias após a data da publicação incorreta.

ART. 9º O estabelecimento oficial de crédito que não entregar, no prazo, a qualquer Município, na forma desta Lei Complementar, as importâncias que lhes pertencem ficará sujeito às sanções aplicáveis aos estabelecimentos bancários que deixam de cumprir saques de depositantes.

§ 1º Sem prejuízo do disposto no *caput* deste artigo, o estabelecimento oficial de crédito será, em qualquer hipótese, proibido de receber as remessas e os depósitos mencionados nos art. 4º desta Lei Complementar, por determinação do Banco Central do Brasil, a requerimento do Município.

§ 2º A proibição vigorará por prazo não inferior a 2 (dois) nem superior a 4 (quatro) anos, a critério do Banco Central do Brasil.

§ 3º Enquanto durar a proibição, os depósitos e as remessas serão obrigatoriamente feitos ao Banco do Brasil S.A., para o qual deve ser imediatamente transferido saldo em poder do estabelecimento infrator.

§ 4º O Banco do Brasil S.A. observará os prazos previstos nesta Lei Complementar, sob pena de responsabilidade de seus dirigentes.

§ 5º Findo o prazo da proibição, o estabelecimento infrator poderá tornar a receber os depósitos e remessas, se escolhido pelo Poder Executivo Estadual, ao qual será facultado eleger qualquer outro estabelecimento oficial de crédito.

ART. 10. A falta de entrega, total ou parcial, aos Municípios, dos recursos que lhes pertencem na forma e nos prazos previstos nesta Lei Complementar, sujeita o Estado faltoso à intervenção, nos termos do disposto na alínea b do inciso V do art. 34 da Constituição Federal.

Parágrafo único. Independentemente da aplicação do disposto no *caput* deste artigo, o pagamento dos recursos pertencentes aos Municípios, fora dos prazos estabelecidos nesta Lei Complementar, ficará sujeito à atualização monetária de seu valor e a juros de mora de 1% (um por cento) por mês ou fração de atraso.

ART. 11. Esta Lei Complementar entra em vigor na data de sua publicação.

ART. 12. Revogam-se as disposições em contrário, especialmente o Decreto-Lei n. 1.216, de 9 de maio de 1972.

Brasília, 11 de janeiro de 1990; 169º da Independência e 102º da República.

JOSÉ SARNEY

LEI COMPLEMENTAR N. 65, DE 15 DE ABRIL DE 1991

Define, na forma da alínea a do inciso X do art. 155 da Constituição, os produtos semielaborados que podem ser tributados pelos Estados e Distrito Federal, quando de sua exportação para o exterior.

› *DOU*, 16.04.1991.

O Presidente da República. Faço saber que o Congresso Nacional decreta e eu sanciono a seguinte Lei Complementar:

ART. 1º É compreendido no campo de incidência do imposto sobre operações relativas à circulação de mercadorias e sobre prestação de serviço de transporte interestadual e intermunicipal, e de comunicação (ICMS) o produto industrializado semielaborado destinado ao exterior:

I - que resulte de matéria-prima de origem animal, vegetal ou mineral sujeita ao imposto quando exportada *in natura*.

II - cuja matéria-prima de origem animal, vegetal ou mineral não tenha sofrido qualquer processo que implique modificação da natureza química originária.

III - cujo custo da matéria-prima de origem animal, vegetal ou mineral represente mais de sessenta por cento do custo do correspondente produto, apurado segundo o nível tecnológico disponível no País.

ART. 2º Cabe ao Conselho Nacional de Política Fazendária (Confaz):

I - estabelecer as regras para a apuração do custo industrial conforme referido no artigo anterior;

II - elaborar lista dos produtos industrializados semielaborados segundo definidos no artigo anterior, atualizando-a sempre que necessário.

§ 1º É assegurado ao contribuinte reclamar, perante o Estado ou o Distrito Federal, onde tiver domicílio fiscal, contra a inclusão, entre os produtos semielaborados, do bem de sua fabricação.

§ 2º Julgada procedente a reclamação, o Estado ou o Distrito Federal submeterá ao Conselho Nacional de Política Fazendária a exclusão do produto da lista de que trata o inciso II do *caput* deste artigo.

§ 3º Para definição dos produtos semielaborados, os contribuintes são obrigados a fornecer ao Conselho Nacional de Política Fazendária e ao Estado ou ao Distrito Federal de sua jurisdição fiscal a respectiva planilha de custo industrial que lhes for requerida.

ART. 3º Não se exigirá a anulação do crédito relativo às entradas de mercadorias para utilização como matéria-prima, material secundário e material de embalagem, bem como o relativo ao fornecimento de energia e aos serviços prestados por terceiros na fabricação e transporte de produtos industrializados destinados ao exterior.

Parágrafo único. Para os efeitos deste artigo, equipara-se a saída para o exterior a remessa, pelo respectivo fabricante, com o fim específico de exportação de produtos industrializados com destino a:

I - empresa comercial exportadora, inclusive tradings, ou outro estabelecimento do fabricante;

II - armazém alfandegado ou entreposto aduaneiro;

III - outro estabelecimento, nos casos em que a lei estadual indicar.

ART. 4º Para cálculo da participação de cada Estado ou do Distrito Federal na repartição da receita tributária de que trata o inciso II do art. 159 da Constituição, somente será considerado o valor dos produtos industrializados exportados para o exterior na proporção do ICMS que deixou de ser exigido em razão da não incidência prevista no item a do inciso X e da desoneração prevista no item f do inciso XII, ambos do § 2º do art. 155 da Constituição.

Parágrafo único. O Tribunal de Contas da União somente aplicará o disposto neste artigo a partir do segundo cálculo da correspondente participação a ser realizado depois da vigência desta lei.

ART. 5º Esta lei complementar entra em vigor na data de sua publicação.

ART. 6º Revogam-se as disposições em contrário.

Brasília 15 de abril de 1991; 170º da Independência e 103º da República.

FERNANDO COLLOR

LEI COMPLEMENTAR N. 79, DE 7 DE JANEIRO DE 1994

Cria o Fundo Penitenciário Nacional - FUNPEN, e dá outras providências.

› *DOU*, 10.1.1994.

› Dec. 1.093/1994 (Regulamenta esta lei).

› Dec. 9.360/2018 (Aprova as Estruturas Regimentais e os Quadros Demonstrativos dos Cargos em Comissão e das Funções de Confiança do Ministério da Justiça e do Ministério Extraordinário da Segurança Pública).

O Presidente da República. Faço saber que o Congresso Nacional decreta e eu sanciono a seguinte Lei:

ART. 1º Fica instituído, no âmbito do Ministério da Justiça e Segurança Pública, o Fundo Penitenciário Nacional (Funpen), a ser gerido pelo Departamento Penitenciário Nacional (Depen), com a finalidade de proporcionar recursos e meios para financiar e apoiar as atividades e os programas de modernização e aprimoramento do sistema penitenciário nacional. (Alterado pela Lei 13.500/2017.)

ART. 2º Constituirão recursos do FUNPEN:

I - dotações orçamentárias da União;

II - doações, contribuições em dinheiro, valores, bens móveis e imóveis, que venha a receber de organismos ou entidades nacionais, internacionais ou estrangeiras, bem como de pessoas físicas e jurídicas, nacionais ou estrangeiras;

III - recursos provenientes de convênios, contratos ou acordos firmados com entidades públicas ou privadas, nacionais, internacionais ou estrangeiras;

IV - recursos confiscados ou provenientes da alienação dos bens perdidos em favor da União Federal, nos termos da legislação penal ou processual penal, excluindo-se aqueles já destinados ao Fundo de que trata a Lei n. 7.560, de 19 de dezembro de 1986;

V - multas decorrentes de sentenças penais condenatórias com trânsito em julgado;

VI - fianças quebradas ou perdidas, em conformidade com o disposto na lei processual penal;

VII - (Revogado pela Lei 13.500/2017.)

VIII - (Revogado pela Lei 13.756/2018.)

IX - rendimentos de qualquer natureza, auferidos como remuneração, decorrentes de aplicação do patrimônio do FUNPEN;

X - outros recursos que lhe forem destinados por lei.

ART. 3º Os recursos do FUNPEN serão aplicados em:

I - construção, reforma, ampliação e aprimoramento de estabelecimentos penais;

II - manutenção dos serviços e realização de investimentos penitenciários, inclusive em informação e segurança; (Alterado pela Lei 13.500/2017.)

III - formação, aperfeiçoamento e especialização do serviço penitenciário;

IV - aquisição de material permanente, equipamentos e veículos especializados, imprescindíveis ao funcionamento e à segurança dos estabelecimentos penais; (Alterado pela Lei 13.500/2017.)

V - implantação de medidas pedagógicas relacionadas ao trabalho profissionalizante do preso e do internado;

VI - formação educacional e cultural do preso e do internado;

VII - elaboração e execução de projetos destinados à reinserção social de presos, internados e egressos, inclusive por meio da realização de cursos técnicos e profissionalizantes; (Alterado pela Lei 13.500/2017.)

VIII - programas de assistência jurídica aos presos e internados carentes;

IX - programa de assistência às vítimas de crime;

X - programa de assistência aos dependentes de presos e internados;

XI - participação de representantes oficiais em eventos científicos sobre matéria penal, penitenciária ou criminológica, realizados no Brasil ou no exterior;

XII - publicações e programas de pesquisa científica na área penal, penitenciária ou criminológica;

XIII - custos de sua própria gestão, excetuando-se despesas de pessoal relativas a servidores públicos já remunerados pelos cofres públicos.

XIV - manutenção de casas de abrigo destinadas a acolher vítimas de violência doméstica. (Acrescentado pela LC 119/2005.)

XV - implantação e manutenção de berçário, creche e seção destinada à gestante e à parturiente nos estabelecimentos penais, nos termos do § 2º do art. 83 e do art. 89 da Lei n. 7.210, de 11 de julho de 1984 - Lei de Execução Penal. (Acrescentado pela LC 153/2015.)

XVI - programas de alternativas penais à prisão com o intuito do cumprimento de penas restritivas de direitos e de prestação de serviços à comunidade, executados diretamente ou mediante parcerias, inclusive por meio da viabilização de convênios e acordos de cooperação; e (Alterado pela Lei 13.500/2017.)

XVII - financiamento e apoio a políticas e atividades preventivas, inclusive da inteligência policial, vocacionadas à redução da criminalidade e da população carcerária. (Alterado pela Lei 13.500/2017.)

§ 1º Os recursos do Funpen poderão, ressalvado o disposto no art. 3º-A desta Lei, ser repassados mediante convênio, acordos ou ajustes que se enquadrem nas atividades previstas neste artigo. (Alterado pela Lei 13.500/2017.)

§ 2º (Revogado pela Lei 13.500/2017.)

§ 3º Os saldos verificados no final de cada exercício serão obrigatoriamente transferidos para crédito do FUNPEN no exercício seguinte.

§ 4º Os entes federados integrantes do Sistema Nacional de Informações de Segurança Pública, Prisionais, de Rastreabilidade de Armas e Munições, de Material Genético, de Digitais e de Drogas (Sinesp) que deixarem de fornecer ou atualizar seus dados no Sistema não poderão receber recursos do Funpen. (Alterado pela Lei 13.675/2018. Vigência: 30 dias da publicação oficial.)

§ 5º No mínimo, 30% (trinta por cento) dos recursos do Funpen serão aplicados nas atividades previstas no inciso I do *caput* deste artigo. (Alterado pela Lei 13.500/2017.)

§ 6º É vedado o contingenciamento de recursos do Funpen. (Acrescentado pela Lei 13.500/2017.)

§ 7º A União deverá aplicar preferencialmente os recursos de que trata o § 5º deste artigo em estabelecimentos penais federais de âmbito regional. (Acrescentado pela Lei 13.500/2017.)

ART. 3º-A A União deverá repassar aos fundos dos Estados, do Distrito Federal e dos Municípios, a título de transferência obrigatória e independentemente de convênio ou instrumento congênere, os seguintes percentuais da dotação orçamentária do Funpen: (Alterado pela Lei 13.500/2017.)

I - até 31 de dezembro de 2017, até 75% (setenta e cinco por cento); (Alterado pela Lei 13.500/2017.)

II - no exercício de 2018, até 45% (quarenta e cinco por cento); (Alterado pela Lei 13.500/2017.)

III - no exercício de 2019, até 25% (vinte e cinco por cento); e (Alterado pela Lei 13.500/2017.)

IV - nos exercícios subsequentes, 40% (quarenta por cento). (Alterado pela Lei 13.500/2017.)

§ 1º Os percentuais a que se referem os incisos I, II, III e IV do *caput* deste artigo serão auferidos excluindo as despesas de custeio e de investimento do Depen. (Alterado pela Lei 13.500/2017.)

§ 2º Os repasses a que se refere o *caput* deste artigo serão aplicados nas atividades previstas no art. 3º desta Lei, no financiamento de programas para melhoria do sistema penitenciário nacional, no caso dos Estados e do Distrito Federal, e no financiamento de programas destinados à reinserção social de presos, internados e egressos, ou de programas de alternativas penais, no caso dos Municípios. (Alterado pela Lei 13.500/2017.)

§ 3º O repasse previsto no *caput* deste artigo fica condicionado, em cada ente federativo, à: (Alterado pela Lei 13.500/2017.)

I - existência de fundo penitenciário, no caso dos Estados e do Distrito Federal, e de fundo específico, no caso dos Municípios; (Acrescentado pela Lei 13.500/2017.)

II - existência de órgão ou de entidade específica responsável pela gestão do fundo de que trata o inciso I deste parágrafo; (Acrescentado pela Lei 13.500/2017.)

III - apresentação de planos associados aos programas a que se refere o § 2º deste artigo, dos quais constarão a contrapartida do ente federativo, segundo critérios e condições definidos, quando exigidos em ato do Ministro de Estado da Justiça e Segurança Pública; (Acrescentado pela Lei 13.500/2017.)

IV - habilitação do ente federativo nos programas instituídos; (Acrescentado pela Lei 13.500/2017.)

V - aprovação de relatório anual de gestão, o qual conterá dados sobre a quantidade de presos, com classificação por sexo, etnia, faixa etária, escolaridade, exercício de atividade de trabalho, estabelecimento penal, motivo, regime e duração da prisão, entre outros a serem definidos em regulamento; e (Acrescentado pela Lei 13.500/2017.)

VI - existência de conselhos estadual ou distrital penitenciários, de segurança pública, ou congênere, para apoio ao controle e à fiscalização da aplicação dos recursos do fundo de que trata o inciso I deste parágrafo, no caso dos Estados e do Distrito Federal. (Acrescentado pela Lei 13.500/2017.)

§ 4º A não utilização dos recursos transferidos, nos prazos definidos em ato do Ministro de Estado da Justiça e Segurança Pública, obrigará o ente federativo à devolução do saldo remanescente devidamente atualizado. (Alterado pela Lei 13.500/2017.)

§ 5º Ato do Ministro de Estado da Justiça e Segurança Pública poderá dispor sobre a prorrogação do prazo a que se refere o § 4º deste artigo. (Alterado pela Lei 13.500/2017.)

§ 6º Os recursos financeiros transferidos, enquanto não utilizados, serão obrigatoriamente aplicados em conta bancária em instituição financeira oficial, conforme previsto em ato normativo do Ministro de Estado da Justiça e Segurança Pública. (Alterado pela Lei 13.500/2017.)

§ 7º Os repasses serão partilhados conforme as seguintes regras: (Acrescentado pela Lei 13.500/2017.)

I - 90% (noventa por cento) dos recursos serão destinados aos fundos penitenciários dos Estados e do Distrito Federal, desta forma: (Acrescentado pela Lei 13.500/2017.)

a) 30% (trinta por cento) distribuídos conforme as regras do Fundo de Participação dos Estados; (Acrescentado pela Lei 13.500/2017.)

b) 30% (trinta por cento) distribuídos proporcionalmente à respectiva população carcerária; e (Acrescentado pela Lei 13.500/2017.)

c) 30% (trinta por cento) distribuídos de forma igualitária; (Acrescentado pela Lei 13.500/2017.)

II - 10% (dez por cento) dos recursos serão destinados aos fundos específicos dos Municípios onde se encontrem estabelecimentos penais em sua área geográfica, distribuídos de forma igualitária. (Acrescentado pela Lei 13.500/2017.)

§ 8º A população carcerária de cada ente federativo previsto no § 7º deste artigo será apurada anualmente pelo Ministério da Justiça e Segurança Pública. (Acrescentado pela Lei 13.500/2017.)

ART. 3º-B Fica autorizada a transferência de recursos do Funpen à organização da sociedade civil que administre estabelecimento penal destinado a receber condenados a pena privativa de liberdade, observadas as vedações estabelecidas na legislação correlata, e desde que atenda aos seguintes requisitos: (Acrescentado pela Lei 13.500/2017.)

I - apresentação de projeto aprovado pelo Tribunal de Justiça e pelo Tribunal de Contas da unidade federativa em que desenvolverá suas atividades; (Acrescentado pela Lei 13.500/2017.)

II - existência de cadastro no Depen e no Sistema de Gestão de Convênios e Contratos de Repasse (Siconv) do governo federal; (Acrescentado pela Lei 13.500/2017.)

III - habilitação no órgão competente da unidade federativa em que desenvolverá suas atividades, após aprovação do Conselho Nacional de Política Criminal e Penitenciária, que atestará o cumprimento dos requisitos para recebimento de recursos; (Acrescentado pela Lei 13.500/2017.)

IV - apresentação ao Ministério da Justiça e Segurança Pública de relatório anual de gestão, de reincidência criminal e de outras informações solicitadas; e (Acrescentado pela Lei 13.500/2017.)

V - prestação de contas ao Tribunal de Contas da unidade federativa em que desenvolverá suas atividades. (Acrescentado pela Lei 13.500/2017.)

ART. 4º O Poder Executivo baixará os atos necessários à regulamentação desta Lei Complementar.

ART. 5º Esta Lei Complementar entra em vigor na data de sua publicação.

Brasília, 7 de janeiro de 1994,
173º da Independência e 106º da República.
ITAMAR FRANCO

LEI COMPLEMENTAR N. 90, DE 1º DE OUTUBRO DE 1997

Determina os casos em que forças estrangeiras possam transitar pelo território nacional ou nele permanecer temporariamente.

▸ *DOU*, 2.10.1997, retificado em 06.10.1997 e 07.10.1997.

O Vice-Presidente da República no exercício do cargo de Presidente da República.

Faço saber que o Congresso Nacional decreta e eu sanciono a seguinte Lei Complementar:

ART. 1º Poderá o Presidente da República permitir que forças estrangeiras transitem pelo território nacional ou nele permaneçam temporariamente, independente da autorização do Congresso Nacional, nos seguintes casos:

I - para a execução de programas de adestramento ou aperfeiçoamento ou de missão militar de transporte, de pessoal, carga ou de apoio logístico do interesse e sob a coordenação de instituição pública nacional;

II - em visita oficial ou não oficial programada pelos órgãos governamentais, inclusive as de finalidade científica e tecnológica;

III - para atendimento técnico, nas situações de abastecimento, reparo ou manutenção de navios ou aeronaves estrangeiras;

IV - em missão de busca e salvamento.

Parágrafo único. À exceção dos casos previstos neste artigo, o Presidente da República dependerá da autorização do Congresso Nacional para permitir que forças estrangeiras transitem ou permaneçam no território nacional, quando será ouvido, sempre, o Conselho de Defesa Nacional.

ART. 2º Em qualquer caso, dependendo ou não da manifestação do Congresso Nacional, a permanência ou trânsito de forças estrangeiras no território nacional só poderá ocorrer observados os seguintes requisitos, à exceção dos casos previstos nos incisos III e IV do artigo anterior, quando caracterizada situação de emergência:

I - que o tempo de permanência e o trecho a ser transitado sejam previamente estabelecidos; (Redação dada pela LC 149/2015.)

II - que o Brasil mantenha relações diplomáticas com o país a que pertençam as forças estrangeiras;

III - que a finalidade do trânsito e a permanência no território nacional sejam plenamente declaradas; (Redação dada pela LC 149/2015.)

IV - que sejam especificados o quantitativo e a natureza do contingente ou grupamento, bem como os veículos, os equipamentos bélicos, de comunicação, (Redação dada pela LC 149/2015.)

V - que as forças estrangeiras não provenham de países beligerantes, circunstância a ser prevista em lei especial;

Parágrafo único. Implicará em crime de responsabilidade o ato de autorização do Presidente da República sem que tenham sido preenchidos os requisitos previstos nos incisos deste artigo, bem como quando a permissão não seja precedida da autorização do Congresso Nacional, nos casos em que se fizer necessária.

ART. 3º Verificada hipótese em que seja necessária a autorização do Congresso Nacional para o trânsito ou permanência de forças estrangeiras no território nacional, observar-se-ão os seguintes procedimentos:

I - o Presidente da República encaminhará mensagem ao Congresso Nacional, que tramitará na forma de projeto de decreto legislativo, instruída com o conteúdo das informações de que tratam os incisos I a V do artigo anterior.

II - a matéria tramitará em regime de urgência, com precedência sobre qualquer outra na Ordem do Dia que não tenha preferência constitucional.

ART. 4º Para os efeitos desta Lei Complementar, considera-se forças estrangeiras o módulo armado de emprego operacional marítimo, terrestre ou aéreo. (Redação dada pela LC 149/2015.)

Parágrafo único. O trânsito ou a permanência de grupamento ou de contingente de força armada, bem como o navio, a aeronave e a viatura que pertençam ou estejam a serviço de força armada estrangeira, quando não enquadrados na hipótese do *caput*, requer autorização do Ministro de Estado da Defesa, permitida a delegação formal aos Comandantes da Marinha, do Exército e da Aeronáutica, respeitado o disposto nos incisos I, III e IV do art. 2º. (Acrescentado pela LC 149/2015.)

ART. 5º Esta Lei Complementar entra em vigor na data de sua publicação.

ART. 6º Revogam-se as disposições em contrário.

Brasília, 1º de outubro de 1997; 176º da Independência e 109º da República.

MARCO ANTONIO DE OLIVEIRA MACIEL

LEI COMPLEMENTAR N. 91, DE 22 DE DEZEMBRO DE 1997

Dispõe sobre a fixação dos coeficientes do Fundo de Participação dos Municípios.

› DOU, 23.12.1997, retificado em 24.12.1997.

O Presidente da República. Faço saber que o Congresso Nacional decreta e eu sanciono a seguinte Lei Complementar:

ART. 1º Fica atribuído aos Municípios, exceto os de Capital, coeficiente individual no Fundo de Participação dos Municípios - FPM, segundo seu número de habitantes, conforme estabelecido no § 2º do art. 91 da Lei n. 5.172, de 25 de outubro de 1966, com a redação dada pelo Decreto-Lei n. 1.881, de 27 de agosto de 1981.

› O Dec.-Lei 1.881/1981 cria a Reserva do Fundo de Participação dos Municípios - FPM.

§ 1º Para os efeitos deste artigo, consideram-se os Municípios regularmente instalados, fazendo-se a revisão de suas quotas anualmente, com base nos dados oficiais de população produzidos pela Fundação Instituto Brasileiro de Geografia e Estatística - IBGE, nos termos do § 2º do art. 102 da Lei n. 8.443, de 16 de julho de 1992.

§ 2º Ficam mantidos, a partir do exercício de 1998, os coeficientes do Fundo de Participação dos Municípios - FPM atribuídos em 1997 aos Municípios que apresentarem redução de seus coeficientes pela aplicação do disposto no *caput* deste artigo.

ART. 2º A partir de 1º de janeiro de 1999, os ganhos adicionais em cada exercício, decorrentes do disposto no § 2º do art. 1º desta Lei Complementar, terão aplicação de redutor financeiro para redistribuição automática aos demais participantes do Fundo de Participação dos Municípios - FPM, na forma do que dispõe o § 2º do art. 91 da Lei n. 5.172, de 25 de outubro de 1966, com a redação dada pelo Decreto-Lei n. 1.881, de 27 de agosto de 1981.

› O Dec.-Lei 1.881/1981 cria a Reserva do Fundo de Participação dos Municípios - FPM.

§ 1º O redutor financeiro a que se refere o *caput* deste artigo será de:

I - vinte por cento no exercício de 1999;

II - quarenta por cento no exercício de 2000;

III - trinta pontos percentuais no exercício financeiro de 2001; (Alterado pela LC 106/2001.)

IV - quarenta pontos percentuais no exercício financeiro de 2002; (Alterado pela LC 106/2001.)

V - cinquenta pontos percentuais no exercício financeiro de 2003; (Acrescentado pela LC 106/2001.)

VI - sessenta pontos percentuais no exercício financeiro de 2004; (Acrescentado pela LC 106/2001.)

VII - setenta pontos percentuais no exercício financeiro de 2005; (Acrescentado pela LC 106/2001.)

VIII - oitenta pontos percentuais no exercício financeiro de 2006; (Acrescentado pela LC 106/2001.)

IX - noventa pontos percentuais no exercício financeiro de 2007. (Acrescentado pela LC 106/2001.)

§ 2º A partir de 1º de janeiro de 2008, os Municípios a que se refere o § 2º do art. 1º desta Lei Complementar terão seus coeficientes individuais no Fundo de Participação dos Municípios - FPM fixados em conformidade com o que dispõe o *caput* do art. 1º. (Alterado pela LC 106/2001.)

ART. 3º Os Municípios que se enquadrarem no coeficiente três inteiros e oito décimos passam, a partir de 1º de janeiro de 1999, a participar da Reserva do Fundo de Participação dos Municípios - FPM, prevista no art. 2º do Decreto-Lei n. 1.881, de 27 de agosto de 1981.

› O Dec.-Lei 1.881/1981 cria a Reserva do Fundo de Participação dos Municípios - FPM.

§ 1º Aos Municípios que se enquadrarem nos coeficientes três inteiros e oito décimo e quatro no Fundo de Participação dos Municípios - FPM será atribuído coeficiente de participação conforme estabelecido no parágrafo único do art. 3º do Decreto-Lei n. 1.881, de 27 de agosto de 1981.

§ 2º Aplica-se aos Municípios participantes da Reserva de que trata o *caput* deste artigo o disposto no § 2º do art. 1º e no art. 2º desta Lei Complementar.

ART. 4º Aos Municípios das Capitais dos Estados, inclusive a Capital Federal, será atribuído coeficiente individual de participação conforme estabelecido no § 1º do art. 91 da Lei n. 5.172, de 25 de outubro de 1966.

Parágrafo único. Aplica-se aos Municípios de que trata o *caput* o disposto no § 2º do art. 1º e no art. 2º desta Lei Complementar.

ART. 5º Compete à Fundação Instituto Brasileiro de Geografia e Estatística - IBGE apurar a renda *per capita* para os efeitos desta Lei Complementar.

ART. 6º Esta Lei Complementar entra em vigor na data de sua publicação, produzindo efeitos a partir de 1º de janeiro de 1998.

ART. 7º Revogam-se disposições em contrário, em especial a Lei Complementar n. 71, de 3 de setembro de 1992; a Lei Complementar n. 74, de 30 de abril de 1993; os §§ 4º e 5º do art. 91 da Lei n. 5.172, de 25 de outubro de 1966.

Brasília, 22 de dezembro de 1997; 176º da Independência e 109º da República.

FERNANDO HENRIQUE CARDOSO

LEI COMPLEMENTAR N. 97, DE 9 DE JUNHO DE 1999

Dispõe sobre as normas gerais para a organização, o preparo e o emprego das Forças Armadas.

› DOU, 10.6.1999.

O Presidente da República. Faço saber que o Congresso Nacional decreta e eu sanciono a seguinte Lei Complementar:

CAPÍTULO I
DISPOSIÇÕES PRELIMINARES

SEÇÃO I
DA DESTINAÇÃO E ATRIBUIÇÕES

ART. 1º As Forças Armadas, constituídas pela Marinha, pelo Exército e pela Aeronáutica, são instituições nacionais permanentes e regulares, organizadas com base na hierarquia e na disciplina, sob a autoridade suprema do Presidente da República e destinam-se à defesa da Pátria, à garantia dos poderes constitucionais e, por iniciativa de qualquer destes, da lei e da ordem.

Parágrafo único. Sem comprometimento de sua destinação constitucional, cabe também às Forças Armadas o cumprimento das atribuições subsidiárias explicitadas nesta Lei Complementar.

SEÇÃO II
DO ASSESSORAMENTO AO COMANDANTE SUPREMO

ART. 2º O Presidente da República, na condição de Comandante Supremo das Forças Armadas, é assessorado:

I - no que concerne ao emprego de meios militares, pelo Conselho Militar de Defesa; e

II - no que concerne aos demais assuntos pertinentes à área militar, pelo Ministro de Estado da Defesa.

§ 1º O Conselho Militar de Defesa é composto pelos Comandantes da Marinha, do Exército e da Aeronáutica e pelo Chefe do Estado-Maior Conjunto das Forças Armadas. (Alterado pela LC 136/2010.)

§ 2º Na situação prevista no inciso I deste artigo, o Ministro de Estado da Defesa integrará o Conselho Militar de Defesa na condição de seu Presidente.

CAPÍTULO II
DA ORGANIZAÇÃO

SEÇÃO I
DAS FORÇAS ARMADAS

ART. 3º As Forças Armadas são subordinadas ao Ministro de Estado da Defesa, dispondo de estruturas próprias.

ART. 3º-A. O Estado-Maior Conjunto das Forças Armadas, órgão de assessoramento permanente do Ministro de Estado da Defesa, tem como chefe um oficial-general do último posto, da ativa ou da reserva, indicado pelo Ministro de Estado da Defesa e nomeado pelo Presidente da República, e disporá de um comitê, integrado pelos chefes de Estados-Maiores das 3 (três) Forças, sob a coordenação do Chefe do Estado-Maior Conjunto das Forças Armadas. (Acrescentado pela LC 136/2010.)

§ 1º Se o oficial-general indicado para o cargo de Chefe do Estado-Maior Conjunto das Forças Armadas estiver na ativa, será transferido para a reserva remunerada quando empossado no cargo. (Acrescentado pela LC 136/2010.)

§ 2º É assegurado ao Chefe do Estado-Maior Conjunto das Forças Armadas o mesmo grau de precedência hierárquica dos Comandantes e precedência hierárquica sobre os demais oficiais-generais das 3 (três) Forças Armadas. (Acrescentado pela LC 136/2010.)

§ 3º É assegurado ao Chefe do Estado-Maior Conjunto das Forças Armadas todas as prerrogativas, direitos e deveres do Serviço Ativo, inclusive com a contagem de tempo de serviço, enquanto estiver em exercício. (Acrescentado pela LC 136/2010.)

ART. 4º A Marinha, o Exército e a Aeronáutica dispõem, singularmente, de 1 (um) Comandante, indicado pelo Ministro de Estado da Defesa e nomeado pelo Presidente da República, o qual, no âmbito de suas atribuições, exercerá a direção e a gestão da respectiva Força. (Alterado pela LC 136/2010.)

ART. 5º Os cargos de Comandante da Marinha, do Exército e da Aeronáutica são privativos de oficiais-generais do último posto da respectiva Força.

§ 1º É assegurada aos Comandantes da Marinha, do Exército e da Aeronáutica precedência hierárquica sobre os demais oficiais-generais das três Forças Armadas.

§ 2º Se o oficial-general indicado para o cargo de Comandante da sua respectiva Força estiver na ativa, será transferido para a reserva remunerada, quando empossado no cargo.

§ 3º São asseguradas aos Comandantes da Marinha, do Exército e da Aeronáutica todas as prerrogativas, direitos e deveres do Serviço Ativo, inclusive com a contagem de tempo de serviço, enquanto estiverem em exercício.

ART. 6º O Poder Executivo definirá a competência dos Comandantes da Marinha, do Exército e da Aeronáutica para a criação, a denominação, a localização e a definição das atribuições das organizações integrantes das estruturas das Forças Armadas.

ART. 7º Compete aos Comandantes das Forças apresentar ao Ministro de Estado da Defesa a Lista de Escolha, elaborada na forma da lei, para a promoção aos postos de oficiais-generais e propor-lhe os oficiais-generais para a nomeação aos cargos que lhes são privativos. (Alterado pela LC 136/2010.)

Parágrafo único. O Ministro de Estado da Defesa, acompanhado do Comandante de cada Força, apresentará os nomes ao Presidente da República, a quem compete promover os oficiais-generais e nomeá-los para os cargos que lhes são privativos.

ART. 8º A Marinha, o Exército e a Aeronáutica dispõem de efetivos de pessoal militar e civil, fixados em lei, e dos meios orgânicos necessários ao cumprimento de sua destinação constitucional e atribuições subsidiárias.

Parágrafo único. Constituem reserva das Forças Armadas o pessoal sujeito a incorporação, mediante mobilização ou convocação, pelo Ministério da Defesa, por intermédio da Marinha, do Exército e da Aeronáutica, bem como as organizações assim definidas em lei.

SEÇÃO II
DA DIREÇÃO SUPERIOR DAS FORÇAS ARMADAS

ART. 9º O Ministro de Estado da Defesa exerce a direção superior das Forças Armadas, assessorado pelo Conselho Militar de Defesa, órgão permanente de assessoramento, pelo Estado-Maior Conjunto das Forças Armadas e pelos demais órgãos, conforme definido em lei. (Alterado pela LC 136/2010.)

§ 1º Ao Ministro de Estado da Defesa compete a implantação do Livro Branco de Defesa Nacional, documento de caráter público, por meio do qual se permitirá o acesso ao amplo contexto da Estratégia de Defesa Nacional, em perspectiva de médio e longo prazos, que viabilize o acompanhamento do orçamento e do planejamento plurianual relativos ao setor. (Acrescentado pela LC 136/2010.)

§ 2º O Livro Branco de Defesa Nacional deverá conter dados estratégicos, orçamentários, institucionais e materiais detalhados sobre as Forças Armadas, abordando os seguintes tópicos: (Acrescentado pela LC 136/2010.)

I - cenário estratégico para o século XXI; (Acrescentado pela LC 136/2010.)

II - política nacional de defesa; (Acrescentado pela LC 136/2010.)

III - estratégia nacional de defesa; (Acrescentado pela LC 136/2010.)

IV - modernização das Forças Armadas; (Acrescentado pela LC 136/2010.)

V - racionalização e adaptação das estruturas de defesa; (Acrescentado pela LC 136/2010.)

VI - suporte econômico da defesa nacional; (Acrescentado pela LC 136/2010.)

VII - as Forças Armadas: Marinha, Exército e Aeronáutica; (Acrescentado pela LC 136/2010.)

VIII - operações de paz e ajuda humanitária. (Acrescentado pela LC 136/2010.)

§ 3º O Poder Executivo encaminhará à apreciação do Congresso Nacional, na primeira metade da sessão legislativa ordinária, de 4 (quatro) em 4 (quatro) anos, a partir do ano de 2012, com as devidas atualizações: (Acrescentado pela LC 136/2010.)

I - a Política de Defesa Nacional; (Acrescentado pela LC 136/2010.)

II - a Estratégia Nacional de Defesa; (Acrescentado pela LC 136/2010.)

III - o Livro Branco de Defesa Nacional. (Acrescentado pela LC 136/2010.)

ART. 10. (Revogado pela LC 136/2010.)

ART. 11. Compete ao Estado-Maior Conjunto das Forças Armadas elaborar o planejamento do emprego conjunto das Forças Armadas e assessorar o Ministro de Estado da Defesa na condução dos exercícios conjuntos e quanto à atuação de forças brasileiras em operações de paz, além de outras atribuições que lhe forem estabelecidas pelo Ministro de Estado da Defesa. (Alterado pela LC 136/2010.)

ART. 11-A. Compete ao Ministério da Defesa, além das demais competências previstas em lei, formular a política e as diretrizes referentes aos produtos de defesa empregados nas atividades operacionais, inclusive armamentos, munições, meios de transporte e de comunicações, fardamentos e materiais de uso individual e coletivo, admitido delegações às Forças. (Acrescentado pela LC 136/2010.)

CAPÍTULO III
DO ORÇAMENTO

ART. 12. O orçamento do Ministério da Defesa contemplará as prioridades definidas pela Estratégia Nacional de Defesa, explicitadas na lei de diretrizes orçamentárias. (Alterado pela LC 136/2010.)

§ 1º O orçamento do Ministério da Defesa identificará as dotações próprias da Marinha, do Exército e da Aeronáutica.

§ 2º A proposta orçamentária das Forças será elaborada em conjunto com o Ministério da Defesa, que a consolidará, obedecendo às prioridades estabelecidas na Estratégia Nacional de Defesa, explicitadas na lei de diretrizes orçamentárias. (Alterado pela LC 136/2010.)

§ 3º A Marinha, o Exército e a Aeronáutica farão a gestão, de forma individualizada, dos recursos orçamentários que lhes forem destinados no orçamento do Ministério da Defesa.

CAPÍTULO IV
DO PREPARO

ART. 13. Para o cumprimento da destinação constitucional das Forças Armadas, cabe aos Comandantes da Marinha, do Exército e da Aeronáutica o preparo de seus órgãos operativos e de apoio, obedecidas as políticas estabelecidas pelo Ministro da Defesa.

§ 1º O preparo compreende, entre outras, as atividades permanentes de planejamento, organização e articulação, instrução e adestramento, desenvolvimento de doutrina e pesquisas específicas, inteligência e estruturação das Forças Armadas, de sua logística e mobilização. (Acrescentado pela LC 117/2004.)

§ 2º No preparo das Forças Armadas para o cumprimento de sua destinação constitucional, poderão ser planejados e executados exercícios operacionais em áreas públicas, adequadas à natureza das operações, ou em áreas privadas cedidas para esse fim. (Acrescentado pela LC 117/2004.)

§ 3º O planejamento e a execução dos exercícios operacionais poderão ser realizados com a cooperação dos órgãos de segurança pública e de órgãos públicos com interesses afins. (Acrescentado pela LC 117/2004.)

ART. 14. O preparo das Forças Armadas é orientado pelos seguintes parâmetros básicos:

I - permanente eficiência operacional singular e nas diferentes modalidades de emprego interdependentes;

II - procura da autonomia nacional crescente, mediante contínua nacionalização de seus meios, nela incluídas pesquisa e desenvolvimento e o fortalecimento da indústria nacional;

III - correta utilização do potencial nacional, mediante mobilização criteriosamente planejada.

CAPÍTULO V
DO EMPREGO

ART. 15. O emprego das Forças Armadas na defesa da Pátria e na garantia dos poderes constitucionais, da lei e da ordem, e na participação em operações de paz, é de responsabilidade do Presidente da República, que determinará ao Ministro de Estado da Defesa a ativação de órgãos operacionais, observada a seguinte forma de subordinação:

I - ao Comandante Supremo, por intermédio do Ministro de Estado da Defesa, no caso de Comandos conjuntos, compostos por meios adjudicados pelas Forças Armadas e, quando necessário, por outros órgãos; (Alterado pela LC 136/2010.)

II - diretamente ao Ministro de Estado da Defesa, para fim de adestramento, em operações conjuntas, ou por ocasião da participação brasileira em operações de paz; (Alterado pela LC 136/2010.)

III - diretamente ao respectivo Comandante da Força, respeitada a direção superior do Ministro de Estado da Defesa, no caso de emprego isolado de meios de uma única Força.

§ 1º Compete ao Presidente da República a decisão do emprego das Forças Armadas, por iniciativa própria ou em atendimento a pedido manifestado por quaisquer dos poderes constitucionais, por intermédio dos Presidentes do Supremo Tribunal Federal, do Senado Federal ou da Câmara dos Deputados.

§ 2º A atuação das Forças Armadas, na garantia da lei e da ordem, por iniciativa de quaisquer dos poderes constitucionais, ocorrerá de acordo com as diretrizes baixadas em ato do Presidente da República, após esgotados os instrumentos destinados à preservação da ordem pública e da incolumidade das pessoas e do patrimônio, relacionados no art. 144 da Constituição Federal.

§ 3º Consideram-se esgotados os instrumentos relacionados no art. 144 da Constituição Federal quando, em determinado momento, forem eles formalmente reconhecidos pelo respectivo Chefe do Poder Executivo Federal ou Estadual como indisponíveis, inexistentes ou insuficientes ao desempenho regular de sua missão constitucional. (Acrescentado pela LC 117/2004.)

§ 4º Na hipótese de emprego nas condições previstas no § 3º deste artigo, após mensagem do Presidente da República, serão ativados os órgãos operacionais das Forças Armadas, que desenvolverão, de forma episódica, em área previamente estabelecida e por tempo limitado, as ações de caráter preventivo e repressivo necessárias para assegurar o resultado das operações na garantia da lei e da ordem. (Acrescentado pela LC 117/2004.)

§ 5º Determinado o emprego das Forças Armadas na garantia da lei e da ordem, caberá à autoridade competente, mediante ato formal, transferir o controle operacional dos órgãos de segurança pública necessários ao desenvolvimento das ações para a autoridade encarregada das operações, a qual deverá constituir um centro de coordenação de operações, composto por representantes dos órgãos públicos sob seu controle operacional ou com interesses afins. (Acrescentado pela LC 117/2004.)

§ 6º Considera-se controle operacional, para fins de aplicação desta Lei Complementar, o poder conferido à autoridade encarregada das operações, para atribuir e coordenar missões ou tarefas específicas a serem desempenhadas por efetivos dos órgãos de segurança pública, obedecidas as suas competências constitucionais ou legais. (Acrescentado pela LC 117/2004.)

§ 7º A atuação do militar nos casos previstos nos arts. 13, 14, 15, 16-A, nos incisos IV e V do art. 17, no inciso III do art. 17-A, nos incisos VI e VII do art. 18, nas atividades de defesa civil a que se refere o art. 16 desta Lei Complementar e no inciso XIV do art. 23 da Lei n. 4.737, de 15 de julho de 1965 (Código Eleitoral), é considerada atividade militar para os fins do art. 124 da Constituição Federal. (Alterado pela LC 136/2010.)

CAPÍTULO VI
DAS DISPOSIÇÕES COMPLEMENTARES

ART. 16. Cabe às Forças Armadas, como atribuição subsidiária geral, cooperar com o desenvolvimento nacional e a defesa civil, na forma determinada pelo Presidente da República.

Parágrafo único. Para os efeitos deste artigo, integra as referidas ações de caráter geral a participação em campanhas institucionais de utilidade pública ou de interesse social. (Acrescentado pela LC 117/2004.)

ART. 16-A. Cabe às Forças Armadas, além de outras ações pertinentes, também como atribuições subsidiárias, preservadas as competências exclusivas das polícias judiciárias, atuar, por meio de ações preventivas e repressivas, na faixa de fronteira terrestre, no mar e nas águas interiores, independentemente da posse, da propriedade, da finalidade ou de qualquer gravame que sobre ela recaia, contra delitos transfronteiriços e ambientais, isoladamente ou em coordenação com outros órgãos do Poder Executivo, executando, dentre outras, as ações de: (Acrescentado pela LC 136/2010.)

I - patrulhamento; (Acrescentado pela LC 136/2010.)

II - revista de pessoas, de veículos terrestres, de embarcações e de aeronaves; e (Acrescentado pela LC 136/2010.)

III - prisões em flagrante delito. (Acrescentado pela LC 136/2010.)

Parágrafo único. As Forças Armadas, ao zelar pela segurança pessoal das autoridades nacionais e estrangeiras em missões oficiais, isoladamente ou em coordenação com outros órgãos do Poder Executivo, poderão exercer as ações previstas nos incisos II e III deste artigo. (Acrescentado pela LC 136/2010.)

ART. 17. Cabe à Marinha, como atribuições subsidiárias particulares:

I - orientar e controlar a Marinha Mercante e suas atividades correlatas, no que interessa à defesa nacional;

II - prover a segurança da navegação aquaviária;

III - contribuir para a formulação e condução de políticas nacionais que digam respeito ao mar;

IV - implementar e fiscalizar o cumprimento de leis e regulamentos, no mar e nas águas interiores, em coordenação com outros órgãos do Poder Executivo, federal ou estadual, quando se fizer necessária, em razão de competências específicas.

V - cooperar com os órgãos federais, quando se fizer necessário, na repressão aos delitos de repercussão nacional ou internacional, quanto ao uso do mar, águas interiores e de áreas portuárias, na forma de apoio logístico, de inteligência, de comunicações e de instrução. (Acrescentado pela LC 117/2004.)

Parágrafo único. Pela especificidade dessas atribuições, é da competência do Comandante da Marinha o trato dos assuntos dispostos neste artigo, ficando designado como "Autoridade Marítima", para esse fim.

ART. 17-A. Cabe ao Exército, além de outras ações pertinentes, como atribuições subsidiárias particulares: (Acrescentado pela LC 117/2004.)

I - contribuir para a formulação e condução de políticas nacionais que digam respeito ao Poder Militar Terrestre; (Acrescentado pela LC 117/2004.)

II - cooperar com órgãos públicos federais, estaduais e municipais e, excepcionalmente, com empresas privadas, na execução de obras e serviços de engenharia, sendo os recursos advindos do órgão solicitante; (Acrescentado pela LC 117/2004.)

III - cooperar com órgãos federais, quando se fizer necessário, na repressão aos delitos de repercussão nacional e internacional, no território nacional, na forma de apoio logístico, de inteligência, de comunicações e de instrução; (Acrescentado pela LC 117/2004.)

IV - (Revogado pela LC 136/2010.)

ART. 18. Cabe à Aeronáutica, como atribuições subsidiárias particulares:

I - orientar, coordenar e controlar as atividades de Aviação Civil;

II - prover a segurança da navegação aérea;

III - contribuir para a formulação e condução da Política Aeroespacial Nacional;

IV - estabelecer, equipar e operar, diretamente ou mediante concessão, a infra-estrutura aeroespacial, aeronáutica e aeroportuária;

V - operar o Correio Aéreo Nacional.

VI - cooperar com os órgãos federais, quando se fizer necessário, na repressão aos delitos de repercussão nacional e internacional, quanto ao uso do espaço aéreo e de áreas aeroportuárias, na forma de apoio logístico, de inteligência, de comunicações e de instrução; (Acrescentado pela LC 117/2004.)

VII - preservadas as competências exclusivas das polícias judiciárias, atuar, de maneira contínua e permanente, por meio das ações de controle do espaço aéreo brasileiro, contra todos os tipos de tráfego aéreo ilícito, com ênfase nos envolvidos no tráfico de drogas, armas, munições e passageiros ilegais, agindo em operação combinada com organismos de fiscalização competentes, aos quais caberá a tarefa de agir após a aterragem das aeronaves envolvidas em tráfego aéreo ilícito, podendo, na ausência destes, revistar pessoas, veículos terrestres, embarcações e aeronaves, bem como efetuar prisões em flagrante delito. (Alterado pela LC 136/2010.)

Parágrafo único. Pela especificidade dessas atribuições, é da competência do Comandante da Aeronáutica o trato dos assuntos dispostos neste artigo, ficando designado como 'Autoridade Aeronáutica Militar', para esse fim. (Alterado pela LC 136/2010.)

CAPÍTULO VII
DAS DISPOSIÇÕES TRANSITÓRIAS E FINAIS

ART. 19. Até que se proceda à revisão dos atos normativos pertinentes, as referências legais a Ministério ou a Ministro de Estado da Marinha, do Exército e da Aeronáutica passam a ser entendidas como a Comando ou a Comandante dessas Forças, respectivamente, desde que não colidam com atribuições do Ministério ou Ministro de Estado da Defesa.

ART. 20. Os Ministérios da Marinha, do Exército e da Aeronáutica serão transformados em Comandos, por ocasião da criação do Ministério da Defesa.

ART. 21. Lei criará a Agência Nacional de Aviação Civil, vinculada ao Ministério da Defesa, órgão regulador e fiscalizador da Aviação Civil e da infraestrutura aeronáutica e aeroportuária, estabelecendo, entre outras matérias institucionais, quais, dentre as atividades e procedimentos referidos nos incisos I e IV do art. 18, serão de sua responsabilidade.

ART. 22. Esta Lei Complementar entra em vigor na data de sua publicação.

ART. 23. Revoga-se a Lei Complementar n. 69, de 23 de julho de 1991.

Brasília, 9 de junho de 1999; 178º da Independência e 111º da República.

FERNANDO HENRIQUE CARDOSO

LEI COMPLEMENTAR N. 103, DE 14 DE JULHO DE 2000

Autoriza os Estados e o Distrito Federal a instituir o piso salarial a que se refere o inciso V do art. 7º da Constituição Federal, por aplicação do disposto no parágrafo único do seu art. 22.

▸ DO, 17.07.2000.

O Presidente da República. Faço saber que o Congresso Nacional decreta e eu sanciono a seguinte Lei Complementar:

ART. 1º Os Estados e o Distrito Federal ficam autorizados a instituir, mediante lei de iniciativa do Poder Executivo, o piso salarial de que trata o inciso V do art. 7º da Constituição Federal para os empregados que não tenham piso salarial definido em lei federal, convenção ou acordo coletivo de trabalho.

§ 1º A autorização de que trata este artigo não poderá ser exercida:

I - no segundo semestre do ano em que se verificar eleição para os cargos de Governador dos Estados e do Distrito Federal e de Deputados Estaduais e Distritais;

II - em relação à remuneração de servidores públicos municipais.

§ 2º O piso salarial a que se refere o *caput* poderá ser estendido aos empregados domésticos.

ART. 2º Esta Lei Complementar entra em vigor na data de sua publicação.

Brasília, 14 de julho de 2000; 179º da Independência e 112º da República.

FERNANDO HENRIQUE CARDOSO

LEI COMPLEMENTAR N. 108, DE 29 DE MAIO DE 2001

Dispõe sobre a relação entre a União, os Estados, o Distrito Federal e os Municípios, suas autarquias, fundações, sociedades de economia mista e outras entidades públicas e suas respectivas entidades fechadas de previdência complementar, e dá outras providências.

▸ *DOU*, 30.05.2001.

O Presidente da República. Faço saber que o Congresso Nacional decreta e eu sanciono a seguinte Lei Complementar:

CAPÍTULO I
INTRODUÇÃO

ART. 1º A relação entre a União, os Estados, o Distrito Federal e os Municípios, inclusive suas autarquias, fundações, sociedades de economia mista e empresas controladas direta ou indiretamente, enquanto patrocinadores de entidades fechadas de previdência complementar, e suas respectivas entidades fechadas, a que se referem os §§ 3º, 4º, 5º e 6º do art. 202 da Constituição Federal, será disciplinada pelo disposto nesta Lei Complementar.

ART. 2º As regras e os princípios gerais estabelecidos na Lei Complementar que regula o *caput* do art. 202 da Constituição Federal aplicam-se às entidades reguladas por esta Lei Complementar, ressalvadas as disposições específicas.

CAPÍTULO II
DOS PLANOS DE BENEFÍCIOS

SEÇÃO I
DISPOSIÇÕES ESPECIAIS

ART. 3º Observado o disposto no artigo anterior, os planos de benefícios das entidades de que trata esta Lei Complementar atenderão às seguintes regras:

I - carência mínima de sessenta contribuições mensais a plano de benefícios e cessação do vínculo com o patrocinador, para se tornar elegível a um benefício de prestação que seja programada e continuada; e

II - concessão de benefício pelo regime de previdência ao qual o participante esteja filiado por intermédio de seu patrocinador, quando se tratar de plano na modalidade benefício definido, instituído depois da publicação desta Lei Complementar.

Parágrafo único. Os reajustes dos benefícios em manutenção serão efetuados de acordo com critérios estabelecidos nos regulamentos dos planos de benefícios, vedado o repasse de ganhos de produtividade, abono e vantagens de qualquer natureza para tais benefícios.

ART. 4º Nas sociedades de economia mista e empresas controladas direta ou indiretamente pela União, pelos Estados, pelo Distrito Federal e pelos Municípios, a proposta de instituição de plano de benefícios ou adesão a plano de benefícios em execução será submetida ao órgão fiscalizador, acompanhada de manifestação favorável do órgão responsável pela supervisão, pela coordenação e pelo controle do patrocinador.

Parágrafo único. As alterações no plano de benefícios que implique elevação da contribuição de patrocinadores serão objeto de prévia manifestação do órgão responsável pela supervisão, pela coordenação e pelo controle referido no *caput.*

ART. 5º É vedado à União, aos Estados, ao Distrito Federal e aos Municípios, suas autarquias, fundações, empresas públicas, sociedades de economia mista e outras entidades públicas o aporte de recursos a entidades de previdência privada de caráter complementar, salvo na condição de patrocinador.

SEÇÃO II
DO CUSTEIO

ART. 6º O custeio dos planos de benefícios será responsabilidade do patrocinador e dos participantes, inclusive assistidos.

§ 1º A contribuição normal do patrocinador para plano de benefícios, em hipótese alguma, excederá a do participante, observado o disposto no art. 5º da Emenda Constitucional n. 20, de 15 de dezembro de 1998, e as regras específicas emanadas do órgão regulador e fiscalizador.

§ 2º Além das contribuições normais, os planos poderão prever o aporte de recursos pelos participantes, a título de contribuição facultativa, sem contrapartida do patrocinador.

§ 3º É vedado ao patrocinador assumir encargos adicionais para o financiamento dos planos de benefícios, além daqueles previstos nos respectivos planos de custeio.

ART. 7º A despesa administrativa da entidade de previdência complementar será custeada pelo patrocinador e pelos participantes e assistidos, atendendo a limites e critérios estabelecidos pelo órgão regulador e fiscalizador.

Parágrafo único. É facultada aos patrocinadores a cessão de pessoal às entidades de previdência complementar que patrocinam, desde que ressarcidos os custos correspondentes.

CAPÍTULO III
DAS ENTIDADES DE PREVIDÊNCIA COMPLEMENTAR PATROCINADAS PELO PODER PÚBLICO E SUAS EMPRESAS

SEÇÃO I
DA ESTRUTURA ORGANIZACIONAL

ART. 8º A administração e execução dos planos de benefícios compete às entidades fechadas de previdência complementar mencionadas no art. 1º desta Lei Complementar.

Parágrafo único. As entidades de que trata o *caput* organizar-se-ão sob a forma de fundação ou sociedade civil, sem fins lucrativos.

ART. 9º A estrutura organizacional das entidades de previdência complementar a que se refere esta Lei Complementar é constituída de conselho deliberativo, conselho fiscal e diretoria-executiva.

SEÇÃO II
DO CONSELHO DELIBERATIVO E DO CONSELHO FISCAL

ART. 10. O conselho deliberativo, órgão máximo da estrutura organizacional, é responsável pela definição da política geral de administração da entidade e de seus planos de benefícios.

ART. 11. A composição do conselho deliberativo, integrado por no máximo seis membros, será paritária entre representantes dos participantes e assistidos e dos patrocinadores, cabendo a estes a indicação do conselheiro presidente, que terá, além do seu, o voto de qualidade.

§ 1º A escolha dos representantes dos participantes e assistidos dar-se-á por meio de eleição direta entre seus pares.

§ 2º Caso o estatuto da entidade fechada, respeitado o número máximo de conselheiros de que trata o *caput* e a participação paritária entre representantes dos participantes e assistidos e dos patrocinadores, preveja outra composição, que tenha sido aprovada na forma prevista no seu estatuto, esta poderá ser aplicada, mediante autorização do órgão regulador e fiscalizador.

ART. 12. O mandato dos membros do conselho deliberativo será de quatro anos, com garantia de estabilidade, permitida uma recondução.

§ 1º O membro do conselho deliberativo somente perderá o mandato em virtude de renúncia, de condenação judicial transitada em julgado ou processo administrativo disciplinar.

§ 2º A instauração de processo administrativo disciplinar, para apuração de irregularidades no âmbito de atuação do conselho deliberativo da entidade fechada, poderá determinar o afastamento do conselheiro até sua conclusão.

§ 3º O afastamento de que trata o parágrafo anterior não implica prorrogação ou permanência no cargo além da data inicialmente prevista para o término do mandato.

§ 4º O estatuto da entidade deverá regulamentar os procedimentos de que tratam os parágrafos anteriores deste artigo.

ART. 13. Ao conselho deliberativo compete a definição das seguintes matérias:

I - política geral de administração da entidade e de seus planos de benefícios;

II - alteração de estatuto e regulamentos dos planos de benefícios, bem como a implantação e a extinção deles e a retirada de patrocinador;

III - gestão de investimentos e plano de aplicação de recursos;

IV - autorizar investimentos que envolvam valores iguais ou superiores a cinco por cento dos recursos garantidores;

V - contratação de auditor independente atuário e avaliador de gestão, observadas as disposições regulamentares aplicáveis;

VI - nomeação e exoneração dos membros da diretoria-executiva; e

VII - exame, em grau de recurso, das decisões da diretoria-executiva.

Parágrafo único. A definição das matérias previstas no inciso II deverá ser aprovada pelo patrocinador.

ART. 14. O conselho fiscal é órgão de controle interno da entidade.

ART. 15. A composição do conselho fiscal, integrado por no máximo quatro membros, será paritária entre representantes de patrocinadores e de participantes e assistidos, cabendo a estes a indicação do conselheiro presidente, que terá, além do seu, o voto de qualidade.

Parágrafo único. Caso o estatuto da entidade fechada, respeitado o número máximo de conselheiros de que trata o *caput* e a participação paritária entre representantes dos participantes e assistidos e dos patrocinadores, preveja outra composição, que tenha sido aprovada na forma prevista no seu estatuto, esta poderá ser aplicada, mediante autorização do órgão regulador e fiscalizador.

ART. 16. O mandato dos membros do conselho fiscal será de quatro anos, vedada a recondução.

ART. 17. A renovação dos mandatos dos conselheiros deverá obedecer ao critério de proporcionalidade, de forma que se processe parcialmente a cada dois anos.

§ 1º Na primeira investidura dos conselhos, após a publicação desta Lei Complementar, os seus membros terão mandato com prazo diferenciado.

§ 2º O conselho deliberativo deverá renovar três de seus membros a cada dois anos e o conselho fiscal dois membros com a mesma periodicidade, observada a regra de transição estabelecida no parágrafo anterior.

ART. 18. Aplicam-se aos membros dos conselhos deliberativo e fiscal os mesmos requisitos previstos nos incisos I a III do art. 20 desta Lei Complementar.

SEÇÃO III
DA DIRETORIA-EXECUTIVA

ART. 19. A diretoria-executiva é o órgão responsável pela administração da entidade, em conformidade com a política de administração traçada pelo conselho deliberativo.

§ 1º A diretoria-executiva será composta, no máximo, por seis membros, definidos em função do patrimônio da entidade e do seu número de participantes, inclusive assistidos.

§ 2º O estatuto da entidade fechada, respeitado o número máximo de diretores de que trata o parágrafo anterior, deverá prever a forma de composição e o mandato da diretoria-executiva, aprovado na forma prevista no seu estatuto, observadas as demais disposições desta Lei Complementar.

ART. 20. Os membros da diretoria-executiva deverão atender aos seguintes requisitos mínimos:

I - comprovada experiência no exercício de atividade na área financeira, administrativa, contábil, jurídica, de fiscalização, atuarial ou de auditoria;

II - não ter sofrido condenação criminal transitada em julgado;

III - não ter sofrido penalidade administrativa por infração da legislação da seguridade social, inclusive da previdência complementar ou como servidor público; e

IV - ter formação de nível superior.

ART. 21. Aos membros da diretoria-executiva é vedado:

I - exercer simultaneamente atividade no patrocinador;

II - integrar concomitantemente o conselho deliberativo ou fiscal da entidade e, mesmo depois do término do seu mandato na diretoria-executiva, enquanto não tiver suas contas aprovadas; e

III - ao longo do exercício do mandato prestar serviços a instituições integrantes do sistema financeiro.

ART. 22. A entidade de previdência complementar informará ao órgão regulador e fiscalizador o responsável pelas aplicações dos recursos da entidade, escolhido entre os membros da diretoria-executiva.

Parágrafo único. Os demais membros da diretoria-executiva responderão solidariamente com o dirigente indicado na forma do *caput* pelos danos e prejuízos causados à entidade para os quais tenham concorrido.

ART. 23. Nos doze meses seguintes ao término do exercício do cargo, o ex-diretor estará impedido de prestar, direta ou indiretamente, independentemente da forma ou natureza do contrato, qualquer tipo de serviço às empresas do sistema financeiro que impliquem a utilização das informações a que teve acesso em decorrência do cargo exercido, sob pena de responsabilidade civil e penal.

§ 1º Durante o impedimento, ao ex-diretor que não tiver sido destituído ou que pedir afastamento será assegurada a possibilidade de prestar serviço à entidade, mediante remuneração equivalente à do cargo de direção que exerceu ou em qualquer outro órgão da Administração Pública.

§ 2º Incorre na prática de advocacia administrativa, sujeitando-se às penas da lei, o ex-diretor que violar o impedimento previsto neste artigo, exceto se retornar ao exercício de cargo ou emprego que ocupava junto ao patrocinador, anteriormente à indicação para a respectiva diretoria-executiva, ou se for nomeado para exercício em qualquer órgão da Administração Pública.

CAPÍTULO IV
DA FISCALIZAÇÃO

ART. 24. A fiscalização e controle dos planos de benefícios e das entidades fechadas de previdência complementar de que trata esta Lei Complementar competem ao órgão regulador e fiscalizador das entidades fechadas de previdência complementar.

ART. 25. As ações exercidas pelo órgão referido no artigo anterior não eximem os patrocinadores da responsabilidade pela supervisão e fiscalização sistemática das atividades das suas respectivas entidades de previdência complementar.

Parágrafo único. Os resultados da fiscalização e do controle exercidos pelos patrocinadores serão encaminhados ao órgão mencionado no artigo anterior.

CAPÍTULO V
DISPOSIÇÕES GERAIS

ART. 26. As entidades fechadas de previdência complementar patrocinadas por empresas privadas permissionárias ou concessionárias de prestação de serviços públicos subordinam-se, no que couber, às disposições desta Lei Complementar, na forma estabelecida pelo órgão regulador e fiscalizador.

ART. 27. As entidades de previdência complementar patrocinadas por entidades públicas, inclusive empresas públicas e sociedades de economia mista, deverão rever, no prazo de dois anos, a contar de 16 de dezembro de 1998, seus planos de benefícios e serviços, de modo a ajustá-los atuarialmente a seus ativos, sob pena de intervenção, sendo seus dirigentes e seus respectivos patrocinadores responsáveis civil e criminalmente pelo descumprimento do disposto neste artigo.

ART. 28. A infração de qualquer disposição desta Lei Complementar ou de seu regulamento, para a qual não haja penalidade expressamente cominada, sujeita a pessoa física ou jurídica responsável, conforme o caso e a gravidade da infração, às penalidades administrativas previstas na Lei Complementar que disciplina o *caput* do art. 202 da Constituição Federal.

ART. 29. As entidades de previdência privada patrocinadas por empresas controladas, direta ou indiretamente, pela União, Estados, Distrito Federal e Municípios, que possuam planos de benefícios definidos com responsabilidade da patrocinadora, não poderão exercer o controle ou participar de acordo de acionistas que tenha por objeto formação de grupo de controle de sociedade anônima, sem prévia e expressa autorização da patrocinadora e do seu respectivo ente controlador.

Parágrafo único. O disposto no *caput* não se aplica às participações acionárias detidas na data de publicação desta Lei Complementar.

ART. 30. As entidades de previdência complementar terão o prazo de um ano para adaptar sua organização estatutária ao disposto nesta Lei Complementar, contados a partir da data de sua publicação.

ART. 31. Esta Lei Complementar entra em vigor na data de sua publicação.

ART. 32. Revoga-se a Lei n. 8.020, de 12 de abril de 1990.

Brasília, 29 de maio de 2001; 180º da Independência e 113º da República.

FERNANDO HENRIQUE CARDOSO

LEI COMPLEMENTAR N. 110, DE 29 DE JUNHO DE 2001

Institui contribuições sociais, autoriza créditos de complementos de atualização monetária em contas vinculadas do Fundo de Garantia do Tempo de Serviço - FGTS e dá outras providências.

- *DOU*, 30.6.2001 - Edição extra.
- Dec. 3.913/2001 (Dispõe sobre a apuração e liquidação dos complementos de atualização monetária de saldos de contas vinculadas do FGTS, de que trata a LC 110/2001).
- Dec. 3.914/2001 (Dispõe sobre a regulamentação das contribuições sociais instituídas pela LC 110/2001).
- Lei 10.555/2002 (Autoriza condições especiais para o crédito de valores iguais ou inferiores a R$ 100,00, de que trata a LC 110/2001).

O Presidente da República. Faço saber que o Congresso Nacional decreta e eu sanciono a seguinte Lei Complementar:

ART. 1º Fica instituída contribuição social devida pelos empregadores em caso de despedida de empregado sem justa causa, à alíquota de dez por cento sobre o montante de todos os depósitos devidos, referentes ao Fundo de Garantia do Tempo de Serviço - FGTS, durante a vigência do contrato de trabalho, acrescido das remunerações aplicáveis às contas vinculadas.

- ADIn 2.556-2 e 2.568-6.

LEIS COMPLEMENTARES

Parágrafo único. Ficam isentos da contribuição social instituída neste artigo os empregadores domésticos.

ART. 2º Fica instituída contribuição social devida pelos empregadores, à alíquota de cinco décimos por cento sobre a remuneração devida, no mês anterior, a cada trabalhador, incluídas as parcelas de que trata o art. 15 da Lei n. 8.036, de 11 de maio de 1990.

‣ ADIn 2.556-2 e 2.568-6.

§ 1º Ficam isentas da contribuição social instituída neste artigo:

I - as empresas inscritas no Sistema Integrado de Pagamento de Impostos e Contribuições das Microempresas e Empresas de Pequeno Porte - SIMPLES, desde que o faturamento anual não ultrapasse o limite de R$ 1.200.000,00 (um milhão e duzentos mil reais);

II - as pessoas físicas, em relação à remuneração de empregados domésticos; e

III - as pessoas físicas, em relação à remuneração de empregados rurais, desde que sua receita bruta anual não ultrapasse o limite de R$ 1.200.000,00 (um milhão e duzentos mil reais).

§ 2º A contribuição será devida pelo prazo de sessenta meses, a contar de sua exigibilidade.

ART. 3º As contribuições sociais de que tratam os arts. 1º e 2º aplicam-se as disposições da Lei n. 8.036, de 11 de maio de 1990, e da Lei n. 8.844, de 20 de janeiro de 1994, inclusive quanto a sujeição passiva e equiparações, prazo de recolhimento, administração, fiscalização, lançamento, consulta, cobrança, garantias, processo administrativo de determinação e exigência de créditos tributários federais.

‣ ADIn 2.556-2 e 2.568-6.

§ 1º As contribuições sociais serão recolhidas na rede arrecadadora e transferidas à Caixa Econômica Federal, na forma do art. 11 da Lei n. 8.036, de 11 de maio de 1990, e as respectivas receitas serão incorporadas ao FGTS.

§ 2º A falta de recolhimento ou o recolhimento após o vencimento do prazo sem os acréscimos previstos no art. 22 da Lei n. 8.036, de 11 de maio de 1990, sujeitarão o infrator à multa de setenta e cinco por cento, calculada sobre a totalidade ou a diferença da contribuição devida.

§ 3º A multa será duplicada na ocorrência das hipóteses previstas no art. 23, § 3º, da Lei n. 8.036, de 11 de maio de 1990, sem prejuízo das demais cominações legais.

ART. 4º Fica a Caixa Econômica Federal autorizada a creditar nas contas vinculadas do FGTS, a expensas do próprio Fundo, o complemento de atualização monetária resultante da aplicação, cumulativa, dos percentuais de dezesseis inteiros e sessenta e quatro centésimos por cento e de quarenta e quatro inteiros e oito décimos por cento, sobre os saldos das contas mantidas, respectivamente, no período de 1º de dezembro de 1988 a 28 de fevereiro de 1989 e durante o mês de abril de 1990, desde que:

I - o titular da conta vinculada firme o Termo de Adesão de que trata esta Lei Complementar;

II - até o sexagésimo terceiro mês a partir da data de publicação desta Lei Complementar, estejam em vigor as contribuições sociais de que tratam os arts. 1º e 2º; e

‣ ADIn 2.556-2 e 2.568-6.

III - a partir do sexagésimo quarto mês da publicação desta Lei Complementar, permaneça em vigor a contribuição social de que trata o art. 1º.

‣ ADIn 2.556-2 e 2.568-6.

Parágrafo único. O disposto nos arts. 9º, II, e 22, § 2º, da Lei n. 8.036, de 11 de maio de 1990, não se aplica, em qualquer hipótese, como decorrência da efetivação do crédito de complemento de atualização monetária de que trata o *caput* deste artigo.

ART. 5º O complemento de que trata o art. 4º será remunerado até o dia 10 do mês subsequente ao da publicação desta Lei Complementar, com base nos mesmos critérios de remuneração utilizados para as contas vinculadas.

Parágrafo único. O montante apurado na data a que se refere o *caput* será remunerado, a partir do dia 11 do mês subsequente ao da publicação desta Lei Complementar, com base na Taxa Referencial - TR, até que seja creditado na conta vinculada do trabalhador.

ART. 6º O Termo de Adesão a que se refere o inciso I do art. 4º, a ser firmado no prazo e na forma definidos em Regulamento, conterá:

I - a expressa concordância do titular da conta vinculada com a redução do complemento de que trata o art. 4º, acrescido da remuneração prevista no *caput* do art. 5º, nas seguintes proporções:

a - zero por cento sobre o total do complemento de atualização monetária de valor até R$ 2.000,00 (dois mil reais);

b - oito por cento sobre o total do complemento de atualização monetária de valor de R$ 2.000,01 (dois mil reais e um centavo) a R$ 5.000,00 (cinco mil reais);

c- doze por cento sobre o total do complemento de atualização monetária de valor de R$ 5.000,01 (cinco mil reais e um centavo) a R$ 8.000,00 (oito mil reais);

d - quinze por cento sobre o total do complemento de atualização monetária de valor acima de R$ 8.000,00 (oito mil reais);

II - a expressa concordância do titular da conta vinculada com a forma e os prazos do crédito na conta vinculada, especificados a seguir:

a - complemento de atualização monetária no valor total de R$ 1.000,00 (um mil reais), até junho de 2002, em uma única parcela, para os titulares de contas vinculadas que tenham firmado o Termo de Adesão até o último dia útil do mês imediatamente anterior;

b - complemento de atualização monetária no valor total de R$ 1.000,01 (um mil reais e um centavo) a R$ 2.000,00 (dois mil reais), em duas parcelas semestrais, com o primeiro crédito em julho de 2002, sendo a primeira parcela de R$ 1.000,00 (um mil reais), para os titulares de contas vinculadas que tenham firmado o Termo de Adesão até o último dia útil do mês imediatamente anterior;

c - complemento de atualização monetária no valor total de R$ 2.000,01 (dois mil reais e um centavo) a R$ 5.000,00 (cinco mil reais), em cinco parcelas semestrais, com o primeiro crédito em janeiro de 2003, para os titulares de contas vinculadas que tenham firmado o Termo de Adesão até o último dia útil do mês imediatamente anterior;

d - complemento de atualização monetária no valor total de R$ 5.000,01 (cinco mil reais e um centavo) a R$ 8.000,00 (oito mil reais), em sete parcelas semestrais, com o primeiro crédito em julho de 2003, para os titulares de contas vinculadas que tenham firmado o Termo de Adesão até o último dia útil do mês imediatamente anterior;

e - complemento de atualização monetária no valor total acima de R$ 8.000,00 (oito mil reais), em sete parcelas semestrais, com o primeiro crédito em janeiro de 2004, para os titulares de contas vinculadas que tenham firmado o Termo de Adesão até o último dia útil do mês imediatamente anterior; e

III - declaração do titular da conta vinculada, sob as penas da lei, de que não está nem ingressará em juízo discutindo os complementos de atualização monetária relativos a junho de 1987, ao período de 1º de dezembro de 1988 a 28 de fevereiro de 1989, a abril e maio de 1990 e a fevereiro de 1991.

§ 1º No caso da alínea *b* do inciso I, será creditado valor de R$ 2.000,00 (dois mil reais), quando a aplicação do percentual de redução resultar em quantia inferior a este.

§ 2º No caso da alínea *c* do inciso I, será creditado o valor de R$ 4.600,00 (quatro mil e seiscentos reais), quando a aplicação do percentual de redução resultar em quantia inferior a este.

§ 3º No caso da alínea *d* do inciso I será creditado valor de R$ 7.040,00 (sete mil e quarenta reais), quando a aplicação do percentual de redução resultar em quantia inferior a este.

§ 4º Para os trabalhadores que vierem a firmar seus termos de adesão após as datas previstas nas alíneas *a* a *d* do inciso II, os créditos em suas contas vinculadas iniciar-se-ão no mês subsequente ao da assinatura do Termo de Adesão, observadas as demais regras constantes nesses dispositivos, quanto a valores, número e periodicidade de pagamento de parcelas.

§ 5º As faixas de valores mencionadas no inciso II do *caput* serão definidas pelos complementos a que se refere o art. 4º, acrescidos da remuneração prevista no *caput* do art. 5º, antes das deduções de que tratam o inciso I do *caput* e os §§ 1º e 2º.

§ 6º O titular da conta vinculada fará jus ao crédito de que trata o inciso II do *caput* deste artigo, em uma única parcela, até junho de 2002, disponível para imediata movimentação a partir desse mês, nas seguintes situações:

I - na hipótese de o titular ou qualquer de seus dependentes for acometido de neoplasia maligna, nos termos do inciso XI do art. 20 da Lei n. 8.036, de 11 de maio de 1990;

II - quando o titular ou qualquer de seus dependentes for portador do vírus HIV;

III - se o trabalhador, com crédito de até R$ 2.000,00 (dois mil reais), for aposentado por invalidez, em função de acidente do trabalho ou doença profissional, ou aposentado maior de sessenta e cinco anos de idade;

IV - quando o titular ou qualquer de seus dependentes for acometido de doença terminal.

§ 7º O complemento de atualização monetária de valor total acima de R$ 2.000,00 (dois mil reais) poderá, a critério do titular da conta vinculada, ser resgatado mediante entrega, em julho de 2002, ou nos seis meses seguintes, no caso de adesões que se efetuarem até dezembro de 2002, de documento de quitação com o FGTS autorizando a compra de título, lastreado nas receitas decorrentes das contribuições instituídas pelos arts. 1º e 2º desta Lei Complementar, de valor de face equivalente ao valor do referido complemento nos termos e condições estabelecidas pelo Conselho Monetário Nacional - CMN.

‣ ADIn 2.568-6.

ART. 7º Ao titular da conta vinculada que se encontre em litígio judicial visando ao pagamento dos complementos de atualização monetária relativos a junho de 1987, dezembro de 1988 a fevereiro de 1989, abril e maio de 1990 e fevereiro de 1991, é facultado receber, na forma do art. 4º, os créditos de que trata o art. 6º, firmando transação a ser homologada no juízo competente.

ART. 8º A movimentação da conta vinculada, no que se refere ao crédito do complemento de atualização monetária, observará as condições previstas no art. 20 da Lei n. 8.036, de 11 de maio de 1990, inclusive nos casos em que o direito do titular à movimentação da conta tenha sido implementado em data anterior à da publicação desta Lei Complementar.

ART. 9º As despesas com as obrigações decorrentes dos montantes creditados na forma do art. 6º poderão ser diferidas contabilmente, para apropriação no resultado do balanço do FGTS, no prazo de até quinze anos, a contar da publicação desta Lei Complementar.

ART. 10. Os bancos que, no período de dezembro de 1988 a março de 1989 e nos meses de abril e maio de 1990, eram depositários das contas vinculadas do FGTS, ou seus sucessores, repassarão à Caixa Econômica Federal, até 31 de janeiro de 2002, as informações cadastrais e financeiras necessárias ao cálculo do complemento de atualização monetária de que trata o art. 4º.

§ 1º A Caixa Econômica Federal estabelecerá a forma e o cronograma dos repasses das informações de que trata o *caput* deste artigo.

§ 2º Pelo descumprimento dos prazos e das demais obrigações estipuladas com base neste artigo, os bancos de que trata o *caput* sujeitam-se ao pagamento de multa equivalente a dez por cento do somatório dos saldos das contas das quais eram depositários, remunerados segundo os mesmos critérios previstos no art. 5º.

§ 3º Os órgãos responsáveis pela auditoria integrada do FGTS examinarão e homologarão, no prazo de sessenta dias, a contar da publicação desta Lei Complementar, o aplicativo a ser utilizado na validação das informações de que trata este artigo.

ART. 11. A Caixa Econômica Federal, até 30 de abril de 2002, divulgará aos titulares de contas vinculadas os respectivos valores dos complementos de atualização monetária a que têm direito, com base nas informações cadastrais e financeiras de que trata o art. 10.

ART. 12. O Tesouro Nacional fica subsidiariamente obrigado à liquidação dos valores a que se refere o art. 4º, nos prazos e nas condições estabelecidos nos arts. 5º e 6º, até o montante da diferença porventura ocorrida entre o valor arrecadado pelas contribuições sociais de que tratam os arts. 1º e 2º e aquele necessário ao resgate dos compromissos assumidos.

‣ ADIn 2.568-6.

ART. 13. As leis orçamentárias anuais referentes aos exercícios de 2001, 2002 e 2003 assegurarão destinação integral ao FGTS de valor equivalente à arrecadação das contribuições de que tratam os arts. 1º e 2º desta Lei Complementar.

‣ ADIn 2.556-2 e 2.568-6.

ART. 14. Esta Lei Complementar entra em vigor na data de sua publicação, produzindo efeitos:

‣ ADIn 2.556-2 e 2.568-6.

I - noventa dias a partir da data inicial de sua vigência, relativamente à contribuição social de que trata o art. 1º; e

‣ ADIn 2.556-2 e 2.568-6.

II - a partir do primeiro dia do mês seguinte ao nonagésimo dia da data de início de sua vigência, no tocante à contribuição social de que trata o art. 2º.

‣ ADIn 2.556-2 e 2.568-6.

Brasília, 29 de junho de 2001; 180º da Independência e 113º da República.

FERNANDO HENRIQUE CARDOSO

LEI COMPLEMENTAR N. 115, DE 26 DE DEZEMBRO DE 2002

Altera as Leis Complementares n. 87, de 13 de setembro de 1996, e 102, de 11 de julho de 2000.

‣ DOU, 27.12.2002.

O Presidente da República. Faço saber que o Congresso Nacional decreta e eu sanciono a seguinte Lei Complementar:

ART. 1º O art. 31 da Lei Complementar n. 87, de 13 de setembro de 1996, passa a vigorar com as seguintes alterações:

‣ Alterações promovidas no texto da referida lei.

ART. 2º O Anexo da Lei Complementar n. 87, de 13 de setembro de 1996, passa a vigorar com a redação do Anexo desta Lei Complementar.

ART. 3º Os valores de entrega correspondentes aos períodos de competência dos meses de novembro e dezembro de 1999, mencionados no art. 3º da Lei Complementar n. 102, de 11 de julho de 2000, que não tenham sido utilizados nas condições previstas nos §§ 3º e 4º do referido artigo, serão repassados pela União aos Estados e aos seus Municípios em janeiro e fevereiro de 2003, respectivamente.

Parágrafo único. Os valores de entrega mencionados no *caput* estarão contidos no montante limite previsto no Anexo para o exercício de 2003.

ART. 4º Esta Lei Complementar entra em vigor na data de sua publicação, produzindo efeitos a partir de 1º de janeiro de 2003.

ART. 5º Revoga-se o § 4º-A do art. 31 da Lei Complementar n. 87, de 13 de setembro de 1996.

Brasília, 26 de dezembro de 2002; 181º da Independência e 114º da República.

FERNANDO HENRIQUE CARDOSO

ANEXO

1. A entrega de recursos a que se refere o art. 31 da Lei Complementar n. 87, de 13 de setembro de 1996, será realizada da seguinte forma:

1.1. a União entregará aos Estados e aos seus Municípios, no exercício financeiro de 2003, o valor de até R$ 3.900.000.000,00 (três bilhões e novecentos milhões de reais), desde que respeitada a dotação consignada da Lei Orçamentária Anual da União de 2003 e eventuais créditos adicionais;

1.2. nos exercícios financeiros de 2004 a 2006, a União entregará aos Estados e aos seus Municípios os montantes consignados a essa finalidade nas correspondentes Leis Orçamentárias Anuais da União;

1.3. a cada mês, o valor a ser entregue aos Estados e aos seus Municípios corresponderá ao montante do saldo orçamentário existente no dia 1º, dividido pelo número de meses remanescentes no ano;

1.3.1. nos meses de janeiro e fevereiro de 2003, o saldo orçamentário, para efeito do cálculo da parcela pertencente a cada Estado e a seus Municípios, segundo os coeficientes individuais de participação definidos no item 1.5 deste Anexo, corresponderá ao montante remanescente após a dedução dos valores de entrega mencionados no art. 3º desta Lei Complementar;

1.3.1.1. nesses meses, a parcela pertencente aos Estados que fizerem jus ao disposto no art. 3º desta Lei Complementar corresponderá ao somatório dos montantes derivados da aplicação do referido artigo e dos coeficientes individuais de participação definidos no item 1.5 deste Anexo;

1.3.2. no mês de dezembro, o valor de entrega corresponderá ao saldo orçamentário existente no dia 15.

1.4. Os recursos serão entregues aos Estados e aos seus respectivos Municípios no último dia útil de cada mês.

AC	0,09104%	PB	0,28750%
AL	0,84022%	PR	10,08256%
AP	0,40648%	PE	1,48565%
AM	1,00788%	PI	0,30165%
BA	3,71666%	RJ	5,86503%
CE	1,62881%	RN	0,36214%
DF	0,80975%	RS	10,04446%
ES	4,26332%	RO	0,24939%
GO	1,33472%	RR	0,03824%
MA	1,67880%	SC	3,59131%
MT	1,94087%	SP	31,14180%
MS	1,23465%	SE	0,25049%
MG	12,90414%	TO	0,07873%
PA	4,36371%	TOTAL	100,00000%

1.5. A parcela pertencente a cada Estado, incluídas as parcelas de seus Municípios, será proporcional aos seguintes coeficientes individuais de participação:

2. Caberá ao Ministério da Fazenda apurar o montante mensal a ser entregue aos Estados e aos seus Municípios.

2.1. O Ministério da Fazenda publicará no Diário Oficial da União, até cinco dias úteis antes da data prevista para a efetiva entrega dos recursos, o resultado do cálculo do montante a ser entregue aos Estados e aos seus Municípios, o qual, juntamente com o detalhamento da memória de cálculo, será remetido, no mesmo prazo, ao Tribunal de Contas da União.

2.2. Do montante dos recursos que cabe a cada Estado, a União entregará, diretamente ao próprio Estado, setenta e cinco por cento, e aos seus Municípios, vinte e cinco por cento, distribuídos segundo os mesmos critérios de rateio aplicados às parcelas de receita que lhes cabem do ICMS.

2.3. Antes do início de cada exercício financeiro, o Estado comunicará ao Ministério da Fazenda os coeficientes de participação dos respectivos Municípios no rateio da parcela do ICMS a serem aplicados no correspondente exercício, observado o seguinte:

2.3.1. o atraso na comunicação dos coeficientes acarretará a suspensão da transferência dos recursos ao Estado e aos respectivos Municípios até que seja regularizada a entrega das informações;

2.3.1.1. os recursos em atraso e os do mês em que ocorrer o fornecimento das informações serão entregues no último dia útil do mês seguinte à regularização, se esta ocorrer após o décimo quinto dia; caso contrário, a entrega dos recursos ocorrerá no último dia útil do próprio mês da regularização.

3. A forma de entrega dos recursos a cada Estado e a cada Município observará o disposto neste item.

3.1. Para efeito de entrega dos recursos à unidade federada e por uma das duas formas previstas no subitem 3.3 serão obrigatoriamente considerados, pela ordem e até o montante total da entrega apurado no respectivo período, os valores das seguintes dívidas:

3.1.1. contraídas junto ao Tesouro Nacional pela unidade federada vencidas e não pagas, computadas primeiro as da administração direta e depois as da administração indireta;

3.1.2. contraídas pela unidade federada com garantia da União, inclusive dívida externa, vencidas e não pagas, sempre computadas inicialmente as da administração direta e posteriormente as da administração indireta;

3.1.3. contraídas pela unidade federada junto aos demais entes da administração federal, direta e indireta, vencidas e não pagas, sempre computadas inicialmente as da administração direta e posteriormente as da administração indireta.

3.2. Para efeito do disposto no subitem 3.1.3, ato do Poder Executivo Federal poderá autorizar:

3.2.1. a inclusão, como mais uma opção para efeito da entrega dos recursos, e na ordem que determinar, do valor correspondente a título da respectiva unidade federada na carteira da União, inclusive entes de sua administração indireta, primeiro relativamente aos valores vencidos e não pagos e, depois, aos vincendos no mês seguinte àquele em que serão entregues os recursos;

3.2.2. a suspensão temporária da dedução de dívida compreendida pelo subitem 3.1.3, quando não estiverem disponíveis, no prazo devido, as necessárias informações.

3.3. Os recursos a serem entregues mensalmente à unidade federada, equivalentes ao montante das dívidas apurado na forma do subitem 3.1, e do anterior, serão satisfeitos pela União por uma das seguintes formas:

3.3.1. entrega de obrigações do Tesouro Nacional, de série especial, inalienáveis, com vencimento não inferior a dez anos, remunerados por taxa igual ao custo médio das dívidas da respectiva unidade federada junto ao Tesouro Nacional, com poder liberatório para pagamento das referidas dívidas; ou

3.3.2. correspondente compensação.

3.4. Os recursos a serem entregues mensalmente à unidade federada equivalentes à diferença positiva entre o valor total que lhe cabe e o valor da dívida apurada nos termos dos subitens 3.1 e 3.2, e liquidada na forma do subitem anterior, serão satisfeitos por meio de crédito, em moeda corrente, à conta bancária do beneficiário.

4. As referências deste Anexo feitas aos Estados entendem-se também feitas ao Distrito Federal.

LEI COMPLEMENTAR N. 118, DE 9 DE FEVEREIRO DE 2005

Altera e acrescenta dispositivos à Lei n. 5.172, de 25 de outubro de 1966 - Código Tributário Nacional, e dispõe sobre a interpretação do inciso I do art. 168 da mesma Lei.

› *DOU*, 09.02.2005 - Edição extra.

O Presidente da República. Faço saber que o Congresso Nacional decreta e eu sanciono a seguinte Lei:

ART. 1º A Lei n. 5.172, de 25 de outubro de 1966 - Código Tributário Nacional passa a vigorar com as seguintes alterações:

› Alterações inseridas no texto do referido Código.

ART. 2º A Lei n. 5.172, de 25 de outubro de 1966 - Código Tributário Nacional, passa a vigorar acrescida dos seguintes arts. 185-A e 191-A:

› Alterações inseridas no texto do referido Código.

ART. 3º Para efeito de interpretação do inciso I do art. 168 da Lei n. 5.172, de 25 de outubro de 1966 - Código Tributário Nacional, a extinção do crédito tributário ocorre, no caso de tributo sujeito a lançamento por homologação, no momento do pagamento antecipado de que trata o § 1º do art. 150 da referida Lei.

› art. 150, *caput* e § 4º, CTN.

ART. 4º Esta Lei entra em vigor 120 (cento e vinte) dias após sua publicação, observado, quanto ao art. 3º, o disposto no art. 106, inciso I, da Lei n. 5.172, de 25 de outubro de 1966 - Código Tributário Nacional.

› A segunda parte do art. 4º foi declarada inconstitucional pela Corte Especial do STJ (EREsp 644.736-PE, *j.* 06.06.2007).

Brasília, 09 de fevereiro de 2005; 184º da Independência e 117º da República.
LUIZ INÁCIO LULA DA SILVA

LEI COMPLEMENTAR N. 121, DE 9 DE FEVEREIRO DE 2006

Cria o Sistema Nacional de Prevenção, Fiscalização e Repressão ao Furto e Roubo de Veículos e Cargas e dá outras providências.

› DOU, 10.02.2006.

› Dec. 8.614/2015 (Regulamenta esta lei complementar)

O Vice-Presidente da República, no exercício do cargo de Presidente da República. Faço saber que o Congresso Nacional decreta e eu sanciono a seguinte Lei:

ART. 1º Esta Lei Complementar cria o Sistema Nacional de Prevenção, Fiscalização e Repressão ao Furto e Roubo de Veículos e Cargas.

ART. 2º Fica instituído, no âmbito do Poder Executivo, o Sistema Nacional de Prevenção, Fiscalização e Repressão ao Furto e Roubo de Veículos e Cargas, com os seguintes objetivos:

I - planejar e implantar a política nacional de combate ao furto e roubo de veículos e cargas;

II - gerar e implementar mecanismos de cooperação entre a União, os Estados e o Distrito Federal, para o desenvolvimento de ações conjuntas de combate ao furto e roubo de veículos e cargas, com a participação dos respectivos órgãos de segurança e fazendários;

III - promover a capacitação e a articulação dos órgãos federais, estaduais e do Distrito Federal com atribuições pertinentes ao objeto desta Lei Complementar;

IV - incentivar a formação e o aperfeiçoamento do pessoal civil e militar empregado na área de trânsito e segurança pública, no âmbito federal, estadual e do Distrito Federal;

V - propor alterações na legislação nacional de trânsito e penal com vistas na redução dos índices de furto e roubo de veículos e cargas;

VI - empreender a modernização e a adequação tecnológica dos equipamentos e procedimentos empregados nas atividades de prevenção, fiscalização e repressão ao furto e roubo de veículos e cargas;

VII - desenvolver campanhas de esclarecimento e orientação aos transportadores e proprietários de veículos e cargas;

VIII - organizar, operar e manter sistema de informações para o conjunto dos órgãos integrantes do Sistema, nos seus diferentes níveis de atuação;

IX - promover e implantar o uso, pelos fabricantes, de códigos que identifiquem na nota fiscal o lote e a unidade do produto que está sendo transportado.

§ 1º O Sistema compreende o conjunto dos órgãos, programas, atividades, normas, instrumentos, procedimentos, instalações, equipamentos e recursos materiais, financeiros e humanos destinados à execução da política nacional de prevenção, fiscalização e repressão ao roubo e furto de veículos e cargas.

§ 2º (Vetado)

§ 3º Todos os órgãos integrantes do Sistema ficam obrigados a fornecer informações relativas a roubo e furto de veículos e cargas, com vistas em constituir banco de dados do sistema de informações previsto no inciso VIII do *caput* deste artigo.

ART. 3º A União, os Estados e o Distrito Federal, mediante celebração de convênios, poderão estabelecer, conjuntamente, planos, programas e estratégias de ação voltados para o combate ao furto e roubo de veículos e cargas em todo o território nacional.

ARTS. 4º a **6º** (Vetados)

ART. 7º O Conselho Nacional de Trânsito - Contran estabelecerá:

I - os dispositivos antifurto obrigatórios nos veículos novos, saídos de fábrica, produzidos no País ou no exterior;

II - os sinais obrigatórios de identificação dos veículos, suas características técnicas e o local exato em que devem ser colocados nos veículos;

III - os requisitos técnicos e atributos de segurança obrigatórios nos documentos de propriedade e transferência de propriedade de veículo.

§ 1º As alterações necessárias nos veículos ou em sua documentação em virtude do disposto pela Resolução do Contran, mencionada no *caput* deste artigo, deverão ser providenciadas no prazo de 24 (vinte e quatro) meses a contar da publicação dessa Resolução.

§ 2º Findo o prazo determinado no § 1º deste artigo, nenhum veículo poderá ser mantido ou entrar em circulação se não forem atendidas as condições fixadas pelo Contran, conforme estabelecido neste artigo.

ART. 8º Todo condutor de veículo comercial de carga deverá portar, quando este não for de sua propriedade, autorização para conduzi-lo fornecida pelo seu proprietário ou arrendatário.

§ 1º A autorização para conduzir o veículo, de que trata este artigo, é de porte obrigatório e será exigida pela fiscalização de trânsito, podendo relacionar um ou mais condutores para vários veículos, de acordo com as necessidades do serviço e de operação da frota.

§ 2º A infração pelo descumprimento do que dispõe este artigo será punida com as penalidades previstas no art. 232 da Lei n. 9.503, de 23 de setembro de 1997, que institui o Código de Trânsito Brasileiro.

ART. 9º Para veículos dotados de dispositivo opcional de prevenção contra furto e roubo, as companhias seguradoras reduzirão o valor do prêmio do seguro contratado.

Parágrafo único. O Contran regulamentará a utilização dos dispositivos mencionados no *caput* deste artigo de forma a resguardar as normas de segurança do veículo e das pessoas envolvidas no transporte de terceiros.

ART. 10. Ficam as autoridades fazendárias obrigadas a fornecer à autoridade policial competente cópia dos autos de infração referentes a veículos e mercadorias desacompanhados de documento regular de aquisição, encontrados durante qualquer ação fiscal.

ART. 11. (Vetado)

ART. 12. Esta Lei Complementar entra em vigor na data de sua publicação.

Brasília, 9 de fevereiro de 2006; 185º da Independência e 118º da República.
JOSÉ ALENCAR GOMES DA SILVA

LEI COMPLEMENTAR N. 126, DE 15 DE JANEIRO DE 2007

Dispõe sobre a política de resseguro, retrocessão e sua intermediação, as operações de cosseguro, as contratações de seguro no exterior e as operações em moeda estrangeira do setor securitário; altera o Decreto-Lei n. 73, de 21 de novembro de 1966, e a Lei n. 8.031, de 12 de abril de 1990; e dá outras providências.

- *DOU*, 16.01.2007.
- Dec. 6.499/2008 (Dispõe sobre o limite máximo de cessão e retrocessão a resseguradoras eventuais de que trata o § 1º do art. 8º desta LC).

O Vice-Presidente da República, no exercício do cargo de Presidente da República. Faço saber que o Congresso Nacional decreta e eu sanciono a seguinte Lei Complementar:

CAPÍTULO I
DO OBJETO

ART. 1º Esta Lei Complementar dispõe sobre a política de resseguro, retrocessão e sua intermediação, as operações de cosseguro, as contratações de seguro no exterior e as operações em moeda estrangeira do setor securitário.

CAPÍTULO II
DA REGULAÇÃO E DA FISCALIZAÇÃO

ART. 2º A regulação das operações de cosseguro, resseguro, retrocessão e sua intermediação será exercida pelo órgão regulador de seguros, conforme definido em lei, observadas as disposições desta Lei Complementar.

§ 1º Para fins desta Lei Complementar, considera-se:

I - cedente: a sociedade seguradora que contrata operação de resseguro ou o ressegurador que contrata operação de retrocessão;

II - cosseguro: operação de seguro em que 2 (duas) ou mais sociedades seguradoras, com anuência do segurado, distribuem entre si, percentualmente, os riscos de determinada apólice, sem solidariedade entre elas;

III - resseguro: operação de transferência de riscos de uma cedente para um ressegurador, ressalvado o disposto no inciso IV deste parágrafo;

IV - retrocessão: operação de transferência de riscos de resseguro de resseguradores para resseguradores ou de resseguradores para sociedades seguradoras locais.

§ 2º A regulação pelo órgão de que trata o *caput* deste artigo não prejudica a atuação dos órgãos reguladores das cedentes, no âmbito exclusivo de suas atribuições, em especial no que se refere ao controle das operações realizadas.

§ 3º Equipara-se à cedente a sociedade cooperativa autorizada a operar em seguros privados que contrata operação de resseguro, desde que a esta sejam aplicadas as condições impostas às seguradoras pelo órgão regulador de seguros.

ART. 3º A fiscalização das operações de cosseguro, resseguro, retrocessão e sua intermediação será exercida pelo órgão fiscalizador de seguros, conforme definido em lei, sem prejuízo das atribuições dos órgãos fiscalizadores das demais cedentes.

Parágrafo único. Ao órgão fiscalizador de seguros, no que se refere aos resseguradores, intermediários e suas respectivas atividades, caberão as mesmas atribuições que detém para as sociedades seguradoras, corretores de seguros e suas respectivas atividades.

CAPÍTULO III
DOS RESSEGURADORES

SEÇÃO I
DA QUALIFICAÇÃO

ART. 4º As operações de resseguro e retrocessão podem ser realizadas com os seguintes tipos de resseguradores:

I - ressegurador local: ressegurador sediado no País constituído sob a forma de sociedade anônima, tendo por objeto exclusivo a realização de operações de resseguro e retrocessão;

II - ressegurador admitido: ressegurador sediado no exterior, com escritório de representação no País, que, atendendo às exigências previstas nesta Lei Complementar e nas normas aplicáveis à atividade de resseguro e retrocessão, tenha sido cadastrado como tal no órgão fiscalizador de seguros para realizar operações de resseguro e retrocessão; e

III - ressegurador eventual: empresa resseguradora estrangeira sediada no exterior sem escritório de representação no País que, atendendo às exigências previstas nesta Lei Complementar e nas normas aplicáveis à atividade de resseguro e retrocessão, tenha sido cadastrada como tal no órgão fiscalizador de seguros para realizar operações de resseguro e retrocessão.

§ 1º É vedado o cadastro a que se refere o inciso III do *caput* deste artigo de empresas estrangeiras sediadas em paraísos fiscais, assim considerados países ou dependências que não tributam a renda ou que a tributam a alíquota inferior a 20% (vinte por cento) ou, ainda, cuja legislação interna oponha sigilo relativo à composição societária de pessoas jurídicas ou à sua titularidade. (Renumerado do parágrafo único pela LC 137/2010.)

§ 2º Equipara-se ao ressegurador local, para fins de contratação de operações de resseguro e de retrocessão, o fundo que tenha por único objetivo a cobertura suplementar dos riscos do seguro rural nas modalidades agrícola, pecuária, aquícola e florestal, observadas as disposições de lei própria. (Incluído pela LC 137/2010.)

SEÇÃO II
DAS REGRAS APLICÁVEIS

ART. 5º Aplicam-se aos resseguradores locais, observadas as peculiaridades técnicas, contratuais, operacionais e de risco da atividade e as disposições do órgão regulador de seguros:

I - o Decreto-Lei n. 73, de 21 de novembro de 1966, e as demais leis aplicáveis às sociedades seguradoras, inclusive as que se referem à intervenção e liquidação de empresas, mandato e responsabilidade de administradores; e

II - as regras estabelecidas para as sociedades seguradoras.

ART. 6º O ressegurador admitido ou eventual deverá atender aos seguintes requisitos mínimos:

I - estar constituído, segundo as leis de seu país de origem, para subscrever resseguros locais e internacionais nos ramos em que pretenda operar no Brasil e que tenha dado início a tais operações no país de origem, há mais de 5 (cinco) anos;

II - dispor de capacidade econômica e financeira não inferior à mínima estabelecida pelo órgão regulador de seguros brasileiro;

III - ser portador de avaliação de solvência por agência classificadora reconhecida pelo órgão fiscalizador de seguros brasileiro, com classificação igual ou superior ao mínimo estabelecido pelo órgão regulador de seguros brasileiro;

IV - designar procurador, domiciliado no Brasil, com poderes especiais para receber citações, intimações, notificações e outras comunicações; e (Redação dada pela LC 137/2010.)

V - outros requisitos que venham a ser fixados pelo órgão regulador de seguros brasileiro.

Parágrafo único. Constituem-se ainda requisitos para os resseguradores admitidos:

I - manutenção de conta em moeda estrangeira vinculada ao órgão fiscalizador de seguros brasileiro, na forma e montante definido pelo órgão regulador de seguros brasileiro para garantia de suas operações no País;

II - apresentação periódica de demonstrações financeiras, na forma definida pelo órgão regulador de seguros brasileiro.

ART. 7º A taxa de fiscalização a ser paga pelos resseguradores locais e admitidos será estipulada na forma da lei.

CAPÍTULO IV
DOS CRITÉRIOS BÁSICOS DE CESSÃO

ART. 8º A contratação de resseguro e retrocessão no País ou no exterior será feita mediante negociação direta entre a cedente e o ressegurador ou por meio de intermediário legalmente autorizado.

§ 1º O limite máximo que poderá ser cedido anualmente a resseguradores eventuais será fixado pelo Poder Executivo.

§ 2º O intermediário de que trata o *caput* deste artigo é a corretora autorizada de resseguros, pessoa jurídica, que disponha de contrato de seguro de responsabilidade civil profissional, na forma definida pelo órgão regulador de seguros, e que tenha como responsável técnico o corretor de seguros especializado e devidamente habilitado.

ART. 9º A transferência de risco somente será realizada em operações:

I - de resseguro com resseguradores locais, admitidos ou eventuais; e

II - de retrocessão com resseguradores locais, admitidos ou eventuais, ou sociedades seguradoras locais.

§ 1º As operações de resseguro relativas a seguro de vida por sobrevivência e previdência complementar são exclusivas de resseguradores locais.

§ 2º O órgão regulador de seguros poderá estabelecer limites e condições para a retrocessão de riscos referentes às operações mencionadas no § 1º deste artigo.

§ 3º É o fundo que tenha por único objetivo a cobertura suplementar dos riscos do seguro rural nas modalidades agrícola, pecuária, aquícola e florestal autorizado a contratar resseguro, retrocessão e outras formas de transferência de risco, inclusive com pessoas não abrangidas pelos incisos I e II do *caput* deste artigo. (Incluído pela LC 137/2010.)

§ 4º É o órgão regulador de seguros autorizado a dispor sobre transferências de riscos, em operações de resseguro e de retrocessão, com pessoas não abrangidas pelos incisos I e II do *caput* deste artigo, quando ficar comprovada a insuficiência de oferta de capacidade por resseguradores locais, admitidos e eventuais. (Incluído pela LC 137/2010.)

ART. 10. O órgão fiscalizador de seguros terá acesso a todos os contratos de resseguro e de retrocessão, inclusive os celebrados no exterior, sob pena de ser desconsiderada, para todos os efeitos, a existência do contrato de resseguro e de retrocessão.

ART. 11. Observadas as normas do órgão regulador de seguros, a cedente contratará ou ofertará preferencialmente a resseguradores locais para, pelo menos:

I - 60% (sessenta por cento) de sua cessão de resseguro, nos 3 (três) primeiros anos após a entrada em vigor desta Lei Complementar; e

II - 40% (quarenta por cento) de sua cessão de resseguro, após decorridos 3 (três) anos da entrada em vigor desta Lei Complementar.

§§ 1º a **6º** (Vetados).

CAPÍTULO V
DAS OPERAÇÕES

SEÇÃO I
DISPOSIÇÕES GERAIS

ART. 12. O órgão regulador de seguros estabelecerá as diretrizes para as operações de resseguro, de retrocessão e de corretagem de resseguro e para a atuação dos escritórios de representação dos resseguradores admitidos, observadas as disposições desta Lei Complementar.

Parágrafo único. O órgão regulador de seguros poderá estabelecer:

I - cláusulas obrigatórias de instrumentos contratuais relativos às operações de resseguro e retrocessão;

II - prazos para formalização contratual;

III - restrições quanto à realização de determinadas operações de cessão de risco;

IV - requisitos para limites, acompanhamento e monitoramento de operações intragrupo; e

V - requisitos adicionais aos mencionados nos incisos I a IV deste parágrafo.

ART. 13. Os contratos de resseguro deverão incluir cláusula dispondo que, em caso de liquidação da cedente, subsistem as responsabilidades do ressegurador perante a massa liquidanda, independentemente de os pagamentos de indenizações ou benefícios aos segurados, participantes, beneficiários ou assistidos haverem ou não sido realizados pela cedente, ressalvados os casos enquadrados no art. 14 desta Lei Complementar.

ART. 14. Os resseguradores e os seus retrocessionários não responderão diretamente perante o segurado, participante, beneficiário ou assistido pelo montante assumido em resseguro e em retrocessão, ficando as cedentes que emitiram o contrato integralmente responsáveis por indenizá-los.

Parágrafo único. Na hipótese de insolvência, de decretação de liquidação ou de falência da cedente, é permitido o pagamento direto ao segurado, participante, beneficiário ou assistido, da parcela de indenização ou benefício correspondente ao resseguro, desde que o pagamento da respectiva parcela não tenha sido realizado ao segurado pela cedente nem pelo ressegurador à cedente, quando:

I - o contrato de resseguro for considerado facultativo na forma definida pelo órgão regulador de seguros;

II - nos demais casos, se houver cláusula contratual de pagamento direto.

ART. 15. Nos contratos com a intermediação de corretoras de resseguro, não poderão ser incluídas cláusulas que limitem ou restrinjam a relação direta entre as cedentes e os resseguradores nem se poderão conferir poderes ou faculdades a tais corretoras além daqueles necessários e próprios ao desempenho de suas atribuições como intermediários independentes na contratação do resseguro.

ART. 16. Nos contratos a que se refere o art. 15 desta Lei Complementar, é obrigatória a inclusão de cláusula de intermediação, definindo se a corretora está ou não autorizada a receber os prêmios de resseguro ou a coletar o valor correspondente às recuperações de indenizações ou benefícios.

Parágrafo único. Estando a corretora autorizada ao recebimento ou à coleta a que se refere o *caput* deste artigo, os seguintes procedimentos serão observados:

I - o pagamento do prêmio à corretora libera a cedente de qualquer responsabilidade pelo pagamento efetuado ao ressegurador; e,

II - o pagamento de indenização ou benefício à corretora só libera o ressegurador quando efetivamente recebido pela cedente.

ART. 17. A aplicação dos recursos das provisões técnicas e dos fundos dos resseguradores locais e dos recursos exigidos no País para garantia das obrigações dos resseguradores admitidos será efetuada de acordo com as diretrizes do Conselho Monetário Nacional - CMN.

SEÇÃO II
DAS OPERAÇÕES EM MOEDA ESTRANGEIRA

ART. 18. O seguro, o resseguro e a retrocessão poderão ser efetuados no País em moeda estrangeira, observadas a legislação que rege operações desta natureza, as regras fixadas pelo CMN e as regras fixadas pelo órgão regulador de seguros.

Parágrafo único. O CMN disciplinará a abertura e manutenção de contas em moeda estrangeira, tituladas por sociedades seguradoras, resseguradores locais, resseguradores admitidos e corretoras de resseguro.

SEÇÃO III
DO SEGURO NO PAÍS E NO EXTERIOR

ART. 19. Serão exclusivamente celebrados no País, ressalvado o disposto no art. 20 desta Lei Complementar:

I - os seguros obrigatórios; e

II - os seguros não obrigatórios contratados por pessoas naturais residentes no País ou por pessoas jurídicas domiciliadas no território nacional, independentemente da forma jurídica, para garantia de riscos no País.

ART. 20. A contratação de seguros no exterior por pessoas naturais residentes no País ou por pessoas jurídicas domiciliadas no território nacional é restrita às seguintes situações:

I - cobertura de riscos para os quais não exista oferta de seguro no País, desde que sua contratação não represente infração à legislação vigente;

II - cobertura de riscos no exterior em que o segurado seja pessoa natural residente no País, para o qual a vigência do seguro contratado se restrinja, exclusivamente, ao período em que o segurado se encontrar no exterior;

III - seguros que sejam objeto de acordos internacionais referendados pelo Congresso Nacional; e

IV - seguros que, pela legislação em vigor, na data de publicação desta Lei Complementar, tiverem sido contratados no exterior.

Parágrafo único. Pessoas jurídicas poderão contratar seguro no exterior para cobertura de riscos no exterior, informando essa contratação ao órgão fiscalizador de seguros brasileiro no prazo e nas condições determinadas pelo órgão regulador de seguros brasileiro.

CAPÍTULO VI
DO REGIME DISCIPLINAR

ART. 21. As cedentes, os resseguradores locais, os escritórios de representação de ressegurador admitido, os corretores e corretoras de seguro, resseguro e retrocessão e os prestadores de serviços de auditoria independente bem como quaisquer pessoas naturais ou jurídicas que descumprirem as normas relativas à atividade de resseguro, retrocessão e corretagem de resseguros estarão sujeitos às penalidades previstas nos arts. 108, 111, 112 e 128 do Decreto-Lei n. 73, de 21 de novembro de 1966, aplicadas pelo órgão fiscalizador de seguros, conforme normas do órgão regulador de seguros.

Parágrafo único. As infrações a que se refere o *caput* deste artigo serão apuradas mediante processo administrativo regido em consonância com o art. 118 do Decreto-Lei n. 73, de 21 de novembro de 1966.

CAPÍTULO VII
DISPOSIÇÕES FINAIS

ART. 22. O IRB-Brasil Resseguros S.A. fica autorizado a continuar exercendo suas atividades de resseguro e de retrocessão, sem qualquer solução de continuidade, independentemente de requerimento e autorização governamental, qualificando-se como ressegurador local.

Parágrafo único. O IRB-Brasil Resseguros S.A. fornecerá ao órgão fiscalizador da atividade de seguros informações técnicas e cópia de seu acervo de dados e de quaisquer outros documentos ou registros que esse órgão fiscalizador julgue necessários para o desempenho das funções de fiscalização das operações de seguro, cosseguro, resseguro e retrocessão.

ART. 23. Fica a União autorizada a oferecer aos acionistas preferenciais do IRB-Brasil Resseguros S.A., mediante competente deliberação societária, a opção de retirada do capital que mantêm investido na sociedade, com a finalidade exclusiva de destinar tais recursos integralmente à subscrição de ações de empresa de resseguro sediada no País.

Parágrafo único. (Vetado.)

ART. 24. O órgão fiscalizador de seguros fornecerá à Advocacia-Geral da União as informações e os documentos necessários à defesa da União nas ações em que seja parte.

ART. 25. O órgão fiscalizador de seguros, instaurado inquérito administrativo, poderá solicitar à autoridade judiciária competente o levantamento do sigilo nas instituições financeiras de informações e documentos relativos a bens, direitos e obrigações de pessoa física ou jurídica submetida ao seu poder fiscalizador.

§ 1º O órgão fiscalizador de seguros, o Banco Central do Brasil e a Comissão de Valores Mobiliários (CVM) manterão permanente intercâmbio de informações acerca dos resultados das inspeções que realizarem, dos inquéritos que instaurarem e das penalidades que aplicarem, sempre que as informações forem necessárias ao desempenho de suas atividades. (Renumerado do parágrafo único pela LC 137/2010.)

§ 2º O órgão fiscalizador de seguros poderá firmar convênios: (Incluído pela LC 137/2010.)

I - com o Banco Central do Brasil, a CVM e outros órgãos fiscalizadores, objetivando a realização de fiscalizações conjuntas, observadas as respectivas competências; (Incluído pela LC 137/2010.)

II - com outros órgãos supervisores, reguladores, autorreguladores ou entidades fiscalizadoras de outros países, objetivando: (Incluído pela LC 137/2010.)

a) a fiscalização de escritórios de representação, filiais e subsidiárias de seguradoras e resseguradores estrangeiros, em funcionamento no Brasil, e de filiais e subsidiárias, no exterior, de seguradoras e resseguradores brasileiros, bem como a fiscalização de remessas ou ingressos de valores do exterior originários de operação de seguro, resseguro e retrocessão; (Incluído pela LC 137/2010.)

b) a cooperação mútua e o intercâmbio de informações para a investigação de atividades ou operações que impliquem aplicação, negociação, ocultação ou transferência de ativos financeiros e de valores mobiliários relacionados com a prática de condutas ilícitas ou que, sob qualquer outra forma, tenham relação com possível ilicitude. (Incluído pela LC 137/2010.)

§ 3º O intercâmbio de informações entre os órgãos e entidades mencionados nos incisos I e II do § 2º deste artigo não caracteriza violação de sigilo, devendo os referidos órgãos e entidades resguardar a segurança das informações a que vierem a ter acesso. (Incluído pela LC 137/2010.)

ART. 26. As câmaras e os prestadores de serviços de compensação e de liquidação autorizados a funcionar pela legislação em vigor bem como as instituições autorizadas à prestação de serviços de custódia pela Comissão de Valores Mobiliários fornecerão ao órgão fiscalizador de seguros, desde que por ele declaradas necessárias ao exercício de suas atribuições, as informações que possuam sobre as operações:

I - dos fundos de investimento especialmente constituídos para a recepção de recursos das sociedades seguradoras, de capitalização e entidades abertas de previdência complementar; e

II - dos fundos de investimento, com patrimônio segregado, vinculados exclusivamente a planos de previdência complementar ou a seguros de vida com cláusula de cobertura por sobrevivência, estruturados na modalidade de contribuição variável, por eles comercializados e administrados.

ART. 27. Os arts. 8º, 16, 32, 86, 88, 96, 100, 108, 111 e 112 do Decreto-Lei n. 73, de 21 de novembro de 1966, passam a vigorar com a seguinte redação:

▸ Alterações promovidas no texto do referido decreto-lei.

ART. 28. (Vetado.)

ART. 29. A regulação de cosseguro, resseguro e retrocessão deverá assegurar prazo não inferior a 180 (cento e oitenta) dias para o Instituto de Resseguros do Brasil se adequar às novas regras de negócios, operações de resseguro, renovação dos contratos de retrocessão, plano de contas, regras de tributação, controle dos negócios de retrocessão no exterior e demais aspectos provenientes da alteração do marco regulatório decorrente desta Lei Complementar.

ART. 30. Esta Lei Complementar entra em vigor na data de sua publicação.

ART. 31. Ficam revogados os arts. 6º, 15 e 18, a alínea i do *caput* do art. 20, os arts. 23, 42, 44 e 45, o § 4º do art. 55, os arts. 56 a 71, a alínea c do *caput* e o § 1º do art. 79, os arts. 81 e 82, o § 2º do art. 89 e os arts. 114 e 116 do Decreto-Lei n. 73, de 21 de novembro de 1966, e a Lei n. 9.932, de 20 de dezembro de 1999.

Brasília, 15 de janeiro de 2007; 186º da Independência e 119º da República.

JOSÉ ALENCAR GOMES DA SILVA

LEI COMPLEMENTAR N. 130, DE 17 DE ABRIL DE 2009

Dispõe sobre o Sistema Nacional de Crédito Cooperativo e revoga dispositivos das Leis n. 4.595, de 31 de dezembro de 1964, e 5.764, de 16 de dezembro de 1971.

▸ *DOU*, 17.04.2009 - Edição extra

O Presidente da República. Faço saber que o Congresso Nacional decreta e eu sanciono a seguinte Lei Complementar:

ART. 1º As instituições financeiras constituídas sob a forma de cooperativas de crédito submetem-se a esta Lei Complementar, bem como à legislação do Sistema Financeiro Nacional - SFN e das sociedades cooperativas.

§ 1º As competências legais do Conselho Monetário Nacional - CMN e do Banco Central do Brasil em relação às instituições financeiras aplicam-se às cooperativas de crédito.

§ 2º É vedada a constituição de cooperativa mista com seção de crédito.

ART. 2º As cooperativas de crédito destinam-se, precipuamente, a prover, por meio da mutualidade, a prestação de serviços financeiros a seus associados, sendo-lhes assegurado o acesso aos instrumentos do mercado financeiro.

§ 1º A captação de recursos e a concessão de créditos e garantias devem ser restritas aos associados, ressalvados a captação de recursos dos Municípios, de seus órgãos ou entidades e das empresas por eles controladas, as operações realizadas com outras instituições financeiras e os recursos obtidos de pessoas jurídicas, em caráter eventual, a taxas favorecidas ou isentos de remuneração. (Alterado pela LC 161/2018.)

§ 2º Ressalvado o disposto no § 1º deste artigo, é permitida a prestação de outros serviços de natureza financeira e afins a associados e a não associados.

§ 3º A concessão de créditos e garantias a integrantes de órgãos estatutários, assim como a pessoas físicas ou jurídicas que com eles mantenham relações de parentesco ou negócio, deve observar procedimentos de aprovação e controle idênticos aos dispensados às demais operações de crédito.

§ 4º A critério da assembleia geral, os procedimentos a que se refere o § 3º deste artigo podem ser mais rigorosos, cabendo-lhe, nesse caso, a definição dos tipos de relacionamento a serem considerados para aplicação dos referidos procedimentos.

§ 5º As cooperativas de crédito, nos termos da legislação específica, poderão ter acesso a recursos oficiais para o financiamento das atividades de seus associados.

§ 6º A captação de recursos dos Municípios, prevista no § 1º deste artigo, que supere o limite assegurado pelos fundos garantidores referidos no inciso IV do *caput* do art. 12 desta Lei, obedecerá aos requisitos prudenciais estabelecidos pelo Conselho Monetário Nacional. (Acrescentado pela LC 161/2018.)

§ 7º Caso a cooperativa não atenda ao disposto no § 6º deste artigo, incorrerá nas sanções previstas na Lei n. 7.492, de 16 de junho de 1986. (Acrescentado pela LC 161/2018.)

§ 8º Além das hipóteses ressalvadas no § 1º deste artigo, as instituições referidas nesta Lei e os bancos por elas controlados, direta ou indiretamente, ficam autorizados a realizar a gestão das disponibilidades financeiras do Serviço Nacional de Aprendizagem do Cooperativismo. (Acrescentado pela LC 161/2018.)

§ 9º As operações previstas no § 1º deste artigo, correspondentes aos depósitos de governos municipais, de seus órgãos ou entidades e das empresas por eles controladas, somente poderão ser realizadas em Município que esteja na área de atuação da referida cooperativa de crédito. (Acrescentado pela LC 161/2018.)

ART. 3º As cooperativas de crédito podem atuar em nome e por conta de outras instituições, com vistas à prestação de serviços financeiros e afins a associados e a não associados.

ART. 4º O quadro social das cooperativas de crédito, composto de pessoas físicas e jurídicas, é definido pela assembleia geral, com previsão no estatuto social.

Parágrafo único. Não serão admitidas no quadro social da sociedade cooperativa de crédito pessoas jurídicas que possam exercer concorrência com a própria sociedade cooperativa, nem a União, os Estados, o Distrito Federal e os Municípios bem como suas respectivas autarquias, fundações e empresas estatais dependentes.

ART. 5º As cooperativas de crédito com conselho de administração podem criar diretoria executiva a ele subordinada, na qualidade de órgão estatutário composto por pessoas físicas associadas ou não, indicadas por aquele conselho.

ART. 6º O mandato dos membros do conselho fiscal das cooperativas de crédito terá duração de até 3 (três) anos, observada a renovação de, ao menos, 2 (dois) membros a cada eleição, sendo 1 (um) efetivo e 1 (um) suplente.

ART. 7º É vedado distribuir qualquer espécie de benefício às quotas-parte do capital, excetuando-se remuneração anual limitada ao valor da taxa referencial do Sistema Especial de Liquidação e de Custódia - Selic para títulos federais.

ART. 8º Compete à assembleia geral das cooperativas de crédito estabelecer a fórmula de cálculo a ser aplicada na distribuição de sobras e no rateio de perdas, com base nas operações de cada associado realizadas ou mantidas durante o exercício, observado o disposto no art. 7º desta Lei Complementar.

ART. 9º É facultado às cooperativas de crédito, mediante decisão da assembleia geral, compensar, por meio de sobras dos exercícios seguintes, o saldo remanescente das perdas verificadas no exercício findo.

Parágrafo único. Para o exercício da faculdade de que trata o *caput* deste artigo, a cooperativa deve manter-se ajustada aos limites de patrimônio exigíveis na forma da regulamentação vigente, conservando o controle da parcela correspondente a cada associado no saldo das perdas retidas.

ART. 10. A restituição de quotas de capital depende, inclusive, da observância dos limites de patrimônio exigíveis na forma da regulamentação vigente, sendo a devolução parcial condicionada, ainda, à autorização específica do conselho de administração ou, na sua ausência, da diretoria.

ART. 11. As cooperativas centrais de crédito e suas confederações podem adotar, quanto ao poder de voto das filiadas, critério de proporcionalidade em relação ao número de associados indiretamente representados na assembleia geral, conforme regras estabelecidas no estatuto.

ART. 12. O CMN, no exercício das competências que lhe são atribuídas pela legislação que rege o SFN, poderá dispor, inclusive, sobre as seguintes matérias:

I - requisitos a serem atendidos previamente à constituição ou transformação das

LEIS COMPLEMENTARES

cooperativas de crédito, com vistas ao respectivo processo de autorização a cargo do Banco Central do Brasil;

II - condições a serem observadas na formação do quadro de associados e na celebração de contratos com outras instituições;

III - tipos de atividades a serem desenvolvidas e de instrumentos financeiros passíveis de utilização;

IV - fundos garantidores, inclusive a vinculação de cooperativas de crédito a tais fundos;

V - atividades realizadas por entidades de qualquer natureza, que tenham por objeto exercer, com relação a um grupo de cooperativas de crédito, supervisão, controle, auditoria, gestão ou execução em maior escala de suas funções operacionais;

VI - vinculação a entidades que exerçam, na forma da regulamentação, atividades de supervisão, controle e auditoria de cooperativas de crédito;

VII - condições de participação societária em outras entidades, inclusive de natureza não cooperativa, com vistas ao atendimento de propósitos complementares, no interesse do quadro social;

VIII - requisitos adicionais ao exercício da faculdade de que trata o art. 9º desta Lei Complementar.

§ 1º O exercício das atividades a que se refere o inciso V do *caput* deste artigo, regulamentadas pelo Conselho Monetário Nacional - CMN, está sujeito à fiscalização do Banco Central do Brasil, sendo aplicáveis às respectivas entidades e a seus administradores as mesmas sanções previstas na legislação em relação às instituições financeiras.

§ 2º O Banco Central do Brasil, no exercício de sua competência de fiscalização das cooperativas de crédito, assim como a entidade que realizar, nos termos da regulamentação do CMN, atividades de supervisão local podem convocar assembleia geral extraordinária de instituição supervisionada, à qual poderão enviar representantes com direito a voz.

ART. 13. Não constitui violação do dever de sigilo de que trata a legislação em vigor o acesso a informações pertencentes a cooperativas de crédito por parte de cooperativas centrais de crédito, confederações de centrais e demais entidades constituídas por esse segmento financeiro, desde que se dê exclusivamente no desempenho de atribuições de supervisão, auditoria, controle e de execução de funções operacionais das cooperativas de crédito.

Parágrafo único. As entidades mencionadas no *caput* deste artigo devem observar sigilo em relação às informações que obtiverem no exercício de suas atribuições, bem como comunicar às autoridades competentes indícios de prática de ilícitos penais ou administrativos ou de operações envolvendo recursos provenientes de qualquer prática criminosa.

ART. 14. As cooperativas singulares de crédito poderão constituir cooperativas centrais de crédito com o objetivo de organizar, em comum acordo e em maior escala, os serviços econômicos e assistenciais de interesse das filiadas, integrando e orientando suas atividades, bem como facilitando a utilização recíproca dos serviços.

Parágrafo único. As atividades de que trata o *caput* deste artigo, respeitada a competência do Conselho Monetário Nacional e preservadas as responsabilidades envolvidas, poderão ser delegadas às confederações constituídas pelas cooperativas centrais de crédito.

ART. 15. As confederações constituídas de cooperativas centrais de crédito têm por objetivo orientar, coordenar e executar atividades destas, nos casos em que o vulto dos empreendimentos e a natureza das atividades transcenderem o âmbito de capacidade ou a conveniência de atuação das associadas.

ART. 16. As cooperativas de crédito podem ser assistidas, em caráter temporário, mediante administração em regime de cogestão, pela respectiva cooperativa central ou confederação de centrais para sanar irregularidades ou em caso de risco para a solidez da própria sociedade, devendo ser observadas as seguintes condições:

I - existência de cláusula específica no estatuto da cooperativa assistida, contendo previsão da possibilidade de implantação desse regime e da celebração do convênio de que trata o inciso II do *caput* deste artigo;

II - celebração de convênio entre a cooperativa a ser assistida e a eventual cogestora, a ser referendado pela assembleia geral, estabelecendo, pelo menos, a caracterização das situações consideradas de risco que justifiquem a implantação do regime de cogestão, o rito dessa implantação por iniciativa da entidade cogestora e o regimento a ser observado durante a cogestão; e

III - realização, no prazo de até 1 (um) ano da implantação da cogestão, de assembleia geral extraordinária para deliberar sobre a manutenção desse regime e da adoção de outras medidas julgadas necessárias.

ART. 17. A assembleia geral ordinária das cooperativas de crédito realizar-se-á anualmente, nos 4 (quatro) primeiros meses do exercício social.

ART. 18. Ficam revogados os arts. 40 e 41 da Lei n. 4.595, de 31 de dezembro de 1964, e o § 3º do art. 10, o § 10 do art. 18, o parágrafo único do art. 86 e o art. 84 da Lei n. 5.764, de 16 de dezembro de 1971.

ART. 19. Esta Lei Complementar entra em vigor na data de sua publicação.

Brasília, 17 de abril de 2009; 188º da Independência e 121º da República.

LUIZ INÁCIO LULA DA SILVA

LEI COMPLEMENTAR N. 141, DE 13 DE JANEIRO DE 2012

Regulamenta o § 3º do art. 198 da Constituição Federal para dispor sobre os valores mínimos a serem aplicados anualmente pela União, Estados, Distrito Federal e Municípios em ações e serviços públicos de saúde; estabelece os critérios de rateio dos recursos de transferências para a saúde e as normas de fiscalização, avaliação e controle das despesas com saúde nas 3 (três) esferas de governo; revoga dispositivos das Leis n. 8.080, de 19 de setembro de 1990, e 8.689, de 27 de julho de 1993; e dá outras providências.

- *DOU*, 16.01.2012.
- Dec. 7.827/2012 (Regulamenta os procedimentos de condicionamento e restabelecimento das transferências de recursos provenientes das receitas de que tratam o inc. II do *caput* do art. 158, as alíneas "a" e "b" do inc. I e o inc. II do *caput* do art. 159 da Constituição, dispõe sobre os procedimentos de suspensão e restabelecimento das transferências voluntárias da União, nos casos de descumprimento da aplicação dos recursos em ações e serviços públicos de saúde de que trata esta LC).

A Presidenta da República. Faço saber que o Congresso Nacional decreta e eu sanciono a seguinte Lei Complementar:

CAPÍTULO I
DISPOSIÇÕES PRELIMINARES

ART. 1º Esta Lei Complementar institui, nos termos do § 3º do art. 198 da Constituição Federal:

I - o valor mínimo e normas de cálculo do montante mínimo a ser aplicado, anualmente, pela União em ações e serviços públicos de saúde;

II - percentuais mínimos do produto da arrecadação de impostos a serem aplicados anualmente pelos Estados, pelo Distrito Federal e pelos Municípios em ações e serviços públicos de saúde;

III - critérios de rateio dos recursos da União vinculados à saúde destinados aos Estados, ao Distrito Federal e aos Municípios, e dos Estados destinados aos seus respectivos Municípios, visando à progressiva redução das disparidades regionais;

IV - normas de fiscalização, avaliação e controle das despesas com saúde nas esferas federal, estadual, distrital e municipal.

CAPÍTULO II
DAS AÇÕES E DOS SERVIÇOS PÚBLICOS DE SAÚDE

ART. 2º Para fins de apuração da aplicação dos recursos mínimos estabelecidos nesta Lei Complementar, considerar-se-ão como despesas com ações e serviços públicos de saúde aquelas voltadas para a promoção, proteção e recuperação da saúde que atendam, simultaneamente, aos princípios estatuídos no art. 7º da Lei n. 8.080, de 19 de setembro de 1990, e às seguintes diretrizes:

I - sejam destinadas às ações e serviços públicos de saúde de acesso universal, igualitário e gratuito;

II - estejam em conformidade com objetivos e metas explicitados nos Planos de Saúde de cada ente da Federação; e

III - sejam de responsabilidade específica do setor da saúde, não se aplicando a despesas relacionadas a outras políticas públicas que atuam sobre determinantes sociais e econômicos, ainda que incidentes sobre as condições de saúde da população.

Parágrafo único. Além de atender aos critérios estabelecidos no *caput*, as despesas com ações e serviços públicos de saúde realizadas pela União, pelos Estados, pelo Distrito Federal e pelos Municípios deverão ser financiadas com recursos movimentados por meio dos respectivos fundos de saúde.

ART. 3º Observadas as disposições do art. 200 da Constituição Federal, do art. 6º da Lei n. 8.080, de 19 de setembro de 1990, e do art. 2º desta Lei Complementar, para efeito da apuração da aplicação dos recursos mínimos aqui estabelecidos, serão consideradas despesas com ações e serviços públicos de saúde as referentes a:

I - vigilância em saúde, incluindo a epidemiológica e a sanitária;

II - atenção integral e universal à saúde em todos os níveis de complexidade, incluindo assistência terapêutica e recuperação de deficiências nutricionais;

III - capacitação do pessoal de saúde do Sistema Único de Saúde (SUS);

IV - desenvolvimento científico e tecnológico e controle de qualidade promovidos por instituições do SUS;

V - produção, aquisição e distribuição de insumos específicos dos serviços de saúde do SUS, tais como: imunobiológicos, sangue e hemoderivados, medicamentos e equipamentos médico-odontológicos;

VI - saneamento básico de domicílios ou de pequenas comunidades, desde que seja aprovado pelo Conselho de Saúde do ente da Federação financiador da ação e esteja de acordo com as diretrizes das demais determinações previstas nesta Lei Complementar;

VII - saneamento básico dos distritos sanitários especiais indígenas e de comunidades remanescentes de quilombos;

VIII - manejo ambiental vinculado diretamente ao controle de vetores de doenças;

IX - investimento na rede física do SUS, incluindo a execução de obras de recuperação, reforma, ampliação e construção de estabelecimentos públicos de saúde;

X - remuneração do pessoal ativo da área de saúde em atividade nas ações de que trata este artigo, incluindo os encargos sociais;

XI - ações de apoio administrativo realizadas pelas instituições públicas do SUS e imprescindíveis à execução das ações e serviços públicos de saúde; e

XII - gestão do sistema público de saúde e operação de unidades prestadoras de serviços públicos de saúde.

ART. 4º Não constituirão despesas com ações e serviços públicos de saúde, para fins de apuração dos percentuais mínimos de que trata esta Lei Complementar, aquelas decorrentes de:

I - pagamento de aposentadorias e pensões, inclusive dos servidores da saúde;

II - pessoal ativo da área de saúde quando em atividade alheia à referida área;

III - assistência à saúde que não atenda ao princípio de acesso universal;

IV - merenda escolar e outros programas de alimentação, ainda que executados em unidades do SUS, ressalvando-se o disposto no inciso II do art. 3º;

V - saneamento básico, inclusive quanto às ações financiadas e mantidas com recursos provenientes de taxas, tarifas ou preços públicos instituídos para essa finalidade;

VI - limpeza urbana e remoção de resíduos;

VII - preservação e correção do meio ambiente, realizadas pelos órgãos de meio ambiente dos entes da Federação ou por entidades não governamentais;

VIII - ações de assistência social;

IX - obras de infraestrutura, ainda que realizadas para beneficiar direta ou indiretamente a rede de saúde; e

X - ações e serviços públicos de saúde custeados com recursos distintos dos especificados na base de cálculo definida nesta Lei Complementar ou vinculados a fundos específicos distintos daqueles da saúde.

CAPÍTULO III
DA APLICAÇÃO DE RECURSOS EM AÇÕES E SERVIÇOS PÚBLICOS DE SAÚDE

SEÇÃO I
DOS RECURSOS MÍNIMOS

ART. 5º A União aplicará, anualmente, em ações e serviços públicos de saúde, o montante correspondente ao valor empenhado no exercício financeiro anterior, apurado nos termos desta Lei Complementar, acrescido de, no mínimo, o percentual correspondente à variação nominal do Produto Interno Bruto (PIB) ocorrida no ano anterior ao da lei orçamentária anual.

§ 1º (Vetado.)

§ 2º Em caso de variação negativa do PIB, o valor de que trata o *caput* não poderá ser reduzido, em termos nominais, de um exercício financeiro para o outro.

§ 3º (Vetado.)

§ 4º (Vetado.)

§ 5º (Vetado.)

ART. 6º Os Estados e o Distrito Federal aplicarão, anualmente, em ações e serviços públicos de saúde, no mínimo, 12% (doze por cento) da arrecadação dos impostos a que se refere o art. 155 e dos recursos de que tratam o art. 157, a alínea "a" do inciso I e o inciso II do *caput* do art. 159, todos da Constituição Federal, deduzidas as parcelas que forem transferidas aos respectivos Municípios.

Parágrafo único. (Vetado.)

ART. 7º Os Municípios e o Distrito Federal aplicarão anualmente em ações e serviços públicos de saúde, no mínimo, 15% (quinze por cento) da arrecadação dos impostos a que se refere o art. 156 e dos recursos de que tratam o art. 158 e a alínea "b" do inciso I do *caput* e o § 3º do art. 159, todos da Constituição Federal.

Parágrafo único. (Vetado.)

ART. 8º O Distrito Federal aplicará, anualmente, em ações e serviços públicos de saúde, no mínimo, 12% (doze por cento) do produto da arrecadação direta dos impostos que não possam ser segregados em base estadual e em base municipal.

ART. 9º Está compreendida na base de cálculo dos percentuais dos Estados, do Distrito Federal e dos Municípios qualquer compensação financeira proveniente de impostos e transferências constitucionais previstos no § 2º do art. 198 da Constituição Federal, já instituída ou que vier a ser criada, bem como a dívida ativa, a multa e os juros de mora decorrentes dos impostos cobrados diretamente ou por meio de processo administrativo ou judicial.

ART. 10. Para efeito do cálculo do montante de recursos previsto no § 3º do art. 5º e nos arts. 6º e 7º, devem ser considerados os recursos decorrentes da dívida ativa, da multa e dos juros de mora provenientes dos impostos e da sua respectiva dívida ativa.

ART. 11. Os Estados, o Distrito Federal e os Municípios deverão observar o disposto nas respectivas Constituições ou Leis Orgânicas sempre que os percentuais nelas estabelecidos forem superiores aos fixados nesta Lei Complementar para aplicação em ações e serviços públicos de saúde.

SEÇÃO II
DO REPASSE E APLICAÇÃO DOS RECURSOS MÍNIMOS

ART. 12. Os recursos da União serão repassados ao Fundo Nacional de Saúde e às demais unidades orçamentárias que compõem o órgão Ministério da Saúde, para ser aplicados em ações e serviços públicos de saúde.

ART. 13. (Vetado.)

§ 1º (Vetado.)

§ 2º Os recursos da União previstos nesta Lei Complementar serão transferidos aos demais entes da Federação e movimentados, até a sua destinação final, em contas específicas mantidas em instituição financeira oficial federal, observados os critérios e procedimentos definidos em ato próprio do Chefe do Poder Executivo da União.

§ 3º (Vetado.)

§ 4º A movimentação dos recursos repassados aos Fundos de Saúde dos Estados, do Distrito Federal e dos Municípios deve realizar-se, exclusivamente, mediante cheque nominativo, ordem bancária, transferência eletrônica disponível ou outra modalidade de saque autorizada pelo Banco Central do Brasil, em que fique identificada a sua destinação e, no caso de pagamento, o credor.

ART. 14. O Fundo de Saúde, instituído por lei e mantido em funcionamento pela administração direta da União, dos Estados, do Distrito Federal e dos Municípios, constituir-se-á em unidade orçamentária e gestora dos recursos destinados a ações e serviços públicos de saúde, ressalvados os recursos repassados diretamente às unidades vinculadas ao Ministério da Saúde.

ART. 15. (Vetado.)

ART. 16. O repasse dos recursos previstos nos arts. 6º a 8º será feito diretamente ao Fundo de Saúde do respectivo ente da Federação e, no caso da União, também às demais unidades orçamentárias do Ministério da Saúde.

§ 1º (Vetado.)

§ 2º (Vetado.)

§ 3º As instituições financeiras referidas no § 3º do art. 164 da Constituição Federal são obrigadas a evidenciar, nos demonstrativos financeiros das contas correntes do ente da Federação, divulgados inclusive em meio eletrônico, os valores globais das transferências e as parcelas correspondentes destinadas ao Fundo de Saúde, quando adotada a sistemática prevista no § 2º deste artigo, observadas as normas editadas pelo Banco Central do Brasil.

§ 4º (Vetado.)

SEÇÃO III
DA MOVIMENTAÇÃO DOS RECURSOS DA UNIÃO

ART. 17. O rateio dos recursos da União vinculados a ações e serviços públicos de saúde e repassados na forma do *caput* dos arts. 18 e 22 aos Estados, ao Distrito Federal e aos Municípios observará as necessidades de saúde da população, as dimensões epidemiológica, demográfica, socioeconômica, espacial e de capacidade de oferta de ações e de serviços de saúde e, ainda, o disposto no art. 35 da Lei n. 8.080, de 19 de setembro de 1990, de forma a atender os objetivos do inciso II do § 3º do art. 198 da Constituição Federal.

§ 1º O Ministério da Saúde definirá e publicará, anualmente, utilizando metodologia pactuada na comissão intergestores tripartite e aprovada pelo Conselho Nacional de Saúde, os montantes a serem transferidos a cada Estado, ao Distrito Federal e a cada Município para custeio das ações e serviços públicos de saúde.

§ 2º Os recursos destinados a investimentos terão sua programação realizada anualmente e, em sua alocação, serão considerados prioritariamente critérios que visem a reduzir as desigualdades na oferta de ações e serviços públicos de saúde e garantir a integralidade da atenção à saúde.

§ 3º O Poder Executivo, na forma estabelecida no inciso I do *caput* do art. 9º da Lei n. 8.080, de 19 de setembro de 1990, manterá os Conselhos de Saúde e os Tribunais de Contas de cada ente da Federação informados sobre o montante de recursos previsto para transferência da União para Estados, Distrito Federal e Municípios com base no Plano Nacional de Saúde, no termo de compromisso de gestão firmado entre a União, Estados e Municípios.

ART. 18. Os recursos do Fundo Nacional de Saúde, destinados a despesas com as ações e serviços públicos de saúde, de custeio e capital, a serem executados pelos Estados, pelo Distrito Federal ou pelos Municípios serão transferidos diretamente aos respectivos fundos de saúde, de forma regular e automática, dispensada a celebração de convênio ou outros instrumentos jurídicos.

Parágrafo único. Em situações específicas, os recursos federais poderão ser transferidos aos Fundos de Saúde por meio de transferência voluntária realizada entre a União e os demais entes da Federação, adotados quaisquer dos meios formais previstos no inciso VI do art. 71 da Constituição Federal, observadas as normas de financiamento.

SEÇÃO IV
DA MOVIMENTAÇÃO DOS RECURSOS DOS ESTADOS

ART. 19. O rateio dos recursos dos Estados transferidos aos Municípios para ações e serviços públicos de saúde será realizado segundo o critério de necessidades de saúde da população e levará em consideração as dimensões epidemiológica, demográfica, socioeconômica e espacial e a capacidade de oferta de ações e de serviços de saúde, observada a necessidade de reduzir as desigualdades regionais, nos termos do inciso II do § 3º do art. 198 da Constituição Federal.

§ 1º Os Planos Estaduais de Saúde deverão explicitar a metodologia de alocação dos recursos estaduais e a previsão anual de recursos aos Municípios, pactuadas pelos gestores estaduais e municipais, em comissão intergestores bipartite, e aprovadas pelo Conselho Estadual de Saúde.

§ 2º O Poder Executivo, na forma estabelecida no inciso II do *caput* do art. 9º da Lei n. 8.080, de 19 de setembro de 1990, manterá o respectivo Conselho de Saúde e Tribunal de Contas informados sobre o montante de recursos previsto para transferência do Estado para os Municípios com base no Plano Estadual de Saúde.

ART. 20. As transferências dos Estados para os Municípios destinadas a financiar ações e serviços públicos de saúde serão realizadas diretamente aos Fundos Municipais de Saúde, de forma regular e automática, em conformidade com os critérios de transferência aprovados pelo respectivo Conselho de Saúde.

Parágrafo único. Em situações específicas, os recursos estaduais poderão ser repassados aos Fundos de Saúde por meio de transferência voluntária realizada entre o Estado e seus Municípios, adotados quaisquer dos meios formais previstos no inciso VI do art. 71 da Constituição Federal, observadas as normas de financiamento.

ART. 21. Os Estados e os Municípios que estabelecerem consórcios ou outras formas legais de cooperativismo, para a execução conjunta de ações e serviços de saúde e cumprimento da diretriz constitucional de regionalização e hierarquização da rede de serviços, poderão remanejar entre si parcelas dos recursos dos Fundos de Saúde derivadas tanto de receitas próprias como de transferências obrigatórias, que serão administradas segundo modalidade gerencial pactuada pelos entes envolvidos.

Parágrafo único. A modalidade gerencial referida no *caput* deverá estar em consonância com os preceitos do Direito Administrativo Público, com os princípios inscritos na Lei n. 8.080, de 19 de setembro de 1990, na Lei n. 8.142, de 28 de dezembro de 1990, e na Lei n. 11.107, de 6 de abril de 2005, e com as normas do SUS pactuadas na comissão intergestores tripartite e aprovadas pelo Conselho Nacional de Saúde.

SEÇÃO V
DISPOSIÇÕES GERAIS

ART. 22. É vedada a exigência de restrição à entrega dos recursos referidos no inciso II do § 3º do art. 198 da Constituição Federal na modalidade regular e automática prevista nesta Lei Complementar, os quais são considerados transferência obrigatória destinada ao custeio de ações e serviços públicos de saúde no âmbito do SUS, sobre a qual não se aplicam as vedações do inciso X do art. 167 da Constituição Federal e do art. 25 da Lei Complementar n. 101, de 4 de maio de 2000.

Parágrafo único. A vedação prevista no *caput* não impede a União e os Estados de condicionarem a entrega dos recursos:

I - à instituição e ao funcionamento do Fundo e do Conselho de Saúde no âmbito do ente da Federação; e

II - à elaboração do Plano de Saúde.

ART. 23. Para a fixação inicial dos valores correspondentes aos recursos mínimos estabelecidos nesta Lei Complementar, será considerada a receita estimada na lei do orçamento anual, ajustada, quando for o caso, por lei que autorizar a abertura de créditos adicionais.

Parágrafo único. As diferenças entre a receita e a despesa previstas e as efetivamente realizadas que resultem no não atendimento dos percentuais mínimos obrigatórios serão apuradas e corrigidas a cada quadrimestre do exercício financeiro.

ART. 24. Para efeito de cálculo dos recursos mínimos a que se refere esta Lei Complementar, serão consideradas:

I - as despesas liquidadas e pagas no exercício; e

II - as despesas empenhadas e não liquidadas, inscritas em Restos a Pagar até o limite das disponibilidades de caixa ao final do exercício, consolidadas no Fundo de Saúde.

§ 1º A disponibilidade de caixa vinculada aos Restos a Pagar, considerados para fins do mínimo na forma do inciso II do *caput* e posteriormente cancelados ou prescritos, deverá ser, necessariamente, aplicada em ações e serviços públicos de saúde.

§ 2º Na hipótese prevista no § 1º, a disponibilidade deverá ser efetivamente aplicada em ações e serviços públicos de saúde até o término do exercício seguinte ao do cancelamento ou da prescrição dos respectivos Restos a Pagar, mediante dotação específica para essa finalidade, sem prejuízo do percentual mínimo a ser aplicado no exercício correspondente.

§ 3º Nos Estados, no Distrito Federal e nos Municípios, serão consideradas para fins de apuração dos percentuais mínimos fixados nesta Lei Complementar as despesas incorridas no período referentes à amortização e aos respectivos encargos financeiros decorrentes de operações de crédito contratadas a partir de 1º de janeiro de 2000, visando ao financiamento de ações e serviços públicos de saúde.

§ 4º Não serão consideradas para fins de apuração dos mínimos constitucionais definidos nesta Lei Complementar as ações e serviços públicos de saúde referidos no art. 3º:

I - na União, nos Estados, no Distrito Federal e nos Municípios, referentes a despesas custeadas com receitas provenientes de operações de crédito contratadas para essa finalidade ou quaisquer outros recursos não considerados na base de cálculo da receita, nos casos previstos nos arts. 6º e 7º;

II - (Vetado.)

ART. 25. Eventual diferença que implique o não atendimento, em determinado exercício, dos recursos mínimos previstos nesta Lei Complementar deverá, observado o disposto no inciso II do parágrafo único do art. 160 da Constituição Federal, ser acrescida ao montante mínimo do exercício subsequente ao da apuração da diferença, sem prejuízo do montante mínimo do exercício de referência e das sanções cabíveis.

Parágrafo único. Compete ao Tribunal de Contas, no âmbito de suas atribuições, verificar a aplicação dos recursos mínimos em ações e serviços públicos de saúde de cada ente da Federação sob sua jurisdição, sem prejuízo do disposto no art. 39 e observadas as normas estatuídas nesta Lei Complementar.

ART. 26. Para fins de efetivação do disposto no inciso II do parágrafo único do art. 160 da Constituição Federal, o condicionamento da entrega de recursos poderá ser feito mediante exigência da comprovação de aplicação adicional do percentual mínimo que deixou de ser aplicado em ações e serviços públicos de saúde no exercício imediatamente anterior, apurado e divulgado segundo as normas estatuídas nesta Lei Complementar, depois de expirado o prazo para publicação dos demonstrativos do encerramento do exercício previstos no art. 52 da Lei Complementar n. 101, de 4 de maio de 2000.

§ 1º No caso de descumprimento dos percentuais mínimos pelos Estados, pelo Distrito Federal e pelos Municípios, verificado a partir da fiscalização dos Tribunais de Contas ou das informações declaradas e homologadas na forma do sistema eletrônico instituído nesta Lei Complementar, a União e os Estados poderão restringir, a título de medida preliminar, o repasse dos recursos referidos nos incisos II e III do § 2º do art. 198 da Constituição Federal ao emprego em ações e serviços públicos de saúde, até o montante correspondente à parcela do mínimo que deixou de ser aplicada em exercícios anteriores, mediante depósito direto na conta corrente vinculada ao Fundo de Saúde, sem prejuízo do condicionamento da entrega dos recursos à comprovação prevista no inciso II do parágrafo único do art. 160 da Constituição Federal.

§ 2º Os Poderes Executivos da União e de cada Estado editarão, no prazo de 90 (noventa) dias a partir da vigência desta Lei Complementar, atos próprios estabelecendo os procedimentos de suspensão e restabelecimento das transferências constitucionais de que trata o § 1º, a serem adotados caso os recursos repassados diretamente à conta do Fundo de Saúde não sejam efetivamente aplicados no prazo fixado por cada ente, o qual não poderá exceder a 12 (doze) meses contados a partir da data em que ocorrer o referido repasse.

§ 3º Os efeitos das medidas restritivas previstas neste artigo serão suspensos imediatamente após a comprovação por parte do ente da Federação beneficiário da aplicação adicional do montante referente ao percentual que deixou de ser aplicado, observadas as normas estatuídas nesta Lei Complementar, sem prejuízo do percentual mínimo a ser aplicado no exercício corrente.

§ 4º A medida prevista no *caput* será restabelecida se houver interrupção do cumprimento do disposto neste artigo ou se for constatado erro ou fraude, sem prejuízo das sanções cabíveis ao agente que agir, induzir ou concorrer, direta ou indiretamente, para a prática do ato fraudulento.

§ 5º Na hipótese de descumprimento dos percentuais mínimos de saúde por parte dos

Estados, do Distrito Federal ou dos Municípios, as transferências voluntárias da União e dos Estados poderão ser restabelecidas desde que o ente beneficiário comprove o cumprimento das disposições estatuídas neste artigo, sem prejuízo das exigências, restrições e sanções previstas na legislação vigente.

ART. 27. Quando os órgãos de controle interno do ente beneficiário, do ente transferidor ou o Ministério da Saúde detectarem que os recursos previstos no inciso II do § 3º do art. 198 da Constituição Federal estão sendo utilizados em ações e serviços diversos dos previstos no art. 3º desta Lei Complementar, ou em objeto de saúde diverso do originalmente pactuado, darão ciência ao Tribunal de Contas e ao Ministério Público competentes, de acordo com a origem do recurso, com vistas:

I - à adoção das providências legais, no sentido de determinar a imediata devolução dos referidos recursos ao Fundo de Saúde do ente da Federação beneficiário, devidamente atualizados por índice oficial adotado pelo ente transferidor, visando ao cumprimento do objetivo do repasse;

II - à responsabilização nas esferas competentes.

ART. 28. São vedadas a limitação de empenho e a movimentação financeira que comprometam a aplicação dos recursos mínimos de que tratam os arts. 5º a 7º.

ART. 29. É vedado aos Estados, ao Distrito Federal e aos Municípios excluir da base de cálculo das receitas de que trata esta Lei Complementar quaisquer parcelas de impostos ou transferências constitucionais vinculadas a fundos ou despesas, por ocasião da apuração do percentual ou montante mínimo a ser aplicado em ações e serviços públicos de saúde.

ART. 30. Os planos plurianuais, as leis de diretrizes orçamentárias, as leis orçamentárias e os planos de aplicação dos recursos dos fundos de saúde da União, dos Estados, do Distrito Federal e dos Municípios serão elaborados de modo a dar cumprimento ao disposto nesta Lei Complementar.

§ 1º O processo de planejamento e orçamento será ascendente e deverá partir das necessidades de saúde da população em cada região, com base no perfil epidemiológico, demográfico e socioeconômico, para definir as metas anuais de atenção integral à saúde e estimar os respectivos custos.

§ 2º Os planos e metas regionais resultantes das pactuações intermunicipais constituirão a base para os planos e metas estaduais, que promoverão a equidade inter-regional.

§ 3º Os planos e metas estaduais constituirão a base para o plano e metas nacionais, que promoverão a equidade interestadual.

§ 4º Caberá aos Conselhos de Saúde deliberar sobre as diretrizes para o estabelecimento de prioridades.

CAPÍTULO IV
DA TRANSPARÊNCIA, VISIBILIDADE, FISCALIZAÇÃO, AVALIAÇÃO E CONTROLE

SEÇÃO I
DA TRANSPARÊNCIA E VISIBILIDADE DA GESTÃO DA SAÚDE

ART. 31. Os órgãos gestores de saúde da União, dos Estados, do Distrito Federal e dos Municípios darão ampla divulgação, inclusive em meios eletrônicos de acesso público, das prestações de contas periódicas da área da saúde, para consulta e apreciação dos cidadãos e de instituições da sociedade, com ênfase no que se refere a:

I - comprovação do cumprimento do disposto nesta Lei Complementar;

II - Relatório de Gestão do SUS;

III - avaliação do Conselho de Saúde sobre a gestão do SUS no âmbito do respectivo ente da Federação.

Parágrafo único. A transparência e a visibilidade serão asseguradas mediante incentivo à participação popular e realização de audiências públicas, durante o processo de elaboração e discussão do plano de saúde.

SEÇÃO II
DA ESCRITURAÇÃO E CONSOLIDAÇÃO DAS CONTAS DA SAÚDE

ART. 32. Os órgãos de saúde da União, dos Estados, do Distrito Federal e dos Municípios manterão registro contábil relativo às despesas efetuadas com ações e serviços públicos de saúde.

Parágrafo único. As normas gerais para fins do registro de que trata o *caput* serão editadas pelo órgão central de contabilidade da União, observada a necessidade de segregação das informações, com vistas a dar cumprimento às disposições desta Lei Complementar.

ART. 33. O gestor de saúde promoverá a consolidação das contas referentes às despesas com ações e serviços públicos de saúde executadas por órgãos e entidades da administração direta e indireta do respectivo ente da Federação.

SEÇÃO III
DA PRESTAÇÃO DE CONTAS

ART. 34. A prestação de contas prevista no art. 37 conterá demonstrativo das despesas com saúde integrante do Relatório Resumido da Execução Orçamentária, a fim de subsidiar a emissão do parecer prévio de que trata o art. 56 da Lei Complementar n. 101, de 4 de maio de 2000.

ART. 35. As receitas correntes e as despesas com ações e serviços públicos de saúde serão apuradas e publicadas nos balanços do Poder Executivo, assim como em demonstrativo próprio que acompanhará o relatório de que trata o § 3º do art. 165 da Constituição Federal.

ART. 36. O gestor do SUS em cada ente da Federação elaborará Relatório detalhado referente ao quadrimestre anterior, o qual conterá, no mínimo, as seguintes informações:

I - montante e fonte dos recursos aplicados no período;

II - auditorias realizadas ou em fase de execução no período e suas recomendações e determinações;

III - oferta e produção de serviços públicos na rede assistencial própria, contratada e conveniada, cotejando esses dados com os indicadores de saúde da população em seu âmbito de atuação.

§ 1º A União, os Estados, o Distrito Federal e os Municípios deverão comprovar a observância do disposto neste artigo mediante o envio de Relatório de Gestão ao respectivo Conselho de Saúde, até o dia 30 de março do ano seguinte ao da execução financeira, cabendo ao Conselho emitir parecer conclusivo sobre o cumprimento ou não das normas estatuídas nesta Lei Complementar, ao qual será dada ampla divulgação, inclusive em meios eletrônicos de acesso público, sem prejuízo do disposto nos arts. 56 e 57 da Lei Complementar n. 101, de 4 de maio de 2000.

§ 2º Os entes da Federação deverão encaminhar a programação anual do Plano de Saúde ao respectivo Conselho de Saúde, para aprovação antes da data de encaminhamento da lei de diretrizes orçamentárias do exercício correspondente, à qual será dada ampla divulgação, inclusive em meios eletrônicos de acesso público.

§ 3º Anualmente, os entes da Federação atualizarão o cadastro no Sistema de que trata o art. 39 desta Lei Complementar, com menção às exigências deste artigo, além de indicar a data de aprovação do Relatório de Gestão pelo respectivo Conselho de Saúde.

§ 4º O Relatório de que trata o *caput* será elaborado de acordo com modelo padronizado aprovado pelo Conselho Nacional de Saúde, devendo-se adotar modelo simplificado para Municípios com população inferior a 50.000 (cinquenta mil habitantes).

§ 5º O gestor do SUS apresentará, até o final dos meses de maio, setembro e fevereiro, em audiência pública na Casa Legislativa do respectivo ente da Federação, o Relatório de que trata o *caput*.

SEÇÃO IV
DA FISCALIZAÇÃO DA GESTÃO DA SAÚDE

ART. 37. Os órgãos fiscalizadores examinarão, prioritariamente, na prestação de contas de recursos públicos prevista no art. 56 da Lei Complementar n. 101, de 4 de maio de 2000, o cumprimento do disposto no art. 198 da Constituição Federal e nesta Lei Complementar.

ART. 38. O Poder Legislativo, diretamente ou com o auxílio dos Tribunais de Contas, do sistema de auditoria do SUS, do órgão de controle interno e do Conselho de Saúde de cada ente da Federação, sem prejuízo do que dispõe esta Lei Complementar, fiscalizará o cumprimento das normas desta Lei Complementar, com ênfase no que diz respeito:

I - à elaboração e execução do Plano de Saúde Plurianual;

II - ao cumprimento das metas para a saúde estabelecidas na lei de diretrizes orçamentárias;

III - à aplicação dos recursos mínimos em ações e serviços públicos de saúde, observadas as regras previstas nesta Lei Complementar;

IV - às transferências dos recursos aos Fundos de Saúde;

V - à aplicação dos recursos vinculados ao SUS;

VI - à destinação dos recursos obtidos com a alienação de ativos adquiridos com recursos vinculados à saúde.

ART. 39. Sem prejuízo das atribuições próprias do Poder Legislativo e do Tribunal de Contas de cada ente da Federação, o Ministério da Saúde manterá sistema de registro eletrônico centralizado das informações de saúde referentes aos orçamentos públicos da União, dos Estados, do Distrito Federal e dos Municípios, incluída sua execução, garantido o acesso público às informações.

§ 1º O Sistema de Informação sobre Orçamento Público em Saúde (Siops), ou outro sistema que venha a substituí-lo, será desenvolvido com observância dos seguintes requisitos mínimos, além de outros estabelecidos pelo Ministério da Saúde mediante regulamento:

I - obrigatoriedade de registro e atualização permanente dos dados pela União, pelos Estados, pelo Distrito Federal e pelos Municípios;

II - processos informatizados de declaração, armazenamento e exportação dos dados;

III - disponibilização do programa de declaração aos gestores do SUS no âmbito de cada ente da Federação, preferencialmente em meio eletrônico de acesso público;

IV - realização de cálculo automático dos recursos mínimos aplicados em ações e serviços públicos de saúde previstos nesta Lei Complementar, que deve constituir fonte de informação para elaboração dos demonstrativos contábeis e extracontábeis;

V - previsão de módulo específico de controle externo, para registro, por parte do Tribunal de Contas com jurisdição no território de cada ente da Federação, das informações sobre a aplicação dos recursos em ações e serviços públicos de saúde consideradas para fins de emissão do parecer prévio divulgado nos termos dos arts. 48 e 56 da Lei Complementar n. 101, de 4 de maio de 2000, sem prejuízo das informações declaradas e homologadas pelos gestores do SUS;

VI - integração, mediante processamento automático, das informações do Siops ao sistema eletrônico centralizado de controle das transferências da União aos demais entes da Federação mantido pelo Ministério da Fazenda, para fins de controle das disposições do inciso II do parágrafo único do art. 160 da Constituição Federal e do art. 25 da Lei Complementar n. 101, de 4 de maio de 2000.

§ 2º Atribui-se ao gestor de saúde declarante dos dados contidos no sistema especificado no *caput* a responsabilidade pelo registro dos dados no Siops nos prazos definidos, assim como pela fidedignidade dos dados homologados, aos quais se conferirá fé pública para todos os fins previstos nesta Lei Complementar e na legislação concernente.

§ 3º O Ministério da Saúde estabelecerá as diretrizes para o funcionamento do sistema informatizado, bem como os prazos para o registro e homologação das informações no Siops, conforme pactuado entre os gestores do SUS, observado o disposto no art. 52 da Lei Complementar n. 101, de 4 de maio de 2000.

§ 4º Os resultados do monitoramento e avaliação previstos neste artigo serão apresentados de forma objetiva, inclusive por meio de indicadores, e integrarão o Relatório de Gestão de cada ente federado, conforme previsto no art. 4º da Lei n. 8.142, de 28 de dezembro de 1990.

§ 5º O Ministério da Saúde, sempre que verificar o descumprimento das disposições previstas nesta Lei Complementar, dará ciência à direção local do SUS e ao respectivo Conselho de Saúde, bem como aos órgãos de auditoria do SUS, ao Ministério Público e aos órgãos de controle interno e externo do respectivo ente da Federação, observada a origem do recurso para a adoção das medidas cabíveis.

§ 6º O descumprimento do disposto neste artigo implicará a suspensão das transferências voluntárias entre os entes da Federação, observadas as normas estatuídas no art. 25 da Lei Complementar n. 101, de 4 de maio de 2000.

ART. 40. Os Poderes Executivos da União, dos Estados, do Distrito Federal e dos Municípios disponibilizarão, aos respectivos Tribunais de Contas, informações sobre o cumprimento desta Lei Complementar, com a finalidade de subsidiar as ações de controle e fiscalização.

Parágrafo único. Constatadas divergências entre os dados disponibilizados pelo Poder Executivo e os obtidos pelos Tribunais de Contas em seus procedimentos de fiscalização, será dado ciência ao Poder Executivo e à direção local do SUS, para que sejam adotadas as medidas cabíveis, sem prejuízo das sanções previstas em lei.

ART. 41. Os Conselhos de Saúde, no âmbito de suas atribuições, avaliarão a cada quadrimestre o relatório consolidado do resultado da execução orçamentária e financeira no âmbito da saúde e o relatório do gestor da saúde sobre a repercussão da execução desta Lei Complementar nas condições de saúde e na qualidade dos serviços de saúde das populações respectivas e encaminhará ao Chefe do Poder Executivo do respectivo ente da Federação as indicações para que sejam adotadas as medidas corretivas necessárias.

ART. 42. Os órgãos do sistema de auditoria, controle e avaliação do SUS, no âmbito da União, dos Estados, do Distrito Federal e dos Municípios, deverão verificar, pelo sistema de amostragem, o cumprimento do disposto nesta Lei Complementar, além de verificar a veracidade das informações constantes do Relatório de Gestão, com ênfase na verificação presencial dos resultados alcançados no relatório de saúde, sem prejuízo do acompanhamento pelos órgãos de controle externo e pelo Ministério Público com jurisdição no território do ente da Federação.

CAPÍTULO V
DISPOSIÇÕES FINAIS E TRANSITÓRIAS

ART. 43. A União prestará cooperação técnica e financeira aos Estados, ao Distrito Federal e aos Municípios para a implementação do disposto no art. 20 e para a modernização dos respectivos Fundos de Saúde, com vistas ao cumprimento das normas desta Lei Complementar.

§ 1º A cooperação técnica consiste na implementação de processos de educação na saúde e na transferência de tecnologia visando à operacionalização do sistema eletrônico de que trata o art. 39, bem como na formulação e disponibilização de indicadores para a avaliação da qualidade das ações e serviços públicos de saúde, que deverão ser submetidos à apreciação dos respectivos Conselhos de Saúde.

§ 2º A cooperação financeira consiste na entrega de bens ou valores e no financiamento por intermédio de instituições financeiras federais.

ART. 44. No âmbito de cada ente da Federação, o gestor do SUS disponibilizará ao Conselho de Saúde, com prioridade para os representantes dos usuários e dos trabalhadores da saúde, programa permanente de educação na saúde para qualificar sua atuação na formulação de estratégias e assegurar efetivo controle social da execução da política de saúde, em conformidade com o § 2º do art. 1º da Lei n. 8.142, de 28 de dezembro de 1990.

ART. 45. (Vetado.)

ART. 46. As infrações dos dispositivos desta Lei Complementar serão punidas segundo o Decreto-Lei n. 2.848, de 7 de dezembro de 1940 (Código Penal), a Lei n. 1.079, de 10 de abril de 1950, o Decreto-Lei n. 201, de 27 de fevereiro de 1967, a Lei n. 8.429, de 2 de junho de 1992, e demais normas da legislação pertinente.

ART. 47. Revogam-se o § 1º do art. 35 da Lei n. 8.080, de 19 de setembro de 1990, e o art. 12 da Lei n. 8.689, de 27 de julho de 1993.

ART. 48. Esta Lei Complementar entra em vigor na data de sua publicação.

Brasília, 13 de janeiro de 2012; 191º da Independência e 124º da República.

DILMA ROUSSEFF

LEI COMPLEMENTAR N. 156, DE 28 DE DEZEMBRO DE 2016

Estabelece o plano de auxílio aos Estados e ao Distrito Federal e medidas de estímulo ao reequilíbrio fiscal; e altera a Lei Complementar n. 148, de 25 de novembro de 2014, a Lei n. 9.496, de 11 de setembro de 1997, a Medida Provisória n. 2.192-70, de 24 de agosto de 2001, a Lei n. 8.727, de 5 de novembro de 1993, e a Lei Complementar n.101, de 4 de maio de 2000.

- *DOU*, 29.12.2016.
- Dec. 9.056/2017 (Regulamenta esta lei complementar.)

O Presidente da República. Faço saber que o Congresso Nacional decreta e eu sanciono a seguinte Lei Complementar:

CAPÍTULO I
DO PLANO DE AUXÍLIO AOS ESTADOS E AO DISTRITO FEDERAL

SEÇÃO I
DAS DÍVIDAS DE QUE TRATAM A LEI N. 9.496, DE 11 DE SETEMBRO DE 1997, E A MEDIDA PROVISÓRIA N. 2.192-70 DE 24 DE AGOSTO DE 2001, E AS DÍVIDAS COM RECURSOS DO BANCO NACIONAL DO DESENVOLVIMENTO ECONÔMICO E SOCIAL - BNDES

ART. 1º A União poderá adotar, nos contratos de refinanciamento de dívidas celebrados com os Estados e o Distrito Federal com base na Lei n. 9.496, de 11 de setembro de 1997, e nos contratos de abertura de crédito firmados com os Estados ao amparo da Medida Provisória n. 2.192-70, de 24 de agosto de 2001, mediante celebração de termo aditivo, o prazo adicional de até duzentos e quarenta meses para o pagamento das dívidas refinanciadas.

§ 1º O aditamento previsto no *caput* deste artigo está condicionado à celebração do aditivo contratual de que trata o art. 4º da Lei Complementar n. 148, de 25 de novembro de 2014.

§ 2º O novo prazo para pagamento será de até trezentos e sessenta meses, conforme efetivamente definido em cada um dos contratos vigentes, acrescido do prazo de que trata o *caput* deste artigo, contado a partir da data de celebração do instrumento contratual original e, caso o ente federado tenha firmado um instrumento relativo à Lei n. 9.496, de 11 de setembro de 1997, e outro relativo à Medida Provisória n. 2.192-70, de 24 de agosto de 2001, será contado a partir da data em que tiver sido celebrado o primeiro dos dois contratos.

§ 3º Para fins do aditamento contratual referido no *caput* deste artigo, serão considerados os valores consolidados dos saldos devedores das obrigações referentes ao refinanciamento objeto da Lei n. 9.496, de 11 de setembro de 1997, e dos financiamentos de que trata a Medida Provisória n. 2.192-70, de 24 de agosto de 2001, quando for o caso.

§ 4º As prestações mensais e consecutivas serão calculadas com base na Tabela Price, afastando-se as disposições contidas nos arts. 5º e 6º da Lei n. 9.496, de 11 de setembro de 1997.

§ 5º Os efeitos financeiros decorrentes do aditamento de que trata este artigo serão aplicados a partir de 1º de julho de 2016.

§ 6º Estão dispensados, para a assinatura do aditivo de que trata o *caput* deste artigo, todos os requisitos legais exigidos para a contratação com a União, inclusive os dispostos no art. 32 da Lei Complementar n. 101, de 4 de maio de 2000.

§ 7º O prazo para a assinatura do termo aditivo a que se refere o *caput* deste artigo é de trezentos e sessenta dias, contado da data de publicação desta Lei Complementar.

§ 8º A concessão do prazo adicional de até duzentos e quarenta meses de que trata o *caput* deste artigo e da redução extraordinária da prestação mensal de que trata o art. 3º depende da desistência de eventuais ações judiciais que tenham por objeto a dívida ou o contrato ora renegociados, sendo causa de rescisão do termo aditivo a manutenção do litígio ou o ajuizamento de novas ações.

ART. 2º Ficam dispensados os requisitos legais para contratação de operação de crédito e para concessão de garantia, exigidos nos arts. 32 e 40 da Lei Complementar n. 101, de 4 de maio de 2000, nas renegociações dos contratos de empréstimos e financiamentos celebrados até 31 de dezembro de 2015 entre as instituições públicas federais e os Estados e o Distrito Federal, com recursos do Banco Nacional de Desenvolvimento Econômico e Social - BNDES.

Parágrafo único. Para aplicação do disposto neste artigo, as renegociações deverão ser firmadas em até trezentos e sessenta dias contados da publicação desta Lei Complementar.

ART. 3º Fica a União autorizada a conceder redução extraordinária da prestação mensal das dívidas referidas no art. 1º mediante a celebração de aditivo contratual.

§ 1º O aditamento previsto no *caput* deste artigo está condicionado à celebração do aditivo contratual de que trata o art. 4º da Lei Complementar n. 148, de 25 de novembro de 2014.

§ 2º Os valores pagos à União serão imputados prioritariamente ao pagamento dos juros contratuais, sendo o restante destinado à amortização do principal da dívida.

§ 3º Para os meses de julho a dezembro de 2016, poderá ser concedida redução extraordinária de até 100% (cem por cento) da parcela mensal devida nos termos dos contratos de que trata a Lei n. 9.496, de 11 de setembro de 1997, e a Medida Provisória n. 2.192-70, de 24 de agosto de 2001.

§ 4º Para os meses de janeiro de 2017 a junho de 2018, poderá ser concedida redução extraordinária da parcela mensal devida nos termos dos contratos de que trata a Lei n. 9.496, de 11 de setembro de 1997, e a Medida Provisória n. 2.192-70, de 24 de agosto de 2001, da seguinte forma:

I - para janeiro de 2017, redução extraordinária de 94,73% (noventa e quatro inteiros e setenta e três centésimos por cento);

II - para fevereiro de 2017, redução extraordinária de 89,47% (oitenta e nove inteiros e quarenta e sete centésimos por cento);

III - para março de 2017, redução extraordinária de 84,21% (oitenta e quatro inteiros e vinte e um centésimos por cento);

IV - para abril de 2017, redução extraordinária de 78,94% (setenta e oito inteiros e noventa e quatro centésimos por cento);

V - para maio de 2017, redução extraordinária de 73,68% (setenta e três inteiros e sessenta e oito centésimos por cento);

VI - para junho de 2017, redução extraordinária de 68,42% (sessenta e oito inteiros e quarenta e dois centésimos por cento);

VII - para julho de 2017, redução extraordinária de 63,15% (sessenta e três inteiros e quinze centésimos por cento);

VIII - para agosto de 2017, redução extraordinária de 57,89% (cinquenta e sete inteiros e oitenta e nove centésimos por cento);

IX - para setembro de 2017, redução extraordinária de 52,63% (cinquenta e dois inteiros e sessenta e três centésimos por cento);

X - para outubro de 2017, redução extraordinária de 47,36% (quarenta e sete inteiros e trinta e seis centésimos por cento);

XI - para novembro de 2017, redução extraordinária de 42,10% (quarenta e dois inteiros e dez centésimos por cento);

XII - para dezembro de 2017, redução extraordinária de 36,84% (trinta e seis inteiros e oitenta e quatro centésimos por cento);

XIII - para janeiro de 2018, redução extraordinária de 31,57% (trinta e um inteiros e cinquenta e sete centésimos por cento);

XIV - para fevereiro de 2018, redução extraordinária de 26,31% (vinte e seis inteiros e trinta e um centésimos por cento);

XV - para março de 2018, redução extraordinária de 21,05% (vinte e um inteiros e cinco centésimos por cento);

XVI - para abril de 2018, redução extraordinária de 15,78% (quinze inteiros e setenta e oito centésimos por cento);

XVII - para maio de 2018, redução extraordinária de 10,52% (dez inteiros e cinquenta e dois centésimos por cento);

XVIII - para junho de 2018, redução extraordinária de 5,26% (cinco inteiros e vinte e seis centésimos por cento).

§ 5º A redução extraordinária de que trata o *caput* deste artigo fica limitada ao valor de R$ 500.000.000,00 (quinhentos milhões de reais), por Estado, para cada prestação mensal.

§ 6º Enquanto perdurar a redução extraordinária das prestações referida no *caput* deste artigo, fica afastada a incidência de encargos por inadimplemento sobre as parcelas da dívida refinanciada não pagas, assim como o registro do nome do Estado ou do Distrito Federal em cadastros restritivos em decorrência, exclusivamente, dessa redução.

§ 7º O disposto no § 6º não se aplica às situações nas quais houver inadimplemento em relação à parcela da prestação devida.

§ 8º Os valores não pagos correspondentes à redução extraordinária serão apartados e posteriormente incorporados ao saldo devedor em julho de 2018, devidamente atualizados pelos encargos financeiros contratuais de adimplência.

ART. 4º Para celebração, lastreada no Acordo Federativo celebrado entre a União e os entes federados em 20 de junho de 2016, dos termos aditivos de que tratam os arts. 1º e 3º desta Lei Complementar, tendo em vista o que dispõe o art. 169 da Constituição Federal, respeitadas a autonomia e a competência dos entes federados, fica estabelecida a limitação, aplicável nos dois exercícios subsequentes à assinatura do termo aditivo, do crescimento anual das despesas primárias correntes, exceto transferências constitucionais a Municípios e Programa de Formação do Patrimônio do Servidor Público - PASEP, à variação da inflação, aferida anualmente pelo Índice Nacional de Preços ao Consumidor Amplo - IPCA ou por outro que venha a substituí-lo, a ser observada pelos Estados e pelo Distrito Federal, cabendo-lhes adotar as necessárias providências para implementar as contrapartidas de curto prazo constantes do Acordo acima referido.

§ 1º O não cumprimento da medida de que trata o *caput* implicará a revogação do prazo adicional de que trata o art. 1º e da redução de que trata o art. 3º.

§ 2º Revogado o prazo adicional, ficam afastados seus efeitos financeiros, devendo o Estado ou o Distrito Federal restituir à União os valores diferidos por força do prazo adicional nas prestações subsequentes à proporção de um doze avos por mês, aplicados os encargos contratuais de adimplência.

§ 3º A avaliação do cumprimento da medida de que trata o *caput* será regulamentada por ato do Poder Executivo.

ART. 5º Fica a União autorizada a receber as parcelas de dívida vencidas e não pagas em decorrência de mandados de segurança providos pelo Supremo Tribunal Federal no âmbito das discussões quanto à capitalização composta da taxa do Sistema Especial de Liquidação e de Custódia - SELIC para efeito do disposto no art. 3º da Lei Complementar n. 148, de 25 de novembro de 2014, em até vinte e quatro prestações mensais e consecutivas, devidamente atualizadas pelos encargos de adimplência contratuais vigentes, vencendo-se a primeira em julho de 2016, e sempre na data de vencimento estabelecida nos contratos de refinanciamento.

Parágrafo único. As prestações de que trata o *caput* serão apuradas pelo Sistema de Amortização Constante - SAC.

ART. 6º Fica a União, por intermédio das instituições financeiras integrantes da administração pública federal, autorizada a prestar assessoria técnica na alienação de bens, direitos e participações acionárias em sociedades empresárias controladas por Estados e pelo Distrito Federal.

ART. 7º A Lei Complementar n. 148, de 25 de novembro de 2014, passa a vigorar com as seguintes alterações:

› Alterações promovidas nos arts. 5º e 5º-A da referida lei.

ART. 8º A Lei n. 9.496, de 11 de setembro de 1997, passa a vigorar com as seguintes alterações:

› Alterações promovidas no texto da referida lei.

ART. 9º O inciso I do parágrafo único do art. 26 da Medida Provisória n. 2.192-70, de 24 de agosto de 2001, passa a vigorar com a seguinte redação:

› Alterações promovidas no texto da referida lei.

ART. 10. As alterações a que se referem os arts. 7º, 8º e 9º serão processadas mediante assinatura do respectivo termo aditivo.

ART. 11. O Poder Executivo deverá encaminhar ao Congresso Nacional, até o último dia útil do mês subsequente de cada semestre, relatório do cumprimento dos compromissos e metas relativos aos contratos de que trata o art. 1º pelos Estados e pelo Distrito Federal, evidenciando, no caso de descumprimento, as providências tomadas.

SEÇÃO II
DAS DÍVIDAS DE QUE TRATA A LEI N. 8.727, DE 5 DE NOVEMBRO DE 1993

ART. 12. É a União autorizada a efetuar a quitação das obrigações assumidas com base na Lei n. 8.727, de 5 de novembro de 1993, que envolvam recursos oriundos do Fundo de Garantia do Tempo de Serviço (FGTS), perante a Caixa Econômica Federal, mediante cessão definitiva dos direitos creditórios derivados das operações firmadas ao amparo da referida Lei com os Estados, o Distrito Federal e os Municípios, ou com as respectivas entidades da administração indireta. (Alterado pela LC 159/2017.)

Parágrafo único. As operações de que trata o *caput* são aquelas para as quais foram mantidos os prazos, os encargos financeiros e as demais condições pactuadas nos contratos originais, inclusive aquelas para as quais houve renegociação nos termos da Resolução no 353, de 19 de dezembro de 2000, do Conselho Curador do Fundo de Garantia do Tempo de Serviço - CCFGTS.

ART. 12-A. A União poderá adotar nos contratos de refinanciamento de dívidas celebrados com os Estados e o Distrito Federal com base na Lei n. 8.727, de 5 de novembro de 1993, mediante celebração de termo aditivo, prazo adicional de até 240 (duzentos e quarenta) meses para o pagamento das dívidas refinanciadas cujos créditos sejam originalmente detidos pela União ou por ela adquiridos. (Acrescentado pela LC 159/2017.)

§ 1º As operações de que trata o *caput* deste artigo não abrangem aquelas para as quais foram mantidos os prazos, os encargos financeiros e as demais condições pactuadas nos contratos originais. (Acrescentado pela LC 159/2017.)

§ 2º O novo prazo para pagamento será de até 240 (duzentos e quarenta) meses, conforme efetivamente definido em cada um dos contratos vigentes, acrescido do prazo de que trata o *caput* deste artigo. (Acrescentado pela LC 159/2017.)

§ 3º As prestações mensais e consecutivas serão calculadas com base na Tabela Price, afastando-se as disposições contidas no art. 2º da Lei n. 8.727, de 5 de novembro de 1993. (Acrescentado pela LC 159/2017.)

§ 4º Para efeito de cálculo das prestações na forma do § 3º deste artigo, serão considerados o saldo devedor e o prazo remanescente existentes na data de celebração do termo aditivo, após a aplicação da extensão do prazo de que trata o *caput* deste artigo. (Acrescentado pela LC 159/2017.)

§ 5º Estão dispensados, para a assinatura do aditivo de que trata o *caput* deste artigo, todos os requisitos legais exigidos para a contratação com a União, inclusive os dispostos no art. 32 da Lei Complementar n. 101, de 4 de maio de 2000. (Acrescentado pela LC 159/2017.)

§ 6º O prazo para a assinatura do termo aditivo a que se refere o *caput* deste artigo é de 360 (trezentos e sessenta) dias, contado da data de publicação desta Lei Complementar. (Acrescentado pela LC 159/2017.)

§ 7º A concessão do prazo adicional de até 240 (duzentos e quarenta) meses de que trata o *caput* deste artigo depende da desistência de eventuais ações judiciais que tenham por objeto a dívida ou o contrato ora renegociados, sendo causa de rescisão do termo aditivo a manutenção do litígio ou o ajuizamento de novas ações. (Acrescentado pela LC 159/2017.)

ART. 13. A cessão de que trata o art. 12 desta Lei Complementar só poderá ser realizada caso o Estado, o Distrito Federal e o Município, ou a respectiva entidade da administração indireta, celebre, concomitantemente, perante o agente operador do FGTS, repactuação da totalidade de suas dívidas decorrentes de financiamentos obtidos com recursos do FGTS, vencidas e vincendas, derivadas de operações de crédito contratadas até 1º de junho de 2001, abrangidas ou não pela Lei n. 8.727, de 5 de novembro de 1993, ainda que essas dívidas tenham sido objeto de renegociação anterior. (Alterado pela LC 159/2017.)

§ 1º É a União autorizada a conceder garantia à repactuação prevista no *caput* deste artigo, mediante concessão de contragarantias por parte dos Estados, do Distrito Federal e dos Municípios, representadas por suas receitas próprias e pelos recursos de que tratam os arts. 155, 156, 157, 158 e as alíneas "a" e "b" do inciso I e o inciso II do *caput* do art. 159 da Constituição Federal, conforme o caso. (Alterado pela LC 159/2017.)

§ 2º A repactuação de que trata o *caput* obedecerá às mesmas condições aprovadas pelo Conselho Curador do Fundo de Garantia do Tempo de Serviço - CCFGTS para as renegociações de dívidas dos demais agentes financeiros perante o FGTS.

§ 3º Para fins da repactuação prevista no *caput*, estão dispensados todos os requisitos legais exigidos para a contratação com a União, bem como fica dispensada a verificação dos requisitos exigidos pela Lei Complementar n. 101, de 4 de maio de 2000, para a realização de operações de crédito e para a concessão de garantia pela União, sem prejuízo do disposto nos incisos VII e VIII do art. 52 da Constituição Federal.

ART. 14. O art. 12 da Lei n. 8.727, de 5 de novembro de 1993, passa a vigorar acrescido dos seguintes §§ 1º e 2º:

‣ Alterações promovidas no texto da referida lei.

CAPÍTULO II
(VETADO)

CAPÍTULO III
DAS MEDIDAS DE REFORÇO À RESPONSABILIDADE FISCAL

ART. 27. O art. 48 da Lei Complementar n. 101, de 4 de maio de 2000, passa a vigorar com as seguintes alterações, renumerando-se o atual parágrafo único para § 1º:

‣ *Alterações promovidas no texto da referida lei.*

CAPÍTULO IV
DAS REGRAS DE RESPONSABILIZAÇÃO

ART. 28. As vedações introduzidas pelo Regime de Recuperação Fiscal não constituirão obrigação de pagamento futuro pela União ou Estado ou direitos de outrem sobre o erário.

CAPÍTULO V
DISPOSIÇÃO FINAL

ART. 29. Esta Lei Complementar entra em vigor na data de sua publicação.

Brasília, 28 de dezembro de 2016;
195º da Independência e 128º da República.
MICHEL TEMER

LEI COMPLEMENTAR N. 160, DE 7 DE AGOSTO DE 2017

Dispõe sobre convênio que permite aos Estados e ao Distrito Federal deliberar sobre a remissão dos créditos tributários, constituídos ou não, decorrentes das isenções, dos incentivos e dos benefícios fiscais ou financeiro-fiscais instituídos em desacordo com o disposto na alínea "g" do inciso XII do § 2º do art. 155 da Constituição Federal e a reinstituição das respectivas isenções, incentivos e benefícios fiscais ou financeiro-fiscais; e altera a Lei n. 12.973, de 13 de maio de 2014.

‣ DOU, 8.8.2017.

O Presidente da República. Faço saber que o Congresso Nacional decreta e eu sanciono a seguinte Lei Complementar:

ART. 1º Mediante convênio celebrado nos termos da Lei Complementar n. 24, de 7 de janeiro de 1975, os Estados e o Distrito Federal poderão deliberar sobre:

I - a remissão dos créditos tributários, constituídos ou não, decorrentes das isenções, dos incentivos e dos benefícios fiscais ou financeiro-fiscais instituídos em desacordo com o disposto na alínea "g" do inciso XII do § 2º do art. 155 da Constituição Federal por legislação estadual publicada até a data de início de produção de efeitos desta Lei Complementar;

II - a reinstituição das isenções, dos incentivos e dos benefícios fiscais ou financeiro-fiscais referidos no inciso I deste artigo que ainda se encontrem em vigor.

ART. 2º O convênio a que se refere o art. 1º desta Lei Complementar poderá ser aprovado e ratificado com o voto favorável de, no mínimo:

I - 2/3 (dois terços) das unidades federadas; e

II - 1/3 (um terço) das unidades federadas integrantes de cada uma das 5 (cinco) regiões do País.

ART. 3º O convênio de que trata o art. 1º desta Lei Complementar atenderá, no mínimo, às seguintes condicionantes, a serem observadas pelas unidades federadas:

I - publicar, em seus respectivos diários oficiais, relação com a identificação de todos os atos normativos relativos às isenções, aos incentivos e aos benefícios fiscais ou financeiro-fiscais abrangidos pelo art. 1º desta Lei Complementar;

II - efetuar o registro e o depósito, na Secretaria Executiva do Conselho Nacional de Política Fazendária (Confaz), da documentação comprobatória correspondente aos atos concessivos das isenções, dos incentivos e dos benefícios fiscais ou financeiro-fiscais mencionados no inciso I deste artigo, que serão publicados no Portal Nacional da Transparência Tributária, que será instituído pelo Confaz e disponibilizado em seu sítio eletrônico.

§ 1º O disposto no art. 1º desta Lei Complementar não se aplica aos atos relativos às isenções, aos incentivos e aos benefícios fiscais ou financeiro-fiscais vinculados ao Imposto sobre Operações Relativas à Circulação de Mercadorias e sobre Prestações de Serviços de Transporte Interestadual e Intermunicipal e de Comunicação (ICMS) cujas exigências de publicação, registro e depósito, nos termos deste artigo, não tenham sido atendidas, devendo ser revogados os respectivos atos concessivos.

§ 2º A unidade federada que editou o ato concessivo relativo às isenções, aos incentivos e aos benefícios fiscais ou financeiro-fiscais vinculados ao ICMS de que trata o art. 1º desta Lei Complementar cujas exigências de publicação, registro e depósito, nos termos deste artigo, foram atendidas é autorizada a concedê-los e a prorrogá-los, nos termos do ato vigente na data de publicação do respectivo convênio, não podendo seu prazo de fruição ultrapassar:

I - 31 de dezembro do décimo quinto ano posterior à produção de efeitos do respectivo convênio, quanto àqueles destinados ao fomento das atividades agropecuária e industrial, inclusive agroindustrial, e ao investimento em infraestrutura rodoviária, aquaviária, ferroviária, portuária, aeroportuária e de transporte urbano;

II - 31 de dezembro do oitavo ano posterior à produção de efeitos do respectivo convênio, quanto àqueles destinados à manutenção ou ao incremento das atividades portuária e aeroportuária vinculadas ao comércio internacional, incluída a operação subsequente à da importação, praticada pelo contribuinte importador;

III - 31 de dezembro do quinto ano posterior à produção de efeitos do respectivo convênio, quanto àqueles destinados à manutenção ou ao incremento das atividades comerciais, desde que o beneficiário seja o real remetente da mercadoria;

IV - 31 de dezembro do terceiro ano posterior à produção de efeitos do respectivo convênio, quanto àqueles destinados às operações e prestações interestaduais com produtos agropecuários e extrativos vegetais *in natura*;

V - 31 de dezembro do primeiro ano posterior à produção de efeitos do respectivo convênio, quanto aos demais.

§ 3º Os atos concessivos cujas exigências de publicação, registro e depósito, nos termos deste artigo, foram atendidas permanecerão vigentes e produzindo efeitos como normas regulamentadoras nas respectivas unidades federadas concedentes das isenções, dos incentivos e dos benefícios fiscais ou financeiro-fiscais vinculados ao ICMS, nos termos do § 2º deste artigo.

§ 4º A unidade federada concedente poderá revogar ou modificar o ato concessivo ou reduzir o seu alcance ou o montante das isenções, dos incentivos e dos benefícios fiscais ou financeiro-fiscais antes do termo final de fruição.

§ 5º O disposto no § 4º deste artigo não poderá resultar em isenções, incentivos ou benefícios fiscais ou financeiro-fiscais em valor superior ao que o contribuinte podia usufruir antes da modificação do ato concessivo.

§ 6º As unidades federadas deverão prestar informações sobre as isenções, os incentivos e os benefícios fiscais ou financeiro-fiscais vinculados ao ICMS e mantê-las atualizadas no

Portal Nacional da Transparência Tributária a que se refere o inciso II do *caput* deste artigo.

§ 7º As unidades federadas poderão estender a concessão das isenções, dos incentivos e dos benefícios fiscais ou financeiro-fiscais referidos no § 2º deste artigo a outros contribuintes estabelecidos em seu território, sob as mesmas condições e nos prazos-limites de fruição.

§ 8º As unidades federadas poderão aderir às isenções, aos incentivos e aos benefícios fiscais ou financeiro-fiscais concedidos ou prorrogados por outra unidade federada da mesma região na forma do § 2º, enquanto vigentes.

ART. 4º São afastadas as restrições decorrentes da aplicação do art. 14 da Lei Complementar n. 101, de 4 de maio de 2000, que possam comprometer a implementação das disposições desta Lei Complementar.

ART. 5º A remissão ou a não constituição de créditos concedidas por lei da unidade federada de origem da mercadoria, do bem ou do serviço afastam as sanções previstas no art. 8º da Lei Complementar n. 24, de 7 de janeiro de 1975, retroativamente à data original de concessão da isenção, do incentivo ou do benefício fiscal ou financeiro-fiscal, vedadas a restituição e a compensação de tributo e a apropriação de crédito extemporâneo por sujeito passivo.

ART. 6º Ressalvado o disposto nesta Lei Complementar, a concessão ou a manutenção de isenções, incentivos e benefícios fiscais ou financeiro-fiscais em desacordo com a Lei Complementar n. 24, de 7 de janeiro de 1975, implica a sujeição da unidade federada responsável aos impedimentos previstos nos incisos I, II e III do § 3º do art. 23 da Lei Complementar n. 101, de 4 de maio de 2000, pelo prazo em que perdurar a concessão ou a manutenção das isenções, dos incentivos e dos benefícios fiscais ou financeiro-fiscais.

§ 1º A aplicação do disposto no *caput* deste artigo é condicionada ao acolhimento, pelo Ministro de Estado da Fazenda, de representação apresentada por Governador de Estado ou do Distrito Federal.

§ 2º Admitida a representação e ouvida, no prazo de 30 (trinta) dias, a unidade federada interessada, o Ministro de Estado da Fazenda, em até 90 (noventa) dias:

I - determinará o arquivamento da representação, caso não seja constatada a infração;

II - editará portaria declarando a existência da infração, a qual produzirá efeitos a partir de sua publicação.

§ 3º Compete ao Tribunal de Contas da União verificar a aplicação, pela União, da sanção prevista no *caput* deste artigo.

ART. 7º Para fins de aprovação e de ratificação do convênio previsto no art. 1º desta Lei Complementar, aplicam-se os demais preceitos contidos na Lei Complementar n. 24, de 7 de janeiro de 1975, que não sejam contrários aos dispositivos desta Lei Complementar.

ART. 8º O convênio de que trata o art. 1º desta Lei Complementar deverá ser aprovado pelo Confaz no prazo de 180 (cento e oitenta) dias, a contar da data de publicação desta Lei Complementar, sob pena de perderem eficácia as disposições dos arts. 1º a 6º desta Lei Complementar.

ART. 9º O art. 30 da Lei n. 12.973, de 13 de maio de 2014, passa a vigorar acrescido dos seguintes §§ 4º e 5º: (Parte mantida pelo Congresso Nacional)

› A Lei 12.973/2014 altera a legislação tributária federal relativa ao IRPJ, à CSLL, à Contribuição para o PIS/Pasep e à Cofins; revoga o Regime Tributário de Transição - RTT; dispõe sobre a tributação da pessoa jurídica domiciliada no Brasil, com relação ao acréscimo patrimonial decorrente de participação em lucros auferidos no exterior por controladas e coligadas.

"Art. 30. [...]

§ 4º Os incentivos e os benefícios fiscais ou financeiro-fiscais relativos ao imposto previsto no inciso II do *caput* do art. 155 da Constituição Federal, concedidos pelos Estados e pelo Distrito Federal, são considerados subvenções para investimento, vedada a exigência de outros requisitos ou condições não previstos neste artigo.

§ 5º O disposto no § 4º deste artigo aplica-se inclusive aos processos administrativos e judiciais ainda não definitivamente julgados."

ART. 10. O disposto nos §§ 4º e 5º do art. 30 da Lei n. 12.973, de 13 de maio de 2014, aplica-se inclusive aos incentivos e aos benefícios fiscais ou financeiro-fiscais de ICMS instituídos em desacordo com o disposto na alínea 'g' do inciso XII do § 2º do art. 155 da Constituição Federal por legislação estadual publicada até a data de início de produção de efeitos desta Lei Complementar, desde que atendidas as respectivas exigências de registro e depósito, nos termos do art. 3º desta Lei Complementar. (Parte mantida pelo Congresso Nacional)

ART. 11. Esta Lei Complementar entra em vigor na data de sua publicação.

Brasília, 7 de agosto de 2017;
196º da Independência e
129º da República.
MICHEL TEMER

LEI COMPLEMENTAR N. 162, DE 6 DE ABRIL DE 2018

Institui o Programa Especial de Regularização Tributária das Microempresas e Empresas de Pequeno Porte optantes pelo Simples Nacional (Pert-SN).

› *DOU*, 9.4.2018.

O Presidente da República. Faço saber que o Congresso Nacional decreta e eu promulgo, nos termos do parágrafo 5º do art. 66 da Constituição Federal, a seguinte Lei Complementar:

ART. 1º Fica instituído o Programa Especial de Regularização Tributária das Microempresas e Empresas de Pequeno Porte optantes pelo Simples Nacional (Pert-SN), relativo aos débitos de que trata o § 15 do art. 21 da Lei Complementar n. 123, de 14 de dezembro de 2006, observadas as seguintes condições:

I - pagamento em espécie de, no mínimo, 5% (cinco por cento) do valor da dívida consolidada, sem reduções, em até cinco parcelas mensais e sucessivas, e o restante:

a) liquidado integralmente, em parcela única, com redução de 90% (noventa por cento) dos juros de mora, 70% (setenta por cento) das multas de mora, de ofício ou isoladas e 100% (cem por cento) dos encargos legais, inclusive honorários advocatícios;

b) parcelado em até cento e quarenta e cinco parcelas mensais e sucessivas, com redução de 80% (oitenta por cento) dos juros de mora, 50% (cinquenta por cento) das multas de mora, de ofício ou isoladas e 100% (cem por cento) dos encargos legais, inclusive honorários advocatícios; ou

c) parcelado em até cento e setenta e cinco parcelas mensais e sucessivas, com redução de 50% (cinquenta por cento) dos juros de mora, 25% (vinte e cinco por cento) das multas de mora, de ofício ou isoladas e 100% (cem por cento) dos encargos legais, inclusive honorários advocatícios;

II - o valor mínimo das prestações será de R$ 300,00 (trezentos reais), exceto no caso dos Microempreendedores Individuais (MEIs), cujo valor será definido pelo Comitê Gestor do Simples Nacional (CGSN).

§ 1º Os interessados poderão aderir ao Pert-SN em até noventa dias após a entrada em vigor desta Lei Complementar, ficando suspensos os efeitos das notificações - Atos Declaratórios Executivos (ADE) - efetuadas até o término deste prazo.

§ 2º Poderão ser parcelados na forma do *caput* deste artigo os débitos vencidos até a competência do mês de novembro de 2017 e apurados na forma do Regime Especial Unificado de Arrecadação de Tributos e Contribuições devidos pelas Microempresas e Empresas de Pequeno Porte (Simples Nacional).

§ 3º O disposto neste artigo aplica-se aos créditos constituídos ou não, com exigibilidade suspensa ou não, parcelados ou não e inscritos ou não em dívida ativa do respectivo ente federativo, mesmo em fase de execução fiscal já ajuizada.

§ 4º O pedido de parcelamento implicará desistência compulsória e definitiva de parcelamento anterior, sem restabelecimento dos parcelamentos rescindidos caso não seja efetuado o pagamento da primeira prestação.

§ 5º O valor de cada prestação mensal, por ocasião do pagamento, será acrescido de juros equivalentes à taxa referencial do Sistema Especial de Liquidação e de Custódia (Selic) para títulos federais, acumulada mensalmente, calculados a partir do mês subsequente ao da consolidação até o mês anterior ao do pagamento, e de 1% (um por cento) relativamente ao mês em que o pagamento estiver sendo efetuado.

§ 6º Poderão ainda ser parcelados, na forma e nas condições previstas nesta Lei Complementar, os débitos parcelados de acordo com os §§ 15 a 24 do art. 21 da Lei Complementar n. 123, de 14 de dezembro de 2006, e o art. 9º da Lei Complementar n. 155, de 27 de outubro de 2016.

§ 7º Compete ao CGSN a regulamentação do parcelamento disposto neste artigo.

ART. 2º O Poder Executivo federal, com vistas ao cumprimento do disposto no inciso II do *caput* do art. 5º e nos arts. 14 e 17 da Lei Complementar n. 101, de 4 de maio de 2000, estimará o montante da renúncia fiscal decorrente desta Lei Complementar e o incluirá no demonstrativo a que se refere o § 6º do art. 165 da Constituição Federal, que acompanhará o projeto da lei orçamentária cuja apresentação se der após a publicação desta Lei Complementar.

ART. 3º Esta Lei Complementar entra em vigor na data de sua publicação.

Brasília, 6 de abril de 2018; 197º da Independência e 130º da República.
MICHEL TEMER

DECRETOS

DECRETO N. 1.102, DE 21 DE NOVEMBRO DE 1903

Institui regras para o estabelecimento de empresas de armazéns gerais, determinando os direitos e obrigações dessas empresas.

› *DOU*, 28.11.1903.

O Presidente da República dos Estados Unidos do Brasil: Faço saber que o Congresso Nacional decretou e eu sanciono a seguinte resolução:

DOS ARMAZÉNS GERAIS

CAPÍTULO I
ESTABELECIMENTO, OBRIGAÇÕES E DIREITOS DAS EMPRESAS DE ARMAZÉNS GERAIS

ART. 1º As pessoas naturais ou jurídicas, aptas para o exercício do comércio, que pretenderem estabelecer empresas de armazéns gerais, tendo por fim a guarda e conservação de mercadorias e a emissão de títulos especiais, que as representem, deverão declarar à Junta Comercial do respectivo distrito:

1º, a sua firma, ou, se se tratar de sociedade anônima, a designação que lhe for própria, o capital da empresa e o domicílio;

2º, a denominação, a situação, o número, a capacidade, a comunidade e a segurança dos armazéns;

3º, a natureza das mercadorias que recebem em depósito;

4º, as operações e serviços a que se propõem.

A essas declarações juntarão:

a) o regulamento interno dos armazéns e da sala de vendas públicas;

b) a tarifa remuneratória do depósito e dos outros serviços;

c) a certidão do contrato social ou estatutos, devidamente registrados, se se tratar de pessoa jurídica.

§ 1º A Junta Comercial, verificando que o regulamento interno não infringe os preceitos da presente lei, ordenará a matrícula do pretendente no registro do comércio e, dentro do prazo de um mês contado do dia desta matrícula fará publicar, por edital, as declarações, o regulamento interno e a tarifa.

§ 2º Arquivado na secretaria da JUNTA COMERCIAL um exemplar das folhas em que se fizer a publicação, o empresário assinará termo de responsabilidade, como fiel depositário dos gêneros e mercadorias que receber, e só depois de preenchida esta formalidade, que se fará conhecida de terceiros por novo edital da Junta, poderão ser iniciados os serviços e operações que constituem objeto da empresa.

§ 3º As alterações ao regimento interno e à tarifa entrarão em vigor trinta dias depois da publicação, por edital, da Junta Comercial, e não se aplicarão aos depósitos realizados até a véspera do dia em que elas entrarem em vigor, salvo se trouxerem vantagens ou benefícios aos depositantes.

§ 4º Os administradores dos armazéns gerais, quando não forem os próprios empresários, os fiéis e outros prepostos, antes de entrarem em exercício, receberão do proponente uma nomeação escrita que farão inscrever no registro do comércio. (Código Comercial, arts. 74 e 10 n. 2).

§ 5º Não poderão ser empresários, administradores ou fiéis de armazéns gerais os que tiverem sofrido condenação pelos crimes de falência culposa ou fraudulenta, estelionato, abuso de confiança, falsidade, roubo ou furto.

§ 6º As publicações a que se referem este artigo devem ser feitas no Diário Oficial da União ou do Estado e no jornal de maior circulação da sede dos armazéns gerais e à custa do interessado.

ART. 2º O Governo Federal designará as alfândegas que estiverem em condições de emitir os títulos de que trata o capítulo II, sobre mercadorias recolhidas em seus armazéns, e, por decreto expedido pelo Ministro da Fazenda, dará as instruções sobre o respectivo serviço e a tarifa.

Parágrafo único. Os títulos emanados destas repartições serão em tudo equiparados aos que as empresas particulares emitirem, e as mercadorias por eles representadas ficarão sob o regime da presente lei.

ART. 3º Nas estações de estrada de ferro da União poderá o Governo, por intermédio do Ministro da Indústria, Viação e Obras Públicas, estabelecer armazéns gerais, expedindo as necessárias instruções e a tarifa, sendo aplicada, às mercadorias em depósito e aos títulos emitidos, a disposição do § único do art. 2º.

Parágrafo único. As companhias ou empresas particulares de Estradas de Ferro ficarão sujeitas às disposições do art. 1º se quiserem emitir os títulos de suas estações, devendo apresentar, com as declarações a que se refere aquele artigo, autorização especial do Governo que lhes fez a concessão.

ART. 4º As empresas ou companhias de docas que recebem em seus armazéns mercadorias de importação e exportação (Decreto Legislativo n. 1.746, de 13 de outubro de 1869, art. 1º) e os concessionários de entrepostos e trapiches alfandegados poderão solicitar do Governo Federal autorização para emitirem sobre mercadorias em depósito os títulos de que trata o capítulo II, declarando as garantias que oferecem à Fazenda Nacional e apresentando o regulamento interno dos armazéns e a tarifa remuneratória do depósito e de outro serviço a que se proponham.

Nestes regulamentos serão estabelecidas as relações das companhias das docas e concessionários de entrepostos e trapiches alfandegários com os empregados aduaneiros. Autorização para emissão dos títulos e a aprovação do regulamento e tarifa serão dadas por decreto expedido pelo Ministério da Fazenda.

Nenhuma alteração será feita ao regulamento ou à tarifa, sem as mesmas formalidades, prevalecendo a disposição da segunda parte do § 3º do art. 1º.

Parágrafo único. Obtida a autorização, as docas, os entrepostos particulares e os trapiches alfandegados ficarão sujeitos às disposições da presente lei, adquirindo a qualidade de armazéns gerais.

ART. 5º Na porta principal dos entrepostos públicos ou armazéns das alfândegas e das estações de estrada de ferro da União (arts. 2º e 3º), na dos estabelecimentos mantidos e custeados por empresas particulares (arts. 1º e 4º) e nas salas de vendas públicas (art. 28) serão afixados, em lugar visível, as instruções oficiais ou o regulamento interno e a tarifa e exemplares impressos destas peças serão entregues, gratuitamente, aos interessados que os solicitarem.

ART. 6º Das mercadorias confiadas à sua guarda, os armazéns gerais passarão recibo declarando nele a natureza, quantidade, número e marcas, fazendo pesar, medir ou contar, no ato do recebimento as que forem suscetíveis de ser pesadas, medidas ou contadas.

No verso deste recibo serão anotadas pelo armazém geral as retiradas parciais das mercadorias, durante o depósito.

Esta disposição não se aplica às mercadorias estrangeiras sujeitas a direitos de importação, a respeito das quais se observarão os regulamentos fiscais.

Parágrafo único. O recibo será restituído ao armazém geral contra a entrega das mercadorias ou dos títulos do art. 15, a pedido do dono, forem emitidos. A quem tiver o direito de livre disposição das mercadorias é facultado, durante o prazo do depósito (art. 10), substituir esses títulos por aquele recibo.

ART. 7º Além dos livros mencionados no art. 11 do Código Comercial, as empresas de armazéns gerais são obrigadas a ter, revestidos das formalidades do art. 13 do mesmo Código, e escriturado rigorosamente dia a dia, um livro de entrada e saída de mercadorias, devendo os lançamentos ser feitos na forma do art. 88, n. 11, do citado Código, sendo anotadas as consignações em pagamento (art. 12), as vendas e todas as circunstâncias que ocorrem relativamente às mercadorias depositadas.

As docas, entrepostos particulares e trapiches alfandegados lançarão naquele livro as mercadorias estrangeiras sujeitas a direitos de importação sobre os quais, o pedido do dono, tenham de emitir os títulos do art. 15.

O Governo, nas instruções que expedir para as alfândegas e armazéns de estrada de ferro da União, determinará os livros destinados ao serviço do registro das mercadorias sobre as quais forem emitidos os títulos do art. 15 e seus requisitos de autenticidade.

ART. 8º Não podem os armazéns gerais:

§ 1º Estabelecer preferência entre os depositantes a respeito de qualquer serviço.

§ 2º Recusar o depósito, exceto:

- se a mercadoria que se deseja armazenar não for tolerada pelo regulamento interno;
- se não houver espaço para a sua acomodação;
- se, em virtude das condições em que ela se achar, puder danificar as já depositadas.

§ 3º Abater o preço marcado na tarifa em benefício de qualquer depositante.

§ 4º Exercer o comércio de mercadorias idênticas às que se propõem receber em depósito, e adquirir, para si ou para outrem, mercadorias expostas à venda em seus estabelecimentos, ainda que seja a pretexto de consumo particular.

§ 5º Emprestar ou fazer, por conta própria ou alheia, qualquer negociação sobre os títulos que emitirem.

ART. 9º Serão permitidos aos interessados o exame e a verificação das mercadorias depositadas e a conferência das amostras, podendo, no regulamento interno do armazém, ser indicadas as horas para esse fim e tomadas as cautelas convenientes.

Parágrafo único. As mercadorias de que trata o art. 12 serão examinadas pelas amostras que deverão ser expostas no armazém.

ART. 10. O prazo de depósito, para os efeitos deste artigo, começará a correr da data da entrada da mercadoria nos armazéns gerais e será de seis meses, podendo ser prorrogado livremente por acordo das partes.

Para as mercadorias estrangeiras sujeitas a direitos de importação e sobre as quais tenham sido emitidos os títulos do art. 15, o prazo de seis meses poderá ser prorrogado até mais um ano pelo inspetor da Alfândega, se o estado das mercadorias garantir o pagamento integral daqueles direitos, armazenagens e as despesas e adiantamentos referidos no art. 14.

Se estas mercadorias estiverem depositadas nas docas, nos entrepostos particulares e nos trapiches alfandegados, a prorrogação do prazo dependerá também do consentimento da respectiva companhia ou concessionário.

§ 1º Vencido o prazo do depósito, a mercadoria reputar-se-á abandonada e o armazém geral dará aviso ao depositante, marcando-lhe o prazo de oito dias improrrogáveis, para a retirada da mercadoria contra a entrega do recibo (art. 6º) ou dos títulos emitidos (art. 15).

Findo este prazo, que correrá do dia em que o aviso for registrado no correio, o armazém geral mandará vender a mercadoria por corretor ou leiloeiro, em leilão público, anunciado com antecedência de três dias pelo menos, observando-se as disposições do art. 28, §§ 3º, 4º, 6º e 7º.

§ 2º Para prova do aviso prévio bastarão a sua transcrição no copiador do armazém geral e o certificado do registro da expedição pelo correio.

§ 3º O produto da venda, deduzidos os créditos indicados no art. 26 § 1º, se não for procurado, por quem de direito, dentro do prazo de oito dias, será depositado judicialmente por conta de quem pertencer.

As alfândegas reterão em seus cofres esse saldo e a administração da estrada de ferro da União o recolherá à repartição fiscal designada pelo Governo nas instruções expedidas na conformidade do art. 3º.

§ 4º Não obstante o processo do art. 27, §§ 2º e 3º, verificado o caso do § 1º do presente artigo, o armazém geral ou a competente repartição federal fará vender a mercadoria, certificando com antecedência de cinco dias ao juiz daquele processo.

Deduzidos do produto da venda os créditos indicados no art. 26, § 1º, o líquido será posto à disposição do juiz.

É permitido ao que perder o título obstar a venda, ficando prorrogado o depósito por mais três meses, se pagar os impostos fiscais e as despesas declaradas no art. 23, § 6º.

ART. 11. As empresas de armazéns gerais, além das responsabilidades especialmente estabelecidas nesta lei, respondem:

1º pela guarda, conservação e pronta e fiel entrega das mercadorias que tiverem recebido em depósito, sob pena de serem presos os empresários, gerentes, superintendentes ou administradores sempre que não efetuarem aquela entrega dentro de 24 horas depois que judicialmente forem requeridos;

Cessa a responsabilidade nos casos de avarias ou vícios provenientes da natureza ou acondicionamento das mercadorias, e força maior, salvo a disposição do art. 37, § único;

2º pela culpa, fraude ou dolo de seus empregados e prepostos e pelos furtos acontecidos aos gêneros e mercadorias dentro dos armazéns.

§ 1º A indenização devida pelos armazéns gerais nos casos referidos neste artigo, será correspondente ao preço da mercadoria e em bom estado no lugar e no tempo em que devia ser entregue.

O direito à indenização prescreve em três meses, contados do dia em que a mercadoria foi ou devia ser entregue.

§ 2º Pelas alfândegas e estradas de ferro da União responde, diretamente, a Fazenda Nacional, com ação regressiva contra seus funcionários culpados.

ART. 12. Nos armazéns gerais podem ser recebidas mercadorias da mesma natureza e qualidade, pertencentes a diversos donos, guardando-se misturadas.

Para este gênero de depósito deverão os armazéns gerais dispor de lugares próprios e se aparelhar para o bom desempenho do serviço.

As declarações de que trata o art. 1º juntará o empresário a descrição minuciosa de todos os aprestos do armazém, e a matrícula no registro do comércio somente será feita depois de exame mandado proceder pela Junta Comercial, por profissionais e à custa do interessado.

§ 1º Neste depósito, além das disposições especiais na presente lei, observar-se-ão as seguintes:

1º o armazém geral não é obrigado a restituir a própria mercadoria recebida, mas pode entregar mercadorias da mesma qualidade;

2º o armazém geral responde pelas perdas e avarias da mercadoria, ainda mesmo no caso de força maior.

§ 2º Relativamente às docas, entrepostos particulares e trapiches alfandegados, a atribuição acima conferida à Junta Comercial cabe ao Governo Federal.

ART. 13. Os armazéns gerais ficam sob a imediata fiscalização das Juntas Comerciais, às quais os empresários remeterão até o dia 15 dos meses de abril, julho, outubro e janeiro de cada ano um balanço, em resumo, das mercadorias que, no trimestre anterior, tiverem entrado e saído e das que existirem, bem como a demonstração do movimento dos títulos que emitirem, a importância dos valores com que os mesmos títulos forem negociados, as quantias consignadas na conformidade do art. 22, e o movimento das vendas públicas, onde existir a sala de que trata o capítulo III.

Até o dia 15 de março, as empresas apresentarão o balanço detalhado de todas as operações e serviços realizados, durante o ano anterior, nos armazéns gerais e salas de vendas públicas fazendo acompanhar de um relatório circunstanciado contendo as considerações que julgarem úteis.

§ 1º As alfândegas, docas, entrepostos particulares e trapiches alfandegados ficarão, porém, sob a exclusiva fiscalização do Ministério da Fazenda e os armazéns da estação de estradas de ferro da União sob o do Ministério da Indústria, Viação e Obras Públicas.

Os inspetores das alfândegas, empresas ou companhias de docas, concessionários de entrepostos e trapiches alfandegados e diretores de estrada de ferro federais enviarão nas épocas acima designadas os balanços trimestrais e o balanço e o relatório anuais ao respectivo ministério.

§ 2º O Ministério da Fazenda, o da Indústria, Viação e Obras Públicas e as Juntas Comerciais poderão, sempre que acharem conveniente, mandar inspecionar os armazéns sob fiscalização, a fim de verificarem se os balanços apresentados estão anexos ou se têm fielmente cumpridas as instruções, o regulamento interno e a tarifa.

ART. 14. As empresas de armazéns gerais têm o direito de retenção para garantia do pagamento das armazenagens e despesas com a conservação e com as operações, benefícios e serviços prestados às mercadorias, a pedido do dono; dos adiantamentos feitos com fretes e seguro, e das comissões e juros, quando as mercadorias lhes tenham sido remetidas em consignação. (Código Comercial, art. 189)

Esse direito de retenção pode ser oposto à massa falida do devedor.

Também têm as empresas de armazéns gerais direitos de indenização pelos prejuízos que lhes venham por culpa ou dolo do depositante.

CAPÍTULO II
EMISSÃO, CIRCULAÇÃO DOS TÍTULOS EMITIDOS PELAS EMPRESAS DE ARMAZÉNS GERAIS

ART. 15. Os armazéns gerais emitirão, quando lhes for pedido pelo depositante, dois títulos unidos, mas separáveis à vontade, denominados - "conhecimento de depósito" e "warrant".

§ 1º Cada um destes títulos deve ser à ordem e conter, além de sua designação particular;

1º a denominação da empresa do armazém geral e sua sede;

2º o nome, profissão e domicílio do depositante ou de terceiro por este indicado;

3º O lugar e o prazo do depósito, facultado aos interessados acordarem, entre si, na transferência posterior das mesmas mercadorias de um para outro armazém da emitente ainda que se encontrem em localidade diversa da em que foi feito o depósito inicial. Em tais casos, far-se-ão, nos conhecimentos warrants respectivos, as seguintes anotações: (Redação dada pela Lei Del. 3/1962.)

a) local para onde se transferirá a mercadoria em depósito; (Incluída pela Lei Del. 3/1962.)

b) para os fins do art. 26, parágrafo 2º, às despesas decorrentes da transferência, inclusive as de seguro por todos os riscos. (Incluída pela Lei Del. 3/1962.)

4º A natureza e quantidade das mercadorias em depósito, designadas pelos nomes mais usados no comércio, seu peso, o estado dos envoltórios e todas as marcas e indicações próprias para estabelecerem a sua identidade, ressalvadas as peculiaridades das mercadorias depositada a granel. (Redação dada pela Lei Del. 3/1962.)

5º a qualidade da mercadoria tratando-se daquelas a que se refere o art. 12;

6º a indicação do segurador da mercadoria e o valor do seguro (art. 16).

7º a declaração dos impostos e direitos fiscais, dos encargos e despesas a que a mercadoria está sujeita, e do dia em que começaram a correr as armazenagens (art. 26, § 2º);

8º a data da emissão dos títulos e assinatura do empresário ou pessoa devidamente habilitada por este.

§ 2º Os referidos serão extraídos de um livro de talão, o qual conterá todas as declarações acima mencionadas, e número de ordem correspondente.

No verso do respectivo talão, o depositante, ou terceiro, por este autorizado, passará recibo dos títulos. Se a empresa, a pedido do depositante, os expedir pelo correio, mencionará esta circunstância e o número e data do certificado do registro postal.

Anotar-se-ão também no verso do talão as ocorrências que se derem com os títulos dele extraídos, como substituição, restituição, perda, roubo, etc.

§ 3º Os armazéns gerais são responsáveis para com terceiros pelas irregularidades e inexatidões encontradas nos títulos que emitirem relativamente à quantidade, natureza e peso da mercadoria.

ART. 16. As mercadorias, para servirem de base à emissão dos títulos, devem ser seguradas contra riscos de incêndio do valor designado pelo depositante.

Os armazéns gerais poderão ter apólices especiais ou abertas para este fim.

No caso de sinistro, o armazém geral é o competente para receber a indenização devida pelo segurador, e sobre esta exercerão a Fazenda Nacional, a empresa de armazéns gerais e os portadores de conhecimentos de depósito e "warrant" os mesmos direitos e privilégios que tenham sobre a mercadoria segurada.

Parágrafo único. As mercadorias de que trata o art. 12 serão seguradas em nome da empresa do armazém geral, a qual fica responsável pela indenização no caso de sinistro.

ART. 17. Emitidos os títulos de que trata o art. 15, os gêneros e mercadorias não poderão sofrer embaraço que prejudique a sua livre e plena disposição, salvo nos casos do art. 27.

O conhecimento de depósito e o "warrant", ao contrário, podem ser penhorados, arrestados por dívidas do portador.

ART. 18. O conhecimento do depósito e o "warrant" pode ser transferidos, unidos ou separados, por endosso.

§ 1º O endosso pode ser em branco; neste caso confere ao portador do título os direitos de cessionário.

§ 2º O endosso dos títulos unidos confere ao cessionário o direito de livre disposição da mercadoria depositada; o do "warrant" separado do conhecimento de depósito o direito de penhor sobre a mesma mercadoria e do conhecimento de depósito a faculdade de dispor da mercadoria, salvo os direitos do credor, portador do "warrant".

ART. 19. O primeiro endosso do "warrant" declarará a importância do crédito garantido pelo penhor da mercadoria, taxa do juros e a data do vencimento.

Essas declarações serão transcritas no conhecimento de depósito e assinados pelos endossatários do "warrant".

ART. 20. O portador dos dois títulos tem o direito de pedir a divisão da mercadoria em tantos lotes quantos lhe convenham, e entrega de conhecimentos de depósito de "warrants" correspondentes a cada um dos lotes, sendo restituídos, e ficando anulados os títulos anteriormente emitidos.

Esta divisão somente será facultada se a mercadoria continuar a garantir os créditos preferenciais do art. 26, § 1º.

Parágrafo único. Outrossim, é permitido ao portador dos dois títulos pedir novos títulos à sua ordem ou de terceiro que indicar, em substituição dos primitivos, que serão restituídos ao armazém geral e anulados.

ART. 21. A mercadoria depositada será retirada do armazém geral contra a entrega do conhecimento de depósito ou do "warrant" correspondente, liberta pelo pagamento principal e juros da dívida, se foi negociado.

ART. 22. Ao portador do conhecimento de depósito é permitido retirar a mercadoria antes do vencimento da dívida constante do "warrant", consignando o armazém geral o principal e juros até o vencimento e pagando os impostos fiscais, armazenagens vencidas e mais despesas.

Da quantia consignada o armazém geral passará recibo, extraído de um livro de talão.

§ 1º O armazém geral dará por carta registrada imediato aviso desta consignação ao primeiro endossador do "warrant".

Este aviso quando contestado será provado nos termos do art. 10, § 2º.

§ 2º A consignação equivale a real e efetivo pagamento e a quantia consignada será prontamente entregue ao credor mediante a restituição do "warrant" com a devida quitação.

§ 3º Se o "warrant" não for apresentado ao armazém geral até oito dias depois do vencimento da dívida, a quantia consignada será levada a depósito judicial por conta de quem pertencer.

Nas alfândegas estradas federais, essa quantia terá o destino declarado no art. 10, § 3º, "in fine".

§ 4º A perda, o roubo, o extravio do "warrant" não prejudicarão o exercício do direito que este artigo confere ao portador do conhecimento de depósito.

ART. 23. O portador do "warrant" que no dia do vencimento não for pago, e que não achar consignada no armazém geral a importância do seu crédito e juros (art. 22), deverá interpor o respectivo protesto nos prazos e pela forma aplicáveis ao protesto das letras de câmbio no caso de não pagamento.

O oficial dos protestos entregará ao protestante o respectivo instrumento, dentro do prazo de três dias, sob pena de responsabilidade e de satisfazer perdas e danos.

§ 1º O portador do "warrant" fará vender em leilão, por intermédio do corretor ou leiloeiro, que escolher, as mercadorias especificadas no título, independentes de formalidades judiciais.

§ 2º Igual direito de venda cabe ao primeiro endossador que pagar a dívida do "warrant", sem que seja necessário constituir em mora os endossadores do conhecimento do depósito.

§ 3º O corretor ou leiloeiro, encarregado da venda depois de avisar o administrador do armazém geral, ou o chefe da competente repartição federal, anunciará pela imprensa o leilão, com antecedência de quatro dias, especificando as mercadorias conforme as declarações do "warrant" e declarando o dia e hora da venda, as condições dessa e o lugar onde podem ser examinadas aquelas mercadorias.

O agente da venda conformar-se-á em tudo com as disposições do regulamento interno dos armazéns e das salas de vendas públicas ou com as instruções oficiais, tratando-se de repartição federal.

§ 4º Se o arrematante não pagar o preço da venda, aplicar-se-á a disposição do art. 28, § 6º

§ 5º A perda ou extravio do conhecimento de depósito (art. 27, § 1º), a falência, os meios preventivos de sua declaração e a morte do devedor não suspendem nem interrompem a venda anunciada.

§ 6º O devedor poderá evitar a venda até o momento de ser a mercadoria adjudicada ao que maior lance oferecer, pagando imediatamente a dívida de "warrant", os impostos fiscais, despesas devidas ao armazém e todos os mais a que a execução deu lugar, inclusive custas do protesto, comissões do corretor ou agentes de leilões e juros de mora.

§ 7º O portador do "warrant" que, em tempo útil, não interpuser o protesto por falta de pagamento, ou que, dentro de dez dias, contados da data do instrumento de protesto, não promover a venda da mercadoria, conservará tão somente ação contra o primeiro endossador do "warrant" e contra os endossadores do conhecimento de depósito.

ART. 24. Efetuada a venda, o corretor ou leiloeiro dará a nota do contrato ou conta de venda ao armazém geral, o qual receberá o preço e entregará ao comprador a mercadoria.

§ 1º O armazém geral, imediatamente após o recebimento do produto da venda, fará deduções de créditos preferenciais, art. 26, § 1º, e com o líquido pagará o portador do "warrant" nos termos do art. 26, princípio.

§ 2º O portador do "warrant" que ficar integralmente pago entregará, ao armazém geral, o título com a quitação; no caso contrário, o armazém geral mencionará no "warrant" o pagamento parcial feito e o restituirá ao portador.

§ 3º Pago o credor, o excedente do preço da venda será entregue ao portador do conhecimento de depósito contra a restituição deste título.

§ 4º As quantias reservadas ao portador do "warrant" ou ao do conhecimento de depósito, quando não reclamados no prazo de trinta dias depois da venda da mercadoria, terão o destino declarado no art. 10, § 3º.

ART. 25. Se o portador do "warrant" não ficar integralmente pago, em virtude da insuficiência do produto líquido da venda da mercadoria ou da indenização do seguro no caso de sinistro tem ação para haver o saldo contra os endossadores anteriores solidariamente, observando-se a esse respeito as mesmas disposições substanciais e processuais (de fundo e de forma) relativo a letras de câmbio.

O prazo para prescrição de ação regressiva corre do dia da venda.

ART. 26. O portador do "warrant" será pago do seu crédito, juros convencionais e demora à razão de 6% ao ano e despesas do protesto, precipuamente pelo produto da venda da mercadoria.

§ 1º Preferem, porém, a este credor:

1º a Fazenda Nacional, pelos direitos ou impostos que lhe forem devidos;

2º o corretor ou leiloeiro, pelas comissões taxadas em seus regimentos ou reguladas por convenção entre eles e os comitentes, e pelas despesas com anúncio da venda;

3º o armazém geral, por todas as despesas declaradas no art. 14, a respeito das quais lhe é garantido o direito de retenção.

§ 2º Os créditos do § 1º, números 1 e 3, devem ser expressamente referidos nos títulos (art. 15, § 1º, n. 7), declarando-se a quantia exata dos impostos devidos à Fazenda Nacional e de todas as despesas líquidas até o momento da emissão daqueles títulos, pena de perda da preferência.

Todas as vezes que lhe for exigido pelo portador de conhecimento de depósito ou do "warrant", o armazém geral é obrigado a liquidar os créditos que preferem no "warrant" e fornecer a nota da liquidação, datada e assinada, referindo-se ao emitido.

ART. 27. Aquele que perder o título avisará ao armazém geral e anunciará o fato durante três dias, pelo jornal de maior circulação da sede daquele armazém.

§ 1º Se se tratar do conhecimento de depósito e correspondente "warrant", ou só do primeiro, o interessado poderá obter duplicata ou a entrega das mercadorias, garantindo o direito do portador do "warrant", se este foi negociado, ou do saldo à sua disposição se a mercadoria foi vendida, observando-se o processo do § 2º, que correrá perante o juiz do comércio em cuja jurisdição se achar o armazém geral.

§ 2º O interessado requererá a notificação do armazém geral para não entregar sem ordem judicial a mercadoria ou saldo disponível no caso de ser ou de ter sido ela vendida, na conformidade dos artigos 10, § 4º, e 23, § 1º, justificará sumariamente a sua propriedade.

O requerimento deve ser instruído com um exemplar do jornal em que for anunciada a perda e com a cópia fiel do talão do título perdido, fornecida pelo armazém geral e por este autenticada.

O armazém geral terá ciência do dia e da hora da justificação e para esta, se o "warrant" foi negociado, e ainda não voltou ao armazém geral, será citado o endossatário desse título, cujo nome devia constar do correspondente conhecimento do depósito perdido (art.19, 2ª parte).

O juiz, na sentença que julgar procedente a justificação, mandará publicar editais com 30 dias para reclamações.

Estes editais produzirão todas as declarações constantes do talão do título perdido e serão publicados no "Diário Oficial" e no jornal onde o interessado anunciou a referida perda e afixados na porta do armazém e na sala de vendas públicas.

Não havendo reclamação, o juiz expedirá mandado conforme o requerido ao armazém geral ou depositário, sendo ordenada a duplicata, dela constará esta circunstância.

Se, porém, aparecer reclamação, o juiz marcará o prazo de dez dias para prova, e, findo estes, arrazoando o embargante e o embargado em cinco dias cada um, julgará afinal com apelação sem efeito suspensivo.

Estes prazos serão improrrogáveis e fatais e correrão em cartório, independente de lançamento em audiência.

§ 3º No caso de perda do "warrant", o interessado que provar a sua propriedade tem o direito de receber a importância do crédito garantido. Observar-se-á o mesmo processo do § 2º, com as seguintes modificações:

a) Para a justificação sumária, serão citados o primeiro endossador e outros que forem conhecidos. O armazém será avisado do dia e hora da justificação e notificado judicialmente da perda do título.

b) O mandado judicial de pagamento será expedido contra o primeiro endossador ou contra quem tiver em consignação ou depósito a importância correspondente à dívida do "warrant".

O referido mandado, se a dívida não está vencida, será apresentado àquele primeiro endossador no dia do vencimento, sendo aplicável a disposição do art.23 no caso de não pagamento.

§ 4º Cessa a responsabilidade do armazém geral e do devedor quando, em virtude de ordem judicial, emitir duplicata ou entregar a mercadoria ou saldo em seu poder ou pagar a dívida. O prejudicado terá ação somente contra quem indevidamente dispôs da mercadoria ou embolsou a quantia.

§ 5º O que fica disposto sobre a perda do título aplica-se aos casos de roubo, furto, extravio ou destruição.

CAPÍTULO III
SALA DE VENDAS PÚBLICAS

ART. 28. Anexas aos seus estabelecimentos as empresas de armazéns gerais poderão ter salas apropriadas para as vendas públicas, voluntárias, dos gêneros e mercadorias em depósito, observando-se as seguintes condições:

§ 1º Estas salas serão franqueadas ao público, e os depositantes poderão ter aí exposição de amostras.

§ 2º É livre aos interessados escolher o agente da venda dentre os corretores ou leiloeiros da respectiva praça.

§ 3º A venda será anunciada pelo corretor ou leiloeiro, nos jornais locais, declarando-se o dia, hora e condições do leilão e da entrega da mercadoria, número, natureza e quantidade de cada lote, armazém onde se acha, e as horas durante as quais pode ser examinada.

Além disso, afixará aviso na praça do comércio e na sala onde tenha de efetuar a venda.

§ 4º O público será admitido a examinar a mercadoria anunciada à venda, sendo proporcionadas todas as facilidades pelo administrador do armazém onde ela se achar.

§ 5º A venda será feita por atacado, não podendo cada lote ser de valor inferior a dois contos de réis, calculado pela cotação média da mercadoria.

§ 6º Se o arrematante não pagar o preço marcado nos anúncios, e, na falta destes, dentro de vinte e quatro horas depois da venda, será a mercadoria levada a novo leilão por sua conta e risco, ficando obrigado a completar o preço por que o comprou e perdendo em benefício do vendedor o sinal que houver dado.

Para cobrança da diferença terá a parte interessada a ação executiva dos arts. 309 e seguintes do Decreto n. 737, de 25 de novembro de 1850, devendo a petição inicial ser instruída com certidão extraída do livro do corretor ou agente de leilões.

§ 7º Tratando-se das mercadorias a que se refere o art. 12, observar-se-á o disposto no §1º n. 1, do mesmo artigo.

ART. 29. Onde existirem salas de vendas públicas serão nelas efetuadas as vendas de que tratam os arts. 10, §1º, e 23, §1º, não sendo então aplicável a disposição restritiva do art. 28, §5º.

CAPÍTULO IV
DISPOSIÇÕES FISCAIS E PENAIS

ART. 30. São sujeitos ao selo fixo de trezentos réis:

1º O recibo das mercadorias depositadas nos armazéns gerais (art. 6º).

2º O conhecimento de depósito.

O mesmo selo das letras de câmbio e de terra pagará o "warrant" quando separado do depósito for pela primeira vez endossada.

ART. 31. Não podem ser taxados pelos Estados nem pelas Municipalidades os depósitos dos armazéns gerais, bem como as compras e vendas realizadas nas salas anexas a estes armazéns.

ART. 32. Incorreção na multa de 200$ a 5:000$ os empresários de armazéns gerais que não observarem as prescrições dos artigos 5º, 7º e 8º §§1º a 4º, 13, 22, §3º, 24, §§1º e 4º, 26, § 2º última parte.

Parágrafo único. A multa será imposta por quem tiver a seu cargo a fiscalização do armazém, e cobrada executivamente por intermédio do ministério público, se não for paga dentro de oito dias depois de notificada, revertendo em benefício das misericórdias e orfanatos existentes nas sedes dos armazéns.

ART. 33. Será cassada a matrícula (art. 1º, §1º) ou revogada a autorização (art. 4º), por quem o ordenou ou concedeu nos casos seguintes:

1º falências e meios preventivos ou liquidação da respectiva empresa;

2º cessão ou transferência da empresa a terceiro sem prévio aviso à Junta Comercial, ou sem autorização do Governo, nos casos em que esta for necessária;

3º infração do regulamento interno em prejuízo do comércio ou da Fazenda Nacional.

Parágrafo único. A disposição deste artigo não prejudica a imposição das multas cominadas no art. 32, nem a aplicação das outras penas em que, porventura, tenham incorrido os empresários de armazéns e seus prepostos.

ART. 34. As penas estabelecidas, para os casos dos artigos 32 e 33, n. 2º e 3º, só poderão ser impostas depois de ouvidos o empresário do armazém geral, o gerente ou superintendente das companhias de docas e os concessionários de entrepostos e trapiches alfandegados, em prazo razoável, facultando-se-lhe a leitura do inquérito, relatório, denúncia e provas colhidas.

ART. 35. Incorrerão nas penas de prisão celular por um ou quatro anos e multa de 100$ a 1:000$000:

1º Os que emitirem os títulos referidos no capítulo II, sem que tenham cumprido as disposições dos arts. 1º e 4º, desta lei.

2º Os empresários ou administradores de armazéns gerais que emitirem os ditos títulos sem que existam em depósito as mercadorias ou gêneros neles especificados; ou que emitam mais de um conhecimento de depósito e de "warrant" sobre as mesmas mercadorias ou gêneros, salvo os casos do art. 20.

3º Os empresários ou administradores de armazéns gerais que fizerem empréstimos ou quaisquer negociações por conta própria ou de terceiro, sobre os títulos que emitirem.

4º Os empresários ou administradores de armazéns gerais que desviarem, no todo ou em parte, fraudarem ou substituírem por outras, mercadorias confiadas a sua guarda, sem prejuízo da pena de prisão de que trata o art. 11, n. 1.

5º Os empresários ou administradores de armazéns gerais que não entregarem em devido tempo, a quem de direito, a importância das consignações de que trata o art. 22 e as quantias que lhes sejam confiadas nos termos desta lei.

§ 1º Se a empresa for sociedade anônima ou comanditária por ações incorrerão nas penas acima cominadas os seus administradores, superintendentes, gerentes ou fiéis de armazéns que para o fato criminoso tenham concorrido direta ou indiretamente.

§ 2º Se os títulos forem emitidos pelas repartições federais de que tratam os artigos 2º e 3º, incorrerão nas penas acima os fiéis ou quaisquer funcionários que concorreram para o fato.

§ 3º Nesses crimes cabe a ação pública.

CAPÍTULO V
DISPOSIÇÕES GERAIS

ART. 36. Ficam compreendidas na disposição do art. 19, §3º, do Decreto n. 737, de 25 de novembro de 1850, os depósitos nos armazéns gerais e as operações sobre os títulos que as respectivas empresas emitirem e os contratos de compra e venda a que se refere o art. n. 28.

ART. 37. São nulas as convenções, ou cláusulas que diminuam ou restrinjam as obrigações e responsabilidades que, por esta lei, são impostas às empresas de armazéns gerais e aos que figurarem nos títulos que elas emitirem.

Parágrafo único. Ao contrário, podem os armazéns gerais se obrigar, por convenção com os depositantes e mediante a taxa combinada, a indenizar os prejuízos acontecidos a mercadorias, por avarias, vícios intrínsecos, falta de acondicionamento e mesmo pelos casos de força maior.

Esta convenção, para que tenha efeitos para com terceiros, deverá constar dos títulos de que trata o art. 15.

ART. 38. A presente lei não modifica as disposições do capítulo V, do título III, da parte I, do Código Comercial, que continuam em inteiro vigor.

ART. 39. Revogam-se as disposições em contrário.

Rio de Janeiro, 21 de novembro de 1903, 15º da República.

FRANCISCO DE PAULA RODRIGUES ALVES

LEOPOLDO DE BULHÕES

DECRETO N. 3.708, DE 10 DE JANEIRO DE 1919

Regula a Constituição de Sociedades por Quotas de Responsabilidade Limitada.

‣ DOFC, 15.01.1919.

O Vice-Presidente da República dos Estados Unidos do Brasil, em exercício:

Faço saber que o Congresso Nacional decretou e eu sanciono a seguinte resolução:

ART. 1º Além das sociedades a que se referem os artigos 295, 311, 315 e 317 do Código Comercial, poderão constituir-se sociedades por quotas de responsabilidade limitada.

ART. 2º O título constitutivo regular-se-á pelas disposições dos artigos 300 a 302 e seus números do Código Comercial, devendo estipular ser limitada a responsabilidade dos sócios à importância total do capital social.

ART. 3º As sociedades por quotas, de responsabilidade limitada, adotarão uma firma ou denominação particular.

§ 1º A firma, quando não individualiza todos os sócios, deve conter o nome ou firma de um deles, devendo a denominação, quando possível, dar a conhecer o objetivo da sociedade.

§ 2º A firma ou denominação social deve ser sempre seguida da palavra - limitada. Omitida esta declaração, serão havidos como solidária e ilimitadamente responsáveis os sócios-gerentes e os que fizerem uso da firma social.

ART. 4º Nas sociedades por quotas de responsabilidade limitada não haverá sócios de indústria.

ART. 5º Para todos os efeitos, serão havidas como quotas distintas a quota primitiva de um sócio e as que posteriormente adquirir.

ART. 6º Devem exercer em comum os direitos respectivos os co-proprietários da quota indivisa, que designarão entre si um que os represente no exercício dos direitos de sócio. Na falta desse representante, os atos praticados pela sociedade em relação a qualquer dos co-proprietários produzem efeitos contra todos, inclusive quanto aos herdeiros dos sócios. Os co-proprietários da quota indivisa respondem solidariamente pelas prestações que faltarem para completar o pagamento da mesma quota.

ART. 7º Em qualquer caso do art. 289 do Código Comercial poderão os outros sócios preferir a exclusão do sócio remisso. Sendo impossível cobrar amigavelmente do sócio, seus herdeiros ou sucessores a soma devida pelas suas quotas ou preferindo a sua exclusão, poderão os outros sócios tomar a si as quotas anuladas ou transferi-las a estranhos, pagando ao proprietário primitivo as entradas por ele realizadas, deduzindo os juros da mora e mais prestações estabelecidas no contrato e as despesas.

ART. 8º É lícito às sociedades a que se refere esta lei adquirir quotas liberadas, desde que o façam com fundos disponíveis e sem ofensa do capital estipulado no contrato. A aquisição dar-se-á por acordo dos sócios, ou verificada a exclusão de algum sócio remissivo, mantendo-se intacto o capital durante o prazo da sociedade.

ART. 9º Em caso de falência, todos os sócios respondem solidariamente pela parte que faltar para preencher o pagamento das quotas não inteiramente liberadas.

Assim, também, serão obrigados os sócios a repor os dividendos e valores recebidos, as quantias retiradas, a qualquer título, ainda que autorizadas pelo contrato, uma vez verificado que tais lucros, valores ou quantias foram distribuídos com prejuízo do capital realizado.

ART. 10. Os sócios-gerentes ou que derem o nome à firma não respondem pessoalmente pelas obrigações contraídas em nome da sociedade, mas respondem para com esta e para com terceiros solidária e ilimitadamente pelo excesso de mandato e pelos atos praticados com violação do contrato ou da lei.

ART. 11. Cabe ação de perdas e danos, sem prejuízo de responsabilidade criminal, contra o sócio que usar indevidamente da firma social ou que dela abusar.

ART. 12. Os sócios-gerentes poderão ser dispensados de caução pelo contrato social.

ART. 13. O uso da firma cabe aos sócios-gerentes; se, porém, for omisso o contrato, todos os sócios dela poderão usar. É lícito aos gerentes delegar o uso da firma somente quando o contrato não contiver cláusula que se oponha a essa delegação. Tal delegação, contra disposição do contrato, dá ao sócio que a fizer pessoalmente a responsabilidade das obrigações contraídas pelo substituto, sem que possa reclamar da sociedade mais do que a sua parte das vantagens auferidas do negócio.

ART. 14. As sociedades por quotas, de responsabilidade limitada, responderão pelos compromissos assumidos pelos gerentes, ainda que sem o uso da firma social, se forem tais compromissos contraídos em seu nome ou proveito, nos limites dos poderes da gerência.

ART. 15. Assiste aos sócios que divergirem da alteração do contrato social a faculdade de se retirarem da sociedade, obtendo o reembolso da quantia correspondente ao seu capital, na proporção do último balanço aprovado. Ficam, porém, obrigados às prestações correspondentes às quotas respectivas, na parte em que essas prestações forem necessárias para pagamento das obrigações contraídas, até a data do registro definitivo da modificação do estatuto social.

ART. 16. As deliberações dos sócios, quando infringentes do contrato social ou da lei, dão responsabilidade ilimitada àqueles que expressamente hajam ajustado tais deliberações contra os preceitos contratuais ou legais.

ART. 17. A nulidade do contrato social não exonera os sócios das prestações correspondentes às suas quotas, na parte em que suas prestações forem necessárias para cumprimento das obrigações contraídas.

ART. 18. Serão observadas quanto às sociedades por quotas, de responsabilidade limitada, no que não for regulado no estatuto social, e na parte aplicável, as disposições da lei das sociedades anônimas.

ART. 19. Revogam-se as disposições em contrário.

Rio de Janeiro, 10 de janeiro de 1919; 98º da Independência e 31º da República.

DELFIM MOREIRA DA COSTA RIBEIRO
ANTÔNIO DE PÁDUA SALLES

DECRETO N. 21.981, DE 19 DE OUTUBRO DE 1932

Regula a profissão de Leiloeiro ao território da República.

‣ Publicado na CLB de 1932, v. 4, p. 271.

O Chefe do Governo Provisório da República dos Estados Unidos do Brasil, na conformidade do art. 1º do decreto n. 19.398, de 11 de novembro de 1930, Decreta:

Artigo único. Fica aprovado o regulamento da profissão de leiloeiro no território da República, que a este acompanha e vai assinado pelo ministro do Estado dos Negócios do Trabalho, Indústria e Comércio; revogadas as disposições em contrário.

Rio de Janeiro, 19 de outubro de 1932, 111º da Independência e 44º da República

GETULIO VARGAS

REGULAMENTO A QUE SE REFERE O DECRETO N. 21.981, DE 19 DE OUTUBRO DE 1932

CAPÍTULO I
DOS LEILOEIROS

ART. 1º A profissão de leiloeiro será exercida mediante matricula concedida pelas juntas Comerciais, do Distrito Federal, dos Estados e Território do Acre, de acordo com as disposições deste regulamento.

ART. 2º Para ser leiloeiro, é necessário provar:

a) ser cidadão brasileiro e estar no gozo dos direitos civis e políticos;

b) ser maior de vinte e cinco anos;

c) ser domiciliado no lugar em que pretenda exercer a profissão, há mais de cinco anos;

d) ter idoneidade, comprovada com apresentação de caderneta de identidade e de certidões negativas dos distribuidores, no Distrito Federal, da Justiça Federal e das Varas Criminais da Justiça local, ou de folhas corridas, passadas pelos cartórios dessas mesmas Justiças, e, nos Estados e no Território do Acre, pelos Cartórios da Justiça Federal e Local do distrito em que o candidato tiver o seu domicílio.

Apresentará, também, o candidato, certidão negativa de ações ou execuções movidas contra ele no foro civil federal e local, correspondente ao seu domicílio e relativo ao último quinquênio.

ART. 3º Não podem ser leiloeiros:

a) os que não podem ser comerciantes;

b) os que tiverem sido destituídos anteriormente dessa profissão, salvo se o houverem sido a pedido;

c) os falidos não reabilitados e os reabilitados, quando a falência tiver sido qualificada como culposa ou fraudulenta.

ART. 4º Os leiloeiros serão nomeados pelas Juntas Comerciais, de conformidade com as condições prescritas por este regulamento no art. 2º, e suas alíneas.

ART. 5º Haverá, no Distrito Federal, 20 leiloeiros e, em cada Estado e no Território do Acre, o número que for fixado pelas respectivas Juntas Comerciais.

ART. 6º O leiloeiro, depois de habilitado devidamente perante as Juntas Comerciais fica obrigado, mediante despacho das mesmas Juntas, a prestar fiança, em dinheiro ou em apólices da Dívida Pública federal que será recolhida, no Distrito Federal, ao Tesouro Nacional e, nos Estados o Território do Acre, às Delegacias Fiscais, Alfândegas ou Coletorias Federais. O valor desta fiança será, no Distrito Federal de 40:000$000 e, nos Estados e Território do Acre, o que for arbitrado pelas respectivas Juntas comerciais. (Alterado pelo Dec. 22.427/1933.)

§ 1º A fiança em apólices nominativas será prestada com o relacionamento desses títulos na Caixa de Amortização, ou nas repartições federais competentes para recebê-la, dos Estados e no Território do Acre, mediante averbações que as conservem intransferíveis, até que possam ser levantadas legalmente, cabendo aos seus proprietários a percepção dos respectivos juros.

§ 2º Quando se oferecem como fiança depósitos feitos nas Caixas Econômicas, serão as respectivas cadernetas caucionadas na forma do parágrafo anterior, percebendo igualmente os seus proprietários os juros nos limites arbitrados por aqueles institutos,

§ 3º A caução da fiança em qualquer das espécies admitidas, a, bem assim o seu levantamento, serão efetuados sempre à requisição da Junta Comercial perante a qual se tiver processado a habilitação do leiloeiro.

ART. 7º A fiança responde pelas dívidas ou responsabilidades do leiloeiro, originadas por multas, infrações de disposições fiscais, impostos federais e estaduais relativos à profissão, saldos e produtos de leilões ou sinais que ele tenha recebido e pelas vendas efetuadas de bens de qualquer natureza, e subsistirá até 120 dias, após haver deixado o exercício da profissão, por exoneração voluntária, destituição ou falecimento.

§ 1º Verificada a vaga do cargo de leiloeiro em qualquer desses casos, a respectiva Junta Comercial, durante 120 dias, tornará pública a ocorrência por edital repetido no mínimo uma vez por semana, convidando os interessados a apresentarem suas reclamações dentro desse prazo.

§ 2º Somente depois de satisfeitas por dedução do valor da fiança, todas as dívidas e responsabilidades de que trata este artigo, será entregue a quem de direito o saldo porventura restante.

§ 3º Findo o prazo mencionado no § 1º, não se apurando qualquer alcance por dívidas oriundas da profissão, ou não tendo havido reclamação alguma, fundada na falta de liquidação definitiva de atos praticados pelo leiloeiro no exercício de suas funções, expedirá a Junta, certidão de quitação com que ficará exonerada e livre a fiança, para o seu levantamento.

ART. 8º O leiloeiro só poderá entrar no exercício da profissão, depois de aprovada a fiança oferecida e de ter assinado o respectivo compromisso perante à Junta comercial.

ART. 9º Os leiloeiros são obrigados a registrar nas Juntas Comerciais, dentro de 15 dias após a cobrança, os documentos comprobatórios do pagamento dos impostos federais e estaduais relativos á sua profissão, sob pena de suspensão, de que não haverá recurso.

Parágrafo único. Se decorridos seis meses, o leiloeiro ainda não tiver cumprido a disposição deste artigo, será destituído do cargo, afixando-se na porta de seu estabelecimento a folha do órgão oficial em que houver sido publicado o edital respectivo.

ART. 10. Os leiloeiros não poderão vender em leilão, estabelecimentos comerciais ou industriais sem que provem terem os respectivos vendedores, quitação do imposto de indústrias e profissões relativo ao exercício vencido ou corrente, sob pena de ficarem os mesmos leiloeiros responsáveis pela dívida existente. Ficam isentos desta obrigação quando se tratar de leilões judiciais ou de massas falidas.

ART. 11. O leiloeiro exercerá pessoalmente suas funções, não podendo delegá-las, senão por moléstia ou impedimento ocasional em seu preposto.

ART. 12. O preposto indicado pelo leiloeiro prestará as mesmas provas de habilitação exigidas no art. 2º, sendo considerado mandatário legal do proponente para o efeito de substituí-lo e de praticar, sob a sua responsabilidade, os atos que lhe forem inerentes. Não poderá, entretanto, funcionar juntamente com o leiloeiro, sob pena de destituição e tornar-se o leiloeiro incurso na multa de 2:000$0.

Parágrafo único. A destituição dos prepostos poderá ser dada mediante simples comunicação dos leiloeiros às Juntas Comerciais, acompanhada da indicação do respectivo substituto.

ART. 13. Quando o leiloeiro não tiver preposto habilitado, poderá, nos leilões já anunciados, ser substituído por outro leiloeiro de sua escolha, mediante prévia comunicação à Junta Comercial, ou adiar os respectivos pregões, se, em qualquer dos casos, nisso convierem os comitentes por declaração escrita, que será conservada pelo leiloeiro no seu próprio arquivo.

Parágrafo único. Os leilões efetuados com desrespeito deste artigo serão nulos, sujeitando-se o leiloeiro à satisfação de perdas e danos, que lhe for exigida pelos prejudicados.

ART. 14. Os leiloeiros, ou os prepostos, são obrigados a exibir ao iniciar os leilões, quando isso lhes for exigido, a prova de se acharem no exercício de suas funções, apresentando a carteira de identidade a que se refere o art. 2º, alínea d, ou o seu título de nomeação, sob as mesmas penas cominadas no parágrafo único do artigo precedente.

ART. 15. Os leiloeiros não poderão fazer novação com as dívidas provenientes do saldo dos leilões, convertendo-as em promissórias ou quaisquer outros títulos e responderão como fiéis depositários para com seus comitentes, sob as penas da lei.

Parágrafo único. Verificada a infração deste artigo, diante de denúncia cuja procedência as Juntas Comerciais apurarão em processo, será multado o leiloeiro, em quantia correspondente à quarta parte da fiança, com os mesmos efeitos do art. 9º.

CAPÍTULO II
DAS PENALIDADES APLICÁVEIS AOS LEILOEIROS

ART. 16. São competentes para suspender, destituir e multar os leiloeiros, nos casos em que estas penas são aplicáveis:

a) as Juntas Comerciais, com recurso para o ministro do Trabalho, Indústria e Comércio, no prazo de 10 dias, nos casos de suspensão, imposição de multas e destituição, com efeito devolutivo, quando não se tratar dos casos do art. 9º e seu parágrafo,

b) as justiças ordinárias, nos casos de mora e falta de pagamento, nas ações intentadas contra os leiloeiros segundo as disposições deste regulamento.

Parágrafo único. A condenação em perdas e danos só pode ser levada a efeito pelos meios ordinários.

ART. 17. Às Juntas Comerciais cabe impor penas:

a) ex-officio;

b) por denúncia dos prejudicados.

§ 1º Todos os atos de cominação de penas aos leiloeiros e seus prepostos far-se-ão públicos por edital.

§ 2º A imposição da pena de multa, depois de confirmada pela decisão do recurso, se o houver, importa concomitantemente na suspensão dos leiloeiros até que satisfaçam o pagamento das respectivas importâncias.

§ 3º Suspenso o leiloeiro, também o estará, tacitamente o seu preposto.

ART. 18. Os processos administrativos contra os leiloeiros obedecerão às seguintes normas:

a) havendo denúncia de irregularidades praticadas por qualquer leiloeiro, falta de exação no cumprimento dos seus deveres ou infração a disposições deste regulamento, dará a respectiva Junta Comercial início ao processo, juntando à denúncia os documentos recebidos, com o parecer do diretor ou de quem suas vezes fizer, relativamente aos fatos arguidos, e intimará a leiloeiro a apresentar defesa, com vista do processo na própria Junta, pelo Prazo de cinco dias, que poderá ser prorrogado, a requerimento do interessado, por igual tempo, mediante termo que lhe for deferido;

b) vencido o prazo e a prorrogação, se a houver, sem que o acusado apresente defesa, será o processo julgado à revelia, de conformidade com a documentação existente;

c) apresentada defesa, o diretor ou quem suas vezes fizer, juntando-a ao processo, fará este concluso à Junta, acompanhado o de relatório, para o julgamento;

d) as decisões das Juntas, que cominarem penalidades aos leiloeiros, serão sempre fundamentadas.

CAPÍTULO III
DAS FUNÇÕES DOS LEILOEIROS

ART. 19. Compete aos leiloeiros, pessoal e privativamente, a venda em hasta pública ou público pregão, dentro de suas próprias casas ou fora delas, inclusive por meio da rede mundial de computadores, de tudo que, por autorização de seus donos por alvará judicial, forem encarregados, tais como imóveis, móveis, mercadorias, utensílios, semoventes e mais efeitos, e a de bens móveis e imóveis pertencentes às massas falidas, liquidações judiciais, penhores de qualquer natureza, inclusive de joias e *warrants* de armazéns gerais, e o mais que a lei mande, com fé de oficiais públicos. (Alterado pela Lei 13.138/2015.)

Parágrafo único. Excetuam-se da competência dos leiloeiros as vendas dos bens imóveis nas arrematações por execução de sentença ou hipotecárias das massas falidas ou liquidandas, quando gravadas com hipoteca, dos bens pertencentes a menores sob tutela e de interditos, e dos que estejam gravados por disposições testamentárias; dos títulos de Dívida Pública Federal, Estadual ou Municipal, bem como dos efeitos que estiverem excluídos por disposições legal. (Alterado pelo Dec. 22.427/1933.)

ART. 20. Os leiloeiros não poderão vender em leilão, em suas casas a fora delas, quaisquer efeitos senão mediante autorização por carta ou relação, em que o comitente os especifique, declarando as ordens ou instruções que julgar convenientes e fixando, se assim o entender, o mínimo dos preços pelos quais os mesmos efeitos deverão ser negociados, sob pena de multa na importância correspondente à quinta parte da fiança e, pela reincidência, na de destituição.

ART. 21. Os leiloeiros são obrigados a acusar o recebimento das mercadorias móveis e de tudo que lhes for confiado para venda e constar na carta ou relação a que se refere o artigo precedente, dando para o efeito de indenizações, no caso de incêndio, quebras ou extravios, e na hipótese do comitente haver omitido os respectivos valores a avaliação que julgar razoavel, mediante comunicação que deverá ser entregue pelo protocolo ou por meio de carta registada.

Parágrafo único. O comitente, não concordando com a avaliação feita como limite provável para venda em leilão, deverá retirar os objetos, dentro de oito dias, contados da comunicação respectiva, sob pena de serem vendidos pelo maior preço que alcançarem acima da avaliação, sem que lhe assista direito e reclamação alguma. (Alterado pelo Dec. 22.427/1933.)

ART. 22. Os leiloeiros, quando exercem o seu ofício dentro de suas casas e fora delas, não se achando presentes os donos dos efeitos que tiverem de ser vendidos, serão reputados verdadeiros consignatários ou mandatários, competindo-lhes nesta qualidade:

a) cumprir fielmente as instruções que receberem dos comitentes;

b) zelar pela boa guarda e conservação dos efeitos consignados e de que são responsaveis, salvo caso fortuito ou de força maior, ou de provir a deterioração de vício inerente à, natureza da causa;

c) avisar as comitentes, com a possível brevidade, de qualquer dano que sofrerem os efeitos em seu poder, e verificar, em forma legal a verdadeira origem do dano devendo praticar iguais diligências todas as vezes que, ao receber os efeitos, notarem avaria, diminuição ou estado diverso daquele que constar das guias de remessa, sob pena de responderem, para com as comitentes, pelos mesmos efeitos nos termos designados nessas guias, sem que se lhes admita outra defesa que não seja a prova de terem praticado tais diligências;

d) declarar, ao aviso e conta que remeterem ao comitente nos casos de vendas a pagamento, o nome e domicílio dos compradores e os prazos estipuladores; presumindo-se a venda efetuada a dinheiro de contado, sem admissão de prova em contrário, quando não fizerem tais declarações;

e) responder, perante os respectivos donos, seus comitentes, pela perda ou extravio de fundos em dinheiro, metais ou pedras preciosas, existentes em seu poder, ainda mesmo que o dano provenha de caso fortuito ou de força maior, salvo a prova de que na sua guarda empregaram a diligência que em casos semelhantes empregam os comerciantes acautelados, e bem assim pelos riscos sobrevenientes na devolução de fundos em seu poder para as mãos dos comitentes, se desviarem das ordens e instruções recebidas por escrito, ou, na ausência delas, dos meios usados no lugar da remessa;

f) exigir dos comitentes uma comissão pelo seu trabalho, de conformidade com o que dispõe este regulamento, e a indenização da importância despendida no desempenho de suas funções, acrescida dos grupos legais, pelo tempo que demorar o seu reembolso, e, quando os efeitos a ser vendidos ficarem em depósito litigioso, por determinação judicial, as comissões devidas e o aluguel da parte do armazém que os mesmos ocuparem, calculado na proporção da área geral e do preço de aluguel pago por esse armazém

ART. 23. Antes de começarem o ato do leilão, os leiloeiros farão conhecidas as condições da venda, a forma do pagamento e da entrega dos objetos que vão ser apregoados, o estado e qualidade desses objetos, principalmente quando, pela simples intuição, não puderem ser conhecidos facilmente, e bem assim o seu peso, medida ou quantidade, quando o respectivo valor estiver adstrito a essas indicações, sob pena de incorrerem na responsabilidade que no caso couber por fraude, dolo, simulação ou omissão culposa.

ART. 24. A taxa da comissão dos leiloeiros será regulada por convenção escrita que, sobre todos ou alguns dos efeitos a vender, eles estabelecerem com os comitentes. Em falta de estipulação prévia, regulará a taxa de 5% (cinco por cento), sobre móveis, mercadorias, joias e outros efeitos e a de 3 % (três por cento), sobre bens imóveis de qualquer natureza. (Alterado pelo Dec. 22.427/1933.)

Parágrafo único. Os compradores pagarão obrigatoriamente cinco por cento sobre quaisquer bens arrematados.

ART. 25. O comitente, no ato de contratar o leilão, dará por escrito uma declaração assinada do máximo das despesas que autoriza a fazer com publicações, carretos e outras que se tornarem indispensáveis, não podendo o leiloeiro reclamar a indenização de maior quantia porventura despendida sob esse título.

ART. 26. Os leiloeiros não poderão vender a crédito ou a prazo, sem autorização por escrito dos comitentes.

ART. 27. A conta de venda dos leilões será fornecida até cinco dias úteis depois da realização dos respectivos pregões, da entrega dos objetos vendidos ou assinatura da escritura de venda, e o seu pagamento efetuado no decurso dos cinco dias seguintes:

§ 1º As contas de venda, devidamente autenticadas pelos leiloeiros, demonstrarão os preços alcançados nos pregões de cada lote e serão entregues aos comitentes mediante remessa pelo protocolo ou por meio de carta registrada.

§ 2º Devem as contas de venda conferir com os livros e assentamentos do leiloeiro, sob pena de incorrerem nas sanções deste regulamento.

§ 3º Se o comitente não procurar receber a importância do seu crédito, proveniente da conta de venda recebido, vencido o prazo de que trata este artigo, o leiloeiro depositá-la-á na Caixa Econômica ou agência do Banco do Brasil, em nome de seu possuidor, salvo se a soma respectiva não atingir a 500$000, ou tiver ordem, por escrito, do comitente para não fazer o depósito.

§ 4º Havendo mora por parte do leiloeiro, poderá o credor, exibindo a respectiva conta de venda, requerer ao juízo competente a intimação dele, para pagar dentro de 24 horas, em cartório, o produto do leilão, sem dedução da comissão que lhe cabia, sob pena de prisão, como depositário remisso, até que realize o pagamento.

ART. 28. Nos leilões judiciais, de massas falidas e de liquidações, os leiloeiros são obrigados a por á disposição do juízo competente, ou representantes legais, as importâncias dos respectivos produtos, dentro dos prazos estabelecidos no artigo precedente.

ART. 29. A falência do leiloeiro será sempre fraudulenta, como depositário de bens que lhe são entregues para a venda em leilão.

ART. 30. São nulas as fianças, bem como os endossos e avais dados pelos leiloeiros.

ART. 31. São livros obrigatórios do leiloeiro:

I - Diário de entrada, destinado á escrituração diária de todas as mercadorias, móveis, objetos e mais efeitos remetidos para venda em leilão no armazém, escriturado em ordem cronológica, sem entrelinhas, emendas ou rasuras, de acordo com a relação a que se refere o art. 20,

II - Diário de saída, destinado á escrituração das mercadorias efetivamente vendidas ou saídas do armazém com a menção da data do leilão, nomes dos vendedores e compradores, preços obtidos por lotes e o total das vendas de cada leilão, extraído do Diário de leilões.

III - Contas correntes, destinado aos lançamentos de todos os produtos líquidos apurados para cada comitente, de acordo com as contas de que trata o § 1º do art. 27, e dos sinais recebidos pelas vendas de Imóveis.

Parágrafo único. O balanço entre os livros - Diário de entrada a Diário de saída - determinará a existência dos efeitos conservados no armazém do leiloeiro.

ART. 32. Além dos livros exigidos no artigo precedente, os leiloeiros terão mais os seguintes, legalizados nas juntas Comerciais, mas isentos de selo, por serem de mera fiscalização.

I - Protocolo, para registrar as entregas das contas de venda e das cartas a que se referem, respectivamente, os artigos 20 e 21.

II - "Diário de leilões", que poderá desdobrar-se em mais de um livro, para atender às necessidades do movimento da respectiva agência, e em que serão escriturados a tinta, no ato do leilão, sem emendas ou rasuras que possam levantar dúvida, todos os leilões que o leiloeiro realizar, com catálogo ou sem ele, inclusive os do respectivo armazém, observadas na sua escrituração as mesmas normas que se observam na do "Diário de saída", com a indicação da data do leilão, nome de quem o autorizou, número dos lotes, nomes dos compradores, preço de venda de cada lote, e soma total do produto bruto do leilão, devendo a escrituração desse livro conferir exatamente com a descrição dos lotes o os preços declarados na conta de venda fornecida ao comitente. (Alterado pelo Dec. 22.427/1933.)

III - Livro talão, de cópia carbônica, para extração das faturas destinadas aos arrematantes de lotes, com indicação do nome por inteiro de cada um e seu endereço.

ART. 33. Todos os livros do leiloeiro terão número de ordem, inclusive o Livro-talão que não poderá ser emendado ou raspado e servirá para conferência ou esclarecimento de dúvidas, entre leiloeiros e comitentes.

§ 1º A exibição, em Juízo, dos livros dos leiloeiros não poderá ser recusada, quando exigida por autoridade competente, para dirimir questões suscitadas entre leiloeiro e comitente, incorrendo na pena de suspensão por tempo indeterminado, aplicável pela autoridade deprecante, e, por fim, na de destituição, aquele que não cumprir o mandado recebido. (Alterado pelo Dec. 22.427/1933.)

§ 2º Poderão as Juntas Comerciais determinar, sempre que julgarem conveniente, o exame nos livros dos leiloeiros pelo diretor ou por seu substituto, afim de se verificar se os mesmos livros estão devidamente escriturados e preenchem as condições prescritas neste regulamento, ordenando as correções que se tornarem necessárias e punindo os seus possuidores quando as faltas ou irregularidades encontradas exijam a aplicação de qualquer das medidas atribuídas à sua competência.

§ 3º Quando tiver de encerrar qualquer dos seus livros, o leiloeiro, para poder arquivá-lo ou substituí-lo, o levará, á Junta Comercial a que estiver subordinado para o respectivo encerramento.

ART. 34. Quando os produtos líquidos das contas de venda tiverem de ser depositados de acordo com o art. 37, § 3º, ou por determinação judicial, o selo proporcional será colado nas mesmas contas e inutilizado pelo próprio leiloeiro, que deverá entregar a segunda via ao comitente, juntamente com a caderneta do depósito.

ART. 35. As certidões ou contas que os leiloeiros extraírem de seus livros, quando estes se revestirem das formalidades legais, relativamente à venda de mercadorias ou de outros quaisquer afeitos que pela lei são levados a leilão, têm fé pública.

ART. 36. É proibido ao leiloeiro:

a) sob pena de destituição:

1º, exercer o comércio direta ou indiretamente no seu ou alheio nome;

2º, constituir sociedade de qualquer espécie ou denominação;

3º, encarregar-se de cobranças ou pagamentos comerciais;

b) sob pena de multa de 2:000$000;

Adquirir para si, ou para pessoas de sua família, coisa de cuja venda tenha sido incumbido, ainda que a pretexto de destinar-se a seu consumo particular.

Parágrafo único. Não poderão igualmente os leiloeiros, sob pena de nulidade de todos os seus atos, exercer a profissão aos domingos e dias feriados nacionais, estaduais ou municipais, delegar a terceiros os pregões, nem realizar mais de dois leilões no mesmo dia em locais muito distantes entre si, a não ser que se trate de imóveis juntos ou de prédios e móveis existentes no mesmo prédio, considerando-se, nestes casos, como de um só leilão os respectivos pregões.

ART. 37. Quando o leiloeiro precisar ausentar-se do exercício do cargo para tratamento de saúde, requererá licença às Juntas Comerciais, juntando atestado médico e indicando preposto, ou declarando, no requerimento, desde que data entrou em exercício esse seu substituto legal, se o tiver.

Parágrafo único. O afastamento do leiloeiro do exercício da profissão, por qualquer outro motivo, será sempre justificado.

ART. 38. Nenhum leilão poderá ser realizado sem que haja, pelo menos, três publicações no mesmo jornal, devendo a última ser bem pormenorizada, sob pena de multa de 2:000$0.

Parágrafo único. Todos os anúncios de leilões deverão ser claros nas discrições dos respectivos efeitos, principalmente quando se tratar de bens imóveis ou de objetos que se caracterizem pelos nomes dos autores e fabricantes, tipos e números, sob pena de nulidade e de responsabilidade do leiloeiro.

ART. 39. Aceitos os lanços sem condições nem reservas, os arrematantes ficam obrigados a entrar com um sinal ou caução que o leiloeiro tem o direito de exigir no ato da compra, a pagar os preços e a receber a coisa vendida. Se não se realizar o pagamento no prazo marcado, o leiloeiro ou o proprietário da coisa vendida terá a opção para rescindir a venda, perdendo neste caso o arrematante o sinal dado, do qual serão descontadas pelo leiloeiro a sua comissão e as despesas que houver feito, entregando a saldo a seu dono, dentro de 10 dias, - ou para demandar o arrematante pelo preço com os juros de mora, por ação executiva, instruída com certidão do leiloeiro em que se declare não ter sido completado o preço da arrematação no prazo marcado no ato do leilão.

ART. 40. O contrato que se estabelece entre o leiloeiro e a pessoa, ou autoridade judicial, que autorizar a sua intervenção ou efetuar a sua nomeação para realizar leilões, é de mandato ou comissão e dá ao leiloeiro o direito de cobrar judicialmente e sua comissão e as quantias que tiver desembolsado com anúncios, guarda e conservação do que lhe for entregue para vender, instruindo a ação com os documentos comprobatórios dos pagamentos que houver efetuado, por conta dos comitentes e podendo reter em seu poder algum objeto, que pertença ao devedor, até o seu efetivo embolso.

ART. 41. As Juntas Comerciais, dentro do menor prazo possível, organizarão a lista dos leiloeiros, classificados por antiguidade, com as anotações que julgarem indispensáveis, e mandarão publicá-la.

Parágrafo único. As autoridades judiciais ou administrativas poderão requisitar as informações que desejarem a respeito de qualquer leiloeiro, assim como a escala de classificação a que se refere este artigo, devendo ser as respectivas respostas fornecidas rapidamente e sob a responsabilidade funcional de quem as formular, quanto á sua veracidade.

ART. 42. Nas vendas de bens moveis ou imóveis pertencentes á União e aos Estados e municípios, os leiloeiros funcionarão por distribuição rigorosa de escala de antiguidade, a começar pelo mais antigo.

§ 1º O leiloeiro que for designado para realizar os leilões de que trata este artigo, verificando, em face da escala, que não lhe toca a vez de efetuá-los, indicará à repartição ou autoridade que o tiver designado àquele a quem deve caber a designação, sob pena de perder, em favor do prejudicado, a comissão proveniente da venda efetuada.

§ 2º Nas vendas acima referidas os leiloeiros cobrarão somente dos compradores a comissão estabelecida no parágrafo único do artigo 24, correndo as despesas de anúncios, reclamos e propaganda dos leilões por conta da parte vendedora.

§ 3º As autoridades administrativas poderão excluir da escala, a que, além deste, se referem os artigos 41 e 44, todo leiloeiro cuja conduta houver perante elas incorrido em desabono, devendo, ser comunicados, por ofício, à Junta Comercial em que estiver o leiloeiro matriculado, os motivos determinantes da sua exclusão, que seguirá o processo estabelecido pelo art. 18. Si se confirmar a exclusão, será o leiloeiro destituído na conformidade do artigo 16, alínea a. (Alterado pelo Dec. 22.427/1933.)

ART. 43. Nas vendas judiciais, de bens de massas falidas e de propriedades particulares, os leiloeiros serão da exclusiva escolha e confiança dos interessados, síndicos, liquidatários ou comitentes, aos quais prestarão contas de acordo com as disposições legais.

CAPÍTULO IV
DISPOSIÇÕES GERAIS

ART. 44. As Juntas Comerciais publicarão em edital afixado à porta das suas sedes e insertos no Diário Oficial, ou, onde não houver órgão oficial, em jornal de maior circulação, durante o mês de março de cada ano, a lista dos leiloeiros matriculados, com a data das respectivas nomeações, para a escala de que trata o art. 41, podendo as repartições públicas requisitá-las a qualquer tempo para execução do disposto no art. 42.

ART. 45. Somente para fins beneficentes, quando não haja remuneração de qualquer espécie, será permitido o pregão por estranhos á classe dos leiloeiros.

Parágrafo único. Excetuam-se dessa restrição os casos de venda de mercadorias apreendidas como contrabando, ou abandonadas nas alfândegas, repartições públicas e estradas de ferro, nos termos da Nova Consolidação das Leis das Alfândegas e Mesas de Rendas, e do decreto n. 5.573, de 14 de novembro de 1928.

ART. 46. No preenchimento das vagas de leiloeiro que se forem dando, terão preferência os respectivos prepostos, quando, requererem a sua nomeação dentro do prazo de 60 dias após a notificação da vaga perante as Juntas Comerciais.

ART. 47. Os atuais leiloeiros darão cumprimento às disposições deste regulamento, relativas à organização dos livros novos, habilitação dos prepostos o outras exigências fiscalizadoras por ele criadas, dentro do prazo de 120 dias, no Distrito Federal e Estados do Rio do Janeiro, São Paulo e Minas Gerais, e de 180 dias, nos demais Estados e Território do Acre, sob a pena de suspensão, incorrendo na de destituição aqueles que não o houverem feito até 30 dias após o referido prazo. (Alterado pelo Dec. 22.427/1933.)

ART. 48. Todas as atribuições conferidas às Juntas Comerciais, por este regulamento, serão exercidas, onde elas não existirem, pela autoridade que as deva substituir, de acordo com a legislação vigente.

ART. 49. Este regulamento entrará em vigor na data de sua publicação, sendo as dúvidas que se suscitarem e as omissões que se verificarem em sua execução resolvidas por decisão do Ministro do Trabalho, Indústria e Comércio. (Alterado pelo Dec. 22.427/1933.)

ART. 50. Revogam-se as disposições em contrário.

Rio, 19 de outubro de 1932.

JOAQUIM PEDRO SALGADO FILHO

DECRETO N. 24.643, DE 10 DE JULHO DE 1934

Decreta o Código de Águas.

- *CLBR*, 1934 e retificado no *DOU*, 27.07.1934.
- Dec.-Lei 852/1938. (Mantém, com modificações, o Dec. 24.643/1934).
- Dec.-Lei 3.763/1941. (Consolida disposições sobre águas e energia elétrica).
- Dec. 4.895/2003 (Dispõe sobre a autorização de uso de espaços físicos de corpos d'água de domínio da União para fins de aquicultura).

O Chefe do Governo Provisório da República dos Estados Unidos do Brasil, usando das atribuições que lhe confere o art. 1º do Decreto n. 19.398, de 11.11.1930, e:

considerando que o uso das águas no Brasil tem-se regido até hoje por uma legislação obsoleta, em desacordo com as necessidades e interesse da coletividade nacional;

considerando que se torna necessário modificar esse estado de coisas, dotando o país de uma legislação adequada que, de acordo com a tendência atual, permita ao Poder Público controlar e incentivar o aproveitamento industrial das águas;

considerando que, em particular, a energia hidráulica exige medidas que facilitem e garantam seu aproveitamento racional;

considerando que, com a reforma por que passaram os serviços afetos ao Ministério da Agricultura, está o Governo aparelhado, por seus órgãos competentes, a ministrar assistência técnica e material, indispensável à consecução de tais objetivos;

Resolve decretar o seguinte Código de Águas, cuja execução compete ao Ministério da Agricultura e que vai assinado pelos ministros de Estado:

CÓDIGO DE ÁGUAS

LIVRO I
ÁGUAS EM GERAL E SUA PROPRIEDADE

TÍTULO I
ÁGUAS, ÁLVEO E MARGENS

CAPÍTULO I
ÁGUAS PÚBLICAS

ART. 1º As águas públicas podem ser de uso comum ou dominicais.

ART. 2º São águas públicas de uso comum:

a) os mares territoriais, nos mesmos incluídos os golfos, baías, enseadas e portos;

b) as correntes, canais, lagos e lagoas navegáveis ou flutuáveis;

c) as correntes de que se façam estas águas;

d) as fontes e reservatórios públicos;

e) as nascentes quando forem de tal modo consideráveis que, por si só, constituam o *caput fluminis*;

f) os braços de quaisquer correntes públicas, desde que os mesmos influam na navegabilidade ou flutuabilidade.

§ 1º Uma corrente navegável ou flutuável se diz feita por outra quando se torna navegável logo depois de receber essa outra.

§ 2º As correntes de que se fazem os lagos e lagoas navegáveis ou flutuáveis serão determinadas pelo exame de peritos.

§ 3º Não se compreendem na letra *b* deste artigo os lagos ou lagoas situadas em um só prédio particular e por ele exclusivamente cercado, quando não sejam alimentados por alguma corrente de uso comum.

ART. 3º A perenidade das águas é condição essencial para que elas se possam considerar públicas, nos termos do artigo precedente.

Parágrafo único. Entretanto, para os efeitos deste Código ainda serão consideradas perenes as águas que secarem em algum estio forte.

ART. 4º Uma corrente considerada pública, nos termos da letra *b* do art. 2º, não perde este caráter porque em algum ou alguns de seus trechos deixe de ser navegável ou flutuável.

ART. 5º Ainda se consideram públicas, de uso comum, todas as águas situadas nas zonas periodicamente assoladas pelas secas, nos termos e de acordo com a legislação especial sobre a matéria.

ART. 6º São públicas dominicais todas as águas situadas em terrenos que também o sejam, quando as mesmas não forem do domínio público de uso comum, ou não forem comuns.

CAPÍTULO II
ÁGUAS COMUNS

ART. 7º São comuns as correntes não navegáveis ou flutuáveis e de que essas não se façam.

CAPÍTULO III
ÁGUAS PARTICULARES

ART. 8º São particulares as nascentes e todas as águas situadas em terrenos que também o sejam, quando as mesmas não estiverem classificadas entre as águas comuns de todos, as águas públicas ou as águas comuns.

CAPÍTULO IV
ÁLVEO E MARGENS

ART. 9º Álveo é a superfície que as águas cobrem sem transbordar para o solo natural e ordinariamente enxuto.

ART. 10. O álveo será público de uso comum, ou dominical, conforme a propriedade das respectivas águas; e será particular no caso das águas comuns ou das águas particulares.

§ 1º Na hipótese de uma corrente que sirva de divisa entre diversos proprietários, o direito de cada um deles se estende a todo o comprimento de sua testada até a linha que divide o álveo ao meio.

§ 2º Na hipótese de um lago ou lagoa nas mesmas condições, o direito de cada proprietário estender-se-á desde a margem até a linha ou ponto mais conveniente para divisão equitativa das águas, na extensão da testada de cada quinhoeiro, linha ou ponto locados, de preferência, segundo o próprio uso dos ribeirinhos.

ART. 11. São públicos dominicais, se não estiverem destinados ao uso comum, ou por algum título legítimo não pertencerem ao domínio particular;

1º, os terrenos de marinha;

2º, os terrenos reservados nas margens das correntes públicas de uso comum, bem como dos canais, lagos e lagoas da mesma espécie. Salvo quanto as correntes que, não sendo navegáveis nem flutuáveis, concorrem apenas para formar outras simplesmente flutuáveis, e não navegáveis.

§ 1º Os terrenos que estão em causa serão concedidos na forma da legislação especial sobre a matéria.

§ 2º Será tolerado o uso desses terrenos pelos ribeirinhos, principalmente os pequenos proprietários, que os cultivem, sempre que o mesmo não colidir por qualquer forma com o interesse público.

ART. 12. Sobre as margens das correntes a que se refere a última parte do n. 2 do artigo anterior, fica somente, e dentro apenas da faixa de 10 metros, estabelecida uma servidão de trânsito para os agentes da administração pública, quando em execução de serviço.

ART. 13. Constituem terrenos de marinha todos os que, banhados pelas águas do mar ou do rio navegáveis, vão até 33 metros para a parte da terra, contados desde o ponto a que chega o preamar médio.

Este ponto refere-se ao estado do lugar no tempo da execução do art. 51, § 14, da lei de 15.11.1831.

ART. 14. Os terrenos reservados são os que, banhados pelas correntes navegáveis, fora do alcance das marés, vão até a distância de 15 metros para a parte de terra, contados desde o ponto médio das enchentes ordinárias.

ART. 15. O limite que separa o domínio marítimo do domínio fluvial, para o efeito de medirem-se ou demarcarem-se 33 (trinta e três) ou 15 (quinze) metros, conforme os terrenos estiverem dentro ou fora do alcance das marés, será indicado pela seção transversal do rio, cujo nível não oscile com a maré ou, praticamente, por qualquer fato geológico ou biológico que ateste a ação poderosa do mar.

CAPÍTULO V
ACESSÃO

ART. 16. Constituem "aluvião" os acréscimos que sucessiva e imperceptivelmente se formarem para a parte do mar e das correntes, aquém do ponto a que chega o preamar médio, ou do ponto médio das enchentes ordinárias, bem como a parte do álveo que se descobrir pelo afastamento das águas.

§ 1º Os acréscimos que por aluvião, ou artificialmente, se produzirem nas águas públicas ou dominicais, são públicos dominicais, se não estiverem destinados ao uso comum, ou se por algum título legítimo não forem do domínio particular.

§ 2º A esses acréscimos, com referência aos terrenos reservados, se aplica o que está disposto no art. 11, § 2º.

ART. 17. Os acréscimos por aluvião formados às margens das correntes comuns, ou das correntes públicas de uso comum a que se refere o art. 12, pertencem aos proprietários marginais, nessa segunda hipótese, mantida, porém, a servidão de trânsito constantes do mesmo artigo, recuada a faixa respectiva, na proporção do terreno conquistado.

Parágrafo único. Se o álveo for limitado por uma estrada pública, esses acréscimos serão públicos dominicais, com ressalva idêntica a da última parte do § 1º do artigo anterior.

ART. 18. Quando a "aluvião" se formar em frente a prédios pertencentes a proprietários diversos, far-se-á a divisão entre eles, em proporção a testada que cada um dos prédios apresentava sobre a antiga margem.

ART. 19. Verifica-se a "avulsão" quando a força súbita da corrente arrancar uma parte considerável e reconhecível de um prédio, arrojando-a sobre outro prédio.

ART. 20. O dono daquele poderá reclamá-lo ao deste, a quem é permitido optar, ou pelo consentimento na remoção da mesma, ou pela indenização ao reclamante.

Parágrafo único. Não se verificando esta reclamação no prazo de um ano, a incorporação se considera consumada, e o proprietário prejudicado perde o direito de reivindicar e de exigir indenização.

ART. 21. Quando a "avulsão" for de coisa não suscetível de aderência natural, será regulada pelos princípios de direito que regem a invenção.

ART. 22. Nos casos semelhantes, aplicam-se à "avulsão" os dispositivos que regem a "aluvião".

ART. 23. As ilhas ou ilhotas, que se formarem no álveo de uma corrente, pertencem ao domínio público, no caso das águas públicas, e ao domínio particular, no caso das águas comuns ou particulares.

§ 1º Se a corrente servir de divisa entre diversos proprietários e elas estiverem no meio da corrente, pertencem a todos esses proprietários, na proporção de suas testadas até a linha que dividir o álveo em duas partes iguais.

§ 2º As que estiverem situadas entre esta linha e uma das margens pertencem, apenas, ao proprietário ou proprietários desta margem.

ART. 24. As ilhas ou ilhotas que se formarem pelo desdobramento de um novo braço de corrente pertencem aos proprietários dos terrenos, a custa dos quais se formaram.

Parágrafo único. Se a corrente, porém, é navegável ou flutuável, elas poderão entrar para o domínio público, mediante prévia indenização.

ART. 25. As ilhas ou ilhotas, quando de domínio público, consideram-se coisas patrimoniais, salvo se estiverem destinadas ao uso comum.

ART. 26. O álveo abandonado da corrente pública pertence aos proprietários ribeirinhos das duas margens, sem que tenham direito a indenização alguma os donos dos terrenos por onde as águas abrigarem novo curso.

Parágrafo único. Retornando o rio ao seu antigo leito, o abandonado volta aos seus antigos donos, salvo a hipótese do artigo seguinte, a não ser que esses donos indenizem o Estado.

ART. 27. Se a mudança da corrente se fez por utilidade pública, o prédio ocupado pelo novo álveo deve ser indenizado, e o álveo abandonado passa a pertencer ao expropriante para que se compense da despesa feita.

ART. 28. As disposições deste capítulo são também aplicáveis aos canais, lagos ou lagoas, nos casos semelhantes que ali ocorram, salvo a hipótese do art. 539 do Código Civil.

- Refere-se ao CC/1916. V. arts. 1.248 e ss., CC/2002).

TÍTULO II
ÁGUAS PÚBLICAS EM RELAÇÃO AOS SEUS PROPRIETÁRIOS

CAPÍTULO ÚNICO

ART. 29. As águas públicas de uso comum, bem como o seu álveo, pertencem:

I - à União:

a) quando marítimas;

b) quando situadas no Território do Acre, ou em qualquer outro território que a União venha a adquirir, enquanto o mesmo não se constituir em Estado, ou for incorporado a algum Estado;

c) quando servem de limites da República com as nações vizinhas ou se estendam a território estrangeiro;

d) quando situadas na zona de 100 quilômetros contígua aos limites da República com estas nações;

e) quando sirvam de limites entre dois ou mais Estados;

f) quando percorram parte dos territórios de dois ou mais Estados.

II - aos Estados:

a) quando sirvam de limites a dois ou mais Municípios;

b) quando percorram parte dos territórios de dois ou mais Municípios.

III - aos Municípios:

a) quando, exclusivamente, situadas em seus territórios, respeitadas as restrições que possam ser impostas pela legislação dos Estados.

§ 1º Fica limitado o domínio dos Estados e Municípios sobre quaisquer correntes, pela servidão que a União se confere, para o aproveitamento industrial das águas e da energia hidráulica, e para navegação;

§ 2º Fica, ainda, limitado o domínio dos Estados e Municípios pela competência que se confere à União para legislar, de acordo com os Estados, em socorro das zonas periodicamente assoladas pelas secas.

ART. 30. Pertencem a União os terrenos de marinha e os acrescidos natural ou artificialmente, conforme a legislação especial sobre o assunto.

ART. 31. Pertencem aos Estados os terrenos reservados as margens das correntes e lagos navegáveis se, por algum título, não forem do domínio federal, municipal ou particular.

Parágrafo único. Esse domínio sofre idênticas limitações as de que trata o art. 29.

TÍTULO III
DESAPROPRIAÇÃO

CAPÍTULO ÚNICO

ART. 32. As águas públicas de uso comum ou patrimoniais, dos Estados ou dos Municípios, bem como as águas comuns e as particulares, e respectivos álveos e margens, podem ser desapropriadas por necessidade ou por utilidade pública:

a) todas elas pela União;

b) as dos Municípios e as particulares, pelos Estados;

c) as particulares, pelos Municípios.

ART. 33. A desapropriação só se poderá dar na hipótese de algum serviço público classificado pela legislação vigente ou por este Código.

LIVRO II
APROVEITAMENTO DAS ÁGUAS

TÍTULO I
ÁGUAS COMUNS DE TODOS

CAPÍTULO ÚNICO

ART. 34. É assegurado o uso gratuito de qualquer corrente ou nascente de águas, para as primeiras necessidades da vida, se houver caminho público que a torne acessível.

ART. 35. Se não houver este caminho, os proprietários marginais não podem impedir que os seus vizinhos se aproveitem das mesmas para aquele fim, contanto que sejam indenizados do prejuízo que sofrerem com o trânsito pelos seus prédios.

§ 1º Essa servidão só se dará verificando-se que os ditos vizinhos não podem haver água de outra parte, sem grande incômodo ou dificuldade.

§ 2º O direito do uso das águas, a que este artigo se refere, não prescreve, mas cessa logo que as pessoas a quem ele é concedido possam haver, sem grande dificuldade ou incômodo, a água de que carecem.

TÍTULO II
APROVEITAMENTO DAS ÁGUAS PÚBLICAS

DISPOSIÇÃO PRELIMINAR

ART. 36. É permitido a todos usar de quaisquer águas públicas, conformando-se com os regulamentos administrativos.

§ 1º Quando este uso depender de derivação, será regulado, nos termos do capítulo IV do título II, do livro II, tendo, em qualquer hipótese, preferência a derivação para o abastecimento das populações.

§ 2º O uso comum das águas pode ser gratuito ou retribuído, conforme as leis e regulamentos da circunscrição administrativa a que pertencerem.

CAPÍTULO I
NAVEGAÇÃO

ART. 37. O uso das águas públicas se deve realizar, sem prejuízo da navegação, salvo a hipótese do art. 48, e seu parágrafo único.

ART. 38. As pontes serão construídas, deixando livre a passagem das embarcações.

Parágrafo único. Assim, estas não devem ficar na necessidade de arriar a mastreação, salvo se contrário é o uso local.

ART. 39. A navegação de cabotagem será feita por navios nacionais.

ART. 40. Em lei ou leis especiais, serão reguladas:

I - a navegação ou flutuação dos mares territoriais das correntes, canais e lagos do domínio da União;

II - a navegação das correntes, canais e lagos:

a) que fizerem parte do plano geral de viação da República;

b) que, futuramente, forem consideradas de utilidade nacional por satisfazerem as necessidades estratégicas ou corresponderem a elevados interesses de ordem política ou administrativa.

III - a navegação ou flutuação das demais correntes, canais e lagos do território nacional.

Parágrafo único. A legislação atual sobre navegação e flutuação só será revogada à medida que forem sendo promulgadas as novas leis.

CAPÍTULO II
PORTOS

ART. 41. O aproveitamento e os melhoramentos e uso dos portos, bem como a respectiva competência federal, estadual ou municipal, serão regulados por leis especiais.

CAPÍTULO III
CAÇA E PESCA

ART. 42. Em Leis especiais são reguladas a caça, a pesca e sua exploração.

Parágrafo único. As leis federais não excluem a legislação estadual supletiva ou complementar, pertinente a peculiaridades locais.

CAPÍTULO IV
DERIVAÇÃO

ART. 43. As águas públicas não podem ser derivadas para as aplicações da agricultura, da indústria e da higiene, sem a existência de concessão administrativa, no caso de utilidade pública e, não se verificando esta, de autorização administrativa, que será dispensada, todavia, na hipótese de derivações insignificantes.

§ 1º A autorização não confere, em hipótese alguma, delegação de Poder Público ao seu titular.

§ 2º Toda concessão ou autorização se fará por tempo fixo, e nunca excedente de trinta anos, determinando-se também um prazo razoável, não só para serem iniciadas, como para serem concluídas, sob pena de caducidade, as obras propostas pelo peticionário.

§ 3º Ficará sem efeito a concessão, desde que, durante três anos consecutivos, se deixe de fazer o uso privativo das águas.

ART. 44. A concessão para o aproveitamento das águas que se destinem a um serviço público será feita mediante concorrência pública, salvo os casos em que as leis ou regulamentos a dispensem.

Parágrafo único. No caso de renovação será preferido o concessionário anterior, em igualdade de condições, apurada em concorrência.

ART. 45. Em toda a concessão se estipulará, sempre, a cláusula de ressalva dos direitos de terceiros.

ART. 46. Concessão não importa, nunca, a alienação parcial das águas públicas, que são inalienáveis, mas no simples direito ao uso destas águas.

ART. 47. O Código respeita os direitos adquiridos sobre estas águas até a data de sua promulgação, por título legítimo ou posse trintenária.

Parágrafo único. Estes direitos, porém, não podem ter maior amplitude do que os que o Código estabelece, no caso de concessão.

ART. 48. A concessão, como a autorização, deve ser feita sem prejuízo da navegação, salvo:

a) no caso de uso para as primeiras necessidades da vida;

b) no caso da lei especial que, atendendo a superior interesse público, o permita.

Parágrafo único. Além dos casos previstos nas letras *a* e *b* deste artigo, se o interesse público superior o exigir, a navegação poderá ser preterida sempre que ela não sirva efetivamente ao comércio.

ART. 49. As águas destinadas a um fim não poderão ser aplicadas a outro diverso, sem nova concessão.

ART. 50. O uso da derivação é real; alienando-se o prédio ou o engenho a que ela serve, passa o mesmo ao novo proprietário.

ART. 51. Neste regulamento administrativo se disporá:

a) sobre as condições de derivação, de modo a se conciliarem quanto possível os usos a que as águas se prestam;

b) sobre as condições da navegação que sirva efetivamente ao comércio, para os efeitos do parágrafo único do art. 48.

ART. 52. Toda cessão total ou parcial da concessão ou autorização, toda mudança de concessionário ou de permissionário, depende de consentimento da administração.

CAPÍTULO V
DESOBSTRUÇÃO

ART. 53. Os utentes das águas públicas de uso comum ou os proprietários marginais são obrigados a se abster de fatos que prejudiquem ou embaracem o regime e o curso das águas, e a navegação ou flutuação, exceto se para tais fatos forem especialmente autorizados por alguma concessão.

Parágrafo único. Pela infração do disposto neste artigo, os contraventores, além das multas estabelecidas nos regulamentos administrativos, são obrigados a remover os obstáculos produzidos. Na sua falta, a remoção será feita à custa dos mesmos pela administração pública.

ART. 54. Os proprietários marginais de águas públicas são obrigados a remover os obstáculos que tenham origem nos seus prédios e sejam nocivos aos fins indicados no artigo precedente.

Parágrafo único. Se, intimados, os proprietários marginais não cumprirem a obrigação que lhes é imposta pelo presente artigo, de igual forma serão passíveis das multas estabelecidas pelos regulamentos administrativos, e à custa dos mesmos, a administração pública fará a remoção dos obstáculos.

ART. 55. Se o obstáculo não tiver origem nos prédios marginais, sendo devido a acidentes ou à ação natural das águas, havendo dono, será este obrigado a removê-lo, nos mesmos termos do artigo anterior; se não houver dono conhecido, removê-lo-á a administração, à custa própria, a ela pertencendo qualquer produto do mesmo proveniente.

ART. 56. Os utentes ou proprietários marginais, afora as multas, serão compelidos a indenizar o dano que causarem, pela inobservância do que fica exposto nos artigos anteriores.

ART. 57. Na apreciação desses fatos, desses obstáculos, para as respectivas sanções, se devem ter em conta os usos locais, a efetividade do embaraço ou prejuízo, principalmente com referência às águas terrestres, de modo que sobre os utentes ou proprietários marginais, pela vastidão do país, nas zonas de população escassa, de pequeno movimento, não venham a pesar ônus excessivos e sem real vantagem para o interesse público.

CAPÍTULO VI
TUTELA DOS DIREITOS DA ADMINISTRAÇÃO E DOS PARTICULARES

ART. 58. A administração pública respectiva, por sua própria força e autoridade, poderá repor incontinênti no seu antigo estado, as águas públicas, bem como o seu leito e margem, ocupados por particulares, ou mesmo pelos Estados ou municípios:

a) quando essa ocupação resultar da violação de qualquer lei, regulamento ou ato da administração;

b) quando o exigir o interesse público, mesmo que seja legal, a ocupação, mediante indenização, se esta não tiver sido expressamente excluída por lei.

Parágrafo único. Essa faculdade cabe à União, ainda no caso do art. 40, n. II, sempre que a ocupação redundar em prejuízo da navegação que sirva, efetivamente, ao comércio.

ART. 59. Se julgar conveniente recorrer ao juízo, a administração pode fazê-lo tanto no juízo petitório quanto no juízo possessório.

ART. 60. Cabe a ação judiciária para defesa dos direitos particulares, quer quanto aos usos gerais, quer quanto aos usos especiais, das águas públicas, seu leito e margens, podendo a mesma se dirigir, quer contra a administração, quer no juízo possessório, salvas as restrições constantes dos parágrafos seguintes:

§ 1º Para que a ação se justifique, é mister a existência de um interesse direto por parte de quem recorra ao juízo.

§ 2º Na ação dirigida contra a administração, esta só poderá ser condenada a indenizar o dano que seja devido, e não a destruir as obras que tenha executado prejudicando o exercício do direito de uso em causa.

§ 3º Não é admissível a ação possessória contra a administração.

§ 4º Não é admissível, também, a ação possessória de um particular contra outro, se o mesmo não apresentar como título uma concessão expressa ou outro título legítimo equivalente.

CAPÍTULO VII
COMPETÊNCIA ADMINISTRATIVA

ART. 61. É da competência da União a legislação de que trata o art. 40, em todos os seus incisos.

Parágrafo único. Essa competência não exclui a dos Estados para legislarem subsidiariamente sobre a navegação ou flutuação dos rios, canais e lagos de seu território, desde que não estejam compreendidos nos números I e II do artigo 40.

ART. 62. As concessões ou autorizações para derivação que não se destinem a produção de energia hidroelétrica serão outorgadas pela União pelos Estados ou pelos municípios, conforme o seu domínio sobre as águas a que se referir ou conforme os serviços públicos a que se destine a mesma derivação, de acordo com os dispositivos deste Código e as leis especiais sobre os mesmo serviços.

ART. 63. As concessões ou autorizações para derivação que se destinem a produção de energia hidroelétrica serão atribuições aos Estados, na forma e com as limitações estabelecidas nos arts. 192, 193 e 194.

ART. 64. Compete a União, aos Estados ou aos municípios providenciar sobre a desobstrução nas águas do seu domínio.

Parágrafo único. A competência da União se estende as águas de que trata o art. 40, n. II.

ART. 65. Os usos gerais a que se prestam as águas públicas só por disposição de lei se podem extinguir.

ART. 66. Os usos de derivação extinguem-se:

a) pela renúncia;

b) pela caducidade;

c) pelo resgate, decorridos os dez primeiros anos após a conclusão das obras, e tomando-se por base do preço da indenização só o capital efetivamente empregado;

d) pela expiração do prazo;

e) pela revogação.

ART. 67. É sempre revogável o uso das águas públicas.

TÍTULO III
APROVEITAMENTO DAS ÁGUAS COMUNS E DAS PARTICULARES

CAPÍTULO I
DISPOSIÇÕES PRELIMINARES

ART. 68. Ficam debaixo da inspeção e autorização administrativa:

a) as águas comuns e as particulares, no interesse da saúde e da segurança pública;

b) as águas comuns, no interesse dos direitos de terceiros ou da qualidade, curso ou altura das águas públicas.

ART. 69. Os prédios inferiores são obrigados a receber as águas que correm naturalmente dos prédios superiores.

Parágrafo único. Se o dono do prédio superior fizer obras de arte, para facilitar o escoamento, procederá de modo que não piore a condição natural e anterior do outro.

ART. 70. O fluxo natural, para os prédios inferiores, de água pertencente ao dono do prédio superior, não constitui por si só servidão em favor deles.

CAPÍTULO II
ÁGUAS COMUNS

ART. 71. Os donos ou possuidores de prédios atravessados ou banhados pelas correntes podem usar delas em proveito dos mesmos prédios, e com aplicação tanto para a agricultura quanto para a indústria, contanto que do refluxo das mesmas águas não resulte prejuízo aos prédios que ficam superiormente situados, e que inferiormente não se altere o ponto de saída das águas remanescentes, nem se infrinja o disposto na última parte do parágrafo único do art. 69.

§ 1º Entende-se por ponto de saída aquele onde uma das margens do álveo deixa primeiramente de pertencer ao prédio.

§ 2º Não se compreende na expressão - águas remanescentes - as escorredouras.

§ 3º Terá sempre preferência sobre quaisquer outros o uso das águas para as primeiras necessidades da vida.

ART. 72. Se o prédio é atravessado pela corrente, o dono ou possuidor poderá, nos limites dele, desviar o álveo da mesma, respeitando as obrigações que lhe são impostas pelo artigo precedente.

Parágrafo único. Não é permitido esse desvio, quando da corrente se abastecer uma população.

ART. 73. Se o prédio é simplesmente banhado pela corrente e as águas não são sobejas, far-se-á a divisão das mesmas entre o dono ou possuidor dele e o do prédio fronteiro, proporcionalmente a extensão dos prédios e as suas necessidades.

Parágrafo único. Devem-se harmonizar, quanto possível, nesta partilha, os interesses da agricultura com os da indústria; e o juiz terá a faculdade de decidir *ex bono et aequo*

ART. 74. A situação superior de um prédio não exclui o direito do prédio fronteiro à porção da água que lhe cabe.

ART. 75. Dividido que seja um prédio marginal, de modo que alguma ou algumas das frações não limite com a corrente, ainda assim terão as mesmas direito ao uso das águas.

ART. 76. Os prédios marginais continuam a ter direito ao uso das águas, quando entre os mesmos e as correntes se abrirem estradas públicas, salvo se pela perda desse direito forem indenizados na respectiva desapropriação.

ART. 77. Se a altura das ribanceiras, a situação dos lugares, impedirem a derivação da água na sua passagem pelo prédio respectivo, poderão estas ser derivadas em um ponto superior da linha marginal, estabelecida a servidão legal de aqueduto sobre os prédios intermédios.

ART. 78. Se os donos ou possuidores dos prédios marginais atravessados pela corrente ou por ela banhados os aumentarem, com a adjunção de outros prédios que não tiverem direito ao uso das águas, não as poderão

DECRETOS

empregar nestes com prejuízo do direito que sobre elas tiverem ou seus vizinhos.

ART. 79. É imprescritível o direito de uso sobre as águas das correntes, o qual só poderá ser alienado por título ou instrumento público, permitida não sendo, entretanto, a alienação em benefício de prédios não marginais, nem com prejuízo de outros prédios, aos quais, pelos artigos anteriores, é atribuída a preferência no uso das mesmas águas.

Parágrafo único. Respeitam-se os direitos adquiridos até a data da promulgação deste código, por título legítimo ou prescrição que recaia sobre oposição não seguida, ou sobre a construção de obras no prédio superior, de que se possa inferir abandono do primitivo direito.

ART. 80. O proprietário ribeirinho tem o direito de fazer na margem ou no álveo da corrente as obras necessárias ao uso das águas.

ART. 81. No prédio atravessado pela corrente, o seu proprietário poderá travar estas obras em ambas as margens da mesma.

ART. 82. No prédio simplesmente banhado pela corrente, cada proprietário marginal poderá fazer obras apenas no trato do álveo que lhe pertencer.

Parágrafo único. Poderá ainda este proprietário travá-las na margem fronteira, mediante prévia indenização ao respectivo proprietário.

ART. 83. Ao proprietário do prédio serviente, no caso do parágrafo anterior, será permitido aproveitar-se da obra feita, tornando-a comum, desde que pague uma parte da despesa respectiva, na proporção do benefício que lhe advier.

CAPÍTULO III
DESOBSTRUÇÃO E DEFESA

ART. 84. Os proprietários marginais das correntes são obrigados a se abster de fatos que possam embaraçar o livre-curso das águas, e a remover os obstáculos a este livre-curso, quando eles tiverem origem nos seus prédios, de modo a evitar prejuízo de terceiros, que não for proveniente de legítima aplicação das águas.

Parágrafo único. O serviço de remoção do obstáculo será feito à custa do proprietário a quem ela incumba, quando este não queira fazê-lo, respondendo ainda o proprietário pelas perdas e danos que causar, bem como pelas multas que lhe forem impostas nos regulamentos administrativos.

ART. 85. Se o obstáculo ao livre-curso das águas não resultar de fato do proprietário e não tiver origem no prédio, mas for devido a acidentes ou a ação do próprio curso de água, será removido pelos proprietários de todos os prédios prejudicados, e, quando nenhum o seja, pelos proprietários dos prédios fronteiros onde tal obstáculo existir.

ART. 86. Para ser efetuada a remoção de que tratam os artigos antecedentes, o dono do prédio em que estiver o obstáculo é obrigado a consentir que os proprietários interessados entrem em seu prédio, respondendo estes pelos prejuízos que lhes causarem.

ART. 87. Os proprietários marginais são obrigados a defender os seus prédios, de modo a evitar prejuízo para o regime e curso das águas e danos para terceiros.

CAPÍTULO IV
CAÇA E PESCA

ART. 88. A exploração da caça e da pesca está sujeita às leis federais, não excluindo as estaduais subsidiárias e complementares.

CAPÍTULO V
NASCENTES

ART. 89. Consideram-se "nascentes" para os efeitos deste Código as águas que surgem naturalmente ou por indústria humana, e correm dentro de um só prédio particular, e ainda que o transponham, quando elas não tenham sido abandonadas pelo proprietário do mesmo.

ART. 90. O dono do prédio onde houver alguma nascente, satisfeitas as necessidades de seu consumo, não pode impedir o curso natural das águas pelos prédios inferiores.

ART. 91. Se uma nascente emerge em um fosso que divide dois prédios, pertence a ambos.

ART. 92. Mediante indenização, os donos dos prédios inferiores, de acordo com as normas da servidão legal de escoamento, são obrigados a receber as águas das nascentes artificiais.

Parágrafo único. Nessa indenização, porém, será considerado o valor de qualquer benefício que os mesmos prédios possam auferir de tais águas.

ART. 93. Aplica-se às nascentes o disposto na primeira parte do art. 79.

ART. 94. O proprietário de uma nascente não pode desviar-lhe o curso quando da mesma se abasteça uma população.

ART. 95. A nascente de uma água será determinada pelo ponto em que ela começa a correr sobre o solo e não pela veia subterrânea que a alimenta.

TÍTULO IV
ÁGUAS SUBTERRÂNEAS

CAPÍTULO ÚNICO

ART. 96. O dono de qualquer terreno poderá apropriar-se por meio de poços, galerias etc., das águas que existam debaixo da superfície de seu prédio, contanto que não prejudique aproveitamentos existentes nem derive ou desvie de seu curso natural águas públicas dominicais, públicas de uso comum ou particulares.

Parágrafo único. Se o aproveitamento das águas subterrâneas de que trata este artigo prejudicar ou diminuir as águas públicas dominicais ou públicas de uso comum ou particulares, a administração competente poderá suspender as ditas obras e aproveitamentos.

ART. 97. Não poderá o dono do prédio abrir poço junto ao prédio do vizinho, sem guardar as distâncias necessárias ou tomar as precisas precauções para que ele não sofra prejuízo.

ART. 98. São expressamente proibidas construções capazes de poluir ou inutilizar para o uso ordinário a água do poço ou nascente alheia, a elas preexistentes.

ART. 99. Todo aquele que violar as disposições dos artigos antecedentes é obrigado a demolir as construções feitas, respondendo por perdas e danos.

ART. 100. As correntes que desaparecerem momentaneamente do solo, formando um curso subterrâneo, para reaparecer mais longe, não perdem o caráter de coisa pública de uso comum, quando já o eram na sua origem.

ART. 101. Depende de concessão administrativa a abertura de poços em terrenos do domínio público.

TITULO V
ÁGUAS PLUVIAIS

ART. 102. Consideram-se águas pluviais, as que procedem imediatamente das chuvas.

ART. 103. As águas pluviais pertencem ao dono do prédio onde caírem diretamente, podendo o mesmo dispor delas à vontade, salvo existindo direito em sentido contrário.

Parágrafo único. Ao dono do prédio, porém, não é permitido:

1º, desperdiçar essas águas em prejuízo dos outros prédios que delas se possam aproveitar, sob pena de indenização aos proprietários dos mesmos;

2º, desviar essas águas de seu curso natural para lhes dar outro, sem consentimento expresso dos donos dos prédios que irão recebê-las.

ART. 104. Transpondo o limite do prédio em que caírem, abandonadas pelo proprietário do mesmo, as águas pluviais, no que lhes for aplicável, ficam sujeitas às regras ditadas para as águas comuns e para as águas públicas.

ART. 105. O proprietário edificará de maneira que o beiral de seu telhado não despeje sobre o prédio vizinho, deixando entre este e o beiral, quando por outro modo não o possa evitar, um intervalo de 10 centímetros, quando menos, de modo que as águas se escoem.

ART. 106. É imprescritível o direito de uso das águas pluviais.

ART. 107. São de domínio público de uso comum as águas pluviais que caírem em lugares ou terrenos públicos de uso comum.

ART. 108. A todos é lícito apanhar estas águas.

Parágrafo único. Não se poderão, porém, construir nestes lugares ou terrenos, reservatórios para o aproveitamento das mesmas águas sem licença da administração.

TITULO VI
ÁGUAS NOCIVAS

CAPÍTULO ÚNICO

ART. 109. A ninguém é lícito conspurcar ou contaminar as águas que não consome, com prejuízo de terceiros.

ART. 110. Os trabalhos para a salubridade das águas serão executados à custa dos infratores, que, além da responsabilidade criminal, se houver, responderão pelas perdas e danos que causarem e pelas multas que lhes forem impostas nos regulamentos administrativos.

ART. 111. Se os interesses relevantes da agricultura ou da indústria o exigirem, e mediante expressa autorização administrativa, as águas poderão ser inquinadas, mas os agricultores ou industriais deverão providenciar para que as se purifiquem, por qualquer processo, ou sigam o seu esgoto natural.

ART. 112. Os agricultores ou industriais deverão indenizar a União, os Estados, os Municípios, as corporações ou os particulares que, pelo favor concedido no caso do artigo antecedente, forem lesados.

ART. 113. Os terrenos pantanosos, quando declarada a sua insalubridade, não forem dessecados pelos seus proprietários, se-lo-ão pela administração, conforme a maior ou menor relevância do caso.

ART. 114. Esta poderá realizar os trabalhos por si ou por concessionários.

ART. 115. Ao proprietário assiste a obrigação de indenizar os trabalhos feitos, pelo pagamento de uma taxa de melhoria sobre o acréscimo do valor dos terrenos saneados, ou por outra forma que for determinada pela administração pública.

ART. 116. Se o proprietário não entrar em acordo para a realização dos trabalhos nos termos dos dois artigos anteriores, dar-se-á a desapropriação, indenizado o mesmo na correspondência do valor atual do terreno, e não do que este venha a adquirir por efeito de tais trabalhos.

TÍTULO VII
SERVIDÃO LEGAL DE AQUEDUTO

CAPÍTULO ÚNICO

ART. 117. A todos é permitido canalizar pelo prédio de outrem as águas a que tenham direito, mediante prévia indenização ao dono deste prédio:

a) para as primeiras necessidades da vida;

b) para os serviços da agricultura ou da indústria;

c) para o escoamento das águas superabundantes;

d) para o enxugo ou bonificação dos terrenos.

ART. 118. Não são passíveis desta servidão as casas de habitação e os pátios, jardins, alamedas ou quintais contíguos as casas.

Parágrafo único. Esta restrição, porém, não prevalece no caso de concessão por utilidade pública, quando ficar demonstrada a impossibilidade material ou econômica de se executarem as obras sem a utilização dos referidos prédios.

ART. 119. O direito de derivar águas nos termos dos artigos antecedentes compreende também o de fazer as respectivas presas ou açudes.

ART. 120. A servidão que está em causa será decretada pelo Governo, no caso de aproveitamento das águas, em virtude de concessão por utilidade pública; e pelo juiz, nos outros casos.

§ 1º Nenhuma ação contra o proprietário do prédio serviente e nenhum encargo sobre este prédio poderá obstar a que a servidão se constitua, devendo os terceiros disputar os seus direitos sobre o preço da indenização.

§ 2º Não havendo acordo entre os interessados sobre o preço da indenização, será o mesmo fixado pelo juiz, ouvidos os peritos que eles nomearem.

§ 3º A indenização não compreende o valor do terreno; constitui unicamente o justo preço do uso do terreno ocupado pelo aqueduto, e de um espaço de cada um dos lados, da largura que for necessária, em toda a extensão do aqueduto.

§ 4º Quando o aproveitamento da água vise ao interesse do público, somente é devida indenização ao proprietário pela servidão se desta resultar diminuição do rendimento da propriedade ou redução da sua área.

ART. 121. Os donos dos prédios servientes têm, também, direito à indenização dos prejuízos que de futuro vierem a resultar da infiltração ou irrupção das águas, ou deterioração das obras feitas, para a condução destas. Para garantia deste direito, eles poderão desde logo exigir que se lhes preste caução.

ART. 122. Se o aqueduto tiver de atravessar estradas, caminhos e vias públicas, sua construção fica sujeita aos regulamentos em vigor, no sentido de não se prejudicar o trânsito.

ART. 123. A direção, natureza e forma do aqueduto devem atender ao menor prejuízo para o prédio serviente.

ART. 124. A servidão que está em causa não fica excluída por que seja possível conduzir as águas pelo prédio próprio, desde que a condução por este se apresente muito mais dispendiosa do que pelo prédio de outrem.

ART. 125. No caso de aproveitamento de águas em virtude de concessão por utilidade pública, a direção, a natureza e a forma do aqueduto serão aquelas que constarem dos projetos aprovados pelo Governo, cabendo apenas aos interessados pleitear em juízo os direitos a indenização.

ART. 126. Correrão por conta daquele que obtiver a servidão do aqueduto todas as obras necessárias para a sua conservação, construção e limpeza.

Parágrafo único. Para este fim, ele poderá ocupar, temporariamente os terrenos indispensáveis para o depósito de materiais, prestando caução pelos prejuízos que possa ocasionar, se o proprietário serviente o exigir.

ART. 127. É inerente à servidão de aqueduto o direito de trânsito por suas margens para seu exclusivo serviço.

ART. 128. O dono do aqueduto poderá consolidar suas margens com relvas, estacadas, paredes de pedras soltas.

ART. 129. Pertence ao dono do prédio serviente tudo que as margens produzem naturalmente.

Não lhe é permitido, porém, fazer plantação, nem operação alguma de cultivo nas mesmas margens, e as raízes que nelas penetrarem poderão ser cortadas pelo dono do aqueduto.

ART. 130. A servidão de aqueduto não obsta a que o dono do prédio serviente possa cercá-lo, bem como edificar sobre o mesmo aqueduto, desde que não haja prejuízo para este, nem se impossibilitem as reparações necessárias.

Parágrafo único. Quando tiver de fazer essas reparações, o dominante avisará previamente ao serviente.

ART. 131. O dono do prédio serviente poderá exigir, a todo o momento, a mudança do aqueduto para outro local do mesmo prédio, se esta mudança lhe for conveniente e não houver prejuízo para o dono do aqueduto. A despesa respectiva correrá por conta do dono do prédio serviente.

ART. 132. Idêntico direito assiste ao dono do aqueduto, convindo-lhe a mudança e não havendo prejuízo para o serviente.

ART. 133. A água, o álveo e as margens do aqueduto consideram-se como partes integrantes do prédio a que as águas servem.

ART. 134. Se houver águas sobejas no aqueduto, e outro proprietário quiser ter parte nas mesmas, esta lhe será concedida, mediante prévia indenização, e pagando, além disso, a quota proporcional à despesa feita com a condução delas até ao ponto de onde se pretendem derivar.

§ 1º Concorrendo diversos pretendentes, serão preferidos os donos dos prédios servientes.

§ 2º Para as primeiras necessidades da vida, o dono do prédio serviente poderá usar gratuitamente das águas do aqueduto.

ART. 135. Querendo o dono do aqueduto aumentar a sua capacidade, para que receba maior caudal de águas, observar-se-ão os mesmos trâmites necessários para o estabelecimento do aqueduto.

ART. 136. Quando um terreno regadio, que recebe a água por um só ponto, se divida por herança, venda ou outro título, entre dois ou mais donos, os da parte superior ficam obrigados a dar passagem a água, como servidão de aqueduto, para a rega dos inferiores, sem poder exigir por ele indenização alguma, salvo ajuste em contrário.

ART. 137. Sempre que as águas correm em benefício de particulares, impeçam ou dificultem a comunicação com os prédios vizinhos, ou embaracem as correntes particulares, o particular beneficiado deverá construir as pontes, canais e outras necessárias para evitar este inconveniente.

ART. 138. As servidões urbanas de aqueduto, canais, fontes, esgotos sanitários e pluviais, estabelecidos para serviço público e privado das populações, edifícios, jardins e fábricas, reger-se-ão pelo que dispuserem os regulamentos de higiene da União ou dos Estados e as posturas municipais.

LIVRO III
FORÇAS HIDRÁULICAS - REGULAMENTAÇÃO DA INDÚSTRIA HIDROELÉTRICA

TÍTULO I

CAPÍTULO I
ENERGIA HIDRÁULICA E SEU APROVEITAMENTO

ART. 139. O aproveitamento industrial das quedas de águas e outras fontes de energia hidráulica, quer do domínio público, quer do domínio particular, far-se-á pelo regime de autorizações e concessões instituído neste Código.

§ 1º Independe de concessão ou autorização o aproveitamento das quedas d'água já utilizadas industrialmente na data da publicação deste Código, desde que sejam manifestadas na forma e prazos prescritos no art. 149 e enquanto não cesse a exploração; cessada esta, cairão no regime deste Código.

§ 2º Também ficam excetuados os aproveitamentos de quedas d'água de potência inferior a 50 kws para uso exclusivo do respectivo proprietário.

§ 3º Dos aproveitamentos de energia hidráulica que, nos termos do parágrafo anterior, não dependem de autorização, deve ser, todavia, notificado o Serviço de Águas do Departamento Nacional de Produção Mineral do Ministério da Agricultura para efeitos estatísticos.

§ 4º As autorizações e concessões serão conferidas na forma prevista no art. 195 e seus parágrafos.

§ 5º Ao proprietário da queda d'água são assegurados os direitos estipulados no art. 148.

ART. 140. São considerados de utilidade pública e dependem de concessão:

a) os aproveitamentos de quedas d'água e outras fontes de energia hidráulica de potência superior a 150 kws, seja qual for a sua aplicação;

b) os aproveitamentos que se destinam a serviços de utilidade pública federal, estadual ou municipal ou ao comércio de energia seja qual for a potência.

ART. 141. Dependem de simples autorização, salvo o caso do § 2º, do art. 139, os aproveitamentos de quedas de água e outras fontes de energia de potência até o máximo de 150kws quando os permissionários forem titulares de direitos de ribeirinidades com relação à totalidade ou ao menos à maior parte da seção do curso d'água a ser aproveitada e destinem a energia ao seu uso exclusivo.

ART. 142. Entende-se por potência, para os efeitos deste Código, a que é dada pelo produto da altura da queda pela descarga máxima de derivação concedida ou autorizada.

ART. 143. Em todos os aproveitamentos de energia hidráulica serão satisfeitas exigências acauteladoras dos interesses gerais:

a) da alimentação e das necessidades das populações ribeirinhas;

b) da salubridade pública;

c) da navegação;

d) da irrigação;

e) da proteção contra as inundações;

f) da conservação e livre-circulação do peixe;

g) do escoamento e rejeição das águas.

DECRETOS

ART. 144. O Serviço de Águas do Departamento Nacional de Produção Mineral do Ministério da Agricultura é o órgão competente do Governo Federal para:

a) proceder ao estudo e avaliação de energia hidráulica do território nacional;

b) examinar e instruir técnica e administrativamente os pedidos de concessão ou autorização para a utilização da energia hidráulica e para produção, transmissão, transformação e distribuição da energia hidroelétrica;

c) fiscalizar a produção, a transmissão, a transformação e a distribuição de energia hidroelétrica; (Redação dada pelo Dec.-Lei 3.763/1941.)

d) exercer todas as atribuições que lhe forem conferidas por este Código e seu regulamento.

CAPÍTULO II
PROPRIEDADE DAS QUEDAS D'ÁGUA

ART. 145. As quedas d'água e outras fontes de energia hidráulica são bens imóveis e tidos como coisas distintas e não integrantes das terras em que se encontrem. Assim a propriedade superficial não abrange a água, o álveo do curso no trecho em que se acha a queda d'água, nem a respectiva energia hidráulica, para o efeito de seu aproveitamento industrial.

ART. 146. As quedas d'água existentes em cursos cujas águas sejam comuns ou particulares pertencem aos proprietários dos terrenos marginais, ou a quem for por título legítimo.

Parágrafo único. Para os efeitos deste Código, os proprietários das quedas d'água que já estejam sendo exploradas industrialmente deverão manifestá-las, na forma e prazo prescritos no art. 149.

ART. 147. As quedas d'água e outras fontes de energia hidráulica existentes em águas públicas de uso comum ou dominicais são incorporadas ao patrimônio da Nação, como propriedade inalienável e imprescritível.

ART. 148. Ao proprietário da queda d'água é assegurada a preferência na autorização ou concessão para o aproveitamento industrial de sua energia ou coparticipação razoável, estipulada neste Código, nos lucros da exploração que por outrem for feita.

Parágrafo único. No caso de condomínio, salvo o disposto no art. 171, só terá lugar o direito de preferência à autorização ou concessão se houver acordo ente os condôminos; na hipótese contrária, bem como, no caso de propriedade litigiosa, só subsistirá o direito de coparticipação nos resultados da exploração, entendendo-se por proprietário para esse efeito o conjunto dos condôminos.

ART. 149. As empresas ou particulares, que estiverem realizando o aproveitamento de quedas d'água ou outras fontes de energia hidráulica, para quaisquer fins, são obrigados a manifestá-lo dentro do prazo de seis meses, contados da data da publicação deste Código, e na forma seguinte:

▸ Dec.-Lei 852/1938 (Mantém, com modificações, o Dec. 24.643/1934 - Código de Águas, e dá outras providências).

I - Terão de produzir, cada qual por si, uma justificação no Juízo do Fórum, da situação da usina, com assistência do órgão do Ministério Público, consistindo a dita justificação na prova da existência e característicos da usina, por testemunhas de fé e da existência, natureza e extensão de seus direitos sobre a queda d'água utilizada, por documentos com eficiência probatória, devendo entregar-se à parte os autos independentemente de traslado;

II - Terão de apresentar ao Governo Federal a justificação judicial de que trata o número I e mais os dados sobre os característicos técnicos da queda d'água e usina de que se ocupam as alíneas seguintes:

a) Estado, comarca, município, distrito e denominação do rio, da queda, do local e usina;

b) um breve histórico da fundação da usina desde o início da sua exploração;

c) breve descrição das instalações e obras de arte destinadas a geração, transmissão, transformação e distribuição da energia;

d) fins a que se destina a energia produzida;

e) constituição da empresa, capital social, administração, contratos para fornecimento de energia e respectivas tarifas.

§ 1º Só serão considerados aproveitamentos já existentes e instalados, para os efeitos deste Código, os que forem manifestados ao Poder Público na forma e prazo prescritos neste artigo.

§ 2º Somente os interessados que satisfizerem dentro do prazo legal as exigências deste artigo poderão prosseguir na exploração industrial da energia hidráulica, independentemente de autorização ou concessão na forma deste Código.

TÍTULO II

CAPÍTULO I
CONCESSÕES

ART. 150. As concessões serão outorgadas por decreto do Presidente da República, referendado pelo ministro da Agricultura.

ART. 151. Para executar os trabalhos definidos no contrato, bem como para explorar a concessão, o concessionário terá, além das regalias e favores constantes das leis fiscais e especiais, os seguintes direitos:

a) utilizar os termos de domínio público e estabelecer as servidões nos mesmos e através das estradas, caminhos e vias públicas, com sujeição aos regulamentos administrativos;

b) desapropriar nos prédios particulares e nas autorizações preexistentes os bens, inclusive as águas particulares sobre que verse a concessão e os direitos que forem necessários, de acordo com a lei que regula a desapropriação por utilidade publica, ficando a seu cargo a liquidação e pagamento das indenizações;

c) estabelecer as servidões permanente ou temporárias exigidas para as obras hidráulica e para o transporte e distribuição da energia elétrica;

▸ Dec. 35.851/1954 (Regulamenta esta alínea).

d) construir estradas de ferro, rodovias, linhas telefônicas ou telegráficas, sem prejuízo de terceiros, para uso exclusivo da exploração;

e) estabelecer linhas de transmissão e de distribuição.

ART. 152. As indenizações devidas aos ribeirinhos quanto ao uso das águas no caso de direitos exercidos, quanto à propriedade das mesmas águas, ou aos proprietários das concessões ou autorizações preexistentes, serão feitas, salvo acordo em sentido contrário, entre os mesmos e os concessionários, em espécie ou em dinheiro, conforme os ribeirinhos ou proprietários preferirem.

§ 1º Quando as indenizações se fizerem em espécie serão sob a forma de um quinhão d'água ou de uma quantidade de energia correspondente a água que aproveitavam ou a energia de que dispunham, correndo por conta do concessionário as despesas com as transformações técnicas necessárias para não agravar ou prejudicar os interesses daqueles.

§ 2º As indenizações devidas aos ribeirinhos quanto ao uso das águas, no caso de direitos não exercidos, serão feitas na forma que for estipulada em regulamento a ser expedido.

ART. 153. O concessionário obriga-se:

a) a depositar nos cofres públicos, ao assinar o termo de concessão, em moeda corrente do país, ou em apólices da dívida pública federal, como garantia do implemento das obrigações assumidas, a quantia de vinte mil réis, por kilowatt de potência concedida, sempre que esta potência não exceder a 2.000 Kws. Para potências superiores a 2.000 Kws, a caução será de quarenta contos de réis em todos os casos;

b) a cumprir todas as exigências da presente lei, das cláusulas contratuais e dos regulamentos administrativos;

c) a sujeitar-se a todas as exigências da fiscalização;

d) a construir e manter nas proximidades da usina, onde for determinado pelo Serviço de Águas, as instalações necessárias para observações linimétricas e medições de descargas do curso d'água utilizado;

e) a reservar uma fração da descarga d'água, ou a energia correspondente a uma fração da potência concedida, em proveito dos serviços públicos da União, dos Estados ou dos Municípios.

ART. 154. As reservas de água e de energia não poderão privar a usina de mais de 30% da energia de que ela disponha.

ART. 155. As reservas de água e de energia a que se refere o artigo anterior serão entregues aos beneficiários; as de água, na entrada do canal de adução ou na saída do canal de descarga e as de energia, nos bornes da usina.

§ 1º A energia reservada será paga pela tarifa que estiver em vigor, com abatimento razoável, a juízo do Serviço de Águas do Departamento Nacional de Produção Mineral, ouvidas as autoridades administrativas interessadas.

§ 2º Serão estipuladas nos contratos as condições de exigibilidade das reservas; as hipóteses de não exigência, de exigência e de aviso prévio.

§ 3º Poderá o concessionário, a seu requerimento, ser autorizado a dispor da energia reservada, por período nunca superior a dois anos, devendo-se-lhe notificar, com seis meses de antecedência, a revogação da autorização da para tal fim.

§ 4º Se a notificação de que trata o parágrafo anterior feita não for, a autorização considera-se renovada por mais dois anos, e assim sucessivamente.

§ 5º A partilha entre a União, os Estados e os Municípios, da energia reservada será feita pelo Governo da União.

ART. 156. A Administração Pública terá em qualquer época o direito de prioridade sobre as disponibilidades do concessionário, pagando pela tarifa que estiver em vigor, sem abatimento algum.

ART. 157. As concessões, para produção, transmissão e distribuição da energia hidroelétrica, para quaisquer fins, serão dadas pelo prazo normal de 30 anos.

Parágrafo único. Excepcionalmente, se as obras e instalações, pelo seu vulto, não comportarem amortização do capital no prazo estipulado neste artigo, com o fornecimento de energia por preço razoável, ao consumidor, a juízo do Governo, ouvidos os órgãos técnicos e administrativos competentes, a concessão poderá ser outorgada por prazo superior, não excedente, porém, em hipótese alguma, de 50 anos.

ART. 158. O pretendente à concessão deverá requerê-la ao Ministério da Agricultura e fará acompanhar seu requerimento do respetivo projeto, elaborado de conformidade com as instruções estipuladas e instruído com os documentos e dados exigidos no regulamento a ser expedido sobre a matéria e especialmente, com referência:

- Dec.-Lei 852/1938 (Mantém, com modificações, o Dec. 24.643/1934 - Código de Águas, e dá outras providências).

a) à idoneidade moral, técnica e financeira e à nacionalidade do requerente:

b) à constituição e sede da pessoa coletiva que for o requerente;

c) à exata compreensão 1) do programa e objeto atual e futuro do requerente; 2) das condições das obras civis e das instalações a realizar;

d) ao capital atual e futuro a ser empregado na concessão.

ART. 159. As minutas dos contratos, de que constarão todas as exigências de ordem técnica, serão preparadas pelo Serviço de Águas e, por intermédio do diretor geral do Departamento Nacional de Produção Mineral, submetidos à aprovação do ministro da Agricultura.

Parágrafo único. Os projetos apresentados deverão obedecer às prescrições técnicas regulamentares, podendo ser alterados no todo ou em parte, ampliados ou restringidos, em vista da segurança, do aproveitamento racional do curso d'água ou do interesse público.

ART. 160. O concessionário obriga-se, na forma estabelecida em lei, e a título de utilização, fiscalização, assistência técnica e estatística a pagar uma quantia proporcional à potência concedida.

Parágrafo único. O pagamento dessa quota se fará desde a data que for fixada nos contratos para a conclusão das obras e instalações.

ART. 161. As concessões dadas de acordo com a presente lei ficam isentas de impostos federais e de quaisquer impostos estaduais ou municipais, salvo os de consumo, renda e venda mercantis.

ART. 162. Nos contratos de concessão figurarão entres outras as seguintes cláusulas:

a) ressalva de direitos de terceiros;

b) prazos para início e execução das obras, prorrogáveis a juízo do Governo;

c) tabelas de preços nos bornes da usina e a cobrar dos consumidores, com diferentes fatores de carga;

d) obrigação de permitir aos funcionários encarregados da fiscalização livre-acesso, em qualquer época, às obras e demais instalações compreendidas na concessão, bem como o exame de todos os assentamentos, gráficos, quadros e demais documentos preparados pelo concessionário para verificação das descargas, potências, medidas de rendimento das quantidades de energia utilizada na usina ou fornecida e dos preços e condições de venda aos consumidores;

ART. 163. As tarifas de fornecimento da energia serão estabelecidas, exclusivamente, em moeda corrente no país e serão revistas de três em três anos.

- Dec.-Lei 2.676/1940 (Dispõe sobre a aplicação de penalidade por infração do disposto nos artigos 202, § 3º, e 163 do Dec. 24.643/1934 - Código de Águas).

ART. 164. A concessão poderá ser dada:

a) para o aproveitamento limitado e imediato da energia hidráulica de um trecho de determinado curso d'água;

b) para o aproveitamento progressivo da energia hidráulica de um determinado trecho de curso d'água ou de todo um determinado curso d'água;

c) para um conjunto de aproveitamento de energia hidráulica de trechos de diversos cursos d'água, com referência a uma zona em que se pretenda estabelecer um sistema de usinas interconectadas e podendo o aproveitamento imediato ficar restrito a uma parte do plano em causa.

§ 1º Com referência à alínea *c*, se outro pretendente solicitar o aproveitamento imediato da parte não utilizada, a preferência para o detentor da concessão, uma vez que não seja evidente a desvantagem pública, se dará, marcado, todavia, o prazo de uma a dois anos para iniciar as obras.

§ 2º Desistindo o detentor dessa parte da concessão, será a mesma dada ao novo pretendente para o aproveitamento com o plano próprio.

§ 3º Se este não iniciar as obras dentro do referido prazo, voltará àquele o privilégio integral conferido.

ART. 165. Findo o prazo das concessões revertem para a União, para os Estados ou para os Municípios, conforme o domínio a que estiver sujeito o curso d'água, todas as obras de captação, de regularização e de derivação, principais e acessórias, os canais adutores d'água, os condutos forçados e canais de descarga e de fuga, bem como, a maquinaria para a produção e transformação da energia e linhas de transmissão e distribuição.

Parágrafo único. Quando o aproveitamento da energia hidráulica se destinar a serviços públicos federais, estaduais ou municipais, as obras e instalações de que trata o presente artigo reverterão:

a) para a União, tratando-se de serviços públicos federais, qualquer que seja o proprietário da fonte de energia utilizada;

b) para o Estado, tratando-se de serviços estaduais em rios que não sejam do domínio federal, caso em que reverterão à União;

c) para o Município, tratando-se de serviços municipais ou particulares em rios que não sejam do domínio da União ou dos Estados.

ART. 166. Nos contratos serão estipuladas as condições de reversão, com ou sem indenização.

Parágrafo único. No caso de reversão com indenização, será esta calculada pelo custo histórico menos a depreciação, e com dedução da amortização já efetuada quando houver.

ART. 167. Em qualquer tempo ou época que ficarem determinadas no contrato, poderá a União encampar a concessão, quando interesses públicos relevantes o exigirem, mediante indenização prévia.

Parágrafo único. A indenização será fixada sobre a base do capital que efetivamente se gastou, menos a depreciação e com dedução da amortização já efetuada quando houver.

ART. 168. As concessões deverão caducar obrigatoriamente, declarada a caducidade por decreto do Governo Federal:

I - Se, em qualquer tempo, se vier a verificar que não existe a condição exigida no art. 195;

II - Se o concessionário reincidir em utilizar uma descarga superior a que tiver direito, desde que essa infração prejudique as quantidades de água reservadas na conformidade dos arts. 143 e 153, letra *e*;

III - Se, no caso de serviços de utilidade pública, forem os serviços interrompidos por mais de setenta e duas horas consecutivas, salvo motivo de força maior, a juízo do Governo Federal.

ART. 169. As concessões decretadas caducas serão reguladas da seguinte forma:

I - No caso de produção de energia elétrica destinada ao comércio de energia, o Governo Federal, por si ou terceiro, substituirá o concessionário até o termo da concessão, perdendo o dito concessionário todos os seus bens, relativos ao aproveitamento concedido e à exploração da energia, independentemente de qualquer procedimento judicial e sem indenização de espécie alguma.

II - No caso de produção de energia elétrica destinada a indústria do próprio concessionário, ficará este obrigado a restabelecer a situação do curso d'água anterior ao aproveitamento concedido, se isso for julgado conveniente pelo Governo.

CAPÍTULO II AUTORIZAÇÕES

ART. 170. A autorização não confere delegação do Poder Público ao permissionário.

ART. 171. As autorizações são outorgadas por ato do ministro da Agricultura.

§ 1º O requerimento de autorização deverá ser instruído com documentos e dados exigidos no regulamento a ser expedido sobre a matéria, e, especialmente, com referência:

a) à idoneidade moral, técnica e financeira e à nacionalidade do requerente, se for pessoa física;

b) à constituição da pessoa coletiva que for o requerente;

c) à exata compreensão do programa e objetivo atual e futuro do requerente;

d) às condições técnicas das obras civis e das instalações a realizar;

e) do capital atual e futuro a ser empregado;

f) aos direitos de riberinidade ou ao direito de dispor livremente dos terrenos nos quais serão executadas as obras;

g) aos elementos seguintes: potência, nome do curso d'água, distrito, município, Estado, modificações resultantes para o regime do curso, descarga máxima derivada e duração da autorização.

ART. 172. A autorização será outorgada por um período máximo de trinta anos, podendo ser renovada por prazo igual ou inferior:

a) por ato expresso do ministro da Agricultura, dentro dos cinco anos que precedem à terminação da duração concedida e mediante petição do permissionário;

b) de pleno direito, se um ano, no mínimo, antes da expiração do prazo concedido, o Poder Público não notificar o permissionário de sua intenção de não a conceder.

ART. 173. Toda cessão total ou parcial da autorização, toda mudança de permissionário, não sendo o caso de vendas judiciais, deve ser comunicada ao Ministério da Agricultura, para que este dê ou recuse seu assentimento.

Parágrafo único. A recusa de assentimento só se verificará quando o pretendente seja incapaz de tirar da queda de que é ribeirinho um partido conforme com o interesse geral.

ART. 174. Não sendo renovada a autorização, o Governo poderá exigir o abandono, em seu proveito, mediante indenização, das obras de barragem e complementares edificadas no leito do curso e sobre as margens, se isto for julgado conveniente pelo mesmo Governo.

§ 1º Não caberá ao permissionário a indenização de que trata esse artigo se as obras tiverem sido estabelecidas sobre terrenos do domínio público.

§ 2º Se o Governo não fizer uso dessa faculdade, o permissionário será obrigado a estabelecer o livre-escoamento das águas.

ART. 175. A autorização pode transformar-se em concessão, quando, em virtude da mudança de seu objeto principal, ou do aumento da potência utilizada, incida nos dispositivos do art. 140.

ART. 176. Não poderá ser imposto ao permissionário outro encargo pecuniário ou *in natura*, que não seja quota correspondente a 50% (cinquenta por cento), da que caberia a uma concessão de potência equivalente.

ART. 177. A autorização incorrerá em caducidade, nos termos do regulamento que for expedido:

a) pelo não cumprimento das disposições estipuladas;

b) pela inobservância dos prazos estatuídos;

c) por alteração, não autorizada, dos planos aprovados para o conjunto das obras e instalações.

CAPÍTULO III
FISCALIZAÇÃO

ART. 178. No desempenho das atribuições que lhe são conferidas, a Divisão de Águas do Departamento Nacional da Produção Mineral fiscalizará a produção, a transmissão, a transformação e a distribuição de energia hidroelétrica, com o tríplice objetivo de: (Redação dada pelo Dec.-Lei 3.763/1941.)

a) assegurar serviço adequado; (Redação dada pelo Dec.-Lei 3.763/1941.)

b) fixar tarifas razoáveis; (Redação dada pelo Dec.-Lei 3.763/1941.)

c) garantir a estabilidade financeira das empresas. (Redação dada pelo Dec.-Lei 3.763/1941.)

Parágrafo único. Para a realização de tais fins, exercerá a fiscalização da contabilidade das empresas. (Redação dada pelo Dec.-Lei 3.763/1941.)

ART. 179. Quanto ao serviço adequado a que se refere a alínea *a* do artigo precedente, resolverá a administração sobre:

a) qualidade e quantidade do serviço;

b) extensões;

c) melhoramentos e renovação das instalações;

d) processos mais econômicos de operação.

§ 1º A divisão de Águas representará ao Conselho Nacional de Águas e Energia Elétrica sobre a necessidade de troca de serviços - interconexão - entre duas ou mais empresas, sempre que o interesse público o exigir. (Redação dada pelo Dec.-Lei 3.763/1941.)

§ 2º Compete ao CNAEE, mediante a representação de que trata o parágrafo anterior ou por iniciativa própria: (Redação dada pelo Dec.-Lei 3.763/1941.)

a) resolver sobre interconexão; (Redação dada pelo Dec.-Lei 3.763/1941.)

b) determinar as condições de ordem técnica ou administrativa e a compensação com que a mesma troca de serviços deverá ser feita. (Redação dada pelo Dec.-Lei 3.763/1941.)

ART. 180. Quanto às tarifas razoáveis, alínea *b* do artigo 178, o Serviço de Águas fixará, trienalmente, as mesmas:

I - sob a forma do serviço pelo custo, levando-se em conta:

a) todas as despesas e operações, impostos e taxas de qualquer natureza, lançados sobre a empresa, excluídas as taxas de benefício;

b) as reservas para depreciação;

c) a remuneração do capital da empresa.

II - Tendo em consideração, no avaliar a propriedade, o custo histórico, isto é, o capital efetivamente gasto, menos a depreciação;

III - conferindo justa remuneração a esse capital;

IV - vedando estabelecer distinção entre consumidores, dentro da mesma classificação e nas mesmas condições de utilização do serviço;

V - tendo em conta as despesas de custeio fixadas, anualmente, de modo semelhante.

ART. 181. Relativamente à estabilidade financeira de que cogita a alínea *c* do art. 178, além da garantia do lucro razoável indicado no artigo anterior, aprovará e fiscalizará especialmente a emissão de títulos.

Parágrafo único. Só é permitida essa emissão, qualquer que seja a espécie de títulos para:

a) aquisição de propriedade;

b) a construção, complemento, extensão ou melhoramento das instalações, sistemas de distribuição ou outras utilidades com essas condizendo;

c) o melhoramento na manutenção do serviço;

d) descarregar ou refundir obrigações legais;

e) o reembolso do dinheiro da renda efetivamente gasto para os fins acima indicados.

ART. 182. Relativamente à fiscalização da contabilidade das empresas, a Divisão de Águas: (Redação dada pelo Dec.-Lei 3.763/1941.)

a) verificará, utilizando-se dos meios que lhe são facultados no artigo seguinte, se é feita de acordo com as normas regulamentares baixadas por decreto; (Redação dada pelo Dec.-Lei 3.763/1941.)

b) poderá proceder, semestralmente, com a aprovação do Ministro da Agricultura, à tomada de contas das empresas. (Redação dada pelo Dec.-Lei 3.763/1941.)

Parágrafo único. Os dispositivos alterados estendem-se igualmente à energia termelétrica e às empresas respectivas, no que lhes forem aplicáveis. (Incluído pelo Dec.-Lei 3.763/1941.)

ART. 183. Para o exercício das atribuições conferidas ao Serviço de Águas pelos arts. 178 a 181, seus parágrafos, números e alíneas, as empresas são obrigadas:

a) à apresentação do relatório anual, acompanhado da lista de seus acionistas, com o número de ações que cada um possui e da indicação do número e nome de seus diretores e administradores;

b) à indicação do quadro do seu pessoal;

c) à indicação das modificações que ocorram quanto à sua sede, quanto à lista e à indicação de que trata a alínea *a*, e quanto às atribuições de seus diretores e administradores.

Parágrafo único. Os funcionários do Serviço de Águas, por este devidamente autorizados, terão entrada nas usinas, subestações e estabelecimentos das empresas e poderão examinar as peças de contabilidade e todo documento administrativo ou comercial.

ART. 184. A ação fiscalizadora do serviço de Águas estende-se:

a) a todos os contratos ou acordo, entre as empresas, de operação e seus associados, quaisquer que estes sejam, destinem-se os mesmos contratos ou acordos à direção, gerência, engenharia, contabilidade, consulta, compra, suprimentos, construções, empréstimos, vendas de ações ou mercadorias, ou a fins semelhantes;

b) a todos os contratos ou acordos relativos à aquisição das empresas, de operação pelas empresas de controle de qualquer gênero, ou por outras empresas.

§ 1º Esses contratos ficam debaixo de sua jurisdição, para impedir lucros que não sejam razoáveis, sendo examinado cada contrato como um item separado, e não podendo se tornar efetivo sem sua aprovação.

§ 2º Entre os associados, se compreendem as empresas estrangeiras prestem serviços daquelas espécies dentro do país.

ART. 185. Consideram-se associados para os efeitos do artigo precedente:

a) todas as pessoas ou corporações que possuam, direta ou indiretamente, ações com direito a voto, da empresa de operação;

b) as que conjuntamente com a empresa de operação fazem parte direta ou indiretamente de uma mesma empresa do controle;

c) as que têm diretores comuns;

d) as que contratarem serviços de administração, engenharia, contabilidade, consulta, compras etc.

ART. 186. A aprovação do Governo aos contratos não poderá ser dada na ausência de prova satisfatória do custo serviço do associado.

ART. 187. Na ausência da prova satisfatória de que trata o artigo anterior, a despesa proveniente do contrato não será levada em conta em um processo de tarifas.

Parágrafo único. O Governo pode retirar uma aprovação previamente dada, se, em virtude de consideração ulterior, se convencer de que o custo do serviço não era razoável.

ART. 188. Em qualquer processo perante o Serviço de Águas do Departamento Nacional de Produção Mineral o ônus da prova recai sobre a empresa de operação, para mostrar o custo do serviço do associado.

CAPÍTULO IV
PENALIDADES

ART. 189. Os concessionários ficam sujeitos à multa, por não cumprirem os deveres que lhes são prescritos pelo presente código e às constantes dos respectivos contratos.

§ 1º As multas poderão ser impostas pelo Serviço de Águas até Cr$ 22.321,00 (vinte e dois mil, trezentos e vinte e um cruzeiros) e o dobro na reincidência, nos termos dos regulamentos que expedir. (Redação dada pelo Dec. 75.566/1975.)

§ 2º As disposições acima não eximem as empresas e seus agentes de qualquer categoria, das sanções das leis penais que couberem.

ART. 190. Para apuração de qualquer responsabilidade por ação ou omissão referida no artigo anterior e seus parágrafos, poderá a repartição federal fiscalizadora proceder e preparar inquéritos e diligências, requisitando quando lhe parecer necessário a intervenção do Ministério Público.

§ 1º As multas serão cobradas por ação executiva no juízo competente.

§ 2º Cabe à repartição federal fiscalizadora acompanhar, por seu representante, os processos crimes que forem intentados pelo Ministério Público.

TÍTULO II

CAPÍTULO ÚNICO
COMPETÊNCIA DOS ESTADOS PARA AUTORIZAR OU CONCEDER O APROVEITAMENTO INDUSTRIAL DAS QUEDAS D'ÁGUA E OUTRAS FONTES DE ENERGIA HIDRÁULICA

ART. 191. A União transferirá aos Estados as atribuições que lhe são conferidas neste código, para autorizar ou conceder o aproveitamento industrial das quedas d'água e outras fontes de energia hidráulica, mediante condições estabelecidas no presente capítulo.

ART. 192. A transferência de que trata o artigo anterior terá lugar quando o Estado interessado possuir um serviço técnico-administrativo, a que sejam afeitos os assuntos concernentes ao estudo e avaliação do potencial hidráulico, seu aproveitamento industrial, inclusive transformação em energia elétrica e sua exploração, com a seguinte organização:

a) seção técnica de estudos de regime de cursos d'água e avaliação do respectivo potencial hidráulico;

b) seção de fiscalização, concessões e cadastro, sob a chefia de um profissional competente e com o pessoal necessário às exigências do serviço.

§ 1º Os serviços de que trata este artigo serão confiados a profissionais especializados.

§ 2º O Estado proverá o serviço dos recursos financeiros indispensáveis ao seu eficiente funcionamento.

§ 3º Organizado e provido que seja o serviço, e a requerimento do Governo do Estado, o Governo Federal expedirá o ato de transferência, ouvido o Departamento Nacional de Produção Mineral, que, pelo seu órgão competente, terá de se pronunciar, após verificação, sobre o cumprimento dado pelo Estado às exigências deste código.

ART. 193. Os Estados exercerão dentro dos respectivos territórios as atribuições que lhes forem conferidas, de acordo com as disposições deste código, e com relação a todas as fontes de energia hidráulica, excetuadas as seguintes:

a) as existentes em cursos do domínio da União;

b) as de potência superior a 10.000 (dez mil) kilowatts;

c) as que por sua situação geográfica possam interessar a mais de um Estado, a juízo do Governo Federal;

d) aquelas cujo racional aproveitamento exigir trabalhos de regularização ou acumulação interessando a mais de um Estado.

§ 1º As autorizações e concessões feitas pelos Estados devem ser comunicadas ao Governo Federal por ocasião da publicação dos respectivos atos, e só serão válidos os respectivos títulos depois de transcritos nos registros a cargo do Serviço de Águas.

§ 2º As autorizações e concessões estaduais feitas com inobservância dos dispositivos deste código são nulas de pleno direito, não sendo registrados os respectivos títulos.

ART. 194. Os Estados perderão o direito de exercer as atribuições que lhes são transferidas pelo art. 191, quando, por qualquer motivo, não mantiverem devidamente organizados, a juízo do Governo Federal, os serviços discriminados no presente título.

TÍTULO III

CAPÍTULO I
DISPOSIÇÕES GERAIS

ART. 195. As autorizações ou concessões serão conferidas exclusivamente a brasileiros ou a empresas organizadas no Brasil.

§ 1º As empresas a que se refere este artigo deverão constituir suas administrações com maioria de diretores brasileiros, residentes no Brasil, ou delegar poderes de gerência exclusivamente a brasileiros.

§ 2º Deverão essas empresas manter nos seus serviços, no mínimo, dois terços de engenheiros e três quartos de operários brasileiros.

§ 3º Se fora dos centros escolares, mantiverem mais de cinquenta operários, com a existência entre os mesmos e seus filhos, de, pelo menos, dez analfabetos, serão obrigadas a lhes proporcionar ensino primário gratuito.

ART. 196. Nos estudos dos traçados de estradas de ferro e de rodagem, nos trechos em que ela se desenvolve ao longo das margens de um curso d'água, será sempre levado em consideração o aproveitamento da energia desse curso e será adaptado, dentre os traçados possíveis, sob o ponto de vista econômico, o mais vantajoso a esse aproveitamento.

ART. 197. A exportação de energia hidroelétrica, ou a derivação de águas para o estrangeiro, só poderão ser feitas mediante acordo internacional, ouvido o Ministério da Agricultura.

ART. 198. Toda vez que o permissionário ou o concessionário do aproveitamento industrial de uma queda d'água não for o respectivo proprietário (pessoa física ou jurídica, município ou Estado), a este caberá metade das quotas de que tratam os artigos 160 e 176, cabendo a outra metade ao Governo Federal.

ART. 199. Em lei especial será regulada a nacionalização progressiva das quedas d'água ou outras fontes de energia hidráulica julgadas básicas ou essenciais à defesa econômica ou militar da nação.

Parágrafo único. Nas concessões para o aproveitamento das quedas d'água de propriedade privada, para serviços públicos federais, estaduais e municipais, ao custo histórico das instalações, deverá ser adicionado o da queda d'água, para o efeito de reversão com ou sem indenização.

ART. 200. Será criado um conselho federal de forças hidráulicas e energia elétrica, a que incumbirá:

a) o exame das questões relativas ao racional aproveitamento do potencial hidráulico do país;

b) o estudo dos assuntos pertinentes à indústria da energia elétrica e sua exploração;

c) a resolução, em grau de recurso, das questões suscitadas entre a administração, os contratantes ou concessionários de serviços públicos e os consumidores.

Parágrafo único. Em lei especial serão reguladas a composição, o funcionamento e a competência desse conselho.

ART. 201. A fim de prover ao exercício, conservação e defesa de seus direitos, podem se reunir em consórcio todos os que têm interesse comum na derivação e uso da água.

§ 1º A formação, constituição e funcionamento do consórcio obedecerão às normas gerais consagradas pelo Ministério da Agricultura sobre a matéria.

§ 2º Podem os consórcios ser formados, coativamente, pela administração pública, nos casos e termos que forem previstos em lei especial.

CAPÍTULO II
DISPOSIÇÕES TRANSITÓRIAS

ART. 202. Os participantes ou empresas que, na data da publicação deste código, explorarem a indústria da energia hidroelétrica, em virtude ou não de contratos, ficarão sujeitos às normas da regulamentação nele consagradas.

- Dec.-Lei 852/1938 (Mantém, com modificações, o Dec. 24.643/1934 - Código de Águas, e dá outras providências).

§ 1º Dentro do prazo de um ano, contado da publicação deste código, deverá ser procedida, para o efeito deste artigo, a revisão dos contratos existentes.

§ 2º As empresas que explorarem a indústria da energia hidroelétrica, sem contrato porque haja terminado o prazo e não tenha havido reversão, ou por qualquer outro motivo, deverão fazer contrato, por prazo não excedente de trinta anos, a juízo do Governo, obedecendo-se, na formação do mesmo, às normas consagradas neste código.

§ 3º Enquanto não for procedida a revisão dos contratos existentes, ou não forem firmados os contratos de que trata este artigo, as empresas respectivas não gozarão de nenhum dos favores previstos neste código, não poderão fazer ampliações ou modificações em suas instalações, nenhum aumento nos preços, nem novos contratos de fornecimento de energia.

- Dec.-Lei 2.059/1940 (Dispõe sobre a ampliação ou modificação das instalações elétricas a que se refere o art. 202, § 3º, do Código de Águas, e dá outras providências).
- Dec.-Lei 2.676/1940 (Dispõe sobre a aplicação de penalidade por infração do disposto nos artigos 202, § 3º, e 163 do Código de Águas (Dec. 24.643/1934)).

ART. 203. As atuais empresas concessionárias ou contratantes, sob qualquer título de exploração, de energia elétrica para fornecimento, a serviços públicos federais, estaduais ou municipais, deverão:

a) constituir suas administrações na forma prevista no § 1º do artigo 195;

b) conferir, quando estrangeiras, poderes de representação a brasileiros em maioria, com faculdade de subestabelecimento exclusivamente a nacionais.

Parágrafo único. As disposições deste artigo aplicam-se aos atuais contratantes e concessionários, ficando impedidas de funcionar no Brasil as empresas ou companhias nacionais ou estrangeiras que dentro de noventa dias, após a promulgação da Constituição, não cumprirem as obrigações acima prescritas.

ART. 204. Fica o Governo autorizado a desdobrar a Seção de Legislação, Fiscalização e Concessões do Serviço de Águas do Departamento Nacional de Produção Mineral, a aumentar seu pessoal técnico e administrativo, de acordo com as necessidades do Serviço e a abrir os créditos necessários à execução deste código.

ART. 205. Revogam-se as disposições em contrário.

Rio de Janeiro, 10 de julho de 1934; 113º da Independência e 46º da República.

GETÚLIO VARGAS

DECRETO N. 24.778, DE 14 DE JULHO DE 1934

O Chefe do Governo Provisório da República dos Estados Unidos do Brasil, usando das atribuições que lhe confere o art. 1º do Decreto n. 19.398, de 11 de novembro de 1930;

- Revogado pelo Dec. de 25.04.1991.
- Revigorado pelo Dec. 3.329/2000.

Considerando que se tem suscitado dúvidas quanto à validade do penhor, ou caução, de créditos hipotecários e pignoratícios, dúvidas que ainda perduram apesar de as ter resolvido, implicitamente, o Decreto n. 21.499, de 9 de junho de 1932, que incluiu tais cauções entre as operações da Caixa de Mobilização Bancária:

Considerando que a exclusão desses penhores, contrariando, grandemente, as mais fortes exigências da economia contemporânea, não se funda em princípio jurídico essencial, visto como os warrants, debêntures e letras hipotecárias são, correntemente, objeto de caução, e a lei já conhece penhor, o agrícola, que recai sobre imóveis;

Decreta:

DECRETOS

ART. 1º Podem ser objeto de penhor os créditos garantidos por hipoteca ou penhor, os quais, para esse efeito, considerar-se-ão coisa móvel.

ART. 2º O credor pignoratício poderá levar á praça os créditos dados em garantia, ou executá-los diretamente, para seu pagamento.

ART. 3º Revogam-se as disposições em contrário.

Rio de Janeiro, 14 de julho de 1934, 113º da Independência e 46º da República.

GETÚLIO VARGAS

DECRETO N. 3.079, DE 15 DE SETEMBRO DE 1938

Regulamenta o Decreto-Lei n. 58, de 10 de dezembro de 1937, que dispõe sobre o loteamento e a venda de terrenos para pagamento em prestações.

- Publicado na Coleção de Leis do Brasil de 31.12.1938.
- Dec.-Lei 271/1967 (Dispõe sobre loteamento urbano, responsabilidade do loteador concessão de uso e espaço aéreo).

O Presidente da República usando da atribuição que lhe confere o artigo 74, letra a, da Constituição,

Decreta:

ART. 1º Os proprietários, ou coproprietários, de terras rurais ou terrenos urbanos, que pretendam vendê-los, divididos em lotes e por oferta pública, mediante pagamento do preço a prazo em prestações sucessivas e periódicas, são obrigados, antes de anunciar a venda, a depositar no cartório do registro de imóveis da circunscrição respectiva:

I - Um memorial por eles assinado ou por procuradores, com poderes especiais, contendo:

a) descrição minuciosa da propriedade loteada, da qual conste a denominação, área, limites, situação e outros característicos do imóvel;

b) relação cronológica dos títulos de domínio, desde 20 anos, com indicação da natureza e data de cada um, e do número e data das transcrições, ou certidão dos títulos e prova de que se acham devidamente transcritos, salvo quanto aos títulos que, anteriormente ao Código Civil, não estavam sujeitos á transcrição;

c) plano de loteamento, de que conste o programa do desenvolvimento urbano, ou de aproveitamento industrial ou agrícola; nesta última hipótese, informações sobre a qualidade das terras, águas, servidões ativas e passivas, estradas e caminhos, distância da sede do município e das estações de transporte do mais fácil acesso.

II - Planta do imóvel, assinada pelo proprietário e pelo engenheiro que haja efetuado a medição e o loteamento e com todos os requisitos técnicos e legais; indicadas a situação, as dimensões e a numeração dos lotes, as dimensões e a nomenclatura das vias de comunicação e espaços livres, as construções e benfeitorias, e as vias públicas de comunicação.

III - Exemplar de caderneta ou do contrato-tipo de compromisso de venda dos lotes.

IV - Certidão negativa de impostos e de ônus reais.

V - Certidão referente a ação real ou pessoal, relativa a um período de 10 anos, ou a protesto de dívida civil e comercial dentro de 5 anos.

VI - Certidão dos documentos referidos na letra b, do n. I.

§ 1º O plano de loteamento e as especificações mencionadas, bem como a planta do imóvel e os esclarecimentos constantes do n. II, poderão ser apresentados por secções, ou por glebas, à medida que as terras ou os terrenos, forem sendo postos à venda por prestações quando por sua extensão não sejam objeto de uma única planta ou tenham origens várias.

§ 2º Tratando-se de propriedade urbana, o plano e planta do loteamento devem ser previamente, aprovados pela Prefeitura Municipal, ouvidas, quando ao que lhes disser respeito, as autoridades sanitárias e militares.

O mesmo se observará quanto às modificações a que se refere o § 5º.

Excetuam-se do disposto neste parágrafo os terrenos que, anteriormente à data do Decreto-Lei n. 58, de 10 de dezembro de 1937, estavam sendo vendidos em logradouros em que a Prefeitura Municipal já tenha concedido alvarás para construções, ou se acham registrados de conformidade com as leis municipais.

A Prefeitura e as demais autoridades ouvidas disporão de 90 dias para pronunciar-se, importando o silêncio a aprovação. A impugnação deverá ser fundamentada em disposições de leis, regulamentos ou posturas, ou no interesse publico.

§ 3º As certidões positivas da existência de ônus reais, de impostos e de qualquer ação real ou pessoal, bem como qualquer protesto de título de dívida civil ou comercial não impedem o registro.

§ 4º Se a propriedade estiver gravada de ônus real, o memorial será acompanhado da escritura pública em que o respectivo titular estipule as condições em que se obriga a liberar os lotes no ato do instrumento definitivo de compra e venda.

§ 5º O plano de loteamento poderá ser modificado quando aos lotes não comprometidos e o de arruamento desde que a modificação não prejudique os lotes comprometidos ou definitivamente adquiridos.

A planta e o memorial assim aprovados serão depositado no cartório do registro para nova inscrição observado o disposto no artigo 2º e parágrafo e dispensada, a critério do juiz, a apresentação das provas que já tenham sido produzidas no registro inicial.

§ 6º O memorial, o plano de loteamento e os documentos depositados serão franqueado pelo oficial do registro, ao exame de qualquer interessado, independentemente do pagamento de emolumentos ainda que a título de busca.

ART. 2º Recebimento o memorial e os documentos mencionados no art. 1º, o oficial do registro dará recibo ao depositante e, depois de autuá-los e verificar a sua conformidade com a lei, tornará público o depósito por edital afixado no lugar do costume e publicado três vezes, durante 10 dias, no jornal oficial do Estado e em jornal da sede da comarca, ou que nesta circule. O edital conterá, sucintamente, os dados necessários à configuração do imóvel.

§ 1º O oficial fará essa verificação no prazo de dez dias e poderá exigir que o depositante ponha seus documentos em conformidade com a lei, concedendo-lhe, para isso, dez dias, no máximo. Não se conformando o depositante com a exigência do oficial, serão os autos conclusos ao juiz competente para decidir da exigência.

§ 2º Decorridos trinta dias da última publicação e não havendo impugnação de terceiros, que poderá ser oferecida até a expiração daquele prazo, o oficial procederá ao registro, Se os documentos estiverem em ordem. Caso contrário, e findo o prazo, os autos serão desde logo conclusos ao juiz competente, para conhecer da dúvida ou impugnação.

§ 3º Será rejeitada *in limini*, remetendo-se o impugnante para o juízo contencioso a impugnação que não vier fundada num direito real devidamente comprovado de acordo com legislação em vigor.

§ 4º Estando devidamente fundamentadas a impugnação ou a dívida o juiz mandará dar vista ao impugnado pelo prazo de cinco dias, findo o qual proferirá a decisão, que será publicada em cartório, pelo oficial, para ciência das interessados.

§ 5º Da decisão que negar ou conceder o registro caberá agravo de petição.

§ 6º Quando a propriedade estiver situada em mais de um município, ou comarca, o registro far-se-á apenas onde se achar a maior porção de terras.

ART. 3º A inscrição torna inalienáveis, por qualquer título, as vias de comunicação e os espaços livres constantes do memorial e da planta.

Parágrafo único. Inscrita a modificação de arruamento a que se refere o art. 1º § 5º, cancelar-se-á cláusula de inalienabilidade sobre as vias de comunicação e os espaços livres da planta modificada, a qual passará a gravar as vias e espaços abertos em substituição.

ART. 4º Nos cartórios do registro imobiliário haverá um livro auxiliar, na forma da lei respectiva, e de acordo com o modelo anexo.

Nele se registrarão, resumidamente:

a) por inscrição o memorial da propriedade loteada;

b) por averbação, os contratos de compromisso de venda e de financeiramente, suas transferências e recisões.

Parágrafo único. No livro de transcrição, e à margem do registrado da propriedade loteada, averbar-se-á a inscrição assim que efetuada.

ART. 5º A averbação atribui ao compromissário direito real oponível a terceiros, quanto a alienação ou oneração posterior, e far-se-á a vista do instrumento do compromisso de venda, em que o oficial lançará a nota indicativa do livro, página e data do assentamento.

ART. 6º A inscrição não pode ser cancelada senão:

a) em cumprimento de sentença;

b) a requerimento do proprietário, enquanto nenhum lote for objeto do compromisso devidamente averbado, ou mediante o consentimento do todos os compromissários ou seus cessionários, expresso em documento por eles assinado ou por procuradores com poderes especiais.

ART. 7º Cancela-se a averbação:

a) a requerimento das partes contratantes do compromisso de compra e venda;

b) pela resolução do contrato;

c) pela transcrição do contrato definitivo de compra o venda;

d) por mandado judicial.

ART. 8º O registro instituído por esta lei, tanto por inscrição quanto por averbação, não dispensa nem substitui o dos atos constitutivos ou translativos de direito reais na forma e para os efeitos das leis e regulamentos dos registros públicos.

ART. 9º O adquirente por ato *inter vivos*, ainda que em basta pública, ou por sucessão legitima ou testamentária, da propriedade loteada e inscrita, sub-roga-se nos direitos e obrigações dos alienantes, autores da herança ou testadores, sendo nula qualquer disposição em contrário.

ART. 10. Nos anúncios e outras publicações de propaganda de venda de lotes a prestações, sempre se mencionará o número e data da inscrição do memorial e dos documentos no registro imobiliário.

ART. 11 Do compromisso de compra e venda a que se refere esta lei, contratado por instrumento público ou particular, constarão sempre as seguintes especificações:

a) nome, nacionalidade, estudo o domicilio dos contratantes;

b) denominação e situação da propriedade, número e data da inscrição;

c) descrição do lote ou dos lotes que forem objeto do compromisso, confrontações, áreas e outros característicos, bem como os números correspondentes na planta arquivada;

d) prazo, peço e forma de pagamento, o importância do sinal;

e) juros devidos sobre o débito em aberto e sobre as prestações vencidas e não pagas;

f) cláusula penal não superior a 10% do débito e só exigível no caso do intervenção judicial para a restituição do imóvel cujo compromisso for cancelado;

g) declaração da existência ou inexistência de servidão ativa ou passiva o outros ônus reais ou quaisquer outras restrições ao direito de propriedade, devendo, em caso positivo, constar a concordância do possuidor do direito real;

h) indicação do contratante a quem incumbe o pagamento das taxas o impostos.

§ 1º O contrato, quando feito por instrumento particular, será manuscrito, datilografado ou impresso, com espaços em branco preenchíveis em cada caso, e lavrar-se-á em duas vias, assinadas pelas partes e por duas testemunhos, devidamente reconhecidas as firma; por tabelião.

Os tabeliães poderão usar, para os contratos, livros impressos com espaços em branco, preenchíveis de caso em caso.

Ambas as vias ou traslados serão entregues pelo promitente-vendedor dentro em dez dias ao oficial do registro para averbá-las e restituí-las anotadas a cada uma das partes.

§ 2º É indispensável a outorga uxória quando seja casado o vendedor.

§ 3º As procurações dos contratantes que não tiverem sido arquivadas anteriormente sê-lo-ão no cartório do registro, junto aos respectivos autos.

ART. 12. Subentende-se no contrato a condição resolutiva da legitimidade e validade do título de domínio.

§ 1º Em caso de resolução, com fundamento neste artigo, além de se devolverem as prestações recebidas, com juros convencionados ou os da lei, desde a data do pagamento, haverá, quando provada a má-fé, direito a indenização de perdas e danos.

§ 2º O falecimento dos contratantes não resolve o contrato, que se transmitirá aos herdeiros. Também não o resolve a sentença declaratória de falência. Na dos proprietários, dar-lhe-ão cumprimento o síndico e o liquidatário; na dos compromissários, será ele arrecadado pelo síndico o vendido, em hasta pública, pelo liquidatário.

ART. 13. O contrato transfere-se por simples trespasse lançado no verso das duas vias, ou por instrumento separado, neste caso com as formalidades do art. 11.

§ 1º No primeiro caso, presume-se a anuência do proprietário. A falta de consentimento expresso do compromitente-vendedor não impede a cessão do contrato de compromisso, mas torna o cedente e o cessionário solidário nos direitos e obrigações contratuais.

§ 2º Averbando a transferência para a qual não conste o assentimento do proprietário, o oficial lhe dará ciência por escrito.

ART. 14. Vencida e não paga a prestação do compromisso ou financiamento, ou não cumprida obrigação cujo inadimplemento rescinda o contrato, considerar-se-á este rescindido trinta dias depois de constituído em mora o devedor, prazo este contado da data da intimação, salvo se o compromitente-vendedor conceder, por escrito, prorrogação do prazo.

§ 1º Para este efeito será o devedor intimação pelo oficial do registro, a requerimento do compromitente, ou mutuante, a satisfazer as prestações vencidas, as que se vencerem até a data do pagamento os juros convencionados, ou a obrigação, as custas do processo e, quando por eles se tenha obrigado, os impostos e taxas devidos, e multas.

§ 2º O oficial juntará aos autos do processo de loteamento do compromitente cópia da intimação feita, assim como do recibo passado ao compromissário ao efetuar o pagamento do respectivo débito e, ainda, o recibo, que lhe deverá ser fornecido pelo compromitente, do recebimento e competente quitação, em cartório.

§ 3º A intimação será feita mediante a entrega, ao oficial do registro, de uma carta do compromitente-vendedor, em três vias, das quais uma será encaminhada ao compromissário-comprador faltoso, por intermédio do mesmo oficial, ou rio seu auxiliar responsável, e outra restituída ao compromitente vendedor com a certidão da intimação, ficando a terceira arquivada em cartório, com cópia autêntica daquela intimação.

Se for desconhecida a residência do compromissário-comprador, ou se este não for encontrado, a intimação será feita por edital resumido, publicado duas vezes, pelo menos, no jornal oficial respectivo e em jornal da sede da comarca de eleição, ou no da situação do imóvel, ou, na sua falta, em outro que nela circule. Decorridos dez dias da última publicação, o oficial do registro certificará o ocorrido, havendo-se por feita a intimação.

§ 4º Purgada a mora, convalescerá o compromisso.

§ 5º Com a certidão do não haver sido feito o pagamento em cartório, ou apresentada a prova de estar cumprida a obrigação, no prazo regulamentar, o compromitente ou mutuante requererá ao oficial do registro o cancelamento da averbação.

ART. 15. Os compromissários têm o direito de, antecipando ou ultimando o pagamento integral do preço, e estando quites com os impostos e taxas, exigir a outorga da escritura de compra e venda.

ART. 16. Recusando-se os compromitentes a passar a escritura definitiva no caso do artigo anterior, serão intimados, por despacho judicial e a requerimento do compromissário, a dá-la nos dez dias seguintes à intimação, correndo o prazo em cartório.

§ 1º Se nada alegarem dentro desse prazo, o juiz, por sentença, adjudicará os lotes aos compradores, mandando:

a) tomar por termo a adjudicação, dela constando, alem de outros especificações, as cláusulas do compromisso, que devessem figurar no contrato de compra e venda e o depósito do restante do preço se ainda não integralmente pago;

b) expedir, pagos os impostos devidos, o de transmissão inclusive em favor dos compradores, como título do propriedade, a carta de adjudicação;

c) cancelar a inscrição hipotecária tão somente a respeito dos lotes adjudicados nos termos da escritura aludida no § 4º, do art. 1º.

§ 2º Se, porem, no decêndio, alegarem os compromitentes matéria relevante, o juiz, recebendo-a como embargos mandará que os compromissários os contestem em cinco dias.

§ 3º Havendo as partes protestado por provas, seguir-se-á uma dilação probatória de dez dias, findos os quais, sem mais alegação, serão os autos conclusos para sentença.

§ 4º Das sentenças proferidas nos casos deste artigo caberá o recurso de agravo de petição.

§ 5º Estando a propriedade hipotecada, será o credor citado para, no caso deste artigo, cumprido o disposto no § 3º do art. 1º, autorizar o cancelamento parcial da inscrição, quanto aos lotes comprometidos.

ART. 17. Pagas todas as prestações do preço, é lícito ao compromitente requerer a intimação judicial do compromissário para no prazo de trinta dias, que correrá em cartório, receber a escritura de compra e venda.

Parágrafo único. Não sendo assinada a escritura nesse prazo, depositar-se-á o lote comprometido por conta e risco do compromissário, respondendo este pelas despesas judiciais e custas do depósito.

ART. 18. Os proprietários, ou coproprietários, de terrenos urbanos loteados na forma deste decreto e do Decreto-Lei n. 58, que se dispuserem a fornecer aos compromissários, por empréstimo, recursos para a construção do prédio, nos lotes comprometidos, ou tomá-la por empreitada, por conta dos compromissários, depositará no cartório do registro imobiliário um memorial indicando as condições gerais do empréstimo, ou da empreitada, e da amortização da dívida em prestações.

§ 1º O contrato, denominado de financiamento, será feito por instrumento público ou particular, com as especificações do art. 11 que lhe forem aplicáveis. Esse contrato será averbado no livro a que alude o art. 4º, fazendo-se resumida referência na coluna apropriada. O cancelamento da averbação do contrato acessório de financiamento, far-se-á nos mesmos casos do art. 7º.

§ 2º Com o memorial também se depositará o contrato-tipo de financiamento, contendo as cláusulas gerais para todos os casos, com os claros a serem preenchidos em cada caso.

§ 3º Não se considera financiamento o simples fornecimento de materiais para a construção do prédio no terreno comprometido.

ART. 19. O contrato de compromisso não poderá ser transferido sem o de financiamento, nem este sem aquele. A rescisão do compromisso de venda acarretará a do contrato de financiamento, e vice-versa, na forma do art. 14.

ART. 20. O adquirente do lote, por qualquer título, fica solidariamente responsável, com o compromissário, pelas obrigações constantes e decorrentes do contrato de financiamento, si devidamente averbado.

ART. 21. Em caso de falência, os contratos de compromisso de venda e do financiamento serão vendidos conjuntamente em hasta pública, anunciado dentro de quinze dias depois da primeira assembleia de credores, sob pena de destituição do liquidatário. Essa pena será aplicada pelo juiz a requerimento dos interessados, que poderão pedir designação de dia e hora para a hasta pública.

DISPOSIÇÕES GERAIS

ART. 22. As escrituras de compromisso de compra e venda de imóveis não loteados, cujo preço deva pagar-se a prazo, em uma ou mais prestações, serão averbadas à margem das respectivas transcrições aquisitivas, para os efeitos desta lei, compreendidas nesta disposição as escrituras de promessa de venda de imóveis em geral.

ART. 23. Nenhuma ação ou defesa se admitirá, fundada nos dispositivos deste decreto e do decreto-lei n. 58, sem apresentação do documento comprobatório do registro por eles instituído.

ART. 24. Em todos os casos de procedimento judicial, o foi o competente será o da situação do lote comprometido ou o a que se, referir o contrato do financiamento, quando as partes não hajam contratado outro foro.

Parágrafo único. Todas as intimações a serem feitas pelo oficial do registro obedecerão à forma determinada no § 3º do art. 14.

ART. 25. O oficial do registro, além das custas devidas pelos demais atos, perceberá:

a) pelo depósito e inscrição, a taxa de 100$000;

b) pela averbarão, a do 5$000 por via de contrato de venda ou de financiamento;

c) pelo cancelamento da averbação, a de 5$000.

ART. 26. Todos os requerimentos e, documentos atinentes ao registro se juntarão aos autos respectivos independentemente de despacho judicial.

ART. 27. As penhoras, arrestos e sequestros dos imóveis a que se refere este decreto e o Decreto-Lei n. 58, para os efeitos da apreciação da fraude de alienações posteriores, serão inscritas obrigatoriamente, dependendo da prova desse procedimento, o curso da ação.

ART. 28. A mudança de numeração, a construção, a reconstrução, a demolição, a edificação e o desmembramento dos imóveis referidos no artigo anterior, bem como a alterar do nome do seu proprietário, por casamento ou desquite, serão obrigatoriamente averbados nas transcrições dos imóveis a que disserem respeito.

Parágrafo único. A prova da mudança de numeração, da construção, da reconstrução, da demolição, da edificação e do desmembramento será feita mediante, certidão da Prefeitura Municipal. Tratando-se de alteração do nome por casamento ou desquite, a prova consistirá, exclusivamente, em certidão do registro civil.

ART. 29. As multas decorrentes da aplicação deste decreto o do decreto-lei n. 58 serão impostas pelo juiz a que estiver submetido o registro imobilizaria, mediante comunicação documentada do oficial, o inscritas o cobradas pela União, de acendo com a legislação em vigor.

ART. 30. O disposto neste decreto e no Decreto-Lei n. 58 não se aplica à União, nos Estados nem aos Municípios. Estes, porém, não poderão vender terras pela forma referida sem autorização prévia do governo do Estarão, por lei especial.

DISPOSIÇÕES TRANSITÓRIAS

ART. 1º Os proprietários de terras e terrenos loteados, em curso de venda, deverão proceder ao depósito e registro, nos temos do Decreto-Lei n. 58, de 10 de dezembro de 1937, até 30 do setembro corrente indicando no memorial os lotes já comprometidos.

Se até trinta dias depois de esgotado esse prazo não houverem cumprido o disposto neste decreto e no Decreto-Lei n. 58, incorrerão os vendedores em multas 10 a 20 contos de réis, aplicada no dobro quando decorridos mais três meses.

§ 1º Efetuada a inscrição da propriedade loteada, os compromissários apresentarão as suas cadernetas ou contratos para serem averbados, ainda que não tenham todos os requisitos do art. 11, contato que sejam anteriores à vigência do Decreto-Lei n. 58, ou celebrados até à do registro de trata o art. 2º, § 2º.

§ 2º Não se entendem em curso de vendas as terras e terrenos loteados já comprometidos na sua totalidade, embora ainda não outorgadas as escrituras definitivas.

ART. 2º Antes de proceder ao depósito e o registro a que, alude o artigo anterior, o oficial verificará, confrontando os documentos apresentados com as transcrições de transmissões as lançadas em seus livros, si as alienação parciais anteriores da propriedade loteada afetam o lotes comprometidos, da para isso as buscas necessárias, desde a data da transcrição do imóvel em nome do loteado.

Parágrafo único. Pelas buscas que efetuar, o oficial terá direito aos emolumentos fixados no regimento de Custas.

ART. 3º Este decreto entrará em vigor na data sua publicação, revogadas as disposições em contrário.

Rio de Janeiro, 15 de setembro de 1938, 117º da Independência e 50º da República.

GETÚLIO VARGAS

DECRETO N. 27.048, DE 12 DE AGOSTO DE 1949

Aprova o regulamento da Lei n. 605, de 5 de janeiro de 1949, que dispõe sobre o repouso semanal remunerado e o pagamento de salário nos dias feriados civis e religiosos.

- *DOU*, 16.08.1949.
- Dec. 83.842/1979 (Delega competência ao Ministro do Trabalho para autorizar o funcionamento de empresas aos domingos e feriados civis e religiosos).

O Presidente da República, usando da atribuição que lhe confere o art. 87, n. I, da Constituição, e nos termos do art. 10, parágrafo único, da Lei n. 605, de 5 de janeiro de 1949,

Decreta:

ART. 1º Fica aprovado o Regulamento que a este acompanha, assinado pelo Ministro de Estado dos Negócios do Trabalho, Indústria e Comércio, pelo qual reger-se-á a execução da Lei n. 605, de 5 de janeiro de 1949.

ART. 2º Revogam-se as disposições em contrário.

Rio de Janeiro, 12 de agosto de 1949; 128º da Independência e 61º da República.

EURICO G. DUTRA.

REGULAMENTO A QUE SE REFERE O DECRETO N. 27.048, DE 12 DE AGOSTO DE 1949

ART. 1º Todo empregado tem direito a repouso remunerado, num dia de cada semana, perfeitamente aos domingos, nos feriados civis e nos religiosos, de acordo com a tradição local, salvo as exceções previstas neste Regulamento.

ART. 2º As disposições do presente Regulamento são extensivas:

a) aos trabalhadores rurais, salvo os que trabalhem em regime de parceria agrícola, meação ou forma semelhante de participação na produção;

b) aos trabalhadores que, sob forma autônoma, trabalhem agrupados, por intermédio de sindicato, caixa portuária ou entidade congênere, tais como estivadores, conservadores, conferentes e assemelhados;

c) aos trabalhadores das entidades autárquicas, dos serviços industriais da União, dos Estados, dos Municípios e dos Territórios, e das empresas por estes administradas ou incorporadas, desde que não estejam sujeitos ao regime dos funcionários ou extranumerários ou não tenham regime próprio de proteção ao trabalho, que lhes assegure situação análogas à daqueles servidores públicos.

ART. 3º O presente regulamento não se aplica:

a) aos empregados domésticos, assim considerados os que prestem serviço de natureza não econômica a pessoa ou a família, no âmbito residencial destas;

b) aos funcionários da União dos Estados, dos Municípios e dos Territórios, bem como aos respectivos extranumerários, em serviço nas próprias repartições.

ART. 4º O repouso semanal remunerado será de vinte horas consecutivas.

ART. 5º São feriados e como tais obrigam ao repouso remunerado em todo o território nacional, aqueles que a lei determinar.

Parágrafo único. Será também obrigatório o repouso remunerado nos dias feriados locais, até o máximo de sete, desde que declarados como tais por lei municipal, cabendo à autoridade regional competente em matéria de trabalho expedir os atos necessários à observância do repouso remunerado nesses dias.

ART. 6º Executados os casos em que a execução dos serviços for imposta pelas exigências técnicas das empresas, é vedado o trabalho nos dias de repouso a que se refere o art. 1º, garantida, entretanto, a remuneração respectiva.

§ 1º Constituem exigências técnicas, para os efeitos deste regulamento, aquelas que, em razão do interesse público, ou pelas condições peculiares às atividades da empresa ou ao local onde as mesmas se exercitarem, tornem indispensável a continuidade do trabalho, em todos ou alguns dos respectivos serviços.

§ 2º Nos serviços que exijam trabalho em domingo, com exceção dos elencos teatrais e congêneres, será estabelecida escala de revezamento, previamente organizada de quadro sujeito a fiscalização.

§ 3º Nos serviços em que for permitido o trabalho nos feriados civis e religiosos, a remuneração dos empregados que trabalharem nesses dias será paga em dobro, salvo a empresa determinar outro dia de folga.

ART. 7º É concedida, em caráter permanente e de acordo com o disposto no § 1º do art. 6º, permissão para o trabalho nos dias de repouso a que se refere o art. 1º, nas atividades constantes da relação anexa ao presente regulamento.

§ 1º Os pedidos de permissão para quaisquer outras atividades, que se enquadrem no § 1º do art. 6º, serão apresentados às autoridades regionais referidas no art. 16, que os encaminharão ao Ministro do Trabalho, Indústria e Comércio, devidamente informados.

§ 2º A permissão dar-se-á por decreto ao Poder Executivo.

ART. 8º Fora dos casos previstos no artigo anterior admitir-se-á excepcionalmente, o trabalho em dia de repouso:

a) quando ocorrer motivo de força maior, cumprindo à empresa justificar a ocorrência perante a autoridade regional a que se refere o art. 15, no prazo de 10 dias;

b) quando, para atender à realização ou conclusão de serviços inadiáveis ou cuja inexecução possa acarretar prejuízo manifesto, a empresa obtiver da autoridade regional referida no art.

15 autorização prévia, com discriminação do período autorizado, o qual, de cada vez, não excederá de 60 dias, cabendo neste caso a remuneração em dobro, na forma e com a ressalva constante do artigo 6º, § 3º.

ART. 9º Nos dias de repouso, em que for permitido o trabalho, é vedada às empresas a execução de serviços que não se enquadrem nos motivos determinantes da permissão.

ART. 10. A remuneração dos dias de repouso obrigatório, tanto o do repouso obrigatório, tanto o do repouso semanal como aqueles correspondentes aos feriados, integrará o salário para todos os efeitos legais e com ele deverá ser paga.

§ 1º A remuneração do dia de repouso corresponderá, qualquer que seja a forma de pagamento do salário:

a) para os contratados por semana, dia ou hora à de um dia normal de trabalho não computadas as horas extraordinárias;

b) para os contratados por tarefa ou peça, ao equivalente ao salário correspondente às tarefas ou peças executadas durante a semana, no horário normal de trabalho, dividido pelo dias de serviço efetivamente prestados ao empregador;

c) para os trabalhadores rurais, que trabalham por tarefa pré-determinada, ao cociente da divisão do salário convencionado pelo número de dias fixado para a respectiva execução.

§ 2º A remuneração prevista na alínea a será devida aos empregados contratados por mês ou quinzena, cujo cálculo de salário mensal ou quinzenal, ou cujos descontos por faltas ao serviço sejam efetuados em base inferior a trinta (30) ou quinze (15) dias respectivamente.

ART. 11. Perderá a remuneração do dia de repouso o trabalhador que, sem motivo justificado ou em virtude de punição disciplinar, não tiver trabalhado durante toda a semana, cumprindo integralmente o seu horário de trabalho.

§ 1º Nas empresas em que vigorar regime de trabalho reduzido, a frequência exigida corresponderá ao número de dias em que houver trabalho.

§ 2º Não prejudicarão a frequência exigida as ausências decorrentes de férias.

§ 3º Não serão acumuladas a remuneração do repouso semanal e a do feriado civil ou religioso, que recaírem no mesmo dia.

§ 4º Para os efeitos do pagamento da remuneração, entende-se como semana o período da segunda-feira a domingo, anterior à semana em que recair o dia de repouso definido no art. 1º.

ART. 12. Constituem motivos justificados:

a) os previstos no art. 473, e seu parágrafo da Consolidação das Leis do Trabalho;

b) a ausência do empregado, justificada, a critério da administração do estabelecimento, mediante documento por esta fornecido;

c) a paralisação do serviço nos dias em que, por conveniência do empregador, não tenha havido trabalho;

d) a falta ao serviço, com fundamento na Lei de Acidentes do Trabalho;

e) a ausência do empregado, até três dias consecutivos, em virtude de seu casamento;

f) a doença do empregado devidamente comprovada, até 15 dias, caso em que a remuneração corresponderá a dois terços da fixada no art. 10.

§ 1º A doença será comprovada mediante atestado passado por médico da empresa ou por ela designado e pago.

§ 2º Não dispondo a empresa de médico da instituição de previdência a que esteja filiado o empregado, por médico do Serviço Social da Indústria ou do Serviço Social do Comércio, por médico de repartição federal, estadual ou municipal, incumbido de assunto de higiene ou saúde, ou, inexistindo na localidade médicos nas condições acima especificados, por médico do sindicato a que pertença o empregado ou por profissional da escolha deste.

§ 3º As entradas no serviço, verificadas com atraso, em decorrência de acidentes de transportes, quando devidamente comprovados mediante atestado da empresa concessionária, não acarretarão, para o trabalhador, a aplicação do disposto no art. 11.

ART. 13. Para os efeitos da legislação do trabalho e das contribuições e benefícios da previdência social, passará a ser calculado na base de trinta dias ou duzentos e quarenta horas o mês que anteriormente, o era na base de vinte e cinco dias ou duzentas horas.

ART. 14. As infrações ao disposto na Lei n. 605, de 5 de janeiro de 1949, ou neste Regulamento, serão punidas, segundo o caráter e a gravidade, com a multa de cem a cinco mil cruzeiros.

ART. 15. São originalmente competentes para a imposição das multas de que trata este Regulamento as autoridades regionais do trabalho: no Distrito Federal, o Diretor da Divisão de Fiscalização do Departamento Nacional do Trabalho; nos Estados, os Delegados Regionais do Trabalho; e, nos Estados onde houver delegação de atribuições a autoridade delegada.

ART. 16. A fiscalização da execução do presente Regulamento, bem como o processo de atuação de seus infratores, reger-se-ão pelo disposto no Título VII da Consolidação das Leis do Trabalho.

ART. 17. O presente Regulamento entrará em vigor na data de sua publicação.

Rio de Janeiro, 12 de agosto de 1949.

HONÓRIO MONTEIRO

Relação a que se refere o artigo 7º

I - INDÚSTRIA

1) Laticínios (excluídos os serviços de escritório).

2) Frio industrial, fabricação e distribuição de gelo (excluídos os serviços de escritório).

3) Purificação e distribuição de água (usinas e filtros) (excluídos os serviços de escritório).

4) Produção e distribuição de energia elétrica (excluídos os serviços de escritório).

5) Produção e distribuição de gás (excluídos os serviços de escritório).

6) Serviços de esgotos (excluídos os serviços de escritório).

7) Confecção de coroas de flores naturais.

8) Pastelaria, confeitaria e panificação em geral.

9) Indústria do malte (excluídos os serviços de escritório).

10) Indústria do cobre electrolítico, de ferro (metalúrgica) e do vidro (excluídos os serviços de escritório).

11) Turmas de emergência nas empresas industriais, instaladoras e conservadoras de elevadores e cabos aéreos.

12) Trabalhos em cortumes (excluídos os serviços de escritório).

13) Alimentação de animais destinados à realização de pesquisas para preparo de sôro e outros produtos farmacêuticos.

14) Siderurgia, fundição, forjaria, usinagem (fornos acesos permanente) - (exclusive pessoal de escritório) (Redação dada pelo Dec. 60.591/1967.)

15) Lubrificação e reparos do aparelhamento industrial (turma de emergência).

16) Indústria moajeira (excluídas os serviços escritório).

17) Usinas de açúcar e de álcool (com exclusão de oficinas e escritórios).

18) Indústria do papel de imprensa (excluídos os serviços de escritórios).

19) Indústria de vidro (excluído o serviço de escritório).

20) Indústria de cimento em geral, excluídos os serviços de escritório. (Incluído pelo Dec. 29.553/1951.)

21) Indústria de acumuladores elétricos, porém unicamente nos setores referentes a carga de baterias, moinho e cabine elétrica, excluídos todos os demais serviços. (Incluído pelo Dec. 56.533/1965.)

22) Indústria da cerveja, excluídos os serviços de escritório. (Incluído pelo Dec. 57.349/1965.)

23) Indústria do refino do petróleo. (Incluído pelo Dec. 61.146/1967.)

24) Indústria Petroquímica, excluídos os serviços de escritório. (Incluído pelo Dec. 94.709/1987.)

25) Indústria de extração de óleos vegetais comestíveis, excluídos os serviços de escritórios. (Incluído pelo Dec. 97.052/1988.)

26) processamento de hortaliças, legumes e frutas. (Incluído pelo Dec. 9.513/2018.)

II - COMÉRCIO

1) Varejistas de peixe.

2) Varejistas de carnes frescas e caça.

3) Venda de pão e biscoitos.

4) Varejistas de frutas e verduras.

5) Varejistas de aves e ovos.

6) Varejistas de produtos farmacêuticos (farmácias, inclusive manipulação de receituário).

7) Flores e coroas.

8) Barbearias (quando funcionando em recinto fechado ou fazendo parte do complexo do estabelecimento ou atividade, mediante acordo expresso com os empregados).

9) Entrepostos de combustíveis, lubrificantes e acessórios para automóveis (postos de gasolina).

10) Locadores de bicicletas e similares.

11) Hotéis e similares (restaurantes, pensões, bares, cafés, confeitarias, leiterias, sorveterias e bombonerias).

12) Hospitais, clínicas, casas de saúde e ambulatórios.

13) Casas de diversões (inclusive estabelecimentos esportivos em que o ingresso seja pago).

14) Limpeza e alimentação de animais em estabelecimentos de avicultura.

15) Feiras-livres e mercados, comércio varejista de supermercados e de hipermercados, cuja atividade preponderante seja a venda de alimentos, inclusive os transportes a eles inerentes. (Alterado pelo Dec. 9.127/2017)

16) Porteiros e cabineiros de edifícios residenciais.

17) Serviços de propaganda dominical.

18) Comércio de artigos regionais nas estâncias hidrominerais. (Incluído pelo Dec. 88.341/1983)

19) Comércio em portos, aeroportos, estradas, estações rodoviárias e ferroviárias. (Alterado pelo Dec. 94.591/1987)

20) Comércio em hotéis. (Incluído pelo Dec. 94.591/1987)

21) Agências de turismo, locadoras de veículos e embarcações. (Incluído pelo Dec. 94.591/1987)

22) Comércio em postos de combustíveis. (Incluído pelo Dec. 94.591/1987)

23) Comércio em feiras e exposições.(Incluído pelo Dec. 94.591/1987)

III - TRANSPORTES

1) Serviços portuários.

2) Navegação (inclusive escritório, unicamente para atender a serviço de navios).

3) Trânsito marítimo de passageiros (exceto de escritório).

4) Serviço propriamente de transportes (excluídos os transportes de carga urbanos e os escritórios e oficinas, salvo as de emergência).

5) Serviço de transportes aéreos (excluídos os departamentos não ligados diretamente ao tráfego aéreo).

6) Transporte interestadual (rodoviário), inclusive limpeza e lubrificação dos veículos.

7) Transporte de passageiros por elevadores e cabos aéreos.

IV - COMUNICAÇÕES E PUBLICIDADE

1) Empresa de comunicação telegráficas, radiotelegráficas e telefônicas (excluídos os serviços de escritório e oficinas, salvos as emergência).

2) Empresas de radiodifusão, televisão, de jornais e revistas (excluídos os escritórios). (Alterado pelo Dec. 94.591/1987)

3) Distribuidores e vendedores de jornais e revistas (bancas e ambulantes).

4) Anúncios em bondes e outros veículos (turma de emergência).

V - EDUCAÇÃO E CULTURA

1) Estabelecimentos de ensino (internatos, excluídos os serviços de escritório e magistério).

2) Empresas teatrais (excluídos os serviços de escritório).

3) Biblioteca (excluídos os serviços de escritório).

4) Museu (excluídos de serviços de escritório)

5) Empresas exibidoras cinematográficas (excluídos de serviços de escritório)

6) Empresa de orquestras

7) Cultura física (excluídos de serviços de escritório)

8) Instituições de culto religioso.

VI - SERVIÇOS FUNERÁRIOS

1) Estabelecimentos e entidades que executem serviços funerários.

VII - AGRICULTURA E PECUÁRIA

1) Limpeza e alimentação de animais em propriedades agropecuárias.

2) Execução de serviços especificados nos itens anteriores desta relação.

3) colheita, beneficiamento, lavagem e transporte de hortaliças, legumes e frutas. (Incluído pelo Dec. 7.421/2010.)

DECRETO N. 1.232, DE 22 DE JUNHO DE 1962

Regulamenta a profissão de Aeroviário.

▸ *DOU*, 22.6.1962.

O Presidente de Conselho de Ministros, usando da atribuição que lhe confere o artigo 18, inciso III, do Ato Adicional à Constituição Federal,

Decreta:

CAPÍTULO I
DO AEROVIÁRIO E SUA CLASSIFICAÇÃO

ART. 1º É aeroviário o trabalhador que, não sendo aeronauta, exerce função remunerada nos serviços terrestres de Empresa de Transportes Aéreos.

Parágrafo único. É também considerado aeroviário o titular de licença e respectivo certificado válido de habilitação técnica expedidas pela Diretoria de Aeronáutica Civil para prestação de serviços em terra, que exerça função efetivamente remunerada em aeroclubes, escolas de aviação civil, bem como o titular ou não, de licença e certificado, que preste serviço de natureza permanente na conservação, manutenção e despacho de aeronaves.

ART. 2º O aeroviário só poderá exercer função, para a qual se exigir licença e certificado de habilitação técnica expedidos pela Diretoria de Aeronáutica Civil e outros órgãos competentes, quando estiver devidamente habilitado.

ART. 3º Os ajudantes são os aeroviários que auxiliam os técnicos, não lhes sendo facultada a execução de mão de obra especializada, sob sua responsabilidade quando for exigido certificado de habilitação oficial para o técnico de quem é auxiliar.

ART. 4º Qualquer outra denominação dada aos trabalhadores enquadrados no art. 1º e seu parágrafo único, não lhes retirará a classificação de aeroviário, exceção única para aquelas atividades diferenciadas, expressamente previstas em lei e que dispuserem, nessa conformidade de Estatuto próprio.

ART. 5º A profissão de aeroviário compreende os que trabalham nos serviços:

a) de manutenção

b) de operações

c) auxiliares de

d) gerais

ART. 6º Nos serviços de manutenção estão incluídos, além de outros aeroviários que exerçam funções relacionadas com a manutenção de aeronaves, Engenheiros, Mecânicos de Manutenção nas diversas especializações designadas pela diretoria de Aeronáutica tais como:

I) Motores Convencionais ou Turbinas

II) Eletrônica

III) Instrumentos

IV) Rádio Manutenção

V) Sistemas Elétricos

VI) Hélices

VII) Estruturas

VIII) Sistema Hidráulico

IX) Sistemas diversos.

ART. 7º Nos serviços de Operações estão incluídas, geralmente, as funções relacionadas como o tráfego, às telecomunicações e a meteorologia, compreendendo despachantes e controladores de voo, gerentes, balconistas recepcionistas, radiotelegrafistas, radioteletefonistas, radioteletipistas, meteorologistas e outros aeroviários que exerçam funções relacionadas com as operações.

ART. 8º Nos serviços Auxiliares, estão incluídas as atividades compreendidas pelas profissões liberais, instrução, escrituração contabilidade e outras relacionadas com a organização técnica e comercial da empresa.

ART. 9º Nos serviços gerais estão incluídas as atividades compreendidas pela limpeza e vigilância de edifícios, hangares, pistas, rampas aeronaves e outras relacionadas com a conservação do Patrimônio Empresarial.

CAPÍTULO II
DO REGIME DE TRABALHO

ART. 10. A duração normal do trabalho do aeroviário não excederá de 44 horas semanais.

§ 1º A prorrogação do horário diário de oito horas é permitida até o máximo de duas (2) horas, só podendo ser excedido este limite nas exceções previstas em lei ou acordo.

§ 2º Nos trabalhos contínuos que excedam de seis (6) horas, será obrigatória a concessão de um descanso de no mínimo, uma (1) hora e, máximo de duas (2) horas, para refeição.

§ 3º Nos trabalhos contínuos que ultrapassem de quatro (4) horas será obrigatório um intervalo de quinze minutos para descanso.

ART. 11. Para efeito de remuneração, será considerado como jornada normal, o período de trânsito gasto pelo aeroviário em viagem a serviço da empresa independente das diárias, se devidas.

ART. 12. É assegurado ao aeroviário uma folga semanal remunerada de vinte e quatro (24) horas contínuas, de preferência aos domingos.

Parágrafo único. Nos serviços executados por turno, a escala será organizada, de preferência de modo a evitar que a folga iniciada a zero (0) hora de um dia termine às vinte e quatro (24) horas do mesmo dia.

ART. 13. Havendo trabalho aos domingos por necessidade do serviço será organizada uma escala mensal de revezamento que favoreça um repouso dominical por mês.

ART. 14. O trabalho nos dias feriados nacionais, estaduais e municipais será pago em dobro, ou compensado com o repouso em outro dia da semana, não podendo este coincidir com o dia de folga.

Parágrafo único. Além do salário integral será garantido ao aeroviário, a vantagem de que trata este artigo, quando escalado pela empresa mesmo que não complete as horas diárias de trabalho, por conveniência ou determinação da Empresa.

ART. 15. As férias anuais dos aeroviários serão de trinta (30) dias corridos.

ART. 16. Os aeroviários só poderão exercer outra função diferente daquela para qual foram contratados quando previamente e com sua anuência expressa, for procedida a respectiva anotação na Carteira Profissional.

Parágrafos único. O aeroviário chamado a ocupar cargo diverso do constante do seu contrato de trabalho, em comissão ou em substituição, terá direito a perceber salário que competir ao novo cargo, enquanto ao seu desempenho, bem como contagem de tempo de serviço para todos os efeitos, e retorno a função anterior com as vantagens outorgadas à categoria que detinha.

CAPÍTULO III
DA REMUNERAÇÃO

ART. 17. O salário é contraprestação do serviço.

§ 1º Integram o salário a importância fixa estipulada, com as percentagens, gratificações ajustadas, abonos, excluídas ajuda de custo e diárias, quando em viagem ou em serviço fora da base.

§ 2º Quando se tratar de aeroviário que perceba salários acrescidos de comissões, percentagens, ajudas de custo e diárias, estas integram igualmente o salário, sendo que as duas últimas só serão computadas quando não excederem 50% (cinquenta por cento) do salário percebido.

§ 3º O trabalho noturno terá remuneração superior a do diurno e, para esse efeito será acrescido de 20% (vinte por cento) pelo menos, sobre a hora diurna.

§ 4º A hora de trabalho noturno será computada com 52 (cinquenta e dois) minutos e 30 (trinta) segundos.

§ 5º Considera-se noturno, para os efeitos deste artigo, o trabalho executado entre as 22 (vinte e duas) horas de um dia e as 5 (cinco) horas do dia seguinte.

§ 6º Nos horários mistos, assim entendidos os que abrangem períodos diurnos e noturnos, aplica-se às horas de trabalho noturno o disposto neste artigo e seus parágrafos.

ART. 18. O trabalho em atividades insalubres ou perigosos, assim consideradas pelas autoridades competentes será remunerado na forma da lei.

ART. 19. A remuneração das horas excedentes à prorrogação que se refere o § 3º do art. 17 será paga pelo menos 25% (vinte e cinco por cento) superior à hora normal, salvo acordo escrito entre as partes.

Parágrafo único. Poderá ser dispensado o acréscimo de salário se, por força de acordo com assistência do Sindicato ou contrato coletivo excesso de horas em um dia for compensado pela correspondente diminuição em outro dia, de maneira que não exceda o horário normal da semana nem seja ultrapassado o limite máximo de dez (10) horas diárias.

ART. 20. A duração normal do trabalho do aeroviário, habitual e permanente empregado na execução ou direção em serviço de pista, é de 6 (seis) horas.

Parágrafo único. Os serviços de pista, a que se refere este artigo, serão os assim considerados, em portaria baixada pala Diretoria de Aeronáutica Civil.

CAPÍTULO IV
DA HIGIENE E DA SEGURANÇA DO TRABALHO

ART. 21. O aeroviário portador da licença expedida pela Diretoria de Aeronáutica Civil, será submetido periodicamente a inspeção de saúde, atendidos os requisitos da legislação em vigor.

ART. 22. As peças de vestuário e respectivos equipamentos individuais, de proteção, quando exigidos pela autoridade competente, serão fornecidos pelas empresas sem ônus para o aeroviário.

Parágrafo único. Se, para o desempenho normal da função for exigida pela empresa, peça de vestuário que a identifique, será a mesma também fornecida sem ônus para o aeroviário.

ART. 23. O Ministério do Trabalho e Previdência Social, por sua Divisão de Higiene e Segurança do Trabalho, classificara os serviços e locais considerados insalubres ou perigosos na forma da legislação vigente, e desse fato dará ciência à Diretoria de Aeronáutica Civil do Ministério da Aeronáutica e notificará a Empresa.

ART. 24. As Empresas o Ministério do Trabalho e Previdência Social e o Ministério da Aeronáutica, dentro de suas atribuições, deverão providenciar para que os aeroviários possam adquirir suas refeições a preços populares em todas as bases onde ainda não existam restaurantes do SAPS.

CAPÍTULO V
DAS TRANSFERÊNCIAS

ART. 25. Para efeito de transferência, considera-se base de aeroviário, a localidade onde tenha sido admitido.

ART. 26. É facultado à empresa designar o aeroviário para prestar serviço fora de sua base em caráter permanente ou a título transitório até 120 (cento e vinte) dias.

§ 1º Na transferência, por período superior a 120 (cento e vinte) dias, considerada em caráter permanente, será assegurada ao aeroviário a gratuidade de sua viagem, dos que vivem sob sua dependência econômica, reconhecida pela instituição de previdência social e respectivos pertences.

§ 2º O prazo fixado neste artigo, para efeito de transferência a título transitório, poderá ser dilatado, quando para serviços de inspeção fora da base e mediante acordo.

§ 3º É assegurado ao aeroviário em serviço fora da base, também a gratuidade de sua viagem e do transporte de sua bagagem.

§ 4º Enquanto perdurar a transferência transitória, o empregador é ainda obrigado a pagar diárias compatíveis com os respectivos níveis salariais e de valor suficiente a cobrir as despesas de estadias e alimentação, nunca inferiores, entretanto, a um (1) dia do menor salário da categoria profissional da base de origem.

§ 5º Quando o empregador fornecer estadia ou alimentação, é-lhe facultado reduzir até 50% (cinquenta por cento) o valor da diária fixada no parágrafo anterior, arbitrada em 25% (vinte e cinco por cento) cada utilidade.

§ 6º Ao aeroviário transferido em caráter permanente é assegurado o pagamento de uma ajuda de custo de 2 (dois) meses de seu salário fixo.

ART. 27. A transferência para o exterior será precedida de contrato específico entre o empregado e o empregador.

ART. 28. Ao aeroviário transferido dentro do território nacional fica assegurado por 90 (noventa) dias do direito do seu retorno e de sua família, ao local anterior ou a base de origem quando dispensado sem justa causa, confirmada pelo Juízo de 2º Instância.

Parágrafo único. No caso de demissão ou morte do aeroviário brasileiro transferido para o exterior, fica também assegurado pala Empresa o prazo de 60 (sessenta) dias o seu repatriamento, pela Empresa, bem como o de seus dependentes.

CAPÍTULO VI
DO TRABALHO DA MULHER E DO MENOR

ART. 29. É proibido o trabalho da mulher e do menor, aeroviário, nas atividades perigosas ou insalubres, especificadas nos quadros para esse fim aprovados pelo Ministério do Trabalho e Previdência Social.

Parágrafo único. Em virtude de exame e parecer da autoridade competente o Ministério do Trabalho e Previdência Social poderá estabelecer derrogações totais ou parciais às proibições a que alude este artigo, quando tiver desaparecido, nos serviços considerados perigosos ou insalubres, todo e qualquer caráter perigoso ou prejudicial, mediante aplicação de novos métodos de trabalho ou pelo emprego de medidas de ordem preventiva.

ART. 30. É proibido o trabalho noturno da aeroviária, considerando este trabalho, o que for executado dentro dos limites estabelecidos neste Regulamento.

Parágrafo único. Estão excluídas desta proibição, as maiores de dezoito anos que executem serviços de radiotelefonia ou radiotelegrafia, telefonia, enfermagem, recepção e nos bares ou restaurante, e ainda as que não participando de trabalho contínuo ocupem postos de direção.

ART. 31. Em caso de aborto não criminoso, comprovado por atestado médico oficial, a aeroviária terá direito a um repouso remunerado de duas semanas, ficando-lhe assegurado ainda o retorno à função que ocupava.

ART. 32. Para amamentar o próprio filho, até que este complete seis meses de idade, terá também direito, durante a jornada de trabalho, a dois descansos especiais, de meia hora cada um.

Parágrafo único. Quando o exigir a saúde do filho, este período poderá ser dilatado a critério da autoridade médica competente.

ART. 33. É proibido o trabalho de aeroviário menor de 18 (dezoito) anos em serviços noturnos e em atividades exercidas nas ruas, praças e outros logradouros, sem prévia autorização do Juiz de Menores.

ART. 34. É proibido a prorrogação da duração normal de trabalho dos menores de dezoito anos, salvo nas exceções previstas em lei.

ART. 35. A empresa que empregar menores, fica obrigada a conceder-lhes o tempo que for necessário para a frequência às aulas e na forma da lei.

ART. 36. À empresa é vedado empregar mulher em serviço que demande força muscular superior a vinte quilos, para trabalho contínuo, ou vinte e cinco quilos para o trabalho ocasional.

Parágrafo único. Não está compreendida na proibição deste artigo a remoção de material feita por impulsão e tração mecânica ou manual sobre rodas.

ART. 37. Não constitui justo motivo para a rescisão do contrato de trabalho da aeroviária, o fato de haver contraído matrimônio ou de encontrar-se em estado de gravidez.

Parágrafo único. Não serão permitidas, em regulamentos de qualquer natureza, contratos coletivos ou individuais de trabalho, restrições ao direito da aeroviária por motivo de casamento ou gravidez.

ART. 38. É proibido o trabalho da aeroviária grávida no período de 6 (seis) semanas antes e de 6 (seis) semanas depois do parto.

§ 1º Para fins previstos neste artigo, o afastamento da aeroviária de seu trabalho será determinado pelo atestado médico a que alude o art. 375 da CLT, que deverá ser visado pelo empregador.

§ 2º Em casos excepcionais os períodos de repouso antes e depois do parto poderão ser aumentado de mais duas (2) semanas cada um, mediante atestado médico, dado na forma do parágrafo anterior.

ART. 39. Durante o período a que se refere o artigo anterior, a aeroviária terá direito aos salários integrais, calculados de acordo com a média dos seis (6) últimos meses de trabalho, sendo-lhe ainda facultado reverter à função que anteriormente ocupava.

Parágrafo único. A concessão do Auxilio maternidade por parte de instituição de previdência, não isenta a empregadora da obrigação a que alude este artigo.

CAPÍTULO VII
DAS DISPOSIÇÕES FINAIS

ART. 40. Além dos casos previstos neste Decreto, os direitos, vantagens e deveres do aeroviário são os definidos na legislação, contratos e acordos.

ART. 41. O aeroviário escalado para prestar serviços em voo será obrigatoriamente segurado contra acidentes na mesma base do seguro de passageiros.

ART. 42. È facultado ao empregador, conceder descontos até 90% (noventa por cento) no preço das passagens aos aeroviários, esposa e filhos menores que queiram gozar suas férias fora da base, respeitado o disposto nas Condições Gerais do Transportes Aéreo.

ART. 43. Será alterado o Decreto 50.660, de 29.5.61, a fim de que os aeroviários participem da Comissão Permanente de Estudos Técnicos de Aviação Civil.

ART.. 44. Os infratores deste Decreto são passíveis das penalidades estabelecidas pelas autoridades competentes, dentro de suas atribuições específicas, de acordo com a legislação vigente.

ART. 45. O presente Decreto entrará em vigor trinta (30) dias após a data de sua publicação, revogadas as disposições em contrário.

Brasília, 22 de junho de 1962; 141º da Independência e 74º da República.

TANCREDO NEVES

DECRETO N. 53.153, DE 10 DE DEZEMBRO DE 1963

Aprova o Regulamento do Salário-Família do Trabalhador.

- Port. MF 15/2018 (Dispõe sobre o reajuste dos benefícios pagos pelo INSS e dos demais valores constantes do RPS).
- Lei 5.559/1968 (Estende o direito ao salário-família).

O Presidente da República, usando da atribuição que lhe confere o artigo 87, item I, da Constituição e tendo em vista o disposto no art. 10 da Lei n. 4.266, de 3 de outubro de 1963,

Decreta:

ART. 1º Fica aprovado, sob denominação de "Regulamento do Salário-Família do Trabalhador", o Regulamento que a este acompanha, assinado pelo Ministro do Trabalho Previdência Social, destinado à fiel execução da Lei n. 4.266, de 3 de outubro de 1963.

ART. 2º O presente decreto entrará em vigor em 1º de dezembro de 1963, revogadas as disposições em contrário.

Brasília, 10 de dezembro de 1963; 142º da Independência e 75º da República.

JOÃO GOULART

AMAURY SILVA

REGULAMENTO DA LEI DO SALÁRIO-FAMÍLIA DO TRABALHADOR, INSTITUÍDO PELA LEI N. 4.266, DE 3 DE OUTUBRO DE 1963

CAPÍTULO I
DO DIREITO AO SALÁRIO-FAMÍLIA

ART. 1º O "salário-família" instituído pela Lei n. 4.266, de 3 de outubro de 1963, visando a dar cumprimento ao preceituado no artigo 157, n. I, parte final, da Constituição Federal, tem por finalidade assegurar aos trabalhadores, por ela abrangidos, quotas pecuniárias destinadas a auxiliá-los no sustento e educação dos filhos, observadas as condições e limites na mesma lei estabelecidos e os termos do presente Regulamento.

ART. 2º O salário-família é devido aos seus empregados, por todas as empresas vinculadas ao sistema geral de Previdência Social instituído pela Lei n. 3.807, de 26 de agosto de 1960 (Lei Orgânica da Previdência Social) e como tal nessa mesma lei definidas, executadas as repartições públicas, autárquicas e quaisquer outras entidades públicas, com relação aos respectivos servidores não filiados ao Sistema Geral de Previdência Social, bem como as demais para os quais já vigorar regime legalmente estabelecido de "salário-família".

ART. 3º Tem direito ao salário-família todo empregado, como tal definido no art. 3º e seu parágrafo único da Consolidação das Leis do Trabalho, qualquer que seja o valor e a forma de sua remuneração, em serviço nas empresas mencionadas no art. 2º com a ressalva constante da parte final do mesmo artigo.

- O Dec. 59.122/1966 (revogado pelo Dec. de 10.5.1991, determinou a seguinte redação:
  Art. 3º Tem direito ao Salário-família todo empregado como tal definido no art. 3º e seu parágrafo único da consolidação das leis do Trabalho, qualquer que seja o valor e a forma de sua remuneração das empresas mencionadas no art. 2º com a ressalva constante da parte final do mesmo artigo.

Parágrafo único. Quando pai e mãe forem empregados, nos termos deste artigo, assistirá a cada um, separadamente, o direito ao salário-família, com relação aos respectivos filhos.

ART. 4º O salário-família é devido na proporção do número de filhos menores de qualquer condição, até 14 anos de idade.

Parágrafo único. Consideram-se filhos de qualquer condição os legítimos, legitimados, ilegítimos e adotivos, nos termos da legislação civil.

ART. 5º A prova de filiação, asseguradora do direito ao salário-família, será feita mediante a certidão do registro civil de nascimento, ou, para os casos especiais de filiação legitima, pelas demais provas admitidas na legislação civil (arts. 29 e 31).

§ 1º As certidões expedidas para os fins deste artigo poderão conter apenas breve extratos dos dados essenciais e, no termos do § 3º do art. 4º da Lei 4.226, de 3 de outubro de 1963, são isentas de selo, taxas ou emolumentos de qualquer espécie, assim como reconhecimento de firmas a elas referentes, quando necessário.

§ 2º Os Cartórios do Registro Civil poderão, consoante as possibilidades do serviço, estabelecer prazo de até 10 (dez) dias para sua concessão.

§ 3º Quando do registro do nascimento, os Cartórios expedirão, desde logo, conjuntamente com a certidão comum, o breve extrato dos dados essenciais, para efeito deste Regulamento, nos termos do § 1º deste artigo.

ART. 6º O salário-família será devido a partir do mês em que for feita pelo empregado, perante a respectiva empresa prova de filiação relativa a cada filho, nos termo dos artigos 4º e 5º, mediante a entrega do documento correspondente, e até o mês inclusive, em que completar 14 anos de idade.

ART. 7º Para efeito da manutenção do Salário-Família, o empregado é obrigado a firmar, perante a empresa, em janeiro e julho de cada ano, declaração de vida e resistência do filho, ficando sujeito às sanções aplicáveis de acordo com a legislação penal vigente, pela eventual declaração falsa prestada, além de a mesma constituir falta grave, por ato de improbidade, ensejando a rescisão do contrato de trabalho pelo empregador por justa causa conforme prevê a letra "a" do artigo 482 da Consolidação das Leis do Trabalho (artigos 29 e 31). (Alterado pelo Dec. 54.014/1964.)

Parágrafo único. A falta dessa declaração obrigatória pelo empregado, na época própria, importará na imediata suspensão do pagamento da quota respectiva, pela empresa, até que venha a ser efetivada. (Alterado pelo Dec. 54.014/1964.)

ART. 8º Em cada de falecimento do filho, o empregado é obrigado a fazer imediata comunicação do óbito à empresa, para efeito de cessação da respectiva quota (art. 29), apresentando a respectiva certidão ou declaração escrita.

ART. 9º As indicações referentes à prova da filiação de cada filho serão lançadas, pela empresa, na "Ficha de salário-família" do empregado, conforme modelo anexo a este Regulamento (n.), de concessão a seu cargo, devendo permanecer o documento correspondente em poder da empresa, enquanto estiver ele a seu serviço.

ART. 10. O direito ao salário-família cessará automaticamente:

I - Por morte do filho, a partir do mês seguinte ao do óbito;

II - Pelo completar 14 anos de idade, a partir do mês seguinte ao da data aniversária;

III - com relação à empresa respectiva, pela cessação da relação de emprego entre a mesma e o empregador, a partir da data em que esta se verificar.

ART. 11. Cessado o direito ao salário-família, por qualquer dos motivos enumerados no art. 10, serão imediatamente restituídos ao empregado, mediante recibo, passado no verso da "Ficha" respectiva, os documentos correspondentes aos filhos, devido, porém, ser sempre conservada pela empresa a "Ficha" e os atestados de vida e residência, para efeito da fiscalização prevista na Seção III do Capítulo III.

CAPÍTULO II
DAS QUOTAS DE SALÁRIO-FAMÍLIA E DO RESPECTIVO PAGAMENTO

ART. 12. A cada filho, nas condições previstas neste regulamento, corresponderá uma quota de salário-família do valor de 5% (cinco por cento) do salário-mínimo local, arredondando este para o múltiplo de mil cruzeiros seguinte, para efeito do cálculo.

ART. 13. O pagamento das quotas do salário-família será feito pelas próprias empresas, mensalmente, aos seus empregados, juntamente com o do respectivo salário.

Parágrafo único. Quando os pagamentos forem semanais ou por outros períodos, as quotas serão pagas juntamente com o último relativo ao mês.

- O Dec. 59.122/1966 (revogado pelo Dec. de 10.5.1991, determinou o seguinte acréscimo:
  § 2º No caso de empregado na situação do art. 476 da Consolidação das Leis do Trabalho, a empresa solicitará ao Instituto de Aposentadoria e Pensões respectivo que passe a efetuar-lhe o pagamento da quota ou quotas de salário-família juntamente com a prestação do auxílio-doença, fazendo-se a necessária ressalva, por ocasião do reembolso de que tratam os arts. 21 e 25.

ART. 14. Ocorrendo desquite ou separação entre os pais, ou, ainda, em caso de abandono legalmente caracterizado ou de perda de pátrio poder, o salário-família poderá passar a ser pago diretamente aquele dos pais ou, quando for o caso, a outra pessoa, a cujo encargo ficar o sustento do filho, se assim o determinar o Juiz competente.

ART. 15. Ocorrendo a admissão do empregado no decurso do mês, ou a cessação da relação de emprego, por qualquer motivo, o salário-família será pago ao empregado na proporção dos dias do mês decorridos a partir da data da admissão ou até a data em que a cessação se verificar, arredondando o respectivo valor para o múltiplo de cem cruzeiros seguintes.

ART. 16. Em caso de transferência do empregado para localidade de nível de salário-mínimo diferente, as quotas de salário-família serão calculadas e pagas proporcionalmente ao número de dias do mês decorridos em uma e outra das regiões.

ART. 17. O empregado dará quitação à empresa de cada recebimento mensal das quotas de salário-família, na própria folha de pagamento, ou por outro sistema legalmente admitido de modo porém a que essa quitação fique perfeita e facilmente caracterizada.

Parágrafo único. A empresa deverá conservar os comprovantes a que se refere este artigo, para efeitos da fiscalização prevista na Seção III do Capítulo III.

CAPÍTULO III
DO CUSTEIO

SEÇÃO I
DA CONTRIBUIÇÃO E DO RECOLHIMENTO

ART. 18. O custeio do salário-família será feito mediante o sistema de compensação previsto no art. 3º da Lei n. 4.266, de 3 de outubro de 1963, consoante as disposições deste Capítulo.

ART. 19. Caberá a cada empresa, qualquer que seja o número, a idade e o estado civil de seus empregados, e independentemente de terem estes, ou não, filhos nas condições referidas no art. 4º, recolher mensalmente, ao Instituto ou Institutos de Aposentadoria e Pensões a que estiver vinculada, a contribuição relativa ao salário-família, que corresponderá a uma percentagem de 6% (seis por cento) incidente sobre o valor do salário-mínimo local multiplicado pelo número total de empregados da empresa, que receberam salário no mês em referência.

- O Dec. 59.122/1966 (revogado pelo Dec. de 10.5.1991, determinou a seguinte redação:

  Art. 19. Caberá a cada empresa, qualquer que seja o número a idade, o estado civil de seus empregados e independentemente de terem estes ou não, filhos nas condições referidas no art. 4º, recolher mensalmente, ao Instituto ou Institutos de Aposentadoria e Pensões a que estiver vinculada a contribuição relativa ao salário-família, que corresponderá a percentagem de 4,3% (quatro e três décimos por cento), incidente sobre o salário-de-contribuição definido na legislação de Previdência Social, de todos os empregados da empresa nos termos do artigo 35 e seu parágrafo 2º da Lei n. 4.863, de 29 de novembro de 1965.

ART. 20. O recolhimento da contribuição de que trata o art. 19 será feito conjuntamente com as contribuições destinadas ao custeio da Previdência Social, observados, para esse efeito, os mesmos prazos, sanções administrativas e penais e demais condições estabelecidas, com relação às últimas, na Lei n. 3.807, de 26 de agosto de 1960, na forma do seu Regulamento Geral expedido pelo Decreto n. 48.959-A, de 19 de setembro de 1960.

§ 1º O recolhimento se fará mediante as próprias guias em uso para as contribuições destinadas à Previdência Social, com a inclusão do título "Contribuição do Salário-Família".

§ 2º As guias de recolhimento conterão, ou terão anexadas, obrigatoriamente, a relação nominal dos empregados que, no mês a que se referem, receberam salário-família, apondo-se, ao lado de cada nome, o correspondente número de filhos e valor global das quotas pagas.

§ 3º Da relação nominal mencionada no § 2º, ficará cópia em poder da empresa, para efeito da fiscalização prevista na Seção III do Capítulo III.

§ 4º Se assim julgarem conveniente, poderão os Institutos autorizar o recolhimento da contribuição do salário-família por meio de guia especial, expedido para esse efeito as necessárias instruções.

SEÇÃO II
DO REEMBOLSO DA QUOTA PAGAS

ART. 21. Dos pagamentos das quotas de salário-família feitos aos seus empregados serão as empresas reembolsadas mensalmente, pela forma estabelecida nesta Seção.

ART. 22. O reembolso se fará mediante desconto, no total das contribuições mensais a recolher ao respectivo Instituto de Aposentadoria e Pensões, no valor global das quotas de salário-família, efetivamente pagas no mês.

Parágrafo único. O total das contribuições a que se refere este artigo compreende as contribuições da Previdência Social e a do salário-família.

ART. 23. Para efeito do reembolso fará a empresa no verso da guia de recolhimento referida no art. 20, ou onde couber, o demonstrativo do saldo a recolher de acordo com o disposto no art. 22, discriminando: o total das contribuições da Previdência Social, o da contribuição do salário-família, a soma global dessas contribuições, o valor total das quotas de salário-família pagas no mês aos seus empregados e o líquido a recolher, seguindo-se a assinatura do responsável pela empresa.

Parágrafo único. A operação de recolhimento e compensação, tal como prevista neste artigo, entender-se-á como quitação simultânea, por parte do Instituto, quanto às contribuições mensais recolhidas, e, por parte da empresa, quanto ao reembolso do valor global das quotas de salário-família por ela pagas e declaradas.

ART. 24. Se o líquido apurado no demonstrativo de que trata o art. 23 for favorável à empresa, deverá esta entregar, juntamente com a guia de recolhimento, o "Recibo de Reembolso de Diferença do Salário-Família" para o efeito simultâneo da quitação do recolhimento das contribuições e do recebimento da importância correspondente ao crédito a que tiver crédito.

Parágrafo único. O recibo a que se refere este artigo deverá ser feito pela empresa, de acordo com o modelo anexo a este Regulamento (n. II), em duas vias, uma das quais lhe será devolvida, devidamente autenticada, juntamente com a guia quitada.

ART. 25. Os Institutos de Aposentadoria e Pensões organizarão seus serviços de modo a que as operações referidas nos arts. 23 e 14 sejam realizadas, pelos órgãos arrecadadores, no mesmo ato pela forma mais simplificada e rápida possível.

SEÇÃO III
DA FISCALIZAÇÃO

ART. 26. A exatidão das operações e recolhimento das contribuições e de reembolso das quotas, assim como a legalidade e efetividade do pagamento das quotas de salário-família, de acordo com a Lei n. 4.266, de 3 de outubro de 1963, nos termos do presente Regulamento, estão sujeitas à fiscalização dos respectivos Institutos de Aposentadoria e Pensões, aplicando-se-lhe as disposições da Lei Orgânica a Previdência Social e do seu Regulamento Geral, em especial o art. 246 deste último.

ART. 27. As operações concernentes ao pagamento das quotas de salário-família e a contribuição a este relativa deverão ser lançadas, sob o título "Salário-Família", na escrituração mercantil das empresas a isto obrigadas, nos termos do disposto no art. 80 da Lei Orgânica da Previdência Social.

ART. 28. Todas as empresas, mesmo quando não obrigadas à escrituração mercantil, deverão manter, rigorosamente em dia e com toda clareza, os lançamentos das "Fichas de Salário-Família", exibindo-as à fiscalização dos Institutos, para a respectiva rubrica, sempre que lhe for exigida, assim como as provas de filiação, comprovantes de pagamento, atestados de vida e residência, guias de recolhimento quitadas e correspondentes segundas vias das relações nominais, segundas vias dos recibos de reembolso e demais documentos e lançamentos contábeis que possam interessar à mesma fiscalização.

ART. 29. O pagamento de quota de salário-família sem o respectivo comprovante (art. 17), sem prova de filiação respectiva oportunamente apresentada (art. 6º parte inicial), sem a declaração de vida e residência, firmada, na época própria, pelo empregado (art. 7º), além da idade-limite de 14 anos (art. 6º, parte final e art. 10, item II, após a comunicação do óbito do filho (art. 8º e art. 10, item I), ou após a cessação da relação de emprego (artigo 10, item III), importará na sua imediata glosa, cabendo à fiscalização o levantamento do débito correspondente para imediato recolhimento ao Instituto, observadas, no tocante à cobrança, as condições e sanções prescritas na Lei Orgânica da Previdência Social e no seu Regulamento Geral. (Alterado pelo Dec. 54.014/1964.)

§ 1º Verificada alguma das hipóteses de que trata este artigo, a empresa ressarcirá o Instituto, no primeiro recolhimento que se seguir à verificação do fato, pelos pagamentos indevidos, fazendo a indicação da redução correspondente no reembolso de que trata os arts. 23 e 24.

§ 2º A falta de comunicação oportuna do óbito do filho (art. 8º), bem como a prática comprovada de fraude de qualquer natureza, por parte do empregado, para efeito da concessão ou da manutenção do salário-família, autoriza a empresa a descontar nos pagamentos de quotas devidas com relação a outros filhos, se houver, ou, em caso contrário, no próprio salário do empregado, o valor de quotas que a este tenham sido porventura indevidamente pagas, para ressarcimento ao Instituto, na forma do § 1º.

§ 3º O desconto mensal a que se refere o § 2º não poderá exceder de 6 (seis) cotas ou de 30% (trinta por cento) do valor do salário; salvo no caso de cessação da relação de emprego, em que poderá ser feito globalmente.

§ 4º Comprovada a participação da empresa em fraude de qualquer natureza, com relação aos pagamentos do salário-família, ressarcirá ela ao Instituto pela forma prevista no § 1º.

ART. 30. Mediante comunicação da fiscalização ao órgão arrecadador do Instituto, na falta da medida mencionada no § 1º do art. 29, desde que reconhecido pela empresa ou após o respectivo julgamento definitivo pelos órgãos competentes da Previdência Social, poderá ser débito ali referido automaticamente descontado da importância a ser reembolsada à empresa nos termos dos arts. 23 e 24 deste Regulamento.

ART. 31. Verificada a existência de fraude na documentação ou pagamento relativo ao salário-família, que importe em prática de crime, a fiscalização independente da glosa e do ressarcimento previstos nos arts. 29 e 30, representará imediatamente para que seja promovida pelo Instituto a Instauração da ação penal cabível contra o responsável ou responsáveis pela fraude.

DECRETOS

SEÇÃO IV
DO FUNDO DE COMPREENSÃO DO SALÁRIO-FAMÍLIA

ART. 32. As contribuições a que se refere o art. 19, recolhidas pelas empresas, nos termos deste Regulamento constituirão, em cada Instituto de Aposentadoria e Pensões, um "Fundo de Compensação do Salário-Família", em regime de repartição anual, cuja destinação será exclusivamente a de custeio do pagamento das quotas, ressalvado o disposto no art. 33.

ART. 33. Cada Instituto poderá utilizar parcela não excedente a 0,5% (meio por cento) do total anual do Fundo de que trata o art. 32, para o atendimento das respectivas despesas de administração.

ART. 34. Para efeito de administração do "Fundo" e execução das atividades de controle, coordenação e orientação das disposições relativas ao salário-família, de acordo com o disposto no presente Regulamento, haverá, em cada Instituto os serviços estritamente necessários, na proporção dos encargos que lhe correspondem.

Parágrafo único. Os encargos de provimento efetivo, de qualquer natureza, criados em decorrência do que trata este artigo somente poderão ser providos por candidatos habilitados em concurso público, de acordo com o disposto no art. 126 da Lei Orgânica da Previdência Social.

ART. 35. A escrituração, nos Institutos, das operações contábeis relativas ao "Fundo", obedecerão às normas que forem expedidas pelo Departamento Nacional da Previdência Social.

ART. 36. O depósito diário das importâncias das contribuições arrecadadas, consoante o disposto no presente Regulamento, no Banco do Brasil ou nos estabelecimentos bancários autorizados, será feito pelo valor líquido recebido, promovendo-se a compensação, de acordo com o que dispuserem as normas a que se refere o art. 35.

CAPÍTULO V
DISPOSIÇÕES GERAIS E TRANSITÓRIAS

ART. 37. Os empregados abrangidos pelo presente Regulamento ficam excluídos do campo de aplicação do Decreto-Lei n. 3.200, de 19 de abril de 1941, no tocante ao abono às famílias numerosas.

ART. 38. As quotas do salário-família não se incorporarão, para nenhum efeito, inclusive fiscal ou de previdência social, ao salário ou remuneração dos empregados.

ART. 39. Nos casos omissos, a Lei Orgânica da Previdência Social e o seu Regulamento Geral serão fontes subsidiárias das disposições da Lei n. 4.266, de 3 de outubro de 1963 e deste Regulamento.

ART. 40. Compete à Justiça o Trabalho dirimir as questões suscitadas entre os empregados e as empresas, no tocante ao pagamento das quotas de salário-família, ressalvada a matéria especificamente de competência dos Institutos de Aposentadoria e Pensões e dos órgãos de controle da Previdência Social, nos termos da Lei e deste Regulamento.

ART. 41. Consoante o disposto no art. 6º da Lei n. 4.266, de 3 de outubro de 1963, a fixação do salário-mínimo, de que trata o Capítulo II do Título II da Consolidação das Leis do Trabalho, terá por base unicamente as necessidades normais do trabalhador sem filhos, tendo em vista o custeio do sistema de salário-família de que trata o presente Regulamento.

ART. 42. As empresas abrangidas por este Regulamento não compreendidas na ressalva constante da parte final do art. 2º, que, em razão de contrato coletivo de trabalho, regulamento interno ou ajuste individual, já venham concedendo, aos seus empregados, quotas de salário-família, observarão as seguintes condições:

I - Se o valor da quota relativa a cada filho for inferior ao mencionado no art. 12, deverá ser reajustado para este, podendo a empresa haver o respectivo reembolso, pelo total, segundo a forma prevista na Seção II do Capítulo III deste Regulamento;

II - Se o valor da quota relativa a cada filho for superior ao mencionado no art. 12, poderá a empresa haver o respectivo reembolso, pela forma prevista na Seção II do Capítulo III deste Regulamento, até o limite deste último valor.

ART. 43. O sistema do salário-família estabelecido neste Regulamento poderá ser aplicado aos trabalhadores avulsos filiados, ao sistema geral da Previdência Social, que ainda não dispuserem de sistema própria, a requerimento dos órgãos sindicais interessados, por ato do Ministro do Trabalho e Previdência Social, cabendo aos mesmos órgãos sindicais, no que couber as obrigações correspondentes às empresas em condições idênticas às já vigentes para as referidas categorias com relação à aplicação das Leis do Repouso Remunerado, da Gratificação de Natal e de Férias.

ART. 44. As percentagens referentes aos valores das quotas e da contribuição do salário-família, fixadas respectivamente nos arts. 12 e 19, vigorarão pelo período de 3 (três) anos, de acordo com o estabelecimento pelo artigo 7º da Lei n. 4.266, de 3 de outubro de 1963.

§ 1º Um ano antes de expirar o período a que se refere este artigo, o Departamento Nacional da Previdência Social promoverá, em conjunto com o Serviço Atuarial e os Institutos de Aposentadoria e Pensões, os necessários estudos a propósito das percentagens vigentes, no sentido de propor, ou não, sua revisão, conforme for julgado cabível.

§ 2º Se, findo o período de 3 (três) anos, não forem revistos os valores das percentagens aludidas neste artigo, continuarão estes a vigorar enquanto isto não se venha efetuar.

§ 3º Qualquer alteração no valor de uma das percentagens deverá corresponder proporcionalmente o da outra, de modo a que seja assegurado o perfeito equilíbrio do custeio do sistema, no regime de repartição anual.

§ 4º De acordo com o mesmo princípio mencionado no § 3º, qualquer alteração nas condições da concessão do salário-família, que importe em acréscimo de dependentes, elevação de limite de idade ou outras vantagens não previstas na Lei n. 4.266, de 3 de outubro de 1963, dependerá sempre do aumento do valor da percentagem da contribuição prevista no art. 19.

ART. 45. Os Institutos proporão, no prazo máximo de 8 (oito) dias, ao Departamento Nacional da Previdência Social, a Organização necessária, de acordo com o disposto no art. 34 e seu parágrafo único, com a criação das Divisões ou Serviços, cargos e funções gratificadas, no nível e no número indispensável para esse fim.

Parágrafo único. O Departamento Nacional da Previdência Social expedirá os atos necessários ou proporá os que excederem à sua competência, no prazo máximo de 8 (oito) dias.

ART. 46. Consoante o disposto no art. 10 da Lei n. 4.266, de 3 de outubro de 1963, o sistema de salário-família nela previsto, na forma estabelecida neste Regulamento entrará em vigor a 1º de dezembro de 1963, referindo-se, portanto, a primeira contribuição e o pagamento das primeiras quotas aos salários correspondentes ao mês de dezembro, observado o disposto no art. 6º.

AMAURY SILVA

DECRETO N. 55.762, DE 17 DE FEVEREIRO DE 1965

Regulamenta a Lei n. 4.131, de 3 de setembro de 1952, modificada pela Lei n. 4.390, de 29 de agosto de 1964.

▸ *DOU*, 18.02.1965.

O Presidente da República , usando da atribuição que lhe confere o artigo 87, n. I, da Constituição,

Decreta:

ART. 1º Para os efeito deste decreto, consideram-se capitais estrangeiros os bens, máquinas e equipamentos, entrados no País sem dispêndio inicial de divisas, destinados à produção de bens ou serviços, assim como os recursos financeiros ou monetários ingressados para aplicação em atividades econômicas, desde que pertençam, em ambas as hipóteses, a pessoas físicas ou jurídicas residentes, domiciliadas ou com sede no exterior (Lei n. 4.131, art. 1º).

Parágrafo único. O Conselho da Superintendência da Moeda e do Crédito determinará os critérios para o registro dos capitais que correspondam a outros investimentos realizados por domiciliados no exterior, aos quais não se aplique o disposto neste artigo.

ART. 2º Ao capital estrangeiro que se investir no País será dispensado tratamento jurídico idêntico ao concedido ao capital nacional em igualdade de condições, sendo vedadas quaisquer discriminações não previstas em lei (Lei n. 4.131, art. 2º).

ART. 3º Em serviço especial instituído na Superintendência da Moeda e do Crédito, para registro de capitais estrangeiros, qualquer que seja sua forma de ingresso no País, bem como de operações financeiras com o exterior, serão registrados:

a) os capitais estrangeiros que ingressarem no País sob a forma de investimento direto ou de empréstimo, quer em moeda, quer em bens (Lei n. 4.131, art. 3º, letra a);

b) as remessas feitas para o exterior como retorno de capitais ou como rendimentos desses capitais, lucros, dividendos, juros, amortizações, bem como as de *royalties*, de pagamento de assistência técnica, ou por qualquer outro título que implique transferência de rendimentos para fora do País (Lei n. 4.131, art. 3º, letra b);

c) os reinvestimentos de lucros dos capitais estrangeiros (Lei n. 4.131, art. 3º, letra c);

d) as alterações do valor monetário do capital das empresas procedidas de acordo com a legislação em vigor (Lei n. 4.131, art. 3º, letra d); e

e) os capitais estrangeiros e respectivos reinvestimentos de lucros já existentes no País em 27 de setembro de 1962 (Lei n. 4.131, modificada pela Lei n. 4.390, art. 5º, § 1º).

§ 1º Os registros conterão os elementos necessários à caracterização das operações e individuação das partes intervenientes.

§ 2º O registro dos reinvestimentos a que se refere a letra c será devido, ainda que se trate de pessoa jurídica com sede no Brasil mas filiada a empresas estrangeiras ou, controlada por maioria de ações pertencentes a pessoas físicas ou jurídicas com residência ou sede no estrangeiro (Lei n. 4.131, art. 3º, parágrafo único).

§ 3º As remessas para o exterior dependem do registro da empresa na Superintendência da Moeda e do Crédito e de prova do pagamento do imposto de renda que for devido (Lei n. 4.131, modificada pela Lei número 4.390, art. 9º, 1º).

ART. 4º O registro de capitais será na moeda estrangeira efetivamente ingressada no País e, nos casos de importação financiada e de investimentos sob a forma de bens, na moeda do domicílio ou da sede do credor ou investidor, respectivamente, ou, ainda, em casos especiais, na moeda de procedência dos bens, ou do financiamento, desde que obtida a prévia anuência da Superintendência da Moeda e do Crédito.

ART. 5º O capital estrangeiro que ingressar sob a forma de bens será registrado pelo preço constante da fatura comercial, atendidas as formalidades regulamentares.

Parágrafo único. O registro será pelo valor FOB se o investimento não compreender as despesas de transporte e seguro.

ART. 6º Efetuado o registro, a Superintendência da Moeda e do Crédito fornecerá à parte interessada o competente certificado.

ART. 7º As remessas para o exterior se processarão mediante apresentação do respectivo certificado do registro emitido pela Superintendência da Moeda e do Crédito.

§ 1º Os bancos que fizerem as operações de câmbio relativas às transferências previstas neste artigo efetuarão no certificado as anotações que forem determinadas pela Superintendência da Moeda e do Crédito.

§ 2º A Fiscalização Bancária do Banco do Brasil S.A. verificará a regularidade das operações de que trata este artigo, na forma que for estabelecida pela Superintendência da Moeda e do Crédito.

§ 3º Serão reguladas pelo Conselho da Superintendência da Moeda e do Crédito outras remessas para o exterior, a qualquer título e sob qualquer fundamento.

ART. 8º Considera-se reinvestimentos os rendimentos auferidos por empresas estabelecidas no País e atribuídos a residentes e domiciliados no exterior, e que forem reaplicados nas mesmas empresas de que procedem ou em outro setor da economia nacional (Lei n. 4.131, modificada pela Lei n. 4.390, art. 7º).

ART. 9º O registro do investimento estrangeiro será requerido dentro de trinta dias da data de seu ingresso no País e independente do pagamento de qualquer taxa ou emolumento. No mesmo prazo, a partir da data da aprovação do respectivo registro contábil, pelo órgão competente da empresa, proceder-se-á ao registro dos reinvestimentos de lucros (Lei n. 4.131, art. 5º).

ART. 10. O registro dos reinvestimentos será efetuado simultaneamente em moeda nacional e na moeda do país para o qual poderiam ter sido remetidos (Lei n. 4.131, modificada pela Lei n. 4.390, art. 4º).

§ 1º A conversão, para fins do disposto neste artigo, será feita à taxa cambial média verificada entre a data da apuração dos lucros, em balanço caso se trate de pessoa jurídica, e a da efetivação do reinvestimento (Lei n. 4.131, modificada pela Lei n. 4.390, art. 4º).

§ 2º A taxa cambial média será apurada com base nas cotações, no período considerado, do mercado de câmbio pelo qual os lucros reinvestidos poderiam ter sido transferidos para o exterior.

ART. 11. Ao capital estrangeiro aplicado em atividades produtoras de bens e serviços de consumo suntuário, definidas em decreto no Poder Executivo mediante audiência do Conselho Nacional de Economia, é limitada a remessa de lucros para o exterior anualmente, a 8% (oito por cento) do capital registrado na Superintendência da Moeda e do Crédito (Lei n. 4.390, art. 2º).

§ 1º Os lucros que excederem o limite estabelecido neste artigo, se remetidos para o exterior, serão considerados retorno de capital e deduzidos do registro correspondente, para efeito de remessas futuras, sendo facultado, porém, seu reinvestimento nas próprias empresas, quando produtoras de bens e serviços, ou em regiões e setores de atividades considerados de interesse para a economia nacional, indicados em decreto do Poder Executivo, ouvido o Conselho Nacional de Economia (Lei n. 4.390, art. 2º, § 1º).

§ 2º Nas hipóteses previstas no art. 28 da Lei n. 4.131, de 3 de setembro de 1962 a remessa de lucros dos capitais a que se refere este artigo será limitada até o máximo de 5% (cinco por cento) ao ano sobre o montante dos registros efetuados na forma do art. 3º (Lei n. 4.390, art. 2º, § 2º).

ART. 12. O montante dos lucros e dividendos líquidos efetivamente remetidos a pessoas físicas ou jurídicas, residentes, domiciliadas ou com sede no exterior, fica sujeito a um imposto suplementar de renda sempre que a média das remessas em um triênio, a partir do ano de 1963, exceder a 12% (doze por cento) sobre o capital e reinvestimentos registrados (Lei n. 4.131, modificada pela Lei n. 4.390, art. 43).

ART. 13. O Conselho da Superintendência da Moeda e do Crédito determinará quais os comprovantes a serem exigidos para a concessão do registro dos capitais estrangeiros e respectivos reinvestimentos, inclusive dos já existentes no País (Lei n. 4.131, modificada pela Lei n. 4.390, art. 5º, § 2º).

ART. 14. As pessoas físicas ou jurídicas que desejarem fazer transferências para o exterior a título de lucros, dividendos, juros, amortizações, *royalties*, assistência técnica, científica, administrativa e semelhantes, deverão submeter à Superintendência da Moeda e do Crédito os contratos e documentos que forem considerados necessários para justificar a remessa (Lei n. 4.131, modificada pela Lei n. 4.390, art. 9º).

ART. 15. As remessas de juros de empréstimos, créditos e financiamentos serão consideradas como amortização do capital na parte que excederem da taxa de juros constantes do contrato respectivo e de seu respectivo registro, cabendo à Superintendência da Moeda e do Crédito impugnar e recusar a parte da taxa que exceder à taxa vigorante no mercado financeiro de onde procede o empréstimo, crédito ou financiamento, na data de sua realização, para operações do mesmo tipo e condições (Lei n. 4.131, art. 8º).

ART. 16. Os pedidos de registro do contrato, para efeito de transferências financeiras para o pagamento de *royalties*, devido pelo uso de patentes, marcas de indústria e de comércio ou outros títulos da mesma espécie, serão instruídos com certidão probatória da existência e vigência, no Brasil, dos respectivos privilégios concedidos pelo Departamento Nacional de Propriedade Industrial, bem como de documento hábil probatório de que eles não caducaram no país de origem (Lei n. 4.131, modificada pela Lei n. 4.390, art. 11).

ART. 17. O registro dos contratos que envolvam transferências a título de *royalties*, ou de assistência técnica, científica, administrativa ou semelhante, será feito na moeda do país de domicílio ou sede dos beneficiários das remessas.

Parágrafo único. Em casos especiais, tendo em vista o interesse nacional, a Superintendência da Moeda e do Crédito poderá autorizar a remessas em moeda distinta da prevista nos respectivos registros.

ART. 18. As somas das quantias devidas a título de *royalties* pela exploração de patentes de invenção ou pelo uso de marcas de indústria e de comércio, e por assistência técnica, científica, administrativa ou semelhante, poderão ser deduzidas nas declarações de renda, para efeito da determinação do rendimento sujeito a tributação, até o limite máximo de 5% (cinco por cento) da receita bruta do produto fabricado ou vendido (Lei n. 4.131, art. 12).

§ 1º Os coeficientes por tipos e ramos de produção ou atividades reunidas em grupos, segundo o grau de essencialidade, serão estabelecidos e revistos periodicamente, mediante ato do Ministro da Fazenda (Lei n. 4.131, art. 12, § 1º).

§ 2º As remessas que ultrapassarem a limitação prevista neste artigo serão consideradas como lucro (Lei n. 4.131, art. 13).

ART. 19. A Superintendência da Moeda e do Crédito poderá, quando considerar necessário, verificar a efetividade da assistência técnica, administrativa ou semelhante, prestada a empresa estabelecida no Brasil, ou exigir a comprovação da efetividade da utilização das patentes e dos registros referentes a *royalties*, desde que, em ambos os casos, haja remessa de divisas para o exterior (Lei n. 4.131, modificada pela Lei n. 4.390, arts. 10 e 11).

ART. 20. Não serão permitidas remessas para pagamento de *royalties* pelo uso de patentes de invenção e de marcas de indústria ou de comércio entre filial ou subsidiária de empresa estabelecida no Brasil e sua matriz com sede no exterior, ou quando a maioria do capital da empresa no Brasil pertença aos titulares do recebimento dos *royalties* no estrangeiro (Lei n. 4.131, artigo 14).

Parágrafo único. Para os efeitos deste Decreto, considera-se subsidiária de empresa estrangeira a pessoa jurídica, estabelecida no País, de cujo capital com direito a voto pelo menos 50% (cinquenta por cento) pertença, diretamente ou indiretamente, a empresa com sede no exterior.

ART. 21. As pessoas físicas e jurídicas, domiciliadas ou com sede no Brasil ficam obrigadas a declarar à Superintendência da Moeda e do Crédito, na forma que for estabelecida pelo respectivo Conselho, os bens e valores que possuírem no exterior, inclusive depósitos bancários, excetuados, no caso de estrangeiros, os que possuíam ao entrar no Brasil (Lei n. 4.131, art. 17).

ART. 22. As pessoas físicas ou jurídicas, domiciliadas ou com sede no Brasil deverão, ainda, comunicar à Superintendência da Moeda e do Crédito as aquisições de novos bens e valores no exterior, indicando os recursos para tal fim usados (Lei 4.131, art. 19).

Parágrafo único. As comunicações de que trata este artigo deverão ser feitas no prazo de 12 meses da data da aquisição.

ART. 23. Anualmente, até o dia 31 de janeiro, as pessoas físicas ou jurídicas, domiciliadas ou com sede no Brasil, comunicarão à Superintendência da Moeda e do Crédito o montante dos seus depósitos bancários no exterior, a 31 de dezembro do ano anterior, com justificação nas variações neles ocorridas (Lei 4.131, artigo 19, parágrafo único).

ART. 24. As pessoas físicas que até 30 de abril de 1965 pedirem retificação das respectivas declarações de bens, relativas aos exercícios de 1963 e 1964, para efeito de inclusão de valores, bens e depósitos, mantidos no estrangeiro, e anteriormente omitidos, ficam dispensados de qualquer penalidade (Lei 4.506, art. 82).

ART. 25. As operações cambiais serão efetuadas através de estabelecimentos bancários autorizados a operar em câmbio, com a intervenção de corretor oficial quando exigido em Lei ou Regulamento, respondendo ambos pela identidade do cliente, assim como pela correta classificação das informações por este prestadas, segundo normas fixadas pela Superintendência da Moeda e do Crédito (Lei 4.131, art. 23).

§ 1º O formulário, segundo modelo aprovado pela Superintendência da Moeda e do Crédito e utilizado em cada operação, será assinado pelo cliente e visado pelo estabelecimento bancário corretor que nela intervier, e dele constará obrigatoriamente o texto do art. 23 da Lei n. 4.131, de 3 de setembro de 1962.

§ 2º Os lançamentos contábeis das empresas compradoras ou vendedoras de câmbio devem corresponder exatamente aos dados constantes do formulário a que se refere o parágrafo anterior.

ART. 26. As operações que não se enquadrarem claramente nos itens específicos do Código de Classificação adotado pela Superintendência da Moeda e do Crédito ou sejam classificáveis em rubricas residuais, como "Outros" e "Diversos", só poderão ser realizadas através do Banco do Brasil S.A. (Lei 4.131, art. 23, § 1º).

ART. 27. Os estabelecimentos bancários encaminharão à Superintendência da Moeda e do Crédito (Fiscalização e Registro de Capitais Estrangeiros), dentro dos prazos estipulados, uma via do formulário referente às operações previstas na letra "b "do art. 3º, em que o Banco fará declaração, assinada por quem de direito, de ter sido a operação liquidada e feita a respectiva transferência, com a indicação da data.

Parágrafo único. Os estabelecimentos bancários encaminharão também as notas das remessas em cruzeiros que efetuarem para o exterior.

ART. 28. Em qualquer circunstância e qualquer que seja o regime cambial vigente, não poderão ser concedidas às remessas financeiras, decorrentes de registros feitos na Superintendência da Moeda e do Crédito, condições mais favoráveis do que as que se aplicarem às remessas para pagamento de importações da categoria geral, de que trata a lei n. 3.244, de 14 de agosto de 1957 (Lei n. 4.131, artigo 34).

ART. 29. O Conselho da Superintendência da Moeda e do Crédito poderá determinar que as operações cambiais referentes a movimentos de capital sejam efetuadas, no todo ou em parte, em mercado financeiro de câmbio, separado do mercado de exportação e importação, sempre que a situação cambial assim o recomendar (Lei 4.131, art. 27).

ART. 30. Cumpre aos estabelecimentos bancários autorizados a operar em câmbio transmitir à Superintendência da Moeda e do Crédito, diariamente, informações sobre o montante de compra e venda de câmbio, com a especificação de suas finalidades, segundo a classificação estabelecida (Lei n. 4.131, art. 24).

ART. 31. Sempre que se tornar aconselhável economizar a utilização de reservas de câmbio, fica o Conselho da Superintendência da Moeda e do Crédito, mediante Instrução, autorizado a exigir um encargo financeiro de caráter estritamente monetário, que recairá sobre a importação de mercadorias e sobre as transferências financeiras, até o máximo de 10% (dez por cento) sobre o valor dos produtos importados e até 50% (cinquenta por cento) sobre o valor de qualquer transferência financeira, inclusive para as despesas com viagens internacionais (Lei n. 4.131, art. 29).

ART. 32. As importâncias arrecadadas por meio de encargo financeiro, previsto no artigo anterior, constituirão reserva monetária em cruzeiros, mantida na Superintendência da Moeda e do Crédito, em caixa própria, e será utilizada, quando julgado oportuno, exclusivamente na compra de ouro e de divisas, para reforço das reservas e disponibilidades cambiais (Lei 4.131, art. 30).

ART. 33. O Tesouro Nacional e as entidades oficiais de crédito público da União e dos Estados inclusive sociedades de economia mista, por eles controladas, somente mediante autorização em decreto do Poder Executivo poderão garantir empréstimos obtidos, no exterior, por empresas cuja maioria de capital social, com direito a voto, pertença a pessoas físicas ou jurídicas residentes, domiciliadas ou com sede no exterior (Lei 4.131, art. 37).

ART. 34. As empresas cuja maioria de capital social, com direito a voto, pertença a pessoas físicas ou jurídicas, residentes, domiciliadas ou com sede no exterior, e as filiais de empresas estrangeiras não terão, até o início comprovado de suas operações ou atividades, acesso ao crédito das entidades e estabelecimentos mencionados no artigo anterior (Lei 4.131, art. 38).

Parágrafo único. Excetuam-se das disposições contidas neste artigo os projetos considerados de alto interesse para a economia nacional, mediante autorização especial do Poder Executivo (Lei 4.131, art. 38).

ART. 35. As entidades e estabelecimentos de crédito mencionados no artigo 33 só poderão conceder empréstimos, créditos ou financiamentos para novas inversões a serem realizadas no ativo fixo da empresa cuja maioria do capital social, com direito a voto, pertença a pessoas físicas ou jurídicas residentes, domiciliadas ou com sede no exterior, quando tais empresas exercerem atividades econômicas essenciais e seus empreendimentos se localizarem em regiões econômicas de alto interesse nacional, assim definidos e enumerados em decreto do Poder Executivo, mediante audiência do Conselho Nacional de Economia (Lei 4.131, art. 39).

§ 1º Também a aplicação de recursos provenientes de fundos públicos de investimentos, criados por lei, obedecerá ao disposto neste artigo (Lei 4.131, art. 39, parágrafo único).

§ 2º As entidades e estabelecimentos de crédito mencionados no art. 33 poderão reemprestar às empresas referidas neste artigo os recursos provenientes de empréstimos, crédito e financiamentos obtidos no exterior; caso haja risco de câmbio, poderão os concedentes do crédito exigir que o mesmo seja assumido pelo concedente no exterior ou pela empresa beneficiária da operação final. (Redação dada pelo Dec. 1.318/1994.)

ART. 36. As sociedades de crédito, financiamento e investimento somente poderão colocar, no mercado nacional de capitais, ações e títulos emitidos pelas empresas controladoras por capital estrangeiro ou subordinadas a empresas com sede no estrangeiro, que tiverem assegurado o direito de voto (Lei 4.131, art. 40).

ART. 37. As infrações ao disposto na lei 4.131, ressalvadas as penalidades específicas constantes de seu texto, ficam sujeitas a multas que variarão de 20 (vinte) a 50 (cinquenta) vezes o maior salário-mínimo vigorante no País (Lei 4.131, art. 58).

ART. 38. As multas impostas na Lei 4.131, excetuados os casos do art. 45, serão aplicadas pelo Diretor Executivo da Superintendência da Moeda e do Crédito cabendo recurso ao Conselho da mesma, com efeito suspensivo. Os recursos serão interpostos no prazo de 60 (sessenta) dias, contados do recebimento da respectiva notificação, o qual poderá ser prorrogado pelo Diretor Executivo.

§ 1º As multas aplicadas serão recolhidas, mediante guia expedida pela Superintendência da Moeda e do Crédito, às repartições arrecadadoras do Ministério da Fazenda no mesmo prazo a que se refere este artigo.

§ 2º Na hipótese de não ser provido o recurso será expedida nova notificação com o prazo de 30 dias úteis para o pagamento devido.

§ 3º Esgotados os prazos a que se refere este artigo será promovida a cobrança judicial do débito.

§ 4º É vedada qualquer participação no principal e acessórios da multa que será recolhida integralmente ao Tesouro Nacional.

ART. 39. Serão considerados produto de enriquecimento ilícito e, como tal, objeto de processo criminal para que sejam restituídos ou compensados com os existentes no Brasil, os bens e valores, inclusive depósitos bancários, existentes no exterior pertencentes a pessoas físicas ou jurídicas domiciliada ou com sede no País e não declarados à Superintendência da Moeda e do Crédito (Lei 4.131, art. 18).

Parágrafo único. Os bens e valores existentes no Brasil poderão ser sequestrados pela Fazenda Pública na medida em que sejam suficientes para que se restituam ou se compensem com os existentes no exterior (Lei 4.131, art. 18).

ART. 40. Ficam sujeitos a multa de até o máximo correspondente a 30 (trinta) vezes o maior salário-mínimo anual vigente no País, triplicado em caso de reincidência, os estabelecimentos bancários que deixaram de cumprir o disposto no art. 30 (Lei 4.131, art. 25).

Parágrafo único. A multa será imposta pela Superintendência da Moeda e do Crédito, cabendo recurso de seu ato sem efeito suspensivo, para o Conselho da Superintendência da Moeda e do Crédito, dentro do prazo de 15 (quinze) dias da data da intimação (Lei 4.131, modificada pela Lei 4.390, art. 25, parágrafo único).

ART. 41. Constitui infração imputável ao estabelecimento bancário, ao corretor e ao cliente punível com multa equivalente ao triplo do valor da operação para cada um dos infratores a declaração de falsa identidade no formulário a que se refere o parágrafo 1º do art. 25 (Lei 4.131. art. 23, § 2º).

ART. 42. Constitui infração de responsabilidade exclusiva do cliente, punível com multa equivalente a 100% (cem por cento) do valor da operação, a declaração de informações falsas no formulário a que se refere o parágrafo 1º do art. 25 (Lei 4.131, art. 23, § 3º).

ART. 43. Constitui infração, imputável ao estabelecimento bancário e ao corretor que intervierem na operação, punível com multa de 5% (cinco por cento) a 100% (cem por cento) do valor da operação, para cada um dos infratores, a classificação incorreta, dentro das normas fixadas pelo Conselho da Superintendência da Moeda e do Crédito, das informações prestadas pelo cliente no formulário a que se refere o parágrafo 1º do art. 25 (Lei 4.131, art. 23, § 4º).

ART. 44. Em caso de reincidência nas infrações caracterizadas nos artigos 41 e 43, o Diretor Executivo da Superintendência da Moeda e do Crédito poderá determinar a instauração do competente processo para com o referendo do Conselho daquele Órgão, propor ao Ministro da Fazenda a cassação da autorização para operar em câmbio ao estabelecimento bancário responsável e, à autoridade competente, idêntica medida em relação ao corretor (Lei 4.131, art. 23, § 5º).

ART. 45. A prática de fraude aduaneira ou cambial que resulte de sub ou superfaturamento na exportação ou na importação de bens e mercadorias, uma vez apurada em processo administrativo regular, no qual será assegurada plena defesa ao acusado importará na aplicação aos responsáveis, pelo Conselho da Superintendência da Moeda e do Crédito de multa de 10 (dez) vezes o valor das quantias sub ou superfaturadas, ou da penalidade de proibição de exportar ou importar, por prazo de 1 (um) a 5 (cinco) anos (Lei 4.131, art. 15).

ART. 46. O Ministério das Relações Exteriores e a Superintendência da Moeda e do Crédito realizarão, em conjunto, estudos e gestões que habilitem o Governo Federal a celebrar acordos de cooperação administrativa com países estrangeiros visando ao intercâmbio de informações de interesse fiscal e cambial, relacionados com remessas de dividendos pagamentos devidos por *royalties* assistência técnica científica administrativa ou semelhante, preço de bens importados, alugueres de filmes cinematográficos, máquinas, bem como com quaisquer outros elementos que sirvam de base à incidência de tributos (Lei 4.131, art. 16).

ART. 47. O Conselho de Política Aduaneira disporá da faculdade de reduzir ou de aumentar até 30% (trinta por cento) as alíquotas do imposto que recaiam sobre máquinas e equipamentos, atendendo as peculiaridades, das regiões a que se destinam, à concentração industrial em que venham a ser empregados e ao grau de utilização das máquinas e equipamentos antes de efetivas se a importação (Lei 4.131, art. 49).

Parágrafo único. Quando as máquinas e equipamentos forem transferidos da região a que inicialmente se destinavam, deverão os responsáveis pagar ao fisco a quantia correspondente à redução de imposto de que elas gozaram quando de sua importação, sempre que removidas para zonas em que a redução não seria concedida (Lei 4.131, art. 49, parágrafo único).

ART. 48. Em casos de registros requeridos e ainda não concedidos nem denegados, a Superintendência da Moeda e do Crédito poderá autorizar, até 29 de agosto de 1965, remessas para o exterior a título de lucros, dividendos, juros, amortizações, *royalties*, assistência técnica científica, administrativa ou semelhante, mediante "termo de responsabilidade, firmado pela direção das empresas interessadas Lei 4.131 modificada pela Lei n. 4.390, art. 9º, § 2º).

§ 1º Na hipótese de as remessas não se enquadrarem dentro do valor do certificado de registro que posteriormente venha a ser expedido, a Superintendência da Moeda e do Crédito procederá, conforme o caso, à compensação do excedente quando da concessão dos respectivos registros, ou exigirá dos responsáveis a restituição das divisas transferidas em excesso.

§ 2º O Conselho da Superintendência da Moeda e do Crédito exigirá dos interessados a comprovação que julgar necessária para autorização das transferências (Lei 4.131 modificada pela Lei 4.390, art. 9º).

§ 3º A realização de remessas para o exterior, prevista neste artigo, dependerá de prova de quitação do imposto de renda (Lei 4.131, modificada pela Lei 4.390, art. 9º, § 1º).

§ 4º Anualmente, e antes de expirado o prazo fixado neste artigo, a Superintendência da Moeda e do Crédito encaminhará ao Ministro da Fazenda exposição sobre a necessidade ou não de vir a ser prorrogada a vigência dessa concessão (Lei 4.131, modificada pela Lei 4.390 art. 9º, § 2º).

ART. 49. Sempre que ocorrer grave desequilíbrio no balanço de pagamentos ou houver sérias razões para prever a iminência de tal situação, poderá o Conselho da Superintendência da Moeda e do Crédito impor restrições, por prazo limitado, à importação e às remessas de rendimento dos capitais estrangeiros e para este fim, outorgar ao Banco do Brasil monopólio total ou parcial das operações de câmbio (Lei 4.131, artigo 28).

§ 1º No caso previsto neste artigo, ficam vedadas as remessas a título de retorno de capitais e limitada a remessa de seus lucros até 10% (dez por cento) ao ano ou até o máximo de 5% (cinco por cento) para os investimentos a que se refere o artigo 11, calculada, em ambas as hipóteses, sobre o valor de investimentos e reinvestimentos registrados na Superintendência da Moeda e do Crédito (Lei 4.131, modificada pela Lei 4.390, art. 28, § 1º e Lei 4.390, artigo 2º, § 2º).

§ 2º Os rendimentos que excederem a percentagem fixada pelo Conselho da Superintendência da Moeda e do Crédito deverão ser comunicados a essa Superintendência, a qual, na hipótese de se prolongar por mais de um exercício a restrição a que se refere este artigo, poderá autorizar a remessa, no exercício seguinte das quantias relativas ao excesso quando os lucros neles auferidos não atingirem aquele limite (Lei 4.131, modificada pela Lei 4.390, artigo 28, § 2º).

§ 3º Nos mesmos casos deste artigo poderá o Conselho da Superintendência da Moeda e do Crédito limitar a remessa de quantias a título, de pagamentos de *royalties* e assistência técnica administrativa ou semelhante até o valor máximo cumulativo anual de 5% (cinco por cento) da receita bruta da empresa (Lei 4.131, art. 28, § 3º).

§ 4º Ainda nos casos deste artigo, fica o Conselho da Superintendência da Moeda e do Crédito autorizado a baixar instruções limitando as despesas cambiais com "Viagens Internacionais" (Lei 4.131, art. 28, § 4º).

§ 5º Não haverá, porém, restrições para as remessas de juros e quotas de amortização, constantes de contrato de empréstimo, devidamente registrado (Lei 4.131, art. 28, § 5º).

ART. 50. A Superintendência da Moeda e do Crédito poderá autorizar:

a) a conversação, em investimento, do principal de empréstimos registrados ou de quaisquer quantias, inclusive, juros, remissíveis para o exterior;

b) o registro como empréstimo, a prazo e com juros aprovados pela Superintendência da Moeda e do Crédito, dos juros de empréstimos registrados, dos lucros remissíveis de capitais registrados e de quaisquer outras quantias remissíveis para o exterior.

§ 1º As conversões de que trata este artigo poderão ser condicionadas à realização de operações simbólicas de câmbio.

§ 2º Fica a Superintendência da Moeda e do Crédito, sem prejuízo do normal processamento das demais solicitações, autorizada a adotar medidas especiais visando a acelerar o exame dos pedidos de conversão de que trata este artigo.

ART. 51. O Conselho da Superintendência da Moeda e do Crédito poderá estabelecer condições especiais para transferências que tenham como contrapartida a entrada de novos recursos, de valor pelo menos a elas equivalente, para capital de giro ou compra de equipamentos produzidos no País.

ART. 52. Os reinvestimentos de lucros e as transferências ou cessões de capitais, créditos ou contratos entre pessoas físicas ou jurídicas domiciliadas ou com sede no exterior não estão sujeitas a operação simbólicas de compra e venda de câmbio.

§ 1º Quando a cessão ou a transferência se fizer a pessoas físicas ou jurídicas residentes, domiciliadas ou com sede no País, será cancelado o registro. (Renumerado de parágrafo único para § 1º, pelo Dec. 1.251/1994.)

§ 2º Nos casos em que a cessão ou a transferência se fizer em favor de Fundos de Investimento no Exterior, constituídos na forma de regulamentação baixada pelo Conselho Monetário Nacional, não se aplica o disposto no parágrafo anterior. (Incluído pelo Dec. 1.251/1994.)

ART. 53. É obrigatória nos balanços das empresas, inclusive sociedades anônimas, a discriminação da parcela do capital e dos créditos pertencentes a pessoas físicas ou jurídicas residentes, domiciliadas ou com sede no exterior, registrados na Superintendência da Moeda e do Crédito (Lei 4.131, art. 21).

Parágrafo único. Igual discriminação será feita na conta de "Lucros e Perdas" para evidenciar a parcela de lucros, dividendos, juros e outros quaisquer proventos creditados a pessoas físicas ou jurídicas residentes, domiciliadas ou com sede no estrangeiro, cujos capitais estejam registrados na Superintendência da Moeda e do Crédito (Lei 4.131, artigo 22).

ART. 54. Aos bancos estrangeiros, autorizados a funcionar no Brasil, serão aplicadas as mesmas vedações ou restrições equivalentes às que a legislação vigorante nas praças em que tiverem sede suas matrizes impõe aos bancos brasileiros que nelas desejam estabelecer-se (Lei 4.131, art. 50).

§ 1º Conselho da Superintendência da Moeda e do Crédito baixará as instruções necessárias para que o disposto no presente artigo seja cumprido em relação aos bancos estrangeiros já em funcionamento no País (Lei 4.131, art. 50, parágrafo único).

§ 2º É vedado aos bancos estrangeiros, cujas matrizes tenham sede em praças em que a legislação imponha restrições ao funcionamento de bancos brasileiros, adquirir mais de 30% (trinta por cento) das ações, com direito a voto, de bancos nacionais (Lei 4.131 art. 51).

ART. 55. Os créditos fixados para a importação de máquinas e equipamentos usados serão os mesmos tanto para os investidores e empresas estrangeiras como para os nacionais (Lei 4.131, art. 47).

ART. 56. A importação de máquinas e equipamentos usados, quando autorizada, gozará de regime cambial idêntico ao vigorante para a importação de máquinas e equipamentos novos (Lei 4.131, art. 48).

ART. 57. As contas de depósito, no País, de pessoas físicas ou jurídicas residentes, domiciliares ou com sede no exterior, qualquer que seja a sua origem, são de livre movimentação, independentemente de qualquer autorização, prévia ou posterior, quando os seus saldos provierem exclusivamente de ordens em moeda estrangeira ou de vendas de câmbio, poderão ser livremente transferidas para o exterior, a qualquer tempo, independentemente de qualquer autorização.

ART. 58. A Superintendência da Moeda e do Crédito, a seu exclusivo critério ou quando solicitada, poderá remeter aos interessados diretos das operações submetidas a registro cópia da correspondência e notificações que expedir.

ART. 59. A Superintendência da Moeda e do Crédito poderá aprovar, quando solicitada e se julgar conveniente, remessas para pagamento de projetos ou serviços técnicos especializados e para aquisição de desenhos e modelos industriais.

ART. 60. Depende de aprovação pela Superintendência da Moeda e do Crédito a aquisição, no exterior, de empresas cujos ativos estejam preponderantemente no Brasil.

ART. 61. A transferência para o exterior de heranças, prêmios, proventos e direitos autorais recebidos ou auferidos no País e de patrimônio de pessoas que transfiram residência para o exterior e outras remessas para atender a situações semelhantes dependem, em cada caso, de aprovação da Superintendência da Moeda e do Crédito.

ART. 62. Para os efeitos do disposto neste Decreto, a Superintendência da Moeda e do Crédito poderá, quando julgar necessário, apurar a veracidade das declarações prestadas, através de fiscalização, perícia e levantamentos procedidos junto às empresas, ou solicitar e exigir as informações e comprovações que julgar necessárias.

ART. 63. Os órgãos da administração pública, as sociedades de economia mista, as entidades de direito público ou de direito privado que recebem favores do Governo e as fundações prestarão, dentro do âmbito de sua competência e com a máxima urgência, as informações ou a colaboração que a Superintendência da Moeda e do Crédito lhes solicitar para o fiel cumprimento deste Decreto.

ART. 64. Independem de novo pedido de registro, a que alude o art. 3º, as solicitações já apresentadas à Superintendência da Moeda e do Crédito antes da publicação deste Decreto.

ART. 65. Os membros do Conselho da Superintendência da Moeda e do Crédito ficam obrigados a fazer declarações de bens e rendas próprias e de suas esposas e dependentes, até 30 de abril de cada ano, devendo estes documentos ser examinados e arquivados no Tribunal de Contas da União, que comunicará o fato ao Senado Federal (Lei 4.131, art. 36).

Parágrafo único. Os servidores da Superintendência da Moeda e do Crédito que tiverem responsabilidade de encargos regulamentares nos trabalhos relativos ao registro de capitais estrangeiros ou de sua fiscalização, nos termos deste Decreto, ficam igualmente obrigados às declarações de bens e rendas previstas neste artigo (Lei 4.131, art. 36, parágrafo único).

ART. 66. O Banco Central do Brasil divulgará, mensalmente, mediante publicação no Diário Oficial da União ou disponibilização em sistema de informações ao qual o público tenha acesso pela internet, os registros e cancelamentos de registros de capitais estrangeiros efetuados no mês anterior. (Redação dada pelo Dec. 4.842/2003.)

Parágrafo único. A disponibilização eletrônica pela internet de que trata o *caput* será necessariamente certificada digitalmente por autoridade certificadora integrante da Infraestrutura de Chaves Públicas Brasileira - ICP-Brasil. (Incluído pelo Dec. 4.842/2003.)

ART. 67. Os casos omissos serão resolvidos pelo Conselho da Superintendência da Moeda e do Crédito.

ART. 68. O presente Decreto entrará em vigor na data de sua publicação, revogadas as disposições em contrário.

Brasília, 17 de fevereiro de 1965;
144º da Independência e 77º da República.
H. CASTELLO BRANCO

DECRETO N. 56.900, DE 23 DE SETEMBRO DE 1965

Dispõe sobre o regimento de corretagem de seguros na forma da Lei n. 4.594, de 29 de dezembro de 1964, e dá outras providências.

▸ *DOU*, 04.10.1965.

O Presidente da República, usando da atribuição que lhe confere o artigo 87, item I, da Constituição,

Decreta:

ART. 1º As sociedades de seguros, por suas matrizes, filiais, sucursais, agências ou representantes, só poderão receber proposta de contrato de seguro:

a) por intermédio de Corretor devidamente habilitado;

b) diretamente dos proponentes ou de seus legítimos representantes.

Parágrafo único. (Revogado pelo Dec. 59.417/1966.)

ART. 2º Nos casos de aceitação de proposta pela forma a que se refere a alínea b do artigo anterior, as sociedades seguradoras recolherão, ao Instituto de Resseguros do Brasil, a importância habitualmente cobrada, a título de comissão de acordo com percentagens fixadas, para cada ramo, pelo Departamento Nacional de Seguros Privados e Capitalização.

Parágrafo único. As empresas de seguros escriturarão essa importância em livro especial, devidamente autenticado pelo Departamento Nacional de Seguros Privados e Capitalização.

ART. 3º A importância de recolhimento previsto no artigo anterior será destinada, em partes iguais, à criação de escolas e cursos profissionais e a um Fundo de Prevenção contra Incêndio, administrado pelo Instituto de Resseguros do Brasil.

§ 1º Caberá ao Instituto de Resseguros do Brasil a organização de escolas ou cursos para a formação de técnicos das atividades ligadas ao seguro, especialmente de corretores, podendo inclusive autorizar, sob sua fiscalização de tais cursos em entidades idôneas, sediadas em todo o território brasileiro.

§ 2º O Instituto de Resseguros do Brasil elaborará, anualmente e a partir do exercício de 1966, um plano de aplicação do "Fundo de Prevenção contra Incêndio" submetendo-o à aprovação do Ministro da Indústria e do Comércio.

ART. 4º Compete ao Departamento Nacional de Seguros Privados e Capitalização fazer cumprir as disposições da Lei n. 4.594, de 29 de dezembro de 1964, e deste decreto.

ART. 5º Fica criada, no Departamento Nacional de Seguros Privados e Capitalização, a Seção de Habilitação e Registro de Corretores (SHARC) que passa a integrar a Assessoria de Orientação e Fiscalização.

ART. 6º Compete à Seção de Habilitação e Registro de Corretores:

a) examinar os processos de habilitação e registro de corretores, verificando se estão convenientemente instruídos e se satisfazem as exigências das instruções em vigor;

b) registrar os títulos de habilitação;

c) organizar e manter atualizado o registro dos corretores habilitados e dos que se acham no exercício da profissão, fazendo na ficha individual, obedecida a ordem cronológica, a assentamento das ocorrências de interesse do Departamento, de acordo com as instruções expedidas;

d) proceder ao controle dos livros de registro a que estão obrigados os corretores;

e) propor ao Chefe da Assessoria de Orientação e Fiscalização as medidas que forem indicadas, para a regularização dos processos submetidos ao estudo na Seção e para o aperfeiçoamento dos serviços a seu cargo;

f) executar outros serviços correlatos que lhe forem atribuídos pelo Chefe da Assessoria de Orientação e fiscalização.

ART. 7º Fica instituída, no Quadro do Pessoal do Ministério da Indústria e do Comércio, a função gratificada, símbolo 2-F de Chefe da Seção de Habilitação e Registro de Corretores.

ART. 8º São atribuições do Chefe da Seção de Habilitação e Registro de Corretores, respeitados os deveres de ordem geral, as enumeradas no artigo 71, do Regimento aprovado pelo Decreto n. 534, de 23 de janeiro de 1962.

ART. 9º Para fiel observância do que estatui o art. 17, da Lei n. 4.594, de 29 de dezembro de 1964, as ações das sociedades de seguros e as das sociedades anônimas de corretagem ou administração de seguros, deverão ser, obrigatoriamente, nominativas.

Parágrafo único. Dentro de cento e vinte (120) dias, a partir da publicação deste decreto, deverão ser convertidas em nominativas as ações ao portador.

ART. 10. (Revogado pelo Dec. 59.417/1966.)

ART. 11. Este decreto entrará em vigor na data de sua publicação, revogado o Decreto n. 569, de 2 de fevereiro de 1962, e demais disposições em contrário.

Brasília, 23 de setembro de 1965; 144º da Independência e 77º da República.
H. CASTELLO BRANCO

DECRETO N. 56.903, DE 24 DE SETEMBRO DE 1965

Regulamenta a profissão de corretor de Seguros de Vida e de Capitalização, de conformidade com o artigo 32 da Lei n. 4.594, de 29 de dezembro de 1964.

▸ *DOU*, 04.10.1965.

O Presidente da República , usando da atribuição que lhe confere o artigo 87, inciso I, da Constituição,

Decreta:

CAPÍTULO I
DO CORRETOR DE SEGUROS DE VIDA E DE CAPITALIZAÇÃO E DA SUA HABILITAÇÃO PROFISSIONAL

ART. 1º O Corretor de seguros de Vida e de Capitalização, anteriormente denominado Agente, quer seja pessoa física quer jurídica, é o intermediário legalmente autorizado a angariar e a promover contratos de seguros de vida ou a colocar títulos de capitalização, admitidos pela legislação vigente, entre sociedades de seguros e capitalização e o público em geral.

ART. 2º A profissão de Corretor de Seguros de Vida ou de Capitalização sòmente será exercida por pessoas devidamente inscritas no Departamento Nacional de Seguros e Capitalização (D.N.S.P.C.).

Parágrafo único. O número de Corretores de Seguros de Vida ou de Capitalização é ilimitado.

ART. 3º Para ser Corretor de Seguros de Vida ou de Capitalização é necessário:

a) ser brasileiro ou estrangeiro com residência permanente;

b) estar quite com o serviço militar, quando se tratar de brasileiro ou naturalizado;

c) não haver sido condenado por crimes a que se referem as Seções II, III, e IV do Capítulo VI do Título I; os capítulos I, II, III, IV ,V, VI e VII do Título II; o Capítulo V do Título VIII; os capítulos I, II, III e IV do Título X e o Capítulo I do Título XI, parte especial do Código Penal;

d) não ser falido;

e) estar inscrito para o pagamento do imposto de industria e profissões, se tiver escritório particular onde exerça suas atividades profissionais.

Parágrafo único. Em se tratando de pessoa jurídica, além do atendimento do disposto neste artigo relativamente e seus diretores, gerentes ou administradores deverá a sociedade estar organizada segundo as leis brasileiras e ter sede no país.

ART. 4º A inscrição do profissional no D.N.S.P.C., a que se refere o art. 2º será promovida pela sociedade de seguros ou de capitalização, dentro do prazo de 90 (noventa) dias contados do inicio da atividade, precedida declaração de que o Corretor recebeu as devidas instruções e se encontra tecnicamente habilitado a exercer a profissão.

§ 1º As sociedades de seguros e de capitalização poderão a qualquer tempo requerer o cancelamento da inscrição de corretor feita por seu intermédio.

§ 2º As sociedades de seguros e de capitalização poderão exigir do corretor a prestação de fiança em seu favor a qual será do valor de um salário mínimo mensal vigente na localidade em que o profissional exercer suas atividades.

ART. 5º A documentação relativa à inscrição do corretor, ficará em poder da sociedade de seguros ou de capitalização que encaminhar a sua inscrição sendo colacionada em pastas próprias, a fim de permitir a fiscalização do D.N.S.P.C.

CAPÍTULO II
DOS DIREITOS E DEVERES

ART. 6º Só a corretor de Seguros de Vida ou de Capitalização, devidamente inscrito, nos termos deste Decreto, e que houver assinado a proposta de seguro ou a requisição do título, deverá ser paga a corretagem ou comissão previamente estabelecida.

Parágrafo único. Aos inspetores ou organizadores admitidos ou contratados pelas sociedades para fomentar o agenciamento de seguros de vida ou títulos de capitalização também poderá ser para a corretagem ou comissão prevista neste artigo.

ART. 7º O Corretor deverá recolher incontinente, à caixa da sociedade emissora, a importância que por ventura tiver recebido do segurado do pagador do título para pagamento do prêmio do contrato celebrado por seu intermediário.

ART. 8º Ao Corretor de Seguro de Vida ou de Capitalização poderá ser outorgado pela sociedade o encargo da cobrança de prêmios ou cotização periódicas, mediante a prestação de fiança adequada e pagamento de comissão previamente ajustada.

ART. 9º É vedado ao Corretor de Seguros de Vida ou de Capitalização, ser diretor, sócio administrador, procurador, despachante, ou empregado de empresa de Seguros ou Capitalização.

Parágrafo único. O impedimento previsto neste artigo é extensivo aos sócios e diretores de empresa de corretagem de Seguros ou Capitalização.

CAPÍTULO III
DAS PENALIDADES

ART. 10. O Corretor de Seguros de Vida ou de Capitalização responderá profissional e civilmente, pelos atos que praticar, independentemente das sanções que forem cabíveis a outros responsáveis pela infração.

ART. 11. O Corretor de Seguros de Vida ou de Capitalização, independentemente da responsabilidade penal e civil em que possa incorrer no exercício da profissão é passível das penas disciplinares de suspensão e destituição.

ART. 12. É passível de pena de suspensão das funções, por 30 a 180 dias, o corretor que infringir as disposições deste Decreto, quando não tiver sido cominada a pena de destituição.

ART. 13. Incorrerá na pena de destituição o Corretor que:

a) sofrer condenação penal por motivo de ato praticado no exercício da profissão;

b) houver prestado declarações inexatas para conseguir a sua inscrição.

ART. 14. O processo para cominação das penalidades previstas neste Decreto reger-se-á no que for aplicável pelos arts. 167, 169, 170 e 171 do Decreto-lei n. 2.063, de 7 de março de 1940.

CAPÍTULO IV
DA REPARTIÇÃO FISCALIZADORA

ART. 15. Compete ao Departamento Nacional de Seguros Privados e Capitalização aplicar as penalidades previstas neste Decreto e fazer cumprir as suas disposições.

CAPÍTULO V
DISPOSIÇÕES GERAIS

ART. 16. O presente Decreto é aplicável aos territórios estaduais nos quais existam Sindicatos de Corretores de Seguros e de capitalização legalmente constituídos.

ART. 17. Não se enquadram nos efeitos deste as operações de cosseguro e de resseguro entre as empresas seguradoras.

ART. 18. Nos municípios onde não houver Corretor legalmente habilitado para operar em seguros de vida ou em Capitalização, as propostas de seguro sobre a vida de pessoas neles domiciliados ou as requisições de títulos às respectivas empresas pelas pessoas físicas ou jurídicas por elas autorizadas.

§ 1º As comissões devidas pelas operações de Seguros de Vida e de Capitalização, realizadas nas condições deste artigo, continuarão, também, a ser pagas ao respectivo intermediário, seja Corretor habilitado ou não.

§ 2º As empresas deverão orientar os corretores não habilitados, sobre o preenchimento das formalidades previstas neste Decreto visando à sua habilitação.

CAPÍTULO VI
DISPOSIÇÕES TRANSITÓRIAS

ART. 19. Os Corretores de Seguros de Vida ou de Capitalização, já em atividade de sua profissão quando da vigência deste Decreto, poderão continuar a exercê-la desde que satisfaçam as condições estabelecidas no art. 3º e não contrariem o disposto no art. 9º.

ART. 20. Este Decreto entrará em vigor após 120 (cento e vinte) dias da data de sua publicação.

Brasília, 24 de setembro de 1965; 144º da Independência e 77º da República.

H.CASTELLO BRANCO

DECRETO N. 57.155, DE 3 DE NOVEMBRO DE 1965

Expede nova regulamentação da Lei n. 4.090, de 13 de julho de 1962, que institui a gratificação de Natal para os trabalhadores, com as alterações introduzidas pela Lei n. 4.749, de 12 de agosto de 1965.

› *DOU*, 04.11.1965.

O Presidente da República, usando da atribuição que lhe confere o art. 87, item I, da Constituição, e tendo em vista o disposto no art. 6º da Lei n. 4.749, de 12 de agosto de 1965,

Decreta:

ART. 1º O pagamento da gratificação salarial, instituída pela Lei n. 4.090, de 13 de julho de 1962, com as alterações constantes da Lei n. 4.749, de 12 de agosto de 1965, será efetuado pelo empregador até o dia 20 de dezembro de cada ano, tomando-se por base a remuneração devida nesse mês de acordo com o tempo de serviço do empregado no ano em curso.

Parágrafo único. A gratificação corresponderá a 1/12 (um doze avos) da remuneração devida em dezembro, por mês de serviço, do ano correspondente, sendo que a fração igual ou superior a 15 (quinze) dias de trabalho será havida como mês integral.

ART. 2º Para os empregados que recebem salário variável, a qualquer título, a gratificação será calculada na base de 1/11 (um onze avos) da soma das importâncias variáveis devidas nos meses trabalhados até novembro de cada ano. A esta gratificação se somará a que corresponder à parte do salário contratual fixo.

Parágrafo único. Até o dia 10 de janeiro de cada ano, computada a parcela do mês de dezembro, o cálculo da gratificação será revisto para 1/12 (um doze avos) do total devido no ano anterior, processando-se a correção do valor da respectiva gratificação com o pagamento ou compensação das possíveis diferenças.

ART. 3º Entre os meses de fevereiro e novembro de cada ano, o empregador pagará, como adiantamento da gratificação, de uma só vez, metade do salário recebido pelo empregado no mês anterior.

§ 1º Tratando-se de empregados que recebem apenas salário variável, a qualquer título, o adiantamento será calculado na base da soma das importâncias variáveis devidas nos meses trabalhados até o anterior àquele em que se realizar o mesmo adiantamento.

§ 2º O empregador não estará obrigado a pagar o adiantamento no mesmo mês a todos os seus empregados.

§ 3º A importância que o empregado houver recebido a título de adiantamento será deduzida do valor da gratificação devida.

§ 4º Nos casos em que o empregado for admitido no curso do ano, ou, durante este, não permanecer à disposição do empregador durante todos os meses, o adiantamento corresponderá à metade de 1/12 avos da remuneração, por mês de serviço ou fração superior a 15 (quinze) dias.

ART. 4º O adiantamento será pago ao ensejo das férias do empregado, sempre que este o requerer no mês de janeiro do correspondente ano.

ART. 5º Quando parte da remuneração for paga em utilidades, o valor da quantia efetivamente descontada e correspondente a essas, será computado para fixação da respectiva gratificação.

ART. 6º As faltas legais e as justificadas ao serviço não serão deduzidas para os fins previstos no art. 2º deste decreto.

ART. 7º Ocorrendo a extinção do contrato de trabalho, salvo na hipótese de rescisão com justa causa, o empregado receberá a gratificação devida, nos termos do art. 1º, calculada sobre a remuneração do respectivo mês.

Parágrafo único. Se a extinção do contrato de trabalho ocorrer antes do pagamento de que se trata o art. 1º, o empregador poderá compensar o adiantamento mencionado no art. 3º, com o valor da gratificação devida na hipótese de rescisão.

ART. 8º As contribuições devidas aos Institutos de Aposentadoria e Pensões que incidem sobre a gratificação salarial serão descontadas levando-se em conta o seu valor total e sobre este aplicando-se o limite estabelecido na Previdência Social.

Parágrafo único. O desconto, na forma deste artigo, incidirá sobre o pagamento da gratificação efetuado no mês de dezembro.

ART. 9º O presente decreto entrará em vigor na data de sua publicação, revogadas as disposições em contrário.

Brasília, 3 de novembro de 1965; 144º da Independência e 77º da República.

H. CASTELLO BRANCO

DECRETO N. 59.900, DE 30 DE DEZEMBRO DE 1966

Regulamenta o Decreto-Lei n. 57, de 18 de novembro de 1966 e dá outras providências.

- *DOU*, 30.12.1966.

O Presidente da República, usando da atribuição que lhe confere o artigo 87, inciso I, da Constituição Federal,

Decreta:

ART. 1º Os débitos dos contribuintes relativos ao Imposto sobre a propriedade Territorial Rural (ITR), à Taxa de Serviços Cadastrais e às multas por atraso de pagamento no exercício de sua arrecadação, não liquidados ao término do último prazo de cobrança estabelecido, serão, a seguir, conforme o disposto no art. 1º do Decreto-Lei n. 57, de 18.11.66, inscritos em Dívida Ativa, acrescidos de multa de 20% (vinte por cento) sobre o global.

ART. 2º A Dívida Ativa não liquidada até 31 de dezembro do exercício de sua inscrição ou seja, o exercício imediato ao do lançamento dos tributos devidos, e até a mesma data de cada um dos exercícios subsequentes, será acrescida, anualmente, da multa de 20% (vinte por cento), dos juros de mora de 12% (doze por cento) e, ainda, ao término de cada exercício do valor resultante da aplicação do índice de correção monetária sobre a soma de todas as parcelas em débito, respondendo o respectivo contribuinte, à época pelo montante devido.

ART. 3º Enquanto não for iniciada a cobrança judicial, os débitos inscritos e a Dívida Ativa, com exceção dos que tenham sido objeto de recurso ao 3º Conselho de Contribuintes, serão incluídos, pelo total, na guia de arrecadação do ITR dos exercícios subsequentes, para liquidação conjunta do montante.

Parágrafo único. Os contribuintes serão notificados do débito de exercício anterior e dos tributos a pagar no exercício, na forma estabelecida no art. 10 do Decreto-Lei n. 57, de 18 de novembro de 1966.

ART. 4º A Taxa de serviços cadastrais, a que se refere o art. 5º do Decreto-Lei n. 57, de 18.11.1966, será incluída na guia de arrecadação do ITR, incidindo sobre a mesma, todas as cominações legais previstas para o ITR.

ART. 5º Salvo determinação em contrário do IBRA, o Certificado de Cadastro emitido num exercício, conforme o disposto no parágrafo 1º do art. 5º do Decreto-Lei n. 57, de 18 de novembro de 1966, terá validade até 31 de dezembro do exercício seguinte.

ART. 6º Todo e qualquer requerimento de alteração dos dados constantes das declarações de propriedades, poderá ser atendido mediante o simples exame da documentação comprobatória que, obrigatoriamente, deverá acompanhar a solicitação.

§ 1º O Instituto Brasileiro de Reforma Agrária (IBRA) reserva-se o direito de a qualquer tempo, proceder diligência e verificação locais e, se constatada a omissão dolosa de dado fundamental que possa interferir na caracterização do imóvel ou a falsidade dos elementos informativos, serão retificados os dados cadastrais, ficando sujeito o infrator às cominações legais referidas no parágrafo 3º do art. 48 da Lei n. 4.504, de 30 de novembro de 1964.

§ 2º A aceitação do requerimento de alteração somente será considerado, para os efeitos cadastrais ou tributários, a partir do exercício seguinte ao da data do deferimento.

ART. 7º A isenção do ITR prevista no art. 9º, inciso IV, letra "c", da Lei 5.172, de 25.10.1966, será concedida desde que os partidos políticos e as instituições de educação ou de assistência social comprovem que o imóvel rural constitui seu patrimônio e que essas entidades observem os seguintes requisitos:

I - Não distribuam qualquer parcela de seu patrimônio ou de suas rendas, a títulos de lucro ou participação no seu resultado;

II - Apliquem, integralmente, no País os seus recursos na manutenção dos seus objetivos institucionais;

III - Mantenham escrituração de suas receitas e despesas em livros revestidos de formalidades capazes de assegurar sua exatidão.

ART. 8º Os partidos políticos e as entidades de educação ou de assistência social, para gozarem da isenção referida no artigo 7º, supracitado, deverão dirigir requerimento ao IBRA, solicitando o seu registro e juntando os seguintes elementos:

I - Recibo de entrega da declaração de propriedade;

II - Certidão de transcrição do imóvel, fornecida pelo cartório de registro de imóveis competente;

III - Certidão do inteiro teor dos estatutos, regulamentos ou compromissos da instituição, fornecida pelo Cartório de Registro Civil das Pessoas Jurídicas;

IV - Prova do mandato da diretoria em exercício;

V - Prova do regular funcionamento da entidade, em atendimento à sua finalidade e veracidade dos incisos I a III do artigo 7º deste Decreto fornecida por atestado do Juiz de Direito da Comarca, Promotor Público, Coletor Federal ou Estadual da respectiva jurisdição ou Prefeito do Município, em que se situe o imóvel.

§ 1º Os requisitos deste artigo serão renovados anualmente, até o dia 31 de dezembro.

§ 2º Sempre que for feita qualquer alteração nos estatutos, regulamentos ou compromissos das entidades registradas, deverá ser feita comunicação ao IBRA.

ART. 9º Terá seu registro cancelado e perderá a isenção a entidade:

I - Que falte ao cumprimento do disposto nos artigos 7º e 8º deste Decreto;

II - Que infrinja qualquer disposição da Lei 5.172, de 25 de outubro de 1966;

III - Cujo funcionamento tenha sofrido solução de continuidade.

Parágrafo único. No caso previsto no inciso III deste artigo, restabelecido o funcionamento da entidade, poderá esta requerer a renovação do registro para fins de isenção.

ART. 10. Para efeito do disposto no art. 7º do Decreto-Lei n. 57 de 18.11.1966, o contribuinte deverá apresentar plantar do imóvel, localizando as áreas com florestas ou matas de preservação permanente, assim definidas pelos arts. 2º e 3º da Lei número 4.771, de 15.9.1965, e memorial descritivo do imóvel caracterizando as áreas de exploração agrícola, pecuária ou agroindustrial, bem como, as áreas inaproveitadas porventura existentes.

ART. 11. Para efeito do disposto no art. 8º do Decreto-Lei n. 57, de 18 de novembro de 1966, o contribuinte deverá apresentar planta com a localização das áreas de exploração mineral o respectivo registro no Departamento Nacional de Produção Mineral do Ministério de Minas e Energia, o decreto de lavra, e a justificativa quando a lavra não for de superfície, de que a mencionada destinação impede a exploração com finalidade agrícola, pecuária, ou agroindustrial.

ART. 12. Para efeito do disposto no Art. 9º do Decreto-Lei n. 57, de 18 de novembro de 1966, o contribuinte deverá apresentar planta do imóvel aprovada pela Prefeitura do Município, localizando as áreas construídas ou projetadas com edificações, as suas instalações e as áreas não cultivadas necessárias ao seu funcionamento. Estas plantas assinadas por profissional habilitado, serão acompanhadas de relatório justificado a não utilização das áreas sem construção.

ART. 13. Para efeito do disposto no art. 14, do Decreto-Lei n. 57, de 18.11.1966, o imóvel situado na zona rural pertencente a pessoa física ou jurídica será considerado como "sítio de recreio", quando:

I - Sua produção não seja comercializada;

II - Sua área não seja superior a do módulo para exploração não definida da zona típica em que estiver localizado;

III - Tenha edificação e seu uso seja reconhecido para a destinação de que trata este artigo.

ART. 14. Para aplicação do disposto no art. 14 do Decreto-Lei n. 57, aos imóveis situados fora da zona urbana e cadastrados como imóveis rurais, as Prefeituras submeterão obrigatoriamente ao exame e aprovação do IBRA, a comprovação e caracterização destes imóveis como "sítios de recreio", conforme exigido no artigo anterior, para ser dada baixa no cadastro do IBRA.

ART. 15. Para melhor controle da aplicação de que dispõe o art. 11 do Decreto-Lei n. 57, de 18.11.1966, os Cartórios de Notas deverão fazer constar das escrituras públicas os seguintes dados constantes ao Certificado de Cadastro do imóvel parcelado ou alienado:

I - Número do imóvel;

II - Área em hectares;

III - Número de módulos;

IV - Fração mínima de parcelamento.

§ 1º Os dados enumerados nos incisos deste artigo deverão constar, também, do Registro de Imóveis por ocasião da transcrição das escrituras.

§ 2º No caso de desmembramento para fins da anexação prevista no parágrafo 2º do artigo 11 do Decreto-Lei n. 57, de 18.11.1966, as escrituras deverão consignar expressamente estas circunstâncias e tal fato, também levado a registro no Cartório de Registro de Imóveis competente.

ART. 16. A contribuição ao Instituto Nacional de Desenvolvimento Agrário de que trata o art. 3º do Decreto-Lei n. 57, de 18.11.1966, será incluída na guia de arrecadação do ITR para sua liquidação conjunta, ficando sua cobrança sujeita aos mesmos prazos e cominações legais previstas na legislação do ITR.

ART. 17. Dos editais previstos no art. 10 do Decreto-Lei n. 57, de 18 de novembro de 1966, constará a referência sumária aos imóveis, sem individualizá-los ou caracterizá-los e somente a indicação dos mesmos por Estados ou por grupos de Municípios, em que se localizem, marcando-se com antecedência mínima de 60 (sessenta) dias, o prazo de cobrança dos tributos.

Parágrafo único. Fica a cargo das Prefeituras Municipais a afixação de cópias dos editais nas respectivas sedes e demais providências de divulgação.

ART. 18. O parágrafo 4º do artigo 28, do Decreto n. 56.792, de 26 de setembro de 1965 fica alterado e passa a ter a seguinte redação: - Verificada na declaração de propriedade do imóvel rural, que o número de famílias morando no imóvel é inferior a uma para cada 4 módulos, ou quando o número total de pessoas morando no imóvel for inferior a uma por módulo, considera-se, para cálculo do fator habitação e saneamento e fator educação, o número de módulos da propriedade como sendo o número mínimo de pessoas a serem aplicados nos cálculos. Quando o número de pessoas declarado e o número de pessoas considerado na forma deste artigo, for inferior a 25, os fatores referidos não serão calculados, prevalecendo para os mesmos os valores mais favoráveis no sentido de redução do coeficiente de condições sociais.

ART. 19. O parágrafo 3º do art. 29 do Decreto 56.792, de 26.8.1965, fica alterado e passa a ter a seguinte redação: - Se não ocorrer a exploração de qualquer dos produtos básicos, ou, ocorrendo, não houver informação de qualquer dos dados necessários ao cálculo do fator de rendimento agrícola referido no inciso V do Decreto n. 56.792 de 26.8.1965, será admitido para este fator o valor que se estabelecer, resultante da correspondência em tabela, entre o produto do fator renda bruta pelo fator investimento e as notas de rendimento agrícola. Esta tabela será aprovada em Instrução Especial a ser baixada na forma do parágrafo 1º do art. 20 do Decreto 56.792, de 26.8.1965.

§ 1º Para cálculo do produto, aos valores referidos neste artigo atribuir-se-á o valor mínimo igual a 1 (hum).

§ 2º Para o cálculo do fator de renda bruta, não serão considerados, sem a devida comprovação, valores de produção perdida superiores a 10% (dez por cento) do valor total da produção efetiva.

ART. 20. Fica revogado o art. 42 do Decreto n. 56.792, de 26.8.1965.

ART. 21. O presente decreto entrará em vigor na data de sua publicação, revogadas as disposições em contrário.

Brasília, 30 de dezembro de 1966;
145º da Independência e 78º da República.
H. CASTELLO BRANCO

DECRETO N. 60.459, DE 13 DE MARÇO DE 1967

Regulamenta o Decreto-Lei n. 73, de 21 de novembro de 1966, com as modificações introduzidas pelos Decretos-Lei n. 168, de 14 de fevereiro de 1967, e n. 296, de 28 de fevereiro de 1967.

- *DOU*, 3.10.1986, retificado em 14.5 e 17.5.1968.
- Dec. 61.589/1967 (Retifica disposições deste decreto no que tange a capitais, início da cobertura do risco e emissão da apólice, à obrigação do pagamento do prêmio e da indenização e à cobrança bancária).

O Presidente da República, usando da atribuição que lhe confere o artigo 87, inciso I da Constituição, Decreta:

ART. 1º Fica aprovado o anexo Regulamento do Decreto-Lei n. 73, de 21 de novembro de 1966, que dispõe sobre o Sistema Nacional de Seguros Privados, regula as operações de seguros Privados, regula as operações e seguros e resseguros e dá outras providências, com as modificações feitas pelos Decretos-Lei n. 168, de 14 de fevereiro de 1967 e n. 296, de 28 de fevereiro de 1967, assinado pelo Ministro da Indústria e do Comércio.

ART. 2º Revogam-se as disposições em contrário.

Brasília, 13 de março de 1967,
146º da Independência e 79º da República.
H. CASTELO BRANCO
PAULO EGYDIO MARTINS

REGULAMENTO DO DECRETO-LEI N. 73, DE 21 DE NOVEMBRO DE 1966, QUE DISPÕE SOBRE O SISTEMA NACIONAL DE SEGUROS PRIVADOS, REGULA AS OPERAÇÕES DE SEGUROS E RESSEGUROS E DÁ OUTRAS PROVIDÊNCIAS

CAPÍTULO I
DO SISTEMA NACIONAL DE SEGUROS PRIVADOS

ART. 1º O Sistema Nacional de Seguros Privados é constituído:

a) do Conselho Nacional de Seguros Privados (CNSP);

b) da Superintendência de Seguros Privados (SUSEP);

c) do Instituto de Resseguros do Brasil - (IRB);

d) das Sociedades Seguradoras autorizadas a operar em seguros privados;

e) dos Corretores de Seguros habilitados.

CAPÍTULO II
DISPOSIÇÕES ESPECIAIS APLICÁVEIS AO SISTEMA

SEÇÃO I
DO CONTRATO DE SEGURO

ART. 2º A contratação de qualquer seguro só poderá ser feita mediante proposta assinada pelo interessado, seu representante legal ou por corretor registrado, exceto quando o seguro for contratado por emissão de bilhete de seguro.

§ 1º O início de cobertura do risco constará da apólice e coincidirá com a aceitação da proposta.

§ 2º A emissão da apólice será feita até 15 dias da aceitação da proposta.

ART. 3º Além das condições previstas na legislação em vigor, as propostas e apólices deverão obedecer às instruções baixadas pela SUSEP.

ART. 4º Poderão ser emitidas apólices de seguros com valor máximo determinado, para serem utilizadas por meio de averbação ou por declarações periódicas, mediante condições e normas aprovadas pela SUSEP.

Parágrafo Único. Nos seguros desta espécie será devido, obrigatoriamente, um prêmio inicial, fixado pela SUSEP, cujo valor será computado no ajustamento final do contrato.

ART. 5º Nos casos de cosseguro é permitida a emissão de uma só apólice, cujas condições valerão integralmente para todas as cosseguradoras.

Parágrafo Único. Além das demais declarações necessárias, a apólice conterá os nomes de todas as cosseguradoras, por extenso, os valores da respectiva responsabilidade assumida devendo ser assinada pelos representantes legais de cada Sociedade cosseguradoras.

SEÇÃO II
DOS PRÊMIOS E OUTRAS OBRIGAÇÕES DOS SEGURADOS

ART. 6º A obrigação do pagamento do prêmio pelo segurado vigerá a partir do dia previsto na apólice ou bilhete de seguro, ficando suspensa a cobertura do seguro até o pagamento do prêmio e demais encargos.

§ 1º O prêmio será pago no prazo fixado na proposta.

§ 2º A cobrança dos prêmios será feita, obrigatoriamente, através de instituição bancária, de conformidade com as instruções da SUSEP e do Banco Central.

§ 3º Qualquer indenização decorrente do contrato de seguro dependerá de prova de pagamento do prêmio devido, antes da ocorrência do sinistro.

§ 4º A ocorrência de sinistro no prazo de suspensão da cobertura não prejudicará a indenização, desde que pago prêmio no prazo devido.

§ 5º A falta do pagamento do prêmio no prazo previsto no parágrafo 1º deste artigo determinará o cancelamento da apólice.

ART. 7º A SUSEP disporá sobre as condições de fracionamento de prêmios de seguros. (Alterado pelo Dec. 93.871/1986.)

Parágrafo único. É admitida concessão de descontos nos prêmios, segundo os critérios estabelecidos pela SUSEP. (Alterado pelo Dec. 93.871/1986.)

ART. 8º As Sociedades Seguradoras enviarão à Superintendência de Seguros Privados - SUSEP, para análise e arquivamento, as condições dos contratos de seguros que comercializarem, bem como as respectivas notas técnicas atuariais. (Alterado pelo Dec. 3.633/2000.)

§ 1º A SUSEP poderá, a qualquer tempo, diante da análise que fizer, solicitar informações, determinar alterações, promover a suspensão do todo ou de parte das condições e das notas técnicas atuariais a ela apresentadas, na forma deste artigo. (Alterado pelo Dec. 3.633/2000.)

§ 2º As condições de seguro deverão incluir cláusulas obrigatórias determinadas pela SUSEP.

§ 3º As notas técnicas atuariais deverão explicitar o prêmio puro, o carregamento, a taxa de juros, o fracionamento e todos os demais parâmetros concernentes à mensuração do risco e dos custos agregados, observando-se, em qualquer hipótese, a equivalência atuarial dos compromissos futuros. (Alterado pelo Dec. 3.633/2000.)

§ 4º A partir da data de publicação deste Decreto, os prêmios mínimos aprovados pela SUSEP passarão a ser obrigatoriamente adotados pelas Sociedades Seguradoras para todos os efeitos de cálculo de provisões técnicas e de resseguro, exceto nos casos previstos nos §§ 5º e 6º seguintes. (Alterado pelo Dec. 3.633/2000.)

§ 5º A SUSEP poderá aprovar notas técnicas atuariais para cálculo de provisões propostas por Sociedades Seguradoras, especificamente para cada caso. (Alterado pelo Dec. 3.633/2000.)

§ 6º Os planos de resseguro poderão, caso a caso, ser livremente negociados entre a Sociedade Seguradora e o ressegurador. (Alterado pelo Dec. 3.633/2000.)

§ 7º A SUSEP divulgará estudos, por ela aprovados, sobre taxas referenciais de prêmios, calculadas por entidades científicas ou representativas do mercado de seguros e de previdência privada, de molde a estabelecer bases atuariais adequadas às condições de risco conjunturalmente existentes. (Alterado pelo Dec. 3.633/2000.)

§ 8º Para efeito de base de cálculo das provisões técnicas, a SUSEP poderá exigir que as taxas referenciais mencionadas no parágrafo anterior sejam utilizadas. (Alterado pelo Dec. 3.633/2000.)

§ 9º Os seguros de vida que prevejam cobertura por sobrevivência somente poderão ser comercializados após prévia aprovação pela SUSEP dos respectivos regulamento e nota técnica atuarial. (Acrescentado pelo Dec. 3.633/2000.)

§ 10. Nos seguros de que trata o parágrafo anterior, a obrigatoriedade de explicitação do prêmio puro na nota técnica atuarial só se aplica àqueles estruturados na modalidade de benefício definido. (Acrescentado pelo Dec. 3.633/2000.)

CAPÍTULO III
DOS SEGUROS OBRIGATÓRIOS

‣ (Revogado pelo Dec. 61.867/1967.)

ARTS. 9º a 15. (Revogados pelo Dec. 61.867/1967.)

ART. 16. Compete ao IRB realizar sorteios e concorrências públicas para colocação dos seguros dos bens, direitos, créditos e serviços dos Órgãos do Poder Público da Administração Direta e Indireta, bem como os de bens de terceiros que garantam operações dos ditos órgãos. (Alterado pelo Dec. 93.871/1986.)

§ 1º Os riscos tarifados serão distribuídos mediante sorteio e os não tarifados mediante concorrência pública. (Alterado pelo Dec. 93.871/1986.)

§ 2º Tanto para o sorteio, quanto para a concorrência, deverá o IRB: (Alterado pelo Dec. 93.871/1986.)

a) determinar anualmente as faixas de cobertura do mercado nacional, para cada ramo ou modalidade de seguro; (Alterado pelo Dec. 93.871/1986.)

b) fixar o limite de aceitação das sociedades, de acordo com a respectiva situação econômico-financeira e o índice de resseguro que comportarem; (Alterado pelo Dec. 93.871/1986.)

c) estabelecer as normas do respectivo processamento, disciplinando também os casos de distribuição em cosseguro. (Alterado pelo Dec. 93.871/1986.)

§ 3º Na formalização dos seguros previstos neste artigo é vedada a interveniência de corretores ou intermediários, no ato da contratação e enquanto vigorar o ajuste, admitindo-se, todavia, que a entidade segurada contrate serviços de assistência técnica de empresa administradora de seguros. (Alterado pelo Dec. 93.871/1986.)

§ 4º A remuneração dos serviços de assistência técnica prevista no parágrafo anterior não poderá exceder a 5% (cinco por cento) do prêmio do seguro e será paga a título de prestação de serviços, na forma de disposições tarifárias em vigor, aprovadas pela SUSEP. (Acrescentado pelo Dec. 93.871/1986.)

§ 5º A assistência técnica somente poderá ser prestada por empresa que tenha sede no País e que, no mínimo 50% (cinquenta por cento) do seu capital acionário e 2/3 (dois terços) do seu capital votante, pertença a brasileiros. (Acrescentado pelo Dec. 93.871/1986.)

§ 6º Consideram-se órgãos da administração pública indireta para os fins de aplicação do art. 23 do Decreto-Lei n. 73, de 21 de novembro de 1966, além das autarquias e empresas públicas, as fundações e sociedades de economia mista quando criadas por lei federal. (Acrescentado pelo Dec. 93.871/1986.)

ARTS. 17. a 20. (Revogados pelo Dec. 61.867/1967.)

CAPÍTULO IV
DO CONSELHO NACIONAL DE SEGUROS PRIVADOS

ART. 21. O Conselho Nacional de Seguros Privados (CNSP) é órgão de deliberação coletiva ao qual compete privativamente:

I - fixar as diretrizes e normas da política de seguros privados, tendo em conta as condições do mercado nacional de seguros;

II - estabelecer as diretrizes gerais das operações de resseguro;

III - disciplinar as operações de cosseguro, nas hipóteses em que o IRB não aceite resseguro do risco ou quando se tornar conveniente promover melhor distribuição direta dos negócios pelo mercado;

IV - conhecer dos recursos de decisões da SUSEP e do IRB, nos casos especificados no Decreto-Lei n. 73/66;

V - aplicar às Sociedades Seguradoras estrangeiras autorizadas a funcionar no país o tratamento correspondente que vigorar nos países da matriz em relação às Sociedades Seguradoras brasileiras neles instaladas ou que desejem instalar-se;

VI - regular a instalação e o funcionamento das Bolsas de Seguro.

VII - regular a constituição, organização, funcionamento e fiscalização dos que exercerem atividades subordinadas ao Decreto-Lei n. 73/66;

VIII - estipular índices e demais condições técnicas sobre tarifas, investimentos e outras relações patrimoniais a serem observadas pelas Sociedades Seguradoras;

IX - fixar as características gerais dos contratos de seguros;

X - fixar normas gerais de contabilidade e estatística a serem observadas pelas Sociedades Seguradoras;

XI - delimitar o capital do IRB e das Sociedades Seguradoras, com a periodicidade mínima de dois anos, determinando a forma de sua subscrição e realização;

XII - opinar na elaboração das diretrizes do Conselho Monetário Nacional sobre a aplicação do Capital e das Reservas Técnicas das Sociedades Seguradoras;

XIII - prescrever os critérios de constituição das Sociedades Seguradoras, com fixação dos limites técnicos das operações de seguro;

XIV - disciplinar a corretagem de seguros e a profissão de corretor;

XV - corrigir os valores monetários expressos no decreto-lei ora regulamentado, de acordo com os índices de correção que estiverem em vigor;

XVI - opinar sobre a cassação da carta-patente das Sociedades Seguradoras;

XVII - decidir sobre sua própria organização, elaborando o respectivo Regimento Interno;

XVIII - regular a organização, a composição e o funcionamento de suas Comissões Consultivas;

XIX - baixar Resoluções, nos casos de suas atribuições específicas, a serem observadas pelos integrantes do Sistema Nacional de Seguros Privados;

XX - Prescrever os critérios de constituição de reservas técnicas, fundos especiais e provisões das Sociedades Seguradoras;

XXI - estabelecer o entendimento da legislação de seguros e dos regulamentos relativos às suas atribuições, decidindo os casos omissos e baixando os atos esclarecedores.

ARTS. 22 a 25. (Revogados pelo Dec. 4.986/2004.)

ART. 26. (Revogado pelo Dec. 4.986/2004.)

ART. 27. Com audiência obrigatória nas deliberações relativas às respectivas finalidades específicas, funcionarão junto ao Conselho as Comissões Consultivas.

ART. 28. As Comissões Consultivas a que se refere o artigo anterior são as seguintes:

I - de Saúde;

II - do Trabalho;

III - de Transporte;

IV - Imobiliária e de Habitação;

V - Rural;

VI - Aeronáutica;

VII - de Crédito;

VIII - de Corretores de Seguros.

§ 1º O CNSP poderá criar outras Comissões Consultivas, desde que ocorra justificada necessidade.

§ 2º A organização, a composição e o funcionamento das Comissões Consultivas serão regulados pelo CNSP, cabendo ao seu Presidente designar os representantes que as integrarão mediante indicação das Entidades participantes delas.

ART. 29. Compete ao Presidente do Conselho:

I - presidir às sessões, convocar reuniões ordinárias e extraordinárias;

II - representar o conselho perante os órgãos dos Poderes Públicos Entidades Privadas;

III - assinar e mandar publicar as Resoluções.

ART. 30. Para os trabalhos do Plenário, disporá o Conselho de uma Secretaria chefiada por um Secretário e provida pela SUSEP, sob seu controle.

ART. 31. Ao Secretário incumbe:

I - preparar a pauta dos trabalhos e secretariar as sessões do Conselho;

II - elaborar as atas, submetendo-as à assinatura dos Conselheiros na sessão seguinte à das respectivas aprovações;

III - chefiar a Secretaria e manter em dia o expediente;

IV - distribuir aos Conselheiros cópias dos trabalhos em pauta e das atas das sessões;

V - desempenhar quaisquer trabalhos extraordinários de que seja incumbido pelo Presidente do Conselho, desde que se relacionem com as suas atividades.

ART. 32. Os membros do CNSP perceberão gratificação calculada nos termos do Decreto

n. 55.090, de 26 de novembro de 1964, ficando classificado na categoria "A".

CAPÍTULO V

SEÇÃO I
DA SUPERINTENDÊNCIA DE SEGUROS PRIVADOS

ART. 33. A Superintendência de Seguros Privados (SUSEP) é uma entidade autárquica criada pelo Decreto-Lei n. 73, de 21 de novembro de 1966, jurisdicionada ao Ministério da Indústria e do Comércio, dotada de personalidade jurídica de Direito Público e de autonomia administrativa e financeira, com sede na cidade do Rio de Janeiro, Estado da Guanabara, até sua fixação no Distrito Federal.

ART. 34. Compete à SUSEP, na qualidade de executora da política traçada pelo Conselho Nacional de Seguros Privados - CNSP, como órgão fiscalizador da constituição, organização, funcionamento e operações das Sociedades Seguradoras:

I - processar os pedidos de autorização, para constituição, organização, funcionamento, fusão, encampação, incorporação, grupamento, transferência de controle acionário e reforma dos Estatutos das Sociedades Seguradoras, opinar sobre tais pedidos e encaminha-los ao CNSP;

II - baixar instruções e expedir circulares relativas a regulamentação das operações de seguro, de acordo com as diretrizes do CNSP;

III - fixar condições de apólices e de coberturas especiais, planos de operações e tarifas a serem utilizadas obrigatoriamente pelo mercado segurador nacional;

IV - aprovar os limites de operações das Sociedades Seguradoras, de conformidade com os critérios fixados pelo CNSP;

V - autorizar a movimentação e liberação dos bens e valores obrigatoriamente inscritos em garantia do capital, das reservas técnicas e fundos;

VI - fiscalizar a execução das normas gerais de contabilidade e estatística fixadas pelo CNSP para as Sociedades Seguradoras;

VII - fiscalizar as operações das Sociedades Seguradoras, inclusive o exato cumprimento deste Regulamento, das leis pertinentes, disposições regulamentares em geral, resoluções do CNSP e aplicar as penalidades cabíveis;

VIII - fiscalizar, nos termos da legislação vigente, a exatidão dos tributos incidentes sobre as operações de seguros;

IX - proceder à liquidação das Sociedades Seguradoras que tiverem cassada a autorização para funcionar no País;

X - organizar seus serviços, elaborar e executar seu orçamento;

XI - prover os serviços de secretaria do CNSP;

XII - proceder à habilitação e ao registro dos corretores de seguros, fiscalizar-lhes a atividade e aplicar-lhes as penalidades cabíveis;

XIII - propor ao CNSP as condições de idoneidade e capacidade que deverão satisfazer os administradores e membros dos Conselhos Fiscal e Consultivo das Sociedades Seguradoras;

XIV - promover junto ao órgãos do Poder Público, Instruções Financeiras em geral e sociedades mercantis, providências necessárias à salvaguarda da inalienabilidade dos bens garantidores do capital, reservas técnicas e fundos das Sociedades Seguradoras.

XV - participar de congressos, conferências, reuniões e simpósios no País ou no exterior.

SEÇÃO II
DO SUPERINTENDENTE DE SEGUROS PRIVADOS

ART. 35. A Administração da SUSEP será exercida por um Superintendente, nomeado pelo Presidente da República, mediante indicação do Ministro da Indústria e do Comércio.

Parágrafo único. A organização interna da SUSEP constará de um Regimento, que será aprovado pelo CNSP.

ART. 36. São atribuições do Superintendente;

I - Traçar as diretrizes gerais de trabalho, exercendo a orientação, coordenação e controle geral das atividades da SUSEP.

II - superintender e dirigir, através dos órgãos principais e auxiliares, o funcionamento geral da SUSEP, em todos os setores de suas atividades.

III - cumprir e fazer cumpri o Regimento Interno do Órgão, propondo ao CNSP as modificações que se impuserem;

IV - representar a SUSEP em suas relações com terceiros, ativa ou passivamente, em juízo ou fora dele;

V - propor ao CNSP o quadro do pessoal, fixando os respectivos padrões próprios de vencimentos e vantagens;

VI - nomear ou designar os ocupantes de cargos e funções em comissão;

VII - (Revogado pelo Dec. 74.062/1974.)

VIII - admitir, contratar, designar, nomear, requisitar, exonerar, dispensar, conceder vantagens e aplicar penalidades a servidores de qualquer categoria, de acordo com o Regimento Interno;

IX - delegar poderes a servidores da SUSEP para a pátria de atos específicos da via administradora da Autarquia;

X - elaborar os programas anuais e plurianuais, e seus respectivos orçamentos, submetendo-os à aprovação do CNSP;

XI - movimentar e aplicar os recursos da SUSEP, na forma da legislação em vigor;

XII - autorizar despesas, pagamentos e realizar operações de crédito, mediante prévio empenho orçamentário;

XIII - assinar, em nome da SUSEP, contratos, convênios e acordos;

XIV - apresentar anualmente ao Tribunal de Contas, para a sua apreciação, todas as contas e o balanço do ano anterior, com a comprovação indispensável, na forma da legislação em vigor;

XV - impor aplicação de multas e outras penalidades, respeitadas as disposições legais em vigor;

XVI - Designar o Diretor-Fiscal para as Sociedades Seguradoras, *ad referendum* do CNSP, bem como Liquidante das que entrarem em regime de liquidação compulsória; (Alterado pelo Dec. 75.072/1974.)

XVII - criar e instalar Delegacias e Postos de Fiscalização da SUSEP nos Estados e Territórios;

XVIII - criar Comissões Especiais para o estudo de questões de natureza técnica e jurídica de seguros.

SEÇÃO III
DOS RECURSOS DA SUSEP

ART. 37. Constituem recursos da SUSEP:

I - Parcela do produto da arrecadação do imposto sobre operações financeiras a que se refere a Lei número 5.145, de 20 de outubro de 1966, e prevista do no artigo 39 do Decreto-Lei n. 73-66;

II - O produto das multas aplicadas pela SUSEP;

III - Dotação orçamentaria especifica;

IV - Créditos especiais;

V - Juros de depósitos bancários;

VI - Participação que lhe for atribuída pelo CNSP no Fundo previsto no art. 16 do Decreto-Lei n. 73, de 1966;

VII - Outras receitas ou valores adventícios resultantes de suas atividades.

SEÇÃO IV
DO PESSOAL DA SUSEP

ART. 38. Os serviços da SUSEP serão executados por:

a) servidores admitidos por concurso público de provas ou de provas e títulos, cujo regime será o da C.L.T., e legislação complementar;

b) pessoal requisitado;

c) pessoal contratado para prestação de serviços de natureza especializada, no regime da legislação trabalhista;

d) pessoal contratado, por prazo determinado, para prestação de serviços técnicos, sem vinculo empregatício com a SUSEP, mediante aprovação previa do CNSP, em cada caso;

e) equipes orgânicas, contratadas por prazo certo.

ART. 39. Os servidores requisitantes da aprovação, pelo CNSP, do Quadro de Pessoal da SUSEP, poderão a nele ser aproveitados, desde que consultados os interesses da Autarquia e dos Servidores.

Parágrafo único. O aproveitamento de que trata este artigo implica na aceitação do regime de pessoal da SUSEP, devendo ser contado o tempo de serviço, no órgão de origem, para todos os efeitos legais.

ART. 40. O CNSP, mediante proposta do Superintendente, satisfeitas as peculiaridades dos serviços de autarquia e assegurado o exercício de sua autonomia administrativa e financeira, expedira o Estatuto do Pessoal da SUSEP, fixando os deveres, direitos e vantagens dos servidores.

ART. 41. É vedado aos servidores da SUSEP prestar serviço, ainda que gratuito, a Sociedades Seguradoras e corretores ou a seus diretores, administradores e gerentes.

CAPÍTULO VI
DAS SOCIEDADES SEGURADORAS

SEÇÃO I
DA AUTORIZAÇÃO PARA FUNCIONAMENTO

ART. 42. A autorização para o funcionamento será concedida através de Portaria do Ministro da Indústria e do Comercio, mediante requerimento firmado pelos Incorporadores, dirigido ao CNSP e apresentado por intermédio da SUSEP.

Parágrafo único. O pedido será instruído com a prova da regularidade da constituição da Sociedade do deposito no Banco do Brasil da parte já realizada do capital e exemplar do estatuto.

ART. 43. O pedido de autorização para funcionamento será encaminhado à apreciação do Conselho Nacional de Seguros Privados pela SUSEP, que opinará sobre:

a) a conveniência e oportunidade da autorização, em face da politica de seguros ditada pelo Conselho Nacional de Seguros Privados;

b) a saturação e possibilidades do mercado segurador nacional;

c) a regularidade da constituição da sociedade;

d) probabilidade de êxito de suas operações;

e) regime administrativo;

f) inconveniências, omissões e irregularidades encontradas na constituição nos Estatutos ou plano s de operações.

ART. 44. A Portaria que conceder autorização para o funcionamento indicará as modalidades que poderão ser exploradas pela Sociedade, bem como as exigências impostas à requerente para que possa funcionar, as quais farão parte inerente do estatuto, caso tenha caráter permanente.

ART. 45. Publicada a Portaria de autorização, a Sociedade interessada deverá comprovar perante a SUSEP, no prazo de 90 dias, sob pena de revogação:

a) haver subscrito ações do capital do IRB;

b) ter efetuado todos os registros e publicado os atos exigidos por lei para seu funcionamento;

c) haver satisfeito às exigências porventura constantes da Portaria da autorização;

d) cumprimento das exigências suplementares estabelecidas pela SUSEP.

ART. 46. Cumpridas as formalidades referidas no artigo anterior, será expedida a Carta Patente para o funcionamento da Sociedade pelo Ministro da Indústria e do Comercio, a qual, depois de registrada na SUSEP, arquivada no órgão do Registro do Comercio da Sede da Sociedade e publicada a certidão de arquivamento no Diário Oficia l da União, dará direito ao inicio das operações, preenchidas as demais exigências legais e regulamentares.

ART. 47. Caso a Sociedade não obtenha autorização para funcionar, a importância depositada no Banco do Brasil S.A. será restituídas aos subscritores.

SEÇÃO II
DA ORGANIZAÇÃO, CONSTITUIÇÃO E FUNCIONAMENTO

ART. 48. Para os efeitos de constituição, organização e funcionamento das Sociedades Seguradoras, deverão ser obedecidas as condições gerais da legislação das sociedades anônimas, as estabelecidas pelo CNSP e, especialmente, as seguintes:

I - capital inicial mínimo de NCr$ 500.000;

II - capital adicional de NCr$ 500.000, para operar em seguros de responsabilidades;

III - capital adicional de NCr$ 500.000, para operara em seguros de garantias;

IV - capital adicional de NCr$ 100.000, para operar em seguros de acidentes pessoais;

V - capital adicional de NCr$ 200.000, para operar em seguros de saúde;

VI - capital adicional de NCr$ 600.000, para operar em seguros de pessoas.

§ 1º O cumprimento das condições deste artigo e a realização do capital inicial mínimo permitirão operar nos seguros de direitos, coisas, obrigações e bens.

§ 2º Os capitais previstos neste artigo serão corrigidos monetariamente pelo CNSP, com a periodicidade mínima de dois anos.

ART. 49. Os subscritores de capital realizarão em dinheiro, no ato da subscrição, o mínimo de 50% (cinquenta por cento) do valor nominal de suas ações, e os restantes 50% (cinquenta por cento) dentro de um ano, a contar da publicação da Portaria de autorização para funcionamento, ou em menor prazo, se assim o exigir o CNSP.

Parágrafo único. Igual procedimento será observado nos casos de aumento do capital em dinheiro.

ART. 50. As listas de subscrição do capital das Sociedades Seguradoras serão firmadas pelos subscritores e conterão, em relação a cada um, o nome, a nacionalidade, o domicílio, bem como, se se tratar de pessoas físicas, o estado civil e a profissão; a quantidade, o valor das ações subscritas e respectiva realização;

ART. 51. Não é permitido às Sociedades Seguradoras, fundir-se com outras, encampar ou ceder operações, modificar sua organização ou seu objeto bem como alterar seu estatuto, sem aprovação do Ministro da Indústria e do Comercio.

ART. 52. Nos casos de fusão, incorporação, encampação ou cessão de operações, as Sociedades Seguradoras apresentarão aos seus balanços gerais, levantados no momento da operação, bem como quaisquer outros comprobatórios de sua situação econômico-financeira.

§ 1º Examinada a operação pela SUSEP, que efetuará as diligencias necessárias, será o processo encaminhado ao CNSP, com o parecer do seu Superintendente.

§ 2º Merecendo aprovação a pretendida operação, o Ministro da Indústria e do Comercio, mediante Portaria, habilitará as contratantes a ultimarem-na, satisfeitas as condições que julgue conveniente estabelecer.

ART. 53. O pedido de aprovação de alterações estatutárias, instituídos pelos documentos necessários ao estudo da legalidade, conveniência e oportunidade da Resolução, será dirigido ao CNSP, por intermédio da SUSEP, podendo o Ministro da Indústria e do Comercio recusar a aprovação pedida, concede-la com restrições ou sob condições, que constatarão na respectiva Portaria.

ART. 54. As Sociedades Seguradoras não poderão estabelecer filiais ou sucursais no estrangeiro, sem prévia autorização do Ministro da Indústria e do Comércio, mediante requerimento apresentado por intermédio da SUSEP, a qual procederá como nos casos previstos no Art. 48.

ART. 55. As Sociedades Seguradoras nacionais que mantiverem estabelecimento no estrangeiro destacarão, nos seus balanços gerais, contas de lucros e perdas e respectivos anexos, as suas operações realizadas fora do País e apresentarão à SUSEP relatório circunstanciado dessas operações.

Parágrafo único. Para os efeitos do disposto neste artigo, as Sociedades Seguradoras comprovarão, por documento hábil, estarem aprovados os seus balanços e contas de lucros e perdas relativos às suas operações no estrangeiro, pela autoridade local competente.

ART. 56. Ficam limitadas a 10% (dez por cento) do capital realizado as despesas de organização e instalação das Sociedades Seguradoras.

ART. 57. A aplicação das Reservas Técnicas e Fundos das Sociedades Seguradoras será feita de acordo com as diretrizes do Conselho Monetário Nacional, ouvido previamente o Conselho Nacional de Seguros Privados.

ART. 58. (Revogado pelo Dec. 2.800/1998.)

ART. 59. Os bens garantidores das reservas técnicas e fundos não poderão ser alienados ou gravados de qualquer forma sem prévia autorização da SUSEP, na qual serão inscritos. (Alterado pelo Dec. 6.643/2008.)

ART. 60. O capital social das Sociedades Seguradoras será comum a todas as operações, embora pertinente a mais de uma modalidade.

ART. 61. Os seguros contratados com cláusulas de correção monetária terão as suas Reservas Técnicas aplicadas em títulos ou depósitos bancários, sujeitos também, no mínimo, à mesma correção monetária.

ART. 62. As Sociedades Seguradoras não poderão conceder aos segurados comissões ou bonificações de qualquer espécie, nem vantagens especiais que importem dispensa ou redução de prêmio, observado o disposto do parágrafo único do art. 7º.

ART. 63. As Sociedades Seguradoras são obrigadas a:

I - publicar, anualmente, até 28 de fevereiro, no Diário Oficial da União ou no jornal oficial dos Estados, segundo o local da respectiva sede e, também em outro jornal de grande circulação o relatório da Diretoria, o balanço, conta de lucros e perdas e o parecer do Conselho Fiscal;

II - realizar a sua Assembleia Geral Ordinária ate 31 de março de cada ano;

III - enviar à SUSEP, no prazo e na forma que ela determinar, a documentação pertinente as Assembleias Gerais, nomeação de agentes e representantes autorizados, modificações na Diretoria e no Conselho Fiscal, balanços e demais atos que forem exigidos.

IV - manter na matriz, sucursais e agencias os registros mandados adotar pela SUSEP, com escrituração completa das operações efetuadas;

V - dentro de quarenta e cinco dias, independentemente de notificação, contados da terminação de cada trimestre, os dados estatísticos das operações efetuadas durante o referido período, organizados de acordo com as normas e instruções expedidas pela SUSEP.

CAPÍTULO VII
DO REGIME ESPECIAL DE FISCALIZAÇÃO

ART. 64. Em caso de insuficiência de cobertura do capital, dos fundos e reservas técnicas, observadas as normas do Conselho Monetário Nacional, ou de precariedade da situação econômico-financeira da Sociedade Seguradora, a critério da SUSEP, poderá esta, além de outras providências cabíveis, inclusive fiscalização especial, nomear, por tempo indeterminado, a expensas da Sociedade Seguradora, um Diretor-Fiscal, com as atribuições e vantagens que lhe forem fixadas pelo CNSP. (Alterado pelo Dec. 75.072/1974.)

ART. 65. Ao Diretor-fiscal compete especialmente:

a) providenciar a execução de medidas que possam operar o reestabelecimento da normalidade econômico-financeira da Sociedade;

b) representar o Governo junto aos administradores da Sociedade, acompanhando-lhes os atos e vetando as propostas ou atos que lhe cheguem ao conhecimento e que não sejam convenientes ao reerguimento financeiro da Sociedade, ou que contrariem as determinações da SUSEP;

c) dar conhecimento aos administradores, para as devidas providencias, de quaisquer irregularidades que interessem à solvabilidade da empresa, ponham em risco valores sob sua responsabilidade ou guarda, ou lhe comprometam o crédito;

d) providenciar o recebimento de quaisquer créditos da Sociedade, inclusive de realização do capital;

e) sugerir aos administradores as providências e práticas administrativas que facilitem o desenvolvimento dos negócios da Sociedade e concorram para consolidar sua estabilidade financeira, de acordo com as instruções do SUSEP;

f) trazer a SUSEP no conhecimento perfeito do andamento dos negócios e da situação econômico-financeira da Sociedade, por meio de informações escritas, mensalmente;

g) submeter à decisão da SUSEP os vetos que apuser aos atos dos diretores da Sociedade e propor, inclusive, o afastamento temporário de qualquer destes, podendo os interessados recorrer dessa decisão para o Ministro da Indústria e do Comercio, sem efeito suspensivo;

h) promover, perante a autoridade competente, a responsabilidade criminal de diretores, funcionários ou de quaisquer pessoas responsáveis pelos prejuízos causados aos segurados, beneficiários, acionistas e sociedades congêneres;

i) convocar e presidir Assembleias Gerais.

j) convocar e presidir reuniões da diretoria; (Acrescentado pelo Dec. 75.072/1974.)

l) Controlar o movimento financeiro da Sociedade, suas contas bancárias e aplicações financeiras, visando todos os saques efetuados mediante cheques ou quaisquer outras ordens de pagamento; (Acrescentado pelo Dec. 75.072/1974.)

m) controlar as operações de seguro da Sociedade; (Acrescentado pelo Dec. 75.072/1974.)

n) autorizar a admissão e dispensa de empregados; (Acrescentado pelo Dec. 75.072/1974.)

o) dirigir, coordenar e supervisionar os serviços da Sociedade, baixando instruções diretas a seus dirigentes e empregados e exercendo quaisquer outras atribuições necessárias ao desempenho de suas funções. (Acrescentado pelo Dec. 75.072/1974.)

ART. 66. O Diretor-fiscal poderá cassar os poderes de todos os mandatários ad negotia , cuja nomeação não seja por ele expressamente ratificada.

ART. 67. O descumprimento de determinação do Diretor-fiscal, por parte de qualquer diretor da Sociedade dará lugar ao seu afastamento, nos termos do disposto na alínea g do art. 65.

CAPÍTULO VIII
DA LIQUIDAÇÃO DAS SOCIEDADES SEGURADORAS

ART. 68. As Sociedades Seguradoras não estão sujeitas a falência e não poderão impetrar concordata, sendo o seu regime de liquidação regulado pelas disposições deste Capitulo.

ART. 69. A cessação das operações das Sociedades Seguradoras poderá ser:

a) voluntaria, por deliberação dos sócios, em Assembleia-Geral;

b) compulsória, por ato do Ministro da Indústria e do Comércio, nos termos do Decreto-Lei n. 73-66.

ART. 70. Nos casos cessação voluntária das operações, os Diretores requererão ao Ministro da Indústria e do Comercio o cancelamento da autorização para o funcionamento da Sociedade Seguradora, no prazo de cinco dias da respectiva Assembleia-Geral.

Parágrafo único. Devidamente instruído, o requerimento será encaminhado por intermédio da SUSEP que opinará sobre a cessação deliberada.

ART. 71. No caso de cessação parcial voluntária, restrita as operações de modalidade de seguro, serão observadas as disposições deste Capítulo, na parte aplicável, considerando-se liquidantes os diretores em exercício.

ART. 72. Poderá ser determinada a cessação compulsória das operações da Sociedade Seguradora que:

a) praticar atos nocivos à politica de Seguros determinada pela CNSP;

b) não constituir as Reservas Técnicas e Fundos a que esteja obrigada ou deixar de aplicá-los pela forma devida;

c) acumular obrigações vultosas devidas ao IRB, a juízo do Ministro da Indústria e do Comercio;

d) considerar a insolvência econômico-financeira;

e) colocar seguro e resseguro no estrangeiro, sem autorização do IRB;

f) aceitar resseguro nas modalidades em que o IRB opere, sem prévia e expressa autorização do referido órgão;

g) reincidir na alienação de bens ou onerá-los, em desacordo com as disposições legais e regulamentares;

h) reincidir na divulgação de prospectos, na publicação de anúncios, na expedição de circulares ou em outras publicações que contenham afirmações ou informações contrárias às leis, regulamentos, seus estatuto e seus planos, ou que possam induzir alguém em êrro sobre a verdadeira importância das operações, bem como sobre o alcance da fiscalização a que estiverem obrigadas.

ART. 73. A liquidação voluntária ou compulsória das Sociedades Seguradoras será processada pela SUSEP que indicará o liquidante.

ART. 74. O ato que determinar a cassação da Carta-Patente da Sociedade Seguradora será publicado no Diário Oficial da União, produzindo imediatamente os seguintes efeitos:

a) suspensão das ações e execuções judiciais, excetuadas as que tiveram início anteriormente, quando intentadas por credores com privilégio sobre determinados bens da Sociedade Seguradora;

b) vencimento de todas as obrigações civis ou comerciais da Sociedade Seguradora liquidanda, incluídas as cláusulas penais dos contratos;

c) suspensão da incidência de juros, ainda que estipulados, se a massa liquidanda não bastar para o pagamento do principal;

d) cancelamento dos poderes de todos os órgãos de administração da Sociedade liquidanda.

§ 1º Durante a liquidação fica interrompida a prescrição extintiva contra ou a favor da massa liquidanda.

§ 2º Quando a Sociedade tiver credores por salários ou indenizações trabalhistas, também ficarão suspensas as ações e execuções a que se refere a parte final da alínea a deste artigo.

§ 3º Poderá ser arguida em qualquer fase processual, inclusive quando às questões trabalhistas, a nulidade dos despachos ou decisões que contravenham o disposto neste artigo. Nos processos sujeitos à suspensão, caberá à Sociedade, liquidanda, para realização do ativo, requerer o levantamento de penhoras, arrestos e quaisquer outras medidas de apreensão ou reserva de bens, sem prejuízo do estatuído no parágrafo único do artigo 103 do Decreto-Lei n. 73-66.

§ 4º A massa liquidanda não estará obrigada a reajustamentos salariais sobrevindos durante a liquidação, nem responderá pelo pagamento de multas, custas, honorários e demais despesas feitas pelos credores em interesse próprio, assim como não se aplicará correção monetária aos créditos pela mora resultante de liquidação.

ART. 75. O liquidante designado pela SUSEP será o responsável pela administração da Sociedade liquidanda e terá amplos poderes para representá-la, ativa e passivamente, em Juízo ou fora dêle, inclusive os seguintes:

a) propor, contestar e intervir em ações, inclusive para integralização do capital pelos acionistas;

b) nomear e demitir funcionários;

c) fixar os vencimentos de funcionários;

d) outorgar ou revogar mandatos;

e) transigir;

f) vender valores móveis e bens imóveis;

g) pagar e receber, firmando os competentes recibos e dando quitação;

h) convocar assembleia-geral dos acionistas, na hipótese de liquidação voluntária;

i) abrir, movimentar e encerrar contas bancárias, assinando e endossando cheques, ordens de pagamento e outros papéis necessários.

ART. 76. Dentro de noventa dias da cassação da Carta-Patente, o liquidante levantará o balanço do ativo e do passivo da Sociedade Seguradora liquidanda e organizará:

a) o arrolamento pormenorizado dos bens do ativo, com as respectivas avaliações, especificando os garantidores das Reservas Técnicas, dos Fundos ou do capital;

b) a lista dos credores por dívida de indenização de sinistro, capital garantido de Reservas Técnicas ou restituição de prêmios, com a indicação das respectivas importâncias;

c) a relação dos créditos trabalhistas, da Fazenda Pública, da Previdência Social e do IRB;

d) a relação dos demais credores, com indicação das importâncias e procedências dos créditos, bem como sua classificação, de acordo com a legislação de falências.

Parágrafo único. O IRB compensará seu crédito com o valor das ações efetivamente realizadas pela Sociedade Seguradora liquidanda, acrescido do ágio, pagando-lhe o saldo, se houver, e procedendo à transferência como previsto no art. 43, § 3º, do Decreto-Lei ora regulamentado.

ART. 77. Os interessados poderão impugnar o quadro geral de credores, mas decairão dêsse direito se não o exercerem no prazo de quinze dias da respectiva publicação.

ART. 78. A SUSEP examinará as impugnações e fará publicar no Diário Oficial da União sua decisão, dela notificando os recorrentes por via postal, sob Aviso de Recebimento.

Parágrafo único. Da decisão da SUSEP caberá recurso para o Ministro da Indústria e do Comércio, no prazo de quinze dias.

ART. 79. Depois da decisão relativa a seus créditos ou aos créditos contra os quais tenham reclamado, os credores não incluídos nas relações a que se refere o art. 76, os delas excluídos, os incluídos sem os privilégios a que se julguem com direito, inclusive por atribuição de importância inferior à reclamada, poderão prosseguir na ação já iniciada ou propor a que lhes competir.

Parágrafo único. Até que sejam julgadas as ações, o liquidante reservará cota proporcional do ativo para garantia dos credores de que trata este artigo.

ART. 80. O liquidante promoverá a realização do ativo e efetuará o pagamento dos credores pelo crédito apurado e aprovado, no prazo de seis meses, observados os respectivos privilégios e classificação, de acordo com a cota apurada em rateio, na ordem determinada pela legislação em vigor.

ART. 81. Ultimada a liquidação e levantado o balanço final, será ele submetido à aprovação do Ministro da Indústria e do Comércio com relatório da SUSEP.

ART. 82. A SUSEP terá direito à comissão de cinco por cento sobre o ativo apurado nos trabalhos de liquidação. Dessa comissão, o Superintendente arbitrará gratificação a ser paga ao liquidante e funcionários encarregados de executá-los.

ART. 83. Ao liquidante compete publicar no Diário Oficial da União e arquivar no órgão do Registro do Comércio os atos relativos à dissolução da Sociedade Seguradora.

ART. 84. Aos casos omissos são aplicáveis as disposições da legislação de falências, desde que não contrariem as disposições do Decreto-Lei ora regulamentado.

ART. 85. O liquidante publicará, na folha oficial e em jornal de grande circulação no Distrito Federal ou nas capitais dos Estados e Territórios em que a sociedade tiver tido agências emissoras de apólices, um aviso convidando os interessados a examinar, nas repartições da Superintendência de Seguros Privados ou nas que esta houver designado, o quadro geral dos credores e, dentro do prazo máximo de quinze dias, alegar seus direitos.

Parágrafo único. As habilitações e reclamações dos credores mencionarão sua residência ou a de seus procuradores, ou a caixa postal para onde deverão ser dirigidos os avisos e comunicações.

ART. 86. Os bens imóveis, integrantes do patrimônio da Sociedade Seguradora liquidanda, serão vendidos mediante autorização da SUSEP.

ART. 87. As vendas de títulos da dívida pública e das ações de companhias e bancos serão feitas em bolsa, pelos corretores de Fundos Públicos.

ART. 88. Mediante proposta da SUSEP, será destituído pelo ministro da Indústria e do Comércio o liquidante que não cumprir os deveres que lhe impõe o decreto-lei n. 73-66.

Parágrafo único. Além da pena de destituição, o liquidante responderá pelos prejuízos causados, no desempenho de suas funções, à massa liquidanda ou a terceiros, por negligência, abuso, má-fé ou infração de qualquer dispositivo do Decreto-Lei n. 73-66.

ART. 89. As publicações obrigatórias por força do disposto neste Capítulo serão feitas em jornal oficial e em outro de grande circulação na sede da Sociedade.

Parágrafo único. No Distrito Federal, o jornal oficial será o da União e nos Estados e territórios o que publicar o expediente dos respectivos Governos.

CAPÍTULO IX
DO REGIME REPRESSIVO

ART. 90. As infrações aos dispositivos do Decreto-Lei n. 73, de 21 de novembro de 1966, sujeitam as Sociedades Seguradoras, seus Diretores, administradores, Gerentes e fiscais, às seguintes penalidades, sem prejuízo de outras estabelecidas na legislação vigente:

I - Advertência.

II - Multa pecuniária.

III - Suspensão do exercício do cargo.

IV - Inabilitação temporária ou permanente para o exercício de cargo de direção, nas Sociedades Seguradoras ou no IRB.

V - Suspensão da autorização em cada ramo isolado.

VI - Perda parcial ou total da recuperação de resseguro.

VII - Suspensão de cobertura automática.

VIII - Suspensão de retrocessão.

IX - Cassação de carta-patente.

Parágrafo único. É assegurada a ampla defesa em qualquer processo instaurado por infração ao Decreto-Lei n. 73-66, sendo nulas as decisões proferidas com inobservância deste preceito.

ART. 91. É da competência privativa da SUSEP a aplicação das penalidades previstas no art. 111, alíneas b, c, d, e, h e i, art. 112, art. 113, artigo 114 e art. 128 do Decreto-Lei n. 73-66.

ART. 92. É da competência privativa do IRB, nos termos do disposto no art. 44, letra e do Decreto-Lei n. 73-66, a aplicação das penalidades previstas nos artigos 111, letra f e 116 do mesmo decreto-lei.

ART. 93. É da competência privativa do Ministro da Indústria e do Comércio a aplicação das penalidades previstas nos Artigos 115 e 117 do Decreto-Lei n. 73-66, ouvido o CNSP.

ART. 94. É da competência da SUSEP ou do IRB, conforme a hipótese, a aplicação das penalidades previstas no art. 111, letras a e g, do Decreto-Lei n. 73-66.

ART. 95. As penalidades de competência privativa do IRB serão aplicadas por seu Conselho Técnico, na forma estabelecida em seu Estatuto.

ART. 96. As penalidades de competência privativa da SUSEP e do Ministro da Indústria e do Comércio serão apuradas na forma prevista no art. 118 do Decreto-Lei n. 73-66.

ART. 97. Os processos iniciados como prescreve o artigo precedente serão presentes na SUSEP, em suas delegacias ou postos de seguros em cuja jurisdição haja ocorrido a infração, os quais mandarão intimar o denunciado a alegar, no prazo de 15 dias, o que entender a bem de seus direitos, sob pena de revelia.

§ 1º A intimação para a defesa será feita na pessoa do infrator e, quando se tratar de pessoa jurídica, na do diretor ou representante legal, por meio de registrado postal com Aviso de Recebimento, devendo-se, na ausência de qualquer deles, fazer a intimação por edital, com prazo de quinze dias, publicado no Diário Oficial.

§ 2º Decorrido o prazo determinado neste artigo e não comparecendo a parte intimada, subirá processo a julgamento, depois de certificada a revelia.

ART. 98. Recebida a defesa, à qual todos os meios serão facultados, terão vista do processo o denunciante da infração e o fiscal a quem esteja afeta a fiscalização da Sociedade denunciada e, se forem apresentados novos documentos, deles terá vista o denunciado.

§ 1º Quando o denunciante for um particular e nada disser, no prazo de dez dias, sobre a defesa, o processo prosseguirá, nos seus termos ulteriores.

§ 2º Subindo o processo a julgamento do Superintendente da SUSEP, poderá êste determinar as diligências que julgar necessárias e, satisfeitas estas, proferirá sua decisão, impondo a penalidade em que tiver incorrido o contraventor ou julgando improcedente o auto de denúncia.

§ 3º Da decisão a que o parágrafo anterior alude será intimada a parte, na forma do artigo 97.

ART. 99. Verificada a hipótese prevista no § 1º do art. 61 do Decreto-Lei n. 73-66, o IRB interpelará a Sociedade para apresentar a comprovação da aplicação do adiantamento na liquidação do respectivo sinistro, no prazo de 15 dias, findo o qual, sem que tenha ocorrido a comprovação ou devolução, o IRB remeterá ao Ministério Público os elementos essenciais para instauração do processo-crime respectivo.

CAPÍTULO X
DOS CORRETORES DE SEGUROS

ART. 100. O corretor de seguros, profissional autônomo, pessoa física ou jurídica, é o intermediário legalmente autorizado a angariar e promover contratos de seguro entre as Sociedades Seguradoras e as pessoas físicas ou jurídicas de direito Privado.

Parágrafo único. O corretor de seguros poderá ter prepostos de sua livre escolha e designará, dentre eles, o que o substituirá.

ART. 101. O exercício da profissão de corretor de seguros depende de prévia habilitação e registro na SUSEP.

§ 1º A habilitação técnico-profissional consistirá na aprovação em curso organizado conforme orientação do IRB, segundo as diretrizes do CNSP.

§ 2º O registro de novos corretores será feito mediante satisfação dos requisitos constantes deste Regulamento.

§ 3º Os corretores já registrados definitivamente até a presente data, de conformidade com o disposto na lei 4.594-64, estão dispensados de qualquer nova formalidade.

ART. 102. Para o registro, será necessária a apresentação de documentos comprovando os seguintes requisitos:

a) ser brasileiro ou estrangeiro com residência permanente no País;

b) estar quite com o serviço militar, quando se tratar de brasileiro;

c) não haver sido condenado por crimes a que se referem as Seções II, III e IV do Capítulo VI do Título I; os Capítulos I, II, III, IV, V, VI e VII do Título II; o Capítulo V do Título VI; Capítulos I, II, III e IV do Título X e o Capítulo I do Título XI, parte especial do Código Penal.

d) não ser falido;

e) ter habilitação técnico-profissional;

f) apresentar declaração assinada pelo candidato, com a firma reconhecida, de que não exerce nenhuma das atividades enumeradas no art. 125 do Decreto-Lei n. 73-66.

§ 1º Se se tratar de pessoa jurídica deverá a requerente provar que está organizada segundo as leis brasileiras ter sede no País e ações nominativas que seus diretores, gerentes, administradores, sócios ou acionistas não incidam na proibição o art. 125 do Decreto-Lei n. 73-66, devendo os responsáveis pelo negócio preencher as exigências do presente artigo.

ART. 103. As comissões de corretagem só poderão ser pagas a corretor de seguros devidamente habilitado e registrado.

ART. 104. Nos seguros diretos, contratados sem a intervenção de corretor a comissão de corretagem será recolhida ao IRB pelas Sociedades para os fins previstos no artigo 19 da Lei n. 4.594, de 29-12-64.

ART. 105. Para os riscos situados em cidades de até 10.000 habitantes, é permitida a angariação de seguros por simples angariadores, desde que não haja no local corretores registrados.

ART. 106. A representação de Corretores Estrangeiros, no Brasil, é privativa de corretores devidamente registrados.

ART. 107. Não se poderá habilitar novamente como corretor aquele cujo título de habilitação profissional houver sido cancelado, nos termos do Artigo 109 deste Regulamento.

ART. 108. O corretor de seguros responderá civilmente perante os Segurados e as Sociedades Seguradoras pelos prejuízos que causar, por omissão, imperícia ou negligência no exercício da profissão.

ART. 109. Caberá responsabilidade profissional, perante a SUSEP, ao corretor que deixar de cumprir as leis, regulamentos e resoluções em vigor, ou que der causa dolosa ou culposa a prejuízos às Sociedades Seguradoras ou ao segurados.

ART. 110. O corretor de seguros estará sujeito às penalidades seguintes:

a) multa;

b) suspensão temporária do exercício da profissão;

c) cancelamento de registro.

ART. 111. A SUSEP baixará dentro de 90 dias as instruções necessárias ao registro de corretores, bem como as pertinentes aos livros registros, documentos e impressos necessários ao exercício da profissão.

CAPÍTULO XI
DISPOSIÇÕES GERAIS E TRANSITÓRIAS

ART. 112. O Fundo de Estabilidade do Seguro Agrário, a que se refere o art. 3º da Lei n. 4.430-64, fica incorporado ao Fundo de Estabilidade do Seguro Rural criado pelo art. 16 do Decreto-Lei n. 73-66, a ser administrado pelo IEB.

§ 1º O Banco do Brasil S.A. promoverá a transferência para o IRB, na conta do Fundo de Estabilidade do Seguro Rural, dos saldos dos Fundos referidos neste artigo.

§ 2º As dotações orçamentárias previstas no parágrafo único do artigo 3º da Lei n. 4.430-64 serão anualmente entregues ao IRB pelo Ministério da Agricultura.

ART. 113. Os Órgãos do Poder Público a que se refere o art. 143 do Decreto-Lei n. 73-66 deverão apresentar à SUSEP para registro os documentos que comprovem haver cumprido aquela disposição legal.

ART. 114. Se, prejuízo do disposto no artigo 113, anterior, é mantida a autorização para que o Serviço de Assistência e Seguro Social dos Economiários - SASSE realize os seguros de que trata a Lei n. 3.149, de 21 de maio de 1957, através da sociedade a ser constituída para operar de conformidade com o estabelecido no Decreto-Lei n. 73-66.

ART. 115. A SUSEP apresentará ao CNSP, dento de 120 dias, o plano de fiscalização das associações de classe de beneficência e de socorros mútuos e dos montepios que instituem pensões ou pecúlios.

Parágrafo único. A constituição de qualquer nova Entidade com as finalidades das referidas neste artigo dependerá de prévia autorização de Governo Federal de conformidade com a regulamentação a ser baixada pelo CNPS.

ART. 116. (Revogado pelo Dec. 61.867/1967.)

ART. 117. Todas as Sociedades autorizadas a operar no País sob pena de cassação da Carta Patente deverão enquadrar-se nas condições deste Regulamento, da seguinte forma:

I - apresentar declaração, no prazo de seis meses dirigida ao CNSP e processada pela SUSEP, definindo as modalidades de seguro em que pretenderão operar e obrigando-se ao correspondente aumento de capital.

II - realizar metade do capital mínimo e dos capitais adicionais, se for o caso, no prazo de seis meses, contados do final do prazo do inciso anterior.

III - realizar o restante do capital mínimo e dos capitais adicionais se for o caso, no prazo de doze meses, contados do final do prazo do inciso II, anterior.

ART. 118. As Sociedades Seguradoras estrangeiras autorizadas a operar no Brasil obedecerão os prazos e condições do artigo 117 deste Regulamento constituído e mantendo no país os valores correspondentes, sob pena de cassação das respectivas Cartas Patentes.

ART. 119. Dentro de 120 dias, os Sindicatos de Corretores de Seguros apresentarão ao CNSP projeto de Código de Ética Profissional e constituição de Órgão de classe, destinado ao julgamento das infrações ao Código de Ética.

ART. 120. Os corretores de seguros que vinham exercendo a atividade na data da vigência da Lei n. 4.594, de 29 de dezembro de 1964, e ainda não registrados, poderão requerer à Superintendência de Seguros Privados (SUSEP) o respectivo registro, observado o disposto no artigo 31 da referida lei. (Alterado pelo Dec. 66.656/1970.)

ART. 121. Consultados os interesses destas entidades, a SUSEP e o IRB poderão admitir em seus quadros os funcionários concursados da extinta Companhia Nacional de Seguro Agrícola, independente da prestação de novo concurso e contado o tempo de serviço do funcionário legais de aposentadoria e pensão.

ART. 122. Enquanto não for aprovado o Quadro do Pessoal da SUSEP, os ocupantes dos cargos em comissão e funções gratificadas do extinto Departamento Nacional de Seguros Privados e Capitalização continuarão no exercício de suas funções, sem prejuízo de seus vencimentos e vantagens, inclusive gratificações relativas ao regime de tempo integral.

ART. 123. O presente Regulamento entrará em vigor na data de sua provação pelo Presidente da República.

Brasília, 13 de março de 1967.

PAULO EGYDIO MARTINS

DECRETO N. 63.912, DE 26 DE DEZEMBRO DE 1968

Regula o pagamento da gratificação de Natal ao trabalhador avulso e dá outras providências.

O Presidente da República, usando das atribuições que lhe confere o artigo 83, II da Constituição, e tendo em vista o disposto no artigo 3º da Lei n. 5.480, de 10 de agosto de 1968,

Decreta:

ART. 1º O trabalhador avulso, sindicalizado ou não, terá direito, na forma do artigo 3º da Lei n. 5.480, de 10 de agosto de 1968, à gratificação de Natal instituída pela Lei número 4.090, de 13 de 1962.

§ 1º Considera-se trabalhador avulso, para os efeitos deste Decreto, entre outros:

a) estivador, trabalhador de estiva em carvão e minérios e trabalhador em alvarenga;

b) conferentes de carga e descarga;

c) consertador de carga e descarga;

d) vigia portuário;

e) trabalhador avulso de capatazia;

f) trabalhador no comércio armazenador (arrumador);

g) ensacador de café, cacau, sal e similares;

h) classificador de frutas;

i) amarrador.

§ 2º No caso da fusão das categorias profissionais a que se refere o artigo 2º da Lei n. 5.480, de 10 de agosto de 1968, o profissional que permanecer qualificado como trabalhador avulso continuará a fazer jus à gratificação de Natal.

§ 3º O Ministro do Trabalho e Previdência Social, mediante solicitação do sindicato e ouvida a Comissão de Enquadramento Sindical, poderá incluir outras categorias de trabalhadores na relação constante do § 1º.

ART. 2º Para cobertura dos encargos decorrentes da gratificação de Natal, o requisitante ou tomador de serviços e trabalhador avulso recolherá nove por cento (9%) sobre o total da remuneração a ele paga, sendo:

I - oito inteiros e quatro décimos por cento (8,4%) ao sindicato da respectiva categoria profissional, até quarenta e oito (48) horas após a realização do serviço, devendo o recolhimento ser acompanhado de uma via da folha-padrão;

II - seis décimos por cento (0,6%) ao Instituto Nacional de Previdência Social, na forma da legislação de previdência social.

Parágrafo único. O Departamento Nacional da Previdência Social baixará normas sobre o recolhimento da contribuição devida ao INPS pelo requisitante ou tomador da mão de obra.

ART. 3º Do percentual de que trata o item I do artigo 2º:

I - sete inteiros e setenta e quatro centésimos por cento (7,74%) se destinam ao pagamento da gratificação de Natal;

II - sessenta e seis centésimos por cento (0,66%) se destinam à cobertura das despesas administrativas decorrentes, para o sindicato, da aplicação deste Decreto, observando o disposto no artigo 8º parágrafo único.

ART. 4º O sindicato depositará o Banco do Brasil ou em Caixa Econômica Federal, na forma do Decreto-Lei n. 151, de 9 de fevereiro de 1967, dentro de cinco (5) dias após o recebimento em conta intitulada "Lei n. 5.480 - Gratificação de Natal do Trabalhador Avulso", a parcela de que trata o item I do artigo 3º.

ART. 5º O sindicato de cada categoria de trabalhador avulso efetuará o pagamento referente à gratificação de Natal, na terceira semana dos meses de junho e/ou de dezembro, no valor total creditado em nome do trabalhador até o mês anterior.

ART. 6º É vedado ao sindicato efetuar qualquer adiantamento com recursos destinados ao pagamento, da gratificação de Natal.

ART. 7º Para o pagamento da gratificação de Natal:

I - o sindicato, em tempo hábil, comunicará ao estabelecimento bancário o valor devido a cada um dos respectivos trabalhadores avulsos;

II - o sindicato, na véspera do dia do pagamento, entregará a cada trabalhador avulso cheque nominal no valor correspondente ao seu crédito;

III - o estabelecimento bancário, ao receber o cheque, o confrontará com a comunicação do sindicato e fará o pagamento.

ART. 8º Compete às federações representativas das categorias profissionais de trabalhadores avulsos fiscalizar o exato cumprimento, pelos sindicatos respectivos, do disposto neste Decreto.

Parágrafo único. Cada sindicato depositará em conta especial no Banco do Brasil S.A., em nome da federação respectiva, até o décimo dia útil do mês seguinte, vinte e cinco por cento (25%) da parcela de que trata o item II do artigo 3º.

ART. 9º Este Decreto vigorará a contar de 13 de novembro de 1968, revogadas as disposições em contrário.

Brasília, 26 de dezembro de 1968; 147º da Independência e 80º da República.

A. COSTA E SILVA

DECRETO N. 64.567, DE 22 DE MAIO DE 1969

Regulamenta dispositivos do Decreto-Lei n. 486, de 3 de março de 1969, que dispõem sobre a escrituração e livros mercantis e dá outras providências.

▸ *DOU*, 26.05.1952.

O Presidente da República, usando das atribuições que lhe confere o artigo 83, item II, da Constituição, e tendo em vista o Decreto-Lei número 486, de 3 de março de 1969,

Decreta:

ART. 1º Considera-se pequeno comerciante, para os efeitos do parágrafo único do art. 1º do Decreto-Lei n. 486, de 3 de março de 1969, a pessoa natural inscrita no registro do comércio:

I - Que exercer em um só estabelecimento atividade artesanal ou outra atividade em que predomine o seu próprio trabalho ou de pessoas da família, respeitados os limites estabelecidos no inciso seguinte;

II - Que auferir receita bruta anual não superior a cem (100) vezes o maior salário-mínimo mensal vigente no país e cujo capital efetivamente empregado no negócio não ultrapassar vinte (20) vezes o valor daquele salário-mínimo.

§ 1º Poderá o Ministro da Indústria e do Comércio, *ex officio* ou mediante requerimento do interessado, incluir na categoria de pequeno comerciante o executante de atividade cujas condições peculiares recomendem tal inclusão, respeitados os critérios previstos neste artigo.

§ 2º Decidida a inclusão a que se refere o parágrafo anterior, o interessado encerrará, por termo, a escrituração dos livros que mantiver, submetendo-os à autenticação do órgão competente do registro do comércio.

§ 3º As obrigações decorrentes deste Decreto serão imediatamente exigíveis do pequeno comerciante que perder esta qualidade, admitida, se for o caso, a reabertura de livros encerrados de acordo com o parágrafo anterior.

ART. 2º A individuação da escrituração a que se refere o artigo 2º do Decreto-Lei n. 486, de 3 de março de 1969, compreende, como elemento integrante, a consignação expressa, no lançamento, das características principais dos documentos ou papéis que derem origem à própria escrituração.

ART. 3º Nas localidades onde não houver contabilista legalmente habilitado, a escrituração ficará a cargo do comerciante ou de pessoa pelo mesmo designada.

§ 1º A designação de pessoa não habilitada profissionalmente não eximirá o comerciante da responsabilidade pela escrituração.

§ 2º Para efeito deste artigo, caberá aos Conselhos Regionais de Contabilidade informar aos órgãos de registro do comércio da existência ou não de profissional habilitado naquelas localidades.

ART. 4º Só poderão ser usados, nos lançamentos, processos de reprodução que não prejudiquem a clareza e nitidez da escrituração, sem borrões, emendas ou rasuras.

ART. 5º Todo comerciante é obrigado a conservar em ordem os livros documentos e papéis relativos à escrituração, até a prescrição pertinente aos atos mercantis.

Parágrafo único. O disposto neste artigo aplica-se ao pequeno comerciante no que se refere a documentos e papéis.

ART. 6º Os livros deverão conter, respectivamente, na primeira e na última páginas, tipograficamente numeradas, os termos de abertura e de encerramento.

§ 1º Do termo de abertura constará a finalidade a que se destina o livro, o número de ordem, o número de folhas, a firma individual ou o nome da sociedade a que pertence, o local da sede ou estabelecimento o número e data do arquivamento dos atos constitutivos no órgão de registro do comércio e o número de registro no Cadastro Geral de Contribuintes do Ministério da Fazenda.

§ 2º O termo de encerramento indicará o fim a que se destinou o livro, o número de ordem, o número de folhas e a respectiva firma individual ou sociedade mercantil.

ART. 7º Os termos de abertura e encerramento serão datados e assinados pelo comerciante ou por seu procurador e por contabilista legalmente habilitado.

Parágrafo único. Nas localidades em que não haja profissional habilitado, os termos de abertura e de encerramento serão assinados, apenas, pelo comerciante ou seu procurador.

ART. 8º As fichas que substituírem os livros, para o caso de escrituração mecanizada, poderão ser contínuas, em forma de sanfonas, em blocos, com subdivisões numeradas mecânica ou tipograficamente por dobras, sendo vedado o destaque ou ruptura das mesmas.

Parágrafo único. Quando o comerciante adotar as fichas a que se refere este artigo, os termos de abertura e de encerramento serão apostos, respectivamente, no anverso da primeira e no verso da última dobra de cada bloco que receberá número de ordem.

ART. 9º No caso de escrituração mecanizada por fichas soltas ou avulsas, estas serão numeradas tipograficamente, e os termos de abertura e de encerramento serão apostos na primeira e última fichas de cada conjunto e todas as demais serão obrigatoriamente autenticadas com o sinete do órgão de registro do comércio.

ART. 10. Os lançamentos registrados nas fichas deverão satisfazer todos os requisitos e normas de escrituração exigidos com relação aos livros mercantis.

ART. 11. Na escrituração por processos de fichas, o comerciante adotará livro próprio para inscrição do balanço, de balancetes e demonstrativos dos resultados do exercício social, o qual será autenticado no órgão de registro do comércio.

ART. 12. Efetuado o pagamento da taxa cobrada pelo órgão de registro do comércio, este procederá às autenticações previstas neste Decreto, do seguinte modo:

a) nos livros, o termo de autenticação será aposto na primeira página tipograficamente numerada e conterá declaração expressa da exatidão dos termos de abertura e de encerramento, bem como o número e a data da autenticação.

b) nas fichas, a autenticação será aposta no anverso da primeira dobra de cada bloco, ou na primeira ficha de cada conjunto, mediante lançamento do respectivo termo, com declaração expressa da exatidão dos termos de abertura e do encerramento, bem como o número e a data da autenticação.

ART. 13. Os órgãos de registro do comércio deverão possuir livro de registro das assinaturas dos autenticadores, para eventuais averiguações ou confronto, bem como controle do registro dos livros e das fichas devidamente legalizadas, inclusive dos que forem autenticados mediante delegação de competência.

ART. 14. Quando do encerramento ainda que temporário, das atividades de comerciante ou dos agentes auxiliares do comércio, dos armazéns gerais e dos trapiches e, consequentemente, de sua escrituração, será consignada a ocorrência mediante termo aposto na primeira folha ou ficha útil não escriturada, datado e assinado pelo comerciante ou seu procurador e pelo contabilista legalmente habilitado, ressalvado o disposto no artigo 3º deste Decreto e autenticado pelo órgão de registro do comércio.

ART. 15. Para os efeitos do artigo 9º do Decreto-Lei n. 486, de 3 de março de 1969, será aposto, após o último lançamento, o termo de transferência datado e assinado pelo comerciante ou por seu procurador e por contabilidade legalmente habilitado, ressalvado o disposto no artigo 3º deste Decreto, e autenticado pelo órgão de registro do comércio.

Parágrafo único. O termo de transferência conterá além de todos os requisitos exigidos para os termos de abertura, indicação da sucessora e o número e data de arquivamento no órgão de registro do comércio do instrumento de sucessão.

ART. 16. Estão sujeitos às normas deste Decreto todos os livros mercantis obrigatórios, bem como os de uso dos agentes auxiliares do comércio, armazéns gerais e trapiches.

ART. 17. O disposto neste Decreto não prejudicará exigências específicas referentes a escrituração de livros ou fichas, a que estejam submetidos quaisquer instituições ou estabelecimentos.

ART. 18. As disposições deste Decreto aplicam-se também às sucursais, filiais e agências instaladas no Brasil de sociedades mercantis, com sede no exterior.

ART. 19. Os casos omissos serão resolvidos pelo Departamento Nacional de Registro do Comércio, ouvidos, quando necessário, os órgãos dos Poderes Públicos Federais, que, por força de suas atribuições, tenham relação com a matéria.

ART. 20. O presente Decreto entrará em vigor na data de sua publicação, revogadas as disposições em contrário.

Brasília, 22 de maio de 1969; 148º da Independência e 81º da República.

A. COSTA E SILVA

DECRETO N. 71.885, DE 9 DE MARÇO DE 1973

Aprova o Regulamento da Lei número 5.859, de dezembro de 1972, que dispõe sobre a profissão de empregado doméstico, e dá outras providências.

▸ LC 150/2015 (Dispõe sobre o contrato de trabalho doméstico).

O Presidente da República, usando da atribuição que lhe confere o artigo 81, item III, da Constituição, e tendo em vista o disposto no artigo 7º da Lei n. 5.859, de 11de dezembro de 1972,

Decreta:

ART. 1º São assegurados aos empregados domésticos os benefícios e serviços da Lei Orgânica da Previdência Social, na conformidade da Lei número 5.859, de 11 de dezembro de 1972.

ART. 2º Excetuando o Capítulo referente a férias, não se aplicam aos empregados domésticos as demais disposições da Consolidação das Leis do Trabalho.

Parágrafo único. As divergências entre empregado e empregador doméstico relativas as férias e anotação na Carteira do Trabalho e Previdência Social, ressalvada a competência da Justiça do Trabalho, serão dirimidas pela Delegacia Regional do Trabalho.

ART. 3º Para os fins constantes da Lei n. 5.859, de 11 de dezembro de 1972, considera-se:

I - empregado Doméstico aquele que presta serviços de natureza continua e de finalidade não lucrativa a pessoa ou à família, no âmbito residencial destas.

II - empregador doméstico a pessoa ou família que admita a seu serviço empregado doméstico.

ART. 4º O empregado doméstico, ao ser admitido no emprego, deverá apresentar os seguintes documentos:

I - Carteira de Trabalho e Previdência Social.

II - Atestado de Boa Conduta emitido por autoridade policial, ou por pessoa idônea, a juízo do empregador.

III - Atestado de Saúde, subscrito por autoridade médica responsável, a critério do empregador doméstico.

ART. 5º Na Carteira de Trabalho e Previdência Social do empregado doméstico serão feitas, pelo respectivo empregador, as seguintes anotações:

I - data de admissão.

II - salário mensal ajustado.

III - inicio e término das férias.

IV - data da dispensa.

ART. 6º Após cada período contínuo de 12 (doze) meses de trabalho prestado à mesma pessoa ou família, a partir da vigência Regulamento, o empregado doméstico fará jus a férias remuneradas, nos termos da Consolidação das Leis Trabalho de 20 (vinte) dias úteis, ficando a critério do empregador doméstico a fixação do período correspondente.

ART. 7º Filiam-se à Previdência Social, como segurados obrigatórios, os que trabalham como empregados domésticos no território nacional, na forma do disposto na alínea I do artigo 3º deste Regulamento.

ART. 8º O limite de 60 anos para Filiação à Previdência Social, previsto no artigo 4º do Decreto-lei n. 710, de 28 de julho de 1969, não se aplica ao empregado doméstico que:

I - inscrito como segurado facultativo para todos os efeitos, nessa qualidade já vinha contribuindo na forma da legislação anterior.

II - já sendo segurado obrigatório, tenha adquirido ou venha a adquirir a condição de empregado doméstico, após se desligar de emprego ou atividade de que decorria aquela situação.

ART. 9º Considera-se á inscrito para os efeitos da Lei n. 5.859 de 11 de dezembro de 1972, o empregado doméstico que se qualificar, junto ao Instituto Nacional de Previdência Social, mediante apresentação da Carteira do Trabalho e Previdência Social.

§ 1º Os empregados Domésticos, inscritos como segurados facultativos, passam a partir da vigência deste Regulamento, à condição de segurados obrigatórios, independentemente de nova inscrição.

§ 2º A inscrição dos dependentes incumbe ao próprio segurado e será feita, sempre que possível, no ato de sua inscrição.

ART. 10. O auxílio-doença e a aposentadoria por invalidez do empregado doméstico serão devidos a contar da data de entrada do respectivo requerimento.

ART. 11. O custeio das prestações a que se refere o presente Regulamento será atendido pelas seguintes contribuições:

I - do segurado, em percentagem correspondente a 8% (oito por cento) do seu salário-de-contribuição, assim considerado, para os efeitos deste Regulamento, o valor do salário-mínimo regional.

II - do empregador domésticos, em quantia igual à que for devida pelo segurado.

Parágrafo único. Quando a admissão, dispensa ou afastamento do empregado doméstico ocorrer no curso do mês, a contribuição incidirá sobre 1/30 avós do salário - mínimo regional por dia de trabalho efetivamente prestado.

ART. 12. O recolhimento das contribuições, a cargo empregador doméstico, será realizado na forma das instruções a serem baixadas pelo Instituto Nacional de Previdência Social, em formulário próprio, individualizado por empregado doméstico.

Parágrafo único. Não recolhendo na época própria as contribuições a seu cargo, ficará o empregador doméstico sujeito às penalidades previstas no artigo 165 do Regulamento Geral da Previdência Social, aprovado pelo Decreto n. 60.501, de 14 de março de 1969.

ART. 13. Aplica-se ao empregado doméstico e respectivo empregador no que couber, o disposto no Regulamento Geral da Previdência Social aprovado pelo Decreto n. 60.501, de 14 de março de 1969.

ART. 14. O Ministro do Trabalho e Previdência Social baixará as instruções necessárias à execução do presente Regulamento.

ART. 15. O presente Regulamento entrará em vigor 30 (trinta) dias após sua publicação, revogadas as disposições em contrário.

Brasília, 9 de março de 1973; 152º da Independência e 85º da República.

EMÍLIO G. MÉDICI

DECRETO N. 73.626, DE 12 DE FEVEREIRO DE 1974

Aprova Regulamento da Lei n. 5.889, de 8 de junho de 1973.

› *DOU*, 13.02.1974.

O Presidente da República, no uso da atribuição que lhe confere o artigo 81, item III, da Constituição, e tendo em vista a Lei n. 5.889, de 8 de junho de 1973,

Decreta:

ART. 1º É aprovado o anexo Regulamento, assinado pelo Ministro do Trabalho e Previdência Social, disciplinando a aplicação das normas concernentes às relações individuais e coletivas de trabalho rural, estatuídas pela Lei n. 5.889, de 8 de junho de 1973.

ART. 2º O presente Decreto entrará em vigor na data de sua publicação, revogadas as disposições em contrário.

Brasília, 12 de fevereiro de 1974; 153º da Independência e 86º da República.

EMÍLIO G. MÉDICI

REGULAMENTO DAS RELAÇÕES INDIVIDUAIS E COLETIVAS DE TRABALHO RURAL

ART. 1º Este Regulamento disciplina a aplicação das normas concernente às relações individuais e coletivas de trabalho rural estatuídas pela Lei número 5.889, de 8 de junho de 1973.

ART. 2º Considera-se empregador rural, para os efeitos deste Regulamento, a pessoa física ou jurídica, proprietária ou não, que explore atividade agroeconômica, em caráter permanente ou temporário, diretamente ou através de prepostos e com auxílio de empregados.

§ 1º Equipara-se ao empregador rural a pessoa física ou jurídica que, habitualmente, em caráter profissional, e por conta de terceiros, execute serviços de natureza agrária, mediante utilização do trabalho de outrem.

§ 2º Sempre que uma ou mais empresas, embora tendo cada uma delas personalidade jurídica própria, estiverem sob direção, controle ou administração de outra, ou ainda quando, mesmo guardando cada uma sua autonomia, integrem grupo econômico ou financeiro rural, serão responsáveis solidariamente nas obrigações decorrentes da relação de emprego.

§ 3º Inclui-se na atividade econômica referida no *caput*, deste artigo, a exploração industrial em estabelecimento agrária.

§ 4º Consideram-se como exploração industrial em estabelecimento agrário, para os fins do parágrafo anterior, as atividades que compreendem o primeiro tratamento dos produtos agrários *in natura* sem transformá-los em sua natureza, tais como:

I - o beneficiamento, a primeira modificação e o preparo dos produtos agropecuários e hortigranjeiros e das matérias-primas de origem animal ou vegetal para posterior venda ou industrialização;

II - o aproveitamento dos subprodutos oriundos das operações de preparo e modificação dos produtos *in natura*, referidas no item anterior.

§ 5º Para os fins previstos no § 3º não será considerada indústria rural aquela que, operando a primeira transformação do produto agrário, altere a sua natureza, retirando-lhe a condição de matéria-prima.

ART. 3º Empregado rural é toda pessoa física que, em propriedade rural ou prédio rústico, presta serviços de natureza não eventual a empregador rural, sob a dependência deste e mediante salário.

ART. 4º Nas relações de trabalho rural aplicam-se os artigos 4º a 6º; 8º a 10; 13 a 19; 21; 25 a 29; 31 a 34; 36 a 44; 48 a 50; 62, alínea b; 67 a 70; 74; 76; 78 e 79; 83; 84; 86; 116 a 118; 124; 126; 129 a 133; 134 alíneas a, c, d, e, e f; 135 a 142; parágrafo único do artigo 143; 144; 147; 359; 366; 372; 377; 379; 387 a 396; 399; 402; 403; 405 *caput* e § 5º; 407 a 410; 414 a 427; 437; 439; 441 a 457; 458 *caput* e § 2º; 459 a 479; 480 *caput* e § 1º; 481 a 487; 489 a 504; 511 a 535; 537 a 552; 553 *caput* e alíneas b, c, d, e e, e §§ 1º e 2º; 554 a 562; 564 a 566; 570 *caput*; 601 a 603; 605 a 629; 630 *caput* e §§ 1º, 2º, 3º, 4º, 5º, 7º e 8º; 631 a 685; 687 a 690; 693; 694; 696; 697; 699 a 702; 707 a 721; 722 *caput*, alíneas b e c e §§ 1º, 2º e 3º; 723 a 725; 727 a 733; 735 a 754; 763 a 914; da Consolidação das Leis do Trabalho, aprovada pelo Decreto-Lei n. 5.452, de 1º de maio de 1943; com suas alterações.

Parágrafo único. Aplicam-se, igualmente, nas relações de trabalho rural:

I - os artigos 1º, 2º *caput* e alínea a; 4º; 5º (este com as limitações do Decreto-Lei n. 86, de 27 de dezembro de 1966); 6º; 7º; 8º; 9º; 10; 11; 12; 13; 14; 15; 16 do Regulamento da Lei número 605, de 5 de janeiro de 1949, aprovado pelo Decreto n. 27.048, de 12 de agosto de 1949;

II - os artigos 1º, 2º; 3º; 4º; 5º; 6º; 7º; do Regulamento da Lei número 4.090, de 13 de junho de 1962, com as alterações da Lei n. 4.749, de 12 de agosto de 1965, aprovado pelo Decreto número 57.155, de 3 de novembro de 1965;

III - os artigos 1º; 2º; 3º; 6º; 11; 12; da Lei n. 4.725, de 13 de junho de 1965, com as alterações da Lei número 4.903, de 16 de dezembro de 1965;

IV - os artigos 1º; 2º; 3º; 5º; 7º; 8º; 9º; 10, do Decreto-Lei n. 15, de 29 de julho de 1966, com a redação do Decreto-Lei n. 17, de 22 de agosto de 1966.

ART. 5º Os contratos de trabalho, individuais ou coletivos, estipularão, conforme os usos, praxes e costumes, de cada região, o início e o término normal da jornada de trabalho, que não poderá exceder de 8 (oito) horas por dia.

§ 1º Será obrigatória, em qualquer trabalho contínuo de duração superior a 6 (seis) horas, a concessão de um intervalo mínimo de 1 (uma) hora para repouso ou alimentação, observados os usos e costumes da região.

§ 2º Os intervalos para repouso ou alimentação não serão computados na duração do trabalho.

ART. 6º Entre duas jornadas de trabalho haverá um período mínimo de 11 (onze) horas consecutivas para descanso.

ART. 7º A duração normal do trabalho poderá ser acrescida de horas suplementares, em número não excedente de 2 (duas), mediante acordo escrito entre o empregador e o empregado ou mediante contrato coletivo de trabalho, observado o disposto no artigo anterior.

§ 1º Do acordo ou do contrato coletivo de trabalho deverá constar, obrigatoriamente, a importância da remuneração da hora suplementar que será, pelo menos, 20% (vinte por cento) superior à da hora normal.

§ 2º Poderá ser dispensado o acréscimo de salário se, por força de acordo ou contrato coletivo, o excesso de horas em um dia for compensado pela correspondente redução em outro dia, de maneira que não exceda o horário normal de trabalho.

ART. 8º A duração da jornada de trabalho poderá exceder do limite legal convencionado para terminar serviços que, pela sua natureza, não possam ser adiados, ou para fazer face a motivo de força maior.

§ 1º O excesso, nos casos deste artigo, poderá ser exigido independentemente de acordo ou contrato coletivo e deverá ser comunicado, dentro de 10 (dez) dias, à Delegacia Regional do Trabalho, ou, antes desse prazo, justificado aos agentes fiscais, sem prejuízo daquela comunicação.

§ 2º Nos casos de excesso de horário por motivo de força maior, a remuneração da hora excedente não será inferior à da hora normal. Nos demais casos de excesso previsto neste artigo, a remuneração será, pelo menos, 25% (vinte e cinco por cento) superior à da hora normal, e o trabalho não poderá exceder de 12 (doze) horas.

ART. 9º A duração da jornada de trabalho poderá igualmente exceder do limite legal ou convencionado, até o máximo de 2 (duas) horas, durante o número de dias necessários, para compensar interrupções do trabalho decorrentes de causas acidentais ou de força maior, desde que a jornada diária não exceda de 10 (dez) horas.

Parágrafo único. A prorrogação a que se refere este artigo não poderá exceder 45 (quarenta e cinco) dias por ano, condicionada à prévia autorização da autoridade competente.

ART. 10. Nos serviços intermitentes não serão computados, como de efetivo exercício, os intervalos entre uma e outra parte da execução da tarefa diária, devendo essa característica ser expressamente ressalvada na Carteira de Trabalho e Previdência Social.

Parágrafo único. Considera-se serviço intermitente aquele que, por sua natureza, seja normalmente executado em duas ou mais etapas diárias distintas, desde que haja interrupção do trabalho de, no mínimo, 5 (cinco) horas, entre uma e outra parte da execução da tarefa.

ART. 11. Todo trabalho noturno acarretará acréscimo de 25% (vinte e cinco por cento) sobre a remuneração normal da hora diurna.

Parágrafo único. Considera-se trabalho noturno, para os efeitos deste artigo, o executado entre as 21 (vinte e uma) horas de um dia e as 5 (cinco) horas do dia seguinte, na lavoura, e entre as 20 (vinte) horas de um dia e as 4 (quatro) horas do dia seguinte, na atividade pecuária.

ART. 12. Ao menor de 18 (dezoito) anos é vedado o trabalho noturno.

ART. 13. Ao menor de 12 (doze) anos é proibido qualquer trabalho.

ART. 14. As normas referentes à jornada de trabalho, trabalho noturno, trabalho do menor e outras compatíveis com a modalidade das respectivas atividades aplicam-se aos avulsos e outros trabalhadores rurais que, sem vínculo de emprego, prestam serviços a empregadores rurais.

ART. 15. Ao empregado maior de 16 (dezesseis) anos é assegurado salário-mínimo regional de adulto.

Parágrafo único. Ao empregado menor de 16 (dezesseis) anos é assegurado salário-mínimo igual à metade do salário-mínimo regional de adulto.

ART. 16. Além das hipóteses de determinação legal ou decisão judicial, somente poderão ser efetuados no salário do empregado os seguintes descontos:

I - até o limite de 20% (vinte por cento) do salário-mínimo regional, pela ocupação da morada;

II - até o limite de 25% (vinte e cinco por cento) do salário-mínimo regional, pelo fornecimento de alimentação;

III - valor de adiantamentos em dinheiro.

§ 1º As deduções especificadas nos itens I, II e III deverão ser previamente autorizadas pelo empregado, sem o que serão nulas de pleno direito.

§ 2º Para os fins a que se refere o item I deste artigo, considera-se morada, a habitação fornecida pelo empregador, a qual, atendendo às condições peculiares de cada região, satisfaça os requisitos de salubridade e higiene estabelecidos em normas expedidas pelas Delegacias Regionais do Trabalho.

ART. 17. Sempre que mais de um empregado residir na mesma morada, o valor correspondente ao percentual do desconto previsto no item I, do artigo 15, será dividido igualmente pelo número total de ocupantes.

Parágrafo único. É vedada, em qualquer hipótese, a moradia coletiva de famílias.

ART. 18. Rescindido ou findo o contrato de trabalho, o empregado será obrigado a desocupar a morada fornecida pelo empregador dentro de 30 (trinta) dias.

ART. 19. Considera-se safreiro ou safrista o trabalhador que se obriga à prestação de serviços mediante contrato de safra.

Parágrafo único. Contrato de safra é aquele que tenha sua duração dependente de variações estacionais das atividades agrárias, assim entendidas as tarefas normalmente executadas no período compreendido entre o preparo do solo para o cultivo e a colheita.

ART. 20. Expirado normalmente o contrato de safra, o empregador pagará ao safreiro, a título de indenização do tempo de serviço, a importância correspondente a 1/12 (um doze avos) do salário mensal, por mês de serviço ou fração superior a 14 (quatorze) dias.

ART. 21. Não havendo prazo estipulado, a parte que, sem justo motivo, quiser rescindir o contrato de trabalho, deverá avisar à outra da sua resolução com a antecedência mínima de:

I - 8 (oito) dias, se o pagamento for efetuado por semana ou tempo inferior;

II - 30 (trinta) dias, se o pagamento for efetuado por quinzena ou mês, ou se o empregado contar mais de 12 (doze) meses de serviço na empresa.

ART. 22. Durante o prazo do aviso prévio se a rescisão tiver sido promovida pelo empregador, o empregado rural terá direito a 1 (um) dia por semana, sem prejuízo do salário integral, para procurar outro emprego.

ART. 23. A aposentadoria por idade concedida ao empregado rural, na forma da Lei Complementar n. 11, de 25 de maio de 1971, e sua regulamentação, não acarretará rescisão do respectivo contrato de trabalho, nem constituirá justa causa para a dispensa.

Parágrafo único. Constitui justa causa, para rescisão do contrato de trabalho, além das apuradas em inquérito administrativo processado pelo Ministério do Trabalho e Previdência Social, a incapacidade total e permanente, resultante de idade avançada, enfermidade ou lesão orgânica, comprovada mediante perícia médica a cargo da Delegacia Regional do Trabalho.

ART. 24. Aplicam-se ao empregado e empregador rural as normas referentes ao enquadramento e contribuição sindical, constantes do Decreto-Lei n. 1.166, de 15 de abril de 1971.

ART. 25. A plantação subsidiária ou intercalar (cultura secundária), a cargo do empregado, quando de interesse também do empregador, será objeto de contrato em separado.

§ 1º Se houver necessidade de utilização de safreiros nos casos previstos neste artigo, os encargos decorrentes serão sempre de responsabilidade do empregador.

§ 2º O resultado anual a que tiver direito o empregado rural quer em dinheiro, quer em produto *in natura*, não poderá ser computado como parte correspondente ao salário-mínimo na remuneração geral do empregado durante o ano agrícola.

ART. 26. O empregador rural que tiver a seu serviço, nos limites de sua propriedade, mais de 50 (cinquenta) trabalhadores de qualquer natureza, com família, é obrigada a possuir e conservar em funcionamento escola primária, inteiramente gratuita, para os menores dependentes, com tantas classes quantos sejam os grupos de 40 (quarenta) crianças em idade escolar.

ART. 27. A prescrição dos direitos assegurados aos trabalhadores rurais só ocorrerá após 2 (dois) anos da rescisão ou término do contrato de trabalho.

Parágrafo único. Contra o menor de 18 (dezoito) anos não corre qualquer prescrição.

ART. 28. O Ministro do Trabalho e Previdência Social estabelecerá, através de Portaria, as normas de segurança e higiene do trabalho a serem observadas nos locais de trabalho rural.

ART. 29. As infrações aos dispositivos deste Regulamento e aos da Consolidação das Leis do Trabalho, salvo as do Título IV, Capítulos I, III, IV, VIII e IX, serão punidas com multa de 1/10 (um décimo) do salário-mínimo regional a 10 (dez) salários-mínimos regionais, segundo a natureza da infração e sua gravidade, aplicada em dobro nos casos de reincidência, oposição à fiscalização ou desacato à autoridade sem prejuízo de outras sanções cabíveis.

§ 1º A falta de registro de empregados ou o seu registro em livros ou fichas não rubricadas e legalizadas, na forma do artigo 42, da Consolidação das Leis do Trabalho, sujeitará a empresa infratora à multa de 1 (um) salário-mínimo regional por empregado em situação irregular.

§ 2º Tratando-se de infrator primário, a penalidade, prevista neste artigo, não excederá de 4 (quatro) salários-mínimos regionais.

§ 3º As penalidades serão aplicadas pela autoridade competente do Ministério do Trabalho e Previdência Social, de acordo com o disposto no Título VII, da Consolidação das Leis do Trabalho.

ART. 30. Aquele que recusar o exercício da função de vogal de Junta de Conciliação e Julgamento ou de juiz representante classista de Tribunal Regional, sem motivo justificado, incorrerá nas penas de multa previstas no artigo anterior além da suspensão do direito de representação profissional por 2 (dois) a 5 (cinco) anos.

JÚLIO BARATA

DECRETO N. 73.841, DE 13 DE MARÇO DE 1974

Regulamenta a Lei n. 6.019, de 3 de janeiro de 1974, que dispõe sobre o trabalho temporário.

› *DOU*, 13.03.1974.

O Presidente da República, no uso da atribuição que lhe confere o artigo 81, item III, da Constituição e tendo em vista a Lei n. 6.019, de 3 de janeiro de 1974,

Decreta:

CAPÍTULO I
DO TRABALHO TEMPORÁRIO

ART. 1º Trabalho temporário é aquele prestado por pessoa física a uma empresa, para atender necessidade transitória de substituição de pessoal regular e permanente ou a acréscimo extraordinário de serviços.

CAPÍTULO II
DA EMPRESA DE TRABALHO TEMPORÁRIO

ART. 2º A empresa de trabalho temporário tem por finalidade colocar pessoal especializado, por tempo determinado, à disposição de outras empresas que dele necessite.

ART. 3º A empresa de trabalho temporário, pessoa física ou jurídica, será necessariamente urbana.

ART. 4º O funcionamento da empresa de trabalho temporário está condicionado a prévio registro no Departamento Nacional de Mão de Obra do Ministério do Trabalho e Previdência Social.

§ 1º O pedido de registro deve ser acompanhado dos seguintes documentos:

I - prova de existência da firma individual ou da constituição da pessoa jurídica, com o competente registro na Junta Comercial da localidade em que tenham sede;

II - prova de nacionalidade brasileira do titular ou dos sócios;

III - prova de possuir capital social integralizado de, no mínimo, 500 (quinhentas) vezes o valor do maior salário-mínimo vigente no País, à época do pedido do registro;

IV - prova de propriedade do imóvel sede ou recibo referente ao último mês de aluguel;

V - prova de entrega da relação de trabalhadores a que se refere o art. 360 da Consolidação das Leis do Trabalho;

VI - prova de recolhimento da contribuição sindical;

VII - prova de inscrição no Cadastro Geral de Contribuintes do Ministério da Fazenda;

VIII - Certificado de Regularidade de Situação, fornecido pelo Instituto Nacional de Previdência Social.

§ 2º O pedido de registro a que se refere o parágrafo anterior é dirigido ao Diretor-Geral do Departamento Nacional de Mão de Obra e protocolado na Delegacia Regional do Trabalho no Estado em que se situe a sede da empresa.

ART. 5º No caso de mudança de sede ou de abertura de filiais, agências ou escritórios é dispensada a apresentação dos documentos de que trata o § 1º do artigo anterior, exigindo-se, no entanto o encaminhamento prévio ao Departamento Nacional de Mão de Obra de comunicação por escrito com justificativa e endereço da nova sede ou das unidades operacionais da empresa.

ART. 6º No caso de alteração na constituição de empresa já registrada, seu funcionamento dependerá de prévia comunicação ao Departamento Nacional de Mão de Obra e apresentação dos documentos mencionados no item II do § 1º do artigo 4º.

ART. 7º A empresa de trabalho temporário é obrigada a fornecer ao Departamento Nacional de Mão de Obra, quando solicitada, os elementos de informação julgados necessários ao estudo do mercado de trabalho.

ART. 8º Cabe à empresa de trabalho temporário remunerar e assistir os trabalhadores temporários relativamente aos seus direitos, consignados nos artigos 17 a 20 deste Decreto.

ART. 9º A empresa de trabalho temporário fica obrigada a registrar na Carteira de Trabalho e Previdência Social do trabalhador sua condição de temporário.

ART. 10. A empresa de trabalho temporário é obrigada a apresentar à empresa tomadora de serviço ou cliente, a seu pedido, Certificado de Regularidade de Situação, fornecido pelo Instituto Nacional de Previdência Social.

ART. 11. A empresa de trabalho temporário é obrigada a apresentar ao agente da fiscalização, quando solicitada, o contrato firmado com o trabalhador temporário, os comprovantes de recolhimento das contribuições previdenciárias, bem como os demais elementos probatórios do cumprimento das obrigações estabelecidas neste Decreto.

ART. 12. É vedado à empresa de trabalho temporário:

I - contratar estrangeiro portador de visto provisório de permanência no País;

II - ter ou utilizar em seus serviços trabalhador temporário, salvo o disposto no artigo 16 ou quando contratado com outra empresa de trabalho temporário.

ART. 13. Executados os descontos previstos em lei, é defeso à empresa do trabalho temporário exigir do trabalhador pagamento de qualquer importância, mesmo a título de mediação, sob pena de cancelamento do registro para funcionamento, sem prejuízo de outras sanções cabíveis.

CAPÍTULO III
DA EMPRESA TOMADORA DE SERVIÇO OU CLIENTE

ART. 14. Considera-se empresa tomadora de serviço ou cliente, para os efeitos deste Decreto; a pessoa física ou jurídica que, em virtude de necessidade transitória de substituição de seu pessoal regular e permanente ou de acréscimo extraordinário de tarefas, contrate locação de Mão de Obra com empresa de trabalho temporário.

ART. 15. A empresa tomadora de serviço ou cliente é obrigada a apresentar ao agente da fiscalização, quando solicitada, o contrato firmado com a empresa de trabalho temporário.

CAPÍTULO IV
DO TRABALHADOR TEMPORÁRIO

ART. 16. Considera-se trabalhador temporário aquele contratado por empresa de trabalho temporário, para prestação de serviço destinado a atender necessidade transitória de substituição de pessoal regular e permanente ou a acréscimo extraordinário de tarefas de outra empresa.

ART. 17. Ao trabalhador temporário são assegurados os seguintes direitos:

I - remuneração equivalente à percebida pelos empregados da mesma categoria da empresa tomadora ou cliente, calculada à base horária, garantido, em qualquer hipótese, o salário-mínimo regional;

II - pagamento de férias proporcionais, em caso de dispensa sem justa causa ou término normal do contrato temporário de trabalho, calculado na base de 1/12 (um doze avos) do último salário percebido, por mês trabalhado, considerando-se como mês completo a fração igual ou superior a 15 (quinze) dias;

III - indenização do tempo de serviço em caso de dispensa sem justa causa rescisão do contrato por justa causa, do trabalhador ou término normal do contrato de trabalho temporário, calculada na base de 1/12 (um doze avos) do último salário percebido, por mês de serviço, considerando-se como mês completo a fração igual ou superior a 15 (quinze) dias;

IV - benefícios e serviços da previdência social, nos termos da Lei n. 3.807, de 26 de agosto de 1960, com as alterações introduzidas pela Lei n. 5.890, de 8 de junho de 1973, como segurado autônomo;

V - seguro de acidentes do trabalho, nos termos da Lei n. 5.316, de 14 de setembro de 1967.

ART. 18. A duração normal do trabalho, para os trabalhadores temporários é de, no máximo, 8 (oito) horas diárias, salvo disposições legais específicas concernentes a peculiaridades profissionais.

Parágrafo único. A duração normal do trabalho pode ser acrescida de horas suplementares, em número não excedente de 2 (duas), mediante acordo escrito entre a empresa de trabalho temporário e o trabalhador temporário, sendo a remuneração dessas horas acrescida de, pelo menos 20% (vinte por cento) em relação ao salário-horário normal.

ART. 19. O trabalho noturno terá remuneração superior a 20% (vinte por cento), pelo menos, em relação ao diurno.

ART. 20. É assegurado ao trabalhador temporário descanso semanal remunerado nos termos do disposto na Lei n. 605, de 5 de janeiro de 1949.

CAPÍTULO V
DO CONTRATO DE TRABALHO TEMPORÁRIO

ART. 21. A empresa de trabalho temporário é obrigada a celebrar contrato individual escrito de trabalho temporário com o trabalhador, no qual constem expressamente os direitos ao mesmo conferidos, decorrentes da sua condição de temporário.

ART. 22. É nula de pleno direito qualquer cláusula proibitiva da contratação do trabalhador pela empresa tomadora de serviço ou cliente.

ART. 23. Constituem justa causa para rescisão do contrato de trabalho temporário pela empresa:

I - ato de improbidade;

II - incontinência de conduta ou mau procedimento;

III - negociação habitual por conta própria ou alheia sem permissão da empresa de trabalho temporário ou da empresa tomadora de serviço ou cliente e quando constituir ato de concorrência a qualquer delas, ou prejudicial ao serviço;

IV - condenação criminal do trabalhador, passada em julgado, caso não tenha havido suspensão da execução da pena;

V - desídia no desempenho das respectivas funções;

VI - embriaguez habitual ou em serviço;

VII - violação de segredo da empresa de serviço temporário ou da empresa tomadora de serviço ou cliente;

VIII - ato de indisciplina ou insubordinação;

IX - abandono do trabalho;

DECRETOS

X - ato lesivo da honra ou da boa fama praticado no serviço contra qualquer pessoa ou ofensas nas mesmas condições, salvo em caso de legítima defesa própria ou de outrem;

XI - ato lesivo da honra e boa fama ou ofensas físicas praticadas contra superiores hierárquicos, salvo em caso de legítima defesa própria ou de outrem;

XII - prática constante de jogo de azar;

XIII - atos atentatórios à segurança nacional, devidamente comprovados em inquérito administrativo.

ART. 24. O trabalhador pode considerar rescindido o contrato de trabalho temporário quando:

I - forem exigidos serviços superiores às suas forças, defesos por lei, contrários aos bons costumes ou alheios ao contrato;

II - for tratado pelos seus superiores hierárquicos com rigor excessivo;

III - correr perigo manifesto de mal considerável;

IV - não cumprir a empresa de trabalho temporário as obrigações do contrato;

V - praticar a empresa de trabalho temporário ou a empresa tomadora de serviço ou cliente, ou seus propostos, contra ele ou pessoa de sua família, ato lesivo da honra e boa fama;

VI - for ofendido fisicamente por superiores hierárquicos da empresa de trabalho temporário ou da empresa tomadora de serviço ou cliente, ou seus propostos, salvo em caso de legitima defesa própria ou de outrem;

VII - quando for reduzido seu trabalho, sendo este por peça ou tarefa, de forma a reduzir sensivelmente a importância dos salários;

VIII - falecer o titular de empresa de trabalho temporário constituída em firma individual.

§ 1º O trabalhador temporário poderá suspender a prestação dos serviços ou rescindir o contrato, quando tiver de desempenhar obrigações legais, incompatíveis com a continuação do serviço.

§ 2º Nas hipóteses dos itens IV e VII, deste artigo, poderá o trabalhador pleitear a rescisão do seu contrato de trabalho, permanecendo ou não no serviço até final decisão do processo.

ART. 25. Serão considerados razões determinantes de rescisão, por justa causa, do contrato de trabalho temporário, os atos e circunstâncias mencionados nos artigos 23 e 24, ocorridos entre o trabalhador e a empresa de trabalho temporário e entre aquele e a empresa tomadora ou cliente, onde estiver prestando serviço.

CAPÍTULO VI
DO CONTRATO DE PRESTAÇÃO DE SERVIÇO TEMPORÁRIO

ART. 26. Para a prestação de serviço temporário é obrigatória a celebração de contrato escrito entre a empresa de trabalho temporário e a empresa tomadora de serviço ou cliente, dele devendo constar expressamente:

I - o motivo justificador da demanda de trabalho temporário;

II - a modalidade de remuneração da prestação de serviço, onde estejam claramente discriminadas as parcelas relativas a salários e encargos sociais.

ART. 27. O contrato entre a empresa de trabalho temporário e a empresa tomadora ou cliente, com relação a um mesmo empregado, não poderá exceder de três meses, salvo autorização conferida pelo órgão local do Ministério do Trabalho e Previdência Social, segundo instruções a serem baixadas pelo Departamento Nacional de Mão de Obra.

ART. 28. As alterações que se fizerem necessárias, durante a vigência do contrato de prestação de serviços relativas à redução ou ao aumento do número de trabalhadores colocados à disposição da empresa tomadora de serviço ou cliente deverão ser objeto de termo aditivo ao contrato, observado o disposto nos artigos 26 e 27.

CAPÍTULO VII
DISPOSIÇÕES GERAIS

ART. 29. Compete à Justiça do Trabalho dirimir os litígios entre as empresas de serviço temporário e seus trabalhadores.

ART. 30. No caso de falência da empresa do trabalho temporário, a empresa tomadora de serviço ou cliente é solidariamente responsável pelo recolhimento das contribuições Previdenciária no tocante ao tempo em que o trabalhador esteve sob suas ordens, assim como em referência ao mesmo período, pela remuneração e indenização previstas neste Decreto.

ART. 31. A contribuição Previdenciária é devida na seguinte proporcionalidade:

I - do trabalhador temporário no valor de 8% (oito por cento) do salário efetivamente percebido observado o disposto no art. 224 do Regulamento aprovado pelo Decreto n. 72.771, de 6 de setembro de 1973;

II - da empresa de trabalho temporário, em quantia igual à devida pelo trabalhador.

ART. 32. É devida pela empresa de trabalho temporário a taxa relativa ao costeio das prestações por acidente de trabalho.

ART. 33. O recolhimento das contribuições Previdenciárias, inclusive as do trabalhador temporário, bem como da taxa de contribuição do seguro de acidentes do trabalho, cabe à empresa de trabalho temporário, independentemente do acordo a que se refere o art. 237 do Regulamento aprovado pelo Decreto n. 72.771, de 6 de setembro de 1973. De conformidade com instruções expedidas pelo INPS.

ART. 34. Aplicam-se às empresas de trabalho temporário, no que se refere às suas relações com o trabalhador, e perante o INPS. as disposições da Lei n. 3.807, de 26 de agosto de 1960, com as alterações introduzidas pela Lei número 5.890, de 8 de junho de 1973.

ART. 35. A empresa de trabalho temporário é obrigada a elaborar folha de pagamento especial para os trabalhadores temporários.

ART. 36. Para os fins da Lei número 5.316, de 14 de setembro de 1967, considera-se local de trabalho para os trabalhadores temporários, tanto aquele onde se efetua a prestação do serviço, quando a sede da empresa de trabalho temporário.

§ 1º A empresa tomadora de serviço ou cliente é obrigada a comunicar à empresa de trabalho temporário a ocorrência de acidente do trabalho cuja vitima seja trabalhador posto à sua disposição.

§ 2º encaminhamento do dentado ao Instituto Nacional de Previdência Social pode ser feito diretamente pela empresa tomadora de serviço, ou cliente, de conformidade com normas expedidas por aquele Instituto.

ART. 37. Ao término normal do contrato de trabalho, ou por ocasião de sua rescisão, a empresa de trabalho temporário deve fornecer ao trabalhador temporário atestado, de acordo com modelo instituído pelo INPS.

Parágrafo único. O atestado a que se refere este artigo valerá, para todos os efeitos, como prova de tempo de serviço e salário-de-contribuição, podendo, em caso de dúvida ser exigida pelo INPS a apresentação pela empresa de trabalho temporário, aos documentos que serviram de base para emissão do atestado.

ART. 38. O disposto neste Decreto não se aplica aos trabalhadores avulsos.

CAPÍTULO IX
DISPOSIÇÕES TRANSITÓRIAS

ART. 39. A empresa de trabalho temporário, em funcionamento em 5 de março de 1974, data da vigência da Lei n. 6.019, de 3 de janeiro de 1974, fica obrigada a atender os requisitos contates do artigo 4º deste Decreto até o dia 3 de junho de 1974,sob pena se suspensão de sue funcionamento, por ato do Diretor-Geral do Departamento Nacional de Mão de obra.

Parágrafo único. Do ato do Diretor-Geral ao Departamento Nacional de Mão de Obra que determinar a suspensão do funcionamento da empresa de trabalho temporário, nos termos deste artigo, cabe recurso ao Ministro do Trabalho e Previdência Social, no prazo de 10 (dez) dias, a contar da data da publicação do ato no Diário Oficial.

ART. 40. Mediante proposta da Comissão de Enquadramento Sindical do Departamento Nacional do Trabalho, o Ministro do Trabalho e Previdência Social incluirá as empresas de trabalho temporário e os trabalhadores temporários em categorias existentes ou criará categorias específicas no Quadro de Atividades e Profissões a que se refere o art. 577 da Consolidação das Leis do Trabalho.

ART. 41. O presente Decreto entrará em vigor na data de sua publicação revogadas as disposições em contrário.

Brasília, 13 de março de 1974;
153º da Independência e 86º da República.
EMÍLIO G. MÉDICI

DECRETO N. 75.445, DE 6 DE MARÇO DE 1975

Dispõe sobre os Conselhos de Contribuintes do Ministério da Fazenda e dá outras providências.

O Presidente da República, no uso das atribuições que lhe confere o artigo 81, itens III e V, da Constituição,

Decreta:

ART. 1º O recurso "ex officio" das decisões favoráveis às reclamações ou impugnações do sujeito passivo será interposto para a autoridade imediatamente superior, a que estiver subordinado o julgador de primeira instância, dentro de limites da alçada fixados pelo Ministro da Fazenda.

Parágrafo único. Caberá recurso voluntário para o Conselho de Contribuintes, no prazo de trinta dias, da decisão que der provimento ao recurso "ex officio" e reformar o julgamento da primeira instância.

ART. 2º A partir da publicação deste Decreto, não será mais admitido pedido de reconsideração de julgamento dos Conselhos de Contribuintes, tornando-se definitiva, na esfera administrativa, a decisão proferida no recurso voluntário, salvo quando for o caso de recurso do Procurador-Representante da Fazenda, nas decisões não unânimes, contrárias à Fazenda Nacional.

ART. 3º Cada Conselho organizará sua jurisprudência de modo a elaborar a sumula de suas decisões uniformes e reiteradas, que firmem orientação seguida nos assuntos de sua competência.

Parágrafo único. Poderá ser liminarmente indeferido, por proposta do relator e despacho do Presidente do Conselho, o recurso que contrarie súmula em que se tenha condensado a jurisprudência dominante, não sendo caso de maiores indagações.

ART. 4º Aos Presidentes e Secretários de Câmaras dos Conselhos de Contribuintes se aplicam o disposto no § 1º, do artigo 2º, e no artigo 3º, do Decreto n. 69.382, de 19 de outubro de 1971.

ART. 5º Serão restituídos à Secretaria da Receita Federal, para o procedimento previsto no artigo 1º, os processos que se acharem nos Conselhos de Contribuintes, aguardando julgamento de recurso "ex officio".

Parágrafo único. A restituição, prevista neste artigo, será feita mesmo quando houver também recurso voluntário pendente de julgamento, devendo, neste caso, o processo retornar ao Conselho, depois de julgado o recurso "ex officio".

ART. 6º Os pedidos de reconsideração, protocolizados até a data da publicação deste Decreto, serão julgados pelos Conselhos de Contribuintes, com observância da legislação até então aos mesmos aplicável.

ART. 7º O Ministro da Fazenda baixará os atos necessários ao cumprimento das disposições do presente Decreto e os Conselhos de Contribuintes, no prazo de 90 (noventa) dias, ajustarão às suas normas os respectivos regimentos internos.

ART. 8º Este Decreto entrará em vigor na data de sua publicação, revogadas as disposições em contrário.

Brasília, 6 de março de 1975;
154º da Independência e 87º da República.
ERNESTO GEISEL

DECRETO N. 76.322, DE 22 DE SETEMBRO DE 1975

Aprova o Regulamento Disciplinar da Aeronáutica (RDAER)

O Presidente da República, usando das atribuições que lhe confere o artigo 81, item III, da Constituição, Decreta:

ART. 1º Fica aprovado o Regulamento Disciplinar da Aeronáutica que com este baixa, assinado pelo Ministro da Aeronáutica.

ART. 2º Este Decreto entrará em vigor 60 (sessenta) dias após sua publicação, ficando revogados, nessa data, o Decreto n. 11.665, de 17 de fevereiro de 1943 e demais disposições em contrário.

Brasília, 22 de setembro de 1975;154º da Independência e 87º da República.
ERNESTO GEISEL

REGULAMENTO DISCIPLINAR DA AERONÁUTICA (RDAER)

TÍTULO I
DISPOSIÇÕES GERAIS

CAPÍTULO ÚNICO
PRINCÍPIOS GERAIS DE DISCIPLINA E ESFERA DE AÇÃO

ART. 1º As disposições deste regulamento abrangem, os militares da Aeronáutica, da ativa, da reserva remunerada e os reformados.

§ 1º As disposições previstas neste regulamento são também aplicáveis aos assemelhados, definidos no artigo 21 do Decreto-lei n. 1.001, de 21 de outubro de 1969, nos casos de guerra emergência, prontidão e manobras.

§ 2º Para os efeitos disciplinares, os assemelhados serão considerados em correspondência com os oficiais e praças, tomando-se por base a equivalente das respectivas remunerações.

ART. 2º As ordens devem ser prontamente executadas, delas cabendo inteira responsabilidade à autoridade que as formular ou emitir.

Parágrafo único. Quando a ordem parecer obscura, compete ao subordinado, no ato de recebê-la, solicitar os esclarecimentos que julgue necessários; quando importar responsabilidade pessoal para o executante poderá este pedi-la por escrito, cumprindo à autoridade atender.

ART. 3º O militar deve consideração, respeito e acatamento aos seus superiores hierárquicos.

ART. 4º As demonstrações de cortesia e consideração, obrigatórias entre os militares da Aeronáutica, são extensivas aos das outras Forças Armadas, auxiliares e aos das estrangeiras.

ART. 5º O militar que encontrar subordinado hierárquico na prática de ato irregular deve adverti-lo; tratando-se de transgressão, deve levar o fato ao conhecimento da autoridade competente; tratando-se de crime, deve prendê-lo e encaminhá-lo à autoridade competente.

ART. 6º A punição só se torna necessária quando dela advém benefício para o punido, pela sua reeducação, ou para a Organização Militar a que pertence, pelo fortalecimento da disciplina e da justiça.

ART. 7º Este Regulamento deverá fazer parte dos programas de instrução do pessoal militar da Aeronáutica.

TÍTULO II
TRANSGRESSÕES DISCIPLINARES

CAPÍTULO I
DEFINIÇÃO E ESPECIFICAÇÃO

ART. 8º Transgressão disciplinar é toda ação ou omissão contrária ao dever militar, e como tal classificada nos termos do presente Regulamento. Distingue-se do crime militar que é ofensa mais grave a esse mesmo dever, segundo o preceituado na legislação penal militar.

ART. 9º No concurso de crime militar e transgressão disciplinar, ambos de idêntica natureza, será aplicada somente a penalidade relativa ao crime.

Parágrafo único. A transgressão disciplinar será apreciada para efeito de punição, quando da absolvição ou da rejeição da denúncia da Justiça.

ART. 10. São transgressões disciplinares, quando não constituírem crime:

1 - aproveitar-se de missões de voo para realizar voos de caráter não militar ou pessoal;
2 - utilizar-se, sem ordem, de aeronave militar ou civil;
3 - transportar, na aeronave que comanda, pessoal ou material sem autorização de autoridade competente;
4 - deixar de observar as regras de tráfego aéreo;
5 - deixar de cumprir ou alterar, sem justo motivo, as determinações constantes da ordem de missão, ou qualquer outra determinação escrita ou verbal;
6 - executar voos a baixa altura acrobáticos ou de instrução fora das áreas para tal fim estabelecidas, excetuando-se os autorizados por autoridade competente;
7 - fazer, ou permitir que se faça, a escrituração do relatório de voo com dados que não correspondam com a realidade;
8 - deixar de cumprir ou fazer cumprir, quando isso lhe competir, qualquer prescrição regulamentar;
9 - deixar por negligência, de cumprir ordem recebida:
10 - deixar de comunicar ao superior a execução de ordem dele recebida:
11 - deixar de executar serviço para o qual tenha sido escalado;
12 - deixar de participar, a tempo, à autoridade a que estiver imediatamente subordinado, a impossibilidade de comparecer ao local de trabalho, ou a qualquer ato de serviço ou instrução a que deva tomar parte ou a que deva assistir;
13 - retardar, sem justo motivo, a execução de qualquer ordem;
14 - permutar serviço, sem a devida autorização;
15 - declarar-se doente ou simular doença para se esquivar de qualquer serviço ou instrução;
16 - trabalhar mal, intencionalmente ou por falta de atenção em qualquer serviço ou instrução;
17 - ausentar-se, sem licença, do local do serviço ou de outro qualquer em que deva encontrar-se por força de disposição legal ou ordem;
18 - faltar ou chegar atrasado, sem justo motivo, a qualquer ato, serviço ou instrução de que deva participar ou a que deva assistir;
19 - abandonar o serviço para o qual tenha sido designado;
20 - deixar de cumprir punição legalmente imposta;
21 - dirigir-se ou referir-se a superior de modo desrespeitoso;
22 - procurar desacreditar autoridade ou superior hierárquico, ou concorrer para isso;
23 - censurar atos de superior;
24 - ofender moralmente ou procurar desacreditar outra pessoa quer seja militar ou civil, ou concorrer para isso;
25 - deixar o militar, quer uniformizado quer trajando civilmente, de cumprimentar o superior quando uniformizado, ou em traje civil desde que o conheça;
26 - deixar, o militar, deliberadamente, de corresponder ao cumprimento que seja dirigido;
27 - deixar o oficial ou aspirante-a-oficial, quando no quartel, de apresentar-se ao seu Comandante para cumprimentá-lo, de acordo com as normas de cada Organização;
28 - deixar, quando sentado, de oferecer o lugar a superior de pé por falta de lugar, exceto em teatros, cinemas, restaurantes ou casas análogas, bem como em transportes pagos;
29 - deixar o oficial ou aspirante-a-oficial quando de serviço de Oficial-de-Dia de se apresentar regularmente a qualquer superior que entrar em sua Organização, quando disso tenha ciência;
30 - retirar-se da presença de superior sem a devida licença ou ordem para o fazer;
31 - entrar em qualquer Organização Militar ou dela sair por lugar que não o para isso destinado;
32 - entrar ou sair o militar em Organização Militar que não a sua, sem dar ciência ao Comandante ou Oficial de Serviço ou respectivos substitutos;
33 - entrar, sem permissão, em dependência destinada a superior, ou onde este se ache, ou em outro local cuja entrada lhe seja normalmente vedada;
34 - desrespeitar, por palavras ou atos, as instituições, religiões ou os costumes do país estrangeiro em que se achar;
35 - desrespeitar autoridade civil;

36 - desrespeitar medidas gerais de ordem policial, embaraçar sua execução ou para isso concorrer;

37 - representar contra o superior, sem fundamento ou sem observar as prescrições regulamentares;

38 - comunicar a superior hierárquico que irá representar contra o mesmo e deixar de fazê-lo;

39 - faltar, por ação ou omissão, ao respeito devido aos Símbolos Nacionais, Estaduais, Municipais, de nações amigas ou de instituições militares;

40 - tomar parte, sem autorização, em competições desportivas militares de círculos diferentes;

41 - usar de violência desnecessária no ato de efetuar prisão;

42 - tratar o subordinado hierárquico com injustiça, prepotência ou maus tratos;

43 - maltratar o preso que esteja sob sua guarda;

44 - consentir que presos conservem em seu poder objetos não permitidos ou instrumentos que se prestem à danificação das prisões;

45 - introduzir, distribuir ou possuir, em Organização Militar, publicações, estampas prejudiciais à disciplina e à moral;

46 - frequentar lugares incompatíveis com o decoro da sociedade;

47 - desrespeitar as convenções sociais

48 - ofender a moral ou os bons costumes, por atos, palavras e gestos;

49 - portar-se inconvenientemente ou sem compostura;

50 - faltar à verdade ou tentar iludir outrem;

51 - induzir ou concorrer intencionalmente para que outrem incorra em erro;

52 - apropriar-se de quantia ou objeto pertencente a terceiro em proveito próprio ou de outrem,

53 - concorrer para discórdia, de desarmonia ou inimizade entre colegas de corporação ou entre superiores hierárquicos;

54 - utilizar-se do anonimato para qualquer fim;

55 - estar fora do uniforme ou trazê-lo em desalinho

56 - ser descuidado na apresentação pessoal e no asseio do corpo;

57 - travar disputa, rixa ou luta corporal;

58 - embriagar-se com bebida alcoólica ou similar;

59 - fazer uso de psicotrópicos, entorpecentes ou similar;

60 - tomar parte em jogos proibidos por lei;

61 - assumir compromissos, prestar declarações ou divulgar informações, em nome da Corporação ou da Unidade em que serve, sem estar para isso autorizado;

62 - servir-se da condição de militar ou da função que exerce para usufruir vantagens pessoais;

63 - contrair dívidas ou assumir compromissos superiores às suas possibilidades, comprometendo o bom nome da classe;

64 - esquivar-se a satisfazer compromissos de ordem moral ou pecuniária que houver assumido;

65 - realizar ou propor empréstimo de dinheiro a outro militar, visando auferição de lucro;

66 - deixar de cumprir ou de fazer cumprir, o previsto em Regulamentos e Atos emanados de autoridade competente;

67 - representar a corporação em qualquer ato, sem estar para isso autorizado;

68 - vagar ou passear, o cabo, soldado ou taifeiro por logradouros públicos em horas de expediente, sem permissão escrita da autoridade competente;

69 - publicar, comentar, difundir ou apregoar notícias exageradas, tendenciosas ou falsas, de caráter alarmante ou não, que possam gerar o desassossego público;

70 - publicar, pela imprensa outro meio, sem permissão da autoridade competente, documentos oficiais ou fornecer dados neles contidos a pessoas não autorizadas;

71 - travar polêmica, através dos meios de comunicação sobre assunto militar ou político;

72 - autorizar, promover, assinar representações, documentos coletivos ou publicações de qualquer tipo, com finalidade política, de reivindicação ou de crítica a autoridades constituídas ou às suas atividades;

73 - externar-se publicamente a respeito de assuntos políticos;

74 - provocar ou participar, em Organização Militar, de discussão sobre política ou religião que possa causar desassossego;

75 - ser indiscreto em relação a assuntos de caráter oficial, cuja divulgação possa ser prejudicial à disciplina ou a boa ordem do serviço;

76 - comparecer fardado a manifestações ou reuniões de caráter político;

77 - fumar em lugares em que seja isso vedado;

78 - deixar, quando for o caso, de punir o subordinado hierárquico que cometer transgressão, ou deixar de comunicá-la à autoridade competente;

79 - deixar de comunicar ao superior imediato, ou na ausência deste a outro, qualquer informação sobre iminente perturbação da ordem pública ou da boa marcha do serviço, logo que disso tenha conhecimento;

80 - deixar de apresentar-se sem justo motivo, por conclusão de férias, dispensa, licença, ou imediatamente após tomar conhecimento que qualquer delas lhe tenha sido interrompida ou suspensa;

81 - deixar de comunicar ao órgão competente de sua Organização Militar o seu endereço domiciliar;

82 - deixar de ter consigo documentos de identidade que o identifiquem;

83 - deixar de estar em dia com as inspeções de saúde obrigatórias;

84 - deixar de identificar-se, quando solicitado por quem de direito

85 - recusar pagamento, fardamento, alimento e equipamento ou outros artigos de recebimento obrigatório;

86 - ser descuidado com objetos pertencentes à Fazenda Nacional;

87 - dar, vender, empenhar ou trocar peças de uniforme ou equipamento fornecidos pela Fazenda Nacional;

88 - extraviar ou concorrer para que se extravie ou estrague qualquer objeto da Fazenda Nacional ou documento oficial, sob a sua responsabilidade;

89 - abrir, ou tentar abrir, qualquer dependência da Organização Militar, fora das horas de expediente, desde que não seja o respectivo chefe ou por necessidade urgente de serviço;

90 - introduzir bebidas alcoólicas, entorpecentes ou similares em Organização Militar sem que para isso esteja autorizado;

91 - introduzir material inflamável ou explosivo em Organização Militar sem ser em cumprimento de ordem;

92 - introduzir armas ou instrumentos proibidos em Organização Militar, ou deles estar de posse, sem autorização;

93 - conversar com sentinela, vigia, plantão ou preso incomunicável;

94 - conversar ou fazer ruído desnecessário, por ocasião de manobra, exercício, reunião para qualquer serviço ou após toque de silêncio;

95 - dar toques, fazer sinais, içar ou arriar a Bandeira Nacional ou insígnias, sem ter ordem para isso;

96 - fazer, ou permitir que se faça, dentro de Organização Militar rifas, sorteios, coletas de dinheiro etc.. sem autorização do Comandante;

97 - ingressar, como atleta, em equipe profissional, sem autorização do Comandante;

98 - andar a praça armada, sem ser em serviço ou sem ter para isso ordem escrita, a qual deverá ser exibida quando solicitada;

99 - usar traje civil, quando as disposições em vigor não o permitirem;

100 - concorrer, de qualquer modo, para a prática de transgressão disciplinar.

Parágrafo único. São consideradas também, transgressões disciplinares as ações ou omissões não especificadas no presente artigo e não qualificadas como crime nas leis penais militares, contra os Símbolos Nacionais; contra a honra e o pundonor individual militar; contra o decoro da classe; contra os preceitos sociais e as normas da moral; contra os princípios de subordinação, regras e ordens de serviço, estabelecidos nas leis ou regula mentos, ou prescritos por autoridade competente.

CAPÍTULO II
CLASSIFICAÇÃO E JULGAMENTO DAS TRANSGRESSÕES

ART. 11. As transgressões disciplinares são classificadas em graves, médias e leves - conforme a gradação do dano que possam causar à disciplina, ao serviço ou à instrução.

ART. 12. A classificação das transgressões disciplinares, será feita tendo em vista a pessoa do transgressor e o fato este apreciado em conjunto com as circunstâncias que o condicionaram.

Parágrafo único. Quando não chegue a constituir crime, será classificada como grave a transgressão:

a) de natureza desonrosa;

b) ofensiva à dignidade militar;

c) atentatória às instituições ou ao Estado;

d) de indisciplina de voo;

e) de negligência ou de imprudência na manutenção ou operação de aeronaves ou viaturas de forma a afetar a sua segurança;

f) que comprometa a saúde ou coloque em perigo vida humana.

ART. 13. Influem no julgamento das transgressões circunstâncias justificativas, atenuantes e agravantes.

1 - São circunstâncias justificativas da transgressão:

a) desconhecimento, comprovado, da disposição ou da ordem transgredida,

b) motivo de força maior ou caso fortuito, plenamente comprovados;

c) o uso imperativo de meios violentos para competir o subordinado a cumprir o seu dever, nos casos de perigo, de necessidade urgente, de calamidade pública ou de manutenção da ordem e da disciplina;

d) ter sido a transgressão cometida na prática de ação meritória no interesse do serviço, da ordem ou do bem público;

e) caso de legítima defesa, própria ou de outrem;

f) Obediência a ordem superior.

2 - São circunstâncias atenuantes:

a) o bom comportamento;

b) relevância de serviços prestados;

c) falta de prática do serviço;

d) ter sido a transgressão, cometida por influência de fatores adversos;

e) ocorrência da transgressão para evitar mal maior;

f) defesa dos direitos próprios ou de outrem.

3 - São circunstâncias agravantes:

a) mau comportamento;

b) reincidência na mesma transgressão;

c) prática simultânea ou conexão de duas ou mais transgressões;

d) existência de conluio;

e) premeditação ou má-fé;

f) ocorrência de transgressão colocando em risco vidas humanas, segurança de aeronave, viaturas ou propriedade do Estado ou de particulares;

g) ocorrência da transgressão em presença de subordinado, de tropa ou em público;

h) abuso de autoridade hierárquica ou funcional;

i) ocorrência da transgressão durante o serviço ou instrução.

ART. 14. Não haverá punição quando no julgamento da transgressão, for reconhecida qualquer causa justificativa.

Parágrafo único. No julgamento das transgressões disciplinares a que se referem os n. 71, 72 e 73 do Artigo 10, em se tratando de militar da reserva remunerada ou reformado, será observado o disposto na legislação específica aplicável àqueles militares.

TÍTULO III PUNIÇÕES DISCIPLINARES

CAPÍTULO I DEFINIÇÃO E GRADAÇÃO

ART. 15. As punições disciplinares previstas neste regulamento, são:

1 - Repreensão:

a) em particular:

(1) verbalmente

(2) por escrito

b) em público:

(1) verbalmente

(2) por escrito

2 - Detenção até 30 dias.

3 - Prisão:

a) fazendo serviço, ou comum, até 30 dias;

b) sem fazer serviço, até 15 dias;

c) em separado, até 10 dias.

4 - Licenciamento a bem da disciplina.

5 - Exclusão a bem da disciplina.

Parágrafo único. A prisão em separado, aplicável em casos especiais, será sempre sem fazer serviço.

ART. 16. As transgressões, segundo sua gravidade, corresponderão às seguintes punições disciplinares:

1 - Para oficial da ativa:

a) repressão;

b) detenção;

c) prisão.

2 - para oficiais reformados e da reserva remunerada, as do n. 1 e ainda:

a) proibição do uso de uniforme.

3 - Para aspirante-a-oficial e para as praças com estabilidade assegurada, as do número 1 e ainda:

a) exclusão a bem da disciplina.

4 - Para as praças sem estabilidade assegurada, as do número 1 e ainda:

a) licenciamento a bem da disciplina.

5 - Para cadetes, alunos das demais escolas de formação e preparação, as do número 1 e ainda:

a) desligamento do curso;

b) licenciamento a bem da disciplina;

c) exclusão a bem da disciplina.

6 - Aos assemelhados aplicam-se as penalidades previstas no Estatuto dos funcionários Públicos e Civis da União (EFPCU) e Consolidação das Leis do Trabalho (CLT), salvo nos casos de guerra, emergência, prontidão e manobra, em que caberão as punições previstas no número 1, obedecida a correspondência fixada no § 2º do artigo 1º.

ART. 17. O pagamento da Indenização de Compensação Orgânica poderá ser suspenso até 90 (noventa) dias quando o militar cometer transgressão disciplinar relacionada com o exercício da atividade especial considerada.

ART. 18. Além das punições discriminadas neste Capítulo, são aplicáveis aos militares outras penalidades estabelecidas em leis, regulamentos ou disposições que a eles se refiram, respeitados os preceitos da Constituição.

Parágrafo único. Não será considerada como punição disciplinar admoestação que o superior fizer ao subordinado, mostrando-lhe alguma irregularidade do serviço ou chamando sua atenção para ato que possa trazer como consequência uma transgressão.

CAPÍTULO II EXECUÇÃO DAS PUNIÇÕES DISCIPLINARES

A - REPREENSÃO

ART. 19. A repreensão consiste na declaração formal de que ao transgressor coube essa punição por haver cometido determinada falta, podendo ser:

1 - em particular, feita verbalmente, ou por escrito, pelo superior que a impuser diretamente ao transgressor;

2 - em público, aplicada pelo superior, ou por delegação sua:

a) verbalmente:

(1) ao oficial e ao aspirante-a-oficial na presença de militares do mesmo posto e/ou de postos superiores;

(2) ao suboficial - na presença de suboficiais e/ou de oficiais;

(3) ao sargento - na presença de suboficiais e de sargentos e ou de oficiais;

(4) ao cabo, soldado e taifeiro em formatura parcial ou geral da subunidade ou da Organização a que pertencer o transgressor;

(5) ao cadete e aluno das escolas de formação e de preparação, em formatura parcial ou geral da subunidade ou corpo de alunos a que pertencer o transgressor;

b) por escrito - mediante publicação em Boletim interno da Organização.

Parágrafo único. Na ausência de Boletim interno, será solicitada a publicação no Boletim da Organização a que estiver subordinado aquele que impuser a punição.

B - DETENÇÃO

ART. 20. A detenção consiste na retenção do transgressor em lugar não destinado a cárcere comum, e que a juízo do comandante poderá ser:

1 - para oficial e aspirante-a-oficial - residência do transgressor ou recinto da Organização;

2 - para cadete, suboficial, sargento e alunos - recinto da Organização;

3 - para cabo, soldado ou taifeiro - recinto da Organização.

C - PRISÃO

ART. 21. A prisão consiste na reclusão do transgressor em local apropriado e que, a juízo do comandante, poderá ser:

1 - para oficial e aspirante-a-oficial - residência do transgressor, quando a punição não for superior a 48 horas, quarto, dependência da Organização ou local equivalente;

2 - para cadete, suboficial, sargento e demais alunos - quarto, alojamento ou local equivalente;

3 - para cabo, soldado e taifeiro - alojamento ou compartimento fechado denominado xadrez.

ART. 22. Quando, na Organização, não houver local adequado, não houver oficial de serviço ou quando convir à disciplina, à administração ou à segurança, a punição imposta poderá ser cumprida em outra Organização da Aeronáutica ou de outra Força Armada.

ART. 23. A prisão, ao ser imposta, deve implicar em uma das modalidades constantes do número 3 do artigo 15, observando o seguinte:

1 - O militar preso, fazendo serviço, deverá recolher-se ao local previsto da reclusão logo após o término do expediente.

2 - A prisão, sem fazer serviço, faculta o uso dos cabos, soldados e taifeiros punidos, nos trabalhos de limpeza da Organização.

3 - O soldado ou taifeiro, que não taifeiro-mor, preso sem fazer serviço, terá a seu cargo a faxina do local de prisão em que se ache.

4 - O militar punido com prisão em separado será recolhido dentro da Organização, a local em separado e compatível com seu posto ou graduação, e de acordo com o que for aplicável e previsto nos números 1, 2 e 3 do artigo 21.

5 - O tripulante de aeronave, preso durante o voo, continuará a desempenhar as duas funções a bordo, se assim determinar a autoridade que impôs a punição.

6 - Aos presos, a critério do Comandante, serão permitidas visitas.

ART. 24. O tempo de detenção ou prisão é contado a partir do momento em que o transgressor é detido ou recolhido ao lugar destinado ao cumprimento da punição.

§ 1º Será computado o tempo de prisão preventiva e aquele em que o transgressor ficar recolhido, em virtude de voz de prisão recebida.

§ 2º Será computado, no tempo de punição, aquele em que o transgressor deixar de ser recolhido por não lhe haver sido dado substituto no serviço em que se encontrava.

§ 3º Não será computado, para o cumprimento da punição disciplinar o tempo que o transgressor permanecer hospitalizado.

D - PROIBIÇÃO DO USO DO UNIFORME

ART. 25. A proibição do uso do uniforme será aplicada aos militares na inatividade que praticarem atos contrários à dignidade militar.

E - LICENCIAMENTO A BEM DA DISCIPLINA

ART. 26. Será licenciado a bem da disciplina o militar sem estabilidade assegurada cuja permanência na Aeronáutica se torne inconveniente, de acordo com o disposto neste regulamento.

ART. 27. O licenciamento a bem da disciplina será aplicado ao militar sem estabilidade quando:

1 - participar de conspiração ou movimento sedicioso;

2 - fizer propaganda nociva ao interesse público;

3 - praticar atos contrários à segurança da Organização, do Estado ou das estruturas das instituições;

4 - cometer atos desonestos ou ofensivos à dignidade militar;

5 - corromper-se ou procurar corromper outrem pela prática de atos indecorosos;

6 - condenado por crime doloso, militar ou comum, logo que passe em julgado a sentença;

7 - cometer falta grave de indisciplina de voo ou relacionada com manutenção de aeronaves;

8 - permanecer classificado no "mau comportamento" por período superior a 12 meses contínuos ou não.

Parágrafo único. No caso previsto no inciso 8, o comandante poderá promover, mesmo antes de decorridos os 12 meses, o imediato licenciamento a bem da disciplina do militar classificado no "mau comportamento", se o mesmo, por sofrer novas punições, tornar-se incapaz de deixar aquela classificação dentro do prazo estipulado.

F - EXCLUSÃO A BEM DA DISCIPLINA

ART. 28. A exclusão a bem da disciplina será aplicada *"ex officio"* ao aspirante-a-oficial ou às praças com estabilidade assegurada:

1 - sobre as quais tal sentença houver sido pronunciada por Conselho Permanente de Justiça, em tempo de paz, ou tribunal especial, em tempo de guerra, por haverem sido condenados, em sentença passada em julgada, por qualquer daqueles tribunais militares ou tribunal civil, à pena restritiva de liberdade individual superior a 2 (dois) anos ou, nos crimes previstos na legislação especial concernente à segurança do Estado, à pena de qualquer duração;

2 - sobre os quais tal sentença houver sido pronunciada por Conselho Permanente de Justiça, em tempo de paz, ou tribunal especial em, tempo de guerra, por haverem perdido a nacionalidade brasileira; e

3 - que incidirem nos caos que motivarem julgamento por Conselho de Disciplina e neste forem considerados culpados.

Parágrafo único. O aspirante-a-oficial, ou a praça com estabilidade assegurada, que houver sido excluído a bem da disciplina só poderá readquirir a situação militar anterior:

a) por outra sentença de Conselho Permanente de Justiça, em tempo de paz, ou tribunal especial, em tempo de guerra, e nas condições nela estabelecidas, se a exclusão for consequência de sentença de um daqueles tribunais; e

b) por decisão do Ministro da Aeronáutica, se a exclusão for consequência de ter sido julgado culpado em Conselho de Disciplina.

ART. 29. É da competência do Ministro da Aeronáutica, ou autoridades às quais tenha sido delegada competência para isso, o ato de exclusão a bem da disciplina do aspirante-a--oficial, bem como das praças com estabilidade assegurada.

ART. 30. A exclusão ou licenciamento da praça a bem da disciplina, acarreta a perda de seu grau hierárquico e não a isenta das indenizações dos prejuízos causados à Fazenda Nacional ou a terceiros, nem das pensões decorrentes de sentença judicial.

Parágrafo único. A praça excluída ou licenciada a bem da disciplina receberá o certificado de isenção do serviço militar, previsto na Lei do Serviço Militar, e não terá direito a qualquer remuneração ou indenização.

ART. 31. Só após ser reabilitada, a praça excluída ou licenciada a bem da disciplina poderá ingressar na Reserva.

ART. 32. A praça excluída ou licenciada a bem da disciplina poderá, a critério do seu comandante, ser entregue à Polícia Civil, com a devida informação das causas que o levaram a essa medida.

ART. 33. O militar excluído ou licenciado a bem da disciplina, e que não for reabilitado de acordo com o estatuto dos Militares, ficará inabilitado para exercer cargo, função ou emprego no Ministério da Aeronáutica.

CAPÍTULO III
APLICAÇÃO DAS PENAS DISCIPLINARES

ART. 34. Nenhuma punição será imposta sem ser ouvido o transgressor e sem estarem os fatos devidamente apurados.

1 - A punição deverá ser imposta dentro do prazo de 3 dias úteis, contados do momento em que a transgressão chegar ao conhecimento da autoridade que deve punir, podendo, porém, sua aplicação ser retardada quando no interesse da administração.

2 - Nenhum transgressor será interrogado ou punido enquanto permanecer com suas faculdades mentais restringidas por efeito de doença, acidente ou embriaguez. No caso de embriaguez, porém, poderá ficar desde logo, preso ou detido, em benefício da própria segurança, da disciplina e da manutenção da ordem.

3 - Quando forem necessários maiores esclarecimentos sobre transgressão, deverá ser procedida sindicância.

4 - Durante o período de investigações de que trata o número anterior, a pedido do respectivo encarregado da sindicância o Comandante poderá determinar a detenção do transgressor na Organização ou tem outro local que a situação recomendar, até um prazo máximo de oito dias.

5 - Os detidos para averiguações podem ser mantidos incomunicáveis para interrogatório da autoridade a cuja disposição se achem. A cessação da incomunicabilidade depende da ultimação das averiguações procedidas com a máxima urgência, não podendo de qualquer forma, o período de incomunicabilidade ser superior a quatro dias.

ART. 35. As transgressões disciplinares serão julgadas pela autoridade competente com isenção de ânimo, com justiça, sem condescendência nem rigor excessivo, consideradas as circunstâncias justificativas, atenuantes e agravantes, analisando a situação pessoal do transgressor e o fato que lhe é imputado.

ART. 36. A punição imposta, quando for o caso, será publicada em boletim da autoridade que a impuser e transcrita nos das autoridades subordinadas, até o daquela sob cuja jurisdição se acharem o transgressor e o signatário da parte que deu origem à punição; se este encontrar sob jurisdição diferente, terá ciência da solução por intermédio do seu Comandante, a quem a autoridade que aplicou a punição, fará obrigatoriamente, a devida comunicação.

1 - Na publicação (de acordo com o Anexo I) da punição imposta serão mencionados:

a) a transgressão cometida, em termos precisos e sintéticos;

b) a classificação da transgressão;

c) o item ou itens, o parágrafo e o artigo do Regulamento que enquadram a (s) falta (s) cometida (s).

d) as circunstâncias atenuantes e agravantes, se as houver, com a indicação dos respectivos itens, parágrafos e artigos;

e) a punição imposta;

f) a categoria de comportamento em que ingressa ou permanece o transgressor.

2 - Se a autoridade, a quem competir a aplicação da punição, não dispuser de boletim para publicação, essa será feita, à vista de comunicação, regulamentar, no da autoridade imediatamente superior que possuir boletim.

3 - As punições de Oficiais são publicadas em boletim confidencial. A autoridade que as impuser cumpre determinar quem delas deve ter conhecimento.

4 - As punições de Aspirante-a-Oficial, Suboficiais e Sargentos serão publicadas em boletim reservado e serão do conhecimento de seus superiores hierárquicos.

5 - As punições constantes dos números de 3 e 4 poderão ser publicadas em boletim comum, quando a natureza e as circunstâncias da transgressão assim o recomendarem.

6 - A repreensão feita em particular ou verbalmente em público não será publicada em boletim, figurando como simples referência na ficha individual; a repreensão em público por escrito será publicada em boletim e averbada nos assentamentos do militar.

ART. 37. Na aplicação de punição deve ser observado o seguinte:

1 - A punição será proporcional à gravidade da falta, observados os seguintes limites mínimos e máximos:

a) para transgressões leves: repreensão em particular e detenção até 10 dias;

b) para transgressões médias: repreensão em público por escrito e prisão até 10 dias;

c) para transgressões graves: 1 (um) dia de prisão, e os limites estabelecidos no Quadro de punições máximas (Anexo II):

2 - Ocorrendo somente circunstâncias atenuantes, a punição tenderá para o mínimo previsto respectivamente nas letras *"a"*, *"b"* e *"c"* do número 1 deste artigo.

3 - Ocorrendo circunstâncias atenuantes e agravantes, a punição será aplicada tendo-se em vista a preponderância de umas sobre as outras.

4 - Ocorrendo somente circunstâncias agravantes, a punição poderá ser aplicada em seu grau máximo.

5 - Salvo a suspensão do pagamento da Indenização de Compensação Orgânica prevista no artigo 17, que é imposta como punição acessória, a qualquer transgressão não será aplicada mais de uma punição.

6 - Na ocorrência de várias transgressões, sem conexão entre si, a cada uma será aplicada a punição correspondente.

7 - Na ocorrência de várias transgressões inter-relacionadas ou cometidas simultânea ou seguidamente, as de menor influência disciplinar serão consideradas circunstâncias agravantes da mais importante.

8 - Em nenhum caso a punição poderá exceder o prescrito nos incisos 2 e 3 do artigo 15 e no "Quadro de Punições Máximas" (Anexo II).

ART. 38. A primeira punição de prisão de que seja passível o militar será sempre de atribuição do Comandante da Organização a que pertença ou a que esteja incorporado.

ART. 39. Todas as punições impostas, observado o previsto no inciso 6 do artigo 36, serão transcritas nos assentamentos do transgressor.

Parágrafo único. Nessa transcrição haverá a menção da falta cometida e da punição imposta.

ART. 40. Quanto ao comportamento militar, a praça, excetuando o Aspirante-a-Oficial, é considerada:

1 - de excelente comportamento, quando no período de 10 (dez) anos consecutivos de serviço, não haja sofrido qualquer punição.

Após ingressar neste comportamento, a praça punida com um total de punições de:

a) até 2 (dois) dias de prisão comum em 5 (cinco) anos consecutivos de serviço, nele permanece;

b) mais de 2 (dois) até 4 (quatro) dias de prisão comum em 5 (cinco) anos consecutivos de serviço, retorna ao "ótimo comportamento";

c) mais de 4 (quatro) dias de prisão comum em 5 (cinco) anos consecutivos de serviço passa para o "bom", "insuficiente" ou "mau" comportamento, de acordo com o prescrito nos incisos 3, 4 e 5 deste artigo.

2 - de ótimo comportamento, quando no período de 5 (cinco) anos consecutivos de serviço não haja sofrido qualquer punição.

Após ingressar neste comportamento a praça punida com um total de punições de:

a) até 4 (quatro) dias de prisão comum em 5 (cinco) anos consecutivos de serviço, nele permanece;

b) mais de 4 (quatro) dias de prisão comum em 5 (cinco) anos consecutivos de serviço passa para o "bom", "insuficiente" ou "mau" comportamento, de acordo com o prescrito nos incisos 3, 4 e 5 deste artigo.

3 - de bom comportamento, quando no período de 2 (dois) anos consecutivos de serviço, não tenha atingido um total de punições de 30 (trinta) dias de prisão comum.

4 - de insuficiente comportamento:

a) quando, no período de 1 (um) ano de serviço, tenha sido punido com um total superior a 20 (vinte) e até 30 (trinta) dias de prisão comum; ou

b) quando num período superior a 1 (um) ano e inferior a 2 (dois) anos de serviço tenha sido punido com um total superior a 30 (trinta) dias de prisão comum.

5 - de mau comportamento, quando no período de 1 (um) ano, haja sido punido com um total superior a 30 (trinta) dias de prisão comum.

§ 1º Para efeito da classificação de comportamento, as punições disciplinares são assim conversíveis: duas repressões transcritas em boletim valem um dia de detenção; dois dias de detenção valem um dia de prisão comum; um dia de prisão, sem fazer serviço, vale dois de prisão comum e um dia de prisão em separado vale três dias de prisão comum.

§ 2º A melhoria de comportamento far-se-á automaticamente, de acordo com os prazos estabelecidos neste artigo, devendo ser publicada em Boletim interno.

§ 3º A classificação de comportamento deve acompanhar a nota de punição das praças.

§ 4º Todo cidadão ao verificar praça, ingressa na categoria de "bom comportamento".

§ 5º As sentenças, proferidas por tribunais civis ou militares, também serão consideradas para efeito de classificação de comportamento.

TÍTULO V
COMPETÊNCIA E JURISDIÇÃO PARA APLICAR, AGRAVAR, ATENUAR, RELEVAR, CANCELAR E ANULAR PUNIÇÕES DISCIPLINARES

CAPÍTULO ÚNICO

ART. 41. A competência para aplicar punição disciplinar é atribuição do cargo.

ART. 42. Tem competência para aplicar punições disciplinares:

1 - A todos os que estão sujeitos a este regulamento:

a) o Presidente da República;

b) O Ministro da Aeronáutica.

2 - A todos os que servirem sob seus respectivos comandos ou forem subordinados funcionalmente:

a) os Oficiais-Generais em função;

b) os Oficiais Comandantes de Organização;

c) os Chefes de Estado-Maior;

d) os Chefes de Gabinete;

e) os Oficiais Comandantes de Destacamento, Grupamento e Núcleo;

f) os Oficiais Comandantes de Grupo, Esquadrão e Esquadrilha.

3 - Os Chefes de Divisão e Seção administrativas ou outros órgãos, responsáveis pela administração de pessoal, quando especificamente previsto no Regulamento ou Regimento Interno da Organização.

Parágrafo único. O Quadro Anexo II especifica a punição máxima que pode ser aplicada pelas autoridades referidas neste artigo.

ART. 43. Quando duas autoridades de níveis hierárquicos diferentes, ambas com ação disciplinar sobre o transgressor, conhecerem da transgressão, à de nível mais elevado competirá punir, salvo se entender que a punição está dentro dos limites de competência da menos graduada, caso em que esta comunicará ao superior a sanção disciplinar que aplicou.

ART. 44. A punição imposta pelos oficiais de uma Organização que possuem atribuições disciplinares, depende da prévia aprovação do Comandante da Organização que, a seu juízo, e de acordo com este Regulamento poderá alterar a punição, o que será levado ao conhecimento daqueles oficiais.

ART. 45. São autoridades competentes para aplicar os dispositivos deste Regulamento em militares da Reserva Remunerada ou Reformados, as previstas no inciso I do artigo 42 de autoridades em cuja área de jurisdição territorial residam aqueles militares.

ART. 46. É vedado às autoridades abaixo do Comandante da Organização Militar recolher à prisão qualquer militar, salvo nos casos de crime ou falta grave, justificando o seu ato.

ART. 47. A autoridade que tiver que punir seu subordinado, em serviço em outra Organização ou à disposição de outra autoridade, requisitará a apresentação do transgressor, devendo tal requisição ser atendida sem demora.

ART. 48. As autoridades especificadas, no número 1 e na letra "b" do número 2 do artigo 42 têm competência para anular as punições impostas por elas próprias ou por seus subordinados a militares que sirvam sob seu comando, quando reconhecerem ou tiverem ciência de ilegalidade, irregularidade ou injustiça que se tenha praticado na aplicação da punição. (Alterado pelo Dec. 96.013/1988.)

§ 1º A decisão da anulação da punição, com os necessários esclarecimentos será publicada em boletim.

§ 2º A punição anulada não deverá constar dos assentamentos do militar, substituindo-se as folhas de alterações que tragam referências a ela.

ART. 49. A anulação da punição poderá ser efetuada a partir da data em que for publicada, até o limite dos seguintes prazos:

1 - em qualquer tempo, pelo Presidente da República e pelo Ministro da Aeronáutica;

2 - três (3) anos, porte Tenente-Brigadeiro em função, ou Oficial de posto inferior, nomeado interinamente para cargo de Tenente-Brigadeiro;

3 - dois anos e meio (2 ½), por Major-Brigadeiro, em função, ou Oficial de posto inferior, nomeado interinamente para cargo de Major-Brigadeiro;

4 - dois (2) anos, por Brigadeiro em função, ou Oficial de posto inferior, nomeado interinamente para o cargo de Brigadeiro;

5 - seis (6) meses, por Coronel em função, ou Oficial de posto inferior, nomeado interinamente para o cargo de Coronel.

Parágrafo único. Em relação a subordinado seu e quando não tiver competência para aplicar essa medida, qualquer Oficial em função poderá propô-la fundamentando devidamente o proposto.

ART. 50 As autoridades especificadas no número 1 e letra *"b"* do número 2 do artigo 42, têm competência para agravar ou atenuar as punições impostas por seus subordinados quando as julgarem insuficientes ou excessivas em face da transgressão cometida.

Parágrafo único. A agravação ou atenuação serão publicadas em boletim e constarão dos assentamentos do militar.

ART. 51. As autoridades especificadas no número 1 e letra *"b"* do n. 2 do artigo 42 podem conceder a revelação do cumprimento do restante da punição imposta por elas ou por seus subordinados, quando:

1 - verificarem que a punição surtiu o efeito desejado;

2 - a saúde e o estado moral do punido assim o exigirem;

3 - por motivo de datas nacionais, datas festivas, ou de passagem de comando, desde que o transgressor haja cumprido, pelo menos a metade da punição.

§ 1º A revelação, com as razões que lhe deram origem, será publicada em boletins e constará dos assentamentos do militar;

§ 2º A revelação visa exclusivamente a dispensa do cumprimento da punição. Para os demais efeitos, a punição será considerada integralmente como foi publicada em boletim.

ART. 52. O cancelamento de punição será concedido atendendo aos bons serviços prestados pelo militar e depois de decorridos 10 (dez) anos de efetivo serviço, sem qualquer outra punição a contar da última punição imposta.

§ 1º As autoridades especificadas no número 1 e letra *"a"* do número 2 do artigo 42 são competentes para conceder na forma deste artigo o cancelamento de punições.

§ 2º O cancelamento de punição será feito *"ex officio"* ou mediante solicitação do interessado.

§ 3º O cancelamento de punição será publicado em boletim e constará dos assentamentos do militar.

ART. 53. A autoridade que impõe punição disciplinar procurará estar a par de seus efeitos sobre o transgressor.

ART. 54. A proibição do uso do uniforme para o militar na inatividade é da competência do Ministro da Aeronáutica.

TÍTULO VI
PARTE E RECURSOS DISCIPLINARES

CAPÍTULO I
PARTE DISCIPLINAR

ART. 55. A parte disciplinar é o instrumento pelo qual o militar comunica à autoridade competente a transgressão que presenciou ou de que teve conhecimento, praticada por subordinado hierárquico. Deve ser a expressão da verdade a redigida em termo precisos, sem comentários desnecessários.

ART. 56. O militar que tiver dado parte disciplinar acerca de um fato que considere transgressão disciplinar, tem cumprido o seu dever. A solução é da inteira e exclusiva responsabilidade da autoridade competente e deve ser dada dentro de cinco dias úteis, a partir da data do recebimento da parte disciplinar.

Parágrafo único. O militar que tiver dado parte disciplinar poderá solicitar à autoridade competente a solução da mesma, se após transportado o prazo regulamentar não tenha ainda sido solucionada.

ART. 57. O militar responsável de parte disciplinar emanada de autoridade que lhe tenha ascendência hierárquica, deverá informá-la das medidas tomadas dentro de cinco dias úteis, após o recebimento da parte.

CAPÍTULO II
PEDIDO DE RECONSIDERAÇÃO

ART. 58. Ao militar assiste o direito de pedir reconsideração de ato, emanado de superior, que repute injusto ou infringente das leis ou regulamentos militares e que:

1 - o atinja direta ou indiretamente; ou

2 - atinja subordinado de quem seja chefe imediato.

ART. 59. O pedido de reconsideração na esfera disciplinar dever ser feito por meio de parte fundamentada, dentro do prazo de quinze dias corridos, contados da data em que o peticionário tenha tomado conhecimento do ato a ser reconsiderado.

ART. 60. O pedido de reconsideração não pode ficar sem despacho e a solução deve ser dada dentro de quinze dias corridos, contados da data do recebimento do pedido.

ART. 61. Os prazos citados nos artigos 59 e 60 podem ser dilatados desde que o militar responsável pela formulação ou pela solução do pedido de reconsideração se encontre ausente, quando então a data inicial será a da sua apresentação na Organização Militar.

CAPÍTULO III
REPRESENTAÇÃO

ART. 62. O militar poderá representar contra ato de superior que considere injusto ou infringente das leis ou regulamentos militares e que:

1 - o atinja direta ou indiretamente; e

2 - atinja subordinado de quem seja chefe imediato.

Parágrafo único. Da solução de uma representação só cabe recurso perante a autoridade hierárquica seguinte na escala funcional, sucessivamente até o Ministro da Aeronáutica e, contra a decisão deste, só há o recurso de pedido de reconsideração à mesma autoridade.

ART. 63. O militar que representar contra o superior deverá observar as seguintes disposições:

1 - a representação deve, sempre que cabível, ser precedida de pedido de reconsideração do ato que lhe deu motivo;

2 - a representação, na esfera disciplinar, deve ser feita no prazo máximo de 15 dias corridos, a contar da data:

a) da solução do pedido de reconsideração;

b) do término do prazo regulamentar para solução do pedido de reconsideração, caso não tenha sido ainda solucionado; e

c) do ato motivador da representação, quando não for cabível o pedido de reconsideração.

3 - a entrega da representação deve ser precedida da comunicação, por escrito, do representador ao representado, em termos respeitosos dela constando apenas o objeto da representação.

4 - a representação é dirigida à autoridade imediatamente superior àquela contra a qual é feita;

5 - a representação não pode ser feita durante a execução do serviço, exercício ou ordem que lhe deu motivo, em durante o cumprimento da punição que tenha originado o recurso;

6 - a representação, redigida em forma de parte e em termos respeitosos, precisará o fato que a motiva sem comentários ou insinuações, podendo ser acompanhada de peças comprobatórias ou somente a elas fazer referência, quando se tratar de documentos oficiais;

7 - a representação não poderá tratar de assuntos estranhos ao fato e às circunstâncias que a determinam, nem versar sobre matéria capciosa, impertinente ou fútil.

ART. 64. Após comunicar que vai representar, não pode o representador deixar de fazê-lo.

ART. 65. A autoridade responsável pela solução da representação deve:

1 - afastar o representador da jurisdição do representado, logo que o serviço o permita;

2 - apreciar a representação, tomar as medidas regulamentares que se impuserem e publicá-las em boletim, dentro do prazo de 15 (quinze) dias, a contar da data do recebimento da representação.

ART. 66. Quando o pedido de reconsideração e a representação se referirem a assuntos administrativos e não a disciplinares, os prazos constantes dos artigos 59 e 60, do inciso 2 do artigo 63 e do inciso 2 do artigo 65, serão de 120 (cento e vinte) dias.

TÍTULO VII
RECOMPENSAS

CAPÍTULO ÚNICO

ART. 67. As recompensas previstas neste Regulamento são:

1 - elogio, louvor e referência elogiosa; e

2 - dispensa de serviço de acordo com as normas em vigor.

Parágrafo único. As recompensas constantes do inciso 1 somente serão transcritas em boletim para constar dos assentamentos dos militares recompensados, quando obtidas no desempenho de funções próprias à Aeronáutica e:

1 - concedidas por autoridade com atribuições para fazê-las; ou quando concedidas por autoridades não constantes do artigo 42, se elas fizerem a devida comunicação ao comandante do recompensado ou aos respectivos escalões superiores.

ART. 68. São competentes para conceder as recompensas previstas neste capítulo, as autoridades previstas no artigo 42, incisos 1, 2 e 3.

ART. 69. A recompensa dada por uma autoridade pode ser anulada, dentro do prazo de 10 (dez) dias úteis de sua concessão, pela autoridade superior, que justificará seu ato.

TÍTULO VIII
REABILITAÇÃO DE MILITAR LICENCIADO OU EXCLUÍDO A BEM DA DISCIPLINA

CAPÍTULO ÚNICO

ART. 70. A reabilitação do militar excluído ou licenciado a bem da disciplina será efetuada:

1 - de acordo com os Códigos Penal Militar e de Processo Penal Militar, se tiver sido condenado, por sentença definitiva, a quaisquer penas previstas no Código Penal Militar; e

2 - de acordo com a Lei do Serviço Militar se tiver sido excluído ou licenciado a bem da disciplina.

Parágrafo único. Nos casos em que a condenação do militar acarretar sua exclusão a bem da disciplina, a reabilitação prevista na Lei do Serviço Militar poderá anteceder a efetuada de acordo com os Códigos Penal Militar e de Processo Penal Militar.

ART. 71. A reabilitação do militar implica em que sejam cancelados, mediante averbação, os antecedentes criminais do militar ou substituídos seus documentos comprobatórios de situação militar pelos adequados à nova situação.

TÍTULO IX
DISPOSIÇÕES FINAIS E TRANSITÓRIAS

CAPÍTULO ÚNICO

ART. 72. Os Comandantes de Organização Militar devem determinar a reclassificação dos Comportamentos Militares das praças sob seu comando, de forma a compatibilizá-los com este Regulamento.

§ 1º As reclassificações de comportamento devem ser publicadas em Boletim e constar dos assentamentos dos militares.

§ 2º As reclassificações de comportamento, para todos os efeitos, vigorarão a partir da vigência deste Regulamento.

ART. 73. Os casos omissos do presente Regulamento serão resolvidos pelo Ministro da Aeronáutica.

JOELMIR CAMPOS DE ARARIPE MACEDO
MINISTRO DA AERONÁUTICA.

ANEXO I

Modelos para confecção de item de punição disciplinar para publicação em boletim

O (posto ou graduação, quadro ou especialidade, número, nome) da Esquadrilha .... por ter permutado serviço sem autorização (dia/mês/ano), transgressão leve, n. .... do Art .... com o agravante da letra .... do n .... do Art ...., tudo do R D Aer, fica repreendido; permanece no "bom comportamento".

O (posto ou graduação, quadro ou especialidade, número, nome) do 2º Esquadrão .... por ter portado sem compostura em lugar público, no (dia/mês/ano), transgressão média, n. .... do Art ...., tudo do RD Aer, fica detido por 4 dias, permanece no "mau comportamento".

O (posto ou graduação, quadro ou especialidade, número, nome) do 2º Grupo .... por trabalhar mal intencionalmente grave, n .... e .... combinado com o Parágrafo único do Art ...., com o agravante da letra .... do n ....do Art .... tudo do R D Aer, fica preso por 8 dias, fazendo serviço; ingressa no "mau comportamento".

O (posto ou graduação, quadro ou especialidade, número, nome) do ½ Esquadrão ...., por tomar parte em jogos proibidos, abandonar o serviço para o qual estava escalado e simular doença pra justificar a falta ao serviço, no (dia/mês/ano), transgressão grave n .... e .... do Art ...., com atenuante da letra e ....do n .... e agravante da letra .... do n ...., do Art ...., tudo do R D Aer, fica preso por 10 dias, sem fazer serviço, ingressa no "insuficiente comportamento".

DECRETO N. 76.900, DE 23 DE DEZEMBRO DE 1975

Institui a Relação Anual de Informações Sociais - Rais e dá outras providências.

› *DOU*, 24.12.1975.

O Presidente da República , usando das atribuições que lhe confere o artigo 81, itens III e V, da Constituição,

Decreta:

ART. 1º Fica instituída a Relação Anual de Informações Sociais - Rais, a ser preenchida pelas empresas, contendo elementos destinados a suprir as necessidades de controle, estatística e informações das entidades governamentais da área social.

Parágrafo único. A Rais deverá conter as informações periodicamente solicitadas pelas instituições vinculadas aos Ministérios da Fazenda, Trabalho, Interior e Previdência e Assistência Social, especialmente no tocante:

a) ao cumprimento da legislação relativa ao Programa de Integração Social (PIS) e ao Programa de Formação do Patrimônio do Servidor Público (Pasep), sob a supervisão da Caixa Econômica Federal;

b) às exigências da legislação de nacionalização do trabalho;

c) ao fornecimento de subsídios para controle dos registros relativos ao Fundo de Garantia do Tempo de Serviço (FGTS);

d) ao estabelecimento de um sistema de controle central da arrecadação e da concessão e benefícios por parte do Instituto Nacional de Previdência Social (INPS);

e) à coleta de dados indispensáveis aos estudos técnicos, de natureza estatística e atuarial, dos serviços especializados dos Ministérios citados.

ART. 2º A Rais identificará: a empresa, pelo número de inscrição no Cadastro Geral de Contribuintes (CGC) do Ministério da Fazenda; e o empregado, pelo número de inscrição no Programa de Integração Social (PIS).

Parágrafo único. O INPS promoverá diretamente o cadastramento dos empregadores não sujeitos à inscrição do CGC, bem como dos trabalhadores autônomos, utilizando para estes a mesma sistemática de numeração usada no cadastro do PIS/Pasep.

ART. 3º As contribuições destinadas ao INPS e ao PIS, bem como os depósitos relativos ao FGTS, serão recolhidos mediante instrumento único, respeitadas as peculiaridades de casa sistema.

§ 1º O instrumento único será constituído pelas guias de recolhimento dos sistemas que o integram, podendo ser recolhidas separada ou conjuntamente, até o último dia previsto na legislação específica.

§ 2º Os valores recebidos pelo banco arrecadador serão registrados separadamente, observadas as instruções baixadas pelas entidades em favor das quais forem eles creditados.

ART. 4º A Rais substituirá a Relação Anual de Salários (RAS), já em utilização pela Caixa Econômica Federal e pelo INPS, para o cumprimento do previsto nas alíneas "a" e "d" , do parágrafo único, do artigo 1º.

§ 1º O processamento da Rais será executado pelo Serviço Federal de Processamento de Dados (Serpro), mediante convênios com os órgãos usuários, até a fase de geração do cadastro final, cabendo a estes a responsabilidade do processamento subsequente para suas finalidades específicas.

§ 2º Definidas as informações adicionais necessárias ao atendimento das alíneas b , c e e do parágrafo único do artigo 1º, caberá á Caixa Econômica Federal e à Empresa de Processamento de Dados da Previdência Social (Dataprev), ouvido o Serpro, determinar as alterações do sistema, de modo a preservar sua operacionalidade.

ART. 5º Será criada uma Comissão Interministerial, encarregada de elaborar codificação para o preenchimento dos claros da Rais em conformidade com as normas estabelecidas pela Fundação Instituto Brasileiro de Geografia e Estatística (IBGE).

ART. 6º Até dezembro de 1976 os Ministérios da área social deverão:

a) promover estudos no sentido de adaptar seus serviços à sistemática estabelecida neste Decreto, propondo as medidas que se tornarem necessárias à maior rapidez e eficiência no controle das operações a seu cargo, e

b) baixar, após a implantação do sistema, os atos necessários à dispensa do fornecimento, por parte das empresas, dos elementos atualmente exigidos por força de atos normativos ou outros expedidos pelos órgãos interessados, valendo a apresentação da Rais para o cumprimento das obrigações prevista no inciso III do artigo 80 da Lei n. 3.807, de 26 de agosto de 1960, com a redação dada pelo Decreto-lei n. 66, de 21 de dezembro de 1966.

Parágrafo único. O disposto neste artigo não se aplica às informações que devam ser prestadas pelas empresas, necessárias à individualização dos depósitos mensais para o FGTS.

ART. 7º A Rais será obrigatória, para as empresas, a partir do exercício de 1977, e sempre relativa ao ano-base anterior.

ART. 8º Este Decreto entrará em vigor na data de sua publicação, revogadas as disposições em contrário.

Brasília, 23 de dezembro de 1975;
154º da Independência e 87º da República.
ERNESTO GEISEL

DECRETO N. 80.271, DE 1º DE SETEMBRO DE 1977

Regulamenta a concessão de férias anuais remuneradas aos trabalhadores avulsos e dá outras providências.

› *DOU*, 1º.09.1977.

O Presidente da República, usando da atribuição que lhe confere o artigo 81, item III, da Constituição, e tendo em vista o disposto no artigo 2º do Decreto-Lei n. 1.535 de 13 de abril de 1977,

Decreta:

ART. 1º Os trabalhadores avulsos, sindicalizados ou não, terão direito, anualmente, ao gozo de um período de férias, sem prejuízo da respectiva remuneração, aplicando-se, no que couber as disposições constantes das Seções I, II e VIII e artigo 142, do Capítulo IV do Título II da Consolidação das Leis do Trabalho, com a redação do Decreto-Lei n. 1.535, de 13 de abril de 1977.

ART. 2º Para anteceder ao pagamento das férias de que trata o artigo anterior, os requisitantes ou tomadores de serviço contribuirão com um adicional de 10% (dez por cento), calculado sobre a remuneração do trabalhador.

§ 1º A contribuição referida neste artigo será recolhida até o dia 10 (dez) do mês subsequente ao da realização do serviço, diretamente pelos requisitantes ou tomadores de serviço, à Caixa Econômica Federal, para depósito em conta especial intitulada "Remuneração de Férias - Trabalhadores Avulsos", em nome do sindicato representativo da respectiva categoria profissional.

§ 2º Dentro do prazo de 72 (setenta e duas) horas após a efetivação do recolhimento referido no parágrafo anterior, ficarão os requisitantes ou tomadores de serviço, obrigados a encaminhar ao sindicato beneficiário comprovante do depósito.

§ 3º Em se tratando de trabalhador avulso da orla marítima, a remessa do comprovante a que se refere o parágrafo anterior, será acompanhada de um via da folha-padrão de pagamento, emitida de acordo com o determinado pela Superintendência Nacional de Marinha Mercante.

ART. 3º A importância arrecadada na forma do artigo 2º deste Decreto terá o seguinte destino:

I - 9% (nove por cento) para financiamento das férias dos trabalhadores avulsos e contribuições previdenciárias;

II - 1% (um por cento) para o custeio dos encargos de administração.

ART. 4º Do montante que se refere o item II do artigo anterior, a Caixa Econômica Federal efetuará, no prazo de 48 (quarenta e oito) horas, as seguintes transferências:

I - 0,75% (setenta e cinco centésimos por cento) para uma conta intitulada "Administração de Férias - Trabalhadores Avulsos", em nome do Sindicato respectivo;

II - 0,25% (vinte e cinco centésimos por cento) para a Federação a que estiver vinculado o sindicato, creditado sob o mesmo título referido no item anterior.

ART. 5º Inexistindo na localidade da sede do sindicato Filial ou Agência da Caixa Econômica Federal, o recolhimento a que se refere o artigo 2º deste Decreto será feito na agência do Banco do Brasil S. A. ou em estabelecimento bancário integrante do sistema de arrecadação dos tributos federais.

ART. 6º Os sindicatos profissionais respectivos agirão como intermediários, recebendo o adicional na forma do artigo 2º deste Decreto, apurando o preenchimento das condições legais e regulamentares de aquisição do direito às férias, e efetuando o pagamento das férias aos trabalhadores.

ART. 7º As férias dos trabalhadores avulsos serão de 30 (trinta) dias corridos, salvo quando o montante do adicional for inferior ao salário-base diário multiplicado por 30 (trinta), caso em que gozarão férias proporcionais.

Parágrafo único. Para efeito de controle o sindicato manterá registro específico, em fichas ou livro próprio, relativo a participação de cada trabalhador, sindicalizado ou não, no adicional a que se refere o item I do artigo 3º.

ART. 8º Ao entrar o trabalhador em férias, o sindicato pagará ao trabalhador avulso importância equivalente à sua participação no adicional a que se refere o item I do artigo 3º, previamente registrada em fichas ou livros de controle, deduzindo, nessa ocasião, a contribuição por este devida à Previdência Social.

ART. 9º O pagamento das férias ao trabalhador avulso será efetuado mediante chefe nominativo ou ordem de pagamento, contra recibo, contendo o respectivo número de inscrição ou matrícula do beneficiário.

ART. 10. O sindicato dividirá em grupos os profissionais em atividades, para efeitos de concessão de férias, considerando as necessidades dos serviços que constituírem a atividade profissional respectiva.

ART. 11. Para os efeitos deste Decreto, compreendem-se entre os trabalhadores avulsos:

DECRETOS

I - estivadores, inclusive os trabalhadores em estiva de carvão e minérios;

II - trabalhadores em alvarengas (alvarengueiros);

III - conferentes de carga e descarga;

IV - consertadores de carga e descarga;

V - vigias portuários;

VI - amarradores;

VII - trabalhadores avulsos do serviço de bloco;

VIII - trabalhadores avulsos de capatazia;

IX - arrumadores;

X - ensacadores de café, cacau, sal e similares;

XI - trabalhadores na indústria de extração de sal na condição de avulsos.

Parágrafo único. O Ministro do Trabalho, mediante solicitação do Sindicato e ouvida a Comissão de Enquadramento Sindical, poderá incluir outras categorias na relação constante deste artigo.

ART. 12. Sem prejuízo da atuação do Ministério do Trabalho, as Federações representativas as categorias profissionais avulsas fiscalizarão o exato cumprimento do disposto neste Decreto.

Parágrafo único. Para efeito deste artigo os sindicatos remeterão à Federação a que estiverem vinculados, mensalmente, relação dos depósitos efetuados pelos requisitantes ou tomadores de serviço.

ART. 13. Nas localidades não jurisdicionadas por sindicatos das categorias de trabalhadores avulsos, as atividades atribuídas pelo presente decreto aos sindicatos ficarão a cargo das entidades em grau superior.

ART. 14. Os saldos apurados em função da arrecadação regulada pelo Decreto n. 61.851, de 6 de dezembro de 1967, serão transferidos para a conta especial referida no parágrafo 1º, do artigo 2º deste Decreto.

Parágrafo único. Os sindicatos providenciarão, no prazo de 30 (trinta) dias, a contar da publicação do presente decreto, as transferências referidas no *"caput"* deste artigo.

ART. 15. O Ministro do Trabalho expedirá as instruções complementares que se tornarem necessárias à execução deste Decreto.

ART. 16. O presente Decreto entrará em vigor na data da sua publicação, revogadas as disposições em contrário, especialmente o Decreto n. 61.851, de 6 de dezembro de 1967.

Brasília, 1 de setembro de 1977;
156º da Independência e 89º da República.
ERNESTO GEISEL

DECRETO N. 81.871, DE 29 DE JUNHO DE 1978

Regulamenta a Lei n. 6.530, de 12 de maio de 1978, que dá nova regulamentação à profissão de Corretor de Imóveis, disciplina o funcionamento de seus órgãos de fiscalização e dá outras providências.

› *DOU*, 30.06.1978.

O Presidente da República , no uso da atribuição que lhe confere o artigo 81, item III, da Constituição, e tendo em vista o artigo 24 da Lei n. 6.530, de 12 de maio de 1978,

Decreta:

Art 1º O exercício da profissão de Corretor de Imóveis, em todo o território nacional somente será permitido:

I - ao possuidor do título de Técnico em Transações Imobiliárias, inscrito no Conselho Regional de Corretores de Imóveis da jurisdição; ou

II - ao Corretor de Imóveis inscrito nos termos da Lei n. 4.116, de 27 de agosto de 1962, desde que requeira a revalidação da sua inscrição.

› A Lei 4.116/1962 foi revogada pela Lei 6.530/1978.

› Dec. 5.595/1928 (Autoriza a dar nova regulamentação às classes dos corretores de mercadorias e de navios no DF).

Art 2º Compete ao Corretor de Imóveis exercer a intermediação na compra, venda, permuta e locação de imóveis e opinar quanto à comercialização imobiliária.

Art 3º As atribuições constantes do artigo anterior poderão, também, ser exercidas por pessoa jurídica, devidamente inscrita no Conselho Regional de Corretores de Imóveis da Jurisdição.

Parágrafo único. O atendimento ao público interessado na compra, venda, permuta ou locação de imóvel, cuja transação esteja sendo patrocinada por pessoa jurídica, somente poderá ser feito por Corretor de Imóveis inscrito no Conselho Regional da jurisdição.

Art 4º O número da inscrição do Corretor de Imóveis ou da pessoa jurídica constará obrigatoriamente de toda propaganda, bem como de qualquer impresso relativo à atividade profissional.

Art 5º Somente poderá anunciar publicamente o Corretor de Imóveis, pessoa física ou jurídica, que tiver contrato escrito de mediação ou autorização escrita para alienação do imóvel anunciado.

Art 6º O Conselho Federal e os Conselhos Regionais são órgãos de disciplina e fiscalização do exercício da profissão de Corretor de Imóveis, constituídos em autarquias, dotada de personalidade jurídica de direito público, vinculada ao Ministério do Trabalho, com autonomia administrativa, operacional e financeira.

Art 7º O Conselho Federal de Corretores de Imóveis tem por finalidade orientar, supervisionar e disciplinar o exercício da profissão de Corretor de Imóveis em todo o território nacional.

Art 8º O Conselho Federal terá sede e foro na Capital da República e jurisdição em todo o território nacional.

Art 9º O Conselho Federal será composto por 2 (dois) representantes, efetivos e suplentes, de cada Conselho Regional, eleitos dentre os seus membros.

Parágrafo único. O mandato dos membros a que se refere este artigo será de 3 (três) anos.

Art 10. Compete ao Conselho Federal:

I - eleger sua Diretoria;

II - elaborar e alterar seu Regimento;

III - exercer função normativa, baixar Resoluções e adotar providências indispensáveis à realização dos objetivos institucionais;

IV - instituir o modelo das Carteiras de Identidade Profissional e dos Certificados de Inscrição;

V - autorizar a sua Diretoria a adquirir e onerar bens imóveis;

VI - aprovar o relatório anual, o balanço e as contas de sua Diretoria, bem como elaborar a previsão orçamentária para o exercício seguinte;

VII - criar e extinguir Conselhos Regionais e Sub-regiões, fixando-lhes a sede e jurisdição;

VIII - baixar normas de ética profissional;

IX - elaborar contrato padrão para os serviços de corretagem de imóveis, de observância obrigatória pelos inscritos;

X - fixar as multas, anuidades e emolumentos devidos aos Conselhos Regionais;

XI - decidir as dúvidas suscitadas pelos Conselhos Regionais;

XII - julgar os recursos das decisões dos Conselhos Regionais;

XIII - elaborar o Regimento padrão dos Conselhos Regionais;

XIV - homologar o Regimento dos Conselhos Regionais;

XV - aprovar o relatório anual, o balanço e as contas dos Conselhos Regionais;

XVI - credenciar representante junto aos Conselhos Regionais, para verificação de irregularidades e pendências acaso existentes;

XVII - intervir, temporariamente nos Conselhos Regionais, nomeando Diretoria provisória, até que seja regularizada a situação ou, se isso não acorrer, até o término do mandato:

a) se comprovada irregularidade na administração;

b) se tiver havido atraso injustificado no recolhimento das contribuições;

XVIII - destituir Diretor do Conselho Regional, por ato de improbidade no exercício de suas funções;

XIX - promover diligências, inquéritos ou verificações sobre o funcionamento dos Conselhos Regionais e adotar medidas para sua eficiência e regularidade;

XX - deliberar sobre os casos omissos;

XXI - representar em juízo ou fora dele, em todo território nacional, os legítimos interessados da categoria profissional.

Art 11. O Conselho Federal se reunirá com a presença mínima de metade mais de um de seus membros.

Art 12. Constituem receitas do Conselho Federal:

I - a percentagem de 20% (vinte por cento) sobre as anuidades e emolumentos arrecadados pelos Conselhos Regionais;

II - a renda patrimonial;

III - as contribuições voluntárias;

IV - as subvenções e dotações orçamentárias.

Art 13. Os Conselhos Regionais de Corretor de Imóveis têm por finalidade fiscalizar o exercício profissional na área de sua jurisdição, sob supervisão do Conselho Federal.

Art 14. Os Conselhos Regionais terão sede e foro na Capital do Estado, ou de um dos Estados ou Territórios, a critério do Conselho Federal.

Art 15. Os Conselhos Regionais serão compostos por 27 (vinte e sete) membros, efetivos e suplentes, eleitos 2/3 (dois terços) por votação secreta em Assembleia Geral especialmente convocada para esse fim, e 1/3 (um terço) integrado por representantes dos Sindicatos de Corretores de Imóveis que funcionarem regularmente na jurisdição do Conselho Regional.

Parágrafo único. O mandato dos membros a que se refere ente artigo será de 3 (três) anos.

Art 16. Compete ao Conselho Regional:

I - eleger sua Diretoria;

II - aprovar seu Regimento, de acordo com o Regimento padrão elaborado pelo Conselho Federal;

III - fiscalizar o exercício profissional na área de sua jurisdição;

IV - cumprir e fazer cumprir as Resoluções do Conselho Federal;

V - arrecadar anuidades, multas e emolumentos e adotar todas as medidas destinadas à efetivação da sua receita e a do Conselho Federal;

VI - aprovar o relatório anual, o balanço e as contas de sua Diretoria, bem como a previsão orçamentária para o exercício seguinte, submetendo essa matéria à consideração do Conselho Federal;

VII - propor a criação de Sub-regiões, em divisões territoriais que tenham um número mínimo de Corretores de Imóveis, fixado pelo Conselho Federal;

VIII - homologar, obedecidas as peculiaridades locais, tabelas de preços de serviços de corretagem para uso dos inscritos, elaboradas e aprovadas pelos sindicatos respectivos;

IX - decidir sobre os pedidos de inscrição de Corretores de Imóveis e de pessoas jurídicas;

X - organizar e manter o registro profissional das pessoas físicas e jurídicas inscritas;

XI - expedir Carteiras de Identidade Profissional e Certificados de Inscrição;

XII - impor as sanções previstas neste regulamento;

XIII - baixar Resoluções, no âmbito de sua competência;

XIV - representar em juízo ou fora dele, na área de sua jurisdição, os legítimos interesses da categoria profissional;

XV - eleger, dentre seus membros, representantes, efetivos e suplentes, que comporão o Conselho Federal;

XVI - promover, perante o juízo competente, a cobrança das importâncias correspondentes a anuidade, multas e emolumentos, esgotados os meios de cobrança amigável.

Art 17. O Conselho Regional se reunirá com a presença mínima de metade mais um de seus membros.

Art 18. Constituem receitas de cada Conselho Regional:

I - 80% (oitenta por cento) das anuidades e emolumentos;

II - as multas;

III - a renda patrimonial;

IV - as contribuições voluntárias;

V - as subvenções e dotações orçamentárias.

Art 19. 2/3 (dois terços) dos membros dos Conselhos Regionais, efetivos e respectivos suplentes, serão eleitos pelo sistema de voto pessoal, secreto e obrigatório dos profissionais inscritos, nos termos em que dispuser o Regimento dos Conselhos Regionais, considerando-se eleitos efetivos os 18 (dezoitos) mais votados e suplentes os seguintes.

Parágrafo único. Aplicar-se-á ao profissional inscrito que deixar de votar sem causa justificada, multa em importância correspondente ao valor da anuidade.

Art 20. 1/3 (um terço) dos membros dos Conselhos Regionais efetivos e respectivos suplentes, serão indicados pelos Sindicatos de Corretores de Imóveis, dentre seus associados, diretores ou não.

§ 1º Caso haja mais de um Sindicato com base territorial na jurisdição de cada Conselho Regional, o número de representantes de cada Sindicato será fixado pelo Conselho Federal.

§ 2º Caso não haja Sindicato com base territorial na jurisdição do Conselho Regional, 1/3 (um terço) dos membros que seria destinado a indicação pelo Sindicato, será eleito na forma do artigo anterior.

§ 3º Caso o Sindicato ou os Sindicatos da Categoria, com base territorial na jurisdição de cada Conselho Regional, não indiquem seus representantes, no prazo estabelecido em Resolução do Conselho Federal, o terço destinado à indicação pelo Sindicato, será eleito, na forma do artigo anterior.

Art 21. O exercício do mandato de membro do Conselho Federal e dos Conselhos Regionais de Corretor de Imóveis, assim como a respectiva eleição, mesmo na condição de suplente, ficarão subordinados ao preenchimento dos seguintes requisitos mínimos:

I - inscrição na jurisdição do Conselho Regional respectivo ha mais de 2 (dois) anos;

II - pleno gozo dos direitos profissionais, civis e políticos;

III - inexistência de condenação a pena superior a 2 (dois) anos, em virtude de sentença transitada em julgado.

Art 22. A extinção ou perda de mandato de membro do Conselho Federal e dos Conselhos Regionais ocorrerá:

I - por renúncia;

II - por superveniência de causa de que resulte o cancelamento da inscrição;

III - por condenação a pena superior a 2 (dois) anos, em virtude de sentença transitada em julgado.

IV - por destituição de cargo, função ou emprego, relacionada à prática de ato de improbidade na administração pública ou privada, em virtude de sentença transitada em julgado;

V - por ausência, sem motivo justificado, a 3 (três) sessões consecutivas ou 6 (seis) intercaladas em cada ano.

Art 23. Os membros dos Conselhos Federal e Regionais poderão ser licenciados, por deliberação do plenário.

Parágrafo único. Concedida a licença de que trata este artigo caberá ao Presidente do Conselho convocar o respectivo suplente.

Art 24. Os Conselhos Federal e Regionais terão cada um, como órgão deliberativo o Plenário, constituído pelos seus membros, e como órgão administrativo a Diretoria e os que forem criados para a execução dos serviços técnicos ou especializados indispensáveis ao cumprimento de suas atribuições.

Art 25. As Diretorias dos Conselhos Federal e Regionais serão compostas de um Presidente, dois Vice-Presidentes, dois Secretários e dois Tesoureiros, eleitos pelo Plenário, dentre seus membros, na primeira reunião ordinária.

Art 26. A estrutura dos Conselhos Federal e Regionais e as atribuições da Diretoria e dos demais órgãos, serão fixados no Regimento de cada Conselho.

Art 27. Junto aos Conselhos Federal e Regionais funcionará um Conselho Fiscal composto de três membros, efetivos e suplentes, eleitos dentre os seus membros.

Art 28. A inscrição do Corretor de Imóveis e da pessoa jurídica será efetuada no Conselho Regional da jurisdição, de acordo com a Resolução do Conselho Federal de Corretores de Imóveis.

Art 29. As pessoas jurídicas inscritas no Conselho Regional de Corretores de Imóveis sujeitam-se aos mesmos deveres e têm os mesmos direitos das pessoas físicas nele inscritas.

Parágrafo único. As pessoas jurídicas a que se refere este artigo deverão ter como sócio-gerente ou diretor um Corretor de Imóveis individualmente inscrito.

Art 30. O exercício simultâneo, temporário ou definitivo da profissão em área de jurisdição diversa da do Conselho Regional onde foi efetuada a inscrição originária do Corretor de Imóveis ou da pessoa jurídica, fica condicionado à inscrição e averbação profissional nos Conselhos Regionais que jurisdicionam as áreas em que exercerem as atividades.

Art 31. Ao Corretor de Imóveis inscrito será fornecida Carteira de Identidade Profissional, numerada em cada Conselho Regional, contendo, no mínimo, os seguintes elementos:

I - nome por extenso do profissional;

II - filiação;

III - nacionalidade e naturalidade;

IV - data do nascimento;

V - número e data da inscrição;

VII - natureza da habilitação;

VI - natureza da inscrição;

VIII - denominação do Conselho Regional que efetuou a inscrição;

IX - fotografia e impressão datiloscópica;

X - assinatura do profissional inscrito, do Presidente e do Secretário do Conselho Regional.

Art 32. À pessoa jurídica inscrita será fornecido Certificado de Inscrição, numerado em cada Conselho Regional, contendo no mínimo, os seguintes elementos:

I - denominação da pessoa jurídica;

II - número e data da inscrição;

III - natureza da inscrição;

IV - nome do sócio-gerente ou diretor, inscrito no Conselho Regional.

V - número e data da inscrição do sócio-gerente ou diretor, no Conselho Regional;

VI - denominação do Conselho Regional que efetuou a inscrição;

VII - assinatura do sócio-gerente ou diretor, do Presidente e do Secretário do Conselho Regional.

Art 33. As inscrições do Corretor de Imóveis e da pessoa jurídica, o fornecimento de Carteira de Identidade Profissional e de Certificado de Inscrição e certidões, bem como o recebimento de petições, estão sujeitos ao pagamento de anuidade e emolumentos fixados pelo Conselho Federal.

Art 34. O pagamento da anuidade ao Conselho Regional constitui condição para o exercício da profissão de Corretor de Imóveis e da pessoa jurídica.

Art 35. A anuidade será paga até o último dia útil do primeiro trimestre de cada ano, salvo a primeira, que será devida no ato da inscrição do Corretor de Imóveis ou da pessoa jurídica.

Art 36. O pagamento da anuidade fora do prazo sujeitará o devedor a multa fixada pelo Conselho Federal.

Art 37. A multa aplicada ao Corretor de Imóveis ou pessoa jurídica, como sanção disciplinar, será, igualmente fixada pelo Conselho Federal.

Art 38. Constitui infração disciplinar da parte do Corretor de Imóveis:

I - transgredir normas de ética profissional;

II - prejudicar, por dolo ou culpa, os interesses que lhe forem confiados;

III - exercer a profissão quando impedido de fazê-lo ou facilitar, por qualquer meio, o seu exercício aos não inscritos ou impedidos;

IV - anunciar publicamente proposta de transação a que não esteja autorizado através de documento escrito;

V - fazer anúncio ou impresso relativo a atividade profissional sem mencionar o número de inscrição;

VI - anunciar imóvel loteado ou em condomínio sem mencionar o número do registro do loteamento ou da incorporação no Registro de Imóveis;

VII - violar o sigilo profissional;

VIII - negar aos interessados prestação de contas ou recibo de quantia ou documento que lhe tenham sido entregues a qualquer título;

IX - violar obrigação legal concernente ao exercício da profissão;

X - praticar, no exercício da atividade profissional, ato que a lei defina como crime de contravenção;

XI - deixar de pagar contribuição ao Conselho Regional;

XII - promover ou facilitar a terceiros transações ilícitas ou que por qualquer forma prejudiquem interesses de terceiros;

XIII - recusar a apresentação de Carteira de Identidade Profissional, quando couber.

Art 39. As sanções disciplinares consistem em:

I - advertência verbal;

II - censura;

III - multa;

IV - suspensão da inscrição, até 90 (noventa) dias;

V - cancelamento da inscrição, com apreensão da carteira profissional;

§ 1º Na determinação da sanção aplicável, orientar-se-á o Conselho pelas circunstâncias de cada caso, de modo a considerar leve ou grave a falta.

§ 2º A reincidência na mesma falta determinará a agravação da penalidade.

§ 3º A multa poderá ser acumulada com outra penalidade e, na hipótese de reincidência, aplicar-se-á em dobro.

§ 4º A pena de suspensão será anotada na Carteira de Identidade Profissional do Corretor de Imóveis ou responsável pela pessoa jurídica e se este não a apresentar para que seja consignada a penalidade, o Conselho Regional poderá convertê-la em cancelamento da inscrição.

§ 5º As penas de advertência, censura e multa serão comunicadas pelo Conselho Regional em ofício reservado, não se fazendo constar dos assentamentos do profissional punido, senão em caso de reincidência.

Art 40. Da imposição de qualquer penalidade caberá recurso, com efeito suspensivo, ao Conselho Federal:

I - voluntário, no prazo de 30 (trinta) dias a contar da ciência da decisão;

II - *ex officio*, nas hipóteses dos itens IV e V do artigo anterior.

Art 41. As denúncias somente serão recebidas quando assinadas, declinada a qualificação do denunciante e acompanhada da indicação dos elementos comprobatórios do alegado.

Art 42. A suspensão por falta de pagamento de anuidades, emolumentos ou multas só cessará com a satisfação da dívida, podendo ser cancelada a inscrição, de acordo com critérios a serem fixados pelo Conselho Federal.

Art 43. As instâncias recorridas poderão reconsiderar suas próprias decisões.

Art 44. O Conselho Federal será última e definitiva instância nos assuntos relacionados com a profissão e seu exercício.

Art 45. Aos servidores dos Conselhos Federal e Regionais de Corretores de Imóveis aplica-se o regime jurídico da Consolidação das Leis do Trabalho.

Art 46. Em caso de intervenção em Conselho Regional, cabe ao Conselho Federal baixar instruções sobre cessação da intervenção ou realização de eleições, na hipótese de término de mandato.

Art 47. O disposto no artigo 15 somente será observado nas eleições para constituição dos Conselhos Regionais após o término dos mandatos vigentes em 15 de maio de 1978.

Art 48. Este Decreto entrará em vigor na data da sua publicação, revogadas as disposições em contrário.

Brasília, DF, em 29 de junho de 1978; 157º da Independência e 90º da República.

ERNESTO GEISEL

DECRETO N. 83.304, DE 28 DE MARÇO DE 1979

Institui a Câmara Superior de Recursos Fiscais e dá outras providências.

- *DOU*, 29.03.1979.
- Lei 11.941/2009 (Altera a legislação tributária federal relativa ao parcelamento ordinário de débitos tributários; concede remissão nos casos em que especifica; institui regime tributário de transição).

O Presidente da República, usando das atribuições que lhe confere o artigo 81, itens III e V, da Constituição, e tendo em vista o disposto no artigo 2º do Decreto-Lei n. 822, de 5 de setembro de 1969,

Decreta:

ART. 1º Fica instituída, no Ministério da Fazenda, a Câmara Superior de Recursos Fiscais, cujo funcionamento será disciplinado em Regimento Interno, aprovado mediante Portaria do Ministro de Estado da Fazenda, nos termos da legislação em vigor.

Parágrafo único. Compete à Câmara Superior de Recursos Fiscais julgar recurso especial, na forma prescrita no Regimento Interno.

ART. 2º A Câmara Superior de Recursos fiscais será integrada pelo Presidente e Vice-Presidente do Primeiro Conselho de Contribuintes, na qualidade de Presidente e Vice-Presidente da Câmara, e ainda:

I - pelo Presidente e Vice-Presidente das demais Câmaras do Primeiro Conselho de Contribuintes, quando se tratar de recurso interposto de decisão prolatada por qualquer das Câmaras do mesmo Conselho;

II - pelo Presidente e Vice-presidente do Segundo Conselho de Contribuintes e pelo Presidente e Vice-Presidente da Primeira e segunda Câmaras do Terceiro Conselho de Contribuintes, quando se tratar de recurso interposto de decisão proferida pelo Segundo Conselho;

III - pelo Presidente e Vice-Presidente das Câmaras do Terceiro Conselho de Contribuintes, quando se tratar de recurso interposto de decisão prolatada por qualquer das Câmaras do mesmo Conselho.

§ 1º Na hipótese de vir a ser criada mais uma Câmara no Segundo Conselho de Contribuintes, deixarão de integrar a Câmara Superior de Recursos Fiscais o Presidente e Vice-Presidente da segunda Câmara do Terceiro Conselho de Contribuintes, passando a integrá-la o Presidente e Vice-Presidente da nova Câmara.

§ 2º Os membros da Câmara Superior de Recursos Fiscais serão substituídos, nas suas faltas e impedimentos, pelos Conselheiros chamados a votar em primeiro e segundo lugares nas Câmaras a que pertencerem os ausentes, observada a representação paritária e o disposto no § 3º.

§ 3º O Presidente e Vice-presidente do Primeiro Conselho de Contribuintes serão substituídos pelo Presidente e Vice-Presidente da Câmara de menor numeração, com competência para apreciar os recursos relativos tributação da pessoa Jurídica.

§ 4º Junto à Câmara Superior de Recursos Fiscais funcionará Procurador da Fazenda Nacional designado pelo Procurador-Geral da Fazenda Nacional.

§ 5º Funcionará como Secretaria da Câmara Superior de Recursos Fiscais a Secretaria do Primeiro Conselho de Contribuintes.

ART. 3º Caberá recurso especial:

I - de decisão não unânime de Câmara, quando for contrária à lei ou à evidência da prova;

II - de decisão que der à lei tributária interpretação divergente da que lhe tenha dado outra Câmara ou a própria Câmara Superior de Recursos Fiscais.

§ 1º No caso do item I, o recurso é privativo do Procurador da Fazenda Nacional.

§ 2º O recurso especial será interposto no prazo de quinze (15) dias, contados da decisão.

§ 3º Interposto o recurso, os autos serão encaminhados à repartição preparadora local para ciência do sujeito passivo ou serão presentes ao Procurador da Fazenda Nacional, assegurando-se ao interessado o prazo de quinze (15) dias para oferecer contra-alegações ou, querendo, recorrer da parte que lhe foi desfavorável. (Redação dada pelo Decreto n. 89.892, de 1984)

§ 4º Esgotado aquele prazo, os autos serão encaminhados à Câmara recorrida, ou à Câmara Superior de Recursos Fiscais, conforme o sujeito passivo tenha interposto recurso ou somente contra-arrazoado. (Incluído pelo Dec. 89.892/1984.)

§ 5º No caso do item II, quando a divergência se der entre Turmas da Câmara Superior de Recursos Fiscais, a matéria objeto da divergência será decidida pelo Pleno da própria Câmara Superior de Recursos Fiscais, a matéria objeto da divergência será decidida pelo Pleno da própria Câmara Superior de Recursos Fiscais. (Incluído pelo Dec. 89.892/1984.)

ART. 4º Cada Câmara dos Conselhos de Contribuintes será composta de oito(8) Conselheiros, designados por três (3) anos, permitida a recondução.

§ 1º Se ocorrer vaga antes do término do período de designação, o novo membro será designado para exercer a função pelo restante do prazo.

§ 2º Na primeira designação, após a vigência deste Decreto, o Ministro de Estado da Fazenda designará dois (2) Conselheiros por três (3) anos, três (3) Conselheiros por dois (2) anos e três (3) Conselheiros por um (1) ano.

ART. 5º Os representantes dos contribuintes serão indicados, obrigatoriamente, em lista tríplice para cada vaga, pelos órgãos representativos de categorias econômicas de nível nacional.

ART. 6º Os Presidentes dos Conselhos de Contribuintes e de suas Câmaras serão escolhidos entre os Conselheiros integrantes da representação da Fazenda e os Vice-Presidentes, entre os Conselheiros da representação dos contribuintes.

ART. 7º Os mandatos dos titulares e suplentes dos Conselhos de Contribuintes terminarão em 31 de dezembro de cada ano. (Redação dada pelo Dec. 89.892/1984.)

Parágrafo único. Em razão do disposto no *caput* deste artigo, os mandatos dos atuais membros titulares e suplentes da representação da Fazenda e dos Contribuintes vencer-se-ão em 31 de dezembro de 1984, 1985 e 1986, respectivamente. (Incluído pelo Decreto n. 89.892, de 1984)

ART. 8º O presente Decreto entrará em vigor na data de sua publicação, revogadas as disposições em contrário, especialmente o § 1º do artigo 37 do Decreto n. 70.235, de 6 de março de 1972.

Brasília, em 28 de março de 1979; 158º da Independência e 91º da República.

JOÃO B. DE FIGUEIREDO

DECRETO N. 84.702, DE 13 DE MAIO DE 1980

Simplifica a prova de quitação de tributos, contribuições, anuidades e outros encargos, e restringe a exigência de certidões no âmbito da Administração Federal.

O Presidente da República, no uso das atribuições que lhe confere o artigo 81, itens III e V, da Constituição, e tendo em vista o disposto no artigo 14 do Decreto-lei n. 200, de 25 de fevereiro de 1967, e no Decreto n. 83.740, de 18 de julho de 1979, que instituiu o Programa Nacional de Desburocratização, e,

Considerando:

a) que, no relacionamento entre órgão e entidades da Administração Pública deve prevalecer o princípio da presunção de veracidade, especialmente no que tange aos documentos expedidos por uma repartição para prova perante outra repartição de qualquer nível da Federação;

b) que, salvo as exceções expressamente previstas em lei, a validade de certidões e outros meios de prova não deve ficar restrita ao órgão ou entidade a que venham ser apresentados, nem condicionada a uma finalidade específica ou à sua exibição apenas no original;

c) que a excessiva exigência de prova documental constitui um dos entraves à pronta solução dos assuntos que tramitam nos órgãos e entidades da Administração Federal;

d) que as despesas com a obtenção de documentos oneram mais pesadamente as classes de menor renda;

Decreta:

ART. 1º A prova de quitação ou de regularidade de situação, perante a Administração Federal, Direta e Indireta e Fundações instituídas ou mantidas pela União, relativa a tributos, contribuições fiscais e parafiscais, encargos sociais, trabalhistas e previdenciários, anuidades e outros ônus devidos a órgãos e entidades encarregados da fiscalização do exercício profissional, far-se-á por meio de certidão ou comprovante de pagamento, observado o disposto neste Decreto.

Parágrafo único. Poderá ser admitida como prova de quitação a exibição do comprovante de pagamento nos seguintes casos:

I - de débito em que o pagamento dependa de notificação;

II - de débito referente a importâncias fixas sujeitas a pagamentos periódicos;

III - de tributos, multas e outros encargos administrados pelo Ministério da Fazenda, quando indicados nos termos do Decreto-Lei n. 1.715, de 22 de novembro de 1979.

ART. 2º A cópia de certidão ou de comprovante de pagamento autenticada na forma da lei dispensa nova conferência com o documento original.

Parágrafo único. A autenticação poderá ser feita, mediante cotejo da cópia com o original, pelo próprio servidor a quem o documento deva ser apresentado.

ART. 3º A certidão e o comprovante de pagamento serão aceitos como prova de quitação pelo prazo mínimo de 6 (seis) meses, contados da data de sua expedição, independentemente de neles constar prazo menor de validade.

Parágrafo único. O disposto neste artigo não se aplica ao Certificado de Quitação a que se refere o artigo 128, item I, alínea "c", do Regulamento do Custeio da Previdência Social, aprovado pelo Decreto n. 83.081, de 24 de janeiro de 1979.

ART. 4º A certidão vale como prova de quitação dos tributos, contribuições e encargos nela mencionados, independentemente da motivação ou da finalidade de sua expedição.

Parágrafo único. A certidão expedida para prova junto a determinado órgão ou entidade valerá perante qualquer órgão ou entidade da Administração Federal, Direta e Indireta, e fundações instituídas ou mantidas pela União.

ART. 5º É vedado aos órgãos e entidades da Administração Federal, Direta e Indireta, bem como às fundações instituídas ou mantidas pela União:

I - recusar certidão, em virtude de ter sido expedida com fim específico;

II - atribuir validade somente a documento apresentado na via original;

III - exigir a exibição do original de documento cuja cópia haja sido autenticada na forma do artigo 2º, *caput;*

IV - reter o original de documento cuja cópia haja sido autenticada na forma do parágrafo único do artigo 2º.

ART. 6º Este Decreto entrará em vigor na data da sua publicação, revogadas as disposições em contrário.

Brasília, em 13 de maio de 1980;
159º da Independência e 92º da República.
JOÃO FIGUEIREDO

DECRETO N. 85.845, DE 26 DE MARÇO DE 1981

Regulamenta a Lei n. 6.858, de 24 de novembro de 1980, que dispõe sobre o pagamento, aos dependentes ou sucessores, de valores não recebidos em vida pelos respectivos titulares.

O Presidente da República, usando da atribuição que lhe confere o artigo 81, item III, da Constituição e tendo em vista o disposto na Lei n. 6.858, de 24 de novembro de 1980, e no Decreto 83.740, de 18 de julho de 1979, que instituiu a Programa Nacional de Desburocratização,

Decreta:

ART. 1º Os valores discriminados no parágrafo único deste artigo, não recebidos em vida pelos respectivos titulares, serão pagos, em quotas iguais, aos seus dependentes habilitados na forma do artigo 2º.

Parágrafo único. O disposto neste Decreto aplica-se aos seguintes valores:

I - quantias devidas a qualquer título pelos empregadores a seus empregados, em decorrência de relação de emprego;

II - quaisquer valores devidos, em razão de cargo ou emprego, pela União, Estado, Distrito Federal, Territórios, Municípios e suas autarquias, aos respectivos servidores;

III - saldos das contas individuais do Fundo de Garantia do Tempo de Serviço e do Fundo de Participação PIS/PASEP;

IV - restituições relativas ao imposto de renda e demais tributos recolhidos por pessoas físicas;

V - saldos de contas bancárias, saldos de cadernetas de poupança e saldos de contas de fundos de investimento, desde que não ultrapassem o valor de 500 (quinhentas) Obrigações Reajustáveis do Tesouro Nacional e não existam, na sucessão, outros bens sujeitos a inventário.

ART. 2º A condição de dependente habilitado será declarada em documento fornecido pela instituição de Previdência ou se for o caso, pelo órgão encarregado, na forma da legislação própria, do processamento do benefício por morte.

Parágrafo único. Da declaração constarão, obrigatoriamente, o nome completo, a filiação, a data de nascimento de cada um dos interessados e o respectivo grau de parentesco ou relação de dependência com o falecido.

ART. 3º À vista da apresentação da declaração de que trata o artigo 2º, o pagamento das quantias devidas será feito aos dependentes do falecido pelo empregador, repartição, entidade, órgão ou unidade civil ou militar, estabelecimento bancário, fundo de participação ou, em geral, por pessoa física ou jurídica, quem caiba efetuar o pagamento.

ART. 4º A inexistência de outros bens sujeitos a inventário, para os fins do item V, parágrafo único, do artigo 1º, será comprovada por meio de declaração, conforme modelo anexo, firmada pelos interessados perante a instituição onde esteja depositada a quantia a receber.

§ 1º As declarações feitas nos termos deste artigo ter-se-ão por verdadeiras até prova em contrário.

§ 2º A falsa declaração sujeitará o declarante às sanções previstas no Código Penal e demais cominações legais aplicáveis.

§ 3º Verificada, a qualquer tempo, a existência de fraude ou falsidade na declaração, será dado conhecimento do fato à autoridade competente, dentro de 5 (cinco) dias, para instauração de processo criminal.

ART. 5º Na falta de dependentes, farão jus ao recebimento das quotas de que trata o artigo 1º deste decreto os sucessores do titular, previstos na lei civil, indicados em alvará judicial, expedido a requerimento do interessado, independentemente de inventário ou arrolamento.

ART. 6º As quotas a que se refere o artigo 1º, atribuídas a menores, ficarão depositadas em caderneta de poupança, rendendo juros e correção monetária, e só serão disponíveis após o menor completar 18 (dezoito) anos, salvo autorização do juiz para aquisição de imóvel destinado a residência do menor e de sua família ou para dispêndio necessário à subsistência e educação do menor.

ART. 7º Inexistindo dependentes ou sucessores, os valores de que trata o parágrafo do artigo 1º reverterão em favor, respectivamente, do Fundo de Previdência e Assistência Social, do Fundo de Garantia do Tempo de Serviço ou do Fundo de Participação PIS-PASEP, conforme se tratar de quantias devidas pelo empregador ou de contas de F.G.T.S. e do Fundo PIS-PASEP.

ART. 8º Caberá ao Banco Central do Brasil, ao Banco Nacional da Habitação, à Caixa Econômica Federal, ao Banco do Brasil S.A. e aos demais órgãos e entidades da Administração Federal, Estadual e Municipal, nas respectivas áreas de competência, orientar e fiscalizar o cumprimento deste Decreto pelas pessoas físicas e jurídicas responsáveis pelo pagamento dos valores de que trata o artigo 1º.

ART. 9º Ao Ministro Extraordinário para a Desburocratização caberá acompanhar e coordenar a execução do disposto neste decreto, assim como dirimir as dúvidas suscitadas na sua aplicação.

ART. 10 Este decreto entrará em vigor na data de sua publicação.

ART. 11 Revogam-se as disposições em contrário.

Brasília, em 26 de março de 1981; 160º da Independência e 93º da República.
JOÃO FIGUEIREDO

MODELO DECLARAÇÃO DE INEXISTÊNCIA DE BENS A INVENTARIAR

Nos termos do art. 3º, do Decreto n. ______ de___ de março de 1981,______(nome completo), residente na ______ (nacionalidade)

DECRETOS

(estado civil) (profissão) (endereço) _____, portador da _____, completo, cidade, Estado) (documento oficial de _____, DECLARA que_____, Identificação e órgão expedidor) (nome completo do _____, já falecido, não deixou outros bens a serem inventariados, além do saldo (do falecido) conta bancária, da caderneta de poupança ou conta de fundo de investimento, conforme o caso) no_____, no valor de Cr$ _____).
(nome da instituição depositária) (por extenso)
A presente declaração é feita sob as penas da lei, ciente, portanto, o declarante de que, em caso de falsidade, ficará sujeito às sanções previstas no Código Penal e às demais cominações legais aplicáveis.
_____, (local e data)
_____, (assinatura)
A declaração acima foi assinada em minha presença.
_____, (local e data)
_____, (assinatura)
Observações:
A validade da declaração independe de formulário especial, sendo lícita, inclusive, a declaração manuscrita pelo interessado.

DECRETO N. 86.309, DE 24 DE AGOSTO DE 1981

Reajuste os limites das faixas de números de habitantes de que trata o § 2º do artigo 91 da Lei n. 5.172, de 25 de outubro de 1966.

▸ *DOU*, 26.08.1981.

O Presidente da República, no uso das atribuições que lhe confere o artigo 81, item III da Constituição, e tendo em vista o disposto no artigo 91, § 4º, da Lei n. 5.172, de 25 de outubro de 1966, na redação que lhe foi dada pelo Ato Complementar n. 35, de 28 de fevereiro de 1967,

Decreta:

ART. 1º Os limites das faixas de números de habitantes, de que trata o § 2º do artigo 91 da Lei n. 5.172, de 25 de outubro de 1966, na redação que lhe foi dada pelo Ato Complementar n. 35, de 28 de fevereiro de 1967, ficam reajustados como segue:

Categoria do Município, segundo seu número de habitantes	
Até 1.257,12	Coeficiente
a) Até 17.000, para cada 3.400 ou fração excedente	0,2
b) Acima de 17.000 até 51.000	
Pelos primeiros 17.000	1,0
Para cada 6.800 ou fração excedente, mais	0,2
c) Acima de 51.000 até 102.000	
Pelos primeiros 51.000	2,0
Para cada 10.200 ou fração excedente, mais	0,2
d) Acima de 102.000 até 156.400	
Pelos primeiros 102.000	3,0
Para cada 13.600 ou fração excedente, mais	0,2
e) Acima de 156.400	4,0

ART. 2º Este Decreto entrará em vigor no dia 1º de janeiro de 1982, revogadas as disposições em contrário.

Brasília, 24 de agosto de 1981; 160º da Independência e 93º da República.

JOÃO FIGUEIREDO

Coeficientes segundo as faixas populacionais municípios do interior	
População (habitantes)	Coeficientes
Até 3.400	0,2
De 3.401 a 6.800	0,4
De 6.801 a 10.200	0,6
De 10.201 a 13.600	0,8
De 13.601 a 17.000	1,0
De 17.001 a 23.800	1,2
De 23.801 a 30.600	1,4
De 30.601 a 37.400	1,6
De 37.401 a 44.200	1,8
De 44.201 a 51.000	2,0
De 51.001 a 61.200	2,2
De 61.201 a 71.400	2,4
De 71.401 a 81.000	2,6
De 81.601 a 91.800	2,8
De 91.801 a 102.000	3,0
De 102.001 a 115.600	3,2
De 115.601 a 129.200	3,4
De 129.201 a 142.800	3,6
De 142.801 a 156.400	3,8
Maior que 156.400	4,0

DECRETO N. 86.649, DE 25 DE NOVEMBRO DE 1981

Regulamenta a Lei n. 6.899, de 8 de abril de 1981, que determina a aplicação de correção monetária nos débitos oriundos de decisão judicial.

O Presidente da República, no uso da atribuição que lhe confere o artigo 81, item III, da Constituição, e tendo em vista o disposto no artigo 2º da Lei n. 6.899, de 8 de abril de 1981, combinado com o artigo 2º da Lei n. 6.423, de 17 de junho de 1977,

Decreta:

ART. 1º Quando se tratar de dívida líquida e certa, a correção monetária a que se refere o artigo 1º da Lei n. 6.899, de 8 de abril de 1981, será calculada multiplicando-se o valor do débito pelo coeficiente obtido mediante a divisão do valor nominal reajustado de uma Obrigação Reajustável do Tesouro Nacional (ORTN) no mês em que se efetivar o pagamento (dividendo) pelo valor da ORTN no mês do vencimento do título (divisor), com abandono dos algarismos a partir da quinta casa decimal, inclusive.

Parágrafo único. Nos demais casos, o divisor será o valor da ORTN no mês do ajuizamento da ação.

ART. 2º A correção monetária das custas a serem reembolsadas à parte vencedora será calculada a partir do mês do respectivo pagamento.

ART. 3º Nas causas pendentes de julgamento à data da entrada em vigor da Lei n. 6.899/81 e nas ações de execução de títulos de dívida líquida e certa vencidos antes do advento da mesma lei, mas ajuizadas a partir do início de sua vigência, o cálculo a que se refere o artigo 1º se fará a partir de 9 de abril de 1981.

ART. 4º Nos débitos para com a Fazenda Pública objeto de cobrança executiva ou decorrentes de decisão judicial, a correção monetária continuará a ser calculada em obediência à legislação especial pertinente.

ART. 5º Este Decreto entra em vigor na data de sua publicação.

Brasília, 25 de novembro de 1981; 160º da Independência e 93º da República.

JOÃO FIGUEIREDO

DECRETO N. 87.043, DE 22 DE MARÇO DE 1982

Regulamenta o Decreto-Lei n. 1.422, de 23 de outubro de 1975, que dispõe sobre o cumprimento do artigo 178 da Constituição por empresas e empregadores de toda natureza, mediante a manutenção do ensino de 1º grau gratuito ou recolhimento da contribuição do Salário-Educação.

▸ *DOU*, 23.03.1982

O Presidente da República, usando das atribuições que lhe confere o artigo 81, item III, da Constituição,

Decreta:

ART. 1º As empresas comerciais, industriais e agrícolas são obrigadas a manter o ensino de 1º grau gratuito para seus empregados e para os filhos destes, entre os sete e quatorze anos, ou a concorrer para esse fim, mediante a contribuição do Salário-Educação.

ART. 2º O Salário-Educação, previsto no artigo 178 da Constituição, instituído pela Lei n. 4.440, de 27 de outubro de 1964, e reestruturado pelo Decreto-Lei n. 1.422, de 23 de outubro de 1975, é uma contribuição patronal devida pelas empresas comerciais, industriais e agrícolas e destinada ao financiamento do ensino de 1º grau dos empregados de qualquer idade, e dos filhos destes, na faixa etária dos sete aos quatorze anos, suplementando os recursos públicos destinados à manutenção e ao desenvolvimento desse grau de ensino.

Parágrafo único. Consideram-se empresas, para os efeitos desta regulamentação, em relação à Previdência Social, Urbana e Rural, respectivamente:

I - O empregador, como tal definida no artigo 2º da Consolidação das Leis do Trabalho e no artigo 4º da Lei n. 3.807, de 26 de agosto de 1960, com redação dada pelo artigo 1º da Lei n. 5.890, de 08 de junho de 1973.

II - A empresa, o empregador e o produtor rurais, como tal definidos no Estatuto da Terra, item VI do artigo 4º da Lei n. 4.504, de 30 de novembro de 1964, no parágrafo primeiro do artigo 1º da Lei n. 6.260, de 06 de novembro de 1975 e no item " b " do parágrafo primeiro do artigo 3º da Complementar n. 11, de 25 de maio de 1971, dos quais; se origine o produto rural mencionado no parágrafo 1º do artigo 15 da Lei complementar n. 11, de 25 de maio de 1971.

III - Todas as demais empresas e entidades públicas, sociedades de economia mista e empresas privadas, vinculadas à Previdência Social.

ART. 3º. O Salário-Educação é estipulado com base no custo de ensino de 1º grau, cabendo a todas as empresas vinculadas à Previdência Social, Urbana e Rural, respectivamente, recolher:

I - 2,5% (dois e meio por cento) sobre a folha de salário de contribuição, definido na legislação previdenciária, e sobre a soma dos salários-base dos titulares, sócios e diretores, constantes dos carnês de contribuintes individuais.

II - 0,8% (oito décimos por cento) sobre o valor comercial dos produtos rurais definidos no parágrafo 1º do artigo 15, da Lei Complementar n. 11, de 25 de maio de 1971.

§ 1º A incidência do Salário-Educação sobre os valores dos salários-base de titulares, sócios e diretores somente ocorrerá quando houver contribuições para o Instituto de Administração Financeira da Previdência e Assistência Social, em virtude de pagamentos pelas empresas a empregados ou autônomos.

§ 2º O cálculo da contribuição mencionada no item I deste artigo incidirá sobre os valores da folha de salário de contribuição somados aos dos salários-base lançados nos carnes de contribuintes individuais, até o limite máximo de exigência das contribuições previdenciárias.

§ 3º A contribuição de 0,8% (oito décimos por cento) mencionada no item II deste artigo será adicional à fixa da no item I do artigo 15 da Lei Complementar n. 11, de 25 de maio de 1971, e deverá ser recolhida na mesma guia, nas mesmas condições e sob as mesmas sanções.

§ 4º As alíquotas da contribuição a que se refere este artigo poderão ser alteradas, mediante demonstração pelo Fundo Nacional de Desenvolvimento da Educação, da variação do custo efetivo do ensino de 1º grau.

§ 5º Integram a receita do Salário-Educação as multas, a correção monetária e os juros de mora a que estão sujeitos os contribuintes em atraso com o pagamento da contribuição.

ARTS. 4º e 5º (Revogados pelo Dec. 994/1993.)

ART. 6º Os recursos transferidos às Secretarias de Educação dos Estados, Distrito Federal e Territórios serão por elas aplicados na educação de 1º grau, quer regular, quer supletiva, de acordo com planos aprovados pelos respectivos Conselhos de Educação, obedecidas as diretrizes do Plano Setorial de Educação, Cultura e Desportos.

ART. 7º - Os recursos destinados ao Fundo Nacional de Desenvolvimento da Educação serão aplicados: (Alterado pelo Dec. 88.374/1983.)

a) em programas de iniciativa própria do Ministério da Educação e Cultura que envolvam pesquisa, planejamento, currículos, material escolar, formação e aperfeiçoamento de pessoal docente e outros programas especiais, relacionados com a ensino de 1º grau, visando sempre assegurar aos alunos condições de eficiência escolar e formação integral nesse grau de ensino. (Alterado pelo Dec. 88.374/1983.)

b) na concessão de auxílios, na forma do disposto nos artigos 43 e 54, e seus parágrafos, da Lei n. 5.692, de 11 de agosto de 1971, levando em conta, especialmente, os déficits de escolarização da população na faixa etária de sete aos quatorze anos em cada Estado ou Território e no Distrito Federal, de modo a contemplar, entre estes, os mais necessitados. (Alterado pelo Dec. 88.374/1983.)

§ 1º - Para os fins expressos nas alíneas "a" e "b" do artigo, o Fundo Nacional de Desenvolvimento da Educação manterá levantamentos estatísticos e estudos técnicos atualizados que demonstrem, quantitativa e qualitativamente, os esforços dos sistemas de ensino das Unidades da Federação e dos Territórios, de modo a propiciar-lhes os recursos adicionais de que necessitem. (Alterado pelo Dec. 88.374/1983.)

§ 2º - Em combinação com os critérios estabelecidos nos artigos 43 e 54, e seus parágrafos, da Lei n. 5.692, de 11 de agosto de 1971, o Fundo Nacional de Desenvolvimento da Educação levará em conta outros indicadores que permitam o mais racional ajustamento dos programas e projetos aos objetivos do Salário-Educação, envolvendo necessariamente: (Alterado pelo Dec. 88.374/1983.)

a) os aspectos peculiares da realidade nacional, regional ou local, quer permanentes, quer transitórios ou circunstanciais; (Alterado pelo Dec. 88.374/1983.)

b) o grau de desenvolvimento econômico e social relativo das Unidades da Federação e dos Territórios; (Alterado pelo Dec. 88.374/1983.)

c) os aspectos específicos relacionados com a natureza dos programas ou projetos objeto do auxílio. (Alterado pelo Dec. 88.374/1983.)

§ 3º A aplicação dos recursos previstos neste artigo desdobrar-se-á em projetos e atividades que constarão do Orçamento Próprio do FNDE, destinando-se, no mínimo, 25% (vinte e cinco por cento) para apoiar programas municipais ou intermunicipais de desenvolvimento do ensino de 1º grau. (Alterado pelo Dec. 88.374/1983.)

§ 4º A habilitação dos municípios para a obtenção dos recursos de que trata o parágrafo anterior fica condicionada, entre outros requisitos, à aprovação, por lei, Estatuto do Magistério Municipal. (Acrescentado pelo Dec. 91.781/1985.)

§ 5º A medida estabelecida no § 4º deste artigo deverá entrar em vigor até 31 de dezembro de 1986. (Acrescentado pelo Dec. 91.781/1985.)

ART. 8º Estão, respectivamente, excluídas ou isentas do recolhimento da contribuição do Salário-Educação:

I - A União, os Estados, o Distrito Federal, os Territórios e os Municípios, bem como suas respectivas Autarquias;

II - As instituições oficiais de ensino de qualquer grau;

III - As instituições particulares de ensino de qualquer grau, devidamente autorizadas ou reconhecidas, mediante apresentação dos atos de registro nos órgãos próprios dos sistemas de ensino;

IV - As organizações hospitalares e de assistência social, desde que portadoras do Certificado de Fins Filantrópicos expedido pelo órgão competente, na forma do disposto no Decreto-Lei n. 1.572, de 1º de setembro de 1977;

V - As organizações de fins culturais que, através de Portaria do Ministro da Educação e Cultura, venham a ser reconhecidas como de significação relevante para o desenvolvimento cultural do País.

ART. 9º As empresas poderão deixar de recolher a contribuição do Salário-Educação ao Instituto de Administração Financeira da Previdência e Assistência Social quando optarem pela manutenção do ensino de 1º grau, quer regular, quer supletivo, através de: (Alterado pelo Dec. 88.374/1983.)

a) escola própria gratuita para os seus empregados ou para os filhos destes, e, havendo vaga, para quaisquer crianças, adolescentes e adultos; (Alterado pelo Dec. 88.374/1983.)

b) programa de bolsas tendo em vista a aquisição de vagas na rede de ensino particular de 1º grau para seus empregados e os filhos destes, recolhendo, para esse efeito, no FNDE, a importância correspondente ao valor mensal devido a título de Salário-Educação. (Alterado pelo Dec. 88.374/1983.)

c) indenização das despesas realizadas pelo próprio empregado com sua educação de 1º grau, pela via supletiva, fixada nos limites estabelecidos no § 1º do art. 10 deste Decreto, e comprovada por meio de apresentação do respectivo certificado; (Alterado pelo Dec. 88.374/1983.)

d) indenização para os filhos de seus empregados, entre sete e quatorze anos, mediante comprovação de frequência em estabelecimentos pagos, fixada nos mesmos limites da alínea anterior; (Alterado pelo Dec. 88.374/1983.)

e) esquema misto, usando combinações das alternativas anteriores. (Alterado pelo Dec. 88.374/1983.)

Parágrafo único. As operações concernentes à receita e à despesa com o recolhimento do Salário-Educação e com a manutenção direta ou indireta do ensino, previstas no artigo 3º e neste artigo, deverão ser lançadas sob o título "Salário-Educação", na escrituração tanto da empresa quanto da escola, ficando sujeitas à fiscalização, nos termos do art. 3º deste Decreto e demais normas aplicáveis. (Acrescentado pelo Dec. 88.374/1983.)

ART. 10. São condições para a opção a que se refere o artigo anterior: (Alterado pelo Dec. 88.374/1983.)

I - responsabilidade integral, pela empresa, das despesas com a manutenção do ensino, direta ou indiretamente; (Alterado pelo Dec. 88.374/1983.)

II - equivalência dessas despesas ao total da contribuição correspondente ao Salário-Educação respectivo; (Alterado pelo Dec. 88.374/1983.)

III - prefixação de vagas em número equivalente ao quociente da divisão da importância correspondente a 2,5% (dois e meio por cento) da folha mensal do salário de contribuição pelo preço da vaga de ensino de 1º grau a ser fixado anualmente pelo Fundo Nacional de Desenvolvimento da Educação. (Alterado pelo Dec. 88.374/1983.)

§ 1º O preço fixado passa a ser, para os beneficiários do sistema, o valor da anuidade, não sendo o aluno obrigado a efetivar qualquer complementação, cabendo ainda à empresa, à escola e à família zelar, solidariamente, por sua frequência e aproveitamento. (Alterado pelo Dec. 88.374/1983.)

§ 2º As variações para menos, decorrentes da matrícula efetiva ou de alterações nas folhas do salário de contribuição serão compensadas, mediante o recolhimento da diferença no Banco do Brasil S.A, à conta do Fundo Nacional de Desenvolvimento da Educação, para distribuição na forma do artigo 5º deste Decreto. (Alterado pelo Dec. 88.374/1983.)

ART. 11. A cobertura financeira necessária ao cumprimento do disposto no artigo 9º será efetuada:

I - no caso da alínea "a" , mensalmente, pela empresa, à sua escola;

II - no caso da alínea "b" , trimestralmente e diretamente à escola, pelo Fundo Nacional de Desenvolvimento da Educação;

III - no caso das alíneas "c" e "d" , semestralmente e diretamente aos beneficiários ou responsáveis pelos mesmos, pela empresa.

§ 1º As empresas optantes deverão efetuar, mensalmente, ao Fundo Nacional de Desenvolvimento da Educação, o recolhimento da diferença referida no § 2º do artigo 10, entre o valor gerado e o valor aplicado nas formas de opção previstas nas alíneas "a ", "c", "d" e "e" do artigo 9º, para distribuição na forma do artigo 5º deste Decreto.

§ 2º (Revogado pelo Dec. 994/1993.)

ART. 12. A autorização para a forma alternativa de cumprimento da obrigação patronal, referida no artigo 9º deste Decreto, será o documento mediante o qual a empresa faz a

DECRETOS

opção prevista no artigo 178 da Constituição, devidamente protocolado no Ministério da Educação e Cultura, tudo de conformidade com as instruções que, para tal fim, forem baixadas, pelo Fundo Nacional de Desenvolvimento da Educação.

§ 1º O documento a que se refere este artigo comprovará, perante os órgãos fiscalizadores, o cumprimento formal da obrigação fixada no artigo 1º deste Decreto.

§ 2º Compete ao Fundo Nacional de Desenvolvimento da Educação comunicar ao Instituto de Administração Financeira da Previdência e Assistência Social quais as empresas optantes pelo cumprimento da obrigação constitucional sob a forma de manutenção direta ou indireta de ensino.

ART. 13. Cabe ao Instituto de Administração Financeira da Previdência e Assistência Social a arrecadação bem como a fiscalização do Salário-Educação e da manutenção direta ou indireta de ensino pelas empresas, obedecidos aos mesmos prazos e mesmas sanções administrativas e penais, e as demais normas das contribuições destinadas ao custeio da Previdência Social.

Parágrafo único. A fiscalização a ser exercida pelo Fundo Nacional de Desenvolvimento da Educação, sem prejuízo das atribuições dos Tribunais de Contas da União, dos Estados e Distrito Federal, das Secretarias de Educação das Unidades da Federação e do Instituto de Administração Financeira da Previdência e Assistência Social, este na forma do *"caput"* deste artigo, incidirá sobre todas as fases de arrecadação, transferência e manutenção direta ou indireta de ensino, conforme disposto neste Decreto.

ART. 14. Fica suspensa, até ulterior deliberação, a cobrança da contribuição do Salário-Educação sobre a soma dos salários-base dos titulares, sócios e diretores e sobre o valor comercial dos produtos rurais, prevista nos itens I in fine , e II do artigo 3º deste Decreto.

ART. 15. Este Decreto entra em vigor na data de sua publicação, revogados o Decreto n. 76.923, de 26 de dezembro de 1975, e demais disposições em contrário.

Brasília, 22 de março de 1982; 161º da Independência e 94º da República.

JOÃO FIGUEIREDO

DECRETO N. 87.620, DE 21 DE SETEMBRO DE 1982

Dispõe sobre o procedimento administrativo para reconhecimento da aquisição, por usucapião especial, de imóveis rurais compreendidos em terras devolutas.

▸ *DOU*, 22.09.1982.

O Presidente da República, usando da atribuição que lhe confere o artigo 81, item III, da Constituição, e nos termos do artigo 4º, § 3º, da Lei n. 6.969, de 10 de dezembro de 1981,

Decreta:

ART. 1º O usucapião especial, previsto na Lei n. 6.969, de 10 de dezembro de 1981, poderá, quando se tratar de terras devolutas, em geral, ser reconhecido administrativamente, observado o procedimento estabelecido neste Decreto.

ART. 2º O interessado em ter administrativamente reconhecido o usucapião especial deverá requerê-lo ao órgão fundiário da União, Estado ou Território, com jurisdição sobre o imóvel.

ART. 3º No requerimento, dispensados o reconhecimento da firma e a juntada da planta do imóvel, o interessado deverá:

I - mencionar sua qualificação pessoal;

II - declarar, expressamente, sob as penas da lei:

a) que não é proprietário rural nem urbano;

b) que possui como sua, por 5 (cinco) ou mais anos ininterruptos, sem oposição, área rural contínua, não excedente de 25 (vinte e cinco) hectares, compreendida em terras presumivelmente devolutas;

c) que a tornou produtiva com o seu trabalho;

d) que nela tem sua morada;

III - individualizar o imóvel, mencionando:

a) localização (Estado, Município, Distrito e localidade) e denominação, se houver;

b) área aproximada, em hectares;

c) dimensões aproximadas e nome dos confrontantes;

d) vias de acesso;

e) atividade rural desenvolvida;

IV - pedir que seja administrativamente reconhecido haver ele adquirido, por usucapião especial, o domínio do imóvel, com a conseqüente expedição do título de domínio, para transcrição no Registro de Imóveis.

Parágrafo único. Prevalecerá a área do módulo rural aplicável à espécie, na forma da legislação específica, se aquele for superior a 25 (vinte e cinco) hectares.

ART. 4º O órgão que receber o pedido deverá:

I - verificar se se trata de área rural compreendida em terras devolutas já discriminadas, arrecadadas, matriculadas e registradas no Registro de Imóveis;

II - em caso afirmativo, proceder à vistoria na área rural, elaborando planta, ainda que rudimentar, e memorial descritivo, embora sumário;

III - expedir o título de domínio, se preenchidas as condições previstas na Lei n. 6.969, de 10 de dezembro de 1981.

Parágrafo único. Se, decorridos 90 (noventa) dias da data em que o requerimento for protocolado no órgão competente, não houver a expedição do título de domínio, o interessado poderá ingressar com a ação de usucapião especial, na forma prevista na Lei n. 6.969, de 10 de dezembro de 1981, vedada a concomitância dos pedidos administrativo e judicial.

ART. 5º Este Decreto entra em vigor na data de sua publicação.

ART. 6º Revogam-se as disposições em contrário.

Brasília, 21 de setembro de 1982; 161º da Independência e 94º da República.

JOÃO FIGUEIREDO

DECRETO N. 88.545, DE 26 DE JULHO DE 1983

Aprova o Regulamento Disciplinar para a Marinha e dá outras providências.

▸ *DOU*, 27.07.1983.

O Vice-Presidente da República, no exercício do cargo de Presidente da República, usando da atribuição que lhe confere o art. 81 - item III da Constituição,

Decreta:

ART. 1º Fica aprovado o Regulamento Disciplinar para a Marinha que com este baixa, assinado pelo Ministro de Estado da Marinha.

ART. 2º Este Decreto entrará em vigor na data da sua publicação, ficando revogado o Decreto n. 38.010 de 5 de outubro de 1955, e demais disposições em contrário.

Brasília, em 26 de julho de 1983; 162º da Independência e 95º da República.

AURELIANO CHAVES

REGULAMENTO DISCIPLINAR PARA A MARINHA

TÍTULO I GENERALIDADES

CAPÍTULO I DO PROPÓSITO

ART. 1º O Regulamento Disciplinar para a Marinha tem por propósito a especificação e a classificação das contravenções disciplinares e o estabelecimento das normas relativas à amplitude e à aplicação das penas disciplinares, à classificação do comportamento militar e à interposição de recursos contra as penas disciplinares.

CAPÍTULO II DA DISCIPLINA E DA HIERARQUIA MILITAR

ART. 2º Disciplina é a rigorosa observância e o acatamento integral das leis, regulamentos, normas e disposições que fundamentam o organismo militar e coordenam seu funcionamento regular e harmônico, traduzindo-se pelo perfeito cumprimento do dever por parte de todos e de cada um dos componentes desse organismo.

Parágrafo único. A disciplina militar manifesta-se basicamente pela:

- obediência pronta às ordens do superior;
- utilização total das energias em prol do serviço;
- correção de atitudes; e
- cooperação espontânea em benefício da disciplina coletiva e da eficiência da instituição.

ART. 3º Hierarquia Militar é a ordenação da autoridade em níveis diferentes, dentro da estrutura militar. A ordenação se faz por postos ou graduações; dentro de um mesmo posto ou graduação, se faz pela antigüidade no posto ou na graduação.

Parágrafo único. O respeito à hierarquia é consubstanciado no espírito de acatamento à seqüência de autoridade.

ART. 4º A boa educação militar não prescinde da cortesia. É dever de todos, em serviço ou não, tratarem-se mutuamente com urbanidade, e aos subordinados com atenção e justiça.

CAPÍTULO III DA ESFERA DE AÇÃO DISCIPLINAR

ART. 5º As prescrições deste Regulamento aplicam-se aos militares da Marinha da ativa, da reserva remunerada e aos reformados.

TÍTULO II DAS CONTRAVENÇÕES DISCIPLINARES

CAPÍTULO I DEFINIÇÃO E ESPECIFICAÇÃO

ART. 6º Contravenção Disciplinar é toda ação ou omissão contrária às obrigações ou aos deveres militares estatuídos nas leis, nos regulamentos, nas normas e nas disposições em vigor que fundamentam a Organização Militar, desde que não incidindo no que é capitulado pelo Código Penal Militar como crime.

ART. 7º São contravenções disciplinares:

1. dirigir-se ou referir-se a superior de modo desrespeitoso;
2. censurar atos de superior;
3. responder de maneira desatenciosa ao superior;

4. dirigir-se ao superior para tratar de assuntos de serviço ou de caráter particular em inobservância à via hierárquica;
5. deixar o subalterno, quer uniformizado quer trajando à paisana, de cumprimentar o superior quando uniformizado, ou em traje civil, desde que o conheça; ou deixar de prestar-lhe as homenagens e sinais de consideração e respeito previstos nos regulamentos militares;
6. deixar deliberadamente de corresponder ao cumprimento do subalterno;
7. deixar de cumprir ordem recebida da autoridade competente;
8. retardar, sem motivo justo, o cumprimento de ordem recebida de autoridade competente;
9. aconselhar ou concorrer para o não cumprimento de qualquer ordem de autoridade competente ou para o retardamento da sua execução;
10. induzir ou concorrer intencionalmente para que outrem incida em contravenção;
11. deixar de comunicar ao superior a execução de ordem dele recebida;
12. retirar-se da presença do superior sem a sua devida licença ou ordem para fazê-lo;
13. deixar o Oficial presente a solenidade interna ou externa onde se encontrem superiores hierárquicos de apresentar-se ao mais antigo e saudar os demais;
14. deixar, quando estiver sentado, de oferecer seu lugar ao superior, ressalvadas as exceções regulamentares previstas; (Alterado pelo Dec. 1.011/1993.)
15. representar contra o superior:
a) sem prévia autorização deste;
b) em inobservância à via hierárquica;
c) em termos desrespeitosos; e
d) empregando argumentos falsos ou envolvendo má-fé.
16. deixar de se apresentar, finda a licença ou cumprimento de pena, aos seus superiores ou a quem deva fazê-lo, de acordo com as normas de serviço da Organização Militar;
17. permutar serviço sem autorização do superior competente;
18. autorizar, promover, tomar parte ou assinar representação ou manifestação coletiva de qualquer caráter contra superior;
19. recusar pagamento, fardamento, equipamento ou artigo de recebimento obrigatório;
20. recusar-se ao cumprimento de castigo imposto;
21. tratar subalterno com injustiça;
22. dirigir-se ou referir-se a subalterno em termos incompatíveis com a disciplina militar;
23. tratar com excessivo rigor preso sob sua guarda;
24. negar licença a subalterno para representar contra ato seu;
25. protelar licença, sem motivo justificável, a subalterno para representar contra ato seu;
26. negar licença, sem motivo justificável, a subalterno para se dirigir a autoridade superior, afim de tratar dos seus interesses;
27. deixar de punir o subalterno que cometer contravenção, ou de promover sua punição pela autoridade competente;
28. deixar de cumprir ou de fazer cumprir, quando isso lhe competir, qualquer prescrição ou ordem regulamentar;
29. Atingir física ou moralmente qualquer pessoa, procurar desacreditá-la ou concorrer para isso, desde que não seja tal atitude enquadrada como crime; (Alterado pelo Dec. 1.011/1993.)
30. desrespeitar medidas gerais de ordem policial, embaraçar sua execução ou concorrer para isso;
31. desrespeitar ou desconsiderar autoridade civil;
32. desrespeitar, por palavras ou atos, a religião, as instituições ou os costumes de país estrangeiro em que se achar;
33. faltar à verdade ou omitir informações que possam conduzir à sua apuração;
34. portar-se sem compostura em lugar público;
35. apresentar-se em Organização Militar em estado de embriaguez ou embriagar-se e comportar-se de modo inconveniente ou incompatível com a disciplina militar em Organização Militar;
36. contrair dívidas ou assumir compromissos superiores às suas possibilidades, comprometendo o bom nome da classe;
37. esquivar-se a satisfazer compromissos assumidos de ordem moral ou pecuniária;
38. não atender a advertência de superior para satisfazer débito já reclamado;
39. participar em Organização Militar de jogos proibidos, ou jogar a dinheiro os permitidos;
40. fazer qualquer transação de caráter comercial em Organização Militar;
41. estar fora do uniforme determinado ou tê-lo em desalinho;
42. ser descuidado no asseio do corpo e do uniforme;
43. Ter a barba, o bigode, as costeletas, o cavanhaque ou o cabelo fora das normas regulamentares; (Alterado pelo Dec. 1.011/1993.)
44. dar, vender, empenhar ou trocar peças de uniformes fornecidas pela União;
45. simular doença;
46. executar intencionalmente mal qualquer serviço ou exercício;
47. ser negligente no desempenho da incumbência ou serviço que lhe for confiado;
48. extraviar ou concorrer para que se extraviem ou se estraguem quaisquer objetos da Fazenda Nacional ou documentos oficiais, estejam ou não sob sua responsabilidade direta;
49. deixar de comparecer ou atender imediatamente à chamada para qualquer exercício, faina, manobra ou formatura;
50. deixar de se apresentar, sem motivo justificado, nos prazos regulamentares, à Organização Militar para que tenha sido transferido e, às autoridades competentes, nos casos de comissões ou serviços extraordinários para que tenha sido nomeado ou designado;
51. deixar de participar em tempo à autoridade a que estiver diretamente subordinado a impossibilidade de comparecer à Organização Militar ou a qualquer ato de serviço a que esteja obrigado a participar ou a que tenha que assistir;
52. faltar ou chegar atrasado, sem justo motivo, a qualquer ato ou serviço de que deva participar ou a que deva assistir;
53. ausentar-se sem a devida autorização da Organização Militar onde serve ou do local onde deva permanecer;
54. ausentar-se sem a devida autorização da sede da Organização Militar onde serve;
55. deixar de regressar à hora determinada à Organização Militar onde serve;
56. exceder a licença;
57. deixar de comunicar à Organização Militar onde serve mudança de endereço domiciliar;
58. contrair matrimônio em desacordo com a legislação em vigor;
59. deixar de se identificar quando solicitado por quem de direito;
60. transitar sem ter em seu poder documento atualizado comprobatório de identidade;
61. trajar à paisana em condições que não as permitidas pelas disposições em vigor;
62. permanecer em Organização Militar em traje civil, contrariando instruções em vigor;
63. Conversar com sentinela, vigia, plantão, ou, quando não autorizado, com preso; (Alterado pelo Dec. 1.011/1993.)
64. Conversar, sentar-se ou fumar, estando de serviço, quando não for permitido pelas normas e disposições da Organização Militar. (Alterado pelo Dec. 1.011/1993.)
65. fumar em lugares onde seja proibido fazê-lo, em ocasião não permitida, ou em presença de superior que não seja do seu círculo, exceto quando dele tenha obtido licença;
66. penetrar nos aposentos de superior, em paióis e outros lugares reservados, sem a devida permissão ou ordem para fazê-lo;
67. entrar ou sair da Organização Militar por acesso que não o determinado;
68. introduzir clandestinamente bebidas alcóolicas em Organização Militar;
69. introduzir clandestinamente matérias
70. inflamáveis, explosivas, tóxicas ou outras em Organização Militar, pondo em risco sua segurança, e desde que não seja tal atitude enquadrada como crime;
71. introduzir ou estar de posse em Organização Militar de publicações prejudiciais à moral e à disciplina;
72. introduzir ou estar de posse em Organização Militar de armas ou instrumentos proibidos;
73. portar arma sem autorização legal ou ordem escrita de autoridade competente;
74. dar toques, fazer sinais, içar ou arriar a bandeira nacional ou insígnias, disparar qualquer arma sem ordem;
75. conversar ou fazer ruído desnecessário por ocasião de faina, manobra, exercício ou reunião para qualquer serviço;
76. deixar de comunicar em tempo hábil ao seu superior imediato ou a quem de direito o conhecimento que tiver de qualquer fato que possa comprometer a disciplina ou a segurança da Organização Militar, ou afetar os interesses da Segurança Nacional;
77. ser indiscreto em relação a assuntos de caráter oficial, cuja divulgação possa ser prejudicial à disciplina ou à boa ordem do serviço;
78. discutir pela imprensa ou por qualquer outro meio de publicidade, sem autorização competente, assunto militar, exceto de caráter técnico não sigiloso e que não se refira à Defesa ou à Segurança Nacional;
79. manifestar-se publicamente a respeito de assuntos políticos ou tomar parte fardado em manifestações de caráter político-partidário;
80. provocar ou tomar parte em Organização Militar em discussão a respeito de política ou religião;
faltar com o respeito devido, por ação ou omissão, a qualquer dos símbolos nacionais, desde que em situação não considerada como crime;
81. fazer uso indevido de viaturas, embarcações ou aeronaves pertencentes à Marinha, desde que o ato não constitua crime.
82. disparar arma em Organização Militar por imprudência ou negligência;
83. concorrer para a discórdia ou desarmonia ou cultivar inimizades entre os militares ou seus familiares; e
84. disseminar boatos ou notícias tendenciosas.

Parágrafo único. São também consideradas contravenções disciplinares todas as omissões do dever militar não especificadas no presente artigo, desde que não qualificadas como crimes nas leis penais militares, cometidas contra preceitos de subordinação e regras de serviço estabelecidos nos diversos regulamentos militares e determinações das autoridades superiores competentes.

CAPÍTULO II
DA NATUREZA DAS CONTRAVENÇÕES E SUAS CIRCUNSTÂNCIAS

ART. 8º As contravenções disciplinares são classificadas em graves e leves - conforme o dano - grave ou leve - que causarem à disciplina ou ao serviço, em virtude da sua natureza intrínseca, ou das conseqüências que delas advierem, ou puderem advir, pelas circunstâncias em que forem cometidas.

ART. 9º No concurso de crime militar e de contravenção disciplinar, ambos de idêntica natureza, será aplicada somente a penalidade relativa ao crime.

Parágrafo único. No caso de descaracterização de crime para contravenção disciplinar, esta deverá ser julgada pela autoridade a que o contraventor estiver subordinado.

ART. 10. São circunstâncias agravantes da contravenção disciplinar:

a) acúmulo de contravenções simultâneas e correlatas;

b) reincidência;

c) conluio de duas ou mais pessoas;

d) premeditação;

e) ter sido praticada com ofensa à honra e ao pundonor militar;

f) ter sido praticada durante o serviço ordinário ou com prejuízo do serviço;

g) ter sido cometida estando em risco a segurança da Organização Militar;

h) maus antecedentes militares;

i) ter o contraventor abusado da sua autoridade hierárquica ou funcional; e

j) ter cometido a falta em presença de subordinado.

ART. 11. São circunstâncias atenuantes da contravenção disciplinar:

a) bons antecedentes militares;

b) idade menor de 18 anos;

c) tempo de serviço militar menor de seis meses;

d) prestação anterior de serviços relevantes já reconhecidos;

e) tratamento em serviço ordinário com rigor não autorizado pelos regulamentos militares; e

f) provocação.

ART. 12. São circunstâncias justificativas ou dirimentes da contravenção disciplinar:

a) ignorância plenamente comprovada da ordem transgredida;

b) força maior ou caso fortuito plenamente comprovado;

c) evitar mal maior ou dano ao serviço ou à ordem pública;

d) ordem de superior hierárquico; e

e) legítima defesa, própria ou de outrem.

TÍTULO III
DAS PENAS DISCIPLINARES

CAPÍTULO I
DA CLASSIFICAÇÃO E EXTENSÃO

ART. 13. As contravenções definidas e classificadas no Título anterior serão punidas com penas disciplinares.

ART. 14. As penas disciplinares são as seguintes:

a) para Oficiais da ativa:

1. repreensão;
2. prisão simples, até 10 dias; e
3. prisão rigorosa, até 10 dias.

b) para Oficiais da reserva que exerçam funções de atividade:

1. repreensão;
2. prisão simples, até 10 dias;
3. prisão rigorosa, até 10 dias; e
4. dispensa das funções de atividade.

c) para os Oficiais da reserva remunerada não compreendidos na alínea anterior e os reformados:

1. repreensão
2. prisão simples, até 10 dias; e
3. prisão rigorosa, até 10 dias.

d) para Suboficiais:

1. repreensão;
2. prisão simples, até 10 dias;
3. prisão rigorosa, até 10 dias; e
4. exclusão do serviço ativo, a bem da disciplina.

e) para Sargentos:

1. repreensão;
2. impedimento, até 30 dias;
3. prisão simples, até 10 dias;
4. prisão rigorosa, até 10 dias; e
5. licenciamento ou exclusão do serviço ativo, a bem da disciplina.

f) para Cabos, Marinheiros e Soldados:

1. repreensão;
2. impedimento, até 30 dias;
3. serviço extraordinário, até 10 dias;
4. prisão simples, até 10 dias;
5. prisão rigorosa, até 10 dias; e
6. licenciamento ou exclusão do serviço ativo, a bem da disciplina.

Parágrafo único. Às Praças da reserva ou reformados aplicam-se as mesmas penas estabelecidas neste artigo, de acordo com a respectiva graduação.

ART. 15. Não será considerada como pena a admoestação que o superior fizer ao subalterno, mostrando-lhe irregularidade praticada no serviço ou chamando sua atenção para fato que possa trazer como conseqüência uma contravenção.

ART. 16. Não será considerado como pena o recolhimento em compartimento fechado, com ou sem sentinela, bem como a aplicação de camisa de força, algemas ou outro meio de coerção física, de quem for atacado de loucura ou excitação violenta.

ART. 17. Por uma única contravenção não pode ser aplicada mais de uma punição.

ART. 18. A punição disciplinar não exime o punido da responsabilidade civil que lhe couber.

CAPÍTULO II
DA COMPETÊNCIA E JURISDIÇÃO PARA IMPOSIÇÃO

ART. 19. Têm competência para impor penas disciplinares as seguintes autoridades:

a) a todos os militares da Marinha:

O Presidente da República e o Ministro da Marinha; e

b) aos seus comandados ou aos que servem sob sua direção ou ordem:

- o Chefe, Vice-Chefe e Subchefes do Estado-Maior da Armada;
- o Comandante, Chefe do Estado-Maior e os Subchefes do Comando de Operações Navais;
- o Secretário-Geral da Marinha;
- os Diretores-Gerais;
- o Comandante-Geral do Corpo de Fuzileiros Navais;
- os Comandantes dos Distritos Navais ou de Comando Naval;
- os Comandantes de Forças Navais, Aeronavais e de Fuzileiros Navais;
- os Presidentes e Encarregados de Organizações Militares;
- os Diretores dos Órgãos do Setor de Apoio;
- o Comandante de Apoio do CFN;
- os Comandantes de Navios e Unidades de Tropa;
- os Diretores de Estabelecimentos de Apoio ou Ensino;
- os Chefes de Gabinete; e
- os Capitães dos Portos e seus Delegados.

c) nos casos em que a Direção ou Chefia de Estabelecimento ou Repartição for exercida por servidor civil: (Acrescentada pelo Dec. 93.665/1986)

- Oficial da ativa, mais antigo da OM. (Acrescentada pelo Dec. 93.665/1986)

§ 1º Os Almirantes poderão delegar esta competência, no todo ou em parte, a Oficiais subordinados;

§ 2º Os Comandantes de Força observarão a competência preconizada na Ordenança Geral para o Serviço da Armada.

§ 3º A pena de licenciamento e exclusão do serviço ativo da Marinha será imposta pelo Ministro da Marinha ou por autoridade que dele tenha recebido delegação de competência.

§ 4º A pena de licenciamento do serviço ativo da Marinha "ex officio", a bem da disciplina, será aplicada às Praças prestando serviço militar inicial pelo Comandante de Distrito Naval ou de Comando Naval onde ocorreu a incorporação, de acordo com o Regulamento da Lei do Serviço Militar.

§ 5º A pena de dispensa das funções de atividade será imposta privativamente pelo Ministro da Marinha.

§ 6º Os Comandantes dos Distritos Navais ou de Comando Naval têm competência, ainda, para aplicar punição aos militares da reserva remunerada ou reformados que residem ou exercem atividades na área de jurisdição do respectivo Comando, respeitada a precedência hierárquica.

ART. 20. Quando duas autoridades, ambas com jurisdição disciplinar sobre o contraventor, tiverem conhecimento da falta, caberá o julgamento à autoridade mais antiga, ou à mais moderna, se o seu superior assim o determinar.

Parágrafo único. A autoridade mais moderna deverá manter o mais antigo informado a respeito da falta, dos esclarecimentos que se fizerem necessários, bem como, quando julgar a falta, participar a pena imposta e os motivos que orientaram sua disposição.

CAPÍTULO III
DO CUMPRIMENTO

ART. 21. A repreensão consistirá na declaração formal de que o contraventor é assim punido por haver cometido determinada contravenção, podendo ser aplicada em particular ou não.

§ 1º Quando em particular, será aplicada diretamente pelo superior que a impuser; verbalmente, na presença única do contraventor; por escrito, em ofício reservado a ele dirigido.

§ 2º Quando pública, será aplicada pelo superior, ou por sua delegação:

a) verbalmente:

1. ao Oficial - na presença de Oficiais do mesmo posto ou superiores;
2. ao Suboficial - nos círculos de Oficiais a Suboficiais;
3. ao Sargento - nos círculos de Oficiais, Suboficiais e Sargentos; e

4. às Praças de graduação inferior a Sargento - em formatura da guarnição, ou parte dela, a que pertencer o contraventor.

b) por escrito, em documento do qual será dado conhecimento aos mesmos círculos acima indicados.

ART. 22. A pena de impedimento obriga o contraventor a permanecer na organização Militar, sem prejuízo de qualquer serviço que lhe competir.

ART. 23. A pena de serviço extraordinário consistirá no desempenho pelo contraventor de qualquer serviço interno, inclusive faina, em dias e horas em que não lhe competir esse serviço.

ART. 24. A pena de prisão simples consiste no recolhimento:

a) do Oficial, Suboficial ou Sargento na Organização Militar ou outro local determinado, sem prejuízo do serviço interno que lhe couber;

b) da Praça, à sua coberta na Organização Militar ou outro local determinado, sem prejuízo dos serviços internos que lhe couberem, salvo os de responsabilidade e confiança.

ART. 25. A pena de prisão rigorosa consiste no recolhimento:

a) do Oficial, Suboficial ou Sargento aos recintos que na Organização Militar forem destinados ao uso do seu círculo;

b) da Praça, à prisão fechada.

§ 1º Quando na Organização Militar não houver lugar ou recinto apropriado ao cumprimento da prisão rigorosa com a necessária segurança ou em boas condições de higiene, o Comandante ou autoridade equivalente solicitará que esse cumprimento seja feito em outra Organização Militar em que isto seja possível.

§ 2º A critério da autoridade que as impôs, as penas de prisão simples e prisão rigorosa poderão ser cumpridas pelas Praças como determina o art. 22, computando-se dois (2) dias de impedimento para cada dia de prisão simples e três (3) dias de impedimento para cada dia de prisão rigorosa.

§ 3º Não será considerada agravação da pena deste artigo a reclusão do Oficial, Suboficial ou Sargento a camarote, com ou sem sentinela, quando sua liberdade puder causar dano à ordem ou à disciplina

CAPÍTULO IV
DAS NORMAS PARA IMPOSIÇÃO

ART. 26. Nenhuma pena será imposta sem ser ouvido o contraventor e serem devidamente apurados os fatos.

§ 1º Normalmente, a pena deverá ser imposta dentro do prazo de 48 horas, contados do momento em que a contravenção chegou ao conhecimento da autoridade que tiver que impô-la.

§ 2º O Oficial que lançou a contravenção disciplinar em Livro de Registro de Contravenções deverá dar conhecimento dos seus termos à referida Praça, antes do julgamento da mesma. (Alterado pelo Dec. 1.011/1993.)

§ 3º Quando houver necessidade de maiores esclarecimentos sobre a contravenção, a autoridade mandará proceder a sindicância ou, se houver indício de crime a inquérito, de acordo com as normas e prazos legais. (Alterado pelo Dec. 1.011/1993.)

§ 4º Durante o período de sindicância de que trata o parágrafo anterior, o contraventor poderá ficar detido na Organização Militar ou em qualquer outro local que seja determinado. (Alterado pelo Dec. 1.011/1993.)

§ 5º Os militares detidos para averiguação de contravenções disciplinares não devem comparecer a exercícios ou fainas, nem executar serviço algum. (Alterado pelo Dec. 1.011/1993.)

§ 6º A prisão ou detenção de qualquer militar e o local onde se encontra deverão ser comunicados imediatamente à sua família ou à pessoa por ele indicada, de acordo com a Constituição Federal. (Alterado pelo Dec. 1.011/1993.)

§ 7º Nenhum contraventor será interrogado se desprovido da plena capacidade de entender o caráter contravencional de sua ação ou omissão, devendo, nessa situação, ser recolhido à prisão, em benefício da manutenção da ordem ou da sua própria segurança. (Alterado pelo Dec. 1.011/1993.)

ART. 27. A autoridade julgará com imparcialidade e isenção de ânimo a gravidade da contravenção, sem condescendência ou rigor excessivo, levando em conta as circunstâncias justificativas ou atenuantes, em face das disposições deste Regulamento e tendo sempre em vista os acontecimentos e a situação pessoal do contraventor.

ART. 28. Toda pena disciplinar, exceto repreensão verbal, será imposta na forma abaixo:

a) para Oficiais e Suboficiais: mediante Ordem-de-Serviço que contenha resumo do histórico da falta, seu enquadramento neste Regulamento, as circunstâncias atenuantes ou agravantes e a pena imposta; e

b) para Sargentos e demais Praças: mediante lançamento nos respectivos Livros de Registro de Contravenções, onde constará o histórico da falta, seu enquadramento neste Regulamento, as circunstâncias atenuantes ou agravantes e a pena imposta.

ART. 29. Quando o contraventor houver cometido contravenções simultâneas mas não correlatas, ser-lhe-ão impostas penas separadamente.

Parágrafo único. Se essas penas consistirem em prisão rigorosa e seu total exceder o máximo fixado no art. 14, serão cumpridas em parcelas não maiores do que esse prazo, com intervalos de cinco dias.

ART. 30. A pena de licenciamento " ex-officio " do Serviço Ativo da Marinha, a bem da disciplina, será imposta às Praças com estabilidade assegurada, como disposto no Estatuto dos Militares e nos Regulamentos do Corpo de Praças da Armada e do Corpo de Praças do Corpo de Fuzileiros Navais.

ART. 31. A pena de exclusão do serviço da Marinha será imposta:

a) a bem da disciplina ou por conveniência do serviço;

b) por incapacidade moral.

§ 1º A bem da disciplina ou por conveniência do serviço, a pena será imposta sempre que a Praça, de graduação inferior a Suboficial, houver sido punida no espaço de um ano com trinta dias de prisão rigorosa ou quando for julgado merecê-la por um Conselho de Disciplina, por má conduta habitual ou inaptidão profissional.

§ 2º Por incapacidade moral, será imposta quando houver cometido ato ou julgado aviltante ou infamante por um Conselho de Disciplina.

ART. 32. A pena de exclusão do Serviço Ativo da Marinha a bem da disciplina será aplicada *ex officio* às Praças com estabilidade assegurada, como disposto no Estatuto dos Militares.

ART. 33. O licenciamento "ex-officio" e a exclusão do Serviço Ativo da Marinha a bem da disciplina inabilita o militar para exercer cargo, função ou emprego na Marinha.

Parágrafo único. A sua situação posterior relativa à Reserva será determinada pela Lei do Serviço Militar e pelo Estatuto dos Militares.

CAPÍTULO V
DA CONTAGEM DO TEMPO DE PUNIÇÃO

ART. 34. O tempo que durar o impedimento de que trata o art. 26, § 3º, será levado em conta:

a) integralmente para o cumprimento de penas de impedimento;

b) na razão de 1/2 para as de prisão simples; e

c) na razão de 1/3 para as de prisão rigorosa.

ART. 35. O tempo passado em Hospitais (doentes hospitalizados) não será computado para cumprimento de pena disciplinar.

CAPÍTULO VI
DO REGISTRO E DA TRANSCRIÇÃO

ART. 36. Para o registro das contravenções cometidas e penas impostas, haverá nas Organizações Militares dois livros numerados e rubricados pelo Comandante ou por quem dele haja recebido delegação, sendo um para os Sargentos e outro para as demais Praças.

ART. 37. Todas as penas impostas, exceto repreensões em particular, serão transcritas nos assentamentos do contraventor, logo após o seu cumprimento ou a solução de recursos interpostos.

§ 1º Para Sargentos e demais Praças, esta transcrição será feita na Caderneta Registro, independente de ordem superior.

§ 2º Para oficiais e suboficiais cópia da Ordem de Serviço que publicou a punição será remetida à DPMM ou ao CApCFN, conforme o caso, a fim de ser anexada aos documentos de informação referentes ao oficial ou suboficial punido. (Alterado pelo Dec. 94.387/1987.)

§ 3º A transcrição conterá o resumo do histórico da falta cometida e a pena imposta.

CAPÍTULO VII
DA ANULAÇÃO, ATENUAÇÃO, AGRAVAMENTO, RELEVAMENTO E CANCELAMENTO.

› Alterado pelo Dec. 94.387/1987.

ART. 38. O disposto no art. 19 não inibe a autoridade superior na Cadeia de Comando de tomar conhecimento ¿ex officio¿ de qualquer contravenção e julgá-la de acordo com as normas deste Regulamento, ou reformar o julgamento de autoridade inferior, anulando, atenuando, agravando a pena imposta, ou ainda relevando o seu cumprimento. (Alterado pelo Dec. 94.387/1987.)

§ 1º A revisão do julgamento poderá ocorrer até cento e vinte dias após a data da sua imposição. Fora desse prazo só poderá ser feita, privativamente, pelo Ministro da Marinha. (Alterado pelo Dec. 94.387/1987.)

§ 2º Quando já tiver havido transcrição da pena nos assentamentos, será dado conhecimento à DPMM ou ao CApCFN, conforme o caso, para efeito de cancelamento ou alteração. (Alterado pelo Dec. 94.387/1987.)

§ 3º A competência para relevar o cumprimento da pena é atribuição das mesmas autoridades citadas nas alíneas a) e b) do art. 19, cada uma quanto às punições que houver imposto, ou quanto às aplicadas pelos seus subordinados. Esse relevamento poderá ser aplicado: (Alterado pelo Dec. 94.387/1987.)

a) por motivo de serviços relevantes prestados à Nação pelo contraventor, privativamente, pelo Presidente da República e pelo Ministro da Marinha; e (Alterada pelo Dec. 94.387/1987.)

b) por motivo de gala nacional ou passagem de Chefia, Comando ou Direção, quando o contraventor já houver cumprido pelo menos metade da pena. (Alterada pelo Dec. 94.387/1987.)

ART. 39. Poderá ser concedido ao militar o cancelamento de punições disciplinares que lhe houverem sido impostas ex officio ou mediante requerimento do interessado, desde que satisfaça as seguintes condições simultaneamente: (Alterado pelo Dec. 94.387/1987.)

a) não ter sido a falta cometida atentatória à honra pessoal, ao pundonor militar ou ao decoro da classe; (Alterada pelo Dec. 94.387/1987.)

b) haver decorrido o prazo de cinco anos de efetivo serviço, sem qualquer punição, a contar da data do cumprimento da última pena. (Alterado pelo Dec. 1.011/1993.)

c) ter bons serviços prestados no período acima, mediante análise de suas folhas de alterações; e (Alterada pelo Dec. 94.387/1987.)

d) ter parecer favorável de seu Chefe, Comandante ou Diretor. (Alterada pelo Dec. 94.387/1987.)

§ 1º O militar, cujas punições disciplinares tenham sido canceladas, poderá concorrer, a partir da data do ato de cancelamento, em igualdade de condições com seus pares em qualquer situação da carreira. (Alterado pelo Dec. 94.387/1987.)

§ 2º Além das autoridades mencionadas na letra a) do art. 19, a competência para autorizar o cancelamento de punições cabe aos Oficiais-Generais em cargo de Chefia, Comando ou Direção, obedecendo-se à Cadeia de Comando do interessado, não podendo ser delegada. (Alterado pelo Dec. 94.387/1987.)

§ 3º A autoridade que conceder o cancelamento da punição deverá comunicar tal fato à DPMM ou CApCFN, conforme o caso. (Alterado pelo Dec. 94.387/1987.)

§ 4º O cancelamento concedido não produzirá efeitos retroativos, para quaisquer fins de carreira. (Alterado pelo Dec. 94.387/1987.)

TÍTULO IV
DA PARTE, PRISÃO IMEDIATA E RECURSOS

CAPÍTULO I
DA PARTE E DA PRISÃO IMEDIATA

ART. 40. Todo superior que tiver conhecimento, direto ou indireto, de contravenção cometida por qualquer subalterno, deverá dar parte escrita do fato à autoridade sob cujas ordens estiver, a fim de que esta puna ou remeta a parte à autoridade sob cujas ordens estiver o contraventor, para o mesmo fim.

Parágrafo único. Servindo superior e subalterno na mesma Organização Militar e sendo o subalterno Praça de graduação inferior a Suboficial, será efetuado o lançamento da parte no Livro de Registro de Contravenções Disciplinares.

ART. 41. O superior deverá também dar voz de prisão imediata ao contraventor e fazê-lo recolher-se à sua Organização Militar quando a contravenção ou suas circunstâncias assim o exigirem, a bem da ordem pública, da disciplina ou da regularidade do serviço.

Parágrafo único. Essa voz de prisão será dada em nome da autoridade a que o contraventor estiver diretamente subordinado, ou, quando esta for menos graduada ou antiga do que quem dá a voz, em nome da que se lhe seguir em escala ascendente. Caso o contraventor se recuse a declarar a Organização Militar em que serve, a voz de prisão será dada em nome do Comandante do Distrito Naval ou do Comando Naval em cuja jurisdição ocorrer a prisão.

ART. 42. O superior que houver agido de acordo com os artigos 40 e 41 terá cumprido seu dever e resguardada sua responsabilidade. A solução que for dada à sua parte pela autoridade superior é de inteira e exclusiva responsabilidade desta, devendo ser adotada dentro dos prazos previstos neste Regulamento e comunicada ao autor da parte.

Parágrafo único. A quem deu parte assiste o direito de pedir à respectiva autoridade, dentro de oito dias úteis, pelos meios legais, a reconsideração da solução, se julgar que esta deprime sua pessoa ou a dignidade de seu posto, não podendo o pedido ficar sem despacho. Para tanto, a autoridade que aplicar a pena disciplinar deverá comunicar ao autor da parte a punição efetivamente imposta e o enquadramento neste Regulamento, com as circunstâncias atenuantes ou agravantes que envolveram o ato do contraventor.

ART. 43. O subalterno preso nas condições do art. 41 só poderá ser solto por determinação da autoridade a cuja ordem foi feita a prisão, ou de autoridade superior a ela.

ART. 44. Esta prisão, de caráter preventivo, será cumprida como determina o art. 24.

CAPÍTULO II
DOS RECURSOS

ART. 45. Àquele a quem for imposta pena disciplinar será facultado solicitar reconsideração da punição à autoridade que a aplicou, devendo esta apreciar e decidir sobre a mesma dentro de oito dias úteis, contados do recebimento do pedido.

ART. 46. Àquele a quem for imposta pena disciplinar poderá, verbalmente ou por escrito, por via hierárquica e em termos respeitosos, recorrer à autoridade superior à que a impôs, pedindo sua anulação ou modificação, com prévia licença da mesma autoridade.

§ 1º O recurso deve ser interposto após o cumprimento da pena e dentro do prazo de oito dias úteis.

§ 2º Da solução de um recurso só cabe a interposição de novos recursos às autoridades superiores, até o Ministro da Marinha.

§ 3º Contra decisão do Ministro da Marinha, o único recurso admissível é o pedido de reconsideração a essa mesma autoridade.

§ 4º Quando a punição disciplinar tiver sido imposta pelo Ministro da Marinha, caberá interposição de recurso ao Presidente da República, nos termos definidos no presente artigo.

ART. 47. O recurso deve ser remetido à autoridade a quem dirigido, dentro do prazo de oito dias úteis, devidamente informado pela autoridade que tiver imposto a pena.

ART. 48. A autoridade a quem for dirigido o recurso deve conhecer do mesmo sem demora, procedendo ou mandando proceder às averiguações necessárias para resolver a questão com justiça.

Parágrafo único. No caso de delegação, para proceder a estas averiguações será nomeado um Oficial de posto superior ao do recorrente.

ART. 49. Se o recurso for julgado inteiramente procedente, a punição será anulada e cancelado tudo quanto a ela se referir; se apenas em parte, será modificada a pena.

Parágrafo único. Se o recurso fizer referência somente aos termos em que foi aplicada a punição e parecer à autoridade que os mesmos devem ser modificados, ordenará que isso se faça, indicando a nova forma a ser usada

TÍTULO V
DISPOSIÇÕES GERAIS

ART. 50. Aos Guardas-Marinha, Aspirantes, Alunos do Colégio Naval e Aprendizes-Marinheiros serão aplicados, quando na Escola Naval, Colégio Naval ou nas Escolas de Aprendizes, as penas estabelecidas nos respectivos regulamentos, e mais as escolares previstas para faltas de aproveitamento; quando embarcados, as que este Regulamento determina para Oficiais e Praças, conforme o caso.

ART. 51. O militar sob prisão rigorosa fica inibido de ordenar serviços aos seus subalternos ou subordinados, mas não perde o direito de precedência às honras e prerrogativas inerentes ao seu posto ou graduação.

ART. 52. Os Comandantes de Organizações Militares farão com que seus respectivos médicos ou requisitados para tal visitem com freqüência os locais destinados a prisão fechada, a fim de proporem, por escrito, medidas que resguardem a saúde dos presos e higiene dos mesmos locais.

ART. 53. Os artigos deste Regulamento que definem as contravenções e estabelecem as penas disciplinares devem ser periodicamente lidos e explicados à guarnição.

ART. 54. A Jurisdição disciplinar, quando erroneamente aplicada, não impede nem restringe a ação judicial militar.

MAXIMIANO EDUARDO DA SILVA FONSECA
MINISTRO DA MARINHA

DECRETO N. 89.339, DE 31 DE JANEIRO DE 1984

Regulamenta o disposto nos artigos 5º, § 2º, 9º §§ 1º a 4º e 12 da Lei n. 7.064, de 6 de dezembro de 1982, que dispõe sobre a situação de trabalhadores contratados ou transferidos para prestar serviços no exterior.

- *DOU*, 1º.02.1984.

O Presidente da República, usando da atribuição que lhe confere o art. 81, inciso III da Constituição e tendo em vista o disposto no art. 23 da Lei n. 7.064, de 6 de dezembro de 1982,

Decreta:

ART. 1º O empregado contratado no Brasil ou transferido por empresa prestadora de serviços de engenharia, inclusive consultoria, projetos, obras, montagens, gerenciamento e congêneres, para prestar serviços no exterior, enquanto estiver prestando serviços no estrangeiro, poderá converter e remeter para o local de trabalho, no todo ou em parte, os valores correspondentes à remuneração paga em moeda nacional.

ART. 2º As remessas referidas no artigo 1º serão feitas através de instituição bancária autorizada a operar em câmbio, mediante requerimento escrito do empregado ou seu procurador, instruído com declaração da empresa empregadora indicando o valor da remuneração paga ao empregado, o local da prestação de serviços no exterior e os números da Carteira de Trabalho e de inscrição do empregado no cadastro de contribuintes.

Parágrafo único. As remessas a que se refere o artigo estarão sujeitas à fiscalização do Banco Central do Brasil.

ART. 3º Os valores pagos pela empresa empregadora prestadora dos serviços a que se refere o artigo 1º, na liquidação de direitos determinados pela lei do local da prestação de serviços no exterior, poderão ser deduzidos dos depósitos do Fundo de Garantia do Tempo de Serviço - FGTS - em nome do empregado, existentes na conta vinculada de que trata o art. 2º da Lei n. 5.107, de 13 de setembro de 1965.

§ 1º O levantamento, pela empresa empregadora, dos valores correspondentes à liquidação de direitos, efetuada de conformidade com a lei do local da prestação de serviços no exterior, efetivar-se-á à vista do alvará expedido em decorrência da homologação judicial.

§ 2º A homologação dos valores a serem deduzidos dar-se-á mediante a apresentação, pela empresa empregadora, de cópia autêntica da documentação comprobatória da liquidação dos direitos do empregado no exterior, traduzida oficialmente.

§ 3º Requerida a homologação, o juiz determinará ao Banco depositário da conta vinculada que informe, no prazo de três (03) dias úteis, o valor existente na conta vinculada do empregado, na data do pedido de homologação.

ART. 4º A homologação deverá consignar a importância, em moeda estrangeira, a ser deduzida e o alvará autorizará o levantamento do seu valor correspondente em cruzeiros, junto ao Banco depositário, que efetuará a conversão ao câmbio do dia em que efetivar o pagamento, utilizando o dólar dos Estados Unidos da América como moeda de conversão, nos casos em que a liquidação de direitos do empregado tenha sido efetuada em moeda com a qual o cruzeiro não tenha paridade direta.

Parágrafo único. A empresa empregadora deverá apresentar o alvará a que se refere o artigo no prazo de dois dias úteis da sua expedição, sob pena de correrem à sua conta as variações cambiais posteriores à data do alvará.

ART. 5º Caso o saldo existente na conta vinculada do FGTS, em nome do empregado, não seja suficiente para a dedução integral dos valores correspondentes aos direitos liquidados pela empresa no exterior, a diferença poderá ser levantada mediante nova dedução dessa conta, quando da cessação, no Brasil, do contrato de trabalho, mediante a expedição de novo alvará e independentemente de nova homologação.

ART. 6º A contratação de trabalhador por empresa estrangeira, para trabalhar no exterior, está condicionada à autorização do Ministério do Trabalho, nos termos de regulamento baixado pelo Ministro do Trabalho e observado o disposto no art. 7º deste Decreto.

ART. 7º A empresa requerente da autorização a que se refere o artigo 6º deverá comprovar:

I - sua existência jurídica, segundo as leis do país no qual é sediada;

II - a participação de pessoa jurídica domiciliada no Brasil, em pelo menos cinco por cento (5%) do seu capital social;

III - a existência de procurador legalmente constituído no Brasil, com poderes especiais de representação, inclusive o de receber citação;

IV - a solidariedade da pessoa jurídica a que se refere o inciso II deste artigo no cumprimento das obrigações da empresa estrangeira decorrentes da contratação do empregado.

ART. 8º Este decreto entra em vigor na data da sua publicação, revogados as disposições em contrário.

Brasília, aos 31 do mês de janeiro de 1984, 163º da Independência e 96º da República.

JOÃO FIGUEIREDO

DECRETO N. 90.927, DE 7 DE FEVEREIRO DE 1985

Regulamenta a assiduidade profissional dos trabalhadores avulsos que menciona e dá outras providências.

▸ *DOU*, 08.02.1985.

O Presidente da República, no uso das atribuições que lhe confere o artigo 81, item III, da Constituição, Decreta:

ART. 1º Os trabalhadores avulsos nos serviços de estiva, de bloco, conserto, conferência e vigilância portuária, que exercem atividades nos portos, ficam sujeitos ao regime de assiduidade previsto neste Decreto.

ART. 2º Entende-se como assiduidade a obrigação dos trabalhadores avulsos, especificados no artigo anterior, de atender à escalação para realizar os serviços que lhes forem atribuídos, de acordo com o rodízio numérico organizado pelos sindicatos.

ART. 3º A cada sindicato representativo de categoria profissional cabe escalar os trabalhadores requisitados, obedecido o rodízio numérico estabelecido, de modo que as oportunidades de trabalho sejam obrigatoriamente distribuídas entre todos.

ART. 4º O rodízio numérico referido no artigo anterior será organizado obrigatoriamente pelos sindicatos de cada categoria, no prazo máximo de 180 (cento e oitenta) dias, contados a partir da vigência deste Decreto e necessariamente aprovado pelos Conselhos Regionais do Trabalho Marítimo.

§ 1º Caso os sindicatos não o submetam à aprovação em tempo hábil, o rodízio referido no *caput* deste artigo será organizado e aprovado pelos Conselhos Regionais do Trabalho Marítimo.

§ 2º O disposto neste artigo não prejudica a aplicação das normas rodiziarias existentes, até que entrem em vigor as expedidas na forma deste Decreto.

ART. 5º A média aritmética das horas trabalhadas em cada categoria, no bimestre, fornecerá a base de aferição da assiduidade referida no artigo 1º.

Parágrafo único. A média aritmética será calculada pelas respectivas Delegacias do Trabalho Marítimo a cada bimestre, na razão entre a soma das horas remuneradas constantes de folhas de pagamento e o número de trabalhadores sindicalizados do quadro fixado.

ART. 6º O trabalhador avulso, sujeito às normas deste Decreto, será considerado como assíduo se atingir no bimestre um número de horas de efetivo trabalho igual ou superior ao obtido pela aplicação de uma taxa percentual sobre a média aritmética referida no artigo 5º.

Parágrafo único. A taxa percentual a que alude o *caput* deste artigo será fixada pelo Conselho Superior do Trabalho Marítimo através de resolução normativa, atendidas as peculiaridades regionais.

ART. 7º O trabalhador que, sem justa causa, deixar de atingir o mínima de assiduidade estabelecido neste Decreto, ficará sujeito às seguintes penalidades:

I - pela 1ª (primeira) falta de assiduidade, exclusão do rodízio, a que se refere o art. 3º, por 4 (quatro) dias consecutivos, quando lhe couber ser engajado, respeitada a ordem de formação;

II - pela 1ª (primeira) e subsequentes reincidências, em falta de assiduidade, exclusão do rodízio, a que se refere o art. 3º, por um bimestre; e

III - cancelamento da matrícula, nos casos indicados e forma prevista no artigo 8º.

§ 1º As penalidades estabelecidas nos incisos I e II do *caput* deste artigo serão aplicadas diretamente pelo Delegado do Trabalho Marítimo, mediante procedimento sumário, assegurando-se ao inassíduo amplo direito de defesa, conforme previsto no *caput* do artigo 12.

§ 2º O prazo para o cumprimento das penalidades referentes à exclusão de rodízio começará a contar 72 (setenta e duas) horas após a data da publicação da decisão proferida, ocasião em que o sindicato da categoria recolher à DTM o cartão de matrícula do associado punido.

ART. 8º A pena de cancelamento de matricula a que se refere o inciso III do artigo 7º, será aplicada ao trabalhador que em 3 (três) bimestres consecutivos ou alternados, em 730 (setecentos e trinta) dias sucessivos não obtiver os índices de assiduidade mínima prescritos neste Decreto.

Parágrafo único. A penalidade de cancelamento de matrícula será aplicada pelo Conselho Regional do Trabalho Marítimo através de processo administrativo, em que seja assegurado ao inassíduo amplo direito de defesa.

ART. 9º Transcorridos 730 (setecentos e trinta) dias sucessivos de exercício profissional, com assiduidade, às faltas anteriormente registradas para efeito dos incisos I e II do art. 7º, serão automaticamente canceladas, iniciando-se nova contagem.

ART. 10. Desde que devidamente comprovadas junto à DTM, serão computadas na avaliação da assiduidade mínima, prevista neste Decreto, as seguintes situações:

I - ausência decorrente de licença concedida por escrito pelo Delegado do Trabalho Marítimo;

II - ausência decorrente de cumprimento de penalidade imposta pelo Delegado do Trabalho Marítimo ou Conselho Regional do Trabalho Marítimo;

III - ausência decorrente de doença comprovada por atestado da autoridade competente da Previdência Social;

IV - ausência decorrente de acidente de trabalho comprovada por guia autenticada por Fiscal em exercício na Delegacia do Trabalho Marítimo do local de trabalho do avulso;

V - ausência decorrente do exercício de cargo de administração sindical ou exercício de mandato em órgão colegiado oficial; e

VI - outras ausências legalmente permitidas.

Parágrafo único. Cada dia de ausência justificada na forma deste artigo será considero para fins de obtenção de assiduidade mínima, como sendo jornada de 8 (oito) horas.

ART. 11. As entidades encarregadas do processamento das folhas de pagamento dos trabalhadores abrangidos por este Decreto, enviarão cópias ou resumo das mesmas, mensalmente, até o dia 10 (dez) do mês subsequente, às respectivas Delegacias do Trabalho Marítimo.

ART. 12. As justificativas previstas no artigo 10 deverão ser apresentadas pelos interessados, em sua defesa, ao sindicato da categoria.

§ 1º Após o recebimento da relação dos trabalhadores inassíduos no respectivo bimestre, o sindicato da categoria terá prazo de 10 (dez) dias para enviar à Delegacia do Trabalho Marítimo as justificativas admitidas pelo art. 10 e referentes aos trabalhadores constantes da relação.

§ 2º Será considerado em falta com seus deveres sindicais, sujeitando-se às penalidades previstas na legislação em vigor, o dirigente sindical que deixar de cumprir o disposto no § 1º deste artigo.

ART. 13. Incorrerá nas penalidades previstas no Decreto-Lei n. 3.346, de 12 de junho de 1941, o trabalhador que no exercício de função de direção ou chefia frustrar, impedir, ou por qualquer modo fraudar o regime de assiduidade estabelecido neste Decreto.

ART. 14. Todo trabalhador avulso que tiver sua matricula cancelada, por infração às disposições deste Decreto, somente poderá ser

DECRETOS

readmitido após decorridos 730 (setecentos e trinta)dias do cancelamento, desde que:

I - requeira seu retorno ao Delegado do Trabalho Marítimo do porto onde se processou o cancelamento;

II - Comprove estar dentro da idade limite, ter aptidão física e declare, de próprio punho, não estar condenado por sentença transitada em julgado a pena restritiva de liberdade; e

III - haja vaga no quadro fixado pela Delegacia do Trabalho Marítimo para a categoria.

Parágrafo único. O requerimento a que se refere este artigo será despachado pelo Delegado do Trabalho Marítimo, em ordem cronológica de entrada, uma vez preenchidos todos os requisitos legais para a readmissão.

ART. 15. O Conselho Superior do Trabalho Marítimo baixará as instruções complementares, que se fizerem necessária para o adequado cumprimento deste Decreto.

ART. 16. O disposto neste Decreto não prejudicará a aplicação de outras sanções previstas em normas rodiziarias existes ou que venham a ser estabelecidas em cada porto, em cumprimento ao art. 4º.

ART. 17. O presente Decreto entrará em vigor 30 (trinta) dias após sua publicação, revogadas as disposições em contrário.

Brasília-DF, 07 de fevereiro de 1985; 164º da Independência e 97º da República.

JOÃO FIGUEIREDO

DECRETO N. 91.152, DE 15 DE MARÇO DE 1985

Cria o Conselho de Recursos do Sistema Financeiro Nacional e dá outras providências.

- *DOU*, 15.03.1985.
- Lei 9.069/1995 (Dispõe sobre o Plano Real, o Sistema Monetário Nacional, estabelece as regras e condições de emissão do REAL e os critérios para conversão das obrigações para o REAL).
- Dec. 8.652/2016 (Dispõe sobre o Conselho de Recursos do Sistema Financeiro Nacional).

O Vice-Presidente da República, no exercício do cargo de Presidente da República, no uso da atribuição que lhe confere o artigo 81, item V, da Constituição, Decreta:

ART. 1º Fica criado, no Ministério da Fazenda, o Conselho de Recursos do Sistema Financeiro Nacional, com a finalidade de julgar, em segunda e última instância, os recursos interpostos das decisões relativas à aplicação de penalidades administrativas previstas:

I - no inciso XXVI do art. 4º e no § 5º do art. 44, da Lei n. 4.595, de 31 de dezembro de 1964; no art. 3º do Decreto-Lei n. 448, de 3 de fevereiro de 1969; e no parágrafo único do art. 25 da Lei n. 4.131, de 3 de setembro de 1962, com a redação que lhe deu a Lei n. 4.390, de 29 de agosto de 1964;

II - no § 4º do art. 11 da Lei n. 6.385, de 07 de dezembro de 1976;

III - no § 2º do art. 43 da Lei n. 4.380, de 21 de agosto de 1964, combinado com o § 7º do art. 4º da Lei n. 4.595, de 31 de dezembro de 1964; e

IV - no § 2º do art. 2º do Decreto-lei n. 1.248, de 29 de novembro de 1972, e no art. 74 da Lei n. 5.025, de 10 de junho de 1966.

Parágrafo único. Fica o Conselho de Recursos do Sistema Financeiro Nacional classificado como órgão de deliberação coletiva de segundo grau (letra "b" do art. 1º do Decreto n. 69.382, de 19 de outubro de 1971).

ART. 2º O Conselho de Recursos do Sistema Financeiro Nacional será integrado por oito Conselheiros, de reconhecida competência e possuidores de conhecimentos especializados em assuntos relativos aos mercados financeiro e de capitais, observada a seguinte composição:

I - um representante do Ministério da Fazenda;

II - um representante do Banco Central do Brasil;

III - representante do Banco Nacional da Habitação;

IV - um representante da Comissão de Valores Mobiliários; e

V - quatro representantes das entidades de classe dos mercados financeiro e de capitais, por estas indicados em lista tríplice, por solicitação do Ministro da Fazenda.

§ 1º Os membros do Conselho de Recursos do Sistema Financeiro Nacional e seus respectivos suplentes serão designados pelo Ministro da Fazenda, com mandato de dois anos, podendo ser reconduzidos uma única vez.

§ 2º Junto ao Conselho de Recursos do Sistema Financeiro Nacional, funcionará um Procurador da Fazenda Nacional, designado pelo Procurador-Geral da Fazenda Nacional, com a atribuição de zelar pela fiel observância das leis, decretos, regulamentos e demais atos normativos.

§ 3º O Conselho terá como Presidente o representante do Ministério da Fazenda e como Vice-Presidente a pessoa assim designada pelo Ministro da Fazenda entre os representantes referidos no item V do *caput* deste artigo.

ART. 3º O Banco Central do Brasil, a Comissão de Valores Mobiliários, a Carteira de Comércio Exterior do Banco do Brasil S/A e os Órgãos do Ministério da Fazenda proporcionando o apoio técnico necessário ao funcionamento do Conselho de Recursos do Sistema financeiro Nacional.

ART. 4º A organização e o funcionamento do Conselho de Recursos do Sistema Financeiro Nacional serão fixados em Regimento Interno aprovado pelo Ministro da Fazenda, nos termos da legislação aplicável.

ART. 5º O Conselho Monetário Nacional prosseguirá no julgamento dos recursos que eram de sua competência, enquanto não estiver em funcionamento o órgão colegiado de que trata este Decreto.

ART. 6º Este Decreto entrará em vigor na data de sua publicação.

Brasília, em 15 de março de 1985; 164º da Independência e 97º da República.

JOSÉ SARNEY

DECRETO N. 91.271, DE 29 DE MAIO DE 1985

Veda a concessão, por entidades estatais, de aval, fiança ou outras garantias.

- *DOU*, 30.05.1985.

O Presidente da República, no uso das atribuições que lhe confere o art. 81, item III, da Constituição, Decreta:

ART. 1º Fica vedado às autarquias federais, às empresas públicas, sociedades de economia mista e demais entidades sob controle acionário da União e às respectivas subsidiárias conceder aval, fiança ou garantia de qualquer espécie a obrigação contraída por pessoa física ou jurídica.

Parágrafo Único. O disposto neste artigo não se aplica:

I - aos estabelecimentos oficiais de crédito (Decreto-Lei n. 200, de 27 de fevereiro de 1967, art. 189);

II - às garantias concedidas entre pessoas jurídicas controladas ou coligadas; e

III - à empresa pública Financiadora de Estudos e Projetos (FINEP).

ART. 2º Revogadas as disposições em contrário, este Decreto entrará em vigor na data de sua publicação.

Brasília, em 29 de maio de 1985; 164º da Independência e 97º da República.

JOSÉ SARNEY

DECRETO N. 95.247, DE 17 DE NOVEMBRO DE 1987

Regulamenta a Lei n. 7.418, de 16 de dezembro de 1985, que institui o Vale-Transporte, com a alteração da Lei n. 7.619, de 30 de setembro de 1987.

- *DOU*, 18.11.1987.

O Presidente da República, no uso da atribuição que lhe confere o art. 81, item III, da Constituição, e tendo em vista o disposto na Lei n. 7.418, de 16 de dezembro de 1985, alterada pela Lei n. 7.619, de 30 de setembro de 1987,

Decreta:

CAPÍTULO I
DOS BENEFICIÁRIOS E DO BENEFÍCIO DO VALE-TRANSPORTE

ART. 1º São beneficiários do Vale-Transporte, nos termos da Lei n. 7.418, de 16 de dezembro de 1985, os trabalhadores em geral, tais como: (Redação dada pelo Dec. 2.880/1998.)

I - os empregados, assim definidos no art. 3º da Consolidação das Leis do Trabalho;

II - os empregados domésticos, assim definidos na Lei n. 5.859, de 11 de dezembro de 1972;

III - os trabalhadores de empresas de trabalho temporário, de que trata a Lei n. 6.019, de 3 de janeiro de 1974;

IV - os empregados a domicílio, para os deslocamentos indispensáveis à prestação do trabalho, percepção de salários e os necessários ao desenvolvimento das relações com o empregador;

V - os empregados do subempreiteiro, em relação a este e ao empreiteiro principal, nos termos do art. 455 da Consolidação das Leis do Trabalho;

VI - os atletas profissionais de que trata a Lei n. 6.354, de 2 de setembro de 1976;

VII - (Revogado pelo Dec. 2.880/1998.)

Parágrafo único. Para efeito deste decreto, adotar-se-á a denominação beneficiário para identificar qualquer uma das categorias mencionadas nos diversos incisos deste artigo.

ART. 2º O Vale-Transporte constitui benefício que o empregador antecipará ao trabalhador para utilização efetiva em despesas de deslocamento residência-trabalho e vice-versa.

Parágrafo único. Entende-se como deslocamento a soma dos segmentos componentes da viagem do beneficiário por um ou mais meios de transporte, entre sua residência e o local de trabalho.

ART. 3º O Vale-Transporte é utilizável em todas as formas de transporte coletivo público urbano ou, ainda, intermunicipal e interestadual com características semelhantes ao urbano, operado diretamente pelo poder público ou mediante delegação, em linhas regulares e com tarifas fixadas pela autoridade competente.

Parágrafo único. Excluem-se do disposto neste artigo os serviços seletivos e os especiais.

ART. 4º Está exonerado da obrigatoriedade do Vale-Transporte o empregador que proporcionar, por meios próprios ou contratados, em veículos adequados ao transporte coletivo, o deslocamento, residência-trabalho e vice-versa, de seus trabalhadores.

Parágrafo único. Caso o empregador forneça ao beneficiário transporte próprio ou fretado que não cubra integralmente os deslocamentos deste, o Vale-Transporte deverá ser aplicado para os segmentos da viagem não abrangidos pelo referido transporte.

ART. 5º É vedado ao empregador substituir o Vale-Transporte por antecipação em dinheiro ou qualquer outra forma de pagamento, ressalvado o disposto no parágrafo único deste artigo.

Parágrafo único. No caso de falta ou insuficiência de estoque de Vale-Transporte, necessário ao atendimento da demanda e ao funcionamento do sistema, o beneficiário será ressarcido pelo empregador, na folha de pagamento imediata, da parcela correspondente, quando tiver efetuado, por conta própria, a despesa para seu deslocamento.

ART. 6º O Vale-Transporte, no que se refere à contribuição do empregador:

I - não tem natureza salarial, nem se incorpora à remuneração do beneficiário para quaisquer efeitos;

II - não constitui base de incidência de contribuição previdenciária ou do Fundo de Garantia do Tempo de Serviço;

III - não é considerado para efeito de pagamento da Gratificação de Natal (Lei n. 4.090, de 13 de julho de 1962, e art. 7º do Decreto-Lei n. 2.310, de 22 de dezembro de 1986);

IV - não configura rendimento tributável do beneficiário.

CAPÍTULO II
DO EXERCÍCIO DO DIREITO DO VALE-TRANSPORTE

ART. 7º Para o exercício do direito de receber o Vale-Transporte o empregado informará ao empregador, por escrito:

I - seu endereço residencial;

II - os serviços e meios de transporte mais adequados ao seu deslocamento residência-trabalho e vice-versa.

§ 1º A informação de que trata este artigo será atualizada anualmente ou sempre que ocorrer alteração das circunstâncias mencionadas nos itens I e II, sob pena de suspensão do benefício até o cumprimento dessa exigência.

§ 2º O benefício firmará compromisso de utilizar o Vale-Transporte exclusivamente para seu efetivo deslocamento residência-trabalho e vice-versa.

§ 3º A declaração falsa ou o uso indevido do Vale-Transporte constituem falta grave.

ART. 8º É vedada a acumulação do benefício com outras vantagens relativas ao transporte do beneficiário, ressalvado o disposto no parágrafo único do art. 4º deste decreto.

ART. 9º O Vale-Transporte será custeado:

I - pelo beneficiário, na parcela equivalente a 6% (seis por cento) de seu salário básico ou vencimento, excluídos quaisquer adicionais ou vantagens;

II - pelo empregador, no que exceder à parcela referida no item anterior.

Parágrafo único. A concessão do Vale-Transporte autorizará o empregador a descontar, mensalmente, do beneficiário que exercer o respectivo direito, o valor da parcela de que trata o item I deste artigo.

ART. 10. O valor da parcela a ser suportada pelo beneficiário será descontada proporcionalmente à quantidade de Vale-Transporte concedida para o período a que se refere o salário ou vencimento e por ocasião de seu pagamento, salvo estipulação em contrário, em convenção ou acordo coletivo de trabalho, que favoreça o beneficiário.

ART. 11. No caso em que a despesa com o deslocamento do beneficiário for inferior a 6% (seis por cento) do salário básico ou vencimento, o empregado poderá optar pelo recebimento antecipado do Vale-Transporte, cujo valor será integralmente descontado por ocasião do pagamento do respectivo salário ou vencimento.

ART. 12. A base de cálculo para determinação da parcela a cargo do beneficiário será:

I - o salário básico ou vencimento mencionado no item I do art. 9º deste decreto; e

II - o montante percebido no período, para os trabalhadores remunerados por tarefa ou serviço feito ou quando se tratar de remuneração constituída exclusivamente de comissões, percentagens, gratificações, gorjetas ou equivalentes.

CAPÍTULO III
DA OPERACIONALIZAÇÃO DO VALE-TRANSPORTE

ART. 13. O poder concedente ou órgão de gerência com jurisdição sobre os serviços de transporte coletivo urbano, respeitada a lei federal, expedirá normas complementares para operacionalização do sistema do Vale-Transporte, acompanhada seu funcionamento e efetuando o respectivo controle.

ART. 14. A empresa operadora do sistema de transporte coletivo público fica obrigada a emitir e comercializar o Vale-Transporte ao preço da tarifa vigente, colocando-o à disposição dos empregadores em geral e assumindo os custos dessa obrigação, sem repassá-los para a tarifa dos serviços.

§ 1º A emissão e a comercialização do Vale-Transporte poderão também ser efetuadas pelo órgão de gerência ou pelo poder concedente, quando este tiver a competência legal para emissão de passes.

§ 2º Na hipótese do parágrafo precedente, é vedada a emissão e comercialização de Vale-Transporte simultaneamente pelo poder concedente e pelo órgão de gerência.

§ 3º A delegação ou transferência da atribuição de emitir e comercializar o Vale-Transporte não elide a proibição de repassar os custos respectivos para a tarifa dos serviços.

ART. 15. Havendo delegação da emissão e comercialização de Vale-Transporte, ou constituição de consórcio, as empresas operadoras submeterão os respectivos instrumentos ao poder concedente ou órgão de gerência para homologação dos procedimentos instituídos.

ART. 16. Nas hipóteses do artigo anterior, as empresas operadoras permanecerão solidariamente responsáveis com a pessoa jurídica delegada ou pelos atos do consórcio, em razão de eventuais faltas ou falhas no serviço.

ART. 17. O responsável pela emissão e comercialização do Vale-Transporte deverá manter estoques compatíveis com os níveis de demanda.

ART. 18. A comercialização do Vale-Transporte dar-se-á em centrais ou postos de venda estrategicamente distribuídos na cidade onde serão utilizados.

Parágrafo único. Nos casos em que o sistema local de transporte público for operado por diversas empresas ou por meios diferentes, com ou sem integração, os postos de vendas referidos neste artigo deverão comercializar todos os tipos de Vale-Transporte.

ART. 19. A concessão do benefício obriga o empregador a adquirir Vale-Transporte em quantidade e tipo de serviço que melhor se adequar ao deslocamento do beneficiário.

Parágrafo único. A aquisição será feita antecipadamente e à vista, proibidos quaisquer descontos e limitada à quantidade estritamente necessária ao atendimento dos beneficiários.

ART. 20. Para cálculo do valor do Vale-Transporte, será adotada a tarifa integral, relativa ao deslocamento do beneficiário, por um ou mais meios de transporte, mesmo que a legislação local preveja descontos.

Parágrafo único. Para fins do disposto neste artigo, não são consideradas desconto as reduções tarifárias decorrentes de integração de serviços.

ART. 21. A venda do Vale-Transporte será comprovada mediante recibo sequencialmente numerado, emitido pela vendedora em duas vias, uma das quais ficará com a compradora, contendo:

I - o período a que se referem;

II - a quantidade de Vale-Transporte vendida e de beneficiários a quem se destina;

III - o nome, endereço e número de inscrição da compradora no Cadastro Geral de Contribuintes no Ministério da Fazenda - CGCMF.

ART. 22. O Vale-Transporte poderá ser emitido conforme as peculiaridades e as conveniências locais, para utilização por:

I - linha;

II - empresa;

III - sistema;

IV - outros níveis recomendados pela experiência local.

ART. 23. O responsável pela emissão e comercialização do Vale-Transporte poderá adotar a forma que melhor lhe convier à segurança e facilidade de distribuição.

Parágrafo único. O Vale-Transporte poderá ser emitido na forma de bilhetes simples ou múltiplos, talões, cartelas, fichas ou quaisquer processos similares.

ART. 24. Quando o Vale-Transporte for emitido para utilização num sistema determinado de transporte ou para valer entre duas ou mais operadoras, será de aceitação compulsória, nos termos do acordo a ser previamente firmado.

§ 1º O responsável pela emissão e comercialização do Vale-Transporte pagará às empresas operadoras os respectivos créditos no prazo de 24 horas, facultado às partes pactuar prazo maior.

§ 2º O responsável pela emissão e comercialização do Vale-Transporte deverá apresentar, mensalmente, demonstrativos financeiros dessa atividade, ao órgão de gerência que observará o disposto no artigo 28.

ART. 25. As empresas operadoras são obrigadas a manter permanentemente um sistema de registro e controle do número de Vale-Transporte emitido, comercializado e utilizado, ainda que a atividade seja exercida por delegação ou por intermédio de consórcio.

ART. 26. No caso de alteração na tarifa de serviços, o Vale-Transporte poderá:

I - ser utilizado pelo beneficiário, dentro do prazo a ser fixado pelo poder concedente; e

II - ser trocado, sem ônus, pelo empregador, no prazo de trinta dias, contados da data em que a tarifa sofrer alteração.

DECRETOS

CAPÍTULO IV
DOS PODERES CONCEDENTES E ÓRGÃOS DE GERÊNCIA

ART. 27. O poder concedente ou órgão de gerência, na área de sua jurisdição, definirá:

I - o transporte intermunicipal ou interestadual como características semelhantes ao urbano;

II - os serviços seletivos e os especiais.

ART. 28. O poder concedente ou órgão de gerência fornecerá, mensalmente, ao órgão federal competente informações estatísticas que permitam avaliação nacional, em caráter permanente, da utilização do Vale-Transporte.

ART. 29. As operadoras informarão, mensalmente, nos termos exigidos pelas normas locais, o volume de Vale-Transporte emitido, comercializado e utilizado, a fim de permitir a avaliação local do sistema, além de outros dados que venham a ser julgados convenientes a esse objetivo.

ART. 30. Nos atos de concessão, permissão ou autorização serão previstas sanções às empresas operadoras que emitirem ou comercializarem o Vale-Transporte diretamente, por meio de delegação ou consórcio, em quantidade insuficiente ao atendimento da demanda.

Parágrafo único. As sanções serão estabelecidas em valor proporcional às quantidades solicitadas e não fornecidas, agravando-se em, caso de reincidência.

CAPÍTULO V
DOS INCENTIVOS FISCAIS

ART. 31. O valor efetivamente pago e comprovado pelo empregador, pessoa jurídica, na aquisição de Vale-Transporte, poderá ser deduzido como despesa operacional, na determinação do lucro real, no período-base de competência da despesa.

ART. 32. Sem prejuízo da dedução prevista no artigo anterior, a pessoa jurídica empregadora poderá deduzir do Imposto de Renda devido, valor equivalente à aplicação da alíquota cabível do Imposto de Renda sobre o montante das despesas comprovadamente realizadas, no período-base, na concessão do Vale-Transporte.

Parágrafo único. A dedução a que se refere este artigo, em conjunto com as de que tratam as Leis n. 6.297, de 15 de dezembro de 1975, e n. 6.321, de 14 de abril de 1976, não poderá reduzir o imposto devido em mais de 10% (dez por cento), observado o que dispõe o § 3º do art. 1º do Decreto-Lei n. 1.704, de 23 de outubro de 1979, podendo o eventual excesso ser aproveitado nos dois exercícios subsequentes.

ART. 33. Ficam assegurados os benefícios de que trata este decreto ao empregador que, por meios próprios ou contratados com terceiros, proporcionar aos seus trabalhadores o deslocamento residência-trabalho e vice-versa, em veículos adequados ao transporte coletivo, inclusive em caso de complementação do Vale-Transporte.

Parágrafo único. O disposto neste artigo não se aplica nas contratações de transporte diretamente com empregados, servidores, diretores, administradores e pessoas ligadas ao empregador.

ART. 34. A pessoa jurídica empregadora deverá registrar em contas específicas que possibilitem determinar, com clareza e exatidão em sua contabilidade, as despesas efetivamente realizadas na aquisição do Vale-Transporte ou, na hipótese do artigo anterior, os dispêndios e encargos com o transporte do beneficiário, tais como aquisição de combustível, manutenção, reparos e depreciação dos veículos próprios, destinados exclusivamente ao transporte dos empregados, bem assim os gastos com as empresas contratadas para esse fim.

Parágrafo único. A parcela de custo, equivalente a 6% (seis por cento) do salário básico do empregado, que venha a ser recuperada pelo empregador, deverá ser deduzida do montante das despesas efetuadas no período-base, mediante lançamento a crédito das contas que registrem o montante dos custos relativos ao benefício concedido.

CAPÍTULO VI
DISPOSIÇÕES FINAIS

ART. 35. Os atos de concessão, permissão e autorização vigentes serão revistos para cumprimento do disposto no art. 30 deste regulamento.

ART. 36. Este decreto entra em vigor na data de sua publicação.

ART. 37. Revogam-se as disposições em contrário e em especial o Decreto n. 92.180, de 19 de dezembro de 1985.

Brasília, 17 de novembro de 1987; 166º da Independência e 99º da República.

JOSÉ SARNEY

DECRETO N. 98.961, DE 15 DE JANEIRO DE 1990

Dispõe sobre expulsão de estrangeiro condenado por tráfico de entorpecente e drogas afins.

› *DOU*, 16.02.1990, republicado em 19.02.1990.

O Presidente da República, no uso da atribuição que lhe confere o artigo 84, inciso IV, da Constituição,

Decreta:

ART. 1º O inquérito de expulsão de estrangeiro condenado por uso indevido ou tráfico ilícito de entorpecentes e drogas afins obedecerá ao rito procedimental estabelecido nos artigos 68 e 71 da Lei n. 6.815, de 19 de agosto de 1980, e nos artigos 100 a 105 do Decreto n. 86.715, de 10 de dezembro de 1981, mas somente serão encaminhados com parecer final ao Ministro da Justiça mediante certidão do cumprimento integral da pena privativa de liberdade.

› A Lei 6.815/1980 foi revogada pela Lei 13.445/2017.

› Arts. 54 e ss.

§ 1º Permitir-se-á certidão do cumprimento da pena nos sessenta dias anteriores ao respectivo término, mas o decreto de expulsão será executado no dia seguinte ao último da condenação.

§ 2º Na hipótese de atraso do decreto de expulsão, caberá ao Ministério da Justiça requerer, ao Juiz competente, a prisão, para efeito de expulsão, do estrangeiro de que trata este Decreto.

ART. 2º As condições de expulsabilidade serão aquelas existentes na data da infração penal, apuradas no inquérito, não se considerando as alterações ocorridas após a prática do delito.

ART. 3º Se, antes do cumprimento da pena, for conveniente ao interesse nacional a expulsão do estrangeiro, condenado por uso indevido ou tráfico de entorpecentes ou drogas afins, o Ministro da Justiça fará exposição fundamentada ao Presidente da República, que decidirá na forma do artigo 66 da Lei n. 6.815, de 19 de agosto de 1980.

ART. 4º Nos casos em que o Juízo de Execução conceder ao estrangeiro, de que trata este Decreto, regime penal mais benigno do que aquele fixado na decisão condenatória, caberá ao Ministério da Justiça requerer ao Ministério Público providências para que seja restabelecida a autoridade da sentença transitada em julgado.

ART. 5º Este Decreto entra em vigor na data de sua publicação.

ART. 6º Revogam-se as disposições em contrário.

Brasília, 15 de fevereiro de 1990; 169º da Independência e 102º da República.

JOSÉ SARNEY

DECRETO N. 98.973, DE 21 DE FEVEREIRO DE 1990

Aprova o Regulamento do Transporte Ferroviário de Produtos Perigosos, e dá outras providências.

› *DOU*, 22.2.1990

O Presidente da República, usando das atribuições que lhe confere o art. 84, item IV, da Constituição,

Decreta:

ART. 1º Fica aprovado o Regulamento do Transporte Ferroviário de Produtos Perigosos, que com este baixa, assinado pelo Ministro dos Transportes.

Parágrafo único. O transporte de produtos perigosos realizado pelas Forças Armadas obedecerá à legislação específica.

ART. 2º O Ministro de Estado dos Transportes expedirá, por portaria, os atos complementares que se façam necessários para a permanente atualização do regulamento e obtenção de níveis adequados de segurança neste tipo de transporte de carga.

ART. 3º Este Decreto entra em vigor da data de sua publicação.

ART. 4º Revogam-se as disposições em contrário.

Brasília, 21 de fevereiro de 1990; 169º da Independência e 102º da República.

JOSÉ SARNEY

REGULAMENTO DO TRANSPORTE FERROVIÁRIO DE PRODUTOS PERIGOSOS

CAPÍTULO I
DAS DISPOSIÇÕES PRELIMINARES

ART. 1º O transporte, por via férrea, de produtos, que, por suas características, sejam perigosos ou representem riscos para a vida e a saúde das pessoas, para a segurança pública, para o meio ambiente ou para a própria ferrovia, fica submetido às regras e aos procedimentos estabelecidos neste Regulamento, sem prejuízo do disposto na legislação peculiar a cada produto perigoso.

§ 1º Para os efeitos deste regulamento são produtos perigosos os relacionados em portaria baixada pelo Ministério dos Transportes.

§ 2º No transporte de produtos explosivos e de substâncias radioativas serão observadas, também, as normas específicas do Ministério do Exército e da Comissão Nacional de Energia Nuclear, respectivamente.

CAPÍTULO II
DAS CONDIÇÕES DO TRANSPORTE

SEÇÃO I
DOS VEÍCULOS E DOS EQUIPAMENTOS

ART. 2º O transporte de produtos perigosos somente será realizado por vagões e equipamentos cujas características técnicas e estado de conservação possibilitem segurança compatível com o risco correspondente ao produto transportado.

ART. 3º Os vagões e equipamentos destinados ao transporte de produtos perigosos a granel serão fabricados de acordo com norma brasileira ou, na inexistência desta, com norma internacionalmente aceita, devendo sua adequação para o transporte a que se destinam ser atestada pela ferrovia ou entidade por ela reconhecida.

§ 1º Sem prejuízo das inspeções rotineiras de manutenção, vagões e equipamentos utilizados no transporte de produtos perigosos serão inspecionados periodicamente pela ferrovia ou entidade pela mesma reconhecida, atendendo aos prazos e às rotinas recomendadas pelas normas de fabricação ou inspeção.

§ 2º Os vagões e equipamentos referidos no parágrafo anterior, quando acidentados ou avariados, serão inspecionados e testados pela ferrovia ou entidade por ela reconhecida, antes de retornarem à atividade de transporte.

§ 3º Quando se tratar de vagões e equipamentos de propriedade de terceiros, caberá ao proprietário comprovar junto à ferrovia ou à entidade por ela reconhecida, a realização das medidas previstas nos parágrafos anteriores.

ART. 4º O trem, quando transportando produtos perigosos, disporá de:

I - conjunto de equipamentos para o atendimento a acidentes, avarias e outras emergências, indicado em norma brasileira ou, na falta desta, em norma internacional ou os especificados pelo fabricante do produto;

II - equipamentos de proteção individual, de acordo com a norma brasileira ou, na falta desta, os especificados pelo fabricante do produto;

III - equipamentos de comunicações; e

IV - materiais de primeiros socorros.

Parágrafo único. A locomotiva-comandante será equipada com dispositivo de homem-morto e velocímetro registrador e conduzirá o conjunto de equipamentos de proteção individual destinado à equipagem e aparelho de comunicações.

ART. 5º Os vagões e equipamentos que tenham sido utilizados no transporte de produtos perigosos somente serão usados, para quaisquer outros fins, após sofrerem completa limpeza e descontaminação.

§ 1º Essa operação será realizada em local apropriado, evitando-se que resíduos dos conteúdos e produtos utilizados na limpeza sejam lançados em rede de escoamento geral, de águas pluviais, em mananciais ou em locais onde possam contaminar o meio ambiente.

§ 2º As especificações e condições para limpeza e descontaminação dos vagões e equipamentos, após descarregados, serão estabelecidas em conjunto pela ferrovia e pelo fabricante do produto.

§ 3º A responsabilidade pela execução da limpeza e descontaminação será estipulada no contrato de transporte.

ART. 6º É proibida a circulação de vagões que apresentem contaminação em seu exterior.

ART. 7º Os vagões e equipamentos que tenham transportado produtos perigosos, descarregados, não limpos ou que contenham resíduos daqueles produtos, estão sujeitos às mesmas prescrições aplicadas aos carregados.

SEÇÃO II
DA FORMAÇÃO E DA CIRCULAÇÃO DO TREM

ART. 8º Os vagões e equipamentos utilizados no transporte de produtos perigosos portarão rótulo de risco e painéis de segurança específicos, de acordo com a Norma Brasileira - NBR - 7500, enquanto durarem as operações de carregamento, estiva, transporte, descarregamento, baldeação, limpeza e descontaminação.

Parágrafo único. Após as operações de limpeza e descontaminação de vagões e equipamentos utilizados no transporte de produtos perigosos, os rótulos de risco e painéis de segurança serão retirados.

ART. 9º Na formação dos trens que transportem produtos perigosos, serão observadas as seguintes precauções:

I - os vagões transportando produtos que possam interagir de maneira perigosa com aqueles contidos em outros vagões deverão estar separados destes por, no mínimo, um vagão contendo produtos inertes;

II - todos os vagões da composição, inclusive os carregados com outro tipo de mercadoria, deverão satisfazer aos mesmos requisitos de segurança à circulação e desempenho operacional daqueles contendo produtos perigosos.

ART. 10. É proibido o transporte de produtos perigosos em trens de passageiros ou trens mistos, ressalvado o transporte de bagagens e pequenas expedições contendo os referidos produtos, que será disciplinado pelo Ministério dos Transportes, mediante proposição das ferrovias.

ART. 11. Em trem destinado ao transporte de produtos perigosos não será permitida a inclusão de vagão-plataforma carregado com toras, trilhos, grandes peças ou estruturas.

ART. 12. A viagem de trem que transporte produtos perigosos será a mais direta possível e seguirá horário prefixado.

Parágrafo único. É vedado o ingresso ou transporte de pessoa não autorizada em trem que transporte produtos perigosos.

ART. 13. O trem transportando produtos perigosos será inspecionado pela ferrovia para verificar sua conformidade com o estipulado neste regulamento, bem assim nas instruções complementares e demais normas aplicáveis ao produto:

I - antes de iniciar viagem;

II - em locais previamente especificados pela ferrovia; e

III - quando houver suspeita de qualquer fato anormal.

ART. 14. A ferrovia dará prévio conhecimento da circulação de trem com produtos perigosos a todo pessoal envolvido nesse transporte, instruindo-o sobre as medidas operacionais a serem adotadas e definindo as responsabilidades.

ART. 15. Nos despachos de produtos perigosos em tráfego mútuo, a ferrovia de origem avisará, com a devida antecedência, às demais ferrovias interessadas, para que estas possam providenciar, em tempo hábil, a continuação do transporte com presteza e segurança.

§ 1º No momento do recebimento, os vagões com produtos perigosos serão inspecionados para verificação de suas condições de circulação.

§ 2º Não estando os vagões em condições de prosseguir viagem, caberá à ferrovia de origem tomar as necessárias providências para adequá-los a este fim.

ART. 16. O transporte de produtos perigosos somente será realizado por vias cujo estado de conservação possibilite segurança compatível com o risco correspondente ao produto transportado.

ART. 17. Salvo imposição de sinalização ou motivo de força maior, os trens ou vagões e equipamentos com produtos perigosos não poderão parar e estacionar ao longo da linha nos seguintes casos:

I - ao lado de composição ou carros de passageiros e vagões com animais ou outros vagões com produtos perigosos;

II - em locais de fácil acesso público;

III - em passagens de nível.

SEÇÃO III
DO DESPACHO, ACONDICIONAMENTO, CARREGAMENTO, ESTIVA, DESCARREGAMENTO, MANUSEIO E ARMAZENAGEM

ART. 18. Os produtos perigosos fracionados serão acondicionados para suportar os riscos de carregamento, estiva, transporte, descarregamento e baldeação, sendo o expedidor responsável pela adequação do acondicionamento, segundo especificações do fabricante do produto.

Parágrafo único. A ferrovia somente receberá para o transporte aqueles produtos perigosos cujas embalagens externas estejam adequadamente rotuladas, etiquetadas e marcadas de acordo com a NBR-7500.

ART. 19. É proibido o transporte, no mesmo veículo ou contêiner, de produto perigoso com outro tipo de mercadoria, ou com outro produto perigoso, salvo se houver compatibilidade entre os diferentes produtos transportados. (Redação dada pelo Dec. 4.097/2002.)

§ 1º Consideram-se incompatíveis, para fins de transporte conjunto, produtos que, postos em contato entre si, apresentem alterações das características físicas ou químicas originais de qualquer deles, gerando risco de provocar explosão, desprendimento de chama ou calor, formação de compostos, misturas, vapores ou gases perigosos. (Redação dada pelo Dec. 4.097/2002.)

§ 2º É proibido o transporte de produtos perigosos, com risco de contaminação, juntamente com alimentos, medicamentos ou objetos destinados a uso humano ou animal ou, ainda, com embalagens de mercadorias destinadas ao mesmo fim. (Redação dada pelo Dec. 4.097/2002.)

§ 3º É proibido o transporte de animais juntamente com qualquer produto perigoso. (Redação dada pelo Dec. 4.097/2002.)

§ 4º Para aplicação das proibições de carregamento comum, previstas neste artigo, não serão considerados os produtos colocados em pequenos cofres de carga distintos, desde que estes assegurem a impossibilidade de danos a pessoas, mercadorias ou ao meio ambiente.. (Parágrafo incluído pelo Dec. 4.097/2002.)

ART. 20. É proibida a abertura de volumes contendo produtos perigosos nos veículos e dependências da ferrovia; exceto em casos de emergência.

§ 1º Nesses casos, a ferrovia deve providenciar, segundo orientação do expedidor, a recomendação dos volumes, garantindo as condições de segurança necessárias ao manuseio adequado do produto perigoso, a qual deve ser realizada por pessoa habilitada, com conhecimento sobre as características do produto e a natureza de seus riscos.

§ 2º Quando a ferrovia proceder à abertura e recomposição dos volumes, passará a ser responsável pelo acondicionamento, o que implicará a cessação da responsabilidade do expedidor.

§ 3º O expedidor será responsabilizado se a emergência tiver sido provocada por deficiência do acondicionamento original e, nesse caso, arcará com todos os ônus de controle da emergência e da abertura e recomposição dos volumes.

ART. 21. As operações de carregamento e descarregamento de produtos perigosos são de responsabilidade, respectivamente, do expedidor e do destinatário, respeitadas as condições de transporte indicadas pela ferrovia.

§ 1º Quando realizadas nas dependências da ferrovia, as operações de carregamento e descarregamento poderão, por acordo entre as partes envolvidas, ser de responsabilidade de ferrovia.

§ 2º Os produtos perigosos serão carregados e estivados, sempre que possível, diretamente nos vagões ou destes descarregados, em local afastado de habitações ou de áreas e vias de fácil acesso público.

§ 3º Nas operações de carregamento, cuidados especiais serão tomados quanto à arrumação da mercadoria, a fim de evitar danos, avarias, ou acidentes.

ART. 22. Após o seu carregamento, o vagão será perfeitamente fechado, lacrado ou enlonado e isolado, até a formação do trem.

ART. 23. 0 manuseio e a estiva de volume contendo produtos perigosos serão executados em condições de segurança adequadas às características dos produtos perigosos e à natureza de seus riscos.

ART. 24. A execução das operações de carregamento, estiva, baldeação e descarregamento de produtos perigosos no período noturno somente será admitida em condições adequadas de segurança, respeitadas as prescrições próprias da ferrovia.

ART. 25 Os produtos perigosos serão armazenados em locais a eles exclusivamente reservados, isolados e sinalizados, e serão observadas as medidas relativas à segurança e à compatibilidade entre produtos.

ART. 26. A ferrovia providenciará no sentido de que:

I - os produtos perigosos permaneçam o menor tempo possível em suas dependências;

II - enquanto estiverem sob sua guarda, os produtos perigosos sejam mantidos sob vigilância, por pessoal instruído sobre as características do risco e os procedimentos a serem adotados em caso de emergência, impedindo-se a aproximação de pessoas estranhas.

SEÇÃO IV
DO PESSOAL

ART. 27. A ferrovia promoverá, sistematicamente, o treinamento para todo o seu pessoal envolvido com o manuseio, transporte, atendimento a emergências e vigilância de produtos perigosos, de acordo com instruções expedidas a respeito do assunto.

ART. 28. Todo o pessoal envolvido nas operações de carregamento, descarregamento e baldeação de produtos perigosos deve usar traje e equipamentos de proteção individual adequados, conforme normas e instruções baixadas pelo Ministério do Trabalho e, no caso de substâncias radioativas, as da Comissão Nacional de Energia Nuclear.

Parágrafo único. Durante o transporte, a equipagem deve usar o traje mínimo obrigatório, ficando desobrigada do uso dos equipamentos de proteção individual.

ART. 29. A ferrovia manterá o pessoal de estação, despacho, recebimento, entrega, manobra e condução de veículos carregados com produtos perigosos, inteirado dos dispositivos deste regulamento e demais instruções relativas à presença, manuseio e transporte desses produtos.

SEÇÃO V
DA DOCUMENTAÇÃO

ART. 30. Os trens transportando produtos perigosos somente poderão circular com os documentos a seguir especificados, além daqueles previstos na regulamentação dos transportes ferroviários e nas normas relativas ao produto perigoso transportado:

I - declaração de carga emitida pelo expedidor contendo as seguintes informações sobre o produto perigoso transportado:

a) número e nome propriados para o embarque;

b) a classe e, quando for o caso, a subclasse à qual o produto pertence;

c) declaração de que o produto está adequadamente acondicionado para suportar os riscos normais de carregamento, estiva, descarregamento, baldeação e transporte ferroviário e que atende à regulamentação em vigor.

II - ficha de emergência, emitida pelo expedidor de acordo com as NBR-7503 e NBR-8285.

Parágrafo único. O documento a que se refere o item I deste artigo não eximirá a ferrovia de responsabilidade direta por eventuais danos que o vagão ou equipamento venha a causar a terceiros, nem eximirá o expedidor da responsabilidade pelos danos causados pelos produtos, por negligência de sua parte.

CAPÍTULO III
DOS PROCEDIMENTOS EM CASOS DE EMERGÊNCIA

ART. 31. Em caso de ocorrência com trem que esteja transportando produtos perigosos, afetando ou não a carga, a equipagem procederá da seguinte forma:

I - dará ciência à estação mais próxima ou ao setor de controle de tráfego, pelo meio mais rápido ao seu alcance, detalhando a ocorrência, o local do evento, a classe e a quantidade do produto transportado;

II - tomara as providências cabíveis relativas à circulação do trem; e

III - adotará as medidas indicadas na ficha de emergência ou nas instruções específicas da ferrovia sobre o produto transportado.

ART. 32. Nos casos em que os acidentes afetem ou possam afetar mananciais, áreas de proteção ambiental, reservas e estações ecológicas ou aglomerados urbanos, caberá à ferrovia:

I - providenciar, junto aos órgãos competentes, o isolamento e severa vigilância da área, até que sejam eliminados todos os riscos a saúde de pessoas e animais, ao patrimônio e ao meio ambiente.

II - dar ciência imediata do ocorrido às autoridades locais mobilizando todos os recursos necessários, inclusive por intermédio do órgão da defesa civil, do órgão de defesa do meio ambiente, das polícias civil e militar, da corporação de bombeiros e hospitais.

ART. 33. Nas rotas pelas quais se efetue transporte regular de produtos perigosos, a ferrovia manterá contatos com as autoridades locais - prefeituras e órgãos de policiamento, defesa civil, bombeiros, saúde pública, saneamento, meio ambiente - e entidades particulares, a fim de estabelecer, em conjunto com estas, plano para atendimento de situações de emergência que necessitem de apoio externo ao âmbito da ferrovia.

§ 1º Em cada localidade será indicado um órgão ou entidade a ser contatado pela ferrovia, o qual se encarregará de acionar os outros integrantes sistema de atendimento de emergência.

§ 2º No plano de atendimento a emergências será estabelecido a hierarquia de comando em cada situação.

ART. 34. Quando, em razão da natureza, extensão e características da emergência, se fizer necessária a presença, no local, de pessoal técnico ou especializado, esta será solicitada pela ferrovia ao expedidor ou ao fabricante do produto.

Parágrafo único. Os custos decorrentes do atendimento previsto neste artigo serão imputados à ferrovia ou ao expedidor, segundo disponha o contrato de transporte.

ART. 35. 0 fabricante do produto, o expedidor e o destinatário, em caso de emergência, prestarão apoio e darão os esclarecimentos que lhes forem solicitados pela ferrovia ou autoridade pública.

ART. 36. As operações de baldeação, em condições de emergência, serão executadas de conformidade com a orientação do expedidor ou do fabricante do produto e, se possível, com a presença do destinatário ou seu preposto e de autoridade pública.

Parágrafo único. Todo pessoal envolvido nessa operação utilizará o equipamento de manuseio e de proteção individual recomendados pelo expedidor ou fabricante do produto, segundo instruções deste.

ART. 37. Em caso de transporte regular de produtos perigosos, a ferrovia baixará instruções detalhadas, específicas para cada produto e para cada rota ferroviária, incluindo procedimentos para a execução segura das operações envolvidas no manuseio e transporte e o atendimento aos casos de emergência, com base nas informações recebidas do expedidor, segundo orientação do fabricante do produto.

§ 1º Nessas instruções serão definidas as responsabilidades, atividades e atribuições de todos aqueles que deverão atuar nas operações de manuseio, transporte e atendimento a emergência, destacando a ordem de comando em cada caso.

§ 2º Constarão das instruções os telefones das autoridades e entidades que, ao longo de cada rota, possam vir a prestar auxílio nas situações de emergência, conforme descrito no § 1º do artigo 33.

§ 3º Essas instruções serão revistas e atualizadas periodicamente.

ART. 38. Em caso de transporte eventual de produtos perigosos, a critério da ferrovia e sem prejuízos da segurança, as instruções relativas ao transporte, manuseio e atendimento a emergências poderão ser simplificadas.

ART. 39. A ferrovia, ao fazer o transporte de produtos perigosos, manterá, adequadamente localizados, em plenas condições de operação e prontos para partir, composições e veículos de socorro dotados de todos os dispositivos e equipamentos necessários ao atendimento às situações de emergência, bem como equipe treinada para lidar com tais ocorrências.

CAPÍTULO IV
DOS DEVERES, OBRIGAÇÕES E RESPONSABILIDADES

SEÇÃO I
DO FABRICANTE E DO IMPORTADOR

ART. 40. 0 fabricante de vagões e equipamentos especialmente destinados ao transporte de produtos perigosos responderá pela sua qualidade e adequação aos fins a que se destinam.

ART. 41. O fabricante do produto perigoso deverá:

I - fornecer ao expedidor as especificações relativas à adequação do acondicionamento do produto e, quando for o caso, a relação do conjunto de equipamentos a que se refere o Art. 4º;

II - fornecer ao expedidor as informações sobre as cautelas necessárias ao transporte e manuseio do produto, bem como ao preenchimento da ficha de emergência e à elaboração das instruções específicas;

III - estabelecer, em conjunto com a ferrovia, as especificações e condições para limpeza e descontaminação de vagões e equipamentos;

IV - prestar o apoio e as informações complementares que lhe forem solicitados pela ferrovia ou pelas autoridades públicas, em casos de emergência.

ART. 42. No caso de importação, o importador do produto ou equipamento assumirá, em território brasileiro, os deveres, obrigações e responsabilidades do fabricante.

SEÇÃO II
DO EXPEDIDOR E DO DESTINATÁRIO

ART. 43. O expedidor deverá:

a) fornecer à ferrovia os documentos exigíveis para o transporte de produtos perigosos, assumindo responsabilidade pelo que declarar;

b) prestar à ferrovia, de conformidade com o fabricante do produto, todas as informações sobre o produto perigoso a ser transportado, necessárias para a elaboração de instruções relativas às medidas de segurança no transporte e para atendimento a situações de emergência;

c) indicar, de conformidade com o fabricante, os principais riscos associados ao produto perigoso e as providências essenciais a serem tomadas em caso de emergência;

d) exigir da ferrovia o emprego de rótulo de risco e painéis de segurança adequados aos produtos a transportar, conforme disposto no art. 8º;

e) entregar os produtos devidamente rotulados, etiquetados e marcados, no caso de carga fracionada;

f) acordar com a ferrovia, caso esta não os possua, o fornecimento de equipamentos específicos a atender às situações de emergência, com as devidas instruções para a sua correta utilização;

g) fornecer à ferrovia, quando esta não os possua, os rótulos de risco e painéis de segurança para uso de vagões ou equipamentos de propriedade do transportador, em caso de transporte eventual;

h) comprovar junto à ferrovia a realização de inspeções em vagões e equipamentos de sua propriedade, conforme previsto no § 3º, do art. 3º.

ART. 44. O expedidor e o destinatário prestarão todo o apoio possível e darão os esclarecimentos necessários que lhes forem solicitados pela ferrovia ou autoridade pública, em casos de emergência no transporte de produtos perigosos.

ART. 45. As operações de carregamento e de descarregamento são da responsabilidade, respectivamente, do expedidor e do destinatário, cabendo-lhes dar treinamento e orientação adequados ao pessoal envolvido, quanto aos procedimentos a serem adotados nessas operações, respeitadas as condições de transporte indicadas pela ferrovia.

§ 1º A ferrovia será corresponsável pelas operações de carregamento ou de descarregamento, quando delas participar, por acordo com o expedidor ou com o destinatário.

§ 2º Quando realizadas nas dependências da ferrovia, as operações de carregamento e descarregamento poderão, por comum acordo entre as partes envolvidas, ser de responsabilidade da ferrovia.

ART. 46. No carregamento, estiva e descarregamento de produtos perigosos, o expedidor e o destinatário tomarão as precauções necessárias à preservação dos bens de propriedade da ferrovia ou de terceiros, com especial atenção para a compatibilidade entre os aludidos produtos.

ART. 47. Quando os vagões e equipamentos forem de propriedade da ferrovia, caberá ao expedidor verificar se os mesmos estão em condições adequadas ao acondicionamento dos produtos.

ART. 48. O expedidor será responsável pela adequação do acondicionamento do produto a ser transportado, conforme norma brasileira e, na falta desta, conforme especificações do fabricante do produto.

Parágrafo único. Nos casos de emergência, em que a ferrovia efetue a abertura e recomposição de volumes contendo produtos perigosos, será sua a responsabilidade a que se refere este artigo, respondendo o expedidor pelas consequências da emergência, se esta tiver sido provocada por ato ou omissão a ele imputável.

SEÇÃO III
DA FERROVIA

ART. 49. Constituem deveres e obrigações da ferrovia:

I - garantir as condições de utilização, bem assim a adequação de seus vagões e equipamentos aos produtos transportados;

II - verificar as condições de utilização e a adequação ao transporte de produtos perigosos dos vagões e equipamentos, quando de propriedade de terceiros;

III - fazer acompanhar as operações de carga, descarga e baldeação, executadas pelo expedidor ou destinatário, em instalações da ferrovia, adotando as cautelas necessárias para prevenir riscos ao meio ambiente, à saúde e à integridade física de seus prepostos;

IV - certificar-se de que o expedidor ou o destinatário da carga estão habilitados a executar as operações de sua movimentação em instalações próprias;

V - observar a orientação do expedidor quanto à correta estiva da carga no vagão ou equipamento, sempre que, por acordo com o expedidor, tiver responsabilidade solidária ou exclusiva sobre as operações de carregamento e descarregamento;

VI - providenciar para que o trem mantenha afixados em lugar visível os rótulos de risco e painéis de segurança específicos adequados aos produtos transportados e assegurar que os equipamentos necessários a situações de emergência estejam em condições de funcionamento adequadas;

VII - instruir o pessoal envolvido na operação do transporte quanto à correta utilização dos equipamentos necessários ao atendimento a situações de emergência;

VIII - zelar pela adequação profissional do pessoal envolvido nas operações de manuseio e de transporte, submetendo-o a exames de saúde periódicos.

§ 1º Sempre que a carga e a descarga forem executadas pelo expedidor ou destinatário sem a conferência e acompanhamento da ferrovia, o expedidor ficará responsável pelos danos e acidentes decorrentes do mau acondicionamento da carga, devendo neste caso os vagões serem lacrados pelo expedidor ou destinatário.

§ 2º No transporte de granéis, quando a carga e a descarga forem feitas pelo expedidor ou destinatário sem conferência da ferrovia, a responsabilidade do expedidor ou do destinatário se restringe aos acidentes ocorridos nessas operações, salvo quando o carregamento e descarregamento forem realizados em desacordo com as normas vigentes para o produto e tais irregularidades venham a provocar acidentes ou avaria no percurso.

ART. 50. A ferrovia conferirá, na origem, o que for apresentado para despacho, verificando a procedência das declarações e informações do expedidor e o cumprimento das exigências prescritas neste regulamento.

ART. 51. A ferrovia recusará o transporte quando as condições de acondicionamento dos produtos não estiverem conforme os preceitos deste Regulamento, das demais normas e instruções, ou apresentarem sinais de violação, deterioração, ou mau estado de conservação; sob pena de responsabilidade solidária com o expedidor.

ART. 52. A ferrovia comunicará ao destinatário em tempo hábil, a data e hora da chegada do produto, para que ele possa tomar as providências cabíveis para a retirada da mercadoria no prazo ajustado.

CAPÍTULO V
DA FISCALIZAÇÃO

ART. 53. A fiscalização do cumprimento deste Regulamento, de suas normas e instruções complementares, será exercida pela Secretaria-Geral do Ministério dos Transportes cabendo-lhe:

I - fixar a periodicidade com que as ferrovias deverão apresentar relatórios sobre o transporte e ocorrências;

II - adotar as medidas adequadas para melhorar o nível de segurança nesse tipo de transporte;

III - determinar, quando for o caso, providências para apuração de responsabilidade nas ocorrências com produtos perigosos, garantindo às partes o direito de participação na apuração dos fatos.

ART. 54. Caberá à ferrovia a fiscalização dos procedimentos operacionais de seu pessoal para assegurar o cumprimento dos dispositivos deste julgamento.

ART. 55. Nos contratos de transporte de produtos perigosos as partes estipularão as suas obrigações e as sanções aplicáveis pelo seu descumprimento.

§ 1º A aplicação dessas sanções far-se-á independentemente de outras penalidades aplicáveis ao infrator, inclusive multas, na forma do que dispuser a legislação federal, estadual ou municipal.

§ 2º A imposição das sanções previstas neste artigo não exonera o infrator das cominações civis e penais cabíveis.

CAPÍTULO VI
DAS DISPOSIÇÕES GERAIS

ART. 56. Para a uniforme e generalizada aplicação deste regulamento, o Ministério dos Transportes manterá cooperação com órgãos e entidades públicas ou privadas, mediante troca de experiências, consultas e execução de pesquisa, com a finalidade, inclusive, de complementação ou alteração deste regulamento.

ART. 57. Integram o presente regulamento as NBR-7500, NBR-7503 e NBR-8285.

ART. 58. Será de exclusiva competência do Ministério dos Transportes:

I - estabelecer medidas especiais de segurança para o transporte, em circunstâncias que assim o exijam tecnicamente;

II - estabelecer proibição de transporte de produtos perigosos por ferrovia, quando esta não oferecer condições de segurança suficiente, determinando para cada caso a modalidade de transporte mais adequada;

III - dispensar do cumprimento, total ou parcial, das exigências deste regulamento, o transporte de determinados produtos ou quantidade de produtos que não representam riscos significativos.

§ 1º Quando se tratar de produtos explosivos e de substâncias radioativas serão ouvidos pelo Ministério dos Transportes, respectivamente, o Ministério do Exército e a Comissão Nacional de Energia Nuclear.

§ 2º O transporte de pequenas quantidades de produtos perigosos, necessários à operação e manutenção dos serviços ferroviários, assim como o transporte a bordo de trens de socorro, estão isentos do cumprimento das disposições previstas neste regulamento.

ART. 59. O presente regulamento será aplicado ao transporte ferroviário internacional de produtos perigosos, em território brasileiro, observadas, no que couber, as disposições constantes de acordos, convênios ou tratados ratificados pelo Brasil.

ART. 60. Este regulamento será amplamente divulgado e estará à disposição dos usuários, para consulta, nas estações e agências da ferrovia.

ART. 61. O Ministério dos Transportes fixará, mediante portaria, os prazos necessários para que a ferrovia, o expedidor, o destinatário e o fabricante de produtos ou equipamentos se adaptem às exigências deste regulamento.

Brasília, 21 de fevereiro de 1990.

DECRETO N. 99.274, DE 6 DE JUNHO DE 1990

Regulamenta a Lei n. 6.902, de 27 de abril de 1981, e a Lei n. 6.938, de 31 de agosto de 1981, que dispõem, respectivamente sobre a criação de Estações Ecológicas e Áreas de Proteção Ambiental e sobre a Política Nacional do Meio Ambiente, e dá outras providências.

› *DOU*, 07.06.1990.

O Presidente da República, no uso das atribuições que lhe confere o art. 84, incisos IV e VI, da Constituição, e tendo em vista o disposto na Lei n. 6.902, de 27 de abril de 1981, e na Lei n. 6.938, de 31 de agosto de 1981, alterada pelas Leis n. 7.804, de 18 de julho de 1989, e 8.028, de 12 de abril de 1990,

Decreta:

TÍTULO I
DA EXECUÇÃO DA POLÍTICA NACIONAL DO MEIO AMBIENTE

CAPÍTULO I
DAS ATRIBUIÇÕES

ART. 1º Na execução da Política Nacional do Meio Ambiente cumpre ao Poder Público, nos seus diferentes níveis de governo:

I - manter a fiscalização permanente dos recursos ambientais, visando à compatibilização do desenvolvimento econômico com a proteção do meio ambiente e do equilíbrio ecológico;

II - proteger as áreas representativas de ecossistemas mediante a implantação de unidades de conservação e preservação ecológica;

III - manter, através de órgãos especializados da Administração Pública, o controle permanente das atividades potencial ou efetivamente poluidoras, de modo a compatibilizá-las com os critérios vigentes de proteção ambiental;

IV - incentivar o estudo e a pesquisa de tecnologias para o uso racional e a proteção dos recursos ambientais, utilizando nesse sentido os planos e programas regionais ou setoriais de desenvolvimento industrial e agrícola;

V - implantar, nas áreas críticas de poluição, um sistema permanente de acompanhamento dos índices locais de qualidade ambiental;

VI - identificar e informar, aos órgãos e entidades do Sistema Nacional do Meio Ambiente, a existência de áreas degradadas ou ameaçadas de degradação, propondo medidas para sua recuperação; e

VII - orientar a educação, em todos os níveis, para a participação ativa do cidadão e da comunidade na defesa do meio ambiente, cuidando para que os currículos escolares das diversas matérias obrigatórias contemplem o estudo da ecologia.

ART. 2º A execução da Política Nacional do Meio Ambiente, no âmbito da Administração Pública Federal, terá a coordenação do Secretário do Meio Ambiente.

CAPÍTULO II
DA ESTRUTURA DO SISTEMA NACIONAL DO MEIO AMBIENTE

ART. 3º O Sistema Nacional do Meio Ambiente (Sisnama), constituído pelos órgãos e entidades da União, dos Estados, do Distrito Federal, dos Municípios e pelas fundações instituídas pelo Poder Público, responsáveis pela proteção e melhoria da qualidade ambiental, tem a seguinte estrutura:

I - Órgão Superior: o Conselho de Governo;

II - Órgão Consultivo e Deliberativo: o Conselho Nacional do Meio Ambiente (Conama);

III - Órgão Central: a Secretaria do Meio Ambiente da Presidência da República (Semam/PR);

IV - Órgãos Executores: o Instituto Brasileiro do Meio Ambiente e dos Recursos Naturais Renováveis - IBAMA e o Instituto Chico Mendes de Conservação da Biodiversidade - Instituto Chico Mendes; (Redação dada pelo Dec. 6.792/2009.)

V - Órgãos Seccionais: os órgãos ou entidades da Administração Pública Federal direta e indireta, as fundações instituídas pelo Poder Público cujas atividades estejam associadas às de proteção da qualidade ambiental ou àquelas de disciplinamento do uso de recursos ambientais, bem assim os órgãos e entidades estaduais responsáveis pela execução de programas e projetos e pelo controle e fiscalização de atividades capazes de provocar a degradação ambiental; e

VI - Órgãos Locais: os órgãos ou entidades municipais responsáveis pelo controle e fiscalização das atividades referidas no inciso anterior, nas suas respectivas jurisdições.

SEÇÃO I
DA CONSTITUIÇÃO E FUNCIONAMENTO DO CONSELHO NACIONAL DO MEIO AMBIENTE

ART. 4º O Conama compõe-se de: (Redação dada pelo Dec. 6.792/2009.)

I - Plenário; (Redação dada pelo Dec. 6.792/2009.)

II - Câmara Especial Recursal; (Redação dada pelo Dec. 6.792/2009.)

III - Comitê de Integração de Políticas Ambientais; (Redação dada pelo Dec. 6.792/2009.)

IV - Câmaras Técnicas; (Redação dada pelo Dec. 6.792/2009.)

V - Grupos de Trabalho; e (Redação dada pelo Dec. 6.792/2009.)

VI - Grupos Assessores. (Redação dada pelo Dec. 6.792/2009.)

ART. 5º Integram o Plenário do Conama: (Redação dada pelo Dec. 99.355/1990.)

I - o Ministro de Estado do Meio Ambiente, que o presidirá; (Redação dada pelo Dec. 3.942/2001.)

II - o Secretário-Executivo do Ministério do Meio Ambiente, que será o seu Secretário-Executivo; (Redação dada pelo Dec. 3.942/2001.)

III - um representante do IBAMA e um do Instituto Chico Mendes; (Redação dada pelo Dec. 6.792/2009.)

IV - um representante da Agência Nacional de Águas-ANA; (Redação dada pelo Dec. 3.942/2001.)

V - um representante de cada um dos Ministérios, das Secretarias da Presidência da República e dos Comandos Militares do Ministério da Defesa, indicados pelos respectivos titulares; (Redação dada pelo Dec. 3.942/2001.)

VI - um representante de cada um dos Governos Estaduais e do Distrito Federal, indicados pelos respectivos governadores; (Redação dada pelo Dec. 3.942/2001.)

VII - oito representantes dos Governos Municipais que possuam órgão ambiental estruturado e Conselho de Meio Ambiente com caráter deliberativo, sendo: (Redação dada pelo Dec. 3.942/2001.)

a) um representante de cada região geográfica do País; (Incluída pelo Dec. 3.942/2001.)

b) um representante da Associação Nacional de Municípios e Meio Ambiente-ANAMMA; (Incluída pelo Dec. 3.942/2001.)

c) dois representantes de entidades municipalistas de âmbito nacional; (Incluída pelo Dec. 3.942/2001.)

VIII - vinte e um representantes de entidades de trabalhadores e da sociedade civil, sendo: (Incluído pelo Dec. 3.942/2001.)

a) dois representantes de entidades ambientalistas de cada uma das Regiões Geográficas do País; (Incluída pelo Dec. 3.942/2001.)

b) um representante de entidade ambientalista de âmbito nacional; (Incluída pelo Dec. 3.942/2001.)

c) três representantes de associações legalmente constituídas para a defesa dos recursos naturais e do combate à poluição, de livre escolha do Presidente da República; (Incluída pelo Dec. 3.942/2001.)

d) um representante de entidades profissionais, de âmbito nacional, com atuação na área ambiental e de saneamento, indicado pela Associação Brasileira de Engenharia Sanitária e Ambiental-ABES; (Incluída pelo Dec. 3.942/2001.)

e) um representante de trabalhadores indicado pelas centrais sindicais e confederações de trabalhadores da área urbana (Central Única dos Trabalhadores-CUT, Força Sindical, Confederação Geral dos Trabalhadores-CGT, Confederação Nacional dos Trabalhadores na Indústria-CNTI e Confederação Nacional dos Trabalhadores no Comércio-CNTC), escolhido em processo coordenado pela CNTI e CNTC; (Incluída pelo Dec. 3.942/2001.)

f) um representante de trabalhadores da área rural, indicado pela Confederação Nacional dos Trabalhadores na Agricultura-CONTAG; (Incluída pelo Dec. 3.942/2001.)

g) um representante de populações tradicionais, escolhido em processo coordenado pelo Centro Nacional de Desenvolvimento Sustentável das Populações Tradicionais--CNPT/IBAMA; (Incluída pelo Dec. 3.942/2001.)

h) um representante da comunidade indígena indicado pelo Conselho de Articulação dos Povos e Organizações Indígenas do Brasil--CAPOIB; (Incluída pelo Dec. 3.942/2001.)

i) um representante da comunidade científica, indicado pela Sociedade Brasileira para o Progresso da Ciência-SBPC; (Incluída pelo Dec. 3.942/2001.)

j) um representante do Conselho Nacional de Comandantes Gerais das Polícias Militares e Corpos de Bombeiros Militares-CNCG; (Incluída pelo Dec. 3.942/2001.)

l) um representante da Fundação Brasileira para a Conservação da Natureza-FBCN; (Incluída pelo Dec. 3.942/2001.)

IX - oito representantes de entidades empresariais; e (Incluído pelo Dec. 3.942/2001.)

X - um membro honorário indicado pelo Plenário. (Incluído pelo Dec. 3.942/2001.)

§ 1º Integram também o Plenário do Conama, na condição de Conselheiros Convidados, sem direito a voto: (Redação dada pelo Dec. 3.942/2001.)

I - um representante do Ministério Público Federal; (Incluído pelo Dec. 3.942/2001.)

II - um representante dos Ministérios Públicos Estaduais, indicado pelo Conselho Nacional dos Procuradores-Gerais de Justiça; e (Incluído pelo Dec. 3.942/2001.)

III - um representante da Comissão de Defesa do Consumidor, Meio Ambiente e Minorias da Câmara dos Deputados. (Incluído pelo Dec. 3.942/2001.)

§ 2º Os representantes referidos nos incisos III a X do *caput* e no § 1º e seus respectivos suplentes serão designados pelo Ministro de Estado do Meio Ambiente. (Redação dada pelo Dec. 3.942/2001.)

§ 3º Os representantes referidos no inciso III do *caput* e no § 1º e seus respectivos suplentes serão indicados pelos titulares dos respectivos órgãos e entidades. (Incluído pelo Dec. 3.942/2001.)

§ 4º Incumbirá à ANAMMA coordenar o processo de escolha dos representantes a que se referem as alíneas "a" e "b" do inciso VII e ao Presidente do Conama a indicação das entidades referidas na alínea "c" desse mesmo inciso. (Incluído pelo Dec. 3.942/2001.)

§ 5º Os representantes das entidades de trabalhadores e empresariais serão indicados pelas respectivas Confederações Nacionais. (Incluído pelo Dec. 3.942/2001.)

§ 6º Os representantes referidos no inciso VIII, alíneas "a" e "b", serão eleitos pelas entidades inscritas, há pelo menos um ano, no Cadastro Nacional de Entidades Ambientalistas-CNEA, na respectiva região, mediante carta registrada ou protocolizada junto ao Conama. (Incluído pelo Dec. 3.942/2001.)

§ 7º Terá mandato de dois anos, renovável por igual período, o representante de que trata o inciso X. (Incluído pelo Dec. 3.942/2001.)

ART. 6º O Plenário do Conama reunir-se-á, em caráter ordinário, a cada três meses, no Distrito Federal, e, extraordinariamente, sempre que convocado pelo seu Presidente, por iniciativa própria ou a requerimento de pelo menos dois terços de seus membros.

§ 1º As reuniões extraordinárias poderão ser realizadas fora do Distrito Federal, sempre que razões superiores, de conveniência técnica ou política, assim o exigirem.

§ 2º O Plenário do Conama reunir-se-á em sessão pública, com a presença de pelo menos a metade mais um dos seus membros e deliberará por maioria simples dos membros presentes no Plenário, cabendo ao Presidente da sessão, além do voto pessoal, o de qualidade. (Redação dada pelo Dec. 3.942/2001.)

§ 3º O Presidente do Conama será substituído, nos seus impedimentos, pelo Secretário--Executivo do Conama e, na falta deste, pelo Conselheiro representante do Ministério do Meio Ambiente. (Redação dada pelo Dec. 3.942/2001.)

§ 4º A participação dos membros do Conama é considerada serviço de natureza relevante e não será remunerada, cabendo às instituições representadas o custeio das despesas de deslocamento e estadia.

§ 5º Os membros representantes da sociedade civil, previsto no inciso VIII, alíneas "a", "b", "c", "d", "g", "h", "i" e "l" do *caput* do art. 5º, poderão ter as despesas de deslocamento e estada pagas à conta de recursos orçamentários do Ministério do Meio Ambiente. (Incluído pelo Dec. 3.942/2001.)

ART. 6º-A. A Câmara Especial Recursal é a instância administrativa do Conama responsável pelo julgamento, em caráter final, das multas e outras penalidades administrativas impostas pelo IBAMA. (Incluído pelo Dec. 6.792/2009.)

Parágrafo único. As decisões da Câmara terão caráter terminativo. (Incluído pelo Dec. 6.792/2009.)

ART. 6º-B. A Câmara Especial Recursal será composta por um representante, titular e suplente, de cada órgão e entidade a seguir indicados: (Incluído pelo Dec. 6.792/2009.)

I - Ministério do Meio Ambiente, que a presidirá; (Incluído pelo Dec. 6.792/2009.)

II - Ministério da Justiça; (Incluído pelo Dec. 6.792/2009.)

III - Instituto Chico Mendes; (Incluído pelo Dec. 6.792/2009.)

IV - IBAMA; (Incluído pelo Dec. 6.792/2009.)

V - entidade ambientalista; (Incluído pelo Dec. 6.792/2009.)

VI - entidades empresariais; e (Incluído pelo Dec. 6.792/2009.)

VII - entidades de trabalhadores. (Incluído pelo Dec. 6.792/2009.)

§ 1º As indicações dos representantes que comporão a Câmara Especial Recursal obedecerão aos mesmos procedimentos de que trata o art. 5º. (Incluído pelo Dec. 6.792/2009.)

§ 2º Os representantes de que trata este artigo serão escolhidos entre profissionais com formação jurídica e experiência na área ambiental, para período de dois anos, renovável por igual prazo. (Incluído pelo Dec. 6.792/2009.)

§ 3º A Câmara reunir-se-á, por convocação do seu Presidente, em Brasília e em sessão pública, com a presença de pelo menos a metade mais um dos seus membros e deliberará por maioria simples dos membros presentes, cabendo ao Presidente, além do voto pessoal, o de qualidade. (Incluído pelo Dec. 6.792/2009.)

§ 4º A participação na Câmara será considerada serviço de natureza relevante, não remunerada. (Incluído pelo Dec. 6.792/2009.)

§ 5º A organização e funcionamento da Câmara serão incluídos no regimento interno do Conama, devendo os membros daquela Câmara, já na primeira sessão, elaborar proposta naquele sentido, a ser apresentada ao Conselho. (Incluído pelo Dec. 6.792/2009.)

§ 6º Para atender aos fins dispostos na Seção V do Capítulo II do Decreto n. 6.514, de 22 de julho de 2008, os membros da Câmara estabelecerão as regras temporárias de funcionamento até que seja elaborada e aprovada a proposta de alteração do regimento de que trata o § 5º. (Incluído pelo Dec. 6.792/2009.)

SEÇÃO II
DA COMPETÊNCIA DO CONSELHO NACIONAL DO MEIO AMBIENTE

ART. 7º Compete ao Conama: (Redação dada pelo Dec. 3.942/2001.)

I - estabelecer, mediante proposta do IBAMA, normas e critérios para o licenciamento de atividades efetiva ou potencialmente poluidoras, a ser concedido pela União, Estados, Distrito Federal e Municípios e supervisionada pelo referido Instituto; (Redação dada pelo Dec. 3.942/2001.)

II - determinar, quando julgar necessário, a realização de estudos das alternativas e das possíveis consequências ambientais de projetos públicos ou privados, requisitando aos órgãos federais, estaduais e municipais, bem assim a entidades privadas, as informações indispensáveis para apreciação dos estudos de impacto ambiental, e respectivos relatórios, no caso de obras ou atividades de significativa degradação ambiental, especialmente nas áreas consideradas patrimônio nacional; (Redação dada pelo Dec. 3.942/2001.)

III - decidir, por meio da Câmara Especial Recursal, como última instância administrativa, os recursos contra as multas e outras penalidades impostas pelo IBAMA; (Redação dada pelo Dec. 6.792/2009.)

IV - determinar, mediante representação do IBAMA, a perda ou restrição de benefícios fiscais concedidos pelo Poder Público, em caráter geral ou condicional, e a perda ou suspensão de participação em linhas de financiamento em estabelecimentos oficiais de crédito; (Redação dada pelo Dec. 3.942/2001.)

V - estabelecer, privativamente, normas e padrões nacionais de controle da poluição causada por veículos automotores, aeronaves e embarcações, mediante audiência dos Ministérios competentes; (Redação dada pelo Dec. 3.942/2001.)

VI - estabelecer normas, critérios e padrões relativos ao controle e à manutenção da qualidade do meio ambiente com vistas ao uso racional dos recursos ambientais, principalmente os hídricos; (Redação dada pelo Dec. 3.942/2001.)

VII - assessorar, estudar e propor ao Conselho de Governo diretrizes de políticas governamentais para o meio ambiente e os recursos naturais; (Redação dada pelo Dec. 3.942/2001.)

VIII - deliberar, no âmbito de sua competência, sobre normas e padrões compatíveis com o meio ambiente ecologicamente equilibrado e essencial à sadia qualidade de vida; (Redação dada pelo Dec. 3.942/2001.)

IX - estabelecer os critérios técnicos para declaração de áreas críticas, saturadas ou em vias de saturação; (Redação dada pelo Dec. 3.942/2001.)

X - acompanhar a implementação do Sistema Nacional de Unidades de Conservação da Natureza-SNUC, conforme disposto no inciso

I do art. 6º da Lei n. 9.985, de 18 de julho de 2000; (Redação dada pelo Dec. 3.942/2001.)

XI - propor sistemática de monitoramento, avaliação e cumprimento das normas ambientais; (Redação dada pelo Dec. 3.942/2001.)

XII - incentivar a instituição e o fortalecimento institucional dos Conselhos Estaduais e Municipais de Meio Ambiente, de gestão de recursos ambientais e dos Comitês de Bacia Hidrográfica; (Redação dada pelo Dec. 3.942/2001.)

XIII - avaliar a implementação e a execução da política ambiental do País; (Redação dada pelo Dec. 3.942/2001.)

XIV - recomendar ao órgão ambiental competente a elaboração do Relatório de Qualidade Ambiental, previsto no art. 9º inciso X da Lei n. 6.938, de 31 de agosto de 1981; (Redação dada pelo Dec. 3.942/2001.)

XV - estabelecer sistema de divulgação de seus trabalhos; (Incluído pelo Dec. 3.942/2001.)

XVI - promover a integração dos órgãos colegiados de meio ambiente; (Incluído pelo Dec. 3.942/2001.)

XVII - elaborar, aprovar e acompanhar a implementação da Agenda Nacional de Meio Ambiente, a ser proposta aos órgãos e às entidades do Sisnama, sob a forma de recomendação; (Incluído pelo Dec. 3.942/2001.)

XVIII - deliberar, sob a forma de resoluções, proposições, recomendações e moções, visando o cumprimento dos objetivos da Política Nacional de Meio Ambiente; e (Incluído pelo Dec. 3.942/2001.)

XIX - elaborar o seu regimento interno. (Incluído pelo Dec. 3.942/2001.)

§ 1º As normas e os critérios para o licenciamento de atividades potencial ou efetivamente poluidoras deverão estabelecer os requisitos necessários à proteção ambiental. (Redação dada pelo Dec. 3.942/2001.)

§ 2º As penalidades previstas no inciso IV deste artigo somente serão aplicadas nos casos previamente definidos em ato específico do Conama, assegurando-se ao interessado a ampla defesa. (Redação dada pelo Dec. 3.942/2001.)

§ 3º Na fixação de normas, critérios e padrões relativos ao controle e à manutenção da qualidade do meio ambiente, o Conama levará em consideração a capacidade de autorregeneração dos corpos receptores e a necessidade de estabelecer parâmetros genéricos mensuráveis. (Redação dada pelo Dec. 3.942/2001.)

§ 4º A Agenda Nacional de Meio Ambiente de que trata o inciso XVII deste artigo constitui-se de documento a ser dirigido ao Sisnama, recomendando os temas, programas e projetos considerados prioritários para a melhoria da qualidade ambiental e o desenvolvimento sustentável do País, indicando os objetivos a serem alcançados num período de dois anos. (Redação dada pelo Dec. 3.942/2001.)

SEÇÃO III
DAS CÂMARAS TÉCNICAS

ART. 8º O Conama poderá dividir-se em Câmaras Técnicas, para examinar e relatar ao Plenário assuntos de sua competência.

§ 1º A competência, a composição e o prazo de funcionamento de cada uma das Câmaras Técnicas constará do ato do Conama que a criar.

§ 2º Na composição das Câmaras Técnicas, integradas por até dez membros, titulares e suplentes, deverá ser observada a participação das diferentes categorias de interesse multissetorial representadas no Plenário. (Redação dada pelo Dec. 6.792/2009.)

ART. 9º Em caso de urgência, o Presidente do Conama poderá criar Câmaras Técnicas *ad referendum* do Plenário.

SEÇÃO IV
DO ÓRGÃO CENTRAL

ART. 10. Caberá ao Ministério do Meio Ambiente, por intermédio de sua Secretaria-Executiva, prover os serviços de apoio técnico e administrativo do Conama. (Redação dada pelo Dec. 3.942/2001.)

ART. 11. Para atender ao suporte técnico e administrativo do Conama, a Secretaria-Executiva do Ministério do Meio Ambiente deverá: (Redação dada pelo Dec. 3.942/2001.)

I - solicitar colaboração, quando necessário, aos órgãos específicos singulares, ao Gabinete e às entidades vinculadas ao Ministério do Meio Ambiente; (Redação dada pelo Dec. 3.942/2001.)

II - coordenar, por meio do Sistema Nacional de Informações sobre o Meio Ambiente -Sinima, o intercâmbio de informações entre os órgãos integrantes do Sisnama; e (Redação dada pelo Dec. 3.942/2001.)

III - promover a publicação e divulgação dos atos do Conama. (Redação dada pelo Dec. 3.942/2001.)

SEÇÃO V
DA COORDENAÇÃO DOS ÓRGÃOS SECCIONAIS FEDERAIS

ART. 12. Os Órgãos Seccionais, de que trata o art. 3º, inciso V, primeira parte, serão coordenados, no que se referir à Política Nacional do Meio Ambiente, pelo Secretário do Meio Ambiente.

SEÇÃO VI
DOS ÓRGÃOS SECCIONAIS ESTADUAIS E DOS ÓRGÃOS LOCAIS

ART. 13. A integração dos Órgãos Setoriais Estaduais (art. 30, inciso V, segunda parte) e dos Órgãos Locais ao Sisnama, bem assim a delegação de funções do nível federal para o estadual poderão ser objeto de convênios celebrados entre cada Órgão Setorial Estadual e a Semam/PR, admitida a interveniência de Órgãos Setoriais Federais do Sisnama.

CAPÍTULO III
DA ATUAÇÃO DO SISTEMA NACIONAL DO MEIO AMBIENTE

ART. 14. A atuação do Sisnama efetivar-se-á mediante articulação coordenada dos órgãos e entidades que o constituem, observado o seguinte:

I - o acesso da opinião pública às informações relativas às agressões ao meio ambiente e às ações de proteção ambiental, na forma estabelecida pelo Conama; e

II - caberá aos Estados, ao Distrito Federal e aos Municípios a regionalização das medidas emanadas do Sisnama, elaborando normas e padrões supletivos e complementares.

Parágrafo único. As normas e padrões dos Estados, do Distrito Federal e dos Municípios poderão fixar parâmetros de emissão, ejeção e emanação de agentes poluidores, observada a legislação federal.

ART. 15. Os Órgãos Seccionais prestarão ao Conama informações sobre os seus planos de ação e programas em execução, consubstanciadas em relatórios anuais, sem prejuízo de relatórios parciais para atendimento de solicitações específicas.

Parágrafo único. A Semam/PR consolidará os relatórios mencionados neste artigo em um relatório anual sobre a situação do meio ambiente no País, a ser publicado e submetido à consideração do Conama, em sua segunda reunião do ano subsequente.

ART. 16. O Conama, por intermédio da Semam/PR, poderá solicitar informações e pareceres dos Órgão Seccionais e Locais, justificando, na respectiva requisição, o prazo para o seu atendimento.

§ 1º Nas atividades de licenciamento, fiscalização e controle deverão ser evitadas exigências burocráticas excessivas ou pedidos de informações já disponíveis.

§ 2º Poderão ser requeridos à Semam/PR, bem assim aos Órgãos Executor, Seccionais e Locais, por pessoa física ou jurídica que comprove legítimo interesse, os resultados das análises técnicas de que disponham.

§ 3º Os órgãos integrantes do Sisnama, quando solicitarem ou prestarem informações, deverão preservar o sigilo industrial e evitar a concorrência desleal, correndo o processo, quando for o caso, sob sigilo administrativo, pelo qual será responsável a autoridade dele encarregada.

CAPÍTULO IV
DO LICENCIAMENTO DAS ATIVIDADES

ART. 17. A construção, instalação, ampliação e funcionamento de estabelecimento de atividades utilizadoras de recursos ambientais, consideradas efetiva ou potencialmente poluidoras, bem assim os empreendimentos capazes, sob qualquer forma, de causar degradação ambiental, dependerão de prévio licenciamento do órgão estadual competente integrante do Sisnama, sem prejuízo de outras licenças legalmente exigíveis.

§ 1º Caberá ao Conama fixar os critérios básicos, segundo os quais serão exigidos estudos de impacto ambiental para fins de licenciamento, contendo, entre outros, os seguintes itens:

a) diagnóstico ambiental da área;

b) descrição da ação proposta e suas alternativas; e

c) identificação, análise e previsão dos impactos significativos, positivos e negativos.

§ 2º O estudo de impacto ambiental será realizado por técnicos habilitados e constituirá o Relatório de Impacto Ambiental Rima, correndo as despesas à conta do proponente do projeto.

§ 3º Respeitada a matéria de sigilo industrial, assim expressamente caracterizada a pedido do interessado, o Rima, devidamente fundamentado, será acessível ao público.

§ 4º Resguardado o sigilo industrial, os pedidos de licenciamento, em qualquer das suas modalidades, sua renovação e a respectiva concessão da licença serão objeto de publicação resumida, paga pelo interessado, no jornal oficial do Estado e em um periódico de grande circulação, regional ou local, conforme modelo aprovado pelo Conama.

ART. 18. O órgão estadual do meio ambiente e o Ibama, este em caráter supletivo, sem prejuízo das penalidades pecuniárias cabíveis, determinarão, sempre que necessário, a redução das atividades geradoras de poluição, para manter as emissões gasosas ou efluentes líquidos e os resíduos sólidos nas condições e limites estipulados no licenciamento concedido.

ART. 19. O Poder Público, no exercício de sua competência de controle, expedirá as seguintes licenças:

I - Licença Prévia (LP), na fase preliminar do planejamento de atividade, contendo requisitos básicos a serem atendidos nas fases de localização, instalação e operação, observados os planos municipais, estaduais ou federais de uso do solo;

II - Licença de Instalação (LI), autorizando o início da implantação, de acordo com as especificações constantes do Projeto Executivo aprovado; e

III - Licença de Operação (LO), autorizando, após as verificações necessárias, o início da atividade licenciada e o funcionamento de seus equipamentos de controle de poluição, de acordo com o previsto nas Licenças Prévia e de Instalação.

§ 1º Os prazos para a concessão das licenças serão fixados pelo Conama, observada a natureza técnica da atividade.

§ 2º Nos casos previstos em resolução do Conama, o licenciamento de que trata este artigo dependerá de homologação do Ibama.

§ 3º Iniciadas as atividades de implantação e operação, antes da expedição das respectivas licenças, os dirigentes dos Órgãos Setoriais do Ibama deverão, sob pena de responsabilidade funcional, comunicar o fato às entidades financiadoras dessas atividades, sem prejuízo da imposição de penalidades, medidas administrativas de interdição, judiciais, de embargo, e outras providências cautelares.

§ 4º O licenciamento dos estabelecimentos destinados a produzir materiais nucleares ou a utilizar a energia nuclear e suas aplicações, competirá à Comissão Nacional de Energia Nuclear (Cenen), mediante parecer do Ibama, ouvidos os órgãos de controle ambiental estaduais ou municipais.

§ 5º Excluída a competência de que trata o parágrafo anterior, nos demais casos de competência federal o Ibama expedirá as respectivas licenças, após considerar o exame técnico procedido pelos órgãos estaduais e municipais de controle da poluição.

ART. 20. Caberá recurso administrativo:

I - para o Secretário de Assuntos Estratégicos, das decisões da Comissão Nacional de Energia Nuclear (CNEN); e

II - para o Secretário do Meio Ambiente, nos casos de licenciamento da competência privativa do Ibama, inclusive nos de denegação de certificado homologatório.

Parágrafo único. No âmbito dos Estados, do Distrito Federal e dos Municípios, o recurso de que trata este artigo será interposto para a autoridade prevista na respectiva legislação.

ART. 21. Compete à Semam/PR propor ao Conama a expedição de normas gerais para implantação e fiscalização do licenciamento previsto neste decreto.

§ 1º A fiscalização e o controle da aplicação de critérios, normas e padrões de qualidade ambiental serão exercidos pelo Ibama, em caráter supletivo à atuação dos Órgãos Seccionais Estaduais e dos Órgãos Locais.

§ 2º Inclui-se na competência supletiva do Ibama a análise prévia de projetos, de entidades públicas ou privadas, que interessem à conservação ou à recuperação dos recursos ambientais.

§ 3º O proprietário de estabelecimento ou o seu preposto responsável permitirá, sob a pena da lei, o ingresso da fiscalização no local das atividades potencialmente poluidoras para a inspeção de todas as suas áreas.

§ 4º As autoridades policiais, quando necessário, deverão prestar auxílio aos agentes fiscalizadores no exercício de suas atribuições.

ART. 22. O Ibama, na análise dos projetos submetidos ao seu exame, exigirá, para efeito de aprovação, que sejam adotadas, pelo interessado, medidas capazes de assegurar que as matérias-primas, insumos e bens produzidos tenham padrão de qualidade que elimine ou reduza, o efeito poluente derivado de seu emprego e utilização.

CAPÍTULO V
DOS INCENTIVOS

ART. 23. As entidades governamentais de financiamento ou gestoras de incentivos, condicionarão a sua concessão à comprovação do licenciamento previsto neste decreto.

CAPÍTULO VI
DO CADASTRAMENTO

ART. 24. O Ibama submeterá à aprovação do Conama as normas necessárias à implantação do Cadastro Técnico Federal de Atividades e Instrumentos de Defesa Ambiental.

TÍTULO II
DAS ESTAÇÕES ECOLÓGICAS E DAS ÁREAS DE PROTEÇÃO AMBIENTAL

CAPÍTULO I
DAS ESTAÇÕES ECOLÓGICAS

ART. 25. As Estações Ecológicas Federais serão criadas por Decreto do Poder Executivo, mediante proposta do Secretário do Meio Ambiente, e terão sua administração coordenada pelo Ibama.

§ 1º O ato de criação da Estação Ecológica definirá os seus limites geográficos, a sua denominação, a entidade responsável por sua administração e o zoneamento a que se refere o art. 1º, § 2º, da Lei n. 6.902, de 27 de abril de 1981.

§ 2º Para a execução de obras de engenharia que possam afetar as estações ecológicas, será obrigatória a audiência prévia do Conama.

ART. 26. Nas Estações Ecológicas Federais, o zoneamento a que se refere o art. 1º, § 2º, da Lei n. 6.902, de 1981, será estabelecido pelo Ibama.

ART. 27. Nas áreas circundantes das Unidades de Conservação, num raio de dez quilômetros, qualquer atividade que possa afetar a biota ficará subordinada às normas editadas pelo Conama.

CAPÍTULO II
DAS ÁREAS DE PROTEÇÃO AMBIENTAL

ART. 28. No âmbito federal, compete ao Secretário do Meio Ambiente, com base em parecer do Ibama, propor ao Presidente da República a criação de Áreas de Proteção Ambiental.

ART. 29. O decreto que declarar a Área de Proteção Ambiental mencionará a sua denominação, limites geográficos, principais objetivos e as proibições e restrições de uso dos recursos ambientais nela contidos.

ART. 30. A entidade supervisora e fiscalizadora da Área de Proteção Ambiental deverá orientar e assistir os proprietários, a fim de que os objetivos da legislação pertinente sejam atingidos.

Parágrafo único. Os proprietários de terras abrangidas pelas Áreas de Proteção Ambiental poderão mencionar os nomes destas nas placas indicadoras de propriedade, na promoção de atividades turísticas, bem assim na indicação de procedência dos produtos nela originados.

ART. 31. Serão considerados de relevância e merecedores do reconhecimento público os serviços prestados, por qualquer forma, à causa conservacionista.

ART. 32. As instituições federais de crédito e financiamento darão prioridade aos pedidos encaminhados com apoio da Semam/PR, destinados à melhoria do uso racional do solo e das condições sanitárias e habitacionais das propriedades situadas nas Áreas de Proteção Ambiental.

TÍTULO III
DAS PENALIDADES

ART. 33. Constitui infração, para os efeitos deste decreto, toda ação ou omissão que importe na inobservância de preceitos nele estabelecidos ou na desobediência às determinações de caráter normativo dos órgãos ou das autoridades administrativas competentes.

ART. 34. Serão impostas multas diárias de 61,70 a 6.170 Bônus do Tesouro Nacional (BTN), proporcionalmente à degradação ambiental causada, nas seguintes infrações:

I - contribuir para que um corpo d'água fique em categoria de qualidade inferior à prevista na classificação oficial;

II - contribuir para que a qualidade do ar ambiental seja inferior ao nível mínimo estabelecido em resolução;

III - emitir ou despejar efluentes ou resíduos sólidos, líquidos ou gasosos causadores de degradação ambiental, em desacordo com o estabelecido em resolução ou licença especial;

IV - exercer atividades potencialmente degradadoras do meio ambiente, sem a licença ambiental legalmente exigível ou em desacordo com a mesma;

V - causar poluição hídrica que torne necessária a interrupção do abastecimento público de água de uma comunidade;

VI - causar poluição de qualquer natureza que provoque destruição de plantas cultivadas ou silvestres;

VII - ferir, matar ou capturar, por quaisquer meios, nas Unidades de Conservação, exemplares de espécies consideradas raras da biota regional;

VIII - causar degradação ambiental mediante assoreamento de coleções d'água ou erosão acelerada, nas Unidades de Conservação;

IX - desrespeitar interdições de uso, de passagem e outras estabelecidas administrativamente para a proteção contra a degradação ambiental;

X - impedir ou dificultar a atuação dos agentes credenciados pelo Ibama, para inspecionar situação de perigo potencial ou examinar a ocorrência de degradação ambiental;

XI - causar danos ambientais, de qualquer natureza, que provoquem destruição ou outros efeitos desfavoráveis à biota nativa ou às plantas cultivadas e criações de animais;

XII - descumprir resoluções do Conama.

ART. 35. Serão impostas multas de 308,50 a 6.170 BTN, proporcionalmente à degradação ambiental causada, nas seguintes infrações:

I - realizar em Área de Proteção Ambiental, sem licença do respectivo órgão de controle ambiental, abertura de canais ou obras de terraplanagem, com movimentação de areia, terra ou material rochoso, em volume superior a 100 m3, que possam causar degradação ambiental;

II - causar poluição de qualquer natureza que possa trazer danos à saúde ou ameaçar o bem-estar.

ART. 36. Serão impostas multas de 617 a 6.170 BTN nas seguintes infrações:

I - causar poluição atmosférica que provoque a retirada, ainda que momentânea, dos habitantes de um quarteirão urbano ou localidade equivalente;

II - causar poluição do solo que torne uma área, urbana ou rural, imprópria para a ocupação humana;

III - causar poluição de qualquer natureza, que provoque mortandade de mamíferos, aves, répteis, anfíbios ou peixes.

ART. 37. O valor das multas será graduado de acordo com as seguintes circunstâncias:

I - atenuantes:

a) menor grau de compreensão e escolaridade do infrator;

b) reparação espontânea do dano ou limitação da degradação ambiental causada;

c) comunicação prévia do infrator às autoridades competentes, em relação a perigo iminente de degradação ambiental;

d) colaboração com os agentes encarregados da fiscalização e do controle ambiental;

II - agravantes:

a) reincidência específica;

b) maior extensão da degradação ambiental;

c) dolo, mesmo eventual;

d) ocorrência de efeitos sobre a propriedade alheia;

e) infração ocorrida em zona urbana;

f) danos permanentes à saúde humana;

g) atingir área sob proteção legal;

h) emprego de métodos cruéis na morte ou captura de animais.

ART. 38. No caso de infração continuada, caracterizada pela permanência da ação ou omissão inicialmente punida, será a respectiva penalidade aplicada diariamente até cessar a ação degradadora.

ART. 39. Quando a mesma infração for objeto de punição em mais de um dispositivo deste decreto, prevalecerá o enquadramento no item mais específico em relação ao mais genérico.

ART. 40. Quando as infrações forem causadas por menores ou incapazes, responderá pela multa quem for juridicamente responsável pelos mesmos.

ART. 41. A imposição de penalidades pecuniárias, por infrações à legislação ambiental, pelos Estados, pelo Distrito Federal e pelos Municípios, excluirá a exigência de multas federais, na mesma hipótese de incidência. (Redação dada pelo Dec. 122/1991.)

ART. 42. As multas poderão ter a sua exigibilidade suspensa quando o infrator, por termo de compromisso aprovado pela autoridade ambiental que aplicou a penalidade, se obrigar à adoção de medidas específicas para cessar e corrigir a degradação ambiental.

Parágrafo único. Cumpridas as obrigações assumidas pelo infrator, a multa será reduzida em até noventa por cento.

ART. 43. Os recursos administrativos interpostos contra a imposição de multas, atendido o requisito legal de garantia da instância, serão, no âmbito federal, encaminhados à decisão do Secretário do Meio Ambiente e, em última instância, ao Conama.

Parágrafo único. Das decisões do Secretário do Meio Ambiente, favoráveis ao recorrente, caberá recurso *ex officio* para o Conama, quando se tratar de multas superiores a 3.085 BTN.

ART. 44. O Ibama poderá celebrar convênios com entidades oficiais dos Estados, delegando-lhes, em casos determinados, o exercício das atividades de fiscalização e controle.

TÍTULOS IV
DAS DISPOSIÇÕES FINAIS

ART. 45. Este decreto entra em vigor na data de sua publicação.

ART. 46. Revogam-se os Decretos n. 88.351, de 1º de junho de 1983, 89.532, de 6 de abril de 1984, 91.305, de 3 de junho de 1985, 93.630, de 28 de novembro de 1986, 94.085, de 10 de março de 1987, 94.764 de 11 de agosto de 1987, 94.998, de 5 de outubro de 1987, 96.150 de 13 de junho de 1988, 97.558, de 7 de março de 1989, 97.802, de 5 de junho de 1989, e 98.109, de 31 de agosto de 1989.

Brasília, 6 de junho de 1990; 169º da Independência e 102º da República.

FERNANDO COLLOR

DECRETO N. 99.476, DE 24 DE AGOSTO DE 1990

Simplifica o cumprimento de exigência de prova de quitação de tributos e contribuições federais e outras imposições pecuniárias compulsórias.

› *DOU*, 28.08.1990.

O Presidente da República, no uso da atribuição que lhe confere o art. 84, inciso IV, da Constituição, e tendo em vista o disposto no Decreto n. 99.179, de 15 de março de 1990, que instituiu o Programa Federal de Desregulamentação,

Decreta:

ART. 1º A prova de quitação de tributos e contribuições federais, assim como de multas e outras imposições pecuniárias compulsórias, somente será exigida nas seguintes hipóteses:

I - transferência de domicílio para o exterior;

II - concessão de concordata e declaração de extinção das obrigações do falido;

III - venda de estabelecimentos comerciais ou industriais por meio de leiloeiro;

IV - participação em licitação pública promovida por órgão da administração Pública Federal direta, autárquica ou fundacional, bem assim por entidade controlada direta ou indiretamente pela União; e

V - operação de empréstimo ou financiamento, junto a instituição financeira oficial.

§ 1º A prova de quitação será feita mediante:

a) certidão emitida pelo Departamento da Receita Federal ou pela Procuradoria-Geral da Fazenda Nacional, nas hipóteses previstas nos incisos I, II e III;

b) apresentação do Certificado de Regularidade de Situação Jurídico-Fiscal (CRJF), conforme o disposto no Decreto n. 84.701, de 13 de maio de 1980, na hipótese do inciso IV; e

c) declaração firmada pelo próprio interessado ou procurador bastante, sob as penas de lei, na hipótese do inciso V.

§ 2º Se comprovadamente falsa a declaração de que trata o inciso III, sujeitar-se-á o declarante às sanções civis, administrativas e criminais previstas em lei.

ART. 2º Equivale à prova de quitação a ausência do nome do interessado na relação de devedores fornecida pelo Departamento da Receita Federal aos órgãos e entidades da Administração Pública Federal direta, autárquica e fundacional, relativamente a débitos não inscritos como Dívida Ativa da União.

Parágrafo único. O disposto neste artigo não impede a cobrança de dívidas que vierem a ser apuradas.

ART. 3º Para efeito de julgamento de partilha ou de adjudicação, relativamente aos bens dos espólios e às suas rendas, o Ministério da Economia, Fazenda e Planejamento, através do Departamento da Receita Federal, prestará aos Juízos as informações que forem solicitadas.

Parágrafo único. A apresentação de certidão poderá ser feita pelo próprio interessado diretamente ao Juízo.

ART. 4º A prova de quitação não será exigida das microempresas, conforme definidas pela Lei n. 7.256, de 27 de novembro de 1984.

ART. 5º A inobservância do disposto neste decreto sujeitará os infratores às sanções legais cabíveis.

ART. 6º Este decreto entra em vigor na data de sua publicação.

ART. 7º Revogam-se o Decreto n. 97.834, de 16 de junho de 1989, e demais disposições em contrário.

Brasília, 24 de agosto de 1990; 169º da Independência e 102º da República.

FERNANDO COLLOR

DECRETO N. 99.684, DE 8 DE NOVEMBRO DE 1990

Consolida as normas regulamentares do Fundo de Garantia do Tempo de Serviço (FGTS).

› *DOU*, 12.11.1990.

O Presidente da República, no uso da atribuição que lhe confere o art. 84, inciso IV, da Constituição, Decreta:

ART. 1º Fica aprovado o Regulamento Consolidado do Fundo de Garantia do Tempo de Serviço, que com este baixa.

ART. 2º Este decreto entra em vigor na data de sua publicação.

ART. 3º Revogam-se as disposições em contrário, em especial os Decretos n.:

I - 59.820, de 20 de dezembro de 1966;

II - 61.405, de 28 de setembro de 1967;

III - 66.619, de 21 de maio de 1970;

IV - 66.819, de 1º de julho de 1970;

V - 66.867, de 13 de julho de 1970;

VI - 66.939 de 22 de julho de 1970;

VII - 69.265 de 22 de setembro de 1971;

VIII - 71.636, de 29 de dezembro de 1972;

IX - 72.141, de 26 de abril de 1973;

X - 73.423, de 7 de janeiro de 1974;

XI - 76.218, de 9 de setembro de 1975;

XII - 76.750, de 5 de dezembro de 1975;

XIII - 77.357, de 1º de abril de 1976;

XIV - 79.891, de 29 de junho de 1977;

XV - 84.509, de 25 de fevereiro de 1980;

XVI - 87.567 de 16 de setembro de 1982;

XVII - 90.408, de 7 de novembro de 1984;

XVIII - 92.366, de 4 de fevereiro de 1986;

XIX - 97.848, de 20 de junho de 1989; e

XX - 98.813, de 10 de janeiro de 1990.

Brasília, 8 de novembro de 1990; 169º da Independência e 102º da República.

FERNANDO COLLOR

REGULAMENTO DO FUNDO DE GARANTIA DO TEMPO DE SERVIÇO (FGTS)

CAPÍTULO I
DAS DISPOSIÇÕES PRELIMINARES

ART. 1º Nas relações jurídicas pertinentes ao Fundo de Garantia do Tempo de Serviço (FGTS) será observado o disposto neste regulamento.

ART. 2º Para os efeitos deste regulamento considera-se:

I - empregador, a pessoa natural ou jurídica de direito público ou privado, da Administração Pública direta, indireta ou fundacional de qualquer dos Poderes, da União, dos Estados, do Distrito Federal e dos Municípios, que admitir trabalhadores a seu serviço, bem assim aquele que, regido por legislação especial, encontrar-se nessa condição ou figurar como fornecedor ou tomador de mão de obra;

II - trabalhador, a pessoa natural que prestar serviços a empregador, excluídos os eventuais, os autônomos e os servidores públicos civis e militares sujeitos a regime jurídico próprio.

CAPÍTULO II
DO DIREITO AO FGTS

ART. 3º A partir de 5 de outubro de 1988, o direito ao regime do FGTS é assegurado aos trabalhadores urbanos e rurais, exceto aos domésticos, independentemente de opção.

Parágrafo único. Os trabalhadores domésticos poderão ter acesso ao regime do FGTS, na forma que vier a ser prevista em lei.

ART. 4º A opção pelo regime de que trata este regulamento somente é admitida para o tempo de serviço anterior a 5 de outubro de 1988, podendo os trabalhadores, a qualquer tempo, optar pelo FGTS com efeito retroativo a 1º de janeiro de 1967, ou à data de sua admissão, quando posterior.

Parágrafo único. O disposto neste artigo não se aplica ao trabalhador rural (Lei n. 5.889, de 8 de junho de 1973), bem assim àquele:

a) que tenha transacionado com o empregador o direito à indenização, quanto ao período que foi objeto da transação; ou

b) cuja indenização pelo tempo anterior à opção já tenha sido depositada na sua conta vinculada.

ART. 5º A opção com efeito retroativo será feita mediante declaração escrita do trabalhador, com indicação do período de retroação.

§ 1º O empregador, no prazo de quarenta e oito horas, fará as devidas anotações na Carteira de Trabalho e Previdência Social e no registro do trabalhador, comunicando ao banco depositário.

§ 2º O valor da conta vinculada em nome do empregador e individualizada em relação ao trabalhador, relativo ao período abrangido pela retroação, será transferido pelo banco depositário para conta vinculada em nome do trabalhador.

ART. 6º O tempo de serviço anterior à opção ou a 5 de outubro de 1988 poderá ser transacionado entre empregador e empregado, respeitado o limite mínimo de sessenta por cento da indenização simples ou em dobro, conforme o caso.

Parágrafo único. Na hipótese de que trata este artigo, a transação deverá ser homologada pelo sindicato da categoria profissional, mesmo quando não houver extinção do contrato de trabalho.

ART. 7º O direito ao FGTS se estende aos diretores não empregados de empresas públicas e sociedades controladas direta ou indiretamente pela União (Lei n. 6.919, de 2 de junho de 1981).

ART. 8º As empresas sujeitas ao regime da legislação trabalhista poderão equiparar seus diretores não empregados aos demais trabalhadores sujeitos ao regime do FGTS.

Parágrafo único. Considera-se diretor aquele que exerça cargo de administração previsto em lei, estatuto ou contrato social, independentemente da denominação do cargo.

CAPÍTULO III
DOS EFEITOS DA RESCISÃO OU EXTINÇÃO DO CONTRATO DE TRABALHO

ART. 9º Ocorrendo despedida sem justa causa, ainda que indireta, com culpa recíproca por força maior ou extinção normal do contrato de trabalho a termo, inclusive a do trabalhador temporário, deverá o empregador depositar, na conta vinculada do trabalhador no FGTS, os valores relativos aos depósitos referentes ao mês da rescisão e, ao imediatamente anterior, que ainda não houver sido recolhido, sem prejuízo das cominações legais cabíveis. (Redação dada pelo Dec. 2.430/1997.)

§ 1º No caso de despedida sem justa causa, ainda que indireta, o empregador depositará na conta vinculada do trabalhador no FGTS, importância igual a quarenta por cento do montante de todos os depósitos realizados na conta vinculada durante a vigência do contrato de trabalho atualizados monetariamente e acrescidos dos respectivos juros, não sendo permitida, para este fim a dedução dos saques ocorridos. (Redação dada pelo Dec. 2.430/1997.)

§ 2º Ocorrendo despedida por culpa recíproca ou força maior, reconhecida pela Justiça do Trabalho, o percentual de que trata o parágrafo precedente será de vinte por cento.

§ 3º Na determinação da base de cálculo para a aplicação dos percentuais de que tratam os parágrafos precedentes, serão computados os valores dos depósitos relativos aos meses da rescisão e o imediatamente anterior, recolhidas na forma do *caput* deste artigo. (Redação dada pelo Dec. 2.430/1997.)

§ 4º O recolhimento das importâncias de que trata este artigo deverá ser comprovada quando da homologação das rescisões contratuais que exijam o pagamento da multa rescisória bem como quando da habilitação ao saque, sempre que não for devida a homologação da rescisão observado o disposto no art. 477 da Consolidação das Leis do Trabalho - CLT, eximindo o empregador, exclusivamente, quanto aos valores discriminados. (Redação dada pelo Dec. 2.430/1997.)

§ 5º Os depósitos de que tratam o *caput* e os §§ 1º e 2º deste artigo deverão ser efetuado nos seguintes prazos: (Redação dada pelo Dec. 2.582/1998.)

a) até o primeiro dia útil imediato ao término do contrato; ou (Incluído pelo Dec. 2.582/1998.)

b) até o décimo dia, contado da data da notificação da demissão, quando da ausência do aviso prévio, indenização do mesmo ou dispensa de seu cumprimento. (Incluído pelo Dec. 2.582/1998.)

§ 6º O empregador que não realizar os depósitos previstos neste artigo, no prazo especificado no parágrafo anterior, sujeitar-se-á às cominações previstas no art. 30. (Incluído pelo Dec. 2.430/1997.)

§ 7º O depósito dos valores previstos neste artigo deverá ser efetuado, obrigatoriamente na CEF ou, nas localidades onde não existam unidades daquela empresa, nos bancos conveniados aplicando-se a estes depósitos o disposto no art. 32. (Incluído pelo Dec. 2.430/1997.)

§ 8º A CEF terá prazo de dez dias úteis, após o recolhimento, para atender às solicitações de saque destes valores. (Incluído pelo Dec. 2.430/1997.)

§ 9º A CEF, para fins de remuneração como Agente Operador do FGTS, considerará recolhimento desses depósitos, da multa rescisória e dos saques desses valores com movimentações distintas. (Incluído pelo Dec. 2.430/1997.)

ART. 10. Caberá ao banco depositário e, após a centralização à Caixa Econômica Federal (CEF), prestar ao empregador, no prazo máximo de cinco dias úteis da solicitação, as informações necessárias ao cumprimento do disposto nos §§ 1º e 2º do artigo precedente.

§ 1º As informações deverão discriminar os totais de depósitos efetuados pelo empregador, acrescidos dos respectivos juros e correção monetária.

§ 2º Caberá ao empregador comprovar o efetivo depósito dos valores devidos que não tenham ingressado na conta até a data da rescisão do contrato de trabalho.

ART. 11. Fica ressalvado o direito adquirido dos trabalhadores que, em 5 de outubro de 1988, já tinham o direito à estabilidade no emprego, nos termos do Capítulo V do Título IV da CLT.

ART. 12. Ocorrendo rescisão do contrato de trabalho, para a qual não tenha o trabalhador dado causa, fica assegurado, na forma do disposto nos arts. 477 a 486 e 497 da CLT, o direito à indenização relativa ao tempo de serviço anterior a 5 de outubro de 1988, que não tenha sido objeto de opção.

ART. 13. No caso de rescisão ou extinção do contrato de trabalho de empregado que conte tempo de serviço anterior a 5 de outubro de 1988 na qualidade de não optante, o empregador poderá levantar o saldo da respectiva conta individualizada, mediante:

I - comprovação do pagamento da indenização devida, quando for o caso; ou

II - autorização do Instituto Nacional de Seguro Social (INSS), quando não houver indenização a ser paga ou houver decorrido o prazo prescricional para reclamação de direitos por parte do trabalhador.

Parágrafo único. Nas hipóteses previstas neste artigo, os recursos serão liberados no prazo de cinco dias úteis, contado da apresentação do comprovante de pagamento da indenização ou da autorização conferida pelo INSS.

ART. 14. No caso de contrato a termo, a rescisão antecipada, sem justa causa ou com culpa recíproca, equipara-se às hipóteses previstas nos §§ 1º e 2º do art. 9º, respectivamente, sem prejuízo do disposto no art. 479 da CLT.

ART. 15. Ocorrendo rescisão do contrato de trabalho, pelo empregador, por justa causa, o trabalhador demitido somente terá direito ao saque de sua conta vinculada nas hipóteses previstas nos incisos III a VIII do art. 35.

ART. 16. Equipara-se a extinção normal do contrato a termo o término do mandato do diretor não empregado (arts. 7º e 8º) não reconduzido.

CAPÍTULO IV
DAS CONTAS

ART. 17. As importâncias creditadas nas contas vinculadas em nome dos trabalhadores são impenhoráveis.

ART. 18. O saldo das contas vinculadas é garantido pelo Governo Federal, podendo ser instituído seguro especial para esse fim.

ART. 19. Os depósitos efetuados nas contas vinculadas serão corrigidos monetariamente com base nos parâmetros fixados para atualização dos saldos dos depósitos de poupança e capitalizarão juros de três por cento ao ano.

§ 1º A correção monetária e os juros correrão à conta do FGTS.

§ 2º Para as contas vinculadas dos trabalhadores optantes, existentes em 22 de setembro de 1971, a capitalização dos juros dos depósitos continuará a ser feita levando-se em conta o

DECRETOS

período de permanência na mesma empresa, na seguinte progressão:

a) três por cento, durante os dois primeiros anos;

b) quatro por cento, do terceiro ao quinto ano;

c) cinco por cento, do sexto ao décimo ano;

d) seis por cento, a partir do décimo primeiro ano.

§ 3º O disposto no parágrafo precedente deixará de ser aplicado quando o trabalhador mudar de empresa, hipótese em que a capitalização dos juros passará a ser feita à taxa de três por cento ao ano.

ART. 20. O crédito da atualização monetária e dos juros será efetuado na conta do trabalhador:

I - no primeiro dia útil de cada mês, com base no saldo existente no primeiro dia útil do mês anterior, até que ocorra a centralização das contas na CEF; e

II - no dia 10 de cada mês, com base no saldo existente no dia 10 do mês anterior, após a centralização prevista neste artigo.

§ 1º O saldo existente no mês anterior será utilizado como base para o cálculo dos juros e da atualização monetária após a dedução dos saques ocorridos no período, exceto os efetuados no dia do crédito.

§ 2º Caso no dia 10 não haja expediente bancário, considerar-se-á o primeiro dia útil subsequente, tanto para a realização do crédito quanto para a definição do saldo-base.

ART. 21. Até o dia 14 de maio de 1991, a CEF assumirá o controle de todas as contas vinculadas, passando os demais estabelecimentos bancários, findo esse prazo, à condição de agentes recebedores e pagadores do FGTS, mediante recebimento de tarifa a ser fixada pelo Conselho Curador.

§ 1º Até que a CEF implemente as disposições deste artigo, a conta vinculada continuará sendo aberta em nome do trabalhador, em estabelecimento bancário escolhido pelo empregador.

§ 2º Verificando-se mudança de emprego, a conta vinculada será transferida para o estabelecimento bancário da escolha do novo empregador

ART. 22. A partir do segundo mês após a centralização das contas na CEF, fica assegurado ao trabalhador o direito de receber, bimestralmente, extrato informativo da conta vinculada.

Parágrafo único. A qualquer tempo a CEF, mediante solicitação, fornecerá ao trabalhador informações sobre sua conta vinculada.

ART. 23. O banco depositário é responsável pelos lançamentos efetuados nas contas vinculadas durante o período em que estiverem sob sua administração.

ART. 24. Por ocasião da centralização na CEF, caberá ao banco depositário emitir o último extrato das contas vinculadas sob sua responsabilidade, que deverá conter, inclusive, o registro dos valores transferidos e a discriminação dos depósitos efetuados na vigência do último contrato de trabalho.

ART. 25. Após a centralização das contas na CEF saldo de conta não individualizada e de conta vinculada sem depósito há mais de cinco anos será incorporado ao patrimônio do FGTS, resguardado o direito do beneficiário de reclamar, a qualquer tempo, a reposição do valor transferido, mediante comprovação de ter a conta existido.

ART. 26. A empresa anotará na Carteira de Trabalho e Previdência Social o nome e endereço da agência do banco depositário.

Parágrafo único. Após a centralização das contas na CEF, a empresa ficará desobrigada da anotação de que trata este artigo.

CAPÍTULO V
DOS DEPÓSITOS

ART. 27. O empregador, ainda que entidade filantrópica, é obrigado a depositar, até o dia 7 de cada mês, em conta bancária vinculada, a importância correspondente a oito por cento de remuneração paga ou devida no mês anterior, a cada trabalhador, incluídas as parcelas de que tratam os arts. 457 e 458 da CLT e a gratificação de Natal a que se refere a Lei n. 4.090, de 13 de julho de 1962, com as modificações da Lei n. 4.749, de 12 de agosto de 1965.

Parágrafo único. Não integram a base de cálculo para incidência do percentual de que trata este artigo:

a) a contribuição do empregador para o Vale-Transporte (Decreto n. 95.247, de 17 de novembro de 1987); e

b) os gastos efetuados com bolsas de aprendizagem (Lei n. 8.069, de 13 de julho de 1990, art. 64).

ART. 28. O depósito na conta vinculada do FGTS é obrigatório também nos casos de interrupção do contrato de trabalho prevista em lei, tais como:

I - prestação de serviço militar;

II - licença para tratamento de saúde de até quinze dias;

III - licença por acidente de trabalho;

IV - licença à gestante; e

V - licença-paternidade.

Parágrafo único. Na hipótese deste artigo, a base de cálculo será revista sempre que ocorrer aumento geral na empresa ou na categoria profissional a que pertencer o trabalhador.

ART. 29. O depósito a que se refere o art. 27 é devido, ainda, quando o empregado passar a exercer cargo de diretoria, gerência ou outro de confiança imediata do empregador.

ART. 30. O empregador que não realizar os depósitos previstos no prazo fixado no art. 27 sujeitar-se-á às obrigações e sanções previstas nos arts. 50 e 52 e responderá:

I - pela atualização monetária da importância correspondente; e

II - pelos juros de mora de um por cento ao mês e multa de vinte por cento, incidentes sobre o valor atualizado.

§ 1º A atualização monetária será cobrada por dia de atraso, tomando-se por base os índices de variação do Bônus do Tesouro Nacional Fiscal (BTN Fiscal) ou, na falta deste, do título que vier a sucedê-lo, ou, ainda, a critério do Conselho Curador, por outro indicador da inflação diária.

§ 2º Se o débito for pago até o último dia útil do mês em que o depósito deveria ter sido efetuado, a multa será reduzida para dez por cento.

§ 3º O disposto neste artigo se aplica aos depósitos decorrentes de determinação judicial.

ART. 31. Até a centralização das contas na CEF, a apropriação na conta vinculada, para fins de atualização monetária e capitalização de juros, será feita:

I - no primeiro dia útil do mês subsequente, quando o depósito ocorrer no próprio mês em que se tornou devido;

II - no primeiro dia útil do mês do depósito, quando este ocorrer no mês subsequente àquele em que se tornou devido; e

III - no primeiro dia útil do mês do depósito, quando este ocorrer a partir do segundo mês subsequente ao em que se tornou devido, atualizado monetariamente e acrescido de juros, contados da data em que a apropriação deveria ter sido feita.

ART. 32. Os depósitos relativos ao FGTS, efetuados na rede bancária, serão transferidos à CEF no segundo dia útil subsequente à data em que tenham sido efetuados.

ART. 33. Os empregadores deverão comunicar mensalmente aos trabalhadores os valores recolhidos ao FGTS e repassar-lhes todas as informações recebidas da CEF ou dos bancos depositários sobre as respectivas contas vinculadas.

ART. 34. Os depósitos em conta vinculada constituirão despesas dedutíveis do lucro operacional dos empregadores e as importâncias levantadas a seu favor, receita tributável (Lei n. 8.036, de 11 de maio de 1990).

CAPÍTULO VI
DOS SAQUES

ART. 35. A conta vinculada do trabalhador no FGTS poderá ser movimentada nas seguintes situações:

I - despedida sem justa causa, inclusive a indireta, de culpa recíproca e por força maior comprovada com o depósito dos valores de que tratam os §§ 1º e 2º do art. 9º; (Redação dada pelo Dec. 2.430/1997.)

II - extinção da empresa, fechamento de quaisquer de seus estabelecimentos, filiais ou agências, supressão de parte de suas atividades, ou, ainda, falecimento do empregador individual, sempre que qualquer dessas ocorrências implique rescisão do contrato de trabalho, comprovada por declaração escrita da empresa, suprida, quando for o caso, por decisão judicial transitada em julgado;

III - aposentadoria concedida pela Previdência Social;

IV - falecimento do trabalhador;

V - pagamento de parte das prestações decorrentes de financiamento habitacional concedido no âmbito do Sistema Financeiro da Habitação SFH, desde que:

a) o mutuário conte com o mínimo de três anos de trabalho sob o regime do FGTS, na mesma empresa ou em empresas diferentes;

b) o valor bloqueado seja utilizado, no mínimo, durante o prazo de doze meses; e

c) o valor de cada parcela a ser movimentada não exceda a oitenta por cento do montante da prestação;

VI - liquidação ou amortização extraordinária do saldo devedor de financiamento imobiliário concedido no âmbito do SFH, desde que haja interstício mínimo de dois anos para cada movimentação, sem prejuízo de outras condições estabelecidas pelo Conselho Curador;

VII - pagamento total ou parcial do preço de aquisição de moradia própria, observadas as seguintes condições:

a) conte o mutuário com o mínimo de três anos de trabalho sob o regime do FGTS, na mesma empresa ou empresas diferentes; e

b) seja a operação financiada pelo SFH ou, se realizada fora do Sistema, preencha os requisitos para ser por ele financiada;

VIII - quando permanecer três anos ininterruptos, a partir de 14 de maio de 1990, sem crédito de depósitos;

IX - extinção normal do contrato a termo, inclusive o dos trabalhadores temporários regidos pela Lei n. 6.019, de 1974; (Redação dada pelo Dec. 5.860/2006.)

X - suspensão do trabalho avulso por período igual ou superior a noventa dias; (Redação dada pelo Dec. 5.860/2006.)

XI - quando o trabalhador ou qualquer de seus dependentes for acometido de neoplasia maligna; (Incluído pelo Dec. 5.860/2006.)

XII - aplicação, na forma individual ou por intermédio de Clubes de Investimento - CI-FGTS, em quotas de Fundos Mútuos de Privatização - FMP-FGTS, conforme disposto no inciso XII do art. 20 da Lei n. 8.036, de 11 de maio de 1990; (Redação dada pelo Dec. 5.860/2006.)

XIII - quando o trabalhador ou qualquer de seus dependentes for portador do vírus HIV; (Alterado pelo Dec. 9.345/2018.)

XIV - quando o trabalhador ou qualquer de seus dependentes estiver em estágio terminal, em razão de doença grave; e (Alterado pelo Dec. 9.345/2018.)

XV - para a aquisição de órtese ou prótese, mediante prescrição médica, com vista à promoção da acessibilidade e da inclusão social do trabalhador com deficiência, observadas as condições estabelecidas pelo Agente Operador do FGTS, inclusive o valor limite movimentado por operação e o interstício mínimo entre movimentações realizadas em decorrência da referida aquisição, que não poderá ser inferior a dois anos. (Acrescentado pelo Dec. 9.345/2018.)

§ 1º Os depósitos em conta vinculada em nome de aposentado, em razão de novo vínculo empregatício, poderão ser sacados também no caso de rescisão do contrato de trabalho a seu pedido.

§ 2º Nas hipóteses previstas nos incisos I e II, o trabalhador somente poderá sacar os valores relativos ao último contrato de trabalho.

§ 3º O Conselho Curador disciplinará o disposto no inciso V, visando a beneficiar os trabalhadores de baixa renda e a preservar o equilíbrio financeiro do FGTS.

§ 4º A garantia a que alude o art. 18 deste Regulamento não compreende as aplicações que se refere o inciso XII deste artigo. (Incluído pelo Dec. 2.430/1997.)

§ 5º Os recursos automaticamente transferidos da conta do titular no FGTS em razão da aquisição de ações, bem como os ganhos ou perdas dela decorrentes, observado o disposto na parte final do § 1º do art. 9º, não afetarão a base de cálculo da indenização de que tratam os §§ 1º e 2º, do art. 9º deste Regulamento. (Incluído pelo Dec. 2.430/1997.)

§ 6º Os resgates de quotas dos FMP-FGTS e dos CI-FGTS, para os casos previstos nos incisos I a IV e VI a X deste artigo, somente poderão ocorrer com autorização prévia do Agente Operador do FGTS. (Redação dada pelo Dec. 5.860/2006.)

§ 7º Nos casos previstos nos incisos IV, VI e VII, o resgate de quotas implicará retorno à conta vinculada do trabalhador do valor resultante da aplicação. (Incluído pelo Dec. 2.430/1997.)

§ 8º O limite de cinquenta por cento a que se refere o inciso XII deste artigo será observado a cada aplicação e após deduzidas as utilizações anteriores que não tenham retornado ao FGTS de modo que o somatório dos saques da espécie, atualizados, não poderá ser superior à metade do saldo atual da respectiva conta. (Incluído pelo Dec. 2.430/1997.)

§ 9º Na movimentação das contas vinculadas a contrato de trabalho extinto até 31 de dezembro de 2015, de que trata o § 22 do art. 20 da Lei n. 8.036, de 11 de maio de 1990, o cronograma de atendimento, o critério, a forma e a data limite de pagamento serão estabelecidos pelo Agente Operador do FGTS, não podendo exceder 31 de julho de 2017, sendo permitido o crédito automático para a conta poupança de titularidade do trabalhador previamente aberta na Caixa Econômica Federal, desde que o trabalhador não se manifeste negativamente. (Acrescentado pelo Dec. 8.989/2017.)

§ 9º-A. Nos casos de comprovada impossibilidade de comparecimento pessoal do titular da conta vinculada do FGTS para solicitação de movimentação de valores, o cronograma de atendimento de que trata o § 9º não poderá exceder a data de 31 de dezembro de 2018, conforme estabelecido pelo Agente Operador do FGTS. (Acrescentado pelo Dec. 9.108/2017.)

§ 10. Na hipótese do crédito automático de que trata o § 9º, o trabalhador poderá, até 31 de agosto de 2017, solicitar o desfazimento do crédito ou a transferência do valor para outra instituição financeira, independentemente do pagamento de qualquer tarifa, conforme procedimento a ser definido pelo Agente Operador do FGTS. (Acrescentado pelo Dec. 8.989/2017.)

§ 11. Para efeito da movimentação da conta vinculada na forma do inciso XV do *caput*, considera-se: (Acrescentado pelo Dec. 9.345/2018.)

a) trabalhador com deficiência - aquele que tem impedimento de longo prazo de natureza física ou sensorial; e (Acrescentado pelo Dec. 9.345/2018.)

b) impedimento de longo prazo - aquele que produza efeitos pelo prazo mínimo de dois anos e que, em interação com uma ou mais barreiras, possa obstruir a participação plena e efetiva do trabalhador na sociedade em igualdade de condições com as demais pessoas. (Acrescentado pelo Dec. 9.345/2018.)

ART. 36. O saque poderá ser efetuado mediante:

I - apresentação do recibo de quitação das verbas rescisórias, nos casos dos incisos I e II do artigo precedente;

II - apresentação de documento expedido pelo Instituto Nacional do Seguro Social (INSS) que:

a) declare a condição de inativo, no caso de aposentadoria; ou

b) contenha a identificação e a data de nascimento de cada dependente, no caso de falecimento do trabalhador;

III - requerimento dirigido ao agente financeiro, nas hipóteses dos incisos V e VI, ou ao banco arrecadador, nos casos dos incisos VII e VIII, todos do artigo anterior;

IV - apresentação de cópia do instrumento contratual, no caso de contrato a termo;

V - declaração do sindicato representativo da categoria profissional, no caso de suspensão do trabalho avulso por período igual ou superior a noventa dias; (Redação dada pelo Dec. 5.860/2006.)

VI - comprovação da rescisão e da sua condição de aposentado, no caso do § 1º do art. 35; (Redação dada pelo Dec. 5.860/2006.)

VII - requerimento formal do trabalhador ao Administrador do FMP-FGTS, ou do CI-FGTS, ou por meio de outra forma estabelecida pelo Agente Operador do FGTS, no caso previsto no inciso XII do *caput* do art. 35, garantida, sempre, a aquiescência do titular da conta vinculada; (Alterado pelo Dec. 9.345/2018.)

VIII - atestado de diagnóstico assinado por médico, devidamente identificado por seu registro profissional, emitido na conformidade das normas dos Conselhos Federal e Regional de Medicina, com identificação de patologia consignada no Código Internacional de Doenças - CID, e descritivo dos sintomas ou do histórico patológico pelo qual se identifique que o trabalhador ou dependente seu é portador de neoplasia maligna, do vírus HIV ou que caracterize estágio terminal de vida em razão de doença grave, nos casos dos incisos XI, XIII e XIV do *caput* do art. 35; e (Alterado pelo Dec. 9.345/2018.)

IX - laudo médico que ateste a condição de pessoa com deficiência, a espécie e o grau ou o nível da deficiência, com expressa menção correspondente à classificação de referência utilizada pela Organização Mundial da Saúde - OMS, e prescrição médica que indique a necessidade de órtese ou prótese para a promoção da acessibilidade e da inclusão social do trabalhador com deficiência, ambos documentos emitidos por médico devidamente identificado por seu registro profissional, em conformidade com as normas dos Conselhos Federal e Regional de Medicina, no caso do inciso XV do *caput* do art. 35. (Acrescentado pelo Dec. 9.345/2018.)

Parágrafo único. A apresentação dos documentos de que tratam os incisos I e IV do *caput* deste artigo poderá ser suprida pela comunicação para fins de autorização da movimentação da conta vinculada do trabalhador, realizada com uso de certificação digital e em conformidade com os critérios estabelecidos pelo Agente Operador do FGTS. (Incluído pelo Dec. 5.860/2006.)

ART. 37. O saque de recursos na conta vinculada incluirá, obrigatoriamente, os valores nela depositados no mês do evento, mesmo que ainda não tenham sido creditados.

ART. 38. O saldo da conta vinculada do trabalhador que vier a falecer será pago a seu dependente, para esse fim habilitado perante a Previdência Social, independentemente de autorização judicial.

§ 1º Havendo mais de um dependente habilitado, o pagamento será feito de acordo com os critérios adotados pela Previdência Social para a concessão de pensão por morte.

§ 2º As quotas atribuídas a menores ficarão depositadas em caderneta de poupança e, salvo autorização judicial, só serão disponíveis após o menor completar dezoito anos.

§ 3º Na falta de dependentes, farão jus ao recebimento do saldo da conta vinculada os sucessores do trabalhador, na forma prevista no Código Civil, indicados em alvará judicial, expedido a requerimento do interessado, independentemente de inventário ou arrolamento.

ART. 39. O direito de utilizar os recursos creditados em conta vinculada em nome do trabalhador não poderá ser exercido simultaneamente para a aquisição de mais de um imóvel.

ART. 40. O imóvel, adquirido com a utilização do FGTS, somente poderá ser objeto de outra operação com recursos do fundo na forma que vier a ser disciplinada pelo Conselho Curador.

ART. 41. A solicitação de saque da conta vinculada será atendida no prazo de cinco dias úteis, quando o documento for entregue na agência onde o empregador tenha efetuado o depósito do FGTS.

§ 1º Compete à CEF expedir instruções fixando prazo para os casos em que a entrega do documento não ocorra na agência mantenedora a conta ou quando o sacador solicitar que o saque seja liberado em outra agência, ou, ainda, quando o sacador optar pelo saque após o crédito de juros e atualização monetária relativos ao mês em que se verificar o pedido.

§ 2º Decorrido o prazo, sobre o valor do saque incidirá atualização monetária com base nos índices de variação do BTN Fiscal, ou outro que vier a sucedê-lo, ou, ainda, a critério do Conselho Curador, por outro indicador da inflação diária.

§ 3º No caso de valor aplicado em FMP-FGTS, e para os fins previstos nos incisos IV, VI e VII do art. 35, o prazo de cinco dias contar-se-á a partir do retorno do valor resultante da aplicação à conta vinculada e não da data da solicitação. (Incluído pelo Dec. 2.430/1997.)

ART. 42. A movimentação da conta vinculada do FGTS por menor de dezoito anos dependerá da assistência do responsável legal.

CAPÍTULO VII
DO CERTIFICADO DE REGULARIDADE

ART. 43. A regularidade da situação do empregador perante o FGTS será comprovada pelo Certificado de Regularidade do FGTS, com validade em todo o território nacional, a ser fornecido pela CEF, mediante solicitação.

ART. 44. A apresentação do Certificado de Regularidade do FGTS é obrigatória para:

I - habilitação em licitação promovida por órgãos da Administração Pública direta, indireta ou fundacional e por empresas controladas direta ou indiretamente pela União, pelos Estados, pelo Distrito Federal e pelos Municípios;

II - obtenção de empréstimos ou financiamentos junto a quaisquer instituições financeiras públicas, por parte de órgãos e entidades da Administração Pública direta, indireta ou fundacional, bem assim empresas controladas direta ou indiretamente pela União, pelos Estados, pelo Distrito Federal e pelos Municípios;

III - obtenção de favores creditícios, isenções, subsídios, auxílios, outorga ou concessão de serviços ou quaisquer outros benefícios concedidos por órgão da Administração Pública Federal, dos Estados, do Distrito Federal e dos Municípios, salvo quando destinados a saldar débitos para com o FGTS;

IV - transferência de domicílio para o exterior; e

V - registro ou arquivamento, nos órgãos competentes, de alteração ou distrato de contrato social, de estatuto, ou de qualquer documento que implique modificação na estrutura jurídica do empregador ou na extinção da empresa.

ART. 45. Para obter o Certificado de Regularidade, o empregador deverá satisfazer as seguintes condições:

I - estar em dia com as obrigações para com o FGTS; e

II - estar em dia com o pagamento de prestação de empréstimos lastreados em recursos do FGTS.

ART. 46. O Certificado de Regularidade terá validade de até seis meses contados da data da sua emissão.

§ 1º No caso de parcelamento de débito, a validade será de trinta dias.

§ 2º Havendo antecipação no pagamento de parcelas, o Certificado terá validade igual ao período correspondente às prestações antecipadas, observado o prazo máximo de seis meses.

CAPÍTULO VIII
DAS INFRAÇÕES E DAS PENALIDADES

ART. 47. Constituem infrações à Lei n. 8.036, de 1990:

I - não depositar mensalmente a parcela referente ao FGTS;

II - omitir informações sobre a conta vinculada do trabalhador;

III - apresentar informações ao Cadastro Nacional do Trabalhador, dos trabalhadores beneficiários, com erros ou omissões;

IV - deixar de computar, para efeito de cálculo dos depósitos do FGTS, parcela componente da remuneração;

V - deixar de efetuar os depósitos com os acréscimos legais, após notificado pela fiscalização.

Parágrafo único. Por trabalhador prejudicado o infrator estará sujeito às seguintes multas:

a) de dois a cinco BTN, nos casos dos incisos II e III; e

b) de dez a cem BTN, nos casos dos incisos I, IV e V.

ART. 48. Nos casos de fraude, simulação, artifício, ardil, resistência, embaraço ou desacato à fiscalização, assim como na reincidência, a multa especificada no artigo anterior será duplicada, sem prejuízo das demais cominações legais.

ART. 49. Os valores das multas, quando não recolhidas no prazo legal, serão atualizados monetariamente pelo BTN Fiscal até a data de seu efetivo pagamento.

ART. 50. O empregador em mora para com o FGTS não poderá, sem prejuízo de outras disposições legais (Decreto-Lei n. 368, de 14 de dezembro de 1968, art. 1º):

I - pagar honorário, gratificação, pro labore, ou qualquer tipo de retribuição ou retirada a seus diretores, sócios, gerentes ou titulares de firma individual; e

II - distribuir quaisquer lucros, bonificações, dividendos ou interesses a seus sócios, titulares, acionistas, ou membros de órgãos dirigentes, fiscais ou consultivos.

ART. 51. O empregador em mora contumaz com o FGTS não poderá receber qualquer benefício de natureza fiscal, tributária ou financeira, por parte de órgão da União, dos Estados, do Distrito Federal ou dos Municípios, ou de que estes participem (Decreto-Lei n. 368, de 1968, art. 2º).

§ 1º Considera-se mora contumaz o não pagamento de valores devidos ao FGTS por período igual ou superior a três meses, sem motivo grave ou relevante, excluídas as causas pertinentes ao risco do empreendimento.

§ 2º Não se incluem na proibição deste artigo as operações destinadas à liquidação dos débitos existentes para com o FGTS, o que deverá ser expressamente consignado em documento firmado pelo responsável legal da empresa, como justificação do crédito.

ART. 52. Pela infração ao disposto nos incisos I e II do art. 50, os diretores, sócios, gerentes, membros de órgãos fiscais ou consultivos, titulares de firma individual ou quaisquer outros dirigentes de empresa estão sujeitos à pena de detenção de um mês a um ano (Decreto-Lei n. 368, de 1968, art. 4º).

Parágrafo único. Apurada a infração prevista neste artigo, a autoridade competente do INSS representará, sob pena de responsabilidade, ao Ministério Público, para a instauração da competente ação penal.

ART. 53. Por descumprimento ou inobservância de quaisquer das obrigações que lhe compete como agente arrecadador, pagador ou mantenedor do cadastro de contas vinculadas, na forma que vier a ser disciplinada pelo Conselho Curador, fica o banco depositário sujeito ao pagamento de multa equivalente a dez por cento do montante da conta do empregado, independentemente das demais cominações legais.

CAPÍTULO IX
DA FISCALIZAÇÃO

ART. 54. Compete ao Ministério do Trabalho e da Previdência Social (MTPS), por intermédio do INSS, exercer a fiscalização do cumprimento do disposto na Lei n. 8.036, de 1990, de acordo com este regulamento e os arts. 626 a 642 da CLT, especialmente quanto à apuração dos débitos e das infrações praticadas pelos empregadores.

ART. 55. O processo de fiscalização, de autuação e de imposição de multas reger-se-á pelo disposto no Título VII da CLT, respeitado o privilégio do FGTS à prescrição trintenária.

- RE 522.897 (O STF declarou a inconstitucionalidade deste artigo com efeitos *ex nunc*, de modo a alcançar apenas processos ajuizados posteriormente a esta decisão – 13.03.2017)

ART. 56. A penalidade de multa será aplicada pelo Gerente de Atendimento de Relações de Emprego, do INSS, mediante decisão fundamentada, lançada em processo administrativo, assegurada ampla defesa ao autuado.

Parágrafo único. Na fixação da penalidade a autoridade administrativa levará em conta as circunstâncias e consequências da infração, bem como ser o infrator primário ou reincidente, a sua situação econômico-financeira e os meios ao seu alcance para cumprir a lei.

ART. 57. Quando julgado procedente o recurso interposto na forma do art. 636 da CLT, os depósitos efetuados para garantia de instância serão restituídos com os valores atualizados na forma da lei.

ART. 58. A rede arrecadadora e a CEF deverão prestar ao MTPS as informações necessárias à fiscalização.

CAPÍTULO X
DO FUNDO E DO SEU EXERCÍCIO FINANCEIRO

ART. 59. O FGTS é constituído pelos saldos das contas vinculadas e outros recursos a ele incorporados.

Parágrafo único. Constituem recursos incorporados ao FGTS:

a) eventuais saldos apurados nos termos do art. 68;

b) dotações orçamentárias específicas;

c) resultados de aplicações;

d) multas, correção monetária e juros moratórios auferidos; e

e) outras receitas patrimoniais e financeiras.

ART. 60. O exercício financeiro do FGTS será de 1º de janeiro a 31 de dezembro.

§ 1º No final de cada exercício financeiro será realizado balanço anual do FGTS.

§ 2º As contas do FGTS serão escrituradas em registros contábeis próprios.

CAPÍTULO XI
DA APLICAÇÃO DOS RECURSOS

ART. 61. As aplicações com recursos do FGTS poderão ser realizadas diretamente pela CEF, pelos demais órgãos integrantes do SFH e pelas entidades para esse fim credenciadas pelo Banco Central do Brasil como agentes financeiros, exclusivamente segundo critérios fixados pelo Conselho Curador, mediante operações em que sejam assegurados:

I - garantia real;

II - correção monetária igual à das contas vinculadas;

III - taxa de juros média mínima, por projeto, de três por cento ao ano; e

IV - prazo máximo de retorno de vinte e cinco anos.

§ 1º A rentabilidade média das aplicações deverá ser suficiente à cobertura de todos os custos incorridos pelo fundo e ainda à formação de reserva técnica para o atendimento de gastos eventuais não previstos, sendo da CEF o risco de crédito.

§ 2º Os recursos do FGTS deverão ser aplicados em habitação, saneamento básico e infraestrutura urbana, sem prejuízo das disponibilidades financeiras que deverão ser mantidas em volume que satisfaça às condições de liquidez e à remuneração mínima necessária à preservação do poder aquisitivo da moeda.

§ 3º O programa de aplicações deverá destinar, no mínimo, sessenta por cento para investimentos em habitação popular.

§ 4º O Conselho Curador definirá o conceito de habitação popular considerando, em especial, a renda das famílias a serem atendidas.

§ 5º Os projetos de saneamento básico e infraestrutura urbana, financiados com recursos do FGTS, deverão ser complementares aos programas habitacionais.

§ 6º Nos financiamentos concedidos a pessoa jurídica de direito público será exigida garantia real ou vinculação de receitas.

ART. 62. O Conselho Curador fixará diretrizes e estabelecerá critérios técnicos para as aplicações dos recursos do FGTS, de forma que sejam:

I - exigida a participação dos contratantes de financiamentos nos investimentos a serem realizados;

II - assegurado o cumprimento, por parte dos contratantes, das obrigações decorrentes dos financiamentos obtidos; e

III - evitadas distorções na aplicação entre as regiões do País, considerando para tanto a demanda habitacional, a população e outros indicadores sociais.

CAPÍTULO XII
DO CONSELHO CURADOR DO FGTS

ART. 63. O FGTS será regido segundo normas e diretrizes estabelecidas por um Conselho Curador.

ART. 64. Ao Conselho Curador compete:

I - estabelecer as diretrizes e os programas de alocação de todos os recursos do FGTS, de acordo com os critérios definidos na Lei n. 8.036, de 1990, em consonância com a política nacional de desenvolvimento urbano e as políticas setoriais de habitação popular, saneamento básico e infraestrutura urbana estabelecidas pelo Governo Federal;

II - apreciar e aprovar os programas anuais e plurianuais do FGTS;

III - acompanhar e avaliar a gestão econômica e financeira dos recursos, bem como os ganhos sociais e o desempenho dos programas aprovados;

IV - pronunciar-se sobre as contas do FGTS, antes do seu encaminhamento aos órgãos de controle interno;

V - adotar as providências cabíveis para a correção de atos do MAS e da CEF, que prejudiquem o desempenho e o cumprimento das finalidades a que se destinam os recursos do FGTS;

VI - dirimir dúvidas quanto à aplicação das normas regulamentares, relativas ao FGTS, nas matérias de sua competência;

VII - fixar as normas e valores de remuneração do Agente Operador e dos Agentes Financeiros;

VIII - fixar critérios para o parcelamento de recolhimentos em atraso;

IX - fixar critérios e valor de remuneração da entidade ou órgão encarregado da fiscalização;

X - divulgar, no Diário Oficial da União, todas as decisões proferidas pelo conselho, bem como as contas do FGTS e os respectivos pareceres emitidos; e

XI - aprovar seu regimento interno.

ART. 65. O Conselho Curador do FGTS, presidido pelo Ministro de Estado do Trabalho e da Previdência Social, tem a seguinte composição:

I - Ministro de Estado da Economia, Fazenda e Planejamento;

II - Ministro de Estado da Ação Social;

III - Presidente do Banco Central do Brasil;

IV - Presidente da Caixa Econômica Federal;

V - três representantes dos trabalhadores; e

VI - três representantes dos empregadores.

§ 1º Os representantes dos trabalhadores e dos empregadores, bem como os seus suplentes, serão indicados pelas respectivas centrais sindicais e confederações nacionais e nomeados pelo Ministro de Estado do Trabalho e da Previdência Social, com mandato de dois anos, permitida a recondução uma vez.

§ 2º Os presidentes das entidades referidas nos incisos III e IV indicarão seus suplentes ao Presidente do Conselho Curador, que os nomeará.

§ 3º O Conselho Curador reunir-se-á ordinariamente, a cada bimestre, mediante convocação de seu Presidente. Esgotado esse período, não tendo ocorrido convocação, qualquer de seus membros poderá fazê-la, no prazo de quinze dias. Havendo necessidade, qualquer membro poderá convocar reunião extraordinária, na forma do Regimento Interno.

§ 4º As decisões do Conselho Curador serão tomadas por maioria simples, com a presença de, no mínimo, sete de seus membros, tendo o Presidente voto de qualidade.

§ 5º As despesas necessárias para o comparecimento às reuniões do Conselho Curador constituirão ônus das respectivas entidades representadas.

§ 6º As ausências ao trabalho dos representantes dos trabalhadores no Conselho Curador, decorrentes das atividades desse órgão, serão abonadas, computando-se como jornada efetivamente trabalhada para todos os fins e efeitos legais.

§ 7º Competirá ao MTPS proporcionar, ao Conselho Curador, os meios necessários ao exercício de sua competência, para o que contará com uma Secretaria Executiva do Conselho Curador do FGTS.

§ 8º Aos membros efetivos do Conselho Curador e aos seus suplentes, enquanto representantes dos trabalhadores, é assegurada a estabilidade no emprego, da nomeação até um ano após o término do mandato, somente podendo ser demitidos por motivos de falta grave, regularmente comprovada.

§ 9º As funções de membro do Conselho Curador não serão remuneradas, sendo o seu exercício considerado serviço relevante.

CAPÍTULO XIII
DO GESTOR DA APLICAÇÃO DO FGTS

ART. 66. Ao Ministério do Planejamento e Orçamento, na qualidade de Gestor da aplicação dos recursos do FGTS, compete: (Redação dada pelo Dec. 1.522/1995.)

I - praticar todos os atos necessários à gestão da aplicação do FGTS, de acordo com as diretrizes e programas estabelecidos pelo Conselho Curador; (Redação dada pelo Dec. 1.522/1995.)

II - expedir atos normativos relativos à alocação dos recursos para a implementação dos programas aprovados pelo Conselho Curador; (Redação dada pelo Dec. 1.522/1995.)

III - definir as metas a serem alcançadas pelos programas de habitação popular, saneamento básico e infraestrutura urbana; (Redação dada pelo Dec. 1.522/1995.)

IV - estabelecer os critérios, procedimentos e parâmetros básico para a análise, seleção, contratação, acompanhamento e avaliação dos projetos a serem financiados com recursos do FGTS, com observância dos objetivos da política nacional de desenvolvimento urbano e das políticas setoriais de habitação popular, saneamento básico e infraestrutura urbana, estabelecidas pelo Governo Federal; (Redação dada pelo Dec. 1.522/1995.)

V - definir as prioridades, a metodologia e os parâmetros básicos que nortearão a elaboração dos orçamentos e planos plurianuais de aplicação dos recursos do FGTS; (Redação dada pelo Dec. 1.522/1995.)

VI - elaborar os orçamentos anuais e planos plurianuais de aplicação dos recursos, discriminando-os por Unidade da Federação e submetendo-os, até 31 de julho de cada ano, ao Conselho Curador; (Redação dada pelo Dec. 1.522/1995.)

VII - acompanhar a execução dos programas de habitação popular, saneamento básico e infraestrutura urbana, decorrentes da aplicação dos recursos do FGTS, implementadas pelo Agente Operador; (Redação dada pelo Dec. 1.522/1995.)

VIII - subsidiar o Conselho Curador com estudos técnicos necessários ao aprimoramento dos programas de habitação popular, saneamento e infraestrutura urbana; (Redação dada pelo Dec. 1.522/1995.)

IX - submeter ao Conselho Curador as contas do FGTS. (Redação dada pelo Dec. 1.522/1995.)

Parágrafo único. O Gestor da aplicação poderá firmar convênios com os Governos dos Estados e do Distrito Federal para, por intermédio de instâncias colegiadas constituídas de representantes do governo estadual, dos governos municipais, quando houver, e da sociedade civil, em igual número, enquadrar, hierarquizar os pleitos de operações de crédito com recursos do FGTS. (Incluído pelo Dec.1.522/1995.)

CAPÍTULO XIV
DO AGENTE OPERADOR DO FGTS

ART. 67. Cabe à CEF, na qualidade de Agente Operador do FGTS: (Redação dada pelo Dec. 1.522/1995.)

I - centralizar os recursos do FGTS, participar da rede incumbida de sua arrecadação, manter e controlar as contas vinculadas e emitir regularmente os extratos individuais correspondentes; (Redação dada pelo Dec. 1.522/1995.)

II - definir os procedimentos operacionais necessários à execução dos programas de habitação popular, saneamento básico e infraestrutura urbana e ao cumprimento das resoluções do Conselho Curador e dos atos normativos do Gestor da aplicação do FGTS; (Redação dada pelo Dec. 1.522/1995.)

III - expedir atos normativos referentes aos procedimentos administrativos e operacionais dos bancos depositários, dos agentes financeiros e promotores, dos tomadores dos recursos, dos empregadores e dos trabalhadores, integrantes do sistema do FTGS; (Redação dada pelo Dec. 1.522/1995.)

DECRETOS

IV - analisar, sob os aspectos jurídico e de viabilidade técnica, econômica e financeira, os projetos de habitação popular, infraestrutura urbana, e saneamento básico a serem financiados com recursos do FGTS; (Redação dada pelo Dec. 1.522/1995.)

V - avaliar o desempenho e a capacidade econômico-financeira dos agentes envolvidos nas operações de crédito com recursos do FGTS; (Redação dada pelo Dec. 1.522/1995.)

VI - conceder os créditos para as operações previamente selecionadas e hierarquizadas, desde que consideradas viáveis, de acordo com o disposto no inciso IV deste artigo, responsabilizando-se pelo acompanhamento de sua execução e zelando pela correta aplicação dos recursos; (Redação dada pelo Dec. 1.522/1995.)

VII - formalizar convênios com a rede bancária para recebimento de pagamento do FGTS, em conformidade com o disposto pelo Conselho Curador; (Redação dada pelo Dec. 1.522/1995.)

VIII - celebrar convênios e contratos, visando à aplicação dos recursos do FGTS, em conformidade com o disposto pelo Conselho Curador; (Redação dada pelo Dec. 1.522/1995.)

IX - elaborar as contas do FGTS, encaminhando-as ao Gestor da aplicação; (Redação dada pelo Dec. 1.522/1995.)

X - implementar os atos do Gestor relativos à alocação e à aplicação dos recursos do FGTS, de acordo com as diretrizes estabelecidas pelo Conselho Curador; (Redação dada pelo Dec. 1.522/1995.)

XI - emitir Certificado de Regularidade do FGTS; (Redação dada pelo Dec. 1.522/1995.)

XII - apresentar relatórios gerenciais periódicos e, sempre que solicitadas, outras informações, com a finalidade de proporcionar ao Gestor da Aplicação e ao Conselho Curador meios para avaliar o desempenho dos programas, nos seus aspectos físico, econômico-financeiro, social e institucional, e sua conformidade com as diretrizes governamentais. (Redação dada pelo Dec. 1.522/1995.)

XIII - expedir atos normativos referentes aos procedimentos administrativo-operacionais a serem observados pelos agentes administradores dos FMP-FGTS e dos CI-FGTS, no que se refere às questões relacionadas ao cadastramento, ao fluxo de informações das movimentações e a resgates de quotas; (Incluído pelo Dec. 2.430/1997.)

XIV - determinar aos administradores dos FMP-FGTS e dos CI-FGTS o retorno das aplicações ao FGTS, nos casos de falecimento do titular, de aquisição de casa própria, de amortização ou liquidação de saldo devedor de financiamento do SFH e para o cumprimento de ordem judicial. (Incluído pelo Dec. 2.430/1997.)

ART. 68. Os resultados financeiros auferidos pela CEF, no período entre o repasse dos bancos e o depósito nas contas vinculadas dos trabalhadores, destinar-se-ão à cobertura das despesas de administração do FGTS e ao pagamento da tarifa aos bancos depositários, devendo os eventuais saldos ser incorporados ao patrimônio do fundo, nos termos do art. 59, parágrafo único, alínea a.

CAPÍTULO XV
DAS DISPOSIÇÕES GERAIS

ART. 69. É competente a Justiça do Trabalho para julgar os dissídios entre os trabalhadores e os empregadores, decorrentes da aplicação da Lei n. 8.036, de 1990, mesmo quando a União e a CEF figurarem como litisconsortes.

Parágrafo único. Nas reclamatórias trabalhistas que objetivem o ressarcimento de parcelas relativas ao FGTS, ou que, direta ou indiretamente, impliquem essa obrigação, o juiz determinará que a empresa sucumbente proceda ao recolhimento imediato das importâncias devidas a tal título.

ART. 70. Poderá o próprio trabalhador, seus dependentes e sucessores, ou, ainda, o sindicato a que estiver vinculado, acionar diretamente a empresa para compeli-la a efetuar o depósito das importâncias devidas nos termos da Lei n. 8.036, de 1990.

Parágrafo único. A União e a CEF deverão ser notificadas da propositura da reclamação.

ART. 71. São isentos de tributos federais os atos e operações necessários à aplicação da Lei n. 8.036, de 1990, quando praticados pela CEF, pelos trabalhadores e seus dependentes ou sucessores, pelos empregadores e pelos estabelecimentos bancários.

Parágrafo único. Aplica-se o disposto neste artigo às importâncias devidas, nos termos da Lei n. 8.036, de 1990, aos trabalhadores e seus dependentes ou sucessores.

ART. 72. É facultado à entidade sindical representar os trabalhadores junto ao empregador, ao banco depositário ou à CEF, para obtenção de informações relativas ao FGTS.

ART. 73. É facultado ao empregador desobrigar-se da responsabilidade da indenização relativa ao termo de serviço anterior à opção, depositando na conta vinculada do trabalhador, até o último dia útil do mês previsto em lei para o pagamento de salário, o valor correspondente à indenização, aplicando-se ao depósito, no que couber, as disposições da Lei n. 8.036, de 1990, e deste regulamento.

CAPÍTULO XVI
DAS DISPOSIÇÕES FINAIS E TRANSITÓRIAS

ART. 74. O MAS, a CEF e o Conselho Curador serão responsáveis pelo fiel cumprimento e observância dos critérios estabelecidos na Lei n. 8.036, de 1990, e neste regulamento.

ART. 75. O Conselho Curador expedirá os atos necessários para que seja resguardada a integridade dos direitos do trabalhador, notadamente no que se refere à atualização dos respectivos créditos e à exata informação, quando da centralização das contas do FGTS na CEF.

ART. 76. Os trabalhadores admitidos a termo e os temporários, cujos contratos se extinguiram durante a vigência da Lei n. 7.839, de 12 de outubro de 1989, poderão movimentar suas contas vinculadas relativas a esses contratos, cabendo aos então empregadores fornecer os documentos necessários para o levantamento dos respectivos valores.

ART. 77. O disposto no art. 7º se aplica aos diretores não empregados das autarquias em regime especial e fundações sob supervisão ministerial (Lei n. 6.919, de 1981).

ART. 78. O MAS e a CEF deverão dar pleno cumprimento aos programas anuais em andamento, aprovados pelo Conselho Curador, sendo que eventuais alterações somente poderão ser processadas mediante prévia anuência daquele colegiado.

ART. 79. Até que se cumpra o disposto no art. 29 do Ato das Disposições Constitucionais Transitórias, cabe à Procuradoria-Geral da Fazenda Nacional promover a execução judicial dos créditos da União decorrentes da aplicação de penalidades previstas na Lei n. 8.036, de 1990.

DECRETO N. 5, DE 14 DE JANEIRO DE 1991

Regulamenta a Lei n. 6.321, de 14 de abril de 1976, que trata do Programa de Alimentação do Trabalhador, revoga o Decreto n. 78.676, de 8 de novembro de 1976 e dá outras providências.

› *DOU*, 15.01.1991.

O Presidente da República, no uso da atribuição que lhe confere o artigo 84, inciso IV, da Constituição, Decreta:

ART. 1º A pessoa jurídica poderá deduzir, do Imposto de Renda devido, valor equivalente à aplicação da alíquota cabível do Imposto de Renda sobre a soma das despesas de custeio realizadas, no período-base, em Programas de Alimentação do Trabalhador, previamente aprovados pelo Ministério do Trabalho e da Previdência Social - MTPS, nos termos deste regulamento.

§ 1º As despesas realizadas durante o período-base da pessoa jurídica, além de constituírem custo operacional, poderão ser consideradas em igual montante para o fim previsto neste artigo.

§ 2º A dedução do Imposto de Renda estará limitada a 5% (cinco por cento) do imposto devido em cada exercício, podendo o eventual excesso ser transferido para dedução nos 2 (dois) exercícios subsequentes. (Redação dada pelo Dec. 349/1991.)

§ 3º As despesas de custeio admitidas na base de cálculo de incentivo são aquelas que vierem a constituir o custo direto e exclusivo do serviço de alimentação, podendo ser considerados, além da matéria-prima, mão de obra, encargos decorrentes de salários, asseio e os gastos de energia diretamente relacionados ao preparo e à distribuição das refeições.

§ 4º Para os efeitos deste Decreto, entende-se como prévia aprovação pelo Ministério do Trabalho e da Previdência Social, a apresentação de documento hábil a ser definido em Portaria dos Ministros do Trabalho e Previdência Social; da Economia, Fazenda e Planejamento e da Saúde.

ART. 2º Para os efeitos do art. 2º da Lei n. 6.321, de 14 de abril de 1976, os trabalhadores de renda mais elevada poderão ser incluídos no programa de alimentação, desde que esteja garantido o atendimento da totalidade dos trabalhadores contratados pela pessoa jurídica beneficiária que percebam até 5 (cinco) salários-mínimos .

§ 1º A participação do trabalhador fica limitada a 20% (vinte por cento) do custo direto da refeição. (Incluído pelo Dec. 349/1991.)

§ 2º A quantificação do custo direto da refeição far-se-á conforme o período de execução do programa aprovado pelo Ministério do Trabalho e da Previdência Social, limitado ao máximo de 12 (doze) meses. (Incluído pelo Dec. 349/1991.)

ART. 3º Os Programas de Alimentação do Trabalhador deverão propiciar condições de avaliação do teor nutritivo da alimentação.

ART. 4º Para a execução dos programas de alimentação do trabalhador, a pessoa jurídica beneficiária pode manter serviço próprio de refeições, distribuir alimentos e firmar convênio com entidades fornecedoras de alimentação coletiva, sociedades civis, sociedades comerciais e sociedades cooperativas. (Alterado pelo Dec. 2.101/1996.)

Parágrafo único. A pessoa jurídica beneficiária será responsável por quaisquer irregularidades resultantes dos programas executados na forma deste artigo.

ART. 5º A pessoa jurídica que custear em comum as despesas definidas no art. 4º, poderá beneficiar-se da dedução prevista na Lei n. 6.321, de 14 de abril de 1976, pelo critério de rateio do custo total da alimentação.

ART. 6º Nos Programas de Alimentação do Trabalhador (PAT), previamente aprovados pelo Ministério do Trabalho e da Previdência Social, a parcela paga *in natura* pela empresa não tem natureza salarial, não se incorpora à remuneração para quaisquer efeitos, não constitui base de incidência de contribuição previdenciária ou do Fundo de Garantia do Tempo de Serviço e nem se configura como rendimento tributável do trabalhador.

ART. 7º A pessoa jurídica deverá destacar contabilmente, com subtítulos por natureza de gastos, as despesas constantes do programa de alimentação do trabalhador.

ART. 8º A execução inadequada dos programas de Alimentação do Trabalhador ou o desvio ou desvirtuamento de suas finalidades acarretarão a perda do incentivo fiscal e a aplicação das penalidades cabíveis.

Parágrafo único. Na hipótese de infringência de dispositivos deste regulamento, as autoridades incumbidas da fiscalização no âmbito dos Ministérios do Trabalho e da Previdência Social, da Economia, Fazenda e Planejamento, e da Saúde aplicarão as penalidades cabíveis no âmbito de suas competências.

ART. 9º O Ministério do Trabalho e da Previdência Social expedirá instruções dispondo sobre a aplicação deste Decreto.

ART. 10. Este Decreto entra em vigor na data de sua publicação.

ART. 11. Revogam-se o Decreto n. 78.676, de 8 de novembro de 1976, e demais disposições em contrário.

Brasília, 14 de janeiro de 1991;
170º da Independência e 103º da República.
FERNANDO COLLOR

DECRETO N. 325, DE 1º DE NOVEMBRO DE 1991

Disciplina a comunicação, ao Ministério Público Federal, da prática de ilícitos penais previstos na legislação tributária e de crime funcional contra a ordem tributária e dá outras providências.

‣ *DOU*, 04.11.1991.

O Presidente da República, no uso das atribuições que lhe confere o art. 84, incisos IV e VI, da Constituição, e tendo em vista o disposto nas Leis n. 4.357, de 16 de julho de 1964, 4.729, de 14 de julho de 1965, e 8.137, de 27 de dezembro de 1990,

Decreta:

ART. 1º (Revogado pelo Dec. 982/1993.)

ART. 2º Os servidores que tiverem conhecimento da prática de crime funcional contra a ordem tributária (Lei n. 8.137, de 1990, art. 3º), representarão perante o titular da unidade administrativa do Ministério da Economia, Fazenda e Planejamento onde o representado tiver exercício.

§ 1º O titular da unidade administrativa providenciará a formação de processo administrativo correspondente à representação, que conterá:

a) exposição circunstanciada dos fatos;

b) elementos comprobatórios do ilícito;

c) identificação do representado e do representante e, se houver, o rol das testemunhas.

§ 2º Havendo na representação elementos suficientes à caracterização do ilícito, o titular da unidade administrativa determinará a imediata instauração de comissão destinada a apurar a responsabilidade do servidor, procedendo ao seu afastamento preventivo (arts. 147 a 152 da Lei n. 8.112, de 11 de dezembro de 1990), sem prejuízo do encaminhamento de cópia da representação ao Superintendente da Receita Federal.

§ 3º A representação formulada em desacordo com o disposto nos parágrafos precedentes será objeto de diligências complementares visando à sua adequada instrução.

ART. 3º O Superintendente da Receita Federal remeterá os autos (art. 1º) ou as cópias (art. 2º), no prazo de dez dias contados do respectivo recebimento, ao Diretor da Receita Federal que, em igual prazo, os encaminhará, mediante ofício, ao Procurador-Geral da República, com cópia ao Procurador-Geral da Fazenda Nacional.

Parágrafo único. A medida de que trata este artigo será efetivada sem prejuízo e independentemente da remessa do processo administrativo fiscal à Procuradoria da Fazenda Nacional, na forma da legislação pertinente, para fins de apuração, inscrição e cobrança da Dívida Ativa da União.

ART. 4º O eventual pagamento do tributo ou contribuição social, inclusive acessórios, bem assim a conclusão da comissão instituída para a apuração da responsabilidade do servidor (art. 2º, § 2º) serão igualmente comunicados, ao titular do Ministério Público Federal, na forma prevista no artigo precedente.

ART. 5º (Revogado pelo Dec. 2.331/1997.)

ART. 6º O Ministro da Economia, Fazenda e Planejamento expedirá as instruções necessárias à fiel execução do disposto neste decreto.

ART. 7º Este Decreto entra em vigor na data de sua publicação.

Brasília, 1º de novembro de 1991; 170º da Independência e 103º da República.
FERNANDO COLLOR

DECRETO N. 542, DE 26 DE MAIO DE 1992

Define bens de pequeno valor, para efeito da não incidência do imposto de renda sobre ganhos de capital e dá outras providências.

‣ *DOU*, 27.05.1992.

O Presidente da República, no uso da atribuição que lhe confere o art. 84, inciso IV, da Constituição, e tendo em vista o disposto na Lei n. 7.713, de 22 de dezembro de 1988,

Decreta:

ART. 1º Considera-se de pequeno valor, para efeito do disposto no art. 22, inciso IV, da Lei n. 7.713, de 22 de dezembro de 1988, o bem cujo preço unitário de alienação, no mês em que esta se realizar, seja igual ou inferior a 10.000 Unidades Fiscais de Referência - UFIR.

Parágrafo único. No caso de alienação de diversos bens ou direitos da mesma natureza, será considerado, para os efeitos deste artigo, o valor do conjunto dos bens alienados.

ART. 2º Para apuração do ganho de capital somente serão considerados os resultados positivos das alienações efetuadas (Lei n. 7.713, de 22 de dezembro de 1988, art. 3º, § 2º).

ART. 3º Este Decreto entra em vigor na data de sua publicação.

ART. 4º Revogam-se os Decretos n. 98.648, de 20 de dezembro de 1989, e 324, de 1º de novembro de 1991.

Brasília, 26 de maio de 1992;
171º da Independência e 104º da República.
FERNANDO COLLOR

DECRETO N. 566, DE 10 DE JUNHO DE 1992

Aprova o Regulamento do Serviço Nacional de Aprendizagem Rural (Senar)

‣ *DOU*, 11.06.1992.

O Presidente da República, no uso da atribuição que lhe confere o art. 84, inciso IV, da Constituição, e tendo em vista o disposto no art. 4º da Lei n. 8.315, de 23 de dezembro de 1991, bem como o Ofício n. 129/CNA-PR, do Presidente da Confederação Nacional da Agricultura.

Decreta:

ART. 1º Fica aprovado o Regulamento do Serviço Nacional de Aprendizagem Rural (Senar) constante do anexo.

ART. 2º Este decreto entra em vigor na data de sua publicação.

Rio de Janeiro, 10 de junho de 1992;
171º da Independência e 104º da República.
FERNANDO COLLOR

REGULAMENTO DO SERVIÇO NACIONAL DE APRENDIZAGEM RURAL

CAPÍTULO I
DA DENOMINAÇÃO, SEDE, DURAÇÃO E FINALIDADE

ART. 1º O Serviço Nacional de Aprendizagem Rural (Senar), criado pela Lei n. 8.315, de 23 de dezembro de 1991, com personalidade jurídica de direito privado, tem sede e foro em Brasília, Distrito Federal.

ART. 2º O objetivo do Senar é organizar, administrar e executar, no território nacional, o ensino da formação profissional rural, a promoção social e a assistência técnica e gerencial do trabalhador rural, em centros instalados e mantidos pelo Senar, ou sob a forma de cooperação, dirigida aos trabalhadores rurais. (Alterado pelo Dec. 9.274/2018.)

CAPÍTULO II
DA ORGANIZAÇÃO E ADMINISTRAÇÃO

ART. 3º O Senar é administrado pela Confederação da Agricultura e Pecuária do Brasil - CNA e tem, como órgãos de direção, de execução e de fiscalização: (Alterado pelo Dec. 9.274/2018.)

I - Conselho Deliberativo;

II - Secretaria Executiva;

III - Conselho Fiscal.

ART. 4º O Conselho Deliberativo terá mandato de quatro anos, que coincidirá com o mandato da Diretoria da Confederação da Agricultura e Pecuária do Brasil, com a seguinte composição: (Alterado pelo Dec. 9.274/2018.)

I - o Presidente da Confederação da Agricultura e Pecuária do Brasil, que o presidirá; (Alterado pelo Dec. 9.274/2018.)

II - um representante do Ministério da Agricultura, Pecuária e Abastecimento; (Alterado pelo Dec. 9.274/2018.)

III - um representante do Ministério da Educação; (Alterado pelo Dec. 9.274/2018.)

IV - um representante do Ministério do Trabalho; (Alterado pelo Dec. 9.274/2018.)

V - um representante da Organização das Cooperativas Brasileiras (OCB);

VI - um representante das agroindústrias, indicado pela Confederação Nacional da Indústria (CNI);

VII - cinco representantes da Confederação da Agricultura e Pecuária do Brasil - CNA; (Alterado pelo Dec. 9.274/2018.)

VIII - cinco representantes da Confederação Nacional dos Trabalhadores na Agricultura (Contag).

§ 1º Os membros titulares do Conselho Deliberativo serão indicados juntamente com seus respectivos suplentes, vedada a substituição dos membros por procuradores, prepostos ou mandatários.

§ 2º Cada conselheiro terá direito a um voto em plenário, cabendo ao Presidente, além do seu, o voto de qualidade.

ART. 5º Ao Conselho Deliberativo compete exercer a direção superior e a normatização das atividades do Senar, notadamente no que se refere ao planejamento, estabelecimento de diretrizes, organização, coordenação, controle e avaliação e, especialmente:

I - definir a política de atuação da entidade e estabelecer as normas operacionais que regerão suas atividades, bem como as diretrizes gerais a serem adotadas pelas entidades integrantes do sistema;

II - aprovar o Regimento Interno do Senar, no qual deverão constar o detalhamento deste regulamento, a estrutura organizacional e as funções dos órgãos que a compõem;

III - aprovar os planos anuais e plurianuais de trabalho e os respectivos orçamentos;

IV - aprovar o balanço geral, as demais demonstrações financeiras, o parecer do Conselho Fiscal e o relatório anual das atividades e encaminhá-los ao Tribunal de Contas da União;

V - aprovar o plano de cargos, salários e benefícios, o quadro de pessoal e a tabela de remuneração correspondente;

VI - autorizar a aquisição, alienação, cessão ou gravame de bens imóveis;

VII - aprovar o regulamento de licitações para aquisição ou venda de bens e serviços;

VIII - autorizar a assinatura de convênios, contratos e ajustes ou outros instrumentos jurídicos;

IX - estabelecer outras atribuições do Presidente do Conselho Deliberativo, além das estabelecidas no art. 6º;

X - estabelecer outras atribuições do Secretário Executivo, além das estabelecidas no art. 8º;

XI - aprovar as normas para a realização de concurso, para contratação de pessoal do quadro de provimento efetivo;

XII - estipular o valor das diárias e da ajuda de custo para os membros do Conselho Fiscal;

XIII - estipular a verba de representação do Presidente do Conselho Deliberativo e o valor da ajuda de custo e das diárias de seus membros;

XIV - estabelecer o limite máximo de remuneração do Secretário Executivo;

XV - estabelecer para o próprio Conselho Deliberativo outras atribuições de acordo com a legislação vigente;

XVI - solucionar os casos omissos no presente regulamento e no regimento interno.

ART. 6º Compete ao Presidente do Conselho Deliberativo:

I - representar o Senar em juízo ou fora dele;

II - assinar convênios, contratos, ajustes e outros instrumentos jurídicos;

III - assinar, em conjunto com o Secretário Executivo, os cheques e os documentos de abertura e movimentação de contas bancárias, ou com servidor especialmente designado, na forma do disposto no regimento interno;

IV - escolher e nomear o Secretário Executivo e estabelecer a sua remuneração;

V - dar posse aos membros do Conselho Deliberativo e do Conselho Fiscal;

VI - desempenhar outras atribuições que lhe forem confiadas pelo Conselho Deliberativo.

Parágrafo único. O Presidente do Conselho Deliberativo poderá constituir procuradores ou delegar os poderes que lhe forem atribuídos, de acordo com o estabelecido no regimento interno.

ART. 7º A Secretaria Executiva, organizada segundo o disposto no regimento interno, será o órgão de execução da administração do Senar.

ART. 8º Ao Diretor-Geral compete: (Alterado pelo Dec. 9.274/2018.)

I - praticar os atos normais de gestão, coordenação e controle administrativo;

II - assinar, juntamente com o Presidente do Conselho Deliberativo ou com servidor especialmente designado na forma do disposto no regimento interno, os cheques e documentos de abertura e movimentação de contas bancárias;

III - encaminhar ao Conselho Deliberativo as propostas dos orçamentos anuais e plurianuais, o balanço geral, demais demonstrações financeiras, o parecer do Conselho Fiscal e o relatório anual de atividades;

IV - secretariar as reuniões do Conselho Deliberativo;

V - executar outras atividades que lhe forem atribuídas pelo Conselho Deliberativo, conforme estabelecido no regimento interno.

ART. 9º O Conselho Fiscal será composto por cinco membros, titulares e igual número de suplentes, indicados pelos seguintes órgãos: (Alterado pelo Dec. 9.274/2018.)

I - Ministério da Agricultura, Pecuária e Abastecimento; (Acrescentado pelo Dec. 9.274/2018.)

II - Ministério do Trabalho; (Acrescentado pelo Dec. 9.274/2018.)

III - Confederação da Agricultura e Pecuária do Brasil; (Acrescentado pelo Dec. 9.274/2018.)

IV - Confederação Nacional dos Trabalhadores na Agricultura; e (Acrescentado pelo Dec. 9.274/2018.)

V - Organização das Cooperativas Brasileiras. (Acrescentado pelo Dec. 9.274/2018.)

Parágrafo único. O mandato dos membros de que trata o *caput* será de quatro anos, e coincidirá com o mandato do Conselho Deliberativo, vedada a recondução para o período imediatamente subsequente. (Acrescentado pelo Dec. 9.274/2018.)

ART. 10. Compete ao Conselho Fiscal:

I - acompanhar e fiscalizar a execução financeira e orçamentária;

II - examinar e emitir pareceres sobre as propostas de orçamentos anuais e plurianuais, o balanço geral e demais demonstrações financeiras;

III - elaborar seu regimento interno e submetê-lo à homologação do Conselho Deliberativo.

CAPÍTULO III
DOS RECURSOS

ART. 11. Constituem rendas do SENAR: (Redação dada pelo Dec. 790/1993.)

I - Contribuição mensal compulsória, a ser recolhida à Previdência Social, de 2,5% sobre o montante da remuneração paga a todos os empregados pelas pessoas jurídicas de direito privado, ou a elas equiparadas, que exerçam atividades: (Redação dada pelo Dec. 790/1993.)

a) agroindustriais; (Redação dada pelo Dec. 790/1993.)

b) agropecuárias; (Redação dada pelo Dec. 790/1993.)

c) extrativistas vegetais e animais; (Redação dada pelo Dec. 790/1993.)

d) cooperativistas rurais; (Redação dada pelo Dec. 790/1993.)

e) sindicais patronais rurais; (Redação dada pelo Dec. 790/1993.)

II - contribuição compulsória, a ser recolhida à Previdência Social, de um décimo por cento incidente sobre a receita bruta proveniente da comercialização da produção da pessoa física, proprietária ou não, que explora atividade agropecuária ou pesqueira, em caráter permanente ou temporário, diretamente ou por intermédio de prepostos e com auxílio de empregados, utilizados a qualquer título, ainda que de forma não contínua; (Redação dada pelo Dec. 790/1993.)

III - doações e legados; (Redação dada pelo Dec. 790/1993.)

IV - subvenções da União, Estados e Municípios; (Redação dada pelo Dec. 790/1993.)

V - multas arrecadadas por infração de dispositivos, regulamentos e regimentos oriundos da Lei n. 8.315, de 23 de dezembro de 1991, com as alterações da n. 8.540, de 22 de dezembro de 1992; (Redação dada pelo Dec. 790/1993.)

VI - rendas oriundas de prestação de serviços e da alienação ou locação de seus bens; (Redação dada pelo Dec. 790/1993.)

VII - receitas operacionais; (Redação dada pelo Dec. 790/1993.)

VIII - contribuição prevista no art. 1º do Decreto-Lei n. 1.989, de 28 de dezembro de 1982, combinado com o art. 5º do Decreto-Lei n. 1.146, de 31 de dezembro de 1970; (Redação dada pelo Dec. 790/1993.)

IX - rendas eventuais. (Incluído pelo Dec. 790/1993.)

§ 1º As disposições contidas no inciso I não se aplicam às pessoas físicas aludidas no inciso II deste artigo. (Incluído pelo Dec. 790/1993.)

§ 2º Para os efeitos do inciso II deste artigo, considera-se receita bruta o valor recebido ou creditado pela comercialização da produção, assim entendida a operação de venda ou consignação. (Incluído pelo Dec. 790/1993.)

§ 3º Integram a produção, para os efeitos do inciso II deste artigo, os produtos de origem animal ou vegetal, em estado natural ou submetidos a processo de beneficiamento ou industrialização rudimentar, assim compreendidos, entre outros, os processos de lavagem, limpeza, descaroçamento, pilagem, descascamento, lenhamento, pasteurização, resfriamento, secagem, fermentação, embalagem, cristalização, fundição, carvoejamento, cozimento, destilação, moagem, torrefação, bem como os subprodutos e os resíduos obtidos através desses processos. (Incluído pelo Dec. 790/1993.)

§ 4º Não integram a base de cálculo da contribuição aludida no inciso II deste artigo: (Incluído pelo Dec. 790/1993.)

a) o produto vegetal destinado ao plantio e reflorestamento e o produto animal destinado a reprodução ou criação pecuária ou granjeira, quando vendidos entre si pela pessoa física referida no inciso II deste artigo ou pelo segurado especial de que trata o inciso VII do art. 10 do Regulamento da Organização e do Custeio da Seguridade Social, aprovado pelo Decreto n. 612, de 21 de julho de 1992, com as alterações subsequentes, que os utilize diretamente com essas finalidades; (Incluída pelo Dec. 790/1993.)

b) o produto animal utilizado como cobaia para fins de pesquisas científicas no País; (Incluída pelo Dec. 790/1993.)

c) o produto vegetal vendido por pessoa ou entidade que, registrada no Ministério da Agricultura, do Abastecimento e da Reforma Agrária, se dedique ao comércio de sementes e mudas no País, quando na revenda o comprador for a pessoa física de que trata o inciso II deste artigo ou o segurado especial aludido na alínea a deste parágrafo. (Incluída pelo Dec. 790/1993.)

§ 5º A contribuição de que trata este artigo será recolhida: (Incluído pelo Dec. 790/1993.)

a) pelo adquirente, consignatário ou cooperativa que ficam sub-rogados, para esse fim, nas obrigações do produtor; (Incluída pelo Dec. 790/1993.)

b) pelo produtor, quando ele próprio vender os seus produtos no varejo, diretamente ao consumidor, ou a adquirente domiciliado no exterior. (Incluída pelo Dec. 790/1993.)

§ 6º Aplicam-se às contribuições aludidas no inciso II deste artigo o disposto nos §§ 8º e 9º do art. 24 do Regulamento da Organização e do Custeio da Seguridade Social, aprovado pelo Decreto n. 612, de 21 de julho de 1992, e alterações posteriores. (Incluído pelo Dec. 790/1993.)

ART. 12. A distribuição e a forma de utilização dos recursos de que trata este Capítulo serão definidas no regimento interno do Senar, observada a proporcionalidade em relação à arrecadação, na forma estabelecida no § 3º do art. 3º da Lei n. 8.315, de 23 de dezembro de 1991, reservada a cota de: (Alterado pelo Dec. 9.274/2018.)

I - até cinco por cento sobre a arrecadação para a administração superior a cargo da Confederação da Agricultura e Pecuária do Brasil; e (Acrescentado pelo Dec. 9.274/2018.)

II - até cinco por cento sobre a arrecadação regional para a administração superior a cargo da Federação da Agricultura e Pecuária. (Acrescentado pelo Dec. 9.274/2018.)

CAPÍTULO IV
DO PESSOAL

ART. 13. O regime jurídico do pessoal do Senar será o da Consolidação das Leis do Trabalho e respectiva legislação complementar.

Parágrafo único. A admissão de pessoal em cargo de provimento efetivo ocorrerá por meio de processo seletivo, observadas as normas específicas editadas pelo Conselho Deliberativo. (Alterado pelo Dec. 9.274/2018.)

CAPÍTULO V
DAS DISPOSIÇÕES GERAIS E TRANSITÓRIAS

ART. 14. A arrecadação das contribuições devidas ao Senar, na forma estabelecida nos incisos I e II do *caput* do art. 11, será feita pela Secretaria da Receita Federal do Brasil do Ministério da Fazenda e, no inciso VIII do *caput* do art. 11, será feita pelo Instituto Nacional de Colonização e Reforma Agrária - Incra, ou por órgão ou entidade designado pelo Poder Executivo, em conjunto com o recolhimento das contribuições para a Seguridade Social e do Imposto sobre a Propriedade Territorial Rural e, nas mesmas condições, prazos e sanções, foro e privilégio que lhes são aplicáveis, inclusive no que se refere à cobrança judicial mediante processo de execução fiscal, na forma estabelecida na Lei n. 6.830, de 22 de setembro de 1980. (Alterado pelo Dec. 9.274/2018.)

Parágrafo único. As ações relativas aos recursos previstos nos incisos I, II, V e VIII do art. 11 deste regulamento, nas quais o SENAR figurar como autor, réu ou interveniente, serão propostas no juízo privativo da Fazenda Pública. (Redação dada pelo Dec. 790/1993.)

ART. 15. O primeiro mandato dos membros do Conselho Deliberativo e do Conselho Fiscal será inferior aos quatro anos fixados no art. 4º e no art. 9º, de forma a se ajustar à vigência do mandato da atual direção da Confederação da Agricultura e Pecuária do Brasil. (Alterado pelo Dec. 9.274/2018.)

ART. 16. O Regimento Interno do Senar deverá ser votado pelo Conselho Deliberativo dentro do prazo de noventa dias da publicação deste regulamento.

DECRETO N. 767, DE 5 DE MARÇO 1993

Dispõe sobre as atividades de controle interno da Advocacia-Geral da União, e dá outras providências.

O Presidente da República, no uso das atribuições que lhe confere o art. 84, incisos IV e VI, da Constituição,

Decreta:

ART. 1º As atividades de controle interno da Advocacia Geral da União, inclusive as de contabilidade analítica, serão exercidas pela Secretaria de Controle Interno da Secretaria Geral da Presidência da República, até que seja estruturado o órgão específico previsto no art. 16 da Lei Complementar n. 73, de 10 de fevereiro de 1993.

ART. 2º Compete ao Advogado-Geral da União emitir o pronunciamento de que trata o art. 52 da Lei n. 8.443, de 16 de julho de 1992, relativo às contas da extinta Consultoria Geral da República.

ART. 3º Ficam transferidos para a Advocacia-Geral da União o acervo documental e os bens patrimoniais da extinta Consultoria Geral da República.

ART. 4º Este decreto entra em vigor na data de sua publicação.

Brasília, 5 de março de 1993;
172º da Independência e 105º da República.
ITAMAR FRANCO

DECRETO N. 908, DE 31 DE AGOSTO DE 1993

Fixa diretrizes para as negociações coletivas de trabalho de que participam as entidades estatais que menciona e dá outras providências.

▸ *DOU*, 1º.09.1993.

O Presidente da República , no uso das atribuições que lhe confere o art. 84, incisos II e VI, da Constituição,

Decreta:

ART. 1º As empresas públicas, sociedades de economia mista, suas subsidiárias e controladas, e demais empresas sob controle direto ou indireto da União deverão esgotar todas as possibilidades no sentido de viabilizar a celebração de acordos coletivos de trabalho satisfatórios às partes, observadas as diretrizes fixadas neste decreto.

ART. 2º Os procedimentos relativos às negociações coletivas de trabalho serão estabelecidos de comum acordo entre as partes envolvidas, regulando, principalmente:

I - formas, prazos, objeto, níveis e sujeitos das negociações;

II - formas alternativas de composição e solução dos conflitos individuais e coletivos, inclusive, através de mediação, conciliação ou arbitragem;

III - direitos e deveres das partes;

IV - regras no tocante ao fornecimento de informações inerentes ao objeto das negociações, bem como da situação econômico-financeira da empresa.

Parágrafo único. Todas as cláusulas do acordo coletivo vigente deverão ser objeto de negociação a cada nova data-base.

ART. 3º No processo de negociação coletiva, as empresas deverão obedecer às seguintes disposições:

I - na data-base, os reajustes das tabelas salariais, dos benefícios e das demais vantagens, serão limitados à variação do índice legal aplicável ao reajuste salarial a partir da última data-base, deduzidos os percentuais de antecipação concedidos a qualquer título no período, levando-se em consideração critérios de averiguação comprovada em relação à capacidade econômico-financeira, desempenho operacional da empresa e, quando couber, à disponibilidade de recursos dos Orçamentos Fiscal e da Seguridade Social;

II - os aumentos reais de salário, as concessões de benefícios e vantagens, bem como as antecipações e reajustes salariais, acima dos limites mínimos estabelecidos em lei ou no inciso anterior, estarão condicionados à melhoria do desempenho da empresa e à autorização expressa do Comitê de Coordenação das Empresas Estatais (CCE), que considerará, dentre outros critérios, os seguintes:

a) nível de endividamento, inclusive passivo trabalhista;

b) capacidade de geração de receitas próprias para cobertura dos dispêndios correntes e para o financiamento dos investimentos, quando cabível;

c) disponibilidade orçamentária ou necessidade de aportes de recursos adicionais do Tesouro Nacional;

d) aumento de produtividade;

e) distribuição de dividendos, quando for o caso;

f) avaliação do nível de atendimento das necessidades do seu público alvo, bem como do grau de satisfação de seus clientes, usuários e consumidores dos bens e serviços ofertados;

g) compatibilização da remuneração global dos empregados com os níveis vigentes no mercado de trabalho, de acordo com avaliação promovida pelos agentes, permanentemente, conforme disposição de acordo coletivo de trabalho;

h) reflexos sobre o nível de preços, tarifas e taxas públicas.

1º As propostas com vistas à celebração de acordos coletivos de trabalho, cujas cláusulas resultem em aumentos salariais ou na concessão de benefícios e vantagens acima dos limites mínimos fixados em lei, conforme o inciso II deste artigo, serão encaminhadas para aprovação prévia do CCE, por intermédio do Ministério a que a empresa se vincula.

2º As propostas encaminhadas pelo Ministério supervisor, nos termos do disposto no parágrafo anterior, serão acompanhadas de manifestação daquele órgão sobre o pleito, considerando as diretrizes fixadas neste decreto e as disposições dele decorrentes.

3º As propostas que contemplarem a composição de eventuais passivos trabalhistas serão encaminhadas ao CCE, na forma dos parágrafos anteriores, após a manifestação da Advocacia-Geral da União.

4º As negociações coletivas de trabalho, em que sejam partes as entidades de que trata o art. 1º, serão relatadas e informadas, quanto à sua evolução e estágio de desenvolvimento, ao CCE ou, por sua delegação, a órgão técnico de acompanhamento das negociações.

DECRETOS

ART. 4º Toda negociação coletiva de trabalho concluída pelas entidades mencionadas no art. 1° será formalizada mediante termo de Acordo Coletivo de Trabalho ou Aditivo, o qual será depositado no Ministério do Trabalho e publicado no Diário Oficial da União, no prazo de até 20 (vinte) dias da data de sua assinatura.

Parágrafo único. O instrumento de que trata este artigo vigorará por prazo não superior a 12 (doze) meses.

ART. 5º As entidades a que se refere o art. 1° publicarão no Diário Oficial da União, juntamente com os instrumentos mencionados no artigo anterior ou até o décimo dia subsequente ao mês de reajuste das tabelas salariais, demonstrativo dos níveis de remuneração globais, discriminando a maior e menor remuneração e a remuneração média, ponderada pelo número de empregados por categoria, conforme respectivos Planos de Cargos e Salários.

ART. 6º Compete ao CCE baixar as instruções necessárias ao cumprimento das diretrizes estabelecidas neste decreto, bem como publicar, no Diário Oficial da União, a relação das empresas de que trata o art. 1°.

ART. 7º Os dirigentes das empresas mencionadas no art. 1º serão responsáveis pela adoção das medidas necessárias ao cumprimento das disposições contidas neste decreto e das instruções dele decorrentes.

Parágrafo único. Os Conselhos de Administração e Fiscal das respectivas empresas, no âmbito de suas competências, zelarão pelo fiel cumprimento do disposto neste decreto.

ART. 8º As Secretarias de Controle Interno dos Ministérios supervisores realizarão a qualquer tempo auditorias especiais, mediante solicitação do CCE, com vistas à verificação do cumprimento pelas empresas estatais das disposições contidas neste decreto, inclusive daquelas dele decorrentes, e à apuração das responsabilidades.

ART. 9º Este decreto entra em vigor na data de sua publicação.

ART. 10. Revogam-se as disposições em contrário.

Brasília, 31 de agosto de 1993; 172º da Independência e 105º da República.

ITAMAR FRANCO

DECRETO N. 1.035, DE 30 DE DEZEMBRO DE 1993

Dispõe sobre o recolhimento do Adicional de Indenização do Trabalhador Portuário Avulso, e dá outras providências.

- *DOU*, 30.12.1993.
- Lei 12.815/2013 (Dispõe sobre a exploração direta e indireta pela União de portos e instalações portuárias e sobre as atividades desempenhadas pelos operadores portuários) e Dec. 8.033/2013 (regulamento).

O Presidente da República, no uso da atribuição que lhe confere o art. 84, inciso IV, da Constituição, e tendo em vista o disposto nos arts. 61 a 67 da Lei n. 8.630, de 25 de fevereiro de 1993,

Decreta:

ART. 1º O recolhimento do Adicional de Indenização do Trabalhador Portuário Avulso - AITP será efetuado pelos operadores portuários responsáveis pelas cargas e descargas das mercadorias importadas ou a exportar, objeto do comércio na navegação de longo curso, à razão de:

I - sete décimos de UFIR, por tonelada de granel sólido, ou fração;

II - uma UFIR, por tonelada de granel líquido, ou fração;

III - seis décimos de UFIR, por tonelada de carga geral, solta ou unitizada, ou fração.

§ 1º O AITP será recolhido até dez dias após a entrada da embarcação no porto de carga ou descarga, em agência do Banco do Brasil S.A., na praça de localização do porto.

§ 2º Os operadores portuários, no prazo estabelecido no parágrafo anterior, deverão apresentar à Secretaria da Receita Federal o comprovante do recolhimento do AITP.

§ 3º As unidades da Secretaria da Receita Federal não darão seguimento a despachos de mercadorias importadas ou a exportar, sem a comprovação do pagamento do AITP.

ART. 2º É facultado aos operadores portuários, para antecipar e agilizar o despacho aduaneiro das mercadorias, recolherem o AITP:

I - na importação, antes do registro da Declaração de Importação ou da Declaração de Trânsito Aduaneiro;

II - na exportação, antes da apresentação, à Secretaria da Receita Federal, dos documentos que instruem o despacho.

Parágrafo único. Nos casos de mercadorias destinadas à exportação, em trânsito aduaneiro até o porto de embarque, o recolhimento do AITP poderá ser efetuado até a conclusão do trânsito.

ART. 3º Para os fins previstos neste Decreto ficam equiparados aos operadores portuários os importadores, exportadores ou consignatários das mercadorias importadas ou a exportar.

ART. 4º O AITP será recolhido por intermédio de guia própria, conforme modelo anexo a este Decreto.

§ 1º Cada guia deverá corresponder a um único despacho de importação ou de exportação.

§ 2º Fica o Ministro dos Transportes autorizado a alterar o modelo da guia de que trata este artigo.

ART. 5º Observado o disposto no § 2º do art. 67 da Lei n. 8.630, de 25 de fevereiro de 1993, o Ministro da Fazenda estabelecerá diretrizes para a aplicação dos recursos do Fundo de Indenização do Trabalhador Portuário Avulso (FITP).

- Lei 12.815/2013 (Dispõe sobre a exploração direta e indireta pela União de portos e instalações portuárias e sobre as atividades desempenhadas pelos operadores portuários) e Dec. 8.033/2013 (regulamento).

§ 1º O Banco Central do Brasil fixará, em favor do Banco do Brasil S.A., taxa de remuneração pela gestão do Fundo.

§ 2º A taxa a que se refere este artigo deverá corresponder aos custos operacionais do Banco do Brasil S.A., podendo ser revista semestralmente, para mais ou para menos, caso se verifique variação dos referidos custos.

ART. 6º O FITP fica sujeito à auditoria da Secretaria de Controle Interno do Ministério dos Transportes.

ART. 7º Este Decreto entra em vigor na data de sua publicação.

Brasília, 30 de dezembro de 1993; 172º da Independência e 105º da República.

ITAMAR FRANCO

- Optamos, nesta edição, pela não publicação do Anexo.

DECRETO N. 1.054, DE 7 DE FEVEREIRO DE 1994

Regulamenta o reajuste de preços nos contratos da Administração Federal direta e indireta, e dá outras providências.

- *DOU*, 08.02.1994.

O Presidente da República, no uso da atribuição que lhe confere o art. 84, inciso IV, da Constituição Federal, e tendo em vista o disposto no § 1º do art. 5º, § 7º, do art. 7º, nos incisos XI e XIV do art. 40 e no inciso III do art. 55, todos da Lei n. 8.666, de 21 de junho de 1993,

Decreta:

ART. 1º O reajuste de preços nos contratos a serem firmados pelos órgãos e entidades da Administração Federal direta, fundos especiais, autarquias, fundações públicas, empresas públicas, sociedades de economia mista e demais entidades controladas direta ou indiretamente pela União, reger-se-á pelo disposto neste decreto.

ART. 2º Os critérios de atualização monetária, a periodicidade e o critério de reajuste de preços nos contratos deverão ser previamente estabelecidos nos instrumentos convocatórios de licitação ou nos atos formais de sua dispensa ou inexigibilidade.

§ 1º O reajuste deverá basear-se em índices que reflitam a variação efetiva do custo de produção ou do preço dos insumos utilizados, admitida a adoção de índices setoriais ou específicos regionais, ou na falta destes, índices gerais de preços.

§ 2º É vedada, sob pena de nulidade, cláusula de reajuste vinculada a variações cambiais ou ao salário-mínimo, resssalvados os casos previstos em lei federal. (Alterado pelo Dec. 1.110/1994.)

ART. 3º Para os fins deste decreto, são adotadas as seguintes definições:

I - contratante - órgão ou entidade signatária do instrumento contratual em nome da União, a autarquia, a fundação, a empresa pública, a sociedade de economia mista e as demais entidades controladas direta ou indiretamente;

II - contratado - a pessoa física ou jurídica que figurar no contrato como executor da obra, prestador do serviço ou fornecedor dos bens;

III - preço inicial - constante da proposta ou do orçamento para a realização do fornecimento ou execução da obra ou serviço, que deverá corresponder ao preço de mercado vigente à data prevista para a entrega da proposta;

IV - etapa - cada uma das partes em que se divide o desenvolvimento do fornecimento, obra ou serviço, em relação aos prazos ou cronogramas contratuais;

V - aferição - conferência, medição ou verificação das quantidades do material, obra ou serviço executado de uma só vez ou em cada etapa contratual;

VI - periodicidade intervalo de tempo entre dois reajustes sucessivos do preço; (Alterado pelo Dec. 1.110/1994.)

VII - índice de custos ou preços - o número índice adotado para o reajuste de cada tipo de fornecimento, obra ou serviço;

VIII - índice inicial - índice de custos ou preços definido no item anterior, relativo à data-base dos reajustes;

IX - data-base - a estabelecida no instrumento convocatório da licitação, ou nos atos de formalização de sua dispensa ou inexigibilidade, para o recebimento da proposta ou do orçamento, adotada como base para cálculo da variação do índice de custos ou de preços;

X - parâmetro - coeficientes que medem a participação relativa dos principais componentes de custos considerados na formação do valor global do contrato ou de parte do valor global contratual;

XI - adimplemento da obrigação contratual - prestação do serviço, a realização da obra, a entrega do bem ou etapa deste, bem como qualquer outro evento contratual cuja ocorrência esteja vinculada a emissão de documento de cobrança.

ART. 4º A proposta deverá apresentar preços correntes de mercado, sem quaisquer acréscimos em virtude de expectativa inflacionária ou de custo financeiro.

ART. 5º Os preços contratuais serão reajustados para mais ou para menos, de acordo com a variação dos índices indicados no instrumento convocatório da licitação ou nos atos formais de sua dispensa ou inexigibilidade, ou ainda no contrato, com base na seguinte fórmula, vedada a periodicidade de reajuste inferior a um ano, contados da data limite para apresentação da proposta: (Alterado pelo Dec. 1.110/1994.)

I - Io
R = V _______ , onde:
Io

R = valor do reajuste procurado;

V = valor contratual do fornecimento, obra ou serviço a ser reajustado;

Io = índice inicial - refere-se ao índice de custos ou de preços correspondente à data fixada para entrega da proposta da licitação;

I = índice relativo à data do reajuste. (Alterado pelo Dec. 1.110/1994.)

Parágrafo único. Para a produção ou fornecimento de bens, realização de obras ou prestação de serviços que contenham mais de um insumo relevante, ou cuja singularidade requeira tratamento diferenciado, poderá ser adotada a fórmula de reajuste abaixo, baseada na variação ponderada dos índices de custos ou preços relativos aos principais componentes de custo considerados na formação do valor global de contrato ou de parte do valor global contratual: (Alterado pelo Dec. 1.110/1994.)

I1 - I1,0 I2 - I2,0 In - In,0
R. = V a1 .... + a2 ..... + ... + an ....
I1,0 I2,0 In,0

R = valor do reajustamento procurado;

V = valor contratual do fornecimento, obra ou serviço a ser reajustado;

II = índice de custos ou de preços correspondente ao parâmetro «al» e relativo à data do reajuste; (Alterado pelo Dec. 1.110/1994.)

In = índice de custos ou de preços correspondente ao parâmetro «an» e relativo à data do reajuste; (Alterado pelo Dec. 1.110/1994.)

I1,0 = índice inicial correspondente ao parâmetro *al* relativo à data fixada para o recebimento da proposta da licitação;

In,0 = índice inicial correspondente ao parâmetro *an* relativo à data fixada para o recebimento da proposta da licitação.

a1, a2, ..., an = parâmetros cuja soma é igual a 1 (um).

ART. 6º Ocorrendo atraso atribuível ao contratado, antecipação ou prorrogação na realização dos fornecimentos ou na execução das obras ou serviços, o reajuste obedecerá as seguintes condições:

I - no caso de atraso:

a) se os índices aumentarem, prevalecerão aqueles vigentes nas datas previstas para a realização do fornecimento ou execução da obra ou serviço;

b) se os índices diminuírem, prevalecerão aqueles vigentes nas datas em que o fornecimento, obra ou serviço for realizado ou executado;

II - no caso de antecipação, prevalecerão os índices vigentes nas datas em que o fornecimento, obra ou serviço for efetivamente realizado ou executado;

III - no caso de prorrogação regular, caso em que o cronograma de execução física, quando for o caso, deverá ser reformulado e aprovado, prevalecerão os índices vigentes nas novas datas previstas para a realização do fornecimento ou para a execução da obra ou serviço.

§ 1º A concessão do reajuste de acordo com o inciso I deste artigo, não eximirá o contratado das penalidades contratuais

§ 2º A posterior recuperação do atraso não ensejará a atualização dos índices no período em que ocorrer a mora.

§ 3º A prorrogação de que trata o inciso III deste artigo, subordina-se às disposições dos §§ 1º e 2º do art. 57 da Lei n. 8.666, de 21 de junho de 1993.

ART. 7º Enquanto não divulgados os índices correspondentes ao mês do adimplemento de cada etapa; o reajuste será calculado de acordo com o último índice conhecido, cabendo, quando publicados os índices definitivos, a correção dos cálculos.

Parágrafo único. Nas aferições finais, todos os índices utilizados para reajuste serão obrigatoriamente os definitivos.

ART. 8º No caso de fornecimento de bens ou prestação de serviços cujos preços estejam sujeitos ao controle governamental, o reajuste resultante da aplicação das fórmulas previstas no art. 5º não poderá ultrapassar o limite fixado para o setor, empresa ou serviço.

ART. 9º Será observado o prazo de até trinta dias para pagamento, contados a partir da data final do período de adimplemento de cada parcela.

Parágrafo único. Deverá ser previsto cronograma de desembolso máximo por período, em conformidade com a disponibilidade de recursos financeiros, observadas as exigências previstas no art. 5º da Lei n. 8.666/93.

ART. 10. (Revogado pelo Dec. 1.110/1994.)

ART. 11. Em casos excepcionais, devidamente justificados, o Ministro de Estado supervisor poderá autorizar a utilização de outra fórmula de reajuste que não as previstas no art. 5º, observados os demais critérios estabelecidos neste decreto.

Parágrafo único. A fórmula de reajuste que vier a ser adotada deverá constar dos instrumentos convocatórios da licitação ou dos atos formais de sua dispensa ou inexigibilidade.

ART. 12. Os órgãos da Administração direta, as autarquias federais e as fundações instituídas ou mantidas pela União somente poderão assumir compromissos contratuais, obedecendo, rigorosamente, ao cronograma de desembolso elaborado pelos órgãos setoriais de programação financeira e aprovado pela Secretaria do Tesouro Nacional, que efetuará a liberação dos recursos de acordo com o cronograma de pagamento de que trata o art. 26 do Decreto n. 93.872, de 23 de dezembro de 1986, e com as disponibilidades de caixa do Tesouro Nacional.

ART. 13. A Secretaria da Administração Federal da Presidência da República e a Secretaria do Tesouro Nacional, no âmbito das respectivas atribuições, poderão expedir instruções complementares a este decreto, inclusive estabelecendo os índices ou os casos em que a fórmula do parágrafo único do art. 5º poderá ser utilizado.

ART. 14. Não se aplicam as disposições deste decreto às sociedades de economia mista, empresas públicas e demais empresas sob controle direto ou indireto da União, que adotarem regulamentos com critérios próprios de reajuste, publicados de acordo com a Lei n. 8.666, de 21 de junho de 1993.

ART. 15. A inobservância do disposto no art. 12 deste decreto acarretará a responsabilidade funcional dos dirigentes dos órgãos da Administração direta, das autarquias federais e das fundações instituídas ou mantidas pela União.

§ 1º Ficarão igualmente sujeitos à responsabilidade funcional os servidores que derem causa, por ação ou omissão, ao descumprimento dos prazos fixados no art. 9º deste decreto.

§ 2º Os órgãos de controle interno acompanharão o cumprimento das disposições deste decreto, promovendo a apuração de responsabilidade.

ART. 16. Este decreto entra em vigor na data de sua publicação.

ART. 17. Revoga-se o Decreto n. 94.684, de 24 de julho de 1987.

Brasília, 7 de fevereiro de 1994;
173º da Independência e 106º da República.

ITAMAR FRANCO

DECRETO N. 1.093, DE 23 DE MARÇO DE 1994

Regulamenta a Lei Complementar n. 79, de 7 de janeiro de 1994, que cria o Fundo Penitenciário Nacional (Funpen), e dá outras providências.

- *DOU*, 24.3.1994.
- Dec. 9.360/2018 (Aprova as Estruturas Regimentais e os Quadros Demonstrativos dos Cargos em Comissão e das Funções de Confiança do Ministério da Justiça e do Ministério Extraordinário da Segurança Pública).

O Presidente da República, no uso da atribuição que lhe confere o art. 84, inciso IV, da Constituição, e tendo em vista o disposto no art. 4º da Lei Complementar n. 79, de 7 de janeiro de 1994,

Decreta:

ART. 1º O Fundo Penitenciário Nacional (Funpen), instituído pela Lei Complementar n. 79, de 7 de janeiro de 1994, tem por finalidade proporcionar recursos e meios destinados a financiar e apoiar as atividades e os programas de modernização e aprimoramento do Sistema Penitenciário Brasileiro.

ART. 2º Os recursos do Funpen serão aplicados:

I - na construção, reforma, ampliação e reequipamento de instalações e serviços de penitenciárias e outros estabelecimentos prisionais;

II - na manutenção dos serviços penitenciários, mediante a celebração de convênios, acordos, ajustes ou contratos com entidades públicas ou privadas;

III - na formação, aperfeiçoamento e especialização de servidores das áreas de administração, de segurança e de vigilância dos estabelecimentos penitenciários;

IV - na formação educacional e cultural do preso e do internado, mediante cursos curriculares de 1º e 2º graus, ou profissionalizantes de nível médio ou superior;

V - na elaboração e execução de projetos destinados à reinserção social de presos, internados e egressos;

VI - na execução de programas voltados à assistência jurídica aos presos e internados carentes;

VII - na execução de programas destinados a dar assistência às vítimas de crime e aos dependentes do preso ou do internado;

VIII - na participação de representantes oficiais em eventos científicos, realizados no Brasil e no exterior, sobre matéria penal, penitenciária ou criminológica;

IX - nas publicações e na pesquisa científica na área penal, penitenciária ou criminológica;

X - nos custos decorrentes de sua própria gestão, excetuadas as despesas de pessoal

DECRETOS

referentes a servidores públicos que já percebem remuneração dos cofres públicos.

Parágrafo único. Na aplicação dos recursos do Funpen, o Departamento de Assuntos Penitenciários observará os critérios e prioridades estabelecidos pela Secretaria dos Direitos da Cidadania e Justiça e as resoluções do Conselho Nacional de Política Criminal e Penitenciária.

ART. 3º O Funpen será gerido pelo Diretor do Departamento de Assuntos Penitenciários da Secretaria dos Direitos da Cidadania e Justiça.

ART. 4º Constituem recursos do Funpen os enumerados no art. 2º da Lei Complementar n. 79, de 1994.

Parágrafo único. Os recursos referidos no inciso IX do art. 2º da Lei Complementar n. 79, de 1994, compreendendo os rendimentos de qualquer natureza, auferidos como remuneração de aplicações financeiras, reverterão automaticamente à receita do Funpen.

ART. 5º A Caixa Econômica Federal, até o quinto dia de cada mês, procederá ao depósito das quantias devidas ao Funpen, relativas ao percentual arrecadado dos concursos de prognósticos, sorteios e loterias, no âmbito do Governo Federal, previsto no art. 2º, inciso VIII, da Lei Complementar n. 79, de 1994.

Parágrafo único. Os demais recursos do Funpen, estabelecidos no art. 2º da Lei Complementar n. 79, de 1994, serão depositados pelos respectivos gestores públicos, responsáveis ou titulares legais.

ART. 6º Os recursos do Funpen poderão ser repassados aos Estados, para a consecução dos objetivos previstos no art. 2º mediante acordos, convênios, ajustes ou qualquer outra modalidade estabelecida em lei.

§ 1º Serão repassados aos Estados de origem, na proporção de cinquenta por cento, as quantias relativas às custas judiciais recolhidas em favor da União Federal, pertinentes aos seus serviços forenses.

§ 2º Para a programação do repasse dos recursos a que se refere este artigo, o Departamento de Assuntos Penitenciários da Secretaria dos Direitos da Cidadania e Justiça manterá permanente articulação com as áreas específicas das unidades federativas beneficiadas.

ART. 7º As receitas do Funpen serão permanentemente aplicadas em fundos de investimentos, geridos pelo Banco do Brasil S.A. revertidos, automaticamente, seus rendimentos.

ART. 8º Este Decreto entra em vigor na data de sua publicação.

Brasília, 23 de março de 1994; 173º da Independência e 106º da República.

ITAMAR FRANCO

DECRETO N. 1.171, DE 22 DE JUNHO DE 1994

Aprova o Código de Ética Profissional do Servidor Público Civil do Poder Executivo Federal.

› *DOU*, 23.6.1994.

O Presidente da República, no uso das atribuições que lhe confere o art. 84, incisos IV e VI, e ainda tendo em vista o disposto no art. 37 da Constituição, bem como nos arts. 116 e 117 da Lei n. 8.112, de 11 de dezembro de 1990, e nos arts. 10, 11 e 12 da Lei n. 8.429, de 2 de junho de 1992,

Decreta:

ART. 1º Fica aprovado o Código de Ética Profissional do Servidor Público Civil do Poder Executivo Federal, que com este baixa.

ART. 2º Os órgãos e entidades da Administração Pública Federal direta e indireta implementarão, em sessenta dias, as providências necessárias à plena vigência do Código de Ética, inclusive mediante a Constituição da respectiva Comissão de Ética, integrada por três servidores ou empregados titulares de cargo efetivo ou emprego permanente.

Parágrafo único. A constituição da Comissão de Ética será comunicada à Secretaria da Administração Federal da Presidência da República, com a indicação dos respectivos membros titulares e suplentes.

ART. 3º Este decreto entra em vigor na data de sua publicação.

Brasília, 22 de junho de 1994, 173º da Independência e 106º da República.

ITAMAR FRANCO

ANEXO
CÓDIGO DE ÉTICA PROFISSIONAL DO SERVIDOR PÚBLICO CIVIL DO PODER EXECUTIVO FEDERAL

CAPÍTULO I

SEÇÃO I
DAS REGRAS DEONTOLÓGICAS

I - A dignidade, o decoro, o zelo, a eficácia e a consciência dos princípios morais são primados maiores que devem nortear o servidor público, seja no exercício do cargo ou função, ou fora dele, já que refletirá o exercício da vocação do próprio poder estatal. Seus atos, comportamentos e atitudes serão direcionados para a preservação da honra e da tradição dos serviços públicos.

II - O servidor público não poderá jamais desprezar o elemento ético de sua conduta. Assim, não terá que decidir somente entre o legal e o ilegal, o justo e o injusto, o conveniente e o inconveniente, o oportuno e o inoportuno, mas principalmente entre o honesto e o desonesto, consoante as regras contidas no art. 37, *caput*, e § 4º, da Constituição Federal.

III - A moralidade da Administração Pública não se limita à distinção entre o bem e o mal, devendo ser acrescida da ideia de que o fim é sempre o bem comum. O equilíbrio entre a legalidade e a finalidade, na conduta do servidor público, é que poderá consolidar a moralidade do ato administrativo.

IV - A remuneração do servidor público é custeada pelos tributos pagos direta ou indiretamente por todos, até por ele próprio, e por isso se exige, como contrapartida, que a moralidade administrativa se integre no Direito, como elemento indissociável de sua aplicação e de sua finalidade, erigindo-se, como consequência, em fator de legalidade.

V - O trabalho desenvolvido pelo servidor público perante a comunidade deve ser entendido como acréscimo ao seu próprio bem-estar, já que, como cidadão, integrante da sociedade, o êxito desse trabalho pode ser considerado como seu maior patrimônio.

VI - A função pública deve ser tida como exercício profissional e, portanto, se integra na vida particular de cada servidor público. Assim, os fatos e atos verificados na conduta do dia-a-dia em sua vida privada poderão acrescer ou diminuir o seu bom conceito na vida funcional.

VII - Salvo os casos de segurança nacional, investigações policiais ou interesse superior do Estado e da Administração Pública, a serem preservados em processo previamente declarado sigiloso, nos termos da lei, a publicidade de qualquer ato administrativo constitui requisito de eficácia e moralidade, ensejando sua omissão comprometimento ético contra o bem comum, imputável a quem a negar.

VIII - Toda pessoa tem direito à verdade. O servidor não pode omiti-la ou falseá-la, ainda que contrária aos interesses da própria pessoa interessada ou da Administração Pública. Nenhum Estado pode crescer ou estabilizar-se sobre o poder corruptivo do hábito do erro, da opressão ou da mentira, que sempre aniquilam até mesmo a dignidade humana quanto mais a de uma Nação.

IX - A cortesia, a boa vontade, o cuidado e o tempo dedicados ao serviço público caracterizam o esforço pela disciplina. Tratar mal uma pessoa que paga seus tributos direta ou indiretamente significa causar-lhe dano moral. Da mesma forma, causar dano a qualquer bem pertencente ao patrimônio público, deteriorando-o, por descuido ou má vontade, não constitui apenas uma ofensa ao equipamento e às instalações ou ao Estado, mas a todos os homens de boa vontade que dedicaram sua inteligência, seu tempo, suas esperanças e seus esforços para construí-los.

X - Deixar o servidor público qualquer pessoa à espera de solução que compete ao setor em que exerça suas funções, permitindo a formação de longas filas, ou qualquer outra espécie de atraso na prestação do serviço, não caracteriza apenas atitude contra a ética ou ato de desumanidade, mas principalmente grave dano moral aos usuários dos serviços públicos.

XI - O servidor deve prestar toda a sua atenção às ordens legais de seus superiores, velando atentamente por seu cumprimento, e, assim, evitando a conduta negligente. Os repetidos erros, o descaso e o acúmulo de desvios tornam-se, às vezes, difíceis de corrigir e caracterizam até mesmo imprudência no desempenho da função pública.

XII - Toda ausência injustificada do servidor de seu local de trabalho é fator de desmoralização do serviço público, o que quase sempre conduz à desordem nas relações humanas.

XIII - O servidor que trabalha em harmonia com a estrutura organizacional, respeitando seus colegas e cada concidadão, colabora e de todos pode receber colaboração, pois sua atividade pública é a grande oportunidade para o crescimento e o engrandecimento da Nação.

SEÇÃO II
DOS PRINCIPAIS DEVERES DO SERVIDOR PÚBLICO

XIV - São deveres fundamentais do servidor público:

a) desempenhar, a tempo, as atribuições do cargo, função ou emprego público de que seja titular;

b) exercer suas atribuições com rapidez, perfeição e rendimento, pondo fim ou procurando prioritariamente resolver situações procrastinatórias, principalmente diante de filas ou de qualquer outra espécie de atraso na prestação dos serviços pelo setor em que exerça suas atribuições, com o fim de evitar dano moral ao usuário;

c) ser probo, reto, leal e justo, demonstrando toda a integridade do seu caráter, escolhendo sempre, quando estiver diante de duas opções, a melhor e a mais vantajosa para o bem comum;

d) jamais retardar qualquer prestação de contas, condição essencial da gestão dos bens, direitos e serviços da coletividade a seu cargo;

e) tratar cuidadosamente os usuários dos serviços aperfeiçoando o processo de comunicação e contato com o público;

f) ter consciência de que seu trabalho é regido por princípios éticos que se materializam na adequada prestação dos serviços públicos;

g) ser cortês, ter urbanidade, disponibilidade e atenção, respeitando a capacidade e as limitações individuais de todos os usuários do serviço público, sem qualquer espécie de preconceito ou distinção de raça, sexo, nacionalidade, cor, idade, religião, cunho político e posição social, abstendo-se, dessa forma, de causar-lhes dano moral;

h) ter respeito à hierarquia, porém sem nenhum temor de representar contra qualquer comprometimento indevido da estrutura em que se funda o Poder Estatal;

i) resistir a todas as pressões de superiores hierárquicos, de contratantes, interessados e outros que visem obter quaisquer favores, benesses ou vantagens indevidas em decorrência de ações imorais, ilegais ou aéticas e denunciá-las;

j) zelar, no exercício do direito de greve, pelas exigências específicas da defesa da vida e da segurança coletiva;

l) ser assíduo e frequente ao serviço, na certeza de que sua ausência provoca danos ao trabalho ordenado, refletindo negativamente em todo o sistema;

m) comunicar imediatamente a seus superiores todo e qualquer ato ou fato contrário ao interesse público, exigindo as providências cabíveis;

n) manter limpo e em perfeita ordem o local de trabalho, seguindo os métodos mais adequados à sua organização e distribuição;

o) participar dos movimentos e estudos que se relacionem com a melhoria do exercício de suas funções, tendo por escopo a realização do bem comum;

p) apresentar-se ao trabalho com vestimentas adequadas ao exercício da função;

q) manter-se atualizado com as instruções, as normas de serviço e a legislação pertinentes ao órgão onde exerce suas funções;

r) cumprir, de acordo com as normas do serviço e as instruções superiores, as tarefas de seu cargo ou função, tanto quanto possível, com critério, segurança e rapidez, mantendo tudo sempre em boa ordem.

s) facilitar a fiscalização de todos atos ou serviços por quem de direito;

t) exercer com estrita moderação as prerrogativas funcionais que lhe sejam atribuídas, abstendo-se de fazê-lo contrariamente aos legítimos interesses dos usuários do serviço público e dos jurisdicionados administrativos;

u) abster-se, de forma absoluta, de exercer sua função, poder ou autoridade com finalidade estranha ao interesse público, mesmo que observando as formalidades legais e não cometendo qualquer violação expressa à lei;

v) divulgar e informar a todos os integrantes da sua classe sobre a existência deste Código de Ética, estimulando o seu integral cumprimento.

SEÇÃO III
DAS VEDAÇÕES AO SERVIDOR PÚBLICO

XV - E vedado ao servidor público;

a) o uso do cargo ou função, facilidades, amizades, tempo, posição e influências, para obter qualquer favorecimento, para si ou para outrem;

b) prejudicar deliberadamente a reputação de outros servidores ou de cidadãos que deles dependam;

c) ser, em função de seu espírito de solidariedade, conivente com erro ou infração a este Código de Ética ou ao Código de Ética de sua profissão;

d) usar de artifícios para procrastinar ou dificultar o exercício regular de direito por qualquer pessoa, causando-lhe dano moral ou material;

e) deixar de utilizar os avanços técnicos e científicos ao seu alcance ou do seu conhecimento para atendimento do seu mister;

f) permitir que perseguições, simpatias, antipatias, caprichos, paixões ou interesses de ordem pessoal interfiram no trato com o público, com os jurisdicionados administrativos ou com colegas hierarquicamente superiores ou inferiores;

g) pleitear, solicitar, provocar, sugerir ou receber qualquer tipo de ajuda financeira, gratificação, prêmio, comissão, doação ou vantagem de qualquer espécie, para si, familiares ou qualquer pessoa, para o cumprimento da sua missão ou para influenciar outro servidor para o mesmo fim;

h) alterar ou deturpar o teor de documentos que deva encaminhar para providências;

i) iludir ou tentar iludir qualquer pessoa que necessite do atendimento em serviços públicos;

j) desviar servidor público para atendimento a interesse particular;

l) retirar da repartição pública, sem estar legalmente autorizado, qualquer documento, livro ou bem pertencente ao patrimônio público;

m) fazer uso de informações privilegiadas obtidas no âmbito interno de seu serviço, em benefício próprio, de parentes, de amigos ou de terceiros;

n) apresentar-se embriagado no serviço ou fora dele habitualmente;

o) dar o seu concurso a qualquer instituição que atente contra a moral, a honestidade ou a dignidade da pessoa humana;

p) exercer atividade profissional aética ou ligar o seu nome a empreendimentos de cunho duvidoso.

CAPÍTULO II
DAS COMISSÕES DE ÉTICA

XVI - Em todos os órgãos e entidades da Administração Pública Federal direta, indireta autárquica e fundacional, ou em qualquer órgão ou entidade que exerça atribuições delegadas pelo poder público, deverá ser criada uma Comissão de Ética, encarregada de orientar e aconselhar sobre a ética profissional do servidor, no tratamento com as pessoas e com o patrimônio público, competindo-lhe conhecer concretamente de imputação ou de procedimento susceptível de censura.

XVII - (Revogado pelo Dec. 6.029/2007.)

XVIII - À Comissão de Ética incumbe fornecer, aos organismos encarregados da execução do quadro de carreira dos servidores, os registros sobre sua conduta ética, para o efeito de instruir e fundamentar promoções e para todos os demais procedimentos próprios da carreira do servidor público.

XIX a XXI - (Revogados pelo Dec. 6.029/2007.)

XXII - A pena aplicável ao servidor público pela Comissão de Ética é a de censura e sua fundamentação constará do respectivo parecer, assinado por todos os seus integrantes, com ciência do faltoso.

XXIII - (Revogado pelo Dec. 6.029/2007.)

XXIV - Para fins de apuração do comprometimento ético, entende-se por servidor público todo aquele que, por força de lei, contrato ou de qualquer ato jurídico, preste serviços de natureza permanente, temporária ou excepcional, ainda que sem retribuição financeira, desde que ligado direta ou indiretamente a qualquer órgão do poder estatal, como as autarquias, as fundações públicas, as entidades paraestatais, as empresas públicas e as sociedades de economia mista, ou em qualquer setor onde prevaleça o interesse do Estado.

XXV - (Revogado pelo Dec. 6.029/2007.)

DECRETO N. 1.306, DE 9 DE NOVEMBRO DE 1994

Regulamenta o Fundo de Defesa de Direitos Difusos, de que tratam os arts. 13 e 20 da Lei n. 7.347, de 24 de julho de 1985, seu conselho gestor e dá outras providências.

▸ *DOU*, 10.11.1994.

O Presidente da República, no uso das atribuições que lhe confere o art. 84, incisos IV e VI, da Constituição, e tendo em vista o disposto nos arts. 13 e 20, da Lei n. 7.347, de 24 de julho de 1985,

Decreta:

ART. 1º O Fundo de Defesa de Direitos Difusos (FDD), criado pela Lei n. 7.347, de 24 de julho de 1985, tem por finalidade a reparação dos danos causados ao meio ambiente, ao consumidor, a bens e direitos de valor artístico, estético, histórico, turístico, paisagístico, por infração à ordem econômica e a outros interesses difusos e coletivos.

ART. 2º Constitui recursos do FDD, o produto da arrecadação:

I - das condenações judiciais de que tratam os arts. 11 e 13, da Lei n. 7.347, de 24 de julho de 1985;

II - das multas e indenizações decorrentes da aplicação da Lei n. 7.853, de 24 de outubro de 1989, desde que não destinadas à reparação de danos a interesses individuais;

III - dos valores destinados à União em virtude da aplicação da multa prevista no art. 57 e seu parágrafo único e do produto de indenização prevista no art. 100, parágrafo único, da Lei n. 8.078, de 11 de setembro de 1990;

IV - das condenações judiciais de que trata o parágrafo 2º, do art. 2º, da Lei n. 7.913, de 7 de dezembro de 1989;

V - das multas referidas no art. 84, da Lei n. 8.884, de 11 de junho de 1994;

VI - dos rendimentos auferidos com a aplicação dos recursos do Fundo;

VII - de outras receitas que vierem a ser destinada ao Fundo;

VIII - de doações de pessoas físicas ou jurídicas, nacionais ou estrangeiras.

ART. 3º O FDD será gerido pelo Conselho Federal Gestor do Fundo de Defesa de Direitos Difusos (CFDD), órgão colegiado integrante da estrutura organizacional do Ministério da Justiça, com sede em Brasília, e composto pelos seguintes membros:

I - um representante da Secretaria Nacional do Consumidor do Ministério da Justiça, que o presidirá; (Redação dada pelo Dec. 7.738/2012.)

II - um representante do Ministério do Meio Ambiente e da Amazônia Legal;

III - um representante do Ministério da Cultura;

IV - um representante do Ministério da Saúde vinculado à área de vigilância sanitária;

V - um representante do Ministério da Fazenda;

VI - um representante do Conselho Administrativo de Defesa Econômica - CADE;

VII - um representante do Ministério Público Federal;

VIII - três representantes de entidades civis que atendam aos pressupostos dos incisos I e II, do art. 5º, da Lei n. 7.347, de 24 de julho de 1985.

§ 1º Cada representante de que trata este artigo terá um suplente, que o substituirá nos seus afastamentos e impedimentos legais.

§ 2º É vedada a remuneração, a qualquer título, pela participação no CFDD, sendo a atividade considerada serviço público relevante.

ART. 4º Os representantes e seus respectivos suplentes serão designados pelo Ministro da Justiça; os dos incisos I a V dentre os servidores dos respectivos Ministérios, indicados pelo seu titular; o do inciso VI dentre os servidores ou conselheiros, indicado pelo presidente da autarquia; o do inciso VII indicado pelo Procurador-Geral da República, dente os integrantes da carreira, e os do inciso VIII indicados pelas respectivas entidades devidamente inscritas perante o CFDD.

Parágrafo único. Os representantes serão designados pelo prazo de dois anos, admitida uma recondução, exceto quanto ao representante referido no inciso I, do art. 3º, que poderá ser reconduzido por mais de uma vez.

ART. 5º Funcionará como Secretaria-Executiva do CFDD a Secretaria Nacional do Consumidor do Ministério da Justiça. (Redação dada pelo Dec. 7.738/2012.)

ART. 6º Compete ao CFDD:

I - zelar pela aplicação dos recursos na consecução dos objetivos previstos nas Leis n. 7.347, de 1985, 7.853, de 1989, 7.913, de 1989, 8.078, de 1990 e 8.884, de 1994, no âmbito do disposto no art. 1º deste Decreto;

II - aprovar convênios e contratos, a serem firmados pela Secretaria-Executiva do Conselho, objetivando atender ao disposto no inciso I deste artigo;

III - examinar e aprovar projetos de reconstituição de bens lesados, inclusive os de caráter científico e de pesquisa;

IV - promover, por meio de órgãos da administração pública e de entidades civis interessadas, eventos educativos ou científicos;

V - fazer editar, inclusive em colaboração com órgãos oficiais, material informativo sobre as matérias mencionadas no art. 1º deste Decreto;

VI - promover atividades e eventos que contribuam para a difusão da cultura, da proteção ao meio ambiente, do consumidor, da livre concorrência, do patrimônio histórico, artístico, estético, turístico, paisagístico e de outros interesses difusos e coletivos;

VII - examinar e aprovar os projetos de modernização administrativa dos órgãos públicos responsáveis pela execução das políticas relativas às áreas a que se refere o art. 1º deste Decreto;

VIII - elaborar o seu regimento interno.

ART. 7º Os recursos arrecadados serão distribuídos para a efetivação das medidas dispostas no artigo anterior e suas aplicações deverão estar relacionadas com a natureza da infração ou de dano causado.

Parágrafo único. Os recursos serão prioritariamente aplicados na reparação específica do dano causado, sempre que tal fato for possível.

ART. 8º Em caso de concurso de créditos decorrentes de condenação prevista na Lei n. 7.347, de 24 de julho de 1985, e depositados no FDD, e de indenizações pelos prejuízos individuais resultantes do mesmo evento danoso, estas terão preferência no pagamento, de acordo com o art. 99, da Lei n. 8.078, de 1990.

Parágrafo único. Neste caso, a importância recolhida ao FDD terá sua destinação sustada enquanto pendentes de recursos as ações de indenização pelos danos individuais, salvo na hipótese de o patrimônio do devedor ser manifestamente suficiente para responder pela integralidade das dívidas.

ART. 9º O CFDD estabelecerá sua forma de funcionamento por meio de regimento interno, que será elaborado dentro de sessenta dias, a partir da sua instalação, aprovado por portaria do Ministro da Justiça.

ART. 10. Os recursos destinados ao fundo serão centralizados em conta especial mantida no Banco do Brasil S.A., em Brasília, DF, denominada "Ministério da Justiça - CFDD - Fundo".

Parágrafo único. Nos termos do Regimento Interno do CFDD, os recursos destinados ao fundo provenientes de condenações judiciais de aplicação de multas administrativas deverão ser identificados segundo a natureza da infração ou do dano causado, de modo a permitir o cumprimento do disposto no art. 7º deste Decreto.

ART. 11. O CFDD, mediante entendimento a ser mantido com o Poder Judiciário e os Ministérios Públicos Federal e Estaduais, será informado sobre a propositura de toda ação civil pública, a existência de depósito judicial, de sua natureza, e do trânsito em julgado da decisão.

ART. 12. Este Decreto entra em vigor na data de sua publicação.

ART. 13. Fica revogado o Decreto n. 407, de 27 de dezembro de 1991.

Brasília, 9 de novembro de 1994; 173º da Independência e 106º da República.

ITAMAR FRANCO

DECRETO N. 1.480, DE 3 DE MAIO DE 1995

Dispõe sobre os procedimentos a serem adotados em casos de paralisações dos serviços públicos federais, enquanto não regulado o disposto no art. 37, inciso VII, da Constituição.

O Presidente da República, no uso das atribuições que lhe confere o art. 84, incisos II e IV, da Constituição, e tendo em vista o disposto nos arts. 116, inciso X, e 117, inciso I, da Lei n. 8.112, de 11 de dezembro de 1990,

Decreta:

ART. 1º Até que seja editada a lei complementar a que alude o art. 37, inciso VII, da Constituição, as faltas decorrentes de participação de servidor público federal, regido pela Lei n. 8.112, de 11 de dezembro de 1990, em movimento de paralisação de serviços públicos não poderão, em nenhuma hipótese, ser objeto de:

I - abono;

II - compensação; ou

III - cômputo, para fins e contagem de tempo de serviço ou de qualquer vantagem que o tenha por base.

§ 1º Para os fins de aplicação do disposto neste artigo, a chefia imediata do servidor transmitirá ao órgão de pessoal respectivo a relação dos servidores cujas faltas se enquadrem na hipótese nele prevista, discriminando, dentre os relacionados, os ocupantes de cargos em comissão e os que percebam função gratificada.

§ 2º A inobservância do disposto no parágrafo precedente implicará na exoneração ou dispensa do titular da chefia imediata, sem prejuízo do ressarcimento ao Tesouro Nacional dos valores por este despendidos em razão do ato comissivo ou omissivo, apurado em processo administrativo regular.

ART. 2º Serão imediatamente exonerados ou dispensados os ocupantes de cargos em comissão ou de funções gratificadas constantes da relação a que alude o artigo precedente.

ART. 3º No caso em que a União, autarquia ou fundação pública for citada em causa cujo objeto seja a indenização por interrupção, total ou parcial, da prestação dos serviços desenvolvidos pela Administração Pública Federal, em decorrência de movimento de paralisação, será obrigatória a denunciação à lide dos servidores que tiverem concorrido para o dano.

Parágrafo único. Compete ao Advogado-Geral da União expedir as instruções necessárias ao cumprimento do disposto neste artigo.

ART. 4º Este decreto entra em vigor na data de sua publicação.

Brasília, 3 de maio de 1995; 174º da Independência e 107º da República.

FERNANDO HENRIQUE CARDOSO

DECRETO N. 1.572, DE 28 DE JULHO DE 1995

Regulamenta a mediação na negociação coletiva de natureza trabalhista e dá outras providências.

‣ *DOU*, 31.07.1995.

O Presidente da República, no uso das atribuições que lhe confere o art. 84, inciso IV e VI, da Constituição,

Decreta:

ART. 1º A mediação na negociação coletiva de natureza trabalhista será exercida de acordo com o disposto neste Decreto.

ART. 2º Frustrada a negociação direta, na respectiva data-base anual, as partes poderão escolher, de comum acordo, mediador para composição do conflito.

§ 1º Caso não ocorra a escolha na forma do *caput* deste artigo, as partes poderão solicitar, ao Ministério do Trabalho, a designação de mediador.

§ 2º A parte que se considerar sem as condições adequadas para, em situação de equilíbrio, participar de negociação direta, poderá, desde logo, solicitar ao Ministério do Trabalho a designação de mediador.

§ 3º A designação de que tratam os parágrafos anteriores poderá recair em:

a) mediador previamente cadastrado nos termos do art. 4º desde que as partes concordem quanto ao pagamento dos honorários por ele proposto por ocasião da indicação; ou

b) servidor do quadro do Ministério do Trabalho, sem ônus para as partes.

ART. 3º Nos casos previstos nos §§ 1º e 2º do artigo anterior, a designação do mediador competirá:

I - ao Delegado Regional do Trabalho, quando se tratar de negociação de âmbito local ou regional; ou

II - ao Secretário de Relações do Trabalho do Ministério do Trabalho, na hipótese de negociação de âmbito nacional.

ART. 4º O Ministério do Trabalho manterá cadastro de profissionais para o exercício da função de mediador para subsidiar a escolha pelas partes.

§ 1º A inscrição no cadastro far-se-á, mediante requerimento do interessado, perante a Delegacia Regional do Trabalho, desde que o requerente demonstre:

a) comprovada experiência na composição dos conflitos de natureza trabalhista;

b) conhecimentos técnicos relativos às questões de natureza trabalhista.

§ 2º Preenchidos os requisitos referidos no parágrafo anterior, caberá ao Delegado Regional do Trabalho expedir o competente ato declaratório, que será publicado no Diário Oficial da União.

§ 3º O credenciamento terá validade pelo prazo de três anos contados da data de sua publicação, facultado ao Delegado Regional do Trabalho o respectivo cancelamento, mediante despacho fundamentado.

§ 4º É vedado o credenciamento de servidores públicos ativos.

ART. 5º O mediador designado terá o prazo máximo de trinta dias para a conclusão do processo de negociação, salvo acordo expresso com as partes interessadas.

Parágrafo único. Tendo em vista circunstâncias de ordem pública, o Delegado Regional do Trabalho poderá solicitar redução no prazo de negociação.

ART. 6º Não alcançado o entendimento entre as partes, na negociação direta ou por intermédio de mediador, lavrar-se-á, de imediato, ata contendo:

I - as causas motivadoras do conflito;

II - as reivindicações de natureza econômica.

ART. 7º O Ministro de Estado do Trabalho expedirá as instruções necessárias ao cumprimento do disposto neste Decreto.

ART. 8º Este Decreto entra em vigor na data de sua publicação.

Brasília, 28 de julho de 1995; 174º da Independência e 107º da República.

FERNANDO HENRIQUE CARDOSO

DECRETO N. 1.655, DE 3 DE OUTUBRO DE 1995

Define a competência da Polícia Rodoviária Federal, e dá outras providências.

‣ *DOU*, 04.10.1995.

O Presidente da República, no uso das atribuições que lhe confere o art. 84, incisos IV e VI, da Constituição,

Decreta:

ART. 1º À Polícia Rodoviária Federal, órgão permanente, integrante da estrutura regimental do Ministério da Justiça, no âmbito das rodovias federais, compete:

I - realizar o patrulhamento ostensivo, executando operações relacionadas com a segurança pública, com o objetivo de preservar a ordem, a incolumidade das pessoas, o patrimônio da União e o de terceiros;

II - exercer os poderes de autoridade de polícia de trânsito, cumprindo e fazendo cumprir a legislação e demais normas pertinentes, inspecionar e fiscalizar o trânsito, assim como efetuar convênios específicos com outras organizações similares;

III - aplicar e arrecadar as multas impostas por infrações de trânsito e os valores decorrentes da prestação de serviços de estadia e remoção de veículos, objetos, animais e escolta de veículos de cargas excepcionais;

IV - executar serviços de prevenção, atendimento de acidentes e salvamento de vítimas nas rodovias federais;

V - realizar perícias, levantamentos de locais boletins de ocorrências, investigações, testes de dosagem alcoólica e outros procedimentos estabelecidos em leis e regulamentos, imprescindíveis à elucidação dos acidentes de trânsito;

VI - credenciar os serviços de escolta, fiscalizar e adotar medidas de segurança relativas aos serviços de remoção de veículos, escolta e transporte de cargas indivisíveis;

VII - assegurar a livre circulação nas rodovias federais, podendo solicitar ao órgão rodoviário a adoção de medidas emergenciais, bem como zelar pelo cumprimento das normas legais relativas ao direito de vizinhança, promovendo a interdição de construções, obras e instalações não autorizadas;

VIII - executar medidas de segurança, planejamento e escoltas nos deslocamentos do Presidente da República, Ministros de Estado, Chefes de Estados e diplomatas estrangeiros e outras autoridades, quando necessário, e sob a coordenação do órgão competente;

IX - efetuar a fiscalização e o controle do tráfico de menores nas rodovias federais, adotando as providências cabíveis contidas na Lei n. 8.069 de 13 junho de 1990 (Estatuto da Criança e do Adolescente);

X - colaborar e atuar na prevenção e repressão aos crimes contra a vida, os costumes, o patrimônio, a ecologia, o meio ambiente, os furtos e roubos de veículos e bens, o tráfico de entorpecentes e drogas afins, o contrabando, o descaminho e os demais crimes previstos em leis.

ART. 2º O documento de identidade funcional dos servidores policiais da Polícia Rodoviária Federal confere ao seu portador livre porte de arma e franco acesso aos locais sob fiscalização do órgão, nos termos da legislação em vigor, assegurando-lhes, quando em serviço, prioridade em todos os tipos de transporte e comunicação.

ART. 3º Este Decreto entra em vigor na data de sua publicação.

Brasília, 3 de outubro de 1995; 174º da Independência e 107º da República.

FERNANDO HENRIQUE CARDOSO

DECRETO N. 1.800, DE 30 DE JANEIRO DE 1996

Regulamenta a Lei n. 8.934, de 18 de novembro de 1994, que dispõe sobre o Registro Público de Empresas Mercantis e Atividades Afins e dá outras providências.

‣ *DOU*, 31.1.1996, retificado em 20.05.1996.

O Presidente da República, no uso da atribuição que lhe confere o art. 84, inciso IV, da Constituição, e tendo em vista o disposto no art. 67 da Lei n. 8.934, de 18 de novembro de 1994,

Decreta:

TÍTULO I
DAS FINALIDADES E DA ORGANIZAÇÃO DO REGISTRO PÚBLICO DE EMPRESAS MERCANTIS E ATIVIDADES AFINS

CAPÍTULO I
DAS FINALIDADES

ART. 1º O Registro Público de Empresas Mercantis e Atividades Afins será exercido em todo o território nacional, de forma sistêmica, por órgãos federais e estaduais, com as seguintes finalidades:

I - dar garantia, publicidade, autenticidade, segurança e eficácia aos atos jurídicos das empresas mercantis, submetidos a registro na forma da lei;

II - cadastrar as empresas mercantis nacionais e estrangeiras em funcionamento no País e manter atualizadas as informações pertinentes;

III - proceder à matrícula dos agentes auxiliares do comércio, bem como ao seu cancelamento.

ART. 2º Os atos das organizações destinadas à exploração de qualquer atividade econômica com fins lucrativos, compreendidas as firmas mercantis individuais e as sociedades mercantis, independentemente de seu objeto, serão arquivados no Registro Público de Empresas Mercantis e Atividades Afins, salvo as exceções previstas em lei.

CAPÍTULO II
DA ORGANIZAÇÃO

SEÇÃO I
DAS DISPOSIÇÕES GERAIS

ART. 3º Os serviços do Registro Público de Empresas Mercantis e Atividades Afins serão exercidos, em todo o território nacional, de maneira uniforme, harmônica e interdependente, pelo Sistema Nacional de Registro de Empresas Mercantis - SINREM, composto pelos seguintes órgãos:

I - Departamento Nacional de Registro do Comércio - DNRC, órgão central do SINREM, com funções supervisora, orientadora, coordenadora e normativa, no plano técnico; e supletiva, no plano administrativo;

II - Juntas Comerciais, com funções executora e administradora dos serviços de Registro Público de Empresas Mercantis e Atividades Afins.

SEÇÃO II
DO DEPARTAMENTO NACIONAL DE REGISTRO DO COMÉRCIO

ART. 4º O Departamento Nacional de Registro do Comércio - DNRC, criado pela Lei n. 4.048, de 29 de dezembro de 1961, órgão integrante do Ministério da Indústria, do Comércio e do Turismo, tem por finalidade:

I - supervisionar e coordenar, no plano técnico, os órgãos incumbidos da execução dos serviços do Registro Público de Empresas Mercantis e Atividades Afins;

II - estabelecer e consolidar, com exclusividade, as normas e diretrizes gerais do Registro Público de Empresas Mercantis e Atividades Afins;

III - solucionar dúvidas ocorrentes na interpretação das leis, regulamentos e demais normas relacionadas com os serviços do Registro Público de Empresas Mercantis e Atividades Afins, baixando instruções para esse fim;

IV - prestar orientações às Juntas Comerciais, com vistas à solução de consultas e à observância das normas legais e regulamentares do Registro Público de Empresas Mercantis e Atividades Afins;

V - exercer ampla fiscalização jurídica sobre os órgãos incumbidos do Registro Público de Empresas Mercantis e Atividades Afins, representando para os devidos fins às autoridades administrativas contra abusos e infrações das respectivas normas e requerendo o que for necessário ao seu cumprimento;

VI - estabelecer normas procedimentais de arquivamento de atos de firmas mercantis individuais e de sociedades mercantis de qualquer natureza;

VII - promover ou providenciar, supletivamente, no plano administrativo, medidas tendentes a suprir ou corrigir ausências, falhas ou deficiências dos serviços de Registro Público de Empresas Mercantis e Atividades Afins;

VIII - prestar apoio técnico e financeiro às Juntas Comerciais para a melhoria dos serviços de Registro Público de Empresas Mercantis e Atividades Afins;

IX - organizar e manter atualizado o Cadastro Nacional de Empresas Mercantis - CNE, mediante colaboração mútua com as Juntas Comerciais;

X - instruir, examinar e encaminhar os processos e recursos a serem decididos pelo Ministro de Estado da Indústria, do Comércio e do Turismo, inclusive os pedidos de autorização para nacionalização ou instalação de filial, agência, sucursal ou estabelecimento no País, por sociedade mercantil estrangeira, sem prejuízo da competência de outros órgãos federais;

XI - promover e efetuar estudos, reuniões e publicações sobre assuntos pertinentes ao Registro Público de Empresas Mercantis e Atividades Afins.

Parágrafo único. Para o cumprimento do disposto neste artigo, o Departamento Nacional de Registro do Comércio - DNRC, considerando as suas finalidades, poderá constituir comissões integradas por servidores dos órgãos que compõem o SINREM.

SEÇÃO III
DAS JUNTAS COMERCIAIS

ART. 5º A Junta Comercial de cada unidade federativa, com jurisdição na área da circunscrição territorial respectiva e sede na capital, subordina-se, administrativamente, ao governo de sua unidade federativa e, tecnicamente, ao Departamento Nacional de Registro do Comércio - DNRC.

Parágrafo único. A Junta Comercial do Distrito Federal é subordinada administrativa e tecnicamente ao Departamento Nacional de Registro do Comércio - DNRC.

ART. 6º As Juntas Comerciais poderão desconcentrar seus serviços mediante convênios com órgãos da Administração direta, autarquias e fundações públicas e entidades privadas sem fins lucrativos.

Parágrafo único. O Departamento Nacional de Registro do Comércio - DNRC expedirá instrução normativa necessária à execução do disposto neste artigo.

ART. 7º Compete às Juntas Comerciais:

I - executar os serviços de registro de empresas mercantis, neles compreendidos:

a) o arquivamento dos atos relativos à constituição, alteração, dissolução e extinção de empresas mercantis, de cooperativas, das declarações de microempresas e empresas de pequeno porte, bem como dos atos relativos a consórcios e grupo de sociedades de que trata a lei de sociedade por ações;

b) o arquivamento dos atos concernentes a sociedades mercantis estrangeiras autorizadas a funcionar no País;

c) o arquivamento de atos ou documentos que, por determinação legal, seja atribuído ao Registro Público de Empresas Mercantis e Atividades Afins e daqueles que possam interessar ao empresário ou às empresas mercantis;

d) a autenticação dos instrumentos de escrituração das empresas mercantis registradas e dos agentes auxiliares do comércio, nos termos de lei própria;

e) a emissão de certidões dos documentos arquivados;

II - elaborar a tabela de preços de seus serviços, observados os atos especificados em instrução normativa do Departamento Nacional de Registro do Comércio - DNRC;

III - processar, em relação aos agentes auxiliares do comércio:

a) a habilitação, nomeação, matrícula e seu cancelamento dos tradutores públicos e intérpretes comerciais;

b) a matrícula e seu cancelamento de leiloeiros, trapicheiros e administradores de armazéns-gerais;

IV - elaborar os respectivos Regimentos Internos e suas alterações, bem como as resoluções de caráter administrativo necessárias ao fiel cumprimento das normas legais, regulamentares e regimentais;

V - expedir carteiras de exercício profissional para agentes auxiliares do comércio, titular de firma mercantil individual e para administradores de sociedades mercantis e cooperativas, registradas no Registro Público de Empresas Mercantis e Atividades Afins, conforme instrução normativa do Departamento Nacional de Registro do Comércio - DNRC;

VI - proceder ao assentamento dos usos e práticas mercantis;

VII - prestar ao Departamento Nacional de Registro do Comércio - DNRC as informações necessárias:

a) à organização, formação e atualização do cadastro nacional das empresas mercantis em funcionamento no País;

b) à realização de estudos para o aperfeiçoamento dos serviços de Registro Público de Empresas Mercantis e Atividades Afins;

c) ao acompanhamento e à avaliação da execução dos serviços de Registro Público de Empresas Mercantis e Atividades Afins;

d) à catalogação dos assentamentos de usos e práticas mercantis procedidos;

VIII - organizar, formar, atualizar e auditar, observadas as instruções normativas do Departamento Nacional de Registro do Comércio - DNRC, o Cadastro Estadual de Empresas Mercantis - CEE, integrante do Cadastro Nacional de Empresas Mercantis - CNE.

Parágrafo único. As competências das Juntas Comerciais referentes aos agentes auxiliares do comércio, trapiches e armazéns-gerais serão exercidas com a observância deste Regulamento, da legislação própria e de instruções normativas do Departamento Nacional de Registro do Comércio - DNRC.

ART. 8º A estrutura básica das Juntas Comerciais será integrada pelos seguintes órgãos:

I - Presidência, como órgão diretivo e representativo;

II - Plenário, como órgão deliberativo superior;

III - Turmas, como órgãos deliberativos inferiores;

IV - Secretaria-Geral, como órgão administrativo;

V - Procuradoria, como órgão de fiscalização e de consulta jurídica.

§ 1º As Juntas Comerciais poderão ter uma Assessoria Técnica, com a competência de examinar e relatar os processos de Registro Público de Empresas Mercantis e Atividades Afins a serem submetidos à sua deliberação, cujos membros deverão ser bacharéis em Direito, Economistas, Contadores ou Administradores.

§ 2º As Juntas Comerciais, por seu Plenário, nos termos da legislação estadual respectiva, poderão resolver pela criação de Delegacias, órgãos subordinados, para exercerem, nas zonas de suas respectivas jurisdições, as atribuições de autenticar instrumentos de escrituração das empresas mercantis e dos agentes auxiliares do comércio e de decidir sobre os atos submetidos ao regime de decisão singular, proferida por servidor que possua comprovados conhecimentos de Direito Comercial e dos serviços de Registro Público de Empresas Mercantis e Atividades Afins.

§ 3º Ficam preservadas as competências das atuais Delegacias.

ART. 9º O Plenário poderá ser constituído por onze, quatorze, dezessete, vinte ou vinte e três Vogais e igual número de suplentes, conforme determinar a legislação da unidade federativa a que pertencer a Junta Comercial. (Redação dada pelo Dec. 3.395/2000.)

Parágrafo único. A proposta de alteração do número de Vogais e respectivos suplentes será devidamente fundamentada, ouvida a Junta Comercial.

ART. 10. Os Vogais e respectivos suplentes serão nomeados dentre brasileiros que satisfaçam as seguintes condições:

I - estejam em pleno gozo dos direitos civis e políticos;

II - não estejam condenados por crime cuja pena vede o acesso a cargo, emprego e funções públicas, ou por crime de prevaricação, falência fraudulenta, peita ou` suborno, concussão, peculato, contra a propriedade, a fé pública e a economia popular;

III - sejam, ou tenham sido, por mais de cinco anos, titulares de firma mercantil individual, sócios ou administradores de sociedade mercantil, valendo como prova, para esse fim, certidão expedida pela Junta Comercial, dispensados dessa condição os representantes da União e os das classes dos advogados, dos economistas e dos contadores;

IV - tenham mais de cinco anos de efetivo exercício da profissão, quando se tratar de representantes das classes dos advogados, dos economistas, dos contadores ou dos administradores; (Redação dada pelo Dec. 3.395/2000.)

V - estejam quites com o serviço militar e o serviço eleitoral.

ART. 11. Os Vogais e respectivos suplentes serão escolhidos da seguinte forma:

I - a metade, quando par, ou o primeiro número inteiro superior à metade, quando ímpar, dos Vogais e respectivos suplentes, dentre os nomes indicados, em listas tríplices, pelas entidades patronais de grau superior e pelas Associações Comerciais com sede na jurisdição da Junta Comercial;

II - um Vogal e respectivo suplente, representando a União;

III - quatro Vogais e respectivos suplentes, representando, respectivamente, a classe dos advogados, a dos economistas, a dos contadores e a dos administradores, todos mediante indicação, em lista tríplice, do Conselho Seccional ou Regional do órgão corporativo destas categorias profissionais; (Redação dada pelo Dec. 3.395/2000.)

IV - os demais Vogais e suplentes, nos casos em que o Plenário for constituído por número superior a onze, por livre escolha, nos Estados, de seus Governadores e, no Distrito Federal, do Ministro de Estado Chefe da Casa Civil da Presidência da República. (Alterado pelo Dec. 8.815/2016.)

Parágrafo único. As listas referidas neste artigo, contendo, cada uma, proposta de três nomes para Vogal e de três para suplente, deverão ser remetidas até sessenta dias antes do término do mandato, sendo considerada, com relação a cada entidade omissa, a última lista que inclua pessoa que não exerça ou tenha exercido mandato de Vogal.

ART. 12. Serão nomeados:

I - pelo Governador do Estado, salvo disposição em contrário, os Vogais e respectivos suplentes referidos nos incisos I e III do artigo anterior, e os de sua livre escolha referidos no inciso IV do mesmo artigo;

II - pelo Ministro de Estado Chefe da Casa Civil da Presidência da República, os Vogais e seus suplentes referidos no inciso II do *caput* do art. 11, e, no Distrito Federal, os mencionados nos incisos I, III e IV do *caput* do art. 11. (Alterado pelo Dec. 8.815/2016.)

§ 1º Qualquer pessoa poderá representar fundamentadamente à autoridade competente contra a nomeação de Vogal ou de suplente contrária aos preceitos deste Regulamento, no prazo de quinze dias, contados da data da posse.

§ 2º Julgada procedente a representação:

a) fundamentada na falta de preenchimento de condições ou na incompatibilidade de Vogal ou suplente para a participação no Colégio de Vogais, ocorrerá a vaga da função respectiva;

b) fundamentada em ato contrário à forma de escolha da representatividade do Colégio de Vogais, será efetuada nova nomeação de Vogal e suplente, observadas as disposições deste Regulamento.

ART. 13. A posse dos Vogais e respectivos suplentes ocorrerá dentro de trinta dias, contados da publicação do ato de nomeação, prorrogável por mais trinta dias, a requerimento do interessado.

§ 1º A posse poderá se dar mediante procuração específica.

§ 2º Será tornado sem efeito o ato de nomeação se a posse não ocorrer nos prazos previstos no *caput* deste artigo.

ART. 14 Os Vogais serão remunerados por presença, nos termos da legislação da unidade federativa a que pertencer a Junta Comercial.

ART. 15. O Vogal será substituído por seu respectivo suplente durante os impedimentos e, no caso de vaga, até o final do mandato.

Parágrafo único. A vaga de suplente implica, necessariamente, nova nomeação, observadas as disposições deste Regulamento.

ART. 16. São incompatíveis para a participação no Colégio de Vogais da mesma Junta Comercial os parentes consanguíneos ou afins na linha ascendente ou descendente, e na colateral, até o segundo grau, bem como os sócios da mesma sociedade mercantil.

Parágrafo único. Em caso de incompatibilidade, serão seguidos, para a escolha dos membros, sucessivamente, os critérios da precedência na nomeação, da precedência na posse, ou do mais idoso.

ART. 17. O mandato dos Vogais e respectivos suplentes será de quatro anos, permitida apenas uma recondução.

ART. 18. O Vogal ou seu suplente perderá o exercício do mandato na forma deste artigo e do Regimento Interno da Junta Comercial, nos seguintes casos:

I - mais de três faltas consecutivas às sessões do Plenário ou das Turmas, ou doze alternadas no mesmo ano, sem justo motivo;

II - por conduta incompatível com a dignidade do cargo.

§ 1º A justificativa de falta deverá ser entregue à Junta Comercial até a primeira sessão plenária seguinte à sua ocorrência.

§ 2º Na hipótese do inciso I, à vista de representação fundamentada, ou de ofício pelo Presidente, o Plenário, se julgar insatisfatórias, por decisão tomada pelo primeiro número inteiro superior à metade dos membros presentes, as justificativas ou se estas não tiverem sido apresentadas, assegurados o contraditório e a ampla defesa, comunicará às autoridades ou entidades competentes a perda do mandato.

§ 3º Na hipótese do inciso II, à vista de representação fundamentada, ou de ofício pelo Presidente, o Plenário, assegurados o contraditório e a ampla defesa, se julgá-la procedente, por decisão tomada pelo primeiro número inteiro superior à metade dos membros do Colégio de Vogais, comunicará às autoridades ou entidades competentes a perda do mandato.

§ 4º A deliberação pela perda do mandato afasta o Vogal ou suplente do exercício de suas funções, de imediato, com perda da remuneração correspondente, tornando-se definitiva a perda do mandato, após a publicação da declaração de vacância no Diário Oficial do Estado ou da União, conforme o caso.

ART. 19. O Vogal ou suplente no exercício do mandato poderá, a qualquer tempo, ser substituído mediante nomeação de novo titular para a respectiva função.

Parágrafo único. No caso de entidade ou órgão corporativo, a decisão de nova indicação de nomes em lista tríplice deverá ser fundamentada por seu dirigente ou colegiado, conforme dispuser o respectivo estatuto.

ART. 20. Na sessão inaugural do Plenário das Juntas Comerciais, que iniciará cada período de mandato, serão distribuídos os Vogais por Turmas de três membros cada uma, com exclusão do Presidente e do Vice-Presidente.

ART. 21. Compete ao Plenário:

I - julgar os recursos interpostos das decisões definitivas, singulares ou colegiadas;

II - deliberar sobre a tabela de preços dos serviços da Junta Comercial, submetendo-a, quando for o caso, à autoridade superior;

III - deliberar sobre o assentamento dos usos e práticas mercantis;

IV - aprovar o Regimento Interno e suas alterações, submetendo-o, quando for o caso, à autoridade superior;

V - decidir sobre matérias de relevância, conforme previsto no Regimento Interno;

VI - deliberar, por proposta do Presidente, sobre a criação de Delegacias;

VII - deliberar sobre as proposições de perda de mandato de Vogal ou suplente;

VIII - manifestar-se sobre proposta de alteração do número de Vogais e respectivos suplentes;

IX - exercer as demais atribuições e praticar os atos que estiverem implícitos em sua competência, ou que vierem a ser atribuídos em leis ou em outras normas federais ou estaduais.

ART. 22. As sessões ordinárias do Plenário e das Turmas efetuar-se-ão com a periodicidade e do modo determinado no Regimento Interno, e as extraordinárias, sempre justificadas, por convocação do Presidente ou de dois terços dos seus membros.

Parágrafo único. A presidência de sessão plenária, ausentes o Presidente e o Vice-Presidente, será exercida pelo Vogal mais idoso.

ART. 23. Compete às Turmas:

I - julgar, originariamente, os pedidos de arquivamento dos atos sujeitos ao regime de decisão colegiada;

II - julgar os pedidos de reconsideração de seus despachos;

III - exercer as demais atribuições que forem fixadas pelo Regimento Interno da Junta Comercial.

ART. 24. O Presidente e o Vice-Presidente serão nomeados, em comissão, no Distrito Federal, pelo Ministro de Estado da Indústria, do Comércio e do Turismo e, nos Estados, pelos Governadores dessas circunscrições, dentre os membros do Colégio de Vogais.

ART. 25. Ao Presidente incumbe:

I - dirigir e representar extrajudicialmente a Junta Comercial e, judicialmente, quando for o caso;

II - dar posse aos Vogais e suplentes, convocando-os nas hipóteses previstas neste Regulamento e no Regimento Interno;

III - convocar e presidir as sessões plenárias;

IV - encaminhar à deliberação do Plenário, os casos de que trata o art. 18;

V - superintender os serviços da Junta Comercial;

VI - julgar, originariamente, os atos de Registro Público de Empresas Mercantis e Atividades Afins, sujeitos ao regime de decisão singular;

VII - determinar o arquivamento de atos, mediante provocação dos interessados, nos pedidos não decididos nos prazos previstos neste Regulamento;

VIII - assinar deliberações e resoluções aprovadas pelo Plenário;

IX - designar Vogal ou servidor habilitado para proferir decisões singulares;

X - velar pelo fiel cumprimento das normas legais e executivas;

XI - cumprir e fazer cumprir as deliberações do Plenário;

XII - orientar e coordenar os serviços da Junta Comercial através da Secretaria-Geral;

XIII - abrir vista à parte interessada e à Procuradoria e designar Vogal Relator nos processos de recurso ao Plenário;

XIV - propor ao Plenário a criação de Delegacias;

XV - submeter a tabela de preços dos serviços da Junta Comercial à deliberação do Plenário;

XVI - encaminhar à Procuradoria os processos e matérias que tiverem de ser submetidos ao seu exame e parecer;

XVII - baixar Portarias e exarar despachos, observada a legislação aplicável;

XVIII - apresentar, anualmente, à autoridade superior, relatório do exercício anterior, enviando cópia ao Departamento Nacional de Registro do Comércio - DNRC;

XIX - despachar os recursos, indeferindo-os liminarmente nos casos previstos neste Regulamento;

XX - submeter o Regimento Interno e suas alterações à deliberação do Plenário;

XXI - submeter o assentamento de usos e práticas mercantis à deliberação do Plenário;

XXII - assinar carteiras de exercício profissional;

XXIII - exercer as demais atribuições e praticar os atos que estiverem implícitos em sua competência, ou que vierem a ser atribuídos em leis ou em outras normas federais ou estaduais.

ART. 26. Ao Vice-Presidente da Junta Comercial incumbe:

I - auxiliar e substituir o Presidente em suas faltas ou impedimentos;

II - efetuar correição permanente dos serviços da Junta Comercial;

III - exercer as demais atribuições que forem fixadas pelo Regimento Interno.

ART. 27. O Secretário-Geral será nomeado, em comissão, no Distrito Federal, pelo Ministro de Estado da Indústria, do Comércio e do Turismo e, nos Estados, pelos respectivos Governadores, dentre brasileiros de notória idoneidade moral e especializados em Direito Comercial.

ART. 28. Ao Secretário-Geral incumbe:

I - supervisionar, coordenar e fiscalizar a execução dos serviços de registro e de administração da Junta Comercial;

II - exercer o controle sobre os prazos recursais e fazer incluir na pauta das sessões os processos de recursos a serem apreciados pelo Plenário, solicitando ao Presidente a convocação de sessão extraordinária, quando necessário;

III - despachar com o Presidente e participar das sessões do Plenário;

IV - baixar ordens de serviço, instruções e recomendações, bem como exarar despachos para execução e funcionamento dos serviços a cargo da Secretaria-Geral;

V - assinar as certidões expedidas ou designar servidor para esse fim;

VI - elaborar estudos de viabilidade de criação de Delegacias;

VII - elaborar estudos sobre a tabela de preços dos serviços da Junta Comercial;

VIII - visar e controlar os atos e documentos enviados para publicação no órgão de divulgação determinado em portaria do Presidente;

IX - colaborar na elaboração de trabalhos técnicos promovidos pelo Departamento Nacional de Registro do Comércio - DNRC;

X - exercer as demais atribuições e praticar os atos que estiverem implícitos em sua competência, ou que vierem a ser atribuídos em leis ou em outras normas federais ou estaduais.

ART. 29. A Procuradoria será composta de um ou mais Procuradores e chefiada pelo Procurador que for designado pelo Governador do Estado ou autoridade competente.

ART. 30. Ao Procurador incumbe:

I - internamente:

a) fiscalizar o fiel cumprimento das normas legais e executivas em matéria de Registro Público de Empresas Mercantis e Atividades Afins;

b) emitir parecer nos recursos dirigidos ao Plenário e nas demais matérias de sua competência;

c) promover estudos para assentamento de usos e práticas mercantis;

d) participar das sessões do Plenário e das Turmas, conforme disposto no Regimento Interno;

e) requerer diligências e promover responsabilidades perante os órgãos e poderes competentes;

f) recorrer ao Plenário de decisão singular ou de Turma, em matéria de Registro Público de Empresas Mercantis e Atividades Afins;

g) exercer as demais atribuições e praticar os atos que estiverem implícitos em sua competência ou que vierem a ser atribuídos em leis ou em outras normas federais ou estaduais;

II - externamente:

a) oficiar junto aos órgãos do Poder Judiciário, nas matérias e questões relacionadas com a prática dos atos de Registro Público de Empresas Mercantis e Atividades Afins;

b) recorrer ao Ministro de Estado da Indústria, do Comércio e do Turismo das decisões do Plenário, em matéria de Registro Público de Empresas Mercantis e Atividades Afins;

c) colaborar na elaboração de trabalhos técnicos promovidos pelo Departamento Nacional de Registro do Comércio - DNRC.

ART. 31. As atribuições conferidas à Procuradoria, no caso da Junta Comercial do Distrito Federal, serão exercidas pelos Assistentes Jurídicos em exercício no Departamento Nacional de Registro do Comércio - DNRC.

TÍTULO II
DOS ATOS E DA ORDEM DOS SERVIÇOS DE REGISTRO PÚBLICO DE EMPRESAS MERCANTIS E ATIVIDADES AFINS

CAPÍTULO I
DA COMPREENSÃO DOS ATOS

ART. 32. O Registro Público de Empresas Mercantis e Atividades Afins compreende:

I - a matrícula e seu cancelamento, de:

a) leiloeiros oficiais;

b) tradutores públicos e intérpretes comerciais;

c) administradores de armazéns-gerais;

d) trapicheiros;

II - o arquivamento:

a) dos atos constitutivos, alterações e extinções de firmas mercantis individuais;

b) das declarações de microempresas e de empresas de pequeno porte;

c) dos atos constitutivos e das atas das sociedades anônimas, bem como os de sua dissolução e extinção;

d) dos atos constitutivos e respectivas alterações das demais pessoas jurídicas organizadas sob a forma empresarial mercantil, bem como de sua dissolução e extinção;

e) dos documentos relativos à constituição, alteração, dissolução e extinção de cooperativas;

f) dos atos relativos a consórcios e grupos de sociedades;

g) dos atos relativos à incorporação, cisão, fusão e transformação de sociedades mercantis;

h) de comunicação, segundo modelos aprovados pelo Departamento Nacional de Registro do Comércio - DNRC, de paralisação temporária das atividades e de empresa mercantil que deseja manter-se em funcionamento, no caso de, nessa última hipótese, não ter procedido a qualquer arquivamento na Junta Comercial no período de dez anos consecutivos;

i) dos atos relativos a sociedades mercantis estrangeiras autorizadas a funcionar no País;

j) das decisões judiciais referentes a empresas mercantis registradas;

l) dos atos de nomeação de trapicheiros, administradores e fiéis de armazéns-gerais;

m) dos demais documentos que, por determinação legal, sejam atribuídos ao Registro Público de Empresas Mercantis e Atividades Afins ou daqueles que possam interessar ao empresário ou à empresa mercantil;

III - a autenticação dos instrumentos de escrituração das empresas mercantis registradas e dos agentes auxiliares do comércio, na forma da lei própria.

CAPÍTULO II
DA ORDEM DOS SERVIÇOS

SEÇÃO I
DA APRESENTAÇÃO DOS ATOS A ARQUIVAMENTO

ART. 33. Os documentos referidos no inciso II do art. 32 deverão ser apresentados a arquivamento na Junta Comercial, mediante requerimento dirigido ao seu Presidente, dentro de trinta dias contados de sua assinatura, a cuja data retroagirão os efeitos do arquivamento.

Parágrafo único. Protocolados fora desse prazo, os efeitos a que se refere este artigo só se produzirão a partir da data do despacho que deferir o arquivamento.

ART. 34. Instruirão obrigatoriamente os pedidos de arquivamento:

I - instrumento original, particular, certidão ou publicação de autorização legal, de constituição, alteração, dissolução ou extinção de firma mercantil individual, e sociedade mercantil, de cooperativa, de ato de consórcio e de grupo de sociedades, bem como de declaração de microempresa e de empresa de pequeno porte, datado e assinado, quando for o caso, pelo titular, sócios, administradores, consorciados ou seus procuradores e testemunhas;

II - declaração do titular ou administrador, firmada sob as penas da lei, de não estar impedido de exercer o comércio ou a administração de sociedade mercantil, em virtude de condenação criminal; (Redação dada pelo Dec. 3.395/2000.)

III - ficha do Cadastro Nacional de Empresas Mercantis - CNE, segundo modelo aprovado pelo Departamento Nacional de Registro do Comércio - DNRC;

IV - comprovantes de pagamento dos preços dos serviços correspondentes;

V - prova de identidade do titular da firma mercantil individual e do administrador de sociedade mercantil e de cooperativa:

a) poderão servir como prova de identidade, mesmo por cópia regularmente autenticada, a cédula de identidade, o certificado de reservista, a carteira de identidade profissional, a carteira de identidade de estrangeiro e a carteira nacional de habilitação; (Redação dada pelo Dec. 3.395/2000.)

b) para o estrangeiro residente no País, titular de firma mercantil individual ou administrador de sociedade mercantil ou cooperativa, a identidade deverá conter a prova de visto permanente;

c) o documento comprobatório de identidade, ou sua cópia autenticada, será devolvido ao interessado logo após exame, vedada a sua retenção;

d) fica dispensada nova apresentação de prova de identidade no caso de já constar anotada, em processo anteriormente arquivado, e desde que indicado o número do registro daquele processo.

Parágrafo único. Nenhum outro documento, além dos referidos neste Regulamento, será exigido das firmas mercantis individuais e sociedades mercantis, salvo expressa determinação legal, reputando-se como verdadeiras, até prova em contrário, as declarações feitas perante os órgãos do Registro Público de Empresas Mercantis e Atividades Afins.

ART. 35. O instrumento particular ou a certidão apresentada à Junta Comercial não poderá conter emendas, rasuras e entrelinhas, admitida a ressalva expressa no próprio instrumento ou certidão, com a assinatura das partes ou do tabelião, conforme o caso.

ART. 36. O ato constitutivo de sociedade mercantil e de cooperativa somente poderá ser arquivado se visado por advogado, com a indicação do nome e número de inscrição na respectiva Seccional da Ordem dos Advogados do Brasil.

ART. 37. O arquivamento de ato de empresa mercantil sujeita a controle de órgão de fiscalização de exercício profissional não dependerá de aprovação prévia desse órgão.

ART. 38. A cópia do documento apresentado a arquivamento, autenticada na forma da lei, dispensa nova conferência com o original, podendo, também, a autenticação ser feita pelo cotejo com o original por servidor a quem o documento seja apresentado.

ART. 39. Os atos levados a arquivamento são dispensados de reconhecimento de firma, exceto quando se tratar de procuração por instrumento particular ou de documentos oriundos do exterior, se, neste caso, tal formalidade não tiver sido cumprida no consulado brasileiro.

ART. 40. As assinaturas nos requerimentos, instrumentos ou documentos particulares serão lançadas com a indicação do nome do signatário, por extenso, datilografado ou em letra de forma e do número de identidade e órgão expedidor, quando se tratar de testemunha.

§ 1º Verificada, a qualquer tempo, a falsificação em instrumento ou documento público ou particular, o órgão do Registro Público de Empresas Mercantis e Atividades Afins dará conhecimento do fato à autoridade competente, para as providências legais cabíveis, sustando-se os efeitos do ato na esfera administrativa, até que seja resolvido o incidente de falsidade documental.

§ 2º Comprovada, a qualquer tempo, falsificação em instrumento ou documento arquivado na Junta Comercial, por iniciativa de parte ou de terceiro interessado, em petição instruída com a decisão judicial pertinente, o arquivamento do ato será cancelado administrativamente.

ART. 41. Os atos das firmas mercantis individuais, para fins de arquivamento, obedecerão a formulário próprio, aprovado pelo Departamento Nacional de Registro do Comércio - DNRC.

ART. 42. Os atos constitutivos de sociedades mercantis poderão ser efetivados por instrumento particular ou por escritura pública, podendo as respectivas alterações serem realizadas independentemente da forma adotada na constituição.

ART. 43. Qualquer modificação dos atos constitutivos arquivados na Junta Comercial dependerá de instrumento específico de:

I - alteração de firma mercantil individual;

II - ata de assembleia, para as sociedades por ações e cooperativas;

III - alteração contratual, para as demais sociedades mercantis.

ART. 44. As alterações contratuais deverão, obrigatoriamente, conter a qualificação completa dos sócios e da sociedade mercantil no preâmbulo do instrumento.

ART. 45. Havendo alteração do objeto social, este deverá ser transcrito na sua totalidade.

ART. 46. Os documentos de interesse do empresário ou da empresa mercantil serão levados a arquivamento mediante requerimento do titular, sócio, administrador ou representante legal.

ART. 47. Nos casos de decisão judicial, a comunicação do juízo alusiva ao ato será, para conhecimento de terceiros, arquivada pela Junta Comercial, mas os interessados, quando a decisão alterar dados da empresa mercantil, deverão providenciar também o arquivamento de instrumento próprio, acompanhado de certidão de inteiro teor da sentença que o motivou, transitada em julgado.

§ 1º Tratando-se de sentença dissolutória extintiva de empresa mercantil, é suficiente o arquivamento do inteiro teor da sentença transitada em julgado.

§ 2º Tratando-se de penhora, sequestro ou arresto de quotas ou de ações à Junta Comercial competirá, tão somente, para conhecimento de terceiros, proceder à anotação correspondente, não lhe cabendo a condição de depositária fiel.

ART. 48. A empresa mercantil que não proceder a qualquer arquivamento no período de dez anos, contados da data do último arquivamento, deverá comunicar à Junta Comercial que deseja manter-se em funcionamento, sob pena de ser considerada inativa, ter seu registro cancelado e perder, automaticamente, a proteção de seu nome empresarial.

§ 1º A empresa mercantil deverá ser notificada previamente pela Junta Comercial, mediante comunicação direta ou por edital, para os fins deste artigo.

§ 2º A comunicação de que trata o *caput* deste artigo, quando não tiver ocorrido modificação de dados no período, será efetuada em formulário próprio, assinada, conforme o caso, pelo titular, sócios ou representante legal, e, na hipótese de ter ocorrido modificação nos dados, a empresa deverá arquivar a competente alteração.

§ 3º A Junta Comercial fará comunicação do cancelamento às autoridades arrecadadoras no prazo de até dez dias.

§ 4º A reativação da empresa mercantil obedecerá aos mesmos procedimentos requeridos para sua constituição.

§ 5º O Departamento Nacional de Registro do Comércio - DNRC disciplinará, em instrução normativa, o disposto neste artigo.

SEÇÃO II
DO PROCESSO DECISÓRIO

ART. 49. Os atos submetidos ao Registro Público de Empresas Mercantis e Atividades Afins estão sujeitos a dois regimes de julgamento:

I - decisão colegiada;

II - decisão singular.

ART. 50. Subordinam-se ao regime de decisão colegiada:

I - do Plenário, o julgamento dos recursos interpostos das decisões definitivas, singulares ou de Turmas;

II - das Turmas, o arquivamento dos atos de:

a) constituição de sociedades anônimas, bem como das atas de assembleias gerais e demais atos relativos a essas sociedades, sujeitos ao Registro Público de Empresas Mercantis e Atividades Afins;

b) transformação, incorporação, fusão e cisão de sociedades mercantis;

c) constituição e alterações de consórcio e de grupo de sociedades, conforme previsto na lei de sociedades por ações.

ART. 51. Os atos próprios do Registro Público de Empresas Mercantis e Atividades Afins não previstos no artigo anterior serão objeto de decisão singular proferida pelo Presidente, Vogal ou servidor que possua comprovados conhecimentos de Direito Comercial e do Registro Público de Empresas Mercantis e Atividades Afins.

Parágrafo único. Os Vogais e servidores habilitados a proferir decisões singulares serão designados pelo Presidente da Junta Comercial.

ART. 52. Os pedidos de arquivamento sujeitos ao regime de decisão colegiada serão decididos no prazo máximo de dez dias úteis contados do seu recebimento e, os submetidos à decisão singular, no prazo máximo de três dias úteis, sob pena de ter-se como arquivados os atos respectivos, mediante provocação dos interessados, sem prejuízo do exame das formalidades legais pela Procuradoria.

§ 1º Quando os pedidos forem apresentados em protocolo descentralizado, contar-se-á o prazo a partir do recebimento da documentação no local onde haja Vogal ou servidor habilitado para decisão do ato respectivo.

§ 2º Os pedidos não decididos nos prazos previstos no *caput* deste artigo e para os quais haja provocação pela parte interessada serão arquivados por determinação do Presidente da Junta Comercial, que dará ciência à Procuradoria para exame das formalidades legais, a qual, se for o caso, interporá o recurso ao Plenário.

SEÇÃO III
DAS PROIBIÇÕES DE ARQUIVAMENTO

ART. 53. Não podem ser arquivados:

I - os documentos que não obedecerem às prescrições legais ou regulamentares ou que contiverem matéria contrária à lei, à ordem pública ou aos bons costumes, bem como os que colidirem com o respectivo estatuto ou contrato não modificado anteriormente;

II - os documentos de constituição ou alteração de empresas mercantis em que figure como titular ou administrador pessoa que esteja condenada pela prática de crime cuja pena vede o acesso à atividade mercantil;

III - os atos constitutivos e os de transformação de sociedades mercantis, se deles não constarem os seguintes requisitos, além de outros exigidos em lei:

a) o tipo de sociedade mercantil adotado;

b) a declaração precisa e detalhada do objeto social;

c) o capital da sociedade mercantil, a forma e o prazo de sua integralização, o quinhão de cada sócio, bem como a responsabilidade dos sócios;

d) o nome por extenso e qualificação dos sócios, procuradores, representantes e administradores, compreendendo para a pessoa física, a nacionalidade, estado civil, profissão, domicílio e residência, documento de identidade, seu número e órgão expedidor e número de inscrição no Cadastro de Pessoas Físicas - CPF, dispensada a indicação desse último no caso de brasileiro ou estrangeiro domiciliado no exterior, e para a pessoa jurídica o nome empresarial, endereço completo e, se sediada no País, o Número de Identificação do Registro de Empresas - NIRE ou do Cartório competente e o número de inscrição no Cadastro Geral de Contribuintes - CGC;

e) o nome empresarial, o município da sede, com endereço completo, e foro, bem como os endereços completos das filiais declaradas;

f) o prazo de duração da sociedade mercantil e a data de encerramento de seu exercício social, quando não coincidente com o ano civil;

IV - os documentos de constituição de firmas mercantis individuais e os de constituição ou alteração de sociedades mercantis, para ingresso de administrador, se deles não constar, ou não for juntada a declaração, sob as penas da lei, datada e assinada pelo titular, administrador, exceto de sociedade anônima, ou por procurador de qualquer desses, com poderes específicos, de que não está condenado por nenhum crime cuja pena vede o acesso à atividade mercantil;

V - a prorrogação do contrato social, depois de findo o prazo nele fixado;

VI - os atos de empresas mercantis com nome idêntico ou semelhante a outro já existente ou que inclua ou reproduza em sua composição siglas ou denominações de órgãos públicos, da Administração direta ou indireta, bem como de organismos internacionais e aquelas consagradas em lei e atos regulamentares emanados do Poder Público; (Redação dada pelo Dec. 3.344/2000.)

VII - a alteração contratual produzida e assinada por sócios titulares de maioria do capital social, quando houver, em ato anterior, cláusula restritiva;

VIII - o contrato social, ou sua alteração, em que haja, por instrumento particular, incorporação de imóveis à sociedade, quando dele não constar:

a) a descrição e identificação do imóvel, sua área, dados relativos à sua titulação e seu número de matrícula no Registro Imobiliário;

b) a outorga uxória ou marital, quando necessária;

IX - os instrumentos, ainda não aprovados pelo Governo, nos casos em que for necessária essa prévia aprovação;

X - o distrato social sem a declaração da importância repartida entre os sócios, a referência à pessoa ou às pessoas que assumirem o ativo e passivo da sociedade mercantil, supervenientes ou não à liquidação, a guarda dos livros e os motivos da dissolução, se não for por mútuo consenso.

§ 1º A Junta Comercial não dará andamento a qualquer documento de alteração ou de extinção de firma individual ou sociedade mercantil sem que dos respectivos requerimentos e instrumentos conste o Número de Identificação do Registro de Empresas - NIRE.

§ 2º Entende-se como preciso e detalhadamente declarado o objeto da empresa mercantil quando indicado o seu gênero e espécie.

ART. 54. A deliberação majoritária, não havendo cláusula restritiva, abrange também as hipóteses de destituição da gerência, exclusão de sócio, dissolução e extinção de sociedade.

Parágrafo único. Os instrumentos de exclusão de sócio deverão indicar, obrigatoriamente, o motivo da exclusão e a destinação da respectiva participação no capital social.

ART. 55. O Departamento Nacional de Registro do Comércio - DNRC, através de instruções normativas, consolidará:

I - as hipóteses de restrição legal da participação de estrangeiros em empresas mercantis brasileiras;

II - os casos em que é necessária a aprovação prévia de órgão governamental para o arquivamento de atos de empresas mercantis, bem como as formas dessa aprovação;

III - os procedimentos para a autorização de funcionamento ou nacionalização de sociedade mercantil estrangeira no País.

ART. 56. Os órgãos e autoridades federais deverão coordenar-se com o Departamento Nacional de Registro do Comércio - DNRC, com a finalidade de harmonizar entendimentos e fixar normas destinadas a regular o arquivamento, no Registro Público de Empresas Mercantis e Atividades Afins, de atos, contratos e estatutos de empresas mercantis, que dependam, por força de lei, de previa aprovação governamental.

SEÇÃO IV
DO EXAME DAS FORMALIDADES

ART. 57. Todo ato, documento ou instrumento apresentado a arquivamento será objeto de exame, pela Junta Comercial, do cumprimento das formalidades legais.

§ 1º Verificada a existência de vício insanável, o requerimento será indeferido; quando for sanável, o processo será colocado em exigência.

§ 2º O indeferimento ou a formulação de exigência pela Junta Comercial deverá ser fundamentada com o respectivo dispositivo legal ou regulamentar.

§ 3º As exigências formuladas pela Junta Comercial deverão ser cumpridas em até trinta dias, contados do dia subsequente à data da ciência pelo interessado ou da publicação do despacho.

§ 4º O processo em exigência será entregue completo ao interessado; devolvido após o prazo previsto no parágrafo anterior, será considerado como novo pedido de arquivamento, sujeito ao pagamento dos preços dos serviços correspondentes, salvo devolução do prazo, no curso do mesmo, em razão de ato dependente de órgão da administração pública.

§ 5º O processo em exigência não retirado no prazo para seu cumprimento e posto à disposição dos interessados por edital e não retirado em sessenta dias da data da publicação deste poderá ser eliminado pela Junta Comercial, exceto os contratos, alterações, atos constitutivos de sociedades por ações e de cooperativas, que serão devolvidos aos interessados mediante recibo, conforme dispuser instrução normativa do Departamento Nacional de Registro do Comércio - DNRC.

ART. 58. As assinaturas em despachos, decisões e outros atos relativos aos serviços de Registro Público de Empresas Mercantis e Atividades Afins deverão ser expressamente identificadas, com indicação dos nomes completos dos signatários, em letra de forma legível, ou com a aposição de carimbo.

SEÇÃO V
DO ARQUIVAMENTO

SUBSEÇÃO I
DAS DISPOSIÇÕES GERAIS

ART. 59. A todo ato constitutivo de empresa mercantil e de cooperativa será atribuído o Número de Identificação do Registro de Empresas - NIRE, o qual será regulamentado pelo Poder Executivo, compatibilizando-o com os números adotados pelos demais cadastros federais.

ART. 60. A Junta Comercial organizará um prontuário para cada empresa mercantil.

Parágrafo único. A organização do prontuário e os procedimentos em relação a esse, inclusive no caso de transferência de sede de empresa mercantil para outra unidade federativa, serão disciplinados em instrução normativa do Departamento Nacional de Registro do Comércio - DNRC.

SUBSEÇÃO II
DA PROTEÇÃO AO NOME EMPRESARIAL

ART. 61. A proteção ao nome empresarial, a cargo das Juntas Comerciais, decorre, automaticamente, do arquivamento da declaração de firma mercantil individual, do ato constitutivo de sociedade mercantil ou de alterações desses atos que impliquem mudança de nome.

§ 1º A proteção ao nome empresarial circunscreve-se à unidade federativa de jurisdição da Junta Comercial que procedeu ao arquivamento de que trata o *caput* deste artigo.

§ 2º A proteção ao nome empresarial poderá ser estendida a outras unidades da federação, a requerimento da empresa interessada, observada instrução normativa do Departamento Nacional de Registro do Comércio - DNRC.

§ 3º Expirado o prazo da sociedade celebrada por tempo determinado, esta perderá a proteção do seu nome empresarial.

ART. 62. O nome empresarial atenderá aos princípios da veracidade e da novidade e identificará, quando assim o exigir a lei, o tipo jurídico da sociedade.

§ 1º Havendo indicação de atividades econômicas no nome empresarial, essas deverão estar contidas no objeto da firma mercantil individual ou sociedade mercantil.

§ 2º Não poderá haver colidência por identidade ou semelhança do nome empresarial com outro já protegido.

§ 3º O Departamento Nacional de Registro do Comércio - DNRC, através de instruções normativas, disciplinará a composição do nome empresarial e estabelecera critérios para verificação da existência de identidade ou semelhança entre nomes empresariais.

SEÇÃO VI
DA MATRÍCULA E SEU CANCELAMENTO

ART. 63. A matrícula e seu cancelamento, de leiloeiros, tradutores e intérpretes comerciais, trapicheiros e administradores de amazéns-gerais, serão disciplinados através de instruções normativas do Departamento Nacional de Registro do Comércio - DNRC.

SEÇÃO VII
DO PROCESSO REVISIONAL

SUBSEÇÃO I
DAS DISPOSIÇÕES GERAIS

ART. 64. O processo revisional pertinente ao Registro Público de Empresas Mercantis e Atividades Afins dar-se-á mediante:

I - pedido de reconsideração;

II - recurso ao Plenário;

III - recurso ao Ministro de Estado Chefe da Casa Civil da Presidência da República. (Alterado pelo Dec. 8.815/2016.)

SUBSEÇÃO II
DO PROCEDIMENTO

ART. 65. O pedido de reconsideração terá por objeto obter a revisão de despachos singulares ou de Turmas que formulem exigências para o deferimento do arquivamento e o seu procedimento iniciar-se-á com a protocolização de petição dirigida ao Presidente da Junta Comercial dentro do prazo de trinta dias concedidos para cumprimento da exigência.

§ 1º O pedido de reconsideração será apreciado pela mesma autoridade que prolatou o despacho, no prazo de cinco dias úteis contados da data da sua protocolização, sendo indeferido de plano quando assinado por terceiro ou procurador sem instrumento de mandato ou interposto fora do prazo, devendo ser, em qualquer caso, anexado ao processo a que se referir.

§ 2º A protocolização do pedido de reconsideração suspende o prazo para cumprimento de exigências formuladas, recomeçando a contagem a partir do dia subsequente à data da ciência, pelo interessado ou da publicação, do despacho que mantiver a exigência no todo ou em parte.

ART. 66. Das decisões definitivas, singulares ou de Turmas, cabe recurso ao Plenário da Junta Comercial, cujo procedimento compreenderá as fases de instrução e julgamento.

ART. 67. A fase de instrução iniciar-se-á com a protocolização da petição do recurso dirigida ao Presidente da Junta Comercial, a qual será enviada à Secretaria-Geral que, no prazo de três dias úteis, expedirá notificação às partes interessadas, na forma que dispuser o Regimento Interno, para se manifestarem, no prazo de dez dias úteis, contados a partir do dia subsequente à data da ciência.

§ 1º Decorrido o prazo para contrarrazões, a Secretaria-Geral dará vista do processo à Procuradoria, quando a mesma não for a recorrente, para manifestar-se e restituí-lo, no prazo de dez dias úteis, àquela unidade, que o fará concluso ao Presidente.

§ 2º No prazo de três dias úteis, o Presidente deverá manifestar-se quanto ao recebimento do recurso e designar, quando for o caso, Vogal Relator, notificando-o.

ART. 68. Admitido o recurso, pelo Presidente, iniciar-se-á a fase de julgamento, que deverá ser concluída no prazo de trinta dias úteis.

§ 1º O decurso do prazo de que trata o *caput* deste artigo fica suspenso da data da sua admissão até a data da ciência pelo Vogal Relator, reiniciando-se no dia subsequente a esta ciência.

§ 2º O Vogal Relator, no prazo de dez dias úteis, elaborará o relatório e o depositará na Secretaria-Geral, para distribuição e conhecimento dos demais Vogais, nos cinco dias úteis subsequentes, os quais poderão requerer cópia de peças do processo a que se referir.

§ 3º Nos dez dias úteis que se seguirem ao encerramento do prazo a que alude o parágrafo anterior, a Secretaria-Geral fará incluí-lo em pauta de sessão do Plenário para julgamento, solicitando ao Presidente a convocação de sessão extraordinária, quando necessário, observado, em qualquer caso, o prazo fixado no *caput* deste artigo.

§ 4º Na sessão plenária é admitida vista do processo aos Vogais, que será concedida por período fixado pelo Presidente e compatível com a conclusão do julgamento, no prazo previsto no *caput* deste artigo.

§ 5º No caso de inobservância do prazo previsto no *caput* deste artigo, a parte interessada poderá requerer ao Departamento Nacional de Registro do Comércio - DNRC tudo o que se afigurar necessário para a conclusão do julgamento do recurso.

ART. 69. Das decisões do Plenário cabe recurso ao Ministro de Estado Chefe da Casa Civil da Presidência da República, como última instância administrativa. (Alterado pelo Dec. 8.815/2016.)

§ 1º A petição do recurso, dirigida ao Presidente da Junta Comercial, após protocolizada, será enviada à Secretaria-Geral que, no prazo de três dias úteis, expedirá notificação às partes interessadas, na forma que dispuser o Regimento Interno, para se manifestarem no prazo de dez dias úteis, contados a partir do dia subseqüente à data da ciência.

§ 2º Decorrido o prazo para contrarrazões, a Secretaria-Geral fará o processo concluso ao Presidente.

§ 3º No prazo de três dias úteis, o Presidente deverá manifestar-se quanto ao recebimento do recurso e o encaminhará, quando necessário, ao Departamento de Registro Empresarial e Integração - DREI que, no prazo de dez dias úteis, deverá manifestar-se e o submeterá à decisão final do Ministro de Estado Chefe da Casa Civil da Presidência da República. (Alterado pelo Dec. 8.815/2016.)

§ 4º Os pedidos de diligência, após o encaminhamento do processo ao DREI, suspenderão os prazos previstos no § 3º. (Alterado pelo Dec. 8.815/2016.)

§ 5º A capacidade decisória poderá ser delegada, no todo ou em parte.

ART. 70. Os recursos previstos neste Regulamento serão indeferidos de plano pelo Presidente da Junta Comercial, se assinados por terceiros ou procurador sem instrumento de mandato, ou interpostos fora do prazo ou antes da decisão definitiva, devendo ser, em qualquer caso, anexados aos processos a que se referirem.

ART. 71. No pedido de reconsideração ou nos recursos previstos neste Regulamento, subscritos por advogado sem o devido instrumento de mandato, deverá o mesmo exibi-lo no prazo de cinco dias úteis.

ART. 72. A firma mercantil individual ou sociedade mercantil cujo ato tenha sido objeto de decisão de cancelamento do registro providenciará, no prazo de trinta dias, a sua retificação, se o vício for sanável, sob pena de desarquivamento do ato pela Junta Comercial no dia seguinte ao do vencimento do prazo.

ART. 73. Os recursos previstos neste Regulamento não suspendem os efeitos da decisão a que se referem.

ART. 74. O prazo para a interposição dos recursos é de dez dias úteis, cuja fluência se inicia no primeiro dia útil subsequente ao da data da ciência pelo interessado ou da publicação do despacho.

Parágrafo único. A ciência poderá ser feita por via postal, com aviso de recebimento.

SEÇÃO VIII
DA PUBLICAÇÃO DOS ATOS

ART. 75. Os atos decisórios da Junta Comercial serão publicados na forma e no órgão de divulgação determinados em Portaria de seu Presidente, publicada no Diário Oficial do Estado e, no caso da Junta Comercial do Distrito Federal, no Diário Oficial da União.

ART. 76. As publicações ordenadas na lei de sociedades por ações serão feitas no órgão oficial da União, do Estado ou do Distrito Federal, conforme o lugar em que esteja situada a sede da companhia, e em outro jornal de grande circulação editado regularmente na mesma localidade.

Parágrafo único. Se no lugar em que estiver situada a sede da companhia não for editado jornal, a publicação se fará em órgão de grande circulação local.

ART. 77. A prova da publicidade de atos societários, quando exigida em lei, será feita mediante anotação nos registros da Junta Comercial, à vista de apresentação da folha do órgão oficial e, quando for o caso, do jornal particular onde foi feita a publicação, dispensada a juntada da mencionada folha.

Parágrafo único. É facultado, ainda, às sociedades por ações mencionar, na ata apresentada a arquivamento, a data, o número da folha ou da página do órgão oficial e do jornal particular onde foram feitas as publicações preliminares à realização da assembleia a que se referem, dispensada a sua apresentação.

SEÇÃO IX
DAS AUTENTICAÇÕES

ART. 78. As Juntas Comerciais autenticarão, segundo instruções normativas do Departamento Nacional de Registro do Comércio - DNRC:

I - os instrumentos de escrituração das empresas mercantis e dos agentes auxiliares do comércio;

II - os documentos arquivados e suas cópias;

III - as certidões dos documentos arquivados.

Parágrafo único. Os instrumentos autenticados na forma deste artigo, referidos nos incisos I e III e as cópias dos documentos referidas no inciso II não retirados no prazo de trinta dias, contados do seu deferimento, poderão ser eliminados.

ART. 78-A. A autenticação de livros contábeis das empresas poderá ser feita por meio do Sistema Público de Escrituração Digital - Sped de que trata o Decreto n. 6.022, de 22 de janeiro de 2007, mediante a apresentação de escrituração contábil digital. (Acrescentado pelo Dec. 8.683/2016.)

- Dec. 6.022/2007 (Institui o Sistema Público de Escrituração Digital – Sped).
- Dec. 9.555/2018 (Dispõe sobre a autenticação de livros contábeis de pessoas jurídicas não sujeitas ao Registro do Comércio).

§ 1º A autenticação dos livros contábeis digitais será comprovada pelo recibo de entrega emitido pelo Sped. (Acrescentado pelo Dec. 8.683/2016.)

§ 2º A autenticação prevista neste artigo dispensa a autenticação de que trata o art. 39 da Lei n. 8.934, de 18 de novembro de 1994, nos termos do art. 39-A da referida Lei. (Acrescentado pelo Dec. 8.683/2016.)

SEÇÃO X
DAS CERTIDÕES

ART. 79. É público o registro de empresas mercantis e atividades afins a cargo das Juntas Comerciais.

ART. 80. Qualquer pessoa, sem necessidade de provar interesse, poderá consultar os documentos arquivados nas Juntas Comerciais e obter certidões, mediante pagamento do preço devido.

ART. 81. O pedido de certidão, assinado pelo interessado e acompanhado do comprovante de pagamento do preço devido, indicará uma das seguintes modalidades:

I - simplificada;

II - específica, consoante quesitos formulados no pedido;

III - inteiro teor, mediante reprografia.

ART. 82. Sempre que houver qualquer alteração posterior ao ato cuja certidão for requerida, deverá ela, obrigatoriamente, ser mencionada, não obstante as especificações do pedido.

ART. 83. A certidão deverá ser entregue no prazo de até quatro dias úteis da protocolização do pedido na sede da Junta Comercial e, no prazo de até oito dias úteis, se em protocolo descentralizado.

Parágrafo único. Em caso de recusa ou demora na expedição da certidão, o requerente poderá reclamar à autoridade competente, que deverá providenciar, com presteza, sua expedição.

ART. 84. Os modelos e a expedição de certidões serão disciplinados por instrução normativa do Departamento Nacional de Registro do Comércio - DNRC.

ART. 85. A certidão dos atos de constituição e de alteração de sociedades mercantis, passada pelas Juntas Comerciais em que foram arquivados, será o documento hábil para a transferência, no registro público competente, dos bens com que o subscritor tiver contribuído para a formação ou aumento do capital social.

ART. 86. Os documentos arquivados pelas Juntas Comerciais não serão, em qualquer hipótese, retirados de suas dependências, ressalvado o disposto no art. 90.

SEÇÃO XI
DO ASSENTAMENTO DOS USOS OU PRÁTICAS MERCANTIS

ART. 87. O assentamento de usos ou práticas mercantis é efetuado pela Junta Comercial.

§ 1º Os usos ou práticas mercantis devem ser devidamente coligidos e assentados em livro próprio, pela Junta Comercial, *ex officio*, por provocação da Procuradoria ou de entidade de classe interessada.

§ 2º Verificada, pela Procuradoria, a inexistência de disposição legal contrária ao uso ou prática mercantil a ser assentada, o Presidente da Junta Comercial solicitará o pronunciamento escrito das entidades diretamente interessadas, que deverão manifestar-se dentro do prazo de noventa dias, e fará publicar convite a todos os interessados para que se manifestem no mesmo prazo.

§ 3º Executadas as diligências previstas no parágrafo anterior, a Junta Comercial decidirá se é verdadeiro e registrável o uso ou prática

DECRETOS

mercantil, em sessão a que compareçam, no mínimo, dois terços dos respectivos vogais, dependendo a respectiva aprovação do voto de, pelo menos, metade mais um dos Vogais presentes.

§ 4º Proferida a decisão, anotar-se-á o uso ou prática mercantil em livro especial, com a devida justificação, efetuando-se a respectiva publicação no órgão oficial da União, do Estado ou do Distrito Federal, conforme a sede da Junta Comercial.

ART. 88. Quinquenalmente, as Juntas Comerciais processarão a revisão e publicação da coleção dos usos ou práticas mercantis assentados na forma do artigo anterior.

SEÇÃO XII
DA RETRIBUIÇÃO DOS SERVIÇOS

ART. 89. Compete ao Departamento Nacional de Registro do Comércio - DNRC propor a elaboração da Tabela de Preços dos Serviços pertinentes ao Registro Público de Empresas Mercantis, na parte relativa aos atos de natureza federal, bem como especificar os atos a serem observados pelas Juntas Comerciais na elaboração de suas tabelas locais.

Parágrafo único. As isenções de preços de serviços restringem-se aos casos previstos em lei.

TÍTULO III
DAS DISPOSIÇÕES FINAIS E TRANSITÓRIAS

CAPÍTULO I
DAS DISPOSIÇÕES FINAIS

ART. 90. Os atos de empresas mercantis, após preservada a sua imagem através de microfilmagem ou por meios tecnológicos mais avançados, poderão ser devolvidos pelas Juntas Comerciais, conforme dispuser instrução normativa do Departamento Nacional de Registro do Comércio - DNRC.

ART. 91. O fornecimento de informações cadastrais ao Departamento Nacional de Registro do Comércio - DNRC, ou às Juntas Comerciais, conforme for o caso, desobriga as firmas mercantis individuais e sociedades mercantis de prestarem idênticas informações a outros órgãos ou entidades da Administração Federal, Estadual ou Municipal.

Parágrafo único. O Departamento Nacional de Registro do Comércio - DNRC estabelecerá as normas necessárias para a utilização dos cadastros sob jurisdição do Sistema Nacional de Registro de Empresas Mercantis - SINREM pelos órgãos ou entidades públicas a que se refere este artigo, mediante a celebração de acordos ou convênios de cooperação.

CAPÍTULO II
DAS DISPOSIÇÕES TRANSITÓRIAS

ART. 92. As Juntas Comerciais adaptarão seus regimentos internos ou regulamentos às disposições deste Regulamento no prazo de cento e oitenta dias, a contar da data da sua publicação.

ART. 93. Este Decreto entra em vigor na data de sua publicação.

ART. 94. Revogam-se os Decretos n. 57.651, de 19 de janeiro de 1966, 86.764, de 22 de dezembro de 1981, 93.410, de 14 de outubro de 1986 e o Decreto s/n. de 10 de maio de 1991, que dispõe sobre a autorização para microfilmagem de documentos levados a registro nas Juntas Comerciais.

Brasília, 30 de janeiro de 1996; 175º da Independência e 108º da República.

FERNANDO HENRIQUE CARDOSO

DECRETO N. 1.886, DE 29 DE ABRIL DE 1996

Regulamenta disposições da Lei n. 8.630, de 25 de fevereiro de 1993, e dá outras providências.

- *DOU*, 30.4.1996.
- A Lei 8.630/1993 foi revogada pela Lei 12.815/2013 (Dispõe sobre a exploração direta e indireta pela União de portos e instalações portuárias e sobre as atividades desempenhadas pelos operadores portuários).

O Presidente da República, no uso das atribuições que lhe confere o art. 84, incisos IV e VI, da Constituição, e tendo em vista o disposto nos arts. 18 a 25, 33, § 1º, inciso XI, 47 e 49 da Lei n. 8.630, de 25 de fevereiro de 1993,

Decreta:

ART. 1º A partir de 2 de maio de 1996, a requisição da mão de obra do trabalho portuário avulso só poderá ser realizada aos órgãos de gestão de mão de obra, salvo disposição em contrário pactuada em contrato, acordo ou convenção coletiva de trabalho.

§ 1º Para os fins previstos no *caput* deste artigo, cabe aos órgãos de gestão de mão de obra arrecadar repassar, aos respectivos beneficiários, os valores devidos pelos operadores portuários, relativos a remuneração do trabalhador portuário avulso e providenciar o recolhimento dos encargos fiscais, sociais e previdenciários correspondentes.

§ 2º O descumprimento das disposições deste artigo, pelas concessionárias ou entidades delegadas do serviço público de exploração de portos marítimos, fluviais e lacustres, caracteriza infringência às normas do contrato de concessão ou de delegação, acarretando, respectivamente, a aplicação das penalidades cabíveis e a revogação da delegação.

§ 3º No caso do operador portuário, o descumprimento das disposições deste artigo acarretará a desqualificação do mesmo, mediante revogação do ato administrativo de pré-qualificação.

§ 4º O disposto neste artigo se aplica também aos titulares de instalações portuárias, localizadas dentro ou fora da área dos portos organizados, que utilizam a mão de obra do trabalhador portuário avulso, nos termos do parágrafo único do art. 56 da Lei n. 8.630, de 25 de fevereiro de 1993.

ART. 2º Os órgãos de gestão de mão de obra deverão ter disponíveis, para uso da fiscalização do Ministério do Trabalho, as listas de escalação diária dos trabalhadores portuários avulsos, por tomadores da mão de obra e por navio.

§ 1º Caberá exclusivamente ao órgão de gestão de mão de obra a responsabilidade pela verificação da exatidão dos dados lançados nas listas diárias referidas neste artigo, assegurando que não haja simultaneidade de escalação no mesmo turno de trabalho.

§ 2º Os tomadores da mão de obra serão os responsáveis exclusivos pela verificação da presença, no local do trabalho, dos trabalhadores constantes das listas de escalação diária de cada navio.

ART. 3º A partir do dia 15 de junho de 1996, só poderão realizar operações portuárias, conforme definidas no inciso II do § 1º do art. 1º da Lei n. 8.630, de 25 de fevereiro de 1993, os operadores portuários pré-qualificados pela Administração do Porto, desde que se mantenham em dia com as suas contribuições para o órgãos de gestão de mão de obra e no recolhimento dos encargos sociais relativos ao trabalho portuário avulso.

ART. 4º A partir de 1º de julho de 1996 somente serão escalados para a prestação do trabalho portuário avulso os trabalhadores que estejam devidamente registrados ou cadastrados nos órgãos locais de gestão de mão de obra.

ART. 5º A partir da data estabelecida no artigo anterior, o ingresso de trabalhador portuário avulso na área do porto organizado só será autorizado mediante a apresentação de carteira de identificação expedida pelo órgão local de gestão de mão de obra.

Parágrafo único. Cabe à Administração do Porto proceder à identificação dos operadores portuários e seus prepostos, bem como das demais pessoas, por ocasião do ingresso na área do porto organizado.

ART. 6º As autoridades aduaneira, marítima, sanitária de saúde e de polícia marítima ajustarão o despacho das mercadorias e embarcações e a concessão de livre prática às disponibilidades da mão de obra inscrita nos órgãos de gestão de mão de obra.

ART. 7º Compete ao Ministério do Trabalho a fiscalização das condições gerais do trabalho portuário, adotando as medidas regulamentares previstas na hipótese de descumprimento da legislação.

ART. 8º Este Decreto entra em vigor na data de sua publicação.

Brasília, 29 de abril de 1996; 175º da Independência e 108º da República.

FERNANDO HENRIQUE CARDOSO

DECRETO N. 1.983, DE 14 DE AGOSTO DE 1996

Institui, no âmbito do Departamento de Polícia Federal do Ministério da Justiça e da Diretoria-Geral de Assuntos Consulares, Jurídicos e de Assistência a Brasileiros no Exterior do Ministério das Relações Exteriores, o Programa de Modernização, Agilização, Aprimoramento e Segurança da Fiscalização do Tráfego Internacional e do Passaporte Brasileiro (Promasp), e aprova o Regulamento de Documentos de Viagem.

- *DOU*, 15.08.1996.

O Presidente da República, no uso das atribuições que lhe confere o art. 84, incisos IV e VI, da Constituição,

Decreta:

ART. 1º Fica instituído, no âmbito do Departamento de Polícia Federal do Ministério da Justiça e da Diretoria-Geral de Assuntos Consulares, Jurídicos e de Assistência a Brasileiros no Exterior do Ministério das Relações Exteriores, o Programa de Modernização, Agilização, Aprimoramento e Segurança da Fiscalização do Tráfego Internacional e do Passaporte Brasileiro (Promasp).

ART. 2º O Programa a que refere o artigo anterior consiste, especialmente, em:

I - padronizar os requisitos básicos para a criação do passaporte de leitura mecânica, visando à agilização da fiscalização do tráfego internacional;

II - uniformizar o passaporte, dotando-o de padrões de segurança;

III - facilitar e agilizar o atendimento do fluxo de passageiros do tráfego internacional.

ART. 3º Fica aprovado o Regulamento de Documentos de Viagem, na forma constante do Anexo a este Decreto.

ART. 4º Os Ministros de Estado da Justiça e das Relações Exteriores expedirão as instruções e normas necessárias à execução deste Decreto.

ART. 5º Os recursos diretamente arrecadados e destinados ao Departamento de Polícia Federal, provenientes das taxas de expedição de passaportes e demais serviços de imigração no

Brasil, e multas decorrentes de infrações ao Estatuto do Estrangeiro, destinam-se ao custeio do Promasp, podendo estender-se às diversas atividades desenvolvidas pela Polícia Federal.

ART. 6º As disposições do Regulamento aprovado por este Decreto não alteram o prazo de validade dos passaportes anteriormente expedidos.

ART. 7º Este Decreto entra em vigor na data de sua publicação.

ART. 8º Ficam revogados os Decretos n. 86, de 15 de abril de 1991, 637, de 24 de agosto de 1992, e 1.123, de 28 de abril de 1994.

Brasília, 14 de agosto de 1996; 175º da Independência e 108º da República.

FERNANDO HENRIQUE CARDOSO

ANEXO

▸ (Redação dada pelo Dec. 5.978/2006 e alterada pelo Dec. 8.374/2014.)

ANEXO
REGULAMENTO DE DOCUMENTOS DE VIAGEM

CAPÍTULO I
DOS DOCUMENTOS DE VIAGEM

ART. 1º Para efeito deste Regulamento, consideram-se documentos de viagem:

I - passaporte;

II - *laissez-passer;*

III - autorização de retorno ao Brasil;

IV - salvo-conduto;

V - cédula de identidade civil ou documento estrangeiro equivalente, quando admitidos em tratados, acordos e outros atos internacionais;

VI - certificado de membro de tripulação de transporte aéreo;

VII - carteira de marítimo; e

VIII - carteira de matrícula consular.

CAPÍTULO II
DO PASSAPORTE

ART. 2º Passaporte é o documento de identificação, de propriedade da União, exigível de todos os que pretendam realizar viagem internacional, salvo nos casos previstos em tratados, acordos e outros atos internacionais.

Parágrafo único. O passaporte é documento pessoal e intransferível.

ART. 3º Os passaportes brasileiros classificam-se nas categorias:

I - diplomático;

II - oficial;

III - comum;

IV - para estrangeiro; e

V - de emergência.

ART. 4º Os passaportes diplomático e oficial serão emitidos pelo Ministério das Relações Exteriores.

ART. 5º Os passaportes comum, para estrangeiro e de emergência serão expedidos, no território nacional, pelo Departamento de Polícia Federal e, no exterior, pelas repartições consulares. (Alterado pelo Decreto 8.374/2014.)

Parágrafo único. Para fins deste Decreto, consideram-se repartições consulares os consulados gerais, consulados, vice-consulados, setores consulares das missões diplomáticas e escritórios de representação do Brasil no exterior. (Acrescentado pelo Decreto 8.374/2014.)

SEÇÃO I
DO PASSAPORTE DIPLOMÁTICO

ART. 6º Conceder-se-á passaporte diplomático:

I - ao Presidente da República, ao Vice-Presidente e aos ex-Presidentes da República;

II - aos Ministros de Estado, aos ocupantes de cargos de natureza especial e aos titulares de Secretarias vinculadas à Presidência da República;

III - aos Governadores dos Estados e do Distrito Federal;

IV - aos funcionários da Carreira de Diplomata, em atividade e aposentados, de Oficial de Chancelaria e aos Vice-Cônsules em exercício;

V - aos correios diplomáticos;

VI - aos adidos credenciados pelo Ministério das Relações Exteriores;

VII - aos militares a serviço em missões da Organização das Nações Unidas e de outros organismos internacionais, a critério do Ministério das Relações Exteriores;

VIII - aos chefes de missões diplomáticas especiais e aos chefes de delegações em reuniões de caráter diplomático, desde que designados por decreto;

IX - aos membros do Congresso Nacional;

X - aos Ministros do Supremo Tribunal Federal, dos Tribunais Superiores e do Tribunal de Contas da União;

XI - ao Procurador-Geral da República e aos Subprocuradores-Gerais do Ministério Público Federal; e

XII - aos juízes brasileiros em Tribunais Internacionais Judiciais ou Tribunais Internacionais Arbitrais.

§ 1º A concessão de passaporte diplomático ao cônjuge, companheiro ou companheira e aos dependentes das pessoas indicadas neste artigo será regulada pelo Ministério das Relações Exteriores.

§ 2º A critério do Ministério das Relações Exteriores e levando-se em conta as peculiaridades do país onde estiverem a serviço, em missão de caráter permanente, conceder-se-á passaporte diplomático a funcionários de outras categorias.

§ 3º Mediante autorização do Ministro de Estado das Relações Exteriores, conceder-se-á passaporte diplomático às pessoas que, embora não relacionadas nos incisos deste artigo, devam portá-lo em função do interesse do País.

ART. 7º O passaporte diplomático será autorizado, no território nacional, pelo Ministro de Estado das Relações Exteriores, seu substituto legal ou delegado e, no exterior, pelo chefe da missão diplomática ou da repartição consular, seus substitutos legais ou delegados.

SEÇÃO II
DO PASSAPORTE OFICIAL

ART. 8º O passaporte oficial será concedido:

I - aos servidores da administração direta que viajem em missão oficial dos governos Federal, Estadual e do Distrito Federal;

II - aos servidores das autarquias dos governos Federal, Estadual e do Distrito Federal, das empresas públicas, das fundações federais e das sociedades de economia mista em que a União for acionista majoritária;

III - às pessoas que viajem em missão relevante para o País, a critério do Ministério das Relações Exteriores;

IV - aos auxiliares de adidos credenciados pelo Ministério das Relações Exteriores.

Parágrafo único. A concessão de passaporte oficial ao cônjuge, companheiro ou companheira e aos dependentes das pessoas indicadas neste artigo será regulada pelo Ministério das Relações Exteriores.

ART. 9º O passaporte oficial será autorizado, no território nacional, pelo Ministro de Estado das Relações Exteriores, seu substituto legal ou delegado e, no exterior, pelo chefe da missão diplomática ou da repartição consular, seus substitutos legais ou delegados.

SEÇÃO III
DO PASSAPORTE COMUM

ART. 10. O passaporte comum, requerido nos termos deste Decreto, será concedido a todo brasileiro.

SEÇÃO IV
DO PASSAPORTE PARA ESTRANGEIRO

ART. 12. O passaporte para estrangeiro será concedido:

I - no território nacional:

a) ao apátrida ou de nacionalidade indefinida;

b) ao asilado ou refugiado no País, desde que reconhecido nestas condições pelo governo brasileiro;

c) ao nacional de país que não tenha representação no território nacional nem seja representado por outro país, ouvido o Ministério das Relações Exteriores;

d) ao estrangeiro comprovadamente desprovido de qualquer documento de identidade ou de viagem, e que não tenha como comprovar sua nacionalidade;

e) ao estrangeiro legalmente registrado no Brasil e que necessite deixar o território nacional e a ele retornar, nos casos em que não disponha de documento de viagem;

II - no exterior:

a) ao apátrida ou de nacionalidade indefinida;

b) ao cônjuge, viúvo ou viúva de brasileiro que haja perdido a nacionalidade originária em virtude de casamento;

c) ao estrangeiro legalmente registrado no Brasil e que necessite ingressar no território nacional, nos casos em que não disponha de documento de viagem válido, ouvido o Departamento de Polícia Federal.

SEÇÃO V
DO PASSAPORTE DE EMERGÊNCIA

ART. 13. Será concedido passaporte de emergência àquele que, tendo satisfeito às exigências para concessão de passaporte, necessite de documento de viagem com urgência e não possa comprovadamente aguardar o prazo de entrega, nas hipóteses de catástrofes naturais, conflitos armados ou outras situações emergenciais, individuais ou coletivas, definidas em ato dos Ministérios da Justiça ou das Relações Exteriores, conforme o caso.

Parágrafo único. As exigências de que trata o *caput* poderão ser dispensadas em situações excepcionais devidamente justificadas pela autoridade concedente.

CAPÍTULO III
DOS DEMAIS DOCUMENTOS DE VIAGEM

SEÇÃO I
DO *LAISSEZ-PASSER*

ART. 14. *Laissez-passer* é o documento de viagem, de propriedade da União, concedido, no território nacional, pelo Departamento de Polícia Federal e, no exterior, pelo Ministério das Relações Exteriores, ao estrangeiro portador de documento de viagem não reconhecido pelo governo brasileiro ou que não seja válido para o Brasil.

SEÇÃO II
DA AUTORIZAÇÃO DE RETORNO AO BRASIL

ART. 15. A autorização de retorno ao Brasil é o documento de viagem, de propriedade da União, expedido pelas repartições consulares àquele que, para regressar ao território nacional, não preencha os requisitos para a obtenção de passaporte ou de *laissez-passer*, ou àquele que, na condição de extraditando para o Brasil, não possua documento de viagem válido. (Alterado pelo Decreto 8.374/2014.)

SEÇÃO III
DO SALVO-CONDUTO

ART. 16. O salvo-conduto é o documento de viagem, de propriedade da União, expedido pelo Ministério da Justiça, destinado a permitir a saída do território nacional de todo aquele que obtenha asilo diplomático concedido por governo estrangeiro.

SEÇÃO IV
DA CÉDULA DE IDENTIDADE CIVIL, DO CERTIFICADO DE MEMBRO DE TRIPULAÇÃO DE TRANSPORTE AÉREO E DA CARTEIRA DE MARÍTIMO

ART. 17. A cédula de identidade civil expedida pelos órgãos oficiais competentes substitui o passaporte comum nos casos previstos em tratados, acordos e outros atos internacionais.

ART. 18. O certificado de membro de tripulação de transporte aéreo e a carteira de marítimo poderão substituir o passaporte comum para efeito de desembarque e embarque no território nacional, nos casos previstos em tratados, acordos e outros atos internacionais.

SEÇÃO V
DA CARTEIRA DE MATRÍCULA CONSULAR

ART. 19. A carteira de matrícula consular é o documento de viagem, de propriedade da União, expedido de acordo com normas e padrões de segurança definidos pela Organização da Aviação Civil Internacional. (Alterado pelo Decreto 8.374/2014.)

§ 1º A carteira de matrícula consular será concedida pelas repartições consulares brasileiras no exterior ao cidadão brasileiro residente ou domiciliado na sua jurisdição, com a finalidade de prover um documento brasileiro de identificação em língua local, para utilização no país de residência ou domicílio desse cidadão. (Acrescentado pelo Decreto 8.374/2014.)

§ 2º A utilização da carteira de matrícula consular, em substituição ao passaporte ou à autorização de retorno ao Brasil, para embarque no exterior em direção ao Brasil a partir do país de residência ou domicílio do seu titular, dependerá de entendimentos entre o Governo brasileiro e o Governo desse país. (Acrescentado pelo Decreto 8.374/2014.)

CAPÍTULO IV
DAS CONDIÇÕES GERAIS PARA OBTENÇÃO DOS DOCUMENTOS DE VIAGEM

ART. 20. São condições gerais para a obtenção do passaporte comum, no Brasil:

I - ser brasileiro;

II - comprovar sua identidade e demais dados pessoais necessários ao cadastramento no banco de dados de requerentes de passaportes;

III - estar quite com o serviço militar obrigatório; (Alterado pelo Decreto 8.374/2014.)

IV - comprovar que votou na última eleição, quando obrigatório, pagou multa ou se justificou devidamente; (Alterado pelo Decreto 8.374/2014.)

V - recolher a taxa devida; (Alterado pelo Decreto 8.374/2014.)

VI - submeter-se à coleta de dados biométricos; e (Alterado pelo Decreto 8.374/2014.)

VII - não ser procurado pela Justiça nem impedido judicialmente de obter passaporte. (Acrescentado pelo Decreto 8.374/2014.)

§ 1º Para comprovação das condições previstas nos incisos I a V do *caput*, será exigida a apresentação dos documentos comprobatórios originais, que serão restituídos ao requerente depois de conferidos. (Alterado pelo Decreto 8.374/2014.)

§ 2º Havendo fundadas razões, a autoridade concedente poderá exigir a apresentação de outros documentos além daqueles previstos no § 1º. (Alterado pelo Decreto 8.374/2014.)

§ 3º O requerente poderá ser dispensado da coleta de dados biométricos ou da assinatura, no caso de comprovada impossibilidade ou de coleta de dados biométricos realizada na emissão de passaporte anterior. (Alterado pelo Decreto 8.374/2014.)

ART. 21. O requerimento para obtenção de qualquer documento de viagem, no Brasil, deverá ser apresentado, pessoalmente, pelo interessado, acompanhado dos documentos originais exigidos, os quais, após devidamente conferidos, lhe serão restituídos.

§ 1º A entrega do documento de viagem será feita: (Acrescentado pelo Decreto 8.374/2014.)

I - no Brasil, diretamente ao titular, mediante conferência biométrica ou, excepcionalmente, contra recibo e comprovação de identidade, sendo obrigatória a presença de um dos genitores ou responsável legal, caso o titular seja menor de dezoito anos; e (Acrescentado pelo Decreto 8.374/2014.)

II - no exterior, diretamente ao titular ou a seu representante, contra recibo e comprovação de identidade, ou por meio postal. (Acrescentado pelo Decreto 8.374/2014.)

§ 2º A entrega do passaporte ao requerente, por qualquer meio, pressupõe sua ciência sobre "Informações para o Titular" nele constantes. (Acrescentado pelo Decreto 8.374/2014.)

ART. 22. São condições para a obtenção do passaporte comum, no exterior:

I - ser brasileiro;

II - comprovar sua identidade e demais dados pessoais necessários ao cadastramento no banco de dados de requerentes de passaportes;

III - estar quite com o serviço militar obrigatório; (Alterado pelo Decreto 8.374/2014.)

IV - comprovar que votou na última eleição, quando obrigatório, pagou multa ou se justificou devidamente; (Alterado pelo Decreto 8.374/2014.)

V - recolher a taxa ou o emolumento devido; (Alterado pelo Decreto 8.374/2014.)

VI - submeter-se à coleta de dados biométricos; e (Acrescentado pelo Decreto 8.374/2014.)

VII - não ser procurado pela Justiça nem impedido judicialmente de obter passaporte. (Acrescentado pelo Decreto 8.374/2014.)

§ 1º Para comprovação das condições previstas nos incisos I a V do *caput*, será exigida a apresentação dos documentos comprobatórios originais, que serão restituídos ao requerente depois de conferidos. (Alterado pelo Decreto 8.374/2014.)

§ 2º Havendo fundadas razões, a autoridade consular concedente poderá exigir a apresentação de outros documentos, além daqueles previstos no § 1º, ou entrevista presencial com o requerente. (Alterado pelo Decreto 8.374/2014.)

§ 3º O requerente poderá ser dispensado da coleta de dados biométricos ou da assinatura, no caso de comprovada impossibilidade ou de coleta de dados biométricos realizada na emissão de passaporte anterior. (Acrescentado pelo Decreto 8.374/2014.)

§ 4º O requerimento para a obtenção de qualquer documento de viagem no exterior deverá ser apresentado pessoalmente pelo interessado ou, de forma indireta, por meio postal ou por intermédio de terceiros devidamente autorizados pelo requerente, acompanhado dos documentos originais exigidos do interessado. (Acrescentado pelo Decreto 8.374/2014.)

§ 5º O passaporte poderá ser concedido condicionalmente ao requerente que não esteja em dia com suas obrigações eleitorais, quando comprovada a necessidade do documento para sua permanência no exterior e não couber a expedição de autorização de retorno ao Brasil, observada a exigência de posterior regularização da situação eleitoral. (Acrescentado pelo Decreto 8.374/2014.)

§ 6º É vedada a emissão de documento de viagem no exterior sem a expressa solicitação ou o expresso consentimento do titular, ressalvados os casos em que se trate de extraditando para o Brasil que não possua documento de viagem válido para ingressar em território nacional. (Acrescentado pelo Decreto 8.374/2014.)

§ 7º A conferência dos dados biográficos, a coleta dos dados biométricos dos requerentes e a confecção das cadernetas são tarefas instrumentais à formalização do ato de emissão de passaportes. (Acrescentado pelo Decreto 8.374/2014.)

ART. 23. As condições para a concessão, no exterior, dos passaportes de emergência e para estrangeiro e do *laissez-passer* serão estabelecidas pelo Ministério das Relações Exteriores.

ART. 24. As condições para a concessão dos passaportes diplomático e oficial e da autorização de retorno ao Brasil serão estabelecidas pelo Ministério das Relações Exteriores.

ART. 25. As condições para a concessão do salvo-conduto serão estabelecidas pelo Ministério da Justiça.

ART. 26. As condições para a concessão, no Brasil, do passaporte para estrangeiro e do *laissez-passer* serão estabelecidas pelo

Departamento de Polícia Federal, observado o disposto neste Decreto.

ART. 27. Quando se tratar de menor de dezoito anos, salvo nas hipóteses de cessação de incapacidade previstas em lei, é vedada a emissão de documento de viagem sem a expressa autorização: (Alterado pelo Decreto 8.374/2014.)

I - de ambos os pais ou responsável legal; (Acrescentado pelo Decreto 8.374/2014.)

II - de apenas um dos pais ou responsável legal, no caso de óbito ou destituição do poder familiar de um deles, comprovado por certidão de óbito ou decisão judicial brasileira ou estrangeira legalizada; e (Acrescentado pelo Decreto 8.374/2014.)

III - do único genitor registrado na certidão de nascimento ou documento de identidade. (Acrescentado pelo Decreto 8.374/2014.)

Parágrafo único. Divergindo os pais quanto à concessão do documento de viagem do menor, o documento será concedido mediante decisão judicial brasileira ou estrangeira legalizada. (Acrescentado pelo Decreto 8.374/2014.)

ART. 28. Ao titular de passaporte válido poderá ser concedido outro, da mesma categoria, quando houver razões fundamentadas para sua concessão e mediante apresentação do passaporte anterior com a mesma titularidade.

CAPÍTULO V
DAS NORMAS COMUNS A TODOS OS PASSAPORTES

ART. 29. Serão cancelados os passaportes expedidos e não retirados no prazo de noventa dias.

ART. 30. Pela concessão dos documentos de viagem, salvo os passaportes diplomáticos e oficiais, serão cobradas taxas ou emolumentos fixados em tabelas aprovadas pelos Ministros de Estado da Justiça e das Relações Exteriores.

Parágrafo único. Serão dispensados de pagamento de taxas ou emolumentos, no território nacional, os passaportes para estrangeiro e, no exterior, os passaportes de emergência, nas hipóteses fixadas pelos Ministérios da Justiça e das Relações Exteriores, respectivamente.

ART. 31. Não terá validade o passaporte:

I - que contiver emendas ou rasuras; ou

II - sem o preenchimento do campo assinatura na forma disciplinada pelo órgão concedente.

ART. 32. Ao solicitar novo passaporte, o interessado deverá apresentar o passaporte anterior válido da mesma categoria do qual seja titular, podendo ser lhe devolvido após cancelamento. (Alterado pelo Decreto 8.374/2014.)

§ 1º O interessado que não dispuser do passaporte anterior deverá apresentar notificação consular de perda ou extravio, registro policial de ocorrência ou outra declaração, na forma da lei, com os motivos da não apresentação do documento.

§ 2º A autoridade concedente poderá determinar diligências adicionais para a localização do passaporte anterior ou o esclarecimento dos motivos para sua não apresentação, antes de conceder o novo passaporte.

CAPÍTULO VI
DAS DISPOSIÇÕES GERAIS

ART. 33. É dever do titular comunicar imediatamente, à autoridade expedidora mais próxima, a ocorrência de perda, extravio, furto, roubo, adulteração, inutilização, destruição total ou parcial do documento de viagem, bem como sua recuperação, quando for o caso.

ART. 34. Os Ministros de Estado da Justiça e das Relações Exteriores adotarão as providências necessárias à racionalização de procedimentos, cooperação entre seus órgãos, segurança e salvaguarda da autenticidade dos documentos de viagem brasileiros, previstos no art. 1º, incisos I, II, III, IV e VIII, deste Regulamento.

ART. 35. Até a implementação definitiva do Programa de Modernização, Agilização, Aprimoramento e Segurança do Tráfego Internacional e do Passaporte Brasileiro - PROMASP, pelos Ministérios da Justiça e das Relações Exteriores, será admitida a concessão dos documentos de viagem nos padrões anteriores.

ART. 36. Cabe ao Ministério das Relações Exteriores e ao Departamento de Polícia Federal a produção dos documentos de viagem que concederem.

ART. 37. Cabe ao Ministério da Justiça a produção dos salvo-condutos que conceder.

ART. 38. Os prazos máximos e improrrogáveis de validade dos documentos de viagem são os seguintes: (Alterado pelo Decreto 8.374/2014.)

I - de dez anos, para os passaportes comum, oficial e diplomático, e para a carteira de matrícula consular; (Alterado pelo Decreto 8.374/2014.)

II - de dois anos, para o passaporte para estrangeiro e o *laissez-passer;* e

III - de um ano, para o passaporte de emergência.

§ 1º O passaporte para estrangeiro será utilizado somente para uma viagem de ida e volta, quando o estrangeiro se encontrar no Brasil, e de ida ao Brasil, quando se encontrar no exterior, e será recolhido pelo controle migratório do Departamento de Polícia Federal quando do ingresso de seu titular em território nacional. (Alterado pelo Decreto 8.374/2014.)

§ 2º O *laissez-passer* será utilizado para múltiplas entradas e recolhido pelo controle migratório do Departamento de Polícia Federal quando expirar seu prazo de validade ou, antes disso, em caso de uso irregular. (Alterado pelo Decreto 8.374/2014.)

ART. 39. A autorização de retorno ao Brasil terá validade pelo prazo da viagem de regresso ao território nacional e será recolhida pelo controle imigratório do Departamento de Polícia Federal quando da chegada de seu titular ao País.

ART. 40. Nas hipóteses previstas em ato dos Ministérios da Justiça ou das Relações Exteriores, os documentos de viagem de que trata o art. 38 poderão ser concedidos com prazo máximo de validade reduzido ou com limitação territorial.

Parágrafo único. Em relação aos passaportes diplomático e oficial, a aplicação do disposto no *caput* levará em conta a natureza da função do seu titular e a duração da sua missão.

ART. 41. A expedição de passaporte comum com prazo de validade superior a cinco anos, no âmbito do Departamento de Polícia Federal e das repartições consulares, será iniciada depois de concluídas as alterações da caderneta de passaporte e as adaptações nos certificados digitais, e será objeto de atos do Ministério das Relações Exteriores e do Ministério da Justiça. (Acrescentado pelo Decreto 8.374/2014.)

ART. 42. O Departamento de Polícia Federal poderá celebrar termos de cooperação ou convênios com a finalidade de melhorar a qualidade do serviço de expedição de passaportes no território nacional. (Acrescentado pelo Decreto 8.374/2014.)

DECRETO N. 2.138, DE 29 DE JANEIRO DE 1997

Dispõe sobre a compensação de créditos tributários com créditos do sujeito passivo decorrentes de restituição ou ressarcimento de tributos ou contribuições, a ser efetuada pela Secretaria da Receita Federal.

O Presidente da República, no uso das atribuições que lhe confere o art. 84, inciso IV, da Constituição, e tendo em vista o disposto nos artigos 73 e 74 da Lei n. 9.430, de 27 de dezembro de 1996, Decreta:

ART. 1º É admitida a compensação de créditos do sujeito passivo perante a Secretaria da Receita Federal, decorrentes de restituição ou ressarcimento, com seus débitos tributários relativos a quaisquer tributos ou contribuições sob administração da mesma Secretaria, ainda que não sejam da mesma espécie nem tenham a mesma destinação constitucional.

Parágrafo único. A compensação será efetuada pela Secretaria da Receita Federal, a requerimento do contribuinte ou de ofício, mediante procedimento interno, observado o disposto neste Decreto.

ART. 2º O sujeito passivo, que pleitear a restituição ou ressarcimento de tributos ou contribuições, pode requerer que a Secretaria da Receita Federal efetue a compensação do valor do seu crédito com débito de sua responsabilidade.

ART. 3º A Secretaria da Receita Federal, ao reconhecer o direito de crédito do sujeito passivo para restituição ou ressarcimento de tributo ou contribuição, mediante exames fiscais para cada caso, se verificar a existência de débito do requerente, compensará os dois valores.

Parágrafo único. Na compensação será observado o seguinte:

a) o valor bruto da restituição ou do ressarcimento será debitado à conta do tributo ou da contribuição respectiva;

b) o montante utilizado para a quitação de débitos será creditado à conta do tributo ou da contribuição devida.

ART. 4º Quando o montante da restituição ou do ressarcimento for superior ao do débito, a Secretaria da Receita Federal efetuará o pagamento da diferença ao sujeito passivo.

Parágrafo único. Caso a quantia a ser restituída ou ressarcida seja inferior aos valores dos débitos, o correspondente crédito tributário é extinto no montante equivalente à compensação, cabendo à Secretaria da Receita Federal adotar as providências cabíveis para a cobrança do saldo remanescente.

ART. 5º A unidade da SRF que efetuar a compensação observará o seguinte:

I - certificará:

a) no processo de restituição ou ressarcimento, qual o valor utilizado na quitação de débitos e, se for o caso, o valor do saldo a ser restituído ou ressarcido;

b) no processo de cobrança, qual o montante do crédito tributário extinto pela compensação e, sendo o caso, o valor do saldo remanescente do débito;

II - emitirá documento comprobatório de compensação, que indicará todos os dados relativos ao sujeito passivo e aos tributos e contribuições objeto da compensação necessários para o registro do crédito e do débito de que trata o parágrafo único do artigo 3º;

III - expedirá ordem bancária, na hipótese de saldo a restituir ou ressarcir, ou aviso de cobrança, no caso de saldo do débito;

DECRETOS

IV - efetuará os ajustes necessários nos dados e informações dos controles internos do contribuinte.

ART. 6º A compensação poderá ser efetuada de ofício, nos termos do art. 7º do Decreto-Lei n. 2.287, de 23 de julho de 1986, sempre que a Secretaria da Receita Federal verificar que o titular do direito à restituição ou ao ressarcimento tem débito vencido relativo a qualquer tributo ou contribuição sob sua administração.

§ 1º A compensação de ofício será precedida de notificação ao sujeito passivo para que se manifeste sobre o procedimento, no prazo de quinze dias, sendo o seu silêncio considerado como aquiescência.

§ 2º Havendo concordância do sujeito passivo, expressa ou tácita, a Unidade da Secretaria da Receita Federal efetuará a compensação, com observância do procedimento estabelecido no art. 5º.

§ 3º No caso de discordância do sujeito passivo, a Unidade da Secretaria da Receita Federal reterá o valor da restituição ou do ressarcimento até que o débito seja liquidado.

ART. 7º O Secretário da Receita Federal baixará as normas necessárias à execução deste Decreto.

ART. 8º Este Decreto entra em vigor na data de sua publicação.

Brasília, 29 de janeiro de 1997; 176º da Independência e 109º da República.

FERNANDO HENRIQUE CARDOSO

DECRETO N. 2.181, DE 20 DE MARÇO DE 1997

Dispõe sobre a organização do Sistema Nacional de Defesa do Consumidor - SNDC, estabelece as normas gerais de aplicação das sanções administrativas previstas na Lei n. 8.078, de 11 de setembro de 1990, revoga o Decreto n. 861, de 09 julho de 1993, e dá outras providências.

‣ *DOU*, 21.03.1997.

‣ Arts. 55 a 60, CDC.

O Presidente da República, no uso da atribuição que lhe confere o art. 84, inciso IV, da Constituição, e tendo em vista o disposto na Lei n. 8.078, de 11 de setembro de 1990,

Decreta:

ART. 1º Fica organizado o Sistema Nacional de Defesa do Consumidor - SNDC e estabelecidas as normas gerais de aplicação das sanções administrativas, nos termos da Lei n. 8.078, de 11 de setembro de 1990.

CAPÍTULO I
DO SISTEMA NACIONAL DE DEFESA DO CONSUMIDOR

ART. 2º Integram o SNDC a Secretaria Nacional do Consumidor do Ministério da Justiça e os demais órgãos federais, estaduais, do Distrito Federal, municipais e as entidades civis de defesa do consumidor. (Alterado pelo Dec. 7.738/2012.)

‣ Art. 105, CDC.

CAPÍTULO II
DA COMPETÊNCIA DOS ÓRGÃOS INTEGRANTES DO SNDC

ART. 3º Compete à Secretaria Nacional do Consumidor do Ministério da Justiça, a coordenação da política do Sistema Nacional de Defesa do Consumidor, cabendo-lhe: (Alterado pelo Dec. 7.738/2012.)

‣ Art. 106, CDC.

I - planejar, elaborar, propor, coordenar e executar a política nacional de proteção e defesa do consumidor;

II - receber, analisar, avaliar e apurar consultas e denúncias apresentadas por entidades representativas ou pessoas jurídicas de direito público ou privado ou por consumidores individuais;

III - prestar aos consumidores orientação permanente sobre seus direitos e garantias;

IV - informar, conscientizar e motivar o consumidor, por intermédio dos diferentes meios de comunicação;

V - solicitar à polícia judiciária a instauração de inquérito para apuração de delito contra o consumidor, nos termos da legislação vigente;

‣ Arts. 61 a 74, CDC.

‣ Lei 8.137/1990 (Define crimes contra a ordem tributária, econômica e contra as relações de consumo).

VI - representar ao Ministério Público competente, para fins de adoção de medidas processuais, penais e civis, no âmbito de suas atribuições;

VII - levar ao conhecimento dos órgãos competentes as infrações de ordem administrativa que violarem os interesses difusos, coletivos ou individuais dos consumidores;

‣ Art. 81, p.u., CDC.

VIII - solicitar o concurso de órgãos e entidades da União, dos Estados, do Distrito Federal e dos Municípios, bem como auxiliar na fiscalização de preços, abastecimento, quantidade e segurança de produtos e serviços;

IX - incentivar, inclusive com recursos financeiros e outros programas especiais, a criação de órgãos públicos estaduais e municipais de defesa do consumidor e a formação, pelos cidadãos, de entidades com esse mesmo objetivo;

X - fiscalizar e aplicar as sanções administrativas previstas na Lei n. 8.078, de 1990, e em outras normas pertinentes à defesa do consumidor;

‣ Arts. 55 a 60, CDC.

XI - solicitar o concurso de órgãos e entidades de notória especialização técnico-científica para a consecução de seus objetivos;

XII - celebrar convênios e termos de ajustamento de conduta, na forma do § 6º do art. 5º da Lei n. 7.347, de 24 de julho de 1985; (Alterado pelo Dec. 7.738/2012.)

‣ Lei 7.347/1985 (Lei da Ação Civil Pública).

XIII - elaborar e divulgar o cadastro nacional de reclamações fundamentadas contra fornecedores de produtos e serviços, a que se refere o art. 44 da Lei n. 8.078, de 1990;

XIV - desenvolver outras atividades compatíveis com suas finalidades.

ART. 4º No âmbito de sua jurisdição e competência, caberá ao órgão estadual, do Distrito Federal e municipal de proteção e defesa do consumidor, criado, na forma da lei, especificamente para este fim, exercitar as atividades contidas nos incisos II a XII do art. 3º deste Decreto e, ainda:

I - planejar, elaborar, propor, coordenar e executar a política estadual, do Distrito Federal e municipal de proteção e defesa do consumidor, nas suas respectivas áreas de atuação;

II - dar atendimento aos consumidores, processando, regularmente, as reclamações fundamentadas;

III - fiscalizar as relações de consumo;

IV - funcionar, no processo administrativo, como instância de instrução e julgamento, no âmbito de sua competência, dentro das regras fixadas pela Lei n. 8.078, de 1990, pela legislação complementar e por este Decreto;

V - elaborar e divulgar anualmente, no âmbito de sua competência, o cadastro de reclamações fundamentadas contra fornecedores de produtos e serviços, de que trata o art. 44 da Lei n. 8.078, de 1990 e remeter cópia à Secretaria Nacional do Consumidor do Ministério da Justiça; (Alterado pelo Dec. 7.738/2012.)

VI - desenvolver outras atividades compatíveis com suas finalidades.

ART. 5º Qualquer entidade ou órgão da Administração Pública, federal, estadual e municipal, destinado à defesa dos interesses e direitos do consumidor, tem, no âmbito de suas respectivas competências, atribuição para apurar e punir infrações a este Decreto e à legislação das relações de consumo.

Parágrafo único. Se instaurado mais de um processo administrativo por pessoas jurídicas de direito público distintas, para apuração de infração decorrente de um mesmo fato imputado ao mesmo fornecedor, eventual conflito de competência será dirimido pela Secretaria Nacional do Consumidor, que poderá ouvir a Comissão Nacional Permanente de Defesa do Consumidor - CNPDC, levando sempre em consideração a competência federativa para legislar sobre a respectiva atividade econômica. (Alterado pelo Dec. 7.738/2012.)

‣ Art. 15 deste Decreto.

ART. 6º As entidades e órgãos da Administração Pública destinados à defesa dos interesses e direitos protegidos pelo Código de Defesa do Consumidor poderão celebrar compromissos de ajustamento de conduta às exigências legais, nos termos do § 6º do art. 5º da Lei n. 7.347, de 1985, na órbita de suas respectivas competências.

§ 1º A celebração de termo de ajustamento de conduta não impede que outro, desde que mais vantajoso para o consumidor, seja lavrado por quaisquer das pessoas jurídicas de direito público integrantes do SNDC.

§ 2º A qualquer tempo, o órgão subscritor poderá, diante de novas informações ou se assim as circunstâncias o exigirem, retificar ou complementar o acordo firmado, determinando outras providências que se fizerem necessárias, sob pena de invalidade imediata do ato, dando-se seguimento ao procedimento administrativo eventualmente arquivado.

§ 3º O compromisso de ajustamento conterá, entre outras, cláusulas que estipulem condições sobre:

I - obrigação do fornecedor de adequar sua conduta às exigências legais, no prazo ajustado

II - pena pecuniária, diária, pelo descumprimento do ajustado, levando-se em conta os seguintes critérios:

a) o valor global da operação investigada;

b) o valor do produto ou serviço em questão;

c) os antecedentes do infrator;

d) a situação econômica do infrator;

III - ressarcimento das despesas de investigação da infração e instrução do procedimento administrativo.

§ 4º A celebração do compromisso de ajustamento suspenderá o curso do processo administrativo, se instaurado, que somente será arquivado após atendidas todas as condições estabelecidas no respectivo termo.

ART. 7º Compete aos demais órgãos públicos federais, estaduais, do Distrito Federal e municipais que passarem a integrar o SNDC fiscalizar as relações de consumo, no âmbito de sua competência, e autuar, na forma da legislação, os responsáveis por práticas que violem os direitos do consumidor.

ART. 8º As entidades civis de proteção e defesa do consumidor, legalmente constituídas, poderão:

I - encaminhar denúncias aos órgãos públicos de proteção e defesa do consumidor, para as providências legais cabíveis;

II - representar o consumidor em juízo, observado o disposto no inciso IV do art. 82 da Lei n. 8.078, de 1990;

III - exercer outras atividades correlatas.

CAPÍTULO III DA FISCALIZAÇÃO, DAS PRÁTICAS INFRATIVAS E DAS PENALIDADES ADMINISTRATIVAS

SEÇÃO I DA FISCALIZAÇÃO

ART. 9º A fiscalização das relações de consumo de que tratam a Lei n. 8.078, de 1990, este Decreto e as demais normas de defesa do consumidor será exercida em todo o território nacional pela Secretaria Nacional do Consumidor do Ministério da Justiça, pelos órgãos federais integrantes do Sistema Nacional de Defesa do Consumidor, pelos órgãos conveniados com a Secretaria e pelos órgãos de proteção e defesa do consumidor criados pelos Estados, Distrito Federal e Municípios, em suas respectivas áreas de atuação e competência. (Alterado pelo Dec. 7.738/2012.)

ART. 10. A fiscalização de que trata este Decreto será efetuada por agentes fiscais, oficialmente designados, vinculados aos respectivos órgãos de proteção e defesa do consumidor, no âmbito federal, estadual, do Distrito Federal e municipal, devidamente credenciados mediante Cédula de Identificação Fiscal, admitida a delegação mediante convênio.

ART. 11. Sem exclusão da responsabilidade dos órgãos que compõem o SNDC, os agentes de que trata o artigo anterior responderão pelos atos que praticarem quando investidos da ação fiscalizadora.

SEÇÃO II DAS PRÁTICAS INFRATIVAS

ART. 12. São consideradas práticas infrativa:

▸ Art. 39, CDC.

I - condicionar o fornecimento de produto ou serviço ao fornecimento de outro produto ou serviço, bem como, sem justa causa, a limites quantitativos;

II - recusar atendimento às demandas dos consumidores na exata medida de sua disponibilidade de estoque e, ainda, de conformidade com os usos e costumes;

▸ Art. 2º, I, Lei 1.521/1951 (Altera dispositivos da legislação vigente sobre crimes contra a economia popular).

III - recusar, sem motivo justificado, atendimento à demanda dos consumidores de serviços;

IV - enviar ou entregar ao consumidor qualquer produto ou fornecer qualquer serviço, sem solicitação prévia;

▸ Art. 23 deste Decreto.

V - prevalecer-se da fraqueza ou ignorância do consumidor, tendo em vista sua idade, saúde, conhecimento ou condição social, para impingir-lhe seus produtos ou serviços;

VI - exigir do consumidor vantagem manifestamente excessiva;

VII - executar serviços sem a prévia elaboração de orçamento e auto consumidor. ressalvadas as decorrentes de práticas anteriores entre as partes;

VIII - repassar informação depreciativa referente a ato praticado pelo consumidor no exercício de seus direitos;

IX - colocar, no mercado de consumo, qualquer produto ou serviço:

a) em desacordo com as normas expedidas pelos órgãos oficiais competentes, ou, se normas específicas não existirem, pela Associação Brasileira de Normas Técnicas - ABNT ou outra entidade credenciada pelo Conselho Nacional de Metrologia, Normalização e Qualidade Industrial - CONMETRO;

b) que acarrete riscos à saúde ou à segurança dos consumidores e sem informações ostensivas e adequadas;

c) em desacordo com as indicações constantes do recipiente, da embalagem, da rotulagem ou mensagem publicitária, respeitadas as variações decorrentes de sua natureza;

d) impróprio ou inadequado ao consumo a que se destina ou que lhe diminua o valor;

▸ Art. 2º, III, Lei 1.521/1951 (Altera dispositivos da legislação vigente sobre crimes contra a economia popular).

X - deixar de reexecutar os serviços, quando cabível, sem custo adicional;

XI - deixar de estipular prazo para o cumprimento de sua obrigação ou deixar a fixação ou variação de seu termo inicial a seu exclusivo critério.

▸ Art. 22, p.u., deste Decreto.

ART. 13. Serão consideradas, ainda, práticas infrativas, na forma dos dispositivos da Lei n. 8.078, de 1990:

I - ofertar produtos ou serviços sem as informações corretas, claras, precisa e ostensivas, em língua portuguesa, sobre suas características, qualidade, quantidade, composição, preço, condições de pagamento, juros, encargos, garantia, prazos de validade e origem, entre outros dados relevantes;

▸ Arts. 31 e 66, CDC.

II - deixar de comunicar à autoridade competente a periculosidade do produto ou serviço, quando do lançamento dos mesmos no mercado de consumo, ou quando da verificação posterior da existência do risco;

▸ Arts. 10 e 64, CDC.

III - deixar de comunicar aos consumidores, por meio de anúncios publicitários, a periculosidade do produto ou serviço, quando do lançamento dos mesmos no mercado de consumo, ou quando da verificação posterior da existência do risco;

▸ Arts. 10, § 1º, e 64, CDC.

IV - deixar de reparar os danos causados aos consumidores por defeitos decorrentes de projetos, fabricação, construção, montagem, manipulação, apresentação ou acondicionamento de seus produtos ou serviços, ou por informações insuficientes ou inadequadas sobre a sua utilização e risco;

▸ Arts. 12 e 14, CDC.

V - deixar de empregar componentes de reposição originais, adequados e novos, ou que mantenham as especificações técnicas do fabricante, salvo se existir autorização em contrário do consumidor;

▸ Arts. 21 e 32, CDC.

VI - deixar de cumprir a oferta, publicitária ou não, suficientemente precisa, ressalvada a incorreção retificada em tempo hábil ou exclusivamente atribuível ao veículo de comunicação, sem prejuízo, inclusive nessas duas hipóteses, do cumprimento forçado do anunciado ou do ressarcimento de perdas e danos sofridos pelo consumidor, assegurado o direito de regresso do anunciante contra seu segurador ou responsável direto;

▸ Arts. 30 e 35, CDC.

VII - omitir, nas ofertas ou vendas eletrônicas, por telefone ou reembolso postal, o nome e endereço do fabricante ou do importador na embalagem, na publicidade e nos impressos utilizados na transação comercial;

▸ Art. 33, CDC.

VIII - deixar de cumprir, no caso de fornecimento de produtos e serviços, o regime de preços tabelados, congelados, administrados, fixados ou controlados pelo Poder Público;

▸ Art. 41, CDC.

IX - submeter o consumidor inadimplente a ridículo ou a qualquer tipo de constrangimento ou ameaça;

▸ Art. 42, CDC.

X - impedir ou dificultar o acesso gratuito do consumidor às informações existentes em cadastros, fichas, registros de dados pessoais e de consumo, arquivados sobre ele, bem como sobre as respectivas fontes;

▸ Art. 43, CDC.

XI - elaborar cadastros de consumo com dados irreais ou imprecisos;

XII - manter cadastros e dados de consumidores com informações negativas, divergentes da proteção legal;

XIIII - deixar de comunicar, por escrito, ao consumidor a abertura de cadastro, ficha, registro de dados pessoais e de consumo, quando não solicitada por ele;

▸ Art. 43, § 2º, CDC.

XIV - deixar de corrigir, imediata e gratuitamente, a inexatidão de dados e cadastros, quando solicitado pelo consumidor;

▸ Art. 43, § 3º, CDC.

XV - deixar de comunicar ao consumidor, no prazo de cinco dias úteis, as correções cadastrais por ele solicitadas;

▸ Art. 43, § 3º, CDC.

XVI - impedir, dificultar ou negar, sem justa causa, o cumprimento das declarações constantes de escritos particulares, recibos e pré-contratos concernentes às relações de consumo;

▸ Art. 48, CDC.

XVII - omitir em impressos, catálogos ou comunicações, impedir, dificultar ou negar a desistência contratual, no prazo de até sete dias a contar da assinatura do contrato ou do ato de recebimento do produto ou serviço, sempre que a contratação ocorrer fora do estabelecimento comercial, especialmente por telefone ou a domicílio;

▸ Art. 49, CDC.

XVIII - impedir, dificultar ou negar a devolução dos valores pagos, monetariamente atualizados, durante o prazo de reflexão, em caso de desistência do contrato pelo consumidor;

▸ Art. 49, p.u., CDC.

XIX - deixar de entregar o termo de garantia, devidamente preenchido com as informações previstas no parágrafo único do art. 50 da Lei n. 8.078, de 1990;

XX - deixar, em contratos que envolvam vendas a prazo ou com cartão de crédito, de informar por escrito ao consumidor, prévia e adequadamente, inclusive nas comunicações publicitárias, o preço do produto ou do serviço em moeda corrente nacional, o montante dos juros de mora e da taxa efetiva anual de juros, os acréscimos legal e contratualmente previstos, o número e a periodicidade das prestações e, com igual destaque, a soma total a pagar, com ou sem financiamento;

▸ Art. 52, CDC.

XXI - deixar de assegurar a oferta de componentes e peças de reposição, enquanto não cessar a fabricação ou importação do produto, e, caso cessadas, de manter a oferta de componentes e peças de reposição por período razoável de tempo, nunca inferior à vida útil do produto ou serviço;

‣ Art. 32, CDC.

XXII - propor ou aplicar índices ou formas de reajuste alternativos, bem como fazê-lo em desacordo com aquele que seja legal ou contratualmente permitido;

‣ Art. 39, XI, CDC.

XXIII - recusar a venda de produto ou a prestação de serviços, publicamente ofertados, diretamente a quem se dispõe a adquiri-los mediante pronto pagamento, ressalvados os casos regulados em leis especiais;

‣ Art. 39, IX, CDC.

XXIV - deixar de trocar o produto impróprio, inadequado, ou de valor diminuído, por outro da mesma espécie, em perfeitas condições de uso, ou de restituir imediatamente a quantia paga, devidamente corrigida, ou fazer abatimento proporcional do preço, a critério do consumidor.

‣ 22, p.u., deste Decreto.

‣ Art. 18, § 1º, CDC.

ART. 14. É enganosa qualquer modalidade de informação ou comunicação de caráter publicitário inteira ou parcialmente falsa, ou, por qualquer outro modo, esmo por omissão, capaz de induzir a erro o consumidor a respeito da natureza, características, qualidade, quantidade, propriedade, origem, preço e de quaisquer outros dados sobre produtos ou serviços.

‣ Art. 19 deste Decreto.

‣ Arts. 37; 67; e 68, CDC.

§ 1º É enganosa, por omissão, a publicidade que deixar de informar sobre dado essencial do produto ou serviço a ser colocado à disposição dos consumidores.

§ 2º É abusiva, entre outras, a publicidade discriminatória de qualquer natureza, que incite à violência, explore o medo ou a superstição, se aproveite da deficiência de julgamento e da inexperiência da criança, desrespeite valores ambientais, seja capaz de induzir o consumidor a se comportar de forma prejudicial ou perigosa à sua saúde ou segurança, ou que viole normas legais ou regulamentares de controle da publicidade.

§ 3º O ônus da prova da veracidade (não enganosidade) e da correção (não abusividade) da informação ou comunicação publicitária cabe a quem as patrocina.

‣ Art. 38, CDC.

ART. 15. Estando a mesma empresa sendo acionada em mais de um Estado federado pelo mesmo fato gerador de prática infrativa, a autoridade máxima do sistema estadual poderá remeter o processo ao órgão coordenador do SNDC, que apurará o fato e aplicará as sanções respectivas.

‣ Arts. 5º, p.u., e 32 deste Decreto.

ART. 16. Nos casos de processos administrativos em trâmite em mais de um Estado, que envolvam interesses difusos ou coletivos, a Secretaria Nacional do Consumidor poderá avocá-los, ouvida a Comissão Nacional Permanente de Defesa do Consumidor, e as autoridades máximas dos sistemas estaduais. (Alterado pelo Dec. 7.738/2012.)

ART. 17. As práticas infrativas classificam-se em:

I - leves: aquelas em que forem verificadas somente circunstâncias atenuantes;

II - graves: aquelas em que forem verificadas circunstâncias agravantes.

SEÇÃO III
DAS PENALIDADES ADMINISTRATIVAS

ART. 18. A inobservância das normas contidas na Lei n. 8.078, de 1990, e das demais normas de defesa do consumidor constituirá prática infrativa e sujeitará o fornecedor às seguintes penalidades, que poderão ser aplicadas isolada ou cumulativamente, inclusive de forma cautelar, antecedente ou incidente no processo administrativo, sem prejuízo das de natureza cível, penal e das definidas em normas específicas:

‣ Art. 56, CDC.

I - multa;

II - apreensão do produto;

‣ Art. 21 deste Decreto.

III - inutilização do produto;

IV - cassação do registro do produto junto ao órgão competente;

V - proibição de fabricação do produto;

VI - suspensão de fornecimento de produtos ou serviços;

VII - suspensão temporária de atividade;

VIII - revogação de concessão ou permissão de uso;

IX - cassação de licença do estabelecimento ou de atividade;

X - interdição, total ou parcial, de estabelecimento, de obra ou de atividade;

XI - intervenção administrativa;

XII - imposição de contrapropaganda.

§ 1º Responderá pela prática infrativa, sujeitando-se às sanções administrativas previstas neste Decreto, quem por ação ou omissão lhe der causa, concorrer para sua prática ou dela se beneficiar.

§ 2º As penalidades previstas neste artigo serão aplicadas pelos órgãos oficiais integrantes do SNDC, sem prejuízo das atribuições do órgão normativo ou regulador da atividade, na forma da legislação vigente.

§ 3º As penalidades previstas nos incisos III a XI deste artigo sujeitam-se a posterior confirmação pelo órgão normativo ou regulador da atividade, nos limites de sua competência.

ART. 19. Toda pessoa física ou jurídica que fizer ou promover publicidade enganosa ou abusiva ficará sujeita à pena de multa, cumulada com aquelas previstas no artigo anterior, sem prejuízo da competência de outros órgãos administrativos.

‣ Art. 14 deste Decreto.

‣ Arts. 37; 67; e 68, CDC.

Parágrafo único. Incide também nas penas deste artigo o fornecedor que:

a) deixar de organizar ou negar aos legítimos interessados os dados fáticos, técnicos e científicos que dão sustentação à mensagem publicitária;

b) veicular publicidade de forma que o consumidor não possa, fácil e imediatamente, identificá-la como tal.

‣ Art. 36, CDC.

ART. 20. Sujeitam-se à pena de multa os órgãos públicos que, por si ou suas empresas concessionárias, permissionárias ou sob qualquer outra forma de empreendimento, deixarem de fornecer serviços adequados, eficientes, seguros e, quanto aos essenciais, contínuos.

‣ Art. 22, CDC.

ART. 21. A aplicação da sanção prevista no inciso II do art. 18 terá lugar quando os produtos forem comercializados em desacordo com as especificações técnicas estabelecidas em legislação própria, na Lei n. 8.078, de 1990, e neste Decreto.

§ 1º Os bens apreendidos, a critério da autoridade, poderão ficar sob a guarda do proprietário, responsável, preposto ou empregado que responda pelo gerenciamento do negócio, nomeado fiel depositário, mediante termo próprio, proibida a venda, utilização, substituição, subtração ou remoção, total ou parcial, dos referidos bens.

‣ Art. 35, II, i, deste Decreto.

§ 2º A retirada de produto por parte da autoridade fiscalizadora não poderá incidir sobre quantidade superior àquela necessária à realização da análise pericial.

ART. 22. Será aplicada multa ao fornecedor de produtos ou serviços que, direta ou indiretamente, inserir, fizer circular ou utilizar-se de cláusula abusiva, qualquer que seja a modalidade do contrato de consumo, inclusive nas operações securitárias, bancárias, de crédito direto ao consumidor, depósito, poupança, mútuo ou financiamento, e especialmente quando:

‣ Art. 51, CDC.

I - impossibilitar, exonerar ou atenuar a responsabilidade do fornecedor por vícios de qualquer natureza dos produtos e serviços ou implicar renúncia ou disposição de direito do consumidor;

II - deixar de reembolsar ao consumidor a quantia já paga, nos casos previstos na Lei n. 8.078, de 1990;

III - transferir responsabilidades a terceiros;

IV - estabelecer obrigações consideradas iníquas ou abusivas, que coloquem o consumidor em desvantagem exagerada, incompatíveis com a boa-fé ou a equidade;

‣ Art. 56 deste Decreto.

V - estabelecer inversão do ônus da prova em prejuízo do consumidor;

VI - determinar a utilização compulsória de arbitragem;

VII - impuser representante para concluir ou realizar outro negócio jurídico pelo consumidor;

VIII - deixar ao fornecedor a opção de concluir ou não o contrato, embora obrigando o consumidor;

IX - permitir ao fornecedor, direta ou indiretamente, variação unilateral do preço, juros, encargos, forma de pagamento ou atualização monetária;

X - autorizar o fornecedor a cancelar o contrato unilateralmente, sem que igual direito seja conferido ao consumidor, ou permitir, nos contratos de longa duração ou de trato sucessivo, o cancelamento sem justa causa e motivação, mesmo que dada ao consumidor a mesma opção;

XI - obrigar o consumidor a ressarcir os custos de cobrança de sua obrigação, sem que igual direito lhe seja conferido contra o fornecedor;

XII - autorizar o fornecedor a modificar unilateralmente o conteúdo ou a qualidade do contrato após sua celebração;

XIII - infringir normas ambientais ou possibilitar sua violação;

XIV - possibilitar a renúncia ao direito de indenização por benfeitorias necessárias;

XV - restringir direitos ou obrigações fundamentais à natureza do contrato, de tal modo a ameaçar o seu objeto ou o equilíbrio contratual;

XVI - onerar excessivamente o consumidor, considerando-se a natureza e o conteúdo do contrato, o interesse das partes e outras circunstâncias peculiares à espécie;

XVII - determinar, nos contratos de compra e venda mediante pagamento em prestações, ou nas alienações fiduciárias em garantia, a perda total das prestações pagas, em benefício do credor que, em razão do inadimplemento, pleitear a resilição do contrato e a retomada do produto alienado, ressalvada a cobrança judicial de perdas e danos comprovadamente sofridos;

▸ Art. 53, CDC.

XVIII - anunciar, oferecer ou estipular pagamento em moeda estrangeira, salvo nos casos previstos em lei;

XIX - cobrar multas de mora superiores a dois por cento, decorrentes do inadimplemento de obrigação no seu termo, conforme o disposto no § 1º do art. 52 da Lei n. 8.078, de 1990, com a redação dada pela Lei n. 9.298, de 1º de agosto de 1996;

XX - impedir, dificultar ou negar ao consumidor a liquidação antecipada do débito, total ou parcialmente, mediante redução proporcional dos juros, encargos e demais acréscimos, inclusive seguro;

▸ Art. 52, § 2º, CDC.

XXI - fizer constar do contrato alguma das cláusulas abusivas a que se refere o art. 56 deste Decreto;

XXII - elaborar contrato, inclusive o de adesão, sem utilizar termos claros, caracteres ostensivos e legíveis, que permitam sua imediata e fácil compreensão, destacando-se as cláusulas que impliquem obrigação ou limitação dos direitos contratuais do consumidor, inclusive com a utilização de tipos de letra e cores diferenciados, entre outros recursos gráficos e visuais;

▸ Art. 54, CDC.

XXIII - que impeça a troca de produto impróprio, inadequado, ou de valor diminuído, por outro da mesma espécie, em perfeitas condições de uso, ou a restituição imediata da quantia paga, devidamente corrigido, ou fazer abatimento proporcional do preço, a critério do consumidor.

▸ Art. 18, § 1º, CDC.

▸ Portarias SDE 4/1998, 3/1999, 3/2001 e 5/2002 (Dispõem sobre cláusulas consideradas abusivas).

Parágrafo único. Dependendo da gravidade da infração prevista nos incisos dos arts. 12, 13 e deste artigo, a pena de multa poderá ser cumulada com as demais previstas no art. 18, sem prejuízo da competência de outros órgãos administrativos.

ART. 23. Os serviços prestados e os produtos remetidos ou entregues ao consumidor, na hipótese prevista no inciso IV do art. 12 deste Decreto, equiparam-se às amostras grátis, inexistindo obrigação de pagamento.

▸ Art. 39, p.u., CDC.

ART. 24. Para a imposição da pena e sua gradação, serão considerados:

I - as circunstâncias atenuantes e agravantes;

II - os antecedentes do infrator, nos termos do art. 28 deste Decreto.

ART. 25. Consideram-se circunstâncias atenuantes:

I - a ação do infrator não ter sido fundamental para a consecução do fato;

II - ser o infrator primário;

III - ter o infrator adotado as providências pertinentes para minimizar ou de imediato reparar os efeitos do ato lesivo.

ART. 26. Consideram-se circunstâncias agravantes:

I - ser o infrator reincidente;

II - ter o infrator, comprovadamente, cometido a prática infrativa para obter vantagens indevidas;

III - trazer a prática infrativa consequências danosas à saúde ou à segurança do consumidor;

IV - deixar o infrator, tendo conhecimento do ato lesivo, de tomar as providências para evitar ou mitigar suas consequências;

V - ter o infrator agido com dolo;

VI - ocasionar a prática infrativa dano coletivo ou ter caráter repetitivo;

VII - ter a prática infrativa ocorrido em detrimento de menor de dezoito ou maior de sessenta anos ou de pessoas portadoras de deficiência física, mental ou sensorial, interditadas ou não;

VIII - dissimular-se a natureza ilícita do ato ou atividade;

IX - ser a conduta infrativa praticada aproveitando-se o infrator de grave crise econômica ou da condição cultural, social ou econômica da vítima, ou, ainda, por ocasião de calamidade.

ART. 27. Considera-se reincidência a repetição de prática infrativa, de qualquer natureza, às normas de defesa do consumidor, punida por decisão administrativa irrecorrível.

Parágrafo único. Para efeito de reincidência, não prevalece a sanção anterior, se entre a data da decisão administrativa definitiva e aquela da prática posterior houver decorrido período de tempo superior a cinco anos.

ART. 28. Observado o disposto no art. 24 deste Decreto pela autoridade competente, a pena de multa será fixada considerando-se a gravidade da prática infrativa, a extensão do dano causado aos consumidores, a vantagem auferida com o ato infrativo e a condição econômica do infrator, respeitados os parâmetros estabelecidos no parágrafo único do art. 57 da Lei n. 8.078, de 1990.

CAPÍTULO IV
DA DESTINAÇÃO DA MULTA E DA ADMINISTRAÇÃO DOS RECURSOS

ART. 29. A multa de que trata o inciso I do art. 56 e *caput* do art. 57 da Lei n. 8.078, de 1990, reverterá para o Fundo pertinente à pessoa jurídica de direito público que impuser a sanção, gerido pelo respectivo Conselho Gestor.

▸ Dec. 1.306/1994 (Regulamenta o Fundo de Defesa de Direitos Difusos).

Parágrafo único. As multas arrecadadas pela União e órgãos federais reverterão para o Fundo de Direitos Difusos de que tratam a Lei n. 7.347, de 1985, e Lei n. 9.008, de 21 de março de 1995, gerido pelo Conselho Federal Gestor do Fundo de Defesa dos Direitos Difusos - CFDD.

ART. 30. As multas arrecadadas serão destinadas ao financiamento de projetos relacionados com os objetivos da Política Nacional de Relações de Consumo, com a defesa dos direitos básicos do consumidor e com a modernização administrativa dos órgãos públicos de defesa do consumidor, após aprovação pelo respectivo Conselho Gestor, em cada unidade federativa.

ART. 31. Na ausência de Fundos municipais, os recursos serão depositados no Fundo do respectivo Estado e, faltando este, no Fundo federal.

Parágrafo único. O Conselho Federal Gestor do Fundo de Defesa dos Direitos, Difusos poderá apreciar e autorizar recursos para projetos especiais de órgãos e entidades federais, estaduais e municipais de defesa do consumidor.

ART. 32. Na hipótese de multa aplicada pelo órgão coordenador do SNDC nos casos previstos pelo art. 15 deste Decreto, o Conselho Federal Gestor do FDD restituirá aos fundos dos Estados envolvidos o percentual de até oitenta por cento do valor arrecadado.

CAPÍTULO V
DO PROCESSO ADMINISTRATIVO

SEÇÃO I
DAS DISPOSIÇÕES GERAIS

▸ Lei 9.784/1999 (Regula o processo administrativo no âmbito da Administração Pública Federal).

ART. 33. As práticas infrativas às normas de proteção e defesa do consumidor serão apuradas em processo administrativo, que terá início mediante:

I - ato, por escrito, da autoridade competente;

II - lavratura de auto de infração;

III - reclamação.

▸ Art. 39 deste Decreto.

§ 1º Antecedendo à instauração do processo administrativo, poderá a autoridade competente abrir investigação preliminar, cabendo, para tanto, requisitar dos fornecedores informações sobre as questões investigados, resguardado o segredo industrial, na forma do disposto no § 4º do art. 55 da Lei n. 8.078, de 1990.

§ 2º A recusa à prestação das informações ou o desrespeito às determinações e convocações dos órgãos do SNDC caracterizam desobediência, na forma do art. 330 do Código Penal, ficando a autoridade administrativa com poderes para determinar a imediata cessação da prática, além da imposição das sanções administrativas e civis cabíveis.

SEÇÃO II
DA RECLAMAÇÃO

ART. 34. O consumidor poderá apresentar sua reclamação pessoalmente, ou por telegrama carta, telex, fac-símile ou qualquer outro meio de comunicação, a quaisquer dos órgãos oficiais de proteção e defesa do consumidor.

SEÇÃO III
DOS AUTOS DE INFRAÇÃO, DE APREENSÃO E DO TERMO DE DEPÓSITO

ART. 35. Os Autos de infração, de Apreensão e o Termo de Depósito deverão ser impressos, numerados em série e preenchidos de forma clara e precisa, sem entrelinhas, rasuras ou emendas, mencionando:

I - o Auto de Infração:

a) o local, a data e a hora da lavratura;

b) o nome, o endereço e a qualificação do autuado;

c) a descrição do fato ou do ato constitutivo da infração;

d) o dispositivo legal infringido;

e) a determinação da exigência e a intimação para cumpri-la ou impugná-la no prazo de dez dias;

f) a identificação do agente autuante, sua assinatura, a indicação do seu cargo ou função e o número de sua matrícula;

g) a designação do órgão julgador e o respectivo endereço;

h) a assinatura do autuado;

II - o Auto de Apreensão e o Termo de Depósito:

a) o local, a data e a hora da lavratura;

b) o nome, o endereço e a qualificação do depositário;

c) a descrição e a quantidade dos produtos apreendidos;

d) as razões e os fundamentos da apreensão;

e) o local onde o produto ficará armazenado;

DECRETOS

f) a quantidade de amostra colhida para análise;

g) a identificação do agente autuante, sua assinatura, a indicação do seu cargo ou função e o número de sua matrícula;

h) a assinatura do depositário;

i) as proibições contidas no § 1º do art. 21 deste Decreto.

ART. 36. Os Autos de Infração, de Apreensão e o Termo de Depósito serão lavrados pelo agente autuante que houver verificado a prática infrativa, preferencialmente no local onde foi comprovada a irregularidade.

ART. 37. Os Autos de Infração, de Apreensão e o Termo de Depósito serão lavrados em impresso próprio, composto de três vias, numeradas tipograficamente.

§ 1º Quando necessário, para comprovação de infração, os Autos serão acompanhados de laudo pericial.

§ 2º Quando a verificação do defeito ou vício relativo à qualidade, oferta e apresentação de produtos não depender de perícia, o agente competente consignará o fato no respectivo Auto.

ART. 38. A assinatura nos Autos de Infração, de Apreensão e no Termo de Depósito, por parte do autuado, ao receber cópias dos mesmos, constitui notificação, sem implicar confissão, para os fins do art. 44 do presente Decreto.

Parágrafo único. Em caso de recusa do autuado em assinar os Autos de Infração, de Apreensão e o Termo de Depósito, o Agente competente consignará o fato nos Autos e no Termo, remetendo-os ao autuado por via postal, com Aviso de Recebimento (AR) ou outro procedimento equivalente, tendo os mesmos efeitos do *caput* deste artigo.

SEÇÃO IV
DA INSTAURAÇÃO DO PROCESSO ADMINISTRATIVO POR ATO DE AUTORIDADE COMPETENTE

ART. 39. O processo administrativo de que trata o art. 33 deste Decreto poderá ser instaurado mediante reclamação do interessado ou por iniciativa da própria autoridade competente.

Parágrafo único. Na hipótese de a investigação preliminar não resultar em processo administrativo com base em reclamação apresentada por consumidor, deverá este ser informado sobre as razões do arquivamento pela autoridade competente.

ART. 40. O processo administrativo, na forma deste Decreto, deverá, obrigatoriamente, conter:

I - a identificação do infrator;

II - a descrição do fato ou ato constitutivo da infração;

III - os dispositivos legais infringidos;

IV - a assinatura da autoridade competente.

ART. 41. A autoridade administrativa poderá determinar, na forma de ato próprio, constatação preliminar da ocorrência de prática presumida.

SEÇÃO V
DA NOTIFICAÇÃO

ART. 42. A autoridade competente expedirá notificação ao infrator, fixando o prazo de dez dias, a contar da data de seu recebimento, para apresentar defesa, na forma do art. 44 deste Decreto.

§ 1º A notificação, acompanhada de cópia da inicial do processo administrativo a que se refere o art. 40, far-se-á:

I - pessoalmente ao infrator, seu mandatário ou preposto;

II - por carta registrada ao infrator, seu mandatário ou preposto, com Aviso de Recebimento (AR).

§ 2º Quando o infrator, seu mandatário ou preposto não puder ser notificado, pessoalmente ou por via postal, será feita a notificação por edital, a ser afixado nas dependências do órgão respectivo, em lugar público, pelo prazo de dez dias, ou divulgado, pelo menos uma vez, na imprensa oficial ou em jornal de circulação local.

SEÇÃO VI
DA IMPUGNAÇÃO E DO JULGAMENTO DO PROCESSO ADMINISTRATIVO

ART. 43. O processo administrativo decorrente de Auto de Infração, de ato de ofício de autoridade competente, ou de reclamação será instruído e julgado na esfera de atribuição do órgão que o tiver instaurado.

ART. 44. O infrator poderá impugnar o processo administrativo, no prazo de dez dias, contados processualmente de sua notificação, indicando em sua defesa:

▸ Arts. 38 e 42 deste Decreto.

I - a autoridade julgadora a quem é dirigida;

II - a qualificação do impugnante;

III - as razões de fato e de direito que fundamentam a impugnação;

IV - as provas que lhe dão suporte.

ART. 45. Decorrido o prazo da impugnação, o órgão julgador determinará as diligências cabíveis, podendo dispensar as meramente protelatórias ou irrelevantes, sendo-lhe facultado requisitar do infrator, de quaisquer pessoas físicas ou jurídicas, órgãos ou entidades públicas as necessárias informações, esclarecimentos ou documentos, a serem apresentados no prazo estabelecido.

ART. 46. A decisão administrativa conterá relatório dos fatos, o respectivo enquadramento legal e, se condenatória, a natureza e gradação da pena.

§ 1º A autoridade administrativa competente, antes de julgar o feito, apreciará a defesa e as provas produzidas pelas partes, não estando vinculada ao relatório de sua consultoria jurídica ou órgão similar, se houver.

§ 2º Julgado o processo e fixada a multa, será o infrator notificado para efetuar seu recolhimento no prazo de dez dias ou apresentar recurso.

§ 3º Em caso de provimento do recurso, os valores recolhidos serão devolvidos ao recorrente na forma estabelecida pelo Conselho Gestor do Fundo.

ART. 47. Quando a cominação prevista for a contrapropaganda, o processo poderá ser instruído com indicações técnico-publicitárias, das quais se intimará o autuado, obedecidas, na execução da respectiva decisão, as condições constantes do § 1º do art. 60 da Lei n. 8.078, de 1990.

SEÇÃO VII
DAS NULIDADES

ART. 48. A inobservância de forma não acarretará a nulidade do ato, se não houver prejuízo para a defesa.

Parágrafo único. A nulidade prejudica somente os atos posteriores ao ato declarado nulo e dele diretamente dependentes ou de que sejam consequência, cabendo à autoridade que a declarar indicar tais atos e determinar o adequado procedimento saneador, se for o caso.

SEÇÃO VIII
DOS RECURSOS ADMINISTRATIVOS

ART. 49. Das decisões da autoridade competente do órgão público que aplicou a sanção caberá recurso, sem efeito suspensivo, no prazo de dez dias, contados da data da intimação da decisão, a seu superior hierárquico, que proferirá decisão definitiva.

Parágrafo único. No caso de aplicação de multas, o recurso será recebido, com efeito suspensivo, pela autoridade superior.

ART. 50. Quando o processo tramitar no âmbito do Departamento de Proteção e Defesa do Consumidor, o julgamento do feito será de responsabilidade do Diretor daquele órgão, cabendo recurso ao titular da Secretaria Nacional do Consumidor, no prazo de dez dias, contado da data da intimação da decisão, como segunda e última instância recursal. (Alterado pelo Dec. 7.738/2012.)

ART. 51. Não será conhecido o recurso interposto fora dos prazos e condições estabelecidos neste Decreto.

ART. 52. Sendo julgada insubsistente a infração, a autoridade julgadora recorrerá à autoridade imediatamente superior, nos termos fixados nesta Seção, mediante declaração na própria decisão.

ART. 53. A decisão é definitiva quando não mais couber recurso, seja de ordem formal ou material.

ART. 54. Todos os prazos referidos nesta Seção são preclusivos.

SEÇÃO IX
DA INSCRIÇÃO NA DÍVIDA ATIVA

ART. 55. Não sendo recolhido o valor da multa em trinta dias, será o débito inscrito em dívida ativa do órgão que houver aplicado a sanção, para subsequente cobrança executiva.

CAPÍTULO VI
DO ELENCO DE CLÁUSULAS ABUSIVAS E DO CADASTRO DE FORNECEDORES

SEÇÃO I
DO ELENCO DE CLÁUSULAS ABUSIVAS

ART. 56. Na forma do art. 51 da Lei n. 8.078, de 1990, e com o objetivo de orientar o Sistema Nacional de Defesa do Consumidor, a Secretaria Nacional do Consumidor divulgará, anualmente, elenco complementar de cláusulas contratuais consideradas abusivas, notadamente para o fim de aplicação do disposto no inciso IV do *caput* do art. 22. (Alterado pelo Dec. 7.738/2012.)

▸ Art. 22, XXI, deste Decreto.

▸ Portarias SDE 4/1998, 3/1999, 3/2001 e 5/2002 (Dispõem sobre cláusulas consideradas abusivas).

§ 1º Na elaboração do elenco referido no *caput* e posteriores inclusões, a consideração sobre a abusividade de cláusulas contratuais se dará de forma genérica e abstrata.

§ 2º O elenco de cláusulas consideradas abusivas tem natureza meramente exemplificativa, não impedindo que outras, também, possam vir a ser assim consideradas pelos órgãos da Administração Pública incumbidos da defesa dos interesses e direitos protegidos pelo Código de Defesa do Consumidor e legislação correlata.

§ 3º A apreciação sobre a abusividade de cláusulas contratuais, para fins de sua inclusão no elenco a que se refere o *caput* deste artigo, se dará de ofício ou por provocação dos legitimados referidos no art. 82 da Lei n. 8.078, de 1990.

SEÇÃO II
DO CADASTRO DE FORNECEDORES

ART. 57. Os cadastros de reclamações fundamentadas contra fornecedores constituem instrumento essencial de defesa e orientação dos consumidores, devendo os órgãos públicos competentes assegurar sua publicidade, contabilidade e continuidade, nos termos do art. 44 da Lei n. 8.078, de 1990.

ART. 58. Para os fins deste Decreto, considera-se:

I - cadastro: o resultado dos registros feitos pelos órgãos públicos de defesa do consumidor de todas as reclamações fundamentadas contra fornecedores;

II - reclamação fundamentada: a notícia de lesão ou ameaça a direito de consumidor analisada por órgão público de defesa do consumidor, a requerimento ou de ofício, considerada procedente, por decisão definitiva.

ART. 59. Os órgãos públicos de defesa do consumidor devem providenciar a divulgação periódica dos cadastros atualizados de reclamações fundamentadas contra fornecedores.

§ 1º O cadastro referido no *caput* deste artigo será publicado, obrigatoriamente, no órgão de imprensa oficial local, devendo a entidade responsável dar-lhe a maior publicidade possível por meio dos órgãos de comunicação, inclusive eletrônica.

- Art. 61, p.u., deste Decreto.

§ 2º O cadastro será divulgado anualmente, podendo o órgão responsável fazê-lo em período menor, sempre que julgue necessário, e conterá informações objetivas, claras e verdadeiras sobre o objeto da reclamação, a identificação do fornecedor e o atendimento ou não da reclamação pelo fornecedor.

§ 3º Os cadastros deverão ser atualizados permanentemente, por meio das devidas anotações, não podendo conter informações negativas sobre fornecedores, referentes a período superior a cinco anos, contado da data da intimação da decisão definitiva.

ART. 60. Os cadastros de reclamações fundamentadas contra fornecedores são considerados arquivos públicos, sendo informações e fontes a todos acessíveis, gratuitamente, vedada a utilização abusiva ou, por qualquer outro modo, estranha à defesa e orientação dos consumidores, ressalvada a hipótese de publicidade comparativa.

ART. 61. O consumidor ou fornecedor poderá requerer em cinco dias a contar da divulgação do cadastro e mediante petição fundamentada, a retificação de informação inexata que nele conste, bem como a inclusão de informação omitida, devendo a autoridade competente, no prazo de dez dias úteis, pronunciar-se, motivadamente, pela procedência ou improcedência do pedido.

Parágrafo único. No caso de acolhimento do pedido, a autoridade competente providenciará, no prazo deste artigo, a retificação ou inclusão de informação e sua divulgação, nos termos do § 1º do art. 59 deste Decreto.

ART. 62. Os cadastros específicos de cada órgão público de defesa do consumidor serão consolidados em cadastros gerais, nos âmbitos federal e estadual, aos quais se aplica o disposto nos artigos desta Seção.

CAPÍTULO VII
DAS DISPOSIÇÕES GERAIS

ART. 63. Com base na Lei n. 8.078, de 1990, e legislação complementar, a Secretaria Nacional do Consumidor poderá expedir atos administrativos, visando à fiel observância das normas de proteção e defesa do consumidor. (Alterado pelo Dec. 7.738/2012.)

ART. 64. Poderão ser lavrados Autos de Comprovação ou Constatação, a fim de estabelecer a situação real de mercado, em determinado lugar e momento, obedecido o procedimento adequado.

ART. 65. Em caso de impedimento à aplicação do presente Decreto, ficam as autoridades competentes autorizadas a requisitar o emprego de força policial.

ART. 66. Este Decreto entra em vigor na data de sua publicação.

ART. 67. Fica revogado o Decreto n. 861, de 09 de julho de 1993.

Brasília, 20 de março de 1997; 176º da Independência e 109º da República.

FERNANDO HENRIQUE CARDOSO

DECRETO N. 2.210, DE 22 DE ABRIL DE 1997

Regulamenta o Decreto-Lei n. 1.809, de 7 de outubro de 1980, que instituiu o Sistema de Proteção ao Programa Nuclear Brasileiro (Sipron), e dá outras providências.

- *DOU*, 23.04.1997.
- O Dec.-Lei 1.809/1980 foi revogado pela Lei 12.731/2012.

O Vice-Presidente da República, no exercício do cargo de Presidente da República, usando das atribuições que lhe confere o art. 84, incisos IV e VI, da Constituição, e tendo em vista o disposto no Decreto-Lei n. 1.809, de 7 de outubro de 1980,

Decreta:

CAPÍTULO I
DAS DISPOSIÇÕES PRELIMINARES

ART. 1º O Sistema de Proteção ao Programa Nuclear Brasileiro (Sipron) tem por objetivos assegurar o planejamento integrado e coordenar a ação conjunta e a execução continuada de providências que visem a atender às necessidades de segurança das atividades, das instalações e dos projetos nucleares brasileiros, particularmente do pessoal neles empregados, bem como da população e do meio ambiente com eles relacionados.

Parágrafo único. As necessidades a que se refere este artigo serão atendidas pela aplicação de medidas nos seguintes setores:

a) proteção da população nas situações de emergência;

b) segurança e saúde do trabalhador;

c) proteção do meio ambiente;

d) proteção física;

e) salvaguardas nacionais;

f) segurança nuclear;

g) radioproteção; e

h) inteligência.

ART. 2º Para efeito deste Decreto, considera-se:

I - Acidente - qualquer evento não intencional, incluindo erro de operação, falhas de equipamento ou outras causas, cujas consequências efetivas ou potenciais não possam ser negligenciadas do ponto de vista de radioproteção ou segurança nuclear;

II - Comunicações de Segurança - ligações internas e externas, estabelecidas pelos órgãos do Sipron, com a finalidade de atender as suas necessidades de segurança;

III - Equipamento Especificado - equipamento especialmente projetado ou preparado para o processamento, uso ou produção de material nuclear ou material especificado;

IV - Equipamento Vital - equipamento, sistema, dispositivo ou material cuja falha, destruição, remoção ou liberação é capaz de, direta ou indiretamente, provocar uma situação de emergência;

V - Fonte de Radiação - aparelho ou material que emite ou é capaz de emitir radiação ionizante;

VI - Força de Apoio - Organização Militar das Forças Armadas, Organização Policial-Militar ou de Bombeiros Militares, Repartições da Polícia Federal, da Polícia Civil Estadual e de outras Polícias, que tenham jurisdição na área em que à proteção física se faça necessária e que sejam capazes de apoiar o Sistema;

VII - Inteligência - atividades que versem sobre a produção e à proteção dos conhecimentos acerca da energia nuclear considerados de interesse do Estado, particularmente os que envolvam projeto, atividade ou instalação nuclear;

VIII - Instalação Nuclear - instalação na qual o material nuclear é produzido, processado, reprocessado, utilizado, manuseado ou estocado em quantidades relevantes, assim compreendidos:

a) reator nuclear;

b) usina que utilize combustível nuclear para a produção de energia térmica ou elétrica para fins industriais;

c) fábrica ou usina para a produção ou tratamento de materiais nucleares, integrante do ciclo do combustível nuclear;

d) usina de reprocessamento de combustível nuclear irradiado; e

e) depósito de materiais nucleares, não incluindo local de armazenamento temporário usado durante os transportes;

IX - Instalação Radioativa - local onde se produzem, utilizam, transportam ou armazenam fontes de radiação, excetuam-se desta definição:

a) as instalações nucleares,

b) os veículos transportadores de fontes de radiação quando essas não são parte integrante dos mesmos;

X - Material Especificado - material especialmente preparado para o processamento, uso ou produção de material nuclear,

XI - Material Nuclear - os elementos nucleares ou seus subprodutos definidos na Lei n. 4.118, de 27 de agosto de 1962;

XII - Material Radioativo - material emissor de qualquer radiação eletromagnética ou particulada, direta ou indiretamente ionizante;

XIII - Plano de Emergência - conjunto de medidas a serem implementadas em caso de situação potencial e/ou real de acidente;

XIV - Programa Nuclear Brasileiro (PNB) - conjunto dos projetos e atividades relacionados com a utilização da energia nuclear, segundo orientação, controle e supervisão do Governo Federal;

XV - Proteção Física - conjunto de medidas destinadas a evitar ato de sabotagem contra material, equipamento e instalação, a impedir a remoção não autorizada de material, em especial nuclear, e prover meios para rápida localização e recuperação de material desviado, e a defender o patrimônio e a integridade física do pessoal de uma Unidade Operacional;

XVI - Radioproteção - conjunto de medidas legais, técnicas e administrativas que visam a reduzir a exposição de seres vivos à radiação ionizante, a níveis tão baixos quanto razoavelmente exequível;

XVII - Radiação Ionizante - radiação capaz de produzir pares de íons em materiais biológicos;

XVIII - Salvaguardas Nacionais - conjunto de medidas destinadas a evitar ou a detectar, em tempo hábil, o desvio para uso não autorizado de material e equipamento definidos neste artigo, e a resguardar dado técnico cujo sigilo seja de interesse para o Estado no campo da utilização da energia nuclear;

XIX - Segurança Nuclear - conjunto de medidas preventivas de caráter técnico incluídas no projeto, na construção, na manutenção e na operação de uma Unidade Operacional do Sipron, destinadas a evitar a ocorrência de acidente ou a atenuar o efeito deste;

XX - Situação de Emergência - situação anormal de um projeto ou atividade do PNB que, a partir de um determinado momento, foge ao controle planejado e pretendido pelo órgão encarregado de sua execução, demandando a implementação do Plano de Emergência;

XXI - Unidade Operacional - unidade cuja atividade se relaciona com a produção, utilização, processamento, reprocessamento, manuseio, transporte ou estocagem de materiais de interesse para o PNB; e

XXII - Unidade de Transporte - conjunto de meios de transporte, sob chefia única, quando utilizado em proveito de projeto, de atividade ou de instalação nuclear.

CAPÍTULO II
DA ESTRUTURA DO SISTEMA

ART. 3º Integram o Sipron:

I - Órgão Central:
Secretaria de Assuntos Estratégicos da Presidência da República;

II - Órgãos de Coordenação Setorial:

a) Comissão Nacional de Energia Nuclear (CNEN);

b) Secretaria de Segurança e Saúde no Trabalho, do Ministério do Trabalho;

c) Secretaria Especial de Políticas Regionais, do Ministério do Planejamento e Orçamento;

d) Instituto Brasileiro do Meio Ambiente e dos Recursos Naturais Renováveis (IBAMA);

e) Órgão de Inteligência vinculado à Presidência da República;

III - Órgãos de Execução Seccional:

a) Indústrias Nucleares do Brasil S.A. (INB);

b) Centrais Elétricas Brasileiras S.A. (ELETROBRÁS);

c) concessionárias de serviços de energia elétrica, autorizadas a operar usinas nucleoelétricas; e

d) entidades de ensino e de pesquisa científicas - federais, estaduais ou privadas - que participem em projeto ou atividade nuclear ou, ainda, que possuam instalação nuclear no País;

IV - Unidades Operacionais:

a) Reatores de Potência;

b) Instalações do Ciclo de Combustível;

c) Instalações de Ensino e Pesquisa ligadas no PNB; e

d) Unidades de Transporte;

V - Órgãos de Apoio:

a) Ministério da Justiça;

b) Ministério da Marinha;

c) Ministério do Exército;

d) Ministério das Relações Exteriores;

e) Ministério da Fazenda;

f) Ministério dos Transportes;

g) Ministério da Aeronáutica;

h) Ministério da Saúde;

i) Ministério do Planejamento e Orçamento;

j) Ministério das Comunicações;

l) Governos estaduais e municipais, em cujos territórios se desenvolvam projetos ou atividades do PNB; e

m) Empresas e entidades do setor privado que, por contrato ou outro documento hábil, prestam serviços relacionados com a segurança de projetos e atividades do PNB.

ART. 4º O Órgão Central do Sipron contará com o assessoramento da Comissão de Coordenação da Proteção ao Programa Nuclear Brasileiro (Copron) a qual, sob a presidência do Subsecretário de Programas e Projetos da Secretaria de Assuntos Estratégicos, é constituída por representantes dos seguintes órgãos:

I - Ministério da Saúde;

II - Ministério de Minas e Energia,

III - Ministério do Meio Ambiente, dos Recursos Hídricos e da Amazônia Legal;

IV - Fundação Jorge Duprat Figueiredo de Segurança e Medicina do Trabalho (Fundacentro);

V - Departamento de Defesa Civil, da Secretaria Especial de Políticas Regionais, do Ministério do Planejamento e Orçamento;

VI - Subsecretaria de Programas e Projetos, da Secretaria de Assuntos Estratégicos da Presidência da República;

VII - Órgão de Inteligência vinculado à Presidência da República;

VIII - Comissão Nacional de Energia Nuclear (CNEN);

IX - Centrais Elétricas Brasileiras S.A. (Eletrobrás);

X - Indústrias Nucleares do Brasil S.A. (INB); e

XI - concessionárias de serviços de energia elétrica autorizadas a operar usinas nucleoelétricas.

§ 1º O Presidente da Copron será substituído, nos seus impedimentos, pelo representante da Subsecretaria de Programas e Projetos; os demais membros serão substituídos por seus respectivos suplentes.

§ 2º Os membros da Copron, indicados pelos respectivos órgãos, serão designados pelo Secretário de Assuntos Estratégicos da Presidência da República, por proposta do Órgão Central do Sipron.

§ 3º Ao Presidente da Copron incumbe solicitar, quando julgar conveniente, a participação, na Comissão, de assessores de outros órgãos federais, de governos estaduais e municipais, e de entidades privadas.

§ 4º A Copron reunir-se-á, sempre que necessário, mediante convocação de seu Presidente.

§ 5º A função de membro da Copron não será remunerada.

§ 6º As eventuais despesas de transporte, diárias ou de outra natureza dos membros da Copron correrão por conta das dotações dos órgãos representados.

CAPÍTULO III
DOS ÓRGÃOS DO SISTEMA

SEÇÃO I
DO ÓRGÃO CENTRAL DO SISTEMA

ART. 5º A Secretaria de Assuntos Estratégicos da Presidência de República, como Órgão Central do Sistema, por intermédio da Subsecretaria de Programas e Projetos, é responsável pela orientação superior, pela coordenação-geral, pelo controle e pela supervisão do Sipron, incumbindo-lhe, em especial:

I - o entendimento com o Ministério das Relações Exteriores sobre o conteúdo de compromissos de interesse do Sipron, cogitados ou assumidos com órgãos e entidades estrangeiras;

II - o exame dos casos em que, das atribuições concorrentes, entre os Órgãos de Coordenação Setorial do Sistema, possa resultar superposição operacional;

III - o encaminhamento à decisão do Secretário de Assuntos Estratégicos das propostas de medidas de proteção passíveis de serem adotadas em situação de emergência; e

IV - o incentivo à participação de representantes do Sipron em conferências ou reuniões internacionais de interesse do Sistema.

SEÇÃO II
DA COMISSÃO DE COORDENAÇÃO DA PROTEÇÃO AO PROGRAMA NUCLEAR BRASILEIRO (COPRON)

ART. 6º Compete à Copron assessorar o Órgão Central do Sistema nas atividades de estudo e planejamento, por meio de:

I - realização de consultas e entendimentos com os Órgãos de Coordenação Setorial, em harmonia com os objetivos do Sipron e com os Órgãos de Apoio, a fim de acertar e ordenar as situações do Sistema que requeiram cooperação e apoio daqueles Órgãos;

II - formulação de Normas Gerais ou diretrizes para regular as atividades do Sistema;

III - elaboração de pareceres e sugestões relativas aos assuntos de proteção de projetos, atividades e instalações nucleares do País, quando determinados pelo Secretário de Assuntos Estratégicos; e

IV - elaboração de projetos para a atualização da legislação relativa a assuntos de interesse do Sistema.

SEÇÃO III
DOS ÓRGÃOS DE COORDENAÇÃO SETORIAL DO SISTEMA

ART. 7º Aos Órgãos de Coordenação Setorial compete assessorar o Órgão Central.

ART. 8º À Comissão Nacional de Energia Nuclear (CNEN) compete a coordenação setorial nos campos de proteção física, salvaguardas nacionais, segurança nuclear e radioproteção na forma da legislação em vigor, cabendo-lhe, em especial:

I - estabelecer normas, diretrizes ou instruções:

a) de proteção física, ouvido o Órgão de Inteligência vinculado à Presidência da República;

b) para as salvaguardas nacionais, ouvido o Órgão de Inteligência vinculado à Presidência da República, no que tange ao resguardo de dados técnicos cujo sigilo seja de interesse do Estado;

c) de segurança nuclear; e

d) de radioproteção;

II - supervisionar e fiscalizar a aplicação das normas, diretrizes e instruções referidas no inciso anterior;

III - solicitar aos órgãos federais e governos estaduais a colaboração e o apoio que julgar necessários; e

IV - fiscalizar, permanentemente, a execução das atividades e dos projetos nucleares brasileiros, com especial atenção para aquilo que for capaz de resultar em situação de emergência.

ART. 9º À Secretaria de Segurança e Saúde no Trabalho, do Ministério do Trabalho compete, na forma da legislação em vigor, a coordenação setorial no que diz respeito à segurança e à saúde do trabalhador, cabendo-lhe, em especial:

I - estabelecer normas e instruções para os trabalhadores da área nuclear considerando os aspectos de radioproteção;

II - supervisionar e fiscalizar a aplicação das normas, diretrizes e instruções referidas no inciso anterior; e

III - solicitar aos órgãos federais, localizados nos Estados, a colaboração e o apoio que julgar necessários.

ART. 10. À Secretaria Especial de Políticas Regionais, do Ministério do Planejamento e Orçamento, por intermédio do Departamento de Defesa Civil, compete, na forma da legislação em vigor, atuar no que diz respeito à proteção da população em situação de emergência, cabendo-lhe, em especial:

I - estabelecer as diretrizes para defesa civil e supervisionar sua execução;

II - harmonizar e integrar, no âmbito da Defesa Civil, os planos de ação dos Órgãos de Apoio;

III - planejar, promover e coordenar o cadastro da população e campanhas de esclarecimento público;

IV - solicitar a colaboração de Órgãos de Apoio para a execução das medidas de defesa civil; e

V - manter entendimentos com a Comissão Nacional de Energia Nuclear (CNEN) sobre:

a) a amplitude das áreas circunvizinhas às instalações nucleares, passíveis de serem afetada no caso de acidente; e

b) as normas de radioproteção vigentes, de interesse para o treinamento de recursos humanos em defesa civil.

ART. 11. Ao IBAMA compete, na forma da legislação em vigor, atuar no que diz respeito à proteção do meio ambiente, das espécies vivas, sedentárias ou migratórias, e da comunidade, assim como a promoção das medidas preventivas e minimizadoras em caso de uma situação de emergência, cabendo-lhe, em especial:

I - promover a atualização permanente dos planos de proteção ao meio ambiente, junto aos integrantes do Sistema;

II - apoiar e orientar a atuação dos integrantes do Sipron de maneira a elevar o conhecimento indispensável à compreensão dos aspectos ambientais relacionados aos problemas energéticos nacionais; e

III - manter entendimentos com a CNEN para:

a) informar-se permanentemente com relação às instalações nucleares, unidades de transporte e respectivos roteiros, a fim de delimitar as áreas passíveis de serem afetadas; e

b) estabelecer normas de prevenção e proteção ambiental referentes ao uso da energia nuclear.

ART. 12. Ao Órgão de Inteligência vinculado à Presidência da República compete, na forma da legislação em vigor, atuar no campo da inteligência, cabendo-lhe, em especial:

I - planejar, coordenar e controlar as informações, assim como as providências necessárias à manutenção do sigilo das comunicações de segurança; e

II - assessorar a Comissão Nacional de Energia Nuclear no estabelecimento de normas ou instruções voltadas para à proteção física e para as salvaguardas nacionais.

SEÇÃO IV
DOS ÓRGÃOS DE EXECUÇÃO SECCIONAL DO SISTEMA

ART. 13. Compete aos Órgãos de Execução Seccional:

I - orientar e dirigir os trabalhos das Unidades Operacionais sob seu controle, e fiscalizar sua execução em obediência às normas pertinentes;

II - promover a realização, em coordenação com o Ministério do Meio Ambiente, dos Recursos Hídricos e da Amazônia Legal e com o Departamento de Defesa Civil, da Secretaria Especial de Políticas Regionais do Ministério do Planejamento e Orçamento e, se necessário, em ligação com órgãos do governo federal e de governos estaduais e municipais, de programas e campanhas de esclarecimento da população sobre as medidas de proteção, em especial aquelas que se relacionem com a vida humana e o meio ambiente; e

III - manter-se informado a respeito da situação reinante na área da atividade ou da instalação que opere, com especial atenção para aquilo que for capaz de resultar em situação de emergência.

SEÇÃO V
DAS UNIDADES OPERACIONAIS DO SISTEMA

ART. 14. Compete às Unidades Operacionais do Sistema a adoção e a integração de medidas nos seguintes setores:

I - segurança e saúde do trabalhador;

II - proteção do meio ambiente;

III - proteção física;

IV - salvaguardas nacionais;

V - segurança nuclear;

VI - radioproteção; e

VII - inteligência.

ART. 15. Compete às Unidades Operacionais:

I - manter uma Força de Segurança para garantir sua proteção física e participar do atendimento à situação de emergência;

II - manter-se informada sobre a situação reinante na respectiva jurisdição, buscando detectar aquilo que for capaz de resultar em situação de emergência;

III - realizar, em coordenação com o Departamento de Defesa Civil, da Secretaria Especial de Políticas Regionais do Ministério do Planejamento e Orçamento e com o Ministério do Meio Ambiente, dos Recursos Hídricos e da Amazônia Legal, e em ligação com as autoridades locais envolvidas, programas e campanhas de esclarecimento da comunidade local sobre as medidas de proteção, em especial as relacionadas com a vida humana e o meio ambiente; e

IV - manter ligação com as Prefeituras Municipais, organizações de defesa civil de sua área e com a Força de Apoio.

SEÇÃO VI
DOS ÓRGÃOS DE APOIO DO SISTEMA

ART. 16. Compete aos Órgãos de Apoio atender às solicitações de colaboração apresentadas pelo Órgão Central e pelos Órgãos de Coordenação Setorial.

ART. 17. Compete aos Órgãos de Apoio a seguir enumerados, quando acionados pelo Sipron, em relação à segurança nuclear:

I - ao Ministério da Justiça:

a) acompanhar a situação reinante na área, tendo em vista detectar aquilo que for capaz de resultar em situação de emergência;

b) controlar o trânsito nas vias de transporte sob sua jurisdição;

c) prover escolta e policiamento específicos para o transporte de material nuclear; e

d) apurar as infrações praticadas contra bens, pessoas, serviços e interesses da União, relacionados com a proteção de projeto, de atividade ou de Unidades Operacionais;

II - ao Ministério da Marinha:

a) proporcionar segurança ao transporte aquaviário de equipamento vital, de material especificado e de material nuclear, bem como segurança à navegação concernente àquele transporte; e

b) interditar ou restringir a navegação em determinadas áreas, dispondo para que seja considerada no planejamento naval a defesa da frente marítima ou fluvial das Unidades Operacionais do Sipron, sempre que tal defesa transcender as atribuições da Força de Segurança das Unidades Operacionais;

III - ao Ministério do Exército, dispor para que os planejamentos de Segurança Integrada e de Defesa Territorial Terrestre considerem as Unidades Operacionais localizadas em suas respectivas áreas de jurisdição;

IV - ao Ministério das Relações Exteriores providenciar as notificações e outras ligações com órgãos e entidades estrangeiras, decorrentes de compromissos internacionais assumidos na área nuclear, ou em vias de o serem pelo País;

V - ao Ministério da Fazenda, proceder ao imediato desembaraço alfandegário de material e equipamentos de interesse do Sipron;

VI - ao Ministério dos Transportes, manter em condições de transitabilidade as vias de transporte federais que possam influir nas condições de segurança de uma Unidade Operacional;

VII - ao Ministério da Aeronáutica:

a) restringir ou interditar a navegação aérea e a utilização de aeródromos em determinadas áreas;

b) realocar aerovias; e

c) realizar o transporte aéreo de equipamento vital, de radioacidentados, de material especificado e de material nuclear;

VIII - ao Ministério da Saúde:

a) realizar o credenciamento de uma rede de atendimento médico-hospitalar (sistema de referências) para radioacidentados no âmbito do Sistema Único de Saúde (SUS); e

b) definir normas gerais e procedimentos para o atendimento de radioacidentados;

IX - ao Ministério do Planejamento e Orçamento:

a) prover os recursos orçamentários necessários na forma da legislação em vigor; e

b) acompanhar a gestão dos gastos públicos;

X - ao Ministério das Comunicações:

a) considerar o atendimento das necessidades dos órgãos integrantes do Sipron quando da implantação e/ou ampliação dos serviços públicos de telecomunicações;

b) elaborar a orientação normativa e técnica para a implantação das redes de comunicações privativas do Sipron;

c) apoiar, com pessoal técnico especializado, os órgãos integrantes do Sipron, na implantação das redes privativas de comunicações;

d) designar as frequências exclusivas para uso do Sipron; e

e) apoiar e incentivar a implantação de um sistema integrado de comunicações do Sipron durante as situações de emergência;

XI - aos governos estaduais, secretarias estaduais e órgãos vinculados:

a) controlar o trânsito nas vias de transporte sob sua jurisdição nas situações de emergência;

DECRETOS

b) colaborar na realização de programas e campanhas de esclarecimento público e no cadastro da população;

c) atribuir tarefas de proteção física e defesa civil às suas Organizações Policiais e de Bombeiros, que tenham Unidade Operacional em sua área de jurisdição; e

d) participar do planejamento e da execução das medidas de defesa civil e de proteção ambiental.

XII - aos governos municipais: participar da realização de programas e campanhas de esclarecimento público e no cadastro da população, bem como do planejamento e da execução das medidas de defesa civil e de proteção ambiental.

Parágrafo único. Compete, também, aos órgãos de Apoio designar Força de Apoio para atuar nas situações de emergência conforme planejamento específico.

CAPÍTULO IV
DA SITUAÇÃO DE EMERGÊNCIA

ART. 18. Normas Gerais, estabelecidas pela Secretaria de Assuntos Estratégicos (SAE/PR), disporão sobre a caracterização e o desdobramento da situação de emergência, e sobre o planejamento da atuação do Sipron para restabelecer a normalidade na área afetada em situação de emergência.

ART. 19. Em situação de emergência, os órgãos do Sipron deverão adotar, obrigatoriamente, os seguintes procedimentos básicos:

I - Unidade Operacional:

a) avaliar a situação de emergência, determinando a classificação, o local de incidência e as possíveis consequências;

b) notificar e manter informados da evolução da situação:

1. o Órgão de Execução Seccional a que estiver vinculada;
2. a CNEN;
3. a Prefeitura Municipal e os seus órgãos de defesa civil e de proteção ambiental;

c) solicitar, quando necessário, o apoio dos órgãos de defesa civil e de proteção ambiental de sua área; e

d) adotar medidas para neutralizar a situação de emergência ou minimizar os efeitos do acidente;

II - Órgão de Execução Seccional:

a) notificar e manter a CNEN informada da evolução da situação; e

b) acompanhar a evolução da situação na Unidade Operacional, adotando as medidas cabíveis;

III - Comissão Nacional de Energia Nuclear (CNEN):

a) notificar e manter o Órgão Central, os Órgãos de Coordenação Setorial e os Órgão da Defesa Civil Estadual informados da evolução da situação;

b) propor ao Órgão Central as medidas de proteção à população e ao meio ambiente;

c) coletar e informar, permanentemente, ao Órgão Central, os dados técnicos necessários à implementação das medidas de proteção à população e ao meio ambiente;

d) acompanhar a evolução da situação, adotando as medidas de sua competência; e

e) prestar assistência técnica aos demais órgãos de Coordenação Setorial;

IV - Departamento de Defesa Civil, da Secretaria Especial de Políticas Regionais do Ministério do Planejamento e Orçamento:

a) notificar e manter permanentemente informados os Órgãos de Apoio necessários à condução das ações de defesa civil; e

b) assistir permanentemente a população e supervisionar a execução das medidas de defesa civil;

V - Ministério do Meio Ambiente, dos Recursos Hídricos e da Amazônia Legal:

a) notificar e manter permanentemente informados os órgãos necessários à condução das ações de proteção ambiental; e

b) providenciar a execução das medidas de proteção ambiental;

VI - Órgão de Apoio: recebendo a notificação, ficar em condições de prestar apoio, de acordo com sua respectiva competência e classificação da situação de emergência; e

VII - Órgão Central: recebendo a notificação, tomar as providências para o acionamento do Sipron.

Parágrafo único. As Normas Gerais previstas no art. 18 deste Decreto estabelecerão o procedimento individual, específico e pormenorizado dos órgãos do Sipron, na situação de emergência.

CAPÍTULO V
DOS CONVÊNIOS E CONTRATOS DE INTERESSE DO SISTEMA

ART. 20. Os convênios e contratos de interesse do Sipron estipularão e as responsabilidades das partes no sentido de implementar ações para atender as necessidades de segurança das atividades, das instalações e dos projetos nucleares brasileiro.

CAPÍTULO VI
DAS DISPOSIÇÕES TRANSITÓRIAS E FINAIS

ART. 21. No prazo de 120 dias, contados da data de publicação deste Decreto, os órgãos do Sistema promoverão a atualização das normas de sua responsabilidade, de modo a ajustá-las ao presente Decreto.

ART. 22. Não compete ao Sipron atuar nas ocorrências de acidentes radiológicos. Poderá, no entanto, complementar as atividades dos Estados, Municípios e demais órgãos e entidades responsáveis por neutralizar tais situações de emergência e restabelecer a normalidade nas áreas afetadas.

Parágrafo único. A atuação dos órgãos do Sipron somente ocorrerá por determinação do Órgão Central do Sistema.

ART. 23. Este Decreto entra em vigor na data de sua publicação.

ART. 24. Revoga-se o Decreto n. 623, de 4 de agosto de 1992.

Brasília, 22 de abril de 1997;
176º da Independência e 109º da República.
MARCO ANTONIO DE OLIVEIRA MACIEL

DECRETO N. 2.259, DE 20 DE JUNHO DE 1997

Regulamenta a legislação do imposto de renda na parte relativa a incentivos fiscais.

▸ *DOU*, 23.6.1997.

O Presidente da República, no uso da atribuição que lhe confere o art. 84, inciso IV, da Constituição, e tendo em vista o disposto nos arts. 3º e 9º da Lei n. 8.167, de 16 de janeiro de 1991, e no art. 2º da Lei n. 9.430, de 27 de dezembro de 1996,

Decreta:

ART. 1º As pessoas jurídicas que, por força do art. 9º da Lei n. 8.167, de 16 de janeiro de 1991, tenham assegurado a aplicação, em projetos próprios, de recursos decorrentes do valor de suas opções pela aplicação do imposto de renda no FINAM, FINOR ou FUNRES poderão destinar, mediante indicação, no Documento de Arrecadação de Receitas Federais - DARF, do código de receita exclusivo do fundo ou dos fundos beneficiários, uma parcela do imposto sobre a renda das pessoas jurídicas, pago por estimativa, de valor equivalente a até:

I - 24%, para o FINAM ou FINOR;

II - 33%, para o FUNRES.

Parágrafo único. Ocorrendo destinação para os fundos em valor superior às opções calculadas com base na apuração anual informada na declaração de rendimentos, a parcela excedente não será considerada como imposto, mas como parcela de recursos próprios aplicada no respectivo projeto.

ART. 2º Os repasses de imposto efetuados em caráter provisório para os fundos de investimentos e programas especiais mediante atos do Ministro de Estado da Fazenda não serão alterados, devendo integrar os valores dos repasses os valores recolhidos na forma prevista no art. 1º.

ART. 3º A administração do fundo beneficiário, mediante a apresentação dos DARF específicos validados pela Secretaria da Receita Federal, observadas as demais exigências da legislação, poderá liberar os recursos para as pessoas jurídicas destinatárias.

Parágrafo único. Liberados os recursos, a opção manifestada pelo contribuinte torna-se definitiva, não podendo ser alterada.

ART. 4º A Secretaria da Receita Federal expedirá as normas necessárias à implementação do disposto neste Decreto.

ART. 5º Este Decreto entra em vigor na data de sua publicação.

Brasília, 20 de junho de 1997;
176º da Independência e 108º da República.
FERNANDO HENRIQUE CARDOSO

DECRETO N. 2.335, DE 6 DE OUTUBRO DE 1997

Constitui a Agência Nacional de Energia Elétrica - Aneel, autarquia sob regime especial, aprova sua Estrutura Regimental e o Quadro Demonstrativo dos Cargos em Comissão e Funções de Confiança e dá outras providências.

▸ *DOU*, 07.10.1997.

O Presidente da República, no uso das atribuições que lhe confere o art. 84, incisos IV e VI, da Constituição, e tendo em vista o disposto na Lei n. 9.427, de 26 de dezembro de 1996, e na Medida Provisória n. 1.549-34, de 11 de setembro de 1997,

Decreta:

ART. 1º É constituída a Agência Nacional de Energia Elétrica - Aneel, autarquia sob regime especial, com personalidade jurídica de direito público e autonomia patrimonial, administrativa e financeira, vinculada ao Ministério de Minas e Energia, com sede e foro no Distrito Federal e prazo de duração indeterminado, nos termos da Lei n. 9.427, de 26 de dezembro de 1996.

ART. 2º Ficam aprovados a Estrutura Regimental e o Quadro Demonstrativo dos Cargos em Comissão e Funções de Confiança da Aneel, na forma dos Anexos I e II a este Decreto.

ART. 3º Ficam remanejados do Ministério da Administração Federal e Reforma do Estado para a Aneel as seguintes Funções Comissionadas de Energia Elétrica - FCE e cargos em comissão, criados pelos arts. 36 e 37 da Medida Provisória n. 1.549-34, de 11 de setembro de 1997:

I - 130 Funções Comissionadas de Energia Elétrica - FCE, sendo 32 FCE V; 33 FCE IV; 26 FCE III; vinte FCE II e dezenove FCE I;

II - 71 cargos em comissão, sendo cinco de Natureza Especial e 66 do Grupo - Direção e Assessoramento Superiores - DAS, assim distribuídos: 22 DAS 101.5; cinco DAS 102.5; um DAS 101.4; cinco DAS 102.4; 21 DAS 102.3 e doze DAS 102. 1.

ART. 4º O regimento interno da Aneel será aprovado pelo Ministro de Estado de Minas e Energia e publicado no Diário Oficial, no prazo de trinta dias contados da data de publicação deste Decreto.

▸ Dec. 2.364/1997 (Prorroga, até 30.11.1997, o prazo fixado neste artigo).

ART. 5º Com a publicação do regimento interno, ficam remanejados do Ministério de Minas e Energia para o Ministério da Administração Federal e Reforma do Estado 28 cargos em comissão do Grupo-Direção e Assessoramento Superiores - DAS, alocados ao Departamento Nacional de Águas e Energia Elétrica - DNAEE, assim distribuídos: um DAS 101.5, cinco DAS 101 4, oito DAS 101.2, treze DAS 101.1 e um DAS 102.1.

ART. 6º Este Decreto entra em vigor na data de sua publicação.

Brasília, 6 de outubro de 1997; 176º da Independência e 109º da República.

FERNANDO HENRIQUE CARDOSO

ANEXO I
ESTRUTURA REGIMENTAL DA AGÊNCIA NACIONAL DE ENERGIA ELÉTRICA - ANEEL

CAPÍTULO I
DA NATUREZA E FINALIDADE

ART. 1º A Agência Nacional de Energia Elétrica - Aneel, autarquia sob regime especial, com personalidade jurídica de direito público e autonomia patrimonial, administrativa e financeira, com sede e foro no Distrito Federal e prazo de duração indeterminado, nos termos da Lei n. 9.427, de 26 de dezembro de 1996, vincula-se ao Ministério de Minas e Energia.

ART. 2º A Aneel tem por finalidade regular e fiscalizar a produção, transmissão, distribuição e comercialização de energia elétrica, de acordo com a legislação e em conformidade com as diretrizes e as políticas do governo federal.

Parágrafo único. A regulação e fiscalização da Agência incidirão sobre as atividades dos agentes envolvidos na produção, transmissão, distribuição e comercialização de energia elétrica, abrangendo aqueles com funções de execução de inventário de potenciais de energia elétrica e de coordenação de operação.

ART. 3º A Aneel orientará a execução de suas atividades finalísticas de forma a proporcionar condições favoráveis para que o desenvolvimento do mercado de energia elétrica ocorra com equilíbrio entre os agentes e em benefício da sociedade, observando as seguintes diretrizes:

I - prevenção de potenciais conflitos, por meio de ações e canais que estabeleçam adequado relacionamento entre agentes do setor de energia elétrica e demais agentes da sociedade;

II - regulação e fiscalização realizadas com o caráter de simplicidade e pautadas na livre concorrência entre os agentes, no atendimento às necessidades dos consumidores e no pleno acesso aos serviços de energia elétrica;

III - adoção de critérios que evitem práticas anticompetitivas e de impedimento ao livre acesso aos sistemas elétricos;

IV - criação de condições para a modicidade das tarifas, sem prejuízo da oferta e com ênfase na qualidade do serviço de energia elétrica;

V - criação de ambiente para o setor de energia elétrica que incentive o investimento, de forma que os concessionários, permissionários e autorizados tenham asseguradas a viabilidade econômica e financeira, nos termos do respectivo contrato;

VI - adoção de medidas efetivas que assegurem a oferta de energia elétrica a áreas de renda e densidade de carga baixas, urbanas e rurais, de forma a promover o desenvolvimento econômico e social e a redução das desigualdades regionais;

VII - educação e informação dos agentes e demais envolvidos sobre as políticas, diretrizes e regulamentos do setor de energia elétrica;

VIII - promoção da execução indireta, mediante convênio, de atividades para as quais os setores públicos estaduais estejam devidamente capacitados;

IX - transparência e efetividade nas relações com a sociedade.

CAPÍTULO II
DA ESTRUTURA ORGANIZACIONAL

SEÇÃO I
DAS COMPETÊNCIAS

ART. 4º À Aneel compete:

I - implementar as políticas e diretrizes do governo federal para a exploração de energia elétrica e o aproveitamento dos potenciais de energia hidráulica;

II - incentivar a competição e supervisioná-la em todos os segmentos do setor de energia elétrica;

III - propor os ajustes e as modificações na legislação necessários à modernização do ambiente institucional de sua atuação;

IV - regular os serviços de energia elétrica, expedindo os atos necessários ao cumprimento das normas estabelecidas pela legislação em vigor;

V - regular e fiscalizar a conservação e o aproveitamento dos potenciais de energia hidráulica, bem como a utilização dos reservatórios de usinas hidrelétricas;

VI - regular e fiscalizar, em seu âmbito de atuação, a geração de energia elétrica oriunda de central nuclear;

VII - aprovar metodologias e procedimentos para otimização da operação dos sistemas interligados e isolados, para acesso aos sistemas de transmissão e distribuição e para comercialização de energia elétrica;

VIII - fixar critérios para cálculo do preço de acesso aos sistemas de transmissão e distribuição e arbitrar seus valores, nos casos de negociação frustrada entre os agentes envolvidos, de modo a garantir aos requerentes o livre acesso, na forma da lei;

IX - incentivar o combate ao desperdício de energia no que diz respeito a todas as formas de produção, transmissão, distribuição, comercialização e uso da energia elétrica;

X - atuar, na forma da lei e do contrato, nos processos de definição e controle dos preços e tarifas, homologando seus valores iniciais, reajustes e revisões, e criar mecanismos de acompanhamento de preços;

XI - autorizar a transferência e alteração de controle acionário de concessionário, permissionário ou autorizado de serviços ou instalações de energia elétrica;

XII - autorizar cisões, fusões e transferências de concessões;

XIII - articular-se com o órgão regulador do setor de combustíveis fósseis e gás natural para elaboração de critérios de fixação dos preços de transporte desses combustíveis, quando destinados à geração de energia elétrica, e para arbitramento de seus valores, nos casos de negociação frustrada entre os agentes envolvidos;

XIV - fiscalizar a prestação dos serviços e instalações de energia elétrica e aplicar as penalidades regulamentares e contratuais;

XV - cumprir e fazer cumprir as disposições regulamentares do serviço e as cláusulas dos contratos de concessão ou de permissão e do ato da autorização;

XVI - estimular a melhoria do serviço prestado e zelar, direta e indiretamente, pela sua boa qualidade, observado, no que couber, o disposto na legislação vigente de proteção e defesa do consumidor;

XVII - intervir, propor a declaração de caducidade e a encampação da concessão de serviços e instalações de energia elétrica, nos casos e condições previstos em lei e nos respectivos contratos;

XVIII - estimular a organização e operacionalização dos conselhos de consumidores e comissões de fiscalização periódica compostas de representantes da Aneel, do concessionário e dos usuários, criados pelas Leis n. 8.631, de 4 de março de 1993, e 8.987, de 13 de fevereiro de 1995;

XIX - dirimir, no âmbito administrativo, as divergências entre concessionários, permissionários, autorizados, produtores independentes e autoprodutores, entre esses agentes e seus consumidores, bem como entre os usuários dos reservatórios de usinas hidrelétricas;

XX - articular-se com outros órgãos reguladores do setor energético e da administração federal sobre matérias de interesse comum;

XXI - promover a articulação com os Estados e Distrito Federal para o aproveitamento energético dos cursos de água e a compatibilização com a Política Nacional de Recursos Hídricos;

XXII - dar suporte e participar, em conjunto com outros órgãos, de articulação visando ao aproveitamento energético dos rios compartilhados com países limítrofes;

XXIII - estimular e participar das atividades de pesquisa e desenvolvimento tecnológico necessárias ao setor de energia elétrica;

XXIV - promover intercâmbio com entidades nacionais e internacionais;

XXV - estimular e participar de ações ambientais voltadas para o benefício da sociedade, bem como interagir com o Sistema Nacional de Meio Ambiente em conformidade com a legislação vigente, e atuando de forma harmônica com a Política Nacional de Meio Ambiente;

XXVI - determinar o aproveitamento ótimo do potencial de energia hidráulica, em conformidade com os §§ 2º e 3º do art. 5º da Lei n. 9.074, de 7 de julho de 1995;

XXVII - diminuir os limites de carga e tensão de consumidores, para fins de escolha do seu fornecedor de energia elétrica, nos termos do § 3º do art. 15 da Lei n. 9.074, de 1995;

XXVIII - expedir as outorgas dos direitos de uso dos recursos hídricos para fins de aproveitamento dos potenciais de energia hidráulica, em harmonia com a Política Nacional de Recursos Hídricos;

XXIX - extinguir a concessão e a permissão de serviços de energia elétrica, nos casos previstos em lei e na forma prevista no contrato;

DECRETOS

XXX - elaborar editais e promover licitações destinadas à contratação de concessionários para aproveitamento de potenciais de energia hidráulica e para a produção, transmissão e distribuição de energia elétrica;

XXXI - emitir atos de autorização para execução e exploração de serviços e instalações de energia elétrica;

XXXII - celebrar, gerir, rescindir e anular os contratos de concessão ou de permissão de serviços de energia elétrica e de concessão de uso de bem público relativos a potenciais de energia hidráulica, bem como de suas prorrogações;

XXXIII - organizar e manter atualizado o acervo das informações e dados técnicos relativos às atividades estratégicas do serviço de energia elétrica e do aproveitamento da energia hidráulica;

XXXIV - expedir as autorizações para a realização de estudos, anteprojetos e projetos, nos termos dos §§ 1º e 2º do art. 28 da Lei n. 9.427, de 1996, e do art. 1º da Lei n. 6.712, de 5 de novembro de 1979, estipulando os valores das respectivas cauções;

XXXV - declarar a utilidade pública, para fins de desapropriação ou de instituição de servidão administrativa, dos bens necessários à execução de serviço ou instalação de energia elétrica, nos termos da legislação específica;

XXXVI - desenvolver atividades de hidrologia relativas aos aproveitamentos de energia hidráulica e promover seu gerenciamento nos termos da legislação vigente;

XXXVII - cumprir e fazer cumprir o Código de Águas, na área de sua responsabilidade;

XXXVIII - regulamentar e supervisionar as condições técnicas e administrativas necessárias à descentralização de atividades;

XXXIX - celebrar convênios de cooperação, em especial com os Estados e o Distrito Federal, visando à descentralização das atividades complementares de regulação, controle e fiscalização, mantendo o acompanhamento e avaliação permanente da sua condução;

XL - definir e arrecadar os valores relativos à compensação financeira pela exploração de recursos hídricos para fins de geração de energia elétrica, nos termos da legislação vigente, fiscalizando seu recolhimento;

XLI - arrecadar os valores relativos aos *royalties* devidos pela Itaipu Binacional ao Brasil e de outros aproveitamentos binacionais, nos termos dos regulamentos próprios definidos em acordos internacionais firmados pelo Governo brasileiro e fiscalizar seus recolhimentos e utilizações;

XLII - apurar e arrecadar os valores da taxa de fiscalização instituída pela Lei n. 9.427, de 1996, na conformidade do respectivo regulamento;

XLIII - fixar os valores da cota anual de reversão, da cota das contas de consumo de combustíveis fósseis, das cotas de reintegração dos bens e instalações em serviço e outras transferências de recursos aplicadas ao setor de energia elétrica, e fiscalizar seus recolhimentos e utilizações, quando for o caso.

Parágrafo único. A Aneel providenciará os ajustes e modificações nos regulamentos de sua competência, em função de mudanças estabelecidas pela legislação superveniente.

SEÇÃO II
DA ESTRUTURA BÁSICA

ART. 5º A Aneel tem a seguinte estrutura básica:

I - Diretoria;

II - Procuradoria-Geral;

III - Superintendências de Processos Organizacionais.

§ 1º O regimento interno disporá sobre a estruturação, atribuições e vinculação das Superintendências de Processos Organizacionais.

§ 2º Ficam criados o Gabinete do Diretor-Geral e a Secretaria-Geral da Diretoria, cuja estruturação, atribuições e vinculações deverão ser estabelecidas no regimento interno.

ART. 6º A estruturação das Superintendências de Processos Organizacionais deverá contemplar os seguintes processos básicos:

I - estabelecimento dos valores iniciais, dos reajustes e das revisões de tarifas;

II - supervisão do mercado com vistas à competição e ao equilíbrio entre oferta e demanda;

III - estabelecimento de regras e procedimentos para encargos intrassetoriais;

IV - consulta aos agentes, aos consumidores e à sociedade;

V - atendimento de reclamações de agentes e consumidores;

VI - informação e educação institucionais dos agentes e consumidores;

VII - comunicação com os agentes setoriais, consumidores e demais segmentos da sociedade;

VIII - aprovação de estudos e determinação do aproveitamento ótimo dos potenciais de energia hidráulica;

IX - licitação para contratação de concessões e outorga de autorizações de geração;

X - controle e fiscalização das concessões e autorizações de geração;

XI - regulamentação, normatização e padronização referentes à geração de energia elétrica;

XII - gestão dos potenciais de energia hidráulica;

XIII - planejamento, licitação e contratação de concessões, permissões e autorizações de serviços de transmissão e distribuição;

XIV - controle e fiscalização das concessões, permissões e autorizações de serviços de transmissão, distribuição e comercialização;

XV - estabelecimento de critérios e supervisão do acesso aos sistemas de transmissão e distribuição;

XVI - regulamentação, normatização e padronização referentes aos serviços de transmissão, distribuição e comercialização;

XVII - estabelecimento de critérios, elaboração de convênios, supervisão e acompanhamento das funções descentralizadas aos Estados e ao Distrito Federal;

XVIII - controle de gestão;

XIX - gestão da informação;

XX - gestão de recursos humanos;

XXI - gestão de recursos financeiros;

XXII - auditagem da qualidade dos processos organizacionais;

XXIII - gestão de materiais e patrimônio.

SEÇÃO III
DA DIRETORIA

ART. 7º O Diretor-Geral e os demais Diretores serão nomeados pelo Presidente da República para cumprir mandatos não coincidentes de quatro anos, ressalvado o disposto no art. 29 da Lei n. 9.427, de 1996.

§ 1º A nomeação dos membros da Diretoria dependerá de prévia aprovação do Senado Federal, nos termos da alínea «f» do inciso III do art. 52 da Constituição.

§ 2º Na hipótese de vacância de cargo de Diretor, o novo Diretor nomeado cumprirá o período remanescente do mandato.

ART. 8º À Diretoria da Aneel, constituída por um Diretor-Geral e quatro Diretores, compete, em regime de colegiado, analisar, discutir e decidir, em instância administrativa final, as matérias de competência da Autarquia, bem como:

I - planejamento estratégico da Agência;

II - políticas administrativas internas e de recursos humanos e seu desenvolvimento;

III - nomeação, exoneração, contratação e promoção de pessoal, nos termos da legislação em vigor.

§ 1º Ao Diretor incumbido da área de atendimento de reclamações de agentes e consumidores competirá a função de ouvidor, sendo-lhe atribuída a responsabilidade final pela cobrança da correta aplicação de medidas pelos agentes no atendimento às reclamações.

§ 2º À Diretoria compete, ainda, alterar o regimento interno nos itens relacionados com a gestão administrativa da Autarquia e com a vinculação das Superintendências de Processos Organizacionais.

§ 3º A Diretoria reunir-se-á com a presença de, pelo menos, três Diretores, dentre eles o Diretor-Geral ou seu substituto legal, e deliberará com, no mínimo, três votos favoráveis.

§ 4º A Diretoria poderá delegar a cada Diretor competência para deliberar sobre assuntos relacionados às Superintendências de Processos Organizacionais.

§ 5º Fica delegada à Diretoria da Aneel competência para autorizar, na forma da legislação em vigor, o afastamento do país de servidores para desempenho de atividades técnicas e de desenvolvimento profissional imprescindíveis à missão institucional da Autarquia.

§ 6º Compete à Diretoria aprovar os pareceres jurídicos emitidos ou aprovados pelo Procurador-Geral e avaliar sua relevância e interesse público, para fins de publicação no Diário Oficial da União.

SEÇÃO IV
DAS ATRIBUIÇÕES COMUNS AOS DIRETORES

ART. 9º São atribuições comuns aos Diretores da Aneel:

I - cumprir e fazer cumprir as disposições regulamentares do serviço e as cláusulas contratuais da concessão e permissão, observando o disposto no art. 4º deste Anexo;

II - zelar pelo desenvolvimento e credibilidade interna e externa da Aneel e legitimidade de suas ações;

III - zelar pelo cumprimento dos planos e programas da Autarquia;

IV - praticar e expedir os atos de gestão administrativa no âmbito de suas atribuições delegadas, nos termos do regimento interno;

V - executar as decisões tomadas pela Diretoria colegiada;

VI - contribuir com subsídios para propostas de ajustes e modificações na legislação, necessárias à modernização do ambiente institucional de atuação da Aneel;

VII - responsabilizar-se solidariamente pelo cumprimento do contrato de gestão.

DECRETOS

SEÇÃO V
DAS ATRIBUIÇÕES DO DIRETOR-GERAL

ART. 10. Além das atribuições comuns referidas no artigo anterior, são atribuições exclusivas do Diretor-Geral:

I - presidir as reuniões da Diretoria;

II - representar a Aneel, ativa e passivamente, em juízo ou fora dele;

III - supervisionar o funcionamento da Autarquia em todos os seus setores e coordenar as Superintendências de Processos Organizacionais de sua responsabilidade;

IV - expedir os atos administrativos de incumbência e competência da Aneel, nos termos do regimento interno;

V - firmar, em nome da Aneel, contratos, convênios, acordos, ajustes e outros instrumentos legais, conforme decisão da Diretoria;

VI - praticar atos de gestão de recursos orçamentários e financeiros e de administração;

VII - praticar atos de gestão de recursos humanos, aprovar edital e homologar resultados dos concursos públicos, nomear, exonerar, contratar, promover e praticar demais atos correlatos, previamente aprovados pela Diretoria, nos termos da legislação em vigor.

SEÇÃO VI
DA PROCURADORIA-GERAL

ART. 11. Compete à Procuradoria-Geral:

I - assessorar juridicamente a Diretoria;

II - emitir pareceres jurídicos;

III - exercer a representação judicial da Autarquia, nos termos do disposto na Lei Complementar n. 73, de 10 de fevereiro de 1993.

Parágrafo único. Ao Procurador-Geral incumbe:

a) coordenar as atividades de assessoramento jurídico da Autarquia;

b) aprovar os pareceres jurídicos dos procuradores;

c) representar ao Ministério Público para início de ação pública de interesse da Aneel.

CAPÍTULO III
DA REGULAÇÃO, DA FISCALIZAÇÃO E DA SOLUÇÃO DE DIVERGÊNCIAS

SEÇÃO I
DA REGULAÇÃO

ART. 12. A ação regulatória da Aneel, de acordo com as diretrizes e competências estabelecidas neste Anexo, visará primordialmente à:

I - definição de padrões de qualidade, custo, atendimento e segurança dos serviços e instalações de energia elétrica compatíveis com as necessidades regionais;

II - atualização das condições de exploração dos serviços e instalações de energia elétrica, em decorrência das alterações verificadas na legislação específica e geral;

III - promoção do uso e da ampla oferta de energia elétrica de forma eficaz e eficiente, com foco na viabilidade técnica, econômica e ambiental das ações;

IV - manutenção da livre competição no mercado de energia elétrica.

ART. 13. O exercício da livre competição deverá ser estimulado pelas ações da Aneel, visando à proteção e defesa dos agentes do setor de energia elétrica e à repartição de forma justa dos benefícios auferidos, entre esses agentes e os consumidores.

Parágrafo único. A Aneel celebrará convênios de cooperação com a Secretaria de Direito Econômico do Ministério da Justiça e demais órgãos de proteção e defesa da ordem econômica, com o objetivo de harmonizar suas ações institucionais.

ART. 14. As ações de proteção e defesa do consumidor de energia elétrica serão realizadas pela Aneel, observado, no que couber, o disposto no Código de Proteção e Defesa do Consumidor, aprovado pela Lei n. 8.078, de 11 de setembro de 1990, na Lei n. 8.987, de 1995, e n. Decreto n. 2.181, de 20 de março de 1997.

Parágrafo único. Objetivando o aperfeiçoamento de suas ações, a Aneel articular-se-á com as entidades e os órgãos estatais e privados de proteção e defesa do consumidor.

ART. 15. A Aneel regulará o uso dos potenciais de energia hidráulica e dos reservatórios de usinas hidrelétricas nos termos da legislação em vigor, com o propósito de estimular seu aproveitamento racional, adequado e em harmonia com a Política Nacional de Recursos Hídricos.

§ 1º A Aneel e os órgãos responsáveis pelo gerenciamento dos recursos hídricos devem articular-se para a outorga de concessão de uso de águas em bacias hidrográficas de que possa resultar a redução da potência firme de potenciais de energia hidráulica, especialmente os aproveitamentos hidrelétricos que se encontrem em operação, ou com obras iniciadas, ou por iniciar, mas já concedidas ou em processo de prorrogação de concessão.

§ 2º A Aneel é parte integrante do Sistema Nacional de Gerenciamento de Recursos Hídricos, criado pelo art. 32 da Lei n. 9.433, de 8 de janeiro de 1997.

SEÇÃO II
DA FISCALIZAÇÃO

ART. 16. A ação fiscalizadora da Aneel visará, primordialmente, à educação e orientação dos agentes do setor de energia elétrica, à prevenção de condutas violadoras da lei e dos contratos e à descentralização de atividades complementares aos Estados, com os propósitos de:

I - instruir os agentes e consumidores quanto ao cumprimento de suas obrigações contratuais e regulamentares;

II - fazer cumprir os contratos, as normas e os regulamentos da exploração dos serviços e instalações de energia elétrica;

III - garantir o atendimento aos padrões de qualidade, custo, prazo e segurança compatíveis com as necessidades regionais e específicas de cada categoria de agente envolvido;

IV - garantir o atendimento aos requisitos de quantidade, adequação e finalidade dos serviços e instalações de energia elétrica;

V - subsidiar, com informações e dados necessários, a ação regulatória, visando à modernização do ambiente institucional de atuação da Aneel.

§ 1º A Aneel criará mecanismos de credenciamento e descredenciamento de técnicos e empresas especializadas, bem como de consultores independentes e auditores externos, para obter, analisar e atestar informações ou dados necessários às atividades de fiscalização e controle dos serviços e instalações de energia elétrica.

§ 2º Dos atos praticados pela fiscalização caberá recurso à Diretoria, com efeito suspensivo, como última instância administrativa.

ART. 17. A Aneel adotará, no âmbito das atividades realizadas pelos agentes do setor de energia elétrica, em conformidade com as normas regulamentares e os respectivos contratos, as seguintes penalidades a serem aplicadas pela fiscalização:

I - advertência escrita, por inobservância a determinações da fiscalização ou de normas legais;

II - multas em valores atualizados, nos casos previstos nos regulamentos ou nos contratos, ou pela reincidência em fato que tenha gerado advertência escrita;

III - suspensão temporária de participação em licitações para obtenção de novas concessões, permissões ou autorizações, bem como impedimento de contratar com a Autarquia, em caso de não execução total ou parcial de obrigações definidas em lei, em contrato ou em ato autorizativo;

IV - intervenção administrativa, nos casos previstos em lei, no contrato, ou em ato autorizativo, em caso de sistemática reincidência em infrações já punidas por multas;

V - revogação da autorização, nos termos da legislação vigente ou do ato autorizativo;

VI - caducidade da concessão ou permissão, na forma da lei e do respectivo contrato.

§ 1º A Aneel definirá os procedimentos administrativos relativos à aplicação de penalidades, de cobrança e pagamento das multas legais e contratuais, assegurados o contraditório e o direito de ampla defesa.

§ 2º Nos processos descentralizados de fiscalização, da decisão do órgão estadual conveniado, caberá recurso a Diretoria da Aneel, a qual, mediante justificativa do interessado, poderá conferir ao recurso efeito suspensivo.

§ 3º As penalidades do inciso III poderão ser impostas nos casos em que haja reiteradas violações dos padrões de qualidade dos serviços, conforme verificado em histórico dos concessionários, permissionários e autorizados e de seus administradores ou responsáveis técnicos demonstradas pelos registros cadastrais da fiscalização, inclusive os dos órgãos estaduais conveniados, de conhecimento publicamente alcançável por requerente legitimamente interessado.

§ 4º As multas serão graduadas segundo a natureza e a gravidade das infrações e aplicadas em múltiplos, conforme dispuser o respectivo regulamento da Aneel, nos casos de reincidência, podendo ser cumuladas com outras penalidades.

§ 5º A Aneel atualizará os valores das multas segundo os critérios fixados pela legislação federal específica.

§ 6º Os valores arrecadados pela Aneel, provenientes da aplicação de multas, poderão ser parcialmente utilizados para financiamento de atividades institucionais dos Conselhos de Consumidores de energia elétrica.

SEÇÃO III
DA SOLUÇÃO DE DIVERGÊNCIAS

ART. 18. A atuação da Aneel para a finalidade prevista no inciso V do art. 3º da Lei n. 9.427, de 1996, será exercida direta ou indiretamente, de forma a:

I - dirimir as divergências entre concessionários, permissionários, autorizados, produtores independentes e autoprodutores, bem como entre esses agentes e os consumidores, inclusive ouvindo diretamente as partes envolvidas;

II - resolver os conflitos decorrentes da ação reguladora e fiscalizadora no âmbito dos serviços de energia elétrica, nos termos da legislação em vigor;

III - prevenir a ocorrência de divergências;

IV - proferir a decisão final, com força determinativa, em caso de não entendimento entre as partes envolvidas;

V - utilizar os casos mediados como subsídios para regulamentação.

CAPÍTULO IV
DA DESCENTRALIZAÇÃO

ART. 19. A Aneel promoverá, em nome da União e nos termos dos arts. 20 a 22 da Lei n. 9.427, de 1996, a descentralização de suas atribuições, mediante delegação, aos Estados e ao Distrito Federal, de atividades complementares de regulação, controle e fiscalização dos serviços e instalações de energia elétrica, com o objetivo de:

I - aproximar a ação reguladora dos agentes, consumidores e demais envolvidos do setor de energia elétrica;

II - tornar mais ágil e presente a ação reguladora;

III - adaptar as ações de regulação, controle e fiscalização às circunstâncias locais.

§ 1º A Aneel identificará e estimulará as oportunidades de delegação.

§ 2º As atividades descentralizadas serão executadas mediante convênio, e, sem prejuízo da descentralização de outras, estarão voltadas preferencialmente para:

a) fiscalização de serviços e instalações de energia elétrica;

b) formulação de padrões regionais de qualidade de serviços de energia elétrica;

c) apuração e solução de queixas de consumidores em primeira instância;

d) preparação de propostas tarifárias para serviços de distribuição e comercialização de energia elétrica;

e) autorização de centrais geradoras termelétricas nos termos do respectivo convênio;

f) prestação de apoio por ocasião das outorgas de concessões para aproveitamento de potenciais hidráulicos situados em rios estaduais;

g) acompanhamento de obras concedidas, permitidas e autorizadas e da execução de projetos e estudos de viabilidade devidamente autorizados.

§ 3º A descentralização abrangerá os serviços e instalações de energia elétrica prestados e situados no território da respectiva unidade federativa, observado o disposto no § 1º do art. 20 da Lei n. 9.427, de 1996.

§ 4º A descentralização de atividades complementares de regulação, controle e fiscalização deverá ser feita exclusivamente aos Estados que detiverem reais condições técnicas e administrativas, nos termos da regulamentação específica.

§ 5º O descumprimento das normas gerais de regulação e fiscalização definidas pela Aneel, ou das condições estabelecidas no respectivo convênio, implicará sua rescisão de pleno direito, com revogação unilateral da delegação pela Aneel.

CAPÍTULO V
DA ADMINISTRAÇÃO DA AUTARQUIA

SEÇÃO I
DO CONTRATO DE GESTÃO

ART. 20. A administração da Aneel será objeto de contrato de gestão, negociado entre a Diretoria e o Ministro de Estado de Minas e Energia, ouvidos previamente os Ministros de Estado da Administração Federal e da Reforma do Estado, da Fazenda e do Planejamento e Orçamento.

§ 1º O contrato de gestão, que deverá ser assinado dentro dos noventa dias seguintes à nomeação do Diretor-Geral, constituirá instrumento de controle da atuação administrativa da Autarquia e do seu desempenho, a ser feito por meio de avaliações periódicas, definidas no respectivo instrumento.

§ 2º O contrato de gestão conterá, sem prejuízo de outras especificações, os seguintes elementos:

a) objetivos e metas, com seus respectivos planos de ação, observada a missão e a visão de futuro da Autarquia, prazo de consecução e indicadores de desempenho;

b) demonstrativo de compatibilidade dos planos de ação com o orçamento e com o cronograma de desembolso, por fonte;

c) premissas que não possam ser afetadas pela gestão da Autarquia e que venham a comprometer, de forma significativa, o cumprimento dos objetivos e metas;

d) responsabilidade dos signatários em relação ao atingimento dos objetivos e metas definidos, inclusive no provimento de meios necessários à consecução dos resultados propostos;

e) critérios e parâmetros a serem considerados na avaliação do cumprimento do contrato de gestão;

f) condições para sua revisão, renovação e rescisão;

g) vigência.

§ 3º O contrato de gestão fixará, sem prejuízo de outros, objetivos e metas relativos aos seguintes itens:

a) regulação econômica do setor de energia elétrica;

b) fiscalização e qualidade dos serviços de energia elétrica;

c) efetividade no uso e na oferta de energia elétrica.

§ 4º O contrato de gestão estabelecerá, em cláusula específica, o procedimento relativo à avaliação e prestação de contas anual da Diretoria da Aneel.

SEÇÃO II
DA AUDIÊNCIA PÚBLICA

ART. 21. O processo decisório que implicar efetiva afetação de direitos dos agentes econômicos do setor elétrico ou dos consumidores, decorrente de ato administrativo da Agência ou de anteprojeto de lei proposto pela Aneel, será precedido de audiência pública com os objetivos de:

I - recolher subsídios e informações para o processo decisório da Aneel;

II - propiciar aos agentes e consumidores a possibilidade de encaminhamento de seus pleitos, opiniões e sugestões;

III - identificar, da forma mais ampla possível, todos os aspectos relevantes à matéria objeto da audiência pública;

IV - dar publicidade à ação regulatória da Aneel.

Parágrafo único. No caso de anteprojeto de lei, a audiência pública ocorrerá após prévia consulta à Casa Civil da Presidência da República.

SEÇÃO III
DO PROCESSO DECISÓRIO

ART. 22. O processo decisório da Aneel obedecerá aos princípios da legalidade, impessoalidade, moralidade, ampla publicidade e economia processual.

§ 1º As reuniões da Diretoria da Aneel que se destinem a resolver pendências entre agentes econômicos do setor de energia elétrica e entre esses e consumidores, assim como a julgar infrações à lei e aos regulamentos, poderão ser públicas, a critério da Diretoria, permitida sua gravação por meios eletrônicos e assegurado aos interessados o direito de obter as respectivas transcrições.

§ 2º A Aneel definirá os procedimentos para seus processos decisórios, assegurando aos interessados o contraditório e a ampla defesa, com os meios e recursos a ela inerentes.

CAPÍTULO VI
DO PATRIMÔNIO E DAS RECEITAS

ART. 23. O patrimônio da Aneel é constituído pelos bens e direitos de sua propriedade e dos que lhe forem conferidos ou que venha a adquirir.

ART. 24. Constituem receitas da Aneel:

I - recursos oriundos da cobrança da taxa de fiscalização de serviços de energia elétrica instituída pela Lei n. 9.427, de 1996;

II - produto da venda de publicações, material técnico, dados e informações, inclusive para fins de licitação pública, de emolumentos administrativos e de taxa de inscrição de concurso público;

III - rendimentos de operações financeiras que a Aneel realizar;

IV - recursos provenientes de convênios, acordos ou contratos celebrados com entidades, organismos ou empresas, públicos ou privados, nacionais ou internacionais;

V - doações, legados, subvenções e outros recursos que lhe foram destinados;

VI - valores apurados na venda ou aluguel de bens móveis ou imóveis de sua propriedade;

VII - valores de multas aplicadas nos termos dos contratos e dos regulamentos do serviço de energia elétrica.

§ 1º Serão transferidas para a Aneel as receitas relativas aos recursos a que se refere o § 6º do art. 4º da Lei n. 5.655, de 20 de maio de 1971, com a redação dada pelo art. 9º da Lei n. 8.631, de 1993.

§ 2º A Aneel poderá manter recursos próprios formados pelas receitas referidas neste artigo em conta bancária para aplicações financeiras, nos termos do autorizado pelo inciso IV do art. 11 da Lei n. 9.427, de 1996.

CAPÍTULO VII
DAS DISPOSIÇÕES FINAIS
E TRANSITÓRIAS

ART. 25. (Revogado pelo Dec. 4.111/2002.)

ART. 26. Fica a Aneel autorizada, nos termos do § 2º do art. 34 da Lei n. 9.427, de 26 de dezembro de 1996, a contratar temporariamente pessoal técnico de nível superior e médio imprescindível à continuidade de suas atividades, limitadas essas contratações a 155 pessoas.

Parágrafo único. O quantitativo total de que trata o *caput* será reduzido anualmente, de forma compatível com as necessidades da Agência, conforme determinarem os resultados de estudos conjuntos da Aneel e do órgão central do Sistema de Pessoal Civil da Administração Federal (SIPEC), para inclusão nas revisões do contrato de gestão de que trata o art. 20 deste Anexo.

ART. 27. As contratações temporárias serão feitas por tempo determinado e observado o prazo máximo de doze meses, podendo ser prorrogadas desde que respeitado o prazo de que trata o § 2º do art. 34 da Lei n. 9.427, de 1996, e os quantitativos totais de contratação temporária definidos para cada ano.

ART. 28. A remuneração do pessoal técnico contratado temporariamente nos termos deste Anexo observará o seguinte:

I - para os profissionais de nível superior com atribuição voltada à regulação, fiscalização, formulação, implementação, controle e avaliação de políticas referentes à organização e coordenação do mercado e da prestação de serviços na área de atuação da Agência não poderá ser superior ao valor da remuneração fixada para os servidores de final da carreira de nível superior específica dos órgãos reguladores;

II - para o pessoal técnico de nível intermediário que atue na área fim da Agência, não poderá ser superior ao valor da remuneração fixada para os servidores de final da carreira de nível intermediário específica dos órgãos reguladores;

III - para o pessoal técnico que desempenhe atividades semelhantes às atribuições dos cargos integrantes dos planos de retribuição ou dos quadros de cargos e salários do serviço público, não correspondentes às referidas nos incisos I e II, será fixada em importância não superior ao valor da respectiva remuneração do plano de retribuição ou quadro de cargos e salários.

§ 1º Enquanto não forem criadas as carreiras específicas para os órgãos reguladores, referidas nos incisos I e II, a Aneel poderá efetuar contratação temporária dos profissionais de que tratam os referidos incisos com base em remunerações de referência definidas em ato conjunto da Agência e do órgão central do Sistema de Pessoal Civil da Administração Federal (SIPEC), tendo como parâmetro os valores praticados pelo mercado.

§ 2º A Agência fica autorizada a criar critérios para definição da remuneração contratual na situação prevista no inciso III deste artigo, respeitadas as faixas definidas pelos planos de retribuição ou pelos quadros de cargos e salários do serviço público federal.

ART. 29. A contratação de pessoal temporário poderá ser efetivada mediante análise do respectivo currículo, observados, em ordem de prioridade, os seguintes requisitos:

I - possuam capacidade técnica comprovada e experiência profissional desenvolvidas no âmbito de instituições ou empresas, no exercício de atividades que guardem estreita relação com as competências da Agência e com as funções a serem desempenhadas;

II - sejam portadores de títulos de formação, especialização, pós-graduação, mestrado ou doutorado, em campos de interesse concernente às competências da Agência.

ART. 30. Aplica-se ao pessoal contratado temporariamente pela Aneel, o disposto nos arts. 3º e 6º, no parágrafo único do art. 7º, no art. 8º, nos incisos I, II e III e parágrafo único do art. 9º, nos arts. 10, 11, 12 e 16 da Lei n. 8.745, de 09 de dezembro de 1993.

ART. 31. A continuidade dos processos decisórios e das atividades relativas a concessões, permissões ou autorizações, em curso no DNAEE, será assegurada pela Aneel, com a manutenção, pelo prazo necessário, dos procedimentos administrativos essenciais atualmente em vigor.

› Optamos, nesta edição, pela não publicação dos Anexos.

DECRETO N. 2.338, DE 7 DE OUTUBRO DE 1997

Aprova o Regulamento da Agência Nacional de Telecomunicações e dá outras providências.

› *DOU*, 08.10.1997.

O Presidente da República, no uso das atribuições que lhe confere o art. 84, incisos IV e VI, da Constituição, e tendo em vista o disposto na Lei n. 9.472, de 16 de julho de 1997,

Decreta:

ART. 1º Ficam aprovados, na forma dos Anexos I e II, o Regulamento da Agência Nacional de Telecomunicações e o correspondente Quadro Demonstrativo dos Cargos em Comissão e Funções Comissionadas de Telecomunicações.

ART. 2º Ficam remanejados:

I - do Ministério da Administração Federal e Reforma do Estado, oriundos da extinção de órgãos da Administração Federal, para a Agência Nacional de Telecomunicações, seis cargos em comissão do Grupo-Direção e Assessoramento Superiores - DAS, sendo um DAS 101.6 e cinco DAS 101.5.

II - da Agência Nacional de Telecomunicações para o Ministério da Administração Federal e Reforma do Estado, dois cargos em comissão do Grupo-Direção e Assessoramento Superiores - DAS, nível 102.5.

ART. 3º Este Decreto entra em vigor na data de sua publicação, produzindo efeitos a partir da data dos atos de nomeação dos membros do Conselho Diretor da Agência Nacional de Telecomunicações.

Brasília, 7 de outubro de 1997; 176º da Independência e 109º da República.

FERNANDO HENRIQUE CARDOSO

ANEXO I
REGULAMENTO DA AGÊNCIA NACIONAL DE TELECOMUNICAÇÕES

CAPÍTULO I
DA ORGANIZAÇÃO

SEÇÃO I
DA INSTALAÇÃO

ART. 1º A Agência Nacional de Telecomunicações, criada pela Lei n. 9.472, de 16 de julho de 1997, é entidade integrante da Administração Pública Federal indireta, submetida a regime autárquico especial e vinculada ao Ministério das Comunicações, com a função de órgão regulador das telecomunicações.

§ 1º A natureza de autarquia especial conferida à Agência é caracterizada por independência administrativa, autonomia financeira, ausência de subordinação hierárquica, bem como mandato fixo e estabilidade de seus dirigentes.

§ 2º A Agência atuará como autoridade administrativa independente, assegurando-se-lhe, nos termos da Lei, as prerrogativas necessárias ao exercício adequado de sua competência.

§ 3º A Agência tem sede e foro na Capital da República e atuação em todo o território nacional.

§ 4º A extinção da Agência somente ocorrerá por lei específica.

ART. 2º A Agência organizar-se-á nos termos da Lei n. 9.472, de 1997, e deste Regulamento, bem como das normas que editar, inclusive de seu Regimento Interno.

ART. 3º O patrimônio da Agência é constituído:

I - pelo acervo técnico e patrimonial do Ministério das Comunicações correspondente às atividades a ela transferidas, o qual será inventariado por Comissão nomeada pelo Ministro de Estado das Comunicações e entregue no prazo máximo de 180 dias;

II - pelos bens móveis ou imóveis que vierem a ser adquiridos, inclusive com recursos do Fundo de Fiscalização das Telecomunicações - Fistel;

III - pelos bens que reverterem ao poder concedente em decorrência das outorgas de serviços de telecomunicações;

IV - por outros bens e recursos que lhe vierem a ser destinados por entidades públicas ou privadas, nacionais ou estrangeiras.

SEÇÃO II
DA GESTÃO FINANCEIRA

ART. 4º Constituem receitas da Agência:

I - as dotações orçamentárias e os créditos adicionais que lhe venham a ser consignados;

II - os recursos do Fistel, o qual passa à sua administração exclusiva, com os saldos nele existentes, exceto os que estejam provisionados ou bloqueados para crédito, incluídas as receitas que sejam produto da cobrança pelo direito de exploração dos serviços de telecomunicações e pelo uso de radiofrequências.

ART. 5º As propostas de orçamento encaminhadas pela Agência ao Ministério das Comunicações serão acompanhadas de um quadro demonstrativo do planejamento plurianual das receitas e despesas, visando ao seu equilíbrio orçamentário e financeiro nos cinco exercícios subsequentes.

§ 1º O planejamento plurianual preverá o montante a ser transferido ao fundo de universalização a que se refere o inciso II do artigo 81 da Lei n. 9.472, de 1997, e os saldos a serem transferidos ao Tesouro Nacional.

§ 2º A Lei Orçamentária Anual consignará as dotações para as despesas correntes e de capital da Agência, bem como o valor das transferências de recursos do Fistel ao Tesouro Nacional e ao fundo de universalização, relativas ao exercício a que ele se referir, as quais serão formalmente feitas ao final de cada mês.

§ 3º A fixação das dotações orçamentárias da Agência na Lei Orçamentária Anual e sua programação orçamentária e financeira de execução não sofrerão limites nos seus valores para movimento e empenho.

ART. 6º A prestação de contas anual da administração da Agência, depois de aprovada pelo Conselho Diretor, será submetida ao Ministro de Estado das Comunicações, para remessa ao Tribunal de Contas da União - TCU, observados os prazos previstos em legislação específica.

SEÇÃO III
DOS AGENTES

ART. 7º A Agência executará suas atividades diretamente, por seus servidores próprios ou requisitados, ou indiretamente, por intermédio da contratação de prestadores de serviço.

ART. 8º A Agência poderá requisitar, com ônus, servidores de órgãos e entidades integrantes da Administração Pública Federal direta, indireta ou fundacional, quaisquer que sejam as funções a serem exercidas.

§ 1º Durante os primeiros vinte e quatro meses subsequentes à instalação da Agência, as requisições de que trata o *caput* deste artigo serão irrecusáveis quando feitas a órgãos e entidades do Poder Executivo, e desde que aprovadas pelo Ministro de Estado das Comunicações e pelo Ministro de Estado Chefe da Casa Civil.

§ 2º Quando a requisição implicar redução de remuneração do servidor requisitado, fica a Agência autorizada a, na forma em que dispuser, complementá-la até o limite da remuneração percebida no órgão de origem.

ART. 9º A estrutura do quadro de cargos e funções da Agência é composta, nos termos do Anexo II, dos Cargos em Comissão de Natureza Especial e do Grupo-Direção e Assessoramento Superiores - DAS e das Funções Comissionadas de Telecomunicações - FCT, criados pelos arts. 12 e 13 da Lei n. 9.472, de 1997, bem assim dos cargos remanejados na forma do Decreto que aprova este Regulamento.

Parágrafo único. Poderão ser incluídos, no quadro da Agência, cargos remanejados da estrutura do Ministério das Comunicações, com base na autorização do art. 11, parte final, da Lei n. 9.472, de 1997, e na forma do art. 37 da Lei n. 8.112, de 11 de dezembro de 1990, conforme decreto específico.

ART. 10. Aos servidores encarregados das atividades de assessoramento e coordenação técnica poderão ser atribuídas as Funções Comissionadas de Telecomunicação - FCT, observadas as seguintes condições:

I - a FCT é privativa de servidores do quadro efetivo, servidores públicos federais ou empregados de empresas públicas ou sociedades de economia mista controladas pela União em exercício na Agência;

II - a FCT é inacumulável com qualquer outra forma de comissionamento;

III - a vantagem pecuniária decorrente da FCT será percebida conjuntamente com a remuneração do cargo ou emprego permanente do servidor;

IV - ressalvados os casos dos incisos I, IV, VI, VIII, alíneas a a e, e inciso X do art. 102 da Lei n. 8.112, de 1990, em todos os demais o afastamento do servidor, mesmo quando legalmente definido como efetivo exercício, implicará cessação do pagamento da vantagem pecuniária decorrente da FCT.

ART. 11. A nomeação, exoneração e demissão de servidores da Agência observarão os procedimentos e condições estabelecidos na Lei n. 8.112, de 1990, e suas alterações.

ART. 12. Após a nomeação, o desempenho do servidor, para fins de permanência no cargo, deverá ser acompanhado permanentemente pelos superiores hierárquicos e pela Corregedoria, cabendo a esta última realizar, de modo célere e nos termos da Lei n. 9.472, de 1997, os procedimentos necessários à confirmação, à demissão ou à exoneração, conforme o caso.

ART. 13. Para atender a necessidade temporária de excepcional interesse público, a Agência poderá contratar, por prazo determinado, o pessoal técnico e burocrático imprescindível às suas atividades, nos termos da Lei n. 8.745, de 9 de dezembro de 1993, e suas alterações, cabendo ao Conselho Diretor autorizar a contratação.

ART. 14. A Agência poderá utilizar, mediante contrato, técnicos ou empresas especializadas, inclusive consultores independentes e auditores externos, para executar indiretamente suas atividades.

§ 1º A fiscalização de competência da Agência será sempre objeto de execução direta, por meio de seus agentes, ressalvadas as atividades de apoio. (Alterado pelo Dec. 4.037/2001.)

§ 2º Constitui atividades de apoio à fiscalização dos serviços de telecomunicações a execução de serviços que visem obter, analisar, consolidar ou verificar processos, procedimentos, informações e dados, inclusive por intermédio de sistemas de medição e monitoragem. (Alterado pelo Dec. 4.037/2001.)

ART. 15. Na celebração de seus contratos, a Agência observará o procedimento licitatório, na forma dos arts. 22, inciso II e 54 a 59 da Lei n. 9.472, de1997, salvo nas hipóteses legais de dispensa e inexigibilidade.

CAPÍTULO II
DAS COMPETÊNCIAS

ART. 16. À Agência compete adotar as medidas necessárias para o atendimento do interesse público e para o desenvolvimento das telecomunicações brasileiras, e especialmente:

I - implementar, em sua esfera de atribuições, a política nacional de telecomunicações fixada na Lei e nos decretos a que se refere o art. 18 da Lei n. 9.472, de 1997;

II - representar o Brasil nos organismos internacionais de telecomunicações, sob a coordenação do Poder Executivo;

III - elaborar e propor ao Presidente da República, por intermédio do Ministro de Estado das Comunicações, a adoção das medidas a que se referem os incisos I a IV do art. 18 da Lei n. 9.472, de 1997, submetendo previamente a consulta pública as relativas aos incisos I a III;

IV - rever, periodicamente, os planos geral de outorgas e de metas para universalização dos serviços prestados no regime público, submetendo-os, por intermédio do Ministro de Estado das Comunicações, ao Presidente da República, para aprovação;

V - exercer o poder normativo relativamente às telecomunicações;

VI - editar atos de outorga e extinção do direito de exploração de serviço no regime público;

VII - celebrar e gerenciar contratos de concessão e fiscalizar a prestação do serviço no regime público, aplicando sanções e realizando intervenções;

VIII - controlar, acompanhar e proceder à revisão de tarifas dos serviços prestados no regime público, podendo fixá-las nas condições previstas na Lei n. 9.472, de 1997, bem como homologar reajustes;

IX - administrar o espectro de radiofrequências e o uso de órbitas;

X - editar atos de outorga e extinção do direito de uso de radiofrequência e de órbita, fiscalizando e aplicando sanções;

XI - expedir e extinguir autorização para prestação de serviço no regime privado, fiscalizando e aplicando sanções;

XII - expedir ou reconhecer a certificação de produtos, observados os padrões e normas por ela estabelecidos;

XIII - expedir licenças de instalação e funcionamento das estações transmissoras de radiocomunicação, inclusive as empregadas na radiodifusão sonora e de sons e imagens ou em serviços ancilares e correlatos, fiscalizando-as permanentemente;

XIV - comunicar ao Ministério das Comunicações as infrações constatadas na fiscalização das estações de radiodifusão sonora e de sons e imagens ou em serviços ancilares e correlatos, encaminhando-lhe cópia dos autos de constatação, notificação, infração, lacração e apreensão;

XV - exercer as competências originalmente atribuídas ao Poder Executivo pela Lei n. 8.977, de 6 de janeiro de 1995, e que lhe foram transferidas pelo art. 212 da Lei n. 9.472, de 1997;

XVI - realizar busca e apreensão de bens no âmbito de sua competência;

XVII - deliberar na esfera administrativa quanto à interpretação da legislação de telecomunicações e sobre os casos omissos;

XVIII - compor administrativamente conflitos de interesses entre prestadoras de serviço de telecomunicações, inclusive arbitrando as condições de interconexão no caso do art. 153, § 2º, da Lei n. 9.472, de 1997;

XIX - atuar na defesa e proteção dos direitos dos usuários, reprimindo as infrações e compondo ou arbitrando conflitos de interesses, observado o art. 19;

XX - exercer, relativamente às telecomunicações, as competências legais em matéria de controle, prevenção e repressão das infrações da ordem econômica, ressalvadas as pertencentes ao Conselho Administrativo de Defesa Econômica - Cade, observado o art. 18;

XXI - propor ao Presidente da República, por intermédio do Ministério das Comunicações, a declaração de utilidade pública, para fins de desapropriação ou instituição de servidão administrativa, dos bens necessários à implantação ou manutenção de serviço de telecomunicações no regime público;

XXII - arrecadar, aplicar e administrar suas receitas, inclusive as integrantes do Fistel;

XXIII - resolver quanto à celebração, alteração ou extinção de seus contratos, bem como quanto à nomeação, exoneração e demissão de servidores, realizando os procedimentos necessários, nos termos da legislação em vigor;

XXIV - contratar pessoal por prazo determinado, de acordo com o disposto na Lei n. 8.745, de 1993;

XXV - adquirir, administrar e alienar seus bens;

XXVI - decidir em último grau sobre as matérias de sua alçada;

XXVII - submeter anualmente ao Ministério das Comunicações a proposta de seu orçamento, bem como a do Fistel, que serão encaminhadas ao Ministério do Planejamento e Orçamento para inclusão no projeto da Lei Orçamentária Anual a que se refere o § 5º do art. 165 da Constituição Federal;

XXVIII - aprovar o seu Regimento Interno;

XXIX - elaborar relatório anual de suas atividades, nele destacando o cumprimento das políticas do setor, enviando-o ao Ministério das Comunicações e, por intermédio da Presidência da República, ao Congresso Nacional;

XXX - promover interação com administrações de telecomunicações dos países do Mercado Comum do Sul - Mercosul, com vistas à consecução de objetivos de interesse comum;

XXXI - requerer, aos órgãos reguladores dos prestadores de outros serviços de interesse público, de ofício ou por solicitação fundamentada de prestadora de serviço de telecomunicações que deferir, o estabelecimento de condições para utilização de postes, dutos, condutos e servidões que pertençam àqueles prestadores;

XXXII - instituir e suprimir comitês, bem como unidades regionais e funcionais, observadas as disposições deste Regulamento.

ART. 17. No exercício de seu poder normativo relativamente às telecomunicações, caberá à Agência disciplinar, entre outros aspectos, a outorga, prestação, a comercialização e o uso dos serviços, a implantação e o funcionamento das redes, a utilização dos recursos de órbita e espectro de radiofrequências, bem como:

I - definir as modalidades de serviço;

II - determinar as condições em que a telecomunicação restrita aos limites de uma mesma edificação ou propriedade independerá de concessão, permissão ou autorização;

III - estabelecer, visando a propiciar competição efetiva e a impedir a concentração econômica no mercado, restrições, limites ou condições a empresas ou grupos empresariais quanto à obtenção e transferência de concessões, permissões e autorizações;

IV - expedir regras quanto à outorga e extinção de direito de exploração de serviços no regime público, inclusive as relativas à licitação, observada a política nacional de telecomunicações a que se refere o inciso I do art. 16;

V - disciplinar o cumprimento das obrigações de universalização e de continuidade atribuídas aos prestadores de serviço no regime público;

VI - regular a utilização de bens ou serviços de terceiros no cumprimento do contrato de concessão;

VII - estabelecer a estrutura tarifária de cada modalidade de serviço;

VIII - disciplinar o regime da liberdade tarifária;

IX - definir os termos em que serão compartilhados com os usuários os ganhos econômicos do concessionário decorrentes da modernização, expansão ou racionalização dos serviços, bem como de novas receitas alternativas;

X - definir a forma em que serão transferidos aos usuários os ganhos econômicos do concessionário que não decorram diretamente da eficiência empresarial;

XI - estabelecer os mecanismos para acompanhamento das tarifas e para garantir sua publicidade, bem como os casos de serviço gratuito;

XII - disciplinar os casos e condições em que poderá ser suspensa a prestação, ao usuário, de serviço em regime público;

XIII - disciplinar o regime da permissão;

XIV - expedir regras quanto à prestação dos serviços no regime privado, incluindo a definição dos condicionamentos a que estão sujeitos os prestadores em geral e em especial os de serviço de interesse coletivo;

XV - editar o plano geral de autorizações de serviço prestado no regime privado, quando for o caso;

XVI - definir os casos em que a exploração de serviço independerá de autorização e aqueles em que o prestador será dispensado da comunicação de início das atividades;

XVII - determinar as condições subjetivas para obtenção de autorização de serviço de interesse restrito;

XVIII - regulamentar os compromissos exigíveis dos interessados na obtenção de autorização de serviço, em proveito da coletividade;

XIX - determinar, relativamente aos serviços prestados exclusivamente em regime privado, os casos em que haverá limite ao número de autorizações de serviço, bem como as regiões, localidades ou áreas abrangidas pela limitação;

XX - dispor sobre a fixação, revisão e reajustamento do preço de serviços autorizados, quando a autorização decorrer de procedimento licitatório cujo julgamento o tenha considerado;

XXI - fixar prazo para os prestadores de serviço adaptarem-se a novas condições impostas pela regulamentação;

XXII - aprovar os planos estruturais das redes de telecomunicações, bem assim as normas e padrões que assegurem a compatibilidade, a operação integrada e a interconexão entre as redes, abrangendo os equipamentos terminais, quando for o caso;

XXIII - dispor sobre os planos de numeração;

XXIV - determinar os casos e condições em que as redes destinadas à prestação de serviço em regime privado serão dispensadas das normas gerais sobre implantação e funcionamento de redes de telecomunicações;

XXV - regulamentar a interconexão entre as redes;

XXVI - fixar os casos e condições em que, para desenvolver a competição, um prestador de serviço de telecomunicações de interesse coletivo deverá disponibilizar sua rede a outro prestador;

XXVII - estabelecer os condicionamentos do direito de uso das redes de serviços de telecomunicações pelos exploradores de serviço de valor adicionado, disciplinando seu relacionamento com as empresas prestadoras daqueles serviços;

XXVIII - definir as circunstâncias e condições em que o prestador do serviço deverá interceptar ligações destinadas a ex-assinantes, para informar seu novo código de acesso;

XXIX - expedir normas e padrões a serem cumpridos pelas prestadoras de serviços de telecomunicações quanto aos equipamentos que utilizarem;

XXX - definir as condições para a utilização, por prestador de serviço de telecomunicações de interesse coletivo, dos postes, dutos, condutos e servidões pertencentes ou controlados por outro prestador de serviço de telecomunicações;

XXXI - regulamentar o tratamento confidencial das informações técnicas, operacionais, econômico-financeiras e contábeis solicitadas às empresas prestadoras dos serviços de telecomunicações;

XXXII - disciplinar a cobrança de preço público pela atribuição do direito de explorar serviço de telecomunicações, bem como de uso de radiofrequência e de órbita;

XXXIII - editar tabela de adaptação do Anexo III da Lei n. 9.472, de 1997, à nomenclatura dos serviços a ser estabelecida pela nova regulamentação;

XXXIV - aprovar o plano de atribuição, distribuição e destinação de faixas de radiofrequência e de ocupação de órbitas e as demais normas sobre seu uso;

XXXV - elaborar e manter os planos de distribuição de canais dos serviços de radiodifusão sonora e de sons e imagens, bem como dos serviços ancilares e correlatos, cuja outorga cabe ao Poder Executivo;

XXXVI - regulamentar a autorização para uso de radiofrequência, com a determinação dos casos em que será dispensável;

XXXVII - disciplinar a exigência de licenças de instalação e funcionamento para operação de estação transmissora de radiocomunicação, bem como sua fiscalização;

XXXVIII - disciplinar a fiscalização, quanto aos aspectos técnicos, das estações utilizadas nos serviços de radiodifusão sonora e de sons e imagens, bem como nos serviços ancilares e correlatos;

XXXIX - definir os requisitos e critérios específicos para execução de serviço de telecomunicações que utilize satélite;

XL - disciplinar a utilização de satélite para transporte de sinais de telecomunicações, inclusive o procedimento de outorga para satélite brasileiro;

XLI - editar tabela de emolumentos, preços e multas a serem cobrados;

XLII - elaborar e editar todas as normas e regulamentações sobre o serviço de TV a Cabo, nos termos da Lei n. 8.977, de 1995, e do art. 212 da Lei n. 9.472, de 1997;

XLIII - regulamentar o dever de fornecimento gratuito de listas telefônicas aos assinantes do serviço telefônico fixo comutado.

ART. 18. No exercício das competências em matéria de controle, prevenção e repressão das infrações à ordem econômica, que lhe foram conferidas pelos art. 7º, § 2º, e 19, inciso XIX, da Lei n. 9.472, de 1997, a Agência observará as regras procedimentais estabelecidas na Lei n. 8.884, de 11 de junho de 1994, e suas alterações, cabendo ao Conselho Diretor a adoção das medidas por elas reguladas.

Parágrafo único. Os expedientes instaurados e que devam ser conhecidos pelo Conselho Administrativo de Defesa Econômica - Cade ser-lhe-ão diretamente encaminhados pela Agência.

ART. 19. A Agência articulará sua atuação com a do Sistema Nacional de Defesa do Consumidor, organizado pelo Decreto n. 2.181, de 20 de março de 1997, visando à eficácia da proteção e defesa do consumidor dos serviços de telecomunicações, observado o disposto nas Leis n. 8.078, de 11 de setembro de 1990, e n. 9.472, de 1997.

Parágrafo único. A competência da Agência prevalecerá sobre a de outras entidades ou órgãos destinados à defesa dos interesses e direitos do consumidor, que atuarão de modo supletivo, cabendo-lhe com exclusividade a aplicação das sanções do art. 56, incisos VI, VII, IX, X e XI da Lei n. 8.078, de 11 de setembro de 1990.

CAPÍTULO III
DOS ÓRGÃOS SUPERIORES

SEÇÃO I
DO CONSELHO DIRETOR

ART. 20. O Conselho Diretor será composto por cinco conselheiros, que sejam brasileiros, de reputação ilibada, formação universitária e elevado conceito no campo de sua especialidade, devendo ser escolhidos pelo Presidente da República e por ele nomeados, após aprovação pelo Senado Federal, nos termos da alínea f do inciso III do art. 52 da Constituição Federal.

Parágrafo único. Aos conselheiros serão assegurados os mesmos direitos, vantagens, prerrogativas e tratamento, inclusive protocolar, que na Administração Pública Federal são atribuídos aos ocupantes de cargos de Secretário-Executivo de Ministério.

ART. 21. O Presidente do Conselho Diretor será nomeado pelo Presidente da República dentre os seus integrantes e investido no cargo por três anos ou pelo que restar de seu mandato de conselheiro, quando inferior a esse prazo, vedada a recondução.

§ 1º O Conselho Diretor proporá anualmente um de seus integrantes para assumir a presidência nas ausências eventuais e impedimentos do Presidente, competindo ao Ministro de Estado das Comunicações submeter a proposta à aprovação do Presidente da República. (Alterado pelo Dec. 2.853/1998.)

§ 2º Enquanto estiver vago o cargo de Presidente, será ele exercido pelo conselheiro escolhido na forma do § 1º.

ART. 22. O mandato dos membros do Conselho Diretor será de cinco anos, vedada a recondução.

Parágrafo único. Em caso de vaga no curso do mandato, este será completado por sucessor investido na forma prevista no art. 20, que o exercerá pelo prazo remanescente.

ART. 23. Os mandatos dos primeiros membros do Conselho Diretor serão de três, quatro, cinco, seis e sete anos, a serem estabelecidos no decreto de nomeação.

§ 1º A data em que for expedido o decreto de nomeação conjunta dos primeiros membros do Conselho Diretor será considerada como o termo inicial de todos os mandatos, devendo ser observada, a partir de então, para a renovação anual de conselheiros.

§ 2º O termo inicial fixado de acordo com o parágrafo anterior prevalecerá para cômputo da duração dos mandatos, mesmo que as nomeações e posses subsequentes venham a ocorrer em dia diferente.

ART. 24. Os conselheiros tomarão posse e entrarão em exercício mediante assinatura do livro próprio, até trinta dias contados da nomeação.

Parágrafo único. Será tornado sem efeito o ato de nomeação se a posse não ocorrer no prazo previsto no *caput*.

ART. 25. Os conselheiros somente perderão o mandato em virtude de renúncia, de condenação judicial transitada em julgado ou de processo administrativo disciplinar.

§ 1º Sem prejuízo do que preveem as leis penal e de improbidade administrativa, será causa da perda do mandato a inobservância, pelo conselheiro, dos deveres e proibições inerentes ao cargo, inclusive no que se refere ao cumprimento das políticas estabelecidas para o setor pelos Poderes Executivo e Legislativo.

§ 2º Cabe ao Ministro de Estado das Comunicações instaurar, nos termos da Lei n. 8.112, de 1990, o processo administrativo disciplinar, que será conduzido por comissão especial, competindo ao Presidente da República determinar o afastamento preventivo, quando for o caso, e proferir o julgamento.

ART. 26. Considera-se vago o cargo de conselheiro, até a posse do sucessor, em razão da perda do mandato, nos termos do art. 25, *caput*, ou de seu término, bem como nos casos de morte ou de invalidez permanente que impeça o exercício de suas funções.

§ 1º Ressalvadas as licenças para tratamento da própria saúde, à gestante, à adotante e à paternidade, bem como o afastamento para missão no exterior, autorizado pelo Conselho Diretor, os conselheiros não terão direito a licença ou a afastamento de seu cargo

§ 2º Considera-se impedido o conselheiro nas hipóteses de afastamento preventivo, nos termos do art. 25, § 2º, e de licença por mais de quinze dias, nos termos do parágrafo anterior.

ART. 27. Durante o período de vacância que anteceder à nomeação de novo titular ou no caso de impedimento de conselheiro, será ele substituído por integrante da lista de substituição do Conselho Diretor.

§ 1º A lista de substituição será formada por três servidores da Agência, ocupantes dos cargos de Superintendente-Adjunto ou Gerente-Geral, escolhidos e designados, mediante decreto, pelo Presidente da República, entre os indicados pelo Conselho Diretor, observada a ordem de precedência constante do ato de designação para o exercício da substituição.

§ 2º O Conselho Diretor indicará ao Presidente da República três nomes para cada vaga na lista.

§ 3º Ninguém permanecerá por mais de dois anos contínuos na lista de substituição e somente a ela será reconduzido em prazo superior ao mínimo de dois anos.

§ 4º Aplicam-se aos substitutos os requisitos subjetivos quanto à investidura, às proibições e aos deveres impostos aos conselheiros.

§ 5º Em caso de necessidade de substituição, os substitutos serão chamados na ordem de procedência na lista, observado o sistema de rodízio.

§ 6º O mesmo substituto não exercerá o cargo de conselheiro por mais de sessenta dias contínuos, devendo ser convocado outro substituto, na ordem da lista, caso a vacância ou impedimento do conselheiro se estenda além desse prazo.

ART. 28. Aos conselheiros é vedado o exercício de qualquer outra atividade profissional, empresarial, sindical ou de direção político-partidária, salvo a de professor universitário, em horário compatível.

Parágrafo único. O exercício a que se refere este artigo caracteriza-se pelo desempenho de tarefas regulares ou pela gestão operacional de empresas ou entidades.

ART. 29. É vedado aos conselheiros ter interesse significativo, direto ou indireto, em empresa relacionada com telecomunicações.

§ 1º Considera-se interesse significativo, em empresa relacionada com telecomunicações, ser sócio ou acionista, com participação no capital total superior a:

a) três décimos por cento, de prestadora de serviço de telecomunicações de interesse coletivo ou de empresa cuja atividade preponderante seja a prestação de serviço de interesse restrito;

b) três décimos por cento, de controladora, controlada ou coligada de prestadora de serviço de telecomunicações de interesse coletivo ou de empresa cuja atividade preponderante seja a prestação de serviço de interesse restrito;

c) três por cento, de empresa cujo faturamento dependa diretamente, em mais de dez por cento, de relacionamento econômico com prestadora de serviço de telecomunicações de interesse coletivo ou de empresa cuja atividade preponderante seja a prestação de serviço de interesse restrito.

§ 2º Para garantir a transparência e probidade de sua atuação, os conselheiros serão obrigados a notificar outras situações de interesse que os envolvam direta ou indiretamente e sejam suscetíveis de influir no exercício de suas competências.

§ 3º A notificação deverá ser feita ao Conselho Diretor, com cópia para o Ouvidor, sendo arquivada em lista própria na Biblioteca.

ART. 30. Até um ano após deixar o cargo, é vedado ao ex-conselheiro representar qualquer pessoa ou interesse perante a Agência.

Parágrafo único. É vedado, ainda, ao ex-conselheiro utilizar informações privilegiadas obtidas em decorrência do cargo exercido, sob pena de incorrer em improbidade administrativa.

ART. 31. O Conselho Diretor decidirá por maioria absoluta, nos termos fixados no Regimento Interno.

§ 1º Cada conselheiro votará com independência, fundamentando seu voto.

§ 2º Não é permitido aos conselheiros abster-se na votação de qualquer assunto.

§ 3º O conselheiro que impedir, injustificadamente, por mais de trinta dias, a deliberação do Conselho, mediante pedido de vista ou outro expediente de caráter protelatório, terá suspenso o pagamento de seus vencimentos, até que profira seu voto, sem prejuízo da sanção disciplinar cabível.

§ 4º Obtido o quórum de deliberação, a ausência de conselheiro não impedirá o encerramento da votação.

§ 5º Serão publicados no Diário Oficial da União a íntegra dos atos normativos e o extrato das demais decisões do Conselho Diretor, os quais também serão inscritos na Biblioteca.

ART. 32. O Conselho Diretor reunir-se-á com o objetivo de resolver pendências entre agentes econômicos, bem como entre estes e consumidores ou usuários de bens e serviços de telecomunicações, ou, nos termos do Regimento Interno, assegurando-se aos interessados nas decisões da Agência o direito de intervenção oral.

§ 1º As sessões do Conselho Diretor serão públicas, permitida a sua gravação por meios eletrônicos e assegurado aos interessados o direito de delas obter transcrições.

§ 2º Quando a publicidade ampla puder violar segredo protegido ou a intimidade de alguém, a participação na sessão será limitada.

ART. 33. As atas ou transcrições das sessões, bem como os votos, ficarão arquivados na Biblioteca, disponíveis para conhecimento geral.

Parágrafo único. Quando a publicidade puder colocar em risco a segurança do País, ou violar segredo protegido ou a intimidade de alguém, os registros correspondentes serão mantidos em sigilo.

ART. 34. O Conselho Diretor poderá suspender suas deliberações por um total de trinta dias ao ano, contínuos ou não, conforme dispuser o Regimento Interno.

Parágrafo único. Nos períodos de suspensão, ao menos um conselheiro permanecerá em exercício.

ART. 35. Compete ao Conselho Diretor, sem prejuízo de outras atribuições previstas na Lei, neste Regulamento ou no Regimento Interno:

I - estabelecer as diretrizes funcionais, executivas e administrativas a serem seguidas pela Agência, zelando por seu efetivo cumprimento;

II - submeter ao Presidente da República, por intermédio do Ministro de Estado das Comunicações, as propostas de modificação deste Regulamento;

III - aprovar normas de licitação e contratação próprias da Agência;

IV - propor o estabelecimento e alteração das políticas governamentais de telecomunicações;

V - exercer o poder normativo da Agência relativamente às telecomunicações, nos termos do art.17;

VI - aprovar editais de licitação, homologar adjudicações, bem como decidir pela prorrogação, transferência, intervenção e extinção, em relação às outorgas para prestação de serviço no regime público, obedecendo ao plano aprovado pelo Poder Executivo;

VII - aprovar editais de licitação, homologar adjudicações, bem como decidir pela prorrogação, transferência e extinção, em relação às autorizações para prestação de serviço no regime privado ou de uso de radiofrequência e de uso de órbitas, na forma do Regimento Interno;

VIII - aprovar o Regimento Interno;

IX - resolver sobre a aquisição e a alienação de bens;

X - autorizar a contratação de serviços de terceiros, na forma da legislação em vigor;

XI - aprovar as propostas a que se referem os incisos XXI e XXVII do art.16, bem como o relatório de que trata o inciso XXIX do mesmo artigo;

XII - aprovar a requisição, com ônus para a Agência, de servidores de órgãos e entidades integrantes da Administração Pública Federal direta, indireta ou fundacional, quaisquer que sejam as funções a serem exercidas, nos termos do art. 14 da Lei n. 9.472, de 1997;

XIII - deliberar na esfera administrativa quanto à interpretação da legislação de telecomunicações e sobre os casos omissos;

XIV - exercer o poder de decisão final sobre todas as matérias da alçada da Agência;

XV - encaminhar ao Presidente da República lista com os indicados para integrar a lista de substituição do Conselho Diretor;

XVI - propor ao Presidente da República a cassação do mandato de integrante do Conselho Consultivo, nos termos do art.40;

XVII - indicar um de seus integrantes para assumir a presidência, na hipótese e na forma dos §§ 1º e 2º do art. 21;

XVIII - deliberar sobre a direção das Superintendências pelos conselheiros, nos termos do art. 62;

XIX - aprovar previamente as nomeações ou exonerações dos ocupantes dos cargos do Grupo-Direção e Assessoramento Superiores - DAS, bem como as designações para as Funções Comissionadas de Telecomunicação - FCT e sua cessação;

XX - autorizar o afastamento de seus integrantes para desempenho de missão no exterior.

Parágrafo único. É vedado ao Conselho Diretor:

a) delegar a terceiros a função de fiscalização de competência da Agência, ressalvadas as atividades de apoio;

b) delegar, a qualquer órgão ou autoridade, interna ou externa, o seu poder normativo e as demais competências previstas neste artigo, ressalvada a prevista no inciso XIX.

SEÇÃO II
DO CONSELHO CONSULTIVO

ART. 36. O Conselho Consultivo, órgão de participação institucionalizada da sociedade na Agência, será integrado por doze conselheiros e decidirá por maioria simples, cabendo ao seu Presidente o voto de desempate.

§ 1º Cabe ao Conselho Consultivo:

a) opinar, antes do seu encaminhamento ao Ministério das Comunicações, sobre o plano geral de outorgas, o plano geral de metas para universalização dos serviços prestados no regime público e demais políticas governamentais de telecomunicações;

b) aconselhar quanto à instituição ou eliminação da prestação de serviço no regime público;

c) apreciar os relatórios anuais do Conselho Diretor;

d) requerer informação e fazer proposição a respeito das ações referidas no art.35.

§ 2º Será publicado no Diário Oficial da União o extrato das decisões do Conselho Consultivo, as quais serão também inscritas na Biblioteca.

ART. 37. Os integrantes do Conselho Consultivo, cuja qualificação deverá ser compatível com as matérias afetas ao colegiado, serão designados por decreto do Presidente da República, mediante indicação:

I - do Senado Federal: dois conselheiros;

II - da Câmara dos Deputados: dois conselheiros;

III - do Poder Executivo: dois conselheiros;

IV - das entidades de classe das prestadoras de serviços de telecomunicações: dois conselheiros;

V - das entidades representativas dos usuários: dois conselheiros;

VI - das entidades representativas da sociedade: dois conselheiros.

§ 1º No caso dos incisos I e II, as indicações serão remetidas ao Presidente da República trinta dias antes do vencimento dos mandatos dos respectivos representantes.

§ 2º As entidades que, enquadrando-se nas categorias a que se referem os incisos IV a VI, pretendam indicar representantes, poderão fazê-lo livremente, em trinta dias contados da publicação do edital convocatório no Diário Oficial da União, remetendo ao Ministério das Comunicações lista de três nomes para cada vaga, acompanhada de demonstração das características da entidade e da qualificação dos indicados.

§ 3º A designação para cada uma das vagas referidas nos incisos IV a VI será feita por escolha do Presidente da República, dentre os indicados pela respectiva categoria.

§ 4º Na ausência de indicações, o Presidente da República escolherá livremente os conselheiros.

§ 5º Para a escolha dos primeiros integrantes do Conselho Consultivo, as entidades terão o prazo de dez dias, a contar da instalação da Agência, para formular suas indicações, dispensada a publicação de edital convocatório.

§ 6º A posse dos novos integrantes do Conselho Consultivo ocorrerá na primeira reunião que este realizar após a nomeação.

ART. 38. Os integrantes do Conselho Consultivo, que não serão remunerados, terão mandato de três anos, vedada a recondução.

§ 1º A Agência arcará com custeio de deslocamento e estada dos Conselheiros quando no exercício das atribuições a eles conferidas.

§ 2º Os mandatos dos primeiros conselheiros serão de um, dois e três anos, definidos pelo Presidente da República quando da designação, na proporção de um terço para cada período.

ART. 39. O Presidente do Conselho Consultivo será eleito pelos seus integrantes e terá mandato de um ano.

§ 1º Será eleito Presidente aquele que obtiver o maior número de votos, em único escrutínio secreto, independentemente de candidatura, sendo o desempate feito em favor do conselheiro mais idoso.

§ 2º O mandato do primeiro Presidente terá início, quando de sua eleição, na reunião de instalação do Conselho.

ART. 40. Os integrantes do Conselho Consultivo perderão o mandato, por decisão do Presidente da República, a ser tomada de ofício ou mediante provocação do Conselho Diretor da Agência, nos casos de:

I - conduta incompatível com a dignidade exigida pela função;

II - mais de três faltas não justificadas consecutivas a reuniões do Conselho;

III - mais de cinco faltas não justificadas alternadas a reuniões do Conselho.

ART. 41. O Presidente do Conselho Diretor convocará o Conselho Consultivo a reunir-se ordinariamente, uma vez por ano, no mês de abril, para eleição do seu Presidente e apreciação dos relatórios anuais do Conselho Diretor.

ART. 42. Haverá reunião extraordinária do Conselho Consultivo toda vez que este for convocado pelo Presidente do Conselho Diretor para apreciar as proposições relativas ao art. 35, incisos I e II, da Lei n. 9.472, de 1997.

Parágrafo único. As proposições do Conselho Diretor referidas no *caput* serão consideradas aprovadas caso o Conselho Consultivo não delibere a respeito em até quinze dias contados da data marcada para a reunião.

ART. 43. Por convocação do seu Presidente ou de um terço de seus integrantes, o Conselho Consultivo reunir-se-á extraordinariamente para opinar sobre assunto de sua competência.

ART. 44. Os requerimentos formulados pelo Conselho Consultivo na forma do art. 35, inciso IV da Lei n. 9.472, de 1997, serão dirigidos ao Presidente do Conselho Diretor, devendo ser atendidos no prazo máximo de sessenta dias.

ART. 45. O Secretário do Conselho Diretor será também o Secretário do Conselho Consultivo.

CAPÍTULO IV
DA ESTRUTURA ORGANIZACIONAL

SEÇÃO I
DA PRESIDÊNCIA DA AGÊNCIA

ART. 46. O Presidente do Conselho Diretor exercerá a presidência da Agência, cabendo-lhe nessa qualidade o comando hierárquico sobre o pessoal e o serviço, com as competências administrativas correspondentes, e também:

I - representar a Agência, ativa e passivamente, firmando, em conjunto com outro conselheiro, os convênios, ajustes e contratos;

II - submeter ao Conselho Diretor os expedientes em matéria de sua competência;

III - cumprir e fazer cumprir as deliberações do Conselho Diretor;

IV - encaminhar ao Ministério das Comunicações, quando for o caso, as propostas e medidas aprovadas pelo Conselho Diretor;

V - requisitar de quaisquer repartições federais, inclusive da Administração indireta, as informações e diligências necessárias às deliberações do Conselho Diretor;

VI - assinar os contratos de concessão e os termos de permissão, bem como suas alterações e atos extintivos;

VII - assinar os termos de autorização de serviços de telecomunicações e de uso de radiofrequência e de órbita, bem como suas alterações e atos extintivos;

VIII - aprovar os editais de concurso público e homologar seu resultado;

IX - nomear ou exonerar os servidores, provendo os cargos efetivos ou em comissão, atribuindo as funções comissionadas, exercendo o poder disciplinar e autorizando os afastamentos, inclusive para missão no exterior;

X - convocar as reuniões ordinárias do Conselho Consultivo, bem como as reuniões extraordinárias a que se refere o art.42.

Parágrafo único. O Presidente poderá avocar competências dos órgãos a ele subordinados, podendo delegar a atribuição a que se refere o inciso VII, bem assim as de firmar contratos e de ordenação de despesas.

ART. 47. O Presidente será substituído pelo conselheiro, escolhido na forma do § 1º do art. 21.

ART. 48. A presidência disporá de um Gabinete, a ela vinculando-se também a Procuradoria, a Corregedoria, a Assessoria Internacional, a Assessoria de Relações com os Usuários, a Assessoria Técnica e a Assessoria Parlamentar e de Comunicação Social.

ART. 49. Haverá um Superintendente-Executivo, que auxiliará o Presidente no exercício de suas funções executivas.

SEÇÃO II
DA OUVIDORIA

ART. 50. A Agência terá um Ouvidor nomeado pelo Presidente da República para mandato de dois anos, admitida uma recondução.

ART. 51. O Ouvidor terá acesso a todos os assuntos e contará com o apoio administrativo de que necessitar, sendo-lhe dado o direito de assistir às sessões e reuniões do Conselho

Diretor, inclusive as secretas, bem como de acesso a todos os autos e documentos, não se lhe aplicando as ressalvas dos arts. 21, § 1º, e 39 da Lei n. 9.472, de 1997.

Parágrafo único. O Ouvidor deverá manter em sigilo as informações que tenham caráter reservado.

ART. 52. Compete ao Ouvidor produzir, semestralmente ou quando oportuno, apreciações críticas sobre a atuação da Agência, encaminhando-as ao Conselho Diretor, ao Conselho Consultivo, ao Ministério das Comunicações, a outros órgãos do Poder Executivo e ao Congresso Nacional, fazendo-as publicar no Diário Oficial da União, e mantendo-as em arquivo na Biblioteca para conhecimento geral.

ART. 53. O Ouvidor atuará com independência, não tendo vinculação hierárquica com o Conselho Diretor ou seus integrantes.

ART. 54. O Ouvidor somente perderá o mandato em virtude de renúncia, de condenação judicial transitada em julgado ou de processo administrativo disciplinar.

§ 1º Sem prejuízo do que preveem a lei penal e a lei de improbidade administrativa, será causa da perda do mandato a inobservância, pelo Ouvidor, dos deveres e proibições inerentes ao cargo.

§ 2º Caberá ao Ministro de Estado das Comunicações instaurar, nos termos da Lei n. 8.112, de 1990, processo administrativo disciplinar, que será conduzido por comissão especial, competindo ao Presidente da República determinar o afastamento preventivo do Ouvidor, quando for o caso, e proferir o julgamento.

ART. 55. É vedado ao Ouvidor ter interesse significativo, direto ou indireto, em empresa relacionada com telecomunicações, nos termos do art.29.

SEÇÃO III
DA PROCURADORIA

ART. 56. A Procuradoria da Agência vincula-se à Advocacia-Geral da União para fins de orientação normativa e supervisão técnica.

ART. 57. Cabe à Procuradoria:

I - representar judicialmente a Agência, com prerrogativas processuais de Fazenda Pública;

II - representar judicialmente os ocupantes de cargos e funções de direção, com referência a atos praticados no exercício de suas atribuições institucionais ou legais, competindo-lhe, inclusive, a impetração de mandado de segurança em nome deles para defesa de suas atribuições legais;

III - apurar a liquidez e certeza dos créditos, de qualquer natureza, inerentes às suas atividades, inscrevendo-os em dívida ativa, para fins de cobrança amigável ou judicial;

IV - executar as atividades de consultoria e assessoramento jurídicos;

V - assistir as autoridades no controle interno da legalidade administrativa dos atos a serem praticados, inclusive examinando previamente os textos de atos normativos, os editais de licitação, contratos e outros atos dela decorrentes, bem assim os atos de dispensa e inexigibilidade de licitação;

VI - opinar previamente sobre a forma de cumprimento de decisões judiciais;

VII - representar ao Conselho Diretor sobre providências de ordem jurídica que pareçam reclamadas pelo interesse público e pelas normas vigentes.

ART. 58. A Procuradoria será dirigida pelo Procurador-Geral, a quem compete especialmente:

I - participar das sessões e reuniões do Conselho Diretor, sem direito a voto;

II - receber as citações e notificações judiciais;

III - desistir, transigir, firmar compromisso e confessar nas ações de interesse da Agência, autorizado pelo Conselho Diretor;

IV - aprovar todos os pareceres elaborados pela Procuradoria.

SEÇÃO IV
DA CORREGEDORIA

ART. 59. A Corregedoria será dirigida por um Corregedor e integrada por Corregedores Auxiliares, conforme dispuser o Regimento Interno, competindo-lhe:

I - fiscalizar as atividades funcionais dos órgãos e unidades;

II - apreciar as representações que lhe forem encaminhadas relativamente à atuação dos servidores;

III - realizar correição nos diversos órgãos e unidades, sugerindo as medidas necessárias à racionalização e eficiência dos serviços;

IV - coordenar o estágio confirmatório dos integrantes das carreiras de servidores, emitindo parecer sobre seu desempenho e opinando, fundamentadamente, quanto a sua confirmação no cargo ou exoneração;

V - instaurar, de ofício ou por determinação superior, sindicâncias e processos administrativos disciplinares relativamente aos servidores, submetendo-os à decisão do Presidente do Conselho Diretor.

SEÇÃO V
DOS COMITÊS

ART. 60. Por decisão do Conselho Diretor, a Agência instituirá comitês, que funcionarão sempre sob a direção de conselheiro, para realizar estudos e formular proposições ligadas a seus objetivos, princípios fundamentais ou assuntos de interesse estratégico.

SEÇÃO VI
DAS SUPERINTENDÊNCIAS

ART. 61. A estrutura da Agência compreenderá, ainda, como órgãos executivos, superintendências, organizadas na forma do regimento interno. (Alterado pelo Dec. 3.873/2001.)

ART. 62. As Superintendências ficarão sob a direção dos conselheiros, conforme deliberação do Conselho Diretor, podendo ser adotado rodízio entre os conselheiros.

Parágrafo único. O conselheiro será auxiliado pelo Superintendente-Adjunto, que ficará incumbido da gestão executiva da Superintendência.

CAPÍTULO V
DA ATIVIDADE E DO CONTROLE

ART. 63. A atividade da Agência será juridicamente condicionada pelos princípios da legalidade, celeridade, finalidade, razoabilidade, proporcionalidade, impessoalidade, imparcialidade, igualdade, devido processo legal, publicidade e moralidade.

ART. 64. A Agência dará tratamento confidencial às informações técnicas, operacionais, econômico-financeiras e contábeis que solicitar às empresas prestadoras de serviços de telecomunicações, desde que sua divulgação não seja diretamente necessária para:

I - impedir a discriminação de usuários ou prestadores de serviço de telecomunicações;

II - verificar o cumprimento das obrigações assumidas em decorrência de autorização, permissão ou concessão, especialmente as relativas à universalização dos serviços.

ART. 65. Os atos da Agência deverão ser acompanhados da exposição formal dos motivos que os justifiquem.

ART. 66. Os atos normativos de competência da Agência serão editados pelo Conselho Diretor, só produzindo efeito após publicação no Diário Oficial da União.

Parágrafo único. Os atos de alcance particular só produzirão efeito após a correspondente notificação.

ART. 67. As minutas de atos normativos serão submetidas à consulta pública, formalizada por publicação no Diário Oficial da União, devendo as críticas e sugestões merecer exame e permanecer à disposição do público na Biblioteca, nos termos do Regimento Interno.

ART. 68. Na invalidação de atos e contratos será garantida previamente a manifestação dos interessados, conforme dispuser o Regimento Interno.

ART. 69. Qualquer pessoa terá o direito de peticionar ou de recorrer contra ato da Agência no prazo máximo de trinta dias, devendo sua decisão ser conhecida em até noventa dias, nos termos do Regimento Interno.

CAPÍTULO VI
DAS DISPOSIÇÕES FINAIS
E TRANSITÓRIAS

ART. 70. Caberá à Agência, nos termos da Lei n. 9.472, de 1997, regular os serviços de telecomunicações no País, substituindo gradativamente os regulamentos, normas e demais regras em vigor.

Parágrafo único. Enquanto não forem editadas as novas regulamentações, será observado o seguinte:

a) as concessões, permissões e autorizações continuarão regidas pelos atuais regulamentos, normas e regras;

b) continuarão regidos pela Lei n. 9.295, de 19 de julho de 1996, os serviços por ela disciplinados e os respectivos atos e procedimentos de outorga.

ART. 71. Para permitir a adequada organização das atividades, ficam suspensos, nos trinta dias que se seguirem à instalação da Agência, os prazos estabelecidos para a atuação de suas autoridades e agentes, relativamente aos procedimentos administrativos que lhe tenham sido transferidos.

Parágrafo único. O disposto neste artigo não suspende os prazos em curso para os administrados, nem impede a atuação da Agência no período de suspensão.

ART. 72. A Agência contará com a colaboração do Ministério das Comunicações para sua implantação e consolidação, podendo com ele celebrar convênios ou contratos, utilizando, inclusive, recursos do Fistel.

ART. 73. A Advocacia-Geral da União e o Ministério das Comunicações, por intermédio de sua Consultoria Jurídica, mediante comissão conjunta, promoverão, no prazo de cento e oitenta dias, levantamento dos processos judiciais em curso envolvendo matéria cuja competência tenha sido transferida à Agência Nacional de Telecomunicações, a qual sucederá a União em todos esses processos.

§ 1º A transferência dos processos judiciais será realizada mediante solicitação, por petição, da

Procuradoria-Geral da União, perante o juízo ou Tribunal onde se encontrar o processo, requerendo a intimação da Procuradoria da Agência para assumir o feito.

§ 2º Enquanto não operada a transferência na forma do parágrafo anterior, a Procuradoria-Geral da União permanecerá no feito, praticando todos os atos processuais necessários.

§ 3º A transferência a que se refere este artigo não alcança os processos judiciais envolvendo a concessão, permissão ou autorização de serviço de radiodifusão sonora ou de sons e imagens.

▸ Optamos, nesta edição, pela não publicação dos Anexos.

DECRETO N. 2.346, DE 10 DE OUTUBRO DE 1997

Consolida normas de procedimentos a serem observadas pela Administração Pública Federal em razão de decisões judiciais, regulamenta os dispositivos legais que menciona, e dá outras providências.

▸ *DOU*, 13.10.1997.

O Presidente da República, no uso da atribuição que lhe confere o art. 84, incisos IV e VI, da Constituição, e tendo em vista o disposto nos arts. 131 da Lei n. 8 213, de 24 de julho de 1991, alterada pela Medida Provisória n. 1.523-12, de 25 de setembro de 1997, 77 da Lei n. 9.430, de 27 de dezembro de 1996, e 1º a 4º da Lei n. 9.469, de 10 de julho de 1997,

Decreta:

CAPÍTULO I
DAS DISPOSIÇÕES GERAIS

ART. 1º As decisões do Supremo Tribunal Federal que fixem, de forma inequívoca e definitiva, interpretação do texto constitucional deverão ser uniformemente observadas pela Administração Pública Federal direta e indireta, obedecidos aos procedimentos estabelecidos neste Decreto.

§ 1º Transitada em julgado decisão do Supremo Tribunal Federal que declare a inconstitucionalidade de lei ou ato normativo, em ação direta, a decisão, dotada de eficácia *ex tunc*, produzirá efeitos desde a entrada em vigor da norma declarada inconstitucional, salvo se o ato praticado com base na lei ou ato normativo inconstitucional não mais for suscetível de revisão administrativa ou judicial.

§ 2º O disposto no parágrafo anterior aplica-se, igualmente, à lei ou ao ato normativo que tenha sua inconstitucionalidade proferida, incidentalmente, pelo Supremo Tribunal Federal, após a suspensão de sua execução pelo Senado Federal.

§ 3º O Presidente da República, mediante proposta de Ministro de Estado, dirigente de órgão integrante da Presidência da República ou do Advogado-Geral da União, poderá autorizar a extensão dos efeitos jurídicos de decisão proferida em caso concreto.

ART. 1º-A. Concedida cautelar em ação direta de inconstitucionalidade contra lei ou ato normativo federal, ficará também suspensa a aplicação dos atos normativos regulamentadores da disposição questionada. (Incluído pelo Dec. 3.001/1999.)

Parágrafo único. Na hipótese do *caput*, relativamente à matéria tributária, aplica-se o disposto no art. 151, inciso IV, da Lei n. 5.172, de 25 de outubro de 1966, às normas regulamentares e complementares. (Incluído pelo Dec. 3.001/1999.)

ART. 1º-B. Compete exclusivamente ao Advogado-Geral da União e ao Ministro de Estado do Planejamento, Orçamento e Gestão se manifestarem, prévia e expressamente, sobre a extensão administrativa dos efeitos de decisões judiciais proferidas em casos concretos, inclusive ações coletivas, contra a União, suas autarquias e fundações públicas em matéria de pessoal civil da administração direta, autárquica e fundacional. (Acrescentado pelo Dec. 8.157/2013).

§ 1º Os pedidos de extensão administrativa, instruídos com manifestação jurídica, documentos pertinentes e, quando possível, jurisprudência dos Tribunais Superiores, serão submetidos à análise do Advogado-Geral da União e do Ministro de Estado do Planejamento, Orçamento e Gestão. (Acrescentado pelo Dec. 8.157/2013).

§ 2º A extensão administrativa dos efeitos de decisões judiciais será realizada por meio de Portaria Interministerial do Advogado-Geral da União e do Ministro de Estado do Planejamento, Orçamento e Gestão. (Acrescentado pelo Dec. 8.157/2013).

§ 3º As autarquias e fundações públicas encaminharão o pedido de extensão administrativa por meio do titular do órgão ao qual estejam vinculadas. (Acrescentado pelo Dec. 8.157/2013).

§ 4º Os procedimentos para o trâmite dos pedidos de extensão serão disciplinados em ato conjunto do Advogado-Geral da União e do Ministro de Estado do Planejamento, Orçamento e Gestão. (Acrescentado pelo Dec. 8.157/2013).

ART. 2º Firmada jurisprudência pelos Tribunais Superiores, a Advocacia-Geral da União expedirá súmula a respeito da matéria, cujo enunciado deve ser publicado no Diário Oficial da União, em conformidade com o disposto no art. 43 da Lei Complementar n. 73, de 10 de fevereiro de 1993.

ART. 3º À vista das súmulas de que trata o artigo anterior, o Advogado-Geral da União poderá dispensar a propositura de ações ou a interposição de recursos judiciais.

ART. 4º Ficam o Secretário da Receita Federal e o Procurador-Geral da Fazenda Nacional, relativamente aos créditos tributários, autorizados a determinar, no âmbito de suas competências e com base em decisão definitiva do Supremo Tribunal Federal que declare a inconstitucionalidade de lei, tratado ou ato normativo, que:

I - não sejam constituídos ou que sejam retificados ou cancelados;

II - não sejam efetivadas inscrições de débitos em dívida ativa da União;

III - sejam revistos os valores já inscritos, para retificação ou cancelamento da respectiva inscrição;

IV - sejam formuladas desistências de ações de execução fiscal.

Parágrafo único. Na hipótese de crédito tributário, quando houver impugnação ou recurso ainda não definitivamente julgado contra a sua constituição, devem os órgãos julgadores, singulares ou coletivos, da Administração Fazendária, afastar a aplicação da lei, tratado ou ato normativo federal, declarado inconstitucional pelo Supremo Tribunal Federal.

ART. 5º Nas causas em que a representação da União competir à Procuradoria-Geral da Fazenda Nacional, havendo manifestação jurisprudencial reiterada e uniforme e decisões definitivas do Supremo Tribunal Federal ou do Superior Tribunal de Justiça, em suas respectivas áreas de competência, fica o Procurador-Geral da Fazenda Nacional autorizado a declarar, mediante parecer fundamentado, aprovado pelo Ministro de Estado da Fazenda, as matérias em relação às quais é de ser dispensada a apresentação de recursos.

ART. 6º O Instituto Nacional do Seguro Social - INSS poderá ser autorizado pelo Ministro de Estado da Previdência e Assistência Social, ouvida a Consultoria Jurídica, a desistir ou abster-se de propor ações e recursos em demandas judiciais sempre que a ação versar matéria sobre a qual haja declaração de inconstitucionalidade proferida pelo Supremo Tribunal Federal - STF, súmula ou jurisprudência consolidada do STF ou dos tribunais superiores.

§ 1º Na hipótese prevista no *caput*, o Ministro de Estado da Previdência e Assistência Social poderá determinar que os órgãos administrativos procedam à adequação de seus procedimentos à jurisprudência do Supremo Tribunal Federal ou dos tribunais superiores.

§ 2º O Ministro de Estado da Previdência e Assistência Social, relativamente aos créditos previdenciários, com base em lei ou ato normativo federal declarado inconstitucional por decisão definitiva do Supremo Tribunal Federal, em ação processada e julgada originariamente ou mediante recurso extraordinário, conforme o caso, e ouvida a Consultoria Jurídica, poderá autorizar o INSS a:

a) não constituí-los ou, se constituídos, revê-los, para a sua retificação ou cancelamento;

b) não inscrevê-los em dívida ativa ou, se inscritos, revê-los, para a sua retificação ou cancelamento;

c) abster-se de interpor recurso judicial ou a desistir de ação de execução fiscal.

CAPÍTULO II
DAS DISPOSIÇÕES ESPECIAIS

ART. 7º O Advogado-Geral da União e os dirigentes máximos das autarquias, das fundações e das empresas públicas federais poderão autorizar a realização de acordos ou transações, em juízo, para terminar o litígio, nas causas de valor até R$ 50.000,00 (cinquenta mil reais), a não propositura de ações e a não interposição de recursos, assim como requerimento de extinção das ações em curso ou de desistência dos respectivos recursos judiciais, para a cobrança de créditos, atualizados, de valor igual ou inferior a R$ 1.000,00 (mil reais), em que interessadas essas entidades na qualidade de autoras, rés, assistentes ou opoentes, nas condições aqui estabelecidas

§ 1º Quando a causa envolver valores superiores ao limite fixado no *caput*, o acordo ou a transação, sob pena de nulidade, dependerá de prévia e expressa autorização do Ministro de Estado ou do titular de Secretaria da Presidência da República a cuja área de competência estiver afeto o assunto no caso da União, ou da autoridade máxima da autarquia, da fundação ou da empresa pública.

§ 2º Não se aplica o disposto neste artigo às causas relativas ao patrimônio imobiliário da União e às de natureza fiscal.

ART. 8º O Advogado-Geral da União e os dirigentes máximos das autarquias, fundações ou empresas públicas federais poderão autorizar a realização de acordos, homologáveis pelo Juízo, nos autos dos processos ajuizados por essas entidades, para o recebimento de débitos de valores não superiores a R$ 50.000,00 (cinquenta mil reais), em parcelas mensais e sucessivas até o máximo de trinta, observado o disposto no § 2º do artigo anterior.

§ 1º O saldo devedor será atualizado pelo índice de variação da Unidade Fiscal de Referência

DECRETOS

(UFIR), e sobre o valor da prestação mensal incidirão juros à taxa de doze por cento ao ano.

§ 2º Deixada de cumprir qualquer parcela, pelo prazo de trinta dias, instaurar-se-á o processo de execução ou nele se prosseguirá, pelo saldo.

ART. 9º As autoridades indicadas no *caput* do artigo anterior poderão concordar com pedido de desistência da ação, nas causas de quaisquer valores, desde que o autor renuncie expressamente ao direito sobre que se funda a ação, ressalvadas as de natureza fiscal, em que a competência será da Procuradoria-Geral da Fazenda Nacional.

CAPÍTULO III
DAS DISPOSIÇÕES FINAIS

ART. 10. Ao fim de cada trimestre, os órgãos e as entidades da Administração Pública Federal direta e indireta encaminharão ao Ministro de Estado da Justiça, com cópias para o Ministro de Estado Chefe da Casa Civil da Presidência da República e para o Advogado-Geral da União, relatório circunstanciado sobre a fiel execução deste Decreto.

ART. 11. Este Decreto entra em vigor na data de sua publicação.

ART. 12 Ficam revogados os Decretos n. 73.529, de 21 de janeiro de 1974, 1.601, de 23 de agosto de 1995, e 2.194, de 7 de abril de 1997.

Brasília, 10 de outubro de 1997;
176º da Independência e 109º da República.
FERNANDO HENRIQUE CARDOSO

DECRETO N. 2.455, DE 14 DE JANEIRO DE 1998

Implanta a Agência Nacional do Petróleo - ANP, autarquia sob regime especial, aprova sua Estrutura Regimental e o Quadro Demonstrativo dos Cargos em Comissão e Funções de Confiança e dá outras providências.

▸ *DOU*, 15.01.1998.

O Presidente Da República, no uso das atribuições que lhe confere o art. 84, incisos IV e VI, da Constituição, e tendo em vista o disposto na Lei n. 9.478, de 6 de agosto de 1997, e na Medida Provisória n. 1.549-38, de 31 de dezembro de 1997,

Decreta:

ART. 1º Fica implantada a Agência Nacional do Petróleo - ANP, autarquia sob regime especial, com personalidade jurídica de direito público e autonomia patrimonial, administrativa e financeira, vinculada ao Ministério de Minas e Energia, com prazo de duração indeterminado, como órgão regulador da indústria do petróleo, nos termos da Lei n. 9.478, de 6 de agosto de 1997.

Parágrafo único. A ANP tem sede e foro no Distrito Federal e escritórios centrais na cidade do Rio de Janeiro, podendo instalar unidades administrativas regionais.

ART. 2º Ficam aprovados a Estrutura Regimental e o Quadro Demonstrativo dos Cargos em Comissão e Funções de Confiança da ANP, na forma dos Anexos I e II a este Decreto.

ART. 3º Ficam remanejados para a ANP:

I - do Ministério de Minas e Energia, 102 Funções Comissionadas de Petróleo - FCP, sendo 19 FCP V; 36 FCP IV; oito FCP II e 39 FCP I;

II - do Ministério da Administração Federal e Reforma do Estado, cinquenta cargos em comissão, sendo cinco de Natureza Especial e 45 do Grupo - Direção e Assessoramento Superior - DAS, assim distribuídos: dezessete DAS 101.5; onze DAS 102.5 e dezessete DAS 102.4.

ART. 4º Ficam remanejados nos termos do §1º, art. 77 da Lei n. 9.478, de 1997, do Ministério de Minas e Energia para a Agência Nacional do Petróleo - ANP, os Cargos em Comissão do Grupo - Direção e Assessoramento Superiores -DAS e Funções Gratificadas - FG, alocados ao Departamento Nacional de Combustíveis - DNC, assim distribuídos: um DAS 101.5; quatro DAS 101.4; nove DAS 101.2; vinte DAS 101.1; dois DAS 102.1: cinco FG-1; seis FG-2 e nove FG-3.

ART. 5º O regimento interno da ANP será aprovado pelo Ministério de Estado de Minas e Energia e publicado no Diário Oficial da União, no prazo de até sessenta dias contados da data de publicação deste Decreto.

ART. 6º Este Decreto entra em vigor na data de sua publicação.

Brasília, 14 de janeiro de 1998;
177º da Independência e 110º da República.
FERNANDO HENRIQUE CARDOSO

ANEXO I
ESTRUTURA REGIMENTAL DA AGÊNCIA NACIONAL DO PETRÓLEO

CAPÍTULO I
DA NATUREZA E FINALIDADE

ART. 1º A Agência Nacional do Petróleo - ANP, criada pela Lei n. 9.478, de 6 de agosto de 1997, é entidade integrante da Administração Pública Federal, submetida a regime autárquico especial, vinculada ao Ministério de Minas e Energia, com prazo de duração indeterminado, com sede e foro no Distrito Federal e Escritórios Centrais na cidade do Rio de Janeiro, podendo instalar unidades administrativas regionais.

ART. 2º A ANP tem por finalidade promover a regulação, a contratação e a fiscalização das atividades econômicas integrantes da indústria do petróleo, de acordo com o estabelecido na legislação, nas diretrizes emanadas do Conselho Nacional de Política Energética - CNPE e em conformidade com os interesses do País.

ART. 3º Na execução de suas atividades, a ANP observará os seguintes princípios:

I - satisfação da demanda atual da sociedade, sem comprometer o atendimento da demanda das futuras gerações;

II - prevenção de potenciais conflitos por meio de ações e canais de comunicação que estabeleçam adequado relacionamento com agentes econômicos do setor de petróleo, demais órgãos do governo e a sociedade;

III - regulação para uma apropriação justa dos benefícios auferidos pelos agentes econômicos do setor, pela sociedade e pelos consumidores e usuários de bens e serviços da indústria do petróleo;

IV - regulação pautada na livre concorrência, na objetividade, na praticidade, na transparência, na ausência de duplicidade, na consistência e no atendimento das necessidades dos consumidores e usuários;

V - criação de condições para a modicidade dos preços dos derivados de petróleo, dos demais combustíveis e do gás natural, sem prejuízo da oferta e da qualidade;

VI - fiscalização exercida no sentido da educação e orientação dos agentes econômicos do setor, bem como da prevenção e repressão de condutas violadoras da legislação pertinente, das disposições estabelecidas nos contratos e nas autorizações;

VII - criação de ambiente que incentive investimentos na indústria do petróleo e nos segmentos de distribuição e revenda de derivados de petróleo e álcool combustível;

VIII - comunicação efetiva com a sociedade.

CAPÍTULO II
DA ESTRUTURA ORGANIZACIONAL

SEÇÃO I
DAS COMPETÊNCIAS

ART. 4º À ANP compete:

I - implementar, em sua esfera de atribuições, a política nacional de petróleo e gás natural, contida na política energética nacional, nos termos do Capítulo I da Lei n. 9.478, de 6 de agosto de 1997, com ênfase na garantia do suprimento de derivados de petróleo em todo o território nacional e na proteção dos consumidores e usuários quanto a preço, qualidade e oferta de produtos;

II - promover estudos visando à delimitação de blocos, para efeito de concessão das atividades de exploração, desenvolvimento e produção;

III - regular a execução de serviços de geologia e geofísica aplicados à prospecção petrolífera, visando ao levantamento de dados técnicos, destinados à comercialização em bases não exclusivas;

IV - elaborar editais e promover as licitações para a concessão de exploração, desenvolvimento e produção, celebrando os contratos delas decorrentes e fiscalizando a sua execução;

V - autorizar a prática das atividades de refinação, processamento, transporte, importação e exportação, na forma estabelecida na Lei n. 9.478, de 6 de agosto de 1997 e sua regulamentação;

VI - estabelecer critérios para o cálculo de tarifas de transporte dutoviário e arbitrar seus valores, nos casos e formas previstos na Lei n. 9.478, de 6 de agosto de 1997;

VII - fiscalizar diretamente, ou mediante convênios com órgãos dos Estados e do Distrito Federal, as atividades integrantes da indústria do petróleo, bem como aplicar sanções administrativas e pecuniárias previstas em lei, regulamento ou contrato;

VIII - instruir processo com vistas à declaração de utilidade pública, para fins de desapropriação e instituição de servidão administrativa, das áreas necessárias à exploração, desenvolvimento e produção de petróleo e gás natural, construção de refinarias, de dutos e de terminais;

IX - fazer cumprir as boas práticas de conservação e uso racional do petróleo, dos derivados e do gás natural e de preservação do meio ambiente;

X - estimular a pesquisa e a adoção de novas tecnologias na exploração, produção, transporte, refino e processamento;

XI - organizar e manter o acervo das informações e dados técnicos relativos às atividades da indústria do petróleo;

XII - consolidar anualmente as informações sobre as reservas nacionais de petróleo e gás natural, transmitidas pelas empresas, responsabilizando-se por sua divulgação;

XIII - fiscalizar o adequado funcionamento do Sistema Nacional de Estoques de Combustíveis e o cumprimento do Plano Anual de Estoques Estratégicos de Combustíveis, de que trata o art. 4º da Lei n. 8.176, de 8 de fevereiro de 1991;

XIV - articular-se com os outros órgãos reguladores do setor energético sobre matérias de interesse comum, inclusive para efeito de apoio técnico ao CNPE;

XV - regular e autorizar as atividades relacionadas com o abastecimento nacional de combustíveis, fiscalizando-as diretamente ou mediante convênios com outros órgãos da União, dos Estados, do Distrito Federal ou dos Municípios;

XVI - dar conhecimento ao Conselho Administrativo de Defesa Econômica - CADE de fatos, no âmbito da indústria do petróleo, que configurem infração da ordem econômica;

XVII - executar as demais atribuições a ela conferidas pela Lei n. 9.478, de 1997.

Parágrafo único. A ANP deverá realizar os ajustes e as modificações necessárias nos atuais regulamentos do Departamento Nacional de Combustíveis - DNC, em função de mudanças estabelecidas pela legislação superior.

SEÇÃO II
DA ESTRUTURA BÁSICA

ART. 5º A ANP terá a seguinte estrutura organizacional:

I - Diretoria;

II - Procuradoria-Geral;

III - Superintendências de Processos Organizacionais.

Parágrafo único. O regimento interno disporá sobre a estruturação, atribuições e vinculação das Superintendências de Processos Organizacionais.

SEÇÃO III
DA DIRETORIA

ART. 6º A ANP será dirigida por um Diretor-Geral e quatro Diretores.

§ 1º Os Diretores serão nomeados pelo Presidente da República, após aprovação do Senado Federal, para cumprir mandatos de quatro anos, não coincidentes, observado o disposto no art. 75 da Lei n. 9.478, de 1997, sendo permitida a recondução.

§ 2º Na hipótese de vacância de membro da Diretoria, o novo Diretor será nomeado para cumprir o período remanescente do respectivo mandato.

§ 3º Durante o período de vacância do cargo de Diretor-Geral, na hipótese prevista no art. 10 da Lei n. 9.986, de 18 de julho de 2000, o Presidente da República designará um dos Diretores como substituto eventual. (Acrescentado pelo Dec. 3.968/2001.)

SEÇÃO IV
DAS COMPETÊNCIAS DA DIRETORIA

ART. 7º À Diretoria da ANP, em regime de colegiado, são atribuídas as responsabilidades de analisar, discutir e decidir, em instância administrativa final, sobre matérias de competência da autarquia, bem como sobre:

I - planejamento estratégico da Agência;

II - políticas administrativas internas e de recursos humanos e seu desenvolvimento;

III - nomeação, exoneração, contratação e promoção de pessoal, nos termos da legislação em vigor;

IV - por delegação, autorizar o afastamento de funcionários do País para desempenho de atividades técnicas e de desenvolvimento profissional;

V - alteração do Regimento Interno nos itens relacionados com a gestão administrativa da autarquia;

VI - indicação do substituto do Diretor-Geral nos seus impedimentos.

§ 1º A Diretoria reunir-se-á com a presença de, pelo menos, três Diretores, dentre eles o Diretor-Geral ou seu substituto legal e deliberará com o mínimo de três votos convergentes.

§ 2º Os atos decisórios da Diretoria serão publicados no Diário Oficial da União.

§ 3º A Diretoria poderá delegar a cada Diretor competências para deliberar sobre assuntos relacionados com as Superintendências de Processos Organizacionais.

§ 4º A Diretoria estabelecerá, em relação a cada Diretor, a vinculação das Superintendências de Processos Organizacionais.

§ 5º Será obrigatória a rotatividade das Superintendências de Processos Organizacionais vinculadas a cada Diretor, conforme dispuser o regimento interno.

SEÇÃO V
DAS ATRIBUIÇÕES COMUNS AOS DIRETORES

ART. 8º São atribuições comuns aos Diretores:

I - cumprir e fazer cumprir as disposições regulamentares no âmbito das atribuições da ANP;

II - zelar pelo desenvolvimento e credibilidade interna e externa da ANP e pela legitimidade de suas ações;

III - zelar pelo cumprimento dos planos e programas da ANP;

IV - praticar e expedir os atos de gestão administrativa no âmbito de suas atribuições;

V - executar as decisões tomadas pela Diretoria;

VI - contribuir com subsídios para proposta de ajustes e modificações na legislação, necessários à modernização do ambiente institucional de atuação da ANP;

VII - coordenar as atividades das Superintendências de Processos Organizacionais sob sua responsabilidade.

SEÇÃO VI
DAS ATRIBUIÇÕES DO DIRETOR-GERAL

ART. 9º Além das atribuições comuns aos Diretores, são atribuições exclusivas do Diretor-Geral:

I - presidir as reuniões da Diretoria;

II - representar a ANP, ativa e passivamente, em juízo, ou fora dele, na qualidade de seu principal responsável;

III - expedir os atos administrativos de incumbência e competência da ANP;

IV - firmar, em nome da ANP, contratos, convênios, acordos, ajustes e outros instrumentos legais conforme decisão da Diretoria;

V - praticar atos de gestão de recursos orçamentários, financeiros e de administração;

VI - praticar atos de gestão de recursos humanos, aprovar edital e homologar resultados de concursos públicos, nomear, demitir, contratar e praticar demais atos correlatos, previamente aprovados pela Diretoria;

VII - Supervisionar o funcionamento geral da ANP.

SEÇÃO VII
DA PROCURADORIA-GERAL

ART. 10. Compete à Procuradoria-Geral:

I - assessorar juridicamente a Diretoria e as Superintendências de Processos Organizacionais, inclusive examinando previamente os textos de atos normativos, os editais de licitação, os contratos de concessão e outros atos pertinentes a atuação da ANP;

II - emitir pareceres jurídicos;

III - exercer a representação judicial da ANP, nos termos do disposto na Lei Complementar n. 73, de 10 de fevereiro de 1993.

SEÇÃO VIII
DAS ATRIBUIÇÕES DO PROCURADOR-GERAL

ART. 11. São atribuições do Procurador-Geral:

I - coordenar as atividades de assessoramento jurídico da ANP;

II - aprovar os pareceres jurídicos dos procuradores da Autarquia;

III - representar ao Ministério Público para início de ação pública de interesse da ANP.

SEÇÃO IX
DAS SUPERINTENDÊNCIAS DE PROCESSOS ORGANIZACIONAIS

ART. 12. A estruturação das Superintendências de Processos Organizacionais deverá contemplar os seguintes processos organizacionais:

I - gestão de informações e dados técnicos;

II - definição de blocos;

III - promoção de licitações;

IV - exploração;

V - desenvolvimento e produção;

VI - controle das participações governamentais;

VII - relações institucionais;

VIII - refino e processamento de gás natural;

IX - transporte de petróleo, seus derivados e gás natural;

X - importação e exportação de petróleo, seus derivados e gás natural;

XI - desenvolvimento da infraestrutura de abastecimento;

XII - abastecimento;

XIII - qualidade de produtos;

XIV - gestão de recursos humanos;

XV - gestão financeira e administrativa;

XVI - gestão interna.

SEÇÃO X
DAS ATRIBUIÇÕES DOS SUPERINTENDENTES DE PROCESSOS ORGANIZACIONAIS

ART. 13. Aos Superintendentes de Processos Organizacionais incumbe:

I - planejar, organizar, dirigir, coordenar, controlar, avaliar, em nível operacional, os processos organizacionais da ANP sob a sua respectiva responsabilidade, com foco em resultados;

II - encaminhar os assuntos pertinentes para análise e decisão da Diretoria;

III - promover a integração entre os processos organizacionais.

CAPÍTULO III
DA REGULAÇÃO, DA CONTRATAÇÃO E DA FISCALIZAÇÃO

SEÇÃO I
DA REGULAÇÃO

ART. 14. A ANP regulará as atividades da indústria do petróleo e a distribuição e revenda de derivados de petróleo e álcool combustível, no sentido de preservar o interesse nacional, estimular a livre concorrência e a apropriação justa dos benefícios auferidos pelos agentes econômicos do setor, pela sociedade, pelos consumidores e usuários de bens e serviços da indústria do petróleo.

SEÇÃO II
DA CONTRATAÇÃO

ART. 15. A ANP contratará a execução das atividades econômicas relacionadas com o monopólio da União de que trata o art. 177 da Constituição.

§ 1º A contratação das atividades de pesquisa e lavra das jazidas de petróleo, gás natural e outros hidrocarbonetos fluidos será mediante concessão, por licitação.

§ 2º As atividades de refinação do petróleo nacional ou estrangeiro, de importação e de exportação de petróleo, gás natural e derivados básicos, de transporte marítimo do petróleo bruto e dos derivados básicos de petróleo produzidos no País, e de transporte por meio de conduto do petróleo bruto, seus derivados e gás natural, serão exercidas mediante autorização.

SEÇÃO III
DA FISCALIZAÇÃO

ART. 16. A ANP fiscalizará as atividades da indústria do petróleo e a distribuição e revenda de derivados de petróleo e álcool combustível, no sentido da educação e orientação dos agentes do setor, bem como da prevenção e repressão de condutas violadoras da legislação pertinente, dos contratos e das autorizações.

§ 1º A ANP fiscalizará as atividades da indústria do petróleo diretamente ou mediante convênios com órgãos da União, dos Estados e do Distrito Federal.

§ 2º A ANP fiscalizará as atividades de distribuição e revenda de derivados de petróleo e álcool combustível diretamente ou mediante convênios com outros órgãos da União, dos Estados, do Distrito Federal e dos Municípios.

ART. 17. Dos atos praticados pela fiscalização caberá recurso à Diretoria da ANP como última instância administrativa.

ART. 18. A ANP atualizará os procedimentos administrativos do DNC e emitirá procedimentos administrativos necessários à fiscalização da indústria do petróleo para efetivação de processo de aplicação de penalidades, de estabelecimento dos recursos administrativos e de cobrança de multas legais e contratuais.

SEÇÃO IV
DA SOLUÇÃO DE DIVERGÊNCIAS

ART. 19. A atuação da ANP, para a finalidade prevista no art. 20 da Lei n. 9.478, de 1997, será exercida, mediante conciliação ou arbitramento, de forma a:

I - dirimir as divergências entre os agentes econômicos e entre estes e os consumidores e usuários de bens e serviços da indústria do petróleo;

II - resolver conflitos decorrentes da ação de regulação, contratação e fiscalização no âmbito da indústria do petróleo e da distribuição e revenda de derivados de petróleo e álcool combustível;

III - prevenir a ocorrência de divergências;

IV - proferir a decisão final no campo administrativo, com força determinativa, em caso de não entendimento entre as partes envolvidas;

V - utilizar os casos mediados como subsídios para a regulamentação.

Parágrafo único. O Regimento Interno da ANP definirá os procedimentos administrativos para os processos de conciliação e de arbitramento.

CAPÍTULO IV
DAS DISPOSIÇÕES GERAIS

SEÇÃO I
DO PROCESSO DECISÓRIO

ART. 20. O processo decisório da ANP obedecerá aos princípios da legalidade, impessoalidade, moralidade, publicidade e economia processual.

ART. 21. As sessões deliberativas, que se destinem a resolver pendências entre agentes econômicos e entre estes e consumidores e usuários de bens e serviços da indústria do petróleo, serão públicas, permitida a sua gravação por meios eletrônicos e assegurado aos interessados o direito de delas obter transcrições.

Parágrafo único. A ANP definirá os procedimentos para assegurar aos interessados o contraditório e a ampla defesa.

ART. 22. O processo decisório que implicar efetiva afetação de direitos dos agentes econômicos do setor petróleo ou dos consumidores e usuários de bens e serviços da indústria do petróleo decorrente de ato administrativo da Agência ou de anteprojeto de lei por ela proposto, será precedido de audiência pública, com os objetivos de:

I - recolher subsídios, conhecimentos e informações para o processo decisório da ANP;

II - propiciar aos agentes econômicos e aos consumidores e usuários a possibilidade de encaminhamento de opiniões e sugestões;

III - identificar todos os aspectos relevantes à matéria, objeto da audiência pública;

IV - dar publicidade às ações da ANP.

Parágrafo único. No caso de anteprojeto de lei, a audiência pública ocorrerá após consulta à Casa Civil da Presidência da República.

SEÇÃO II
DO PATRIMÔNIO E DAS RECEITAS

ART. 23. Constituem o patrimônio da ANP os bens e direitos de sua propriedade, os que lhe forem conferidos ou que venha adquirir.

ART. 24. Constituem receitas da ANP:

I - as dotações consignadas no Orçamento Geral da União, créditos especiais, transferências e repasses que lhes forem conferidos;

II - parcela das participações governamentais referidas nos incisos I e III do art. 45 da Lei n. 9.478, de 1997, de acordo com as suas necessidades operacionais;

III - os recursos provenientes de convênios, acordos ou contratos celebrados com entidades, organismos ou empresas;

IV - as doações, legados, subvenções e outros recursos que lhes forem destinados;

V - o produto dos emolumentos, taxas e multas previstos na legislação específica e nos contratos, os valores apurados na venda ou locação dos bens imóveis de sua propriedade, bem como os decorrentes da venda de dados e informações técnicas, inclusive para fins de licitação, ressalvados os referidos no § 2º, do art. 22, da Lei n. 9.478, de 1997;

VI - os recursos provenientes da participação governamental previstos no inciso IV do art. 45 da Lei n. 9.478, de 1997, que serão destinados ao financiamento das despesas da autarquia, para o exercício das atividades que lhes são conferidas pela mesma Lei.

CAPÍTULO V
DAS DISPOSIÇÕES
TRANSITÓRIAS E FINAIS

ART. 25. Serão transferidos para a ANP o acervo técnico e patrimonial, as obrigações, os direitos e as receitas do DNC.

ART. 26. Os saldos orçamentários do Ministério de Minas e Energia poderão ser transferidos para ANP, visando atender às despesas de estruturação e manutenção da Agência.

ART. 27. A ANP poderá contratar especialistas para a execução de trabalhos nas áreas técnicas, econômica e jurídica, por projeto ou prazos limitados, com dispensa de licitação nos casos previstos na legislação aplicável.

ART. 28. Fica a ANP autorizada a efetuar a contratação temporária, por prazo não excedente a trinta e seis meses, nos termos do parágrafo único do art. 76, da Lei n. 9.478, de 1997, de pessoal técnico imprescindível à implementação de suas atividades.

§ 1º O quantitativo máximo de contratações temporárias previstas no *caput* deste artigo, será definido mediante ato conjunto dos Ministros de Estado da Administração Federal e Reforma do Estado e de Minas e Energia.

§ 2º O quantitativo de que trata o parágrafo anterior será reduzido anualmente, de forma compatível com as necessidades da Agência, conforme determinarem os resultados de estudos conjuntos da ANP e do órgão central do Sistema de Pessoal Civil da Administração Federal (SIPEC).

§ 3º A contratação de pessoal temporário poderá ser efetivada mediante análise do respectivo currículo, observados, em ordem de prioridade e mediante decisão fundamentada, os seguintes requisitos:

a) capacidade técnica comprovada e experiência profissional que guarde estreita relação com as atividades a serem desempenhadas;

b) títulos de formação, especialização, pós-graduação, mestrado ou doutorado, em campos de interesse e pertinência com as competências da Agência.

ART. 29. As contratações temporárias serão feitas por tempo determinado e observado o prazo máximo de doze meses, podendo ser prorrogadas desde que respeitado o prazo de que trata o parágrafo único do art. 76, da Lei n. 9.478, de 1997.

ART. 30. A remuneração do pessoal técnico contratado temporariamente nos termos deste Anexo observará o seguinte:

I - para os profissionais de nível superior com atribuição voltada à regulação, fiscalização, formulação, implementação, controle e avaliação de políticas referentes à organização e coordenação do mercado e da prestação de serviços na área de atuação da Agência não poderá ser superior ao valor da remuneração fixada para os servidores de final da carreira de nível superior específica dos órgãos reguladores;

II - para o pessoal técnico de nível intermediário que atue na área fim da Agência, não poderá ser superior ao valor da remuneração fixada para os servidores de final da carreira de nível intermediário específica dos órgãos reguladores;

III - para o pessoal técnico que desempenhe atividades semelhantes às atribuições dos cargos integrantes dos planos de retribuição ou dos quadros de cargos e salários do serviço público, não correspondentes às referidas nos incisos I e II, será fixada em importância não superior ao valor da respectiva remuneração do plano de retribuição ou quadro de cargos e salários.

§ 1º Enquanto não forem criadas as carreiras específicas para os órgãos reguladores, referidas nos incisos I e II, a ANP poderá efetuar contratação temporária dos profissionais de que tratam os referidos incisos com base em remunerações de referência definidas em ato conjunto da Agência e do órgão central do Sistema de Pessoal Civil da Administração Federal (SIPEC), tendo como parâmetro os valores praticados pelo mercado.

§ 2º A Agência fica autorizada a criar critérios para definição da remuneração contratual na situação prevista no inciso III deste artigo, respeitadas as faixas definidas pelos planos de retribuição ou pelos quadros de cargos e salários do serviço público federal.

ART. 31. Aplica-se ao pessoal contratado temporariamente pela ANP, o disposto na Lei n. 8.745, de 1993.

ART. 32. O quantitativo total de pessoal em exercício na ANP, considerados os integrantes do quadro efetivo, contratados de forma temporária, requisitados, cedidos e ocupantes de cargos em comissão sem vínculo, não será superior a trezentos e setenta e três servidores. (Alterado pelo Dec. 3.388/2000.)

ART. 33. A ANP promoverá, na forma da legislação federal específica, a defesa judicial de seus agentes, em função de atos praticados no exercício de suas competências.

ART. 34. Será assegurada pela ANP, a continuidade dos processos e das atividades, atualmente em curso no DNC, com a manutenção, pelo prazo necessário, dos procedimentos administrativos essenciais em vigor.

› Optamos, nesta edição, pela não publicação dos Anexos.

DECRETO N. 2.487, DE 2 DE FEVEREIRO DE 1998

Dispõe sobre a qualificação de autarquias e fundações como Agências Executivas, estabelece critérios e procedimentos para a elaboração, acompanhamento e avaliação dos contratos de gestão e dos planos estratégicos de reestruturação e de desenvolvimento institucional das entidades qualificadas e dá outras providências.

O Presidente da República, no uso das atribuições que lhe confere o art. 84, incisos IV e VI, da Constituição, e de acordo com o disposto nos arts. 51 e 52 da Medida Provisória n. 1.549-38, de 31 de dezembro de 1997,

Decreta:

ART. 1º As autarquias e as fundações integrantes da Administração Pública Federal poderão, observadas as diretrizes do Plano Diretor da Reforma do Aparelho do Estado, ser qualificadas como Agências Executivas.

§ 1º A qualificação de autarquia ou fundação como Agência Executiva poderá ser conferida mediante iniciativa do Ministério supervisor, com anuência do Ministério da Administração Federal e Reforma do Estado, que verificará o cumprimento, pela entidade candidata à qualificação, dos seguintes requisitos:

a) ter celebrado contrato de gestão com o respectivo Ministério supervisor;

b) ter plano estratégico de reestruturação e de desenvolvimento institucional, voltado para a melhoria da qualidade da gestão e para a redução de custos, já concluído ou em andamento.

§ 2º O ato de qualificação como Agência Executiva dar-se-á mediante decreto.

§ 3º Fica assegurada a manutenção da qualificação como Agência Executiva, desde que o contrato de gestão seja sucessivamente renovado e que o plano estratégico de reestruturação e de desenvolvimento institucional tenha prosseguimento ininterrupto, até a sua conclusão.

§ 4º O A desqualificação de autarquia ou fundação como Agência Executiva dar-se-á mediante decreto, por iniciativa do Ministério supervisor, com anuência do Ministério da Administração Federal e Reforma do Estado, sempre que houver descumprimento do disposto no parágrafo anterior.

ART. 2º O plano estratégico de reestruturação e de desenvolvimento institucional das entidades candidatas à qualificação como Agências Executivas contemplará, sem prejuízo de outros, os seguintes conteúdos:

I - o delineamento da missão, da visão de futuro, das diretrizes de atuação da entidade e a identificação dos macroprocessos por meio dos quais realiza sua missão, em consonância com as diretrizes governamentais para a sua área de atuação;

II - a revisão de suas competências e forma de atuação, visando a correção de superposições em relação a outras entidades e, sempre que cabível, a descentralização de atividades que possam ser melhor executadas por outras esferas de Governo;

III - a política, os objetivos e as metas de terceirização de atividades mediante contratação de serviços e estabelecimento de convênios, observadas as diretrizes governamentais;

IV - a simplificação de estruturas, compreendendo a redução de níveis hierárquicos, a descentralização e a delegação, como forma de reduzir custos e propiciar maior proximidade entre dirigentes e a agilização do processo decisório para os cidadãos;

V - o reexame dos processos de trabalho, rotinas e procedimentos, com a finalidade de melhorar a qualidade dos serviços prestados e ampliar a eficiência e eficácia de sua atuação;

VI - a adequação do quadro de servidores às necessidades da instituição, com vistas ao cumprimento de sua missão, compreendendo a definição dos perfis profissionais e respectivos quantitativos de cargos,

VII - a implantação ou aperfeiçoamento dos sistemas de informações para apoio operacional e ao processo decisório da entidade;

VIII - a implantação de programa permanente de capacitação e de sistema de avaliação de desempenho dos seus servidores;

IX - a identificação de indicadores de desempenho institucionais, destinados à mensuração de resultados e de produtos.

Parágrafo único. As entidades referidas no *"caput"* promoverão a avaliação do seu modelo de gestão, com base nos critérios de excelência do Prêmio Nacional da Qualidade, identificando oportunidades de aperfeiçoamento gerencial, de forma a subsidiar a elaboração do plano estratégico de reestruturação e de desenvolvimento institucional.

ART. 3º O contrato de gestão definirá relações e compromissos entre os signatários, constituindo-se em instrumento de acompanhamento e avaliação do desempenho institucional da entidade, para efeito de supervisão ministerial e de manutenção da qualificação como Agência Executiva.

§ 1º Previamente à sua assinatura, o contrato de gestão deverá ser objeto de analise e de pronunciamento favorável dos Ministérios da Administração Federal e Reforma do Estado, do Planejamento e Orçamento e da Fazenda.

§ 2º Os Ministérios referidos no parágrafo anterior prestarão apoio e orientação técnica à elaboração e ao acompanhamento dos contratos de gestão.

§ 3º Os titulares dos Ministérios referidos no § 1º deste artigo firmarão o contrato de gestão na qualidade de intervenientes.

§ 4º O contrato de gestão terá a duração mínima de um ano, admitida a revisão de suas disposições em caráter excepcional e devidamente justificada, bem como a sua renovação, desde que submetidas à análise e à aprovação referidas no § 1º deste artigo, observado o disposto no § 7º do art. 4º deste Decreto.

§ 5º O orçamento e as metas para os exercícios subsequentes serão estabelecidos a cada exercício financeiro, conjuntamente pelos Ministérios referidos no § 1º deste artigo, o Ministério supervisor e a Agência Executiva, em conformidade com os planos de ação referidos nos incisos I e II do art. 4º deste Decreto, por ocasião da elaboração da proposta orçamentária anual.

§ 6º O valor consignado na proposta orçamentária anual será incorporado ao contrato de gestão.

ART. 4º O contrato de gestão conterá, sem prejuízo de outras especificações, os seguintes elementos:

I - objetivos e metas da entidade, com seus respectivos planos de ação anuais, prazos de consecução e indicadores de desempenho;

II - demonstrativo de compatibilidade dos planos de ação anuais com o orçamento e com o cronograma de desembolso, por fonte;

III - responsabilidades dos signatários em relação ao atingimento dos objetivos e metas definidos, inclusive no provimento de meios necessários à consecução dos resultados propostos;

IV - medidas legais e administrativas a serem adotadas pelos signatários e partes intervenientes com a finalidade de assegurar maior autonomia de gestão orçamentária, financeira, operacional e administrativa e a disponibilidade de recursos orçamentários e financeiros imprescindíveis ao cumprimento dos objetivos e metas;

V - critérios, parâmetros, fórmulas e consequências, sempre que possível quantificados, a serem considerados na avaliação do seu cumprimento;

VI - penalidades aplicáveis à entidade e aos seus dirigentes, proporcionais ao grau do descumprimento dos objetivos e metas contratados, bem como a eventuais faltas cometidas;

VII - condições para sua revisão, renovação e rescisão;

VIII - vigência.

§ 1º Os contratos de gestão fixarão objetivos e metas relativos, dentre outros, aos seguintes itens:

a) satisfação do cliente;

b) amplitude da cobertura e da qualidade dos serviços prestados;

c) adequação de processos de trabalho essenciais ao desempenho da entidade;

d) racionalização de dispêndios, em especial com custeio administrativo;

e) arrecadação proveniente de receitas próprias, nas entidades que disponham dessas fontes de recursos.

DECRETOS

§ 2º Os objetivos e metas definidos no contrato de gestão observarão a missão, a visão de futuro e a melhoria do modelo de gestão, estabelecidos no plano estratégico de reestruturação e de desenvolvimento institucional referido no art. 2º deste Decreto.

§ 3º A execução do contrato de gestão de cada Agência Executiva será objeto de acompanhamento, mediante relatórios de desempenho com periodicidade mínima semestral, encaminhados ao respectivo Ministério supervisor e às partes intervenientes.

§ 4º Os relatórios de desempenho deverão contemplar, sem prejuízo de outras informações, os fatores e circunstâncias que tenham dado causa ao descumprimento das metas estabelecidas, bem como de medidas corretivas que tenham sido implementadas.

§ 5º O Ministro de Estado supervisor designará a unidade administrativa, dentre as já existentes na estrutura do respectivo Ministério, incumbida do acompanhamento do contrato de gestão de que seja signatário.

§ 6º Serão realizadas avaliações parciais periódicas, pelo Ministério supervisor e pela Secretaria Federal de Controle do Ministério da Fazenda.

§ 7º Por ocasião do termo final do contrato de gestão, será realizada, pelo Ministério supervisor, avaliação conclusiva sobre os resultados alcançados, subsidiada por avaliações realizadas pelos Ministérios referidos no § 1º do art. 3º deste Decreto.

§ 8º A ocorrência de fatores externos, que possam afetar de forma significativa o cumprimento dos objetivos e metas contratados, ensejará a revisão do contrato de gestão.

ART. 5º O plano estratégico de reestruturação e de desenvolvimento institucional, o contrato de gestão, os resultados das avaliações de desempenho e outros documentos relevantes para a qualificação, o acompanhamento e a avaliação da Agência Executiva serão objeto de ampla divulgação, por meios físicos e eletrônicos, como forma de possibilitar o seu acompanhamento pela sociedade.

§ 1º O contrato de gestão será publicado no Diário Oficial da União, pelo Ministério supervisor, por ocasião da sua celebração, revisão ou renovação, em até quinze dias, contados de sua assinatura.

§ 2º A conclusão das avaliações parciais e final relativas ao desempenho da Agência Executiva será publicada no Diário Oficial da União, pelo Ministério supervisor, sob a forma de extrato.

ART. 6º Os Ministérios da Administração Federal e Reforma do Estado, da Fazenda e do Planejamento e Orçamento, no âmbito de suas respectivas competências, adotarão as providências necessárias à execução do disposto neste Decreto.

ART. 7º Este Decreto entra em vigor na data de sua publicação.

Brasília, 2 de fevereiro de 1998;
177º da Independência e 110º da República.
FERNANDO HENRIQUE CARDOSO

DECRETO N. 2.488, DE 2 DE FEVEREIRO DE 1998

Define medidas de organização administrativa específicas para as autarquias e fundações qualificadas como Agências Executivas e dá outras providências.

› *DOU*, 03.02.1998.

O Presidente da República, no uso das atribuições que lhe confere o art. 84, incisos IV e VI, da Constituição, e de acordo com o disposto no parágrafo 2º do art. 51 da Medida Provisória n. 1.549-38, de 31 de dezembro de 1997,

Decreta:

ART. 1º As autarquias e as fundações integrantes da Administração Pública Federal, qualificadas como Agências Executivas, serão objeto de medidas específicas de organização administrativa, com a finalidade de ampliar a eficiência na utilização dos recursos públicos, melhorar o desempenho e a qualidade dos serviços prestados, assegurar maior autonomia de gestão orçamentária, financeira, operacional e de recursos humanos e eliminar fatores restritivos à sua atuação institucional.

ART. 2º Não se aplicará às Agências Executivas os limites anuais estabelecidos pelo Decreto n. 948, de 5 de outubro de 1993, referentes à realização de serviços extraordinários, desde que sejam previamente atestadas a existência de recursos orçamentários disponíveis e a necessidade dos serviços para o cumprimento dos objetivos e metas do contrato de gestão.

ART. 3º Fica delegada aos Ministros supervisores competência para aprovação ou readequação das estruturas regimentais ou estatutos das Agências Executivas, sem aumento de despesas, observadas as disposições específicas previstas em lei e o quantitativo de cargos destinados à entidade.

Parágrafo único O Ministro supervisor poderá subdelegar, ao dirigente máximo da Agência Executiva, a competência de que trata o *"caput"* deste artigo.

ART. 4º Fica permitida a subdelegação, aos dirigentes máximos das autarquias e fundações qualificadas como Agências Executivas, da competência para autorizar os afastamentos do País, prevista no art. 2º do Decreto n. 1.387, de 7 de fevereiro de 1995, de servidores civis das respectivas entidades.

ART. 5º As Agências Executivas poderão editar regulamentos próprios de avaliação de desempenho dos seus servidores, previamente aprovados pelo Ministério da Administração Federal e Reforma do Estado e por seu Ministério supervisor.

Parágrafo único. Os resultados da avaliação poderão ser considerados para efeito de progressão funcional dos servidores das Agências Executivas, observadas as disposições legais aplicáveis a cada cargo ou carreira.

ART. 6º Não se aplica às Agências Executivas que tenham editado regulamento próprio, dispondo sobre o registro de assiduidade e pontualidade de seus servidores, o disposto no § 7º do art. 6º do Decreto n. 1.590, de 10 de agosto de 1995, alterado pelo art. 4º do Decreto n. 1.867, de 17 de abril de 1996.

ART. 7º A execução orçamentária e financeira das Agências Executivas observará os termos do contrato de gestão e não se sujeitará a limites nos seus valores para movimentação, empenho e pagamento.

ART. 8º Fica delegada competência aos Ministros supervisores para a fixação de limites específicos, aplicáveis às Agências Executivas, para a concessão de suprimento de fundos para atender a despesas de pequeno vulto, prevista no inciso III do art. 45 do Decreto n. 93.872, de 23 de dezembro de 1986, observadas as demais disposições do referido Decreto.

Parágrafo único O Ministro supervisor poderá subdelegar, ao dirigente máximo da Agência Executiva, a competência de que trata o *caput* deste artigo.

ART. 9º As Agências Executivas poderão editar normas próprias sobre valores de diárias no País e no exterior e condições especiais para sua concessão, objetivando atender, dentre outras, a situações específicas de deslocamentos entre localidades próximas ou para regiões com características geográficas especiais, com o uso de meios de transporte alternativos ou o oferecimento de facilidades por terceiros, inclusive quando incluídas ou não no custo de taxas de inscrição em eventos de interesse institucional. (Alterado pelo Dec. 6.548/2008.)

Parágrafo único. O regulamento deverá respeitar o disposto no art. 2º do Decreto n. 5.992, de 19 de dezembro de 2006, e os valores máximos unitários estabelecidos para cada classe no Anexo do Decreto n. 5.992, de 2006, e no Anexo III do Decreto n. 71.733, de 18 de janeiro de 1973. (Alterado pelo Dec. 6.548/2008.)

ART. 10. Ficam as Agências Executivas dispensadas da celebração de termos aditivos a contratos e a convênios de vigência plurianual, quando objetivarem unicamente a identificação dos créditos à conta dos quais devam correr as despesas relativas ao respectivo exercício financeiro.

§ 1º Para cumprimento do princípio da publicidade, a Agência Executiva fará publicar no *Diário Oficial da União* os dados relativos a número, valor, classificação funcional programática e de natureza da despesa, correspondentes à nota de empenho ou de movimentação de créditos.

§ 2º A Secretaria do Tesouro Nacional, do Ministério da Fazenda, disciplinará os procedimentos com vistas ao cumprimento do disposto neste artigo.

ART. 11. Este Decreto entra em vigor na data de sua publicação.

Brasília, 2 de fevereiro de 1998;
177º da Independência e 110º da República.
FERNANDO HENRIQUE CARDOSO

DECRETO N. 2.490, DE 4 DE FEVEREIRO DE 1998

Regulamenta a Lei n. 9.601, de 21 de janeiro de 1998, que dispõe sobre o contrato de trabalho por prazo determinado e dá outras providências.

O Presidente da República, no uso da atribuição que lhe confere o art. 84, inciso IV, da Constituição, e tendo em vista o disposto na Lei n. 9.601, de 21 de janeiro de 1998,

Decreta:

ART. 1º As convenções e os acordos coletivos de trabalho poderão instituir contrato de trabalho por prazo determinado, de que trata o art. 443 da Consolidação das Leis do Trabalho (CLT), independentemente das condições estabelecidas em seu § 2º, em qualquer atividade desenvolvida pela empresa ou estabelecimento, para admissões que representem acréscimo no número de empregados.

Parágrafo único. É vedada a contratação de empregados por prazo determinado, na forma do *caput*, para substituição de pessoal regular e permanente contratado por prazo indeterminado.

ART. 2º Fica o empregador obrigado a anotar na Carteira de Trabalho e Previdência Social (CTPS) do empregado a sua condição de contratado por prazo determinado, com indicação do número da lei de regência, e a discriminar em separado na folha de pagamento tais empregados.

ART. 3º Em relação ao mesmo empregado, o contrato por prazo determinado na forma da Lei n. 9.601, de 21 de janeiro de 1998, será de no máximo dois anos, permitindo-se, dentro deste período, sofrer sucessivas prorrogações, sem acarretar o efeito previsto no art. 451 da CLT.

Parágrafo único. O contrato por prazo determinado poderá ser sucedido por outro por prazo indeterminado.

ART. 4º Os depósitos mensais vinculados previstos no art. 2º, parágrafo único, da Lei n. 9.601/98, serão estipulados pelas partes nas convenções ou acordo coletivos.

§ 1º As partes deverão pactuar sobre o valor dos depósitos mensais vinculados, o estabelecimento bancário receptor, a periodicidade de saque e as demais condições inerentes.

§ 2º O pacto acerca dos depósitos mensais vinculados não desonera o empregador de efetuar os depósitos para o Fundo de Garantia do Tempo de Serviço (FGTS).

§ 3º Os depósitos de que trata o *caput* deste artigo não têm natureza salarial.

ART. 5º A média aritmética prevista no art. 3º, parágrafo único, da Lei n. 9.601/98, abrangerá o período de 1º de julho a 31 de dezembro de 1997.

§ 1º Para se alcançar a média aritmética, adotar-se-ão os seguintes procedimentos:

a) apurar-se-á a média mensal, somando-se o número de empregados com vínculo empregatício por prazo indeterminado de cada dia do mês e dividindo-se o seu somatório pelo número de dias do mês respectivo;

b) apurar-se-á a média semestral pela soma das médias mensais dividida por seis.

§ 2º Os estabelecimentos instalados ou os que não possuem empregados contratados por prazo indeterminado a partir de 1º de julho de 1997 terão sua média aritmética aferida contando-se o prazo de seis meses a começar do primeiro dia do mês subsequente a data da primeira contratação por prazo indeterminado.

ART. 6º Fixada a média semestral, para se alcançar o número máximo de empregados que poderão ser contratados na modalidade do contrato por prazo determinado nos termos da Lei n. 9.601/98, proceder-se-á da seguinte forma:

I - para estabelecimentos com média semestral até 49 empregados, aplicar-se-á o percentual de cinquenta por cento;

II - para estabelecimentos com média semestral de cinquenta a 199 empregados, subtrair-se-á 49 empregados, aplicando-se o percentual de 35% sobre o remanescente, somando-se ao resultado 24,5 empregados;

III - para estabelecimentos com média semestral igual ou superior a duzentos empregados, subtrair-se-á 199 empregados e aplicar-se-á o percentual de vinte por cento sobre o remanescente, somando-se ao resultado 77 empregados.

Parágrafo único. No resultado obtido nos termos deste artigo, as frações decimais até quatro décimos serão desprezadas, considerando-se o número inteiro, e para as frações decimais iguais ou superiores a cinco décimos considerar-se-á o número inteiro imediatamente superior.

ART. 7º A redução de alíquotas previstas no art. 2º da Lei n. 9.601/98, será assegurada mediante depósito no órgão regional do Ministério do Trabalho do contrato escrito firmado entre empregado e empregador.

§ 1º Para efetuar o depósito, o interessado apresentará os seguintes documentos:

a) requerimento de depósito, dirigido ao Delegado Regional do Trabalho, onde o empregador declarará, sob as penas da lei, que no momento da contratação se encontra adimplente junto ao Instituto Nacional do Seguro Social (INSS) e FGTS e que as admissões representam acréscimo no número de empregados e obedecem aos percentuais legais;

b) cópia da convenção ou acordo coletivo;

c) Segunda via dos contratos de trabalho por prazo determinado;

d) relação dos empregados contratados, que conterá, dentre outras informações, o número de CTPS, o número de inscrição do trabalhador no Programa de Integração Social (PIS) e as datas de início e de término do contrato especial por prazo determinado.

§ 2º Para a prorrogação do contrato de trabalho, exigir-se-á depósito do novo instrumento no órgão regional do Ministério do Trabalho.

ART. 8º O Ministério do Trabalho, por intermédio de cada Delegacia Regional do Trabalho, comunicará mensalmente ao órgão regional do INSS e ao agente operador do FGTS, para fins de controle do recolhimento das contribuições mencionadas nos incisos I e II do art. 2º da Lei n. 9.601/98, os dados disponíveis nos contratos depositados, principalmente:

I - qualificação da empresa;

II - nome, número da CTPS e número do PIS do empregado;

III - data de início e de término dos contratos de trabalho;

IV - outras informações relevantes da convenção ou acordo coletivo.

ART. 9º Os sindicatos ou empregados prejudicados poderão denunciar ao órgão regional do Ministério do Trabalho situações de descumprimento da Lei n. 9.601/98.

ART. 10. A inobservância de quaisquer dos requisitos previstos na Lei n. 9.601/98 e neste decreto descaracteriza o contrato por prazo determinado na forma do art. 1º da referida lei, que passa a gerar os efeitos próprios dos contratos por prazo indeterminado.

ART. 11. Caberá à fiscalização do Ministério do Trabalho e do INSS, no âmbito de suas competências, observar o fiel cumprimento das disposições contidas na Lei n. 9.601/98 e neste decreto.

ART. 12. As penalidades previstas no art. 7º da Lei n. 9.601/98 serão aplicadas pela autoridade competente do Ministério do Trabalho, de acordo com o disposto no Título VII da CLT, e pela autoridade competente do INSS, de acordo com o Decreto n. 2.173, de 5 de março de 1997.

ART. 13. Caberá ao INSS e ao agente operador do FGTS expedir atos normativos referentes aos recolhimentos da sua área de competência, previstos nos incisos I e II do art. 2º da Lei n. 9.601/98.

ART. 14. Este Decreto entra em vigor na data de sua publicação.

Brasília, 4 de fevereiro de 1998; 177º da Independência e 110º da República.
FERNANDO HENRIQUE CARDOSO

DECRETO N. 2.553, DE 16 DE ABRIL DE 1998

Regulamenta os arts. 75 e 88 a 93 da Lei n. 9.279, de 14 de maio de 1996, que regula direitos e obrigações relativos à propriedade industrial.

- *DOU*, 20.04.1998.
- Port. 1.750/2018, SRFB (Dispõe sobre representação fiscal para fins penais referente a crimes contra a ordem tributária, contra a Previdência Social, e de contrabando ou descaminho, sobre representação para fins penais referente a crimes contra a Administração Pública Federal, em detrimento da Fazenda Nacional ou contra administração pública estrangeira, de falsidade de títulos, papéis e documentos públicos e de "lavagem" ou ocultação de bens, direitos e valores, e sobre representação referente a atos de improbidade administrativa).

O Presidente da República, no uso da atribuição que lhe confere o art. 84, inciso IV da Constituição, e tendo em vista o disposto nos arts. 75 e 88 a 93 da Lei n. 9.279, de 14 de maio de 1996,

Decreta:

ART. 1º A Secretaria de Assuntos Estratégicos da Presidência da República é o órgão competente do Poder Executivo para manifestar-se, por iniciativa própria ou a pedido do Instituto Nacional da Propriedade Industrial - INPI, sobre o caráter sigiloso dos processos de pedido de patente originários do Brasil, cujo objeto seja de interesse da defesa nacional.

§ 1º O caráter sigiloso do pedido de patente, cujo objeto seja de natureza militar, será decidido com base em parecer conclusivo emitido pelo Estado-Maior das Forças Armadas, podendo o exame técnico ser delegado aos Ministérios Militares.

§ 2º O caráter sigiloso do pedido de patente de interesse da defesa nacional, cujo objeto seja de natureza civil, será decidido, quando for o caso, com base em parecer conclusivo dos Ministérios a que a matéria esteja afeta.

§ 3º Da patente resultante do pedido a que se refere o *caput* deste artigo, bem como do certificado de adição dela decorrente, será enviada cópia ao Estado-Maior das Forças Armadas e à Secretaria de Assuntos Estratégicos da Presidência da República, onde será, também, conservado o sigilo de que se revestem tais documentos.

ART. 2º O depósito no exterior, a exploração e a cessão do pedido ou da patente, e sua divulgação, cujo objeto tenha sido considerado de interesse da defesa nacional, ficam condicionados à prévia autorização da Secretaria de Assuntos Estratégicos da Presidência da República.

Parágrafo único. Quando houver restrição aos direitos do depositante de pedido ou do titular da patente, considerados de interesse da defesa nacional, nos termos do art. 75, § 3º da Lei n. 9.279, de 1996, o depositante ou titular da parente será indenizado mediante comprovação dos benefícios que teria auferido pela exploração ou cessão.

ART. 3º Ao servidor da Administração Pública direta, indireta e fundacional, que desenvolver invenção, aperfeiçoamento ou modelo de utilidade e desenho industrial, será assegurada, a título de incentivo, durante toda a vigência da patente ou do registro, premiação de parcela do valor das vantagens auferidas pelo órgão ou entidade com a exploração da patente ou do registro.

§ 1º Os órgãos e as entidades da Administração Pública direta, indireta e fundacional promoverão a alteração de seus estatutos ou regimentos internos para inserir normas que definam a forma e as condições de pagamento da premiação de que trata este artigo, a qual vigorará após publicação no *Diário Oficial* da União, ficando convalidados os acordos firmados anteriormente.

§ 2º A premiação a que se refere o *caput* deste artigo não poderá exceder a um terço do valor das vantagens auferidas pelo órgão ou entidade com a exploração da patente ou do registro.

ART. 4º A premiação de que trata o artigo anterior não se incorpora, a qualquer título, aos salários dos empregados ou aos vencimentos dos servidores.

ART. 5º Na celebração de instrumentos contratuais de que trata o art. 92 da Lei n. 9.279, de 1996, serão estipuladas a titularidade das criações intelectuais e a participação dos criadores.

ART. 6º Este Decreto entra em vigor na data de sua publicação.

Brasília, 16 de abril de 1998; 177º da Independência e 110º da República.

FERNANDO HENRIQUE CARDOSO

DECRETO N. 2.730, DE 10 DE AGOSTO DE 1998

Dispõe sobre o encaminhamento ao Ministério Público Federal da representação Fiscal para fins penais de que trata o art. 83 da Lei n. 9.430, de 27 de dezembro de 1996.

› *DOU*, 11.08.1998.

O Presidente da República, no uso da atribuição que lhe confere o art. 84, inciso IV, da Constituição, e tendo em vista o disposto no art. 83 da Lei n. 9.430, de 27 de dezembro de 1996,

Decreta:

ART. 1º O Auditor-Fiscal do Tesouro Nacional formalizará representação fiscal, para os fins do art. 83 da Lei n. 9.430, de 27 de dezembro de 1996, em autos separados e protocolizada na mesma data da lavratura do auto de infração, sempre que, no curso de ação fiscal de que resulte lavratura de auto de infração de exigência de crédito de tributos e contribuições administrados pela Secretaria da Receita Federal do Ministério da Fazenda ou decorrente de apreensão de bens sujeitos à pena de perdimento, constatar fato que configure, em tese;

I - crime contra a ordem tributária tipificado nos arts. 1º ou 2º da Lei n. 8.137, de 27 de dezembro de 1990;

II - crime de contrabando ou descaminho.

ART. 2º Encerrado o processo administrativo-fiscal, os autos da representação fiscal para fins penais serão remetidos ao Ministério Público Federal, se:

I - mantida a imputação de multa agravada, o crédito de tributos e contribuições, inclusive acessórios, não for extinto pelo pagamento;

II - aplicada, administrativamente, a pena de perdimento de bens, estiver configurado em tese, crime de contrabando ou descaminho.

ART. 3º O Secretário da Receita Federal disciplinará os procedimentos necessários à execução deste Decreto.

› Port. SRFB 1.750/2018 (Dispõe sobre a representação fiscal para fins penais referente a crimes contra a ordem tributária, contra a Previdência Social e de contrabando ou descaminho, sobre representação para fins penais referente a crimes contra a Administração Pública Federal).

ART. 4º Este Decreto entra em vigor na data de sua publicação.

ART. 5º Fica revogado o Decreto n. 982, de 12 de novembro de 1993.

Brasília, 10 de agosto de 1998; 177º da Independência e 110º da República.

FERNANDO HENRIQUE CARDOSO

DECRETO N. 2.745, DE 24 DE AGOSTO DE 1998

Aprova o Regulamento do Procedimento Licitatório Simplificado da Petróleo Brasileiro S.A. - Petrobras previsto no art. 67 da Lei n. 9.478, de 6 de agosto de 1997.

› *DOU*, 25.08.1998.

O Presidente da República, no uso da atribuição que lhe confere o art. 84, inciso IV, da Constituição Federal, e tendo em vista o disposto no art. 67 da Lei n. 9.478, de 6 de agosto de 1997,

Decreta:

ART. 1º Fica aprovado o Regulamento do Procedimento Licitatório Simplificado da Petróleo Brasileiro S.A. - Petrobras, na forma do Anexo deste Decreto.

ART. 2º Este Decreto entra em vigor na data de sua publicação.

Brasília, 24 de agosto de 1998; 177º da Independência e 110º da República.

FERNANDO HENRIQUE CARDOSO

ANEXO
REGULAMENTO DO PROCEDIMENTO LICITATÓRIO SIMPLIFICADO DA PETRÓLEO BRASILEIRO S.A. - PETROBRAS

CAPÍTULO I
DISPOSIÇÕES GERAIS

1.1 Este Regulamento, editado nos termos da Lei n. 9.478, de 6 de agosto de 1997, e do art. 173, § 1º, da Constituição, com a redação dada pela Emenda n. 19, de 4 de junho de 1998, disciplina o procedimento licitatório a ser realizado pela Petrobras, para contratação de obras, serviços, compras e alienações.

1.2 A licitação destina-se a selecionar a proposta mais vantajosa para a realização da obra, serviço ou fornecimento pretendido pela Petrobras e será processada e julgada com observância dos princípios da legalidade, da impessoalidade, da moralidade, da publicidade, da igualdade, bem como da vinculação ao instrumento convocatório, da economicidade, do julgamento objetivo e dos que lhes são correlatos.

1.3 Nenhuma obra ou serviço será licitado sem a aprovação do projeto básico respectivo, com a definição das características, referências e demais elementos necessários ao perfeito entendimento, pelos interessados, dos trabalhos a realizar, nem contratado, sem a provisão dos recursos financeiros suficientes para sua execução e conclusão integral.

1.3.1 Quando for o caso, deverão ser adotadas, antes da licitação, as providências para a indispensável liberação, utilização, ocupação, aquisição ou desapropriação dos bens, necessários à execução da obra ou serviço a contratar.

1.4 Nenhuma compra será feita sem a adequada especificação do seu objeto e indicação dos recursos financeiros necessários ao pagamento.

1.4.1 As compras realizadas pela Petrobras deverão ter como balizadores:

a) o princípio da padronização, que imponha compatibilidade de especificações técnica e de desempenho, observadas, quando for o caso, as condições de manutenção, assistência técnica e de garantia oferecidas;

b) condições de aquisição e pagamento semelhantes às do setor privado; e

c) definição das unidades e quantidades em função do consumo e utilização prováveis.

1.5 Estarão impedidos de participar de licitações na Petrobras firma ou consórcio de firmas entre cujos dirigentes, sócios detentores de mais de dez por cento do Capital Social, responsáveis técnicos, bem assim das respectivas subcontratadas, haja alguém que seja Diretor ou empregado da Petrobras.

1.6 Ressalvada a hipótese de contratação global (*turn - key*), não poderá concorrer à licitação para execução de obra ou serviço de engenharia pessoa física ou empresa que haja participado da elaboração do projeto básico ou executivo.

1.6.1 É permitida a participação do autor do projeto ou da empresa a que se refere o item anterior, na licitação de obra ou serviço ou na sua execução, como consultor técnico, exclusivamente a serviço da Petrobras.

1.7 O ato de convocação da licitação conterá, sempre, disposição assegurando à Petrobras o direito de, antes da assinatura do contrato correspondente, revogar a licitação, ou, ainda, recusar a adjudicação a firma que, em contratação anterior, tenha revelado incapacidade técnica, administrativa ou financeira, a critério exclusivo da Petrobras, sem que disso decorra, para os participantes, direito a reclamação ou indenização de qualquer espécie.

1.8 No processamento das licitações é vedado admitir, prever, incluir ou tolerar, nos atos convocatórios, cláusulas ou condições que:

a) restrinjam ou frustrem o caráter competitivo da licitação;

b) estabeleçam preferências ou distinções em razão da naturalidade, da sede ou domicílio dos licitantes.

1.8.1 A licitação não será sigilosa, sendo públicos e acessíveis a todos os interessados os atos de seu procedimento.

1.9 Sempre que economicamente recomendável, a Petrobras poderá utilizar-se da contratação integrada, compreendendo realização de projeto básico e/ou detalhamento, realização de obras e serviços, montagem, execução de testes, pré-operação e todas as demais operações necessárias e suficientes para a entrega final do objeto, com a solidez e segurança especificadas.

1.10 Sempre que reconhecida na prática comercial, e sua não utilização importar perda de competitividade empresarial, a Petrobras poderá valer-se de mecanismos seguros de transmissão de dados à distância, para fechamento de contratos vinculados às suas atividades finalísticas, devendo manter registros dos entendimentos e tratativas realizados e arquivar as propostas recebidas, para fins de sua análise pelos órgãos internos e externos de controle.

1.11 Com o objetivo de compor suas propostas para participar de licitações que precedam as concessões de que trata a Lei n. 9.478, de 6 de agosto de 1997, a Petrobras poderá assinar pré-contratos, mediante expedição de cartas-convite, assegurando preços e compromissos de fornecimento de bens ou serviços.

1.11.1 Os pré-contratos conterão cláusula resolutiva de pleno direito, sem penalidade ou indenização, a ser exercida pela Petrobras no caso de outro licitante ser declarado vencedor, e serão submetidos à apreciação posterior dos órgãos de controle externo e de fiscalização.

CAPÍTULO II
DISPENSA E INEXIGIBILIDADE DA LICITAÇÃO

2.1 A licitação poderá ser dispensada nas seguintes hipóteses:

a) nos casos de guerra, grave perturbação da ordem ou calamidade pública;

b) nos casos de emergência, quando caracterizada a urgência de atendimento de situação que possa ocasionar prejuízo ou comprometer a segurança de pessoas, obras, serviços, equipamentos e outros bens;

c) quando não acudirem interessados à licitação anterior, e esta não puder ser repetida sem prejuízo para a Petrobras, mantidas, neste caso, as condições preestabelecidas;

d) quando a operação envolver concessionário de serviço público e o objeto do contrato for pertinente ao da concessão;

e) quando as propostas de licitação anterior tiverem consignado preços manifestamente superiores aos praticados no mercado, ou incompatíveis com os fixados pelos órgãos estatais incumbidos do controle oficial de preços;

f) quando a operação envolver exclusivamente subsidiárias ou controladas da Petrobras, para aquisição de bens ou serviços a preços compatíveis com os praticados no mercado, bem como com pessoas jurídicas de direito público interno, sociedades de economia mista, empresas públicas e fundações ou ainda aquelas sujeitas ao seu controle majoritário, exceto se houver empresas privadas que possam prestar ou fornecer os mesmos bens e serviços, hipótese em que todos ficarão sujeitos a licitação; e quando a operação entre as pessoas antes referidas objetivar o fornecimento de bens ou serviços sujeitos a preço fixo ou tarifa, estipuladas pelo Poder Público;

g) para a compra de materiais, equipamentos ou gêneros padronizados por órgão oficial, quando não for possível estabelecer critério objetivo para o julgamento das propostas;

h) para a aquisição de peças e sobressalentes ao fabricante do equipamento a que se destinam, de forma a manter a garantia técnica vigente do mesmo;

i) na contratação de remanescentes de obra, serviço ou fornecimento, desde que aceitas as mesmas condições do licitante vencedor, inclusive quanto ao preço, devidamente corrigido e mediante ampla consulta a empresas do ramo, participantes ou não da licitação anterior;

j) na contratação de instituições brasileiras, sem fins lucrativos, incumbidas regimental ou estatutariamente da pesquisa, ensino, desenvolvimento institucional, da integração de portadores de deficiência física, ou programas baseados no Estatuto da Criança e do Adolescente (Lei n. 8.069, de 13 de Julho de 1990), desde que detenham inquestionável reputação ético-profissional;

k) para aquisição de hortifrutigranjeiros e gêneros perecíveis, bem como de bens e serviços a serem prestados aos navios petroleiros e embarcações, quando em estada eventual de curta duração em portos ou localidades diferentes de suas sedes, por motivo ou movimentação operacional, e para equipes sísmicas terrestres.

2.2 A dispensa de licitação dependerá de exposição de motivos do titular da unidade administrativa interessada na contratação da obra, serviço ou compra em que sejam detalhadamente esclarecidos:

a) a caracterização das circunstâncias de fato justificadoras do pedido;

b) o dispositivo deste Regulamento aplicável à hipótese;

c) as razões da escolha da firma ou pessoa física a ser contratada;

d) a justificativa do preço de contratação e a sua adequação ao mercado e à estimativa de custo da Petrobras.

2.3 É inexigível a licitação, quando houver inviabilidade fática ou jurídica de competição, em especial:

a) para a compra de materiais, equipamentos ou gêneros que possam ser fornecidos por produtor, empresa ou representante comercial exclusivo, vedada a preferência de marca;

b) para a contratação de serviços técnicos a seguir enumerados exemplificadamente, de natureza singular, com profissionais ou empresas de notória especialização:

- estudos técnicos, planejamento e projetos básicos ou executivos;
- pareceres, perícias e avaliações em geral;
- assessorias ou consultorias técnicas e auditorias financeiras;
- fiscalização, supervisão ou gerenciamento de obras ou serviços;
- patrocínio ou defesa de causas judiciais ou administrativas, em especial os negócios jurídicos atinentes a oportunidades de negócio, financiamentos, patrocínio, e aos demais cujo conteúdo seja regido, predominantemente, por regras de direito privado face as peculiaridades de mercado;
- treinamento e aperfeiçoamento de pessoal;

c) para a contratação de profissional de qualquer setor artístico, diretamente ou através de empresário, desde que consagrado pela crítica especializada ou pela opinião pública;

d) para a obtenção de licenciamento de uso de software com o detentor de sua titularidade autoral, sem distribuidores, representantes comerciais, ou com um destes na hipótese de exclusividade, comprovada esta por documento hábil;

e) para a contratação de serviços ou aquisição de bens, em situações atípicas de mercado em que, comprovadamente, a realização do procedimento licitatório não seja hábil a atender ao princípio da economicidade;

f) no caso de transferência de tecnologia, desde que caracterizada a necessidade e essencialidade da tecnologia em aquisição;

g) para a compra ou locação de imóvel destinado ao serviço da Petrobras, cujas características de instalação ou localização condicionem a sua escolha;

h) para a formação de parcerias, consórcios e outras formas associativas de natureza contratual, objetivando o desempenho de atividades compreendidas no objeto social da Petrobras;

i) para a celebração de "contratos de aliança", assim considerados aqueles que objetivem a soma de esforços entre empresas, para gerenciamento conjunto de empreendimentos, compreendendo o planejamento, a administração, os serviços de procura, construção civil, montagem, pré-operação, comissionamento e partida de unidades, mediante o estabelecimento de preços "meta" e "teto", para efeito de bônus e penalidades, em função desses preços, dos prazos e do desempenho verificado;

j) para a comercialização de produtos decorrentes da exploração e produção de hidrocarbonetos, gás natural e seus derivados, de produtos de indústrias químicas, para importação, exportação e troca desses produtos, seu transporte, beneficiamento e armazenamento, bem como para a proteção de privilégios industriais e para operações bancárias e creditícias necessárias à manutenção de participação da Petrobras no mercado;

k) nos casos de competitividade mercadológica, em que a contratação deva ser iminente, por motivo de alteração de programação, desde que comprovadamente não haja tempo hábil para a realização do procedimento licitatório, justificados o preço da contratação e as razões técnicas da alteração de programação;

l) na aquisição de bens e equipamentos destinados à pesquisa e desenvolvimento tecnológico aplicáveis às atividades da Petrobras.

2.3.1 Considera-se de notória especialização o profissional ou empresa cujo conceito no campo de sua especialidade, decorrente de desempenho anterior, estudos, experiências, publicações, organização, aparelhamento, equipe técnica, ou de outros requisitos relacionados com suas atividades, permita inferir que seu trabalho é o mais adequado à plena satisfação do objeto do contrato.

2.3.2 Considera-se como produtor, firma ou representante comercial exclusivo, aquele que seja o único a explorar, legalmente, a atividade no local da contratação, ou no território nacional, ou o único inscrito no registro cadastral de licitantes da Petrobras, conforme envolva a operação custo estimado nos limites de convite, concorrência ou tomada de preços.

2.4 A Diretoria da Petrobras definirá, em ato específico, as competências para os atos de dispensa de licitação.

2.5 Os casos de dispensa (item 2.1) e de inexigibilidade (item 2.3) de licitação deverão ser comunicados pelo responsável da unidade competente à autoridade superior, dentro dos cinco dias seguintes ao ato respectivo, devendo constar da documentação a caracterização da situação justificadora da contratação direta, conforme o caso, a razão da escolha do fornecedor ou prestador de serviço e a justificativa do preço.

CAPÍTULO III
MODALIDADES, TIPOS E LIMITES DE LICITAÇÃO

3.1 São modalidades de licitação:

a) A CONCORRÊNCIA

b) A TOMADA DE PREÇOS

c) O CONVITE

d) O CONCURSO

e) O LEILÃO

3.1.1 CONCORRÊNCIA - é a modalidade de licitação em que será admitida a participação de qualquer interessado que reúna as condições exigidas no edital.

3.1.2 TOMADA DE PREÇOS - é a modalidade de licitação entre pessoas, físicas ou jurídicas previamente cadastradas e classificadas na Petrobras, no ramo pertinente ao objeto.

3.1.3 CONVITE - é a modalidade de licitação entre pessoas físicas ou jurídicas, do ramo pertinente ao objeto, em número mínimo de três, inscritas ou não no registro cadastral de licitantes da Petrobras.

3.1.4 CONCURSO - é a modalidade de licitação entre quaisquer interessados, para escolha de trabalho técnico ou artístico, mediante a instituição de prêmios aos vencedores.

3.1.5 LEILÃO - é a modalidade de licitação entre quaisquer interessados, para a alienação de bens do ativo permanente da Petrobras, a quem oferecer maior lance, igual ou superior ao da avaliação.

3.2 De acordo com a complexibilidade e especialização da obra, serviço ou fornecimento a ser contratado, as licitações poderão ser dos seguintes tipos:

a) DE MELHOR PREÇO - quando não haja fatores especiais de ordem técnica que devam ser ponderados e o critério de julgamento indicar que a melhor proposta será a que implicar o menor dispêndio para a Petrobras, ou o maior pagamento, no caso de alienação, observada a ponderação dos fatores indicados no ato de convocação, conforme subitem 6.10;

b) DE TÉCNICA E PREÇO - que será utilizada sempre que fatores especiais de ordem técnica, tais como segurança, operatividade e qualidade da obra, serviço ou fornecimento, devam guardar relação com os preços ofertados;

c) DE MELHOR TÉCNICA - que será utilizada para contratação de obras, serviços ou fornecimentos em que a qualidade técnica seja preponderante sobre o preço.

3.2.1 O tipo da licitação será indicado pela unidade requisitante interessada e constará, sempre, do edital ou carta-convite.

3.2.2 Nos casos de utilização de licitação de Técnica e Preço e de Melhor Técnica, a unidade administrativa interessada indicará os requisitos de técnica a serem atendidos pelos licitantes na realização da obra ou serviço ou fornecimento do material ou equipamento.

3.3 Para a escolha da modalidade de licitação serão levados em conta, dentre outros, os seguintes fatores:

a) necessidade de atingimento do segmento industrial, comercial ou de negócios correspondente à obra, serviço ou fornecimento a ser contratado;

b) participação ampla dos detentores da capacitação, especialidade ou conhecimento pretendidos;

c) satisfação dos prazos ou características especiais da contratação;

d) garantia e segurança dos bens e serviços a serem oferecidos;

e) velocidade de decisão, eficiência e presteza da operação industrial, comercial ou de negócios pretendida;

f) peculiaridades da atividade e do mercado de petróleo;

g) busca de padrões internacionais de qualidade e produtividade e aumento da eficiência;

h) desempenho, qualidade e confiabilidade exigidos para os materiais e equipamentos;

i) conhecimento do mercado fornecedor de materiais e equipamentos específicos da indústria de petróleo, permanentemente qualificados por mecanismos que verifiquem e certifiquem suas instalações, procedimentos e sistemas de qualidade, quando exigíveis.

3.4 Sempre que razões técnicas determinarem o fracionamento de obra ou serviço em duas ou mais partes, será escolhida a modalidade de licitação que regeria a totalidade da obra ou serviço.

3.5 Obras ou serviços correlatos e vinculados entre si serão agrupados e licitados sob a modalidade correspondente ao conjunto a ser contratado.

3.6 Nos casos em que a licitação deva ser realizada sob a modalidade de convite, o titular da unidade administrativa responsável poderá, sempre que julgar conveniente, determinar a utilização da concorrência.

CAPÍTULO IV
REGISTRO CADASTRAL, PRÉ-QUALIFICAÇÃO E HABILITAÇÃO DE LICITANTES

4.1 A Petrobras manterá registro cadastral de empresas interessadas na realização de obras, serviços ou fornecimentos para a Companhia.

4.1.1 Para efeito da organização e manutenção do Cadastro de Licitantes, a Petrobras publicará, periodicamente, aviso de chamamento das empresas interessadas, indicando a documentação a ser apresentada, que deverá comprovar:

a) habilitação jurídica;

b) capacidade técnica, genérica, específica e operacional;

c) qualificação econômico-financeira;

d) regularidade fiscal.

4.2 As firmas cadastradas serão classificadas por grupos, segundo a sua especialidade.

4.3 Os registros cadastrais serão atualizados periodicamente, pelo menos uma vez por ano.

4.4 Os critérios para a classificação das firmas cadastradas serão fixados por Comissão integrada por técnicos das áreas interessadas, indicados pelos respectivos diretores e designados pelo Presidente da Petrobras e serão estabelecidos em norma específica, aprovada pela Diretoria.

4.5 Feita a classificação, o resultado será comunicado ao interessado, que poderá pedir reconsideração, desde que a requeira, no prazo de cinco dias, apresentando novos elementos, atestados ou outras informações que justifiquem a classificação pretendida.

4.5.1 Decorrido o prazo do subitem anterior, a unidade administrativa encarregada do Cadastro expedirá o Certificado de Registro e Classificação, que terá validade de doze meses.

4.6 Qualquer pessoa, que conheça fatos que afetem a inscrição e classificação das firmas executoras de obras e serviços ou fornecedoras de materiais e equipamentos, poderá impugnar, a qualquer tempo, total ou parcialmente, o registro, desde que apresente à unidade de Cadastro as razões da impugnação.

4.7 A inscrição no registro cadastral de licitantes da Petrobras poderá ser suspensa quando a firma:

a) faltar ao cumprimento de condições ou normas legais ou contratuais;

b) apresentar, na execução de contrato celebrado com a Petrobras, desempenho considerado insuficiente;

c) tiver títulos protestados ou executados;

d) tiver requerida a sua falência ou concordata, ou, ainda, decretada esta última;

e) deixar de renovar, no prazo que lhe for fixado, documentos com prazo de validade vencido, ou deixar de justificar, por escrito, a não participação na licitação para a qual tenha sido convidada.

4.8 A inscrição será cancelada:

a) por decretação de falência, dissolução ou liquidação da firma;

b) quando ocorrer declaração de inidoneidade da firma;

c) pela prática de qualquer ato ilícito;

d) a requerimento do interessado;

4.9 A suspensão da inscrição será feita pela unidade encarregada do Cadastro, por iniciativa própria ou mediante provocação de qualquer unidade da Petrobras. O cancelamento da inscrição será determinado por qualquer Diretor, ou pela Diretoria da Petrobras no caso da letra " b " do subitem anterior, com base em justificativa da unidade administrativa interessada.

4.9.1 O ato de suspensão, ou de cancelamento, que será comunicado, por escrito, pela unidade encarregada do Cadastro, fixará o prazo de vigência e as condições que deverão ser atendidas pela firma, para restabelecimento da inscrição.

4.9.2 A firma que tiver suspensa a inscrição cadastral não poderá celebrar contratos com a Petrobras, nem obter adjudicação de obra, serviço ou fornecimento, enquanto durar a suspensão. Entretanto, poderá a Petrobras exigir, para manutenção do contrato em execução, que a firma ofereça caução de garantia satisfatória.

4.10 Para o fim de participar de licitação cujo ato de convocação expressamente o permita, admitir-se-á a inscrição de pessoas físicas ou jurídicas reunidas em consórcio, sendo, porém, vedado a um consorciado, na mesma licitação, também concorrer isoladamente ou por intermédio de outro consórcio.

4.10.1 As pessoas físicas ou jurídicas consorciadas instruirão o seu pedido de inscrição com prova de compromisso de constituição do consórcio, mediante instrumento, do qual deverão constar, em cláusulas próprias:

a) a designação do representante legal do consórcio;

b) composição do consórcio;

c) objetivo da consorciação;

d) compromissos e obrigações dos consorciados, dentre os quais o de que cada consorciado responderá, individual e solidariamente, pelas exigências de ordem fiscal e administrativa pertinentes ao objeto da licitação, até a conclusão final dos trabalhos que vierem a ser contratados com consórcio;

e) declaração expressa de responsabilidade solidária de todos os consorciados pelos atos praticados sob o consórcio, em relação à licitação e, posteriormente, à eventual contratação;

f) compromisso de que o consórcio não terá sua composição ou constituição alteradas ou, sob qualquer forma, modificadas, sem prévia e expressa anuência, escrita, da Petrobras, até a conclusão integral dos trabalhos que vierem a ser contratados;

g) compromissos e obrigações de cada um dos consorciados, individualmente, em relação ao objeto de licitação.

4.10.2 A capacidade técnica e financeira do consórcio, para atender às exigências da licitação, será definida pelo somatório da capacidade de seus componentes.

4.10.3 Nos consórcios integrados por empresas nacionais e estrangeiras serão obedecidas as diretrizes estabelecidas pelos órgãos governamentais competentes, cabendo, sempre, a brasileiros a representação legal do consórcio.

4.10.4 Não se aplicará a proibição constante da letra " f " do subitem 4.10.1 quando as empresas consorciadas decidirem fundir-se em uma só, que as suceda para todos os efeitos legais.

4.10.5 Aplicar-se-ão aos consórcios, no que cabíveis, as disposições deste Regulamento, inclusive no tocante ao cadastramento e habilitação de licitantes.

4.10.6 O Certificado do Registro do Consórcio será expedido com a finalidade exclusiva de permitir a participação na licitação indicada no pedido de inscrição.

4.10.7 O edital de licitação poderá fixar a quantidade máxima de firmas por consórcios e estabelecerá prazo para que o compromisso de consorciação seja substituído pelo contrato de constituição definitiva do consórcio, na forma do disposto no art. 279 da Lei n. 6.404 de 15/12/76, sob pena de cancelamento da eventual adjudicação.

4.11 A Petrobras poderá promover a pré-qualificação de empresas para verificação prévia da habilitação jurídica, capacidade técnica, qualificação econômico-financeira e regularidade fiscal, com vista à participação dessas empresas em certames futuros e específicos.

4.11.1 O edital de chamamento indicará, além da(s) obra(s), serviço(s) ou fomecimento(s) a ser(em) contratado(s), os requisitos para a pré-qualificação e o seu prazo de validade.

4.11.2 Uma vez pré-qualificadas, a convocação das empresas interessadas será feita de forma simplificada, mediante carta-convite.

4.12 O Certificado fornecido aos cadastrados substituirá os documentos exigidos para as licitações processadas dentro do seu prazo de validade, ficando, porém, assegurado à Petrobras o direito de estabelecer novas exigências, bem como comprovação da capacidade operativa atual da empresa, compatível com o objeto a ser contratado.

CAPÍTULO V
PROCESSAMENTO DA LICITAÇÃO

5.1 As licitações da Petrobras serão processadas por Comissões Permanentes ou Especiais, designadas pela Diretoria ou, mediante delegação desta, pelo titular da unidade administrativa interessada.

5.1.1 O procedimento da licitação será iniciado com o ato do titular da unidade administrativa interessada, que deverá indicar o objeto a ser licitado, prazo para a execução da obra, serviço ou fornecimento desejado, bem como os recursos orçamentários aprovados ou previstos nos programas plurianuais correspondentes.

5.1.2 Quando for o caso, o pedido de licitação deverá vir acompanhado do ato de designação da Comissão Especial que a processará.

5.2 O pedido de licitação deverá conter, dentre outros, os seguintes elementos:

I - NO CASO DE OBRA OU SERVIÇO:

a) descrição das características básicas e das especificações dos trabalhos a serem contratados;

b) indicação do prazo máximo previsto para a conclusão dos trabalhos;

c) indicação do custo estimado para a execução, cujo orçamento deverá ser anexado ao pedido;

d) indicação da fonte de recursos para a contratação;

e) requisitos de capital, qualificação técnica e capacitação econômico-financeira a serem satisfeitos pelas firmas interessadas na participação;

f) local e unidade administrativa onde poderão ser obtidos, pelos interessados, elementos e esclarecimentos complementares sobre a obra ou serviço, bem como o preço de aquisição das especificações técnicas, plantas e demais elementos da licitação.

II - NO CASO DE COMPRA:

a) descrição das características técnicas do material ou equipamento a ser adquirido;

b) indicação da fonte de recursos para a aquisição;

c) indicação, quando for o caso, dos requisitos de capacitação econômico-financeira, qualificação e tradição técnica a serem satisfeitos pelos fornecedores interessados;

d) indicação ou requisitos de qualidade técnica exigidos para o material ou equipamento a ser fornecido;

e) preço de aquisição das especificações técnicas e demais documentos da licitação, quando for o caso.

5.2.1 Quando exigido como requisito para a participação, o capital social mínimo não será superior a dez por cento do valor estimado para a contratação.

5.2.2 A Comissão de Licitação poderá solicitar da unidade administrativa requisitante quaisquer elementos e informações que entender necessários para a elaboração do edital ou carta-convite da licitação. A Comissão restituirá à unidade requisitante o pedido de licitação que não contiver os elementos indicados no subitem anterior, bem assim os que não forem complementares com os dados e informações adicionais requisitados.

5.3 As licitações serão convocadas mediante edital assinado e feito publicar pelo titular da unidade administrativa interessada, ou através de carta-convite expedida pela Comissão de Licitação ou por servidor especialmente designado.

5.3.1 Na elaboração do edital deverão ser levados em conta, além das condições e exigências técnicas e econômico-financeiras requeridas para a participação, os seguintes princípios básicos de licitação:

a) igualdade de oportunidade e de tratamento a todos os interessados na licitação;

b) publicidade e amplo acesso dos interessados às informações e trâmites do procedimento licitatório;

c) fixação de critérios objetivos para o julgamento da habilitação dos interessados e para avaliação e classificação das propostas.

5.4 A concorrência será convocada por Aviso publicado, pelo menos uma vez, no Diário Oficial da União e em jornal de circulação nacional, com antecedência mínima de trinta dias da data designada para apresentação de propostas.

5.4.1 O aviso de convocação indicará, de forma resumida, o objeto da concorrência, os requisitos para a participação, a data e o local de apresentação das propostas e o local onde poderão ser adquiridos o edital e os demais documentos da licitação.

5.4.2 O edital da concorrência deverá conter o número de ordem em série anual, a sigla da unidade administrativa interessada, a finalidade da licitação, a menção de que será regida por esta Norma e, mais, as seguintes indicações:

a) o objeto da licitação, perfeitamente caracterizado e definido, conforme o caso, pelo respectivo projeto, normas e demais elementos técnicos pertinentes, bastantes para permitir a exata compreensão dos trabalhos a executar ou do fornecimento a fazer;

b) as condições de participação e a relação dos documentos exigidos para a habilitação dos licitantes e seus eventuais subcontratados, os quais serão relativos, exclusivamente, à habilitação jurídica, qualificação técnica, qualificação econômico-financeira e regularidade fiscal;

c) o local, dia e horário em que serão recebidas a documentação de habilitação preliminar e as propostas e o local, dia e hora em que serão abertas as propostas;

d) o critério que será adotado no julgamento das propostas;

e) o local e a unidade administrativa onde os interessados poderão obter informações e esclarecimentos e cópias dos projetos, plantas, desenhos, instruções, especificações e outros elementos necessários ao perfeito conhecimento do objeto da licitação;

f) a natureza e o valor da garantia de propostas, quando exigida;

g) o prazo máximo para cumprimento do objeto da licitação;

h) as condições de reajustamento dos preços, quando previsto;

i) a declaração de que os trabalhos, ou fornecimento deverão ser realizados segundo as condições estabelecidas em contrato, cuja minuta acompanhará o edital;

j) as condições de apresentação das propostas, número de vias e exigências de serem datilografadas e assinadas pelo proponente, sem emendas ou rasuras, com a indicação do respectivo endereço;

k) as condições para aceitação de empresas associadas em consórcio e para eventual subcontratação;

l) esclarecimento de que a Petrobras poderá, antes da assinatura do contrato, desistir da concorrência, sem que disso resulte qualquer direito para os licitantes;

m) prazo de validade das propostas;

n) outras informações que a unidade requisitante da licitação julgar necessária.

5.4.3 Nas concorrências haverá, sempre, uma fase inicial de habilitação preliminar, destinada à verificação da plena qualificação das firmas interessadas. Para a habilitação preliminar os interessados apresentarão os documentos indicados no edital, além do comprovante de garantia de manutenção da proposta, quando exigida.

5.4.4 A habilitação preliminar antecederá a abertura das propostas e a sua apreciação competirá à Comissão de Licitação.

5.4.5 O edital da concorrência poderá dispensar as firmas inscritas no cadastro da Petrobras e de órgãos da Administração Pública Federal, Estadual ou Municipal, da apresentação dos documentos de regularidade jurídico-fiscal exigidos para a habilitação, desde que exibido o Certificado de registro, respectivo.

5.4.6 Quando prevista no edital, a exigência de capital mínimo integralizado e realizado, ou de patrimônio líquido, não poderá exceder de dez por cento do valor estimado da contratação.

5.4.7 Mediante despacho fundamentado, a Diretoria poderá autorizar a redução do prazo de publicação do edital, para, no mínimo, vinte dias, quando essa providência for considerada necessária pela urgência da contratação.

5.5 A tomada de preços será convocada por Aviso publicado no Diário Oficial da União e em jornal de circulação nacional, com a antecedência mínima de quinze dias da data designada para recebimento das propostas.

5.5.1 O edital de tomada de preços conterá, além dos requisitos do subitem anterior, que forem cabíveis, as seguintes indicações mínimas:

a) a descrição detalhada do objeto da licitação, as especificações e demais elementos indispensáveis ao perfeito conhecimento, pelos interessados, dos trabalhos que serão executados, ou dos materiais ou equipamentos a serem fornecidos;

b) o local, data e horário em que serão recebidas as propostas e as condições da apresentação destas;

c) a informação de que somente poderão participar da licitação firmas já inscritas no registro cadastral de licitantes da Petrobras;

d) especificação da forma e o valor da garantia de proposta, quando exigida, e indicação do local e a unidade administrativa da Petrobras onde os interessados obterão informações complementares, cópias das especificações, plantas, desenhos, instruções e demais elementos sobre o objeto da licitação;

e) o critério de julgamento das propostas, com o esclarecimento de que a Petrobras poderá, antes da assinatura do contrato, revogar a licitação, sem que disso resulte qualquer direito para os licitantes.

5.5.2 Mediante despacho fundamentado, o Diretor da área a que estiver afeta a licitação poderá autorizar a redução do prazo de publicação do edital, para dez dias, quando essa providência for considerada necessária pela urgência da contratação.

5.6 O convite será convocado por carta expedida pelo Presidente da Comissão de licitação ou pelo servidor especialmente designado, às firmas indicadas no pedido da licitação, em número mínimo de três, selecionadas pela unidade requisitante dentre as do ramo pertinente ao objeto, inscritos ou não no registro cadastral de licitantes da Petrobras.

5.6.1 A carta-convite será entregue, aos interessados, contra recibo, com antecedência mínima de três dias antes da data fixada para a apresentação das propostas. A carta-convite será acompanhada das características e demais elementos técnicos da licitação e deverá conter as indicações mínimas, necessárias à elaboração das propostas.

5.6.2 A cada novo convite, realizado para objeto idêntico ou assemelhado, a convocação será estendida a, pelo menos, mais uma firma, dentre as cadastradas e classificadas no ramo pertinente.

CAPÍTULO VI
JULGAMENTO DAS LICITAÇÕES

6.1 As licitações serão processadas e julgadas com a observância do seguinte procedimento:

a) abertura dos envelopes contendo a documentação relativa à habilitação, e sua apreciação;

b) devolução dos envelopes fechados aos licitantes inabilitados, desde que não tenha havido recurso ou após a sua denegação;

c) abertura dos envelopes contendo as propostas dos licitantes habilitados, desde que transcorrido o prazo sem interposição de recurso, ou tenha havido desistência expressa, ou após o julgamento dos recursos interpostos;

d) verificação da conformidade de cada proposta com os requisitos do instrumento convocatório, promovendo-se a desclassificação das propostas desconformes ou incompatíveis;

e) classificação das propostas e elaboração do Relatório de Julgamento;

f) aprovação do resultado e adjudicação do objeto ao vencedor.

6.2 A abertura dos envelopes contendo os documentos de habilitação e as propostas, será realizada sempre em ato público, previamente designado, do qual se lavrará ata circunstanciada, assinada pelos licitantes presentes e pela Comissão de Licitação.

6.3 Todos os documentos de habilitação e propostas serão rubricados pelos licitantes e pela Comissão de Licitação.

6.4 O disposto no item 6.1 aplica-se, no que couber, ao leilão e ao convite.

6.5 O concurso será processado com a observância do procedimento previsto no respectivo instrumento convocatório.

6.6 Ultrapassada a fase de habilitação dos concorrentes e abertas as propostas, não cabe desclassificá-las por motivo relacionado com a habilitação, salvo em razão de fatos supervenientes ou só conhecidos após o julgamento.

6.7 É facultada à Comissão ou autoridade superior, em qualquer fase da licitação, a promoção de diligência destinada a esclarecer ou a complementar a instrução do procedimento licitatório, vedada a inclusão posterior de documento ou informação que deveria constar originariamente da proposta.

6.8 Após a fase de habilitação, não cabe desistência de proposta, salvo por motivo justo decorrente de fato superveniente e aceito pela Comissão.

6.9 É assegurado a todos os participantes do procedimento licitatório o direito de recurso, na forma estabelecida no Capítulo IX deste Regulamento.

6.10 O critério de julgamento das propostas constará, obrigatoriamente, do edital ou carta-convite. Na sua fixação levar-se-ão em conta, dentre outras condições expressamente indicadas no ato de convocação, os fatores de qualidade e rendimento da obra ou serviço ou do material ou equipamento a ser fornecido, os prazos de execução ou de entrega, os preços e as condições de pagamento.

6.11 A Comissão fará a análise, avaliação e classificação das propostas rigorosamente de conformidade com o critério estabelecido no ato de convocação, desclassificando as que não satisfizeram, total ou parcialmente, às exigências prefixadas.

6.12 Não serão levadas em conta vantagens não previstas no edital ou carta-convite, nem ofertas de redução sobre a proposta mais barata.

6.13 No caso de discordância entre os preços unitários e os totais resultantes de cada item da planilha, prevalecerão os primeiros; ocorrendo discordância entre os valores numéricos e os por extenso, prevalecerão estes últimos.

6.14 Na falta de outro critério expressamente estabelecido no ato de convocação, observado o disposto no subitem anterior, a licitação será julgada com base no menor preço ofertado, assim considerado aquele que representar o menor dispêndio para a Petrobras.

6.15 Na avaliação das propostas, para efeito da classificação, a Comissão levará em conta todos os aspectos de que possa resultar vantagem para a Petrobras, observado o disposto no subitem 6.25.

6 16 As propostas serão classificadas por ordem decrescente dos valores ofertados, a partir da mais vantajosa.

6.17 Verificando-se absoluta igualdade entre duas ou mais propostas, a Comissão designará dia e hora para que os licitantes empatados apresentam novas ofertas de preços; se nenhum deles puder, ou quiser, formular nova proposta, ou caso se verifique novo empate, a licitação será decidida por sorteio entre os igualados.

6.18 Em igualdade de condições, as propostas de licitantes nacionais terão preferência sobre as dos estrangeiros.

6.19 Nas licitações de MELHOR PREÇO será declarada vencedora a proponente que, havendo atendido às exigências de prazo de execução ou de entrega e às demais condições gerais estabelecidas no ato de convocação, ofertar o menor valor global para a realização da obra ou serviço, assim considerado aquele que implicar o menor dispêndio para a Petrobras, ou o maior pagamento, no caso de alienação.

6.20 Nas licitações de TÉCNICA E PREÇO e MELHOR TÉCNICA o julgamento das propostas será feito em duas etapas.

6.20.1 Na primeira, a Comissão fará a análise das propostas com base nos fatores de avaliação previamente fixados no edital, tais como: qualidade, rendimento, assistência técnica e treinamento, prazo e cronograma de execução, técnica e metodologia de execução, tradição técnica da firma, equipamentos da firma, tipo e prazo da garantia de qualidade oferecida, podendo solicitar dos licitantes as informações e esclarecimentos complementares que considerar necessários, vedada qualquer alteração das condições já oferecidas.

6.20.2 Concluída a avaliação das propostas técnicas, a Comissão convocará os licitantes, por escrito, e, no dia, hora e local designados, em sessão pública, divulgará o resultado da 1ª etapa do julgamento e proclamará as propostas classificadas tecnicamente. Após a leitura do Relatório Técnico, o Presidente da Comissão prestará aos licitantes os esclarecimentos e justificativas que forem solicitados. As indagações dos licitantes e os esclarecimentos prestados pelo Presidente constarão da ata da sessão. Em seguida, o Presidente da Comissão fará a abertura dos envelopes das propostas financeiras, cujos documentos serão lidos e rubricados pelos membros da Comissão e pelos licitantes. Serão restituídos, fechados, aos respectivos prepostos, os envelopes de preços dos licitantes cujas propostas técnicas tenham sido desclassificadas.

6.20.3 O Presidente da Comissão não fará a abertura dos envelopes de preços das firmas cujas propostas técnicas tenham sido objeto de impugnação, salvo se, decidida, de plano, a improcedência desta, o impugnante declarar, para ficar consignado na ata, que aceita a decisão da Comissão e renuncia a recurso ou reclamação futura sobre o assunto.

6.20.4 Também não serão abertos, permanecendo em poder da Comissão, os envelopes de preços das firmas cujas propostas técnicas tenham sido desclassificadas e que consignarem em ata o propósito de recorrer contra tal decisão, bem assim os daquelas contra as quais tenha sido impugnada a classificação, até a decisão final sobre o recurso ou impugnação.

6.20.5 O resultado da avaliação das propostas técnicas constará de RELATÓRIO TÉCNICO, no qual deverão ser detalhadamente indicados:

a) as propostas consideradas adequadas às exigências de ordem técnica da licitação;

b) as razões justificadoras de eventuais desclassificações.

6.20.6 Na segunda etapa do julgamento, a Comissão avaliará os preços e sua adequação à estimativa da Petrobras para a contratação, bem assim as condições econômico-financeiras ofertados pelos licitantes e fará a classificação final segundo a ordem decrescente dos valores globais, ou por item do pedido, quando se tratar de licitação de compra.

6.21 Nas licitações de TÉCNICA E PREÇO será proclamada vencedora da licitação a firma que tiver ofertado o melhor preço global para a realização da obra ou serviço, ou o melhor preço final por item do fornecimento a ser contratado, desde que atendidas todas as exigências econômico-financeiras estabelecidas no edital.

6.22 Nas licitações de MELHOR TÉCNICA será proclamada vencedora a firma que obtiver a melhor classificação técnica, desde que atendidas as condições econômico-financeiras estabelecidas no edital. Entretanto, o edital conterá, sempre, a ressalva de que a Petrobras poderá recusar a adjudicação, quando o preço da proposta for considerado incompatível com a estimativa de custo da contratação.

6.23 Qualquer que seja o tipo ou modalidade da licitação, poderá a Comissão, uma vez definido o resultado do julgamento, negociar com a firma vencedora ou, sucessivamente, com as demais licitantes, segundo a ordem de classificação, melhores e mais vantajosas condições para a Petrobras. A negociação será feita, sempre, por escrito e as novas condições dela resultantes passarão a integrar a proposta e o contrato subseqüente.

6.24 O resultado das licitações, qualquer que seja o tipo ou modalidade, constará do RELATÓRIO DE JULGAMENTO, circunstanciado, assinado pelos membros da Comissão, no qual serão referidos, resumidamente, os pareceres técnicos dos órgãos porventura consultados.

6.25 No Relatório de Julgamento a Comissão indicará, detalhadamente, as razões da classificação ou desclassificação das propostas, segundo os fatores considerados no critério pré-estabelecido, justificando, sempre, quando a proposta de menor preço não for a escolhida.

6.26 Concluído o julgamento, a Comissão comunicará, por escrito, o resultado aos licitantes, franqueando-lhes, e a qualquer interessado que o requeira por escrito, o acesso às informações sobre a tramitação e resultado da licitação.

6.27 Decorrido o prazo de recurso, ou decidido este, o Relatório de Julgamento será encaminhado pelo Presidente da Comissão ao titular do órgão interessado, para aprovação e adjudicação.

6.27.1 O titular da unidade competente para a aprovação poderá converter o julgamento em diligência, para que a Comissão supra omissões ou esclareça aspectos do resultado apresentado.

6.27.2 Mediante decisão fundamentada, a autoridade competente para a aprovação anulará, total ou parcialmente, a licitação, quando ficar comprovada irregularidade ou ilegalidade no seu processamento.

6.28 Os editais e cartas-convites conterão, sempre, a ressalva de que a Petrobras poderá, mediante decisão fundamentada da autoridade competente para a homologação do julgamento, revogar a licitação, a qualquer tempo, antes da formalização do respectivo contrato, para atender a razões de conveniência administrativa, bem como anular o procedimento, se constatada irregularidade ou ilegalidade, sem que disso resulte, para os licitantes, direito a reclamação ou indenização.

6.29 As licitações vinculadas a financiamentos contratados pela Petrobras com organismos internacionais serão processadas com observância do disposto nas recomendações contidas nos respectivos Contratos de Empréstimos, e nas instruções específicas dos órgãos federais competentes, aplicando-se, subsidiariamente, as disposições deste Regulamento.

6.30 Os editais para essas licitações indicarão os requisitos a serem atendidos pelas firmas estrangeiras eventualmente interessadas na participação.

CAPÍTULO VII
CONTRATAÇÃO

7.1 A execução de obras e serviços e a aquisição ou alienação de materiais, na Petrobras, serão contratados com o concorrente classificado em primeiro lugar na licitação correspondente, ressalvados os casos de dispensa desta, estabelecidos neste Regulamento.

7.1.1 Os contratos da Petrobras reger-se-ão pelas normas de direito privado e pelo princípio da autonomia da vontade, ressalvados os casos especiais, obedecerão a minutas padronizadas, elaboradas com a orientação do órgão jurídico e aprovadas pela Diretoria.

7.1.2 As minutas dos contratos e dos respectivos aditamentos serão previamente analisadas pelo órgão jurídico da Petrobras, na forma do disposto nas normas operacionais internas.

7.1.3 Os contratos deverão estabelecer, com clareza e precisão, os direitos, obrigações e responsabilidades das partes e conterão cláusulas específicas sobre:

a) a qualificação das partes;

b) o objeto e seus elementos característicos;

c) a forma de execução do objeto;

d) o preço, as condições de faturamento e de pagamento e, quando for o caso, os critérios de reajustamento;

e) os prazos de início, de conclusão, de entrega, de garantia e de recebimento do objeto do contrato, conforme o caso;

f) as responsabilidades das partes;

g) as que fixem as quantidades e o valor da multa;

h) a forma de inspeção ou de fiscalização pela Petrobras;

i) as condições referentes ao recebimento do material, obra ou serviço;

j) as responsabilidades por tributos ou contribuições;

k) os casos de rescisão;

l) o valor do contrato e a origem dos recursos;

m) a forma de solução dos conflitos, o foro do contrato e, quando necessário, a lei aplicável;

n) estipulação assegurando à Petrobras o direito de, mediante retenção de pagamentos, ressarcir-se de quantias que lhes sejam devidas pela firma contratada, quaisquer que sejam a natureza e origem desses débitos.

7.1.4 A Diretoria Executiva definirá, em ato interno específico, as competências para a assinatura dos contratos celebrados pela Petrobras.

7.2 Os contratos regidos por este Regulamento poderão ser alterados, mediante acordo entre as partes, principalmente nos seguintes casos:

a) quando houver modificação do projeto ou das especificações, para melhor adequação técnica aos seus objetivos;

b) quando necessária a alteração do valor contratual, em decorrência de acréscimo ou diminuição quantitativa de seu objeto, observado, quanto aos acréscimos, o limite de vinte e cinco por cento do valor atualizado do contrato;

c) quando conveniente a substituição de garantia de cumprimento das obrigações contratuais;

d) quando necessária a modificação do regime ou modo de realização do contrato, em face de verificação técnica da inaplicabilidade dos termos contratuais originários;

e) quando seja comprovadamente necessária a modificação da forma de pagamento, por imposição de circunstâncias supervenientes, respeitado o valor do contrato.

7.3 A inexecução total ou parcial do contrato poderá ensejar a sua rescisão, com as consequências contratuais e as previstas em lei, além da aplicação ao contratado das seguintes sanções:

a) advertência;

b) multa, na forma prevista no instrumento convocatório ou no contrato;

c) suspensão temporária de participação em licitação e impedimento de contratar com a Petrobras, por prazo não superior a dois anos;

d) proibição de participar de licitação na Petrobras, enquanto perdurarem os motivos determinantes da punição ou até que seja promovida a reabilitação, perante a própria autoridade que aplicou a pena.

7.3.1 Constituem motivo, dentre outros, para rescisão do contrato:

a) o não cumprimento de cláusulas contratuais, especificações, projetos ou prazos;

b) o cumprimento irregular de cláusulas contratuais, especificações, projetos ou prazos;

c) a lentidão no seu cumprimento, levando a Petrobras a presumir a não conclusão da obra, do serviço ou do fornecimento, nos prazos estipulados;

d) o atraso injustificado no início da obra, serviço ou fornecimento;

e) a paralisação da obra, do serviço ou do fornecimento, sem justa causa e prévia comunicação à Petrobras;

f) a subcontratação total ou parcial do seu objeto, a associação da contratada com outrem, a cessão ou transferência, total ou parcial, exceto se admitida no edital e no contrato, bem como a fusão, cisão ou incorporação, que afetem a boa execução deste;

g) o desatendimento das determinações regulares do preposto da Petrobras designado para acompanhar e fiscalizar a sua execução, assim como as de seus superiores;

h) o cometimento reiterado de faltas na sua execução, anotadas em registro próprio;

i) a decretação da falência, o deferimento da concordata, ou a instauração de insolvência civil;

j) a dissolução da sociedade ou o falecimento do contratado;

k) a alteração social ou a modificação da finalidade ou da estrutura da empresa, que, a juízo da Petrobras, prejudique a execução da obra ou serviço;

l) o protesto de títulos ou a emissão de cheques sem suficiente provisão de fundos, que caracterizem insolvência do contratado;

m) a suspensão de sua execução, por ordem escrita da Petrobras por prazo superior a cento e vinte dias, salvo em caso de calamidade pública, grave perturbação da ordem interna ou guerra;

n) a ocorrência de caso fortuito ou de força maior, regularmente comprovada, impeditiva da execução do contrato.

7.3.2 A rescisão acarretará as seguintes consequências imediatas:

a) execução da garantia contratual, para ressarcimento, à Petrobras, dos valores das multas aplicadas e de quaisquer outras quantias ou indenizações a ela devidas;

b) retenção dos créditos decorrentes do contrato, até o limite dos prejuízos causados à Petrobras.

7.4 O contrato poderá estabelecer que a decretação da concordata implicará a rescisão de pleno direito, salvo quando a firma contratada prestar caução suficiente, a critério da Petrobras, para garantir o cumprimento das obrigações contratuais.

CAPÍTULO VIII
LICITAÇÃO PARA ALIENAÇÃO DE BENS

8 1 Observado o disposto no Estatuto Social, a alienação de bens do ativo permanente, devidamente justificada, será sempre precedida de avaliação e licitação, dispensada esta nos seguintes casos:

a) dação em pagamento, quando o credor consentir em receber bens móveis ou imóveis em substituição à prestação que lhe é devida;

b) doação, exclusivamente para bens inservíveis ou na hipótese de calamidade pública;

c) permuta;

d) venda de ações, que poderão ser negociadas em bolsa, observada a legislação específica;

e) venda de títulos, na forma da legislação pertinente.

8.2 A alienação será efetuada mediante leilão público, ou concorrência, quando se tratar de imóveis, segundo as condições definidas pela Diretoria Executiva, indicadas no respectivo edital, previamente publicado.

CAPÍTULO IX
RECURSOS PROCESSUAIS

9.1 Qualquer interessado, prejudicado por ato de habilitação, classificação ou julgamento, praticado pela Comissão de Licitação, ou por representante autorizado da Petrobras, em função deste Regulamento, poderá recorrer, mediante:

a) Pedido de Reconsideração;

b) Recurso Hierárquico.

9.1.1 O Pedido de Reconsideração será formulado em requerimento escrito e assinado pelo interessado, dirigido à Comissão de Licitação ou à unidade responsável pelo ato impugnado e deverá conter:

a) a identificação do recorrente e das demais pessoas afetadas pelo ato impugnado;

b) a indicação do processo licitatório ou administrativo em que o ato tenha sido praticado;

DECRETOS

c) as razões que fundamentam o pedido de reconsideração, com a indicação do dispositivo deste Regulamento ou, quando for o caso, da legislação subsidiariamente aplicável.

9.1.2 O Pedido de Reconsideração será apresentado no protocolo local da Petrobras, instruído com os documentos de prova de que dispuser o recorrente. Quando assinado por procurador, deverá vir acompanhado do correspondente instrumento do mandato, salvo quando este já constar do processo respectivo.

9.1.3 Mediante o pagamento do custo correspondente, a parte poderá requerer cópias das peças do processo da licitação, ou de quaisquer outros documentos indispensáveis à instrução do recurso.

9.1.4 Quando o interessado o requerer, o Pedido de Reconsideração poderá converter-se em Recurso Hierárquico, na hipótese de indeferimento da Comissão de Licitação ou da unidade administrativa à qual tenha sido dirigido.

9.1.5 O Recurso Hierárquico, formulado com observância do disposto no subitem 9.1.1, será dirigido à unidade administrativa imediatamente superior àquela responsável pelo ato impugnado.

9.1.6 Quando se referir a ato praticado em processo de licitação, o requerimento do Recurso Hierárquico será apresentado, através do protocolo local da Petrobras, à Comissão de Licitação, que o encaminhará a unidade administrativa competente, com as informações justificativas do ato praticado, caso decida mantê-lo.

9.1.7 Interposto o recurso hierárquico, a Comissão de Licitação comunicará aos demais licitantes, que poderão impugná-lo no prazo comum de cinco dias úteis.

9.1.8 A Comissão de Licitação, ou a unidade administrativa responsável pelo ato impugnado, decidirá sobre o Pedido de Reconsideração no prazo de três dias úteis, contados do término do prazo para impugnação e, em igual prazo, comunicará o resultado ao interessado, ou encaminhará o processo ao superior hierárquico, na hipótese prevista no subitem 9.1.4.

9.1.9 O Recurso Hierárquico será decidido pela unidade administrativa competente no prazo de cinco dias úteis, contados da data em que receber, devidamente instruído, o processo respectivo.

9.2 É de cinco dias corridos, contados da data de comunicação do ato impugnado, o prazo para formulação do Pedido de Reconsideração e do Recurso Hierárquico.

9.2.1 Quando se tratar de ato divulgado em sessão pública do procedimento licitatório, o prazo para recorrer contar-se-á da data da realização da sessão.

9.2.2 Nos demais processos vinculados a esta Norma, o prazo para recorrer contar-se-á da data em que a parte tomar conhecimento do ato.

9.2.3 Quando o recurso se referir ao resultado final da licitação, o prazo de recurso será contado da data da notificação do resultado, feita pela Comissão de Licitação aos interessados.

9.2.4 Na contagem do prazo de recurso excluir-se-á o dia do início e incluir-se-á o do vencimento, prorrogando-se este para o primeiro dia útil, quando recair em dia em que não haja expediente na Petrobras.

9.3 Os recursos terão efeito apenas devolutivo. Entretanto, quando se referirem à habilitação de recorrentes, ou ao resultado da avaliação e classificação de propostas, os recursos acarretarão a suspensão do procedimento licitatório, mas apenas em relação à firma, ou a proposta, atingida pelo recurso.

9.3.1 A seu exclusivo critério, a autoridade competente para apreciar o recurso poderá suspender o curso do processo, quando isso se tornar recomendável, em face da relevância dos aspectos questionados pelo recorrente.

9.3.2 A parte poderá, a qualquer tempo, desistir do recurso interposto. Responderá, entretanto, perante a Petrobras, pelos prejuízos que, porventura, decorram da interposição de recurso meramente protelatório.

CAPÍTULO X
DISPOSIÇÕES FINAIS E TRANSITÓRIAS

10.1 A disciplina estabelecida neste Regulamento poderá ser complementada, quanto aos aspectos operacionais, por ato interno da Diretoria Executiva da Petrobras, previamente publicado no Diário Oficial da União, inclusive quanto à fixação das multas a que se refere a alínea " g " do subitem 7.1.3.

10.2 Quando da edição da lei a que se refere o § 1º do art. 173 da Constituição, com a redação dada pela Emenda n. 19, de 4 de junho de 1998, o procedimento licitatório disciplinado neste Regulamento deverá ser revisto, naquilo que conflitar com a nova lei.

DECRETO N. 2.814, DE 22 DE OUTUBRO DE 1998

Regulamenta o art. 99 da Lei n. 9.504, de 30 de setembro de 1997, para efeito de ressarcimento fiscal pela propaganda eleitoral gratuita relativa às eleições de 4 de outubro de 1998.

- *DOU*, 23.10.1998.
- A Lei 9.504/1997 estabelece normas para as eleições.

O Presidente da República , no uso da atribuição que lhe confere o art. 84, inciso IV, da Constituição, e tendo em vista o disposto no art. 99 da Lei n. 9.504, de 30 de setembro de 1997,

Decreta:

ART. 1º Aplicam-se às eleições de 4 de outubro de 1998 as normas constantes do Decreto n. 1.976, de 6 de agosto de 1996, com as seguintes alterações:

- O Dec. 1.976/1996 regulamenta o art. 80 da Lei 8.713/1993, para efeito de ressarcimento fiscal pela propaganda eleitoral gratuita, relativa às eleições de 3.10.1994.

I - o preço do espaço comercializável é o preço de propaganda da emissora comprovadamente vigente em 18 de agosto de 1998, que deverá guardar proporcionalidade com os praticados trinta dias antes e trinta dias após essa data;

II - o valor apurado de conformidade com o Decreto n. 1.976, de 1996, com as alterações deste Decreto, poderá ser deduzido da base de cálculo dos recolhimentos mensais de que trata o art. 2º da Lei n. 9.430, de 27 de dezembro de 1996, bem assim da base de cálculo do Lucro Presumido.

ART. 2º Este Decreto entra em vigor na data de sua publicação.

ART. 3º Fica revogado o art. 2º do Decreto n. 1.976, de 1996.

Brasília, 22 de outubro de 1998; 177º da Independência e 110º da República.

FERNANDO HENRIQUE CARDOSO

DECRETO N. 2.850, DE 27 DE NOVEMBRO DE 1998

Disciplina os procedimentos pertinentes aos depósitos judiciais e extrajudiciais, de valores de tributos e contribuições federais administrados pela Secretaria da Receita Federal, de que trata a Lei n. 9.703, de 17 de novembro de 1998.

- *DOU*, 30.11.1998.

O Presidente da República, no uso da atribuição que lhe confere o art. 84, inciso IV, da Constituição,

Decreta:

ART. 1º Os depósitos judiciais e extrajudiciais, em dinheiro, de valores referentes a tributos e contribuições federais, inclusive seus acessórios, administrados pela Secretaria da Receita Federal do Ministério da Fazenda, serão efetuados na Caixa Econômica Federal, mediante Documento de Arrecadação de Receitas Federais - DARF, específico para essa finalidade, conforme modelo a ser estabelecido por aquela Secretaria e confeccionado e distribuído pela Caixa Econômica Federal.

§ 1º O disposto neste artigo aplica-se, inclusive, aos débitos provenientes de tributos e contribuições inscritos em Dívida Ativa da União.

§ 2º Quando houver mais de um interessado na ação, o depósito à ordem e disposição do Juízo deverá ser efetuado, de forma individualizada, em nome de cada contribuinte.

§ 3º O DARF deverá conter, além de outros elementos fixados em ato do Secretário da Receita Federal, os dados necessários à identificação do órgão da Justiça onde estiver tramitando a ação, e ao controle da Caixa Econômica Federal.

§ 4º No caso de recebimento de depósito judicial, a Caixa Econômica Federal deverá remeter uma via do DARF ao órgão judicial em que tramita a ação.

§ 5º A Caixa Econômica Federal deverá encaminhar á unidade da Secretaria da Receita Federal que jurisdicione o domicílio tributário do contribuinte uma via do DARF referente aos depósitos extrajudiciais recebidos, de que tratam os arts. 83 do Decreto n. 93.872, de 23 de dezembro de 1986, e 33, § 2º, do Decreto n. 70.235, de 6 de março de 1972, com a redação dada pelo art. 32 da Medida Provisória n. 1.699-41, de 27 de outubro de 1998, e o Regulamento Aduaneiro, aprovado pelo Decreto n. 91.030, de 5 de março de 1985.

ART. 2º Mediante ordem da autoridade judicial ou, no caso de depósito extrajudicial, da autoridade administrativa competente, o valor do depósito, após o encerramento da lide ou do processo litigioso, será:

I - devolvido ao depositante pela Caixa Econômica Federal, no prazo máximo de vinte e quatro horas, quando a sentença ou decisão lhe for favorável ou na proporção em que o for, acrescido de juros equivalentes à taxa referencial do Sistema Especial de Liquidação e de Custódia - SELIC, para títulos federais, acumulada mensalmente, calculados a partir do mês subsequente ao da efetivação do depósito até o mês anterior ao do seu levantamento, e de juros de um por cento relativamente ao mês em que estiver sendo efetivada a devolução; ou

II - transformado em pagamento definitivo, proporcionalmente à exigência do correspondente tributo ou contribuição, inclusive seus acessórios, quando se tratar de sentença ou decisão favorável à Fazenda Nacional.

Parágrafo único. A Secretaria da Receita Federal aprovará modelo de documento, a ser confeccionado e preenchido pela Caixa Econômica Federal, contendo os dados relativos aos depósitos devolvidos ao depositante ou transformados em pagamento definitivo.

ART. 3º Os depósitos recebidos e os valores devolvidos terão o seguinte tratamento:

I - o valor dos depósitos recebidos será repassado para a Conta Única do Tesouro Nacional, junto ao Banco Central do Brasil, no mesmo prazo fixado pelo Ministro de Estado da Fazenda para repasse dos tributos e contribuições arrecadados mediante DARF;

II - o valor dos depósitos devolvidos ao depositante será debitado à Conta Única do Tesouro Nacional, junto ao Banco Central do Brasil, a título de restituição, no mesmo dia em que ocorrer a devolução.

§ 1º O Banco Central do Brasil providenciará, no mesmo dia, o crédito dos valores devolvidos na conta de reserva bancária da Caixa Econômica Federal.

§ 2º Os valores das devoluções, inclusive dos juros acrescidos, serão contabilizados como anulação do respectivo imposto ou contribuição em que tiver sido contabilizado o depósito.

§ 3º No caso de transformação do depósito em pagamento definitivo, a Caixa Econômica Federal efetuará a baixa em seus controles e comunicará a ocorrência à Secretaria da Receita Federal.

ART. 4º A Caixa Econômica Federal manterá controle dos valores depositados, devolvidos e transformados em pagamento definitivo, por contribuinte e por processo, devendo, relativamente aos valores depositados e respectivos acréscimos de juros, tornar disponível aos órgãos interessados e aos depositantes o acesso aos respectivos registros, emitir extratos mensais e remetê-los à autoridade judicial ou administrativa que for competente para liberar os depósitos, à Secretaria da Receita Federal ou à Procuradoria-Geral da Fazenda Nacional.

Parágrafo único. Os registros e extratos referidos neste artigo devem conter os dados que permitam identificar o depositante, o processo administrativo ou judicial, a movimentação dos depósitos durante o mês, além de outros elementos que forem considerados indispensáveis pela Secretaria da Receita Federal ou pela Procuradoria-Geral da Fazenda Nacional.

ART. 5º Os dados sobre os depósitos recebidos, devolvidos e transformados em pagamento definitivo deverão ser transmitidos à Secretaria da Receita Federal por meio magnético ou eletrônico, independente da remessa de via dos documentos aos setores indicados em atos daquela Secretaria.

ART. 6º (Revogado pelo Dec. 6.179/2007.)

ART. 7º Este Decreto entra em vigor na data de sua publicação, aplicando-se aos depósitos efetuados a partir de 1º de dezembro de 1998.

Brasília, 27 de novembro de 1998; 177º da Independência e 110º da República.

FERNANDO HENRIQUE CARDOSO

DECRETO N. 3.029, DE 16 DE ABRIL DE 1999

Aprova o Regulamento da Agência Nacional de Vigilância Sanitária, e dá outras providências.

▸ *DOU*, 19.04.1999.

O Vice-Presidente da República, no exercício do cargo de Presidente da República, usando das atribuições que lhe confere o art. 84, incisos IV e VI, da Constituição, e tendo em vista o disposto na Lei n. 9.782, de 26 de janeiro de 1999,

Decreta:

ART. 1º Ficam aprovados, na forma dos Anexos I e II a este Decreto, o Regulamento da Agência Nacional de Vigilância Sanitária e o correspondente Quadro Demonstrativo dos Cargos em Comissão e Funções Comissionadas de Vigilância Sanitária.

ART. 2º Este Decreto entra em vigor na data de sua publicação.

Brasília, 16 de abril de 1999; 178º da Independência e 111º da República.

MARCO ANTONIO DE OLIVEIRA MACIEL

ANEXO I
REGULAMENTO
AGÊNCIA NACIONAL DE VIGILÂNCIA SANITÁRIA

CAPÍTULO I
DA NATUREZA E FINALIDADE

ART. 1º A Agência Nacional de Vigilância Sanitária, autarquia sob regime especial, criada pelo art. 3º da Lei n. 9.782, de 26 de janeiro de 1999, com personalidade jurídica de direito público, vincula-se ao Ministério da Saúde.

§ 1º A natureza de autarquia especial, conferida à Agência, é caracterizada pela independência administrativa, estabilidade de seus dirigentes e autonomia financeira.

§ 2º A Agência atuará como entidade administrativa independente, sendo-lhe assegurado, nos termos da Lei n. 9.782, de 1999, as prerrogativas necessárias ao exercício adequado de suas atribuições.

§ 3º A Agência tem sede e foro no Distrito Federal, prazo de duração indeterminado e atuação em todo território nacional.

ART. 2º A Agência terá por finalidade institucional promover a proteção da saúde da população, por intermédio do controle sanitário da produção e da comercialização de produtos e serviços submetidos à vigilância sanitária, inclusive dos ambientes, dos processos, dos insumos e das tecnologias a eles relacionados, bem como o controle de portos, aeroportos e fronteiras.

CAPÍTULO II
DA ESTRUTURA ORGANIZACIONAL

SEÇÃO I
DAS COMPETÊNCIAS

ART. 3º Compete à Agência proceder à implementação e à execução do disposto nos incisos II a VII do art. 2º da Lei n. 9.782, de 1999, devendo:

I - coordenar o Sistema Nacional de Vigilância Sanitária;

II - fomentar e realizar estudos e pesquisas no âmbito de suas atribuições;

III - estabelecer normas, propor, acompanhar e executar as políticas, as diretrizes e as ações de vigilância sanitária;

IV - estabelecer normas e padrões sobre limites de contaminantes, resíduos tóxicos, desinfetantes, metais pesados e outros que envolvam risco à saúde;

V - intervir, temporariamente, na administração de entidades produtoras, que sejam financiadas, subsidiadas ou mantidas com recursos públicos, assim como nos prestadores de serviços e ou produtores exclusivos ou estratégicos para o abastecimento do mercado nacional, obedecido o disposto no art. 5º da Lei n. 6.437, de 20 de agosto de 1977, com a redação dada pelo art. 2º da Lei n. 9.695, de 20 de agosto de 1998;

VI - administrar e arrecadar a Taxa de Fiscalização de Vigilância Sanitária, instituída pelo art. 23 da Lei n. 9.782, de 1999;

VII - autorizar o funcionamento de empresas de fabricação, distribuição e importação dos produtos mencionados no art. 4º deste Regulamento e de comercialização de medicamentos; (Alterado pelo Dec. 3.571/2000.)

VIII - anuir com a importação e exportação dos produtos mencionados no art. 4º deste Regulamento;

IX - conceder registros de produtos, segundo as normas de sua área de atuação;

X - conceder e cancelar o certificado de cumprimento de boas práticas de fabricação;

XI - (Revogado pelo Dec. 3.571/2000.)

XII - interditar, como medida de vigilância sanitária, os locais de fabricação, controle, importação, armazenamento, distribuição e venda de produtos e de prestação de serviços relativos à saúde, em caso de violação da legislação pertinente ou de risco iminente à saúde;

XIII - proibir a fabricação, a importação, o armazenamento, a distribuição e a comercialização de produtos e insumos, em caso de violação da legislação pertinente ou de risco iminente à saúde;

XIV - cancelar a autorização, inclusive a especial, de funcionamento de empresas, em caso de violação da legislação pertinente ou de risco iminente à saúde;

XV - coordenar as ações de vigilância sanitária realizadas por todos os laboratórios que compõem a rede oficial de laboratórios de controle de qualidade em saúde;

XVI - estabelecer, coordenar e monitorar os sistemas de vigilância toxicológica e farmacológica;

XVII - promover a revisão e atualização periódica da farmacopeia;

XVIII - manter sistema de informação contínuo e permanente para integrar suas atividades com as demais ações de saúde, com prioridade para as ações de vigilância epidemiológica e assistência ambulatorial e hospitalar;

XIX - monitorar e auditar os órgãos e entidades estaduais, distritais e municipais que integram o Sistema Nacional de Vigilância Sanitária, incluindo-se os laboratórios oficiais de controle de qualidade em saúde;

XX - coordenar e executar o controle da qualidade de bens e produtos relacionados no art. 4º deste Regulamento, por meio de análises previstas na legislação sanitária, ou de programas especiais de monitoramento da qualidade em saúde;

XXI - fomentar o desenvolvimento de recursos humanos para o sistema e a cooperação técnico-científica nacional e internacional;

XXII - autuar e aplicar as penalidades previstas em lei;

XXIII - monitorar a evolução dos preços de medicamentos, equipamentos, componentes, insumos e serviços de saúde, podendo para tanto: (Alterado pelo Dec. 3.571/2000.)

a) requisitar, quando julgar necessário, informações sobre produção, insumos, matérias-primas, vendas e quaisquer outros dados, em poder de pessoas de direito público ou privado que se dediquem às atividades de produção, distribuição e comercialização dos bens e serviços previstos neste inciso, mantendo o sigilo legal quando for o caso; (Acrescentado pelo Dec. 3.571/2000.)

b) proceder ao exame de estoques, papéis e escritas de quaisquer empresas ou pessoas de direito público ou privado que se dediquem às atividades de produção, distribuição e comercialização dos bens e serviços previstos neste inciso, mantendo o sigilo legal quando for o caso; (Acrescentado pelo Dec. 3.571/2000.)

c) quando for verificada a existência de indícios da ocorrência de infrações previstas nos incisos III ou IV do art. 20 da Lei n. 8.884, de 11 de junho de 1994, mediante aumento injustificado de preços ou imposição de preços excessivos, dos bens e serviços referidos nesses incisos, convocar os responsáveis para, no prazo máximo de dez dias úteis, justificar a respectiva conduta; (Acrescentado pelo Dec. 3.571/2000.)

d) aplicar a penalidade prevista no art. 26 da Lei n. 8.884, de 1994; (Acrescentado pelo Dec. 3.571/2000.)

XXIV - controlar, fiscalizar e acompanhar, sob o prisma da legislação sanitária, a propaganda e publicidade de produtos submetidos ao regime de vigilância sanitária (Acrescentado pelo Dec. 3.571/2000.)

§ 1º Na apuração de infração sanitária a Agência observará o disposto na Lei n. 6.437, de 1977, com as alterações da Lei n. 9.695, de 1998.

§ 2º A Agência poderá delegar, por decisão da Diretoria Colegiada, aos Estados, ao Distrito Federal e aos Municípios a execução de atribuições de sua competência, excetuadas as previstas nos incisos I, IV, V, VIII, IX, XIII, XIV, XV, XVI, XVII e XIX deste artigo. (Alterado pelo Dec. 3.571/2000.)

§ 3º A Agência poderá assessorar, complementar ou suplementar as ações estaduais, do Distrito Federal e municipais para exercício do controle sanitário.

§ 4º As atividades de vigilância epidemiológica e de controle de vetores relativas a portos, aeroportos e fronteiras serão executadas pela Agência sob orientação técnica e normativa da área de vigilância epidemiológica e ambiental do Ministério da Saúde.

§ 5º A Agência poderá delegar a órgão do Ministério da Saúde a execução de atribuições previstas neste artigo relacionadas a serviços médico-ambulatorial-hospitalares, previstos nos §§ 2º e 3º do art. 4º deste Regulamento, observadas as vedações definidas no § 2º deste artigo.

§ 6º A Agência deverá pautar sua atuação sempre em observância às diretrizes estabelecidas pela Lei n. 8.080, de 19 de setembro de 1990, para dar seguimento ao processo de descentralização da execução de atividades para Estados, Distrito Federal e Municípios, observadas as vedações relacionadas no § 2º deste artigo.

§ 7º A descentralização de que trata o parágrafo anterior será efetivada somente após manifestação favorável dos respectivos Conselhos Estaduais, Distrital e Municipais de Saúde.

§ 8º A Agência poderá dispensar de registro os imunobiológicos, inseticidas, medicamentos e outros insumos estratégicos, quando adquiridos por intermédio de organismos multilaterais internacionais, para uso em programas de saúde pública pelo Ministério da Saúde e suas entidades vinculadas.

§ 9º O Ministro de Estado da Saúde poderá determinar a realização de ações previstas nas competências da Agência, em casos específicos e que impliquem risco à saúde da população.

§ 10. O ato de que trata o parágrafo anterior deverá ser publicado no Diário Oficial da União.

ART. 4º Incumbe à Agência, respeitada a legislação em vigor, regulamentar, controlar e fiscalizar os produtos e serviços que envolvam risco à saúde pública.

§ 1º Consideram-se bens e produtos submetidos ao controle e fiscalização sanitária pela Agência:

I - medicamentos de uso humano, suas substâncias ativas e demais insumos, processos e tecnologias;

II - alimentos, inclusive bebidas, águas envasadas, seus insumos, suas embalagens, aditivos alimentares, limites de contaminantes orgânicos, resíduos de agrotóxicos e de medicamentos veterinários;

III - cosméticos, produtos de higiene pessoal e perfumes;

IV - saneantes destinados à higienização, desinfecção ou desinfestação em ambientes domiciliares, hospitalares e coletivos;

V - conjuntos, reagentes e insumos destinados a diagnóstico;

VI - equipamentos e materiais médico-hospitalares, odontológicos, hemoterápicos e de diagnóstico laboratorial e por imagem;

VII - imunobiológicos e suas substâncias ativas, sangue e hemoderivados;

VIII - órgãos, tecidos humanos e veterinários para uso em transplantes ou reconstituições;

IX - radioisótopos para uso diagnóstico in vivo, radiofármacos e produtos radioativos utilizados em diagnóstico e terapia;

X - cigarros, cigarrilhas, charutos e qualquer outro produto fumígero, derivado ou não do tabaco;

XI - quaisquer produtos que envolvam a possibilidade de risco à saúde, obtidos por engenharia genética, por outro procedimento ou ainda submetidos a fontes de radiação.

§ 2º Consideram-se serviços submetidos ao controle e fiscalização sanitária pela Agência, aqueles voltados para a atenção ambulatorial, seja de rotina ou de emergência, os realizados em regime de internação, os serviços de apoio diagnóstico e terapêutico, bem como aqueles que impliquem a incorporação de novas tecnologias.

§ 3º Sem prejuízo do disposto nos §§ 1º e 2º deste artigo, submetem-se ao regime de vigilância sanitária as instalações físicas, equipamentos, tecnologias, ambientes e procedimentos envolvidos em todas as fases de seus processos de produção dos bens e produtos submetidos ao controle e fiscalização sanitária, incluindo a destinação dos respectivos resíduos.

§ 4º A Agência poderá regulamentar outros produtos e serviços de interesse para o controle de riscos à saúde da população, alcançados pelo Sistema Nacional de Vigilância Sanitária.

SEÇÃO II
DA ESTRUTURA BÁSICA

ART. 5º A Agência terá a seguinte estrutura básica:

I - Diretoria Colegiada;

II - Procuradoria;

III - Corregedoria;

IV - Ouvidoria;

V - Conselho Consultivo.

Parágrafo único. O regimento interno disporá sobre a estruturação, atribuições e vinculação das demais unidades organizacionais.

SEÇÃO III
DA DIRETORIA COLEGIADA

ART. 6º A Agência será dirigida por uma Diretoria Colegiada, composta por cinco Diretores, sendo um dos quais o seu Diretor-Presidente.

§ 1º Os Diretores serão brasileiros indicados e nomeados pelo Presidente da República, após aprovação prévia do Senado Federal, para cumprir mandatos de três anos, não coincidentes, observado o disposto no art. 29 e seu parágrafo único da Lei n. 9.782, de 1999.

§ 2º Os Diretores poderão ser reconduzidos, uma única vez, pelo prazo de três anos, pelo Presidente da República, por indicação do Ministro de Estado da Saúde.

§ 3º Na hipótese de vacância de membros da Diretoria, o novo Diretor será nomeado para cumprir período remanescente do respectivo mandato.

ART. 7º O Diretor-Presidente da Agência será designado pelo Presidente da República, dentre os membros da Diretoria Colegiada, e investido na função por três anos, ou pelo prazo que restar de seu mandato, admitida uma única recondução por três anos.

ART. 8º A exoneração imotivada de Diretor da Agência somente poderá ser promovida nos quatro meses iniciais do mandato, findos os quais será assegurado seu pleno e integral exercício salvo nos casos de improbidade administrativa, de condenação penal transitada em julgado e de descumprimento injustificado do contrato de gestão da autarquia.

ART. 9º Aos dirigentes da Agência é vedado o exercício de qualquer outra atividade profissional, empresarial, sindical ou de direção político-partidária.

§ 1º É vedado aos dirigentes, igualmente, ter interesse, direto ou indireto, em empresa relacionada com a área de atuação da Vigilância Sanitária, prevista na Lei n. 9.782, de 1999.

§ 2º A vedação de que trata o *caput* deste artigo não se aplica aos casos em que a atividade profissional decorra de vínculo contratual mantido com entidades públicas destinadas ao ensino e à pesquisa, inclusive com as de direito privado a elas vinculadas.

§ 3º No caso de descumprimento da obrigação prevista no *caput* e no § 1º deste artigo, o infrator perderá o cargo, sem prejuízo de responder as ações cíveis e penais competentes.

ART. 10. Até um ano após deixar o cargo, é vedado ao ex-dirigente representar qualquer pessoa ou interesse perante a Agência.

Parágrafo único. No prazo estipulado no *caput*, é vedado, ainda, ao ex-dirigente utilizar em benefício próprio informações privilegiadas obtidas em decorrência do cargo exercido, sob pena de incorrer em ato de improbidade administrativa.

ART. 11. Compete à Diretoria Colegiada, a responsabilidade de analisar, discutir e decidir, em última instância administrativa, sobre matérias de competência da autarquia, bem como sobre:

I - a administração estratégica da Agência; (Alterado pelo Dec. 3.571/2000.)

II - o planejamento estratégico da Agência;

III - propor ao Ministro de Estado da Saúde as políticas e diretrizes governamentais destinadas a permitir à Agência o cumprimento de seus objetivos;

IV - editar normas sobre matérias de competência da Agência;

V - (Revogado pelo Dec. 3.571/2000.)

VI - cumprir e fazer cumprir as normas relativas à vigilância sanitária;

VII - elaborar e divulgar relatórios periódicos sobre suas atividades;

VIII - julgar, em grau de recurso, as decisões da Agência, mediante provocação dos interessados; (Alterado pelo Dec. 3.571/2000.)

IX - encaminhar o relatório anual da execução do Contrato de Gestão e a prestação anual de contas da Agência aos órgãos competentes e ao Conselho Nacional de Saúde;

X - autorizar o afastamento do País de funcionários para desempenho de atividades técnicas e de desenvolvimento profissional; (Alterado pelo Dec. 3.571/2000.)

XI - aprovar a cessão, requisição, promoção e afastamento de servidores para participação em eventos de capacitação *lato sensu* e stricto sensu, na forma da legislação em vigor;

XII - (Revogado pelo Dec. 3.571/2000.)

§ 1º A Diretoria reunir-se-á com a presença de, pelo menos, três Diretores, dentre eles o Diretor-Presidente ou seu substituto legal, e deliberará por maioria simples. (Alterado pelo Dec. 3.571/2000.)

§ 2º Dos atos praticados pelas unidades organizacionais da Agência, caberá recurso à Diretoria Colegiada, com efeito suspensivo, como última instância administrativa. (Alterado pelo Dec. 3.571/2000.)

§ 3º Os atos decisórios da Diretoria Colegiada serão publicados no *Diário Oficial da União*.

ART. 12. São atribuições comuns aos Diretores:

I - cumprir e fazer cumprir as disposições regulamentares no âmbito das atribuições da Agência;

II - zelar pelo desenvolvimento e credibilidade interna e externa da Agência e pela legitimidade de suas ações;

III - zelar pelo cumprimento dos planos e programas da Agência;

IV - praticar e expedir os atos de gestão administrativa no âmbito de suas atribuições;

V - executar as decisões tomadas pela Diretoria Colegiada ou pelo Diretor-Presidente; (Alterado pelo Dec. 3.571/2000.)

VI - contribuir com subsídios para propostas de ajustes e modificações na legislação, necessários à modernização do ambiente institucional de atuação da Agência;

VII - coordenar as atividades das unidades organizacionais sob sua responsabilidade.

ART. 13. Ao Diretor-Presidente incumbe:

I - representar a Agência em juízo ou fora dele;

II - presidir as reuniões da Diretoria Colegiada;

III - (Revogado pelo Dec. 3.571/2000.)

IV - decidir *ad referendum* da Diretoria Colegiada as questões de urgência;

V - decidir em caso de empate nas deliberações da Diretoria Colegiada;

VI - praticar os atos de gestão de recursos humanos, aprovar edital e homologar resultados de concursos públicos, nomear ou exonerar servidores, provendo os cargos efetivos, em comissão e funções de confiança, e exercer o poder disciplinar, nos termos da legislação em vigor;

VII - (Revogado pelo Dec. 3.571/2000.)

VIII - encaminhar ao Conselho Consultivo os relatórios periódicos elaborados pela Diretoria Colegiada;

IX - praticar os atos de gestão de recursos orçamentários, financeiros e de administração, firmar contratos, convênios, acordos, ajustes e outros instrumentos legais, bem como ordenar despesas;

X - supervisionar o funcionamento geral da Agência;

XI - exercer a gestão operacional da Agência; (Alterado pelo Dec. 3.571/2000.)

XII - elaborar, aprovar e promulgar o regimento interno, definir a área de atuação das unidades organizacionais e a estrutura executiva da Agência; (Acrescentado pelo Dec. 3.571/2000.)

XIII - delegar as competências previstas nos incisos VI a IX e XI. (Acrescentado pelo Dec. 3.571/2000.)

Parágrafo único. O Ministro de Estado da Saúde indicará um Diretor para substituir o Diretor-Presidente em seus impedimentos.

SEÇÃO IV
DAS DIRETORIAS

ART. 14. (Revogado pelo Dec. 3.571/2000.)

SEÇÃO V
DO CONSELHO CONSULTIVO

ART. 15. A Agência disporá de um órgão de participação institucionalizada da sociedade denominado Conselho Consultivo.

ART. 16. O Conselho Consultivo, órgão colegiado, será composto por doze membros, indicados pelos órgãos e entidades definidos no art. 17 deste Regulamento, e designados pelo Ministro de Estado da Saúde.

Parágrafo único. A não indicação do representante por parte dos órgãos e entidades ensejará a nomeação, de ofício, pelo Ministro de Estado da Saúde.

ART. 17. O Conselho Consultivo tem a seguinte composição:

I - Ministro de Estado da Saúde ou seu representante legal, que o presidirá;

II - Ministro de Estado da Agricultura e do Abastecimento ou seu representante legal ;

III - Ministro de Estado da Ciência e Tecnologia ou seu representante legal;

IV - Conselho Nacional de Saúde - um representante;

V - Conselho Nacional dos Secretários Estaduais de Saúde - um representante;

VI - Conselho Nacional dos Secretários Municipais de Saúde - um representante;

VII - Confederação Nacional das Indústrias - um representante;

VIII - Confederação Nacional do Comércio - um representante;

IX - Comunidade Científica, convidados pelo Ministro de Estado da Saúde - dois representantes;

X - Defesa do Consumidor - dois representantes de órgãos legalmente constituídos.

XI - Confederação Nacional de Saúde - um representante. (Acrescentado pelo Dec. 4.220/2002.)

§ 1º O Diretor-Presidente da Agência participará das reuniões do Conselho Consultivo, sem direito a voto.

§ 2º O Presidente do Conselho Consultivo, além do voto normal, terá também o de qualidade.

§ 3º Os membros do Conselho Consultivo poderão ser representados, em suas ausências e impedimentos, por membros suplentes por eles indicados e designados pelo Ministro de Estado da Saúde. (Acrescentado pelo Dec. 3.571/2000.)

ART. 18. Os Conselheiros não serão remunerados e poderão permanecer como membros do Conselho Consultivo pelo prazo de até três anos, vedada a recondução.

ART. 19. Compete ao Conselho Consultivo:

I - requerer informações e propor à Diretoria Colegiada, as diretrizes e recomendações técnicas de assuntos de competência da Agência;

II - opinar sobre as propostas de políticas governamentais na área de atuação da Agência; (Alterado pelo Dec. 3.571/2000.)

III - apreciar e emitir parecer sobre os relatórios anuais da Diretoria Colegiada;

IV - requerer informações e fazer proposições a respeito das ações referidas no art. 3º deste Regulamento.

ART. 19-A. O Conselho Consultivo será auxiliado por uma Comissão Científica em Vigilância Sanitária - CCVISA com o objetivo de assessorar a Agência na avaliação e regulação de novas tecnologias de interesse da saúde e nos temas e discussões estratégicas de cunho técnico-científico relacionados à vigilância sanitária. (Acrescentado pelo Dec. 8.037/2013.)

ART. 19-B. Compete à Comissão Científica em Vigilância Sanitária - CCVISA: (Acrescentado pelo Dec. 8.037/2013.)

I - manifestar-se acerca de estudos e pareceres técnicos emitidos pela Agência sobre métodos, procedimentos científicos e tecnológicos, e quanto à avaliação da qualidade, da eficácia e da segurança de produtos e serviços sujeitos à vigilância sanitária; (Acrescentado pelo Dec. 8.037/2013.)

II - realizar estudos e emitir pareceres técnicos quanto a: (Acrescentado pelo Dec. 8.037/2013.)

a) oportunidade e interesse públicos na regulação de novas tecnologias, de produtos e serviços sujeitos à vigilância sanitária; (Acrescentado pelo Dec. 8.037/2013.)

b) critérios, procedimentos e instrumentos necessários; e (Acrescentado pelo Dec. 8.037/2013.)

c) atividades e competências da Agência, com o objetivo de aprimorar o Sistema Nacional de Vigilância Sanitária e contribuir para o desenvolvimento econômico e social do País; e (Acrescentado pelo Dec. 8.037/2013.)

III - opinar sobre a necessidade de implementação de instrumentos, procedimentos e critérios de regulação em vigilância sanitária. (Acrescentado pelo Dec. 8.037/2013.)

§ 1º O CCVISA poderá indicar consultor ad hoc ou instituição de ensino e pesquisa para a elaboração dos estudos e pareceres previstos neste artigo. (Acrescentado pelo Dec. 8.037/2013.)

§ 2º O CCVISA atuará mediante demandas da Diretoria Colegiada da Agência. (Acrescentado pelo Dec. 8.037/2013.)

ART. 19-C. O CCVISA será composto por sete membros titulares e respectivos suplentes, nomeados pelo Ministro de Estado da Saúde, com mandato de três anos, permitida uma única recondução por igual período. (Acrescentado pelo Dec. 8.037/2013.)

§ 1º O membro do CCVISA deverá possuir notório saber técnico-científico em relação aos produtos e serviços sujeitos à vigilância sanitária e declarar a inexistência de conflitos de interesse, impedimentos ou suspeição em relação à regulação sanitária. (Acrescentado pelo Dec. 8.037/2013.)

§ 2º O membro do CCVISA poderá ser destituído: (Acrescentado pelo Dec. 8.037/2013.)

I - a pedido; (Acrescentado pelo Dec. 8.037/2013.)

II - conforme interesse da Agência; (Acrescentado pelo Dec. 8.037/2013.)

III - por comprovação de incompatibilidade com seus vínculos funcionais; ou (Acrescentado pelo Dec. 8.037/2013.)

IV - por atuação em condição de impedimento ou suspeição. (Acrescentado pelo Dec. 8.037/2013.)

§ 3º O Presidente do CCVISA será indicado pelo Diretor-Presidente da Agência dentre seus membros. (Acrescentado pelo Dec. 8.037/2013.)

§ 4º A participação dos membros no CCVISA é considerada prestação de serviço público relevante, não remunerada. (Acrescentado pelo Dec. 8.037/2013.)

ART. 19-D. Caberá ao CCVISA elaborar seu regimento interno, a ser aprovado pela Diretoria Colegiada da Agência. (Acrescentado pelo Dec. 8.037/2013.)

ART. 19-E. O Diretor-Presidente designará servidor da Agência para exercer a função de

Secretário-Executivo do CCVISA. (Acrescentado pelo Dec. 8.037/2013.)

ART. 19-F. O Ministério da Saúde fornecerá recursos humanos, materiais e financeiros, para apoiar a instalação e o funcionamento do CCVISA, caso necessário. (Acrescentado pelo Dec. 8.037/2013.)

ART. 20. O funcionamento do Conselho Consultivo será disposto em regimento interno próprio, aprovado pela maioria dos Conselheiros e publicado pelo seu Presidente. (Alterado pelo Dec. 8.037/2013.)

SEÇÃO VI
DA PROCURADORIA

ART. 21. A Procuradoria da Agência vincula-se à Advocacia Geral da União, para fins de orientação normativa e supervisão técnica.

ART. 22. Compete à Procuradoria:

I - representar judicialmente a Agência com prerrogativas processuais de Fazenda Pública, com poderes para receber citação, intimação e notificações judiciais;

II - apurar a liquidez e certeza dos créditos, de qualquer natureza, inerentes à suas atividades, inscrevendo-os em dívida ativa, para fins de cobrança amigável ou judicial;

III - executar as atividades de consultoria e assessoramento jurídico;

IV - emitir pareceres jurídicos;

V - assistir às autoridades no controle interno da legalidade administrativa dos atos a serem praticados, inclusive examinando previamente os textos de atos normativos, os editais de licitação, contratos e outros atos dela decorrentes, bem assim os atos de dispensa e inexigibilidade de licitação;

VI - receber queixas ou denúncias que lhe forem encaminhadas pela Ouvidoria ou pela Corregedoria e orientar os procedimentos necessários, inclusive o seu encaminhamento às autoridades competentes para providências, nos casos em que couber;

VII - executar os trabalhos de contencioso administrativo-sanitário em decorrência da aplicação da legislação sanitária federal.

ART. 23. São atribuições do Procurador:

I - coordenar as atividades de assessoramento jurídico da Agência;

II - aprovar os pareceres jurídicos dos procuradores da Autarquia;

III - representar ao Ministério Público para início de ação pública de interesse da Agência;

IV - desistir, transigir, firmar compromisso e confessar nas ações de interesse da Agência, mediante autorização da Diretoria Colegiada.

SEÇÃO VII
DA CORREGEDORIA

ART. 24. À Corregedoria compete:

I - fiscalizar a legalidade das atividades funcionais dos servidores, dos órgãos e das unidades da Agência;

II - apreciar as representações sobre a atuação dos servidores e emitir parecer sobre o desempenho dos mesmos e opinar fundamentadamente quanto a sua confirmação no cargo ou sua exoneração;

III - realizar correição nos órgãos e unidades, sugerindo as medidas necessárias à racionalização e eficiência dos serviços;

IV - instaurar de ofício ou por determinação superior, sindicâncias e processos administrativos disciplinares, submetendo-os à decisão do Diretor-Presidente da Agência.

Parágrafo único. O Corregedor será nomeado pelo Ministro de Estado da Saúde por indicação da Diretoria Colegiada da Agência.

SEÇÃO VIII
DA OUVIDORIA

ART. 25. A Ouvidoria atuará com independência, não tendo vinculação hierárquica com a Diretoria Colegiada, o Conselho Consultivo, ou quaisquer de seus integrantes, bem assim com a Corregedoria e a Procuradoria.

§ 1º O Ouvidor terá mandato de dois anos, admitida uma recondução, e será indicado pelo Ministro de Estado da Saúde e nomeado pelo Presidente da República.

§ 2º É vedado ao Ouvidor ter interesse, direto ou indireto, em quaisquer empresas ou pessoas sujeitas à área de atuação da Agência.

ART. 26. À Ouvidoria compete:

I - formular e encaminhar as denúncias e queixas aos órgãos competentes, em especial à Diretoria Colegiada, à Procuradoria e à Corregedoria da Agência, e ao Ministério Público;

II - dar ciência das infringências de normas de vigilância sanitária ao Diretor-Presidente da Agência.

ART. 27. Ao Ouvidor incumbe:

I - ouvir as reclamações de qualquer cidadão, relativas a infringências de normas de vigilância sanitária;

II - receber denúncias de quaisquer violações de direitos individuais ou coletivos de atos legais, neles incluídos todos os contrários à saúde pública, bem como qualquer ato de improbidade administrativa, praticados por agentes ou servidores públicos de qualquer natureza, vinculados direta ou indiretamente ao Sistema Nacional de Vigilância Sanitária;

III - promover as ações necessárias à apuração da veracidade das reclamações e denúncias e, sendo o caso, tomar as providências necessárias ao saneamento das irregularidades e ilegalidades constatadas;

IV - produzir, semestralmente, ou quando oportuno, apreciações críticas sobre a atuação da Agência, encaminhando-as à Diretoria Colegiada, ao Conselho Consultivo e ao Ministério da Saúde.

Parágrafo único. A Ouvidoria manterá o sigilo da fonte e a proteção do denunciante, quando for o caso.

ART. 28. O Diretor-Presidente da Agência providenciará os meios adequados ao exercício das atividades da Ouvidoria.

CAPÍTULO III
DA ATIVIDADE E DO CONTROLE

ART. 29. A atividade da Agência será juridicamente condicionada pelos princípios da legalidade, celeridade, finalidade, razoabilidade, impessoabilidade, imparcialidade, publicidade, moralidade e economia processual.

ART. 30. A Agência dará tratamento confidencial às informações técnicas, operacionais, econômico-financeiras e contábeis que solicitar às empresas e pessoas físicas que produzam ou comercializem produtos ou prestem serviços compreendidos no Sistema Nacional de Vigilância Sanitária, desde que sua divulgação não seja diretamente necessária para impedir a discriminação de consumidor, produtor, prestador de serviço ou comerciante ou a existência de circunstâncias de risco à saúde da população.

ART. 31. As sessões deliberativas, que se destinem a resolver pendências entre agentes econômicos e entre estes e consumidores e usuários de bens e serviços compreendidos na área de atuação da Agência serão públicas.

Parágrafo único. A Agência definirá os procedimentos para assegurar aos interessados o contraditório e a ampla defesa.

ART. 32. O processo decisório de registros de novos produtos, bens e serviços, bem como seus procedimentos e de edição de normas poderão ser precedidos de audiência pública, a critério da Diretoria Colegiada, conforme as características e a relevância dos mesmos, sendo obrigatória, no caso de elaboração de anteprojeto de lei a ser proposto pela Agência.

ART. 33. A audiência pública será realizada com os objetivos de:

I - recolher subsídios e informações para o processo decisório da Agência;

II - propiciar aos agentes e consumidores a possibilidade de encaminhamento de seus pleitos, opiniões e sugestões;

III - identificar, da forma mais ampla possível, todos os aspectos relevantes à matéria objeto de audiência pública;

IV - dar publicidade à ação da Agência.

Parágrafo único. No caso de anteprojeto de lei, a audiência pública ocorrerá após a prévia consulta à Casa Civil da Presidência da República.

ART. 34. Os atos normativos de competência da Agência serão editados pela Diretoria Colegiada, só produzindo efeitos após publicação no Diário Oficial da União.

Parágrafo único. Os atos de alcance particular só produzirão efeito após a correspondente notificação.

ART. 35. As minutas de atos normativos poderão ser submetidas à consulta pública, formalizada por publicação no Diário Oficial da União, devendo as críticas e sugestões merecer exame e permanecer à disposição do público, nos termos do regimento interno.

CAPÍTULO IV
DO PATRIMÔNIO E DAS RECEITAS

ART. 36. Constituem o patrimônio da Agência os bens e direitos de sua propriedade, os que lhe forem conferidos ou os que venha a adquirir ou incorporar.

ART. 37. Constituem receitas da Agência:

I - o produto de arrecadação referente à Taxa de Fiscalização de Vigilância Sanitária, na forma da legislação e demais normas regulamentares em vigor;

II - a retribuição por serviços de quaisquer natureza prestados a terceiros;

III - o produto de arrecadação das receitas das multas resultantes das ações fiscalizadoras;

IV - o produto da execução de sua dívida ativa;

V - as dotações consignadas no Orçamento Geral da União, créditos especiais, créditos adicionais e transferências e repasses que lhe forem conferidos;

VI - os recursos provenientes de convênios, acordos ou contratos celebrados com entidades, organismos nacionais e internacionais;

VII - as doações, legados, subvenções e outros recursos que lhe forem destinados;

VIII - os valores apurados na venda ou aluguel de bens móveis e imóveis de sua propriedade;

IX - o produto da alienação de bens, objetos e instrumentos utilizados para a prática de infração, assim como do patrimônio dos infratores, apreendidos em decorrência do exercício do poder de polícia e incorporados ao patrimônio da Agência, nos termos de decisão judicial.

§ 1º Os recursos previstos nos incisos deste artigo serão recolhidos diretamente à Agência, exceto aquele previsto no inciso V.

§ 2º A Diretoria Colegiada estipulará os prazos para recolhimento das taxas.

§ 3º A arrecadação e a cobrança da taxa sob competência da Agência poderá ser delegada aos Estados, ao Distrito Federal e aos Municípios, a critério da Diretoria Colegiada nos casos em que esteja ocorrendo a realização das ações de vigilância, por estes níveis de governo, observado o § 2º do art. 3º deste Regulamento.

ART. 38. A Diretoria da Agência poderá reduzir o valor da taxa de que trata o inciso I do artigo anterior observando:

I - as características de essencialidade do produto ou serviço à saúde pública; ou

II - os riscos à continuidade da atividade econômica, derivados das características peculiares dos produtos e serviços.

§ 1º A Diretoria Colegiada da Agência poderá, baseada em parecer técnico fundamentado, isentar da Taxa de Fiscalização de Vigilância Sanitária, produtos, serviços e empresas que sejam de alta relevância para a saúde pública.

§ 2º As normas para as reduções referidas no *caput* deste artigo e para a concessão da isenção a que se refere o parágrafo anterior, assim como os seus prazos de vigência, serão definidas em regulamento próprio, discriminado para cada tipo de produto e serviço.

§ 3º As decisões da Diretoria Colegiada sobre as concessões de isenções e reduções a que se referem este artigo deverão ser, imediatamente, comunicadas ao Conselho Consultivo da Agência e ao Conselho Nacional de Saúde, na forma especificada em regulamento.

ART. 39. Os valores cuja cobrança seja atribuída por lei à Agência e apurados administrativamente, não recolhidos no prazo estipulado, serão inscritos em dívida ativa própria da Agência e servirão de título executório para cobrança judicial, na forma da legislação em vigor.

ART. 40. A execução fiscal da dívida ativa será promovida pela Procuradoria da Agência.

CAPÍTULO V
DAS DISPOSIÇÕES FINAIS E TRANSITÓRIAS

ART. 41. A Agência Nacional de Vigilância Sanitária será constituída, entrará em efetivo funcionamento, e ficará investida no exercício de suas atribuições, com a publicação de seu Regimento Interno, pela Diretoria Colegiada, ficando assim automaticamente extinta a Secretaria de Vigilância Sanitária.

ART. 42. Ficam mantidos, até a sua revisão, os atos normativos e operacionais em vigor para o exercício das atividades do Sistema Nacional de Vigilância Sanitária quando da implementação da Agência.

ART. 43. Fica transferido do Ministério da Saúde para a Agência Nacional de Vigilância Sanitária:

I - o acervo técnico e patrimonial, obrigações, direitos e receitas, inclusive de seus órgãos, em especial, os da Secretaria de Vigilância Sanitária, necessários ao desempenho de suas funções;

II - os saldos orçamentários do Ministério da Saúde necessários ao atendimento das despesas de estruturação e manutenção da Agência ou da Secretaria de Vigilância Sanitária, utilizando como recursos as dotações orçamentárias destinadas às atividades finalísticas e administrativas, observados os mesmos subprojetos, subatividades e grupos de despesas previstos na Lei Orçamentária em vigor.

ART. 44. O Ministério da Saúde prestará o apoio necessário à manutenção das atividades da Agência, até a sua completa organização.

ART. 45. A Agência executará suas atividades diretamente, por seus servidores próprios, requisitados ou contratados temporariamente, ou indiretamente, por intermédio da contratação de prestadores de serviço ou entidades estaduais, distritais ou municipais conveniadas ou delegadas.

ART. 46. Os servidores efetivos do quadro de pessoal do Ministério da Saúde, em exercício, em 31 de dezembro de 1998, na Secretaria de Vigilância Sanitária e nos Postos Aeroportuários, Portuários e de Fronteira ficam redistribuídos para a Agência Nacional de Vigilância Sanitária.

ART. 47. Os integrantes do quadro de pessoal da Agência, bem como os servidores a ela cedidos, poderão atuar na fiscalização de produtos, serviços, produtores, distribuidores e comerciantes, inseridos no Sistema Nacional de Vigilância Sanitária, conforme definido em ato específico da Diretoria Colegiada.

Parágrafo único. A designação do servidor será específica, pelo prazo máximo de um ano, podendo ser renovada.

ART. 48. A Agência poderá contratar especialistas para a execução de trabalhos nas áreas técnica, científica, econômica e jurídica, por projetos ou prazos limitados, observada a legislação em vigor.

ART. 49. Fica a Agência autorizada a efetuar a contratação temporária, por prazo não excedente a trinta e seis meses, nos termos do art. 36 da Lei n. 9.782, de 1999.

§ 1º O quantitativo máximo das contratações temporárias, prevista no *caput* deste artigo, será de cento e cinquenta servidores, podendo ser ampliado em ato conjunto dos Ministros de Estado da Saúde e do Orçamento e Gestão.

§ 2º O quantitativo de que trata o parágrafo anterior será reduzido anualmente, de forma compatível com as necessidades da Agência, conforme determinarem os resultados de estudos conjuntos da Agência e da Secretaria de Gestão do Ministério do Orçamento e Gestão.

§ 3º A remuneração do pessoal contratado temporariamente terá como referência valores definidos em ato conjunto da Agência e do Ministério do Orçamento e Gestão.

ART. 50. O Instituto Nacional de Controle de Qualidade em Saúde ficará subordinado tecnicamente à Agência Nacional de Vigilância Sanitária e administrativamente à Fundação Oswaldo Cruz.

ART. 51. A Advocacia-Geral da União e o Ministério da Saúde, por intermédio de sua Consultoria Jurídica, mediante comissão conjunta, promoverão, no prazo de cento e oitenta dias, levantamento das ações judiciais em curso, envolvendo matéria cuja competência tenha sido transferida à Agência, a qual sucederá a União nesses processos.

§ 1º As transferências dos processos judiciais serão realizadas por petição da Procuradoria-Geral da União, perante o Juízo ou Tribunal onde se encontrar o processo, requerendo a intimação da Procuradoria da Agência para assumir o feito.

§ 2º Enquanto não operada a substituição na forma do parágrafo anterior, a Procuradoria-Geral da União permanecerá no feito, praticando todos os atos processuais necessários.

› Optamos, nesta edição, pela não publicação dos Anexos.

DECRETO N. 3.100, DE 30 DE JUNHO DE 1999

Regulamenta a Lei n. 9.790, de 23 de março de 1999, que dispõe sobre a qualificação de pessoas jurídicas de direito privado, sem fins lucrativos, como Organizações da Sociedade Civil de Interesse Público, institui e disciplina o Termo de Parceria, e dá outras providências

› *DOU*, 1º.7.1999, republicado em 13.07.1999.

O Presidente da República, no uso das atribuições que lhe confere o art. 84, incisos IV e VI, da Constituição,

Decreta:

ART. 1º O pedido de qualificação como Organização da Sociedade Civil de Interesse Público será dirigido, pela pessoa jurídica de direito privado sem fins lucrativos que preencha os requisitos dos arts. 1º, 2º, 3º e 4º da Lei n. 9.790, de 23 de março de 1999, ao Ministério da Justiça por meio do preenchimento de requerimento escrito e apresentação de cópia autenticada dos seguintes documentos:

I - estatuto registrado em Cartório;

II - ata de eleição de sua atual diretoria;

III - balanço patrimonial e demonstração do resultado do exercício;

IV - declaração de isenção do imposto de renda; (Alterado pelo Dec. 8.726/2016.)

V - inscrição no Cadastro Geral de Contribuintes/Cadastro Nacional da Pessoa Jurídica - CGC/CNPJ; e (Alterado pelo Dec. 8.726/2016.)

VI - declaração de estar em regular funcionamento há, no mínimo, três anos, de acordo com as finalidades estatutárias. (Acrescentado pelo Dec. 8.726/2016.)

ART. 2º O responsável pela outorga da qualificação deverá verificar a adequação dos documentos citados no artigo anterior com o disposto nos arts. 2º, 3º e 4º da Lei n. 9.790, de 1999, devendo observar:

I - se a entidade tem finalidade pertencente à lista do art. 3º daquela Lei;

II - se a entidade está excluída da qualificação de acordo com o art. 2º daquela Lei;

III - se o estatuto obedece aos requisitos do art. 4º daquela Lei;

IV - na ata de eleição da diretoria, se é a autoridade competente que está solicitando a qualificação;

V - se foi apresentado o balanço patrimonial e a demonstração do resultado do exercício;

VI - se a entidade apresentou a declaração de isenção do imposto de renda à Secretaria da Receita Federal; e

VII - se foi apresentado o CGC/CNPJ.

ART. 3º O Ministério da Justiça, após o recebimento do requerimento, terá o prazo de trinta dias para deferir ou não o pedido de qualificação, ato que será publicado no Diário Oficial da União no prazo máximo de quinze dias da decisão.

§ 1º No caso de deferimento, o Ministério da Justiça emitirá, no prazo de quinze dias da decisão, o certificado da requerente como Organização da Sociedade Civil de Interesse Público.

§ 2º Deverão constar da publicação do indeferimento as razões pelas quais foi denegado o pedido.

§ 3º A pessoa jurídica sem fins lucrativos que tiver seu pedido de qualificação indeferido poderá reapresentá-lo a qualquer tempo.

ART. 4º Qualquer cidadão, vedado o anonimato e respeitadas as prerrogativas do Ministério Público, desde que amparado por evidências de erro ou fraude, é parte legítima para requerer, judicial ou administrativamente, a perda da qualificação como Organização da Sociedade Civil de Interesse Público.

Parágrafo único. A perda da qualificação dar-se-á mediante decisão proferida em processo administrativo, instaurado no Ministério da Justiça, de ofício ou a pedido do interessado, ou judicial, de iniciativa popular ou do Ministério Público, nos quais serão assegurados a ampla defesa e o contraditório.

ART. 5º Qualquer alteração da finalidade ou do regime de funcionamento da organização, que implique mudança das condições que instruíram sua qualificação, deverá ser comunicada ao Ministério da Justiça, acompanhada de justificativa, sob pena de cancelamento da qualificação.

ART. 6º Para fins do art. 3º da Lei n. 9.790, de 1999, entende-se:

I - como Assistência Social, o desenvolvimento das atividades previstas no art. 3º da Lei Orgânica da Assistência Social;

II - por promoção gratuita da saúde e educação, a prestação destes serviços realizada pela Organização da Sociedade Civil de Interesse Público mediante financiamento com seus próprios recursos.

§ 1º Não são considerados recursos próprios aqueles gerados pela cobrança de serviços de qualquer pessoa física ou jurídica, ou obtidos em virtude de repasse ou arrecadação compulsória.

§ 2º O condicionamento da prestação de serviço ao recebimento de doação, contrapartida ou equivalente não pode ser considerado como promoção gratuita do serviço.

ART. 7º Entende-se como benefícios ou vantagens pessoais, nos termos do inciso II do art. 4º da Lei n. 9.790, de 1999, os obtidos:

I - pelos dirigentes da entidade e seus cônjuges, companheiros e parentes colaterais ou afins até o terceiro grau;

II - pelas pessoas jurídicas das quais os mencionados acima sejam controladores ou detenham mais de dez por cento das participações societárias.

ART. 8º Será firmado entre o Poder Público e as entidades qualificadas como Organizações da Sociedade Civil de Interesse Público, Termo de Parceria destinado à formação de vínculo de cooperação entre as partes, para o fomento e a execução das atividades de interesse público previstas no art. 3º da Lei n. 9.790, de 1999.

Parágrafo único. O Órgão estatal firmará o Termo de Parceria mediante modelo padrão próprio, do qual constarão os direitos, as responsabilidades e as obrigações das partes e as cláusulas essenciais descritas no art. 10, § 2º, da Lei n. 9.790, de 1999.

ART. 9º O órgão estatal responsável pela celebração do Termo de Parceria verificará previamente: (Alterado pelo Dec. 7.568/2011.)

I - a validade do certificado de qualificação expedida pelo Ministério da Justiça, na forma do regulamento; (Alterado pelo Dec. 8.726/2016.)

II - o regular funcionamento da Organização da Sociedade Civil de Interesse Público; e (Acrescentado pelo Dec. 7.568/2011.)

III - o exercício pela Organização da Sociedade Civil de Interesse Público de atividades referentes à matéria objeto do Termo de Parceria nos últimos três anos. (Acrescentado pelo Dec. 7.568/2011.)

ART. 9º-A. É vedada a celebração de Termo de Parceria com Organizações da Sociedade Civil de Interesse Público que tenham, em suas relações anteriores com a União, incorrido em pelo menos uma das seguintes condutas: (Acrescentado pelo Dec. 7.568/2011.)

I - omissão no dever de prestar contas; (Acrescentado pelo Dec. 7.568/2011.)

II - descumprimento injustificado do objeto de convênios, contratos de repasse ou termos de parceria; (Acrescentado pelo Dec. 7.568/2011.)

III - desvio de finalidade na aplicação dos recursos transferidos; (Acrescentado pelo Dec. 7.568/2011.)

IV - ocorrência de dano ao Erário; ou (Acrescentado pelo Dec. 7.568/2011.)

V - prática de outros atos ilícitos na execução de convênios, contratos de repasse ou termos de parceria. (Acrescentado pelo Dec. 7.568/2011.)

ART. 10. Para efeitos da consulta mencionada no art. 10, § 1º, da Lei n. 9.790, de 1999, o modelo a que se refere o parágrafo único do art. 8º deverá ser preenchido e remetido ao Conselho de Política Pública competente.

§ 1º A manifestação do Conselho de Política Pública será considerada para a tomada de decisão final em relação ao Termo de Parceria.

§ 2º Caso não exista Conselho de Política Pública da área de atuação correspondente, o órgão estatal parceiro fica dispensado de realizar a consulta, não podendo haver substituição por outro Conselho.

§ 3º O Conselho de Política Pública terá o prazo de trinta dias, contado a partir da data de recebimento da consulta, para se manifestar sobre o Termo de Parceria, cabendo ao órgão estatal responsável, em última instância, a decisão final sobre a celebração do respectivo Termo de Parceria.

§ 4º O extrato do Termo de Parceria, conforme modelo constante do Anexo I deste Decreto, deverá ser publicado pelo órgão estatal parceiro no Diário Oficial, no prazo máximo de quinze dias após a sua assinatura.

ART. 11. Para efeito do disposto no art. 4º, inciso VII, alíneas "c" e "d", da Lei n. 9.790, de 1999, entende-se por prestação de contas a comprovação da correta aplicação dos recursos repassados à Organização da Sociedade Civil de Interesse Público.

§ 1º As prestações de contas anuais serão realizadas sobre a totalidade das operações patrimoniais e resultados das Organizações da Sociedade Civil de Interesse Público.

§ 2º A prestação de contas será instruída com os seguintes documentos:

I - relatório anual de execução de atividades;

II - demonstração de resultados do exercício;

III - balanço patrimonial;

IV - demonstração das origens e aplicações de recursos;

V - demonstração das mutações do patrimônio social;

VI - notas explicativas das demonstrações contábeis, caso necessário; e

VII - parecer e relatório de auditoria nos termos do art. 19 deste Decreto, se for o caso.

ART. 12. Para efeito do disposto no § 2º, inciso V, do art. 10 da Lei n. 9.790, de 1999, entende-se por prestação de contas relativa à execução do Termo de Parceria a comprovação, perante o órgão estatal parceiro, da correta aplicação dos recursos públicos recebidos e do adimplemento do objeto do Termo de Parceria, mediante a apresentação dos seguintes documentos:

I - relatório anual de execução de atividades, contendo especificamente relatório sobre a execução do objeto do Termo de Parceria e comparativo entre as metas propostas e os resultados alcançados; (Alterado pelo Dec. 8.726/2016.)

II - demonstrativo integral da receita e despesa realizadas na execução;

III - extrato da execução física e financeira; (Alterado pelo Dec. 8.726/2016.)

IV - demonstração de resultados do exercício; (Alterado pelo Dec. 8.726/2016.)

V - balanço patrimonial; (Acrescentado pelo Dec. 8.726/2016.)

VI - demonstração das origens e das aplicações de recursos; (Acrescentado pelo Dec. 8.726/2016.)

VII - demonstração das mutações do patrimônio social; (Acrescentado pelo Dec. 8.726/2016.)

VIII - notas explicativas das demonstrações contábeis, caso necessário; e (Acrescentado pelo Dec. 8.726/2016.)

IX - parecer e relatório de auditoria, na hipótese do art. 19. (Acrescentado pelo Dec. 8.726/2016.)

ART. 13. O Termo de Parceria poderá ser celebrado por período superior ao do exercício fiscal.

§ 1º Caso expire a vigência do Termo de Parceria sem o adimplemento total do seu objeto pelo órgão parceiro ou havendo excedentes financeiros disponíveis com a Organização da Sociedade Civil de Interesse Público, o referido Termo poderá ser prorrogado.

§ 2º As despesas previstas no Termo de Parceria e realizadas no período compreendido entre a data original de encerramento e a formalização de nova data de término serão consideradas como legítimas, desde que cobertas pelo respectivo empenho.

ART. 14. A liberação de recursos financeiros necessários à execução do Termo de Parceria far-se-á em conta bancária específica, a ser aberta em banco a ser indicado pelo órgão estatal parceiro.

ART. 15. A liberação de recursos para a implementação do Termo de Parceria obedecerá ao respectivo cronograma, salvo se autorizada sua liberação em parcela única.

ART. 16. É possível a vigência simultânea de um ou mais Termos de Parceria, ainda que com o mesmo órgão estatal, de acordo com a capacidade operacional da Organização da Sociedade Civil de Interesse Público.

ART. 17. O acompanhamento e a fiscalização por parte do Conselho de Política Pública de que trata o art. 11 da Lei n. 9.790, de 1999, não pode introduzir nem induzir modificação das obrigações estabelecidas pelo Termo de Parceria celebrado.

§ 1º Eventuais recomendações ou sugestões do Conselho sobre o acompanhamento dos Termos de Parceria deverão ser encaminhadas ao órgão estatal parceiro, para adoção de providências que entender cabíveis.

§ 2º O órgão estatal parceiro informará ao Conselho sobre suas atividades de acompanhamento.

ART. 18. O extrato da execução física e financeira, referido no art. 10, § 2º, inciso VI, da Lei n. 9.790, de 1999, deverá ser preenchido pela Organização da Sociedade Civil de Interesse Público e publicado na imprensa oficial da área de abrangência do projeto, no prazo máximo de sessenta dias após o término de cada exercício financeiro, de acordo com o modelo constante do Anexo II deste Decreto.

ART. 19. A Organização da Sociedade Civil de Interesse Público deverá realizar auditoria independente da aplicação dos recursos objeto do Termo de Parceria, de acordo com a alínea "c", inciso VII, do art. 4º da Lei n.9.790, de 1999, nos casos em que o montante de recursos for maior ou igual a R$ 600.000,00 (seiscentos mil reais).

§ 1º O disposto no *caput* aplica-se também aos casos onde a Organização da Sociedade Civil de Interesse Público celebre concomitantemente vários Termos de Parceria com um ou vários órgãos estatais e cuja soma ultrapasse aquele valor.

§ 2º A auditoria independente deverá ser realizada por pessoa física ou jurídica habilitada pelos Conselhos Regionais de Contabilidade.

§ 3º Os dispêndios decorrentes dos serviços de auditoria independente deverão ser incluídos no orçamento do projeto como item de despesa.

§ 4º Na hipótese do § 1º, poderão ser celebrados aditivos para efeito do disposto no parágrafo anterior.

ART. 20. A comissão de avaliação de que trata o art. 11, § 1º, da Lei n. 9.790, de 1999, deverá ser composta por dois membros do respectivo Poder Executivo, um da Organização da Sociedade Civil de Interesse Público e um membro indicado pelo Conselho de Política Pública da área de atuação correspondente, quando houver.

Parágrafo único. Competirá à comissão de avaliação monitorar a execução do Termo de Parceria.

ART. 21. A Organização da Sociedade Civil de Interesse Público fará publicar na imprensa oficial da União, do Estado ou do Município, no prazo máximo de trinta dias, contado a partir da assinatura do Termo de Parceria, o regulamento próprio a que se refere o art. 14 da Lei n. 9.790, de 1999, remetendo cópia para conhecimento do órgão estatal parceiro.

ART. 22. Para os fins dos arts. 12 e 13 da Lei n. 9.790, de 1999, a Organização da Sociedade Civil de Interesse Público indicará, para cada Termo de Parceria, pelo menos um dirigente, que será responsável pela boa administração dos recursos recebidos.

Parágrafo único. O nome do dirigente ou dos dirigentes indicados será publicado no extrato do Termo de Parceria.

ART. 23. A escolha da Organização da Sociedade Civil de Interesse Público, para a celebração do Termo de Parceria, deverá ser feita por meio de publicação de edital de concursos de projetos pelo órgão estatal parceiro para obtenção de bens e serviços e para a realização de atividades, eventos, consultoria, cooperação técnica e assessoria. (Alterado pelo Dec. 7.568/2011.)

§ 1º Deverá ser dada publicidade ao concurso de projetos, especialmente por intermédio da divulgação na primeira página do sítio oficial do órgão estatal responsável pelo Termo de Parceria, bem como no Portal dos Convênios a que se refere o art. 13 do Decreto n. 6.170, de 25 de julho de 2007. (Acrescentado pelo Dec. 7.568/2011.)

§ 2º O titular do órgão estatal responsável pelo Termo de Parceria poderá, mediante decisão fundamentada, excepcionar a exigência prevista no *caput* nas seguintes situações: (Acrescentado pelo Dec. 7.568/2011.)

I - nos casos de emergência ou calamidade pública, quando caracterizada situação que demande a realização ou manutenção de Termo de Parceria pelo prazo máximo de cento e oitenta dias consecutivos e ininterruptos, contados da ocorrência da emergência ou calamidade, vedada a prorrogação da vigência do instrumento; (Acrescentado pelo Dec. 7.568/2011.)

II - para a realização de programas de proteção a pessoas ameaçadas ou em situação que possa comprometer sua segurança; ou (Acrescentado pelo Dec. 7.568/2011.)

III - nos casos em que o projeto, atividade ou serviço objeto do Termo de Parceria já seja realizado adequadamente com a mesma entidade há pelo menos cinco anos e cujas respectivas prestações de contas tenham sido devidamente aprovadas. (Acrescentado pelo Dec. 7.568/2011.)

§ 3º Instaurado o processo de seleção por concurso, é vedado ao Poder Público celebrar Termo de Parceria para o mesmo objeto, fora do concurso iniciado. (Acrescentado pelo Dec. 7.568/2011.)

ART. 24. Para a realização de concurso, o órgão estatal parceiro deverá preparar, com clareza, objetividade e detalhamento, a especificação técnica do bem, do projeto, da obra ou do serviço a ser obtido ou realizado por meio do Termo de Parceria.

ART. 25. Do edital do concurso deverá constar, no mínimo, informações sobre:

I - prazos, condições e forma de apresentação das propostas;

II - especificações técnicas do objeto do Termo de Parceria;

III - critérios de seleção e julgamento das propostas;

IV - datas para apresentação de propostas;

V - local de apresentação de propostas;

VI - datas do julgamento e data provável de celebração do Termo de Parceria; e

VII - valor máximo a ser desembolsado.

ART. 26. A Organização da Sociedade Civil de Interesse Público deverá apresentar seu projeto técnico e o detalhamento dos custos a serem realizados na sua implementação ao órgão estatal parceiro.

ART. 27. Na seleção e no julgamento dos projetos, levar-se-ão em conta:

I - o mérito intrínseco e adequação ao edital do projeto apresentado;

II - a capacidade técnica e operacional da candidata;

III - a adequação entre os meios sugeridos, seus custos, cronogramas e resultados;

IV - o ajustamento da proposta às especificações técnicas;

V - a regularidade jurídica e institucional da Organização da Sociedade Civil de Interesse Público; e

VI - a análise dos documentos referidos no art. 11, § 2º, deste Decreto.

ART. 28. Obedecidos aos princípios da administração pública, são inaceitáveis como critério de seleção, de desqualificação ou pontuação:

I - o local do domicílio da Organização da Sociedade Civil de Interesse Público ou a exigência de experiência de trabalho da organização no local de domicílio do órgão parceiro estatal;

II - a obrigatoriedade de consórcio ou associação com entidades sediadas na localidade onde deverá ser celebrado o Termo de Parceria;

III - o volume de contrapartida ou qualquer outro benefício oferecido pela Organização da Sociedade Civil de Interesse Público.

ART. 29. O julgamento será realizado sobre o conjunto das propostas das Organizações da Sociedade Civil de Interesse Público, não sendo aceitos como critérios de julgamento os aspectos jurídicos, administrativos, técnicos ou operacionais não estipulados no edital do concurso.

ART. 30. O órgão estatal parceiro designará a comissão julgadora do concurso, que será composta, no mínimo, por um membro do Poder Executivo, um especialista no tema do concurso e um membro do Conselho de Política Pública da área de competência, quando houver.

§ 1º O trabalho dessa comissão não será remunerado.

§ 2º O órgão estatal deverá instruir a comissão julgadora sobre a pontuação pertinente a cada item da proposta ou projeto e zelará para que a identificação da organização proponente seja omitida.

§ 3º A comissão pode solicitar ao órgão estatal parceiro informações adicionais sobre os projetos.

§ 4º A comissão classificará as propostas das Organizações da Sociedade Civil de Interesse Público obedecidos aos critérios estabelecidos neste Decreto e no edital.

ART. 31. Após o julgamento definitivo das propostas, a comissão apresentará, na presença dos concorrentes, os resultados de seu trabalho, indicando os aprovados.

§ 1º O órgão estatal parceiro:

I - não examinará recursos administrativos contra as decisões da comissão julgadora;

II - não poderá anular ou suspender administrativamente o resultado do concurso nem celebrar outros Termos de Parceria, com o mesmo objeto, sem antes finalizar o processo iniciado pelo concurso.

§ 2º Após o anúncio público do resultado do concurso, o órgão estatal parceiro o homologará, sendo imediata a celebração dos Termos de Parceria pela ordem de classificação dos aprovados.

ART. 31-A. O Termo de Parceria deverá ser assinado pelo titular do órgão estatal responsável por sua celebração, vedada a delegação de competência para esse fim. (Acrescentado pelo Dec. 7.568/2011.)

ART. 31-B. As exigências previstas no inciso III do *caput* do art. 9º e no art. 23 não se aplicam aos termos de parceria firmados pelo Ministério da Saúde voltados ao fomento e à realização de serviços de saúde integrantes do Sistema Único de Saúde - SUS. (Acrescentado pelo Dec. 7.568/2011.)

ART. 32. O Ministro de Estado da Justiça baixará portaria no prazo de quinze dias, a partir da publicação deste Decreto, regulamentando os procedimentos para a qualificação.

ART. 33. Este Decreto entra em vigor na data de sua publicação.

Brasília, 30 de junho de 1999; 178º da Independência e 111º da República.

FERNANDO HENRIQUE CARDOSO

‣ Optamos, nesta edição, pela não publicação dos anexos.

DECRETO N. 3.112, DE 6 DE JULHO DE 1999

Dispõe sobre a regulamentação da Lei n. 9.796, de 5 de maio de 1999, que versa sobre compensação financeira entre o Regime Geral de Previdência Social e os regimes próprios de previdência dos servidores da União, dos Estados, do Distrito Federal e dos Municípios, na contagem recíproca de tempo de contribuição para efeito de aposentadoria, e dá outras providências.

‣ *DOU*, 07.07.1999, retificado em 13.07.1999.

O Presidente da República, no uso da atribuição que lhe confere o inciso IV do art. 84 da Constituição, e de acordo com a Emenda Constitucional n. 20, de

15 de dezembro de 1998, as Leis n. 6.226, de 14 de julho de 1975, 6.864, de 1º de dezembro de 1980, 8.212, de 24 de julho de 1991, 8.213, de 24 de julho de 1991, 9.717, de 27 de novembro de 1998, e 9.796, de 5 de maio de 1999,

Decreta:

ART. 1º A compensação financeira entre o Regime Geral de Previdência Social e os regimes próprios de previdência social dos servidores públicos da União, dos Estados, do Distrito Federal e dos Municípios, na hipótese de contagem recíproca de tempo de contribuição, respeitará as disposições da Lei n. 9.796, de 5 de maio de 1999, e deste Decreto.

ART. 2º A compensação financeira prevista neste Decreto não se aplica aos regimes próprios de previdência social da União, dos Estados, do Distrito Federal e dos Municípios que não atendam aos critérios e limites previstos na Lei n. 9.717, de 27 de novembro de 1998, e legislação complementar pertinente, exceto quanto aos benefícios concedidos por esses regimes no período de 5 de outubro de 1988 a 7 de fevereiro de 1999.

ART. 3º Para os efeitos da compensação financeira de que trata este Decreto, considera-se:

I - Regime Geral de Previdência Social: o regime previsto no art. 201 da Constituição Federal;

II - regimes próprios de previdência social dos servidores públicos da União, dos Estados, do Distrito Federal e dos Municípios: os regimes de previdência constituídos, exclusivamente, por servidores públicos titulares de cargos efetivos dos respectivos entes federados;

III - regime de origem: o regime previdenciário ao qual o segurado ou servidor público esteve vinculado sem que dele receba aposentadoria ou tenha gerado pensão para seus dependentes;

IV - regime instituidor: o regime previdenciário responsável pela concessão e pagamento de benefício de aposentadoria ou pensão dela decorrente a segurado ou servidor público ou a seus dependentes com cômputo de tempo de contribuição no âmbito do regime de origem.

ART. 4º Aplica-se o disposto neste Decreto somente para os benefícios de aposentadoria e de pensão dela decorrente concedidos a partir de 5 de outubro de 1988, excluída a aposentadoria por invalidez decorrente de acidente em serviço, moléstia profissional ou doença grave, contagiosa ou incurável, especificada em lei e a pensão dela decorrente.

ART. 5º A compensação financeira será realizada, exclusivamente, na contagem recíproca de tempo de contribuição não concomitante. (Redação dada pelo Dec. 3.217/1999.)

§ 1º (Revogado pelo Dec. 3.217/1999.)

§ 2º O tempo de atividade rural reconhecido pelo Instituto Nacional do Seguro Social - INSS, mediante certidão emitida a partir de 14 de outubro de 1996, somente será considerado para fins de compensação financeira caso esse período seja indenizado ao INSS pelo servidor.

ART. 6º Os regimes próprios de previdência social dos servidores públicos da União, dos Estados, do Distrito Federal e dos Municípios somente serão considerados regimes de origem quando o Regime Geral de Previdência Social for o regime instituidor.

Parágrafo único. Caso o regime próprio de previdência social dos servidores públicos não seja administrado por entidade com personalidade jurídica própria, atribuem-se ao respectivo ente federado as obrigações e os direitos previstos neste Decreto.

ART. 7º O INSS deve apresentar ao administrador de cada regime de origem os seguintes dados referentes a cada benefício concedido com cômputo de tempo de contribuição no âmbito daquele regime de origem:

I - dados pessoais e outros documentos necessários e úteis à caracterização do segurado e, se for o caso, do dependente;

II - renda mensal inicial;

III - data de início do benefício e do pagamento;

IV - percentual do tempo de contribuição no âmbito daquele regime de origem em relação ao tempo de serviço total do segurado.

V - cópia da Certidão de Tempo de Serviço ou de Tempo de Contribuição, fornecida pelo Estado, Distrito Federal ou Município, utilizada para o cômputo do tempo de contribuição no âmbito do regime próprio de previdência social respectivo. (Incluído pelo Dec. 3.217/1999.)

Parágrafo único. A não apresentação das informações e dos documentos a que se refere este artigo veda a compensação financeira entre o regime de origem e o Regime Geral de Previdência Social.

ART. 8º Ao INSS é devido o valor resultante da multiplicação da renda mensal inicial pelo percentual apurado no inciso IV do artigo anterior, pago pelo respectivo regime de origem na proporção informada. (Redação dada pelo Dec. 3.217/1999.)

§ 1º A renda mensal inicial de que trata este artigo será calculada segundo as normas aplicáveis aos benefícios concedidos pelo regime de origem, na data da desvinculação do servidor público desse regime. (Redação dada pelo Dec. 3.217/1999.)

§ 2º Para fins do disposto no parágrafo anterior, cada administrador de regime de origem deverá encaminhar ao INSS as leis e os regulamentos que fixaram os valores máximos da renda mensal dos benefícios de aposentadoria e pensão dela decorrente, pagos diretamente pelo respectivo regime. (Redação dada pelo Decreto n. 3.217, de 1999)

ART. 9º O valor de que trata o artigo anterior será reajustado nas mesmas datas e pelos mesmos índices de reajustamento do benefício concedido pelo Regime Geral de Previdência Social, devendo o INSS comunicar ao administrador de cada regime de origem o total por ele devido em cada mês como compensação financeira.

ART. 10. Cada administrador de regime próprio de previdência de servidor público, como regime instituidor, deve apresentar ao INSS, além das normas que o regem, os seguintes dados e documentos referentes a cada benefício concedido com cômputo de tempo de contribuição no âmbito do Regime Geral de Previdência Social:

I - dados pessoais e outros documentos necessários e úteis à caracterização do segurado e, se for o caso, do dependente;

II - o valor dos proventos da aposentadoria ou pensão dela decorrente e a data de início do benefício e do pagamento;

III - percentual do tempo de contribuição no âmbito do Regime Geral de Previdência Social em relação ao tempo de serviço total do segurado;

IV - cópia da Certidão de Tempo de Serviço ou de Tempo de Contribuição fornecida pelo INSS e utilizada para cômputo do tempo de contribuição no âmbito do Regime Geral de Previdência Social; (Redação dada pelo Dec. 3.217/1999.)

V - cópia do ato expedido pela autoridade competente que concedeu a aposentadoria ou a pensão dela decorrente, bem como o de homologação do ato concessório do benefício pelo Tribunal ou Conselho de Contas competente.

§ 1º A não apresentação das informações e dos documentos a que se refere este artigo veda a compensação financeira entre o Regime Geral de Previdência Social e o regime instituidor.

§ 2º No caso de tempo de contribuição prestado pelo servidor público ao próprio ente instituidor quando vinculado ao Regime Geral de Previdência Social será exigida certidão específica emitida pelo ente instituidor, passível de verificação pelo INSS.

ART. 11. As informações referidas no artigo anterior servirão de base para o INSS calcular qual seria a renda mensal inicial daquele benefício segundo as normas do Regime Geral de Previdência Social vigentes na data em que houve a desvinculação desse regime pelo servidor público.

Parágrafo único. A renda mensal inicial apurada, nos termos deste artigo, será reajustada, na forma do art. 13 deste Decreto, da data da desvinculação do Regime Geral de Previdência Social até a data da concessão do benefício pelo regime instituidor, não podendo seu valor corrigido ser inferior ao do salário-mínimo nem superior ao limite máximo do salário-de-contribuição fixado em lei. (Redação dada pelo Dec. 3.217/1999.)

ART. 12. A compensação financeira devida pelo Regime Geral de Previdência Social, relativa ao primeiro mês de competência do benefício, será calculada com base no valor do benefício pago pelo regime instituidor ou na renda mensal do benefício calculada na forma do artigo anterior, o que for menor.

Parágrafo único. O valor da compensação financeira mencionada neste artigo corresponde à multiplicação do montante especificado pelo percentual obtido na forma do inciso III do art. 10 deste Decreto.

ART. 13. O valor da compensação financeira devida pelo Regime Geral de Previdência Social será reajustado nas mesmas datas e pelos mesmos índices de reajustamento dos benefícios concedidos pelo Regime Geral de Previdência Social, ainda que tenha prevalecido, no primeiro mês, o valor do benefício pago pelo regime instituidor.

ART. 14. Os administradores dos regimes instituidores deverão apresentar aos administradores dos regimes de origem, até 6 de novembro de 2000, os dados relativos aos benefícios em manutenção concedidos a partir da 5 de outubro de 1988.

§ 1º A compensação financeira em atraso relativa aos benefícios de que trata este artigo será calculada multiplicando-se a parcela da renda mensal devida pelo regime de origem, obtida de acordo com os procedimentos estabelecidos nos arts. 7º a 13, pelo número de meses em que o benefício foi pago até a data da apresentação das informações referidas neste artigo.

§ 2º (Revogado pelo Dec. 6.900/2009.)

ART. 14-A. A compensação financeira em atraso relativa aos benefícios de que trata o art. 14 será imediata para os regimes próprios de previdência social que já apresentaram requerimento, observada a disponibilidade orçamentária do Instituto Nacional do Seguro Social - INSS, de acordo com as seguintes regras: (Incluído pelo Dec. 6.900/2009.)

I - para os regimes próprios de previdência social credores da compensação financeira cujos entes instituidores não sejam devedores de contribuições previdenciárias ao Regime Geral de Previdência Social - RGPS, o pagamento será efetuado da seguinte forma: (Incluído pelo Dec. 6.900/2009.)

a) em parcela única, se o crédito não superar R$ 500.000,00 (quinhentos mil reais); (Incluído pelo Dec. 6.900/2009.)

b) em tantas parcelas mensais quantas forem necessárias até o limite de R$ 500.000,00 (quinhentos mil reais), se o crédito superar esse montante; (Incluído pelo Dec. 6.900/2009.)

II - para os regimes próprios de previdência social credores da compensação financeira cujos entes instituidores sejam devedores de contribuições previdenciárias ao RGPS, o pagamento será efetuado nas mesmas condições de prazo estabelecidas nas alíneas "a" e "b" do inciso I após compensação dos débitos de contribuições previdenciárias, ainda que posteriores a 6 de maio de 1999. (Incluído pelo Dec. 6.900/2009.)

§ 1º Incluem-se na hipótese do inciso I do *caput* os devedores de contribuição previdenciária que tenham os respectivos débitos com exigibilidade suspensa. (Incluído pelo Dec. 6.900/2009.)

§ 2º Na hipótese de o regime próprio de previdência social ser operado por entidade com personalidade jurídica própria, o disposto no inciso II do *caput* fica condicionado à concordância formal do dirigente do respectivo regime próprio. (Incluído pelo Dec. 6.900/2009.)

§ 3º Os regimes próprios de previdência social que ainda não entregaram os dados relativos aos benefícios em manutenção em 5 de maio de 1999 concedidos a partir de 5 de outubro de 1988 poderão fazê-lo até maio de 2010, nos termos do art. 12 da Lei n. 10.666, de 2003, e a compensação, quando deferida, observará as regras previstas neste artigo. (Incluído pelo Dec. 6.900/2009.)

ART. 15. A critério do regime de origem, os valores apurados nos termos do artigo anterior poderão ser parcelados em até duzentos e quarenta meses, atualizando-se os valores devidos nas mesmas datas e pelos mesmos índices de reajustamento dos benefícios de prestação continuada pagos pelo Regime Geral de Previdência Social.

Parágrafo único. Nos casos em que o Regime Geral de Previdência Social for o regime de origem, os débitos apurados à conta desse regime, de acordo com os procedimentos previstos no artigo anterior, poderão ser quitados com títulos públicos federais.

ART. 16. O INSS manterá cadastro atualizado de todos os benefícios objeto de compensação financeira, totalizando o quanto deve para cada regime próprio de previdência dos servidores da União, dos Estados, do Distrito Federal e dos Municípios, bem como o montante por eles devido, isoladamente, ao Regime Geral de Previdência Social, como compensação financeira e pelo não recolhimento de contribuições previdenciárias no prazo legal.

§ 1º Os desembolsos pelos regimes de origem só serão feitos para os regimes instituidores que se mostrem credores no cômputo da compensação financeira devida de lado a lado, incluindo neste cálculo os débitos, inclusive os parcelados, provenientes do não recolhimento de contribuições previdenciárias no prazo legal pela administração direta e indireta da União, dos Estados, do Distrito Federal e dos Municípios.

§ 2º Até o dia trinta de cada mês, o INSS comunicará ao regime de origem o total a ser por ele desembolsado, devendo tais desembolsos ser feitos até o quinto dia útil do mês subsequente.

§ 3º Aplica-se ao INSS, enquanto regime de origem, os prazos previstos no parágrafo anterior. (Redação dada pelo Dec. 3.217/1999.)

§ 4º Os valores não desembolsados em virtude do disposto no § 1º deste artigo serão contabilizados como pagamentos efetivos, devendo o INSS registrar mensalmente essas operações e informar a cada regime próprio de previdência de servidor público os valores a ele referentes. (Incluído pelo Dec. 3.217/1999.)

ART. 17. Os entes administradores dos regimes instituidores devem comunicar de imediato aos regimes de origem qualquer revisão no valor do benefício objeto de compensação financeira ou sua extinção total ou parcial, cabendo ao INSS registrar as alterações no cadastro a que se refere o artigo anterior.

ART. 18. Aos débitos apurados, parcelados e ainda não liquidados em razão da extinção de regime próprio de previdência social dos Estados, do Distrito Federal e dos Municípios, com o retorno dos seus respectivos servidores ao Regime Geral de Previdência Social, nos termos do art. 154 do Regulamento da Organização e do Custeio da Seguridade Social, aprovado pelo Decreto n. 2.173, de 5 de março de 1997, aplica-se o disposto neste Decreto. (Redação dada pelo Dec. 3.217/1999.)

Parágrafo único. Os débitos de que trata este artigo, já liquidados, poderão ser compensados com as contribuições previdenciárias vincendas devidas ao Regime Geral de Previdência Social, sendo vedada a restituição.

ART. 19. Na hipótese de descumprimento do prazo de desembolso estipulado no § 2º do art. 16, aplicar-se-ão as mesmas normas em vigor para atualização dos valores dos recolhimentos em atraso de contribuições previdenciárias arrecadadas pelo INSS.

ART. 20. Caso o ente administrador do regime previdenciário dos servidores da União, dos Estados, do Distrito Federal e dos Municípios possua personalidade jurídica própria, os respectivos entes federados respondem solidariamente pelas obrigações previstas neste Decreto.

ART. 21. Na hipótese de extinção do regime próprio de previdência, os valores, inclusive o montante constituído a título de reserva técnica, existentes para custear a concessão e manutenção, presente ou futura, de benefícios previdenciários, somente poderão ser utilizados no pagamento dos benefícios concedidos e dos débitos com o INSS, na constituição do fundo previsto no art. 6º da Lei n. 9.717, de 1998, e para cumprimento deste Decreto.

Parágrafo único. Os recursos financeiros recebidos pelo regime instituidor a título de compensação financeira somente poderão ser utilizados no pagamento de benefícios previdenciários do respectivo regime e na constituição do fundo a que se refere este artigo.

ART. 22. O art. 126 do Decreto n. 3.048, de 6 de maio de 1999, passa a vigorar com a seguinte redação:

‣ Alteração promovida no texto do referido decreto.

ART. 23. Este Decreto entra em vigor na data de sua publicação.

Brasília, 6 de julho de 1999; 178º da Independência e 111º da República.

FERNANDO HENRIQUE CARDOSO

DECRETO N. 3.151, DE 23 DE AGOSTO DE 1999

Disciplina a prática dos atos de extinção e de declaração de desnecessidade de cargos públicos, bem assim a dos atos de colocação em disponibilidade remunerada e de aproveitamento de servidores públicos em decorrência da extinção ou da reorganização de órgãos ou entidades da Administração Pública Federal direta, autárquica e fundacional.

‣ *DOU*, 24.08.1999.

O Presidente da República, no uso das atribuições que lhe conferem os arts. 84, inciso IV, e 41, § 3º, da Constituição, e tendo em vista o disposto nos arts. 31 e 37 da Lei n. 8.112, de 11 de dezembro de 1990, com a redação dada pela Lei n.9.527, de 10 de dezembro de 1997,

Decreta:

ART. 1º Este Decreto disciplina a prática dos atos de extinção e de declaração de desnecessidade de cargos públicos, bem assim a dos atos de colocação em disponibilidade remunerada e de aproveitamento de servidores públicos em decorrência da extinção ou da reorganização de órgãos ou entidades da Administração Pública Federal direta, autárquica e fundacional.

ART. 2º Respeitados o interesse público e a conveniência da administração, os cargos públicos podem ser declarados desnecessários, nos casos de extinção ou de reorganização de órgãos ou de entidades.

ART. 3º Caracterizada a existência de cargos sujeitos à declaração de desnecessidade, em decorrência da extinção ou da reorganização de órgão ou de entidade, a administração deverá adotar, separada ou cumulativamente, os seguintes critérios de análise, pertinentes à situação pessoal dos respectivos ocupantes, para fins de disponibilidade:

I - menor tempo de serviço;

II - maior remuneração;

III - idade menor;

IV - menor número de dependentes.

ART. 4º Autorizada por lei, a extinção de cargo público far-se-á mediante ato privativo do Presidente da República.

ART. 5º Extinto o cargo ou declarada sua desnecessidade, o servidor estável nele investido será imediatamente posto em disponibilidade, com remuneração proporcional ao respectivo tempo de serviço.

ART. 6º A remuneração do servidor em disponibilidade será proporcional a seu tempo de serviço, considerando-se, para o respectivo cálculo, um trinta e cinco avos da respectiva remuneração mensal, por ano de serviço, se homem, e um trinta avos, se mulher.

§ 1º No caso de servidor cujo trabalho lhe assegure o direito à aposentadoria especial, definida em lei, o valor da remuneração a ele devida, durante a disponibilidade, terá por base a proporção anual correspondente ao respectivo tempo mínimo para a concessão da aposentadoria integral.

§ 2º Nos termos do art. 1º da Lei n. 8.852, de 4 de fevereiro de 1994, e exclusivamente para o cálculo da proporcionalidade, considerar-se-á, como remuneração mensal do servidor, o vencimento básico, acrescido das vantagens pecuniárias permanentes relativas ao cargo público.

§ 3º Não se incluem no cálculo da remuneração proporcional:

I - o adicional pela prestação de serviço extraordinário;

II - o adicional noturno;

DECRETOS

III - o adicional de insalubridade, de periculosidade ou pelo exercício de atividades penosas;

IV - o adicional de férias;

V - a retribuição pelo exercício de função ou cargo de direção, chefia ou assessoramento;

VI - a gratificação natalina;

VII - o salário-família;

VIII - o auxílio funeral;

IX - o auxílio natalidade;

X - o auxílio alimentação;

XI - o auxílio transporte;

XII - o auxílio pré-escolar;

XIII - as indenizações;

XIV - as diárias;

XV - a ajuda de custo em razão de mudança de sede; e

XVI - o custeio de moradia.

§ 4º Além da remuneração proporcional, o servidor em disponibilidade perceberá, integralmente, as vantagens pessoais nominalmente identificadas, por ele já incorporadas.

ART. 7º O servidor em disponibilidade contribuirá para o regime próprio de previdência do servidor público federal, e o tempo de contribuição, correspondente ao período em que permanecer em disponibilidade, será contado para efeito de aposentadoria e nova disponibilidade.

ART. 8º O servidor em disponibilidade poderá participar de programa de treinamento dirigido para o exercício de novas funções na Administração Pública Federal, sob a coordenação do Ministério do Planejamento, Orçamento e Gestão e da Escola Nacional de Administração Pública - Enap.

ART. 9º Presente a necessidade da administração e observados os critérios a serem definidos pelo Ministério do Planejamento, Orçamento e Gestão, o aproveitamento de servidor posto em disponibilidade dar-se-á em cargo de atribuições, vencimentos, nível de escolaridade, especialidade ou habilitação profissional compatíveis com o anteriormente por ele ocupado.

ART. 10. Fica delegada competência aos Ministros de Estado e ao Advogado-Geral da União para a prática dos atos de declaração de desnecessidade de cargos públicos e de colocação dos respectivos ocupantes em disponibilidade remunerada.

Parágrafo único. A delegação prevista neste artigo não admite subdelegação.

ART. 11. O ato que colocar em disponibilidade servidor que se encontre regularmente licenciado ou afastado somente produzirá efeitos após o término da licença ou do afastamento.

ART. 12. Mediante ato conjunto, previsto no § 2º do art. 37 da Lei n. 8.112, de 1990, poderão ser redistribuídos, dos órgãos e das entidades da Administração Pública Federal direta, autárquica e fundacional, para o Ministério do Planejamento, Orçamento e Gestão, os cargos declarados desnecessários, vagos ou que vierem a vagar.

ART. 13. O Ministério do Planejamento, Orçamento e Gestão fica autorizado a expedir atos complementares para a fiel execução deste Decreto.

ART. 14. Este Decreto entra em vigor na data de sua publicação.

Brasília, 23 de agosto de 1999; 178º da Independência e 111º da República.

FERNANDO HENRIQUE CARDOSO

DECRETO N. 3.298, DE 20 DE DEZEMBRO DE 1999

Regulamenta a Lei n. 7.853, de 24 de outubro de 1989, dispõe sobre a Política Nacional para a Integração da Pessoa Portadora de Deficiência, consolida as normas de proteção, e dá outras providências.

O Presidente da República, no uso das atribuições que lhe confere o art. 84, incisos IV e VI, da Constituição, e tendo em vista o disposto na Lei n. 7.853, de 24 de outubro de 1989,

Decreta:

CAPÍTULO I
DAS DISPOSIÇÕES GERAIS

ART. 1º A Política Nacional para a Integração da Pessoa Portadora de Deficiência compreende o conjunto de orientações normativas que objetivam assegurar o pleno exercício dos direitos individuais e sociais das pessoas portadoras de deficiência.

ART. 2º Cabe aos órgãos e às entidades do Poder Público assegurar à pessoa portadora de deficiência o pleno exercício de seus direitos básicos, inclusive dos direitos à educação, à saúde, ao trabalho, ao desporto, ao turismo, ao lazer, à previdência social, à assistência social, ao transporte, à edificação pública, à habitação, à cultura, ao amparo à infância e à maternidade, e de outros que, decorrentes da Constituição e das leis, propiciem seu bem-estar pessoal, social e econômico.

ART. 3º Para os efeitos deste Decreto, considera-se:

I - deficiência - toda perda ou anormalidade de uma estrutura ou função psicológica, fisiológica ou anatômica que gere incapacidade para o desempenho de atividade, dentro do padrão considerado normal para o ser humano;

II - deficiência permanente - aquela que ocorreu ou se estabilizou durante um período de tempo suficiente para não permitir recuperação ou ter probabilidade de que se altere, apesar de novos tratamentos; e

III - incapacidade - uma redução efetiva e acentuada da capacidade de integração social, com necessidade de equipamentos, adaptações, meios ou recursos especiais para que a pessoa portadora de deficiência possa receber ou transmitir informações necessárias ao seu bem-estar pessoal e ao desempenho de função ou atividade a ser exercida.

ART. 4º É considerada pessoa portadora de deficiência a que se enquadra nas seguintes categorias:

I - deficiência física - alteração completa ou parcial de um ou mais segmentos do corpo humano, acarretando o comprometimento da função física, apresentando-se sob a forma de paraplegia, paraparesia, monoplegia, monoparesia, tetraplegia, tetraparesia, triplegia, triparesia, hemiplegia, hemiparesia, ostomia, amputação ou ausência de membro, paralisia cerebral, nanismo, membros com deformidade congênita ou adquirida, exceto as deformidades estéticas e as que não produzam dificuldades para o desempenho de funções; (Redação dada pelo Dec. 5.296/2004.)

II - deficiência auditiva - perda bilateral, parcial ou total, de quarenta e um decibéis (dB) ou mais, aferida por audiograma nas freqüências de 500HZ, 1.000HZ, 2.000Hz e 3.000Hz; (Redação dada pelo Dec. 5.296/2004.)

III - deficiência visual - cegueira, na qual a acuidade visual é igual ou menor que 0,05 no melhor olho, com a melhor correção óptica; a baixa visão, que significa acuidade visual entre 0,3 e 0,05 no melhor olho, com a melhor correção óptica; os casos nos quais a somatória da medida do campo visual em ambos os olhos for igual ou menor que 60º; ou a ocorrência simultânea de quaisquer das condições anteriores; (Redação dada pelo Dec. 5.296/2004.)

IV - deficiência mental - funcionamento intelectual significativamente inferior à média, com manifestação antes dos dezoito anos e limitações associadas a duas ou mais áreas de habilidades adaptativas, tais como:

a) comunicação;

b) cuidado pessoal;

c) habilidades sociais;

d) utilização dos recursos da comunidade; (Redação dada pelo Dec. 5.296/2004.)

e) saúde e segurança;

f) habilidades acadêmicas;

g) lazer; e

h) trabalho;

V - deficiência múltipla - associação de duas ou mais deficiências.

CAPÍTULO II
DOS PRINCÍPIOS

ART. 5º A Política Nacional para a Integração da Pessoa Portadora de Deficiência, em consonância com o Programa Nacional de Direitos Humanos, obedecerá aos seguintes princípios;

I - desenvolvimento de ação conjunta do Estado e da sociedade civil, de modo a assegurar a plena integração da pessoa portadora de deficiência no contexto socioeconômico e cultural;

II - estabelecimento de mecanismos e instrumentos legais e operacionais que assegurem às pessoas portadoras de deficiência o pleno exercício de seus direitos básicos que, decorrentes da Constituição e das leis, propiciam o seu bem-estar pessoal, social e econômico; e

III - respeito às pessoas portadoras de deficiência, que devem receber igualdade de oportunidades na sociedade por reconhecimento dos direitos que lhes são assegurados, sem privilégios ou paternalismos.

CAPÍTULO III
DAS DIRETRIZES

ART. 6º São diretrizes da Política Nacional para a Integração da Pessoa Portadora de Deficiência:

I - estabelecer mecanismos que acelerem e favoreçam a inclusão social da pessoa portadora de deficiência;

II - adotar estratégias de articulação com órgãos e entidades públicos e privados, bem assim com organismos internacionais e estrangeiros para a implantação desta Política;

III - incluir a pessoa portadora de deficiência, respeitadas as suas peculiaridades, em todas as iniciativas governamentais relacionadas à educação, à saúde, ao trabalho, à edificação pública, à previdência social, à assistência social, ao transporte, à habitação, à cultura, ao esporte e ao lazer;

IV - viabilizar a participação da pessoa portadora de deficiência em todas as fases de implementação dessa Política, por intermédio de suas entidades representativas;

V - ampliar as alternativas de inserção econômica da pessoa portadora de deficiência, proporcionando a ela qualificação profissional e incorporação no mercado de trabalho; e

VI - garantir o efetivo atendimento das necessidades da pessoa portadora de deficiência, sem o cunho assistencialista.

CAPÍTULO IV
DOS OBJETIVOS

ART. 7º São objetivos da Política Nacional para a Integração da Pessoa Portadora de Deficiência:

I - o acesso, o ingresso e a permanência da pessoa portadora de deficiência em todos os serviços oferecidos à comunidade;

II - integração das ações dos órgãos e das entidades públicos e privados nas áreas de saúde, educação, trabalho, transporte, assistência social, edificação pública, previdência social, habitação, cultura, desporto e lazer, visando à prevenção das deficiências, à eliminação de suas múltiplas causas e à inclusão social;

III - desenvolvimento de programas setoriais destinados ao atendimento das necessidades especiais da pessoa portadora de deficiência;

IV - formação de recursos humanos para atendimento da pessoa portadora de deficiência; e

V - garantia da efetividade dos programas de prevenção, de atendimento especializado e de inclusão social.

CAPÍTULO V
DOS INSTRUMENTOS

ART. 8º São instrumentos da Política Nacional para a Integração da Pessoa Portadora de Deficiência:

I - a articulação entre entidades governamentais e não governamentais que tenham responsabilidades quanto ao atendimento da pessoa portadora de deficiência, em nível federal, estadual, do Distrito Federal e municipal;

II - o fomento à formação de recursos humanos para adequado e eficiente atendimento da pessoa portadora de deficiência;

III - a aplicação da legislação específica que disciplina a reserva de mercado de trabalho, em favor da pessoa portadora de deficiência, nos órgãos e nas entidades públicos e privados;

IV - o fomento da tecnologia de bioengenharia voltada para a pessoa portadora de deficiência, bem como a facilitação da importação de equipamentos; e

V - a fiscalização do cumprimento da legislação pertinente à pessoa portadora de deficiência.

CAPÍTULO VI
DOS ASPECTOS INSTITUCIONAIS

ART. 9º Os órgãos e as entidades da Administração Pública Federal direta e indireta deverão conferir, no âmbito das respectivas competências e finalidades, tratamento prioritário e adequado aos assuntos relativos à pessoa portadora de deficiência, visando a assegurar-lhe o pleno exercício de seus direitos básicos e a efetiva inclusão social.

ART. 10. Na execução deste Decreto, a Administração Pública Federal direta e indireta atuará de modo integrado e coordenado, seguindo planos e programas, com prazos e objetivos determinados, aprovados pelo Conselho Nacional dos Direitos da Pessoa Portadora de Deficiência - CONADE.

ART. 11. Ao CONADE, criado no âmbito do Ministério dos Direitos Humanos como órgão superior de deliberação colegiada, compete: (Alterado pelo Dec. 9.494/2018.)

I - zelar pela efetiva implantação da Política Nacional para Integração da Pessoa Portadora de Deficiência;

II - acompanhar o planejamento e avaliar a execução das políticas setoriais de educação, saúde, trabalho, assistência social, transporte, cultura, turismo, desporto, lazer, política urbana e outras relativas à pessoa portadora de deficiência;

III - acompanhar a elaboração e a execução da proposta orçamentária do Ministério da Justiça, sugerindo as modificações necessárias à consecução da Política Nacional para Integração da Pessoa Portadora de Deficiência;

IV - zelar pela efetivação do sistema descentralizado e participativo de defesa dos direitos da pessoa portadora de deficiência;

V - acompanhar e apoiar as políticas e as ações do Conselho dos Direitos da Pessoa Portadora de Deficiência no âmbito dos Estados, do Distrito Federal e dos Municípios;

VI - propor a elaboração de estudos e pesquisas que objetivem a melhoria da qualidade de vida da pessoa portadora de deficiência;

VII - propor e incentivar a realização de campanhas visando à prevenção de deficiências e à promoção dos direitos da pessoa portadora de deficiência;

VIII - aprovar o plano de ação anual da Coordenadoria Nacional para Integração da Pessoa Portadora de Deficiência - CORDE;

IX - acompanhar, mediante relatórios de gestão, o desempenho dos programas e projetos da Política Nacional para Integração da Pessoa Portadora de Deficiência; e

X - elaborar o seu regimento interno.

ART. 12. O CONADE será constituído, paritariamente, por representantes de órgãos e entidades da administração pública federal e da sociedade civil, e a sua composição e o seu funcionamento serão disciplinados em ato do Ministro de Estado dos Direitos Humanos. (Alterado pelo Dec. 9.494/2018.)

§ 1º Ato do Ministro de Estado dos Direitos Humanos que dispuser sobre a escolha dos representantes de que trata o *caput*, observará, entre outros critérios, a representatividade e a efetiva atuação, em âmbito nacional, relacionadas com a defesa dos direitos da pessoa com deficiência. (Alterado pelo Dec. 9.494/2018.)

§ 2º Os representantes titulares de instituições governamentais, e seus respectivos suplentes, serão indicados pelos titulares dos órgãos representados. (Alterado pelo Dec. 9.494/2018.)

§ 3º O Ministério dos Direitos Humanos poderá convocar suplente quando da ausência do titular de órgão governamental. (Alterado pelo Dec. 9.494/2018.)

ART. 13. Poderão ser instituídas outras instâncias deliberativas pelos Estados, pelo Distrito Federal e pelos Municípios, que integrarão sistema descentralizado de defesa dos direitos da pessoa portadora de deficiência.

ART. 14. Incumbe ao Ministério dos Direitos Humanos, a coordenação superior, na Administração Pública Federal, dos assuntos, das atividades e das medidas que se refiram às pessoas portadoras de deficiência. (Alterado pelo Dec. 9.494/2018.)

§ 1º No âmbito do Ministério dos Direitos Humanos, compete à Secretaria Nacional dos Direitos da Pessoa com Deficiência: (Alterado pelo Dec. 9.494/2018.)

I - exercer a coordenação superior dos assuntos, das ações governamentais e das medidas referentes à pessoa portadora de deficiência;

II - elaborar os planos, programas e projetos da Política Nacional para Integração da Pessoa Portadora de Deficiência, bem como propor as providências necessárias à sua completa implantação e ao seu adequado desenvolvimento, inclusive as pertinentes a recursos financeiros e as de caráter legislativo;

III - acompanhar e orientar a execução pela Administração Pública Federal dos planos, programas e projetos mencionados no inciso anterior;

IV - manifestar-se sobre a Política Nacional para a Integração da Pessoa Portadora de Deficiência, dos projetos federais a ela conexos, antes da liberação dos recursos respectivos;

V - manter com os Estados, o Distrito Federal, os Municípios e o Ministério Público, estreito relacionamento, objetivando a concorrência de ações destinadas à integração das pessoas portadoras de deficiência;

VI - provocar a iniciativa do Ministério Público, ministrando-lhe informações sobre fatos que constituam objeto da ação civil de que trata a Lei n. 7.853, de 24 de outubro de 1989, e indicando-lhe os elementos de convicção;

VII - emitir opinião sobre os acordos, contratos ou convênios firmados pelos demais órgãos da Administração Pública Federal, no âmbito da Política Nacional para a Integração da Pessoa Portadora de Deficiência; e

VIII - promover e incentivar a divulgação e o debate das questões concernentes à pessoa portadora de deficiência, visando à conscientização da sociedade.

§ 2º Na elaboração dos planos e programas a seu cargo, a CORDE deverá:

I - recolher, sempre que possível, a opinião das pessoas e entidades interessadas; e

II - considerar a necessidade de ser oferecido efetivo apoio às entidades privadas voltadas à integração social da pessoa portadora de deficiência.

CAPÍTULO VII
DA EQUIPARAÇÃO DE OPORTUNIDADES

ART. 15. Os órgãos e as entidades da Administração Pública Federal prestarão direta ou indiretamente à pessoa portadora de deficiência os seguintes serviços:

I - reabilitação integral, entendida como o desenvolvimento das potencialidades da pessoa portadora de deficiência, destinada a facilitar sua atividade laboral, educativa e social;

II - formação profissional e qualificação para o trabalho;

III - escolarização em estabelecimentos de ensino regular com a provisão dos apoios necessários, ou em estabelecimentos de ensino especial; e

IV - orientação e promoção individual, familiar e social.

SEÇÃO I
DA SAÚDE

ART. 16. Os órgãos e as entidades da Administração Pública Federal direta e indireta responsáveis pela saúde devem dispensar aos assuntos objeto deste Decreto tratamento prioritário e adequado, viabilizando, sem prejuízo de outras, as seguintes medidas:

I - a promoção de ações preventivas, como as referentes ao planejamento familiar, ao aconselhamento genético, ao acompanhamento da gravidez, do parto e do puerpério, à nutrição da mulher e da criança, à identificação e ao controle da gestante e do feto de alto risco, à imunização, às doenças do metabolismo e seu diagnóstico, ao encaminhamento precoce de outras doenças causadoras de deficiência, e à detecção precoce das doenças crônico-degenerativas e a outras potencialmente incapacitantes;

II - o desenvolvimento de programas especiais de prevenção de acidentes domésticos, de trabalho, de trânsito e outros, bem como o desenvolvimento de programa para tratamento adequado a suas vítimas;

III - a criação de rede de serviços regionalizados, descentralizados e hierarquizados em crescentes níveis de complexidade, voltada ao atendimento à saúde e reabilitação da pessoa portadora de deficiência, articulada com os serviços sociais, educacionais e com o trabalho;

IV - a garantia de acesso da pessoa portadora de deficiência aos estabelecimentos de saúde públicos e privados e de seu adequado tratamento sob normas técnicas e padrões de conduta apropriados;

V - a garantia de atendimento domiciliar de saúde ao portador de deficiência grave não internado;

VI - o desenvolvimento de programas de saúde voltados para a pessoa portadora de deficiência, desenvolvidos com a participação da sociedade e que lhes ensejem a inclusão social; e

VII - o papel estratégico da atuação dos agentes comunitários de saúde e das equipes de saúde da família na disseminação das práticas e estratégias de reabilitação baseada na comunidade.

§ 1º Para os efeitos deste Decreto, prevenção compreende as ações e medidas orientadas a evitar as causas das deficiências que possam ocasionar incapacidade e as destinadas a evitar sua progressão ou derivação em outras incapacidades.

§ 2º A deficiência ou incapacidade deve ser diagnosticada e caracterizada por equipe multidisciplinar de saúde, para fins de concessão de benefícios e serviços.

§ 3º As ações de promoção da qualidade de vida da pessoa portadora de deficiência deverão também assegurar a igualdade de oportunidades no campo da saúde.

ART. 17. É beneficiária do processo de reabilitação a pessoa que apresenta deficiência, qualquer que seja sua natureza, agente causal ou grau de severidade.

§ 1º Considera-se reabilitação o processo de duração limitada e com objetivo definido, destinado a permitir que a pessoa com deficiência alcance o nível físico, mental ou social funcional ótimo, proporcionando-lhe os meios de modificar sua própria vida, podendo compreender medidas visando a compensar a perda de uma função ou uma limitação funcional e facilitar ajustes ou reajustes sociais.

§ 2º Para efeito do disposto neste artigo, toda pessoa que apresente redução funcional devidamente diagnosticada por equipe multiprofissional terá direito a beneficiar-se dos processos de reabilitação necessários para corrigir ou modificar seu estado físico, mental ou sensorial, quando este constitua obstáculo para sua integração educativa, laboral e social.

ART. 18. Incluem-se na assistência integral à saúde e reabilitação da pessoa portadora de deficiência a concessão de órteses, próteses, bolsas coletoras e materiais auxiliares, dado que tais equipamentos complementam o atendimento, aumentando as possibilidades de independência e inclusão da pessoa portadora de deficiência.

ART. 19. Consideram-se ajudas técnicas, para os efeitos deste Decreto, os elementos que permitem compensar uma ou mais limitações funcionais motoras, sensoriais ou mentais da pessoa portadora de deficiência, com o objetivo de permitir-lhe superar as barreiras da comunicação e da mobilidade e de possibilitar sua plena inclusão social.

Parágrafo único. São ajudas técnicas:

I - próteses auditivas, visuais e físicas;

II - órteses que favoreçam a adequação funcional;

III - equipamentos e elementos necessários à terapia e reabilitação da pessoa portadora de deficiência;

IV - equipamentos, maquinarias e utensílios de trabalho especialmente desenhados ou adaptados para uso por pessoa portadora de deficiência;

V - elementos de mobilidade, cuidado e higiene pessoal necessários para facilitar a autonomia e a segurança da pessoa portadora de deficiência;

VI - elementos especiais para facilitar a comunicação, a informação e a sinalização para pessoa portadora de deficiência;

VII - equipamentos e material pedagógico especial para educação, capacitação e recreação da pessoa portadora de deficiência;

VIII - adaptações ambientais e outras que garantam o acesso, a melhoria funcional e a autonomia pessoal; e

IX - bolsas coletoras para os portadores de ostomia.

ART. 20. É considerado parte integrante do processo de reabilitação o provimento de medicamentos que favoreçam a estabilidade clínica e funcional e auxiliem na limitação da incapacidade, na reeducação funcional e no controle das lesões que geram incapacidades.

ART. 21. O tratamento e a orientação psicológica serão prestados durante as distintas fases do processo reabilitador, destinados a contribuir para que a pessoa portadora de deficiência atinja o mais pleno desenvolvimento de sua personalidade.

Parágrafo único. O tratamento e os apoios psicológicos serão simultâneos aos tratamentos funcionais e, em todos os casos, serão concedidos desde a comprovação da deficiência ou do início de um processo patológico que possa originá-la.

ART. 22. Durante a reabilitação, será propiciada, se necessária, assistência em saúde mental com a finalidade de permitir que a pessoa submetida a esta prestação desenvolva ao máximo suas capacidades.

ART. 23. Será fomentada a realização de estudos epidemiológicos e clínicos, com periodicidade e abrangência adequadas, de modo a produzir informações sobre a ocorrência de deficiências e incapacidades.

SEÇÃO II
DO ACESSO À EDUCAÇÃO

ART. 24. Os órgãos e as entidades da Administração Pública Federal direta e indireta responsáveis pela educação dispensarão tratamento prioritário e adequado aos assuntos objeto deste Decreto, viabilizando, sem prejuízo de outras, as seguintes medidas:

I - a matrícula compulsória em cursos regulares de estabelecimentos públicos e particulares de pessoa portadora de deficiência capazes de se integrar na rede regular de ensino;

II - a inclusão, no sistema educacional, da educação especial como modalidade de educação escolar que permeia transversalmente todos os níveis e as modalidades de ensino;

III - a inserção, no sistema educacional, das escolas ou instituições especializadas públicas e privadas;

IV - a oferta, obrigatória e gratuita, da educação especial em estabelecimentos públicos de ensino;

V - o oferecimento obrigatório dos serviços de educação especial ao educando portador de deficiência em unidades hospitalares e congêneres nas quais esteja internado por prazo igual ou superior a um ano; e

VI - o acesso de aluno portador de deficiência aos benefícios conferidos aos demais educandos, inclusive material escolar, transporte, merenda escolar e bolsas de estudo.

§ 1º Entende-se por educação especial, para os efeitos deste Decreto, a modalidade de educação escolar oferecida preferencialmente na rede regular de ensino para educando com necessidades educacionais especiais, entre eles o portador de deficiência.

§ 2º A educação especial caracteriza-se por constituir processo flexível, dinâmico e individualizado, oferecido principalmente nos níveis de ensino considerados obrigatórios.

§ 3º A educação do aluno com deficiência deverá iniciar-se na educação infantil, a partir de zero ano.

§ 4º A educação especial contará com equipe multiprofissional, com a adequada especialização, e adotará orientações pedagógicas individualizadas.

§ 5º Quando da construção e reforma de estabelecimentos de ensino deverá ser observado o atendimento as normas técnicas da Associação Brasileira de Normas Técnicas - ABNT relativas à acessibilidade.

ART. 25. Os serviços de educação especial serão ofertados nas instituições de ensino público ou privado do sistema de educação geral, de forma transitória ou permanente, mediante programas de apoio para o aluno que está integrado no sistema regular de ensino, ou em escolas especializadas exclusivamente quando a educação das escolas comuns não puder satisfazer as necessidades educativas ou sociais do aluno ou quando necessário ao bem-estar do educando.

ART. 26. As instituições hospitalares e congêneres deverão assegurar atendimento pedagógico ao educando portador de deficiência internado nessas unidades por prazo igual ou superior a um ano, com o propósito de sua inclusão ou manutenção no processo educacional.

ART. 27. As instituições de ensino superior deverão oferecer adaptações de provas e os apoios necessários, previamente solicitados pelo aluno portador de deficiência, inclusive tempo adicional para realização das provas, conforme as características da deficiência.

§ 1º As disposições deste artigo aplicam-se, também, ao sistema geral do processo seletivo para ingresso em cursos universitários de instituições de ensino superior.

§ 2º O Ministério da Educação, no âmbito da sua competência, expedirá instruções para que os programas de educação superior incluam nos seus currículos conteúdos, itens ou disciplinas relacionados à pessoa portadora de deficiência.

ART. 28. O aluno portador de deficiência matriculado ou egresso do ensino fundamental ou médio, de instituições públicas ou privadas, terá acesso à educação profissional, a fim de obter habilitação profissional que lhe proporcione oportunidades de acesso ao mercado de trabalho.

§ 1º A educação profissional para a pessoa portadora de deficiência será oferecida nos níveis básico, técnico e tecnológico, em escola regular, em instituições especializadas e nos ambientes de trabalho.

§ 2º As instituições públicas e privadas que ministram educação profissional deverão, obrigatoriamente, oferecer cursos profissionais de nível básico à pessoa portadora de deficiência, condicionando a matrícula à sua capacidade de aproveitamento e não a seu nível de escolaridade.

§ 3º Entende-se por habilitação profissional o processo destinado a propiciar à pessoa portadora de deficiência, em nível formal e sistematizado, aquisição de conhecimentos e habilidades especificamente associados a determinada profissão ou ocupação.

§ 4º Os diplomas e certificados de cursos de educação profissional expedidos por instituição credenciada pelo Ministério da Educação ou órgão equivalente terão validade em todo o território nacional.

ART. 29. As escolas e instituições de educação profissional oferecerão, se necessário, serviços de apoio especializado para atender às peculiaridades da pessoa portadora de deficiência, tais como:

I - adaptação dos recursos instrucionais: material pedagógico, equipamento e currículo;

II - capacitação dos recursos humanos: professores, instrutores e profissionais especializados; e

III - adequação dos recursos físicos: eliminação de barreiras arquitetônicas, ambientais e de comunicação.

SEÇÃO III
DA HABILITAÇÃO E DA REABILITAÇÃO PROFISSIONAL

ART. 30. A pessoa portadora de deficiência, beneficiária ou não do Regime Geral de Previdência Social, tem direito às prestações de habilitação e reabilitação profissional para capacitar-se a obter trabalho, conservá-lo e progredir profissionalmente.

ART. 31. Entende-se por habilitação e reabilitação profissional o processo orientado a possibilitar que a pessoa portadora de deficiência, a partir da identificação de suas potencialidades laborativas, adquira o nível suficiente de desenvolvimento profissional para ingresso e reingresso no mercado de trabalho e participar da vida comunitária.

ART. 32. Os serviços de habilitação e reabilitação profissional deverão estar dotados dos recursos necessários para atender toda pessoa portadora de deficiência, independentemente da origem de sua deficiência, desde que possa ser preparada para trabalho que lhe seja adequado e tenha perspectivas de obter, conservar e nele progredir.

ART. 33. A orientação profissional será prestada pelos correspondentes serviços de habilitação e reabilitação profissional, tendo em conta as potencialidades da pessoa portadora de deficiência, identificadas com base em relatório de equipe multiprofissional, que deverá considerar:

I - educação escolar efetivamente recebida e por receber;

II - expectativas de promoção social;

III - possibilidades de emprego existentes em cada caso;

IV - motivações, atitudes e preferências profissionais; e

V - necessidades do mercado de trabalho.

SEÇÃO IV
DO ACESSO AO TRABALHO

ART. 34. É finalidade primordial da política de emprego a inserção da pessoa portadora de deficiência no mercado de trabalho ou sua incorporação ao sistema produtivo mediante regime especial de trabalho protegido.

Parágrafo único. Nos casos de deficiência grave ou severa, o cumprimento do disposto no *caput* deste artigo poderá ser efetivado mediante a contratação das cooperativas sociais de que trata a Lei n. 9.867, de 10 de novembro de 1999.

ART. 35. São modalidades de inserção laboral da pessoa portadora de deficiência:

I - colocação competitiva: processo de contratação regular, nos termos da legislação trabalhista e previdenciária, que independe da adoção de procedimentos especiais para sua concretização, não sendo excluída a possibilidade de utilização de apoios especiais;

II - colocação seletiva: processo de contratação regular, nos termos da legislação trabalhista e previdenciária, que depende da adoção de procedimentos e apoios especiais para sua concretização; e

III - promoção do trabalho por conta própria: processo de fomento da ação de uma ou mais pessoas, mediante trabalho autônomo, cooperativado ou em regime de economia familiar, com vista à emancipação econômica e pessoal.

§ 1º As entidades beneficentes de assistência social, na forma da lei, poderão intermediar a modalidade de inserção laboral de que tratam os incisos II e III, nos seguintes casos:

I - na contratação para prestação de serviços, por entidade pública ou privada, da pessoa portadora de deficiência física, mental ou sensorial: e

II - na comercialização de bens e serviços decorrentes de programas de habilitação profissional de adolescente e adulto portador de deficiência em oficina protegida de produção ou terapêutica.

§ 2º Consideram-se procedimentos especiais os meios utilizados para a contratação de pessoa que, devido ao seu grau de deficiência, transitória ou permanente, exija condições especiais, tais como jornada variável, horário flexível, proporcionalidade de salário, ambiente de trabalho adequado às suas especificidades, entre outros.

§ 3º Consideram-se apoios especiais a orientação, a supervisão e as ajudas técnicas entre outros elementos que auxiliem ou permitam compensar uma ou mais limitações funcionais motoras, sensoriais ou mentais da pessoa portadora de deficiência, de modo a superar as barreiras da mobilidade e da comunicação, possibilitando a plena utilização de suas capacidades em condições de normalidade.

§ 4º Considera-se oficina protegida de produção a unidade que funciona em relação de dependência com entidade pública ou beneficente de assistência social, que tem por objetivo desenvolver programa de habilitação profissional para adolescente e adulto portador de deficiência, provendo-o com trabalho remunerado, com vista à emancipação econômica e pessoal relativa.

§ 5º Considera-se oficina protegida terapêutica a unidade que funciona em relação de dependência com entidade pública ou beneficente de assistência social, que tem por objetivo a integração social por meio de atividades de adaptação e capacitação para o trabalho de adolescente e adulto que devido ao seu grau de deficiência, transitória ou permanente, não possa desempenhar atividade laboral no mercado competitivo de trabalho ou em oficina protegida de produção.

§ 6º O período de adaptação e capacitação para o trabalho de adolescente e adulto portador de deficiência em oficina protegida terapêutica não caracteriza vínculo empregatício e está condicionado a processo de avaliação individual que considere o desenvolvimento biopsicosocial da pessoa.

§ 7º A prestação de serviços será feita mediante celebração de convênio ou contrato formal, entre a entidade beneficente de assistência social e o tomador de serviços, no qual constará a relação nominal dos trabalhadores portadores de deficiência colocados à disposição do tomador.

§ 8º A entidade que se utilizar do processo de colocação seletiva deverá promover, em parceria com o tomador de serviços, programas de prevenção de doenças profissionais e de redução da capacidade laboral, bem assim programas de reabilitação caso ocorram patologias ou se manifestem outras incapacidades.

ART. 36. A empresa com cem ou mais empregados está obrigada a preencher de dois a cinco por cento de seus cargos com beneficiários da Previdência Social reabilitados ou com pessoa portadora de deficiência habilitada, na seguinte proporção:

I - até duzentos empregados, dois por cento;

II - de duzentos e um a quinhentos empregados, três por cento;

III - de quinhentos e um a mil empregados, quatro por cento; ou

IV - mais de mil empregados, cinco por cento.

§ 1º A dispensa de empregado na condição estabelecida neste artigo, quando se tratar de contrato por prazo determinado, superior a noventa dias, e a dispensa imotivada, no contrato por prazo indeterminado, somente poderá ocorrer após a contratação de substituto em condições semelhantes.

§ 2º Considera-se pessoa portadora de deficiência habilitada aquela que concluiu curso de educação profissional de nível básico, técnico ou tecnológico, ou curso superior, com certificação ou diplomação expedida por instituição pública ou privada, legalmente credenciada pelo Ministério da Educação ou órgão equivalente, ou aquela com certificado de conclusão de processo de habilitação ou reabilitação profissional fornecido pelo Instituto Nacional do Seguro Social - INSS.

§ 3º Considera-se, também, pessoa portadora de deficiência habilitada aquela que, não tendo se submetido a processo de habilitação ou reabilitação, esteja capacitada para o exercício da função.

§ 4º A pessoa portadora de deficiência habilitada nos termos dos §§ 2º e 3º deste artigo poderá recorrer à intermediação de órgão integrante do sistema público de emprego, para fins de inclusão laboral na forma deste artigo.

§ 5º Compete ao Ministério do Trabalho e Emprego estabelecer sistemática de fiscalização, avaliação e controle das empresas, bem como instituir procedimentos e formulários que propiciem estatísticas sobre o número de empregados portadores de deficiência e de vagas preenchidas, para fins de acompanhamento do disposto no *caput* deste artigo.

ARTS. 37 a **43.** (Revogados pelo Dec. 9.508 /2018.)

ART. 44. A análise dos aspectos relativos ao potencial de trabalho do candidato portador de deficiência obedecerá ao disposto no art. 20 da Lei n. 8.112, de 11 de dezembro de 1990.

ART. 45. Serão implementados programas de formação e qualificação profissional voltados para a pessoa portadora de deficiência no âmbito do Plano Nacional de Formação Profissional - PLANFOR.

Parágrafo único. Os programas de formação e qualificação profissional para pessoa portadora de deficiência terão como objetivos:

I - criar condições que garantam a toda pessoa portadora de deficiência o direito a receber uma formação profissional adequada;

II - organizar os meios de formação necessários para qualificar a pessoa portadora de deficiência para a inserção competitiva no mercado laboral; e

III - ampliar a formação e qualificação profissional sob a base de educação geral para fomentar o desenvolvimento harmônico da pessoa portadora de deficiência, assim como para satisfazer as exigências derivadas do progresso técnico, dos novos métodos de produção e da evolução social e econômica.

SEÇÃO V
DA CULTURA, DO DESPORTO, DO TURISMO E DO LAZER

ART. 46. Os órgãos e as entidades da Administração Pública Federal direta e indireta responsáveis pela cultura, pelo desporto, pelo turismo e pelo lazer dispensarão tratamento prioritário e adequado aos assuntos objeto deste Decreto, com vista a viabilizar, sem prejuízo de outras, as seguintes medidas:

I - promover o acesso da pessoa portadora de deficiência aos meios de comunicação social;

II - criar incentivos para o exercício de atividades criativas, mediante:

a) participação da pessoa portadora de deficiência em concursos de prêmios no campo das artes e das letras; e

b) exposições, publicações e representações artísticas de pessoa portadora de deficiência;

III - incentivar a prática desportiva formal e não formal como direito de cada um e o lazer como forma de promoção social;

IV - estimular meios que facilitem o exercício de atividades desportivas entre a pessoa portadora de deficiência e suas entidades representativas;

V - assegurar a acessibilidade às instalações desportivas dos estabelecimentos de ensino, desde o nível pré-escolar até à universidade;

VI - promover a inclusão de atividades desportivas para pessoa portadora de deficiência na prática da educação física ministrada nas instituições de ensino públicas e privadas;

VII - apoiar e promover a publicação e o uso de guias de turismo com informação adequada à pessoa portadora de deficiência; e

VIII - estimular a ampliação do turismo à pessoa portadora de deficiência ou com mobilidade reduzida, mediante a oferta de instalações hoteleiras acessíveis e de serviços adaptados de transporte.

ART. 47. Os recursos do Programa Nacional de Apoio à Cultura financiarão, entre outras ações, a produção e a difusão artístico-cultural de pessoa portadora de deficiência.

Parágrafo único. Os projetos culturais financiados com recursos federais, inclusive oriundos de programas especiais de incentivo à cultura, deverão facilitar o livre acesso da pessoa portadora de deficiência, de modo a possibilitar-lhe o pleno exercício dos seus direitos culturais.

ART. 48. Os órgãos e as entidades da Administração Pública Federal direta e indireta, promotores ou financiadores de atividades desportivas e de lazer, devem concorrer técnica e financeiramente para obtenção dos objetivos deste Decreto.

Parágrafo único. Serão prioritariamente apoiadas a manifestação desportiva de rendimento e a educacional, compreendendo as atividades de:

I - desenvolvimento de recursos humanos especializados;

II - promoção de competições desportivas internacionais, nacionais, estaduais e locais;

III - pesquisa científica, desenvolvimento tecnológico, documentação e informação; e

IV - construção, ampliação, recuperação e adaptação de instalações desportivas e de lazer.

CAPÍTULO VIII
DA POLÍTICA DE CAPACITAÇÃO DE PROFISSIONAIS ESPECIALIZADOS

ART. 49. Os órgãos e as entidades da Administração Pública Federal direta e indireta, responsáveis pela formação de recursos humanos, devem dispensar aos assuntos objeto deste Decreto tratamento prioritário e adequado, viabilizando, sem prejuízo de outras, as seguintes medidas:

I - formação e qualificação de professores de nível médio e superior para a educação especial, de técnicos de nível médio e superior especializados na habilitação e reabilitação, e de instrutores e professores para a formação profissional;

II - formação e qualificação profissional, nas diversas áreas de conhecimento e de recursos humanos que atendam às demandas da pessoa portadora de deficiência; e

III - incentivo à pesquisa e ao desenvolvimento tecnológico em todas as áreas do conhecimento relacionadas com a pessoa portadora de deficiência.

CAPÍTULO IX
DA ACESSIBILIDADE NA ADMINISTRAÇÃO PÚBLICA FEDERAL

ARTS. 50 a **54.** (Revogados pelo Dec. 5.296 /2004.)

CAPÍTULO X
DO SISTEMA INTEGRADO DE INFORMAÇÕES

ART. 55. Fica instituído, no âmbito do Ministério dos Direitos Humanos, o Sistema Nacional de Informações sobre Deficiência, sob a responsabilidade da Secretaria Nacional dos Direitos da Pessoa com Deficiência, com a finalidade de criar e manter bases de dados, reunir e difundir informação sobre a situação das pessoas portadoras de deficiência e fomentar a pesquisa e o estudo de todos os aspectos que afetem a vida dessas pessoas. (Alterado pelo Dec. 9.494/2018.)

Parágrafo único. Serão produzidas, periodicamente, estatísticas e informações, podendo esta atividade realizar-se conjuntamente com os censos nacionais, pesquisas nacionais, regionais e locais, em estreita colaboração com universidades, institutos de pesquisa e organizações para pessoas portadoras de deficiência.

CAPÍTULO XI
DAS DISPOSIÇÕES FINAIS E TRANSITÓRIAS

ART. 56. O Ministério dos Direitos Humanos, com base nas diretrizes e metas do Plano Plurianual de Investimentos, por intermédio da Secretaria Nacional dos Direitos da Pessoa com Deficiência, elaborará, em articulação com outros órgãos e entidades da Administração Pública Federal, o Plano Nacional de Ações Integradas na Área das Deficiências. (Alterado pelo Dec. 9.494/2018.)

ART. 57. Fica criada, no âmbito do Ministério dos Direitos Humanos, comissão especial, com a finalidade de apresentar, no prazo de cento e oitenta dias, a contar de sua constituição, propostas destinadas a: (Alterado pelo Dec. 9.494/2018.)

I - implementar programa de formação profissional mediante a concessão de bolsas de qualificação para a pessoa portadora de deficiência, com vistas a estimular a aplicação do disposto no art. 36; e

II - propor medidas adicionais de estímulo à adoção de trabalho em tempo parcial ou em regime especial para a pessoa portadora de deficiência.

Parágrafo único. A comissão especial de que trata o *caput* deste artigo será composta por um representante de cada órgão e entidade a seguir indicados:

I - Secretaria Nacional de Direitos da Pessoa com Deficiência; (Alterado pelo Dec. 9.494/2018.)

II - Conselho Nacional dos Direitos da Pessoa com Deficiência; (Alterado pelo Dec. 9.494/2018.)

III - Ministério do Trabalho; (Alterado pelo Dec. 9.494/2018.)

IV - Ministério do Desenvolvimento Social; (Alterado pelo Dec. 9.494/2018.)

V - Ministério da Educação;

VI - Ministério dos Transportes, Portos e Aviação Civil; (Alterado pelo Dec. 9.494/2018.)

VII - Instituto de Pesquisa Econômica Aplicada; e

VIII - INSS.

ART. 58. A CORDE desenvolverá, em articulação com órgãos e entidades da Administração Pública Federal, programas de facilitação da acessibilidade em sítios de interesse histórico, turístico, cultural e desportivo, mediante a remoção de barreiras físicas ou arquitetônicas que impeçam ou dificultem a locomoção de pessoa portadora de deficiência ou com mobilidade reduzida.

ART. 59. Este Decreto entra em vigor na data da sua publicação.

ART. 60. Ficam revogados os Decretos n. 93.481, de 29 de outubro de 1986, 914, de 6 de setembro de 1993, 1.680, de 18 de outubro de 1995, 3.030, de 20 de abril de 1999, o § 2º do art. 141 do Regulamento da Previdência Social, aprovado pelo Decreto n. 3.048, de 6 de maio de 1999, e o Decreto n. 3.076, de 1º de junho de 1999.

Brasília, 20 de dezembro de 1999; 178º da Independência e 111º da República.

FERNANDO HENRIQUE CARDOSO

DECRETO N. 3.327, DE 5 DE JANEIRO DE 2000

Aprova o Regulamento da Agência Nacional de Saúde Suplementar - ANS, e dá outras providências.

- *DOU*, 06.01.2000.
- Lei 9.961/2000 (Cria a Agência Nacional de Saúde Suplementar - ANS).

O Presidente da República, no uso da atribuição que lhe confere o art. 84, incisos IV e VI, da Constituição, e tendo em vista o disposto na Medida Provisória n. 2.012-2, de 30 de dezembro de 1999,

Decreta:

ART. 1º Ficam aprovados, na forma dos Anexos I e II a este Decreto, o Regulamento da Agência

Nacional de Saúde Suplementar - ANS e o correspondente Quadro Demonstrativo dos Cargos de Natureza Especial, em Comissão e Comissionados.

ART. 2º Este Decreto entra em vigor na data de sua publicação.

Brasília, 5 de janeiro de 2000; 179º da Independência e 112º da República.

FERNANDO HENRIQUE CARDOSO

ANEXO I
REGULAMENTO DA AGÊNCIA NACIONAL DE SAÚDE SUPLEMENTAR

CAPÍTULO I
DA NATUREZA E FINALIDADE

ART. 1º A Agência Nacional de Saúde Suplementar - ANS, é uma autarquia sob regime especial, criada pelo art. 1º da Medida Provisória n. 2.012-2, de 30 de dezembro de 1999, com personalidade jurídica de direito público, vinculada ao Ministério da Saúde.

§ 1º A natureza de autarquia especial conferida à ANS é caracterizada por autonomia administrativa, financeira, técnica, patrimonial e de gestão de recursos humanos, com mandato fixo de seus dirigentes.

§ 2º A ANS atuará como entidade administrativa independente, sendo-lhe assegurado, nos termos da Medida Provisória n. 2.012-2, de 1999, as prerrogativas necessárias ao exercício adequado de suas atribuições.

§ 3º A ANS tem sede e foro na cidade de Brasília - DF, podendo manter unidade administrativa em outras localidades, com prazo de duração indeterminado e atuação em todo território nacional.

§ 4º A ANS é o órgão de regulação, normatização, controle e fiscalização de atividades que garantam a assistência suplementar à saúde.

ART. 2º A ANS terá por finalidade institucional promover a defesa do interesse público na assistência suplementar à saúde, regulando as operadoras setoriais, inclusive quanto à suas relações com prestadores e consumidores, contribuindo para o desenvolvimento das ações de saúde no País.

CAPÍTULO II
DA ESTRUTURA ORGANIZACIONAL

SEÇÃO I
DAS COMPETÊNCIAS

ART. 3º Compete à ANS:

I - propor normas relativas às matérias tratadas no inciso IV do art. 35-A da Lei n. 9.656, de 3 de junho de 1998, bem como, políticas e diretrizes gerais ao Conselho Nacional de Saúde Suplementar - CONSU para a regulação do setor de saúde suplementar;

II - estabelecer as características gerais dos instrumentos contratuais utilizados na atividade das operadoras;

III - elaborar o rol de procedimentos e eventos em saúde, que constituirão referência básica para os fins do disposto na Lei n. 9.656, de 1998, e suas excepcionalidades;

IV - fixar critérios para os procedimentos de credenciamento e descredenciamento de prestadores de serviço às operadoras;

V - estabelecer parâmetros e indicadores de qualidade e de cobertura em assistência à saúde para os serviços próprios e de terceiros oferecidos pelas operadoras;

VI - estabelecer normas para ressarcimento ao Sistema Único de Saúde;

VII - estabelecer normas relativas à adoção e utilização, pelas operadoras de planos de assistência à saúde, de mecanismos de regulação do uso dos serviços de saúde;

VIII - deliberar sobre a criação de câmaras técnicas, de caráter consultivo, de forma a subsidiar suas decisões;

IX - normatizar os conceitos de doença e lesão preexistentes;

X - definir, para fins de aplicação da Lei n. 9.656, de 1998, a segmentação das operadoras e administradoras de planos privados de assistência à saúde, observando as suas peculiaridades;

XI - estabelecer critérios, responsabilidades, obrigações e normas de procedimento para garantia dos direitos assegurados nos arts. 30 e 31 da Lei n. 9.656, de 1998;

XII - estabelecer normas para registro dos produtos definidos no inciso I e § 1º do art. 1º da Lei n. 9.656, de 1998;

XIII - decidir sobre o estabelecimento de sub-segmentações aos tipos de planos definidos nos incisos I a IV do art. 12 da Lei n. 9.656, de 1998;

XIV - estabelecer critérios gerais para o exercício de cargos diretivos das operadoras de planos privados de assistência à saúde;

XV - estabelecer critérios de aferição e controle da qualidade dos serviços oferecidos pelas operadoras de planos privados de assistência à saúde, sejam eles próprios, referenciados, contratados ou conveniados;

XVI - estabelecer normas, rotinas e procedimentos para concessão, manutenção e cancelamento de registro dos produtos das operadoras de planos privados de assistência à saúde;

XVII - autorizar reajustes e revisões das contraprestações pecuniárias dos planos privados de assistência à saúde, de acordo com parâmetros e diretrizes gerais fixados conjuntamente pelos Ministérios da Fazenda e da Saúde;

XVIII - expedir normas e padrões para o envio de informações de natureza econômico-financeira pelas operadoras, com vistas à homologação de reajustes e revisões;

XIX - regulamentar outras questões relativas à saúde suplementar;

XX - proceder à integração de informações com os bancos de dados do Sistema Único de Saúde;

XXI - autorizar o registro dos planos privados de assistência à saúde;

XXII - monitorar a evolução dos preços de planos de assistência à saúde, seus prestadores de serviços, e respectivos componentes e insumos;

XXIII - autorizar o registro e o funcionamento das operadoras de planos privados de assistência à saúde, bem assim, ouvidos previamente os órgãos do sistema de defesa da concorrência, sua cisão, fusão, incorporação, alteração ou transferência do controle societário;

XXIV - fiscalizar as atividades das operadoras de planos privados de assistência à saúde e zelar pelo cumprimento das normas atinentes ao seu funcionamento;

XXV - exercer o controle e a avaliação dos aspectos concernentes à garantia de acesso, manutenção e qualidade dos serviços prestados, direta ou indiretamente, pelas operadoras de planos privados de assistência à saúde;

XXVI - avaliar a capacidade técnico-operacional das operadoras de planos privados de assistência à saúde para garantir a compatibilidade da cobertura oferecida com os recursos disponíveis na área geográfica de abrangência;

XXVII - fiscalizar a atuação das operadoras e prestadores de serviços de saúde com relação à abrangência das coberturas de patologias e procedimentos;

XXVIII - fiscalizar aspectos concernentes às coberturas e aos aspectos sanitários e epidemiológicos, relativos à prestação de serviços médicos e hospitalares no âmbito da saúde suplementar;

XXIX - avaliar os mecanismos de regulação utilizados pelas operadoras de planos privados de assistência à saúde;

XXX - fiscalizar o cumprimento das disposições da Lei n. 9.656, de 1998, e de sua regulamentação;

XXXI - aplicar as penalidades pelo descumprimento da Lei n. 9.656, de 1998, e de sua regulamentação;

XXXII - requisitar o fornecimento de quaisquer informações das operadoras de planos privados de assistência à saúde, bem como da rede prestadora de serviços a elas credenciadas, conforme dispuser resolução da Diretoria Colegiada;

XXXIII - adotar as medidas necessárias para estimular a competição no setor de planos privados de assistência à saúde;

XXXIV - instituir o regime de direção fiscal ou técnica nas operadoras;

XXXV - proceder à liquidação das operadoras que tiverem cassada a autorização de funcionamento;

XXXVI - promover a alienação da carteira de planos privados de assistência à saúde das operadoras;

XXXVII - articular-se com os órgãos de defesa do consumidor visando a eficácia da proteção e defesa do consumidor de serviços privados de assistência à saúde, observado o disposto na Lei n. 8.078, de 11 de setembro de 1990;

XXXVIII - zelar pela qualidade dos serviços de assistência à saúde no âmbito da assistência à saúde suplementar; e

XXXIX - administrar e arrecadar as taxas instituídas pela Medida Provisória no 2.012-2, de 1999.

§ 1º A recusa, a omissão, a falsidade, ou o retardamento injustificado de informações ou documentos solicitados pela ANS constitui infração punível com multa diária de cinco mil UFIR, podendo ser aumentada em até vinte vezes se necessário, para garantir a sua eficácia em razão da situação econômica da operadora ou prestadora de serviços.

§ 2º As normas previstas neste artigo obedecerão às características específicas da operadora, especialmente no que concerne à natureza jurídica de seus atos constitutivos.

§ 3º Submetem-se à atuação da ANS as operadoras de plano de assistência à saúde definidas no inciso II do art. 1º da Lei n. 9.656, de 1998, bem como as pessoas jurídicas, no que couber, que operem os produtos referidos no inciso I e no §1º do art. 1º da mesma Lei.

§ 4º A ANS, ao tomar conhecimento de fato que configure ou possa configurar infração à ordem econômica, deverá comunicá-la ao Conselho Administrativo de Defesa Econômica - CADE, à Secretaria de Direito Econômico do Ministério da Justiça e à Secretaria de Acompanhamento Econômico do Ministério da Fazenda, conforme o caso.

DECRETOS

SEÇÃO II
DA ESTRUTURA BÁSICA

ART. 4º A ANS terá a seguinte estrutura básica:

I - Diretoria Colegiada;

II - Câmara de Saúde Suplementar;

III - Procuradoria;

IV - Ouvidoria; e

V - Corregedoria.

Parágrafo único. O regimento interno disporá sobre a estruturação, atribuições e vinculação da Procuradoria, Ouvidoria, Corregedoria e das demais unidades organizacionais, observado o disposto neste Regulamento.

SEÇÃO III
DA DIRETORIA COLEGIADA

ART. 5º A ANS será dirigida por uma Diretoria Colegiada, composta por cinco Diretores, sendo um dos quais o seu Diretor-Presidente.

§ 1º Os Diretores serão brasileiros, nomeados pelo Presidente da República, após aprovação da indicação pelo Senado Federal, para cumprir mandatos de três anos, não coincidentes, observado o disposto nos arts. 6º e 31 da Medida Provisória n. 2.012-2, de 1999.

§ 2º Os Diretores poderão ser reconduzidos, uma única vez, pelo prazo de três anos, pelo Presidente da República, por indicação do Ministro de Estado da Saúde.

§ 3º Na hipótese de vacância de cargo diretivo da Diretoria, o novo Diretor será nomeado para cumprir período remanescente do respectivo mandato, de acordo com os procedimentos previstos no § 1º deste artigo.

ART. 6º O Diretor-Presidente da ANS será designado pelo Presidente da República, dentre os membros da Diretoria Colegiada, e investido na função por três anos, ou pelo prazo que restar de seu mandato, admitida uma única recondução por três anos.

ART. 7º Após os primeiros quatro meses de exercício, os dirigentes da ANS somente perderão o mandato, em virtude de:

I - condenação penal transitada em julgado;

II - condenação em processo administrativo, a ser instaurado pelo Ministro de Estado da Saúde, garantidos os direitos de contraditório e de ampla defesa;

III - acumulação ilegal de cargos, empregos ou funções públicas; e

IV - descumprimento injustificado de objetivos e metas acordados no contrato de gestão de que trata o capítulo III deste Regulamento.

§ 1º Instaurado processo administrativo para apuração de irregularidades, poderá o Presidente da República, por solicitação do Ministro de Estado da Saúde, no interesse da administração, determinar o afastamento provisório do dirigente, até a conclusão.

§ 2º O afastamento de que trata o parágrafo anterior não implica prorrogação ou permanência no cargo além da data inicialmente prevista para o término do mandato.

ART. 8º Até doze meses após deixar o cargo, é vedado a ex-dirigente da ANS:

I - representar qualquer pessoa ou interesse perante a ANS, excetuando-se os interesses próprios relacionados a contrato particular de assistência à saúde suplementar, na condição de contratante ou consumidor; e

II - deter participação, exercer cargo ou função em organização sujeita à regulação da ANS.

ART. 9º Compete à Diretoria Colegiada, a responsabilidade de analisar, discutir e decidir, em última instância administrativa, sobre matérias de competência da autarquia, bem como:

I - exercer a administração da ANS;

II - desenvolver o planejamento estratégico e operacional da ANS;

III - editar normas sobre matérias de competência da ANS;

IV - aprovar o regimento interno e definir a área de atuação, a organização, a competência e a estrutura de cada Diretoria, da Procuradoria, da Corregedoria, da Ouvidoria e demais unidades organizacionais, bem como as atribuições de seus dirigentes;

V - cumprir e fazer cumprir as normas relativas à saúde suplementar;

VI - elaborar e divulgar relatórios periódicos sobre suas atividades;

VII - julgar, em grau de recurso, as decisões dos Diretores, mediante provocação dos interessados;

VIII - elaborar e propor ao CONSU e ao Ministro de Estado da Saúde as políticas, diretrizes gerais e normas, quando for o caso, do setor de saúde suplementar destinadas a permitir à ANS o cumprimento de seus objetivos;

IX - por delegação, autorizar o afastamento de funcionários do País para desempenho de atividades técnicas e de desenvolvimento profissional;

X - aprovar a cessão, requisição, promoção e afastamento de servidores para participação em eventos de capacitação *lato sensu* e *stricto sensu*, na forma da legislação em vigor;

XI - delegar aos Diretores atribuições específicas relativas aos atos de gestão da ANS; e

XII - encaminhar os demonstrativos contábeis da ANS aos órgãos competentes.

§ 1º A Diretoria reunir-se-á com a presença de pelo menos, três Diretores, dentre eles o Diretor-Presidente ou seu substituto legal.

§ 2º Dos atos praticados pelos Diretores da ANS caberá recurso à Diretoria Colegiada.

§ 3º O recurso de que se refere o parágrafo anterior terá efeito suspensivo, salvo quando a matéria que lhe constituir o objeto envolver risco à saúde dos consumidores.

§ 4º Os atos decisórios da Diretoria Colegiada serão publicados no Diário Oficial.

ART. 10. São atribuições comuns aos Diretores:

I - cumprir e fazer cumprir as disposições regulamentares no âmbito das atribuições da ANS;

II - zelar pelo desenvolvimento e credibilidade interna e externa da ANS e pela legitimidade de suas ações;

III - zelar pelo cumprimento dos planos e programas da ANS;

IV - praticar e expedir os atos de gestão administrativa no âmbito de suas atribuições;

V - cumprir e fazer cumprir as decisões tomadas pela Diretoria Colegiada;

VI - contribuir com subsídios para propostas de ajustes e modificações na legislação, necessários à modernização do ambiente institucional de atuação da ANS; e

VII - coordenar as atividades das unidades organizacionais sob sua responsabilidade.

ART. 11. Ao Diretor-Presidente incumbe:

I - representar legalmente a ANS;

II - presidir as reuniões da Diretoria Colegiada;

III - cumprir e fazer cumprir as decisões da Diretoria Colegiada;

IV - decidir nas questões de urgência *ad referendum* da Diretoria Colegiada;

V - decidir, em caso de empate, nas deliberações da Diretoria Colegiada;

VI - praticar os atos de gestão de recursos humanos, aprovar edital e homologar resultados de concursos públicos e processos seletivos, nomear ou exonerar servidores e empregados públicos, provendo os cargos em comissão, comissionados e efetivos e contratar pessoal temporário e exercer o poder disciplinar, nos termos da legislação em vigor;

VII - assinar contratos, convênios, acordos, ajustes e outros instrumentos legais necessários ao alcance dos objetivos da ANS;

VIII - ordenar despesas e praticar atos de gestão de recursos orçamentários e financeiros e de administração;

IX - encaminhar ao Ministério da Saúde e ao CONSU os relatórios periódicos elaborados pela Diretoria Colegiada;

X - supervisionar o funcionamento geral da ANS;

XI - secretariar o Conselho de Saúde Suplementar e presidir a Câmara de Saúde Suplementar; e

XII - delegar competências previstas nos incisos VI a VIII.

§ 1º O Ministro de Estado da Saúde indicará um Diretor para substituir o Diretor-Presidente em seus impedimentos.

§ 2º A indicação para provimento do cargo de Procurador-Geral da ANS deverá ser submetida ao Advogado-Geral da União, nos termos do Decreto n. 2.947, de 26 de janeiro de 1999.

SEÇÃO IV
DA DIRETORIA

ART. 12. A Diretoria Colegiada é composta pelas seguintes Diretorias, cujas competências serão estabelecidas no regimento interno;

I - de Normas e Habilitação das Operadoras;

II - de Normas e Habilitação dos Produtos;

III - de Fiscalização;

IV - de Desenvolvimento Setorial; e

V - de Gestão.

SEÇÃO V
DA CÂMARA DE SAÚDE SUPLEMENTAR

ART. 13. A ANS contará com um órgão de participação institucionalizada da sociedade denominado Câmara de Saúde Suplementar, de caráter permanente e consultivo.

ART. 14. A Câmara de Saúde Suplementar será integrada:

I - pelo Diretor-Presidente da ANS, ou seu substituto, na qualidade de Presidente;

II - por um diretor da ANS, na qualidade de Secretário;

III - por um representante de cada Ministério a seguir indicado:

a) da Fazenda;

b) da Previdência e Assistência Social;

c) do Trabalho e Emprego;

d) da Justiça;

IV - por um representante de cada órgão e entidade a seguir indicados:

a) Conselho Nacional de Saúde;

b) Conselho Nacional dos Secretários Estaduais de Saúde;

c) Conselho Nacional dos Secretários Municipais de Saúde;

d) Conselho Federal de Medicina;

e) Conselho Federal de Odontologia;

f) Federação Brasileira de Hospitais;

g) Confederação Nacional de Saúde, Hospitais, Estabelecimentos e Serviços;

h) Confederação das Misericórdias do Brasil;

i) Confederação Nacional da Indústria;

j) Confederação Nacional do Comércio;

l) Central Única dos Trabalhadores;

m) Força Sindical;

V - por um representante das entidades a seguir indicadas:

a) de defesa do consumidor;

b) de associações de consumidores de planos privados de assistência à saúde;

c) do segmento de auto-gestão de assistência à saúde;

d) das empresas de medicina de grupo;

e) das cooperativas de serviços médicos que atuem na saúde suplementar;

f) das empresas de odontologia de grupo;

g) das cooperativas de serviços odontológicos que atuem na área de saúde suplementar;

h) das entidades de portadores de deficiência e de patologias especiais.

§ 1º Os membros da Câmara de Saúde Suplementar serão indicados pelas entidades e designados pelo Diretor-Presidente da ANS.

§ 2º As entidades de que trata as alíneas do inciso V escolherão entre si dentro de cada categoria o seu representante na Câmara de Saúde Suplementar.

§ 3º A não indicação do representante por parte dos órgãos e entidades ensejará a nomeação, de ofício, pelo Diretor-Presidente da ANS.

SEÇÃO VI
DA PROCURADORIA

ART. 15. A Procuradoria da ANS vincula-se à Advocacia-Geral da União, para fins de orientação normativa e supervisão técnica.

ART. 16. Compete à Procuradoria:

I - representar judicialmente a ANS, com prerrogativas processuais de Fazenda Pública e com poderes para receber citação, intimação e notificações judiciais;

II - apurar a liquidez e certeza dos créditos, de qualquer natureza, inerentes a suas atividades, inscrevendo-os em dívida ativa, para fins de cobrança extrajudicial ou judicial;

III - executar as atividades de consultoria e assessoramento jurídico;

IV - emitir pareceres jurídicos;

V - assistir às autoridades da ANS no controle interno da legalidade administrativa dos atos a serem praticados, inclusive examinando previamente os textos de atos normativos, os editais de licitação, contratos e outros atos dela decorrentes, bem assim os atos de dispensa e inexigibilidade de licitação;

VI - no âmbito da sua competência, receber queixas ou denúncias que lhe forem destinadas e orientar os procedimentos necessários, inclusive o seu encaminhamento às autoridades competentes para providências, nos casos em que couber; e

VII - executar os trabalhos de contencioso administrativo em decorrência da aplicação da legislação.

ART. 17. São atribuições do Procurador-Geral:

I - coordenar as atividades de assessoramento jurídico da ANS;

II - aprovar os pareceres jurídicos dos procuradores da Autarquia;

III - representar ao Ministério Público para início de ação pública de interesse da ANS; e

IV - desistir, transigir, firmar compromisso e confessar nas ações de interesse da ANS, mediante autorização nos termos da Lei n. 9.469, de 10 de julho de 1997.

SEÇÃO VII
DA OUVIDORIA

ART. 18. A Ouvidoria atuará com independência, não tendo vinculação hierárquica com a Diretoria Colegiada, o Câmara de Saúde Suplementar, ou quaisquer de seus integrantes, bem assim com a Corregedoria e a Procuradoria.

§ 1º O Ouvidor terá mandato de dois anos, admitida uma recondução, e será indicado pelo Ministro de Estado da Saúde e nomeado pelo Presidente da República.

§ 2º É vedado ao Ouvidor ter interesse, direto ou indireto, em quaisquer empresas ou pessoas sujeitas à área de atuação da ANS.

ART. 19. À Ouvidoria compete:

I - formular e encaminhar as denúncias e queixas aos órgãos competentes, em especial à Diretoria Colegiada, à Procuradoria e à Corregedoria da ANS, e ao Ministério Público; e

II - dar ciência das infringências de normas de assistência suplementar à saúde ao Diretor-Presidente da ANS.

ART. 20. Ao Ouvidor incumbe:

I - ouvir as reclamações de qualquer cidadão, relativas a infringências de normas da assistência suplementar à saúde;

II - receber denúncias de quaisquer violações de direitos individuais ou coletivos de ato legais relacionados à assistência suplementar à saúde, bem como qualquer ato de improbidade administrativa, praticados por agentes ou servidores públicos de qualquer natureza, vinculados direta ou indiretamente às atividades da ANS;

III - promover as ações necessárias à apuração da veracidade das reclamações e denúncia e, sendo o caso, tomar as providências necessárias ao saneamento das irregularidades e ilegalidades constatadas; e

IV - produzir, semestralmente, ou quando oportuno, apreciações críticas sobre a atuação da ANS, encaminhando-as à Diretoria Colegiada, ao CONSU e ao Ministério da Saúde.

Parágrafo único. A Ouvidoria manterá o sigilo da fonte e a proteção do denunciante quando for o caso.

ART. 21. O Diretor-Presidente da ANS providenciará os meios adequados ao exercício das atividades da Ouvidoria.

SEÇÃO VIII
DA CORREGEDORIA

ART. 22. À Corregedoria compete:

I - fiscalizar a legalidade das atividades funcionais dos servidores, dos órgãos e das unidades da ANS;

II - apreciar as representações sobre a atuação dos servidores e emitir parecer sobre o desempenho dos mesmos e opinar fundamentadamente quanto à sua confirmação no cargo ou sua exoneração;

III - realizar correição nos órgãos e unidades, sugerindo as medidas necessárias à racionalização e eficiência dos serviços; e

IV - instaurar de ofício ou por determinação superior, sindicâncias e processo administrativos disciplinares, submetendo-os à decisão do Diretor-Presidente da ANS.

Parágrafo único. O Corregedor será nomeado pelo Ministro de Estado da Saúde por indicação da Diretoria Colegiada da ANS.

CAPÍTULO III
DO CONTRATO DE GESTÃO

ART. 23. A administração da ANS será regida por um contrato de gestão, negociado entre seu Diretor-Presidente e o Ministro de Estado da Saúde e aprovado pelo Conselho de Saúde Suplementar, no prazo máximo de cento e vinte dias seguintes à designação do Diretor-Presidente da ANS.

Parágrafo único. O contrato de gestão estabelecerá os parâmetros para a administração interna da ANS, bem como os indicadores que permitam avaliar, objetivamente, a atuação administrativa e o seu desempenho.

ART. 24. O descumprimento injustificado do contrato de gestão implicará na dispensa do Diretor-Presidente, pelo Presidente da República, mediante solicitação do Ministro de Estado da Saúde.

CAPÍTULO IV
DO PATRIMÔNIO, DAS RECEITAS E DA GESTÃO FINANCEIRA

ART. 25. Constituem o patrimônio da ANS os bens e direitos de sua propriedade, os que lhe forem conferidos ou os que venha a adquirir ou incorporar.

ART. 26. Constituem receitas da ANS:

I - o produto resultante da arrecadação da Taxa de Saúde Suplementar de que trata o art. 18 da Medida Provisória n. 2.012-2, de 1999;

II - a retribuição por serviços de qualquer natureza prestados a terceiros;

III - o produto da arrecadação das multas resultantes das ações fiscalizadoras;

IV - o produto da execução da sua dívida ativa;

V - as dotações consignadas no Orçamento Geral da União, créditos especiais, créditos adicionais, transferências e repasses que lhe forem conferidos;

VI - os recursos provenientes de convênios, acordos ou contratos celebrados com entidades ou organismos nacionais e internacionais;

VII - as doações, legados, subvenções e outros recursos que lhe forem destinados;

VIII - os valores apurados na venda ou aluguel de bens móveis e imóveis de sua propriedade;

IX - o produto da venda de publicações, material técnico, dados e informações;

X - os valores apurados em aplicações no mercado financeiro das receitas previstas neste artigo, na forma definida pelo poder executivo; e

XI - quaisquer outras receitas não especificadas nos incisos anteriores.

§ 1º Os recursos previstos nos incisos I a IV e VI a XI deste artigo serão recolhidos diretamente à ANS, em conta própria e vinculada.

§ 2º A Diretoria Colegiada estipulará a forma para recolhimento da Taxa de Saúde Suplementar.

ART. 27. Os valores cuja cobrança seja atribuída por lei à ANS e apurados administrativamente, não recolhidos no prazo estipulado, serão inscritos em dívida ativa própria da ANS e servirão de título executivo para cobrança judicial na forma da legislação em vigor.

ART. 28. A execução fiscal da dívida ativa será promovida pela Procuradoria da ANS.

CAPÍTULO V
DA ATIVIDADE E DO CONTROLE

ART. 29. A atividade da ANS será juridicamente condicionada pelos princípios da legalidade, finalidade, razoabilidade, moralidade, impessoalidade, imparcialidade, publicidade, celeridade e economia processual.

ART. 30. A ANS dará tratamento confidencial às informações técnicas, operacionais, econômico-financeiras e contábeis que solicitar às pessoas jurídicas que produzam ou comercializem produtos ou prestem serviços compreendidos nas atividades relativas à assistência suplementar à saúde, desde que sua divulgação não seja diretamente necessária para impedir a discriminação do consumidor, prestador de serviço e a livre concorrência e a competição no setor.

ART. 31. As sessões deliberativas, que se destinem a resolver pendências entre agentes econômicos e entre estes e consumidores compreendidos na área de atuação da ANS serão públicas.

Parágrafo único. A ANS definirá os procedimentos para assegurar aos interessados o contraditório e a ampla defesa.

ART. 32. O processo de edição de normas, decisório e os procedimentos de registros de operadoras e produtos poderão ser precedidos de audiência pública, a critério da Diretoria Colegiada, conforme as características e a relevância dos mesmos, sendo obrigatória, no caso de elaboração de anteprojeto de lei no âmbito da ANS.

ART. 33. A audiência pública será realizada com os objetivos de:

I - recolher subsídios e informações para o processo decisório da ANS;

II - propiciar aos agentes e consumidores a possibilidade de encaminhamento de seus pleitos, opiniões e sugestões;

III - identificar, da forma mais ampla possível, todos os aspectos relevantes à matéria objeto de audiência pública; e

IV - dar publicidade à ação da ANS.

Parágrafo único. No caso de anteprojeto de lei, a audiência pública ocorrerá após a prévia consulta à Casa Civil da Presidência da República.

ART. 34. Os atos normativos de competência da ANS serão editados pela Diretoria Colegiada, só produzindo efeitos após publicação no Diário Oficial.

Parágrafo único. Os atos de alcance particular só produzirão efeitos após a correspondente notificação.

ART. 35. As minutas de atos normativos poderão ser submetidas à consulta pública, formalizada por publicação no Diário Oficial, devendo as críticas e sugestões merecer exame e permanecer à disposição do público, nos termos do regimento interno.

CAPÍTULO VI
DAS DISPOSIÇÕES FINAIS E TRANSITÓRIAS

ART. 36. A Agência Nacional de Saúde Suplementar será constituída, entrará em efetivo funcionamento, e ficará investida no exercício de suas atribuições, com a publicação de Resolução de Regimento Interno pela Diretoria Colegiada.

Parágrafo único. Até a edição da Resolução de que trata o *caput* deste artigo, o Ministério da Saúde praticará os atos de competência da ANS.

ART. 37. Ficam mantidos, até a sua revisão, os atos normativos e operacionais em vigor para o exercício das atividades de assistência suplementar à saúde quando da implementação da ANS.

ART. 38. Fica o Ministério da Saúde autorizado a transferir, remanejar, sub-rogar ou utilizar, conforme o caso:

I - o acervo técnico e patrimonial, as obrigações, os direitos e as receitas necessários ao desempenho das funções da Agência;

II - os saldos orçamentários do Ministério da Saúde e do Fundo Nacional de Saúde para atender as despesas de estruturação e manutenção da Agência, utilizando como recursos as dotações orçamentárias destinadas às atividades finalísticas e administrativas, observados os mesmos subprojetos, subatividades e grupos de despesas previstos na Lei Orçamentária em vigor; e

III - os contratos ou parcelas destes relativos à manutenção, instalação e funcionamento da Agência.

ART. 39. O Ministério da Saúde e a Fundação Nacional de Saúde prestarão o apoio necessário à implementação e manutenção das atividades da ANS, até a sua completa organização.

ART. 40. A ANS executará suas atividades diretamente, por seus servidores próprios requisitados ou contratados temporariamente, ou indiretamente por intermédio de convênio ou contrato com pessoa jurídica.

Parágrafo único. O Departamento de Saúde Suplementar da Secretaria de Assistência à Saúde, durante o período de transição a ser determinado pela Diretoria Colegiada, executará suas atividades de acordo com as orientações da ANS.

ART. 41. Os integrantes do quadro de pessoal da ANS, bem como os seus contratados, os servidores e empregados a ela cedidos, e, ainda, os do Ministério da Saúde, especialmente designados, poderão, durante o prazo máximo de cinco anos, contado da data de instalação da ANS, atuar na fiscalização de operadora e produtos de assistência suplementar à saúde, conforme definido em ato específico da Diretoria Colegiada.

Parágrafo único. A designação de que trata o *caput* deste artigo será específica, pelo prazo máximo de um ano, podendo ser renovada.

ART. 42. A ANS poderá contratar especialistas para a execução de trabalhos nas áreas técnica, científica, econômica, administrativa e jurídica, por projetos ou prazos limitados, com dispensa de licitação nos casos previstos na legislação aplicável.

ART. 43. Fica a ANS autorizada a efetuar a contratação temporária, por prazo não excedente a trinta e seis meses, nos termos da Medida Provisória n. 2.012-2, de 1999.

§ 1º O quantitativo máximo das contratações temporárias, prevista no *caput* deste artigo será de duzentos e setenta servidores, podendo ser ampliado em ato conjunto dos Ministros de Estado da Saúde e do Planejamento, Orçamento e Gestão.

§ 2º A remuneração do pessoal contratado temporariamente não poderá ser superior ao valor da remuneração fixada para o final de carreira do respectivo nível, superior ou médio, dos empregos públicos específicos dos órgãos reguladores.

§ 3º Enquanto não forem criados os empregos públicos específicos para os órgãos reguladores, de que trata o parágrafo anterior, a remuneração do pessoal contratado temporariamente terá como referência valores, definidos em ato conjunto da ANS com o órgão central do Sistema de Pessoal Civil da Administração Federal - SIPEC.

ART. 44. A contratação de obras e serviços de engenharia civil pela ANS sujeita-se aos procedimentos das licitações, previstos em lei geral para a Administração Pública.

Parágrafo único. Para os casos não previstos no *caput* deste artigo, a ANS aplicará os procedimentos estabelecidos em regulamento próprio, nas modalidades de consulta e pregão, conforme previsto no art. 34 da Medida Provisória n. 2.012-2, de 1999.

ART. 45. A regulamentação dos procedimentos relativos à consulta e ao pregão de que trata o artigo anterior observará, especialmente que:

I - a finalidade do procedimento seja a obtenção de um contrato econômico, satisfatório e seguro para a ANS, por meio de disputa justa entre os interessados;

II - o instrumento convocatório identifique o objeto do certame, circunscrevendo o universo de proponentes, estabelecendo critérios para a aceitação e julgamento das propostas, regulando os procedimentos, indicando as sanções aplicáveis e fixando as cláusulas do contrato;

III - o objeto seja determinado de forma precisa, suficiente e clara, sem especificações que, por excessivas, irrelevantes ou desnecessárias, limitem a competição;

IV - a qualificação exigida indistintamente dos proponentes seja compatível e proporcional ao objeto, visando à garantia do cumprimento das futuras obrigações;

V - como condição de aceitação da proposta, o interessado declare estar em situação regular perante as Fazendas Públicas e a Seguridade Social, fornecendo seus códigos de inscrição, sendo exigida a comprovação, como condição indispensável à assinatura do contrato;

VI - o julgamento observe os princípios de vinculação ao instrumento convocatório, comparação objetiva e justo preço, sendo o empate resolvido por sorteio;

VII - as regras procedimentais assegurem adequada divulgação do instrumento convocatório, prazos razoáveis para o preparo das propostas e os direitos ao contraditório e ao recurso, bem como a transparência e fiscalização;

VIII - a habilitação e o julgamento das propostas possam ser decididos em uma única fase, podendo a habilitação, no caso de pregão, ser verificada apenas em relação ao licitante vencedor;

IX - quando o vencedor não celebrar o contrato, sejam chamados os demais participantes, na ordem de classificação; e

X - somente sejam aceitos certificados de registro cadastral expedidos pela ANS, que terão validade por dois anos, devendo o cadastro estar sempre aberto à inscrição dos interessados.

ART. 46. A disputa pelo fornecimento de bens e serviços comuns, poderá ser realizada em licitação na modalidade pregão, restrita aos previamente cadastrados, que serão chamados a formular lances em sessão pública.

Parágrafo único. Encerrada a etapa competitiva, a comissão de licitação examinará a melhor oferta, quanto ao objeto, forma e valor.

ART. 47. Nas seguintes hipóteses, o pregão será aberto a quaisquer interessados, independentemente de cadastramento, verificando-se a um só tempo, após a etapa competitiva, a qualificação subjetiva e a aceitabilidade da proposta:

I - para a contratação de bens e serviços comuns de alto valor, na forma que dispuser o regulamento próprio aprovado pela Diretoria Colegiada;

II - quando o número de cadastrados na classe for inferior a cinco;

III - para o registro de preços, que terá validade por até dois anos; e

IV - quando a instância de deliberação superior da ANS assim o decidir.

ART. 48. A licitação na modalidade consulta tem por objeto o fornecimento de bens e serviços não compreendidos nos artigos 46 e 47 deste Regulamento.

Parágrafo único. A decisão ponderará o custo e o benefício de cada proposta, considerando a qualificação do proponente.

ART. 49. Aplica-se à ANS o disposto no parágrafo único do art. 24 da Lei n. 8.666, de 21 de junho de 1993, com as alterações da Lei n. 9.648, de 27 de maio de 1998.

ART. 50. Fica a ANS autorizada a custear as despesas com locomoção e estadia para os profissionais que, em virtude de nomeação para Cargos em Comissão de Natureza Especial e do Grupo Direção e Assessoramento Superiores, de nível 5 e 4, e os comissionados de saúde suplementar, de nível V e IV, vierem a ter exercício em cidade diferente da de seu domicílio, a partir de sua posse, conforme disposto em regulamento próprio da ANS.

Parágrafo único. Nos casos em que o empregado ou servidor da ANS ou por ela requisitado esteja enquadrado nos cargos previstos no *caput* deste artigo e ocupando imóvel funcional administrado pelo Ministério do Planejamento, Orçamento e Gestão, nos termos da Lei n. 8.025, de 12 de abril de 1990, poderá optar pela permanência no referido imóvel.

ART. 51. A ANS promoverá, na forma da legislação federal específica, a defesa judicial de seus agentes, em função de atos praticados no exercício de suas competências.

ART. 52. A Advocacia-Geral da União e o Ministério da Saúde, por intermédio de sua Consultoria Jurídica mediante comissão conjunta, promoverão, no prazo de cento e oitenta dias, levantamento das ações judiciais em curso, envolvendo matéria cuja competência tenha sido transferida à ANS, a qual sucederá a União nesses processos.

§ 1º As transferências dos processos judiciais serão realizadas por petição da Procuradoria-Geral da União, perante o Juízo ou Tribunal onde se encontrar o processo, requerendo intimação da Procuradoria da ANS para assumir o feito.

§ 2º Enquanto não operada a substituição na forma do parágrafo anterior, a Procuradoria-Geral da União permanecerá no feito, praticando todos os atos processuais necessários.

› Optamos, nesta edição, pela não publicação dos Anexos.

DECRETO N. 3.431, DE 24 DE ABRIL DE 2000

Regulamenta a execução do Programa de Recuperação Fiscal - REFIS.

› *DOU*, 25.04.2000.

O Presidente da República, no uso das atribuições que lhe confere o art. 84, incisos IV e VI, da Constituição, e tendo em vista o disposto na Lei n. 9.964, de 10 de abril de 2000,

Decreta:

DO PROGRAMA DE RECUPERAÇÃO FISCAL - REFIS

ART. 1º O Programa de Recuperação Fiscal - REFIS, instituído pela Lei n. 9.964, de 10 de abril de 2000, destina-se a promover a regularização de créditos da União, decorrentes de débitos de pessoas jurídicas, relativos a tributos e contribuições, administrados pela Secretaria da Receita Federal - SRF e pelo Instituto Nacional do Seguro Social - INSS, com vencimento até 29 de fevereiro de 2000, constituídos ou não, inscritos ou não em dívida ativa, ajuizados ou a ajuizar, com exigibilidade suspensa ou não, inclusive os decorrentes de falta de recolhimento de valores retidos.

§ 1º Para efeito do disposto neste artigo, incluem-se nos débitos decorrentes de falta de recolhimento de valores retidos os relativos:

I - às contribuições descontadas dos segurados empregados e trabalhadores avulsos;

II - à retenção incidente sobre o valor dos serviços prestados mediante cessão de mão-de-obra ou empreitada, nos termos do art. 31 da Lei n. 8.212, de 24 de julho de 1991;

III - às contribuições decorrentes da sub-rogação de que trata o inciso IV do art. 30 da Lei n. 8.212, de 1991;

IV - ao imposto de renda retido na fonte.

§ 2º O REFIS não alcança débitos:

I - de órgãos da administração pública direta, das fundações instituídas e mantidas pelo poder público e das autarquias;

II - relativos ao Imposto sobre a Propriedade Territorial Rural - ITR;

III - de pessoa jurídica cindida a partir de 1º de outubro de 1999;

IV - de pessoas jurídicas referidas nos incisos II e VI do art. 14 da Lei n. 9.718, de 27 de novembro de 1998;

V - relativos a impostos de competência estadual ou municipal incluídos, mediante convênio, no SIMPLES.

DA ADMINISTRAÇÃO DO REFIS

ART. 2º A administração do REFIS será exercida pelo Comitê Gestor, a quem compete o gerenciamento e a implementação dos procedimentos necessários à execução do Programa, notadamente:

I - expedir atos normativos necessários à execução do Programa;

II - promover a integração das rotinas e procedimentos necessários à execução do REFIS, especialmente no que se refere aos sistemas informatizados dos órgãos envolvidos;

III - homologar as opções pelo REFIS;

IV - excluir do Programa os optantes que descumprirem suas condições.

Parágrafo único. O Comitê Gestor será constituído por ato conjunto dos Ministros de Estado da Fazenda e da Previdência e Assistência Social e integrado por representantes dos seguintes órgãos, indicados por seus respectivos titulares:

I - SRF, que o presidirá;

II - Procuradoria-Geral da Fazenda Nacional - PGFN;

III - INSS.

DO INGRESSO NO REFIS

ART. 3º O ingresso no REFIS dar-se-á por opção da pessoa jurídica, que fará jus a regime especial de consolidação e parcelamento dos débitos fiscais referidos no art. 1º.

Parágrafo único. O ingresso no REFIS implica inclusão da totalidade dos débitos referidos no art. 1º, em nome da pessoa jurídica, inclusive os não constituídos, que serão incluídos no Programa mediante confissão, salvo aqueles demandados judicialmente pela pessoa jurídica e que, por sua opção, venham a permanecer nessa situação.

DA FORMALIZAÇÃO DA OPÇÃO

ART. 4º A opção pelo REFIS poderá ser formalizada até 28 de abril de 2000, mediante utilização do "Termo de Opção do REFIS", conforme modelo aprovado pelo Comitê Gestor a que se refere o art. 2º, que será obtido por meio da Internet, nas páginas dos órgãos referidos nos incisos I a III do parágrafo único do art. 2º.

§ 1º O Termo de Opção do REFIS será:

I - firmado pelo responsável pela pessoa jurídica perante o Cadastro Nacional da Pessoa Jurídica - CNPJ, sendo exigido reconhecimento de firma;

II - entregue nas agências da Empresa Brasileira de Correios e Telégrafos - ECT e, no caso de pessoas jurídicas com inscrição no Cadastro Nacional das Pessoas Jurídicas - CNPJ declarada inapta na condição de omissa contumaz ou de omissa e não localizada, nas unidades da SRF.

§ 2º No documento confirmatório da opção constará número gerado por algoritmo específico que deverá ser utilizado, em conjunto com o número de inscrição no CNPJ, em todos os demais atos e procedimentos praticados no âmbito do REFIS, constituindo, para todos os fins de direito, identificação eletrônica, ficando sua utilização sob plena e total responsabilidade da pessoa jurídica optante.

§ 3º Os débitos ainda não constituídos deverão ser confessados pela pessoa jurídica, de forma irretratável e irrevogável, até o dia 31 de agosto de 2000, nas condições estabelecidas pelo Comitê Gestor. (Redação dada pelo Dec. 3.530/2000.)

§ 4º A opção pelo REFIS, independentemente de sua homologação, implica:

I - início imediato do pagamento dos débitos;

II - após a confirmação da opção, nos termos estabelecidos pelo Comitê Gestor, suspensão da exigibilidade dos débitos não ajuizados, ou, quando ajuizados, integralmente garantidos;

III - submissão integral às normas e condições estabelecidas para o Programa.

§ 5º A suspensão da exigibilidade dos débitos ajuizados, quando não garantidos, dar-se-á quando da homologação da opção.

DA CONSOLIDAÇÃO E PAGAMENTO DOS DÉBITOS

ART. 5º Os débitos da pessoa jurídica optante serão consolidados tomando por base: (Redação dada pelo Dec. 3.712/2000.)

I - a data de 1º de março de 2000, nos casos de opção efetuada a partir do mês de março de 2000; (Inciso incluído pelo Dec. 3.712/2000.)

II - a data da formalização da opção, nos casos de opção efetuada antes de março de 2000. (Inciso incluído pelo Dec. 3.712/2000.)

§ 1º A consolidação abrangerá todos os débitos existentes em nome da pessoa jurídica, na condição de contribuinte ou responsável, constituídos ou não, inclusive os acréscimos legais relativos a multa, de mora ou de ofício, e a juros moratórios e demais encargos, determinados nos termos da legislação vigente à época da ocorrência dos respectivos fatos geradores, inclusive a atualização monetária à época prevista.

DECRETOS

§ 2º Na hipótese de crédito com exigibilidade suspensa por força do disposto no inciso IV do art. 151 da Lei n. 5.172, de 25 de outubro de 1966 (Código Tributário Nacional - CTN), a inclusão, no REFIS, dos respectivos débitos implicará dispensa dos juros de mora incidentes até a data de opção, condicionada ao encerramento do feito por desistência expressa e irrevogável da respectiva ação judicial e de qualquer outra, bem assim à renúncia do direito, sobre os mesmos débitos, sobre o qual se funda a ação.

§ 3º A inclusão dos débitos referidos no parágrafo anterior, bem assim a desistência ali referida deverão ser formalizadas, mediante confissão, na forma e prazo estabelecidos no § 3º do artigo anterior, nas condições estabelecidas pelo Comitê Gestor.

§ 4º Requerida a desistência da ação judicial, com renúncia ao direito sobre que se funda, os depósitos judiciais efetuados deverão ser convertidos em renda, permitida inclusão no REFIS de eventual saldo devedor.

§ 5º Os valores correspondentes a multa, de mora ou de ofício, e a juros moratórios, inclusive os relativos a débitos inscritos em dívida ativa, poderão ser liquidados, mediante solicitação expressa e irrevogável da pessoa jurídica optante e observadas as normas constitucionais referentes à vinculação e à partilha de receitas, mediante:

I - compensação de créditos, próprios ou de terceiros, relativos a tributo ou contribuição incluído no âmbito do REFIS;

II - utilização de prejuízo fiscal e de base de cálculo negativa da contribuição social sobre o lucro líquido, próprios ou de terceiros.

§ 6º A liquidação referida no parágrafo anterior será efetuada de conformidade com os procedimentos a serem definidos pelo Comitê Gestor e será formalizada dentro do prazo estabelecido no § 3º do artigo anterior, observadas as seguintes condições:

I - poderão ser utilizados prejuízos fiscais e bases de cálculo negativas, próprios da pessoa jurídica optante, passíveis de compensação na data da opção, na forma da legislação vigente, desde que relativos a período de apuração encerrado até 31 de dezembro de 1999 e devidamente declarados ou informados à SRF até a data da opção, salvo em relação ao período de apuração correspondente ao ano-calendário de 1999, que deverá ser informado na Declaração de Informações Econômico-Fiscais da Pessoa Jurídica - DIPJ 2000, no prazo estabelecido para sua apresentação;

II - na hipótese de compensação de créditos ou de utilização de prejuízos fiscais ou bases de cálculos negativa de terceiros:

a) a solicitação deverá ser também assinada pelo responsável pela pessoa jurídica cedente perante o CNPJ, com reconhecimento de firma;

b) a cessão somente poderá ser efetuada do detentor originário do direito à pessoa jurídica optante pelo REFIS e será definitiva, ainda que o adquirente seja, por qualquer motivo, excluído do REFIS;

c) somente poderão ser utilizados prejuízos fiscais e bases de cálculo negativas passíveis de compensação da pessoa jurídica cedente, na data da opção, na forma da legislação vigente, devidamente declarados ou informados à SRF até 31 de outubro de 1999;

III - o valor a ser utilizado será determinado mediante a aplicação, sobre o montante do prejuízo fiscal e da base de cálculo negativa, das alíquotas de quinze por cento e de oito por cento, respectivamente;

IV - para os fins de utilização de prejuízo fiscal e de base de cálculo negativa, nos termos deste Decreto, não se aplica o limite de trinta por cento do lucro líquido ajustado, da cedente ou da cessionária.

§ 7º O débito consolidado na forma deste artigo será informado, pelo Comitê Gestor, à pessoa jurídica optante, até o último dia útil do mês de abril de 2001, com a discriminação das espécies dos tributos e contribuições, bem assim dos respectivos acréscimos e períodos de apuração. (Redação dada pelo Dec. 3.712/2000.)

§ 8º A pessoa jurídica, durante o período em que estiver incluída no REFIS, poderá amortizar o débito consolidado mediante compensação de créditos próprios ou de terceiros, sem prejuízo do pagamento das parcelas mensais.

§ 9º As multas de lançamento de ofício incluídas no REFIS serão reduzidas em quarenta por cento, nos termos do art. 60 da Lei n. 8.383, de 30 de dezembro de 1991, inclusive para fins da liquidação de que trata o § 5º deste artigo.

§ 10. A multa de mora incidente sobre os débitos relativos às contribuições administradas pelo INSS, incluídos no REFIS em virtude de confissão espontânea, sujeita-se ao limite de vinte por cento estabelecido no art. 61 da Lei n. 9.430, de 27 de dezembro de 1996.

§ 11. A opção pelo REFIS exclui qualquer outra forma de parcelamento de débitos relativos aos tributos e contribuições referidos no art. 1º, inclusive dos com vencimento posterior a 29 de fevereiro de 2000.

ART. 6º O débito consolidado na forma do artigo anterior:

I - sujeitar-se-á, a partir da data base da consolidação, a juros correspondentes à variação mensal da Taxa de Juros de Longo Prazo - TJLP, calculada linearmente, na forma estabelecida pelo Comitê Gestor, vedada a imposição de qualquer outro acréscimo;

II - será pago em parcelas mensais e sucessivas, vencíveis no último dia útil de cada mês, sendo o valor de cada parcela determinado em função de percentual da receita bruta do mês imediatamente anterior, apurada na forma do art. 31 e parágrafo único da Lei n. 8.981, de 20 de janeiro de 1995, não inferior a:

a) zero vírgula três por cento, no caso de pessoa jurídica optante pelo SIMPLES e de entidade imune ou isenta por finalidade ou objeto;

b) zero vírgula seis por cento, no caso de pessoa jurídica submetida ao regime de tributação com base no lucro presumido;

c) um vírgula dois por cento, no caso de pessoa jurídica submetida ao regime de tributação com base no lucro real, relativamente às receitas decorrentes das atividades comerciais, industriais, de transporte, de construção civil, de ensino e médico-hospitalares;

d) um vírgula cinco por cento, nos demais casos.

§ 1º No caso de sociedade em conta de participação os débitos e as receitas brutas serão considerados individualizadamente, por sociedade.

§ 2º Para os fins do disposto no inciso II do *caput*:

I - o reconhecimento da receita dar-se-á segundo as normas estabelecidas na legislação do imposto de renda;

II - na hipótese de pessoas jurídicas imunes ou isentas, considerar-se-á receita bruta os acréscimos patrimoniais ocorridos em cada mês, independentemente de sua natureza.

§ 3º A pessoa jurídica optante deverá iniciar o pagamento do débito consolidado a partir, inclusive, do próprio mês da formalização da opção, independentemente de sua confirmação ou homologação.

ART. 7º Na hipótese do inciso II do § 5º do art. 5º, a pessoa jurídica cedente, a qualquer título, do direito de compensação de prejuízo fiscal ou de base de cálculo negativa da contribuição social sobre o lucro líquido deverá:

I - registrar, em sua escrituração contábil, o valor do direito cedido, determinado na forma do inciso III do § 6º do art. 5º, em contrapartida a conta de patrimônio líquido;

II - dar baixa, em sua escrituração fiscal, do montante do prejuízo fiscal e da base de cálculo negativa da contribuição social cedida, pelo montante que serviu de base para a determinação do direito registrado na forma do inciso anterior.

§ 1º As perdas porventura apuradas em decorrência da cessão não serão dedutíveis para fins de determinação do lucro real e da base de cálculo da contribuição social sobre o lucro líquido.

§ 2º A cessão de direitos a que se refere este artigo será definitiva, não podendo a cedente, sob qualquer forma e a qualquer tempo, utilizá-los em seu favor.

§ 3º Na hipótese de constatação, na pessoa jurídica cedente, de irregularidade que implique redução, total ou parcial, dos valores de prejuízo ou de base de cálculo negativa cedidos, bem assim nos casos de cessão de valores já compensados:

I - os juros e multas liquidados mediante utilização destes valores serão restabelecidos e incluídos no débito consolidado remanescente;

II - a pessoa jurídica adquirente não será excluída do REFIS.

§ 4º O disposto no parágrafo anterior:

I - não exclui a responsabilidade da pessoa jurídica cedente, relativamente aos tributos e contribuições devidos em decorrência da referida constatação, inclusive quanto às sanções e demais acréscimos aplicáveis;

II - não se aplica à hipótese de cessão de prejuízo fiscal ou de base de cálculo negativa inexistente, assim entendida a que desatender ao disposto na alínea "c" do inciso II do § 6º do art. 5º, que será considerada utilização indevida, implicando exclusão da pessoa jurídica adquirente do REFIS.

DAS OBRIGAÇÕES DA PESSOA JURÍDICA OPTANTE

ART. 8º A opção pelo REFIS sujeita a pessoa jurídica a:

I - confissão irrevogável e irretratável da totalidade dos débitos incluídos no Programa, inclusive os confessados na forma do § 3º do art. 4º;

II - autorização, no ato da opção, de acesso irrestrito, pela SRF, às informações relativas à sua movimentação financeira, ocorrida durante o período em que a optante estiver submetida ao Programa;

III - acompanhamento fiscal específico, com fornecimento periódico, em meio magnético, de dados, inclusive os indiciários de receitas;

IV - aceitação plena e irretratável de todas as condições estabelecidas para o ingresso e permanência no Programa;

V - cumprimento regular das obrigações para com o Fundo de Garantia do Tempo de Serviço - FGTS e o ITR;

VI - pagamento regular das parcelas do débito consolidado, bem assim dos tributos e das contribuições com vencimento posterior a 29 de fevereiro de 2000, inclusive os impostos de competência estadual e municipal devidos pelos optantes pelo SIMPLES.

§ 1º O acesso às informações financeiras autorizado na forma do inciso II do *caput* será efetuado nos termos e condições a serem estabelecidos pela SRF, com prévia ciência da pessoa jurídica.

§ 2º O acompanhamento fiscal específico de que trata o inciso III será realizado, exclusivamente, durante o período em que a pessoa jurídica permanecer no REFIS e implementado em conjunto pela SRF e INSS, mediante análise sistemática das informações prestadas em confronto com os valores recolhidos a título de pagamento dos débitos parcelados no âmbito do REFIS e os correspondentes às obrigações fiscais com vencimento posterior a 29 de fevereiro de 2000.

§ 3º O Comitê Gestor definirá as informações a serem prestadas e a periodicidade de sua prestação, observado que, no caso de pessoas jurídicas optantes pelo SIMPLES, a periodicidade será anual.

ART. 9º As pessoas jurídicas de que tratam os incisos I e III a V do art. 14 da Lei n. 9.718, de 27 de novembro de 1998, poderão optar, durante o período em que submetidas ao REFIS, pelo regime de tributação com base no lucro presumido.

Parágrafo único. Na hipótese deste artigo, as pessoas jurídicas referidas no inciso III do art. 14 da Lei n. 9.718, de 1998, deverão adicionar os lucros, rendimentos e ganhos de capital oriundos do exterior ao lucro presumido e à base de cálculo da contribuição social sobre o lucro líquido.

DA HOMOLOGAÇÃO DA OPÇÃO

ART. 10. A homologação da opção pelo REFIS será efetivada pelo Comitê Gestor, produzindo efeitos a partir da data da formalização da opção.

§ 1º A opção implica manutenção automática dos gravames decorrentes de medida cautelar fiscal e das garantias prestadas nas ações de execução fiscal, cabendo à PGFN e ao INSS, no âmbito de suas respectivas competências, promoverem as ações necessárias a assegurar o cumprimento dessa exigência.

§ 2º Ressalvado o disposto no parágrafo anterior, a homologação da opção pelo REFIS é condicionada à prestação de garantia ou, a critério da pessoa jurídica, ao arrolamento dos bens integrantes do seu patrimônio, na forma do art. 64 da Lei n. 9.532, de 10 de dezembro de 1997.

- Dec. 4.271/2002 (Dispõe sobre o atendimento da exigência de que trata o § 2º do art. 10 deste Decreto).

§ 3º Ficam dispensadas das exigências referidas no parágrafo anterior as pessoas jurídicas:

I - optantes pelo SIMPLES;

II - cujo débito consolidado seja inferior a R$ 500.000,00 (quinhentos mil reais).

§ 4º A exigência referida no § 2º deverá ser atendida até o dia 18 de janeiro de 2002, nas condições estabelecidas pelo Comitê Gestor. (Redação dada pelo Dec. 4.064/2001.)

DAS GARANTIAS

ART. 11. Para os fins do disposto no § 2º do artigo anterior poderão ser aceitas as seguintes modalidades de garantia:

I - fiança;

II - hipoteca;

III - penhor;

IV - anticrese;

V - seguro.

§ 1º Deverão ser apresentados, no caso de:

I - fiança:

a) se bancária, proposta aprovada por instituição financeira, que deverá ser renovada, caso necessária, até a quitação do débito:

b) nos demais casos, relação de bens do fiador acompanhada de certidões dos cartórios de protesto e distribuição;

II - hipoteca, escritura do imóvel e respectiva certidão do cartório de registro de imóvel devidamente atualizada, bem assim documento de notificação ou cobrança do imposto predial territorial urbano (IPTU) ou do imposto territorial rural (ITR) acompanhado da respectiva prova de quitação;

III - penhor ou anticrese:

a) prova da propriedade dos bens, acompanhada de certidão de inexistência de ônus reais;

b) para frutos e rendimentos de bem imóvel, laudo circunstanciado relativo à produtividade, elaborado por empresa ou profissional legalmente habilitado;

IV - seguro, a respectiva apólice.

§ 2º Vindo o objeto da garantia a perecer ou a se desvalorizar no curso do parcelamento, o devedor será intimado para providenciar a sua reposição ou reforço, sob pena de rescisão do acordo e vencimento antecipado das parcelas restantes.

§ 3º A garantia deverá ter valor mínimo igual ao total da dívida parcelada, observado em qualquer caso, o valor de mercado dos bens indicados, em conformidade com os critérios estabelecidos pelo Comitê Gestor.

§ 4º O Comitê Gestor expedirá as normas necessárias à formalização das garantias oferecidas, observando que estão dispensadas de nova formalização as pessoas jurídicas que já o fizeram, desde que o valor não seja inferior ao estabelecido no § 3º.

ART. 12. A adesão ao REFIS não implica desconstituição da penhora, arresto de bens ou outras garantias efetivadas nos autos da ação de execução fiscal, que integrarão a garantia oferecida no âmbito do Programa.

Parágrafo único. A execução fiscal, e qualquer de seus atos, somente será suspensa após a homologação da opção de ingresso no REFIS, ressalvadas as disposições legais em sentido contrário. (Renumerado do § 1º, pelo Dec. 3.712/2000.)

§ 2º (Revogado pelo Dec. 3.712/2000.)

ART. 13. Relativamente às opções que contenham débitos ajuizados não garantidos, a expedição da certidão positiva com efeito de negativa, a suspensão do registro no CADIN e suspensão da execução fiscal somente ocorrerão após a homologação da opção, ainda que tácita. (Redação dada pelo Dec. 3.712/2000.)

§ 1º Exclusivamente para os fins deste artigo, considerar-se-á tacitamente homologada a opção após transcorridos setenta e cinco dias da sua formalização sem que haja expressa manifestação por parte do Comitê Gestor. (Redação dada pelo Dec. 3.712/2000.)

§ 2º A expedição da certidão referida no *caput* subordina-se ao regular pagamento das parcelas do débito consolidado no REFIS ou no parcelamento a ele alternativo, observado o disposto no § 3º do art. 6º deste Decreto, bem assim dos tributos e contribuições com vencimento posterior a 29 de fevereiro de 2000. (Redação dada pelo Dec. 3.712/2000.)

DO ARROLAMENTO

ART. 14. O arrolamento de bens será efetivado pela autoridade administrativa, considerando o valor contábil dos bens integrantes de seu patrimônio.

§ 1º Deverão ser arrolados os bens imóveis da pessoa jurídica optante, integrantes de seu patrimônio em 31 de dezembro de 1999, classificados em conta integrante do ativo permanente, segundo as normas fiscais e comerciais, limitado ao valor do débito consolidado.

§ 2º Na hipótese de a pessoa jurídica não possuir imóveis passíveis de arrolamento, segundo o disposto no parágrafo anterior, poderão ser arrolados outros bens integrantes de seu patrimônio, segundo normas estabelecidas pelo Comitê Gestor.

§ 3º O arrolamento de bens poderá ser adotado em conjunto com a garantia, para fins de satisfação do valor mínimo a que se refere o § 3º do art. 11.

§ 4º Para os fins do disposto no § 5º do art. 64 da Lei n. 9.532, de 1997, a pessoa jurídica optante deverá informar o número de inscrição no CNPJ dos cartórios onde se encontrarem registrados os imóveis arrolados.

DA EXCLUSÃO DO REFIS

ART. 15. A pessoa jurídica optante pelo REFIS será dele excluída nas seguintes hipóteses, mediante ato do Comitê Gestor:

I - inobservância de qualquer das exigências estabelecidas nos incisos I a V do *caput* do art. 8º;

II - inadimplemento, por três meses consecutivos ou seis alternados, o que primeiro ocorrer, relativamente a qualquer dos tributos e contribuições abrangidos pelo REFIS, inclusive os com vencimento após 29 de fevereiro de 2000;

III - constatação, caracterizada por lançamento de ofício, de débito correspondente a tributo ou contribuição abrangido pelo REFIS e não incluído na confissão a que se refere o inciso I do *caput* do art. 8º, salvo se integralmente pago no prazo de trinta dias, contado da ciência do lançamento ou da decisão definitiva na esfera administrativa ou judicial;

IV - compensação ou utilização indevida de créditos, prejuízo fiscal ou base de cálculo negativa, referidos nos §§ 5º e 6º do art. 5º;

DECRETOS

V - decretação de falência, extinção, pela liquidação, ou cisão da pessoa jurídica;

VI - concessão de medida cautelar fiscal, nos termos da Lei n. 8.397, de 6 de janeiro de 1992;

VII - prática de qualquer procedimento tendente a subtrair receita da optante, mediante simulação de ato;

VIII - declaração de inaptidão da inscrição no Cadastro Nacional da Pessoa Jurídica, nos termos dos arts. 80 e 81 da Lei n. 9.430, de 27 de dezembro de 1996;

IX - decisão definitiva, na esfera judicial, total ou parcialmente desfavorável à pessoa jurídica, relativa a débito referido no § 2º do art. 5º e não incluído no REFIS, salvo se integralmente pago no prazo de trinta dias, contado da ciência da referida decisão;

X - arbitramento do lucro da pessoa jurídica, nos casos de determinação da base de cálculo do imposto de renda por critério diferente ao da receita bruta;

XI - suspensão de suas atividades relativas a seu objeto social ou não auferimento de receita bruta por nove meses consecutivos.

§ 1º A exclusão da pessoa jurídica do REFIS implicará exigibilidade imediata da totalidade do crédito confessado e ainda não pago e automática execução da garantia prestada, restabelecendo-se, em relação ao montante não pago, os acréscimos legais na forma da legislação aplicável à época da ocorrência dos respectivos fatos geradores.

§ 2º A exclusão produzirá efeitos:

I - nas hipóteses dos incisos I, II e III do *caput*, a partir do mês subsequente àquele em que for cientificado o contribuinte do ato que o excluir do Programa;

II - nas hipóteses dos incisos X e XI do *caput*, a partir do mês subsequente àquele em que a pessoa jurídica não houver apurado sua receita bruta ou não puder demonstrá-la e comprová-la;

III - nas demais hipóteses, a partir do mês subsequente àquele em que ocorrido o fato que ensejar a exclusão.

§ 3º Na hipótese do inciso III do *caput*, e observado o disposto no inciso I do parágrafo anterior, quando houver sido contestado o lançamento, a exclusão dar-se-á na data da ciência, pela pessoa jurídica, da decisão definitiva, na esfera administrativa ou judicial, neste caso desde que a respectiva ação tenha sido impetrada no prazo de trinta dias da ciência do lançamento ou da decisão administrativa definitiva.

§ 4º O disposto no inciso III do *caput* e no parágrafo anterior aplica-se aos lançamentos de ofício:

I - efetuados antes da data de opção pelo REFIS;

II - relacionados a fatos geradores de obrigação com vencimento posterior a 29 de fevereiro de 2000 e não parcelados nos termos do art. 2º da Medida Provisória n. 2.061-2, de 30 de novembro de 2000, salvo se da infração resultar redução da base de cálculo das parcelas devidas no âmbito do REFIS, hipótese em que será aplicado o disposto no inciso I do § 2º. (Redação dada pelo Dec. 3.712/2000.)

§ 5º A exclusão será precedida de representação fundamentada da SRF, do INSS ou da PGFN.

ART. 16. A liquidação dos valores correspondentes a multa e juros, nos termos do inciso II do § 5º do art. 5º, será definitiva, ainda que a pessoa jurídica seja excluída do REFIS, exceto na hipótese de que trata o inciso IV do artigo anterior, relativamente à parcela considerada indevida.

DA ALOCAÇÃO, DA APROPRIAÇÃO E DA TRANSFERÊNCIA DOS VALORES ARRECADADOS

ART. 17. Os pagamentos efetuados no âmbito do REFIS serão alocados proporcionalmente, para fins de amortização do débito consolidado, tendo por base a relação existente, na data-base da consolidação, entre o valor consolidado de cada tributo e contribuição incluído no Programa e o valor total parcelado.

Parágrafo único. A amortização do débito consolidado dar-se-á na forma do *caput*, observadas as destinações e vinculações legais.

ART. 18. A apropriação e a transferência dos recolhimentos efetuados no âmbito do REFIS serão efetuadas até o último dia útil do mês seguinte ao da arrecadação.

§ 1º Para os fins do disposto neste artigo, a SRF informará mensalmente, ao INSS e à PGFN, o montante dos valores arrecadados das empresas, individualizando-os pelos respectivos números de inscrição no CNPJ.

§ 2º A consolidação e o processamento referidos neste artigo serão realizados no prazo máximo de cento e oitenta dias, contado da vigência desse Decreto.

§ 3º Enquanto não consolidados e processados os débitos submetidos ao REFIS, a apropriação e transferência referidas no *caput* serão realizadas com base no total dos débitos existentes no âmbito de cada órgão, inclusive da PGFN.

DAS OUTRAS FORMAS DE PARCELAMENTO

ART. 19. Observado o prazo a que se refere o *caput* do art. 4º e demais normas e condições estabelecidas neste Decreto, a pessoa jurídica poderá, alternativamente ao disposto no inciso II do art. 6º, proceder ao pagamento do débito consolidado em até sessenta parcelas mensais, iguais e sucessivas.

§ 1º Na hipótese deste artigo, o valor de cada parcela não poderá ser inferior a:

I - R$ 300,00 (trezentos reais), no caso de pessoa jurídica optante pelo SIMPLES;

II - R$ 1.000,00 (mil reais), no caso de pessoa jurídica submetida ao regime de tributação com base no lucro presumido;

III - R$ 3.000,00 (três mil reais), nos demais casos.

§ 2º O pagamento dos débitos parcelados na forma deste artigo será devido a partir do próprio mês da opção.

§ 3º Enquanto não comunicado, pelo Comitê Gestor, nos termos do § 7º do art. 5º, o valor total do débito consolidado, a pessoa jurídica deverá determinar o valor das parcelas mensais com base no montante do débito que lhe for informado pela SRF, INSS e PGFN, ainda que parcial, ou, na sua falta, no valor por ela conhecido, observado, em qualquer caso, o disposto no § 1º.

§ 4º A quantidade de parcelas será definida quando efetivada a consolidação dos débitos, observados os valores mínimos estabelecidos no § 1º, podendo a pessoa jurídica, a qualquer tempo, solicitar a redução do prazo, hipótese em que os valores das parcelas serão recalculados.

§ 5º O parcelamento na forma estabelecida neste artigo ficará sujeito à administração do Comitê Gestor a que se refere o art. 2º.

DO PARCELAMENTO DO ITR

ART. 20. Os débitos do ITR poderão ser parcelados na forma do artigo anterior.

Parágrafo único. O parcelamento de que trata este artigo será concedido mediante processo específico, não sendo seus valores incluídos na consolidação.

DO PARCELAMENTO DE DÉBITOS NÃO TRIBUTÁRIOS

ART. 21. Os débitos não tributários inscritos em dívida ativa, com vencimento até 29 de fevereiro de 2000, poderão ser parcelados em até sessenta parcelas mensais, iguais e sucessivas, perante a PGFN, observadas as demais regras aplicáveis ao parcelamento de que trata o art. 19.

§ 1º Para os débitos não tributários inscritos sujeitos ao parcelamento simplificado ou para os quais não se exige garantia no parcelamento ordinário, não se aplica a vedação de novos parcelamentos.

§ 2º Para os débitos não tributários inscritos, não alcançados pelo disposto no parágrafo anterior, admitir-se-á o reparcelamento, desde que requerido até o último dia útil do mês de abril de 2000.

§ 3º O disposto neste artigo aplica-se à verba de sucumbência devida por desistência de ação judicial para fins de inclusão dos respectivos débitos, inclusive no âmbito do INSS, no REFIS ou no parcelamento alternativo a que se refere o art. 19.

§ 4º Na hipótese do parágrafo anterior, o parcelamento deverá ser solicitado pela pessoa jurídica no prazo de trinta dias, contado da data em que efetivada a desistência, na forma e condições a serem estabelecidos pelos órgãos competentes.

DAS DISPOSIÇÕES GERAIS E FINAIS

ART. 22. As obrigações decorrentes dos débitos incluídos no REFIS ou nos parcelamentos referidos nos arts. 19 a 21 não serão consideradas para fins de determinação de índices econômicos vinculados a licitações promovidas pela administração federal direta ou indireta, bem assim a operações de financiamentos realizadas por instituições financeiras oficiais federais.

ART. 23. Na hipótese de novação ou repactuação de débitos de responsabilidade de pessoas jurídicas optantes pelo REFIS ou pelo parcelamento alternativo a que se refere o art. 19, a recuperação de créditos anteriormente deduzidos como perda até 31 de dezembro de 1999, será, para fins do disposto no art. 12 da Lei n. 9.430, de 27 de dezembro de 1996, computada na determinação do lucro real e da base de cálculo da contribuição social sobre o lucro líquido, pelas pessoas jurídicas de que trata o inciso II do art. 14 da Lei n. 9.718, de 1998, à medida do efetivo recebimento, na forma a ser estabelecida pela SRF.

Parágrafo único. O disposto neste artigo aplica-se aos débitos vinculados ao Programa de Revitalização de Cooperativas de Produção Agropecuária - RECOOP, instituído pela Medida Provisória n. 1.961-20, de 2 de março de 2000, ainda que a pessoa jurídica devedora não seja optante por qualquer das formas de parcelamento referida no *caput*.

ART. 24. A SRF, o INSS e a PGFN expedirão, no âmbito de suas respectivas áreas de competência, as instruções complementares necessárias à implementação do disposto neste Decreto.

ART. 25. Este Decreto entra em vigor na data de sua publicação.

ART. 26. Fica revogado o Decreto n. 3.342, de 25 de janeiro de 2000.

Brasília, 24 de abril de 2000; 179º da Independência e 112º da República.

FERNANDO HENRIQUE CARDOSO

DECRETO N. 3.447, DE 5 DE MAIO DE 2000

Delega competência ao Ministro de Estado da Justiça para resolver sobre a expulsão de estrangeiro do País e sua revogação, na forma do art. 66 da Lei n. 6.815, de 19 de agosto de 1980, republicada por determinação do art. 11 da Lei n. 6.964, de 9 de dezembro de 1981.

- *DO*, 08.05.2000.
- A Lei 6.815 foi revogada pela Lei 13.445/2017. V. arts. 54 e ss. desta Lei.

O Presidente da República, no uso da atribuição que lhe confere o art. 84, inciso IV, da Constituição, e tendo em vista o disposto nos arts. 19 da Medida Provisória n. 1.999-17, de 11 de abril de 2000, e 11 e 12 do Decreto-Lei n. 200, de 25 de fevereiro de 1967, Decreta:

ART. 1º Fica delegada competência ao Ministro de Estado da Justiça, vedada a subdelegação, para decidir sobre a expulsão de estrangeiro do País e a sua revogação, nos termos do art. 66 da Lei n. 6.815, de 19 de agosto de 1980, republicada por determinação do art. 11 da Lei n. 6.964, de 9 de dezembro de 1981.

ART. 2º Este Decreto entra em vigor na data de sua publicação.

Brasília, 5 de maio de 2000; 179º da Independência e 112º da República.

FERNANDO HENRIQUE CARDOSO

DECRETO N. 3.555, DE 8 DE AGOSTO DE 2000

Aprova o Regulamento para a modalidade de licitação denominada pregão, para aquisição de bens e serviços comuns.

- *DOU*, 09.08.2000.

O Presidente da República, no uso das atribuições que lhe confere o art. 84, incisos IV e VI, da Constituição e tendo em vista o disposto na Medida Provisória n. 2.026-3, de 28 de julho de 2000, Decreta:

ART. 1º Fica aprovado, na forma dos Anexos I e II a este Decreto, o Regulamento para a modalidade de licitação denominada pregão, para a aquisição de bens e serviços comuns, no âmbito da União.

Parágrafo único. Subordinam-se ao regime deste Decreto, além dos órgãos da Administração Federal direta, os fundos especiais, as autarquias, as fundações, as empresas públicas, as sociedades de economia mista e as demais entidades controladas direta ou indiretamente pela União.

ART. 2º Compete ao Ministério do Planejamento, Orçamento e Gestão estabelecer normas e orientações complementares sobre a matéria regulada por este Decreto.

ART. 3º Este Decreto entra em vigor na data de sua publicação.

Brasília, 8 de agosto de 2000; 179º da Independência e 112º da República.

FERNANDO HENRIQUE CARDOSO

ANEXO I
REGULAMENTO DA LICITAÇÃO NA MODALIDADE DE PREGÃO

ART. 1º Este Regulamento estabelece normas e procedimentos relativos à licitação na modalidade de pregão, destinada à aquisição de bens e serviços comuns, no âmbito da União, qualquer que seja o valor estimado.

Parágrafo único. Subordinam-se ao regime deste Regulamento, além dos órgãos da administração direta, os fundos especiais, as autarquias, as fundações, as empresas públicas, as sociedades de economia mista e as entidades controladas direta e indiretamente pela União.

ART. 2º Pregão é a modalidade de licitação em que a disputa pelo fornecimento de bens ou serviços comuns é feita em sessão pública, por meio de propostas de preços escritas e lances verbais.

ART. 3º Os contratos celebrados pela União, para a aquisição de bens e serviços comuns, serão precedidos, prioritariamente, de licitação pública na modalidade de pregão, que se destina a garantir, por meio de disputa justa entre os interessados, a compra mais econômica, segura e eficiente.

§ 1º Dependerá de regulamentação específica a utilização de recursos eletrônicos ou de tecnologia da informação para a realização de licitação na modalidade de pregão.

§ 2º Consideram-se bens e serviços comuns aqueles cujos padrões de desempenho e qualidade possam ser objetivamente definidos no edital, por meio de especificações usuais praticadas no mercado. (Redação dada pelo Dec. 7.174/2010.)

§ 3º Os bens e serviços de informática e automação adquiridos nesta modalidade deverão observar o disposto no art. 3º da Lei n. 8.248, de 23 de outubro de 1991, e a regulamentação específica. (Redação dada pelo Dec. 7.174/2010.)

§ 4º Para efeito de comprovação do requisito referido no parágrafo anterior, o produto deverá estar habilitado a usufruir do incentivo de isenção do Imposto sobre Produtos Industrializados - IPI, de que trata o art. 4º da Lei n. 8.248, de 1991, nos termos da regulamentação estabelecida pelo Ministério da Ciência e Tecnologia. (Incluído pelo Dec. 3.693/2000.)

§ 5º Alternativamente ao disposto no § 4º, o Ministério da Ciência e Tecnologia poderá reconhecer, mediante requerimento do fabricante, a conformidade do produto com o requisito referido no § 3º." (Incluído pelo Dec. 3.693/2000.)

ART. 4º A licitação na modalidade de pregão é juridicamente condicionada aos princípios básicos da legalidade, da impessoalidade, da moralidade, da igualdade, da publicidade, da probidade administrativa, da vinculação ao instrumento convocatório, do julgamento objetivo, bem assim aos princípios correlatos da celeridade, finalidade, razoabilidade, proporcionalidade, competitividade, justo preço, seletividade e comparação objetiva das propostas.

Parágrafo único. As normas disciplinadoras da licitação serão sempre interpretadas em favor da ampliação da disputa entre os interessados, desde que não comprometam o interesse da Administração, a finalidade e a segurança da contratação.

ART. 5º A licitação na modalidade de pregão não se aplica às contratações de obras e serviços de engenharia, bem como às locações imobiliárias e alienações em geral, que serão regidas pela legislação geral da Administração.

ART. 6º Todos quantos participem de licitação na modalidade de pregão têm direito público subjetivo à fiel observância do procedimento estabelecido neste Regulamento, podendo qualquer interessado acompanhar o seu desenvolvimento, desde que não interfira de modo a perturbar ou impedir a realização dos trabalhos.

ART. 7º À autoridade competente, designada de acordo com as atribuições previstas no regimento ou estatuto do órgão ou da entidade, cabe:

I - determinar a abertura de licitação;

II - designar o pregoeiro e os componentes da equipe de apoio;

III - decidir os recursos contra atos do pregoeiro; e

IV - homologar o resultado da licitação e promover a celebração do contrato.

Parágrafo único. Somente poderá atuar como pregoeiro o servidor que tenha realizado capacitação específica para exercer a atribuição.

ART. 8º A fase preparatória do pregão observará as seguintes regras:

I - a definição do objeto deverá ser precisa, suficiente e clara, vedadas especificações que, por excessivas, irrelevantes ou desnecessárias, limitem ou frustrem a competição ou a realização do fornecimento, devendo estar refletida no termo de referência;

II - o termo de referência é o documento que deverá conter elementos capazes de propiciar a avaliação do custo pela Administração, diante de orçamento detalhado, considerando os preços praticados no mercado, a definição dos métodos, a estratégia de suprimento e o prazo de execução do contrato;

III - a autoridade competente ou, por delegação de competência, o ordenador de despesa ou, ainda, o agente encarregado da compra no âmbito da Administração, deverá:

a) definir o objeto do certame e o seu valor estimado em planilhas, de forma clara, concisa e objetiva, de acordo com termo de referência elaborado pelo requisitante, em conjunto com a área de compras, obedecidas as especificações praticadas no mercado;

b) justificar a necessidade da aquisição;

c) estabelecer os critérios de aceitação das propostas, as exigências de habilitação, as sanções administrativas aplicáveis por inadimplemento e as cláusulas do contrato, inclusive com fixação dos prazos e das demais condições essenciais para o fornecimento; e

d) designar, dentre os servidores do órgão ou da entidade promotora da licitação, o pregoeiro responsável pelos trabalhos do pregão e a sua equipe de apoio;

IV - constarão dos autos a motivação de cada um dos atos especificados no inciso anterior e os indispensáveis elementos técnicos sobre os quais estiverem apoiados, bem como o orçamento estimativo e o cronograma físico-financeiro de desembolso, se for o caso, elaborados pela Administração; e

V - para julgamento, será adotado o critério de menor preço, observados os prazos máximos para fornecimento, as especificações técnicas e os parâmetros mínimos de desempenho e de qualidade e as demais condições definidas no edital.

ART. 9º As atribuições do pregoeiro incluem:

I - o credenciamento dos interessados;

II - o recebimento dos envelopes das propostas de preços e da documentação de habilitação;

III - a abertura dos envelopes das propostas de preços, o seu exame e a classificação dos proponentes;

IV - a condução dos procedimentos relativos aos lances e à escolha da proposta ou do lance de menor preço;

V - a adjudicação da proposta de menor preço;

VI - a elaboração de ata;

VII - a condução dos trabalhos da equipe de apoio;

VIII - o recebimento, o exame e a decisão sobre recursos; e

IX - o encaminhamento do processo devidamente instruído, após a adjudicação, à autoridade superior, visando a homologação e a contratação.

ART. 10. A equipe de apoio deverá ser integrada em sua maioria por servidores ocupantes de cargo efetivo ou emprego da Administração, preferencialmente pertencentes ao quadro permanente do órgão ou da entidade promotora do pregão, para prestar a necessária assistência ao pregoeiro.

Parágrafo único. No âmbito do Ministério da Defesa, as funções de pregoeiro e de membro da equipe de apoio poderão ser desempenhadas por militares.

ART. 11. A fase externa do pregão será iniciada com a convocação dos interessados e observará as seguintes regras:

I - a convocação dos interessados será efetuada por meio de publicação de aviso em função dos seguintes limites:

a) para bens e serviços de valores estimados em até R$ 160.000,00 (cento e sessenta mil reais):

1. Diário Oficial da União; e

2. meio eletrônico, na Internet;

b) para bens e serviços de valores estimados acima de R$ 160.000,00 (cento e sessenta mil reais) até R$ 650.000,00 (seiscentos e cinquenta mil reais): (Redação dada pelo Dec. 3.693/2000.)

1. Diário Oficial da União;

2. meio eletrônico, na Internet; e

3. jornal de grande circulação local;

c) para bens e serviços de valores estimados superiores a R$ 650.000,00 (seiscentos e cinquenta mil reais): (Redação dada pelo Dec. 3.693/2000.)

1. Diário Oficial da União;

2. meio eletrônico, na Internet; e

3. jornal de grande circulação regional ou nacional;

d) em se tratando de órgão ou entidade integrante do Sistema de Serviços Gerais - SISG, a íntegra do edital deverá estar disponível em meio eletrônico, na Internet, no site www.comprasnet.gov.br, independentemente do valor estimado; (Redação dada pelo Dec. 3.693/2000.)

II - do edital e do aviso constarão definição precisa, suficiente e clara do objeto, bem como a indicação dos locais, dias e horários em que poderá ser lida ou obtida a íntegra do edital, e o local onde será realizada a sessão pública do pregão;

III - o edital fixará prazo não inferior a oito dias úteis, contados da publicação do aviso, para os interessados prepararem suas propostas;

IV - no dia, hora e local designados no edital, será realizada sessão pública para recebimento das propostas e da documentação de habilitação, devendo o interessado ou seu representante legal proceder ao respectivo credenciamento, comprovando, se for o caso, possuir os necessários poderes para formulação de propostas e para a prática de todos os demais atos inerentes ao certame;

V - aberta a sessão, os interessados ou seus representantes legais entregarão ao pregoeiro, em envelopes separados, a proposta de preços e a documentação de habilitação;

VI - o pregoeiro procederá à abertura dos envelopes contendo as propostas de preços e classificará o autor da proposta de menor preço e aqueles que tenham apresentado propostas em valores sucessivos e superiores em até dez por cento, relativamente à de menor preço;

VII - quando não forem verificadas, no mínimo, três propostas escritas de preços nas condições definidas no inciso anterior, o pregoeiro classificará as melhores propostas subsequentes, até o máximo de três, para que seus autores participem dos lances verbais, quaisquer que sejam os preços oferecidos nas propostas escritas;

VIII - em seguida, será dado início à etapa de apresentação de lances verbais pelos proponentes, que deverão ser formulados de forma sucessiva, em valores distintos e decrescentes;

IX - o pregoeiro convidará individualmente os licitantes classificados, de forma sequencial, a apresentar lances verbais, a partir do autor da proposta classificada de maior preço e os demais, em ordem decrescente de valor;

X - a desistência em apresentar lance verbal, quando convocado pelo pregoeiro, implicará a exclusão do licitante da etapa de lances verbais e na manutenção do último preço apresentado pelo licitante, para efeito de ordenação das propostas; (Redação dada pelo Dec. 3.693/2000.)

XI - caso não se realizem lances verbais, será verificada a conformidade entre a proposta escrita de menor preço e o valor estimado para a contratação;

XII - declarada encerrada a etapa competitiva e ordenadas as propostas, o pregoeiro examinará a aceitabilidade da primeira classificada, quanto ao objeto e valor, decidindo motivadamente a respeito;

XIII - sendo aceitável a proposta de menor preço, será aberto o envelope contendo a documentação de habilitação do licitante que a tiver formulado, para confirmação das suas condições habilitatórias, com base no Sistema de Cadastramento Unificado de Fornecedores - SICAF, ou nos dados cadastrais da Administração, assegurado ao já cadastrado o direito de apresentar a documentação atualizada e regularizada na própria sessão;

XIV - constatado o atendimento das exigências fixadas no edital, o licitante será declarado vencedor, sendo-lhe adjudicado o objeto do certame;

XV - se a oferta não for aceitável ou se o licitante desatender às exigências habilitatórias, o pregoeiro examinará a oferta subsequente, verificando a sua aceitabilidade e procedendo à habilitação do proponente, na ordem de classificação, e assim sucessivamente, até a apuração de uma proposta que atenda ao edital, sendo o respectivo licitante declarado vencedor e a ele adjudicado o objeto do certame;

XVI - nas situações previstas nos incisos XI, XII e XV, o pregoeiro poderá negociar diretamente com o proponente para que seja obtido preço melhor;

XVII - a manifestação da intenção de interpor recurso será feita no final da sessão, com registro em ata da síntese das suas razões, podendo os interessados juntar memoriais no prazo de três dias úteis;

XVIII - o recurso contra decisão do pregoeiro não terá efeito suspensivo;

XIX - o acolhimento de recurso importará a invalidação apenas dos atos insuscetíveis de aproveitamento;

XX - decididos os recursos e constatada a regularidade dos atos procedimentais, a autoridade competente homologará a adjudicação para determinar a contratação;

XXI - como condição para celebração do contrato, o licitante vencedor deverá manter as mesmas condições de habilitação;

XXII - quando o proponente vencedor não apresentar situação regular, no ato da assinatura do contrato, será convocado outro licitante, observada a ordem de classificação, para celebrar o contrato, e assim sucessivamente, sem prejuízo da aplicação das sanções cabíveis, observado o disposto nos incisos XV e XVI deste artigo;

XXIII - se o licitante vencedor recusar-se a assinar o contrato, injustificadamente, será aplicada a regra estabelecida no inciso XXII; (Redação dada pelo Decreto n. 3.693, de 2000)

XXIV - o prazo de validade das propostas será de sessenta dias, se outro não estiver fixado no edital.

ART. 12. Até dois dias úteis antes da data fixada para recebimento das propostas, qualquer pessoa poderá solicitar esclarecimentos, providências ou impugnar o ato convocatório do pregão.

§ 1º Caberá ao pregoeiro decidir sobre a petição no prazo de vinte e quatro horas.

§ 2º Acolhida a petição contra o ato convocatório, será designada nova data para a realização do certame.

ART. 13. Para habilitação dos licitantes, será exigida, exclusivamente, a documentação prevista na legislação geral para a Administração, relativa à:

I - habilitação jurídica;

II - qualificação técnica;

III - qualificação econômico-financeira;

IV - regularidade fiscal; e

V - cumprimento do disposto no inciso XXXIII do art. 7º da Constituição e na Lei n. 9.854, de 27 de outubro de 1999.

Parágrafo único. A documentação exigida para atender ao disposto nos incisos I, III e IV deste artigo deverá ser substituída pelo registro cadastral do SICAF ou, em se tratando de órgão ou entidade não abrangido pelo referido Sistema, por certificado de registro cadastral que atenda aos requisitos previstos na legislação geral.

ART. 14. O licitante que ensejar o retardamento da execução do certame, não mantiver a proposta, falhar ou fraudar na execução do contrato, comportar-se de modo inidôneo, fizer declaração falsa ou cometer fraude fiscal, garantido o direito prévio da citação e da ampla defesa, ficará impedido de licitar e contratar com a Administração, pelo prazo de até cinco anos, enquanto perdurarem os motivos determinantes da punição ou até que seja promovida a reabilitação perante a própria autoridade que aplicou a penalidade.

Parágrafo único. As penalidades serão obrigatoriamente registradas no SICAF, e no caso de suspensão de licitar, o licitante deverá ser descredenciado por igual período, sem prejuízo das multas previstas no edital e no contrato e das demais cominações legais.

ART. 15. É vedada a exigência de:

I - garantia de proposta;

II - aquisição do edital pelos licitantes, como condição para participação no certame; e

III - pagamento de taxas e emolumentos, salvo os referentes a fornecimento do edital, que não serão superiores ao custo de sua reprodução gráfica, e aos custos de utilização de recursos de tecnologia da informação, quando for o caso.

ART. 16. Quando permitida a participação de empresas estrangeiras na licitação, as exigências de habilitação serão atendidas mediante documentos equivalentes, autenticados pelos respectivos consulados e traduzidos por tradutor juramentado.

Parágrafo único. O licitante deverá ter procurador residente e domiciliado no País, com poderes para receber citação, intimação e responder administrativa e judicialmente por seus atos, juntando os instrumentos de mandato com os documentos de habilitação.

ART. 17. Quando permitida a participação de empresas reunidas em consórcio, serão observadas as seguintes normas:

I - deverá ser comprovada a existência de compromisso público ou particular de constituição de consórcio, com indicação da empresa-líder, que deverá atender às condições de liderança estipuladas no edital e será a representante das consorciadas perante a União;

II - cada empresa consorciada deverá apresentar a documentação de habilitação exigida no ato convocatório;

III - a capacidade técnica do consórcio será representada pela soma da capacidade técnica das empresas consorciadas;

IV - para fins de qualificação econômico-financeira, cada uma das empresas deverá atender aos índices contábeis definidos no edital, nas mesmas condições estipuladas no SICAF;

V - as empresas consorciadas não poderão participar, na mesma licitação, de mais de um consórcio ou isoladamente;

VI - as empresas consorciadas serão solidariamente responsáveis pelas obrigações do consórcio nas fases de licitação e durante a vigência do contrato; e

VII - no consórcio de empresas brasileiras e estrangeiras, a liderança caberá, obrigatoriamente, à empresa brasileira, observado o disposto no inciso I deste artigo.

Parágrafo único. Antes da celebração do contrato, deverá ser promovida a constituição e o registro do consórcio, nos termos do compromisso referido no inciso I deste artigo.

ART. 18. A autoridade competente para determinar a contratação poderá revogar a licitação em face de razões de interesse público, derivadas de fato superveniente devidamente comprovado, pertinente e suficiente para justificar tal conduta, devendo anulá-la por ilegalidade, de ofício ou por provocação de qualquer pessoa, mediante ato escrito e fundamentado.

§ 1º A anulação do procedimento licitatório induz à do contrato.

§ 2º Os licitantes não terão direito à indenização em decorrência da anulação do procedimento licitatório, ressalvado o direito do contratado de boa-fé de ser ressarcido pelos encargos que tiver suportado no cumprimento do contrato.

ART. 19. Nenhum contrato será celebrado sem a efetiva disponibilidade de recursos orçamentários para pagamento dos encargos, dele decorrentes, no exercício financeiro em curso.

ART. 20. A União publicará, no Diário Oficial da União, o extrato dos contratos celebrados, no prazo de até vinte dias da data de sua assinatura, com indicação da modalidade de licitação e de seu número de referência.

Parágrafo único. O descumprimento do disposto neste artigo sujeitará o servidor responsável a sanção administrativa.

ART. 21. Os atos essenciais do pregão, inclusive os decorrentes de meios eletrônicos, serão documentados ou juntados no respectivo processo, cada qual oportunamente, compreendendo, sem prejuízo de outros, o seguinte:

I - justificativa da contratação;

II - termo de referência, contendo descrição detalhada do objeto, orçamento estimativo de custos e cronograma físico-financeiro de desembolso, se for o caso;

III - planilhas de custo;

IV - garantia de reserva orçamentária, com a indicação das respectivas rubricas;

V - autorização de abertura da licitação;

VI - designação do pregoeiro e equipe de apoio;

VII - parecer jurídico;

VIII - edital e respectivos anexos, quando for o caso;

IX - minuta do termo do contrato ou instrumento equivalente, conforme o caso;

X - originais das propostas escritas, da documentação de habilitação analisada e dos documentos que a instruírem;

XI - ata da sessão do pregão, contendo, sem prejuízo de outros, o registro dos licitantes credenciados, das propostas escritas e verbais apresentadas, na ordem de classificação, da análise da documentação exigida para habilitação e dos recursos interpostos; e

XII - comprovantes da publicação do aviso do edital, do resultado da licitação, do extrato do contrato e dos demais atos relativos a publicidade do certame, conforme o caso.

ART. 22. Os casos omissos neste Regulamento serão resolvidos pelo Ministério do Planejamento, Orçamento e Gestão.

ANEXO II
CLASSIFICAÇÃO DE BENS E SERVIÇOS COMUNS

‣ Revogado pelo Dec. 7.174/2010.

DECRETO N. 3.712, DE 27 DE DEZEMBRO DE 2000

Dispõe sobre o Programa de Recuperação Fiscal - REFIS.

‣ *DOU*, 28.12.2000.

O Presidente da República, no uso das atribuições que lhe confere o art. 84, incisos IV e VI, da Constituição, e tendo em vista o disposto na Lei n. 9.964, de 10 de abril de 2000, na Lei n. 10.002, de 14 de setembro de 2000 e na Medida Provisória n. 2.061-2, de 30 de novembro de 2000,

Decreta:

ART. 1º A opção para o Programa de Recuperação Fiscal - REFIS, instituído pela Lei n. 9.964, de 10 de abril de 2000, cujo prazo foi reaberto pela Lei n. 10.002, de 14 de setembro de 2000, observará as disposições do Decreto n. 3.431, de 24 de abril de 2000, e deste Decreto.

ART. 2º No caso de opção pelo REFIS, formalizada no prazo estabelecido pela Lei n. 10.002, de 2000, a pessoa jurídica optante deverá adotar, para fins de determinação da parcela mensal, nos primeiros seis meses do parcelamento, o dobro do percentual a que estiver sujeito, nos termos estabelecidos no inciso II do § 4º do art. 2º da Lei n. 9.964, de 2000, ou, na hipótese de opção pelo parcelamento alternativo ao REFIS, pagar, nos primeiros seis meses, duas parcelas a cada mês.

§ 1º Na hipótese de opções formalizadas no prazo referido no *caput*, os débitos ainda não constituídos deverão ser confessados pela pessoa jurídica, de forma irretratável e irrevogável, até o dia 12 de fevereiro de 2001, nas condições estabelecidas pelo Comitê Gestor.

§ 2º Relativamente às opções apresentadas no prazo referido no *caput*, até 30 de novembro de 2000, na hipótese de pessoa jurídica que não houver efetuado, até a data da opção, total ou parcialmente, o pagamento dos valores estabelecidos no art. 3º da Medida Provisória n. 2.061, de 29 de setembro de 2000, a opção somente será admitida caso a optante adote a forma de pagamento estabelecida no *caput*, independentemente do valor anteriormente pago.

ART. 3º Admitir-se-á, no prazo referido no § 1º do artigo anterior, a retificação ou complementação de qualquer declaração prestada no âmbito do REFIS, inclusive relacionada a garantia e arrolamento de bens.

Parágrafo único. O disposto neste artigo aplica-se, inclusive, às opções formalizadas até o mês de abril de 2000.

ART. 4º Na hipótese de inclusão no REFIS de débitos relativos a processos que estejam em grau de recurso à segunda instância administrativa, o depósito administrativo efetuado será convertido em renda, incluindo o saldo do débito no REFIS.

ART. 5º Não se aplica o disposto no inciso V do art. 15 do Decreto n. 3.431, de 2000, na hipótese de cisão da pessoa jurídica optante pelo REFIS ou pelo parcelamento alternativo, desde que, cumulativamente:

I - o débito consolidado seja atribuído integralmente a uma única pessoa jurídica;

II - as pessoas jurídicas que absorverem o patrimônio vertido assumam, de forma expressa, irrevogável e irretratável, entre si e, no caso de cisão parcial, com a própria cindida, a condição de responsáveis solidários pela totalidade do débito consolidado, independentemente da proporção do patrimônio vertido.

Parágrafo único. Na ocorrência de cisão, em conformidade com as disposições deste artigo:

I - a pessoa jurídica a quem for atribuído o débito consolidado, independentemente da data da cisão, será considerada optante pelo REFIS, observadas as demais normas e condições estabelecidas para o Programa;

II - a assunção da responsabilidade solidária estabelecida no inciso II do *caput* será comunicada ao Comitê Gestor, no prazo de trinta dias após a data de ocorrência do evento;

III - as parcelas mensais serão determinadas com base no somatório das receitas brutas das pessoas jurídicas que absorveram patrimônio vertido e, no caso de cisão parcial, da própria cindida;

IV - as garantias apresentadas ou o arrolamento de bens serão mantidos integralmente, ainda que relativos a bens ou direitos vertidos para pessoa jurídica sucessora.

ART. 6º Aplica-se às formas de parcelamento referidas nos arts. 12 e 13 da Lei n. 9.964, de 2000, o prazo de opção estabelecido pelo parágrafo único do art. 1º da Lei n. 10.002, de 2000.

§ 1º Poderão, também, ser parcelados em até sessenta parcelas mensais e sucessivas, observadas as demais normas estabelecidas para o parcelamento a que se refere o art. 13 da Lei n. 9.964, de 2000, os débitos de natureza não tributária não inscritos em dívida ativa.

§ 2º O parcelamento de que trata o parágrafo anterior deverá ser requerido no prazo referido no *caput*, perante órgão encarregado da administração do respectivo débito.

§ 3º Na hipótese do § 3º do art. 21 do Decreto n. 3.431, de 2000, o valor da verba de sucumbência será de até um por cento do valor do débito consolidado relativo ao processo judicial, incluído no REFIS ou no parcelamento alternativo a que se refere o art. 19 do referido Decreto, em decorrência da desistência da respectiva ação judicial.

ART. 7º Ficam alterados os seguintes dispositivos do Decreto n. 3.431, de 2000:

- Alterações promovidas no texto do referido decreto.

ART. 8º Este Decreto entra em vigor na data de sua publicação.

ART. 9º Fica revogado o § 2º do art. 12 do Decreto n. 3.431, de 24 de abril de 2000, renumerando-se o § 1º para parágrafo único.

Brasília, 27 de dezembro de 2000; 179º da Independência e 112º da República.

FERNANDO HENRIQUE CARDOSO

DECRETO N. 3.722, DE 9 DE JANEIRO DE 2001

Regulamenta o art. 34 da Lei n. 8.666, de 21 de junho de 1993, e dispõe sobre o Sistema de Cadastramento Unificado de Fornecedores - SICAF.

- *DOU*, 10.01.2001.
- Lei 8.666/1993 (Regulamenta o art. 37, inciso XXI, da Constituição Federal, institui normas para licitações e contratos da Administração Pública).

O Presidente da República, no uso da atribuição que lhe confere o art. 84, inciso IV, da Constituição,

Decreta:

ART. 1º O Sistema de Cadastramento Unificado de Fornecedores - SICAF constitui o registro cadastral do Poder Executivo Federal, na forma definida neste Decreto, mantido pelos órgãos e entidades que compõem o Sistema de Serviços Gerais - SISG, nos termos do Decreto n.1.094, de 13 de março de 1994. (Redação dada pelo Dec. 4.485/2002.)

§ 1º A habilitação dos fornecedores em licitação, dispensa, inexigibilidade e nos contratos administrativos pertinentes à aquisição de bens e serviços, inclusive de obras e publicidade, e a alienação e locação poderá ser comprovada por meio de prévia e regular inscrição cadastral no SICAF: (Redação dada pelo Dec. 4.485/2002.)

I - como condição necessária para emissão de nota de empenho, cada administração deverá realizar prévia consulta ao SICAF, para identificar possível proibição de contratar com o Poder Público; e (Incluído pelo Dec. 4.485/2002.)

II - nos casos em que houver necessidade de assinatura do instrumento de contrato, e o proponente homologado não estiver inscrito no SICAF, o seu cadastramento deverá ser feito pela Administração, sem ônus para o proponente, antes da contratação, com base no reexame da documentação apresentada para habilitação, devidamente atualizada. (Incluído pelo Dec. 4.485/2002.)

§ 2º O SICAF deverá conter os registros dos interessados diante da habilitação jurídica, a regularidade fiscal e qualificação econômico-financeira, bem como das sanções aplicadas pela Administração Pública relativas ao impedimento para contratar com o Poder Público, conforme previsto na legislação. (Redação dada pelo Dec. 4.485/2002.)

§ 3º Excetuam-se das exigências para habilitação prévia no SICAF as relativas à qualificação técnica da interessada, as quais somente serão demandadas quando a situação o exigir. (Redação dada pelo Dec. 4.485/2002.)

ART. 2º O processamento das informações cadastrais, apresentadas pelos interessados, será realizado por meio da utilização de recursos de tecnologia da informação, para constituição de base de dados permanente e centralizada, que conterá os elementos essenciais previstos na legislação vigente.

ART. 3º Os editais de licitação para as contratações referidas no § 1º do art. 1º deverão conter cláusula permitindo a comprovação da regularidade fiscal, da qualificação econômico-financeira e da habilitação jurídica por meio de cadastro no SICAF, definindo dia, hora e local para verificação *on line*, no Sistema. (Redação dada pelo Dec. 4.485/2002.)

Parágrafo único. Para a habilitação regulamentada neste Decreto, o interessado deverá atender às condições exigidas para cadastramento no SICAF, até o terceiro dia útil anterior à data prevista para recebimento das propostas. (Incluído pelo Dec. 4.485/2002.)

ART. 4º O registro de fornecedor no SICAF terá vigência de um ano, ressalvado o prazo de validade da documentação apresentada para fins de atualização no Sistema, a qual deverá ser reapresentada, periodicamente, à vista de norma específica, objetivando sua regularidade cadastral.

ART. 5º (Revogado pelo Dec. 4.485/2002.)

ART. 6º Compete ao Ministério do Planejamento, Orçamento e Gestão a adoção das medidas que se fizerem necessárias à regulamentação, à operacionalização e à coordenação do SICAF, nos termos deste Decreto.

ART. 7º Este Decreto entra em vigor na data de sua publicação.

Brasília, 9 de janeiro de 2001; 180º Independência e 113º da República.

FERNANDO HENRIQUE CARDOSO

DECRETO N. 3.724, DE 10 DE JANEIRO DE 2001

Regulamenta o art. 6º da Lei Complementar n. 105, de 10 de janeiro de 2001, relativamente à requisição, acesso e uso, pela Secretaria da Receita Federal, de informações referentes a operações e serviços das instituições financeiras e das entidades a elas equiparadas.

- *DOU*, 11.01.2001.

O Presidente da República, no uso da atribuição que lhe confere o art. 84, inciso IV, da Constituição, e tendo em vista o disposto na Lei Complementar n. 105, de 10 de janeiro de 2001,

Decreta:

ART. 1º Este Decreto dispõe, nos termos do art. 6º da Lei Complementar n. 105, de 10 de janeiro de 2001, sobre requisição, acesso e uso, pela Secretaria da Receita Federal e seus agentes, de informações referentes a operações e serviços das instituições financeiras e das entidades a elas equiparadas, em conformidade com o art. 1º, §§ 1º e 2º, da mencionada Lei, bem assim estabelece procedimentos para preservar o sigilo das informações obtidas.

ART. 2º Os procedimentos fiscais relativos a tributos e contribuições administrados pela Secretaria da Receita Federal do Brasil - RFB serão executados por ocupante do cargo efetivo de Auditor-Fiscal da Receita Federal do Brasil e terão início mediante expedição prévia de Termo de Distribuição do Procedimento Fiscal - TDPF, conforme procedimento a ser estabelecido em ato do Secretário da Receita Federal do Brasil. (Alterado pelo Dec. 8.303/2014.)

§ 1º Nos casos de flagrante constatação de contrabando, descaminho ou de qualquer outra prática de infração à legislação tributária, em que o retardamento do início do procedimento fiscal coloque em risco os interesses da Fazenda Nacional, pela possibilidade de subtração de prova, o Auditor-Fiscal da Receita Federal do Brasil deverá iniciar imediatamente o procedimento fiscal e, no prazo de cinco dias, contado da data de seu início, será expedido TDPF especial, do qual será dada ciência ao sujeito passivo. (Alterado pelo Dec. 8.303/2014.)

§ 2º Entende-se por procedimento de fiscalização a modalidade de procedimento fiscal a que se referem o art. 7º e seguintes do Decreto n. 70.235, de 6 de março de 1972. (Redação dada pelo Dec. 6.104/2007.)

§ 3º O TDPF não será exigido nas hipóteses de procedimento de fiscalização: (Alterado pelo Dec. 8.303/2014.)

I - realizado no curso do despacho aduaneiro;

II - interno, de revisão aduaneira;

III - de vigilância e repressão ao contrabando e descaminho, realizado em operação ostensiva;

IV - relativo ao tratamento automático das declarações (malhas fiscais).

§ 4º O Secretário da Receita Federal do Brasil estabelecerá os modelos e as informações constantes do TDPF, os prazos para sua execução, as autoridades fiscais competentes para sua expedição, bem como demais hipóteses de dispensa ou situações em que seja necessário o início do procedimento antes da expedição do TDPF, nos casos em que haja risco aos interesses da Fazenda Nacional. (Alterado pelo Dec. 8.303/2014.)

§ 5º A Secretaria da Receita Federal do Brasil, por intermédio de servidor ocupante do cargo de Auditor-Fiscal da Receita Federal do Brasil, somente poderá examinar informações relativas a terceiros, constantes de documentos, livros e registros de instituições financeiras e de entidades a elas equiparadas, inclusive os referentes a contas de depósitos e de aplicações financeiras, quando houver procedimento de fiscalização em curso e tais exames forem considerados indispensáveis. (Redação dada pelo Dec. 6.104/2007.)

§ 6º A Secretaria da Receita Federal do Brasil, por intermédio de seus administradores, garantirá o pleno e inviolável exercício das atribuições do Auditor-Fiscal da Receita Federal do Brasil responsável pela execução do procedimento fiscal. (Redação dada pelo Dec. 6.104/2007.)

ART. 3º Os exames referidos no § 5º do art. 2º somente serão considerados indispensáveis nas seguintes hipóteses: (Redação dada pelo Dec. 6.104/2007.)

I - subavaliação de valores de operação, inclusive de comércio exterior, de aquisição ou alienação de bens ou direitos, tendo por base os correspondentes valores de mercado;

II - obtenção de empréstimos de pessoas jurídicas não financeiras ou de pessoas físicas, quando o sujeito passivo deixar de comprovar o efetivo recebimento dos recursos;

III - prática de qualquer operação com pessoa física ou jurídica residente ou domiciliada em país com tributação favorecida ou beneficiária de regime fiscal de que tratam os art. 24 e art. 24-A da Lei n. 9.430, de 27 de dezembro de 1996; (Alterado pelo Dec. 8.303/2014.)

IV - omissão de rendimentos ou ganhos líquidos, decorrentes de aplicações financeiras de renda fixa ou variável;

V - realização de gastos ou investimentos em valor superior à renda disponível;

VI - remessa, a qualquer título, para o exterior, por intermédio de conta de não residente, de valores incompatíveis com as disponibilidades declaradas;

VII - previstas no art. 33 da Lei n. 9.430, de 1996;

VIII - pessoa jurídica enquadrada, no Cadastro Nacional da Pessoa Jurídica (CNPJ), nas seguintes situações cadastrais:

a) cancelada;

b) inapta, nos casos previstos no art. 81 da Lei n. 9.430, de 1996;

IX - pessoa física sem inscrição no Cadastro de Pessoas Físicas (CPF) ou com inscrição cancelada;

X - negativa, pelo titular de direito da conta, da titularidade de fato ou da responsabilidade pela movimentação financeira;

XI - presença de indício de que o titular de direito é interposta pessoa do titular de fato; e (Alterado pelo Dec. 8.303/2014.)

XII - intercâmbio de informações, com fundamento em tratados, acordos ou convênios internacionais, para fins de arrecadação e fiscalização de tributos. (Acrescentado pelo Dec. 8.303/2014.)

§ 1º Não se aplica o disposto nos incisos I a VI, quando as diferenças apuradas não excedam a dez por cento dos valores de mercado ou declarados, conforme o caso.

§ 2º Considera-se indício de interposição de pessoa, para os fins do inciso XI deste artigo, quando:

I - as informações disponíveis, relativas ao sujeito passivo, indicarem movimentação financeira superior a dez vezes a renda disponível declarada ou, na ausência de Declaração de Ajuste Anual do Imposto de Renda, o montante anual da movimentação for superior ao estabelecido no inciso II do § 3º do art. 42 da Lei n. 9.430, de 1996;

II - a ficha cadastral do sujeito passivo, na instituição financeira, ou equiparada, contenha:

a) informações falsas quanto a endereço, rendimentos ou patrimônio; ou

b) rendimento inferior a dez por cento do montante anual da movimentação.

ART. 4º Poderão requisitar as informações referidas no § 5º do art. 2º as autoridades competentes para expedir o TDPF. (Alterado pelo Dec. 8.303/2014.)

§ 1º A requisição referida neste artigo será formalizada mediante documento denominado Requisição de Informações sobre Movimentação Financeira (RMF) e será dirigida, conforme o caso, ao:

I - Presidente do Banco Central do Brasil, ou a seu preposto;

II - Presidente da Comissão de Valores Mobiliários, ou a seu preposto;

III - presidente de instituição financeira, ou entidade a ela equiparada, ou a seu preposto;

IV - gerente de agência.

§ 2º A RMF será precedida de intimação ao sujeito passivo para apresentação de informações sobre movimentação financeira, necessárias à execução do procedimento fiscal. (Alterado pelo Dec. 8.303/2014.)

§ 3º O sujeito passivo poderá atender a intimação a que se refere o § 2º por meio de: (Alterado pelo Dec. 8.303/2014.)

I - autorização expressa do acesso direto às informações sobre movimentação financeira por parte da autoridade fiscal; ou (Alterado pelo Dec. 8.303/2014.)

II - apresentação das informações sobre movimentação financeira, hipótese em que responde por sua veracidade e integridade, observada a legislação penal aplicável. (Alterado pelo Dec. 8.303/2014.)

§ 4º As informações prestadas pelo sujeito passivo poderão ser objeto de verificação nas instituições de que trata o art. 1º, inclusive por intermédio do Banco Central do Brasil ou da Comissão de Valores Mobiliários, bem assim de cotejo com outras informações disponíveis na Secretaria da Receita Federal.

§ 5º A RMF será expedida com base em relatório circunstanciado, elaborado pelo Auditor-Fiscal da Receita Federal do Brasil encarregado da execução do procedimento fiscal ou pela chefia imediata. (Alterado pelo Dec. 8.303/2014.)

§ 6º No relatório referido no parágrafo anterior, deverá constar a motivação da proposta de expedição da RMF, que demonstre, com precisão e clareza, tratar-se de situação enquadrada em hipótese de indispensabilidade prevista no artigo anterior, observado o princípio da razoabilidade.

§ 7º Na RMF deverão constar, no mínimo, o seguinte:

I - nome ou razão social do sujeito passivo, endereço e número de inscrição no CPF ou no CNPJ;

II - número de identificação do TDPF a que se vincular; (Alterado pelo Dec. 8.303/2014.)

III - as informações requisitadas e o período a que se refere a requisição;

IV - nome, matrícula e assinatura da autoridade que a expediu;

V - nome, matrícula e endereço funcional dos Auditores-Fiscais da Receita Federal do Brasil responsáveis pela execução do procedimento fiscal; (Alterado pelo Dec. 8.303/2014.)

VI - forma de apresentação das informações (em papel ou em meio magnético);

VII - prazo para entrega das informações, na forma da legislação aplicável;

VIII - endereço para entrega das informações;

IX - código de acesso à Internet que permitirá à instituição requisitada identificar a RMF.

§ 8º A expedição da RMF presume indispensabilidade das informações requisitadas, nos termos deste Decreto.

ART. 5º As informações requisitadas na forma do artigo anterior:

I - compreendem:

a) dados constantes da ficha cadastral do sujeito passivo;

b) valores, individualizados, dos débitos e créditos efetuados no período;

II - deverão:

a) ser apresentadas, no prazo estabelecido na RMF, à autoridade que a expediu ou aos Auditores-Fiscais da Receita Federal do Brasil responsáveis pela execução do procedimento fiscal correspondente; (Alterado pelo Dec. 8.303/2014.)

b) subsidiar o procedimento de fiscalização em curso, observado o disposto no art. 42 da Lei n. 9.430, de 1996;

c) integrar o processo administrativo fiscal instaurado, quando interessarem à prova do lançamento de ofício.

§ 1º Somente poderão ser solicitados, por cópia autêntica, os documentos relativos aos

DECRETOS

débitos e aos créditos, nos casos previstos nos incisos VII a XI do art. 3º.

§ 2º As informações não utilizadas no processo administrativo fiscal deverão, nos termos de ato da Secretaria da Receita Federal, ser entregues ao sujeito passivo, destruídas ou inutilizadas.

§ 3º Quem omitir, retardar injustificadamente ou prestar falsamente à Secretaria da Receita Federal as informações a que se refere este artigo ficará sujeito às sanções de que trata o art. 10, *caput*, da Lei Complementar n. 105, de 2001, sem prejuízo das penalidades cabíveis nos termos da legislação tributária ou disciplinar, conforme o caso.

ART. 6º De conformidade com o disposto no art. 9º da Lei Complementar n. 105, de 2001, o Banco Central do Brasil e a Comissão de Valores Mobiliários, por seus respectivos Presidentes ou servidores que receberem delegação de competência para a finalidade específica, deverão comunicar, de ofício, à Secretaria da Receita Federal, no prazo máximo de quinze dias, as irregularidades e os ilícitos administrativos de que tenham conhecimento, ou indícios de sua prática, anexando os documentos pertinentes, sempre que tais fatos puderem configurar qualquer infração à legislação tributária federal.

Parágrafo único. A violação do disposto neste artigo constitui infração administrativo-disciplinar do dirigente ou servidor que a ela der causa, sem prejuízo da aplicação do disposto no art. 10, *caput*, da Lei Complementar n. 105, de 2001, e demais sanções civis e penais cabíveis.

ART. 7º As informações, os resultados dos exames fiscais e os documentos obtidos em função do disposto neste Decreto serão mantidos sob sigilo fiscal, na forma da legislação pertinente.

§ 1º A Secretaria da Receita Federal deverá manter controle de acesso ao processo administrativo fiscal, ficando sempre registrado o responsável pelo recebimento, nos casos de movimentação.

§ 2º Na expedição e tramitação das informações deverá ser observado o seguinte:

I - as informações serão enviadas em dois envelopes lacrados:

a) um externo, que conterá apenas o nome ou a função do destinatário e seu endereço, sem qualquer anotação que indique o grau de sigilo do conteúdo;

b) um interno, no qual serão inscritos o nome e a função do destinatário, seu endereço, o número do TDPF ou do processo administrativo fiscal e, claramente indicada, observação de que se trata de matéria sigilosa; (Alterado pelo Dec. 8.303/2014.)

II - o envelope interno será lacrado e sua expedição será acompanhada de recibo;

III - o recibo destinado ao controle da custódia das informações conterá, necessariamente, indicações sobre o remetente, o destinatário e o número do TDPF ou do processo administrativo fiscal. (Alterado pelo Dec. 8.303/2014.)

§ 3º Aos responsáveis pelo recebimento de documentos sigilosos incumbe:

I - verificar e registrar, se for o caso, indícios de qualquer violação ou irregularidade na correspondência recebida, dando ciência do fato ao destinatário, o qual informará ao remetente;

II - assinar e datar o respectivo recibo, se for o caso;

III - proceder ao registro do documento e ao controle de sua tramitação.

§ 4º O envelope interno somente será aberto pelo destinatário ou por seu representante autorizado.

§ 5º O destinatário do documento sigiloso comunicará ao remetente qualquer indício de violação, tais como rasuras, irregularidades de impressão ou de paginação.

§ 6º Os documentos sigilosos serão guardados em condições especiais de segurança.

§ 7º As informações enviadas por meio eletrônico serão obrigatoriamente criptografadas.

ART. 8º O servidor que utilizar ou viabilizar a utilização de qualquer informação obtida nos termos deste Decreto, em finalidade ou hipótese diversa da prevista em lei, regulamento ou ato administrativo, será responsabilizado administrativamente por descumprimento do dever funcional de observar normas legais ou regulamentares, de que trata o art. 116, inciso III, da Lei n. 8.112, de 11 de dezembro de 1990, se o fato não configurar infração mais grave, sem prejuízo de sua responsabilização em ação regressiva própria e da responsabilidade penal cabível.

ART. 9º O servidor que divulgar, revelar ou facilitar a divulgação ou revelação de qualquer informação de que trata este Decreto, constante de sistemas informatizados, arquivos de documentos ou autos de processos protegidos por sigilo fiscal, com infração ao disposto no art. 198 da Lei n. 5.172, de 25 de outubro de 1966 (Código Tributário Nacional), ou no art. 116, inciso VIII, da Lei n. 8.112, de 1990, ficará sujeito à penalidade de demissão, prevista no art. 132, inciso IX, da citada Lei n. 8.112, sem prejuízo das sanções civis e penais cabíveis.

ART. 10. O servidor que permitir ou facilitar, mediante atribuição, fornecimento ou empréstimo de senha ou qualquer outra forma, o acesso de pessoas não autorizadas a sistemas de informações, banco de dados, arquivos ou a autos de processos que contenham informações mencionadas neste Decreto, será responsabilizado administrativamente, nos termos da legislação específica, sem prejuízo das sanções civis e penais cabíveis.

Parágrafo único. O disposto neste artigo também se aplica no caso de o servidor utilizar-se, indevidamente, do acesso restrito.

ART. 11. Configura infração do servidor aos deveres funcionais de exercer com zelo e dedicação as atribuições do cargo e de observar normas legais e regulamentares, nos termos do art. 116, incisos I e III, da Lei n. 8.112, de 1990, sem prejuízo da responsabilidade penal e civil cabível, na forma dos arts. 121 a 125 da daquela Lei, se o fato não configurar infração mais grave:

I - não proceder com o devido cuidado na guarda e utilização de sua senha ou emprestá-la a outro servidor, ainda que habilitado;

II - acessar imotivadamente sistemas informatizados da Secretaria da Receita Federal, arquivos de documentos ou autos de processos, que contenham informações protegidas por sigilo fiscal.

ART. 12. O sujeito passivo que se considerar prejudicado por uso indevido das informações requisitadas, nos termos deste Decreto, ou por abuso da autoridade requisitante, poderá dirigir representação ao Corregedor-Geral da Secretaria da Receita Federal, com vistas à apuração do fato e, se for o caso, à aplicação de penalidades cabíveis ao servidor responsável pela infração.

ART. 13. A Secretaria da Receita Federal editará instruções necessárias à execução do disposto neste Decreto.

ART. 14. Este Decreto entra em vigor na data de sua publicação.

Brasília, 10 de janeiro de 2001;
180º Independência e 113º da República.
FERNANDO HENRIQUE CARDOSO

DECRETO N. 3.913, DE 11 DE SETEMBRO DE 2001

Dispõe sobre a apuração e liquidação dos complementos de atualização monetária de saldos de contas vinculadas do Fundo de Garantia do Tempo de Serviço - FGTS, de que trata a Lei Complementar n. 110, de 29 de junho de 2001.

▸ *DOU*, 12.09.2001.

O Presidente da República, no uso da atribuição que lhe confere o art. 84, inciso IV, da Constituição e tendo em vista as disposições contidas na Lei Complementar n. 110, de 29 de junho de 2001,

Decreta:

ART. 1º Este Decreto regulamenta a forma de apuração dos complementos de atualização monetária das contas vinculadas do Fundo de Garantia do Tempo de Serviço - FGTS, de que trata a Lei Complementar n. 110, de 29 de junho de 2001, relativos aos saldos mantidos no período de 1º de dezembro de 1988 a 28 de fevereiro de 1989 e no mês de abril de 1990, a forma e os prazos para lançamento dos respectivos créditos nas contas vinculadas e a forma de adesão às condições de resgate dos referidos créditos.

ART. 2º A Caixa Econômica Federal calculará o complemento de atualização monetária relativo ao período de 1º de dezembro de 1988 a 28 de fevereiro de 1989, inclusive, e ao mês de abril de 1990, com base nos percentuais:

I - de dezesseis inteiros e sessenta e quatro centésimos por cento, referente ao índice de janeiro de 1989, sobre o saldo mantido na conta vinculada no período de 1º de dezembro de 1988 a 28 de fevereiro de 1989, inclusive;

II - de quarenta e quatro inteiros e oito décimos por cento, referente ao índice de abril de 1990, sobre o saldo mantido no mês de abril de 1990;

III - de dezesseis inteiros e sessenta e quatro centésimos por cento e de quarenta e quatro inteiros e oito décimos por cento, cumulativos, sobre os saldos mantidos, respectivamente, no período de 1º de dezembro de 1988 a 28 de fevereiro de 1989, inclusive, e no mês de abril de 1990.

§ 1º O valor calculado na forma do *caput*, com a remuneração prevista no art. 5º e com a redução cabível especificada no inciso I do art. 6º, ambos da Lei Complementar n. 110, de 2001, será, a partir de 1º de maio de 2002, registrado na conta vinculada do trabalhador que tenha manifestado sua adesão às condições de resgate estabelecidas na Lei Complementar n. 110, de 2001, mediante assinatura do Termo de Adesão, para ser creditado nas condições, forma e prazos previstos neste Decreto.

§ 2º O valor do complemento de atualização monetária, após o seu registro na conta vinculada do trabalhador, efetuado segundo o disposto no § 1º, integra a base de cálculo das multas rescisórias de que tratam os §§ 1º e 2º do art. 18 da Lei n. 8.036, de 11 de maio de 1990.

ART. 3º A adesão às condições de resgate dos complementos de atualização monetária, estabelecidas na Lei Complementar n. 110, de 2001, deverá ser manifestada em Termo de Adesão próprio, nos moldes dos formulários aprovados em portaria conjunta da Advocacia-Geral da União e do Ministério do Trabalho e Emprego.

§ 1º Mantido o conteúdo constante dos formulários do Termo de Adesão, as adesões poderão ser manifestadas por meios magnéticos ou eletrônicos, inclusive mediante teleprocessamento, na forma estabelecida em ato normativo do Agente Operador do FGTS.

§ 2º O titular de conta vinculada poderá, a partir de 5 de novembro de 2001, manifestar sua adesão às condições de resgate do complemento de atualização monetária previstas na Lei Complementar n. 110, de 2001, independentemente do conhecimento prévio do valor do complemento.

§ 3º A critério do Agente Operador do FGTS e mediante ampla divulgação prévia, o início do processo de adesão poderá ser antecipado.

ART. 4º O titular da conta vinculada manifestará, no Termo de Adesão, sua concordância:

I - com a redução do complemento de que trata o art. 2º, remunerado até o dia 10 do mês de julho de 2001 com base nos mesmos critérios de remuneração das contas vinculadas, nas seguintes proporções:

a) zero por cento sobre o total do complemento de atualização monetária de valor até R$ 2.000,00 (dois mil reais);

b) oito por cento sobre o total do complemento de atualização monetária de valor de R$ 2.000,01 (dois mil reais e um centavo) a R$ 5.000,00 (cinco mil reais), assegurado o crédito mínimo de R$ 2.000,00 (dois mil reais), quando a aplicação do percentual de redução resultar em quantia inferior a esse valor;

c) doze por cento sobre o total do complemento de atualização monetária de valor de R$ 5.000,01 (cinco mil reais e um centavo) a R$ 8.000,00 (oito mil reais), assegurado o crédito mínimo de R$ 4.600,00 (quatro mil e seiscentos reais), quando a aplicação do percentual de redução resultar em quantia inferior a esse valor;

d) quinze por cento sobre o total do complemento de atualização monetária de valor acima de R$ 8.000,00 (oito mil reais), assegurado o crédito mínimo de R$ 7.040,00 (sete mil e quarenta reais), quando a aplicação do percentual de redução resultar em quantia inferior a esse valor;

II - com a forma e os prazos do crédito na conta vinculada, consoante as seguintes especificações:

a) o complemento de atualização monetária no valor total de até R$ 1.000,00 (mil reais), será creditado até 30 de junho de 2002, em uma única parcela, para os titulares de contas vinculadas que tenham firmado o Termo de Adesão até o dia 31 de maio de 2002;

b) o complemento de atualização monetária no valor total de R$ 1.000,01 (mil reais e um centavo) a R$ 2.000,00 (dois mil reais), será creditado em duas parcelas semestrais, ocorrendo o crédito da primeira parcela, no valor de R$ 1.000,00 (mil reais), até 31 de julho de 2002, para os titulares de contas vinculadas que tenham firmado o Termo de Adesão até o dia 28 de junho de 2002;

c) o complemento de atualização monetária no valor total de R$ 2.000,01 (dois mil reais e um centavo) a R$ 5.000,00 (cinco mil reais), definido antes da dedução de que trata o inciso I, alínea b, será creditado em cinco parcelas semestrais, a partir de janeiro de 2003, para os titulares de contas vinculadas que tenham firmado o Termo de Adesão até o dia 30 de dezembro de 2002;

d) o complemento de atualização monetária no valor total de R$ 5.000,01 (cinco mil reais e um centavo), a R$ 8.000,00 (oito mil reais), definido antes da dedução de que trata o inciso I, alínea c, será creditado em sete parcelas semestrais, a partir de julho de 2003, para os titulares de contas vinculadas que tenham firmado o Termo de Adesão até o dia 30 de junho de 2003;

e) o complemento de atualização monetária no valor total acima de R$ 8.000,00 (oito mil reais), definido antes da dedução de que trata o inciso I, alínea d, será creditado em sete parcelas semestrais, a partir de janeiro de 2004, para os titulares de contas vinculadas que tenham firmado o Termo de Adesão até o dia 30 de dezembro de 2003;

III - em firmar, sob as penas da lei, declaração de que não está discutindo em juízo, nem ingressará em juízo para discutir, complementos de atualização monetária do FGTS relativos a junho de 1987, ao período de 1º de dezembro de 1988 a 28 de fevereiro de 1989, a abril e maio de 1990 e a fevereiro de 1991;

IV - em desistir de ação judicial que tenha interposto, inclusive na condição de litisconsorte, para pleitear o pagamento de complementos de atualização monetária citados no inciso III, conformando-se, por transação a ser homologada em juízo, com as condições estabelecidas neste Decreto.

§ 1º Nos casos em que a adesão dependa de transação, serão consideradas como datas de adesão, para os efeitos das alíneas "a" a "e" do inciso II, as datas em que os titulares de contas vinculadas firmaram o Termo de Adesão, independentemente da homologação judicial da transação, que deverá ser requerida mesmo depois de efetuado o crédito na conta. (Redação dada pelo Dec. 4.777/2003.)

§ 2º Para os trabalhadores que vierem a firmar seus termos de adesão após as datas previstas nas alíneas a a d do inciso II, os créditos em suas contas vinculadas iniciar-se-ão no mês subsequente ao da assinatura do Termo de Adesão, observadas as demais regras constantes nesses dispositivos, quanto a valores, número e periodicidade de pagamento de parcelas.

§ 3º A data final para assinatura do Termo de Adesão é 30 de dezembro de 2003.

§ 4º Na ocorrência de óbito do titular da conta vinculada, o Termo de Adesão será firmado por todos os seus dependentes, habilitados perante a Previdência Social para a concessão de pensões por morte e, na falta de dependentes, por todos os seus sucessores previstos na lei civil, indicados em alvará judicial, expedido a requerimento do interessado, independentemente de inventário ou arrolamento.

ART. 5º O titular da conta vinculada fará jus ao crédito de que trata o inciso II do art. 4º deste Decreto, em uma única parcela, até junho de 2002, disponível para imediata movimentação a partir desse mês, nas hipóteses de o titular:

I - ou qualquer de seus dependentes ser acometido de neoplasia maligna;

II - ou qualquer de seus dependentes ser portador do vírus HIV;

III - com crédito de até R$ 2.000,00 (dois mil reais), ser aposentado por invalidez em função de acidente de trabalho ou doença profissional, ou ser aposentado maior de sessenta e cinco anos de idade;

IV - de o titular ou qualquer de seus dependentes ser acometido de doença terminal.

Parágrafo único. Para efeito do inciso IV, apresentar-se-á diagnóstico médico claramente descritivo que, em face dos sintomas ou do histórico patológico, caracterize o estágio terminal de vida em razão da doença grave consignada no Código Internacional de Doenças - CID que acometa o trabalhador ou qualquer de seus dependentes, assinado por médico devidamente identificado por seu registro profissional e emitido na conformidade das normas dos Conselhos Federal e Regional de Medicina. (Redação dada pelo Dec. 5.860/2006.)

ART. 6º A movimentação da conta vinculada, relativamente ao crédito do complemento de atualização monetária, que não se enquadre nas hipóteses do art. 5º, observará as condições previstas no art. 20 da Lei n. 8.036, de 1990.

§ 1º As hipóteses de movimentação da conta vinculada previstas nos incisos I, II, III, IV, VIII, IX, X e XI do artigo 20 da Lei 8.036, de 1990, e na Lei 7.670, de 8 de setembro de 1988, ocorridas anteriormente à data da edição da Lei Complementar n. 110, de 2001, autorizam o saque do complemento de atualização monetária após o crédito na conta vinculada.

§ 2º Após o crédito do complemento de atualização monetária na conta vinculada, nas condições do inciso II do art. 4º, será permitida a sua utilização para a amortização ou quitação de saldo devedor de financiamento de moradia própria no âmbito do Sistema Financeiro da Habitação, inclusive na modalidade de Carta de Crédito do FGTS, mediante encontro de contas, atendidas as condições do art. 20 da Lei n. 8.036, de 1990

ART. 7º Os saques de que tratam o art. 5º e o § 1º do art. 6º poderão ser processados mediante transferência do valor correspondente para conta corrente do titular da conta vinculada, com a autorização deste.

ART. 8º A critério do titular da conta vinculada, o complemento de atualização monetária, de valor total superior a R$ 2.000,00 (dois mil reais), computada a dedução de que trata o inciso I do art. 4º, poderá ser resgatado mediante entrega, em julho de 2002, ou nos seis meses seguintes, no caso de adesões que se efetuarem até dezembro de 2002, de documento de quitação com o FGTS em que se autoriza a compra de título, lastreado nas receitas decorrentes das contribuições instituídas pelos arts. 1º e 2º da Lei Complementar n. 110, de 2001, de valor de face equivalente ao valor do referido complemento, nos termos e condições estabelecidas pelo Conselho Monetário Nacional - CMN.

ART. 9º O Agente Operador do FGTS, observadas as normas legais e regulamentares:

I - estabelecerá, em ato normativo, os procedimentos operacionais relativos ao exercício da adesão de que trata o art. 3º e à efetivação dos créditos nas contas vinculadas; e

II - promoverá, antes de iniciar o processo de adesão, ampla divulgação sobre os procedimentos, meios e forma de adesão, e distribuição dos respectivos formulários.

ART. 10. Este Decreto entra em vigor na data de sua publicação.

Brasília, 11 de setembro de 2001; 180º da Independência e 113º da República.

FERNANDO HENRIQUE CARDOSO

DECRETO N. 3.914, DE 11 DE SETEMBRO DE 2001

Dispõe sobre a regulamentação das contribuições sociais instituídas pela Lei Complementar n. 110, de 29 de junho de 2001.

▸ *DOU*, 12.09.2001.

O Presidente da República, no uso da atribuição que lhe confere o art. 84, inciso IV, da Constituição,

Decreta:

ART. 1º Este Decreto dispõe sobre a regulamentação da contribuição social devida por despedida de empregado sem justa causa e da contribuição social incidente sobre a remuneração mensal do trabalhador, instituídas pelos arts. 1º e 2º da Lei Complementar n. 110, de 29 de junho de 2001.

ART. 2º A contribuição social que tem por fato gerador a despedida de empregado sem justa causa é devida em relação às despedidas que ocorrerem a partir de 28 de setembro de 2001, inclusive.

§ 1º A base de cálculo da contribuição é o montante dos depósitos do Fundo de Garantia do Tempo de Serviço - FGTS, acrescidos das remunerações previstas no art. 13 da Lei n. 8.036, de 11 de maio de 1990, bem como nos arts. 11 da Lei n. 7.839, de 12 de outubro de 1989, e 3º e 4º da Lei n. 5.107, de 13 de setembro de 1966, enquanto vigentes, devidos durante a vigência do contrato de trabalho.

§ 2º O valor do complemento de atualização monetária de que trata o art. 4º, com a remuneração prevista no art. 5º e com a redução cabível especificada no inciso I do art. 6º, todos da Lei Complementar n. 110, de 2001, que esteja registrado, na data da rescisão do contrato de trabalho, na conta vinculada do trabalhador que tenha firmado o Termo de Adesão a que se refere o art. 4º, inciso I, da mesma Lei Complementar, integra a base de cálculo da contribuição de que trata este artigo.

§ 3º O valor da contribuição será determinado pela aplicação da alíquota de dez por cento sobre o valor da base de cálculo especificada nos §§ 1º e 2º.

§ 4º A contribuição deve ser paga nos seguintes prazos:

I - até o primeiro dia útil imediato ao término do contrato, no caso em que o empregador concede o aviso-prévio nos termos do art. 487 da Consolidação das Leis do Trabalho - CLT; ou

II - até o décimo dia, contado da data da notificação da demissão, quando da ausência do aviso-prévio, indenização do mesmo ou dispensa de seu cumprimento.

§ 5º Os empregadores domésticos ficam isentos da contribuição social de que trata este artigo.

ART. 3º A contribuição social incidente sobre a remuneração do trabalhador é devida a partir da remuneração relativa ao mês de outubro de 2001 até a remuneração relativa ao mês de setembro de 2006.

§ 1º A contribuição incide sobre a remuneração paga ou devida, no mês anterior, a cada trabalhador.

§ 2º A base de cálculo da contribuição é o valor da remuneração paga ou devida a cada trabalhador, computadas as parcelas de que trata o art. 15 da Lei n. 8.036, de 1990.

§ 3º O valor do pagamento antecipado de remuneração ou de gratificação de Natal integra a base de cálculo da contribuição social relativa ao mês em que ocorrer o pagamento antecipado.

§ 4º O valor da contribuição será determinado pela aplicação da alíquota de cinco décimos por cento sobre a base de cálculo especificada nos §§ 2º e 3º.

§ 5º A contribuição incidente sobre a remuneração paga ou devida em cada mês deve ser paga até o dia 7 do mês subsequente ou, não havendo expediente bancário no dia 7, até o último dia útil que o anteceder.

§ 6º Ficam isentas da contribuição social de que trata este artigo:

I - as empresas inscritas no Sistema Integrado de Pagamento de Impostos e Contribuições das Microempresas e Empresas de Pequeno Porte - SIMPLES, desde que o faturamento anual não ultrapasse o limite de R$ 1.200.000,00 (um milhão e duzentos mil reais);

II - as pessoas físicas, em relação à remuneração de empregados domésticos; e

III - as pessoas físicas, em relação à remuneração de empregados rurais, desde que sua receita bruta anual não ultrapasse o limite de R$ 1.200.000,00 (um milhão e duzentos mil reais).

§ 7º Para os fins do disposto no § 6º, poderão ser utilizadas informações constantes dos cadastros administrados pela Secretaria da Receita Federal, na forma estabelecida em convênio.

ART. 4º O sujeito passivo das contribuições sociais de que trata este Decreto é o empregador, considerado como tal a pessoa física ou a pessoa jurídica de direito privado ou de direito público, da administração pública direta, indireta ou fundacional de qualquer dos Poderes, da União, dos Estados, do Distrito Federal e dos Municípios, que admitir trabalhadores a seu serviço, bem assim aquele que, regido por legislação especial, encontrar-se nessa condição ou figurar como fornecedor ou tomador de mão de obra, independente da responsabilidade solidária ou subsidiária a que eventualmente venha obrigar-se.

Parágrafo único. Para os efeitos deste Decreto, considera-se empregado ou trabalhador toda pessoa física que prestar serviços a empregador, a locador ou tomador de mão de obra, excluídos os eventuais, os autônomos e os servidores públicos civis e militares sujeitos a regime jurídico próprio.

ART. 5º O pagamento das contribuições sociais de que trata este Decreto fora dos prazos estabelecidos sujeita o infrator aos acréscimos previstos no art. 22 da Lei n. 8.036, de 1990, e nos §§ 2º e 3º do art. 3º da Lei Complementar n. 110, de 2001.

ART. 6º A exigência fiscal da contribuição social, que não tenha sido paga por iniciativa do contribuinte, será formalizada em notificação de débito, lavrada por Auditor-Fiscal do Trabalho ou pela Repartição competente do Ministério do Trabalho e Emprego, nos termos de ato normativo do Ministro de Trabalho e Emprego.

ART. 7º As contribuições sociais de que trata este Decreto, inclusive os acréscimos legais correspondentes, serão pagos na rede bancária arrecadadora do FGTS, na forma a ser estabelecida pelo Agente Operador do FGTS.

§ 1º Os valores recolhidos pela rede bancária serão transferidos à Caixa Econômica Federal no segundo dia útil subsequente à data em que tenham sido recolhidos.

§ 2º A Caixa Econômica Federal procederá ao registro das receitas, relativas às contribuições sociais que lhe forem transferidas pela rede bancária, no Sistema Integrado de Administração Financeira do Governo Federal - SIAFI, na forma regulada pelo Ministério da Fazenda.

ART. 8º A falta de pagamento das contribuições de que trata este Decreto resultará no impedimento da emissão, pela Caixa Econômica Federal, do Certificado de Regularidade do FGTS, sem prejuízo das demais cominações legais cabíveis.

ART. 9º O Ministério do Trabalho e Emprego expedirá as normas para disciplinar os procedimentos de administração das contribuições sociais de que trata este Decreto.

ART. 10. Este Decreto entra em vigor na data de sua publicação.

Brasília, 11 de setembro de 2001; 180º da Independência e 113º da República.

FERNANDO HENRIQUE CARDOSO

DECRETO N. 4.066, DE 27 DE DEZEMBRO DE 2001

Reduz as alíquotas específicas e o limite de dedução da Contribuição de Intervenção do Domínio Econômico (Cide), instituída pela Lei 10.336, de 19 de dezembro de 2001, para os produtos que especifica.

O Presidente da República, no uso da atribuição que lhe confere o art. 84, inciso IV, da Constituição, e tendo em vista o disposto no art. 9º, *caput* e § 1º, da Lei n. 10.336, de 19 de dezembro de 2001,

Decreta:

ART. 1º As alíquotas específicas da Contribuição de Intervenção do Domínio Econômico (Cide), instituída pela Lei 10.336, de 19 de dezembro de 2001, ficam reduzidas, com observância do disposto no art. 9º da referida Lei, para:

I - R$ 21,40 (vinte e um reais e quarenta centavos) por metro cúbico, no caso de querosene de aviação;

II - R$ 104,60 (cento e quatro reais e sessenta centavos) por tonelada, no caso de gás liquefeito de petróleo, inclusive o derivado de gás natural e de nafta;

III - R$ 22,54 (vinte e dois reais e cinquenta e quatro centavos) por metro cúbico, no caso de álcool etílico combustível.

ART. 2º Os limites de dedução a que se referem os incisos III, VI e VII do art. 8º da Lei n. 10.336, de 2001, ficam reduzidos para, respectivamente:

I - R$ 3,81 (três reais e oitenta e um centavos) e R$ 17,59 (dezessete reais e cinquenta e nove centavos) por metro cúbico, no caso de querosene de aviação;

II - R$ 18,63 (dezoito reais e sessenta e três centavos) e R$ 85,97 (oitenta e cinco reais e noventa e sete centavos) por tonelada, no caso de gás liquefeito de petróleo, inclusive o derivado de gás natural e de nafta;

III - R$ 4,01 (quatro reais e um centavo) e R$ 18,53 (dezoito reais e cinquenta e três centavos) por metro cúbico, no caso de álcool etílico combustível.

ART. 3º Este Decreto entra em vigor na data de sua publicação, produzindo efeito em relação aos fatos geradores ocorridos a partir de 1º de janeiro de 2002.

Brasília, 27 de dezembro de 2001; 180º da Independência e 113º da República.

FERNANDO HENRIQUE CARDOSO

DECRETO N. 4.074, DE 4 DE JANEIRO DE 2002

Regulamenta a Lei n. 7.802, de 11 de julho de 1989, que dispõe sobre a pesquisa, a experimentação, a produção, a embalagem e rotulagem, o transporte, o armazenamento, a comercialização, a propaganda comercial, a utilização, a importação, a exportação, o destino final dos resíduos e embalagens, o registro, a classificação, o controle, a inspeção e a fiscalização de agrotóxicos, seus componentes e afins, e dá outras providências.

› *DOU*, 08.01.2002.

O Presidente da República, no uso da atribuição que lhe confere o art. 84, inciso IV, da Constituição, e tendo em vista o disposto na Lei n. 7.802, de 11 de julho de 1989,

Decreta:

CAPÍTULO I
DAS DISPOSIÇÕES PRELIMINARES

ART. 1º Para os efeitos deste Decreto, entende-se por:

I - aditivo - substância ou produto adicionado a agrotóxicos, componentes e afins, para melhorar sua ação, função, durabilidade, estabilidade e detecção ou para facilitar o processo de produção;

II - adjuvante - produto utilizado em mistura com produtos formulados para melhorar a sua aplicação;

III - agente biológico de controle - o organismo vivo, de ocorrência natural ou obtido por manipulação genética, introduzido no ambiente para o controle de uma população ou de atividades biológicas de outro organismo vivo considerado nocivo;

IV - agrotóxicos e afins - produtos e agentes de processos físicos, químicos ou biológicos, destinados ao uso nos setores de produção, no armazenamento e beneficiamento de produtos agrícolas, nas pastagens, na proteção de florestas, nativas ou plantadas, e de outros ecossistemas e de ambientes urbanos, hídricos e industriais, cuja finalidade seja alterar a composição da flora ou da fauna, a fim de preservá-las da ação danosa de seres vivos considerados nocivos, bem como as substâncias e produtos empregados como desfolhantes, dessecantes, estimuladores e inibidores de crescimento;

V - centro ou central de recolhimento - estabelecimento mantido ou credenciado por um ou mais fabricantes e registrantes, ou conjuntamente com comerciantes, destinado ao recebimento e armazenamento provisório de embalagens vazias de agrotóxicos e afins dos estabelecimentos comerciais, dos postos de recebimento ou diretamente dos usuários;

VI - comercialização - operação de compra, venda ou permuta dos agrotóxicos, seus componentes e afins;

VII - componentes - princípios ativos, produtos técnicos, suas matérias-primas, ingredientes inertes e aditivos usados na fabricação de agrotóxicos e afins;

VIII - controle - verificação do cumprimento dos dispositivos legais e requisitos técnicos relativos a agrotóxicos, seus componentes e afins;

IX - embalagem - invólucro, recipiente ou qualquer forma de acondicionamento, removível ou não, destinado a conter, cobrir, empacotar, envasar, proteger ou manter os agrotóxicos, seus componentes e afins;

X - Equipamento de Proteção Individual (EPI) - todo vestuário, material ou equipamento destinado a proteger pessoa envolvida na produção, manipulação e uso de agrotóxicos, seus componentes e afins;

XI - exportação - ato de saída de agrotóxicos, seus componentes e afins, do País para o exterior;

XII - fabricante - pessoa física ou jurídica habilitada a produzir componentes;

XIII - fiscalização - ação direta dos órgãos competentes, com poder de polícia, na verificação do cumprimento da legislação especifica;

XIV - formulador - pessoa física ou jurídica habilitada a produzir agrotóxicos e afins;

XV - importação - ato de entrada de agrotóxicos, seus componentes e afins, no País;

XVI - impureza - substância diferente do ingrediente ativo derivada do seu processo de produção;

XVII - ingrediente ativo ou princípio ativo - agente químico, físico ou biológico que confere eficácia aos agrotóxicos e afins;

XVIII - ingrediente inerte ou outro ingrediente - substância ou produto não ativo em relação à eficácia dos agrotóxicos e afins, usado apenas como veículo, diluente ou para conferir características próprias às formulações;

XIX - inspeção - acompanhamento, por técnicos especializados, das fases de produção, transporte, armazenamento, manipulação, comercialização, utilização, importação, exportação e destino final dos agrotóxicos, seus componentes e afins, bem como de seus resíduos e embalagens;

XX - intervalo de reentrada - intervalo de tempo entre a aplicação de agrotóxicos ou afins e a entrada de pessoas na área tratada sem a necessidade de uso de EPI;

XXI - intervalo de segurança ou período de carência, na aplicação de agrotóxicos ou afins:

a) antes da colheita: intervalo de tempo entre a última aplicação e a colheita;

b) pós-colheita: intervalo de tempo entre a última aplicação e a comercialização do produto tratado;

c) em pastagens: intervalo de tempo entre a última aplicação e o consumo do pasto;

d) em ambientes hídricos: intervalo de tempo entre a última aplicação e o reinício das atividades de irrigação, dessedentação de animais, balneabilidade, consumo de alimentos provenientes do local e captação para abastecimento público; e

e) em relação a culturas subsequentes: intervalo de tempo transcorrido entre a última aplicação e o plantio consecutivo de outra cultura.

XXII - Limite Máximo de Resíduo (LMR) - quantidade máxima de resíduo de agrotóxico ou afim oficialmente aceita no alimento, em decorrência da aplicação adequada numa fase específica, desde sua produção até o consumo, expressa em partes (em peso) do agrotóxico, afim ou seus resíduos por milhão de partes de alimento (em peso) (ppm ou mg/kg);

XXIII - manipulador - pessoa física ou jurídica habilitada e autorizada a fracionar e reembalar agrotóxicos e afins, com o objetivo específico de comercialização;

XXIV - matéria-prima - substância, produto ou organismo utilizado na obtenção de um ingrediente ativo, ou de um produto que o contenha, por processo químico, físico ou biológico;

XXV - mistura em tanque - associação de agrotóxicos e afins no tanque do equipamento aplicador, imediatamente antes da aplicação;

XXVI - novo produto - produto técnico, pré-mistura ou produto formulado contendo ingrediente ativo ainda não registrado no Brasil;

XXVII - país de origem - país em que o agrotóxico, componente ou afim é produzido;

XXVIII - país de procedência - país exportador do agrotóxico, componente ou afim para o Brasil;

XXIX - pesquisa e experimentação - procedimentos técnico-científicos efetuados visando gerar informações e conhecimentos a respeito da aplicabilidade de agrotóxicos, seus componentes e afins, da sua eficiência e dos seus efeitos sobre a saúde humana e o meio ambiente;

XXX - posto de recebimento - estabelecimento mantido ou credenciado por um ou mais estabelecimentos comerciais ou conjuntamente com os fabricantes, destinado a receber e armazenar provisoriamente embalagens vazias de agrotóxicos e afins devolvidas pelos usuários;

XXXI - pré-mistura - produto obtido a partir de produto técnico, por intermédio de processos químicos, físicos ou biológicos, destinado exclusivamente à preparação de produtos formulados;

XXXII - prestador de serviço - pessoa física ou jurídica habilitada a executar trabalho de aplicação de agrotóxicos e afins;

XXXIII - produção - processo de natureza química, física ou biológica para obtenção de agrotóxicos, seus componentes e afins;

XXXIV - produto de degradação - substância ou produto resultante de processos de degradação, de um agrotóxico, componente ou afim;

XXXV - produto formulado - agrotóxico ou afim obtido a partir de produto técnico ou de, pré-mistura, por intermédio de processo físico, ou diretamente de matérias-primas por meio de processos físicos, químicos ou biológicos;

XXXVI - (Revogado pelo Dec. 5.981/2006.)

XXXVII - produto técnico - produto obtido diretamente de matérias-primas por processo químico, físico ou biológico, destinado à obtenção de produtos formulados ou de pré-misturas e cuja composição contenha teor definido de ingrediente ativo e impurezas, podendo conter estabilizantes e produtos relacionados, tais como isômeros;

XXXVIII - (Revogado pelo Dec. 5.981/2006.)

XXXIX - receita ou receituário: prescrição e orientação técnica para utilização de agrotóxico ou afim, por profissional legalmente habilitado;

XL - registrante de produto - pessoa física ou jurídica legalmente habilitada que solicita o registro de um agrotóxico, componente ou afim;

XLI - registro de empresa e de prestador de serviços - ato dos órgãos competentes estaduais, municipais e do Distrito Federal que autoriza o funcionamento de um estabelecimento produtor, formulador, importador, exportador, manipulador ou comercializador, ou a prestação de serviços na aplicação de agrotóxicos e afins;

XLII - registro de produto - ato privativo de órgão federal competente, que atribui o direito de produzir, comercializar, exportar, importar, manipular ou utilizar um agrotóxico, componente ou afim;

XLIII - Registro Especial Temporário - RET - ato privativo de órgão federal competente, destinado a atribuir o direito de utilizar um agrotóxico, componente ou afim para finalidades específicas em pesquisa e experimentação, por tempo determinado, podendo conferir o direito de importar ou produzir a quantidade necessária à pesquisa e experimentação;

XLIV - resíduo - substância ou mistura de substâncias remanescente ou existente em alimentos ou no meio ambiente decorrente do uso ou da presença de agrotóxicos e afins, inclusive, quaisquer derivados específicos, tais como produtos de conversão e de degradação, metabólitos, produtos de reação e impurezas, consideradas toxicológica e ambientalmente importantes;

XLV - titular de registro - pessoa física ou jurídica que detém os direitos e as obrigações conferidas pelo registro de um agrotóxico, componente ou afim; e

XLVI - Venda aplicada - operação de comercialização vinculada à prestação de serviços de aplicação de agrotóxicos e afins, indicadas em rótulo e bula.

XLVII - produto fitossanitário com uso aprovado para a agricultura orgânica - agrotóxico ou afim contendo exclusivamente substâncias permitidas, em regulamento próprio, para uso na agricultura orgânica; (Incluído pelo Dec. 6.913/2009.)

XLVIII - especificação de referência - especificações e garantias mínimas que os produtos fitossanitários com uso aprovado na agricultura orgânica deverão seguir para obtenção de registro. (Incluído pelo Dec. 6.913/2009.)

CAPÍTULO II
DAS COMPETÊNCIAS

ART. 2º Cabe aos Ministérios da Agricultura, Pecuária e Abastecimento, Saúde e do Meio Ambiente, no âmbito de suas respectivas áreas de competências:

I - estabelecer as diretrizes e exigências relativas a dados e informações a serem apresentados pelo requerente para registro e reavaliação de registro dos agrotóxicos, seus componentes e afins;

II - estabelecer diretrizes e exigências objetivando minimizar os riscos apresentados por agrotóxicos, seus componentes e afins;

III - estabelecer o limite máximo de resíduos e o intervalo de segurança dos agrotóxicos e afins;

IV - estabelecer os parâmetros para rótulos e bulas de agrotóxicos e afins;

V - estabelecer metodologias oficiais de amostragem e de análise para determinação de resíduos de agrotóxicos e afins em produtos de origem vegetal, animal, na água e no solo;

VI - promover a reavaliação de registro de agrotóxicos, seus componentes e afins quando surgirem indícios da ocorrência de riscos que desaconselhem o uso de produtos registrados ou quando o País for alertado nesse sentido, por organizações internacionais responsáveis pela saúde, alimentação ou meio ambiente, das quais o Brasil seja membro integrante ou signatário de acordos;

VII - avaliar pedidos de cancelamento ou de impugnação de registro de agrotóxicos, seus componentes e afins;

VIII - autorizar o fracionamento e a reembalagem dos agrotóxicos e afins;

IX - controlar, fiscalizar e inspecionar a produção, a importação e a exportação dos agrotóxicos, seus componentes e afins, bem como os respectivos estabelecimentos;

X - controlar a qualidade dos agrotóxicos, seus componentes e afins frente às características do produto registrado;

XI - desenvolver ações de instrução, divulgação e esclarecimento sobre o uso correto e eficaz dos agrotóxicos e afins;

XII - prestar apoio às Unidades da Federação nas ações de controle e fiscalização dos agrotóxicos, seus componentes e afins;

XIII - indicar e manter representantes no Comitê Técnico de Assessoramento para Agrotóxicos de que trata o art. 95;

XIV - manter o Sistema de Informações sobre Agrotóxicos - SIA, referido no art. 94; e

XV - publicar no Diário Oficial da União o resumo dos pedidos e das concessões de registro.

ART. 3º Cabe aos Ministérios da Agricultura, Pecuária e Abastecimento e da Saúde, no âmbito de suas respectivas áreas de competência monitorar os resíduos de agrotóxicos e afins em produtos de origem vegetal.

ART. 4º Cabe aos Ministérios da Agricultura, Pecuária e Abastecimento e do Meio Ambiente registrar os componentes caracterizados como matérias-primas, ingredientes inertes e aditivos, de acordo com diretrizes e exigências dos órgãos federais da agricultura, da saúde e do meio ambiente.

ART. 5º Cabe ao Ministério da Agricultura, Pecuária e Abastecimento:

I - avaliar a eficiência agronômica dos agrotóxicos e afins para uso nos setores de produção, armazenamento e beneficiamento de produtos agrícolas, nas florestas plantadas e nas pastagens; e

II - conceder o registro, inclusive o RET, de agrotóxicos, produtos técnicos, pré-misturas e afins para uso nos setores de produção, armazenamento e beneficiamento de produtos agrícolas, nas florestas plantadas e nas pastagens, atendidas as diretrizes e exigências dos Ministérios da Saúde e do Meio Ambiente.

ART. 6º Cabe ao Ministério da Saúde:

I - avaliar e classificar toxicologicamente os agrotóxicos, seus componentes, e afins;

II - avaliar os agrotóxicos e afins destinados ao uso em ambientes urbanos, industriais, domiciliares, públicos ou coletivos, ao tratamento de água e ao uso em campanhas de saúde pública, quanto à eficiência do produto;

III - realizar avaliação toxicológica preliminar dos agrotóxicos, produtos técnicos, pré-misturas e afins, destinados à pesquisa e à experimentação;

IV - estabelecer intervalo de reentrada em ambiente tratado com agrotóxicos e afins;

V - conceder o registro, inclusive o RET, de agrotóxicos, produtos técnicos, pré-misturas e afins destinados ao uso em ambientes urbanos, industriais, domiciliares, públicos ou coletivos, ao tratamento de água e ao uso em campanhas de saúde pública atendidas as diretrizes e exigências dos Ministérios da Agricultura e do Meio Ambiente; e

VI - monitorar os resíduos de agrotóxicos e afins em produtos de origem animal.

ART. 7º Cabe ao Ministério do Meio Ambiente:

I - avaliar os agrotóxicos e afins destinados ao uso em ambientes hídricos, na proteção de florestas nativas e de outros ecossistemas, quanto à eficiência do produto;

II - realizar a avaliação ambiental, dos agrotóxicos, seus componentes e afins, estabelecendo suas classificações quanto ao potencial de periculosidade ambiental;

III - realizar a avaliação ambiental preliminar de agrotóxicos, produto técnico, pré-mistura e afins destinados à pesquisa e à experimentação; e

IV - conceder o registro, inclusive o RET, de agrotóxicos, produtos técnicos e pré-misturas e afins destinados ao uso em ambientes hídricos, na proteção de florestas nativas e de outros ecossistemas, atendidas as diretrizes e exigências dos Ministérios da Agricultura, Pecuária e Abastecimento e da Saúde.

CAPÍTULO III
DOS REGISTROS

SEÇÃO I
DO REGISTRO DO PRODUTO

ART. 8º Os agrotóxicos, seus componentes e afins só poderão ser produzidos, manipulados, importados, exportados, comercializados e utilizados no território nacional se previamente registrados no órgão federal competente, atendidas as diretrizes e exigências dos órgãos federais responsáveis pelos setores de agricultura, saúde e meio ambiente.

Parágrafo único. Os certificados de registro serão expedidos pelos órgãos federais competentes, contendo no mínimo o previsto no Anexo I.

ART. 9º Os requerentes e titulares de registro fornecerão, obrigatoriamente, aos órgãos federais responsáveis pelos setores de agricultura, saúde e meio ambiente, as inovações concernentes aos dados apresentados para registro e reavaliação de registro dos seus produtos.

ART. 10. Para obter o registro ou a reavaliação de registro de produtos técnicos, pré-misturas, agrotóxicos e afins, o interessado deve apresentar, em prazo não superior a cinco dias úteis, a contar da data da primeira protocolização do pedido, a cada um dos órgãos responsáveis pelos setores de agricultura, saúde e meio ambiente, requerimento em duas vias, conforme Anexo II, acompanhado dos respectivos relatórios e de dados e informações exigidos, por aqueles órgãos, em normas complementares.

§ 1º Ao receber o pedido de registro ou de reavaliação de registro, os órgãos responsáveis atestarão, em uma das vias do requerimento, a data de recebimento do pleito com a indicação do respectivo número de protocolo.

§ 2º O requerente de registro de produto técnico equivalente deverá fornecer os dados e documentos exigidos no Anexo II, itens 1 a 11, 15 e 16.1 a 16.6. (Redação dada pelo Dec. 5.981/2006.)

§ 3º O órgão federal de saúde informará ao requerente de registro por equivalência se o produto técnico de referência indicado contém ou não contém os estudos, testes, dados e informações necessários à avaliação do registro, no prazo de quinze dias da solicitação do registro de produto técnico por equivalência. (Redação dada pelo Dec. 5.981/2006.)

§ 4º Quando o produto técnico de referência indicado não contiver os estudos, testes, dados e informações necessários à avaliação, o órgão federal de saúde, ouvidos os demais órgãos de registro, informará ao requerente de registro por equivalência quais produtos técnicos estão aptos a serem indicados como produto técnico de referência para o ingrediente ativo de interesse ou a alternativa de encaminhamento para o pleito de registro, no prazo de trinta dias após o prazo previsto no § 3º. (Redação dada pelo Dec. 5.981/2006.)

§ 5º Os produtos técnicos registrados com base em equivalência não poderão ser indicados como produtos técnicos de referência. (Incluído pelo Dec. 5.981/2006.)

§ 6º Os produtos com registro cancelado poderão ser indicados como produtos técnicos de referência, desde que atendam aos requisitos previstos na legislação para registro de agrotóxicos e afins e contenham os estudos, testes, dados e informações necessários ao registro por equivalência. (Incluído pelo Dec. 5.981/2006.)

§ 7º A avaliação para determinação da equivalência entre produtos técnicos será realizada conjuntamente pelos órgãos responsáveis pelos setores da agricultura, saúde e meio ambiente, resguardadas as suas competências, com observância dos critérios de equivalência da Organização das Nações Unidas para Agricultura e Alimentação - FAO, conforme descrito no Anexo X. (Incluído pelo Dec. 5.981/2006.)

§ 8º Na Fase I do processo de avaliação dos pleitos de registro de produto técnico com base em equivalência, os órgãos verificarão se o produto técnico é equivalente ao produto técnico de referência indicado, de acordo com os critérios previstos nos itens 1 a 3 do Anexo X, com base nos dados e informações apresentadas conforme os itens 15 e 16.1 a 16.6 do Anexo II. (Incluído pelo Dec. 5.981/2006.)

§ 9º Quando não for possível determinar a equivalência do produto técnico somente com os dados e informações da Fase I, o processo de avaliação passará à Fase II, de acordo com os critérios previstos no item 4 do Anexo X, para a qual o requerente de registro de produto técnico equivalente deverá apresentar os estudos que lhe forem exigidos com base no item 16.7 do Anexo II. (Incluído pelo Dec. 5.981/2006.)

§ 10. Se os dados e estudos previstos na Fase II também não forem suficientes para a comprovação da equivalência do produto técnico, o processo de avaliação passará à Fase III, de acordo com os critérios previstos no item 5 do Anexo X, para a qual o requerente de registro de produto técnico equivalente deverá apresentar os estudos que lhe forem exigidos com base nos itens 16.8 e 16.9 do Anexo II. (Incluído pelo Dec. 5.981/2006.)

§ 11. Quando os procedimentos previstos sucessivamente nos §§ 8º, 9º e 10 não permitirem a comprovação de que o produto técnico é equivalente ao produto técnico de referência indicado, o requerente poderá dar continuidade ao processo de registro, cumprindo com a totalidade dos requisitos previstos para o registro de produtos técnicos. (Incluído pelo Dec. 5.981/2006.)

§ 12. Na análise de cinco bateladas, a fração não identificada dos produtos técnicos deverá ser igual ou inferior a 20g/kg. (Incluído pelo Dec. 5.981/2006.)

§ 13. O requerente de registro de produto formulado com base em produto técnico equivalente deverá fornecer os dados e documentos exigidos no Anexo II, itens 1 a 11, 13 e 21 a 23. (Incluído pelo Dec. 5.981/2006.)

§ 14. Os estudos de eficiência e praticabilidade constantes dos itens 18.1 e 21.1 do Anexo II, relacionados respectivamente a produtos formulados e produtos formulados com base em produto técnico equivalente, não serão exigidos dos produtos que, comparados a produtos formulados já registrados, apresentarem todas as características a seguir: (Incluído pelo Dec. 5.981/2006.)

I - mesmo tipo de formulação; e (Incluído pelo Dec. 5.981/2006.)

II - mesmas indicações de uso (culturas e doses) e modalidades de emprego já registradas. (Incluído pelo Dec. 5.981/2006.)

§ 15. A dispensa de realização de testes de que trata o § 14 não isenta a empresa da apresentação de informações atestando a não fitotoxicidade do produto para os fins propostos. (Incluído pelo Dec. 5.981/2006.)

§ 16. Os estudos de resíduos constantes dos itens 18.4 e 19.2 e dos itens 21.4 e 22.2 do Anexo II, relacionados respectivamente a produtos formulados e produtos formulados com base em produto técnico equivalente, não serão exigidos dos produtos que, comparados a produtos formulados já registrados, apresentarem todas as características a seguir: (Incluído pelo Dec. 5.981/2006.)

I - mesmo tipo de formulação; (Incluído pelo Dec. 5.981/2006.)

II - mesmas indicações de culturas e modalidades de emprego já registradas; (Incluído pelo Dec. 5.981/2006.)

III - aplicação de quantidade igual ou inferior de ingrediente ativo durante o ciclo ou safra da cultura; e (Incluído pelo Dec. 5.981/2006.)

IV - intervalo de segurança igual ou superior. (Incluído pelo Dec. 5.981/2006.)

§ 17. Para a comparação de que trata o § 16, os produtos formulados já registrados deverão possuir: (Incluído pelo Dec. 5.981/2006.)

I - relatório analítico com a descrição do método de análise, e todos os cromatogramas que permitam a quantificação dos Limites Máximos de Resíduos - LMRs; (Incluído pelo Dec. 5.981/2006.)

II - ensaios de resíduos, sendo: (Incluído pelo Dec. 5.981/2006.)

a) três ensaios de campo, em locais distintos na mesma safra, ou dois ensaios de campo no mesmo local em duas safras consecutivas e um terceiro em local diferente; ou (Incluído pelo Dec. 5.981/2006.)

b) no mínimo dois ensaios, em locais representativos, para o tratamento pós-colheita. (Incluído pelo Dec. 5.981/2006.)

§ 18. Quando necessário, as empresas detentoras de registro de produtos agrotóxicos serão convocadas a adequar os estudos de resíduos. (Incluído pelo Dec. 5.981/2006.)

§ 19. A adequação dos estudos de resíduos de que trata o § 18 poderá ser realizada conjuntamente pelas empresas interessadas. (Incluído pelo Dec. 5.981/2006.)

§ 20. Para o registro de produtos formulados importados, será exigido o registro do produto técnico. (Incluído pelo Dec. 5.981/2006.)

ART. 10-A. Os atos praticados por terceiros não autorizados, relacionados à invenção protegida por patente, exclusivamente para a obtenção de informações, dados e resultados de testes para a obtenção do registro, observarão o disposto no inciso VII do art. 43 da Lei n. 9.279, de 14 de maio de 1996. (Incluído pelo Dec. 5.981/2006.)

ART. 10-B. A observância dos eventuais direitos de propriedade intelectual protegidos no País é de responsabilidade exclusiva do beneficiado, independentemente da concessão do registro pela autoridade competente. (Incluído pelo Dec. 5.981/2006.)

ART. 10-C. Os dados dos produtos registrados poderão ser utilizados pelos órgãos federais competentes responsáveis pelos setores de agricultura, saúde e meio ambiente para fins de concessão de registro, observado o disposto na Lei n. 10.603, de 17 de dezembro de 2002. (Incluído pelo Dec. 5.981/2006.)

ART. 10-D. Para obter o registro ou a reavaliação de registro de produto fitossanitário com uso aprovado na agricultura orgânica, o interessado deve apresentar, em prazo não superior a cinco dias úteis, a contar da data da primeira protocolização do pedido, a cada um dos órgãos responsáveis pelos setores de agricultura, saúde e meio ambiente, requerimento em duas vias, conforme Anexo II, itens 1 a 11 e 24. (Incluído pelo Dec. 6.913/2009.)

§ 1º Para o registro de produtos fitossanitários com uso aprovado para a agricultura orgânica, os estudos agronômicos, toxicológicos e ambientais não serão exigidos, desde que o produto apresente característica, processo de obtenção, composição e indicação de uso de acordo com o estabelecido nas especificações de referência. (Incluído pelo Dec. 6.913/2009.)

§ 2º As especificações de referência dos produtos fitossanitários com uso aprovado para a agricultura orgânica serão estabelecidas com base em informações, testes e estudos agronômicos, toxicológicos e ambientais realizados por instituições públicas ou privadas de ensino, assistência técnica e pesquisa, em procedimento coordenado pelo setor de agricultura orgânica do Ministério da Agricultura, Pecuária e Abastecimento. (Incluído pelo Dec. 6.913/2009.)

§ 3º O setor de agricultura orgânica do Ministério da Agricultura, Pecuária e Abastecimento fica responsável por identificar os produtos prioritários para uso na agricultura orgânica e encaminhar aos órgãos da agricultura, saúde e meio ambiente, que definirão quais são as informações, testes e estudos necessários para o estabelecimento das especificações de referência. (Incluído pelo Dec. 6.913/2009.)

§ 4º As especificações de referência serão estabelecidas em regulamento próprio pelos órgãos responsáveis pelos setores de agricultura, saúde e meio ambiente. (Incluído pelo Dec. 6.913/2009.)

§ 5º Os produtos de que trata este artigo serão registrados com a denominação de "PRODUTOS FITOSSANITÁRIOS COM USO APROVADO PARA A AGRICULTURA ORGÂNICA". (Incluído pelo Dec. 6.913/2009.)

§ 6º Cada produto comercial com uso aprovado para a agricultura orgânica terá registro próprio. (Incluído pelo Dec. 6.913/2009.)

§ 7º Ficam os produtos fitossanitários com uso aprovado para a agricultura orgânica dispensados de RET e de registro de componentes, quando registrados seguindo as especificações de referência. (Incluído pelo Dec. 6.913/2009.)

§ 8º Ficam isentos de registro os produtos fitossanitários com uso aprovado para a agricultura orgânica produzidos exclusivamente para uso próprio. (Incluído pelo Dec. 6.913/2009.)

ART. 11. O registro, bem como o RET de produtos e agentes de processos biológicos geneticamente modificados que se caracterizem como agrotóxicos e afins, será realizado de acordo com critérios e exigências estabelecidos na legislação específica.

ART. 12. Os produtos de baixa toxicidade e periculosidade terão a tramitação de seus processos priorizada, desde que aprovado pelos órgãos federais competentes o pedido de prioridade, devidamente justificado, feito pelos requerentes do registro.

Parágrafo único. Os órgãos federais competentes definirão em normas complementares os critérios para aplicabilidade do disposto no *caput* deste artigo.

ART. 12-A. Os processos de registro de produtos técnicos equivalentes e de produtos formulados com base em produtos técnicos equivalentes terão tramitação própria. (Incluído pelo Dec. 5.981/2006.)

ART. 12-B. O processo de registro de produtos fitossanitários com uso aprovado para a agricultura orgânica terá tramitação própria e prioritária. (Incluído pelo Dec. 6.913/2009.)

ART. 13. Os agrotóxicos, seus componentes e afins que apresentarem indícios de redução de sua eficiência agronômica, alteração dos riscos à saúde humana ou ao meio ambiente poderão ser reavaliados a qualquer tempo e ter seus registros mantidos, alterados, suspensos ou cancelados.

ART. 14. O órgão registrante do agrotóxico, componente ou afim deverá publicar no Diário Oficial da União, no prazo de até trinta dias da data do protocolo do pedido e da data da concessão ou indeferimento do registro, resumo contendo:

I - do pedido:

a) nome do requerente;

b) marca comercial do produto;

c) nome químico e comum do ingrediente ativo;

d) nome científico, no caso de agente biológico;

e) motivo da solicitação; e

f) indicação de uso pretendido.

II - da concessão ou indeferimento do registro:

a) nome do requerente ou titular;

b) marca comercial do produto;

c) resultado do pedido e se indeferido, o motivo;

d) fabricante(s) e formulador(es);

e) nome químico e comum do ingrediente ativo;

f) nome científico, no caso de agente biológico;

g) indicação de uso aprovada;

h) classificação toxicológica; e

i) classificação do potencial de periculosidade ambiental.

ART. 15. Os órgãos federais competentes deverão realizar a avaliação técnico-científica, para fins de registro ou reavaliação de registro, no prazo de até cento e vinte dias, contados a partir da data do respectivo protocolo.

§ 1º A contagem do prazo será suspensa caso qualquer dos órgãos avaliadores solicite por escrito e fundamentadamente, documentos ou informações adicionais, reiniciando a partir do atendimento da exigência, acrescidos trinta dias.

§ 2º A falta de atendimento a pedidos complementares no prazo de trinta dias implicará o arquivamento do processo e indeferimento do pleito pelo órgão encarregado do registro, salvo se apresentada, formalmente, justificativa técnica considerada procedente pelo órgão solicitante, que poderá conceder prazo adicional, seguido, obrigatoriamente, de comunicação aos demais órgãos para as providências cabíveis.

§ 3º Quando qualquer órgão estabelecer restrição ao pleito do registrante deverá comunicar aos demais órgãos federais envolvidos.

§ 4º O órgão federal encarregado do registro disporá de até trinta dias, contados da disponibilização dos resultados das avaliações dos órgãos federais envolvidos, para conceder ou indeferir a solicitação do requerente.

ART. 16. Para fins de registro, os produtos destinados exclusivamente à exportação ficam dispensados da apresentação dos estudos relativos à eficiência agronômica, à determinação de resíduos em produtos vegetais e outros que poderão ser estabelecidos em normas complementares pelos órgãos responsáveis pelos setores de agricultura, saúde e meio ambiente.

ART. 17. O órgão federal registrante expedirá, no prazo de sessenta dias da entrega do pedido, certificado de registro para exportação de agrotóxicos, seus componentes e afins já registrados com nome comercial diferente daquele com o qual será exportado, mediante a apresentação, pelo interessado, ao órgão registrante, de cópia do certificado de registro e de requerimento contendo as seguintes informações:

I - destino final do produto; e

II - marca comercial no país de destino.

Parágrafo único. Concomitantemente à expedição do certificado, o órgão federal registrante comunicará o fato aos demais órgãos federais envolvidos, responsáveis pelos setores de agricultura, saúde ou meio ambiente, atendendo os acordos e convênios dos quais o Brasil seja signatário.

ART. 18. O registro de agrotóxicos, seus componentes e afins para uso em emergências quarentenárias, fitossanitárias, sanitárias e ambientais será concedido por prazo previamente determinado, de acordo com as diretrizes e exigências dos órgãos responsáveis pelos setores de agricultura, saúde e meio ambiente.

ART. 19. Quando organizações internacionais responsáveis pela saúde, alimentação ou meio ambiente, das quais o Brasil seja membro integrante ou signatário de acordos e convênios, alertarem para riscos ou desaconselharem o uso de agrotóxicos, seus componentes e afins, caberá aos órgãos federais de agricultura, saúde e meio ambiente, avaliar imediatamente os problemas e as informações apresentadas.

Parágrafo único. O órgão federal registrante, ao adotar as medidas necessárias ao atendimento das exigências decorrentes da avaliação, poderá:

I - manter o registro sem alterações;

II - manter o registro, mediante a necessária adequação;

III - propor a mudança da formulação, dose ou método de aplicação;

IV - restringir a comercialização;

V - proibir, suspender ou restringir a produção ou importação;

VI - proibir, suspender ou restringir o uso; e

VII - cancelar ou suspender o registro.

ART. 20. O registro de novo produto agrotóxico, seus componentes e afins somente será concedido se a sua ação tóxica sobre o ser humano e o meio ambiente for, comprovadamente, igual ou menor do que a daqueles já registrados para o mesmo fim.

Parágrafo único. Os critérios de avaliação serão estabelecidos em instruções normativas complementares dos órgãos competentes, considerando prioritariamente os seguintes parâmetros:

I - toxicidade;

II - presença de problemas toxicológicos especiais, tais como: neurotoxicidade, fetotoxicidade, ação hormonal e comportamental e ação reprodutiva;

III - persistência no ambiente;

IV - bioacumulação;

V - forma de apresentação; e

VI - método de aplicação.

ART. 21. O requerente ou titular de registro deve apresentar, quando solicitado, amostra e padrões analíticos considerados necessários pelos órgãos responsáveis pelos setores de agricultura, saúde e meio ambiente.

ART. 22. Será cancelado o registro de agrotóxicos, seus componentes e afins sempre que constatada modificação não autorizada pelos órgãos federais dos setores de agricultura, saúde e meio ambiente em fórmula, dose, condições de fabricação, indicação de aplicação e especificações enunciadas em rótulo e bula, ou outras modificações em desacordo com o registro concedido.

§ 1º As alterações de marca comercial, razão social e as transferências de titularidade de registro poderão ser processadas pelo órgão federal registrante, a pedido do interessado, com imediata comunicação aos demais órgãos envolvidos.

§ 2º As alterações de natureza técnica deverão ser requeridas ao órgão federal registrante, observado o seguinte:

I - serão avaliados pelos órgãos federais dos setores de agricultura, saúde e meio ambiente os pedidos de alteração de componentes, processo produtivo, fabricante e formulador, estabelecimento de doses superiores às registradas, aumento da frequência de aplicação, inclusão de cultura, alteração de modalidade de emprego, indicação de mistura em tanque e redução de intervalo de segurança; e

II - serão avaliados pelo órgão federal registrante, que dará conhecimento de sua decisão aos demais órgãos federais envolvidos, os pedidos de inclusão e exclusão de alvos biológicos, redução de doses e exclusão de culturas.

§ 3º Os órgãos federais envolvidos terão o prazo de cento e vinte dias, contados a partir da data de recebimento do pedido de alteração, para autorizar ou indeferir o pleito.

§ 4º Toda autorização de alteração de dados de registro passará a ter efeito a partir da data de sua publicação no Diário Oficial da União, realizada pelo órgão federal registrante.

§ 5º Por decorrência de alterações procedidas na forma deste artigo, o titular do registro fica obrigado a proceder às alterações nos rótulos e nas bulas.

§ 6º Restrições de uso decorrentes de determinações estaduais e municipais, independem de manifestação dos órgãos federais envolvidos, devendo a eles ser imediatamente comunicadas, pelo titular do registro do agrotóxico, seus componentes e afins.

SEÇÃO II
DO REGISTRO DE PRODUTOS DESTINADOS À PESQUISA E À EXPERIMENTAÇÃO

ART. 23. Os produtos técnicos, pré-misturas, agrotóxicos e afins destinados à pesquisa e à experimentação devem possuir RET.

§ 1º Para obter o RET, o requerente deverá apresentar, aos órgãos federais competentes, requerimento e respectivos relatórios, em duas vias, conforme Anexo III, bem como dados e informações exigidos em normas complementares.

§ 2º Entidades públicas e privadas de ensino, assistência técnica e pesquisa, poderão realizar experimentação e pesquisa e fornecer laudos no campo da agronomia e da toxicologia e relacionados com resíduos, química e meio ambiente.

§ 3º As avaliações toxicológica e ambiental preliminares serão fornecidas pelos órgãos competentes no prazo de sessenta dias, contados a partir da data de recebimento da documentação.

§ 4º O órgão federal registrante terá o prazo de quinze dias, contados a partir da data de recebimento do resultado das avaliações realizadas pelos demais órgãos, para conceder ou indeferir o RET.

ART. 24. A pesquisa e a experimentação de produtos técnicos, pré-misturas, agrotóxicos e afins deverão ser mantidas sob controle e responsabilidade do requerente, que responderá por quaisquer danos causados à agricultura, ao meio ambiente e à saúde humana.

§ 1º Os produtos agrícolas e os restos de cultura, provenientes das áreas tratadas com agrotóxicos e afins em pesquisa e experimentação, não poderão ser utilizados para alimentação humana ou animal.

§ 2º Deverá ser dada destinação e tratamento adequado às embalagens, aos restos de produtos técnicos, pré-misturas, agrotóxicos e afins, aos produtos agrícolas e aos restos de culturas, de forma a garantir menor emissão de resíduos sólidos, líquidos ou gasosos no meio ambiente.

§ 3º O desenvolvimento das atividades de pesquisa e experimentação deverá estar de acordo com as normas de proteção individual e coletiva, conforme legislação vigente.

ART. 25. Produtos sem especificações de ingrediente ativo somente poderão ser utilizados em pesquisa e experimentação em laboratórios, casas de vegetação, estufas ou estações experimentais credenciadas.

ART. 25-A. O registro especial temporário para produtos técnicos, pré-misturas, agrotóxicos e afins que possuam ingredientes ativos já registrados no Brasil será concedido automaticamente pelo órgão registrante, mediante inscrição em sistema informatizado integrado ao Sistema de Informações sobre Agrotóxicos - SIA. (Incluído pelo Dec. 5.981/2006.)

Parágrafo único. Os critérios a serem observados para o registro automático de que trata o *caput* serão disciplinados em norma especifica. (Incluído pelo Dec. 5.981/2006.)

ART. 26. Os produtos destinados à pesquisa e experimentação no Brasil serão considerados de Classe Toxicológica e Ambiental mais restritiva, no que se refere aos cuidados de manipulação e aplicação.

ART. 27. O órgão federal competente pela concessão do RET, para experimentação de agrotóxico ou afim, em campo, deverá publicar resumos do pedido e da concessão ou indeferimento no Diário Oficial da União, no prazo de trinta dias.

ART. 28. O requerente deverá apresentar relatório de execução da pesquisa, quando solicitado, de acordo com instruções complementares estabelecidas pelos órgãos federais dos setores de agricultura, saúde e meio ambiente.

SEÇÃO III
DO REGISTRO DE COMPONENTES

ART. 29. Os componentes caracterizados como ingredientes inertes e aditivos só poderão ser empregados em processos de fabricação de produtos técnicos, agrotóxicos e afins, se registrados no Sistema de Informações de Componentes - SIC e atendidas as diretrizes e exigências estabelecidas pelos órgãos federais responsáveis pelos setores da agricultura, saúde e meio ambiente, conforme o Anexo IV. (Redação dada pelo Dec. 5.549/2005.)

§ 1º Os componentes serão registrados mediante inscrição no SIC, após liberação dos laudos de avaliação de periculosidade ambiental (PPA) e toxicológica dos produtos técnicos, pré-misturas, agrotóxicos e afins. (Redação dada pelo Dec. 5.549/2005.)

§ 2º Serão consideradas registradas as matérias-primas especificadas no processo de síntese do produto técnico registrado. (Redação dada pelo Dec. 5.549/2005.)

§ 3º A empresa poderá solicitar, em requerimento único, o registro no SIC dos ingredientes inertes e aditivos sobre os quais tenha interesse. (Redação dada pelo Dec. 5.549/2005.)

§ 4º Os ingredientes inertes e aditivos já inscritos no SIC não dispensam exigência de registro por parte de outras empresas produtoras, importadoras ou usuárias. (Redação dada pelo Dec. 5.549/2005.)

§ 5º A requerente deverá apresentar justificativa quando não dispuser de informação solicitada no Anexo IV. (Redação dada pelo Dec. 5.549/2005.)

§ 6º Os pedidos de registro de produtos técnicos, pré-misturas, agrotóxicos e afins deverão ser acompanhados do comprovante de inscrição no SIC ou sua solicitação para os respectivos ingredientes inertes e aditivos, caso a requerente não os tenha registrado. (Redação dada pelo Dec. 5.549/2005.)

ART. 30. Os titulares de registro de produtos técnicos, pré-misturas, agrotóxicos e afins que efetuem o pedido de registro dos respectivos componentes, caracterizados como matérias-primas, ingredientes inertes e aditivos, até 30 de setembro de 2005, poderão importar, comercializar e utilizar esses produtos até a conclusão da avaliação do pleito pelos órgãos federais competentes. (Redação dada pelo Dec. 5.549/2005.)

SEÇÃO IV
DAS PROIBIÇÕES

ART. 31. É proibido o registro de agrotóxicos, seus componentes e afins:

I - para os quais no Brasil não se disponha de métodos para desativação de seus componentes, de modo a impedir que os seus resíduos remanescentes provoquem riscos ao meio ambiente e à saúde pública;

II - para os quais não haja antídoto ou tratamento eficaz no Brasil;

III - considerados teratogênicos, que apresentem evidências suficientes nesse sentido, a partir de observações na espécie humana ou de estudos em animais de experimentação;

IV - considerados carcinogênicos, que apresentem evidências suficientes nesse sentido, a partir de observações na espécie humana ou de estudos em animais de experimentação;

V - considerados mutagênicos, capazes de induzir mutações observadas em, no mínimo, dois testes, um deles para detectar mutações gênicas, realizado, inclusive, com uso de ativação metabólica, e o outro para detectar mutações cromossômicas;

VI - que provoquem distúrbios hormonais, danos ao aparelho reprodutor, de acordo com procedimentos e experiências atualizadas na comunidade científica;

VII - que se revelem mais perigosos para o homem do que os testes de laboratório, com animais, tenham podido demonstrar, segundo critérios técnicos e científicos atualizados; e

VIII - cujas características causem danos ao meio ambiente.

§ 1º Devem ser considerados como "desativação de seus componentes" os processos de inativação dos ingredientes ativos que minimizem os riscos ao meio ambiente e à saúde humana.

§ 2º Os testes, as provas e os estudos sobre mutagênese, carcinogênese e teratogênese, realizados no mínimo em duas espécies animais, devem ser efetuados com a aplicação de critérios aceitos por instituições técnico-científicas nacionais ou internacionais reconhecidas.

SEÇÃO V
DO CANCELAMENTO E DA IMPUGNAÇÃO

ART. 32. Para efeito do art. 5º da Lei 7.802, de 11 de julho de 1989, o requerimento de impugnação ou cancelamento será formalizado por meio de solicitação em três vias, dirigido ao órgão federal registrante, a qualquer tempo, a partir da publicação prevista no art. 14 deste Decreto.

ART. 33. No requerimento a que se refere o art. 32, deverá constar laudo técnico firmado por, no mínimo, dois profissionais habilitados, acompanhado dos relatórios dos estudos realizados por laboratório, seguindo metodologias reconhecidas internacionalmente.

ART. 34. O órgão federal registrante terá o prazo de trinta dias para notificar a empresa responsável pelo produto registrado ou em vias de obtenção de registro, que terá igual prazo, contado do recebimento da notificação, para apresentação de defesa.

ART. 35. O órgão federal registrante terá prazo de trinta dias, a partir do recebimento da defesa, para se pronunciar, devendo adotar os seguintes procedimentos:

I - encaminhar a documentação pertinente aos demais órgãos federais envolvidos para avaliação e análise em suas áreas de competência; e

II - convocar o Comitê Técnico de Assessoramento para Agrotóxicos, referido no art. 95, que deve se manifestar sobre o pedido de cancelamento ou de impugnação.

ART. 36. Após a decisão administrativa, da impugnação ou do cancelamento, o órgão federal registrante comunicará ao requerente o deferimento ou indeferimento da solicitação e publicará a decisão no Diário Oficial da União.

SEÇÃO VI
DO REGISTRO DE PESSOAS FÍSICAS E JURÍDICAS

ART. 37. Para efeito de obtenção de registro nos órgãos competentes do Estado, do Distrito Federal ou do Município, as pessoas físicas e jurídicas que sejam prestadoras de serviços na aplicação de agrotóxicos, seus componentes e afins, ou que os produzam, formulem, manipulem, exportem, importem ou comercializem, deverão apresentar, dentre outros documentos, requerimento solicitando o registro, onde constem, no mínimo, as informações contidas no Anexo V deste Decreto.

§ 1º Para os efeitos deste Decreto, ficam as cooperativas equiparadas às empresas comerciais.

§ 2º Nenhum estabelecimento que exerça atividades definidas no *caput* deste artigo poderá funcionar sem a assistência e responsabilidade de técnico legalmente habilitado.

§ 3º Cada estabelecimento terá registro específico e independente, ainda que exista mais de um na mesma localidade, de propriedade da mesma pessoa, empresa, grupo de pessoas ou de empresas.

§ 4º Quando o estabelecimento produzir ou comercializar outros produtos além de agrotóxicos, seus componentes e afins estes deverão estar adequadamente isolados dos demais.

ART. 38. Fica instituído, no âmbito do SIA, referido no art. 94, o cadastro geral de estabelecimentos produtores, manipuladores, importadores, exportadores e de instituições dedicadas à pesquisa e experimentação.

Parágrafo único. A implementação, a manutenção e a atualização de um cadastro geral de estabelecimentos é atribuição dos órgãos registrantes de agrotóxicos, seus componentes e afins.

ART. 39. A empresa requerente deverá comunicar quaisquer alterações estatutárias ou contratuais aos órgãos federais registrantes e fiscalizadores até trinta dias após a regularização junto ao órgão estadual.

ART. 40. As empresas importadoras, exportadoras, produtoras ou formuladoras de agrotóxicos, seus componentes e afins passarão a adotar, para cada partida importada, exportada, produzida ou formulada, codificação em conformidade com o Anexo VI deste Decreto, que deverá constar de todas as embalagens dela originadas, não podendo ser usado o mesmo código para partidas diferentes.

ART. 41. As empresas importadoras, exportadoras, produtoras e formuladoras de agrotóxicos, seus componentes e afins, fornecerão aos órgãos federais e estaduais competentes, até 31 de janeiro e 31 de julho de cada ano, dados referentes às quantidades de agrotóxicos, seus componentes e afins importados, exportados, produzidos, formulados e comercializados de acordo com o modelo de relatório semestral do Anexo VII.

ART. 42. As pessoas físicas ou jurídicas que produzam, comercializem, importem, exportem ou que sejam prestadoras de serviços na aplicação de agrotóxicos, seus componentes e afins ficam obrigadas a manter à disposição dos órgãos de fiscalização de que trata o art. 71 o livro de registro ou outro sistema de controle, contendo:

I - no caso de produtor de agrotóxicos, componentes e afins:

a) relação detalhada do estoque existente; e

b) nome comercial dos produtos e quantidades produzidas e comercializadas.

II - no caso dos estabelecimentos que comercializem agrotóxicos e afins no mercado interno:

a) relação detalhada do estoque existente; e

b) nome comercial dos produtos e quantidades comercializadas, acompanhados dos respectivos receituários.

III - no caso dos estabelecimentos que importem ou exportem agrotóxicos, seus componentes e afins:

a) relação detalhada do estoque existente;

b) nome comercial dos produtos e quantidades importadas ou exportadas; e

c) cópia das respectivas autorizações emitidas pelo órgão federal competente.

IV - no caso das pessoas físicas ou jurídicas que sejam prestadoras de serviços na aplicação de agrotóxicos e afins:

a) relação detalhada do estoque existente;

b) programa de treinamento de seus aplicadores de agrotóxicos e afins;

c) nome comercial dos produtos e quantidades aplicadas, acompanhados dos respectivos receituários e guia de aplicação; e

d) guia de aplicação, na qual deverão constar, no mínimo:

1. nome do usuário e endereço;
2. cultura e área ou volumes tratados;
3. local da aplicação e endereço;
4. nome comercial do produto usado;
5. quantidade empregada do produto comercial;
6. forma de aplicação;
7. data da prestação do serviço;
8. precauções de uso e recomendações gerais quanto à saúde humana, animais domésticos e proteção ao meio ambiente; e
9. identificação e assinatura do responsável técnico, do aplicador e do usuário.

CAPÍTULO IV
DA EMBALAGEM, DO FRACIONAMENTO, DA ROTULAGEM E DA PROPAGANDA

SEÇÃO I
DA EMBALAGEM, DO FRACIONAMENTO E DA ROTULAGEM

ART. 43. As embalagens, os rótulos e as bulas de agrotóxicos e afins devem atender às especificações e dizeres aprovados pelos órgãos federais dos setores da agricultura, da saúde e do meio ambiente, em suas respectivas áreas de competência, por ocasião do registro do produto ou, posteriormente, quando da autorização para sua alteração, sendo que a inobservância dessas disposições acarretará a suspensão do registro do produto. (Redação dada pelo Dec. 5.549/2005.)

§ 1º As alterações de embalagens, de rótulo e bula, autorizadas pelos órgãos federais competentes, deverão ser realizadas em prazo fixado pelos órgãos, não podendo ultrapassar 6 meses.

§ 2º Os estoques de agrotóxicos e afins remanescentes nos canais distribuidores, salvo disposição em contrário dos órgãos registrantes, poderão ser comercializados até o seu esgotamento.

§ 3º As alterações que se fizerem necessárias em rótulos e bulas decorrentes de restrições, estabelecidas por órgãos competentes dos Estados, do Distrito Federal e dos Municípios:

I - são dispensadas da aprovação federal prevista no *caput* deste artigo;

II - deverão ser colocadas na área da bula destinada a essa finalidade e comunicadas pelo titular do registro do agrotóxico ou afim aos órgãos federais, no prazo de até trinta dias; e

III - nesse mesmo prazo, devem ser encaminhadas aos órgãos federais competentes cópias das bulas modificadas e aprovadas pelo órgão que estabeleceu as exigências.

ART. 44. As embalagens dos agrotóxicos e afins deverão atender aos seguintes requisitos:

I - ser projetadas e fabricadas de forma a impedir qualquer vazamento, evaporação, perda ou alteração de seu conteúdo e de modo a facilitar as operações de lavagem, classificação, reutilização, reciclagem e destinação final adequada;

II - ser imunes à ação de seu conteúdo ou insuscetíveis de formar com ele combinações nocivas ou perigosas;

III - ser resistentes em todas as suas partes e satisfazer adequadamente às exigências de sua normal conservação;

IV - ser providas de lacre ou outro dispositivo, externo, que assegure plena condição de verificação visual da inviolabilidade da embalagem; e

V - as embalagens rígidas deverão apresentar, de forma indelével e irremovível, em local de fácil visualização, exceto na tampa, o nome da empresa titular do registro e advertência quanto ao não reaproveitamento da embalagem.

Parágrafo único. As embalagens de agrotóxicos e afins, individuais ou que acondicionam um conjunto de unidades, quando permitirem o empilhamento, devem informar o número máximo de unidades que podem ser empilhadas.

ART. 45. O fracionamento e a reembalagem de agrotóxicos e afins com o objetivo de comercialização somente poderão ser realizados pela empresa produtora ou por manipulador, sob responsabilidade daquela, em locais e condições previamente autorizados pelos órgãos estaduais, do Distrito Federal e municipais competentes.

§ 1º Os órgãos federais envolvidos no processo de registro do produto examinarão os pedidos de autorização para fracionamento e reembalagem após o registro do estabelecimento no órgão estadual, do Distrito Federal ou municipal competente, na categoria de manipulador.

§ 2º Os agrotóxicos e afins comercializados a partir do fracionamento ou da reembalagem deverão dispor de rótulos, bulas e embalagens aprovados pelos órgãos federais.

§ 3º Deverão constar do rótulo e da bula dos produtos que sofreram fracionamento ou reembalagem, além das exigências já estabelecidas na legislação em vigor, o nome e o endereço do manipulador que efetuou o fracionamento ou a reembalagem.

§ 4º O fracionamento e a reembalagem de agrotóxicos e afins somente serão facultados a formulações que se apresentem em forma líquida ou granulada, em volumes unitários finais previamente autorizados pelos órgãos federais competentes.

ART. 46. Não serão permitidas embalagens de venda a varejo para produtos técnicos e pré-misturas, exceto para fornecimento à empresa formuladora.

ART. 47. A embalagem e a rotulagem dos agrotóxicos e afins devem ser feitas de modo a impedir que sejam confundidas com produtos de higiene, farmacêuticos, alimentares, dietéticos, bebidas, cosméticos ou perfumes.

ART. 48. Deverão constar obrigatoriamente do rótulo de agrotóxicos e afins os dados estabelecidos no Anexo VIII.

ART. 49. Deverão constar, necessariamente, da bula de agrotóxicos e afins, além de todos os dados exigidos no rótulo, os previstos no Anexo IX.

§ 1º As bulas devem ser apensadas às embalagens unitárias de agrotóxicos e afins.

§ 2º A bula supre o folheto complementar de que trata o § 3º do art. 7º da Lei n. 7.802, de 1989.

ART. 50. As empresas titulares de registro de agrotóxicos ou afins deverão apresentar, no prazo de noventa dias, contadas da data da publicação deste decreto, aos órgãos federais dos setores de agricultura, saúde e meio ambiente, modelo de rótulo e bula atualizados, atendidas as diretrizes e exigências deste Decreto.

SEÇÃO II
DA DESTINAÇÃO FINAL DE SOBRAS E DE EMBALAGENS

ART. 51. Mediante aprovação dos órgãos federais intervenientes no processo de registro, a empresa produtora de agrotóxicos, componentes ou afins poderá efetuar a reutilização de embalagens.

ART. 52. A destinação de embalagens vazias e de sobras de agrotóxicos e afins deverá atender às recomendações técnicas apresentadas na bula ou folheto complementar.

ART. 53. Os usuários de agrotóxicos e afins deverão efetuar a devolução das embalagens vazias, e respectivas tampas, aos estabelecimentos comerciais em que foram adquiridos, observadas as instruções constantes dos rótulos e das bulas, no prazo de até um ano, contado da data de sua compra.

§ 1º Se, ao término do prazo de que trata o *caput*, remanescer produto na embalagem, ainda no seu prazo de validade, será facultada a devolução da embalagem em até 6 meses após o término do prazo de validade.

§ 2º É facultada ao usuário a devolução de embalagens vazias a qualquer posto de recebimento ou centro de recolhimento licenciado por órgão ambiental competente e credenciado por estabelecimento comercial.

§ 3º Os usuários deverão manter à disposição dos órgãos fiscalizadores os comprovantes de devolução de embalagens vazias, fornecidas pelos estabelecimentos comerciais, postos de recebimento ou centros de recolhimento, pelo prazo de, no mínimo, um ano, após a devolução da embalagem.

§ 4º No caso de embalagens contendo produtos impróprios para utilização ou em desuso, o usuário observará as orientações contidas nas respectivas bulas, cabendo às empresas titulares do registro, produtoras e comercializadoras, promover o recolhimento e a destinação admitidos pelo órgão ambiental competente.

§ 5º As embalagens rígidas, que contiverem formulações miscíveis ou dispersíveis em água, deverão ser submetidas pelo usuário à operação de tríplice lavagem, ou tecnologia equivalente, conforme orientação constante de seus rótulos, bulas ou folheto complementar.

§ 6º Os usuários de componentes deverão efetuar a devolução das embalagens vazias aos estabelecimentos onde foram adquiridos e, quando se tratar de produto adquirido diretamente do exterior, incumbir-se de sua destinação adequada.

ART. 54. Os estabelecimentos comerciais deverão dispor de instalações adequadas para recebimento e armazenamento das embalagens vazias devolvidas pelos usuários, até que sejam recolhidas pelas respectivas empresas titulares do registro, produtoras e comercializadoras, responsáveis pela destinação final dessas embalagens.

§ 1º Se não tiverem condições de receber ou armazenar embalagens vazias no mesmo local onde são realizadas as vendas dos produtos, os estabelecimentos comerciais deverão credenciar posto de recebimento ou centro de recolhimento, previamente licenciados, cujas condições de funcionamento e acesso não venham a dificultar a devolução pelos usuários.

§ 2º Deverá constar na nota fiscal de venda dos produtos o endereço para devolução da embalagem vazia, devendo os usuários ser formalmente comunicados de eventual alteração no endereço.

ART. 55. Os estabelecimentos comerciais, postos de recebimento e centros de recolhimento de embalagens vazias fornecerão comprovante de recebimento das embalagens onde deverão constar, no mínimo:

I - nome da pessoa física ou jurídica que efetuou a devolução;

II - data do recebimento; e

III - quantidades e tipos de embalagens recebidas.

Parágrafo único. Deverá ser mantido à disposição dos órgãos de fiscalização referidos no art. 71 sistema de controle das quantidades e dos tipos de embalagens recebidas em devolução, com as respectivas datas.

ART. 56. Os estabelecimentos destinados ao desenvolvimento de atividades que envolvam embalagens vazias de agrotóxicos, componentes ou afins, bem como produtos em desuso ou impróprios para utilização, deverão obter licenciamento ambiental.

ART. 57. As empresas titulares de registro, produtoras e comercializadoras de agrotóxicos, seus componentes e afins, são responsáveis pelo recolhimento, pelo transporte e pela destinação final das embalagens vazias, devolvidas pelos usuários aos estabelecimentos comerciais ou aos postos de recebimento, bem como dos produtos por elas fabricados e comercializados:

I - apreendidos pela ação fiscalizatória; e

II - impróprios para utilização ou em desuso, com vistas à sua reciclagem ou inutilização, de acordo com normas e instruções dos órgãos registrante e sanitário-ambientais competentes.

§ 1º As empresas titulares de registro, produtoras e comercializadoras de agrotóxicos e afins, podem instalar e manter centro de recolhimento de embalagens usadas e vazias.

§ 2º O prazo máximo para recolhimento e destinação final das embalagens pelas empresas titulares de registro, produtoras e comercializadoras, é de um ano, a contar da data de devolução pelos usuários.

§ 3º Os responsáveis por centros de recolhimento de embalagens vazias deverão manter à disposição dos órgãos de fiscalização sistema de controle das quantidades e dos tipos de embalagens, recolhidas e encaminhadas à destinação final, com as respectivas datas.

ART. 58. Quando o produto não for fabricado no País, a pessoa física ou jurídica responsável pela importação assumirá, com vistas à reutilização, reciclagem ou inutilização, a responsabilidade pela destinação:

I - das embalagens vazias dos produtos importados e comercializados, após a devolução pelos usuários; e

II - dos produtos apreendidos pela ação fiscalizatória e dos impróprios para utilização ou em desuso.

Parágrafo único. Tratando-se de produto importado submetido a processamento industrial ou a novo acondicionamento, caberá ao órgão registrante definir a responsabilidade de que trata o *caput*.

ART. 59. Os agrotóxicos, seus componentes e afins, e suas embalagens, apreendidos por ação fiscalizadora terão seu destino final estabelecido após a conclusão do processo administrativo, a critério da autoridade competente, cabendo à empresa titular de registro, produtora e comercializadora a adoção das providências devidas e, ao infrator, arcar com os custos decorrentes.

Parágrafo único. Nos casos em que não houver possibilidade de identificação ou responsabilização da empresa titular de registro, produtora ou comercializadora, o infrator assumirá a responsabilidade e os custos referentes a quaisquer procedimentos definidos pela autoridade fiscalizadora.

ART. 60. As empresas produtoras e as comercializadoras de agrotóxicos, seus componentes e afins deverão estruturar-se adequadamente para as operações de recebimento, recolhimento e destinação de embalagens vazias e produtos de que trata este Decreto até 31 de maio de 2002.

SEÇÃO III
DA PROPAGANDA COMERCIAL

ART. 61. Será aplicado o disposto na Lei n. 9.294, de 15 de julho de 1996, e no Decreto n. 2.018, de 1º de outubro de 1996, para a propaganda comercial de agrotóxicos, seus componentes e afins.

CAPÍTULO V
DO ARMAZENAMENTO E DO TRANSPORTE

SEÇÃO I
DO ARMAZENAMENTO

ART. 62. O armazenamento de agrotóxicos, seus componentes e afins obedecerá à legislação vigente e às instruções fornecidas pelo fabricante, inclusive especificações e procedimentos a serem adotados no caso de acidentes, derramamento ou vazamento de produto e, ainda, às normas municipais aplicáveis, inclusive quanto à edificação e à localização.

SEÇÃO II
DO TRANSPORTE

ART. 63. O transporte de agrotóxicos, seus componentes e afins está sujeito às regras e aos procedimentos estabelecidos na legislação específica.

Parágrafo único. O transporte de embalagens vazias de agrotóxicos e afins deverá ser efetuado com a observância das recomendações constantes das bulas correspondentes.

CAPÍTULO VI
DA RECEITA AGRONÔMICA

ART. 64. Os agrotóxicos e afins só poderão ser comercializados diretamente ao usuário, mediante apresentação de receituário próprio emitido por profissional legalmente habilitado.

ART. 65. A receita de que trata o art. 64 deverá ser expedida em no mínimo duas vias, destinando-se a primeira ao usuário e a segunda ao estabelecimento comercial que a manterá à disposição dos órgãos fiscalizadores referidos no art. 71 pelo prazo de dois anos, contados da data de sua emissão.

ART. 66. A receita, específica para cada cultura ou problema, deverá conter, necessariamente:

I - nome do usuário, da propriedade e sua localização;

II - diagnóstico;

III - recomendação para que o usuário leia atentamente o rótulo e a bula do produto;

IV - recomendação técnica com as seguintes informações:

a) nome do(s) produto(s) comercial(ais) que deverá(ão) ser utilizado(s) e de eventual(ais) produto(s) equivalente(s);

b) cultura e áreas onde serão aplicados;

c) doses de aplicação e quantidades totais a serem adquiridas;

d) modalidade de aplicação, com anotação de instruções específicas, quando necessário, e, obrigatoriamente, nos casos de aplicação aérea;

e) época de aplicação;

f) intervalo de segurança;

g) orientações quanto ao manejo integrado de pragas e de resistência;

h) precauções de uso; e

i) orientação quanto à obrigatoriedade da utilização de EPI; e

V - data, nome, CPF e assinatura do profissional que a emitiu, além do seu registro no órgão fiscalizador do exercício profissional.

Parágrafo único. Os produtos só poderão ser prescritos com observância das recomendações de uso aprovadas em rótulo e bula.

ART. 67. Os órgãos responsáveis pelos setores de agricultura, saúde e meio ambiente poderão dispensar, com base no art. 13 da Lei n.

7.802, de 1989, a exigência do receituário para produtos agrotóxicos e afins considerados de baixa periculosidade, conforme critérios a serem estabelecidos em regulamento.

Parágrafo único. A dispensa da receita constará do rótulo e da bula do produto, podendo neles ser acrescidas eventuais recomendações julgadas necessárias pelos órgãos competentes mencionados no *caput*.

CAPÍTULO VII
DO CONTROLE, DA INSPEÇÃO E DA FISCALIZAÇÃO

SEÇÃO I
DO CONTROLE DE QUALIDADE

ART. 68. Os órgãos federais responsáveis pelos setores de agricultura, saúde e meio ambiente manterão atualizados e aperfeiçoados mecanismos destinados a garantir a qualidade dos agrotóxicos, seus componentes e afins, tendo em vista a identidade, pureza e eficácia dos produtos.

Parágrafo único. As medidas a que se refere este artigo se efetivarão por meio das especificações e do controle da qualidade dos produtos e da inspeção da produção.

ART. 69. Sem prejuízo do controle e da fiscalização, a cargo do Poder Público, todo estabelecimento destinado à produção e importação de agrotóxicos, seus componentes e afins deverá dispor de unidade de controle de qualidade próprio, com a finalidade de verificar a qualidade do processo produtivo, das matérias-primas e substâncias empregadas, quando couber, e dos produtos finais.

§ 1º É facultado às empresas produtoras de agrotóxicos, seus componentes e afins realizarem os controles previstos neste artigo em institutos ou laboratórios oficiais ou privados, de acordo com a legislação vigente.

§ 2º Os titulares de registro de agrotóxicos, componentes e afins que contenham impurezas significativas do ponto de vista toxicológico ou ambiental, fornecerão laudos de análise do teor de impurezas, conforme estabelecido por ocasião da concessão do registro e em normas complementares.

SEÇÃO II
DA INSPEÇÃO E DA FISCALIZAÇÃO

ART. 70. Serão objeto de inspeção e fiscalização os agrotóxicos, seus componentes e afins, sua produção, manipulação, importação, exportação, transporte, armazenamento, comercialização, utilização, rotulagem e a destinação final de suas sobras, resíduos e embalagens.

ART. 71. A fiscalização dos agrotóxicos, seus componentes e afins é da competência:

I - dos órgãos federais responsáveis pelos setores da agricultura, saúde e meio ambiente, dentro de suas respectivas áreas de competência, quando se tratar de:

a) estabelecimentos de produção, importação e exportação;

b) produção, importação e exportação;

c) coleta de amostras para análise de controle ou de fiscalização;

d) resíduos de agrotóxicos e afins em produtos agrícolas e de seus subprodutos; e

e) quando se tratar do uso de agrotóxicos e afins em tratamentos quarentenários e fitossanitários realizados no trânsito internacional de vegetais e suas partes;

II - dos órgãos estaduais e do Distrito Federal responsáveis pelos setores de agricultura, saúde e meio ambiente, dentro de sua área de competência, ressalvadas competências específicas dos órgãos federais desses mesmos setores, quando se tratar de:

a) uso e consumo dos produtos agrotóxicos, seus componentes e afins na sua jurisdição;

b) estabelecimentos de comercialização, de armazenamento e de prestação de serviços;

c) devolução e destinação adequada de embalagens de agrotóxicos, seus componentes e afins, de produtos apreendidos pela ação fiscalizadora e daqueles impróprios para utilização ou em desuso;

d) transporte de agrotóxicos, seus componentes e afins, por qualquer via ou meio, em sua jurisdição;

e) coleta de amostras para análise de fiscalização;

f) armazenamento, transporte, reciclagem, reutilização e inutilização de embalagens vazias e dos produtos apreendidos pela ação fiscalizadora e daqueles impróprios para utilização ou em desuso; e

g) resíduos de agrotóxicos e afins em produtos agrícolas e seus subprodutos.

Parágrafo único. Ressalvadas as proibições legais, as competências de que trata este artigo poderão ser delegadas pela União e pelos Estados.

ART. 72. Ações de inspeção e fiscalização terão caráter permanente, constituindo-se em atividade rotineira.

Parágrafo único. As empresas deverão prestar informações ou proceder à entrega de documentos nos prazos estabelecidos pelos órgãos competentes, a fim de não obstar as ações de inspeção e fiscalização e a adoção das medidas que se fizerem necessárias.

ART. 73. A inspeção e a fiscalização serão exercidas por agentes credenciados pelos órgãos responsáveis, com formação profissional que os habilite para o exercício de suas atribuições.

ART. 74. Os agentes de inspeção e fiscalização, no desempenho de suas atividades, terão livre acesso aos locais onde se processem, em qualquer fase, a industrialização, o comércio, a armazenagem e a aplicação dos agrotóxicos, seus componentes e afins, podendo, ainda:

I - coletar amostras necessárias às análises de controle ou fiscalização;

II - executar visitas rotineiras de inspeções e vistorias para apuração de infrações ou eventos que tornem os produtos passíveis de alteração e lavrar os respectivos termos;

III - verificar o cumprimento das condições de preservação da qualidade ambiental;

IV - verificar a procedência e as condições dos produtos, quando expostos à venda;

V - interditar, parcial ou totalmente, os estabelecimentos ou atividades quando constatado o descumprimento do estabelecido na Lei n. 7.802, de 1989, neste Decreto e em normas complementares e apreender lotes ou partidas de produtos, lavrando os respectivos termos;

VI - proceder à imediata inutilização da unidade do produto cuja adulteração ou deterioração seja flagrante, e à apreensão e interdição do restante do lote ou partida para análise de fiscalização; e

VII - lavrar termos e autos previstos neste Decreto.

ART. 75. A inspeção será realizada por meio de exames e vistorias:

I - da matéria-prima, de qualquer origem ou natureza;

II - da manipulação, transformação, elaboração, conservação, embalagem e rotulagem dos produtos;

III - dos equipamentos e das instalações do estabelecimento;

IV - do laboratório de controle de qualidade dos produtos; e

V - da documentação de controle da produção, importação, exportação e comercialização.

ART. 76. A fiscalização será exercida sobre os produtos nos estabelecimentos produtores e comerciais, nos depósitos e nas propriedades rurais.

Parágrafo único. Constatada qualquer irregularidade, o estabelecimento poderá ser interditado e o produto ou alimento poderão ser apreendidos e submetidos à análise de fiscalização.

ART. 77. Para efeito de análise de fiscalização, será coletada amostra representativa do produto ou alimento pela autoridade fiscalizadora.

§ 1º A coleta de amostra será realizada em três partes, de acordo com técnica e metodologias indicadas em ato normativo.

§ 2º A amostra será autenticada e tornada inviolável na presença do interessado e, na ausência ou recusa deste, na de duas testemunhas.

§ 3º Uma parte da amostra será utilizada pelo laboratório oficial ou devidamente credenciado, outra permanecerá no órgão fiscalizador e outra ficará em poder do interessado para realização de perícia de contraprova.

ART. 78. A análise de fiscalização será realizada por laboratório oficial ou devidamente credenciado, com o emprego de metodologia oficial.

Parágrafo único. Os volumes máximos e mínimos, bem como os critérios de amostragem e a metodologia oficial para a análise de fiscalização, para cada tipo de produto, serão determinados em ato normativo do órgão federal registrante.

ART. 79. O resultado da análise de fiscalização deverá ser informado ao fiscalizador e ao fiscalizado, no prazo máximo de quarenta e cinco dias, contados da data da coleta da amostra.

§ 1º O interessado que não concordar com o resultado da análise poderá requerer perícia de contraprova no prazo de dez dias, contados do seu recebimento, arcando com o ônus decorrente.

§ 2º No requerimento de contraprova, o interessado indicará o seu perito.

ART. 80. A perícia de contraprova será realizada em laboratório oficial, ou devidamente credenciado, com a presença de peritos do interessado e do órgão fiscalizador e a assistência técnica do responsável pela análise anterior.

§ 1º A perícia de contraprova será realizada no prazo máximo de quinze dias, contados da data de seu requerimento, salvo quando condições técnicas exigirem a sua prorrogação.

§ 2º A parte da amostra a ser utilizada na perícia de contraprova não poderá estar violada, o que será, obrigatoriamente, atestado pelos peritos.

§ 3º Não será realizada a perícia de contraprova quando verificada a violação da amostra, oportunidade em que será finalizado o processo de fiscalização e instaurada sindicância para apuração de responsabilidades.

§ 4º Ao perito da parte interessada será dado conhecimento da análise de fiscalização, prestadas as informações que solicitar e exibidos os documentos necessários ao desempenho de sua tarefa.

§ 5º Da perícia de contraprova serão lavrados os laudos e ata, assinados pelos peritos e arquivados no laboratório oficial ou credenciado, após a entrega de cópias à autoridade fiscalizadora e ao requerente.

§ 6º Se o resultado do laudo de contraprova for divergente do laudo da análise de fiscalização, realizar-se-á nova análise, em um terceiro laboratório, oficial ou credenciado, cujo resultado será irrecorrível, utilizando-se a parte da amostra em poder do órgão fiscalizador, facultada a assistência dos peritos anteriormente nomeados, observado o disposto nos parágrafos 1º e 2º deste artigo.

ART. 81. A autoridade responsável pela fiscalização e inspeção comunicará ao interessado o resultado final das análises, adotando as medidas administrativas cabíveis.

CAPÍTULO VIII DAS INFRAÇÕES E DAS SANÇÕES

SEÇÃO I DAS INFRAÇÕES

ART. 82. Constitui infração toda ação ou omissão que importe na inobservância do disposto na Lei n. 7.802, de 1989, neste Decreto ou na desobediência às determinações de caráter normativo dos órgãos ou das autoridades administrativas competentes.

ART. 83. As pessoas jurídicas serão responsabilizadas administrativa, civil e penalmente conforme o disposto nas Leis n. 7.802, de 1989, e 9.605, de 12 de fevereiro de 1998, e nos regulamentos pertinentes, nos casos em que a infração seja cometida por decisão de seu representante legal ou contratual, pessoa individual ou órgão colegiado, no interesse ou em benefício da sua entidade.

ART. 84. As responsabilidades administrativa, civil e penal pelos danos causados à saúde das pessoas e ao meio ambiente, em função do descumprimento do disposto na legislação pertinente a agrotóxicos, seus componentes e afins, recairão sobre:

I - o registrante que omitir informações ou fornecê-las incorretamente;

II - o produtor, quando produzir agrotóxicos, seus componentes e afins em desacordo com as especificações constantes do registro;

III - o produtor, o comerciante, o usuário, o profissional responsável e o prestador de serviços que opuser embaraço à fiscalização dos órgãos competentes ou que não der destinação às embalagens vazias de acordo com a legislação;

IV - o profissional que prescrever a utilização de agrotóxicos e afins em desacordo com as especificações técnicas;

V - o comerciante, quando efetuar a venda sem o respectivo receituário, em desacordo com sua prescrição ou com as recomendações do fabricante e dos órgãos registrantes e sanitário-ambientais;

VI - o comerciante, o empregador, o profissional responsável ou prestador de serviços que deixar de promover as medidas necessárias de proteção à saúde ou ao meio ambiente;

VII - o usuário ou o prestador de serviços, quando proceder em desacordo com o receituário ou com as recomendações do fabricante ou dos órgãos sanitário-ambientais; e

VIII - as entidades públicas ou privadas de ensino, assistência técnica e pesquisa, que promoverem atividades de experimentação ou pesquisa de agrotóxicos, seus componentes e afins em desacordo com as normas de proteção da saúde pública e do meio ambiente.

ART. 85. São infrações administrativas:

I - pesquisar, experimentar, produzir, prescrever, fracionar, embalar e rotular, armazenar, comercializar, transportar, fazer propaganda comercial, utilizar, manipular, importar, exportar, aplicar, prestar serviço, dar destinação a resíduos e embalagens vazias de agrotóxicos, seus componentes e afins em desacordo com o previsto na Lei n. 7.802, de 1989, e legislação pertinente;

II - rotular os agrotóxicos, seus componentes e afins, sem prévia autorização do órgão registrante ou em desacordo com a autorização concedida; e

III - omitir informações ou prestá-las de forma incorreta às autoridades registrantes e fiscalizadoras.

SEÇÃO II DAS SANÇÕES ADMINISTRATIVAS

ART. 86. Sem prejuízo das responsabilidades civil e penal cabíveis, a infração de disposições legais acarretará, isolada ou cumulativamente, independentemente da medida cautelar de interdição de estabelecimento, a apreensão do produto ou alimentos contaminados e a aplicação das sanções previstas no art. 17 da Lei n. 7.802, de 1989.

§ 1º A advertência será aplicada quando constatada inobservância das disposições deste Decreto e da legislação em vigor, sem prejuízo das demais sanções previstas neste artigo.

§ 2º A multa será aplicada sempre que o agente:

I - notificado, deixar de sanar, no prazo assinalado pelo órgão competente, as irregularidades praticadas; ou

II - opuser embaraço à fiscalização dos órgãos competentes.

§ 3º A inutilização será aplicada nos casos de produto sem registro ou naqueles em que ficar constatada a impossibilidade de lhes ser dada outra destinação ou reaproveitamento.

§ 4º A suspensão de autorização de uso ou de registro de produto será aplicada nos casos em que sejam constatadas irregularidades reparáveis.

§ 5º O cancelamento da autorização de uso ou de registro de produto será aplicado nos casos de impossibilidade de serem sanadas as irregularidades ou quando constatada fraude.

§ 6º O cancelamento de registro, licença, ou autorização de funcionamento de estabelecimento será aplicado nos casos de impossibilidade de serem sanadas as irregularidades ou quando constatada fraude.

§ 7º A interdição temporária ou definitiva de estabelecimento ocorrerá sempre que constatada irregularidade ou quando se verificar, mediante inspeção técnica ou fiscalização, condições sanitárias ou ambientais inadequadas para o funcionamento do estabelecimento.

§ 8º A destruição ou inutilização de vegetais, parte de vegetais e alimentos será determinada pela autoridade sanitária competente, sempre que apresentarem resíduos acima dos níveis permitidos ou quando tenha havido aplicação de agrotóxicos e afins de uso não autorizado.

§ 9º A suspensão do registro será aplicada quando a solicitação de adequação de informações ou documentos não for atendida no prazo de trinta dias, salvo justificativa técnica procedente. (Incluído pelo Dec. 5.981/2006)

SEÇÃO III DA APLICAÇÃO DAS SANÇÕES ADMINISTRATIVAS

ART. 87. Os agentes de inspeção e fiscalização dos órgãos da agricultura, da saúde e do meio ambiente, ao lavrarem os autos-de-infração, indicarão as penalidades aplicáveis.

ART. 88. A autoridade competente, ao analisar o processo administrativo, observará, no que couber, o disposto nos arts. 14 e 15 da Lei n. 9.605, de 1998.

ART. 89. A aplicação de multa pelos Estados, pelo Distrito Federal ou pelos Municípios exclui a aplicação de igual penalidade por órgão federal competente, em decorrência do mesmo fato.

ART. 90. A destruição ou inutilização de agrotóxicos, seus componentes e afins nocivos à saúde humana ou animal ou ao meio ambiente serão determinadas pelo órgão competente e correrão às expensas do infrator.

ART. 91. A suspensão do registro, licença, ou autorização de funcionamento do estabelecimento será aplicada nos casos de ocorrência de irregularidades reparáveis.

ART. 92. Aplicam-se a este Decreto, no que couber, as disposições da Lei n. 9.784, de 29 de janeiro de 1999, que regula o processo administrativo no âmbito da Administração Pública Federal.

CAPÍTULO IX DAS DISPOSIÇÕES FINAIS E TRANSITÓRIAS

ART. 93. A análise de pleito protocolizado em data anterior à publicação deste Decreto observará a legislação vigente à data da sua apresentação.

Parágrafo único. O órgão federal responsável pelo setor de meio ambiente encaminhará ao Ministério da Agricultura, Pecuária e Abastecimento, no prazo de cento e vinte dias, a contar da publicação deste Decreto, os processos de registro de agrotóxicos, seus componentes e afins, destinados ao uso em florestas plantadas, concedidos e em andamento.

ART. 94. Fica instituído o Sistema de Informações sobre Agrotóxicos - SIA, com o objetivo de:

I - permitir a interação eletrônica entre os órgãos federais envolvidos no registro de agrotóxicos, seus componentes e afins;

II - disponibilizar informações sobre andamento de processos relacionados com agrotóxicos, seus componentes e afins, nos órgãos federais competentes;

III - permitir a interação eletrônica com os produtores, manipuladores, importadores, distribuidores e comerciantes de agrotóxicos, seus componentes e afins;

IV - facilitar o acolhimento de dados e informações relativas à comercialização de agrotóxicos e afins de que trata o art. 41;

V - implementar, manter e disponibilizar dados e informações sobre as quantidades totais de produtos por categoria, importados, produzidos, exportados e comercializados no País, bem como os produtos não comercializados nos termos do art. 41 (Redação dada pelo Dec. 5.981/2006.)

VI - manter cadastro e disponibilizar informações sobre áreas autorizadas para pesquisa e experimentação de agrotóxicos, seus componentes e afins;

VII - implementar, manter e disponibilizar informações do SIC de que trata o art. 29; e

VIII - implementar, manter e disponibilizar informações sobre tecnologia de aplicação e segurança no uso de agrotóxicos.

§ 1º O SIA será desenvolvido pela Agência Nacional de Vigilância Sanitária, no prazo de trezentos e sessenta dias, e implementado e mantido pelos órgãos federais das áreas de agricultura, saúde e meio ambiente.

§ 2º Os procedimentos de acesso ao SIA e de interação dos usuários com os órgãos envolvidos devem conter mecanismos que resguardem o sigilo e a segurança das informações confidenciais.

ART. 95. Fica instituído o Comitê Técnico de Assessoramento para Agrotóxicos, com as seguintes competências:

I - racionalizar e harmonizar procedimentos técnico-científicos e administrativos nos processos de registro e adaptação de registro de agrotóxicos, seus componentes e afins;

II - propor a sistemática incorporação de tecnologia de ponta nos processos de análise, controle e fiscalização de agrotóxicos, seus componentes e afins e em outras atividades cometidas aos Ministérios da Agricultura, Pecuária e Abastecimento, da Saúde e do Meio Ambiente pela Lei n. 7.802, de 1989;

III - elaborar, até 31 de dezembro de 2002, rotinas e procedimentos visando à implementação da avaliação de risco de agrotóxicos e afins;

IV - analisar propostas de edição e alteração de atos normativos sobre as matérias tratadas neste Decreto e sugerir ajustes e adequações consideradas cabíveis;

V - propor critérios de diferenciação de agrotóxicos, seus componentes e afins em classes, em função de sua utilização, de seu modo de ação e de suas características toxicológicas, ecotoxicológicas ou ambientais;

VI - assessorar os Ministérios responsáveis na concessão do registro para uso emergencial de agrotóxicos e afins e no estabelecimento de diretrizes e medidas que possam reduzir os efeitos danosos desses produtos sobre a saúde humana e o meio ambiente;

VII - estabelecer as diretrizes a serem observadas no SIA, acompanhar e supervisionar as suas atividades; e

VIII - manifestar-se sobre os pedidos de cancelamento ou de impugnação de agrotóxicos seus componentes e afins, conforme previsto no art. 35.

§ 1º O Comitê será constituído por dois representantes, titular e suplente, de cada um dos órgãos federais responsáveis pelos setores de agricultura, saúde e meio ambiente, designados pelo respectivo Ministro.

§ 2º O Comitê será coordenado por um de seus membros, com mandato de um ano, em rodízio que iniciará pelo representante do Ministério da Agricultura, Pecuária e Abastecimento, seguido, pela ordem, pelo dos Ministérios da Saúde e do Meio Ambiente.

§ 3º As matérias que não tiverem consenso no Comitê serão submetidas aos Ministros de Estado responsáveis pelas áreas de agricultura, saúde e meio ambiente para deliberação conjunta.

§ 4º Os representantes do Comitê elaborarão o seu regimento interno e o submeterão à aprovação dos Ministérios representados.

§ 5º O apoio técnico e logístico ao Comitê será prestado pelo Ministério que tiver seu representante exercendo a coordenação do Colegiado.

§ 6º As normas complementares a este Decreto serão objeto de proposição do Comitê, devendo serem editadas no prazo de cento e oitenta dias de sua publicação.

ART. 96. Os agrotóxicos, seus componentes e afins registrados com base na Lei n. 6.360, de 23 de setembro de 1976, bem como as pessoas físicas e jurídicas que exerçam atividades com os mesmos, deverão se adequar às disposições da Lei n. 7.802, de 1989, e deste Regulamento, de acordo com as regras a serem estabelecidas pelos órgãos federais competentes.

ART. 97. Este Decreto entra em vigor na data de sua publicação.

ART. 98. Ficam revogados os Decretos nos 98.816, de 11 de janeiro de 1990, 99.657, de 26 de outubro de 1990, 991, de 24 de novembro de 1993, 3.550, de 27 de julho de 2000, 3.694, de 21 de dezembro de 2000 e 3.828, de 31 de maio de 2001.

Brasília, 4 de janeiro de 2002;
181º da Independência e 114º da República.
FERNANDO HENRIQUE CARDOSO

› Optamos, nesta edição, pela não publicação dos Anexos.

DECRETO N. 4.195, DE 11 DE ABRIL DE 2002

Regulamenta a Lei n. 10.168, de 29 de dezembro de 2000, que institui contribuição de intervenção no domínio econômico destinada a financiar o Programa de Estímulo à Interação Universidade-Empresa para Apoio à Inovação, e a Lei n. 10.332, de 19 de dezembro de 2001, que institui mecanismos de financiamento para programas de ciência e tecnologia, e dá outras providências.

O Presidente da República, no uso das atribuições que lhe confere o art. 84, incisos IV e VI, alínea «a», da Constituição, e tendo em vista o disposto na Lei n. 10.168, de 29 de dezembro de 2000,

Decreta:

ART. 1º Quarenta por cento dos recursos provenientes da contribuição de que trata o art. 2º da Lei n. 10.168, de 29 de dezembro de 2000, serão alocados ao Fundo Nacional de Desenvolvimento Científico e Tecnológico - FNDCT, em categoria de programação específica denominada CT-VERDE AMARELO, e utilizados para atender ao Programa de Estímulo à Interação Universidade-Empresa para o Apoio à Inovação.

§ 1º Do total dos recursos a que se refere o *caput* deste artigo, trinta por cento, no mínimo, serão aplicados em programas de fomento à capacitação tecnológica e ao amparo à pesquisa científica e ao desenvolvimento tecnológico nas regiões Norte, Nordeste e Centro-Oeste.

§ 2º No mínimo trinta por cento dos recursos a que se refere o inciso V do art. 1º da Lei n. 10.332, de 19 de dezembro de 2001, serão destinados a projetos desenvolvidos por empresas e instituições de ensino e pesquisa sediadas nas regiões Norte, Nordeste e Centro-Oeste, incluindo as respectivas áreas de abrangência das agências de desenvolvimento regionais.

ART. 2º Os recursos previstos nos arts. 1º, inciso V, e 5º da Lei n. 10.332, de 2001, serão alocados ao Fundo Nacional de Desenvolvimento Científico e Tecnológico - FNDCT, destinados ao Programa de Inovação para Competitividade, na categoria de programação específica referida no art. 1º, e utilizados nas seguintes finalidades:

I - estímulo ao desenvolvimento tecnológico empresarial, por meio de programas de pesquisa científica e tecnológica cooperativa entre universidades, centros de pesquisas e o setor produtivo;

II - equalização dos encargos financeiros incidentes nas operações de financiamento à inovação tecnológica, com recursos da Financiadora de Estudos e Projetos - FINEP;

III - participação minoritária no capital de microempresas e pequenas empresas de base tecnológica e fundos de investimento, por intermédio da FINEP;

IV - concessão de subvenção econômica a empresas que estejam executando Programas de Desenvolvimento Tecnológico Industrial - PDTI ou Programas de Desenvolvimento Tecnológico Agropecuário - PDTA, aprovados de conformidade com a Lei n. 8.661, de 2 de junho de 1993; e

V - constituição de reserva técnica para viabilizar a liquidez dos investimentos privados em fundos de investimento em empresas de base tecnológica, por intermédio da FINEP.

ART. 3º Para efeito do disposto neste Decreto, o Programa de Estímulo à Interação Universidade-Empresa para o Apoio à Inovação compreenderá as seguintes atividades:

I - projetos de pesquisa científica e tecnológica;

II - desenvolvimento tecnológico experimental;

III - desenvolvimento de tecnologia industrial básica;

IV - implantação de infraestrutura para atividades de pesquisa e inovação;

V - capacitação de recursos humanos para a pesquisa e inovação;

VI - difusão do conhecimento científico e tecnológico;

VII - educação para a inovação;

VIII - capacitação em gestão tecnológica e em propriedade intelectual;

IX - ações de estímulo a novas iniciativas;

X - ações de estímulo ao desenvolvimento de empresas de base tecnológica;

XI - promoção da inovação tecnológica nas micro e pequenas empresas;

XII - apoio ao surgimento e consolidação de incubadoras e parques tecnológicos;

XIII - apoio à organização e consolidação de aglomerados produtivos locais; e

XIV - processos de inovação, agregação de valor e aumento da competitividade do setor empresarial.

ART. 4º Cabe ao Ministro de Estado da Ciência e Tecnologia, após receber as indicações pertinentes, designar os membros do Comitê Gestor de que trata o art. 5º da Lei n. 10.168, de 2000, que terá a seguinte composição:

I - um representante do Ministério da Ciência e Tecnologia, que o presidirá;

II - um representante do Ministério do Desenvolvimento, Indústria e Comércio Exterior;

III - um representante da FINEP;

IV - um representante do Banco Nacional de Desenvolvimento Econômico e Social - BNDES;

V - um representante do Conselho Nacional de Desenvolvimento Científico e Tecnológico - CNPq;

VI - um representante do Serviço Brasileiro de Apoio à Pequena e Média Empresa - SEBRAE;

VII - dois representantes do setor industrial; e

VIII - dois representantes do segmento acadêmico-científico.

§ 1º O mandato dos membros a que se referem os incisos VII e VIII será de dois anos, permitida uma recondução.

§ 2º A participação no Comitê Gestor não será remunerada.

ART. 5º O Comitê Gestor terá as seguintes atribuições:

I - elaborar e aprovar o seu regimento interno;

II - identificar e selecionar as áreas prioritárias para a aplicação dos recursos em programas de pesquisa científica e tecnológica cooperativos entre universidades, centros de pesquisa e o setor produtivo;

III - elaborar o plano anual de investimentos;

IV - estabelecer as atividades de pesquisa científica e tecnológica a serem apoiadas com recursos destinados ao Programa de Estímulo à Interação Universidade-Empresa para o Apoio à Inovação;

V - estabelecer os critérios para a apresentação das propostas de projetos, os parâmetros de julgamento e os limites de valor do apoio financeiro aplicável a cada caso;

VI - acompanhar a implementação das ações do Programa de Estímulo à Interação Universidade-Empresa para o Apoio à Inovação e avaliar anualmente os seus resultados; e

VII - definir as diretrizes que orientarão as propostas a serem elaboradas pela Câmara Técnica de Políticas de Incentivos à Inovação, de que trata o art. 11 deste Decreto.

Parágrafo único. O Comitê Gestor encaminhará ao Ministro de Estado da Ciência e Tecnologia os resultados do desempenho das atribuições previstas nos incisos II, III e IV deste artigo.

ART. 6º No desempenho de suas atribuições, o Comitê Gestor poderá convidar especialistas e representantes de outros Ministérios para participarem de suas reuniões, sem direito a voto ou remuneração, bem como utilizar subsídios técnicos apresentados por grupos consultivos, especialistas do setor produtivo, integrantes da comunidade acadêmica e de áreas técnicas ligadas direta ou indiretamente às atividades de pesquisa científica e desenvolvimento tecnológico.

ART. 7º O Comitê Gestor promoverá ampla divulgação de seus atos e da avaliação de resultados das atividades financiadas com recursos do Programa de Estímulo à Interação Universidade-Empresa para o Apoio à Inovação.

ART. 8º As ações visando ao atendimento de demandas que envolvam bolsas de formação e capacitação de recursos humanos e o financiamento de projetos individuais de pesquisa serão executadas, preferencialmente, pelo CNPq, mediante repasse de recursos do CT-VERDE AMARELO.

ART. 9º As despesas operacionais, de planejamento, prospecção, acompanhamento, avaliação e divulgação de resultados, relativas ao financiamento de atividades de pesquisa científica e desenvolvimento tecnológico do Programa de que trata este Decreto, não poderão ultrapassar o montante correspondente a cinco por cento dos recursos arrecadados anualmente.

ART. 10. A contribuição de que trata o art. 2º da Lei n. 10.168, de 2000, incidirá sobre as importâncias pagas, creditadas, entregues, empregadas ou remetidas, a cada mês, a residentes ou domiciliados no exterior, a título de *royalties* ou remuneração, previstos nos respectivos contratos, que tenham por objeto:

I - fornecimento de tecnologia;

II - prestação de assistência técnica:

a) serviços de assistência técnica;

b) serviços técnicos especializados;

III - serviços técnicos e de assistência administrativa e semelhantes;

IV - cessão e licença de uso de marcas; e

V - cessão e licença de exploração de patentes.

ART. 11. Fica criada, no âmbito do Ministério da Ciência e Tecnologia, a Câmara Técnica de Políticas de Incentivo à Inovação, com a atribuição de encaminhar ao Ministro de Estado da Ciência e Tecnologia proposta de parâmetros para a aplicação dos recursos de que trata o art. 2º deste Decreto, com vistas ao estabelecimento:

I - dos limites máximos anuais de que tratam os incisos II, III e V do art. 2º deste Decreto;

II - de critérios e prazos para a apresentação das propostas e parâmetros de julgamento para a concessão da subvenção econômica de que trata o inciso IV do art. 2º deste Decreto.

ART. 12. A Câmara Técnica de Políticas de Incentivo à Inovação tem a seguinte composição:

I - Presidente da FINEP;

II - Secretário de Política Tecnológica Empresarial do Ministério da Ciência e Tecnologia; e

III - Secretário de Política de Informática do Ministério da Ciência e Tecnologia.

Parágrafo único. O Presidente da Câmara Técnica será escolhido pelo Ministro de Estado da Ciência e Tecnologia entre os membros de que trata o *caput* deste artigo, de forma rotativa, para mandato de um ano, permitida uma única recondução.

ART. 13. Compete ao Ministro de Estado da Ciência e Tecnologia, por proposta da Câmara Técnica de Políticas de Incentivo à Inovação, aprovar os parâmetros de aplicação dos recursos e fixar os limites máximos anuais de recursos destinados à equalização, à participação no capital, à subvenção econômica e à constituição de reserva técnica, previstos nos incisos II, III, IV e V do art. 2º deste Decreto.

Parágrafo único. Caberá à FINEP propor à Câmara Técnica de Políticas de Incentivo à Inovação os procedimentos operacionais necessários à implementação do estipulado no *caput* deste artigo.

ART. 14. Para fins do disposto no inciso II do art. 2º deste Decreto, define-se como equalização dos encargos financeiros a cobertura da diferença entre os encargos compensatórios dos custos de captação e operação e do risco de crédito, incorridos pela FINEP, e os encargos compatíveis com o desenvolvimento de projetos de inovação tecnológica.

ART. 15. Para fins do disposto no inciso V do art. 2º deste Decreto, define-se como reserva técnica de liquidez o montante de recursos que poderá ser utilizado para conferir maior liquidez às participações no capital social de empresas de base tecnológica, adquiridas por fundos de investimentos, assim como às cotas de participação em fundos voltados exclusivamente para investimentos em empresas de base tecnológica, adquiridas por pessoas físicas ou jurídicas.

Parágrafo único. As condições e os procedimentos operacionais para utilização da reserva técnica de liquidez serão propostas pela FINEP à Câmara Técnica de Políticas de Incentivo à Inovação e aprovadas pelo Ministro de Estado da Ciência e Tecnologia.

ART. 16. A proposta orçamentária anual do FNDCT destinará recursos para fins de equalização, participação em capital, concessão de subvenção econômica e constituição de reserva técnica, a que se referem os incisos II, III, IV e V do art. 2º deste Decreto.

ART. 17. Para fins do disposto nos incisos III e V do art. 2º deste Decreto, define-se como:

I - empresas de base tecnológica: aquelas de qualquer porte ou setor, constituídas sob as leis brasileiras, com sede e administração no País, cuja atividade mais importante seja a industrialização ou a utilização de criação;

II - fundos de investimentos: aqueles de participação societária em empresas brasileiras regulamentados em atos legais ou em atos normativos expedidos pela Comissão de Valores Mobiliários - CVM.

ART. 18. Para efeitos do disposto no inciso IV do art. 2º deste Decreto, a subvenção econômica a ser concedida às empresas, referente ao total dos investimentos de custeio realizados no ano anterior na execução de PDTI ou PDTA, será de:

I - até cinquenta por cento, para as micro e pequenas empresas;

II - até cinquenta por cento para as demais empresas, limitada a até quinze por cento do valor do imposto de renda devido no exercício imediatamente anterior.

§ 1º Para fins do disposto no inciso I, serão consideradas as definições de micro e pequena empresa constantes do art. 2º da Lei n. 9.841, de 5 de outubro de 1999, ou por legislação superveniente.

§ 2º Para as empresas que comprovarem incremento nos investimentos de custeio durante a execução de PDTI ou PDTA de pelo menos vinte por cento sobre a média dos dois exercícios anteriores, o limite a que se refere o inciso II será de vinte e cinco por cento.

§ 3º As empresas que comprovarem incremento anual de, pelo menos, vinte por cento no total das suas exportações, durante a execução do PDTI ou PDTA, terão prioridade na obtenção do benefício de que trata o *caput*.

§ 4º Os limites fixados no inciso II e no § 2º serão apurados, para as empresas sediadas nas áreas de atuação da Agência de Desenvolvimento da Amazônia - ADA e da Agência de Desenvolvimento do Nordeste - ADENE, antes da aplicação dos benefícios fiscais previstos no art. 3º da Lei n. 9.532, de 10 de dezembro de 1997, ou legislação superveniente.

ART. 19. A comprovação dos investimentos de custeio, do imposto de renda devido e dos incrementos de investimentos de custeio ou das exportações, a que se refere o art. 18, deverá ser encaminhada à FINEP, juntamente com o pleito da subvenção econômica.

ART. 20. Para dar cumprimento ao que estabelece o art. 5º da Lei n. 10.332, de 2001, a Secretaria da Receita Federal informará, nos prazos estabelecidos para a elaboração da proposta orçamentária, aos Ministérios da Ciência e Tecnologia e do Planejamento, Orçamento e Gestão, a receita estimada da arrecadação do Imposto sobre Produtos Industrializados - IPI incidente sobre os bens e produtos beneficiados com os incentivos fiscais previstos na Lei n. 10.176, de 11 de janeiro de 2001.

ART. 21. Este Decreto entra em vigor na data de sua publicação.

ART. 22. Ficam revogados o Decreto n. 3.949, de 3 de outubro de 2001, e os Decretos de 3 de abril de 2000, que criam os Grupos de Trabalho com a finalidade de propor programas de desenvolvimento científico e tecnológico para os setores de agronegócio, de saúde e do setor aeronáutico e os respectivos modelos de financiamento.

Brasília, 11 de abril de 2002;
181º da Independência e 114º da República.
FERNANDO HENRIQUE CARDOSO

DECRETO N. 4.199, DE 16 DE ABRIL DE 2002

Dispõe sobre a prestação de informações institucionais relativas à Administração Pública Federal a partidos políticos, coligações e candidatos à Presidência da República até a data da divulgação oficial do resultado final das eleições.

- *DOU*, 17.04.2002.

O Presidente da República, no uso da atribuição que lhe confere o art. 84, inciso VI, alínea "a", da Constituição,

Decreta:

ART. 1º Este Decreto regulamenta a prestação de informações institucionais relativas à Administração Pública Federal a partidos políticos, coligações e candidatos à Presidência da República até a data de divulgação oficial do resultado final das eleições.

ART. 2º Qualquer solicitação de informações institucionais relativas à Administração Pública Federal poderá ser feita por partido político ou coligação.

§ 1º Após a escolha de candidato a que se refere o art. 8º da Lei n. 9.504, de 30 de setembro de 1997, as informações relativas à Administração Pública Federal do interesse de partido político ou coligação com candidato à Presidência da República deverão ser formalizadas pelo candidato registrado do partido ou coligação.

§ 2º Na hipótese do § 1º, qualquer que seja a natureza da informação pleiteada, as solicitações deverão ser requeridas por escrito ao Secretário-Executivo da Casa Civil da Presidência da República.

§ 3º O Secretário-Executivo da Casa Civil da Presidência da República poderá requisitar a órgão, entidade ou servidor os dados necessários à satisfação da solicitação.

§ 4º O órgão, a entidade ou o servidor instado a se manifestar deverá fazê-lo no prazo de dez dias, salvo determinação diversa do Secretário-Executivo da Casa Civil da Presidência da República.

ART. 3º As informações serão prestadas por escrito no prazo máximo de quinze dias, contados da data de protocolo da solicitação.

ART. 4º As informações serão prestadas a teor de critérios estabelecidos pelo Chefe da Casa Civil da Presidência da República.

§ 1º Informações e dados estatísticos de domínio público constantes de estudos já finalizados poderão ser prestados a qualquer tempo.

§ 2º Em nenhuma hipótese, serão prestadas informações relativas a segredo de Estado ou protegidas por sigilo bancário, fiscal ou de justiça.

ART. 5º Poderá ser constituído, no âmbito da Secretaria-Executiva da Casa Civil da Presidência da República, grupo de trabalho destinado à consecução do disposto neste Decreto.

ART. 6º Quaisquer dúvidas no cumprimento deste Decreto serão dirimidas pelo Secretário-Executivo da Casa Civil da Presidência da República.

ART. 7º Este Decreto entra em vigor na data da sua publicação.

Brasília, 16 de abril de 2002;
181º da Independência e 114º da República.
FERNANDO HENRIQUE CARDOSO

DECRETO N. 4.281, DE 25 DE JUNHO DE 2002

Regulamenta a Lei n. 9.795, de 27 de abril de 1999, que institui a Política Nacional de Educação Ambiental, e dá outras providências.

› *DOU*, 26.06.2002.

O Presidente da República, no uso da atribuição que lhe confere o art. 84, inciso IV, da Constituição, e tendo em vista o disposto na Lei n. 9.795, de 27 de abril de 1999,

Decreta:

ART. 1º A Política Nacional de Educação Ambiental será executada pelos órgãos e entidades integrantes do Sistema Nacional de Meio Ambiente - Sisnama, pelas instituições educacionais públicas e privadas dos sistemas de ensino, pelos órgãos públicos da União, Estados, Distrito Federal e Municípios, envolvendo entidades não governamentais, entidades de classe, meios de comunicação e demais segmentos da sociedade.

ART. 2º Fica criado o Órgão Gestor, nos termos do art. 14 da Lei n. 9.795, de 27 de abril de 1999, responsável pela coordenação da Política Nacional de Educação Ambiental, que será dirigido pelos Ministros de Estado do Meio Ambiente e da Educação.

§ 1º Aos dirigentes caberá indicar seus respectivos representantes responsáveis pelas questões de Educação Ambiental em cada Ministério.

§ 2º As Secretarias-Executivas dos Ministérios do Meio Ambiente e da Educação proverão o suporte técnico e administrativo necessários ao desempenho das atribuições do Órgão Gestor.

§ 3º Cabe aos dirigentes a decisão, direção e coordenação das atividades do Órgão Gestor, consultando, quando necessário, o Comitê Assessor, na forma do art. 4º deste Decreto.

ART. 3º Compete ao Órgão Gestor:

I - avaliar e intermediar, se for o caso, programas e projetos da área de educação ambiental, inclusive supervisionando a recepção e emprego dos recursos públicos e privados aplicados em atividades dessa área;

II - observar as deliberações do Conselho Nacional de Meio Ambiente - Conama e do Conselho Nacional de Educação - CNE;

III - apoiar o processo de implementação e avaliação da Política Nacional de Educação Ambiental em todos os níveis, delegando competências quando necessário;

IV - sistematizar e divulgar as diretrizes nacionais definidas, garantindo o processo participativo;

V - estimular e promover parcerias entre instituições públicas e privadas, com ou sem fins lucrativos, objetivando o desenvolvimento de práticas educativas voltadas à sensibilização da coletividade sobre questões ambientais;

VI - promover o levantamento de programas e projetos desenvolvidos na área de Educação Ambiental e o intercâmbio de informações;

VII - indicar critérios e metodologias qualitativas e quantitativas para a avaliação de programas e projetos de Educação Ambiental;

VIII - estimular o desenvolvimento de instrumentos e metodologias visando o acompanhamento e avaliação de projetos de Educação Ambiental;

IX - levantar, sistematizar e divulgar as fontes de financiamento disponíveis no País e no exterior para a realização de programas e projetos de educação ambiental;

X - definir critérios considerando, inclusive, indicadores de sustentabilidade, para o apoio institucional e alocação de recursos a projetos da área não formal;

XI - assegurar que sejam contemplados como objetivos do acompanhamento e avaliação das iniciativas em Educação Ambiental:

a) a orientação e consolidação de projetos;

b) o incentivo e multiplicação dos projetos bem sucedidos; e,

c) a compatibilização com os objetivos da Política Nacional de Educação Ambiental.

ART. 4º Fica criado Comitê Assessor com o objetivo de assessorar o Órgão Gestor, integrado por um representante dos seguintes órgãos, entidades ou setores:

I - setor educacional-ambiental, indicado pelas Comissões Estaduais Interinstitucionais de Educação Ambiental;

II - setor produtivo patronal, indicado pelas Confederações Nacionais da Indústria, do Comércio e da Agricultura, garantida a alternância;

III - setor produtivo laboral, indicado pelas Centrais Sindicais, garantida a alternância;

IV - Organizações Não Governamentais que desenvolvam ações em Educação Ambiental, indicado pela Associação Brasileira de Organizações não Governamentais - Abong;

V - Conselho Federal da Ordem dos Advogados do Brasil - OAB;

VI - municípios, indicado pela Associação Nacional dos Municípios e Meio Ambiente - Anamma;

VII - Sociedade Brasileira para o Progresso da Ciência - SBPC;

VIII - Conselho Nacional do Meio Ambiente - Conama, indicado pela Câmara Técnica de Educação Ambiental, excluindo-se os já representados neste Comitê;

IX - Conselho Nacional de Educação - CNE;

X - União dos Dirigentes Municipais de Educação - Undime;

XI - Instituto Brasileiro do Meio Ambiente e dos Recursos Naturais Renováveis - Ibama;

XII - da Associação Brasileira de Imprensa - ABI; e

XIII - da Associação Brasileira de Entidades Estaduais de Estado de Meio Ambiente - Abema.

§ 1º A participação dos representantes no Comitê Assessor não enseja qualquer tipo de remuneração, sendo considerada serviço de relevante interesse público.

§ 2º O Órgão Gestor poderá solicitar assessoria de órgãos, instituições e pessoas de notório saber, na área de sua competência, em assuntos que necessitem de conhecimento específico.

ART. 5º Na inclusão da Educação Ambiental em todos os níveis e modalidades de ensino, recomenda-se como referência os Parâmetros e as Diretrizes Curriculares Nacionais, observando-se:

I - a integração da educação ambiental às disciplinas de modo transversal, contínuo e permanente; e

II - a adequação dos programas já vigentes de formação continuada de educadores.

ART. 6º Para o cumprimento do estabelecido neste Decreto, deverão ser criados, mantidos e implementados, sem prejuízo de outras ações, programas de educação ambiental integrados:

I - a todos os níveis e modalidades de ensino;

II - às atividades de conservação da biodiversidade, de zoneamento ambiental, de licenciamento e revisão de atividades efetivas ou potencialmente poluidoras, de gerenciamento de resíduos, de gerenciamento costeiro, de gestão de recursos hídricos, de ordenamento de recursos pesqueiros, de manejo sustentável de recursos ambientais, de ecoturismo e melhoria de qualidade ambiental;

III - às políticas públicas, econômicas, sociais e culturais, de ciência e tecnologia de comunicação, de transporte, de saneamento e de saúde;

IV - aos processos de capacitação de profissionais promovidos por empresas, entidades de classe, instituições públicas e privadas;

V - a projetos financiados com recursos públicos; e

VI - ao cumprimento da Agenda 21.

§ 1º Cabe ao Poder Público estabelecer mecanismos de incentivo à aplicação de recursos privados em projetos de Educação Ambiental.

§ 2º O Órgão Gestor estimulará os Fundos de Meio Ambiente e de Educação, nos níveis

Federal, Estadual e Municipal a alocarem recursos para o desenvolvimento de projetos de Educação Ambiental.

ART. 7º O Ministério do Meio Ambiente, o Ministério da Educação e seus órgãos vinculados, na elaboração dos seus respectivos orçamentos, deverão consignar recursos para a realização das atividades e para o cumprimento dos objetivos da Política Nacional de Educação Ambiental.

ART. 8º A definição de diretrizes para implementação da Política Nacional de Educação Ambiental em âmbito nacional, conforme a atribuição do Órgão Gestor definida na Lei, deverá ocorrer no prazo de oito meses após a publicação deste Decreto, ouvidos o Conselho Nacional do Meio Ambiente - Conama e o Conselho Nacional de Educação - CNE.

ART. 9º Este Decreto entra em vigor na data de sua publicação.

Brasília, 25 de junho de 2002,
181º da Independência e 114º da República.
FERNANDO HENRIQUE CARDOSO

DECRETO N. 4.297, DE 10 DE JULHO DE 2002

Regulamenta o art. 9º, inciso II, da Lei n. 6.938, de 31 de agosto de 1981, estabelecendo critérios para o Zoneamento Ecológico-Econômico do Brasil - ZEE, e dá outras providências.

‣ *DOU*, 11.07.2002.

O Presidente da República, no uso da atribuição que lhe confere o art. 84, inciso IV, da Constituição, e tendo em vista o disposto nos arts. 16 e 44 da Lei n. 4.771, de 15 de setembro de 1965,

Decreta:

ART. 1º O Zoneamento Ecológico-Econômico do Brasil - ZEE, como instrumento da Política Nacional do Meio Ambiente, obedecerá aos critérios mínimos estabelecidos neste Decreto.

CAPITULO I
DOS OBJETIVOS E PRINCÍPIOS

ART. 2º O ZEE, instrumento de organização do território a ser obrigatoriamente seguido na implantação de planos, obras e atividades públicas e privadas, estabelece medidas e padrões de proteção ambiental destinados a assegurar a qualidade ambiental, dos recursos hídricos e do solo e a conservação da biodiversidade, garantindo o desenvolvimento sustentável e a melhoria das condições de vida da população.

ART. 3º O ZEE tem por objetivo geral organizar, de forma vinculada, as decisões dos agentes públicos e privados quanto a planos, programas, projetos e atividades que, direta ou indiretamente, utilizem recursos naturais, assegurando a plena manutenção do capital e dos serviços ambientais dos ecossistemas.

Parágrafo único. O ZEE, na distribuição espacial das atividades econômicas, levará em conta a importância ecológica, as limitações e as fragilidades dos ecossistemas, estabelecendo vedações, restrições e alternativas de exploração do território e determinando, quando for o caso, inclusive a relocalização de atividades incompatíveis com suas diretrizes gerais.

ART. 4º O processo de elaboração e implementação do ZEE:

I - buscará a sustentabilidade ecológica, econômica e social, com vistas a compatibilizar o crescimento econômico e a proteção dos recursos naturais, em favor das presentes e futuras gerações, em decorrência do reconhecimento de valor intrínseco à biodiversidade e a seus componentes;

II - contará com ampla participação democrática, compartilhando suas ações e responsabilidades entre os diferentes níveis da administração pública e da sociedade civil; e

III - valorizará o conhecimento científico multidisciplinar.

ART. 5º O ZEE orientar-se-á pela Política Nacional do Meio Ambiente, estatuída nos arts. 21, inciso IX, 170, inciso VI, 186, inciso II, e 225 da Constituição, na Lei n. 6.938, de 31 de agosto de 1981, pelos diplomas legais aplicáveis, e obedecerá aos princípios da função sócio-ambiental da propriedade, da prevenção, da precaução, do poluidor-pagador, do usuário-pagador, da participação informada, do acesso equitativo e da integração.

CAPÍTULO II
DA ELABORAÇÃO DO ZEE

ART. 6º Compete ao Poder Público Federal elaborar e executar o ZEE nacional e regionais, quando tiver por objeto biomas brasileiros ou territórios abrangidos por planos e projetos prioritários estabelecidos pelo Governo Federal. (Redação dada pelo Dec. 6.288/2007.)

§ 1º O Poder Público Federal poderá, mediante celebração de termo apropriado, elaborar e executar o ZEE em articulação e cooperação com os Estados, cumpridos os requisitos previstos neste Decreto. (Redação dada pelo Dec. 6.288/2007.)

§ 2º O Poder Público Federal deverá reunir e sistematizar as informações geradas, inclusive pelos Estados e Municípios, bem como disponibilizá-las publicamente. (Redação dada pelo Dec. 6.288/2007.)

§ 3º O Poder Público Federal deverá reunir e compatibilizar em um único banco de dados as informações geradas em todas as escalas, mesmo as produzidas pelos Estados, nos termos do § 1º deste artigo.

ART. 6º-A. O ZEE para fins de reconhecimento pelo Poder Público Federal deverá gerar produtos e informações nas seguintes escalas: (Incluído pelo Dec. 6.288/2007.)

I - ZEE nacional na escala de apresentação 1:5.000.000 e de referência 1:1.000.000; (Incluído pelo Dec. 6.288/2007.)

II - ZEE macrorregionais na escala de referência de 1:1.000.000 ou maiores; (Incluído pelo Dec. 6.288/2007.)

III - ZEE dos Estados ou de Regiões nas escalas de referência de 1:1.000.000 à de 1:250.000, nas Macro Regiões Norte, Centro-Oeste e Nordeste e de 1:250.000 a 1:100.000 nas Macro Regiões Sudeste, Sul e na Zona Costeira; e (Incluído pelo Dec. 6.288/2007.)

IV - ZEE local nas escalas de referência de 1:100.000 e maiores. (Incluído pelo Dec. 6.288/2007.)

§ 1º O ZEE desempenhará funções diversas, segundo as seguintes escalas: (Incluído pelo Dec. 6.288/2007.)

I - nas escalas de 1:1.000.000, para indicativos estratégicos de uso do território, definição de áreas para detalhamento do ZEE, utilização como referência para definição de prioridades em planejamento territorial e gestão de ecossistemas. (Incluído pelo Dec. 6.288/2007.)

II - nas escalas de 1:250.000 e maiores, para indicativos de gestão e ordenamento territorial estadual ou regional, tais como, definição dos percentuais para fins de recomposição ou aumento de reserva legal, nos termos do § 5º do art. 16 da Lei n. 4.771, de 15 de setembro de 1965; e (Incluído pelo Dec. 6.288/2007.)

III - nas escalas locais de 1:100.000 e maiores, para indicativos operacionais de gestão e ordenamento territorial, tais como, planos diretores municipais, planos de gestão ambiental e territorial locais, usos de Áreas de Preservação Permanente, nos termos do art. 4º da Lei n. 4.771, de 1965. (Incluído pelo Dec. 6.288/2007.)

§ 2º Os órgãos públicos federais, distritais, estaduais e municipais poderão inserir o ZEE nos seus sistemas de planejamento, bem como os produtos disponibilizados pela Comissão Coordenadora do ZEE do Território Nacional, instituída pelo Decreto de 28 de dezembro de 2001, e pelas Comissões Estaduais de ZEE. (Incluído pelo Dec. 6.288/2007.)

§ 3º Para fins do disposto neste Decreto, considera-se região ou regional a área que compreende partes de um ou mais Estados. (Incluído pelo Dec. 6.288/2007.)

ART. 6º-B. A União, para fins de uniformidade e compatibilização com as políticas públicas federais, poderá reconhecer os ZEE estaduais, regionais e locais, desde que tenham cumprido os seguintes requisitos: (Incluído pelo Dec. 6.288/2007.)

I - referendados pela Comissão Estadual do ZEE; (Incluído pelo Dec. 6.288/2007.)

II - aprovados pelas Assembleias Legislativas Estaduais; e (Incluído pelo Dec. 6.288/2007.)

III - compatibilização com o ZEE estadual, nas hipóteses dos ZEE regionais e locais. (Incluído pelo Dec. 6.288/2007.)

Parágrafo único. O reconhecimento a que se refere o *caput* será realizado pela Comissão Coordenadora do ZEE do Território Nacional, ouvido o Consórcio ZEE Brasil. (Incluído pelo Dec. 6.288/2007.)

ART. 6º-C. O Poder Público Federal elaborará, sob a coordenação da Comissão Coordenadora do ZEE do Território Nacional, o ZEE da Amazônia Legal, tendo como referência o Mapa Integrado dos ZEE dos Estados, elaborado e atualizado pelo Programa Zoneamento Ecológico-Econômico. (Incluído pelo Dec. 6.288/2007.)

Parágrafo único. O processo de elaboração do ZEE da Amazônia Legal terá a participação de Estados e Municípios, das Comissões Estaduais do ZEE e de representações da sociedade. (Incluído pelo Dec. 6.288/2007.)

ART. 7º A elaboração e implementação do ZEE observarão os pressupostos técnicos, institucionais e financeiros.

ART. 8º Dentre os pressupostos técnicos, os executores de ZEE deverão apresentar:

I - termo de referência detalhado;

II - equipe de coordenação composta por pessoal técnico habilitado;

III - compatibilidade metodológica com os princípios e critérios aprovados pela Comissão Coordenadora do Zoneamento Ecológico-Econômico do Território Nacional, instituída pelo Decreto de 28 de dezembro de 2001;

IV - produtos gerados por meio do Sistema de Informações Geográficas, compatíveis com os padrões aprovados pela Comissão Coordenadora do ZEE;

V - entrada de dados no Sistema de Informações Geográficas compatíveis com as normas e padrões do Sistema Cartográfico Nacional;

VI - normatização técnica com base nos referenciais da Associação Brasileira de Normas Técnicas e da Comissão Nacional de Cartografia para produção e publicação de mapas e relatórios técnicos;

VII - compromisso de disponibilizar informações necessárias à execução do ZEE; e

DECRETOS

VIII - projeto específico de mobilização social e envolvimento de grupos sociais interessados.

ART. 9º Dentre os pressupostos institucionais, os executores de ZEE deverão apresentar:

I - arranjos institucionais destinados a assegurar a inserção do ZEE em programa de gestão territorial, mediante a criação de comissão de coordenação estadual, com caráter deliberativo e participativo, e de coordenação técnica, com equipe multidisciplinar;

II - base de informações compartilhadas entre os diversos órgãos da administração pública;

III - proposta de divulgação da base de dados e dos resultados do ZEE; e

IV - compromisso de encaminhamento periódico dos resultados e produtos gerados à Comissão Coordenadora do ZEE.

ART. 10. Os pressupostos financeiros são regidos pela legislação pertinente.

CAPÍTULO III
DO CONTEÚDO DO ZEE

ART. 11. O ZEE dividirá o território em zonas, de acordo com as necessidades de proteção, conservação e recuperação dos recursos naturais e do desenvolvimento sustentável.

Parágrafo único. A instituição de zonas orientar-se-á pelos princípios da utilidade e da simplicidade, de modo a facilitar a implementação de seus limites e restrições pelo Poder Público, bem como sua compreensão pelos cidadãos.

ART. 12. A definição de cada zona observará, no mínimo:

I - diagnóstico dos recursos naturais, da socioeconomia e do marco jurídico-institucional;

II - informações constantes do Sistema de Informações Geográficas;

III - cenários tendenciais e alternativos; e

IV - Diretrizes Gerais e Específicas, nos termos do art. 14 deste Decreto.

ART. 13. O diagnóstico a que se refere o inciso I do art. 12 deverá conter, no mínimo:

I - Unidades dos Sistemas Ambientais, definidas a partir da integração entre os componentes da natureza;

II - Potencialidade Natural, definida pelos serviços ambientais dos ecossistemas e pelos recursos naturais disponíveis, incluindo, entre outros, a aptidão agrícola, o potencial madeireiro e o potencial de produtos florestais não madeireiros, que inclui o potencial para a exploração de produtos derivados da biodiversidade;

III - Fragilidade Natural Potencial, definida por indicadores de perda da biodiversidade, vulnerabilidade natural à perda de solo, quantidade e qualidade dos recursos hídricos superficiais e subterrâneos;

IV - indicação de corredores ecológicos;

V - tendências de ocupação e articulação regional, definidas em função das tendências de uso da terra, dos fluxos econômicos e populacionais, da localização das infraestruturas e circulação da informação;

VI - condições de vida da população, definidas pelos indicadores de condições de vida, da situação da saúde, educação, mercado de trabalho e saneamento básico;

VII - incompatibilidades legais, definidas pela situação das áreas legalmente protegidas e o tipo de ocupação que elas vêm sofrendo; e

VIII - áreas institucionais, definidas pelo mapeamento das terras indígenas, unidades de conservação e áreas de fronteira.

ART. 13-A. Na elaboração do diagnóstico a que se refere o inciso I do art. 12, deverão ser obedecidos os requisitos deste Decreto, bem como as Diretrizes Metodológicas para o Zoneamento Ecológico-Econômico do Brasil, aprovadas pela Comissão Coordenadora do ZEE do Território Nacional. (Incluído pelo Dec. 6.288/2007.)

ART. 13-B. Na elaboração do ZEE mencionado no inciso I do § 1º do art. 6º-A, os critérios para divisão territorial e seus conteúdos serão definidos com o objetivo de assegurar as finalidades, integração e compatibilização dos diferentes níveis administrativos e escalas do zoneamento e do planejamento territorial, observados os objetivos e princípios gerais deste Decreto. (Incluído pelo Dec. 7.378/2010.)

Parágrafo único. Compete a Comissão Coordenadora do Zoneamento Ecológico-Econômico do Território Nacional - CCZEE aprovar diretrizes metodológicas com o objetivo de padronizar a divisão territorial do ZEE referido no *caput*.

ART. 14. As Diretrizes Gerais e Específicas deverão conter, no mínimo:

I - atividades adequadas a cada zona, de acordo com sua fragilidade ecológica, capacidade de suporte ambiental e potencialidades;

II - necessidades de proteção ambiental e conservação das águas, do solo, do subsolo, da fauna e flora e demais recursos naturais renováveis e não renováveis;

III - definição de áreas para unidades de conservação, de proteção integral e de uso sustentável;

IV - critérios para orientar as atividades madeireira e não madeireira, agrícola, pecuária, pesqueira e de piscicultura, de urbanização, de industrialização, de mineração e de outras opções de uso dos recursos ambientais;

V - medidas destinadas a promover, de forma ordenada e integrada, o desenvolvimento ecológico e economicamente sustentável do setor rural, com o objetivo de melhorar a convivência entre a população e os recursos ambientais, inclusive com a previsão de diretrizes para implantação de infraestrutura de fomento às atividades econômicas;

VI - medidas de controle e de ajustamento de planos de zoneamento de atividades econômicas e sociais resultantes da iniciativa dos municípios, visando a compatibilizar, no interesse da proteção ambiental, usos conflitantes em espaços municipais contíguos e a integrar iniciativas regionais amplas e não restritas às cidades; e

VII - planos, programas e projetos dos governos federal, estadual e municipal, bem como suas respectivas fontes de recursos com vistas a viabilizar as atividades apontadas como adequadas a cada zona.

CAPÍTULO IV
DO USO, ARMAZENAMENTO, CUSTÓDIA E PUBLICIDADE DOS DADOS E INFORMAÇÕES

ART. 15. Os produtos resultantes do ZEE deverão ser armazenados em formato eletrônico, constituindo banco de dados geográficos.

Parágrafo único. A utilização dos produtos do ZEE obedecerá aos critérios de uso da propriedade intelectual dos dados e das informações, devendo ser disponibilizados para o público em geral, ressalvados os de interesse estratégico para o País e os indispensáveis à segurança e integridade do território nacional.

ART. 16. As instituições integrantes do Consórcio ZEE-Brasil, criado pelo Decreto de 28 de dezembro de 2001, constituirão rede integrada de dados e informações, de forma a armazenar, atualizar e garantir a utilização compartilhada dos produtos gerados pelo ZEE nas diferentes instâncias governamentais.

ART. 17. O Poder Público divulgará junto à sociedade, em linguagem e formato acessíveis, o conteúdo do ZEE e de sua implementação, inclusive na forma de ilustrações e textos explicativos, respeitado o disposto no parágrafo único do art. 15, *in fine*.

CAPÍTULO V
DAS DISPOSIÇÕES FINAIS E TRANSITÓRIAS

ART. 18. O ZEE, na forma do art. 6º, *caput*, deste Decreto, deverá ser analisado e aprovado pela Comissão Coordenadora do ZEE, em conformidade com o Decreto de 28 de dezembro de 2001.

Parágrafo único. Após a análise dos documentos técnicos do ZEE, a Comissão Coordenadora do ZEE poderá solicitar informações complementares, inclusive na forma de estudos, quando julgar imprescindíveis.

ART. 19. A alteração dos produtos do ZEE, bem como mudanças nos limites das zonas e indicação de novas diretrizes gerais e específicas, poderão ser realizadas após decorridos prazo mínimo de dez anos de conclusão do ZEE, ou de sua última modificação, prazo este não exigível na hipótese de ampliação do rigor da proteção ambiental da zona a ser alterada, ou de atualizações decorrentes de aprimoramento técnico-científico.

§ 1º Decorrido o prazo previsto no *caput* deste artigo, as alterações somente poderão ocorrer após consulta pública e aprovação pela comissão estadual do ZEE e pela Comissão Coordenadora do ZEE, mediante processo legislativo de iniciativa do Poder Executivo.

§ 2º Para fins deste artigo, somente será considerado concluído o ZEE que dispuser de zonas devidamente definidas e caracterizadas e contiver Diretrizes Gerais e Específicas, aprovadas na forma do § 1º.

§ 3º A alteração do ZEE não poderá reduzir o percentual da reserva legal definido em legislação específica, nem as áreas protegidas, com unidades de conservação ou não.

ART. 20. Para o planejamento e a implementação de políticas públicas, bem como para o licenciamento, a concessão de crédito oficial ou benefícios tributários, ou para a assistência técnica de qualquer natureza, as instituições públicas ou privadas observarão os critérios, padrões e obrigações estabelecidos no ZEE, quando existir, sem prejuízo dos previstos na legislação ambiental.

ART. 21. Os ZEE estaduais que cobrirem todo o território do Estado, concluídos anteriormente à vigência deste Decreto, serão adequados à legislação ambiental federal mediante instrumento próprio firmado entre a União e cada um dos Estados interessados.

§ 1º Será considerado concluído o ZEE elaborado antes da vigência deste Decreto, na escala de 1:250.000, desde que disponha de mapa de gestão e de diretrizes gerais dispostas no respectivo regulamento.

§ 2º Os ZEE em fase de elaboração serão submetidos à Comissão Coordenadora do ZEE para análise e, se for o caso, adequação às normas deste Decreto.

ART. 21-A. Para definir a recomposição da reserva legal, de que trata o § 5º do art. 16 da Lei n. 4.771, de 1965, a oitiva dos Ministérios do Meio Ambiente e da Agricultura, Pecuária e Abastecimento será realizada por intermédio da Comissão Coordenadora do ZEE do Território Nacional. (Incluído pelo Dec. 6.288/2007.)

ART. 22. Este Decreto entra em vigor na data de sua publicação.

Brasília, 10 de julho de 2002;
181º da Independência e 114º da República.
FERNANDO HENRIQUE CARDOSO

DECRETO N. 4.334, DE 12 DE AGOSTO DE 2002

Dispõe sobre as audiências concedidas a particulares por agentes públicos em exercício na Administração Pública Federal direta, nas autarquias e fundações públicas federais.

- *DOU*, 13.08.2002.

O Presidente da República, no uso das atribuições que lhe confere o art. 84, incisos II e VI, alínea "a", da Constituição,

Decreta:

ART. 1º Este Decreto disciplina as audiências concedidas a particulares por agentes públicos em exercício na Administração Pública Federal direta, nas autarquias e nas fundações públicas federais.

Parágrafo único. Para os fins deste Decreto, considera-se:

I - agente público todo aquele, civil ou militar, que por força de lei, contrato ou qualquer outro ato jurídico detenha atribuição de se manifestar ou decidir sobre ato ou fato sujeito à sua área de atuação; e

II - particular todo aquele que, mesmo ocupante de cargo ou função pública, solicite audiência para tratar de interesse privado seu ou de terceiros.

ART. 2º O pedido de audiência efetuado por particular deverá ser dirigido ao agente público, por escrito, por meio de fax ou meio eletrônico, indicando:

I - a identificação do requerente;

II - data e hora em que pretende ser ouvido e, quando for o caso, as razões da urgência;

III - o assunto a ser abordado; e

IV - a identificação de acompanhantes, se houver, e seu interesse no assunto.

ART. 3º As audiências de que trata este Decreto terão sempre caráter oficial, ainda que realizadas fora do local de trabalho, devendo o agente público:

I - estar acompanhado nas audiências de pelo menos um outro servidor público ou militar; e

II - manter registro específico das audiências, com a relação das pessoas presentes e os assuntos tratados.

Parágrafo único. Na audiência a se realizar fora do local de trabalho, o agente público pode dispensar o acompanhamento de servidor público ou militar, sempre que reputar desnecessário, em função do tema a ser tratado.

ART. 4º As normas deste Decreto não geram direito a audiência.

ART. 5º Este Decreto não se aplica:

I - às audiências realizadas para tratar de matérias relacionadas à administração tributária, à supervisão bancária, à segurança e a outras sujeitas a sigilo legal; e

II - às hipóteses de atendimento aberto ao público.

ART. 6º Este Decreto entra em vigor trinta dias após sua publicação.

ART. 7º Ficam revogados os Decretos n. 4.232, de 14 de maio de 2002, 4.268, de 12 de junho de 2002, e o parágrafo único do art. 12 do Decreto n. 4.081, de 11 de janeiro de 2002.

Brasília, 12 de agosto de 2002; 181º da Independência e 114º da República.
FERNANDO HENRIQUE CARDOSO

DECRETO N. 4.339, DE 22 DE AGOSTO DE 2002

Institui princípios e diretrizes para a implementação da Política Nacional da Biodiversidade.

- *DOU*, 23.08.2002.
- Dec. de 15.09.2010 (Institui o Plano de Ação para Prevenção e Controle do Desmatamento e das Queimadas no Bioma Cerrado - PPCerrado).

O Presidente da República, no uso das atribuições que lhe confere o art. 84, inciso IV, da Constituição, e

Considerando os compromissos assumidos pelo Brasil ao assinar a Convenção sobre Diversidade Biológica, durante a Conferência das Nações Unidas sobre Meio Ambiente e Desenvolvimento - CNUMAD, em 1992, a qual foi aprovada pelo Decreto Legislativo n. 2, de 3 de fevereiro de 1994, e promulgada pelo Decreto n. 2.519, de 16 de março de 1998;

Considerando o disposto no art. 225 da Constituição, na Lei n. 6.938, de 31 de agosto de 1981, que dispõe sobre a Política Nacional do Meio Ambiente, na Declaração do Rio e na Agenda 21, ambas assinadas pelo Brasil em 1992, durante a CNUMAD, e nas demais normas vigentes relativas à biodiversidade; e

Considerando que o desenvolvimento de estratégias, políticas, planos e programas nacionais de biodiversidade é um dos principais compromissos assumidos pelos países membros da Convenção sobre Diversidade Biológica;

Decreta:

ART. 1º Ficam instituídos, conforme o disposto no Anexo a este Decreto, princípios e diretrizes para a implementação, na forma da lei, da Política Nacional da Biodiversidade, com a participação dos governos federal, distrital, estaduais e municipais, e da sociedade civil.

ART. 2º Este Decreto entra em vigor na data da sua publicação.

Brasília, 22 de agosto de 2002;
181º da Independência e 114º da República.
FERNANDO HENRIQUE CARDOSO

ANEXO
DA POLÍTICA NACIONAL DA BIODIVERSIDADE

Dos Princípios e Diretrizes Gerais da Política Nacional da Biodiversidade

1. Os princípios estabelecidos neste Anexo derivam, basicamente, daqueles estabelecidos na Convenção sobre Diversidade Biológica e na Declaração do Rio, ambas de 1992, na Constituição e na legislação nacional vigente sobre a matéria.

2. A Política Nacional da Biodiversidade reger-se-á pelos seguintes princípios:

I - a diversidade biológica tem valor intrínseco, merecendo respeito independentemente de seu valor para o homem ou potencial para uso humano;

II - as nações têm o direito soberano de explorar seus próprios recursos biológicos, segundo suas políticas de meio ambiente e desenvolvimento;

III - as nações são responsáveis pela conservação de sua biodiversidade e por assegurar que atividades sob sua jurisdição ou controle não causem dano ao meio ambiente e à biodiversidade de outras nações ou de áreas além dos limites da jurisdição nacional;

IV - a conservação e a utilização sustentável da biodiversidade são uma preocupação comum à humanidade, mas com responsabilidades diferenciadas, cabendo aos países desenvolvidos o aporte de recursos financeiros novos e adicionais e a facilitação do acesso adequado às tecnologias pertinentes para atender às necessidades dos países em desenvolvimento;

V - todos têm direito ao meio ambiente ecologicamente equilibrado, bem de uso comum do povo e essencial à sadia qualidade de vida, impondo-se, ao Poder Público e à coletividade, o dever de defendê-lo e de preservá-lo para as presentes e as futuras gerações;

VI - os objetivos de manejo de solos, águas e recursos biológicos são uma questão de escolha da sociedade, devendo envolver todos os setores relevantes da sociedade e todas as disciplinas científicas e considerar todas as formas de informação relevantes, incluindo os conhecimentos científicos, tradicionais e locais, inovações e costumes;

VII - a manutenção da biodiversidade é essencial para a evolução e para a manutenção dos sistemas necessários à vida da biosfera e, para tanto, é necessário garantir e promover a capacidade de reprodução sexuada e cruzada dos organismos;

VIII - onde exista evidência científica consistente de risco sério e irreversível à diversidade biológica, o Poder Público determinará medidas eficazes em termos de custo para evitar a degradação ambiental;

IX - a internalização dos custos ambientais e a utilização de instrumentos econômicos será promovida tendo em conta o princípio de que o poluidor deverá, em princípio, suportar o custo da poluição, com o devido respeito pelo interesse público e sem distorcer o comércio e os investimentos internacionais;

X - a instalação de obra ou atividade potencialmente causadora de significativa degradação do meio ambiente deverá ser precedida de estudo prévio de impacto ambiental, a que se dará publicidade;

XI - o homem faz parte da natureza e está presente nos diferentes ecossistemas brasileiros há mais de dez mil anos, e todos estes ecossistemas foram e estão sendo alterados por ele em maior ou menor escala;

XII - a manutenção da diversidade cultural nacional é importante para pluralidade de valores na sociedade em relação à biodiversidade, sendo que os povos indígenas, os quilombolas e as outras comunidades locais desempenham um papel importante na conservação e na utilização sustentável da biodiversidade brasileira;

XIII - as ações relacionadas ao acesso ao conhecimento tradicional associado à biodiversidade deverão transcorrer com consentimento prévio informado dos povos indígenas, dos quilombolas e das outras comunidades locais;

XIV - o valor de uso da biodiversidade é determinado pelos valores culturais e inclui valor de uso direto e indireto, de opção de uso futuro e, ainda, valor intrínseco, incluindo os valores ecológico, genético, social, econômico, científico, educacional, cultural, recreativo e estético;

XV - a conservação e a utilização sustentável da biodiversidade devem contribuir para o desenvolvimento econômico e social e para a erradicação da pobreza;

XVI - a gestão dos ecossistemas deve buscar o equilíbrio apropriado entre a conservação e a utilização sustentável da biodiversidade, e os ecossistemas devem ser administrados dentro dos limites de seu funcionamento;

XVII - os ecossistemas devem ser entendidos e manejados em um contexto econômico, objetivando:

a) reduzir distorções de mercado que afetam negativamente a biodiversidade;

DECRETOS

b) promover incentivos para a conservação da biodiversidade e sua utilização sustentável; e

c) internalizar custos e benefícios em um dado ecossistema o tanto quanto possível;

XVIII - a pesquisa, a conservação *ex situ* e a agregação de valor sobre componentes da biodiversidade brasileira devem ser realizadas preferencialmente no país, sendo bem vindas as iniciativas de cooperação internacional, respeitados os interesses e a coordenação nacional;

XIX - as ações nacionais de gestão da biodiversidade devem estabelecer sinergias e ações integradas com convenções, tratados e acordos internacionais relacionados ao tema da gestão da biodiversidade; e

XX - as ações de gestão da biodiversidade terão caráter integrado, descentralizado e participativo, permitindo que todos os setores da sociedade brasileira tenham, efetivamente, acesso aos benefícios gerados por sua utilização.

3. A Política Nacional da Biodiversidade aplica-se aos componentes da diversidade biológica localizados nas áreas sob jurisdição nacional, incluindo o território nacional, a plataforma continental e a zona econômica exclusiva; e aos processos e atividades realizados sob sua jurisdição ou controle, independentemente de onde ocorram seus efeitos, dentro da área sob jurisdição nacional ou além dos limites desta.

4. A Política Nacional da Biodiversidade reger-se-á pelas seguintes diretrizes:

I - estabelecer-se-á cooperação com outras nações, diretamente ou, quando necessário, mediante acordos e organizações internacionais competentes, no que respeita a áreas além da jurisdição nacional, em particular nas áreas de fronteira, na Antártida, no alto-mar e nos grandes fundos marinhos e em relação a espécies migratórias, e em outros assuntos de mútuo interesse, para a conservação e a utilização sustentável da diversidade biológica;

II - o esforço nacional de conservação e a utilização sustentável da diversidade biológica deve ser integrado em planos, programas e políticas setoriais ou intersetoriais pertinentes de forma complementar e harmônica;

III - investimentos substanciais são necessários para conservar a diversidade biológica, dos quais resultarão, consequentemente, benefícios ambientais, econômicos e sociais;

IV - é vital prever, prevenir e combater na origem as causas da sensível redução ou perda da diversidade biológica;

V - a sustentabilidade da utilização de componentes da biodiversidade deve ser determinada do ponto de vista econômico, social e ambiental, especialmente quanto à manutenção da biodiversidade;

VI - a gestão dos ecossistemas deve ser descentralizada ao nível apropriado e os gestores de ecossistemas devem considerar os efeitos atuais e potenciais de suas atividades sobre os ecossistemas vizinhos e outros;

VII - a gestão dos ecossistemas deve ser implementada nas escalas espaciais e temporais apropriadas e os objetivos para o gerenciamento de ecossistemas devem ser estabelecidos a longo prazo, reconhecendo que mudanças são inevitáveis.

VIII - a gestão dos ecossistemas deve se concentrar nas estruturas, nos processos e nos relacionamentos funcionais dentro dos ecossistemas, usar práticas gerenciais adaptativas e assegurar a cooperação intersetorial;

IX - criar-se-ão condições para permitir o acesso aos recursos genéticos e para a utilização ambientalmente saudável destes por outros países que sejam Partes Contratantes da Convenção sobre Diversidade Biológica, evitando-se a imposição de restrições contrárias aos objetivos da Convenção.

Do Objetivo Geral da Política Nacional da Biodiversidade

5. A Política Nacional da Biodiversidade tem como objetivo geral a promoção, de forma integrada, da conservação da biodiversidade e da utilização sustentável de seus componentes, com a repartição justa e equitativa dos benefícios derivados da utilização dos recursos genéticos, de componentes do patrimônio genético e dos conhecimentos tradicionais associados a esses recursos.

Dos Componentes da Política Nacional da Biodiversidade

6. Os Componentes da Política Nacional da Biodiversidade e respectivos objetivos específicos, abaixo relacionados e estabelecidos com base na Convenção sobre Diversidade Biológica, devem ser considerados como os eixos temáticos que orientarão as etapas de implementação desta Política.

7. As diretrizes estabelecidas para os Componentes devem ser consideradas para todos os biomas brasileiros, quando couber.

8. Diretrizes específicas por bioma poderão ser estabelecidas nos Planos de Ação, quando da implementação da Política.

9. A Política Nacional da Biodiversidade abrange os seguintes Componentes:

I - Componente 1 - Conhecimento da Biodiversidade: congrega diretrizes voltadas à geração, sistematização e disponibilização de informações que permitam conhecer os componentes da biodiversidade do país e que apóiem a gestão da biodiversidade, bem como diretrizes relacionadas à produção de inventários, à realização de pesquisas ecológicas e à realização de pesquisas sobre conhecimentos tradicionais;

II - Componente 2 - Conservação da Biodiversidade: engloba diretrizes destinadas à conservação *in situ* e *ex situ* de variabilidade genética, de ecossistemas, incluindo os serviços ambientais, e de espécies, particularmente daquelas ameaçadas ou com potencial econômico, bem como diretrizes para implementação de instrumentos econômicos e tecnológicos em prol da conservação da biodiversidade;

III - Componente 3 - Utilização Sustentável dos Componentes da Biodiversidade: reúne diretrizes para a utilização sustentável da biodiversidade e da biotecnologia, incluindo o fortalecimento da gestão pública, o estabelecimento de mecanismos e instrumentos econômicos, e o apoio a práticas e negócios sustentáveis que garantam a manutenção da biodiversidade e da funcionalidade dos ecossistemas, considerando não apenas o valor econômico, mas também os valores sociais e culturais da biodiversidade;

IV - Componente 4 - Monitoramento, Avaliação, Prevenção e Mitigação de Impactos sobre a Biodiversidade: engloba diretrizes para fortalecer os sistemas de monitoramento, de avaliação, de prevenção e de mitigação de impactos sobre a biodiversidade, bem como para promover a recuperação de ecossistemas degradados e de componentes da biodiversidade sobre-explotados;

V - Componente 5 - Acesso aos Recursos Genéticos e aos Conhecimentos Tradicionais Associados e Repartição de Benefícios: alinha diretrizes que promovam o acesso controlado, com vistas à agregação de valor mediante pesquisa científica e desenvolvimento tecnológico, e a distribuição dos benefícios gerados pela utilização dos recursos genéticos, dos componentes do patrimônio genético e dos conhecimentos tradicionais associados, de modo que sejam compartilhados, de forma justa e equitativa, com a sociedade brasileira e, inclusive, com os povos indígenas, com os quilombolas e com outras comunidades locais;

VI - Componente 6 - Educação, Sensibilização Pública, Informação e Divulgação sobre Biodiversidade: define diretrizes para a educação e sensibilização pública e para a gestão e divulgação de informações sobre biodiversidade, com a promoção da participação da sociedade, inclusive dos povos indígenas, quilombolas e outras comunidades locais, no respeito à conservação da biodiversidade, à utilização sustentável de seus componentes e à repartição justa e equitativa dos benefícios derivados da utilização de recursos genéticos, de componentes do patrimônio genético e de conhecimento tradicional associado à biodiversidade;

VII - Componente 7 - Fortalecimento Jurídico e Institucional para a Gestão da Biodiversidade: sintetiza os meios de implementação da Política; apresenta diretrizes para o fortalecimento da infraestrutura, para a formação e fixação de recursos humanos, para o acesso à tecnologia e transferência de tecnologia, para o estímulo à criação de mecanismos de financiamento, para o fortalecimento do marco legal, para a integração de políticas públicas e para a cooperação internacional.

Do Componente 1 da Política Nacional da Biodiversidade - Conhecimento da Biodiversidade

10. Objetivos Gerais: gerar, sistematizar e disponibilizar informações para a gestão da biodiversidade nos biomas e seu papel no funcionamento e na manutenção dos ecossistemas terrestres e aquáticos, incluindo as águas jurisdicionais. Promover o conhecimento da biodiversidade brasileira, sua distribuição, seus determinantes, seus valores, suas funções ecológicas e seu potencial de uso econômico.

10.1. Primeira diretriz: Inventário e caracterização da biodiversidade. Levantamento, identificação, catalogação e caracterização dos componentes da biodiversidade (ecossistemas, espécies e diversidade genética intraespecífica), para gerar informações que possibilitem a proposição de medidas para a gestão desta.

Objetivos Específicos:

10.1.1. Instituir e implementar programa nacional de inventários biológicos integrados a estudos do meio físico, com ênfase em grupos taxonômicos megadiversos abrangendo os diferentes habitats e regiões geográficas do país, preferencialmente realizados em áreas prioritárias para conservação, estabelecendo-se protocolos mínimos padronizados para coleta, com obrigatoriedade do uso de coordenadas geográficas (georreferenciamento).

10.1.2. Promover e apoiar pesquisas voltadas a estudos taxonômicos de todas as espécies que ocorrem no Brasil e para a caracterização e classificação da biodiversidade brasileira.

10.1.3. Instituir um sistema nacional, coordenado e compartilhado, de registro de espécies descritas em território brasileiro e nas demais áreas sob jurisdição nacional, criando, apoiando, consolidando e integrando coleções científicas e centros de referência nacionais e regionais.

10.1.4. Elaborar e manter atualizadas listas de espécies endêmicas e ameaçadas no país, de modo articulado com as listas estaduais e regionais.

10.1.5. Promover pesquisas para identificar as características ecológicas, a diversidade genética e a viabilidade populacional das espécies de plantas, animais, fungos e microrganismos endêmicas e ameaçadas no Brasil, a fim de subsidiar ações de recuperação, regeneração, utilização sustentável e conservação destas.

10.1.6. Promover pesquisas para determinar propriedades e características ecológicas, biológicas e genéticas das espécies de maior interesse para conservação e utilização socioeconômica sustentável, principalmente espécies nativas utilizadas para fins econômicos ou que possuam grande valor para povos indígenas, quilombolas e outras comunidades locais.

10.1.7. Mapear a diversidade e a distribuição das variedades locais de espécies domesticadas e seus parentes silvestres.

10.1.8. Inventariar e mapear as espécies exóticas invasoras e as espécies-problema, bem como os ecossistemas em que foram introduzidas para nortear estudos dos impactos gerados e ações de controle.

10.1.9. Promover a avaliação sistemática das metodologias empregadas na realização de inventários.

10.1.10. Estabelecer mecanismos para exigir, por parte do empreendedor, de realização de inventário da biodiversidade daqueles ambientes especiais (por exemplo canga ferrífera, platôs residuais) altamente ameaçados pela atividade de exploração econômica, inclusive a mineral.

10.1.11. Apoiar a formação de recursos humanos nas áreas de taxonomia, incluindo taxônomos e auxiliares (parataxônomos).

10.1.12. Promover a recuperação e a síntese das informações existentes no acervo científico brasileiro, principalmente teses e dissertações.

10.1.13. Promover o mapeamento da biodiversidade em todo o território nacional, gerar e distribuir amplamente mapas da biodiversidade brasileira, resguardando-se o devido sigilo de informações de interesse nacional.

10.1.14. Promover a repatriação das informações sobre a biodiversidade brasileira existentes no exterior.

10.2. Segunda diretriz: Promoção de pesquisas ecológicas e estudos sobre o papel desempenhado pelos seres vivos na funcionalidade dos ecossistemas e sobre os impactos das mudanças globais na biodiversidade.

Objetivos Específicos:

10.2.1. Promover pesquisas para determinar as propriedades ecológicas das espécies e as formas de sinergia entre estas, visando a compreender sua importância nos ecossistemas.

10.2.2. Promover estudos, preferencialmente nas áreas prioritárias para conservação da biodiversidade e nas unidades de conservação, sobre o funcionamento de comunidades e ecossistemas, sobre dinâmica e situação das populações e sobre avaliação de estoques e manejo dos componentes da biodiversidade.

10.2.3. Fortalecer e expandir pesquisas ecológicas de longa duração, preferencialmente em unidades de conservação.

10.2.4. Promover pesquisas para determinar o efeito da dinâmica das mudanças globais sobre a biodiversidade e a participação das espécies nos processos de fluxo de matéria e energia e de homeostase nos ecossistemas.

10.2.5. Promover pesquisas sobre os efeitos das alterações ambientais causadas pela fragmentação de habitats na perda da biodiversidade, com ênfase nas áreas com maiores níveis de desconhecimento, de degradação e de perda de recursos genéticos.

10.2.6. Promover o desenvolvimento e o aperfeiçoamento de ferramentas de modelagem de ecossistemas.

10.2.7. Promover e apoiar a pesquisa sobre impacto das alterações ambientais na produção agropecuária e na saúde humana, com ênfase em dados para as análises de risco promovidas pelos órgãos competentes das áreas ambiental, sanitária e fitossanitária.

10.3. Terceira diretriz: Promoção de pesquisas para a gestão da biodiversidade. Apoio à produção de informação e de conhecimento sobre os componentes da biodiversidade nos diferentes biomas para subsidiar a gestão da biodiversidade.

Objetivos Específicos:

10.3.1. Promover e apoiar pesquisa sobre biologia da conservação para os diferentes ecossistemas do país e particularmente para os componentes da biodiversidade ameaçados.

10.3.2. Promover e apoiar desenvolvimento de pesquisa e tecnologia sobre conservação e utilização sustentável da biodiversidade, especialmente sobre a propagação e o desenvolvimento de espécies nativas com potencial medicinal, agrícola e industrial.

10.3.3. Desenvolver estudos para o manejo da conservação e utilização sustentável da biodiversidade nas reservas legais das propriedades rurais, conforme previsto no Código Florestal.

10.3.4. Fomentar a pesquisa em técnicas de prevenção, recuperação e restauração de áreas em processo de desertificação, fragmentação ou degradação ambiental, que utilizem a biodiversidade.

10.3.5. Promover e apoiar pesquisas sobre sanidade da vida silvestre e estabelecer mecanismos para que seus dados sejam incorporados na gestão da biodiversidade.

10.3.6. Promover e apoiar pesquisas para subsidiar a prevenção, erradicação e controle de espécies exóticas invasoras e espécies-problema que ameacem a biodiversidade, atividades da agricultura, pecuária, silvicultura e aquicultura e a saúde humana.

10.3.7. Apoiar estudos sobre o valor dos componentes da biodiversidade e dos serviços ambientais associados.

10.3.8. Apoiar estudos que promovam a utilização sustentável da biodiversidade em benefício de povos indígenas, quilombolas e outras comunidades locais, assegurando sua participação direta.

10.3.9. Atualizar as avaliações de áreas e ações prioritárias para conservação, utilização sustentável e repartição dos benefícios da biodiversidade.

10.3.10. Definir estratégias de pesquisa multidisciplinar em biodiversidade.

10.4. Quarta diretriz: Promoção de pesquisas sobre o conhecimento tradicional de povos indígenas, quilombolas e outras comunidades locais. Apoio a estudos para organização e sistematização de informações e procedimentos relacionados ao conhecimento tradicional associado à biodiversidade, com consentimento prévio informado das populações envolvidas e em conformidade com a legislação vigente e com os objetivos específicos estabelecidos na segunda diretriz do Componente 5, prevista no item 14.2.

Objetivos Específicos:

10.4.1. Desenvolver estudos e metodologias para a elaboração e implementação de instrumentos econômicos e regime jurídico específico que possibilitem a repartição justa e equitativa de benefícios, compensação econômica e outros tipos de compensação para os detentores dos conhecimentos tradicionais associados, segundo as demandas por eles definidas.

10.4.2. Desenvolver estudos acerca do conhecimento, inovações e práticas dos povos indígenas, quilombolas e outras comunidades locais, respeitando, resgatando, mantendo e preservando os valores culturais agregados a estes conhecimentos, inovações e práticas, e assegurando a confidencialidade das informações obtidas, sempre que solicitado pelas partes detentoras destes ou quando a sua divulgação possa ocasionar dano à integridade social, ambiental ou cultural destas comunidades ou povos detentores destes conhecimentos.

10.4.3. Apoiar estudos e iniciativas de povos indígenas, quilombos e outras comunidades locais de sistematização de seus conhecimentos, inovações e práticas, com ênfase nos temas de valoração, valorização, conservação e utilização sustentável dos recursos da biodiversidade.

10.4.4. Promover estudos e iniciativas de diferentes setores da sociedade voltados para a valoração, valorização, conhecimento, conservação e utilização sustentável dos saberes tradicionais de povos indígenas, quilombolas e outras comunidades locais, assegurando a participação direta dos detentores desse conhecimento tradicional.

10.4.5. Promover iniciativas que agreguem povos indígenas, quilombolas, outras comunidades locais e comunidades científicas para informar e fazer intercâmbio dos aspectos legais e científicos sobre a pesquisa da biodiversidade e sobre as atividades de bioprospecção.

10.4.6. Promover a divulgação junto a povos indígenas, quilombolas e outras comunidades locais dos resultados das pesquisas que envolvam seus conhecimentos e dos institutos jurídicos relativos aos seus direitos.

10.4.7. Apoiar e estimular a pesquisa sobre o saber tradicional (conhecimentos, práticas e inovações) de povos indígenas, quilombolas e outras comunidades locais, assegurando a sua integridade sociocultural, a posse e o usufruto de suas terras.

Do Componente 2 da Política Nacional da Biodiversidade - Conservação da Biodiversidade

11. Objetivo Geral: Promover a conservação, *in situ* e *ex situ*, dos componentes da biodiversidade, incluindo variabilidade genética, de espécies e de ecossistemas, bem como dos serviços ambientais mantidos pela biodiversidade.

11.1. Primeira diretriz: Conservação de ecossistemas. Promoção de ações de conservação *in situ* da biodiversidade e dos ecossistemas em áreas não estabelecidas como unidades de conservação, mantendo os processos ecológicos e evolutivos e a oferta sustentável dos serviços ambientais.

Objetivos Específicos:

11.1.1. Fortalecer a fiscalização para controle de atividades degradadoras e ilegais: desmatamento, destruição de habitats, caça, aprisionamento e comercialização de animais silvestres e coleta de plantas silvestres.

11.1.2. Desenvolver estudos e metodologias participativas que contribuam para a definição da abrangência e do uso de zonas de amortecimento para as unidades de conservação.

11.1.3. Planejar, promover, implantar e consolidar corredores ecológicos e outras formas de conectividade de paisagens, como forma de planejamento e gerenciamento regional da biodiversidade, incluindo compatibilização e

DECRETOS

integração das reservas legais, áreas de preservação permanentes e outras áreas protegidas.

11.1.4. Apoiar ações para elaboração dos zoneamentos ecológico-econômicos, de abrangência nacional, regional, estadual, municipal ou em bacias hidrográficas, com enfoque para o estabelecimento de unidades de conservação, e adotando suas conclusões, com diretrizes e roteiro metodológico mínimos comuns e com transparência, rigor científico e controle social.

11.1.5. Promover e apoiar estudos de melhoria dos sistemas de uso e de ocupação da terra, assegurando a conservação da biodiversidade e sua utilização sustentável, em áreas fora de unidades de conservação de proteção integral e inclusive em terras indígenas, quilombolas e de outras comunidades locais, com especial atenção às zonas de amortecimento de unidades de conservação.

11.1.6. Propor uma agenda de implementação de áreas e ações prioritárias para conservação da biodiversidade em cada estado e bioma brasileiro.

11.1.7. Promover e apoiar a conservação da biodiversidade no interior e no entorno de terras indígenas, de quilombolas e de outras comunidades locais, respeitando o uso etnoambiental do ecossistema pelos seus ocupantes.

11.1.8. Fortalecer mecanismos de incentivos para o setor privado e para comunidades locais com adoção de iniciativas voltadas à conservação da biodiversidade.

11.1.9. Criar mecanismos de incentivos à recuperação e à proteção de áreas de preservação permanente e de reservas legais previstas em Lei.

11.1.10. Criar estratégias para a conservação de ecossistemas pioneiros, garantindo sua representatividade e função.

11.1.11. Estabelecer uma iniciativa nacional para conservação e recuperação da biodiversidade de águas interiores, da zona costeira e da zona marinha.

11.1.12. Articular ações com o órgão responsável pelo controle sanitário e fitossanitário com vistas à troca de informações para impedir a entrada no país de espécies exóticas invasoras que possam afetar a biodiversidade.

11.1.13. Promover a prevenção, a erradicação e o controle de espécies exóticas invasoras que possam afetar a biodiversidade.

11.1.14. Promover ações de conservação visando a manutenção da estrutura e dos processos ecológicos e evolutivos e a oferta sustentável dos serviços ambientais.

11.1.15. Conservar a biodiversidade dos ecossistemas, inclusive naqueles sob sistemas intensivos de produção econômica, como seguro contra mudanças climáticas e alterações ambientais e econômicas imprevistas, preservando a capacidade dos componentes da biodiversidade se adaptarem a mudanças, inclusive as climáticas.

11.2. Segunda diretriz: Conservação de ecossistemas em unidades de conservação. Promoção de ações de conservação *in situ* da biodiversidade dos ecossistemas nas unidades de conservação, mantendo os processos ecológicos e evolutivos, a oferta sustentável dos serviços ambientais e a integridade dos ecossistemas.

Objetivos Específicos:

11.2.1. Apoiar e promover a consolidação e a expansão do Sistema Nacional de Unidades de Conservação da Natureza - SNUC, com atenção particular para as unidades de proteção integral, garantindo a representatividade dos ecossistemas e das ecorregiões e a oferta sustentável dos serviços ambientais e a integridade dos ecossistemas.

11.2.2. Promover e apoiar o desenvolvimento de mecanismos técnicos e econômicos para a implementação efetiva de unidades de conservação.

11.2.3. Apoiar as ações do órgão oficial de controle fitossanitário com vistas a evitar a introdução de pragas e espécies exóticas invasoras em áreas no entorno e no interior de unidades de conservação.

11.2.4. Incentivar o estabelecimento de processos de gestão participativa, propiciando a tomada de decisões com participação da esfera federal, da estadual e da municipal do Poder Público e dos setores organizados da sociedade civil, em conformidade com a Lei do Sistema Nacional de Unidades de Conservação da Natureza - SNUC.

11.2.5. Incentivar a participação do setor privado na conservação *in situ*, com ênfase na criação de Reservas Particulares do Patrimônio Natural - RPPN, e no patrocínio de unidade de conservação pública.

11.2.6. Promover a criação de unidades de conservação de proteção integral e de uso sustentável, levando-se em consideração a representatividade, conectividade e complementaridade da unidade para o Sistema Nacional de Unidades de Conservação.

11.2.7. Desenvolver mecanismos adicionais de apoio às unidades de conservação de proteção integral e de uso sustentável, inclusive pela remuneração dos serviços ambientais prestados.

11.2.8. Promover o desenvolvimento e a implementação de um plano de ação para solucionar os conflitos devidos à sobreposição de unidades de conservação, terras indígenas e de quilombolas.

11.2.9. Incentivar e apoiar a criação de unidades de conservação marinhas com diversos graus de restrição e de exploração.

11.2.10. Conservar amostras representativas e suficientes da totalidade da biodiversidade, do patrimônio genético nacional (inclusive de espécies domesticadas), da diversidade de ecossistemas e da flora e fauna brasileira (inclusive de espécies ameaçadas), como reserva estratégica para usufruto futuro.

11.3. Terceira diretriz: Conservação *in situ* de espécies. Consolidação de ações de conservação *in situ* das espécies que compõem a biodiversidade, com o objetivo de reduzir a erosão genética, de promover sua conservação e utilização sustentável, particularmente das espécies ameaçadas, bem como dos processos ecológicos e evolutivos a elas associados e de manter os serviços ambientais.

Objetivos Específicos:

11.3.1. Criar, identificar e estabelecer iniciativas, programas e projetos de conservação e recuperação de espécies ameaçadas, endêmicas ou insuficientemente conhecidas.

11.3.2. Identificar áreas para criação de novas unidades de conservação, baseando-se nas necessidades das espécies ameaçadas.

11.3.3. Fortalecer e disseminar mecanismos de incentivo para empresas privadas e comunidades que desenvolvem projetos de conservação de espécies ameaçadas.

11.3.4. Implementar e aperfeiçoar o sistema de autorização, vigilância e acompanhamento de coleta de material biológico e de componentes do patrimônio genético.

11.3.5. Promover a regulamentação e a implementação de reservas genéticas para proteger variedades locais de espécies silvestres usadas no extrativismo, na agricultura e na aquicultura.

11.3.6. Implementar ações para maior proteção de espécies ameaçadas dentro e fora de unidades de conservação.

11.3.7. Promover e aperfeiçoar as ações de manejo de espécies-problema em situação de descontrole populacional.

11.3.8. Estabelecer mecanismos para tornar obrigatória a inclusão, em parte ou no todo, de ambientes especiais que apresentam alto grau de endemismo ou contenham espécies ameaçadas nas Zonas Intangíveis das Unidades de Conservação de Uso Sustentável.

11.3.9. Estabelecer medidas de proteção das espécies ameaçadas nas terras indígenas e nas terras de quilombolas.

11.4. Quarta diretriz: Conservação *ex situ* de espécies. Consolidação de ações de conservação *ex situ* de espécies e de sua variabilidade genética, com ênfase nas espécies ameaçadas e nas espécies com potencial de uso econômico, em conformidade com os objetivos específicos estabelecidos nas diretrizes do Componente 5.

Objetivos Específicos:

11.4.1. Desenvolver estudos para a conservação *ex situ* de espécies, com ênfase nas espécies ameaçadas e nas espécies com potencial de uso econômico.

11.4.2. Desenvolver, promover e apoiar estudos e estabelecer metodologias para conservação e manutenção dos bancos de germoplasma das espécies nativas e exóticas de interesse científico e comercial.

11.4.3. Promover a manutenção, a caracterização e a documentação do germoplasma de plantas, animais, fungos e microrganismos contido nas instituições científicas e nos centros nacionais e regionais, de maneira a estabelecer coleções nucleares para fomentar programas de melhoramento genético.

11.4.4. Integrar iniciativas, planos e programas de conservação *ex situ* de espécies, com ênfase nas espécies ameaçadas e nas espécies com potencial de uso econômico.

11.4.5. Promover a conservação *ex situ* visando à obtenção de matrizes animais e vegetais, inclusive microrganismos, de espécies ameaçadas ou com potencial de uso econômico para formação de coleções vivas representativas.

11.4.6. Ampliar, fortalecer e integrar o sistema de herbários, museus zoológicos, coleções etnobotânicas, criadouros de vida silvestre, jardins botânicos, arboretos, hortos florestais, coleções zoológicas, coleções botânicas, viveiros de plantas nativas, coleções de cultura de microrganismos, bancos de germoplasma vegetal, núcleos de criação animal, zoológicos, aquários e oceanários.

11.4.7. Integrar jardins botânicos, zoológicos e criadouros de vida silvestre aos planos nacionais de conservação de recursos genéticos animais e vegetais e de pesquisa ambiental, especialmente em áreas de alto endemismo.

11.4.8. Criar e fortalecer centros de triagem de animais e plantas silvestres, integrando-os ao sistema de zoológicos e jardins botânicos, para serem transformados em centros de conservação de fauna e de flora.

11.4.9. Criar centros e promover iniciativas para a reprodução de espécies ameaçadas, utilizando técnicas como inseminação artificial, fertilização *in vitro*, entre outras.

11.4.10. Incentivar a participação do setor privado na estratégia de conservação *ex situ* da biodiversidade.

11.4.11. Promover medidas e iniciativas para o enriquecimento da variabilidade genética disponível nos bancos de germoplasma, estabelecendo coleções representativas do patrimônio genético (animal, vegetal e de microrganismos).

11.4.12. Estabelecer e apoiar iniciativas de coleta para aumentar a representatividade geográfica dos bancos de germoplasma.

11.4.13. Criar e manter bancos de germoplasma regionais e coleções de base para a conservação da variabilidade genética, promovendo principalmente a conservação de espécies nativas sub-representadas em coleções, variedades locais, parentes silvestres, espécies raras, endêmicas, ameaçadas ou com potencial econômico.

11.4.14. Estabelecer iniciativas de coleta, reintrodução e intercâmbio de espécies nativas de importância socioeconômica, incluindo variedades locais de espécies domesticadas e de espécies ameaçadas, para manutenção de sua variabilidade genética.

11.4.15. Apoiar e subsidiar a conservação e a ampliação de bancos de germoplasma de espécies introduzidas, com fins econômicos ou ornamentais, mantidas por entidades de pesquisa, jardins botânicos, zoológicos e pela iniciativa privada.

11.4.16. Ampliar os programas nacionais de coleta e conservação de microrganismos do solo de interesse econômico.

11.4.17. Integrar as ações de conservação *ex situ* com as ações de gestão do acesso a recursos genéticos e repartição de benefícios derivados da utilização do conhecimento tradicional.

11.4.18. Apoiar as ações de órgão oficial de controle sanitário e fitossanitário no que diz respeito ao controle de espécies invasoras ou pragas.

11.5. Quinta diretriz: Instrumentos econômicos e tecnológicos de conservação da biodiversidade. Desenvolvimento de instrumentos econômicos e tecnológicos para a conservação da biodiversidade.

Objetivos Específicos:

11.5.1. Promover estudos para a avaliação da efetividade dos instrumentos econômicos para a conservação da biodiversidade.

11.5.2. Criar e consolidar legislação específica relativa ao uso de instrumentos econômicos que visem ao estímulo à conservação da biodiversidade, associado ao processo de reforma tributária.

11.5.3. Desenvolver instrumentos econômicos e legais para reduzir as pressões antrópicas sobre a biodiversidade, associado ao processo de reforma tributária.

11.5.4. Desenvolver instrumentos econômicos e instrumentos legais para cobrança pública, quando couber, pelo uso de serviços ambientais, associado ao processo de reforma tributária.

11.5.5. Promover a internalização de custos e benefícios da conservação da biodiversidade (bens e serviços) na contabilidade pública e privada.

11.5.6. Estimular mecanismos para reversão dos benefícios da cobrança pública pelo uso de serviços ambientais da biodiversidade para a sua conservação.

11.5.7. Criar e implantar mecanismos tributários, creditícios e de facilitação administrativa específicos para proprietários rurais que mantêm reservas legais e áreas de preservação permanente protegidas.

11.5.8. Aprimorar os instrumentos legais existentes de estímulo à conservação da biodiversidade por meio do imposto sobre circulação de mercadoria (ICMS Ecológico) e incentivar sua adoção em todos os estados da federação, incentivando a aplicação dos recursos na gestão da biodiversidade.

Do Componente 3 da Política Nacional da Biodiversidade - Utilização Sustentável dos Componentes da Biodiversidade

12. Objetivo Geral: Promover mecanismos e instrumentos que envolvam todos os setores governamentais e não governamentais, públicos e privados, que atuam na utilização de componentes da biodiversidade, visando que toda utilização de componentes da biodiversidade seja sustentável e considerando não apenas seu valor econômico, mas também os valores ambientais, sociais e culturais da biodiversidade.

12.1. Primeira diretriz: Gestão da biotecnologia e da biossegurança. Elaboração e implementação de instrumentos e mecanismos jurídicos e econômicos que incentivem o desenvolvimento de um setor nacional de biotecnologia competitivo e de excelência, com biossegurança e com atenção para as oportunidades de utilização sustentável de componentes do patrimônio genético, em conformidade com a legislação vigente e com as diretrizes e objetivos específicos estabelecidos no Componente 5.

Objetivos Específicos:

12.1.1. Elaborar e implementar códigos de ética para a biotecnologia e a bioprospecção, de forma participativa, envolvendo os diferentes segmentos da sociedade brasileira, com base na legislação vigente.

12.1.2. Consolidar a regulamentação dos usos de produtos geneticamente modificados, com base na legislação vigente, em conformidade com o princípio da precaução e com análise de risco dos potenciais impactos sobre a biodiversidade, a saúde e o meio ambiente, envolvendo os diferentes segmentos da sociedade brasileira, garantindo a transparência e o controle social destes e com a responsabilização civil, criminal e administrativa para introdução ou difusão não autorizada de organismos geneticamente modificados que ofereçam riscos ao meio ambiente e à saúde humana.

12.1.3. Consolidar a estruturação, tanto na composição quanto os procedimentos de operação, dos órgãos colegiados que tratam da utilização da biodiversidade, especialmente a Comissão Técnica Nacional de Biossegurança - CTNBio e o Conselho de Gestão do Patrimônio Genético - CGEN.

12.1.4. Fomentar a criação e o fortalecimento de instituições nacionais e de grupos de pesquisa nacionais, públicos e privados, especializados em bioprospecção, biotecnologia e biossegurança, inclusive apoiando estudos e projetos para a melhoria dos conhecimentos sobre a biossegurança e avaliação de conformidade de organismos geneticamente modificados e produtos derivados.

12.1.6. Apoiar e fomentar a formação de empresas nacionais dedicadas à pesquisa científica e tecnológica, à agregação de valor, à conservação e à utilização sustentável dos recursos biológicos e genéticos.

12.1.7. Apoiar e fomentar a formação de parcerias entre instituições científicas públicas e privadas, inclusive empresas nacionais de tecnologia, com suas congêneres estrangeiras, objetivando estabelecer e consolidar as cadeias de agregação de valor, comercialização e retorno de benefícios relativos a negócios da biodiversidade.

12.1.8. Apoiar e fomentar a formação de pessoal pós-graduado especializado em administração de negócios sustentáveis com biodiversidade, com o objetivo de seu aproveitamento pelos sistemas públicos e privados ativos no setor, conferindo ao país condições adequadas de interlocução com seus parceiros estrangeiros.

12.1.9. Exigir licenciamento ambiental de atividades e empreendimentos que façam uso de Organismos Geneticamente Modificados - OGM e derivados, efetiva ou potencialmente poluidores, nos termos da legislação vigente.

12.1.10. Apoiar a implementação da infraestrutura e capacitação de recursos humanos dos órgãos públicos e instituições privadas para avaliação de conformidade de material biológico, certificação e rotulagem de produtos, licenciamento ambiental e estudo de impacto ambiental.

12.2. Segunda diretriz: Gestão da utilização sustentável dos recursos biológicos. Estruturação de sistemas reguladores da utilização dos recursos da biodiversidade.

Objetivos Específicos:

12.2.1. Criar e consolidar programas de manejo e regulamentação de atividades relacionadas à utilização sustentável da biodiversidade.

12.2.2. Promover o ordenamento e a gestão territorial das áreas de exploração dos recursos ambientais, de acordo com a capacidade de suporte destes e de forma integrada com os esforços de conservação *in situ* da biodiversidade.

12.2.3. Implementar ações que atendam às demandas de povos indígenas, de quilombolas e de outras comunidades locais, quanto às prioridades relacionadas à conservação e à utilização sustentável dos recursos biológicos existentes em seus territórios, salvaguardando os princípios e a legislação inerentes à matéria e assegurando a sua sustentabilidade nos seus locais de origem.

12.2.4. Desenvolver e apoiar programas, ações e medidas que promovam a conservação e a utilização sustentável da agrobiodiversidade.

12.2.5. Promover políticas e programas visando à agregação de valor e à utilização sustentável dos recursos biológicos.

12.2.6. Promover programas de apoio a pequenas e médias empresas, que utilizem recursos da biodiversidade de forma sustentável.

12.2.7. Promover instrumentos para assegurar que atividades turísticas sejam compatíveis com a conservação e a utilização sustentável da biodiversidade.

12.2.8. Promover, de forma integrada, e quando legalmente permitido, a utilização sustentável de recursos florestais, madeireiros e não madeireiros, pesqueiros e faunísticos, privilegiando o manejo certificado, a reposição, o uso múltiplo e a manutenção dos estoques.

12.2.9. Adaptar para as condições brasileiras e aplicar os princípios da Abordagem Ecossistêmica no manejo da biodiversidade.

12.3. Terceira diretriz: Instrumentos econômicos, tecnológicos e incentivo às práticas e aos negócios sustentáveis para a utilização da biodiversidade. Implantação de mecanismos, inclusive fiscais e financeiros, para incentivar empreendimentos e iniciativas produtivas de utilização sustentável da biodiversidade.

Objetivos Específicos:

12.3.1. Criar e consolidar legislação específica, relativa ao uso de instrumentos econômicos que visem ao estímulo à utilização sustentável da biodiversidade.

12.3.2. Criar e fortalecer mecanismos de incentivos fiscais e de crédito, para criação e aplicação de tecnologias, empreendimentos e programas relacionados com a utilização sustentável da biodiversidade.

12.3.3. Promover incentivos econômicos para o desenvolvimento e a consolidação de práticas e negócios realizados em unidades de

DECRETOS

conservação de proteção integral e de uso sustentável, em territórios quilombolas, terras indígenas e demais espaços territoriais sob proteção formal do Poder Público.

12.3.4. Promover a internalização de custos e benefícios da utilização da biodiversidade (bens e serviços) na contabilidade pública e privada.

12.3.5. Identificar, avaliar e promover experiências, práticas, tecnologias, negócios e mercados para produtos oriundos da utilização sustentável da biodiversidade, incentivando a certificação voluntária de processos e produtos, de forma participativa e integrada.

12.3.6. Estimular o uso de instrumentos voluntários de certificação de produtos, processos, empresas, órgãos do governo e outras formas de organizações produtivas relacionadas com a utilização sustentável da biodiversidade, inclusive nas compras do governo.

12.3.7. Promover a inserção de espécies nativas com valor comercial no mercado interno e externo, bem como a diversificação da utilização sustentável destas espécies.

12.3.8. Estimular a interação e a articulação dos agentes da Política Nacional da Biodiversidade com o setor empresarial para identificar oportunidades de negócios com a utilização sustentável dos componentes da biodiversidade.

12.3.9. Apoiar as comunidades locais na identificação e no desenvolvimento de práticas e negócios sustentáveis.

12.3.10. Apoiar, de forma integrada, a domesticação e a utilização sustentável de espécies nativas da flora, da fauna e dos microrganismos com potencial econômico.

12.3.11. Estimular a implantação de criadouros de animais silvestres e viveiros de plantas nativas para consumo e comercialização.

12.3.12. Estimular a utilização sustentável de produtos não madeireiros e as atividades de extrativismo sustentável, com agregação de valor local por intermédio de protocolos para produção e comercialização destes produtos.

12.3.13. Estimular a implantação de projetos baseados no Mecanismo de Desenvolvimento Limpo do Protocolo de Quioto que estejam de acordo com a conservação e utilização sustentável da biodiversidade.

12.3.14. Incentivar políticas de apoio a novas empresas, visando à agregação de valor, à conservação, à utilização sustentável dos recursos biológicos e genéticos.

12.4. Quarta diretriz: Utilização da biodiversidade nas unidades de conservação de uso sustentável. Desenvolvimento de métodos para a utilização sustentável da biodiversidade e indicadores para medir sua efetividade nas unidades de conservação de uso sustentável.

Objetivos Específicos:

12.4.1. Aprimorar métodos e criar novas tecnologias para a utilização de recursos biológicos, eliminando ou minimizando os impactos causados à biodiversidade.

12.4.2. Desenvolver estudos de sustentabilidade ambiental, econômica, social e cultural da utilização dos recursos biológicos.

12.4.3. Fomentar o desenvolvimento de projetos de utilização sustentável de recursos biológicos oriundos de associações e comunidades em unidades de conservação de uso sustentável, de forma a integrar com a conservação da biodiversidade.

12.4.4. Estabelecer critérios para que os planos de manejo de exploração de qualquer recurso biológico incluam o monitoramento dos processos de recuperação destes recursos.

Do Componente 4 da Política Nacional da Biodiversidade - Monitoramento, Avaliação, Prevenção e Mitigação de Impactos sobre a Biodiversidade.

13. Objetivo Geral: estabelecer formas para o desenvolvimento de sistemas e procedimentos de monitoramento e de avaliação do estado da biodiversidade brasileira e das pressões antrópicas sobre a biodiversidade, para a prevenção e a mitigação de impactos sobre a biodiversidade.

13.1. Primeira diretriz: Monitoramento da biodiversidade. Monitoramento do estado das pressões e das respostas dos componentes da biodiversidade.

Objetivos Específicos:

13.1.1. Apoiar o desenvolvimento de metodologias e de indicadores para o monitoramento dos componentes da biodiversidade dos ecossistemas e dos impactos ambientais responsáveis pela sua degradação, inclusive aqueles causados pela introdução de espécies exóticas invasoras e de espécies-problema.

13.1.2. Implantar e fortalecer sistema de indicadores para monitoramento permanente da biodiversidade, especialmente de espécies ameaçadas e nas unidades de conservação, terras indígenas, terras de quilombolas, áreas de manejo de recursos biológicos, reservas legais e nas áreas indicadas como prioritárias para conservação.

13.1.3. Integrar o sistema de monitoramento da biodiversidade com os sistemas de monitoramento de outros recursos naturais existentes.

13.1.4. Expandir, consolidar e atualizar um sistema de vigilância e proteção para todos os biomas, incluindo o Sistema de Vigilância da Amazônia, com transparência e controle social e com o acesso permitido às informações obtidas pelo sistema por parte das comunidades envolvidas, incluindo as populações localmente inseridas e as instituições de pesquisa ou ensino.

13.1.5. Instituir sistema de monitoramento do impacto das mudanças globais sobre distribuição, abundância e extinção de espécies.

13.1.6. Implantar sistema de identificação, monitoramento e controle das áreas de reserva legal e de preservação permanente.

13.1.7. Estimular o desenvolvimento de programa de capacitação da população local, visando à sua participação no monitoramento da biodiversidade.

13.1.8. Apoiar as ações do órgão oficial responsável pela sanidade e pela fitossanidade com vistas em monitorar espécies exóticas invasoras para prevenir e mitigar os impactos de pragas e doenças na biodiversidade.

13.1.9. Realizar o mapeamento periódico de áreas naturais remanescentes em todos os biomas.

13.1.10. Promover o automonitoramento e sua publicidade.

13.2. Segunda diretriz: Avaliação, prevenção e mitigação de impactos sobre os componentes da biodiversidade. Estabelecimento de procedimentos de avaliação, prevenção e mitigação de impactos sobre os componentes da biodiversidade.

Objetivos Específicos:

13.2.1. Criar capacidade nos órgãos responsáveis pelo licenciamento ambiental no país para avaliação de impacto sobre a biodiversidade.

13.2.2. Identificar e avaliar as políticas públicas e não governamentais que afetam negativamente a biodiversidade.

13.2.3. Fortalecer os sistemas de licenciamento, fiscalização e monitoramento de atividades relacionadas com a biodiversidade.

13.2.4. Promover a integração entre o Zoneamento Ecológico-Econômico e as ações de licenciamento ambiental, especialmente por intermédio da realização de Avaliações Ambientais Estratégicas feitas com uma escala regional.

13.2.5. Apoiar políticas, programas e projetos de avaliação, prevenção e mitigação de impactos sobre a biodiversidade, inclusive aqueles relacionados com programas e planos de desenvolvimento nacional, regional e local.

13.2.6. Apoiar a realização de análises de risco e estudos dos impactos da introdução de espécies exóticas potencialmente invasoras, espécies potencialmente problema e outras que ameacem a biodiversidade, as atividades econômicas e a saúde da população, e a criação e implementação de mecanismos de controle.

13.2.7. Promover e aperfeiçoar ações de prevenção, controle e erradicação de espécies exóticas invasoras e de espécies-problema.

13.2.8. Apoiar estudos de impacto da fragmentação de habitats sobre a manutenção da biodiversidade.

13.2.9. Desenvolver estudos de impacto ambiental e implementar medidas de controle dos riscos associados ao desenvolvimento biotecnológico sobre a biodiversidade, especialmente quanto à utilização de organismos geneticamente modificados, quando potencialmente causador de significativa degradação do meio ambiente.

13.2.10. Aperfeiçoar procedimentos e normas de coleta de espécies nativas com fins técnico-científicos com vistas na mitigação de seu potencial impacto sobre a biodiversidade.

13.2.11. Desenvolver iniciativas de sensibilização e capacitação de entidades da sociedade civil em práticas de monitoramento e fiscalização da utilização dos recursos biológicos.

13.2.12. Promover, juntamente com os diversos atores envolvidos, o planejamento da gestão da biodiversidade nas zonas de fronteiras agrícolas, visando a minimizar os impactos ambientais sobre a biodiversidade.

13.2.13. Intensificar e garantir a eficiência do combate à caça ilegal e ao comércio ilegal de espécies e de variedades agrícolas.

13.2.14. Desenvolver instrumentos de cobrança e aplicação de recursos auferidos pelo uso de serviços ambientais para reduzir as pressões antrópicas sobre a biodiversidade.

13.2.15. Apoiar a realização de inventário das fontes de poluição da biodiversidade e de seus níveis de risco nos biomas.

13.2.16. Apoiar ações de zoneamento e identificação de áreas críticas, por bacias hidrográficas, para conservação da biodiversidade e dos recursos hídricos.

13.2.18. Apoiar estudos de impacto sobre a biodiversidade nas diferentes bacias hidrográficas, sobretudo nas matas ribeirinhas, cabeceiras, olhos d´água e outras áreas de preservação permanente e em áreas críticas para a conservação de recursos hídricos.

13.2.19. Estabelecer mecanismos para determinar a realização de estudos de impacto ambiental, inclusive Avaliação Ambiental Estratégica, em projetos e empreendimentos de larga escala, inclusive os que possam gerar impactos agregados, que envolvam recursos biológicos, inclusive aqueles que utilizem espécies exóticas e organismos geneticamente modificados, quando potencialmente causadores de significativa degradação do meio ambiente.

13.3. Terceira diretriz: Recuperação de ecossistemas degradados e dos componentes da biodiversidade sobre-explotados. Estabelecimento de instrumentos que promovam a recuperação de ecossistemas degradados e de componentes da biodiversidade sobre-explotados.

Objetivos Específicos:

13.3.1. Promover estudos e programas adaptados para conservação e recuperação de espécies ameaçadas ou sobre-explotadas e de ecossistemas sob pressão antrópica, de acordo com o Princípio do Poluidor-Pagador.

13.3.2. Promover a recuperação, a regeneração e o controle da cobertura vegetal e dos serviços ambientais a ela relacionados em áreas alteradas, degradadas e em processo de desertificação e arenização, inclusive para a captura de carbono, de acordo com o Princípio do Poluidor-Pagador.

13.3.3. Promover a recuperação de estoques pesqueiros sobreexplotados, inclusive pela identificação de espécies alternativas para o redirecionamento do esforço de pesca.

13.3.4. Estimular as pesquisas paleoecológicas como estratégicas para a recuperação de ecossistemas naturais.

13.3.5. Apoiar povos indígenas, quilombolas e outras comunidades locais na elaboração e na aplicação de medidas corretivas em áreas degradadas, onde a biodiversidade tenha sido reduzida.

13.3.6. Identificar e apoiar iniciativas, programas, tecnologias e projetos de obtenção de germoplasma, reintrodução e translocação de espécies nativas, especialmente as ameaçadas, observando estudos e indicações referentes à sanidade dos ecossistemas.

13.3.7. Apoiar iniciativas nacionais e estaduais de promoção do estudo e de difusão de tecnologias de restauração ambiental e recuperação de áreas degradadas com espécies nativas autóctones.

13.3.8. Apoiar criação e consolidação de bancos de germoplasma como instrumento adicional de recuperação de áreas degradadas.

13.3.9. Criar unidades florestais nos estados brasileiros, para produção e fornecimento de sementes e mudas para a execução de projetos de restauração ambiental e recuperação de áreas degradadas, apoiados por universidades e centros de pesquisa no país.

13.3.10. Promover mecanismos de coordenação das iniciativas governamentais e de apoio às iniciativas não governamentais de proteção das áreas em recuperação natural.

13.3.11. Promover recuperação, revitalização e conservação da biodiversidade nas diferentes bacias hidrográficas, sobretudo nas matas ribeirinhas, nas cabeceiras, nos olhos d'água, em outras áreas de preservação permanente e em áreas críticas para a conservação de recursos hídricos.

13.3.12. Promover ações de recuperação e restauração dos ecossistemas degradados e dos componentes da biodiversidade marinha sobre-explotados.

Do Componente 5 da Política Nacional da Biodiversidade - Acesso aos Recursos Genéticos e aos Conhecimentos Tradicionais Associados e Repartição de Benefícios.

14. Objetivo Geral: Permitir o acesso controlado aos recursos genéticos, aos componentes do patrimônio genético e aos conhecimentos tradicionais associados com vistas à agregação de valor mediante pesquisa científica e desenvolvimento tecnológico e de forma que a sociedade brasileira, em particular os povos indígenas, quilombolas e outras comunidades locais, possam compartilhar, justa e equitativamente, dos benefícios derivados do acesso aos recursos genéticos, aos componentes do patrimônio genético e aos conhecimentos tradicionais associados à biodiversidade.

14.1. Primeira diretriz: Acesso aos recursos genéticos e repartição de benefícios derivados da utilização dos recursos genéticos. Estabelecimento de um sistema controlado de acesso e de repartição justa e equitativa de benefícios oriundos da utilização de recursos genéticos e de componentes do patrimônio genético, que promova a agregação de valor mediante pesquisa científica e desenvolvimento tecnológico e que contribua para a conservação e para a utilização sustentável da biodiversidade.

Objetivos Específicos:

14.1.1. Regulamentar e aplicar lei específica, e demais legislações necessárias, elaboradas com ampla participação da sociedade brasileira, em particular da comunidade acadêmica, do setor empresarial, dos povos indígenas, quilombolas e outras comunidades locais, para normalizar a relação entre provedor e usuário de recursos genéticos, de componentes do patrimônio genético e de conhecimentos tradicionais associados, e para estabelecer as bases legais para repartição justa e equitativa de benefícios derivados da utilização destes.

14.1.2. Estabelecer mecanismos legais e institucionais para maior publicidade e para viabilizar a participação da sociedade civil (organizações não governamentais, povos indígenas, quilombolas e outras comunidades locais, setor acadêmico e setor privado) nos conselhos, comitês e órgãos colegiados que tratam do tema de gestão dos recursos genéticos e dos componentes do patrimônio genético.

14.1.3. Identificar as necessidades e os interesses de povos indígenas, quilombolas, outras comunidades locais, proprietários de terras, empresas tecnológicas nacionais e de agentes econômicos, órgãos governamentais, instituições de pesquisa e de desenvolvimento na regulamentação de sistema de acesso e de repartição justa e equitativa de benefícios oriundos da utilização de recursos genéticos e dos componentes do patrimônio genético.

14.1.4. Definir as normas e os procedimentos para a coleta, o armazenamento e para a remessa de recursos genéticos e de componentes do patrimônio genético para pesquisa e bioprospecção.

14.1.5. Implantar e aperfeiçoar mecanismos de acompanhamento, de controle social e de negociação governamental nos resultados da comercialização de produtos e processos oriundos da bioprospecção, associados à reversão de parte dos benefícios para fundos públicos destinados à pesquisa, à conservação e à utilização sustentável da biodiversidade.

14.1.6. Estabelecer contratos de exploração econômica da biodiversidade, cadastrados e homologados pelo governo federal, com cláusulas claras e objetivas, e com cláusulas de repartição de benefícios aos detentores dos recursos genéticos, dos componentes do patrimônio genético e dos conhecimentos tradicionais associados acessados.

14.1.7. Apoiar ações para implementação de infraestrutura, de recursos humanos e recursos materiais em conselhos e órgãos colegiados que tratam da gestão de patrimônio genético, inclusive o Conselho de Gestão do Patrimônio Genético.

14.2. Segunda diretriz: Proteção de conhecimentos, inovações e práticas de povos indígenas, de quilombolas e de outras comunidades locais e repartição dos benefícios decorrentes do uso dos conhecimentos tradicionais associados à biodiversidade. Desenvolvimento de mecanismos que assegurem a proteção e a repartição justa e equitativa dos benefícios derivados do uso de conhecimentos, inovações e práticas de povos indígenas, quilombolas e outras comunidades locais, relevantes à conservação e à utilização sustentável da biodiversidade.

Objetivos Específicos:

14.2.1. Estabelecer e implementar um regime legal *sui generis* de proteção a direitos intelectuais coletivos relativos à biodiversidade de povos indígenas, quilombolas e outras comunidades locais, com a ampla participação destas comunidades e povos.

14.2.2. Estabelecer e implementar instrumentos econômicos e regime jurídico específico que possibilitem a repartição justa e equitativa de benefícios derivados do acesso aos conhecimentos tradicionais associados, com a compensação econômica e de outros tipos para os detentores dos conhecimentos tradicionais associados à biodiversidade, segundo as demandas por estes definidas e resguardando seus valores culturais.

14.2.3. Estabelecer e implementar mecanismos para respeitar, preservar, resgatar, proteger a confidencialidade e manter o conhecimento, as inovações e as práticas de povos indígenas, quilombolas e outras comunidades locais.

14.2.4. Regulamentar e implementar mecanismos e instrumentos jurídicos que garantam aos povos indígenas, aos quilombolas e às outras comunidades locais a participação nos processos de negociação e definição de protocolos para acesso aos conhecimentos, inovações e práticas associados à biodiversidade e repartição dos benefícios derivados do seu uso.

14.2.5. Desenvolver e implementar mecanismos *sui generis* de proteção do conhecimento tradicional e de repartição justa e equitativa de benefícios para os povos indígenas, quilombolas, outras comunidades locais detentores de conhecimentos associados à biodiversidade, com a participação destes e resguardados seus interesses e valores.

14.2.6. Estabelecer iniciativas visando à gestão e ao controle participativos de povos indígenas, quilombolas e outras comunidades locais na identificação e no cadastramento, quando couber, de conhecimentos tradicionais, inovações e práticas associados à utilização dos componentes da biodiversidade.

14.2.7. Estabelecer, quando couber e com a participação direta dos detentores do conhecimento tradicional, mecanismo de cadastramento de conhecimentos tradicionais, inovações e práticas, associados à biodiversidade, de povos indígenas, quilombolas e outras comunidades locais, e de seu potencial para uso comercial, como uma das formas de prova quanto à origem destes conhecimentos.

14.2.8. Promover o reconhecimento e valorizar os direitos de povos indígenas, quilombolas e outras comunidades locais, quanto aos conhecimentos tradicionais associados à biodiversidade e da relação de mútua dependência entre diversidade etnocultural e biodiversidade.

14.2.9. Elaborar e implementar código de ética para trabalho com povos indígenas, quilombolas e outras comunidades locais, com a participação destes.

14.2.10. Assegurar o reconhecimento dos direitos intelectuais coletivos de povos indígenas, quilombolas e outras comunidades locais, e a necessária repartição de benefícios pelo uso de conhecimento tradicional associado à biodiversidade em seus territórios.

Do Componente 6 da Política Nacional da Biodiversidade - Educação, Sensibilização

Pública, Informação e Divulgação sobre Biodiversidade.

15. Objetivo Geral: Sistematizar, integrar e difundir informações sobre a biodiversidade, seu potencial para desenvolvimento e a necessidade de sua conservação e de sua utilização sustentável, bem como da repartição dos benefícios derivados da utilização de recursos genéticos, de componentes do patrimônio genético e do conhecimento tradicional associado, nos diversos níveis de educação, bem como junto à população e aos tomadores de decisão.

15.1. Primeira diretriz: Sistemas de informação e divulgação. Desenvolvimento de sistema nacional de informação e divulgação de informações sobre biodiversidade.

Objetivos Específicos:

15.1.1. Difundir informações para todos os setores da sociedade sobre biodiversidade brasileira.

15.1.2. Facilitar o acesso à informação e promover a divulgação da informação para a tomada de decisões por parte dos diferentes produtores e usuários de bens e serviços advindos da biodiversidade.

15.1.3. Instituir e manter permanentemente atualizada uma rede de informação sobre gestão da biodiversidade, promovendo e facilitando o acesso a uma base de dados disponível em meio eletrônico, integrando-a com iniciativas já existentes.

15.1.4. Identificar e catalogar as coleções biológicas (herbários, coleções zoológicas, de microrganismos e de germoplasma) existentes no país, seguida de padronização e integração das informações sobre as mesmas.

15.1.5. Mapear e manter bancos de dados sobre variedade locais, parentes silvestres das plantas nacionais cultivadas e de cultivares de uso atual ou potencial.

15.1.6. Instituir e implementar mecanismos para facilitar o acesso às informações sobre coleções de componentes da biodiversidade brasileira existentes no exterior e, quando couber, a repatriação do material associado à informação.

15.1.7. Apoiar e divulgar experiências de conservação e utilização sustentável da biodiversidade, inclusive por povos indígenas, quilombolas e outras comunidades locais, quando houver consentimento destes e desde que sejam resguardados os direitos sobre a propriedade intelectual e o interesse nacional.

15.1.8. Divulgar os instrumentos econômicos, financeiros e jurídicos voltados para a gestão da biodiversidade.

15.1.9. Organizar, promover a produção, distribuir e facilitar o acesso a materiais institucionais e educativos sobre biodiversidade e sobre aspectos étnicos e culturais relacionados à biodiversidade.

15.1.10. Promover a elaboração e a sistematização de estudos de casos e lições aprendidas quanto à gestão sustentável da biodiversidade.

15.1.11. Criar mecanismos de monitoramento da utilização de dados, do acesso às redes de bancos de dados e dos usuários dessas redes, visando à repartição dos benefícios oriundos do uso das informações disponíveis na rede.

15.1.12. Promover e apoiar programas nacionais de publicações científicas sobre temas referentes à biodiversidade, e incentivar a valorização das publicações nacionais relativas à diversidade biológica das instituições ligadas à pesquisa e ao ensino.

15.2. Segunda diretriz: Sensibilização pública. Realização de programas e campanhas de sensibilização sobre a biodiversidade.

Objetivos Específicos:

15.2.1. Promover e apoiar campanhas nacionais, regionais e locais para valorização e difusão de conhecimentos sobre a biodiversidade, ressaltando a importância e o valor da heterogeneidade dos diferentes biomas para a conservação e para a utilização sustentável da biodiversidade.

15.2.2. Promover campanhas nacionais de valorização da diversidade cultural e dos conhecimentos tradicionais sobre a biodiversidade.

15.2.3. Promover campanhas junto aos setores produtivos, especialmente os setores agropecuário, pesqueiro e de exploração mineral, e ao de pesquisas sobre a importância das reservas legais e áreas de preservação permanentes no processo de conservação da biodiversidade.

15.2.4. Criar novos estímulos, tais como prêmios e concursos, que promovam o envolvimento das populações na defesa das espécies ameaçadas e dos biomas submetidos à pressão antrópica, levando-se em consideração as especificidades regionais.

15.2.5. Promover e apoiar a sensibilização e a capacitação de tomadores de decisão, formadores de opinião e do setor empresarial quanto à importância da biodiversidade.

15.2.6. Estimular a atuação da sociedade civil organizada para a condução de iniciativas em educação ambiental relacionadas à biodiversidade.

15.2.7. Divulgar informações sobre conhecimentos tradicionais, inovações e práticas de povos indígenas, quilombolas e outras de comunidades locais e sua importância na conservação da biodiversidade, quando houver consentimento destes.

15.2.8. Sensibilizar povos indígenas, quilombolas e outras comunidades locais sobre a importância do conhecimento que detêm sobre a biodiversidade, possibilitando ações de conservação, de utilização sustentável da biodiversidade e de repartição dos benefícios decorrentes do uso dos conhecimentos tradicionais associados à biodiversidade.

15.2.9. Divulgar a importância da interação entre a gestão da biodiversidade e a saúde pública.

15.2.10. Promover sensibilização para a gestão da biodiversidade em áreas de uso público.

15.2.11. Desenvolver, implementar e divulgar indicadores que permitam avaliar e acompanhar a evolução do grau de sensibilização da sociedade quanto à biodiversidade.

15.2.12. Promover a integração das ações de fiscalização do meio ambiente com programas de educação ambiental, no que se refere à biodiversidade.

15.2.13. Promover cursos e treinamentos para jornalistas sobre conceitos de gestão da biodiversidade.

15.3. Terceira diretriz: Incorporação de temas relativos à conservação e à utilização sustentável da biodiversidade na educação. Integração de temas relativos à gestão da biodiversidade nos processos de educação.

Objetivos Específicos:

15.3.1. Fortalecer o uso do tema biodiversidade como conteúdo do tema transversal meio ambiente proposto por parâmetros e diretrizes curriculares nas políticas de formação continuada de professores.

15.3.2. Promover articulação entre os órgãos ambientais e as instituições educacionais, para atualização contínua das informações sobre a biodiversidade.

15.3.3. Introduzir o tema "biodiversidade" nas atividades de extensão comunitária.

15.3.4. Incorporar na educação formal os princípios da Convenção sobre Diversidade Biológica e da etnobiodiversidade, atendendo ao princípio da educação diferenciada para povos indígenas, quilombolas e outras comunidades locais.

15.3.5. Estimular parcerias, pesquisas e demais atividades entre universidades, organizações não governamentais, órgãos profissionais e iniciativa privada para o aprimoramento contínuo dos profissionais de educação.

15.3.6. Promover a formação inicial e continuada dos profissionais de educação ambiental, no que se refere à biodiversidade.

15.3.7. Promover a capacitação dos técnicos de extensão rural e dos agentes de saúde sobre o tema "biodiversidade".

15.3.8. Promover iniciativas para articulação das instituições envolvidas com educação ambiental (instituições de ensino, de pesquisa, de conservação e da sociedade civil) em uma rede de centros de educação ambiental, para tratar do tema "biodiversidade".

15.3.9. Estabelecer a integração entre os ministérios e os demais órgãos de governo para a articulação das políticas educacionais de gestão da biodiversidade.

15.3.10. Fortalecer a Política Nacional de Educação Ambiental.

Do Componente 7 da Política Nacional da Biodiversidade - Fortalecimento Jurídico e Institucional para a Gestão da Biodiversidade.

16. Objetivo Geral: Promover meios e condições para o fortalecimento da infraestrutura de pesquisa e gestão, para o acesso à tecnologia e transferência de tecnologia, para a formação e fixação de recursos humanos, para mecanismos de financiamento, para a cooperação internacional e para a adequação jurídica visando à gestão da biodiversidade e à integração e à harmonização de políticas setoriais pertinentes à biodiversidade.

16.1. Primeira diretriz: Fortalecimento da infraestrutura de pesquisa e gestão da biodiversidade. Fortalecimento e ampliação da infraestrutura das instituições brasileiras, públicas e privadas, envolvidas com o conhecimento e com a gestão da biodiversidade.

Objetivos Específicos:

16.1.1. Recuperar a capacidade dos órgãos do Sistema Nacional do Meio Ambiente - Sisnama para executar sua missão em relação ao licenciamento e à fiscalização da biodiversidade.

16.1.2. Aprimorar a definição das competências dos diversos órgãos de governo de forma a prevenir eventuais conflitos de competência quando da aplicação da legislação ambiental pertinente à biodiversidade.

16.1.3. Fortalecer o conjunto de unidades de conservação e sua integração no Sisnama.

16.1.4. Estimular iniciativas para a criação de bases de pesquisa de campo permanente em unidades de conservação de proteção integral em cada um dos biomas brasileiros.

16.1.5. Promover o fortalecimento da infraestrutura e a modernização das instituições brasileiras envolvidas com o inventário e a caracterização da biodiversidade, tais como coleções zoológicas, botânicas e de microrganismos, bancos de germoplasma e núcleos de criação animal.

16.1.6. Fortalecer instituições científicas com programas de pesquisa, criando, quando necessário, centros específicos em cada um dos biomas visando a fortalecer a pesquisa sobre recursos biológicos e suas aplicações.

16.1.7. Adequar a infraestrutura das instituições que trabalham com recursos genéticos, componentes do patrimônio genético e conhecimentos tradicionais para conservar de forma segura, a curto, a médio e em longo prazo, espécies de interesse socioeconômico e as culturas de povos indígenas, quilombolas e outras comunidades locais do país.

16.1.8. Apoiar programas de pesquisa e de infraestrutura voltados para o conhecimento tradicional de povos indígenas, quilombolas e outras comunidades locais, com a participação destes.

16.1.9. Apoiar a participação efetiva de especialistas das diferentes regiões do país em programas de sequenciamento genético e outros programas para o desenvolvimento de tecnologias a partir da utilização de recursos biológicos.

16.1.10. Formalizar e fortalecer centros de referência depositários de organismos associados a produtos e processos patenteados no Brasil.

16.1.11. Promover a integração de programas e ações da esfera federal, das estaduais e das municipais e da sociedade civil organizada, relacionados à pesquisa, à formação de recursos humanos, a programas e projetos em áreas relacionadas à biodiversidade.

16.1.12. Incentivar a formação e consolidação de redes nacionais de pesquisa, desenvolvimento tecnológico e gestão da biodiversidade, como forma de promover e facilitar o intercâmbio sobre biodiversidade entre diferentes setores da sociedade.

16.1.13. Criar estímulos à gestão da biodiversidade, tais como prêmios a pesquisas e projetos de conservação e utilização sustentável.

16.1.14. Criar estímulos para organizações não governamentais que atuam na proteção da biodiversidade.

16.1.15. Apoiar a criação de centros de documentação especializados para cada um dos biomas brasileiros para facilitar a cooperação científica dentro e fora do país.

16.1.16. Estimular o desenvolvimento de programa de apoio a publicações científicas sobre a biodiversidade brasileira, particularmente guias de campo, chaves taxonômicas, catalogação eletrônica de floras e faunas, revisões sistemáticas, monografias e estudos etnobiológicos.

16.2. Segunda diretriz: Formação e fixação de recursos humanos. Promoção de programas de formação, atualização e fixação de recursos humanos, inclusive a capacitação de povos indígenas, quilombolas e outras comunidades locais, para a ampliação e o domínio dos conhecimentos e das tecnologias necessárias à gestão da biodiversidade.

Objetivos Específicos:

16.2.1. Instituir programas de formação, atualização e fixação de recursos humanos em instituições voltadas para o inventário, a caracterização, a classificação e a gestão da biodiversidade dos diversos biomas do país.

16.2.2. Reduzir as disparidades regionais, estimulando a capacitação humana e institucional em gestão da biodiversidade, inclusive em biotecnologia, promovendo a criação de mecanismos diferenciados para a contratação imediata nas instituições de ensino e pesquisa em regiões carentes e realizando a fixação de profissionais envolvidos com a capacitação em pesquisa e gestão da biodiversidade.

16.2.3. Fortalecer a pós-graduação ou os programas de doutorado em instituições de pesquisa nos temas relacionados aos objetivos da Convenção sobre Diversidade Biológica.

16.2.4. Apoiar a capacitação e a atualização de povos indígenas, quilombolas e outras comunidades locais quanto à gestão da biodiversidade, especialmente para agregação de valor e comercialização de produtos da biodiversidade derivados de técnicas tradicionais sustentáveis.

16.2.5. Apoiar formação ou aperfeiçoamento em gestão da biodiversidade de técnicos que atuem em projetos ou empreendimentos com potencial impacto ambiental.

16.2.6. Apoiar iniciativas de ensino a distância em áreas relacionadas à biodiversidade.

16.2.7. Promover a ampla divulgação dos termos da legislação de acesso aos recursos genéticos, aos componentes do patrimônio genético e aos conhecimentos tradicionais associados junto aos setores relacionados a esta temática.

16.2.8. Promover cursos e treinamentos para servidores públicos, inclusive juízes, membros do Ministério Público, polícia federal, civil e militar nos campos de gestão e proteção da biodiversidade.

16.2.9. Promover e apoiar a formação de recursos humanos voltados para o desenvolvimento e a disseminação de redes de informação sobre biodiversidade.

16.2.10. Capacitar pessoal para a gestão da biodiversidade em unidades de conservação.

16.2.11. Promover eventos regionais para os povos indígenas, quilombolas e outras comunidades locais com o objetivo de divulgar e esclarecer os termos da legislação de acesso a recursos genéticos, e capacitar agentes locais.

16.2.12. Estimular a cooperação entre governo, universidades, centros de pesquisa, setor privado e organizações da sociedade civil na elaboração de modelos de gestão da biodiversidade.

16.2.13. Apoiar a cooperação entre o setor público e o privado para formação e fixação de recursos humanos voltados para o desempenho de atividades de pesquisa em gestão da biodiversidade, especialmente no que tange à utilização de recursos biológicos, manutenção e utilização dos bancos de germoplasma.

16.3. Terceira diretriz: Acesso à tecnologia e transferência de tecnologia. Promoção do acesso à tecnologia e da transferência de tecnologia científica nacional e internacional sobre a gestão da biodiversidade brasileira.

Objetivos Específicos:

16.3.1. Criar e apoiar programas que promovam a transferência e a difusão de tecnologias em gestão da biodiversidade.

16.3.2. Apoiar o intercâmbio de conhecimentos e tecnologias em temas selecionados e em áreas definidas como prioritárias para a gestão da biodiversidade, inclusive com centros de referência internacionais e estrangeiros.

16.3.3. Estabelecer mecanismos facilitadores do processo de intercâmbio e geração de conhecimento biotecnológico com seus potenciais usuários, resguardados os direitos sobre a propriedade intelectual.

16.3.4. Promover o aperfeiçoamento do arcabouço legal brasileiro no que diz respeito ao acesso à tecnologia e à transferência de tecnologias.

16.3.5. Estabelecer iniciativa nacional para disseminar o uso de tecnologias de domínio público úteis à gestão da biodiversidade.

16.3.6. Implantar unidades demonstrativas de utilização de tecnologias para conservação e utilização sustentável da biodiversidade.

16.3.7. Promover a cooperação para a certificação de tecnologias transferidas dos países desenvolvidos para o país.

16.3.8. Definir e implementar normas e procedimentos para o intercâmbio de tecnologias de utilização de recursos genéticos e biológicos, com transparência e assegurando os interesses nacionais, da comunidade acadêmica e dos povos indígenas, quilombolas e outras das comunidades locais.

16.4. Quarta diretriz: Mecanismos de financiamento. Integração, desenvolvimento e fortalecimento de mecanismos de financiamento da gestão da biodiversidade.

Objetivos Específicos:

16.4.1. Fortalecer os fundos existentes de financiamento para a gestão da biodiversidade.

16.4.2. Estimular a criação de fundos de investimentos para a gestão da biodiversidade, incentivando inclusive a participação do setor empresarial.

16.4.3. Apoiar estudo para a criação de um fundo fiduciário ou outros mecanismos equivalentes, capazes de garantir a estabilidade financeira para implementação e manutenção de unidades de conservação, inclusive para regularização fundiária.

16.4.4. Estimular a criação de fundos ou outros mecanismos, geridos de forma participativa por povos indígenas, quilombolas e outras comunidades locais, que promovam a repartição justa e equitativa de benefícios, monetários ou não, decorrentes do acesso aos recursos genéticos, aos componentes do patrimônio genético e aos conhecimentos tradicionais associados.

16.4.5. Fortalecer a atuação em prol da biodiversidade dos órgãos estaduais de fomento à pesquisa em todos os estados.

16.4.6. Promover mecanismos que visem a assegurar a previsão e a aplicação de recursos orçamentários bem como de outras fontes para a gestão da biodiversidade.

16.4.7. Estimular a criação de linhas de financiamento por parte dos órgãos de fomento à pesquisa, direcionadas à implementação dos planos de pesquisa e à gestão da biodiversidade em unidades de conservação e em seu entorno.

16.4.8. Estimular a criação de linhas de financiamento para empreendimentos cooperativos e para pequenos e médios produtores rurais que usem os recursos da biodiversidade de forma sustentável.

16.4.9. Estimular a participação do setor privado em investimentos na gestão da biodiversidade do país.

16.4.10. Estimular a criação de mecanismos econômicos e fiscais que incentivem o setor empresarial a investir no inventário e na pesquisa sobre conservação e utilização sustentável da biodiversidade do país, em parceria com instituições de pesquisa e setor público.

16.4.11. Fomentar mediante incentivos econômicos, a conservação e a utilização sustentável da biodiversidade nas áreas sob domínio privado.

16.5. Quinta diretriz: Cooperação internacional. Promoção da cooperação internacional relativa à gestão da biodiversidade, com o fortalecimento de atos jurídicos internacionais.

Objetivos Específicos:

16.5.1. Fortalecer a preparação e a participação de delegações brasileiras em negociações internacionais relacionadas aos temas da biodiversidade.

16.5.2. Promover a implementação de acordos e convenções internacionais relacionados com a gestão da biodiversidade, com atenção especial para a Convenção sobre Diversidade Biológica e seus programas e iniciativas.

16.5.3. Estabelecer sinergias visando à implementação das convenções ambientais assinadas pelo país.

16.5.4. Apoiar a negociação de acordos e convênios, justos e com benefícios para o país, para o intercâmbio de conhecimentos e transferências de tecnologia com centros de pesquisa internacionais e estrangeiros.

16.5.5. Fortalecer a cooperação internacional em pesquisas, programas e projetos relacionados com o conhecimento e com a gestão da biodiversidade, e agregação de valor aos seus componentes, em conformidade com as diretrizes do Componente 5.

16.5.6. Apoiar a participação dos centros de pesquisa nacionais em redes internacionais de pesquisa, desenvolvimento de tecnologias e programas relacionados ao conhecimento e à gestão da biodiversidade.

16.5.7. Identificar e estimular a utilização de mecanismos constantes de acordos internacionais que possam beneficiar a conservação e a utilização sustentável da biodiversidade, incluindo a utilização do Mecanismo de Desenvolvimento Limpo.

16.6. Sexta diretriz: Fortalecimento do marco-legal e integração de políticas setoriais. Promoção de ações visando ao fortalecimento da legislação brasileira sobre a biodiversidade e da articulação, da integração e da harmonização de políticas setoriais.

Objetivos Específicos:

16.6.1. Promover o levantamento e a avaliação de todo o quadro normativo relativo à biodiversidade no Brasil, com vistas em propor a adequação para a gestão da biodiversidade.

16.6.2. Consolidar a legislação brasileira sobre a biodiversidade.

16.6.3. Promover a articulação, a integração e a harmonização de políticas setoriais relevantes para a conservação da biodiversidade, a utilização sustentável de seus componentes e a repartição de benefícios derivados da utilização de recursos genéticos, de componentes do patrimônio genético e de conhecimento tradicional associado.

17. Arcabouço jurídico institucional

17.1. Muitas iniciativas institucionais em andamento no Brasil têm relação com os propósitos da Convenção sobre Diversidade Biológica - CDB e com as diretrizes e objetivos desta Política Nacional da Biodiversidade. Planos, políticas e programas setoriais necessitam de ser integrados, de forma a evitar-se a duplicação ou o conflito entre ações. A Política Nacional da Biodiversidade requer que mecanismos participativos sejam fortalecidos ou criados para que se articule a ação da sociedade em prol dos objetivos da CDB. A implementação desta política depende da atuação de diversos setores e ministérios do Governo Federal, segundo suas competências legais, bem como dos Governos Estaduais, do Distrito Federal, dos Governos Municipais e da sociedade civil.

17.2. Tendo em vista o conjunto de atores e políticas públicas que, direta ou indiretamente, guardam interesse com a gestão da biodiversidade e, portanto, com os compromissos assumidos pelo Brasil na implementação da CDB, é necessário que a implementação da Política propicie a criação ou o fortalecimento de arranjos institucionais que assegurem legitimidade e sustentabilidade no cumprimento dos objetivos da CDB, no que se refere à conservação e à utilização sustentável da biodiversidade e à repartição justa e equitativa dos benefícios decorrentes de sua utilização.

17.3. Na implementação da Política Nacional da Biodiversidade, caberá ao Ministério do Meio Ambiente:

a) articular as ações da Política Nacional da Biodiversidade no âmbito do Sisnama e junto aos demais setores do governo e da sociedade;

b) acompanhar e avaliar a execução dos componentes da Política Nacional da Biodiversidade e elaborar relatórios nacionais sobre biodiversidade;

c) monitorar, inclusive com indicadores, a execução das ações previstas na Política Nacional da Biodiversidade;

d) formular e implementar programas e projetos em apoio à execução das ações previstas na Política Nacional da Biodiversidade e propor e negociar recursos financeiros;

e) articular-se com os demais ministérios afetos aos temas tratados para a elaboração e encaminhamento de propostas de criação ou modificação de instrumentos legais necessários à boa execução da Política Nacional da Biodiversidade;

f) promover a integração de políticas setoriais para aumentar a sinergia na implementação de ações direcionadas à gestão sustentável da biodiversidade (conservação, utilização sustentável e repartição de benefícios), evitando que estas sejam conflituosas; e

g) estimular a cooperação interinstitucional e internacional para a melhoria da implementação das ações de gestão da biodiversidade.

17.4. A implementação da Política Nacional da Biodiversidade requer instância colegiada que busque o cumprimento dos interesses dessa Política Nacional da Biodiversidade junto ao governo federal, zele pela descentralização da execução das ações e vise assegurar a participação dos setores interessados.

17.5. Buscará, igualmente, essa instância colegiada cuidar para que os princípios e os objetivos da Política Nacional da Biodiversidade sejam cumpridos, prestando assistência técnica em apoio aos agentes públicos e privados responsáveis pela execução de seus componentes no território nacional.

17.6. O Ministério do Meio Ambiente, por intermédio do Programa Nacional da Diversidade Biológica - Pronabio, instituído pelo Decreto n. 1.354, de 29 de dezembro de 1994, coordenará a implementação da Política Nacional da Biodiversidade, mediante a promoção da parceria entre o Poder Público e a sociedade civil para o conhecimento, a conservação da biodiversidade, a utilização sustentável de seus componentes e a repartição justa e equitativa dos benefícios derivados de sua utilização.

DECRETO N. 4.340, DE 22 DE AGOSTO DE 2002

Regulamenta artigos da Lei n. 9.985, de 18 de julho de 2000, que dispõe sobre o Sistema Nacional de Unidades de Conservação da Natureza - SNUC, e dá outras providências.

› *DOU*, 23.08.2002.

O Presidente da República, no uso das atribuições que lhe conferem o art. 84, inciso IV, e o art. 225, § 1º, incisos I, II, III e VII, da Constituição Federal, e tendo em vista o disposto na Lei n. 9.985, de 18 de julho de 2000,

Decreta:

ART. 1º Este Decreto regulamenta os arts. 22, 24, 25, 26, 27, 29, 30, 33, 36, 41, 42, 47, 48 e 55 da Lei n. 9.985, de 18 de julho de 2000, bem como os arts. 15, 17, 18 e 20, no que concerne aos conselhos das unidades de conservação.

CAPÍTULO I
DA CRIAÇÃO DE UNIDADE DE CONSERVAÇÃO

ART. 2º O ato de criação de uma unidade de conservação deve indicar:

I - a denominação, a categoria de manejo, os objetivos, os limites, a área da unidade e o órgão responsável por sua administração;

II - a população tradicional beneficiária, no caso das Reservas Extrativistas e das Reservas de Desenvolvimento Sustentável;

III - a população tradicional residente, quando couber, no caso das Florestas Nacionais, Florestas Estaduais ou Florestas Municipais; e

IV - as atividades econômicas, de segurança e de defesa nacional envolvidas.

ART. 3º A denominação de cada unidade de conservação deverá basear-se, preferencialmente, na sua característica natural mais significativa, ou na sua denominação mais antiga, dando-se prioridade, neste último caso, às designações indígenas ancestrais.

ART. 4º Compete ao órgão executor proponente de nova unidade de conservação elaborar os estudos técnicos preliminares e realizar, quando for o caso, a consulta pública e os demais procedimentos administrativos necessários à criação da unidade.

ART. 5º A consulta pública para a criação de unidade de conservação tem a finalidade de subsidiar a definição da localização, da dimensão e dos limites mais adequados para a unidade.

§ 1º A consulta consiste em reuniões públicas ou, a critério do órgão ambiental competente, outras formas de oitiva da população local e de outras partes interessadas.

§ 2º No processo de consulta pública, o órgão executor competente deve indicar, de modo claro e em linguagem acessível, as implicações para a população residente no interior e no entorno da unidade proposta.

CAPÍTULO II
DO SUBSOLO E DO ESPAÇO AÉREO

ART. 6º Os limites da unidade de conservação, em relação ao subsolo, são estabelecidos:

I - no ato de sua criação, no caso de Unidade de Conservação de Proteção Integral; e

II - no ato de sua criação ou no Plano de Manejo, no caso de Unidade de Conservação de Uso Sustentável.

ART. 7º Os limites da unidade de conservação, em relação ao espaço aéreo, são estabelecidos no Plano de Manejo, embasados em estudos técnicos realizados pelo órgão gestor da unidade de conservação, consultada a autoridade aeronáutica competente e de acordo com a legislação vigente.

CAPÍTULO III
DO MOSAICO DE UNIDADES DE CONSERVAÇÃO

ART. 8º O mosaico de unidades de conservação será reconhecido em ato do Ministério do Meio Ambiente, a pedido dos órgãos gestores das unidades de conservação.

ART. 9º O mosaico deverá dispor de um conselho de mosaico, com caráter consultivo e a função de atuar como instância de gestão integrada das unidades de conservação que o compõem.

§ 1º A composição do conselho de mosaico é estabelecida na portaria que institui o mosaico e deverá obedecer aos mesmos critérios estabelecidos no Capítulo V deste Decreto.

§ 2º O conselho de mosaico terá como presidente um dos chefes das unidades de conservação que o compõem, o qual será escolhido pela maioria simples de seus membros.

ART. 10. Compete ao conselho de cada mosaico:

I - elaborar seu regimento interno, no prazo de noventa dias, contados da sua instituição;

II - propor diretrizes e ações para compatibilizar, integrar e otimizar:

a) as atividades desenvolvidas em cada unidade de conservação, tendo em vista, especialmente:

1. os usos na fronteira entre unidades;
2. o acesso às unidades;
3. a fiscalização;
4. o monitoramento e avaliação dos Planos de Manejo;
5. a pesquisa científica; e
6. a alocação de recursos advindos da compensação referente ao licenciamento ambiental de empreendimentos com significativo impacto ambiental;

b) a relação com a população residente na área do mosaico;

III - manifestar-se sobre propostas de solução para a sobreposição de unidades; e

IV - manifestar-se, quando provocado por órgão executor, por conselho de unidade de conservação ou por outro órgão do Sistema Nacional do Meio Ambiente - SISNAMA, sobre assunto de interesse para a gestão do mosaico.

ART. 11. Os corredores ecológicos, reconhecidos em ato do Ministério do Meio Ambiente, integram os mosaicos para fins de sua gestão.

Parágrafo único. Na ausência de mosaico, o corredor ecológico que interliga unidades de conservação terá o mesmo tratamento da sua zona de amortecimento.

CAPÍTULO IV
DO PLANO DE MANEJO

ART. 12. O Plano de Manejo da unidade de conservação, elaborado pelo órgão gestor ou pelo proprietário quando for o caso, será aprovado:

I - em portaria do órgão executor, no caso de Estação Ecológica, Reserva Biológica, Parque Nacional, Monumento Natural, Refúgio de Vida Silvestre, Área de Proteção Ambiental, Área de Relevante Interesse Ecológico, Floresta Nacional, Reserva de Fauna e Reserva Particular do Patrimônio Natural;

II - em resolução do conselho deliberativo, no caso de Reserva Extrativista e Reserva de Desenvolvimento Sustentável, após prévia aprovação do órgão executor.

ART. 13. O contrato de concessão de direito real de uso e o termo de compromisso firmados com populações tradicionais das Reservas Extrativistas e Reservas de Uso Sustentável devem estar de acordo com o Plano de Manejo, devendo ser revistos, se necessário.

ART. 14. Os órgãos executores do Sistema Nacional de Unidades de Conservação da Natureza - SNUC, em suas respectivas esferas de atuação, devem estabelecer, no prazo de cento e oitenta dias, a partir da publicação deste Decreto, roteiro metodológico básico para a elaboração dos Planos de Manejo das diferentes categorias de unidades de conservação, uniformizando conceitos e metodologias, fixando diretrizes para o diagnóstico da unidade, zoneamento, programas de manejo, prazos de avaliação e de revisão e fases de implementação.

ART. 15. A partir da criação de cada unidade de conservação e até que seja estabelecido o Plano de Manejo, devem ser formalizadas e implementadas ações de proteção e fiscalização.

ART. 16. O Plano de Manejo aprovado deve estar disponível para consulta do público na sede da unidade de conservação e no centro de documentação do órgão executor.

CAPÍTULO V
DO CONSELHO

ART. 17. As categorias de unidade de conservação poderão ter, conforme a Lei n. 9.985, de 2000, conselho consultivo ou deliberativo, que serão presididos pelo chefe da unidade de conservação, o qual designará os demais conselheiros indicados pelos setores a serem representados.

§ 1º A representação dos órgãos públicos deve contemplar, quando couber, os órgãos ambientais dos três níveis da Federação e órgãos de áreas afins, tais como pesquisa científica, educação, defesa nacional, cultura, turismo, paisagem, arquitetura, arqueologia e povos indígenas e assentamentos agrícolas.

§ 2º A representação da sociedade civil deve contemplar, quando couber, a comunidade científica e organizações não governamentais ambientalistas com atuação comprovada na região da unidade, população residente e do entorno, população tradicional, proprietários de imóveis no interior da unidade, trabalhadores e setor privado atuantes na região e representantes dos Comitês de Bacia Hidrográfica.

§ 3º A representação dos órgãos públicos e da sociedade civil nos conselhos deve ser, sempre que possível, paritária, considerando as peculiaridades regionais.

§ 4º A Organização da Sociedade Civil de Interesse Público - OSCIP com representação no conselho de unidade de conservação não pode se candidatar à gestão de que trata o Capítulo VI deste Decreto.

§ 5º O mandato do conselheiro é de dois anos, renovável por igual período, não remunerado e considerado atividade de relevante interesse público.

§ 6º No caso de unidade de conservação municipal, o Conselho Municipal de Defesa do Meio Ambiente, ou órgão equivalente, cuja composição obedeça ao disposto neste artigo, e com competências que incluam aquelas especificadas no art. 20 deste Decreto, pode ser designado como conselho da unidade de conservação.

ART. 18. A reunião do conselho da unidade de conservação deve ser pública, com pauta preestabelecida no ato da convocação e realizada em local de fácil acesso.

ART. 19. Compete ao órgão executor:

I - convocar o conselho com antecedência mínima de sete dias;

II - prestar apoio à participação dos conselheiros nas reuniões, sempre que solicitado e devidamente justificado.

Parágrafo único. O apoio do órgão executor indicado no inciso II não restringe aquele que possa ser prestado por outras organizações.

ART. 20. Compete ao conselho de unidade de conservação:

I - elaborar o seu regimento interno, no prazo de noventa dias, contados da sua instalação;

II - acompanhar a elaboração, implementação e revisão do Plano de Manejo da unidade de conservação, quando couber, garantindo o seu caráter participativo;

III - buscar a integração da unidade de conservação com as demais unidades e espaços territoriais especialmente protegidos e com o seu entorno;

IV - esforçar-se para compatibilizar os interesses dos diversos segmentos sociais relacionados com a unidade;

V - avaliar o orçamento da unidade e o relatório financeiro anual elaborado pelo órgão executor em relação aos objetivos da unidade de conservação;

VI - opinar, no caso de conselho consultivo, ou ratificar, no caso de conselho deliberativo, a contratação e os dispositivos do termo de parceria com OSCIP, na hipótese de gestão compartilhada da unidade;

VII - acompanhar a gestão por OSCIP e recomendar a rescisão do termo de parceria, quando constatada irregularidade;

VIII - manifestar-se sobre obra ou atividade de potencialmente causadora de impacto na unidade de conservação, em sua zona de amortecimento, mosaicos ou corredores ecológicos; e

IX - propor diretrizes e ações para compatibilizar, integrar e otimizar a relação com a população do entorno ou do interior da unidade, conforme o caso.

CAPÍTULO VI
DA GESTÃO COMPARTILHADA COM OSCIP

ART. 21. A gestão compartilhada de unidade de conservação por OSCIP é regulada por termo de parceria firmado com o órgão executor, nos termos da Lei n. 9.790, de 23 de março de 1999.

ART. 22. Poderá gerir unidade de conservação a OSCIP que preencha os seguintes requisitos:

I - tenha dentre seus objetivos institucionais a proteção do meio ambiente ou a promoção do desenvolvimento sustentável; e

II - comprove a realização de atividades de proteção do meio ambiente ou desenvolvimento sustentável, preferencialmente na unidade de conservação ou no mesmo bioma.

ART. 23. O edital para seleção de OSCIP, visando a gestão compartilhada, deve ser publicado com no mínimo sessenta dias de antecedência, em jornal de grande circulação na região da unidade de conservação e no Diário Oficial, nos termos da Lei n. 8.666, de 21 de junho de 1993.

Parágrafo único. Os termos de referência para a apresentação de proposta pelas OSCIP serão definidos pelo órgão executor, ouvido o conselho da unidade.

ART. 24. A OSCIP deve encaminhar anualmente relatórios de suas atividades para apreciação do órgão executor e do conselho da unidade.

CAPÍTULO VII
DA AUTORIZAÇÃO PARA A EXPLORAÇÃO DE BENS E SERVIÇOS

ART. 25. É passível de autorização a exploração de produtos, sub-produtos ou serviços inerentes às unidades de conservação, de acordo com os objetivos de cada categoria de unidade.

Parágrafo único. Para os fins deste Decreto, entende-se por produtos, sub-produtos ou serviços inerentes à unidade de conservação:

I - aqueles destinados a dar suporte físico e logístico à sua administração e à implementação das atividades de uso comum do público, tais como visitação, recreação e turismo;

II - a exploração de recursos florestais e outros recursos naturais em Unidades de Conservação de Uso Sustentável, nos limites estabelecidos em lei.

ART. 26. A partir da publicação deste Decreto, novas autorizações para a exploração comercial de produtos, subprodutos ou serviços em unidade de conservação de domínio público só serão permitidas se previstas no Plano de Manejo, mediante decisão do órgão executor, ouvido o conselho da unidade de conservação.

DECRETOS

ART. 27. O uso de imagens de unidade de conservação com finalidade comercial será cobrado conforme estabelecido em ato administrativo pelo órgão executor.

Parágrafo único. Quando a finalidade do uso de imagem da unidade de conservação for preponderantemente científica, educativa ou cultural, o uso será gratuito.

ART. 28. No processo de autorização da exploração comercial de produtos, sub-produtos ou serviços de unidade de conservação, o órgão executor deve viabilizar a participação de pessoas físicas ou jurídicas, observando-se os limites estabelecidos pela legislação vigente sobre licitações públicas e demais normas em vigor.

ART. 29. A autorização para exploração comercial de produto, sub-produto ou serviço de unidade de conservação deve estar fundamentada em estudos de viabilidade econômica e investimentos elaborados pelo órgão executor, ouvido o conselho da unidade.

ART. 30. Fica proibida a construção e ampliação de benfeitoria sem autorização do órgão gestor da unidade de conservação.

CAPÍTULO VIII
DA COMPENSAÇÃO POR SIGNIFICATIVO IMPACTO AMBIENTAL

ART. 31. Para os fins de fixação da compensação ambiental de que trata o art. 36 da Lei n. 9.985, de 2000, o Instituto Brasileiro do Meio Ambiente e dos Recursos Naturais Renováveis - IBAMA estabelecerá o grau de impacto a partir de estudo prévio de impacto ambiental e respectivo relatório - EIA/RIMA, ocasião em que considerará, exclusivamente, os impactos ambientais negativos sobre o meio ambiente. (Redação dada pelo Dec. 6.848/2009.)

§ 1º O impacto causado será levado em conta apenas uma vez no cálculo. (Incluído pelo Dec. 6.848/2009.)

§ 2º O cálculo deverá conter os indicadores do impacto gerado pelo empreendimento e das características do ambiente a ser impactado. (Incluído pelo Dec. 6.848/2009.)

§ 3º Não serão incluídos no cálculo da compensação ambiental os investimentos referentes aos planos, projetos e programas exigidos no procedimento de licenciamento ambiental para mitigação de impactos, bem como os encargos e custos incidentes sobre o financiamento do empreendimento, inclusive os relativos às garantias, e os custos com apólices e prêmios de seguros pessoais e reais. (Incluído pelo Dec. 6.848/2009.)

§ 4º A compensação ambiental poderá incidir sobre cada trecho, naqueles empreendimentos em que for emitida a licença de instalação por trecho. (Incluído pelo Dec. 6.848/2009.)

ART. 31-A. O Valor da Compensação Ambiental - CA será calculado pelo produto do Grau de Impacto - GI com o Valor de Referência - VR, de acordo com a fórmula a seguir: (Incluído pelo Dec. 6.848/2009.)

CA = VR x GI, onde: (Incluído pelo Dec. 6.848/2009.)

CA = Valor da Compensação Ambiental; (Incluído pelo Dec. 6.848/2009.)

VR = somatório dos investimentos necessários para implantação do empreendimento, não incluídos os investimentos referentes aos planos, projetos e programas exigidos no procedimento de licenciamento ambiental para mitigação de impactos causados pelo empreendimento, bem como os encargos e custos incidentes sobre o financiamento do empreendimento, inclusive os relativos às garantias, e os custos com apólices e prêmios de seguros pessoais e reais; e (Incluído pelo Decreto n. 6.848, de 2009)

GI = Grau de Impacto nos ecossistemas, podendo atingir valores de 0 a 0,5%. (Incluído pelo Dec. 6.848/2009.)

§ 1º O GI referido neste artigo será obtido conforme o disposto no Anexo deste Decreto. (Incluído pelo Dec. 6.848/2009.)

§ 2º O EIA/RIMA deverá conter as informações necessárias ao cálculo do GI. (Incluído pelo Dec. 6.848/2009.)

§ 3º As informações necessárias ao calculo do VR deverão ser apresentadas pelo empreendedor ao órgão licenciador antes da emissão da licença de instalação. (Incluído pelo Dec. 6.848/2009.)

§ 4º Nos casos em que a compensação ambiental incidir sobre cada trecho do empreendimento, o VR será calculado com base nos investimentos que causam impactos ambientais, relativos ao trecho. (Incluído pelo Dec. 6.848/2009.)

ART. 31-B. Caberá ao IBAMA realizar o cálculo da compensação ambiental de acordo com as informações a que se refere o art. 31-A. (Incluído pelo Dec. 6.848/2009.)

§ 1º Da decisão do cálculo da compensação ambiental caberá recurso no prazo de dez dias, conforme regulamentação a ser definida pelo órgão licenciador. (Incluído pelo Dec. 6.848/2009.)

§ 2º O recurso será dirigido à autoridade que proferiu a decisão, a qual, se não a reconsiderar no prazo de cinco dias, o encaminhará à autoridade superior. (Incluído pelo Dec. 6.848/2009.)

§ 3º O órgão licenciador deverá julgar o recurso no prazo de até trinta dias, salvo prorrogação por igual período expressamente motivada. (Incluído pelo Dec. 6.848/2009.)

§ 4º Fixado em caráter final o valor da compensação, o IBAMA definirá sua destinação, ouvido o Instituto Chico Mendes de Conservação da Biodiversidade - Instituto Chico Mendes e observado o § 2º do art. 36 da Lei n. 9.985, de 2000.

ART. 32. Será instituída câmara de compensação ambiental no âmbito do Ministério do Meio Ambiente, com a finalidade de: (Redação dada pelo Dec. 6.848/2009.)

I - estabelecer prioridades e diretrizes para aplicação da compensação ambiental; (Incluído pelo Dec. 6.848/2009.)

II - avaliar e auditar, periodicamente, a metodologia e os procedimentos de cálculo da compensação ambiental, de acordo com estudos ambientais realizados e percentuais definidos; (Incluído pelo Dec. 6.848/2009.)

III - propor diretrizes necessárias para agilizar a regularização fundiária das unidades de conservação; e (Incluído pelo Dec. 6.848/2009.)

IV - estabelecer diretrizes para elaboração e implantação dos planos de manejo das unidades de conservação. (Incluído pelo Dec. 6.848/2009.)

ART. 33. A aplicação dos recursos da compensação ambiental de que trata o art. 36 da Lei n. 9.985, de 2000, nas unidades de conservação, existentes ou a serem criadas, deve obedecer à seguinte ordem de prioridade:

I - regularização fundiária e demarcação das terras;

II - elaboração, revisão ou implantação de plano de manejo;

III - aquisição de bens e serviços necessários à implantação, gestão, monitoramento e proteção da unidade, compreendendo sua área de amortecimento;

IV - desenvolvimento de estudos necessários à criação de nova unidade de conservação; e

V - desenvolvimento de pesquisas necessárias para o manejo da unidade de conservação e área de amortecimento.

Parágrafo único. Nos casos de Reserva Particular do Patrimônio Natural, Monumento Natural, Refúgio de Vida Silvestre, Área de Relevante Interesse Ecológico e Área de Proteção Ambiental, quando a posse e o domínio não sejam do Poder Público, os recursos da compensação somente poderão ser aplicados para custear as seguintes atividades:

I - elaboração do Plano de Manejo ou nas atividades de proteção da unidade;

II - realização das pesquisas necessárias para o manejo da unidade, sendo vedada a aquisição de bens e equipamentos permanentes;

III - implantação de programas de educação ambiental; e

IV - financiamento de estudos de viabilidade econômica para uso sustentável dos recursos naturais da unidade afetada.

ART. 34. Os empreendimentos implantados antes da edição deste Decreto e em operação sem as respectivas licenças ambientais deverão requerer, no prazo de doze meses a partir da publicação deste Decreto, a regularização junto ao órgão ambiental competente mediante licença de operação corretiva ou retificadora.

CAPÍTULO IX
DO REASSENTAMENTO DAS POPULAÇÕES TRADICIONAIS

ART. 35. O processo indenizatório de que trata o art. 42 da Lei n. 9.985, de 2000, respeitará o modo de vida e as fontes de subsistência das populações tradicionais.

ART. 36. Apenas as populações tradicionais residentes na unidade no momento da sua criação terão direito ao reassentamento.

ART. 37. O valor das benfeitorias realizadas pelo Poder Público, a título de compensação, na área de reassentamento será descontado do valor indenizatório.

ART. 38. O órgão fundiário competente, quando solicitado pelo órgão executor, deve apresentar, no prazo de seis meses, a contar da data do pedido, programa de trabalho para atender às demandas de reassentamento das populações tradicionais, com definição de prazos e condições para a sua realização.

ART. 39. Enquanto não forem reassentadas, as condições de permanência das populações tradicionais em Unidade de Conservação de Proteção Integral serão reguladas por termo de compromisso, negociado entre o órgão executor e as populações, ouvido o conselho da unidade de conservação.

§ 1º O termo de compromisso deve indicar as áreas ocupadas, as limitações necessárias para assegurar a conservação da natureza e os deveres do órgão executor referentes ao processo indenizatório, assegurados o acesso das populações às suas fontes de subsistência e a conservação dos seus modos de vida.

§ 2º O termo de compromisso será assinado pelo órgão executor e pelo representante de cada família, assistido, quando couber, pela comunidade rural ou associação legalmente constituída.

§ 3º O termo de compromisso será assinado no prazo máximo de um ano após a criação da unidade de conservação e, no caso de unidade já criada, no prazo máximo de dois anos contado da publicação deste Decreto.

§ 4º O prazo e as condições para o reassentamento das populações tradicionais estarão definidos no termo de compromisso.

CAPÍTULO X
DA REAVALIAÇÃO DE UNIDADE DE CONSERVAÇÃO DE CATEGORIA NÃO PREVISTA NO SISTEMA

ART. 40. A reavaliação de unidade de conservação prevista no art. 55 da Lei n. 9.985, de 2000, será feita mediante ato normativo do mesmo nível hierárquico que a criou.

Parágrafo único. O ato normativo de reavaliação será proposto pelo órgão executor.

CAPÍTULO XI
DAS RESERVAS DA BIOSFERA

ART. 41. A Reserva da Biosfera é um modelo de gestão integrada, participativa e sustentável dos recursos naturais, que tem por objetivos básicos a preservação da biodiversidade e o desenvolvimento das atividades de pesquisa científica, para aprofundar o conhecimento dessa diversidade biológica, o monitoramento ambiental, a educação ambiental, o desenvolvimento sustentável e a melhoria da qualidade de vida das populações.

ART. 42. O gerenciamento das Reservas da Biosfera será coordenado pela Comissão Brasileira para o Programa "O Homem e a Biosfera" - COBRAMAB, de que trata o Decreto de 21 de setembro de 1999, com a finalidade de planejar, coordenar e supervisionar as atividades relativas ao Programa.

ART. 43. Cabe à COBRAMAB, além do estabelecido no Decreto de 21 de setembro de 1999, apoiar a criação e instalar o sistema de gestão de cada uma das Reservas da Biosfera reconhecidas no Brasil.

§ 1º Quando a Reserva da Biosfera abranger o território de apenas um Estado, o sistema de gestão será composto por um conselho deliberativo e por comitês regionais.

§ 2º Quando a Reserva da Biosfera abranger o território de mais de um Estado, o sistema de gestão será composto por um conselho deliberativo e por comitês estaduais.

§ 3º À COBRAMAB compete criar e coordenar a Rede Nacional de Reservas da Biosfera.

ART. 44. Compete aos conselhos deliberativos das Reservas da Biosfera:

I - aprovar a estrutura do sistema de gestão de sua Reserva e coordená-lo;

II - propor à COBRAMAB macrodiretrizes para a implantação das Reservas da Biosfera;

III - elaborar planos de ação da Reserva da Biosfera, propondo prioridades, metodologias, cronogramas, parcerias e áreas temáticas de atuação, de acordo como os objetivos básicos enumerados no art. 41 da Lei n. 9.985, de 2000;

IV - reforçar a implantação da Reserva da Biosfera pela proposição de projetos pilotos em pontos estratégicos de sua área de domínio; e

V - implantar, nas áreas de domínio da Reserva da Biosfera, os princípios básicos constantes do art. 41 da Lei n. 9.985, de 2000.

ART. 45. Compete aos comitês regionais e estaduais:

I - apoiar os governos locais no estabelecimento de políticas públicas relativas às Reservas da Biosfera; e

II - apontar áreas prioritárias e propor estratégias para a implantação das Reservas da Biosfera, bem como para a difusão de seus conceitos e funções.

CAPÍTULO XII
DAS DISPOSIÇÕES FINAIS

ART. 46. Cada categoria de unidade de conservação integrante do SNUC será objeto de regulamento específico.

Parágrafo único. O Ministério do Meio Ambiente deverá propor regulamentação de cada categoria de unidade de conservação, ouvidos os órgãos executores.

ART. 47. Este Decreto entra em vigor na data da sua publicação.

ART. 48. Fica revogado o Decreto n. 3.834, de 5 de junho de 2001.

Brasília, 22 de agosto de 2002; 181º da Independência e 114º da República.

FERNANDO HENRIQUE CARDOSO

DECRETO N. 4.346, DE 26 DE AGOSTO DE 2002

Aprova o Regulamento Disciplinar do Exército (R-4) e dá outras providências.

› *DOU*, 27.08.2002.

O Presidente da República, usando da atribuição que lhe confere o art. 84, inciso IV, da Constituição, e de acordo com o art. 47 da Lei n. 6.880, de 9 de dezembro de 1980,

Decreta:

CAPÍTULO I
DAS DISPOSIÇÕES GERAIS

SEÇÃO I
DA FINALIDADE E DO ÂMBITO DE APLICAÇÃO

ART. 1º O Regulamento Disciplinar do Exército (R-4) tem por finalidade especificar as transgressões disciplinares e estabelecer normas relativas a punições disciplinares, comportamento militar das praças, recursos e recompensas.

ART. 2º Estão sujeitos a este Regulamento os militares do Exército na ativa, na reserva remunerada e os reformados.

§ 1º Os oficiais-generais nomeados ministros do Superior Tribunal Militar são regidos por legislação específica.

§ 2º O militar agregado fica sujeito às obrigações disciplinares concernentes às suas relações com militares e autoridades civis.

SEÇÃO II
DOS PRINCÍPIOS GERAIS DO REGULAMENTO

ART. 3º A camaradagem é indispensável à formação e ao convívio da família militar, contribuindo para as melhores relações sociais entre os militares.

§ 1º Incumbe aos militares incentivar e manter a harmonia e a amizade entre seus pares e subordinados.

§ 2º As demonstrações de camaradagem, cortesia e consideração, obrigatórias entre os militares brasileiros, devem ser dispensadas aos militares das nações amigas.

ART. 4º A civilidade, sendo parte da educação militar, é de interesse vital para a disciplina consciente.

§ 1º É dever do superior tratar os subordinados em geral, e os recrutas em particular, com interesse e bondade.

§ 2º O subordinado é obrigado a todas as provas de respeito e deferência para com os seus superiores hierárquicos.

ART. 5º Para efeito deste Regulamento, a palavra "comandante", quando usada genericamente, engloba também os cargos de diretor e chefe.

ART. 6º Para efeito deste Regulamento, deve-se, ainda, considerar:

I - honra pessoal: sentimento de dignidade própria, como o apreço e o respeito de que é objeto ou se torna merecedor o militar, perante seus superiores, pares e subordinados;

II - pundonor militar: dever de o militar pautar a sua conduta como a de um profissional correto. Exige dele, em qualquer ocasião, alto padrão de comportamento ético que refletirá no seu desempenho perante a Instituição a que serve e no grau de respeito que lhe é devido; e

III - decoro da classe: valor moral e social da Instituição. Ele representa o conceito social dos militares que a compõem e não subsiste sem esse.

SEÇÃO III
DOS PRINCÍPIOS GERAIS DA HIERARQUIA E DA DISCIPLINA

ART. 7º A hierarquia militar é a ordenação da autoridade, em níveis diferentes, por postos e graduações.

Parágrafo único. A ordenação dos postos e graduações se faz conforme preceitua o Estatuto dos Militares.

ART. 8º A disciplina militar é a rigorosa observância e o acatamento integral das leis, regulamentos, normas e disposições, traduzindo-se pelo perfeito cumprimento do dever por parte de todos e de cada um dos componentes do organismo militar.

§ 1º São manifestações essenciais de disciplina:

I - a correção de atitudes;

II - a obediência pronta às ordens dos superiores hierárquicos;

III - a dedicação integral ao serviço; e

IV - a colaboração espontânea para a disciplina coletiva e a eficiência das Forças Armadas.

§ 2º A disciplina e o respeito à hierarquia devem ser mantidos permanentemente pelos militares na ativa e na inatividade.

ART. 9º As ordens devem ser prontamente cumpridas.

§ 1º Cabe ao militar a inteira responsabilidade pelas ordens que der e pelas consequências que delas advierem.

§ 2º Cabe ao subordinado, ao receber uma ordem, solicitar os esclarecimentos necessários ao seu total entendimento e compreensão.

§ 3º Quando a ordem contrariar preceito regulamentar ou legal, o executante poderá solicitar a sua confirmação por escrito, cumprindo à autoridade que a emitiu atender à solicitação.

§ 4º Cabe ao executante, que exorbitou no cumprimento de ordem recebida, a responsabilidade pelos excessos e abusos que tenha cometido.

SEÇÃO IV
DA COMPETÊNCIA PARA A APLICAÇÃO

ART. 10. A competência para aplicar as punições disciplinares é definida pelo cargo e não pelo grau hierárquico, sendo competente para aplicá-las:

I - o Comandante do Exército, a todos aqueles que estiverem sujeitos a este Regulamento; e

II - aos que estiverem subordinados às seguintes autoridades ou servirem sob seus comandos, chefia ou direção:

a) Chefe do Estado-Maior do Exército, dos órgãos de direção setorial e de assessoramento,

DECRETOS

comandantes militares de área e demais ocupantes de cargos privativos de oficial-general;

b) chefes de estado-maior, chefes de gabinete, comandantes de unidade, demais comandantes cujos cargos sejam privativos de oficiais superiores e comandantes das demais Organizações Militares - OM com autonomia administrativa;

c) subchefes de estado-maior, comandantes de unidade incorporada, chefes de divisão, seção, escalão regional, serviço e assessoria; ajudantes-gerais, subcomandantes e subdiretores; e

d) comandantes das demais subunidades ou de elementos destacados com efetivo menor que subunidade.

§ 1º Compete aos comandantes militares de área aplicar a punição aos militares da reserva remunerada, reformados ou agregados, que residam ou exerçam atividades em sua respectiva área de jurisdição, podendo delegar a referida competência aos comandantes de região militar e aos comandantes de guarnição, respeitada a precedência hierárquica e observado o disposto no art. 40 deste Regulamento.

§ 2º A competência conferida aos chefes de divisão, seção, escalão regional, ajudante-geral, serviço e assessoria limita-se às ocorrências relacionadas com as atividades inerentes ao serviço de suas repartições.

§ 3º Durante o trânsito, o militar movimentado está sujeito à jurisdição disciplinar do comandante da guarnição, em cujo território se encontrar.

§ 4º O cumprimento da punição dar-se-á na forma do *caput* do art. 47 deste Regulamento.

ART. 11. Para efeito de disciplina e recompensa, o pessoal militar do Exército Brasileiro servindo no Ministério da Defesa submete-se a este Regulamento, cabendo sua aplicação:

I - ao Comandante do Exército, quanto aos oficiais-generais do último posto; e

II - ao oficial mais antigo do Exército no serviço ativo, quanto aos demais militares da Força.

§ 1º A autoridade de que trata o inciso II poderá delegar a competência ali atribuída, no todo ou em parte, a oficiais subordinados.

§ 2º As dispensas de serviço, como recompensa, poderão ser concedidas pelos chefes das unidades integrantes da estrutura organizacional do Ministério da Defesa, sejam eles civis ou militares.

ART. 12. Todo militar que tiver conhecimento de fato contrário à disciplina, deverá participá-lo ao seu chefe imediato, por escrito.

§ 1º A parte deve ser clara, precisa e concisa; qualificar os envolvidos e as testemunhas; discriminar bens e valores; precisar local, data e hora da ocorrência e caracterizar as circunstâncias que envolverem o fato, sem tecer comentários ou emitir opiniões pessoais.

§ 2º Quando, para preservação da disciplina e do decoro da Instituição, a ocorrência exigir pronta intervenção, mesmo sem possuir ascendência funcional sobre o transgressor, a autoridade militar de maior antiguidade que presenciar ou tiver conhecimento do fato deverá tomar providências imediatas e enérgicas, inclusive prendê-lo "em nome da autoridade competente", dando ciência a esta, pelo meio mais rápido, da ocorrência e das providências em seu nome tomadas.

§ 3º No caso de prisão, como pronta intervenção para preservar a disciplina e o decoro da Instituição, a autoridade competente em cujo nome for efetuada é aquela à qual está disciplinarmente subordinado o transgressor.

§ 4º Esquivando-se o transgressor de esclarecer em que OM serve, a prisão será efetuada em nome do Comandante do Exército e, neste caso, a recusa constitui transgressão disciplinar em conexão com a principal.

§ 5º Nos casos de participação de ocorrência com militar de OM diversa daquela a que pertence o signatário da parte, deve este ser notificado da solução dada, direta ou indiretamente, pela autoridade competente, no prazo máximo de oito dias úteis.

§ 6º A autoridade, a quem a parte disciplinar é dirigida, deve dar a solução no prazo máximo de oito dias úteis, devendo, obrigatoriamente, ouvir as pessoas envolvidas, obedecidas as demais prescrições regulamentares.

§ 7º Caso não seja possível solucionar a questão no prazo do § 6º, o motivo disto deverá ser publicado em boletim e, neste caso, o prazo será prorrogado para trinta dias úteis.

§ 8º Caso a autoridade determine a instauração de inquérito ou sindicância, a apuração dos fatos será processada de acordo com a legislação específica.

§ 9º A autoridade que receber a parte, caso não seja de sua competência decidi-la, deve encaminhá-la a seu superior imediato.

ART. 13. Em guarnição militar com mais de uma OM, a ação disciplinar sobre os seus integrantes é coordenada e supervisionada por seu comandante, podendo ser exercida por intermédio dos comandantes das OM existentes na área de sua jurisdição.

Parágrafo único. No caso de ocorrência disciplinar envolvendo militares de mais de uma OM, caberá ao comandante da guarnição apurar os fatos ou determinar sua apuração, procedendo a seguir, em conformidade com o art. 12, *caput*, e parágrafos, deste Regulamento, com os que não sirvam sob sua linha de subordinação funcional.

CAPÍTULO II
DAS TRANSGRESSÕES DISCIPLINARES

SEÇÃO I
DA CONCEITUAÇÃO E DA ESPECIFICAÇÃO

ART. 14. Transgressão disciplinar é toda ação praticada pelo militar contrária aos preceitos estatuídos no ordenamento jurídico pátrio ofensiva à ética, aos deveres e às obrigações militares, mesmo na sua manifestação elementar e simples, ou, ainda, que afete a honra pessoal, o pundonor militar e o decoro da classe.

§ 1º Quando a conduta praticada estiver tipificada em lei como crime ou contravenção penal, não se caracterizará transgressão disciplinar.

§ 2º As responsabilidades nas esferas cível, criminal e administrativa são independentes entre si e podem ser apuradas concomitantemente.

§ 3º As responsabilidades cível e administrativa do militar serão afastadas no caso de absolvição criminal, com sentença transitada em julgado, que negue a existência do fato ou da sua autoria.

§ 4º No concurso de crime e transgressão disciplinar, quando forem da mesma natureza, esta é absorvida por aquele e aplica-se somente a pena relativa ao crime.

§ 5º Na hipótese do § 4º, a autoridade competente para aplicar a pena disciplinar deve aguardar o pronunciamento da Justiça, para posterior avaliação da questão no âmbito administrativo.

§ 6º Quando, por ocasião do julgamento do crime, este for descaracterizado para transgressão ou a denúncia for rejeitada, a falta cometida deverá ser apreciada, para efeito de punição, pela autoridade a que estiver subordinado o faltoso.

§ 7º É vedada a aplicação de mais de uma penalidade por uma única transgressão disciplinar.

§ 8º Quando a falta tiver sido cometida contra a pessoa do comandante da OM, será ela apreciada, para efeito de punição, pela autoridade a que estiver subordinado o ofendido.

§ 9º São equivalentes, para efeito deste Regulamento, as expressões transgressão disciplinar e transgressão militar.

ART. 15. São transgressões disciplinares todas as ações especificadas no Anexo I deste Regulamento.

SEÇÃO II
DO JULGAMENTO

ART. 16. O julgamento da transgressão deve ser precedido de análise que considere:

I - a pessoa do transgressor;

II - as causas que a determinaram;

III - a natureza dos fatos ou atos que a envolveram; e

IV - as consequências que dela possam advir.

ART. 17. No julgamento da transgressão, podem ser levantadas causas que justifiquem a falta ou circunstâncias que a atenuem ou a agravem.

ART. 18. Haverá causa de justificação quando a transgressão for cometida:

I - na prática de ação meritória ou no interesse do serviço, da ordem ou do sossego público;

II - em legítima defesa, própria ou de outrem;

III - em obediência a ordem superior;

IV - para compelir o subordinado a cumprir rigorosamente o seu dever, em caso de perigo, necessidade urgente, calamidade pública, manutenção da ordem e da disciplina;

V - por motivo de força maior, plenamente comprovado; e

VI - por ignorância, plenamente comprovada, desde que não atente contra os sentimentos normais de patriotismo, humanidade e probidade.

Parágrafo único. Não haverá punição quando for reconhecida qualquer causa de justificação.

ART. 19. São circunstâncias atenuantes:

I - o bom comportamento;

II - a relevância de serviços prestados;

III - ter sido a transgressão cometida para evitar mal maior;

IV - ter sido a transgressão cometida em defesa própria, de seus direitos ou de outrem, não se configurando causa de justificação; e

V - a falta de prática do serviço.

ART. 20. São circunstâncias agravantes:

I - o mau comportamento;

II - a prática simultânea ou conexão de duas ou mais transgressões;

III - a reincidência de transgressão, mesmo que a punição anterior tenha sido uma advertência;

IV - o conluio de duas ou mais pessoas;

V - ter o transgressor abusado de sua autoridade hierárquica ou funcional; e

VI - ter praticado a transgressão:

a) durante a execução de serviço;

b) em presença de subordinado;

c) com premeditação;

d) em presença de tropa; e

e) em presença de público.

SEÇÃO III
DA CLASSIFICAÇÃO

ART. 21. A transgressão da disciplina deve ser classificada, desde que não haja causa de justificação, em leve, média e grave, segundo os critérios dos arts. 16, 17, 19 e 20.

Parágrafo único. A competência para classificar a transgressão é da autoridade a qual couber sua aplicação.

ART. 22. Será sempre classificada como "grave" a transgressão da disciplina que constituir ato que afete a honra pessoal, o pundonor militar ou o decoro da classe.

CAPÍTULO III
PUNIÇÕES DISCIPLINARES

SEÇÃO I
DA GRADAÇÃO,
CONCEITUAÇÃO E EXECUÇÃO

ART. 23. A punição disciplinar objetiva a preservação da disciplina e deve ter em vista o benefício educativo ao punido e à coletividade a que ele pertence.

ART. 24. Segundo a classificação resultante do julgamento da transgressão, as punições disciplinares a que estão sujeitos os militares são, em ordem de gravidade crescente:

I - a advertência;

II - o impedimento disciplinar;

III - a repreensão;

IV - a detenção disciplinar;

V - a prisão disciplinar; e

VI - o licenciamento e a exclusão a bem da disciplina.

Parágrafo único. As punições disciplinares de detenção e prisão disciplinar não podem ultrapassar trinta dias e a de impedimento disciplinar, dez dias.

ART. 25. Advertência é a forma mais branda de punir, consistindo em admoestação feita verbalmente ao transgressor, em caráter reservado ou ostensivo.

§ 1º Quando em caráter ostensivo, a advertência poderá ser na presença de superiores ou no círculo de seus pares.

§ 2º A advertência não constará das alterações do punido, devendo, entretanto, ser registrada, para fins de referência, na ficha disciplinar individual.

ART. 26. Impedimento disciplinar é a obrigação de o transgressor não se afastar da OM, sem prejuízo de qualquer serviço que lhe competir dentro da unidade em que serve.

Parágrafo único. O impedimento disciplinar será publicado em boletim interno e registrado, para fins de referência, na ficha disciplinar individual, sem constar das alterações do punido.

ART. 27. Repreensão é a censura enérgica ao transgressor, feita por escrito e publicada em boletim interno.

ART. 28. Detenção disciplinar é o cerceamento da liberdade do punido disciplinarmente, o qual deve permanecer no alojamento da subunidade a que pertencer ou em local que lhe for determinado pela autoridade que aplicar a punição disciplinar.

§ 1º O detido disciplinarmente não ficará no mesmo local destinado aos presos disciplinares.

§ 2º O detido disciplinarmente comparece a todos os atos de instrução e serviço, exceto ao serviço de escala externo.

§ 3º Em casos especiais, a critério da autoridade que aplicar a punição, o oficial ou aspirante-a-oficial pode ficar detido disciplinarmente em sua residência.

ART. 29. Prisão disciplinar consiste na obrigação de o punido disciplinarmente permanecer em local próprio e designado para tal.

§ 1º Os militares de círculos hierárquicos diferentes não poderão ficar presos na mesma dependência.

§ 2º O comandante designará o local de prisão de oficiais, no aquartelamento, e dos militares, nos estacionamentos e marchas.

§ 3º Os presos que já estiverem passíveis de serem licenciados ou excluídos a bem da disciplina, os que estiverem à disposição da justiça e os condenados pela Justiça Militar deverão ficar em prisão separada dos demais presos disciplinares.

§ 4º Em casos especiais, a critério da autoridade que aplicar a punição disciplinar, o oficial ou aspirante-a-oficial pode ter sua residência como local de cumprimento da punição, quando a prisão disciplinar não for superior a quarenta e oito horas.

§ 5º Quando a OM não dispuser de instalações apropriadas, cabe à autoridade que aplicar a punição solicitar ao escalão superior local para servir de prisão.

ART. 30. A prisão disciplinar deve ser cumprida com prejuízo da instrução e dos serviços internos, exceto por comprovada necessidade do serviço.

§ 1º As razões de comprovada necessidade do serviço que justifiquem o cumprimento de prisão disciplinar, ainda que parcialmente, sem prejuízo da instrução e dos serviços internos, deverão ser publicadas em boletim interno.

§ 2º O preso disciplinar fará suas refeições na dependência onde estiver cumprindo sua punição.

ART. 31. O recolhimento de qualquer transgressor à prisão, sem nota de punição publicada em boletim da OM, só poderá ocorrer por ordem das autoridades referidas nos incisos I e II do art. 10 deste Regulamento.

Parágrafo único. O disposto neste artigo não se aplica na hipótese do § 2º do art.12 deste Regulamento, ou quando houver:

I - presunção ou indício de crime;

II - embriaguez; e

III - uso de drogas ilícitas.

ART. 32. Licenciamento e exclusão a bem da disciplina consistem no afastamento, *ex officio*, do militar das fileiras do Exército, conforme prescrito no Estatuto dos Militares.

§ 1º O licenciamento a bem da disciplina será aplicado pelo Comandante do Exército ou comandante, chefe ou diretor de OM à praça sem estabilidade assegurada, após concluída a devida sindicância, quando:

I - a transgressão afete a honra pessoal, o pundonor militar ou o decoro da classe e, como repressão imediata, se torne absolutamente necessário à disciplina;

II - estando a praça no comportamento "mau", se verifique a impossibilidade de melhoria de comportamento, como está prescrito neste Regulamento; e

III - houver condenação transitada em julgado por crime doloso, comum ou militar.

§ 2º O licenciamento a bem da disciplina será aplicado, também, pelo Comandante do Exército ou comandante, chefe ou diretor de organização militar aos oficiais da reserva não remunerada, quando convocados, no caso de condenação com sentença transitada em julgado por crime doloso, comum ou militar.

§ 3º O licenciamento a bem da disciplina poderá ser aplicado aos oficiais da reserva não remunerada, quando convocados, e praças sem estabilidade, em virtude de condenação por crime militar ou comum culposo, com sentença transitada em julgado, a critério do Comandante do Exército ou comandante, chefe ou diretor de OM.

§ 4º Quando o licenciamento a bem da disciplina for ocasionado pela prática de crime comum, com sentença transitada em julgado, o militar deverá ser entregue ao órgão policial com jurisdição sobre a área em que estiver localizada a OM.

§ 5º A exclusão a bem da disciplina será aplicada *ex officio* ao aspirante-a-oficial e à praça com estabilidade assegurada, de acordo com o prescrito no Estatuto dos Militares.

ART. 33. A reabilitação dos licenciados ou excluídos, a bem da disciplina, segue o prescrito no Estatuto dos Militares e na Lei do Serviço Militar, e sua concessão obedecerá ao seguinte:

I - a autoridade competente para conceder a reabilitação é o comandante da região militar em que o interessado tenha prestado serviço militar, por último;

II - a concessão será feita mediante requerimento do interessado, instruído, quando possível, com documento passado por autoridade policial do município de sua residência, comprovando o seu bom comportamento, como civil, nos dois últimos anos que antecederam o pedido;

III - a reabilitação *ex officio* poderá ser determinada pela autoridade relacionada no inciso I do art. 10, deste Regulamento, ou ser proposta, independentemente de prazo, por qualquer outra autoridade com atribuição para excluir ou licenciar a bem da disciplina;

IV - quando o licenciamento ou a exclusão a bem da disciplina for decorrente de condenação criminal, com sentença transitada em julgado, a reabilitação estará condicionada à apresentação de documento comprobatório da reabilitação judicial, expedido pelo juiz competente; e

V - a autoridade que conceder a reabilitação determinará a expedição do documento correspondente à inclusão ou reinclusão na reserva do Exército, em conformidade com o grau de instrução militar do interessado.

SEÇÃO II
DA APLICAÇÃO

ART. 34. A aplicação da punição disciplinar compreende:

I - elaboração de nota de punição, de acordo com o modelo do Anexo II;

II - publicação no boletim interno da OM, exceto no caso de advertência; e

III - registro na ficha disciplinar individual.

§ 1º A nota de punição deve conter:

I - a descrição sumária, clara e precisa dos fatos;

II - as circunstâncias que configuram a transgressão, relacionando-as às prescritas neste Regulamento; e

III - o enquadramento que caracteriza a transgressão, acrescida de outros detalhes relacionados com o comportamento do transgressor, para as praças, e com o cumprimento da punição disciplinar.

§ 2º No enquadramento, serão mencionados:

I - a descrição clara e precisa do fato, bem como o número da relação do Anexo I no qual este se enquadra;

II - a referência aos artigos, parágrafos, incisos, alíneas e números das leis, regulamentos, convenções, normas ou ordens que forem contrariados ou contra os quais tenha havido omissão, no caso de transgressões a outras normas do ordenamento jurídico;

III - os artigos, incisos e alíneas das circunstâncias atenuantes ou agravantes, ou causas de exclusão ou de justificação;

IV - a classificação da transgressão;

V - a punição disciplinar imposta;

VI - o local para o cumprimento da punição disciplinar, se for o caso;

VII - a classificação do comportamento militar em que o punido permanecer ou ingressar;

VIII - as datas do início e do término do cumprimento da punição disciplinar; e

IX - a determinação para posterior cumprimento, se o punido estiver baixado, afastado do serviço ou à disposição de outras autoridades.

§ 3º Não devem constar da nota de punição comentários deprimentes ou ofensivos, permitindo-se, porém, os ensinamentos decorrentes, desde que não contenham alusões pessoais.

§ 4º A publicação em boletim interno é o ato administrativo que formaliza a aplicação das punições disciplinares, exceto para o caso de advertência, que é formalizada pela admoestação verbal ao transgressor.

§ 5º A nota de punição será transcrita no boletim interno das OM subordinadas à autoridade que impôs a punição disciplinar.

§ 6º A ficha disciplinar individual, conforme modelo constante do Anexo VI, é um documento que deverá conter dados sobre a vida disciplinar do militar, acompanhando-o em caso de movimentação, da incorporação ao licenciamento ou à transferência para a inatividade, quando ficará arquivada no órgão designado pela Força.

§ 7º Quando a autoridade que aplicar a punição disciplinar não dispuser de boletim, a publicação desta deverá ser feita, mediante solicitação escrita, no boletim do escalão imediatamente superior.

§ 8º Caso, durante o processo de apuração da transgressão disciplinar, venham a ser constatadas causas de exclusão ou de justificação, tal fato deverá ser registrado no respectivo formulário de apuração de transgressão disciplinar e publicado em boletim interno.

ART. 35. O julgamento e a aplicação da punição disciplinar devem ser feitos com justiça, serenidade e imparcialidade, para que o punido fique consciente e convicto de que ela se inspira no cumprimento exclusivo do dever, na preservação da disciplina e que tem em vista o benefício educativo do punido e da coletividade.

§ 1º Nenhuma punição disciplinar será imposta sem que ao transgressor sejam assegurados o contraditório e a ampla defesa, inclusive o direito de ser ouvido pela autoridade competente para aplicá-la, e sem estarem os fatos devidamente apurados.

§ 2º Para fins de ampla defesa e contraditório, são direitos do militar:

I - ter conhecimento e acompanhar todos os atos de apuração, julgamento, aplicação e cumprimento da punição disciplinar, de acordo com os procedimentos adequados para cada situação;

II - ser ouvido;

III - produzir provas;

IV - obter cópias de documentos necessários à defesa;

V - ter oportunidade, no momento adequado, de contrapor-se às acusações que lhe são imputadas;

VI - utilizar-se dos recursos cabíveis, segundo a legislação;

VII - adotar outras medidas necessárias ao esclarecimento dos fatos; e

VIII - ser informado de decisão que fundamente, de forma objetiva e direta, o eventual não acolhimento de alegações formuladas ou de provas apresentadas.

§ 3º O militar poderá ser preso disciplinarmente, por prazo que não ultrapasse setenta e duas horas, se necessário para a preservação do decoro da classe ou houver necessidade de pronta intervenção.

ART. 36. A publicação da punição disciplinar imposta a oficial ou aspirante-a-oficial, em princípio, deve ser feita em boletim reservado, podendo ser em boletim ostensivo, se as circunstâncias ou a natureza da transgressão assim o recomendarem.

ART. 37. A aplicação da punição disciplinar deve obedecer às seguintes normas:

I - a punição disciplinar deve ser proporcional à gravidade da transgressão, dentro dos seguintes limites:

a) para a transgressão leve, de advertência até dez dias de impedimento disciplinar, inclusive;

b) para a transgressão média, de repreensão até a detenção disciplinar; e

c) para a transgressão grave, de prisão disciplinar até o licenciamento ou exclusão a bem da disciplina;

II - a punição disciplinar não pode atingir o limite máximo previsto nas alíneas do inciso I deste artigo, quando ocorrerem apenas circunstâncias atenuantes;

III - quando ocorrerem circunstâncias atenuantes e agravantes, a punição disciplinar será aplicada conforme preponderem essas ou aquelas;

IV - por uma única transgressão não deve ser aplicada mais de uma punição disciplinar;

V - a punição disciplinar não exime o punido da responsabilidade civil;

VI - na ocorrência de mais de uma transgressão, sem conexão entre si, a cada uma deve ser imposta a punição disciplinar correspondente; e

VII - havendo conexão, a transgressão de menor gravidade será considerada como circunstância agravante da transgressão principal.

ART. 38. A aplicação da punição classificada como "prisão disciplinar" somente pode ser efetuada pelo Comandante do Exército ou comandante, chefe ou diretor de OM.

ART. 39. Nenhum transgressor será interrogado ou punido em estado de embriaguez ou sob a ação de psicotrópicos, mas ficará, desde logo, convalescendo em hospital, enfermaria ou dependência similar em sua OM, até a melhora do seu quadro clínico.

ART. 40. A punição disciplinar máxima, que cada autoridade referida no art. 10 deste Regulamento pode aplicar ao transgressor, bem como aquela a que este está sujeito, são as previstas no Anexo III.

§ 1º O Comandante do Exército, na área de sua competência, poderá aplicar toda e qualquer punição disciplinar a que estão sujeitos os militares na ativa ou na inatividade.

§ 2º Quando duas autoridades de níveis hierárquicos diferentes, ambas com ação disciplinar sobre o transgressor, tomarem conhecimento da transgressão, compete a punição à de nível mais elevado.

§ 3º Na hipótese do § 2º, se a de maior nível entender que a punição disciplinar está dentro dos limites de competência da de menor nível, comunicará este entendimento à autoridade de menor nível, devendo esta participar àquela a solução adotada.

§ 4º Quando uma autoridade, ao julgar uma transgressão, concluir que a punição disciplinar a aplicar está além do limite máximo que lhe é autorizado, solicitará à autoridade superior, com ação sobre o transgressor, a aplicação da punição devida.

ART. 41. A punição disciplinar aplicada pode ser anulada, relevada ou atenuada pela autoridade para tanto competente, quando tiver conhecimento de fatos que recomendem este procedimento, devendo a respectiva decisão ser justificada e publicada em boletim.

ART. 42. A anulação da punição disciplinar consiste em tornar sem efeito sua aplicação.

§ 1º A anulação da punição disciplinar deverá ocorrer quando for comprovado ter havido injustiça ou ilegalidade na sua aplicação.

§ 2º A anulação poderá ocorrer nos seguintes prazos:

I - em qualquer tempo e em qualquer circunstância, pelo Comandante do Exército; ou

II - até cinco anos, a contar do término do cumprimento da punição disciplinar, pela autoridade que a aplicou, nos termos do art. 10 deste Regulamento, ou por autoridade superior a esta, na cadeia de comando.

§ 3º Ocorrendo a anulação, durante o cumprimento de punição disciplinar, será o punido posto em liberdade imediatamente.

§ 4º A anulação produz efeitos retroativos à data de aplicação da punição disciplinar.

ART. 43. A anulação de punição disciplinar deve eliminar, nas alterações do militar e na ficha disciplinar individual, prevista no § 6º do art. 34 deste Regulamento, toda e qualquer anotação ou registro referente à sua aplicação.

§ 1º A eliminação de anotação ou registro de punição disciplinar anulada deverá ocorrer mediante substituição da folha de alterações que o consubstancia, fazendo constar no espaço correspondente o número e a data do boletim que publicou a anulação, seguidos do nome e rubrica da autoridade expedidora deste boletim.

§ 2º A autoridade que anular punição disciplinar comunicará o ato ao Órgão de Direção Setorial de Pessoal do Exército.

ART. 44. A autoridade que tomar conhecimento de comprovada ilegalidade ou injustiça na aplicação de punição disciplinar e não tiver competência para anulá-la ou não dispuser dos prazos referidos no § 2º do art. 42 deste Regulamento deverá apresentar proposta fundamentada de anulação à autoridade competente.

ART. 45. A relevação de punição disciplinar consiste na suspensão de seu cumprimento e poderá ser concedida:

I - quando ficar comprovado que foram atingidos os objetivos visados com a sua aplicação, independentemente do tempo a cumprir; e

II - por motivo de passagem de comando ou por ocasião de datas festivas militares, desde que se tenha cumprido, pelo menos, metade da punição disciplinar.

ART. 46. A atenuação da punição disciplinar consiste na transformação da punição proposta ou aplicada em outra menos rigorosa, se assim recomendar o interesse da disciplina e da ação educativa do punido, ou mesmo por critério de justiça, quando verificada a inadequação da punição aplicada.

Parágrafo único. A atenuação da punição disciplinar poderá ocorrer, a pedido ou de ofício, mediante decisão das autoridades competentes para anulação.

SEÇÃO III
DO CUMPRIMENTO

ART. 47. O início do cumprimento de punição disciplinar deve ocorrer com a distribuição do boletim interno, da OM a que pertence o transgressor, que publicar a aplicação da punição disciplinar, especificando-se as datas de início e término.

§ 1º Nenhum militar deve ser recolhido ao local de cumprimento da punição disciplinar antes da distribuição do boletim que publicar a nota de punição.

§ 2º A contagem do tempo de cumprimento da punição disciplinar tem início no momento em que o punido for impedido, detido ou recolhido à prisão e termina quando for posto em liberdade.

ART. 48. A autoridade que punir um subordinado seu, que esteja à disposição ou a serviço de outra autoridade, deverá requisitar a apresentação do transgressor para o cumprimento da punição disciplinar.

Parágrafo único. Quando o local determinado para o cumprimento da punição disciplinar não for a própria OM do transgressor, a autoridade que puniu poderá solicitar à outra autoridade que determine o recolhimento do punido diretamente ao local designado.

ART. 49. O cumprimento da punição disciplinar por militar afastado totalmente do serviço, em caráter temporário, somente deverá ocorrer após sua apresentação "pronto na organização militar".

§ 1º O cumprimento da punição disciplinar será imediato nos casos de preservação da disciplina e de decoro da classe, publicando-se a nota de punição em boletim interno, tão logo seja possível.

§ 2º A Licença Especial - LE e a Licença para Tratar de Interesse Particular - LTIP serão interrompidas para cumprimento de punição disciplinar de detenção ou prisão disciplinar.

§ 3º A interrupção ou o adiamento de LE, LTIP ou punição disciplinar é atribuição do comandante do punido, cabendo-lhe fixar as datas de seu início e término.

§ 4º Quando a punição disciplinar anteceder a entrada em gozo de LE ou LTIP e o seu cumprimento estender-se além da data prevista para início da licença, fica esta adiada até que o transgressor seja colocado em liberdade.

§ 5º O cumprimento de punição disciplinar imposta a militar em gozo de Licença para Tratamento de Saúde Própria (LTSP) ou Licença para Tratamento de Saúde de Pessoa da Família (LTSPF) somente ocorrerá após a sua apresentação por término de licença.

§ 6º Comprovada a necessidade de LTSP, LTSPF, baixa a enfermaria ou a hospital, ou afastamento inadiável da organização, por parte do militar cumprindo punição disciplinar de impedimento, detenção ou prisão disciplinar, será esta sustada pelo seu comandante, até que cesse a causa da interrupção.

ART. 50. A suspensão da contagem do tempo de cumprimento da punição disciplinar tem início no momento em que o punido for retirado do local do cumprimento da punição disciplinar e término no retorno a esse mesmo local.

Parágrafo único. Tanto o afastamento quanto o retorno do punido ao local de cumprimento da punição disciplinar serão publicados no boletim interno, incluindo-se na publicação do retorno a nova data em que o punido será colocado em liberdade.

CAPÍTULO IV
DO COMPORTAMENTO MILITAR

ART. 51. O comportamento militar da praça abrange o seu procedimento civil e militar, sob o ponto de vista disciplinar.

§ 1º O comportamento militar da praça deve ser classificado em:

I - excepcional:

a) quando no período de nove anos de efetivo serviço, mantendo os comportamentos "bom", ou "ótimo", não tenha sofrido qualquer punição disciplinar;

b) quando, tendo sido condenada por crime culposo, após transitada em julgado a sentença, passe dez anos de efetivo serviço sem sofrer qualquer punição disciplinar, mesmo que lhe tenha sido concedida a reabilitação judicial, em cujo período somente serão computados os anos em que a praça estiver classificada nos comportamentos "bom" ou "ótimo"; e

c) quando, tendo sido condenada por crime doloso, após transitada em julgado a sentença, passe doze anos de efetivo serviço sem sofrer qualquer punição disciplinar, mesmo que lhe tenha sido concedida a reabilitação judicial. Neste período somente serão computados os anos em que a praça estiver classificada nos comportamentos "bom" ou "ótimo";

II - ótimo:

a) quando, no período de cinco anos de efetivo serviço, contados a partir do comportamento "bom", tenha sido punida com a pena de até uma detenção disciplinar;

b) quando, tendo sido condenada por crime culposo, após transitada em julgado a sentença, passe seis anos de efetivo serviço, punida, no máximo, com uma detenção disciplinar, contados a partir do comportamento "bom", mesmo que lhe tenha sido concedida a reabilitação judicial; e

c) quando, tendo sido condenada por crime doloso, após transitada em julgado a sentença, passe oito anos de efetivo serviço, punida, no máximo, com uma detenção disciplinar, contados a partir do comportamento "bom", mesmo que lhe tenha sido concedida a reabilitação judicial;

III - bom:

a) quando, no período de dois anos de efetivo serviço, tenha sido punida com a pena de até duas prisões disciplinares; e

b) quando, tendo sido condenada criminalmente, após transitada em julgado a sentença, houver cumprido os prazos previstos para a melhoria de comportamento de que trata o § 7º deste artigo, mesmo que lhe tenha sido concedida a reabilitação judicial;

IV - insuficiente:

a) quando, no período de um ano de efetivo serviço, tenha sido punida com duas prisões disciplinares ou, ainda, quando no período de dois anos tenha sido punida com mais de duas prisões disciplinares; e

b) quando, tendo sido condenada criminalmente, após transitada em julgado a sentença, houver cumprido os prazos previstos para a melhoria de comportamento de que trata o § 7º deste artigo, mesmo que lhe tenha sido concedida a reabilitação judicial;

V - mau:

a) quando, no período de um ano de efetivo serviço tenha sido punida com mais de duas prisões disciplinares; e

b) quando condenada por crime culposo ou doloso, a contar do trânsito em julgado da sentença ou acórdão, até que satisfaça as condições para a mudança de comportamento de que trata o § 7º deste artigo.

§ 2º A classificação, reclassificação e melhoria de comportamento são da competência das autoridades discriminadas nos incisos I e II do art. 10, deste Regulamento, e necessariamente publicadas em boletim, obedecidas às disposições deste Capítulo.

§ 3º Ao ser incorporada ao Exército, a praça será classificada no comportamento "bom".

§ 4º Para os efeitos deste artigo, é estabelecida a seguinte equivalência de punição:

I - uma prisão disciplinar equipara-se a duas detenções disciplinares; e

II - uma detenção disciplinar equivale a duas repreensões.

§ 5º A advertência e o impedimento disciplinar não serão considerados para fins de classificação de comportamento.

§ 6º A praça condenada por crime ou punida com prisão disciplinar superior a vinte dias ingressará, automaticamente, no comportamento "mau".

§ 7º A melhoria de comportamento é progressiva, devendo observar o disposto no art. 63 deste Regulamento e obedecer aos seguintes prazos e condições:

I - do "mau" para o "insuficiente":

a) punição disciplinar: dois anos de efetivo serviço, sem punição;

b) crime culposo: dois anos e seis meses de efetivo serviço, sem punição; e

c) crime doloso: três anos de efetivo serviço, sem punição;

II - do "insuficiente" para o "bom":

a) punição disciplinar: um ano de efetivo serviço sem punição, contado a partir do comportamento "insuficiente";

b) crime culposo: dois anos de efetivo serviço sem punição, contados a partir do comportamento "insuficiente"; e

c) crime doloso: três anos de efetivo serviço sem punição, contados a partir do comportamento "insuficiente";

III - do "bom" para o "ótimo", deverá ser observada a prescrição constante do inciso II do § 1º deste artigo; e

IV - do "ótimo" para o "excepcional", deverá ser observada a prescrição constante do inciso I do § 1º deste artigo.

§ 8º A reclassificação do comportamento far-se-á em boletim interno da OM, por meio de "nota de reclassificação de comportamento", uma vez decorridos os prazos citados no § 7º deste artigo, mediante:

I - requerimento do interessado, quando se tratar de pena criminal, ao comandante da própria OM, se esta for comandada por oficial-general; caso contrário, o requerimento deve ser dirigido ao comandante da OM enquadrante, cujo cargo seja privativo de oficial-general; e

II - solicitação do interessado ao comandante imediato, nos casos de punição disciplinar.

§ 9º A reclassificação dar-se-á na data da publicação do despacho da autoridade responsável.

§ 10. A condenação de praça por contravenção penal é, para fins de classificação de comportamento, equiparada a uma prisão.

DECRETOS

CAPÍTULO V
RECURSOS E RECOMPENSAS

SEÇÃO I
DOS RECURSOS DISCIPLINARES

ART. 52. O militar que se julgue, ou julgue subordinado seu, prejudicado, ofendido ou injustiçado por superior hierárquico tem o direito de recorrer na esfera disciplinar.

Parágrafo único. São cabíveis:

I - pedido de reconsideração de ato; e

II - recurso disciplinar.

ART. 53. Cabe pedido de reconsideração de ato à autoridade que houver proferido a primeira decisão, não podendo ser renovado.

§ 1º Da decisão do Comandante do Exército só é admitido o pedido de reconsideração de ato a esta mesma autoridade.

§ 2º O militar punido tem o prazo de cinco dias úteis, contados a partir do dia imediato ao que tomar conhecimento, oficialmente, da publicação da decisão da autoridade em boletim interno, para requerer a reconsideração de ato.

§ 3º O requerimento com pedido de reconsideração de ato de que trata este artigo deverá ser decidido no prazo máximo de dez dias úteis, iniciado a partir do dia imediato ao do seu protocolo na OM de destino.

§ 4º O despacho exarado no requerimento de pedido de reconsideração de ato será publicado em boletim interno.

ART. 54. É facultado ao militar recorrer do indeferimento de pedido de reconsideração de ato e das decisões sobre os recursos disciplinares sucessivamente interpostos.

§ 1º O recurso disciplinar será dirigido, por intermédio de requerimento, à autoridade imediatamente superior à que tiver proferido a decisão e, sucessivamente, em escala ascendente, às demais autoridades, até o Comandante do Exército, observado o canal de comando da OM a que pertence o recorrente.

§ 2º O recurso disciplinar de que trata este artigo poderá ser apresentado no prazo de cinco dias úteis, a contar do dia imediato ao que tomar conhecimento oficialmente da decisão recorrida.

§ 3º O recurso disciplinar deverá:

I - ser feito individualmente;

II - tratar de caso específico;

III - cingir-se aos fatos que o motivaram; e

IV - fundamentar-se em argumentos, provas ou documentos comprobatórios e elucidativos.

§ 4º Nenhuma autoridade poderá deixar de encaminhar recurso disciplinar sob argumento de:

I - não atendimento a formalidades previstas em instruções baixadas pelo Comandante do Exército; e

II - inobservância dos incisos II, III e IV do § 3º.

§ 5º O recurso disciplinar será encaminhado por intermédio da autoridade a que estiver imediatamente subordinado o requerente, no prazo de três dias úteis a contar do dia seguinte ao do seu protocolo na OM, observando-se o canal de comando e o prazo acima mencionado até o destinatário final.

§ 6º A autoridade à qual for dirigido o recurso disciplinar deve solucioná-lo no prazo máximo de dez dias úteis a contar do dia seguinte ao do seu recebimento no protocolo, procedendo ou mandando proceder às averiguações necessárias para decidir a questão.

§ 7º A decisão do recurso disciplinar será publicada em boletim interno.

ART. 55. Se o recurso disciplinar for julgado inteiramente procedente, a punição disciplinar será anulada e tudo quanto a ela se referir será cancelado.

Parágrafo único. Se apenas em parte, a punição aplicada poderá ser atenuada, cancelada em caráter excepcional ou relevada.

ART. 56. O militar que requerer reconsideração de ato, se necessário para preservação da hierarquia e disciplina, poderá ser afastado da subordinação direta da autoridade contra quem formulou o recurso disciplinar, até que seja ele julgado.

§ 1º O militar de que trata o *caput* permanecerá na guarnição onde serve, salvo a existência de fato que nela contraindique sua permanência.

§ 2º O afastamento será efetivado pela autoridade imediatamente superior à recorrida, mediante solicitação desta ou do militar recorrente.

ART. 57. O recurso disciplinar que contrarie o prescrito neste Capítulo será considerado prejudicado pela autoridade a quem foi destinado, cabendo a esta mandar arquivá-lo e publicar sua decisão, fundamentada, em boletim.

Parágrafo único. A tramitação de recursos disciplinares deve ter tratamento de urgência em todos os escalões.

SEÇÃO II
DO CANCELAMENTO DE REGISTRO DE PUNIÇÕES

ART. 58. Poderá ser concedido ao militar o cancelamento dos registros de punições disciplinares e outras notas a elas relacionadas, em suas alterações e na ficha disciplinar individual.

ART. 59. O cancelamento dos registros de punição disciplinar pode ser concedido ao militar que o requerer, desde que satisfaça a todas as condições abaixo:

I - não ser a transgressão, objeto da punição, atentatória à honra pessoal, ao pundonor militar ou ao decoro da classe;

II - ter o requerente bons serviços prestados, comprovados pela análise de suas alterações;

III - ter o requerente conceito favorável de seu comandante; e

IV - ter o requerente completado, sem qualquer punição:

a) seis anos de efetivo serviço, a contar do cumprimento da punição de prisão disciplinar a cancelar; e

b) quatro anos de efetivo serviço, a contar do cumprimento da punição de repreensão ou detenção disciplinar a cancelar.

§ 1º O cancelamento das punições disciplinares interfere nas mudanças de comportamento previstas no § 7º do art. 51 deste Regulamento.

§ 2º As autoridades competentes para anular punições disciplinares o são, também, para cancelar.

§ 3º A autoridade que conceder o cancelamento da punição disciplinar deverá comunicar tal fato ao Órgão de Direção Setorial de Pessoal do Exército.

§ 4º O cancelamento concedido não produzirá efeitos retroativos, para quaisquer fins de carreira.

§ 5º As punições escolares poderão ser canceladas, justificadamente, por ocasião da conclusão do curso, a critério do comandante do estabelecimento de ensino, independentemente de requerimento ou tempo de serviço sem punição.

§ 6º O cancelamento dos registros criminais será efetuado mediante a apresentação da competente reabilitação judicial:

I - ao Comandante da OM, quando se tratar de crime culposo; ou

II - ao comando enquadrante da OM, exercido por oficial-general, quando se tratar de crime doloso.

§ 7º O impedimento disciplinar será cancelado, independentemente de requerimento, decorridos dois anos de sua aplicação.

§ 8º A advertência, por ser verbal, será cancelada independentemente de requerimento, decorrido um ano de sua aplicação.

§ 9º A competência para cancelar punições não poderá ser delegada.

ART. 60. A entrada de requerimento solicitando cancelamento dos registros de punição disciplinar, bem como a solução a ele dada, devem constar no boletim interno da OM, ou proceder de acordo com o § 7º do art. 34 deste Regulamento.

ART. 61. O Comandante do Exército pode cancelar um ou todos os registros de punições disciplinares de militares sujeitos a este Regulamento, independentemente das condições enunciadas no art. 59 deste Regulamento.

Parágrafo único. O cancelamento dos registros de punições disciplinares com base neste artigo, quando instruído com requerimento ou proposta, deverá ser fundamentado com fatos que possam justificar plenamente a excepcionalidade da medida requerida ou proposta, devendo ser ratificada ou não, obrigatoriamente, nos pareceres das autoridades da cadeia de comando, quando do encaminhamento da documentação à apreciação da autoridade mencionada neste artigo.

ART. 62. O militar entregará à OM a que estiver vinculado a folha de alterações que contenha a punição ou registro a ser cancelado.

Parágrafo único. Os procedimentos a serem adotados pela OM encarregada de eliminar o registro da punição cancelada serão definidos pelo Órgão de Direção Setorial de Pessoal do Exército, devendo a autoridade que suprimir o registro informar esse ato ao referido Órgão.

ART. 63. As contagens dos prazos estipulados para a mudança de comportamento e o cancelamento de registros começa a partir da data:

I - da publicação, nos casos de repreensão; e

II - do cumprimento do último dia de cada detenção disciplinar, prisão disciplinar, ou pena criminal, a ser cancelada.

SEÇÃO III
DAS RECOMPENSAS

ART. 64. As recompensas constituem reconhecimento aos bons serviços prestados por militares.

Parágrafo único. Além de outras previstas em leis e regulamentos especiais, são recompensas militares:

I - o elogio e a referência elogiosa; e

II - as dispensas do serviço.

ART. 65. O elogio é individual e a referência elogiosa pode ser individual ou coletiva.

§ 1º O elogio somente deverá ser formulado a militares que se tenham destacado em ação meritória ou quando regulado em legislação específica.

§ 2º A descrição do fato ou fatos que motivarem o elogio ou a referência elogiosa deve precisar a atuação do militar em linguagem sucinta, sóbria, sem generalizações e adjetivações desprovidas de real significado, como convém ao estilo castrense.

§ 3º Os elogios e as referências elogiosas individuais serão registrados nos assentamentos dos militares.

§ 4º As autoridades que possuem competência para conceder elogios e referências elogiosas são as especificadas no art. 10 deste Regulamento obedecidos aos universos de atuação nele contidos.

ART. 66. As dispensas do serviço, como recompensa, podem ser:

I - dispensa total do serviço, que isenta o militar de todos os trabalhos da OM, inclusive os de instrução; ou

II - dispensa parcial do serviço, quando isenta de alguns trabalhos, que devem ser especificados na concessão.

§ 1º A dispensa total do serviço, para ser gozada fora da guarnição, fica subordinada às mesmas normas de concessão de férias.

§ 2º A dispensa total do serviço é regulada por período de vinte e quatro horas, contadas de boletim a boletim e a sua publicação deve ser feita, no mínimo, vinte e quatro horas antes de seu início, salvo por motivo de força maior.

ART. 67. A concessão de dispensa do serviço, como recompensa, no decorrer de um ano civil, obedecerá à seguinte gradação:

I - o Chefe do Estado-Maior do Exército, os chefes dos órgãos de direção setorial e de assessoramento e os comandantes militares de área: até vinte dias, consecutivos ou não;

II - os oficiais-generais, exceto os especificados no inciso I, e demais militares que exerçam funções de oficiais-generais: até quinze dias, consecutivos ou não;

III - o chefe de estado-maior, o chefe de gabinete, o comandante de unidade, os comandantes das demais OM com autonomia administrativa e os daquelas cujos cargos sejam privativos de oficial superior: até oito dias, consecutivos ou não; e

IV - as demais autoridades competentes para aplicar punições: até quatro dias, consecutivos ou não.

§ 1º A competência de que trata este artigo não vai além dos subordinados que se acham inteiramente sob a jurisdição da autoridade que conceda a recompensa.

§ 2º O Comandante do Exército tem competência para conceder dispensa do serviço aos militares do Exército, como recompensa, até o máximo de trinta dias, consecutivos ou não, por ano civil.

ART. 68. Quando a autoridade que conceder a recompensa não dispuser de boletim para a sua publicação, esta deve ser feita, mediante solicitação escrita, no da autoridade a que estiver subordinado.

ART. 69. São competentes para anular, restringir ou ampliar as recompensas concedidas por si ou por seus subordinados as autoridades discriminadas nos incisos I e II do art.10 deste Regulamento.

Parágrafo único. O ato de que trata o *caput* deverá ser justificado, em boletim, no prazo de quatro dias úteis.

CAPÍTULO VI
DAS DISPOSIÇÕES FINAIS

ART. 70. A instalação, o funcionamento e o julgamento dos conselhos de justificação e conselhos de disciplina obedecerão a legislação específica.

ART. 71. As autoridades com competência para aplicar punições, julgar recursos ou conceder recompensas, devem difundir prontamente a informação dos seus atos aos órgãos interessados, considerando as normas, os prazos estabelecidos e os reflexos que tais atos têm na situação e acesso do pessoal militar.

ART. 72. O Comandante do Exército poderá baixar instruções complementares que se fizerem necessárias à interpretação, orientação e aplicação deste Regulamento.

ART. 73 Este Decreto entra em vigor após decorridos sessenta dias de sua publicação oficial.

ART. 74. Ficam revogados os Decretos n. 90.608, de 4 de dezembro de 1984, 94.504, de 22 de junho de 1987, 97.578, de 20 de março de 1989, 351, de 21 de novembro de 1991, 1.654, de 3 de outubro de 1995, 1.715, de 23 de novembro de 1995, 2.324, de 10 de setembro de 1997, 2.847, de 20 de novembro de 1998 e 3.288, de 15 de dezembro de 1999.

Brasília, 26 de agosto de 2002; 181º da Independência e 114º da República.

FERNANDO HENRIQUE CARDOSO

ANEXO I
RELAÇÃO DE TRANSGRESSÕES

1. Faltar à verdade ou omitir deliberadamente informações que possam conduzir à apuração de uma transgressão disciplinar;
2. Utilizar-se do anonimato;
3. Concorrer para a discórdia ou a desarmonia ou cultivar inimizade entre militares ou seus familiares;
4. Deixar de exercer autoridade compatível com seu posto ou graduação;
5. Deixar de punir o subordinado que cometer transgressão, salvo na ocorrência das circunstâncias de justificação previstas neste Regulamento;
6. Não levar falta ou irregularidade que presenciar, ou de que tiver ciência e não lhe couber reprimir, ao conhecimento de autoridade competente, no mais curto prazo;
7. Retardar o cumprimento, deixar de cumprir ou de fazer cumprir norma regulamentar na esfera de suas atribuições.
8. Deixar de comunicar a tempo, ao superior imediato, ocorrência no âmbito de suas atribuições, quando se julgar suspeito ou impedido de providenciar a respeito;
9. Deixar de cumprir prescrições expressamente estabelecidas no Estatuto dos Militares ou em outras leis e regulamentos, desde que não haja tipificação como crime ou contravenção penal, cuja violação afete os preceitos da hierarquia e disciplina, a ética militar, a honra pessoal, o pundonor militar ou o decoro da classe;
10. Deixar de instruir, na esfera de suas atribuições, processo que lhe for encaminhado, ressalvado o caso em que não for possível obter elementos para tal;
11. Deixar de encaminhar à autoridade competente, na linha de subordinação e no mais curto prazo, recurso ou documento que receber elaborado de acordo com os preceitos regulamentares, se não for da sua alçada a solução;
12. Desrespeitar, retardar ou prejudicar medidas de cumprimento ou ações de ordem judicial, administrativa ou policial, ou para isso concorrer;
13. Apresentar parte ou recurso suprimindo instância administrativa, dirigindo para autoridade incompetente, repetindo requerimento já rejeitado pela mesma autoridade ou empregando termos desrespeitosos;
14. Dificultar ao subordinado a apresentação de recurso;
15. Deixar de comunicar, tão logo possível, ao superior a execução de ordem recebida;
16. Aconselhar ou concorrer para que não seja cumprida qualquer ordem de autoridade competente, ou para retardar a sua execução;
17. Deixar de cumprir ou alterar, sem justo motivo, as determinações constantes da missão recebida, ou qualquer outra determinação escrita ou verbal;
18. Simular doença para esquivar-se do cumprimento de qualquer dever militar;
19. Trabalhar mal, intencionalmente ou por falta de atenção, em qualquer serviço ou instrução;
20. Causar ou contribuir para a ocorrência de acidentes no serviço ou na instrução, por imperícia, imprudência ou negligência;
21. Disparar arma por imprudência ou negligência;
22. Não zelar devidamente, danificar ou extraviar por negligência ou desobediência das regras e normas de serviço, material ou animal da União ou documentos oficiais, que estejam ou não sob sua responsabilidade direta, ou concorrer para tal;
23. Não ter pelo preparo próprio, ou pelo de seus comandados, instruendos ou educandos, a dedicação imposta pelo sentimento do dever;
24. Deixar de providenciar a tempo, na esfera de suas atribuições, por negligência, medidas contra qualquer irregularidade de que venha a tomar conhecimento;
25. Deixar de participar em tempo, à autoridade imediatamente superior, a impossibilidade de comparecer à OM ou a qualquer ato de serviço para o qual tenha sido escalado ou a que deva assistir;
26. Faltar ou chegar atrasado, sem justo motivo, a qualquer ato, serviço ou instrução de que deva participar ou a que deva assistir;
27. Permutar serviço sem permissão de autoridade competente ou com o objetivo de obtenção de vantagem pecuniária;
28. Ausentar-se, sem a devida autorização, da sede da organização militar onde serve, do local do serviço ou de outro qualquer em que deva encontrar-se por força de disposição legal ou ordem;
29. Deixar de apresentar-se, nos prazos regulamentares, à OM para a qual tenha sido transferido ou classificado e às autoridades competentes, nos casos de comissão ou serviço extraordinário para os quais tenha sido designado;
30. Não se apresentar ao fim de qualquer afastamento do serviço ou, ainda, logo que souber da interrupção;
31. Representar a organização militar ou a corporação, em qualquer ato, sem estar devidamente autorizado;
32. Assumir compromissos, prestar declarações ou divulgar informações, em nome da corporação ou da unidade que comanda ou em que serve, sem autorização;
33. Contrair dívida ou assumir compromisso superior às suas possibilidades, que afete o bom nome da Instituição;
34. Esquivar-se de satisfazer compromissos de ordem moral ou pecuniária que houver assumido, afetando o bom nome da Instituição;
35. Não atender, sem justo motivo, à observação de autoridade superior no sentido de satisfazer débito já reclamado;

36. Não atender à obrigação de dar assistência à sua família ou dependente legalmente constituídos, de que trata o Estatuto dos Militares;
37. Fazer diretamente, ou por intermédio de outrem, transações pecuniárias envolvendo assunto de serviço, bens da União ou material cuja comercialização seja proibida;
38. Realizar ou propor empréstimo de dinheiro a outro militar visando auferir lucro;
39. Ter pouco cuidado com a apresentação pessoal ou com o asseio próprio ou coletivo;
40. Portar-se de maneira inconveniente ou sem compostura;
41. Deixar de tomar providências cabíveis, com relação ao procedimento de seus dependentes, estabelecidos no Estatuto dos Militares, junto à sociedade, após devidamente admoestado por seu Comandante;
42. Frequentar lugares incompatíveis com o decoro da sociedade ou da classe;
43. Portar a praça armamento militar sem estar de serviço ou sem autorização;
44. Executar toques de clarim ou corneta, realizar tiros de salva, fazer sinais regulamentares, içar ou arriar a Bandeira Nacional ou insígnias, sem ordem para tal;
45. Conversar ou fazer ruídos em ocasiões ou lugares impróprios quando em serviço ou em local sob administração militar;
46. Disseminar boatos no interior de OM ou concorrer para tal;
47. Provocar ou fazer-se causa, voluntariamente, de alarme injustificável;
48. Usar de força desnecessária no ato de efetuar prisão disciplinar ou de conduzir transgressor;
49. Deixar alguém conversar ou entender-se com preso disciplinar, sem autorização de autoridade competente;
50. Conversar com sentinela, vigia, plantão ou preso disciplinar, sem para isso estar autorizado por sua função ou por autoridade competente;
51. Consentir que preso disciplinar conserve em seu poder instrumentos ou objetos não permitidos;
52. Conversar, distrair-se, sentar-se ou fumar, quando exercendo função de sentinela, vigia ou plantão da hora;
53. Consentir, quando de sentinela, vigia ou plantão da hora, a formação de grupo ou a permanência de pessoa junto a seu posto;
54. Fumar em lugar ou ocasião onde seja vedado;
55. Tomar parte em jogos proibidos ou em jogos a dinheiro, em área militar ou sob jurisdição militar;
56. Tomar parte, em área militar ou sob jurisdição militar, em discussão a respeito de assuntos de natureza político-partidária ou religiosa;
57. Manifestar-se, publicamente, o militar da ativa, sem que esteja autorizado, a respeito de assuntos de natureza político-partidária;
58. Tomar parte, fardado, em manifestações de natureza político-partidária;
59. Discutir ou provocar discussão, por qualquer veículo de comunicação, sobre assuntos políticos ou militares, exceto se devidamente autorizado;
60. Ser indiscreto em relação a assuntos de caráter oficial cuja divulgação possa ser prejudicial à disciplina ou à boa ordem do serviço;
61. Dar conhecimento de atos, documentos, dados ou assuntos militares a quem deles não deva ter ciência ou não tenha atribuições para neles intervir;
62. Publicar ou contribuir para que sejam publicados documentos, fatos ou assuntos militares que possam concorrer para o desprestígio das Forças Armadas ou que firam a disciplina ou a segurança destas;
63. Comparecer o militar da ativa, a qualquer atividade, em traje ou uniforme diferente do determinado;
64. Deixar o superior de determinar a saída imediata de solenidade militar ou civil, de subordinado que a ela compareça em traje ou uniforme diferente do determinado;
65. Apresentar-se, em qualquer situação, sem uniforme, mal uniformizado, com o uniforme alterado ou em trajes em desacordo com as disposições em vigor;
66. Sobrepor ao uniforme insígnia ou medalha não regulamentar, bem como, indevidamente, distintivo ou condecoração;
67. Recusar ou devolver insígnia, medalha ou condecoração que lhe tenha sido outorgada;
68. Usar o militar da ativa, em via pública, uniforme inadequado, contrariando o Regulamento de Uniformes do Exército ou normas a respeito;
69. Transitar o soldado, o cabo ou o taifeiro, pelas ruas ou logradouros públicos, durante o expediente, sem permissão da autoridade competente;
70. Entrar ou sair da OM, ou ainda permanecer no seu interior o cabo ou soldado usando traje civil, sem a devida permissão da autoridade competente;
71. Entrar em qualquer OM, ou dela sair, o militar, por lugar que não seja para isso designado;
72. Entrar em qualquer OM, ou dela sair, o taifeiro, o cabo ou o soldado, com objeto ou embrulho, sem autorização do comandante da guarda ou de autoridade equivalente;
73. Deixar o oficial ou aspirante-a-oficial, ao entrar em OM onde não sirva, de dar ciência da sua presença ao oficial-de-dia e, em seguida, de procurar o comandante ou o oficial de maior precedência hierárquica, para cumprimentá-lo;
74. Deixar o subtenente, sargento, taifeiro, cabo ou soldado, ao entrar em organização militar onde não sirva, de apresentar-se ao oficial-de-dia ou a seu substituto legal;
75. Deixar o comandante da guarda ou responsável pela segurança correspondente, de cumprir as prescrições regulamentares com respeito à entrada ou permanência na OM de civis ou militares a ela estranhos;
76. Adentrar o militar, sem permissão ou ordem, em aposentos destinados a superior ou onde este se ache, bem como em qualquer lugar onde a entrada lhe seja vedada;
77. Adentrar ou tentar entrar em alojamento de outra subunidade, depois da revista do recolher, salvo os oficiais ou sargentos que, por suas funções, sejam a isso obrigados;
78. Entrar ou permanecer em dependência da OM onde sua presença não seja permitida;
79. Entrar ou sair de OM com tropa, sem prévio conhecimento, autorização ou ordem da autoridade competente;
80. Retirar ou tentar retirar de qualquer lugar sob jurisdição militar, material, viatura, aeronave, embarcação ou animal, ou mesmo deles servir-se, sem ordem do responsável ou proprietário;
81. Abrir ou tentar abrir qualquer dependência de organização militar, fora das horas de expediente, desde que não seja o respectivo chefe ou sem a devida ordem e a expressa declaração de motivo, salvo em situações de emergência;
82. Desrespeitar regras de trânsito, medidas gerais de ordem policial, judicial ou administrativa;
83. Deixar de portar a identidade militar, estando ou não fardado;
84. Deixar de se identificar quando solicitado por militar das Forças Armadas em serviço ou em cumprimento de missão;
85. Desrespeitar, em público, as convenções sociais;
86. Desconsiderar ou desrespeitar autoridade constituída;
87. Desrespeitar corporação judiciária militar ou qualquer de seus membros;
88. Faltar, por ação ou omissão, com o respeito devido aos símbolos nacionais, estaduais, municipais e militares;
89. Apresentar-se a superior hierárquico ou retirar-se de sua presença, sem obediência às normas regulamentares;
90. Deixar, quando estiver sentado, de demonstrar respeito, consideração e cordialidade ao superior hierárquico, deixando de oferecer-lhe seu lugar, ressalvadas as situações em que houver lugar marcado ou em que as convenções sociais assim não o indiquem;
91. Sentar-se, sem a devida autorização, à mesa em que estiver superior hierárquico;
92. Deixar, deliberadamente, de corresponder a cumprimento de subordinado;
93. Deixar, deliberadamente, de cumprimentar superior hierárquico, uniformizado ou não, neste último caso desde que o conheça, ou de saudá-lo de acordo com as normas regulamentares;
94. Deixar o oficial ou aspirante-a-oficial, diariamente, tão logo seus afazeres o permitam, de apresentar-se ao comandante ou ao substituto legal imediato da OM onde serve, para cumprimentá-lo, salvo ordem ou outras normas em contrário;
95. Deixar o subtenente ou sargento, diariamente, tão logo seus afazeres o permitam, de apresentar-se ao seu comandante de subunidade ou chefe imediato, salvo ordem ou outras normas em contrário;
96. Recusar-se a receber vencimento, alimentação, fardamento, equipamento ou material que lhe seja destinado ou deva ficar em seu poder ou sob sua responsabilidade;
97. Recusar-se a receber equipamento, material ou documento que tenha solicitado oficialmente, para atender a interesse próprio;
98. Desacreditar, dirigir-se, referir-se ou responder de maneira desatenciosa a superior hierárquico;
99. Censurar ato de superior hierárquico ou procurar desconsiderá-lo seja entre militares, seja entre civis;
100. Ofender, provocar, desafiar, desconsiderar ou procurar desacreditar outro militar, por atos, gestos ou palavras, mesmo entre civis.
101. Ofender a moral, os costumes ou as instituições nacionais ou do país estrangeiro em que se encontrar, por atos, gestos ou palavras;
102. Promover ou envolver-se em rixa, inclusive luta corporal, com outro militar;
103. Autorizar, promover ou tomar parte em qualquer manifestação coletiva, seja de caráter reivindicatório ou político, seja de crítica ou de apoio a ato de superior hierárquico, com exceção das demonstrações íntimas de boa e sã camaradagem e com consentimento do homenageado;
104. Aceitar qualquer manifestação coletiva de seus subordinados, com exceção das demonstrações íntimas de boa e sã camaradagem e com consentimento do homenageado;

105. Autorizar, promover, assinar representações, documentos coletivos ou publicações de qualquer tipo, com finalidade política, de reivindicação coletiva ou de crítica a autoridades constituídas ou às suas atividades;

106. Autorizar, promover ou assinar petição ou memorial, de qualquer natureza, dirigido a autoridade civil, sobre assunto da alçada da administração do Exército;

107. Ter em seu poder, introduzir ou distribuir, em área militar ou sob a jurisdição militar, publicações, estampas, filmes ou meios eletrônicos que atentem contra a disciplina ou a moral;

108. Ter em seu poder ou introduzir, em área militar ou sob a jurisdição militar, armas, explosivos, material inflamável, substâncias ou instrumentos proibidos, sem conhecimento ou permissão da autoridade competente;

109. Fazer uso, ter em seu poder ou introduzir, em área militar ou sob jurisdição militar, bebida alcoólica ou com efeitos entorpecentes, salvo quando devidamente autorizado;

110. Comparecer a qualquer ato de serviço em estado visível de embriaguez ou nele se embriagar;

111. Falar, habitualmente, língua estrangeira em OM ou em área de estacionamento de tropa, exceto quando o cargo ocupado o exigir;

112. Exercer a praça, quando na ativa, qualquer atividade comercial ou industrial, ressalvadas as permitidas pelo Estatuto dos Militares;

113. Induzir ou concorrer intencionalmente para que outrem incida em transgressão disciplinar.

ANEXO II
MODELO DE NOTA DE PUNIÇÃO

- O Soldado número ...., [nome completo do militar], da .... Cia por ter chegado atrasado, sem justo motivo, ao primeiro tempo de instrução de 20 do corrente (número 26 do Anexo I, com a agravante do inciso III, do art. 20, tudo do RDE, transgressão leve), fica repreendido, ingressa no "comportamento mau".

- O Cabo número ...., [nome completo do militar], da .... Cia por ter usado de força desnecessária no ato de efetuar a prisão do Soldado ...., no dia.... do corrente (número 48 do Anexo I, com as atenuantes dos incisos I e II, do art. 19, tudo do RDE, transgressão média), fica detido disciplinarmente por 8 (oito) dias; permanece no "comportamento bom".

- O Soldado número ...., [nome completo do militar], da .... Cia por ter faltado à verdade quando inquirido pelo Cap ...., no dia.... do corrente (número 1 do Anexo I, com a agravante da letra "c", do inciso VI, do art. 20, e a atenuante do inciso I, do art. 19, tudo do RDE, transgressão grave), fica preso disciplinarmente por 15 (quinze) dias, ingressa no "comportamento insuficiente".

- O Cabo número ...., [nome completo do militar], do .... Esqd por ter sido encontrado no interior do quartel em estado de embriaguez, no dia .... do .... (número 110 do Anexo I, com a agravante da letra "a", do inciso VI, do art. 20, e a atenuante do inciso I, do art. 19, tudo do RDE, transgressão grave), fica preso disciplinarmente por 21 (vinte e um) dias, ingressa no "comportamento mau".

Observação: não dispondo de boletim, à autoridade que aplicar a punição caberá solicitar sua publicação no boletim daquela a que estiver subordinado.

ANEXO III
QUADRO DE PUNIÇÕES MÁXIMAS, REFERIDAS NO ART. 40, QUE PODEM APLICAR AS AUTORIDADES DEFINIDAS NOS ITENS I, II E § 1º DO ART. 10 E A QUE ESTÃO SUJEITOS OS TRANSGRESSORES

Postos e Graduações	Chefe do EME, chefes dos órgãos de direção setorial e de assessoramento e comandante militar de área	Comandante, chefe ou diretor, cujo cargo seja privativo de oficial-general	Demais ocupantes de cargos privativos de oficial-general	Comandante, chefe ou diretor de OM, cujo cargo seja privativo de oficial superior e Cmt das demais OM com autonomia administrativa	Chefe de estado-maior, chefe de Gab, não privativos de oficial-general	Subchefe de estado-maior, comandante de unidade incorporada, chefe de divisão, seção, escalão regional, serviço e assessoria, ajudante-geral, subcmt e subdiretor	Comandante das demais subunidades ou de elemento destacado com efetivo menor que subunidade	outras punições a que estão sujeitos
Oficiais de carreira da ativa	30 dias de prisão disciplinar	20 dias de prisão disciplinar	30 dias de detenção disciplinar	15 dias de prisão disciplinar	25 dias de detenção disciplinar	20 dias de detenção disciplinar	repreensão	o oficial da reserva não remunerada, quando convocado, pode ser licenciado a bem da disciplina
Oficiais da reserva, convocados ou mobilizados								
Oficiais da Res Rem ou reformados	30 dias de prisão disciplinar (3)	20 dias de prisão disciplinar (3)		15 dias de prisão disciplinar (3)				
Aspirantes-a-oficial e subtenentes da ativa- Data:	30 dias de prisão disciplinar		30 dias de detenção disciplinar	30 dias de prisão disciplinar	25 dias de detenção disciplinar	20 dias de detenção disciplinar	8 dias de detenção disciplinar	exclusão a bem da disciplina (2)

(continua)

<table>
<tr><td>Sargentos, taifeiros, cabos e soldados da ativa</td><td>30 dias de prisão disciplinar ou licenciamento a bem da disciplina (1)</td><td>30 dias de detenção disciplinar</td><td>30 dias de prisão disciplinar ou licenciamento a bem da disciplina (1)</td><td>25 dias de detenção disciplinar</td><td>20 dias de detenção disciplinar</td><td>20 dias de detenção disciplinar</td><td>exclusão a bem da disciplina (2)</td></tr>
<tr><td>Aspirantes-a-oficial e subtenentes da Res Rem ou reformados</td><td>30 dias de prisão disciplinar (3)</td><td></td><td>30 dias de prisão disciplinar (3)</td><td></td><td></td><td></td><td></td></tr>
<tr><td>Sargentos, taifeiros, cabos e soldados da Res Rem ou reformados</td><td>30 dias de prisão disciplinar (3)</td><td></td><td>30 dias de prisão disciplinar (3)</td><td></td><td></td><td></td><td></td></tr>
<tr><td>Cadetes e alunos da EsPCEx</td><td rowspan="2">licenciamento a bem da disciplina</td><td rowspan="2">30 dias de detenção disciplinar</td><td rowspan="2">licenciamento a bem da disciplina</td><td rowspan="2">25 dias de detenção disciplinar</td><td rowspan="2">20 dias de detenção disciplinar</td><td rowspan="2">8 dias de detenção disciplinar</td><td rowspan="4">- Exclusão a bem da disciplina (2)
- Punições estabelecidas</td></tr>
<tr><td>Alunos de órgão de formação de sargentos</td></tr>
<tr><td>Alunos de órgão de formação de oficial da reserva</td><td rowspan="2">licenciamento a bem da disciplina</td><td rowspan="2">30 dias de detenção disciplinar</td><td rowspan="2">licenciamento a bem da disciplina</td><td rowspan="2">25 dias de detenção disciplinar</td><td rowspan="2" colspan="2">repreensão</td></tr>
<tr><td>Alunos de órgão de formação de reservistas</td></tr>
</table>

OBSERVAÇÕES:
(1) Conforme possuam ou não estabilidade assegurada.
(2) De acordo com a legislação concernente a conselho de disciplina.
(3) Autoridades estabelecidas no § 1º do art. 10 deste Regulamento.

ANEXO IV
INSTRUÇÕES PARA PADRONIZAÇÃO DO CONTRADITÓRIO E DA AMPLA DEFESA NAS TRANSGRESSÕES DISCIPLINARES

1. FINALIDADE:
Regular, no âmbito do Exército Brasileiro, os procedimentos para padronizar a concessão do contraditório e da ampla defesa nas transgressões disciplinares;
2. REFERÊNCIAS:
a) Constituição Federal;
b) Estatuto dos Militares;
c) Regulamento Disciplinar do Exército;
d) Instruções Gerais para Elaboração de Sindicância, no Âmbito do Exército - (IG 10-11);
3. OBJETIVOS:
a) Regular as normas para padronizar a concessão do contraditório e da ampla defesa nas transgressões disciplinares;
b) Auxiliar a autoridade competente na tomada de decisão referente à aplicação de punição disciplinar;
4. DO PROCEDIMENTO:
a) Recebida e processada a parte, será entregue o Formulário de Apuração de Transgressão Disciplinar ao militar arrolado como autor do(s) fato(s) que aporá o seu ciente na 1ª via e permanecerá com a 2ª via, tendo, a partir de então, três dias úteis, para apresentar, por escrito (de próprio punho ou impresso) e assinado, suas alegações de defesa, no verso do formulário;
b) Em caráter excepcional, sem comprometer a eficácia e a oportunidade da ação disciplinar, o prazo para apresentar as alegações de defesa poderá ser prorrogado, justificadamente, pelo período que se fizer necessário, a critério da autoridade competente, podendo ser concedido, ainda, pela mesma autoridade, prazo para que o interessado possa produzir as provas que julgar necessárias à sua defesa;
c) Caso não deseje apresentar defesa, o militar deverá manifestar esta intenção, de próprio punho, no verso do Formulário de Apuração de Transgressão Disciplinar;
d) Se o militar não apresentar, dentro do prazo, as razões de defesa e não manifestar a renúncia à apresentação da defesa, nos termos do item "c", a autoridade que estiver conduzindo a apuração do fato certificará no Formulário de Apuração de Transgressão Disciplinar, juntamente com duas testemunhas, que o prazo para apresentação de defesa foi concedido, mas o militar permaneceu inerte;
e) Cumpridas as etapas anteriores, a autoridade competente para aplicar a punição emitirá conclusão escrita, quanto à procedência ou não das acusações e das alegações de defesa, que subsidiará a análise para o julgamento da transgressão;
f) Finalizando, a autoridade competente para aplicar a punição emitirá a decisão, encerrando o processo de apuração;
5. DA FORMA E DA ESCRITURAÇÃO:
a) O processo terá início com o recebimento da comunicação da ocorrência, sendo processado no âmbito do comando que tem competência para apurar a transgressão disciplinar e aplicar a punição;
b) O preenchimento do Formulário de Apuração de Transgressão Disciplinar se dará sem emendas ou rasuras, segundo o modelo constante do Anexo V;
c) Os documentos escritos de próprio punho deverão ser confeccionados com tinta azul ou preta e com letra legível;
d) A identificação do militar arrolado como autor do(s) fato(s) deverá ser a mais completa possível, mencionando-se grau hierárquico, nome completo, seu número (se for o caso), identidade, subunidade ou organização em que serve, etc.;
e) As justificativas ou razões de defesa, de forma sucinta, objetiva e clara, sem conter comentários ou opiniões pessoais e com menção de eventuais testemunhas serão aduzidas por escrito, de próprio punho ou impresso, no verso do Formulário de Apuração de Transgressão Disciplinar na parte de JUSTIFICATIVAS / RAZÕES DE DEFESA, pelo militar e anexadas ao processo. Se desejar, poderá anexar documentos que comprovem suas razões de defesa e aporá sua assinatura e seus dados de identificação;
f) Após ouvir o militar e julgar suas justificativas ou razões de defesa, a autoridade competente lavrará, de próprio punho, sua decisão;
g) Ao final da apuração, será registrado no Formulário de Apuração de Transgressão Disciplinar o número do boletim interno que publicar a decisão da autoridade competente;
6. PRESCRIÇÕES DIVERSAS:
a) As razões de defesa serão apresentadas no verso do Formulário de Apuração de Transgressão Disciplinar, podendo ser acrescidas mais folhas se necessário;
b) Contra o ato da autoridade competente que aplicar a punição disciplinar, publicado em BI, podem ser impetrados os recursos regulamentares peculiares do Exército;

c) Na publicação da punição disciplinar, deverá ser acrescentado, entre parênteses e após o texto da Nota de Punição, o número e a data do respectivo processo;

d) O processo será arquivado na OM do militar arrolado;

e) Os procedimentos formais previstos nestas Instruções serão adotados, obrigatoriamente, nas apurações de transgressões disciplinares que redundarem em punições publicadas em boletim interno e transcritas nos assentamentos do militar.

ANEXO V
MODELO DO FORMULÁRIO DE APURAÇÃO DE TRANSGRESSÃO DISCIPLINAR

(BRASÃO)
Ministério da Defesa Exército Brasileiro
------------ (escalão superior)
(escalão considerado)
Formulário de Apuração de Transgressão Disciplinar

Processo n.: Data:

Identificação do Militar
Grau Hierárquico: NR / IDENT:
Nome Completo:
Subunidade/OM:

Identificação do Participante
Grau Hierárquico: NR / IDENT:
Nome Completo:
Subunidade/OM:

Relato do Fato
(ou citação do documento de relato anexo)

Data

____
nome, posto ou graduação do militar participante

Ciente do Militar Arrolado
Declaro que tenho conhecimento de que me está sendo imputada a autoria dos atos acima e me foi concedido o prazo de três dias úteis, para, querendo, apresentar, por escrito, as minhas justificativas ou razões de defesa.

Data

____
nome, posto ou graduação do militar arrolado

(*continua*)

Justificativas / Razões de Defesa

(justificativas ou razões de defesa, de forma sucinta, objetiva e clara, sem conter comentários ou opiniões pessoais e com menção de eventuais testemunhas. Se desejar, poderá anexar documentos que comprovem suas razões de defesa e aporá sua assinatura e seus dados de identificação)

(ou solicitação de prazo para produção de provas)

(ou declaração do acusado, de próprio punho, de que não pretende apresentar defesa)

(ou certidão da autoridade que estiver conduzindo a apuração do fato, com as assinaturas de duas testemunhas, de que o militar arrolado não apresentou as justificativas ou razões de defesa, no prazo estabelecido, e que foi concedida a oportunidade de defesa e a mesma não foi exercida)

Data

____

nome, posto ou graduação do militar arrolado

Decisão da Autoridade Competente para Aplicar a Punição Disciplinar

Data

____

nome e posto da autoridade

PUNIÇÃO PUBLICADA NO BI n. ________, de____ de________________ de________

ANEXO VI
FICHA DISCIPLINAR INDIVIDUAL

(BRASÃO)
Ministério da Defesa Exército Brasileiro
---------------- (escalão superior)
---------------- (escalão considerado)

1. Identificação do Militar

Nome Completo:	NR / IDENT:
Filiação:	CP:

Promoções Sucessivas

Posto/Grad - Data:	Posto/Grad - Data:
Posto/Grad - Data:	Posto/Grad - Data:
Posto/Grad - Data:	Posto/Grad - Data:
Posto/Grad - Data:	Posto/Grad - Data:
Posto/Grad - Data:	Posto/Grad - Data

2. Punições Disciplinares

Data	PUNIÇÃO (art. 24 do RDE)	Nr de Dias	Enquadramento (Anexo I Do Rde)	BI e OM	Compor-tamento	Rubrica Cmt Om/Su

3. Anulação ou Cancelamento de Punições Disciplinares

Data	Punição Anulada ou Cancelada (Arts. 43 e 58 do Rde)	Data da Punição	Bi e Om Da Anulação ou Cancela-mento	Compor-tamento	Rubrica Cmt Om/Su

(*continua*)

4. Recursos Disciplinares

Data	Recurso (art. 52 do RDE)	Resumo da Solução	BI e OM	Rubrica Cmt Om/Su

5. Recompensas

Data	Recompensa (art. 64 do RDE	Nr de Dias	BI e OM	Rubrica Cmt Om/Su

6. Prescrições Diversas

a) O preenchimento deverá ser feito em tinta azul ou preta, ou ainda, por digitação ou datilografia.
b) Esta Ficha deverá acompanhar o militar em suas movimentações, de acordo com o § 6º do art. 34 do RDE.

DECRETO N. 4.376, DE 13 DE SETEMBRO DE 2002

Dispõe sobre a organização e o funcionamento do Sistema Brasileiro de Inteligência, instituído pela Lei n. 9.883, de 7 de dezembro de 1999, e dá outras providências.

O Presidente da República, no uso das atribuições que lhe confere o art. 84, incisos IV e VI, alínea "a", da Constituição, e tendo em vista o disposto na Lei n. 9.883, de 7 de dezembro de 1999,

Decreta:

ART. 1º A organização e o funcionamento do Sistema Brasileiro de Inteligência, instituído pela Lei n. 9.883, de 7 de dezembro de 1999, obedecem ao disposto neste Decreto.

§ 1º O Sistema Brasileiro de Inteligência tem por objetivo integrar as ações de planejamento e execução da atividade de inteligência do País, com a finalidade de fornecer subsídios ao Presidente da República nos assuntos de interesse nacional.

§ 2º O Sistema Brasileiro de Inteligência é responsável pelo processo de obtenção e análise de dados e informações e pela produção e difusão de conhecimentos necessários ao processo decisório do Poder Executivo, em especial no tocante à segurança da sociedade e do Estado, bem como pela salvaguarda de assuntos sigilosos de interesse nacional.

ART. 2º Para os efeitos deste Decreto, entende-se como inteligência a atividade de obtenção e análise de dados e informações e de produção e difusão de conhecimentos, dentro e fora do território nacional, relativos a fatos e situações de imediata ou potencial influência sobre o processo decisório, a ação governamental, a salvaguarda e a segurança da sociedade e do Estado.

ART. 3º Entende-se como contrainteligência a atividade que objetiva prevenir, detectar, obstruir e neutralizar a inteligência adversa e ações de qualquer natureza que constituam ameaça à salvaguarda de dados, informações e conhecimentos de interesse da segurança da sociedade e do Estado, bem como das áreas e dos meios que os retenham ou em que transitem.

ART. 4º O Sistema Brasileiro de Inteligência é composto pelos seguintes órgãos: (Alterado pelo Dec. 4.872/2003.)

I - Casa Civil da Presidência da República, por meio de sua Secretaria-Executiva; (Alterado pelo Dec. 7.803/2012.)

II - Gabinete de Segurança Institucional da Presidência da República, órgão de coordenação das atividades de inteligência federal; (Alterado pelo Dec. 9.209/2017.)

III - Agência Brasileira de Inteligência - ABIN, do Gabinete de Segurança Institucional da Presidência da República, como órgão central do Sistema; (Alterado pelo Dec. 9.209/2017.)

IV - Ministério da Justiça, por meio do Departamento de Recuperação de Ativos e Cooperação Jurídica Internacional da Secretaria Nacional de Justiça; (Alterado pelo Dec. 9.491/2018.)

V - Ministério da Defesa, por meio da Subchefia de Inteligência de Defesa, da Divisão de Inteligência Estratégico-Militar da Subchefia de Estratégia do Estado-Maior da Armada, do Centro de Inteligência da Marinha, do Centro de Inteligência do Exército, do Centro de Inteligência da Aeronáutica e do Centro Gestor e Operacional do Sistema de Proteção da Amazônia; (Alterado pelo Dec. 9.209/2017.)

VI - Ministério das Relações Exteriores, por meio da Secretaria-Geral de Relações Exteriores e da Divisão de Combate aos Ilícitos Transnacionais da Subsecretaria-Geral de Assuntos Políticos Multilaterais, Europa e América do Norte; (Alterado pelo Dec. 9.209/2017.)

VII - Ministério da Fazenda, por meio da Secretaria-Executiva do Conselho de Controle de Atividades Financeiras, da Secretaria da Receita Federal do Brasil, da Secretaria de Previdência, da Procuradoria-Geral da Fazenda Nacional e do Banco Central do Brasil; (Alterado pelo Dec. 9.491/2018.)

VIII - Ministério do Trabalho, por meio da sua Secretaria-Executiva; (Alterado pelo Dec. 9.209/2017.)

IX - Ministério da Saúde, por meio do Gabinete do Ministro de Estado e da Agência Nacional de Vigilância Sanitária - ANVISA; (Alterado pelo Dec. 4.872/2003.)

X - (Revogado pelo Dec. 9.209/2017.)

XI - Ministério da Ciência, Tecnologia, Inovações e Comunicações, por meio da Secretaria-Executiva; (Alterado pelo Dec. 9.209/2017.)

XII - Ministério do Meio Ambiente, por meio da Secretaria-Executiva e do Instituto Brasileiro do Meio Ambiente e dos Recursos Naturais Renováveis - IBAMA; (Alterado pelo Dec. 7.803/2012.)

XIII - Ministério da Integração Nacional, por meio da Secretaria Nacional de Proteção e Defesa Civil; (Alterado pelo Dec. 9.209/2017.)

XIV - Ministério da Transparência e Controladoria-Geral da União, por meio da Secretaria-Executiva; (Alterado pelo Dec. 9.491/2018.)

XV - Ministério da Agricultura, Pecuária e Abastecimento, por meio de sua Secretaria-Executiva; (Alterado pelo Dec. 8.149/2013.)

XVI - (Revogado pelo Dec. 9.209/2017.)

XVII - Ministério dos Transportes, Portos e Aviação Civil, por meio da Secretaria-Executiva, da Secretaria Nacional de Aviação Civil, da Agência Nacional de Aviação Civil, da Agência Nacional de Transportes Terrestres, da Agência Nacional de Transportes Aquaviários, da Empresa Brasileira de Infraestrutura Aeroportuária e do Departamento Nacional de Infraestrutura de Transportes; (Alterado pelo Dec. 9.491/2018.)

XVIII - Ministério de Minas e Energia, por meio da Secretaria-Executiva; (Alterado pelo Dec. 9.491/2018.)

XIX - Advocacia-Geral da União; e (Alterado pelo Dec. 9.491/2018.)

XX - Ministério da Segurança Pública, por meio da Secretaria Nacional de Segurança Pública, da Diretoria de Inteligência Policial do Departamento de Polícia Federal, do Departamento de Polícia Rodoviária Federal e do Departamento Penitenciário Nacional. (Acrescentado pelo Dec. 9.491/2018.)

Parágrafo único. Mediante ajustes específicos e convênios, ouvido o competente órgão de controle externo da atividade de inteligência, as unidades da Federação poderão compor o Sistema Brasileiro de Inteligência.

ART. 5º O funcionamento do Sistema Brasileiro de Inteligência efetivar-se-á mediante articulação coordenada dos órgãos que o constituem, respeitada a autonomia funcional de cada um e observadas as normas legais pertinentes a segurança, sigilo profissional e salvaguarda de assuntos sigilosos.

ART. 6º Cabe aos órgãos que compõem o Sistema Brasileiro de Inteligência, no âmbito de suas competências:

I - produzir conhecimentos, em atendimento às prescrições dos planos e programas de

DECRETOS

inteligência, decorrentes da Política Nacional de Inteligência;

II - planejar e executar ações relativas à obtenção e integração de dados e informações;

III - intercambiar informações necessárias à produção de conhecimentos relacionados com as atividades de inteligência e contrainteligência;

IV - fornecer ao órgão central do Sistema, para fins de integração, informações e conhecimentos específicos relacionados com a defesa das instituições e dos interesses nacionais; e

V - estabelecer os respectivos mecanismos e procedimentos particulares necessários às comunicações e ao intercâmbio de informações e conhecimentos no âmbito do Sistema, observando medidas e procedimentos de segurança e sigilo, sob coordenação da ABIN, com base na legislação pertinente em vigor.

ART. 6º-A. A ABIN poderá manter, em caráter permanente, representantes dos órgãos componentes do Sistema Brasileiro de Inteligência na Assessoria-Executiva do Sistema Brasileiro de Inteligência. (Alterado pelo Dec. 9.209/2017.)

§ 1º Para os fins do disposto no *caput*, a ABIN poderá requerer aos órgãos integrantes do Sistema Brasileiro de Inteligência a designação de representantes para atuarem na Assessoria-Executiva do Sistema Brasileiro de Inteligência. (Alterado pelo Dec. 9.209/2017.)

§ 2º A Assessoria-Executiva do Sistema Brasileiro de Inteligência terá por atribuição coordenar a articulação do fluxo de dados e informações oportunas e de interesse da atividade de Inteligência de Estado, com a finalidade de subsidiar o Presidente da República em seu processo decisório. (Alterado pelo Dec. 9.209/2017.)

§ 3º Os representantes mencionados no *caput* cumprirão expediente na Assessoria-Executiva do Sistema Brasileiro de Inteligência, ficando dispensados do exercício das atribuições habituais no órgão de origem e trabalhando em regime de disponibilidade permanente, na forma do disposto no regimento interno da ABIN, a ser proposto pelo seu Diretor-Geral e aprovado pelo Ministro de Estado Chefe do Gabinete de Segurança Institucional da Presidência da República. (Alterado pelo Dec. 9.209/2017.)

§ 4º Os representantes mencionados no *caput* poderão acessar, por meio eletrônico, as bases de dados de seus órgãos de origem, respeitadas as normas e limites de cada instituição e as normas legais pertinentes à segurança, ao sigilo profissional e à salvaguarda de assuntos sigilosos. (Acrescentado pelo Dec. 6.540/2008.)

ART. 7º Fica instituído, vinculado ao Gabinete de Segurança Institucional da Presidência da República, o Conselho Consultivo do Sistema Brasileiro de Inteligência, ao qual compete: (Alterado pelo Dec. 9.209/2017.)

I - emitir pareceres sobre a execução da Política Nacional de Inteligência;

II - propor normas e procedimentos gerais para o intercâmbio de conhecimentos e as comunicações entre os órgãos que constituem o Sistema Brasileiro de Inteligência, inclusive no que respeita à segurança da informação;

III - contribuir para o aperfeiçoamento da doutrina de inteligência;

IV - opinar sobre propostas de integração de novos órgãos e entidades ao Sistema Brasileiro de Inteligência;

V - propor a criação e a extinção de grupos de trabalho para estudar problemas específicos, com atribuições, composição e funcionamento regulados no ato que os instituir; e

VI - propor ao seu Presidente o regimento interno.

ART. 8º São membros do Conselho os titulares dos seguintes órgãos: (Alterado pelo Dec. 4.872/2003.)

I - Gabinete de Segurança Institucional da Presidência da República; (Alterado pelo Dec. 9.209/2017.)

II - ABIN, do Gabinete de Segurança Institucional da Presidência da República; (Alterado pelo Dec. 9.209/2017.)

III - Secretaria Nacional de Segurança Pública, Diretoria de Inteligência Policial do Departamento de Polícia Federal e Departamento de Polícia Rodoviária Federal, do Ministério da Segurança Pública; (Alterado pelo Dec. 9.491/2018.)

IV - Subchefia de Inteligência de Defesa, Divisão de Inteligência Estratégico-Militar da Subchefia de Estratégia do Estado-Maior da Armada, Centro de Inteligência da Marinha, Centro de Inteligência do Exército, Centro de Inteligência da Aeronáutica, e Centro Gestor e Operacional do Sistema de Proteção da Amazônia, do Ministério da Defesa; (Alterado pelo Dec. 9.209/2017.)

V - Divisão de Combate a Ilícitos Transnacionais, da Subsecretaria-Geral de Assuntos Políticos Multilaterais, Europa e América do Norte, do Ministério das Relações Exteriores; e (Alterado pelo Dec. 9.209/2017.)

VI - Conselho de Controle de Atividades Financeiras e Secretaria da Receita Federal do Brasil, do Ministério da Fazenda. (Alterado pelo Dec. 9.209/2017.)

VII - (Revogado pelo Dec. 7.803/2012.)

§ 1º O Conselho é presidido pelo Ministro de Estado Chefe do Gabinete de Segurança Institucional da Presidência da República, que indicará seu substituto eventual. (Alterado pelo Dec. 9.209/2017.)

§ 2º Os membros do Conselho indicarão os respectivos suplentes.

§ 3º Aos membros do Conselho serão concedidas credenciais de segurança no grau "secreto".

ART. 9º O Conselho reunir-se-á, em caráter ordinário, até três vezes por ano, na sede da ABIN, em Brasília, e, extraordinariamente, sempre que convocado pelo seu Presidente ou a requerimento de um de seus membros. (Redação dada pelo Dec. 4.872/2003.)

§ 1º A critério do presidente do Conselho, as reuniões extraordinárias poderão ser realizadas fora da sede da ABIN.

§ 2º O Conselho reunir-se-á com a presença de, no mínimo, a maioria de seus membros.

§ 3º Mediante convite de qualquer membro do Conselho, representantes de outros órgãos ou entidades poderão participar das suas reuniões, como assessores ou observadores.

§ 4º O presidente do Conselho poderá convidar para participar das reuniões cidadãos de notório saber ou especialização sobre assuntos constantes da pauta.

§ 5º As despesas com deslocamento e estada dos membros do Conselho correrão à custa de recursos dos órgãos que representam, salvo na hipótese do § 4º ou em casos excepcionais, quando correrão à custa dos recursos da ABIN.

§ 6º A participação no Conselho não enseja nenhum tipo de remuneração e será considerada serviço de natureza relevante.

ART. 10. Na condição de órgão central do Sistema Brasileiro de Inteligência, a ABIN tem a seu cargo:

I - estabelecer as necessidades de conhecimentos específicos, a serem produzidos pelos órgãos que constituem o Sistema Brasileiro de Inteligência, e consolidá-las no Plano Nacional de Inteligência;

II - coordenar a obtenção de dados e informações e a produção de conhecimentos sobre temas de competência de mais de um membro do Sistema Brasileiro de Inteligência, promovendo a necessária interação entre os envolvidos;

III - acompanhar a produção de conhecimentos, por meio de solicitação aos membros do Sistema Brasileiro de Inteligência, para assegurar o atendimento da finalidade legal do Sistema;

IV - analisar os dados, informações e conhecimentos recebidos, com vistas a verificar o atendimento das necessidades de conhecimentos estabelecidas no Plano Nacional de Inteligência;

V - integrar as informações e os conhecimentos fornecidos pelos membros do Sistema Brasileiro de Inteligência;

VI - solicitar dos órgãos e entidades da Administração Pública Federal os dados, conhecimentos, informações ou documentos necessários ao atendimento da finalidade legal do Sistema;

VII - promover o desenvolvimento de recursos humanos e tecnológicos e da doutrina de inteligência, realizar estudos e pesquisas para o exercício e aprimoramento da atividade de inteligência, em coordenação com os demais órgãos do Sistema Brasileiro de Inteligência;

VIII - prover suporte técnico e administrativo às reuniões do Conselho e ao funcionamento dos grupos de trabalho, solicitando, se preciso, aos órgãos que constituem o Sistema colaboração de servidores por tempo determinado, observadas as normas pertinentes; e

IX - representar o Sistema Brasileiro de Inteligência perante o órgão de controle externo da atividade de inteligência.

Parágrafo único. Excetua-se das atribuições previstas neste artigo a atividade de inteligência operacional necessária ao planejamento e à condução de campanhas e operações militares das Forças Armadas, no interesse da defesa nacional.

ART. 11. Este Decreto entra em vigor na data de sua publicação.

Brasília, 13 de setembro de 2002; 181º da Independência e 114º da República.

FERNANDO HENRIQUE CARDOSO

DECRETO N. 4.382, DE 19 DE SETEMBRO DE 2002

Regulamenta a tributação, fiscalização, arrecadação e administração do Imposto sobre a Propriedade Territorial Rural - ITR.

‣ *DOU*, 20.09.2002.

O Presidente da República, no uso da atribuição que lhe confere o art. 84, inciso IV, da Constituição, Decreta:

ART. 1º O Imposto sobre a Propriedade Territorial Rural - ITR será cobrado e fiscalizado em conformidade com o disposto neste Decreto.

LIVRO I
DA TRIBUTAÇÃO

TÍTULO I
DA INCIDÊNCIA

ART. 2º O Imposto sobre a Propriedade Territorial Rural, de apuração anual, tem como fato gerador a propriedade, o domínio útil ou a posse de imóvel por natureza, localizado fora da zona urbana do município, em 1º de janeiro de cada ano (Lei n. 9.393, de 19 de dezembro de 1996, art. 1º).

§ 1º O ITR incide sobre a propriedade rural declarada de utilidade ou necessidade pública, ou interesse social, inclusive para fins de reforma agrária:

I - até a data da perda da posse pela imissão prévia do Poder Público na posse;

II - até a data da perda do direito de propriedade pela transferência ou pela incorporação do imóvel ao patrimônio do Poder Público.

§ 2º A desapropriação promovida por pessoa jurídica de direito privado delegatária ou concessionária de serviço público não exclui a incidência do ITR sobre o imóvel rural expropriado.

TÍTULO II
DA IMUNIDADE

ART. 3º São imunes do ITR:

I - a pequena gleba rural, desde que o seu proprietário a explore só ou com sua família, e não possua outro imóvel (Constituição Federal - CF, art. 153, § 4º; Lei n. 9.393, de 1996, arts. 2º e 4º);

II - os imóveis rurais da União, dos Estados, do Distrito Federal e dos Municípios (CF, art. 150, inciso VI, alínea "a");

III - os imóveis rurais de autarquias e fundações instituídas e mantidas pelo Poder Público, desde que vinculados às suas finalidades essenciais ou às delas decorrentes (CF, art. 150, inciso VI, alínea "a" e § 2º);

IV - os imóveis rurais de instituições de educação e de assistência social, sem fins lucrativos, relacionados às suas finalidades essenciais (CF, art. 150, inciso VI, alínea "c" e § 4º).

§ 1º Pequena gleba rural é o imóvel com área igual ou inferior a (Lei n. 9.393, de 1996, art. 2º, parágrafo único):

I - cem hectares, se localizado em município compreendido na Amazônia Ocidental ou no Pantanal mato-grossense e sul-mato-grossense;

II - cinquenta hectares, se localizado em município compreendido no Polígono das Secas ou na Amazônia Oriental;

III - trinta hectares, se localizado em qualquer outro município.

§ 2º Para o gozo da imunidade, as instituições de educação ou de assistência social devem prestar os serviços para os quais houverem sido instituídas e os colocar à disposição da população em geral, em caráter complementar às atividades do Estado, sem fins lucrativos, e atender aos seguintes requisitos (Lei n. 5.172, de 25 de outubro de 1966 - Código Tributário Nacional, art. 14, com a redação dada pela Lei Complementar n. 104, de 10 de janeiro de 2001, art. 1º; Lei n. 9.532, de 10 de dezembro de 1997, art. 12):

I - não distribuir qualquer parcela de seu patrimônio ou de suas rendas, a qualquer título;

II - aplicar integralmente, no País, seus recursos na manutenção e desenvolvimento dos seus objetivos institucionais;

III - não remunerar, por qualquer forma, seus dirigentes pelos serviços prestados;

IV - manter escrituração completa de suas receitas e despesas em livros revestidos das formalidades que assegurem a respectiva exatidão;

V - conservar em boa ordem, pelo prazo de cinco anos, contado da data da emissão, os documentos que comprovem a origem de suas receitas e a efetivação de suas despesas, bem assim a realização de quaisquer outros atos ou operações que venham a modificar sua situação patrimonial;

VI - apresentar, anualmente, declaração de rendimentos, em conformidade com o disposto em ato da Secretaria da Receita Federal;

VII - assegurar a destinação de seu patrimônio a outra instituição que atenda às condições para o gozo da imunidade, no caso de incorporação, fusão, cisão ou de encerramento de suas atividades, ou a órgão público;

VIII - outros requisitos, estabelecidos em lei específica, relacionados com o funcionamento das entidades a que se refere este parágrafo.

TÍTULO III
DA ISENÇÃO

ART. 4º São isentos do imposto (Lei n. 9.393, de 1996, art. 3º):

I - o imóvel rural compreendido em programa oficial de reforma agrária, caracterizado pelas autoridades competentes como assentamento, que, cumulativamente, atenda aos seguintes requisitos (Lei n. 9.393, de 1996, art. 3º, inciso I):

a) seja explorado por associação ou cooperativa de produção;

b) a fração ideal por família assentada não ultrapasse os limites da pequena gleba rural, fixados no § 1º do art. 3º;

c) o assentado não possua outro imóvel;

II - o conjunto de imóveis rurais de um mesmo proprietário, cuja área total em cada região observe o respectivo limite da pequena gleba rural, fixado no § 1º do art. 3º, desde que, cumulativamente, o proprietário (Lei n. 9.393, de 1996, art. 3º, inciso II):

a) o explore só ou com sua família, admitida ajuda eventual de terceiros;

b) não possua imóvel urbano.

§ 1º Entende-se por ajuda eventual de terceiros o trabalho, remunerado ou não, de natureza eventual ou temporária, realizado nas épocas de maiores serviços.

§ 2º Para fins do disposto no inciso II do *caput* deste artigo, deve ser considerado o somatório das áreas dos imóveis rurais por região em que se localizem, o qual não poderá suplantar o limite da pequena gleba rural da respectiva região.

TÍTULO IV
DO SUJEITO PASSIVO DA OBRIGAÇÃO TRIBUTÁRIA

CAPÍTULO I
DO CONTRIBUINTE

ART. 5º Contribuinte do ITR é o proprietário de imóvel rural, o titular de seu domínio útil ou o seu possuidor a qualquer título (Lei n. 5.172, de 1966, art. 31; Lei n. 9.393, de 1996, art. 4º).

CAPÍTULO II
DO RESPONSÁVEL

ART. 6º É responsável pelo crédito tributário o sucessor, a qualquer título, nos termos dos arts. 128 a 133 da Lei n. 5.172, de 1966 - Código Tributário Nacional (Lei n. 9.393, de 1996, art. 5º).

TÍTULO V
DO DOMICÍLIO TRIBUTÁRIO

ART. 7º Para efeito da legislação do ITR, o domicílio tributário do contribuinte ou responsável é o município de localização do imóvel rural, vedada a eleição de qualquer outro (Lei n. 9.393, de 1996, art. 4º, parágrafo único).

§ 1º O imóvel rural cuja área estenda-se a mais de um município deve ser enquadrado no município em que se localize sua sede ou, se esta não existir, no município onde se encontre a maior parte da área do imóvel (Lei n. 9.393, de 1996, art. 1º, § 3º).

§ 2º Sem prejuízo do disposto no *caput* deste artigo e no inciso II do art. 53, o sujeito passivo pode informar à Secretaria da Receita Federal endereço, localizado ou não em seu domicílio tributário, que constará no Cadastro de Imóveis Rurais - CAFIR e valerá, até ulterior alteração, somente para fins de intimação (Lei n. 9.393, de 1996, art. 6º, § 3º).

TÍTULO VI
DA APURAÇÃO DO IMPOSTO

CAPÍTULO I
DISPOSIÇÃO PRELIMINAR

ART. 8º A apuração e o pagamento do ITR devem ser efetuados pelo contribuinte ou responsável, independentemente de prévio procedimento da administração tributária, nos prazos e condições estabelecidos pela Secretaria da Receita Federal, sujeitando-se a homologação posterior (Lei n. 9.393, de 1996, art. 10).

CAPÍTULO II
DA DETERMINAÇÃO DA BASE DE CÁLCULO

SEÇÃO I
DO IMÓVEL RURAL

ART. 9º Para efeito de determinação da base de cálculo do ITR, considera-se imóvel rural a área contínua, formada de uma ou mais parcelas de terras, localizada na zona rural do município, ainda que, em relação a alguma parte do imóvel, o sujeito passivo detenha apenas a posse (Lei n. 9.393, de 1996, art. 1º, § 2º).

Parágrafo único. Considera-se área contínua a área total do prédio rústico, mesmo que fisicamente dividida por ruas, estradas, rodovias, ferrovias, ou por canais ou cursos de água.

SEÇÃO II
DA ÁREA TRIBUTÁVEL

ART. 10. Área tributável é a área total do imóvel, excluídas as áreas (Lei n. 9.393, de 1996, art. 10, § 1º, inciso II):

I - de preservação permanente (Lei n. 4.771, de 15 de setembro de 1965 - Código Florestal, arts. 2º e 3º, com a redação dada pela Lei n. 7.803, de 18 de julho de 1989, art. 1º);

II - de reserva legal (Lei n. 4.771, de 1965, art. 16, com a redação dada pela Medida Provisória n. 2.166-67, de 24 de agosto de 2001, art. 1º);

III - de reserva particular do patrimônio natural (Lei n. 9.985, de 18 de julho de 2000, art. 21; Decreto n. 1.922, de 5 de junho de 1996);

IV - de servidão florestal (Lei n. 4.771, de 1965, art. 44-A, acrescentado pela Medida Provisória n. 2.166-67, de 2001);

V - de interesse ecológico para a proteção dos ecossistemas, assim declaradas mediante ato do órgão competente, federal ou estadual, e que ampliem as restrições de uso previstas nos incisos I e II do *caput* deste artigo (Lei n. 9.393, de 1996, art. 10, § 1º, inciso II, alínea "b");

VI - comprovadamente imprestáveis para a atividade rural, declaradas de interesse ecológico mediante ato do órgão competente, federal ou estadual (Lei n. 9.393, de 1996, art. 10, § 1º, inciso II, alínea "c").

§ 1º A área do imóvel rural que se enquadrar, ainda que parcialmente, em mais de uma das hipóteses previstas no *caput* deverá ser excluída uma única vez da área total do imóvel, para fins de apuração da área tributável.

§ 2º A área total do imóvel deve se referir à situação existente na data da efetiva entrega da Declaração do Imposto sobre a Propriedade Territorial Rural - DITR.

§ 3º Para fins de exclusão da área tributável, as áreas do imóvel rural a que se refere o *caput* deverão:

I - ser obrigatoriamente informadas em Ato Declaratório Ambiental - ADA, protocolado pelo sujeito passivo no Instituto Brasileiro do Meio Ambiente e dos Recursos Naturais Renováveis - IBAMA, nos prazos e condições fixados em ato normativo (Lei n. 6.938, de 31 de agosto de 1981, art. 17-O, § 5º, com a redação dada pelo art. 1º da Lei n. 10.165, de 27 de dezembro de 2000); e

II - estar enquadradas nas hipóteses previstas nos incisos I a VI em 1º de janeiro do ano de ocorrência do fato gerador do ITR.

§ 4º O IBAMA realizará vistoria por amostragem nos imóveis rurais que tenham utilizado o ADA para os efeitos previstos no § 3º e, caso os dados constantes no Ato não coincidam com os efetivamente levantados por seus técnicos, estes lavrarão, de ofício, novo ADA, contendo os dados reais, o qual será encaminhado à Secretaria da Receita Federal, que apurará o ITR efetivamente devido e efetuará, de ofício, o lançamento da diferença de imposto com os acréscimos legais cabíveis (Lei n. 6.938, de 1981, art. 17-O, § 5º, com a redação dada pelo art. 1º da Lei n. 10.165, de 2000).

SEÇÃO III
DA ÁREA NÃO TRIBUTÁVEL

SUBSEÇÃO I
DAS ÁREAS DE PRESERVAÇÃO PERMANENTE

ART. 11. Consideram-se de preservação permanente (Lei n. 4.771, de 1965, arts. 2º e 3º, com a redação dada pelas Leis n. 7.511, de 7 de setembro de 1986, art. 1º e 7.803 de 18 de setembro de 1989, art. 1º):

I - as florestas e demais formas de vegetação natural situadas:

a) ao longo dos rios ou de qualquer curso d'água desde o seu nível mais alto em faixa marginal cuja largura mínima será:

1. de trinta metros para os cursos d'água de menos de dez metros de largura;

2. de cinquenta metros para os cursos d'água que tenham de dez a cinquenta metros de largura;

3. de cem metros para os cursos d'água que tenham de cinquenta a duzentos metros de largura;

4. de duzentos metros para os cursos d'água que tenham de duzentos a seiscentos metros de largura;

5. de quinhentos metros para os cursos d'água que tenham largura superior a seiscentos metros;

b) ao redor das lagoas, lagos ou reservatórios d'água naturais ou artificiais;

c) nas nascentes, ainda que intermitentes e nos chamados "olhos d'água", qualquer que seja a sua situação topográfica, num raio mínimo de cinquenta metros de largura;

d) no topo de morros, montes, montanhas e serras;

e) nas encostas ou partes destas, com declividade superior a quarenta e cinco graus, equivalente a cem por cento na linha de maior declive;

f) nas restingas, como fixadoras de dunas ou estabilizadoras de mangues;

g) nas bordas dos tabuleiros ou chapadas, a partir da linha de ruptura do relevo, em faixa nunca inferior a cem metros em projeções horizontais;

h) em altitude superior a mil e oitocentos metros, qualquer que seja a vegetação;

II - as florestas e demais formas de vegetação natural, declaradas de preservação permanente por ato do Poder Público, quando destinadas:

a) a atenuar a erosão das terras;

b) a fixar as dunas;

c) a formar faixas de proteção ao longo de rodovias e ferrovias;

d) a auxiliar a defesa do território nacional a critério das autoridades militares;

e) a proteger sítios de excepcional beleza ou de valor científico ou histórico;

f) a asilar exemplares da fauna ou flora ameaçados de extinção;

g) a manter o ambiente necessário à vida das populações silvícolas;

h) a assegurar condições de bem-estar público.

§ 1º A supressão total ou parcial de florestas de preservação permanente só será admitida com prévia autorização do Poder Executivo Federal, quando for necessária à execução de obras, planos, atividades ou projetos de utilidade pública ou interesse social.

§ 2º As florestas que integram o Patrimônio Indígena ficam sujeitas ao regime de preservação permanente, nos termos da alínea "g" do inciso II do *caput* deste artigo.

SUBSEÇÃO II
DAS ÁREAS DE RESERVA LEGAL

ART. 12. São áreas de reserva legal aquelas averbadas à margem da inscrição de matrícula do imóvel, no registro de imóveis competente, nas quais é vedada a supressão da cobertura vegetal, admitindo-se apenas sua utilização sob regime de manejo florestal sustentável (Lei n. 4.771, de 1965, art. 16, com a redação dada pela Medida Provisória n. 2.166-67, de 2001).

§ 1º Para efeito da legislação do ITR, as áreas a que se refere o *caput* deste artigo devem estar averbadas na data de ocorrência do respectivo fato gerador.

§ 2º Na posse, a reserva legal é assegurada por Termo de Ajustamento de Conduta, firmado pelo possuidor com o órgão ambiental estadual ou federal competente, com força de título executivo e contendo, no mínimo, a localização da reserva legal, as suas características ecológicas básicas e a proibição de supressão de sua vegetação (Lei n. 4.771, de 1965, art. 16, § 10, acrescentado pela Medida Provisória n. 2.166-67, de 2001, art. 1º).

SUBSEÇÃO III
DAS ÁREAS DE RESERVA PARTICULAR DO PATRIMÔNIO NATURAL

ART. 13. Consideram-se de reserva particular do patrimônio natural as áreas privadas gravadas com perpetuidade, averbadas à margem da inscrição de matrícula do imóvel, no registro de imóveis competente, destinadas à conservação da diversidade biológica, nas quais somente poderão ser permitidas a pesquisa científica e a visitação com objetivos turísticos, recreativos e educacionais, reconhecidas pelo IBAMA (Lei n. 9.985, de 18 de julho de 2000, art. 21).

Parágrafo único. Para efeito da legislação do ITR, as áreas a que se refere o *caput* deste artigo devem estar averbadas na data de ocorrência do respectivo fato gerador.

SUBSEÇÃO IV
DAS ÁREAS DE SERVIDÃO FLORESTAL

ART. 14. São áreas de servidão florestal aquelas averbadas à margem da inscrição de matrícula do imóvel, no registro de imóveis competente, nas quais o proprietário voluntariamente renuncia, em caráter permanente ou temporário, a direitos de supressão ou exploração da vegetação nativa, localizadas fora das áreas de reserva legal e de preservação permanente (Lei n. 4.771, de 1965, art. 44-A, acrescentado pela Medida Provisória n. 2.166-67, de 2001, art. 2º).

Parágrafo único. Para efeito da legislação do ITR, as áreas a que se refere o *caput* deste artigo devem estar averbadas na data de ocorrência do respectivo fato gerador.

SUBSEÇÃO V
DAS ÁREAS DE INTERESSE ECOLÓGICO

ART. 15. São áreas de interesse ecológico aquelas assim declaradas mediante ato do órgão competente, federal ou estadual, que (Lei n. 9.393, de 1996, art. 10, § 1º, inciso II, alíneas "b" e "c"):

I - se destinem à proteção dos ecossistemas e ampliem as restrições de uso previstas nos incisos I e II do *caput* do art. 10; ou

II - sejam comprovadamente imprestáveis para a atividade rural.

SEÇÃO IV
DA ÁREA APROVEITÁVEL

ART. 16. Área aproveitável, passível de exploração agrícola, pecuária, granjeira, aquícola ou florestal, é a área total do imóvel, excluídas (Lei n. 9.393, de 1996, art. 10, § 1º, inciso IV):

I - as áreas não tributáveis a que se referem os incisos I a VI do art. 10;

II - as áreas ocupadas com benfeitorias úteis e necessárias.

Benfeitorias Úteis e Necessárias

ART. 17. Para fins do disposto no inciso II do art. 16, consideram-se ocupadas por benfeitorias úteis e necessárias (Lei n. 3.071, de 1º de janeiro de 1916 - Código Civil, art. 63):

I - as áreas com casas de moradia, galpões para armazenamento da produção, banheiros para gado, valas, silos, currais, açudes e estradas internas e de acesso;

II - as áreas com edificações e instalações destinadas a atividades educacionais, recreativas e de assistência à saúde dos trabalhadores rurais;

III - as áreas com instalações de beneficiamento ou transformação da produção agropecuária e de seu armazenamento;

IV - outras instalações que se destinem a aumentar ou facilitar o uso do imóvel rural, bem assim a conservá-lo ou evitar que ele se deteriore.

SEÇÃO V
DA ÁREA UTILIZADA

SUBSEÇÃO I
DAS DISPOSIÇÕES GERAIS

ART. 18. Área efetivamente utilizada pela atividade rural é a porção da área aproveitável do imóvel rural que, no ano anterior ao de ocorrência do fato gerador do ITR, tenha (Lei n. 9.393, de 1996, art. 10, § 1º, inciso V, e § 6º):

I - sido plantada com produtos vegetais;

II - servido de pastagem, nativa ou plantada, observados, quando aplicáveis, os índices de lotação por zona de pecuária a que se refere o art. 24;

III - sido objeto de exploração extrativa, observados, quando aplicáveis, os índices de rendimento por produto a que se refere o art. 27 e a legislação ambiental;

IV - servido para a exploração de atividade granjeira ou aquícola;

V - sido objeto de implantação de projeto técnico, nos termos do art. 7º da Lei n. 8.629, de 25 de fevereiro de 1993.

§ 1º Consideram-se utilizadas para a exploração de atividade granjeira ou aquícola as áreas ocupadas com benfeitorias, construções e instalações para a criação, dentre outros, de suínos, coelhos, bichos-da-seda, abelhas, aves, peixes, crustáceos, répteis e anfíbios.

§ 2º Considera-se como efetivamente utilizada a área do imóvel rural que, no ano anterior, esteja:

I - comprovadamente situado em área de ocorrência de calamidade pública decretada pelo Poder Público, de que resulte frustração de safras ou destruição de pastagens;

II - oficialmente destinado à execução de atividades de pesquisa e experimentação que objetivem o avanço tecnológico da agricultura.

ART. 19. Para fins de enquadramento nas hipóteses previstas no art. 18, o contribuinte poderá valer-se dos dados sobre a área utilizada e respectiva produção, fornecidos pelo arrendatário ou parceiro, quando o imóvel, ou parte dele, estiver sendo explorado em regime de arrendamento ou parceria (Lei n. 9.393, de 1996, art. 10, § 4º).

ART. 20. Caso haja anexação de área entre 1º de janeiro e a data da efetiva entrega da DITR, o adquirente deve informar na sua declaração os dados relativos à utilização da área incorporada no ano anterior ao de ocorrência do fato gerador.

ART. 21. No caso de consórcio ou intercalação de culturas, considera-se efetivamente utilizada a área total do consórcio ou intercalação (Lei n. 8.629, de 25 de fevereiro de 1993, art. 6º, § 4º).

ART. 22. No caso de mais de um cultivo no ano, com um ou mais produtos, na mesma área, considera-se efetivamente utilizada a maior área cultivada no ano considerado (Lei n. 8.629, de 1993, art. 6º, § 5º).

SUBSEÇÃO II
DA ÁREA PLANTADA COM PRODUTOS VEGETAIS

ART. 23. Área plantada com produtos vegetais é a porção do imóvel explorada com culturas temporárias ou permanentes, inclusive com reflorestamentos de essências exóticas ou nativas, destinadas a consumo próprio ou comércio, considerando-se:

I - essências exóticas as espécies florestais originárias de região fitogeográfica diversa daquela em que se localiza o imóvel rural;

II - essências nativas as espécies florestais originárias da região fitogeográfica em que se localiza o imóvel rural.

Parágrafo único. Considera-se área plantada com produtos vegetais a área efetivamente utilizada com a produção de forrageira de corte destinada a alimentação de animais de outro imóvel rural.

SUBSEÇÃO III
DA ÁREA SERVIDA DE PASTAGEM

ART. 24. Para fins do disposto no inciso II do art. 18, área servida de pastagem é aquela ocupada por pastos naturais, melhorados ou plantados e por forrageiras de corte que tenha, efetivamente, sido utilizada para alimentação de animais de grande e médio porte, observados os índices de lotação por zona de pecuária, estabelecidos em ato da Secretaria da Receita Federal, ouvido o Conselho Nacional de Política Agrícola (Lei n. 9.393, de 1996, art. 10, § 1º, inciso V, alínea "b", e § 3º).

Parágrafo único. Estão dispensados da aplicação dos índices de lotação por zona de pecuária os imóveis rurais com área inferior a (Lei n. 9.393, de 1996, art. 10, § 3º):

I - mil hectares, se localizados em municípios compreendidos na Amazônia Ocidental ou no Pantanal mato-grossense e sul-mato-grossense;

II - quinhentos hectares, se localizados em municípios compreendidos no Polígono das Secas ou na Amazônia Oriental;

III - duzentos hectares, se localizados em qualquer outro município.

ART. 25. Para fins de cálculo do grau de utilização do imóvel rural, considera-se área servida de pastagem a menor entre a declarada pelo contribuinte e a obtida pelo quociente entre a quantidade de cabeças do rebanho ajustada e o índice de lotação por zona de pecuária.

Parágrafo único. Consideram-se, dentre outros, animais de médio porte os ovinos e caprinos e animais de grande porte os bovinos, bufalinos, equinos, asininos e muares, independentemente de idade ou sexo.

ART. 26. Caso o imóvel rural esteja dispensado da aplicação de índices de lotação por zona de pecuária a que se refere o *caput* do art. 24, considera-se área servida de pastagem a área efetivamente utilizada pelo contribuinte para tais fins.

SUBSEÇÃO IV
DA ÁREA OBJETO DE EXPLORAÇÃO EXTRATIVA

ART. 27. Área objeto de exploração extrativa é aquela servida para a atividade de extração e coleta de produtos vegetais nativos, não plantados, inclusive a exploração madeireira de florestas nativas, observados a legislação ambiental e os índices de rendimento por produto estabelecidos em ato da Secretaria da Receita Federal, ouvido o Conselho Nacional de Política Agrícola (Lei n. 9.393, de 1996, art. 10, § 1º, inciso V, alínea "c", e § 3º).

Parágrafo único. Estão dispensados da aplicação dos índices de rendimento por produto os imóveis rurais com área inferior a (Lei n. 9.393, de 1996, art. 10, § 3º):

I - mil hectares, se localizados em municípios compreendidos na Amazônia Ocidental ou no Pantanal mato-grossense e sul-mato-grossense;

II - quinhentos hectares, se localizados em municípios compreendidos no Polígono das Secas ou na Amazônia Oriental;

III - duzentos hectares, se localizados em qualquer outro município.

ART. 28. Para fins de cálculo do grau de utilização do imóvel rural, considera-se área objeto de exploração extrativa a menor entre o somatório das áreas declaradas com cada produto da atividade extrativa e o somatório dos quocientes entre a quantidade extraída de cada produto declarado e o respectivo índice de rendimento mínimo por hectare.

§ 1º Na ausência de índice de rendimento para determinado produto vegetal ou florestal extrativo, considera-se área objeto de exploração extrativa, para fins de cálculo do grau de utilização, a área efetivamente utilizada pelo contribuinte nesta atividade (Lei n. 8.629, de 1993, art. 6º, § 6º).

§ 2º Estão dispensadas da aplicação dos índices de rendimento mínimo para produtos vegetais e florestais as áreas do imóvel exploradas com produtos vegetais extrativos, mediante plano de manejo sustentado, desde que aprovado pelo IBAMA até 31 de dezembro do ano anterior ao de ocorrência do fato gerador do ITR, e cujo cronograma esteja sendo cumprido pelo contribuinte (Lei n. 9.393, de 1996, art. 10, § 5º).

SEÇÃO VI
DA ÁREA NÃO UTILIZADA

ART. 29. A área não utilizada pela atividade rural é composta pelas parcelas da área aproveitável do imóvel que, no ano anterior ao de ocorrência do fato gerador do ITR, não tenham sido objeto de qualquer exploração ou tenham sido utilizadas para fins diversos da atividade rural, tais como:

I - áreas ocupadas por benfeitorias não abrangidas pelo disposto no art. 17;

II - a área correspondente à diferença entre as áreas declaradas como servidas de pastagem e as áreas servidas de pastagem utilizadas para o cálculo do grau de utilização do imóvel rural, observado o disposto nos arts. 24 a 26;

III - a área correspondente à diferença entre as áreas declaradas de exploração extrativa e as áreas de exploração extrativa utilizadas para o cálculo do grau de utilização do imóvel rural, observado o disposto nos arts. 27 e 28.

Parágrafo único. As áreas não utilizadas pela atividade rural, anexadas após 1º de janeiro até a data da efetiva entrega da DITR, devem ser declaradas conforme sua situação no ano anterior ao de ocorrência do fato gerador.

Cálculo da Área não Utilizada pela Atividade Rural

ART. 30. A área não utilizada pela atividade rural é obtida pela soma das áreas mencionadas no art. 29.

SEÇÃO VII
DO CÁLCULO DO IMPOSTO

SUBSEÇÃO I
DO GRAU DE UTILIZAÇÃO

ART. 31. Grau de utilização é a relação percentual entre a área efetivamente utilizada pela atividade rural e a área aproveitável do imóvel, constituindo critério, juntamente com a área total do imóvel rural, para a determinação das alíquotas do ITR, conforme descrito no art. 34 (Lei n. 9.393, de 1996, art. 10, § 1º, inciso VI).

SUBSEÇÃO II
DA BASE DE CÁLCULO

Valor da Terra Nua

ART. 32. O Valor da Terra Nua - VTN é o valor de mercado do imóvel, excluídos os valores de mercado relativos a (Lei n. 9.393, de 1996, art. 8º, § 2º, art. 10, §1º, inciso I):

I - construções, instalações e benfeitorias;

II - culturas permanentes e temporárias;

III - pastagens cultivadas e melhoradas;

IV - florestas plantadas.

§ 1º O VTN refletirá o preço de mercado de terras, apurado em 1º de janeiro do ano de ocorrência do fato gerador, e será considerado autoavaliação da terra nua a preço de mercado (Lei n. 9.393, de 1996, art. 8º, § 2º).

§ 2º Incluem-se no conceito de construções, instalações e benfeitorias, os prédios, depósitos, galpões, casas de trabalhadores, estábulos, currais, mangueiras, aviários, pocilgas e outras instalações para abrigo ou tratamento de animais, terreiros e similares para secagem de produtos agrícolas, eletricidade rural, colocação de água subterrânea, abastecimento ou distribuição de águas, barragens, represas, tanques, cercas e, ainda, as benfeitorias não relacionadas com a atividade rural.

Valor da Terra Nua Tributável

ART. 33. O Valor da Terra Nua Tributável - VTNT é obtido mediante a multiplicação do VTN pelo quociente entre a área tributável, definida no art. 10, e a área total do imóvel (Lei n. 9.393, de 1996, art. 10, § 1º, inciso III).

SUBSEÇÃO III

DAS ALÍQUOTAS

ART. 34. A alíquota utilizada para cálculo do ITR é estabelecida para cada imóvel rural, com base em sua área total e no respectivo grau de utilização, conforme a tabela seguinte (Lei n. 9.393, de 1996, art. 11 e Anexo):

Área total do imóvel (em hectares)	Grau de utilização (em %)				
	Maior que 80	Maior que 65 até 80	Maior que 50 até 65	Maior que 30 até 50	Até 30
Até 50	0,03	0,20	0,40	0,70	1,00
Maior que 50 até 200	0,07	0,40	0,80	1,40	2,00
Maior que 200 até 500	0,10	0,60	1,30	2,30	3,30
Maior que 500 até 1.000	0,15	0,85	1,90	3,30	4,70
Maior que 1.000 até 5.000	0,30	1,60	3,40	6,00	8,60
Acima de 5.000	0,45	3,00	6,40	12,00	20,00

SUBSEÇÃO IV

DO CÁLCULO DO VALOR DO IMPOSTO

ART. 35. O valor do imposto a ser pago é obtido mediante a multiplicação do VTNT pela alíquota correspondente, obtida nos termos do art. 34, considerados a área total e o grau de utilização do imóvel rural (Lei n. 9.393, de 1996, art. 11).

§ 1º Na hipótese de inexistir área aproveitável após as exclusões previstas nos incisos I e II do art. 16, serão aplicadas as alíquotas correspondentes aos imóveis rurais com grau de utilização superior a oitenta por cento, observada a área total do imóvel (Lei n. 9.393, de 1996, art. 11, § 1º).

§ 2º Em nenhuma hipótese o valor do imposto devido será inferior a R$ 10,00 (dez reais) (Lei n. 9.393, de 1996, art. 11, § 2º).

LIVRO II

DA ADMINISTRAÇÃO DO IMPOSTO

TÍTULO I

DO LANÇAMENTO

CAPÍTULO I

DA DECLARAÇÃO

SEÇÃO I

DA COMPOSIÇÃO

ART. 36. A DITR correspondente a cada imóvel rural, é composta pelos seguintes documentos:

I - Documento de Informação e Atualização Cadastral do ITR - DIAC, destinado à coleta de informações cadastrais do imóvel rural e de seu titular (Lei n. 9.393, de 1996, art. 6º);

II - Documento de Informação e Apuração do ITR - DIAT, destinado à apuração do imposto (Lei n. 9.393, de 1996, art. 8º).

SEÇÃO II

DOS MEIOS DE APRESENTAÇÃO

ART. 37. A DITR obedecerá ao modelo aprovado pela Secretaria da Receita Federal e, nos termos do art. 44, poderá ser apresentada

I - em meio eletrônico, observado o disposto no art. 11 da Medida Provisória n. 2.200-2, de 24 de agosto de 2001;

II - em formulário.

Parágrafo único. A declaração em formulário deverá ser apresentada em duas vias e será assinada pelo sujeito passivo ou seu representante legal, declarando este que o faz em nome daquele.

SEÇÃO III

DA OBRIGATORIEDADE DE ENTREGA

SUBSEÇÃO I

DAS DISPOSIÇÕES GERAIS

Espólio

ART. 38. O imóvel rural que, na data da efetiva entrega da DITR, pertencer a espólio deve ser declarado em nome deste pelo inventariante ou, se este ainda não houver sido nomeado, pelo cônjuge meeiro, companheiro ou sucessor a qualquer título.

Parágrafo único. As declarações não entregues pelo de cujus são apresentadas em nome do espólio.

Condomínio

ART. 39. Deve ser declarado em sua totalidade o imóvel rural que for titulado a várias pessoas, enquanto este for mantido indiviso (Lei n. 5.172, de 1966, art. 124, inciso I).

Documentos Comprobatórios

ART. 40. Os documentos que comprovem as informações prestadas na DITR não devem ser anexados à declaração, devendo ser mantidos em boa guarda à disposição da Secretaria da Receita Federal, até que ocorra a prescrição dos créditos tributários relativos às situações e aos fatos a que se refiram (Lei n. 5.172, de 1966, art. 195, parágrafo único).

SUBSEÇÃO II

DO DOCUMENTO DE INFORMAÇÃO E ATUALIZAÇÃO CADASTRAL DO ITR - DIAC

ART. 41. O contribuinte ou o seu sucessor deve comunicar anualmente à Secretaria da Receita Federal, por meio do preenchimento do DIAC, integrante da DITR, as informações cadastrais correspondentes a cada imóvel rural e a seu titular (Lei n. 9.393, de 1996, art. 6º).

Parágrafo único. As informações de que trata o *caput* deste artigo integrarão o CAFIR, cuja administração caberá à Secretaria da Receita Federal, que poderá, a qualquer tempo, solicitar informações visando à sua atualização (Lei n. 9.393, de 1996, art. 6º, § 2º).

Alterações Cadastrais

ART. 42. Devem ser obrigatoriamente comunicadas à Secretaria da Receita Federal as seguintes alterações relativas ao imóvel rural (Lei n. 9.393, de 1996, art. 6º, § 1º):

I - desmembramento;

II - anexação;

III - transmissão, por alienação da propriedade ou dos direitos a ela inerentes, a qualquer título;

IV - sucessão *causa mortis*;

V - cessão de direitos;

VI - constituição de reservas ou usufruto.

Parágrafo único. A comunicação de que trata o *caput* deste artigo deve ser feita no prazo de sessenta dias, contado da data da ocorrência da alteração (Lei n. 9.393, de 1996, art. 6º, § 1º).

SUBSEÇÃO III

DO DOCUMENTO DE INFORMAÇÃO E APURAÇÃO DO ITR - DIAT

ART. 43. O contribuinte deve prestar anualmente à Secretaria da Receita Federal as informações necessárias ao cálculo do ITR e apurar o valor do imposto correspondente a cada imóvel rural, por meio do preenchimento do DIAT, integrante da DITR (Lei n. 9.393, de 1996, art. 8º).

Parágrafo único. As pessoas isentas do pagamento ou imunes do ITR estão dispensadas de preencher o DIAT (Lei n. 9.393, de 1996, art. 8º, § 3º).

SEÇÃO IV
DOS TERMOS, LOCAIS, FORMAS, PRAZOS E CONDIÇÕES PARA A APRESENTAÇÃO DA DITR

ART. 44. A Secretaria da Receita Federal disporá sobre os termos, locais, formas, prazos e condições para a apresentação da DITR (Lei n. 9.393, de 1996, arts. 6º e 8º).

CAPÍTULO II
DA RETIFICAÇÃO DA DECLARAÇÃO

SEÇÃO I
DA RETIFICAÇÃO ANTES DE INICIADA A FISCALIZAÇÃO

ART. 45. A retificação da DITR, antes de iniciado o procedimento de lançamento de ofício, terá a mesma natureza da declaração originariamente apresentada e não depende de autorização da autoridade administrativa (Medida Provisória n. 2.189-49, de 23 de agosto de 2001, art. 18).

Parágrafo único. A Secretaria da Receita Federal estabelecerá as hipóteses de admissibilidade e os procedimentos aplicáveis à retificação da declaração (Medida Provisória n. 2.189-49, de 2001, art. 18, parágrafo único).

SEÇÃO II
DA RETIFICAÇÃO APÓS INICIADA A FISCALIZAÇÃO

ART. 46. O sujeito passivo que, depois de iniciado o procedimento de lançamento de ofício, requerer a retificação da DITR não se eximirá, por isso, das penalidades previstas na legislação tributária (Lei n. 5.172, de 1966, art. 138; Decreto n. 70.235, de 6 de março de 1972, art. 7º, § 1º).

CAPÍTULO III
DA REVISÃO DA DECLARAÇÃO

ART. 47. A DITR está sujeita a revisão pela Secretaria da Receita Federal, que, se for o caso, pode exigir do sujeito passivo a apresentação dos comprovantes necessários à verificação da autenticidade das informações prestadas.

§ 1º A revisão é feita com elementos de que dispuser a Secretaria da Receita Federal, esclarecimentos verbais ou escritos solicitados ao contribuinte ou por outros meios previstos na legislação.

§ 2º O contribuinte que deixar de atender ao pedido de esclarecimentos ficará sujeito ao lançamento de ofício de que tratam os arts. 50 e 51 (Lei n. 5.172, de 1966, art. 149, inciso III).

CAPÍTULO IV
DO LANÇAMENTO DO IMPOSTO

SEÇÃO I
DA DISPOSIÇÃO PRELIMINAR

ART. 48. O lançamento do ITR é procedimento de competência privativa da autoridade administrativa, que se opera de ofício ou por homologação, destinado à constituição do crédito tributário (Lei n. 5.172, de 1966, art. 142; Lei n. 9.393, de 1996, arts. 10 e 14).

Parágrafo único. A atividade administrativa de lançamento é vinculada e obrigatória, sob pena de responsabilidade funcional (Lei n. 5.172, de 1966, art. 142, parágrafo único).

SEÇÃO II
DO LANÇAMENTO POR HOMOLOGAÇÃO

ART. 49. O lançamento por homologação pressupõe a atribuição ao sujeito passivo do dever de antecipar o pagamento do imposto sem prévio exame da autoridade administrativa, e opera-se pelo ato em que a referida autoridade, tomando conhecimento da atividade assim exercida pelo obrigado, expressamente a homologa (Lei n. 5.172, de 1966, art. 150, *caput*).

§ 1º O pagamento antecipado pelo obrigado nos termos deste artigo extingue o crédito, sob condição resolutória da ulterior homologação ao lançamento (Lei n. 5.172, de 1966, art. 150, § 1º).

§ 2º Não influem sobre a obrigação tributária quaisquer atos anteriores à homologação, praticados pelo sujeito passivo ou por terceiro, visando à extinção total ou parcial do crédito (Lei n. 5.172, de 1966, art. 150, § 2º).

§ 3º Os atos a que se refere o § 2º serão, porém, considerados na apuração do saldo porventura devido e, sendo o caso, na imposição de penalidade, ou sua graduação (Lei n. 5.172, de 1966, art. 150, § 3º).

§ 4º Se a lei não fixar prazo para a homologação, será ele de cinco anos, a contar da ocorrência do fato gerador; expirado esse prazo sem que a Fazenda Pública se tenha pronunciado, considera-se homologado o lançamento e definitivamente extinto o crédito, salvo se comprovada a ocorrência de dolo, fraude ou simulação (Lei n. 5.172, de 1966, art. 150, § 4º).

SEÇÃO III
DO LANÇAMENTO DE OFÍCIO

SUBSEÇÃO I
DAS DISPOSIÇÕES GERAIS

ART. 50. Caso o sujeito passivo deixe de tomar as iniciativas necessárias ao lançamento por homologação pela Fazenda Pública, esta deve proceder à determinação e ao lançamento de ofício do crédito tributário (Lei n. 5.172, de 1966, art. 149, inciso V; Lei n. 9.393, de 1996, art. 14).

ART. 51. O lançamento será efetuado de ofício quando o sujeito passivo (Lei n. 5.172, de 1966, art. 149; Lei n. 9.393, de 1996, art. 14):

I - não apresentar a DITR;

II - deixar de atender aos pedidos de esclarecimentos que lhe forem dirigidos, recusar-se a prestá-los ou não os prestar satisfatoriamente no tempo aprazado;

III - apresentar declaração inexata, considerando-se como tal a que contiver ou omitir qualquer elemento que implique redução do imposto a pagar;

IV - não efetuar ou efetuar com inexatidão o pagamento do imposto devido;

V - estiver sujeito, por ação ou omissão, à aplicação de penalidade pecuniária.

Parágrafo único. O crédito tributário também deve ser lançado de ofício nos casos em que o sujeito passivo tenha informado o enquadramento em hipóteses de imunidade, isenção ou redução do imposto, mas não tenha cumprido ou tenha deixado de cumprir, na data de ocorrência do fato gerador, os requisitos necessários.

SUBSEÇÃO II
DO SISTEMA DE PREÇOS DE TERRAS

ART. 52. No caso de falta de entrega do DIAC ou do DIAT, bem assim de subavaliação ou prestação de informações inexatas, incorretas ou fraudulentas, a Secretaria da Receita Federal procederá à determinação e ao lançamento de ofício do imposto, considerando as informações sobre preços de terras constantes em sistema a ser por ela instituído, e os dados de área total, área tributável e grau de utilização do imóvel rural apurados em procedimentos de fiscalização (Lei n. 9.393, de 1996, art. 14).

§ 1º As informações sobre preços de terras observarão os critérios legalmente estabelecidos e considerarão levantamentos realizados pelas Secretarias de Agricultura das Unidades Federadas ou dos Municípios (Lei n. 9.393, de 1996, art. 14, § 1º).

§ 2º As multas cobradas em virtude do disposto neste artigo serão aquelas aplicáveis aos demais tributos federais (Lei n. 9.393, de 1996, art. 14, § 2º).

SUBSEÇÃO III
DA INTIMAÇÃO

ART. 53. O sujeito passivo deve ser intimado do início do procedimento, do pedido de esclarecimentos ou da lavratura do auto de infração (Decreto n. 70.235, de 1972, art. 23, com a redação dada pelo art. 67 da Lei n. 9.532, de 1997):

I - pessoalmente, pelo autor do procedimento ou por agente do órgão preparador, na repartição ou fora dela, provada a intimação com a assinatura do sujeito passivo, seu mandatário ou preposto, ou, no caso de recusa, com declaração escrita de quem o intimar;

II - por via postal, telegráfica ou por qualquer outro meio ou via, com prova de recebimento, no endereço informado para tal fim, conforme previsto no § 2º do art. 7º, ou no domicílio tributário do sujeito passivo;

III - por edital, quando resultarem improfícuos os meios referidos nos incisos I e II.

§ 1º O edital deve ser publicado, uma única vez, em órgão de imprensa oficial local, ou afixado em dependência, franqueada ao público, do órgão encarregado da intimação (Decreto n. 70.235, de 1972, art. 23, § 1º).

§ 2º Considera-se feita a intimação (Decreto n. 70.235, de 1972, art. 23, § 2º):

I - na data da ciência do intimado ou da declaração de quem fizer a intimação, se pessoal;

II - no caso do inciso II do *caput* deste artigo, na data do recebimento ou, se omitida, quinze dias após a data da expedição da intimação;

III - quinze dias após a publicação ou afixação do edital, se este for o meio utilizado.

§ 3º Os meios de intimação previstos nos incisos I e II do *caput* deste artigo não estão sujeitos a ordem de preferência (Decreto n. 70.235, de 1972, art. 23, § 3º).

SEÇÃO IV
DA DECADÊNCIA

ART. 54. O direito de a Secretaria da Receita Federal constituir o crédito tributário extingue-se após cinco anos, contados (Lei n. 5.172, de 1966, art. 173):

I - do primeiro dia do exercício seguinte àquele em que o lançamento poderia ter sido efetuado;

II - da data em que se tornar definitiva a decisão que houver anulado, por vício formal, o lançamento anteriormente efetuado.

Parágrafo único. O direito a que se refere este artigo extingue-se definitivamente com o decurso do prazo nele previsto, contado da data em que tenha sido iniciada a constituição do crédito tributário pela notificação, ao sujeito

DECRETOS

passivo, de qualquer medida preparatória indispensável ao lançamento (Lei n. 5.172, de 1966, art. 173, parágrafo único).

TÍTULO II
DO PAGAMENTO, DA COMPENSAÇÃO E DA RESTITUIÇÃO DO IMPOSTO

CAPÍTULO I
DO PAGAMENTO

SEÇÃO I
DAS DISPOSIÇÕES PRELIMINARES

ART. 55. O pagamento deve ser feito por meio de Documento de Arrecadação de Receitas Federais - DARF, devendo o seu produto ser obrigatoriamente recolhido à conta do Tesouro Nacional.

ART. 56. O DARF obedecerá ao modelo aprovado pela Secretaria da Receita Federal e sua utilização pelo sujeito passivo far-se-á de acordo com instruções específicas.

§ 1º Nos documentos de arrecadação, o sujeito passivo deve indicar o código do tributo, o número de inscrição no Cadastro de Pessoas Físicas - CPF ou no Cadastro Nacional da Pessoa Jurídica - CNPJ, conforme o caso, o número do imóvel rural, além de outros elementos qualificativos ou informativos.

§ 2º É vedada a utilização de DARF para o pagamento de imposto de valor inferior a R$ 10,00 (dez reais) (Lei n. 9.430, de 27 de dezembro de 1996, art. 68).

Utilização de TDA

ART. 57. É facultado ao sujeito passivo o pagamento de até cinquenta por cento do valor original do ITR com Títulos da Dívida Agrária - TDA (Lei n. 4.504, de 30 de novembro de 1964, art. 105, § 1º, alínea "a").

SEÇÃO II
DO PRAZO PARA PAGAMENTO

ART. 58. O imposto deve ser pago até o último dia útil do mês fixado para a entrega da DITR (Lei n. 9.393, de 1996, art. 12).

SEÇÃO III
DO PAGAMENTO EM QUOTAS

ART. 59. À opção do contribuinte, o imposto a pagar pode ser parcelado em até três quotas iguais, mensais e consecutivas, observando-se que (Lei n. 9.393, de 1996, art. 12, parágrafo único):

I - nenhuma quota será inferior a R$ 50,00 (cinquenta reais);

II - a primeira quota deve ser paga no prazo estabelecido pelo art. 58;

III - as demais quotas, acrescidas de juros equivalentes à taxa referencial do Sistema de Liquidação e de Custódia - SELIC para títulos federais, acumulada mensalmente, calculados a partir do primeiro dia do mês subsequente ao prazo estabelecido pelo art. 58 até o último dia do mês anterior ao do pagamento, e de um por cento no mês do pagamento, vencerão no último dia útil de cada mês;

IV - é facultado ao contribuinte antecipar, total ou parcialmente, o pagamento do imposto ou das quotas.

SEÇÃO IV
DO PAGAMENTO FORA DO PRAZO

ART. 60. A falta ou insuficiência de pagamento do imposto, no prazo previsto, sujeita o contribuinte ao pagamento do valor que deixou de ser pago, acrescido de (Lei n. 9.393, de 1996, art. 13):

I - multa de mora calculada à taxa de trinta e três centésimos por cento, por dia de atraso, não podendo ultrapassar a vinte por cento, calculada a partir do primeiro dia útil subsequente ao do vencimento do prazo previsto para pagamento do imposto até o dia em que ocorrer o seu pagamento;

II - juros de mora equivalentes à taxa referencial SELIC para títulos federais, acumulada mensalmente, calculados a partir do primeiro dia do mês subsequente ao vencimento do prazo para pagamento até o mês anterior ao do pagamento, e de um por cento no mês do efetivo pagamento.

SEÇÃO V
DA PROVA DE QUITAÇÃO

ART. 61. A prova de quitação do crédito tributário será feita por meio de certidão emitida, no âmbito de suas atribuições, pela Secretaria da Receita Federal ou pela Procuradoria-Geral da Fazenda Nacional (Lei n. 7.711, de 22 de dezembro de 1988, art. 1º, § 3º).

§ 1º A certidão será eficaz, dentro do seu prazo de validade e para o fim a que se destina, perante qualquer órgão ou entidade da Administração Federal, Estadual e Municipal, direta ou indireta (Decreto-Lei n. 1.715, de 22 de novembro de 1979, art. 1º, § 2º).

§ 2º Tem os mesmos efeitos previstos neste artigo a certidão de que conste a existência de créditos não vencidos, em curso de cobrança executiva em que tenha sido efetivada a penhora, ou cuja exigibilidade esteja suspensa (Lei n. 5.172, de 1966, art. 206).

Incentivos Fiscais e Crédito Rural

ART. 62. A concessão de incentivos fiscais e de crédito rural, em todas as suas modalidades, bem assim a constituição das respectivas contrapartidas ou garantias, ficam condicionadas à comprovação do pagamento do ITR relativo ao imóvel rural, correspondente aos últimos cinco exercícios, ressalvados os casos em que a exigibilidade do imposto esteja suspensa, ou em curso de cobrança executiva em que tenha sido efetivada a penhora (Lei n. 9.393, de 1996, art. 20).

Parágrafo único. É dispensada a comprovação de regularidade de pagamento do imposto relativo ao imóvel rural para efeito de concessão de financiamento ao amparo do Programa Nacional de Fortalecimento da Agricultura Familiar - PRONAF (Lei n. 9.393, de 1996, art. 20, parágrafo único).

Registro Público

ART. 63. É obrigatória a comprovação do pagamento do ITR, referente aos cinco últimos exercícios, para serem praticados quaisquer dos atos previstos nos arts. 167 e 168 da Lei n. 6.015, de 31 de dezembro de 1973 - Lei dos Registros Públicos, observada a ressalva prevista no *caput* do art. 62 (Lei n. 9.393, de 1996, art. 21).

Parágrafo único. São solidariamente responsáveis pelo imposto e pelos acréscimos legais, nos termos do art. 134 da Lei n. 5.172, de 1966, os serventuários do registro de imóveis que descumprirem o disposto neste artigo, sem prejuízo de outras sanções legais (Lei n. 9.393, de 1996, art. 21, parágrafo único).

CAPÍTULO II
DA COMPENSAÇÃO

SEÇÃO I
COMPENSAÇÃO ESPONTÂNEA PELO CONTRIBUINTE

ART. 64. Nos casos de pagamento indevido ou a maior de ITR, mesmo quando resultante de reforma, anulação, revogação ou rescisão de decisão condenatória, o contribuinte poderá efetuar a compensação desse valor no recolhimento de importância correspondente a ITR apurado em período subsequente (Lei n. 8.383, de 30 de dezembro de 1991, art. 66, com a redação dada pela Lei n. 9.069, de 29 de junho de 1995, art. 58).

§ 1º Entende-se por recolhimento ou pagamento indevido ou a maior aquele proveniente de (Lei n. 5.172, de 1966, art. 165):

I - cobrança ou pagamento espontâneo de imposto, quando efetuado por erro, ou em duplicidade, ou sem que haja débito a liquidar, em face da legislação tributária aplicável, ou da natureza ou circunstâncias materiais do fato gerador efetivamente ocorrido;

II - erro na identificação do sujeito passivo, na determinação da alíquota aplicável, no cálculo do montante do débito ou na elaboração ou conferência de qualquer documento relativo ao recolhimento ou pagamento;

III - reforma, anulação, revogação ou rescisão de decisão condenatória.

§ 2º É facultado ao contribuinte optar pelo pedido de restituição (Lei n. 8.383, de 1991, art. 66, § 2º, com a redação dada pela Lei n. 9.069, de 1995, art. 58).

§ 3º A compensação somente poderá ser efetuada pelo contribuinte titular do crédito oriundo do recolhimento ou pagamento indevido ou a maior.

§ 4º A Secretaria da Receita Federal expedirá as instruções necessárias ao cumprimento do disposto neste artigo (Lei n. 8.383, de 1991, art. 66, § 4º, com a redação dada pela Lei n. 9.069, de 1995, art. 58).

SEÇÃO II
COMPENSAÇÃO REQUERIDA PELO CONTRIBUINTE

ART. 65. A Secretaria da Receita Federal, atendendo a requerimento do contribuinte, poderá autorizar a utilização de créditos a serem a ele restituídos ou ressarcidos para a quitação de quaisquer tributos ou contribuições sob sua administração, ainda que não sejam da mesma espécie nem tenham a mesma destinação constitucional (Lei n. 9.430, de 1996, art. 74).

SEÇÃO III
COMPENSAÇÃO PELA AUTORIDADE ADMINISTRATIVA

ART. 66. Os créditos do sujeito passivo constantes em pedidos de restituição ou ressarcimento de imposto serão utilizados para quitação de seus débitos em procedimentos internos da Secretaria da Receita Federal, observado o seguinte (Lei n. 9.430, de 1996, art. 73):

I - o valor bruto da restituição ou ressarcimento será debitado à conta do tributo ou da contribuição a que se referir;

II - a parcela utilizada para a quitação de débitos do contribuinte ou responsável será creditada à conta do ITR.

§ 1º A compensação de ofício será precedida de notificação ao sujeito passivo para que se manifeste sobre o procedimento, no prazo de quinze dias, sendo o seu silêncio considerado como aquiescência.

§ 2º No caso de discordância do sujeito passivo, a Secretaria da Receita Federal reterá o valor da restituição até que o débito seja liquidado.

§ 3º A Secretaria da Receita Federal, reconhecendo o direito de crédito do sujeito passivo para restituição, compensará este crédito com eventuais débitos do requerente.

§ 4º Quando o montante da restituição for superior ao do débito, a Secretaria da Receita Federal efetuará o pagamento da diferença ao sujeito passivo.

§ 5º Caso a quantia a ser restituída seja inferior ao valor dos débitos, o correspondente crédito tributário é extinto no montante equivalente à compensação, cabendo à Secretaria da Receita Federal adotar as providências para cobrança do saldo remanescente.

SEÇÃO IV
ACRÉSCIMO DE JUROS

ART. 67. O valor a ser utilizado na compensação será acrescido de juros obtidos pela aplicação da taxa referencial SELIC para títulos federais, acumulada mensalmente a partir do mês subsequente ao do pagamento indevido ou a maior até o mês anterior ao da compensação, e de um por cento relativamente ao mês em que estiver sendo efetuada (Lei n. 9.250, de 1995, art. 39, § 4º; Lei n. 9.532, de 1997, art. 73).

CAPÍTULO III
DA RESTITUIÇÃO

ART. 68. Nos casos de pagamento indevido ou a maior de ITR, mesmo quando resultante de reforma, anulação, revogação ou rescisão de decisão condenatória, o contribuinte poderá optar pelo pedido de restituição do valor pago indevidamente ou a maior, observado o disposto nos arts. 66 e 69 (Lei n. 8.383, de 1991, art. 66, § 2º, com a redação dada pela Lei n. 9.069, de 1995, art. 58).

§ 1º Entende-se por recolhimento ou pagamento indevido ou a maior aquele proveniente de (Lei n. 5.172, de 1966, art. 165):

I - cobrança ou pagamento espontâneo de imposto, quando efetuado por erro, ou em duplicidade, ou sem que haja débito a liquidar, em face da legislação tributária aplicável, ou da natureza ou circunstâncias materiais do fato gerador efetivamente ocorrido;

II - erro na identificação do sujeito passivo, na determinação da alíquota aplicável, no cálculo do montante do débito ou na elaboração ou conferência de qualquer documento relativo ao recolhimento ou pagamento;

III - reforma, anulação, revogação ou rescisão de decisão condenatória.

§ 2º O valor da restituição será acrescido de juros obtidos pela aplicação da taxa referencial SELIC para títulos federais, acumulada mensalmente a partir do mês subsequente ao do pagamento indevido ou a maior até o mês anterior ao da compensação ou restituição, e de um por cento relativamente ao mês em que estiver sendo efetuada (Lei n. 9.250, de 1995, art. 39, § 4º; Lei n. 9.532, de 1997, art. 73).

§ 3º A Secretaria da Receita Federal expedirá as instruções necessárias ao cumprimento do disposto neste artigo (Lei n. 8.383, de 1991, art. 66, § 4º, com a redação dada pela Lei n. 9.069, de 1995, art. 58).

Direito de Pleitear a Restituição

ART. 69. O direito de pleitear a restituição do imposto extingue-se com o decurso do prazo de cinco anos, contados (Lei n. 5.172, de 1966, art. 168):

I - da data do pagamento indevido;

II - da data em que se tornar definitiva a decisão administrativa ou passar em julgado a decisão judicial que tenha reformado, anulado, revogado ou rescindido a decisão condenatória.

Parágrafo único. O pedido de restituição, dirigido à autoridade competente, suspende o prazo previsto no *caput* deste artigo até que seja proferida decisão final na órbita administrativa (Decreto-Lei n. 5.844, de 23 de setembro de 1943, art. 170, § 4º, acrescentado pela Lei n. 154, de 25 de novembro de 1947, art. 1º).

TÍTULO III
DA PRESCRIÇÃO

ART. 70. A ação para cobrança do crédito tributário prescreve em cinco anos, contados da data da sua constituição definitiva (Lei n. 5.172, de 1966, art. 174).

§ 1º A prescrição se interrompe (Lei n. 5.172, de 1966, art. 174, parágrafo único):

I - pela citação pessoal feita ao devedor;

II - pelo protesto judicial;

III - por qualquer ato judicial que constitua em mora o devedor;

IV - por qualquer ato inequívoco, ainda que extrajudicial, que importe reconhecimento do débito pelo devedor.

§ 2º A inscrição do débito como Dívida Ativa, pelo órgão competente, suspenderá a fluência do prazo prescricional, para todos os efeitos de direito, por cento e oitenta dias ou até a distribuição da execução fiscal, se esta ocorrer antes de findo aquele prazo (Lei n. 6.830, de 22 de setembro de 1980, art. 2º, § 3º).

§ 3º O despacho do juiz, que ordenar a citação do executado, interrompe a fluência do prazo prescricional (Lei n. 6.830, de 1980, art. 8º, § 2º).

TÍTULO IV
DA FISCALIZAÇÃO

ART. 71. A legislação tributária que trata da competência e dos poderes das autoridades administrativas em matéria de fiscalização aplica-se às pessoas naturais ou jurídicas, contribuintes ou não, inclusive às que gozam de imunidade tributária ou de isenção (Lei n. 5.172, de 1966, art. 194).

ART. 72. Para os efeitos da legislação tributária, não têm aplicação quaisquer disposições legais excludentes ou limitativas do direito de examinar mercadorias, livros, arquivos, documentos, papéis e efeitos comerciais ou fiscais, dos comerciantes, industriais ou produtores, ou da obrigação destes de exibi-los (Lei n. 5.172, de 1966, art. 195).

Parágrafo único. Os livros obrigatórios de escrituração comercial e fiscal e os comprovantes dos lançamentos neles efetuados serão conservados até que ocorra a prescrição dos créditos tributários decorrentes das operações a que se refiram (Lei n. 5.172, de 1966, art. 195, parágrafo único).

Convênios

ART. 73. A Secretaria da Receita Federal poderá celebrar convênio com o Instituto Nacional de Colonização e Reforma Agrária - INCRA, com a finalidade de delegar as atividades de fiscalização das informações sobre os imóveis rurais, contidas no DIAC e no DIAT (Lei n. 9.393, de 1996, art. 16).

§ 1º No exercício da delegação a que se refere este artigo, o INCRA poderá celebrar convênios de cooperação com o IBAMA, a Fundação Nacional do Índio - FUNAI e as Secretarias Estaduais de Agricultura (Lei n. 9.393, de 1996, art. 16, § 1º).

§ 2º No uso de suas atribuições, os agentes do INCRA terão acesso ao imóvel de propriedade particular, para levantamento de dados e informações (Lei n. 9.393, de 1996, art. 16, § 2º).

§ 3º A Secretaria da Receita Federal, com o apoio do INCRA, administrará o CAFIR e colocará as informações nele contidas à disposição daquela Autarquia, para fins de levantamento e pesquisa de dados e de proposição de ações administrativas e judiciais (Lei n. 9.393, de 1996, art. 16, § 3º, com a redação dada pela Lei n. 10.267, de 28 de agosto de 2001, art. 5º).

§ 4º Às informações a que se refere o § 3º aplica-se o disposto no art. 198 da Lei n. 5.172, de 1966 (Lei n. 9.393, de 1996, art. 16, § 4º, com a redação dada pela Lei n. 10.267, de 28 de agosto de 2001, art. 5º).

ART. 74. A Secretaria da Receita Federal poderá, também, celebrar convênios com (Lei n. 9.393, de 1996, art. 17):

I - órgãos da administração tributária das unidades federadas, visando delegar competência para a cobrança e o lançamento do ITR;

II - a Confederação Nacional da Agricultura - CNA e a Confederação Nacional dos Trabalhadores na Agricultura - CONTAG, com a finalidade de fornecer dados cadastrais de imóveis rurais que possibilitem a cobrança das contribuições sindicais devidas àquelas entidades.

TÍTULO V
DAS PENALIDADES

CAPÍTULO I
DA MULTA POR ATRASO NA ENTREGA DA DECLARAÇÃO

ART. 75. No caso de apresentação espontânea da DITR fora do prazo estabelecido pela Secretaria da Receita Federal, será cobrada multa de um por cento ao mês-calendário ou fração sobre o imposto devido, sem prejuízo da multa e dos juros de mora pela falta ou insuficiência de recolhimento do imposto ou quota (Lei n. 9.393, de 1996, arts. 7º e 9º).

Parágrafo único. Em nenhuma hipótese o valor da multa de que trata o *caput* deste artigo será inferior a R$ 50,00 (cinquenta reais) (Lei n. 9.393, de 1996, art. 11, § 2º).

CAPÍTULO II
DAS MULTAS DE LANÇAMENTO DE OFÍCIO

ART. 76. Nos casos de lançamento de ofício, serão aplicadas as seguintes multas, calculadas sobre a totalidade ou diferença do ITR (Lei n. 9.393, de 1996, art. 14, § 2º; Lei n. 9.430, de 1996, art. 44):

I - de setenta e cinco por cento, nos casos de falta de pagamento, de pagamento após o vencimento do prazo, sem o acréscimo de multa moratória, de falta de declaração e nos de declaração inexata, excetuada a hipótese do inciso seguinte;

II - cento e cinquenta por cento, nos casos de evidente intuito de sonegação, fraude ou conluio, independentemente de outras penalidades administrativas ou criminais cabíveis.

§ 1º As multas de que trata este artigo serão exigidas (Lei n. 9.430, de 1996, art. 44, § 1º):

I - juntamente com o ITR, quando não houver sido anteriormente pago;

II - isoladamente, quando o ITR houver sido pago após o vencimento do prazo previsto, mas sem o acréscimo de multa de mora.

§ 2º As multas a que se referem os incisos I e II do *caput* deste artigo passarão a ser de 112,5% (cento e doze inteiros e cinco décimos por cento) e 225% (duzentos e vinte e cinco por cento), respectivamente, nos casos de não atendimento pelo sujeito passivo, no prazo marcado, de intimação para (Lei n. 9.430, de 1996, art. 44, § 2º, com a redação dada pela Lei n. 9.532, de 1997, art. 70):

I - prestar esclarecimentos;

II - apresentar os arquivos digitais ou sistemas de processamento eletrônico de dados utilizados para registrar negócios e atividades econômicas ou financeiras, escriturar livros ou elaborar documentos de natureza contábil ou fiscal;

III - apresentar a documentação técnica e atualizada sobre o sistema de processamento de dados por ele utilizado, suficiente para possibilitar a sua auditoria (Lei n. 9.430, de 1996, art. 38).

§ 3º Será concedida redução de cinquenta por cento da multa de lançamento de ofício ao contribuinte que, notificado, efetuar o pagamento do débito no prazo legal de impugnação (Lei n. 8.218, de 29 de agosto de 1991, art. 6º; Lei n. 9.430, de 1996, art. 44, § 3º).

§ 4º Se houver impugnação tempestiva, a redução será de trinta por cento se o pagamento do débito for efetuado dentro de trinta dias da ciência da decisão de primeira instância (Lei n. 8.218, de 1991, art. 6º, parágrafo único; Lei n. 9.430, de 1996, art. 44, § 3º).

§ 5º Será concedida redução de quarenta por cento da multa de lançamento de ofício ao contribuinte que, notificado, requerer o parcelamento do débito no prazo legal de impugnação (Lei n. 8.383, de 1991, art. 60; Lei n. 9.430, de 1996, art. 44, § 3º).

§ 6º Havendo impugnação tempestiva, a redução será de vinte por cento, se o parcelamento for requerido dentro de trinta dias da ciência da decisão de primeira instância (Lei n. 8.383, de 1991, art. 60, § 1º; Lei n. 9.430, de 1996, art. 44, § 3º).

§ 7º A rescisão do parcelamento, motivada pelo descumprimento das normas que o regulam, implicará restabelecimento do montante da multa proporcionalmente ao valor da receita não satisfeito (Lei n. 8.383, de 1991, art. 60, § 2º; Lei n. 9.430, de 1996, art. 44, § 3º).

Sonegação

ART. 77. Sonegação é toda ação ou omissão dolosa tendente a impedir ou retardar, total ou parcialmente, o conhecimento por parte da autoridade administrativa (Lei n. 4.502, de 30 de novembro de 1964, art. 71):

I - da ocorrência do fato gerador da obrigação tributária principal, sua natureza ou circunstâncias materiais;

II - das condições pessoais do contribuinte, suscetíveis de afetar a obrigação tributária principal ou o crédito tributário correspondente.

Fraude

ART. 78. Fraude é toda ação ou omissão dolosa tendente a impedir ou retardar, total ou parcialmente, a ocorrência do fato gerador da obrigação tributária principal, ou a excluir ou modificar as suas características essenciais, de modo a reduzir o montante do imposto devido ou a evitar ou diferir o seu pagamento (Lei n. 4.502, de 1964, art. 72).

Conluio

ART. 79. Conluio é o ajuste doloso entre duas ou mais pessoas naturais ou jurídicas, visando a qualquer dos efeitos referidos nos arts. 77 e 78 (Lei n. 4.502, de 1964, art. 73).

TÍTULO VI
DAS DISPOSIÇÕES GERAIS

ART. 80. Compete à Secretaria da Receita Federal a administração do ITR, incluídas as atividades de arrecadação, tributação e fiscalização (Lei n. 9.393, de 1996, art. 15).

Parágrafo único. No processo administrativo fiscal, compreendendo os procedimentos destinados a determinação e exigência do imposto, imposição de penalidades, repetição de indébito e solução de consultas, bem assim a compensação do imposto, observar-se-á a legislação prevista para os demais tributos federais (Lei n. 9.393, de 1996, art. 15, parágrafo único).

ART. 81. Os prazos fixados neste Decreto serão contínuos, excluindo-se, em sua contagem, o dia de início e incluindo-se o de vencimento (Lei n. 5.172, de 1966, art. 210).

Parágrafo único. Os prazos só se iniciam ou vencem em dia de expediente normal na repartição em que corra o processo ou deva ser praticado o ato (Lei n. 5.172, de 1966, art. 210, parágrafo único).

ART. 82. Este Decreto entra em vigor na data de sua publicação.

Brasília, 19 de setembro de 2002; 181º da Independência e 114º da República.

FERNANDO HENRIQUE CARDOSO

DECRETO N. 4.489, DE 28 DE NOVEMBRO DE 2002

Regulamenta o art. 5º da Lei Complementar n. 105, de 10 de janeiro de 2001, no que concerne à prestação de informações à Secretaria da Receita Federal do Ministério da Fazenda, pelas instituições financeiras e as entidades a elas equiparadas, relativas às operações financeiras efetuadas pelos usuários de seus serviços

‣ *DOU*, 29.11.2002.

O Presidente da República, no uso da atribuição que lhe confere o art. 84, inciso IV, da Constituição, e tendo em vista o disposto no art. 5º da Lei Complementar n. 105, de 10 de janeiro de 2001,

Decreta:

ART. 1º As instituições financeiras, assim consideradas ou equiparadas nos termos dos §§ 1º e 2º do art. 1º da Lei Complementar n. 105, de 10 de janeiro de 2001, devem prestar à Secretaria da Receita Federal do Ministério da Fazenda informações sobre as operações financeiras efetuadas pelos usuários de seus serviços, sem prejuízo do disposto no art. 6º da referida Lei Complementar.

ART. 2º As informações de que trata este Decreto, referentes às operações financeiras descritas no § 1º do art. 5º da Lei Complementar n. 105, de 2001, serão prestadas, continuamente, em arquivos digitais, de acordo com as especificações definidas pela Secretaria da Receita Federal, e restringir-se-ão a informes relacionados com a identificação dos titulares das operações e com os montantes globais mensalmente movimentados, relativos a cada usuário, vedada a inserção de qualquer elemento que permita identificar a sua origem ou a natureza dos gastos efetuados.

§ 1º Nas informações referidas neste artigo, não se incluem as operações financeiras efetuadas pela administração direta e indireta da União, dos Estados, do Distrito Federal e dos Municípios.

§ 2º As instituições financeiras deverão conservar todos os documentos contábeis e fiscais, relacionados com as operações informadas, enquanto perdurar o direito de a Fazenda Pública constituir os créditos tributários delas decorrentes.

§ 3º A identificação dos titulares das operações ou dos usuários dos serviços será efetuada pelo número de inscrição no Cadastro de Pessoas Físicas (CPF) ou no Cadastro Nacional da Pessoa Jurídica (CNPJ) e pelo número ou qualquer outro elemento de identificação existente na instituição financeira.

§ 4º Caso a operação realizada pelo usuário não seja registrada em conta corrente, a instituição financeira deverá informar o número de registro ou de controle existente.

ART. 3º Para os efeitos deste Decreto, considera-se montante global mensalmente movimentado:

I - nos depósitos à vista e a prazo, inclusive em conta de poupança, o somatório dos lançamentos a crédito efetuados no mês;

II - nos pagamentos efetuados em moeda corrente ou cheque, o somatório dos lançamentos a débito vinculados a tais pagamentos no mês;

III - nas emissões de ordens de crédito ou documentos assemelhados, o somatório dos lançamentos a débito vinculados a tais emissões no mês;

IV - nos resgates em conta de depósito à vista e a prazo, inclusive de poupança, o somatório dos lançamentos a débito vinculados a tais resgates no mês;

V - nos contratos de mútuo e nas operações de desconto de duplicatas, notas promissórias ou outros títulos de crédito, o somatório dos valores lançados a crédito e o somatório de valores lançados a débito, no mês, em cada conta que registrar as operações do usuário;

VI - nas aquisições e vendas de títulos de renda fixa ou variável:

a) em operações no mercado à vista, o somatório das aquisições e o somatório das vendas realizadas no mês;

b) em operações no mercado de opções, o somatório dos prêmios recebidos e o somatório dos prêmios pagos no mês, informados de forma segregada, relativos a todos os contratos de opções, inclusive os de opções flexíveis;

c) em operações no mercado de futuros, o somatório dos ajustes diários ocorridos no mês, relativos a todos os contratos do usuário;

d) em operações de *swap*, o somatório dos pagamentos e o somatório dos recebimentos ocorridos no mês, informados de forma segregada, relativos a todos os contratos do usuário;

VII - nas aplicações em fundos de investimento, o somatório dos lançamentos de aplicações realizados no mês, individualizado por fundo;

VIII - nas aquisições de moeda estrangeira, o somatório das compras efetuadas no mês, em moeda nacional, pelo usuário;

IX - nas conversões de moeda estrangeira em moeda nacional, o somatório das vendas efetuadas no mês, em moeda nacional, pelo usuário;

X - nas transferências de moeda estrangeira e outros valores para o exterior, o somatório, em moeda nacional, dos valores transferidos no mês pelo usuário, contemplando todas as modalidades, independente do mercado de câmbio em que se operem;

XI - nas aquisições ou vendas de ouro, ativo financeiro, o somatório das aquisições e o somatório das vendas realizadas, no mês, pelo usuário;

XII - nas operações com cartão de crédito, o somatório dos pagamentos efetuados pelos titulares dos cartões e o somatório dos repasses efetuados aos estabelecimentos credenciados, no mês;

XIII - nas operações de arrendamento mercantil, o somatório dos pagamentos efetuados pelos arrendatários no mês, referentes a cada contrato.

§ 1º As transferências de valores para o exterior, quando decorrentes de lançamentos a crédito efetuados pelo banco depositário em contas tituladas por residentes ou domiciliados no exterior, deverão ser informadas de forma segregada das demais modalidades, nos termos do inciso X do *caput*, exceto quando os recursos provierem de venda de moeda estrangeira ou diretamente de outra conta da mesma espécie.

§ 2º As informações relativas a cartões de crédito serão apresentadas, nos termos do inciso XII, de forma individualizada por cartão emitido para o usuário.

ART. 4º Para o cumprimento do disposto no art. 3º, as instituições financeiras poderão desconsiderar as informações relativas a cada modalidade de operação financeira em que o montante global movimentado no mês seja inferior aos seguintes limites:

I - para pessoas físicas, R$ 5.000,00 (cinco mil reais);

II - para pessoas jurídicas, R$ 10.000,00 (dez mil reais).

ART. 5º A Secretaria da Receita Federal poderá:

I - alterar os limites de que trata o art. 4º;

II - instituir limites semestrais e anuais;

III - instituir limites relativos a conjunto de modalidades de operações;

IV - no caso do inciso II, estabelecer as hipóteses em que, havendo uma modalidade de operação financeira em que o montante global movimentado no período seja superior aos limites estabelecidos, a instituição financeira deverá prestar todas as informações relativas às demais modalidades de operações daquele titular ou usuário de seus serviços, ainda que os montantes globais movimentados de cada operação sejam inferiores aos limites estabelecidos.

Parágrafo único. Os novos limites, estabelecidos na forma prevista neste artigo, deverão ser observados a partir de 1º de janeiro do ano seguinte à edição do referido ato, relativamente à obrigatoriedade de prestar as informações, independentemente da data de realização das operações financeiras.

ART. 6º Recebidas as informações de que trata este Decreto, se detectados indícios de falhas, incorreções ou omissões, ou de cometimento de ilícito fiscal, a apuração dos fatos dar-se-á mediante:

I - requisição dos elementos e dos documentos necessários;

II - procedimento fiscal.

ART. 7º A Secretaria da Receita Federal resguardará, na forma da legislação aplicável à matéria, o sigilo das informações recebidas nos termos deste Decreto, facultada sua utilização para instaurar procedimento fiscal tendente a verificar a existência de crédito tributário relativo a impostos e contribuições sob sua administração.

ART. 8º A falta de prestação das informações de que trata este Decreto ou sua apresentação de forma inexata ou incompleta sujeita a pessoa jurídica às penalidades previstas no art. 33 da Medida Provisória n. 66, de 29 de agosto de 2002.

Parágrafo único. Quem omitir, retardar injustificadamente ou prestar falsamente à Secretaria da Receita Federal as informações a que se refere este Decreto ficará sujeito, também, às sanções de que trata o art. 10, *caput*, da Lei Complementar n. 105, de 2001, sem prejuízo das penalidades cabíveis nos termos da legislação tributária ou disciplinar, conforme o caso.

ART. 9º O servidor que divulgar, revelar ou facilitar a divulgação ou revelação de qualquer informação de que trata este Decreto, constante de sistemas informatizados, arquivos de documentos ou autos de processos protegidos por sigilo fiscal, com infração ao disposto no art. 198 da Lei n. 5.172, de 25 de outubro de 1966 (Código Tributário Nacional) ou no art. 116, inciso VIII, da Lei n. 8.112, de 11 de dezembro de 1990, ficará sujeito à penalidade de demissão, prevista no art. 132, inciso IX, da citada Lei n. 8.112, de 1990, sem prejuízo das sanções civis e penais cabíveis.

ART. 10. O servidor público que utilizar ou viabilizar a utilização de qualquer informação obtida nos termos deste Decreto, em finalidade ou hipótese diversa da prevista em lei, regulamento ou ato administrativo, será responsabilizado administrativamente por descumprimento do dever funcional de observar normas legais ou regulamentares, de que trata o art. 116, inciso III, da Lei n. 8.112, de 1990, se o fato não configurar infração mais grave, sem prejuízo de sua responsabilização em ação regressiva própria e da responsabilidade penal cabível.

ART. 11. O servidor que permitir ou facilitar, mediante atribuição, fornecimento ou empréstimo de senha ou qualquer outra forma, o acesso de pessoas não autorizadas a sistemas de informações, banco de dados, arquivos ou a autos de processos que contenham informações mencionadas neste Decreto, será responsabilizado administrativamente, nos termos da legislação específica, sem prejuízo das sanções civis e penais cabíveis.

Parágrafo único. O disposto neste artigo também se aplica no caso de o servidor utilizar-se, indevidamente, do acesso restrito.

ART. 12. O sujeito passivo que se considerar prejudicado por uso indevido das informações obtidas pela administração tributária, nos termos deste Decreto, ou por abuso da autoridade requisitante, poderá dirigir representação ao Corregedor-Geral da Secretaria da Receita Federal, com vistas à apuração do fato e, se for o caso, à aplicação de penalidades cabíveis ao servidor responsável pela infração.

§ 1º Quando o fato narrado não configurar evidente infração disciplinar ou ilícito penal, a representação será arquivada, por falta de objeto.

§ 2º O disposto no § 1º aplica-se, também, à hipótese de que trata o art. 12 do Decreto n. 3.724, de 10 de janeiro de 2001.

ART. 13. A Secretaria da Receita Federal editará as instruções que se fizerem necessárias à execução do disposto neste Decreto.

ART. 14. Este Decreto entra em vigor na data de sua publicação.

Brasília, 28 de novembro de 2002; 181º da Independência e 114º da República.

FERNANDO HENRIQUE CARDOSO

DECRETO N. 4.523, DE 17 DE DEZEMBRO DE 2002

Regulamenta o arrolamento de bens para interposição de recurso voluntário no processo administrativo de determinação e exigência de créditos tributários da União.

▸ *DOU*, 18.12.2002.

O Presidente da República, no uso da atribuição que lhe confere o art. 84, inciso IV, da Constituição, e tendo em vista o disposto nos §§ 2º a 4º do art. 33 do Decreto n. 70.235, de 6 de março de 1972,

Decreta:

ART. 1º O arrolamento de bens e direitos para fins de seguimento do recurso voluntário interposto contra decisão proferida nos processos de determinação e exigência de créditos tributários da União será efetuado em conformidade com as disposições deste Decreto.

ART. 2º O recorrente deverá arrolar, por sua iniciativa, bens e direitos de valor equivalente a trinta por cento da exigência fiscal definida na decisão, aplicando-se o disposto nos §§ 2º, 3º, 5º e 8º do art. 64 da Lei n. 9.532, de 10 de dezembro de 1997.

§ 1º Deverão ser arrolados, preferencialmente, bens imóveis da pessoa física ou jurídica recorrente, integrantes de seu patrimônio, classificados, no caso de pessoa jurídica, em conta integrante do ativo permanente, segundo as normas fiscais e comerciais.

§ 2º Caso a pessoa física não possua imóveis passíveis de arrolamento, deverão ser arrolados bens móveis ou direitos constantes de seu patrimônio.

§ 3º Caso a pessoa jurídica não possua imóveis passíveis de arrolamento, segundo o disposto no § 1º, deverão ser arrolados outros bens integrantes de seu ativo permanente.

ART. 3º Sem prejuízo do seguimento do recurso voluntário, o arrolamento de bens e direitos será limitado ao total do ativo permanente da pessoa jurídica ou ao patrimônio da pessoa física, avaliados pelo valor constante da contabilidade ou da última declaração de rendimentos apresentada pelo sujeito passivo.

ART. 4º Na hipótese em que a autoridade fiscal competente tenha procedido o arrolamento de bens e direitos nos termos preconizados pelo art. 64 da Lei n. 9.532, de 1997, fica o recorrente dispensado da adoção dessa providência.

ART. 5º A Secretaria da Receita Federal do Ministério da Fazenda expedirá normas complementares para a aplicação do disposto neste Decreto.

ART. 6º Este Decreto entra em vigor na data de sua publicação.

ART. 7º Fica revogado o Decreto n. 3.717, de 3 de janeiro de 2001.

Brasília, 17 de dezembro de 2002; 181º da Independência e 114º da República.

FERNANDO HENRIQUE CARDOSO

DECRETO N. 4.524, DE 17 DE DEZEMBRO DE 2002

Regulamenta a Contribuição para o PIS/Pasep e a Cofins devidas pelas pessoas jurídicas em geral.

▸ *DOU*, 18.12.2002.

O Presidente da República, no uso das atribuições que lhe confere o art. 84, inciso IV, da Constituição,

Decreta:

ART. 1º A Contribuição para o PIS/Pasep (PIS/Pasep), instituída pelas Leis Complementares n. 7, de 7 de setembro de 1970, e n. 8, de 3 de dezembro de 1970, e a Contribuição para o Financiamento da Seguridade Social (Cofins), instituída pela Lei Complementar n. 70, de 30 de dezembro de 1991, serão cobradas e fiscalizadas de conformidade com o disposto neste Decreto.

LIVRO I
PESSOAS JURÍDICAS DE DIREITO PRIVADO

TÍTULO I
FATO GERADOR

ART. 2º As contribuições de que trata este Decreto têm como fatos geradores (Lei n. 9.718, de 27 de novembro de 1998, art. 2º, e Medida Provisória n. 2.158-35, de 24 de agosto de 2001, art. 13):

I - na hipótese do PIS/Pasep:

a) o auferimento de receita pela pessoa jurídica de direito privado; e

b) a folha de salários das entidades relacionadas no art. 9º; e

II - na hipótese da Cofins, o auferimento de receita pela pessoa jurídica de direito privado.

Parágrafo único. Para efeito do disposto na alínea "a" do inciso I e no inciso II, compreende-se como receita a totalidade das receitas auferidas, independentemente da atividade exercida pela pessoa jurídica e da classificação contábil adotada para sua escrituração.

TÍTULO II
CONTRIBUINTES E RESPONSÁVEIS

CAPÍTULO I
CONTRIBUIÇÕES INCIDENTES SOBRE O FATURAMENTO

SEÇÃO I
CONTRIBUINTES

ART. 3º São contribuintes do PIS/Pasep e da Cofins incidentes sobre o faturamento as pessoas jurídicas de direito privado e as que lhes são equiparadas pela legislação do Imposto de Renda, observado o disposto no art. 9º (Lei Complementar n. 70, de 1991, art. 1º, Lei n. 9.430, de 27 de dezembro de 1996, art. 60, Lei n. 9.701, de 17 de novembro de 1998, art. 1º, Lei n. 9.715, de 25 de novembro de 1998, art. 2º, Lei n. 9.718, de 1998, art. 2º, e Lei n. 10.431, de 24 de abril de 2002, art. 6º, inciso II).

§ 1º As entidades fechadas e abertas de previdência complementar são contribuintes do PIS/Pasep e da Cofins na modalidade de incidência prevista neste artigo, sendo irrelevante a forma de sua constituição.

§ 2º As entidades submetidas aos regimes de liquidação extrajudicial e de falência, em relação às operações praticadas durante o período em que perdurarem os procedimentos para a realização de seu ativo e o pagamento do passivo, sujeitam-se às disposições deste Decreto.

SEÇÃO II
RESPONSÁVEIS

ART. 4º Os fabricantes e os importadores de cigarros são contribuintes e responsáveis, na condição de substitutos, pelo recolhimento do PIS/Pasep e da Cofins devidos pelos comerciantes varejistas, nos termos do art. 47 (Lei Complementar n. 70, de 1991, art. 3º, Lei n. 9.532, de 10 de dezembro de 1997, art. 53, e Lei n. 9.715, de 25 de novembro de 1998, art. 5º).

Parágrafo único. A substituição prevista neste artigo não alcança o comerciante atacadista de cigarros, que está obrigado ao pagamento das contribuições incidentes sobre a sua receita de comercialização desse produto.

ART. 5º Os fabricantes e os importadores dos veículos classificados nos códigos 84.32, 84.33, 87.01, 87.02, 87.03 e 87.11, e nas subposições 8704.2 e 8704.3, da Tabela de Incidência do Imposto sobre Produtos Industrializados (Tipi), aprovada pelo Decreto n. 4.070, de 28 de dezembro de 2001, são responsáveis, na condição de substitutos, pelo recolhimento das contribuições devidas pelos comerciantes varejistas, nos termos do art. 48 deste Decreto (Medida Provisória n. 2.158-35, de 2001, art. 43, e Medida Provisória n. 75, de 24 de outubro de 2002, art. 18).

§ 1º O disposto neste artigo não exime o fabricante ou importador da obrigação do pagamento das contribuições na condição de contribuinte.

§ 2º A substituição prevista neste artigo não se aplica às vendas efetuadas a comerciantes atacadistas de veículos, hipótese em que as contribuições são devidas em cada uma das sucessivas operações de venda do produto.

§ 3º A partir de 1º de novembro de 2002, relativamente aos produtos classificados nas posições 84.32 e 84.33, o disposto neste artigo alcança apenas os veículos autopropulsados descritos nos Códigos 8432.20, 8432.40.00, 8432.80.00 (exceto rolos para gramados ou campo de esporte), 8433.20, 8433.30.00, 8433.40.00 e 8433.5.

ART. 6º Os órgãos da administração federal direta, as autarquias e as fundações federais, nos pagamentos que efetuarem pela aquisição de bens ou pelo recebimento de serviços em geral, devem reter e recolher o PIS/Pasep e a Cofins, referentes a estas operações, devidos pelos fornecedores dos bens ou prestadores dos serviços, na forma do inciso I do art. 49 (Lei n. 9.430, de 1996, art. 64).

Parágrafo único. A retenção prevista no *caput* não se aplica aos pagamentos pela aquisição dos produtos sujeitos às alíquotas previstas no inciso I do art. 54 que gerem direito ao crédito presumido de que trata o art. 61.

ART. 7º As sociedades cooperativas que realizam venda de produtos entregues para comercialização por suas associadas pessoas jurídicas são responsáveis pela retenção e recolhimento das contribuições por estas devidas, na forma do inciso II do art. 49 (Medida Provisória n. 2.158-35, de 2001, art. 16, e Lei n. 9.430, de 1996, art. 66).

Parágrafo único. As sociedades cooperativas continuam responsáveis pela retenção e recolhimento das contribuições devidas por suas associadas, pessoas jurídicas, quando entregarem a produção destas associadas à central de cooperativas para revenda.

ART. 8º As pessoas jurídicas que administram jogos de bingo são responsáveis pelo pagamento das contribuições incidentes sobre as respectivas receitas geradas com essa atividade, na forma do inciso III do art. 49 (Lei n. 9.981, de 14 de julho de 2000, art. 4º).

Parágrafo único. O disposto neste artigo não exime a pessoa jurídica administradora da obrigação do pagamento das contribuições na condição de contribuinte.

CAPÍTULO II
CONTRIBUIÇÃO INCIDENTE SOBRE A FOLHA DE SALÁRIOS

ART. 9º São contribuintes do PIS/Pasep incidente sobre a folha de salários as seguintes entidades (Medida Provisória n. 2.158-35, de 2001, art. 13):

I - templos de qualquer culto;

II - partidos políticos;

III - instituições de educação e de assistência social que preencham as condições e requisitos do art. 12 da Lei n. 9.532, de 1997;

IV - instituições de caráter filantrópico, recreativo, cultural, científico e as associações, que preencham as condições e requisitos do art. 15 da Lei n. 9.532, de 1997;

V - sindicatos, federações e confederações;

VI - serviços sociais autônomos, criados ou autorizados por lei;

VII - conselhos de fiscalização de profissões regulamentadas;

VIII - fundações de direito privado;

X - condomínios de proprietários de imóveis residenciais ou comerciais; e

IX - Organização das Cooperativas Brasileiras (OCB) e as organizações estaduais de cooperativas previstas no art. 105 e seu § 1º da Lei n. 5.764, de 16 de dezembro de 1971.

TÍTULO III
BASE DE CÁLCULO

CAPÍTULO I
CONTRIBUIÇÕES INCIDENTES SOBRE O FATURAMENTO

SEÇÃO I
FATURAMENTO E RECEITA BRUTA

ART. 10. As pessoas jurídicas de direito privado e as que lhes são equiparadas pela legislação do Imposto de Renda, observado o disposto no art. 9º, têm como base de cálculo do PIS/Pasep e da Cofins o valor do faturamento, que corresponde à receita bruta, assim entendida a totalidade das receitas auferidas, independentemente da atividade por elas exercidas e da classificação contábil adotada para a escrituração das receitas (Lei Complementar n. 70, de 1991, art. 1º, Lei n. 9.701, de 1998, art. 1º, Lei n. 9.715, de 1998, art. 2º, Lei n. 9.716, de 26 de novembro de 1998, art. 5º, e Lei n. 9.718, de 1998, arts. 2º e 3º).

§ 1º Nas operações realizadas em mercados futuros, considera-se receita bruta o resultado positivo dos ajustes diários ocorridos no mês.

§ 2º Nas operações de câmbio, realizadas por instituições autorizadas pelo Banco Central do Brasil:

I - considera-se receita bruta a diferença positiva entre o preço da venda e o preço da compra da moeda estrangeira; e

II - a diferença negativa não poderá ser utilizada para a dedução da base de cálculo destas contribuições.

§ 3º Nas aquisições de direitos creditórios, resultantes de vendas mercantis a prazo ou de prestação de serviços, efetuadas por empresas de fomento comercial (Factoring), a receita bruta corresponde à diferença verificada entre o valor de aquisição e o valor de face do título ou direito creditório adquirido.

§ 4º A pessoa jurídica que tenha como objeto social, declarado em seus atos constitutivos, a compra e venda de veículos automotores deve apurar o valor da base de cálculo nas operações de venda de veículos usados adquiridos para revenda, inclusive quando recebidos como parte do pagamento do preço de venda de veículos novos ou usados, segundo o regime aplicável às operações de consignação.

§ 5º Na determinação da base de cálculo de que trata o § 4º será computada a diferença entre o valor pelo qual o veículo usado houver sido alienado, constante da nota fiscal de venda, e o seu custo de aquisição, constante da nota fiscal de entrada.

§ 6º O custo de aquisição de veículo usado, nas operações de que tratam os §§ 4º e 5º, é o preço ajustado entre as partes.

ART. 11. O valor auferido de fundo de compensação tarifária, criado ou aprovado pelo Poder Público Concedente ou Permissório, integra a receita bruta das empresas concessionárias ou permissionárias de serviço público de transporte urbano de passageiros (Lei n. 9.718, de 1998, arts. 2º e 3º).

ART. 12. Na hipótese de importação efetuada por pessoa jurídica importadora, por conta e ordem de terceiros, a receita bruta para efeito de incidência das contribuições corresponde ao valor (Medida Provisória n. 2.158-35, de 2001, art. 81, e Medida Provisória n. 66, de 29 de agosto de 2002, art. 29):

I - dos serviços prestados ao adquirente, na hipótese da pessoa jurídica importadora contratada; e

II - da receita auferida com a comercialização da mercadoria importada, na hipótese do adquirente por encomenda.

§ 1º Para os efeitos deste artigo:

I - entende-se por importador por conta e ordem de terceiros a pessoa jurídica que promover, em seu nome, o despacho aduaneiro de importação de mercadoria adquirida por outra, em razão de contrato previamente firmado, que poderá compreender, ainda, a prestação de outros serviços relacionados com a transação comercial, como a realização de cotação de preços e a intermediação comercial;

II - entende-se por adquirente a pessoa jurídica encomendante da mercadoria importada; e

III - a operação de comércio exterior realizada mediante a utilização de recursos de terceiros presume-se por conta e ordem destes.

§ 2º As normas de incidência, inclusive nas hipóteses de alíquotas diferenciadas, aplicáveis à receita bruta de importador, aplicar-se-ão à receita bruta do adquirente, decorrente da venda de mercadoria importada na forma deste artigo.

ART. 13. As variações monetárias ativas dos direitos de crédito e das obrigações do contribuinte, em função de taxa de câmbio, ou de índices ou coeficientes aplicáveis por disposição legal ou contratual, são consideradas, para efeitos da incidência das contribuições, como receitas financeiras (Lei n. 9.718, de 1998, art. 9º, e Medida Provisória n. 2.158-35, de 2001, art. 30).

§ 1º As variações monetárias em função da taxa de câmbio, a que se refere o *caput*, serão consideradas, para efeito de determinação da base de cálculo das contribuições, quando da liquidação da correspondente operação.

§ 2º À opção da pessoa jurídica, as variações monetárias de que trata o § 1º poderão ser consideradas na determinação da base de cálculo das contribuições segundo o regime de competência.

§ 3º A opção prevista no § 2º aplicar-se-á a todo o ano-calendário.

§ 4º A alteração no critério de reconhecimento das receitas de variação monetária deverá observar normas a serem expedidas pela Secretaria da Receita Federal (SRF).

ART. 14. As pessoas jurídicas optantes pelo regime de tributação do Imposto de Renda com base no lucro presumido poderão adotar o regime de caixa para fins da incidência do PIS/Pasep e da Cofins (Medida Provisória n. 2.158-35, de 2001, art. 20).

Parágrafo único. A adoção do regime de caixa, de acordo com o *caput*, está condicionada à utilização do mesmo critério em relação ao Imposto de Renda e à Contribuição Social sobre o Lucro Líquido (CSLL).

ART. 15. No caso de construção por empreitada ou de fornecimento a preço predeterminado de bens ou serviços à pessoa jurídica de direito público, empresa pública, sociedade de economia mista ou suas subsidiárias, a pessoa jurídica contratada, ou subcontratada, que diferir o pagamento das contribuições na forma do art. 24, incluirá o valor das parcelas na base de cálculo do mês do seu efetivo recebimento (Lei n. 9.718, de 1998, art. 7º).

ART. 16. Na hipótese de atividade imobiliária relativa a loteamento de terrenos, incorporação imobiliária, construção de prédios destinados à venda, bem assim a venda de imóveis construídos ou adquiridos para revenda, a receita bruta corresponde ao valor efetivamente recebido pela venda da unidade imobiliária, de acordo com o regime de reconhecimento de receitas previsto, para o caso, pela legislação do Imposto de Renda (Medida Provisória n. 2.221, de 4 de setembro de 2001, art. 2º, e Lei n. 8.981, de 20 de janeiro de 1995, art. 30).

Parágrafo único. O disposto neste artigo alcança também o valor dos juros e das variações monetárias, em função da taxa de câmbio ou de índice ou coeficiente aplicáveis por disposição legal ou contratual, que venham a integrar os valores efetivamente recebidos pela venda de unidades imobiliárias.

ART. 17. Na apuração da base de cálculo de que trata este capítulo, não integram a receita bruta:

I - do doador ou patrocinador, o valor das receitas correspondentes a doações e patrocínios, realizados sob a forma de prestação de serviços ou de fornecimento de material de consumo para projetos culturais, amparados pela Lei n. 8.313, de 23 de dezembro de 1991, computado a preço de mercado para fins de dedução do imposto de renda; e

II - a contrapartida do aumento do ativo da pessoa jurídica, em decorrência da atualização do valor dos estoques de produtos agrícolas, animais e extrativos, tanto em virtude do registro no estoque de crias nascidas no período, como pela avaliação do estoque a preço de mercado.

ART. 18. Não integram a base de cálculo do PIS/Pasep apurado na forma do art. 59, as receitas (Medida Provisória n. 66, de 29 de agosto de 2002, art. 1º, § 3º):

I - isentas da contribuição ou sujeitas a alíquota zero;

II - decorrentes da venda de bens do ativo imobilizado;

III - auferidas pela pessoa jurídica substituída, na revenda de mercadorias em relação às quais a contribuição seja exigida da empresa vendedora, na condição de substituta tributária; e

IV - de venda dos produtos de que tratam as Leis n. 9.990, de 2000, n. 10.147, de 21 de dezembro de 2000; alterada pela Lei n. 10.548, de 13 de novembro de 2002; e n. 10.485, de 2002, ou quaisquer outras receitas submetidas à incidência monofásica da contribuição para o PIS/Pasep.

ART. 19. A base de cálculo das contribuições incidentes sobre as receitas auferidas pelas pessoas jurídicas fabricantes e pelas importadoras dos produtos de que trata o art. 55 fica reduzida (Lei n. 10.485, de 3 de julho de 2002, art. 1º, §§ 2º e 3º, Medida Provisória n. 2.189-49, de 23 de agosto de 2001, art. 17, § 5º):

I - em 30,2% (trinta inteiros e dois décimos por cento), no caso da venda de caminhões chassi com carga útil igual ou superior a 1.800 kg e caminhão monobloco com carga útil igual ou superior a 1.500 kg, classificados na posição 87.04 da Tipi, observadas as especificações estabelecidas pela SRF; e

II - em 48,1% (quarenta e oito inteiros e um décimo por cento), no caso de venda de produtos classificados nos seguintes códigos da Tipi: 84.29, 8432.40.00, 8432.80.00, 8433.20, 8433.30.00, 8433.40.00, 8433.5, 87.01, 8702.10.00 Ex 02, 8702.90.90 Ex 02, 8704.10.00, 87.05 e 8706.00.10 Ex 01 (somente os destinados aos produtos classificados nos Ex 02 dos códigos 8702.10.00 e 8702.90.90).

Parágrafo único. O disposto neste artigo aplica-se, inclusive, à empresa comercial atacadista adquirente dos produtos resultantes da industrialização por encomenda, equiparada a industrial na forma do § 5º do art. 17 da Medida Provisória n. 2.189-49, de 23 de agosto de 2001.

ART. 20. Na apuração da base de cálculo, as pessoas jurídicas integrantes do Mercado Atacadista de Energia Elétrica (MAE), instituído pela Lei n. 10.433, de 24 de abril de 2002, optantes pelo regime especial de tributação de que trata o art. 32 da Medida Provisória n. 66, de 2002, devem considerar como receita bruta, nas operações de compra e venda de energia elétrica realizadas na forma da regulamentação prevista no art. 14 da Lei n. 9.648, de 27 de maio de 1998, com a redação dada pelo art. 5º da Lei n. 10.433, de 24 de abril de 2002, os resultados positivos apurados mensalmente (Lei n. 10.433, de 2002, art. 1º, e Medida Provisória n. 66, de 2002, art. 32, § 2º).

Parágrafo único. As operações de compra e venda de que trata o *caput* são aquelas realizadas a preços regulamentados, conforme a Convenção e as Regras de Mercado.

ART. 21. A receita decorrente da avaliação de títulos e valores mobiliários, instrumentos financeiros derivativos e itens objeto de hedge, registrada pelas instituições financeiras e demais entidades autorizadas a funcionar pelo Banco Central do Brasil ou pela Superintendência de Seguros Privados (Susep), em decorrência da valoração a preço de mercado no que exceder ao rendimento produzido até a referida data, somente será computada na base de cálculo do PIS/Pasep e da Cofins quando da alienação dos respectivos ativos (Medida Provisória n. 66, de 2002, art. 38, e Medida Provisória n. 75, de 2002, art. 37).

Parágrafo único. Para fins do disposto neste artigo, considera-se alienação qualquer forma de transmissão da propriedade, bem assim a liquidação, o resgate e a cessão dos referidos títulos e valores mobiliários, instrumentos financeiros derivativos e itens objeto de *hedge*.

SEÇÃO II
EXCLUSÕES E DEDUÇÕES

SUBSEÇÃO I
EXCLUSÕES E DEDUÇÕES GERAIS

ART. 22. Para efeito de apuração da base de cálculo de que trata este capítulo, observado o disposto no art. 23, podem ser excluídos ou deduzidos da receita bruta, quando a tenham integrado, os valores (Lei n. 9.718, de 1998, art. 3º):

I - das vendas canceladas;

II - dos descontos incondicionais concedidos;

III - do Imposto sobre Produtos Industrializados (IPI);

IV - do Imposto sobre Operações relativas à Circulação de Mercadorias e sobre Prestações de Serviços de Transporte Interestadual

DECRETOS

e Intermunicipal e de Comunicação (ICMS), quando destacado em nota fiscal e cobrado pelo vendedor dos bens ou prestador dos serviços na condição de substituto tributário;

V - das reversões de provisões;

VI - das recuperações de créditos baixados como perdas, limitados aos valores efetivamente baixados, que não representem ingresso de novas receitas;

VII - dos resultados positivos da avaliação de investimentos pelo valor do patrimônio líquido e dos lucros e dividendos derivados de investimentos avaliados pelo custo de aquisição, que tenham sido computados como receita, inclusive os derivados de empreendimento objeto de Sociedade em Conta de Participação (SCP); e

VIII - das receitas decorrentes das vendas de bens do ativo permanente.

§ 1º Não se aplica a exclusão prevista no inciso V na hipótese de provisão que tenha sido deduzida da base de cálculo quando de sua constituição.

§ 2º Na hipótese de o valor das vendas canceladas superar o valor da receita bruta do mês, o saldo poderá ser compensado nos meses subsequentes.

ART. 23. Para efeito de cálculo do PIS/Pasep não cumulativo, com a alíquota prevista no art. 59, podem ser excluídos da receita bruta, quando a tenham integrado, os valores (Medida Provisória n. 66, de 2002, art. 1º, § 3º, inciso V, e Medida Provisória n. 75, de 2002, art. 36):

I - das vendas canceladas;

II - dos descontos incondicionais concedidos;

III - do IPI;

IV - do ICMS, quando destacado em nota fiscal e cobrado pelo vendedor dos bens ou prestador dos serviços na condição de substituto tributário;

V - das reversões de provisões;

VI - das recuperações de créditos baixados como perdas, que não representem ingresso de novas receitas; e

VII - dos resultados positivos da avaliação de investimentos pelo valor do patrimônio líquido e dos lucros e dividendos derivados de investimentos avaliados pelo custo de aquisição, que tenham sido computados como receita.

SUBSEÇÃO II
EXCLUSÕES E DEDUÇÕES ESPECÍFICAS

ART. 24. No caso de construção por empreitada ou de fornecimento a preço predeterminado de bens ou serviços à pessoa jurídica de direito público, empresa pública, sociedade de economia mista ou suas subsidiárias, a pessoa jurídica contratada pode diferir o pagamento das contribuições, excluindo da base de cálculo do mês do auferimento da receita o valor da parcela ainda não recebida para adicioná-la à base de cálculo do mês do seu efetivo recebimento, de acordo com o art. 15 (Lei n. 9.718, de 1998, art. 7º).

Parágrafo único. A utilização do tratamento tributário previsto neste artigo é facultada ao subempreiteiro ou subcontratado, na hipótese de subcontratação parcial ou total da empreitada ou do fornecimento.

ART. 25. As operadoras de planos de assistência à saúde, para efeito de apuração da base de cálculo das contribuições, podem excluir ou deduzir da receita bruta o valor (Lei n. 9.718, de 1998, art. 3º, § 9º, com a redação da Medida Provisória n. 2.158-35, de 2001, art. 2º):

I - das corresponsabilidades cedidas;

II - da parcela das contraprestações pecuniárias destinada à constituição de provisões técnicas; e

III - referente às indenizações correspondentes aos eventos ocorridos, efetivamente pago, deduzido das importâncias recebidas a título de transferência de responsabilidades.

ART. 26. Os bancos comerciais, bancos de investimento, bancos de desenvolvimento, caixas econômicas, sociedades de crédito, financiamento e investimento, sociedades de crédito imobiliário, sociedades corretoras, distribuidoras de títulos e valores mobiliários, empresas de arrendamento mercantil, cooperativas de crédito e associações de poupança e empréstimo, para efeito da apuração da base de cálculo das contribuições, podem deduzir da receita bruta o valor (Lei n. 9.701, de 17 de novembro de 1998, art. 1º, inciso III, e Lei n. 9.718, de 1998, art. 3º, §§ 4º e 5º e inciso I do § 6º, com a redação da Medida Provisória n. 2.158-35, de 2001, art. 2º):

I - das despesas incorridas nas operações de intermediação financeira;

II - dos encargos com obrigações por refinanciamentos, empréstimos e repasses de recursos de órgãos e instituições oficiais ou de direito privado;

III - das despesas de câmbio, observado o disposto no § 2º do art. 10;

IV - das despesas de arrendamento mercantil, restritas a empresas e instituições arrendadoras;

V - das despesas de operações especiais por conta e ordem do Tesouro Nacional;

VI - do deságio na colocação de títulos;

VII - das perdas com títulos de renda fixa e variável, exceto com ações; e

VIII - das perdas com ativos financeiros e mercadorias, em operações de hedge.

Parágrafo único. A vedação do reconhecimento de perdas de que trata o inciso VII aplica-se às operações com ações realizadas nos mercados à vista e de derivativos (futuro, opção, termo, *swap* e outros) que não sejam de *hedge*.

ART. 27. As empresas de seguros privados, para efeito de apuração da base de cálculo das contribuições, podem excluir ou deduzir da receita bruta o valor (Lei n. 9.701, de 1998, art. 1º, inciso IV, e Lei n. 9.718, de 1998, art. 3º, §§ 5º e 6º, inciso II, com a redação da Medida Provisória n. 2.158-35, de 2001, art. 2º):

I - do cosseguro e resseguro cedidos;

II - referente a cancelamentos e restituições de prêmios que houverem sido computados como receitas;

III - da parcela dos prêmios destinada à constituição de provisões ou reservas técnicas; e

IV - referente às indenizações correspondentes aos sinistros ocorridos, efetivamente pagos, após subtraídas as importâncias recebidas a título de cosseguros e resseguros, salvados e outros ressarcimentos.

Parágrafo único. A dedução de que trata o inciso IV aplica-se somente às indenizações referentes a seguros de ramos elementares e a seguros de vida sem cláusula de cobertura por sobrevivência.

ART. 28. As entidades fechadas e abertas de previdência complementar, para efeito de apuração da base de cálculo das contribuições, podem excluir ou deduzir da receita bruta o valor (Lei n. 9.701, de 1998, art. 1º, inciso V, Lei n. 9.718, de 1998, art. 3º, § 5º, § 6º, inciso III, e § 7º, com a redação dada pela Medida Provisória n. 2.158-35, de 2001, art. 2º, e Medida Provisória n. 66, de 2002, art. 35):

I - da parcela das contribuições destinada à constituição de provisões ou reservas técnicas; e

II - dos rendimentos auferidos nas aplicações de recursos financeiros destinados ao pagamento de benefícios de aposentadoria, pensão, pecúlio e de resgates.

§ 1º A dedução prevista no inciso II do *caput*:

I - restringe-se aos rendimentos de aplicações financeiras proporcionados pelos ativos garantidores das provisões técnicas, limitados esses ativos ao montante das referidas provisões; e

II - aplica-se também aos rendimentos dos ativos financeiros garantidores das provisões técnicas de empresas de seguros privados destinadas exclusivamente a planos de benefícios de caráter previdenciário e a seguros de vida com cláusula de cobertura por sobrevivência.

§ 2º A partir de 30 de agosto de 2002, além das exclusões previstas no *caput*, as entidades fechadas de previdência complementar podem excluir os valores referentes a:

I - rendimentos relativos a receitas de aluguel, destinados ao pagamento de benefícios de aposentadoria, pensão, pecúlio e resgates;

II - receita decorrente da venda de bens imóveis, destinada ao pagamento de benefícios de aposentadoria, pensão, pecúlio e resgates; e

III - o resultado positivo, auferido na reavaliação da carteira de investimentos imobiliários referida nos incisos I e II deste parágrafo.

ART. 29. As empresas de capitalização, para efeito de apuração da base de cálculo das contribuições, podem excluir ou deduzir da receita bruta o valor (Lei n. 9.701, de 1998, art. 1º, inciso VI, e Lei n. 9.718, de 1998, art. 3º, § 5º, § 6º, inciso IV, e § 7º, com a redação dada pela Medida Provisória n. 2.158-35, de 2001, art. 2º):

I - da parcela dos prêmios destinada à constituição de provisões ou reservas técnicas; e

II - dos rendimentos auferidos nas aplicações financeiras destinadas ao pagamento de resgate de títulos.

Parágrafo único. A dedução prevista no inciso II restringe-se aos rendimentos de aplicações financeiras proporcionados pelos ativos garantidores das provisões técnicas, limitados esses ativos ao montante das referidas provisões.

ART. 30. As deduções e exclusões facultadas às pessoas jurídicas referidas nos arts. 26 a 29 restringem-se a operações autorizadas por órgão governamental, desde que realizadas dentro dos limites operacionais previstos na legislação pertinente, vedada a dedução de qualquer despesa administrativa (Lei n. 9.701, de 1998, art. 1º, §§ 1º e 3º).

Parágrafo único. As pessoas jurídicas de que trata este artigo poderão, ainda, excluir da receita bruta os valores correspondentes às diferenças positivas decorrentes de variação nos ativos objeto dos contratos, no caso de operações de *swap* não liquidadas.

ART. 31. As pessoas jurídicas que tenham por objeto a securitização de créditos imobiliários, nos termos da Lei n. 9.514, de 20 de novembro de 1997, e financeiros, observada regulamentação editada pelo Conselho Monetário Nacional, para efeito de apuração da base de cálculo das contribuições, podem deduzir o valor das despesas incorridas na captação de recursos (Lei n. 9.718, de 1998, art. 3º, § 8º, com a redação dada pela Medida Provisória n. 2.158-35, de 2001, art. 2º).

ART. 32. As sociedades cooperativas, para efeito de apuração da base de cálculo das contribuições, podem excluir da receita bruta o valor (Medida Provisória n. 2.158-35, de 2001, art.15, e Medida Provisória n. 66, de 2002, art. 36):

I - repassado ao associado, decorrente da comercialização, no mercado interno, de produtos por eles entregues à cooperativa, observado o disposto no § 1º;

II - das receitas de venda de bens e mercadorias a associados;

III - das receitas decorrentes da prestação, aos associados, de serviços especializados, aplicáveis na atividade rural, relativos a assistência técnica, extensão rural, formação profissional e assemelhadas;

IV - das receitas decorrentes do beneficiamento, armazenamento e industrialização de produção do associado;

V - das receitas financeiras decorrentes de repasse de empréstimos rurais contraídos junto a instituições financeiras, até o limite dos encargos a estas devidos; e

VI - das sobras apuradas na Demonstração do Resultado do Exercício, antes da destinação para a constituição do Fundo de Reserva e do Fundo de Assistência Técnica, Educacional e Social, previstos no art. 28 da Lei n. 5.764, de 1971.

§ 1º Para fins do disposto no inciso I do *caput*:

I - na comercialização de produtos agropecuários realizada a prazo, a cooperativa poderá excluir da receita bruta mensal o valor correspondente ao repasse a ser efetuado ao associado; e

II - os adiantamentos efetuados aos associados, relativos a produção entregue, somente poderão ser excluídos quando da comercialização dos referidos produtos.

§ 2º Para os fins do disposto no inciso II do *caput*, a exclusão alcançará somente as receitas decorrentes da venda de bens e mercadorias vinculadas diretamente à atividade econômica desenvolvida pelo associado e que seja objeto da cooperativa.

§ 3º Relativamente às exclusões previstas nos incisos I a V do *caput*, as operações serão contabilizadas destacadamente, sujeitas à comprovação mediante documentação hábil e idônea, com a identificação do associado, do valor da operação, da espécie e quantidade dos bens ou mercadorias vendidos.

§ 4º A cooperativa que fizer uso de qualquer das exclusões previstas neste artigo contribuirá, cumulativamente, para o PIS/Pasep incidente sobre a folha de salários.

§ 5º As sobras líquidas, apuradas após a destinação para constituição dos Fundos referidos no inciso VI do *caput*, somente serão computadas na receita bruta da atividade rural do cooperado quando a este creditadas, distribuídas ou capitalizadas.

§ 6º A entrega de produção à cooperativa, para fins de beneficiamento, armazenamento, industrialização ou comercialização, não configura receita do associado.

ART. 33. As empresas concessionárias ou permissionárias de serviço público de transporte urbano de passageiros, subordinadas ao sistema de compensação tarifária, para efeito da apuração da base de cálculo das contribuições, podem excluir da receita bruta o valor recebido que deva ser repassado a outras empresas do mesmo ramo, por meio de fundo de compensação criado ou aprovado pelo Poder Público Concedente ou Permissório.

ART. 34. As empresas transportadoras de carga, para efeito da apuração da base de cálculo das contribuições, podem excluir da receita bruta o valor recebido a título de Vale-Pedágio, quando destacado em campo específico no documento comprobatório do transporte (Lei n. 10.209, de 23 de março de 2001, art. 2º, alterado pelo art. 1º da Lei n. 10.561, de 13 de novembro de 2002).

Parágrafo único. As empresas devem manter em boa guarda, à disposição da SRF, os comprovantes de pagamento dos pedágios cujos valores foram excluídos da base de cálculo.

ART. 35. As pessoas jurídicas permissionárias de Lojas Francas, para efeito da apuração da base de cálculo das contribuições, podem excluir da receita bruta o valor da venda de mercadoria nacional ou estrangeira (Medida Provisória n. 2.158-35, de 2001, art. 14):

I - a passageiros de viagens internacionais, na saída do país; e

II - para uso ou consumo de bordo em embarcações e aeronaves em tráfego internacional.

Parágrafo único. O disposto neste artigo aplica-se somente quando o pagamento for efetuado em cheque de viagem ou em moeda estrangeira conversível.

ART. 36. O fabricante ou importador, nas vendas diretas ao consumidor final dos veículos classificados nas posições 87.03 e 87.04 da Tipi, efetuadas por conta e ordem dos concessionários de que trata a Lei n. 6.729, de 28 de novembro de 1979, poderá excluir (Lei n. 10.485, de 2002, art. 2º):

I - os valores devidos aos concessionários, pela intermediação ou entrega dos veículos; e

II - o ICMS incidente sobre valores de que trata o inciso I, nos termos estabelecidos nos respectivos contratos de concessão.

§ 1º Não serão objeto da exclusão prevista neste artigo os valores referidos nos incisos I e II do art. 19.

§ 2º Os valores referidos nos incisos I e II do *caput* não poderão exceder a 9% (nove por cento) do valor total da operação.

ART. 37. Os comerciantes varejistas de cigarros, em decorrência da substituição a que estão sujeitos na forma do *caput* do art. 4º, para efeito da apuração da base de cálculo das contribuições, podem excluir da receita bruta o valor das vendas desse produto, desde que a substituição tenha sido efetuada na aquisição (Lei Complementar n. 70, de 1991, art. 3º, Lei n. 9.715, de 25 de novembro de 1998, art. 5º, Lei n. 9.317, de 5 de dezembro de 1996, art. 5º, § 5º, e Lei n. 9.532, de 10 de dezembro de 1997, art. 53).

Parágrafo único. O disposto neste artigo não alcança os comerciantes varejistas optantes pelo Sistema Integrado de Pagamento de Tributos e Contribuições das Microempresas e Empresas de Pequeno Porte (Simples).

ART. 38. Os comerciantes varejistas de veículos sujeitos ao regime de substituição na forma do *caput* do art. 5º, para efeito da apuração da base de cálculo das contribuições, podem excluir da receita bruta o valor das vendas desses produtos, desde que a substituição tenha sido efetuada na aquisição.

§ 1º O valor a ser excluído da base cálculo não compreende o preço de vendas das peças, acessórios e serviços incorporados aos produtos pelo comerciante varejista.

§ 2º O disposto neste artigo não alcança os comerciantes varejistas optantes pelo Simples.

ART. 39. As pessoas jurídicas que adquirirem, para industrialização de produto que gere direito ao crédito presumido de que trata o art. 61, produto classificado nas posições 30.01 e 30.03, exceto no código 3003.90.56, nos itens 3002.10.1, 3002.10.2, 3002.10.3, 3002.20.1, 3002.20.2, 3006.30.1 e 3006.30.2 e nos códigos 3002.90.20, 3002.90.92, 3002.90.99, 3005.10.10 e 3006.60.00, todos da Tipi, tributado na forma do inciso I do art. 54, para efeito da apuração da base de cálculo das contribuições, poderão deduzir da receita bruta o respectivo valor de aquisição (Lei n. 10.147, de 2000, art. 1º, § 4º, com a redação dada pela Lei n. 10.548, de 2002).

ART. 40. As pessoas jurídicas de que trata o art. 20, podem deduzir os valores devidos, correspondentes a ajustes de contabilizações encerradas de operações de compra e venda de energia elétrica, realizadas no âmbito do MAE, quando decorrentes de (Lei n. 10.433, de 2002, art. 1º, e Medida Provisória n. 66, de 2002, art. 32, § 3º e 4º):

I - decisão proferida em processo de solução de conflitos, no âmbito do MAE, da Agência Nacional de Energia Elétrica (Aneel) ou em processo de arbitragem, na forma prevista no § 3º do art. 2º da Lei 10.433, de 2002;

II - resolução da Aneel; e

III - decisão proferida no âmbito do Poder Judiciário, transitada em julgado.

Parágrafo único. A dedução de que trata este artigo é permitida somente na hipótese em que o ajuste de contabilização caracterize anulação de receita sujeita à incidência do PIS/Pasep e da Cofins.

ART. 41. Sem prejuízo do disposto no art. 40, as geradoras de energia elétrica, optantes pelo regime especial de tributação a que se refere o art. 20, podem excluir da base de cálculo do PIS/Pasep e da Cofins o valor da receita auferida com a venda compulsória de energia elétrica por meio do Mecanismo de Realocação de Energia, de que trata a alínea "b" do parágrafo único do art. 14 da Lei n. 9.648, de 1998, com a redação dada pela Lei n. 10.433, de 2002 (Medida Provisória n. 66, de 2002, art. 32, § 5º).

ART. 42. As pessoas jurídicas de que tratam os arts. 24 a 41, na apuração das bases de cálculo, conforme o caso, podem utilizar as deduções e exclusões previstas nos arts. 22 e 23.

SEÇÃO III
NÃO INCIDÊNCIAS

ART. 43. As contribuições não incidem (art. XII, alínea "b", do Tratado entre o Brasil e o Paraguai, de 26 de abril de 1973, aprovado pelo Decreto Legislativo n. 23, de 30 de maio de 1973, promulgado pelo Decreto n. 72.707, de 28 de agosto de 1973, e Lei n. 10.560, de 13 de novembro de 2002, art. 2º):

I - sobre o faturamento correspondente a vendas de materiais e equipamentos, bem assim da prestação de serviços decorrentes dessas operações, efetuadas diretamente a Itaipu Binacional; e

II - a partir de 10 de dezembro de 2002, sobre a receita de venda de querosene de aviação, quando auferida por pessoa jurídica não enquadrada na condição de importadora ou produtora.

ART. 44. O PIS/Pasep não cumulativo não incide sobre as receitas decorrentes das operações de (Medida Provisória n. 66, de 2002, art. 5º):

I - exportação de mercadorias para o exterior;

II - prestação de serviços para pessoa física ou jurídica domiciliada no exterior, com pagamento em moeda conversível; e

III - vendas a empresa comercial exportadora com o fim específico de exportação.

SEÇÃO IV
ISENÇÕES

ART. 45. São isentas do PIS/Pasep e da Cofins as receitas (Medida Provisória n. 2.158-35, de 2001, art. 14, Lei n. 9.532, de 1997, art. 39, § 2º, e Lei n. 10.560, de 2002, art. 3º, e Medida Provisória n. 75, de 2002, art. 7º):

I - dos recursos recebidos a título de repasse, oriundos do Orçamento Geral da União, dos Estados, do Distrito Federal e dos Municípios, pelas empresas públicas e sociedades de economia mista;

II - da exportação de mercadorias para o exterior;

III - dos serviços prestados a pessoa física ou jurídica residentes ou domiciliados no exterior, cujo pagamento represente ingresso de divisas;

IV - do fornecimento de mercadorias ou serviços para uso ou consumo de bordo em embarcações e aeronaves em tráfego internacional, quando o pagamento for efetuado em moeda conversível, observado o disposto no § 3º;

V - do transporte internacional de cargas ou passageiro;

VI - auferidas pelos estaleiros navais brasileiros nas atividades de construção, conservação, modernização, conversão e reparo de embarcações pré-registradas ou registradas no Registro Especial Brasileiro (REB), instituído pela Lei n. 9.432, de 8 de janeiro de 1997;

VII - de frete de mercadorias transportadas entre o País e o exterior pelas embarcações registradas no REB, de que trata o art. 11 da Lei n. 9.432, de 1997;

VIII - de vendas realizadas pelo produtor-vendedor às empresas comerciais exportadoras nos termos do Decreto-Lei n. 1.248, de 29 de novembro de 1972, e alterações posteriores, desde que destinadas ao fim específico de exportação para o exterior; e

IX - de vendas, com fim específico de exportação para o exterior, a empresas exportadoras registradas na Secretaria de Comércio Exterior do Ministério do Desenvolvimento, Indústria e Comércio Exterior.

§ 1º Consideram-se adquiridos com o fim específico de exportação os produtos remetidos diretamente do estabelecimento industrial para embarque de exportação ou para recintos alfandegados, por conta e ordem da empresa comercial exportadora.

§ 2º As isenções previstas neste artigo não alcançam as receitas de vendas efetuadas:

I - a empresa estabelecida na Amazônia Ocidental ou em área de livre comércio;

II - a empresa estabelecida em zona de processamento de exportação; e

III - a estabelecimento industrial, para industrialização de produtos destinados a exportação, ao amparo do art. 3º da Lei n. 8.402, de 8 de janeiro de 1992.

§ 3º A partir de 10 de dezembro de 2002, o disposto no inciso IV do *caput* não se aplica à hipótese de fornecimento de querosene de aviação.

§ 4º O disposto nos incisos I e II do § 2º não se aplica às vendas realizadas às empresas referidas nos incisos VIII e IX do *caput*.

ART. 46. As entidades relacionadas no art. 9º deste Decreto (Constituição Federal, art. 195, § 7º, e Medida Provisória n. 2.158-35, de 2001, art. 13, art. 14, inciso X, e art. 17):

I - não contribuem para o PIS/Pasep incidente sobre o faturamento; e

II - são isentas da Cofins com relação às receitas derivadas de suas atividades próprias.

Parágrafo único. Para efeito de fruição dos benefícios fiscais previstos neste artigo, as entidades de educação, assistência social e de caráter filantrópico devem possuir o Certificado de Entidade Beneficente de Assistência Social expedido pelo Conselho Nacional de Assistência Social, renovado a cada três anos, de acordo com o disposto no art. 55 da Lei n. 8.212, de 1991.

SEÇÃO V
REGIME DE SUBSTITUIÇÃO

ART. 47. A contribuição mensal devida pelos fabricantes e importadores de cigarros, na condição de contribuintes e de substitutos dos comerciantes varejistas, será calculada sobre o preço de venda no varejo, multiplicado por (Lei Complementar n. 70, de 1991, art. 3º Lei n. 9.532, de 1997, art. 53, e Lei n. 9.715, de 1998, art. 5º):

I - 1,38 (um vírgula trinta e oito), para o PIS/Pasep; e

II - 1,18 (um vírgula dezoito), para a Cofins.

ART. 48. A base de cálculo da substituição prevista no art. 5º corresponde ao preço de venda do fabricante ou importador de veículos (Medida Provisória n. 2.158-35, de 2001, art. 43).

§ 1º Considera-se preço de venda o valor do produto acrescido do IPI incidente na operação.

§ 2º Os valores das contribuições objeto de substituição não integram a receita bruta do fabricante ou importador.

§ 3º Na determinação da base de cálculo, o fabricante ou importador poderá excluir o valor referente ao cancelamento de vendas ou devolução de produtos que tenham sido objeto da substituição de que trata este artigo.

SEÇÃO VI
RETENÇÃO NA FONTE

ART. 49. A base de cálculo das contribuições a serem retidas corresponde ao valor (Lei n. 9.430, de 1996, arts. 64 e 66, Lei n. 9.981, de 14 de julho de 2000, art. 4º, e Medida Provisória n. 2.158-35, de 2001, art. 16):

I - dos serviços e dos bens adquiridos por órgãos públicos, na hipótese do art. 6º;

II - da venda dos produtos entregues à cooperativa para comercialização, pela associada pessoa jurídica, na hipótese do art. 7º; e

III - da receita de terceiros auferida com a administração de jogos de bingo, na hipótese do art. 8º.

CAPÍTULO II
CONTRIBUIÇÃO INCIDENTE SOBRE A FOLHA DE SALÁRIOS

ART. 50. A base de cálculo do PIS/Pasep incidente sobre a folha de salários mensal, das entidades relacionadas no art. 9º, corresponde à remuneração paga, devida ou creditada a empregados.

Parágrafo único. Não integram a base de cálculo o salário família, o aviso prévio indenizado, o Fundo de Garantia por Tempo de Serviço (FGTS) pago diretamente ao empregado na rescisão contratual e a indenização por dispensa, desde que dentro dos limites legais.

TÍTULO IV
ALÍQUOTAS

CAPÍTULO I
INCIDÊNCIA SOBRE O FATURAMENTO

SEÇÃO I
PIS/PASEP E COFINS

ART. 51. As alíquotas do PIS/Pasep e da Cofins aplicáveis sobre o faturamento são de 0,65% (sessenta e cinco centésimos por cento) e de 3% (três por cento), respectivamente, e as diferenciadas previstas nos arts. 52 a 59 (Lei n. 9.715, de 1998, art. 8º, Medida Provisória n. 2.158-35, de 2001, art. 1º, e Lei n. 9.718, de 1998, art. 8º).

ART. 52. As alíquotas do PIS/Pasep e da Cofins fixadas para refinarias de petróleo, demais produtores e importadores de combustíveis são, respectivamente, de (Lei n. 9.718, de 1998, arts. 4º e 6º, com a redação dada pela Lei n. 9.990, de 21 de julho de 2000, e Lei n. 10.560, de 2002, art. 2º):

I - 2,7% (dois inteiros e sete décimos por cento) e 12,45% (doze inteiros e quarenta e cinco centésimos por cento), quando se tratar de receita bruta decorrente da venda de gasolinas, exceto gasolina de aviação;

II - 2,23% (dois inteiros e vinte e três centésimos por cento) e 10,29% (dez inteiros e vinte e nove centésimos por cento), quando se tratar de receita bruta decorrente da venda de óleo diesel;

III - 2,56% (dois inteiros e cinqu enta e seis centésimos por cento) e 11,84% (onze inteiros e oitenta e quatro centésimos por cento), quando se tratar de receita bruta decorrente da venda de gás liqu efeito de petróleo;

IV - 1,25% (um inteiro e vinte e cinco centésimos por cento) e 5,8% (cinco inteiros e oito décimos por cento), quando se tratar de receita bruta decorrente da venda de querosene de aviação efetuada a partir de 10 de dezembro de 2002; e

V - 0,65% (sessenta e cinco centésimos por cento) e 3% (três por cento), quando se tratar de receita bruta decorrente das demais atividades.

ART. 53. As alíquotas do PIS/Pasep e da Cofins fixadas para distribuidoras de álcool para fins carburantes são, respectivamente, de (Lei n. 9.718, de 1998, arts. 5º e 6º, com a redação dada pelo art. 3º da Lei n. 9.990, de 2000):

I - 1,46% (um inteiro e quarenta e seis centésimos por cento) e 6,74% (seis inteiros e setenta e quatro centésimos por cento), quando se tratar de receita bruta decorrente da venda de álcool para fins carburantes, exceto quando adicionado à gasolina; e

II - 0,65% (sessenta e cinco centésimos por cento) e 3% (três por cento), quando se tratar de receita bruta decorrente das demais atividades.

Parágrafo único. Na hipótese de importação de álcool para fins carburantes, a incidência referida neste artigo dar-se-á na forma:

I - do inciso I do *caput*, quando realizada por distribuidora do produto; e

II - do inciso II do *caput*, nos demais casos.

ART. 54. As alíquotas do PIS/Pasep e da Cofins fixadas para pessoas jurídicas que procedam à industrialização ou à importação dos produtos classificados nas posições 30.01, 30.03, exceto no código 3003.90.56, 3004, exceto no código 3004.90.46, e 3303.00 a 3307, nos itens 3002.10.1, 3002.10.2, 3002.10.3, 3002.20.1, 3002.20.2, 3006.30.1 e 3006.30.2 e nos códigos 3002.90.20, 3002.90.92, 3002.90.99, 3005.10.10, 3006.60.00, 3401.11.90, 3401.20.10 e 9603.21.00, todos da Tipi, são, respectivamente, de (Lei n. 10.147, de 2000, art. 1º, com a redação dada pela Lei n. 10.548, de 2002):

I - 2,2% (dois inteiros e dois décimos por cento) e 10,3% (dez inteiros e três décimos por cento), quando se tratar de receita bruta decorrente da venda dos produtos mencionados no *caput*; e

II - 0,65% (sessenta e cinco centésimos por cento) e 3% (três por cento), quando se tratar de receita bruta decorrente das demais atividades.

§ 1º Para os efeitos do disposto neste artigo, aplica-se o conceito de industrialização estabelecido na legislação do IPI.

§ 2º A alíquota estabelecida no inciso II será aplicada sobre a receita bruta decorrente da venda de produtos que vierem a ser excluídos da incidência determinada em conformidade com o inciso I.

ART. 55. As alíquotas do PIS/Pasep e da Cofins fixadas para as pessoas jurídicas fabricantes e as importadoras dos produtos classificados nos códigos 84.29, 8432.40.00, 84.32.80.00, 8433.20, 8433.30.00, 8433.40.00, 8433.5, 87.01, 87.02, 87.03, 87.04, 87.05 e 87.06, da Tipi, relativamente à receita bruta decorrente da venda desses produtos, são de 1,47% (um inteiro e quarenta e sete centésimos por cento) e 6,79% (seis inteiros e setenta e nove centésimos por cento), respectivamente (Lei n. 10.485, de 2002, art. 1º e Medida Provisória n. 2.189-49, de 2001).

Parágrafo único. O disposto neste artigo aplica-se:

I - exclusivamente aos produtos autopropulsados, relativamente aos produtos classificados no Capítulo 84 da Tipi; e

II - inclusive à empresa comercial atacadista adquirente dos produtos resultantes da industrialização por encomenda, equiparada a industrial na forma do § 5º do art. 17 da Medida Provisória n. 2.189-49, de 2001.

ART. 56. As pessoas jurídicas fabricantes e as importadoras dos produtos classificados nas posições 40.11 (pneus novos de borracha) e 40.13 (câmaras-de-ar de borracha), da Tipi, relativamente à receita bruta decorrente da venda desses produtos, ficam sujeitas ao pagamento do PIS/Pasep e da Cofins às alíquotas de 1,43% (um inteiro e quarenta e três centésimos por cento) e 6,6% (seis inteiros e seis décimos por cento), respectivamente (Lei n. 10.485, de 2002, art. 5º).

ART. 57. Na hipótese de importação efetuada na forma do art. 12, aplica-se ao adquirente as alíquotas diferenciadas previstas nos arts. 52 a 56, com relação à receita decorrente da venda da mercadoria importada (Medida Provisória n. 2.158-35, de 2001, art. 81).

ART. 58. As alíquotas do PIS/Pasep e da Cofins estão reduzidas a zero quando aplicáveis sobre a receita bruta decorrente (Medida Provisória n. 2.158-35, de 2001, art. 42, Lei n. 9.718, de 1998, art. 6º, parágrafo único, com a redação dada pela Lei n. 9.990, de 2000, Lei n. 10.147, de 2000, art. 2º, Lei n. 10.312, de 27 de novembro de 2001, Lei n. 10.336, de 19 de dezembro de 2001, art. 14, Lei n. 10.485, de 2002, arts. 2º, 3º e 5º, Medida Provisória n. 2.189-49, de 23 de agosto de 2001):

I - da venda de gasolinas, exceto gasolina de aviação, óleo diesel e gás liquefeito de petróleo, por distribuidores e comerciantes varejistas;

II - da venda de álcool para fins carburantes, quando adicionada à gasolina, por distribuidores;

III - da venda de álcool para fins carburantes, por comerciantes varejistas;

IV - da venda dos produtos farmacêuticos de higiene pessoal sujeitos à incidência na forma do inciso I do art. 54, pelas pessoas jurídicas não enquadradas na condição de industrial ou importador;

V - da venda dos produtos a que se refere o art. 55, por comerciantes atacadistas e varejistas, exceto pela empresa comercial atacadista adquirente dos produtos resultantes da industrialização por encomenda, equiparada a industrial na forma do § 5º do art. 17 da Medida Provisória n. 2.189-49, de 2001;

VI - da venda dos produtos de que trata o art. 56, por pessoas jurídicas comerciantes varejistas e atacadistas;

VII - da venda de nafta petroquímica às centrais petroquímicas;

VIII - da venda dos produtos relacionados nos Anexos I e II à Lei n. 10.485, de 2002;

IX - da venda de gás natural canalizado, destinado à produção de energia elétrica pelas usinas integrantes do Programa Prioritário de Termoeletricidade, nos termos e condições estabelecidos em ato conjunto dos Ministros de Estado da Fazenda e de Minas e Energia; (Alterado pelo Dec. 8.082/2013.)

X - do recebimento dos valores de que trata o inciso I do art. 36, pelos concessionários de que trata a Lei n. 6.729, de 1979.

XI - da venda de carvão mineral destinado à geração de energia elétrica. (Acrescentado pelo Dec. 8.082/2013.)

§ 1º O disposto no inciso I deste artigo não se aplica às hipóteses de venda de produtos importados, que se sujeitam ao disposto no art. 52.

§ 2º O disposto neste artigo não se aplica às pessoas jurídicas optantes pelo Simples.

SEÇÃO II
PIS/PASEP NÃO CUMULATIVO

ART. 59. A alíquota do PIS/Pasep não cumulativo incidente sobre a receita auferida pelas pessoas jurídicas de direito privado e as que lhes são equiparadas pela legislação do imposto de renda, tributadas com base no lucro real, será de 1,65% (um inteiro e sessenta e cinco centésimos por cento), a partir de 1º de dezembro de 2002 (Lei n. 9.715, de 1998, art. 2º, inciso I, e Medida Provisória n. 66, de 2002, arts. 2º e 8º).

Parágrafo único. O disposto no *caput* não se aplica:

I - a cooperativas;

II - a bancos comerciais, bancos de investimentos, bancos de desenvolvimento, caixas econômicas, sociedades de crédito, financiamento e investimento, sociedades de crédito imobiliário, sociedades corretoras, distribuidoras de títulos e valores mobiliários, empresas de arrendamento mercantil, cooperativas de crédito, empresas de seguros privados e de capitalização, agentes autônomos de seguros privados e de crédito, entidades de previdência complementar abertas e fechadas e associações de poupança e empréstimo;

III - a pessoas jurídicas que tenham por objeto a securitização de créditos imobiliários, nos termos da Lei n. 9.514, de 20 de novembro de 1997, e financeiros;

IV - a operadoras de planos de assistência à saúde;

V - a receitas de venda dos produtos de que trata a Lei n. 9.990, de 2000, a Lei n. 10.147, de 2000, alterada pela Lei n. 10.548, de 2002, e a Lei n. 10.485, de 2002, ou quaisquer outras submetidas à incidência monofásica da contribuição para o PIS/Pasep; e

VI - a receitas sujeitas à substituição tributária da contribuição para o PIS/Pasep.

VII - as receitas de que tratam os arts. 20, 40 e 41.

CAPÍTULO II
INCIDÊNCIA SOBRE A FOLHA DE SALÁRIOS

ART. 60. A alíquota do PIS/Pasep é de 1% (um por cento), quando aplicável sobre a folha de salários (Medida Provisória n. 2.158-35, de 2001, art. 13).

TÍTULO V
APURAÇÃO DE CRÉDITOS DEDUTÍVEIS

CAPÍTULO I
PRODUTOS FARMACÊUTICOS

ART. 61. O regime especial de crédito presumido de que trata o art. 3º da Lei n. 10.147, de 2000, com a redação dada pela Lei n. 10.548, de 2002, será concedido às pessoas jurídicas que procedam à industrialização ou à importação de produtos farmacêuticos classificados:

I - nas posições 30.03, exceto no código 3003.90.56, nos itens 3002.10.1, 3002.10.2, 3002.10.3, 3002.20.1, 3002.20.2, 3006.30.1 e 3006.30.2 e nos códigos 3001.20.90, 3001.90.10, 3001.90.90, 3002.90.20, 3002.90.92, 3002.90.99, 3005.10.10 e 3006.60.00, todos da Tipi, tributados na forma do inciso I do art. 54; e

II - na posição 30.04, exceto no código 3004.90.46 da Tipi.

§ 1º Para efeitos do *caput* e visando assegurar a repercussão nos preços ao consumidor da redução da carga tributária, em virtude do disposto neste artigo, a pessoa jurídica deve:

I - firmar, com a União, compromisso de ajustamento de conduta, nos termos do § 6º do art. 5º da Lei n. 7.347, de 24 de julho de 1985, com a redação dada pelo art. 113 da Lei n. 8.078, de 11 de setembro de 1990; ou

II - cumprir a sistemática estabelecida pela Câmara de Medicamentos para utilização do crédito presumido, na forma determinada pela Lei n. 10.213, de 27 de março de 2001.

§ 2º O crédito presumido a que se refere este artigo será determinado mediante a aplicação, sobre a receita bruta decorrente da venda de produtos farmacêuticos, sujeitos à prescrição médica e identificados por tarja vermelha ou preta, relacionados pelo poder executivo, das alíquotas mencionadas no inciso I do art. 54.

§ 3º O crédito presumido somente será concedido na hipótese em que o compromisso de ajustamento de conduta ou a sistemática estabelecida pela Câmara de Medicamentos, de que tratam os incisos I e II do § 1º, inclua todos os produtos industrializados ou importados pela pessoa jurídica, constantes da relação referida no § 2º.

ART. 62. A concessão do regime especial de crédito presumido dependerá de habilitação perante a Câmara de Medicamentos, criada pela Lei n. 10.213, de 27 de março de 2001, e a SRF (Lei n. 10.147, de 2000, art. 3º, incisos I e II, com a redação dada pela Lei n. 10.548, de 2002, Lei n. 9.069, de 29 de junho de 1995, art. 60).

§ 1º Inicialmente o pedido de habilitação será encaminhado à Câmara de Medicamentos que, na hipótese de deferimento, o encaminhará à SRF.

§ 2º O regime especial de crédito presumido poderá ser utilizado a partir da data de protocolização do pedido, ou de sua renovação perante a Câmara de Medicamentos, observado o disposto na Lei n. 10.147, de 2000, e na Lei n. 10.213, de 2001.

§ 3º No caso de indeferimento do pedido, serão devidas as contribuições que deixaram de ser pagas, com acréscimo de juros de mora e de multa, de mora ou de ofício, conforme o caso, nos termos da legislação tributária, a contar do início da utilização do regime.

CAPÍTULO II
PIS/PASEP NÃO CUMULATIVO

SEÇÃO I
CÁLCULO DO CRÉDITO

ART. 63. A pessoa jurídica pode descontar, do PIS/Pasep não cumulativo apurado com a alíquota prevista no art. 59, créditos calculados mediante a aplicação da mesma alíquota, sobre os valores (Medida Provisória n. 66, de 2002, art. 3º, *caput* e §§ 1º, 2º e 4º):

I - das aquisições efetuadas no mês:

a) de bens para revenda, exceto em relação às mercadorias e aos produtos referidos nos incisos III e IV do art. 18;

b) de bens e serviços utilizados como insumos na fabricação de produtos destinados à venda ou na prestação de serviços, inclusive combustíveis e lubrificantes;

II - das despesas e custos incorridos no mês, relativos a:

a) energia elétrica consumida nos estabelecimentos da pessoa jurídica;

b) aluguéis de prédios, máquinas e equipamentos, pagos à pessoa jurídica, utilizados nas atividades da empresa;

c) despesas financeiras decorrentes de empréstimos e financiamento tomado de pessoa jurídica, exceto quando esta for optante pelo Simples;

III - dos encargos de depreciação e amortização, incorridos no mês, relativos à:

a) máquinas e equipamentos adquiridos para utilização na fabricação de produtos destinados à venda, bem assim a outros bens incorporados ao ativo imobilizado;

b) edificações e benfeitorias em imóveis de terceiros, quando o custo, inclusive de mão de obra, tenha sido suportado pela locatária; e

IV - relativos aos bens recebidos em devolução, no mês, cuja receita de venda tenha integrado o faturamento do mês ou de mês anterior, e tenha sido tributada na forma do art. 59.

§ 1º Não gera direito ao crédito o valor da mão-de-obra paga a pessoa física.

§ 2º O crédito não aproveitado em determinado mês pode ser utilizado nos meses subsequentes.

ART. 64. O direito ao crédito de que trata o art. 63 aplica-se, exclusivamente, em relação (Medida Provisória n. 66, de 2002, art. 3º, § 3º):

I - aos bens e serviços adquiridos de pessoa jurídica domiciliada no País;

II - aos custos e despesas incorridos, pagos ou creditados a pessoa jurídica domiciliada no País; e

III - aos bens e serviços adquiridos e aos custos e despesas e encargos incorridos a partir de 1º de dezembro de 2002.

Parágrafo único. Para efeito do disposto neste artigo, a pessoa jurídica deve contabilizar os bens adquiridos e os custos e despesas incorridos, pagos ou creditados a pessoas jurídicas domiciliadas no País, separadamente daqueles efetuados a pessoas jurídicas domiciliadas no exterior.

SEÇÃO II
CÁLCULO DO CRÉDITO PRESUMIDO

ART. 65. Sem prejuízo do aproveitamento dos créditos apurados na forma do art. 63, as pessoas jurídicas que produzam mercadorias de origem animal ou vegetal classificadas nos capítulos 2 a 4, 8 a 11, e nos códigos 0504.00, 07.10, 07.12 a 07.14, 15.07 a 15.13, 15.17 e 2209.00.00, todos da Tipi, destinados à alimentação humana ou animal, poderão deduzir da contribuição para o PIS/Pasep, devida em cada período de apuração, crédito presumido, calculado sobre o valor dos bens e serviços referidos na alínea "b" do inciso I do art. 63, adquiridos, no mesmo período, de pessoas físicas residentes no País (Medida Provisória n. 66, de 2002, art. 3º, §§ 5º e 6º).

§ 1º Na apuração do crédito presumido de que trata este artigo:

I - aplicar-se-á, sobre o valor das mencionadas aquisições, a alíquota correspondente a setenta por cento daquela prevista no art. 59, e

II - o valor das aquisições não poderá ser superior ao que vier a ser fixado, por espécie de bem ou serviço, pela SRF.

§ 2º Para efeito do disposto neste artigo, a pessoa jurídica deve contabilizar o valor dos bens e serviços utilizados como insumos, adquiridos de pessoas físicas residentes no País, separadamente das aquisições efetuadas de pessoas físicas residentes no exterior.

SEÇÃO III
CÁLCULO DO CRÉDITO DE ESTOQUES

ART. 66. A pessoa jurídica que, tributada com base no lucro presumido, passar a adotar o regime de tributação com base no lucro real, terá, na hipótese de, em decorrência dessa opção, sujeitar-se à incidência não cumulativa da contribuição para o PIS/Pasep, direito a desconto correspondente ao estoque de abertura dos bens que, na forma da legislação que rege a matéria, geram direito ao aproveitamento de crédito, adquiridos para revenda ou utilizados como insumo na fabricação de produtos destinados à venda ou na prestação de serviços (Medida Provisória n. 75, de 2002, art. 11).

§ 1º O montante de crédito presumido será igual ao resultado da aplicação do percentual de 0,65% (sessenta e cinco centésimos por cento) sobre o valor do estoque.

§ 2º O crédito presumido calculado segundo o § 1º será utilizado em doze parcelas mensais, iguais e sucessivas, a partir da data em que for adotado o lucro real.

LIVRO II
PESSOAS JURÍDICAS DE DIREITO PÚBLICO INTERNO

TÍTULO I
CONTRIBUINTES E RESPONSÁVEIS

CAPÍTULO I
CONTRIBUIÇÃO INCIDENTE SOBRE RECEITAS E TRANSFERÊNCIAS

SEÇÃO I
CONTRIBUINTES

ART. 67. A União, os Estados, o Distrito Federal, os Municípios e suas autarquias são contribuintes do PIS/Pasep incidente sobre as receitas correntes arrecadadas e transferências correntes e de capital recebidas (Lei n. 9.715, de 1998, art. 2º, inciso III).

Parágrafo único. A contribuição é obrigatória e independe de ato de adesão ao Programa de Integração Social e de Formação do Patrimônio de Servidor Público.

SEÇÃO II
RESPONSÁVEIS

ART. 68. A Secretaria do Tesouro Nacional efetuará a retenção do PIS/Pasep incidente sobre o valor das transferências correntes e de capital efetuadas para as pessoas jurídicas de direito público interno, excetuada a hipótese de transferências para as fundações públicas (Lei n. 9.715, de 1998, art. 2º, § 6º, com a redação dada pela Medida Provisória n. 2.158-35, de 2001, art. 19, e Lei Complementar n. 8, de 1970, art. 2º, parágrafo único).

Parágrafo único. Não incidirá, em nenhuma hipótese, sobre as transferências de que trata este artigo, mais de uma contribuição.

CAPÍTULO II
CONTRIBUIÇÃO INCIDENTE SOBRE A FOLHA DE SALÁRIOS

ART. 69. As fundações públicas contribuem para o PIS/Pasep com base na folha de salários (Medida Provisória n. 2.158-35, de 2001, art. 13, inciso VIII).

TÍTULO II
BASE DE CÁLCULO

CAPÍTULO I
CONTRIBUIÇÃO INCIDENTE SOBRE RECEITAS E TRANSFERÊNCIAS

ART. 70. As pessoas jurídicas de direito público interno, observado o disposto nos arts. 71 e 72, devem apurar a contribuição para o PIS/Pasep com base nas receitas arrecadadas e nas transferências correntes e de capital recebidas (Lei n. 9.715, de 1998, art. 2º, inciso III, § 3º e art. 7º).

§ 1º Não se incluem, entre as receitas das autarquias, os recursos classificados como receitas do Tesouro Nacional nos Orçamentos Fiscal e da Seguridade Social da União.

§ 2º Para os efeitos deste artigo, nas receitas correntes serão incluídas quaisquer receitas tributárias, ainda que arrecadadas, no todo ou em parte, por outra entidade da Administração Pública, e deduzidas as transferências efetuadas a outras entidades de direito público interno.

ART. 71. O Banco Central do Brasil deve apurar a contribuição para o PIS/Pasep com base no total das receitas correntes arrecadadas e consideradas como fonte para atender às suas dotações constantes do Orçamento Fiscal da União (Lei n. 9.715, de 1998, art. 15).

CAPÍTULO II
CONTRIBUIÇÃO INCIDENTE SOBRE A FOLHA DE SALÁRIOS

ART. 72. A base de cálculo do PIS/Pasep incidente sobre a folha de salários, na forma do art. 69, corresponde à remuneração paga, devida ou creditada (Lei n. 8.112, de 11 de dezembro de 1990, art. 41).

TÍTULO III
ALÍQUOTA

ART. 73. A alíquota do PIS/Pasep é de 1% (um por cento), quando aplicável sobre a folha de salários e sobre as receitas arrecadadas e as transferências recebidas (Medida Provisória n. 2.158-35, de 2001, art.13 e Lei n. 9.715, de 1998, art. 8º, inciso III).

LIVRO III
ADMINISTRAÇÃO DAS CONTRIBUIÇÕES

TÍTULO I
APURAÇÃO E PAGAMENTO

CAPÍTULO I
PERÍODO DE APURAÇÃO

ART. 74. O período de apuração do PIS/Pasep e da Cofins é mensal (Lei Complementar n. 70, de 1991, art. 2º, e Lei n. 9.715, de 1998, art. 2º).

Parágrafo único. Excetuam-se da regra deste artigo as hipóteses previstas nos arts. 76 e 77.

CAPÍTULO II
CENTRALIZAÇÃO DO RECOLHIMENTO

ART. 75. Serão efetuados de forma centralizada pelo estabelecimento matriz da pessoa jurídica de direito privado a apuração e o pagamento do PIS/Pasep e da Cofins (Lei n. 9.779, de 19 de janeiro de 1999, art. 15, inciso III).

CAPÍTULO III
DEDUÇÕES PERMITIDAS SOBRE O VALOR APURADO

SEÇÃO I
TRATAMENTO DA ANTECIPAÇÃO

ART. 76. A pessoa jurídica poderá deduzir, do valor a pagar, a importância referente às contribuições efetivamente retidas na fonte, na forma dos arts. 6º e 7º, até o mês imediatamente anterior ao do vencimento.

SEÇÃO II
DEDUÇÃO PERMITIDA AO CONTRIBUINTE DA CIDE-COMBUSTÍVEIS

ART. 77. A pessoa jurídica sujeita à Contribuição de Intervenção no Domínio Econômico instituída pela Lei n. 10.336, de 19 de dezembro de 2001, Cide-combustíveis, poderá deduzir do valor da Cide paga, até o limite estabelecido no art. 8º da referida Lei, observado o disposto no art. 2º do Decreto n. 4.066, de 27 de dezembro de 2001, o valor do PIS/Pasep e da Cofins devidos em relação à receita da comercialização, no mercado interno, dos seguintes produtos (Lei n. 10.336, de 2001, art. 8º, e Decreto n. 4.066, de 27 de dezembro de 2001, art. 2º e Medida Provisória n. 75, de 2002, art. 33):

I - gasolinas;

II - diesel;

III - querosene de aviação;

IV - demais querosenes;

V - óleos combustíveis (fuel oil);

VI - gás liquefeito de petróleo, inclusive derivado de gás natural e de nafta, classificado nos códigos 2711.12.10, 2711.12.90, 2711.13.00, 2711.14.00, 2711.19.10 e 2711.19.90 da Tipi; e

VII - álcool etílico combustível.

§ 1º A dedução a que se refere este artigo aplica-se às contribuições relativas a um mesmo período de apuração ou posteriores.

§ 2º As parcelas da Cide-combustíveis deduzidas na forma deste artigo serão contabilizadas, no âmbito do Tesouro Nacional, a crédito da contribuição para o PIS/Pasep e da Cofins e a débito da própria Cide-combustíveis, conforme normas estabelecidas pela SRF.

§ 3º Somente poderão ser deduzidos os valores efetivamente pagos a título de Cide-combustíveis.

SEÇÃO III
PRODUTOS FARMACÊUTICOS - DEDUÇÃO DO CRÉDITO PRESUMIDO

ART. 78. O crédito presumido apurado na forma do art. 61 será deduzido do montante devido a título de PIS/Pasep e de Cofins, no período em que a pessoa jurídica estiver submetida ao regime especial (Lei n. 10.147, de 2000, art. 3º, inciso II e § 3º).

§ 1º É vedada qualquer outra forma de utilização ou compensação do crédito presumido, inclusive sua restituição.

§ 2º Na hipótese de o valor do crédito presumido apurado ser superior ao montante devido de PIS/Pasep e de Cofins, num mesmo período de apuração, o saldo remanescente deve ser transferido para o período seguinte.

SEÇÃO IV
PIS/PASEP NÃO CUMULATIVO - DESCONTO DOS CRÉDITOS

ART. 79. Do valor do PIS/Pasep não cumulativo apurado com a alíquota prevista no art. 59, a pessoa jurídica pode descontar créditos apurados na forma dos arts. 63, 65 e 66 deste Decreto (Medida Provisória n. 66, de 2002, art. 3º).

ART. 80. Na hipótese do art. 44, a pessoa jurídica vendedora pode utilizar os créditos, apurados na forma dos arts. 63, 65 e 66, para fins de dedução do valor da contribuição a recolher, decorrente das demais operações no mercado interno (Medida Provisória n. 66, de 2002, art. 5º, §§ 1º e 2º).

CAPÍTULO IV
SOCIEDADE EM CONTA DE PARTICIPAÇÃO (SCP)

ART. 81. O sócio ostensivo da sociedade em conta de participação (SCP) deve efetuar o pagamento das contribuições incidentes sobre a receita bruta do empreendimento, não sendo permitida a exclusão de valores devidos a sócios ocultos (Decreto-Lei n. 2.303, de 21 de novembro de 1986, art. 7º).

CAPÍTULO V
PRAZO DE PAGAMENTO

ART. 82. O pagamento das contribuições deverá ser efetuado até o último dia útil da primeira quinzena do mês subsequente (Medida Provisória n. 2.158-35, de 2001, art. 18):

I - ao de ocorrência do fato gerador, na hipótese do art. 2º; e

II - ao da venda dos produtos ou mercadorias pelo contribuinte substituto, no regime de substituição previsto nos arts. 4º e 5º.

ART. 83. No caso de importação de cigarros, o pagamento das contribuições deve ser efetuado na data do registro da Declaração de Importação no Sistema Integrado de Comércio Exterior - Siscomex (Lei n. 9.532, de 1997, art. 54).

ART. 84. A empresa comercial exportadora que não efetuar a exportação dos produtos no prazo de 180 (cento e oitenta) dias, contado da data da emissão da nota fiscal de venda pela empresa produtora, deve realizar o pagamento previsto no inciso I do *caput* do art. 89 até (Lei n. 9.363, de 16 de dezembro 1996, art. 2º, § 7º):

I - a data de vencimento desse prazo, na hipótese do PIS/Pasep não recolhido em decorrência das disposições do inciso III do art. 44; e

II - o décimo dia subsequente ao do vencimento desse prazo, na hipótese de contribuições não recolhidas em decorrência das disposições dos incisos VIII e IX do art. 45.

Parágrafo único. Na hipótese da empresa comercial exportadora revender, no mercado interno, produtos adquiridos com o fim específico de exportação, deve efetuar, no prazo estabelecido no art. 82, o pagamento das contribuições previstas no inciso II do *caput* do art. 89.

TÍTULO II
COMPENSAÇÃO E RESTITUIÇÃO

CAPÍTULO I
PIS/PASEP NÃO CUMULATIVO

ART. 85. Na hipótese da não incidência de que trata o art. 44, a pessoa jurídica vendedora pode utilizar os créditos, apurados na forma dos arts. 63, 65 e 66, para fins de compensação com débitos próprios, vencidos ou vincendos, relativos a tributos e contribuições administrados pela SRF, observada a legislação específica aplicável à matéria (Medida Provisória n. 66, de 2002, art. 5º, § 1º, inciso II, e § 2º).

Parágrafo único. A pessoa jurídica que, até o final de cada trimestre do ano calendário, não conseguir utilizar o crédito por qualquer das formas previstas no art. 79 e no *caput* deste artigo, poderá solicitar o seu ressarcimento em dinheiro, observada a legislação específica aplicável à matéria.

CAPÍTULO II
NÃO OCORRÊNCIA DO FATO GERADOR PRESUMIDO

ART. 86. Será assegurada a imediata e preferencial compensação ou restituição do valor das contribuições cobradas e recolhidas pelo fabricante ou importador, quando comprovada a impossibilidade de ocorrência do fato gerador presumido, na hipótese do regime de substituição disciplinado no art. 5º, em decorrência de (Constituição Federal de 1988, art. 150, § 7º):

I - incorporação do bem ao ativo permanente do comerciante varejista; ou

II - furto, roubo ou destruição de bem, que não seja objeto de indenização.

TÍTULO III
OBRIGAÇÕES ACESSÓRIAS RELATIVAS A SITUAÇÕES ESPECIAIS

CAPÍTULO I
RETENÇÃO NA FONTE

ART. 87. O valor das contribuições retidas e recolhidas pelas cooperativas, em conformidade com o art. 7º, deverá ser por elas informado, individualizadamente, às suas associadas, juntamente com o montante do faturamento relativo às vendas dos produtos de cada uma delas, para atender aos procedimentos contábeis exigidos pela legislação (Lei n. 9.430, de 1996, art. 66, § 1º).

CAPÍTULO II
REGIME DE SUBSTITUIÇÃO NA COMERCIALIZAÇÃO DE VEÍCULOS

ART. 88. Os valores das contribuições recolhidas no regime de substituição pelos fabricantes e importadores de veículos, na forma dos art. 5º, devem ser informados, juntamente com as respectivas bases de cálculo, na correspondente nota fiscal de venda.

CAPÍTULO III
PRODUTOS NÃO EXPORTADOS - EMPRESA COMERCIAL EXPORTADORA

ART. 89. A empresa comercial exportadora que utilizar ou revender no mercado interno

DECRETOS

produtos adquiridos com o fim específico de exportação, ou que no prazo de 180 (cento e oitenta) dias, contado da data da emissão da nota fiscal de venda pela empresa vendedora, não efetuar a exportação dos referidos produtos para o exterior, fica obrigada, cumulativamente, ao pagamento (Lei n. 9.363, de 1996, art 2º, §§ 4º a 7º, e Medida Provisória n. 66, de 2002, art. 7º):

I - das contribuições não recolhidas em decorrência do disposto no inciso III do art. 44 e nos incisos VIII e IX do art. 45, incidentes sobre o valor de aquisição dos produtos adquiridos e não exportados; e

II - das contribuições incidentes sobre o seu faturamento, na hipótese de revenda no mercado interno.

§ 1º Os pagamentos a que se refere o *caput* serão efetuados com os acréscimos de juros de mora e multa, de mora ou de ofício, calculados na forma da legislação que rege a cobrança das contribuições não pagas.

§ 2º Na hipótese do PIS/Pasep apurado com a alíquota prevista no art. 59:

I - não poderá ser efetuada qualquer dedução, a título de contribuição para o PIS/Pasep, decorrente da aquisição das mercadorias e serviços objeto da incidência; e

II - para a contribuição devida de acordo com o inciso I do *caput*, a multa e os juros de que trata o § 1º serão calculados a partir da data em que a empresa vendedora deveria efetuar o pagamento das contribuições, caso a venda para a empresa comercial exportadora não houvesse sido realizada com o fim específico de exportação.

§ 3º Para as contribuições devidas na forma do inciso I do *caput*, não alcançadas pelo disposto no § 2º, a multa e os juros serão calculados a partir do primeiro dia do mês subsequente ao da emissão da nota fiscal correspondente à aquisição realizada pela empresa comercial exportadora.

CAPÍTULO IV
PIS/PASEP NÃO CUMULATIVO - INCIDÊNCIA PARCIAL

ART. 90. Na hipótese de a pessoa jurídica sujeitar-se à incidência não cumulativa do PIS/Pasep de que trata o art. 59, em relação apenas a parte de suas receitas, o crédito será apurado, exclusivamente, em relação aos custos, despesas e encargos vinculados a essas receitas (Medida Provisória n. 75, de 2002, art. 10).

§ 1º Para efeitos do disposto neste artigo, a pessoa jurídica deverá alocar, a cada mês, separadamente para a modalidade de incidência referida no *caput* e para aquelas submetidas ao regime de incidência cumulativa dessa contribuição, as parcelas:

I - dos custos, das despesas e dos encargos de que tratam os incisos I a IV do art. 63, observado o disposto no art. 64; e

II - do custo de aquisição dos bens e serviços de que trata a alínea "b" do inciso I do art. 63, adquiridos de pessoas físicas, observado o disposto no art. 65.

§ 2º Para cumprir o disposto no § 1º, o valor a ser alocado será determinado, a critério da pessoa jurídica, pelo método de:

I - apropriação direta, inclusive, em relação aos custos, por meio de sistema de contabilidade de custos integrada e coordenada com a escrituração; ou

II - rateio proporcional, aplicando-se aos custos, despesas e encargos comuns a relação percentual existente entre a receita bruta sujeita à incidência não cumulativa e a receita bruta total, auferidas em cada mês.

§ 3º O método eleito pela pessoa jurídica será aplicado consistentemente por todo o ano-calendário, observadas as normas a serem editadas pela Secretaria da Receita Federal.

TÍTULO IV
DISPOSIÇÕES GERAIS

CAPÍTULO I
ARBITRAMENTO DE BASE DE CÁLCULO

ART. 91. Verificada a omissão de receita ou a necessidade de seu arbitramento, a autoridade tributária determinará o valor das contribuições, dos acréscimos a serem lançados, em conformidade com a legislação do Imposto de Renda (Lei n. 8.212, de 1991, art. 33, *caput* e §§ 3º e 6º, Lei Complementar n. 70, de 1991, art. 10, parágrafo único, Lei n. 9.715, de 1998, arts. 9º e 11, e Lei n. 9.249, de 26 de dezembro de 1995, art. 24).

CAPÍTULO II
PROCESSO ADMINISTRATIVO DE EXIGÊNCIA DAS CONTRIBUIÇÕES

ART. 92. O processo administrativo de determinação e exigência das contribuições, bem assim o de consulta sobre a aplicação da respectiva legislação, serão regidos pelas normas do processo administrativo de determinação e exigência dos créditos tributários da União (Lei Complementar n. 70, de 1991, art. 10, parágrafo único, e Lei n. 9.715, de 1998, art. 11).

CAPÍTULO III
INFRAÇÕES E PENALIDADES

ART. 93. Ao PIS/Pasep e à Cofins aplicam-se, subsidiariamente e no que couber, as penalidades e demais acréscimos previstos na legislação do imposto de renda (Lei Complementar n. 70, de 1991, art. 10, parágrafo único, e Lei n. 9.715, de 1998, art. 9º, Medida Provisória n. 75, de 2002, art. 32).

Parágrafo único. Não constitui infração à legislação do PIS/Pasep e da Cofins o contribuinte imputar ao preço de seus produtos os valores já descontados da parcela da Cide-Combustíveis compensável nos termos do art. 77.

CAPÍTULO IV
GUARDA DE LIVROS E DOCUMENTOS FISCAIS

ART. 94. A pessoa jurídica deve manter durante o prazo de 10 (dez) anos, em boa guarda, à disposição da SRF, os livros e documentos necessários a apuração e ao recolhimento destas contribuições (Decreto-Lei n. 486, de 3 de março de 1969, art. 4º, Decreto-Lei n. 2.052, de 3 de agosto de 1983, art. 3º, e Lei n. 8.212, de 1991, art. 45).

CAPÍTULO V
DECADÊNCIA E PRESCRIÇÃO

SEÇÃO I
DECADÊNCIA

ART. 95. O prazo para a constituição de créditos do PIS/Pasep e da Cofins extingue-se após 10 (dez) anos, contados (Lei n. 8.212, de 1991, art. 45):

I - do primeiro dia do exercício seguinte àquele em que o crédito poderia ter sido constituído; ou

II - da data em que se tornar definitiva a decisão que houver anulado por vício formal o lançamento do crédito tributário anteriormente efetuado.

SEÇÃO II
PRESCRIÇÃO

ART. 96. A ação para a cobrança de créditos das contribuições prescreve em 10 (dez) anos contados da data da sua constituição definitiva (Decreto-Lei n. 2.052, de 1983, art. 10, e Lei n. 8.212, de 1991, art. 46).

TÍTULO V
DISPOSIÇÕES FINAIS

ART. 97. Este Decreto entra em vigor na data de sua publicação.

Brasília, 17 de dezembro de 2002; 181º da Independência e 114º da República.

FERNANDO HENRIQUE CARDOSO

DECRETO N. 4.552, DE 27 DE DEZEMBRO DE 2002

Aprova o Regulamento da Inspeção do Trabalho.

› *DOU*, 30.12.2002.

O Presidente da República, no uso da atribuição que lhe confere o art. 84, inciso IV, e considerando o disposto no art. 21, inciso XXIV, ambos da Constituição, na Lei n. 10.593, de 06 de dezembro de 2002, e na Convenção 81 da Organização Internacional do Trabalho, aprovada pelo Decreto Legislativo n. 24, de 29 de maio de 1956, promulgada pelo Decreto n. 41.721, de 25 de junho de 1957, e revigorada pelo Decreto n. 95.461, de 11 de dezembro 1987, bem como o disposto na Consolidação das Leis do Trabalho, aprovada pelo Decreto-Lei n. 5.452, de 1º de maio de 1943,

Decreta:

ART. 1º Fica aprovado o Regulamento da Inspeção do Trabalho, que a este Decreto acompanha.

ART. 2º Este Decreto entra em vigor na data da sua publicação.

ART. 3º Revogam-se os Decretos n. 55.841, de 15 de março de 1965, 57.819, de 15 de fevereiro de 1966, 65.557, de 21 de outubro de 1969, e 97.995, de 26 de julho de 1989.

Brasília, 27 de dezembro de 2002; 181º da Independência e 114º da República.

FERNANDO HENRIQUE CARDOSO

REGULAMENTO DA INSPEÇÃO DO TRABALHO

CAPÍTULO I
DA FINALIDADE

ART. 1º O Sistema Federal de Inspeção do Trabalho, a cargo do Ministério do Trabalho e Emprego, tem por finalidade assegurar, em todo o território nacional, a aplicação das disposições legais, incluindo as convenções internacionais ratificadas, os atos e decisões das autoridades competentes e as convenções, acordos e contratos coletivos de trabalho, no que concerne à proteção dos trabalhadores no exercício da atividade laboral.

CAPÍTULO II
DA ORGANIZAÇÃO

ART. 2º Compõem o Sistema Federal de Inspeção do Trabalho:

I - autoridades de direção nacional, regional ou local: aquelas indicadas em leis, regulamentos e demais atos atinentes à estrutura administrativa do Ministério do Trabalho e Emprego;

II - Auditores-Fiscais do Trabalho; (Redação dada pelo Dec. 4.870/2003.)

III - Agentes de Higiene e Segurança do Trabalho, em funções auxiliares de inspeção do trabalho.

ART. 3º Os Auditores-Fiscais do Trabalho são subordinados tecnicamente à autoridade nacional competente em matéria de inspeção do trabalho.

ART. 4º Para fins de inspeção, o território de cada unidade federativa será dividido em circunscrições, e fixadas as correspondentes sedes.

Parágrafo único. As circunscrições que tiverem dois ou mais Auditores-Fiscais do Trabalho poderão ser divididas em áreas de inspeção delimitadas por critérios geográficos.

ART. 5º A distribuição dos Auditores-Fiscais do Trabalho pelas diferentes áreas de inspeção da mesma circunscrição obedecerá ao sistema de rodízio, efetuado em sorteio público, vedada a recondução para a mesma área no período seguinte.

§ 1º Os Auditores-Fiscais do Trabalho permanecerão nas diferentes áreas de inspeção pelo prazo máximo de doze meses.

§ 2º É facultado à autoridade de direção regional estabelecer programas especiais de fiscalização que contemplem critérios diversos dos estabelecidos neste artigo, desde que aprovados pela autoridade nacional competente em matéria de inspeção do trabalho.

ART. 6º Atendendo às peculiaridades ou circunstâncias locais ou, ainda, a programas especiais de fiscalização, poderá a autoridade nacional competente em matéria de inspeção do trabalho alterar os critérios fixados nos arts. 4º e 5º para estabelecer a fiscalização móvel, independentemente de circunscrição ou áreas de inspeção, definindo as normas para sua realização. (Redação dada pelo Dec. 4.870/2003.)

ART. 7º Compete às autoridades de direção do Sistema Federal de Inspeção do Trabalho:

I - organizar, coordenar, avaliar e controlar as atividades de auditoria e as auxiliares da inspeção do trabalho.

II - elaborar planejamento estratégico das ações da inspeção do trabalho no âmbito de sua competência;

III - proferir decisões em processo administrativo resultante de ação de inspeção do trabalho; e

IV - receber denúncias e, quando for o caso, formulá-las e encaminhá-las aos demais órgãos do poder público.

§ 1º As autoridades de direção local e regional poderão empreender e supervisionar projetos consoante diretrizes emanadas da autoridade nacional competente em matéria de inspeção do trabalho.

§ 2º Cabe à autoridade nacional competente em matéria de inspeção do trabalho elaborar e divulgar os relatórios previstos em convenções internacionais.

ART. 8º O planejamento estratégico das ações de inspeção do trabalho será elaborado pelos órgãos competentes, considerando as propostas das respectivas unidades descentralizadas.

§ 1º O planejamento de que trata este artigo consistirá na descrição das atividades a serem desenvolvidas nas unidades descentralizadas, de acordo com as diretrizes fixadas pela autoridade nacional competente em matéria de inspeção do trabalho.

§ 2º (Revogado pelo Dec. 4.870/2003.)

CAPÍTULO III
DA INSPEÇÃO

ART. 9º A inspeção do trabalho será promovida em todas as empresas, estabelecimentos e locais de trabalho, públicos ou privados, estendendo-se aos profissionais liberais e instituições sem fins lucrativos, bem como às embarcações estrangeiras em águas territoriais brasileiras.

ART. 10. Ao Auditor-Fiscal do Trabalho será fornecida Carteira de Identidade Fiscal (CIF), que servirá como credencial privativa, com renovação quinquenal.

§ 1º Além da credencial aludida no *caput*, será fornecida credencial transcrita na língua inglesa ao Auditor-Fiscal do Trabalho, que tenha por atribuição inspecionar embarcações de bandeira estrangeira.

§ 2º A autoridade nacional competente em matéria de inspeção do trabalho fará publicar, no Diário Oficial da União, relação nominal dos portadores de Carteiras de Identidade Fiscal, com nome, número de matrícula e órgão de lotação.

§ 3º É proibida a outorga de identidade fiscal a quem não seja integrante da Carreira Auditoria-Fiscal do Trabalho.

ART. 11. A credencial a que se refere o art. 10 deverá ser devolvida para inutilização, sob pena de responsabilidade administrativa, nos seguintes casos:

I - posse em outro cargo público efetivo inacumulável;

II - posse em cargo comissionado de quadro diverso do Ministério do Trabalho e Emprego;

III - exoneração ou demissão do cargo de Auditor-Fiscal do Trabalho;

IV - aposentadoria; ou

V - afastamento ou licenciamento por prazo superior a seis meses.

ART. 12. A exibição da credencial é obrigatória no momento da inspeção, salvo quando o Auditor-Fiscal do Trabalho julgar que tal identificação prejudicará a eficácia da fiscalização, hipótese em que deverá fazê-lo após a verificação física.

Parágrafo único. O Auditor-Fiscal somente poderá exigir a exibição de documentos após a apresentação da credencial.

ART. 13. O Auditor-Fiscal do Trabalho, munido de credencial, tem o direito de ingressar, livremente, sem prévio aviso e em qualquer dia e horário, em todos os locais de trabalho mencionados no art. 9º.

ART. 14. Os empregadores, tomadores e intermediadores de serviços, empresas, instituições, associações, órgãos e entidades de qualquer natureza ou finalidade são sujeitos à inspeção do trabalho e ficam, pessoalmente ou por seus prepostos ou representantes legais, obrigados a franquear, aos Auditores-Fiscais do Trabalho, o acesso aos estabelecimentos, respectivas dependências e locais de trabalho, bem como exibir os documentos e materiais solicitados para fins de inspeção do trabalho.

ART. 15. As inspeções, sempre que necessário, serão efetuadas de forma imprevista, cercadas de todas as cautelas, na época e horários mais apropriados a sua eficácia.

ART. 16. As determinações para o cumprimento de ação fiscal deverão ser comunicadas por escrito, por meio de ordens de serviço.

Parágrafo único. As ordens de serviço poderão prever a realização de inspeções por grupos de Auditores-Fiscais do Trabalho.

ART. 17. Os órgãos da administração pública direta ou indireta e as empresas concessionárias ou permissionárias de serviços públicos ficam obrigadas a proporcionar efetiva cooperação aos Auditores-Fiscais do Trabalho.

ART. 18. Compete aos Auditores-Fiscais do Trabalho, em todo o território nacional:

I - verificar o cumprimento das disposições legais e regulamentares, inclusive as relacionadas à segurança e à saúde no trabalho, no âmbito das relações de trabalho e de emprego, em especial:

a) os registros em Carteira de Trabalho e Previdência Social (CTPS), visando à redução dos índices de informalidade;

b) o recolhimento do Fundo de Garantia do Tempo de Serviço (FGTS), objetivando maximizar os índices de arrecadação;

c) o cumprimento de acordos, convenções e contratos coletivos de trabalho celebrados entre empregados e empregadores; e

d) o cumprimento dos acordos, tratados e convenções internacionais ratificados pelo Brasil;

II - ministrar orientações e dar informações e conselhos técnicos aos trabalhadores e às pessoas sujeitas à inspeção do trabalho, atendidos os critérios administrativos de oportunidade e conveniência;

III - interrogar as pessoas sujeitas à inspeção do trabalho, seus prepostos ou representantes legais, bem como trabalhadores, sobre qualquer matéria relativa à aplicação das disposições legais e exigir-lhes documento de identificação;

IV - expedir notificação para apresentação de documentos;

V - examinar e extrair dados e cópias de livros, arquivos e outros documentos, que entenda necessários ao exercício de suas atribuições legais, inclusive quando mantidos em meio magnético ou eletrônico;

VI - proceder a levantamento e notificação de débitos;

VII - apreender, mediante termo, materiais, livros, papéis, arquivos e documentos, inclusive quando mantidos em meio magnético ou eletrônico, que constituam prova material de infração, ou, ainda, para exame ou instrução de processos;

VIII - inspecionar os locais de trabalho, o funcionamento de máquinas e a utilização de equipamentos e instalações;

IX - averiguar e analisar situações com risco potencial de gerar doenças ocupacionais e acidentes do trabalho, determinando as medidas preventivas necessárias;

X - notificar as pessoas sujeitas à inspeção do trabalho para o cumprimento de obrigações ou a correção de irregularidades e adoção de medidas que eliminem os riscos para a saúde e segurança dos trabalhadores, nas instalações ou métodos de trabalho;

XI - quando constatado grave e iminente risco para a saúde ou segurança dos trabalhadores, expedir a notificação a que se refere o inciso X deste artigo, determinando a adoção de medidas de imediata aplicação;

XII - coletar materiais e substâncias nos locais de trabalho para fins de análise, bem como apreender equipamentos e outros itens relacionados com a segurança e saúde no trabalho, lavrando o respectivo termo de apreensão;

XIII - propor a interdição de estabelecimento, setor de serviço, máquina ou equipamento, ou o embargo de obra, total ou parcial, quando constatar situação de grave e iminente risco à saúde ou à integridade física do trabalhador,

DECRETOS

por meio de emissão de laudo técnico que indique a situação de risco verificada e especifique as medidas corretivas que deverão ser adotadas pelas pessoas sujeitas à inspeção do trabalho, comunicando o fato de imediato à autoridade competente;

XIV - analisar e investigar as causas dos acidentes do trabalho e das doenças ocupacionais, bem como as situações com potencial para gerar tais eventos;

XV - realizar auditorias e perícias e emitir laudos, pareceres e relatórios; (Redação dada pelo Dec. 4.870/2003.)

XVI - solicitar, quando necessário ao desempenho de suas funções, o auxílio da autoridade policial;

XVII - lavrar termo de compromisso decorrente de procedimento especial de inspeção;

XVIII - lavrar autos de infração por inobservância de disposições legais;

XIX - analisar processos administrativos de auto de infração, notificações de débitos ou outros que lhes forem distribuídos;

XX - devolver, devidamente informados os processos e demais documentos que lhes forem distribuídos, nos prazos e formas previstos em instruções expedidas pela autoridade nacional competente em matéria de inspeção do trabalho;

XXI - elaborar relatórios de suas atividades, nos prazos e formas previstos em instruções expedidas pela autoridade nacional competente em matéria de inspeção do trabalho;

XXII - levar ao conhecimento da autoridade competente, por escrito, as deficiências ou abusos que não estejam especificamente compreendidos nas disposições legais;

XXIII - atuar em conformidade com as prioridades estabelecidas pelos planejamentos nacional e regional. (Redação dada pelo Dec. 4.870/2003.)

§ 1º (Revogado pelo Dec. 4.870/2003.)

§ 2º Aos Auditores-Fiscais do Trabalho serão ministrados regularmente cursos necessários à sua formação, aperfeiçoamento e especialização, observadas as peculiaridades regionais, conforme instruções do Ministério do Trabalho e Emprego, expedidas pela autoridade nacional competente em matéria de inspeção do trabalho.

ART. 19. É vedado às autoridades de direção do Ministério do Trabalho e Emprego:

I - conferir aos Auditores-Fiscais do Trabalho encargos ou funções diversas das que lhes são próprias, salvo se para o desempenho de cargos de direção, de funções de chefia ou de assessoramento;

II - interferir no exercício das funções de inspeção do trabalho ou prejudicar, de qualquer maneira, sua imparcialidade ou a autoridade do Auditor-Fiscal do Trabalho; e

III - conferir qualquer atribuição de inspeção do trabalho a servidor que não pertença ao Sistema Federal de Inspeção do Trabalho.

ART. 20. A obrigação do Auditor-Fiscal do Trabalho de inspecionar os estabelecimentos e locais de trabalho situados na área de inspeção que lhe compete, em virtude do rodízio de que trata o art. 6º, § 1º, não o exime do dever de, sempre que verificar, em qualquer estabelecimento, a existência de violação a disposições legais, comunicar o fato, imediatamente, à autoridade competente.

Parágrafo único. Nos casos de grave e iminente risco à saúde e segurança dos trabalhadores, o Auditor-Fiscal do Trabalho atuará independentemente de sua área de inspeção.

ART. 21. Caberá ao órgão regional do Ministério do Trabalho e Emprego promover a investigação das causas de acidentes ou doenças relacionadas ao trabalho, determinando as medidas de proteção necessárias.

ART. 22. O Auditor-Fiscal do Trabalho poderá solicitar o concurso de especialistas e técnicos devidamente qualificados, assim como recorrer a laboratórios técnico-científicos governamentais ou credenciados, a fim de assegurar a aplicação das disposições legais e regulamentares relativas à segurança e saúde no trabalho.

ART. 23. Os Auditores-Fiscais do Trabalho têm o dever de orientar e advertir as pessoas sujeitas à inspeção do trabalho e os trabalhadores quanto ao cumprimento da legislação trabalhista, e observarão o critério da dupla visita nos seguintes casos:

I - quando ocorrer promulgação ou expedição de novas leis, regulamentos ou instruções ministeriais, sendo que, com relação exclusivamente a esses atos, será feita apenas a instrução dos responsáveis;

II - quando se tratar de primeira inspeção nos estabelecimentos ou locais de trabalho recentemente inaugurados ou empreendidos;

III - quando se tratar de estabelecimento ou local de trabalho com até dez trabalhadores, salvo quando for constatada infração por falta de registro de empregado ou de anotação da CTPS, bem como na ocorrência de reincidência, fraude, resistência ou embaraço à fiscalização; e

IV - quando se tratar de microempresa e empresa de pequeno porte, na forma da lei específica.

§ 1º A autuação pelas infrações não dependerá da dupla visita após o decurso do prazo de noventa dias da vigência das disposições a que se refere o inciso I ou do efetivo funcionamento do novo estabelecimento ou local de trabalho a que se refere o inciso II.

§ 2º Após obedecido o disposto no inciso III, não será mais observado o critério de dupla visita em relação ao dispositivo infringido.

§ 3º A dupla visita será formalizada em notificação, que fixará prazo para a visita seguinte, na forma das instruções expedidas pela autoridade nacional competente em matéria de inspeção do trabalho.

ART. 24. A toda verificação em que o Auditor-Fiscal do Trabalho concluir pela existência de violação de preceito legal deve corresponder, sob pena de responsabilidade, a lavratura de auto de infração, ressalvado o disposto no art. 23 e na hipótese de instauração de procedimento especial de fiscalização.

Parágrafo único. O auto de infração não terá seu valor probante condicionado à assinatura do infrator ou de testemunhas e será lavrado no local da inspeção, salvo havendo motivo justificado que será declarado no próprio auto, quando então deverá ser lavrado no prazo de vinte e quatro horas, sob pena de responsabilidade.

ART. 25. As notificações de débitos e outras decorrentes da ação fiscal poderão ser lavradas, a critério do Auditor-Fiscal do Trabalho, no local que oferecer melhores condições.

ART. 26. Aqueles que violarem as disposições legais ou regulamentares, objeto da inspeção do trabalho, ou se mostrarem negligentes na sua aplicação, deixando de atender às advertências, notificações ou sanções da autoridade competente, poderão sofrer reiterada ação fiscal.

Parágrafo único. O reiterado descumprimento das disposições legais, comprovado mediante relatório emitido pelo Auditor-Fiscal do Trabalho, ensejará por parte da autoridade regional a denúncia do fato, de imediato, ao Ministério Público do Trabalho.

CAPÍTULO IV
DO PROCEDIMENTO ESPECIAL PARA A AÇÃO FISCAL

ART. 27. Considera-se procedimento especial para a ação fiscal aquele que objetiva a orientação sobre o cumprimento das leis de proteção ao trabalho, bem como a prevenção e o saneamento de infrações à legislação.

ART. 28. O procedimento especial para a ação fiscal poderá ser instaurado pelo Auditor-Fiscal do Trabalho quando concluir pela ocorrência de motivo grave ou relevante que impossibilite ou dificulte o cumprimento da legislação trabalhista por pessoas ou setor econômico sujeito à inspeção do trabalho, com a anuência da chefia imediata.

§ 1º O procedimento especial para a ação fiscal iniciará com a notificação, pela chefia da fiscalização, para comparecimento das pessoas sujeitas à inspeção do trabalho, à sede da unidade descentralizada do Ministério do Trabalho e Emprego.

§ 2º A notificação deverá explicitar os motivos ensejadores da instauração do procedimento especial.

§ 3º O procedimento especial para a ação fiscal destinado à prevenção ou saneamento de infrações à legislação poderá resultar na lavratura de termo de compromisso que estipule as obrigações assumidas pelo compromissado e os prazos para seu cumprimento.

§ 4º Durante o prazo fixado no termo, o compromissado poderá ser fiscalizado para verificação de seu cumprimento, sem prejuízo da ação fiscal em atributos não contemplados no referido termo.

§ 5º Quando o procedimento especial para a ação fiscal for frustrado pelo não atendimento da convocação, pela recusa de firmar termo de compromisso ou pelo descumprimento de qualquer cláusula compromissada, serão lavrados, de imediato, os respectivos autos de infração, e poderá ser encaminhando relatório circunstanciado ao Ministério Público do Trabalho.

§ 6º Não se aplica o procedimento especial de saneamento às situações de grave e iminente risco à saúde ou à integridade física do trabalhador.

ART. 29. A chefia de fiscalização poderá, na forma de instruções expedidas pela autoridade nacional competente em matéria de inspeção do trabalho, instaurar o procedimento especial sempre que identificar a ocorrência de:

I - motivo grave ou relevante que impossibilite ou dificulte o cumprimento da legislação trabalhista pelo tomador ou intermediador de serviços;

II - situação reiteradamente irregular em setor econômico.

Parágrafo único. Quando houver ação fiscal em andamento, o procedimento especial de fiscalização deverá observar as instruções expedidas pela autoridade nacional competente em matéria de inspeção do trabalho.

ART. 30. Poderão ser estabelecidos procedimentos de fiscalização indireta, mista, ou outras que venham a ser definidas em instruções expedidas pela autoridade nacional competente em matéria de inspeção do trabalho.

§ 1º Considera-se fiscalização indireta aquela realizada por meio de sistema de notificações para apresentação de documentos nas unidades descentralizadas do Ministério do Trabalho e Emprego.

§ 2º Poderá ser adotada fiscalização indireta:

I - na execução de programa especial para a ação fiscal; ou

II - quando o objeto da fiscalização não importar necessariamente em inspeção no local de trabalho.

§ 3º Considera-se fiscalização mista aquela iniciada com a visita ao local de trabalho e desenvolvida mediante notificação para apresentação de documentos nas unidades descentralizadas do Ministério do Trabalho e Emprego.

CAPÍTULO V
DAS ATIVIDADES AUXILIARES À INSPEÇÃO DO TRABALHO

ART. 31. São atividades auxiliares de apoio operacional à inspeção do trabalho, a cargo dos Agentes de Higiene e Segurança do Trabalho:

I - levantamento técnico das condições de segurança nos locais de trabalho, com vistas à investigação de acidentes do trabalho;

II - levantamento de dados para fins de cálculo dos coeficientes de frequência e gravidade dos acidentes;

III - avaliação qualitativa ou quantitativa de riscos ambientais;

IV - levantamento e análise das condições de risco nas pessoas sujeitas à inspeção do trabalho;

V - auxílio à realização de perícias técnicas para caracterização de insalubridade ou de periculosidade;

VI - comunicação, de imediato e por escrito, à autoridade competente de qualquer situação de risco grave e iminente à saúde ou à integridade física dos trabalhadores;

VII - participação em estudos e análises sobre as causas de acidentes do trabalho e de doenças profissionais;

VIII - colaboração na elaboração de recomendações sobre segurança e saúde no trabalho;

IX - acompanhamento das ações de prevenção desenvolvidas pela unidade descentralizada do Ministério do Trabalho e Emprego;

X - orientação às pessoas sujeitas à inspeção do trabalho sobre instalação e funcionamento das Comissões Internas de Prevenção de Acidentes (CIPA) e dimensionamento dos Serviços Especializados em Engenharia de Segurança e em Medicina do Trabalho (SESMT);

XI - prestação de assistência às CIPA;

XII - participação nas reuniões das CIPA das pessoas sujeitas à inspeção do trabalho, como representantes da unidade descentralizada do Ministério do Trabalho e Emprego;

XIII - devolução dos processos e demais documentos que lhes forem distribuídos, devidamente informados, nos prazos assinalados;

XIV - elaboração de relatório mensal de suas atividades, nas condições e nos prazos fixados pela autoridade nacional em matéria de inspeção do trabalho; e

XV - prestação de informações e orientações em plantões fiscais na área de sua competência.

§ 1º As atividades externas de que trata este artigo somente poderão ser exercidas mediante ordem de serviço expedida pela chefia de fiscalização.

§ 2º Para o desempenho das atribuições previstas neste artigo, será fornecida aos Agentes de Higiene e Segurança do Trabalho credencial específica que lhes possibilite o livre acesso aos estabelecimentos e locais de trabalho.

ART. 32. Aos Agentes de Higiene e Segurança do Trabalho poderão ser ministrados cursos necessários à sua formação, aperfeiçoamento e especialização, conforme instruções a serem expedidas pelo Ministério do Trabalho e Emprego, expedidas pela autoridade nacional competente em matéria de inspeção do trabalho.

CAPÍTULO VI
DAS DISPOSIÇÕES GERAIS

ART. 33. Os Auditores-Fiscais do Trabalho poderão participar de atividades de coordenação, planejamento, análise de processos e de desenvolvimento de programas especiais e de outras atividades internas e externas relacionadas com a inspeção do trabalho, na forma das instruções expedidas pela autoridade nacional competente em matéria de inspeção do trabalho.

ART. 34. As empresas de transportes de qualquer natureza, inclusive as exploradas pela União, Distrito Federal, Estados e Municípios, bem como as concessionárias de rodovias que cobram pedágio para o trânsito concederão passe livre aos Auditores-Fiscais do Trabalho e aos Agentes de Higiene e Segurança do Trabalho, no território nacional em conformidade com o disposto no art. 630, § 5º, da Consolidação das Leis do Trabalho (CLT), mediante a apresentação da Carteira de Identidade Fiscal.

Parágrafo único. O passe livre a que se refere este artigo abrange a travessia realizada em veículos de transporte aquaviário.

ART. 35. É vedado aos Auditores-Fiscais do Trabalho e aos Agentes de Higiene e Segurança do Trabalho:

I - revelar, sob pena de responsabilidade, mesmo na hipótese de afastamento do cargo, os segredos de fabricação ou comércio, bem como os processos de exploração de que tenham tido conhecimento no exercício de suas funções;

II - revelar informações obtidas em decorrência do exercício das suas competências;

III - revelar as fontes de informações, reclamações ou denúncias; e

IV - inspecionar os locais em que tenham qualquer interesse direto ou indireto, caso em que deverão declarar o impedimento.

Parágrafo único. Os Auditores Fiscais do Trabalho e os Agentes de Higiene e Segurança do Trabalho responderão civil, penal e administrativamente pela infração ao disposto neste artigo.

ART. 36. Configura falta grave o fornecimento ou a requisição de Carteira de Identidade Fiscal para qualquer pessoa não integrante do Sistema Federal de Inspeção do Trabalho.

Parágrafo único. É considerado igualmente falta grave o uso da Carteira de Identidade Fiscal para fins outros que não os da fiscalização.

ART. 37. Em toda unidade descentralizada do Ministério do Trabalho e Emprego em que houver Auditores-Fiscais do Trabalho deverá ser reservada uma sala para o uso exclusivo desses servidores.

ART. 38. A autoridade nacional competente em matéria de inspeção do trabalho expedirá as instruções necessárias à execução deste Regulamento.

DECRETO N. 4.565, DE 1º JANEIRO DE 2003

Reduz as alíquotas da Contribuição de Intervenção no Domínio Econômico incidente sobre a importação e a comercialização de petróleo e seus derivados, gás natural e seus derivados, e álcool etílico combustível (Cide), instituída pela Lei 10.336, de 19 de dezembro de 2001, e dá outras providências.

O Presidente da República, no uso da atribuição que lhe confere o art. 84, inciso IV, da Constituição, e tendo em vista o disposto no *caput* e no § 1º do art. 9º da Lei n. 10.336, de 19 de dezembro de 2001,

Decreta:

ART. 1º As alíquotas específicas da Contribuição de Intervenção no Domínio Econômico incidente sobre a importação e a comercialização de petróleo e seus derivados, gás natural e seus derivados, e álcool etílico combustível (Cide), instituída pela Lei 10.336, de 19 de dezembro de 2001, ficam reduzidas para:

I - R$ 541,10 (quinhentos e quarenta e um reais e dez centavos) por metro cúbico, no caso de gasolinas;

II - R$ 218,00 (duzentos e dezoito reais) por metro cúbico, no caso de diesel;

III - R$ 65,30 (sessenta e cinco reais e trinta centavos) por metro cúbico, no caso de querosene de aviação;

IV - R$ 53,80 (cinquenta e três reais e oitenta centavos) por metro cúbico, no caso dos demais querosenes;

V - R$ 29,70 (vinte e nove reais e setenta centavos) por tonelada, no caso dos óleos combustíveis com alto teor de enxofre;

VI - R$ 40,90 (quarenta reais e noventa centavos) por tonelada, no caso dos óleos combustíveis com baixo teor de enxofre;

VII - R$ 167,60 (cento e sessenta e sete reais e sessenta centavos) por tonelada, no caso de gás liquefeito de petróleo, inclusive o derivado de gás natural e de nafta; e

VIII - R$ 29,25 (vinte e nove reais e vinte e cinco centavos) por metro cúbico, no caso de álcool etílico combustível.

ART. 2º Os limites da dedução a que se refere o art. 8º da Lei n. 10.336, de 2001, ficam reduzidos para:

I - R$ 46,50 (quarenta e seis reais e cinquenta centavos) e R$ 214,60 (duzentos e quatorze reais e sessenta centavos) por metro cúbico, no caso de gasolinas;

II - R$ 26,40 (vinte e seis reais e quarenta centavos) e R$ 121,60 (cento e vinte e um reais e sessenta centavos) por metro cúbico, no caso de diesel;

III - R$ 11,60 (onze reais e sessenta centavos) e R$ 53,70 (cinquenta e três reais e setenta centavos) por metro cúbico, no caso de querosene de aviação;

IV - R$ 16,30 (dezesseis reais e trinta centavos) e R$ 37,50 (trinta e sete reais e cinquenta centavos) por metro cúbico, no caso dos demais querosenes;

V - R$ 10,50 (dez reais e cinquenta centavos) e R$ 19,20 (dezenove reais e vinte centavos) por tonelada, no caso dos óleos combustíveis com alto teor de enxofre;

VI - R$ 29,80 (vinte e nove reais e oitenta centavos) e R$ 137,80 (cento e trinta e sete reais e oitenta centavos) por tonelada, no caso de gás liquefeito de petróleo, inclusive o derivado de gás natural e de nafta; e

VII - R$ 5,25 (cinco reais e vinte e cinco centavos) e R$ 24,00 (vinte e quatro reais) por metro cúbico, no caso de álcool etílico combustível.

ART. 3º Os valores da Cide estabelecidos no art. 1º poderão ser ajustados periodicamente de acordo com fórmulas a serem estabelecidas em regulamento.

ART. 4º Este Decreto entra em vigor na data de sua publicação, produzindo efeito em relação aos fatos geradores ocorridos a partir de 1º de janeiro de 2003.

Brasília, 1º de janeiro de 2003; 182º da Independência e 115º da República.

LUIZ INÁCIO LULA DA SILVA

DECRETO N. 4.680, DE 24 DE ABRIL DE 2003

Regulamenta o direito à informação, assegurado pela Lei n. 8.078, de 11 de setembro de 1990, quanto aos alimentos e ingredientes alimentares destinados ao consumo humano ou animal que contenham ou sejam produzidos a partir de organismos geneticamente modificados, sem prejuízo do cumprimento das demais normas aplicáveis.

‣ *DOU*, 25.04.2003, republicado em 28.04.2003.

O Presidente da República, no uso da atribuição que lhe confere o art. 84, inciso IV, da Constituição,

Decreta:

ART. 1º Este Decreto regulamenta o direito à informação, assegurado pela Lei n. 8.078, de 11 de setembro de 1990, quanto aos alimentos e ingredientes alimentares destinados ao consumo humano ou animal que contenham ou sejam produzidos a partir de organismos geneticamente modificados, sem prejuízo do cumprimento das demais normas aplicáveis.

ART. 2º Na comercialização de alimentos e ingredientes alimentares destinados ao consumo humano ou animal que contenham ou sejam produzidos a partir de organismos geneticamente modificados, com presença acima do limite de um por cento do produto, o consumidor deverá ser informado da natureza transgênica desse produto.

§ 1º Tanto nos produtos embalados como nos vendidos a granel ou *in natura*, o rótulo da embalagem ou do recipiente em que estão contidos deverá constar, em destaque, no painel principal e em conjunto com o símbolo a ser definido mediante ato do Ministério da Justiça, uma das seguintes expressões, dependendo do caso: "(nome do produto) transgênico", "contém (nome do ingrediente ou ingredientes) transgênico(s)" ou "produto produzido a partir de (nome do produto) transgênico".

§ 2º O consumidor deverá ser informado sobre a espécie doadora do gene no local reservado para a identificação dos ingredientes.

§ 3º A informação determinada no § 1º deste artigo também deverá constar do documento fiscal, de modo que essa informação acompanhe o produto ou ingrediente em todas as etapas da cadeia produtiva.

§ 4º O percentual referido no *caput* poderá ser reduzido por decisão da Comissão Técnica Nacional de Biossegurança - CTNBio.

ART. 3º Os alimentos e ingredientes produzidos a partir de animais alimentados com ração contendo ingredientes transgênicos deverão trazer no painel principal, em tamanho e destaque previstos no art. 2º, a seguinte expressão: "(nome do animal) alimentado com ração contendo ingrediente transgênico" ou "(nome do ingrediente) produzido a partir de animal alimentado com ração contendo ingrediente transgênico".

ART. 4º Aos alimentos e ingredientes alimentares que não contenham nem sejam produzidos a partir de organismos geneticamente modificados será facultada a rotulagem "(nome do produto ou ingrediente) livre de transgênicos", desde que tenham similares transgênicos no mercado brasileiro.

ART. 5º As disposições dos §§ 1º, 2º e 3º do art. 2º e do art. 3º deste Decreto não se aplicam à comercialização de alimentos destinados ao consumo humano ou animal que contenham ou tenham sido produzidos a partir de soja da safra colhida em 2003.

§ 1º As expressões "pode conter soja transgênica" e "pode conter ingrediente produzido a partir de soja transgênica" deverão, conforme o caso, constar do rótulo, bem como da documentação fiscal, dos produtos a que se refere o *caput*, independentemente do percentual da presença de soja transgênica, exceto se:

I - a soja ou o ingrediente a partir dela produzido seja oriundo de região excluída pelo Ministério da Agricultura, Pecuária e Abastecimento do regime de que trata a Medida Provisória n. 113, de 26 de março de 2003, de conformidade com o disposto no § 5º do seu art. 1º; ou

II - a soja ou o ingrediente a partir dela produzido seja oriundo de produtores que obtenham o certificado de que trata o art. 4º da Medida Provisória n. 113, de 2003, devendo, nesse caso, ser aplicadas as disposições do art. 4º deste Decreto.

§ 2º A informação referida no § 1º pode ser inserida por meio de adesivos ou qualquer forma de impressão.

§ 3º Os alimentos a que se refere o *caput* poderão ser comercializados após 31 de janeiro de 2004, desde que a soja a partir da qual foram produzidos tenha sido alienada pelo produtor até essa data.

ART. 6º À infração ao disposto neste Decreto aplica-se as penalidades previstas no Código de Defesa do Consumidor e demais normas aplicáveis.

ART. 7º Este Decreto entra em vigor na data de sua publicação.

ART. 8º Revoga-se o Decreto n. 3.871, de 18 de julho de 2001.

Brasília, 24 de abril de 2003; 182º da Independência e 115º da República.

LUIZ INÁCIO LULA DA SILVA

DECRETO N. 4.711, DE 29 DE MAIO DE 2003

Dispõe sobre a coordenação do Sistema Nacional de Trânsito.

‣ *DOU*, 30.05.2003.

O Presidente da República, no uso das atribuições que lhe confere o art. 84, incisos IV e VI, alínea "a", da Constituição, e tendo em vista o disposto nos arts 9º e 10 da Lei n. 9.503, de 23 de setembro de 1997,

Decreta:

ART. 1º Compete ao Ministério das Cidades a coordenação máxima do Sistema Nacional de Trânsito.

ART. 2º O Conselho Nacional de Trânsito - Contran, órgão integrante do Sistema Nacional de Trânsito, presidido pelo dirigente do Departamento Nacional de Trânsito - Denatran, órgão máximo executivo de trânsito da União, é composto por um representante de cada um dos seguintes Ministérios:

I - da Ciência e Tecnologia;

II - da Educação;

III - da Defesa;

IV - do Meio Ambiente;

V - dos Transportes;

VI - das Cidades; e

VII - da Saúde.

Parágrafo único. Cada membro terá um suplente.

ART. 3º Os representantes e seus suplentes serão indicados pelos titulares dos órgãos representados e designados pelo Ministro de Estado das Cidades.

ART. 4º O CONTRAN regulamentará o seu funcionamento em regimento interno.

ART. 5º Este Decreto entra em vigor na data de sua publicação.

ART. 6º Fica revogado o Decreto n. 2.327, de 23 de setembro de 1997.

Brasília, 29 de maio de 2003; 182º da Independência e 115º da República.

LUIZ INÁCIO LULA DA SILVA

DECRETO N. 4.732, DE 10 DE JUNHO DE 2003

Dispõe sobre a Câmara de Comércio Exterior - Camex, da Presidência da República.

‣ Ementa alterada pelo Dec. 8.807/2016.

‣ Dec. 9.029/2017 (Legislação alteradora).

O Presidente da República, no uso das atribuições que lhe confere o art. 84, incisos IV e VI, alínea "a", da Constituição, e tendo em vista o disposto no Decreto-Lei n. 1.578, de 11 de outubro de 1977, no parágrafo único do art. 1º da Lei n. 8.085, de 23 de outubro de 1990, na Lei n. 9.019, de 30 de março de 1995, e nos arts. 7º e 29, § 5º, da Lei n. 10.683, de 28 de maio de 2003,

Decreta:

ART. 1º A Câmara de Comércio Exterior - Camex, da Presidência da República, tem por objetivo a formulação, a adoção, a implementação e a coordenação de políticas e de atividades relativas ao comércio exterior de bens e serviços, incluído o turismo, com vistas a promover o comércio exterior, os investimentos e a competitividade internacional do País. (Alterado pelo Dec. 8.807/2016.)

§ 1º Para atender o disposto no *caput*, a Camex será previamente consultada sobre matérias relevantes relacionadas ao comércio exterior, ainda que consistam em atos de outros órgãos federais, em especial propostas de projetos de lei de iniciativa do Poder Executivo, de decreto ou de portaria ministerial.

§ 2º São excluídas das disposições deste Decreto as matérias relativas à regulação dos mercados financeiro e cambial de competência do Conselho Monetário Nacional e do Banco Central do Brasil, respectivamente.

ART. 2º Compete à Camex, dentre outros atos necessários à consecução dos objetivos da política de comércio exterior:

I - definir diretrizes e procedimentos relativos à implementação da política de comércio exterior visando à inserção competitiva do Brasil na economia internacional;

II - coordenar e orientar as ações dos órgãos que possuem competências na área de comércio exterior;

III - definir, no âmbito das atividades de exportação e importação, diretrizes e orientações sobre normas e procedimentos, para os seguintes temas, observada a reserva legal:

a) racionalização e simplificação de procedimentos, exigências e controles administrativos incidentes sobre importações e exportações; (Alterado pelo Dec. 8.807/2016.)

b) habilitação e credenciamento de empresas para a prática de comércio exterior;

c) nomenclatura de mercadoria;

d) conceituação de exportação e importação;

e) classificação e padronização de produtos;

f) marcação e rotulagem de mercadorias; e

g) regras de origem e procedência de mercadorias;

IV - estabelecer as diretrizes para as negociações de acordos e convênios relativos ao comércio exterior, de natureza bilateral, regional ou multilateral;

V - orientar a política aduaneira, observada a competência específica do Ministério da Fazenda;

VI - formular diretrizes básicas da política tarifária na importação e exportação;

VII - estabelecer diretrizes e medidas dirigidas à simplificação e racionalização do comércio exterior;

VIII - estabelecer diretrizes e procedimentos para investigações relativas a práticas desleais de comércio exterior;

IX - fixar diretrizes para a política de financiamento das exportações de bens e de serviços, bem como para a cobertura dos riscos de operações a prazo, inclusive as relativas ao seguro de crédito às exportações;

X - fixar diretrizes e coordenar as políticas de promoção de mercadorias e de serviços no exterior e de informação comercial;

XI - opinar sobre política de frete e transportes internacionais, portuários, aeroportuários e de fronteiras, visando à sua adaptação aos objetivos da política de comércio exterior e ao aprimoramento da concorrência;

XII - orientar políticas de incentivo à melhoria dos serviços portuários, aeroportuários, de transporte e de turismo, com vistas ao incremento das exportações e da prestação desses serviços a usuários oriundos do exterior;

XIII - fixar as alíquotas do imposto de exportação, respeitadas as condições estabelecidas no Decreto-Lei n. 1.578, de 11 de outubro de 1977;

XIV - fixar as alíquotas do imposto de importação, atendidas as condições e os limites estabelecidos na Lei n. 3.244, de 14 de agosto de 1957, no Decreto-Lei n. 63, de 21 de novembro de 1966, e no Decreto-Lei n. 2.162, de 19 de setembro de 1984;

XV - fixar direitos *antidumping* e compensatórios, provisórios ou definitivos, e salvaguardas;

XVI - decidir sobre a suspensão da exigibilidade dos direitos provisórios;

XVII - homologar o compromisso previsto no art. 4º da Lei n. 9.019, de 30 de março de 1995;

XVIII - definir diretrizes para a aplicação das receitas oriundas da cobrança dos direitos de que trata o inciso XV; (Alterado pelo Dec. 8.807/2016.)

XIX - alterar, na forma estabelecida nos atos decisórios do Mercado Comum do Sul - Mercosul, a Nomenclatura Comum do Mercosul de que trata o Decreto n. 2.376, de 12 de novembro de 1997; e (Alterado pelo Dec. 8.807/2016.)

XX - formular diretrizes para a funcionalidade do Sistema Tributário no âmbito das atividades de exportação e importação, sem prejuízo do disposto no art. 35 do Decreto-Lei n. 37, de 18 de novembro de 1966, e no art. 16 da Lei n. 9.779, de 19 de janeiro de 1999. (Acrescentado pelo Dec. 8.807/2016.)

§ 1º Na implementação da política de comércio exterior, a Camex deverá ter presente:

I - os compromissos internacionais firmados pelo País, em particular:

a) na Organização Mundial do Comércio - OMC;

b) no Mercosul; e

c) na Associação Latino-Americana de Integração - Aladi;

II - o papel do comércio exterior como instrumento indispensável para promover o crescimento da economia nacional e para o aumento da produtividade e da qualidade dos bens produzidos no País;

III - as políticas de investimento estrangeiro, de investimento nacional no exterior e de transferência de tecnologia, que complementam a política de comércio exterior; e

IV - as competências de coordenação atribuídas ao Ministério das Relações Exteriores no âmbito da promoção comercial e da representação do Governo na Seção Nacional de Coordenação dos Assuntos relativos à Alca - Senalca, na Seção Nacional para as Negociações Mercosul - União Europeia - Seneuropa, no Grupo Interministerial de Trabalho sobre Comércio Internacional de Mercadorias e Serviços - GICI, e na Seção Nacional do Mercosul.

§ 2º A Camex proporá as medidas que considerar pertinentes para proteger os interesses comerciais brasileiros nas relações comerciais com países que descumprirem acordos firmados bilateral, regional ou multilateralmente.

§ 3º No exercício das competências constantes dos incisos II, IV, V, IX e X, a Camex observará o disposto no art. 237 da Constituição.

ART. 3º A instituição ou a alteração, por parte dos órgãos da administração pública federal, de exigência administrativa, registro, controle direto e indireto sobre operações de comércio exterior e das alíquotas incidentes nos impostos de importação e exportação sobre operações de comércio exterior, ficam sujeitas à prévia aprovação da Camex, sem prejuízo das competências do Banco Central do Brasil e do Conselho Monetário Nacional, e observado o disposto no art. 237 da Constituição. (Alterado pelo Dec. 8.807/2016.)

ART. 4º A Camex terá como órgão de deliberação superior e final um Conselho de Ministros, composto pelos seguintes Ministros de Estado: (Alterado pelo Dec. 9.029/2017.)

I - Chefe da Casa Civil da Presidência da República, que o presidirá; (Alterado pelo Dec. 9.029/2017.)

II - da Indústria, Comércio Exterior e Serviços; (Alterado pelo Dec. 9.029/2017.)

III - das Relações Exteriores; (Alterado pelo Dec. 9.029/2017.)

IV - da Fazenda; (Alterado pelo Dec. 9.029/2017.)

V - dos Transportes, Portos e Aviação Civil; (Alterado pelo Dec. 9.029/2017.)

VI - da Agricultura, Pecuária e Abastecimento; (Alterado pelo Dec. 9.029/2017.)

VII - do Planejamento, Desenvolvimento e Gestão; e (Alterado pelo Dec. 9.029/2017.)

IX - Chefe da Secretaria-Geral da Presidência da República. (Acrescentado pelo Dec. 9.029/2017.)

§ 1º Titulares de órgãos e entidades da administração pública federal serão convidados a participar de reuniões do Conselho de Ministros da Camex sempre que constarem da pauta das reuniões assuntos cuja competência prevista em lei seja desses órgãos ou dessas entidades, ou a juízo do Presidente do Conselho de Ministros da Camex. (Alterado pelo Dec. 9.029/2017.)

▸ Numeração conforme publicação oficial.

§ 2º O Conselho de Ministros da Camex deliberará com a presença de, pelo menos, cinco de seus membros e caberá ao Ministro de Estado Chefe da Casa Civil da Presidência da República o voto de qualidade, em caso de empate. (Alterado pelo Dec. 9.029/2017.)

§ 3º As deliberações de que trata o § 2º serão implementadas mediante resoluções do Presidente do Comitê Executivo de Gestão - Gecex. (Alterado pelo Dec. 8.807/2016.)

§ 4º Em suas faltas e impedimentos, o Presidente do Conselho de Ministros da Camex será substituído pelo Presidente do Comitê Executivo de Gestão - Gecex, hipótese em que a Casa Civil da Presidência da República será representada por seu Secretário-Executivo. (Alterado pelo Dec. 9.029/2017.)

§ 5º Os Ministros de Estado de que tratam os incisos II a IX do *caput* poderão, excepcionalmente, ser substituídos pelos Secretários-Executivos dos respectivos órgãos. (Alterado pelo Dec. 9.029/2017.)

§ 6º O Conselho de Ministros da Camex se reunirá pelo menos uma vez a cada dois meses, ou sempre que convocado pelo seu Presidente, com antecedência mínima de cinco dias. (Alterado pelo Dec. 9.029/2017.)

§ 7º O Presidente do Conselho de Ministros da Camex, em casos de relevância e urgência, poderá reduzir o prazo da antecedência fixado no § 6º. (Alterado pelo Dec. 9.029/2017.)

§ 8º As reuniões do Conselho de Ministros da Camex serão realizadas com a participação de, pelo menos, quatro de seus membros. (Alterado pelo Dec. 9.029/2017.)

§ 10. As reuniões poderão ocorrer por meio de conferência de vídeo ou voz ou de qualquer outro recurso tecnológico idôneo e os documentos do Conselho de Ministros da Camex ou de seu Presidente poderão ser expedidos por meio eletrônico. (Acrescentado pelo Dec. 9.029/2017.)

▸ Numeração conforme publicação oficial.

ART. 5º Integrarão a Camex, também, o Gecex, a Secretaria-Executiva, o Conselho Consultivo do Setor Privado - Conex, o Comitê de Financiamento e Garantia das Exportações - Cofig, o Comitê Nacional de Facilitação do Comércio - Confac, o Comitê Nacional de Investimentos - Coninv e o Comitê Nacional de Promoção Comercial - Copcom. (Alterado pelo Dec. 9.029/2017.)

§ 1º O Gecex, integrado por membros natos e por membros designados pelo Presidente do Conselho de Ministros da Camex, é o núcleo executivo colegiado da Camex. (Alterado pelo Dec. 9.029/2017.)

§ 2º O Gecex será composto pelos seguintes membros natos: (Alterado pelo Dec. 8.807/2016.)

I - Ministro de Estado da Indústria, Comércio Exterior e Serviços, que o presidirá; (Alterado pelo Dec. 9.029/2017.)

II - Secretário-Executivo da Casa Civil da Presidência da República; (Alterado pelo Dec. 8.807/2016.)

III - Secretário-Executivo do Ministério da Fazenda; (Alterado pelo Dec. 8.807/2016.)

IV - Secretário-Executivo do Ministério da Agricultura, Pecuária e Abastecimento; (Alterado pelo Dec. 8.807/2016.)

V - Secretário-Geral das Relações Exteriores do Ministério das Relações Exteriores; (Alterado pelo Dec. 9.029/2017.)

VI - Secretário-Executivo do Ministério do Planejamento, Desenvolvimento e Gestão; (Alterado pelo Dec. 8.807/2016.)

VII - Secretário-Executivo do Ministério dos Transportes, Portos e Aviação Civil; (Alterado pelo Dec. 9.029/2017.)

VIII - Secretário Especial de Assuntos Estratégicos da Secretaria-Geral da Presidência da República; e (Alterado pelo Dec. 9.029/2017.)

IX - Secretário-Executivo da Camex, que não terá direito a voto. (Alterado pelo Dec. 9.029/2017.)

§ 3º As autoridades a que se refere o § 2º indicarão seus suplentes, que deverão ser ocupantes de cargos em comissão do Grupo-Direção e Assessoramento Superiores - DAS de nível 6 ou de cargo de Natureza Especial

DECRETOS

na estrutura regimental da respectiva pasta, sem prejuízo da hipótese do § 8º. (Alterado pelo Dec. 9.029/2017.)

§ 4º Compete ao Gecex: (Alterado pelo Dec. 8.807/2016.)

I - elaborar recomendações ao Conselho de Ministros da Camex; (Alterado pelo Dec. 9.029/2017.)

II - praticar, por intermédio de seu Presidente e consultados previamente os seus membros, os atos previstos nos art. 2º e art. 3º, *ad referendum* do Conselho de Ministros da Camex; (Alterado pelo Dec. 9.029/2017.)

III - supervisionar permanentemente as atividades do Confac, do Coninv e do Copcom; (Alterado pelo Dec. 9.029/2017.)

IV - propor ao Conselho de Ministros da Camex o aperfeiçoamento de quaisquer trâmites ou medidas que possam constituir barreira ou exigência burocrática com impacto sobre o comércio exterior, incluídos aqueles relativos à movimentação de pessoas e de cargas; e (Alterado pelo Dec. 9.029/2017.)

V - outras que lhe forem cometidas por resolução da Camex. (Acrescentado pelo Dec. 8.807/2016.)

§ 5º O Gecex deliberará com a presença de, pelo menos, cinco de seus membros e caberá ao seu Presidente, além do voto ordinário, o voto de qualidade em caso de empate. (Alterado pelo Dec. 8.807/2016.)

§ 6º O Presidente do Gecex poderá, sempre que necessário, convidar autoridades e dirigentes de órgãos e entidades da administração pública federal para tratar de matérias específicas de comércio exterior que lhes sejam afetas. (Alterado pelo Dec. 8.807/2016.)

§ 7º A Agência Brasileira de Promoção de Exportações - Apex-Brasil será convidada para as reuniões do Gecex e poderá se manifestar, contudo sem direito a voto. (Alterado pelo Dec. 8.807/2016.)

§ 8º Em suas faltas e impedimentos, o Ministro de Estado da Indústria, Comércio Exterior e Serviços será substituído, na Presidência do Gecex, pelo Secretário-Executivo do Ministério da Indústria, Comércio Exterior e Serviços. (Alterado pelo Dec. 9.029/2017.)

§ 9º O Secretário-Executivo da Camex será indicado pelo Ministro de Estado da Indústria, Comércio Exterior e Serviços. (Alterado pelo Dec. 9.029/2017.)

§ 10. Compete à Secretaria-Executiva da Camex: (Alterado pelo Dec. 8.807/2016.)

I - prestar assistência direta ao Presidente do Conselho de Ministros da Camex e ao Presidente do Gecex; (Alterado pelo Dec. 9.029/2017.)

II - preparar as reuniões do Conselho de Ministros da Camex, do Gecex, do Conex, do Coninv e do Copcom; (Alterado pelo Dec. 9.029/2017.)

III - articular-se com entidades públicas e privadas e, em especial, com os órgãos integrantes da Camex, com vistas ao permanente aperfeiçoamento de suas ações; (Acrescentado pelo Dec. 8.807/2016.)

IV - coordenar os órgãos colegiados, comitês e grupos técnicos intragovernamentais criados no âmbito da Camex; (Acrescentado pelo Dec. 8.807/2016.)

V - identificar, avaliar e submeter ao Conselho de Ministros da Camex medidas e propostas de normas e outros atos relacionados ao comércio exterior; (Alterado pelo Dec. 9.029/2017.)

VI - identificar, analisar e consolidar demandas, a serem submetidas ao Conselho de Ministros da Camex ou aos órgãos colegiados integrantes da Camex; (Alterado pelo Dec. 9.029/2017.)

VII - acompanhar e avaliar, quanto a prazos e metas, a implementação e o cumprimento das deliberações e diretrizes fixadas pelo Conselho de Ministros da Camex, incluídas aquelas cometidas aos seus colegiados; (Alterado pelo Dec. 9.029/2017.)

VIII - coordenar grupos técnicos intragovernamentais, realizar e promover estudos e elaborar propostas sobre matérias de competência da Camex, a serem submetidas ao Conselho de Ministros da Camex e ao Gecex; (Alterado pelo Dec. 9.029/2017.)

IX - propor a criação e coordenar grupos técnicos intragovernamentais para o acompanhamento e implementação das ações em matéria comercial, de serviços e de investimentos entre o País e seus parceiros; (Acrescentado pelo Dec. 8.807/2016.)

X - elaborar estudos e publicações, promover reuniões e propor medidas sobre assuntos relativos a comércio exterior e investimentos em parceria com a Apex-Brasil; (Acrescentado pelo Dec. 8.807/2016.)

XI - apoiar e acompanhar as negociações internacionais sobre matérias afetas à Camex; (Acrescentado pelo Dec. 8.807/2016.)

XII - formular consultas públicas, solicitar informações a outros órgãos do Governo federal e ao setor privado e expedir atos no âmbito de sua competência; (Acrescentado pelo Dec. 8.807/2016.)

XIII - desempenhar as funções de Ponto Focal Nacional - Ombudsman de Investimentos Diretos; e (Acrescentado pelo Dec. 8.807/2016.)

XIV - exercer outras competências que lhe sejam especificamente cometidas pelo Presidente do Conselho de Ministros da Camex ou pelo Presidente do Gecex. (Alterado pelo Dec. 9.029/2017.)

§ 11. A Secretaria-Executiva da Camex contará com grupos consultivos ou de assessoramento técnico compostos por representantes de órgãos e entidades da administração pública federal e do setor privado, a serem designados pelo Gecex. (Acrescentado pelo Dec. 8.807/2016.)

§ 12. Compete ao Conex assessorar a Camex, por meio da elaboração e do encaminhamento de estudos e de propostas setoriais para aperfeiçoamento da política de comércio exterior. (Acrescentado pelo Dec. 8.807/2016.)

§ 13. O Conex será integrado pelo Ministro de Estado das Relações Exteriores, pelo Ministro de Estado da Indústria, Comércio Exterior e Serviços e por até vinte representantes do setor privado, indicados por meio de resolução da Camex. (Acrescentado pelo Dec. 8.807/2016.)

§ 14. A presidência do Conex caberá ao Ministro de Estado da Indústria, Comércio Exterior e Serviços, que poderá convocar autoridades e dirigentes de órgãos e entidades da administração pública federal para participar de suas reuniões. (Acrescentado pelo Dec. 8.807/2016.)

§ 15. Compete ao Confac orientar, coordenar, harmonizar e supervisionar as atividades operacionais dos órgãos e das entidades da administração pública federal relativas às importações e exportações, com vistas à implementação das políticas e das diretrizes interministeriais determinadas pelo Conselho de Ministros da Camex, à implementação de acordos internacionais que tratem da facilitação de comércio e à redução dos custos de cumprimento com exigências da administração pública federal. (Alterado pelo Dec. 9.029/2017.)

§ 16. A presidência do Confac será compartilhada pelo Ministro de Estado da Fazenda e pelo Ministro de Estado da Indústria, Comércio Exterior e Serviços e será necessária a presença de, pelo menos, um deles para realização de reunião do Confac, devendo regulamentação posterior dispor sobre os seus demais integrantes, seu regimento e sua organização interna. (Acrescentado pelo Dec. 8.807/2016.)

§ 17. Compete ao Coninv formular propostas e recomendações à Camex voltadas ao fomento de Investimentos Estrangeiros Diretos - IED no País e aos Investimentos Brasileiros Diretos no Exterior - IBDE. (Acrescentado pelo Dec. 8.807/2016.)

§ 18. A presidência do Coninv será compartilhada entre dois representantes indicados pelo Ministro de Estado das Relações Exteriores e pelo Ministro de Estado da Indústria, Comércio Exterior e Serviços e será necessária a presença de, pelo menos, um deles para realização de reunião do Coninv, devendo regulamentação posterior dispor sobre os seus demais integrantes, seu regimento e sua organização interna. (Acrescentado pelo Dec. 8.807/2016.)

§ 19. Compete ao Copcom propor ao Conselho de Ministros da Camex diretrizes e estratégias para a política de promoção comercial brasileira e acompanhar sua execução. (Acrescentado pelo Dec. 8.997/2017.)

§ 20. A presidência do Copcom caberá ao Secretário-Executivo do Ministério da Indústria, Comércio Exterior e Serviços. (Acrescentado pelo Dec. 8.997/2017.)

§ 21. Regulamento disporá sobre os demais integrantes do Copcom, seu regimento e sua organização interna. (Acrescentado pelo Dec. 8.997/2017.)

§ 22. Compete ao Copcom propor ao Conselho de Ministros da Camex diretrizes e estratégias para a política de promoção comercial brasileira e acompanhar sua execução. (Acrescentado pelo Dec. 9.029/2017.)

§ 23. A presidência do Copcom caberá a representante designado pelo Ministério das Relações Exteriores, que deverá ser ocupante de cargo em comissão do Grupo-Direção e Assessoramento Superiores - DAS de nível 6 ou de cargo de Natureza Especial na estrutura regimental daquela Pasta. (Acrescentado pelo Dec. 9.029/2017.)

§ 24. Observado o disposto no § 23, regulamento disporá sobre os demais integrantes do Copcom, seu regimento e sua organização interna. (Acrescentado pelo Dec. 9.029/2017.)

ART. 6º As solicitações e determinações do Comitê Executivo de Gestão aos órgãos e às entidades da Administração Pública Federal serão atendidas em caráter prioritário, no prazo por ele prescrito.

- Art. 2º, Dec. 4.857/2003 (O Comitê Executivo de Gestão passa a denominar-se Comitê Executivo de Gestão - GECEX).

ART. 7º A Camex adotará um regimento interno, mediante aprovação do Conselho de Ministros, no prazo de até sessenta dias a contar da publicação deste Decreto.

ART. 8º O Ministério da Indústria, Comércio Exterior e Serviços dará apoio administrativo e providenciará os meios necessários à execução dos trabalhos do Conselho de Ministros da Camex, do Gecex e da Secretaria-Executiva. (Alterado pelo Dec. 9.029/2017.)

ART. 9º Este Decreto entra em vigor na data de sua publicação.

ART. 10. Fica revogado o Decreto n. 3.981, de 24 de outubro de 2001.

Brasília, 10 de junho de 2003; 182º da Independência e 115º da República.

LUIZ INÁCIO LULA DA SILVA

DECRETO N. 4.751, DE 17 DE JUNHO DE 2003

Dispõe sobre o Fundo PIS-PASEP, criado pela Lei Complementar n. 26, de 11 de setembro de 1975, sob a denominação de PIS-PASEP, e dá outras providências.

› *DOU*, 18.06.2003.

O Presidente da República, no uso das atribuições que lhe confere o art. 84, incisos IV e VI, alínea "a", da Constituição, e tendo em vista o disposto na Lei Complementar no 26, de 11 de setembro de 1975,

Decreta:

ART. 1º O Fundo PIS-PASEP, criado pela Lei Complementar n. 26, de 11 de setembro de 1975, sob a denominação de PIS-PASEP, é um fundo contábil, de natureza financeira, e se subordina, no que couber, às disposições do art. 69 da Lei n. 4.728, de 14 de julho de 1965.

§ 1º O PIS-PASEP é constituído pelos valores do Fundo de Participação do Programa de Integração Social - PIS e do Fundo Único do Programa de formação do Patrimônio do Servidor Público - PASEP, existentes em 30 de junho de 1976 e apurados em balanços.

§ 2º O disposto no § 1º não afetará os saldos das contas individuais, existentes em 30 de junho de 1976, dos participantes e beneficiários dos respectivos Fundos.

ART. 2º Constituem recursos do PIS-PASEP:

I - juros, atualização monetária e multas devidas pelos contribuintes dos Programas, em decorrência da inobservância das obrigações a que estão sujeitos;

II - retorno, por via de amortização, de recursos aplicados em operações de empréstimos e financiamentos, incluído o total das receitas obtidas em tais operações;

III - resultado das operações financeiras realizadas, compreendendo, quando for o caso, multa contratual e honorários; e

IV - resultados das aplicações do Fundo de Participação Social - FPS, de que trata o Decreto n. 79.459, de 30 de março de 1977.

ART. 3º Os participantes do Fundo de Participação do PIS e os beneficiários do Fundo Único do PASEP, conforme qualificados na legislação pertinente aos respectivos Programas, passam a ser participantes do PIS-PASEP.

Parágrafo único. Os créditos provenientes da aplicação da atualização monetária, da incidência de juros, do resultado líquido adicional das operações realizadas e de qualquer outro benefício serão feitos exclusivamente na conta individual do participante.

ART. 4º No final de cada exercício financeiro, as contas individuais dos participantes do PIS-PASEP serão creditadas das quantias correspondentes:

I - à aplicação da atualização monetária sobre os respectivos saldos credores verificados ao término do exercício financeiro anterior;

II - à incidência de juros sobre os respectivos saldos credores atualizados, verificados ao término do exercício financeiro anterior; e

III - ao resultado líquido adicional das operações financeiras realizadas, verificado ao término do exercício financeiro anterior.

ART. 5º É facultada, no final de cada exercício financeiro posterior ao da abertura da conta individual, a retirada pelos participantes dos créditos correspondentes às parcelas a que se referem os incisos II e III do art. 4º, que tenham sido feitos nas respectivas contas individuais.

ART. 6º O exercício financeiro do PIS-PASEP corresponde ao período de 1º de julho de cada ano a 30 de junho do ano subsequente.

ART. 7º O PIS-PASEP será gerido por um Conselho Diretor, órgão colegiado constituído de sete membros efetivos e suplentes em igual número, com mandatos de dois anos, designados pelo Ministro de Estado da Fazenda, e terá a seguinte composição:

I - um representante titular e suplente do Ministério da Fazenda;

II - um representante titular e suplente do Ministério do Planejamento, Orçamento e Gestão;

III - um representante titular e suplente do Ministério do Desenvolvimento, Indústria e Comércio Exterior;

IV - um representante titular e suplente do Ministério do Trabalho e Emprego;

V - um representante titular e suplente da Secretaria do Tesouro Nacional do Ministério da Fazenda;

VI - um representante titular e suplente dos participantes do PIS; e

VII - um representante titular e suplente dos participantes do PASEP.

§ 1º Os representantes referidos nos incisos I a V serão indicados pelos titulares dos órgãos representados.

§ 2º Os representantes dos participantes do PIS serão escolhidos pelo Ministro de Estado do Trabalho e Emprego, mediante indicações das centrais sindicais, representando os trabalhadores da iniciativa privada.

§ 3º Os representantes dos servidores participantes do PASEP serão escolhidos pelo Ministro de Estado do Trabalho e Emprego, mediante indicações das centrais sindicais, representando os servidores públicos.

§ 4º O Conselho Diretor será coordenado pelo representante da Secretaria do Tesouro Nacional.

§ 5º O Coordenador do Conselho Diretor terá, além do voto normal, o voto de qualidade no caso de empate.

§ 6º O Conselho Diretor fica investido da representação ativa e passiva do PIS-PASEP, que será representado e defendido em juízo por Procurador da Fazenda Nacional.

ART. 8º No exercício da gestão do PIS-PASEP, compete ao Conselho Diretor:

I - elaborar e aprovar o plano de contas;

II - ao término de cada exercício financeiro:

a) calcular a atualização monetária do saldo credor das contas individuais dos participantes;

b) calcular a incidência de juros sobre o saldo credor atualizado das mesmas contas individuais;

c) constituir as provisões e reservas indispensáveis; e

d) levantar o montante das despesas de administração, apurar e atribuir aos participantes o resultado líquido adicional das operações realizadas;

III - autorizar, nas épocas próprias, que sejam feitos nas contas individuais dos participantes os créditos de que trata o art. 4º deste Decreto;

IV - aprovar anualmente o orçamento do PIS-PASEP e sua reformulação;

V - elaborar anualmente o balanço do PIS-PASEP, com os demonstrativos e o relatório;

VI - promover o levantamento de balancetes mensais;

VII - requisitar do Banco Nacional de Desenvolvimento Econômico e Social - BNDES as informações sobre os recursos do Fundo repassados, as aplicações realizadas e seus respectivos resultados;

VIII - prestar informações, fornecer dados e documentação e emitir parecer, por solicitação do Conselho Monetário Nacional e do Ministro de Estado da Fazenda, em relação ao PIS-PASEP, ao PIS e ao PASEP;

IX - autorizar, fixando as épocas próprias, o processamento das solicitações de saque e de retirada e os correspondentes pagamentos;

X - baixar normas operacionais necessárias à estruturação, organização e funcionamento do PIS-PASEP e compatíveis com a execução do PIS e do PASEP;

XI - emitir parecer sobre os balancetes mensais, balanços anuais e demais demonstrações contábeis e financeiras do PIS-PASEP;

XII - definir as tarifas de remuneração da Caixa Econômica Federal e do Banco do Brasil S.A., na qualidade de administradores do PIS e do PASEP, respectivamente; e

XIII - resolver os casos omissos, inclusive quanto aos pedidos de saques de quotas do PIS-PASEP.

ART. 9º Cabem à Caixa Econômica Federal, em relação ao PIS, as seguintes atribuições:

I - manter, em nome dos empregados e trabalhadores avulsos, as correspondentes contas individuais a que aludem o art. 5º da Lei Complementar n. 7, de 7 de setembro de 1970, e normas complementares;

II - creditar nas contas individuais, quando autorizado pelo Conselho Diretor, as parcelas e benefícios de que trata o art. 4º deste Decreto;

III - processar as solicitações de saque e de retirada e efetuar os correspondentes pagamentos, nas épocas próprias, quando autorizada pelo Conselho Diretor, na forma e para os fins previstos na Lei Complementar n. 26, de 1975, e neste Decreto;

IV - fornecer, nas épocas próprias e sempre que for solicitado, ao Conselho Diretor informações, dados e documentação, em relação a repasses de recursos, cadastro de empregados vinculados ao referido Programa, contas individuais de participantes e solicitações de saque e de retirada e seus correspondentes pagamentos; e

V - cumprir e fazer cumprir as normas operacionais baixadas pelo Conselho Diretor.

Parágrafo único. A Caixa Econômica Federal exercerá as atribuições previstas neste artigo de acordo com as normas, diretrizes e critérios estabelecidos pelo Conselho Diretor do PIS-PASEP, e com observância da Lei Complementar n. 26, de 1975, e das disposições deste Decreto.

ART. 10. Cabem ao Banco do Brasil S.A., em relação ao PASEP, as seguintes atribuições:

I - manter, em nome dos servidores e empregados, as contas individuais a que se refere o art. 5º da Lei Complementar n. 8, de 3 de dezembro de 1970;

II - creditar nas contas individuais, quando autorizado pelo Conselho Diretor, as parcelas e benefícios de que trata o art. 4º deste Decreto;

III - processar as solicitações de saque e de retirada e efetuar os correspondentes pagamentos, nas épocas próprias, quando autorizado pelo Conselheiro Diretor, na forma e para os fins previstos na Lei Complementar n. 26, de 1975, e neste Decreto;

IV - fornecer, nas épocas próprias e sempre que for solicitado, ao gestor do PIS-PASEP, informações, dados e documentação, em relação a repasses de recursos, cadastro de servidores e empregados vinculados ao referido Programa, contas individuais de participantes e solicitações de saque e de retirada e seus correspondentes pagamentos; e

DECRETOS

V - cumprir e fazer cumprir as normas operacionais baixadas pelo gestor do PIS-PASEP.

Parágrafo único. O Banco do Brasil S.A. exercerá as atribuições previstas neste artigo de acordo com as normas, diretrizes e critérios estabelecidos pelo Conselho Diretor do PIS-PASEP, e com observância da Lei Complementar n. 26, de 1975, e das disposições deste Decreto.

ART. 11. A Caixa Econômica Federal, o Banco do Brasil S.A. e o BNDES prestarão ao Conselho Diretor todo apoio que for necessário à administração do PIS-PASEP.

ART. 12. Os dispêndios com a administração do PIS e do PASEP e com a administração do PIS-PASEP correrão por conta deste último Fundo, conforme for estabelecido pelo seu Conselho Diretor.

ART. 13. Compete ao Ministro de Estado da Fazenda aprovar o regimento interno do Conselho Diretor do Fundo PIS-PASEP, mediante proposta deste.

ART. 14. Este Decreto entra em vigor na data de sua publicação.

ART. 15. Ficam revogados os Decretos n. 78.276, de 17 de agosto de 1976, 84.129, de 29 de outubro de 1979, e 93.200, de 1º de setembro de 1986.

Brasília, 17 de junho de 2003; 182º da Independência e 115º da República.

LUIZ INÁCIO LULA DA SILVA

DECRETO N. 4.840, DE 17 DE SETEMBRO DE 2003

Regulamenta a Medida Provisória n. 130, de 17 de setembro de 2003, que dispõe sobre a autorização para desconto de prestações em folha de pagamento, e dá outras providências.

- *DOU*, 18.09.2003.
- A Med. Prov. 10.820/2003 foi convertida na Lei 10.820/2003.

O Presidente da República, no uso da atribuição que lhe confere o art. 84, inciso IV, da Constituição, e tendo em vista o disposto na Medida Provisória no 130, de 17 de setembro de 2003,

Decreta:

ART. 1º Regem-se por este Decreto os procedimentos para autorização de desconto em folha de pagamento dos valores referentes ao pagamento das prestações de empréstimos, financiamentos e operações de arrendamento mercantil concedidos por instituições financeiras e sociedades de arrendamento mercantil a empregados regidos pela Consolidação das Leis do Trabalho, aprovada pelo Decreto-Lei n. 5.452, de 1º de maio de 1943.

ART. 2º Para os fins deste Decreto, considera-se:

I - empregador, a pessoa jurídica assim definida pela legislação trabalhista;

II - empregado, aquele assim definido pela legislação trabalhista;

III - instituição consignatária, a instituição mencionada no art. 1º autorizada a conceder empréstimo ou financiamento ou realizar operação de arrendamento mercantil;

IV - mutuário, empregado que firma com instituição consignatária contrato de empréstimo, financiamento ou arrendamento mercantil regulado por este Decreto; e

V - verbas rescisórias, as importâncias devidas em dinheiro pelo empregador ao empregado em razão de rescisão do seu contrato de trabalho.

§ 1º Para os fins deste Decreto, considera-se remuneração básica a soma das parcelas pagas ou creditadas mensalmente em dinheiro ao empregado, excluídas:

I - diárias;

II - ajuda de custo;

III - adicional pela prestação de serviço extraordinário;

IV - gratificação natalina;

V - auxílio-natalidade;

VI - auxílio-funeral;

VII - adicional de férias;

VIII - auxílio-alimentação, mesmo se pago em dinheiro;

IX - auxílio-transporte, mesmo se pago em dinheiro; e

X - parcelas referentes a antecipação de remuneração de competência futura ou pagamento em caráter retroativo.

§ 2º Para os fins deste Decreto, considera-se remuneração disponível a parcela remanescente da remuneração básica após a dedução das consignações compulsórias, assim entendidas as efetuadas a título de:

I - contribuição para a Previdência Social oficial;

II - pensão alimentícia judicial;

III - imposto sobre rendimentos do trabalho;

IV - decisão judicial ou administrativa;

V - mensalidade e contribuição em favor de entidades sindicais;

VI - outros descontos compulsórios instituídos por lei ou decorrentes de contrato de trabalho.

§ 3º Para os fins deste Decreto, são consideradas consignações voluntárias as autorizadas pelo empregado e não relacionadas no § 2º.

ART. 3º No momento da contratação da operação, a autorização para a efetivação dos descontos permitidos neste Decreto observará, para cada mutuário, os seguintes limites:

I - a soma dos descontos referidos no art. 1º deste Decreto não poderá exceder a trinta por cento da remuneração disponível definida no § 2º do art. 2º; e

II - o total das consignações voluntárias, incluindo as referidas no art. 1º, não poderá exceder a quarenta por cento da remuneração disponível definida no § 2º do art. 2º.

ART. 4º A concessão de empréstimo, financiamento ou arrendamento será feita a critério da instituição consignatária, sendo os valores e demais condições objeto de livre negociação entre ela e o mutuário, observadas as demais disposições deste Decreto.

§ 1º Poderá o empregador, com a anuência da entidade sindical representativa da maioria dos empregados, firmar, com uma ou mais instituições consignatárias, acordo que defina condições gerais e demais critérios a serem observados nos empréstimos, financiamentos ou arrendamentos que venham a ser realizados com seus empregados.

§ 2º Poderão as entidades e centrais sindicais firmar, com uma ou mais instituições consignatárias, acordo que defina condições gerais e demais critérios a serem observados nos empréstimos, financiamentos ou arrendamentos que venham a ser realizados com seus representados.

§ 3º Uma vez observados pelo empregado todos os requisitos e condições definidos no acordo firmado segundo o disposto no § 1º ou no § 2º, não poderá a instituição concedente negar-se a celebrar o empréstimo, financiamento ou arrendamento mercantil.

§ 4º Para a realização das operações referidas neste Decreto, é assegurado ao empregado o direito de optar por instituição consignatária que tenha firmado acordo com o empregador, com sua entidade sindical, ou qualquer outra instituição consignatária de sua livre escolha, ficando o empregador obrigado a proceder aos descontos e repasses por ele contratados e autorizados.

§ 5º Os acordos mencionados nos §§ 1º e 2º poderão definir critérios mínimos, parâmetros e condições financeiras diferenciados por situação cadastral e demais características individuais do empregado.

§ 6º Dos acordos referidos no § 2º poderá constar, ainda, a diferenciação por empresa de critérios mínimos, parâmetros e condições financeiras.

§ 7º Os contratos de empréstimo, financiamento ou arrendamento celebrados ao amparo deste Decreto preverão obrigatoriamente prestações fixas ao longo de todo o período de amortização.

§ 7º-A. Nas hipóteses de concessão, ao amparo deste Decreto, de empréstimo ou financiamento imobiliário no âmbito do Sistema Financeiro da Habitação ou de outros sistemas ou programas destinados à aquisição de imóveis residenciais, as prestações e seus reajustamentos obedecerão às disposições contratuais celebradas entre as partes, sendo permitida a estipulação de prestações variáveis. (Incluído pelo Dec. 5.892/2006.)

§ 8º Os acordos referidos nos §§ 1º e 2º deste artigo poderão delegar à instituição consignatária a responsabilidade de receber, processar e encaminhar ao empregador as autorizações referidas no inciso III do § 3º do art. 5º.

ART. 5º Para os fins deste Decreto, são obrigações do empregador:

I - prestar ao empregado e à instituição consignatária, mediante solicitação formal do primeiro, as informações necessárias para a contratação da operação de crédito ou arrendamento mercantil, inclusive:

a) a data habitual de pagamento mensal do salário;

b) o total já consignado em operações preexistentes;

c) as demais informações necessárias para o cálculo da margem disponível para consignação;

II - tornar disponíveis aos empregados, bem assim às respectivas entidades sindicais, as informações referentes aos custos referidos no art. 10;

III - efetuar os descontos autorizados pelo empregado em folha de pagamento e repassar o valor à instituição consignatária na forma e prazo previstos em regulamento.

§ 1º É vedado ao empregador impor ao mutuário e à instituição consignatária qualquer condição que não esteja prevista neste Decreto para a efetivação do contrato e a implementação dos descontos autorizados.

§ 2º Os descontos autorizados na forma deste Decreto terão preferência sobre outros descontos da mesma natureza que venham a ser autorizados posteriormente.

§ 3º A liberação do crédito ao mutuário somente ocorrerá após:

I - a confirmação do empregador, por escrito ou por meio eletrônico certificado, quanto à possibilidade da realização dos descontos, em função dos limites referidos no art. 3º;

II - a assinatura, por escrito ou por meio eletrônico certificado, do contrato entre o mutuário e a instituição consignatária; e

III - a outorga ao empregador, por parte do mutuário, de autorização, em caráter irrevogável e irretratável, para a consignação das prestações contratadas em folha de pagamento.

§ 4º A autorização referida no inciso III do § 3º será outorgada por escrito ou por meio eletrônico certificado, podendo a instituição consignatária processar o documento e mantê-lo sob sua guarda, na condição de fiel depositária, transmitindo as informações ao empregador por meio seguro.

§ 5º Exceto quando diversamente previsto em contrato com a anuência do empregador, a efetivação do desconto em folha de pagamento do mutuário deverá ser iniciada pelo empregador no mínimo trinta dias e no máximo sessenta dias após o recebimento da autorização referida no inciso III do § 3º.

§ 6º A autorização referida no inciso III do § 3º é nula de pleno direito na hipótese da não liberação do crédito ou do bem arrendado ao mutuário no prazo máximo de cinco dias úteis contados da data da outorga.

§ 7º A repactuação do contrato de empréstimo, financiamento ou operação de arrendamento mercantil que implique alteração do número ou do valor das prestações consignadas em folha observará o procedimento referido no § 3º.

ART. 6º O empregador é o responsável pela retenção dos valores devidos e pelo repasse às instituições consignatárias, o qual deverá ser realizado até o quinto dia útil após a data de pagamento, ao mutuário, de sua remuneração mensal.

ART. 7º O empregador, salvo disposição contratual em sentido contrário, não será corresponsável pelo pagamento dos empréstimos, financiamentos ou arrendamentos concedidos aos mutuários, mas responderá sempre, como devedor principal e solidário, perante a instituição consignatária, por valores a ela devidos, em razão de contratações por ele confirmadas na forma deste Decreto, que deixarem, por sua falha ou culpa, de serem retidos ou repassados.

ART. 8º Caberá à instituição consignatária informar ao mutuário, por escrito ou meio eletrônico por ele indicado no ato da celebração do contrato, toda vez que o empregador deixar de repassar o valor exato do desconto mensal.

ART. 9º Na hipótese de comprovação de que o pagamento mensal do empréstimo, financiamento ou arrendamento foi descontado do mutuário e não foi repassado pelo empregador à instituição consignatária, fica ela proibida de incluir o nome do mutuário em qualquer cadastro de inadimplentes.

ART. 10. É facultado ao empregador descontar na folha de pagamento do mutuário os custos operacionais decorrentes da realização da operação objeto deste Decreto.

§ 1º Consideram-se custos operacionais do empregador:

I - tarifa bancária cobrada pela instituição financeira referente à transferência dos recursos da conta-corrente do empregador para a conta-corrente da instituição consignatária;

II - despesa com alteração das rotinas de processamento da folha de pagamento para realização da operação.

§ 2º As tarifas bancárias mencionadas no inciso I do § 1º deste artigo deverão ser iguais ou inferiores às praticadas pela instituição financeira mantenedora da conta-corrente do empregador em transações da mesma natureza.

§ 3º Cabe ao empregador, mediante comunicado interno ou mediante solicitação de empregado ou de entidade sindical, dar publicidade aos seus empregados dos custos operacionais mencionados no § 1º deste artigo previamente à realização da operação de empréstimo ou financiamento, os quais serão mantidos inalterados durante todo o período de duração da operação.

§ 4º Poderá ser prevista nos acordos referido nos § 1º e 2º do art. 4º, ou em acordo específico entre o empregador e a instituição consignatária, a absorção total ou parcial dos custos referidos no § 1º pela instituição consignatária, hipótese na qual não caberá o desconto na folha do mutuário.

§ 5º No caso dos acordos celebrados nos termos do § 2º do art. 4º, os custos de que trata o inciso II do § 1º deste artigo deverão ser negociados entre o empregador e a entidade sindical, vedada a cobrança de custos superiores aos previstos nos acordos celebrados pelo mesmo empregador nos termos do § 1º do art. 4º.

ART. 11. Cabe ao empregador informar no demonstrativo de rendimentos do empregado, de forma discriminada, o valor do desconto mensal decorrente de cada operação de empréstimo ou financiamento, bem como os custos operacionais definidos no art. 10 deste Decreto.

ART. 12. Até o integral pagamento do empréstimo ou financiamento, as autorizações dos descontos somente poderão ser canceladas mediante prévia aquiescência da instituição consignatária e do empregado.

ART. 13. Em caso de rescisão do contrato de trabalho do empregado antes do término da amortização do empréstimo, ressalvada disposição contratual em contrário, serão mantidos os prazos e encargos originalmente previstos, cabendo ao mutuário efetuar o pagamento mensal das prestações diretamente à instituição consignatária.

ART. 14. Na hipótese de entrada em gozo de benefício previdenciário temporário pelo mutuário, com suspensão do pagamento de sua remuneração por parte do empregador, cessa a obrigação deste efetuar a retenção e o repasse das prestações à instituição consignatária.

Parágrafo único. O contrato de empréstimo, financiamento ou operação de arrendamento mercantil celebrado nos termos deste Decreto conterá, obrigatoriamente, cláusula que regulamente as relações entre o mutuário e a instituição consignatária na situação prevista no *caput*.

ART. 15. O desconto da prestação para pagamento do empréstimo, financiamento ou arrendamento concedido com base neste Decreto será feito diretamente em folha de pagamento e o valor correspondente creditado a favor da instituição consignatária, independentemente de crédito e débito na conta-corrente dos mutuários.

ART. 16. Os contratos de empréstimo, financiamento ou arrendamento de que trata este Decreto poderão prever a incidência de desconto de até trinta por cento das verbas rescisórias referidas no inciso V do art. 2º para a amortização total ou parcial do saldo devedor líquido para quitação na data de rescisão do contrato de trabalho do empregado.

§ 1º Para os fins do *caput*, considera-se saldo devedor líquido para quitação o valor presente das prestações vincendas na data da amortização, descontado à taxa de juros contratualmente fixada referente ao período não utilizado em função da quitação antecipada.

§ 2º Na hipótese referida no *caput*, deverá a instituição consignatária informar ao mutuário e ao empregador, por escrito ou meio eletrônico certificado, o valor do saldo devedor líquido para quitação.

§ 3º Quando o saldo devedor líquido para quitação exceder o valor comprometido das verbas rescisórias, caberá ao mutuário efetuar o pagamento do restante diretamente à instituição consignatária, assegurada a manutenção das condições de número de prestações vincendas e taxa de juros originais, exceto se houver previsão contratual em contrário.

§ 4º Havendo previsão de vinculação de verbas rescisórias em mais de um contrato, será observada a ordem cronológica das autorizações referidas no inciso III do § 3º do art. 5º.

ART. 17. É facultada a contratação pelo mutuário de seguro em favor da instituição consignatária, junto a ela própria ou a outra instituição de sua escolha, para cobertura do risco de inadimplência nas operações de que trata este Decreto em caso de morte, desemprego involuntário ou redução de rendimentos.

ART. 18. Este Decreto entra em vigor na data de sua publicação.

Brasília, 17 de setembro de 2003;
182º da Independência e 115º da República.
LUIZ INÁCIO LULA DA SILVA

DECRETO N. 4.940, DE 29 DE DEZEMBRO DE 2003

Reduz as alíquotas da Contribuição de Intervenção no Domínio Econômico incidente sobre as correntes de hidrocarbonetos líquidos não destinadas à formulação de gasolina ou diesel.

› *DOU*, 30.12.2003 (Edição extra-B).

O Presidente da República, no uso das atribuições que lhe confere o art. 84, inciso IV, da Constituição, e tendo em vista o disposto no § 3º do art. 5º da Lei n.10.336, de 19 de dezembro de 2001,

Decreta:

ART. 1º Ficam reduzidas a zero as alíquotas da Contribuição de Intervenção no Domínio Econômico (CIDE-Combustíveis) incidente na importação e na comercialização sobre as correntes de hidrocarbonetos líquidos não destinadas à formulação de gasolina ou diesel, constantes da seguinte relação:

Código NCM	PRODUTO
2710.11.41	Nafta petroquímica
2710.11.49	Rafinado de reforma, benzina industrial, pentano, heptano, rafinado de pirólise e naftas, exceto nafta petroquímica
2710.11.59	Reformado pesado
2710.19.99	Óleos de petróleo ou de minerais betuminosos, aguarrás mineral, hexano comercial, hexano grau "polímero", iso-parafinas, parafinas normais e óleo tipo "signal oil"

2710.99.00	Outros desperdícios de óleos não contendo difenilas policloradas (PCB), terfenilas policloradas (PCT) ou difenilas polibromadas (PBB)
2901.10.00	Hidrocarbonetos acíclicos saturados
2901.29.00	Hidrocarbonetos acíclicos, não saturados, exceto etileno, propeno, buteno e seus isômeros, buta-1,3--dieno e isopreno
2902.11.00	Cicloexano
2902.19.90	Hidrocarbonetos ciclânicos, ciclênicos ou cicloterpênicos, exceto cicloexano e limoneno
2902.20.00	Benzeno de petróleo
2902.30.00	Tolueno de petróleo
2902.41.00	orto-Xileno
2902.42.00	meta-Xileno
2902.43.00	para-Xileno
2902.44.00	Xilenos mistos de petróleo
2902.60.00	Etilbenzeno
2902.70.00	Cumeno
2902.90.20	Naftaleno
2902.90.30	Antraceno
2902.90.90	Hidrocarbonetos cíclicos, exceto os hidrocarbonetos ciclânicos, ciclênicos ou cicloterpênicos, benzeno, tolueno, xilenos, estireno, etilbenzeno, cumeno, difenila, naftaleno, antraceno e alfa-metilestireno
3814.00.00	C9 aromático, C9 de pirólise hidrogenada, solvente C6C9 hidrogenado, corrente C6C8, solventes para borracha e diluentes de tintas
3817.00.10	Misturas de alquilbenzenos
3817.00.20	Misturas de alquilnaftalenos

§ 1º Para os efeitos do *caput*, a produção residual de gasolina ou diesel, a partir de nafta petroquímica importada ou adquirida no mercado interno por centrais petroquímicas, não caracteriza destinação para formulação desses combustíveis. (Acrescentado pelo Dec. 6.683/2008.)

§ 2º A CIDE-Combustíveis incidirá na venda da gasolina ou diesel decorrentes da produção residual de que tratam os §§ 1º e 3º. (Acrescentado pelo Dec. 6.683/2008.)

§ 3º A produção residual de gasolina ou diesel em volume igual ou superior a doze por cento do volume total de produção decorrente da nafta adquirida implicará a incidência da CIDE-Combustíveis nas operações de importação ou de aquisição no mercado interno de nafta petroquímica. (Acrescentado pelo Dec. 6.683/2008.)

§ 4º A incidência de que trata o § 3º dar-se-á na operação de importação ou aquisição no mercado interno efetuada após a data em que for excedido o limite, proporcionalmente ao percentual de combustíveis produzidos em relação ao volume total de produção. (Acrescentado pelo Dec. 6.683/2008.)

§ 5º A Secretaria da Receita Federal do Brasil poderá disciplinar a aplicação das disposições de que trata este artigo. (Acrescentado pelo Dec. 6.683/2008.)

ART. 2º Este Decreto entra em vigor na data de sua publicação.

Brasília, 29 de dezembro de 2003; 182º da Independência e 115º da República.

LUIZ INÁCIO LULA DA SILVA

DECRETO N. 4.942, DE 30 DE DEZEMBRO DE 2003

Regulamenta o processo administrativo para apuração de responsabilidade por infração à legislação no âmbito do regime da previdência complementar, operado pelas entidades fechadas de previdência complementar, de que trata o art. 66 da Lei Complementar n. 109, de 29 de maio de 2001, a aplicação das penalidades administrativas, e dá outras providências.

▸ *DOU*, 31.12.2003.

O Presidente da República, no uso da atribuição que lhe confere o art. 84, inciso IV, da Constituição, e tendo em vista o disposto na Lei Complementar n. 109, de 29 de maio de 2001,

Decreta:

CAPÍTULO I
DO ÂMBITO DE ABRANGÊNCIA

ART. 1º O processo administrativo para apuração de responsabilidade por infração à legislação no âmbito do regime da previdência complementar, operado pelas entidades fechadas de previdência complementar, e a aplicação das correspondentes penalidades são disciplinados por este Decreto.

ART. 2º O processo administrativo tratado neste Decreto é o instrumento destinado a apurar responsabilidade de pessoa física ou jurídica, por ação ou omissão, no exercício de suas atribuições ou competências, e terá início com a lavratura do auto de infração ou a instauração do inquérito administrativo.

Parágrafo único. O inquérito administrativo decorrerá da decretação de intervenção ou liquidação extrajudicial, nos termos do art. 61 da Lei Complementar n. 109, de 29 de maio de 2001, do oferecimento de denúncia e representação, bem como de atividade de fiscalização levada a efeito pela Secretaria de Previdência Complementar.

CAPÍTULO II
DO PROCESSO ADMINISTRATIVO DECORRENTE DO AUTO DE INFRAÇÃO

SEÇÃO I
DA LAVRATURA DO AUTO DE INFRAÇÃO

ART. 3º O auto de infração é o documento destinado ao registro de ocorrência de infração praticada no âmbito do regime da previdência complementar, operado pelas entidades fechadas de previdência complementar.

Parágrafo único. Em uma mesma atividade de fiscalização, serão lavrados tantos autos de infração quantas forem as infrações cometidas.

ART. 4º O auto de infração conterá os seguintes requisitos:

I - local e data de sua lavratura;

II - identificação do autuado;

III - descrição sumária da infração;

IV - os fundamentos legais da autuação e das circunstâncias em que foi praticada;

V - identificação da autoridade autuante com cargo ou função, número de matrícula e assinatura; e

VI - prazo e local para apresentação da defesa.

ART. 5º O auto de infração será emitido em tantas vias quantas necessárias, sendo uma destinada à instauração do processo administrativo, uma à notificação de cada autuado e outra à entidade fechada de previdência complementar.

ART. 6º A notificação realizar-se-á:

I - por via postal, comprovando-se sua entrega pelo aviso de recebimento ou documento similar com mesma finalidade, emitido pelo serviço postal;

II - mediante ciência do autuado ou do seu representante legal, efetivada por servidor designado, ou, no caso de recusa, de aposição de assinatura em declaração expressa de quem proceder à notificação; ou

III - por edital, publicado uma única vez no Diário Oficial da União, se frustradas as tentativas de notificação por via postal e pessoal, ou pela constatação de estar o autuado em lugar incerto ou ignorado, devendo constar do edital o termo inicial para contagem do prazo para apresentação da defesa.

§ 1º Se o autuado tomar ciência do auto de infração antes de receber a notificação, o prazo para a apresentação da defesa será contado a partir da referida ciência.

§ 2º A entrega do auto de infração a procurador exige juntada de procuração com poderes para receber notificação, podendo ser a cópia desta autenticada pelo servidor à vista do original.

ART. 7º Será lavrado o auto de infração decorrente do não atendimento de requisição de documentos ou de informação formalizada pela Secretaria de Previdência Complementar, ou ainda por sua apresentação deficiente ou incompleta.

Parágrafo único. A requisição prevista no *caput* deverá ser formulada por escrito, com antecedência de, pelo menos, três dias úteis.

ART. 8º O auto de infração observará o modelo a ser definido pela Secretaria de Previdência Complementar.

SEÇÃO II
DA DEFESA

ART. 9º O autuado poderá apresentar defesa à Secretaria de Previdência Complementar, no prazo de quinze dias, contado da data do recebimento da notificação, indicando:

I - a autoridade a quem é dirigida;

II - a qualificação do autuado;

III - os motivos, de fato e de direito, que sustentam a defesa; e

IV - todas as provas que pretende produzir de forma justificada, inclusive o rol de eventuais testemunhas.

Parágrafo único. Para cada auto de infração poderá ser apresentada defesa em conjunto ou separadamente, se forem dois ou mais os autuados.

ART. 10. A defesa apresentada fora do prazo não será conhecida.

SEÇÃO III
DO JULGAMENTO E DA DECISÃO-NOTIFICAÇÃO

ART. 11. Compete ao Secretário de Previdência Complementar julgar o auto de infração.

ART. 12. A decisão-notificação é o documento pelo qual se dá ciência ao autuado do resultado do julgamento do auto de infração.

§ 1º Integra a decisão-notificação o relatório contendo resumo dos fatos apurados, a análise da defesa e das provas produzidas.

§ 2º O autuado tomará ciência da decisão-notificação, observado o disposto no art. 6º deste Decreto.

SEÇÃO IV
DO RECURSO

ART. 13. Da decisão do Secretário de Previdência Complementar caberá recurso ao Conselho de Gestão da Previdência Complementar, com efeito suspensivo, no prazo de quinze dias, contado do recebimento da decisão-notificação.

§ 1º O recurso, dirigido ao Conselho de Gestão da Previdência Complementar, será protocolado na Secretaria de Previdência Complementar.

§ 2º O recurso poderá ser remetido à Secretaria de Previdência Complementar por via postal, com aviso de recebimento, considerando-se como data da sua interposição a data da respectiva postagem.

§ 3º É facultado ao Secretário de Previdência Complementar reconsiderar motivadamente sua decisão, no prazo de quinze dias, contado do recebimento do recurso.

ART. 14. O recurso voluntário, na hipótese de penalidade de multa, somente será conhecido se for comprovado pelo recorrente, no ato de interposição do recurso, o depósito antecipado de trinta por cento do valor da multa aplicada.

Parágrafo único. O depósito efetuado por um dos autuados não aproveita aos demais.

ART. 15. Não será conhecido o recurso interposto intempestivamente.

ART. 16. Será objeto de recurso de ofício a decisão que anular ou cancelar o auto de infração, bem como a reconsideração prevista no § 3º do art. 13.

ART. 17. Após o julgamento do recurso pelo Conselho de Gestão da Previdência Complementar, o processo administrativo será devolvido à Secretaria de Previdência Complementar para as providências cabíveis.

§ 1º A decisão do julgamento do recurso pelo Conselho de Gestão da Previdência Complementar será publicada no Diário Oficial da União.

§ 2º Não cabe recurso contra decisão do Conselho de Gestão da Previdência Complementar.

ART. 18. O suporte administrativo ao Conselho de Gestão da Previdência Complementar, como órgão recursal, caberá à Secretaria de Previdência Complementar.

ART. 19. É definitiva a decisão proferida contra a qual não caiba mais recurso.

SEÇÃO V
DO DEPÓSITO ANTECIPADO

ART. 20. Em caso de provimento do recurso, o depósito será restituído ao depositante, devidamente corrigido.

Parágrafo único. Quando o depósito efetuado superar a multa aplicada em última e definitiva instância administrativa, o valor excedente será devolvido ao depositante, devidamente corrigido.

ART. 21. A Secretaria de Previdência Complementar definirá as regras para o recolhimento, atualização e levantamento do depósito.

SEÇÃO VI
DAS PENALIDADES ADMINISTRATIVAS

ART. 22. A inobservância das disposições contidas nas Leis Complementares n. 108, de 29 de maio de 2001, e 109, de 2001, ou de sua regulamentação, sujeita o infrator às seguintes penalidades administrativas:

I - advertência;

II - suspensão do exercício de atividades em entidade de previdência complementar pelo prazo de até cento e oitenta dias;

III - inabilitação, pelo prazo de dois a dez anos, para o exercício de cargo ou função em entidade de previdência complementar, sociedades seguradoras, instituições financeiras e no serviço público; e

IV - multa de R$ 2.000,00 (dois mil reais) a R$ 1.000.000,00 (um milhão de reais), devendo estes valores, a partir de 30 de maio de 2001, ser reajustados de forma a preservar, em caráter permanente, seus valores reais.

§ 1º A penalidade prevista no inciso IV poderá ser aplicada cumulativamente com as constantes dos incisos I, II ou III.

§ 2º Desde que não tenha havido prejuízo à entidade, ao plano de benefícios por ela administrado ou ao participante e não se verifique circunstância agravante prevista no inciso II do art. 23, se o infrator corrigir a irregularidade cometida no prazo fixado pela Secretaria de Previdência Complementar, não será lavrado o auto de infração.

ART. 23. As penalidades previstas no art. 22 serão aplicadas pela Secretaria de Previdência Complementar, levando em consideração as seguintes circunstâncias atenuantes ou agravantes:

I - atenuantes:

a) a inexistência de prejuízos à entidade fechada de previdência complementar, ao plano de benefícios por ela administrado ou ao participante;

b) a regularização do ato que ensejou a infração, até a decisão administrativa de primeira instância;

II - agravantes:

a) reincidência;

b) cometimento de infração com a obtenção de vantagens indevidas, de qualquer espécie, em benefício próprio ou de outrem;

c) não adoção de providências no sentido de evitar ou reparar atos lesivos dos quais tenha tomado conhecimento.

§ 1º Para cada atenuante verificada, a penalidade de multa será reduzida em vinte por cento do seu valor original e nas hipóteses de suspensão e inabilitação, os prazos serão reduzidos em dez por cento, respeitados os prazos mínimos previstos nos incisos II e III do art. 22.

§ 2º Para cada agravante verificada, a penalidade de multa será aumentada em vinte por cento do seu valor original, exceto no caso de reincidência, ao qual se aplica o § 5º deste artigo, e nas hipóteses de suspensão e inabilitação, os prazos serão aumentados em dez por cento, respeitados os prazos máximos previstos nos incisos II e III do art. 22.

§ 3º A existência de uma das agravantes previstas no inciso II exclui a incidência das atenuantes previstas no inciso I.

§ 4º Caracteriza a reincidência a infração ao mesmo dispositivo legal, pela mesma pessoa, no período de cinco anos, contados da decisão condenatória administrativa definitiva.

§ 5º A penalidade de multa, na reincidência, será aplicada em dobro, respeitado o limite previsto no inciso IV do art. 22 deste Decreto.

§ 6º Não serão consideradas para efeito de reincidência as infrações cometidas na vigência da Lei n. 6.435, de 15 de julho de 1977.

ART. 24. Na hipótese de aplicação da penalidade prevista no inciso II do art. 22, o infrator não fará jus à remuneração paga pela entidade fechada de previdência complementar, durante o período em que perdurar a suspensão.

ART. 25. A penalidade de multa será imputada ao agente responsável pela infração.

Parágrafo único. O pagamento da multa caberá ao agente responsável pela infração, podendo a Secretaria de Previdência Complementar exigi-lo da entidade fechada de previdência complementar solidariamente responsável, assegurado o direito de regresso.

ART. 26. A multa pecuniária, prevista no inciso IV do art. 22:

I - será recolhida ao Tesouro Nacional, por meio de Documento de Arrecadação de Receitas Federais - DARF, no prazo máximo de quinze dias, contado do recebimento da decisão definitiva;

II - se recolhida fora do prazo estabelecido no inciso I deste artigo, será corrigida pelo Índice Nacional de Preços ao Consumidor apurado pela Fundação Instituto Brasileiro de Geografia e Estatística - INPC/IBGE ou índice que vier a substituí-lo, até a data de seu efetivo pagamento;

III - quando não recolhida até a data de seu vencimento, será objeto de inscrição na Dívida Ativa da União.

§ 1º Cabe ao infrator a comprovação do pagamento da multa junto à Secretaria de Previdência Complementar.

§ 2º Ao final de cada exercício, a Secretaria de Previdência Complementar promoverá a atualização, pelo INPC-IBGE ou por outro índice que vier a substituí-lo, do valor das multas aplicáveis e seus limites mínimo e máximo, para vigorar no exercício seguinte.

§ 3º A primeira atualização a que se refere o § 2º considerará todo o período decorrido desde a data de publicação da Lei Complementar n.109, de 2001.

§ 4º Até que se dê a divulgação dos valores referidos no § 2º deste artigo, serão aplicados os valores nominais e limites vigentes.

ART. 27. Sem prejuízo da aplicação da penalidade cabível, será noticiado ao Ministério Público o exercício de atividade no âmbito do regime de previdência complementar por qualquer pessoa, física ou jurídica, sem a autorização devida da Secretaria de Previdência Complementar, inclusive a comercialização de planos de benefícios, bem como a captação ou a administração de recursos de terceiros com o objetivo de, direta ou indiretamente, adquirir ou conceder benefícios previdenciários sob qualquer forma.

Parágrafo único. A Secretaria de Previdência Complementar poderá requisitar, por escrito, documentos ou informações a pessoa física ou jurídica, para o fim de apuração das irregularidades descritas no *caput*.

SEÇÃO VII
DA CONTAGEM DOS PRAZOS

ART. 28. Computar-se-ão os prazos excluindo o dia de começo e incluindo o do vencimento.

§ 1º Considera-se prorrogado o prazo até o primeiro dia útil seguinte se o vencimento cair em feriado nacional ou em dia que não houver expediente na Secretaria de Previdência

Complementar ou quando este for encerrado antes da hora normal.

§ 2º Os prazos somente começam a correr a partir do primeiro dia útil após a notificação.

§ 3º Havendo dois ou mais autuados no mesmo processo, os prazos processuais serão comuns.

ART. 29. Para a notificação postal, sempre será utilizado o aviso de recebimento ou documento similar expedido pelo serviço postal.

Parágrafo único. O início da contagem do prazo dar-se-á a partir do primeiro dia útil após a notificação.

ART. 30. É ônus do autuado manter atualizado nos autos seu endereço, assim como o de seu procurador, sob pena de ser considerada válida a notificação promovida no endereço que deles constar.

SEÇÃO VIII
DA PRESCRIÇÃO E DA EXTINÇÃO DA PUNIBILIDADE

ART. 31. Prescreve em cinco anos a ação punitiva da Secretaria de Previdência Complementar, no exercício do poder de polícia, objetivando aplicar penalidade e apurar infração à legislação em vigor, contados da data da prática do ato ou, no caso de infração permanente, do dia em que tiver ela cessado, ou, no caso de infração continuada, do último ato praticado.

ART. 32. Ocorre a prescrição no procedimento administrativo paralisado por mais de três anos, pendente de julgamento ou despacho, sendo os autos arquivados de ofício ou mediante requerimento da parte interessada, sem prejuízo da apuração da responsabilidade funcional decorrente da paralisação, se for o caso.

ART. 33. Interrompe-se a prescrição:

I - pela notificação do autuado, inclusive por meio de edital;

II - por qualquer ato inequívoco que importe apuração do fato; ou

III - pela decisão condenatória recorrível.

Parágrafo único. Ocorrendo interrupção da prescrição, o prazo prescricional recomeçará a fluir desde o seu início.

ART. 34. Extingue-se a punibilidade:

I - pela morte do infrator; ou

II - pela prescrição administrativa.

SEÇÃO IX
DAS NULIDADES

ART. 35. A inobservância de forma não acarreta nulidade do ato processual quando não houver prejuízo para a defesa.

§ 1º A nulidade somente prejudica os atos posteriores àquele declarado nulo se dele diretamente dependentes ou se dele forem consequência.

§ 2º À autoridade responsável pela declaração de nulidade caberá a indicação dos atos nulos por força do § 1º, bem como a determinação dos procedimentos saneadores.

CAPÍTULO III
DA REPRESENTAÇÃO OU DA DENÚNCIA

SEÇÃO ÚNICA
DA ADMISSIBILIDADE DA REPRESENTAÇÃO E DA DENÚNCIA

ART. 36. A representação é o documento pelo qual uma autoridade ou órgão do poder público, ao tomar ciência de irregularidade praticada no âmbito da entidade fechada de previdência complementar ou de seus planos de benefícios, comunica o fato à Secretaria de Previdência Complementar em relatório circunstanciado, para registro e apuração.

ART. 37. A denúncia é o instrumento utilizado por qualquer pessoa física ou jurídica para noticiar, perante a Secretaria de Previdência Complementar, a existência de suspeita de infração às disposições legais ou disciplinadoras das entidades fechadas de previdência complementar.

ART. 38. A representação ou denúncia formalizada será protocolada na Secretaria de Previdência Complementar e deverá conter:

I - a identificação do órgão e cargo, no caso de representação, ou a qualificação do denunciante ou de quem o represente, com indicação de domicílio ou local para recebimento de comunicação;

II - a identificação e qualificação do representado ou denunciado, com a precisão possível;

III - a indicação das possíveis irregularidades cometidas, dos danos ou prejuízos causados à entidade fechada de previdência complementar ou dos indícios de crime, com a precisão possível;

IV - os documentos ou quaisquer outros elementos de prova que, porventura, sustentam a representação ou denúncia; e

V - data e assinatura.

§ 1º Não atendidos os requisitos formais de que trata este artigo ou não contendo os elementos de convicção para instauração do processo administrativo, a autoridade poderá realizar diligências, bem como oficiar ao representante ou denunciante para complementar o expediente.

§ 2º A denúncia feita verbal e pessoalmente perante a Secretaria de Previdência Complementar deverá ser reduzida a termo, preservando-se a identidade do denunciante.

ART. 39. Recebida a representação ou denúncia e efetuadas as eventuais diligências necessárias, a Secretaria de Previdência Complementar decidirá:

I - pelo arquivamento, se concluir pela prescrição ou pela manifesta improcedência, dando-se ciência ao denunciante ou representante; ou

II - quando configurada a prática de ato, omissivo ou comissivo, que possa constituir infração nos termos deste Decreto:

a) pela lavratura de auto de infração, observado o disposto no Capítulo II deste Decreto; ou

b) pela instauração do inquérito administrativo, quando a complexidade dos fatos assim o recomendar.

Parágrafo único. O inquérito administrativo previsto na alínea "b" do inciso II pode ser instaurado ainda que não estabelecida a autoria, se houver indício ou constatação da materialidade dos fatos ditos irregulares.

CAPÍTULO IV
DO INQUÉRITO ADMINISTRATIVO

SEÇÃO I
DA INSTAURAÇÃO

ART. 40. O inquérito administrativo instaurar-se-á com a publicação no Diário Oficial da União de portaria expedida pelo Secretário de Previdência Complementar, que designará comissão de inquérito, composta por, no mínimo, três servidores federais ocupantes de cargo efetivo.

Parágrafo único. A portaria deverá conter o objeto do inquérito, a indicação do presidente da comissão e o prazo para a conclusão dos trabalhos.

SEÇÃO II
DA INSTRUÇÃO PRÉVIA

ART. 41. Após a instauração do inquérito, serão notificados, conforme o caso, o denunciado ou o representado, ou as pessoas referidas nos arts. 59 e 61 da Lei Complementar n. 109, de 2001, e a entidade fechada de previdência complementar.

§ 1º No caso de inquérito que decorra de atividade de fiscalização, serão notificadas todas as pessoas que possam ter participado, de qualquer forma, da prática dos atos objeto de apuração.

§ 2º É facultado ao notificado acompanhar o inquérito desde o início.

ART. 42. O presidente da comissão poderá promover a coleta de depoimento dos notificados e de todos aqueles que possam contribuir para a elucidação dos fatos objeto de apuração, bem como requerer diligências, perícias e juntada de documentos e informações da entidade fechada de previdência complementar.

Parágrafo único. Se no decorrer dos trabalhos surgirem indícios de responsabilidade imputável a outro agente, será este notificado, para fins do § 2º do art. 41.

ART. 43. De posse dos dados necessários, o presidente da comissão lavrará documento de acusação formal, denominado ultimação de instrução, onde descreverá a irregularidade, tipificará o fato, indicará os dispositivos legais infringidos, identificará o agente responsável e a penalidade prevista na esfera administrativa.

SEÇÃO III
DA DEFESA

ART. 44. Lavrada a ultimação de instrução, o presidente da comissão notificará o acusado para apresentar defesa no prazo de quinze dias, contado na forma dos arts. 28 e 29, indicando:

I - a autoridade a quem é dirigida;

II - a qualificação do acusado;

III - os motivos, de fato e de direito, que sustentam a defesa; e

IV - todas as provas que pretende produzir de forma justificada, inclusive o rol de eventuais testemunhas.

ART. 45. Admitir-se-ão no inquérito administrativo todos os meios de provas em direito permitidas, inclusive oitiva de testemunhas e perícia.

Parágrafo único. O presidente da comissão poderá, motivadamente, indeferir a produção de provas consideradas impertinentes ou meramente protelatórias.

ART. 46. Sempre que houver necessidade de ouvir testemunha, o presidente da comissão expedirá notificação, da qual conste o número do processo administrativo, a finalidade da convocação, o dia, a hora e o local em que será prestado o depoimento, devendo a segunda via ser juntada nos autos.

ART. 47. Sendo estritamente necessário, a comissão ouvirá testemunhas impedidas ou suspeitas, mas os seus depoimentos serão prestados independentemente de compromisso e a comissão lhes atribuirá o valor que possam merecer.

Parágrafo único. São impedidos o cônjuge, o companheiro ou parente do acusado, consanguíneo ou afim, em linha reta ou colateral, até o terceiro grau, e suspeitos, os que tiverem interesse no processo.

ART. 48. A testemunha será inquirida pela comissão sobre os fatos articulados, podendo o acusado que a arrolou formular perguntas para esclarecer ou completar o depoimento.

§ 1º As perguntas que o presidente da comissão indeferir serão obrigatoriamente transcritas no termo, se o acusado o requerer.

§ 2º As testemunhas serão inquiridas separadamente.

§ 3º Na hipótese de depoimentos contraditórios ou que se infirmem, o presidente da comissão poderá proceder à acareação entre os depoentes.

ART. 49. As testemunhas serão advertidas de que faltar com a verdade sujeita o infrator à pena do crime de falso testemunho.

ART. 50. O depoimento, reduzido a termo, será assinado e rubricado pelo depoente, bem como pelos membros da comissão.

ART. 51. Concluída a instrução, a comissão emitirá o relatório conclusivo, considerando as provas produzidas e a defesa apresentada pelo acusado, a ser submetido a julgamento pelo Secretário de Previdência Complementar.

§ 1º O relatório conclusivo deverá sintetizar o que foi apurado no processo, de modo a enumerar e explicitar os fatos irregulares, relatar as provas produzidas, fazer os enquadramentos e apontar a sanção cabível ao acusado, conforme as apurações procedidas, bem como recomendar as providências para sanar as irregularidades ou falhas que facilitaram a prática que causou danos ou prejuízos à entidade fechada ou ao plano de benefícios.

§ 2º Deve constar do relatório conclusivo, se for o caso, a recomendação de encaminhamento a outro órgão ou entidade da administração pública, ou de traslado de peças do processo administrativo para remessa ao Ministério Público.

ART. 52. A decisão sobre o relatório conclusivo será publicada no Diário Oficial da União, devendo ser promovida a notificação do acusado do seu inteiro teor.

SEÇÃO IV
DO RECURSO

ART. 53. Da decisão proferida no julgamento do relatório conclusivo cabe recurso ao Conselho de Gestão da Previdência Complementar, na forma da Seção IV do Capítulo II.

Parágrafo único. Não cabe recurso da decisão do Conselho de Gestão da Previdência Complementar.

ART. 54. É definitiva a decisão proferida no processo administrativo quando esgotado o prazo para recurso sem que este tenha sido interposto ou, quando interposto recurso, este tiver sido julgado.

Parágrafo único. Será também definitiva a decisão na parte que não tiver sido objeto de recurso.

SEÇÃO V
DAS DISPOSIÇÕES GERAIS DO INQUÉRITO ADMINISTRATIVO

ART. 55. As reuniões e audiências, de caráter reservado, serão registradas em atas, que deverão detalhar as deliberações adotadas, bem como deixar consignada, se for o caso, a data da próxima audiência e a intimação dos presentes.

ART. 56. Se, no curso do inquérito administrativo, ficar evidenciada a improcedência da denúncia ou da representação, a comissão elaborará relatório com suas conclusões, propondo ao Secretário de Previdência Complementar o arquivamento do processo.

CAPÍTULO V
DISPOSIÇÕES GERAIS ACERCA DO PROCESSO ADMINISTRATIVO

ART. 57. É facultado às partes e a seus representantes legais a obtenção de cópias do processo, às suas expensas.

ART. 58. Quando existirem alternativas para a prática de ato processual ou para o cumprimento de exigência, adotar-se-á a menos onerosa para as partes.

ART. 59. A aplicação de sanção administrativa e o seu cumprimento não eximem o infrator da obrigação pela correção das irregularidades que deram origem à sanção.

ART. 60. Cinco anos depois de cumprida ou extinta a penalidade, não constará de certidão ou atestado expedido pela Secretaria de Previdência Complementar qualquer notícia ou referência a esta, salvo para a verificação de reincidência.

CAPÍTULO VI
DO CONVÊNIO DE ADESÃO AO PLANO DE BENEFÍCIO

ART. 61. A formalização da condição de patrocinador ou instituidor de plano de benefícios dar-se-á por meio de convênio de adesão celebrado com a entidade fechada de previdência complementar, em relação a cada plano de benefícios, mediante prévia autorização da Secretaria de Previdência Complementar.

§ 1º O convênio de adesão é o instrumento por meio do qual as partes pactuam suas obrigações e direitos para a administração e execução de plano de benefícios.

§ 2º O Conselho de Gestão da Previdência Complementar estabelecerá as cláusulas mínimas do convênio de adesão.

§ 3º A entidade fechada de previdência complementar, quando admitida na condição de patrocinador de plano de benefício para seus empregados, deverá submeter previamente à Secretaria de Previdência Complementar termo próprio de adesão a um dos planos que administra, observado o estabelecido pelo Conselho de Gestão da Previdência Complementar.

CAPÍTULO VII
DA RESPONSABILIDADE PELA FALTA DE APORTE DAS CONTRIBUIÇÕES PELO PATROCINADOR

ART. 62. Os administradores do patrocinador que não efetivar as contribuições normais e extraordinárias a que estiver obrigado, na forma do regulamento do plano de benefícios ou de outros instrumentos contratuais, serão solidariamente responsáveis com os administradores das entidades fechadas de previdência complementar, a eles se aplicando, no que couber, as disposições da Lei Complementar n. 109, de 2001, especialmente o disposto nos seus arts. 63 e 65.

§ 1º A inadimplência a que se refere o *caput* deverá ser comunicada formal e prontamente pelo Conselho Deliberativo à Secretaria de Previdência Complementar.

§ 2º No prazo de noventa dias do vencimento de qualquer das obrigações citadas no *caput* deste artigo, sem o devido cumprimento por parte do patrocinador, ficam os administradores da entidade fechada de previdência complementar obrigados a proceder à execução judicial da dívida.

CAPÍTULO VIII
DAS INFRAÇÕES E PENALIDADES APLICÁVEIS

ART. 63. Deixar de constituir reservas técnicas, provisões e fundos, de conformidade com os critérios e normas fixados pelo Conselho de Gestão da Previdência Complementar e pela Secretaria de Previdência Complementar.

Penalidade: multa de R$ 20.000,00 (vinte mil reais), podendo ser cumulada com suspensão pelo prazo de até cento e oitenta dias ou com inabilitação pelo prazo de dois a dez anos.

ART. 64. Aplicar os recursos garantidores das reservas técnicas, provisões e fundos dos planos de benefícios em desacordo com as diretrizes estabelecidas pelo Conselho Monetário Nacional.

Penalidade: multa de R$ 20.000,00 (vinte mil reais), podendo ser cumulada com suspensão pelo prazo de até cento e oitenta dias ou com inabilitação pelo prazo de dois a dez anos.

ART. 65. Deixar de fornecer aos participantes, quando de sua inscrição no plano de benefícios, o certificado de participante, cópia do regulamento atualizado, material explicativo em linguagem simples e precisa ou outros documentos especificados pelo Conselho de Gestão da Previdência Complementar e pela Secretaria de Previdência Complementar.

Penalidade: advertência ou multa de R$ 10.000,00 (dez mil reais).

ART. 66. Divulgar informação diferente das que figuram no regulamento do plano de benefícios ou na proposta de inscrição ou no certificado de participante.

Penalidade: advertência ou multa de R$ 10.000,00 (dez mil reais).

ART. 67. Deixar de contratar operação de resseguro, quando a isso estiver obrigada a entidade fechada de previdência complementar.

Penalidade: multa de R$ 15.000,00 (quinze mil reais) ou suspensão por até cento e oitenta dias.

ART. 68. Celebrar convênio de adesão com patrocinador ou instituidor e iniciar a operação do plano de benefícios, sem submetê-lo a prévia autorização da Secretaria de Previdência Complementar ou iniciar a operação de plano sem celebrar o convênio de adesão.

Penalidade: multa de R$ 25.000,00 (vinte e cinco mil reais), podendo ser cumulada com inabilitação de dois a dez anos.

ART. 69. Iniciar a operação de plano de benefícios sem observar os requisitos estabelecidos pelo Conselho de Gestão da Previdência Complementar ou pela Secretaria de Previdência Complementar para a modalidade adotada.

Penalidade: advertência ou multa de R$ 10.000,00 (dez mil reais).

ART. 70. Deixar de prever no plano de benefícios qualquer um dos institutos previstos no art. 14 da Lei Complementar n. 109, de 2001, ou cercear a faculdade de seu exercício pelo participante, observadas as normas estabelecidas pelo Conselho de Gestão da Previdência Complementar e pela Secretaria de Previdência Complementar.

Penalidade: multa de R$ 15.000,00 (quinze mil reais), podendo ser cumulada com suspensão pelo prazo de até trinta dias.

ART. 71. Permitir que os recursos financeiros correspondentes à portabilidade do direito acumulado transitem pelos participantes dos planos de benefícios, sob qualquer forma.

Penalidade: multa de R$ 20.000,00 (vinte mil reais), podendo ser cumulada com suspensão de até sessenta dias.

ART. 72. Deixar a entidade fechada de previdência complementar de oferecer plano de benefícios a todos os empregados ou servidores do patrocinador ou associados ou membros do instituidor, observada a exceção prevista no § 3º do art. 16 da Lei Complementar n. 109, de 2001.

Penalidade: advertência ou multa de R$ 10.000,00 (dez mil reais).

ART. 73. Utilizar no cálculo das reservas matemáticas, fundos e provisões, bem como na estruturação do plano de custeio, métodos de financiamento, regime financeiro e bases técnicas que não guardem relação com as características da massa de participantes e de assistidos e da atividade desenvolvida pelo patrocinador ou pelo instituidor, ou em desacordo com as normas emanadas do Conselho de Gestão da Previdência Complementar e da Secretaria de Previdência Complementar.

Penalidade: multa de R$ 20.000,00 (vinte mil reais), podendo ser cumulada com suspensão de até cento e oitenta dias.

ART. 74. Deixar de manter, em cada plano de benefícios, os recursos garantidores das reservas técnicas, provisões e fundos suficientes à cobertura dos compromissos assumidos, conforme regras do Conselho de Gestão da Previdência Complementar e da Secretaria de Previdência Complementar.

Penalidade: multa de R$ 20.000,00 (vinte mil reais), podendo ser cumulada com suspensão pelo prazo de até cento e oitenta dias ou inabilitação de dois a dez anos.

ART. 75. Utilizar para outros fins as reservas constituídas para prover o pagamento de benefícios de caráter previdenciário, ainda que por meio de procedimentos contábeis ou atuariais.

Penalidade: multa de R$ 15.000,00 (quinze mil reais), podendo ser cumulada com suspensão por até sessenta dias.

ART. 76. Utilizar de forma diversa da prevista na legislação o resultado superavitário do exercício ou deixar de constituir as reservas de contingência e a reserva especial para revisão do plano de benefícios; bem como deixar de realizar a revisão obrigatória do plano de benefícios.

Penalidade: multa de R$ 10.000,00 (dez mil reais), podendo ser cumulada com suspensão pelo prazo de até cento e oitenta dias.

ART. 77. Efetuar redução de contribuições em razão de resultados superavitários do plano de benefícios em desacordo com a legislação.

Penalidade: multa de R$ 10.000,00 (dez mil reais), podendo ser cumulada com suspensão pelo prazo de até cento e oitenta dias.

ART. 78. Deixar de adotar as providências, previstas em lei, para equacionamento do resultado deficitário do plano de benefícios ou fazê-lo em desacordo com as normas estabelecidas pelo Conselho de Gestão da Previdência Complementar e pela Secretaria de Previdência Complementar.

Penalidade: multa de R$ 20.000,00 (vinte mil reais), podendo ser cumulada com suspensão pelo prazo de até cento e oitenta dias.

ART. 79. Deixar de adotar as providências para apuração de responsabilidades e, quando for o caso, deixar de propor ação regressiva contra dirigentes ou terceiros que deram causa a dano ou prejuízo à entidade fechada de previdência complementar ou a seus planos de benefícios.

Penalidade: multa de R$ 15.000,00 (quinze mil reais), podendo ser cumulada com suspensão pelo prazo de até noventa dias.

ART. 80. Deixar de estabelecer o nível de contribuição necessário por ocasião da instituição do plano de benefícios ou do encerramento do exercício, ou realizar avaliação atuarial sem observar os critérios de preservação da solvência e equilíbrio financeiro e atuarial dos planos de benefícios, estabelecidos pelo Conselho de Gestão da Previdência Complementar.

Penalidade: multa de R$ 15.000,00 (quinze mil reais), podendo ser cumulada com suspensão pelo prazo de até trinta dias.

ART. 81. Deixar de divulgar aos participantes e aos assistidos, na forma, no prazo ou pelos meios determinados pelo Conselho de Gestão da Previdência Complementar e pela Secretaria de Previdência Complementar, ou pelo Conselho Monetário Nacional, informações contábeis, atuariais, financeiras ou de investimentos relativas ao plano de benefícios ao qual estejam vinculados.

Penalidade: multa de R$ 15.000,00 (quinze mil reais), podendo ser cumulada com suspensão de até sessenta dias.

ART. 82. Deixar de prestar à Secretaria de Previdência Complementar informações contábeis, atuariais, financeiras, de investimentos ou outras previstas na regulamentação, relativamente ao plano de benefícios e à própria entidade fechada de previdência complementar, no prazo e na forma determinados pelo Conselho de Gestão da Previdência Complementar e pela Secretaria de Previdência Complementar.

Penalidade: multa de R$ 15.000,00 (quinze mil reais), podendo ser cumulada com suspensão de até sessenta dias.

ART. 83. Descumprir as instruções do Conselho de Gestão da Previdência Complementar e da Secretaria de Previdência Complementar sobre as normas e os procedimentos contábeis aplicáveis aos planos de benefícios da entidade fechada de previdência complementar ou deixar de submetê-los a auditores independentes.

Penalidade: multa de R$ 15.000,00 (quinze mil reais), podendo ser cumulada com suspensão pelo prazo de até sessenta dias.

ART. 84. Deixar de atender a requerimento formal de informação, encaminhado pelo participante ou pelo assistido, para defesa de direitos e esclarecimento de situação de interesse pessoal específico, ou atendê-la fora do prazo fixado pelo Conselho de Gestão da Previdência Complementar e pela Secretaria de Previdência Complementar.

Penalidade: advertência ou multa de R$ 10.000,00 (dez mil reais).

ART. 85. Promover a extinção de plano de benefícios ou a retirada de patrocínio sem autorização da Secretaria de Previdência Complementar.

Penalidade: multa de R$ 20.000,00 (vinte mil reais), podendo ser cumulada com inabilitação de dois a dez anos.

ART. 86. Admitir ou manter como participante de plano de benefícios pessoa sem vínculo com o patrocinador ou com o instituidor, observadas as excepcionalidades previstas na legislação.

Penalidade: multa de R$ 20.000,00 (vinte mil reais), podendo ser cumulada com inabilitação de dois a dez anos.

ART. 87. Deixar, a entidade fechada de previdência complementar constituída por pessoas jurídicas de caráter profissional, classista ou setorial, de terceirizar a gestão dos recursos garantidores das reservas técnicas.

Penalidade: multa de R$ 15.000,00 (quinze mil reais) ou inabilitação pelo prazo de dois anos.

ART. 88. Deixar de segregar o patrimônio do plano de benefícios do patrimônio do instituidor ou da instituição gestora dos recursos garantidores.

Penalidade: multa de R$ 15.000,00 (quinze mil reais) ou inabilitação pelo prazo de dois anos.

ART. 89. Prestar serviços que não estejam no âmbito do objeto das entidades fechadas de previdência complementar.

Penalidade: multa de R$ 20.000,00 (vinte mil reais), podendo ser cumulada com suspensão de até cento e oitenta dias.

ART. 90. Descumprir cláusula do estatuto da entidade fechada de previdência complementar ou do regulamento do plano de benefícios, ou adotar cláusula do estatuto ou do regulamento sem submetê-la à prévia e expressa aprovação da Secretaria de Previdência Complementar.

Penalidade: multa de R$ 10.000,00 (dez mil reais), podendo ser cumulada com suspensão pelo prazo de até cento e oitenta dias.

ART. 91. Realizar operação de fusão, cisão, incorporação ou outra forma de reorganização societária da entidade fechada de previdência complementar ou promover a transferência de patrocínio ou a transferência de grupo de participantes ou de assistidos, de plano de benefícios e de reservas entre entidades fechadas sem prévia e expressa autorização da Secretaria de Previdência Complementar.

Penalidade: multa de R$ 20.000,00 (vinte mil reais), podendo ser cumulada com inabilitação de dois a dez anos.

ART. 92. Instituir ou manter estrutura organizacional em desacordo com a forma determinada pela legislação ou manter membros nos órgãos deliberativo, executivo ou fiscal sem o preenchimento dos requisitos exigidos pela legislação.

Penalidade: multa de R$ 10.000,00 (dez mil reais), podendo ser cumulada com inabilitação de dois a cinco anos.

ART. 93. Deixar de prestar, manter desatualizadas ou prestar incorretamente as informações relativas ao diretor responsável pelas aplicações dos recursos do plano de benefícios da entidade fechada de previdência complementar, bem como descumprir o prazo ou a forma determinada.

Penalidade: multa de R$ 10.000,00 (dez mil reais), podendo ser cumulada com suspensão pelo prazo de até cento e oitenta dias.

ART. 94. Deixar de atender à Secretaria de Previdência Complementar quanto à requisição de livros, notas técnicas ou quaisquer documentos relativos aos planos de benefícios da entidade fechada de previdência complementar, bem como quanto à solicitação de realização de auditoria, ou causar qualquer embaraço à fiscalização do referido órgão.

Penalidade: multa de R$ 20.000,00 (vinte mil reais), podendo ser cumulada com suspensão pelo prazo de até cento e oitenta dias.

ART. 95. Deixar de prestar ou prestar fora do prazo ou de forma inadequada informações ou esclarecimentos específicos solicitados formalmente pela Secretaria de Previdência Complementar.

Penalidade: multa de R$ 20.000,00 (vinte mil reais), podendo ser cumulada com suspensão de até cento e oitenta dias.

ART. 96. Deixar os administradores e conselheiros ou ex-administradores e ex-conselheiros de prestar informações ou esclarecimentos solicitados por administrador especial, interventor ou liquidante.

Penalidade: multa de R$ 20.000,00 (vinte mil reais), podendo ser cumulada com suspensão de até cento e oitenta dias.

ART. 97. Deixar, o interventor, de solicitar aprovação prévia e expressa da Secretaria de Previdência Complementar para os atos que impliquem oneração ou disposição do

patrimônio do plano de benefícios da entidade fechada de previdência complementar, nos termos disciplinados pelo referido órgão.
Penalidade: multa de R$ 10.000,00 (dez mil reais).

ART. 98. Incluir, o liquidante, no quadro geral de credores habilitação de crédito indevida ou omitir crédito de que tenha conhecimento.
Penalidade: multa de R$ 10.000,00 (dez mil reais).

ART. 99. Deixar de promover a execução judicial de dívida do patrocinador de plano de benefícios de entidade fechada de previdência complementar, nos termos do art. 62 deste Decreto.
Penalidade: multa de R$ 20.000,00 (vinte mil reais), podendo ser cumulada com suspensão de até cento e oitenta dias ou com inabilitação de dois a dez anos.

ART. 100. Deixar de comunicar à Secretaria de Previdência Complementar a inadimplência do patrocinador pela não efetivação das contribuições normais ou extraordinárias a que estiver obrigado, na forma do regulamento do plano de benefícios ou de outros instrumentos contratuais.
Penalidade: multa de R$ 20.000,00 (vinte mil reais), podendo ser cumulada com suspensão de até cento e oitenta dias.

ART. 101. Alienar ou onerar, sob qualquer forma, bem abrangido por indisponibilidade legal resultante de intervenção ou de liquidação extrajudicial da entidade fechada de previdência complementar.
Penalidade: multa de R$ 25.000,00 (vinte e cinco mil reais), podendo ser cumulada com inabilitação pelo prazo de dois a cinco anos.

ART. 102. Exercer atividade própria das entidades fechadas de previdência complementar sem a autorização devida da Secretaria de Previdência Complementar, inclusive a comercialização de planos de benefícios, bem como a captação ou a administração de recursos de terceiros com o objetivo de, direta ou indiretamente, adquirir ou conceder benefícios previdenciários sob qualquer forma.
Penalidade: multa de R$ 2.000,00 (dois mil reais) a R$ 1.000.000,00 (um milhão de reais) e inabilitação pelo prazo de dois a dez anos.

ART. 103. Realizar em nome da entidade fechada de previdência complementar operação comercial ou financeira, vedada pela legislação, com pessoas físicas ou jurídicas.
Penalidade: multa de R$ 20.000,00 (vinte mil reais), podendo ser cumulada com suspensão pelo prazo de até sessenta dias.

ART. 104. Permitir que participante, vinculado a plano de benefícios patrocinado por órgão, empresa ou entidade pública, entre em gozo de benefício sem observância dos incisos I e II do art. 3º da Lei Complementar n. 108, de 2001.
Penalidade: multa de R$ 10.000,00 (dez mil reais), podendo ser cumulada com suspensão pelo prazo de até trinta dias.

ART. 105. Permitir o repasse de ganhos de produtividade, abono ou vantagens de qualquer natureza para o reajuste dos benefícios em manutenção em plano de benefícios patrocinado por órgão ou entidade pública.
Penalidade: advertência ou multa de R$ 10.000,00 (dez mil reais).

ART. 106. Elevar a contribuição de patrocinador sem prévia manifestação do órgão responsável pela supervisão, pela coordenação e pelo controle de patrocinador na esfera de órgão ou entidade pública.
Penalidade: advertência ou multa de R$ 10.000,00 (dez mil reais).

ART. 107. Cobrar do patrocinador na esfera de órgão ou entidade pública contribuição normal excedente à do conjunto dos participantes e assistidos a eles vinculados ou encargos adicionais para financiamento dos planos de benefícios, além dos previstos no plano de custeio.
Penalidade: advertência ou multa de R$ 10.000,00 (dez mil reais).

ART. 108. Cobrar despesa administrativa do patrocinador na esfera de órgão ou entidade pública ou dos participantes e assistidos sem observância dos limites e critérios estabelecidos pelo Conselho de Gestão da Previdência Complementar ou pela Secretaria de Previdência Complementar.
Penalidade: advertência ou multa de R$ 10.000,00 (dez mil reais).

ART. 109. Exercer em nome de entidade fechada de previdência complementar patrocinada por órgão ou entidade pública o controle de sociedade anônima ou participar em acordo de acionistas, que tenha por objeto formação de grupo de controle de sociedade anônima, sem prévia e expressa autorização do patrocinador e do seu respectivo ente controlador.
Penalidade: multa de R$ 15.000,00 (quinze mil reais), podendo ser cumulada com inabilitação pelo prazo de dois anos.

ART. 110. Violar quaisquer outros dispositivos das Leis Complementares nos 108 e 109, de 2001, e dos atos normativos regulamentadores das referidas Leis Complementares.
Penalidade: multa de R$ 10.000,00 (dez mil reais), podendo ser cumulada com suspensão pelo prazo de até cento e oitenta dias ou com inabilitação pelo prazo de dois anos até dez anos.

CAPÍTULO IX
DAS DISPOSIÇÕES FINAIS

ART. 111. Este Decreto entra em vigor no dia 5 de janeiro de 2004.

ART. 112. Revoga-se o Decreto n. 4.206, de 23 de abril de 2002.

Brasília, 30 de dezembro de 2003;
182º da Independência e 115º da República.
LUIZ INÁCIO LULA DA SILVA

DECRETO N. 5.035, DE 5 DE ABRIL DE 2004

Regulamenta a Lei n. 10.744, de 9 de outubro de 2003, que dispõe sobre a assunção, pela União, de responsabilidades civis perante terceiros no caso de atentados terroristas, atos de guerra ou eventos correlatos, contra aeronaves de matrícula brasileira e operadas por empresas brasileiras de transporte aéreo público, excluídas as empresas de táxi aéreo.

▸ *DOU*, 6.4.2004.

O Presidente da República, no uso da atribuição que lhe confere o art. 84, inciso IV, da Constituição, e tendo em vista o disposto na Lei n. 10.744, de 9 de outubro de 2003,

Decreta:

ART. 1º A União assumirá despesas de responsabilidade civil perante terceiros na hipótese da ocorrência de danos a bens e pessoas, passageiros ou não, provocados por atentados terroristas, atos de guerra ou eventos correlatos, ocorridos no Brasil ou no exterior, contra aeronaves de matrícula brasileira e operadas por empresas brasileiras de transporte aéreo público, excluídas as empresas de táxi aéreo.

ART. 2º A assunção de que trata este Decreto poderá ser suspensa a critério do Poder Executivo a qualquer tempo, observado o prazo de sete dias a contar da data da publicação do ato.

ART. 3º A assunção de que trata este Decreto será cancelada automaticamente, independentemente de qualquer aviso ou comunicação, em caso de:

I - ocorrência de qualquer detonação hostil de arma de guerra que empregue fusão atômica ou nuclear e fusão ou reação semelhante ou força ou matéria radioativa que possa ser considerada arma nuclear de guerra, onde e quando quer que tal detonação possa ocorrer;

II - eclosão de guerra, havendo ou não declaração formal, entre quaisquer dos seguintes países: Reino Unido, Estados Unidos da América do Norte, França, Rússia e República Popular da China.

ART. 4º A assunção das despesas de responsabilidade civil a que se refere o art. 1º deste Decreto não contempla as áreas consideradas excluídas da cobertura automática, pelo mercado segurador convencional da garantia cascos de guerra da aeronave, que são regularmente divulgadas pelo IRB-Brasil Resseguros S.A.

ART. 5º Caso se verifique a existência de ação judicial movida pelos beneficiários contra a União, visando ao recebimento dos créditos a que se refere este Decreto, a liberação dos recursos pela União, pela via administrativa, só se efetivará mediante desistência formal da ação judicial respectiva, devidamente homologada pelo juízo competente.

ART. 6º Fica revogado o Decreto n. 4.337, de 16 de agosto de 2002.

ART. 7º Este Decreto entra em vigor na data de sua publicação.

Brasília, 5 de abril de 2004;
183º da Independência e 116º da República.
LUIZ INÁCIO LULA DA SILVA

DECRETO N. 5.059, DE 30 DE ABRIL DE 2004

Reduz as alíquotas da Contribuição para o PIS/Pasep e da Cofins incidentes sobre a importação e a comercialização de gasolina, óleo diesel, gás liquefeito de petróleo (GLP) e querosene de aviação.

O Presidente da República, no uso da atribuição que lhe confere o art. 84, inciso IV, da Constituição, e tendo em vista o disposto no *caput* e no § 5º do art. 23 da Lei n. 10.865, de 30 de abril de 2004,

Decreta:

ART. 1º Os coeficientes de redução da contribuição para o PIS/PASEP e da Cofins previstos no § 5º do art. 23 da Lei n. 10.865, de 30 de abril de 2004, ficam fixados em:

I - zero para as gasolinas e suas correntes, exceto gasolina de aviação; (Alterado pelo Dec. 9.101/2017.)

II - 0,23835 para o óleo diesel e suas correntes; (Alterado pelo Dec. 9.391/2018.)

III - 0,75 para o gás liquefeito de petróleo (GLP); e

IV - 0,7405 para o querosene de aviação.

Parágrafo único. Até 30 de abril de 2015, os coeficientes de redução de que tratam os incisos I e II do *caput* ficam fixados em: (Acrescentado pelo Dec. 8.395/2015. Vigência: a partir de 1º.02.2015.)

I - 0,3923 para as gasolinas e suas correntes, exceto gasolina de aviação; e (Acrescentado pelo Dec. 8.395/2015. Vigência: a partir de 1º.02.2015.)

II - 0,35428 para o óleo diesel e suas correntes. (Acrescentado pelo Dec. 8.395/2015. Vigência: a partir de 1º.02.2015.)

ART. 2º As alíquotas da contribuição para o PIS/Pasep e da Cofins, com a utilização dos coeficientes determinados no art. 1º, ficam reduzidas, respectivamente, para:

I - R$ 141,10 (cento e quarenta e um reais e dez centavos) e R$ 651,40 (seiscentos e cinquenta e um reais e quarenta centavos) por metro cúbico de gasolinas e suas correntes; (Alterado pelo Dec. 9.101/2017.)

II - R$ 62,61 (sessenta e dois reais e sessenta e um centavos) e R$ 288,89 (duzentos e oitenta e oito reais e oitenta e nove centavos) por metro cúbico de óleo diesel e suas correntes; (Alterado pelo Dec. 9.391/2018.)

III - R$ 29,85 (vinte e nove reais e oitenta e cinco centavos) e R$ 137,85 (cento e trinta e sete reais e oitenta e cinco centavos) por tonelada de gás liquefeito de petróleo (GLP); e

IV - R$ 12,69 (doze reais e sessenta e nove centavos) e R$ 58,51 (cinquenta e oito reais e cinquenta e um centavos) por metro cúbico de querosene de aviação.

Parágrafo único. As alíquotas da Contribuição para o PIS/PASEP e da COFINS, com a utilização dos coeficientes determinados no parágrafo único do art. 1º, ficam reduzidas, respectivamente, para: (Acrescentado pelo Dec. 8.395/2015. Vigência: a partir de 1º.02.2015.)

I - R$ 85,75 (oitenta e cinco reais e setenta e cinco centavos) e R$ 395,86 (trezentos e noventa e cinco reais e oitenta e seis centavos) por metro cúbico de gasolinas e suas correntes; e (Acrescentado pelo Dec. 8.395/2015. Vigência: a partir de 1º.02.2015.)

II - R$ 53,08 (cinquenta e três reais e oito centavos) e R$ 244,92 (duzentos e quarenta e quatro reais e noventa e dois centavos) por metro cúbico de óleo diesel e suas correntes. (Acrescentado pelo Dec. 8.395/2015.)

ART. 3º Este Decreto entra em vigor na data de sua publicação, produzindo efeitos em relação aos fatos geradores ocorridos a partir de 1º de maio de 2004.

Brasília, 30 de abril de 2004;
183º da Independência e 116º da República.
LUIZ INÁCIO LULA DA SILVA

DECRETO N. 5.060, DE 30 DE ABRIL DE 2004

Reduz as alíquotas da Contribuição de Intervenção no Domínio Econômico incidente sobre a importação e a comercialização de petróleo e seus derivados, gás natural e seus derivados, e álcool etílico combustível (CIDE), instituída pela Lei n. 10.336, de 19 de dezembro de 2001, e dá outras providências.

▸ *DOU*, de 30.4.2004 - Edição extra

O Presidente da República, no uso da atribuição que lhe confere o art. 84, inciso IV, da Constituição, e tendo em vista o disposto no *caput* e no § 1º do art. 9º da Lei n. 10.336, de 19 de dezembro de 2001,

Decreta:

ART. 1º As alíquotas específicas da Contribuição de Intervenção no Domínio Econômico incidente sobre a importação e a comercialização de petróleo e seus derivados, gás natural e seus derivados e álcool etílico combustível - Cide, previstas no art. 5º da Lei n. 10.336, de 19 de dezembro de 2001, ficam reduzidas para: (Alterado pelo Dec. 8.395/2015. Vigência: 1º dia do 4º mês subsequente ao de sua publicação.)

I - R$ 100,00 (cem reais) por metro cúbico de gasolinas e suas correntes; e (Alterado pelo Dec. 8.395/2015. Vigência: 1º dia do 4º mês subsequente ao de sua publicação.)

II - (Revogado pelo Dec. 9.391/2018.)

Parágrafo único. Ficam reduzidas a zero as alíquotas de que trata o *caput* para os seguintes produtos: (Acrescentado pelo Dec. 8.395/2015. Vigência: 1º dia do 4º mês subsequente ao de sua publicação.)

I - querosene de aviação; (Acrescentado pelo Dec. 8.395/2015. Vigência: 1º dia do 4º mês subsequente ao de sua publicação.)

II - demais querosenes; (Acrescentado pelo Dec. 8.395/2015. Vigência: 1º dia do 4º mês subsequente ao de sua publicação.)

III - óleos combustíveis com alto teor de enxofre; (Acrescentado pelo Dec. 8.395/2015. Vigência: 1º dia do 4º mês subsequente ao de sua publicação.)

IV - óleos combustíveis com baixo teor de enxofre; (Acrescentado pelo Dec. 8.395/2015. Vigência: 1º dia do 4º mês subsequente ao de sua publicação.)

V - gás liquefeito de petróleo, inclusive o derivado de gás natural e de nafta; (Alterado pelo Dec. 9.391/2018.)

VI - álcool etílico combustível; e (Alterado pelo Dec. 9.391/2018.)

VII - óleo diesel e suas correntes. (Acrescentado pelo Dec. 9.391/2018.)

ART. 2º Ficam reduzidos a zero os limites de dedução da contribuição para o PIS/PASEP e da COFINS, a que se refere o art. 8º da Lei n. 10.336, de 2001.

ART. 3º Este Decreto entra em vigor na data de sua publicação. (Alterado pelo Dec. 7.764/2012)

Brasília, 30 de abril de 2004;
183º da Independência e 116º da República.
LUIZ INÁCIO LULA DA SILVA

DECRETO N. 5.062, DE 30 DE ABRIL DE 2004

Fixa coeficiente para redução das alíquotas específicas do PIS/Pasep e da Cofins de que tratam os arts. 51 e 52 da Lei n. 10.833, de 29 de dezembro de 2003.

▸ *DOU*, 30.04.2004 - Edição extra.

O Presidente da República, no uso da atribuição que lhe confere o art. 84, inciso IV, da Constituição, e tendo em vista o disposto nos arts. 53 da Lei n. 10.833, de 29 de dezembro de 2003, e 26 da Lei n. 10.865, de 30 de abril de 2004,

Decreta:

ART. 1º Fica fixado em 0,45 (quarenta e cinco centésimos) o coeficiente de redução das alíquotas da Contribuição para o PIS/Pasep e da Contribuição para o Financiamento da Seguridade Social - Cofins, previstas no art. 51 da Lei n. 10.833, de 29 de dezembro de 2003, incidentes na comercialização no mercado interno e na importação de embalagens para bebidas. (Redação dada pelo Dec. 7.455/2011.)

Parágrafo único. Excetua-se do disposto no *caput* deste artigo o coeficiente de redução das alíquotas: (Redação dada pelo Dec. 7.455/2011.)

I - da lata de alumínio, classificada no código 7612.90.19 da TIPI e lata de aço, classificada no código 7310.21.10 da TIPI, para os refrigerantes classificados no código 22.02 da TIPI, que fica fixado em 0,326 (trezentos e vinte e seis milésimos); e (Incluído pelo Dec. 7.455/2011.)

II - das pré-formas classificadas no código 3923.30.00 Ex 01 da TIPI, com faixa de gramatura acima de 42g, referidas no item 3 da alínea "b" do inciso II do *caput* do art. 51, que fica fixado em 0,56 (cinquenta e seis centésimos). (Incluído pelo Dec. 7.455/2011.)

ART. 2º As alíquotas da contribuição para o PIS/Pasep e da Cofins de que trata o art. 51 da Lei n. 10.833, de 2003, com a utilização do coeficiente determinados no art. 1º, no caso:

I - de lata de alumínio, classificada no código 7612.90.19 da TIPI e lata de aço, classificada no código 7310.21.10 da TIPI, ficam reduzidas, respectivamente, para:

a) R$ 0,0114 (cento e quatorze décimos de milésimo de real) e R$ 0,0529 (quinhentos e vinte e nove décimos de milésimo de real), por litro de capacidade nominal de envasamento de refrigerantes classificados nos códigos 22.02 da TIPI; e (Redação dada pelo Dec. 7.455/2011.)

b) R$ 0,0162 (cento e sessenta e dois décimos de milésimo de real) e R$ 0,0748 (setecentos e quarenta e oito décimos de milésimo de real), por litro de capacidade nominal de envasamento de cervejas classificadas no código 2203 da TIPI;

II - de embalagens destinadas ao envasamento de água, refrigerantes e cerveja, quando se tratar:

a) de garrafas e garrafões classificados no código 3923.30.00 da TIPI, ficam reduzidas, respectivamente, para R$ 0,0094 (noventa e quatro décimos de milésimo de real) e R$ 0,0431 (quatrocentos e trinta e um décimos de milésimo de real) por litro de capacidade nominal de envasamento;

b) de pré-formas classificadas no código 3923.30.00 Ex 01 da TIPI, ficam reduzidas, respectivamente, para:

1. R$ 0,0056 (cinquenta e seis décimos de milésimo de real) e R$ 0,0259 (duzentos e cinquenta e nove décimos de milésimo de real), para faixa de gramatura de até 30g;

2. R$ 0,014 (quatorze milésimos de real) e R$ 0,0647 (seiscentos e quarenta e sete décimos de milésimo de real), para faixa de gramatura acima de 30 até 42g;

3. R$ 0,0187 (cento e oitenta e sete décimos de milésimo de real) e R$ 0,0862 (oitocentos e sessenta e dois décimos de milésimo de real), para faixa de gramatura acima de 42g; (Redação dada pelo Dec. 6.073/2007.)

III - de embalagens de vidro não retornáveis classificadas no código 7010.90.21 da TIPI ficam reduzidas, respectivamente, para R$ 0,0162 (cento e sessenta e dois décimos de milésimo de real) e R$ 0,0748 (setecentos e quarenta e oito décimos de milésimo de real), por litro de capacidade nominal de envasamento de refrigerantes ou cervejas; e

IV - de embalagens de vidro retornáveis classificadas no código 7010.90.21 da TIPI ficam reduzidas, respectivamente, para R$ 0,1617 (um mil e seiscentos e dezessete décimos de milésimo de real) e R$ 0,748 (setecentos e quarenta e oito milésimos de real), por litro de capacidade nominal de envasamento de refrigerantes ou cervejas.

ART. 2º-A. Fica fixado em 0,87 (oitenta e sete centésimos) o coeficiente de redução das alíquotas da Contribuição para o PIS/Pasep e da Cofins, previstas no art. 51 da Lei n. 10.833, de 2003, incidentes na comercialização no mercado interno e na importação de embalagens para bebidas, quando as embalagens forem vendidas a ou importadas por pessoa jurídica enquadrada no regime especial instituído pelo art. 58-J da Lei n. 10.833, de 2003, e cujos equipamentos contadores de produção de que trata o art. 58-T da mesma Lei estejam operando em normal funcionamento. (Incluído pelo Dec. 7.455/2011.)

§ 1º Não se aplica o coeficiente de redução do *caput* nos casos a seguir especificados aos quais devem ser aplicados, observadas as mesmas condições do *caput*, os coeficientes de redução de: (Incluído pelo Dec. 7.455/2011.)

I - 0,326 (trezentos e vinte e seis milésimos), no caso de lata de alumínio, classificada no código 7612.90.19 da TIPI e de lata de aço, classificada no código 7310.21.10 da TIPI, para os refrigerantes classificados no código 22.02 da TIPI; (Incluído pelo Dec. 7.455/2011.)

II - 0,611 (seiscentos e onze milésimos) no caso de lata de alumínio, classificada no código 7612.90.19 da TIPI e de lata de aço, classificada no código 7310.21.10 da TIPI, para as cervejas classificadas no código 22.03 da TIPI; e (Incluído pelo Dec. 7.455/2011.)

III - 0,958 (novecentos e cinquenta e oito milésimos), no caso de embalagens de vidro retornáveis classificadas no código 7010.90.21 da TIPI. (Incluído pelo Dec. 7.455/2011.)

§ 2º Os coeficientes previstos no *caput* e no § 1º somente se aplicam quando todos os estabelecimentos do adquirente estiverem com sua produção controlada pelos equipamentos contadores de produção. (Incluído pelo Dec. 7.455/2011.)

ART. 2º-B. As alíquotas da Contribuição para o PIS/Pasep e da Cofins de que trata o art. 51 da Lei n. 10.833, de 2003, com a utilização do coeficiente determinado no art. 2º-A, no caso: (Incluído pelo Dec. 7.455/2011.)

I - de lata de alumínio, classificada no código 7612.90.19 da TIPI e lata de aço, classificada no código 7310.21.10 da TIPI, ficam reduzidas, respectivamente, para: (Incluído pelo Dec. 7.455/2011.)

a) R$ 0,0114 (cento e quatorze décimos de milésimo de real) e R$ 0,0529 (quinhentos e vinte e nove décimos de milésimo de real), por litro de capacidade nominal de envasamento de refrigerantes classificados nos códigos 22.02 da TIPI; e (Incluído pelo Dec. 7.455/2011.)

b) R$ 0,0114 (cento e quatorze décimos de milésimo de real) e R$ 0,0529 (quinhentos e vinte e nove décimos de milésimo de real), por litro de capacidade nominal de envasamento de cervejas classificadas no código 22.03 da TIPI; (Incluído pelo Dec. 7.455/2011.)

II - de embalagens destinadas ao envasamento de água, refrigerantes e cerveja, quando se tratar: (Incluído pelo Dec. 7.455/2011.)

a) de garrafas e garrafões classificados no código 3923.30.00 da TIPI, ficam reduzidas, respectivamente, para R$ 0,0022 (vinte e dois décimos de milésimo de real) e R$ 0,0102 (cento e dois décimos de milésimo de real) por litro de capacidade nominal de envasamento; (Incluído pelo Dec. 7.455/2011.)

b) de pré-formas classificadas no código 3923.30.00 Ex 01 da TIPI, ficam reduzidas, respectivamente, para: (Incluído pelo Dec. 7.455/2011.)

1. R$ 0,0013 (treze décimos de milésimo de real) e R$ 0,0061 (sessenta e um décimos de milésimo de real), para faixa de gramatura de até 30g; (Incluído pelo Dec. 7.455/2011.)

2. R$ 0,0033 (trinta e três décimos de milésimo de real) e R$ 0,0153 (cento e cinquenta e três décimos de milésimo de real), para faixa de gramatura acima de 30 até 42g; (Incluído pelo Dec. 7.455/2011.)

3. R$ 0,0055 (cinquenta e cinco décimos de milésimo de real) e R$ 0,0255 (duzentos e cinquenta e cinco décimos de milésimo de real), para faixa de gramatura acima de 42g; (Incluído pelo Dec. 7.455/2011.)

III - de embalagens de vidro não retornáveis classificadas no código 7010.90.21 da TIPI ficam reduzidas, respectivamente, para R$ 0,0038 (trinta e oito décimos de milésimo de real) e R$ 0,0177 (cento e setenta e sete décimos de milésimo de real), por litro de capacidade nominal de envasamento de refrigerantes ou cervejas; e (Incluído pelo Dec. 7.455/2011.)

IV - de embalagens de vidro retornáveis classificadas no código 7010.90.21 da TIPI ficam reduzidas, respectivamente, para R$ 0,0124 (cento e vinte e quatro décimos de milésimo de real) e R$ 0,0576 (quinhentos e setenta e seis décimos de milésimo de real), por litro de capacidade nominal de envasamento de refrigerantes ou cervejas. (Incluído pelo Dec. 7.455/2011.)

ART. 2º-C. A pessoa jurídica vendedora das embalagens de que trata o art. 51 da Lei n. 10.833, de 2003, deverá confirmar no sítio da Secretaria da Receita Federal do Brasil na Internet, no endereço <http://www.receita.fazenda.gov.br>, se o adquirente consta na relação de empresas optantes pelo Regime Especial de Tributação de Bebidas Frias - REFRI, conforme o § 2º do art. 28 do Decreto n. 6.707, de 23 de dezembro de 2008, e na relação das empresas com os estabelecimentos obrigados à utilização do Sistema de Controle de Produção de Bebidas - SICOBE. (Incluído pelo Dec. 7.455/2011.)

ART. 2º-D. Nas notas fiscais das embalagens de que trata o art. 51 da Lei n. 10.833, de 2003, relativas às vendas para as pessoas jurídicas de que trata o art. 2º-A, deverá constar a expressão "Saída com alíquotas reduzidas da Contribuição para o PIS/Pasep e da Cofins" e o número do Ato Declaratório Executivo da Coordenação-Geral de Fiscalização da Secretaria da Receita Federal do Brasil que obriga o adquirente à utilização do Sicobe, com menção expressa deste Decreto. (Incluído pelo Dec. 7.455/2011.)

ART. 2º-E. A pessoa jurídica vendedora das embalagens de que trata o art. 51 da Lei n. 10.833, de 2003, deverá manter registro de estoque das saídas de embalagens, segregando as embalagens: (Incluído pelo Dec. 7.455/2011.)

I - vendidas para o mercado interno, das embalagens vendidas para exportação ou para pessoa jurídica comercial exportadora; (Incluído pelo Dec. 7.455/2011.)

II - vendidas para pessoas jurídicas industriais dos produtos classificados nas posições 22.01, 22.02 e 22.03 da TIPI, das embalagens vendidas para pessoas jurídicas industriais de outros produtos; (Incluído pelo Dec. 7.455/2011.)

III - vendidas para pessoas jurídicas enquadradas no regime especial instituído pelo art. 58-J da Lei n. 10.833, de 2003, das vendidas para pessoas jurídicas enquadradas no regime geral instituído pelos arts. 58-F a 58-I da mesma Lei; e (Incluído pelo Dec. 7.455/2011.)

IV - vendidas para pessoas jurídicas cujos equipamentos contadores de produção previstos no art. 58-T da Lei n. 10.833, de 2003, já estejam em funcionamento, segregando por pessoa jurídica, das vendidas para pessoas jurídicas sem os equipamentos contadores de produção ou cujos equipamentos não estejam operando em normal funcionamento. (Incluído pelo Dec. 7.455/2011.)

ART. 2º-F. O disposto nos arts. 1º e 2º não se aplica a pessoa jurídica vendedora das embalagens de que trata o art. 51 da Lei n. 10.833, de 2003, em relação às vendas realizadas na forma do art. 2º-A. (Incluído pelo Dec. 7.455/2011.)

ART. 3º (Revogado pelo Dec. 6.707/2008.)

I a III - (Revogados pelo Dec. 6.707/2008.)

ART. 4º Este Decreto entra em vigor na data de sua publicação, produzindo efeitos na mesma data dos dispositivos que regulamenta.

Brasília, 30 de abril de 2004;
183º da Independência e 116º da República.
LUIZ INÁCIO LULA DA SILVA

DECRETO N. 5.085, DE 19 DE MAIO DE 2004

Define as ações continuadas de assistência social.

› *DOU*, 20.05.2004.

O Presidente da República, no uso da atribuição que lhe confere o art. 84, inciso IV, da Constituição, e tendo em vista o disposto no art. 6º da Medida Provisória n. 2.187, de 24 de agosto de 2001,

Decreta:

ART. 1º São consideradas ações continuadas de assistência social aquelas financiadas pelo Fundo Nacional de Assistência Social que visem ao atendimento periódico e sucessivo à família, à criança, ao adolescente, à pessoa idosa e à portadora de deficiência, bem como as relacionadas com os programas de Erradicação do Trabalho Infantil, da Juventude e de Combate à Violência contra Crianças e Adolescentes.

ART. 2º Fica revogado o Decreto n. 3.409, de 10 de abril de 2000.

ART. 3º Este Decreto entra em vigor na data de sua publicação.

Brasília, 19 de maio de 2004;
183º da Independência e 116º da República.
LUIZ INÁCIO LULA DA SILVA

DECRETO N. 5.109, DE 17 DE JUNHO DE 2004

Dispõe sobre a composição, estruturação, competências e funcionamento do Conselho Nacional dos Direitos do Idoso - CNDI, e dá outras providências.

› *DOU*, 18.06.2004.

O Presidente da República, no uso das atribuições que lhe confere o art. 84, incisos IV e VI, alínea "a", da Constituição, e tendo em vista o disposto na Lei n. 8.842, de 4 de janeiro de 1994, e nos arts. 24 e 50 da Lei n. 10.683, de 28 de maio de 2003,

Decreta:

CAPÍTULO I
DA FINALIDADE E DA COMPETÊNCIA

ART. 1º O Conselho Nacional dos Direitos da Pessoa Idosa - CNDI, órgão colegiado de caráter deliberativo, integrante da estrutura básica do Ministério dos Direitos Humanos, tem por finalidade elaborar as diretrizes para a formulação e a implementação da política nacional da pessoa idosa, observadas as linhas de ação e as diretrizes, conforme dispõe a Lei n. 10.741, de 1º de outubro de 2003, e acompanhar e avaliar a sua execução. (Alterado pelo Dec. 9.569/2018.)

ART. 2º Ao CNDI compete:

I - elaborar as diretrizes, instrumentos, normas e prioridades da política nacional do idoso, bem como controlar e fiscalizar as ações de execução;

II - zelar pela aplicação da política nacional de atendimento ao idoso;

III - dar apoio aos Conselhos Estaduais, do Distrito Federal e Municipais dos Direitos do Idoso, aos órgãos estaduais, municipais e entidades não governamentais, para tornar efetivos os princípios, as diretrizes e os direitos estabelecidos pelo Estatuto do Idoso;

IV - avaliar a política desenvolvida nas esferas estadual, distrital e municipal e a atuação dos conselhos do idoso instituídos nessas áreas de governo;

V - acompanhar o reordenamento institucional, propondo, sempre que necessário, as modificações nas estruturas públicas e privadas destinadas ao atendimento do idoso;

VI - apoiar a promoção de campanhas educativas sobre os direitos do idoso, com a indicação das medidas a serem adotadas nos casos de atentados ou violação desses direitos;

VII - acompanhar a elaboração e a execução da proposta orçamentária da União, indicando modificações necessárias à consecução da política formulada para a promoção dos direitos do idoso; e

VIII - elaborar o regimento interno, que será aprovado pelo voto de, no mínimo, dois terços

DECRETOS

de seus membros, nele definindo a forma de indicação do seu Presidente e Vice-Presidente.

Parágrafo único. Ao CNDI compete, ainda:

I - acompanhar e avaliar a expedição de orientações e recomendações sobre a aplicação da Lei n. 10.741, de 2003, e dos demais atos normativos relacionados ao atendimento do idoso;

II - promover a cooperação entre os governos da União, dos Estados, do Distrito Federal e dos Municípios e a sociedade civil organizada na formulação e execução da política nacional de atendimento dos direitos do idoso;

III - promover, em parceria com organismos governamentais e não governamentais, nacionais e internacionais, a identificação de sistemas de indicadores, no sentido de estabelecer metas e procedimentos com base nesses índices, para monitorar a aplicação das atividades relacionadas com o atendimento ao idoso;

IV - promover a realização de estudos, debates e pesquisas sobre a aplicação e os resultados estratégicos alcançados pelos programas e projetos de atendimento ao idoso, desenvolvidos pelo Ministério dos Direitos Humanos; e (Alterado pelo Dec. 9.494/2018.)

V - estimular a ampliação e o aperfeiçoamento dos mecanismos de participação e controle social, por intermédio de rede nacional de órgãos colegiados estaduais, regionais, territoriais e municipais, visando fortalecer o atendimento dos direitos do idoso.

CAPÍTULO II
DA COMPOSIÇÃO E DO FUNCIONAMENTO

ART. 3º O CNDI tem a seguinte composição, guardada a paridade entre os membros do Poder Executivo e da sociedade civil organizada:

I - um representante do Ministério dos Direitos Humanos e de cada Ministério a seguir indicado: (Alterado pelo Dec. 9.494/2018.)

a) das Relações Exteriores;

b) do Trabalho; (Alterado pelo Dec. 9.494/2018.)

c) da Educação;

d) da Saúde;

e) da Cultura;

f) do Esporte;

g) da Justiça;

h) da Fazenda; (Alterado pelo Dec. 9.494/2018.)

i) da Ciência, Tecnologia, Inovações e Comunicações; (Alterado pelo Dec. 9.494/2018.)

j) do Turismo;

l) do Desenvolvimento Social; (Alterado pelo Dec. 9.494/2018.)

m) do Planejamento, Desenvolvimento e Gestão; (Alterado pelo Dec. 9.494/2018.)

n) das Cidades.

II - quatorze representantes de entidades da sociedade civil organizada, sem fins lucrativos, com atuação no campo da promoção e defesa dos direitos da pessoa idosa, que tenham filiadas organizadas em, pelo menos, cinco unidades da Federação, distribuídas em três regiões do País.

§ 1º Os representantes de que trata o inciso I, e seus respectivos suplentes, serão indicados pelos titulares dos órgãos representados.

§ 1º-A O Ministério dos Direitos Humanos poderá convocar qualquer um dos suplentes de instituições públicas quando da ausência e impedimento de um titular governamental. (Acrescentado pelo Dec. 9.494/2018.)

§ 2º Os representantes de que trata o inciso II, e seus respectivos suplentes, serão indicados pelos titulares das entidades representadas.

§ 3º Os representantes de que tratam os incisos I e II, e seus respectivos suplentes, serão designados pelo Ministro de Estado dos Direitos Humanos. (Alterado pelo Dec. 9.494/2018.)

§ 4º As deliberações do CNDI, inclusive seu regimento interno, serão aprovadas mediante resoluções.

§ 5º Poderão, ainda, ser convidados a participar das reuniões do CNDI personalidades e representantes de entidades e órgãos públicos e privados, dos Poderes Legislativo e Judiciário, bem como outros técnicos, sempre que da pauta constar tema de suas áreas de atuação.

ART. 4º Os membros de que trata o inciso II do art. 3º deste Decreto serão representados por entidades eleitas em assembleia específica, convocada especialmente para esta finalidade.

§ 1º A eleição será convocada pelo CNDI, por meio de edital, publicado no Diário Oficial da União, sessenta dias antes do término do mandato dos seus representantes.

§ 2º O regimento interno do CNDI disciplinará as normas e os procedimentos relativos à eleição das entidades da sociedade civil organizada que comporão sua estrutura.

§ 3º As entidades eleitas e os representantes indicados terão mandatos de dois anos, podendo ser reconduzidos, por meio de novo processo eleitoral.

§ 4º O Ministério Público Federal poderá acompanhar o processo de escolha dos membros representantes das entidades da sociedade civil organizada.

ART. 5º O CNDI poderá instituir comissões permanentes e grupos temáticos, de caráter temporário, destinados ao estudo e elaboração de propostas sobre temas específicos, a serem submetidas ao plenário, cuja competência e funcionamento serão definidos no ato de sua criação.

ART. 6º A estrutura de funcionamento do CNDI compõe-se de:

I - Plenário;

II - Secretaria; e

III - comissões permanentes e grupos temáticos.

CAPÍTULO III
DAS ATRIBUIÇÕES DO PRESIDENTE

ART. 7º São atribuições do Presidente do CNDI:

I - convocar e presidir as reuniões do colegiado;

II - solicitar a elaboração de estudos, informações e posicionamento sobre temas de relevante interesse público;

III - firmar as atas das reuniões e homologar as resoluções; e

IV - constituir, convocar reuniões e organizar o funcionamento das comissões permanentes e dos grupos temáticos.

CAPÍTULO IV
DAS DISPOSIÇÕES GERAIS

ART. 8º Caberá ao Ministério dos Direitos Humanos prover o apoio administrativo e os meios necessários à execução dos trabalhos do CNDI, das comissões permanentes e dos grupos temáticos. (Alterado pelo Dec. 9.494/2018.)

ART. 9º As despesas com os deslocamentos dos membros integrantes do CNDI, das comissões permanentes e dos grupos temáticos poderão correr à conta de dotações orçamentárias do Ministério dos Direitos Humanos. (Alterado pelo Dec. 9.494/2018.)

ART. 10. Para cumprimento de suas funções, o CNDI contará com recursos orçamentários e financeiros consignados no orçamento do Ministério dos Direitos Humanos. (Alterado pelo Dec. 9.494/2018.)

ART. 11. A participação no CNDI, nas comissões permanentes e nos grupos temáticos será considerada função relevante, não remunerada.

ART. 12. O CNDI reunir-se-á bimestralmente em caráter ordinário e extraordinariamente por convocação do seu presidente ou por requerimento da maioria de seus membros.

ART. 13. Os representantes a que se referem os incisos I e II do art. 3º deste Decreto, acrescidos na composição do CNDI, serão designados para o exercício da função até 3 de setembro de 2004, data em que encerrará o mandato de todos os seus membros.

ART. 13-A. Excepcionalmente para o biênio 2004-2006, a eleição prevista no § 1º do art. 4º, será convocada pelo Secretário Especial de Direitos Humanos da Presidência da República, por meio de edital, que estabelecerá as normas e procedimentos para sua realização. (Incluído pelo Decreto n. 5.145, de 2004)

Parágrafo único. O ato previsto no *caput* deverá ser publicado no Diário Oficial da União até trinta dias antes do encerramento do mandato atual. (Incluído pelo Decreto n. 5.145, de 2004)

ART. 14. As dúvidas e os casos omissos neste Decreto serão resolvidos pelo Presidente do CNDI, *ad referendum* do Colegiado.

ART. 15. Este Decreto entra em vigor na data de sua publicação.

ART. 16. Ficam revogados os Decretos n. 4.227, de 13 de maio de 2002, e 4.287, de 27 de junho de 2002.

Brasília, 17 de junho de 2004; 183º da Independência e 116º da República.

LUIZ INÁCIO LULA DA SILVA

DECRETO N. 5.113, DE 22 DE JUNHO DE 2004

Regulamenta o art. 20, inciso XVI, da Lei n. 8.036, de 11 de maio de 1990, que dispõe sobre o Fundo de Garantia do Tempo de Serviço - FGTS, e dá outras providências.

- *DOU*, 23.06.2004, retificado em 24.06.2004.

O Presidente da República, no uso da atribuição que lhe confere o art. 84, inciso IV, da Constituição, e tendo em vista o disposto no art. 20, inciso XVI, da Lei n. 8.036, de 11 de maio de 1990,

Decreta:

ART. 1º O titular de conta vinculada do Fundo de Garantia do Tempo de Serviço - FGTS que resida em área do Distrito Federal ou de Município, em situação de emergência ou estado de calamidade pública objeto de decreto do respectivo Governo, poderá movimentar a referida conta por motivo de necessidade pessoal, cuja urgência e gravidade decorram de desastre natural.

§ 1º Para os fins da movimentação de que trata este artigo, o decreto municipal ou do Distrito Federal que declare a situação de emergência ou o estado de calamidade pública deverá ser publicado no prazo máximo de trinta dias, contados do primeiro dia útil seguinte ao da ocorrência do desastre natural.

§ 2º A movimentação da conta vinculada de que trata o *caput* só poderá ocorrer após o reconhecimento da situação de emergência ou do estado de calamidade pública em portaria do Ministro de Estado da Integração Nacional.

§ 3º A solicitação de movimentação será admitida até noventa dias da publicação do ato de reconhecimento de que trata o § 2º.

ART. 2º Para os fins do disposto neste Decreto, considera-se desastre natural:

I - vendavais ou tempestades;

II - vendavais muito intensos ou ciclones extratropicais;

III - vendavais extremamente intensos, furacões, tufões ou ciclones tropicais;

IV - tornados e trombas d'água;

V - precipitações de granizos;

VI - enchentes ou inundações graduais;

VII - enxurradas ou inundações bruscas;

VIII - alagamentos; e

IX - inundações litorâneas provocadas pela brusca invasão do mar.

Parágrafo único. Para fins do disposto no inciso XVI do *caput* do art. 20 da Lei n. 8.036, de 11 de maio de 1990, considera-se também como natural o desastre decorrente do rompimento ou colapso de barragens que ocasione movimento de massa, com danos a unidades residenciais. (Alterado pelo Dec. 8.572/2015.)

ART. 3º A comprovação da área atingida de que trata o *caput* do art. 1º será realizada mediante fornecimento à Caixa Econômica Federal, pelo Município ou pelo Distrito Federal, de declaração das áreas atingidas por desastres naturais, que deverá conter a descrição da área no seguinte padrão:

I - nome do distrito, cidade e unidade da Federação, caso todas as unidades residenciais existentes no distrito tenham sido atingidas;

II - nome do bairro, cidade e unidade da Federação, caso todas as unidades residenciais existentes no bairro tenham sido atingidas;

III - nome do logradouro, bairro ou distrito, cidade e unidade da Federação, caso a área atingida se restrinja às unidades residenciais existentes naquele logradouro; ou

IV - identificação da unidade residencial, nome do logradouro, bairro ou distrito, cidade e unidade da Federação, caso a área atingida se restrinja a determinada unidade residencial.

§ 1º Para elaboração da declaração referida no *caput*, deverá ser observada a avaliação realizada pelos órgãos de defesa civil municipal e do Distrito Federal.

§ 2º A declaração referida no *caput* deverá conter a identificação do Município atingido pelo desastre natural, as informações relativas ao decreto municipal ou do Distrito Federal e à portaria do Ministro de Estado da Integração Nacional que reconheceu a situação de emergência ou o estado de calamidade pública, e a Codificação de Desastre, Ameaças e Riscos - Codar.

ART. 4º O valor do saque será equivalente ao saldo existente na conta vinculada, na data da solicitação, limitado à quantia correspondente a R$ 6.220,00 (seis mil duzentos e vinte reais), por evento caracterizado como desastre natural, desde que o intervalo entre uma movimentação e outra não seja inferior a doze meses. (Redação dada pelo Dec. 7.667/2012.)

ART. 5º O titular da conta vinculada que não dispuser de meios para comprovação do endereço residencial poderá fazê-la com apresentação de declaração emitida pelo Governo municipal ou do Distrito Federal.

ART. 6º A Caixa Econômica Federal expedirá, no prazo de até dez dias contados da data de publicação deste Decreto, atos normativos referentes aos procedimentos administrativos e operacionais a serem observados para a movimentação de que trata o art. 1º.

ART. 7º Este Decreto entra em vigor na data da sua publicação.

ART. 8º Fica revogado o Decreto n. 5.014, de 12 de março de 2004.

Brasília, 22 de junho de 2004;
183º da Independência e 116º da República.
LUIZ INÁCIO LULA DA SILVA

DECRETO N. 5.162, DE 29 DE JULHO DE 2004

Fixa coeficiente para redução das alíquotas específicas do PIS/Pasep e da Cofins de que tratam os arts. 51 e 52 da Lei n. 10.833, de 29 de dezembro 2003, nos casos em que especifica.

› *DOU*, 30.07.2004.

O Presidente da República , no uso da atribuição que lhe confere o art. 84, inciso IV, da Constituição, e tendo em vista o disposto no art. 53 da Lei n. 10.833, de 29 de dezembro de 2003, e no art. 8º, §§ 6º e 7º, da Lei n. 10.865, de 30 de abril de 2004,

Decreta:

ART. 1º Fica fixado em 0,73 o coeficiente de redução das alíquotas da Contribuição para o PIS/PASEP e da Contribuição para o Financiamento da Seguridade Social - COFINS, previstas no art. 51, inciso II, alínea «a», da Lei n. 10.833, de 29 de dezembro de 2003, incidentes na comercialização no mercado interno e na importação de embalagens para água (TIPI 22.01) classificadas no código 3923.30.00 da TIPI, com capacidade nominal igual ou superior a 10 (dez) litros.

ART. 2º As alíquotas da contribuição para o PIS/PASEP e da COFINS de que trata o art. 51, inciso II, alínea «a», da Lei n. 10.833, de 2003, com a utilização do coeficiente determinado no art. 1º, aplicáveis às garrafas e garrafões classificados no código 3923.30.00 da TIPI, com capacidade nominal igual ou superior a 10 (dez) litros, ficam reduzidas, respectivamente, para R$ 0,0046 (quarenta e seis décimos de milésimo do real) e R$ 0,0212 (duzentos e doze décimos de milésimo do real) por litro de capacidade nominal de envasamento.

ARTS. 3º e 4º (Revogados pelo Dec. 6.707/2008.)

ART. 5º Este Decreto entra em vigor na data de sua publicação, produzindo efeitos em relação aos fatos geradores ocorridos a partir de 1º de agosto de 2004.

Brasília, 29 de julho de 2004;
183º da Independência e 116º da República.
LUIZ INÁCIO LULA DA SILVA

DECRETO N. 5.171, DE 6 DE AGOSTO DE 2004

Regulamenta os §§ 10 e 12 do art. 8º e o inciso IV do art. 28 da Lei n. 10.865, de 30 de abril de 2004, que dispõe sobre a Contribuição para o PIS/Pasep-Importação e a Cofins -Importação e dá outras providências.

› *DOU*, 09.08.2004.

O Presidente da República, no uso da atribuição que lhe confere o art. 84, inciso IV, da Constituição, e tendo em vista o disposto nos arts. 8º, §§ 10, 12 e 13, 28, inciso IV e parágrafo único, e 53 da Lei n. 10.865, de 30 de abril de 2004,

Decreta:

Art. 1º Na importação de papel imune a impostos de que trata o art. 150, inciso VI, alínea "d", da Constituição, ressalvado o disposto no art. 4º deste Decreto, quando destinado à impressão de periódicos, as alíquotas da Contribuição para o PIS/Pasep -Importação e da Contribuição para o Financiamento da Seguridade Social - Cofins -Importação são de:

I - 0,8%, para a Contribuição para o PIS/Pasep -Importação; e

II - 3,2%, para a Cofins -Importação.

§ 1º O disposto no *caput* aplica-se somente às importações realizadas por:

I - pessoa física ou jurídica que explore a atividade da indústria de publicações periódicas; e

II - empresa estabelecida no País como representante de fábrica estrangeira do papel, para venda exclusivamente às pessoas referidas no inciso I.

§ 2º As alíquotas fixadas no *caput* não abrangem o papel utilizado na impressão de publicação que contenha, exclusivamente, matéria de propaganda comercial.

§ 3º O papel importado a que se refere o *caput*:

I - poderá ser utilizado em folhetos ou outros impressos de propaganda que constituam suplemento ou encarte do periódico, desde que em quantidade não excedente à tiragem da publicação que acompanham, e a ela vinculados pela impressão de seu título, data e número de edição; e

II - não poderá ser utilizado em catálogos, listas de preços, publicações semelhantes, e jornais e revistas de propaganda.

ART. 2º Somente poderá importar papel imune ou adquiri-lo das empresas referidas no inciso II do § 1º do art. 1º a empresa para esse fim registrada, na forma estabelecida pela Secretaria da Receita Federal do Ministério da Fazenda.

ART. 3º A Secretaria da Receita Federal poderá estabelecer:

I - normas segundo as quais poderá ser autorizada a venda de aparas ou de papel impróprio para impressão, desde que se destinem a utilização como matéria-prima;

II - normas que regulem o cumprimento das obrigações acessórias previstas nos arts. 1º e 2º;

III - limite de utilização do papel nos serviços da empresa; e

IV - percentual de tolerância na variação do peso, pela aplicação de tinta ou em razão de umidade.

ART. 4º Ficam reduzidas a zero as alíquotas da Contribuição para o PIS/Pasep -Importação e da Cofins -Importação nas operações de importação de:

I - materiais e equipamentos, inclusive partes, peças e componentes, destinados ao emprego na construção, conservação, modernização, conversão ou reparo de embarcações registradas ou pré-registradas no Registro Especial Brasileiro; (Redação dada pelo Dec. 6.887/2009.)

II - embarcações construídas no Brasil e transferidas por matriz de empresa brasileira de navegação para subsidiária integral no exterior, que retornem ao País como propriedade da mesma empresa nacional de origem, quando a embarcação for registrada no Registro Especial Brasileiro;

III e **IV** - (Revogados pelo Dec. 6.842/2009.)

V - máquinas, equipamentos, aparelhos, instrumentos, suas partes e peças de reposição, e películas cinematográficas virgens, destinados à indústria cinematográfica e audiovisual, e de radiodifusão;

VI - aeronaves, classificadas na posição 88.02 da NCM; e (Redação dada pelo Dec. 5.268/2004.)

VII - partes, peças, ferramentas, componentes, insumos, fluidos hidráulicos, lubrificantes, tintas, anticorrosivos, equipamentos, serviços e matérias-primas a serem empregados na manutenção, reparo, revisão, conservação, modernização, conversão e montagem das aeronaves de que trata o inciso VI deste artigo, de seus motores, suas partes, peças, componentes, ferramentais e equipamentos.

§ 1º (Revogado pelo Dec. 6.842/2009.)

§ 2º A redução a zero das alíquotas de que trata:

I - o inciso V do *caput* somente se aplica às mercadorias sem similar nacional, conforme disposto nos arts. 190 a 209 do Decreto n. 4.543, de 26 de dezembro de 2002 - Regulamento Aduaneiro; e

II - (Revogado pelo Dec. 5.268/2004.)

§ 3º O disposto neste artigo, em relação aos incisos VI e VII do *caput*, somente será aplicável ao importador que fizer prova da posse ou propriedade da aeronave. (Incluído pelo Dec. 5.268/2004.)

§ 4º Na hipótese do § 3º, caso a importação seja promovida: (Incluído pelo Dec. 5.268/2004.)

I - por oficina especializada em reparo, revisão ou manutenção de aeronaves, esta deverá: (Incluído pelo Dec. 5.268/2004.)

a) apresentar contrato de prestação de serviços, indicando o proprietário ou possuidor da aeronave; e (Incluído pelo Dec. 5.268/2004.)

b) estar homologada pelo órgão competente do Ministério da Defesa; (Incluído pelo Dec. 5.268/2004.)

II - para operação de montagem, a empresa montadora deverá apresentar o certificado de homologação e o projeto de construção aprovado, ou documentos de efeito equivalente, na forma da legislação específica. (Incluído pelo Dec. 5.268/2004.)

ART. 5º Ficam reduzidas a zero as alíquotas da Contribuição para o PIS/Pasep -Importação e da Cofins -Importação nas operações de importação de partes e peças da posição 88.03 destinadas aos veículos e aparelhos da posição 88.02 da NCM.

ART. 6º Ficam reduzidas a zero as alíquotas da Contribuição para o PIS/Pasep e da Cofins incidentes sobre a receita bruta de venda no mercado interno de aeronaves, classificadas na posição 88.02 da NCM, suas partes, peças, ferramentais, componentes, insumos, fluidos hidráulicos, tintas, anticorrosivos, lubrificantes, equipamentos, serviços e matérias-primas a serem empregados na manutenção, conservação, modernização, reparo, revisão, conversão e montagem das aeronaves, seus motores, partes, componentes, ferramentais e equipamentos.

Parágrafo único. (Revogado pelo Dec. 5.268/2004.)

ART. 6º-A. Ficam reduzidas a zero as alíquotas da Contribuição para o PIS/Pasep e da Cofins incidentes sobre a receita bruta de venda no mercado interno de materiais e equipamentos, inclusive partes, peças e componentes, destinados ao emprego na construção, conservação, modernização, conversão ou reparo de embarcações registradas ou pré-registradas no Registro Especial Brasileiro. (Incluído pelo Dec. 6.887/2009.)

ART. 6º-B. Ficam reduzidas a zero as alíquotas da Contribuição para o PIS/Pasep e da Cofins incidentes sobre a receita bruta de venda no mercado interno de cadeiras de rodas e outros veículos para inválidos, mesmo com motor ou outro mecanismo de propulsão, classificados na posição 87.13 da Nomenclatura Comum do Mercosul - NCM. (Incluído pelo Dec. 6.887/2009.)

ART. 7º Este Decreto entra em vigor na data de sua publicação, produzindo efeitos a partir do dia:

I - 1º de maio de 2004, para os arts. 1º a 3º, e para os incisos I a V do art. 4º;

II - 26 de julho de 2004, para os incisos VI e VII do art. 4º, e para o art. 6º; e

III - 1º de maio de 2004 até o dia 25 de julho de 2004, para o art. 5º.

Brasília, 6 de agosto de 2004;
183º da Independência e 116º da República.
LUIZ INÁCIO LULA DA SILVA

DECRETO N. 5.289, DE 29 DE NOVEMBRO DE 2004

Disciplina a organização e o funcionamento da administração pública federal, para desenvolvimento do programa de cooperação federativa denominado Força Nacional de Segurança Pública, e dá outras providências.

▸ *DOU*, 30.11.2004.

O Presidente da República, no uso das atribuições que lhe confere o art. 84, incisos IV e VI, alínea "a", da Constituição, e tendo em vista o disposto nos arts. 1º, 3º, parágrafo único, e 4º, *caput* e § 1º, da Lei n. 10.201, de 14 de fevereiro de 2001, e

▸ A Lei 10.201/2001 foi revogada pela Lei 13.756/2018.

Considerando o disposto nos arts. 144 e 241 da Constituição e o princípio de solidariedade federativa que orienta o desenvolvimento das atividades do sistema único de segurança pública;

Decreta:

ART. 1º Este Decreto disciplina as regras gerais de organização e funcionamento da administração pública federal, para desenvolvimento do programa de cooperação federativa denominado Força Nacional de Segurança Pública, ao qual poderão voluntariamente aderir os Estados interessados, por meio de atos formais específicos.

ART. 2º A Força Nacional de Segurança Pública atuará em atividades destinadas à preservação da ordem pública e da incolumidade das pessoas e do patrimônio, nas hipóteses previstas neste Decreto e no ato formal de adesão dos Estados e do Distrito Federal. (Redação dada pelo Dec. 7.318/2010.)

ART. 2º-A. A atuação dos servidores civis nas atividades desenvolvidas no âmbito da Força Nacional de Segurança Pública, conforme previsto nos arts. 3º e 5º da Lei n. 11.473, de 10 de maio de 2007, compreende: (Incluído pelo Dec. 7.318/2010.)

I - auxílio às ações de polícia judiciária estadual na função de investigação de infração penal, para a elucidação das causas, circunstâncias, motivos, autoria e materialidade; (Incluído pelo Dec. 7.318/2010.)

II - auxílio às ações de inteligência relacionadas às atividades destinadas à preservação da ordem pública e da incolumidade das pessoas e do patrimônio; (Incluído pelo Dec. 7.318/2010.)

III - realização de atividades periciais e de identificação civil e criminal destinadas a colher e resguardar indícios ou provas da ocorrência de fatos ou de infração penal; (Incluído pelo Dec. 7.318/2010.)

IV - auxílio na ocorrência de catástrofes ou desastres coletivos, inclusive para reconhecimento de vitimados; (Redação dada pelo Dec. 7.957/2013.)

V - apoio a ações que visem à proteção de indivíduos, grupos e órgãos da sociedade que promovam e protejam os direitos humanos e as liberdades fundamentais; e (Incluído pelo Dec. 7.957/2013.)

VI - apoio às atividades de conservação e policiamento ambiental. (Incluído pelo Dec. 7.957/2013.)

§ 1º As atividades de cooperação federativa serão desenvolvidas sob a coordenação conjunta da União e do ente convenente. (Incluído pelo Dec. 7.318/2010.)

§ 2º A presidência do inquérito policial será exercida pela autoridade policial da circunscrição local, nos termos do art. 4º do Decreto-Lei n. 3.689, de 3 de outubro de 1941 - Código de Processo Penal. (Incluído pelo Dec. 7.318/2010.)

ART. 2º-B Fica instituída a Companhia de Operações Ambientais da Força Nacional de Segurança Pública, com os seguintes objetivos: (Incluído pelo Dec. 7.957/2013.)

I - apoiar as ações de fiscalização ambiental desenvolvidas por órgãos federais, estaduais, distritais e municipais na proteção do meio ambiente; (Incluído pelo Dec. 7.957/2013.)

II - atuar na prevenção a crimes e infrações ambientais; (Incluído pelo Dec. 7.957/2013.)

III - executar tarefas de defesa civil em defesa do meio ambiente; (Incluído pelo Dec. 7.957/2013.)

IV - auxiliar as ações da polícia judiciária na investigação de crimes ambientais; e (Incluído pelo Dec. 7.957/2013.)

V - prestar auxílio à realização de levantamentos e laudos técnicos sobre impactos ambientais negativos. (Incluído pelo Dec. 7.957/2013.)

ART. 3º Nas atividades da Força Nacional de Segurança Pública, serão atendidos, dentre outros, os seguintes princípios:

I - respeito aos direitos individuais e coletivos, inclusive à integridade moral das pessoas;

II - uso moderado e proporcional da força;

III - unidade de comando;

IV - eficácia;

V - pronto atendimento;

VI - emprego de técnicas proporcionais e adequadas de controle de distúrbios civis;

VII - qualificação especial para gestão de conflitos; e

VIII - solidariedade federativa.

ART. 4º A Força Nacional de Segurança Pública poderá ser empregada em qualquer parte do território nacional, mediante solicitação expressa do respectivo Governador de Estado, do Distrito Federal ou de Ministro de Estado. (Redação dada pelo Dec. 7.957/2013.)

§ 1º Compete ao Ministro de Estado da Justiça determinar o emprego da Força Nacional de Segurança Pública, que será episódico e planejado.

§ 2º O contingente mobilizável da Força Nacional de Segurança Pública será composto por servidores que tenham recebido, do Ministério da Justiça, treinamento especial para atuação conjunta, integrantes das polícias federais e dos órgãos de segurança pública dos Estados que tenham aderido ao programa de cooperação federativa.

§ 3º O ato do Ministro de Estado da Justiça que determinar o emprego da Força Nacional de Segurança Pública conterá:

I - delimitação da área de atuação e limitação do prazo nos quais as atividades da Força Nacional de Segurança Pública serão desempenhadas;

II - indicação das medidas de preservação da ordem pública a serem implementadas; e

III - as diretrizes que nortearão o desenvolvimento das operações de segurança pública.

§ 4º As atribuições dos integrantes dos órgãos de segurança pública envolvidos em atividades da Força Nacional de Segurança Pública são aquelas previstas no art. 144 da Constituição e na legislação em vigor.

§ 5º O Ministério da Justiça deverá assegurar contingente permanente mínimo de quinhentos homens da Força Nacional de Segurança Pública treinados para emprego imediato. (Incluído pelo Dec. 6.189/2007.)

ART. 5º Os servidores de órgãos de segurança pública mobilizados para atuar de forma integrada, no programa de cooperação federativa, ficarão sob coordenação do Ministério da Justiça enquanto durar sua mobilização, mas não deixam de integrar o quadro funcional de seus respectivos órgãos.

Parágrafo único. Os servidores civis e militares dos Estados e do Distrito Federal que participarem de atividades desenvolvidas em decorrência de convênio de cooperação de que trata este Decreto farão jus ao recebimento de diária, a ser paga na forma prevista pelo art. 6º da Lei n. 11.473, de 10 de maio de 2007. (Incluído pelo Dec. 6.189/2007.)

ART. 6º O Ministério da Justiça, consultados os Estados que aderirem ao programa de cooperação federativa, elaborará proposta para a provisão de assistência médica e seguro de vida e de acidentes dos servidores mobilizados, vitimados quando em atuação efetiva em operações da Força Nacional de Segurança Pública.

ART. 7º Caso algum servidor militar mobilizado venha a responder a inquérito policial ou a processo judicial por sua atuação efetiva em operações da Força Nacional de Segurança Pública, poderá ser ele representado judicialmente pela Advocacia-Geral da União, nos termos do art. 22, parágrafo único, da Lei n. 9.028, de 12 de abril de 1995.

ART. 8º Os servidores dos Estados mobilizados para atuar em operação da Força Nacional de Segurança Pública serão designados pelo Ministério da Justiça.

ART. 9º A União poderá fornecer recursos humanos e materiais complementares ou suplementares quando forem inexistentes, indisponíveis, inadequados ou insuficientes os recursos dos órgãos estaduais, para o desempenho das atividades da Força Nacional de Segurança Pública.

§ 1º As Forças Armadas, por autorização específica do Presidente da República, e outros órgãos federais desvinculados do Ministério da Justiça poderão oferecer instalações, recursos de inteligência, transporte, logística e treinamento de modo a contribuir com as atividades da Força Nacional de Segurança Pública.

§ 2º Em caso de emprego das Forças Armadas para a garantia da lei e da ordem, na forma da legislação específica, o Presidente da República poderá determinar ao Ministério da Justiça que coloque à disposição do Ministério da Defesa os recursos materiais da Força Nacional de Segurança Pública.

§ 3º Os Estados também poderão participar de operações conjuntas da Força Nacional de Segurança Pública, fornecendo recursos materiais e logísticos.

ART. 10. Caberá ao Ministério da Justiça:

I - coordenar o planejamento, o preparo e a mobilização da Força Nacional de Segurança Pública, compreendendo:

a) mobilização, coordenação e definição da estrutura de comando dos integrantes da Força Nacional de Segurança Pública;

b) administração e disposição dos recursos materiais e financeiros necessários ao emprego da Força Nacional de Segurança Pública;

c) realização de consultas a outros órgãos da administração pública federal sobre quaisquer aspectos pertinentes às atividades da Força Nacional de Segurança Pública;

d) solicitação de apoio da administração dos Estados e do Distrito Federal às atividades da Força Nacional de Segurança Pública, respeitando-se a organização federativa; e

e) inteligência e gestão das informações produzidas pelos órgãos de segurança pública;

II - providenciar a aquisição de bens e equipamentos necessários às atividades da Força Nacional de Segurança Pública e gerir programas de apoio material e reaparelhamento dirigidos aos órgãos de segurança pública dos Estados e do Distrito Federal, com recursos do Fundo Nacional de Segurança Pública, após o aprovo do seu Conselho Gestor, na forma do parágrafo único do art. 3º e § 1º do art. 4º da Lei n. 10.201, de 14 de fevereiro de 2001;

▸ A Lei 10.201/2001 foi revogada pela Lei 13.756/2018.

III - estabelecer os critérios de seleção e treinamento dos servidores integrantes da Força Nacional de Segurança Pública;

IV - selecionar e treinar os servidores policiais que os Governadores dos Estados participantes do programa de cooperação federativa colocarem à disposição da Força Nacional de Segurança Pública;

V - realizar o planejamento orçamentário e a gestão financeira relativos à execução das atividades da Força Nacional de Segurança Pública, de acordo com as autorizações do Conselho Gestor do Fundo Nacional de Segurança Pública, na forma do parágrafo único do art. 3º e § 1º do art. 4º da Lei n. 10.201, de 2001;

▸ A Lei 10.201/2001 foi revogada pela Lei 13.756/2018.

VI - estabelecer a interlocução com os Estados e o Distrito Federal, bem assim com órgãos de segurança pública e do Governo Federal, para a disponibilização de recursos humanos, materiais e financeiros necessários ao funcionamento da Força Nacional de Segurança Pública; e

VII - definir, de acordo com a legislação específica em vigor, os sinais exteriores de identificação e o uniforme dos servidores policiais mobilizados para atuar nas operações da Força Nacional de Segurança Pública.

ART. 11. A estrutura hierárquica existente nos órgãos de segurança pública da União, dos Estados e do Distrito Federal e o princípio da unidade de comando serão observados nas operações da Força Nacional de Segurança Pública.

ART. 12. As aquisições de equipamentos, armamentos, munições, veículos, aeronaves e embarcações para uso em treinamento e operações coordenadas da Força Nacional de Segurança Pública serão feitas mediante critérios técnicos de qualidade, quantidade, modernidade, eficiência e resistência, apropriados ao uso em ações de segurança destinadas à preservação da ordem pública, com respeito à integridade física das pessoas.

Parágrafo único. Caberá ao Ministério da Justiça estabelecer os parâmetros administrativos e especificações técnicas para o atendimento do contido neste artigo.

ART. 13. Fica o Ministério da Justiça autorizado a celebrar com os Estados interessados convênio de cooperação federativa, nos termos e para os fins específicos deste Decreto.

ART. 14. Este Decreto entra em vigor na data de sua publicação.

Brasília, 29 de novembro de 2004;
183º da Independência
e 116º da República.
LUIZ INÁCIO LULA DA SILVA

DECRETO N. 5.294, DE 1º DE DEZEMBRO DE 2004

Fixa a lotação dos Adidos, Adjuntos e Auxiliares de Adidos Militares junto às representações diplomáticas no exterior, e dá outras providências.

▸ *DOU*, 12.02.2004

O Presidente da República, no uso da atribuição que lhe confere o art. 84, inciso VI, alínea "a", da Constituição,

Decreta:

ART. 1º O Brasil manterá, junto à sua representação diplomática nos países abaixo enunciados, militares de suas Forças Armadas como Adidos, Adjuntos e Auxiliares de Adidos Militares, credenciados de acordo com a seguinte discriminação:

I - Portugal - um Capitão-de-Mar-e-Guerra como Adido de Defesa e Naval e um Coronel do Exército ou da Aeronáutica, em sistema de rodízio, como Adido do Exército e Aeronáutico;

II - República Federal da Alemanha - um Capitão-de-Mar-e-Guerra como Adido de Defesa e Naval e um Coronel do Exército como Adido do Exército e Aeronáutico;

III - Angola, Irã, Iraque, México, Moçambique, Nigéria e Coreia do Sul - um Coronel do Exército como Adido de Defesa, Naval, do Exército e Aeronáutico; (Alterado pelo Dec. 8.125/2013.)

IV - Argentina, Bolívia, Equador, República Popular da China, França, Itália e Indonésia - um Capitão-de-Mar-e-Guerra como Adido Naval, um Coronel do Exército como Adido do Exército e um Coronel da Aeronáutica como Adido de Defesa e Aeronáutico; (Alterado pelo Dec. 8.125/2013.)

V - África do Sul, Chile, Inglaterra e Uruguai - um Capitão-de-Mar-e-Guerra como Adido de Defesa e Naval, um Coronel do Exército como Adido do Exército e um Coronel da Aeronáutica como Adido Aeronáutico;

VI - Rússia, Índia, Turquia, Etiópia, Líbano e Senegal - um Capitão-de-Mar-e-Guerra, um Coronel do Exército ou um Coronel da Aeronáutica, em sistema de rodízio, como Adido de Defesa, Naval, do Exército e Aeronáutico; (Alterado pelo Dec. 8.125/2013.)

VII - Israel - um Coronel do Exército como Adido de Defesa, Naval e do Exército, e um Coronel da Aeronáutica como Adido Aeronáutico; (Alterado pelo Dec. 8.125/2013.)

VIII - Egito - um Coronel do Exército como Adido de Defesa, Naval e do Exército;

IX - Guiana e Suriname - um Coronel ou Tenente-Coronel do Exército como Adido de Defesa, Naval e do Exército;

X - Espanha - um Capitão-de-Mar-e-Guerra ou um Coronel da Aeronáutica, em sistema de rodízio, como Adido Naval e Aeronáutico, e um Coronel do Exército como Adido de Defesa e do Exército; (Alterado pelo Dec. 8.125/2013.)

XI - Estados Unidos da América - um Oficial-General da Marinha, como Adido Naval, um Oficial-General do Exército como Adido do Exército e um Oficial-General da Aeronáutica como Adido de Defesa e Aeronáutico, do posto de Contra-Almirante ou equivalente; (Alterado pelo Dec. 8.125/2013.)

XII - Guatemala e Polônia - um Coronel do Exército como Adido de Defesa e do Exército; (Alterado pelo Dec. 8.125/2013.)

XIII - Japão, Namíbia e Cabo Verde - um Capitão-de-Mar-e-Guerra como Adido de Defesa, Naval, do Exército e Aeronáutico; e (Alterado pelo Dec. 8.125/2013.)

XIV - Colômbia, Paraguai, Peru e Venezuela - um Capitão-de-Mar-e-Guerra como Adido Naval, um Coronel do Exército como Adido de Defesa e do Exército e um Coronel da Aeronáutica como Adido Aeronáutico. (Alterado pelo Dec. 8.125/2013.)

XV - (Revogado pelo Dec. 8.125/2013.)

XVI - Reino da Suécia - um Coronel da Aeronáutica como Adido de Defesa, Naval, do

Exército e Aeronáutico. (Acrescentado pelo Dec. 8.460/2015.)

§ 1º O Adido de Defesa e Naval e o Adido do Exército e Aeronáutico na Alemanha ficam também acreditados junto ao Governo da Holanda. (Alterado pelo Dec. 8.125/2013.)

§ 2º O Adido de Defesa, Naval, do Exército e Aeronáutico em Angola fica acreditado junto ao Governo de São Tomé e Príncipe. (Alterado pelo Dec. 8.125/2013.)

§ 3º O Adido de Defesa e Aeronáutico na Argentina disporá de um Adjunto do posto de Tenente-Coronel Aviador.

§ 4º O Adido de Defesa, Naval, do Exército e Aeronáutico na Federação da Rússia disporá de um Adjunto, de uma das três Forças Singulares, que não a do Adido, em sistema de rodízio, do posto de Capitão-de-Fragata ou equivalente.

§ 5º O Adido de Defesa e Aeronáutico na Indonésia fica também acreditado junto aos Governos da Tailândia e do Vietnã. (Alterado pelo Dec. 8.125/2013.)

§ 6º O Adido Naval, o Adido do Exército e o Adido de Defesa e Aeronáutico nos Estados Unidos da América ficam acreditados junto ao Governo do Canadá e disporão, cada um, de dois Adjuntos, oficiais superiores, do posto de Capitão-de-Mar-e-Guerra ou equivalente, sendo que um deles acumulará o cargo de Chefe da Comissão, que sua respectiva Força Armada mantém em Washington. (Alterado pelo Dec. 8.125/2013.)

§ 7º O Adido Naval, o Adido do Exército e o Adido de Defesa e Aeronáutico na França ficam também acreditados junto ao Governo da Bélgica. (Alterado pelo Dec. 8.125/2013.)

§ 8º O Adido de Defesa e Naval, o Adido do Exército e o Adido Aeronáutico na Inglaterra ficam também acreditados junto ao Governo da Noruega. (Acrescentado pelo Dec. 8.460/2015.)

§ 9º O Adido de Defesa, Naval, do Exército e Aeronáutico no Japão fica também acreditado junto ao Governo do Timor-Leste. (Alterado pelo Dec. 8.125/2013.)

§ 10. O Adido de Defesa, Naval, do Exército e Aeronáutico no Senegal fica também acreditado junto aos Governos de Benin e de Togo. (Alterado pelo Dec. 8.125/2013.)

§ 11. O Adido Aeronáutico em Israel acumulará o cargo de Chefe do Escritório Brasileiro de Ligação da Força Aérea naquele país. (Alterado pelo Dec. 8.125/2013.)

§ 12. O Adido de Defesa e do Exército na Espanha fica também acreditado junto ao Governo do Marrocos. (Alterado pelo Dec. 8.125/2013.)

§ 13. O Adido de Defesa e Aeronáutico na Itália fica também acreditado junto ao Governo da Eslovênia. (Alterado pelo Dec. 8.125/2013.)

§ 14. O Adido de Defesa e do Exército na Polônia fica também acreditado junto ao Governo da República Tcheca. (Alterado pelo Dec. 8.125/2013.)

§ 15. O Adido de Defesa, Naval, do Exército e Aeronáutico na Turquia fica também acreditado junto ao Governo da Ucrânia. (Alterado pelo Dec. 8.125/2013.)

§ 16. O Adido de Defesa, Naval, do Exército e Aeronáutico na Nigéria fica também acreditado junto ao Governo de Gana. (Alterado pelo Dec. 8.125/2013.)

§ 17. Os Adidos Militares disporão de um Auxiliar, da graduação de Suboficial ou equivalente, ou Sargento, pertencente à mesma Força do Adido Militar, exceto o Adido de Defesa, Naval, do Exército e Aeronáutico no Irã, que disporá de um Adjunto, do posto de 1º ou de 2º Tenente do Quadro Auxiliar de Oficiais do Exército. (Acrescentado pelo Dec. 8.125/2013.)

ART. 2º Quando o Governo brasileiro deixar de nomear o Adido Militar junto a qualquer representação diplomática, conforme o previsto neste Decreto, a atividade da Aditância será suspensa temporariamente.

ART. 3º Este Decreto entra em vigor na data de sua publicação.

ART. 4º Revoga-se o Decreto n. 3.397, de 30 de março de 2000.

Brasília, 1º de dezembro de 2004; 183º da Independência e 116º da República.

LUIZ INÁCIO LULA DA SILVA

DECRETO N. 5.296, DE 2 DE DEZEMBRO DE 2004

Regulamenta as Leis n. 10.048, de 8 de novembro de 2000, que dá prioridade de atendimento às pessoas que especifica, e 10.098, de 19 de dezembro de 2000, que estabelece normas gerais e critérios básicos para a promoção da acessibilidade das pessoas portadoras de deficiência ou com mobilidade reduzida, e dá outras providências.

› *DOU*, 03.12.2004.

O Presidente da República, no uso da atribuição que lhe confere o art. 84, inciso IV, da Constituição, e tendo em vista o disposto nas Leis n. 10.048, de 8 de novembro de 2000, e 10.098, de 19 de dezembro de 2000,

Decreta:

CAPÍTULO I
DISPOSIÇÕES PRELIMINARES

ART. 1º Este Decreto regulamenta as Leis n. 10.048, de 8 de novembro de 2000, e 10.098, de 19 de dezembro de 2000.

ART. 2º Ficam sujeitos ao cumprimento das disposições deste Decreto, sempre que houver interação com a matéria nele regulamentada:

I - a aprovação de projeto de natureza arquitetônica e urbanística, de comunicação e informação, de transporte coletivo, bem como a execução de qualquer tipo de obra, quando tenham destinação pública ou coletiva;

II - a outorga de concessão, permissão, autorização ou habilitação de qualquer natureza;

III - a aprovação de financiamento de projetos com a utilização de recursos públicos, dentre eles os projetos de natureza arquitetônica e urbanística, os tocantes à comunicação e informação e os referentes ao transporte coletivo, por meio de qualquer instrumento, tais como convênio, acordo, ajuste, contrato ou similar; e

IV - a concessão de aval da União na obtenção de empréstimos e financiamentos internacionais por entes públicos ou privados.

ART. 3º Serão aplicadas sanções administrativas, cíveis e penais cabíveis, previstas em lei, quando não forem observadas as normas deste Decreto.

ART. 4º O Conselho Nacional dos Direitos da Pessoa Portadora de Deficiência, os Conselhos Estaduais, Municipais e do Distrito Federal, e as organizações representativas de pessoas portadoras de deficiência terão legitimidade para acompanhar e sugerir medidas para o cumprimento dos requisitos estabelecidos neste Decreto.

CAPÍTULO II
DO ATENDIMENTO PRIORITÁRIO

ART. 5º Os órgãos da administração pública direta, indireta e fundacional, as empresas prestadoras de serviços públicos e as instituições financeiras deverão dispensar atendimento prioritário às pessoas portadoras de deficiência ou com mobilidade reduzida.

§ 1º Considera-se, para os efeitos deste Decreto:

I - pessoa portadora de deficiência, além daquelas previstas na Lei n. 10.690, de 16 de junho de 2003, a que possui limitação ou incapacidade para o desempenho de atividade e se enquadra nas seguintes categorias:

a) deficiência física: alteração completa ou parcial de um ou mais segmentos do corpo humano, acarretando o comprometimento da função física, apresentando-se sob a forma de paraplegia, paraparesia, monoplegia, monoparesia, tetraplegia, tetraparesia, triplegia, triparesia, hemiplegia, hemiparesia, ostomia, amputação ou ausência de membro, paralisia cerebral, nanismo, membros com deformidade congênita ou adquirida, exceto as deformidades estéticas e as que não produzam dificuldades para o desempenho de funções;

b) deficiência auditiva: perda bilateral, parcial ou total, de quarenta e um decibéis (dB) ou mais, aferida por audiograma nas frequências de 500Hz, 1.000Hz, 2.000Hz e 3.000Hz;

c) deficiência visual: cegueira, na qual a acuidade visual é igual ou menor que 0,05 no melhor olho, com a melhor correção óptica; a baixa visão, que significa acuidade visual entre 0,3 e 0,05 no melhor olho, com a melhor correção óptica; os casos nos quais a somatória da medida do campo visual em ambos os olhos for igual ou menor que 60º; ou a ocorrência simultânea de quaisquer das condições anteriores;

d) deficiência mental: funcionamento intelectual significativamente inferior à média, com manifestação antes dos dezoito anos e limitações associadas a duas ou mais áreas de habilidades adaptativas, tais como:

1. comunicação;
2. cuidado pessoal;
3. habilidades sociais;
4. utilização dos recursos da comunidade;
5. saúde e segurança;
6. habilidades acadêmicas;
7. lazer; e
8. trabalho;

e) deficiência múltipla - associação de duas ou mais deficiências; e

II - pessoa com mobilidade reduzida, aquela que, não se enquadrando no conceito de pessoa portadora de deficiência, tenha, por qualquer motivo, dificuldade de movimentar-se, permanente ou temporariamente, gerando redução efetiva da mobilidade, flexibilidade, coordenação motora e percepção.

§ 2º O disposto no *caput* aplica-se, ainda, às pessoas com idade igual ou superior a sessenta anos, gestantes, lactantes e pessoas com criança de colo.

§ 3º O acesso prioritário às edificações e serviços das instituições financeiras deve seguir os preceitos estabelecidos neste Decreto e nas normas técnicas de acessibilidade da Associação Brasileira de Normas Técnicas - ABNT, no que não conflitarem com a Lei n. 7.102, de 20 de junho de 1983, observando, ainda, a Resolução do Conselho Monetário Nacional n. 2.878, de 26 de julho de 2001.

ART. 6º O atendimento prioritário compreende tratamento diferenciado e atendimento imediato às pessoas de que trata o art. 5º.

§ 1º O tratamento diferenciado inclui, dentre outros:

I - assentos de uso preferencial sinalizados, espaços e instalações acessíveis;

II - mobiliário de recepção e atendimento obrigatoriamente adaptado à altura e à condição física de pessoas em cadeira de rodas, conforme estabelecido nas normas técnicas de acessibilidade da ABNT;

III - serviços de atendimento para pessoas com deficiência auditiva, prestado por intérpretes ou pessoas capacitadas em Língua Brasileira de Sinais - LIBRAS e no trato com aquelas que não se comuniquem em LIBRAS, e para pessoas surdocegas, prestado por guias-intérpretes ou pessoas capacitadas neste tipo de atendimento;

IV - pessoal capacitado para prestar atendimento às pessoas com deficiência visual, mental e múltipla, bem como às pessoas idosas;

V - disponibilidade de área especial para embarque e desembarque de pessoa portadora de deficiência ou com mobilidade reduzida;

VI - sinalização ambiental para orientação das pessoas referidas no art. 5º;

VII - divulgação, em lugar visível, do direito de atendimento prioritário das pessoas portadoras de deficiência ou com mobilidade reduzida;

VIII - admissão de entrada e permanência de cão-guia ou cão-guia de acompanhamento junto de pessoa portadora de deficiência ou de treinador nos locais dispostos no *caput* do art. 5º, bem como nas demais edificações de uso público e naquelas de uso coletivo, mediante apresentação da carteira de vacina atualizada do animal; e

IX - a existência de local de atendimento específico para as pessoas referidas no art. 5º.

§ 2º Entende-se por imediato o atendimento prestado às pessoas referidas no art. 5º, antes de qualquer outra, depois de concluído o atendimento que estiver em andamento, observado o disposto no inciso I do parágrafo único do art. 3º da Lei n. 10.741, de 1º de outubro de 2003 (Estatuto do Idoso).

§ 3º Nos serviços de emergência dos estabelecimentos públicos e privados de atendimento à saúde, a prioridade conferida por este Decreto fica condicionada à avaliação médica em face da gravidade dos casos a atender.

§ 4º Os órgãos, empresas e instituições referidos no *caput* do art. 5º devem possuir, pelo menos, um telefone de atendimento adaptado para comunicação com e por pessoas portadoras de deficiência auditiva.

ART. 7º O atendimento prioritário no âmbito da administração pública federal direta e indireta, bem como das empresas prestadoras de serviços públicos, obedecerá às disposições deste Decreto, além do que estabelece o Decreto n. 3.507, de 13 de junho de 2000.

Parágrafo único. Cabe aos Estados, Municípios e ao Distrito Federal, no âmbito de suas competências, criar instrumentos para a efetiva implantação e o controle do atendimento prioritário referido neste Decreto.

CAPÍTULO III
DAS CONDIÇÕES GERAIS DA ACESSIBILIDADE

ART. 8º Para os fins de acessibilidade, considera-se:

I - acessibilidade: condição para utilização, com segurança e autonomia, total ou assistida, dos espaços, mobiliários e equipamentos urbanos, das edificações, dos serviços de transporte e dos dispositivos, sistemas e meios de comunicação e informação, por pessoa portadora de deficiência ou com mobilidade reduzida;

II - barreiras: qualquer entrave ou obstáculo que limite ou impeça o acesso, a liberdade de movimento, a circulação com segurança e a possibilidade de as pessoas se comunicarem ou terem acesso à informação, classificadas em:

a) barreiras urbanísticas: as existentes nas vias públicas e nos espaços de uso público;

b) barreiras nas edificações: as existentes no entorno e interior das edificações de uso público e coletivo e no entorno e nas áreas internas de uso comum nas edificações de uso privado multifamiliar;

c) barreiras nos transportes: as existentes nos serviços de transportes; e

d) barreiras nas comunicações e informações: qualquer entrave ou obstáculo que dificulte ou impossibilite a expressão ou o recebimento de mensagens por intermédio dos dispositivos, meios ou sistemas de comunicação, sejam ou não de massa, bem como aqueles que dificultem ou impossibilitem o acesso à informação;

III - elemento da urbanização: qualquer componente das obras de urbanização, tais como os referentes à pavimentação, saneamento, distribuição de energia elétrica, iluminação pública, abastecimento e distribuição de água, paisagismo e os que materializam as indicações do planejamento urbanístico;

IV - mobiliário urbano: o conjunto de objetos existentes nas vias e espaços públicos, superpostos ou adicionados aos elementos da urbanização ou da edificação, de forma que sua modificação ou traslado não provoque alterações substanciais nestes elementos, tais como semáforos, postes de sinalização e similares, telefones e cabines telefônicas, fontes públicas, lixeiras, toldos, marquises, quiosques e quaisquer outros de natureza análoga;

V - ajuda técnica: os produtos, instrumentos, equipamentos ou tecnologia adaptados ou especialmente projetados para melhorar a funcionalidade da pessoa portadora de deficiência ou com mobilidade reduzida, favorecendo a autonomia pessoal, total ou assistida;

VI - edificações de uso público: aquelas administradas por entidades da administração pública, direta e indireta, ou por empresas prestadoras de serviços públicos e destinadas ao público em geral;

VII - edificações de uso coletivo: aquelas destinadas às atividades de natureza comercial, hoteleira, cultural, esportiva, financeira, turística, recreativa, social, religiosa, educacional, industrial e de saúde, inclusive as edificações de prestação de serviços de atividades da mesma natureza;

VIII - edificações de uso privado: aquelas destinadas à habitação, que podem ser classificadas como unifamiliar ou multifamiliar; e

IX - desenho universal: concepção de espaços, artefatos e produtos que visam atender simultaneamente todas as pessoas, com diferentes características antropométricas e sensoriais, de forma autônoma, segura e confortável, constituindo-se nos elementos ou soluções que compõem a acessibilidade.

ART. 9º A formulação, implementação e manutenção das ações de acessibilidade atenderão às seguintes premissas básicas:

I - a priorização das necessidades, a programação em cronograma e a reserva de recursos para a implantação das ações; e

II - o planejamento, de forma continuada e articulada, entre os setores envolvidos.

CAPÍTULO IV
DA IMPLEMENTAÇÃO DA ACESSIBILIDADE ARQUITETÔNICA E URBANÍSTICA

SEÇÃO I
DAS CONDIÇÕES GERAIS

ART. 10. A concepção e a implantação dos projetos arquitetônicos e urbanísticos devem atender aos princípios do desenho universal, tendo como referências básicas as normas técnicas de acessibilidade da ABNT, a legislação específica e as regras contidas neste Decreto.

§ 1º Caberá ao Poder Público promover a inclusão de conteúdos temáticos referentes ao desenho universal nas diretrizes curriculares da educação profissional e tecnológica e do ensino superior dos cursos de Engenharia, Arquitetura e correlatos.

§ 2º Os programas e as linhas de pesquisa a serem desenvolvidos com o apoio de organismos públicos de auxílio à pesquisa e de agências de fomento deverão incluir temas voltados para o desenho universal.

ART. 11. A construção, reforma ou ampliação de edificações de uso público ou coletivo, ou a mudança de destinação para estes tipos de edificação, deverão ser executadas de modo que sejam ou se tornem acessíveis à pessoa portadora de deficiência ou com mobilidade reduzida.

§ 1º As entidades de fiscalização profissional das atividades de Engenharia, Arquitetura e correlatas, ao anotarem a responsabilidade técnica dos projetos, exigirão a responsabilidade profissional declarada do atendimento às regras de acessibilidade previstas nas normas técnicas de acessibilidade da ABNT, na legislação específica e neste Decreto.

§ 2º Para a aprovação ou licenciamento ou emissão de certificado de conclusão de projeto arquitetônico ou urbanístico deverá ser atestado o atendimento às regras de acessibilidade previstas nas normas técnicas de acessibilidade da ABNT, na legislação específica e neste Decreto.

§ 3º O Poder Público, após certificar a acessibilidade de edificação ou serviço, determinará a colocação, em espaços ou locais de ampla visibilidade, do "Símbolo Internacional de Acesso", na forma prevista nas normas técnicas de acessibilidade da ABNT e na Lei n. 7.405, de 12 de novembro de 1985.

ART. 12. Em qualquer intervenção nas vias e logradouros públicos, o Poder Público e as empresas concessionárias responsáveis pela execução das obras e dos serviços garantirão o livre trânsito e a circulação de forma segura das pessoas em geral, especialmente das pessoas portadoras de deficiência ou com mobilidade reduzida, durante e após a sua execução, de acordo com o previsto em normas técnicas de acessibilidade da ABNT, na legislação específica e neste Decreto.

ART. 13. Orientam-se, no que couber, pelas regras previstas nas normas técnicas brasileiras de acessibilidade, na legislação específica, observado o disposto na Lei n. 10.257, de 10 de julho de 2001, e neste Decreto:

I - os Planos Diretores Municipais e Planos Diretores de Transporte e Trânsito elaborados ou atualizados a partir da publicação deste Decreto;

II - o Código de Obras, Código de Postura, a Lei de Uso e Ocupação do Solo e a Lei do Sistema Viário;

III - os estudos prévios de impacto de vizinhança;

IV - as atividades de fiscalização e a imposição de sanções, incluindo a vigilância sanitária e ambiental; e

V - a previsão orçamentária e os mecanismos tributários e financeiros utilizados em caráter compensatório ou de incentivo.

§ 1º Para concessão de alvará de funcionamento ou sua renovação para qualquer atividade, devem ser observadas e certificadas as regras de acessibilidade previstas neste Decreto e nas normas técnicas de acessibilidade da ABNT.

§ 2º Para emissão de carta de "habite-se" ou habilitação equivalente e para sua renovação, quando esta tiver sido emitida anteriormente às exigências de acessibilidade contidas na legislação específica, devem ser observadas e certificadas as regras de acessibilidade previstas neste Decreto e nas normas técnicas de acessibilidade da ABNT.

SEÇÃO II
DAS CONDIÇÕES ESPECÍFICAS

ART. 14. Na promoção da acessibilidade, serão observadas as regras gerais previstas neste Decreto, complementadas pelas normas técnicas de acessibilidade da ABNT e pelas disposições contidas na legislação dos Estados, Municípios e do Distrito Federal.

ART. 15. No planejamento e na urbanização das vias, praças, dos logradouros, parques e demais espaços de uso público, deverão ser cumpridas as exigências dispostas nas normas técnicas de acessibilidade da ABNT.

§ 1º Incluem-se na condição estabelecida no *caput*:

I - a construção de calçadas para circulação de pedestres ou a adaptação de situações consolidadas;

II - o rebaixamento de calçadas com rampa acessível ou elevação da via para travessia de pedestre em nível; e

III - a instalação de piso tátil direcional e de alerta.

§ 2º Nos casos de adaptação de bens culturais imóveis e de intervenção para regularização urbanística em áreas de assentamentos subnormais, será admitida, em caráter excepcional, faixa de largura menor que o estabelecido nas normas técnicas citadas no *caput*, desde que haja justificativa baseada em estudo técnico e que o acesso seja viabilizado de outra forma, garantida a melhor técnica possível.

ART. 16. As características do desenho e a instalação do mobiliário urbano devem garantir a aproximação segura e o uso por pessoa portadora de deficiência visual, mental ou auditiva, a aproximação e o alcance visual e manual para as pessoas portadoras de deficiência física, em especial aquelas em cadeira de rodas, e a circulação livre de barreiras, atendendo às condições estabelecidas nas normas técnicas de acessibilidade da ABNT.

§ 1º Incluem-se nas condições estabelecida no *caput*:

I - as marquises, os toldos, elementos de sinalização, luminosos e outros elementos que tenham sua projeção sobre a faixa de circulação de pedestres;

II - as cabines telefônicas e os terminais de auto-atendimento de produtos e serviços;

III - os telefones públicos sem cabine;

IV - a instalação das aberturas, das botoeiras, dos comandos e outros sistemas de acionamento do mobiliário urbano;

V - os demais elementos do mobiliário urbano;

VI - o uso do solo urbano para posteamento; e

VII - as espécies vegetais que tenham sua projeção sobre a faixa de circulação de pedestres.

§ 2º A concessionária do Serviço Telefônico Fixo Comutado - STFC, na modalidade Local, deverá assegurar que, no mínimo, dois por cento do total de Telefones de Uso Público - TUPs, sem cabine, com capacidade para originar e receber chamadas locais e de longa distância nacional, bem como, pelo menos, dois por cento do total de TUPs, com capacidade para originar e receber chamadas de longa distância, nacional e internacional, estejam adaptados para o uso de pessoas portadoras de deficiência auditiva e para usuários de cadeiras de rodas, ou conforme estabelecer os Planos Gerais de Metas de Universalização.

§ 3º As botoeiras e demais sistemas de acionamento dos terminais de auto-atendimento de produtos e serviços e outros equipamentos em que haja interação com o público devem estar localizados em altura que possibilite o manuseio por pessoas em cadeira de rodas e possuir mecanismos para utilização autônoma por pessoas portadoras de deficiência visual e auditiva, conforme padrões estabelecidos nas normas técnicas de acessibilidade da ABNT.

ART. 17. Os semáforos para pedestres instalados nas vias públicas deverão estar equipados com mecanismo que sirva de guia ou orientação para a travessia de pessoa portadora de deficiência visual ou com mobilidade reduzida em todos os locais onde a intensidade do fluxo de veículos, de pessoas ou a periculosidade na via assim determinarem, bem como mediante solicitação dos interessados.

ART. 18. A construção de edificações de uso privado multifamiliar e a construção, ampliação ou reforma de edificações de uso coletivo devem atender aos preceitos da acessibilidade na interligação de todas as partes de uso comum ou abertas ao público, conforme os padrões das normas técnicas de acessibilidade da ABNT.

Parágrafo único. Também estão sujeitos ao disposto no *caput* os acessos, piscinas, andares de recreação, salão de festas e reuniões, saunas e banheiros, quadras esportivas, portarias, estacionamentos e garagens, entre outras partes das áreas internas ou externas de uso comum das edificações de uso privado multifamiliar e das de uso coletivo.

ART. 19. A construção, ampliação ou reforma de edificações de uso público deve garantir, pelo menos, um dos acessos ao seu interior, com comunicação com todas as suas dependências e serviços, livre de barreiras e de obstáculos que impeçam ou dificultem a sua acessibilidade.

§ 1º No caso das edificações de uso público já existentes, terão elas prazo de trinta meses a contar da data de publicação deste Decreto para garantir acessibilidade às pessoas portadoras de deficiência ou com mobilidade reduzida.

§ 2º Sempre que houver viabilidade arquitetônica, o Poder Público buscará garantir dotação orçamentária para ampliar o número de acessos nas edificações de uso público a serem construídas, ampliadas ou reformadas.

ART. 20. Na ampliação ou reforma das edificações de uso púbico ou de uso coletivo, os desníveis das áreas de circulação internas ou externas serão transpostos por meio de rampa ou equipamento eletromecânico de deslocamento vertical, quando não for possível outro acesso mais cômodo para pessoa portadora de deficiência ou com mobilidade reduzida, conforme estabelecido nas normas técnicas de acessibilidade da ABNT.

ART. 21. Os balcões de atendimento e as bilheterias em edificação de uso público ou de uso coletivo devem dispor de, pelo menos, uma parte da superfície acessível para atendimento às pessoas portadoras de deficiência ou com mobilidade reduzida, conforme os padrões das normas técnicas de acessibilidade da ABNT.

Parágrafo único. No caso do exercício do direito de voto, as urnas das seções eleitorais devem ser adequadas ao uso com autonomia pelas pessoas portadoras de deficiência ou com mobilidade reduzida e estarem instaladas em local de votação plenamente acessível e com estacionamento próximo.

ART. 22. A construção, ampliação ou reforma de edificações de uso público ou de uso coletivo devem dispor de sanitários acessíveis destinados ao uso por pessoa portadora de deficiência ou com mobilidade reduzida.

§ 1º Nas edificações de uso público a serem construídas, os sanitários destinados ao uso por pessoa portadora de deficiência ou com mobilidade reduzida serão distribuídos na razão de, no mínimo, uma cabine para cada sexo em cada pavimento da edificação, com entrada independente dos sanitários coletivos, obedecendo às normas técnicas de acessibilidade da ABNT.

§ 2º Nas edificações de uso público já existentes, terão elas prazo de trinta meses a contar da data de publicação deste Decreto para garantir pelo menos um banheiro acessível por pavimento, com entrada independente, distribuindo-se seus equipamentos e acessórios de modo que possam ser utilizados por pessoa portadora de deficiência ou com mobilidade reduzida.

§ 3º Nas edificações de uso coletivo a serem construídas, ampliadas ou reformadas, onde devem existir banheiros de uso público, os sanitários destinados ao uso por pessoa portadora de deficiência deverão ter entrada independente dos demais e obedecer às normas técnicas de acessibilidade da ABNT.

§ 4º Nas edificações de uso coletivo já existentes, onde haja banheiros destinados ao uso público, os sanitários preparados para o uso por pessoa portadora de deficiência ou com mobilidade reduzida deverão estar localizados nos pavimentos acessíveis, ter entrada independente dos demais sanitários, se houver, e obedecer as normas técnicas de acessibilidade da ABNT.

ART. 23. Nos teatros, cinemas, auditórios, estádios, ginásios de esporte, locais de espetáculos e de conferências e similares, serão reservados espaços livres para pessoas em cadeira de rodas e assentos para pessoas com deficiência ou com mobilidade reduzida, de acordo com a capacidade de lotação da edificação, conforme o disposto no art. 44 § 1º, da Lei 13.446, de 2015. (Alterado pelo Dec. 9.404/2018.)

§ 1º Os espaços e os assentos a que se refere o *caput*, a serem instalados e sinalizados conforme os requisitos estabelecidos nas normas técnicas de acessibilidade da Associação Brasileira de Normas Técnicas - ABNT, devem: (Alterado pelo Dec. 9.404/2018.)

I - ser disponibilizados, no caso de edificações com capacidade de lotação de até mil lugares, na proporção de: (Acrescentado pelo Dec. 9.404/2018.)

a) dois por cento de espaços para pessoas em cadeira de rodas, com a garantia de, no mínimo, um espaço; e (Acrescentado pelo Dec. 9.404/2018.)

b) dois por cento de assentos para pessoas com deficiência ou com mobilidade reduzida, com a garantia de, no mínimo, um assento; ou (Acrescentado pelo Dec. 9.404/2018.)

II - ser disponibilizados, no caso de edificações com capacidade de lotação acima de mil lugares, na proporção de: (Acrescentado pelo Dec. 9.404/2018.)

a) vinte espaços para pessoas em cadeira de rodas mais um por cento do que exceder mil lugares; e (Acrescentado pelo Dec. 9.404/2018.)

b) vinte assentos para pessoas com deficiência ou com mobilidade reduzida mais um por cento do que exceder mil lugares. (Acrescentado pelo Dec. 9.404/2018.)

§ 2º Cinquenta por cento dos assentos reservados para pessoas com deficiência ou com mobilidade reduzida devem ter características dimensionais e estruturais para o uso por pessoa obesa, conforme norma técnica de acessibilidade da ABNT, com a garantia de, no mínimo, um assento. (Alterado pelo Dec. 9.404/2018.)

§ 3º Os espaços e os assentos a que se refere este artigo deverão situar-se em locais que garantam a acomodação de um acompanhante ao lado da pessoa com deficiência ou com mobilidade reduzida, resguardado o direito de se acomodar proximamente a grupo familiar e comunitário. (Alterado pelo Dec. 9.404/2018.)

§ 4º Nos locais referidos no *caput*, haverá, obrigatoriamente, rotas de fuga e saídas de emergência acessíveis, conforme padrões das normas técnicas de acessibilidade da ABNT, a fim de permitir a saída segura de pessoas com deficiência ou com mobilidade reduzida, em caso de emergência. (Alterado pelo Dec. 9.404/2018.)

§ 5º As áreas de acesso aos artistas, tais como coxias e camarins, também devem ser acessíveis a pessoas com deficiência ou com mobilidade reduzida. (Alterado pelo Dec. 9.404/2018.)

§ 6º Para obtenção do financiamento de que trata o inciso III do *caput* do art. 2º, as salas de espetáculo deverão dispor de meios eletrônicos que permitam a transmissão de subtitulação por meio de legenda oculta e de audiodescrição, além de disposições especiais para a presença física de intérprete de Libras e de guias-intérpretes, com a projeção em tela da imagem do intérprete sempre que a distância não permitir sua visualização direta. (Alterado pelo Dec. 9.404/2018.)

§ 7º O sistema de sonorização assistida a que se refere o § 6º será sinalizado por meio do pictograma aprovado pela Lei n. 8.160, de 8 de janeiro de 1991.

§ 8º As edificações de uso público e de uso coletivo referidas no *caput*, já existentes, têm, respectivamente, prazo de trinta e quarenta e oito meses, a contar da data de publicação deste Decreto, para garantir a acessibilidade de que trata o *caput* e os §§ 1º a 5º.

§ 9º Na hipótese de a aplicação do percentual previsto nos § 1º e § 2º resultar em número fracionado, será utilizado o primeiro número inteiro superior. (Acrescentado pelo Dec. 9.404/2018.)

§ 10. As adaptações necessárias à oferta de assentos com características dimensionais e estruturais para o uso por pessoa obesa de que trata o § 2º serão implementadas no prazo de doze meses, contado da data de publicação deste Decreto. (Acrescentado pelo Dec. 9.404/2018.)

§ 11. O direito à meia entrada para pessoas com deficiência não está restrito aos espaços e aos assentos reservados de que trata o *caput* e está sujeito ao limite estabelecido no § 10 do art. 1º da Lei n. 12.933, de 26 de dezembro de 2013. (Acrescentado pelo Dec. 9.404/2018.)

§ 12. Os espaços e os assentos a que se refere o *caput* deverão garantir às pessoas com deficiência auditiva boa visualização da interpretação em Libras e da legendagem descritiva, sempre que estas forem oferecidas. (Acrescentado pelo Dec. 9.404/2018.)

ART. 23-A. Na hipótese de não haver procura comprovada pelos espaços livres para pessoas em cadeira de rodas e assentos reservados para pessoas com deficiência ou com mobilidade reduzida, esses podem, excepcionalmente, ser ocupados por pessoas sem deficiência ou que não tenham mobilidade reduzida. (Acrescentado pelo Dec. 9.404/2018.)

§ 1º A reserva de assentos de que trata o *caput* será garantida a partir do início das vendas até vinte e quatro horas antes de cada evento, com disponibilidade em todos os pontos de venda de ingresso, sejam eles físicos ou virtuais. (Acrescentado pelo Dec. 9.404/2018.)

§ 2º No caso de eventos realizados em estabelecimentos com capacidade superior a dez mil pessoas, a reserva de assentos de que trata o *caput* será garantida a partir do início das vendas até setenta e duas horas antes de cada evento, com disponibilidade em todos os pontos de venda de ingresso, sejam eles físicos ou virtuais. (Acrescentado pelo Dec. 9.404/2018.)

§ 3º Os espaços e os assentos de que trata o *caput*, em cada setor, somente serão disponibilizados às pessoas sem deficiência ou sem mobilidade reduzida depois de esgotados os demais assentos daquele setor e somente quando os prazos estabelecidos nos § 1º e § 2º se encerrarem. (Acrescentado pelo Dec. 9.404/2018.)

§ 4º Nos cinemas, a reserva de assentos de que trata o *caput* será garantida a partir do início das vendas até meia hora antes de cada sessão, com disponibilidade em todos os pontos de venda de ingresso, sejam eles físicos ou virtuais. (Acrescentado pelo Dec. 9.404/2018.)

ART. 23-B. Os espaços livres para pessoas em cadeira de rodas e assentos reservados para pessoas com deficiência ou com mobilidade reduzida serão identificados no mapa de assentos localizados nos pontos de venda de ingresso e de divulgação do evento, sejam eles físicos ou virtuais. (Acrescentado pelo Dec. 9.404/2018.)

Parágrafo único. Os pontos físicos e os sítios eletrônicos de venda de ingressos e de divulgação do evento deverão: (Acrescentado pelo Dec. 9.404/2018.)

I - ser acessíveis a pessoas com deficiência e com mobilidade reduzida; e (Acrescentado pelo Dec. 9.404/2018.)

II - conter informações sobre os recursos de acessibilidade disponíveis nos eventos. (Acrescentado pelo Dec. 9.404/2018.)

ART. 24. Os estabelecimentos de ensino de qualquer nível, etapa ou modalidade, públicos ou privados, proporcionarão condições de acesso e utilização de todos os seus ambientes ou compartimentos para pessoas portadoras de deficiência ou com mobilidade reduzida, inclusive salas de aula, bibliotecas, auditórios, ginásios e instalações desportivas, laboratórios, áreas de lazer e sanitários.

§ 1º Para a concessão de autorização de funcionamento, de abertura ou renovação de curso pelo Poder Público, o estabelecimento de ensino deverá comprovar que:

I - está cumprindo as regras de acessibilidade arquitetônica, urbanística e na comunicação e informação previstas nas normas técnicas de acessibilidade da ABNT, na legislação específica ou neste Decreto;

II - coloca à disposição de professores, alunos, servidores e empregados portadores de deficiência ou com mobilidade reduzida ajudas técnicas que permitam o acesso às atividades escolares e administrativas em igualdade de condições com as demais pessoas; e

III - seu ordenamento interno contém normas sobre o tratamento a ser dispensado a professores, alunos, servidores e empregados portadores de deficiência, com o objetivo de coibir e reprimir qualquer tipo de discriminação, bem como as respectivas sanções pelo descumprimento dessas normas.

§ 2º As edificações de uso público e de uso coletivo referidas no *caput*, já existentes, têm, respectivamente, prazo de trinta e quarenta e oito meses, a contar da data de publicação deste Decreto, para garantir a acessibilidade de que trata este artigo.

ART. 25. Nos estacionamentos externos ou internos das edificações de uso público ou de uso coletivo, ou naqueles localizados nas vias públicas, serão reservados, pelo menos, dois por cento do total de vagas para veículos que transportem pessoa portadora de deficiência física ou visual definidas neste Decreto, sendo assegurada, no mínimo, uma vaga, em locais próximos à entrada principal ou ao elevador, de fácil acesso à circulação de pedestres, com especificações técnicas de desenho e traçado conforme o estabelecido nas normas técnicas de acessibilidade da ABNT.

§ 1º Os veículos estacionados nas vagas reservadas deverão portar identificação a ser colocada em local de ampla visibilidade, confeccionado e fornecido pelos órgãos de trânsito, que disciplinarão sobre suas características e condições de uso, observando o disposto na Lei n. 7.405, de 1985.

§ 2º Os casos de inobservância do disposto no § 1º estarão sujeitos às sanções estabelecidas pelos órgãos competentes.

§ 3º Aplica-se o disposto no *caput* aos estacionamentos localizados em áreas públicas e de uso coletivo.

§ 4º A utilização das vagas reservadas por veículos que não estejam transportando as pessoas citadas no *caput* constitui infração ao art. 181, inciso XVII, da Lei n. 9.503, de 23 de setembro de 1997.

ART. 26. Nas edificações de uso público ou de uso coletivo, é obrigatória a existência de sinalização visual e tátil para orientação de pessoas portadoras de deficiência auditiva e visual, em conformidade com as normas técnicas de acessibilidade da ABNT.

ART. 27. A instalação de novos elevadores ou sua adaptação em edificações de uso público ou de uso coletivo, bem assim a instalação em edificação de uso privado multifamiliar a ser construída, na qual haja obrigatoriedade da presença de elevadores, deve atender aos padrões das normas técnicas de acessibilidade da ABNT.

§ 1º No caso da instalação de elevadores novos ou da troca dos já existentes, qualquer que seja o número de elevadores da edificação de uso público ou de uso coletivo, pelo menos um deles terá cabine que permita acesso e movimentação cômoda de pessoa portadora de deficiência ou com mobilidade reduzida, de acordo com o que especifica as normas técnicas de acessibilidade da ABNT.

§ 2º Junto às botoeiras externas do elevador, deverá estar sinalizado em braile em qual andar da edificação a pessoa se encontra.

§ 3º Os edifícios a serem construídos com mais de um pavimento além do pavimento de acesso, à exceção das habitações unifamiliares e daquelas que estejam obrigadas à instalação de elevadores por legislação municipal, deverão dispor de especificações técnicas e de projeto que facilitem a instalação de equipamento eletromecânico de deslocamento vertical para uso das pessoas portadoras de deficiência ou com mobilidade reduzida.

§ 4º As especificações técnicas a que se refere o § 3º devem atender:

I - a indicação em planta aprovada pelo poder municipal do local reservado para a instalação do equipamento eletromecânico, devidamente assinada pelo autor do projeto;

II - a indicação da opção pelo tipo de equipamento (elevador, esteira, plataforma ou similar);

III - a indicação das dimensões internas e demais aspectos da cabine do equipamento a ser instalado; e

IV - demais especificações em nota na própria planta, tais como a existência e as medidas de botoeira, espelho, informação de voz, bem como a garantia de responsabilidade técnica de que a estrutura da edificação suporta a implantação do equipamento escolhido.

SEÇÃO III
DA ACESSIBILIDADE NA HABITAÇÃO DE INTERESSE SOCIAL

ART. 28. Na habitação de interesse social, deverão ser promovidas as seguintes ações para assegurar as condições de acessibilidade dos empreendimentos:

I - definição de projetos e adoção de tipologias construtivas livres de barreiras arquitetônicas e urbanísticas;

II - no caso de edificação multifamiliar, execução das unidades habitacionais acessíveis no piso térreo e acessíveis ou adaptáveis quando nos demais pisos;

III - execução das partes de uso comum, quando se tratar de edificação multifamiliar, conforme as normas técnicas de acessibilidade da ABNT; e

IV - elaboração de especificações técnicas de projeto que facilite a instalação de elevador adaptado para uso das pessoas portadoras de deficiência ou com mobilidade reduzida.

Parágrafo único. Os agentes executores dos programas e projetos destinados à habitação de interesse social, financiados com recursos próprios da União ou por ela geridos, devem observar os requisitos estabelecidos neste artigo.

ART. 29. Ao Ministério das Cidades, no âmbito da coordenação da política habitacional, compete:

I - adotar as providências necessárias para o cumprimento do disposto no art. 28; e

II - divulgar junto aos agentes interessados e orientar a clientela alvo da política habitacional sobre as iniciativas que promover em razão das legislações federal, estaduais, distrital e municipais relativas à acessibilidade.

SEÇÃO IV
DA ACESSIBILIDADE AOS BENS CULTURAIS IMÓVEIS

ART. 30. As soluções destinadas à eliminação, redução ou superação de barreiras na promoção da acessibilidade a todos os bens culturais imóveis devem estar de acordo com o que estabelece a Instrução Normativa n. 1 do Instituto do Patrimônio Histórico e Artístico Nacional - IPHAN, de 25 de novembro de 2003.

CAPÍTULO V
DA ACESSIBILIDADE AOS SERVIÇOS DE TRANSPORTES COLETIVOS

SEÇÃO I
DAS CONDIÇÕES GERAIS

ART. 31. Para os fins de acessibilidade aos serviços de transporte coletivo terrestre, aquaviário e aéreo, considera-se como integrantes desses serviços os veículos, terminais, estações, pontos de parada, vias principais, acessos e operação.

ART. 32. Os serviços de transporte coletivo terrestre são:

I - transporte rodoviário, classificado em urbano, metropolitano, intermunicipal e interestadual;

II - transporte metroferroviário, classificado em urbano e metropolitano; e

III - transporte ferroviário, classificado em intermunicipal e interestadual.

ART. 33. As instâncias públicas responsáveis pela concessão e permissão dos serviços de transporte coletivo são:

I - governo municipal, responsável pelo transporte coletivo municipal;

II - governo estadual, responsável pelo transporte coletivo metropolitano e intermunicipal;

III - governo do Distrito Federal, responsável pelo transporte coletivo do Distrito Federal; e

IV - governo federal, responsável pelo transporte coletivo interestadual e internacional.

ART. 34. Os sistemas de transporte coletivo são considerados acessíveis quando todos os seus elementos são concebidos, organizados, implantados e adaptados segundo o conceito de desenho universal, garantindo o uso pleno com segurança e autonomia por todas as pessoas.

Parágrafo único. A infraestrutura de transporte coletivo a ser implantada a partir da publicação deste Decreto deverá ser acessível e estar disponível para ser operada de forma a garantir o seu uso por pessoas portadoras de deficiência ou com mobilidade reduzida.

ART. 35. Os responsáveis pelos terminais, estações, pontos de parada e os veículos, no âmbito de suas competências, assegurarão espaços para atendimento, assentos preferenciais e meios de acesso devidamente sinalizados para o uso das pessoas portadoras de deficiência ou com mobilidade reduzida.

ART. 36. As empresas concessionárias e permissionárias e as instâncias públicas responsáveis pela gestão dos serviços de transportes coletivos, no âmbito de suas competências, deverão garantir a implantação das providências necessárias na operação, nos terminais, nas estações, nos pontos de parada e nas vias de acesso, de forma a assegurar as condições previstas no art. 34 deste Decreto.

Parágrafo único. As empresas concessionárias e permissionárias e as instâncias públicas responsáveis pela gestão dos serviços de transportes coletivos, no âmbito de suas competências, deverão autorizar a colocação do "Símbolo Internacional de Acesso" após certificar a acessibilidade do sistema de transporte.

ART. 37. Cabe às empresas concessionárias e permissionárias e as instâncias públicas responsáveis pela gestão dos serviços de transportes coletivos assegurar a qualificação dos profissionais que trabalham nesses serviços, para que prestem atendimento prioritário às pessoas portadoras de deficiência ou com mobilidade reduzida.

SEÇÃO II
DA ACESSIBILIDADE NO TRANSPORTE COLETIVO RODOVIÁRIO

ART. 38. No prazo de até vinte e quatro meses a contar da data de edição das normas técnicas referidas no § 1º, todos os modelos e marcas de veículos de transporte coletivo rodoviário para utilização no País serão fabricados acessíveis e estarão disponíveis para integrar a frota operante, de forma a garantir o seu uso por pessoas portadoras de deficiência ou com mobilidade reduzida.

§ 1º As normas técnicas para fabricação dos veículos e dos equipamentos de transporte coletivo rodoviário, de forma a torná-los acessíveis, serão elaboradas pelas instituições e entidades que compõem o Sistema Nacional de Metrologia, Normalização e Qualidade Industrial, e estarão disponíveis no prazo de até doze meses a contar da data da publicação deste Decreto.

§ 2º A substituição da frota operante atual por veículos acessíveis, a ser feita pelas empresas concessionárias e permissionárias de transporte coletivo rodoviário, dar-se-á de forma gradativa, conforme o prazo previsto nos contratos de concessão e permissão deste serviço.

§ 3º A frota de veículos de transporte coletivo rodoviário e a infra-estrutura dos serviços deste transporte deverão estar totalmente acessíveis no prazo máximo de cento e vinte meses a contar da data de publicação deste Decreto.

§ 4º Os serviços de transporte coletivo rodoviário urbano devem priorizar o embarque e desembarque dos usuários em nível em, pelo menos, um dos acessos do veículo.

ART. 39. No prazo de até vinte e quatro meses a contar da data de implementação dos programas de avaliação de conformidade descritos no § 3º, as empresas concessionárias e permissionárias dos serviços de transporte coletivo rodoviário deverão garantir a acessibilidade da frota de veículos em circulação, inclusive de seus equipamentos.

§ 1º As normas técnicas para adaptação dos veículos e dos equipamentos de transporte coletivo rodoviário em circulação, de forma a torná-los acessíveis, serão elaboradas pelas instituições e entidades que compõem o Sistema Nacional de Metrologia, Normalização e Qualidade Industrial, e estarão disponíveis no prazo de até doze meses a contar da data da publicação deste Decreto.

§ 2º Caberá ao Instituto Nacional de Metrologia, Normalização e Qualidade Industrial - INMETRO, quando da elaboração das normas técnicas para a adaptação dos veículos, especificar dentre esses veículos que estão em operação quais serão adaptados, em função das restrições previstas no art. 98 da Lei n. 9.503, de 1997.

§ 3º As adaptações dos veículos em operação nos serviços de transporte coletivo rodoviário, bem como os procedimentos e equipamentos a serem utilizados nestas adaptações, estarão sujeitas a programas de avaliação de conformidade desenvolvidos e implementados pelo Instituto Nacional de Metrologia, Normalização e Qualidade Industrial - INMETRO, a partir de orientações normativas elaboradas no âmbito da ABNT.

SEÇÃO III
DA ACESSIBILIDADE NO TRANSPORTE COLETIVO AQUAVIÁRIO

ART. 40. No prazo de até trinta e seis meses a contar da data de edição das normas técnicas referidas no § 1º, todos os modelos e marcas de veículos de transporte coletivo aquaviário serão fabricados acessíveis e estarão disponíveis para integrar a frota operante, de forma a garantir o seu uso por pessoas portadoras de deficiência ou com mobilidade reduzida.

§ 1º As normas técnicas para fabricação dos veículos e dos equipamentos de transporte coletivo aquaviário acessíveis, a serem elaboradas pelas instituições e entidades que compõem o Sistema Nacional de Metrologia, Normalização e Qualidade Industrial, estarão disponíveis no prazo de até vinte e quatro meses a contar da data da publicação deste Decreto.

§ 2º As adequações na infra-estrutura dos serviços desta modalidade de transporte deverão atender a critérios necessários para proporcionar as condições de acessibilidade do sistema de transporte aquaviário.

ART. 41. No prazo de até cinquenta e quatro meses a contar da data de implementação dos programas de avaliação de conformidade descritos no § 2º, as empresas concessionárias e permissionárias dos serviços de transporte coletivo aquaviário, deverão garantir a acessibilidade da frota de veículos em circulação, inclusive de seus equipamentos.

§ 1º As normas técnicas para adaptação dos veículos e dos equipamentos de transporte coletivo aquaviário em circulação, de forma a torná-los acessíveis, serão elaboradas pelas instituições e entidades que compõem o Sistema Nacional de Metrologia, Normalização e Qualidade Industrial, e estarão disponíveis no prazo de até trinta e seis meses a contar da data da publicação deste Decreto.

§ 2º As adaptações dos veículos em operação nos serviços de transporte coletivo aquaviário, bem como os procedimentos e equipamentos a serem utilizados nestas adaptações, estarão sujeitas a programas de avaliação de conformidade desenvolvidos e implementados pelo INMETRO, a partir de orientações normativas elaboradas no âmbito da ABNT.

SEÇÃO IV
DA ACESSIBILIDADE NO TRANSPORTE COLETIVO METROFERROVIÁRIO E FERROVIÁRIO

ART. 42. A frota de veículos de transporte coletivo metroferroviário e ferroviário, assim como a infra-estrutura dos serviços deste transporte deverão estar totalmente acessíveis no prazo máximo de cento e vinte meses a contar da data de publicação deste Decreto.

§ 1º A acessibilidade nos serviços de transporte coletivo metroferroviário e ferroviário obedecerá ao disposto nas normas técnicas de acessibilidade da ABNT.

§ 2º No prazo de até trinta e seis meses a contar da data da publicação deste Decreto, todos os modelos e marcas de veículos de transporte coletivo metroferroviário e ferroviário serão fabricados acessíveis e estarão disponíveis para integrar a frota operante, de forma a garantir o seu uso por pessoas portadoras de deficiência ou com mobilidade reduzida.

ART. 43. Os serviços de transporte coletivo metroferroviário e ferroviário existentes deverão estar totalmente acessíveis no prazo máximo de cento e vinte meses a contar da data de publicação deste Decreto.

§ 1º As empresas concessionárias e permissionárias dos serviços de transporte coletivo metroferroviário e ferroviário deverão apresentar plano de adaptação dos sistemas existentes, prevendo ações saneadoras de, no mínimo, oito por cento ao ano, sobre os elementos não acessíveis que compõem o sistema.

§ 2º O plano de que trata o § 1º deve ser apresentado em até seis meses a contar da data de publicação deste Decreto.

SEÇÃO V
DA ACESSIBILIDADE NO TRANSPORTE COLETIVO AÉREO

ART. 44. No prazo de até trinta e seis meses, a contar da data da publicação deste Decreto, os serviços de transporte coletivo aéreo e os equipamentos de acesso às aeronaves estarão acessíveis e disponíveis para serem operados de forma a garantir o seu uso por pessoas portadoras de deficiência ou com mobilidade reduzida.

Parágrafo único. A acessibilidade nos serviços de transporte coletivo aéreo obedecerá ao disposto na Norma de Serviço da Instrução da Aviação Civil NOSER/IAC - 2508-0796, de 1º de novembro de 1995, expedida pelo Departamento de Aviação Civil do Comando da Aeronáutica, e nas normas técnicas de acessibilidade da ABNT.

SEÇÃO VI
DAS DISPOSIÇÕES FINAIS

ART. 45. Caberá ao Poder Executivo, com base em estudos e pesquisas, verificar a viabilidade de redução ou isenção de tributo:

I - para importação de equipamentos que não sejam produzidos no País, necessários no processo de adequação do sistema de transporte coletivo, desde que não existam similares nacionais; e

II - para fabricação ou aquisição de veículos ou equipamentos destinados aos sistemas de transporte coletivo.

Parágrafo único. Na elaboração dos estudos e pesquisas a que se referem o *caput*, deve-se observar o disposto no art. 14 da Lei Complementar n. 101, de 4 de maio de 2000, sinalizando impacto orçamentário e financeiro da medida estudada.

ART. 46. A fiscalização e a aplicação de multas aos sistemas de transportes coletivos, segundo disposto no art. 6º, inciso II, da Lei n. 10.048, de 2000, cabe à União, aos Estados, Municípios e ao Distrito Federal, de acordo com suas competências.

CAPÍTULO VI
DO ACESSO À INFORMAÇÃO E À COMUNICAÇÃO

ART. 47. No prazo de até doze meses a contar da data de publicação deste Decreto, será obrigatória a acessibilidade nos portais e sítios eletrônicos da administração pública na rede mundial de computadores (internet), para o uso das pessoas portadoras de deficiência visual, garantindo-lhes o pleno acesso às informações disponíveis.

§ 1º Nos portais e sítios de grande porte, desde que seja demonstrada a inviabilidade técnica de se concluir os procedimentos para alcançar integralmente a acessibilidade, o prazo definido no *caput* será estendido por igual período.

§ 2º Os sítios eletrônicos acessíveis às pessoas portadoras de deficiência conterão símbolo que represente a acessibilidade na rede mundial de computadores (internet), a ser adotado nas respectivas páginas de entrada.

§ 3º Os telecentros comunitários instalados ou custeados pelos Governos Federal, Estadual, Municipal ou do Distrito Federal devem possuir instalações plenamente acessíveis e, pelo menos, um computador com sistema de som instalado, para uso preferencial por pessoas portadoras de deficiência visual.

ART. 48. Após doze meses da edição deste Decreto, a acessibilidade nos portais e sítios eletrônicos de interesse público na rede mundial de computadores (internet), deverá ser observada para obtenção do financiamento de que trata o inciso III do art. 2º.

ART. 49. As empresas prestadoras de serviços de telecomunicações deverão garantir o pleno acesso às pessoas portadoras de deficiência auditiva, por meio das seguintes ações:

I - no Serviço Telefônico Fixo Comutado - STFC, disponível para uso do público em geral:

a) instalar, mediante solicitação, em âmbito nacional e em locais públicos, telefones de uso público adaptados para uso por pessoas portadoras de deficiência;

b) garantir a disponibilidade de instalação de telefones para uso por pessoas portadoras de deficiência auditiva para acessos individuais;

c) garantir a existência de centrais de intermediação de comunicação telefônica a serem utilizadas por pessoas portadoras de deficiência auditiva, que funcionem em tempo integral e atendam a todo o território nacional, inclusive com integração com o mesmo serviço oferecido pelas prestadoras de Serviço Móvel Pessoal; e

d) garantir que os telefones de uso público contenham dispositivos sonoros para a identificação das unidades existentes e consumidas dos cartões telefônicos, bem como demais informações exibidas no painel destes equipamentos;

II - no Serviço Móvel Celular ou Serviço Móvel Pessoal:

a) garantir a interoperabilidade nos serviços de telefonia móvel, para possibilitar o envio de mensagens de texto entre celulares de diferentes empresas; e

b) garantir a existência de centrais de intermediação de comunicação telefônica a serem utilizadas por pessoas portadoras de deficiência auditiva, que funcionem em tempo integral e atendam a todo o território nacional, inclusive com integração com o mesmo serviço oferecido pelas prestadoras de Serviço Telefônico Fixo Comutado.

§ 1º Além das ações citadas no *caput*, deve-se considerar o estabelecido nos Planos Gerais de Metas de Universalização aprovados pelos Decretos n. 2.592, de 15 de maio de 1998, e 4.769, de 27 de junho de 2003, bem como o estabelecido pela Lei n. 9.472, de 16 de julho de 1997.

§ 2º O termo pessoa portadora de deficiência auditiva e da fala utilizado nos Planos Gerais de Metas de Universalização é entendido neste Decreto como pessoa portadora de deficiência auditiva, no que se refere aos recursos tecnológicos de telefonia.

ART. 50. A Agência Nacional de Telecomunicações - ANATEL regulamentará, no prazo de seis meses a contar da data de publicação deste Decreto, os procedimentos a serem observados para implementação do disposto no art. 49.

ART. 51. Caberá ao Poder Público incentivar a oferta de aparelhos de telefonia celular que indiquem, de forma sonora, todas as operações e funções neles disponíveis no visor.

ART. 52. Caberá ao Poder Público incentivar a oferta de aparelhos de televisão equipados com recursos tecnológicos que permitam sua utilização de modo a garantir o direito de acesso à informação às pessoas portadoras de deficiência auditiva ou visual.

Parágrafo único. Incluem-se entre os recursos referidos no *caput*:

I - circuito de decodificação de legenda oculta;

II - recurso para Programa Secundário de Áudio (SAP); e

III - entradas para fones de ouvido com ou sem fio.

ART. 53. Os procedimentos a serem observados para implementação do plano de medidas técnicas previstos no art. 19 da Lei n. 10.098, de 2000., serão regulamentados, em norma complementar, pelo Ministério das Comunicações. (Redação dada pelo Dec. 5.645/2005.)

§ 1º O processo de regulamentação de que trata o *caput* deverá atender ao disposto no art. 31 da Lei n. 9.784, de 29 de janeiro de 1999.

§ 2º A regulamentação de que trata o *caput* deverá prever a utilização, entre outros, dos seguintes sistemas de reprodução das mensagens veiculadas para as pessoas portadoras de deficiência auditiva e visual:

I - a subtitulação por meio de legenda oculta;

II - a janela com intérprete de LIBRAS; e

III - a descrição e narração em voz de cenas e imagens.

§ 3º A Coordenadoria Nacional para Integração da Pessoa Portadora de Deficiência - CORDE da Secretaria Especial dos Direitos Humanos da Presidência da República assistirá o Ministério das Comunicações no procedimento de que trata o § 1º. (Redação dada pelo Dec. 5.645/2005.)

ART. 54. Autorizatárias e consignatárias do serviço de radiodifusão de sons e imagens operadas pelo Poder Público poderão adotar plano de medidas técnicas próprio, como metas antecipadas e mais amplas do que aquelas as serem definidas no âmbito do procedimento estabelecido no art. 53.

ART. 55. Caberá aos órgãos e entidades da administração pública, diretamente ou em parceria com organizações sociais civis de interesse público, sob a orientação do Ministério da Educação e da Secretaria Especial dos Direitos Humanos, por meio da CORDE, promover a capacitação de profissionais em LIBRAS.

ART. 56. O projeto de desenvolvimento e implementação da televisão digital no País deverá contemplar obrigatoriamente os três tipos de sistema de acesso à informação de que trata o art. 52.

ART. 57. A Secretaria de Comunicação de Governo e Gestão Estratégica da Presidência da República editará, no prazo de doze meses a contar da data da publicação deste Decreto, normas complementares disciplinando a utilização dos sistemas de acesso à informação referidos no § 2º do art. 53, na publicidade governamental e nos pronunciamentos oficiais transmitidos por meio dos serviços de radiodifusão de sons e imagens.

Parágrafo único. Sem prejuízo do disposto no *caput* e observadas as condições técnicas, os pronunciamentos oficiais do Presidente da República serão acompanhados, obrigatoriamente, no prazo de seis meses a partir da publicação deste Decreto, de sistema de acessibilidade mediante janela com intérprete de LIBRAS.

ART. 58. O Poder Público adotará mecanismos de incentivo para tornar disponíveis em meio magnético, em formato de texto, as obras publicadas no País.

§ 1º A partir de seis meses da edição deste Decreto, a indústria de medicamentos deve disponibilizar, mediante solicitação, exemplares das bulas dos medicamentos em meio magnético, braile ou em fonte ampliada.

§ 2º A partir de seis meses da edição deste Decreto, os fabricantes de equipamentos eletroeletrônicos e mecânicos de uso doméstico devem disponibilizar, mediante solicitação, exemplares dos manuais de instrução em meio magnético, braile ou em fonte ampliada.

ART. 59. O Poder Público apoiará preferencialmente os congressos, seminários, oficinas e demais eventos científico-culturais que ofereçam, mediante solicitação, apoios humanos às pessoas com deficiência auditiva e visual, tais como tradutores e intérpretes de LIBRAS, ledores, guias-intérpretes, ou tecnologias de informação e comunicação, tais como a transcrição eletrônica simultânea.

ART. 60. Os programas e as linhas de pesquisa a serem desenvolvidos com o apoio de organismos públicos de auxílio à pesquisa e de agências de financiamento deverão contemplar temas voltados para tecnologia da informação acessível para pessoas portadoras de deficiência.

Parágrafo único. Será estimulada a criação de linhas de crédito para a indústria que produza componentes e equipamentos relacionados à tecnologia da informação acessível para pessoas portadoras de deficiência.

CAPÍTULO VII
DAS AJUDAS TÉCNICAS

ART. 61. Para os fins deste Decreto, consideram-se ajudas técnicas os produtos, instrumentos, equipamentos ou tecnologia adaptados ou especialmente projetados para melhorar a funcionalidade da pessoa portadora de deficiência ou com mobilidade reduzida, favorecendo a autonomia pessoal, total ou assistida.

§ 1º Os elementos ou equipamentos definidos como ajudas técnicas serão certificados pelos órgãos competentes, ouvidas as entidades representativas das pessoas portadoras de deficiência.

§ 2º Para os fins deste Decreto, os cães-guia e os cães-guia de acompanhamento são considerados ajudas técnicas.

ART. 62. Os programas e as linhas de pesquisa a serem desenvolvidos com o apoio de organismos públicos de auxílio à pesquisa e de agências de financiamento deverão contemplar temas voltados para ajudas técnicas, cura, tratamento e prevenção de deficiências ou que contribuam para impedir ou minimizar o seu agravamento.

Parágrafo único. Será estimulada a criação de linhas de crédito para a indústria que produza componentes e equipamentos de ajudas técnicas.

ART. 63. O desenvolvimento científico e tecnológico voltado para a produção de ajudas técnicas dar-se-á a partir da instituição de parcerias com universidades e centros de pesquisa para a produção nacional de componentes e equipamentos.

Parágrafo único. Os bancos oficiais, com base em estudos e pesquisas elaborados pelo Poder Público, serão estimulados a conceder financiamento às pessoas portadoras de deficiência para aquisição de ajudas técnicas.

ART. 64. Caberá ao Poder Executivo, com base em estudos e pesquisas, verificar a viabilidade de:

I - redução ou isenção de tributos para a importação de equipamentos de ajudas técnicas que não sejam produzidos no País ou que não possuam similares nacionais;

II - redução ou isenção do imposto sobre produtos industrializados incidente sobre as ajudas técnicas; e

III - inclusão de todos os equipamentos de ajudas técnicas para pessoas portadoras de deficiência ou com mobilidade reduzida na categoria de equipamentos sujeitos a dedução de imposto de renda.

Parágrafo único. Na elaboração dos estudos e pesquisas a que se referem o *caput*, deve-se observar o disposto no art. 14 da Lei Complementar n. 101, de 2000, sinalizando impacto orçamentário e financeiro da medida estudada.

ART. 65. Caberá ao Poder Público viabilizar as seguintes diretrizes:

I - reconhecimento da área de ajudas técnicas como área de conhecimento;

II - promoção da inclusão de conteúdos temáticos referentes a ajudas técnicas na educação profissional, no ensino médio, na graduação e na pós-graduação;

III - apoio e divulgação de trabalhos técnicos e científicos referentes a ajudas técnicas;

IV - estabelecimento de parcerias com escolas e centros de educação profissional, centros de ensino universitários e de pesquisa, no sentido de incrementar a formação de profissionais na área de ajudas técnicas; e

V - incentivo à formação e treinamento de ortesistas e protesistas.

ART. 66. A Secretaria Especial dos Direitos Humanos instituirá Comitê de Ajudas Técnicas, constituído por profissionais que atuam nesta área, e que será responsável por:

I - estruturação das diretrizes da área de conhecimento;

II - estabelecimento das competências desta área;

III - realização de estudos no intuito de subsidiar a elaboração de normas a respeito de ajudas técnicas;

IV - levantamento dos recursos humanos que atualmente trabalham com o tema; e

V - detecção dos centros regionais de referência em ajudas técnicas, objetivando a formação de rede nacional integrada.

§ 1º O Comitê de Ajudas Técnicas será supervisionado pela CORDE e participará do Programa Nacional de Acessibilidade, com vistas a garantir o disposto no art. 62.

§ 2º Os serviços a serem prestados pelos membros do Comitê de Ajudas Técnicas são considerados relevantes e não serão remunerados.

CAPÍTULO VIII
DO PROGRAMA NACIONAL DE ACESSIBILIDADE

ART. 67. O Programa Nacional de Acessibilidade, sob a coordenação da Secretaria Especial dos Direitos Humanos, por intermédio da CORDE, integrará os planos plurianuais, as diretrizes orçamentárias e os orçamentos anuais.

ART. 68. A Secretaria Especial dos Direitos Humanos, na condição de coordenadora do Programa Nacional de Acessibilidade, desenvolverá, dentre outras, as seguintes ações:

I - apoio e promoção de capacitação e especialização de recursos humanos em acessibilidade e ajudas técnicas;

II - acompanhamento e aperfeiçoamento da legislação sobre acessibilidade;

III - edição, publicação e distribuição de títulos referentes à temática da acessibilidade;

IV - cooperação com Estados, Distrito Federal e Municípios para a elaboração de estudos e diagnósticos sobre a situação da acessibilidade arquitetônica, urbanística, de transporte, comunicação e informação;

V - apoio e realização de campanhas informativas e educativas sobre acessibilidade;

VI - promoção de concursos nacionais sobre a temática da acessibilidade; e

VII - estudos e proposição da criação e normatização do Selo Nacional de Acessibilidade.

CAPÍTULO IX
DAS DISPOSIÇÕES FINAIS

ART. 69. Os programas nacionais de desenvolvimento urbano, os projetos de revitalização, recuperação ou reabilitação urbana incluirão ações destinadas à eliminação de barreiras arquitetônicas e urbanísticas, nos transportes e na comunicação e informação devidamente adequadas às exigências deste Decreto.

ART. 70. O art. 4º do Decreto n. 3.298, de 20 de dezembro de 1999, passa a vigorar com as seguintes alterações:

› Alterações promovidas no texto do referido decreto.

ART. 71. Ficam revogados os arts. 50 a 54 do Decreto n. 3.298, de 20 de dezembro de 1999.

ART. 72. Este Decreto entra em vigor na data da sua publicação.

Brasília, 2 de dezembro de 2004; 183º da Independência e 116º da República.

LUIZ INÁCIO LULA DA SILVA

DECRETO N. 5.300, DE 7 DE DEZEMBRO DE 2004

Regulamenta a Lei n. 7.661, de 16 de maio de 1988, que institui o Plano Nacional de Gerenciamento Costeiro - PNGC, dispõe sobre regras de uso e ocupação da zona costeira e estabelece critérios de gestão da orla marítima, e dá outras providências.

› *DOU*, 08.12.2004.

O Presidente da República, no uso da atribuição que lhe confere o art. 84, inciso IV, da Constituição, e tendo em vista o disposto no art. 30 e no § 4º do art. 225 da Constituição, no art. 11 da Lei n. 7.661, de 16 de maio de 1988, no art. 5º da Lei n. 6.938, de 31 de agosto de 1981, nos arts. 1º e 2º da Lei n. 8.617, de 4 de janeiro de 1993, no Decreto Legislativo n. 2, de 1994, no inciso VI do art. 3º da Lei n. 9.433, de 8 de janeiro de 1997, nos arts. 4º e 33 da Lei n. 9.636, de 15 de maio de 1998, e no art. 1º do Decreto n. 3.725, de 10 de janeiro de 2001,

Decreta:

CAPÍTULO I
DAS DISPOSIÇÕES GERAIS

ART. 1º Este Decreto define normas gerais visando a gestão ambiental da zona costeira do País, estabelecendo as bases para a formulação de políticas, planos e programas federais, estaduais e municipais.

ART. 2º Para os efeitos deste Decreto são estabelecidas as seguintes definições:

I - colegiado estadual: fórum consultivo ou deliberativo, estabelecido por instrumento legal, que busca reunir os segmentos representativos do governo e sociedade, que atuam em âmbito estadual, podendo abranger também representantes do governo federal e dos Municípios, para a discussão e o encaminhamento de políticas, planos, programas e ações destinadas à gestão da zona costeira;

II - colegiado municipal: fórum equivalente ao colegiado estadual, no âmbito municipal;

III - conurbação: conjunto urbano formado por uma cidade grande e suas tributárias limítrofes ou agrupamento de cidades vizinhas de igual importância;

IV - degradação do ecossistema: alteração na sua diversidade e constituição física, de tal forma que afete a sua funcionalidade ecológica, impeça a sua auto-regeneração, deixe de servir ao desenvolvimento de atividades e usos das comunidades humanas ou de fornecer os produtos que as sustentam;

V - dunas móveis: corpos de areia acumulados naturalmente pelo vento e que, devido à inexistência ou escassez de vegetação, migram continuamente; também conhecidas por dunas livres, dunas ativas ou dunas transgressivas;

VI - linhas de base: são aquelas estabelecidas de acordo com a Convenção das Nações Unidas sobre o Direito do Mar, a partir das quais se mede a largura do mar territorial;

VII - marisma: terrenos baixos, costeiros, pantanosos, de pouca drenagem, essencialmente alagados por águas salobras e ocupados por plantas halófitas anuais e perenes, bem como por plantas de terras alagadas por água doce;

VIII - milha náutica: unidade de distância usada em navegação e que corresponde a um mil, oitocentos e cinquenta e dois metros;

IX - região estuarina-lagunar: área formada em função da inter-relação dos cursos fluviais e lagunares, em seu deságue no ambiente marinho;

X - ondas de tempestade: ondas do mar de grande amplitude geradas por fenômeno meteorológico;

XI - órgão ambiental: órgão do poder executivo federal, estadual ou municipal, integrante do Sistema Nacional do Meio Ambiente - Sisnama, responsável pelo licenciamento ambiental, fiscalização, controle e proteção do meio ambiente, no âmbito de suas competências;

XII - preamar: altura máxima do nível do mar ao longo de um ciclo de maré, também chamada de maré cheia;

XIII - trecho da orla marítima: seção da orla marítima abrangida por parte ou todo da unidade paisagística e geomorfológica da orla, delimitado como espaço de intervenção e gestão;

XIV - trecho da orla marítima de interesse especial: parte ou todo da unidade paisagística e geomorfológica da orla, com existência de áreas militares, tombadas, de tráfego aquaviário, instalações portuárias, instalações geradoras e transmissoras de energia, unidades de conservação, reservas indígenas, comunidades tradicionais e remanescentes de quilombos;

XV - unidade geoambiental: porção do território com elevado grau de similaridade entre as características físicas e bióticas, podendo abranger diversos tipos de ecossistemas com interações funcionais e forte interdependência.

CAPÍTULO II
DOS LIMITES, PRINCÍPIOS, OBJETIVOS, INSTRUMENTOS E COMPETÊNCIAS DA GESTÃO DA ZONA COSTEIRA

SEÇÃO I
DOS LIMITES

ART. 3º A zona costeira brasileira, considerada patrimônio nacional pela Constituição de 1988, corresponde ao espaço geográfico de interação do ar, do mar e da terra, incluindo seus recursos renováveis ou não, abrangendo uma faixa marítima e uma faixa terrestre, com os seguintes limites:

I - faixa marítima: espaço que se estende por doze milhas náuticas, medido a partir das linhas de base, compreendendo, dessa forma, a totalidade do mar territorial;

II - faixa terrestre: espaço compreendido pelos limites dos Municípios que sofrem influência direta dos fenômenos ocorrentes na zona costeira.

ART. 4º Os Municípios abrangidos pela faixa terrestre da zona costeira serão:

I - defrontantes com o mar, assim definidos em listagem estabelecida pela Fundação Instituto Brasileiro de Geografia e Estatística - IBGE;

II - não defrontantes com o mar, localizados nas regiões metropolitanas litorâneas;

III - não defrontantes com o mar, contíguos às capitais e às grandes cidades litorâneas, que apresentem conurbação;

IV - não defrontantes com o mar, distantes até cinquenta quilômetros da linha da costa, que contemplem, em seu território, atividades ou infraestruturas de grande impacto ambiental na zona costeira ou ecossistemas costeiros de alta relevância;

V - estuarino-lagunares, mesmo que não diretamente defrontantes com o mar;

VI - não defrontantes com o mar, mas que tenham todos os seus limites com Municípios referidos nos incisos I a V;

VII - desmembrados daqueles já inseridos na zona costeira.

§ 1º O Ministério do Meio Ambiente manterá listagem atualizada dos Municípios abrangidos pela faixa terrestre da zona costeira, a ser publicada anualmente no Diário Oficial da União.

§ 2º Os Estados poderão encaminhar ao Ministério do Meio Ambiente propostas de alteração da relação dos Municípios abrangidos pela faixa terrestre da zona costeira, desde que apresentada a devida justificativa para a sua inclusão ou retirada da relação.

§ 3º Os Municípios poderão pleitear, junto aos Estados, a sua intenção de integrar a relação dos Municípios abrangidos pela faixa terrestre da zona costeira, justificando a razão de sua pretensão.

SEÇÃO II
DOS PRINCÍPIOS

ART. 5º São princípios fundamentais da gestão da zona costeira, além daqueles estabelecidos na Política Nacional de Meio Ambiente, na Política Nacional para os Recursos do Mar e na Política Nacional de Recursos Hídricos:

I - a observância dos compromissos internacionais assumidos pelo Brasil na matéria;

II - a observância dos direitos de liberdade de navegação, na forma da legislação vigente;

III - a utilização sustentável dos recursos costeiros em observância aos critérios previstos em lei e neste Decreto;

IV - a integração da gestão dos ambientes terrestres e marinhos da zona costeira, com a construção e manutenção de mecanismos participativos e na compatibilidade das políticas públicas, em todas as esferas de atuação;

V - a consideração, na faixa marítima, da área de ocorrência de processos de transporte sedimentar e modificação topográfica do fundo marinho e daquela onde o efeito dos aportes terrestres sobre os ecossistemas marinhos é mais significativo;

VI - a não fragmentação, na faixa terrestre, da unidade natural dos ecossistemas costeiros, de forma a permitir a regulamentação do uso de seus recursos, respeitando sua integridade;

VII - a consideração, na faixa terrestre, das áreas marcadas por atividade socioeconômico-cultural de características costeiras e sua área de influência imediata, em função dos efeitos dessas atividades sobre a conformação do território costeiro;

VIII - a consideração dos limites municipais, dada a operacionalidade das articulações necessárias ao processo de gestão;

IX - a preservação, conservação e controle de áreas que sejam representativas dos ecossistemas da zona costeira, com recuperação e reabilitação das áreas degradadas ou descaracterizadas;

X - a aplicação do princípio da precaução tal como definido na Agenda 21, adotando-se medidas eficazes para impedir ou minimizar a degradação do meio ambiente, sempre que houver perigo de dano grave ou irreversível, mesmo na falta de dados científicos completos e atualizados;

XI - o comprometimento e a cooperação entre as esferas de governo, e dessas com a sociedade, no estabelecimento de políticas, planos e programas federais, estaduais e municipais.

SEÇÃO III
DOS OBJETIVOS

ART. 6º São objetivos da gestão da zona costeira:

I - a promoção do ordenamento do uso dos recursos naturais e da ocupação dos espaços costeiros, subsidiando e otimizando a aplicação dos instrumentos de controle e de gestão da zona costeira;

II - o estabelecimento do processo de gestão, de forma integrada, descentralizada e participativa, das atividades socioeconômicas na zona costeira, de modo a contribuir para elevar a qualidade de vida de sua população e a proteção de seu patrimônio natural, histórico, étnico e cultural;

III - a incorporação da dimensão ambiental nas políticas setoriais voltadas à gestão integrada dos ambientes costeiros e marinhos, compatibilizando-as com o Plano Nacional de Gerenciamento Costeiro - PNGC;

IV - o controle sobre os agentes causadores de poluição ou degradação ambiental que ameacem a qualidade de vida na zona costeira;

V - a produção e difusão do conhecimento para o desenvolvimento e aprimoramento das ações de gestão da zona costeira.

SEÇÃO IV
DOS INSTRUMENTOS

ART. 7º Aplicam-se para a gestão da zona costeira os seguintes instrumentos, de forma articulada e integrada:

I - Plano Nacional de Gerenciamento Costeiro - PNGC: conjunto de diretrizes gerais aplicáveis nas diferentes esferas de governo e escalas de atuação, orientando a implementação de políticas, planos e programas voltados ao desenvolvimento sustentável da zona costeira;

II - Plano de Ação Federal da Zona Costeira - PAF: planejamento de ações estratégicas para a integração de políticas públicas incidentes na zona costeira, buscando responsabilidades compartilhadas de atuação;

III - Plano Estadual de Gerenciamento Costeiro - PEGC: implementa a Política Estadual de Gerenciamento Costeiro, define responsabilidades e procedimentos institucionais para a sua execução, tendo como base o PNGC;

IV - Plano Municipal de Gerenciamento Costeiro - PMGC: implementa a Política Municipal de Gerenciamento Costeiro, define responsabilidades e procedimentos institucionais para a sua execução, tendo como base o PNGC e o PEGC, devendo observar, ainda, os demais planos de uso e ocupação territorial ou outros instrumentos de planejamento municipal;

V - Sistema de Informações do Gerenciamento Costeiro - Sigerco: componente do Sistema Nacional de Informações sobre Meio Ambiente - SINIMA, que integra informações georreferenciadas sobre a zona costeira;

VI - Sistema de Monitoramento Ambiental da Zona Costeira - SMA: estrutura operacional de coleta contínua de dados e informações, para o acompanhamento da dinâmica de uso e ocupação da zona costeira e avaliação das metas de qualidade socioambiental;

VII - Relatório de Qualidade Ambiental da Zona Costeira - RQA-ZC: consolida, periodicamente, os resultados produzidos pelo monitoramento ambiental e avalia a eficiência e eficácia das ações da gestão;

VIII - Zoneamento Ecológico-Econômico Costeiro - Zeec: orienta o processo de ordenamento territorial, necessário para a obtenção das condições de sustentabilidade do desenvolvimento da zona costeira, em consonância com as diretrizes do Zoneamento Ecológico-Econômico do território nacional, como mecanismo de apoio às ações de monitoramento, licenciamento, fiscalização e gestão;

IX - macrodiagnóstico da zona costeira: reúne informações, em escala nacional, sobre as características físico-naturais e socioeconômicas da zona costeira, com a finalidade de orientar ações de preservação, conservação, regulamentação e fiscalização dos patrimônios naturais e culturais.

ART. 8º Os Planos Estaduais e Municipais de Gerenciamento Costeiro serão instituídos por lei, estabelecendo:

I - os princípios, objetivos e diretrizes da política de gestão da zona costeira da sua área de atuação;

II o Sistema de Gestão Costeira na sua área de atuação;

III - os instrumentos de gestão;

IV - as infrações e penalidades previstas em lei;

V - os mecanismos econômicos que garantam a sua aplicação.

ART. 9º O Zeec será elaborado de forma participativa, estabelecendo diretrizes quanto aos usos permitidos, proibidos ou estimulados, abrangendo as interações entre as faixas terrestre e marítima da zona costeira, considerando as orientações contidas no Anexo I deste Decreto.

Parágrafo único. Os Zeec já existentes serão gradualmente compatibilizados com as orientações contidas neste Decreto.

ART. 10. Para efeito de monitoramento e acompanhamento da dinâmica de usos e ocupação do território na zona costeira, os órgãos ambientais promoverão, respeitando as escalas de atuação, a identificação de áreas estratégicas e prioritárias.

§ 1º Os resultados obtidos no monitoramento dessas áreas pelos Estados e Municípios serão encaminhados ao Instituto Brasileiro do Meio Ambiente e dos Recursos Naturais Renováveis-IBAMA, que os consolidará e divulgará na forma do RQA-ZC, com periodicidade bianual.

§ 2º O monitoramento deverá considerar indicadores de qualidade que permitam avaliar a dinâmica e os impactos das atividades socioeconômicas, considerando, entre outros, os setores industrial, turístico, portuário, de transporte, de desenvolvimento urbano, pesqueiro, aquicultura e indústria do petróleo.

SEÇÃO V
DAS COMPETÊNCIAS

ART. 11. Ao Ministério do Meio Ambiente compete:

I - acompanhar e avaliar permanentemente a implementação do PNGC, observando a compatibilização dos PEGC e PMGC com o PNGC e demais normas federais, sem prejuízo da competência de outros órgãos;

II - promover a articulação intersetorial e interinstitucional com os órgãos e colegiados existentes em âmbito federal, estadual e municipal, cujas competências tenham vinculação com as atividades do PNGC;

III - promover o fortalecimento institucional dos órgãos executores da gestão da zona costeira, mediante o apoio técnico, financeiro e metodológico;

IV - propor normas gerais, referentes ao controle e manutenção de qualidade do ambiente costeiro;

V - promover a consolidação do Sigerco;

VI - estabelecer procedimentos para ampla divulgação do PNGC;

VII - estruturar, implementar e acompanhar os programas de monitoramento, controle e ordenamento nas áreas de sua competência.

ART. 12. Ao Ibama compete:

I - executar, em âmbito federal, o controle e a manutenção da qualidade do ambiente costeiro, em estrita consonância com as normas estabelecidas pelo Conselho Nacional do Meio Ambiente - Conama;

II - apoiar o Ministério do Meio Ambiente na consolidação do Sigerco;

III - executar e acompanhar os programas de monitoramento, controle e ordenamento;

IV - propor ações e projetos para inclusão no PAF;

V - executar ações visando a manutenção e a valorização de atividades econômicas sustentáveis nas comunidades tradicionais da zona costeira;

VI - executar as ações do PNGC segundo as diretrizes definidas pelo Ministério do Meio Ambiente;

VII - subsidiar a elaboração do RQA-ZC a partir de informações e resultados obtidos na execução do PNGC;

VIII - colaborar na compatibilização das ações do PNGC com as políticas públicas que incidem na zona costeira;

IX - conceder o licenciamento ambiental dos empreendimentos ou atividades de impacto ambiental de âmbito regional ou nacional incidentes na zona costeira, em observância as normas vigentes;

X - promover, em articulação com Estados e Municípios, a implantação de unidades de conservação federais e apoiar a implantação das unidades de conservação estaduais e municipais na zona costeira.

ART. 13. O Poder Público Estadual, na esfera de suas competências e nas áreas de sua jurisdição, planejará e executará as atividades de gestão da zona costeira em articulação com os Municípios e com a sociedade, cabendo-lhe:

I - designar o Coordenador para execução do PEGC;

II - elaborar, implementar, executar e acompanhar o PEGC, obedecidas a legislação federal e o PNGC;

III - estruturar e manter o subsistema estadual de informação do gerenciamento costeiro;

IV - estruturar, implementar, executar e acompanhar os instrumentos previstos no art. 7º, bem como os programas de monitoramento cujas informações devem ser consolidadas periodicamente em RQA-ZC, tendo como referências o macrodiagnóstico da zona costeira, na escala da União e o PAF;

V - promover a articulação intersetorial e interinstitucional em nível estadual, na sua área de competência;

VI - promover o fortalecimento das entidades diretamente envolvidas no gerenciamento costeiro, mediante apoio técnico, financeiro e metodológico;

VII - elaborar e promover a ampla divulgação do PEGC e do PNGC;

VIII - promover a estruturação de um colegiado estadual.

ART. 14. O Poder Público Municipal, observadas as normas e os padrões federais e estaduais, planejará e executará suas atividades de gestão da zona costeira em articulação com os órgãos estaduais, federais e com a sociedade, cabendo-lhe:

I - elaborar, implementar, executar e acompanhar o PMGC, observadas as diretrizes do PNGC e do PEGC, bem como o seu detalhamento constante dos Planos de Intervenção da orla marítima, conforme previsto no art. 25 deste Decreto;

II - estruturar o sistema municipal de informações da gestão da zona costeira;

III - estruturar, implementar e executar os programas de monitoramento;

IV - promover o fortalecimento das entidades diretamente envolvidas no gerenciamento costeiro, mediante apoio técnico, financeiro e metodológico;

V - promover a compatibilização de seus instrumentos de ordenamento territorial com o zoneamento estadual;

VI - promover a estruturação de um colegiado municipal.

CAPÍTULO III
DAS REGRAS DE USO E OCUPAÇÃO DA ZONA COSTEIRA

ART. 15. A aprovação de financiamentos com recursos da União, de fontes externas por ela avalizadas ou de entidades de crédito oficiais, bem como a concessão de benefícios fiscais e de outras formas de incentivos públicos para projetos novos ou ampliação de empreendimentos na zona costeira, que envolvam a instalação, ampliação e realocação de obras, atividades e empreendimentos, ficará condicionada à sua compatibilidade com as normas e diretrizes de planejamento territorial e ambiental do Estado e do Município, principalmente aquelas constantes dos PEGC, PMGC e do Zeec.

Parágrafo único. Os Estados que não dispuserem de Zeec se orientarão por meio de outros instrumentos de ordenamento territorial, como zoneamentos regionais ou agrícolas, zoneamento de unidades de conservação e diagnósticos socioambientais, que permitam avaliar as condições naturais e socioeconômicas relacionadas à implantação de novos empreendimentos.

ART. 16. Qualquer empreendimento na zona costeira deverá ser compatível com a infraestrutura de saneamento e sistema viário existentes, devendo a solução técnica adotada preservar as características ambientais e a qualidade paisagística.

Parágrafo único. Na hipótese de inexistência ou inacessibilidade à rede pública de coleta de lixo e de esgoto sanitário na área do empreendimento, o empreendedor apresentará solução autônoma para análise do órgão ambiental, compatível com as características físicas e ambientais da área.

ART. 17. A área a ser desmatada para instalação, ampliação ou realocação de empreendimentos ou atividades na zona costeira que implicar a supressão de vegetação nativa, quando permitido em lei, será compensada por averbação de, no mínimo, uma área equivalente, na mesma zona afetada.

§ 1º A área escolhida para efeito de compensação poderá se situar em zona diferente da afetada, desde que na mesma unidade geoambiental, mediante aprovação do órgão ambiental.

§ 2º A área averbada como compensação poderá ser submetida a plano de manejo, desde que não altere a sua característica ecológica e sua qualidade paisagística.

ART. 18. A instalação de equipamentos e o uso de veículos automotores, em dunas móveis, ficarão sujeitos ao prévio licenciamento ambiental, que deverá considerar os efeitos dessas obras ou atividades sobre a dinâmica do sistema dunar, bem como à autorização da Secretaria do Patrimônio da União do Ministério do Planejamento, Orçamento e Gestão quanto à utilização da área de bem de uso comum do povo.

ART. 19. A implantação de recifes artificiais na zona costeira observará a legislação ambiental e será objeto de norma específica.

ART. 20. Os bancos de moluscos e formações coralíneas e rochosas na zona costeira serão identificados e delimitados, para efeito de proteção, pelo órgão ambiental.

Parágrafo único. Os critérios de delimitação das áreas de que trata o *caput* deste artigo serão objeto de norma específica.

ART. 21. As praias são bens públicos de uso comum do povo, sendo assegurado, sempre, livre e franco acesso a elas e ao mar, em qualquer direção e sentido, ressalvados os trechos considerados de interesse da segurança nacional ou incluídos em áreas protegidas por legislação específica.

§ 1º O Poder Público Municipal, em conjunto com o órgão ambiental, assegurará no âmbito do planejamento urbano, o acesso às praias e ao mar, ressalvadas as áreas de segurança nacional ou áreas protegidas por legislação específica, considerando os seguintes critérios:

I - nas áreas a serem loteadas, o projeto do loteamento identificará os locais de acesso à praia, conforme competências dispostas nos instrumentos normativos estaduais ou municipais;

II - nas áreas já ocupadas por loteamentos à beira mar, sem acesso à praia, o Poder Público Municipal, em conjunto com o órgão ambiental, definirá as áreas de servidão de passagem, responsabilizando-se por sua implantação, no prazo máximo de dois anos, contados a partir da publicação deste Decreto; e

III - nos imóveis rurais, condomínios e quaisquer outros empreendimentos à beira mar, o proprietário será notificado pelo Poder Público Municipal, para prover os acessos à praia, com prazo determinado, segundo condições estabelecidas em conjunto com o órgão ambiental.

§ 2º A Secretaria do Patrimônio da União, o órgão ambiental e o Poder Público Municipal decidirão os casos omissos neste Decreto, com base na legislação vigente.

§ 3º As áreas de domínio da União abrangidas por servidão de passagem ou vias de acesso às praias e ao mar serão objeto de cessão de uso em favor do Município correspondente.

§ 4º As providências descritas no § 1º não impedem a aplicação das sanções civis, administrativas e penais previstas em lei.

CAPÍTULO IV
DOS LIMITES, OBJETIVOS, INSTRUMENTOS E COMPETÊNCIAS PARA GESTÃO DA ORLA MARÍTIMA

SEÇÃO I
DOS LIMITES

ART. 22. Orla marítima é a faixa contida na zona costeira, de largura variável, compreendendo uma porção marítima e outra terrestre, caracterizada pela interface entre a terra e o mar.

ART. 23. Os limites da orla marítima ficam estabelecidos de acordo com os seguintes critérios:

I - marítimo: isóbata de dez metros, profundidade na qual a ação das ondas passa a sofrer influência da variabilidade topográfica do fundo marinho, promovendo o transporte de sedimentos;

II - terrestre: cinquenta metros em áreas urbanizadas ou duzentos metros em áreas não urbanizadas, demarcados na direção do continente a partir da linha de preamar ou do limite final de ecossistemas, tais como as caracterizadas por feições de praias, dunas, áreas de escarpas, falésias, costões rochosos, restingas, manguezais, marismas, lagunas, estuários, canais ou braços de mar, quando existentes, onde estão situados os terrenos de marinha e seus acrescidos.

§ 1º Na faixa terrestre será observada, complementarmente, a ocorrência de aspectos geomorfológicos, os quais implicam o seguinte detalhamento dos critérios de delimitação:

I - falésias sedimentares: cinquenta metros a partir da sua borda, em direção ao continente;

II - lagunas e lagoas costeiras: limite de cinquenta metros contados a partir do limite da praia, da linha de preamar ou do limite superior da margem, em direção ao continente;

III - estuários: cinquenta metros contados na direção do continente, a partir do limite da praia ou da borda superior da duna frontal, em ambas as margens e ao longo delas, até onde a penetração da água do mar seja identificada pela presença de salinidade, no valor mínimo de 0,5 partes por mil;

IV - falésias ou costões rochosos: limite a ser definido pelo plano diretor do Município, estabelecendo uma faixa de segurança até pelo menos um metro de altura acima do limite máximo da ação de ondas de tempestade;

V - áreas inundáveis: limite definido pela cota mínima de um metro de altura acima do limite da área alcançada pela preamar;

VI - áreas sujeitas à erosão: substratos sedimentares como falésias, cordões litorâneos, cabos ou pontais, com larguras inferiores a cento e cinquenta metros, bem como áreas próximas a desembocaduras fluviais, que correspondam a estruturas de alta instabilidade, podendo requerer estudos específicos para definição da extensão da faixa terrestre da orla marítima.

§ 2º Os limites estabelecidos para a orla marítima, definidos nos incisos I e II do *caput* deste artigo, poderão ser alterados, sempre que justificado, a partir de pelo menos uma das seguintes situações:

I - dados que indiquem tendência erosiva, com base em taxas anuais, expressas em períodos de dez anos, capazes de ultrapassar a largura da faixa proposta;

II - concentração de usos e de conflitos de usos relacionados aos recursos ambientais existentes na orla marítima;

III - tendência de avanço da linha de costa em direção ao mar, expressa em taxas anuais; e

IV - trecho de orla abrigada cujo gradiente de profundidade seja inferior à profundidade de dez metros.

SEÇÃO II
DOS OBJETIVOS

ART. 24. A gestão da orla marítima terá como objetivo planejar e implementar ações nas áreas que apresentem maior demanda por intervenções na zona costeira, a fim de disciplinar o uso e ocupação do território.

SEÇÃO III
DOS INSTRUMENTOS

ART. 25. Para a gestão da orla marítima será elaborado o Plano de Intervenção, com base no reconhecimento das características naturais, nos tipos de uso e ocupação existentes e projetados, contemplando:

I - caracterização socioambiental: diagnóstico dos atributos naturais e paisagísticos, formas de uso e ocupação existentes, com avaliação das principais atividades e potencialidades socioeconômicas;

II - classificação: análise integrada dos atributos naturais com as tendências de uso, de ocupação ou preservação, conduzindo ao enquadramento em classes genéricas e à construção de cenários compatíveis com o padrão de qualidade da classe a ser alcançada ou mantida;

III - estabelecimento de diretrizes para intervenção: definição do conjunto de ações articuladas, elaboradas de forma participativa, a partir da construção de cenários prospectivos de uso e ocupação, podendo ter caráter normativo, gerencial ou executivo.

Parágrafo único. O Plano de Intervenção de que trata o *caput* será elaborado em conformidade com o planejamento federal, estadual e municipal da zona costeira.

ART. 26. Para a caracterização socioambiental, classificação e planejamento da gestão, a orla marítima será enquadrada segundo aspectos físicos e processos de uso e ocupação predominantes, de acordo com as seguintes tipologias:

I - abrigada não urbanizada: ambiente protegido da ação direta das ondas, ventos e correntes, com baixíssima ocupação, paisagens com alto grau de originalidade natural e baixo potencial de poluição;

II - semiabrigada não urbanizada: ambiente parcialmente protegido da ação direta das ondas, ventos e correntes, com baixíssima ocupação, paisagens com alto grau de originalidade natural e baixo potencial de poluição;

III - exposta não urbanizada: ambiente sujeito à alta energia de ondas, ventos e correntes com baixíssima ocupação, paisagens com alto grau de originalidade natural e baixo potencial de poluição;

IV - de interesse especial em áreas não urbanizadas: ambientes com ocorrência de áreas militares, de tráfego aquaviário, com instalações portuárias, com instalações geradoras de energia, de unidades de conservação, tombados, de reservas indígenas, de comunidades tradicionais ou remanescentes de quilombos, cercados por áreas de baixa ocupação, com características de orla exposta, semiabrigada ou abrigada;

V - abrigada em processo de urbanização: ambiente protegido da ação direta das ondas, ventos e correntes, com baixo a médio adensamento de construções e população residente, com indícios de ocupação recente, paisagens parcialmente modificadas pela atividade humana e médio potencial de poluição;

VI - semiabrigada em processo de urbanização: ambiente parcialmente protegido da ação direta das ondas, ventos e correntes, com baixo a médio adensamento de construções e população residente, com indícios de ocupação recente, paisagens parcialmente modificadas pela atividade humana e médio potencial de poluição;

VII - exposta em processo de urbanização: ambiente sujeito à alta energia de ondas, ventos e correntes com baixo a médio adensamento de construções e população residente, com indícios de ocupação recente, paisagens parcialmente modificadas pela atividade humana e médio potencial de poluição;

VIII - de interesse especial em áreas em processo de urbanização: ambientes com ocorrência de áreas militares, de tráfego aquaviário, com instalações portuárias, com instalações geradoras de energia, de unidades de conservação, tombados, de reservas indígenas, de comunidades tradicionais ou remanescentes de quilombos, cercados por áreas de baixo a médio adensamento de construções e população residente, com características de orla exposta, semiabrigada ou abrigada;

IX - abrigada com urbanização consolidada: ambiente protegido da ação direta das ondas, ventos e correntes, com médio a alto adensamento de construções e população residente, paisagens modificadas pela atividade humana, multiplicidade de usos e alto potencial de poluição sanitária, estética e visual;

X - semiabrigada com urbanização consolidada: ambiente parcialmente protegido da ação direta das ondas, ventos e correntes, com médio a alto adensamento de construções e população residente, paisagens modificadas pela atividade humana, multiplicidade de usos e alto potencial de poluição sanitária, estética e visual;

XI - exposta com urbanização consolidada: ambiente sujeito a alta energia de ondas, ventos e correntes, com médio a alto adensamento de construções e população residente, paisagens modificadas pela atividade humana, multiplicidade de usos e alto potencial de poluição sanitária, estética e visual;

XII - de interesse especial em áreas com urbanização consolidada: ambientes com ocorrência de áreas militares, de tráfego aquaviário, com instalações portuárias, com instalações geradoras e transmissoras de energia, de unidades de conservação, tombados, de reservas indígenas, de comunidades tradicionais ou remanescentes de quilombos, cercados por áreas de médio a alto adensamento de construções e população residente, com características de orla exposta, semiabrigada ou abrigada.

ART. 27. Para efeito da classificação mencionada no inciso II do art. 25, os trechos da orla marítima serão enquadrados nas seguintes classes genéricas:

I - classe A: trecho da orla marítima com atividades compatíveis com a preservação e conservação das características e funções naturais, possuindo correlação com os tipos que apresentam baixíssima ocupação, com paisagens com alto grau de conservação e baixo potencial de poluição;

II - classe B: trecho da orla marítima com atividades compatíveis com a conservação da qualidade ambiental ou baixo potencial de impacto, possuindo correlação com os tipos que apresentam baixo a médio adensamento de construções e população residente, com indícios de ocupação recente, paisagens parcialmente modificadas pela atividade humana e médio potencial de poluição;

III - classe C: trecho da orla marítima com atividades pouco exigentes quanto aos padrões de qualidade ou compatíveis com um maior potencial impactante, possuindo correlação com os tipos que apresentam médio a alto adensamento de construções e população residente, com paisagens modificadas pela atividade humana, multiplicidade de usos e alto potencial de poluição sanitária, estética e visual.

ART. 28. Para as classes mencionadas no art. 27 serão consideradas as estratégias de ação e as formas de uso e ocupação do território, a seguir indicadas:

I - classe A: estratégia de ação preventiva, relativa às seguintes formas de uso e ocupação:

a) unidades de conservação, em conformidade com o Sistema Nacional de Unidades de Conservação da Natureza - Snuc, predominando as categorias de proteção integral;

b) pesquisa científica;

c) residencial e comercial local em pequenas vilas ou localidades isoladas;

d) turismo e lazer sustentáveis, representados por complexos ecoturísticos isolados em meio a áreas predominantemente nativas;

e) residencial e lazer em chácaras ou em parcelamentos ambientalmente planejados, acima de cinco mil metros quadrados;

f) rural, representado por sítios, fazendas e demais propriedades agrícolas ou extrativistas;

g) militar, com instalações isoladas;

h) manejo sustentável de recursos naturais;

II - classe B: estratégia de ação de controle relativa às formas de uso e ocupação constantes da classe A, e também às seguintes:

a) unidades de conservação, em conformidade com o Snuc, predominando as categorias de uso sustentável;

b) aquicultura;

c) residencial e comercial, inclusive por populações tradicionais, que contenham menos de cinquenta por cento do seu total com vegetação nativa conservada;

d) residencial e comercial, na forma de loteamentos ou balneários horizontais ou mistos;

e) industrial, relacionada ao beneficiamento de recursos pesqueiros, à construção e reparo naval de apoio ao turismo náutico e à construção civil;

f) militar;

g) portuário pesqueiro, com atracadouros ou terminais isolados, estruturas náuticas de apoio à atividade turística e lazer náutico; e

h) turismo e lazer;

III - classe C: estratégia de ação corretiva, relativa às formas de uso e ocupação constantes da classe B, e também às seguintes:

a) todos os usos urbanos, habitacionais, comerciais, serviços e industriais de apoio ao desenvolvimento urbano;

b) exclusivamente industrial, representado por distritos ou complexos industriais;

c) industrial e diversificado, representado por distritos ou complexos industriais;

d) militar, representado por complexos militares;

e) exclusivamente portuário, com terminais e marinas;

f) portuário, com terminais e atividades industriais;

g) portuário, com terminais isolados, marinas e atividades diversas (comércio, indústria, habitação e serviços); e

h) turismo e lazer, representado por complexos turísticos.

ART. 29. Para execução das ações de gestão na orla marítima em áreas de domínio da União, poderão ser celebrados convênios ou contratos entre a Secretaria do Patrimônio da União e os Municípios, nos termos da legislação vigente, considerando como requisito o Plano de Intervenção da orla marítima e suas diretrizes para o trecho considerado.

SEÇÃO IV
DAS COMPETÊNCIAS

ART. 30. Compete ao Ministério do Meio Ambiente, em articulação com o IBAMA e os órgãos estaduais de meio ambiente, por intermédio da Coordenação do PEGC, preparar e manter atualizados os fundamentos técnicos e normativos para a gestão da orla marítima, provendo meios para capacitação e assistência aos Municípios.

ART. 31. Compete aos órgãos estaduais de meio ambiente, em articulação com as Gerências Regionais de Patrimônio da União, disponibilizar informações e acompanhar as ações de capacitação e assistência técnica às prefeituras e gestores locais, para estruturação e implementação do Plano de Intervenção.

ART. 32. Compete ao Poder Público Municipal elaborar e executar o Plano de Intervenção da Orla Marítima de modo participativo com o colegiado municipal, órgãos, instituições e organizações da sociedade interessados.

CAPÍTULO V
DAS REGRAS DE USO E OCUPAÇÃO DA ORLA MARÍTIMA

ART. 33. As obras e serviços de interesse público somente poderão ser realizados ou implantados em área da orla marítima, quando compatíveis com o Zeec ou outros instrumentos similares de ordenamento do uso do território.

ART. 34. Em áreas não contempladas por Plano de Intervenção, o órgão ambiental requisitará estudos que permitam a caracterização e classificação da orla marítima para o licenciamento ambiental de empreendimentos ou atividades.

CAPÍTULO VI
DAS DISPOSIÇÕES FINAIS E COMPLEMENTARES

ART. 35. Para efeito de integração da gestão da zona costeira e da orla marítima, os estudos e diretrizes concernentes ao Zeec serão compatibilizados com o enquadramento e respectivas estratégias de gestão da orla, conforme disposto nos Anexos I e II e nas seguintes correlações:

I - as zonas 1 e 2 do Zeec têm equivalência de características com a classe A de orla marítima;

II - as zonas 3 e 4 do Zeec têm equivalência de características com a classe B de orla marítima;

III - a zona 5 do Zeec tem equivalência de características com a classe C de orla marítima.

Parágrafo único. Os Estados que não utilizaram a mesma orientação para o estabelecimento de zonas, deverão compatibilizá-la com as características apresentadas nos referidos anexos.

ART. 36. As normas e disposições estabelecidas neste Decreto para a gestão da orla marítima aplicam-se às ilhas costeiras e oceânicas.

Parágrafo único. No caso de ilhas sob jurisdição estadual ou federal, as disposições deste Decreto serão aplicadas pelos respectivos órgãos competentes.

CAPÍTULO VII
DAS DISPOSIÇÕES TRANSITÓRIAS

ART. 37. Compete ao Ministério do Meio Ambiente, em articulação com o Ministério do Turismo, o Instituto Brasileiro de Turismo - EMBRATUR e a Secretaria do Patrimônio da União, desenvolver, atualizar e divulgar o roteiro para elaboração do Plano de Intervenção da orla marítima.

ART. 38. Compete ao Ministério do Meio Ambiente, em articulação com o IBAMA, definir a metodologia e propor ao Conama normas para padronização dos procedimentos de monitoramento, tratamento, análise e sistematização dos dados para elaboração do RQA-ZC, no prazo de trezentos e sessenta dias a partir da data de publicação deste Decreto.

ART. 39. Compete ao Ministério do Meio Ambiente, em articulação com o IBAMA, elaborar e encaminhar ao Conama proposta de resolução para regulamentação da implantação de recifes artificiais na zona costeira, no prazo de trezentos e sessenta dias a partir da data de publicação deste Decreto.

ART. 40. Este Decreto entra em vigor na data de sua publicação.

Brasília, 7 de dezembro de 2004; 183º da Independência e 116º da República.

LUIZ INÁCIO LULA DA SILVA

‣ Optamos, nesta edição, pela não publicação do Anexo.

DECRETO N. 5.313, DE 16 DE DEZEMBRO DE 2004

Regulamenta o art. 3º-A da Lei n. 9.608, de 18 de fevereiro de 1998, que dispõe sobre o serviço voluntário.

‣ *DOU*, 17.12.2004.

O Presidente da República, no uso da atribuição que lhe confere o art. 84, inciso IV, da Constituição, e tendo em vista o disposto no art. 3º-A da Lei n. 9.608, de 18 de fevereiro de 1998,

Decreta:

ART. 1º Este Decreto regulamenta o art. 3º-A da Lei n. 9.608, de 18 de fevereiro de 1998, que autoriza a União a conceder auxílio financeiro ao prestador de serviço voluntário com idade de dezesseis a vinte e quatro anos, integrante de família com renda mensal *per capita* de até meio salário mínimo.

ART. 2º O auxílio financeiro de que trata o art. 3º-A da Lei n. 9.608, de 1998, terá valor de até R$ 150,00 (cento e cinquenta reais) e será pago por um período máximo de seis meses.

Parágrafo único. Cabe ao órgão ou entidade pública responsável pelo custeio do auxílio financeiro estabelecer o valor e o número de parcelas que serão pagas.

ART. 3º A concessão do auxílio financeiro de que trata o art. 3º-A da Lei n. 9.608, de 1998, no âmbito do Programa Nacional de Estímulo ao Primeiro Emprego para os Jovens - PNPE, obedecerá, além dos requisitos estabelecidos no art. 2º da Lei n. 10.748, de 22 de outubro de 2003, ao seguinte:

I - o voluntário deve estar em atividade de qualificação social e profissional; e

II - deve prestar de seis a dez horas semanais de serviço voluntário.

§ 1º É obrigação das entidades conveniadas fiscalizar e comprovar, perante o Ministério do Trabalho e Emprego, o cumprimento da carga horária ajustada com o voluntário.

§ 2º As demais condições de exercício do serviço voluntário serão fixadas no termo de adesão a ser celebrado entre a entidade, pública ou privada, e o voluntário.

ART. 4º O órgão ou entidade pública ou a instituição privada sem fins lucrativos, previamente cadastrado no Ministério do Trabalho e Emprego, efetuará o pagamento do auxílio financeiro de que trata o art. 3º-A da Lei n. 9.608, de 1998.

Parágrafo único. O Ministério do Trabalho e Emprego poderá firmar convênio com instituição financeira para que esta entregue o auxílio financeiro ao jovem voluntário.

ART. 5º Este Decreto entra em vigor na data de sua publicação.

Brasília, 16 de dezembro de 2004; 183º da Independência e 116º da República.

LUIZ INÁCIO LULA DA SILVA

DECRETO N. 5.411, DE 6 DE ABRIL DE 2005

Autoriza a integralização de cotas no Fundo Garantidor de Parcerias Público-Privadas - FGP, mediante ações representativas de participações acionárias da União em sociedades de economia mista disponíveis para venda e dá outras providências.

‣ *DOU*, 07.04.2005.

O Presidente da República, no uso das atribuições que lhe confere o art. 84, inciso IV, da Constituição, e tendo em vista o disposto no art. 16 da Lei n. 11.079, de 30 de dezembro de 2004,

Decreta:

ART. 1º Fica autorizada a integralização de cotas em Fundo Garantidor de Parcerias Público-Privadas - FGP, de que trata o artigo 16 da Lei n. 11.079, de 30 de dezembro de 2004, mediante a transferência de ações da União constantes dos Anexos I e II deste Decreto, referentes às suas participações minoritárias e excesso à manutenção do seu controle em sociedades de economia mista.

Parágrafo único. As participações acionárias identificadas no Anexo I deste Decreto ficam desvinculadas do Fundo Nacional de Desestatização - FND, de que trata a Lei n. 9.491, de 9 de setembro de 1997, e do Fundo de Amortização da Dívida Pública Mobiliária Federal - FAD, criado pela Lei n. 9.069, de 29 de junho de 1995.

ART. 2º Para a finalidade prevista no art. 1º, fica autorizada a integralização com outras ações da União além daquelas constantes do anexo II deste Decreto, não depositadas no FND e no FAD, representativas de suas participações minoritárias em percentual inferior a cinco por cento do capital total da respectiva empresa e do excesso à manutenção do seu controle em sociedades de economia mista.

ART. 3º As transferências das participações referidas nos arts. 1º e 2º deverão ser efetivadas após publicação de portaria do Ministro de Estado da Fazenda, que deverá conter o valor da subscrição, a quantidade, a espécie e a classe de ações a serem transferidas.

§ 1º A Secretaria do Tesouro Nacional, na condição de Órgão Central do Sistema de Administração Financeira do Governo Federal, deverá elaborar parecer prévio acerca do mérito da transferência das participações, assegurando que sua efetivação não representará perda do controle acionário, quando for o caso.

§ 2º Compete à Procuradoria-Geral da Fazenda Nacional representar a União nos atos de transferência das ações nominativas não escriturais, mediante solicitação do gestor do FGP.

§ 3º No caso de ações escriturais, caberá à Secretaria do Tesouro Nacional adotar as providências relativas à transferência junto à entidade custodiante.

ART. 4º A Secretaria do Tesouro Nacional, para o desempenho de atividades relacionadas ao acompanhamento da gestão do FGP, poderá celebrar Acordos, Convênios, Termos de Cooperação Técnica, ou outros instrumentos congêneres, com órgãos da administração pública federal direta e indireta, que viabilizem intercâmbio e transferência de tecnologias, informações e conhecimentos.

ART. 5º O Comitê gestor de Parceria Público-Privada Federal (CGP) deverá ser ouvido previamente quanto à criação, escolha da instituição financeira gestora e regulamentação do FGP.

ART. 6º Este Decreto entra em vigor na data de sua publicação.

Brasília, 6 de abril de 2005; 184º da Independência e 117º da República.

LUIZ INÁCIO LULA DA SILVA

› Optamos, nesta edição, pela não publicação dos Anexos.

DECRETO N. 5.440, DE 4 DE MAIO DE 2005

Estabelece definições e procedimentos sobre o controle de qualidade da água de sistemas de abastecimento e institui mecanismos e instrumentos para divulgação de informação ao consumidor sobre a qualidade da água para consumo humano.

› *DOU*, 05.05.2005.

O Presidente da República, no uso da atribuição que lhe confere o art. 84, inciso IV, da Constituição, e tendo em vista o disposto nas Leis n. 8.078, de 11 de setembro de 1990, 8.080, de 19 de setembro de 1990, e 9.433, de 8 de janeiro de 1997,

Decreta:

ART. 1º Este Decreto estabelece definições e procedimentos sobre o controle de qualidade da água de sistemas de abastecimento público, assegurado pelas Leis n. 8.078, de 11 de setembro de 1990, 8.080, de 19 de setembro de 1990, e 9.433, de 8 de janeiro de 1997, e pelo Decreto n. 79.367, de 9 de março de 1977, e institui mecanismos e instrumentos para divulgação de informação ao consumidor sobre a qualidade da água para consumo humano, na forma do Anexo - "Regulamento Técnico sobre Mecanismos e Instrumentos para Divulgação de Informação ao Consumidor sobre a Qualidade da Água para Consumo Humano", de adoção obrigatória em todo o território nacional.

ART. 2º A fiscalização do cumprimento do disposto no Anexo será exercida pelos órgãos competentes dos Ministérios da Saúde, da Justiça, das Cidades, do Meio Ambiente e autoridades estaduais, do Distrito Federal, dos Territórios e municipais, no âmbito de suas respectivas competências.

Parágrafo único. Os órgãos identificados no *caput* prestarão colaboração recíproca para a consecução dos objetivos definidos neste Decreto.

ART. 3º Os órgãos e as entidades dos Estados, Municípios, Distrito Federal e Territórios e demais pessoas jurídicas, às quais este Decreto se aplica, deverão enviar as informações aos consumidores sobre a qualidade da água, nos seguintes prazos:

I - informações mensais na conta de água, em cumprimento às alíneas "a" e "b" do inciso I do art. 5º do Anexo, a partir do dia 5 de junho de 2005;

II - informações mensais na conta de água, em cumprimento às alíneas "c" e "d" do inciso I do art. 5º do Anexo, a partir do dia 15 de março de 2006; e

III - relatório anual até quinze de março de cada ano, ressalvado o primeiro relatório, que terá como data limite o dia 1º de outubro de 2005.

ART. 4º O não cumprimento do disposto neste Decreto e no respectivo Anexo implica infração às Leis n. 8.078, de 1990, e 6.437, de 20 de agosto de 1977.

ART. 5º Fica aprovado, na forma do Anexo a este Decreto, o Regulamento Técnico sobre Mecanismos e Instrumentos para Divulgação de Informação ao Consumidor sobre a Qualidade da Água para Consumo Humano.

ART. 6º Este Decreto entra em vigor na data de sua publicação.

Brasília, 4 de maio de 2005; 184º da Independência e 117º da República.

LUIZ INÁCIO LULA DA SILVA

ANEXO

REGULAMENTO TÉCNICO SOBRE MECANISMOS E INSTRUMENTOS PARA DIVULGAÇÃO DE INFORMAÇÃO AO CONSUMIDOR SOBRE A QUALIDADE DA ÁGUA PARA CONSUMO HUMANO

CAPÍTULO I
DAS DISPOSIÇÕES GERAIS

ART. 1º Este Anexo estabelece mecanismos e instrumentos de informação ao consumidor sobre a qualidade da água para consumo humano, conforme os padrões de potabilidade estabelecidos pelo Ministério da Saúde.

ART. 2º Cabe aos responsáveis pelos sistemas e soluções alternativas coletivas de abastecimento de água cumprir o disposto neste Anexo.

ART. 3º A informação prestada ao consumidor sobre a qualidade e características físicas, químicas e microbiológicas da água para consumo humano deverá atender ao seguinte:

I - ser verdadeira e comprovável;

II - ser precisa, clara, correta, ostensiva e de fácil compreensão, especialmente quanto aos aspectos que impliquem situações de perda da potabilidade, de risco à saúde ou aproveitamento condicional da água; e

III - ter caráter educativo, promover o consumo sustentável da água e proporcionar o entendimento da relação entre a sua qualidade e a saúde da população.

CAPÍTULO II
DAS DEFINIÇÕES

ART. 4º Para os fins deste Anexo são adotadas as seguintes definições:

I - água potável: água para consumo humano cujos parâmetros microbiológicos, físicos, químicos e radioativos atendam ao padrão de potabilidade e que não ofereça riscos à saúde;

II - sistema de abastecimento de água para consumo humano: instalação composta por conjunto de obras civis, materiais e equipamentos, destinada à produção e à distribuição canalizada de água potável para populações, sob a responsabilidade do poder público, mesmo que administrada em regime de concessão ou permissão;

III - solução alternativa coletiva de abastecimento de água para consumo humano: toda modalidade de abastecimento coletivo de água distinta do sistema público de abastecimento de água, incluindo, dentre outras, fonte, poço comunitário, distribuição por veículo transportador, instalações condominiais horizontais e verticais;

IV - controle da qualidade da água para consumo humano: conjunto de atividades exercidas de forma contínua pelos responsáveis pela operação de sistema ou solução alternativa de abastecimento de água, destinadas a verificar se a água fornecida à população é potável, assegurando a manutenção desta condição;

V - vigilância da qualidade da água para consumo humano: conjunto de ações adotadas continuamente pela autoridade de saúde pública, para verificar se a água consumida pela população atende aos parâmetros estabelecidos pelo Ministério da Saúde, e avaliar os riscos que os sistemas e as soluções alternativas de abastecimento de água representam para a saúde humana;

VI - sistemas isolados: sistemas que abastecem isoladamente bairros, setores ou localidades;

VII - sistemas integrados: sistemas que abastecem diversos municípios simultaneamente ou quando mais de uma unidade produtora abastece um único município, bairro, setor ou localidade;

VIII - unidade de informação: área de abrangência do fornecimento de água pelo sistema de abastecimento; e

IX - ligação predial: derivação da água da rede de distribuição que se liga às edificações ou pontos de consumo por meio de instalações assentadas na via pública até a edificação.

CAPÍTULO III
DAS INFORMAÇÕES AO CONSUMIDOR

ART. 5º Na prestação de serviços de fornecimento de água é assegurado ao consumidor, dentre outros direitos:

I - receber nas contas mensais, no mínimo, as seguintes informações sobre a qualidade da água para consumo humano:

a) divulgação dos locais, formas de acesso e contatos por meio dos quais as informações estarão disponíveis;

b) orientação sobre os cuidados necessários em situações de risco à saúde;

c) resumo mensal dos resultados das análises referentes aos parâmetros básicos de qualidade da água; e

d) características e problemas do manancial que causem riscos à saúde e alerta sobre os possíveis danos a que estão sujeitos os consumidores, especialmente crianças, idosos e pacientes de hemodiálise, orientando sobre as precauções e medidas corretivas necessárias;

II - receber do prestador de serviço de distribuição de água relatório anual contendo, pelo menos, as seguintes informações:

a) transcrição dos arts. 6º, inciso III, e 31 da Lei n. 8.078, de 1990, e referência às obrigações dos responsáveis pela operação do sistema de abastecimento de água, estabelecidas em norma do Ministério da Saúde e demais legislações aplicáveis;

b) razão social ou denominação da empresa ou entidade responsável pelo abastecimento de água, endereço e telefone;

c) nome do responsável legal pela empresa ou entidade;

d) indicação do setor de atendimento ao consumidor;

e) órgão responsável pela vigilância da qualidade da água para consumo humano, endereço e telefone;

f) locais de divulgação dos dados e informações complementares sobre qualidade da água;

g) identificação dos mananciais de abastecimento, descrição das suas condições, informações dos mecanismos e níveis de proteção existentes, qualidade dos mananciais, fontes de contaminação, órgão responsável pelo seu monitoramento e, quando couber, identificação da sua respectiva bacia hidrográfica;

h) descrição simplificada dos processos de tratamento e distribuição da água e dos sistemas isolados e integrados, indicando o município e a unidade de informação abastecida;

i) resumo dos resultados das análises da qualidade da água distribuída para cada unidade de informação, discriminados mês a mês, mencionando por parâmetro analisado o valor máximo permitido, o número de amostras realizadas, o número de amostras anômalas detectadas, o número de amostras em conformidade com o plano de amostragem estabelecido em norma do Ministério da Saúde e as medidas adotadas face às anomalias verificadas; e

j) particularidades próprias da água do manancial ou do sistema de abastecimento, como presença de algas com potencial tóxico, ocorrência de flúor natural no aquífero subterrâneo, ocorrência sistemática de agrotóxicos no manancial, intermitência, dentre outras, e as ações corretivas e preventivas que estão sendo adotadas para a sua regularização.

ART. 6º A conta mensal e o relatório anual deverão trazer esclarecimentos quanto ao significado dos parâmetros neles mencionados, em linguagem acessível ao consumidor, observado o disposto no art. 3º deste Anexo.

ART. 7º A conta mensal e o relatório anual serão encaminhados a cada ligação predial.

Parágrafo único. No caso de condomínios verticais ou horizontais atendidos por uma mesma ligação predial, o fornecedor deverá orientar a administração, por escrito, a divulgar as informações a todos os condôminos.

ART. 8º O relatório anual deverá contemplar todos os parâmetros analisados com frequência trimestral e semestral que estejam em desacordo com os padrões estabelecidos pelo Ministério da Saúde, seguido da expressão: "FORA DOS PADRÕES DE POTABILIDADE".

§ 1º O consumidor deverá ser informado caso não sejam realizadas as análises dos parâmetros referidos no *caput*.

§ 2º Fica assegurado ao consumidor o acesso aos resultados dos demais parâmetros de qualidade de água para consumo humano estabelecidos pelo Ministério da Saúde.

ART. 9º Os prestadores de serviço de transporte de água para consumo humano, por carros-pipa, carroças, barcos, dentre outros, deverão entregar aos consumidores, no momento do fornecimento, no mínimo, as seguintes informações:

I - data, validade e número ou dado indicativo da autorização do órgão de saúde competente;

II - identificação, endereço e telefone do órgão de saúde competente;

III - nome e número de identidade do responsável pelo fornecimento;

IV - local e data de coleta da água; e

V - tipo de tratamento e produtos utilizados.

§ 1º Cabe aos órgãos de saúde fornecer formulário padrão onde estarão contidas as informações referidas nos incisos I a V.

§ 2º Os prestadores de serviço a que se refere o *caput* deverão prover informações aos consumidores sobre cor, cloro residual livre, turbidez, pH e coliformes totais, registrados no fornecimento.

ART. 10. Nas demais formas de soluções alternativas coletivas, as informações referidas no art. 5º deste Anexo serão veiculadas, dentre outros meios, em relatórios anexos ao boleto de pagamento de condomínio, demonstrativos de despesas, boletins afixados em quadros de avisos ou ainda mediante divulgação na imprensa local.

ART. 11. Os responsáveis pelas soluções alternativas coletivas deverão manter registros atualizados sobre as características da água distribuída, sistematizados de forma compreensível aos consumidores e disponibilizados para pronto acesso e consulta pública.

CAPÍTULO IV
DOS CANAIS DE COMUNICAÇÃO COMPLEMENTARES

ART. 12. Os responsáveis pelos sistemas de abastecimento devem disponibilizar, em postos de atendimento, informações completas e atualizadas sobre as características da água distribuída, sistematizadas de forma compreensível aos consumidores.

ART. 13. A fim de garantir a efetiva informação ao consumidor, serão adotados outros canais de comunicação, tais como: informações eletrônicas, ligações telefônicas, boletins em jornal de circulação local, folhetos, cartazes ou outros meios disponíveis e de fácil acesso ao consumidor, sem prejuízo dos instrumentos estabelecidos no art. 5º deste Anexo.

ART. 14. Os responsáveis pelos sistemas de abastecimento e soluções alternativas coletivas deverão comunicar imediatamente à autoridade de saúde pública e informar, de maneira adequada, à população a detecção de qualquer anomalia operacional no sistema ou não conformidade na qualidade da água tratada, identificada como de risco à saúde, independentemente da adoção das medidas necessárias para a correção da irregularidade.

Parágrafo único. O alerta à população atingida deve contemplar o período que a água estará imprópria para consumo e trazer informações sobre formas de aproveitamento condicional da água, logo que detectada a ocorrência do problema.

ART. 15. O responsável pelo sistema de abastecimento de água para consumo humano, ao realizar programas de manobras na rede de distribuição, que, excepcionalmente, possam submeter trechos a pressões inferiores à atmosférica, deverá comunicar essa ocorrência à autoridade de saúde pública e à população que for atingida, com antecedência mínima de setenta e duas horas, bem como informar as áreas afetadas e o período de duração da intervenção.

Parágrafo único. A população deverá ser orientada quanto aos cuidados específicos durante o período de intervenção e no retorno do fornecimento de água, de forma a prevenir riscos à saúde.

ART. 16. Os responsáveis pelos sistemas de abastecimento e soluções alternativas coletivas deverão manter mecanismos para recebimento de reclamações referentes à qualidade da água para consumo humano e para a adoção das providências pertinentes.

Parágrafo único. O consumidor deverá ser comunicado, formalmente, por meio de correspondência, no prazo máximo de trinta dias, a partir da sua reclamação, sobre as providências adotadas.

CAPÍTULO V
DAS DISPOSIÇÕES FINAIS

ART. 17. Compete aos órgãos de saúde responsáveis pela vigilância da qualidade da água para consumo humano:

I - manter registros atualizados sobre as características da água distribuída, sistematizados de forma compreensível à população e disponibilizados para pronto acesso e consulta pública;

II - dispor de mecanismos para receber reclamações referentes às características da água, para adoção das providências adequadas;

III - orientar a população sobre os procedimentos em caso de situações de risco à saúde; e

IV - articular com os Conselhos Nacionais, Estaduais, do Distrito Federal, dos Territórios e Municipais de Saúde, Saneamento e Meio Ambiente, Recursos Hídricos, Comitês de Bacias Hidrográficas e demais entidades representativas da sociedade civil atuantes nestes setores, objetivando apoio na implementação deste Anexo.

§ 1º Os órgãos de saúde deverão assegurar à população o disposto no art. 14 deste Anexo, exigindo maior efetividade, quando necessário, e informar ao consumidor sobre a solução do problema identificado, se houver, no prazo máximo de trinta dias, após o registro da reclamação.

§ 2º No caso de situações de risco à saúde de que trata o inciso III e o § 1º deste artigo, os órgãos de saúde deverão manter entendimentos com o responsável pelo sistema de abastecimento ou por solução alternativa coletiva quanto às orientações que deverão ser prestadas à população por ambas as partes.

ART. 18. Caberão aos Ministérios da Saúde, da Justiça, das Cidades, do Meio Ambiente e às autoridades estaduais, municipais, do Distrito Federal e Territórios, o acompanhamento e a adoção das medidas necessárias para o cumprimento do disposto neste Anexo.

DECRETO N. 5.450, DE 31 DE MAIO DE 2005

Regulamenta o pregão, na forma eletrônica, para aquisição de bens e serviços comuns, e dá outras providências.

▸ *DOU*, 1º.06.2005.

O Presidente da República, no uso da atribuição que lhe confere o art. 84, inciso IV, da Constituição, e tendo em vista o disposto na Lei n. 10.520, de 17 de julho de 2002,

Decreta:

ART. 1º A modalidade de licitação pregão, na forma eletrônica, de acordo com o disposto no § 1º do art. 2º da Lei n. 10.520, de 17 de julho de 2002, destina-se à aquisição de bens e serviços comuns, no âmbito da União, e submete-se ao regulamento estabelecido neste Decreto.

Parágrafo único. Subordinam-se ao disposto neste Decreto, além dos órgãos da administração pública federal direta, os fundos especiais, as autarquias, as fundações públicas, as empresas públicas, as sociedades de economia mista e as demais entidades controladas direta ou indiretamente pela União.

ART. 2º O pregão, na forma eletrônica, como modalidade de licitação do tipo menor preço, realizar-se-á quando a disputa pelo fornecimento de bens ou serviços comuns for feita à distância em sessão pública, por meio de sistema que promova a comunicação pela internet.

§ 1º Consideram-se bens e serviços comuns, aqueles cujos padrões de desempenho e qualidade possam ser objetivamente definidos pelo edital, por meio de especificações usuais do mercado.

§ 2º Para o julgamento das propostas, serão fixados critérios objetivos que permitam aferir o menor preço, devendo ser considerados os prazos para a execução do contrato e do fornecimento, as especificações técnicas, os parâmetros mínimos de desempenho e de qualidade e as demais condições definidas no edital.

§ 3º O sistema referido no *caput* será dotado de recursos de criptografia e de autenticação que garantam condições de segurança em todas as etapas do certame.

§ 4º O pregão, na forma eletrônica,será conduzido pelo órgão ou entidade promotora da licitação, com apoio técnico e operacional da Secretaria de Logística e Tecnologia da Informação do Ministério do Planejamento, Orçamento e Gestão, que atuará como provedor do sistema eletrônico para os órgãos integrantes do Sistema de Serviços Gerais - SISG.

§ 5º A Secretaria de Logística e Tecnologia da Informação poderá ceder o uso do seu sistema eletrônico a órgão ou entidade dos Poderes da União, Estados, Distrito Federal e Municípios, mediante celebração de termo de adesão.

ART. 3º Deverão ser previamente credenciados perante o provedor do sistema eletrônico a autoridade competente do órgão promotor da licitação, o pregoeiro, os membros da equipe de apoio e os licitantes que participam do pregão na forma eletrônica.

§ 1º O credenciamento dar-se-á pela atribuição de chave de identificação e de senha, pessoal e intransferível, para acesso ao sistema eletrônico.

§ 2º No caso de pregão promovido por órgão integrante do SISG, o credenciamento do licitante, bem assim a sua manutenção, dependerá de registro atualizado no Sistema de Cadastramento Unificado de Fornecedores - SICAF.

§ 3º A chave de identificação e a senha poderão ser utilizadas em qualquer pregão na forma eletrônica, salvo quando cancelada por solicitação do credenciado ou em virtude de seu descadastramento perante o SICAF.

§ 4º A perda da senha ou a quebra de sigilo deverá ser comunicada imediatamente ao provedor do sistema, para imediato bloqueio de acesso.

§ 5º O uso da senha de acesso pelo licitante é de sua responsabilidade exclusiva, incluindo qualquer transação efetuada diretamente ou por seu representante, não cabendo ao provedor do sistema ou ao órgão promotor da licitação responsabilidade por eventuais danos decorrentes de uso indevido da senha, ainda que por terceiros.

§ 6º O credenciamento junto ao provedor do sistema implica a responsabilidade legal do licitante e a presunção de sua capacidade técnica para realização das transações inerentes ao pregão na forma eletrônica.

ART. 4º Nas licitações para aquisição de bens e serviços comuns será obrigatória a modalidade pregão, sendo preferencial a utilização da sua forma eletrônica.

§ 1º O pregão deve ser utilizado na forma eletrônica, salvo nos casos de comprovada inviabilidade, a ser justificada pela autoridade competente.

§ 2º Na hipótese de aquisições por dispensa de licitação, fundamentadas no inciso II do art. 24 da Lei n. 8.666, de 21 de junho de 1993, as unidades gestoras integrantes do SISG deverão adotar, preferencialmente, o sistema de cotação eletrônica, conforme disposto na legislação vigente.

ART. 5º A licitação na modalidade de pregão é condicionada aos princípios básicos da legalidade, impessoalidade, moralidade, igualdade, publicidade, eficiência, probidade administrativa, vinculação ao instrumento convocatório e do julgamento objetivo, bem como aos princípios correlatos da razoabilidade, competitividade e proporcionalidade.

Parágrafo único. As normas disciplinadoras da licitação serão sempre interpretadas em favor da ampliação da disputa entre os interessados, desde que não comprometam o interesse da administração, o princípio da isonomia, a finalidade e a segurança da contratação.

ART. 6º A licitação na modalidade de pregão, na forma eletrônica, não se aplica às contratações de obras de engenharia, bem como às locações imobiliárias e alienações em geral.

ART. 7º Os participantes de licitação na modalidade de pregão, na forma eletrônica, têm direito público subjetivo à fiel observância do procedimento estabelecido neste Decreto, podendo qualquer interessado acompanhar o seu desenvolvimento em tempo real, por meio da internet.

ART. 8º À autoridade competente, de acordo com as atribuições previstas no regimento ou estatuto do órgão ou da entidade, cabe:

I - designar e solicitar, junto ao provedor do sistema, o credenciamento do pregoeiro e dos componentes da equipe de apoio;

II - indicar o provedor do sistema;

III - determinar a abertura do processo licitatório;

IV - decidir os recursos contra atos do pregoeiro quando este mantiver sua decisão;

V - adjudicar o objeto da licitação, quando houver recurso;

VI - homologar o resultado da licitação; e

VII - celebrar o contrato.

ART. 9º Na fase preparatória do pregão, na forma eletrônica, será observado o seguinte:

I - elaboração de termo de referência pelo órgão requisitante, com indicação do objeto de forma precisa, suficiente e clara, vedadas especificações que, por excessivas, irrelevantes ou desnecessárias, limitem ou frustrem a competição ou sua realização;

II - aprovação do termo de referência pela autoridade competente;

III - apresentação de justificativa da necessidade da contratação;

IV - elaboração do edital, estabelecendo critérios de aceitação das propostas;

V - definição das exigências de habilitação, das sanções aplicáveis, inclusive no que se refere aos prazos e às condições que, pelas suas particularidades, sejam consideradas relevantes para a celebração e execução do contrato e o atendimento das necessidades da administração; e

VI - designação do pregoeiro e de sua equipe de apoio.

§ 1º A autoridade competente motivará os atos especificados nos incisos II e III, indicando os elementos técnicos fundamentais que o apoiam, bem como quanto aos elementos contidos no orçamento estimativo e no cronograma físico-financeiro de desembolso, se for o caso, elaborados pela administração.

§ 2º O termo de referência é o documento que deverá conter elementos capazes de propiciar avaliação do custo pela administração diante de orçamento detalhado, definição dos métodos, estratégia de suprimento, valor estimado em planilhas de acordo com o preço de mercado, cronograma físico-financeiro, se for o caso, critério de aceitação do objeto, deveres do contratado e do contratante, procedimentos de fiscalização e gerenciamento do contrato, prazo de execução e sanções, de forma clara, concisa e objetiva.

ART. 10. As designações do pregoeiro e da equipe de apoio devem recair nos servidores do órgão ou entidade promotora da licitação, ou de órgão ou entidade integrante do SISG.

§ 1º A equipe de apoio deverá ser integrada, em sua maioria, por servidores ocupantes de cargo efetivo ou emprego da administração pública, pertencentes, preferencialmente, ao quadro permanente do órgão ou entidade promotora da licitação.

§ 2º No âmbito do Ministério da Defesa, as funções de pregoeiro e de membro da equipe de apoio poderão ser desempenhadas por militares.

§ 3º A designação do pregoeiro, a critério da autoridade competente, poderá ocorrer para período de um ano, admitindo-se reconduções, ou para licitação específica.

§ 4º Somente poderá exercer a função de pregoeiro o servidor ou o militar que reúna qualificação profissional e perfil adequados, aferidos pela autoridade competente.

ART. 11. Caberá ao pregoeiro, em especial:

I - coordenar o processo licitatório;

II - receber, examinar e decidir as impugnações e consultas ao edital, apoiado pelo setor responsável pela sua elaboração;

III - conduzir a sessão pública na internet;

IV - verificar a conformidade da proposta com os requisitos estabelecidos no instrumento convocatório;

V - dirigir a etapa de lances;

VI - verificar e julgar as condições de habilitação;

VII - receber, examinar e decidir os recursos, encaminhando à autoridade competente quando mantiver sua decisão;

VIII - indicar o vencedor do certame;

IX - adjudicar o objeto, quando não houver recurso;

X - conduzir os trabalhos da equipe de apoio; e

XI - encaminhar o processo devidamente instruído à autoridade superior e propor a homologação.

ART. 12. Caberá à equipe de apoio, dentre outras atribuições, auxiliar o pregoeiro em todas as fases do processo licitatório.

ART. 13. Caberá ao licitante interessado em participar do pregão, na forma eletrônica:

I - credenciar-se no SICAF para certames promovidos por órgãos da administração pública federal direta, autárquica e fundacional, e de órgão ou entidade dos demais Poderes, no âmbito da União, Estados, Distrito Federal e Municípios, que tenham celebrado termo de adesão;

II - remeter, no prazo estabelecido, exclusivamente por meio eletrônico, via internet, a proposta e, quando for o caso, seus anexos;

III - responsabilizar-se formalmente pelas transações efetuadas em seu nome, assumindo como firmes e verdadeiras suas propostas e lances, inclusive os atos praticados diretamente ou por seu representante, não cabendo ao provedor do sistema ou ao órgão promotor da licitação responsabilidade por eventuais danos decorrentes de uso indevido da senha, ainda que por terceiros;

IV - acompanhar as operações no sistema eletrônico durante o processo licitatório, responsabilizando-se pelo ônus decorrente da perda de negócios diante da inobservância de quaisquer mensagens emitidas pelo sistema ou de sua desconexão;

V - comunicar imediatamente ao provedor do sistema qualquer acontecimento que possa comprometer o sigilo ou a inviabilidade do uso da senha, para imediato bloqueio de acesso;

VI - utilizar-se da chave de identificação e da senha de acesso para participar do pregão na forma eletrônica; e

VII - solicitar o cancelamento da chave de identificação ou da senha de acesso por interesse próprio.

Parágrafo único. O fornecedor descredenciado no SICAF terá sua chave de identificação e senha suspensas automaticamente.

ART. 14. Para habilitação dos licitantes, será exigida, exclusivamente, a documentação relativa:

I - à habilitação jurídica;

II - à qualificação técnica;

III - à qualificação econômico-financeira;

IV - à regularidade fiscal com a Fazenda Nacional, o sistema da seguridade social e o Fundo de Garantia do Tempo de Serviço - FGTS;

V - à regularidade fiscal perante as Fazendas Estaduais e Municipais, quando for o caso; e

VI - ao cumprimento do disposto no inciso XXXIII do art. 7º da Constituição e no inciso XVIII do art. 78 da Lei n. 8.666, de 1993.

Parágrafo único. A documentação exigida para atender ao disposto nos incisos I, III, IV e V deste artigo poderá ser substituída pelo registro cadastral no SICAF ou, em se tratando de órgão ou entidade não abrangida pelo referido Sistema, por certificado de registro cadastral que atenda aos requisitos previstos na legislação geral.

ART. 15. Quando permitida a participação de empresas estrangeiras na licitação, as exigências de habilitação serão atendidas mediante documentos equivalentes, autenticados pelos respectivos consulados ou embaixadas e traduzidos por tradutor juramentado no Brasil.

ART. 16. Quando permitida a participação de consórcio de empresas, serão exigidos:

I - comprovação da existência de compromisso público ou particular de constituição de consórcio, com indicação da empresa-líder, que deverá atender às condições de liderança estipuladas no edital e será a representante das consorciadas perante a União;

II - apresentação da documentação de habilitação especificada no instrumento convocatório por empresa consorciada;

III - comprovação da capacidade técnica do consórcio pelo somatório dos quantitativos de cada consorciado, na forma estabelecida no edital;

IV - demonstração, por empresa consorciada, do atendimento aos índices contábeis definidos no edital, para fins de qualificação econômico-financeira;

V - responsabilidade solidária das empresas consorciadas pelas obrigações do consórcio, nas fases de licitação e durante a vigência do contrato;

VI - obrigatoriedade de liderança por empresa brasileira no consórcio formado por empresas brasileiras e estrangeiras, observado o disposto no inciso I; e

VII - constituição e registro do consórcio antes da celebração do contrato.

Parágrafo único. Fica impedida a participação de empresa consorciada, na mesma licitação, por intermédio de mais de um consórcio ou isoladamente.

ART. 17. A fase externa do pregão, na forma eletrônica, será iniciada com a convocação dos interessados por meio de publicação de aviso, observados os valores estimados para contratação e os meios de divulgação a seguir indicados:

I - até R$ 650.000,00 (seiscentos e cinquenta mil reais):

a) Diário Oficial da União; e

b) meio eletrônico, na internet;

II - acima de R$ 650.000,00 (seiscentos e cinquenta mil reais) até R$ 1.300.000,00 (um milhão e trezentos mil reais):

a) Diário Oficial da União;

b) meio eletrônico, na internet; e

c) jornal de grande circulação local;

III - superiores a R$ 1.300.000,00 (um milhão e trezentos mil reais):

a) Diário Oficial da União;

b) meio eletrônico, na internet; e

c) jornal de grande circulação regional ou nacional.

§ 1º Os órgãos ou entidades integrantes do SISG e os que aderirem ao sistema do Governo Federal disponibilizarão a íntegra do edital, em meio eletrônico, no Portal de Compras do Governo Federal - COMPRASNET, sítio www.comprasnet.gov.br.

§ 2º O aviso do edital conterá a definição precisa, suficiente e clara do objeto, a indicação dos locais, dias e horários em que poderá ser lida ou obtida a íntegra do edital, bem como o endereço eletrônico onde ocorrerá a sessão pública, a data e hora de sua realização e a indicação de que o pregão, na forma eletrônica, será realizado por meio da internet.

§ 3º A publicação referida neste artigo poderá ser feita em sítios oficiais da administração pública, na internet, desde que certificado digitalmente por autoridade certificadora credenciada no âmbito da Infraestrutura de Chaves Públicas Brasileira - ICP-Brasil.

§ 4º O prazo fixado para a apresentação das propostas, contado a partir da publicação do aviso, não será inferior a oito dias úteis.

§ 5º Todos os horários estabelecidos no edital, no aviso e durante a sessão pública observarão, para todos os efeitos, o horário de Brasília, Distrito Federal, inclusive para contagem de tempo e registro no sistema eletrônico e na documentação relativa ao certame.

§ 6º Na divulgação de pregão realizado para o sistema de registro de preços, independentemente do valor estimado, será adotado o disposto no inciso III.

ART. 18. Até dois dias úteis antes da data fixada para abertura da sessão pública, qualquer pessoa poderá impugnar o ato convocatório do pregão, na forma eletrônica.

§ 1º Caberá ao pregoeiro, auxiliado pelo setor responsável pela elaboração do edital, decidir sobre a impugnação no prazo de até vinte e quatro horas.

§ 2º Acolhida a impugnação contra o ato convocatório, será definida e publicada nova data para realização do certame.

ART. 19. Os pedidos de esclarecimentos referentes ao processo licitatório deverão ser enviados ao pregoeiro, até três dias úteis anteriores à data fixada para abertura da sessão pública, exclusivamente por meio eletrônico via internet, no endereço indicado no edital.

ART. 20. Qualquer modificação no edital exige divulgação pelo mesmo instrumento de publicação em que se deu o texto original, reabrindo-se o prazo inicialmente estabelecido, exceto quando, inquestionavelmente, a alteração não afetar a formulação das propostas.

ART. 21. Após a divulgação do edital no endereço eletrônico, os licitantes deverão encaminhar proposta com a descrição do objeto ofertado e o preço e, se for o caso, o respectivo anexo, até a data e hora marcadas para abertura da sessão, exclusivamente por meio do sistema eletrônico, quando, então, encerrar-se-á, automaticamente, a fase de recebimento de propostas.

§ 1º A participação no pregão eletrônico dar-se-á pela utilização da senha privativa do licitante.

§ 2º Para participação no pregão eletrônico, o licitante deverá manifestar, em campo próprio do sistema eletrônico, que cumpre plenamente os requisitos de habilitação e que sua proposta está em conformidade com as exigências do instrumento convocatório.

§ 3º A declaração falsa relativa ao cumprimento dos requisitos de habilitação e proposta sujeitará o licitante às sanções previstas neste Decreto.

§ 4º Até a abertura da sessão, os licitantes poderão retirar ou substituir a proposta anteriormente apresentada.

ART. 22. A partir do horário previsto no edital, a sessão pública na internet será aberta por comando do pregoeiro com a utilização de sua chave de acesso e senha.

§ 1º Os licitantes poderão participar da sessão pública na internet, devendo utilizar sua chave de acesso e senha.

§ 2º O pregoeiro verificará as propostas apresentadas, desclassificando aquelas que não estejam em conformidade com os requisitos estabelecidos no edital.

§ 3º A desclassificação de proposta será sempre fundamentada e registrada no sistema, com acompanhamento em tempo real por todos os participantes.

§ 4º As propostas contendo a descrição do objeto, valor e eventuais anexos estarão disponíveis na internet.

§ 5º O sistema disponibilizará campo próprio para troca de mensagens entre o pregoeiro e os licitantes.

ART. 23. O sistema ordenará, automaticamente, as propostas classificadas pelo pregoeiro, sendo que somente estas participarão da fase de lance.

ART. 24. Classificadas as propostas, o pregoeiro dará início à fase competitiva, quando então os licitantes poderão encaminhar lances exclusivamente por meio do sistema eletrônico.

§ 1º No que se refere aos lances, o licitante será imediatamente informado do seu recebimento e do valor consignado no registro.

§ 2º Os licitantes poderão oferecer lances sucessivos, observados o horário fixado para abertura da sessão e as regras estabelecidas no edital.

§ 3º O licitante somente poderá oferecer lance inferior ao último por ele ofertado e registrado pelo sistema.

§ 4º Não serão aceitos dois ou mais lances iguais, prevalecendo aquele que for recebido e registrado primeiro.

§ 5º Durante a sessão pública, os licitantes serão informados, em tempo real, do valor do menor lance registrado, vedada a identificação do licitante.

§ 6º A etapa de lances da sessão pública será encerrada por decisão do pregoeiro.

§ 7º O sistema eletrônico encaminhará aviso de fechamento iminente dos lances, após o que transcorrerá período de tempo de até trinta minutos, aleatoriamente determinado, findo o qual será automaticamente encerrada a recepção de lances.

§ 8º Após o encerramento da etapa de lances da sessão pública, o pregoeiro poderá encaminhar, pelo sistema eletrônico, contraproposta ao licitante que tenha apresentado lance mais vantajoso, para que seja obtida melhor proposta, observado o critério de julgamento, não se admitindo negociar condições diferentes daquelas previstas no edital.

› Art. 5º, § 4º, do Dec. 8.184/2014 (A aplicação das margens de preferência não excluirá a negociação entre o pregoeiro e o vencedor da fase de lances.)

§ 9º A negociação será realizada por meio do sistema, podendo ser acompanhada pelos demais licitantes.

§ 10. No caso de desconexão do pregoeiro, no decorrer da etapa de lances, se o sistema eletrônico permanecer acessível aos licitantes, os lances continuarão sendo recebidos, sem prejuízo dos atos realizados.

§ 11. Quando a desconexão do pregoeiro persistir por tempo superior a dez minutos, a sessão do pregão na forma eletrônica será suspensa e reiniciada somente após comunicação aos participantes, no endereço eletrônico utilizado para divulgação.

ART. 25. Encerrada a etapa de lances, o pregoeiro examinará a proposta classificada em primeiro lugar quanto à compatibilidade do preço em relação ao estimado para contratação e verificará a habilitação do licitante conforme disposições do edital.

§ 1º A habilitação dos licitantes será verificada por meio do SICAF, nos documentos por ele abrangidos, quando dos procedimentos licitatórios realizados por órgãos integrantes do SISG ou por órgãos ou entidades que aderirem ao SICAF.

§ 2º Os documentos exigidos para habilitação que não estejam contemplados no SICAF, inclusive quando houver necessidade de envio de anexos, deverão ser apresentados inclusive via fax, no prazo definido no edital, após solicitação do pregoeiro no sistema eletrônico.

§ 3º Os documentos e anexos exigidos, quando remetidos via fax, deverão ser apresentados em original ou por cópia autenticada, nos prazos estabelecidos no edital.

§ 4º Para fins de habilitação, a verificação pelo órgão promotor do certame nos sítios oficiais de órgãos e entidades emissores de certidões constitui meio legal de prova.

§ 5º Se a proposta não for aceitável ou se o licitante não atender às exigências habilitatórias, o pregoeiro examinará a proposta subsequente e, assim sucessivamente, na ordem de classificação, até a apuração de uma proposta que atenda ao edital.

§ 6º No caso de contratação de serviços comuns em que a legislação ou o edital exija apresentação de planilha de composição de preços, esta deverá ser encaminhada de imediato por meio eletrônico, com os respectivos valores readequados ao lance vencedor.

§ 7º No pregão, na forma eletrônica, realizado para o sistema de registro de preços, quando a proposta do licitante vencedor não atender ao quantitativo total estimado para a contratação, respeitada a ordem de classificação, poderão ser convocados tantos licitantes quantos forem necessários para alcançar o total estimado, observado o preço da proposta vencedora.

§ 8º Os demais procedimentos referentes ao sistema de registro de preços ficam submetidos à norma específica que regulamenta o art. 15 da Lei n. 8.666, de 1993.

§ 9º Constatado o atendimento às exigências fixadas no edital, o licitante será declarado vencedor.

ART. 26. Declarado o vencedor, qualquer licitante poderá, durante a sessão pública, de forma imediata e motivada, em campo próprio do sistema, manifestar sua intenção de recorrer, quando lhe será concedido o prazo de três dias para apresentar as razões de recurso, ficando os demais licitantes, desde logo, intimados para, querendo, apresentarem contra-razões em igual prazo, que começará a contar do término do prazo do recorrente, sendo-lhes assegurada vista imediata dos elementos indispensáveis à defesa dos seus interesses.

§ 1º A falta de manifestação imediata e motivada do licitante quanto à intenção de recorrer, nos termos do *caput*, importará na decadência desse direito, ficando o pregoeiro autorizado a adjudicar o objeto ao licitante declarado vencedor.

§ 2º O acolhimento de recurso importará na invalidação apenas dos atos insuscetíveis de aproveitamento.

§ 3º No julgamento da habilitação e das propostas, o pregoeiro poderá sanar erros ou falhas que não alterem a substância das propostas, dos documentos e sua validade jurídica, mediante despacho fundamentado, registrado em ata e acessível a todos, atribuindo-lhes validade e eficácia para fins de habilitação e classificação.

ART. 27. Decididos os recursos e constatada a regularidade dos atos praticados, a autoridade competente adjudicará o objeto e homologará o procedimento licitatório.

§ 1º Após a homologação referida no *caput*, o adjudicatário será convocado para assinar o contrato ou a ata de registro de preços no prazo definido no edital.

§ 2º Na assinatura do contrato ou da ata de registro de preços, será exigida a comprovação das condições de habilitação consignadas no edital, as quais deverão ser mantidas pelo licitante durante a vigência do contrato ou da ata de registro de preços.

§ 3º O vencedor da licitação que não fizer a comprovação referida no § 2º ou quando, injustificadamente, recusar-se a assinar o contrato ou a ata de registro de preços, poderá ser convocado outro licitante, desde que respeitada a ordem de classificação, para, após comprovados os requisitos habilitatórios e feita a negociação, assinar o contrato ou a ata de registro de preços, sem prejuízo das multas previstas em edital e no contrato e das demais cominações legais.

§ 4º O prazo de validade das propostas será de sessenta dias, salvo disposição específica do edital.

ART. 28. Aquele que, convocado dentro do prazo de validade de sua proposta, não assinar o contrato ou ata de registro de preços, deixar de entregar documentação exigida no edital, apresentar documentação falsa, ensejar o retardamento da execução de seu objeto, não mantiver a proposta, falhar ou fraudar na execução do contrato, comportar-se de modo inidôneo, fizer declaração falsa ou cometer fraude fiscal, garantido o direito à ampla defesa, ficará impedido de licitar e de contratar com a União, e será descredenciado no SICAF, pelo prazo de até cinco anos, sem prejuízo das multas previstas em edital e no contrato e das demais cominações legais.

Parágrafo único. As penalidades serão obrigatoriamente registradas no SICAF.

ART. 29. A autoridade competente para aprovação do procedimento licitatório somente poderá revogá-lo em face de razões de interesse público, por motivo de fato superveniente devidamente comprovado, pertinente e suficiente para justificar tal conduta, devendo anulá-lo por ilegalidade, de ofício ou por provocação de qualquer pessoa, mediante ato escrito e fundamentado.

§ 1º A anulação do procedimento licitatório induz à do contrato ou da ata de registro de preços.

§ 2º Os licitantes não terão direito à indenização em decorrência da anulação do procedimento licitatório, ressalvado o direito do contratado de boa-fé de ser ressarcido pelos encargos que tiver suportado no cumprimento do contrato.

ART. 30. O processo licitatório será instruído com os seguintes documentos:

I - justificativa da contratação;

II - termo de referência;

III - planilhas de custo, quando for o caso;

IV - previsão de recursos orçamentários, com a indicação das respectivas rubricas;

V - autorização de abertura da licitação;

VI - designação do pregoeiro e equipe de apoio;

VII - edital e respectivos anexos, quando for o caso;

VIII - minuta do termo do contrato ou instrumento equivalente, ou minuta da ata de registro de preços, conforme o caso;

IX - parecer jurídico;

X - documentação exigida para a habilitação;

XI - ata contendo os seguintes registros:

a) licitantes participantes;

b) propostas apresentadas;

c) lances ofertados na ordem de classificação;

d) aceitabilidade da proposta de preço;

e) habilitação; e

f) recursos interpostos, respectivas análises e decisões;

XII - comprovantes das publicações:

a) do aviso do edital;

b) do resultado da licitação;

c) do extrato do contrato; e

d) dos demais atos em que seja exigida a publicidade, conforme o caso.

§ 1º O processo licitatório poderá ser realizado por meio de sistema eletrônico, sendo que os atos e documentos referidos neste artigo constantes dos arquivos e registros digitais serão válidos para todos os efeitos legais, inclusive para comprovação e prestação de contas.

§ 2º Os arquivos e registros digitais, relativos ao processo licitatório, deverão permanecer à disposição das auditorias internas e externas.

§ 3º A ata será disponibilizada na internet para acesso livre, imediatamente após o encerramento da sessão pública.

ART. 31. O Ministério do Planejamento, Orçamento e Gestão estabelecerá instruções complementares ao disposto neste Decreto.

ART. 32. Este Decreto entra em vigor em 1º de julho de 2005.

ART. 33. Fica revogado o Decreto n. 3.697, de 21 de dezembro de 2000.

Brasília, de 2005; 184º da Independência e 117º da República.

LUIZ INÁCIO LULA DA SILVA

DECRETO N. 5.483, DE 30 DE JUNHO DE 2005

Regulamenta, no âmbito do Poder Executivo Federal, o art. 13 da Lei 8.429, de 02 de junho de 1992, institui a sindicância patrimonial e dá outras providências.

› *DOU*, 1º.07.2005.

O Presidente da República, no uso das atribuições que lhe confere o art. 84, incisos IV e VI, alínea *a*, da Constituição, e tendo em vista o disposto na Lei 8.429, de 02 de junho de 1992, decreta:

ART. 1º A declaração dos bens e valores que integram o patrimônio privado de agente público, no âmbito do Poder Executivo Federal, bem como sua atualização, conforme previsto na Lei 8.429, de 02 de junho de 1992, observarão as normas deste Decreto.

ART. 2º A posse e o exercício de agente público em cargo, emprego ou função da administração pública direta ou indireta ficam condicionados à apresentação, pelo interessado, de declaração dos bens e valores que integram o seu patrimônio, bem como os do cônjuge, companheiro, filhos ou outras pessoas que vivam sob a sua dependência econômica, excluídos apenas os objetos e utensílios de uso doméstico.

Parágrafo único. A declaração de que trata este artigo compreenderá imóveis, móveis, semoventes, dinheiro, títulos, ações e qualquer outra espécie de bens e valores patrimoniais localizados no País ou no exterior.

ART. 3º Os agentes públicos de que trata este Decreto atualizarão, em formulário próprio, anualmente e no momento em que deixarem o cargo, emprego ou função, a declaração dos bens e valores, com a indicação da respectiva variação patrimonial ocorrida.

§ 1º A atualização anual de que trata o *caput* será realizada no prazo de até quinze dias após a data limite fixada pela Secretaria da Receita Federal do Ministério da Fazenda para a apresentação da Declaração de Ajuste Anual do Imposto de Renda Pessoa Física.

§ 2º O cumprimento do disposto no § 4º do art. 13 da Lei 8.429, de 1992, poderá, a critério do agente público, realizar-se mediante autorização de acesso à declaração anual apresentada à Secretaria da Receita Federal, com as respectivas retificações.

ART. 4º O serviço de pessoal competente manterá arquivo das declarações e autorizações previstas neste Decreto até cinco anos após a data em que o agente público deixar o cargo, emprego ou função.

ART. 5º Será instaurado processo administrativo disciplinar contra o agente público que se recusar a apresentar declaração dos bens e valores na data própria, ou que a prestar falsa, ficando sujeito à penalidade prevista no § 3º do art. 13 da Lei 8.429, de 1992.

ART. 6º Os órgãos de controle interno fiscalizarão o cumprimento da exigência de entrega das declarações regulamentadas por este Decreto, a ser realizado pelo serviço de pessoal competente.

ART. 7º A Controladoria-Geral da União, no âmbito do Poder Executivo Federal, poderá analisar, sempre que julgar necessário, a evolução patrimonial do agente público, a fim de verificar a compatibilidade desta com os recursos e disponibilidades que compõem o seu patrimônio, na forma prevista na Lei 8.429, de 1992, observadas as disposições especiais da Lei 8.730, de 10 de novembro de 1993.

Parágrafo único. Verificada a incompatibilidade patrimonial, na forma estabelecida no *caput*, a Controladoria-Geral da União instaurará procedimento de sindicância patrimonial ou requisitará sua instauração ao órgão ou entidade competente.

ART. 8º Ao tomar conhecimento de fundada notícia ou de indícios de enriquecimento ilícito, inclusive evolução patrimonial incompatível com os recursos e disponibilidades do agente público, nos termos do art. 9º da Lei 8.429, de 1992, a autoridade competente determinará a instauração de sindicância patrimonial, destinada à apuração dos fatos.

Parágrafo único. A sindicância patrimonial de que trata este artigo será instaurada, mediante portaria, pela autoridade competente ou pela Controladoria-Geral da União.

ART. 9º A sindicância patrimonial constituir-se-á em procedimento sigiloso e meramente investigatório, não tendo caráter punitivo.

§ 1º O procedimento de sindicância patrimonial será conduzido por comissão composta por dois ou mais servidores ou empregados efetivos de órgãos ou entidades da administração federal.

§ 2º O prazo para conclusão do procedimento de sindicância patrimonial será de trinta dias, contados da data da publicação do ato que constituir a comissão, podendo ser prorrogado, por igual período ou por período inferior, pela autoridade competente pela instauração, desde que justificada a necessidade.

§ 3º Concluídos os trabalhos da sindicância patrimonial, a comissão responsável por sua condução fará relatório sobre os fatos apurados, opinando pelo seu arquivamento ou, se for o caso, por sua conversão em processo administrativo disciplinar.

ART. 10. Concluído o procedimento de sindicância nos termos deste Decreto, dar-se-á imediato conhecimento do fato ao Ministério Público Federal, ao Tribunal de Contas da União, à Controladoria-Geral da União, à Secretaria da Receita Federal e ao Conselho de Controle de Atividades Financeiras.

ART. 11. Nos termos e condições a serem definidos em convênio, a Secretaria da Receita Federal poderá fornecer à Controladoria-Geral da União, em meio eletrônico, cópia da declaração anual do agente público que houver optado pelo cumprimento da obrigação, na forma prevista no § 2º do art. 3º deste Decreto.

§ 1º Compete à Controladoria-Geral da União informar à Secretaria da Receita Federal o rol dos optantes, nos termos do § 2º do art. 3º deste Decreto, com o respectivo número de inscrição no Cadastro de Pessoas Físicas e o exercício ao qual correspondem as mencionadas declarações.

§ 2º Caberá à Controladoria-Geral da União adotar medidas que garantam a preservação do sigilo das informações recebidas, relativas à situação econômica ou financeira do agente público ou de terceiros e à natureza e ao estado de seus negócios ou atividades.

ART. 12. Para a realização dos procedimentos previstos neste Decreto, poderão ser utilizados recursos de tecnologia da informação.

ART. 13. A Controladoria-Geral da União e o Ministério do Planejamento, Orçamento e Gestão expedirão, no prazo de noventa dias, as instruções necessárias para o cumprimento deste Decreto no âmbito do Poder Executivo Federal, salvo em relação ao convênio a que se refere o art. 11.

ART. 14. Caberá aos titulares dos órgãos e entidades da administração pública federal direta ou indireta, sob pena de responsabilidade, velar pela estrita observância do disposto neste Decreto.

ART. 15. Este Decreto entra em vigor na data de sua publicação.

ART. 16. Fica revogado o Decreto n. 978, de 10 de novembro de 1993.

Brasília, 30 de junho de 2005; 184º da Independência e 117º da República.

LUIZ INÁCIO LULA DA SILVA

DECRETO N. 5.504, DE 5 DE AGOSTO DE 2005

Estabelece a exigência de utilização do pregão, preferencialmente na forma eletrônica, para entes públicos ou privados, nas contratações de bens e serviços comuns, realizadas em decorrência de transferências voluntárias de recursos públicos da União, decorrentes de convênios ou instrumentos congêneres, ou consórcios públicos.

› *DOU*, 08.08.2005.

O Presidente da República, no uso da atribuição que lhe confere o art. 84, inciso VI, alínea "a", e tendo em vista o disposto no art. 37, inciso XXI, da Constituição, no art. 116 da Lei n. 8.666, de 21 de junho de 1993, e nas Leis n. 11.107, de 6 de abril de 2005, e 10.520, de 17 de julho de 2002,

Decreta:

ART. 1º Os instrumentos de formalização, renovação ou aditamento de convênios, instrumentos congêneres ou de consórcios públicos que envolvam repasse voluntário de recursos públicos da União deverão conter cláusula que determine que as obras, compras, serviços e alienações a serem realizadas por entes públicos ou privados, com os recursos ou bens repassados voluntariamente pela União, sejam contratadas mediante processo de licitação pública, de acordo com o estabelecido na legislação federal pertinente.

§ 1º Nas licitações realizadas com a utilização de recursos repassados nos termos do *caput*, para aquisição de bens e serviços comuns, será obrigatório o emprego da modalidade pregão, nos termos da Lei n. 10.520, de 17 de julho de 2002, e do regulamento previsto no Decreto n. 5.450, de 31 de maio de 2005, sendo preferencial a utilização de sua forma eletrônica, de acordo com cronograma a ser definido em instrução complementar.

§ 2º A inviabilidade da utilização do pregão na forma eletrônica deverá ser devidamente justificada pelo dirigente ou autoridade competente.

§ 3º Os órgãos, entes e entidades privadas sem fins lucrativos, convenentes ou consorciadas com a União, poderão utilizar sistemas de pregão eletrônico próprios ou de terceiros.

§ 4º Nas situações de dispensa ou inexigibilidade de licitação, as entidades privadas sem fins lucrativos, observarão o disposto no art. 26 da Lei n. 8.666, de 21 de junho de 1993, devendo a ratificação ser procedida pela instância máxima de deliberação da entidade, sob pena de nulidade.

§ 5º (Revogado pelo Dec. 9.190/2017.)

ART. 2º Os órgãos, entes e instituições convenentes, firmatários de contrato de gestão ou termo de parceria, ou consorciados deverão providenciar a transferência eletrônica de dados, relativos aos contratos firmados com recursos públicos repassados voluntariamente pela União para o Sistema Integrado de

DECRETOS

Administração de Serviços Gerais - SIASG, de acordo com instrução a ser editada pelo Ministério do Planejamento, Orçamento e Gestão.

ART. 3º As transferências voluntárias de recursos públicos da União subsequentes, relativas ao mesmo ajuste, serão condicionadas à apresentação, pelos convenentes ou consorciados, da documentação ou dos registros em meio eletrônico que comprovem a realização de licitação nas alienações e nas contratações de obras, compras e serviços com os recursos repassados a partir da vigência deste Decreto.

ART. 4º Os Ministérios do Planejamento, Orçamento e Gestão e da Fazenda expedirão instrução complementar conjunta para a execução deste Decreto, no prazo de noventa dias, dispondo sobre os limites, prazos e condições para a sua implementação, especialmente em relação ao § 1º do art. 1º, podendo estabelecer as situações excepcionais de dispensa da aplicação do disposto no citado § 1º.

ART. 5º Este Decreto entra em vigor na data de sua publicação.

Brasília, 5 de agosto de 2005; 184º da Independência e 117º da República.

LUIZ INÁCIO LULA DA SILVA

DECRETO N. 5.591, DE 22 DE NOVEMBRO DE 2005

Regulamenta dispositivos da Lei n. 11.105, de 24 de março de 2005, que regulamenta os incisos II, IV e V do § 1º do art. 225 da Constituição, e dá outras providências.

O Presidente da República, no uso das atribuições que lhe confere o art. 84, incisos IV e VI, alínea "a", da Constituição, e tendo em vista o disposto na Lei n. 11.105, de 24 de março de 2005,

Decreta:

CAPÍTULO I
DAS DISPOSIÇÕES PRELIMINARES E GERAIS

ART. 1º Este Decreto regulamenta dispositivos da Lei n. 11.105, de 24 de março de 2005, que estabelece normas de segurança e mecanismos de fiscalização sobre a construção, o cultivo, a produção, a manipulação, o transporte, a transferência, a importação, a exportação, o armazenamento, a pesquisa, a comercialização, o consumo, a liberação no meio ambiente e o descarte de organismos geneticamente modificados - OGM e seus derivados, tendo como diretrizes o estímulo ao avanço científico na área de biossegurança e biotecnologia, a proteção à vida e à saúde humana, animal e vegetal, e a observância do princípio da precaução para a proteção do meio ambiente, bem como normas para o uso mediante autorização de células-tronco embrionárias obtidas de embriões humanos produzidos por fertilização *in vitro* e não utilizados no respectivo procedimento, para fins de pesquisa e terapia.

ART. 2º As atividades e projetos que envolvam OGM e seus derivados, relacionados ao ensino com manipulação de organismos vivos, à pesquisa científica, ao desenvolvimento tecnológico e à produção industrial ficam restritos ao âmbito de entidades de direito público ou privado, que serão responsáveis pela obediência aos preceitos da Lei n. 11.105, de 2005, deste Decreto e de normas complementares, bem como pelas eventuais consequências ou efeitos advindos de seu descumprimento.

§ 1º Para os fins deste Decreto, consideram-se atividades e projetos no âmbito de entidade os conduzidos em instalações próprias ou sob a responsabilidade administrativa, técnica ou científica da entidade.

§ 2º As atividades e projetos de que trata este artigo são vedados a pessoas físicas em atuação autônoma e independente, ainda que mantenham vínculo empregatício ou qualquer outro com pessoas jurídicas.

§ 3º Os interessados em realizar atividade prevista neste Decreto deverão requerer autorização à Comissão Técnica Nacional de Biossegurança - CTNBio, que se manifestará no prazo fixado em norma própria.

ART. 3º Para os efeitos deste Decreto, considera-se:

I - atividade de pesquisa: a realizada em laboratório, regime de contenção ou campo, como parte do processo de obtenção de OGM e seus derivados ou de avaliação da biossegurança de OGM e seus derivados, o que engloba, no âmbito experimental, a construção, o cultivo, a manipulação, o transporte, a transferência, a importação, a exportação, o armazenamento, a liberação no meio ambiente e o descarte de OGM e seus derivados;

II - atividade de uso comercial de OGM e seus derivados: a que não se enquadra como atividade de pesquisa, e que trata do cultivo, da produção, da manipulação, do transporte, da transferência, da comercialização, da importação, da exportação, do armazenamento, do consumo, da liberação e do descarte de OGM e seus derivados para fins comerciais;

III - organismo: toda entidade biológica capaz de reproduzir ou transferir material genético, inclusive vírus e outras classes que venham a ser conhecidas;

IV - ácido desoxirribonucleico - ADN, ácido ribonucleico - ARN: material genético que contém informações determinantes dos caracteres hereditários transmissíveis à descendência;

V - moléculas de ADN/ARN recombinante: as moléculas manipuladas fora das células vivas mediante a modificação de segmentos de ADN/ARN natural ou sintético e que possam multiplicar-se em uma célula viva, ou ainda as moléculas de ADN/ARN resultantes dessa multiplicação; consideram-se também os segmentos de ADN/ARN sintéticos equivalentes aos de ADN/ARN natural;

VI - engenharia genética: atividade de produção e manipulação de moléculas de ADN/ARN recombinante;

VII - organismo geneticamente modificado - OGM: organismo cujo material genético - ADN/ARN tenha sido modificado por qualquer técnica de engenharia genética;

VIII - derivado de OGM: produto obtido de OGM e que não possua capacidade autônoma de replicação ou que não contenha forma viável de OGM;

IX - célula germinal humana: célula-mãe responsável pela formação de gametas presentes nas glândulas sexuais femininas e masculinas e suas descendentes diretas em qualquer grau de ploidia;

X - fertilização *in vitro*: a fusão dos gametas realizada por qualquer técnica de fecundação extracorpórea;

XI - clonagem: processo de reprodução assexuada, produzida artificialmente, baseada em um único patrimônio genético, com ou sem utilização de técnicas de engenharia genética;

XII - células-tronco embrionárias: células de embrião que apresentam a capacidade de se transformar em células de qualquer tecido de um organismo;

XIII - embriões inviáveis: aqueles com alterações genéticas comprovadas por diagnóstico pré implantacional, conforme normas específicas estabelecidas pelo Ministério da Saúde, que tiveram seu desenvolvimento interrompido por ausência espontânea de clivagem após período superior a vinte e quatro horas a partir da fertilização *in vitro*, ou com alterações morfológicas que comprometam o pleno desenvolvimento do embrião;

XIV - embriões congelados disponíveis: aqueles congelados até o dia 28 de março de 2005, depois de completados três anos contados a partir da data do seu congelamento;

XV - genitores: usuários finais da fertilização *in vitro*;

XVI - órgãos e entidades de registro e fiscalização: aqueles referidos no *caput* do art. 53;

XVII - tecnologias genéticas de restrição do uso: qualquer processo de intervenção humana para geração ou multiplicação de plantas geneticamente modificadas para produzir estruturas reprodutivas estéreis, bem como qualquer forma de manipulação genética que vise à ativação ou desativação de genes relacionados à fertilidade das plantas por indutores químicos externos.

§ 1º Não se inclui na categoria de OGM o resultante de técnicas que impliquem a introdução direta, num organismo, de material hereditário, desde que não envolvam a utilização de moléculas de ADN/ARN recombinante ou OGM, inclusive fecundação *in vitro*, conjugação, transdução, transformação, indução poliploide e qualquer outro processo natural.

§ 2º Não se inclui na categoria de derivado de OGM a substância pura, quimicamente definida, obtida por meio de processos biológicos e que não contenha OGM, proteína heteróloga ou ADN recombinante.

CAPÍTULO II
DA COMISSÃO TÉCNICA NACIONAL DE BIOSSEGURANÇA

ART. 4º A CTNBio, integrante do Ministério da Ciência e Tecnologia, é instância colegiada multidisciplinar de caráter consultivo e deliberativo, para prestar apoio técnico e de assessoramento ao Governo Federal na formulação, atualização e implementação da Política Nacional de Biossegurança - PNB de OGM e seus derivados, bem como no estabelecimento de normas técnicas de segurança e de pareceres técnicos referentes à autorização para atividades que envolvam pesquisa e uso comercial de OGM e seus derivados, com base na avaliação de seu risco zoofitossanitário, à saúde humana e ao meio ambiente.

Parágrafo único. A CTNBio deverá acompanhar o desenvolvimento e o progresso técnico e científico nas áreas de biossegurança, biotecnologia, bioética e afins, com o objetivo de aumentar sua capacitação para a proteção da saúde humana, dos animais e das plantas e do meio ambiente.

SEÇÃO I
DAS ATRIBUIÇÕES

ART. 5º Compete à CTNBio:

I - estabelecer normas para as pesquisas com OGM e seus derivados;

II - estabelecer normas relativamente às atividades e aos projetos relacionados a OGM e seus derivados;

III - estabelecer, no âmbito de suas competências, critérios de avaliação e monitoramento de risco de OGM e seus derivados;

IV - proceder à análise da avaliação de risco, caso a caso, relativamente a atividades e projetos que envolvam OGM e seus derivados;

V - estabelecer os mecanismos de funcionamento das Comissões Internas de Biossegurança - CIBio, no âmbito de cada instituição que se dedique ao ensino, à pesquisa científica, ao desenvolvimento tecnológico e à produção industrial que envolvam OGM e seus derivados;

VI - estabelecer requisitos relativos a biossegurança para autorização de funcionamento de laboratório, instituição ou empresa que desenvolverá atividades relacionadas a OGM e seus derivados;

VII - relacionar-se com instituições voltadas para a biossegurança de OGM e seus derivados, em âmbito nacional e internacional;

VIII - autorizar, cadastrar e acompanhar as atividades de pesquisa com OGM e seus derivados, nos termos da legislação em vigor;

IX - autorizar a importação de OGM e seus derivados para atividade de pesquisa;

X - prestar apoio técnico consultivo e de assessoramento ao Conselho Nacional de Biossegurança - CNBS na formulação da Política Nacional de Biossegurança de OGM e seus derivados;

XI - emitir Certificado de Qualidade em Biossegurança - CQB para o desenvolvimento de atividades com OGM e seus derivados em laboratório, instituição ou empresa e enviar cópia do processo aos órgãos de registro e fiscalização;

XII - emitir decisão técnica, caso a caso, sobre a biossegurança de OGM e seus derivados, no âmbito das atividades de pesquisa e de uso comercial de OGM e seus derivados, inclusive a classificação quanto ao grau de risco e nível de biossegurança exigido, bem como medidas de segurança exigidas e restrições ao uso;

XIII - definir o nível de biossegurança a ser aplicado ao OGM e seus usos, e os respectivos procedimentos e medidas de segurança quanto ao seu uso, conforme as normas estabelecidas neste Decreto, bem como quanto aos seus derivados;

XIV - classificar os OGM segundo a classe de risco, observados os critérios estabelecidos neste Decreto;

XV - acompanhar o desenvolvimento e o progresso técnico-científico na biossegurança de OGM e seus derivados;

XVI - emitir resoluções, de natureza normativa, sobre as matérias de sua competência;

XVII - apoiar tecnicamente os órgãos competentes no processo de prevenção e investigação de acidentes e de enfermidades, verificados no curso dos projetos e das atividades com técnicas de ADN/ARN recombinante;

XVIII - apoiar tecnicamente os órgãos e entidades de registro e fiscalização, no exercício de suas atividades relacionadas a OGM e seus derivados;

XIX - divulgar no Diário Oficial da União, previamente à análise, os extratos dos pleitos e, posteriormente, dos pareceres dos processos que lhe forem submetidos, bem como dar ampla publicidade no Sistema de Informações em Biossegurança - SIB a sua agenda, processos em trâmite, relatórios anuais, atas das reuniões e demais informações sobre suas atividades, excluídas as informações sigilosas, de interesse comercial, apontadas pelo proponente e assim por ela consideradas;

XX - identificar atividades e produtos decorrentes do uso de OGM e seus derivados potencialmente causadores de degradação do meio ambiente ou que possam causar riscos à saúde humana;

XXI - reavaliar suas decisões técnicas por solicitação de seus membros ou por recurso dos órgãos e entidades de registro e fiscalização, fundamentado em fatos ou conhecimentos científicos novos, que sejam relevantes quanto à biossegurança de OGM e seus derivados;

XXII - propor a realização de pesquisas e estudos científicos no campo da biossegurança de OGM e seus derivados;

XXIII - apresentar proposta de seu regimento interno ao Ministro de Estado da Ciência e Tecnologia.

Parágrafo único. A reavaliação de que trata o inciso XXI deste artigo será solicitada ao Presidente da CTNBio em petição que conterá o nome e qualificação do solicitante, o fundamento instruído com descrição dos fatos ou relato dos conhecimentos científicos novos que a ensejem e o pedido de nova decisão a respeito da biossegurança de OGM e seus derivados a que se refiram.

SEÇÃO II
DA COMPOSIÇÃO

ART. 6º A CTNBio, composta de membros titulares e suplentes, designados pelo Ministro de Estado da Ciência e Tecnologia, será constituída por vinte e sete cidadãos brasileiros de reconhecida competência técnica, de notória atuação e saber científicos, com grau acadêmico de doutor e com destacada atividade profissional nas áreas de biossegurança, biotecnologia, biologia, saúde humana e animal ou meio ambiente, sendo:

I - doze especialistas de notório saber científico e técnico, em efetivo exercício profissional, sendo:

a) três da área de saúde humana;

b) três da área animal;

c) três da área vegetal;

d) três da área de meio ambiente;

II - um representante de cada um dos seguintes órgãos, indicados pelos respectivos titulares:

a) Ministério da Ciência e Tecnologia;

b) Ministério da Agricultura, Pecuária e Abastecimento;

c) Ministério da Saúde;

d) Ministério do Meio Ambiente;

e) Ministério do Desenvolvimento Agrário;

f) Ministério do Desenvolvimento, Indústria e Comércio Exterior;

g) Ministério da Defesa;

h) Ministério das Relações Exteriores;

i) Secretaria Especial de Aquicultura e Pesca da Presidência da República;

III - um especialista em defesa do consumidor, indicado pelo Ministro de Estado da Justiça;

IV - um especialista na área de saúde, indicado pelo Ministro de Estado da Saúde;

V - um especialista em meio ambiente, indicado pelo Ministro de Estado do Meio Ambiente;

VI - um especialista em biotecnologia, indicado pelo Ministro de Estado da Agricultura, Pecuária e Abastecimento;

VII - um especialista em agricultura familiar, indicado pelo Ministro de Estado do Desenvolvimento Agrário;

VIII - um especialista em saúde do trabalhador, indicado pelo Ministro de Estado do Trabalho e Emprego.

Parágrafo único. Cada membro efetivo terá um suplente, que participará dos trabalhos na ausência do titular.

ART. 7º Os especialistas de que trata o inciso I do art. 6º serão escolhidos a partir de lista tríplice de titulares e suplentes.

Parágrafo único. O Ministro de Estado da Ciência e Tecnologia constituirá comissão *ad hoc*, integrada por membros externos à CTNBio, representantes de sociedades científicas, da Sociedade Brasileira para o Progresso da Ciência - SBPC e da Academia Brasileira de Ciências - ABC, encarregada de elaborar a lista tríplice de que trata o *caput* deste artigo, no prazo de até trinta dias de sua constituição.

ART. 8º Os representantes de que trata o inciso II do art. 6º, e seus suplentes, serão indicados pelos titulares dos respectivos órgãos no prazo de trinta dias da data do aviso do Ministro de Estado da Ciência e Tecnologia.

ART. 9º A indicação dos especialistas de que tratam os incisos III a VIII do art. 6º será feita pelos respectivos Ministros de Estado, a partir de lista tríplice elaborada por organizações da sociedade civil providas de personalidade jurídica, cujo objetivo social seja compatível com a especialização prevista naqueles incisos, em procedimento a ser definido pelos respectivos Ministérios.

ART. 10. As consultas às organizações da sociedade civil, para os fins de que trata o art. 9º, deverão ser realizadas sessenta dias antes do término do mandato do membro a ser substituído.

ART. 11. A designação de qualquer membro da CTNBio em razão de vacância obedecerá aos mesmos procedimentos a que a designação ordinária esteja submetida.

ART. 12. Os membros da CTNBio terão mandato de dois anos, renovável por até mais dois períodos consecutivos.

Parágrafo único. A contagem do período do mandato de membro suplente é contínua, ainda que assuma o mandato de titular.

ART. 13. As despesas com transporte, alimentação e hospedagem dos membros da CTNBio serão de responsabilidade do Ministério da Ciência e Tecnologia.

Parágrafo único. As funções e atividades desenvolvidas pelos membros da CTNBio serão consideradas de alta relevância e honoríficas.

ART. 14. Os membros da CTNBio devem pautar a sua atuação pela observância estrita dos conceitos ético-profissionais, sendo vedado participar do julgamento de questões com as quais tenham algum envolvimento de ordem profissional ou pessoal, sob pena de perda de mandato.

§ 1º O membro da CTNBio, ao ser empossado, assinará declaração de conduta, explicitando eventual conflito de interesse, na forma do regimento interno.

§ 2º O membro da CTNBio deverá manifestar seu eventual impedimento nos processos a ele distribuídos para análise, quando do seu recebimento, ou, quando não for o relator, no momento das deliberações nas reuniões das subcomissões ou do plenário.

§ 3º Poderá arguir o impedimento o membro da CTNBio ou aquele legitimado como interessado, nos termos do art. 9º da Lei n. 9.784, de 29 de janeiro de 1999.

§ 4º A arguição de impedimento será formalizada em petição fundamentada e devidamente instruída, e será decidida pelo plenário da CTNBio.

§ 5º É nula a decisão técnica em que o voto de membro declarado impedido tenha sido decisivo para o resultado do julgamento.

§ 6º O plenário da CTNBio, ao deliberar pelo impedimento, proferirá nova decisão técnica, na qual regulará expressamente o objeto da decisão viciada e os efeitos dela decorrentes, desde a sua publicação.

ART. 15. O Presidente da CTNBio e seu substituto serão designados, entre os seus membros, pelo Ministro de Estado da Ciência e Tecnologia, a partir de lista tríplice votada pelo plenário.

§ 1º O mandado do Presidente da CTNBio será de dois anos, renovável por igual período.

§ 2º Cabe ao Presidente da CTNBio, entre outras atribuições a serem definidas no regimento interno:

I - representar a CTNBio;

II - presidir a reunião plenária da CTNBio;

III - delegar suas atribuições;

IV - determinar a prestação de informações e franquear acesso a documentos, solicitados pelos órgãos de registro e fiscalização.

SEÇÃO III
DA ESTRUTURA ADMINISTRATIVA

ART. 16. A CTNBio contará com uma Secretaria-Executiva, cabendo ao Ministério da Ciência e Tecnologia prestar-lhe o apoio técnico e administrativo.

Parágrafo único. Cabe à Secretaria-Executiva da CTNBio, entre outras atribuições a serem definidas no regimento interno:

I - prestar apoio técnico e administrativo aos membros da CTNBio;

II - receber, instruir e fazer tramitar os pleitos submetidos à deliberação da CTNBio;

III - encaminhar as deliberações da CTNBio aos órgãos governamentais responsáveis pela sua implementação e providenciar a devida publicidade;

IV - atualizar o SIB.

ART. 17. A CTNBio constituirá subcomissões setoriais permanentes na área de saúde humana, na área animal, na área vegetal e na área ambiental, e poderá constituir subcomissões extraordinárias, para análise prévia dos temas a serem submetidos ao plenário.

§ 1º Membros titulares e suplentes participarão das subcomissões setoriais, e a distribuição dos processos para análise poderá ser feita a qualquer deles.

§ 2º O funcionamento e a coordenação dos trabalhos nas subcomissões setoriais e extraordinárias serão definidos no regimento interno da CTNBio.

SEÇÃO IV
DAS REUNIÕES E DELIBERAÇÕES

ART. 18. O membro suplente terá direito à voz e, na ausência do respectivo titular, a voto nas deliberações.

ART. 19. A reunião da CTNBio poderá ser instalada com a presença de catorze de seus membros, incluído pelo menos um representante de cada uma das áreas referidas no inciso I do art. 6º.

Parágrafo único. As decisões da CTNBio serão tomadas com votos favoráveis da maioria absoluta de seus membros, exceto nos processos de liberação comercial de OGM e derivados, para os quais se exigirá que a decisão seja tomada com votos favoráveis de pelo menos dois terços dos membros.

ART. 20. Perderá seu mandato o membro que:

I - violar o disposto no art. 14;

II - não comparecer a três reuniões ordinárias consecutivas do plenário da CTNBio, sem justificativa.

ART. 21. A CTNBio reunir-se-á, em caráter ordinário, uma vez por mês e, extraordinariamente, a qualquer momento, mediante convocação de seu Presidente ou por solicitação fundamentada subscrita pela maioria absoluta dos seus membros.

Parágrafo único. A periodicidade das reuniões ordinárias poderá, em caráter excepcional, ser alterada por deliberação da CTNBio.

ART. 22. As reuniões da CTNBio serão gravadas, e as respectivas atas, no que decidirem sobre pleitos, deverão conter ementa que indique número do processo, interessado, objeto, motivação da decisão, eventual divergência e resultado.

ART. 23. Os extratos de pleito deverão ser divulgados no Diário Oficial da União e no SIB, com, no mínimo, trinta dias de antecedência de sua colocação em pauta, excetuados os casos de urgência, que serão definidos pelo Presidente da CTNBio.

ART. 24. Os extratos de parecer e as decisões técnicas deverão ser publicados no Diário Oficial da União.

Parágrafo único. Os votos fundamentados de cada membro deverão constar no SIB.

ART. 25. Os órgãos e entidades integrantes da administração pública federal poderão solicitar participação em reuniões da CTNBio para tratar de assuntos de seu especial interesse, sem direito a voto.

Parágrafo único. A solicitação à Secretaria-Executiva da CTNBio deverá ser acompanhada de justificação que demonstre a motivação e comprove o interesse do solicitante na biossegurança de OGM e seus derivados submetidos à deliberação da CTNBio.

ART. 26. Poderão ser convidados a participar das reuniões, em caráter excepcional, representantes da comunidade científica, do setor público e de entidades da sociedade civil, sem direito a voto.

SEÇÃO V
DA TRAMITAÇÃO DE PROCESSOS

ART. 27. Os processos pertinentes às competências da CTNBio, de que tratam os incisos IV, VIII, IX, XII, e XXI do art. 5º, obedecerão ao trâmite definido nesta Seção.

ART. 28. O requerimento protocolado na Secretaria-Executiva da CTNBio, depois de autuado e devidamente instruído, terá seu extrato prévio publicado no Diário Oficial da União e divulgado no SIB.

ART. 29. O processo será distribuído a um dos membros, titular ou suplente, para relatoria e elaboração de parecer.

ART. 30. O parecer será submetido a uma ou mais subcomissões setoriais permanentes ou extraordinárias para formação e aprovação do parecer final.

ART. 31. O parecer final, após sua aprovação nas subcomissões setoriais ou extraordinárias para as quais o processo foi distribuído, será encaminhado ao plenário da CTNBio para deliberação.

ART. 32. O voto vencido de membro de subcomissão setorial permanente ou extraordinária deverá ser apresentado de forma expressa e fundamentada e será consignado como voto divergente no parecer final para apreciação e deliberação do plenário.

ART. 33. Os processos de liberação comercial de OGM e seus derivados serão submetidos a todas as subcomissões permanentes.

ART. 34. O relator de parecer de subcomissões e do plenário deverá considerar, além dos relatórios dos proponentes, a literatura científica existente, bem como estudos e outros documentos protocolados em audiências públicas ou na CTNBio.

ART. 35. A CTNBio adotará as providências necessárias para resguardar as informações sigilosas, de interesse comercial, apontadas pelo proponente e assim por ela consideradas, desde que sobre essas informações não recaiam interesses particulares ou coletivos constitucionalmente garantidos.

§ 1º A fim de que seja resguardado o sigilo a que se refere o *caput* deste artigo, o requerente deverá dirigir ao Presidente da CTNBio solicitação expressa e fundamentada, contendo a especificação das informações cujo sigilo pretende resguardar.

§ 2º O pedido será indeferido mediante despacho fundamentado, contra o qual caberá recurso ao plenário, em procedimento a ser estabelecido no regimento interno da CTNBio, garantido o sigilo requerido até decisão final em contrário.

§ 3º O requerente poderá optar por desistir do pleito, caso tenha seu pedido de sigilo indeferido definitivamente, hipótese em que será vedado à CTNBio dar publicidade à informação objeto do pretendido sigilo.

ART. 36. Os órgãos e entidades de registro e fiscalização requisitarão acesso a determinada informação sigilosa, desde que indispensável ao exercício de suas funções, em petição que fundamentará o pedido e indicará o agente que a ela terá acesso.

SEÇÃO VI
DA DECISÃO TÉCNICA

ART. 37. Quanto aos aspectos de biossegurança de OGM e seus derivados, a decisão técnica da CTNBio vincula os demais órgãos e entidades da administração.

ART. 38. Nos casos de uso comercial, dentre outros aspectos técnicos de sua análise, os órgãos de registro e fiscalização, no exercício de suas atribuições em caso de solicitação pela CTNBio, observarão, quanto aos aspectos de biossegurança de OGM e seus derivados, a decisão técnica da CTNBio.

ART. 39. Em caso de decisão técnica favorável sobre a biossegurança no âmbito da atividade de pesquisa, a CTNBio remeterá o processo respectivo aos órgãos e entidades de registro e fiscalização, para o exercício de suas atribuições.

ART. 40. A decisão técnica da CTNBio deverá conter resumo de sua fundamentação técnica, explicitar as medidas de segurança e restrições ao uso de OGM e seus derivados e considerar as particularidades das diferentes regiões do País, com o objetivo de orientar e subsidiar os órgãos e entidades de registro e fiscalização, no exercício de suas atribuições.

ART. 41. Não se submeterá a análise e emissão de parecer técnico da CTNBio o derivado cujo OGM já tenha sido por ela aprovado.

ART. 42. As pessoas físicas ou jurídicas envolvidas em qualquer das fases do processo de produção agrícola, comercialização ou transporte de produto geneticamente modificado que tenham obtido a liberação para uso comercial estão dispensadas de apresentação do CQB e constituição de CIBio, salvo decisão em contrário da CTNBio.

SEÇÃO VII
DAS AUDIÊNCIAS PÚBLICAS

ART. 43. A CTNBio poderá realizar audiências públicas, garantida a participação da sociedade civil, que será requerida:

I - por um de seus membros e aprovada por maioria absoluta, em qualquer hipótese;

II - por parte comprovadamente interessada na matéria objeto de deliberação e aprovada por maioria absoluta, no caso de liberação comercial.

§ 1º A CTNBio publicará no SIB e no Diário Oficial da União, com antecedência mínima de trinta dias, a convocação para audiência pública, dela fazendo constar a matéria, a data, o horário e o local dos trabalhos.

§ 2º A audiência pública será coordenada pelo Presidente da CTNBio que, após a exposição objetiva da matéria objeto da audiência, abrirá as discussões com os interessados presentes.

§ 3º Após a conclusão dos trabalhos da audiência pública, as manifestações, opiniões, sugestões e documentos ficarão disponíveis aos interessados na Secretaria-Executiva da CTNBio.

§ 4º Considera-se parte interessada, para efeitos do inciso II do *caput* deste artigo, o requerente do processo ou pessoa jurídica cujo objetivo social seja relacionado às áreas previstas no *caput* e nos incisos III, VII e VIII do art 6º.

SEÇÃO VIII
DAS REGRAS GERAIS DE CLASSIFICAÇÃO DE RISCO DE OGM

ART. 44. Para a classificação dos OGM de acordo com classes de risco, a CTNBio deverá considerar, entre outros critérios:

I - características gerais do OGM;

II - características do vetor;

III - características do inserto;

IV - características dos organismos doador e receptor;

V - produto da expressão gênica das sequências inseridas;

VI - atividade proposta e o meio receptor do OGM;

VII - uso proposto do OGM;

VIII - efeitos adversos do OGM à saúde humana e ao meio ambiente.

SEÇÃO IX
DO CERTIFICADO DE QUALIDADE EM BIOSSEGURANÇA

ART. 45. A instituição de direito público ou privado que pretender realizar pesquisa em laboratório, regime de contenção ou campo, como parte do processo de obtenção de OGM ou de avaliação da biossegurança de OGM, o que engloba, no âmbito experimental, a construção, o cultivo, a manipulação, o transporte, a transferência, a importação, a exportação, o armazenamento, a liberação no meio ambiente e o descarte de OGM, deverá requerer, junto à CTNBio, a emissão do CQB.

§ 1º A CTNBio estabelecerá os critérios e procedimentos para requerimento, emissão, revisão, extensão, suspensão e cancelamento de CQB.

§ 2º A CTNBio enviará cópia do processo de emissão de CQB e suas atualizações aos órgãos de registro e fiscalização.

ART. 46. As organizações públicas e privadas, nacionais e estrangeiras, financiadoras ou patrocinadoras de atividades ou de projetos referidos no *caput* do art. 2º, devem exigir a apresentação de CQB, sob pena de se tornarem corresponsáveis pelos eventuais efeitos decorrentes do descumprimento deste Decreto.

ART. 47. Os casos não previstos neste Capítulo serão definidos pelo regimento interno da CTNBio.

CAPÍTULO III
DO CONSELHO NACIONAL DE BIOSSEGURANÇA

ART. 48. O CNBS, vinculado à Presidência da República, é órgão de assessoramento superior do Presidente da República para a formulação e implementação da PNB.

§ 1º Compete ao CNBS:

I - fixar princípios e diretrizes para a ação administrativa dos órgãos e entidades federais com competências sobre a matéria;

II - analisar, a pedido da CTNBio, quanto aos aspectos da conveniência e oportunidade socioeconômicas e do interesse nacional, os pedidos de liberação para uso comercial de OGM e seus derivados;

III - avocar e decidir, em última e definitiva instância, com base em manifestação da CTNBio e, quando julgar necessário, dos órgãos e entidades de registro e fiscalização, no âmbito de suas competências, sobre os processos relativos a atividades que envolvam o uso comercial de OGM e seus derivados.

§ 2º Sempre que o CNBS deliberar favoravelmente à realização da atividade analisada, encaminhará sua manifestação aos órgãos e entidades de registro e fiscalização.

§ 3º Sempre que o CNBS deliberar contrariamente à atividade analisada, encaminhará sua manifestação à CTNBio para informação ao requerente.

ART. 49. O CNBS é composto pelos seguintes membros:

I - Ministro de Estado Chefe da Casa Civil da Presidência da República, que o presidirá;

II - Ministro de Estado da Ciência e Tecnologia;

III - Ministro de Estado do Desenvolvimento Agrário;

IV - Ministro de Estado da Agricultura, Pecuária e Abastecimento;

V - Ministro de Estado da Justiça;

VI - Ministro de Estado da Saúde;

VII - Ministro de Estado do Meio Ambiente;

VIII - Ministro de Estado do Desenvolvimento, Indústria e Comércio Exterior;

IX - Ministro de Estado das Relações Exteriores;

X - Ministro de Estado da Defesa;

XI - Secretário Especial de Aquicultura e Pesca da Presidência da República.

§ 1º O CNBS reunir-se-á sempre que convocado por seu Presidente ou mediante provocação da maioria dos seus membros.

§ 2º Os membros do CNBS serão substituídos, em suas ausências ou impedimentos, pelos respectivos Secretários-Executivos ou, na inexistência do cargo, por seus substitutos legais.

§ 3º Na ausência do Presidente, este indicará Ministro de Estado para presidir os trabalhos.

§ 4º A reunião do CNBS será instalada com a presença de, no mínimo, seis de seus membros e as decisões serão tomadas por maioria absoluta dos seus membros.

§ 5º O regimento interno do CNBS definirá os procedimentos para convocação e realização de reuniões e deliberações.

ART. 50. O CNBS decidirá, a pedido da CTNBio, sobre os aspectos de conveniência e oportunidade socioeconômicas e do interesse nacional na liberação para uso comercial de OGM e seus derivados.

§ 1º A CTNBio deverá protocolar, junto à Secretaria-Executiva do CNBS, cópia integral do processo relativo à atividade a ser analisada, com indicação dos motivos desse encaminhamento.

§ 2º A eficácia da decisão técnica da CTNBio, se esta tiver sido proferida no caso específico, permanecerá suspensa até decisão final do CNBS.

§ 3º O CNBS decidirá o pedido de análise referido no *caput* no prazo de sessenta dias, contados da data de protocolo da solicitação em sua Secretaria-Executiva.

§ 4º O prazo previsto no § 3º poderá ser suspenso para cumprimento de diligências ou emissão de pareceres por consultores *ad hoc*, conforme decisão do CNBS.

ART. 51. O CNBS poderá avocar os processos relativos às atividades que envolvam o uso comercial de OGM e seus derivados para análise e decisão, em última e definitiva instância, no prazo de trinta dias, contados da data da publicação da decisão técnica da CTNBio no Diário Oficial da União.

§ 1º O CNBS poderá requerer, quando julgar necessário, manifestação dos órgãos e entidades de registro e fiscalização.

§ 2º A decisão técnica da CTNBio permanecerá suspensa até a expiração do prazo previsto no *caput* sem a devida avocação do processo ou até a decisão final do CNBS, caso por ele o processo tenha sido avocado.

§ 3º O CNBS decidirá no prazo de sessenta dias, contados da data de recebimento, por sua Secretaria-Executiva, de cópia integral do processo avocado.

§ 4º O prazo previsto no § 3º poderá ser suspenso para cumprimento de diligências ou emissão de pareceres por consultores *ad hoc*, conforme decisão do CNBS.

ART. 52. O CNBS decidirá sobre os recursos dos órgãos e entidades de registro e fiscalização relacionados à liberação comercial de OGM e seus derivados, que tenham sido protocolados em sua Secretaria-Executiva, no prazo de até trinta dias contados da data da publicação da decisão técnica da CTNBio no Diário Oficial da União.

§ 1º O recurso de que trata este artigo deverá ser instruído com justificação tecnicamente fundamentada que demonstre a divergência do órgão ou entidade de registro e fiscalização, no âmbito de suas competências, quanto à decisão da CTNBio em relação aos aspectos de biossegurança de OGM e seus derivados.

§ 2º A eficácia da decisão técnica da CTNBio permanecerá suspensa até a expiração do prazo previsto no *caput* sem a devida interposição de recursos pelos órgãos de fiscalização e registro ou até o julgamento final pelo CNBS, caso recebido e conhecido o recurso interposto.

§ 3º O CNBS julgará o recurso no prazo de sessenta dias, contados da data do protocolo em sua Secretaria-Executiva.

§ 4º O prazo previsto no § 3º poderá ser suspenso para cumprimento de diligências ou emissão de pareceres por consultores *ad hoc*, conforme decisão do CNBS.

CAPÍTULO IV
DOS ÓRGÃOS E ENTIDADES DE REGISTRO E FISCALIZAÇÃO

ART. 53. Caberá aos órgãos e entidades de registro e fiscalização do Ministério da Saúde, do Ministério da Agricultura, Pecuária e Abastecimento e do Ministério do Meio Ambiente, e da Secretaria Especial de Aquicultura e Pesca da Presidência da República entre outras atribuições, no campo de suas competências, observadas a decisão técnica da CTNBio, as deliberações do CNBS e os mecanismos estabelecidos neste Decreto:

I - fiscalizar as atividades de pesquisa de OGM e seus derivados;

II - registrar e fiscalizar a liberação comercial de OGM e seus derivados;

III - emitir autorização para a importação de OGM e seus derivados para uso comercial;

IV - estabelecer normas de registro, autorização, fiscalização e licenciamento ambiental de OGM e seus derivados;

V - fiscalizar o cumprimento das normas e medidas de biossegurança estabelecidas pela CTNBio;

VI - promover a capacitação dos fiscais e técnicos incumbidos de registro, autorização, fiscalização e licenciamento ambiental de OGM e seus derivados;

VII - instituir comissão interna especializada em biossegurança de OGM e seus derivados;

VIII - manter atualizado no SIB o cadastro das instituições e responsáveis técnicos que realizam atividades e projetos relacionados a OGM e seus derivados;

IX - tornar públicos, inclusive no SIB, os registros, autorizações e licenciamentos ambientais concedidos;

X - aplicar as penalidades de que trata este Decreto;

XI - subsidiar a CTNBio na definição de quesitos de avaliação de biossegurança de OGM e seus derivados.

§ 1º As normas a que se refere o inciso IV consistirão, quando couber, na adequação às decisões da CTNBio dos procedimentos, meios e ações em vigor aplicáveis aos produtos convencionais.

§ 2º Após manifestação favorável da CTNBio, ou do CNBS, em caso de avocação ou recurso, caberá, em decorrência de análise específica e decisão pertinente:

I - ao Ministério da Agricultura, Pecuária e Abastecimento emitir as autorizações e registros e fiscalizar produtos e atividades que utilizem OGM e seus derivados destinados a uso animal, na agricultura, pecuária, agroindústria e áreas afins, de acordo com a legislação em vigor e segundo as normas que vier a estabelecer;

II - ao órgão competente do Ministério da Saúde emitir as autorizações e registros e fiscalizar produtos e atividades com OGM e seus derivados destinados a uso humano, farmacológico, domissanitário e áreas afins, de acordo com a legislação em vigor e as normas que vier a estabelecer;

III - ao órgão competente do Ministério do Meio Ambiente emitir as autorizações e registros e fiscalizar produtos e atividades que envolvam OGM e seus derivados a serem liberados nos ecossistemas naturais, de acordo com a legislação em vigor e segundo as normas que vier a estabelecer, bem como o licenciamento, nos casos em que a CTNBio deliberar, na forma deste Decreto, que o OGM é potencialmente causador de significativa degradação do meio ambiente;

IV - à Secretaria Especial de Aquicultura e Pesca da Presidência da República emitir as autorizações e registros de produtos e atividades com OGM e seus derivados destinados ao uso na pesca e aquicultura, de acordo com a legislação em vigor e segundo este Decreto e as normas que vier a estabelecer.

ART. 54. A CTNBio delibera, em última e definitiva instância, sobre os casos em que a atividade é potencial ou efetivamente causadora de degradação ambiental, bem como sobre a necessidade do licenciamento ambiental.

ART. 55. A emissão dos registros, das autorizações e do licenciamento ambiental referidos neste Decreto deverá ocorrer no prazo máximo de cento e vinte dias.

Parágrafo único. A contagem do prazo previsto no *caput* será suspensa, por até cento e oitenta dias, durante a elaboração, pelo requerente, dos estudos ou esclarecimentos necessários.

ART. 56. As autorizações e registros de que trata este Capítulo estarão vinculados à decisão técnica da CTNBio correspondente, sendo vedadas exigências técnicas que extrapolem as condições estabelecidas naquela decisão, nos aspectos relacionados à biossegurança.

ART. 57. Os órgãos e entidades de registro e fiscalização poderão estabelecer ações conjuntas com vistas ao exercício de suas competências.

CAPÍTULO V
DO SISTEMA DE INFORMAÇÕES EM BIOSSEGURANÇA

ART. 58. O SIB, vinculado à Secretaria-Executiva da CTNBio, é destinado à gestão das informações decorrentes das atividades de análise, autorização, registro, monitoramento e acompanhamento das atividades que envolvam OGM e seus derivados.

§ 1º As disposições dos atos legais, regulamentares e administrativos que alterem, complementem ou produzam efeitos sobre a legislação de biossegurança de OGM e seus derivados deverão ser divulgadas no SIB concomitantemente com a entrada em vigor desses atos.

§ 2º Os órgãos e entidades de registro e fiscalização deverão alimentar o SIB com as informações relativas às atividades de que trata este Decreto, processadas no âmbito de sua competência.

ART. 59. A CTNBio dará ampla publicidade a suas atividades por intermédio do SIB, entre as quais, sua agenda de trabalho, calendário de reuniões, processos em tramitação e seus respectivos relatores, relatórios anuais, atas das reuniões e demais informações sobre suas atividades, excluídas apenas as informações sigilosas, de interesse comercial, assim por ela consideradas.

ART. 60. O SIB permitirá a interação eletrônica entre o CNBS, a CTNBio e os órgãos e entidades federais responsáveis pelo registro e fiscalização de OGM.

CAPÍTULO VI
DAS COMISSÕES INTERNAS DE BIOSSEGURANÇA - CIBIO

ART. 61. A instituição que se dedique ao ensino, à pesquisa científica, ao desenvolvimento tecnológico e à produção industrial, que utilize técnicas e métodos de engenharia genética ou realize pesquisas com OGM e seus derivados, deverá criar uma Comissão Interna de Biossegurança - CIBio, cujos mecanismos de funcionamento serão estabelecidos pela CTNBio.

Parágrafo único. A instituição de que trata o *caput* deste artigo indicará um técnico principal responsável para cada projeto específico.

ART. 62. Compete a CIBio, no âmbito de cada instituição:

I - manter informados os trabalhadores e demais membros da coletividade, quando suscetíveis de serem afetados pela atividade, sobre as questões relacionadas com a saúde e a segurança, bem como sobre os procedimentos em caso de acidentes;

II - estabelecer programas preventivos e de inspeção para garantir o funcionamento das instalações sob sua responsabilidade, dentro dos padrões e normas de biossegurança, definidos pela CTNBio;

III - encaminhar à CTNBio os documentos cuja relação será por esta estabelecida, para os fins de análise, registro ou autorização do órgão competente, quando couber;

IV - manter registro do acompanhamento individual de cada atividade ou projeto em desenvolvimento que envolva OGM e seus derivados;

V - notificar a CTNBio, aos órgãos e entidades de registro e fiscalização e às entidades de trabalhadores o resultado de avaliações de risco a que estão submetidas as pessoas expostas, bem como qualquer acidente ou incidente que possa provocar a disseminação de agente biológico;

VI - investigar a ocorrência de acidentes e enfermidades possivelmente relacionados a OGM e seus derivados e notificar suas conclusões e providencias à CTNBio.

CAPÍTULO VII
DA PESQUISA E DA TERAPIA COM CÉLULAS-TRONCO EMBIONÁRIAS HUMANAS OBTIDAS POR FERTILIZAÇÃO *IN VITRO*

ART. 63. É permitida, para fins de pesquisa e terapia, a utilização de células-tronco embrionárias obtidas de embriões humanos produzidos por fertilização *in vitro* e não utilizados no respectivo procedimento, atendidas as seguintes condições:

I - sejam embriões inviáveis; ou

II - sejam embriões congelados disponíveis.

§ 1º Em qualquer caso, é necessário o consentimento dos genitores.

§ 2º Instituições de pesquisa e serviços de saúde que realizem pesquisa ou terapia com células-tronco embrionárias humanas deverão submeter seus projetos à apreciação e aprovação dos respectivos comitês de ética em pesquisa, na forma de resolução do Conselho Nacional de Saúde.

§ 3º É vedada a comercialização do material biológico a que se refere este artigo, e sua prática implica o crime tipificado no art. 15 da Lei n. 9.434, de 4 de fevereiro de 1997.

ART. 64. Cabe ao Ministério da Saúde promover levantamento e manter cadastro atualizado de embriões humanos obtidos por fertilização *in vitro* e não utilizados no respectivo procedimento.

§ 1º As instituições que exercem atividades que envolvam congelamento e armazenamento de embriões humanos deverão informar, conforme norma específica que estabelecerá prazos, os dados necessários à identificação dos embriões inviáveis produzidos em seus estabelecimentos e dos embriões congelados disponíveis.

§ 2º O Ministério da Saúde expedirá a norma de que trata o § 1º no prazo de trinta dias da publicação deste Decreto.

ART. 65. A Agência Nacional de Vigilância Sanitária - Anvisa estabelecerá normas para procedimentos de coleta, processamento, teste, armazenamento, transporte, controle de qualidade e uso de células-tronco embrionárias humanas para os fins deste Capítulo.

ART. 66. Os genitores que doarem, para fins de pesquisa ou terapia, células-tronco embrionárias humanas obtidas em conformidade com o disposto neste Capítulo, deverão assinar Termo de Consentimento Livre e Esclarecido, conforme norma específica do Ministério da Saúde.

ART. 67. A utilização, em terapia, de células tronco embrionárias humanas, observado o art. 63, será realizada em conformidade com as diretrizes do Ministério da Saúde para a avaliação de novas tecnologias.

CAPÍTULO VIII
DA RESPONSABILIDADE CIVIL E ADMINISTRATIVA

ART. 68. Sem prejuízo da aplicação das penas previstas na Lei n. 11.105, de 2005, e neste Decreto, os responsáveis pelos danos ao meio ambiente e a terceiros responderão, solidariamente, por sua indenização ou reparação integral, independentemente da existência de culpa.

SEÇÃO I
DAS INFRAÇÕES ADMINISTRATIVAS

ART. 69. Considera-se infração administrativa toda ação ou omissão que viole as normas previstas na Lei n. 11.105, de 2005, e neste Decreto e demais disposições legais pertinentes, em especial:

I - realizar atividade ou projeto que envolva OGM e seus derivados, relacionado ao ensino com manipulação de organismos vivos, à pesquisa científica, ao desenvolvimento tecnológico e à produção industrial como pessoa física em atuação autônoma;

II - realizar atividades de pesquisa e uso comercial de OGM e seus derivados sem autorização da CTNBio ou em desacordo com as normas por ela expedidas;

III - deixar de exigir a apresentação do CQB emitido pela CTNBio a pessoa jurídica que financie ou patrocine atividades e projetos que envolvam OGM e seus derivados;

IV - utilizar, para fins de pesquisa e terapia, células-tronco embrionárias obtidas de embriões humanos produzidos por fertilização *in vitro* sem o consentimento dos genitores;

V - realizar atividades de pesquisa ou terapia com células-tronco embrionárias humanas sem aprovação do respectivo comitê de ética em pesquisa, conforme norma do Conselho Nacional de Saúde;

VI - comercializar células-tronco embrionárias obtidas de embriões humanos produzidos por fertilização *in vitro*;

VII - utilizar, para fins de pesquisa e terapia, células tronco embrionárias obtidas de embriões humanos produzidos por fertilização *in vitro* sem atender às disposições previstas no Capítulo VII;

VIII - deixar de manter registro do acompanhamento individual de cada atividade ou projeto em desenvolvimento que envolva OGM e seus derivados;

IX - realizar engenharia genética em organismo vivo em desacordo com as normas deste Decreto;

X - realizar o manejo *in vitro* de ADN/ARN natural ou recombinante em desacordo com as normas previstas neste Decreto;

XI - realizar engenharia genética em célula germinal humana, zigoto humano e embrião humano;

XII - realizar clonagem humana;

XIII - destruir ou descartar no meio ambiente OGM e seus derivados em desacordo com as normas estabelecidas pela CTNBio, pelos órgãos e entidades de registro e fiscalização e neste Decreto;

XIV - liberar no meio ambiente OGM e seus derivados, no âmbito de atividades de pesquisa, sem a decisão técnica favorável da CTNBio, ou em desacordo com as normas desta;

XV - liberar no meio ambiente OGM e seus derivados, no âmbito de atividade comercial, sem o licenciamento do órgão ou entidade ambiental responsável, quando a CTNBio considerar a atividade como potencialmente causadora de degradação ambiental;

XVI - liberar no meio ambiente OGM e seus derivados, no âmbito de atividade comercial, sem a aprovação do CNBS, quando o processo tenha sido por ele avocado;

XVII - utilizar, comercializar, registrar, patentear ou licenciar tecnologias genéticas de restrição do uso;

XVIII - deixar a instituição de enviar relatório de investigação de acidente ocorrido no curso de pesquisas e projetos na área de engenharia genética no prazo máximo de cinco dias a contar da data do evento;

XIX - deixar a instituição de notificar imediatamente a CTNBio e as autoridades da saúde pública, da defesa agropecuária e do meio ambiente sobre acidente que possa provocar a disseminação de OGM e seus derivados;

XX - deixar a instituição de adotar meios necessários para plenamente informar à CTNBio, às autoridades da saúde pública, do meio ambiente, da defesa agropecuária, à coletividade e aos demais empregados da instituição ou empresa sobre os riscos a que possam estar submetidos, bem como os procedimentos a serem tomados no caso de acidentes com OGM e seus derivados;

XXI - deixar de criar CIBio, conforme as normas da CTNBio, a instituição que utiliza técnicas e métodos de engenharia genética ou realiza pesquisa com OGM e seus derivados;

XXII - manter em funcionamento a CIBio em desacordo com as normas da CTNBio;

XXIII - deixar a instituição de manter informados, por meio da CIBio, os trabalhadores e demais membros da coletividade, quando suscetíveis de serem afetados pela atividade, sobre as questões relacionadas com a saúde e a segurança, bem como sobre os procedimentos em caso de acidentes;

XXIV - deixar a instituição de estabelecer programas preventivos e de inspeção, por meio da CIBio, para garantir o funcionamento das instalações sob sua responsabilidade, dentro dos padrões e normas de biossegurança, definidos pela CTNBio;

XXV - deixar a instituição de notificar a CTNBio, os órgãos e entidades de registro e fiscalização, e as entidades de trabalhadores, por meio da CIBio, do resultado de avaliações de risco a que estão submetidas as pessoas expostas, bem como qualquer acidente ou incidente que possa provocar a disseminação de agente biológico;

XXVI - deixar a instituição de investigar a ocorrência de acidentes e as enfermidades possivelmente relacionados a OGM e seus derivados e notificar suas conclusões e providências à CTNBio;

XXVII - produzir, armazenar, transportar, comercializar, importar ou exportar OGM e seus derivados, sem autorização ou em desacordo com as normas estabelecidas pela CTNBio e pelos órgãos e entidades de registro e fiscalização.

SEÇÃO II
DAS SANÇÕES ADMINISTRATIVAS

ART. 70. As infrações administrativas, independentemente das medidas cautelares de apreensão de produtos, suspensão de venda de produto e embargos de atividades, serão punidas com as seguintes sanções:

I - advertência;

II - multa;

III - apreensão de OGM e seus derivados;

IV - suspensão da venda de OGM e seus derivados;

V - embargo da atividade;

VI - interdição parcial ou total do estabelecimento, atividade ou empreendimento;

VII - suspensão de registro, licença ou autorização;

VIII - cancelamento de registro, licença ou autorização;

IX - perda ou restrição de incentivo e benefício fiscal concedidos pelo governo;

X - perda ou suspensão da participação em linha de financiamento em estabelecimento oficial de crédito;

XI - intervenção no estabelecimento;

XII - proibição de contratar com a administração pública, por período de até cinco anos.

ART. 71. Para a imposição da pena e sua gradação, os órgãos e entidades de registro e fiscalização levarão em conta:

I - a gravidade da infração;

II - os antecedentes do infrator quanto ao cumprimento das normas agrícolas, sanitárias, ambientais e de biossegurança;

III - a vantagem econômica auferida pelo infrator;

IV - a situação econômica do infrator.

Parágrafo único. Para efeito do inciso I, as infrações previstas neste Decreto serão classificadas em leves, graves e gravíssimas, segundo os seguintes critérios:

I - a classificação de risco do OGM;

II - os meios utilizados para consecução da infração;

III - as consequências, efetivas ou potenciais, para a dignidade humana, a saúde humana, animal e das plantas e para o meio ambiente;

IV - a culpabilidade do infrator.

ART. 72. A advertência será aplicada somente nas infrações de natureza leve.

ART. 73. A multa será aplicada obedecendo a seguinte gradação:

I - de R$ 2.000,00 (dois mil reais) a R$ 60.000,00 (sessenta mil reais) nas infrações de natureza leve;

II - de R$ 60.001,00 (sessenta mil e um reais) a R$ 500.000,00 (quinhentos mil reais) nas infrações de natureza grave;

III - de R$ 500.001,00 (quinhentos mil e um reais) a R$ 1.500.000,00 (um milhão e quinhentos mil reais) nas infrações de natureza gravíssima.

§ 1º A multa será aplicada em dobro nos casos de reincidência.

§ 2º As multas poderão ser aplicadas cumulativamente com as demais sanções previstas neste Decreto.

ART. 74. As multas previstas na Lei n. 11.105, de 2005, e neste Decreto serão aplicadas pelos órgãos e entidades de registro e fiscalização, de acordo com suas respectivas competências.

§ 1º Os recursos arrecadados com a aplicação de multas serão destinados aos órgãos e entidades de registro e fiscalização que aplicarem a multa.

§ 2º Os órgãos e entidades fiscalizadores da administração pública federal poderão celebrar convênios com os Estados, Distrito Federal e Municípios, para a execução de serviços relacionados à atividade de fiscalização prevista neste Decreto, facultado o repasse de parcela da receita obtida com a aplicação de multas.

ART. 75. As sanções previstas nos incisos III, IV, V, VI, VII, IX e X do art. 70 serão aplicadas somente nas infrações de natureza grave ou gravíssima.

ART. 76. As sanções previstas nos incisos VIII, XI e XII do art. 70 serão aplicadas somente nas infrações de natureza gravíssima.

ART. 77. Se o infrator cometer, simultaneamente, duas ou mais infrações, ser-lhe-ão aplicadas, cumulativamente, as sanções cominadas a cada qual.

ART. 78. No caso de infração continuada, caracterizada pela permanência da ação ou omissão inicialmente punida, será a respectiva penalidade aplicada diariamente até cessar sua causa, sem prejuízo da paralisação imediata da atividade ou da interdição do laboratório ou da instituição ou empresa responsável.

ART. 79. Os órgãos e entidades de registro e fiscalização poderão, independentemente da aplicação das sanções administrativas, impor medidas cautelares de apreensão de produtos, suspensão de venda de produto e embargos de atividades sempre que se verificar risco iminente de dano à dignidade humana, à saúde humana, animal e das plantas e ao meio ambiente.

SEÇÃO III
DO PROCESSO ADMINISTRATIVO

ART. 80. Qualquer pessoa, constatando a ocorrência de infração administrativa, poderá dirigir representação ao órgão ou entidade de fiscalização competente, para efeito do exercício de poder de polícia.

ART. 81. As infrações administrativas são apuradas em processo administrativo próprio, assegurado o direito a ampla defesa e o contraditório.

ART. 82. São autoridades competentes para lavrar auto de infração, instaurar processo administrativo e indicar as penalidades cabíveis, os funcionários dos órgãos de fiscalização previstos no art. 53.

ART. 83. A autoridade fiscalizadora encaminhará cópia do auto de infração à CTNBio.

ART. 84. Quando a infração constituir crime ou contravenção, ou lesão à Fazenda Pública ou ao consumidor, a autoridade fiscalizadora representará junto ao órgão competente para apuração das responsabilidades administrativa e penal.

ART. 85. Aplicam-se a este Decreto, no que couberem, as disposições da Lei n. 9.784, de 1999.

CAPÍTULO IX
DAS DISPOSIÇÕES FINAIS E TRANSITÓRIAS

ART. 86. A CTNBio, em noventa dias de sua instalação, definirá:

I - proposta de seu regimento interno, a ser submetida à aprovação do Ministro de Estado da Ciência e Tecnologia;

II - as classes de risco dos OGM;

III - os níveis de biossegurança a serem aplicados aos OGM e seus derivados, observada a classe de risco do OGM.

Parágrafo único. Até a definição das classes de risco dos OGM pela CTNBio, será observada, para efeito de classificação, a tabela do Anexo deste Decreto.

ART. 87. A Secretaria-Executiva do CNBS submeterá, no prazo de noventa dias, proposta de regimento interno ao colegiado.

ART. 88. Os OGM que tenham obtido decisão técnica da CTNBio favorável a sua liberação comercial até o dia 28 de março de 2005 poderão ser registrados e comercializados, observada a Resolução CNBS n. 1, de 27 de maio de 2005.

ART. 89. As instituições que desenvolvam atividades reguladas por este Decreto deverão adequar-se às suas disposições no prazo de cento e vinte dias, contado da sua publicação.

ART. 90. Não se aplica aos OGM e seus derivados o disposto na Lei n. 7.802, de 11 de julho de 1989, exceto para os casos em que eles sejam desenvolvidos para servir de matéria-prima para a produção de agrotóxicos.

ART. 91. Os alimentos e ingredientes alimentares destinados ao consumo humano ou animal que contenham ou sejam produzidos a partir de OGM e seus derivados deverão conter informação nesse sentido em seus rótulos, na forma de decreto específico.

ART. 92. A CTNBio promoverá a revisão e se necessário, a adequação dos CQB, dos comunicados, decisões técnicas e atos normativos, emitidos sob a égide da Lei n. 8.974, de 5 de janeiro de 1995, os quais não estejam em conformidade com a Lei n. 11.105, de 2005, e este Decreto.

ART. 93. A CTNBio e os órgãos e entidades de registro e fiscalização deverão rever suas deliberações de caráter normativo no prazo de cento e vinte dias, contados da publicação deste Decreto, a fim de promover sua adequação às disposições nele contidas.

ART. 94. Este Decreto entra em vigor na data de sua publicação.

ART. 95. Fica revogado o Decreto n. 4.602, de 21 de fevereiro de 2003.

Brasília, 22 de novembro de 2005; 184º da Independência e 117º da República.

LUIZ INÁCIO LULA DA SILVA

‣ Optamos, nesta edição, pela não publicação do Anexo.

DECRETO N. 5.602, DE 6 DE DEZEMBRO DE 2005

Regulamenta o Programa de Inclusão Digital instituído pela Lei n. 11.196, de 21 de novembro de 2005.

‣ *DOU*, 07.12.2005.

O Presidente da República, no uso da atribuição que lhe confere o art. 84, inciso IV, da Constituição, e tendo em vista o disposto no § 1º do art. 28 da Lei n. 11.196, de 21 de novembro de 2005,

Decreta:

ART. 1º Ficam reduzidas a zero as alíquotas da Contribuição para o PIS/Pasep e da Cofins incidentes sobre a receita bruta decorrente da venda, a varejo, de:

I - unidades de processamento digital classificadas no código 8471.50.10 da Tabela de Incidência do IPI - TIPI;

II - máquinas automáticas de processamento de dados, digitais, portáteis, de peso inferior a três quilos e meio, com tela (écran) de área superior a cento e quarenta centímetros quadrados, classificadas nos códigos 8471.30.12, 8471.30.19 ou 8471.30.90 da TIPI;

III - máquinas automáticas de processamento de dados, apresentadas sob a forma de sistemas do código 8471.49 da TIPI, contendo, exclusivamente:

a) uma unidade de processamento digital classificada no código 8471.50.10;

b) um monitor (unidade de saída por vídeo) classificado no código 8471.60.7;

c) um teclado (unidade de entrada) classificado no código 8471.60.52; e

d) um mouse (unidade de entrada) classificado no código 8471.60.53;

IV - teclado (unidade de entrada) e mouse (unidade de entrada) classificados, respectivamente, nos códigos 8471.60.52 e 8471.60.53 da TIPI, quando vendidos juntamente com unidade de processamento digital com as características do inciso I do *caput*; (Redação dada pelo Dec. 7.715/2012.)

V - R$ 200,00 (duzentos reais), no caso do inciso V do *caput* do art. 1º; (Incluído pelo Dec. 7.981/2013.)

VI - máquinas automáticas de processamento de dados, portáteis, sem teclado, que tenham uma unidade central de processamento com entrada e saída de dados por meio de uma tela sensível ao toque de área superior a 140 cm2 e inferior a 600 cm2, e que não possuam função de comando remoto (Tablet PC) classificadas na subposição 8471.41 da TIPI. (Incluído pelo Dec. 7.715/2012.)

VII - telefones portáteis de redes celulares que possibilitem o acesso à Internet em alta velocidade do tipo smartphone classificados na posição 8517.12.31 da TIPI, que obedeçam aos requisitos técnicos constantes de ato do Ministro de Estado das Comunicações; e (Incluído pelo Dec. 7.981/2013.)

VIII - equipamentos terminais de clientes (roteadores digitais) classificados nas posições 8517.62.41 e 8517.62.77 da TIPI. (Incluído pelo Dec. 7.981/2013.)

Parágrafo único. O disposto neste artigo aplica-se também às vendas realizadas para:

I - órgãos e entidades da Administração Pública Federal, Estadual ou Municipal e do Distrito Federal, direta ou indireta;

II - fundações instituídas e mantidas pelo Poder Público e às demais organizações sob o controle direto ou indireto da União, dos Estados, dos Municípios ou do Distrito Federal;

III - pessoas jurídicas de direito privado; e

IV - sociedades de arrendamento mercantil (leasing).

ART. 2º Para efeitos da redução a zero das alíquotas da Contribuição para o PIS/Pasep e da Cofins de que trata o art. 1º, o valor de venda, a varejo, não poderá exceder a:

I - R$ 2.000,00 (dois mil reais), no caso do inciso I do *caput* do art. 1º;

II - R$ 4.000,00 (quatro mil reais), no caso do inciso II do *caput* do art. 1º; (Redação dada pelo Dec. 6.023/2007.)

III - R$ 4.000,00 (quatro mil reais), no caso dos sistemas contendo unidade de processamento digital, monitor, teclado e mouse de que trata o inciso III do *caput* do art. 1º; (Redação dada pelo Dec. 7.715/2012.)

IV - R$ 2.100,00 (dois mil e cem reais), no caso de venda conjunta de unidade de processamento digital, teclado e mouse, na forma do inciso IV do *caput* do art. 1º; (Redação dada pelo Dec. 7.715/2012.)

V - R$ 200,00 (duzentos reais), no caso do inciso V do *caput* do art. 1º; (Redação dada pelo Dec. 7.981/2013.)

VI - R$ 2.500,00 (dois mil e quinhentos reais), no caso do inciso VI do *caput* do art. 1º. (Redação dada pelo Dec. 7.715/2012.)

VII - R$ 1.500,00 (mil e quinhentos reais), no caso do inciso VII do *caput* do art. 1º; e (Incluído pelo Dec. 7.981/2013.)

VIII - R$ 150,00 (cento e cinquenta reais), no caso do inciso VIII do *caput* do art. 1º. (Incluído pelo Dec. 7.981/2013.)

ART. 2º-A. No caso dos incisos I, II, III, VI e VII do *caput* do art. 1º e observado o disposto no art. 2º, a redução a zero das alíquotas da Contribuição para o PIS/Pasep e da Cofins alcança somente os bens produzidos no País conforme processo produtivo básico estabelecido em ato conjunto dos Ministérios do Desenvolvimento, Indústria e Comércio Exterior, e da Ciência, Tecnologia e Inovação. (Redação dada pelo Dec. 7.981/2013.)

Parágrafo único. Nas notas fiscais emitidas pelo produtor, pelo atacadista e pelo varejista relativas às vendas dos produtos de que trata o *caput*, deverá constar a expressão "Produto fabricado conforme processo produtivo básico", com a especificação do ato que aprova o processo produtivo básico respectivo. (Incluído pelo Dec. 7.715/2012.)

ART. 2º-B. No caso do inciso VIII do *caput* do art. 1º, e observado o disposto no inciso VIII do *caput* do art. 2º, a redução a zero das alíquotas da Contribuição para o PIS/Pasep e da Cofins alcança somente os roteadores digitais desenvolvidos e produzidos no País conforme processo produtivo básico estabelecido em ato conjunto dos Ministros de Estado do Desenvolvimento, Indústria e Comércio Exterior, e da Ciência, Tecnologia e Inovação. (Incluído pelo Dec. 7.981/2013.)

§ 1º Para os fins do disposto no *caput*, consideram-se desenvolvidos no País os bens que obtiveram o reconhecimento desta condição conforme ato do Ministro de Estado da Ciência, Tecnologia e Inovação. (Incluído pelo Dec. 7.981/2013.)

§ 2º Nas notas fiscais emitidas pelo produtor, pelo atacadista e pelo varejista relativas às vendas dos produtos de que trata o *caput*, deverá constar a expressão "Produto fabricado conforme processo produtivo básico e com tecnologia desenvolvida no País", acompanhada da especificação do ato que aprova o processo produtivo básico e do ato que reconhece o desenvolvimento tecnológico correspondente. (Incluído pelo Dec. 7.981/2013.)

ART. 3º Nas vendas efetuadas na forma do art. 1º desta Lei não se aplica a retenção na fonte da Contribuição para o PIS/Pasep e da Cofins a que se referem o art. 64 da Lei n. 9.430, de 27 de dezembro de 1996, e o art. 34 da Lei n. 10.833, de 29 de dezembro de 2003.

ART. 4º Este Decreto entra em vigor na data de sua publicação.

ART. 5º Fica revogado o Decreto n. 5.467, de 15 de junho de 2005.

Brasília, 6 de dezembro de 2005;
184º da Independência e 117º da República.
LUIZ INÁCIO LULA DA SILVA

DECRETO N. 5.691, DE 3 DE FEVEREIRO DE 2006

Dispõe sobre as máquinas, aparelhos, instrumentos e equipamentos importados por pessoas jurídicas estabelecidas na Zona Franca de Manaus, objeto da suspensão da exigência da Contribuição para o PIS/PASEP-Importação e da COFINS-Importação, na forma do art. 50 da Lei n. 11.196, de 21 de novembro de 2005.

› *DOU*, 6.2.2006.

O Presidente da República, no uso da atribuição que lhe confere o art. 84, inciso IV, da Constituição, e tendo em vista o disposto no art. 50 da Lei n. 11.196, de 21 de novembro de 2005, e no art. 14 da Lei n. 10.865, de 30 de abril de 2004,

Decreta:

ART. 1º Fica suspensa a exigência da Contribuição para o PIS/PASEP-Importação e da COFINS-Importação para bens novos destinados à incorporação ao ativo imobilizado de pessoa jurídica importadora estabelecida na Zona Franca de Manaus.

Parágrafo único. A suspensão de que trata o *caput* aplica-se somente quando a pessoa jurídica:

I - importar máquinas, aparelhos, instrumentos e equipamentos, novos, classificados nos códigos da Tabela de Incidência do IPI - TIPI, aprovada pelo Decreto n. 4.542, de 26 de dezembro de 2002, relacionados no Anexo deste Decreto; e

II - utilizar os bens de que trata o inciso I na produção de matérias-primas, produtos intermediários e materiais de embalagem destinados ao emprego em processo de industrialização por pessoa jurídica que esteja instalada na Zona Franca de Manaus e que possua projeto aprovado pelo Conselho de Administração da Superintendência da Zona Franca de Manaus - Suframa.

ART. 2º Este Decreto entra em vigor na data de sua publicação.

ART. 3º Fica revogado o Decreto n. 5.628, de 22 de dezembro de 2005.

Brasília, 3 de fevereiro de 2006;
185º da Independência e 118º da República.
LUIZ INÁCIO LULA DA SILVA

› Optamos, nesta edição, pela não publicação do Anexo.

DECRETO N. 5.790, DE 25 DE MAIO DE 2006

Dispõe sobre a composição, estruturação, competências e funcionamento do Conselho das Cidades - ConCidades, e dá outras providências.

› *DOU*, 26.05.2006.

O Presidente da República, no uso das atribuições que lhe confere o art. 84, incisos IV e VI, alínea "a", da Constituição, e tendo em vista o disposto no art. 10, da Medida Provisória n. 2.220, de 4 de setembro de 2001, art. 33, inciso VIII, e art. 50 da Lei n. 10.683, de 28 de maio de 2003,

Decreta:

CAPÍTULO I
DO CONSELHO DAS CIDADES

ART. 1º O Conselho das Cidades - ConCidades, órgão colegiado de natureza deliberativa e consultiva, integrante da estrutura do Ministério das Cidades, tem por finalidade estudar e propor as diretrizes para a formulação e implementação da Política Nacional de Desenvolvimento Urbano, bem como acompanhar e avaliar a sua execução, conforme dispõe a Lei n. 10.257, de 10 de julho de 2001- Estatuto da Cidade.

ART. 2º O ConCidades é responsável por propor as diretrizes gerais para a formulação e implementação da Política Nacional de Desenvolvimento Urbano, em consonância com as resoluções aprovadas pela Conferência Nacional das Cidades.

SEÇÃO I
DAS ATRIBUIÇÕES

ART. 3º Ao ConCidades compete:

I - propor programas, instrumentos, normas e prioridades da Política Nacional de Desenvolvimento Urbano;

II - acompanhar e avaliar a implementação da Política Nacional de Desenvolvimento Urbano, em especial os programas relativos à política de gestão do solo urbano, de habitação, de saneamento ambiental, de mobilidade e transporte urbano, e recomendar as providências necessárias ao cumprimento de seus objetivos;

III - propor a edição de normas gerais de direito urbanístico e manifestar-se sobre propostas de alteração da legislação pertinente;

IV - emitir orientações e recomendações sobre a aplicação do Estatuto da Cidade e dos demais atos normativos relacionados ao desenvolvimento urbano;

V - promover a cooperação entre os governos da União, dos Estados, do Distrito Federal e dos Municípios e a sociedade civil na formulação e execução da Política Nacional de Desenvolvimento Urbano;

VI - incentivar a criação, a estruturação e o fortalecimento institucional de conselhos afetos à política de desenvolvimento urbano nos níveis municipais, regionais, estaduais e do Distrito Federal;

VII - promover, em parceria com organismos governamentais e não governamentais, nacionais e internacionais, a identificação de sistemas de indicadores, no sentido de estabelecer metas e procedimentos com base nesses indicadores, para monitorar a aplicação das atividades relacionadas com o desenvolvimento urbano;

VIII - estimular ações que visem propiciar a geração, apropriação e utilização de conhecimentos científicos, tecnológicos, gerenciais e organizativos pelas populações das áreas urbanas;

IX - promover a realização de estudos, debates e pesquisas sobre a aplicação e os resultados estratégicos alcançados pelos programas e projetos desenvolvidos pelo Ministério das Cidades;

X - estimular a ampliação e o aperfeiçoamento dos mecanismos de participação e controle social, por intermédio de rede nacional de órgãos colegiados estaduais, regionais e municipais, visando fortalecer o desenvolvimento urbano sustentável;

XI - propor diretrizes e critérios para a distribuição regional e setorial do orçamento anual e do plano plurianual do Ministério das Cidades;

XII - propor a criação de mecanismos de articulação entre os programas e os recursos federais que tenham impacto sobre o desenvolvimento urbano;

XIII - promover, quando necessário, a realização de seminários ou encontros regionais sobre temas de sua agenda, bem como estudos sobre a definição de convênios na área de desenvolvimento urbano sustentável e da propriedade urbana, a serem firmados com organismos nacionais e internacionais públicos e privados;

XIV - eleger os membros para o Conselho Gestor do Fundo Nacional de Habitação de Interesse Social, na forma e no quantitativo fixados pelo regulamento previsto no art. 10, § 3º, da Lei n. 11.124, de 16 de junho de 2005;

XV - dar publicidade e divulgar seus trabalhos e decisões;

XVI - (Revogado pelo Dec. 9.076/2017.)

XVII - aprovar seu regimento interno e decidir sobre as alterações propostas por seus membros.

Parágrafo único. Em consonância com as resoluções a serem emitidas pelo ConCidades, previstas no inciso IV, o Ministério das Cidades disciplinará, no âmbito da suas competências, as matérias relativas à aplicação do Estatuto da Cidade e dos demais atos normativos relacionados ao desenvolvimento urbano.

DECRETOS

SEÇÃO II
DA COMPOSIÇÃO

ART. 4º O ConCidades é composto pelos seguintes membros, organizados por segmentos:

I - dezesseis representantes do Poder Público Federal, sendo:

a) três do Ministério das Cidades;

b) um da Casa Civil da Presidência da República;

c) um do Ministério da Cultura;

d) um do Ministério da Fazenda;

e) um do Ministério da Integração Nacional;

f) um do Ministério da Saúde;

g) um do Ministério do Desenvolvimento Social e Combate à Fome;

h) um do Ministério do Meio Ambiente;

i) um do Ministério do Planejamento, Orçamento e Gestão;

j) um do Ministério do Trabalho e Emprego;

l) um do Ministério do Turismo;

m) um do Ministério da Ciência e da Tecnologia;

m) um da Secretaria de Relações Institucionais da Presidência da República; e

‣ Alínea transcrita conforme publicação oficial.

o) um da Caixa Econômica Federal;

II - nove representantes do Poder Público Estadual, do Distrito Federal ou de entidades civis de representação do Poder Público Estadual e do Distrito Federal, observado o critério de rodízio entre os Estados, o Distrito Federal e as entidades civis;

III - doze representantes do Poder Público Municipal ou de entidades civis de representação do Poder Público Municipal;

IV - vinte e três representantes de entidades dos movimentos populares;

V - oito representantes de entidades empresariais;

VI - oito representantes de entidades de trabalhadores;

VII - seis representantes de entidades profissionais, acadêmicas e de pesquisa; e

VIII - quatro representantes de organizações não governamentais.

§ 1º (Revogado pelo Dec. 9.076/2017.)

§ 2º Também integram o Plenário do ConCidades, com direito a voz e sem direito a voto, nove representantes dos Governos Estaduais e do Distrito Federal, indicados pelos respectivos representantes legais, na condição de observadores, condicionando o direito de participar à existência de Conselho Estadual das Cidades, ou outro órgão colegiado com atribuições compatíveis no âmbito da respectiva Unidade da Federação.

§ 3º Poderão, ainda, ser convidados a participar das reuniões do ConCidades personalidades e representantes de órgãos e entidades públicas ou privadas, dos Poderes Executivo, Legislativo e Judiciário, bem como outros técnicos, sempre que da pauta constar tema de suas áreas de atuação.

§ 4º Os membros referidos nos incisos I a VIII deverão indicar seus respectivos representantes por meio de ofício ao Ministro de Estado das Cidades, que os designará.

§ 5º Os membros do ConCidades terão mandato de três anos, podendo ser reconduzidos, com exceção do mandato 2006/2007, que terá a duração de dois anos.

SEÇÃO III
DO FUNCIONAMENTO

SUBSEÇÃO I
DOS COMITÊS TÉCNICOS

ART. 5º O ConCidades contará com o assessoramento dos seguintes Comitês Técnicos de:

I - Habitação;

II - Saneamento Ambiental;

III - Trânsito, Transporte e Mobilidade Urbana; e

IV - Planejamento e Gestão do Solo Urbano.

§ 1º Na composição dos Comitês Técnicos, deverá ser observada a representação dos diversos segmentos indicados no art. 4º.

§ 2º Os Comitês Técnicos serão coordenados pelos Secretários Nacionais do Ministério das Cidades responsáveis pelos respectivos temas.

SUBSEÇÃO II
DA PRESIDÊNCIA DO CONCIDADES

ART. 6º O ConCidades será presidido pelo Ministro de Estado das Cidades.

ART. 7º São atribuições do Presidente do ConCidades:

I - convocar e presidir as reuniões do colegiado;

II - solicitar a elaboração de estudos, informações e posicionamento sobre temas de relevante interesse público;

III - firmar as atas das reuniões e homologar as resoluções;

IV - constituir e organizar o funcionamento dos Comitês Técnicos e convocar as respectivas reuniões, podendo esta atribuição ser delegada aos Secretários Nacionais do Ministério das Cidades; e

V - designar os membros integrantes do ConCidades, na qualidade de titulares e respectivos suplentes, eleitos na Conferência Nacional das Cidades, bem como seus representantes.

SUBSEÇÃO III
DAS DELIBERAÇÕES

ART. 8º As deliberações do ConCidades serão feitas mediante resolução aprovada por maioria simples dos presentes.

ART. 9º O Presidente exercerá o voto de qualidade em casos de empate.

ART. 10. O regimento interno do ConCidades será aprovado na forma definida por resolução, e será modificado somente mediante aprovação de dois terços dos presentes.

SUBSEÇÃO IV
DOS RECURSOS E APOIO ADMINISTRATIVO DO CONCIDADES

ART. 11. Caberá ao Ministério das Cidades garantir o apoio administrativo e os meios necessários à execução dos trabalhos do ConCidades, exercendo as atribuições de secretaria-executiva do Conselho e dos Comitês Técnicos.

ART. 12. As despesas com os deslocamentos dos representantes dos órgãos e entidades no ConCidades poderão correr à conta de dotações orçamentárias do Ministério das Cidades.

ART. 13. Para cumprimento de suas funções, o ConCidades contará com recursos orçamentários e financeiros consignados no orçamento do Ministério das Cidades.

ART. 14. A participação no ConCidades será considerada função relevante, não remunerada.

CAPÍTULO II
DA CONFERÊNCIA NACIONAL DAS CIDADES

ARTS. 15 a **19.** (Revogados pelo Dec. 9.076 /2017.)

ART. 20. As dúvidas e os casos omissos neste regulamento serão resolvidos pelo Presidente do ConCidades, *ad referendum* do Plenário.

ART. 21. Este Decreto entra em vigor na data de sua publicação.

ART. 22. Fica revogado o Decreto n. 5.031, de 2 de abril de 2004.

Brasília, 25 de maio de 2006; 185º da Independência e 118º da República.

LUIZ INÁCIO LULA DA SILVA

DECRETO N. 5.903, DE 20 DE SETEMBRO DE 2006

Regulamenta a Lei n. 10.962, de 11 de outubro de 2004, e a Lei n. 8.078, de 11 de setembro de 1990.

‣ *DOU*, 21.09.2006.

O Presidente da República, no uso da atribuição que lhe confere o art. 84, inciso IV, da Constituição, e tendo em vista o disposto na Lei n. 8.078, de 11 de setembro de 1990, e na Lei n. 10.962, de 11 de outubro de 2004,

Decreta:

ART. 1º Este Decreto regulamenta a Lei n. 10.962, de 11 de outubro de 2004, e dispõe sobre as práticas infracionais que atentam contra o direito básico do consumidor de obter informação adequada e clara sobre produtos e serviços, previstas na Lei n. 8.078, de 11 de setembro de 1990.

ART. 2º Os preços de produtos e serviços deverão ser informados adequadamente, de modo a garantir ao consumidor a correção, clareza, precisão, ostensividade e legibilidade das informações prestadas.

§ 1º Para efeito do disposto no *caput* deste artigo, considera-se:

I - correção, a informação verdadeira que não seja capaz de induzir o consumidor em erro;

II - clareza, a informação que pode ser entendida de imediato e com facilidade pelo consumidor, sem abreviaturas que dificultem a sua compreensão, e sem a necessidade de qualquer interpretação ou cálculo;

III - precisão, a informação que seja exata, definida e que esteja física ou visualmente ligada ao produto a que se refere, sem nenhum embaraço físico ou visual interposto;

IV - ostensividade, a informação que seja de fácil percepção, dispensando qualquer esforço na sua assimilação; e

V - legibilidade, a informação que seja visível e indelével.

ART. 3º O preço de produto ou serviço deverá ser informado discriminando-se o total à vista.

Parágrafo único. No caso de outorga de crédito, como nas hipóteses de financiamento ou parcelamento, deverão ser também discriminados:

I - o valor total a ser pago com financiamento;

II - o número, periodicidade e valor das prestações;

III - os juros; e

IV - os eventuais acréscimos e encargos que incidirem sobre o valor do financiamento ou parcelamento.

ART. 4º Os preços dos produtos e serviços expostos à venda devem ficar sempre visíveis aos consumidores enquanto o estabelecimento estiver aberto ao público.

Parágrafo único. A montagem, rearranjo ou limpeza, se em horário de funcionamento, deve ser feito sem prejuízo das informações relativas aos preços de produtos ou serviços expostos à venda.

ART. 5º Na hipótese de afixação de preços de bens e serviços para o consumidor, em vitrines e no comércio em geral, de que trata o inciso I do art. 2º da Lei n. 10.962, de 2004, a etiqueta ou similar afixada diretamente no produto exposto à venda deverá ter sua face principal voltada ao consumidor, a fim de garantir a pronta visualização do preço, independentemente de solicitação do consumidor ou intervenção do comerciante.

Parágrafo único. Entende-se como similar qualquer meio físico que esteja unido ao produto e gere efeitos visuais equivalentes aos da etiqueta.

ART. 6º Os preços de bens e serviços para o consumidor nos estabelecimentos comerciais de que trata o inciso II do art. 2º da Lei n. 10.962, de 2004, admitem as seguintes modalidades de afixação:

I - direta ou impressa na própria embalagem;

II - de código referencial; ou

III - de código de barras.

§ 1º Na afixação direta ou impressão na própria embalagem do produto, será observado o disposto no art. 5º deste Decreto.

§ 2º A utilização da modalidade de afixação de código referencial deverá atender às seguintes exigências:

I - a relação dos códigos e seus respectivos preços devem estar visualmente unidos e próximos dos produtos a que se referem, e imediatamente perceptível ao consumidor, sem a necessidade de qualquer esforço ou deslocamento de sua parte; e

II - o código referencial deve estar fisicamente ligado ao produto, em contraste de cores e em tamanho suficientes que permitam a pronta identificação pelo consumidor.

§ 3º Na modalidade de afixação de código de barras, deverão ser observados os seguintes requisitos:

I - as informações relativas ao preço à vista, características e código do produto deverão estar a ele visualmente unidas, garantindo a pronta identificação pelo consumidor;

II - a informação sobre as características do item deve compreender o nome, quantidade e demais elementos que o particularizem; e

III - as informações deverão ser disponibilizadas em etiquetas com caracteres ostensivos e em cores de destaque em relação ao fundo.

ART. 7º Na hipótese de utilização do código de barras para apreçamento, os fornecedores deverão disponibilizar, na área de vendas, para consulta de preços pelo consumidor, equipamentos de leitura ótica em perfeito estado de funcionamento.

§ 1º Os leitores óticos deverão ser indicados por cartazes suspensos que informem a sua localização.

§ 2º Os leitores óticos deverão ser dispostos na área de vendas, observada a distância máxima de quinze metros entre qualquer produto e a leitora ótica mais próxima.

§ 3º Para efeito de fiscalização, os fornecedores deverão prestar as informações necessárias aos agentes fiscais mediante disponibilização de croqui da área de vendas, com a identificação clara e precisa da localização dos leitores óticos e a distância que os separa, demonstrando graficamente o cumprimento da distância máxima fixada neste artigo.

ART. 8º A modalidade de relação de preços de produtos expostos e de serviços oferecidos aos consumidores somente poderá ser empregada quando for impossível o uso das modalidades descritas nos arts. 5º e 6º deste Decreto.

§ 1º A relação de preços de produtos ou serviços expostos à venda deve ter sua face principal voltada ao consumidor, de forma a garantir a pronta visualização do preço, independentemente de solicitação do consumidor ou intervenção do comerciante.

§ 2º A relação de preços deverá ser também afixada, externamente, nas entradas de restaurantes, bares, casas noturnas e similares.

ART. 9º Configuram infrações ao direito básico do consumidor à informação adequada e clara sobre os diferentes produtos e serviços, sujeitando o infrator às penalidades previstas na Lei n. 8.078, de 1990, as seguintes condutas:

I - utilizar letras cujo tamanho não seja uniforme ou dificulte a percepção da informação, considerada a distância normal de visualização do consumidor;

II - expor preços com as cores das letras e do fundo idêntico ou semelhante;

III - utilizar caracteres apagados, rasurados ou borrados;

IV - informar preços apenas em parcelas, obrigando o consumidor ao cálculo do total;

V - informar preços em moeda estrangeira, desacompanhados de sua conversão em moeda corrente nacional, em caracteres de igual ou superior destaque;

VI - utilizar referência que deixa dúvida quanto à identificação do item ao qual se refere;

VII - atribuir preços distintos para o mesmo item; e

VIII - expor informação redigida na vertical ou outro ângulo que dificulte a percepção.

ART. 10. A aplicação do disposto neste Decreto dar-se-á sem prejuízo de outras normas de controle incluídas na competência de demais órgãos e entidades federais.

ART. 11. Este Decreto entra em vigor noventa dias após sua publicação.

Brasília, 20 de setembro de 2006;
185º da Independência e 118º da República.
LUIZ INÁCIO LULA DA SILVA

DECRETO N. 5.934, DE 18 DE OUTUBRO DE 2006

Estabelece mecanismos e critérios a serem adotados na aplicação do disposto no art. 40 da Lei n. 10.741, de 1º de outubro de 2003 (Estatuto do Idoso), e dá outras providências.

▸ *DOU*, 19.10.2006.

O Presidente da República, no uso das atribuições que lhe conferem o art. 84, incisos IV e VI, alínea "a", da Constituição, e tendo em vista o disposto na alínea "e" do inciso XII do art. 21 da Constituição, e no art. 40 da Lei n. 10.741, de 1º de outubro de 2003,

Decreta:

ART. 1º Ficam definidos os mecanismos e os critérios para o exercício do direito previsto no art. 40 da Lei n. 10.741, de 1º de outubro de 2003, no sistema de transporte coletivo interestadual, nos modais rodoviário, ferroviário e aquaviário.

Parágrafo único. Compete à Agência Nacional de Transportes Terrestres - ANTT e à Agência Nacional de Transportes Aquaviários - ANTAQ a edição de normas complementares objetivando o detalhamento para execução de suas disposições.

ART. 2º Para fins do disposto neste Decreto, considera-se:

I - idoso: pessoa com idade igual ou superior a sessenta anos;

II - serviço de transporte interestadual de passageiros: o que transpõe o limite do Estado, do Distrito Federal ou de Território;

III - linha: serviço de transporte coletivo de passageiros executado em uma ligação de dois pontos terminais, nela incluída os seccionamentos e as alterações operacionais efetivadas, aberto ao público em geral, de natureza regular e permanente, com itinerário definido no ato de sua delegação ou outorga;

IV - seção: serviço realizado em trecho do itinerário de linha do serviço de transporte, com fracionamento do preço de passagem; e

V - bilhete de viagem do idoso: documento que comprove a concessão do transporte gratuito ao idoso, fornecido pela empresa prestadora do serviço de transporte, para possibilitar o ingresso do idoso no veículo.

ART. 3º Na forma definida no art. 40 da Lei n. 10.741, de 2003, ao idoso com renda igual ou inferior a dois salários-mínimos serão reservadas duas vagas gratuitas em cada veículo, comboio ferroviário ou embarcação do serviço convencional de transporte interestadual de passageiros.

§ 1º Para fins do disposto no *caput*, incluem-se na condição de serviço convencional:

I - os serviços de transporte rodoviário interestadual convencional de passageiros, prestado com veículo de características básicas, com ou sem sanitários, em linhas regulares;

II - os serviços de transporte ferroviário interestadual de passageiros, em linhas regulares; e

III - os serviços de transporte aquaviário interestadual, abertos ao público, realizados nos rios, lagos, lagoas e baías, que operam linhas regulares, inclusive travessias.

§ 2º O idoso, para fazer uso da reserva prevista no *caput* deste artigo, deverá solicitar um único "Bilhete de Viagem do Idoso", nos pontos de venda próprios da transportadora, com antecedência de, pelo menos, três horas em relação ao horário de partida do ponto inicial da linha do serviço de transporte, podendo solicitar a emissão do bilhete de viagem de retorno, respeitados os procedimentos da venda de bilhete de passagem, no que couber.

§ 3º Na existência de seções, nos pontos de seção devidamente autorizados para embarque de passageiros, a reserva de assentos também deverá estar disponível até o horário definido para o ponto inicial da linha, consoante previsto no § 2º.

§ 4º Após o prazo estipulado no § 2º, caso os assentos reservados não tenham sido objeto de concessão do benefício de que trata este Decreto, as empresas prestadoras dos serviços poderão colocar à venda os bilhetes desses assentos, que, enquanto não comercializados, continuarão disponíveis para o exercício do benefício da gratuidade.

§ 5º No dia marcado para a viagem, o idoso deverá comparecer ao terminal de embarque até trinta minutos antes da hora marcada para o início da viagem, sob pena de perda do benefício.

§ 6º O "Bilhete de Viagem do Idoso" e o bilhete com desconto do valor da passagem são intransferíveis.

ART. 4º Além das vagas previstas no art. 3º, o idoso com renda igual ou inferior a dois salários-mínimos terá direito ao desconto mínimo de cinquenta por cento do valor da passagem para os demais assentos do veículo, comboio ferroviário ou embarcação do serviço convencional de transporte interestadual de passageiros.

Parágrafo único. Para fazer jus ao desconto previsto no *caput* deste artigo, o idoso deverá adquirir o bilhete de passagem obedecendo aos seguintes prazos:

I - para viagens com distância até 500 km, com, no máximo, seis horas de antecedência; e

II - para viagens com distância acima de 500 km, com, no máximo, doze horas de antecedência.

ART. 5º O "Bilhete de Viagem do Idoso" será emitido pela empresa prestadora do serviço, em pelo menos duas vias, sendo que uma via

DECRETOS

será destinada ao passageiro e não poderá ser recolhida pela transportadora.

§ 1º A segunda via do "Bilhete de Viagem do Idoso" deverá ser arquivada, permanecendo em poder da empresa prestadora do serviço nos trezentos e sessenta e cinco dias subsequentes ao término da viagem.

§ 2º As empresas prestadoras dos serviços de transporte deverão informar à ANTT e à ANTAQ, na periodicidade definida em seus regulamentos, a movimentação de usuários titulares do benefício, por seção e por situação.

ART. 6º No ato da solicitação do "Bilhete de Viagem do Idoso" ou do desconto do valor da passagem, o interessado deverá apresentar documento pessoal que faça prova de sua idade e da renda igual ou inferior a dois salários-mínimos.

§ 1º A prova de idade do idoso far-se-á mediante apresentação do original de qualquer documento pessoal de identidade, com fé pública, que contenha foto.

§ 2º A comprovação de renda será feita mediante a apresentação de um dos seguintes documentos:

I - Carteira de Trabalho e Previdência Social com anotações atualizadas;

II - contracheque de pagamento ou documento expedido pelo empregador;

III - carnê de contribuição para o Instituto Nacional do Seguro Social - INSS;

IV - extrato de pagamento de benefício ou declaração fornecida pelo INSS ou outro regime de previdência social público ou privado; e

V - documento ou carteira emitida pelas Secretarias Estaduais ou Municipais de Assistência Social ou congêneres.

ART. 7º O idoso está sujeito aos procedimentos de identificação de passageiros ao apresentarem-se para embarque, de acordo com o estabelecido pela ANTT e pela ANTAQ, em suas respectivas esferas de atuação.

ART. 8º O benefício concedido ao idoso assegura os mesmos direitos garantidos aos demais passageiros.

Parágrafo único. Não estão incluídas no benefício as tarifas de pedágio e de utilização dos terminais e as despesas com alimentação.

ART. 9º Disponibilizado o benefício tarifário, a ANTT, a ANTAQ e o concessionário ou permissionário adotarão as providências cabíveis para o atendimento ao disposto no *caput* do art. 35 da Lei n. 9.074, de 7 de julho de 1995.

Parágrafo único. A concessionária ou permissionária deverá apresentar a documentação necessária para a comprovação do impacto do benefício no equilíbrio econômico-financeiro do contrato, observados os termos da legislação aplicável.

ART. 10. Às infrações a este Decreto aplica-se o disposto no art. 78-A e seguintes da Lei n. 10.233, de 5 de junho de 2001.

Parágrafo único. O disposto nos arts. 2º, 3º e 9º deste Decreto aplica-se às contratações no comércio eletrônico. (Acrescentado pelo Dec. 7.962/2013.)

ART. 11. Este Decreto entra em vigor na data de sua publicação.

ART. 12. Ficam revogados os Decretos n. 5.130, de 7 de julho de 2004, e 5.155, de 23 de julho de 2004.

Brasília, 18 de outubro de 2006; 185º da Independência e 118º da República.

LUIZ INÁCIO LULA DA SILVA

DECRETO N. 5.940, DE 25 DE OUTUBRO DE 2006

Institui a separação dos resíduos recicláveis descartados pelos órgãos e entidades da administração pública federal direta e indireta, na fonte geradora, e a sua destinação às associações e cooperativas dos catadores de materiais recicláveis, e dá outras providências.

▸ *DOU*, 26.10.2006.

O Presidente da República, no uso da atribuição que lhe confere o art. 84, inciso VI, alínea "a", da Constituição,

Decreta:

ART. 1º A separação dos resíduos recicláveis descartados pelos órgãos e entidades da administração pública federal direta e indireta, na fonte geradora, e a sua destinação às associações e cooperativas dos catadores de materiais recicláveis são reguladas pelas disposições deste Decreto.

ART. 2º Para fins do disposto neste Decreto, considera-se:

I - coleta seletiva solidária: coleta dos resíduos recicláveis descartados, separados na fonte geradora, para destinação às associações e cooperativas de catadores de materiais recicláveis; e

II - resíduos recicláveis descartados: materiais passíveis de retorno ao seu ciclo produtivo, rejeitados pelos órgãos e entidades da administração pública federal direta e indireta.

ART. 3º Estarão habilitadas a coletar os resíduos recicláveis descartados pelos órgãos e entidades da administração pública federal direta e indireta as associações e cooperativas de catadores de materiais recicláveis que atenderem aos seguintes requisitos:

I - estejam formal e exclusivamente constituídas por catadores de materiais recicláveis que tenham a catação como única fonte de renda;

II - não possuam fins lucrativos;

III - possuam infraestrutura para realizar a triagem e a classificação dos resíduos recicláveis descartados; e

IV - apresentem o sistema de rateio entre os associados e cooperados.

Parágrafo único. A comprovação dos incisos I e II será feita mediante a apresentação do estatuto ou contrato social e dos incisos III e IV, por meio de declaração das respectivas associações e cooperativas.

ART. 4º As associações e cooperativas habilitadas poderão firmar acordo, perante a Comissão para a Coleta Seletiva Solidária, a que se refere ao art. 5º, para partilha dos resíduos recicláveis descartados.

§ 1º Caso não haja consenso, a Comissão para a Coleta Seletiva Solidária realizará sorteio, em sessão pública, entre as respectivas associações e cooperativas devidamente habilitadas, que firmarão termo de compromisso com o órgão ou entidade, com o qual foi realizado o sorteio, para efetuar a coleta dos resíduos recicláveis descartados regularmente.

§ 2º Na hipótese do § 1º, deverão ser sorteadas até quatro associações ou cooperativas, sendo que cada uma realizará a coleta, nos termos definidos neste Decreto, por um período consecutivo de seis meses, quando outra associação ou cooperativa assumirá a responsabilidade, seguida a ordem do sorteio.

§ 3º Concluído o prazo de seis meses do termo de compromisso da última associação ou cooperativa sorteada, um novo processo de habilitação será aberto.

ART. 5º Será constituída uma Comissão para a Coleta Seletiva Solidária, no âmbito de cada órgão e entidade da administração pública federal direita e indireta, no prazo de noventa dias, a contar da publicação deste Decreto.

§ 1º A Comissão para a Coleta Seletiva Solidária será composta por, no mínimo, três servidores designados pelos respectivos titulares de órgãos e entidades públicas.

§ 2º A Comissão para a Coleta Seletiva Solidária deverá implantar e supervisionar a separação dos resíduos recicláveis descartados, na fonte geradora, bem como a sua destinação para as associações e cooperativas de catadores de materiais recicláveis, conforme dispõe este Decreto.

§ 3º A Comissão para a Coleta Seletiva Solidária de cada órgão ou entidade da administração pública federal direita e indireta apresentará, semestralmente, ao Comitê Interministerial da Inclusão Social de Catadores de Lixo, criado pelo Decreto de 11 de setembro de 2003, avaliação do processo de separação dos resíduos recicláveis descartados, na fonte geradora, e a sua destinação às associações e cooperativas dos catadores de materiais recicláveis.

ART. 6º Os órgãos e entidades da administração pública federal direta e indireta deverão implantar, no prazo de cento e oitenta dias, a contar da publicação deste Decreto, a separação dos resíduos recicláveis descartados, na fonte geradora, destinando-os para a coleta seletiva solidária, devendo adotar as medidas necessárias ao cumprimento do disposto neste Decreto.

Parágrafo único. Deverão ser implementadas ações de publicidade de utilidade pública, que assegurem a lisura e igualdade de participação das associações e cooperativas de catadores de materiais recicláveis no processo de habilitação.

ART. 7º Este Decreto entra em vigor na data de sua publicação.

Brasília, 25 de outubro de 2006; 185º da Independência e 118º da República.

LUIZ INÁCIO LULA DA SILVA

DECRETO N. 5.987, DE 19 DE DEZEMBRO DE 2006

Dispõe sobre a compensação da Cide-Combustíveis por pessoas jurídicas importadoras ou adquirentes de hidrocarbonetos líquidos não destinados à formulação de gasolina ou diesel.

▸ *DOU*, 20.12.2006.

O Presidente da República, no uso das atribuições que lhe confere o art. 84, inciso IV, da Constituição, e tendo em vista o disposto no art. 8º-A da Lei n.10.336, de 19 de dezembro de 2001,

Decreta:

ART. 1º A pessoa jurídica que adquirir no mercado interno ou importar hidrocarbonetos líquidos poderá compensar, com tributos e contribuições administrados pela Secretaria da Receita Federal, o valor da CIDE-Combustíveis pago pela pessoa jurídica vendedora, no caso de aquisição no mercado interno, ou pago diretamente, no caso de importação.

§ 1º Somente gera direito à compensação de que trata o *caput* as aquisições no mercado interno e importações de hidrocarboneto líquidos que:

I - não sejam destinados à produção de gasolina ou diesel; e

II - sejam utilizados, pela pessoa jurídica importadora ou adquirente no mercado interno, como insumo para a fabricação de outros produtos.

§ 2º Para os efeitos deste artigo, os hidrocarbonetos líquidos devem ser:

I - importados pela pessoa jurídica que vai utilizá-los como insumo, na forma do inciso II do § 1º; ou

II - adquiridos de pessoas jurídicas contribuintes da CIDE-Combustíveis na forma dos arts. 2º e 3º da Lei n. 10.336, de 19 de dezembro de 2001.

ART. 2º A compensação de que trata este Decreto poderá ser efetuada até o valor da CIDE-Combustíveis efetivamente:

I - paga, no caso do inciso I do § 2º do art. 1º; ou

II - incidente sobre a operação de venda, no caso do inciso II do § 2º do art. 1º.

§ 1º Para os efeitos do inciso II, a pessoa jurídica adquirente apresentará à pessoa jurídica vendedora declaração de que os hidrocarbonetos adquiridos não se destinam à formulação de gasolina ou diesel e que serão empregados como insumo na fabricação de seus produtos.

§ 2º Na hipótese do § 1º, a pessoa jurídica vendedora de hidrocarbonetos líquidos deve fazer constar na nota fiscal de venda a expressão: "Venda efetuada com incidência da CIDE-Combustíveis", com especificação do valor da contribuição incidente.

ART. 3º A Secretaria da Receita Federal, no âmbito de sua competência, disciplinará o disposto neste Decreto.

ART. 4º Este Decreto entra em vigor e produz efeito na data de sua publicação.

Brasília, 19 de dezembro de 2006; 185º da Independência e 118º da República.

LUIZ INÁCIO LULA DA SILVA

DECRETO N. 6.003, DE 28 DE DEZEMBRO DE 2006

Regulamenta a arrecadação, a fiscalização e a cobrança da contribuição social do salário-educação, a que se referem o art. 212, § 5º, da Constituição, e as Leis n. 9.424, de 24 de dezembro de 1996, e 9.766, de 18 de dezembro de 1998, e dá outras providências.

› *DOU*, 29.12.2006.

O Presidente da República, no uso da atribuição que lhe confere o art. 84, inciso IV, da Constituição, e tendo em vista o disposto no art. 9º da Lei n. 9.766, de 18 de dezembro de 1998,

Decreta:

DISPOSIÇÕES GERAIS

ART. 1º A contribuição social do salário-educação obedecerá aos mesmos prazos, condições, sanções e privilégios relativos às contribuições sociais e demais importâncias devidas à Seguridade Social, aplicando-se-lhe, no que for cabível, as disposições legais e demais atos normativos atinentes às contribuições previdenciárias, ressalvada a competência do Fundo Nacional de Desenvolvimento da Educação - FNDE, sobre a matéria.

§ 1º A contribuição a que se refere este artigo será calculada com base na alíquota de dois inteiros e cinco décimos por cento, incidente sobre o total da remuneração paga ou creditada, a qualquer título, aos segurados empregados, ressalvadas as exceções legais, e será arrecadada, fiscalizada e cobrada pela Secretaria da Receita Previdenciária.

§ 2º Entende-se por empregado, para fins do disposto neste Decreto, as pessoas físicas a que se refere o art. 12, inciso I, da Lei n. 8.212, de 24 de julho de 1991.

§ 3º Para os fins previstos no art. 3º da Lei n. 11.098, de 13 de janeiro de 2005, o FNDE é tratado como terceiro, equiparando-se às demais entidades e fundos para os quais a Secretaria da Receita Previdenciária realiza atividades de arrecadação, fiscalização e cobrança de contribuições.

ART. 2º São contribuintes do salário-educação as empresas em geral e as entidades públicas e privadas vinculadas ao Regime Geral da Previdência Social, entendendo-se como tais, para fins desta incidência, qualquer firma individual ou sociedade que assuma o risco de atividade econômica, urbana ou rural, com fins lucrativos ou não, bem assim a sociedade de economia mista, a empresa pública e demais sociedades instituídas e mantidas pelo Poder Público, nos termos do art. 173, § 2º, da Constituição.

Parágrafo único. São isentos do recolhimento da contribuição social do salário-educação:

I - a União, os Estados, o Distrito Federal, os Municípios e suas respectivas autarquias e fundações;

II - as instituições públicas de ensino de qualquer grau;

III - as escolas comunitárias, confessionais ou filantrópicas, devidamente registradas e reconhecidas pelo competente órgão de educação, e que atendam ao disposto no inciso II do art. 55 da Lei n. 8.212, de 1991;

IV - as organizações de fins culturais que, para este fim, vierem a ser definidas em regulamento;

V - as organizações hospitalares e de assistência social, desde que atendam, cumulativamente, aos requisitos estabelecidos nos incisos I a V do art. 55 da Lei n. 8.212, de 1991;

ART. 3º Cabe à Procuradoria-Geral Federal a representação judicial e extrajudicial do FNDE, inclusive a inscrição dos respectivos créditos em dívida ativa.

ART. 4º Integram a receita da contribuição social do salário-educação os acréscimos legais a que estão sujeitos os contribuintes em atraso.

ART. 5º A contribuição social do salário-educação não tem caráter remuneratório na relação de emprego e não se vincula, para nenhum efeito, ao salário ou à remuneração percebida pelos empregados das empresas contribuintes.

ART. 6º Do montante arrecadado na forma do art. 1º deste Decreto será deduzida a remuneração da Secretaria da Receita Previdenciária, correspondente a um por cento, conforme previsto no art. 15, § 1º, da Lei n. 9.424, de 24 de dezembro de 1996.

ART. 7º A Secretaria da Receita Previdenciária enviará ao FNDE as informações necessárias ao acompanhamento da arrecadação, fiscalização e repasse da contribuição social do salário-educação, inclusive quanto à sua participação nos parcelamentos e nos créditos inscritos em dívida ativa.

§ 1º Para fins do disposto no *caput* deste artigo, deverão ser encaminhados ao FNDE, em meio magnético ou eletrônico, os arquivos contendo as informações da Guia de Recolhimento do FGTS e Informações à Previdência Social - GFIP e Guia da Previdência Social - GPS, bem assim outras informações necessárias ao efetivo controle da arrecadação.

§ 2º Além das informações previstas no § 1º, deverão ser encaminhados mensalmente ao FNDE dados consolidados da arrecadação do salário-educação, discriminados por natureza de receita e por unidade da federação.

§ 3º A Secretaria da Receita Previdenciária prestará contas, anualmente, ao Conselho Deliberativo do FNDE, dos resultados da arrecadação da contribuição social do salário-educação, nos termos do art. 58 da Lei Complementar n. 101, de 4 de maio de 2000.

ART. 8º A Secretaria da Receita Previdenciária disponibilizará ao FNDE, na Conta Única do Tesouro Nacional, o valor total arrecadado a título de salário-educação, na forma do art. 1º, deduzindo a remuneração a que se refere o art. 6º.

§ 1º A apuração de todos os valores arrecadados a título de salário-educação, inclusive os provenientes de créditos constituídos, incluídos ou não em parcelamentos, será feita a partir do primeiro dia útil do mês subsequente ao da arrecadação, devendo o montante apurado ser disponibilizado ao FNDE até o dia 10 do mesmo mês.

§ 2º O valor devido a título de salário-educação, arrecadado em decorrência do Programa de Recuperação Fiscal - REFIS, deverá ser disponibilizado ao FNDE até o dia 20 do mês subsequente ao da arrecadação.

ART. 9º O montante recebido na forma do art. 8º será distribuído pelo FNDE, observada, em noventa por cento de seu valor, a arrecadação realizada em cada Estado e no Distrito Federal, em quotas, da seguinte forma:

I - quota federal, correspondente a um terço do montante dos recursos, será destinada ao FNDE e aplicada no financiamento de programas e projetos voltados para a universalização da educação básica, de forma a propiciar a redução dos desníveis socioeducacionais existentes entre Municípios, Estados, Distrito Federal e regiões brasileiras;

II - quota estadual e municipal, correspondente a dois terços do montante dos recursos, será creditada mensal e automaticamente em favor das Secretarias de Educação dos Estados, do Distrito Federal e em favor dos Municípios para financiamento de programas, projetos e ações voltadas para a educação básica.

§ 1º A quota estadual e municipal da contribuição social do salário-educação será integralmente redistribuída entre o Estado e seus Municípios de forma proporcional ao número de alunos matriculados na educação básica das respectivas redes de ensino no exercício anterior ao da distribuição, conforme apurado pelo censo educacional realizado pelo Ministério da Educação.

§ 2º O repasse da quota a que se refere o inciso II, decorrente da arrecadação recebida pelo FNDE até o dia 10 de cada mês, será efetuado até o vigésimo dia do mês do recebimento.

§ 3º O repasse da quota a que se refere o inciso II, decorrente da arrecadação recebida no FNDE após o dia 10 de cada mês, será efetuado até o vigésimo dia do mês subsequente ao do recebimento.

§ 4º Os dez por cento restantes do montante da arrecadação do salário-educação serão aplicados pelo FNDE em programas, projetos e ações voltadas para a universalização da educação básica, nos termos do§ 5º do art. 212 da Constituição.

ART. 10. As ações fiscais e demais procedimentos tendentes à verificação da regularidade fiscal relativa ao salário-educação, inclusive para fins de expedição da certidão negativa de débito a que se refere o art. 257 do Decreto n. 3.048, de 6 de maio de 1999, serão realizados pela Secretaria da Receita Previdenciária, à qual competirá a expedição do documento.

§ 1º Sem prejuízo da competência prevista no art. 1º, § 1º, o FNDE poderá monitorar e fiscalizar o cumprimento das obrigações relativas ao salário-educação e, constatada inobservância de qualquer dispositivo, representará à Secretaria da Receita Previdenciária para as devidas providências.

§ 2º A partir da vigência deste Decreto, os contribuintes com mais de um estabelecimento e que estavam, até então, obrigados ao recolhimento direto do salário-educação por força do Decreto n. 4.943, de 30 de dezembro de 2003, deverão eleger como estabelecimento centralizador o mesmo que já houver sido informado para esse fim à Secretaria da Receita Previdenciária e manter nele toda a documentação de interesse da fiscalização, inclusive a relativa ao Sistema de Manutenção do Ensino Fundamental - SME.

§ 3º Os Auditores-Fiscais da Secretaria da Receita Previdenciária e os técnicos do FNDE têm livre acesso à documentação necessária à consecução dos objetivos previstos neste artigo, não se aplicando para estes fins as disposições legais excludentes ou limitativas do direito de examinar livros, arquivos, documentos, papéis e efeitos comerciais ou fiscais dos comerciantes, empresários, industriais ou produtores, ou da obrigação destes de exibi-los.

DISPOSIÇÕES TRANSITÓRIAS

ART. 11. O recolhimento da contribuição social do salário-educação será feito da seguinte forma:

I - os créditos relativos a competências de 01/2007 em diante, exclusivamente à Secretaria da Receita Previdenciária, por meio da GPS, juntamente com as contribuições previdenciárias e demais contribuições devidas a terceiros;

II - os créditos relativos a competências anteriores a 01/2007, não recolhidos no prazo regulamentar e pendentes de constituição, exclusivamente à Secretaria da Receita Previdenciária, por GPS com código de pagamento específico para o salário-educação;

III - os créditos relativos a competências anteriores a 01/2007, já constituídos pelo FNDE, exclusivamente por meio do Comprovante de Arrecadação Direta - CAD, até que se complete o processo de migração para a Secretaria da Receita Previdenciária, das bases necessárias à apropriação dos respectivos recebimentos, na forma que vier a ser estabelecida no ato de que trata o art. 12.

§ 1º Fica mantida a competência do FNDE sobre os créditos por ele constituídos, incluídos ou não em parcelamentos, relativos a competências anteriores a 01/2007, até que ocorra a migração para a Secretaria da Receita Previdenciária das bases de que trata o inciso III.

§ 2º Depois de concluída a migração a que se refere o inciso III, os créditos já constituídos pelo FNDE, incluídos ou não em parcelamentos, relativos a competências anteriores a 01/2007, serão recolhidos exclusivamente à Secretaria da Receita Previdenciária, por GPS, com código de pagamento específico para o salário-educação.

§ 3º Para o cumprimento do disposto no inciso I, o contribuinte informará na GFIP código de terceiros ímpar, cuja composição inclui o salário-educação, e para cumprimento do disposto nos incisos II e III e no § 2º não fará qualquer alteração nas GFIP já entregues, relativas àquelas competências, uma vez que as informações nelas contidas serviram de base para o repasse a terceiros da contribuição correspondente.

§ 4º Nos lançamentos de créditos de salário-educação relativos a competências anteriores a 01/2007 observar-se-á o disposto no art. 144 do Código Tributário Nacional, inclusive quanto ao preenchimento da GFIP, que deverá consignar código de terceiros par, que exclui o salário-educação de sua composição.

§ 5º O código de pagamento específico para o salário-educação a que se referem o inciso II e o § 2º será divulgado, com a devida antecedência, pelo FNDE, aos contribuintes sujeitos ao recolhimento direto daquela contribuição.

ART. 12. Os processos administrativo-fiscais decorrentes dos créditos a que se refere o inciso III do art. 11 serão transferidos para a Secretaria da Receita Previdenciária, na forma e prazo que vierem a ser definidos em ato conjunto a ser baixado pelo FNDE e por aquela Secretaria.

DISPOSIÇÕES FINAIS

ART. 13. A Secretaria da Receita Previdenciária e a Procuradoria-Geral Federal ficam autorizadas, observada a área de competência, a baixar ato normativo para operacionalização das ações decorrentes deste Decreto.

ART. 14. Este Decreto entra em vigor na data de sua publicação.

ART. 15. Ficam revogados os Decretos n. 3.142, de 16 de agosto de 1999, e 4.943, de 30 de dezembro de 2003.

Brasília, 28 de dezembro de 2006; 185º da Independência e 118º da República.

LUIZ INÁCIO LULA DA SILVA

DECRETO N. 6.017, DE 17 DE JANEIRO DE 2007

Regulamenta a Lei n. 11.107, de 6 de abril de 2005, que dispõe sobre normas gerais de contratação de consórcios públicos.

› *DOU*, 18.01.2007.

O Presidente da República, no uso da atribuição que lhe confere o art. 84, inciso IV, da Constituição, e tendo em vista o disposto no art. 20 da Lei n. 11.107, de 6 de abril de 2005,

Decreta:

CAPÍTULO I
DO OBJETO E DAS DEFINIÇÕES

ART. 1º Este Decreto estabelece normas para a execução da Lei n. 11.107, de 6 de abril de 2005.

ART. 2º Para os fins deste Decreto, consideram-se:

I - consórcio público: pessoa jurídica formada exclusivamente por entes da Federação, na forma da Lei n. 11.107, de 2005, para estabelecer relações de cooperação federativa, inclusive a realização de objetivos de interesse comum, constituída como associação pública, com personalidade jurídica de direito público e natureza autárquica, ou como pessoa jurídica de direito privado sem fins econômicos;

II - área de atuação do consórcio público: área correspondente à soma dos seguintes territórios, independentemente de figurar a União como consorciada:

a) dos Municípios, quando o consórcio público for constituído somente por Municípios ou por um Estado e Municípios com territórios nele contidos;

b) dos Estados ou dos Estados e do Distrito Federal, quando o consórcio público for, respectivamente, constituído por mais de um Estado ou por um ou mais Estados e o Distrito Federal; e

c) dos Municípios e do Distrito Federal, quando o consórcio for constituído pelo Distrito Federal e Municípios.

III - protocolo de intenções: contrato preliminar que, ratificado pelos entes da Federação interessados, converte-se em contrato de consórcio público;

IV - ratificação: aprovação pelo ente da Federação, mediante lei, do protocolo de intenções ou do ato de retirada do consórcio público;

V - reserva: ato pelo qual ente da Federação não ratifica, ou condiciona a ratificação, de determinado dispositivo de protocolo de intenções;

VI - retirada: saída de ente da Federação de consórcio público, por ato formal de sua vontade;

VII - contrato de rateio: contrato por meio do qual os entes consorciados comprometem-se a fornecer recursos financeiros para a realização das despesas do consórcio público;

VIII - convênio de cooperação entre entes federados: pacto firmado exclusivamente por entes da Federação, com o objetivo de autorizar a gestão associada de serviços públicos, desde que ratificado ou previamente disciplinado por lei editada por cada um deles;

IX - gestão associada de serviços públicos: exercício das atividades de planejamento, regulação ou fiscalização de serviços públicos por meio de consórcio público ou de convênio de cooperação entre entes federados, acompanhadas ou não da prestação de serviços públicos ou da transferência total ou parcial de encargos, serviços, pessoal e bens essenciais à continuidade dos serviços transferidos;

X - planejamento: as atividades atinentes à identificação, qualificação, quantificação, organização e orientação de todas as ações, públicas e privadas, por meio das quais um serviço público deve ser prestado ou colocado à disposição de forma adequada;

XI - regulação: todo e qualquer ato, normativo ou não, que discipline ou organize um determinado serviço público, incluindo suas características, padrões de qualidade, impacto socioambiental, direitos e obrigações dos usuários e dos responsáveis por sua oferta ou prestação e fixação e revisão do valor de tarifas e outros preços públicos;

XII - fiscalização: atividades de acompanhamento, monitoramento, controle ou avaliação, no sentido de garantir a utilização, efetiva ou potencial, do serviço público;

XIII - prestação de serviço público em regime de gestão associada: execução, por meio de cooperação federativa, de toda e qualquer atividade ou obra com o objetivo de permitir aos usuários o acesso a um serviço público com características e padrões de qualidade determinados pela regulação ou pelo contrato de programa, inclusive quando operada por transferência total ou parcial de encargos, serviços, pessoal e bens essenciais à continuidade dos serviços transferidos;

XIV - serviço público: atividade ou comodidade material fruível diretamente pelo usuário, que possa ser remunerado por meio de taxa ou preço público, inclusive tarifa;

XV - titular de serviço público: ente da Federação a quem compete prover o serviço público, especialmente por meio de planejamento, regulação, fiscalização e prestação direta ou indireta;

XVI - contrato de programa: instrumento pelo qual devem ser constituídas e reguladas as obrigações que um ente da Federação, inclusive sua administração indireta, tenha para com outro ente da Federação, ou para com consórcio público, no âmbito da prestação de serviços públicos por meio de cooperação federativa;

XVII - termo de parceria: instrumento passível de ser firmado entre consórcio público e entidades qualificadas como Organizações da

Sociedade Civil de Interesse Público, destinado à formação de vínculo de cooperação entre as partes para o fomento e a execução de atividades de interesse público previstas no art. 3º da Lei n. 9.790, de 23 de março de 1999; e

XVIII - contrato de gestão: instrumento firmado entre a administração pública e autarquia ou fundação qualificada como Agência Executiva, na forma do art. 51 da Lei n. 9.649, de 27 de maio de 1998, por meio do qual se estabelecem objetivos, metas e respectivos indicadores de desempenho da entidade, bem como os recursos necessários e os critérios e instrumentos para a avaliação do seu cumprimento.

Parágrafo único. A área de atuação do consórcio público mencionada no inciso II do *caput* deste artigo refere-se exclusivamente aos territórios dos entes da Federação que tenham ratificado por lei o protocolo de intenções.

CAPÍTULO II DA CONSTITUIÇÃO DOS CONSÓRCIOS PÚBLICOS

SEÇÃO I DOS OBJETIVOS

ART. 3º Observados os limites constitucionais e legais, os objetivos dos consórcios públicos serão determinados pelos entes que se consorciarem, admitindo-se, entre outros, os seguintes:

I - a gestão associada de serviços públicos;

II - a prestação de serviços, inclusive de assistência técnica, a execução de obras e o fornecimento de bens à administração direta ou indireta dos entes consorciados;

III - o compartilhamento ou o uso em comum de instrumentos e equipamentos, inclusive de gestão, de manutenção, de informática, de pessoal técnico e de procedimentos de licitação e de admissão de pessoal;

IV - a produção de informações ou de estudos técnicos;

V - a instituição e o funcionamento de escolas de governo ou de estabelecimentos congêneres;

VI - a promoção do uso racional dos recursos naturais e a proteção do meio-ambiente;

VII - o exercício de funções no sistema de gerenciamento de recursos hídricos que lhe tenham sido delegadas ou autorizadas;

VIII - o apoio e o fomento do intercâmbio de experiências e de informações entre os entes consorciados;

IX - a gestão e a proteção de patrimônio urbanístico, paisagístico ou turístico comum;

X - o planejamento, a gestão e a administração dos serviços e recursos da previdência social dos servidores de qualquer dos entes da Federação que integram o consórcio, vedado que os recursos arrecadados em um ente federativo sejam utilizados no pagamento de benefícios de segurados de outro ente, de forma a atender o disposto no art. 1º, inciso V, da Lei n. 9.717, de 1998;

XI - o fornecimento de assistência técnica, extensão, treinamento, pesquisa e desenvolvimento urbano, rural e agrário;

XII - as ações e políticas de desenvolvimento urbano, socioeconômico local e regional; e

XIII - o exercício de competências pertencentes aos entes da Federação nos termos de autorização ou delegação.

§ 1º Os consórcios públicos poderão ter um ou mais objetivos e os entes consorciados poderão se consorciar em relação a todos ou apenas a parcela deles.

§ 2º Os consórcios públicos, ou entidade a ele vinculada, poderão desenvolver as ações e os serviços de saúde, obedecidos os princípios, diretrizes e normas que regulam o Sistema Único de Saúde - SUS.

SEÇÃO II DO PROTOCOLO DE INTENÇÕES

ART. 4º A constituição de consórcio público dependerá da prévia celebração de protocolo de intenções subscrito pelos representantes legais dos entes da Federação interessados.

ART. 5º O protocolo de intenções, sob pena de nulidade, deverá conter, no mínimo, cláusulas que estabeleçam:

I - a denominação, as finalidades, o prazo de duração e a sede do consórcio público, admitindo-se a fixação de prazo indeterminado e a previsão de alteração da sede mediante decisão da Assembleia Geral;

II - a identificação de cada um dos entes da Federação que podem vir a integrar o consórcio público, podendo indicar prazo para que subscrevam o protocolo de intenções;

III - a indicação da área de atuação do consórcio público;

IV - a previsão de que o consórcio público é associação pública, com personalidade jurídica de direito público e natureza autárquica, ou pessoa jurídica de direito privado;

V - os critérios para, em assuntos de interesse comum, autorizar o consórcio público a representar os entes da Federação consorciados perante outras esferas de governo;

VI - as normas de convocação e funcionamento da assembleia geral, inclusive para a elaboração, aprovação e modificação dos estatutos do consórcio público;

VII - a previsão de que a assembleia geral é a instância máxima do consórcio público e o número de votos para as suas deliberações;

VIII - a forma de eleição e a duração do mandato do representante legal do consórcio público que, obrigatoriamente, deverá ser Chefe do Poder Executivo de ente da Federação consorciado;

IX - o número, as formas de provimento e a remuneração dos empregados do consórcio público;

X - os casos de contratação por tempo determinado para atender a necessidade temporária de excepcional interesse público;

XI - as condições para que o consórcio público celebre contrato de gestão, nos termos da Lei n. 9.649, de 1998, ou termo de parceria, na forma da Lei n. 9.790, de 1999;

XII - a autorização para a gestão associada de serviço público, explicitando:

a) competências cuja execução será transferida ao consórcio público;

b) os serviços públicos objeto da gestão associada e a área em que serão prestados;

c) a autorização para licitar e contratar concessão, permissão ou autorizar a prestação dos serviços;

d) as condições a que deve obedecer o contrato de programa, no caso de nele figurar como contratante o consórcio público; e

e) os critérios técnicos de cálculo do valor das tarifas e de outros preços públicos, bem como os critérios gerais a serem observados em seu reajuste ou revisão;

XIII - o direito de qualquer dos contratantes, quando adimplentes com as suas obrigações, de exigir o pleno cumprimento das cláusulas do contrato de consórcio público.

§ 1º O protocolo de intenções deve definir o número de votos que cada ente da Federação consorciado possui na assembleia geral, sendo assegurado a cada um ao menos um voto.

§ 2º Admitir-se-á, à exceção da assembleia geral:

I - a participação de representantes da sociedade civil nos órgãos colegiados do consórcio público;

II - que órgãos colegiados do consórcio público sejam compostos por representantes da sociedade civil ou por representantes apenas dos entes consorciados diretamente interessados nas matérias de competência de tais órgãos.

§ 3º Os consórcios públicos deverão obedecer ao princípio da publicidade, tornando públicas as decisões que digam respeito a terceiros e as de natureza orçamentária, financeira ou contratual, inclusive as que digam respeito à admissão de pessoal, bem como permitindo que qualquer do povo tenha acesso a suas reuniões e aos documentos que produzir, salvo, nos termos da lei, os considerados sigilosos por prévia e motivada decisão.

§ 4º O mandato do representante legal do consórcio público será fixado em um ou mais exercícios financeiros e cessará automaticamente no caso de o eleito não mais ocupar a Chefia do Poder Executivo do ente da Federação que representa na assembleia geral, hipótese em que será sucedido por quem preencha essa condição.

§ 5º Salvo previsão em contrário dos estatutos, o representante legal do consórcio público, nos seus impedimentos ou na vacância, será substituído ou sucedido por aquele que, nas mesmas hipóteses, o substituir ou o suceder na Chefia do Poder Executivo.

§ 6º É nula a cláusula do protocolo de intenções que preveja determinadas contribuições financeiras ou econômicas de ente da Federação ao consórcio público, salvo a doação, destinação ou cessão do uso de bens móveis ou imóveis e as transferências ou cessões de direitos operadas por força de gestão associada de serviços públicos.

§ 7º O protocolo de intenções deverá ser publicado na imprensa oficial.

§ 8º A publicação do protocolo de intenções poderá dar-se de forma resumida, desde que a publicação indique o local e o sítio da rede mundial de computadores - internet em que se poderá obter seu texto integral.

SEÇÃO III DA CONTRATAÇÃO

ART. 6º O contrato de consórcio público será celebrado com a ratificação, mediante lei, do protocolo de intenções.

§ 1º A recusa ou demora na ratificação não poderá ser penalizada.

§ 2º A ratificação pode ser realizada com reserva que deverá ser clara e objetiva, preferencialmente vinculada à vigência de cláusula, parágrafo, inciso ou alínea do protocolo de intenções, ou que imponha condições para a vigência de qualquer desses dispositivos.

§ 3º Caso a lei mencionada no *caput* deste artigo preveja reservas, a admissão do ente no consórcio público dependerá da aprovação de cada uma das reservas pelos demais subscritores do protocolo de intenções ou, caso já constituído o consórcio público, pela assembleia geral.

§ 4º O contrato de consórcio público, caso assim esteja previsto no protocolo de intenções, poderá ser celebrado por apenas uma parcela dos seus signatários, sem prejuízo de que os demais venham a integrá-lo posteriormente.

§ 5º No caso previsto no § 4º deste artigo, a ratificação realizada após dois anos da primeira subscrição do protocolo de intenções dependerá da homologação dos demais subscritores ou, caso já constituído o consórcio, de decisão da assembleia geral.

§ 6º Dependerá de alteração do contrato de consórcio público o ingresso de ente da Federação não mencionado no protocolo de intenções como possível integrante do consórcio público.

§ 7º É dispensável a ratificação prevista no *caput* deste artigo para o ente da Federação que, antes de subscrever o protocolo de intenções, disciplinar por lei a sua participação no consórcio público, de forma a poder assumir todas as obrigações previstas no protocolo de intenções.

SEÇÃO IV
DA PERSONALIDADE JURÍDICA

ART. 7º O consórcio público adquirirá personalidade jurídica:

I - de direito público, mediante a vigência das leis de ratificação do protocolo de intenções; e

II - de direito privado, mediante o atendimento do previsto no inciso I e, ainda, dos requisitos previstos na legislação civil.

§ 1º Os consórcios públicos, ainda que revestidos de personalidade jurídica de direito privado, observarão as normas de direito público no que concerne à realização de licitação, celebração de contratos, admissão de pessoal e à prestação de contas.

§ 2º Caso todos os subscritores do protocolo de intenções encontrem-se na situação prevista no § 7º do art. 6º deste Decreto, o aperfeiçoamento do contrato de consórcio público e a aquisição da personalidade jurídica pela associação pública dependerão apenas da publicação do protocolo de intenções.

§ 3º Nas hipóteses de criação, fusão, incorporação ou desmembramento que atinjam entes consorciados ou subscritores de protocolo de intenções, os novos entes da Federação, salvo disposição em contrário do protocolo de intenções, serão automaticamente tidos como consorciados ou subscritores.

SEÇÃO V
DOS ESTATUTOS

ART. 8º O consórcio público será organizado por estatutos cujas disposições, sob pena de nulidade, deverão atender a todas as cláusulas do seu contrato constitutivo.

§ 1º Os estatutos serão aprovados pela assembleia geral.

§ 2º Com relação aos empregados públicos do consórcio público, os estatutos poderão dispor sobre o exercício do poder disciplinar e regulamentar, as atribuições administrativas, hierarquia, avaliação de eficiência, lotação, jornada de trabalho e denominação dos cargos.

§ 3º Os estatutos do consórcio público de direito público produzirão seus efeitos mediante publicação na imprensa oficial no âmbito de cada ente consorciado.

§ 4º A publicação dos estatutos poderá dar-se de forma resumida, desde que a publicação indique o local e o sítio da rede mundial de computadores - internet em que se poderá obter seu texto integral.

CAPÍTULO III
DA GESTÃO DOS CONSÓRCIOS PÚBLICOS

SEÇÃO I
DISPOSIÇÕES GERAIS

ART. 9º Os entes da Federação consorciados respondem subsidiariamente pelas obrigações do consórcio público.

Parágrafo único. Os dirigentes do consórcio público responderão pessoalmente pelas obrigações por ele contraídas caso pratiquem atos em desconformidade com a lei, os estatutos ou decisão da assembleia geral.

ART. 10. Para cumprimento de suas finalidades, o consórcio público poderá:

I - firmar convênios, contratos, acordos de qualquer natureza, receber auxílios, contribuições e subvenções sociais ou econômicas;

II - ser contratado pela administração direta ou indireta dos entes da Federação consorciados, dispensada a licitação; e

III - caso constituído sob a forma de associação pública, ou mediante previsão em contrato de programa, promover desapropriações ou instituir servidões nos termos de declaração de utilidade ou necessidade pública, ou de interesse social.

Parágrafo único. A contratação de operação de crédito por parte do consórcio público se sujeita aos limites e condições próprios estabelecidos pelo Senado Federal, de acordo com o disposto no art. 52, inciso VII, da Constituição.

SEÇÃO II
DO REGIME CONTÁBIL E FINANCEIRO

ART. 11. A execução das receitas e das despesas do consórcio público deverá obedecer às normas de direito financeiro aplicáveis às entidades públicas.

ART. 12. O consórcio público está sujeito à fiscalização contábil, operacional e patrimonial pelo Tribunal de Contas competente para apreciar as contas do seu representante legal, inclusive quanto à legalidade, legitimidade e economicidade das despesas, atos, contratos e renúncia de receitas, sem prejuízo do controle externo a ser exercido em razão de cada um dos contratos que os entes da Federação consorciados vierem a celebrar com o consórcio público.

SEÇÃO III
DO CONTRATO DE RATEIO

ART. 13. Os entes consorciados somente entregarão recursos financeiros ao consórcio público mediante contrato de rateio.

§ 1º O contrato de rateio será formalizado em cada exercício financeiro, com observância da legislação orçamentária e financeira do ente consorciado contratante e depende da previsão de recursos orçamentários que suportem o pagamento das obrigações contratadas.

§ 2º Constitui ato de improbidade administrativa, nos termos do disposto no art. 10, inciso XV, da Lei n. 8.429, de 2 de junho de 1992, celebrar contrato de rateio sem suficiente e prévia dotação orçamentária, ou sem observar as formalidades previstas em Lei.

§ 3º As cláusulas do contrato de rateio não poderão conter disposição tendente a afastar, ou dificultar a fiscalização exercida pelos órgãos de controle interno e externo ou pela sociedade civil de qualquer dos entes da Federação consorciados.

§ 4º Os entes consorciados, isolados ou em conjunto, bem como o consórcio público, são partes legítimas para exigir o cumprimento das obrigações previstas no contrato de rateio.

ART. 14. Havendo restrição na realização de despesas, de empenhos ou de movimentação financeira, ou qualquer outra derivada das normas de direito financeiro, o ente consorciado, mediante notificação escrita, deverá informá-la ao consórcio público, apontando as medidas que tomou para regularizar a situação, de modo a garantir a contribuição prevista no contrato de rateio.

Parágrafo único. A eventual impossibilidade de o ente consorciado cumprir obrigação orçamentária e financeira estabelecida em contrato de rateio obriga o consórcio público a adotar medidas para adaptar a execução orçamentária e financeira aos novos limites.

ART. 15. É vedada a aplicação dos recursos entregues por meio de contrato de rateio, inclusive os oriundos de transferências ou operações de crédito, para o atendimento de despesas classificadas como genéricas.

§ 1º Entende-se por despesa genérica aquela em que a execução orçamentária se faz com modalidade de aplicação indefinida.

§ 2º Não se considera como genérica as despesas de administração e planejamento, desde que previamente classificadas por meio de aplicação das normas de contabilidade pública.

ART. 16. O prazo de vigência do contrato de rateio não será superior ao de vigência das dotações que o suportam, com exceção dos que tenham por objeto exclusivamente projetos consistentes em programas e ações contemplados em plano plurianual.

ART. 17. Com o objetivo de permitir o atendimento dos dispositivos da Lei Complementar n. 101, de 4 de maio de 2000, o consórcio público deve fornecer as informações financeiras necessárias para que sejam consolidadas, nas contas dos entes consorciados, todas as receitas e despesas realizadas, de forma a que possam ser contabilizadas nas contas de cada ente da Federação na conformidade dos elementos econômicos e das atividades ou projetos atendidos.

SEÇÃO IV
DA CONTRATAÇÃO DO CONSÓRCIO POR ENTE CONSORCIADO

ART. 18. O consórcio público poderá ser contratado por ente consorciado, ou por entidade que integra a administração indireta deste último, sendo dispensada a licitação nos termos do art. 2º, inciso III, da Lei n. 11.107, de 2005.

Parágrafo único. O contrato previsto no *caput*, preferencialmente, deverá ser celebrado sempre quando o consórcio fornecer bens ou prestar serviços para um determinado ente consorciado, de forma a impedir que sejam eles custeados pelos demais.

SEÇÃO V
DAS LICITAÇÕES COMPARTILHADAS

ART. 19. Os consórcios públicos, se constituídos para tal fim, podem realizar licitação cujo edital preveja contratos a serem celebrados pela administração direta ou indireta

DECRETOS

dos entes da Federação consorciados, nos termos do § 1º do art. 112 da Lei n. 8.666, de 21 de junho de 1993.

SEÇÃO VI
DA CONCESSÃO, PERMISSÃO OU AUTORIZAÇÃO DE SERVIÇOS PÚBLICOS OU DE USO DE BENS PÚBLICOS

ART. 20. Os consórcios públicos somente poderão outorgar concessão, permissão, autorização e contratar a prestação por meio de gestão associada de obras ou de serviços públicos mediante:

I - obediência à legislação de normas gerais em vigor; e

II - autorização prevista no contrato de consórcio público.

§ 1º A autorização mencionada no inciso II do *caput* deverá indicar o objeto da concessão, permissão ou autorização e as condições a que deverá atender, inclusive metas de desempenho e os critérios para a fixação de tarifas ou de outros preços públicos.

§ 2º Os consórcios públicos poderão emitir documentos de cobrança e exercer atividades de arrecadação de tarifas e outros preços públicos pela prestação de serviços ou pelo uso ou outorga de uso de bens públicos ou, no caso de específica autorização, serviços ou bens de ente da Federação consorciado.

ART. 21. O consórcio público somente mediante licitação contratará concessão, permissão ou autorizará a prestação de serviços públicos.

§ 1º O disposto neste artigo aplica-se a todos os ajustes de natureza contratual, independentemente de serem denominados como convênios, acordos ou termos de cooperação ou de parceria.

§ 2º O disposto neste artigo não se aplica ao contrato de programa, que poderá ser contratado com dispensa de licitação conforme o art. 24, inciso XXVI, da Lei n. 8.666, de 21 de junho de 1993.

SEÇÃO VII
DOS SERVIDORES

ART. 22. A criação de empregos públicos depende de previsão do contrato de consórcio público que lhe fixe a forma e os requisitos de provimento e a sua respectiva remuneração, inclusive quanto aos adicionais, gratificações, e quaisquer outras parcelas remuneratórias ou de caráter indenizatório.

ART. 23. Os entes da Federação consorciados, ou os com eles conveniados, poderão ceder-lhe servidores, na forma e condições da legislação de cada um.

§ 1º Os servidores cedidos permanecerão no seu regime originário, somente lhe sendo concedidos adicionais ou gratificações nos termos e valores previstos no contrato de consórcio público.

§ 2º O pagamento de adicionais ou gratificações na forma prevista no § 1º deste artigo não configura vínculo novo do servidor cedido, inclusive para a apuração de responsabilidade trabalhista ou previdenciária.

§ 3º Na hipótese de o ente da Federação consorciado assumir o ônus da cessão do servidor, tais pagamentos poderão ser contabilizados como créditos hábeis para operar compensação com obrigações previstas no contrato de rateio.

CAPÍTULO IV
DA RETIRADA E DA EXCLUSÃO DE ENTE CONSORCIADO

SEÇÃO I
DISPOSIÇÃO GERAL

ART. 24. Nenhum ente da Federação poderá ser obrigado a se consorciar ou a permanecer consorciado.

SEÇÃO II
DO RECESSO

ART. 25. A retirada do ente da Federação do consórcio público dependerá de ato formal de seu representante na assembleia geral, na forma previamente disciplinada por lei.

§ 1º Os bens destinados ao consórcio público pelo consorciado que se retira somente serão revertidos ou retrocedidos no caso de expressa previsão do contrato de consórcio público ou do instrumento de transferência ou de alienação.

§ 2º A retirada não prejudicará as obrigações já constituídas entre o consorciado que se retira e o consórcio público.

§ 3º A retirada de um ente da Federação do consórcio público constituído por apenas dois entes implicará a extinção do consórcio.

SEÇÃO III
DA EXCLUSÃO

ART. 26. A exclusão de ente consorciado só é admissível havendo justa causa.

§ 1º Além das que sejam reconhecidas em procedimento específico, é justa causa a não inclusão, pelo ente consorciado, em sua lei orçamentária ou em créditos adicionais, de dotações suficientes para suportar as despesas que, nos termos do orçamento do consórcio público, prevê-se devam ser assumidas por meio de contrato de rateio.

§ 2º A exclusão prevista no § 1º deste artigo somente ocorrerá após prévia suspensão, período em que o ente consorciado poderá se reabilitar.

ART. 27. A exclusão de consorciado exige processo administrativo onde lhe seja assegurado o direito à ampla defesa e ao contraditório.

ART. 28. Mediante previsão do contrato de consórcio público, poderá ser dele excluído o ente que, sem autorização dos demais consorciados, subscrever protocolo de intenções para constituição de outro consórcio com finalidades, a juízo da maioria da assembleia geral, iguais, assemelhadas ou incompatíveis.

CAPÍTULO V
DA ALTERAÇÃO E DA EXTINÇÃO DOS CONTRATOS DE CONSÓRCIO PÚBLICO

ART. 29. A alteração ou a extinção do contrato de consórcio público dependerá de instrumento aprovado pela assembleia geral, ratificado mediante lei por todos os entes consorciados.

§ 1º Em caso de extinção:

I - os bens, direitos, encargos e obrigações decorrentes da gestão associada de serviços públicos custeados por tarifas ou outra espécie de preço público serão atribuídos aos titulares dos respectivos serviços;

II - até que haja decisão que indique os responsáveis por cada obrigação, os entes consorciados responderão solidariamente pelas obrigações remanescentes, garantido o direito de regresso em face dos entes beneficiados ou dos que deram causa à obrigação.

§ 2º Com a extinção, o pessoal cedido ao consórcio público retornará aos seus órgãos de origem, e os empregados públicos terão automaticamente rescindidos os seus contratos de trabalho com o consórcio.

CAPÍTULO VI
DO CONTRATO DE PROGRAMA

SEÇÃO I
DAS DISPOSIÇÕES PRELIMINARES

ART. 30. Deverão ser constituídas e reguladas por contrato de programa, como condição de sua validade, as obrigações contraídas por ente da Federação, inclusive entidades de sua administração indireta, que tenham por objeto a prestação de serviços por meio de gestão associada ou a transferência total ou parcial de encargos, serviços, pessoal ou de bens necessários à continuidade dos serviços transferidos.

§ 1º Para os fins deste artigo, considera-se prestação de serviço público por meio de gestão associada aquela em que um ente da Federação, ou entidade de sua administração indireta, coopere com outro ente da Federação ou com consórcio público, independentemente da denominação que venha a adotar, exceto quando a prestação se der por meio de contrato de concessão de serviços públicos celebrado após regular licitação.

§ 2º Constitui ato de improbidade administrativa, a partir de 7 de abril de 2005, celebrar contrato ou outro instrumento que tenha por objeto a prestação de serviços públicos por meio de cooperação federativa sem a celebração de contrato de programa, ou sem que sejam observadas outras formalidades previstas em lei, nos termos do disposto no art. 10, inciso XIV, da Lei n. 8.429, de 1992.

§ 3º Excluem-se do previsto neste artigo as obrigações cujo descumprimento não acarrete qualquer ônus, inclusive financeiro, a ente da Federação ou a consórcio público.

ART. 31. Caso previsto no contrato de consórcio público ou em convênio de cooperação entre entes federados, admitir-se-á a celebração de contrato de programa de ente da Federação ou de consórcio público com autarquia, empresa pública ou sociedade de economia mista.

§ 1º Para fins do *caput*, a autarquia, empresa pública ou sociedade de economia mista deverá integrar a administração indireta de ente da Federação que, por meio de consórcio público ou de convênio de cooperação, autorizou a gestão associada de serviço público.

§ 2º O contrato celebrado na forma prevista no *caput* deste artigo será automaticamente extinto no caso de o contratado não mais integrar a administração indireta do ente da Federação que autorizou a gestão associada de serviços públicos por meio de consórcio público ou de convênio de cooperação.

§ 3º É lícito ao contratante, em caso de contrato de programa celebrado com sociedade de economia mista ou com empresa pública, receber participação societária com o poder especial de impedir a alienação da empresa, a fim de evitar que o contrato de programa seja extinto na conformidade do previsto no § 2º deste artigo.

§ 4º O convênio de cooperação não produzirá efeitos entre os entes da Federação cooperantes que não o tenham disciplinado por lei.

SEÇÃO II
DA DISPENSA DE LICITAÇÃO

ART. 32. O contrato de programa poderá ser celebrado por dispensa de licitação nos termos do art. 24, inciso XXVI, da Lei n. 8.666, de 1993.

Parágrafo único. O termo de dispensa de licitação e a minuta de contrato de programa deverão ser previamente examinados e aprovados por assessoria jurídica da Administração.

SEÇÃO III
DAS CLÁUSULAS NECESSÁRIAS

ART. 33. Os contratos de programa deverão, no que couber, atender à legislação de concessões e permissões de serviços públicos e conter cláusulas que estabeleçam:

I - o objeto, a área e o prazo da gestão associada de serviços públicos, inclusive a operada por meio de transferência total ou parcial de encargos, serviços, pessoal e bens essenciais à continuidade dos serviços;

II - o modo, forma e condições de prestação dos serviços;

III - os critérios, indicadores, fórmulas e parâmetros definidores da qualidade dos serviços;

IV - o atendimento à legislação de regulação dos serviços objeto da gestão associada, especialmente no que se refere à fixação, revisão e reajuste das tarifas ou de outros preços públicos e, se necessário, as normas complementares a essa regulação;

V - procedimentos que garantam transparência da gestão econômica e financeira de cada serviço em relação a cada um de seus titulares, especialmente de apuração de quanto foi arrecadado e investido nos territórios de cada um deles, em relação a cada serviço sob regime de gestão associada de serviço público;

VI - os direitos, garantias e obrigações do titular e do prestador, inclusive os relacionados às previsíveis necessidades de futura alteração e expansão dos serviços e consequente modernização, aperfeiçoamento e ampliação dos equipamentos e instalações;

VII - os direitos e deveres dos usuários para obtenção e utilização dos serviços;

VIII - a forma de fiscalização das instalações, dos equipamentos, dos métodos e práticas de execução dos serviços, bem como a indicação dos órgãos competentes para exercê-las;

IX - as penalidades contratuais e administrativas a que se sujeita o prestador dos serviços, inclusive quando consórcio público, e sua forma de aplicação;

X - os casos de extinção;

XI - os bens reversíveis;

XII - os critérios para o cálculo e a forma de pagamento das indenizações devidas ao prestador dos serviços, inclusive quando consórcio público, especialmente do valor dos bens reversíveis que não foram amortizados por tarifas e outras receitas emergentes da prestação dos serviços;

XIII - a obrigatoriedade, forma e periodicidade da prestação de contas do consórcio público ou outro prestador dos serviços, no que se refere à prestação dos serviços por gestão associada de serviço público;

XIV - a periodicidade em que os serviços serão fiscalizados por comissão composta por representantes do titular do serviço, do contratado e dos usuários, de forma a cumprir o disposto no art. 30, parágrafo único, da Lei n. 8.987, de 13 de fevereiro de 1995;

XV - a exigência de publicação periódica das demonstrações financeiras relativas à gestão associada, a qual deverá ser específica e segregada das demais demonstrações do consórcio público ou do prestador de serviços; e

XVI - o foro e o modo amigável de solução das controvérsias contratuais.

§ 1º No caso de transferência total ou parcial de encargos, serviços, pessoal e bens essenciais à continuidade dos serviços transferidos, o contrato de programa deverá conter também cláusulas que prevejam:

I - os encargos transferidos e a responsabilidade subsidiária do ente que os transferiu;

II - as penalidades no caso de inadimplência em relação aos encargos transferidos;

III - o momento de transferência dos serviços e os deveres relativos à sua continuidade;

IV - a indicação de quem arcará com o ônus e os passivos do pessoal transferido;

V - a identificação dos bens que terão apenas a sua gestão e administração transferidas e o preço dos que sejam efetivamente alienados ao prestador dos serviços ou ao consórcio público; e

VI - o procedimento para o levantamento, cadastro e avaliação dos bens reversíveis que vierem a ser amortizados mediante receitas de tarifas ou outras emergentes da prestação dos serviços.

§ 2º O não pagamento da indenização prevista no inciso XII do *caput*, inclusive quando houver controvérsia de seu valor, não impede o titular de retomar os serviços ou adotar outras medidas para garantir a continuidade da prestação adequada do serviço público.

§ 3º É nula a cláusula de contrato de programa que atribuir ao contratado o exercício dos poderes de planejamento, regulação e fiscalização dos serviços por ele próprio prestados.

SEÇÃO IV
DA VIGÊNCIA E DA EXTINÇÃO

ART. 34. O contrato de programa continuará vigente mesmo quando extinto o contrato de consórcio público ou o convênio de cooperação que autorizou a gestão associada de serviços públicos.

ART. 35. A extinção do contrato de programa não prejudicará as obrigações já constituídas e dependerá do prévio pagamento das indenizações eventualmente devidas.

CAPÍTULO VII
DAS NORMAS APLICÁVEIS À UNIÃO

ART. 36. A União somente participará de consórcio público em que também façam parte todos os Estados em cujos territórios estejam situados os Municípios consorciados.

ART. 37. Os órgãos e entidades federais concedentes darão preferência às transferências voluntárias para Estados, Distrito Federal e Municípios cujas ações sejam desenvolvidas por intermédio de consórcios públicos.

ART. 38. Quando necessário para que sejam obtidas as escalas adequadas, a execução de programas federais de caráter local poderá ser delegada, no todo ou em parte, mediante convênio, aos consórcios públicos.

Parágrafo único. Os Estados e Municípios poderão executar, por meio de consórcio público, ações ou programas a que sejam beneficiados por meio de transferências voluntárias da União.

ART. 39. A partir de 1º de janeiro de 2008 a União somente celebrará convênios com consórcios públicos constituídos sob a forma de associação pública ou que para essa forma tenham se convertido.

§ 1º A celebração do convênio para a transferência de recursos da União está condicionado a que cada um dos entes consorciados atenda às exigências legais aplicáveis, sendo vedada sua celebração caso exista alguma inadimplência por parte de qualquer dos entes consorciados.

§ 2º A comprovação do cumprimento das exigências para a realização de transferências voluntárias ou celebração de convênios para transferência de recursos financeiros, deverá ser feita por meio de extrato emitido pelo subsistema Cadastro Único de Exigências para Transferências Voluntárias - CAUC, relativamente à situação de cada um dos entes consorciados, ou por outro meio que venha a ser estabelecido por instrução normativa da Secretaria do Tesouro Nacional.

CAPÍTULO VIII
DAS DISPOSIÇÕES FINAIS E TRANSITÓRIAS

ART. 40. Para que a gestão financeira e orçamentária dos consórcios públicos se realize na conformidade dos pressupostos da responsabilidade fiscal, a Secretaria do Tesouro Nacional do Ministério da Fazenda:

I - disciplinará a realização de transferências voluntárias ou a celebração de convênios de natureza financeira ou similar entre a União e os demais Entes da Federação que envolvam ações desenvolvidas por consórcios públicos;

II - editará normas gerais de consolidação das contas dos consórcios públicos, incluindo:

a) critérios para que seu respectivo passivo seja distribuído aos entes consorciados;

b) regras de regularidade fiscal a serem observadas pelos consórcios públicos.

ART. 41. Os consórcios constituídos em desacordo com a Lei n. 11.107, de 2005, poderão ser transformados em consórcios públicos de direito público ou de direito privado, desde que atendidos os requisitos de celebração de protocolo de intenções e de sua ratificação por lei de cada ente da Federação consorciado.

Parágrafo único. Caso a transformação seja para consórcio público de direito público, a eficácia da alteração estatutária não dependerá de sua inscrição no registro civil das pessoas jurídicas.

ART. 42. Este Decreto entra em vigor na data de sua publicação.

Brasília, 17 de janeiro de 2007; 186º da Independência e 119º da República.

LUIZ INÁCIO LULA DA SILVA

DECRETO N. 6.022, DE 22 DE JANEIRO DE 2007

Institui o Sistema Público de Escrituração Digital - Sped.

- *DOU*, 22.01.2007 - Edição extra.
- Art. 78-A, Dec. 1.800/1996 (Regulamenta a Lei 8.934/1994 – Registro Público de Empresas Mercantis e Atividades Afins).
- Dec. 9.555/2018 (Dispõe sobre a autenticação de livros contábeis de pessoas jurídicas não sujeitas ao Registro do Comércio).

O Presidente da República, no uso da atribuição que lhe confere o art. 84, inciso IV, da Constituição, e considerando o disposto no art. 37, inciso XXII, da Constituição, nos arts. 10 e 11 da Medida Provisória n. 2.200-2, de 24 de agosto de 2001, e nos arts. 219, 1.179 e 1.180 da Lei n. 10.406, de 10 de janeiro de 2002,

Decreta:

ART. 1º Fica instituído o Sistema Público de Escrituração Digital - Sped.

ART. 2º O Sped é instrumento que unifica as atividades de recepção, validação, armazenamento e autenticação de livros e documentos que integram a escrituração contábil e fiscal dos empresários e das pessoas jurídicas, inclusive imunes ou isentas, mediante fluxo único, computadorizado, de informações. (Redação dada pelo Dec. 7.979/2013.)

§ 1º Os livros e documentos de que trata o *caput* serão emitidos em forma eletrônica, observado o disposto na Medida Provisória n. 2.200-2, de 24 de agosto de 2001.

§ 2º O disposto no *caput* não dispensa o empresário e as pessoas jurídicas, inclusive imunes ou isentas, de manter sob sua guarda e responsabilidade os livros e documentos na forma e prazos previstos na legislação aplicável. (Redação dada pelo Dec. 7.979/2013.)

ART. 3º São usuários do Sped:

I - a Secretaria da Receita Federal do Ministério da Fazenda;

II - as administrações tributárias dos Estados, do Distrito Federal e dos Municípios, mediante convênio celebrado com a Secretaria da Receita Federal; e

III - os órgãos e as entidades da administração pública federal direta e indireta que tenham atribuição legal de regulação, normatização, controle e fiscalização dos empresários e das pessoas jurídicas, inclusive imunes ou isentas. (Redação dada pelo Dec. 7.979/2013.)

§ 1º Os usuários de que trata o *caput*, no âmbito de suas respectivas competências, deverão estabelecer a obrigatoriedade, periodicidade e prazos de apresentação dos livros e documentos, por eles exigidos, por intermédio do Sped.

§ 2º Os atos administrativos expedidos em observância ao disposto no § 1º deverão ser implementados no Sped concomitantemente com a entrada em vigor desses atos.

§ 3º O disposto no § 1º não exclui a competência dos usuários ali mencionados de exigir, a qualquer tempo, informações adicionais necessárias ao desempenho de suas atribuições.

ART. 4º O acesso às informações armazenadas no Sped deverá ser compartilhado com seus usuários, no limite de suas respectivas competências e sem prejuízo da observância à legislação referente aos sigilos comercial, fiscal e bancário.

Parágrafo único. O acesso previsto no *caput* também será possível aos empresários e às pessoas jurídicas, inclusive imunes ou isentas, em relação às informações por eles transmitidas ao Sped. (Redação dada pelo Dec. 7.979/2013.)

ART. 5º O Sped será administrado pela Secretaria da Receita Federal com a participação de representantes indicados pelos usuários de que tratam os incisos II e III do art. 3º.

§ 1º Os usuários do Sped, com vistas a atender o disposto no § 2º do art. 3º, e previamente à edição de seus atos administrativos, deverão articular-se com a Secretaria da Receita Federal por intermédio de seu representante.

§ 2º A Secretaria da Receita Federal do Brasil do Ministério da Fazenda poderá solicitar a participação de representantes dos empresários, das pessoas jurídicas, inclusive imunes ou isentas, e de entidades de âmbito nacional representativas dos profissionais da área contábil, nas atividades relacionadas ao Sped. (Redação dada pelo Dec. 7.979/2013.)

ART. 6º Compete à Secretaria da Receita Federal:

I - adotar as medidas necessárias para viabilizar a implantação e o funcionamento do Sped;

II - coordenar as atividades relacionadas ao Sped;

III - compatibilizar as necessidades dos usuários do Sped; e

IV - estabelecer a política de segurança e de acesso às informações armazenadas no Sped, observado o disposto no art. 4º.

ART. 7º O Sped manterá, ainda, funcionalidades de uso exclusivo dos órgãos de registro para as atividades de autenticação de livros mercantis.

ART. 8º A Secretaria da Receita Federal e os órgãos a que se refere o inciso III do art. 3º expedirão, em suas respectivas áreas de atuação, normas complementares ao cumprimento do disposto neste Decreto.

§ 1º As normas de que trata o *caput* relacionadas a leiautes e prazos de apresentação de informações contábeis serão editadas após consulta e, quando couber, anuência dos usuários do Sped.

§ 2º Em relação às informações de natureza fiscal de interesse comum, os leiautes e prazos de apresentação serão estabelecidos mediante convênio celebrado entre a Secretaria da Receita Federal e os usuários de que trata o inciso II do art. 3º.

ART. 9º Este Decreto entra em vigor na data de sua publicação.

Brasília, 22 de janeiro de 2007; 186º da Independência e 119º da República.

LUIZ INÁCIO LULA DA SILVA

DECRETO N. 6.029, DE 1º DE FEVEREIRO DE 2007

Institui Sistema de Gestão da Ética do Poder Executivo Federal, e dá outras providências.

- *DOU*, 02.02.2007.
- Res. 10/2008, Comissão de Ética Pública (Estabelece as normas de funcionamento e de rito processual para as Comissões de Ética instituídas pelo Dec. 1.171/1994, e disciplinadas pelo Dec. 6.029/2007).

O Presidente da República, no uso da atribuição que lhe confere o art. 84, inciso VI, alínea "a", da Constituição,

Decreta:

ART. 1º Fica instituído o Sistema de Gestão da Ética do Poder Executivo Federal com a finalidade de promover atividades que dispõem sobre a conduta ética no âmbito do Executivo Federal, competindo-lhe:

I - integrar os órgãos, programas e ações relacionadas com a ética pública;

II - contribuir para a implementação de políticas públicas tendo a transparência e o acesso à informação como instrumentos fundamentais para o exercício de gestão da ética pública;

III - promover, com apoio dos segmentos pertinentes, a compatibilização e interação de normas, procedimentos técnicos e de gestão relativos à ética pública;

IV - articular ações com vistas a estabelecer e efetivar procedimentos de incentivo e incremento ao desempenho institucional na gestão da ética pública do Estado brasileiro.

ART. 2º Integram o Sistema de Gestão da Ética do Poder Executivo Federal:

I - a Comissão de Ética Pública - CEP, instituída pelo Decreto de 26 de maio de 1999;

II - as Comissões de Ética de que trata o Decreto n. 1.171, de 22 de junho de 1994; e

III - as demais Comissões de Ética e equivalentes nas entidades e órgãos do Poder Executivo Federal.

ART. 3º A CEP será integrada por sete brasileiros que preencham os requisitos de idoneidade moral, reputação ilibada e notória experiência em administração pública, designados pelo Presidente da República, para mandatos de três anos, não coincidentes, permitida uma única recondução.

§ 1º A atuação no âmbito da CEP não enseja qualquer remuneração para seus membros e os trabalhos nela desenvolvidos são considerados prestação de relevante serviço público.

§ 2º O Presidente terá o voto de qualidade nas deliberações da Comissão.

§ 3º Os mandatos dos primeiros membros serão de um, dois e três anos, estabelecidos no decreto de designação.

ART. 4º À CEP compete:

I - atuar como instância consultiva do Presidente da República e Ministros de Estado em matéria de ética pública;

II - administrar a aplicação do Código de Conduta da Alta Administração Federal, devendo:

a) submeter ao Presidente da República medidas para seu aprimoramento;

b) dirimir dúvidas a respeito de interpretação de suas normas, deliberando sobre casos omissos;

c) apurar, mediante denúncia, ou de ofício, condutas em desacordo com as normas nele previstas, quando praticadas pelas autoridades a ele submetidas;

III - dirimir dúvidas de interpretação sobre as normas do Código de Ética Profissional do Servidor Público Civil do Poder Executivo Federal de que trata o Decreto n. 1.171, de 1994;

IV - coordenar, avaliar e supervisionar o Sistema de Gestão da Ética Pública do Poder Executivo Federal;

V - aprovar o seu regimento interno; e

VI - escolher o seu Presidente.

Parágrafo único. A CEP contará com uma Secretaria-Executiva, vinculada à Casa Civil da Presidência da República, à qual competirá prestar o apoio técnico e administrativo aos trabalhos da Comissão.

ART. 5º Cada Comissão de Ética de que trata o Decreto n. 1.171, de 1994, será integrada por três membros titulares e três suplentes, escolhidos entre servidores e empregados do seu quadro permanente, e designados pelo dirigente máximo da respectiva entidade ou órgão, para mandatos não coincidentes de três anos.

ART. 6º É dever do titular de entidade ou órgão da Administração Pública Federal, direta e indireta:

I - assegurar as condições de trabalho para que as Comissões de Ética cumpram suas funções, inclusive para que do exercício das atribuições de seus integrantes não lhes resulte qualquer prejuízo ou dano;

II - conduzir em seu âmbito a avaliação da gestão da ética conforme processo coordenado pela Comissão de Ética Pública.

ART. 7º Compete às Comissões de Ética de que tratam os incisos II e III do art. 2º:

I - atuar como instância consultiva de dirigentes e servidores no âmbito de seu respectivo órgão ou entidade;

II - aplicar o Código de Ética Profissional do Servidor Público Civil do Poder Executivo Federal, aprovado pelo Decreto 1.171, de 1994, devendo:

a) submeter à Comissão de Ética Pública propostas para seu aperfeiçoamento;

b) dirimir dúvidas a respeito da interpretação de suas normas e deliberar sobre casos omissos;

c) apurar, mediante denúncia ou de ofício, conduta em desacordo com as normas éticas pertinentes; e

d) recomendar, acompanhar e avaliar, no âmbito do órgão ou entidade a que estiver vinculada, o desenvolvimento de ações objetivando a disseminação, capacitação e treinamento sobre as normas de ética e disciplina;

III - representar a respectiva entidade ou órgão na Rede de Ética do Poder Executivo Federal a que se refere o art. 9º; e

IV - supervisionar a observância do Código de Conduta da Alta Administração Federal e comunicar à CEP situações que possam configurar descumprimento de suas normas.

§ 1º Cada Comissão de Ética contará com uma Secretaria-Executiva, vinculada administrativamente à instância máxima da entidade ou órgão, para cumprir plano de trabalho por ela aprovado e prover o apoio técnico e material necessário ao cumprimento das suas atribuições.

§ 2º As Secretarias-Executivas das Comissões de Ética serão chefiadas por servidor ou empregado do quadro permanente da entidade ou órgão, ocupante de cargo de direção compatível com sua estrutura, alocado sem aumento de despesas.

ART. 8º Compete às instâncias superiores dos órgãos e entidades do Poder Executivo Federal, abrangendo a administração direta e indireta:

I - observar e fazer observar as normas de ética e disciplina;

II - constituir Comissão de Ética;

III - garantir os recursos humanos, materiais e financeiros para que a Comissão cumpra com suas atribuições; e

IV - atender com prioridade às solicitações da CEP.

ART. 9º Fica constituída a Rede de Ética do Poder Executivo Federal, integrada pelos representantes das Comissões de Ética de que tratam os incisos I, II e III do art. 2º, com o objetivo de promover a cooperação técnica e a avaliação em gestão da ética.

Parágrafo único. Os integrantes da Rede de Ética se reunirão sob a coordenação da Comissão de Ética Pública, pelo menos uma vez por ano, em fórum específico, para avaliar o programa e as ações para a promoção da ética na administração pública.

ART. 10. Os trabalhos da CEP e das demais Comissões de Ética devem ser desenvolvidos com celeridade e observância dos seguintes princípios:

I - proteção à honra e à imagem da pessoa investigada;

II - proteção à identidade do denunciante, que deverá ser mantida sob reserva, se este assim o desejar; e

III - independência e imparcialidade dos seus membros na apuração dos fatos, com as garantias asseguradas neste Decreto.

ART. 11. Qualquer cidadão, agente público, pessoa jurídica de direito privado, associação ou entidade de classe poderá provocar a atuação da CEP ou de Comissão de Ética, visando à apuração de infração ética imputada a agente público, órgão ou setor específico de ente estatal.

Parágrafo único. Entende-se por agente público, para os fins deste Decreto, todo aquele que, por força de lei, contrato ou qualquer ato jurídico, preste serviços de natureza permanente, temporária, excepcional ou eventual, ainda que sem retribuição financeira, a órgão ou entidade da administração pública federal, direta e indireta.

ART. 12. O processo de apuração de prática de ato em desrespeito ao preceituado no Código de Conduta da Alta Administração Federal e no Código de Ética Profissional do Servidor Público Civil do Poder Executivo Federal será instaurado, de ofício ou em razão de denúncia fundamentada, respeitando-se, sempre, as garantias do contraditório e da ampla defesa, pela Comissão de Ética Pública ou Comissões de Ética de que tratam o incisos II e III do art. 2º, conforme o caso, que notificará o investigado para manifestar-se, por escrito, no prazo de dez dias.

§ 1º O investigado poderá produzir prova documental necessária à sua defesa.

§ 2º As Comissões de Ética poderão requisitar os documentos que entenderem necessários à instrução probatória e, também, promover diligências e solicitar parecer de especialista.

§ 3º Na hipótese de serem juntados aos autos da investigação, após a manifestação referida no *caput* deste artigo, novos elementos de prova, o investigado será notificado para nova manifestação, no prazo de dez dias.

§ 4º Concluída a instrução processual, as Comissões de Ética proferirão decisão conclusiva e fundamentada.

§ 5º Se a conclusão for pela existência de falta ética, além das providências previstas no Código de Conduta da Alta Administração Federal e no Código de Ética Profissional do Servidor Público Civil do Poder Executivo Federal, as Comissões de Ética tomarão as seguintes providências, no que couber:

I - encaminhamento de sugestão de exoneração de cargo ou função de confiança à autoridade hierarquicamente superior ou devolução ao órgão de origem, conforme o caso;

II - encaminhamento, conforme o caso, para a Controladoria-Geral da União ou unidade específica do Sistema de Correição do Poder Executivo Federal de que trata o Decreto n. 5.480, de 30 de junho de 2005, para exame de eventuais transgressões disciplinares; e

III - recomendação de abertura de procedimento administrativo, se a gravidade da conduta assim o exigir.

ART. 13. Será mantido com a chancela de "reservado", até que esteja concluído, qualquer procedimento instaurado para apuração de prática em desrespeito às normas éticas.

§ 1º Concluída a investigação e após a deliberação da CEP ou da Comissão de Ética do órgão ou entidade, os autos do procedimento deixarão de ser reservados.

§ 2º Na hipótese de os autos estarem instruídos com documento acobertado por sigilo legal, o acesso a esse tipo de documento somente será permitido a quem detiver igual direito perante o órgão ou entidade originariamente encarregado da sua guarda.

§ 3º Para resguardar o sigilo de documentos que assim devam ser mantidos, as Comissões de Ética, depois de concluído o processo de investigação, providenciarão para que tais documentos sejam desentranhados dos autos, lacrados e acautelados.

ART. 14. A qualquer pessoa que esteja sendo investigada é assegurado o direito de saber o que lhe está sendo imputado, de conhecer o teor da acusação e de ter vista dos autos, no recinto das Comissões de Ética, mesmo que ainda não tenha sido notificada da existência do procedimento investigatório.

Parágrafo único. O direito assegurado neste artigo inclui o de obter cópia dos autos e de certidão do seu teor.

ART. 15. Todo ato de posse, investidura em função pública ou celebração de contrato de trabalho, dos agentes públicos referidos no parágrafo único do art. 11, deverá ser acompanhado da prestação de compromisso solene de acatamento e observância das regras estabelecidas pelo Código de Conduta da Alta Administração Federal, pelo Código de Ética Profissional do Servidor Público Civil do Poder Executivo Federal e pelo Código de Ética do órgão ou entidade, conforme o caso.

Parágrafo único. A posse em cargo ou função pública que submeta a autoridade às normas do Código de Conduta da Alta Administração Federal deve ser precedida de consulta da autoridade à Comissão de Ética Pública, acerca de situação que possa suscitar conflito de interesses.

ART. 16. As Comissões de Ética não poderão escusar-se de proferir decisão sobre matéria de sua competência alegando omissão do Código de Conduta da Alta Administração Federal, do Código de Ética Profissional do Servidor Público Civil do Poder Executivo Federal ou do Código de Ética do órgão ou entidade, que, se existente, será suprida pela analogia e invocação aos princípios da legalidade, impessoalidade, moralidade, publicidade e eficiência.

§ 1º Havendo dúvida quanto à legalidade, a Comissão de Ética competente deverá ouvir previamente a área jurídica do órgão ou entidade.

§ 2º Cumpre à CEP responder a consultas sobre aspectos éticos que lhe forem dirigidas pelas demais Comissões de Ética e pelos órgãos e entidades que integram o Executivo Federal, bem como pelos cidadãos e servidores que venham a ser indicados para ocupar cargo ou função abrangida pelo Código de Conduta da Alta Administração Federal.

ART. 17. As Comissões de Ética, sempre que constatarem a possível ocorrência de ilícitos penais, civis, de improbidade administrativa ou de infração disciplinar, encaminharão cópia dos autos às autoridades competentes para apuração de tais fatos, sem prejuízo das medidas de sua competência.

ART. 18. As decisões das Comissões de Ética, na análise de qualquer fato ou ato submetido à sua apreciação ou por ela levantado, serão resumidas em ementa e, com a omissão dos nomes dos investigados, divulgadas no sítio do próprio órgão, bem como remetidas à Comissão de Ética Pública.

ART. 19. Os trabalhos nas Comissões de Ética de que tratam os incisos II e III do art. 2º são considerados relevantes e têm prioridade sobre as atribuições próprias dos cargos dos seus membros, quando estes não atuarem com exclusividade na Comissão.

ART. 20. Os órgãos e entidades da Administração Pública Federal darão tratamento prioritário às solicitações de documentos necessários à instrução dos procedimentos de investigação instaurados pelas Comissões de Ética .

§ 1º Na hipótese de haver inobservância do dever funcional previsto no *caput*, a Comissão de Ética adotará as providências previstas no inciso III do § 5º do art. 12.

§ 2º As autoridades competentes não poderão alegar sigilo para deixar de prestar informação solicitada pelas Comissões de Ética.

ART. 21. A infração de natureza ética cometida por membro de Comissão de Ética de que tratam os incisos II e III do art. 2º será apurada pela Comissão de Ética Pública.

ART. 22. A Comissão de Ética Pública manterá banco de dados de sanções aplicadas pelas Comissões de Ética de que tratam os incisos II e III do art. 2º e de suas próprias sanções, para fins de consulta pelos órgãos ou entidades da administração pública federal, em casos de nomeação para cargo em comissão ou de alta relevância pública.

Parágrafo único. O banco de dados referido neste artigo engloba as sanções aplicadas a qualquer dos agentes públicos mencionados no parágrafo único do art. 11 deste Decreto.

ART. 23. Os representantes das Comissões de Ética de que tratam os incisos II e III do art. 2º atuarão como elementos de ligação com a CEP, que disporá em Resolução própria sobre as atividades que deverão desenvolver para o cumprimento desse mister.

ART. 24. As normas do Código de Conduta da Alta Administração Federal, do Código de Ética Profissional do Servidor Público Civil do Poder Executivo Federal e do Código de Ética do órgão ou entidade aplicam-se, no que couber, às autoridades e agentes públicos neles referidos, mesmo quando em gozo de licença.

ART. 25. Ficam revogados os incisos XVII, XIX, XX, XXI, XXIII e XXV do Código de Ética Profissional do Servidor Público Civil do Poder Executivo Federal, aprovado pelo Decreto n. 1.171, de 22 de junho de 1994, os arts. 2º e 3º do Decreto de 26 de maio de 1999, que cria a Comissão de Ética Pública, e os Decretos de 30 de agosto de 2000 e de 18 de maio de 2001, que dispõem sobre a Comissão de Ética Pública.

ART. 26. Este Decreto entra em vigor na data da sua publicação.

Brasília, 1º de fevereiro de 2007; 186º da Independência e 119º da República.

LUIZ INÁCIO LULA DA SILVA

DECRETO N. 6.038, DE 7 DE FEVEREIRO DE 2007

Institui o Comitê Gestor do Simples Nacional - CGSN, e dá outras providências.

- *DOU*, 08.02.2007, retificado em 14.02.2007.
- Nova redação da ementa dada pelo Dec. 8.217/2014.

O Presidente da República, no uso das atribuições que lhe confere o art. 84, incisos IV e VI, alínea "a", da Constituição, e tendo em vista o disposto no art. 2º da Lei Complementar n. 123, de 14 de dezembro de 2006,

Decreta:

ART. 1º Fica instituído o Comitê Gestor do Simples Nacional - CGSN, nos termos do art. 2º da Lei Complementar n. 123, de 14 de dezembro de 2006. (Alterado pelo Dec. 8.217/2014.)

ART. 2º O CGSN tem a seguinte composição:

I - quatro representantes da Secretaria da Receita Federal do Brasil, como representantes da União; (Alterado pelo Dec. 8.217/2014.)

II - (Revogado pelo Dec. 8.217/2014.)

III - dois representantes dos Estados; e

IV - dois representantes dos Municípios.

§ 1º Os representantes e respectivos suplentes, de que trata:

I - o inciso I do *caput*, serão indicados pelo Secretário da Receita Federal do Brasil; (Alterado pelo Dec. 8.217/2014.)

II - o inciso III do *caput*, serão indicados pelo Conselho Nacional de Política Fazendária - Confaz; e (Alterado pelo Dec. 8.217/2014.)

III - o inciso IV do *caput*, serão indicados: (Alterado pelo Dec. 8.217/2014.)

a) um pela Associação Brasileira das Secretarias de Finanças das Capitais; e

b) um pela Confederação Nacional de Municípios.

§ 2º O Ministro de Estado da Fazenda designará os membros titulares e suplentes do CGSN, indicando, entre os representantes de que trata o inciso I do *caput*, o Presidente e o seu substituto. (Alterado pelo Dec. 8.217/2014.)

§ 3º Os membros do CGSN, bem como seus respectivos suplentes, deverão ser indicados no prazo de até quinze dias da publicação deste Decreto.

§ 4º A instalação do CGSN ocorrerá no prazo de até quinze dias após a indicação de seus membros.

§ 5º A Procuradoria-Geral da Fazenda Nacional participará do CGSN, sem direito a voto, prestando-lhe o apoio e assessoramento jurídico necessários.

ART. 3º Compete ao CGSN tratar dos aspectos tributários da Lei Complementar n. 123, de 2006, especialmente:

I - apreciar e deliberar acerca da necessidade de revisão dos valores expressos em moeda na Lei Complementar n. 123, de 2006;

II - elaborar e aprovar seu regimento interno, no prazo máximo de trinta dias após sua instalação;

III - regulamentar a opção, exclusão, vedações, tributação, fiscalização, arrecadação e distribuição de recursos, cobrança, dívida ativa, recolhimento, rede arrecadadora, fatores modificadores da base de cálculo, tributação por valores fixos, isenções e reduções, abrangência, restituição, compensação, consultas de tributos de competência estadual e municipal, processos administrativos e judiciais, regimes de apuração de receita, cálculo, declarações e outras obrigações acessórias, parcelamento e demais matérias relativas ao Simples Nacional, incluído o Microempreendedor Individual; e (Alterado pelo Dec. 8.217/2014.)

IV - expedir resoluções necessárias ao exercício de sua competência. (Alterado pelo Dec. 8.217/2014.)

V a XXIX - Revogados pelo Dec. 8.217/2014.

ART. 4º Compete ao Presidente do CGSN:

I - convocar e presidir as reuniões; e

II - coordenar e supervisionar a implementação do Simples Nacional.

ART. 5º O CGSN poderá instituir comitês e grupos técnicos para execução de suas atividades.

§ 1º O ato de instituição do grupo ou comitê estabelecerá seus objetivos específicos, sua composição e prazo de duração.

§ 2º Poderão ser convidados a participar dos trabalhos dos grupos ou comitês técnicos representantes de órgãos e de entidades, públicas ou privadas, e dos Poderes Legislativo e Judiciário.

ART. 6º O CGSN deliberará mediante resoluções.

ART. 7º As deliberações do CGSN que aprovem o seu regimento interno e suas alterações deverão ocorrer por maioria absoluta de seus membros.

ART. 8º O CGSN contará com uma Secretaria-Executiva, para o fornecimento de apoio institucional e técnico-administrativo necessário ao desempenho de suas competências.

§ 1º A Secretaria da Receita Federal proverá a Secretaria-Executiva do CGSN.

§ 2º Compete à Secretaria-Executiva:

I - promover o apoio e os meios necessários à execução dos trabalhos;

II - prestar assistência direta ao Presidente;

III - preparar as reuniões;

IV - acompanhar a implementação das deliberações;

V - exercer outras atividades que lhe sejam atribuídas pelo CGSN.

ART. 9º As despesas de deslocamento e estada dos membros do CGSN, dos técnicos designados para a execução de atividades relacionadas ao CGSN e dos membros dos grupos e comitês técnicos poderão ser custeadas pela Secretaria da Receita Federal.

ART. 10. A função de membro do CGSN não será remunerada, sendo seu exercício considerado de relevante interesse público.

ART. 11. Os casos omissos serão dirimidos no âmbito das deliberações do CGSN.

ART. 12. Este Decreto entra em vigor na data de sua publicação.

Brasília, 7 de fevereiro de 2007; 186º da Independência e 119º da República.

LUIZ INÁCIO LULA DA SILVA

DECRETO N. 6.042, DE 12 DE FEVEREIRO DE 2007

Altera o Regulamento da Previdência Social, aprovado pelo Decreto n. 3.048, de 6 de maio de 1999, disciplina a aplicação, acompanhamento e avaliação do Fator Acidentário de Prevenção - FAP e do Nexo Técnico Epidemiológico, e dá outras providências.

- *DOU*, 13.02.2007, retificado em 23.02.2007.

O Presidente da República, no uso das atribuições que lhe confere o art. 84, incisos IV e VI, alínea "a", da Constituição, e tendo em vista o disposto na Lei Complementar n. 123, de 14 de dezembro de 2006, e nas Leis n. 8.212, de 24 de julho de 1991, 8.213, de 24 de julho de 1991, 9.796, de 5 de maio de 1999, 10.666, de 8 de maio de 2003, e 11.430, de 26 de dezembro de 2006,

Decreta:

ART. 1º O Regulamento da Previdência Social, aprovado pelo Decreto n. 3.048, de 6 de maio de 1999, passa a vigorar com as seguintes alterações:

- Alterações promovidas no texto do referido decreto.

ART. 2º Os Anexos II e V do Regulamento da Previdência Social passam a vigorar com as alterações constantes do Anexo a este Decreto.

ART. 3º O Ministro de Estado da Previdência Social promoverá o acompanhamento e a avaliação das alterações do art. 337 do Regulamento da Previdência Social, podendo para esse fim constituir comissão interministerial com a participação dos demais órgãos que têm interface com esta matéria.

ART. 4º A aplicação inicial do disposto no art. 202-A fica condicionada à avaliação do desempenho das empresas até 31 de dezembro de 2006.

§ 1º Para os fins do disposto no *caput*, o Ministério da Previdência Social disponibilizará pela rede mundial de computadores - internet, até 30 de novembro de 2007, o Número de Identificação do Trabalhador - NIT relativo aos benefícios de que trata o inciso I do § 4º do art. 202-A do Regulamento da Previdência Social, referente ao período de 1º de maio de 2004 a 31 de dezembro de 2006, a ser considerado, por empresa, para o cálculo do respectivo FAP. (Redação dada pelo Dec. 6.257/2007.)

§ 2º A empresa será cientificada da disponibilização dos dados a que se refere o § 1º por meio de ato ministerial publicado no Diário Oficial da União.

§ 3º A empresa poderá impugnar junto ao Instituto Nacional do Segura Social, no prazo de trinta dias contados da publicação do ato a que se refere o § 2º, a inclusão de benefício decorrente de indevida vinculação. (Redação dada pelo Dec. 6.257/2007.)

ART. 5º Este Decreto produz efeitos a partir do primeiro dia:

I - do mês de abril de 2007, quanto aos arts. 199-A e 337 e à Lista B do Anexo II do Regulamento da Previdência Social;

II - do quarto mês subseqüente ao de sua publicação, quanto à nova redação do Anexo V do Regulamento da Previdência Social; e

III - do mês de setembro de 2009 quanto à aplicação do art. 202-A do Regulamento da Previdência Social, observado, ainda, o disposto no § 6º do mencionado artigo. (Redação dada pelo Dec. 6.577/2008.)

Parágrafo único. Até que sejam exigíveis as contribuições nos termos da alteração do Anexo V do Regulamento da Previdência Social e da aplicação do art. 202-A serão mantidas as referidas contribuições na forma disciplinada até o dia anterior ao da publicação deste Decreto.

ART. 6º Este Decreto entra em vigor na data de sua publicação.

ART. 7º Fica revogado o § 3º do art. 40 do Regulamento da Previdência Social, aprovado pelo Decreto n. 3.048, de 6 de maio de 1999.

Brasília, 12 de fevereiro de 2007; 186º da Independência e 119º da República.

LUIZ INÁCIO LULA DA SILVA

› Optamos, nesta edição, pela não publicação do Anexo.

DECRETO N. 6.049, DE 27 DE FEVEREIRO DE 2007

Aprova o Regulamento Penitenciário Federal.

› *DOU*, 28.02.2007.

O Presidente da República, no uso da atribuição que lhe confere o art. 84, incisos IV e VI, alínea "a", da Constituição, e tendo em vista o disposto nas Leis nos 7.210, de 11 de julho de 1984, e 10.693, de 25 de junho de 2003,

Decreta:

ART. 1º Fica aprovado o Regulamento Penitenciário Federal, na forma do Anexo a este Decreto.

ART. 2º Este Decreto entra em vigor na data de sua publicação.

Brasília, 27 de fevereiro de 2007; 186º da Independência e 119º da República.

LUIZ INÁCIO LULA DA SILVA

ANEXO
REGULAMENTO PENITENCIÁRIO FEDERAL

TÍTULO I
DA ORGANIZAÇÃO, DA FINALIDADE, DAS CARACTERÍSTICAS E DA ESTRUTURA DOS ESTABELECIMENTOS PENAIS FEDERAIS

CAPÍTULO I
DA ORGANIZAÇÃO

ART. 1º O Sistema Penitenciário Federal é constituído pelos estabelecimentos penais federais, subordinados ao Departamento Penitenciário Nacional do Ministério da Justiça.

ART. 2º Compete ao Departamento Penitenciário Nacional, no exercício da atribuição que lhe confere o parágrafo único do art. 72 da Lei n. 7.210, de 11 de julho de 1984 - Lei de Execução Penal, a supervisão, coordenação e administração dos estabelecimentos penais federais.

CAPÍTULO II
DA FINALIDADE

ART. 3º Os estabelecimentos penais federais têm por finalidade promover a execução administrativa das medidas restritivas de liberdade dos presos, provisórios ou condenados, cuja inclusão se justifique no interesse da segurança pública ou do próprio preso.

ART. 4º Os estabelecimentos penais federais também abrigarão presos, provisórios ou condenados, sujeitos ao regime disciplinar diferenciado, previsto no art. 1º da Lei n. 10.792, de 1º de dezembro de 2003.

ART. 5º Os presos condenados não manterão contato com os presos provisórios e serão alojados em alas separadas.

CAPÍTULO III
DAS CARACTERÍSTICAS

ART. 6º O estabelecimento penal federal tem as seguintes características:

I - destinação a presos provisórios e condenados em regime fechado;

II - capacidade para até duzentos e oito presos;

III - segurança externa e guaritas de responsabilidade dos Agentes Penitenciários Federais;

IV - segurança interna que preserve os direitos do preso, a ordem e a disciplina;

V - acomodação do preso em cela individual; e

VI - existência de locais de trabalho, de atividades socioeducativas e culturais, de esporte, de prática religiosa e de visitas, dentro das possibilidades do estabelecimento penal.

CAPÍTULO IV
DA ESTRUTURA

ART. 7º A estrutura organizacional e a competência das unidades que compõem os estabelecimentos penais federais serão disciplinadas no regimento interno do Departamento Penitenciário Nacional.

ART. 8º Os estabelecimentos penais federais terão a seguinte estrutura básica:

I - Diretoria do Estabelecimento Penal;

II - Divisão de Segurança e Disciplina;

III - Divisão de Reabilitação;

IV - Serviço de Saúde; e

V - Serviço de Administração.

TÍTULO II
DOS AGENTES PENITENCIÁRIOS FEDERAIS

ART. 9º A carreira de Agente Penitenciário Federal é disciplinada pela Lei n. 10.693, de 25 de junho de 2003, que define as atribuições gerais dos ocupantes do cargo.

ART. 10. Os direitos e deveres dos agentes penitenciários federais são definidos no Regime Jurídico dos Servidores Públicos Civis da União, Lei n. 8.112, de 11 de dezembro de 1990, sem prejuízo da observância de outras disposições legais e regulamentares aplicáveis.

ART. 11. O Departamento Penitenciário Nacional editará normas complementares dos procedimentos e das rotinas carcerários, da forma de atuação, das obrigações e dos encargos dos Agentes Penitenciários nos estabelecimentos penais federais.

Parágrafo único. A diretoria do Sistema Penitenciário Federal adotará as providências para elaboração de manual de procedimentos operacionais das rotinas carcerárias, para cumprimento do disposto neste Regulamento.

TÍTULO III
DOS ÓRGÃOS AUXILIARES E DE FISCALIZAÇÃO DOS ESTABELECIMENTOS PENAIS FEDERAIS

ART. 12. São órgãos auxiliares do Sistema Penitenciário Federal:

I - Coordenação-Geral de Inclusão, Classificação e Remoção;

II - Coordenação-Geral de Informação e Inteligência Penitenciária;

III - Corregedoria-Geral do Sistema Penitenciário Federal;

IV - Ouvidoria; e

V - Coordenação-Geral de Tratamento Penitenciário e Saúde.

Parágrafo único. As competências dos órgãos auxiliares serão disciplinadas no regimento interno do Departamento Penitenciário Nacional.

CAPÍTULO I
DA CORREGEDORIA-GERAL

ART. 13. A Corregedoria-Geral é unidade de fiscalização e correição do Sistema Penitenciário Federal, com a incumbência de preservar os padrões de legalidade e moralidade dos atos de gestão dos administradores das unidades subordinadas ao Departamento Penitenciário Nacional, com vistas à proteção e defesa dos interesses da sociedade, valendo-se de inspeções e investigações em decorrência de representação de agentes públicos, entidades representativas da comunidade ou de particulares, ou de ofício, sempre que tomar conhecimento de irregularidades.

CAPÍTULO II
DA OUVIDORIA

ART. 14. A Ouvidoria do Sistema Penitenciário Nacional é órgão com o encargo de receber, avaliar, sugerir e encaminhar propostas, reclamações e denúncias recebidas no Departamento Penitenciário Nacional, buscando a compreensão e o respeito a necessidades, direitos e valores inerentes à pessoa humana, no âmbito dos estabelecimentos penais federais.

TÍTULO IV
DAS FASES EVOLUTIVAS INTERNAS, DA CLASSIFICAÇÃO E DA INDIVIDUALIZAÇÃO DA EXECUÇÃO DA PENA

ART. 15. A execução administrativa da pena, respeitados os requisitos legais, obedecerá às seguintes fases:

I - procedimentos de inclusão; e

II - avaliação pela Comissão Técnica de Classificação para o desenvolvimento do processo da execução da pena.

ART. 16. Para orientar a individualização da execução penal, os condenados serão classificados segundo os seus antecedentes e personalidade.

§ 1º A classificação e a individualização da execução da pena de que trata o *caput* será feita pela Comissão Técnica de Classificação.

§ 2º O Ministério da Justiça definirá os procedimentos da Comissão Técnica de Classificação.

ART. 17. A inclusão do preso em estabelecimento penal federal dar-se-á por ordem judicial, ressalvadas as exceções previstas em lei.

§ 1º A efetiva inclusão do preso em estabelecimento penal federal concretizar-se-á somente após a conferência dos seus dados de identificação com o ofício de apresentação.

§ 2º No ato de inclusão, o preso ficará sujeito às regras de identificação e de funcionamento do estabelecimento penal federal previstas pelo Ministério da Justiça.

§ 3º Na inclusão do preso em estabelecimento penal federal, serão observados os seguintes procedimentos:

I - comunicação à família do preso ou pessoa por ele indicada, efetuada pelo setor de assistência social do estabelecimento penal federal, acerca da localização onde se encontra;

II - prestação de informações escritas ao preso, e verbais aos analfabetos ou com dificuldades de comunicação, sobre as normas que orientarão o seu tratamento, as imposições de caráter disciplinar, bem como sobre os seus direitos e deveres; e

III - certificação das condições físicas e mentais do preso pelo estabelecimento penal federal.

ART. 18. Quando o preso for oriundo dos sistemas penitenciários dos Estados ou do Distrito Federal, deverão acompanhá-lo no ato da inclusão no Sistema Penitenciário Federal a cópia do prontuário penitenciário, os seus pertences e informações acerca do pecúlio disponível.

ART. 19. Quando no ato de inclusão forem detectados indícios de violação da integridade física ou moral do preso, ou verificado quadro de debilidade do seu estado de saúde, tal fato deverá ser imediatamente comunicado ao diretor do estabelecimento penal federal.

Parágrafo único. Recebida a comunicação, o diretor do estabelecimento penal federal deverá adotar as providências cabíveis, sob pena de responsabilidade.

TÍTULO V
DA ASSISTÊNCIA AO PRESO E AO EGRESSO

ART. 20. A assistência material, à saúde, jurídica, educacional, social, psicológica e religiosa prestada ao preso e ao egresso obedecerá aos procedimentos consagrados pela legislação vigente, observadas as disposições complementares deste Regulamento.

ART. 21. A assistência material será prestada pelo estabelecimento penal federal por meio de programa de atendimento às necessidades básicas do preso.

ART. 22. A assistência à saúde consiste no desenvolvimento de ações visando garantir a correta aplicação de normas e diretrizes da área de saúde, será de caráter preventivo e curativo e compreenderá os atendimentos médico, farmacêutico, odontológico, ambulatorial e hospitalar, dentro do estabelecimento penal federal ou instituição do sistema de saúde pública, nos termos de orientação do Departamento Penitenciário Nacional.

ART. 23. A assistência psiquiátrica e psicológica será prestada por profissionais da área, por intermédio de programas envolvendo o preso e seus familiares e a instituição, no âmbito dos processos de ressocialização e reintegração social.

ART. 24. Aos presos submetidos ao regime disciplinar diferenciado serão assegurados atendimento psiquiátrico e psicológico, com a finalidade de:

I - determinar o grau de responsabilidade pela conduta faltosa anterior, ensejadora da aplicação do regime diferenciado; e

II - acompanhar, durante o período da sanção, os eventuais efeitos psíquicos de uma reclusão severa, cientificando as autoridades superiores das eventuais ocorrências advindas do referido regime.

ART. 25. A assistência educacional compreenderá a instrução escolar, ensino básico e fundamental, profissionalização e desenvolvimento sociocultural.

§ 1º O ensino básico e fundamental será obrigatório, integrando-se ao sistema escolar da unidade federativa, em consonância com o regime de trabalho do estabelecimento penal federal e às demais atividades socioeducativas e culturais.

§ 2º O ensino profissionalizante poderá ser ministrado em nível de iniciação ou de aperfeiçoamento técnico, atendendo-se às características da população urbana e rural, segundo aptidões individuais e demanda do mercado.

§ 3º O ensino deverá se estender aos presos em regime disciplinar diferenciado, preservando sua condição carcerária e de isolamento em relação aos demais presos, por intermédio de programa específico de ensino voltado para presos nesse regime.

§ 4º O estabelecimento penal federal disporá de biblioteca para uso geral dos presos, provida de livros de literatura nacional e estrangeira, técnicos, inclusive jurídicos, didáticos e recreativos.

§ 5º O estabelecimento penal federal poderá, por meio dos órgãos competentes, promover convênios com órgãos ou entidades, públicos ou particulares, visando à doação por estes entes de livros ou programas de bibliotecas volantes para ampliação de sua biblioteca.

ART. 26. É assegurada a liberdade de culto e de crença, garantindo a participação de todas as religiões interessadas, atendidas as normas de segurança e os programas instituídos pelo Departamento Penitenciário Federal.

ART. 27. A assistência ao egresso consiste na orientação e apoio para reintegrá-lo à vida em liberdade.

ART. 28. A assistência ao egresso poderá ser providenciada pelos sistemas penitenciários estaduais ou distrital, onde resida sua família, mediante convênio estabelecido entre a União e os Estados ou o Distrital Federal, a fim de facilitar o acompanhamento e a implantação de programas de apoio ao egresso.

ART. 29. Após entrevista e encaminhamento realizados pela Comissão Técnica de Classificação e ratificados pelo diretor do estabelecimento penal federal, poderá o preso se apresentar à autoridade administrativa prisional no Estado ou no Distrito Federal onde residam seus familiares para a obtenção da assistência.

§ 1º O egresso somente obterá a prestação assistencial no Estado ou no Distrito Federal onde residam, comprovadamente, seus familiares.

§ 2º O Estado ou o Distrito Federal, onde residam os familiares do preso, deve estar conveniado com a União para a prestação de assistência descentralizada ao egresso.

ART. 30. Consideram-se egressos para os efeitos deste Regulamento:

I - o liberado definitivo, pelo prazo de um ano a contar da saída do estabelecimento penal; e

II - o liberado condicional, durante o período de prova.

TÍTULO VI
DO REGIME DISCIPLINAR ORDINÁRIO

CAPÍTULO I
DAS RECOMPENSAS E REGALIAS, DOS DIREITOS E DOS DEVERES DOS PRESOS

SEÇÃO I
DAS RECOMPENSAS E REGALIAS

ART. 31. As recompensas têm como pressuposto o bom comportamento reconhecido do condenado ou do preso provisório, de sua colaboração com a disciplina e de sua dedicação ao trabalho.

Parágrafo único. As recompensas objetivam motivar a boa conduta, desenvolver os sentidos de responsabilidade e promover o interesse e a cooperação do preso definitivo ou provisório.

ART. 32. São recompensas:

I - o elogio; e

II - a concessão de regalias.

ART. 33. Será considerado para efeito de elogio a prática de ato de excepcional relevância humanitária ou do interesse do bem comum.

Parágrafo único. O elogio será formalizado em portaria do diretor do estabelecimento penal federal.

ART. 34. Constituem regalias, concedidas aos presos pelo diretor do estabelecimento penal federal:

I - assistir a sessões de cinema, teatro, shows e outras atividades socioculturais, em épocas especiais, fora do horário normal;

II - assistir a sessões de jogos esportivos em épocas especiais, fora do horário normal;

III - praticar esportes em áreas específicas; e

IV - receber visitas extraordinárias, devidamente autorizadas.

Parágrafo único. Poderão ser acrescidas, pelo diretor do estabelecimento penal federal, outras regalias de forma progressiva, acompanhando as diversas fases de cumprimento da pena.

ART. 35. As regalias poderão ser suspensas ou restringidas, isolada ou cumulativamente, por cometimento de conduta incompatível com este Regulamento, mediante ato motivado da diretoria do estabelecimento penal federal.

§ 1º Os critérios para controlar e garantir ao preso a concessão e o gozo da regalia de que trata o *caput* serão estabelecidos pela administração do estabelecimento penal federal.

§ 2º A suspensão ou a restrição de regalias deverá ter estrita observância na reabilitação da conduta faltosa do preso, sendo retomada ulteriormente à reabilitação a critério do diretor do estabelecimento penal federal.

SEÇÃO II
DOS DIREITOS DOS PRESOS

ART. 36. Ao preso condenado ou provisório incluso no Sistema Penitenciário Federal serão assegurados todos os direitos não atingidos pela sentença ou pela lei.

ART. 37. Constituem direitos básicos e comuns dos presos condenados ou provisórios:

I - alimentação suficiente e vestuário;

II - atribuição de trabalho e sua remuneração;

III - Previdência Social;

IV - constituição de pecúlio;

V - proporcionalidade na distribuição do tempo para o trabalho, o descanso e a recreação;

VI - exercício das atividades profissionais, intelectuais, artísticas e desportivas anteriores, desde que compatíveis com a execução da pena;

VII - assistências material, à saúde, jurídica, educacional, social, psicológica e religiosa;

VIII - proteção contra qualquer forma de sensacionalismo;

IX - entrevista pessoal e reservada com o advogado;

X - visita do cônjuge, da companheira, de parentes e amigos em dias determinados;

XI - chamamento nominal;

XII - igualdade de tratamento, salvo quanto às exigências da individualização da pena;

XIII - audiência especial com o diretor do estabelecimento penal federal;

XIV - representação e petição a qualquer autoridade, em defesa de direito; e

XV - contato com o mundo exterior por meio de correspondência escrita, da leitura e de outros meios de informação que não comprometam a moral e os bons costumes.

Parágrafo único. Diante da dificuldade de comunicação, deverá ser identificado entre os agentes, os técnicos, os médicos e outros presos quem possa acompanhar e assistir o preso com proveito, no sentido de compreender melhor suas carências, para traduzi-las com fidelidade à pessoa que irá entrevistá-lo ou tratá-lo.

SEÇÃO III
DOS DEVERES DOS PRESOS

ART. 38. Constituem deveres dos presos condenados ou provisórios:

I - respeitar as autoridades constituídas, servidores públicos, funcionários e demais presos;

II - cumprir as normas de funcionamento do estabelecimento penal federal;

III - manter comportamento adequado em todo o decurso da execução da pena federal;

IV - submeter-se à sanção disciplinar imposta;

V - manter conduta oposta aos movimentos individuais ou coletivos de fuga ou de subversão à ordem ou à disciplina;

VI - não realizar manifestações coletivas que tenham o objetivo de reivindicação ou reclamação;

VII - indenizar ao Estado e a terceiros pelos danos materiais a que der causa, de forma culposa ou dolosa;

VIII - zelar pela higiene pessoal e asseio da cela ou de qualquer outra parte do estabelecimento penal federal;

IX - devolver ao setor competente, quando de sua soltura, os objetos fornecidos pelo estabelecimento penal federal e destinados ao uso próprio;

X - submeter-se à requisição das autoridades judiciais, policiais e administrativas, bem como dos profissionais de qualquer área técnica para exames ou entrevistas;

XI - trabalhar no decorrer de sua pena; e

XII - não portar ou não utilizar aparelho de telefonia móvel celular ou qualquer outro aparelho de comunicação com o meio exterior, bem como seus componentes ou acessórios.

CAPÍTULO II
DA DISCIPLINA

ART. 39. Os presos estão sujeitos à disciplina, que consiste na obediência às normas e determinações estabelecidas por autoridade competente e no respeito às autoridades e seus agentes no desempenho de suas atividades funcionais.

ART. 40. A ordem e a disciplina serão mantidas pelos servidores e funcionários do estabelecimento penal federal por intermédio dos meios legais e regulamentares adequados.

ART. 41. Não haverá falta nem sanção disciplinar sem expressa e anterior previsão legal ou regulamentar.

CAPÍTULO III
DAS FALTAS DISCIPLINARES

ART. 42. As faltas disciplinares, segundo sua natureza, classificam-se em:

I - leves;

II - médias; e

III - graves.

Parágrafo único. As disposições deste Regulamento serão igualmente aplicadas quando a falta disciplinar ocorrer fora do estabelecimento penal federal, durante a movimentação do preso.

SEÇÃO I
DAS FALTAS DISCIPLINARES DE NATUREZA LEVE

ART. 43. Considera-se falta disciplinar de natureza leve:

I - comunicar-se com visitantes sem a devida autorização;

II - manusear equipamento de trabalho sem autorização ou sem conhecimento do encarregado, mesmo a pretexto de reparos ou limpeza;

III - utilizar-se de bens de propriedade do Estado, de forma diversa para a qual recebeu;

IV - estar indevidamente trajado;

V - usar material de serviço para finalidade diversa da qual foi prevista, se o fato não estiver previsto como falta grave;

VI - remeter correspondência, sem registro regular pelo setor competente;

VII - provocar perturbações com ruídos e vozerios ou vaias; e

VIII - desrespeito às demais normas de funcionamento do estabelecimento penal federal, quando não configurar outra classe de falta.

SEÇÃO II
DAS FALTAS DISCIPLINARES DE NATUREZA MÉDIA

ART. 44. Considera-se falta disciplinar de natureza média:

I - atuar de maneira inconveniente, faltando com os deveres de urbanidade frente às autoridades, aos funcionários, a outros sentenciados ou aos particulares no âmbito do estabelecimento penal federal;

II - fabricar, fornecer ou ter consigo objeto ou material cuja posse seja proibida em ato normativo do Departamento Penitenciário Nacional;

III - desviar ou ocultar objetos cuja guarda lhe tenha sido confiada;

IV - simular doença para eximir-se de dever legal ou regulamentar;

V - divulgar notícia que possa perturbar a ordem ou a disciplina;

VI - dificultar a vigilância em qualquer dependência do estabelecimento penal federal;

VII - perturbar a jornada de trabalho, a realização de tarefas, o repouso noturno ou a recreação;

VIII - inobservar os princípios de higiene pessoal, da cela e das demais dependências do estabelecimento penal federal;

IX - portar ou ter, em qualquer lugar do estabelecimento penal federal, dinheiro ou título de crédito;

X - praticar fato previsto como crime culposo ou contravenção, sem prejuízo da sanção penal;

XI - comunicar-se com presos em cela disciplinar ou regime disciplinar diferenciado ou entregar-lhes qualquer objeto, sem autorização;

XII - opor-se à ordem de contagem da população carcerária, não respondendo ao sinal convencional da autoridade competente;

XIII - recusar-se a deixar a cela, quando determinado, mantendo-se em atitude de rebeldia;

XIV - praticar atos de comércio de qualquer natureza;

XV - faltar com a verdade para obter qualquer vantagem;

XVI - transitar ou permanecer em locais não autorizados;

XVII - não se submeter às requisições administrativas, judiciais e policiais;

XVIII - descumprir as datas e horários das rotinas estipuladas pela administração para quaisquer atividades no estabelecimento penal federal; e

XIX - ofender os incisos I, III, IV e VI a X do art. 39 da Lei n. 7.210, de 1984.

SEÇÃO III
DAS FALTAS DISCIPLINARES DE NATUREZA GRAVE

ART. 45. Considera-se falta disciplinar de natureza grave, consoante disposto na Lei n. 7.210, de 1984, e legislação complementar:

I - incitar ou participar de movimento para subverter a ordem ou a disciplina;

II - fugir;

III - possuir indevidamente instrumento capaz de ofender a integridade física de outrem;

IV - provocar acidente de trabalho;

V - deixar de prestar obediência ao servidor e respeito a qualquer pessoa com quem deva relacionar-se;

VI - deixar de executar o trabalho, as tarefas e as ordens recebidas; e

VII - praticar fato previsto como crime doloso.

CAPÍTULO IV
DA SANÇÃO DISCIPLINAR

ART. 46. Os atos de indisciplina serão passíveis das seguintes penalidades:

I - advertência verbal;

II - repreensão;

III - suspensão ou restrição de direitos, observadas as condições previstas no art. 41, parágrafo único, da Lei n. 7.210, de 1984;

IV - isolamento na própria cela ou em local adequado; e

V - inclusão no regime disciplinar diferenciado.

§ 1º A advertência verbal é punição de caráter educativo, aplicável às infrações de natureza leve.

§ 2º A repreensão é sanção disciplinar revestida de maior rigor no aspecto educativo, aplicável em casos de infração de natureza média, bem como aos reincidentes de infração de natureza leve.

ART. 47. Às faltas graves correspondem as sanções de suspensão ou restrição de direitos, ou isolamento.

ART. 48. A prática de fato previsto como crime doloso e que ocasione subversão da ordem ou da disciplina internas sujeita o preso, sem prejuízo da sanção penal, ao regime disciplinar diferenciado.

ART. 49. Compete ao diretor do estabelecimento penal federal a aplicação das sanções disciplinares referentes às faltas médias e leves, ouvido o Conselho Disciplinar, e à autoridade judicial, as referentes às faltas graves.

ART. 50. A suspensão ou restrição de direitos e o isolamento na própria cela ou em local adequado não poderão exceder a trinta dias, mesmo nos casos de concurso de infrações disciplinares, sem prejuízo da aplicação do regime disciplinar diferenciado.

§ 1º O preso, antes e depois da aplicação da sanção disciplinar consistente no isolamento, será submetido a exame médico que ateste suas condições de saúde.

§ 2º O relatório médico resultante do exame de que trata o § 1º será anexado no prontuário do preso.

ART. 51. Pune-se a tentativa com a sanção correspondente à falta consumada.

Parágrafo único. O preso que concorrer para o cometimento da falta disciplinar incidirá nas sanções cominadas à sua culpabilidade.

CAPÍTULO V
DAS MEDIDAS CAUTELARES ADMINISTRATIVAS

ART. 52. O diretor do estabelecimento penal federal poderá determinar em ato motivado, como medida cautelar administrativa, o isolamento preventivo do preso, por período não superior a dez dias.

ART. 53. Ocorrendo rebelião, para garantia da segurança das pessoas e coisas, poderá o diretor do estabelecimento penal federal, em ato devidamente motivado, suspender as visitas aos presos por até quinze dias, prorrogável uma única vez por até igual período.

TÍTULO VII
DAS NORMAS DE APLICAÇÃO DO REGIME DISCIPLINAR DIFERENCIADO

ART. 54. Sem prejuízo das normas do regime disciplinar ordinário, a sujeição do preso, provisório ou condenado, ao regime disciplinar diferenciado será feita em estrita observância às disposições legais.

ART. 55. O diretor do estabelecimento penal federal, na solicitação de inclusão de preso no regime disciplinar diferenciado, instruirá o expediente com o termo de declarações da pessoa visada e de sua defesa técnica, se possível.

ART. 56. O diretor do estabelecimento penal federal em que se cumpre o regime disciplinar diferenciado poderá recomendar ao diretor do Sistema Penitenciário Federal que requeira à autoridade judiciária a reconsideração da decisão de incluir o preso no citado regime ou tenha por desnecessário ou inconveniente o prosseguimento da sanção.

ART. 57. O cumprimento do regime disciplinar diferenciado exaure a sanção e nunca poderá ser invocado para fundamentar novo pedido de inclusão ou desprestigiar o mérito do sentenciado, salvo, neste último caso, quando motivado pela má conduta denotada no curso do regime e sua persistência no sistema comum.

ART. 58. O cumprimento do regime disciplinar diferenciado em estabelecimento penal federal, além das características elencadas nos incisos I a VI do art. 6º, observará o que segue:

I - duração máxima de trezentos e sessenta dias, sem prejuízo de repetição da sanção, nos termos da lei;

II - banho de sol de duas horas diárias;

III - uso de algemas nas movimentações internas e externas, dispensadas apenas nas áreas de visita, banho de sol, atendimento assistencial e, quando houver, nas áreas de trabalho e estudo;

IV - sujeição do preso aos procedimentos de revista pessoal, de sua cela e seus pertences, sempre que for necessária sua movimentação interna e externa, sem prejuízo das inspeções periódicas; e

V - visita semanal de duas pessoas, sem contar as crianças, com duração de duas horas.

TÍTULO VIII
DO PROCEDIMENTO DE APURAÇÃO DE FALTAS DISCIPLINARES, DA CLASSIFICAÇÃO DA CONDUTA E DA REABILITAÇÃO

CAPÍTULO I
DO PROCEDIMENTO DE APURAÇÃO DE FALTAS DISCIPLINARES

ART. 59. Para os fins deste Regulamento, entende-se como procedimento de apuração de faltas disciplinares a sequência de atos adotados para apurar determinado fato.

Parágrafo único. Não poderá atuar como encarregado ou secretário, em qualquer ato do procedimento, amigo íntimo ou desafeto, parente consanguíneo ou afim, em linha reta ou colateral, até o terceiro grau inclusive, cônjuge, companheiro ou qualquer integrante do núcleo familiar do denunciante ou do acusado.

ART. 60. Ao preso é garantido o direito de defesa, com os recursos a ele inerentes.

SEÇÃO I
DA INSTAURAÇÃO DO PROCEDIMENTO

ART. 61. O servidor que presenciar ou tomar conhecimento de falta de qualquer natureza praticada por preso redigirá comunicado do evento com a descrição minuciosa das circunstâncias do fato e dos dados dos envolvidos e o encaminhará ao diretor do estabelecimento penal federal para a adoção das medidas cautelares necessárias e demais providências cabíveis.

§ 1º O comunicado do evento deverá ser redigido no ato do conhecimento da falta, constando o fato no livro de ocorrências do plantão.

§ 2º Nos casos em que a falta disciplinar do preso estiver relacionada com a má conduta de servidor público, será providenciada a apuração do fato envolvendo o servidor em procedimento separado, observadas as disposições pertinentes da Lei n. 8.112, de 1990.

ART. 62. Quando a falta disciplinar constituir também ilícito penal, deverá ser comunicada às autoridades competentes.

ART. 63. O procedimento disciplinar será instaurado por meio de portaria do diretor do estabelecimento penal federal.

Parágrafo único. A portaria inaugural deverá conter a descrição sucinta dos fatos, constando o tempo, modo, lugar, indicação da falta e demais informações pertinentes, bem como, sempre que possível, a identificação dos seus autores com o nome completo e a respectiva matrícula.

ART. 64. O procedimento deverá ser concluído em até trinta dias.

ART. 65. A investigação preliminar será adotada quando não for possível a individualização imediata da conduta faltosa do preso ou na hipótese de não restar comprovada a autoria do fato, designando, se necessário, servidor para apurar preliminarmente os fatos.

§ 1º Na investigação preliminar, deverá ser observada a pertinência dos fatos e a materialidade da conduta faltosa, inquirindo os presos, servidores e funcionários, bem como apresentada toda a documentação pertinente.

§ 2º Findos os trabalhos preliminares, será elaborado relatório.

SEÇÃO II
DA INSTRUÇÃO DO PROCEDIMENTO

ART. 66. Caberá à autoridade que presidir o procedimento elaborar o termo de instalação dos trabalhos e, quando houver designação de secretário, o termo de compromisso deste em separado, providenciando o que segue:

I - designação de data, hora e local da audiência;

II - citação do preso e intimação de seu defensor, cientificando-os sobre o comparecimento em audiência na data e hora designadas; e

III - intimação das testemunhas.

§ 1º Na impossibilidade de citação do preso definitivo ou provisório, decorrente de fuga, ocorrerá o sobrestamento do procedimento até a recaptura, devendo ser informado o juízo competente.

§ 2º No caso de o preso não possuir defensor constituído, será providenciada a imediata comunicação à área de assistência jurídica do estabelecimento penal federal para designação de defensor público.

SEÇÃO III
DA AUDIÊNCIA

ART. 67. Na data previamente designada, será realizada audiência, facultada a apresentação de defesa preliminar, prosseguindo-se com o interrogatório do preso e a oitiva das testemunhas, seguida da defesa final oral ou por escrito.

§ 1º A autoridade responsável pelo procedimento informará o acusado do seu direito de permanecer calado e de não responder às perguntas que lhe forem formuladas, dando-se continuidade à audiência.

§ 2º O silêncio, que não importará em confissão, não poderá ser interpretado em prejuízo da defesa.

§ 3º Nos casos em que o preso não estiver em isolamento preventivo e diante da complexidade do caso, a defesa final poderá ser substituída pela apresentação de contestação escrita, caso em que a autoridade concederá prazo hábil, improrrogável, para o seu oferecimento, observados os prazos para conclusão do procedimento.

§ 4º Na ata de audiência, serão registrados resumidamente os atos essenciais, as afirmações fundamentais e as informações úteis à apuração dos fatos.

§ 5º Serão decididos, de plano, todos os incidentes e exceções que possam interferir no prosseguimento da audiência e do procedimento, e as demais questões serão decididas no relatório da autoridade disciplinar.

ART. 68. Se o preso comparecer na audiência desacompanhado de advogado, ser-lhe-á designado pela autoridade defensor para a promoção de sua defesa.

ART. 69. A testemunha não poderá eximir-se da obrigação de depor, salvo no caso de proibição legal e de impedimento.

DECRETOS

§ 1º O servidor que, sem justa causa, se recusar a depor, ficará sujeito às sanções cabíveis.

§ 2º As testemunhas arroladas serão intimadas pelo correio, salvo quando a parte interessada se comprometer em providenciar o comparecimento destas.

SEÇÃO IV
DO RELATÓRIO

ART. 70. Encerradas as fases de instrução e defesa, a autoridade designada para presidir o procedimento apresentará relatório final, no prazo de três dias, contados a partir da data da realização da audiência, opinando fundamentalmente sobre a aplicação da sanção disciplinar ou a absolvição do preso, e encaminhará os autos para apreciação do diretor do estabelecimento penal federal.

Parágrafo único. Nos casos em que reste comprovada autoria de danos, capazes de ensejar responsabilidade penal ou civil, deverá a autoridade, em seu relatório, manifestar-se, conclusivamente, propondo o encaminhamento às autoridades competentes.

SEÇÃO V
DA DECISÃO

ART. 71. O diretor do estabelecimento penal federal, após avaliar o procedimento, proferirá decisão final no prazo de dois dias contados da data do recebimento dos autos.

Parágrafo único. O diretor do estabelecimento penal federal ordenará, antes de proferir decisão final, diligências imprescindíveis ao esclarecimento do fato.

ART. 72. Na decisão do diretor do estabelecimento penal federal a respeito de qualquer infração disciplinar, deverão constar as seguintes providências:

I - ciência por escrito ao preso e seu defensor;

II - registro em ficha disciplinar;

III - juntada de cópia do procedimento disciplinar no prontuário do preso;

IV - remessa do procedimento ao juízo competente, nos casos de isolamento preventivo e falta grave; e

V - comunicação à autoridade policial competente, quando a conduta faltosa constituir ilícito penal.

Parágrafo único. Sobre possível responsabilidade civil por danos causados ao patrimônio do Estado, serão remetidas cópias do procedimento ao Departamento Penitenciário Nacional para a adoção das medidas cabíveis, visando a eventual reparação do dano.

SEÇÃO VI
DO RECURSO

ART. 73. No prazo de cinco dias, caberá recurso da decisão de aplicação de sanção disciplinar consistente em isolamento celular, suspensão ou restrição de direitos, ou de repreensão.

§ 1º A este recurso não se atribuirá efeito suspensivo, devendo ser julgado pela diretoria do Sistema Penitenciário Federal em cinco dias.

§ 2º Da decisão que aplicar a penalidade de advertência verbal, caberá pedido de reconsideração no prazo de quarenta e oito horas.

SEÇÃO VII
DAS DISPOSIÇÕES GERAIS

ART. 74. Os prazos do procedimento disciplinar, nos casos em que não for necessária a adoção do isolamento preventivo do preso, poderão ser prorrogados uma única vez por até igual período.

Parágrafo único. A prorrogação de prazo de que trata o *caput* não se aplica ao prazo estipulado para a conclusão dos trabalhos sindicantes.

ART. 75. O não comparecimento do defensor constituído do preso, independentemente do motivo, a qualquer ato do procedimento, não acarretará a suspensão dos trabalhos ou prorrogação dos prazos, devendo ser nomeado outro defensor para acompanhar aquele ato específico.

CAPÍTULO II
DA CLASSIFICAÇÃO DA CONDUTA E DA REABILITAÇÃO

ART. 76. A conduta do preso recolhido em estabelecimento penal federal será classificada como:

I - ótima;

II - boa;

III - regular; ou

IV - má.

ART. 77. Ótimo comportamento carcerário é aquele decorrente de prontuário sem anotações de falta disciplinar, desde o ingresso do preso no estabelecimento penal federal até o momento da requisição do atestado de conduta, somado à anotação de uma ou mais recompensas.

ART. 78. Bom comportamento carcerário é aquele decorrente de prontuário sem anotações de falta disciplinar, desde o ingresso do preso no estabelecimento penal federal até o momento da requisição do atestado de conduta.

Parágrafo único. Equipara-se ao bom comportamento carcerário o do preso cujo prontuário registra a prática de faltas, com reabilitação posterior de conduta.

ART. 79. Comportamento regular é o do preso cujo prontuário registra a prática de faltas médias ou leves, sem reabilitação de conduta.

ART. 80. Mau comportamento carcerário é o do preso cujo prontuário registra a prática de falta grave, sem reabilitação de conduta.

ART. 81. O preso terá os seguintes prazos para reabilitação da conduta, a partir do término do cumprimento da sanção disciplinar:

I - três meses, para as faltas de natureza leve;

II - seis meses, para as faltas de natureza média;

III - doze meses, para as faltas de natureza grave; e

IV - vinte e quatro meses, para as faltas de natureza grave que forem cometidas com grave violência à pessoa ou com a finalidade de incitamento à participação em movimento para subverter a ordem e a disciplina que ensejarem a aplicação de regime disciplinar diferenciado.

ART. 82. O cometimento da falta disciplinar de qualquer natureza durante o período de reabilitação acarretará a imediata anulação do tempo de reabilitação até então cumprido.

§ 1º Com a prática de nova falta disciplinar, exigir-se-á novo tempo para reabilitação, que deverá ser somado ao tempo estabelecido para a falta anterior.

§ 2º O diretor do estabelecimento penal federal não expedirá o atestado de conduta enquanto tramitar procedimento disciplinar para apuração de falta.

ART. 83. Caberá recurso, sem efeito suspensivo, no prazo de cinco dias, dirigido à diretoria do Sistema Penitenciário Federal, contra decisão que atestar conduta.

TÍTULO IX
DOS MEIOS DE COERÇÃO

ART. 84. Os meios de coerção só serão permitidos quando forem inevitáveis para proteger a vida humana e para o controle da ordem e da disciplina do estabelecimento penal federal, desde que tenham sido esgotadas todas as medidas menos extremas para se alcançar este objetivo.

Parágrafo único. Os servidores e funcionários que recorrerem ao uso da força, limitar-se-ão a utilizar a mínima necessária, devendo informar imediatamente ao diretor do estabelecimento penal federal sobre o incidente.

ART. 85. A sujeição a instrumentos tais como algemas, correntes, ferros e coletes de força nunca deve ser aplicada como punição.

Parágrafo único. A utilização destes instrumentos será disciplinada pelo Ministério da Justiça.

ART. 86. As armas de fogo letais não serão usadas, salvo quando estritamente necessárias.

§ 1º É proibido o porte de arma de fogo letal nas áreas internas do estabelecimento penal federal.

§ 2º As armas de fogo letais serão portadas pelos agentes penitenciários federais exclusivamente em movimentações externas e nas ações de guarda e vigilância do estabelecimento penal federal, das muralhas, dos alambrados e das guaritas que compõem as suas edificações.

ART. 87. Somente será permitido ao estabelecimento penal federal utilizar cães para auxiliar na vigilância e no controle da ordem e da disciplina após cumprirem todos os requisitos exigidos em ato do Ministério da Justiça que tratar da matéria.

ART. 88. Outros meios de coerção poderão ser adotados, desde que disciplinada sua finalidade e uso pelo Ministério da Justiça.

ART. 89. Poderá ser criado grupo de intervenção, composto por agentes penitenciários, para desempenhar ação preventiva e resposta rápida diante de atos de insubordinação dos presos, que possam conduzir a uma situação de maior proporção ou com efeito prejudicial sobre a disciplina e ordem do estabelecimento penal federal.

ART. 90. O diretor do estabelecimento penal federal, nos casos de denúncia de tortura, lesão corporal, maus-tratos ou outras ocorrências de natureza similar, deve, tão logo tome conhecimento do fato, providenciar, sem prejuízo da tramitação do adequado procedimento para apuração dos fatos:

I - instauração imediata de adequado procedimento apuratório;

II - comunicação do fato à autoridade policial para as providências cabíveis, nos termos do art. 6º do Código de Processo Penal;

III - comunicação do fato ao juízo competente, solicitando a realização de exame de corpo de delito, se for o caso;

IV - comunicação do fato à Corregedoria-Geral do Sistema Penitenciário Federal, para que proceda, quando for o caso, ao acompanhamento do respectivo procedimento administrativo; e

V - comunicação à família da vítima ou pessoa por ela indicada.

TÍTULO X
DAS VISITAS E DA ENTREVISTA COM ADVOGADO

CAPÍTULO I
DAS VISITAS

ART. 91. As visitas têm a finalidade de preservar e estreitar as relações do preso com a sociedade, principalmente com sua família, parentes e companheiros.

Parágrafo único. O Departamento Penitenciário Nacional disporá sobre o procedimento de visitação.

ART. 92. O preso poderá receber visitas de parentes, do cônjuge ou do companheiro de comprovado vínculo afetivo, desde que devidamente autorizados.

§ 1º As visitas comuns poderão ser realizadas uma vez por semana, exceto em caso de proximidade de datas festivas, quando o número poderá ser maior, a critério do diretor do estabelecimento penal federal.

§ 2º O período de visitas é de três horas.

ART. 93. O preso recolhido ao pavilhão hospitalar ou enfermaria e impossibilitado de se locomover, ou em tratamento psiquiátrico, poderá receber visita no próprio local, a critério da autoridade médica.

ART. 94. As visitas comuns não poderão ser suspensas, excetuados os casos previstos em lei ou neste Regulamento.

ART. 95. A visita íntima tem por finalidade fortalecer as relações familiares do preso e será regulamentada pelo Ministério da Justiça.

Parágrafo único. É proibida a visita íntima nas celas de convivência dos presos.

CAPÍTULO II
DA ENTREVISTA COM ADVOGADO

ART. 96. As entrevistas com advogado deverão ser previamente agendadas, mediante requerimento, escrito ou oral, à direção do estabelecimento penal federal, que designará imediatamente data e horário para o atendimento reservado, dentro dos dez dias subsequentes.

§ 1º Para a designação da data, a direção observará a fundamentação do pedido, a conveniência do estabelecimento penal federal, especialmente a segurança deste, do advogado, dos servidores, dos funcionários e dos presos.

§ 2º Comprovada a urgência, a direção deverá, de imediato, autorizar a entrevista.

TÍTULO XI
DAS REVISTAS

ART. 97. A revista consiste no exame de pessoas e bens que venham a ter acesso ao estabelecimento penal federal, com a finalidade de detectar objetos, produtos ou substâncias não permitidos pela administração.

Parágrafo único. O Departamento Penitenciário Nacional disporá sobre o procedimento de revista.

TÍTULO XII
DO TRABALHO E DO CONTATO EXTERNO

ART. 98. Todo preso, salvo as exceções legais, deverá submeter-se ao trabalho, respeitadas suas condições individuais, habilidades e restrições de ordem de segurança e disciplina.

§ 1º Será obrigatória a implantação de rotinas de trabalho aos presos em regime disciplinar diferenciado, desde que não comprometa a ordem e a disciplina do estabelecimento penal federal.

§ 2º O trabalho aos presos em regime disciplinar diferenciado terá caráter remuneratório e laborterápico, sendo desenvolvido na própria cela ou em local adequado, desde que não haja contato com outros presos.

§ 3º O desenvolvimento do trabalho não poderá comprometer os procedimentos de revista e vigilância, nem prejudicar o quadro funcional com escolta ou vigilância adicional.

ART. 99. O contato externo é requisito primordial no processo de reinserção social do preso, que não deve ser privado da comunicação com o mundo exterior na forma adequada e por intermédio de recurso permitido pela administração, preservada a ordem e a disciplina do estabelecimento penal federal.

ART. 100. A correspondência escrita entre o preso e seus familiares e afins será efetuada pelas vias regulamentares.

§ 1º É livre a correspondência, condicionada a sua expedição e recepção às normas de segurança e disciplina do estabelecimento penal federal.

§ 2º A troca de correspondência não poderá ser restringida ou suspensa a título de sanção disciplinar.

TÍTULO XIII
DAS DISPOSIÇÕES FINAIS E TRANSITÓRIAS

ART. 101. Serão disponibilizados ao estabelecimento penal federal meios para utilização de tecnologia da informação e comunicação, no que concerne à:

I - prontuários informatizados dos presos;

II - videoconferência para entrevista com presos, servidores e funcionários;

III - sistema de pecúlio informatizado;

IV - sistema de movimentação dos presos; e

V - sistema de procedimentos disciplinares dos presos e processo administrativo disciplinar do servidor.

ART. 102. O Departamento Penitenciário Nacional criará Grupo Permanente de Melhorias na Qualidade da Prestação do Serviço Penitenciário, que contará com a participação de um representante da Ouvidoria do Sistema Penitenciário, da Corregedoria-Geral do Sistema Penitenciário, da área de Reintegração Social, Trabalho e Ensino, da área de Informação e Inteligência, e da área de Saúde para estudar e implementar ações e metodologias de melhorias na prestação do serviço público no que concerne à administração do estabelecimento penal federal.

Parágrafo único. Poderão ser convidados a participar do grupo outros membros da estrutura do Departamento Penitenciário Nacional, da sociedade civil organizada envolvida com direitos humanos e com assuntos penitenciários ou de outros órgãos da União, dos Estados e do Distrito Federal.

ART. 103. O estabelecimento penal federal disciplinado por este Regulamento deverá dispor de Serviço de Atendimento ao Cidadão - SAC, a fim de auxiliar na obtenção de informações e orientações sobre os serviços prestados, inclusive aqueles atribuídos ao Sistema Penitenciário Federal.

ART. 104. As pessoas idosas, gestantes e portadores de necessidades especiais, tanto presos e familiares quanto visitantes, terão prioridade em todos os procedimentos adotados por este Regulamento.

ART. 105. O Ministério da Justiça editará atos normativos complementares para cumprimento deste Regulamento.

DECRETO N. 6.063, DE 20 DE MARÇO DE 2007

Regulamenta, no âmbito federal, dispositivos da Lei n. 11.284, de 2 de março de 2006, que dispõe sobre a gestão de florestas públicas para a produção sustentável, e dá outras providências.

› *DOU*, 21.03.2007.

O Presidente da República, no uso das atribuições que lhe confere o art. 84, inciso IV, e tendo em vista o disposto na Lei n. 11.284, de 2 de março de 2006,

Decreta:

CAPÍTULO I
DAS DISPOSIÇÕES PRELIMINARES

ART. 1º Este Decreto dispõe sobre o Cadastro Nacional de Florestas Públicas e regulamenta, em âmbito federal, a destinação de florestas públicas às comunidades locais, o Plano Anual de Outorga Florestal - PAOF, o licenciamento ambiental para o uso dos recursos florestais nos lotes ou unidades de manejo, a licitação e os contratos de concessão florestal, o monitoramento e as auditorias da gestão de florestas públicas, para os fins do disposto na Lei n. 11.284, de 2 de março de 2006.

CAPÍTULO II
DO CADASTRO NACIONAL DE FLORESTAS PÚBLICAS

ART. 2º O Cadastro Nacional de Florestas Públicas, interligado ao Sistema Nacional de Cadastro Rural, é integrado:

I - pelo Cadastro-Geral de Florestas Públicas da União;

II - pelos cadastros de florestas públicas dos Estados, do Distrito Federal e dos Municípios.

§ 1º O Cadastro Nacional de Florestas Públicas será integrado por bases próprias de informações produzidas e compartilhadas pelos órgãos e entidades gestores de florestas públicas da União, dos Estados, do Distrito Federal e dos Municípios.

§ 2º O Cadastro-Geral de Florestas Públicas da União será gerido pelo Serviço Florestal Brasileiro e incluirá:

I - áreas inseridas no Cadastro de Terras Indígenas;

II - unidades de conservação federais, com exceção das áreas privadas localizadas em categorias de unidades que não exijam a desapropriação; e

III - florestas localizadas em imóveis urbanos ou rurais matriculados ou em processo de arrecadação em nome da União, autarquias, fundações, empresas públicas e sociedades de economia mista.

§ 3º As florestas públicas em áreas militares somente serão incluídas no Cadastro-Geral de Florestas Públicas da União mediante autorização do Ministério da Defesa.

§ 4º As florestas públicas federais plantadas após 2 de março de 2006, não localizadas em áreas de reserva legal ou em unidades de conservação, serão cadastradas mediante consulta ao órgão gestor da respectiva floresta.

ART. 3º O Cadastro-Geral de Florestas Públicas da União é composto por florestas públicas em três estágios:

I - identificação;

II - delimitação; e

III - demarcação.

§ 1º No estágio de identificação, constarão polígonos georreferenciados de florestas, plantadas ou naturais, localizadas em terras de domínio da União.

§ 2º No estágio de delimitação, os polígonos de florestas públicas federais serão averbados nas matrículas dos imóveis públicos.

§ 3º No estágio de demarcação, os polígonos das florestas públicas federais serão materializados no campo e os dados georreferenciados serão inseridos no Cadastro-Geral de Florestas Públicas da União.

§ 4º Para os fins do Cadastro-Geral de Florestas Públicas da União, o Serviço Florestal Brasileiro regulamentará cada um dos estágios previstos no *caput*.

§ 5º Aplica-se às florestas públicas definidas nos incisos I e II do § 2º do art. 2º, apenas o estágio de identificação.

ART. 4º O Serviço Florestal Brasileiro editará resolução sobre as tipologias e classes de cobertura florestal, por bioma, para fins de identificação das florestas públicas federais.

Parágrafo único. A resolução de que trata o *caput* observará as caracterizações das tipologias e classes de cobertura florestal, definidas pelo Instituto Brasileiro de Geografia e Estatística - IBGE.

ART. 5º O Serviço Florestal Brasileiro manterá no Sistema Nacional de Informações Florestais banco de dados com imagens de satélite e outras formas de sensoriamento remoto que tenham coberto todo o território nacional para o ano de 2006.

ART. 6º As florestas públicas identificadas nas tipologias e classes de cobertura florestal, definidas nos termos do art. 4º, serão incluídas no Cadastro-Geral de Florestas Públicas da União, observada a data de vigência da Lei n. 11.284, de 2006.

Parágrafo único. Para fins de recuperação, o Serviço Florestal Brasileiro poderá incluir, no Cadastro-Geral de Florestas Públicas da União, áreas degradadas contidas nos polígonos de florestas públicas federais.

ART. 7º O Cadastro-Geral de Florestas Públicas da União conterá, quando couber, em relação a cada floresta pública, as seguintes informações:

I - dados fundiários, incluindo número de matrícula do imóvel no cartório de registro de imóveis;

II - Município e Estado de localização;

III - titular e gestor da floresta pública;

IV - polígono georreferenciado;

V - bioma, tipo e aspectos da cobertura florestal, conforme norma editada nos termos do art. 4º;

VI - referências de estudos associados à floresta pública, que envolvam recursos naturais renováveis e não renováveis, relativos aos limites da respectiva floresta;

VII - uso e destinação comunitários;

VIII - pretensões de posse eventualmente incidentes sobre a floresta pública;

IX - existência de conflitos fundiários ou sociais;

X - atividades desenvolvidas, certificações, normas, atos e contratos administrativos e contratos cíveis incidentes nos limites da floresta pública; e

XI - recomendações de uso formuladas pelo Zoneamento Ecológico-Econômico do Brasil - ZEE e com base no Decreto n. 5.092, de 21 de maio de 2004.

ART. 8º O Serviço Florestal Brasileiro definirá padrões técnicos do Cadastro-Geral de Florestas Públicas da União, observado o código único estabelecido em ato conjunto do Instituto Nacional de Colonização e Reforma Agrária - INCRA e da Secretaria da Receita Federal, nos termos do § 3º do art. 1º da Lei n. 5.868, de 12 de dezembro de 1972, de forma a permitir a identificação e o compartilhamento de suas informações com as instituições participantes do Cadastro Nacional de Imóveis Rurais - CNIR, a Secretaria do Patrimônio da União e os Cadastros Estaduais e Municipais de Florestas Públicas.

§ 1º Na definição dos padrões técnicos do Cadastro-Geral de Florestas Públicas da União, deve-se observar, no mínimo, o seguinte:

I - definições e terminologias relativas à identificação da cobertura florestal;

II - base cartográfica a ser utilizada;

III - projeções e formato dos dados georreferenciados e tabelas;

IV - informações mínimas do cadastro;

V - meios de garantir a publicidade e o acesso aos dados do cadastro; e

VI - normas e procedimentos de integração das informações com o Sistema Nacional de Cadastro Rural e os cadastros de florestas públicas dos Estados, do Distrito Federal e dos Municípios.

§ 2º O Serviço Florestal Brasileiro regulamentará os mecanismos para a revisão dos polígonos de florestas públicas para adaptá-los às alterações técnicas, de titularidade ou àquelas que se fizerem necessárias durante a definição dos lotes de concessão.

ART. 9º As florestas públicas federais não destinadas a manejo florestal ou unidades de conservação ficam impossibilitadas de conversão para uso alternativo do solo, até que sua recomendação de uso pelo ZEE esteja oficializada e a conversão seja plenamente justificada, nos termos do art. 72 da Lei n. 11.284, de 2006.

§ 1º A floresta pública que após 2 de março de 2006 seja irregularmente objeto de desmatamento, exploração econômica ou degradação será incluída ou mantida no Cadastro-Geral de Florestas Públicas da União.

§ 2º A inclusão a que se refere o § 1º dar-se-á quando comprovada a existência de floresta em 2 de março de 2006 em área pública desmatada, explorada economicamente ou degradada.

§ 3º A manutenção a que se refere o § 1º dar-se-á quando a floresta pública constante do Cadastro-Geral de Florestas Públicas da União for irregularmente desmatada, explorada economicamente ou degradada.

§ 4º Para os fins do disposto no *caput*, o Serviço Florestal Brasileiro publicará e disponibilizará por meio da Internet o mapa da cobertura florestal do Brasil para o ano de 2006.

ART. 10. As atividades de pesquisa envolvendo recursos florestais, recursos naturais não renováveis e recursos hídricos poderão ser desenvolvidas nas florestas públicas mencionadas no art. 9º, desde que compatível com o disposto no contrato de concessão e com as atividades nele autorizadas, e que contem com autorização expressa dos órgãos competentes.

ART. 11. As florestas públicas não incluídas no Cadastro-Geral de Florestas Públicas da União não perdem a proteção conferida pela Lei n. 11.284, de 2006.

ART. 12. Sem prejuízo da aplicação de sanções administrativas e penais, cabe ao responsável pelo desmatamento, exploração ou degradação de floresta pública federal, mencionada no § 1º do art. 9º, a recuperação da floresta de forma direta ou indireta, em observância ao § 1º do art. 14 da Lei n. 6.938, de 31 de agosto de 1981.

ART. 13. O Cadastro-Geral de Florestas Públicas da União será acessível ao público por meio da Internet.

CAPÍTULO III
DA DESTINAÇÃO DE FLORESTAS PÚBLICAS ÀS COMUNIDADES LOCAIS

ART. 14. Antes da realização das licitações para concessão florestal, as florestas públicas, em que serão alocadas as unidades de manejo, quando ocupadas ou utilizadas por comunidades locais, definidas no inciso X do art. 3º da Lei n. 11.284, de 2006, serão identificadas para destinação a essas comunidades, nos termos do art. 6º e 17 da mesma Lei.

Parágrafo único. O Serviço Florestal Brasileiro atuará em conjunto com órgãos responsáveis pela destinação mencionada no *caput*.

ART. 15. As modalidades de destinação às comunidades locais devem ser baseadas no uso sustentável das florestas públicas.

§ 1º O planejamento das dimensões das florestas públicas a serem destinadas à comunidade local, individual ou coletivamente, deve considerar o uso sustentável dos recursos florestais, bem como o beneficiamento dos produtos extraídos, como a principal fonte de sustentabilidade dos beneficiários.

§ 2º O Serviço Florestal Brasileiro elaborará estudos e avaliações técnicas para subsidiar o atendimento do disposto no § 1º.

ART. 16. Nas florestas públicas destinadas às comunidades locais, a substituição da cobertura vegetal natural por espécies cultiváveis, além de observar o disposto na Lei n. 4.771, de 15 de setembro de 1965, e no Decreto n. 5.975, de 30 de novembro de 2006, somente será permitida quando, cumulativamente:

I - houver previsão da substituição da cobertura vegetal no plano de manejo, no plano de desenvolvimento de assentamento ou em outros instrumentos de planejamento pertinentes à modalidade de destinação; e

II - a área total de substituição não for superior a dez por cento da área total individual ou coletiva e limitado a doze hectares por unidade familiar.

Parágrafo único. A utilização das florestas públicas sob posses de comunidades locais, passíveis de regularização ou regularizadas, observará o disposto no *caput*.

ART. 17. O Serviço Florestal Brasileiro, no âmbito da competência prevista no art. 55 da Lei n. 11.284, de 2006, apoiará a pesquisa e a assistência técnica para o desenvolvimento das atividades florestais pelas comunidades locais, inclusive por meio do Fundo Nacional de Desenvolvimento Florestal - FNDF.

ART. 18. Nas Florestas Nacionais, para os fins do disposto no art. 17 da Lei n. 11.284, de 2006, serão formalizados termos de uso, com indicação do respectivo prazo de vigência com as comunidades locais, residentes no interior e no entorno das unidades de conservação, para a extração dos produtos florestais de uso tradicional e de subsistência, especificando as restrições e a responsabilidade pelo manejo das espécies das quais derivam esses produtos, bem como por eventuais prejuízos ao meio ambiente e à União.

Parágrafo único. São requisitos para a formalização do termo de uso:

I - identificação dos usuários;

II - estudo técnico que caracterize os usuários como comunidades locais, nos termos do inciso X do art. 3º da Lei n. 11.284, de 2006; e

III - previsão do uso dos produtos florestais dele constantes e da permanência dos comunitários em zonas de amortecimento, se for o caso, no plano de manejo da unidade de conservação.

CAPÍTULO IV
DO PLANO ANUAL DE OUTORGA FLORESTAL

ART. 19. O PAOF, proposto pelo Serviço Florestal Brasileiro e definido pelo Ministério do Meio Ambiente, conterá a descrição de todas as florestas públicas passíveis de serem submetidas a concessão no ano em que vigorar.

Parágrafo único. Somente serão incluídas no PAOF as florestas públicas devidamente identificadas no Cadastro-Geral de Florestas Públicas da União, nos termos do § 1º do art. 3º, observado o disposto no § 5º do mesmo artigo quanto às florestas públicas definidas no inciso II do § 2º do art. 2º.

ART. 20. O PAOF terá o seguinte conteúdo mínimo:

I - identificação do total de florestas públicas constantes do Cadastro-Geral de Florestas Públicas da União;

II - área total já submetida a concessões florestais federais e previsão de produção dessas áreas;

III - identificação da demanda por produtos e serviços florestais;

IV - identificação da oferta de produtos e serviços oriundos do manejo florestal sustentável nas regiões que abranger, incluindo florestas privadas, florestas destinadas às comunidades locais e florestas públicas submetidas à concessão florestal;

V - identificação georreferenciada das florestas públicas federais passíveis de serem submetidas a processo de concessão florestal, durante o período de sua vigência;

VI - identificação georreferenciada das terras indígenas, das unidades de conservação, das áreas destinadas às comunidades locais, áreas prioritárias para recuperação e áreas de interesse para criação de unidades de conservação de proteção integral, que sejam adjacentes às áreas destinadas à concessão florestal federal;

VII - compatibilidade com outras políticas setoriais, conforme previsto no art. 11 da Lei n. 11.284, de 2006;

VIII - descrição da infraestrutura, condições de logística, capacidade de processamento e tecnologia existentes nas regiões por ele abrangidas;

IX - indicação da adoção dos mecanismos de acesso democrático às concessões florestais federais, incluindo:

a) regras a serem observadas para a definição das unidades de manejo;

b) definição do percentual máximo de área de concessão florestal que um concessionário, individualmente ou em consórcio, poderá deter, relativo à área destinada à concessão florestal pelos PAOF da União vigente e executados nos anos anteriores, nos termos do art. 34, inciso II e parágrafo único, da Lei n. 11.284, de 2006;

X - descrição das atividades previstas para o seu período de vigência, em especial aquelas relacionadas à revisão de contratos, monitoramento, fiscalização e auditorias; e

XI - previsão dos meios necessários para sua implementação, incluindo os recursos humanos e financeiros.

Parágrafo único. A previsão a que se refere o inciso XI do *caput* será considerada na elaboração do projeto de lei orçamentária anual, enviado ao Congresso Nacional a cada ano.

ART. 21. A elaboração do PAOF da União considerará, dentre os instrumentos da política para o meio ambiente, de que trata o art. 11, inciso I, da Lei n. 11.284, de 2006, as recomendações de uso definidas no Decreto n. 5.092, de 2004.

ART. 22. Para os fins de consideração das áreas de convergência com as concessões de outros setores, de que trata o art. 11, inciso V, da Lei n. 11.284, de 2006, na elaboração do PAOF da União serão considerados os contratos de concessão, autorizações, licenças e outorgas para mineração, petróleo, gás, estradas, linhas de transmissão, geração de energia, oleodutos, gasodutos e para o uso da água.

ART. 23. O PAOF da União será concluído até o dia 31 de julho do ano anterior ao seu período de vigência, em conformidade com os prazos para a elaboração da lei orçamentária anual.

§ 1º Para os fins do disposto no § 1º do art. 11 da Lei n. 11.284, de 2006, o Serviço Florestal Brasileiro considerará os PAOF dos Estados, do Distrito Federal e dos Municípios, encaminhados até o dia 30 de junho de cada ano.

§ 2º Os PAOF encaminhados após a data prevista no § 1º serão considerados pela União somente no ano seguinte ao de seu recebimento.

ART. 24. Para os fins do disposto no art. 33 da Lei n. 11.284, de 2006, serão definidas unidades de manejo pequenas, médias e grandes, com base em critérios técnicos que atendam às peculiaridades regionais, definidos no PAOF, considerando os seguintes parâmetros:

I - área necessária para completar um ciclo de produção da floresta para os produtos manejados, de acordo com o inciso V do art. 3º da Lei n. 11.284, de 2006;

II - estrutura, porte e capacidade dos agentes envolvidos na cadeia produtiva.

CAPÍTULO V
DO LICENCIAMENTO AMBIENTAL

ART. 25. Para o licenciamento ambiental do uso dos recursos florestais nos lotes ou unidades de manejo, será elaborado o Relatório Ambiental Preliminar - RAP.

ART. 26. Para o licenciamento ambiental do manejo florestal, o concessionário submeterá à análise técnica do Instituto Brasileiro do Meio Ambiente e dos Recursos Naturais Renováveis - IBAMA o Plano de Manejo Florestal Sustentável - PMFS, nos termos do art. 19 da Lei n. 4.771, de 1965, e do Decreto n. 5.975, de 2006.

ART. 27. Os empreendimentos industriais incidentes nas unidades de manejo e as obras de infraestrutura não inerentes aos PMFS observarão as normas específicas de licenciamento ambiental.

ART. 28. Na elaboração do RAP, será observado um termo de referência, preparado em conjunto pelo IBAMA e pelo Serviço Florestal Brasileiro, com, no mínimo, o seguinte conteúdo:

I - descrição e localização georreferenciada das unidades de manejo;

II - descrição das características de solo, relevo, tipologia vegetal e classe de cobertura;

III - descrição da flora e da fauna, inclusive com a indicação daquelas ameaçadas de extinção e endêmicas;

IV - descrição dos recursos hídricos das unidades de manejo;

V - resultados do inventário florestal;

VI - descrição da área do entorno;

VII - caracterização e descrição das áreas de uso comunitário, unidades de conservação, áreas prioritárias para a conservação, terras indígenas e áreas quilombolas adjacentes às unidades de manejo;

VIII - identificação dos potenciais impactos ambientais e sociais e ações para prevenção e mitigação dos impactos negativos; e

IX - recomendações de condicionantes para execução de atividades de manejo florestal.

CAPÍTULO VI
DA LICITAÇÃO

ART. 29. Nas concessões florestais, os lotes e as unidades de manejo serão definidos nos editais de licitação e incidirão em florestas públicas que observem o seguinte:

I - possuam previsão no PAOF, com o atendimento das diretrizes nele definidas;

II - encontrem-se no Cadastro-Geral de Florestas Públicas da União nos seguintes estágios:

a) de identificação, para unidades de manejo localizadas em florestas nacionais; e

b) de delimitação, para as unidades de manejo localizadas em florestas públicas federais e fora das florestas nacionais.

§ 1º Os lotes de concessão poderão ser compostos por unidades de manejo contíguas.

§ 2º As unidades de manejo contíguas, a serem submetidas à concessão florestal pela União na vigência de um mesmo PAOF, devem necessariamente compor um mesmo lote de concessão florestal.

ART. 30. A publicação de edital de licitação de lotes de concessão florestal será precedida de audiência pública, amplamente divulgada e convocada com antecedência mínima de quinze dias, e será dirigida pelo Serviço Florestal Brasileiro.

§ 1º O Serviço Florestal Brasileiro realizará as audiências públicas no local de abrangência do respectivo lote, considerando os seguintes objetivos básicos:

I - identificar e debater o objeto da concessão florestal e as exclusões;

II - identificar e debater os aspectos relevantes do edital de concessão, em especial, a distribuição e forma das unidades de manejo e os critérios e indicadores para seleção da melhor oferta;

III - propiciar aos diversos atores interessados a possibilidade de oferecerem comentários e sugestões sobre a matéria em discussão; e

IV - dar publicidade e transparência às suas ações.

§ 2º As datas e locais de realização das audiências será divulgada pelos meios de comunicação de maior acesso ao público da região e pela Internet.

§ 3º Os documentos utilizados para subsidiar a audiência pública serão disponibilizados para consulta na Internet e enviados para as prefeituras e câmaras de vereadores dos Municípios abrangidos pelo edital.

ART. 31. A justificativa técnica da conveniência da concessão florestal federal será elaborada pelo Serviço Florestal Brasileiro e publicada pelo Ministério do Meio Ambiente previamente ao edital de licitação, caracterizando seu objeto e a unidade de manejo.

ART. 32. O edital de licitação das concessões florestais federais será publicado com antecedência mínima de quarenta e cinco dias da abertura do processo de julgamento das propostas.

Parágrafo único. Além da publicidade prevista na legislação aplicável, o edital será disponibilizado na Internet e locais públicos na região de abrangência do lote de concessão, definidos no edital.

ART. 33. Todos os atos inerentes ao processo de licitação serão realizados na sede do

Serviço Florestal Brasileiro ou no âmbito de suas unidades regionais, conforme justificativa técnica, exceto as audiências públicas e outros atos, previstos em resolução do mesmo órgão.

ART. 34. Para habilitação nas licitações de concessão florestal federais, a comprovação de ausência de débitos inscritos na dívida ativa relativos a infração ambiental, prevista no inciso I do art. 19 da Lei n. 11.284, de 2006, dar-se-á por meio de documentos emitidos pelos órgãos integrantes do Sistema Nacional do Meio Ambiente - SISNAMA da localização das unidades de manejo pretendidas e da sede do licitante, cuja emissão será preferencialmente por meio da Internet, nos termos do § 2º do mencionado art. 19 e do Decreto n. 5.975, de 2006.

ART. 35. Os editais de licitação federais devem conter a descrição detalhada da metodologia para julgamento das propostas, levando-se em consideração os seguintes critérios definidos no art. 26 da Lei n. 11.284, de 2006:

I - maior preço ofertado como pagamento à União pela outorga da concessão florestal;

II - melhor técnica, considerando:

a) menor impacto ambiental;

b) maiores benefícios sociais diretos;

c) maior eficiência; e

d) maior agregação de valor ao produto ou serviço florestal na região da concessão.

Parágrafo único. Para os fins do disposto no inciso II, considera-se:

I - menor impacto ambiental: o menor impacto negativo ou o maior impacto positivo;

II - maior eficiência: derivada do uso dos recursos florestais; e

III - região da concessão: os Municípios abrangidos pelo lote de concessão.

ART. 36. O Serviço Florestal Brasileiro definirá para cada edital de licitação federal um conjunto de indicadores que permita avaliar a melhor oferta.

§ 1º O conjunto de indicadores será composto por pelo menos um indicador para cada um dos critérios previstos no *caput* do art. 35 e para cada um dos componentes da melhor técnica, previstos nas alíneas do inciso II do *caput* do mesmo artigo.

§ 2º Os indicadores poderão ser utilizados para fins de pontuação para definição da melhor proposta ou para fins de bonificação e deverão ter as seguintes características:

I - ser objetivamente mensuráveis;

II - relacionar-se a aspectos de responsabilidade direta do concessionário; e

III - ter aplicabilidade e relevância para avaliar o respectivo critério.

§ 3º Para cada indicador previsto no edital, serão definidos parâmetros para sua pontuação, incluindo os valores mínimos aceitáveis para habilitação da proposta.

§ 4º Os editais de licitação deverão prever a fórmula precisa de cálculo da melhor oferta, com base nos indicadores a serem utilizados.

§ 5º A metodologia de pontuação máxima deverá ser montada de tal forma a garantir que:

I - o peso de cada critério referido no art. 35 nunca seja menor que um ou maior que três;

II - o peso de cada item, na definição do critério referido no inciso II do art. 35, nunca seja menor que um ou maior que três;

III - o peso do critério técnica seja maior ou igual ao peso do critério preço.

§ 6º A utilização de indicadores terá pelo menos um dos seguintes objetivos:

I - eliminatório: que indica parâmetros mínimos a serem atingidos para a qualificação do concorrente;

II - classificatório: que indica parâmetros para a pontuação no julgamento das propostas, durante o processo licitatório; e

III - bonificador: que indica parâmetros a serem atingidos para bonificação na execução do contrato pelo concessionário.

ART. 37. O preço calculado sobre os custos de realização do edital de licitação da concessão florestal federal de cada unidade de manejo, previsto no art. 36, inciso I, da Lei n. 11.284, de 2006, será definido com base no custo médio do edital por hectare e especificado no edital de licitação, considerando os custos dos seguintes itens:

I - inventário florestal;

II - estudos preliminares contratados especificamente para compor o edital;

III - RAP e processo de licenciamento;

IV - publicação e julgamento das propostas.

§ 1º Os custos relacionados às ações realizadas pelo poder público e que, por sua natureza, geram benefícios permanentes ao patrimônio público não comporão o custo do edital.

§ 2º No cálculo do preço do custo de realização do edital para as unidades de manejo pequenas, poderá ser aplicado fator de correção a ser determinado pelo Serviço Florestal Brasileiro.

§ 3º A forma e o prazo para o pagamento do preço calculado sobre os custos de realização do edital de licitação da concessão florestal da unidade de manejo serão especificados no edital.

ART. 38. Em atendimento ao disposto no § 1º do art. 20 da Lei n. 11.284, de 2006, para unidades de manejo pequenas ou médias, poderão ser utilizados resultados de inventários florestais de áreas adjacentes ou com características florestais semelhantes.

ART. 39. Os parâmetros necessários para a definição do preço da concessão florestal federal, previstos no inciso II do art. 36 da Lei n. 11.284, de 2006, serão especificados no edital de licitação, observando os seguintes aspectos dos produtos e serviços:

I - unidades de medida;

II - critérios de agrupamento; e

III - metodologia de medição e quantificação.

§ 1º Os critérios de agrupamentos de produtos e serviços florestais para fins de formação de preço devem permitir a inclusão de novos produtos e serviços.

§ 2º A definição do preço mínimo da concessão florestal no edital de licitação poderá ser feita a partir de:

I - preços mínimos de cada produto ou serviço tal como definido no *caput*;

II - estimativa de arrecadação anual total dos produtos e serviços; e

III - combinação dos dois métodos especificados nos incisos I e II deste parágrafo.

ART. 40. Nas concessões florestais federais, o valor mínimo anual, definido no § 3º do art. 36 da Lei n. 11.284, de 2006, será de até trinta por cento do preço anual vencedor do processo licitatório, calculado em função da estimativa de produção fixada no edital e os preços de produtos e serviços contidos na proposta vencedora.

§ 1º O percentual aplicável para a definição do valor mínimo será fixado no edital.

§ 2º O valor mínimo anual será fixado e expresso no contrato de concessão em moeda corrente do País, cabendo revisões e reajustes.

§ 3º O pagamento do valor mínimo anual será compensado no preço da concessão florestal de que trata o inciso II do art. 36 da Lei n. 11.284, de 2006, desde que ocorra no mesmo ano.

§ 4º O valor mínimo somente será exigível após a aprovação do PMFS pelo IBAMA, salvo quando o atraso na aprovação for de responsabilidade do concessionário.

ART. 41. O edital de licitação especificará prazo máximo para o concessionário apresentar o PMFS ao órgão competente, após assinatura do contrato de concessão, limitado ao máximo de doze meses.

ART. 42. O edital de licitação deverá prever a responsabilidade pela demarcação da unidade de manejo.

Parágrafo único. Quando a demarcação for de responsabilidade do concessionário, sua execução será aprovada pelo Serviço Florestal Brasileiro.

ART. 43. Os bens reversíveis, que retornam ao titular da floresta pública após a extinção da concessão, serão definidos no edital de licitação e deverão incluir pelo menos:

I - demarcação da unidade de manejo;

II - infraestrutura de acesso;

III - cercas, aceiros e porteiras; e

IV - construções e instalações permanentes.

CAPÍTULO VII
DO CONTRATO DE CONCESSÃO FLORESTAL FEDERAL

ART. 44. Para os fins de aplicação do § 1º do art. 27 da Lei n. 11.284, de 2006, nas concessões florestais federais, são consideradas:

I - inerentes ao manejo florestal as seguintes atividades:

a) planejamento e operações florestais, incluindo:

1. inventário florestal;
2. PMFS e planejamento operacional;
3. construção e manutenção de vias de acesso e ramais;
4. colheita e transporte de produtos florestais;
5. silvicultura pós-colheita;
6. monitoramento ambiental;
7. proteção florestal;

II - subsidiárias ao manejo florestal as seguintes atividades:

a) operações de apoio, incluindo:

1. segurança e vigilância;
2. manutenção de máquinas e infraestrutura;
3. gerenciamento de acampamentos;
4. proteção florestal;

b) operações de processamento de produtos florestais;

c) operações de serviço, incluindo:

1. guia de visitação; e
2. transporte de turistas.

ART. 45. O controle do percentual máximo de concessão florestal que cada concessionário, individualmente ou em consórcio poderá deter, observados os limites do inciso II do art. 34, bem como o disposto no art. 77, ambos da Lei n. 11.284, de 2006, será efetuado pelo Serviço Florestal Brasileiro, nos termos do inciso XIX do art. 53 da mesma Lei.

Parágrafo único. Outros aspectos inerentes aos atos e negócios jurídicos a serem celebrados entre concessionários serão submetidos ao Sistema Brasileiro de Defesa da Concorrência, quando necessário.

ART. 46. Serão previstos nos contratos de concessão florestal federais critérios de bonificação para o concessionário que atingir parâmetros de desempenho socioambiental, além das obrigações legais e contratuais.

§ 1º A bonificação por desempenho poderá ser expressa em desconto nos preços florestais.

§ 2º Os critérios e indicadores de bonificação por desempenho serão definidos pelo Serviço Florestal Brasileiro e expressos no edital de licitação.

§ 3º A aplicação do mecanismo de bonificação por desempenho não poderá resultar em valores menores que os preços mínimos definidos no edital de licitação a que se refere o § 2º do art. 36 da Lei n. 11.284, de 2006.

ART. 47. A forma de implementação e as hipóteses de execução das garantias, previstas no art. 21 da Lei n. 11.284, de 2006, serão especificadas mediante resolução do Serviço Florestal Brasileiro.

Parágrafo único. A garantia da proposta visa assegurar que o vencedor do processo licitatório firme, no prazo previsto no edital, o contrato de concessão nos termos da proposta vencedora, à qual se encontra vinculado, sem prejuízo da aplicação das penalidades indicadas no *caput* do art. 81 da Lei n. 8.666, de 21 de junho de 1993.

ART. 48. O reajuste dos preços florestais será anual, com base em metodologia a ser definida pelo Serviço Florestal Brasileiro e especificada no edital de licitação e no contrato de concessão.

ART. 49. O Serviço Florestal Brasileiro desenvolverá e manterá atualizado sistema de acompanhamento dos preços e outros aspectos do mercado de produtos e serviços florestais.

ART. 50. Os contratos de concessão florestal federais deverão prever direitos e obrigações para sua integração a contratos, autorizações, licenças e outorgas de outros setores explicitados no § 1º do art. 16 da Lei n. 11.284, de 2006.

ART. 51. Em caso de não cumprimento dos critérios técnicos e do não pagamento dos preços florestais, além de outras sanções cabíveis, o Serviço Florestal Brasileiro poderá determinar a imediata suspensão da execução das atividades desenvolvidas em desacordo com o contrato de concessão e determinar a imediata correção das irregularidades identificadas, nos termos do § 2º do art. 30 da Lei n. 11.284, de 2006.

§ 1º O contrato de concessão florestal federal deverá prever as situações que justifiquem o descumprimento das obrigações contratuais, em especial, o pagamento do valor mínimo anual.

§ 2º O contrato de concessão florestal federal indicará os procedimentos a serem utilizados na gestão e solução dos conflitos sociais e as penalidades aplicáveis à sua não adoção.

§ 3º O contrato de concessão florestal federal indicará a adoção de procedimentos administrativos que viabilizem a solução de divergências na interpretação e na aplicação dos contratos de concessão florestal.

CAPÍTULO VIII
DO MONITORAMENTO E AUDITORIA DAS FLORESTAS PÚBLICAS FEDERAIS

SEÇÃO I
DO MONITORAMENTO

ART. 52. O monitoramento das florestas públicas federais considerará, no mínimo, os seguintes aspectos:

I - a implementação do PMFS;

II - a proteção de espécies endêmicas e ameaçadas de extinção;

III - a proteção dos corpos d'água;

IV - a proteção da floresta contra incêndios, desmatamentos e explorações ilegais e outras ameaças à integridade das florestas públicas;

V - a dinâmica de desenvolvimento da floresta;

VI - as condições de trabalho;

VII - a existência de conflitos socioambientais;

VIII - os impactos sociais, ambientais, econômicos e outros que possam afetar a segurança pública e a defesa nacional;

IX - a qualidade da indústria de beneficiamento primário; e

X - o cumprimento do contrato.

ART. 53. O Serviço Florestal Brasileiro articulará com outros órgãos e entidades responsáveis pelo planejamento, gestão e execução dos sistemas de monitoramento, controle e fiscalização, visando à implementação do disposto no art. 50, quanto à gestão das florestas públicas federais.

ART. 54. O Relatório Anual de Gestão de Florestas Públicas da União, de que trata o § 2º do art. 53 da Lei n. 11.284, de 2006, indicará os resultados do monitoramento das florestas públicas federais, considerando os aspectos enumerados no art. 52.

Parágrafo único. Além dos encaminhamentos previstos no § 2º do art. 53 da Lei n. 11.284, de 2006, o Relatório Anual de Gestão de Florestas Públicas será amplamente divulgado pelo Serviço Florestal Brasileiro, podendo ser debatido em audiências públicas.

ART. 55. Todos os sistemas utilizados para o monitoramento da gestão de florestas públicas federais deverão conter dispositivos de consulta por meio da Internet.

SEÇÃO II
DA AUDITORIA

ART. 56. O Serviço Florestal Brasileiro estabelecerá os critérios, os indicadores, o conteúdo, os prazos, as condições para a realização e a forma de garantir a publicidade das auditorias florestais, realizadas em florestas públicas federais.

ART. 57. O Instituto Nacional de Metrologia, Normalização e Qualidade Industrial - INMETRO consolidará o procedimento de avaliação de conformidade, inclusive no que se refere a:

I - sistema de acreditação de entidades públicas ou privadas para realização de auditorias florestais;

II - critérios mínimos de auditoria;

II - modelos de relatórios das auditorias florestais; e

IV - prazos para a entrega de relatórios.

ART. 58. As auditorias florestais, realizadas em florestas públicas federais, serão realizadas por organismos acreditados pelo INMETRO, para a execução de atividades de análise do cumprimento das normas referentes ao manejo florestal e ao contrato de concessão florestal, que incluirá obrigatoriamente as verificações em campo e a consulta à comunidade e autoridades locais.

ART. 59. Os seguintes expedientes poderão ser utilizados pelo Serviço Florestal Brasileiro para viabilizar as auditorias em pequenas unidades de manejo:

I - auditorias em grupo;

II - procedimentos simplificados, definidos pelo INMETRO; e

III - desconto no preço dos recursos florestais auferidos da floresta pública.

CAPÍTULO IX
DAS DISPOSIÇÕES TRANSITÓRIAS E FINAIS

ART. 60. A delegação prevista no § 1º do art. 49 da Lei n. 11.284, de 2006, dar-se-á por meio de contrato de gestão firmado entre o Ministério do Meio Ambiente e o Conselho Diretor do Serviço Florestal Brasileiro, nos termos do art. 67 da mesma Lei.

ART. 61. O PAOF da União do ano de 2007 poderá ser concluído no mesmo ano de sua vigência, admitida a simplificação do conteúdo mínimo, de que trata o art. 20, conforme disposto em ato do Ministério do Meio Ambiente.

ART. 62. Este Decreto entra em vigor na data de sua publicação.

Brasília, 20 de março de 2007;
186º da Independência e 119º da República.
LUIZ INÁCIO LULA DA SILVA

DECRETO N. 6.103, DE 30 DE ABRIL DE 2007

Antecipa para 2 de maio de 2007 a aplicação do Decreto n. 70.235, de 6 de março de 1972, relativamente aos prazos processuais e à competência para julgamento em primeira instância, de processos administrativo-fiscais relativos às contribuições de que tratam os arts. 2º e 3º da Lei n. 11.457, de 16 de março de 2007, e dá outras providências.

▸ *DOU*, 02.05.2007.

O Presidente da República, no uso da atribuição que lhe confere o art. 84, inciso IV, da Constituição, e tendo em vista o disposto no *caput* e § 1º, incisos I e II, do art. 25 da Lei n. 11.457, de 16 de março de 2007,

Decreta:

ART. 1º Fica antecipada para 2 de maio de 2007 a aplicação do Decreto n. 70.235, de 6 de março de 1972, aos processos administrativo-fiscais de determinação e exigência de créditos tributários relativos às contribuições de que tratam os arts. 2º e 3º da Lei n. 11.457, de 16 de março de 2007, no que diz respeito aos prazos processuais e à competência para julgamento em primeira instância, pelos órgãos de deliberação interna e natureza colegiada da Secretaria da Receita Federal do Brasil.

ART. 2º Os arts. 243 e 293 do Regulamento da Previdência Social, aprovado pelo Decreto n. 3.048, de 6 de maio de 1999, passam a vigorar com a seguinte redação:

▸ Alterações promovidas no texto de referido decreto.

ART. 3º Este Decreto entra em vigor na data de sua publicação.

Brasília, 30 de abril de 2007;
186º da Independência e 119º da República.
LUIZ INÁCIO LULA DA SILVA

DECRETO N. 6.117, DE 22 DE MAIO DE 2007

Aprova a Política Nacional sobre o Álcool, dispõe sobre as medidas para redução do uso indevido de álcool e sua associação com a violência e criminalidade, e dá outras providências.

▸ *DOU*, 23.05.2007.

O Presidente da República, no uso da atribuição que lhe confere o art. 84, inciso VI, alínea "a", da Constituição,

Decreta:

ART. 1º Fica aprovada a Política Nacional sobre o Álcool, consolidada a partir das conclusões do Grupo Técnico Interministerial instituído pelo Decreto de 28 de maio de 2003, que formulou propostas para a política do Governo Federal em relação à atenção a usuários de álcool, e das medidas aprovadas no âmbito

DECRETOS

do Conselho Nacional Antidrogas, na forma do Anexo I.

ART. 2º A implementação da Política Nacional sobre o Álcool terá início com a implantação das medidas para redução do uso indevido de álcool e sua associação com a violência e criminalidade a que se refere o Anexo II.

ART. 3º Os órgãos e entidades da administração pública federal deverão considerar em seus planejamentos as ações de governo para reduzir e prevenir os danos à saúde e à vida, bem como as situações de violência e criminalidade associadas ao uso prejudicial de bebidas alcoólicas na população brasileira.

ART. 4º A Secretaria Nacional Antidrogas articulará e coordenará a implementação da Política Nacional sobre o Álcool.

ART. 5º Este Decreto entra em vigor na data da sua publicação.

Brasília, 22 de maio de 2007; 186º da Independência e 119º da República.

LUIZ INÁCIO LULA DA SILVA

ANEXO I
POLÍTICA NACIONAL SOBRE O ÁLCOOL

I - OBJETIVO

1. A Política Nacional sobre o Álcool contém princípios fundamentais à sustentação de estratégias para o enfrentamento coletivo dos problemas relacionados ao consumo de álcool, contemplando a intersetorialidade e a integralidade de ações para a redução dos danos sociais, à saúde e à vida causados pelo consumo desta substância, bem como as situações de violência e criminalidade associadas ao uso prejudicial de bebidas alcoólicas na população brasileira.

II - DA INFORMAÇÃO E PROTEÇÃO DA POPULAÇÃO QUANTO AO CONSUMO DO ÁLCOOL

2. O acesso e recebimento de informações sobre os efeitos do uso prejudicial de álcool e sobre a possibilidade de modificação dos padrões de consumo, e de orientações voltadas para o seu uso responsável, é direito de todos os consumidores.

3. Compete ao Governo, com a colaboração da sociedade, a proteção dos segmentos populacionais vulneráveis ao consumo prejudicial e ao desenvolvimento de hábito e dependência de álcool.

4. Compete ao Governo, com a colaboração da sociedade, a adoção de medidas discutidas democraticamente que atenuem e previnam os danos resultantes do consumo de álcool em situações específicas como transportes, ambientes de trabalho, eventos de massa e em contextos de maior vulnerabilidade.

III - DO CONCEITO DE BEBIDA ALCOÓLICA

5. Para os efeitos desta Política, é considerada bebida alcoólica aquela que contiver 0.5 grau Gay-Lussac ou mais de concentração, incluindo-se aí bebidas destiladas, fermentadas e outras preparações, como a mistura de refrigerantes e destilados, além de preparações farmacêuticas que contenham teor alcoólico igual ou acima de 0.5 grau Gay-Lussac.

IV - DIRETRIZES

6. São diretrizes da Política Nacional sobre o Álcool:

1 - promover a interação entre Governo e sociedade, em todos os seus segmentos, com ênfase na saúde pública, educação, segurança, setor produtivo, comércio, serviços e organizações não governamentais;

2 - estabelecer ações descentralizadas e autônomas de gestão e execução nas esferas federal, estadual, municipal e distrital;

3 - estimular para que as instâncias de controle social dos âmbitos federal, estadual, municipal e distrital observem, no limite de suas competências, seu papel de articulador dos diversos segmentos envolvidos;

4 - utilizar a lógica ampliada do conceito de redução de danos como referencial para as ações políticas, educativas, terapêuticas e preventivas relativas ao uso de álcool, em todos os níveis de governo;

5 - considerar como conceito de redução de danos, para efeitos desta Política, o conjunto estratégico de medidas de saúde pública voltadas para minimizar os riscos à saúde e à vida, decorrentes do consumo de álcool;

6 - ampliar e fortalecer as redes locais de atenção integral às pessoas que apresentam problemas decorrentes do consumo de bebidas alcoólicas, no âmbito do Sistema Único de Saúde (SUS);

7 - estimular que a rede local de cuidados tenha inserção e atuação comunitárias, seja multicêntrica, comunicável e acessível aos usuários, devendo contemplar, em seu planejamento e funcionamento, as lógicas de território e de redução de danos;

8 - promover programas de formação específica para os trabalhadores de saúde que atuam na rede de atenção integral a usuários de álcool do SUS;

9 - regulamentar a formação de técnicos para a atuação em unidades de cuidados que não sejam componentes da rede SUS;

10 - promover ações de comunicação, educação e informação relativas às consequências do uso do álcool;

11 - promover e facilitar o acesso da população à alternativas culturais e de lazer que possam constituir alternativas de estilo de vida que não considerem o consumo de álcool;

12 - incentivar a regulamentação, o monitoramento e a fiscalização da propaganda e publicidade de bebidas alcoólicas, de modo a proteger segmentos populacionais vulneráveis ao consumo de álcool em face do hiato existente entre as práticas de comunicação e a realidade epidemiológica evidenciada no País;

13 - estimular e fomentar medidas que restrinjam, espacial e temporalmente, os pontos de venda e consumo de bebidas alcoólicas, observando os contextos de maior vulnerabilidade às situações de violência e danos sociais;

14 - incentivar a exposição para venda de bebidas alcoólicas em locais específicos e isolados das distribuidoras, supermercados e atacadistas;

15 - fortalecer sistematicamente a fiscalização das medidas previstas em lei que visam coibir a associação entre o consumo de álcool e o ato de dirigir;

16 - fortalecer medidas de fiscalização para o controle da venda de bebidas alcoólicas a pessoas que apresentem sintomas de embriaguez;

17 - estimular a inclusão de ações de prevenção ao uso de bebidas alcoólicas nas instituições de ensino, em especial nos níveis fundamental e médio;

18 - privilegiar as iniciativas de prevenção ao uso prejudicial de bebidas alcoólicas nos ambientes de trabalho;

19 - fomentar o desenvolvimento de tecnologia e pesquisa científicas relacionadas aos danos sociais e à saúde decorrentes do consumo de álcool e a interação das instituições de ensino e pesquisa com serviços sociais, de saúde, e de segurança pública;

20 - criar mecanismos que permitam a avaliação do impacto das ações propostas e implementadas pelos executores desta Política.

ANEXO II
CONJUNTO DE MEDIDAS PARA REDUZIR E PREVENIR OS DANOS À SAÚDE E À VIDA, BEM COMO AS SITUAÇÕES DE VIOLÊNCIA E CRIMINALIDADE ASSOCIADAS AO USO PREJUDICIAL DE BEBIDAS ALCOÓLICAS NA POPULAÇÃO BRASILEIRA

1. Referente ao diagnóstico sobre o consumo de bebidas alcoólicas no Brasil:

1.1. Publicar os dados do I Levantamento Nacional sobre os Padrões de Consumo do Álcool na População Brasileira, observando o recorte por gênero e especificando dados sobre a população jovem e a população indígena;

1.2. Apoiar pesquisa nacional sobre o consumo de álcool, medicamentos e outras drogas e sua associação com acidentes de trânsito entre motoristas particulares e profissionais de transporte de cargas e de seres humanos.

2. Referente à propaganda de bebidas alcoólicas:

2.1. Incentivar a regulamentação, o monitoramento e a fiscalização da propaganda e publicidade de bebidas alcoólicas, de modo a proteger segmentos populacionais vulneráveis à estimulação para o consumo de álcool;

3. Referente ao tratamento e à reinserção social de usuários e dependentes de álcool:

3.1. Ampliar o acesso ao tratamento para usuários e dependentes de álcool aos serviços do Sistema Único de Saúde (SUS);

3.2. Articular, com a rede pública de saúde, os recursos comunitários não governamentais que se ocupam do tratamento e da reinserção social dos usuários e dependentes de álcool.

4. Referente à realização de campanhas de informação, sensibilização e mobilização da opinião pública quanto às consequências do uso indevido e do abuso de bebidas alcoólicas:

4.1. Apoiar o desenvolvimento de campanha de comunicação permanente, utilizando diferentes meios de comunicação, como, mídia eletrônica, impressa, cinematográfico, radiofônico e televisivo nos eixos temáticos sobre álcool e trânsito, venda de álcool para menores, álcool e violência doméstica, álcool e agravos da saúde, álcool e homicídio e álcool e acidentes.

5. Referente à redução da demanda de álcool por populações vulneráveis:

5.1. Intensificar a fiscalização quanto ao cumprimento do disposto nos arts. 79, 81, incisos II e III, e 243 do Estatuto da Criança e do Adolescente;

5.2. Intensificar a fiscalização e incentivar a aplicação de medidas proibitivas sobre venda e consumo de bebidas alcoólicas nos campos universitários;

5.3. Implementar o "Projeto de Prevenção do Uso de Álcool entre as Populações Indígenas", visando à capacitação de agentes de saúde e de educação, assim como das lideranças das comunidades indígenas, para a articulação e o fortalecimento das redes de assistência existentes nas comunidades e nos municípios vizinhos;

5.4. Articular a elaboração e implantação de um programa de prevenção ao uso de álcool dirigido à população dos assentamentos para a reforma agrária, bem como o acesso desta população aos recursos de tratamentos existentes na rede pública e comunitária.

6. Referente à segurança pública:

6.1. Estabelecer regras para destinação de recursos do Fundo Nacional de Segurança Pública (FNSP) e do Fundo Nacional Antidrogas (FUNAD) para os Municípios que aderirem a critérios pré-definidos pelo CONAD para o desenvolvimento de ações que visem reduzir a violência e a criminalidade associadas ao consumo prejudicial do álcool.

7. Referente à associação álcool e trânsito:

7.1. Difundir a alteração promovida no Código de Trânsito Brasileiro pela Lei n. 11.275, de 7 de fevereiro de 2006, quanto à comprovação de estado de embriaguez;

7.2. Recomendar a inclusão no curso de reciclagem previsto no artigo 268 do Código de Trânsito Brasileiro, de conteúdo referente às técnicas de intervenção breve para usuários de álcool;

7.3. Recomendar a revisão dos conteúdos sobre uso de álcool e trânsito nos cursos de formação de condutores e para a renovação da carteira de habilitação;

7.4. Recomendar a inclusão do tema álcool e trânsito na grade curricular da Escola Pública de Trânsito;

7.5. Elaborar medidas para a proibição da venda de bebidas alcoólicas nas faixas de domínio das rodovias federais.

8. Referente à capacitação de profissionais e agentes multiplicadores de informações sobre temas relacionados à saúde, educação, trabalho e segurança pública:

8.1. Articular a realização de curso de capacitação em intervenção breve para profissionais da rede básica de saúde;

8.2. Articular a realização de curso de prevenção do uso do álcool para educadores da rede pública de ensino;

8.3. Articular a realização de curso de capacitação para profissionais de segurança de pública;

8.4. Articular a realização de curso de capacitação para conselheiros tutelares, dos direitos da criança e do adolescente, de saúde, educação, antidrogas, assistência social e segurança comunitária;

8.5. Articular a realização de curso de capacitação para profissionais de trânsito;

8.6. Articular a realização de curso de capacitação em prevenção do uso do álcool no ambiente de trabalho.

9. Referente ao estabelecimento de parceria com os municípios para a recomendação de ações municipais:

9.1. Apoiar a fiscalização dos estabelecimentos destinados à diversão e lazer, especialmente para o público jovem no que se refere à proibição de mecanismos de indução ao consumo de álcool:

9.1.1. Incentivar medidas de proibição para a consumação mínima, promoção e degustação de bebidas alcoólicas;

9.1.2. Incentivar medidas de regulamentação para horário de funcionamento de estabelecimentos comerciais onde haja consumo de bebidas alcoólicas;

9.2 Apoiar os Municípios na implementação de medidas de proibição da venda de bebidas alcoólicas em postos de gasolina;

9.3 Incentivar o estabelecimento de parcerias com sindicatos, associações profissionais e comerciais para a adoção de medidas de redução dos riscos e danos associados ao uso indevido e ao abuso de bebidas alcoólicas:

9.3.1. Incentivar a capacitação de garçons quanto à proibição da venda de bebidas para menores e pessoas com sintomas de embriaguez;

9.3.2. Estimular o fornecimento gratuito de água potável nos estabelecimentos que vendem bebidas alcoólicas;

9.4. Promover e facilitar o acesso da população a alternativas culturais e de lazer que possam constituir escolhas naturais e alternativas para afastar o público jovem do consumo do álcool.

DECRETO N. 6.160, DE 20 DE JULHO DE 2007

Regulamenta os §§ 1º e 2º do art. 23 da Lei n. 9.074, de 7 de julho de 1995, com vistas à regularização das cooperativas de eletrificação rural como permissionárias de serviço público de distribuição de energia elétrica, e dá outras providências.

▸ *DOU*, 23.7.2007.

O Presidente da República, no uso da atribuição que lhe confere o art. 84, inciso IV, da Constituição, e tendo em vista o disposto nas Leis n. 5.764, de 16 de dezembro de 1971, 8.987, de 13 de fevereiro de 1995, e 9.074, de 7 de julho de 1995,

Decreta:

ART. 1º O enquadramento da cooperativa de eletrificação rural, como permissionária de serviço público de distribuição de energia elétrica, será implementado nos termos estabelecidos pela Agência Nacional de Energia Elétrica - Aneel, na forma deste Decreto.

§ 1º Somente será passível de enquadramento como permissionária de serviço público de distribuição de energia elétrica a cooperativa que tenha restringido seus objetos sociais ao serviço de distribuição de energia elétrica, ressalvado o disposto no § 6º do art. 4º da Lei n. 9.074, de 7 de julho de 1995.

§ 2º A cooperativa que não se qualificar como permissionária poderá ser enquadrada como autorizada, classificada como Consumidor Rural, subclasse Cooperativa de Eletrificação Rural, desde que atendidos os requisitos estabelecidos pela Aneel.

§ 3º À cooperativa enquadrada como autorizada fica assegurado o direito de continuidade no atendimento aos seus consumidores existentes na data de publicação deste Decreto, nos termos estabelecidos pela Aneel, não permitida a expansão das atividades para atendimento a novos consumidores, exceto aqueles classificados como rurais.

ART. 2º As tarifas iniciais de fornecimento e de compra de energia elétrica da cooperativa a ser enquadrada como permissionária serão definidas de acordo com a avaliação do equilíbrio econômico-financeiro estabelecida pela Aneel, observadas as disposições deste Decreto.

ART. 3º Os arts. 50 e 52 do Decreto n. 4.541, de 23 de dezembro de 2002, passam a vigorar com a seguinte redação:

▸ Alterações promovidas no texto do referido decreto.

ART. 4º O equilíbrio econômico-financeiro da permissão será verificado mediante a realização de Revisão Tarifária Periódica, a cada quatro anos, ou, a qualquer tempo, mediante Revisão Tarifária Extraordinária, desde que presentes os requisitos exigidos pela legislação vigente.

§ 1º Quando das revisões de que trata o *caput*, a Aneel deverá observar as características específicas da legislação cooperativista.

§ 2º A primeira Revisão Tarifária Periódica da cooperativa permissionária poderá ser realizada em prazo inferior ao disposto no *caput*, desde que previsto no contrato de permissão.

§ 3º Para os fins previstos no § 2º, será considerada como a primeira Revisão Tarifária Periódica o processo de definição das tarifas iniciais de compra e de fornecimento de energia elétrica da cooperativa permissionária, utilizando a metodologia de Revisão Tarifária Periódica.

ART. 5º A contabilidade das cooperativas permissionárias deverá ser realizada em conformidade com o procedimento adotado para as concessionárias de distribuição de energia elétrica, observadas as características do regime jurídico próprio das cooperativas.

ART. 6º Este Decreto entra em vigor na data de sua publicação.

Brasília, 20 de julho de 2007;
186º da Independência e 119º da República.
LUIZ INÁCIO LULA DA SILVA

DECRETO N. 6.170, DE 25 DE JULHO DE 2007

Dispõe sobre as normas relativas às transferências de recursos da União mediante convênios e contratos de repasse, e dá outras providências.

▸ *DOU*, 26.7.2007, retificado em 14.9.2007.

▸ Port. Interministerial 424/2016 (Estabelece normas para execução do estabelecido neste decreto).

O Presidente da República, no uso da atribuição que lhe confere o art. 84, inciso IV, da Constituição, e tendo em vista o disposto no art. 10 do Decreto-Lei n. 200, de 25 de fevereiro de 1967, n. art. 116 da Lei n. 8.666, de 21 de junho de 1993, e no art. 25 da Lei Complementar n. 101, de 4 de maio de 2000,

Decreta:

CAPÍTULO I
DAS DISPOSIÇÕES GERAIS

ART. 1º Este Decreto regulamenta os convênios, contratos de repasse e termos de execução descentralizada celebrados pelos órgãos e entidades da administração pública federal com órgãos ou entidades públicas ou privadas sem fins lucrativos, para a execução de programas, projetos e atividades que envolvam a transferência de recursos ou a descentralização de créditos oriundos dos Orçamentos Fiscal e da Seguridade Social da União. (Alterado pelo Dec. 8.180/2013.)

§ 1º Para os efeitos deste Decreto, considera-se:

I - convênio - acordo, ajuste ou qualquer outro instrumento que discipline a transferência de recursos financeiros de dotações consignadas nos Orçamentos Fiscal e da Seguridade Social da União e tenha como partícipe, de um lado, órgão ou entidade da administração pública federal, direta ou indireta, e, de outro lado, órgão ou entidade da administração pública estadual, distrital ou municipal, direta ou indireta, ou ainda, entidades privadas sem fins lucrativos, visando a execução de programa de governo, envolvendo a realização de projeto, atividade, serviço, aquisição de bens ou evento de interesse recíproco, em regime de mútua cooperação;

II - contrato de repasse - instrumento administrativo, de interesse recíproco, por meio do qual a transferência dos recursos financeiros se processa por intermédio de instituição ou agente financeiro público federal, que atua como mandatário da União. (Alterado pelo Dec. 8.180/2013.)

III - termo de execução descentralizada - instrumento por meio do qual é ajustada a descentralização de crédito entre órgãos e/ou entidades integrantes dos Orçamentos Fiscal e da Seguridade Social da União, para execução de ações de interesse da unidade orçamentária descentralizadora e consecução do objeto previsto no programa de trabalho, respeitada fielmente a classificação funcional programática. (Alterado pelo Dec. 8.180/2013.)

IV - concedente - órgão ou entidade da administração pública federal direta ou indireta, responsável pela transferência dos recursos financeiros destinados à execução do objeto do convênio; (Alterado pelo Dec. 8.943/2016.)

V - contratante - órgão ou entidade da administração pública direta e indireta da União que pactua a execução de programa, projeto, atividade ou evento, por intermédio de instituição financeira federal (mandatária) mediante a celebração de contrato de repasse; (Alterado pelo Dec. 6.428/2008.)

VI - convenente - órgão ou entidade da administração pública direta e indireta, de qualquer esfera de governo, bem como entidade privada sem fins lucrativos, com o qual a administração federal pactua a execução de programa, projeto/atividade ou evento mediante a celebração de convênio;

VII - contratado - órgão ou entidade da administração pública direta e indireta, de qualquer esfera de governo, bem como entidade privada sem fins lucrativos, com a qual a administração federal pactua a execução de contrato de repasse; (Alterado pelo Dec. 6.619/2008.)

VIII - interveniente - órgão da administração pública direta e indireta de qualquer esfera de governo, ou entidade privada que participa do convênio para manifestar consentimento ou assumir obrigações em nome próprio;

IX - termo aditivo - instrumento que tenha por objetivo a modificação do convênio já celebrado, vedada a alteração do objeto aprovado;

X - objeto - o produto do convênio ou contrato de repasse, observados o programa de trabalho e as suas finalidades; e

XI - padronização - estabelecimento de critérios a serem seguidos nos convênios ou contratos de repasse com o mesmo objeto, definidos pelo concedente ou contratante, especialmente quanto às características do objeto e ao seu custo. (Alterado pelo Dec. 6.428/2008.)

XII - prestação de contas - procedimento de acompanhamento sistemático que conterá elementos que permitam verificar, sob os aspectos técnicos e financeiros, a execução integral do objeto dos convênios e dos contratos de repasse e o alcance dos resultados previstos. (Alterado pelo Dec. 8.244/2014.)

XIII - unidade descentralizadora - órgão da administração pública federal direta, autarquia, fundação pública ou empresa estatal dependente detentora e descentralizadora da dotação orçamentária e dos recursos financeiros; e (Acrescentado pelo Dec. 8.943/2016.)

XIV - unidade descentralizada - órgão da administração pública federal direta, autarquia, fundação pública ou empresa estatal dependente recebedora da dotação orçamentária e recursos financeiros. (Acrescentado pelo Dec. 8.943/2016.)

§ 2º A entidade contratante ou interveniente, bem como os seus agentes que fizerem parte do ciclo de transferência de recursos, são responsáveis, para todos os efeitos, pelos atos de acompanhamento que efetuar.

§ 3º Excepcionalmente, os órgãos e entidades federais poderão executar programas estaduais ou municipais, e os órgãos da administração direta, programas a cargo de entidade da administração indireta, sob regime de mútua cooperação mediante convênio.

§ 4º O disposto neste Decreto não se aplica aos termos de fomento e de colaboração e aos acordos de cooperação previstos na Lei n. 13.019, de 31 de julho de 2014. (Acrescentado pelo Dec. 8.726/2016.)

§ 5º As parcerias com organizações da sociedade civil celebradas por Estado, Distrito Federal ou Município com recursos decorrentes de convênio celebrado com a União serão regidas pela Lei n. 13.019, de 2014, e pelas normas estaduais ou municipais. (Acrescentado pelo Dec. 8.726/2016.)

CAPÍTULO II
DAS NORMAS DE CELEBRAÇÃO, ACOMPANHAMENTO E PRESTAÇÃO DE CONTAS

ART. 2º É vedada a celebração de convênios e contratos de repasse:

I - com órgãos e entidades da administração pública direta e indireta dos Estados, do Distrito Federal e dos Municípios cujos valores sejam inferiores aos definidos no ato conjunto previsto no art. 18; (Alterado pelo Dec. 8.943/2016.)

II - com entidades privadas sem fins lucrativos que tenham como dirigente agente político de Poder ou do Ministério Público, dirigente de órgão ou entidade da administração pública de qualquer esfera governamental, ou respectivo cônjuge ou companheiro, bem como parente em linha reta, colateral ou por afinidade, até o segundo grau; e (Alterado pelo Dec. 6.619/2008.)

III - entre órgãos e entidades da administração pública federal, caso em que deverá ser observado o art. 1º, § 1º, inciso III; (Alterado pelo Dec. 7.568/2011.)

IV - com entidades privadas sem fins lucrativos que não comprovem ter desenvolvido, durante os últimos três anos, atividades referentes à matéria objeto do convênio ou contrato de repasse; e (Acrescentado pelo Dec. 7.568/2011.)

V - com entidades privadas sem fins lucrativos que tenham, em suas relações anteriores com a União, incorrido em pelo menos uma das seguintes condutas: (Acrescentado pelo Dec. 7.568/2011.)

a) omissão no dever de prestar contas; (Acrescentado pelo Dec. 7.568/2011.)

b) descumprimento injustificado do objeto de convênios, contratos de repasse ou termos de parceria; (Acrescentado pelo Dec. 7.568/2011.)

c) desvio de finalidade na aplicação dos recursos transferidos; (Acrescentado pelo Dec. 7.568/2011.)

d) ocorrência de dano ao Erário; ou (Acrescentado pelo Dec. 7.568/2011.)

e) prática de outros atos ilícitos na execução de convênios, contratos de repasse ou termos de parceria. (Acrescentado pelo Dec. 7.568/2011.)

VI - cuja vigência se encerre no último ou no primeiro trimestre de mandato dos Chefes do Poder Executivo dos entes federativos. (Acrescentado pelo Dec. 8.943/2016.)

Parágrafo único. Para fins de alcance do limite estabelecido no inciso I do *caput*, é permitido: (Alterado pelo Dec. 7.568/2011.)

I - consorciamento entre os órgãos e entidades da administração pública direta e indireta dos Estados, Distrito Federal e Municípios; e

II - celebração de convênios ou contratos de repasse com objeto que englobe vários programas e ações federais a serem executados de forma descentralizada, devendo o objeto conter a descrição pormenorizada e objetiva de todas as atividades a serem realizadas com os recursos federais.

ART. 3º As entidades privadas sem fins lucrativos que pretendam celebrar convênio ou contrato de repasse com órgãos ou entidades da administração pública federal deverão realizar cadastro no Sistema de Gestão de Convênios e Contratos de Repasse - SICONV, conforme normas do órgão central do sistema. (Alterado pelo Dec. 8.943/2016.)

§ 1º O cadastramento de que trata o *caput* poderá ser realizado em qualquer terminal de acesso à internet e permitirá o acesso ao SICONV. (Alterado pelo Dec. 8.943/2016.)

§ 2º No cadastramento serão exigidos, pelo menos:

I - cópia do estatuto social atualizado da entidade;

II - relação nominal atualizada dos dirigentes da entidade, com Cadastro de Pessoas Físicas - CPF;

III a **VIII** - (Revogados pelo Dec. 8.943/2016.)

§§ 3º e **4º** (Revogados pelo Dec. 8.943/2016.)

ART. 3º-A. (Revogado pelo Dec. 8.943/2016.)

ART. 4º A celebração de convênio ou contrato de repasse com entidades privadas sem fins lucrativos será precedida de chamamento público a ser realizado pelo órgão ou entidade concedente, visando à seleção de projetos ou entidades que tornem mais eficaz o objeto do ajuste. (Alterado pelo Dec. 7.568/2011.)

§ 1º Deverá ser dada publicidade ao chamamento público, inclusive ao seu resultado, especialmente por intermédio da divulgação na primeira página do sítio oficial do órgão ou entidade concedente, bem como no Portal dos Convênios. (Acrescentado pelo Dec. 7.568/2011.)

§ 2º O Ministro de Estado ou o dirigente máximo da entidade da administração pública federal poderá, mediante decisão fundamentada, excepcionar a exigência prevista no *caput* nas seguintes situações: (Acrescentado pelo Dec. 7.568/2011.)

I - nos casos de emergência ou calamidade pública, quando caracterizada situação que demande a realização ou manutenção de convênio ou contrato de repasse pelo prazo máximo de cento e oitenta dias consecutivos e ininterruptos, contados da ocorrência da emergência ou calamidade, vedada a prorrogação da vigência do instrumento; (Acrescentado pelo Dec. 7.568/2011.)

II - para a realização de programas de proteção a pessoas ameaçadas ou em situação que possa comprometer sua segurança; ou (Acrescentado pelo Dec. 7.568/2011.)

III - nos casos em que o projeto, atividade ou serviço objeto do convênio ou contrato de repasse já seja realizado adequadamente mediante parceria com a mesma entidade há pelo menos cinco anos e cujas respectivas prestações de contas tenham sido devidamente aprovadas. (Acrescentado pelo Dec. 7.568/2011.)

ART. 5º O chamamento público deverá estabelecer critérios objetivos visando à aferição da qualificação técnica e capacidade operacional do convenente para a gestão do convênio.

ART. 6º Constitui cláusula necessária em qualquer convênio ou contrato de repasse celebrado pela União e suas entidades: (Alterado pelo Dec. 8.244/2014.)

I - a indicação da forma pela qual a execução do objeto será acompanhada pelo concedente; e (Acrescentado pelo Dec. 8.244/2014.)

II - a vedação para o convenente de estabelecer contrato ou convênio com entidades impedidas de receber recursos federais. (Acrescentado pelo Dec. 8.244/2014.)

Parágrafo único. A forma de acompanhamento prevista no inciso I do *caput* deverá ser suficiente para garantir a plena execução física do objeto. (Alterado pelo Dec. 8.244/2014.)

ART. 6º-A. Os convênios ou contratos de repasse com entidades privadas sem fins lucrativos deverão ser assinados pelo Ministro de Estado ou pelo dirigente máximo da entidade da administração pública federal concedente. (Acrescentado pelo Dec. 7.568/2011.)

§ 1º O Ministro de Estado e o dirigente máximo da entidade da administração pública federal não poderão delegar a competência prevista no *caput*. (Acrescentado pelo Dec. 8.244/2014.)

§ 2º As autoridades de que trata o *caput* são responsáveis por: (Acrescentado pelo Dec. 8.244/2014.)

I - decidir sobre a aprovação da prestação de contas; e (Acrescentado pelo Dec. 8.244/2014.)

II - suspender ou cancelar o registro de inadimplência nos sistemas da administração pública federal. (Acrescentado pelo Dec. 8.244/2014.)

§ 3º A competência prevista no § 2º poderá ser delegada a autoridades diretamente subordinadas àquelas a que se refere o § 1º, vedada a subdelegação. (Acrescentado pelo Dec. 8.244/2014.)

ART. 6º-B. Para a celebração de convênio ou de contrato de repasse, as entidades privadas sem fins lucrativos deverão apresentar: (Acrescentado pelo Dec. 8.943/2016.)

I - declaração do dirigente da entidade: (Acrescentado pelo Dec. 8.943/2016.)

a) acerca da não existência de dívida com o Poder Público e quanto à sua inscrição nos bancos de dados públicos e privados de proteção ao crédito; e (Acrescentado pelo Dec. 8.943/2016.)

b) acerca do não enquadramento dos dirigentes relacionados no inciso II do § 2º do art. 3º na vedação prevista no inciso II do *caput* do art. 2º; (Acrescentado pelo Dec. 8.943/2016.)

II - prova de inscrição da entidade no Cadastro Nacional de Pessoas Jurídicas - CNPJ; (Acrescentado pelo Dec. 8.943/2016.)

III - prova de regularidade com as Fazendas Federal, Estadual, Distrital e Municipal e com o Fundo de Garantia do Tempo de Serviço - FGTS, na forma da lei; (Acrescentado pelo Dec. 8.943/2016.)

IV - comprovante do exercício, nos últimos três anos, pela entidade privada sem fins lucrativos, de atividades referentes à matéria objeto do convênio ou do contrato de repasse que pretenda celebrar com órgãos e entidades da administração pública federal; (Acrescentado pelo Dec. 8.943/2016.)

V - declaração de que a entidade não consta de cadastros impeditivos de receber recursos públicos; e (Acrescentado pelo Dec. 8.943/2016.)

VI - declaração de que a entidade não se enquadra como clube recreativo, associação de servidores ou congênere. (Acrescentado pelo Dec. 8.943/2016.)

§ 1º Verificada falsidade ou incorreção de informação em qualquer documento apresentado, o convênio ou o contrato de repasse deverá ser imediatamente denunciado pelo concedente ou contratado. (Acrescentado pelo Dec. 8.943/2016.)

§ 2º A análise e a aprovação do requisito constante do inciso IV do *caput* deverá ser realizada pelo órgão ou pela entidade da administração pública federal concedente ou contratante. (Acrescentado pelo Dec. 8.943/2016.)

ART. 7º A contrapartida será calculada sobre o valor total do objeto e poderá ser atendida da seguinte forma: (Alterado pelo Dec. 8.943/2016.)

I - por meio de recursos financeiros, pelos órgãos ou entidades públicas, observados os limites e percentuais estabelecidos pela Lei de Diretrizes Orçamentárias vigente; e (Acrescentado pelo Dec. 8.943/2016.)

II - por meio de recursos financeiros e de bens ou serviços, se economicamente mensuráveis, pelas entidades privadas sem fins lucrativos. (Acrescentado pelo Dec. 8.943/2016.)

§ 1º Quando financeira, a contrapartida deverá ser depositada na conta bancária específica do convênio em conformidade com os prazos estabelecidos no cronograma de desembolso, ou depositada nos cofres da União, na hipótese de o convênio ser executado por meio do Sistema Integrado de Administração Financeira - SIAFI.

§ 2º Quando atendida por meio de bens e serviços, constará do convênio cláusula que indique a forma de aferição da contrapartida.

ART. 8º A execução de programa de trabalho que objetive a realização de obra será feita por meio de contrato de repasse, salvo quando o concedente dispuser de estrutura para acompanhar a execução do convênio.

Parágrafo único. Caso a instituição ou agente financeiro público federal não detenha capacidade técnica necessária ao regular acompanhamento da aplicação dos recursos transferidos, figurará, no contrato de repasse, na qualidade de interveniente, outra instituição pública ou privada a quem caberá o mencionado acompanhamento.

ART. 9º No ato de celebração do convênio ou contrato de repasse, o concedente deverá empenhar o valor total a ser transferido no exercício e efetuar, no caso de convênio ou contrato de repasse com vigência plurianual, o registro no SIAFI, em conta contábil específica, dos valores programados para cada exercício subseqüente.

Parágrafo único. O registro a que se refere o *caput* acarretará a obrigatoriedade de ser consignado crédito nos orçamentos seguintes para garantir a execução do convênio.

ART. 10. As transferências financeiras para órgãos públicos e entidades públicas e privadas decorrentes da celebração de convênios serão feitas exclusivamente por intermédio de instituição financeira oficial, federal ou estadual, e, no caso de contratos de repasse, exclusivamente por instituição financeira federal. (Alterado pelo Dec. 8.943/2016.)

§ 1º Os pagamentos à conta de recursos recebidos da União, previsto no *caput*, estão sujeitos à identificação do beneficiário final e à obrigatoriedade de depósito em sua conta bancária.

§ 2º Excepcionalmente, mediante mecanismo que permita a identificação, pelo banco, do beneficiário do pagamento, poderão ser realizados pagamentos a beneficiários finais pessoas físicas que não possuam conta bancária, observados os limites fixados na forma do art. 18.

§ 3º Toda movimentação de recursos de que trata este artigo, por parte dos convenentes, executores e instituições financeiras autorizadas, será realizada observando-se os seguintes preceitos:

I - movimentação mediante conta bancária específica para cada instrumento de transferência (convênio ou contrato de repasse);

II - pagamentos realizados mediante crédito na conta bancária de titularidade dos fornecedores e prestadores de serviços, facultada a dispensa deste procedimento, por ato da autoridade máxima do concedente ou contratante, devendo o convenente ou contratado identificar o destinatário da despesa, por meio do registro dos dados no SICONV; e (Alterado pelo Dec. 6.619/2008.)

III - transferência das informações mencionadas no inciso I ao SIAFI e ao Portal de Convênios, em meio magnético, conforme normas expedidas na forma do art. 18.

§ 4º Os recursos de convênio, enquanto não utilizados, serão aplicados conforme disposto no art. 116, § 4º, da Lei n. 8.666, de 21 de junho de 1993. (Alterado pelo Dec. 8.943/2016.)

§ 5º As receitas financeiras auferidas na forma do § 4º serão obrigatoriamente computadas a crédito do convênio e aplicadas, exclusivamente, no objeto de sua finalidade, observado o parágrafo único do art. 12.

§ 6º A prestação de contas no âmbito dos convênios e contratos de repasse observará regras específicas de acordo com o montante de recursos públicos envolvidos, nos termos das disposições e procedimentos estabelecidos no ato conjunto de que trata o *caput* do art. 18. (Alterado pelo Dec. 8.244/2014.)

§ 7º A prestação de contas inicia-se concomitantemente com a liberação da primeira parcela dos recursos financeiros que deverá ser registrada pelo concedente no SICONV. (Alterado pelo Dec. 8.244/2014.)

§ 8º O prazo para análise da prestação de contas e a manifestação conclusiva pelo concedente será de um ano, prorrogável no máximo por igual período, desde que devidamente justificado. (Alterado pelo Dec. 8.244/2014.)

§ 9º Constatada irregularidade ou inadimplência na apresentação da prestação de contas e na comprovação de resultados, a administração pública federal poderá, a seu critério, conceder prazo de até quarenta e cinco dias para o convenente sanar a irregularidade ou cumprir a obrigação. (Alterado pelo Dec. 8.943/2016.)

§ 10. A análise da prestação de contas pelo concedente poderá resultar em: (Acrescentado pelo Dec. 8.244/2014.)

I - aprovação; (Acrescentado pelo Dec. 8.244/2014.)

II - aprovação com ressalvas, quando evidenciada impropriedade ou outra falta de natureza formal de que não resulte dano ao Erário; ou (Acrescentado pelo Dec. 8.244/2014.)

III - rejeição com a determinação da imediata instauração de tomada de contas especial. (Acrescentado pelo Dec. 8.244/2014.)

§ 11. A contagem do prazo de que trata o § 8º inicia-se no dia da apresentação da prestação de contas. (Acrescentado pelo Dec. 8.244/2014.)

§ 12. Findo o prazo de que trata o § 8º, considerado o período de suspensão referido no § 9º, a ausência de decisão sobre a aprovação da prestação de contas pelo concedente poderá resultar no registro de restrição contábil do órgão ou entidade pública referente ao exercício em que ocorreu o fato. (Acrescentado pelo Dec. 8.244/2014.)

§ 13. Nos casos de contratos de repasse, a instituição financeira oficial federal poderá atuar como mandatária da União para execução e fiscalização desses contratos. (Acrescentado pelo Dec. 8.943/2016.)

ART. 11. Para efeito do disposto no art. 116 da Lei n. 8.666, de 21 de junho de 1993, a aquisição de produtos e a contratação de serviços com recursos da União transferidos a entidades privadas sem fins lucrativos deverão observar os princípios da impessoalidade, moralidade e economicidade, sendo necessária, no mínimo, a realização de cotação prévia de preços no mercado antes da celebração do contrato.

ART. 11-A. Nos convênios e contratos de repasse firmados com entidades privadas sem fins lucrativos, poderão ser realizadas despesas administrativas, com recursos transferidos pela União, até o limite fixado pelo órgão público, desde que: (Acrescentado pelo Dec. 8.244/2014.)

I - estejam previstas no programa de trabalho; (Acrescentado pelo Dec. 8.244/2014.)

II - não ultrapassem quinze por cento do valor do objeto; e (Acrescentado pelo Dec. 8.244/2014.)

III - sejam necessárias e proporcionais ao cumprimento do objeto. (Acrescentado pelo Dec. 8.244/2014.)

§ 1º Consideram-se despesas administrativas as despesas com internet, transporte, aluguel, telefone, luz, água e outras similares. (Acrescentado pelo Dec. 8.244/2014.)

§ 2º Quando a despesa administrativa for paga com recursos do convênio ou do contrato de repasse e de outras fontes, a entidade privada sem fins lucrativos deverá apresentar a memória de cálculo do rateio da despesa, vedada a duplicidade ou a sobreposição de fontes de recursos no custeio de uma mesma parcela da despesa. (Acrescentado pelo Dec. 8.244/2014.)

ART. 11-B. Nos convênios e contratos de repasse firmados com entidades privadas sem fins lucrativos, é permitida a remuneração da equipe dimensionada no programa de trabalho, inclusive de pessoal próprio da entidade, podendo contemplar despesas com pagamentos de tributos, FGTS, férias e décimo terceiro salário proporcionais, verbas rescisórias e demais encargos sociais, desde que tais valores: (Acrescentado pelo Dec. 8.244/2014.)

I - correspondam às atividades previstas e aprovadas no programa de trabalho; (Acrescentado pelo Dec. 8.244/2014.)

II - correspondam à qualificação técnica para a execução da função a ser desempenhada; (Acrescentado pelo Dec. 8.244/2014.)

III - sejam compatíveis com o valor de mercado da região onde atua a entidade privada sem fins lucrativos; (Acrescentado pelo Dec. 8.244/2014.)

IV - observem, em seu valor bruto e individual, setenta por cento do limite estabelecido para a remuneração de servidores do Poder Executivo federal; e (Acrescentado pelo Dec. 8.244/2014.)

V - sejam proporcionais ao tempo de trabalho efetivamente dedicado ao convênio ou contrato de repasse. (Acrescentado pelo Dec. 8.244/2014.)

§ 1º A seleção e contratação, pela entidade privada sem fins lucrativos, de equipe envolvida na execução do convênio ou contrato de repasse observará a realização de processo seletivo prévio, observadas a publicidade e a impessoalidade. (Acrescentado pelo Dec. 8.244/2014.)

§ 2º A despesa com a equipe observará os limites percentuais máximos a serem estabelecidos no edital de chamamento público. (Acrescentado pelo Dec. 8.244/2014.)

§ 3º A entidade privada sem fins lucrativos deverá dar ampla transparência aos valores pagos, de maneira individualizada, a título de remuneração de sua equipe de trabalho vinculada à execução do objeto do convênio ou contrato de repasse. (Acrescentado pelo Dec. 8.244/2014.)

§ 4º Não poderão ser contratadas com recursos do convênio ou contrato de repasse as pessoas naturais que tenham sido condenadas por crime: (Acrescentado pelo Dec. 8.244/2014.)

I - contra a administração pública ou o patrimônio público; (Acrescentado pelo Dec. 8.244/2014.)

II - eleitorais, para os quais a lei comine pena privativa de liberdade; ou (Acrescentado pelo Dec. 8.244/2014.)

III - de lavagem ou ocultação de bens, direitos e valores. (Acrescentado pelo Dec. 8.244/2014.)

§ 5º A inadimplência da entidade privada sem fins lucrativos em relação aos encargos trabalhistas, fiscais e comerciais não transfere à administração pública a responsabilidade por seu pagamento, nem poderá onerar o objeto do convênio ou contrato de repasse. (Acrescentado pelo Dec. 8.244/2014.)

§ 6º Quando a despesa com a remuneração da equipe for paga proporcionalmente com recursos do convênio ou contrato de repasse, a entidade privada sem fins lucrativos deverá apresentar a memória de cálculo do rateio da despesa, vedada a duplicidade ou a sobreposição de fontes de recursos no custeio de uma mesma parcela da despesa. (Acrescentado pelo Dec. 8.244/2014.)

ART. 12. O convênio poderá ser denunciado a qualquer tempo, ficando os partícipes responsáveis somente pelas obrigações e auferindo as vantagens do tempo em que participaram voluntariamente do acordo, não sendo admissível cláusula obrigatória de permanência ou sancionadora dos denunciantes.

Parágrafo único. Quando da conclusão, denúncia, rescisão ou extinção do convênio, os saldos financeiros remanescentes, inclusive os provenientes das receitas obtidas das aplicações financeiras realizadas, serão devolvidos à entidade ou órgão repassador dos recursos, no prazo improrrogável de trinta dias do evento, sob pena da imediata instauração de tomada de contas especial do responsável, providenciada pela autoridade competente do órgão ou entidade titular dos recursos.

ART. 12-A. A celebração de termo de execução descentralizada atenderá à execução da descrição da ação orçamentária prevista no programa de trabalho e poderá ter as seguintes finalidades: (Acrescentado pelo Dec. 8.180/2013.)

I - execução de programas, projetos e atividades de interesse recíproco, em regime de mútua colaboração; (Acrescentado pelo Dec. 8.180/2013.)

II - realização de atividades específicas pela unidade descentralizada em benefício da unidade descentralizadora dos recursos; (Acrescentado pelo Dec. 8.180/2013.)

III - execução de ações que se encontram organizadas em sistema e que são coordenadas e supervisionadas por um órgão central; ou (Acrescentado pelo Dec. 8.180/2013.)

IV - ressarcimento de despesas. (Acrescentado pelo Dec. 8.180/2013.)

§ 1º A celebração de termo de execução descentralizada nas hipóteses dos incisos I a III do *caput* configura delegação de competência para a unidade descentralizada promover a execução de programas, atividades ou ações previstas no orçamento da unidade descentralizadora. (Acrescentado pelo Dec. 8.180/2013.)

§ 2º Para os casos de ressarcimento de despesas entre órgãos ou entidades da administração pública federal, poderá ser dispensada a formalização de termo de execução descentralizada. (Acrescentado pelo Dec. 8.180/2013.)

§ 3º É dispensada a formalização de termo de execução descentralizada nos processos de aquisição e contratação de bens e serviços em que a execução contratual for centralizada por meio da Central de Compras da Secretaria de Gestão do Ministério do Planejamento, Desenvolvimento e Gestão, sendo a sua operação definida por ato do Secretário de Gestão. (Acrescentado pelo Dec. 9.420/2018.)

ART. 12-B. O termo de execução descentralizada observará o disposto no Decreto n. 825, de 28 de maio de 1993, e sua aplicação poderá ser disciplinada suplementarmente pelo ato conjunto previsto no art. 18. (Acrescentado pelo Dec. 8.180/2013.)

CAPÍTULO III
DO SISTEMA DE GESTÃO DE CONVÊNIOS E CONTRATOS DE REPASSE - SICONV E DO PORTAL DOS CONVÊNIOS

ART. 13. A celebração, a liberação de recursos, o acompanhamento da execução e a prestação de contas de convênios, contratos de repasse e termos de parceria serão registrados no SICONV, que será aberto ao público, via rede mundial de computadores - Internet, por meio de página específica denominada Portal dos Convênios. (Alterado pelo Dec. 6.619/2008.)

§ 1º Fica criada a Comissão Gestora do SICONV, que funcionará como órgão central do sistema, composta por representantes dos seguintes órgãos: (Alterado pelo Dec. 6.428/2008.)

I - Secretaria do Tesouro Nacional do Ministério da Fazenda; (Acrescentado pelo Dec. 6.428/2008.)

II - Secretaria de Orçamento Federal do Ministério do Planejamento, Desenvolvimento e Gestão; (Alterado pelo Dec. 8.943/2016.)

III - Secretaria de Gestão do Ministério do Planejamento, Desenvolvimento e Gestão; (Alterado pelo Dec. 8.943/2016.)

IV - Secretaria Federal de Controle Interno do Ministério da Transparência e Controladoria-Geral da União; (Alterado pelo Dec. 9.420/2018.)

V - Secretaria Nacional de Justiça do Ministério da Justiça; e (Alterado pelo Dec. 9.420/2018.)

VI - Secretaria de Governo da Presidência da República. (Alterado pelo Dec. 8.943/2016.)

VII - (Revogado pelo Dec. 8.943/2016.)

§ 2º Serão órgãos setoriais do SICONV todos os órgãos e entidades da administração pública federal que realizem transferências voluntárias de recursos, aos quais compete a gestão dos convênios e a alimentação dos dados que forem de sua alçada.

§ 3º O Ministério da Transparência e Controladoria-Geral da União, o Poder Legislativo, por meio das mesas da Câmara dos Deputados e do Senado Federal, o Ministério Público, o Tribunal de Contas da União, e demais órgãos que demonstrem necessidade, a critério do órgão central do sistema, terão acesso ao SICONV, sendo permitida a inclusão de informações que tiverem conhecimento a respeito da execução dos convênios publicados no Sistema. (Alterado pelo Dec. 9.420/2018.)

§ 4º Ao órgão central do SICONV compete exclusivamente: (Acrescentado pelo Dec. 6.428/2008.)

I - estabelecer as diretrizes e normas a serem seguidas pelos órgãos setoriais e demais usuários do sistema, observado o art. 18 deste Decreto; (Acrescentado pelo Dec. 6.428/2008.)

II - sugerir alterações no ato a que se refere o art. 18 deste Decreto; e (Acrescentado pelo Dec. 6.428/2008.)

III - auxiliar os órgãos setoriais na execução das normas estabelecidas neste Decreto e no ato a que se refere o art. 18 deste Decreto. (Acrescentado pelo Dec. 6.428/2008.)

§ 5º A Secretaria de Gestão do Ministério do Planejamento, Desenvolvimento e Gestão funcionará como Secretaria-Executiva da Comissão a que se refere o § 1º. (Alterado pelo Dec. 8.943/2016.)

ART. 13-A. O SICONV deverá apresentar relação das entidades privadas sem fins lucrativos que possuam convênios ou contratos de repasse vigentes com a União ou cujas contas ainda estejam pendentes de aprovação. (Alterado pelo Dec. 8.943/2016.)

Parágrafo único. Deverá ser dada publicidade à relação de que trata o *caput* por intermédio da sua divulgação na primeira página do Portal dos Convênios. (Alterado pelo Dec. 8.943/2016.)

CAPÍTULO IV
DA PADRONIZAÇÃO DOS OBJETOS

ART. 14. Os órgãos concedentes são responsáveis pela seleção e padronização dos objetos mais frequentes nos convênios.

ART. 15. Nos convênios em que o objeto consista na aquisição de bens que possam ser padronizados, os próprios órgãos e entidades da administração pública federal poderão adquiri-los e distribuí-los aos convenentes.

CAPÍTULO V
DAS DISPOSIÇÕES FINAIS E TRANSITÓRIAS

ART. 16. Os órgãos e entidades concedentes deverão publicar, até cento e vinte dias após a publicação deste Decreto, no Diário Oficial da União, a relação dos objetos de convênios que são passíveis de padronização.

Parágrafo único. A relação mencionada no *caput* deverá ser revista e republicada anualmente.

ART. 16-A. A vedação prevista no inciso IV do *caput* do art. 2º e as exigências previstas no inciso VI do § 2º do art. 3º e no art. 4º não se aplicam às transferências do Ministério da Saúde destinadas a serviços de saúde integrantes do Sistema Único de Saúde - SUS. (Acrescentado pelo Dec. 7.568/2011.)

ART. 17. Observados os princípios da economicidade e da publicidade, ato conjunto dos Ministros de Estado da Fazenda, Planejamento, Orçamento e Gestão e da Controladoria-Geral da União disciplinará a possibilidade de arquivamento de convênios com prazo de vigência encerrado há mais de cinco anos e que tenham valor registrado de até R$ 100.000,00 (cem mil reais).

ART. 18. Os Ministros de Estado da Fazenda, do Planejamento, Desenvolvimento e Gestão e da Transparência e Controladoria-Geral da União editarão ato conjunto para dispor sobre a execução do disposto neste Decreto. (Alterado pelo Dec. 9.420/2018.)

Parágrafo único. O ato conjunto previsto no *caput* poderá dispor sobre regime de procedimento específico de celebração, acompanhamento, fiscalização e prestação de contas para os convênios e os contratos de repasse, de acordo com faixas de valores predeterminadas. (Alterado pelo Dec. 8.943/2016.)

ART. 18-A. Os convênios e contratos de repasse celebrados entre 30 de maio de 2008 e a data mencionada no inciso III do art. 19 deverão ser registrados no SICONV até 31 de dezembro de 2008. (Acrescentado pelo Dec. 6.497/2008.)

Parágrafo único. Os Ministros de Estado da Fazenda, do Planejamento, Desenvolvimento e Gestão e da Transparência e Controladoria-Geral da União regulamentarão, em ato conjunto, o registro previsto no *caput*. (Alterado pelo Dec. 9.420/2018.)

ART. 18-B. A partir de 16 de janeiro de 2012, todos os órgãos e entidades que realizem transferências de recursos oriundos dos Orçamentos Fiscal e da Seguridade Social da União por meio de convênios, contratos de repasse ou termos de parceria, ainda não interligadas ao SICONV, deverão utilizar esse sistema. (Acrescentado pelo Dec. 7.641/2011.)

Parágrafo único. Os órgãos e entidades que possuam sistema próprio de gestão de convênios, contratos de repasse ou termos de parceria deverão promover a integração eletrônica dos dados relativos às suas transferências ao SICONV, passando a realizar diretamente nesse sistema os procedimentos de liberação de recursos, acompanhamento e fiscalização, execução e prestação de contas. (Acrescentado pelo Dec. 7.641/2011.)

ART. 19. Este Decreto entra em vigor em 1º de julho 2008, exceto: (Alterado pelo Dec. 6.428/2008.)

I - os arts. 16 e 17, que terão vigência a partir da data de sua publicação; e (Acrescentado pelo Dec. 6.428/2008.)

II - os arts. 1º a 8º, 10, 12, 14 e 15 e 18 a 20, que terão vigência a partir de 15 de abril de 2008. (Acrescentado pelo Dec. 6.428/2008.)

III - o art. 13, que terá vigência a partir de 1º de setembro de 2008. (Acrescentado pelo Dec. 6.497/2008.)

ART. 20. Ficam revogados os arts. 48 a 57 do Decreto n. 93.872, de 23 de dezembro de 1986, e o Decreto n. 97.916, de 6 de julho de 1989.

Brasília, 25 de julho de 2007; 186º da Independência e 119º da República.

LUIZ INÁCIO LULA DA SILVA

DECRETO N. 6.214, DE 26 DE SETEMBRO DE 2007

Regulamenta o benefício de prestação continuada da assistência social devido à pessoa com deficiência e ao idoso de que trata a Lei n. 8.742, de 7 de dezembro de 1993, e a Lei n. 10.741, de 1º de outubro de 2003, acresce parágrafo ao art. 162 do Decreto n. 3.048, de 6 de maio de 1999, e dá outras providências.

▸ *DOU*, 28.9.2007.

O Presidente da República, no uso da atribuição que lhe confere o art. 84, inciso IV, da Constituição, e tendo em vista o disposto no art. 20 da Lei n. 8.742, de 7 de dezembro de 1993, e no art. 34 da Lei n. 10.741, de 1º de outubro de 2003,

Decreta:

ART. 1º Fica aprovado, na forma do Anexo deste Decreto, o Regulamento do Benefício de Prestação Continuada instituído pelo art. 20 da Lei n. 8.742, de 7 de dezembro de 1993.

ART. 2º O art. 162 do Regulamento da Previdência Social, aprovado pelo Decreto n. 3.048, de 6 de maio de 1999, passa a vigorar acrescido do seguinte parágrafo:

▸ Alterações promovidas no texto do referido decreto.

ART. 3º Este Decreto entra em vigor na data de sua publicação.

ART. 4º Ficam revogados os Decretos n. 1.744, de 8 de dezembro de 1995, e 4.712, de 29 de maio de 2003.

Brasília, 26 de setembro de 2007; 186º da Independência e 189º da República.

LUIZ INÁCIO LULA DA SILVA

ANEXO
REGULAMENTO DO BENEFÍCIO DE PRESTAÇÃO CONTINUADA

CAPÍTULO I
DO BENEFÍCIO DE PRESTAÇÃO CONTINUADA E DO BENEFICIÁRIO

ART. 1º O Benefício de Prestação Continuada previsto no art. 20 da Lei n. 8.742, de 7 de dezembro de 1993, é a garantia de um salário mínimo mensal à pessoa com deficiência e ao idoso, com idade de sessenta e cinco anos ou mais, que comprovem não possuir meios para prover a própria manutenção e nem de tê-la provida por sua família.

§ 1º O Benefício de Prestação Continuada integra a proteção social básica no âmbito do Sistema Único de Assistência Social - SUAS, instituído pelo Ministério do Desenvolvimento Social e Agrário, em consonância com o estabelecido pela Política Nacional de Assistência Social - PNAS. (Alterado pelo Dec. 8.805/2016.)

§ 2º O Benefício de Prestação Continuada é constitutivo da PNAS e integrado às demais políticas setoriais, e visa ao enfrentamento da pobreza, à garantia da proteção social, ao provimento de condições para atender contingências sociais e à universalização dos direitos sociais, nos moldes definidos no parágrafo único do art. 2º da Lei n. 8.742, de 1993.

§ 3º A plena atenção à pessoa com deficiência e ao idoso beneficiário do Benefício de Prestação Continuada exige que os gestores da assistência social mantenham ação integrada às demais ações das políticas setoriais nacional, estaduais, municipais e do Distrito Federal, principalmente no campo da saúde, segurança alimentar, habitação e educação.

ART. 2º Compete ao Ministério do Desenvolvimento Social e Agrário a implementação, a coordenação-geral, a regulação, o financiamento, o monitoramento e a avaliação da prestação do benefício, sem prejuízo das iniciativas compartilhadas com Estados, Distrito Federal e Municípios, em consonância com as diretrizes do SUAS e da descentralização político-administrativa, prevista no inciso I do *caput* do art. 204 da Constituição e no inciso I do *caput* do art. 5º da Lei n. 8.742, de 1993. (Alterado pelo Dec. 8.805/2016.)

ART. 3º O Instituto Nacional do Seguro Social - INSS é o responsável pela operacionalização do Benefício de Prestação Continuada, nos termos deste Regulamento.

ART. 4º Para os fins do reconhecimento do direito ao benefício, considera-se:

I - idoso: aquele com idade de sessenta e cinco anos ou mais;

II - pessoa com deficiência: aquela que tem impedimentos de longo prazo de natureza física, mental, intelectual ou sensorial, os quais, em interação com diversas barreiras, podem obstruir sua participação plena e efetiva na sociedade em igualdade de condições com as demais pessoas; (Alterado pelo Dec. 7.617/2011.)

III - incapacidade: fenômeno multidimensional que abrange limitação do desempenho de atividade e restrição da participação, com redução efetiva e acentuada da capacidade de inclusão social, em correspondência à interação entre a pessoa com deficiência e seu ambiente físico e social;

IV - família incapaz de prover a manutenção da pessoa com deficiência ou do idoso: aquela cuja renda mensal bruta familiar dividida pelo número de seus integrantes seja inferior a um quarto do salário mínimo;

DECRETOS

V - família para cálculo da renda *per capita*: conjunto de pessoas composto pelo requerente, o cônjuge, o companheiro, a companheira, os pais e, na ausência de um deles, a madrasta ou o padrasto, os irmãos solteiros, os filhos e enteados solteiros e os menores tutelados, desde que vivam sob o mesmo teto; e (Alterado pelo Dec. 7.617/2011.)

VI - renda mensal bruta familiar: a soma dos rendimentos brutos auferidos mensalmente pelos membros da família composta por salários, proventos, pensões, pensões alimentícias, benefícios de previdência pública ou privada, seguro-desemprego, comissões, pró-labore, outros rendimentos do trabalho não assalariado, rendimentos do mercado informal ou autônomo, rendimentos auferidos do patrimônio, Renda Mensal Vitalícia e Benefício de Prestação Continuada, ressalvado o disposto no parágrafo único do art. 19. (Alterado pelo Dec. 7.617/2011.)

§ 1º Para fins de reconhecimento do direito ao Benefício de Prestação Continuada às crianças e adolescentes menores de dezesseis anos de idade, deve ser avaliada a existência da deficiência e o seu impacto na limitação do desempenho de atividade e restrição da participação social, compatível com a idade. (Alterado pelo Dec. 7.617/2011.)

§ 2º Para fins do disposto no inciso VI do *caput*, não serão computados como renda mensal bruta familiar: (Alterado pelo Dec. 7.617/2011.)

I - benefícios e auxílios assistenciais de natureza eventual e temporária; (Acrescentado pelo Dec. 7.617/2011.)

II - valores oriundos de programas sociais de transferência de renda; (Acrescentado pelo Dec. 7.617/2011.)

III- bolsas de estágio supervisionado; (Alterado pelo Dec. 8.805/2016.)

IV - pensão especial de natureza indenizatória e benefícios de assistência médica, conforme disposto no art. 5º; (Acrescentado pelo Dec. 7.617/2011.)

V - rendas de natureza eventual ou sazonal, a serem regulamentadas em ato conjunto do Ministério do Desenvolvimento Social e Combate à Fome e do INSS; e (Acrescentado pelo Dec. 7.617/2011.)

VI - rendimentos decorrentes de contrato de aprendizagem. (Alterado pelo Dec. 8.805/2016.)

§ 3º Considera-se impedimento de longo prazo aquele que produza efeitos pelo prazo mínimo de dois anos. (Alterado pelo Dec. 7.617/2011.)

ART. 5º O beneficiário não pode acumular o Benefício de Prestação Continuada com outro benefício no âmbito da Seguridade Social ou de outro regime, inclusive o seguro-desemprego, ressalvados o de assistência médica e a pensão especial de natureza indenizatória. (Alterado pelo Dec. 8.805/2016.)

Parágrafo único. A acumulação do benefício com a remuneração advinda do contrato de aprendizagem pela pessoa com deficiência é limitada ao prazo máximo de dois anos. (Alterado pelo Dec. 8.805/2016.)

ART. 6º A condição de acolhimento em instituições de longa permanência, como abrigo, hospital ou instituição congênere não prejudica o direito do idoso ou da pessoa com deficiência ao Benefício de Prestação Continuada. (Alterado pelo Dec. 7.617/2011.)

ART. 7º O Benefício de Prestação Continuada é devido ao brasileiro, nato ou naturalizado, e às pessoas de nacionalidade portuguesa, em consonância com o disposto no Decreto n. 7.999, de 8 de maio de 2013, desde que comprovem, em qualquer dos casos, residência no Brasil e atendam a todos os demais critérios estabelecidos neste Regulamento. (Alterado pelo Dec. 8.805/2016.)

CAPÍTULO II
DA HABILITAÇÃO, DA CONCESSÃO, DA MANUTENÇÃO, DA REPRESENTAÇÃO E DO INDEFERIMENTO

SEÇÃO I
DA HABILITAÇÃO E DA CONCESSÃO

ART. 8º Para fazer jus ao Benefício de Prestação Continuada, o idoso deverá comprovar:

I - contar com sessenta e cinco anos de idade ou mais;

II - renda mensal bruta familiar, dividida pelo número de seus integrantes, inferior a um quarto do salário mínimo; e

III - não possuir outro benefício no âmbito da Seguridade Social ou de outro regime, inclusive o seguro-desemprego, salvo o de assistência médica e a pensão especial de natureza indenizatória, observado o disposto no inciso VI do *caput* e no § 2º do art. 4º. (Alterado pelo Dec. 7.617/2011.)

Parágrafo único. A comprovação da condição prevista no inciso III poderá ser feita mediante declaração do idoso ou, no caso de sua incapacidade para os atos da vida civil, do seu curador.

ART. 9º Para fazer jus ao Benefício de Prestação Continuada, a pessoa com deficiência deverá comprovar:

I - a existência de impedimentos de longo prazo de natureza física, mental, intelectual ou sensorial, os quais, em interação com diversas barreiras, obstruam sua participação plena e efetiva na sociedade em igualdade de condições com as demais pessoas, na forma prevista neste Regulamento; (Alterado pelo Dec. 7.617/2011.)

II - renda mensal bruta familiar do requerente, dividida pelo número de seus integrantes, inferior a um quarto do salário mínimo; e

III - por meio de declaração, que não recebe outro benefício no âmbito da Seguridade Social ou de outro regime, inclusive o seguro-desemprego, exceto o de assistência médica e a pensão especial de natureza indenizatória. (Alterado pelo Dec. 8.805/2016.)

Parágrafo único. A comprovação da condição prevista no inciso III poderá ser feita mediante declaração da pessoa com deficiência ou, no caso de sua incapacidade para os atos da vida civil, do seu curador ou tutor.

ART. 10. A pessoa com deficiência e o idoso deverão informar o número de inscrição no Cadastro de Pessoas Físicas - CPF e apresentar documento com foto reconhecido por lei como prova de identidade do requerente. (Alterado pelo Dec. 9.462/2018.)

Parágrafo único. As crianças e os adolescentes menores de dezesseis anos poderão apresentar apenas a certidão de nascimento para fins da identificação de que trata o *caput*. (Acrescentado pelo Dec. 9.462/2018.)

ART. 11. Para fins de identificação da pessoa com deficiência e do idoso e de comprovação da idade do idoso, no caso de brasileiro naturalizado, deverão ser apresentados os seguintes documentos:

I - título declaratório de nacionalidade brasileira; e

II - carteira de identidade ou carteira de trabalho e previdência social.

ART. 12. São requisitos para a concessão, a manutenção e a revisão do benefício as inscrições no Cadastro de Pessoas Físicas - CPF e no Cadastro Único para Programas Sociais do Governo Federal - CadÚnico. (Alterado pelo Dec. 8.805/2016.)

§ 1º O beneficiário que não realizar a inscrição ou atualização no CadÚnico terá seu benefício suspenso após encerrado o prazo estabelecido na legislação. (Alterado pelo Dec. 9.462/2018.)

§ 2º O benefício será concedido ou mantido apenas quando o CadÚnico estiver atualizado e válido, de acordo com o disposto no Decreto n. 6.135, de 26 de junho de 2007. (Alterado pelo Dec. 9.462/2018.)

ART. 13. As informações para o cálculo da renda familiar mensal *per capita* serão declaradas no momento da inscrição da família do requerente no CadÚnico, ficando o declarante sujeito às penas previstas em lei no caso de omissão de informação ou de declaração falsa. (Alterado pelo Dec. 8.805/2016.)

§ 1º As informações de que trata o *caput* serão declaradas em conformidade com o disposto no Decreto n. 6.135, de 26 de junho de 2007. (Alterado pelo Dec. 8.805/2016.)

§ 2º Por ocasião do requerimento do benefício, conforme disposto no § 1º do art. 15, o requerente ratificará as informações declaradas no CadÚnico, ficando sujeito às penas previstas em lei no caso de omissão de informação ou de declaração falsa. (Alterado pelo Dec. 8.805/2016.)

§ 3º Na análise do requerimento do benefício, o INSS confrontará as informações do CadÚnico, referentes à renda, com outros cadastros ou bases de dados de órgãos da administração pública disponíveis, prevalecendo as informações que indiquem maior renda se comparadas àquelas declaradas no CadÚnico. (Alterado pelo Dec. 8.805/2016.)

§ 4º Compete ao INSS e aos órgãos autorizados pelo Ministério do Desenvolvimento Social e Agrário, quando necessário, verificar junto a outras instituições, inclusive de previdência, a existência de benefício ou de renda em nome do requerente ou beneficiário e dos integrantes da família. (Alterado pelo Dec. 8.805/2016.)

§ 5º Na hipótese de as informações do CadÚnico serem insuficientes para a análise conclusiva do benefício, o INSS: (Alterado pelo Dec. 8.805/2016.)

I - comunicará o interessado, o qual deverá atualizar seu cadastro junto ao órgão local responsável pelo CadÚnico no prazo de trinta dias; (Acrescentado pelo Dec. 8.805/2016.)

II - concluirá a análise após decorrido o prazo de que trata o inciso I; e (Acrescentado pelo Dec. 8.805/2016.)

III - no caso de o cadastro não ser atualizado no prazo de que trata o inciso I, indeferirá a solicitação para receber o benefício. (Acrescentado pelo Dec. 8.805/2016.)

§ 6º Quando o requerente for pessoa em situação de rua deve ser adotado, como referência, o endereço do serviço da rede socioassistencial pelo qual esteja sendo acompanhado, ou, na falta deste, de pessoas com as quais mantém relação de proximidade.

§ 7º Será considerado família do requerente em situação de rua as pessoas elencadas no inciso V do art. 4º, desde que convivam com o requerente na mesma situação, devendo, neste caso, ser relacionadas na Declaração da Composição e Renda Familiar.

§ 8º Entende-se por relação de proximidade, para fins do disposto no § 6º, aquela que se estabelece entre o requerente em situação de rua e as pessoas indicadas pelo próprio requerente como pertencentes ao seu ciclo de convívio que podem facilmente localizá-lo. (Acrescentado pelo Dec. 6.564/2008.)

ART. 14. O Benefício de Prestação Continuada poderá ser requerido por meio dos canais de atendimento do INSS ou nos órgãos autorizados para este fim. (Alterado pelo Dec. 9.462/2018.)

§ 1º Os formulários utilizados para o requerimento do benefício serão disponibilizados, por meio dos sítios eletrônicos: (Acrescentado pelo Dec. 8.805/2016.)

I - do Ministério do Desenvolvimento Social e Agrário; (Acrescentado pelo Dec. 8.805/2016.)

II - do INSS; ou (Acrescentado pelo Dec. 8.805/2016.)

III - dos órgãos autorizados pelo Ministério do Desenvolvimento Social e Agrário ou pelo INSS. (Acrescentado pelo Dec. 8.805/2016.)

§ 2º Os formulários a que se refere o § 1º deverão ser disponibilizados de forma acessível, nos termos estabelecidos pelo Decreto n. 5.296, de 2 de dezembro de 2004. (Acrescentado pelo Dec. 8.805/2016.)

ART. 15. A concessão do benefício dependerá da prévia inscrição do interessado no CPF e no CadÚnico, este último atualizado e válido, de acordo com os prazos estabelecidos no Decreto n. 6.135, de 2007. (Alterado pelo Dec. 9.462/2018.)

§ 1º O requerimento do benefício deverá ser realizado por meio dos canais de atendimento da Previdência Social ou de outros canais definidos em ato do Ministro de Estado do Desenvolvimento Social. (Alterado pelo Dec. 9.462/2018.)

§ 2º Na hipótese de não ser o requerente alfabetizado ou de estar impossibilitado para assinar o pedido, será admitida a aposição da impressão digital na presença de funcionário do órgão recebedor do requerimento.

§ 3º A existência de formulário próprio não impedirá que seja aceito qualquer requerimento pleiteando o benefício, desde que nele constem os dados imprescindíveis ao seu processamento.

§ 4º A apresentação de documentação incompleta não constitui motivo de recusa liminar do requerimento do benefício.

§ 5º Na hipótese de ser verificado que a renda familiar mensal *per capita* não atende aos requisitos de concessão do benefício, o pedido deverá ser indeferido pelo INSS, sendo desnecessária a avaliação da deficiência. (Acrescentado pelo Dec. 8.805/2016.)

ART. 16. A concessão do benefício à pessoa com deficiência ficará sujeita à avaliação da deficiência e do grau de impedimento, com base nos princípios da Classificação Internacional de Funcionalidades, Incapacidade e Saúde - CIF, estabelecida pela Resolução da Organização Mundial da Saúde no 54.21, aprovada pela 54a Assembleia Mundial da Saúde, em 22 de maio de 2001. (Alterado pelo Dec. 7.617/2011.)

§ 1º A avaliação da deficiência e do grau de impedimento será realizada por meio de avaliação social e avaliação médica. (Alterado pelo Dec. 7.617/2011.)

§ 2º A avaliação social considerará os fatores ambientais, sociais e pessoais, a avaliação médica considerará as deficiências nas funções e nas estruturas do corpo, e ambas considerarão a limitação do desempenho de atividades e a restrição da participação social, segundo suas especificidades. (Alterado pelo Dec. 7.617/2011.)

§ 3º As avaliações de que trata o § 1º serão realizadas, respectivamente, pelo serviço social e pela perícia médica do INSS, por meio de instrumentos desenvolvidos especificamente para este fim, instituídos por ato conjunto do Ministro de Estado do Desenvolvimento Social e Agrário e do Presidente do INSS. (Alterado pelo Dec. 8.805/2016.)

§ 4º O Ministério do Desenvolvimento Social e Agrário e o INSS garantirão as condições necessárias para a realização da avaliação social e da avaliação médica necessárias ao Benefício de Prestação Continuada. (Alterado pelo Dec. 8.805/2016.)

§ 5º A avaliação da deficiência e do grau de impedimento tem por objetivo: (Acrescentado pelo Dec. 7.617/2011.)

I - comprovar a existência de impedimentos de longo prazo de natureza física, mental, intelectual ou sensorial; e (Acrescentado pelo Dec. 7.617/2011.)

II - aferir o grau de restrição para a participação plena e efetiva da pessoa com deficiência na sociedade, decorrente da interação dos impedimentos a que se refere o inciso I com barreiras diversas. (Acrescentado pelo Dec. 7.617/2011.)

§ 6º Na hipótese de não ser possível prever a duração dos impedimentos a que se refere o inciso I do § 5º, mas existir a possibilidade de que se estendam por longo prazo, o benefício poderá ser concedido, conforme o disposto em ato do Ministro de Estado do Desenvolvimento Social. (Alterado pelo Dec. 9.462/2018.)

§ 7º Na hipótese do benefício concedido nos termos do disposto no § 6º, os beneficiários deverão ser prioritariamente submetidos a novas avaliações da deficiência, observado o intervalo máximo de dois anos. (Alterado pelo Dec. 9.462/2018.)

§ 8º A avaliação da deficiência e do grau de impedimento observará os instrumentos de que trata o § 2º do art. 2º da Lei n. 13.146, de 6 de julho de 2015, a partir de sua criação, permitindo inclusive que outras políticas para pessoas com deficiência se beneficiem das informações. (Acrescentado pelo Dec. 8.805/2016.)

§ 9º Sem prejuízo do compartilhamento das informações de que trata o § 8º, o acesso à avaliação da deficiência e do grau de impedimento, com a finalidade de permitir que outras políticas para pessoas com deficiência dela se beneficiem, dependerá de prévio consentimento do titular da informação. (Acrescentado pelo Dec. 8.805/2016.)

§ 10. O consentimento de acesso à avaliação poderá ser manifestado no momento da prestação das referidas informações ou quando do requerimento de acesso à política pública. (Acrescentado pelo Dec. 8.805/2016.)

§ 11. Ato do Ministro de Estado do Desenvolvimento Social estabelecerá diretrizes para o escalonamento, a priorização e os casos que serão dispensados das reavaliações em razão da deficiência constatada. (Acrescentado pelo Dec. 9.462/2018.)

ART. 17. Na hipótese de não existirem serviços pertinentes para avaliação da deficiência e do grau de impedimento no município de residência do requerente ou beneficiário, fica assegurado o seu encaminhamento ao município mais próximo que contar com tal estrutura, devendo o INSS realizar o pagamento das despesas de transporte e diárias com recursos oriundos do Fundo Nacional de Assistência Social. (Alterado pelo Dec. 7.617/2011.)

§ 1º Caso o requerente ou beneficiário necessite de acompanhante, a viagem deste deverá ser autorizada pelo INSS, aplicando-se o disposto no *caput*.

§ 2º O valor da diária paga ao requerente ou beneficiário e seu acompanhante será igual ao valor da diária concedida aos beneficiários do Regime Geral de Previdência Social.

§ 3º Caso o requerente ou beneficiário esteja impossibilitado de se apresentar no local de realização da avaliação da deficiência e do grau de impedimento a que se refere o *caput*, os profissionais deverão deslocar-se até o interessado. (Alterado pelo Dec. 7.617/2011.)

ART. 18. A concessão do Benefício de Prestação Continuada independe da interdição judicial do idoso ou da pessoa com deficiência.

ART. 19. O Benefício de Prestação Continuada será devido a mais de um membro da mesma família enquanto atendidos os requisitos exigidos neste Regulamento.

Parágrafo único. O valor do Benefício de Prestação Continuada concedido a idoso não será computado no cálculo da renda mensal bruta familiar a que se refere o inciso VI do art. 4º, para fins de concessão do Benefício de Prestação Continuada a outro idoso da mesma família.

ART. 20. O Benefício de Prestação Continuada será devido com o cumprimento de todos os requisitos legais e regulamentares exigidos para a sua concessão, devendo o seu pagamento ser efetuado em até quarenta e cinco dias após cumpridas as exigências.

Parágrafo único. Para fins de atualização dos valores pagos em atraso, serão aplicados os mesmos critérios adotados pela legislação previdenciária. (Alterado pelo Dec. 7.617/2011.)

ART. 21. Fica o INSS obrigado a emitir e enviar ao requerente o aviso de concessão ou de indeferimento do benefício, e, neste caso, com indicação do motivo.

SEÇÃO II
DA MANUTENÇÃO E DA REPRESENTAÇÃO

ART. 22. O Benefício de Prestação Continuada não está sujeito a desconto de qualquer contribuição e não gera direito ao pagamento de abono anual.

ART. 23. O Benefício de Prestação Continuada é intransferível, não gerando direito à pensão por morte aos herdeiros ou sucessores.

Parágrafo único. O valor do resíduo não recebido em vida pelo beneficiário será pago aos seus herdeiros ou sucessores, na forma da lei civil.

ART. 24. O desenvolvimento das capacidades cognitivas, motoras ou educacionais e a realização de atividades não remuneradas de habilitação e reabilitação, dentre outras, não constituem motivo de suspensão ou cessação do benefício da pessoa com deficiência.

ART. 25. A cessação do Benefício de Prestação Continuada concedido à pessoa com deficiência, inclusive em razão do seu ingresso no mercado de trabalho, não impede nova concessão do benefício desde que atendidos os requisitos exigidos neste Decreto.

ART. 26. O benefício será pago pela rede bancária autorizada e, nas localidades onde não houver estabelecimento bancário, o pagamento será efetuado por órgãos autorizados pelo INSS.

ART. 27. O pagamento do Benefício de Prestação Continuada poderá ser antecipado excepcionalmente, na hipótese prevista no § 1º do art. 169 do Decreto n. 3.048, de 6 de maio de 1999. (Alterado pelo Dec. 7.617/2011.)

ART. 28. O benefício será pago diretamente ao beneficiário ou ao procurador, tutor ou curador.

§ 1º O instrumento de procuração poderá ser outorgado em formulário próprio do INSS, mediante comprovação do motivo da ausência do beneficiário, e sua validade deverá ser renovada a cada doze meses.

§ 2º O procurador, o tutor ou o curador do beneficiário deverá firmar, perante o INSS ou outros órgãos autorizados pelo Ministério do Desenvolvimento Social e Agrário, termo de responsabilidade mediante o qual se comprometa a comunicar qualquer evento que possa anular a procuração, a tutela ou a curatela, principalmente o óbito do outorgante, sob pena de incorrer nas sanções criminais e civis cabíveis. (Alterado pelo Dec. 8.805/2016.)

ART. 29. Na hipótese de haver indícios de inidoneidade acerca do instrumento de procuração apresentado para o recebimento do Benefício de Prestação Continuada ou do procurador, tanto o INSS quanto qualquer um dos órgãos autorizados pelo Ministério do Desenvolvimento Social e Agrário poderão recusá-los, sem prejuízo das providências que se fizerem necessárias para a apuração da responsabilidade e para a aplicação das sanções criminais e civis cabíveis. (Alterado pelo Dec. 8.805/2016.)

ART. 30. Para fins de recebimento do Benefício de Prestação Continuada, é aceita a constituição de procurador com mais de um instrumento de procuração, nos casos de beneficiários representados por parentes de primeiro grau e nos casos de beneficiários representados por dirigentes de instituições nas quais se encontrem acolhidos, sendo admitido também, neste último caso, o instrumento de procuração coletiva. (Alterado pelo Dec. 7.617/2011.)

ART. 31. Não poderão ser procuradores:

I - o servidor público civil e o militar em atividade, salvo se parentes do beneficiário até o segundo grau; e

II - o incapaz para os atos da vida civil, ressalvado o disposto no art. 666 do Código Civil.

Parágrafo único. Nas demais disposições relativas à procuração observar-se-á, subsidiariamente, o Código Civil.

ART. 32. No caso de transferência do beneficiário de uma localidade para outra, o procurador fica obrigado a apresentar novo instrumento de mandato na localidade de destino.

ART. 33. A procuração perderá a validade ou eficácia nos seguintes casos:

I - quando o outorgante passar a receber pessoalmente o benefício, declarando, por escrito que cancela a procuração existente;

II - quando for constituído novo procurador;

III - pela expiração do prazo fixado ou pelo cumprimento ou extinção da finalidade outorgada;

IV - por morte do outorgante ou do procurador;

V - por interdição de uma das partes; ou

VI - por renúncia do procurador, desde que por escrito.

ART. 34. Não podem outorgar procuração o menor de dezoito anos, exceto se assistido ou emancipado após os dezesseis anos, e o incapaz para os atos da vida civil que deverá ser representado por seu representante legal, tutor ou curador.

ART. 35. O benefício devido ao beneficiário incapaz será pago ao cônjuge, pai, mãe, tutor ou curador, admitindo-se, na sua falta, e por período não superior a seis meses, o pagamento a herdeiro necessário, mediante termo de compromisso firmado no ato do recebimento.

§ 1º O período a que se refere o *caput* poderá ser prorrogado por iguais períodos, desde que comprovado o andamento do processo legal de tutela ou curatela.

§ 2º O tutor ou curador poderá outorgar procuração a terceiro com poderes para receber o benefício e, nesta hipótese, obrigatoriamente, a procuração será outorgada mediante instrumento público.

§ 3º A procuração não isenta o tutor ou curador da condição original de mandatário titular da tutela ou curatela.

ART. 35-A. O beneficiário, ou seu representante legal, deve informar ao INSS alterações dos dados cadastrais correspondentes à mudança de nome, endereço e estado civil, a fruição de qualquer benefício no âmbito da Seguridade Social ou de outro regime, a sua admissão em emprego ou a percepção de renda de qualquer natureza elencada no inciso VI do *caput* do art. 4º. (Acrescentado pelo Dec. 7.617/2011.)

Parágrafo único. O INSS deverá ser informado pelo representante legal ou pelo procurador sobre a propositura de ação judicial relativa à ausência ou à morte presumida do beneficiário. (Acrescentado pelo Dec. 9.462/2018.)

SEÇÃO III
DO INDEFERIMENTO

ART. 36. O não atendimento das exigências contidas neste Regulamento pelo requerente ensejará o indeferimento do benefício.

§ 1º Do indeferimento do benefício caberá recurso à Junta de Recursos do Conselho de Recursos da Previdência Social, no prazo de trinta dias, a contar do recebimento da comunicação.

§ 2º A situação prevista no art. 24 também não constitui motivo para o indeferimento do benefício.

CAPÍTULO III
DA GESTÃO

ART. 37. Constituem garantias do SUAS o acompanhamento do beneficiário e de sua família, e a inserção destes à rede de serviços socioassistenciais e de outras políticas setoriais.

§ 1º O acompanhamento do beneficiário e de sua família visa a favorecer-lhes a obtenção de aquisições materiais, sociais, socioeducativas, socioculturais para suprir as necessidades de subsistência, desenvolver capacidades e talentos para a convivência familiar e comunitária, o protagonismo e a autonomia.

§ 2º Para fins de cumprimento do disposto no *caput*, o acompanhamento deverá abranger as pessoas que vivem sob o mesmo teto com o beneficiário e que com este mantém vínculo parental, conjugal, genético ou de afinidade.

§ 3º Para o cumprimento do disposto no *caput* e para subsidiar os processos de concessão e de revisão bienal do benefício, os beneficiários e suas famílias deverão ser cadastrados no CadÚnico, observada a legislação aplicável. (Alterado pelo Dec. 8.805/2016.)

ART. 38. Compete ao Ministério do Desenvolvimento Social e Agrário, sem prejuízo do previsto no art. 2º: (Alterado pelo Dec. 8.805/2016.)

I - acompanhar os beneficiários do Benefício de Prestação Continuada no âmbito do SUAS, em articulação com o Distrito Federal, Municípios e, no que couber, com os Estados, visando a inseri-los nos programas e serviços da assistência social e demais políticas, em conformidade com o art. 11 da Lei n. 8.742, de 1993;

II - considerar a participação dos órgãos gestores de assistência social nas ações de monitoramento e avaliação do Benefício de Prestação Continuada, bem como de acompanhamento de seus beneficiários, como critério de habilitação dos municípios e Distrito Federal a um nível de gestão mais elevado no âmbito do SUAS;

III - manter e coordenar o Programa Nacional de Monitoramento e Avaliação do Benefício de Prestação Continuada, instituído na forma do art. 41, com produção de dados e análise de resultados do impacto do Benefício de Prestação Continuada na vida dos beneficiários, em conformidade com o disposto no art. 24 da Lei n. 8.742, de 1993;

IV - destinar recursos do Fundo Nacional de Assistência Social para pagamento, operacionalização, gestão, informatização, pesquisa, monitoramento e avaliação do Benefício de Prestação Continuada;

V - descentralizar recursos do orçamento do Fundo Nacional de Assistência Social ao INSS para as despesas de pagamento, operacionalização, sistemas de informação, monitoramento e avaliação do Benefício de Prestação Continuada;

VI - fornecer subsídios para a formação de profissionais envolvidos nos processos de concessão, manutenção e revisão dos benefícios, e no acompanhamento de seus beneficiários, visando à facilidade de acesso e bem-estar dos usuários desses serviços.

VII - articular políticas intersetoriais, intergovernamentais e interinstitucionais que afiancem a completude de atenção às pessoas com deficiência e aos idosos, atendendo ao disposto no § 2º do art. 24 da Lei n. 8.742, de 1993; (Alterado pelo Dec. 8.805/2016.)

VIII - atuar junto a outros órgãos, nas três esferas de governo, com vistas ao aperfeiçoamento da gestão do Benefício de Prestação Continuada; e (Alterado pelo Dec. 8.805/2016.)

IX - garantir as condições necessárias para inclusão e atualização dos dados do requerente e do beneficiário no CadÚnico. (Acrescentado pelo Dec. 8.805/2016.)

ART. 39. Compete ao INSS, na operacionalização do Benefício de Prestação Continuada:

I - receber os requerimentos, conceder, manter, revisar, suspender ou fazer cessar o benefício, atuar nas contestações, desenvolver ações necessárias ao ressarcimento do benefício e participar de seu monitoramento e avaliação;

II - realizar, periodicamente, cruzamentos de informações, utilizando o registro de informações do CadÚnico e de outros cadastros, de benefícios previdenciários e de emprego e renda em nome do requerente ou beneficiário e dos integrantes do grupo familiar; (Alterado pelo Dec. 9.462/2018.)

III - realizar a avaliação médica e social da pessoa com deficiência, de acordo com as normas a serem disciplinadas em atos específicos;

IV - realizar o pagamento de transporte e diária do requerente ou beneficiários e seu acompanhante, com recursos oriundos do FNAS, nos casos previstos no art. 17.

V - enviar comunicações aos beneficiários, aos seus representantes legais ou aos seus procuradores; (Alterado pelo Dec. 9.462/2018.)

VI - analisar defesas, receber recursos pelo indeferimento e suspensão do benefício, instruir e encaminhar os processos à Junta de Recursos;

VII - efetuar o repasse de recursos para pagamento do benefício junto à rede bancária autorizada ou entidade conveniada;

VIII - participar, em conjunto com o Ministério do Desenvolvimento Social e Agrário, da instituição de sistema de informação e de alimentação de bancos de dados sobre a concessão, o indeferimento, a manutenção, a suspensão, a cessação, o ressarcimento e a revisão do Benefício de Prestação Continuada, além de gerar relatórios gerenciais e subsidiar a atuação dos demais órgãos no acompanhamento do beneficiário e na defesa de seus direitos; (Alterado pelo Dec. 8.805/2016.)

IX - submeter à apreciação prévia do Ministério do Desenvolvimento Social e Agrário atos que disponham sobre matéria de regulação e de procedimentos técnicos e administrativos que repercutam no reconhecimento do direito ao acesso, à manutenção e ao pagamento do Benefício de Prestação Continuada; (Alterado pelo Dec. 8.805/2016.)

X - instituir, em conjunto com o Ministério do Desenvolvimento Social e Agrário, formulários e documentos necessários à operacionalização do Benefício de Prestação Continuada; e (Alterado pelo Dec. 8.805/2016.)

XI - apresentar ao Ministério do Desenvolvimento Social e Agrário relatórios periódicos das atividades desenvolvidas na operacionalização do Benefício de Prestação Continuada e na execução orçamentária e financeira dos recursos descentralizados. (Alterado pelo Dec. 8.805/2016.)

Parágrafo único. A análise das defesas a que se refere o inciso VI do *caput* deve observar o disposto no Capítulo XI da Lei n. 9.784, de 29 de janeiro de 1999. (Acrescentado pelo Dec. 9.462/2018.)

ART. 40. Compete aos órgãos gestores da assistência social dos Estados, do Distrito Federal e dos Municípios, de acordo com o disposto no § 2º do art. 24 da Lei n. 8.742, de 1993, promover ações que assegurem a articulação do Benefício de Prestação Continuada com os programas voltados ao idoso e à inclusão da pessoa com deficiência.

CAPÍTULO IV DO MONITORAMENTO E DA AVALIAÇÃO

ART. 41. Fica instituído o Programa Nacional de Monitoramento e Avaliação do Benefício de Prestação Continuada da Assistência Social, que será mantido e coordenado pelo Ministério do Desenvolvimento Social e Agrário, em parceria com o INSS, os Estados, o Distrito Federal e os Municípios, como parte da dinâmica do SUAS. (Alterado pelo Dec. 8.805/2016.)

§ 1º O Programa Nacional de Monitoramento e Avaliação do Benefício de Prestação Continuada, baseado em um conjunto de indicadores e de seus respectivos índices, compreende:

I - o monitoramento da incidência dos beneficiários e dos requerentes por município brasileiro e no Distrito Federal;

II - o tratamento do conjunto dos beneficiários como uma população com graus de risco e vulnerabilidade social variados, estratificada a partir das características do ciclo de vida do requerente, sua família e da região onde vive;

III - o desenvolvimento de estudos intersetoriais que caracterizem comportamentos da população beneficiária por análises geodemográficas, índices de mortalidade, morbidade, entre outros, nos quais se inclui a tipologia das famílias dos beneficiários e das instituições em que eventualmente viva ou conviva;

IV - a instituição e manutenção de banco de dados sobre os processos desenvolvidos pelos gestores dos estados, do Distrito Federal e dos municípios para inclusão do beneficiário ao SUAS e demais políticas setoriais;

V - a promoção de estudos e pesquisas sobre os critérios de acesso, implementação do Benefício de Prestação Continuada e impacto do benefício na redução da pobreza e das desigualdades sociais;

VI - a organização e manutenção de um sistema de informações sobre o Benefício de Prestação Continuada, com vistas ao planejamento, desenvolvimento e avaliação das ações; e

VII - a realização de estudos longitudinais dos beneficiários do Benefício de Prestação Continuada.

§ 2º As despesas decorrentes da implementação do Programa a que se refere o *caput* correrão com as dotações orçamentárias consignadas ao Ministério do Desenvolvimento Social e Agrário. (Alterado pelo Dec. 8.805/2016.)

§ 3º O Ministério do Desenvolvimento Social e Agrário e o INSS deverão integrar suas bases de dados quanto às informações que compõem a base de dados do CadÚnico e compartilhá-las com o Cadastro-Inclusão, instituído pelo art. 92 da Lei n. 13.146, de 6 de julho de 2015, quando se tratar de informação referente a pessoa com deficiência. (Acrescentado pelo Dec. 8.805/2016.)

§ 4º Até que esteja concluída a integração das bases de dados de que trata o § 3º, o Ministério do Desenvolvimento Social e Agrário deverá fornecer ao INSS, mensalmente, as informações do CadÚnico necessárias à concessão e à manutenção do Benefício de Prestação Continuada, em especial aquelas relativas à composição do grupo familiar, à renda de todos os integrantes. (Acrescentado pelo Dec. 8.805/2016.)

ART. 42. O Benefício de Prestação Continuada deverá ser revisto a cada dois anos, para avaliação da continuidade das condições que lhe deram origem, conforme dispõe o art. 21 da Lei n. 8.742, de 1993, passando o processo de reavaliação a integrar o Programa Nacional de Monitoramento e Avaliação do Benefício de Prestação Continuada.

§ 1º A revisão de que trata o *caput* será realizada pelo INSS por meio da utilização de cruzamento de informações do beneficiário e de seus familiares existentes em registros e bases de dados oficiais, na forma estabelecida em ato do Ministro de Estado do Desenvolvimento Social, e observará: (Alterado pelo Dec. 9.462/2018.)

I - o cadastramento ou a atualização cadastral no CadÚnico, conforme o disposto no Decreto n. 6.135, de 2007; (Alterado pelo Dec. 9.462/2018.)

II - a confrontação de informações de cadastros de benefícios, emprego e renda ou outras bases de dados de órgãos da administração pública disponíveis, referentes à renda do titular e de sua família; (Alterado pelo Dec. 9.462/2018.)

III - o cruzamento de dados para fins de verificação de acúmulo do benefício com outra renda no âmbito da Seguridade Social ou de outro regime, conforme vedação a que se refere o § 4º do art. 20 da Lei n. 8.742, de 1993; e (Acrescentado pelo Dec. 8.805/2016.)

IV - as reavaliações da deficiência constatada anteriormente, quando o beneficiário não tenha superado os requisitos de renda familiar mensal *per capita*. (Alterado pelo Dec. 9.462/2018.)

§ 2º Identificada a superação de condição para manutenção do benefício, após a atualização das informações junto ao CadÚnico, o INSS deverá suspender ou cessar o benefício, conforme o caso, observado o disposto no art. 47. (Acrescentado pelo Dec. 8.805/2016.)

§ 3º A revisão de que trata o *caput* poderá ser realizada para os benefícios concedidos ou reativados judicialmente, observados os critérios definidos na decisão judicial. (Alterado pelo Dec. 9.462/2018.)

§ 4º O Ministério do Desenvolvimento Social e o Ministério do Planejamento, Desenvolvimento e Gestão compartilharão as bases de dados nos termos do Decreto n. 8.789, de 29 de junho de 2016. (Acrescentado pelo Dec. 9.462/2018.)

§ 5º Os benefícios concedidos administrativamente que utilizem critérios definidos em ações civis públicas poderão ser revisados de acordo com os mesmos critérios de sua concessão. (Acrescentado pelo Dec. 9.462/2018.)

§ 6º A reavaliação médica e social da deficiência fica condicionada à conclusão da análise relativa à renda, decorrente do procedimento disposto no inciso II do § 1º. (Acrescentado pelo Dec. 9.462/2018.)

§ 7º A reavaliação médica e social da deficiência poderá ser priorizada ou dispensada por ato do Ministro de Estado do Desenvolvimento Social, considerados o tipo e a gravidade do impedimento, a idade do beneficiário e a duração do benefício. (Acrescentado pelo Dec. 9.462/2018.)

§ 8º O Ministro de Estado do Desenvolvimento Social editará ato complementar ao disposto neste artigo. (Acrescentado pelo Dec. 9.462/2018.)

CAPÍTULO V DA DEFESA DOS DIREITOS E DO CONTROLE SOCIAL

ART. 43. O Ministério do Desenvolvimento Social e Agrário deverá articular-se com os Conselhos de Assistência Social, do Idoso, da Pessoa com Deficiência, da Criança e do Adolescente e da Saúde para desenvolver ações de controle e defesa dos direitos dos beneficiários do Benefício de Prestação Continuada. (Alterado pelo Dec. 8.805/2016.)

ART. 44. Qualquer pessoa física ou jurídica de direito público ou privado, especialmente os Conselhos de Direitos, os Conselhos de Assistência Social e as organizações representativas de pessoas com deficiência e de idosos, é parte legítima para provocar a iniciativa das autoridades do Ministério do Desenvolvimento Social e Agrário, do INSS, do Ministério Público e dos órgãos de controle social, e para lhes fornecer informações sobre irregularidades na aplicação deste Regulamento, quando for o caso. (Alterado pelo Dec. 8.805/2016.)

ART. 45. Qualquer cidadão que observar irregularidade ou falha na prestação de serviço referente ao Benefício de Prestação Continuada poderá comunicá-la às Ouvidorias do Ministério do Desenvolvimento Social e Agrário, observadas as atribuições de cada órgão e em conformidade com as disposições específicas de cada Pasta. (Alterado pelo Dec. 8.805/2016.)

ART. 45-A. As informações referentes às despesas com Benefício de Prestação Continuado deverão ser incluídas, de forma individualizada, no Portal da Transparência do Poder Executivo Federal, de que trata o Decreto n. 5.482, de 30 de junho de 2005, observado o disposto no art. 31 da Lei n. 12.527, de 18 de novembro de 2011. (Acrescentado pelo Dec. 8.805/2016.)

ART. 46. Constatada a prática de infração penal decorrente da concessão ou da manutenção do Benefício de Prestação Continuada, o INSS aplicará os procedimentos cabíveis, independentemente de outras penalidades legais.

CAPÍTULO VI
DA SUSPENSÃO E DA CESSAÇÃO

ART. 47. O Benefício de Prestação Continuada será suspenso nas seguintes hipóteses:

I - superação das condições que deram origem ao benefício, previstas nos art. 8º e art. 9º; (Alterado pelo Dec. 9.462/2018.)

II - identificação de irregularidade na concessão ou manutenção do benefício; (Acrescentado pelo Dec. 9.462/2018.)

III - não inscrição no CadÚnico após o fim do prazo estabelecido em ato do Ministro de Estado do Desenvolvimento Social; (Acrescentado pelo Dec. 9.462/2018.)

IV - não agendamento da reavaliação da deficiência até a data limite estabelecida em convocação; (Acrescentado pelo Dec. 9.462/2018.)

V - identificação de inconsistências ou insuficiências cadastrais que afetem a avaliação da elegibilidade do beneficiário para fins de manutenção do benefício, conforme o disposto em ato do Ministro de Estado do Desenvolvimento Social; ou (Acrescentado pelo Dec. 9.462/2018.)

VI - identificação de outras irregularidades. (Acrescentado pelo Dec. 9.462/2018.)

§ 1º A suspensão do benefício deve ser precedida de notificação do beneficiário, de seu representante legal ou de seu procurador, preferencialmente pela rede bancária, sobre a irregularidade identificada e da concessão do prazo de dez dias para a apresentação de defesa. (Alterado pelo Dec. 9.462/2018.)

§ 2º Se não for possível realizar a notificação de que trata o § 1º pela rede bancária ou pelo correio, o valor do benefício será bloqueado. (Alterado pelo Dec. 9.462/2018.)

§ 3º O bloqueio do valor do benefício consiste no comando bancário que impossibilita temporariamente a movimentação do valor referente ao benefício, observadas as seguintes regras: (Alterado pelo Dec. 9.462/2018.)

I - o bloqueio terá duração máxima de um mês; (Acrescentado pelo Dec. 9.462/2018.)

II - o valor do benefício será desbloqueado após contato do beneficiário, do seu representante legal ou do seu procurador, por meio dos canais de atendimento do INSS, presenciais ou remotos, ou de outros canais definidos para esse fim; e (Acrescentado pelo Dec. 9.462/2018.)

III - no momento da solicitação do desbloqueio, o INSS ou outros canais definidos para esse fim deverão notificar o beneficiário, o seu representante legal ou o seu procurador sobre a situação de irregularidade e sobre a concessão do prazo para apresentação de defesa, devendo o interessado confirmar ciência. (Acrescentado pelo Dec. 9.462/2018.)

§ 4º Após a notificação e o desbloqueio, o beneficiário, o seu representante legal ou o seu procurador terá o prazo de dez dias para apresentar a defesa junto aos canais de atendimento do INSS ou a outros canais autorizados para esse fim. (Alterado pelo Dec. 9.462/2018.)

§ 5º O INSS terá o prazo de trinta dias, prorrogável por igual período, para analisar a defesa interposta. (Alterado pelo Dec. 9.462/2018.)

§ 6º O benefício será mantido caso a defesa apresentada seja acatada. (Acrescentado pelo Dec. 9.462/2018.)

§ 7º A suspensão do pagamento do benefício consiste na interrupção do envio do pagamento à rede bancária e observará as seguintes regras: (Acrescentado pelo Dec. 9.462/2018.)

I - o benefício será suspenso: (Acrescentado pelo Dec. 9.462/2018.)

a) quando o beneficiário, o seu representante legal ou o procurador for notificado e não apresentar defesa no prazo de dez dias; (Acrescentado pelo Dec. 9.462/2018.)

b) quando os elementos apresentados na defesa forem insuficientes; (Acrescentado pelo Dec. 9.462/2018.)

c) quando o beneficiário não entrar em contato com os canais de atendimento do INSS ou outros canais autorizados para esse fim no prazo de trinta dias, contado do bloqueio de que trata o § 3º; ou (Acrescentado pelo Dec. 9.462/2018.)

d) quando informada a ausência do beneficiário pelo representante legal ou pelo procurador, na forma da lei; (Acrescentado pelo Dec. 9.462/2018.)

II - o beneficiário, o seu representante legal ou o seu procurador deverá ser comunicado sobre os motivos da suspensão do benefício e sobre o prazo de trinta dias para a interposição de recurso junto aos canais de atendimento do INSS ou a outros canais autorizados para esse fim; e (Acrescentado pelo Dec. 9.462/2018.)

III - o recurso interposto será analisado pelo Conselho de Recursos do Seguro Social - CRSS. (Acrescentado pelo Dec. 9.462/2018.)

§ 8º A interposição de recurso não gera efeito suspensivo. (Acrescentado pelo Dec. 9.462/2018.)

§ 9º O benefício será restabelecido caso o recurso interposto ao CRSS seja provido, sendo devidos os valores desde a suspensão do benefício, respeitado o teor da decisão. (Acrescentado pelo Dec. 9.462/2018.)

ART. 47-A. O Benefício de Prestação Continuada será suspenso em caráter especial quando a pessoa com deficiência exercer atividade remunerada, inclusive na condição de microempreendedor individual, mediante comprovação da relação trabalhista ou da atividade empreendedora. (Acrescentado pelo Dec. 7.617/2011.)

§ 1º O pagamento do benefício suspenso na forma do *caput* será restabelecido mediante requerimento do interessado que comprove a extinção da relação trabalhista ou da atividade empreendedora, e, quando for o caso, o encerramento do prazo de pagamento do seguro-desemprego, sem que tenha o beneficiário adquirido direito a qualquer benefício no âmbito da Previdência Social. (Acrescentado pelo Dec. 7.617/2011.)

§ 2º O benefício será restabelecido: (Acrescentado pelo Dec. 7.617/2011.)

I - a partir do dia imediatamente posterior, conforme o caso, da cessação do contrato de trabalho, do encerramento da atividade empresarial, da última competência de contribuição previdenciária recolhida como contribuinte individual ou do encerramento do prazo de pagamento do seguro desemprego; ou (Alterado pelo Dec. 9.462/2018.)

II - a partir da data do protocolo do requerimento, quando requerido após noventa dias, conforme o caso, da cessação do contrato de trabalho, da última competência de contribuição previdenciária recolhida como contribuinte individual ou do encerramento do prazo de pagamento do seguro-desemprego. (Acrescentado pelo Dec. 7.617/2011.)

§ 3º Na hipótese prevista no *caput*, o prazo para a reavaliação bienal do benefício prevista no art. 42 será suspenso, voltando a correr, se for o caso, a partir do restabelecimento do pagamento do benefício. (Acrescentado pelo Dec. 7.617/2011.)

§ 4º O restabelecimento do pagamento do benefício prescinde de nova avaliação da deficiência e do grau de impedimento, respeitado o prazo para a reavaliação bienal. (Acrescentado pelo Dec. 7.617/2011.)

§ 5º A pessoa com deficiência contratada na condição de aprendiz terá seu benefício suspenso somente após o período de dois anos de recebimento concomitante da remuneração e do benefício, nos termos do § 2º do art. 21-A da Lei n. 8.742, de 7 de dezembro de 1993. (Acrescentado pelo Dec. 7.617/2011.)

ART. 48. O benefício será cessado: (Alterado pelo Dec. 9.462/2018.)

I - nas hipóteses de óbito, de morte presumida ou de ausência do beneficiário, na forma da lei; (Alterado pelo Dec. 9.462/2018.)

II - quando o beneficiário, o seu representante legal ou o seu procurador não interpuser recurso ao CRSS no prazo de trinta dias, contado da suspensão do benefício; ou (Alterado pelo Dec. 9.462/2018.)

III - quando o recurso ao CRSS não for provido. (Alterado pelo Dec. 9.462/2018.)

§ 1º O representante legal ou o procurador são obrigados a informar ao INSS a ocorrência das situações a que se refere o inciso I do *caput*. (Acrescentado pelo Dec. 9.462/2018.)

§ 2º O INSS comunicará o beneficiário, seu representante legal ou o seu procurador, por meio dos canais de atendimento do INSS ou de outros canais autorizados para esse fim, sobre os motivos que levaram à cessação do benefício. (Acrescentado pelo Dec. 9.462/2018.)

ART. 48-A. Ato conjunto do Ministério do Desenvolvimento Social e Combate à Fome e do INSS disporá sobre a operacionalização da suspensão e cessação do Benefício de Prestação Continuada. (Acrescentado pelo Dec. 7.617/2011.)

ART. 48-B. Fica vedada a reativação de benefício cessado quando esgotadas todas as instâncias administrativas de recurso. (Acrescentado pelo Dec. 9.462/2018.)

ART. 49. Cabe ao INSS, sem prejuízo da aplicação de outras medidas legais, adotar as providências necessárias à restituição do valor do benefício pago indevidamente, ressalvados os casos de recebimento de boa-fé. (Alterado pelo Dec. 9.462/2018.)

§ 1º O montante indevidamente pago será corrigido pelo mesmo índice utilizado para a atualização mensal dos salários de contribuição utilizados para apuração dos benefícios do Regime Geral de Previdência Social, e deverá ser restituído, sob pena de inscrição em Dívida Ativa e cobrança judicial. (Alterado pelo Dec. 7.617/2011.)

§ 2º Na hipótese de o beneficiário permanecer com direito ao recebimento do Benefício de Prestação Continuada ou estar em usufruto de outro benefício previdenciário regularmente concedido pelo INSS, poderá devolver o valor indevido de forma parcelada, atualizado nos moldes do § 1º, em tantas parcelas quantas forem necessárias à liquidação do débito de valor equivalente a trinta por cento do valor do benefício em manutenção.

§ 3º A restituição do valor devido deverá ser feita em única parcela, no prazo de sessenta dias contados da data da notificação, ou mediante acordo de parcelamento, em até sessenta meses, na forma do art. 244 do Regulamento da Previdência Social, aprovado pelo Decreto n. 3.048, de 1999, ressalvado o pagamento em consignação previsto no § 2º. (Alterado pelo Dec. 7.617/2011.)

§ 4º (Revogado pelo Dec. 9.462/2018.)

§ 5º O valor ressarcido será repassado pelo INSS ao Fundo Nacional de Assistência Social.

§ 6º Em nenhuma hipótese serão consignados débitos originários de benefícios previdenciários em Benefícios de Prestação Continuada. (Acrescentado pelo Dec. 7.617/2011.)

CAPÍTULO VII DAS DISPOSIÇÕES GERAIS E TRANSITÓRIAS

ART. 50. O Ministério do Desenvolvimento Social e Combate à Fome e o INSS terão prazo até 31 de maio de 2009 para implementar a avaliação da deficiência e do grau de incapacidade prevista no art. 16. (Alterado pelo Dec. 6.564/2008.)

Parágrafo único. A avaliação da deficiência e da incapacidade, até que se cumpra o disposto no § 4º do art. 16, ficará restrita ao exame médico pericial e laudo realizados pelos serviços de perícia médica do INS (Alterado pelo Dec. 6.564/2008.)

DECRETO N. 6.260, DE 20 DE NOVEMBRO DE 2007

Dispõe sobre a exclusão do lucro líquido, para efeito de apuração do lucro real e da base de cálculo da Contribuição Social sobre o Lucro Líquido - CSLL, dos dispêndios efetivados em projeto de pesquisa científica e tecnológica e de inovação tecnológica a ser executado por Instituição Científica e Tecnológica - ICT.

- *DOU*, 21.11.2007.

O Presidente da República, no uso da atribuição que lhe confere o art. 84, inciso IV, da Constituição, e tendo em vista o disposto na Lei n. 10.973, de 2 de dezembro de 2004, e no art. 19-A da Lei n. 11.196, de 21 de novembro de 2005,

Decreta:

ART. 1º A pessoa jurídica sujeita ao regime de tributação do imposto sobre a renda com base no lucro real poderá excluir do lucro líquido, para efeito de apuração do lucro real e da base de cálculo da Contribuição Social sobre o Lucro Líquido - CSLL, o valor dos dispêndios efetivados em projeto de pesquisa científica e tecnológica e de inovação tecnológica a ser executado por Instituição Científica e Tecnológica - ICT, a que se refere o inciso V do *caput* do art. 2º da Lei n. 10.973, de 2 de dezembro de 2004, observado o disposto neste Decreto.

§ 1º A exclusão de que trata o *caput* deste artigo:

I - corresponderá, à opção da pessoa jurídica, a no mínimo a metade e no máximo duas vezes e meia o valor dos dispêndios efetuados, observado o disposto no art. 3º e seu § 2º e no art. 5º deste Decreto;

II - deverá ser realizada no período de apuração em que os recursos forem efetivamente despendidos; e

III - fica limitada ao valor do lucro real e da base de cálculo da CSLL antes da própria exclusão, vedado o aproveitamento de eventual excesso em período de apuração posterior.

§ 2º Deverão ser adicionados na apuração do lucro real e da base de cálculo da CSLL os dispêndios de que trata o *caput* deste artigo, registrados como despesa ou custo operacional.

§ 3º As adições de que trata o § 2º serão proporcionais ao valor da exclusão referida no § 1º quando estas forem inferiores a cem por cento.

§ 4º Não serão computados, para os fins da dedução prevista no *caput*, os montantes alocados como recursos não reembolsáveis por órgãos ou entidades do poder público.

ART. 2º São diretrizes para o financiamento de projetos na forma do art. 1º:

I - promover e incentivar o desenvolvimento científico, a pesquisa e a capacitação tecnológica, tendo em vista o bem público, o progresso da ciência, a autonomia tecnológica do Brasil e o aprimoramento do ambiente produtivo e industrial nacional ou regional;

II - potencializar a capacidade de criação e inovação das ICT nacionais;

III - fomentar a pesquisa aplicada ao ambiente produtivo e industrial;

IV - dinamizar a obtenção de direitos de propriedade industrial e intelectual por ICT e empresas nacionais como forma de incremento à competitividade do setor produtivo e industrial do País;

V - formar recursos humanos para a pesquisa científica e tecnológica;

VI - induzir formas alternativas de financiamento a projetos de pesquisa científica e tecnológica e de inovação tecnológica nas ICT; e

VII - articular estruturalmente o sistema de criação e inovação das ICT nacionais ao ambiente produtivo e industrial.

ART. 3º A participação da pessoa jurídica na titularidade dos direitos sobre a criação e a propriedade industrial e intelectual gerada por um projeto corresponderá à razão entre a diferença do valor despendido pela pessoa jurídica e do valor do efetivo benefício fiscal utilizado, de um lado, e o valor total do projeto, de outro, cabendo à ICT a parte remanescente. (Alterado pelo Dec. 6.909/2009.)

§ 1º (Revogado pelo Dec. 6.909/2009.)

§ 2º A ICT e a pessoa jurídica deverão estipular, em contrato, a participação recíproca nos direitos sobre a criação e a propriedade industrial e intelectual gerados pelo projeto de pesquisa científica e tecnológica e de inovação tecnológica, na forma deste artigo, bem como os demais aspectos relacionados à execução do projeto, à exploração de seus resultados e às consequências por irregularidades de que trata o art. 14 deste Decreto.

§ 3º É assegurada ao criador participação mínima de cinco por cento e máxima de um terço nos ganhos econômicos auferidos pela ICT pela exploração dos direitos sobre a criação e a propriedade industrial e intelectual gerada por um projeto, na forma do art. 13 da Lei n. 10.973, de 2004.

ART. 4º A exclusão de que trata o art. 1º não pode ser cumulada com os regimes de dedução e exclusão previstos nos arts. 17 e 19 da Lei n. 11.196, de 21 de novembro de 2005, nem com a dedução a que se refere o inciso II do § 2º do art. 13 da Lei n. 9.249, de 26 de dezembro de 1995, relativamente a projetos desenvolvidos pela ICT com recursos despendidos na forma deste Decreto.

ART. 5º Somente poderão receber recursos, na forma deste Decreto, os projetos previamente aprovados por comitê permanente de acompanhamento de ações de pesquisa científica e tecnológica e de inovação tecnológica.

Parágrafo único. A aprovação prévia dos projetos é condição indispensável para a exclusão de que trata o art. 1º.

ART. 6º O comitê permanente será constituído por representantes do Ministério da Ciência e Tecnologia, do Ministério do Desenvolvimento, Indústria e Comércio Exterior e do Ministério da Educação, indicados pelos respectivos Ministros de Estado.

§ 1º O comitê permanente será composto para avaliação e aprovação de projetos selecionados na forma deste Decreto.

§ 2º O comitê permanente poderá definir temas prioritários para aprovação dos projetos avaliados na forma deste artigo.

§ 3º O comitê permanente poderá solicitar a participação de representantes de outros Ministérios para a avaliação de projetos específicos, de acordo com as áreas de pesquisa envolvidas.

ART. 7º Os projetos serão selecionados pelo comitê permanente mediante chamada pública, que disporá sobre os requisitos e as condições de participação, os procedimentos de seleção e os critérios para aprovação de projetos.

§ 1º Os projetos de pesquisa científica e tecnológica e de inovação tecnológica devem ser aprovados pelo órgão máximo da ICT, ouvido o núcleo de inovação tecnológica da instituição, na forma do art. 16 da Lei n. 10.973, de 2004.

§ 2º A ICT beneficiária dos dispêndios realizados pela pessoa jurídica deverá demonstrar que a execução do projeto não compromete suas atividades regulares de ensino, pesquisa e extensão.

§ 3º A aprovação dos projetos pelo comitê permanente será válida por prazos limitados, não superiores a um ano.

§ 4º Aprovado o projeto, a ICT responsável deverá apresentar ao comitê permanente, no prazo fixado na forma do § 3º, a documentação da pessoa jurídica interessada em efetivar os dispêndios relativos à execução do projeto.

§ 5º Apresentada a documentação da pessoa jurídica, a aprovação do projeto será formalizada em portaria interministerial dos Ministros de Estado referidos no art. 6º, indicando:

I - título do projeto;

II - nome e número de inscrição no Cadastro Nacional de Pessoas Jurídicas do Ministério da Fazenda - CNPJ/MF da ICT que executará o projeto;

III - nome e número de inscrição no CNPJ/MF da pessoa jurídica que efetivará os dispêndios relativos à execução do projeto;

IV - valor dos dispêndios e valor da exclusão a ser efetivamente utilizado; e

V - prazo de realização do projeto.

§ 6º A publicação da portaria de que trata o § 5º e a utilização da exclusão de que trata o art. 1º sujeita a pessoa jurídica à comprovação de regularidade fiscal.

ART. 8º Publicada a portaria interministerial referida no § 5º do art. 7º, os dispêndios serão creditados pela pessoa jurídica, exclusivamente em dinheiro, a título de doação, em conta-corrente bancária mantida em instituição financeira oficial federal, aberta diretamente em nome da ICT, vinculada à execução do projeto e movimentada para esse único fim.

§ 1º A ICT que receber recursos na forma do art. 1º fica responsável pela execução de projeto aprovado pelo comitê permanente.

§ 2º Os recursos recebidos pela ICT constituem receita própria para todos os efeitos legais, conforme disposto no art. 18 da Lei n. 10.973, de 2004.

§ 3º A ICT prestará contas dos recursos recebidos à Fundação Coordenação de Aperfeiçoamento de Pessoal de Nível Superior - CAPES.

§ 4º A ICT deverá enviar à CAPES relatórios periódicos de acompanhamento da execução dos projetos e relatório final informando os resultados obtidos pelos projetos, na forma disciplinada pela CAPES.

§ 5º A CAPES deverá efetuar avaliação dos relatórios referidos no § 4º comparando os resultados esperados e atingidos, os objetivos previstos e alcançados e os custos estimados e reais.

ART. 9º A documentação relativa à utilização dos recursos de que trata este Decreto deverá ser mantida pela ICT e pela pessoa jurídica à disposição da fiscalização da Secretaria da Receita Federal do Brasil, durante o prazo prescricional.

ART. 10. Compete à CAPES:

I - prover a estrutura administrativa ao comitê permanente para avaliação e aprovação de projetos selecionados na forma deste Decreto;

II - fazer publicar a chamada pública para seleção de projetos;

III - organizar as reuniões de avaliação e aprovação de projetos pelo comitê;

IV - tomar as contas prestadas pelas ICT; e

V - acompanhar e fiscalizar a execução dos projetos.

ART. 11. Compete ao Ministério da Educação:

I - supervisionar a execução dos projetos;

II - remeter à Secretaria da Receita Federal do Brasil as informações sobre as pessoas jurídicas referidas no art. 1º; e

III - comunicar à Secretaria da Receita Federal do Brasil a ocorrência dos casos previstos no art. 14.

ART. 12. Compete aos Ministérios da Ciência e Tecnologia, do Desenvolvimento, Indústria e Comércio Exterior e da Educação promover a aproximação articulada entre as ICT e o ambiente produtivo e industrial nacional.

ART. 13. A pessoa jurídica referida no art. 1º fica obrigada a prestar informações, em meio eletrônico, ao Ministério da Ciência e Tecnologia, sobre os programas de pesquisa tecnológica e desenvolvimento de inovação tecnológica desenvolvidos ao amparo deste Decreto, conforme instruções por ele estabelecidas, até 31 de julho de cada ano.

Parágrafo único. O Ministério da Ciência e Tecnologia remeterá à Secretaria da Receita Federal do Brasil, na forma, prazo e condições a serem disciplinadas, as informações de que trata o *caput*.

ART. 14. Constatada qualquer irregularidade na execução do projeto, a CAPES notificará a ICT ou a pessoa jurídica, conforme o caso, e definirá prazo não superior a noventa dias para que as eventuais irregularidades sejam sanadas.

§ 1º No caso de irregularidade por parte da ICT não sanada no prazo concedido, a CAPES notificará o comitê permanente, que determinará:

I - a suspensão da execução do projeto;

II - a perda dos recursos não utilizados, com sua devolução à pessoa jurídica; e

III - a inelegibilidade da ICT, por dois anos, para os fins deste Decreto.

§ 2º O descumprimento de qualquer obrigação prevista neste Decreto, bem como a utilização indevida da exclusão, implicam perda do direito à exclusão dos recursos ainda não utilizados e o recolhimento do valor correspondente ao imposto sobre a renda e a CSLL não pagos em decorrência da exclusão já utilizada, acrescidos de juros e de multa, de mora ou de ofício, previstos na legislação tributária, sem prejuízo das sanções penais cabíveis.

§ 3º As penalidades previstas no § 1º serão aplicadas em portaria interministerial dos Ministros de Estado referidos no art. 6º.

ART. 15. O Ministério da Ciência e Tecnologia, o Ministério do Desenvolvimento, Indústria e Comércio Exterior, o Ministério da Educação e a Secretaria da Receita Federal do Brasil disciplinarão, no âmbito de suas competências, a aplicação das disposições deste Decreto.

ART. 16. Este Decreto entra em vigor na data da sua publicação.

Brasília, 20 de novembro de 2007; 186º da Independência e 119º da República.

LUIZ INÁCIO LULA DA SILVA

DECRETO N. 6.262, DE 20 DE NOVEMBRO DE 2007

Dispõe sobre a simplificação de procedimentos para importação de bens destinados à pesquisa científica e tecnológica.

▸ *DOU*, 21.11.2007.

O Presidente da República, no uso da atribuição que lhe confere o art. 84, inciso IV, da Constituição, e tendo em vista o disposto na Lei n. 8.010, de 29 de março de 1990,

Decreta:

ART. 1º Os Ministérios da Ciência e Tecnologia, Fazenda, Saúde e Desenvolvimento, Indústria e Comércio Exterior, bem como seus órgãos e entidades vinculados, deverão disciplinar no prazo de quarenta e cinco dias, prorrogável por igual período, no âmbito de suas competências e observado o disposto nos arts. 2º e 3º da Lei n. 8.010, de 29 de março de 1990, o desembaraço aduaneiro simplificado na importação de bens destinados à pesquisa científica e tecnológica.

ART. 2º As máquinas, equipamentos, aparelhos e instrumentos, bem como suas partes e peças de reposição, acessórios, matérias-primas e produtos intermediários importados destinados à pesquisa científica e tecnológica terão seu despacho aduaneiro simplificado, observado o disposto no art. 1º.

ART. 3º As importações de que trata o art. 2º são dispensadas do exame de similaridade, da emissão de licença de importação ou documento de efeito equivalente, bem como de controles prévios ao despacho aduaneiro, observado o disposto no art. 2º da Lei n. 8.010, de 1990.

ART. 4º Este Decreto entra em vigor na data da sua publicação.

Brasília, 20 de novembro de 2007; 186º da Independência e 119º da República.

LUIZ INÁCIO LULA DA SILVA

DECRETO N. 6.306, DE 14 DE DEZEMBRO DE 2007

Regulamenta o Imposto sobre Operações de Crédito, Câmbio e Seguro, ou relativas a Títulos ou Valores Mobiliários - IOF.

▸ *DOU*, 17.12.2007, retificado em 08.01.2008.

O Presidente da República, no uso das atribuições que lhe conferem os arts. 84, inciso IV, e 153, § 1º, da Constituição, e tendo em vista o disposto na Lei n. 5.143, de 20 de outubro de 1966, na Lei n. 5.172, de 25 de outubro de 1966, no Decreto-Lei n. 1.783, de 18 de abril de 1980, e na Lei n. 8.894, de 21 de junho de 1994,

Decreta:

ART. 1º O Imposto sobre Operações de Crédito, Câmbio e Seguro ou relativas a Títulos ou Valores Mobiliários - IOF será cobrado de conformidade com o disposto neste Decreto.

TÍTULO I
DA INCIDÊNCIA

ART. 2º O IOF incide sobre:

I - operações de crédito realizadas:

a) por instituições financeiras (Lei n. 5.143, de 20 de outubro de 1966, art. 1º);

b) por empresas que exercem as atividades de prestação cumulativa e contínua de serviços de assessoria creditícia, mercadológica, gestão de crédito, seleção de riscos, administração de contas a pagar e a receber, compra de direitos creditórios resultantes de vendas mercantis a prazo ou de prestação de serviços (factoring) (Lei n. 9.249, de 26 de dezembro de 1995, art. 15, § 1º, inciso III, alínea "d", e Lei n. 9.532, de 10 de dezembro de 1997, art. 58);

c) entre pessoas jurídicas ou entre pessoa jurídica e pessoa física (Lei n. 9.779, de 19 de janeiro de 1999, art. 13);

II - operações de câmbio (Lei n. 8.894, de 21 de junho de 1994, art. 5º);

III - operações de seguro realizadas por seguradoras (Lei n. 5.143, de 1966, art. 1º);

IV - operações relativas a títulos ou valores mobiliários (Lei n. 8.894, de 1994, art. 1º);

V - operações com ouro, ativo financeiro, ou instrumento cambial (Lei n. 7.766, de 11 de maio de 1989, art. 4º).

§ 1º A incidência definida no inciso I exclui a definida no inciso IV, e reciprocamente, quanto à emissão, ao pagamento ou resgate do título representativo de uma mesma operação de crédito (Lei n. 5.172, de 25 de outubro de 1966, art. 63, parágrafo único).

§ 2º Exclui-se da incidência do IOF referido no inciso I a operação de crédito externo, sem prejuízo da incidência definida no inciso II.

§ 3º Não se submetem à incidência do imposto de que trata este Decreto as operações realizadas por órgãos da administração direta da União, dos Estados, do Distrito Federal e dos Municípios, e, desde que vinculadas às finalidades essenciais das respectivas entidades, as operações realizadas por:

I - autarquias e fundações instituídas e mantidas pelo Poder Público;

II - templos de qualquer culto;

III - partidos políticos, inclusive suas fundações, entidades sindicais de trabalhadores e instituições de educação e de assistência social, sem fins lucrativos, atendidos os requisitos da lei.

TÍTULO II
DA INCIDÊNCIA SOBRE OPERAÇÕES DE CRÉDITO

CAPÍTULO I
DO FATO GERADOR

ART. 3º O fato gerador do IOF é a entrega do montante ou do valor que constitua o objeto da obrigação, ou sua colocação à disposição do interessado (Lei n. 5.172, de 1966, art. 63, inciso I).

§ 1º Entende-se ocorrido o fato gerador e devido o IOF sobre operação de crédito:

I - na data da efetiva entrega, total ou parcial, do valor que constitua o objeto da obrigação ou sua colocação à disposição do interessado;

II - no momento da liberação de cada uma das parcelas, nas hipóteses de crédito sujeito, contratualmente, a liberação parcelada;

III - na data do adiantamento a depositante, assim considerado o saldo a descoberto em conta de depósito;

IV - na data do registro efetuado em conta devedora por crédito liquidado no exterior;

V - na data em que se verificar excesso de limite, assim entendido o saldo a descoberto ocorrido em operação de empréstimo ou financiamento, inclusive sob a forma de abertura de crédito;

VI - na data da novação, composição, consolidação, confissão de dívida e dos negócios assemelhados, observado o disposto nos §§ 7º e 10 do art. 7º;

VII - na data do lançamento contábil, em relação às operações e às transferências internas que não tenham classificação específica, mas que, pela sua natureza, se enquadrem como operações de crédito.

§ 2º O débito de encargos, exceto na hipótese do § 12 do art. 7º, não configura entrega ou colocação de recursos à disposição do interessado.

§ 3º A expressão "operações de crédito" compreende as operações de:

I - empréstimo sob qualquer modalidade, inclusive abertura de crédito e desconto de títulos (Decreto-Lei n. 1.783, de 18 de abril de 1980, art. 1º, inciso I);

II - alienação, à empresa que exercer as atividades de factoring, de direitos creditórios resultantes de vendas a prazo (Lei n. 9.532, de 1997, art. 58);

III - mútuo de recursos financeiros entre pessoas jurídicas ou entre pessoa jurídica e pessoa física (Lei n. 9.779, de 1999, art. 13).

CAPÍTULO II
DOS CONTRIBUINTES E DOS RESPONSÁVEIS

Dos Contribuintes

ART. 4º Contribuintes do IOF são as pessoas físicas ou jurídicas tomadoras de crédito (Lei n. 8.894, de 1994, art. 3º, inciso I, e Lei n. 9.532, de 1997, art. 58).

Parágrafo único. No caso de alienação de direitos creditórios resultantes de vendas a prazo a empresas de factoring, contribuinte é o alienante pessoa física ou jurídica.

Dos Responsáveis

ART. 5º São responsáveis pela cobrança do IOF e pelo seu recolhimento ao Tesouro Nacional:

I - as instituições financeiras que efetuarem operações de crédito (Decreto-Lei n. 1.783, de 1980, art. 3º, inciso I);

II - as empresas de factoring adquirentes do direito creditório, nas hipóteses da alínea "b" do inciso I do art. 2º (Lei n. 9.532, de 1997, art. 58, § 1º);

III - a pessoa jurídica que conceder o crédito, nas operações de crédito correspondentes a mútuo de recursos financeiros (Lei n. 9.779, de 1999, art. 13, § 2º).

CAPÍTULO III
DA BASE DE CÁLCULO E DA ALÍQUOTA

Da Alíquota

ART. 6º O IOF será cobrado à alíquota máxima de um vírgula cinco por cento ao dia sobre o valor das operações de crédito (Lei n. 8.894, de 1994, art. 1º).

Da Base de Cálculo e das Alíquotas Reduzidas

ART. 7º A base de cálculo e respectiva alíquota reduzida do IOF são (Lei n. 8.894, de 1994, art. 1º, parágrafo único, e Lei n. 5.172, de 1966, art. 64, inciso I):

I - na operação de empréstimo, sob qualquer modalidade, inclusive abertura de crédito:

a) quando não ficar definido o valor do principal a ser utilizado pelo mutuário, inclusive por estar contratualmente prevista a reutilização do crédito, até o termo final da operação, a base de cálculo é o somatório dos saldos devedores diários apurado no último dia de cada mês, inclusive na prorrogação ou renovação:

1. mutuário pessoa jurídica: 0,0041%;

2. mutuário pessoa física: 0,0082%; (Alterado pelo Dec. 8.392/2015.)

b) quando ficar definido o valor do principal a ser utilizado pelo mutuário, a base de cálculo é o principal entregue ou colocado à sua disposição, ou quando previsto mais de um pagamento, o valor do principal de cada uma das parcelas:

1. mutuário pessoa jurídica: 0,0041% ao dia;

2. mutuário pessoa física: 0,0082% ao dia; (Alterado pelo Dec. 8.392/2015.)

II - na operação de desconto, inclusive na de alienação a empresas de factoring de direitos creditórios resultantes de vendas a prazo, a base de cálculo é o valor líquido obtido:

a) mutuário pessoa jurídica: 0,0041% ao dia;

b) mutuário pessoa física: 0,0082% ao dia; (Alterado pelo Dec. 8.392/2015.)

III - no adiantamento a depositante, a base de cálculo é o somatório dos saldos devedores diários, apurado no último dia de cada mês:

a) mutuário pessoa jurídica: 0,0041%;

b) mutuário pessoa física: 0,0082%; (Alterado pelo Dec. 8.392/2015.)

IV - nos empréstimos, inclusive sob a forma de financiamento, sujeitos à liberação de recursos em parcelas, ainda que o pagamento seja parcelado, a base de cálculo é o valor do principal de cada liberação:

a) mutuário pessoa jurídica: 0,0041% ao dia;

b) mutuário pessoa física: 0,0082% ao dia; (Alterado pelo Dec. 8.392/2015.)

V - nos excessos de limite, ainda que o contrato esteja vencido:

a) quando não ficar expressamente definido o valor do principal a ser utilizado, inclusive por estar contratualmente prevista a reutilização do crédito, até o termo final da operação, a base de cálculo é o valor dos excessos computados no somatório dos saldos devedores diários apurados no último dia de cada mês:

1. mutuário pessoa jurídica: 0,0041%;

2. mutuário pessoa física: 0,0082%; (Alterado pelo Dec. 8.392/2015.)

b) quando ficar expressamente definido o valor do principal a ser utilizado, a base de cálculo é o valor de cada excesso, apurado diariamente, resultante de novos valores entregues ao interessado, não se considerando como tais os débitos de encargos:

1. mutuário pessoa jurídica: 0,0041% ao dia;

2. mutuário pessoa física: 0,0082% ao dia; (Alterado pelo Dec. 8.392/2015.)

VI - nas operações referidas nos incisos I a V, quando se tratar de mutuário pessoa jurídica optante pelo Regime Especial Unificado de Arrecadação de Tributos e Contribuições devidos pelas Microempresas e Empresas de Pequeno Porte - Simples Nacional, de que trata a Lei Complementar n. 123, de 14 de dezembro de 2006, em que o valor seja igual ou inferior a R$ 30.000,00 (trinta mil reais), observado o disposto no art. 45, inciso II: 0,00137% ou 0,00137% ao dia, conforme o caso;

VII - nas operações de financiamento para aquisição de imóveis não residenciais, em que o mutuário seja pessoa física: 0,0082% ao dia. (Alterado pelo Dec. 8.392/2015.)

§ 1º O IOF, cuja base de cálculo não seja apurada por somatório de saldos devedores diários, não excederá o valor resultante da aplicação da alíquota diária a cada valor de principal, prevista para a operação, multiplicada por trezentos e sessenta e cinco dias, acrescida da alíquota adicional de que trata o § 15, ainda que a operação seja de pagamento parcelado. (Redação dada pelo Dec. 6.391/2008.)

§ 2º No caso de operação de crédito não liquidada no vencimento, cuja tributação não tenha atingido a limitação prevista no § 1º, a exigência do IOF fica suspensa entre a data do vencimento original da obrigação e a da sua liquidação ou a data em que ocorrer qualquer das hipóteses previstas no § 7º.

§ 3º Na hipótese do § 2º, será cobrado o IOF complementar, relativamente ao período em que ficou suspensa a exigência, mediante a aplicação da mesma alíquota sobre o valor não liquidado da obrigação vencida, até atingir a limitação prevista no § 1º.

§ 4º O valor líquido a que se refere o inciso II deste artigo corresponde ao valor nominal do título ou do direito creditório, deduzidos os juros cobrados antecipadamente.

§ 5º No caso de adiantamento concedido sobre cheque em depósito, a tributação será feita na forma estabelecida para desconto de títulos, observado o disposto no inciso XXII do art. 8º.

§ 6º No caso de cheque admitido em depósito e devolvido por insuficiência de fundos, a base de cálculo do IOF será igual ao valor a descoberto, verificado na respectiva conta, pelo seu débito, na forma estabelecida para o adiantamento a depositante.

§ 7º Na prorrogação, renovação, novação, composição, consolidação, confissão de dívida e negócios assemelhados, de operação de crédito em que não haja substituição de devedor, a base de cálculo do IOF será o valor não liquidado da operação anteriormente tributada, sendo essa tributação considerada complementar à anteriormente feita, aplicando-se a alíquota em vigor à época da operação inicial.

§ 8º No caso do § 7º, se a base de cálculo original for o somatório mensal dos saldos devedores diários, a base de cálculo será o valor renegociado na operação, com exclusão da parte amortizada na data do negócio.

§ 9º Sem exclusão da cobrança do IOF prevista no § 7º, havendo entrega ou colocação de novos valores à disposição do interessado, esses constituirão nova base de cálculo.

§ 10. No caso de novação, composição, consolidação, confissão de dívida e negócios assemelhados de operação de crédito em que haja substituição de devedor, a base de cálculo do IOF será o valor renegociado na operação.

§ 11. Nos casos dos §§ 8º, 9º e 10, a alíquota aplicável é a que estiver em vigor na data da novação, composição, consolidação, confissão de dívida ou negócio assemelhado.

§ 12. Os encargos integram a base de cálculo quando o IOF for apurado pelo somatório dos saldos devedores diários.

§ 13. Nas operações de crédito decorrentes de registros ou lançamentos contábeis ou sem classificação específica, mas que, pela sua natureza, importem colocação ou entrega de recursos à disposição de terceiros, seja o mutuário pessoa física ou jurídica, as alíquotas serão aplicadas na forma dos incisos I a VI, conforme o caso.

§ 14. Nas operações de crédito contratadas por prazo indeterminado e definido o valor do principal a ser utilizado pelo mutuário,

DECRETOS

aplicar-se-á a alíquota diária prevista para a operação e a base de cálculo será o valor do principal multiplicado por trezentos e sessenta e cinco.

§ 15. Sem prejuízo do disposto no *caput*, o IOF incide sobre as operações de crédito à alíquota adicional de trinta e oito centésimos por cento, independentemente do prazo da operação, seja o mutuário pessoa física ou pessoa jurídica. (Incluído pelo Dec. 6.339/2008.)

§ 16. Nas hipóteses de que tratam a alínea "a" do inciso I, o inciso III, e a alínea "a" do inciso V, o IOF incidirá sobre o somatório mensal dos acréscimos diários dos saldos devedores, à alíquota adicional de que trata o § 15. (Incluído pelo Dec. 6.339/2008.)

§ 17. Nas negociações de que trata o § 7º não se aplica a alíquota adicional de que trata o § 15, exceto se houver entrega ou colocação de novos valores à disposição do interessado. (Incluído pelo Dec. 6.391/2008.)

§ 18. No caso de operação de crédito cuja base de cálculo seja apurada por somatório dos saldos devedores diários, constatada a inadimplência do tomador, a cobrança do IOF apurado a partir do último dia do mês subsequente ao da constatação de inadimplência dar-se-á na data da liquidação total ou parcial da operação ou da ocorrência de qualquer das hipóteses previstas no § 7º. (Incluído pelo Dec. 7.487/2011.)

§ 19. Na hipótese do § 18, por ocasião da liquidação total ou parcial da operação ou da ocorrência de qualquer das hipóteses previstas no § 7º, o IOF será cobrado mediante a aplicação das alíquotas previstas nos itens 1 ou 2 da alínea "a" do inciso I do *caput*, vigentes na data de ocorrência de cada saldo devedor diário, até atingir a limitação de trezentos e sessenta e cinco dias. (Incluído pelo Dec. 7.487/2011.)

Da Alíquota Zero

ART. 8º A alíquota do imposto é reduzida a zero na operação de crédito, sem prejuízo do disposto no § 5º: (Redação dada pelo Dec. 7.011/2009.)

I - em que figure como tomadora cooperativa, observado o disposto no art. 45, inciso I;

II - (Revogado pelo Dec. 9.017/2017.)

III - à exportação, bem como de amparo à produção ou estímulo à exportação;

IV - rural, destinada a investimento, custeio e comercialização, observado o disposto no § 1º;

V - realizada por caixa econômica, sob garantia de penhor civil de joias, de pedras preciosas e de outros objetos;

VI - realizada por instituição financeira, referente a repasse de recursos do Tesouro Nacional destinados a financiamento de abastecimento e formação de estoques reguladores;

VII - realizada entre instituição financeira e outra instituição autorizada a funcionar pelo Banco Central do Brasil, desde que a operação seja permitida pela legislação vigente;

VIII - em que o tomador seja estudante, realizada por meio do Fundo de Financiamento ao Estudante do Ensino Superior - FIES, de que trata a Lei n. 10.260, de 12 de julho de 2001;

IX - efetuada com recursos da Agência Especial de Financiamento Industrial - FINAME;

X - realizada ao amparo da Política de Garantia de Preços Mínimos - Empréstimos do Governo Federal - EGF;

XI - relativa a empréstimo de título público, quando esse permanecer custodiado no Sistema Especial de Liquidação e de Custódia - SELIC, e servir de garantia prestada a terceiro na execução de serviços e obras públicas;

XII - (Revogado pelo Dec. 8.325/2014.)

XIII - relativa a adiantamento de salário concedido por pessoa jurídica aos seus empregados, para desconto em folha de pagamento ou qualquer outra forma de reembolso;

XIV - relativa a transferência de bens objeto de alienação fiduciária, com sub-rogação de terceiro nos direitos e obrigações do devedor, desde que mantidas todas as condições financeiras do contrato original;

XV - realizada por instituição financeira na qualidade de gestora, mandatária, ou agente de fundo ou programa do Governo Federal, Estadual, do Distrito Federal ou Municipal, instituído por lei, cuja aplicação do recurso tenha finalidade específica;

XVI - relativa a adiantamento sobre o valor de resgate de apólice de seguro de vida individual e de título de capitalização;

XVII - relativa a adiantamento de contrato de câmbio de exportação;

XVIII - relativa a aquisição de ações ou de participação em empresa, no âmbito do Programa Nacional de Desestatização;

XIX - resultante de repasse de recursos de fundo ou programa do Governo Federal vinculado à emissão pública de valores mobiliários;

XX - relativa a devolução antecipada do IOF indevidamente cobrado e recolhido pelo responsável, enquanto aguarda a restituição pleiteada, e desde que não haja cobrança de encargos remuneratórios;

XXI - realizada por agente financeiro com recursos oriundos de programas federais, estaduais ou municipais, instituídos com a finalidade de implementar programas de geração de emprego e renda, nos termos previstos no art. 12 da Lei n. 9.649, de 27 de maio de 1998;

XXII - relativa a adiantamento concedido sobre cheque em depósito, remetido à compensação nos prazos e condições fixados pelo Banco Central do Brasil;

XXIII - (Revogado pelo Dec. 6.391/2008.)

XXIV - realizada por instituição financeira, com recursos do Tesouro Nacional, destinada ao financiamento de estocagem de álcool etílico combustível, na forma regulamentada pelo Conselho Monetário Nacional;

XXV - realizada por uma instituição financeira para cobertura de saldo devedor em outra instituição financeira, até o montante do valor portado e desde que não haja substituição do devedor.

XXVI - relativa a financiamento para aquisição de motocicleta, motoneta e ciclomotor, em que o mutuário seja pessoa física. (Incluído pelo Dec. 6.655/2008.)

XXVII - realizada por instituição financeira pública federal em que sejam tomadores de recursos pessoas físicas com renda mensal de até dez salários mínimos, desde que os valores das operações sejam direcionados exclusivamente para adquirir bens e serviços de tecnologia assistiva destinados a pessoas com deficiência, nos termos do parágrafo único do art. 1º da Lei 10.735, de 11 de setembro de 2003. (Incluído pelo Dec. 7.726/2012.)

XXVIII - realizada por instituição financeira, com recursos públicos ou privados, para financiamento de operações, contratadas a partir de 2 de abril de 2013, destinadas a aquisição, produção e arrendamento mercantil de bens de capital, incluídos componentes e serviços tecnológicos relacionados, e o capital de giro associado, a produção de bens de consumo para exportação, ao setor de energia elétrica, a estruturas para exportação de granéis líquidos, a projetos de engenharia, à inovação tecnológica, e a projetos de investimento destinados à constituição de capacidade tecnológica e produtiva em setores de alta intensidade de conhecimento e engenharia e projetos de infraestrutura logística direcionados a obras de rodovias e ferrovias objeto de concessão pelo Governo federal, a que se refere o art. 1º da Lei n. 12.096, de 24 de novembro de 2009, e de acordo com os critérios fixados pelo Conselho Monetário Nacional e pelo Banco Central do Brasil. (Acrescentado pelo Dec. 7.975/2013.)

XXIX - contratada pela Câmara de Comercialização de Energia Elétrica - CCEE, destinada à cobertura, total ou parcialmente, das despesas incorridas pelas concessionárias de serviço público de distribuição de energia elétrica nos termos do Decreto n. 8.221, de 1º de abril de 2014. (Acrescentado pelo Dec. 8.231/2014.)

XXX - (Revogado pelo Dec. 8.511/2015.)

XXXI - efetuada por intermédio da Financiadora de Estudos e Projetos - FINEP ou por seus agentes financeiros, com recursos dessa empresa pública; e (Acrescentado pelo Dec. 8.325/2014.)

XXXII - destinada, nos termos do §3º do art. 6º da Lei n. 12.793, de 2 de abril de 2013, ao financiamento de projetos de infraestrutura de logística direcionados a obras de rodovias e ferrovias objeto de concessão pelo Governo Federal. (Acrescentado pelo Dec. 8.325/2014.)

§ 1º No caso de operação de comercialização, na modalidade de desconto de nota promissória rural ou duplicata rural, a alíquota zero é aplicável somente quando o título for emitido em decorrência de venda de produção própria.

§ 2º O disposto no inciso XXV não se aplica nas hipóteses de prorrogação, renovação, novação, composição, consolidação, confissão de dívidas e negócios assemelhados, de operação de crédito em que haja ou não substituição do devedor, ou de quaisquer outras alterações contratuais, exceto taxas, hipóteses em que o imposto complementar deverá ser cobrado à alíquota vigente na data da operação inicial.

§ 3º Quando houver desclassificação ou descaracterização, total ou parcial, de operação de crédito rural ou de adiantamento de contrato de câmbio, tributada à alíquota zero, o IOF será devido a partir da ocorrência do fato gerador e calculado à alíquota correspondente à operação, conforme previsto no art. 7º, incidente sobre o valor desclassificado ou descaracterizado, sem prejuízo do disposto no art. 54.

§ 4º Quando houver falta de comprovação ou descumprimento de condição, ou desvirtuamento da finalidade dos recursos, total ou parcial, de operação tributada à alíquota zero, o IOF será devido a partir da ocorrência do fato e gerador calculado à alíquota correspondente à operação, conforme previsto no art. 7º, acrescido de juros e multa de mora, sem prejuízo do disposto no art. 54, conforme o caso.

§ 5º Fica instituída, independentemente do prazo da operação, alíquota adicional de trinta e oito centésimos por cento do IOF incidente sobre o valor das operações de crédito de que tratam os incisos I, IV, V, VI, X, XI, XIV, XVI, XVIII, XIX, XXI e XXVI do *caput*. (Alterado pelo Dec. 9.017/2017.)

CAPÍTULO IV
DA ISENÇÃO

ART. 9º É isenta do IOF a operação de crédito:

I - para fins habitacionais, inclusive a destinada à infraestrutura e saneamento básico relativos a programas ou projetos que tenham a mesma finalidade (Decreto-Lei n. 2.407, de 5 de janeiro de 1988);

II - realizada mediante conhecimento de depósito e warrant, representativos de mercadorias depositadas para exportação, em entreposto aduaneiro (Decreto-Lei n. 1.269, de 18 de abril de 1973, art. 1º, e Lei n. 8.402, de 8 de janeiro de 1992, art. 1º, inciso XI);

III - com recursos dos Fundos Constitucionais de Financiamento do Norte (FNO), do Nordeste (FNE) e do Centro-Oeste (FCO) (Lei n. 7.827, de 27 de setembro de 1989, art. 8º);

IV - efetuada por meio de cédula e nota de crédito à exportação (Lei n. 6.313, de 16 de dezembro de 1975, art. 2º, e Lei n. 8.402, de 1992, art. 1º, inciso XII);

V - em que o tomador de crédito seja a entidade binacional Itaipu (art. XII do Tratado promulgado pelo Decreto n. 72.707, de 28 de agosto de 1973);

VI - para a aquisição de automóvel de passageiros, de fabricação nacional, com até 127 HP de potência bruta (SAE), na forma do art. 72 da Lei n. 8.383, de 30 de dezembro de 1991;

VII - (Revogado pelo Dec. 7.563/2011.)

VIII - em que os tomadores sejam missões diplomáticas e repartições consulares de carreira (Convenção de Viena sobre Relações Consulares promulgada pelo Decreto n. 61.078, de 26 de julho de 1967, art. 32, e Decreto n. 95.711, de 10 de fevereiro de 1988, art. 1º);

IX - contratada por funcionário estrangeiro de missão diplomática ou representação consular (Convenção de Viena sobre Relações Diplomáticas promulgada pelo Decreto n. 56.435, de 8 de junho de 1965, art. 34).

§ 1º O disposto nos incisos VIII e IX não se aplica aos consulados e cônsules honorários (Convenção de Viena sobre Relações Consulares promulgada pelo Decreto n. 61.078, de 1967, art. 58).

§ 2º O disposto no inciso IX não se aplica aos funcionários estrangeiros que tenham residência permanente no Brasil (Convenção de Viena sobre Relações Diplomáticas promulgada pelo Decreto n. 56.435, de 1965, art. 37, e Convenção de Viena sobre Relações Consulares promulgada pelo Decreto n. 61.078, de 1967, art. 71).

§ 3º Os membros das famílias dos funcionários mencionados no inciso IX, desde que com eles mantenham relação de dependência econômica e não tenham residência permanente no Brasil, gozarão do tratamento estabelecido neste artigo (Convenção de Viena sobre Relações Diplomáticas promulgada pelo Decreto n. 56.435, de 1965, art. 37, e Convenção de Viena sobre Relações Consulares promulgada pelo Decreto n. 61.078, de 1967, art 71).

§ 4º O tratamento estabelecido neste artigo aplica-se, ainda, aos organismos internacionais e regionais de caráter permanente de que o Brasil seja membro e aos funcionários estrangeiros de tais organismos, nos termos dos acordos firmados (Lei n. 5.172, de 1966, art. 98).

CAPÍTULO V
DA COBRANÇA E DO RECOLHIMENTO

ART. 10. O IOF será cobrado:

I - no primeiro dia útil do mês subsequente ao de apuração, nas hipóteses em que a apuração da base de cálculo seja feita no último dia de cada mês;

II - na data da prorrogação, renovação, consolidação, composição e negócios assemelhados;

III - na data da operação de desconto;

IV - na data do pagamento, no caso de operação de crédito não liquidada no vencimento;

V - até o décimo dia subsequente à data da caracterização do descumprimento ou da falta de comprovação do cumprimento de condições, total ou parcial, de operações isentas ou tributadas à alíquota zero ou da caracterização do desvirtuamento da finalidade dos recursos decorrentes das mesmas operações;

VI - até o décimo dia subsequente à data da desclassificação ou descaracterização, total ou parcial, de operação de crédito rural ou de adiantamento de contrato de câmbio, quando feita pela própria instituição financeira, ou do recebimento da comunicação da desclassificação ou descaracterização;

VII - na data da entrega ou colocação dos recursos à disposição do interessado, nos demais casos.

Parágrafo único. O IOF deve ser recolhido ao Tesouro Nacional até o terceiro dia útil subsequente ao decêndio da cobrança ou do registro contábil do imposto (Lei n. 11.196, de 21 de novembro de 2005, art. 70, inciso II, alínea "b").

TÍTULO III
DA INCIDÊNCIA SOBRE OPERAÇÕES DE CÂMBIO

CAPÍTULO I
DO FATO GERADOR

ART. 11. O fato gerador do IOF é a entrega de moeda nacional ou estrangeira, ou de documento que a represente, ou sua colocação à disposição do interessado, em montante equivalente à moeda estrangeira ou nacional entregue ou posta à disposição por este (Lei n. 5.172, de 1966, art. 63, inciso II).

Parágrafo único. Ocorre o fato gerador e torna-se devido o IOF no ato da liquidação da operação de câmbio.

CAPÍTULO II
DOS CONTRIBUINTES E DOS RESPONSÁVEIS

Dos Contribuintes

ART. 12. São contribuintes do IOF os compradores ou vendedores de moeda estrangeira nas operações referentes às transferências financeiras para o ou do exterior, respectivamente (Lei n. 8.894, de 1994, art. 6º).

Parágrafo único. As transferências financeiras compreendem os pagamentos e recebimentos em moeda estrangeira, independentemente da forma de entrega e da natureza das operações.

Dos Responsáveis

ART. 13. São responsáveis pela cobrança do IOF e pelo seu recolhimento ao Tesouro Nacional as instituições autorizadas a operar em câmbio (Lei n. 8.894, de 1994, art. 6º, parágrafo único).

CAPÍTULO III
DA BASE DE CÁLCULO E DA ALÍQUOTA

Da Base de Cálculo

ART. 14. A base de cálculo do IOF é o montante em moeda nacional, recebido, entregue ou posto à disposição, correspondente ao valor, em moeda estrangeira, da operação de câmbio (Lei n. 5.172, de 1966, art. 64, inciso II).

Da Alíquota

ART. 15. A alíquota máxima do IOF é de vinte e cinco por cento (Lei n. 8.894, de 1994, art. 5º).

§§ 1º a 3º (Revogados pelo Dec. 7.412/2010.)

ART. 15-A. (Revogado pelo Dec. 8.325/2014.)

ART. 15-B. A alíquota do IOF fica reduzida para trinta e oito centésimos por cento, observadas as seguintes exceções: (Acrescentado pelo Dec. 8.325/2014.)

I - nas operações de câmbio relativas ao ingresso no País de receitas de exportação de bens e serviços: zero; (Acrescentado pelo Dec. 8.325/2014.)

II - nas operações de câmbio de natureza interbancária entre instituições integrantes do Sistema Financeiro Nacional autorizadas a operar no mercado de câmbio e entre estas e instituições financeiras no exterior: zero; (Acrescentado pelo Dec. 8.325/2014.)

III - nas operações de câmbio, de transferências do e para o exterior, relativas a aplicações de fundos de investimento no mercado internacional, nos limites e condições fixados pela Comissão de Valores Mobiliários: zero; (Acrescentado pelo Dec. 8.325/2014.)

IV - nas operações de câmbio realizadas por empresas de transporte aéreo internacional domiciliadas no exterior, para remessa de recursos originados de suas receitas locais: zero; (Acrescentado pelo Dec. 8.325/2014.)

V - nas operações de câmbio relativas a ingresso de moeda estrangeira para cobertura de gastos efetuados no País com utilização de cartão de crédito emitido no exterior: zero; (Acrescentado pelo Dec. 8.325/2014.)

VI - nas operações de câmbio realizadas para ingresso no País de doações em espécie recebidas por instituições financeiras públicas controladas pela União e destinadas a ações de prevenção, monitoramento e combate ao desmatamento e de promoção da conservação e do uso sustentável das florestas brasileiras, de que trata a Lei n. 11.828, de 20 de novembro de 2008: zero; (Acrescentado pelo Dec. 8.325/2014.)

VII - nas operações de câmbio destinadas ao cumprimento de obrigações de administradoras de cartão de crédito ou de débito ou de bancos comerciais ou múltiplos na qualidade de emissores de cartão de crédito decorrentes de aquisição de bens e serviços do exterior efetuada por seus usuários, observado o disposto no inciso VIII: seis inteiros e trinta e oito centésimos por cento; (Acrescentado pelo Dec. 8.325/2014.)

VIII - nas operações de câmbio destinadas ao cumprimento de obrigações de administradoras de cartão de crédito ou de débito ou de bancos comerciais ou múltiplos na qualidade de emissores de cartão de crédito decorrentes de aquisição de bens e serviços do exterior quando forem usuários do cartão a União, Estados, Municípios, Distrito Federal, suas fundações e autarquias: zero; (Acrescentado pelo Dec. 8.325/2014.)

IX - nas operações de câmbio destinadas ao cumprimento de obrigações de administradoras de cartão de uso internacional ou de bancos comerciais ou múltiplos na qualidade de emissores de cartão de crédito ou de débito decorrentes de saques no exterior efetuado por seus usuários: seis inteiros e trinta e oito centésimos por cento; (Acrescentado pelo Dec. 8.325/2014.)

X - nas liquidações de operações de câmbio para aquisição de moeda estrangeira em cheques de viagens e para carregamento de cartão internacional pré-pago, destinadas a atender gastos pessoais em viagens internacionais: seis inteiros e trinta e oito centésimos por cento; (Acrescentado pelo Dec. 8.325/2014.)

XI - nas liquidações de operações de câmbio de ingresso e saída de recursos no e do País, referentes a recursos captados a título de empréstimos e financiamentos externos, excetuadas as operações de que trata o inciso XII: zero; (Acrescentado pelo Dec. 8.325/2014.)

XII - nas liquidações de operações de câmbio para ingresso de recursos no País, inclusive por meio de operações simultâneas, referente a empréstimo externo, sujeito a registro no Banco Central do Brasil, contratado de forma direta ou mediante emissão de títulos no mercado internacional com prazo médio mínimo de até cento e oitenta dias: seis por cento; (Acrescentado pelo Dec. 8.325/2014.)

XIII - nas liquidações de operações de câmbio para remessa de juros sobre o capital próprio e dividendos recebidos por investidor estrangeiro: zero; (Acrescentado pelo Dec. 8.325/2014.)

XIV - nas liquidações de operações de câmbio contratadas por investidor estrangeiro para ingresso de recursos no País, inclusive por meio de operações simultâneas, para constituição de margem de garantia, inicial ou adicional, exigida por bolsas de valores, de mercadorias e futuros: zero; (Acrescentado pelo Dec. 8.325/2014.)

XV - nas liquidações de operações simultâneas de câmbio para ingresso no País de recursos através de cancelamento de Depositary Receipts - DR, para investimento em ações negociáveis em bolsa de valores: zero; (Acrescentado pelo Dec. 8.325/2014.)

XVI - nas liquidações de operações de câmbio contratadas por investidor estrangeiro para ingresso de recursos no País, inclusive por meio de operações simultâneas, para aplicação nos mercados financeiro e de capitais: zero; (Acrescentado pelo Dec. 8.325/2014.)

XVII - nas liquidações de operações de câmbio para fins de retorno de recursos aplicados por investidor estrangeiro nos mercados financeiro e de capitais: zero; e (Acrescentado pelo Dec. 8.325/20

XVIII - na operação de compra de moeda estrangeira por instituição autorizada a operar no mercado de câmbio, contratada simultaneamente com operação de venda, exclusivamente quando requerida em disposição regulamentar: zero. (Acrescentado pelo Dec. 8.325/2014.)

XIX - nas liquidações de operações simultâneas de câmbio para ingresso de recursos no País, originárias da mudança de regime do investidor estrangeiro, de investimento direto de que trata a Lei n. 4.131, de 3 de setembro de 1962, para investimento em ações negociáveis em bolsa de valores, na forma regulamentada pelo Conselho Monetário Nacional: zero. (Acrescentado pelo Dec. 8.731/2016.)

XX - nas liquidações de operações de câmbio, liquidadas a partir de 3 de maio de 2016, para aquisição de moeda estrangeira, em espécie: um inteiro e dez centésimos por cento. (Acrescentado pelo Dec. 8.731/2016.)

XXI - nas liquidações de operações de câmbio, realizadas a partir de 3 de março de 2018 para transferência de recursos para o exterior para colocação de disponibilidade de residente no País: um inteiro e dez centésimos por cento. (Acrescentado pelo Dec. 9.297/2018.)

§ 1º No caso de operações de empréstimo em moeda via lançamento de títulos, com cláusula de antecipação de vencimento, parcial ou total, pelo credor ou pelo devedor (put/call), a primeira data prevista de exercício definirá a incidência do imposto prevista no inciso XII do *caput*. (Acrescentado pelo Dec. 8.325/2014.)

§ 2º Quando a operação de empréstimo for contratada pelo prazo médio mínimo superior ao exigido no inciso XII do *caput* e for liquidada antecipadamente, total ou parcialmente, descumprindo-se esse prazo mínimo, o contribuinte ficará sujeito ao pagamento do imposto calculado à alíquota estabelecida no inciso citado, acrescido de juros moratórios e multa, sem prejuízo das penalidades previstas no art. 23 da Lei n. 4.131, de 3 de setembro de 1962, e no art. 72 da Lei n. 9.069, de 29 de junho de 1995. (Acrescentado pelo Dec. 8.325/2014.)

§ 3º Caso o prazo médio mínimo de amortização previsto no inciso XII na data da liquidação antecipada de empréstimo seja inferior ao prazo médio mínimo da operação originalmente contratada e, desde que cumprido o prazo médio mínimo previsto no inciso XII, aplica-se a alíquota em vigor na data da liquidação do contrato de câmbio para pagamento do empréstimo, não se aplicando o disposto no § 2º. (Acrescentado pelo Dec. 8.731/2016.)

§ 4º Enquadram-se no disposto no inciso I as operações de câmbio relativas ao ingresso no País de receitas de exportação de serviços classificados nas Seções I a V da Nomenclatura Brasileira de Serviços, Intangíveis e Outras Operações que produzam variações no patrimônio - NBS, exceto se houver neste Decreto disposição especial. (Acrescentado pelo Dec. 8.731/2016.)

CAPÍTULO IV
DA ISENÇÃO

Da Isenção

ART. 16. É isenta do IOF a operação de câmbio:

I - realizada para pagamento de bens importados (Decreto-Lei n. 2.434, de 19 de maio de 1988, art. 6º, e Lei n. 8.402, de 1992, art. 1º, inciso XIII);

II - em que o comprador ou o vendedor da moeda estrangeira seja a entidade binacional Itaipu (art. XII do Tratado promulgado pelo Decreto n. 72.707, de 1973);

III e **IV** - (Revogados pelo Dec. 7.563/2011.)

V - em que os compradores ou vendedores da moeda estrangeira sejam missões diplomáticas e repartições consulares de carreira (Convenção de Viena sobre Relações Consulares promulgada pelo Decreto n. 61.078, de 1967, art. 32, e Decreto n. 95.711, de 1988, art. 1º);

VI - contratada por funcionário estrangeiro de missão diplomática ou representação consular (Convenção de Viena sobre Relações Diplomáticas promulgada pelo Decreto n. 56.435, de 1965, art. 34).

§ 1º O disposto nos incisos V e VI não se aplica aos consulados e cônsules honorários (Convenção de Viena sobre Relações Consulares promulgada pelo Decreto n. 61.078, de 1967, art. 58).

§ 2º O disposto no inciso VI não se aplica aos funcionários estrangeiros que tenham residência permanente no Brasil (Convenção de Viena sobre Relações Diplomáticas promulgada pelo Decreto n. 56.435, de 1965, art. 37, e Convenção de Viena sobre Relações Consulares promulgada pelo Decreto n. 61.078, de 1967, art. 71).

§ 3º Os membros das famílias dos funcionários mencionados no inciso VI, desde que com eles mantenham relação de dependência econômica e não tenham residência permanente no Brasil, gozarão do tratamento estabelecido neste artigo (Convenção de Viena sobre Relações Diplomáticas promulgada pelo Decreto n. 56.435, de 1965, art. 37, e Convenção de Viena sobre Relações Consulares promulgada pelo Decreto n. 61.078, de 1967, art. 71).

§ 4º O tratamento estabelecido neste artigo aplica-se, ainda, aos organismos internacionais e regionais de caráter permanente de que o Brasil seja membro e aos funcionários estrangeiros de tais organismos, nos termos dos acordos firmados (Lei n. 5.172, de 1966, art. 98).

CAPÍTULO V
DA COBRANÇA E DO RECOLHIMENTO

ART. 17. O IOF será cobrado na data da liquidação da operação de câmbio.

Parágrafo único. O IOF deve ser recolhido ao Tesouro Nacional até o terceiro dia útil subsequente ao decêndio da cobrança ou do registro contábil do imposto (Lei n. 11.196, de 2005, art. 70, inciso II, alínea "b").

TÍTULO IV
DA INCIDÊNCIA SOBRE OPERAÇÕES DE SEGURO

CAPÍTULO I
DO FATO GERADOR

ART. 18. O fato gerador do IOF é o recebimento do prêmio (Lei n. 5.143, de 1966, art. 1º, inciso II).

§ 1º A expressão "operações de seguro" compreende seguros de vida e congêneres, seguro de acidentes pessoais e do trabalho, seguros de bens, valores, coisas e outros não especificados (Decreto-Lei n. 1.783, de 1980, art. 1º, incisos II e III).

§ 2º Ocorre o fato gerador e torna-se devido o IOF no ato do recebimento total ou parcial do prêmio.

CAPÍTULO II
DOS CONTRIBUINTES E DOS RESPONSÁVEIS

Dos Contribuintes

ART. 19. Contribuintes do IOF são as pessoas físicas ou jurídicas seguradas (Decreto-Lei n. 1.783, de 1980, art. 2º).

Dos Responsáveis

ART. 20. São responsáveis pela cobrança do IOF e pelo seu recolhimento ao Tesouro Nacional as seguradoras ou as instituições financeiras a quem estas encarregarem da cobrança do prêmio (Decreto-Lei n. 1.783, de 1980, art. 3º, inciso II, e Decreto-Lei n. 2.471, de 1º de setembro de 1988, art. 7º).

Parágrafo único. A seguradora é responsável pelos dados constantes da documentação remetida para cobrança.

CAPÍTULO III
DA BASE DE CÁLCULO E DA ALÍQUOTA

Da Base de Cálculo

ART. 21. A base de cálculo do IOF é o valor dos prêmios pagos (Decreto-Lei n. 1.783, de 1980, art. 1º, incisos II e III).

Da Alíquota

ART. 22. A alíquota do IOF é de vinte e cinco por cento (Lei n. 9.718, de 27 de novembro de 1998, art. 15).

§ 1º A alíquota do IOF fica reduzida:

I - a zero, nas seguintes operações:

a) de resseguro;

b) de seguro obrigatório, vinculado a financiamento de imóvel habitacional, realizado por agente do Sistema Financeiro de Habitação;

c) de seguro de crédito à exportação e de transporte internacional de mercadorias;

d) de seguro contratado no Brasil, referente à cobertura de riscos relativos ao lançamento e à operação dos satélites Brasilsat I e II;

e) em que o valor dos prêmios seja destinado ao custeio dos planos de seguro de vida com cobertura por sobrevivência;

f) de seguro aeronáutico e de seguro de responsabilidade civil pagos por transportador aéreo;

g) de seguro garantia. (Redação dada pelo Dec. 7.787/2012.)

II - nas operações de seguro de vida e congêneres, de acidentes pessoais e do trabalho, incluídos os seguros obrigatórios de danos pessoais causados por veículos automotores de vias terrestres e por embarcações, ou por sua carga, a pessoas transportadas ou não e excluídas aquelas de que trata a alínea "f" do inciso I: trinta e oito centésimos por cento; (Redação dada pelo Dec. 6.339/2008.)

III - nas operações de seguros privados de assistência à saúde: dois inteiros e trinta e oito centésimos por cento; (Redação dada pelo Dec. 6.339/2008.)

IV - nas demais operações de seguro: sete inteiros e trinta e oito centésimos por cento. (Incluído pelo Dec. 6.339/2008.)

§ 2º O disposto na alínea "f" do inciso I do § 1º aplica-se somente a seguro contratado por companhia aérea que tenha por objeto principal o transporte remunerado de passageiros ou de cargas.

CAPÍTULO IV
DA ISENÇÃO

ART. 23. É isenta do IOF a operação de seguro:

I - em que o segurado seja a entidade binacional Itaipu (art. XII do Tratado promulgado pelo Decreto n. 72.707, de 1973);

II - (Revogado pelo Dec. 7.563/ 2011.)

III - rural (Decreto-Lei n. 73, de 21 de novembro de 1966, art. 19);

IV - em que os segurados sejam missões diplomáticas e repartições consulares de carreira (Convenção de Viena sobre Relações Consulares promulgada pelo Decreto n. 61.078, de 1967, art. 32, e Decreto n. 95.711, de 1988, art. 1º);

V - contratada por funcionário estrangeiro de missão diplomática ou representação consular (Convenção de Viena sobre Relações Diplomáticas promulgada pelo Decreto n. 56.435, de 8 de junho de 1965, art. 34).

§ 1º O disposto nos incisos IV e V não se aplica aos consulados e cônsules honorários (Convenção de Viena sobre Relações Consulares promulgada pelo Decreto n. 61.078, de 1967, art. 58).

§ 2º O disposto no inciso V não se aplica aos funcionários estrangeiros que tenham residência permanente no Brasil (Convenção de Viena sobre Relações Diplomáticas promulgada pelo Decreto n. 56.435, de 1965, art. 37, e Convenção de Viena sobre Relações Consulares promulgada pelo Decreto n. 61.078, de 1967, art. 71).

§ 3º Os membros das famílias dos funcionários mencionados no inciso V, desde que com eles mantenham relação de dependência econômica e não tenham residência permanente no Brasil, gozarão do tratamento estabelecido neste artigo (Convenção de Viena sobre Relações Diplomáticas promulgada pelo Decreto n. 56.435, de 1965, art. 37, e Convenção de Viena sobre Relações Consulares promulgada pelo Decreto n. 61.078, de 1967, art. 71).

§ 4º O tratamento estabelecido neste artigo aplica-se, ainda, aos organismos internacionais e regionais de caráter permanente de que o Brasil seja membro e aos funcionários estrangeiros de tais organismos, nos termos dos acordos firmados (Lei n. 5.172, de 1966, art. 98).

CAPÍTULO V
DA COBRANÇA E DO RECOLHIMENTO

ART. 24. O IOF será cobrado na data do recebimento total ou parcial do prêmio.

Parágrafo único. O IOF deve ser recolhido ao Tesouro Nacional até o terceiro dia útil subsequente ao decêndio da cobrança ou do registro contábil do imposto (Lei n. 11.196, de 2005, art. 70, inciso II, alínea "b").

TÍTULO V
DA INCIDÊNCIA SOBRE OPERAÇÕES RELATIVAS A TÍTULOS OU VALORES MOBILIÁRIOS

CAPÍTULO I
DO FATO GERADOR

ART. 25. O fato gerador do IOF é a aquisição, cessão, resgate, repactuação ou pagamento para liquidação de títulos e valores mobiliários (Lei n. 5.172, de 1966, art. 63, inciso IV, e Lei n. 8.894, de 1994, art. 2º, inciso II, alíneas "a" e "b").

§ 1º Ocorre o fato gerador e torna-se devido o IOF no ato da realização das operações de que trata este artigo.

§ 2º Aplica-se o disposto neste artigo a qualquer operação, independentemente da qualidade ou da forma jurídica de constituição do beneficiário da operação ou do seu titular, estando abrangidos, entre outros, fundos de investimentos e carteiras de títulos e valores mobiliários, fundos ou programas, ainda que sem personalidade jurídica, e entidades de previdência privada. (Redação dada pelo Decreto n. 6.613, de 2008)

CAPÍTULO II
DOS CONTRIBUINTES E DOS RESPONSÁVEIS

Dos Contribuintes

ART. 26. Contribuintes do IOF são:

I - os adquirentes, no caso de aquisição de títulos ou valores mobiliários, e os titulares de aplicações financeiras, nos casos de resgate, cessão ou repactuação (Decreto-Lei n. 1.783, de 1980, art. 2º e Lei n. 8.894, de 1994, art. 2º, inciso II, alínea "a", e art. 3º, inciso II); (Redação dada pelo Decreto n. 7.412, de 2010)

II - as instituições financeiras e demais instituições autorizadas a funcionar pelo Banco Central do Brasil, na hipótese prevista no inciso IV do art. 28 (Lei n. 8.894, de 1994, art. 3º, inciso III).

Dos Responsáveis

ART. 27. São responsáveis pela cobrança do IOF pelo seu recolhimento ao Tesouro Nacional (Decreto-Lei n. 1.783, de 1980, art. 3º, inciso V, e Medida Provisória n. 2.158-35, de 24 de agosto de 2001, art. 28):

I - as instituições autorizadas a operar na compra e venda de títulos e valores mobiliários;

II - as bolsas de valores, de mercadorias, de futuros e assemelhadas, em relação às aplicações financeiras realizadas em seu nome, por conta de terceiros e tendo por objeto recursos destes;

III - a instituição que liquidar a operação perante o beneficiário final, no caso de operação realizada por meio do SELIC ou da Central de Custódia e de Liquidação Financeira de Títulos - CETIP;

IV - o administrador do fundo de investimento;

V - a instituição que intermediar recursos, junto a clientes, para aplicações em fundos de investimentos administrados por outra instituição, na forma prevista em normas baixadas pelo Conselho Monetário Nacional;

VI - a instituição que receber as importâncias referentes à subscrição das cotas do Fundo de Investimento Imobiliário e do Fundo Mútuo de Investimento em Empresas Emergentes.

§ 1º Na hipótese do inciso II do *caput*, ficam as entidades ali relacionadas obrigadas a apresentar à instituição financeira declaração de que estão operando por conta de terceiros e com recursos destes.

§ 2º Para efeito do disposto no inciso V do *caput*, a instituição intermediadora dos recursos deverá (Lei n. 9.779, de 1999, art. 16, e Medida Provisória n. 2.158-35, de 2001, art. 28, § 1º):

I - manter sistema de registro e controle, em meio magnético, que permita a identificação, a qualquer tempo, de cada cliente e dos elementos necessários à apuração do imposto por ele devido;

II - fornecer à instituição administradora do fundo de investimento, individualizados por código de cliente, os valores das aplicações, resgates e imposto cobrado;

III - prestar à Secretaria da Receita Federal do Brasil todas as informações decorrentes da responsabilidade pela cobrança do imposto.

§ 3º No caso das operações a que se refere o § 1º do art. 32-A, a responsabilidade tributária será do custodiante das ações cedidas. (Incluído pelo Decreto n. 7.412, de 2010)

§ 4º No caso de ofertas públicas a que se refere o § 2º do art. 32-A, a responsabilidade tributária será do coordenador líder da oferta. (Incluído pelo Decreto n. 7.412, de 2010)

CAPÍTULO III
DA BASE DE CÁLCULO E DA ALÍQUOTA

Da Base de Cálculo

ART. 28. A base de cálculo do IOF é o valor (Lei n. 8.894, de 1994, art 2º, II):

I - de aquisição, resgate, cessão ou repactuação de títulos e valores mobiliários;

II - da operação de financiamento realizada em bolsas de valores, de mercadorias, de futuros e assemelhadas;

III - de aquisição ou resgate de cotas de fundos de investimento e de clubes de investimento;

IV - do pagamento para a liquidação das operações referidas no inciso I, quando inferior a noventa e cinco por cento do valor inicial da operação.

§ 1º Na hipótese do inciso IV, o valor do IOF está limitado à diferença positiva entre noventa e cinco por cento do valor inicial da operação e o correspondente valor de resgate ou cessão.

§ 2º Serão acrescidos ao valor da cessão ou resgate de títulos e valores mobiliários os rendimentos periódicos recebidos, a qualquer título, pelo cedente ou aplicador, durante o período da operação.

§ 3º O disposto nos incisos I e III abrange quaisquer operações consideradas como de renda fixa.

Das Alíquotas

ART. 29. O IOF será cobrado à alíquota máxima de um vírgula cinco por cento ao dia sobre o valor das operações com títulos ou valores mobiliários (Lei n. 8.894, de 1994, art. 1º).

ART. 30. Aplica-se a alíquota de que trata o art. 29 nas operações com títulos e valores mobiliários de renda fixa e de renda variável, efetuadas com recursos provenientes de aplicações feitas por investidores estrangeiros em cotas de Fundo de Investimento Imobiliário e de Fundo Mútuo de Investimento em Empresas Emergentes, observados os seguintes limites:

I - quando referido fundo não for constituído ou não entrar em funcionamento regular: dez por cento;

II - no caso de fundo já constituído e em funcionamento regular, até um ano da data do registro das cotas na Comissão de Valores Mobiliários: cinco por cento.

ART. 31. O IOF será cobrado à alíquota de zero vírgula cinco por cento ao dia sobre o valor de resgate de quotas de fundos de investimento, constituídos sob qualquer forma, na hipótese de o investidor resgatar cotas antes de completado o prazo de carência para crédito dos rendimentos.

Parágrafo único. O IOF de que trata este artigo fica limitado à diferença entre o valor da cota, no dia do resgate, multiplicado pelo número de cotas resgatadas, deduzido o valor do imposto de renda, se houver, e o valor pago ou creditado ao cotista.

ART. 32. O IOF será cobrado à alíquota de um por cento ao dia sobre o valor do resgate, cessão ou repactuação, limitado ao rendimento da operação, em função do prazo, conforme tabela constante do Anexo.

§ 1º O disposto neste artigo aplica-se:

I - às operações realizadas no mercado de renda fixa; (Redação dada pelo Decreto 7.487/2011.)

II - ao resgate de cotas de fundos de investimento e de clubes de investimento, ressalvado o disposto no inciso IV do § 2º.

III - às operações compromissadas realizadas por instituições financeiras e por demais instituições autorizadas a funcionar pelo Banco Central do Brasil com debêntures de que trata o art. 52 da Lei n. 6.404, de 15 de dezembro de 1976, emitidas por instituições integrantes do mesmo grupo econômico. (Acrescentado pelo Dec. 8.731/2016.)

§ 2º Ficam sujeitas à alíquota zero as operações, sem prejuízo do disposto no inciso III do § 1º: (Alterado pelo Dec. 8.731/2016.)

I - de titularidade das instituições financeiras e das demais instituições autorizadas a funcionar pelo Banco Central do Brasil, excluída a administradora de consórcio de que trata a Lei n. 11.795, de 8 de outubro de 2008; (Redação dada pelo Decreto 7.487/2011.)

II - das carteiras dos fundos de investimento e dos clubes de investimento;

III - do mercado de renda variável, inclusive as realizadas em bolsas de valores, de mercadorias, de futuros e entidades assemelhadas;

IV - de resgate de cotas dos fundos e clubes de investimento em ações, assim considerados pela legislação do imposto de renda.

V - com Certificado de Direitos Creditórios do Agronegócio - CDCA, com Letra de Crédito do Agronegócio - LCA, e com Certificado de Recebíveis do Agronegócio - CRA, criados pelo art. 23 da Lei n. 11.076, de 30 de dezembro de 2004; e (Incluído pelo Dec. 7.487/2011.)

VI - com debêntures de que trata o art. 52 da Lei n. 6.404, de 15 de dezembro de 1976, com Certificados de Recebíveis Imobiliários de que trata o art. 6º da Lei n. 9.514, de 20 de novembro de 1997, e com Letras Financeiras de que trata o art. 37 da Lei n. 12.249, de 11 de junho de 2010. (Incluído pelo Dec. 7.487/2011.)

VII - de negociação de cotas de Fundos de Índice de Renda Fixa em bolsas de valores ou mercado de balcão organizado. (Acrescentado pelo Dec. 8.325/2014.)

§ 3º O disposto no inciso III do § 2º não se aplica às operações conjugadas de que trata o art. 65, § 4º, alínea "a", da Lei n. 8.981, de 1995.

§ 4º O disposto neste artigo não modifica a incidência do IOF:

I - nas operações de que trata o art. 30;

II - no resgate de quotas de fundos de investimento, na forma prevista no art. 31;

§ 5º A incidência de que trata o inciso II do § 4º exclui a cobrança do IOF prevista neste artigo.

ART. 32-A. A partir de 24 de dezembro de 2013, fica reduzida a zero a alíquota incidente na cessão de ações que sejam admitidas à negociação em bolsa de valores localizada no Brasil, com o fim específico de lastrear a emissão de depositary receipts - DR negociados no exterior. (Alterado pelo Dec. 8.165/2013.)

§ 1º Para os efeitos do disposto no *caput*, exceto no caso de ofertas públicas, o valor da operação a ser considerado para fins de apuração da base de cálculo deverá ser obtido multiplicando-se o número de ações cedidas pela sua cotação de fechamento na data anterior à operação ou, no caso de não ter havido negociação nessa data, pela última cotação de fechamento disponível. (Incluído pelo Dec. 7.412/2010.)

§ 2º No caso de ofertas públicas, a cotação a ser considerada para fins de apuração da base de cálculo do IOF de que trata este artigo será o preço fixado com base no resultado do processo de coleta de intenções de investimento ("Procedimento de Bookbuilding") ou, se for o caso, o preço determinado pelo ofertante e definido nos documentos da oferta pública. (Incluído pelo Dec. 7.412/2010.)

ART. 32-B. (Revogado pelo Dec. 7.563/2011.)

ART. 32-C. O IOF será cobrado à alíquota de um por cento, sobre o valor nocional ajustado, na aquisição, venda ou vencimento de contrato de derivativo financeiro celebrado no País que, individualmente, resulte em aumento da exposição cambial vendida ou redução da exposição cambial comprada. (Incluído pelo Dec. 7.563/2011.)

§ 1º Poderão ser deduzidos da base de cálculo apurada diariamente: (Incluído pelo Dec. 7.563/2011.)

I - o somatório do valor nocional ajustado na aquisição, venda ou vencimento de contratos de derivativos financeiros celebrados no País, no dia, e que, individualmente, resultem em aumento da exposição cambial comprada ou redução da exposição cambial vendida; (Incluído pelo Dec. 7.563/2011.)

II - a exposição cambial líquida comprada ajustada apurada no dia útil anterior; (Incluído pelo Dec. 7.563/2011.)

III - a redução da exposição cambial líquida vendida e o aumento da exposição cambial líquida comprada em relação ao dia útil anterior, não resultantes de aquisições, vendas ou vencimentos de contratos de derivativos financeiros. (Incluído pelo Dec. 7.563/2011.)

§ 2º A base de cálculo será apurada em dólares dos Estados Unidos da América e convertida em moeda nacional para fins de incidência do imposto, conforme taxa de câmbio de fechamento do dia de apuração da base de cálculo divulgada pelo Banco Central do Brasil - PTAX. (Incluído pelo Dec. 7.563/2011.)

§ 3º No caso de contratos de derivativos financeiros que tenham por objeto a taxa de câmbio de outra moeda estrangeira que não o dólar dos Estados Unidos da América em relação à moeda nacional ou taxa de juros associada a outra moeda estrangeira que não o dólar dos Estados Unidos da América em relação à moeda nacional, o valor nocional ajustado e as exposições cambiais serão apurados na própria moeda estrangeira e convertidos em dólares dos Estados Unidos da América para apuração da base de cálculo. (Incluído pelo Dec. 7.563/2011.)

§ 4º Para os fins do disposto neste artigo, entende-se por: (Incluído pelo Dec. 7.563/2011.)

I - valor nocional ajustado - o valor de referência do contrato - valor nocional - multiplicado pela variação do preço do derivativo em relação à variação do preço da moeda estrangeira, sendo que, no caso de aquisição, venda ou vencimento parcial, o valor nocional ajustado será apurado proporcionalmente; (Incluído pelo Dec. 7.563/2011.)

II - exposição cambial vendida - o somatório do valor nocional ajustado dos contratos de derivativos financeiros do titular que resultem em ganhos quando houver apreciação da moeda nacional relativamente à moeda estrangeira, ou perdas quando houver depreciação da moeda nacional relativamente à moeda estrangeira; (Incluído pelo Dec. 7.563/2011.)

III - exposição cambial comprada - o somatório do valor nocional ajustado dos contratos de derivativos financeiros do titular que resultem em perdas quando houver apreciação da moeda nacional relativamente à moeda estrangeira, ou ganhos quando houver depreciação da moeda nacional relativamente à moeda estrangeira; (Incluído pelo Dec. 7.563/2011.)

IV - exposição cambial líquida vendida - o valor máximo entre zero e o resultado da diferença entre a exposição cambial vendida e a exposição cambial comprada(Incluído pelo Dec. 7.563/2011.)

V - exposição cambial líquida comprada - o valor máximo entre zero e o resultado da diferença entre a exposição cambial comprada e a exposição cambial vendida; (Incluído pelo Dec. 7.563/2011.)

VI - exposição cambial líquida comprada ajustada - o valor máximo entre zero e o resultado da diferença entre a exposição cambial comprada, acrescida de US$ 10.000.000,00 (dez milhões de dólares dos Estados Unidos da América), e a exposição cambial vendida; (Incluído pelo Dec. 7.563/2011.)

VII - contrato de derivativo financeiro - contrato que tem como objeto taxa de câmbio de moeda estrangeira em relação à moeda nacional ou taxa de juros associada a moeda estrangeira em relação à moeda nacional; e (Incluído pelo Dec. 7.563/2011.)

VIII - data de aquisição, venda ou vencimento - data em que a exposição cambial do contrato de derivativo financeiro é iniciada ou encerrada, total ou parcialmente, pela determinação de parâmetros utilizados no cálculo do valor de liquidação do respectivo contrato. (Incluído pelo Dec. 7.563/2011.)

§ 5º A alíquota fica reduzida a zero: (Redação dada pelo Dec. 7.699/2012.)

I - nas operações com contratos de derivativos para cobertura de riscos, inerentes à oscilação de preço da moeda estrangeira, decorrentes de contratos de exportação firmados por pessoa física ou jurídica residente ou domiciliada no País; e (Incluído pelo Dec. 7.699/2012.)

II - nas demais operações com contratos de derivativos financeiros não incluídos no *caput*. (Incluído pelo Dec. 7.699/2012.)

§ 6º O contribuinte do tributo é o titular do contrato de derivativos financeiros. (Incluído pelo Dec. 7.563/2011.)

§ 7º São responsáveis pela apuração e recolhimento do tributo as entidades ou instituições autorizadas a registrar os contratos de derivativos financeiros. (Incluído pelo Dec. 7.563/2011.)

§ 8º Na impossibilidade de apuração do IOF pelos responsáveis tributários, tais entidades ou instituições deverão, até o décimo dia útil do mês subsequente ao de ocorrência do fato gerador, por meio dos intermediários e participantes habilitados, as informações necessárias para a apuração da base de cálculo das operações com contratos de derivativos financeiros registrados em seus sistemas, e para o recolhimento do tributo: (Incluído pelo Dec. 7.563/2011.)

I - ao contribuinte residente ou domiciliado no País; (Incluído pelo Dec. 7.563/2011.)

II - ao representante legal do contribuinte residente ou domiciliado no exterior; e (Incluído pelo Dec. 7.563/2011.)

III - ao administrador de fundos e clubes de investimentos, para o qual as informações de que trata o § 8º poderão ser disponibilizadas diariamente. (Incluído pelo Dec. 7.563/2011.)

§ 9º Caracteriza-se impossibilidade de apuração ou de cobrança, respectivamente, quando as entidades ou instituições de que trata o § 7º não possuírem todas as informações necessárias para apuração da base de cálculo, inclusive informações de outras entidades autorizadas a registrar contratos de derivativos financeiros, ou não possuírem acesso aos recursos financeiros do contribuinte necessários ao recolhimento do imposto. (Incluído pelo Dec. 7.563/2011.)

§ 10. As informações a que se refere o § 8º poderão ser disponibilizadas em formato eletrônico. (Redação dada pelo Dec. 7.683/2012.)

§ 11. Para fazer jus à alíquota reduzida de que trata o inciso I do § 5º, o valor total da exposição cambial vendida diária referente às operações com contratos de derivativos não poderá ser superior a 1,2 (um inteiro e dois décimos) vezes o valor total das operações com exportação realizadas no ano anterior pela pessoa física ou jurídica titular dos contratos de derivativos. (Incluído pelo Dec. 7.699/2012.)

§ 12. Observado o limite de que trata o § 11, o disposto no inciso I do § 5º estará sujeito à comprovação de operações de exportação cujos valores justifiquem a respectiva exposição cambial vendida, realizadas no período de até doze meses subsequentes à data de ocorrência do fato gerador do IOF. (Incluído pelo Dec. 7.699/2012.)

§ 13. Quando houver falta de comprovação ou descumprimento de condição de que tratam os §§ 11 e 12, o IOF será devido a partir da data de ocorrência do fato gerador e calculado à alíquota correspondente à operação, conforme previsto no *caput*, acrescido de juros e multa de mora. (Incluído pelo Dec. 7.699/2012.)

§ 14. Quando, em razão de determinação prévia do Banco Central do Brasil, a taxa de câmbio válida para um determinado dia for definida como a mesma taxa de câmbio do dia útil imediatamente anterior, será considerada como data de aquisição, venda ou vencimento, definida no inciso VIII do § 4º, para as exposições com aquisição, venda ou vencimento nessa data, o dia útil imediatamente anterior, ficando o próprio contribuinte responsável pela consolidação das exposições destes dias. (Incluído pelo Dec. 7.878/2012.)

§ 15. A partir de 13 de junho de 2013, a alíquota prevista no *caput* fica reduzida a zero. (Acrescentado pelo Dec. 8.027/2013.)

ART. 33. A alíquota fica reduzida a zero nas demais operações com títulos ou valores mobiliários, inclusive no resgate de cotas do Fundo de Aposentadoria Programada Individual - FAPI, instituído pela Lei n. 9.477, de 24 de julho de 1997. (Redação dada pelo Dec. 7.487/2011.)

CAPÍTULO IV
DA ISENÇÃO

ART. 34. São isentas do IOF as operações com títulos ou valores mobiliários:

I - em que o adquirente seja a entidade binacional Itaipu (art. XII do Tratado promulgado pelo Decreto n. 72.707/1973);

II - efetuadas com recursos e em benefício dos Fundos Constitucionais de Financiamento do Norte (FNO) do Nordeste (FNE) e do Centro-Oeste (FCO) (Lei n. 7.827, de 1989, art. 8º);

III - de negociações com Cédula de Produto Rural realizadas nos mercados de bolsas e de balcão (Lei n. 8.929, de 22 de agosto de 1994, art. 19, § 2º);

IV - em que os adquirentes sejam missões diplomáticas e repartições consulares de carreira (Convenção de Viena sobre Relações Consulares promulgada pelo Decreto n. 61.078, de 1967, art. 32, e Decreto n. 95.711, de 1988, art. 1º);

V - em que o adquirente seja funcionário estrangeiro de missão diplomática ou representação consular (Convenção de Viena sobre Relações Diplomáticas promulgada pelo Decreto n. 56.435, de 1965, art. 34);

VI - de negociações com Certificado de Depósito Agropecuário - CDA e com Warrant Agropecuário - WA (Lei n. 11.076, de 2004, arts. 1º e 18).

§ 1º O disposto nos incisos IV e V não se aplica aos consulados e cônsules honorários (Convenção de Viena sobre Relações Consulares promulgada pelo Decreto n. 61.078, de 1967, art. 58).

§ 2º O disposto no inciso V não se aplica aos funcionários estrangeiros que tenham residência permanente no Brasil (Convenção de Viena sobre Relações Diplomáticas promulgada pelo Decreto n. 56.435, de 1965, art. 37, e Convenção de Viena sobre Relações Consulares promulgada pelo Decreto n. 61.078, de 1967, art. 71).

§ 3º Os membros das famílias dos funcionários mencionados no inciso V, desde que com eles mantenham relação de dependência econômica e não tenham residência permanente no Brasil, gozarão do tratamento estabelecido neste artigo (Convenção de Viena sobre Relações Diplomáticas promulgada pelo Decreto n. 56.435, de 1965, art. 37, e Convenção de Viena sobre Relações Consulares promulgada pelo Decreto n. 61.078, de 1967, art. 71).

§ 4º O tratamento estabelecido neste artigo aplica-se, ainda, aos organismos internacionais e regionais de caráter permanente de que o Brasil seja membro e aos funcionários estrangeiros de tais organismos, nos termos dos acordos firmados (Lei n. 5.172, de 1966, art. 98).

CAPÍTULO V
DA COBRANÇA E DO RECOLHIMENTO

ART. 35. O IOF será cobrado na data da liquidação financeira da operação.

§ 1º No caso de repactuação, o IOF será cobrado na data da ocorrência do fato gerador.

§ 2º No caso da cessão de que trata o art. 32-A, o IOF será cobrado na data da ocorrência do fato gerador, exceto na hipótese do § 2º do mesmo artigo, quando a cobrança será efetuada na data da liquidação financeira da oferta pública. (Redação dada pelo Decreto n. 7.412, de 2010)

§ 3º O IOF deve ser recolhido ao Tesouro Nacional até o terceiro dia útil subsequente ao decêndio da cobrança ou do registro contábil do imposto. (Incluído pelo Decreto n. 7.412, de 2010)

TÍTULO VI
DA INCIDÊNCIA SOBRE OPERAÇÕES COM OURO, ATIVO FINANCEIRO, OU INSTRUMENTO CAMBIAL

CAPÍTULO I
DO FATO GERADOR

ART. 36. O ouro, ativo financeiro, ou instrumento cambial sujeita-se, exclusivamente, à incidência do IOF (Lei n. 7.766, de 1989, art. 4º).

§ 1º Entende-se por ouro, ativo financeiro, ou instrumento cambial, desde sua extração, inclusive, o ouro que, em qualquer estado de pureza, em bruto ou refinado, for destinado ao mercado financeiro ou à execução da política cambial do País, em operação realizada com a interveniência de instituição integrante do Sistema Financeiro Nacional, na forma e condições autorizadas pelo Banco Central do Brasil.

§ 2º Enquadra-se na definição do § 1º deste artigo o ouro:

I - envolvido em operações de tratamento, refino, transporte, depósito ou custódia, desde que formalizado compromisso de destiná-lo ao Banco Central do Brasil ou à instituição por ele autorizada;

II - adquirido na região de garimpo, onde o ouro é extraído, desde que, na saída do Município, tenha o mesmo destino a que se refere o inciso I;

III - importado, com interveniência das instituições mencionadas no inciso I.

§ 3º O fato gerador do IOF é a primeira aquisição do ouro, ativo financeiro, ou instrumento cambial, efetuada por instituição autorizada integrante do Sistema Financeiro Nacional (Lei n. 7.766, de 1989, art. 8º).

§ 4º Ocorre o fato gerador e torna-se devido o IOF:

I - na data da aquisição;

II - no desembaraço aduaneiro, quando se tratar de ouro físico oriundo do exterior.

CAPÍTULO II
DOS CONTRIBUINTES

ART. 37. Contribuintes do IOF são as instituições autorizadas pelo Banco Central do Brasil que efetuarem a primeira aquisição do ouro, ativo financeiro, ou instrumento cambial (Lei n. 7.766, de 1989, art. 10).

CAPÍTULO III
DA BASE DE CÁLCULO E DA ALÍQUOTA

Da Base de Cálculo

ART. 38. A base de cálculo do IOF é o preço de aquisição do ouro, desde que dentro dos limites de variação da cotação vigente no mercado doméstico, no dia da operação (Lei n. 7.766, de 1989, art. 9º).

Parágrafo único. Tratando-se de ouro físico, oriundo do exterior, o preço de aquisição, em moeda nacional, será determinado com base no valor de mercado doméstico na data do desembaraço aduaneiro.

Da Alíquota

ART. 39. A alíquota do IOF é de um por cento sobre o preço de aquisição (Lei n. 7.766, de 1989, art. 4º, parágrafo único).

CAPÍTULO IV
DA COBRANÇA E DO RECOLHIMENTO

ART. 40. O IOF será cobrado na data da primeira aquisição do ouro, ativo financeiro, efetuada por instituição financeira, integrante do Sistema Financeiro Nacional (Lei n. 7.766, de 1989, art. 8º).

§ 1º O IOF deve ser recolhido ao Tesouro Nacional até o terceiro dia útil subsequente ao decêndio de ocorrência dos fatos geradores (Lei n. 11.196, de 2005, art. 70, inciso II, alínea "a").

§ 2º O recolhimento do IOF deve ser efetuado no Município produtor ou no Município em que estiver localizado o estabelecimento-matriz do contribuinte, devendo ser indicado, no documento de arrecadação, o Estado ou o Distrito Federal e o Município, conforme a origem do ouro (Lei n. 7.766, de 1989, art. 12).

§ 3º Tratando-se de ouro oriundo do exterior, considera-se Município e Estado de origem o de ingresso do ouro no País (Lei n. 7.766, de 1989, art. 6º).

§ 4º A pessoa jurídica adquirente fará constar da nota de aquisição o Estado ou o Distrito Federal e o Município de origem do ouro (Lei n. 7.766, de 1989, art. 7º).

TÍTULO VII
DAS DISPOSIÇÕES GERAIS E FINAIS

CAPÍTULO I
DAS OBRIGAÇÕES ACESSÓRIAS

Manutenção de Informações

ART. 41. As pessoas jurídicas que efetuarem operações sujeitas à incidência do IOF devem manter à disposição da fiscalização, pelo prazo prescricional, as seguintes informações:

I - relação diária das operações tributadas, com elementos identificadores da operação (beneficiário, espécie, valor e prazo) e o somatório diário do tributo;

II - relação diária das operações isentas ou tributadas à alíquota zero, com elementos identificadores da operação (beneficiário, espécie, valor e prazo);

III - relação mensal dos empréstimos em conta, inclusive excessos de limite, de prazo de até trezentos e sessenta e quatro dias, tributados com base no somatório dos saldos devedores diários, apurado no último dia de cada mês, contendo nome do beneficiário, somatório e valor do IOF cobrado;

IV - relação mensal dos adiantamentos a depositantes, contendo nome do devedor, valor e data de cada parcela tributada e valor do IOF cobrado;

V - relação mensal dos excessos de limite, relativos aos contratos com prazo igual ou superior a trezentos e sessenta e cinco dias ou com prazo indeterminado, contendo nome do mutuário, limite, valor dos excessos tributados e datas das ocorrências.

Parágrafo único. Além das exigências previstas nos incisos I e II, as seguradoras deverão manter arquivadas as informações que instruírem a cobrança bancária.

ART. 42. Serão efetuados de forma centralizada pelo estabelecimento-matriz da pessoa jurídica os recolhimentos do imposto, ressalvado o disposto nos §§ 2º e 3º do art. 40.

Parágrafo único. O estabelecimento-matriz deverá manter registros que segreguem as operações de cada estabelecimento cobrador e que permitam demonstrar, com clareza, cada recolhimento efetuado.

Registro Contábil do Imposto

ART. 43. Nas pessoas jurídicas responsáveis pela cobrança e pelo recolhimento, o IOF cobrado é creditado em título contábil próprio e subtítulos adequados à natureza de cada incidência do imposto.

ART. 44. A conta que registra a cobrança do IOF é debitada somente:

I - no estabelecimento cobrador, pela transferência para o estabelecimento centralizador do recolhimento do imposto;

II - no estabelecimento centralizador do imposto, pelo recolhimento ao Tesouro Nacional do valor arrecadado, observados os prazos regulamentares;

III - por estorno, até a data do recolhimento ao Tesouro Nacional, de registro de qualquer natureza feito indevidamente no período, ficando a documentação comprobatória arquivada no estabelecimento que o processar, à disposição da fiscalização.

Obrigações do Responsável

ART. 45. Para efeito de reconhecimento da aplicabilidade de isenção ou alíquota reduzida, cabe ao responsável pela cobrança e recolhimento do IOF exigir: (Redação dada pelo Decreto 7.487/2011)

I - no caso de cooperativa, declaração, em duas vias, por ela firmada de que atende aos requisitos da legislação cooperativista (Lei n. 5.764, de 16 de dezembro de 1971);

II - no caso de empresas optantes pelo Simples Nacional, o mutuário da operação de crédito deverá apresentar à pessoa jurídica mutuante declaração, em duas vias, de que se enquadra como pessoa jurídica sujeita ao regime tributário de que trata a Lei Complementar n. 123, de 2006, e que o signatário é seu representante legal e está ciente de que a falsidade na prestação desta informação o sujeitará, juntamente com as demais pessoas que para ela concorrem, às penalidades previstas na legislação criminal e tributária, relativas à falsidade ideológica (art. 299 do Código Penal) e ao crime contra a ordem tributária (Lei n. 8.137, de 27 de dezembro de 1990, art. 1º);

III - nos demais casos, a documentação exigida pela legislação específica.

Parágrafo único. Nas hipóteses dos incisos I e II, o responsável pela cobrança do IOF arquivará a 1a via da declaração, em ordem alfabética, que ficará à disposição da Secretaria da Receita Federal do Brasil, devendo a 2a via ser devolvida como recibo.

Ouro - Documentário Fiscal

ART. 46. As operações com ouro, ativo financeiro, ou instrumento cambial, e a sua destinação, devem ser comprovadas mediante documentário fiscal instituído pela Secretaria da Receita Federal do Brasil (Lei n. 7.766, de 1989, art. 3º).

Parágrafo único. O transporte do ouro, ativo financeiro, para qualquer parte do território nacional, será acobertado exclusivamente por nota fiscal integrante da documentação mencionada (Lei n. 7.766, de 1989, art. 3º, § 1º).

CAPÍTULO II
DAS PENALIDADES E ACRÉSCIMOS MORATÓRIOS

Do Pagamento ou Recolhimento Fora dos Prazos

ART. 47. O IOF não pago ou não recolhido no prazo previsto neste Decreto será acrescido de (Lei n. 9.430, de 27 de dezembro de 1996, art. 5º, § 3º, e art. 61):

I - juros de mora equivalentes à taxa referencial SELIC, para títulos federais, acumulada mensalmente, calculados a partir do primeiro dia do mês subsequente ao do vencimento da obrigação até o último dia do mês anterior ao do pagamento e de um por cento no mês do pagamento;

II - multa de mora, calculada à taxa de 0,33%, por dia de atraso, limitada a vinte por cento.

Parágrafo único. A multa de que trata o inciso II será calculada a partir do primeiro dia subsequente ao do vencimento do prazo previsto para o pagamento ou recolhimento do IOF.

Aplicação de Acréscimos de Procedimento Espontâneo

ART. 48. A pessoa física ou jurídica submetida a ação fiscal por parte da Secretaria da Receita Federal do Brasil poderá pagar, até o vigésimo dia subsequente à data de recebimento do termo de início de fiscalização, o IOF já declarado, de que for sujeito passivo como contribuinte ou responsável, com os acréscimos legais aplicáveis nos casos de procedimento espontâneo (Lei n. 9.430, de 1996, art. 47, e Lei n. 9.532, de 1997, art. 70, inciso II).

Do Lançamento de Ofício

ART. 49. Nos casos de lançamento de ofício, será aplicada multa de setenta e cinco por cento sobre a totalidade ou diferença do imposto, nos casos de falta de pagamento ou recolhimento, de falta de declaração e nos de declaração inexata (Lei n. 9.430, de 1996, art. 44, inciso I).

Parágrafo único. O percentual de multa de que trata o *caput* será duplicado nos casos previstos nos arts. 71, 72 e 73 da Lei n. 4.502, de 30 de novembro de 1964, independentemente de outras penalidades administrativas ou criminais cabíveis (Lei n. 9.430, de 1996, art. 44, § 1º).

Agravamento de Penalidade

ART. 50. Os percentuais de multa a que se referem o *caput* e parágrafo único do art. 49 serão aumentados de metade, nos casos de não atendimento pelo sujeito passivo, no prazo marcado, de intimação para (Lei n. 9.430, de 1996, art. 44, § 2º:

I - prestar esclarecimentos;

II - apresentar os arquivos ou sistemas de que tratam os arts. 11 e 12 da Lei n. 8.218, de 29 de agosto de 1991, alterados pelo art. 72 da Medida Provisória n. 2.158-35, de 2001;

III - apresentar a documentação técnica de que trata o art. 38 da Lei n. 9.430, de 1996.

Débitos com Exigibilidade Suspensa por Medida Judicial

ART. 51. Não caberá lançamento de multa de ofício na constituição do crédito tributário destinada a prevenir a decadência, cuja exigibilidade houver sido suspensa na forma dos incisos IV e V do art. 151 da Lei n. 5.172, de 1966 (Lei n. 9.430, de 1996, art. 63, e Medida Provisória n. 2.158-35, de 2001, art. 70).

§ 1º O disposto neste artigo aplica-se, exclusivamente, aos casos em que a suspensão da exigibilidade do débito tenha ocorrido antes do início de qualquer procedimento de ofício a ele relativo (Lei n. 9.430, de 1996, art. 63, § 1º).

§ 2º A interposição da ação judicial favorecida com a medida liminar interrompe a incidência da multa de mora, desde a concessão da medida judicial, até trinta dias após a data da publicação da decisão judicial que considerar devido o imposto (Lei n. 9.430, de 1996, art. 63, § 2º).

§ 3º No caso de depósito judicial do valor integral do débito, efetuado tempestivamente, fica afastada também a incidência de juros de mora.

Redução de Penalidade

ART. 52. Será concedida redução de cinquenta por cento da multa de lançamento de ofício ao contribuinte que, notificado, efetuar o pagamento do débito no prazo legal de impugnação (Lei n. 8.218, de 1991, art. 6º, e Lei n. 9.430, de 1996, art. 44, § 3º).

§ 1º Se houver impugnação tempestiva, a redução será de trinta por cento se o pagamento do débito for efetuado dentro de trinta dias da ciência da decisão de primeira instância (Lei n. 8.218, de 1991, art. 6º, parágrafo único).

§ 2º Será concedida redução de quarenta por cento da multa de lançamento de ofício ao contribuinte que, notificado, requerer o parcelamento do débito no prazo legal de impugnação, observado que (Lei n. 8.383, de 1991, art. 60):

I - havendo impugnação tempestiva, a redução será de vinte por cento se o parcelamento for requerido dentro de trinta dias da ciência da decisão da primeira instância (Lei n. 8.383, de 1991, art. 60, § 1º);

II - a rescisão do parcelamento, motivada pelo descumprimento das normas que o regulam, implicará restabelecimento do montante da multa proporcionalmente ao valor da receita não satisfeito (Lei n. 8.383, de 1991, art. 60, § 2º).

Infrações às Normas Relativas à Prestação de Informações

ART. 53. O descumprimento das obrigações acessórias exigidas nos termos do art. 16 da Lei n. 9.779, de 1999, acarretará a aplicação das seguintes penalidades (Medida Provisória n. 2.158-35, de 2001, art. 57):

I - R$ 5.000,00 (cinco mil reais) por mês-calendário, relativamente às pessoas jurídicas que deixarem de fornecer, nos prazos estabelecidos, as informações ou esclarecimentos solicitados;

II - cinco por cento, não inferior a R$ 100,00 (cem reais), do valor das transações comerciais ou das operações financeiras, próprias da pessoa jurídica ou de terceiros em relação aos quais seja responsável tributário, no caso de informação omitida, inexata ou incompleta.

Casos Especiais de Infração

ART. 54. Sem prejuízo da pena criminal cabível, são aplicáveis ao contribuinte ou ao responsável pela cobrança e pelo recolhimento do IOF as seguintes multas (Lei n. 5.143, de 1966, art. 6º, Decreto-Lei n. 2.391, de 18 de dezembro de 1987, Lei n. 7.730, de 31 de janeiro de 1989, art. 27, Lei n. 7.799, de 10 de setembro de 1989, art. 66, Lei n. 8.178, de 1º de março de 1991, art. 21, Lei n. 8.218, de 1991, arts. 4º a 6º e 10, Lei n. 8.383, de 1991, arts. 3º e 60, Lei n. 9.249, de 1995, art. 30):

I - R$ 2.867,30 (dois mil oitocentos e sessenta e sete reais e trinta centavos) pela falsificação ou adulteração de guia, livro ou outro papel necessário ao registro ou recolhimento do IOF ou pela co-autoria na prática de qualquer dessas faltas;

II - R$ 2.007,11 (dois mil e sete reais e onze centavos) pelo embaraço ou impedimento da ação fiscalizadora, ou pela recusa da exibição de livros, guias ou outro papel necessário ao registro ou recolhimento do IOF, quando solicitados pela fiscalização.

Bolsas de Valores, de Mercadorias, de Futuros e Assemelhadas

ART. 55. A inobservância do prazo a que se refere o § 3º do art. 59 sujeitará as bolsas de valores, de mercadorias, de futuros e assemelhadas à multa de R$ 828,70 (oitocentos e vinte e oito reais e setenta centavos) por dia útil de atraso (Lei n. 8.021, de 12 de abril de 1990, art. 7º, § 1º, Lei n. 8.178, de 1991, art. 21, Lei n. 8.218, de 1991, art. 10, Lei n. 8.383, de 1991, art. 3º, e Lei n. 9.249, de 1995, art. 30).

Ouro - Apreensão

ART. 56. O ouro, ativo financeiro, ou instrumento cambial acompanhado por documentação fiscal irregular será objeto de apreensão pela Secretaria da Receita Federal do Brasil (Lei n. 7.766, de 1989, art. 3º, § 2º).

§ 1º Feita a apreensão do ouro, será intimado imediatamente o seu proprietário, possuidor ou detentor a apresentar, no prazo de vinte e quatro horas, os documentos comprobatórios da regularidade da operação.

§ 2º Decorrido o prazo da intimação sem que sejam apresentados os documentos exigidos ou, se apresentados, não satisfizerem os requisitos legais, será lavrado auto de infração.

ART. 57. O ouro, ativo financeiro, ou instrumento cambial apreendido poderá ser restituído, antes do julgamento definitivo do processo, a requerimento da parte, depois de sanadas as irregularidades que motivaram a apreensão.

Parágrafo único. Na hipótese de falta de identificação do contribuinte, o ouro apreendido poderá ser restituído, a requerimento do responsável em cujo poder for encontrado, mediante depósito do valor do IOF e da multa aplicável no seu grau máximo ou de prestação de fiança idônea.

ART. 58. Depois do trânsito em julgado da decisão administrativa, o ouro, ativo financeiro, ou instrumento cambial que não for retirado dentro de trinta dias, contados da data da ciência da intimação do último despacho, ficará sob a guarda do Banco Central do Brasil em nome da União e, transcorrido o quinquênio prescricional, será incorporado ao patrimônio do Tesouro Nacional.

CAPÍTULO III
DA FISCALIZAÇÃO DO IOF

ART. 59. Compete à Secretaria da Receita Federal do Brasil a administração do IOF, incluídas as atividades de arrecadação, tributação e fiscalização (Decreto-Lei n. 2.471, de 1988, art. 3º).

§ 1º No exercício de suas atribuições, a Secretaria da Receita Federal do Brasil, por intermédio de seus agentes fiscais, poderá proceder ao exame de documentos, livros e registros dos contribuintes do IOF e dos responsáveis pela sua cobrança e recolhimento, independentemente de instauração de processo (Decreto-Lei n. 2.471, de 1988, art. 3º, § 1º).

§ 2º A autoridade fiscal do Ministério da Fazenda poderá proceder a exames de documentos, livros e registros das bolsas de valores, de mercadorias, de futuros e assemelhadas, bem como solicitar a prestação de esclarecimentos e informações a respeito de operações por elas praticadas, inclusive em relação a terceiros (Lei n. 8.021, de 1990, art. 7º).

§ 3º As informações a que se refere o § 2º deverão ser prestadas no prazo máximo de dez dias úteis contados da data da solicitação (Lei n. 8.021, de 1990, art. 7º, § 1º).

§ 4º As informações obtidas com base neste artigo somente poderão ser utilizadas para efeito de verificação do cumprimento de obrigações tributárias (Lei n. 8.021, de 1990, art. 7º, § 2º).

§ 5º As informações, fornecidas de acordo com as normas regulamentares expedidas pelo Ministério da Fazenda, deverão ser prestadas no prazo máximo de dez dias úteis contados da data da ciência da solicitação, aplicando-se, no caso de descumprimento desse prazo, a penalidade prevista no art. 55 deste Decreto.

ART. 60. No processo administrativo fiscal, compreendendo os procedimentos destinados à determinação e exigência do IOF, à imposição de penalidades, repetição de indébito, à solução de consultas, e no procedimento de compensação do imposto, observar-se-á a legislação prevista para os tributos federais e normas baixadas pela Secretaria da Receita Federal do Brasil.

CAPÍTULO IV
DA COMPENSAÇÃO E DA RESTITUIÇÃO

ART. 61. Nos casos de pagamento indevido ou a maior do imposto, mesmo quando resultante de reforma, anulação, revogação ou rescisão de decisão condenatória, o contribuinte ou o responsável tributário, quando este assumir o ônus do imposto ou estiver expressamente autorizado, poderá requerer a restituição desse valor, observadas as instruções expedidas pela Secretaria da Receita Federal do Brasil (Lei n. 5.172, de 1966, art. 165).

ART. 62. O sujeito passivo que apurar crédito de IOF, inclusive os judiciais com trânsito em julgado, passível de restituição, poderá utilizá-lo na compensação de débitos próprios relativos a quaisquer tributos e contribuições administrados pela Secretaria da Receita Federal do Brasil (Lei n. 9.430, de 1996, art. 74, Lei n. 10.637, de 30 de dezembro de 2002, art. 49, Lei n. 10.833, de 29 de dezembro de 2003, art 17, e Lei n. 11.051, de 29 de dezembro de 2004, art. 4º).

§ 1º A compensação de que trata este artigo será efetuada mediante a entrega, pelo sujeito passivo, de declaração na qual constarão informações relativas aos créditos utilizados e aos respectivos débitos compensados.

§ 2º A compensação declarada à Secretaria da Receita Federal do Brasil extingue o crédito tributário, sob condição resolutória de sua ulterior homologação.

§ 3º O prazo para homologação da compensação declarada pelo sujeito passivo será de cinco anos, contado da data da entrega da declaração de compensação.

§ 4º A declaração de compensação constitui confissão de dívida e instrumento hábil e suficiente para a exigência dos débitos indevidamente compensados.

§ 5º Não homologada a compensação, a autoridade administrativa deverá cientificar o sujeito passivo e intimá-lo a efetuar, no prazo de trinta dias, contado da ciência do ato que não a homologou, o pagamento dos débitos indevidamente compensados.

§ 6º Não efetuado o pagamento no prazo previsto no § 5º, o débito será encaminhado à Procuradoria-Geral da Fazenda Nacional para inscrição em Dívida Ativa da União, ressalvado o disposto no § 7º.

§ 7º É facultado ao sujeito passivo, no prazo referido no § 5º, apresentar manifestação de inconformidade contra a não homologação da compensação.

§ 8º Da decisão que julgar improcedente a manifestação de inconformidade caberá recurso ao Conselho de Contribuintes.

§ 9º A manifestação de inconformidade e o recurso de que tratam os §§ 7º e 8º obedecerão ao rito processual do Decreto n. 70.235, de 6 de março de 1972, e enquadram-se no disposto no inciso III do art. 151 da Lei n. 5.172, de 1966, relativamente ao débito objeto da compensação.

ART. 63. O valor a ser restituído ou compensado será acrescido de juros equivalentes à taxa referencial SELIC, para títulos federais, acumulada mensalmente, calculados a partir do mês subsequente ao do pagamento indevido ou a maior até o mês anterior ao da compensação ou restituição e de um por cento relativamente ao mês em que esta estiver sendo efetuada (Lei n. 9.250, de 1995, art. 39, § 4º, e Lei n. 9.532, de 1997, art. 73).

CAPÍTULO V
DAS DISPOSIÇÕES FINAIS

ART. 64. Não configura fato gerador o registro decorrente de erro formal ou contábil, devendo, nesta hipótese, ser mantida à disposição da fiscalização a documentação comprobatória e ser promovida a regularização pertinente.

ART. 65. É vedada a concessão de parcelamento de débitos relativos ao IOF, retido e não recolhido ao Tesouro Nacional (Lei n. 10.522, de 19 de julho de 2002, art. 14, e Lei n. 11.051, de 2004, art. 3º).

Parágrafo único. É vedada, igualmente, a concessão de parcelamento de débitos enquanto não integralmente pago parcelamento anterior, relativo ao mesmo tributo.

ART. 66. Compete à Secretaria da Receita Federal do Brasil editar os atos necessários à execução do disposto neste Decreto.

ART. 67. Este Decreto entra em vigor na data de sua publicação.

ART. 68. Ficam revogados os Decretos n. 4.494, de 3 de dezembro de 2002, e n. 5.172, de 6 de agosto de 2004.

Brasília, 14 de dezembro de 2007; 186º da Independência e 119º da República.

LUIZ INÁCIO LULA DA SILVA

› Optamos, nesta edição, pela não publicação do Anexo.

DECRETO N. 6.381, DE 27 DE FEVEREIRO DE 2008

Regulamenta a Lei n. 7.474, de 8 de maio de 1986, que dispõe sobre medidas de segurança aos ex-Presidentes da República, e dá outras providências.

› *DOU*, 28.02.2008.

O Presidente da República, no uso da atribuição que lhe confere o art. 84, inciso IV, da Constituição, e tendo em vista o disposto na Lei n. 7.474, de 8 de maio de 1986,

Decreta:

ART. 1º Findo o mandato do Presidente da República, quem o houver exercido, em caráter permanente, terá direito:

I - aos serviços de quatro servidores para atividades de segurança e apoio pessoal;

II - a dois veículos oficiais, com os respectivos motoristas; e

III - ao assessoramento de dois servidores ocupantes de cargos em comissão do Grupo-Direção e Assessoramento Superiores - DAS, nível 5.

ART. 2º Os servidores e motoristas a que se refere o art. 1º serão de livre escolha do ex-Presidente da República e nomeados para cargo em comissão destinado ao apoio a ex-Presidentes da República, integrante do quadro dos cargos em comissão e das funções gratificadas da Casa Civil da Presidência da República.

ART. 3º Para atendimento do disposto no art. 1º, a Secretaria de Administração da Casa Civil da Presidência da República poderá dispor, para cada ex-Presidente, de até oito cargos em comissão do Grupo-Direção e Assessoramento Superiores - DAS, sendo dois DAS 102.5, dois DAS 102.4, dois DAS 102.2 e dois DAS 102.1.

ART. 4º Os servidores em atividade de segurança e os motoristas de que trata o art. 1º receberão treinamento para se capacitar, respectivamente, para o exercício da função de segurança pessoal e de condutor de veículo de segurança, pelo Departamento de Segurança do Gabinete de Segurança Institucional da Presidência da República.

ART. 5º Os servidores em atividade de segurança e os motoristas aprovados no treinamento de capacitação na forma do art. 4º, enquanto estiverem em exercício nos respectivos cargos em comissão da Casa Civil, ficarão vinculados tecnicamente ao Departamento de Segurança do Gabinete de Segurança Institucional, sendo considerados, para os fins do art. 6º, inciso V, segunda parte, da Lei n. 10.826, de 22 de dezembro de 2003, agentes daquele Departamento.

ART. 6º Aos servidores de que trata o art. 5º poderá ser disponibilizado, por solicitação do ex-Presidente ou seu representante, porte de arma institucional do Departamento de Segurança do Gabinete de Segurança Institucional, desde que cumpridos os seguintes requisitos, além daqueles previstos na Lei n. 10.826, de 2003, em seu regulamento e em portaria do Ministro de Estado Chefe do Gabinete de Segurança Institucional:

I - avaliação que ateste a capacidade técnica e aptidão psicológica para o manuseio de arma de fogo, a ser realizada pelo Departamento de Segurança do Gabinete de Segurança Institucional;

II - observância dos procedimentos relativos às condições para a utilização da arma institucional, estabelecidos em ato normativo interno do Gabinete de Segurança Institucional; e

III - que se tratem de pessoas originárias das situações previstas no art. 6º, incisos I, II e V, da Lei n. 10.826, de 2003.

Parágrafo único. O porte de arma institucional de que trata o *caput* terá prazo de validade determinado e, para sua renovação, deverá ser realizada novamente a avaliação de que trata o inciso I do *caput*, nos termos de portaria do Ministro de Estado Chefe do Gabinete de Segurança Institucional.

ART. 7º Durante os períodos de treinamento e avaliação de que tratam os arts. 4º e 6º, o servidor em atividade de segurança e motorista de ex-Presidente poderá ser substituído temporariamente, mediante solicitação do ex-Presidente ou seu representante, por agente de segurança do Departamento de Segurança do Gabinete de Segurança Institucional.

ART. 8º O planejamento, a coordenação, o controle e o zelo pela segurança patrimonial e pessoal de ex-Presidente caberá aos servidores de que trata o art. 1º, conforme estrutura e organização própria estabelecida.

ART. 9º A execução dos atos administrativos internos relacionados com a gestão dos servidores de que trata o art. 1º e a disponibilidade de dois veículos para o ex-Presidente serão praticadas pela Casa Civil, que arcará com as despesas decorrentes.

ART. 10. Os candidatos à Presidência da República terão direito a segurança pessoal, exercida por agentes da Polícia Federal, a partir da homologação da respectiva candidatura em convenção partidária.

ART. 11. O Ministro de Estado da Justiça, no que diz respeito ao art. 10, o Ministro de Estado Chefe do Gabinete de Segurança Institucional, no que concerne aos arts. 4º, 5º, 6º e 7º, e o Secretário de Administração da Casa Civil, quanto ao disposto nos arts. 2º e 9º, baixarão as instruções e os atos necessários à execução do disposto neste Decreto.

ART. 12. Este Decreto entra em vigor na data da sua publicação.

ART. 13. Revoga-se o Decreto n. 1.347, de 28 de dezembro de 1994.

Brasília, 27 de fevereiro de 2008; 187º da Independência e 120º da República.

LUIZ INÁCIO LULA DA SILVA

DECRETO N. 6.433, DE 15 DE ABRIL DE 2008

Institui o Comitê Gestor do Imposto sobre a Propriedade Territorial Rural - CGITR e dispõe sobre a forma de opção de que trata o inciso III do § 4º do art. 153 da Constituição, pelos Municípios e pelo Distrito Federal, para fins de fiscalização e cobrança do Imposto sobre a Propriedade Territorial Rural - ITR, e dá outras providências.

› *DOU*, 16.4.2008.

O Presidente da República, no uso da atribuição que lhe confere o art. 84, inciso IV, e tendo em vista o disposto no inciso XXII do art. 37 e no inciso III do § 4º do art. 153, da Constituição, e nas Leis nos 5.172, de 25 de outubro de 1966 - Código Tributário Nacional - CTN, 9.393, de 19 de dezembro de 1996, e 11.250, de 27 de dezembro de 2005,

Decreta:

ART. 1º Fica instituído o Comitê Gestor do Imposto sobre a Propriedade Territorial Rural -CGITR com a atribuição de dispor sobre matérias relativas à opção pelos Municípios e pelo Distrito Federal para fins de fiscalização, inclusive a de lançamento de créditos tributários, e de cobrança do Imposto sobre a Propriedade Territorial Rural - ITR, de que trata o inciso III do § 4º do art. 153 da Constituição, bem assim com competência para administrar a operacionalização da opção.

ART. 2º O CGITR será composto por seis membros, sendo:

I - três representantes da administração tributária federal; e

II - três representantes de Municípios ou Distrito Federal. (Alterado pelo Dec. 6.621/2008).

§ 1º Os representantes e respectivos suplentes, de que trata o inciso II, serão indicados pelas seguintes entidades:

I - Confederação Nacional dos Municípios;

II - Associação Brasileira dos Municípios; e

III - Frente Nacional dos Prefeitos.

§ 2º Cada uma das entidades referidas no § 1º indicará um representante e seu suplente.

§ 3º O Ministro de Estado da Fazenda designará, no prazo de dez dias da publicação deste Decreto, os componentes do CGITR, indicando, dentre os representantes de que trata o inciso I do *caput*, o Presidente e o seu substituto.

§ 4º A instalação do CGITR ocorrerá no prazo de até dez dias após a designação de seus componentes.

§ 5º Caso as entidades de representação referidas no inciso II do *caput* deixem de existir, competirá ao Ministro da Fazenda redistribuir a respectiva vaga entre as entidades remanescentes ou escolher outra entidade congênere que esteja regularmente constituída há pelo menos um ano da vacância ocorrida.

§ 6º A Procuradoria-Geral da Fazenda Nacional participará do CGITR, sem direito a voto, prestando-lhe o apoio e assessoramento jurídico necessários.

ART. 3º Incumbe ao Presidente do CGITR:

I - convocar e presidir as reuniões;

II - coordenar e supervisionar os trabalhos; e

III - emitir voto de qualidade em caso de empate.

ART. 4º O CGITR poderá instituir grupos técnicos para execução de suas atividades.

§ 1º O ato de instituição do grupo estabelecerá seus objetivos específicos, sua composição e prazo de duração.

§ 2º Poderão ser convidados a participar dos trabalhos dos grupos técnicos representantes de órgãos e entidades, públicas ou privadas, e dos Poderes Legislativo e Judiciário.

ART. 5º O CGITR deliberará, por maioria simples, mediante resolução.

ART. 6º As deliberações do CGITR que aprovem o seu regimento interno e suas alterações deverão ocorrer por maioria absoluta de seus componentes.

ART. 7º O CGITR contará com uma Secretaria-Executiva, provida pela Secretaria da Receita Federal do Brasil, para o fornecimento de apoio institucional e técnico-administrativo necessários ao desempenho de suas competências.

Parágrafo único. Compete à Secretaria-Executiva:

I - promover o apoio e os meios necessários à execução dos trabalhos;

II - prestar assistência direta ao Presidente;

III - preparar as reuniões;

IV - acompanhar a implementação das deliberações; e

V - exercer outras atividades que lhe sejam atribuídas pelo CGITR.

ART. 8º As despesas de deslocamento e estada dos componentes do CGITR, dos técnicos designados para a execução de atividades a ele relacionadas e dos componentes dos grupos técnicos serão custeadas pelos respectivos órgãos ou entidades referidas no art. 2º.

ART. 9º A função de membro do CGITR não será remunerada, sendo seu exercício considerado de relevante interesse público.

ART. 10. A celebração de convênio da União, por intermédio da Secretaria da Receita Federal do Brasil, com os Municípios e o Distrito Federal para efeito de delegação das atribuições de fiscalização, lançamento de ofício e cobrança do ITR, estará condicionada:

I - à protocolização, pelo Município ou pelo Distrito Federal, do termo de opção; e (Alterado pelo Dec. 6.621/2008).

II - ao cumprimento dos requisitos e condições necessários à celebração do convênio, estabelecidos pela Secretaria da Receita Federal do Brasil, observadas as resoluções do CGITR.

§ 1º O termo de opção previsto neste artigo, na forma definida pelo CGITR, será exercido exclusivamente por meio eletrônico, com assinatura eletrônica do Distrito Federal ou do Município optante, mediante utilização de certificado digital válido, e estará disponível no portal do ITR, na página da Secretaria da Receita Federal do Brasil na Internet, no endereço eletrônico <http://www.receita.fazenda.gov.br>. (Alterado pelo Dec. 6.621/2008).

§ 2º Cumpridas as exigências previstas nos incisos I e II do *caput*, a opção produzirá efeitos, de forma irretratável, a partir do primeiro dia útil do segundo mês subsequente à data da sua realização. (Alterado pelo Dec. 6.770/2009).

§ 3º O Município ou o Distrito Federal optante fará jus à totalidade do produto da arrecadação do ITR referente aos imóveis rurais nele situados, a partir do momento disciplinado no convênio. (Alterado pelo Dec. 6.621/2008).

§ 4º O portal do ITR conterá a relação dos optantes, as informações e os aplicativos relacionados com o ITR, inclusive os modelos de documentos utilizados nas atividades de fiscalização e cobrança do imposto. (Alterado pelo Dec. 6.621/2008).

§ 5º O indeferimento da opção será formalizado pelo CGITR, observado o devido procedimento estabelecido na legislação federal.

§ 6º A opção de que trata o *caput* não poderá implicar redução do imposto ou qualquer outra forma de renúncia fiscal.

§ 7º Ressalvada a hipótese prevista no art. 11, a opção pelo convênio será automaticamente prorrogada para os anos-calendário seguintes. (Acrescentado pelo Dec. 6.621/2008).

ART. 11. O convênio poderá ser denunciado a qualquer tempo, na forma disciplinada pelo CGITR:

I - pelo Município ou pelo Distrito Federal, por simples desistência de sua opção; (Alterado pelo Dec. 6.621/2008).

II - pela União, por intermédio da Secretaria da Receita Federal do Brasil, no caso de inobservância das condições estabelecidas no inciso II do art. 10.

Parágrafo único. A denúncia do convênio, em qualquer caso, produzirá efeitos a partir de 1º de janeiro do ano subsequente àquele em que ocorrer a denúncia.

ART. 12. Compete à Secretaria da Receita Federal do Brasil dispor sobre as obrigações acessórias relativas ao ITR, inclusive, estabelecendo forma, prazo e condições para o seu cumprimento, observadas as resoluções do CGITR.

ART. 13. O CGITR definirá o sistema de repasses do total arrecadado, inclusive encargos legais, para o Distrito Federal ou para os Municípios optantes. (Alterado pelo Dec. 6.621/2008).

Parágrafo único. Enquanto o CGITR não regulamentar o prazo para o repasse previsto no *caput*, esse repasse será efetuado nas mesmas condições e datas em que são transferidos decendialmente os recursos do Fundo de Participação dos Municípios, vedada qualquer forma de retenção ou condição suspensiva da transferência.

ART. 14. O CGITR regulará o modo pelo qual será solicitado o pedido de restituição dos valores do ITR recolhidos indevidamente ou em montante superior ao devido.

ART. 15. O contencioso administrativo relativo ao ITR observará a legislação tributária federal.

§ 1º No caso de impugnação e recursos, deverão eles ser protocolizados na administração tributária municipal, que procederá à devida instrução do processo administrativo fiscal e os encaminhará à unidade de julgamento da Secretaria da Receita Federal do Brasil.

§ 2º As consultas relativas ao ITR serão solucionadas somente pela Receita Federal do Brasil.

ART. 16. Os processos relativos ao ITR serão ajuizados em face da União, que será representada em juízo pela Procuradoria-Geral da Fazenda Nacional.

§ 1º Os Municípios e o Distrito Federal prestarão auxílio sobre matéria de fato à Procuradoria-Geral da Fazenda Nacional, em relação aos atos de fiscalização e cobrança derivados da opção a que se refere este Decreto, na forma a ser disciplinada em ato do CGITR. (Alterado pelo Dec. 6.621/2008).

§ 2º Os créditos tributários oriundos da aplicação deste Decreto serão apurados, inscritos em Dívida Ativa da União e cobrados judicialmente pela Procuradoria-Geral da Fazenda Nacional, sendo os valores correspondentes transferidos aos Municípios ou ao Distrito Federal na exata razão da fiscalização por eles efetivada. (Alterado pelo Dec. 6.621/2008).

ART. 17. As informações, os resultados dos exames fiscais e os documentos obtidos em função do disposto neste Decreto serão mantidos sob sigilo fiscal, na forma estabelecida pelo art. 198 do Código Tributário Nacional.

ART. 18. O servidor que divulgar, revelar ou facilitar a divulgação ou revelação de qualquer informação, bem como aquele que utilizar ou viabilizar a utilização de qualquer informação obtida nos termos deste Decreto, em finalidade ou hipótese diversa da prevista em lei, regulamento ou ato administrativo, será responsabilizado administrativamente por descumprimento do dever funcional de observar normas legais ou regulamentares, sem prejuízo de sua responsabilização em ação regressiva própria e da responsabilidade penal cabível.

ART. 19. Fica instituído o Grupo de Trabalho Permanente denominado Observatório Extrafiscal do ITR - OEITR, com atribuições estritas e específicas de avaliar o resultado da política extrafiscal do ITR, sobretudo no contexto da gestão compartilhada entre União, Municípios e Distrito Federal, e sugerir seu aperfeiçoamento. (Alterado pelo Dec. 6.621/2008).

§ 1º O OEITR será composto por um representante de cada um dos seguintes órgãos e entidades:

I - Ministério do Planejamento, Orçamento e Gestão, que o coordenará;

II - Ministério da Fazenda;

III - Ministério do Meio Ambiente;

IV - Ministério do Desenvolvimento Agrário;

V - Ministério da Agricultura, Pecuária e Abastecimento;

VI - Ministério das Cidades;

VII - Núcleo de Assuntos Estratégicos da Presidência da República;

VIII - Serviço Federal de Processamento de Dados - SERPRO;

IX - Fundação Instituto Brasileiro de Geografia e Estatística - IBGE;

X - Instituto Brasileiro do Meio Ambiente e dos Recursos Naturais Renováveis - IBAMA;

XI - Instituto Nacional de Colonização e Reforma Agrária - INCRA;

XII - Empresa Brasileira de Pesquisa Agropecuária - EMBRAPA; e

XIII - Instituto de Pesquisa Econômica Aplicada - IPEA.

§ 2º Os membros e respectivos suplentes do OEITR serão indicados pelos titulares dos órgãos e entidades representados e designados pelo Ministro de Estado do Planejamento, Orçamento e Gestão.

§ 3º O regulamento do OEITR será estabelecido em portaria do Ministro de Estado do Planejamento, Orçamento e Gestão.

ART. 20. Este Decreto entra em vigor na data de sua publicação.

Brasília, 15 de abril de 2008;
187º da Independência e 120º da República.
LUIZ INÁCIO LULA DA SILVA

DECRETO N. 6.451, DE 12 DE MAIO DE 2008

Regulamenta o art. 56 da Lei Complementar n. 123, de 14 de dezembro de 2006, que dispõe sobre a constituição do Consórcio Simples por microempresas e empresas de pequeno porte optantes pelo Simples Nacional.

› *DOU*, 13.05.2008.

O Presidente da República, no uso da atribuição que lhe confere o art. 84, inciso IV, da Constituição, e tendo em vista o disposto no art. 56 da Lei Complementar n. 123, de 14 de dezembro de 2006,

Decreta:

CAPÍTULO I
DA CONSTITUIÇÃO E COMPOSIÇÃO

ART. 1º As microempresas e as empresas de pequeno porte optantes pelo Regime Especial Unificado de Arrecadação de Tributos e Contribuições devidos pelas Microempresas e Empresas de Pequeno Porte - Simples Nacional poderão constituir, nos termos do art. 56 da Lei Complementar n. 123, de 14 de dezembro de 2006, consórcio simples, por tempo indeterminado, tendo como objeto a compra e venda de bens e serviços para os mercados nacional e internacional.

§ 1º A microempresa ou empresa de pequeno porte não poderá participar simultaneamente de mais de um consórcio simples.

§ 2º O consórcio simples não poderá ser concomitantemente de venda e de compra, salvo no caso de compra de insumos para industrialização.

CAPÍTULO II
DOS REQUISITOS GERAIS DE FORMAÇÃO DO CONSÓRCIO SIMPLES

ART. 2º O consórcio simples não tem personalidade jurídica e as consorciadas somente se obrigam nas condições previstas no respectivo contrato, respondendo cada uma por suas obrigações, sem presunção de solidariedade, salvo se assim estabelecido entre as consorciadas.

ART. 3º O contrato de consórcio simples e suas alterações serão arquivados no órgão de registro público competente e deverá conter, no mínimo, cláusulas que estabeleçam:

I - a denominação, a finalidade, o endereço e o foro;

II - a identificação de cada uma das consorciadas que integrarão o consórcio simples;

III - a indicação da área de atuação do consórcio simples, inclusive se a atividade se destina a compra ou venda;

IV - a forma de deliberação sobre assuntos de interesse comum, com o número de votos que cabe a cada consorciada;

V - o direito de qualquer das consorciadas, quando adimplentes com as suas obrigações, de exigir o pleno cumprimento das suas cláusulas;

VI - a definição das obrigações e responsabilidades de cada consorciada, e das prestações específicas, observadas as disposições da legislação civil;

VII - as normas sobre recebimento de receitas e partilha de resultados;

VIII - as normas sobre administração do consórcio simples, contabilização e representação das consorciadas e taxa de administração, se houver; e

IX - a contribuição de cada consorciada para as despesas comuns, se houver.

§ 1º Os atos de formação dos consórcios simples deverão ainda especificar regras de substituição, de ingresso e de saída das microempresas e empresas de pequeno porte consorciadas, inclusive na hipótese de exclusão da consorciada do SIMPLES NACIONAL.

§ 2º No caso de exclusão da consorciada do Simples Nacional, proceder-se-á à sua imediata retirada do consórcio simples.

§ 3º A falência ou insolvência civil de uma consorciada não se estende às demais, subsistindo o consórcio simples com as demais consorciadas; os créditos que porventura tiver a falida serão apurados e pagos na forma prevista no contrato do consórcio simples.

§ 4º À exceção da exclusão da microempresa ou da empresa de pequeno porte do Simples Nacional, a exclusão de consorciada só é admissível desde que prevista no contrato do consórcio simples.

CAPÍTULO III
DA CONTABILIDADE

ART. 4º Cada consorciada deverá apropriar suas receitas, custos e despesas incorridos proporcionalmente à sua participação no consórcio simples, conforme documento arquivado no órgão de registro.

§ 1º O disposto no *caput* aplica-se para fins do recolhimento dos impostos e contribuições na forma do Simples Nacional.

§ 2º O consórcio simples deverá manter registro contábil das operações em Livro Diário próprio, devidamente registrado.

§ 3º O registro contábil das operações no consórcio simples deverá corresponder ao somatório dos valores das parcelas das consorciadas, individualizado proporcionalmente à participação de cada consorciada.

§ 4º Sem prejuízo do disposto nos §§ 2º e 3º, as operações objeto do consórcio simples, relativas à participação das consorciadas, serão registradas pelas consorciadas na forma disciplinada pelo Comitê Gestor, conforme dispõe o art. 27 da Lei Complementar n. 123, de 2006.

§ 5º Os livros utilizados para registro das operações do consórcio e os documentos que permitam sua perfeita verificação deverão ser mantidos pelo consórcio simples e pelas consorciadas pelo prazo de decadência e prescrição estabelecidos pela legislação tributária.

ART. 5º O faturamento correspondente às operações do consórcio simples será efetuado pelas consorciadas, mediante a emissão de Nota Fiscal ou Fatura próprios, proporcionalmente à participação de cada uma no consórcio simples.

§ 1º Nas hipóteses autorizadas pela legislação do Imposto sobre Operações relativas à Circulação de Mercadorias e sobre Prestações de Serviços de Transporte Interestadual e Intermunicipal e de Comunicação - ICMS, a Nota Fiscal ou Fatura de que trata o *caput* poderá ser emitida pelo consórcio simples, observada a apropriação proporcional de que trata o *caput* do art. 4º.

§ 2º Na hipótese do § 1º, o consórcio simples remeterá cópia da Nota Fiscal ou Fatura às consorciadas, indicando na mesma as parcelas de receitas correspondentes a cada uma, para efeito de operacionalização do disposto no *caput* do art. 4º.

§ 3º No histórico dos documentos de que trata este artigo deverá ser incluída informação esclarecendo tratar-se de operações vinculadas ao consórcio simples.

CAPÍTULO IV
DA EXPORTAÇÃO

ART. 6º O consórcio simples de exportação deverá prever em seu contrato a exploração exclusiva de exportação de bens e serviços a ela voltados, em prol exclusivo de suas consorciadas.

CAPÍTULO V
DAS DISPOSIÇÕES FINAIS

ART. 7º Aplicam-se ao consórcio simples, quanto à substituição tributária e à retenção na fonte de impostos e contribuições, as normas relativas às microempresas e empresas de pequeno porte optantes pelo Simples Nacional, proporcionalmente à sua participação no consórcio simples.

ART. 8º Este Decreto entra em vigor na data de sua publicação.

Brasília, 12 de maio de 2008; 187º da Independência e 120º da República.

LUIZ INÁCIO LULA DA SILVA

DECRETO N. 6.539, DE 18 DE AGOSTO DE 2008

Estabelece critérios para o enquadramento de projeto de instalação, de diversificação ou modernização total, e de ampliação ou modernização parcial de empreendimento, para efeito de redução do imposto sobre a renda e adicional, calculados com base no lucro da exploração.

- *DOU*, 19.8.2008.

O Presidente da República, no uso da atribuição que lhe confere o art. 84, inciso IV, da Constituição, e tendo em vista o disposto no art. 1º da Medida Provisória n. 2.199-14, de 24 de agosto de 2001, no art. 2º da Lei Complementar n. 124, de 3 de janeiro de 2007, e no art. 2º da Lei Complementar n. 125, de 3 de janeiro de 2007,

Decreta:

ART. 1º As pessoas jurídicas que tenham projeto protocolizado e aprovado a partir do ano-calendário de 2000 até 31 de dezembro de 2013 para instalação, ampliação, modernização ou diversificação, enquadrado em setores da economia considerados, em ato do Poder Executivo, prioritários para o desenvolvimento regional nas áreas de atuação da Superintendência do Desenvolvimento da Amazônia - SUDAM e da Superintendência do Desenvolvimento do Nordeste - SUDENE, terão direito à redução de setenta e cinco por cento do imposto sobre a renda e adicional, calculados com base no lucro da exploração (Medida Provisória n. 2.199-14, de 24 de agosto de 2001, art. 1º, *caput*).

§ 1º A partir de 4 de janeiro de 2007, para efeito do disposto no *caput*, será considerada área de atuação:

I - da SUDAM, os Estados e Municípios relacionados no art. 2º do Anexo I do Decreto n. 6.218, de 4 de outubro de 2007 (Lei Complementar n. 124, de 3 de janeiro de 2007, art. 2º); e

II - da SUDENE, os Estados, regiões e Municípios relacionados no art. 2º do Anexo I do Decreto n. 6.219, de 4 de outubro de 2007 (Lei Complementar n. 125, de 3 de janeiro de 2007, art. 2º).

§ 2º Para efeito do *caput*, são considerados setores da economia prioritários para o desenvolvimento regional na área de atuação:

I - da SUDAM, os relacionados no art. 2º do Decreto n. 4.212, de 26 de abril de 2002; e

II - da SUDENE, os relacionados no art. 2º do Decreto n. 4.213, de 26 de abril de 2002.

ART. 2º Considera-se instalação de empreendimento, para efeito do direito à redução a que se refere o *caput* do art. 1º, o estabelecimento de nova unidade produtora para o desenvolvimento da atividade a ser explorada em setores da economia considerados prioritários para o desenvolvimento regional na área de atuação da SUDAM e SUDENE. (Alterado pelo Dec. 6.674/2008.)

ART. 3º Considera-se projeto de diversificação e de modernização total: (Alterado pelo Dec. 6.674/2008.)

I - projeto de diversificação: o destinado à introdução de uma ou mais linhas de produção na unidade produtora já estabelecida, com ou sem exclusão das linhas de produção existentes, que resulte em produto diferente dos até então produzidos pela unidade produtora; (Acrescentado pelo Dec. 6.674/2008.)

II - projeto de modernização total: o destinado à introdução de novas tecnologias ou novos métodos ou meios mais racionais na linha de produção original ou ainda de alterações do produto, visando melhoria no processo produtivo ou no produto final capazes de apresentar resultados mais eficientes em relação ao processo produtivo ou à produção anterior, independentemente de alteração da capacidade real instalada do empreendimento. (Acrescentado pelo Dec. 6.674/2008.)

§ 1º Para efeito do direito à redução a que se refere o *caput* do art. 1º, a diversificação ou a modernização total de empreendimento existente será considerada implantação de nova unidade produtora, sendo que os benefícios incidirão sobre a nova capacidade real instalada do empreendimento decorrente da modernização total ou, nos casos de diversificação, da capacidade real instalada da nova linha de produção introduzida. (Acrescentado pelo Dec. 6.674/2008.)

§ 2º A redução concedida para projetos de modernização, ampliação ou diversificação não atribui ou amplia benefícios a resultados correspondentes a produção anterior. (Acrescentado pelo Dec. 6.674/2008.)

ART. 4º Nas hipóteses de ampliação ou de modernização parcial do empreendimento, o direito à redução de que trata o *caput* do art. 1º fica condicionado ao aumento da capacidade real instalada na linha de produção ampliada ou modernizada em, no mínimo (Medida Provisória n. 2.199-14, de 2001, art. 1º, § 5º, incisos I e II):

I - vinte por cento, nos casos de empreendimentos de infraestrutura ou estruturadores; e

II - cinquenta por cento, nos casos dos demais empreendimentos prioritários para o desenvolvimento regional.

§ 1º (Revogado pelo Dec. 6.674/2008.)

§ 2º São considerados empreendimentos de infraestrutura, para efeito do disposto no inciso I do *caput*, os empreendimentos em energia, telecomunicações, transportes, abastecimento de água, produção de gás e instalação de gasodutos, e esgotamento sanitário (Lei n. 9.808, de 20 de julho de 1999, art. 1º).

§ 3º São considerados estruturadores, para efeito do disposto no inciso I do *caput*, os empreendimentos dos seguintes setores:

I - hoteleiro;

II - de agricultura irrigada, para projetos localizados em polos agrícolas e agroindustriais, objetivando a produção de alimentos e matérias-primas agroindustriais;

III - de indústria extrativa de minerais metálicos, representados por complexos produtivos para o aproveitamento de recursos minerais da região, desde que promovam a verticalização minerária, na forma disciplinada pelos Conselhos Deliberativos das Superintendências de Desenvolvimento da Amazônia e do Nordeste; (Alterado pelo Dec. 6.674/2008.)

IV - de indústria de transformação, compreendendo os seguintes grupos:

a) bioindustriais, vinculados à fabricação de produtos decorrentes do aproveitamento da biodiversidade regional (Biodiesel, H-Bio);

b) fabricação de máquinas e equipamentos (excluindo armas, munições e equipamentos bélicos), considerados os de uso geral para a fabricação de máquinas-ferramenta e fabricação de outras máquinas e equipamentos de uso específico;

c) minerais não metálicos, metalurgia, siderurgia e mecânico;

d) petroquímico, relativos à produção de petróleo e seus derivados;

V - da mecatrônica, informática e biotecnologia;

VI - de indústria de componentes (microeletrônica); e

VII - de fabricação de produtos farmacêuticos, considerados os farmoquímicos e medicamentos para uso humano.

ART. 5º A fruição da redução do imposto de que trata o *caput* do art. 1º dar-se-á a partir do ano-calendário subsequente àquele em que o projeto de instalação, de diversificação ou de modernização total, e de ampliação ou de modernização parcial entrar em operação, segundo laudo expedido pelo órgão competente do Ministério da Integração Nacional até o último dia útil do mês de março do ano-calendário subsequente ao do início da operação (Medida Provisória n. 2.199-14, de 2001, art. 1º, § 1º).

§ 1º Na hipótese de expedição de laudo constitutivo após a data referida no *caput*, a fruição do benefício dar-se-á a partir do ano-calendário da expedição do laudo (Medida Provisória n. 2.199-14, de 2001, art. 1º, § 2º).

§ 2º O prazo de fruição do benefício fiscal será de dez anos, contado a partir do ano-calendário de início de sua fruição (Medida Provisória n. 2.199-14, de 2001, art. 1º, § 3º).

ART. 6º O disposto neste Decreto não se aplica aos pleitos aprovados ou protocolizados no órgão competente e na forma da legislação anterior, até 24 de agosto de 2000, para os quais continuará a prevalecer a disciplina introduzida pelo *caput* do art. 3º da Lei n. 9.532, de 10 de dezembro de 1997 (Medida Provisória n. 2.199-14, de 2001, art. 1º, § 6º).

Parágrafo único. As pessoas jurídicas titulares de projetos de implantação, modernização, ampliação ou diversificação protocolizados no órgão competente e na forma da legislação anterior a 24 de agosto de 2000, aprovados com base no *caput* do art. 3º da Lei n. 9.532, de 1997, e cuja atividade se enquadre em setor econômico considerado prioritário para o desenvolvimento regional na área de atuação da SUDAM e da SUDENE, poderão pleitear a redução prevista neste Decreto pelo prazo remanescente para completar o período de dez anos (Medida Provisória n. 2.199-14, de 2001, art. 1º, § 7º).

ART. 7º Para efeito de reconhecimento do direito à redução de trata o *caput* do art. 1º, a pessoa jurídica deverá formular o pedido de acordo com o disposto:

I - no art. 3º do Decreto n. 4.212, de 2002, quando o projeto estiver localizado na área de atuação da SUDAM; e

II - no art. 3º do Decreto n. 4.213, de 2002, quando o projeto estiver localizado na área de atuação da SUDENE.

Parágrafo único. Na hipótese de pedido indeferido anteriormente à expedição deste Decreto, a pessoa jurídica poderá reapresentá-lo, desde que o empreendimento objeto do pedido se enquadre nas suas disposições e observado o prazo prescricional.

ART. 8º (Revogado pelo Dec. 6.674/2008.)

ART. 9º Este Decreto entra em vigor na data de sua publicação.

Brasília, 18 de agosto de 2008; 187º da Independência e 120º da República.

LUIZ INÁCIO LULA DA SILVA

DECRETO N. 6.629, DE 4 DE NOVEMBRO DE 2008

Regulamenta o Programa Nacional de Inclusão de Jovens - Projovem, instituído pela Lei n. 11.129, de 30 de junho de 2005, e regido pela Lei n. 11.692, de 10 de junho de 2008, e dá outras providências.

▸ *DOU*, 05.11.2008.

O Presidente da República, no uso da atribuição que lhe confere o art. 84, incisos IV e VI, alínea "a", da Constituição, e tendo em vista o disposto na Lei n. 11.129, de 30 de junho de 2005, e na Lei n. 11.692, de 10 de junho de 2008,

Decreta:

ART. 1º O Programa Nacional de Inclusão de Jovens - Projovem, instituído pela Lei n. 11.129, de 30 de junho de 2005, e regido pela Lei n. 11.692, de 10 de junho de 2008, fica regulamentado na forma deste Decreto e por disposições complementares estabelecidas pelos órgãos responsáveis pela sua coordenação, nas seguintes modalidades:

I - Projovem Adolescente - Serviço Socioeducativo;

II - Projovem Urbano;

III - Projovem Campo - Saberes da Terra; e

IV - Projovem Trabalhador.

Parágrafo único. O Projovem Adolescente - Serviço Socioeducativo será coordenado pelo Ministério do Desenvolvimento Social e Combate à Fome, o Projovem Urbano e o Projovem Campo - Saberes da Terra pelo Ministério da Educação, e o Projovem Trabalhador pelo Ministério do Trabalho e Emprego. (Redação dada pelo Dec. 7.649/ 2011.)

CAPÍTULO I
DAS DISPOSIÇÕES PRELIMINARES

SEÇÃO I
DA FINALIDADE E OBJETIVOS DO PROJOVEM

ART. 2º O Projovem tem por finalidade executar ações integradas que propiciem aos jovens brasileiros reintegração ao processo educacional, qualificação profissional em nível de formação inicial e desenvolvimento humano.

Parágrafo único. Nos currículos dos cursos oferecidos nas modalidades de que trata o art. 1º deverão ser incluídas noções básicas de comunicação oral e escrita em língua portuguesa, de matemática, de informática, de cidadania e de língua estrangeira, observadas as especificidades de cada modalidade do Projovem.

ART. 3º São objetivos do Projovem:

I - complementar a proteção social básica à família, criando mecanismos para garantir a convivência familiar e comunitária;

II - criar condições para a inserção, reinserção e permanência do jovem no sistema educacional;

III - elevar a escolaridade dos jovens do campo e da cidade, visando a conclusão do ensino fundamental, integrado à qualificação social e profissional e ao desenvolvimento de ações comunitárias; e

IV - preparar o jovem para o mundo do trabalho, em ocupações com vínculo empregatício ou em outras atividades produtivas geradoras de renda.

SEÇÃO II
DOS DESTINATÁRIOS

ART. 4º O Projovem destina-se a jovens na faixa etária de quinze a vinte e nove anos, que

DECRETOS

atendam aos critérios de seleção estabelecidos para cada modalidade.

CAPÍTULO II
DA GESTÃO E EXECUÇÃO DO PROJOVEM

SEÇÃO I
DA CONJUGAÇÃO DE ESFORÇOS

ART. 5º A gestão e a execução do Projovem dar-se-ão por meio da conjugação de esforços entre a Secretaria-Geral da Presidência da República e os Ministérios da Educação, do Trabalho e Emprego e do Desenvolvimento Social e Combate à Fome, observada a intersetorialidade e sem prejuízo da participação de outros órgãos e entidades da administração pública federal.

Parágrafo único. No âmbito estadual, municipal e do Distrito Federal, a gestão e a execução do Projovem dar-se-ão por meio da conjugação de esforços entre os órgãos públicos das áreas de educação, de trabalho, de assistência social e de juventude, observada a intersetorialidade, sem prejuízo de outros órgãos e entidades da administração pública estadual, municipal e da sociedade civil.

SEÇÃO II
DO CONSELHO GESTOR DO PROJOVEM

ART. 6º O Conselho Gestor do Projovem - COGEP, órgão colegiado e de caráter deliberativo, será a instância federal de conjugação de esforços para a gestão e execução do Projovem.

§ 1º O COGEP será coordenado pela Secretaria Nacional de Juventude da Secretaria-Geral da Presidência da República e integrado pelos Secretários-Executivos e por um Secretário Nacional dos Ministérios da Educação, do Trabalho e Emprego e do Desenvolvimento Social e Combate à Fome, indicados pelos respectivos Ministros de Estado.

§ 2º O COGEP contará com uma Secretaria-Executiva, cujo titular será designado pelo Secretário-Geral da Presidência da República.

§ 3º O COGEP será assessorado por uma comissão técnica, coordenada pelo Secretário-Executivo do Conselho, composta pelos coordenadores nacionais de cada modalidade do Projovem, indicados pelos titulares dos Ministérios que o integram.

§ 4º Poderão ser convidados a participar das reuniões do COGEP representantes de outros órgãos ou instituições públicas, bem como representantes da sociedade civil, sempre que da pauta constar assuntos de sua área de atuação.

§ 5º O COGEP reunir-se-á trimestralmente ou mediante convocação do seu Coordenador.

ART. 7º Compete ao COGEP:

I - acompanhar a elaboração do plano plurianual e da lei orçamentária anual da União, no que se referir à execução do Projovem;

II - consolidar plano de ação do Projovem;

III - acompanhar a execução orçamentária, física e financeira do Projovem, propondo os ajustes que se fizerem necessários;

IV - propor diretrizes e formas de articulação com os demais órgãos e instituições públicas e privadas na implementação do Projovem;

V - estabelecer estratégias de articulação e mobilização dos parceiros institucionais e da sociedade civil para atuarem no âmbito do Projovem;

VI - estimular o controle social e o aperfeiçoamento dos mecanismos de participação da sociedade civil, visando fortalecer o desenvolvimento das ações do Projovem;

VII - consolidar relatório anual de gestão do Projovem; e

VIII - elaborar o seu regimento interno.

ART. 8º À Secretaria-Geral da Presidência da República caberá prover apoio técnicoadministrativo e os meios necessários à execução dos trabalhos do COGEP.

ART. 9º Cada modalidade do Projovem contará com um comitê gestor, instituído pelo órgão responsável por sua coordenação, assegurada a participação de um representante da Secretaria-Geral da Presidência da República e dos Ministérios do Desenvolvimento Social e Combate à Fome, da Educação e do Trabalho e Emprego.

§ 1º Compete ao comitê gestor no âmbito de sua modalidade:

I - acompanhar a elaboração do plano plurianual e da lei orçamentária anual da União, no que se referir à execução do Projovem;

II - consolidar a proposta do plano de ação a ser encaminhada ao COGEP para compor o plano de ação do Projovem;

III - acompanhar a execução orçamentária, física e financeira, propondo os ajustes que se fizerem necessários;

IV - apreciar o material pedagógico;

V - articular-se com órgãos e instituições públicas e privadas para a execução das ações do Projovem;

VI - implementar estratégias de articulação com as demais modalidades do Projovem;

VII - estimular o controle social e o aperfeiçoamento dos mecanismos de participação da sociedade civil, visando fortalecer o desenvolvimento das atividades da modalidade do Projovem;

VIII - consolidar o relatório de gestão da modalidade a ser encaminhado ao COGEP, a fim de compor o relatório de gestão do Projovem;

IX - elaborar o seu regimento interno; e

X - outras competências que lhe forem atribuídas pelo COGEP.

§ 2º Cabe aos órgãos coordenadores de cada modalidade do Projovem prover apoio técnicoadministrativo e os meios necessários à execução dos trabalhos do seu respectivo comitê gestor.

ART. 10. A participação no COGEP ou em sua comissão técnica, bem como nos comitês gestores, será considerada prestação de serviço público relevante, não remunerada.

CAPÍTULO III
DO FUNCIONAMENTO DO PROJOVEM

SEÇÃO I
DA IMPLANTAÇÃO E DA EXECUÇÃO DO PROJOVEM ADOLESCENTE - SERVIÇO SOCIOEDUCATIVO

ART. 11. O Projovem Adolescente - Serviço Socioeducativo, em consonância com os serviços assistenciais de que trata o art. 23 da Lei n. 8.742, de 7 de dezembro de 1993, tem como objetivos:

I - complementar a proteção social básica à família, mediante mecanismos de garantia da convivência familiar e comunitária; e

II - criar condições para a inserção, reinserção e permanência do jovem no sistema educacional.

Parágrafo único. O ciclo completo de atividades do Projovem Adolescente - Serviço Socioeducativo tem a duração de um ano, de acordo com as disposições complementares do Ministério do Desenvolvimento Social e Combate à Fome. (Redação dada pelo Dec.7.649/2011.)

ART. 12. O Projovem Adolescente - Serviço Socioeducativo terá caráter preventivo e oferecerá atividades de convívio e trabalho socioeducativo com vistas ao desenvolvimento da autonomia e cidadania do jovem e a prevenção de situações de risco social.

Parágrafo único. A participação do jovem será voluntária e seus serviços socioeducativos não se confundem com as medidas socioeducativas previstas no art. 112 da Lei n. 8.069, de 13 julho de 1990.

ART. 13. O Ministério do Desenvolvimento Social e Combate à Fome disporá sobre as equipes de trabalho necessárias à execução do serviço socioeducativo, nos termos previstos no § 1º do art. 4º da Lei n. 11.692, de 2008.

ART. 14. O Projovem Adolescente - Serviço Socioeducativo destina-se aos jovens de quinze a dezessete anos e que:

I - pertençam à família beneficiária do Programa Bolsa Família, instituído pela Lei n. 10.836, de 9 de janeiro de 2004;

II - sejam egressos de medida socioeducativa de internação ou em cumprimento de outras medidas socioeducativas em meio aberto, conforme disposto na Lei n. 8.069, de 1990;

III - estejam em cumprimento ou sejam egressos de medida de proteção, conforme disposto na Lei n. 8.069, de 1990;

IV - sejam egressos do Programa de Erradicação do Trabalho Infantil - PETI; ou

V - sejam egressos ou vinculados a programas de combate ao abuso e à exploração sexual.

Parágrafo único. Os jovens a que se referem os incisos II a V devem ser encaminhados ao Projovem Adolescente - Serviço Socioeducativo pelos programas e serviços especializados de assistência social do Município ou do Distrito Federal, ou pelo gestor de assistência social, quando demandado oficialmente pelo Conselho Tutelar, pela Defensoria Pública, pelo Ministério Público ou pelo Poder Judiciário.

ART. 15. O Projovem Adolescente - Serviço Socioeducativo será ofertado pelo Município que a ele aderir, mediante cumprimento e aceitação das condições estabelecidas neste Decreto e assinatura de termo de adesão a ser definido pelo Ministério do Desenvolvimento Social e Combate à Fome.

Parágrafo único. São condições para adesão ao Projovem Adolescente - Serviço Socioeducativo:

I - habilitação nos níveis de gestão básica ou plena no Sistema Único de Assistência Social;

II - existência de centro de referência de assistência social instalado e em funcionamento; e

III - demanda mínima de quarenta jovens de quinze a dezessete anos, de famílias beneficiárias do Programa Bolsa Família, residentes no Município, com base no Cadastro Único para Programas Sociais do Governo Federal - CadÚnico, de que trata o Decreto n. 6.135, de 26 de julho de 2007.

ART. 16. O Projovem Adolescente - Serviço Socioeducativo será cofinanciado pela União e pelos Estados, Distrito Federal e Municípios, que a ele aderirem, por intermédio dos respectivos fundos de assistência social.

§ 1º Respeitados os limites orçamentários e financeiros, o cofinanciamento da União dar-se-á de acordo com os critérios de partilha estabelecidos pelo Conselho Nacional de Assistência Social, observado o disposto no inciso IX do art. 18 da Lei n. 8.742, de 1993.

§ 2º As metas do Projovem Adolescente - Serviço Socioeducativo, observadas as regras de adesão estabelecidas para os Municípios e para o Distrito Federal, serão proporcionais à demanda relativa ao serviço socioeducativo, estimada pela quantidade de jovens de quinze a dezessete anos pertencente às famílias beneficiárias do Programa Bolsa Família, considerado o conjunto dos Municípios elegíveis.

ART. 17. A União, os Estados, o Distrito Federal e os Municípios, em caso de adesão ao Projovem Adolescente - Serviço Socioeducativo, serão corresponsáveis pela sua implementação.

§ 1º Cabe à União, por intermédio do Ministério do Desenvolvimento Social e Combate à Fome:

I - apoiar técnica e financeiramente os Estados, o Distrito Federal e os Municípios na implementação do Projovem Adolescente - Serviço Socioeducativo;

II - propor diretrizes para a prestação do serviço socioeducativo previsto no Projovem Adolescente - Serviço Socioeducativo e pactuar as regulações no âmbito da Comissão Intergestores Tripartite - CIT, instituída pela Resolução do Conselho Nacional de Assistência Social no 27, de 16 de dezembro de 1998, submetendo-as à deliberação do Conselho Nacional de Assistência Social;

III - dispor sobre os pisos variáveis de proteção social básica do Sistema Único de Assistência Social, sua composição e as ações que os financiam;

IV - instituir e gerir sistemas de informação, monitoramento e avaliação para acompanhamento do serviço socioeducativo do Projovem Adolescente - Serviço Socioeducativo em articulação com os Estados, o Distrito Federal e os Municípios;

V - definir padrões de qualidade para o desenvolvimento do serviço socioeducativo do Projovem Adolescente - Serviço Socioeducativo;

VI - produzir e distribuir material de apoio para gestores, técnicos e orientadores sociais; e

VII - capacitar gestores e técnicos dos Estados, do Distrito Federal e dos Municípios que aderirem ao Projovem Adolescente - Serviço Socioeducativo.

§ 2º Cabe aos Estados e, no que se aplicar, ao Distrito Federal:

I - prestar apoio técnico aos Municípios na estruturação, implantação e execução do serviço socioeducativo do Projovem Adolescente - Serviço Socioeducativo;

II - dispor de profissional capacitado para o apoio aos Municípios que possuam presença de povos indígenas e comunidades tradicionais;

III - gerir, no âmbito estadual, os sistemas de informação, monitoramento e avaliação do serviço socioeducativo do Projovem Adolescente - Serviço Socioeducativo, desenvolvidos pelo Governo Federal;

IV - indicar os técnicos a serem capacitados, pelo Ministério do Desenvolvimento Social e Combate à Fome, para atuar como multiplicadores da concepção e da metodologia do Projovem Adolescente - Serviço Socioeducativo;

V - realizar, em parceria com a União, a capacitação dos gestores e técnicos municipais, envolvidos no Projovem Adolescente - Serviço Socioeducativo;

VI - acompanhar a implantação e execução do serviço socioeducativo do Projovem Adolescente - Serviço Socioeducativo; e

VII - estabelecer articulações intersetoriais para a integração de serviços e programas com os órgãos que atuem na defesa da criança e do adolescente e com as políticas públicas estaduais e regionais.

§ 3º Cabe aos Municípios e ao Distrito Federal:

I - referenciar o serviço socioeducativo do Projovem Adolescente - Serviço Socioeducativo ao centro de referência de assistência social;

II - disponibilizar espaços físicos e equipamentos adequados à oferta do serviço socioeducativo, na forma estabelecida pelo Ministério do Desenvolvimento Social de Combate à Fome;

III - designar os técnicos de referência do centro de referência de assistência social para acompanhamento das famílias dos jovens e assessoria aos orientadores sociais do serviço socioeducativo, desde que no mesmo território de vulnerabilidade social, na proporção fixada pelo Ministério do Desenvolvimento Social e Combate à Fome;

IV - conduzir o processo de preenchimento das vagas, de acordo com as prioridades e critérios estabelecidos pelos instrumentos normativos do Projovem Adolescente - Serviço Socioeducativo;

V - inserir no CadÚnico as informações dos jovens admitidos no serviço socioeducativo do Projovem Adolescente - Serviço Socioeducativo e de suas respectivas famílias e atualizar as informações sempre que necessário;

VI - alimentar e manter atualizadas as bases de dados dos subsistemas e aplicativos da rede do Sistema Único de Assistência Social, componentes do sistema nacional de informação do serviço socioeducativo, atualizando-o, no mínimo, a cada três meses;

VII - coordenar, gerenciar, executar e cofinanciar programas de capacitação de gestores, profissionais e prestadores de serviço envolvidos na oferta do serviço socioeducativo;

VIII - prover, em articulação com os Estados e com a União, os meios necessários para o acesso e participação dos profissionais envolvidos na oferta do serviço socioeducativo aos materiais e aos eventos de capacitação do Projovem Adolescente - Serviço Socioeducativo;

IX - estabelecer o fluxo de informações entre o Projovem Adolescente - Serviço Socioeducativo, o CadÚnico e o Programa Bolsa Família;

X - apresentar o Projovem Adolescente - Serviço Socioeducativo e pautar o tema da juventude nas agendas dos diversos conselhos setoriais e de políticas públicas do Município, promovendo o debate sobre a importância da intersetorialidade na promoção dos direitos do segmento juvenil;

XI - submeter a implantação do Projovem Adolescente - Serviço Socioeducativo à aprovação do conselho municipal de assistência social;

XII - articular-se com os demais órgãos públicos para integração do Projovem Adolescente - Serviço Socioeducativo com os diversos programas setoriais, em especial com as demais modalidades do Projovem; e

XIII - manter em arquivo, durante cinco anos, documentação comprobatória das despesas e atividades realizadas, dos processos de seleção dos profissionais e do preenchimento de vagas no âmbito do Projovem Adolescente - Serviço Socioeducativo.

ART. 18. O preenchimento das vagas do Projovem Adolescente - Serviço Socioeducativo é de responsabilidade intransferível do Município ou do Distrito Federal, que a ele aderirem, e será coordenado pelo órgão gestor da assistência social.

ART. 19. Os jovens admitidos no Projovem Adolescente - Serviço Socioeducativo serão organizados em grupos e cada um deles constituirá um coletivo, na forma definida pelo Ministério do Desenvolvimento Social e Combate à Fome.

ART. 20. O Projovem Adolescente - Serviço Socioeducativo será ofertado no centro de referência de assistência social ou será por ele obrigatoriamente referenciado, em caso de oferta em outra unidade pública ou em entidade de assistência social localizados no território de abrangência daquele centro.

§ 1º A oferta do serviço socioeducativo deverá ser amplamente divulgada nos Municípios e no Distrito Federal.

§ 2º Pelo menos dois terços do total de vagas atribuídas a cada centro de referência de assistência social e a cada coletivo deverão ser preenchidas com jovens de famílias beneficiárias do Programa Bolsa Família, que residam no seu território de abrangência.

§ 3º O Município e o Distrito Federal poderão destinar, no máximo, um terço do total de vagas referenciadas a cada centro de referência de assistência social e em cada coletivo aos jovens a que se referem os incisos II, III, IV e V do art. 14.

§ 4º Observados os critérios de acesso ao Projovem Adolescente - Serviço Socioeducativo definidos no art. 14, terão prioridade os jovens com deficiência.

ART. 21. Os jovens egressos do Projovem Adolescente - Serviço Socioeducativo que tenham concluído com aproveitamento as atividades terão prioridade no acesso às vagas das demais modalidades do Projovem, desde que se enquadrem nos respectivos critérios de seleção.

ART. 22. O Ministério do Desenvolvimento Social e Combate à Fome fará o monitoramento do Projovem Adolescente - Serviço Socioeducativo, de modo contínuo e sistemático, por meio de sistema informatizado, no âmbito da rede do Sistema Único de Assistência Social.

Parágrafo único. O monitoramento será realizado de forma articulada com os demais entes e poderá ser complementado por meio de visitas aos locais de execução do Projovem Adolescente - Serviço Socioeducativo.

ART. 23. Os centros de referência de assistência social, os demais órgãos públicos e as entidades de assistência social conveniadas que executem o serviço socioeducativo do Projovem Adolescente - Serviço Socioeducativo, deverão:

I - afixar, em lugar visível ao público, no local de funcionamento do serviço socioeducativo, a grade semanal de atividades de cada coletivo com os respectivos horários e locais de realização; e

II - manter registro diário da frequência dos jovens.

Parágrafo único. Os registros de frequência dos jovens no serviço socioeducativo deverão ser arquivados e conservados pelo Município e pelo Distrito Federal por um período mínimo de cinco anos.

ART. 24. O Ministério do Desenvolvimento Social e Combate à Fome, após consulta ao COGEP, disporá sobre as demais regras de execução do Projovem Adolescente - Serviço Socioeducativo.

SEÇÃO II
DA IMPLANTAÇÃO E DA EXECUÇÃO
DO PROJOVEM URBANO

ART. 25. O Projovem Urbano tem como objetivo garantir aos jovens brasileiros ações de

DECRETOS

elevação de escolaridade, visando a conclusão do ensino fundamental, qualificação profissional inicial e participação cidadã, por meio da organização de curso, de acordo com o disposto no art. 81 da Lei n. 9.394, de 20 de dezembro de 1996.

§ 1º A carga horária total prevista do curso é de duas mil horas, sendo mil quinhentos e sessenta presenciais e quatrocentos e quarenta não presenciais, cumpridas em dezoito meses.

§ 2º O curso será organizado em três ciclos, sendo que cada ciclo é composto por duas unidades formativas.

§ 3º Cada unidade formativa tem a duração de três meses.

§ 4º O processo de certificação far-se-á de acordo com normas da Câmara de Educação Básica do Conselho Nacional de Educação.

ART. 26. O ingresso no Projovem Urbano ocorrerá por meio de matrícula nos Estados, Distrito Federal e Municípios, a ser monitorada por sistema próprio do Ministério da Educação. (Redação dada pelo Dec. 7.649/2011.)

ART. 27. Para se matricular no Projovem Urbano, o jovem deverá ter entre dezoito e vinte e nove anos completos, no ano em que for realizada a matrícula, não ter concluído o ensino fundamental e saber ler e escrever.

§ 1º Fica assegurada ao público alvo da educação especial, participante do Projovem Urbano o atendimento às necessidades educacionais específicas, desde que cumpridas as condições previstas neste artigo. (Redação dada pelo Dec. 7.649/2011.)

§ 2º O jovem será alocado, preferencialmente, em turma próxima de sua residência, ou de seu local de trabalho.

ART. 28. O curso do Projovem Urbano deve ser implementado em locais adequados, obrigatoriamente nas escolas da rede pública de ensino, sem prejuízo da utilização de outros espaços para as atividades de coordenação e práticas de qualificação profissional e de participação cidadã.

ART. 29. O Projovem Urbano será implantado gradativamente nos Estados, no Distrito Federal e nos Municípios que a ele aderirem, mediante aceitação das condições estabelecidas neste Decreto e assinatura de termo de adesão a ser definido pelo Ministério da Educação. (Redação dada pelo Dec. 7.649/2011.)

Parágrafo único. As metas do Projovem Urbano nos Estados, nos Municípios e no Distrito Federal, observadas as regras de adesão previstas neste Decreto, serão proporcionais à população estimada que possua o perfil do jovem que reúna condições de atendimento.

ART. 30. A União, os Estados, o Distrito Federal e os Municípios que aderirem ao Projovem Urbano serão coresponsáveis pela sua implementação.

§ 1º Cabe à União, por intermédio do Ministério da Educação: (Redação dada pelo Dec. 7.649/2011.)

I - coordenar, acompanhar, monitorar e avaliar a implementação das ações da modalidade pelos entes federados que aderirem ao Projovem Urbano;

II - (Revogado pelo Dec. 7.649/2011.)

III - disponibilizar aos Estados, Distrito Federal e Municípios sistema informatizado de matrícula e de controle de frequência, entrega de trabalhos e registros de avaliação de alunos, integrante do sistema de monitoramento e avaliação do Projovem Urbano;

IV - formular o projeto pedagógico integrado do Projovem Urbano e fiscalizar sua aplicação pelos entes federados participantes;

V - elaborar, produzir e distribuir o material didáticopedagógico;

VI - (Revogado pelo Dec. 7.649/2011.)

VII - promover a formação inicial e continuada dos formadores dos professores de ensino fundamental, qualificação profissional e participação cidadã, bem como de equipe de coordenação local do Projovem Urbano;

VIII - descentralizar recursos referentes ao Projovem Urbano aos Ministérios gestores referidos no parágrafo único do art. 1º, ao Ministério da Justiça e à Secretaria Especial dos Direitos Humanos da Presidência da República, ou a seus respectivos órgãos subordinados ou vinculados, para viabilização das ações de sua competência;

IX - efetuar o repasse dos recursos financeiros destinados ao custeio das ações do Projovem Urbano devidamente justificado e comprovado;

X - apoiar outras ações de implementação no âmbito dos entes federados, de acordo com as normas legais aplicáveis; e

XI - designar órgão responsável pela coordenação nacional do Projovem Urbano no âmbito do Ministério. (Redação dada pelo Dec. 7.649/2011.)

§ 2º Cabe ao Ministério da Educação, por meio do Fundo Nacional de Desenvolvimento da Educação - FNDE:

I - transferir recursos aos Estados, ao Distrito Federal e aos Municípios que aderirem ao Projovem Urbano, sem necessidade de convênio, acordo, contrato, ajuste ou instrumento congênere, mediante depósito em conta-corrente específica, sem prejuízo da devida prestação de contas da aplicação dos recursos, de acordo com o disposto no art. 4º da Lei n. 11.692, de 2008;

II - publicar resolução de seu conselho deliberativo, estabelecendo as ações, as responsabilidades de cada agente, os critérios e as normas para transferência dos recursos e demais atos que se fizerem necessários; (Redação dada pelo Dec. 7.649/2011.)

III - realizar processo licitatório para fornecimento do material didáticopedagógico do Projovem Urbano, bem como providenciar a sua distribuição; e

IV - apoiar outras ações de implementação no âmbito dos entes federados, de acordo com as normas legais aplicáveis.

§ 3º Cabe ao Ministério da Justiça, na implementação do Projovem Urbano em unidades prisionais:

I - transferir aos Estados e ao Distrito Federal os recursos para operacionalização do Projovem Urbano;

II - responsabilizar-se orçamentária e financeiramente pelas ações não consignadas no orçamento anual do Projovem Urbano, que visem assegurar a qualidade do atendimento no interior das unidades do sistema prisional; e

III - apoiar outras ações de implementação no âmbito dos entes federados, de acordo com as normas legais aplicáveis.

§ 4º Cabe à Secretaria Especial dos Direitos Humanos da Presidência da República, na implementação do Projovem Urbano nas unidades socioeducativas de privação de liberdade:

I - transferir os recursos aos Estados e ao Distrito Federal para operacionalização do Projovem Urbano;

II - responsabilizar-se orçamentária e financeiramente pelas ações não consignadas no orçamento anual do Projovem Urbano, que visem assegurar a qualidade do atendimento no interior das unidades socioeducativas de privação de liberdade; e

III - apoiar outras ações de implementação no âmbito dos entes federados, de acordo com as normas legais aplicáveis.

§ 5º Cabe aos entes federados que aderirem ao Projovem Urbano:

I - receber, executar e prestar contas dos recursos financeiros transferidos pela União, segundo determinações descritas no projeto pedagógico integrado e demais diretrizes nacionais do Projovem Urbano, em conformidade com a legislação vigente;

II - localizar e identificar os jovens que atendam às condicionalidades previstas no *caput* do art. 27 e matriculá-los por meio de sistema próprio disponibilizado pelo Ministério da Educação; (Redação dada pelo Dec. 7.649/2011.)

III - providenciar espaço físico adequado para o funcionamento das turmas e dos núcleos do Projovem Urbano, obrigatoriamente em escolas da rede pública de ensino;

IV - disponibilizar profissionais para atuarem no Projovem Urbano em âmbito local e em quantitativos adequados ao número de alunos atendidos, de acordo com o projeto pedagógico integrado, nos termos definidos pelo Ministério da Educação; (Redação dada pelo Dec. 7.649/2011.)

V - garantir formação inicial e continuada aos profissionais que atuam no Projovem Urbano em suas localidades, em conformidade com o projeto pedagógico integrado, nos termos definidos pelo Ministério da Educação; (Redação dada pelo Dec. 7.649/2011.)

VI - receber, armazenar, zelar e distribuir aos alunos, educadores e gestores locais o material didáticopedagógico fornecido pelo Governo Federal, adotando-o integralmente;

VII - providenciar espaço físico adequado com computadores, impressoras, conexão com internet para utilização pelos alunos matriculados e frequentes, e dos profissionais que atuam no âmbito do Projovem Urbano;

VIII - responsabilizar-se pela inclusão e manutenção constante das informações sobre a frequência dos alunos e de sua avaliação em sistema próprio disponibilizado pelo Ministério da Educação; (Redação dada pelo Dec. 7.649/2011.)

IX - certificar os alunos matriculados e frequentes por intermédio de seus estabelecimentos de ensino, em níveis de conclusão do ensino fundamental e de formação inicial em qualificação profissional, desde que atendidas as condicionalidades para permanência e conclusão do curso;

X - providenciar alimentação com qualidade aos alunos matriculados e frequentes;

XI - arcar com as despesas de insumos no âmbito de sua responsabilidade;

XII - instituir unidade de gestão, composto por representantes das áreas de educação, trabalho, assistência social, juventude, entre outras, para a organização e coordenação do Projovem Urbano, em âmbito local;

XIII - garantir a disponibilidade de laboratórios, oficinas ou outros espaços específicos, bem como de máquinas e equipamentos adequados, destinados às aulas de qualificação social e profissional;

XIV - arcar com todas as despesas tributárias ou extraordinárias que incidam sobre a execução dos recursos financeiros recebidos, ressalvados aqueles de natureza compulsória lançados automaticamente pela rede bancária arrecadadora;

XV - responsabilizar-se por eventuais litígios, inclusive de natureza trabalhista e previdenciária decorrentes da execução do Projovem Urbano; e

XVI - apoiar outras ações de implementação acordadas com o Ministério da Educação. (Redação dada pelo Dec. 7.649/2011.)

§ 6º Cabe à Secretaria-Geral da Presidência da República: (Incluído pelo Dec. 7.649/2011.)

I - participar do processo de formação inicial e continuada de gestores, formadores e educadores, sendo responsável pelo conteúdo específico relativo aos temas da juventude; (Incluído pelo Dec. 7.649/2011.)

II - articular mecanismos de acompanhamento e controle social da execução do Projovem Urbano, observado o disposto nos arts. 56 a 59; (Incluído pelo Dec. 7.649/2011.)

III - realizar a avaliação externa do Projovem Urbano; e (Incluído pelo Dec. 7.649/2011.)

IV - verificar a adequação da implementação do Projovem Urbano com as diretrizes da política nacional da juventude. (Incluído pelo Dec. 7.649/2011.)

ART. 31. (Revogado pelo Dec. 7.649/2011.)

SEÇÃO III
DA IMPLANTAÇÃO E DA EXECUÇÃO DO PROJOVEM CAMPO - SABERES DA TERRA

ART. 32. O Projovem Campo - Saberes da Terra tem como objetivo a oferta de escolarização em nível fundamental, na modalidade educação de jovens e adultos, integrada à qualificação social e profissional.

ART. 33. O Projovem Campo - Saberes da Terra destina-se a jovens agricultores familiares com idade entre dezoito e vinte e nove anos, residentes no campo, que saibam ler e escrever e que não tenham concluído o ensino fundamental.

Parágrafo único. Para os efeitos deste Decreto, serão considerados agricultores familiares os educandos que cumpram os requisitos do art. 3º da Lei n. 11.326, de 24 de julho de 2006.

ART. 34. A escolarização dos jovens será ofertada por meio do regime de alternância, entre períodos de tempo-escola e tempo-comunidade, conforme estabelecem o § 2º do art. 23 e o art. 28 da Lei n. 9.394, de 1996.

Parágrafo único. A carga horária obrigatória a ser ofertada aos beneficiários do Projovem Campo - Saberes da Terra é de duas mil e quatrocentas horas, divididas em, no mínimo:

I - mil e oitocentas horas correspondentes às atividades pedagógicas desenvolvidas no espaço de unidade escolar, definidas como tempo-escola; e

II - seiscentas horas correspondentes às atividades pedagógicas planejadas pelos educadores e desenvolvidas junto à comunidade, definidas como tempo-comunidade.

ART. 35. O Projovem Campo - Saberes da Terra será implantado gradativamente nos Estados, no Distrito Federal e nos Municípios que a ele aderirem, mediante aceitação das condições previstas neste Decreto e assinatura de termo específico a ser definido pelo Ministério da Educação.

§ 1º Os Estados, o Distrito Federal e os Municípios interessados em participar do Projovem Campo - Saberes da Terra deverão assinar, além do termo referido no *caput*, o termo de adesão ao Plano de Metas Compromisso Todos pela Educação (Compromisso), de acordo com o disposto no Decreto n. 6.094, de 24 de abril de 2007.

§ 2º As metas do Projovem Campo - Saberes da Terra serão estabelecidas de acordo com o número de jovens agricultores familiares, indicadores educacionais e a política de atendimento aos territórios da cidadania inseridos no Programa Territórios da Cidadania.

ART. 36. A União, os Estados, o Distrito Federal e os Municípios que aderirem ao Projovem Campo - Saberes da Terra serão coresponsáveis pela sua implementação.

§ 1º Cabe à União, por intermédio da Secretaria de Educação Continuada, Alfabetização e Diversidade do Ministério da Educação, entre outras atribuições:

I - coordenar a modalidade em nível nacional;

II - prestar apoio técnicopedagógico aos entes executores e às instituições públicas de ensino superior na realização das ações;

III - monitorar a execução física das ações; e

IV - realizar o acompanhamento por meio de sistema de monitoramento e acompanhamento.

§ 2º O Ministério da Educação, por intermédio do FNDE, poderá firmar convênios e parcerias com instituições de ensino superior públicas para:

I - implantar e desenvolver todas as etapas do curso de formação continuada dos educadores e coordenadores de turmas em efetivo exercício;

II - produzir e reproduzir materiais didáticos apropriados para o desenvolvimento da prática docente e profissional em conformidade com os princípios políticopedagógicos;

III - realizar acompanhamento pedagógico e registrar informações do funcionamento das turmas em sistema de monitoramento e acompanhamento;

IV - articular-se com entidades, movimentos sociais e sindicais do campo, para a construção da proposta e realização de formação continuada; e

V - constituir rede nacional de formação dos profissionais da educação que atuarão no Projovem Campo - Saberes da Terra.

§ 3º Cabe ao FNDE:

I - prestar assistência financeira em caráter suplementar;

II - normatizar e monitorar a aplicação dos recursos financeiros; e

III - receber e analisar as prestações de contas.

§ 4º Cabe aos Estados, ao Distrito Federal e aos Municípios:

I - receber, executar e prestar contas dos recursos financeiros transferidos pelo Ministério da Educação;

II - organizar turmas e prover a infra-estrutura física e de recursos humanos;

III - prover as condições técnicoadministrativas necessárias à coordenação em âmbito estadual ou municipal para realização da gestão administrativa e pedagógica;

IV - oferecer condições necessárias para a efetivação da matrícula dos beneficiários, nos sistemas públicos de ensino;

V - manter permanentemente atualizadas no sistema de monitoramento e acompanhamento as informações cadastrais da instituição, educandos, educadores e coordenadores, bem como outras informações solicitadas, para efeito de monitoramento, supervisão, avaliação e fiscalização da execução do Projovem Campo - Saberes da Terra;

VI - promover, em parceria com outros órgãos, ações para que os educandos tenham a documentação necessária para cadastro no Projovem Campo - Saberes da Terra;

VII - realizar a avaliação dos conhecimentos construídos pelos educandos para estabelecer o processo de desenvolvimento do curso;

VIII - designar instituição pública de ensino responsável pela certificação dos educandos; e

IX - articular-se com entidades, movimentos sociais e sindicais do campo para a execução do Projovem Campo - Saberes da Terra.

SEÇÃO IV
DA IMPLANTAÇÃO E DA EXECUÇÃO DO PROJOVEM TRABALHADOR

ART. 37. O Projovem Trabalhador tem como objetivo preparar o jovem para ocupações com vínculo empregatício ou para outras atividades produtivas geradoras de renda, por meio da qualificação social e profissional e do estímulo à sua inserção no mundo do trabalho.

ART. 38. O Projovem Trabalhador destina-se ao jovem de dezoito a vinte e nove anos, em situação de desemprego, pertencente a família com renda *per capita* de até um salário mínimo, e que esteja:

I - cursando ou tenha concluído o ensino fundamental; ou

II - cursando ou tenha concluído o ensino médio, e não esteja cursando ou não tenha concluído o ensino superior.

Parágrafo único. Nas ações de empreendedorismo juvenil, além dos jovens referidos no *caput*, também poderão ser contemplados aqueles que estejam cursando ou tenham concluído o ensino superior.

ART. 39. A implantação do Projovem Trabalhador dar-se-á nas seguintes submodalidades:

I - consórcio social de juventude, caracterizada pela participação indireta da União, mediante convênios com entidades privadas sem fins lucrativos para atendimento aos jovens;

II - juventude cidadã, caracterizada pela participação direta dos Estados, Distrito Federal e Municípios no atendimento aos jovens;

III - escola de fábrica, caracterizada pela integração entre as ações de qualificação social e profissional com o setor produtivo; e

IV - empreendedorismo juvenil, caracterizada pelo fomento de atividades empreendedoras como formas alternativas de inserção do jovem no mundo do trabalho.

§ 1º A execução das submodalidades de que trata o *caput* dar-se-á por:

I - adesão dos Estados, do Distrito Federal e dos Municípios, nos termos do art. 4º da Lei n. 11.692, de 2008, mediante aceitação das condições previstas neste Decreto e assinatura de termo de adesão, com transferência de recursos sem a necessidade de convênio, acordo, contrato, ajuste ou instrumento congênere, por meio de depósito em conta-corrente específica, sem prejuízo da devida prestação de contas da aplicação desses recursos, observado o disposto no art. 65;

II - celebração de convênio com entidade de direito público ou privado sem fins lucrativos, observadas as disposições deste Decreto e do Decreto n. 6.170, de 25 de julho de 2007, sem prejuízo de requisitos complementares fixados pelo Ministério do Trabalho e Emprego.

§ 2º O Projovem Trabalhador, nos Municípios com população inferior a vinte mil habitantes, será executado por:

I - Estados e o Distrito Federal, com transferência de recursos nos termos do inciso I do § 1º;

II - consórcios públicos de Municípios, desde que a soma da população dos Municípios consorciados seja superior a vinte mil habitantes, mediante celebração de convênio; ou

III - entidades de direito público ou privado sem fins lucrativos, desde que a soma da população dos Municípios atendidos seja superior a vinte mil habitantes, mediante a celebração de convênio.

§ 3º Os recursos financeiros de que trata o inciso I do § 1º:

I - somente poderão ser transferidos aos entes que:

a) não apresentarem pendências no Cadastro Único de Convênio - CAUC, observadas as normas específicas que o disciplinam; e

b) assinarem o termo de adesão definido pelo Ministério do Trabalho e Emprego; e

II - deverão ser incluídos nos orçamentos dos entes recebedores.

§ 4º O montante das transferências dos recursos financeiros previsto neste artigo será calculado observando-se a definição de metas de que trata o art. 41 e a disponibilidade de recursos da lei orçamentária anual.

ART. 40. A realização de convênio com entidade de direito privado sem fins lucrativos para execução do Projovem Trabalhador será precedida de seleção em chamada pública, observados os critérios de seleção relacionados neste artigo, sem prejuízo da adoção de outros que venham a ser estabelecidos pelo Ministério do Trabalho e Emprego.

§ 1º As entidades de direito privado sem fins lucrativos, para execução do Projovem Trabalhador, deverão:

I - comprovar experiência na execução do objeto do convênio não inferior a três anos, comprovada por meio de, no mínimo, três atestados de capacidade técnica expedido por pessoa jurídica de direito público ou privado, em serviço pertinente e compatível com as características do objeto do convênio;

II - ter capacidade física instalada necessária à execução do objeto do convênio, que, entre outras formas, poderão ser comprovadas mediante envio de imagens fotográficas, relação de instalações, aparelhamento, equipamentos, infraestrutura;

III - ter capacidade técnica e administrativo-operacional adequada para execução do objeto do convênio, demonstrada por meio de histórico da entidade, principais atividades realizadas, projeto político pedagógico, qualificação do corpo gestor e técnico adequados e disponíveis; e

IV - apresentar proposta com adequação entre os meios sugeridos, seus custos, cronogramas e resultados previstos, e em conformidade com as especificações técnicas do termo de referência e edital da chamada pública.

§ 2º Caberá ao Ministério do Trabalho e Emprego estabelecer notas, pesos e a sistemática de pontuação para avaliação de cada critério referido no § 1º, bem como detalhamento para aplicação de cada um deles, observadas as especificidades das ações do Projovem Trabalhador.

ART. 41. A meta de qualificação social e profissional das ações do Projovem Trabalhador para cada Estado, Município e Distrito Federal será definida com base nos seguintes critérios:

I - demanda existente, em razão da intensidade do desemprego juvenil e a vulnerabilidade socioeconômica do jovem no território;

II - média dos últimos três anos no saldo do Cadastro-Geral de Empregados e Desempregados - CAGED;

III - Índice de Desenvolvimento Humano - IDH; e

IV - proporção da população economicamente ativa juvenil desocupada em relação à população economicamente ativa total.

§ 1º Para o estabelecimento das metas do Distrito Federal, serão considerados os Municípios da Região Integrada de Desenvolvimento do Distrito Federal e Entorno - RIDE/DF, sendo estes excluídos do cálculo das respectivas metas dos Estados nos quais se localizarem.

§ 2º Os quantitativos e índice relacionados no *caput* serão verificados na base de dados estatísticos oficial mais recente e disponível, utilizada pelo Governo Federal.

§ 3º Para o alcance das metas de qualificação social e profissional estabelecidas, serão priorizadas as parcerias com Estados, Distrito Federal e Municípios.

ART. 42. As ações do Projovem Trabalhador serão custeadas com recursos alocados pelo Ministério do Trabalho e Emprego e com recursos de contrapartida dos executores parceiros, observados os limites previstos na legislação vigente.

ART. 43. A qualificação social e profissional prevista no Projovem Trabalhador será efetuada por cursos ministrados com carga horária de trezentas e cinquenta horas, cujo conteúdo e execução serão definidos pelo Ministério do Trabalho e Emprego e divulgados em portaria ministerial.

Parágrafo único. A carga horária de que trata o *caput* não se aplica à ação de empreendedorismo juvenil, que será definida especificamente pelo Ministério do Trabalho e Emprego.

ART. 44. Para fins da certificação profissional dos jovens e de pagamento do auxílio financeiro exigir-se-á frequência mensal mínima de setenta e cinco por cento nas ações de qualificação.

ART. 45. Para efeito de cumprimento da meta de qualificação, será admitida a taxa de dez por cento de evasão das ações ou cursos.

Parágrafo único. A substituição de jovem que desista de frequentar as ações ou os cursos somente poderá ser efetuada caso não tenha sido executado vinte e cinco por cento das ações de qualificação.

ART. 46. Para inserção de jovens no mundo do trabalho, fica estabelecida a meta mínima de trinta por cento.

§ 1º Para cumprimento da meta de que trata o *caput*, serão admitidas as seguintes formas de inserção no mundo do trabalho:

I - pelo emprego formal;

II - pelo estágio ou jovem aprendiz; ou

III - por formas alternativas geradoras de renda.

§ 2º Serão aceitos como comprovantes do emprego formal, cópias legíveis das páginas das carteiras de trabalho dos jovens, onde constam os dados (nome, CPF, Carteira de Identidade) e o registro pela empresa contratante, assim como intermediação de mão de obra operacionalizada no sistema informatizado disponibilizado pelo Ministério do Trabalho e Emprego.

§ 3º Serão aceitos como comprovantes do estágio ou jovem aprendiz, cópias legíveis dos contratos celebrados com as empresas ou órgãos onde os jovens foram inseridos, bem como outros documentos definidos pelo Ministério do Trabalho e Emprego.

§ 4º Os jovens que não foram inseridos no mundo do trabalho durante a participação no Projovem Trabalhador serão inscritos junto ao Sistema Público de Emprego, Trabalho e Renda, no âmbito do Sistema Nacional de Emprego - SINE, pelos entes públicos e entidades conveniadas, para efeito de monitoramento, acompanhamento e avaliação da inserção posterior no mundo do trabalho.

SEÇÃO V
DA CONCESSÃO DE AUXÍLIO FINANCEIRO

ART. 47. A União concederá auxílio financeiro no valor de R$ 100,00 (cem reais) mensais aos beneficiários do Projovem nas modalidades de que tratam os incisos II, III e IV do art. 1º, a partir do exercício de 2008, de acordo com o disposto no art. 6º da Lei n. 11.692, de 2008.

§ 1º Na modalidade Projovem Urbano, poderão ser concedidos até vinte auxílios financeiros por beneficiário.

§ 2º Na modalidade Projovem Campo - Saberes da Terra poderão ser concedidos até doze auxílios financeiros por beneficiário.

§ 3º Na modalidade Projovem Trabalhador poderão ser concedidos até seis auxílios financeiros por beneficiário.

§ 4º É vedada a cumulatividade da percepção do auxílio financeiro a que se refere o *caput* com benefícios de natureza semelhante recebidos em decorrência de outros programas federais, permitida a opção por um deles.

§ 5º Consideram-se de natureza semelhante ao auxílio financeiro mensal a que se refere o *caput* os benefícios pagos por programas federais dirigidos a indivíduos da mesma faixa etária do Projovem.

ART. 48. A concessão do auxílio financeiro tem caráter temporário e não gera direito adquirido.

ART. 49. Os órgãos coordenadores das modalidades do Projovem referidos no art. 1º definirão, entre as instituições financeiras oficiais federais, o agente pagador dos seus respectivos auxílios financeiros.

SEÇÃO VI
DA SUSPENSÃO DO AUXÍLIO FINANCEIRO

ART. 50. O auxílio financeiro concedido aos beneficiários do Projovem será suspenso nas seguintes situações:

I - verificada a percepção pelo jovem de benefícios de natureza semelhante recebidos em decorrência de outros programas federais;

II - frequência mensal nas atividades da modalidade abaixo do percentual mínimo de setenta e cinco por cento; ou

III - não atendimento de outras condições específicas de cada modalidade.

§ 1º O auxílio financeiro do jovem participante do Projovem Urbano também será suspenso no caso de não entrega dos trabalhos pedagógicos.

§ 2º Os casos de aceitação de justificativa de frequência inferior a setenta e cinco por cento serão regulamentados pelo comitê gestor de cada modalidade.

§ 3º O COGEP definirá as formas, prazos e encaminhamentos relativos às solicitações de revisão da suspensão dos benefícios, bem como as instâncias, em cada modalidade, responsáveis pela avaliação da referida revisão.

SEÇÃO VII
DO DESLIGAMENTO

ART. 51. Será desligado do Projovem e deixará de receber o auxílio financeiro, quando for o caso, o jovem que:

I - concluir as atividades da modalidade;

II - tiver, sem justificativa, frequência inferior a setenta e cinco por cento da carga horária prevista para as atividades presenciais de todo o curso;

III - prestar informações falsas ou, por qualquer outro meio, cometer fraude contra o Projovem;

IV - desistir de participar, devendo, quando possível, ser a desistência formalizada;

V - descumprir de forma grave ou reiterada as normas de convivência nas atividades da modalidade;

VI - deixar de frequentar as atividades por determinação judicial; ou

VII - abandonar as atividades, em face de razões alheias à sua vontade, como mudança de endereço, doença, óbito, entre outros impedimentos a serem fixados nas disposições complementares estabelecidas pelo COGEP.

§ 1º As normas de convivência de que trata o inciso V serão definidas pelo comitê gestor de cada modalidade, ressalvado o Projovem Campo - Saberes da Terra, que seguirá as normas da rede de ensino em que a turma estiver vinculada.

§ 2º O disposto no inciso II não se aplica à modalidade Projovem Adolescente - Serviço Socioeducativo.

§ 3º O jovem que completar a idade limite prevista para cada modalidade tem garantido o direito de concluir as atividades ou ciclo anual, no caso do Projovem Adolescente.

CAPÍTULO IV
DO MONITORAMETO, DA AVALIAÇÃO E DO CONTROLE

SEÇÃO I
DO MONITORAMENTO E DA AVALIAÇÃO

ART. 52. O monitoramento e a avaliação de cada modalidade do Projovem serão realizados pelos seus órgãos coordenadores.

Parágrafo único. As bases de dados atualizadas referentes aos sistemas próprios de monitoramento deverão ser disponibilizadas à Secretaria-Executiva do COGEP, sempre que solicitadas.

ART. 53. Aos jovens beneficiários do Projovem será atribuído Número de Identificação Social - NIS, caso ainda não o possuam, a ser solicitado pelo órgão coordenador da modalidade à qual estejam vinculados.

Parágrafo único. Para a modalidade Projovem Adolescente, o NIS será obtido a partir da inscrição do jovem no CadÚnico.

ART. 54. O COGEP realizará o monitoramento da execução do Projovem por meio de sistema que integrará as informações geradas pelos sistemas de gestão e acompanhamento específicos de cada modalidade.

§ 1º O sistema de monitoramento será composto por informações relativas à matrícula, pagamento de auxílio financeiro, entre outras a serem estabelecidas pelo COGEP.

§ 2º Os órgãos referidos no parágrafo único do art. 1º deverão:

I - manter atualizado o sistema específico de gestão e acompanhamento da modalidade sob sua coordenação;

II - disponibilizar as informações que comporão o sistema de monitoramento do Projovem; e

III - promover ações de integração dos sistemas de monitoramento das diversas modalidades do Projovem.

§ 3º O sistema de monitoramento utilizará como identificador do jovem seu respectivo NIS e servirá para verificação de eventuais multiplicidades de pagamento dos auxílios financeiros do Projovem.

§ 4º O COGEP fixará diretrizes para a padronização e compartilhamento das informações coletadas e processadas pelos sistemas específicos de cada modalidade do Projovem.

§ 5º As despesas decorrentes do desenvolvimento do sistema de monitoramento serão suportadas pelas dotações orçamentárias dos órgãos coordenadores de cada modalidade do Projovem.

ART. 55. A avaliação do Projovem dar-se-á de forma contínua e sistemática sobre os processos, resultados e impactos das atividades exercidas nas modalidades, a partir de diretrizes e instrumentos definidos pelo COGEP.

SEÇÃO II
DO CONTROLE E PARTICIPAÇÃO SOCIAL

ART. 56. O controle e participação social do Projovem deverão ser realizados, em âmbito local, por conselho ou comitê formalmente instituído pelos entes federados, assegurando-se a participação da sociedade civil.

§ 1º O controle social do Projovem em âmbito local poderá ser realizado por conselho, comitê ou instância anteriormente existente, preferencialmente que atuem com a temática da juventude, garantida a participação da sociedade civil.

§ 2º Na modalidade Projovem Campo - Saberes da Terra, o controle social será realizado em âmbito local pelos comitês estaduais de educação do campo.

§ 3º Na modalidade Projovem Adolescente - Serviço Socioeducativo, o controle social será realizado em âmbito local pelos conselhos municipais de assistência social e pelo conselho de assistência social do Distrito Federal.

§ 4º Na modalidade Projovem Trabalhador, o controle social dar-se-á com a participação das comissões estaduais e municipais de emprego.

ART. 57. Cabe aos conselhos de controle social do Projovem:

I - acompanhar e subsidiar a fiscalização da execução do Projovem, em âmbito local;

II - acompanhar a operacionalização do Projovem; e

III - estimular a participação comunitária no controle de sua execução, em âmbito local.

ART. 58. O Poder Executivo deverá veicular dados e informações detalhados sobre a execução orçamentária e financeira do Projovem, nos termos do Decreto n. 5.482, de 30 de junho de 2005.

ART. 59. Os entes envolvidos na implementação do Projovem deverão promover ampla divulgação das informações sobre a estrutura, objetivos, regras de funcionamento e financiamento, de modo a viabilizar o seu controle social.

SEÇÃO III
DA FISCALIZAÇÃO E DA PRESTAÇÃO DE CONTAS

ART. 60. A fiscalização do Projovem, em todas as suas modalidades, será realizada pelos órgãos indicados no parágrafo único do art. 1º, no âmbito de suas competências, respeitadas as atribuições dos órgãos de fiscalização da administração pública federal e dos entes federados parceiros.

ART. 61. Qualquer cidadão poderá requerer a apuração de fatos relacionados à execução do Projovem, em petição dirigida à autoridade responsável pela modalidade em questão.

ART. 62. Constatada a ocorrência de irregularidade na execução local do Projovem, caberá à autoridade responsável pela modalidade em questão, sem prejuízo de outras sanções administrativas, civis e penais:

I - recomendar a adoção de providências saneadoras ao respectivo ente federado; e

II - propor à autoridade competente a instauração de tomada de contas especial, com o objetivo de submeter ao exame preliminar do sistema de controle interno e ao julgamento do Tribunal de Contas da União, os casos e situações identificados nos trabalhos de fiscalização que configurem prática de ato ilegal, ilegítimo ou antieconômico de que resulte dano ao erário, na forma do art. 8º da Lei n. 8.443, de 16 de julho de 1992.

ART. 63. As prestações de contas da modalidade Projovem Adolescente - Serviço Socioeducativo deverão respeitar a forma e prazos fixados na Lei n. 9.604, de 5 de fevereiro de 1998, e no Decreto n. 2.529, de 25 de março de 1998.

ART. 64. As prestações de contas das modalidades Projovem Urbano e Projovem Campo - Saberes da Terra, quando realizadas sem a necessidade de convênio, ajuste ou instrumento congênere, seguirão as definições de forma e prazos estabelecidas em normativos próprios fixados pelos órgãos repassadores dos recursos, após anuência do respectivo órgão coordenador da modalidade, de acordo com as Resoluções CD/FNDE n. 21 e 22, ambas de 26 de maio de 2008, e as que vierem a substituí-las.

ART. 65. As prestações de contas da modalidade Projovem Trabalhador, quando se tratar da aplicação de recursos transferidos mediante convênio, observarão as disposições do Decreto n. 6.170, de 2007, e, quando transferidos na forma de que trata o art. 4º da Lei n. 11.692, de 2008, seguirão as disposições a serem definidas pelo Ministério do Trabalho e Emprego.

Parágrafo único. As prestações de contas relativas à aplicação de recursos transferidos na forma do art. 4º da Lei n. 11.692, de 2008, conterão, no mínimo:

I - relatório de cumprimento do objeto;

II - demonstrativo da execução da receita e da despesa;

III - relação de pagamentos efetuados;

IV - relação de jovens beneficiados;

V - relação de bens adquiridos, produzidos ou construídos;

VI - relação das ações e dos cursos realizados; e

VII - termo de compromisso quanto à guarda dos documentos relacionados à aplicação dos recursos.

CAPÍTULO V
DAS DISPOSIÇÕES FINAIS

ART. 66. Aos beneficiários e executores dos Programas disciplinados na Lei n. 10.748, de 22 de outubro de 2003, na Lei n. 11.129, de 2005, e na Lei n. 11.180, de 23 de setembro de 2005, ficam assegurados, no âmbito do Projovem, os seus direitos, bem como o cumprimento dos seus deveres, de acordo com os convênios, acordos ou instrumentos congêneres firmados até 31 de dezembro de 2007.

ART. 67. As turmas do Projovem Adolescente - Serviço Socioeducativo iniciadas em 2008 serão finalizadas em 31 de dezembro de 2009.

ART. 68. O CadÚnico será a ferramenta de busca e identificação de jovens que possuam o perfil de cada modalidade do Projovem.

Parágrafo único. As famílias dos jovens beneficiários do Projovem poderão ser cadastradas no CadÚnico.

ART. 69. Os valores destinados à execução do Projovem seguirão cronograma com prazos definidos pelos órgãos repassadores aos Estados, Distrito Federal, Municípios e entidades públicas e privadas, após anuência do órgão coordenador da modalidade.

ART. 70. Às transferências de recursos realizadas na forma do art. 4º da Lei n. 11.692, de 2008, não se aplicam as regras do Decreto n. 6.170, de 2007.

ART. 71. Este Decreto entra em vigor na data de sua publicação.

ART. 72. Ficam revogados o Decreto n. 5.557, de 5 de outubro de 2005, e o Decreto n. 5.199, de 30 de agosto de 2004.

Brasília, 4 de novembro de 2008; 187º da Independência e 120º da República.

LUIZ INÁCIO LULA DA SILVA

DECRETO N. 6.660, DE 21 DE NOVEMBRO DE 2008

Regulamenta dispositivos da Lei n. 11.428, de 22 de dezembro de 2006, que dispõe sobre a utilização e proteção da vegetação nativa do Bioma Mata Atlântica.

▸ *DOU*, 24.11.2008.

O Presidente da República, no uso da atribuição que lhe confere o art. 84, inciso IV, da Constituição, e tendo em vista o disposto na Lei n. 11.428, de 22 de dezembro de 2006,

Decreta:

CAPÍTULO I
DAS DISPOSIÇÕES GERAIS

ART. 1º O mapa do Instituto Brasileiro de Geografia e Estatística - IBGE, previsto no art. 2º da Lei n. 11.428, de 22 de dezembro de 2006, contempla a configuração original das seguintes formações florestais nativas e ecossistemas associados: Floresta Ombrófila Densa; Floresta Ombrófila Mista, também denominada de Mata de Araucárias; Floresta Ombrófila Aberta; Floresta Estacional Semidecidual; Floresta Estacional Decidual; campos de altitude; áreas das formações pioneiras, conhecidas como manguezais, restingas, campos salinos e áreas aluviais; refúgios vegetacionais; áreas de tensão ecológica; brejos interioranos e encraves florestais, representados por disjunções de Floresta Ombrófila Densa, Floresta Ombrófila Aberta, Floresta Estacional Semidecidual e Floresta Estacional Decidual; áreas de estepe, savana e savana-estépica; e vegetação nativa das ilhas costeiras e oceânicas.

§ 1º Somente os remanescentes de vegetação nativa primária e vegetação nativa secundária nos estágios inicial, médio e avançado de regeneração na área de abrangência do mapa definida no *caput* terão seu uso e conservação regulados por este Decreto, não interferindo em áreas já ocupadas com agricultura, cidades, pastagens e florestas plantadas ou outras áreas desprovidas de vegetação nativa.

§ 2º Aplica-se a todos os tipos de vegetação nativa delimitados no mapa referido no *caput* o regime jurídico de conservação, proteção, regeneração e utilização estabelecido na Lei n. 11.428, de 2006, e neste Decreto, bem como a legislação ambiental vigente, em especial a Lei n. 4.771, de 15 de setembro de 1965.

▸ A Lei 4.771/1965 foi revogada pela Lei 12.651/2012 - Código Florestal.

§ 3º O mapa do IBGE referido no *caput* e no art. 2º da Lei n. 11.428, de 2006, denominado Mapa da Área de Aplicação da Lei n. 11.428, de 2006, será disponibilizado nos sítios eletrônicos do Ministério do Meio Ambiente e do IBGE e de forma impressa.

CAPÍTULO II
DA EXPLORAÇÃO EVENTUAL, SEM PROPÓSITO COMERCIAL DIRETO OU INDIRETO, DE ESPÉCIES DA FLORA NATIVA

ART. 2º A exploração eventual, sem propósito comercial direto ou indireto, de espécies da flora nativa provenientes de formações naturais, para consumo nas propriedades rurais, posses das populações tradicionais ou de pequenos produtores rurais, de que trata o art. 9º da Lei n. 11.428, de 2006, independe de autorização dos órgãos competentes.

§ 1º Considera-se exploração eventual sem propósito comercial direto ou indireto:

I - quando se tratar de lenha para uso doméstico:

a) a retirada não superior a quinze metros cúbicos por ano por propriedade ou posse; e

b) a exploração preferencial de espécies pioneiras definidas de acordo com o § 2º do art. 35;

II - quando se tratar de madeira para construção de benfeitorias e utensílios na posse ou propriedade rural:

a) a retirada não superior a vinte metros cúbicos por propriedade ou posse, a cada período de três anos; e

b) a manutenção de exemplares da flora nativa, vivos ou mortos, que tenham função relevante na alimentação, reprodução e abrigo da fauna silvestre.

§ 2º Para os efeitos do que dispõe o art. 8º da Lei 11.428, de 2006, a exploração prevista no *caput* fica limitada às áreas de vegetação secundária nos estágios inicial, médio e avançado de regeneração e à exploração ou corte de árvores nativas isoladas provenientes de formações naturais.

§ 3º Os limites para a exploração prevista no *caput*, no caso de posse coletiva de populações tradicionais ou de pequenos produtores rurais, serão adotados por unidade familiar.

§ 4º A exploração de matéria-prima florestal nativa para uso no processamento de produtos ou subprodutos destinados à comercialização, tais como lenha para secagem ou processamento de folhas, frutos e sementes, assim como a exploração de matéria-prima florestal nativa para fabricação de artefatos de madeira para comercialização, entre outros, dependerá de autorização do órgão ambiental competente, observado o disposto neste Decreto.

§ 5º Para os fins do disposto neste artigo, é vedada a exploração de espécies incluídas na Lista Oficial de Espécies da Flora Brasileira Ameaçadas de Extinção ou constantes de listas dos Estados, bem como aquelas constantes de listas de proibição de corte objeto de proteção por atos normativos dos entes federativos.

ART. 3º O transporte de produtos e subprodutos florestais provenientes da exploração prevista no inciso II do § 1º do art. 2º além dos limites da posse ou propriedade rural, para fins de beneficiamento, deverá ser acompanhado da respectiva autorização para o transporte de produtos e subprodutos florestais de origem nativa emitida pelo órgão ambiental competente.

§ 1º O requerimento da autorização para o transporte de produtos e subprodutos florestais de que trata o *caput* deverá ser instruído com, no mínimo, as seguintes informações:

I - dados de volume individual e total por espécie, previamente identificadas e numeradas;

II - justificativa de utilização e descrição dos subprodutos a serem gerados;

III - indicação do responsável pelo beneficiamento dos produtos; e

IV - indicação do responsável pelo transporte dos produtos e subprodutos gerados, bem como do trajeto de ida e volta a ser percorrido.

§ 2º O órgão ambiental competente poderá autorizar o transporte de produtos e subprodutos florestais de que trata o *caput* por meio de aposição de anuência no próprio requerimento, mantendo uma via arquivada no órgão, para fins de registro e controle.

CAPÍTULO III
DO ENRIQUECIMENTO ECOLÓGICO DA VEGETAÇÃO SECUNDÁRIA DA MATA ATLÂNTICA

ART. 4º O enriquecimento ecológico da vegetação secundária da Mata Atlântica, promovido por meio do plantio ou da semeadura de espécies nativas, independe de autorização do órgão ambiental competente, quando realizado:

I - em remanescentes de vegetação nativa secundária nos estágios inicial, médio e avançado de regeneração, sem necessidade de qualquer corte ou supressão de espécies nativas existentes;

II - com supressão de espécies nativas que não gere produtos ou subprodutos comercializáveis, direta ou indiretamente.

§ 1º Para os efeitos do inciso II, considera-se supressão de espécies nativas que não gera produtos ou subprodutos comercializáveis, direta ou indiretamente, aquela realizada em remanescentes florestais nos estágios inicial e médio de regeneração, em áreas de até dois hectares por ano, que envolva o corte e o manejo seletivo de espécies nativas, observados os limites e as condições estabelecidos no art. 2º.

§ 2º O enriquecimento ecológico realizado em unidades de conservação observará o disposto neste Decreto e no Plano de Manejo da Unidade.

ART. 5º Nos casos em que o enriquecimento ecológico exigir o corte ou a supressão de espécies nativas que gerem produtos ou subprodutos comercializáveis, o órgão ambiental competente poderá autorizar o corte ou supressão de espécies não arbóreas e o corte de espécies florestais pioneiras definidas de acordo com § 2º do art. 35.

§ 1º O corte ou a supressão de que trata o *caput* somente serão autorizados até o percentual máximo de quarenta por cento dos indivíduos de cada espécie pioneira existente na área sob enriquecimento.

§ 2º Nas práticas silviculturais necessárias à realização do enriquecimento ecológico, deverão ser adotadas medidas para a minimização dos impactos sobre os indivíduos jovens das espécies arbóreas secundárias e climácicas.

ART. 6º Para os efeitos deste Decreto, não constitui enriquecimento ecológico a atividade que importe a supressão ou corte de:

I - espécies nativas que integram a Lista Oficial de Espécies da Flora Brasileira Ameaçadas de Extinção ou constantes de listas dos Estados;

II - espécies heliófilas que, mesmo apresentando comportamento pioneiro, caracterizam formações climácicas;

III - vegetação primária; e

IV - espécies florestais arbóreas em vegetação secundária no estágio avançado de regeneração, ressalvado o disposto no § 2º do art. 2º.

ART. 7º Para requerer a autorização de que trata o art. 5º, o interessado deverá apresentar, no mínimo, as seguintes informações:

I - dados do proprietário ou possuidor;

II - dados da propriedade ou posse, incluindo cópia da matrícula ou certidão atualizada do imóvel no Registro Geral do Cartório de Registro de Imóveis, ou comprovante de posse;

III - outorga para utilização do imóvel emitida pela Secretaria do Patrimônio da União, em se tratando de terrenos de marinha e acrescidos de marinha, bem como nos demais bens de domínio da União, na forma estabelecida no Decreto-Lei n. 9.760, de 5 de setembro de 1946;

IV - inventário fitossociológico da área a ser enriquecida ecologicamente, com vistas a determinar o estágio de regeneração da vegetação e a indicação da fitofisionomia original, elaborado com metodologia e suficiência amostral adequadas, observados os parâmetros estabelecidos no art. 4º, § 2º, da Lei n. 11.428, de 2006, e as definições constantes das resoluções do Conselho Nacional do Meio Ambiente - Conama de que trata o *caput* do referido artigo;

V - nome científico e popular das espécies arbóreas pioneiras a serem cortadas e estimativa de volume de produtos e subprodutos florestais a serem obtidos;

VI - comprovação da averbação da reserva legal ou comprovante de compensação nos termos da Lei n. 4.771, de 1965;

▸ A Lei 4.771/1965 foi revogada pela Lei 12.651/2012 - Código Florestal.

VII - localização com a indicação das coordenadas geográficas dos vértices do imóvel, das áreas de preservação permanente, da reserva legal e dos vértices da área sob enriquecimento;

VIII - nome científico e popular das espécies nativas a serem plantadas ou reintroduzidas;

IX - tamanho da área a ser enriquecida;

X - estimativa da quantidade de exemplares preexistentes das espécies a serem plantadas ou reintroduzidas na área enriquecida;

XI - quantidade a ser plantada ou reintroduzida de cada espécie;

XII - cronograma de execução previsto; e

XIII - laudo técnico com a respectiva Anotação de Responsabilidade Técnica - ART, de profissional habilitado, atestando o estágio de regeneração da vegetação.

§ 1º O requerimento de que trata o *caput* poderá ser feito individualmente ou, no caso de programas de fomento, para grupos de propriedades.

§ 2º O órgão ambiental competente somente poderá emitir a autorização para corte ou supressão de espécies nativas após análise das informações prestadas na forma do *caput* e prévia vistoria de campo que ateste a veracidade das informações.

ART. 8º Os detentores de espécies nativas comprovadamente plantadas pelo sistema de enriquecimento ecológico após o início da vigência deste Decreto, em remanescentes de vegetação secundária nos estágios inicial, médio ou avançado de regeneração da Mata Atlântica, poderão cortar ou explorar e comercializar os produtos delas oriundos mediante autorização do órgão ambiental competente.

Parágrafo único. O corte ou a exploração de que trata o *caput* somente serão autorizados se o plantio estiver previamente cadastrado junto ao órgão ambiental competente e até o limite máximo de cinquenta por cento dos exemplares plantados.

ART. 9º Para os fins do disposto no parágrafo único do art. 8º, será criado, no órgão ambiental competente, Cadastro de Espécies Nativas Plantadas pelo Sistema de Enriquecimento Ecológico.

Parágrafo único. O pedido de cadastramento deverá ser instruído pelo interessado com as informações previstas no art. 7º, além de outras estabelecidas pelo órgão ambiental competente.

ART. 10. Para requerer a autorização de corte ou exploração de que trata o art. 8º, o interessado deverá apresentar, no mínimo, as seguintes informações:

I - dados do proprietário ou possuidor;

II - número do plantio no Cadastro de Espécies Nativas Plantadas pelo Sistema de Enriquecimento Ecológico junto ao órgão ambiental competente;

III - dados da propriedade ou posse, incluindo cópia da matrícula do imóvel no Registro Geral do Cartório de Registro de Imóveis, ou comprovante de posse;

IV - outorga para utilização do imóvel emitida pela Secretaria do Patrimônio da União, em se tratando de terrenos de marinha e acrescidos de marinha, bem como nos demais bens de domínio da União, na forma estabelecida no Decreto-Lei n. 9.760, de 1946;

V - quantidade total de árvores plantadas de cada espécie no sistema de enriquecimento ecológico;

VI - nome científico e popular das espécies;

VII - data ou ano do plantio no sistema de enriquecimento ecológico;

VIII - identificação e quantificação das espécies a serem cortadas e volume de produtos e subprodutos florestais a serem obtidos;

IX - localização da área enriquecida a ser objeto de corte seletivo, com a indicação das coordenadas geográficas de seus vértices; e

X - laudo técnico com a respectiva ART, de profissional habilitado, atestando tratar-se de espécies florestais nativas plantadas no sistema de enriquecimento ecológico, bem como a data ou ano do seu plantio.

Parágrafo único. O órgão ambiental competente somente poderá emitir a autorização para corte ou exploração após análise das informações prestadas na forma do *caput* e prévia vistoria de campo que ateste o efetivo plantio no sistema de enriquecimento ecológico.

ART. 11. O transporte de produtos e subprodutos florestais provenientes do corte ou exploração previsto nos arts. 5º e 8º deverá ser acompanhado da respectiva autorização para o transporte de produtos e subprodutos florestais de origem nativa emitida pelo órgão ambiental competente.

CAPÍTULO IV
DO PLANTIO E REFLORESTAMENTO COM ESPÉCIES NATIVAS

ART. 12. O plantio ou o reflorestamento com espécies nativas independem de autorização do órgão ambiental competente.

Parágrafo único. O plantio e o reflorestamento de que trata este artigo, para atividades de manejo agroflorestal sustentável, poderão ser efetivados de forma consorciada com espécies exóticas, florestais ou agrícolas, observada a legislação aplicável quando se tratar de área de preservação permanente e de reserva legal.

ART. 13. A partir da edição deste Decreto, o órgão ambiental competente poderá autorizar, mediante cadastramento prévio, o plantio de espécie nativa em meio à vegetação secundária arbórea nos estágios médio e avançado de regeneração, com a finalidade de produção e comercialização.

§ 1º Nos casos em que o plantio referido no *caput* exigir o corte ou a supressão de espécies nativas que gerem produtos ou subprodutos comercializáveis, o órgão ambiental competente poderá autorizar o corte ou supressão de espécies não arbóreas e o corte de espécies florestais pioneiras definidas de acordo com § 2º do art. 35, limitado, neste caso, ao percentual máximo de quarenta por cento dos indivíduos de cada espécie pioneira existente na área sob plantio.

§ 2º É vedado, para fins do plantio referido no *caput*, a supressão ou corte de:

I - espécies nativas que integram a Lista Oficial de Espécies da Flora Brasileira Ameaçadas de Extinção ou constantes de listas dos Estados;

II - vegetação primária; e

III - espécies florestais arbóreas em vegetação secundária no estágio avançado de regeneração, ressalvado o disposto no § 2º do art. 2º.

§ 3º Nas práticas silviculturais necessárias à realização do plantio, deverão ser adotadas medidas para a minimização dos impactos sobre os indivíduos jovens das espécies arbóreas secundárias e climácicas.

§ 4º Para requerer a autorização de que trata o § 1º, o interessado deverá apresentar as mesmas informações previstas no art. 7º.

§ 5º O transporte de produtos e subprodutos florestais provenientes do corte ou exploração previsto no § 1º deverá ser acompanhado da respectiva autorização para o transporte de produtos e subprodutos florestais de origem nativa emitida pelo órgão ambiental competente.

ART. 14. O corte ou a exploração de espécies nativas comprovadamente plantadas somente serão permitidos se o plantio ou o reflorestamento tiver sido previamente cadastrado junto ao órgão ambiental competente no prazo máximo de sessenta dias após a realização do plantio ou do reflorestamento.

§ 1º Para os fins do disposto no *caput*, será criado ou mantido, no órgão ambiental competente, Cadastro de Espécies Nativas Plantadas ou Reflorestadas.

§ 2º O interessado deverá instruir o pedido de cadastramento com, no mínimo, as seguintes informações:

I - dados do proprietário ou possuidor;

II - dados da propriedade ou posse, incluindo cópia da matrícula ou certidão atualizada do imóvel no Registro Geral do Cartório de Registro de Imóveis, ou comprovante de posse;

III - outorga para utilização do imóvel emitida pela Secretaria do Patrimônio da União, em se tratando de terrenos de marinha e acrescidos de marinha, bem como nos demais bens de domínio da União, na forma estabelecida no Decreto-Lei n. 9.760, de 1946;

IV - localização com a indicação das coordenadas geográficas dos vértices do imóvel e dos vértices da área plantada ou reflorestada;

V - nome científico e popular das espécies plantadas e o sistema de plantio adotado;

VI - data ou período do plantio;

VII - número de espécimes de cada espécie plantada por intermédio de mudas; e

VIII - quantidade estimada de sementes de cada espécie, no caso da utilização de sistema de plantio por semeadura.

ART. 15. Os detentores de espécies florestais nativas plantadas, cadastradas junto ao órgão ambiental competente, quando da colheita, comercialização ou transporte dos produtos delas oriundos, deverão, preliminarmente, notificar o órgão ambiental competente, prestando, no mínimo, as seguintes informações:

I - número do cadastro do respectivo plantio ou reflorestamento;

II - identificação e quantificação das espécies a serem cortadas e volume de produtos e subprodutos florestais a serem obtidos; e

III - localização da área a ser objeto de corte ou supressão com a indicação das coordenadas geográficas de seus vértices.

ART. 16. Os detentores de espécies florestais nativas plantadas até a data da publicação deste Decreto, que não cadastrarem o plantio ou o reflorestamento junto ao órgão ambiental competente, quando da colheita, comercialização ou transporte dos produtos delas oriundos, deverão, preliminarmente, notificar o órgão ambiental competente, prestando, no mínimo, as seguintes informações:

I - dados do proprietário ou possuidor;

II - dados da propriedade ou posse, incluindo cópia da matrícula do imóvel no Registro Geral do Cartório de Registro de Imóveis, ou comprovante de posse;

III - outorga para utilização do imóvel emitida pela Secretaria do Patrimônio da União, em se tratando de terrenos de marinha e acrescidos de marinha, bem como nos demais bens de domínio da União, na forma estabelecida no Decreto-Lei n. 9.760, de 1946;

IV - quantidade total de árvores plantadas de cada espécie, bem como o nome científico e popular das espécies;

V - data ou ano do plantio;

VI - identificação e quantificação das espécies a serem cortadas e volume de produtos e subprodutos florestais a serem obtidos;

VII - localização com a indicação das coordenadas geográficas dos vértices da área plantada a ser objeto de corte ou supressão; e

VIII - laudo técnico com a respectiva ART, de profissional habilitado, atestando tratar-se de espécies florestais nativas plantadas, bem como a data ou ano do seu plantio, quando se tratar de espécies constantes da Lista Oficial de Espécies da Flora Brasileira Ameaçadas de Extinção ou de listas dos Estados.

Parágrafo único. O disposto neste artigo não se aplica para o plantio de espécie nativa em meio a vegetação secundária arbórea nos estágios médio e avançado de regeneração previsto no art. 13.

ART. 17. A emissão da autorização para o transporte de produtos e subprodutos florestais oriundos de espécies nativas plantadas não constantes da Lista Oficial de Espécies da Flora Brasileira Ameaçadas de Extinção ou de listas dos Estados fica condicionada à análise das informações prestadas na forma do art. 15, quando se tratar de plantio ou reflorestamento cadastrado, ou na forma do art. 16, quando se tratar de plantio ou reflorestamento não cadastrado.

Parágrafo único. No caso de espécies nativas plantadas constantes da Lista Oficial de Espécies da Flora Brasileira Ameaçadas de Extinção ou de listas dos Estados, cadastradas ou não junto ao órgão ambiental competente, a autorização para o transporte de produtos e subprodutos florestais somente poderá ser emitida após análise das informações prestadas na forma do *caput* e prévia vistoria de campo que ateste o efetivo plantio.

ART. 18. Ficam isentos de prestar as informações previstas nos arts. 15 e 16 os detentores de espécies florestais nativas plantadas que realizarem a colheita ou o corte eventual até o máximo de vinte metros cúbicos, a cada três anos, para uso ou consumo na propriedade, sem propósito comercial direto ou indireto, e desde que os produtos florestais não necessitem de transporte e beneficiamento fora dos limites da propriedade.

CAPÍTULO V
DA ANUÊNCIA DOS ÓRGÃOS FEDERAIS DE MEIO AMBIENTE

ART. 19. Além da autorização do órgão ambiental competente, prevista no art. 14 da Lei n. 11.428, de 2006, será necessária a anuência prévia do Instituto Brasileiro do Meio Ambiente e dos Recursos Naturais Renováveis - IBAMA, de que trata o § 1º do referido artigo, somente quando a supressão de vegetação primária ou secundária em estágio médio ou avançado de regeneração ultrapassar os limites a seguir estabelecidos:

I - cinquenta hectares por empreendimento, isolada ou cumulativamente; ou

II - três hectares por empreendimento, isolada ou cumulativamente, quando localizada em área urbana ou região metropolitana.

§ 1º A anuência prévia de que trata o *caput* é de competência do Instituto Chico Mendes de Conservação da Biodiversidade - Instituto Chico Mendes quando se tratar de supressão, corte ou exploração de vegetação localizada nas unidades de conservação instituídas pela União onde tais atividades sejam admitidas.

§ 2º Para os fins do inciso II do *caput*, deverá ser observado o disposto nos arts. 30 e 31 da Lei n. 11.428, de 2006.

ART. 20. A solicitação de anuência prévia de que trata o art. 19 deve ser instruída, no mínimo, com as seguintes informações:

I - dados do proprietário ou possuidor da área a ser suprimida;

II - dados da propriedade ou posse, incluindo cópia da matrícula ou certidão atualizada do imóvel no Registro Geral do Cartório de Registro de Imóveis, ou comprovante de posse;

III - outorga para utilização do imóvel emitida pela Secretaria do Patrimônio da União, em se tratando de terrenos de marinha e acrescidos de marinha, bem como nos demais bens de domínio da União, na forma estabelecida no Decreto-Lei n. 9.760, de 1946;

IV - localização com a indicação das coordenadas geográficas dos vértices da área a ser objeto de corte ou supressão;

V - inventário fitossociológico da área a ser cortada ou suprimida, com vistas a determinar o estágio de regeneração da vegetação e a indicação da fitofisionomia original, elaborado com metodologia e suficiência amostral adequadas, observados os parâmetros estabelecidos no art. 4º, § 2º, da Lei n. 11.428, de 2006, e as definições constantes das resoluções do Conama de que trata o *caput* do referido artigo;

VI - cronograma de execução previsto;

VII - estimativa do volume de produtos e subprodutos florestais a serem obtidos com a supressão; e

VIII - descrição das atividades a serem desenvolvidas na área a ser suprimida.

Parágrafo único. As informações de que trata o *caput* poderão ser substituídas por cópia do estudo ambiental do empreendimento ou atividade, desde que as contemple.

ART. 21. A anuência prévia de que trata o art. 19 pode ser emitida com condicionantes para mitigar os impactos da atividade sobre o ecossistema remanescente.

Parágrafo único. As condicionantes de que trata este artigo devem ser estabelecidas durante o processo de licenciamento ambiental.

CAPÍTULO VI
DO POUSIO

ART. 22. Considera-se pousio a prática que prevê a interrupção de atividades ou usos agrícolas, pecuários ou silviculturais do solo por até dez anos para possibilitar a recuperação de sua fertilidade.

Parágrafo único. A supressão da vegetação secundária em estágio inicial de regeneração da área submetida a pousio somente poderá ser autorizada pelo órgão ambiental competente nos imóveis onde, comprovadamente, essa prática vem sendo utilizada tradicionalmente.

ART. 23. A supressão de até dois hectares por ano da vegetação em área submetida a pousio, na pequena propriedade rural ou posses de população tradicional ou de pequenos produtores rurais, dependerá de autorização do órgão ambiental competente, devendo o interessado apresentar requerimento contendo, no mínimo, as seguintes informações:

I - dimensão da área a ser suprimida;

II - idade aproximada da vegetação;

III - caracterização da vegetação indicando as espécies lenhosas predominantes;

IV - indicação da atividade agrícola, pecuária ou silvicultural a ser desenvolvida na área;

V - estimativa do volume de produtos e subprodutos florestais a serem obtidos com a supressão e o destino a ser dado a eles, quando houver; e

VI - localização com a indicação das coordenadas geográficas dos vértices da área a ser cortada ou suprimida.

§ 1º O limite estabelecido no *caput*, no caso de posse coletiva de populações tradicionais ou de pequenos produtores rurais, será adotado por unidade familiar.

§ 2º Quando a supressão da vegetação de área submetida a pousio for superior a dois hectares, a autorização somente poderá ser concedida de acordo com o disposto no art. 32.

§ 3º A autorização de que trata o *caput* somente poderá ser concedida após análise das informações prestadas e prévia vistoria de campo que ateste a veracidade das informações.

ART. 24. No caso de sistema integrado de pousio, a autorização de supressão de vegetação secundária em estágio inicial de regeneração poderá ser concedida pelo órgão ambiental competente, para o conjunto de módulos de rotação do sistema no imóvel, por período não superior a dez anos.

§ 1º Entende-se por sistema integrado de pousio o uso intercalado de diferentes módulos ou áreas de cultivo nos limites da respectiva propriedade ou posse.

§ 2º Para requerer a autorização de supressão de vegetação do sistema integrado de pousio de que trata o *caput*, o interessado deverá apresentar, entre outros, os seguintes documentos:

I - dados do proprietário ou possuidor;

II - dados da propriedade ou posse, incluindo cópia da matrícula ou certidão atualizada do imóvel no Registro Geral do Cartório de Registro de Imóveis, ou comprovante da posse;

III - outorga para utilização do imóvel emitida pela Secretaria do Patrimônio da União, em se tratando de terrenos de marinha e acrescidos de marinha, bem como nos demais bens de domínio da União, na forma estabelecida no Decreto-Lei n. 9.760, de 1946;

IV - localização com a indicação das coordenadas geográficas dos vértices do imóvel, das áreas de preservação permanente e da reserva legal e dos módulos das áreas a serem utilizadas no sistema integrado de pousio, dentro da propriedade ou posse;

V - comprovação da averbação da reserva legal ou comprovante de compensação nos termos da Lei n. 4.771, de 1965;

› A Lei 4.771/1965 foi revogada pela Lei 12.651/2012 - Código Florestal.

VI - previsão da área a ser cortada ou suprimida por período e sua localização no sistema integrado de pousio dentro da propriedade ou posse, bem como o período total de rotação do sistema, limitado a dez anos;

VII - estimativa do volume de produtos e subprodutos florestais a serem obtidos a cada período com o corte ou supressão da vegetação e o destino a ser dado a eles; e

VIII - descrição das atividades agrícolas, pecuárias ou silviculturais a serem desenvolvidas no sistema.

§ 3º A autorização de que trata o *caput* somente poderá ser concedida após análise das informações prestadas e prévia vistoria de campo que ateste a veracidade das informações.

ART. 25. O transporte de produtos e subprodutos florestais provenientes do corte ou supressão previstos nos arts. 23 e 24 deverá ser acompanhado da respectiva autorização para o transporte de produtos e subprodutos florestais de origem nativa emitida pelo órgão ambiental competente.

CAPÍTULO VII
DA DESTINAÇÃO DE ÁREA EQUIVALENTE À DESMATADA

ART. 26. Para fins de cumprimento do disposto nos arts. 17 e 32, inciso II, da Lei n. 11.428, de 2006, o empreendedor deverá:

I - destinar área equivalente à extensão da área desmatada, para conservação, com as mesmas características ecológicas, na mesma bacia hidrográfica, sempre que possível na mesma microbacia hidrográfica e, nos casos previstos nos arts. 30 e 31 da Lei n. 11.428, de 2006, em áreas localizadas no mesmo Município ou região metropolitana; ou

II - destinar, mediante doação ao Poder Público, área equivalente no interior de unidade de conservação de domínio público, pendente de regularização fundiária, localizada na mesma bacia hidrográfica, no mesmo Estado e, sempre que possível, na mesma microbacia hidrográfica.

§ 1º Verificada pelo órgão ambiental a inexistência de área que atenda aos requisitos previstos nos incisos I e II, o empreendedor deverá efetuar a reposição florestal, com espécies nativas, em área equivalente à desmatada, na mesma bacia hidrográfica, sempre que possível na mesma microbacia hidrográfica.

§ 2º A execução da reposição florestal de que trata o § 1º deverá seguir as diretrizes definidas em projeto técnico, elaborado por profissional habilitado e previamente aprovado pelo órgão ambiental competente, contemplando metodologia que garanta o restabelecimento de índices de diversidade florística compatíveis com os estágios de regeneração da área desmatada.

ART. 27. A área destinada na forma de que tratam o inciso I e o § 1º do art. 26, poderá constituir Reserva Particular do Patrimônio Natural, nos termos do art. 21 da Lei n. 9.985, de 18 de julho de 2000, ou servidão florestal em caráter permanente conforme previsto no art. 44-A da Lei n. 4.771, de 15 de setembro de 1965 - Código Florestal.

› A Lei 4.771/1965 foi revogada pela Lei 12.651/2012 - Código Florestal.

Parágrafo único. O órgão ambiental competente promoverá vistoria prévia na área destinada à compensação para avaliar e atestar que as características ecológicas e a extensão da área são equivalentes àquelas da área desmatada.

CAPÍTULO VIII
DA COLETA DE SUBPRODUTOS FLORESTAIS E ATIVIDADES DE USO INDIRETO

ART. 28. Na coleta de subprodutos florestais, tais como frutos, folhas ou sementes, prevista no art. 18 da Lei n. 11.428, de 2006, deverão ser observados:

I - os períodos de coleta e volumes fixados em regulamentos específicos, quando houver;

II - a época de maturação dos frutos e sementes;

III - técnicas que não coloquem em risco a sobrevivência de indivíduos e da espécie coletada no caso de coleta de flores, folhas, cascas, óleos, resinas e raízes;

IV - técnicas que não coloquem em risco a sobrevivência da espécie na área sob coleta no caso de coleta de cipós, bulbos e bambus;

V - as limitações legais específicas e, em particular, as relativas ao acesso ao patrimônio genético, à proteção e ao acesso ao conhecimento tradicional associado e de biossegurança, quando houver; e

VI - a manutenção das funções relevantes na alimentação, reprodução e abrigo da flora e fauna silvestre.

§ 1º No caso de a coleta de subprodutos florestais de que trata o *caput* gerar produtos ou subprodutos destinados à comercialização direta ou indireta, será exigida autorização de transporte destes, conforme previsão normativa específica, quando houver.

§ 2º A coleta de sementes e frutos em unidades de conservação de proteção integral dependerá de autorização do gestor da unidade, observado o disposto no plano de manejo da unidade.

§ 3º A prática do extrativismo sustentável, por intermédio da condução de espécie nativa produtora de folhas, frutos ou sementes, visando a produção e comercialização, deverá observar o disposto no *caput* e, onde couber, as regras do Sistema Participativo de Garantia da Qualidade Orgânica nos termos do Decreto n. 6.323, de 27 de dezembro de 2007, assegurando-se o direito de continuidade de exploração da espécie plantada ou conduzida no período subsequente.

§ 4º É livre a coleta de frutos e a condução do cacaueiro no sistema de cabruca, desde que não descaracterize a cobertura vegetal nativa e não prejudique a função ambiental da área.

ART. 29. Para os fins do disposto no art. 18 da Lei n. 11.428, de 2006, ressalvadas as áreas de preservação permanente, consideram-se de uso indireto, não necessitando de autorização dos órgãos ambientais competentes, as seguintes atividades:

I - abertura de pequenas vias e corredores de acesso;

II - implantação de trilhas para desenvolvimento de ecoturismo;

III - implantação de aceiros para prevenção e combate a incêndios florestais;

IV - construção e manutenção de cercas ou picadas de divisa de propriedades; e

V - pastoreio extensivo tradicional em remanescentes de campos de altitude, nos estágios secundários de regeneração, desde que não promova a supressão da vegetação nativa ou a introdução de espécies vegetais exóticas.

Parágrafo único. As atividades de uso indireto de que trata o *caput* não poderão colocar em risco as espécies da fauna e flora ou provocar a supressão de espécies ameaçadas de extinção constantes da Lista Oficial de Espécies da Flora Brasileira Ameaçadas de Extinção ou constantes de listas dos Estados.

CAPÍTULO IX
DO CORTE E SUPRESSÃO DE VEGETAÇÃO SECUNDÁRIA EM ESTÁGIO MÉDIO DE REGENERAÇÃO PARA ATIVIDADES IMPRESCINDÍVEIS À PEQUENA PROPRIEDADE E POPULAÇÕES TRADICIONAIS

ART. 30. O corte e a supressão de vegetação secundária em estágio médio de regeneração para o exercício de atividades ou usos agrícolas, pecuários ou silviculturais imprescindíveis à subsistência de pequeno produtor rural e populações tradicionais e de suas famílias, previstos no art. 23, inciso III, da Lei n. 11.428, de 2006, depende de autorização do órgão estadual competente, devendo o interessado apresentar requerimento contendo, no mínimo, as seguintes informações:

I - dados do proprietário ou possuidor;

II - dados da propriedade ou posse, incluindo cópia da matrícula do imóvel no Registro Geral do Cartório de Registro de Imóveis, ou comprovante de posse;

III - outorga para utilização do imóvel emitida pela Secretaria do Patrimônio da União, em se tratando de terrenos de marinha e acrescidos de marinha, bem como nos demais bens de domínio da União, na forma estabelecida no Decreto-Lei n. 9.760, de 1946;

IV - localização com a indicação das coordenadas geográficas dos vértices da área a ser cortada ou suprimida;

V - inventário fitossociológico da área a ser cortada ou suprimida, com vistas a determinar o estágio de regeneração da vegetação e a indicação da fitofisionomia original, elaborado com metodologia e suficiência amostral adequadas, observados os parâmetros estabelecidos no art. 4º, § 2º, da Lei n. 11.428, de 2006, e as definições constantes das resoluções do Conama de que trata o *caput* do referido artigo;

VI - comprovação da averbação da reserva legal ou comprovante de compensação nos termos da Lei n. 4.771, de 1965;

› A Lei 4.771/1965 foi revogada pela Lei 12.651/2012 - Código Florestal.

VII - cronograma de execução previsto;

VIII - estimativa do volume de produtos e subprodutos florestais a serem obtidos com a supressão e o seu destino;

IX - descrição das atividades a serem desenvolvidas na área a ser suprimida; e

X - justificativa demonstrando tratar-se de atividades imprescindíveis à subsistência de pequeno produtor rural ou de populações tradicionais.

§ 1º Consideram-se atividades ou usos agrícolas, pecuários ou silviculturais imprescindíveis à subsistência do pequeno produtor rural e populações tradicionais e de suas famílias, de que trata o *caput*, o corte e a supressão de vegetação em estágio médio de regeneração até o limite máximo de dois hectares da área coberta por vegetação em estágio médio de regeneração existente na propriedade ou posse.

§ 2º No caso de posse coletiva de população tradicional, o limite estabelecido no § 1º aplica-se à unidade familiar.

§ 3º A emissão de autorização de que trata o *caput*, nos termos do parágrafo único do art. 24 da Lei n. 11.428, de 2006, deve ser informada ao IBAMA, juntamente com os dados respectivos.

§ 4º A autorização de que trata o *caput* somente poderá ser concedida após análise das informações prestadas e prévia vistoria de campo que ateste a veracidade das informações e a inexistência de alternativa locacional na propriedade ou posse para a atividade pretendida.

ART. 31. O transporte de produtos e subprodutos florestais provenientes da exploração prevista no art. 30 deverá ser acompanhado da respectiva autorização para o transporte de produtos e subprodutos florestais de origem nativa emitida pelo órgão ambiental competente.

CAPÍTULO X
DO CORTE E SUPRESSÃO DE VEGETAÇÃO SECUNDÁRIA EM ESTÁGIO INICIAL DE REGENERAÇÃO

ART. 32. O corte ou supressão da vegetação secundária em estágio inicial de regeneração da Mata Atlântica depende de autorização do órgão estadual competente, devendo o interessado apresentar requerimento contendo, no mínimo, as seguintes informações:

I - dados do proprietário ou possuidor;

II - dados da propriedade ou posse, incluindo cópia da matrícula ou certidão atualizada do imóvel no Registro Geral do Cartório de Registro de Imóveis, ou comprovante de posse;

III - outorga para utilização do imóvel emitida pela Secretaria do Patrimônio da União, em se tratando de terrenos de marinha e acrescidos de marinha, bem como nos demais bens de domínio da União, na forma estabelecida no Decreto-Lei n. 9.760, de 1946;

IV - localização com a indicação das coordenadas geográficas dos vértices do imóvel, das áreas de preservação permanente, da reserva legal e da área a ser cortada ou suprimida;

V - inventário fitossociológico da área a ser cortada ou suprimida, com vistas a determinar o estágio de regeneração da vegetação e a indicação da fitofisionomia original, elaborado com metodologia e suficiência amostral adequadas, observados os parâmetros estabelecidos no art. 4º, § 2º, da Lei n. 11.428, de 2006, e as definições constantes das resoluções do Conama de que trata o *caput* do referido artigo;

VI - comprovação da averbação da reserva legal ou comprovante de compensação nos termos da Lei n. 4.771, de 1965;

› A Lei 4.771/1965 foi revogada pela Lei 12.651/2012 - Código Florestal.

VII - cronograma de execução previsto; e

VIII - estimativa do volume de produtos e subprodutos florestais a serem obtidos com a supressão.

Parágrafo único. A autorização de que trata o *caput* somente poderá ser concedida após análise das informações prestadas e prévia vistoria de campo que ateste a veracidade das informações.

ART. 33. No caso de pequenos produtores rurais ou posses das populações tradicionais, o interessado em obter autorização para o corte ou supressão da vegetação secundária em estágio inicial de regeneração da Mata Atlântica deverá apresentar requerimento contendo, no mínimo, as seguintes informações:

I - dimensão da área pretendida;

II - idade da vegetação;

III - caracterização da vegetação indicando as espécies lenhosas predominantes;

IV - indicação da atividade a ser desenvolvida na área;

V - comprovação da averbação da reserva legal ou comprovante de compensação nos termos da Lei n. 4.771, de 1965; e

› A Lei 4.771/1965 foi revogada pela Lei 12.651/2012 - Código Florestal.

VI - localização com a indicação das coordenadas geográficas dos vértices da área a ser cortada ou suprimida.

Parágrafo único. A autorização de que trata o *caput* somente poderá ser concedida após análise das informações prestadas e prévia vistoria de campo que ateste a veracidade das informações, e ate o limite de até dois hectares por ano.

ART. 34. O transporte de produtos e subprodutos florestais provenientes do corte ou supressão prevista nos arts. 32 e 33 deverá ser acompanhado da respectiva autorização para o transporte de produtos e subprodutos florestais de origem nativa emitida pelo órgão ambiental competente.

CAPÍTULO XI
DO CORTE, SUPRESSÃO E MANEJO DE ESPÉCIES ARBÓREAS PIONEIRAS EM ESTÁGIO MÉDIO DE REGENERAÇÃO

ART. 35. Nos fragmentos florestais da Mata Atlântica em estágio médio de regeneração, o corte, a supressão e o manejo de espécies arbóreas pioneiras nativas, de que trata o art. 28 da Lei n. 11.428, de 2006, com presença superior a sessenta por cento em relação às demais espécies do fragmento florestal, dependem de autorização do órgão estadual competente.

§ 1º O cálculo do percentual previsto no *caput* deverá levar em consideração somente os indivíduos com Diâmetro na Altura do Peito - DAP acima de cinco centímetros.

§ 2º O Ministério do Meio Ambiente definirá, mediante portaria, as espécies arbóreas pioneiras passíveis de corte, supressão e manejo em fragmentos florestais em estágio médio de regeneração da Mata Atlântica.

ART. 36. O corte, a supressão e o manejo de espécies arbóreas pioneiras de que trata o art. 35 somente poderão ocorrer quando:

I - as espécies constarem da portaria referida no § 2º do art. 35;

II - o volume e intensidade do corte não descaracterizem o estágio médio de regeneração do fragmento;

III - forem adotadas medidas para a minimização dos impactos sobre espécies arbóreas secundárias e clímácicas existentes na área; e

IV - não se referirem a espécies que integram a Lista Oficial de Espécies da Flora Brasileira Ameaçadas de Extinção ou constantes de listas dos Estados.

ART. 37. O interessado em obter a autorização de que trata o art. 35 deverá apresentar requerimento contendo, no mínimo, as seguintes informações:

I - dados do proprietário ou possuidor;

II - dados da propriedade ou posse, incluindo cópia da matrícula do imóvel no Registro Geral do Cartório de Registro de Imóveis, ou comprovante de posse;

III - outorga para utilização do imóvel emitida pela Secretaria do Patrimônio da União, em se tratando de terrenos de marinha e acrescidos de marinha, bem como nos demais bens de domínio da União, na forma estabelecida no Decreto-Lei n. 9.760, de 1946;

IV - localização com a indicação das coordenadas geográficas dos vértices do imóvel, das áreas de preservação permanente, da reserva legal e da área a ser objeto de corte, supressão ou manejo de espécies pioneiras;

V - inventário fitossociológico da área a ser cortada ou suprimida, com vistas a determinar o estágio de regeneração da vegetação e a indicação da fitofisionomia original, elaborado com metodologia e suficiência amostral adequadas, observados os parâmetros estabelecidos no art. 4º, § 2º, da Lei n. 11.428, de 2006, e as definições constantes das resoluções do Conama de que trata o *caput* do referido artigo;

VI - comprovação da averbação da reserva legal ou comprovante de compensação nos termos da Lei n. 4.771, de 1965;

› A Lei 4.771/1965 foi revogada pela Lei 12.651/2012 - Código Florestal.

VII - cronograma de execução previsto; e

VIII - estimativa do volume de produtos e subprodutos florestais a serem obtidos com o corte, manejo ou supressão.

Parágrafo único. A autorização de que trata o art. 35 somente poderá ser concedida após análise das informações prestadas e prévia vistoria de campo que ateste a veracidade das informações.

ART. 38. O transporte de produtos e subprodutos florestais provenientes do corte, supressão ou manejo, previstos no art. 35 deverá ser acompanhado da respectiva autorização para o transporte de produtos e subprodutos florestais de origem nativa emitida pelo órgão ambiental competente.

CAPÍTULO XII
DA SUPRESSÃO DE ESPÉCIES AMEAÇADAS DE EXTINÇÃO

ART. 39. A autorização para o corte ou a supressão, em remanescentes de vegetação nativa, de espécie ameaçada de extinção constante da Lista Oficial de Espécies da Flora Brasileira Ameaçadas de Extinção ou constantes de listas dos Estados, nos casos de que tratam os arts. 20, 21, 23, incisos I e IV, e 32 da Lei n. 11.428, de 2006, deverá ser precedida de parecer técnico do órgão ambiental competente atestando a inexistência de alternativa técnica e locacional e que os impactos do corte ou supressão serão adequadamente mitigados e não agravarão o risco à sobrevivência in situ da espécie.

Parágrafo único. Nos termos do art. 11, inciso I, alínea "a", da Lei n. 11.428, de 2006, é vedada a autorização de que trata o *caput* nos casos em que a intervenção, parcelamento ou empreendimento puserem em risco a sobrevivência in situ de espécies da flora ou fauna ameaçadas de extinção, tais como:

I - corte ou supressão de espécie ameaçada de extinção de ocorrência restrita à área de abrangência direta da intervenção, parcelamento ou empreendimento; ou

II - corte ou supressão de população vegetal com variabilidade genética exclusiva na área de abrangência direta da intervenção, parcelamento ou empreendimento.

CAPÍTULO XIII
DA SUPRESSÃO DE VEGETAÇÃO PARA FINS DE LOTEAMENTO OU EDIFICAÇÃO

ART. 40. O corte ou supressão de vegetação para fins de loteamento ou edificação, de que tratam os arts. 30 e 31 da Lei n. 11.428, de 2006, depende de autorização do órgão estadual competente, devendo o interessado apresentar requerimento contendo, no mínimo, as seguintes informações, sem prejuízo da realização de licenciamento ambiental, quando couber:

I - dados do proprietário ou possuidor;

II - dados da propriedade ou posse, incluindo cópia da matrícula do imóvel no Registro Geral do Cartório de Registro de Imóveis, ou comprovante de posse;

III - outorga para utilização do imóvel emitida pela Secretaria do Patrimônio da União, em se tratando de terrenos de marinha e acrescidos de marinha, bem como nos demais bens de domínio da União, na forma estabelecida no Decreto-Lei n. 9.760, de 1946;

IV - localização com a indicação das coordenadas geográficas dos vértices do imóvel, das áreas de preservação permanente e da área a ser objeto de corte ou supressão;

V - inventário fitossociológico da área a ser cortada ou suprimida, com vistas a determinar o estágio de regeneração da vegetação e a indicação da fitofisionomia original, elaborado com metodologia e suficiência amostral adequadas, observados os parâmetros estabelecidos no art. 4º, § 2º, da Lei n. 11.428, de 2006, e as definições constantes das resoluções do Conama de que trata o *caput* do referido artigo;

VI - cronograma de execução previsto; e

VII - estimativa do volume de produtos e subprodutos florestais a serem obtidos com a supressão e o destino a ser dado a esses produtos.

§ 1º A autorização de que trata o *caput* somente poderá ser concedida após análise das informações prestadas e prévia vistoria de campo que ateste a veracidade das informações.

§ 2º O corte ou a supressão de que trata o *caput* ficarão condicionados à destinação de área equivalente de acordo com o disposto no art. 26.

ART. 41. O percentual de vegetação nativa secundária em estágio avançado e médio de regeneração a ser preservado, de que tratam os arts. 30, inciso I, e 31, §§ 1º e 2º, da Lei n. 11.428, de 2006, deverá ser calculado em relação à área total coberta por essa vegetação existente no imóvel do empreendimento.

ART. 42. O transporte de produtos e subprodutos florestais provenientes do corte ou supressão prevista no art. 40 deverá ser acompanhado da respectiva autorização para o transporte de produtos e subprodutos florestais de origem nativa emitida pelo órgão ambiental competente.

CAPÍTULO XIV
DO PLANO MUNICIPAL DE CONSERVAÇÃO E RECUPERAÇÃO DA MATA ATLÂNTICA

ART. 43. O plano municipal de conservação e recuperação da Mata Atlântica, de que trata o art. 38 da Lei n. 11.428, de 2006, deverá conter, no mínimo, os seguintes itens:

I - diagnóstico da vegetação nativa contendo mapeamento dos remanescentes em escala de 1:50.000 ou maior;

II - indicação dos principais vetores de desmatamento ou destruição da vegetação nativa;

III - indicação de áreas prioritárias para conservação e recuperação da vegetação nativa; e

IV - indicações de ações preventivas aos desmatamentos ou destruição da vegetação nativa e de conservação e utilização sustentável da Mata Atlântica no Município.

Parágrafo único. O plano municipal de que trata o *caput* poderá ser elaborado em parceria com instituições de pesquisa ou organizações da sociedade civil, devendo ser aprovado pelo Conselho Municipal de Meio Ambiente.

CAPÍTULO XV
DAS DISPOSIÇÕES FINAIS

ART. 44. Os órgãos competentes deverão assistir às populações tradicionais e aos pequenos produtores, nos termos do art. 13 da Lei n. 11.428, de 2006.

ART. 45. Nos casos em que este Decreto exigir a indicação de coordenadas geográficas dos vértices de áreas, tais coordenadas poderão ser obtidas com a utilização de equipamentos portáteis de navegação do Sistema Global de Posicionamento - GPS.

ART. 46. Os projetos de recuperação de vegetação nativa da Mata Atlântica, inclusive em área de preservação permanente e reserva legal, são elegíveis para os fins de incentivos econômicos eventualmente previstos na legislação nacional e nos acordos internacionais relacionados à proteção, conservação e uso sustentável da biodiversidade e de florestas ou de mitigação de mudanças climáticas.

ART. 47. O extrativismo sustentável e a comercialização de produtos e subprodutos oriundos de remanescentes da Mata Atlântica, quando realizados por pequenos produtores rurais e populações tradicionais, poderão integrar Sistemas Participativos de Garantia da Qualidade Orgânica, desde que atendidos os requisitos estabelecidos no Decreto n. 6.323, de 2007.

ART. 48. A alternativa técnica e locacional prevista no art. 14 da Lei n. 11.428, de 2006, observados os inventários e planos previstos para os respectivos setores, deve ser aprovada no processo de licenciamento ambiental do empreendimento.

ART. 49. Os empreendimentos ou atividades iniciados em desconformidade com o disposto neste Decreto deverão adaptar-se às suas disposições, no prazo determinado pela autoridade competente.

ART. 50. Este Decreto entra em vigor na data de sua publicação.

ART. 51. Fica revogado o Decreto n. 750, de 10 de fevereiro de 1993.

Brasília, 21 de novembro de 2008; 187º da Independência e 120º da República.

LUIZ INÁCIO LULA DA SILVA

DECRETO N. 6.759, DE 5 DE FEVEREIRO DE 2009

Regulamenta a administração das atividades aduaneiras, e a fiscalização, o controle e a tributação das operações de comércio exterior.

▸ *DOU*, 6.2.2009, retificado em 17.9.2009.

O Presidente da República, no uso da atribuição que lhe confere o art. 84, inciso IV, da Constituição, Decreta:

ART. 1º A administração das atividades aduaneiras, e a fiscalização, o controle e a tributação das operações de comércio exterior serão exercidos em conformidade com o disposto neste Decreto.

LIVRO I
DA JURISDIÇÃO ADUANEIRA E DO CONTROLE ADUANEIRO DE VEÍCULOS

TÍTULO I
DA JURISDIÇÃO ADUANEIRA

CAPÍTULO I
DO TERRITÓRIO ADUANEIRO

ART. 2º O território aduaneiro compreende todo o território nacional.

ART. 3º A jurisdição dos serviços aduaneiros estende-se por todo o território aduaneiro e abrange (Decreto-Lei n. 37, de 18 de novembro de 1966, art. 33, *caput*):

I - a zona primária, constituída pelas seguintes áreas demarcadas pela autoridade aduaneira local:

a) a área terrestre ou aquática, contínua ou descontínua, nos portos alfandegados;

b) a área terrestre, nos aeroportos alfandegados; e

c) a área terrestre, que compreende os pontos de fronteira alfandegados; e

II - a zona secundária, que compreende a parte restante do território aduaneiro, nela incluídas as águas territoriais e o espaço aéreo.

§ 1º Para efeito de controle aduaneiro, as zonas de processamento de exportação, referidas no art. 534, constituem zona primária (Lei n. 11.508, de 20 de julho de 2007, art. 1º, parágrafo único).

§ 2º Para a demarcação da zona primária, deverá ser ouvido o órgão ou empresa a que esteja afeta a administração do local a ser alfandegado.

§ 3º A autoridade aduaneira poderá exigir que a zona primária, ou parte dela, seja protegida por obstáculos que impeçam o acesso indiscriminado de veículos, pessoas ou animais.

§ 4º A autoridade aduaneira poderá estabelecer, em locais e recintos alfandegados, restrições à entrada de pessoas que ali não exerçam atividades profissionais, e a veículos não utilizados em serviço.

§ 5º A jurisdição dos serviços aduaneiros estende-se ainda às Áreas de Controle Integrado criadas em regiões limítrofes dos países integrantes do Mercosul com o Brasil (Acordo de Alcance Parcial para a Facilitação do Comércio no 5 - Acordo de Recife, aprovado pelo Decreto Legislativo n. 66, de 16 de novembro de 1981, e promulgado pelo Decreto n. 1.280, de 14 de outubro de 1994; e Segundo Protocolo Adicional ao Acordo de Recife, Anexo - Acordo de Alcance Parcial de Promoção do Comércio n. 5 para a Facilitação do Comércio, art. 3º, alínea "a", internalizado pelo Decreto n. 3.761, de 5 de março de 2001).

ART. 4º O Ministro de Estado da Fazenda poderá demarcar, na orla marítima ou na faixa de fronteira, zonas de vigilância aduaneira, nas quais a permanência de mercadorias ou a sua circulação e a de veículos, pessoas ou animais ficarão sujeitas às exigências fiscais, proibições e restrições que forem estabelecidas (Decreto-Lei n. 37, de 1966, art. 33, parágrafo único).

§ 1º O ato que demarcar a zona de vigilância aduaneira poderá:

I - ser geral em relação à orla marítima ou à faixa de fronteira, ou específico em relação a determinados segmentos delas;

II - estabelecer medidas específicas para determinado local; e

III - ter vigência temporária.

§ 2º Na orla marítima, a demarcação da zona de vigilância aduaneira levará em conta, além

DECRETOS

de outras circunstâncias de interesse fiscal, a existência de portos ou ancoradouros naturais, propícios à realização de operações clandestinas de carga e descarga de mercadorias.

§ 3º Compreende-se na zona de vigilância aduaneira a totalidade do Município atravessado pela linha de demarcação, ainda que parte dele fique fora da área demarcada.

CAPÍTULO II
DOS PORTOS, AEROPORTOS E PONTOS DE FRONTEIRA ALFANDEGADOS

ART. 5º Os portos, aeroportos e pontos de fronteira serão alfandegados por ato declaratório da autoridade aduaneira competente, para que neles possam, sob controle aduaneiro:

I - estacionar ou transitar veículos procedentes do exterior ou a ele destinados;

II - ser efetuadas operações de carga, descarga, armazenagem ou passagem de mercadorias procedentes do exterior ou a ele destinadas; e

III - embarcar, desembarcar ou transitar viajantes procedentes do exterior ou a ele destinados.

ART. 6º O alfandegamento de portos, aeroportos ou pontos de fronteira será precedido da respectiva habilitação ao tráfego internacional pelas autoridades competentes em matéria de transporte.

Parágrafo único. Ao iniciar o processo de habilitação de que trata o *caput*, a autoridade competente notificará a Secretaria da Receita Federal do Brasil.

ART. 7º O ato que declarar o alfandegamento estabelecerá as operações aduaneiras autorizadas e os termos, limites e condições para sua execução.

ART. 8º Somente nos portos, aeroportos e pontos de fronteira alfandegados poderá efetuar-se a entrada ou a saída de mercadorias procedentes do exterior ou a ele destinadas (Decreto-Lei n. 37, de 1966, art. 34, incisos II e III).

Parágrafo único. O disposto no *caput* não se aplica: (Alterado pelo Dec. 8.010/2013.)

I - à importação e à exportação de mercadorias conduzidas por linhas de transmissão ou por dutos, ligados ao exterior, observadas as regras de controle estabelecidas pela Secretaria da Receita Federal do Brasil; e (Alterado pelo Dec. 8.010/2013.)

II - a outros casos estabelecidos em ato normativo da Secretaria da Receita Federal do Brasil. (Alterado pelo Dec. 8.010/2013.)

CAPÍTULO III
DOS RECINTOS ALFANDEGADOS

SEÇÃO I
DAS DISPOSIÇÕES PRELIMINARES

ART. 9º Os recintos alfandegados serão assim declarados pela autoridade aduaneira competente, na zona primária ou na zona secundária, a fim de que neles possam ocorrer, sob controle aduaneiro, movimentação, armazenagem e despacho aduaneiro de:

I - mercadorias procedentes do exterior, ou a ele destinadas, inclusive sob regime aduaneiro especial;

II - bagagem de viajantes procedentes do exterior, ou a ele destinados; e

III - remessas postais internacionais.

Parágrafo único. Poderão ainda ser alfandegados, em zona primária, recintos destinados à instalação de lojas francas.

ART. 10. A Secretaria da Receita Federal do Brasil poderá, no âmbito de sua competência, editar atos normativos para a implementação do disposto neste Capítulo.

SEÇÃO II
DOS PORTOS SECOS

ART. 11. Portos secos são recintos alfandegados de uso público nos quais são executadas operações de movimentação, armazenagem e despacho aduaneiro de mercadorias e de bagagem, sob controle aduaneiro.

§ 1º Os portos secos não poderão ser instalados na zona primária de portos e aeroportos alfandegados.

§ 2º Os portos secos poderão ser autorizados a operar com carga de importação, de exportação ou ambas, tendo em vista as necessidades e condições locais.

ART. 12. As operações de movimentação e armazenagem de mercadorias sob controle aduaneiro, bem como a prestação de serviços conexos, em porto seco, sujeitam-se ao regime de concessão ou de permissão (Lei n. 9.074, de 7 de julho de 1995, art. 1º, inciso VI).

Parágrafo único. A execução das operações e a prestação dos serviços referidos no *caput* serão efetivadas mediante o regime de permissão, salvo quando os serviços devam ser prestados em porto seco instalado em imóvel pertencente à União, caso em que será adotado o regime de concessão precedida da execução de obra pública.

CAPÍTULO IV
DO ALFANDEGAMENTO

ART. 13. O alfandegamento de portos, aeroportos e pontos de fronteira somente poderá ser efetivado:

I - depois de atendidas as condições de instalação do órgão de fiscalização aduaneira e de infraestrutura indispensável à segurança fiscal;

II - se atestada a regularidade fiscal do interessado;

III - se houver disponibilidade de recursos humanos e materiais; e

IV - se o interessado assumir a condição de fiel depositário da mercadoria sob sua guarda.

§ 1º O disposto no *caput* aplica-se, no que couber, ao alfandegamento de recintos de zona primária e de zona secundária.

§ 2º Em se tratando de permissão ou concessão de serviços públicos, o alfandegamento poderá ser efetivado somente após a conclusão do devido procedimento licitatório pelo órgão competente, e o cumprimento das condições fixadas em contrato.

§ 3º O alfandegamento poderá abranger a totalidade ou parte da área dos portos e dos aeroportos.

§ 4º Poderão, ainda, ser alfandegados silos ou tanques, para armazenamento de produtos a granel, localizados em áreas contíguas a porto organizado ou instalações portuárias, ligados a estes por tubulações, esteiras rolantes ou similares, instaladas em caráter permanente.

§ 5º O alfandegamento de que trata o § 4º é subordinado à comprovação do direito de construção e de uso das tubulações, esteiras rolantes ou similares, e ao cumprimento do disposto no *caput*.

§ 6º Compete à Secretaria da Receita Federal do Brasil declarar o alfandegamento a que se refere este artigo e editar, no âmbito de sua competência, atos normativos para a implementação do disposto neste Capítulo.

ART. 13-A. Compete à Secretaria da Receita Federal do Brasil definir os requisitos técnicos e operacionais para o alfandegamento dos locais e recintos onde ocorram, sob controle aduaneiro, movimentação, armazenagem e despacho aduaneiro de mercadorias procedentes do exterior, ou a ele destinadas, inclusive sob regime aduaneiro especial, bagagem de viajantes procedentes do exterior, ou a ele destinados, e remessas postais internacionais (Lei n. 12.350, de 20 de dezembro de 2010, art. 34, *caput*). (Acrescentado pelo Dec. 8.010/2013.)

§ 1º Na definição dos requisitos técnicos e operacionais de que trata o *caput*, a Secretaria da Receita Federal do Brasil deverá estabelecer (Lei n. 12.350, de 2010, art. 34, § 1º): (Acrescentado pelo Dec. 8.010/2013.)

I - segregação e proteção física da área do local ou recinto, inclusive entre as áreas de armazenagem de mercadorias ou bens para exportação, para importação ou para regime aduaneiro especial; (Acrescentado pelo Dec. 8.010/2013.)

II - disponibilização de edifícios e instalações, aparelhos de informática, mobiliário e materiais para o exercício de suas atividades e, quando necessário, de outros órgãos ou agências da administração pública federal; (Acrescentado pelo Dec. 8.010/2013.)

III - disponibilização e manutenção de balanças e outros instrumentos necessários à fiscalização e ao controle aduaneiros; (Acrescentado pelo Dec. 8.010/2013.)

IV - disponibilização e manutenção de instrumentos e aparelhos de inspeção não invasiva de cargas e veículos, como os aparelhos de raios X ou gama; (Acrescentado pelo Dec. 8.010/2013.)

V - disponibilização de edifícios e instalações, equipamentos, instrumentos e aparelhos especiais para a verificação de mercadorias frigorificadas, apresentadas em tanques ou recipientes que não devam ser abertos durante o transporte, produtos químicos, tóxicos e outras mercadorias que exijam cuidados especiais para seu transporte, manipulação ou armazenagem; e (Acrescentado pelo Dec. 8.010/2013.)

VI - disponibilização de sistemas, com acesso remoto pela fiscalização aduaneira, para: (Acrescentado pelo Dec. 8.010/2013.)

a) vigilância eletrônica do recinto; e (Acrescentado pelo Dec. 8.010/2013.)

b) registro e controle: (Acrescentado pelo Dec. 8.010/2013.)

1. de acesso de pessoas e veículos; e (Acrescentado pelo Dec. 8.010/2013.)

2. das operações realizadas com mercadorias, inclusive seus estoques. (Acrescentado pelo Dec. 8.010/2013.)

§ 2º A utilização dos sistemas referidos no inciso VI do § 1º deverá ser supervisionada por Auditor-Fiscal da Receita Federal do Brasil e acompanhada por ele por ocasião da realização da conferência aduaneira (Lei n. 12.350, de 2010, art. 34, § 2º). (Acrescentado pelo Dec. 8.010/2013.)

§ 3º A Secretaria da Receita Federal do Brasil poderá dispensar a implementação de requisito previsto no § 1º, considerando as características específicas do local ou recinto (Lei n. 12.350, de 2010, art. 34, § 3º). (Acrescentado pelo Dec. 8.010/2013.)

ART. 13-B. A pessoa jurídica responsável pela administração do local ou recinto alfandegado, referido no art. 13-A, fica obrigada a observar os requisitos técnicos e operacionais definidos pela Secretaria da Receita Federal do Brasil (Lei

n. 12.350, de 2010, art. 35). (Acrescentado pelo Dec. 8.010/2013.)

ART. 13-C. O disposto nos arts. 13-A e 13-B aplica-se também aos responsáveis que já exerciam a administração de locais e recintos alfandegados em 21 de dezembro de 2010 (Lei n. 12.350, de 2010, art. 36, *caput*). (Acrescentado pelo Dec. 8.010/2013.)

ART. 13-D. A Secretaria da Receita Federal do Brasil, no âmbito de sua competência, disciplinará a aplicação do disposto nos arts. 13-A, 13-B, 13-C e 735-C (Lei n. 12.350, de 2010, art. 39). (Acrescentado pelo Dec. 8.010/2013.)

ART. 14. Nas cidades fronteiriças, poderão ser alfandegados pontos de fronteira para o tráfego local e exclusivo de veículos matriculados nessas cidades.

§ 1º Os pontos de fronteira de que trata o *caput* serão alfandegados pela autoridade aduaneira regional, que poderá fixar as restrições que julgar convenientes.

§ 2º As autoridades aduaneiras locais com jurisdição sobre as cidades fronteiriças poderão instituir, no interesse do controle aduaneiro, cadastros de pessoas que habitualmente cruzam a fronteira (Decreto-Lei n. 37, de 1966, art. 34, inciso I).

CAPÍTULO V
DA ADMINISTRAÇÃO ADUANEIRA

ART. 15. O exercício da administração aduaneira compreende a fiscalização e o controle sobre o comércio exterior, essenciais à defesa dos interesses fazendários nacionais, em todo o território aduaneiro (Constituição, art. 237).

Parágrafo único. As atividades de fiscalização de tributos incidentes sobre as operações de comércio exterior serão supervisionadas e executadas por Auditor-Fiscal da Receita Federal do Brasil (Lei n. 5.172, de 1966, arts. 142, 194 e 196; Lei n. 4.502, de 1964, art. 93; Lei n. 10.593, de 6 de dezembro de 2002, art. 6º, com a redação dada pela Lei n. 11.457, de 16 de março de 2007, art. 9º). (Acrescentado pelo Dec. 7.213/2010.)

ART. 16. A fiscalização aduaneira poderá ser ininterrupta, em horários determinados, ou eventual, nos portos, aeroportos, pontos de fronteira e recintos alfandegados (Decreto-Lei n. 37, de 1966, art. 36, *caput*, com a redação dada pela Lei n. 10.833, de 29 de dezembro de 2003, art. 77).

§ 1º A administração aduaneira determinará os horários e as condições de realização dos serviços aduaneiros, nos locais referidos no *caput* (Decreto-Lei n. 37, de 1966, art. 36, § 1º, com a redação dada pela Lei n. 10.833, de 2003, art. 77).

§ 2º O atendimento em dias e horas fora do expediente normal da unidade aduaneira é considerado serviço extraordinário, devendo os interessados, na forma estabelecida em ato normativo da Secretaria da Receita Federal do Brasil, ressarcir a administração das despesas decorrentes dos serviços a eles efetivamente prestados (Decreto-Lei n. 37, de 1966, art. 36, § 2º, com a redação dada pelo Decreto-Lei n. 2.472, de 1º de setembro de 1988, art. 1º).

ART. 17. Nas áreas de portos, aeroportos, pontos de fronteira e recintos alfandegados, bem como em outras áreas nas quais se autorize carga e descarga de mercadorias, ou embarque e desembarque de viajante, procedentes do exterior ou a ele destinados, a autoridade aduaneira tem precedência sobre as demais que ali exerçam suas atribuições (Decreto-Lei n. 37, de 1966, art. 35). (Alterado pelo Dec. 7.213/2010.)

§ 1º A precedência de que trata o *caput* implica:

I - a obrigação, por parte das demais autoridades, de prestar auxílio imediato, sempre que requisitado pela autoridade aduaneira, disponibilizando pessoas, equipamentos ou instalações necessários à ação fiscal; e (Alterado pelo Dec. 7.213/2010.)

II - a competência da autoridade aduaneira, sem prejuízo das atribuições de outras autoridades, para disciplinar a entrada, a permanência, a movimentação e a saída de pessoas, veículos, unidades de carga e mercadorias nos locais referidos no *caput*, no que interessar à Fazenda Nacional. (Alterado pelo Dec. 7.213/2010.)

§ 2º O disposto neste artigo aplica-se igualmente à zona de vigilância aduaneira, devendo as demais autoridades prestar à autoridade aduaneira a colaboração que for solicitada. (Alterado pelo Dec. 7.213/2010.)

ART. 18. O importador, o exportador ou o adquirente de mercadoria importada por sua conta e ordem têm a obrigação de manter, em boa guarda e ordem, os documentos relativos às transações que realizarem, pelo prazo decadencial estabelecido na legislação tributária a que estão submetidos, e de apresentá-los à fiscalização aduaneira quando exigidos (Lei n. 10.833, de 2003, art. 70, *caput*):

§ 1º Os documentos de que trata o *caput* compreendem os documentos de instrução das declarações aduaneiras, a correspondência comercial, incluídos os documentos de negociação e cotação de preços, os instrumentos de contrato comercial, financeiro e cambial, de transporte e seguro das mercadorias, os registros contábeis e os correspondentes documentos fiscais, bem como outros que a Secretaria da Receita Federal do Brasil venha a exigir em ato normativo (Lei n. 10.833, de 2003, art. 70, § 1º).

§ 2º Nas hipóteses de incêndio, furto, roubo, extravio ou qualquer outro sinistro que provoque a perda ou deterioração dos documentos a que se refere o *caput*, deverá ser feita comunicação, por escrito, no prazo de quarenta e oito horas do sinistro, à unidade de fiscalização aduaneira da Secretaria da Receita Federal do Brasil que jurisdicione o domicílio matriz do sujeito passivo, instruída com os documentos que comprovem o registro da ocorrência junto à autoridade competente para apurar o fato (Lei n. 10.833, de 2003, art. 70, §§ 2º e 4º).

§ 3º No caso de encerramento das atividades da pessoa jurídica, a guarda dos documentos referidos no *caput* será atribuída à pessoa responsável pela guarda dos demais documentos fiscais, nos termos da legislação específica (Lei n. 10.833, de 2003, art. 70, § 5º).

§ 4º O descumprimento de obrigação referida no *caput* implicará o não reconhecimento de tratamento mais benéfico de natureza tarifária, tributária ou aduaneira eventualmente concedido, com efeitos retroativos à data da ocorrência do fato gerador, caso não sejam apresentadas provas do regular cumprimento das condições previstas na legislação específica para obtê-lo (Lei n. 10.833, de 2003, art. 70, inciso I, alínea "b").

§ 5º O disposto no *caput* aplica-se também ao despachante aduaneiro, ao transportador, ao agente de carga, ao depositário e aos demais intervenientes em operação de comércio exterior quanto aos documentos e registros relativos às transações em que intervierem, na forma e nos prazos estabelecidos pela Secretaria da Receita Federal do Brasil (Lei n. 10.833, de 2003, art. 71).

ART. 19. As pessoas físicas ou jurídicas exibirão aos Auditores-Fiscais da Receita Federal do Brasil, sempre que exigidos, as mercadorias, livros das escritas fiscal e geral, documentos mantidos em arquivos magnéticos ou assemelhados, e todos os documentos, em uso ou já arquivados, que forem julgados necessários à fiscalização, e lhes franquearão os seus estabelecimentos, depósitos e dependências, bem assim veículos, cofres e outros móveis, a qualquer hora do dia, ou da noite, se à noite os estabelecimentos estiverem funcionando (Lei n. 4.502, de 30 de novembro de 1964, art. 94 e parágrafo único; e Lei n. 9.430, de 27 de dezembro de 1996, art. 34).

§ 1º As pessoas físicas ou jurídicas, usuárias de sistema de processamento de dados, deverão manter documentação técnica completa e atualizada do sistema, suficiente para possibilitar a sua auditoria, facultada a manutenção em meio magnético, sem prejuízo da sua emissão gráfica, quando solicitada (Lei n. 9.430, de 1996, art. 38).

§ 2º As pessoas jurídicas que utilizarem sistemas de processamento eletrônico de dados para registrar negócios e atividades econômicas ou financeiras, escriturar livros ou elaborar documentos de natureza contábil ou fiscal ficam obrigadas a manter, à disposição da Secretaria da Receita Federal do Brasil, os respectivos arquivos digitais e sistemas, pelo prazo decadencial previsto na legislação tributária (Lei n. 8.218, de 29 de agosto de 1991, art. 11, *caput*, com a redação dada pela Medida Provisória n. 2.158-35, de 24 de agosto de 2001, art. 72).

§ 3º Na hipótese a que se refere o § 2º, a Secretaria da Receita Federal do Brasil:

I - poderá estabelecer prazo inferior ao ali previsto, que poderá ser diferenciado segundo o porte da pessoa jurídica (Lei n. 8.218, de 1991, art. 11, § 1º, com a redação dada pela Medida Provisória n. 2.158-35, de 2001, art. 72); e

II - expedirá ou designará a autoridade competente para expedir os atos necessários ao estabelecimento da forma e do prazo em que os arquivos digitais e sistemas deverão ser apresentados (Lei n. 8.218, de 1991, art. 11, §§ 3º e 4º, com a redação dada pela Medida Provisória n. 2.158-35, de 2001, art. 72).

ART. 20. Os documentos instrutivos de declaração aduaneira ou necessários ao controle aduaneiro podem ser emitidos, transmitidos e recepcionados eletronicamente, na forma e nos prazos estabelecidos pela Secretaria da Receita Federal do Brasil (Lei n. 10.833, de 2003, art. 64, *caput*).

§ 1º A outorga de poderes a representante legal, inclusive quando residente no Brasil, para emitir e firmar os documentos referidos no *caput*, também pode ser realizada por documento emitido e assinado eletronicamente (Lei n. 10.833, de 2003, art. 64, § 1º, com a redação dada pela Lei n. 11.452, de 27 de fevereiro de 2007, art. 12).

§ 2º Os documentos eletrônicos referidos no *caput* são válidos para os efeitos fiscais e de controle aduaneiro, observado o disposto na legislação sobre certificação digital e atendidos os requisitos estabelecidos pela Secretaria da Receita Federal do Brasil (Lei n. 10.833, de 2003, art. 64, § 2º, com a redação dada pela Lei n. 11.452, de 2007, art. 12).

ART. 21. Para os efeitos da legislação tributária, não têm aplicação quaisquer disposições legais excludentes ou limitativas do direito de examinar mercadorias, livros, arquivos, documentos, papéis de efeitos comerciais ou fiscais, dos comerciantes, industriais ou produtores, ou da obrigação destes de exibi-los (Lei n. 5.172, de 25 de outubro de 1966, art. 195, *caput*).

Parágrafo único. Os livros obrigatórios de escrituração comercial e fiscal e os comprovantes dos lançamentos neles efetuados serão conservados até que ocorra a prescrição dos créditos tributários decorrentes das operações a que se refiram (Lei n. 5.172, de 1966, art. 195, parágrafo único).

ART. 22. Mediante intimação escrita, são obrigados a prestar à autoridade fiscal todas as informações de que disponham com relação aos bens, negócios ou atividades de terceiros (Lei n. 5.172, de 1966, art. 197, *caput*):

I - os tabeliães, os escrivães e demais serventuários de ofício;

II - os bancos, as casas bancárias, as caixas econômicas e demais instituições financeiras;

III - as empresas de administração de bens;

IV - os corretores, os leiloeiros e os despachantes oficiais;

V - os inventariantes;

VI - os síndicos, os comissários e os liquidatários; e

VII - quaisquer outras entidades ou pessoas que a lei designe, em razão de seu cargo, ofício, função, ministério, atividade ou profissão.

Parágrafo único. A obrigação prevista no *caput* não abrange a prestação de informações quanto a fatos sobre os quais o informante esteja legalmente obrigado a observar segredo em razão de cargo, ofício, função, ministério, atividade ou profissão, nos termos da legislação específica (Lei n. 5.172, de 1966, art. 197, parágrafo único).

ART. 23. A autoridade aduaneira que proceder ou presidir a qualquer procedimento fiscal lavrará os termos necessários para que se documente o início do procedimento, na forma da legislação aplicável, que fixará prazo máximo para a sua conclusão (Lei n. 5.172, de 1966, art. 196, *caput*).

§ 1º Os termos a que se refere o *caput* serão lavrados, sempre que possível, em um dos livros fiscais exibidos pela pessoa sujeita à fiscalização (Lei n. 5.172, de 1966, art. 196, parágrafo único).

§ 2º Quando os termos forem lavrados em separado, deles se entregará, à pessoa sujeita à fiscalização, cópia autenticada pela autoridade aduaneira (Lei n. 5.172, de 1966, art. 196, parágrafo único).

ART. 24. No exercício de suas atribuições, a autoridade aduaneira terá livre acesso (Lei n. 8.630, de 25 de fevereiro de 1993, art. 36, § 2º):I - a quaisquer dependências do porto e às embarcações, atracadas ou não; e

II - aos locais onde se encontrem mercadorias procedentes do exterior ou a ele destinadas.

Parágrafo único. Para o desempenho das atribuições referidas no *caput*, a autoridade aduaneira poderá requisitar papéis, livros e outros documentos, bem como o apoio de força pública federal, estadual ou municipal, quando julgar necessário (Lei n. 8.630, de 1993, art. 36, § 2º).

ART. 25. A estrutura, competência, denominação, sede e jurisdição das unidades da Secretaria da Receita Federal do Brasil que desempenham as atividades aduaneiras serão reguladas em ato do Ministro de Estado da Fazenda.

TÍTULO II
DO CONTROLE ADUANEIRO DE VEÍCULOS

CAPÍTULO I
DAS NORMAS GERAIS

SEÇÃO I
DAS DISPOSIÇÕES PRELIMINARES

ART. 26. A entrada ou a saída de veículos procedentes do exterior ou a ele destinados só poderá ocorrer em porto, aeroporto ou ponto de fronteira alfandegado.

§ 1º O controle aduaneiro do veículo será exercido desde o seu ingresso no território aduaneiro até a sua efetiva saída, e será estendido a mercadorias e a outros bens existentes a bordo, inclusive a bagagens de viajantes.

§ 2º O titular da unidade aduaneira jurisdicionante poderá autorizar a entrada ou a saída de veículos por porto, aeroporto ou ponto de fronteira não alfandegado, em casos justificados, e sem prejuízo do disposto no § 1º.

ART. 27. É proibido ao condutor de veículo procedente do exterior ou a ele destinado:

I - estacionar ou efetuar operações de carga ou descarga de mercadoria, inclusive transbordo, fora de local habilitado;

II - trafegar no território aduaneiro em situação ilegal quanto às normas reguladoras do transporte internacional correspondente à sua espécie; e

III - desviá-lo da rota estabelecida pela autoridade aduaneira, sem motivo justificado.

ART. 28. É proibido ao condutor do veículo colocá-lo nas proximidades de outro, sendo um deles procedente do exterior ou a ele destinado, de modo a tornar possível o transbordo de pessoa ou mercadoria, sem observância das normas de controle aduaneiro.

Parágrafo único. Excetuam-se da proibição prevista no *caput*, os veículos:

I - de guerra, salvo se utilizados no transporte comercial;

II - das repartições públicas, em serviço;

III - autorizados para utilização em operações portuárias ou aeroportuárias, inclusive de transporte de passageiros e tripulantes; e

IV - que estejam prestando ou recebendo socorro.

ART. 29. O ingresso em veículo procedente do exterior ou a ele destinado será permitido somente aos tripulantes e passageiros, às pessoas em serviço, devidamente identificadas, e às pessoas expressamente autorizadas pela autoridade aduaneira (Decreto-Lei n. 37, de 1966, art. 38).

ART. 30. Quando conveniente aos interesses da Fazenda Nacional, poderá ser determinado, pela autoridade aduaneira, o acompanhamento fiscal de veículo pelo território aduaneiro.

SEÇÃO II
DA PRESTAÇÃO DE INFORMAÇÕES PELO TRANSPORTADOR

ART. 31. O transportador deve prestar à Secretaria da Receita Federal do Brasil, na forma e no prazo por ela estabelecidos, as informações sobre as cargas transportadas, bem como sobre a chegada de veículo procedente do exterior ou a ele destinado (Decreto-Lei n. 37, de 1966, art. 37, *caput*, com a redação dada pela Lei n. 10.833, de 2003, art. 77).

§ 1º Ao prestar as informações, o transportador, se for o caso, comunicará a existência, no veículo, de mercadorias ou de pequenos volumes de fácil extravio.

§ 2º O agente de carga, assim considerada qualquer pessoa que, em nome do importador ou do exportador, contrate o transporte de mercadoria, consolide ou desconsolide cargas e preste serviços conexos, e o operador portuário também devem prestar as informações sobre as operações que executem e as respectivas cargas (Decreto-Lei n. 37, de 1966, art. 37, § 1º, com a redação dada pela Lei n. 10.833, de 2003, art. 77).

ART. 32. Após a prestação das informações de que trata o art. 31, e a efetiva chegada do veículo ao País, será emitido o respectivo termo de entrada, na forma estabelecida pela Secretaria da Receita Federal do Brasil.

Parágrafo único. As operações de carga, descarga ou transbordo em embarcações procedentes do exterior somente poderão ser executadas depois de prestadas as informações referidas no art. 31 (Decreto-Lei n. 37, de 1966, art. 37, § 2º, com a redação dada pela Lei n. 10.833, de 2003, art. 77).

ART. 33. As empresas de transporte internacional que operem em linha regular, por via aérea ou marítima, deverão prestar informações sobre tripulantes e passageiros, na forma e no prazo estabelecidos pela Secretaria da Receita Federal do Brasil (Lei n. 10.637, de 30 de dezembro de 2002, art. 28, *caput*).

Parágrafo único. O disposto no *caput* poderá ser estendido a outras vias de transporte, na forma e no prazo estabelecidos pela Secretaria da Receita Federal do Brasil. (Acrescentado pelo Dec. 7.213/2010.)

SEÇÃO III
DA BUSCA EM VEÍCULOS

ART. 34. A autoridade aduaneira poderá proceder a buscas em qualquer veículo para prevenir e reprimir a ocorrência de infração à legislação aduaneira, inclusive em momento anterior à prestação das informações referidas no art. 31 (Decreto-Lei n. 37, de 1966, art. 37, § 4º, com a redação dada pela Lei n. 10.833, de 2003, art. 77).

§ 1º A busca a que se refere o *caput* será precedida de comunicação, verbal ou por escrito, ao responsável pelo veículo.

§ 2º A Secretaria da Receita Federal do Brasil disporá sobre os casos excepcionais em que será realizada a visita a embarcações, prevista no art. 32 da Lei n. 5.025, de 10 de junho de 1966 (Decreto-Lei n. 37, de 1966, art. 37, § 3º, com a redação dada pela Lei n. 10.833, de 2003, art. 77).

ART. 35. A autoridade aduaneira poderá determinar a colocação de lacres nos compartimentos que contenham os volumes ou as mercadorias a que se refere o § 1º do art. 31 e na situação de que trata o § 1º do art. 37, podendo adotar outras medidas de controle fiscal.

ART. 36. Havendo indícios de falsa declaração de conteúdo, a autoridade aduaneira poderá determinar a descarga de volume ou de unidade de carga, para a devida verificação, lavrando-se termo.

SEÇÃO IV
DO CONTROLE DOS SOBRESSALENTES E DAS PROVISÕES DE BORDO

ART. 37. As mercadorias incluídas em listas de sobressalentes e provisões de bordo deverão corresponder, em quantidade e qualidade, às necessidades do serviço de manutenção do veículo e de uso ou consumo de sua tripulação e dos passageiros.

§ 1º As mercadorias mencionadas no *caput*, que durante a permanência do veículo na zona primária não forem necessárias aos fins indicados, serão depositadas em compartimento fechado, o qual poderá ser aberto somente na presença da autoridade aduaneira ou após a saída do veículo do local.

§ 2º A critério da autoridade aduaneira, poderá ser dispensada a cautela prevista no § 1º, se a permanência do veículo na zona primária for de curta duração.

ART. 38. A Secretaria da Receita Federal do Brasil disciplinará o funcionamento de lojas, bares e instalações semelhantes, em embarcações, aeronaves e outros veículos empregados no transporte internacional, de modo a impedir a venda de produtos sem o atendimento ao disposto na legislação aduaneira (Decreto-Lei n. 37, de 1966, art. 40).

SEÇÃO V
DAS UNIDADES DE CARGA

ART. 39. É livre, no País, a entrada e a saída de unidades de carga e seus acessórios e equipamentos, de qualquer nacionalidade, bem como a sua utilização no transporte doméstico (Lei n. 9.611, de 19 de fevereiro de 1998, art. 26).

§ 1º Aplica-se automaticamente o regime de admissão temporária ou de exportação temporária aos bens referidos no *caput*.

§ 2º Poderá ser exigida a prestação de informações para fins de controle aduaneiro sobre os bens referidos no *caput*, nos termos estabelecidos em ato normativo da Secretaria da Receita Federal do Brasil.

§ 3º Entende-se por unidade de carga, para os efeitos deste artigo, qualquer equipamento adequado à unitização de mercadorias a serem transportadas, sujeitas a movimentação de forma indivisível (Lei n. 9.611, 1998, art. 24, *caput*).

SEÇÃO VI
DA IDENTIFICAÇÃO DE VOLUMES NO TRANSPORTE DE PASSAGEIROS

ART. 40. O transportador de passageiros, no caso de veículo em viagem internacional ou que transite por zona de vigilância aduaneira, fica obrigado a identificar os volumes transportados como bagagem em compartimento isolado dos viajantes e seus respectivos proprietários (Lei n. 10.833, de 2003, art. 74, *caput*).

§ 1º No caso de transporte terrestre de passageiros, a identificação referida no *caput* também se aplica aos volumes portados pelos passageiros no interior do veículo (Lei n. 10.833, de 2003, art. 74, § 1º).

§ 2º As mercadorias transportadas no compartimento comum de bagagens ou de carga do veículo, que não constituam bagagem identificada dos passageiros, devem estar acompanhadas do respectivo conhecimento de transporte (Lei n. 10.833, de 2003, art. 74, § 2º).

§ 3º Presume-se de propriedade do transportador, para efeitos fiscais, a mercadoria transportada sem a identificação do respectivo proprietário, nos termos deste artigo (Lei n. 10.833, de 2003, art. 74, § 3º).

§ 4º Compete à Secretaria da Receita Federal do Brasil disciplinar os procedimentos necessários para fins de cumprimento do disposto neste artigo (Lei n. 10.833, de 2003, art. 74, § 4º).

CAPÍTULO II
DO MANIFESTO DE CARGA

ART. 41. A mercadoria procedente do exterior, transportada por qualquer via, será registrada em manifesto de carga ou em outras declarações de efeito equivalente (Decreto-Lei n. 37, de 1966, art. 39, *caput*).

ART. 42. O responsável pelo veículo apresentará à autoridade aduaneira, na forma e no momento estabelecidos em ato normativo da Secretaria da Receita Federal do Brasil, o manifesto de carga, com cópia dos conhecimentos correspondentes, e a lista de sobressalentes e provisões de bordo (Decreto-Lei n. 37, de 1966, art. 39, *caput*).

§ 1º Se for o caso, o responsável pelo veículo apresentará, em complemento aos documentos a que se refere o *caput*, relação das unidades de carga vazias existentes a bordo, declaração de acréscimo de volume ou mercadoria em relação ao manifesto e outras declarações ou documentos de seu interesse.

§ 2º O conhecimento de carga deverá identificar a unidade de carga em que a mercadoria por ele amparada esteja contida.

ART. 43. Para cada ponto de descarga no território aduaneiro, o veículo deverá trazer tantos manifestos quantos forem os locais, no exterior, em que tiver recebido carga.

Parágrafo único. A não apresentação de manifesto ou declaração de efeito equivalente, em relação a qualquer ponto de escala no exterior, será considerada declaração negativa de carga.

ART. 44. O manifesto de carga conterá:

I - a identificação do veículo e sua nacionalidade;

II - o local de embarque e o de destino das cargas;

III - o número de cada conhecimento;

IV - a quantidade, a espécie, as marcas, o número e o peso dos volumes;

V - a natureza das mercadorias;

VI - o consignatário de cada partida;

VII - a data do seu encerramento; e

VIII - o nome e a assinatura do responsável pelo veículo.

ART. 45. A carga eventualmente embarcada após o encerramento do manifesto será incluída em manifesto complementar, que deverá conter as mesmas informações previstas no art. 44.

ART. 46. Para efeitos fiscais, qualquer correção no conhecimento de carga deverá ser feita por carta de correção dirigida pelo emitente do conhecimento à autoridade aduaneira do local de descarga, a qual, se aceita, implicará correção do manifesto.

§ 1º A carta de correção deverá estar acompanhada do conhecimento objeto da correção e ser apresentada antes do início do despacho aduaneiro.

§ 2º A carta de correção apresentada após o início do despacho aduaneiro, até o desembaraço da mercadoria, poderá ainda ser apreciada, a critério da autoridade aduaneira, e não implica denúncia espontânea.

§ 3º O cumprimento do disposto nos §§ 1º e 2º não elide o exame de mérito do pleito, para fins de aceitação da carta de correção pela autoridade aduaneira.

ART. 47. No caso de divergência entre o manifesto e o conhecimento, prevalecerá este, podendo a correção daquele ser feita de ofício.

ART. 48. Se objeto de conhecimento regularmente emitido, a omissão de volume em manifesto de carga poderá ser suprida mediante a apresentação da mercadoria sob declaração escrita do responsável pelo veículo, anteriormente ao conhecimento da irregularidade pela autoridade aduaneira.

ART. 49. Para efeitos fiscais, não serão consideradas, no manifesto, ressalvas que visem a excluir a responsabilidade do transportador por extravios ou acréscimos.

ART. 50. É obrigatória a assinatura do emitente nas averbações, nas ressalvas, nas emendas ou nas entrelinhas lançadas nos conhecimentos e manifestos.

ART. 51. A Secretaria da Receita Federal do Brasil poderá estabelecer normas sobre a tradução do manifesto de carga e de outras declarações de efeito equivalente, escritos em idioma estrangeiro.

ART. 52. A competência para autorizar descarga de mercadoria em local diverso do indicado no manifesto é da autoridade aduaneira do novo destino, que comunicará o fato à unidade com jurisdição sobre o local para onde a mercadoria estava manifestada.

ART. 53. O manifesto será submetido à conferência final para apuração da responsabilidade por eventuais diferenças quanto a extravio ou a acréscimo de mercadoria (Decreto-Lei n. 37, de 1966, art. 39, § 1º).

CAPÍTULO III
DAS NORMAS ESPECÍFICAS

SEÇÃO I
DOS VEÍCULOS MARÍTIMOS

ART. 54. Os transportadores, bem como os agentes autorizados de embarcações procedentes do exterior, deverão informar à autoridade aduaneira dos portos de atracação, na forma e com a antecedência mínima estabelecidas pela Secretaria da Receita Federal do Brasil, a hora estimada de sua chegada, a sua procedência, o seu destino e, se for o caso, a quantidade de passageiros.

ART. 55. O responsável pelo veículo deverá apresentar, além dos documentos exigidos no art. 42, as declarações de bagagens dos viajantes, se exigidas pelas normas específicas, e a lista dos pertences da tripulação, como tais entendidos os bens e objetos de uso pessoal componentes de sua bagagem.

Parágrafo único. Nos portos seguintes ao primeiro de entrada, será ainda exigido o passe de saída do porto da escala anterior.

SEÇÃO II
DOS VEÍCULOS AÉREOS

ART. 56. Os agentes ou os representantes de empresas de transporte aéreo deverão informar à autoridade aduaneira dos aeroportos, com a antecedência mínima estabelecida pela Secretaria da Receita Federal do Brasil, os horários previstos para a chegada de aeronaves procedentes do exterior.

ART. 57. Os volumes transportados por via aérea serão identificados por etiqueta própria, que conterá o nome da empresa transportadora, o número do conhecimento de carga aéreo, a quantidade e a numeração dos volumes neste compreendidos, os aeroportos de procedência e de destino e o nome do consignatário.

ART. 58. As aeronaves procedentes do exterior que forem obrigadas a realizar pouso de emergência fora de aeroporto alfandegado ficarão sujeitas ao controle da autoridade aduaneira com jurisdição sobre o local da aterrissagem, a quem o responsável pelo veículo comunicará a ocorrência.

Parágrafo único. A bagagem dos viajantes e a carga ficarão sob a responsabilidade da empresa transportadora até que sejam satisfeitas as formalidades de desembarque e descarga ou tenha prosseguimento o vôo.

ART. 59. As aeronaves de aviação geral ou não engajadas em serviço aéreo regular, quando procedentes do exterior, ficam submetidas, no que couber, às normas desta Seção.

Parágrafo único. Os responsáveis por aeroportos são obrigados a comunicar à autoridade aduaneira jurisdicionante a chegada das aeronaves a que se refere o *caput*, imediatamente após a sua aterrissagem.

SEÇÃO III
DOS VEÍCULOS TERRESTRES

ART. 60. Quando a mercadoria for destinada a local interior do território aduaneiro e deva para lá ser conduzida no mesmo veículo procedente do exterior, a conferência aduaneira deverá, sempre que possível, ser feita sem descarga.

Parágrafo único. Aplica-se o disposto no *caput* à mercadoria destinada ao exterior por via terrestre.

ART. 61. No caso de partida que constitua uma só importação e que não possa ser transportada num único veículo, será permitido o seu fracionamento em lotes, devendo cada veículo apresentar seu próprio manifesto e o conhecimento de carga do total da partida.

§ 1º A entrada, no território aduaneiro, dos lotes subsequentes ao primeiro deverá ocorrer dentro de trinta dias contados do início do despacho de importação. (Alterado pelo Dec. 7.213/2010.)

§ 2º A autoridade aduaneira local poderá, em casos justificados, estabelecer prazo superior ao previsto no § 1º.

§ 3º Descumprido o prazo de que trata o § 1º ou o estabelecido com base no § 2º, o cálculo dos tributos correspondentes aos lotes subsequentes será refeito com base na legislação vigente à data da sua efetiva entrada.

§ 4º O conhecimento de que trata o *caput* será apresentado por cópia, a partir do segundo lote, uma para cada um dos veículos, com averbação da quantidade de volumes ou de mercadorias de cada um dos lotes.

§ 5º Cada manifesto terá sua conferência realizada separadamente, sem prejuízo da apuração final de eventuais extravios ou acréscimos em relação à quantidade submetida a despacho de importação.

ART. 62. A Secretaria da Receita Federal do Brasil poderá estabelecer procedimentos de controle aduaneiro para o tráfego de veículos nas localidades fronteiriças do Brasil com outros países.

CAPÍTULO IV
DA DESCARGA E DA CUSTÓDIA DA MERCADORIA

ART. 63. A mercadoria descarregada de veículo procedente do exterior será registrada pelo transportador, ou seu representante, e pelo depositário, na forma e no prazo estabelecidos pela Secretaria da Receita Federal do Brasil.

§ 1º O volume que, ao ser descarregado, apresentar-se quebrado, com diferença de peso, com indícios de violação ou de qualquer modo avariado, deverá ser objeto de conserto e pesagem, fazendo-se, ato contínuo, a devida anotação no registro de descarga, pelo depositário. (Acrescentado pelo Dec. 8.010/2013.)

§ 2º A autoridade aduaneira poderá determinar a aplicação de cautelas fiscais e o isolamento dos volumes em local próprio do recinto alfandegado, inclusive nos casos de extravio ou avaria. (Acrescentado pelo Dec. 8.010/2013.)

CAPÍTULO V
DAS DISPOSIÇÕES FINAIS

ART. 64. O veículo será tomado como garantia dos débitos fiscais, inclusive os decorrentes de multas que sejam aplicadas ao transportador ou ao seu condutor (Decreto-Lei n. 37, de 1966, art. 39, § 2º).

§ 1º Enquanto não concluídos os procedimentos fiscais destinados a verificar a existência de eventuais débitos para com a Fazenda Nacional, a autoridade aduaneira poderá permitir a saída do veículo, mediante termo de responsabilidade firmado pelo representante do transportador, no País (Decreto-Lei n. 37, de 1966, art. 39, § 3º, com a redação dada pelo Decreto-Lei n. 2.472, de 1988, art. 1º).

§ 2º A exigência do crédito tributário constituído em termo de responsabilidade, na forma do § 1º, será feita de acordo com o disposto nos arts. 761 a 766.

ART. 65. A autoridade aduaneira poderá impedir a saída, da zona primária, de qualquer veículo que não haja satisfeito às exigências legais ou regulamentares (Decreto-Lei n. 37, de 1966, art. 42).

Parágrafo único. Poderá ser vedado o acesso, a locais ou recintos alfandegados, de veículos cuja permanência possa ser considerada inconveniente aos interesses da Fazenda Nacional.

ART. 66. O responsável por embarcação de recreio, aeronave particular ou veículo de competição que entrar no País por seus próprios meios deverá apresentar-se à unidade aduaneira do local habilitado de entrada, no prazo de vinte e quatro horas, para a adoção dos procedimentos aduaneiros pertinentes.

ART. 67. O disposto neste Título aplica-se também aos veículos militares, quando utilizados no transporte de mercadoria (Decreto-Lei n. 37, de 1966, art. 43).

ART. 68. A Secretaria da Receita Federal do Brasil poderá, no âmbito de sua competência, editar atos normativos para a implementação do disposto neste Título.

LIVRO II
DOS IMPOSTOS DE IMPORTAÇÃO E DE EXPORTAÇÃO

TÍTULO I
DO IMPOSTO DE IMPORTAÇÃO

CAPÍTULO I
DA INCIDÊNCIA

ART. 69. O imposto de importação incide sobre mercadoria estrangeira (Decreto-Lei n. 37, de 1966, art. 1º, *caput*, com a redação dada pelo Decreto-Lei n. 2.472, de 1988, art. 1º).

Parágrafo único. O imposto de importação incide, inclusive, sobre bagagem de viajante e sobre bens enviados como presente ou amostra, ou a título gratuito (Decreto n. 1.789, de 12 de janeiro de 1996, art. 62).

ART. 70. Considera-se estrangeira, para fins de incidência do imposto, a mercadoria nacional ou nacionalizada exportada, que retorne ao País, salvo se (Decreto-Lei n. 37, de 1966, art. 1º, § 1º, com a redação dada pelo Decreto-Lei n. 2.472, de 1988, art. 1º):

I - enviada em consignação e não vendida no prazo autorizado;

II - devolvida por motivo de defeito técnico, para reparo ou para substituição;

III - por motivo de modificações na sistemática de importação por parte do país importador;

IV - por motivo de guerra ou de calamidade pública; ou

V - por outros fatores alheios à vontade do exportador.

Parágrafo único. Serão ainda considerados estrangeiros, para os fins previstos no *caput*, os equipamentos, as máquinas, os veículos, os aparelhos e os instrumentos, bem como as partes, as peças, os acessórios e os componentes, de fabricação nacional, adquiridos no mercado interno pelas empresas nacionais de engenharia, e exportados para a execução de obras contratadas no exterior, na hipótese de retornarem ao País (Decreto-Lei n. 1.418, de 3 de setembro de 1975, art. 2º, *caput* e § 2º).

ART. 71. O imposto não incide sobre:

I - mercadoria estrangeira que, corretamente descrita nos documentos de transporte, chegar ao País por erro inequívoco ou comprovado de expedição, e que for redestinada ou devolvida para o exterior;

II - mercadoria estrangeira idêntica, em igual quantidade e valor, e que se destine a reposição de outra anteriormente importada que se tenha revelado, após o desembaraço aduaneiro, defeituosa ou imprestável para o fim a que se destinava, desde que observada a regulamentação editada pelo Ministério da Fazenda;

III - mercadoria estrangeira que tenha sido objeto da pena de perdimento, exceto na hipótese em que não seja localizada, tenha sido consumida ou revendida (Decreto-Lei n. 37, de 1966, art. 1º, § 4º, inciso III, com a redação dada pela Lei n. 10.833, de 2003, art. 77);

IV - mercadoria estrangeira devolvida para o exterior antes do registro da declaração de importação, observada a regulamentação editada pelo Ministério da Fazenda;

V - embarcações construídas no Brasil e transferidas por matriz de empresa brasileira de navegação para subsidiária integral no exterior, que retornem ao registro brasileiro, como propriedade da mesma empresa nacional de origem (Lei n. 9.432, de 8 de janeiro de 1997, art. 11, § 10);

VI - mercadoria estrangeira destruída, sob controle aduaneiro, sem ônus para a Fazenda Nacional, antes de desembaraçada (Decreto-Lei n. 37, de 1966, art. 1º, § 4º, inciso I, com a redação dada pela Lei n. 12.350, de 2010, art. 40); e (Alterado pelo Dec. 8.010/2013.)

VII - mercadoria estrangeira em trânsito aduaneiro de passagem, acidentalmente destruída (Decreto-Lei n. 37, de 1966, art. 1º, § 4º, inciso II, com a redação dada pela Lei n. 10.833, de 2003, art. 77).

§ 1º Na hipótese do inciso I do *caput*:

I - será dispensada a verificação da correta descrição, quando se tratar de remessa postal internacional destinada indevidamente por erro do correio de procedência; e

II - considera-se erro inequívoco de expedição, aquele que, por sua evidência, demonstre destinação incorreta da mercadoria.

§ 2º A mercadoria a que se refere o inciso I do *caput* poderá ser redestinada ou devolvida ao exterior, inclusive após o respectivo desembaraço aduaneiro, observada a regulamentação editada pelo Ministério da Fazenda.

§ 2º-A. A autoridade aduaneira poderá indeferir a solicitação da destruição a que se refere o inciso VI do *caput*, com base em legislação específica. (Acrescentado pelo Dec. 8.010/2013.)

§ 3º Será cancelado o eventual lançamento de crédito tributário relativo a remessa postal internacional:

I - destruída por decisão da autoridade aduaneira;

II - liberada para devolução ao correio de procedência; ou

III - liberada para redestinação para o exterior.

CAPÍTULO II
DO FATO GERADOR

ART. 72. O fato gerador do imposto de importação é a entrada de mercadoria estrangeira no território aduaneiro (Decreto-Lei n. 37, de 1966, art. 1º, *caput*, com a redação dada pelo Decreto-Lei n. 2.472, de 1988, art. 1º).

§ 1º Para efeito de ocorrência do fato gerador, considera-se entrada no território aduaneiro a mercadoria que conste como importada e cujo extravio tenha sido verificado pela autoridade aduaneira (Decreto-Lei n. 37, de 1966, art. 1º, § 2º com a redação dada pelo Decreto-Lei n. 2.472, de 1988, art. 1º). (Alterado pelo Dec. 8.010/2013.)

§ 2º O disposto no § 1º não se aplica às malas e às remessas postais internacionais.

§ 3º As diferenças percentuais de mercadoria a granel, apuradas na verificação da mercadoria, no curso do despacho aduaneiro, não serão consideradas para efeitos de exigência do imposto, até o limite de um por cento (Lei n. 10.833, de 2003, art. 66).

§ 4º O disposto no § 3º não se aplica à hipótese de diferença percentual superior a um por cento. (Alterado pelo Dec. 8.010/2013.)

ART. 73. Para efeito de cálculo do imposto, considera-se ocorrido o fato gerador (Decreto-Lei n. 37, de 1966, art. 23, *caput* e parágrafo único, este com a redação dada pela Lei n. 12.350, de 2010, art. 40): (Alterado pelo Dec. 8.010/2013.)

I - na data do registro da declaração de importação de mercadoria submetida a despacho para consumo;

II - no dia do lançamento do correspondente crédito tributário, quando se tratar de:

a) bens contidos em remessa postal internacional não sujeitos ao regime de importação comum;

b) bens compreendidos no conceito de bagagem, acompanhada ou desacompanhada;

c) mercadoria constante de manifesto ou de outras declarações de efeito equivalente, cujo extravio tenha sido verificado pela autoridade aduaneira; ou (Alterado pelo Dec. 8.010/2013.)

d) mercadoria estrangeira que não haja sido objeto de declaração de importação, na hipótese em que tenha sido consumida ou revendida, ou não seja localizada; (Alterado pelo Dec. 7.213/2010.)

III - na data do vencimento do prazo de permanência da mercadoria em recinto alfandegado, se iniciado o respectivo despacho aduaneiro antes de aplicada a pena de perdimento da mercadoria, na hipótese a que se refere o inciso XXI do art. 689 (Lei n. 9.779, de 19 de janeiro de 1999, art. 18, *caput* e parágrafo único); ou (Alterado pelo Dec. 7.213/2010.)

IV - na data do registro da declaração de admissão temporária para utilização econômica (Lei n. 9.430, de 1996, art. 79, *caput*). (Acrescentado pelo Dec. 7.213/2010.)

Parágrafo único. O disposto no inciso I aplica-se, inclusive, no caso de despacho para consumo de mercadoria sob regime suspensivo de tributação, e de mercadoria contida em remessa postal internacional ou conduzida por viajante, sujeita ao regime de importação comum.

ART. 74. Não constitui fato gerador do imposto a entrada no território aduaneiro:

I - do pescado capturado fora das águas territoriais do País, por empresa localizada no seu território, desde que satisfeitas as exigências que regulam a atividade pesqueira; e

II - de mercadoria à qual tenha sido aplicado o regime de exportação temporária, ainda que descumprido o regime (Decreto-Lei n. 37, de 1966, art. 92, § 4º, com a redação dada pelo Decreto-Lei n. 2.472, de 1988, art. 1º).

Parágrafo único. Na hipótese de descumprimento de que trata o inciso II, aplica-se a multa referida no art. 724.

CAPÍTULO III
DA BASE DE CÁLCULO

SEÇÃO I
DAS DISPOSIÇÕES PRELIMINARES

ART. 75. A base de cálculo do imposto é (Decreto-Lei n. 37, de 1966, art. 2º, com a redação dada pelo Decreto-Lei n. 2.472, de 1988, art. 1º, e Acordo sobre a Implementação do Artigo VII do Acordo Geral sobre Tarifas e Comércio - GATT 1994 - Acordo de Valoração Aduaneira, Artigo 1, aprovado pelo Decreto Legislativo n. 30, de 15 de dezembro de 1994, e promulgado pelo Decreto n. 1.355, de 30 de dezembro de 1994):

I - quando a alíquota for *ad valorem*, o valor aduaneiro apurado segundo as normas do Artigo VII do Acordo Geral sobre Tarifas e Comércio - GATT 1994; e

II - quando a alíquota for específica, a quantidade de mercadoria expressa na unidade de medida estabelecida.

SEÇÃO II
DO VALOR ADUANEIRO

ART. 76. Toda mercadoria submetida a despacho de importação está sujeita ao controle do correspondente valor aduaneiro.

Parágrafo único. O controle a que se refere o *caput* consiste na verificação da conformidade do valor aduaneiro declarado pelo importador com as regras estabelecidas no Acordo de Valoração Aduaneira.

ART. 77. Integram o valor aduaneiro, independentemente do método de valoração utilizado (Acordo de Valoração Aduaneira, Artigo 8, parágrafos 1 e 2, aprovado pelo Decreto Legislativo n. 30, de 1994, e promulgado pelo Decreto n. 1.355, de 1994; e Norma de Aplicação sobre a Valoração Aduaneira de Mercadorias, Artigo 7º, aprovado pela Decisão CMC n. 13, de 2007, internalizada pelo Decreto n. 6.870, de 4 de junho de 2009): (Alterado pelo Dec. 7.213/2010.)

I - o custo de transporte da mercadoria importada até o porto ou o aeroporto alfandegado de descarga ou o ponto de fronteira alfandegado onde devam ser cumpridas as formalidades de entrada no território aduaneiro;

II - os gastos relativos à carga, à descarga e ao manuseio, associados ao transporte da mercadoria importada, até a chegada aos locais referidos no inciso I; e

III - o custo do seguro da mercadoria durante as operações referidas nos incisos I e II.

ART. 78. Quando a declaração de importação se referir a mercadorias classificadas em mais de um código da Nomenclatura Comum do Mercosul:

I - o custo do transporte de cada mercadoria será obtido mediante a divisão do valor total do transporte proporcionalmente aos pesos líquidos das mercadorias; e

II - o custo do seguro de cada mercadoria será obtido mediante a divisão do valor total do seguro proporcionalmente aos valores das mercadorias, carregadas, no local de embarque.

ART. 79. Não integram o valor aduaneiro, segundo o método do valor de transação, desde que estejam destacados do preço efetivamente pago ou a pagar pela mercadoria importada, na respectiva documentação comprobatória (Acordo de Valoração Aduaneira, Artigo 8, parágrafo 2, aprovado pelo Decreto Legislativo n. 30, de 1994, e promulgado pelo Decreto n. 1.355, de 1994):

I - os encargos relativos à construção, à instalação, à montagem, à manutenção ou à assistência técnica, relacionados com a mercadoria importada, executados após a importação; e

II - os custos de transporte e seguro, bem como os gastos associados ao transporte, incorridos no território aduaneiro, a partir dos locais referidos no inciso I do art. 77.

ART. 80. Os juros devidos em razão de contrato de financiamento firmado pelo importador e relativos à compra de mercadorias importadas não serão considerados como parte do valor aduaneiro, desde que (Acordo de Valoração Aduaneira, Artigo 18, parágrafo 1, aprovado pelo Decreto Legislativo n. 30, de 1994, e promulgado pelo Decreto n. 1.355, de 1994; e Decisão 3.1 do Comitê de Valoração Aduaneira, aprovada em 12 de maio de 1995):

I - sejam destacados do preço efetivamente pago ou a pagar pelas mercadorias;

II - o contrato de financiamento tenha sido firmado por escrito; e

III - o importador possa comprovar que:

a) as mercadorias sejam vendidas ao preço declarado como o efetivamente pago ou por pagar; e

b) a taxa de juros negociada não exceda o nível usualmente praticado nesse tipo de transação no momento e no país em que tenha sido concedido o financiamento.

Parágrafo único. O disposto no *caput* aplica-se:

I - independentemente de o financiamento ter sido concedido pelo vendedor, por uma instituição bancária ou por outra pessoa física ou jurídica; e

II - ainda que a mercadoria seja valorada segundo um método diverso daquele baseado no valor de transação.

ART. 81. O valor aduaneiro de suporte físico que contenha dados ou instruções para equipamento de processamento de dados será determinado considerando unicamente o custo ou valor do suporte propriamente dito (Acordo de Valoração Aduaneira, Artigo 18, parágrafo 1, aprovado pelo Decreto Legislativo n. 30, de 1994, e promulgado pelo Decreto n. 1.355, de 1994; e Decisão 4.1 do Comitê de Valoração Aduaneira, aprovada em 12 de maio de 1995).

§ 1º Para efeitos do disposto no *caput*, o custo ou valor do suporte físico será obrigatoriamente destacado, no documento de sua aquisição, do custo ou valor dos dados ou instruções nele contidos.

§ 2º O suporte físico referido no *caput* não compreende circuitos integrados, semicondutores e dispositivos similares, ou bens que contenham esses circuitos ou dispositivos.

§ 3º Os dados ou instruções referidos no *caput* não compreendem as gravações de som, de cinema ou de vídeo.

ART. 82. A autoridade aduaneira poderá decidir, com base em parecer fundamentado, pela impossibilidade da aplicação do método do valor de transação quando (Acordo de Valoração Aduaneira, Artigo 17, aprovado pelo Decreto Legislativo n. 30, de 1994, e promulgado pelo Decreto n. 1.355, de 1994):

I - houver motivos para duvidar da veracidade ou exatidão dos dados ou documentos apresentados como prova de uma declaração de valor; e

II - as explicações, documentos ou provas complementares apresentados pelo importador, para justificar o valor declarado, não forem suficientes para esclarecer a dúvida existente.

Parágrafo único. Nos casos previstos no *caput*, a autoridade aduaneira poderá solicitar informações à administração aduaneira do país exportador, inclusive o fornecimento do valor declarado na exportação da mercadoria.

ART. 83. Na apuração do valor aduaneiro, serão observadas as seguintes reservas, feitas aos parágrafos 4 e 5 do Protocolo Adicional ao Acordo sobre a Implementação do Artigo VII do Acordo Geral sobre Tarifas Aduaneiras e Comércio, de 12 de abril de 1979 (Acordo sobre a Implementação do Artigo VII do Acordo Geral sobre Tarifas Aduaneiras e Comércio, aprovado pelo Decreto Legislativo n. 9, de 8 de maio de 1981, e promulgado pelo Decreto n. 92.930, de 16 de julho de 1986):

I - a inversão da ordem de aplicação dos métodos previstos nos Artigos 5 e 6 do Acordo de Valoração Aduaneira somente será aplicada com a aquiescência da autoridade aduaneira; e

II - as disposições do Artigo 5, parágrafo 2, do Acordo de Valoração Aduaneira, serão aplicadas de conformidade com a respectiva nota interpretativa, independentemente de solicitação do importador.

SEÇÃO III
DAS DISPOSIÇÕES FINAIS

ART. 84. O valor aduaneiro será apurado com base em método substitutivo ao valor de transação, no caso de descumprimento de obrigação referida no *caput* do art. 18, se relativo aos documentos comprobatórios da relação comercial ou aos respectivos registros contábeis, quando houver dúvida sobre o valor aduaneiro declarado (Lei n. 10.833, de 2003, art. 70, inciso I, alínea "a").

ART. 85. Na apuração do valor aduaneiro, presume-se a vinculação entre as partes na transação comercial quando, em razão de legislação do país do vendedor ou da prática de artifício tendente a ocultar informações, não for possível (Medida Provisória n. 2.158-35, de 2001, art. 87):

I - conhecer ou confirmar a composição societária do vendedor, de seus responsáveis ou dirigentes; ou

II - verificar a existência, de fato, do vendedor.

ART. 86. A base de cálculo dos tributos e demais direitos incidentes será determinada mediante arbitramento do preço da mercadoria nas seguintes hipóteses:

I - fraude, sonegação ou conluio, quando não for possível a apuração do preço efetivamente praticado na importação (Medida Provisória n. 2.158-35, de 2001, art. 88, *caput*); e

II - descumprimento de obrigação referida no *caput* do art. 18, se relativo aos documentos obrigatórios de instrução das declarações aduaneiras, quando existir dúvida sobre o preço efetivamente praticado (Lei n. 10.833, de 2003, art. 70, inciso II, alínea "a").

Parágrafo único. O arbitramento de que trata o *caput* será realizado com base em um dos seguintes critérios, observada a ordem sequencial (Medida Provisória n. 2.158-35, de 2001, art. 88, *caput*; e Lei n. 10.833, de 2003, art. 70, inciso II, alínea "a"):

I - preço de exportação para o País, de mercadoria idêntica ou similar; ou

II - preço no mercado internacional, apurado:

a) em cotação de bolsa de mercadoria ou em publicação especializada;

b) mediante método substitutivo ao do valor de transação, observado ainda o princípio da razoabilidade; ou

c) mediante laudo expedido por entidade ou técnico especializado.

ART. 87. Para fins de determinação do valor dos bens que integram a bagagem, será considerado o valor de sua aquisição, à vista da fatura ou documento de efeito equivalente (Regime Aduaneiro de Bagagem no Mercosul, Artigo 4º, inciso 1, aprovado pela Decisão CMC n. 53, de 2008, internalizada pelo Decreto n. 6.870, de 2009). (Alterado pelo Dec. 7.213/2010.)

Parágrafo único. Na falta do valor mencionado no *caput*, por inexistência ou por inexatidão da fatura ou documento de efeito equivalente, será considerado o valor que, em caráter geral, estabelecer a autoridade aduaneira (Regime Aduaneiro de Bagagem no Mercosul, Artigo 4º, inciso 2, aprovado pela Decisão CMC n. 53, de 2008, internalizada pelo Decreto n. 6.870, de 2009). (Alterado pelo Dec. 7.213/2010.)

ART. 88. Na apuração do valor tributável da mercadoria importada por tráfego postal, será também considerado, como subsídio, o valor indicado pelo remetente na declaração prevista na legislação postal, para entrega à unidade aduaneira.

ART. 89. No caso de avaria, o valor aduaneiro da mercadoria será reduzido proporcionalmente ao prejuízo, para efeito de cálculo do imposto, a pedido do interessado (Decreto-Lei n. 37, de 1966, art. 25, *caput*, com a redação dada pela Lei n. 12.350, de 2010, art. 40). (Alterado pelo Dec. 8.010/2013.)

CAPÍTULO IV
DO CÁLCULO

SEÇÃO I
DA ALÍQUOTA DO IMPOSTO

ART. 90. O imposto será calculado pela aplicação das alíquotas fixadas na Tarifa Externa Comum sobre a base de cálculo de que trata o Capítulo III deste Título (Decreto-Lei n. 37, de 1966, art. 22).

Parágrafo único. O disposto no *caput* não se aplica:

I - às remessas postais internacionais e encomendas aéreas internacionais, quando aplicado o regime de tributação simplificada de que tratam os arts. 99 e 100 (Decreto-Lei n. 1.804, de 3 de setembro de 1980, art. 1º, § 2º); (Alterado pelo Dec. 8.010/2013.)

II - aos bens conceituados como bagagem de viajante procedente do exterior, ou adquiridos em lojas francas de chegada, quando aplicado o regime de tributação especial de que tratam os arts. 101 e 102 (Decreto-Lei n. 2.120, de 14 de maio de 1984, art. 2º); e (Alterado pelo Dec. 8.010/2013.)

III - às mercadorias procedentes da República do Paraguai, importadas por via terrestre, quando aplicado o regime de tributação unificada de que trata o art. 102-A (Lei n. 11.898, de 8 de janeiro de 2009, art. 10). (Acrescentado pelo Dec. 8.010/2013.)

ART. 91. O imposto poderá ser calculado pela aplicação de alíquota específica, ou pela conjugação desta com a alíquota *ad valorem*, conforme estabelecido em legislação própria (Lei n. 3.244, de 14 de agosto de de 1957, art. 2º, *caput*, com a redação dada pelo Decreto-Lei n. 2.434, de 19 de maio de 1988, art. 9º).

Parágrafo único. A alíquota específica poderá ser determinada em moeda nacional ou estrangeira (Lei n. 3.244, de 1957, art. 2º, parágrafo único, com a redação dada pelo Decreto-Lei n. 2.434, de 1988, art. 9º).

ART. 92. Compete à Câmara de Comércio Exterior alterar as alíquotas do imposto de importação, observadas as condições e os limites estabelecidos em lei (Lei n. 8.085, de 23 de outubro de 1990, art. 1º, *caput* e parágrafo único, este com a redação dada pela Medida Provisória n. 2.158-35, de 2001, art. 52).

ART. 93. Os bens importados, inclusive com alíquota zero por cento do imposto de importação, estão sujeitos aos tributos internos, nos termos das respectivas legislações (Lei n. 8.032, de 12 de abril de 1990, art. 7º).

ART. 94. A alíquota aplicável para o cálculo do imposto é a correspondente ao posicionamento da mercadoria na Tarifa Externa Comum, na data da ocorrência do fato gerador, uma vez identificada sua classificação fiscal segundo a Nomenclatura Comum do Mercosul.

Parágrafo único. Para fins de classificação das mercadorias, a interpretação do conteúdo das posições e desdobramentos da Nomenclatura Comum do Mercosul será feita com observância das Regras Gerais para Interpretação, das Regras Gerais Complementares e das Notas Complementares e, subsidiariamente, das Notas Explicativas do Sistema Harmonizado de Designação e de Codificação de Mercadorias, da Organização Mundial das Aduanas (Decreto-Lei n. 1.154, de 1º de março de 1971, art. 3º, *caput*)

ART. 95. Quando se tratar de mercadoria importada ao amparo de acordo internacional firmado pelo Brasil, prevalecerá o tratamento nele previsto, salvo se da aplicação das normas gerais resultar tributação mais favorável.

ART. 96. As alíquotas negociadas no Acordo Geral sobre Tarifas e Comércio são extensivas às importações de mercadorias originárias de países da Associação Latino-Americana de Integração, a menos que nesta tenham sido negociadas em nível mais favorável.

SEÇÃO II
DA TAXA DE CÂMBIO

ART. 97. Para efeito de cálculo do imposto, os valores expressos em moeda estrangeira deverão ser convertidos em moeda nacional à taxa de câmbio vigente na data em que se considerar ocorrido o fato gerador (Decreto-Lei n. 37, de 1966, art. 24, *caput*).

Parágrafo único. Compete ao Ministro de Estado da Fazenda alterar a forma de fixação da taxa de câmbio a que se refere o *caput* (Lei n. 8.981, de 20 de janeiro de 1995, art. 106).

SEÇÃO III
DA TRIBUTAÇÃO DAS MERCADORIAS NÃO IDENTIFICADAS

ART. 98. Na impossibilidade de identificação da mercadoria importada, em razão de seu extravio ou consumo, e de descrição genérica nos documentos comerciais e de transporte disponíveis, serão aplicadas, para fins de

DECRETOS

determinação dos impostos e dos direitos incidentes, as alíquotas de cinquenta por cento para o cálculo do imposto de importação e de cinquenta por cento para o cálculo do imposto sobre produtos industrializados (Lei n. 10.833, de 2003, art. 67, *caput*).

§ 1º Na hipótese de que trata o *caput*, a base de cálculo do imposto de importação será arbitrada em valor equivalente à média dos valores por quilograma de todas as mercadorias importadas a título definitivo, pela mesma via de transporte internacional, constantes de declarações registradas no semestre anterior, incluídos os custos do transporte e do seguro internacionais, acrescida de duas vezes o correspondente desvio padrão estatístico (Lei n. 10.833, de 2003, art. 67, § 1º).

§ 2º Na falta de informação sobre o peso da mercadoria, deve ser adotado o peso líquido admitido na unidade de carga utilizada no seu transporte (Lei n. 10.833, de 2003, art. 67, § 2º).

SEÇÃO IV
DO REGIME DE TRIBUTAÇÃO SIMPLIFICADA

ART. 99. O regime de tributação simplificada é o que permite a classificação genérica, para fins de despacho de importação, de bens integrantes de remessa postal internacional, mediante a aplicação de alíquotas diferenciadas do imposto de importação, e isenção do imposto sobre produtos industrializados, da contribuição para o PIS/PASEP-Importação e da COFINS-Importação (Decreto-Lei n. 1.804, de 1980, art. 1º, *caput* e § 2º; e Lei n. 10.865, de 30 de abril de 2004, art. 9º, inciso II, alínea "c").

Parágrafo único. Compete ao Ministério da Fazenda:

I - estabelecer os requisitos e as condições a serem observados na aplicação do regime de tributação simplificada (Decreto-Lei n. 1.804, de 1980, art. 1º, § 4º); e

II - definir a classificação genérica dos bens e as alíquotas correspondentes (Decreto-Lei n. 1.804, de 1980, art. 1º, § 2º).

ART. 100. O disposto nesta Seção poderá ser estendido às encomendas aéreas internacionais transportadas ao amparo de conhecimento de carga, observada a regulamentação editada pelo Ministério da Fazenda (Decreto-Lei n. 1.804, de 1980, art. 2º, parágrafo único; e Lei n. 10.865, de 2004, art. 9º, inciso II, alínea "c").

Parágrafo único. Na hipótese de encomendas aéreas internacionais destinadas a pessoa física, haverá isenção da contribuição para o PIS/PASEP-Importação e da COFINS-Importação (Lei n. 10.865, de 2004, art. 9º, inciso II, alínea "b").

SEÇÃO V
DO REGIME DE TRIBUTAÇÃO ESPECIAL

ART. 101. O regime de tributação especial é o que permite o despacho de bens integrantes de bagagem mediante a exigência tão somente do imposto de importação, calculado pela aplicação da alíquota de cinquenta por cento sobre o valor do bem, apurado em conformidade com o disposto no art. 87 (Decreto-Lei n. 2.120, de 1984, art. 2º, *caput*; Lei n. 10.865, de 2004, art. 9º, inciso II, alínea "c"; e Regime Aduaneiro de Bagagem no Mercosul, Artigos 12, inciso 1, e 13, aprovado pela Decisão CMC n. 53, de 2008, internalizada pelo Decreto n. 6.870, de 2009). (Alterado pelo Dec. 7.213/2010.)

ART. 102. Aplica-se o regime de tributação especial aos bens:

I - compreendidos no conceito de bagagem, no montante que exceder o limite de valor global a que se refere o inciso III do art. 157 (Decreto-Lei n. 2.120, de 1984, art. 2º, *caput*; e Regime Aduaneiro de Bagagem no Mercosul, Artigo 13, aprovado pela Decisão CMC n. 53, de 2008, internalizada pelo Decreto n. 6.870, de 2009); e (Alterado pelo Dec. 7.213/2010.)

II - adquiridos em lojas francas de chegada, no montante que exceder o limite de isenção a que se refere o art. 169 (Regime Aduaneiro de Bagagem no Mercosul, Artigo 14, aprovado pela Decisão CMC n. 53, de 2008, internalizada pelo Decreto n. 6.870, de 2009). (Alterado pelo Dec. 7.213/2010.)

SEÇÃO V-A
DO REGIME DE TRIBUTAÇÃO UNIFICADA

‣ (Acrescentado pelo Dec. 7.213/2010.)

ART. 102-A. O regime de tributação unificada é o que permite a importação, por via terrestre, de mercadorias procedentes do Paraguai, mediante o pagamento unificado do imposto de importação, do imposto sobre produtos industrializados, da contribuição para o PIS/PASEP-Importação e da COFINS-Importação, observado o limite máximo de valor por habilitado, conforme estabelecido em ato normativo específico (Lei n. 11.898, de 8 de janeiro de 2009, arts. 1º, 2º e 9º). (Acrescentado pelo Dec. 7.213/2010.)

§ 1º Poderão ser importadas ao amparo do regime de que trata o *caput* somente as mercadorias relacionadas em ato normativo específico (Lei n. 11.898, de 2009, art. 3º, *caput*). (Acrescentado pelo Dec. 7.213/2010.)

§ 2º É vedada a inclusão no regime de que trata o *caput* de quaisquer mercadorias que não sejam destinadas ao consumidor final, bem como de armas e munições, fogos de artifícios, explosivos, bebidas, inclusive alcoólicas, cigarros, veículos automotores em geral e embarcações de todo tipo, inclusive suas partes e peças, medicamentos, pneus, bens usados e bens com importação suspensa ou proibida no Brasil (Lei n. 11.898, de 2009, art. 3º, parágrafo único). (Acrescentado pelo Dec. 7.213/2010.)

§ 3º O habilitado não fará jus a qualquer benefício fiscal de isenção ou de redução dos impostos e contribuições referidos no *caput*, bem como de redução de alíquotas ou bases de cálculo (Lei n. 11.898, de 2009, art. 9º, § 2º). (Acrescentado pelo Dec. 7.213/2010.)

SEÇÃO VI
DAS DISPOSIÇÕES FINAIS

ART. 103. No caso dos bens a que se refere o parágrafo único do art. 70, o imposto será apurado com base no valor residual, calculado em conformidade com a escala de depreciação aplicada ao valor constante do registro de exportação ou de documento de efeito equivalente (Decreto-Lei n. 1.418, de 1975, art. 2º, § 1º, alínea "c", e § 2º).

Parágrafo único. Compete ao Ministro de Estado da Fazenda fixar os prazos e os percentuais da escala de depreciação, bem como estabelecer as normas para aplicação do disposto no *caput* (Decreto-Lei n. 1.418, de 1975, art. 2º, § 2º).

CAPÍTULO V
DOS CONTRIBUINTES E DOS RESPONSÁVEIS

ART. 104. É contribuinte do imposto (Decreto-Lei n. 37, de 1966, art. 31, com a redação dada pelo Decreto-Lei n. 2.472, de 1988, art. 1º):

I - o importador, assim considerada qualquer pessoa que promova a entrada de mercadoria estrangeira no território aduaneiro;

II - o destinatário de remessa postal internacional indicado pelo respectivo remetente; e

III - o adquirente de mercadoria entrepostada.

ART. 105. É responsável pelo imposto:

I - o transportador, quando transportar mercadoria procedente do exterior ou sob controle aduaneiro, inclusive em percurso interno (Decreto-Lei n. 37, de 1966, art. 32, *caput*, inciso I, com a redação dada pelo Decreto-Lei n. 2.472, de 1988, art. 1º);

II - o depositário, assim considerada qualquer pessoa incumbida da custódia de mercadoria sob controle aduaneiro (Decreto-Lei n. 37, de 1966, art. 32, *caput*, inciso II, com a redação dada pelo Decreto-Lei n. 2.472, de 1988, art. 1º); ou

III - qualquer outra pessoa que a lei assim designar.

ART. 106. É responsável solidário:

I - o adquirente ou o cessionário de mercadoria beneficiada com isenção ou redução do imposto (Decreto-Lei n. 37, de 1966, art. 32, parágrafo único, inciso I, com a redação dada pela Medida Provisória n. 2.158-35, de 2001, art. 77);

II - o representante, no País, do transportador estrangeiro (Decreto-Lei n. 37, de 1966, art. 32, parágrafo único, inciso II, com a redação dada pela Medida Provisória n. 2.158-35, de 2001, art. 77);

III - o adquirente de mercadoria de procedência estrangeira, no caso de importação realizada por sua conta e ordem, por intermédio de pessoa jurídica importadora (Decreto-Lei n. 37, de 1966, art. 32, parágrafo único, alínea "c", com a redação dada pela Lei n. 11.281, de 20 de fevereiro de 2006, art. 12);

IV - o encomendante predeterminado que adquire mercadoria de procedência estrangeira de pessoa jurídica importadora (Decreto-Lei n. 37, de 1966, art. 32, parágrafo único, alínea "d", com a redação dada pela Lei n. 11.281, de 2006, art. 12);

V - o expedidor, o operador de transporte multimodal ou qualquer subcontratado para a realização do transporte multimodal (Lei n. 9.611, de 1998, art. 28, *caput*);

VI - o beneficiário de regime aduaneiro suspensivo destinado à industrialização para exportação, no caso de admissão de mercadoria no regime por outro beneficiário, mediante sua anuência, com vistas à execução de etapa da cadeia industrial do produto a ser exportado (Lei n. 10.833, de 2003, art. 59, *caput*); e

VII - qualquer outra pessoa que a lei assim designar.

§ 1º A Secretaria da Receita Federal do Brasil poderá (Medida Provisória n. 2.158-35, de 2001, art. 80; e Lei n. 11.281, de 2006, art. 11, § 1º):

I - estabelecer requisitos e condições para a atuação de pessoa jurídica importadora:

a) por conta e ordem de terceiro; ou

b) que adquira mercadorias no exterior para revenda a encomendante predeterminado; e

II - exigir prestação de garantia como condição para a entrega de mercadorias, quando o valor das importações for incompatível com o capital social ou o patrimônio líquido do importador, do adquirente ou do encomendante.

§ 2º A operação de comércio exterior realizada mediante utilização de recursos de terceiro presume-se por conta e ordem deste, para

DECRETOS

fins de aplicação do disposto no inciso III do *caput* e no § 1º (Lei n. 10.637, de 2002, art. 27).

§ 3º A importação promovida por pessoa jurídica importadora que adquire mercadorias no exterior para revenda a encomendante predeterminado não configura importação por conta e ordem de terceiros (Lei n. 11.281, de 2006, art. 11, *caput*).

§ 4º Considera-se promovida na forma do § 3º a importação realizada com recursos próprios da pessoa jurídica importadora, participando ou não o encomendante das operações comerciais relativas à aquisição dos produtos no exterior (Lei n. 11.281, de 2006, art. 11, § 3º, com a redação dada pela Lei n. 11.452, de 2007, art. 18).

§ 5º A operação de comércio exterior realizada em desacordo com os requisitos e condições estabelecidos na forma da alínea "b" do inciso I do § 1º presume-se por conta e ordem de terceiros (Lei n. 11.281, de 2006, art. 11, § 2º).

§ 6º A Secretaria da Receita Federal do Brasil disciplinará a aplicação dos regimes aduaneiros suspensivos de que trata o inciso VI do *caput* e estabelecerá os requisitos, as condições e a forma de admissão das mercadorias, nacionais ou importadas, no regime (Lei n. 10.833, de 2003, art. 59, § 2º).

CAPÍTULO VI
DO PAGAMENTO E DO DEPÓSITO

ART. 107. O imposto será pago na data do registro da declaração de importação (Decreto-Lei n. 37, de 1966, art. 27).

Parágrafo único. O Ministro de Estado da Fazenda poderá fixar, em casos especiais, outros momentos para o pagamento do imposto.

ART. 108. A importância a pagar será a resultante da apuração do total do imposto, na declaração de importação ou em documento de efeito equivalente.

ART. 109. O depósito para garantia de qualquer natureza será feito na Caixa Econômica Federal, na forma da legislação específica.

CAPÍTULO VII
DA RESTITUIÇÃO E DA COMPENSAÇÃO

SEÇÃO I
DA RESTITUIÇÃO

ART. 110. Caberá restituição total ou parcial do imposto pago indevidamente, nos seguintes casos:

I - diferença, verificada em ato de fiscalização aduaneira, decorrente de erro (Decreto-Lei n. 37, de 1966, art. 28, inciso I):

a) de cálculo;

b) na aplicação de alíquota; e

c) nas declarações quanto ao valor aduaneiro ou à quantidade de mercadoria;

II - verificação de extravio ou de avaria (Decreto-Lei n. 37, de 1966, art. 28, *caput*, inciso II); (Alterado pelo Dec. 8.010/2013.)

III - verificação de que o contribuinte, à época do fato gerador, era beneficiário de isenção ou de redução concedida em caráter geral, ou já havia preenchido as condições e os requisitos exigíveis para concessão de isenção ou de redução de caráter especial (Lei n. 5.172, de 1966, art. 144, *caput*); e

IV - reforma, anulação, revogação ou rescisão de decisão condenatória (Lei n. 5.172, de 1966, art. 165, inciso III).

§ 1º Na hipótese de que trata o inciso II, a restituição independerá de prévia indenização, por parte do responsável, da importância devida à Fazenda Nacional.

§ 2º Caberá, ainda, restituição do imposto pago, relativamente ao período em que o regime de admissão temporária para utilização econômica, referido no art. 373, houver sido concedido e não gozado, em razão do retorno antecipado dos bens (Lei n. 5.172, de 1966, art. 165, inciso I; e Lei n. 9.430, de 1996, art. 79, *caput*).

ART. 111. A restituição total ou parcial do imposto acarreta a restituição, na mesma proporção, dos juros de mora e das penalidades pecuniárias, desde que estas tenham sido calculadas com base no imposto anteriormente pago (Lei n. 5.172, de 1966, art. 167, *caput*).

ART. 112. A restituição do imposto pago indevidamente poderá ser feita de ofício, a requerimento, ou mediante utilização do crédito na compensação de débitos do importador, observado o disposto no art. 113, e atendidas as normas estabelecidas pela Secretaria da Receita Federal do Brasil (Decreto-Lei n. 37, de 1966, art. 28, § 1º; e Lei n. 9.430, de 1996, art. 74, com a redação dada pela Lei n. 10.637, de 2002, art. 49).

Parágrafo único. O protesto do importador, quanto a erro sobre quantidade ou qualidade de mercadoria, ou quando ocorrer avaria, deverá ser apresentado antes da saída desta do recinto alfandegado, salvo quando, a critério da autoridade aduaneira, houver inequívoca demonstração do alegado (Decreto-Lei n. 37, de 1966, art. 28, § 2º).

SEÇÃO II
DA COMPENSAÇÃO

ART. 113. O importador que apurar crédito relativo ao imposto, passível de restituição ou de ressarcimento, poderá utilizá-lo na compensação de débitos próprios relativos a quaisquer tributos e contribuições administrados pela Secretaria da Receita Federal do Brasil (Lei n. 9.430, de 1996, art. 74, *caput*, com a redação dada pela Lei n. 10.637, de 2002, art. 49).

§ 1º O crédito apurado pelo importador, nos termos do *caput*, não poderá ser utilizado para compensar crédito tributário, relativo a tributos ou contribuições, devido no momento do registro da declaração de importação (Lei n. 9.430, de 1996, art. 74, § 3º, inciso II, com a redação dada pela Lei n. 10.637, de 2002, art. 49).

§ 2º A Secretaria da Receita Federal do Brasil disciplinará o disposto neste artigo (Lei n. 9.430, de 1996, art. 74, § 14, com a redação dada pela Lei n. 11.051, de 29 de dezembro de 2004, art. 4º).

CAPÍTULO VIII
DAS ISENÇÕES E DAS REDUÇÕES DO IMPOSTO

SEÇÃO I
DAS DISPOSIÇÕES PRELIMINARES

ART. 114. Interpreta-se literalmente a legislação tributária que dispuser sobre a outorga de isenção ou de redução do imposto de importação (Lei n. 5.172, de 1966, art. 111, inciso II).

ART. 115. A isenção ou a redução do imposto somente será reconhecida quando decorrente de lei ou de ato internacional.

ART. 116. Os bens objeto de isenção ou de redução do imposto, em decorrência de acordos internacionais firmados pelo Brasil, terão o tratamento tributário neles previsto (Lei n. 8.032, de 1990, art. 6º).

ART. 117. O tratamento aduaneiro decorrente de ato internacional aplica-se exclusivamente à mercadoria originária do país beneficiário (Decreto-Lei n. 37, de 1966, art. 8º).

§ 1º Respeitados os critérios decorrentes de ato internacional de que o Brasil seja parte, tem-se por país de origem da mercadoria aquele onde houver sido produzida ou, no caso de mercadoria resultante de material ou de mão de obra de mais de um país, aquele onde houver recebido transformação substancial (Decreto-Lei n. 37, de 1966, art. 9º).

§ 2º Entende-se por processo de transformação substancial o que conferir nova individualidade à mercadoria.

ART. 118. Observadas as exceções previstas em lei ou neste Decreto, a isenção ou a redução do imposto somente beneficiará mercadoria sem similar nacional e transportada em navio de bandeira brasileira (Decreto-Lei n. 37, de 1966, art. 17; e Decreto-Lei n. 666, de 2 de julho de 1969, art. 2º, *caput*).

› Dec. 8.463/2015 (Regulamenta as medidas tributárias referentes à realização, no Brasil, dos Jogos Olímpicos de 2016 e dos Jogos Paraolímpicos de 2016).

ART. 119. A concessão e o reconhecimento de qualquer incentivo ou benefício fiscal relativo ao imposto ficam condicionados à comprovação pelo contribuinte, pessoa física ou jurídica, da quitação de tributos e contribuições federais (Lei n. 9.069, de 29 de junho de 1995, art. 60).

Parágrafo único. O disposto no *caput* não se aplica: (Redação dada pelo Decreto n. 7.315, de 2010)

I - às importações efetuadas pela União, pelos Estados, pelo Distrito Federal, pelos Territórios e pelos Municípios; e (Incluído pelo Decreto n. 7.315, de 2010)

II - às autarquias e às fundações instituídas e mantidas pelo poder público, relativamente às importações vinculadas a suas finalidades essenciais ou às delas decorrentes. (Incluído pelo Decreto n. 7.315, de 2010)

ART. 120. No caso de descumprimento dos requisitos e das condições para fruição das isenções ou das reduções de que trata este Capítulo, o beneficiário ficará sujeito ao pagamento dos tributos que deixarem de ser recolhidos na importação, com os acréscimos legais e penalidades cabíveis, conforme o caso, calculados da data do registro da declaração de importação (Decreto-Lei n. 37, de 1966, arts. 11 e 12; Lei n. 4.502, de 1964, art. 9º, § 1º, com a redação dada pela Lei n. 9.532, de 10 de dezembro de 1997, art. 37, inciso II; e Lei n. 11.945, de 4 de junho de 2009, art. 22). (Alterado pelo Dec. 7.213/2010.)

SEÇÃO II
DO RECONHECIMENTO DA ISENÇÃO OU DA REDUÇÃO

ART. 121. O reconhecimento da isenção ou da redução do imposto será efetivado, em cada caso, pela autoridade aduaneira, com base em requerimento no qual o interessado faça prova do preenchimento das condições e do cumprimento dos requisitos previstos em lei ou em contrato para sua concessão (Lei n. 5.172, de 1966, art. 179, *caput*).

§ 1º O reconhecimento referido no *caput* não gera direito adquirido e será revogado de ofício, sempre que se apure que o beneficiário não satisfazia ou deixou de satisfazer as condições ou não cumprira ou deixou de cumprir os requisitos para a concessão do benefício, cobrando-se o crédito acrescido de juros de mora (Lei n. 5.172, de 1966, arts. 155, *caput*, e 179, § 2º):

I - com imposição da penalidade cabível, nos casos de dolo ou simulação do beneficiado, ou de terceiro em benefício daquele; ou

II - sem imposição de penalidade nos demais casos.

§ 2º A isenção ou a redução poderá ser requerida na própria declaração de importação.

§ 3º O requerimento de benefício fiscal incabível não acarreta a perda de benefício diverso.

§ 4º O Ministro de Estado da Fazenda disciplinará os casos em que se poderá autorizar o desembaraço aduaneiro, com suspensão do pagamento de tributos, de mercadoria objeto de isenção ou de redução concedida por órgão governamental ou decorrente de acordo internacional, quando o benefício estiver pendente de aprovação ou de publicação do respectivo ato regulamentador (Decreto-Lei n. 2.472, de 1988, art. 12).

ART. 122. Na hipótese de não ser concedido o benefício fiscal pretendido, para a mercadoria declarada e apresentada a despacho aduaneiro, serão exigidos o imposto correspondente e os acréscimos legais cabíveis.

ART. 123. As disposições desta Seção aplicam-se, no que couber, a toda importação beneficiada com isenção ou com redução do imposto, salvo expressa disposição de lei em contrário.

SEÇÃO III
DA ISENÇÃO OU DA REDUÇÃO VINCULADA À QUALIDADE DO IMPORTADOR

ART. 124. Quando a isenção ou a redução for vinculada à qualidade do importador, a transferência de propriedade ou a cessão de uso dos bens, a qualquer título, obriga ao prévio pagamento do imposto (Decreto-Lei n. 37, de 1966, art. 11, *caput*).

Parágrafo único. O disposto no *caput* não se aplica aos bens transferidos ou cedidos:

I - a pessoa ou a entidade que goze de igual tratamento tributário, mediante prévia decisão da autoridade aduaneira (Decreto-Lei n. 37, de 1966, art. 11, parágrafo único, inciso I);

II - após o decurso do prazo de três anos, contados da data do registro da declaração de importação, no caso de bens objeto da isenção a que se referem as alíneas "c" e "d" do inciso I do art. 136 (Decreto-Lei n. 1.559, de 29 de junho de 1977, art. 1º); e

III - após o decurso do prazo de cinco anos, contados da data do registro da declaração de importação, nos demais casos (Decreto-Lei n. 37, de 1966, art. 11, parágrafo único, inciso II).

ART. 125. A autoridade aduaneira poderá, a qualquer tempo, promover as diligências necessárias para assegurar o controle da transferência dos bens objeto de isenção ou de redução.

ART. 126. Na transferência de propriedade ou na cessão de uso de bens objeto de isenção ou de redução, o imposto será reduzido proporcionalmente à depreciação do valor dos bens em função do tempo decorrido, contado da data do registro da declaração de importação (Decreto-Lei n. 37, de 1966, art. 26).

§ 1º A depreciação do valor dos bens objeto da isenção a que se referem as alíneas "c" e "d" do inciso I do art. 136, quando exigível o pagamento do imposto, obedecerá aos seguintes percentuais (Decreto-Lei n. 1.559, de 1977, art. 1º):

I - de mais de doze e até vinte e quatro meses, trinta por cento; e

II - de mais de vinte e quatro e até trinta e seis meses, setenta por cento.

§ 2º A depreciação para os demais bens, inclusive os automóveis de que trata o art. 187, obedecerá aos seguintes percentuais (Decreto-Lei n. 37, de 1966, art. 26; e Decreto-Lei n. 1.455, de 7 de abril de 1976, art. 2º, §§ 1º e 3º):

I - de mais de doze e até vinte e quatro meses, vinte e cinco por cento;

II - de mais de vinte e quatro e até trinta e seis meses, cinquenta por cento;

III - de mais de trinta e seis e até quarenta e oito meses, setenta e cinco por cento; e

IV - de mais de quarenta e oito e até sessenta meses, noventa por cento.

§ 3º Não serão depreciados os bens que normalmente aumentam de valor com o tempo.

ART. 127. Se os bens objeto de isenção ou de redução forem danificados por incêndio ou por qualquer outro sinistro, o imposto será reduzido proporcionalmente ao valor do prejuízo.

§ 1º Para habilitar-se à redução de que trata o *caput*, o interessado deverá apresentar laudo pericial do órgão oficial competente, do qual deverão constar as causas e os efeitos do sinistro.

§ 2º Caso não seja possível quantificar o prejuízo com base no laudo de que trata o § 1º, a autoridade aduaneira solicitará perícia, nos termos do art. 813.

ART. 128. Não será concedida a redução proporcional referida no art. 127 quando ficar comprovado que o sinistro:

I - ocorreu por culpa ou dolo do proprietário ou usuário dos bens; ou

II - resultou de os bens haverem sido utilizados com infringência ao disposto no art. 124 ou em finalidade diversa daquela que motivou a isenção ou a redução do imposto.

ART. 129. No caso de transferência de propriedade ou cessão de uso de bens que, antes de decorridos os prazos a que se referem os incisos II e III do parágrafo único do art. 124, se tenham tornado inservíveis, mas possuam ainda valor residual, o imposto será calculado com base nesse valor, observado o disposto no § 2º do art. 127.

ART. 130. Nos casos de transferência de propriedade ou cessão de uso de bens objeto da isenção a que se referem as alíneas "c" e "d" do inciso I do art. 136, nenhuma isenção ou redução do imposto poderá ser concedida em decorrência de reciprocidade de tratamento.

ART. 131. Quando se tratar de venda ou de cessão de veículo automotor objeto de isenção do imposto, o registro da transferência de propriedade, no órgão competente, só poderá ser efetuado, pelo adquirente ou pelo cessionário, à vista de declaração da autoridade aduaneira de achar-se o veículo liberado, quer pelo pagamento do imposto devido, quer por força do disposto no parágrafo único do art. 124.

SEÇÃO IV
DA ISENÇÃO OU DA REDUÇÃO VINCULADA À DESTINAÇÃO DOS BENS

ART. 132. A isenção ou a redução do imposto, quando vinculada à destinação dos bens, ficará condicionada à comprovação posterior do seu efetivo emprego nas finalidades que motivaram a concessão (Decreto-Lei n. 37, de 1966, art. 12).

ART. 133. A comprovação a que se refere o art. 132 será feita, quando necessária, com perícia, nos termos do art. 813.

ART. 134. Perderá o direito à isenção ou à redução quem deixar de empregar os bens nas finalidades que motivaram a concessão, exigindo-se o imposto a partir da data do registro da correspondente declaração de importação (Decreto-Lei n. 37, de 1966, art. 12; Lei n. 4.502, de 1964, art. 9º, § 1º, com a redação dada pela Lei n. 9.532, de 1997, art. 37, inciso II; e Lei n. 10.865, de 2004, art. 11).

Parágrafo único. Se os bens deixarem de ser utilizados nas finalidades que motivaram a concessão, em virtude de terem sido danificados por incêndio ou por qualquer outro sinistro, o pagamento do imposto devido obedecerá ao disposto no art. 127.

ART. 135. Desde que mantidas as finalidades que motivaram a concessão e mediante prévia decisão da autoridade aduaneira, poderá ser transferida a propriedade ou cedido o uso dos bens antes de decorrido o prazo de cinco anos a que se refere o inciso III do parágrafo único do art. 124, contados da data do registro da correspondente declaração de importação.

SEÇÃO V
DAS ISENÇÕES E DAS REDUÇÕES DIVERSAS

ART. 136. São concedidas isenções ou reduções do imposto de importação:

I - às importações realizadas:

a) pela União, pelos Estados, pelo Distrito Federal, pelos Territórios, pelos Municípios e pelas respectivas autarquias (Lei n. 8.032, de 1990, art. 2º, inciso I, alínea "a"; e Lei n. 8.402, de 8 de janeiro de 1992, art. 1º, inciso IV);

b) pelos partidos políticos e pelas instituições de educação ou de assistência social (Lei n. 8.032, de 1990, art. 2º, inciso I, alínea "b"; e Lei n. 8.402, de 1992, art. 1º, inciso IV);

c) pelas missões diplomáticas e repartições consulares de caráter permanente e pelos respectivos integrantes (Lei n. 8.032, de 1990, art. 2º, inciso I, alínea "c"; e Lei n. 8.402, de 1992, art. 1º, inciso IV);

d) pelas representações de organismos internacionais de caráter permanente, inclusive os de âmbito regional, dos quais o Brasil seja membro, e pelos respectivos integrantes (Lei n. 8.032, de 1990, art. 2º, inciso I, alínea "d"; e Lei n. 8.402, de 1992, art. 1º, inciso IV);

e) pelas instituições científicas e tecnológicas e por cientistas e pesquisadores (Lei n. 8.010, de 29 de março de 1990, art. 1º, com a redação dada pela Lei n. 10.964, de 28 de outubro de 2004, art. 1º; Lei n. 8.032, de 1990, art. 2º, inciso I, alíneas "e" e "f", esta com a redação dada pela Lei n. 10.964, de 2004, art. 3º; e Lei n. 8.402, de 1992, art. 1º, inciso IV); (Alterado pelo Dec. 7.213/2010.)

II - aos casos de:

a) (Revogada pelo Dec. 7.213/2010).

b) amostras e remessas postais internacionais, sem valor comercial (Lei n. 8.032, de 1990, art. 2º, inciso II, alínea "b"; e Lei n. 8.402, de 1992, art. 1º, inciso IV);

c) remessas postais e encomendas aéreas internacionais, destinadas a pessoa física (Lei n. 8.032, de 1990, art. 2º, inciso II, alínea "c"; e Lei n. 8.402, de 1992, art. 1º, inciso IV);

d) bagagem de viajantes procedentes do exterior ou da Zona Franca de Manaus (Lei n. 8.032, de 1990, art. 2º, inciso II, alínea "d"; e Lei n. 8.402, de 1992, art. 1º, inciso IV);

e) bens adquiridos em loja franca, no País (Lei n. 8.032, de 1990, art. 2º, inciso II, alínea "e"; e Lei n. 8.402, de 1992, art. 1º, inciso IV);

f) bens trazidos do exterior, no comércio característico das cidades situadas nas fronteiras terrestres (Decreto-Lei n. 2.120, de 1984, art. 1º, § 2º, alínea "b"; Lei n. 8.032, de 1990, art. 2º, inciso II, alínea "f"; e Lei n. 8.402, de 1992, art. 1º, inciso IV);

g) bens importados sob o regime aduaneiro especial de *drawback*, na modalidade de isenção (Decreto-Lei n. 37, de 1966, art. 78, inciso III; Lei n. 8.032, de 1990, art. 2º, inciso II, alínea "g"; e Lei n. 8.402, de 1992, art. 1º, inciso I);

h) gêneros alimentícios de primeira necessidade, fertilizantes e defensivos para aplicação na agricultura ou na pecuária, bem como matérias-primas para sua produção no País, importados ao amparo do art. 4º da Lei n. 3.244, de 1957, com a redação dada pelo art. 7º do Decreto-Lei n. 63, de 21 de novembro de 1966 (Lei n. 8.032, de 1990, art. 2º, inciso II, alínea "h"; e Lei n. 8.402, de 1992, art. 1º, inciso IV);

i) partes, peças e componentes, destinados ao reparo, revisão e manutenção de aeronaves e de embarcações (Lei n. 8.032, de 1990, art. 2º, inciso II, alínea "j"; e Lei n. 8.402, de 1992, art. 1º, inciso IV);

j) medicamentos destinados ao tratamento de aidéticos, e instrumental científico destinado à pesquisa da síndrome da deficiência imunológica adquirida (Lei n. 8.032, de 1990, art. 2º, inciso II, alínea "l");

l) bens importados pelas áreas de livre comércio (Lei n. 8.032, de 1990, art. 2º, inciso II, alínea "m");

m) importações efetuadas para a Zona Franca de Manaus e para a Amazônia Ocidental (Lei n. 8.032, de 1990, art. 4º);

n) mercadorias estrangeiras vendidas por entidades beneficentes em feiras, bazares e eventos semelhantes, desde que recebidas em doação de representações diplomáticas estrangeiras sediadas no País (Lei n. 8.218, de 1991, art. 34, *caput*);

o) mercadorias destinadas a consumo no recinto de congressos, de feiras, de exposições internacionais e de outros eventos internacionais assemelhados (Lei n. 8.383, de 30 de dezembro de 1991, art. 70, *caput*);

p) objetos de arte recebidos em doação, por museus (Lei n. 8.961, de 23 de dezembro de 1994, art. 1º);

q) partes, peças e componentes, importados, destinados ao emprego na conservação, modernização e conversão de embarcações registradas no Registro Especial Brasileiro (Lei n. 9.493, de 10 de setembro de 1997, art. 11);

r) bens destinados a coletores eletrônicos de votos (Lei n. 9.643, de 26 de maio de 1998, art. 1º);

s) bens recebidos como premiação em evento cultural, científico ou esportivo oficial, realizado no exterior, ou para serem consumidos, distribuídos ou utilizados em evento esportivo oficial realizado no País (Lei n. 11.488, de 15 de junho de 2007, art. 38, *caput*); (Alterado pelo Dec. 7.213/2010.)

t) bens importados por desportistas, desde que tenham sido utilizados por estes em evento esportivo oficial e recebidos em doação de entidade de prática desportiva estrangeira ou da promotora ou patrocinadora do evento (Lei n. 11.488, de 2007, art. 38, parágrafo único); e (Alterado pelo Dec. 7.213/2010.)

u) equipamentos e materiais destinados, exclusivamente, a treinamento e preparação de atletas e equipes brasileiras para competições desportivas em jogos olímpicos, paraolímpicos, pan-americanos, parapan-americanos e mundiais (Lei n. 10.451, de 10 de maio de 2002, art. 8º, *caput*, com a redação dada pela Lei n. 11.827, de 20 de novembro de 2008, art. 5º). (Acrescentado pelo Dec. 7.213/2010.)

§ 1º É concedida isenção do imposto de importação aos bens importados por empresas, na execução de projetos de pesquisa, desenvolvimento e inovação (Lei n. 8.032, de 1990, art. 2º, *caput*, inciso I, alínea "g"). (Acrescentado pelo Dec. 9.283/2018.)

§ 2º As isenções ou as reduções de que trata o *caput* serão concedidas com observância aos termos, aos limites e às condições estabelecidos na Seção VI. (Alterado pelo Dec. 9.283/2018.)

ART. 137. É concedida isenção do imposto de importação às importações de partes, peças e componentes utilizados na industrialização, revisão e manutenção dos bens de uso militar classificados nos códigos 8710.00.00, 8906.10.00, 88.02, 88.03 e 88.05 da Nomenclatura Comum do Mercosul (Lei n. 11.727, de 2008, art. 28, *caput* e § 1º).

§ 1º A importação dos bens para as finalidades referidas no *caput* será feita com suspensão do pagamento do imposto (Lei n. 11.727, de 2008, art. 28, *caput*).

§ 2º O disposto neste artigo será regulamentado em ato normativo específico (Lei n. 11.727, de 2008, art. 28, § 2º).

ART. 138. (Revogado pelo Dec. 8.010/2013).

SEÇÃO VI
DOS TERMOS, LIMITES E CONDIÇÕES

SUBSEÇÃO I
DA UNIÃO, DOS ESTADOS, DO DISTRITO FEDERAL, DOS TERRITÓRIOS, DOS MUNICÍPIOS E DAS RESPECTIVAS AUTARQUIAS

ART. 139. A isenção às importações realizadas pela União, pelos Estados, pelo Distrito Federal, pelos Territórios e pelos Municípios aplica-se a:

I - equipamentos, máquinas, aparelhos ou instrumentos, destinados a obras de construção, ampliação, exploração e conservação de serviços públicos operados direta ou indiretamente pelos titulares do benefício;

II - partes, peças, acessórios, ferramentas e utensílios que, em quantidade normal, acompanhem os bens de que trata o inciso I ou que se destinem a reparo ou a manutenção do equipamento, máquina, aparelho ou instrumento de procedência estrangeira instalado no País; e

III - bens de consumo, quando direta e estritamente relacionados com a atividade dos beneficiários e desde que necessários a complementar a oferta do similar nacional.

ART. 140. A isenção às importações realizadas pelas autarquias somente se aplica aos bens referidos no inciso III do art. 139, observadas as condições ali estabelecidas.

SUBSEÇÃO II
DOS PARTIDOS POLÍTICOS E DAS INSTITUIÇÕES EDUCACIONAIS E DE ASSISTÊNCIA SOCIAL

ART. 141. A isenção às importações realizadas pelos partidos políticos e pelas instituições educacionais e de assistência social será aplicada somente a entidades que atendam às seguintes condições (Lei n. 5.172, de 1966, art. 14, *caput*; e Lei n. 9.532, de 1997, art. 12, § 2º):

I - não distribuição de qualquer parcela do seu patrimônio ou de suas rendas, a qualquer título (Lei n. 5.172, de 1966, art. 14, inciso I, com a redação dada pela Lei Complementar n. 104, de 10 de janeiro de 2001, art. 1º);

II - não remuneração, por qualquer forma, de seus dirigentes pelos serviços prestados;

III - emprego dos seus recursos integralmente no País, na manutenção dos seus objetivos institucionais;

IV - manutenção da escrituração de suas receitas e despesas em livros revestidos de formalidades capazes de assegurar sua exatidão;

V - compatibilidade da natureza, da qualidade e da quantidade dos bens às finalidades essenciais do importador (Constituição, art. 150, inciso VI, alínea "c" e § 4º; e Lei n. 5.172, de 1966, arts. 9º, inciso IV, alínea "c", esta com a redação dada pela Lei Complementar n. 104, de 2001, art. 1º, e 14, § 2º);

VI - conservação em boa ordem, pelo prazo de cinco anos, contados da data da emissão, dos documentos que comprovem a origem de suas receitas e a efetivação de suas despesas, bem como a realização de quaisquer outros atos ou operações que venham a modificar sua situação patrimonial;

VII - apresentação da declaração de rendimentos, em conformidade com o disposto em ato da Secretaria da Receita Federal do Brasil;

VIII - recolhimento dos tributos retidos sobre os rendimentos por elas pagos ou creditados e da contribuição para a seguridade social relativa aos empregados, bem como o cumprimento das obrigações acessórias daí decorrentes; e

IX - garantia de destinação de seu patrimônio a outra instituição que atenda às condições para gozo do benefício, no caso de incorporação, fusão, cisão ou de encerramento de suas atividades, ou a órgão público.

§ 1º Na hipótese do inciso V do *caput*, as finalidades para as quais os bens foram importados deverão estar previstas nos objetivos institucionais da entidade, constantes dos respectivos estatutos ou atos constitutivos (Lei n. 5.172, de 1966, art. 14, § 2º).

§ 2º A informação à autoridade aduaneira sobre a observância do inciso V do *caput*, relativamente aos bens importados, compete:

I - ao Ministério da Saúde, em se tratando de material médico-hospitalar;

II - ao Ministério da Educação, se a importação for efetuada por instituição educacional; e

III - ao Ministério do Desenvolvimento Social e Combate à Fome, se a importação for efetuada por instituição de assistência social.

SUBSEÇÃO III
DAS MISSÕES DIPLOMÁTICAS, DAS REPARTIÇÕES CONSULARES, DAS REPRESENTAÇÕES DE ORGANISMOS INTERNACIONAIS, E DOS SEUS INTEGRANTES

ART. 142. A isenção referida nas alíneas "c" e "d" do inciso I do art. 136 será aplicada aos bens importados por missões diplomáticas, repartições consulares, e representações de organismos internacionais, de caráter permanente, inclusive os de âmbito regional, de que o Brasil seja membro, e aos bens de seus integrantes, inclusive automóveis.

§ 1º Para fins de fruição da isenção de que trata este artigo, consideram-se integrantes das representações de organismos internacionais a que se refere o *caput*:

I - os funcionários, peritos, técnicos e consultores, que, no exercício de suas funções, gozem do tratamento aduaneiro outorgado ao corpo diplomático; e

II - outros funcionários de organismos internacionais aos quais seja dado, por disposições expressas de atos firmados pelo Brasil, o tratamento aduaneiro outorgado ao corpo diplomático.

§ 2º A isenção será reconhecida com observância da Convenção de Viena sobre Relações Diplomáticas e da Convenção de Viena sobre Relações Consulares, promulgadas, respectivamente, pelos Decretos n. 56.435, de 8 de junho de 1965, e n. 61.078, de 26 de julho de 1967, à vista de requisição do Ministério das Relações Exteriores, que a emitirá atendendo ao princípio de reciprocidade de tratamento e ao regime de quotas, quando for o caso.

§ 3º A isenção de que trata este artigo não se aplica a repartição ou funcionário consular honorário, incluído o cônsul honorário.

ART. 143. A isenção concedida aos integrantes a que se refere o art. 142, nos termos ali definidos, estende-se a técnico e perito que aqui venha desempenhar missões de caráter transitório ou eventual, quando expressamente prevista na convenção, tratado, acordo ou convênio de que o País seja signatário.

Parágrafo único. Será aplicado o regime de admissão temporária aos bens das pessoas referidas no *caput*, quando não expressamente prevista a isenção.

ART. 144. A isenção referida nos arts. 142 e 143, relativamente a automóveis, poderá ser substituída pelo direito de aquisição, em idênticas condições, de automóvel de produção nacional, com isenção do imposto sobre produtos industrializados (Decreto-Lei n. 37, de 1966, art. 161, *caput*).

Parágrafo único. Deverá ser pago, com os acréscimos legais e as penalidades cabíveis, o imposto relativo a automóvel adquirido nas condições do *caput*, se transferida a sua propriedade ou cedido o seu uso, antes de decorrido um ano da respectiva aquisição, a pessoa que não goze do mesmo benefício (Decreto-Lei n. 37, de 1966, arts. 106, inciso II, "a", e 161, parágrafo único).

ART. 145. Os automóveis importados com isenção não poderão ser transferidos ou alienados, a qualquer título, nem depositados para fins comerciais, expostos à venda ou vendidos, sem o prévio pagamento do imposto (Decreto-Lei n. 37, de 1966, arts. 11, *caput*, e 105, inciso XIII).

Parágrafo único. Equipara-se à alienação, a exposição para venda ou qualquer outra modalidade de oferta pública (Decreto-Lei n. 2.068, de 9 de novembro de 1983, art. 3º, § 2º).

ART. 146. Dependerá da prévia liberação da Secretaria da Receita Federal do Brasil, em qualquer caso, a transferência de propriedade ou cessão de uso de automóvel importado com isenção (Decreto-Lei n. 37, de 1966, arts. 11, *caput*, e 106, inciso II, alínea "a").

§ 1º A liberação do automóvel pela Secretaria da Receita Federal do Brasil será dada somente à vista de requisição do Ministério das Relações Exteriores.

§ 2º O disposto neste artigo não se aplica aos automóveis importados com a isenção referida no art. 144, depois de decorrido um ano da sua aquisição.

SUBSEÇÃO IV
DAS INSTITUIÇÕES CIENTÍFICAS E TECNOLÓGICAS

ART. 147. A isenção do imposto aos bens importados por instituições científicas e tecnológicas aplica-se a máquinas, equipamentos, aparelhos e instrumentos, e suas partes e peças de reposição, acessórios, matérias-primas e produtos intermediários, desde que destinados às suas pesquisas (Lei n. 8.010, de 1990, art. 1º, *caput*).

§ 1º O disposto neste artigo aplica-se somente às importações realizadas pelo Conselho Nacional de Desenvolvimento Científico e Tecnológico - CNPq, por cientistas, por pesquisadores, por Instituição Científica, Tecnológica e de Inovação - ICT e por entidades sem fins lucrativos ativas no fomento, na coordenação ou na execução de programas de pesquisa científica e tecnológica ou de ensino, devidamente credenciados por esse Conselho (Lei n. 8.010, de 1990, art. 1º, § 2º). (Alterado pelo Dec. 9.283/2018.)

§ 2º As importações de que trata este artigo ficam dispensadas de controles prévios ao despacho aduaneiro (Lei n. 8.010, de 1990, art. 1º, § 1º). (Acrescentado pelo Dec. 9.283/2018.)

§ 3º O CNPq apoiará as atividades de capacitação e firmará parcerias com órgãos e entidades para promover a melhoria nos processos de importações para pesquisa, desenvolvimento e inovação. (Acrescentado pelo Dec. 9.283/2018.)

ART. 148. O Ministro de Estado da Fazenda estabelecerá o limite global anual, em valor, para as importações realizadas com isenção pelas instituições científicas e tecnológicas, ouvido o Ministro de Estado da Ciência, Tecnologia, Inovações e Comunicações (Lei n. 8.010, de 1990, art. 2º, *caput*). (Alterado pelo Dec. 9.283/2018.)

§ 1º A quota global de importações será distribuída e controlada pelo CNPq (Lei n. 8.010, de 1990, art. 2º, § 2º).

§ 2º As importações de mercadorias destinadas ao desenvolvimento da ciência e tecnologia não estão sujeitas ao limite global anual, quando (Lei n. 8.010, de 1990, art. 2º, § 1º):

I - decorrentes de doações feitas por pessoas físicas ou jurídicas estrangeiras; ou

II - pagas por meio de empréstimos externos ou de acordos governamentais.

§ 3º O Ministro de Estado da Ciência, Tecnologia, Inovações e Comunicações encaminhará, até o mês de julho de cada ano-calendário, proposta de novo limite global anual para o exercício seguinte. (Acrescentado pelo Dec. 9.283/2018.)

§ 4º Na hipótese prevista no § 3º, o Ministro de Estado da Fazenda terá prazo de sessenta dias para estabelecer a nova quota global de importações para o exercício seguinte. (Acrescentado pelo Dec. 9.283/2018.)

SUBSEÇÃO V
DO PAPEL DESTINADO À IMPRESSÃO DE LIVROS, JORNAIS E PERIÓDICOS

ARTS. 149 a 152. (Revogados pelo Dec. 7.213/2010.)

SUBSEÇÃO VI
DAS AMOSTRAS E DAS REMESSAS POSTAIS INTERNACIONAIS, SEM VALOR COMERCIAL

ART. 153. Consideram-se sem valor comercial, para os efeitos da alínea "b" do inciso II do art. 136:

I - as amostras representadas por quantidade, fragmentos ou partes de qualquer mercadoria, estritamente necessários para dar a conhecer sua natureza, espécie e qualidade; e

II - os bens contidos em remessas postais internacionais consideradas sem valor comercial, que não se prestem à utilização com fins lucrativos e cujo valor *Free On Board* - FOB não exceda a US$ 10,00 (dez dólares dos Estados Unidos da América).

SUBSEÇÃO VII
DAS REMESSAS POSTAIS E DAS ENCOMENDAS AÉREAS INTERNACIONAIS, DESTINADAS A PESSOA FÍSICA

ART. 154. A isenção para remessas postais internacionais destinadas a pessoa física aplica-se aos bens nelas contidos, cujo valor não exceda o limite estabelecido pelo Ministro de Estado da Fazenda, desde que não se prestem à utilização com fins lucrativos (Decreto-Lei n. 1.804, de 1980, art. 2º, inciso II, com a redação dada pela Lei n. 8.383, de 1991, art. 93).

§ 1º O limite a que se refere o *caput* não poderá ser superior a U$ 100,00 (cem dólares dos Estados Unidos da América), ou o equivalente em outra moeda (Decreto-Lei n. 1.804, de 1980, art. 2º, inciso II, com a redação dada pela Lei n. 8.383, de 1991, art. 93).

§ 2º A isenção para encomendas aéreas internacionais, nas condições referidas no *caput*, será aplicada em conformidade com a regulamentação editada pelo Ministério da Fazenda (Decreto-Lei n. 1.804, de 1980, art. 2º, parágrafo único).

SUBSEÇÃO VIII
DA BAGAGEM

ART. 155. Para fins de aplicação da isenção para bagagem de viajante procedente do exterior, entende-se por (Regime Aduaneiro de Bagagem no Mercosul, Artigo 1º, aprovado pela Decisão CMC n. 53, de 2008, internalizada pelo Decreto n. 6.870, de 2009): (Alterado pelo Dec. 7.213/2010.)

I - bagagem: os bens novos ou usados que um viajante, em compatibilidade com as circunstâncias de sua viagem, puder destinar para seu uso ou consumo pessoal, bem como para presentear, sempre que, pela sua quantidade, natureza ou variedade, não permitirem presumir importação com fins comerciais ou industriais; (Alterado pelo Dec. 7.213/2010.)

II - bagagem acompanhada: a que o viajante traga consigo, no mesmo meio de transporte em que viaje, desde que não amparada por conhecimento de carga ou documento equivalente; (Alterado pelo Dec. 7.213/2010.)

III - bagagem desacompanhada: a que chegue ao País, amparada por conhecimento de carga ou documento equivalente; e (Alterado pelo Dec. 7.213/2010.)

IV - bens de uso ou consumo pessoal: os artigos de vestuário, higiene e demais bens de caráter manifestamente pessoal. (Acrescentado pelo Dec. 7.213/2010.)

§ 1º Estão excluídos do conceito de bagagem (Regime Aduaneiro de Bagagem no Mercosul, Artigo 7º, incisos 1 e 2, aprovado pela Decisão CMC n. 53, de 2008, internalizada pelo Decreto n. 6.870, de 2009): (Alterado pelo Dec. 7.213/2010.)

I - os veículos automotores em geral, as motocicletas, as motonetas, as bicicletas com motor, os motores para embarcação, as motos aquáticas e similares, as casas rodantes, as aeronaves e as embarcações de todo tipo; e (Acrescentado pelo Dec. 7.213/2010.)

II - as partes e peças dos bens relacionados no inciso I, exceto os bens unitários, de valor inferior aos limites de isenção, relacionados em listas específicas que poderão ser elaboradas pela Secretaria da Receita Federal do Brasil. (Acrescentado pelo Dec. 7.213/2010.)

§ 2º Os bens a que se refere o § 1º poderão ingressar no País sob o regime de admissão temporária, sempre que o viajante comprove sua residência permanente em outro país (Regime Aduaneiro de Bagagem no Mercosul, Artigo 7º, inciso 3, aprovado pela Decisão CMC n. 53, de 2008, internalizada pelo Decreto n. 6.870, de 2009). (Alterado pelo Dec. 7.213/2010.)

ART. 156. O viajante que ingressar no País, inclusive o proveniente de outro país integrante

DECRETOS

do Mercosul, deverá declarar a sua bagagem (Regime Aduaneiro de Bagagem no Mercosul, Artigo 3º, inciso 1, aprovado pela Decisão CMC n. 53, de 2008, internalizada pelo Decreto n. 6.870, de 2009). (Alterado pelo Dec. 7.213/2010.)

§ 1º A bagagem desacompanhada deverá ser declarada por escrito (Regime Aduaneiro de Bagagem no Mercosul, Artigo 3º, inciso 3, aprovado pela Decisão CMC n. 53, de 2008, internalizada pelo Decreto n. 6.870, de 2009). (Alterado pelo Dec. 7.213/2010.)

§ 2º A Secretaria da Receita Federal do Brasil poderá exigir que a bagagem acompanhada seja declarada por escrito (Regime Aduaneiro de Bagagem no Mercosul, Artigo 3º, inciso 2, aprovado pela Decisão CMC n. 53, de 2008, internalizada pelo Decreto n. 6.870, de 2009). (Alterado pelo Dec. 7.213/2010.)

§ 3º O viajante não poderá declarar como própria bagagem de terceiro, ou utilizar o tratamento de bagagem para o ingresso de bens que não lhe pertençam (Regime Aduaneiro de Bagagem no Mercosul, Artigo 3º, inciso 4, aprovado pela Decisão CMC n. 53, de 2008, internalizada pelo Decreto n. 6.870, de 2009). (Alterado pelo Dec. 7.213/2010.)

§ 4º Excetuam-se do disposto no § 3º os bens de uso ou consumo pessoal de residente no País, falecido no exterior, e cujo óbito seja comprovado por documentação idônea (Regime Aduaneiro de Bagagem no Mercosul, Artigo 3º, inciso 5, aprovado pela Decisão CMC n. 53, de 2008, internalizada pelo Decreto n. 6.870, de 2009). (Alterado pelo Dec. 7.213/2010.)

ART. 157. A bagagem acompanhada está isenta do pagamento do imposto, relativamente a (Regime Aduaneiro de Bagagem no Mercosul, Artigo 9º, incisos 1 a 3, aprovado pela Decisão CMC n. 53, de 2008, internalizada pelo Decreto n. 6.870, de 2009): (Alterado pelo Dec. 7.213/2010.)

I - bens de uso ou consumo pessoal; (Alterado pelo Dec. 7.213/2010.)

II - livros, folhetos e periódicos; e

III - outros bens, observados os limites, quantitativos ou de valor global, os termos e as condições estabelecidos em ato do Ministério da Fazenda (Decreto-Lei n. 2.120, de 1984, art. 1º, *caput*). (Alterado pelo Dec. 7.213/2010.)

§ 1º A isenção estabelecida em favor do viajante é individual e intransferível (Regime Aduaneiro de Bagagem no Mercosul, Artigo 5º, inciso 1, aprovado pela Decisão CMC n. 53, de 2008, internalizada pelo Decreto n.6.870, de 2009). (Alterado pelo Dec. 7.213/2010.)

§ 2º Excedido o limite de valor global a que se refere o inciso III do *caput*, aplica-se o regime de tributação especial de que tratam os arts. 101 e 102. (Alterado pelo Dec. 7.213/2010.)

§ 3º O direito à isenção a que se refere o inciso III do *caput* não poderá ser exercido mais de uma vez no intervalo de um mês (Regime Aduaneiro de Bagagem no Mercosul, Artigo 9º, inciso 5, aprovado pela Decisão CMC n. 53, de 2008, internalizada pelo Decreto n. 6.870, de 2009). (Acrescentado pelo Dec. 7.213/2010.)

§ 4º O Ministério da Fazenda poderá estabelecer, ainda, limites quantitativos para a fruição de isenções relativas à bagagem de viajante (Regime Aduaneiro de Bagagem no Mercosul, Artigo 9º, inciso 6, aprovado pela Decisão CMC n. 53, de 2008, internalizada pelo Decreto n. 6.870, de 2009). (Acrescentado pelo Dec. 7.213/2010.)

ART. 158. A bagagem desacompanhada está isenta do pagamento do imposto relativamente a bens de uso e consumo pessoal, usados, livros e periódicos (Regime Aduaneiro de Bagagem no Mercosul, Artigo 10, inciso 2, aprovado pela Decisão CMC n. 53, de 2008, internalizada pelo Decreto n. 6.870, de 2009). (Alterado pelo Dec. 7.213/2010.)

§ 1º A bagagem desacompanhada deverá (Regime Aduaneiro de Bagagem no Mercosul, Artigo 10, inciso 1, alíneas "a" e "d", aprovado pela Decisão CMC n. 53, de 2008, internalizada pelo Decreto n. 6.870, de 2009): (Acrescentado pelo Dec. 7.213/2010.)

I - chegar ao País dentro dos três meses anteriores ou até os seis meses posteriores à chegada do viajante; e (Acrescentado pelo Dec. 7.213/2010.)

II - provir do país ou dos países de estada ou de procedência do viajante. (Acrescentado pelo Dec. 7.213/2010.)

§ 2º A bagagem desacompanhada somente será desembaraçada depois da chegada do viajante (Regime Aduaneiro de Bagagem no Mercosul, Artigo 10, inciso 1, alínea "b", aprovado pela Decisão CMC n. 53, de 2008, internalizada pelo Decreto n. 6.870, de 2009). (Acrescentado pelo Dec. 7.213/2010.)

ART. 159. A bagagem dos tripulantes está isenta do pagamento do imposto apenas em relação a bens de uso ou consumo pessoal, livros e periódicos (Regime Aduaneiro de Bagagem no Mercosul, Artigo 12, inciso 1, aprovado pela Decisão CMC n. 53, de 2008, internalizada pelo Decreto n. 6.870, de 2009). (Alterado pelo Dec. 7.213/2010.)

Parágrafo único. À bagagem dos tripulantes dos navios de longo curso que procederem do exterior e desembarcarem definitivamente no País aplica-se o tratamento previsto no art. 157 (Regime Aduaneiro de Bagagem no Mercosul, Artigo 12, inciso 2, aprovado pela Decisão CMC n. 53, de 2008, internalizada pelo Decreto n. 6.870, de 2009). (Alterado pelo Dec. 7.213/2010.)

ART. 160. No caso de sucessão aberta no exterior, o herdeiro ou o legatário residente no País poderá importar com isenção os bens que lhe couberem, pertencentes ao *de cujus* na data do óbito, desde que compreendidos no conceito de bagagem (Decreto-Lei n. 2.120, de 1984, art. 5º).

ART. 161. Aplica-se o regime de importação comum aos bens que (Decreto-Lei n. 37, de 1966, art. 171):

I - não se enquadrem no conceito de bagagem constante do art. 155; ou

II - cheguem ao País, como bagagem desacompanhada, com inobservância dos prazos e condições estabelecidos. (Alterado pelo Dec. 7.213/2010.)

§ 1º Na hipótese referida no inciso I, somente será permitida a importação de bens destinados ao uso próprio do viajante, que não poderão ser utilizados para fins comerciais ou industriais (Lei n. 2.145, de 29 de dezembro de 1953, art. 8º, *caput* e § 1º, inciso IV). (Alterado pelo Dec. 7.213/2010.)

§ 2º O disposto no § 1º não se aplica se o viajante, antes do início de qualquer procedimento fiscal, informar que os bens destinam-se a pessoa jurídica determinada, estabelecida no País, à qual incumbe promover o despacho aduaneiro para uso ou consumo próprio. (Alterado pelo Dec. 7.213/2010.)

§ 3º O disposto no inciso II não se aplica na hipótese de a inobservância de prazo decorrer de circunstância alheia à vontade do viajante, cabendo o tratamento referido no *caput*, no inciso II do § 1º e no § 2º do art. 158. (Acrescentado pelo Dec. 7.213/2010.)

ART. 162. Sem prejuízo do disposto no art. 157, o brasileiro ou o estrangeiro residente no País, que tiver permanecido no exterior por período superior a um ano, ou o estrangeiro que ingressar no País para nele residir, de forma permanente, terá direito à isenção relativa aos seguintes bens, novos ou usados (Regime Aduaneiro de Bagagem no Mercosul, Artigo 11, inciso 1, aprovado pela Decisão CMC n. 53, de 2008, internalizada pelo Decreto n.6.870, de 2009): (Alterado pelo Dec. 7.213/2010.)

I - móveis e outros bens de uso doméstico; e

II - ferramentas, máquinas, aparelhos e instrumentos, necessários ao exercício de sua profissão, arte ou ofício, individualmente considerado.

§ 1º A fruição da isenção para os bens referidos no inciso II está sujeita à prévia comprovação da atividade desenvolvida pelo viajante no exterior (Regime Aduaneiro de Bagagem no Mercosul, Artigo 11, inciso 2, aprovado pela Decisão CMC n. 53, de 2008, internalizada pelo Decreto n. 6.870, de 2009). (Alterado pelo Dec. 7.213/2010.)

§ 2º Enquanto não for concedido o visto permanente ao estrangeiro, seus bens poderão permanecer no País sob o regime de admissão temporária (Regime Aduaneiro de Bagagem no Mercosul, Artigo 11, inciso 3, aprovado pela Decisão CMC n. 53, de 2008, internalizada pelo Decreto n. 6.870, de 2009). (Alterado pelo Dec. 7.213/2010.)

ART. 163. Os cientistas, engenheiros e técnicos, brasileiros ou estrangeiros, radicados no exterior, terão direito à isenção referida no art. 162, sem a necessidade de observância do prazo de permanência ali estabelecido, desde que (Decreto-Lei n. 37, de 1966, art. 13, inciso III, alínea "h", e § 4º, com a redação dada pelo Decreto-Lei n. 1.123, de 3 de setembro de 1970, art. 1º):

I - a especialização técnica do interessado esteja enquadrada em resolução baixada pelo CNPq, antes de sua chegada ao País;

II - o regresso ao País decorra de convite do CNPq; e

III - o interessado se comprometa, perante o CNPq, a exercer sua profissão no País durante o prazo mínimo de cinco anos, a partir da data do desembaraço dos bens.

ART. 164. Os bens integrantes de bagagem, quando sujeitos a controles específicos, somente serão desembaraçados mediante prévia anuência do órgão competente (Norma de Aplicação relativa ao Regime de Bagagem no Mercosul, Artigo 6, item 2, aprovada pela Decisão CMC no 18, de 1994, e internalizada pelo Decreto n. 1.765, de 1995).

ART. 165. Os bens desembaraçados como bagagem não poderão ser depositados para fins comerciais ou expostos à venda, nem vendidos, senão com o pagamento do imposto e dos acréscimos legais exigíveis (Decreto-Lei n. 1.455, de 1976, art. 8º).

ART. 166. A isenção para bens integrantes de bagagem de viajantes procedentes da Zona Franca de Manaus será regulamentada em ato normativo do Ministro de Estado da Fazenda (Decreto-Lei n. 1.455, de 1976, art. 6º).

ART. 167. Poderá ser aplicado o tratamento previsto para bagagem desacompanhada, a requerimento do interessado, aos bens contidos em remessas vindas de país no qual tenha estado ou residido.

ART. 168. A Secretaria da Receita Federal do Brasil poderá, no âmbito de sua competência, editar atos normativos para a implementação do disposto nesta Subseção.

SUBSEÇÃO IX
DOS BENS ADQUIRIDOS EM LOJA FRANCA

ART. 169. A isenção do imposto na aquisição de mercadorias em loja franca instalada no País, a que se refere a alínea "e" do inciso II do art. 136, será aplicada com observância do disposto nos arts. 476 a 479 e dos termos, limites e condições estabelecidos pelo Ministro de Estado da Fazenda (Decreto-Lei n. 2.120, de 1984, art. 1º, § 2º, alínea "a"; Lei n. 8.032, de 1990, art. 2º, inciso II, alínea "e"; e Lei n. 8.402, de 1992, art. 1º, inciso IV).

SUBSEÇÃO X
DO COMÉRCIO DE SUBSISTÊNCIA EM FRONTEIRA

ART. 170. A isenção do imposto na importação de bens trazidos do exterior, no comércio característico das cidades situadas nas fronteiras terrestres, aplica-se apenas aos bens destinados à subsistência da unidade familiar de residentes nas cidades fronteiriças brasileiras (Decreto-Lei n. 2.120, de 1984, art. 1º, § 2º, alínea "b"; Lei n. 8.032, de 1990, art. 2º, inciso II, alínea "f"; e Lei n. 8.402, de 1992, art. 1º, inciso IV).

Parágrafo único. Entende-se por bens destinados à subsistência da unidade familiar, para os efeitos desta Subseção, os bens estritamente necessários ao uso ou consumo pessoal e doméstico.

SUBSEÇÃO XI
DO DRAWBACK NA MODALIDADE DE ISENÇÃO

ART. 171. A isenção do imposto, ao amparo do regime aduaneiro especial de *drawback*, será concedida na importação de mercadorias, em quantidade e qualidade equivalente à utilizada no beneficiamento, fabricação, complementação ou acondicionamento de produto exportado, observado o disposto nos arts. 393 a 396 (Decreto-Lei n. 37, de 1966, art. 78, inciso III).

SUBSEÇÃO XII
DOS GÊNEROS ALIMENTÍCIOS, DOS FERTILIZANTES, DOS DEFENSIVOS, E DAS MATÉRIAS-PRIMAS PARA SUA PRODUÇÃO

ART. 172. A isenção ou a redução do imposto na importação de gêneros alimentícios de primeira necessidade, fertilizantes e defensivos para aplicação na agricultura ou na pecuária, e matérias-primas para sua produção no País, será concedida quando não houver produção nacional, ou a produção nacional desses bens for insuficiente para atender ao consumo interno (Lei n. 3.244, de 1957, art. 4º, *caput*, com a redação dada pelo Decreto-Lei n. 63, de 1966, art. 7º).

§ 1º A isenção ou a redução do imposto será reconhecida pela Secretaria da Receita Federal do Brasil com observância dos critérios definidos pelo Ministério do Desenvolvimento, Indústria e Comércio Exterior (Lei n. 3.244, de 1957, art. 4º, § 1º, com a redação dada pelo Decreto-Lei n. 63, de 1966, art. 7º):

I - mediante comprovação da inexistência de produção nacional e, havendo produção, mediante prova, anterior ao desembaraço aduaneiro, de aquisição de quota determinada do produto nacional na respectiva fonte, ou comprovação de recusa, incapacidade ou impossibilidade de fornecimento em prazo e a preço normal; ou

II - por meio do estabelecimento de quotas tarifárias globais ou por período determinado, ou ainda por quotas tarifárias globais por período determinado, casos em que não deverá ser ultrapassado o prazo de um ano, ou de quotas percentuais em relação ao consumo nacional.

§ 2º A concessão será de caráter geral em relação a cada espécie de produto, garantida a aquisição integral de produção nacional (Lei n. 3.244, de 1957, art. 4º, § 2º, com a redação dada pelo Decreto-Lei n. 63, de 1966, art. 7º).

§ 3º Será no máximo de um ano, a contar da emissão, o prazo de validade dos comprovantes de aquisição da quota de produto nacional prevista neste artigo (Lei n. 3.244, de 1957, art. 4º, § 4º, com a redação dada pelo Decreto-Lei n. 63, de 1966, art. 7º).

ART. 173. Quando, por motivo de escassez no mercado interno, tornar-se imperiosa a aquisição, no exterior, dos bens referidos no *caput* do art. 172, poderá ser concedida isenção do imposto para a sua importação, por ato do Ministério do Desenvolvimento, Indústria e Comércio Exterior, ouvidos os órgãos ligados à execução da política do abastecimento e da produção (Lei n. 3.244, de 1957, art. 4º, § 3º, com a redação dada pelo Decreto-Lei n. 63, de 1966, art. 7º).

SUBSEÇÃO XIII
DAS PARTES, PEÇAS E COMPONENTES DESTINADOS A REPARO, REVISÃO E MANUTENÇÃO DE AERONAVES E DE EMBARCAÇÕES

ART. 174. A isenção do imposto, na importação de partes, peças e componentes, será reconhecida aos bens destinados a reparo, revisão ou manutenção de aeronaves e de embarcações. (Alterado pelo Dec. 7.044/2009.)

§ 1º Para cumprimento do disposto no *caput*, o importador deverá fazer prova da posse ou propriedade da aeronave ou embarcação. (Incluído pelo Decreto n. 7.044, de 2009).

§ 2º Na hipótese de a importação ser promovida por oficina especializada em reparo, revisão ou manutenção de aeronaves, esta deverá: (Incluído pelo Decreto n. 7.044, de 2009).

I - apresentar contrato de prestação de serviços, indicando o proprietário ou possuidor da aeronave; e (Incluído pelo Decreto n. 7.044, de 2009).

II - estar homologada pelo órgão competente do Ministério da Defesa. (Incluído pelo Decreto n. 7.044, de 2009).

SUBSEÇÃO XIV
DOS MEDICAMENTOS E DO INSTRUMENTAL CIENTÍFICO DESTINADOS AO TRATAMENTO E À PESQUISA DA SÍNDROME DA DEFICIÊNCIA IMUNOLÓGICA ADQUIRIDA

ART. 175. A isenção do imposto referida na alínea "j" do inciso II do art. 136 aplica-se à importação de medicamentos utilizados exclusivamente no tratamento de aidéticos, e de instrumental de uso exclusivo na pesquisa da doença, na forma da legislação específica.

SUBSEÇÃO XV
DOS BENS IMPORTADOS PELAS ÁREAS DE LIVRE COMÉRCIO

ART. 176. A isenção do imposto na importação de bens destinados às áreas de livre comércio observará o disposto nos arts. 524 a 533.

SUBSEÇÃO XVI
DOS BENS IMPORTADOS PELA ZONA FRANCA DE MANAUS E PELA AMAZÔNIA OCIDENTAL

ART. 177. A entrada de mercadorias estrangeiras com isenção do imposto, na Zona Franca de Manaus e na Amazônia Ocidental, será feita com observância do disposto nos arts. 504 e 516, respectivamente.

SUBSEÇÃO XVII
DAS MERCADORIAS DOADAS POR REPRESENTAÇÕES DIPLOMÁTICAS ESTRANGEIRAS PARA VENDA EM FEIRAS, BAZARES E EVENTOS SEMELHANTES

ART. 178. As entidades beneficentes reconhecidas como de utilidade pública poderão vender em feiras, bazares e eventos semelhantes, com isenção do imposto, mercadorias estrangeiras recebidas em doação de representações diplomáticas estrangeiras sediadas no País, observada a regulamentação editada pelo Ministério da Fazenda (Lei n. 8.218, de 1991, art. 34, *caput*).

Parágrafo único. O produto líquido da venda dos bens recebidos em doação, na forma do *caput*, terá como destinação exclusiva o desenvolvimento de atividades beneficentes no País (Lei n. 8.218, de 1991, art. 34, parágrafo único).

SUBSEÇÃO XVIII
DAS MERCADORIAS DESTINADAS A CONSUMO EM EVENTOS INTERNACIONAIS

ART. 179. A isenção do imposto na importação de mercadorias destinadas a consumo em eventos internacionais somente será reconhecida se o consumo ocorrer no recinto de congressos, feiras e exposições internacionais e eventos assemelhados, a título de promoção ou degustação, de montagem ou conservação de estandes, ou de demonstração de equipamentos em exposição (Lei n. 8.383, de 1991, art. 70).

§ 1º A isenção não se aplica a mercadorias destinadas à montagem de estandes, suscetíveis de serem aproveitadas após o evento (Lei n. 8.383, de 1991, art. 70, § 1º).

§ 2º É condição para gozo da isenção que nenhum pagamento, a qualquer título, seja efetuado ao exterior, em relação às mercadorias mencionadas no *caput* (Lei n. 8.383, de 1991, art. 70, § 2º).

§ 3º A importação das mercadorias objeto da isenção está dispensada de licenciamento, e sujeita à regulamentação editada pelo Ministério da Fazenda (Lei n. 8.383, de 1991, art. 70, § 3º).

SUBSEÇÃO XIX
DOS OBJETOS DE ARTE

ART. 180. A isenção do imposto na importação de objetos de arte somente beneficia aqueles classificados nas posições 9701, 9702, 9703 e 9706 da Nomenclatura Comum do Mercosul, recebidos, em doação, por museus (Lei n. 8.961, de 1994, art. 1º).

Parágrafo único. Os museus a que se refere o *caput* deverão ser instituídos e mantidos pelo poder público ou por outras entidades culturais reconhecidas como de utilidade pública (Lei n. 8.961, de 1994, art. 1º).

SUBSEÇÃO XX
DAS PARTES, PEÇAS E COMPONENTES DESTINADOS AO EMPREGO NA CONSERVAÇÃO E MODERNIZAÇÃO DE EMBARCAÇÕES

ART. 181. A isenção do imposto na importação de partes, peças e componentes destinados ao emprego na conservação, modernização e conversão de embarcações registradas no Registro Especial Brasileiro será reconhecida somente se os serviços forem realizados em estaleiros navais brasileiros (Lei n. 9.493, de 1997, art. 11).

SUBSEÇÃO XXI
DOS BENS DESTINADOS A COLETORES ELETRÔNICOS DE VOTOS

ART. 182. A isenção do imposto na importação de bens destinados a coletores eletrônicos de votos aplica-se (Lei n. 9.643, de 1998, art. 1º):

I - às matérias-primas e aos produtos intermediários que se destinem à industrialização, no País, de coletores eletrônicos de votos, a serem diretamente fornecidos ao Tribunal Superior Eleitoral; e

II - aos produtos classificados nos códigos 8471.60.52, 8471.60.61, 8473.30.49, 8504.40.21 e 8534.00.00, da Nomenclatura Comum do Mercosul, destinados aos coletores eletrônicos de votos.

Parágrafo único. Para o reconhecimento da isenção, a empresa beneficiária deverá apresentar à Secretaria da Receita Federal do Brasil relação quantitativa dos bens a serem importados, aprovada pelo Ministério da Ciência e Tecnologia (Lei n. 9.643, de 1998, art. 2º).

SUBSEÇÃO XXII
DOS BENS PARA SEREM CONSUMIDOS, DISTRIBUÍDOS OU UTILIZADOS EM EVENTO ESPORTIVO, DOS BENS DOADOS A DESPORTISTAS E DAS PREMIAÇÕES E OBJETOS COMEMORATIVOS

‣ Alterado pelo Dec. 7.213/2010.

ART. 183. A isenção para bens a serem consumidos, distribuídos ou utilizados em evento esportivo, e para premiações e objetos comemorativos aplica-se na importação de (Lei n. 11.488, de 2007, art. 38, *caput*):(Alterado pelo Dec. 7.213/2010.)

I - troféus, medalhas, placas, estatuetas, distintivos, flâmulas, bandeiras e outros objetos comemorativos recebidos em evento cultural, científico ou esportivo oficial realizado no exterior ou para serem distribuídos gratuitamente como premiação em evento esportivo realizado no País;

II - bens dos tipos e em quantidades normalmente consumidos em evento esportivo oficial; e

III - material promocional, impressos, folhetos e outros bens com finalidade semelhante, a serem distribuídos gratuitamente ou utilizados em evento esportivo oficial.

§ 1º O disposto no *caput* aplica-se também a bens importados por desportistas, desde que tenham sido utilizados por estes em evento esportivo oficial e recebidos em doação de entidade de prática desportiva estrangeira ou da promotora ou patrocinadora do evento (Lei n. 11.488, de 2007, art. 38, parágrafo único).

§ 2º A isenção para os bens referidos no inciso I, quando o evento esportivo for realizado no País, aplica-se somente aos bens destinados exclusivamente ao evento esportivo e em quantidade compatível com a premiação efetuada, observado ainda o disposto no art. 185.

§ 3º São dispensados da apuração de similaridade os bens referidos no inciso I, quando o evento for realizado no exterior, nos incisos II e III e no § 1º.

§ 4º Para fins de fruição da isenção de que trata o § 1º, o evento esportivo oficial deve ser de notório destaque no cenário esportivo internacional ou assim reconhecido pelo Ministério do Esporte.

ART. 184. Para fins de fruição da isenção de que trata esta Subseção, entende-se por:

I - evento cultural ou científico: o evento cultural ou científico de notório destaque no cenário internacional ou assim reconhecido pelo Ministério da Cultura ou pelo Ministério da Ciência e Tecnologia, respectivamente;

II - evento esportivo oficial: o evento cuja realização tenha a participação do Comitê Olímpico Brasileiro, do Comitê Paraolímpico Brasileiro, de entidade nacional de administração do desporto que lhes sejam filiadas ou vinculadas ou de entidade de administração ou prática desportiva internacional reconhecida pelo Ministério do Esporte; e

III - bens consumidos: os bens dos tipos e em quantidades normalmente utilizados em evento esportivo oficial e:

a) que se gastem com o uso ou se tornem impróprios, defeituosos ou imprestáveis para os fins a que se destinavam e, em ambos os casos, não possam ser reutilizados no mesmo ou em qualquer outro evento esportivo oficial; ou

b) cujo uso importe destruição da própria substância.

Parágrafo único. O conceito de bens consumidos estabelecido no inciso III não abrange veículos automotores em geral (motocicletas, motonetas, bicicletas com motor, motos aquáticas e similares, aeronaves e embarcações de todo tipo) e armas.

ART. 185. Na hipótese a que se refere o inciso II do art. 183, a entidade promotora do evento deverá apresentar relação detalhada dos bens homologada pelo Ministério do Esporte no tocante à adequação dos bens importados, quanto à sua natureza, quantidade e qualidade, ao evento esportivo oficial.

§ 1º Quando se tratar de evento esportivo oficial promovido por órgão da administração pública direta ou com a participação do Comitê Olímpico Brasileiro - COB ou do Comitê Paraolímpico Brasileiro - CPB, a relação a que se refere o *caput* será homologada pela entidade promotora do evento e encaminhada à autoridade aduaneira. (Alterado pelo Dec. 8.010/2013.)

§ 2º Na hipótese de os bens chegarem ao País em momento anterior à homologação referida no *caput*, estes poderão permanecer no território aduaneiro sob o regime de admissão temporária.

ART. 186. A Secretaria da Receita Federal do Brasil poderá, no âmbito de sua competência, editar atos normativos para a implementação do disposto nesta Subseção.

SUBSEÇÃO XXII-A
DOS MATERIAIS ESPORTIVOS
(ACRESCENTADO PELO DEC. 7.213/2010.)

ART. 186-A. A isenção do imposto referida na alínea "u" do inciso II do art. 136 aplica-se às importações de equipamentos ou materiais, destinados, exclusivamente, ao treinamento e preparação de atletas e equipes brasileiras para competições desportivas em jogos olímpicos, paraolímpicos, pan-americanos, parapan-americanos e mundiais, cujos fatos geradores ocorram até 31 de dezembro de 2013 (Lei n. 10.451, de 2002, art. 8º, *caput*, com a redação dada pela Lei n. 11.827, de 2008, art. 5º). (Acrescentado pelo Dec. 7.213/2010.)

Parágrafo único. A isenção aplica-se a equipamento ou material esportivo, sem similar nacional, homologado pela entidade desportiva internacional da respectiva modalidade esportiva, para as competições a que se refere o *caput* (Lei n. 10.451, de 2002, art. 8º, § 1º, com a redação dada pela Lei n. 11.116, de 18 de maio de 2005, art. 14). (Acrescentado pelo Dec. 7.213/2010.)

ART. 186-B. São beneficiários da isenção de que trata esta Subseção os órgãos da União, dos Estados, do Distrito Federal e dos Municípios e suas respectivas autarquias e fundações, os atletas das modalidades olímpicas e paraolímpicas e os das competições mundiais, o Comitê Olímpico Brasileiro - COB e o Comitê Paraolímpico Brasileiro - CPB, bem como as entidades nacionais de administração do desporto que lhes sejam filiadas ou vinculadas (Lei n. 10.451, de 2002, art. 9º, com a redação dada pela Lei n. 11.827, de 2008, art. 5º). (Acrescentado pelo Dec. 7.213/2010.)

ART. 186-C. O direito à fruição da isenção de que trata esta Subseção fica condicionado (Lei n. 10.451, de 2002, art. 10, com a redação dada pela Lei n. 11.116, de 2005, art. 14; e pela Lei n. 11.827, de 2008, art. 5º):(Acrescentado pelo Dec. 7.213/2010.)

I - à comprovação da regularidade fiscal do beneficiário, relativamente aos impostos e contribuições federais; e (Acrescentado pelo Dec. 7.213/2010.)

II - à manifestação do Ministério do Esporte sobre: (Acrescentado pelo Dec. 7.213/2010.)

a) o atendimento do requisito estabelecido no parágrafo único do art. 186-A; (Acrescentado pelo Dec. 7.213/2010.)

b) a condição de beneficiário da isenção, nos termos do art. 186-B; e (Acrescentado pelo Dec. 7.213/2010.)

c) a adequação dos equipamentos e materiais importados, quanto a sua natureza, quantidade e qualidade, ao desenvolvimento do programa de trabalho do atleta ou da entidade do desporto a que se destinem. (Acrescentado pelo Dec. 7.213/2010.)

Parágrafo único. Tratando-se de produto destinado à modalidade de tiro esportivo, a manifestação quanto ao disposto nas alíneas "a" e "c" do inciso II do *caput* será do órgão competente do Ministério da Defesa (Lei n. 10.451, de 2002, art. 10, parágrafo único). (Acrescentado pelo Dec. 7.213/2010.)

ART. 186-D. Os produtos importados com a isenção de que trata esta Subseção poderão ser transferidos pelo valor de aquisição, sem o pagamento do imposto (Lei n. 10.451, de 2002, art. 11, *caput*, com a redação dada pela Lei n. 11.827, de 2008, art. 5º): (Acrescentado pelo Dec. 7.213/2010.)

I - para qualquer pessoa e a qualquer título, após o decurso do prazo de quatro anos, contados da data do registro da declaração de importação; ou (Acrescentado pelo Dec. 7.213/2010.)

II - a qualquer tempo e a qualquer título, para pessoa física ou jurídica que atenda às condições estabelecidas nos arts. 186-A a 186-C, desde que a transferência seja previamente autorizada pela autoridade aduaneira. (Acrescentado pelo Dec. 7.213/2010.)

§ 1º As alienações, a qualquer título, que não atendam às condições estabelecidas nos incisos I e II do *caput*, sujeitarão o beneficiário ao pagamento do imposto que deixou de ser pago por ocasião da importação, com acréscimo de juros e de multa, de mora ou de ofício (Lei n. 10.451, de 2002, art. 11, § 1º). (Acrescentado pelo Dec. 7.213/2010.)

§ 2º Na hipótese do § 1º, o adquirente, a qualquer título, de equipamento ou material beneficiado com a isenção é responsável solidário pelo pagamento do imposto e respectivos acréscimos (Lei n. 10.451, de 2002, art. 11, § 2º, com a redação dada pela Lei n. 11.827, de 2008, art. 5º). (Acrescentado pelo Dec. 7.213/2010.)

SUBSEÇÃO XXII-B *DOS PROJETOS DE PESQUISA, DESENVOLVIMENTO E INOVAÇÃO*

‣ Acrescentada pelo Dec. 9.283/2018.

ART. 186-E. A isenção do imposto aos bens importados por empresas habilitadas, na execução de projetos de pesquisa, desenvolvimento e inovação aplica-se a máquinas, equipamentos, aparelhos e instrumentos, e suas partes e suas peças de reposição, acessórios, matérias-primas e produtos intermediários. (Lei n. 8.032, de 1990, art. 2º, *caput*, inciso I, alínea "g"). (Acrescentado pelo Dec. 9.283/2018.)

§ 1º A habilitação da empresa observará as seguintes etapas: (Acrescentado pelo Dec. 9.283/2018.)

I - credenciamento da empresa junto ao CNPq; (Acrescentado pelo Dec. 9.283/2018.)

II - apresentação de declaração, celebrada pelo dirigente máximo, de que os bens importados serão exclusivamente utilizados em pesquisa, desenvolvimento e inovação, sob pena de responsabilidade administrativa, civil e penal; e (Acrescentado pelo Dec. 9.283/2018.)

III - indicação do projeto de pesquisa, desenvolvimento e inovação aprovado pelo CNPq no qual será utilizado o bem que se pretende importar, conforme os critérios estabelecidos em ato normativo próprio. (Acrescentado pelo Dec. 9.283/2018.)

§ 2º O projeto de pesquisa, desenvolvimento e inovação apresentado pela empresa ao CNPq conterá obrigatoriamente: (Acrescentado pelo Dec. 9.283/2018.)

I - título, objetivos, metas, resultados esperados, metodologia utilizada, fontes de financiamento e produção científica e tecnológica; (Acrescentado pelo Dec. 9.283/2018.)

II - relação de bens a serem importados; (Acrescentado pelo Dec. 9.283/2018.)

III - equipe envolvida no projeto; (Acrescentado pelo Dec. 9.283/2018.)

IV - relevância dos bens a serem importados para a execução do projeto; (Acrescentado pelo Dec. 9.283/2018.)

V - descrição de infraestrutura de laboratório; e (Acrescentado pelo Dec. 9.283/2018.)

VI - outros itens exigidos em norma específica. (Acrescentado pelo Dec. 9.283/2018.)

§ 3º A análise e a aprovação do projeto de pesquisa, desenvolvimento e inovação pelo CNPq independerão da fonte de financiamento. (Acrescentado pelo Dec. 9.283/2018.)

§ 4º A empresa poderá solicitar sigilo das informações prestadas na forma estabelecida no § 2º, sempre que do projeto de pesquisa, desenvolvimento e inovação constar cláusula expressa nesse sentido. (Acrescentado pelo Dec. 9.283/2018.)

ART. 186-F. O Ministro de Estado da Fazenda estabelecerá o limite global anual, em valor, para as importações realizadas com isenção pelas empresas habilitadas na forma estabelecida no art. 186-E, ouvido o Ministro de Estado da Ciência, Tecnologia, Inovações e Comunicações (Lei n. 8.032, de 1990, art. 2º, *caput*, inciso I, alínea "g"). (Acrescentado pelo Dec. 9.283/2018.)

§ 1º A quota global de importações será distribuída e controlada pelo CNPq. (Acrescentado pelo Dec. 9.283/2018.)

§ 2º O Ministro de Estado da Ciência, Tecnologia, Inovações e Comunicações encaminhará, até o mês de julho de cada ano-calendário, proposta de novo limite global anual para o exercício seguinte. (Acrescentado pelo Dec. 9.283/2018.)

§ 3º Na hipótese prevista no § 2º, o Ministro de Estado da Fazenda terá o prazo de sessenta dias para estabelecer a nova quota global de importações para o exercício seguinte. (Acrescentado pelo Dec. 9.283/2018.)

SUBSEÇÃO XXIII *DAS DISPOSIÇÕES FINAIS*

ART. 187. É concedida, ainda, isenção do imposto, relativamente aos automóveis de sua propriedade, a (Decreto-Lei n. 37, de 1966, art. 13, inciso III, alíneas "a" e "b", com a redação dada pelo Decreto-Lei n. 1.123, de 1970, art. 1º; Decreto-Lei n. 1.455, de 1976, art. 2º, § 1º; e Decreto-Lei n. 2.120, de 1984, art. 7º):

I - funcionários da carreira diplomática, quando removidos para a Secretaria de Estado das Relações Exteriores, e os que a eles se assemelharem pelas funções permanentes de caráter diplomático, ao serem dispensados de função exercida no exterior e cujo término importe em seu regresso ao País; e

II - servidores públicos civis e militares, servidores de autarquias, empresas públicas ou sociedades de economia mista, que regressarem ao País, quando dispensados de qualquer função oficial de caráter permanente, exercida no exterior por mais de dois anos, ininterruptamente.

§ 1º A isenção referida no *caput* aplica-se somente ao funcionário que for dispensado de função oficial exercida em país que proíba a venda dos automóveis em condições de livre concorrência, atendidos, ainda, os seguintes requisitos (Decreto-Lei n. 1.455, de 1976, art. 2º, § 1º):

I - que o automóvel tenha sido licenciado e usado no país em que servia o interessado;

II - que o automóvel pertença ao interessado há mais de cento e oitenta dias da dispensa da função; e

III - que a dispensa da função tenha ocorrido de ofício.

§ 2º A pessoa que houver gozado da isenção de que trata este artigo poderá obter novo benefício somente após o transcurso de três anos do ato de remoção ou dispensa de que decorreu a concessão anterior.

ART. 188. Para os efeitos desta Subseção, considera-se função oficial permanente, no exterior, a exercida em terra, que não se extinga com a dispensa do respectivo servidor e que seja estabelecida (Decreto-Lei n. 37, de 1966, art. 13, § 3º, com a redação dada pelo Decreto-Lei n. 1.123, de 1970, art. 1º):

I - no caso de servidor da administração pública direta, na legislação específica; e

II - no caso de servidor da administração pública indireta, em ato formal do órgão deliberativo máximo da entidade a cujo quadro pertença.

ART. 189. Aplica-se à transferência dos automóveis importados com a isenção referida nesta Subseção o disposto nos arts. 145 e 146 (Decreto-Lei n. 37, de 1966, arts. 11, *caput*, e 106, inciso II, alínea "a").

SEÇÃO VII DA SIMILARIDADE

SUBSEÇÃO I *DAS DISPOSIÇÕES PRELIMINARES*

ART. 190. Considera-se similar ao estrangeiro o produto nacional em condições de substituir o importado, observadas as seguintes normas básicas (Decreto-Lei n. 37, de 1966, art. 18, *caput*):

I - qualidade equivalente e especificações adequadas ao fim a que se destine;

II - preço não superior ao custo de importação, em moeda nacional, da mercadoria estrangeira, calculado o custo com base no preço *Cost, Insurance and Freight* - CIF, acrescido dos tributos que incidem sobre a importação e de outros encargos de efeito equivalente; e

III - prazo de entrega normal ou corrente para o mesmo tipo de mercadoria.

Parágrafo único. Não será aplicável o conceito de similaridade conforme o disposto no *caput*, quando importar em fracionamento da peça ou máquina, com prejuízo da garantia de seu bom funcionamento ou com retardamento substancial no prazo de entrega ou montagem (Decreto-Lei n. 37, de 1966, art. 18, § 3º).

ART. 191. Na comparação de preços a que se refere o inciso II do art. 190, serão acrescidos ao preço da mercadoria estrangeira os valores correspondentes:

I - ao imposto de importação, ao imposto sobre produtos industrializados, à contribuição para o PIS/PASEP-Importação, à contribuição social para o financiamento da seguridade social devida pelo importador de bens estrangeiros ou serviços do exterior - COFINS-Importação, ao adicional ao frete para renovação da marinha mercante e ao custo dos encargos de natureza cambial, quando existentes; e

II - ao imposto sobre operações relativas à circulação de mercadorias e sobre prestações de serviços de transporte interestadual e intermunicipal e de comunicação - ICMS.

Parágrafo único. Na hipótese de o similar nacional ser isento dos tributos internos, ou não tributado, as parcelas relativas a esses tributos não serão consideradas para os fins do *caput*; porém, será deduzida do preço do similar nacional a parcela correspondente aos tributos que incidirem sobre os insumos relativos a sua produção no País.

ART. 192. A Secretaria de Comércio Exterior poderá estabelecer critérios gerais ou específicos para apuração da similaridade, por meio de normas complementares, tendo em vista as condições de oferta do produto nacional, a política econômica geral do Governo e a orientação dos órgãos governamentais incumbidos da política relativa a produtos ou a setores de produção (Decreto-Lei n. 37, de 1966, art. 18, § 1º).

SUBSEÇÃO II *DA APURAÇÃO DA SIMILARIDADE*

ART. 193. A apuração da similaridade para os fins do art. 118 será procedida em cada caso, antes da importação, pela Secretaria de Comércio Exterior, segundo as normas e os critérios estabelecidos nesta Seção (Decreto-Lei n. 37, de 1966, art. 19, *caput* e parágrafo único).

§ 1º Na apuração da similaridade poderá ser solicitada a colaboração de outros órgãos governamentais e de entidades de classe (Decreto-Lei n. 37, de 1966, art. 19, *caput*).

§ 2º Nos casos excepcionais em que, por motivos de ordem técnica, não for possível a apuração prévia da similaridade, esta poderá ser verificada por ocasião do despacho de importação da mercadoria, conforme as instruções gerais ou específicas que forem estabelecidas.

§ 3º Com o objetivo de facilitar a execução de contratos de financiamento de projetos, para cuja implantação for requerida a aprovação do Governo, o exame da similaridade deverá ser feito de preferência durante a negociação dos contratos.

§ 4º A Secretaria de Comércio Exterior do Ministério do Desenvolvimento, Indústria e Comércio Exterior informará ao interessado sobre a inexistência do similar nacional e editará, no âmbito de sua competência, atos normativos para a implementação do disposto neste artigo.

ART. 194. Quando a Secretaria de Comércio Exterior não tiver elementos próprios para decidir, serão exigidas dos postulantes de isenção ou de redução as informações pertinentes, a fim de demonstrar que a indústria nacional não teria condições de fabricação ou de oferta do produto a importar, cumpridas as instruções que forem baixadas.

§ 1º A falta de cumprimento da exigência prevista neste artigo impossibilitará a obtenção do benefício, no caso específico.

§ 2º As entidades máximas representativas das atividades econômicas deverão informar sobre a produção do similar no País, atendendo aos pedidos dos interessados ou da Secretaria de Comércio Exterior, na forma e no prazo estabelecidos em ato normativo específico.

§ 3º Poderão ser aceitos como elementos de prova os resultados de concorrências públicas, tomadas de preço, ofertas ou condições de fornecimento do produto ou informações firmadas pela entidade máxima da classe representativa da atividade em causa.

ART. 195. Na hipótese de a indústria nacional não ter condições de oferta para atender, em prazo normal, à demanda específica de um conjunto de bens destinados à execução de determinado projeto, a importação da parcela do conjunto, não atendida pela indústria nacional, poderá ser dispensada do cumprimento das normas de similaridade estabelecidas nesta Seção.

ART. 196. Quando a fabricação interna requerer a participação de insumos importados em proporções elevadas, relativamente ao custo final do bem, deverá ser levado em consideração se o valor acrescido internamente, em decorrência de montagem ou de qualquer outra operação industrial, pode conferir ao bem fabricado a necessária qualificação econômica para ser reconhecido como similar, nos termos desta Seção.

ART. 197. Considera-se que não há similar nacional, em condições de substituir o produto importado, quando, em obras a cargo de concessionárias de serviço público, não existirem bens e equipamentos de construção em quantidade que permita o seu fornecimento nos prazos requeridos pelo interesse nacional para a conclusão da obra.

ART. 198. Nos programas de estímulo à industrialização, aplicados por meio de índices de nacionalização progressiva, os órgãos competentes deverão observar as normas de similaridade estabelecidas nesta Seção.

ART. 199. A anotação de inexistência de similar nacional no documento ou no registro informatizado de importação, ou de enquadramento da mercadoria nas hipóteses referidas no art. 204, é condição indispensável para o despacho aduaneiro com isenção ou redução do imposto.

- V - Dec. 8.463/2015 (Regulamenta as medidas tributárias referentes à realização, no Brasil, dos Jogos Olímpicos de 2016 e dos Jogos Paraolímpicos de 2016 de que trata a Lei 12.780/2013, e altera o Dec. 7.578/2011, que regulamenta as medidas tributárias referentes à realização, no Brasil, da Copa das Confederações FIFA 2013 e da Copa do Mundo FIFA 2014 de que trata a Lei 12.350/2010).

Parágrafo único. Excetuam-se da exigência de anotação as mercadorias compreendidas no § 3º do art. 193, no art. 201 e as que forem expressamente autorizadas pela Secretaria de Comércio Exterior.

ART. 200. Os produtos naturais brutos ou com beneficiamento primário, as matérias-primas e os bens de consumo de notória produção no País independem de apuração para serem considerados similares (Decreto-Lei n. 37, de 1966, art. 20).

Parágrafo único. A Secretaria de Comércio Exterior poderá suspender os efeitos do *caput*, quando ficar demonstrado que a produção nacional não atende às condições estabelecidas no art. 190.

ART. 201. São dispensados da apuração de similaridade:

I - bagagem de viajantes (Decreto-Lei n. 37, de 1966, art. 17, parágrafo único, inciso I);

II - importações efetuadas por missões diplomáticas e repartições consulares de caráter permanente e por seus integrantes (Decreto-Lei n. 37, de 1966, art. 17, parágrafo único, inciso I);

III - importações efetuadas por representações de organismos internacionais de caráter permanente de que o Brasil seja membro, e por seus funcionários, peritos, técnicos e consultores, estrangeiros (Decreto-Lei n. 37, de 1966, art. 17, parágrafo único, inciso I);

IV - amostras e bens contidos em remessas postais internacionais, sem valor comercial (Decreto-Lei n. 37, de 1966, art. 17, parágrafo único, inciso I);

V - partes, peças e componentes destinados a reparo, revisão e manutenção de aeronaves ou embarcações, estrangeiras (Decreto-Lei n. 37, de 1966, art. 17, parágrafo único, inciso I);

VI - gêneros alimentícios de primeira necessidade, fertilizantes e defensivos para aplicação na agricultura ou pecuária, e matérias-primas para sua produção no País, quando sujeitos a contingenciamento (Decreto-Lei n. 37, de 1966, art. 17, parágrafo único, inciso I; Lei n. 8.032, de 1990, art. 2º, inciso II, alínea "h"; e Lei n. 8.402, de 1992, art. 1º, inciso IV);

VII - partes, peças, acessórios, ferramentas e utensílios (Decreto-Lei n. 37, de 1966, art. 17, parágrafo único, inciso II):

a) que, em quantidade normal, acompanham o aparelho, instrumento, máquina ou equipamento, importado com isenção do imposto; e

b) importados pelo usuário, na quantidade necessária e destinados, exclusivamente, ao reparo ou manutenção do aparelho, instrumento, máquina ou equipamento de procedência estrangeira, instalado ou em funcionamento no País;

VIII - bens doados a entidades sem fins lucrativos, destinados a fins culturais, científicos e assistenciais (Decreto-Lei n. 37, de 1966, art. 17, parágrafo único, inciso V, com a redação dada pela Lei n. 10.833, de 2003, art. 77);

IX - bens adquiridos em loja franca (Decreto-Lei n. 37, de 1966, art. 17, parágrafo único, inciso I; e Decreto-Lei n. 2.120, de 1984, art. 1º, § 2º, alínea "a");

X - bens destinados a coletores eletrônicos de votos (Lei n. 9.359, de 12 de dezembro de 1996, art. 5º);

XI - bens destinados a pesquisa científica e tecnológica, até o limite global anual a que se refere o art. 148 (Lei n. 8.010, de 1990, art. 1º, § 1º); e

XII - (Revogado pelo Dec. 8.010/2013.)

ART. 202. Na hipótese de importações amparadas por legislação específica de desenvolvimento regional, a Secretaria de Comércio Exterior aprovará as normas e procedimentos adequados, após audiência dos órgãos interessados.

ART. 203. As importações financiadas ou a título de investimento direto de capital, provenientes dos Países Membros da Associação Latino-Americana de Integração, estarão sujeitas ao regime de reciprocidade de tratamento e constituirão caso especial de aplicação das normas previstas nesta Seção.

ART. 204. Para conciliar o interesse do fabricante do similar nacional com o da implantação de projeto de importância econômica fundamental, financiado por agência estrangeira ou supranacional de crédito, poderão ser consideradas as condições de participação da indústria brasileira no fornecimento dos bens requeridos pelo projeto (Decreto-Lei n. 37, de 1966, art. 18, § 2º).

§ 1º Na hipótese prevista no *caput*, fica assegurada a utilização de bens fabricados no País na implantação do projeto, quando houver entendimento entre o interessado na importação e os produtores nacionais, cujo acordo, apreciado pela entidade de classe representativa, será homologado pela Secretaria de Comércio Exterior.

§ 2º Satisfeitas as condições previstas neste artigo, a parcela de bens importados fica automaticamente excluída do exame da similaridade.

SUBSEÇÃO III
DAS DISPOSIÇÕES FINAIS

ART. 205. As entidades de direito público e as pessoas de direito privado beneficiadas com a isenção de tributos ficam obrigadas a dar preferência nas suas compras aos materiais de fabricação nacional, segundo as normas e limitações desta Seção.

ART. 206. A Secretaria de Comércio Exterior publicará periodicamente a relação das mercadorias similares às estrangeiras, conforme suas instruções específicas, sempre que a incidência do imposto ou o nível da alíquota for condicionado à existência de similar nacional (Decreto-Lei n. 37, de 1966, art. 21).

ART. 207. As normas e procedimentos previstos nesta Seção aplicam-se a todas as importações objeto de benefícios fiscais ou de outra espécie, qualquer que seja a pessoa jurídica interessada.

ART. 208. Das decisões sobre apuração da similaridade caberá recurso, no prazo de dez dias, contados a partir da ciência ou da divulgação oficial da decisão recorrida, em face de razões de legalidade e de mérito (Lei n. 9.784, de 29 de janeiro de 1999, arts. 56, *caput*, e 59, *caput*).

Parágrafo único. O recurso será dirigido à autoridade que proferiu a decisão, a qual, se não a reconsiderar no prazo de cinco dias, o encaminhará à autoridade superior (Lei n. 9.784, de 1999, art. 56, § 1º).

ART. 209. Caberá à Secretaria de Comércio Exterior, no âmbito de sua competência, decidir sobre os casos omissos.

SEÇÃO VIII
DA PROTEÇÃO À BANDEIRA BRASILEIRA

ART. 210. Respeitado o princípio de reciprocidade de tratamento, é obrigatório o transporte em navio de bandeira brasileira (Decreto-Lei n. 666, de 1969, art. 2º, *caput*):

I - das mercadorias importadas por qualquer órgão da administração pública federal, estadual e municipal, direta ou indireta; e

II - de qualquer outra mercadoria a ser beneficiada com isenção ou redução do imposto.

§ 1º Para os fins deste artigo, considera-se de bandeira brasileira o navio estrangeiro afretado por empresa nacional autorizada a funcionar regularmente (Decreto-Lei n. 666, de 1969, art. 5º).

§ 2º A obrigatoriedade prevista no *caput* é extensiva à mercadoria cujo transporte esteja regulado em acordos ou em convênios firmados ou reconhecidos pelas autoridades brasileiras, obedecidas as condições neles fixadas (Decreto-Lei n. 666, de 1969, art. 2º, § 2º).

§ 3º São dispensados da obrigatoriedade de que trata o *caput*:

I - bens doados por pessoa física ou jurídica residente ou sediada no exterior; e

II - (Revogado pelo Dec. 8.010/2013.)

§ 4º O cumprimento da obrigatoriedade referida no *caput* poderá ser suprido mediante a apresentação de documento de liberação da carga expedido pelo órgão competente do Ministério dos Transportes (Decreto-Lei n. 666, de 1969, art. 3º, §§ 1º, 2º e 3º, este com a redação dada pelo Decreto-Lei n. 687, de 18 de julho de 1969, art. 1º).

ART. 211. O descumprimento da obrigação referida no *caput* do art. 210, quanto:

I - ao inciso I, obrigará a unidade aduaneira a comunicar o fato, em cada caso, ao órgão competente do Ministério dos Transportes, sem prejuízo do desembaraço aduaneiro da mercadoria com isenção; e

II - ao inciso II, importará a perda do benefício de isenção ou de redução.

CAPÍTULO IX
DA IMUNIDADE DOS LIVROS, JORNAIS E PERIÓDICOS E DO PAPEL DESTINADO A SUA IMPRESSÃO

‣ Acrescentado pelo Dec. 7.213/2010.

ART. 211-A. É concedida imunidade do imposto de importação às importações de livros, jornais e periódicos e do papel destinado a sua impressão (Constituição, art. 150, inciso VI, alínea "d"). (Acrescentado pelo Dec. 7.213/2010.)

ART. 211-B. Deve manter registro especial na Secretaria da Receita Federal do Brasil a pessoa jurídica que (Lei n. 11.945, de 2009, art. 1º, *caput*): (Acrescentado pelo Dec. 7.213/2010.)

I - exercer as atividades de comercialização e importação de papel destinado à impressão de livros, jornais e periódicos, a que se refere o art. 211-A; e (Acrescentado pelo Dec. 7.213/2010.)

II - adquirir o papel a que se refere o art. 211-A para a utilização na impressão de livros, jornais e periódicos. (Acrescentado pelo Dec. 7.213/2010.)

§ 1º A transferência do papel a detentores do registro especial de que trata o *caput* faz prova da regularidade da sua destinação, sem prejuízo da responsabilidade, pelos tributos devidos, da pessoa jurídica que, tendo adquirido o papel beneficiado com imunidade, desviar sua finalidade constitucional (Lei n. 11.945, de 2009, art. 1º, § 1º). (Acrescentado pelo Dec. 7.213/2010.)

§ 2º Compete à Secretaria da Receita Federal do Brasil (Lei n. 11.945, de 2009, art. 1º, § 3º): (Acrescentado pelo Dec. 7.213/2010.)

I - expedir normas complementares relativas ao registro especial e ao cumprimento das exigências a que estão sujeitas as pessoas jurídicas para sua concessão; e (Acrescentado pelo Dec. 7.213/2010.)

II - estabelecer a periodicidade e a forma de comprovação da correta destinação do papel beneficiado com imunidade, inclusive mediante a instituição de obrigação acessória destinada ao controle da sua comercialização e importação. (Acrescentado pelo Dec. 7.213/2010.)

TÍTULO II
DO IMPOSTO DE EXPORTAÇÃO

CAPÍTULO I
DA INCIDÊNCIA

ART. 212. O imposto de exportação incide sobre mercadoria nacional ou nacionalizada destinada ao exterior (Decreto-Lei n. 1.578, de 11 de outubro de 1977, art. 1º, *caput*).

§ 1º Considera-se nacionalizada a mercadoria estrangeira importada a título definitivo.

§ 2º A Câmara de Comércio Exterior, observada a legislação específica, relacionará as mercadorias sujeitas ao imposto (Decreto-Lei n. 1.578, de 1977, art. 1º, § 3º, com a redação dada pela Lei n. 9.716, de 26 de novembro de 1998, art. 1º).

CAPÍTULO II
DO FATO GERADOR

ART. 213. O imposto de exportação tem como fato gerador a saída da mercadoria do território aduaneiro (Decreto-Lei n. 1.578, de 1977, art. 1º, *caput*).

Parágrafo único. Para efeito de cálculo do imposto, considera-se ocorrido o fato gerador na data de registro do registro de exportação no Sistema Integrado de Comércio Exterior (Siscomex) (Decreto-Lei n. 1.578, de 1977, art. 1º, § 1º).

CAPÍTULO III
DA BASE DE CÁLCULO E DO CÁLCULO

ART. 214. A base de cálculo do imposto é o preço normal que a mercadoria, ou sua similar, alcançaria, ao tempo da exportação, em uma venda em condições de livre concorrência no mercado internacional, observadas as normas expedidas pela Câmara de Comércio Exterior (Decreto-Lei n. 1.578, de 1977, art. 2º, *caput*, com a redação dada pela Medida Provisória n. 2.158-35, de 2001, art. 51).

§ 1º Quando o preço da mercadoria for de difícil apuração ou for suscetível de oscilações bruscas no mercado internacional, a Câmara de Comércio Exterior fixará critérios específicos ou estabelecerá pauta de valor mínimo, para apuração da base de cálculo (Decreto-Lei n. 1.578, de 1977, art. 2º, § 2º, com a redação dada pela Medida Provisória n. 2.158-35, de 2001, art. 51).

§ 2º Para efeito de determinação da base de cálculo do imposto, o preço de venda das mercadorias exportadas não poderá ser inferior ao seu custo de aquisição ou de produção, acrescido dos impostos e das contribuições incidentes e da margem de lucro de quinze por cento sobre a soma dos custos, mais impostos e contribuições (Decreto-Lei n. 1.578, de 1977, art. 2º, § 3º, com a redação dada pela Lei n. 9.716, de 1998, art. 1º).

ART. 215. O imposto será calculado pela aplicação da alíquota de trinta por cento sobre a base de cálculo (Decreto-Lei n. 1.578, de 1977, art. 3º, *caput*, com a redação dada pela Lei n. 9.716, de 1998, art. 1º).

§ 1º Para atender aos objetivos da política cambial e do comércio exterior, a Câmara de Comércio Exterior poderá reduzir ou aumentar a alíquota do imposto (Decreto-Lei n. 1.578, de 1977, art. 3º, *caput*, com a redação dada pela Lei n. 9.716, de 1998, art. 1º).

§ 2º Em caso de elevação, a alíquota do imposto não poderá ser superior a cento e cinquenta por cento (Decreto-Lei n. 1.578, de 1977, art. 3º, parágrafo único, com a redação dada pela Lei n. 9.716, de 1998, art. 1º).

CAPÍTULO IV
DO PAGAMENTO E DO CONTRIBUINTE

ART. 216. O pagamento do imposto será realizado na forma e no prazo fixados pelo Ministro de Estado da Fazenda, que poderá determinar sua exigibilidade antes da efetiva saída do território aduaneiro da mercadoria a ser exportada (Decreto-Lei n. 1.578, de 1977, art. 4º, *caput*).

§ 1º Não efetivada a exportação da mercadoria ou ocorrendo o seu retorno nas condições dos incisos I a V do art. 70, o imposto pago será compensado, na forma do art. 113, ou restituído, mediante requerimento do interessado, acompanhado da respectiva documentação comprobatória (Decreto-Lei n. 1.578, de 1977, art. 6º).

§ 2º Poderá ser dispensada a cobrança do imposto em função do destino da mercadoria a ser exportada, observadas as normas editadas pelo Ministro de Estado da Fazenda (Decreto-Lei n. 1.578, de 1977, art. 4º, parágrafo único, com a redação dada pela Lei n. 9.716, de 1998, art. 1º).

ART. 217. É contribuinte do imposto o exportador, assim considerada qualquer pessoa que promova a saída de mercadoria do território aduaneiro (Decreto-Lei n. 1.578, de 1977, art. 5º).

CAPÍTULO V
DAS ISENÇÕES DO IMPOSTO

SEÇÃO I
DO CAFÉ

ART. 218. São isentas do imposto as vendas de café para o exterior (Decreto-Lei n. 2.295, de 21 de novembro de 1986, art. 1º)

SEÇÃO II
DO SETOR SUCROALCOOLEIRO

ART. 219. As usinas produtoras de açúcar que não possuam destilarias anexas poderão exportar os seus excedentes, desde que comprovem sua participação no mercado interno, conforme estabelecido nos planos anuais de safra (Lei n. 9.362, de 13 de dezembro de 1996, art. 1º, § 7º).

ART. 220. Aos excedentes de que trata o art. 219 e aos de mel rico e de mel residual poderá ser concedida isenção total ou parcial do imposto, mediante despacho fundamentado conjunto dos Ministros de Estado da Fazenda e do Desenvolvimento, Indústria e Comércio Exterior, que fixará, dentre outros requisitos, o prazo de sua duração (Lei n. 9.362, de 1996, art. 3º).

ART. 221. Em operações de exportação de açúcar, álcool, mel rico e mel residual, com isenção total ou parcial do imposto, a emissão de registro de venda e de registro de exportação ou documento de efeito equivalente, pela Secretaria de Comércio Exterior, sujeita-se aos estritos termos do despacho referido no art. 220 (Lei n. 9.362, de 1996, art. 4º).

ART. 222. A exportação de açúcar, álcool, mel rico e mel residual, com a isenção de que trata o art. 220, será objeto de cotas distribuídas às unidades industriais e às refinarias autônomas exportadoras nos planos anuais de safra (Lei n. 9.362, de 1996, art. 5º)

ART. 223. A isenção total ou parcial do imposto não gera direito adquirido, e será tornada

DECRETOS

insubsistente sempre que se apure que o habilitado não satisfazia ou deixou de satisfazer os requisitos, ou não cumpria ou deixou de cumprir as condições para a concessão do benefício (Lei n. 9.362, de 1996, art. 6º).

SEÇÃO III
DA BAGAGEM

ART. 224. Os bens integrantes de bagagem, acompanhada ou desacompanhada, de viajante que se destine ao exterior estão isentos do imposto (Regime Aduaneiro de Bagagem no Mercosul, Artigo 15, inciso 1, aprovado pela Decisão CMC n. 53, de 2008, internalizada pelo Decreto n. 6.870, de 2009). (Alterado pelo Dec. 7.213/2010.)

ART. 225. Será dado o tratamento de bagagem a outros bens adquiridos no País, levados pessoalmente pelo viajante para o exterior, até o limite de US$ 2.000,00 (dois mil dólares dos Estados Unidos da América) ou o equivalente em outra moeda, sempre que se tratarem de mercadorias de livre exportação e for apresentado documento fiscal correspondente a sua aquisição (Regime Aduaneiro de Bagagem no Mercosul, Artigo 15, inciso 2, aprovado pela Decisão CMC n. 53, de 2008, internalizada pelo Decreto n. 6.870, de 2009). (Alterado pelo Dec. 7.213/2010.)

ART. 226. Aplicam-se a esta Seção, no que couber, as normas previstas para a bagagem na importação.

SEÇÃO IV
DO COMÉRCIO DE SUBSISTÊNCIA EM FRONTEIRA

ART. 227. São isentos do imposto os bens levados para o exterior no comércio característico das cidades situadas nas fronteiras terrestres (Decreto-Lei n. 2.120, de 1984, art. 1º, § 2º, alínea "b").

Parágrafo único. Aplicam-se a esta Seção as normas previstas no parágrafo único do art. 170.

CAPÍTULO VI
DOS INCENTIVOS FISCAIS NA EXPORTAÇÃO

SEÇÃO I
DAS EMPRESAS COMERCIAIS EXPORTADORAS

ART. 228. As operações decorrentes de compra de mercadorias no mercado interno, quando realizadas por empresa comercial exportadora, para o fim específico de exportação, terão o tratamento previsto nesta Seção (Decreto-Lei n. 1.248, de 29 de novembro de 1972, art. 1º, *caput*; e Lei n. 8.402, de 1992, art. 1º, § 1º).

Parágrafo único. Consideram-se destinadas ao fim específico de exportação as mercadorias que forem diretamente remetidas do estabelecimento do produtor-vendedor para (Decreto-Lei n. 1.248, de 1972, art. 1º, parágrafo único):

I - embarque de exportação, por conta e ordem da empresa comercial exportadora; ou

II - depósito sob o regime extraordinário de entreposto aduaneiro na exportação.

ART. 229. O tratamento previsto nesta Seção aplica-se às empresas comerciais exportadoras que satisfizerem os seguintes requisitos (Decreto-Lei n. 1.248, de 1972, art. 2º, *caput*):

I - estar registrada no registro especial na Secretaria de Comércio Exterior e na Secretaria da Receita Federal do Brasil, de acordo com as normas aprovadas pelos Ministros de Estado do Desenvolvimento, Indústria e Comércio Exterior e da Fazenda, respectivamente;

II - estar constituída sob a forma de sociedade por ações, devendo ser nominativas as ações com direito a voto; e

III - possuir capital mínimo fixado pelo Conselho Monetário Nacional.

ART. 230. São assegurados ao produtor-vendedor, nas operações de que trata o art. 228, os benefícios fiscais concedidos por lei para incentivo à exportação (Decreto-Lei n. 1.248, de 1972, art. 3º, com a redação dada pelo Decreto-Lei n. 1.894, de 16 de dezembro de 1981, art. 2º).

ART. 231. Os impostos que forem devidos, bem como os benefícios fiscais de qualquer natureza, auferidos pelo produtor-vendedor, com os acréscimos legais cabíveis, passarão a ser de responsabilidade da empresa comercial exportadora no caso de (Decreto-Lei n. 1.248, de 1972, art. 5º, *caput*):

I - não se efetivar a exportação dentro do prazo de cento e oitenta dias, contados da data da emissão da nota fiscal pela vendedora, na hipótese de mercadoria submetida ao regime extraordinário de entreposto aduaneiro na exportação (Lei n. 10.833, de 2003, art. 9º, *caput*);

II - revenda das mercadorias no mercado interno; ou

III - destruição das mercadorias.

§ 1º O recolhimento dos créditos tributários devidos, em razão do disposto neste artigo, deverá ser efetuado no prazo de quinze dias, a contar da ocorrência do fato que lhes houver dado causa (Decreto-Lei n. 1.248, de 1972, art. 5º, § 2º).

§ 2º Nos casos de retorno ao mercado interno, a liberação das mercadorias depositadas sob regime extraordinário de entreposto aduaneiro na exportação está condicionada ao prévio recolhimento dos créditos tributários de que trata este artigo (Decreto-Lei n. 1.248, de 1972, art. 5º, § 3º).

ART. 232. É admitida a revenda entre empresas comerciais exportadoras, desde que as mercadorias permaneçam em depósito até a efetiva exportação, passando aos compradores as responsabilidades previstas no art. 231, inclusive a de efetivar a exportação da mercadoria dentro do prazo originalmente previsto no seu inciso I (Decreto-Lei n. 1.248, de 1972, art. 6º).

SEÇÃO II
DA MERCADORIA EXPORTADA QUE PERMANECE NO PAÍS

ART. 233. A exportação de produtos nacionais sem que tenha ocorrido sua saída do território aduaneiro somente será admitida, produzindo todos os efeitos fiscais e cambiais, quando o pagamento for efetivado em moeda nacional ou estrangeira de livre conversibilidade e o produto exportado seja (Lei n. 9.826, de 23 de agosto de 1999, art. 6º, *caput*, com a redação dada pela Lei n. 12.024, de 27 de agosto de 2009, art. 8º; e Lei n. 10.833, de 2003, art. 61, parágrafo único, com a redação dada pela Lei n. 12.024, de 2009, art. 7º): (Alterado pelo Dec. 7.213/2010.)

I - totalmente incorporado a bem que se encontre no País, de propriedade do comprador estrangeiro, inclusive em regime de admissão temporária sob a responsabilidade de terceiro;

II - entregue a órgão da administração direta, autárquica ou fundacional da União, dos Estados, do Distrito Federal ou dos Municípios, em cumprimento de contrato decorrente de licitação internacional;

III - entregue, em consignação, a empresa nacional autorizada a operar o regime de loja franca;

IV - entregue, no País, a subsidiária ou coligada, para distribuição sob a forma de brinde a fornecedores e clientes;

V - entregue a terceiro, no País, em substituição de produto anteriormente exportado e que tenha se mostrado, após o despacho aduaneiro de importação, defeituoso ou imprestável para o fim a que se destinava;

VI - entregue, no País, a missão diplomática, repartição consular de caráter permanente ou organismo internacional de que o Brasil seja membro, ou a seu integrante, estrangeiro;

VII - entregue, no País, para ser incorporado a plataforma destinada à pesquisa e lavra de jazidas de petróleo e gás natural em construção ou conversão contratada por empresa sediada no exterior, ou a seus módulos; ou

VIII - utilizado exclusivamente nas atividades de pesquisa ou lavra de jazidas de petróleo e gás natural, quando vendida a empresa sediada no exterior e conforme definido em legislação específica, ainda que se faça por terceiro sediado no País.

§ 1º Nas operações de exportação sem saída do produto do território nacional, com pagamento a prazo, os efeitos fiscais e cambiais, quando reconhecidos pela legislação vigente, serão produzidos no momento da contratação, sob condição resolutória, aperfeiçoando-se pelo recebimento integral em moeda nacional ou estrangeira de livre conversibilidade (Lei n. 10.833, de 2003, art. 61, *caput*, com a redação dada pela Lei n. 12.024, de 2009, art. 7º). (Alterado pelo Dec. 7.213/2010.)

§ 2º As operações previstas no *caput* estarão sujeitas ao cumprimento de obrigações e formalidades de natureza administrativa e fiscal, conforme estabelecido em ato normativo da Secretaria da Receita Federal do Brasil (Lei n. 9.826, de 1999, art. 6º, parágrafo único; e Lei n. 10.833, de 2003, art. 92).

ART. 234. Será considerada exportada, para todos os efeitos fiscais, creditícios e cambiais, a mercadoria nacional admitida no regime aduaneiro especial de depósito alfandegado certificado (Decreto-Lei n. 2.472, de 1988, art. 6º).

CAPÍTULO VII
DAS DISPOSIÇÕES FINAIS

ART. 235. Aplica-se, subsidiariamente, ao imposto de exportação, no que couber, a legislação relativa ao imposto de importação (Decreto-Lei n. 1.578, de 1977, art. 8º).

ART. 236. Respeitadas as atribuições do Conselho Monetário Nacional, a Câmara de Comércio Exterior expedirá as normas necessárias à administração do imposto (Decreto-Lei n. 1.578, de 1977, art. 10, com a redação dada pela Medida Provisória n. 2.158-35, de 2001, art. 51).

LIVRO III
DOS DEMAIS IMPOSTOS, E DAS TAXAS E CONTRIBUIÇÕES, DEVIDOS NA IMPORTAÇÃO

TÍTULO I
DO IMPOSTO SOBRE PRODUTOS INDUSTRIALIZADOS

CAPÍTULO I
DA INCIDÊNCIA E DO FATO GERADOR

ART. 237. O imposto de que trata este Título, na importação, incide sobre produtos industrializados de procedência estrangeira (Lei n. 4.502, de 1964, art. 1º; e Decreto-Lei n. 34, de 18 de novembro de 1966, art. 1º).

§ 1º O imposto não incide sobre:

I - os produtos chegados ao País nas hipóteses previstas nos incisos I e II do art. 71, que tenham sido desembaraçados; e

II - as embarcações referidas no inciso V do art. 71 (Lei n. 9.432, de 1997, art. 11, § 10).

§ 2º Na determinação da base de cálculo do imposto de que trata o *caput*, será excluído o valor depreciado decorrente de avaria ocorrida em produto.

ART. 238. O fato gerador do imposto, na importação, é o desembaraço aduaneiro de produto de procedência estrangeira (Lei n. 4.502, de 1964, art. 2º, inciso I).

§ 1º Para efeito do disposto no *caput*, considera-se ocorrido o desembaraço aduaneiro da mercadoria que constar como importada e cujo extravio tenha sido verificado pela autoridade aduaneira, inclusive na hipótese de mercadoria sob regime suspensivo de tributação (Lei n. 4.502, de 1964, art. 2º, § 3º com a redação dada pela Lei n. 10.833, de 2003, art. 80; e Decreto-Lei n. 37, de 1966, arts. 1º, § 4º, inciso I, e 25, *caput*, ambos com a redação dada pela Lei n. 12.350, de 2010, art. 40). (Alterado pelo Dec. 8.010/2013.)

§ 2º Não constitui fato gerador do imposto o desembaraço aduaneiro de produtos nacionais que retornem ao País:

I - nas hipóteses previstas nos incisos I a V do art. 70 (Decreto-Lei n. 491, de 5 de março de 1969, art. 11, *caput*); e

II - aos quais tenha sido aplicado o regime aduaneiro especial de exportação temporária, ainda que descumprido o regime.

§ 3º As diferenças percentuais de mercadoria a granel, apuradas na verificação da mercadoria, no curso do despacho aduaneiro, não serão consideradas para efeitos de exigência do imposto, até o limite de um por cento (Lei n. 10.833, de 2003, art. 66).

§ 4º Na hipótese de diferença percentual superior à fixada no § 3º, será exigido o imposto somente em relação ao que exceder a um por cento.

CAPÍTULO II
DA BASE DE CÁLCULO

ART. 239. A base de cálculo do imposto, na importação, é o valor que servir ou que serviria de base para cálculo do imposto de importação, por ocasião do despacho aduaneiro, acrescido do montante desse imposto e dos encargos cambiais efetivamente pagos pelo importador ou dele exigíveis (Lei n. 4.502, de 1964, art. 14, inciso I, alínea "b").

§ 1º O disposto no *caput* não se aplica para o cálculo do imposto incidente na importação de:

I - produtos sujeitos ao regime de tributação especial previsto na Lei n. 7.798, de 10 de julho de 1989, cuja base de cálculo será apurada em conformidade com as regras estabelecidas para o produto nacional; e

II - cigarros classificados no código 2402.20.00 da Nomenclatura Comum do Mercosul, cuja base de cálculo será apurada em conformidade com as regras estabelecidas para o produto nacional (Lei n. 9.532, de 1997, art. 52, *caput*, com a redação dada pela Lei n. 10.637, de 2002, art. 51).

§ 2º Os produtos referidos nos incisos I e II do § 1º estão sujeitos ao pagamento do imposto somente por ocasião do registro da declaração de importação (Lei n. 7.798, de 1989, art. 4º, alínea "b"; e Lei n. 9.532, de 1997, art. 52, parágrafo único).

CAPÍTULO III
DO CÁLCULO

ART. 240. O imposto será calculado mediante aplicação das alíquotas, constantes da Tabela de Incidência do Imposto sobre Produtos Industrializados, sobre a base de cálculo de que trata o art. 239 (Lei n. 4.502, de 1964, art. 13).

Parágrafo único. Na hipótese do art. 98, a alíquota para o cálculo do imposto será de cinquenta por cento (Lei n. 10.833, de 2003, art. 67, *caput*).

CAPÍTULO IV
DO CONTRIBUINTE

ART. 241. É contribuinte do imposto, na importação, o importador, em relação ao fato gerador decorrente do desembaraço aduaneiro (Lei n. 4.502, de 1964, art. 35, inciso I, alínea "b").

CAPÍTULO V
DO PRAZO DE RECOLHIMENTO

ART. 242. O imposto será recolhido por ocasião do registro da declaração de importação (Lei n. 4.502, de 1964, art. 26, inciso I).

CAPÍTULO VI
DAS ISENÇÕES DO IMPOSTO

ART. 243. As isenções do imposto, salvo expressa disposição de lei, referem-se ao produto e não ao contribuinte ou ao adquirente (Lei n. 4.502, de 1964, art. 9º, *caput*).

ART. 244. Se a isenção estiver condicionada à destinação do produto e a este for dado destino diverso do previsto, estará o responsável pelo fato sujeito ao pagamento do imposto, dos juros de mora e da penalidade cabível, como se a isenção não existisse (Lei n. 4.502, de 1964, art. 9º, § 1º, com a redação dada pela Lei n. 9.532, de 1997, art. 37, inciso II).

Parágrafo único. Salvo comprovado intuito de fraude, o imposto será devido, sem multa de ofício, se recolhido espontaneamente, antes do fato modificador da destinação, se esta se der após um ano da ocorrência do fato gerador, não sendo exigível após o decurso de três anos (Lei n. 4.502, de 1964, art. 9º, § 2º).

ART. 245. São isentas do imposto as importações (Lei n. 8.032, de 1990, art. 3º; e Lei n. 8.402, de 1992, art. 1º, *caput*, inciso IV): (Alterado pelo Dec. 9.283/2018.)

I - a que se refere o inciso I e as alíneas "b" a "o" e "q" a "u" do inciso II do art. 136, desde que satisfeitos os requisitos e condições exigidos para a concessão do benefício análogo relativo ao imposto de importação; e (Alterado pelo Dec. 7.213/2010.)

II - de bens a que se apliquem os regimes de tributação:

a) simplificada, a que se refere o art. 99; e

b) especial, a que se refere o art. 101.

Parágrafo único. As importações a que se refere o § 1º do art. 136 são isentas do imposto. (Acrescentado pelo Dec. 9.283/2018.)

CAPÍTULO VI-A
DA IMUNIDADE DOS LIVROS, JORNAIS E PERIÓDICOS E DO PAPEL DESTINADO A SUA IMPRESSÃO

(Acrescentado pelo Dec. 7.213/2010.)

ART. 245-A. São imunes do imposto as importações de livros, jornais e periódicos e do papel destinado a sua impressão, observado o disposto no art. 211-B (Constituição, art. 150, inciso VI, alínea "d"; e Lei n. 11.945, de 2009, art. 1º). (Acrescentado pelo Dec. 7.213/2010.)

CAPÍTULO VII
DA SUSPENSÃO DO PAGAMENTO DO IMPOSTO

ART. 246. Serão desembaraçados com suspensão do pagamento do imposto os componentes, chassis, carroçarias, acessórios, partes e peças dos produtos autopropulsados classificados nas posições 84.29, 84.32, 84.33, 87.01 a 87.06 e 87.11, da Nomenclatura Comum do Mercosul, quando importados diretamente por estabelecimento industrial (Lei n. 9.826, de 1999, art. 5º, *caput* e § 1º, com a redação dada pela Lei n. 10.485, de 3 de julho de 2002, art. 4º, *caput*).

§ 1º A suspensão de que trata o *caput* é condicionada a que o produto seja destinado a emprego pelo estabelecimento industrial adquirente (Lei n. 9.826, de 1999, art. 5º, § 2º, com a redação dada pela Lei n. 10.485, de 2002, art. 4º):

I - na produção de componentes, chassis, carroçarias, acessórios, partes ou peças dos produtos autopropulsados relacionados nos Anexos I e II da Lei n. 10.485, de 2002 (Lei n. 10.485, de 2002, art. 4º, parágrafo único); ou

II - na montagem dos produtos autopropulsados classificados nas posições 84.29, 84.32, 84.33, 87.01, 87.02, 87.03, 87.05, 87.06 e 87.11, e nos códigos 8704.10.00, 8704.2 e 8704.3, da Nomenclatura Comum do Mercosul.

§ 2º O disposto neste artigo aplica-se, também, à empresa comercial atacadista adquirente dos produtos resultantes da industrialização por encomenda a que se refere o art. 427 (Lei n. 9.826, de 1999, art. 5º, § 6º, com a redação dada pela Lei n. 10.865, de 2004, art. 33). (Alterado pelo Dec. 7.044/2009.)

ART. 247. Serão desembaraçados com suspensão do pagamento do imposto, ainda, as matérias-primas, os produtos intermediários e os materiais de embalagem, importados diretamente por pessoas jurídicas preponderantemente exportadoras ou por estabelecimento industrial fabricante preponderantemente (Lei n. 10.637, de 2002, art. 29, *caput* e §§ 1º e 4º, com a redação dada pela Lei n. 10.684, de 30 de maio de 2003, art. 25, e pela Lei n. 11.908, de 3 de março de 2009, art. 9º): (Alterado pelo Dec. 7.213/2010.)

I - dos produtos classificados nos Capítulos 2, 3, 4, 7, 8, 9, 10, 11, 12, 15, 16, 17, 18, 19, 20, 23 (exceto códigos 2309.10.00 e 2309.90.30 e Ex-01 no código 2309.90.90), 28, 29, 30, 31 e 64, e nas posições 21.01 a 2105.00, 2209.00.00 e 2501.00 da Nomenclatura Comum do Mercosul, inclusive daqueles a que corresponde a notação NT (não tributados); (Alterado pelo Dec. 7.213/2010.)

II - dos bens referidos no art. 246; (Alterado pelo Dec. 7.213/2010.)

III - das partes e peças destinadas a estabelecimento industrial fabricante de produto classificado no Capítulo 88 da Nomenclatura

DECRETOS

Comum do Mercosul; e (Alterado pelo Dec. 7.213/2010.)

IV - dos bens de informática e automação que gozem do benefício referido no art. 816. (Acrescentado pelo Dec. 7.213/2010.)

ART. 248. Aplica-se à suspensão do pagamento do imposto o disposto no art. 244 (Lei n. 4.502, de 1964, art. 9º, § 1º, com a redação dada pela Lei n. 9.532, de 1997, art. 37, inciso II).

TÍTULO II
DA CONTRIBUIÇÃO PARA O PIS/PASEP-IMPORTAÇÃO E DA COFINS-IMPORTAÇÃO

CAPÍTULO I
DA INCIDÊNCIA

ART. 249. A importação de produtos estrangeiros está sujeita ao pagamento da contribuição para o PIS/PASEP-Importação e da COFINS-Importação (Lei n. 10.865, de 2004, art. 1º, *caput*).

Parágrafo único. Consideram-se estrangeiros, para efeito de incidência da contribuição para o PIS/PASEP-Importação e da COFINS--Importação, os bens referidos no art. 70 (Lei n. 10.865, de 2004, art. 1º, § 2º).

ART. 250. A contribuição para o PIS/PASEP--Importação e a COFINS-Importação não incidem sobre os bens a que se referem os incisos I a IV, VI e VII do art. 71 e os incisos I e II do art. 74, bem como, observado o disposto no art. 257, sobre os bens importados pelas entidades beneficentes de assistência social, nos termos do § 7º do art. 195 da Constituição (Lei n. 10.865, de 2004, art. 2º):

CAPÍTULO II
DO FATO GERADOR

ART. 251. O fato gerador da contribuição para o PIS/PASEP-Importação e da COFINS--Importação é a entrada de bens estrangeiros no território aduaneiro (Lei n. 10.865, de 2004, art. 3º, *caput*, inciso I).

§ 1º Para efeito de ocorrência do fato gerador, consideram-se entrados no território aduaneiro os bens que constem como tendo sido importados e cujo extravio tenha sido verificado pela autoridade aduaneira (Lei n. 10.865, de 2004, art. 3º, § 1º). (Alterado pelo Dec. 8.010/2013.)

§ 2º O disposto no § 1º não se aplica (Lei n. 10.865, de 2004, art. 3º, § 2º):

I - às malas e às remessas postais internacionais; e

II - à mercadoria importada a granel que, por sua natureza ou condições de manuseio na descarga, esteja sujeita a quebra ou a decréscimo, desde que o extravio não seja superior a um por cento.

§ 3º Na hipótese de quebra ou decréscimo em percentual superior ao fixado no inciso II do § 2º, serão exigidas a contribuição para o PIS/PASEP-Importação e a COFINS-Importação somente em relação ao que exceder a um por cento (Lei n. 10.865, de 2004, art. 3º, § 3º).

ART. 252. Para efeito de cálculo da contribuição para o PIS/PASEP-Importação e da COFINS-Importação, considera-se ocorrido o fato gerador (Lei n. 10.865, de 2004, art. 4º, *caput*):

I - na data do registro da declaração de importação de bens submetidos a despacho para consumo;

II - no dia do lançamento do correspondente crédito tributário, quando se tratar de bens constantes de manifesto ou de outras declarações de efeito equivalente, cujo extravio tenha sido verificado pela autoridade aduaneira; e (Alterado pelo Dec. 8.010/2013.)

III - na data do vencimento do prazo de permanência dos bens em recinto alfandegado, se iniciado o respectivo despacho aduaneiro antes de aplicada a pena de perdimento, na hipótese a que se refere o inciso XXI do art. 689.

Parágrafo único. O disposto no inciso I aplica-se, inclusive, no caso de despacho para consumo de bens importados sob regime suspensivo de tributação do imposto de importação (Lei n. 10.865, de 2004, art. 4º, parágrafo único).

CAPÍTULO III
DA BASE DE CÁLCULO

ART. 253. A base de cálculo da contribuição para o PIS/PASEP-Importação e da COFINS-Importação é o valor aduaneiro, assim entendido o valor que servir ou que serviria de base para o cálculo do imposto de importação, acrescido do valor do ICMS incidente no desembaraço aduaneiro e do valor das próprias contribuições (Lei n. 10.865, de 2004, art. 7º, *caput*, inciso I).

§ 1º O ICMS incidente comporá a base de cálculo das contribuições, mesmo que tenha seu recolhimento diferido (Lei n. 10.865, de 2004, art. 7º, § 4º).

§ 2º Para efeito do disposto no § 1º, não se inclui a parcela a que se refere a alínea "e" do inciso V do art. 13 da Lei Complementar n. 87, de 13 de setembro de 1996 (Lei n. 10.865, de 2004, art. 7º, § 5º, com a redação dada pela Lei n. 11.196, de 21 de novembro de 2005, art. 44).

§ 3º A base de cálculo fica reduzida (Lei n. 10.865, de 2004, art. 7º, § 3º):

I - em trinta inteiros e dois décimos por cento, no caso de importação, para revenda, de caminhões chassi com carga útil igual ou superior a mil e oitocentos quilogramas e caminhão monobloco com carga útil igual ou superior a mil e quinhentos quilogramas, classificados na posição 87.04 da Tabela de Incidência do Imposto sobre Produtos Industrializados, observadas as especificações estabelecidas pela Secretaria da Receita Federal do Brasil; e

II - em quarenta e oito inteiros e um décimo por cento, no caso de importação, para revenda, de máquinas e veículos classificados nos seguintes códigos e posições da Tabela de Incidência do Imposto sobre Produtos Industrializados: 84.29, 8432.40.00, 8432.80.00, 8433.20, 8433.30.00, 8433.40.00, 8433.5, 87.01, 8702.10.00 Ex 02, 8702.90.90 Ex 02, 8704.10.00, 87.05 e 8706.00.10 Ex 01 (somente os destinados aos produtos classificados nos Ex 02 dos códigos 8702.10.00 e 8702.90.90).

CAPÍTULO IV
DOS CONTRIBUINTES E DOS RESPONSÁVEIS SOLIDÁRIOS

ART. 254. É contribuinte da contribuição para o PIS/PASEP-Importação e da COFINS--Importação (Lei n. 10.865, de 2004, art. 5º, *caput* e parágrafo único):

I - o importador, assim considerada qualquer pessoa que promova a entrada de bens estrangeiros no território aduaneiro;

II - o destinatário de remessa postal internacional indicado pelo respectivo remetente; e

III - o adquirente de mercadoria entrepostada.

ART. 255. São responsáveis solidários (Lei n. 10.865, de 2004, art. 6º):

I - o depositário, assim considerada qualquer pessoa incumbida da custódia de bem sob controle aduaneiro; e

II - o transportador, quando transportar bens procedentes do exterior ou sob controle aduaneiro, inclusive em percurso interno;

III - o representante, no País, do transportador estrangeiro;

IV - o expedidor, o operador de transporte multimodal ou qualquer subcontratado para a realização do transporte multimodal; e

V - o adquirente de bens estrangeiros, no caso de importação realizada por sua conta e ordem, por intermédio de pessoa jurídica importadora.

CAPÍTULO V
DAS ISENÇÕES

ART. 256. São isentas da contribuição para o PIS/PASEP-Importação e da COFINS-Importação (Lei n. 10.865, de 2004, art. 9º, *caput*):

I - as importações realizadas:

a) pela União, Estados, Distrito Federal e Municípios, suas autarquias e fundações instituídas e mantidas pelo poder público;

b) pelas missões diplomáticas e repartições consulares de caráter permanente e pelos respectivos integrantes;

c) pelas representações de organismos internacionais de caráter permanente, inclusive os de âmbito regional, dos quais o Brasil seja membro, e pelos respectivos integrantes;

II - as hipóteses de:

a) amostras sem valor comercial;

b) remessas postais e encomendas aéreas internacionais a que se aplique o regime de tributação simplificada ou destinadas a pessoa física;

c) bagagem de viajantes procedentes do exterior;

d) bens adquiridos em loja franca no País;

e) bens trazidos do exterior, no comércio característico das cidades situadas nas fronteiras terrestres, destinados à subsistência da unidade familiar de residentes nas cidades fronteiriças brasileiras;

f) bens importados sob o regime aduaneiro especial de *drawback*, na modalidade de isenção;

g) objetos de arte, classificados nas posições 97.01, 97.02, 97.03 e 97.06 da Nomenclatura Comum do Mercosul, recebidos em doação, por museus instituídos e mantidos pelo poder público ou por outras entidades culturais reconhecidas como de utilidade pública;

h) máquinas, equipamentos, aparelhos e instrumentos, e suas partes e peças de reposição, acessórios, matérias-primas e produtos intermediários, importados por instituições científicas e tecnológicas e por cientistas e pesquisadores, conforme o disposto nos arts. 147 e 148;

i) bens recebidos em decorrência de evento cultural, científico ou esportivo oficial, realizado no exterior, ou para serem consumidos, distribuídos ou utilizados em evento esportivo oficial realizado no País (Lei n. 11.488, de 2007, art. 38, *caput*); e

j) bens importados por desportistas, desde que tenham sido utilizados por estes em evento esportivo oficial e recebidos em doação de entidade de prática desportiva estrangeira ou da promotora ou patrocinadora do evento (Lei n. 11.488, de 2007, art. 38, parágrafo único).

§ 1º As isenções de que tratam o inciso I e as alíneas "a" a "h" do inciso II somente serão concedidas se satisfeitos os requisitos e condições exigidos para o reconhecimento de isenção do imposto sobre produtos industrializados (Lei n. 10.865, de 2004, art. 9º, § 1º, com a redação dada pela Lei n. 10.925, de 23 de julho de 2004, art. 6º).

§ 2º As isenções de que tratam as alíneas "i" e "j" do inciso II somente serão concedidas se satisfeitos os termos, limites e condições estabelecidos nos arts. 183 a 185 (Lei n. 11.488, de 2007, art. 38, *caput*).

ART. 257. Quando a isenção for vinculada à qualidade do importador, a transferência de propriedade ou a cessão de uso dos bens, a qualquer título, obriga ao prévio pagamento da contribuição para o PIS/PASEP-Importação e da COFINS-Importação (Lei n. 10.865, de 2004, art. 10, *caput*).

Parágrafo único. O disposto no *caput* não se aplica aos bens transferidos ou cedidos (Lei n. 10.865, de 2004, art. 10, parágrafo único):

I - a pessoa ou a entidade que goze de igual tratamento tributário, mediante prévia decisão da autoridade aduaneira;

II - após o decurso do prazo de três anos, contados da data do registro da declaração de importação; e

III - a entidades beneficentes, reconhecidas como de utilidade pública, para serem vendidos em feiras, bazares e eventos semelhantes, desde que recebidos em doação de representações diplomáticas estrangeiras sediadas no País.

ART. 258. A isenção da contribuição para o PIS/PASEP-Importação e da COFINS-Importação, quando vinculada à destinação dos bens, fica condicionada à comprovação posterior do seu efetivo emprego nas finalidades que motivaram a concessão (Lei n. 10.865, de 2004, art. 11).

Parágrafo único. Mantidas as finalidades que motivaram a concessão e mediante prévia decisão da autoridade aduaneira, poderá ser transferida a propriedade ou cedido o uso dos bens antes de decorrido o prazo de três anos, contados da data do registro da correspondente declaração de importação (Lei n. 10.865, de 2004, art. 12).

ART. 258-A. Salvo disposição expressa em contrário, quando a não incidência, a isenção, a suspensão ou a redução das alíquotas da contribuição para o PIS/PASEP-Importação e da COFINS-Importação for condicionada à destinação do bem ou do serviço, e a este for dado destino diverso, ficará o responsável pelo fato sujeito ao pagamento das contribuições e das penalidades cabíveis, como se a não incidência, a isenção, a suspensão ou a redução das alíquotas não existisse (Lei n. 11.945, de 2009, art. 22). (Acrescentado pelo Dec. 7.213/2010.)

CAPÍTULO VI
DO PAGAMENTO

ART. 259. A contribuição para o PIS/PASEP-Importação e a COFINS-Importação serão pagas na data do registro da declaração de importação (Lei n. 10.865, de 2004, art.13, inciso I).

Parágrafo único. Na hipótese que trata o inciso III do art. 252, as contribuições a que se refere o *caput* serão pagas na data de registro da declaração de importação, com os acréscimos legais, contados da data de vencimento do prazo de permanência do bem no recinto alfandegado (Lei n. 10.865, de 2004, art.13, inciso III).

CAPÍTULO VII
DA SUSPENSÃO DO PAGAMENTO

SEÇÃO I
DAS DISPOSIÇÕES PRELIMINARES

ART. 260. As normas relativas à suspensão do pagamento do imposto de importação ou do imposto sobre produtos industrializados vinculado à importação, referentes aos regimes aduaneiros especiais, aplicam-se também à contribuição para o PIS/PASEP-Importação e à COFINS-Importação (Lei n.10.865, de 2004, art. 14, *caput*).

SEÇÃO II
DA ZONA FRANCA DE MANAUS

ART. 261. As empresas localizadas na Zona Franca de Manaus poderão importar, com suspensão do pagamento da contribuição para o PIS/PASEP-Importação e da COFINS-Importação, bens a serem empregados, pelo importador, na elaboração de matérias-primas, produtos intermediários e materiais de embalagem destinados a emprego em processo de industrialização por estabelecimentos ali instalados, consoante projeto aprovado pelo Conselho de Administração da Superintendência da Zona Franca de Manaus, de que trata o art. 5º-A da Lei n. 10.637, de 2002 (Lei n. 10.865, de 2004, art.14, § 1º).

Parágrafo único. A Secretaria da Receita Federal do Brasil estabelecerá os requisitos necessários para a suspensão de que trata o *caput* (Lei n. 10.865, de 2004, art.14, § 2º).

ART. 262. Fica suspenso o pagamento da contribuição para o PIS/PASEP-Importação e da COFINS-Importação nas importações, efetuadas por empresas localizadas na Zona Franca de Manaus, de matérias-primas, produtos intermediários e materiais de embalagem para emprego em processo de industrialização por estabelecimentos industriais instalados na Zona Franca de Manaus e consoante projetos aprovados pelo Conselho de Administração da Superintendência da Zona Franca de Manaus (Lei n. 10.865, de 2004, art. 14-A, com a redação dada pela Lei n. 10.925, de 2004, art. 6º).

ART. 263. A suspensão de que trata o art. 261 aplica-se também nas importações de máquinas, aparelhos, instrumentos e equipamentos, novos, para incorporação ao ativo imobilizado da pessoa jurídica importadora (Lei n. 11.196, de 2005, art. 50, *caput*).

§ 1º A suspensão de que trata o *caput* converte-se em alíquota zero após decorridos dezoito meses da incorporação do bem ao ativo imobilizado da pessoa jurídica importadora (Lei n. 11.196, de 2005, art. 50, § 1º).

§ 2º A pessoa jurídica importadora que não incorporar o bem ao seu ativo imobilizado ou revender o bem antes do término do prazo de que trata o § 1º recolherá a contribuição para o PIS/PASEP-Importação e a COFINS-Importação, acrescidas de juros e multa de mora, na forma da lei, contados a partir do registro da declaração de importação (Lei n. 11.196, de 2005, art. 50, § 2º).

§ 3º Na hipótese de não ser efetuado o recolhimento na forma do § 2º, caberá lançamento de ofício, com aplicação de juros e da multa de que trata o art. 725 (Lei n. 11.196, de 2005, art. 50, § 3º).

§ 4º As máquinas, aparelhos, instrumentos e equipamentos beneficiados pela suspensão de que trata o *caput* serão relacionados em ato normativo específico (Lei n. 11.196, de 2005, art. 50, § 4º).

SEÇÃO III
DO REGIME ESPECIAL DE TRIBUTAÇÃO PARA A PLATAFORMA DE EXPORTAÇÃO DE SERVIÇOS DE TECNOLOGIA DA INFORMAÇÃO - REPES

ART. 264. O Regime Especial de Tributação para a Plataforma de Exportação de Serviços de Tecnologia da Informação - REPES é o que permite a importação de bens novos destinados ao desenvolvimento, no País, de software e de serviços de tecnologia da informação, quando importados diretamente pelo beneficiário do regime para incorporação ao seu ativo imobilizado, com suspensão do pagamento da contribuição para o PIS/PASEP-Importação e da COFINS-Importação (Lei n. 11.196, de 2005, arts. 1º, *caput*, e 4º, inciso II).

§ 1º Aplica-se também suspensão do pagamento do imposto sobre produtos industrializados para a importação de bem, sem similar nacional, efetuada diretamente pelo beneficiário do REPES para a incorporação ao seu ativo imobilizado (Lei n. 11.196, de 2005, art. 11, *caput*).

§ 2º Os bens beneficiados pela suspensão referida no *caput* e no § 1º serão relacionados em ato normativo específico (Lei n. 11.196, de 2005, arts. 4º, § 4º, e 11, *caput*).

ART. 265. É beneficiária do REPES a pessoa jurídica que exerça preponderantemente as atividades de desenvolvimento de software ou de prestação de serviços de tecnologia da informação, e que, por ocasião da sua opção pelo regime, assuma compromisso de exportação igual ou superior a sessenta por cento de sua receita bruta anual de venda de bens e serviços (Lei n. 11.196, de 2005, art. 2º, *caput*, com a redação dada pela Lei n. 11.774, de 17 de setembro de 2008, art. 4º).

§ 1º A receita bruta de que trata o *caput* será considerada depois de excluídos os impostos e contribuições incidentes sobre a venda (Lei n. 11.196, de 2005, art. 2º, § 1º).

§ 2º O percentual de que trata o *caput* poderá ser, por meio de ato normativo específico, reduzido para até cinquenta por cento e restabelecido (Lei n. 11.196, de 2005, art. 2º, § 2º, com a redação dada pela Lei n. 11.774, de 2008, art. 4º).

§ 3º Não pode ser beneficiária do regime, a pessoa jurídica optante pelo Simples Nacional de que trata a Lei Complementar n. 123, de 14 de dezembro de 2006 (Lei n. 11.196, de 2005, art. 10).

§ 4º A adesão ao regime fica condicionada à regularidade fiscal da pessoa jurídica em relação aos tributos e contribuições federais (Lei n. 11.196, de 2005, art. 7º).

ART. 266. O percentual de receita de exportação de que trata o art. 265 será apurado considerando-se a média obtida, a partir do ano-calendário subsequente ao do início de utilização dos bens adquiridos ao amparo do REPES durante o período de três anos-calendário (Lei n. 11.196, de 2005, art. 4º, § 2º).

Parágrafo único. O prazo para o início de utilização a que se refere o *caput* não poderá ser superior a um ano, contado da data do registro da declaração de importação (Lei n. 11.196, de 2005, art. 4º, § 3º).

ART. 267. A suspensão de que tratam o *caput* e o § 1º do art. 264, depois de cumprido o compromisso de exportação referido no art. 265, converte-se em (Lei n. 11.196, de 2005, arts. 6º e 11, § 1º):

I - alíquota zero, quando se tratar de suspensão da contribuição para o PIS/PASEP-Importação e da COFINS-Importação; e

II - isenção, quando se tratar de suspensão do imposto sobre produtos industrializados.

ART. 268. A pessoa jurídica beneficiária do regime terá a adesão cancelada (Lei n. 11.196, de 2005, art. 8º, *caput*):

DECRETOS

I - na hipótese de descumprimento do compromisso de exportação referido no art. 265;

II - sempre que se apure que o beneficiário:

a) não satisfazia as condições ou não cumpria os requisitos para a adesão; ou

b) deixou de satisfazer as condições ou de cumprir os requisitos para a adesão; ou

III - a pedido.

§ 1º Na ocorrência do cancelamento da adesão ao regime, a pessoa jurídica dele excluída fica obrigada a recolher juros e multa de mora, na forma da lei, contados a partir da data de:

I - registro da declaração de importação referente às contribuições não pagas em decorrência da suspensão de que trata o *caput* do art. 264, na condição de contribuinte, em relação aos bens importados (Lei n. 11.196, de 2005, art. 8º, § 1º); ou

II - ocorrência do fato gerador, referente ao imposto sobre produtos industrializados não pago em decorrência da suspensão (Lei n. 11.196, de 2005, art. 11, § 2º).

§ 2º Na hipótese de não ser efetuado o recolhimento na forma do § 1º, caberá lançamento de ofício, com aplicação de juros e da multa de que trata o art. 725 (Lei n. 11.196, de 2005, arts. 8º, § 2º, e 11, § 4º).

§ 3º Nas hipóteses de que tratam os incisos I e II do *caput*, a pessoa jurídica excluída do regime somente poderá efetuar nova adesão após o decurso do prazo de dois anos, contados da data do cancelamento (Lei n. 11.196, de 2005, art. 8º, § 4º).

ART. 269. A transferência de propriedade ou a cessão de uso, a qualquer título, dos bens importados com suspensão do pagamento da contribuição para o PIS/PASEP-Importação e da COFINS-Importação, antes da conversão das alíquotas a zero, deve ser precedida de recolhimento, pelo beneficiário do regime, de juros e multa de mora, contados da data do registro da declaração de importação (Lei n. 11.196, de 2005, art. 9º, *caput*).

§ 1º Na hipótese de não ser efetuado o recolhimento na forma do *caput*, caberá lançamento de ofício, com aplicação de juros e da multa de que trata o art. 725 (Lei n. 11.196, de 2005, arts. 9º, § 1º, e 11, § 4º).

§ 2º Os juros e multa, de mora ou de ofício, de que trata o *caput* e o § 1º serão exigidos (Lei n. 11.196, de 2005, art. 9º, § 2º):

I - juntamente com as contribuições não pagas, no caso de transferência de propriedade efetuada antes de decorridos dezoito meses da ocorrência dos fatos geradores; ou

II - isoladamente, no caso de transferência de propriedade efetuada após decorridos dezoito meses da ocorrência dos fatos geradores.

§ 3º A transferência de propriedade ou a cessão de uso, a qualquer título, dos bens importados com suspensão do pagamento do imposto sobre produtos industrializados, antes de ocorrer a conversão em isenção, deve ser precedida do recolhimento, pelo beneficiário do regime, de juros e multa de mora, contados da ocorrência do fato gerador (Lei n. 11.196, de 2005, art. 11, § 3º).

ART. 270. Em relação à contribuição para o PIS/PASEP-Importação e à COFINS-Importação, na hipótese de descumprimento do compromisso de exportação de que trata o art. 265, a multa, de mora ou de ofício, a que se referem os §§ 1º e 2º do art. 268 e o art. 269, será aplicada sobre o valor das contribuições não recolhidas, proporcionalmente à diferença entre o percentual mínimo de exportações estabelecido no art. 265 e o efetivamente alcançado (Lei n. 11.196, de 2005, art. 8º, § 5º).

SEÇÃO IV
DO REGIME ESPECIAL DE AQUISIÇÃO DE BENS DE CAPITAL PAR EMPRESAS EXPORTADORAS - RECAP

ART. 271. O Regime Especial de Aquisição de Bens de Capital para Empresas Exportadoras - RECAP é o que permite a importação de máquinas, aparelhos, instrumentos e equipamentos, novos, relacionados em ato normativo específico, quando importados diretamente pelo beneficiário do regime para incorporação ao seu ativo imobilizado, com suspensão do pagamento da contribuição para o PIS/PASEP-Importação e da COFINS-Importação (Lei n. 11.196, de 2005, arts. 12, *caput*, 14, *caput*, inciso II, e 16).

Parágrafo único. O RECAP subsiste pelo prazo de três anos, contados da data de adesão ao regime (Lei n. 11.196, de 2005, art. 14, § 1º).

ART. 272. É beneficiária do RECAP a pessoa jurídica preponderantemente exportadora, assim considerada, para os efeitos desta Seção, aquela cuja receita bruta decorrente de exportação para o exterior, no ano-calendário imediatamente anterior à adesão ao regime, houver sido igual ou superior a setenta por cento de sua receita bruta total de venda de bens e serviços no período e que assuma compromisso de manter esse percentual de exportação durante o período de dois anos-calendário (Lei n. 11.196, de 2005, art. 13, *caput*, com a redação dada pela Lei n. 11.774, de 2008, art. 4º).

§ 1º A receita bruta de que trata o *caput* será considerada depois de excluídos os impostos e contribuições incidentes sobre a venda (Lei n. 11.196, de 2005, art. 13, § 1º).

§ 2º A pessoa jurídica em início de atividade ou que não tenha atingido no ano anterior o percentual de receita de exportação exigido no *caput* poderá se habilitar ao regime desde que assuma compromisso de auferir, no período de três anos-calendário, receita bruta decorrente de exportação para o exterior de, no mínimo, setenta por cento de sua receita bruta total de venda de bens e serviços (Lei n. 11.196, de 2005, art. 13, § 2º, com a redação dada pela Lei n. 11.774, de 2008, art. 4º).

§ 3º Não pode ser beneficiária do regime, a pessoa jurídica optante pelo Simples Nacional de que trata a Lei Complementar n. 123, de 2006, ou que tenha suas receitas, no todo ou em parte, submetidas ao regime de incidência cumulativa da contribuição para o PIS/PASEP e da COFINS (Lei n. 11.196, de 2005, art. 13, § 3º, inciso I).

§ 4º Pode ainda ser beneficiário do regime, o estaleiro naval brasileiro, no caso de importação de bens de capital, relacionados em ato normativo específico, destinados à incorporação a seu ativo imobilizado para utilização nas atividades de construção, conservação, modernização, conversão e reparo de embarcações pré-registradas ou registradas no Registro Especial Brasileiro, instituído pela Lei n. 9.432, de 1997, independente de efetuar o compromisso de exportação para o exterior de que tratam o *caput* e o § 2º, ou de possuir receita bruta decorrente de exportação para o exterior (Lei n. 11.196, de 2005, art. 13, § 3º, inciso II).

§ 5º A adesão ao regime fica condicionada à regularidade fiscal da pessoa jurídica em relação aos tributos e contribuições federais (Lei n. 11.196, de 2005, art. 15).

ART. 273. O percentual de receita de exportação de que tratam o *caput* e o § 2º do art. 272 será apurado considerando-se a média obtida, a partir do ano-calendário subsequente ao do início de utilização dos bens adquiridos ao amparo do RECAP, durante o período de (Lei n. 11.196, de 2005, art. 14, § 2º):

I - dois anos-calendário, no caso do *caput* do art. 272; ou

II - três anos-calendário, no caso do § 2º do art. 272.

Parágrago único. O prazo para o início de utilização a que se refere o *caput* não poderá ser superior a três anos, contados da data do registro da declaração de importação (Lei n. 11.196, de 2005, art. 14, § 3º).

ART. 274. A suspensão de que trata o art. 271 converte-se em alíquota zero depois de (Lei n. 11.196, de 2005, art. 14, § 8º):

I - cumpridas as condições de que trata o *caput* do art. 272, observado o prazo a que se refere o inciso I do art. 273;

II - cumpridas as condições de que trata o § 2º do art. 272, observado o prazo a que se refere o inciso II do art. 273; ou

III - transcorrido o prazo de dezoito meses, contados da data de registro da declaração de importação, no caso do beneficiário de que trata o § 4º do art. 272.

ART. 275. A pessoa jurídica que não incorporar o bem ao ativo imobilizado, revendê-lo antes da conversão das alíquotas a zero, ou não atender às demais condições de que trata o art. 272 fica obrigada a recolher juros e multa de mora, contados da data do registro da declaração de importação, referentes às contribuições não pagas em decorrência da suspensão (Lei n. 11.196, de 2005, art. 14, § 4º).

§ 1º Na hipótese de não ser efetuado o recolhimento na forma do *caput*, caberá lançamento de ofício, com aplicação de juros e da multa de que trata o art. 725 (Lei n. 11.196, de 2005, art. 14, § 5º).

§ 2º Os juros e multa, de mora ou de ofício, de que trata este artigo serão exigidos (Lei n. 11.196, de 2005, art. 14, § 6º):

I - isoladamente, na hipótese em que o contribuinte não alcançar o percentual de exportações de que tratam o *caput* e o § 2º do art. 272; ou

II - juntamente com as contribuições não pagas, nas hipóteses em que a pessoa jurídica não incorporar o bem ao ativo imobilizado, revendê-lo antes da conversão das alíquotas a zero, ou não atender às demais condições do art. 272.

§ 3º Na hipótese de não atendimento à exigência relativa ao percentual de que tratam o *caput* e o § 2º do art. 272, a multa, de mora ou de ofício, será aplicada sobre o valor das contribuições não recolhidas, proporcionalmente à diferença entre o percentual mínimo de exportações estabelecido e o efetivamente alcançado (Lei n. 11.196, de 2005, art. 14, § 10).

SEÇÃO V
DA PESSOA JURÍDICA PREPONDERANTEMENTE EXPORTADORA

ART. 276. A pessoa jurídica preponderantemente exportadora, assim considerada aquela cuja receita bruta decorrente de exportação para o exterior, no ano-calendário imediatamente anterior ao da aquisição, houver sido igual ou superior a setenta por cento de sua receita bruta total de venda de bens e serviços no mesmo período, após excluídos os impostos e contribuições incidentes sobre a venda, poderá importar com suspensão do pagamento da contribuição para o PIS/PASEP-Importação e da COFINS-Importação matérias-primas, produtos intermediários e materiais de embalagem (Lei n. 10.865, de 2004, art. 40, *caput*, § 1º, com a redação dada pela Lei n. 11.529, de 22 de outubro de 2007, art. 4º, e § 6º, com a redação dada pela Lei n. 11.482, de 31 de maio de 2007, art. 17).

SEÇÃO VI
DAS MÁQUINAS E EQUIPAMENTOS
PARA FABRICAÇÃO DE PAPÉIS

ART. 277. A importação de máquinas e equipamentos utilizados na fabricação de papéis destinados à impressão de jornais ou de papéis classificados nos códigos 4801.00.10, 4801.00.90, 4802.61.91, 4802.61.99, 4810.19.89 e 4810.22.90 da Nomenclatura Comum do Mercosul, destinados à impressão de periódicos, será efetuada com suspensão do pagamento da Contribuição para o PIS/PASEP-Importação e da COFINS-Importação, quando importados diretamente por pessoa jurídica industrial para incorporação ao seu ativo imobilizado (Lei n. 11.196, de 2005, art. 55, inciso II).

§ 1º O disposto no *caput* aplica-se somente às importações realizadas até 30 de abril de 2008 ou até que a produção nacional atenda a oitenta por cento do consumo interno (Lei n. 11.196, de 2005, art. 55, § 1º, inciso III)

§ 2º Os bens beneficiados pela suspensão referida no *caput* serão relacionados em ato normativo específico (Lei n. 11.196, de 2005, art. 55, § 9º).

§ 3º A utilização do benefício da suspensão a que se refere o *caput* será disciplinada em ato normativo específico (Lei n. 11.196, de 2005, art. 55, § 8º, inciso II).

ART. 278. É beneficiária da suspensão a que se refere o art. 277, a pessoa jurídica que auferir, com a venda dos papéis referidos no *caput*, valor igual ou superior a oitenta por cento da sua receita bruta de venda total de papéis (Lei n. 11.196, de 2005, art. 55, § 1º, inciso I).

§ 1º A receita bruta de que trata o *caput* será considerada depois de excluídos os impostos e contribuições incidentes sobre a venda (Lei n. 11.196, de 2005, art. 55, § 2º, inciso I).

§ 2º Não pode ser beneficiária da suspensão, a pessoa jurídica optante pelo Simples Nacional de que trata a Lei Complementar n. 123, de 2006, ou que tenha suas receitas, no todo ou em parte, submetidas ao regime de incidência cumulativa da contribuição para o PIS/PASEP e da COFINS (Lei n. 11.196, de 2005, art. 55, § 1º, inciso II).

§ 3º A utilização do benefício da suspensão fica condicionada à regularidade fiscal da pessoa jurídica em relação aos tributos e contribuições federais (Lei n. 11.196, de 2005, art. 55, § 8º, inciso I).

ART. 279. O percentual de receita de que trata o art. 278 será apurado considerando-se a média obtida, a partir do início de utilização do bem importado com suspensão, durante o período de dezoito meses (Lei n. 11.196, de 2005, art. 55, § 2º, inciso II).

Parágrafo único. O prazo para o início de utilização a que se refere o *caput* não poderá ser superior a três anos, contados da data do registro da declaração de importação (Lei n. 11.196, de 2005, art. 55, § 3º).

ART. 280. A suspensão de que trata o art. 277 converte-se em alíquota zero depois de cumprida a condição de que trata o art. 278, observados os prazos determinados no art. 279 (Lei n. 11.196, de 2005, art. 55, § 3º).

ART. 281. A pessoa jurídica que não incorporar o bem ao ativo imobilizado ou revendê-lo antes da conversão das alíquotas a zero fica obrigada a recolher as contribuições não pagas em decorrência da suspensão, acrescidas de juros e multa, de mora ou de ofício, contados da data do registro da declaração de importação (Lei n. 11.196, de 2005, art. 55, § 5º).

Parágrafo único. Na hipótese de não atendimento à exigência relativa ao percentual de que trata o art. 278, a multa, de mora ou de ofício, a que se refere o *caput*, será aplicada sobre o valor das contribuições não recolhidas, proporcionalmente à diferença entre o percentual estabelecido e o efetivamente alcançado (Lei n. 11.196, de 2005, art. 55, § 7º).

SEÇÃO VII
DO PROGRAMA DE APOIO AO
DESENVOLVIMENTO TECNOLÓGICO
DA INDÚSTRIA DE SEMICONDUTORES
- PADIS

ART. 282. O Programa de Apoio ao Desenvolvimento Tecnológico da Indústria de Semicondutores - PADIS é o que permite a importação de máquinas, aparelhos, instrumentos e equipamentos para incorporação ao ativo imobilizado do beneficiário, destinados às atividades de que tratam os incisos I e II do *caput* do art. 283, com redução a zero por cento das alíquotas da contribuição para o PIS/PASEP-Importação e da COFINS-Importação (Lei n. 11.484, de 31 de maio de 2007, arts. 1º e 3º, inciso II, este com a redação dada pela Lei n. 11.774, de 2008, art. 6º).

§ 1º As reduções de alíquotas previstas no *caput* alcançam também os insumos destinados às atividades de que trata o art. 283 quando importados pelo beneficiário do PADIS (Lei n. 11.484, de 2007, art. 3º, § 1º).

§ 2º Os bens alcançados pelas reduções de alíquotas referidas no *caput* e no § 1º serão os relacionados em ato normativo específico (Lei n. 11.484, de 2007, art. 3º, § 2º).

§ 3º Para fins de aplicação das alíquotas reduzidas referidas neste artigo, equipara-se ao importador a pessoa jurídica adquirente de bens estrangeiros no caso de importação realizada por sua conta e ordem por intermédio de pessoa jurídica importadora (Lei n. 11.484, de 2007, art. 3º, § 4º).

§ 4º Ficam também reduzidas a zero as alíquotas do imposto sobre produtos industrializados incidente na importação dos bens referidos no *caput* e no § 1º, desde que realizada pelo beneficiário do PADIS e cumpridas as demais condições previstas nesta Seção (Lei n. 11.484, de 2007, art. 3º, inciso III).

§ 5º Conforme condições e prazo definidos em ato do Poder Executivo, desde que destinados às atividades de que tratam os incisos I e II do *caput* do art. 283, poderá também ser reduzida a zero a alíquota do imposto de importação incidente sobre máquinas, aparelhos, instrumentos, equipamentos, ferramentas computacionais (software), para incorporação ao seu ativo imobilizado, e insumos, importados por pessoa jurídica beneficiária do PADIS (Lei n. 11.484, de 2007, art. 3º, § 5º com a redação dada pela Lei n. 12.249, de 11 de junho de 2010, art. 20). (Alterado pelo Dec. 8.010/2013.)

ART. 283. É beneficiária do PADIS a pessoa jurídica que realize investimento em pesquisa e desenvolvimento na forma do art. 6º da Lei n. 11.484, de 2007, e que exerça isoladamente ou em conjunto, em relação a dispositivos (Lei n. 11.484, de 2007, art. 2º, *caput*):

I - eletrônicos semicondutores classificados nas posições 85.41 e 85.42 da Nomenclatura Comum do Mercosul, as atividades de:

a) concepção, desenvolvimento e projeto (design);

b) difusão ou processamento físico-químico; ou

c) encapsulamento e teste;

II - mostradores de informação (displays) de que trata o § 2º, as atividades de:

a) concepção, desenvolvimento e projeto (design);

b) fabricação dos elementos fotossensíveis, foto ou eletroluminescentes e emissores de luz; ou

c) montagem final do mostrador e testes elétricos e ópticos.

§ 1º Para efeitos deste artigo, considera-se que a pessoa jurídica exerce as atividades (Lei n. 11.484, de 2007, art. 2º, § 1º):

I - isoladamente, quando executar todas as etapas previstas na alínea em que se enquadrar; ou

II - em conjunto, quando executar todas as atividades previstas no inciso em que se enquadrar.

§ 2º O disposto no inciso II do *caput* (Lei n. 11.484, de 2007, art. 2º, § 2º):

I - alcança os mostradores de informações (displays) relacionados em ato normativo específico, com tecnologia baseada em componentes de cristal líquido - LCD, fotoluminescentes (painel mostrador de plasma - PDP), eletroluminescentes (diodos emissores de luz - LED, diodos emissores de luz orgânicos - OLED ou displays eletroluminescentes a filme fino - TFEL) ou similares com microestruturas de emissão de campo elétrico, destinados à utilização como insumo em equipamentos eletrônicos; e

II - não alcança os tubos de raios catódicos - CRT.

§ 3º A pessoa jurídica de que trata o *caput* deve exercer, exclusivamente, as atividades previstas neste artigo (Lei n. 11.484, de 2007, art. 2º, § 3º).

§ 4º O investimento em pesquisa e desenvolvimento e o exercício das atividades de que trata o *caput* e seus incisos I e II devem ser efetuados de acordo com projetos aprovados na forma do art. 5º da Lei n. 11.484, de 2007 (Lei n. 11.484, de 2007, art. 2º, § 4º).

§ 5º O disposto no inciso I do *caput* alcança os dispositivos eletrônicos semicondutores, montados e encapsulados diretamente sob placa de circuito impresso - chip on board, classificada no código 8523.51 da Tabela de Incidência do Imposto sobre Produtos Industrializados, aprovada pelo Decreto n. 7.660, de 23 de dezembro de 2011 (Lei n. 11.484, de 2007, art. 2º, § 5º, com a redação dada pela Lei n. 12.715, de 17 de setembro de 2012). (Acrescentado pelo Dec. 8.010/2013.)

SEÇÃO VIII
DO PROGRAMA DE APOIO
AO DESENVOLVIMENTO TECNOLÓGICO
DA INDÚSTRIA DE EQUIPAMENTOS
PARA
TV DIGITAL - PATVD

ART. 284. O Programa de Apoio ao Desenvolvimento Tecnológico da Indústria de Equipamentos para TV Digital - PATVD é o que permite a importação de máquinas, aparelhos, instrumentos e equipamentos, novos, para incorporação ao ativo imobilizado do beneficiário, destinados à fabricação dos equipamentos de que trata o art. 285, com redução a zero das alíquotas da contribuição para o PIS/PASEP-Importação e da COFINS-Importação (Lei n. 11.484, de 2007, arts. 12 e 14, inciso II).

§ 1º As reduções de alíquotas previstas no *caput* alcançam também os insumos destinados à fabricação dos equipamentos de que trata o art. 285 quando importados pelo beneficiário do PATVD (Lei n. 11.484, de 2007, art. 14, § 1º).

§ 2º Os bens alcançados pelas reduções de alíquotas referidas no *caput* e no § 1º serão os relacionados em ato normativo específico (Lei n. 11.484, de 2007, art. 14, § 2º).

§ 3º Para fins de aplicação das alíquotas reduzidas referidas neste artigo, equipara-se ao importador a pessoa jurídica adquirente de bens estrangeiros no caso de importação realizada por sua conta e ordem por intermédio de pessoa jurídica importadora (Lei n. 11.484, de 2007, art. 14, § 4º).

§ 4º Ficam também reduzidas a zero as alíquotas do imposto sobre produtos industrializados incidente na importação dos bens referidos no *caput* e no § 1º, desde que realizada pelo beneficiário do PATVD e cumpridas as demais condições previstas nesta Seção (Lei n. 11.484, de 2007, art. 14, inciso III).

§ 5º Poderão ainda ser reduzidas a zero as alíquotas do imposto de importação incidente sobre máquinas, aparelhos, instrumentos e equipamentos, novos, relacionados em ato normativo específico e nas condições e pelo prazo nele fixados, importados pelo beneficiário do PATVD para incorporação ao seu ativo imobilizado e destinados às atividades de que trata o *caput* do art. 285 (Lei n. 11.484, de 2007, art. 14, § 5º).

ART. 285. É beneficiária do PATVD a pessoa jurídica que realize investimento em pesquisa e desenvolvimento na forma do art. 17 da Lei n. 11.484, de 2007, e que exerça as atividades de desenvolvimento e fabricação de equipamentos transmissores de sinais por radiofrequência para televisão digital, classificados no código 8525.50.2 da Nomenclatura Comum do Mercosul (Lei n. 11.484, de 2007, art. 13, *caput*).

§ 1º Para os efeitos deste artigo, o beneficiário do PATVD deve cumprir processo produtivo básico estabelecido por portaria interministerial dos Ministérios do Desenvolvimento, Indústria e Comércio Exterior e da Ciência e Tecnologia ou, alternativamente, atender aos critérios de bens desenvolvidos no País definidos por portaria do Ministério da Ciência e Tecnologia (Lei n. 11.484, de 2007, art. 13, § 1º).

§ 2º O investimento em pesquisa e desenvolvimento e o exercício das atividades de que trata o *caput* devem ser efetuados de acordo com projetos aprovados na forma do art. 16 da Lei n. 11.484, de 2007 (Lei n. 11.484, de 2007, art. 13, § 2º).

SEÇÃO IX
DO REGIME ESPECIAL DE INCENTIVOS PARA O DESENVOLVIMENTO DA INFRAESTRUTURA - REIDI

ART. 286. O Regime Especial de Incentivos para o Desenvolvimento da Infraestrutura - REIDI é o que permite a importação de máquinas, aparelhos, instrumentos e equipamentos, novos, e de materiais de construção, quando importados diretamente pelo beneficiário do regime para utilização ou incorporação em obras de infraestrutura destinadas ao ativo imobilizado, com suspensão da contribuição para o PIS/PASEP-Importação e da COFINS-Importação (Lei n. 11.488, de 2007, arts. 1º, *caput*, e 3º, *caput*, inciso II).

ART. 287. É beneficiária do REIDI a pessoa jurídica que tenha projeto aprovado para implantação de obras de infraestrutura nos setores de transportes, portos, energia, saneamento básico e irrigação (Lei n. 11.488, de 2007, art. 2º, *caput*).

§ 1º As pessoas jurídicas optantes pelo Simples Nacional de que trata a Lei Complementar n. 123, de 2006, não poderão aderir ao REIDI (Lei n. 11.488, de 2007, art. 2º, § 1º).

§ 2º A adesão ao REIDI fica condicionada à regularidade fiscal da pessoa jurídica em relação aos impostos e contribuições administrados pela Secretaria da Receita Federal do Brasil (Lei n. 11.488, de 2007, art. 2º, § 2º).

ART. 288. A suspensão de que trata esta Seção converte-se em alíquota zero por cento após a utilização ou incorporação do bem ou material de construção na obra de infraestrutura (Lei n. 11.488, de 2007, art. 3º, § 2º).

ART. 289. A pessoa jurídica que não utilizar ou incorporar o bem ou material de construção na obra de infraestrutura fica obrigada a recolher as contribuições não pagas em decorrência da suspensão de que trata o art. 286, acrescidas de juros e multa, de mora ou de ofício, na forma da lei, contados a partir da data do registro da declaração de importação (Lei n. 11.488, de 2007, art. 3º, § 3º).

ART. 290. O benefício de que trata o art. 286 poderá ser usufruído nas importações realizadas no período de cinco anos, contados da data da habilitação da pessoa jurídica titular do projeto de infraestrutura (Lei n. 11.488, de 2007, art. 5º, *caput*, com a redação dada pela Lei n. 12.249, de 2010, art. 21). (Alterado pelo Dec. 8.010/2013.)

SEÇÃO X
DA ACETONA DESTINADA À ELABORAÇÃO DE DEFENSIVOS AGROPECUÁRIOS

ART. 291. A importação de acetona classificada no código 2914.11.00 da Nomenclatura Comum do Mercosul será efetuada com suspensão do pagamento da Contribuição para o PIS/PASEP-Importação e da COFINS-Importação (Lei n. 11.727, de 2008, art. 25, *caput*).

§ 1º O disposto no *caput* alcança exclusivamente a acetona destinada a fabricação de monoisopropilamina utilizada na elaboração de defensivos agropecuários classificados na posição 38.08 da Nomenclatura Comum do Mercosul e importada diretamente pela pessoa jurídica fabricante (Lei n. 11.727, de 2008, art. 25, §§ 1º e 2º).

§ 2º A pessoa jurídica que der à acetona destinação diversa daquela prevista no § 1º fica obrigada ao recolhimento das contribuições não pagas, acrescidas de juros e multa de mora, na forma da lei, contados da data do registro da declaração de importação (Lei n. 11.727, de 2008, art. 25, § 3º).

§ 3º Na hipótese de não ser efetuado o recolhimento na forma do § 2º, caberá lançamento de ofício, com aplicação de juros e da multa de que trata art. 725 (Lei n. 11.727, de 2008, art. 25, § 4º).

§ 4º Nas hipóteses de que tratam os §§ 2º e 3º, a pessoa jurídica produtora de defensivos agropecuários será responsável solidária com a pessoa jurídica fabricante da monoisopropilamina pelo pagamento das contribuições devidas e respectivos acréscimos legais (Lei n. 11.727, de 2008, art. 25, § 5º).

SEÇÃO XI
DA NAVEGAÇÃO DE CABOTAGEM E DE APOIO PORTUÁRIO E MARÍTIMO

ART. 292. Será efetuada com suspensão do pagamento da Contribuição para o PIS/PASEP-Importação e da COFINS-Importação, nos termos e condições fixados pela Secretaria da Receita Federal do Brasil, a importação de (Lei n. 11.774, de 2008, art. 2º, *caput*):

I - óleo combustível, tipo bunker, MF - Marine Fuel, classificado no código 2710.19.22 da Nomenclatura Comum do Mercosul;

II - óleo combustível, tipo bunker, MGO - Marine Gás Oil, classificado no código 2710.19.21 da Nomenclatura Comum do Mercosul; e

III - óleo combustível, tipo bunker, ODM - Óleo Diesel Marítimo, classificado no código 2710.19.21 da Nomenclatura Comum do Mercosul.

§ 1º A suspensão referida no *caput* somente se aplica quando os produtos forem importados por pessoa jurídica previamente habilitada e destinados à navegação de cabotagem e de apoio portuário e marítimo (Lei n. 11.774, de 2008, art. 2º, *caput*).

§ 2º A pessoa jurídica que não destinar os produtos referidos no *caput* à navegação de cabotagem ou de apoio portuário e marítimo fica obrigada a recolher as contribuições não pagas, acrescidas de juros e multa de mora, na forma da lei, contados da data do registro da declaração de importação (Lei n. 11.774, de 2008, art. 2º, § 1º).

§ 3º Na hipótese de não ser efetuado o recolhimento na forma do § 2º, caberá lançamento de ofício, com aplicação de juros e da multa de que trata o art. 725 (Lei n. 11.774, de 2008, art. 2º, § 2º).

TÍTULO III
DA CONTRIBUIÇÃO PARA O PIS/PASEP E DA COFINS, NA IMPORTAÇÃO DE CIGARRO

CAPÍTULO I
DO CONTRIBUINTE

ART. 293. O importador de cigarros classificados no código 2402.20.00 da Nomenclatura Comum do Mercosul sujeita-se, na condição de contribuinte, e de contribuinte substituto dos comerciantes varejistas, ao pagamento da contribuição para o PIS/PASEP e da COFINS (Lei n. 9. 532, de 1997, art. 53).

CAPÍTULO II
DO CÁLCULO E DO PAGAMENTO

ART. 294. O cálculo das contribuições será efetuado com observância das mesmas normas aplicáveis aos fabricantes de cigarros nacionais (Lei n. 9.532, de 1997, art. 53).

ART. 295. O pagamento das contribuições deverá ser efetuado na data do registro da declaração de importação no SISCOMEX (Lei n. 9.532, de 1997, art. 54).

CAPÍTULO III
DAS DISPOSIÇÕES FINAIS

ART. 296. Aplicam-se à pessoa jurídica adquirente de mercadoria de procedência estrangeira, no caso da importação realizada por sua conta e ordem, por intermédio de pessoa jurídica importadora, as normas de incidência da contribuição para o PIS/PASEP e da COFINS, sobre a receita bruta do importador (Medida Provisória n. 2.158-35, de 2001, art. 81).

Parágrafo único. Para fins de aplicação do disposto no *caput*, presume-se por conta e ordem de terceiro a operação de comércio exterior realizada mediante utilização de recursos deste, ou em desacordo com os requisitos e condições estabelecidos na forma da alínea "b" do inciso I do § 1º do art. 106 (Lei n. 10.637, de 2002, art. 27; e Lei n. 11.281, de 2006, art. 11, § 2º).

ART. 296-A. Aplica-se às contribuições de que trata este Título o disposto no art. 258-A (Lei n. 11.945, de 2009, art. 22). (Acrescentado pelo Dec. 7.213/2010.)

ART. 297. O disposto neste Título não prejudica a exigência das contribuições de que trata o Título II.

TÍTULO IV
DA CONTRIBUIÇÃO DE INTERVENÇÃO NO DOMÍNIO ECONÔMICO - COMBUSTÍVEIS

CAPÍTULO I
DA INCIDÊNCIA E DO FATO GERADOR

ART. 298. A Contribuição de Intervenção no Domínio Econômico incidente sobre a importação e a comercialização de petróleo e seus derivados, gás natural e seus derivados, e álcool etílico combustível - CIDE-Combustíveis incide sobre a importação de petróleo e seus derivados, gás natural e seus derivados, e álcool etílico combustível (Lei n. 10.336, de 19 de dezembro de 2001, art. 1º, *caput*).

ART. 299. A CIDE-Combustíveis tem como fato gerador as operações de importação de (Lei n. 10.336, de 2001, art. 3º, *caput*):

I - gasolinas e suas correntes;

II - diesel e suas correntes;

III - querosene de aviação e outros querosenes;

IV - óleos combustíveis (fuel-oil);

V - gás liquefeito de petróleo, inclusive o derivado de gás natural e de nafta; e

VI - álcool etílico combustível.

Parágrafo único. Para os efeitos dos incisos I e II, consideram-se correntes os hidrocarbonetos líquidos derivados de petróleo e os hidrocarbonetos líquidos derivados de gás natural utilizados em mistura mecânica para a produção de gasolinas ou de diesel, de conformidade com as normas estabelecidas pela Agência Nacional do Petróleo, Gás Natural e Biocombustíveis (Lei n. 10.336, de 2001, art. 3º, § 1º).

CAPÍTULO II
DO CONTRIBUINTE E DO RESPONSÁVEL SOLIDÁRIO

ART. 300. É contribuinte da CIDE-Combustíveis o importador, pessoa física ou jurídica, dos combustíveis líquidos relacionados no art. 299 (Lei n. 10.336, de 2001, art. 2º, *caput*).

ART. 301. É responsável solidário pela CIDE-Combustíveis o adquirente de mercadoria de procedência estrangeira, no caso de importação realizada por sua conta e ordem, por intermédio de pessoa jurídica importadora (Lei n. 10.336, de 2001, art. 11).

CAPÍTULO III
DA BASE DE CÁLCULO, DA ALÍQUOTA E DO PAGAMENTO

ART. 302. A base de cálculo da CIDE-Combustíveis é a unidade de medida estabelecida para os produtos de que trata o art. 299 (Lei n. 10.336, de 2001, art. 4º).

ART. 303. A CIDE-Combustíveis será calculada pela aplicação de alíquotas específicas, conforme estabelecido em ato normativo específico (Lei n. 10.336, de 2001, art. 5º, *caput*, com a redação dada pela Lei n. 10.636, de 30 de dezembro de 2002, art. 14).

ART. 304. O pagamento da CIDE-Combustíveis será efetuado na data do registro da declaração de importação (Lei n. 10.336, de 2001, art. 6º, *caput*).

CAPÍTULO IV
DAS ISENÇÕES

ART. 305. São isentos da CIDE-Combustíveis os bens dos tipos e em quantidades normalmente consumidos em evento esportivo oficial (Lei n. 11.488, de 2007, art. 38, inciso II). (Alterado pelo Dec. 7.044/2009.)

Parágrafo único. A isenção de que trata o *caput* somente será concedida se satisfeitos os termos, limites e condições estabelecidos nos arts. 183 a 185, no que couberem (Lei n. 11.488, de 2007, art. 38, *caput*). (Alterado pelo Dec. 7.044/2009.)

TÍTULO V
DA TAXA DE UTILIZAÇÃO DO SISCOMEX

ART. 306. A taxa de utilização do SISCOMEX, administrada pela Secretaria da Receita Federal do Brasil, será devida no registro da declaração de importação, à razão de (Lei n. 9.716, de 1998, art. 3º, *caput* e § 1º):

I - R$ 30,00 (trinta reais) por declaração de importação; e

II - R$ 10,00 (dez reais) por adição da declaração de importação, observado o limite fixado pela Secretaria da Receita Federal do Brasil.

§ 1º Os valores referidos no *caput* poderão ser reajustados, anualmente, mediante ato do Ministro de Estado da Fazenda, conforme a variação dos custos de operação e dos investimentos no SISCOMEX (Lei n. 9.716, de 1998, art. 3º, § 2º).

§ 2º Aplicam-se à cobrança da taxa de que trata este artigo as normas referentes ao imposto de importação (Lei n. 9.716, de 1998, art. 3º, § 3º).

LIVRO IV
DOS REGIMES ADUANEIROS ESPECIAIS E DOS APLICADOS EM ÁREAS ESPECIAIS

TÍTULO I
DOS REGIMES ADUANEIROS ESPECIAIS

CAPÍTULO I
DAS DISPOSIÇÕES PRELIMINARES

ART. 307. O prazo de suspensão do pagamento das obrigações fiscais pela aplicação dos regimes aduaneiros especiais, na importação, será de até um ano, prorrogável, a juízo da autoridade aduaneira, por período não superior, no total, a cinco anos (Decreto-Lei n. 37, de 1966, art. 71, *caput* e § 1º, com a redação dada pelo Decreto-Lei n. 2.472, de 1988, art. 1º).

§ 1º A título excepcional, em casos devidamente justificados, o prazo de que trata este artigo poderá ser prorrogado por período superior a cinco anos, observada a regulamentação editada pelo Ministério da Fazenda (Decreto-Lei n. 37, de 1966, art. 71, § 2º, com a redação dada pelo Decreto-Lei n. 2.472, de 1988, art. 1º).

§ 2º Quando o regime aduaneiro especial for aplicado a mercadoria vinculada a contrato de prestação de serviço por prazo certo, de relevante interesse nacional, o prazo de que trata este artigo será o previsto no contrato, prorrogável na mesma medida deste (Decreto-Lei n. 37, de 1966, art. 71, § 3º, com a redação dada pelo Decreto-Lei n. 2.472, de 1988, art. 1º).

§ 3º Nas hipóteses de que trata o § 2º, o prazo contratual prevalece sobre aqueles referidos no *caput*, no § 1º, e em dispositivos específicos deste Título.

ART. 308. Ressalvado o disposto no Capítulo VII, as obrigações fiscais suspensas pela aplicação dos regimes aduaneiros especiais serão constituídas em termo de responsabilidade firmado pelo beneficiário do regime, conforme disposto nos arts. 758 e 760 (Decreto-Lei n. 37, de 1966, art. 72, *caput*, com a redação dada pelo Decreto-Lei n. 2.472, de 1988, art. 1º).

ART. 309. A aplicação dos regimes aduaneiros especiais fica condicionada à informação da suspensão ou isenção do pagamento do adicional ao frete para renovação da marinha mercante, pelo Ministério dos Transportes (Lei n. 10.893, de 13 de julho de 2004, art. 12, *caput*, com a redação dada pela Lei n. 11.434, de 28 de dezembro de 2006, art. 3º). (Alterado pelo Dec. 7.213/2010.)

§ 1º A informação a que se refere o *caput* poderá ser prestada eletronicamente.

§ 2º O disposto neste artigo não se aplica aos casos de não incidência previstos no art. 18 da Lei n. 11.033, de 21 de dezembro de 2004, e no art. 11 da Lei n. 11.482, de 2007 (Lei n. 11.033, de 2004, art. 18; e Lei n. 11.482, de 2007, art. 11).

ART. 310. Poderá ser autorizada a transferência de mercadoria admitida em um regime aduaneiro especial ou aplicado em área especial para outro, observadas as condições e os requisitos próprios do novo regime e as restrições estabelecidas em ato normativo da Secretaria da Receita Federal do Brasil.

ART. 311. No caso de descumprimento dos regimes aduaneiros especiais de que trata este Título, o beneficiário ficará sujeito ao pagamento dos tributos incidentes, com acréscimo de juros de mora e de multa, de mora ou de ofício, calculados da data do registro da declaração de admissão no regime ou do registro de exportação, sem prejuízo da aplicação de penalidades específicas.

ART. 312. Nos regimes aduaneiros especiais em que a destruição do bem configurar extinção da aplicação do regime, o resíduo da destruição, se economicamente utilizável, deverá ser despachado para consumo, como se tivesse sido importado no estado em que se encontra, sujeitando-se ao pagamento dos tributos correspondentes, ou reexportado.

§ 1º A autoridade aduaneira poderá solicitar laudo pericial que ateste o valor do resíduo.

§ 2º Não integram o valor do resíduo os custos e gastos especificados no art. 77.

ART. 313. Aplica-se o tratamento previsto no art. 312 em relação a aparas, resíduos, fragmentos e semelhantes que resultem do processo produtivo, nos regimes de admissão temporária para aperfeiçoamento ativo, entreposto aduaneiro, entreposto industrial sob controle informatizado e depósito afiançado.

Parágrafo único. A Secretaria da Receita Federal do Brasil poderá estender a aplicação das disposições do *caput* a outros regimes aduaneiros especiais e aplicados em áreas especiais. (Alterado pelo Dec. 8.010/2013.)

ART. 314. A Secretaria da Receita Federal do Brasil fica autorizada a estabelecer hipóteses em que, na substituição de beneficiário de regime aduaneiro suspensivo, o termo inicial para o cálculo de juros e multa de mora relativos aos tributos suspensos passe a ser a data da transferência da mercadoria (Lei n. 10.833, de 2003, art. 63, inciso I).

CAPÍTULO II
DO TRÂNSITO ADUANEIRO

SEÇÃO I
DO CONCEITO E DAS MODALIDADES

ART. 315. O regime especial de trânsito aduaneiro é o que permite o transporte de mercadoria, sob controle aduaneiro, de um ponto a outro do território aduaneiro, com suspensão do pagamento de tributos (Decreto-Lei n. 37, de 1966, art. 73, *caput*).

ART. 316. O regime subsiste do local de origem ao local de destino e desde o momento do desembaraço para trânsito aduaneiro pela unidade de origem até o momento em que a unidade de destino conclui o trânsito aduaneiro.

ART. 317. Para os efeitos deste Capítulo, considera-se:

I - local de origem, aquele que, sob controle aduaneiro, constitua o ponto inicial do itinerário de trânsito;

II - local de destino, aquele que, sob controle aduaneiro, constitua o ponto final do itinerário de trânsito;

III - unidade de origem, aquela que tenha jurisdição sobre o local de origem e na qual se processe o despacho para trânsito aduaneiro; e

IV - unidade de destino, aquela que tenha jurisdição sobre o local de destino e na qual se processe a conclusão do trânsito aduaneiro.

ART. 318. São modalidades do regime de trânsito aduaneiro:

I - o transporte de mercadoria procedente do exterior, do ponto de descarga no território aduaneiro até o ponto onde deva ocorrer outro despacho;

II - o transporte de mercadoria nacional ou nacionalizada, verificada ou despachada para exportação, do local de origem ao local de destino, para embarque ou para armazenamento em área alfandegada para posterior embarque;

III - o transporte de mercadoria estrangeira despachada para reexportação, do local de origem ao local de destino, para embarque ou armazenamento em área alfandegada para posterior embarque;

IV - o transporte de mercadoria estrangeira de um recinto alfandegado situado na zona secundária a outro;

V - a passagem, pelo território aduaneiro, de mercadoria procedente do exterior e a ele destinada;

VI - o transporte, pelo território aduaneiro, de mercadoria procedente do exterior, conduzida em veículo em viagem internacional até o ponto em que se verificar a descarga; e

VII - o transporte, pelo território aduaneiro, de mercadoria estrangeira, nacional ou nacionalizada, verificada ou despachada para reexportação ou para exportação e conduzida em veículo com destino ao exterior.

ART. 319. Inclui-se na modalidade de trânsito de passagem, referida no inciso V do art. 318, devendo ser objeto de procedimento simplificado:

I - o transporte de materiais de uso, reposição, conserto, manutenção e reparo destinados a embarcações, aeronaves e outros veículos, estrangeiros, estacionados ou de passagem pelo território aduaneiro;

II - o transporte de bagagem acompanhada de viajante em trânsito; e

III - o transporte de partes, peças e componentes necessários aos serviços de manutenção e reparo de embarcações em viagem internacional.

ART. 320. Independe de qualquer procedimento administrativo o trânsito aduaneiro relativo às seguintes mercadorias, desde que regularmente declaradas e mantidas a bordo:

I - provisões, sobressalentes, equipamentos e demais materiais de uso e consumo de veículos em viagem internacional, nos limites quantitativos e qualitativos da necessidade do serviço e da manutenção do veículo e de sua tripulação e passageiros;

II - pertences pessoais da tripulação e bagagem de passageiros em trânsito, nos veículos referidos no inciso I;

III - mercadorias conduzidas por embarcação ou aeronave em viagem internacional, com escala intermediária no território aduaneiro; e

IV - provisões, sobressalentes, materiais, equipamentos, pertences pessoais, bagagens e mercadorias conduzidas por embarcações e aeronaves arribadas, condenadas ou arrestadas, até que lhes seja dada destinação legal.

SEÇÃO II
DOS BENEFICIÁRIOS DO REGIME

ART. 321. Poderá ser beneficiário do regime:

I - o importador, nas modalidades referidas nos incisos I e VI do art. 318;

II - o exportador, nas modalidades referidas nos incisos II, III e VII do art. 318;

III - o depositante, na modalidade referida no inciso IV do art. 318;

IV - o representante, no País, de importador ou exportador domiciliado no exterior, na modalidade referida no inciso V do art. 318;

V - o permissionário ou o concessionário de recinto alfandegado, exceto na modalidade referida no inciso V do art. 318; e

VI - em qualquer caso:

a) o operador de transporte multimodal;

b) o transportador, habilitado nos termos da Seção III; e

c) o agente credenciado a efetuar operações de unitização ou desunitização da carga em recinto alfandegado.

SEÇÃO III
DA HABILITAÇÃO AO TRANSPORTE

ART. 322. A habilitação das empresas transportadoras será feita previamente ao transporte de mercadorias em regime de trânsito aduaneiro e será outorgada, em caráter precário, pela Secretaria da Receita Federal do Brasil (Decreto-Lei n. 37, de 1966, art. 71, *caput*, com a redação dada pelo Decreto-Lei n. 2.472, de 1988, art. 1º).

§ 1º Para concessão ou renovação da habilitação, serão levados em conta fatores direta ou indiretamente relacionados com os aspectos fiscais, a conveniência administrativa, a situação econômico-financeira e a tradição da empresa transportadora, respeitadas as atribuições dos órgãos competentes em matéria de transporte.

§ 2º A Secretaria da Receita Federal do Brasil poderá promover convênios com os órgãos mencionados no § 1º, com a finalidade de efetuar a habilitação, o cadastramento e o controle das empresas transportadoras autorizadas a efetuar transporte de mercadoria em regime de trânsito aduaneiro.

ART. 323. Estão dispensadas da habilitação prévia a que se refere o art. 322 as empresas públicas e as sociedades de economia mista que explorem serviços de transporte, e os demais beneficiários do regime, quando, não sendo empresas transportadoras, utilizarem veículo próprio.

Parágrafo único. A Secretaria da Receita Federal do Brasil poderá estabelecer outros casos de dispensa da habilitação prévia.

ART. 324. O transporte das mercadorias nas modalidades de trânsito referidas nos incisos V a VII do art. 318 só poderá ser efetuado por empresa autorizada ao transporte internacional pelos órgãos competentes em matéria de transporte.

SEÇÃO IV
DO DESPACHO PARA TRÂNSITO

SUBSEÇÃO I
DA CONCESSÃO E DA APLICAÇÃO DO REGIME

ART. 325. A concessão e a aplicação do regime de trânsito aduaneiro serão requeridas à autoridade aduaneira competente da unidade de origem.

§ 1º O despacho aduaneiro para trânsito será processado de acordo com as normas estabelecidas pela Secretaria da Receita Federal do Brasil.

§ 2º Sem prejuízo de controles especiais determinados pela Secretaria da Receita Federal do Brasil, independe de despacho para trânsito a remoção de mercadorias de uma área ou recinto para outro, situado na mesma zona primária.

§ 3º No caso de transporte multimodal de carga, na importação ou na exportação, quando o desembaraço não for realizado nos pontos de entrada ou de saída do País, a concessão do regime de trânsito aduaneiro será considerada válida para todos os percursos no território aduaneiro, independentemente de novas concessões (Lei n. 9.611, de 1998, art. 27, *caput*).

§ 4º A Secretaria da Receita Federal do Brasil poderá dispor sobre as hipóteses em que o despacho para trânsito deva ser efetuado com os requisitos previstos para o despacho para consumo (Decreto-Lei n. 37, de 1966, art. 74, § 3º).

ART. 326. O trânsito na modalidade de passagem só poderá ser aplicado à mercadoria declarada para trânsito no conhecimento de carga correspondente, ou no manifesto ou declaração de efeito equivalente do veículo que a transportou até o local de origem.

ART. 327. A Secretaria da Receita Federal do Brasil poderá, em ato normativo, vedar a concessão do regime de trânsito aduaneiro para determinadas mercadorias, ou em determinadas situações, por motivos de ordem econômica, fiscal, ou outros julgados relevantes.

ART. 328. A aplicação do regime ficará condicionada à liberação por outros órgãos da administração pública, quando se tratar de mercadoria relacionada em ato normativo que disponha especificamente sobre requisitos para concessão de trânsito aduaneiro. (Alterado pelo Dec. 8.010/2013.)

Parágrafo único. (Revogado pelo Dec. 8.010/2013.)

ART. 329. Ao conceder o regime, a autoridade aduaneira sob cuja jurisdição se encontrar a mercadoria a ser transportada:

I - estabelecerá a rota a ser cumprida;

II - fixará os prazos para execução da operação e para comprovação da chegada da mercadoria ao destino; e

III - adotará as cautelas julgadas necessárias à segurança fiscal.

§ 1º Mesmo havendo rota legal preestabelecida, poderá ser aceita rota alternativa proposta por beneficiário.

§ 2º O trânsito por via rodoviária será feito preferencialmente pelas vias principais, onde houver melhores condições de segurança e policiamento, utilizando-se, sempre que possível, o percurso mais direto.

ART. 330. A autoridade competente poderá indeferir o pedido de trânsito, em decisão fundamentada, da qual caberá recurso, na forma estabelecida pela Secretaria da Receita Federal do Brasil.

SUBSEÇÃO II
DA CONFERÊNCIA PARA TRÂNSITO

ART. 331. A conferência para trânsito tem por finalidade identificar o beneficiário, verificar a mercadoria e a correção das informações relativas a sua natureza e quantificação, e confirmar o cumprimento do disposto no art. 328.

§ 1º A conferência para trânsito poderá limitar-se à identificação de volumes, nos termos do art. 332.

§ 2º Na conferência para trânsito, poderão ser adotados critérios de seleção e amostragem, de conformidade com o estabelecido em ato normativo da Secretaria da Receita Federal do Brasil.

ART. 332. A verificação para trânsito será realizada na presença do beneficiário do regime e do transportador, observado o disposto no art. 566.

§ 1º O servidor que realizar a verificação observará:

I - se o peso bruto, a quantidade e as características externas dos volumes, recipientes ou mercadorias estão conformes com os documentos de instrução da declaração; e

II - se o veículo ou equipamento de transporte oferece condições satisfatórias de segurança fiscal.

§ 2º Sempre que julgar conveniente, a fiscalização poderá determinar a abertura dos volumes ou recipientes, para a verificação das mercadorias.

§ 3º Quando for constatada avaria ou extravio, deverão ser observadas as disposições da Seção VII deste Capítulo.

SUBSEÇÃO III
DAS CAUTELAS FISCAIS

ART. 333. Ultimada a conferência, poderão ser adotadas cautelas fiscais visando a impedir a violação dos volumes, recipientes e, se for o caso, do veículo transportador, na forma estabelecida pela Secretaria da Receita Federal do Brasil (Decreto-Lei n. 37, de 1966, art. 74, § 2º).

§ 1º São cautelas fiscais:

I - a lacração e a aplicação de outros dispositivos de segurança; e

II - o acompanhamento fiscal, que somente será determinado em casos especiais.

§ 2º Os dispositivos de segurança somente poderão ser rompidos ou suprimidos na presença da fiscalização, salvo disposição normativa em contrário.

§ 3º As despesas realizadas pelas unidades aduaneiras da Secretaria da Receita Federal do Brasil, com a aplicação de dispositivos de segurança em volumes, veículos e unidades de carga, deverão ser ressarcidas pelos interessados, na forma estabelecida em ato da Secretaria da Receita Federal do Brasil (Decreto-Lei n. 2.472, de 1988, art. 9º).

SUBSEÇÃO IV
DO DESEMBARAÇO PARA TRÂNSITO

ART. 334. O despacho para trânsito completa-se com o desembaraço aduaneiro, após a adoção das providências previstas na Subseção III.

SUBSEÇÃO V
DOS PROCEDIMENTOS ESPECIAIS

ART. 335. As mercadorias em trânsito aduaneiro poderão ser objeto de procedimento específico de controle nos casos de transbordo, baldeação ou redestinação.

Parágrafo único. Para efeito do disposto no *caput*, considera-se:

I - transbordo, a transferência direta de mercadoria de um para outro veículo;

II - baldeação, a transferência de mercadoria descarregada de um veículo e posteriormente carregada em outro; e

III - redestinação, a reexpedição de mercadoria para o destino certo.

ART. 336. Poderá ser objeto de procedimento especial de trânsito aduaneiro, na forma a ser estabelecida pela Secretaria da Receita Federal do Brasil:

I - o despacho para trânsito nas modalidades referidas nos incisos II e VII do art. 318; e

II - a operação de transporte que envolva situações específicas caracterizadas por peculiaridades regionais ou sub-regionais.

Parágrafo único. Poderá ter procedimento simplificado, a ser estabelecido pela autoridade aduaneira local, o trânsito aduaneiro que tiver os locais de origem e de destino jurisdicionados à mesma unidade.

SEÇÃO V
DAS GARANTIAS E DAS RESPONSABILIDADES

ART. 337. As obrigações fiscais relativas à mercadoria, no regime de trânsito aduaneiro, serão constituídas em termo de responsabilidade firmado na data do registro da declaração de admissão no regime, que assegure sua eventual liquidação e cobrança (Decreto-Lei n. 37, de 1966, arts. 72, *caput*, com a redação dada pelo Decreto-Lei n. 2.472, de 1988, art. 1º, e 74).

Parágrafo único. Ressalvados os casos de expressa dispensa, estabelecidos em ato normativo da Secretaria da Receita Federal do Brasil, será exigida garantia das obrigações fiscais constituídas no termo de responsabilidade, na forma do art. 759 (Decreto-Lei n. 37, de 1966, art. 72, § 1º, com a redação dada pelo Decreto-Lei n. 2.472, de 1988, art. 1º).

ART. 338. O transportador de mercadoria submetida ao regime de trânsito aduaneiro responde pelo conteúdo dos volumes, nos casos previstos no art. 661.

ART. 339. O transportador deverá apresentar a mercadoria submetida ao regime de trânsito aduaneiro na unidade de destino, dentro do prazo fixado, na forma estabelecida na Subseção II da Seção VI.

§ 1º O transportador que não apresentar a mercadoria no local de destino, na forma e no prazo referidos no *caput*, ficará sujeito ao cumprimento das obrigações assumidas no termo de responsabilidade, sem prejuízo das penalidades cabíveis (Decreto-Lei n. 37, de 1966, art. 74, § 1º).

§ 2º Na hipótese do § 1º, os tributos serão os vigentes à data da assinatura do termo de responsabilidade, com os acréscimos legais (Decreto-Lei n. 37, de 1966, art. 74, § 1º).

SEÇÃO VI
DA INTERRUPÇÃO E DA CONCLUSÃO DO TRÂNSITO

SUBSEÇÃO I
DA INTERRUPÇÃO DO TRÂNSITO

ART. 340. O trânsito poderá ser interrompido pelos seguintes motivos:

I - ocorrência de eventos extraordinários que comprometam ou possam comprometer a segurança do veículo ou equipamento de transporte;

II - ocorrência de eventos que resultem ou possam resultar em avaria ou extravio da mercadoria;

III - ocorrência de eventos que impeçam ou possam impedir o prosseguimento do trânsito;

IV - embargo ou impedimento oferecido por autoridade competente;

V - rompimento ou supressão de dispositivo de segurança; e

VI - outras circunstâncias alheias à vontade do transportador, que justifiquem a medida.

Parágrafo único. Ocorrida a interrupção, o transportador deverá imediatamente comunicar o fato à unidade aduaneira jurisdicionante do local onde se encontrar o veículo, para a adoção das providências cabíveis.

ART. 341. A autoridade aduaneira poderá determinar a interrupção do trânsito, na área de sua jurisdição, em casos de denúncia, suspeita ou conveniência da fiscalização, mediante a adoção de quaisquer das seguintes providências, sem prejuízo de outras que entender necessárias:

I - verificação dos dispositivos de segurança e dos documentos referentes à carga;

II - vistoria das condições de segurança fiscal do veículo ou equipamento de transporte;

III - rompimento ou supressão de dispositivo de segurança do veículo, do recipiente ou dos volumes, para a verificação do conteúdo;

IV - busca no veículo;

V - retenção do veículo, das mercadorias, ou de ambos; e

VI - acompanhamento fiscal.

ART. 342. A interrupção do trânsito, conforme previsto no art. 341, aplica-se também ao trânsito aduaneiro na modalidade de passagem.

Parágrafo único. A Secretaria da Receita Federal do Brasil poderá admitir, em caráter extraordinário, a interrupção do trânsito aduaneiro na modalidade de passagem, em caso de conveniência do beneficiário, mediante o cumprimento dos limites e das condições que estabelecer.

SUBSEÇÃO II
DA CONCLUSÃO DO TRÂNSITO

ART. 343. Para fins de conclusão do trânsito aduaneiro, a unidade de destino procederá ao exame dos documentos e à verificação do veículo, dos dispositivos de segurança, e da integridade da carga.

§ 1º Constatando o cumprimento das obrigações do transportador, a unidade de destino efetuará a conclusão do trânsito aduaneiro.

§ 2º No caso de chegada do veículo fora do prazo determinado, sem motivo justificado:

I - o fato deverá ser comunicado à unidade de origem pela unidade de destino; e

II - poderão ser adotadas cautelas especiais para com o transportador, especialmente o acompanhamento fiscal sistemático, sem prejuízo das penalidades cabíveis.

§ 3º Se ocorrida violação, adulteração ou troca de dispositivos de segurança, ou manipulação indevida de volumes ou mercadorias, o fato deverá ser apurado mediante procedimento administrativo, sem prejuízo da correspondente representação fiscal para efeito de apuração do ilícito penal (Decreto-Lei n. 2.848, de 7 de dezembro de 1940, art. 336).

§ 4º A Secretaria da Receita Federal do Brasil poderá estabelecer casos em que a conclusão do trânsito aduaneiro será automática.

§ 5º Na modalidade referida no inciso V do art. 318, a autoridade aduaneira da unidade de destino, após a conclusão do trânsito aduaneiro, poderá, por motivo justificado e a pedido do beneficiário, permitir que a mercadoria seja:

I - armazenada em recinto alfandegado de zona primária, para posterior embarque, inclusive com destino diverso do constante nos documentos originais; ou

II - submetida a novo trânsito aduaneiro, para devolução à origem ou embarque em outro local.

ART. 344. A baixa do termo de responsabilidade, junto à unidade de origem, será efetuada mediante a conclusão do trânsito pela unidade de destino.

SEÇÃO VII
DA AVARIA E DO EXTRAVIO NO TRÂNSITO

▸ (Alterado pelo Dec. 8.010/2013.)

ART. 345. Quando a constatação de extravio ou avaria ocorrer no local de origem, a autoridade aduaneira poderá, não havendo inconveniente, permitir o trânsito aduaneiro da mercadoria avariada ou da partida com extravio, após a determinação da quantidade extraviada, observado o disposto no art. 660. (Alterado pelo Dec. 8.010/2013.)

§ 1º Caso o extravio ou avaria ocorram no percurso do trânsito, a autoridade aduaneira poderá, após comunicada na forma do parágrafo único do art. 340, autorizar o prosseguimento do trânsito até o local de destino, adotadas as cautelas fiscais cabíveis. (Acrescentado pelo Dec. 8.010/2013.)

§ 2º Em qualquer caso, poderá ser autorizado o início ou prosseguimento do trânsito, dispensado o lançamento a que se refere o art. 660, na hipótese de o beneficiário do regime assumir espontaneamente o pagamento dos créditos decorrentes do extravio. (Acrescentado pelo Dec. 8.010/2013.)

ARTS. 346. a **349.** (Revogados pelo Dec. 8.010/2013.)

SEÇÃO VIII
DAS DISPOSIÇÕES FINAIS

ART. 350. A mercadoria em trânsito aduaneiro lançada ao território aduaneiro por motivo de segurança ou arremessada por motivo de acidente do veículo transportador deverá ser encaminhada por quem a encontrou à unidade da Secretaria da Receita Federal do Brasil mais próxima.

ART. 351. As disposições do presente Capítulo aplicam-se ao trânsito aduaneiro decorrente de acordos ou convênios internacionais, desde que não os contrariem.

ART. 352. As disposições deste Capítulo não se aplicam às remessas postais internacionais, as quais estão sujeitas a normas próprias.

CAPÍTULO III
DA ADMISSÃO TEMPORÁRIA

ART. 353. O regime aduaneiro especial de admissão temporária é o que permite a importação de bens que devam permanecer no País durante prazo fixado, com suspensão total do pagamento de tributos, ou com suspensão parcial, no caso de utilização econômica, na forma e nas condições deste Capítulo (Decreto-Lei n. 37, de 1966, art. 75; e Lei n. 9.430, de 1996, art. 79, *caput*).

SEÇÃO I
DA ADMISSÃO TEMPORÁRIA COM SUSPENSÃO TOTAL DO PAGAMENTO DE TRIBUTOS

SUBSEÇÃO I
DO CONCEITO

ART. 354. O regime aduaneiro especial de admissão temporária com suspensão total do pagamento de tributos permite a importação de bens que devam permanecer no País durante prazo fixado, na forma e nas condições desta Seção (Decreto-Lei n. 37, de 1966, art. 75, *caput*).

SUBSEÇÃO II
DOS BENS A QUE SE APLICA O REGIME

ART. 355. O regime poderá ser aplicado aos bens relacionados em ato normativo da Secretaria da Receita Federal do Brasil e aos admitidos temporariamente ao amparo de acordos internacionais.

§ 1º Os bens admitidos no regime ao amparo de acordos internacionais firmados pelo País estarão sujeitos aos termos e prazos neles previstos.

§ 2º A autoridade competente poderá indeferir pedido de concessão do regime, em decisão fundamentada, da qual caberá recurso, na forma estabelecida pela Secretaria da Receita Federal do Brasil.

ART. 356. Os veículos matriculados em qualquer dos países integrantes do Mercosul, de propriedade de pessoas físicas residentes ou de pessoas jurídicas com sede social em tais países, utilizados em viagens de turismo, circularão livremente no País, com observância das condições previstas na Resolução do Grupo do Mercado Comum - GMC no 35, de 2002, internalizada pelo Decreto n. 5.637, de 26 de dezembro de 2005, dispensado o cumprimento de formalidades aduaneiras.

ART. 357. Considera-se em admissão temporária, independentemente de qualquer procedimento administrativo, o veículo que ingressar no território aduaneiro a serviço de empresa estrangeira autorizada a operar, no Brasil, nas atividades de transporte internacional de carga ou passageiro. (Alterado pelo Dec. 7.213/2010.)

SUBSEÇÃO III
DA CONCESSÃO, DO PRAZO E DA APLICAÇÃO DO REGIME

ART. 358. Para a concessão do regime, a autoridade aduaneira deverá observar o cumprimento cumulativo das seguintes condições (Decreto-Lei n. 37, de 1966, art. 75, § 1º, incisos I e III):

I - importação em caráter temporário, comprovada esta condição por qualquer meio julgado idôneo;

II - importação sem cobertura cambial; e (Alterado pelo Dec. 8.010/2013.)

III - adequação dos bens à finalidade para a qual foram importados. (Alterado pelo Dec. 8.010/2013.)

IV e **V** - (Revogados pelo Dec. 8.010/2013.)

Parágrafo único. (Revogado pelo Dec. 8.010/2013.)

ART. 359. Quando se tratar de bens cuja importação esteja sujeita à prévia manifestação de outros órgãos da administração pública, a concessão do regime dependerá da satisfação desse requisito.

§ 1º A concessão do regime poderá ser condicionada à obtenção de licença de importação.

§ 2º A licença de importação exigida para a concessão do regime não prevalecerá para efeito de nacionalização e despacho para consumo dos bens.

ART. 360. No ato da concessão, a autoridade aduaneira fixará o prazo de vigência do regime, que será contado do desembaraço aduaneiro.

§ 1º Entende-se por vigência do regime o período compreendido entre a data do desembaraço aduaneiro e o termo final do prazo fixado pela autoridade aduaneira para permanência da mercadoria no País, considerado, inclusive, o prazo de prorrogação, quando for o caso.

§ 2º Na fixação do prazo ter-se-á em conta o provável período de permanência dos bens, indicado pelo beneficiário.

ART. 361. O prazo de vigência do regime será fixado observando-se o disposto no art. 307 e no § 1º do art. 355.

§ 1º Não será conhecido pedido de prorrogação apresentado após o termo final do prazo fixado para permanência dos bens no País, hipótese em que será aplicada a multa referida no art. 709.

§ 2º O prazo de vigência da admissão temporária de veículo pertencente a turista estrangeiro será o mesmo concedido para a permanência, no País, de seu proprietário.

§ 3º No caso de bens de uso profissional ou de bens de uso doméstico, excluídos os veículos automotores, trazidos por estrangeiro que venha ao País para exercer atividade profissional ou para estudos, com visto temporário ou oficial, o prazo inicial de permanência dos bens será o mesmo concedido para a permanência do estrangeiro.

§ 4º Os prazos a que se referem os §§ 2º e 3º serão prorrogados na mesma medida em que o estrangeiro obtiver a prorrogação da autorização para sua permanência no País.

§ 5º Tratando-se de embarcação de esporte e recreio de turista estrangeiro, o prazo de que trata o § 2º poderá ser prorrogado por até dois anos, no total, contados da data de admissão da embarcação no regime, se o turista estrangeiro, dentro do prazo de vigência do regime, solicitar a prorrogação em virtude de sua ausência temporária do País.

§ 6º Na hipótese de que trata o § 5º, a autoridade aduaneira poderá autorizar a atracação ou o depósito da embarcação em local não alfandegado de uso público, mediante prévia comprovação da comunicação do fato à Capitania dos Portos, ficando vedada sua utilização em qualquer atividade, ainda que prestada a título gratuito.

ART. 362. Será de até noventa dias o prazo de admissão temporária de veículo de brasileiro radicado no exterior que ingresse no País em caráter temporário (Decreto-Lei n. 37, de 1966, art. 76).

§ 1º O disposto no *caput* estende-se à bagagem e a ferramentas, máquinas, aparelhos e instrumentos necessários ao exercício da profissão, arte ou ofício do brasileiro radicado no exterior.

§ 2º O prazo de que trata o *caput* poderá ser prorrogado por período que, somado ao inicialmente concedido, não ultrapasse cento e oitenta dias.

§ 3º Para a prorrogação a que se refere o § 2º, será exigida a comprovação de que o beneficiário exerça, no exterior, atividade que lhe proporcione meios de subsistência. (Alterado pelo Dec. 8.010/2013.)

ART. 363. A aplicação do regime de admissão temporária ficará condicionada à (Decreto-Lei n. 37, de 1966, art. 75, § 1º): (Alterado pelo Dec. 8.010/2013.)

I - utilização dos bens dentro do prazo fixado e exclusivamente nos fins previstos; (Acrescentado pelo Dec. 8.010/2013.)

II - constituição das obrigações fiscais em termo de responsabilidade; e (Acrescentado pelo Dec. 8.010/2013.)

III - identificação dos bens. (Acrescentado pelo Dec. 8.010/2013.)

Parágrafo único. A Secretaria da Receita Federal do Brasil disporá sobre a forma de identificação referida no inciso III do *caput*. (Acrescentado pelo Dec. 8.010/2013.)

SUBSEÇÃO IV
DA GARANTIA

ART. 364. Será exigida garantia das obrigações fiscais constituídas no termo de responsabilidade, na forma do art. 759. (Alterado pelo Dec. 8.010/2013.)

Parágrafo único. A Secretaria da Receita Federal do Brasil disporá sobre os casos em que poderá ser dispensada a garantia a que se refere o *caput* (Decreto-Lei n. 37, de 1966, art. 75, § 4º, com a redação dada pela Lei n. 12.350, de 2010, art. 40). (Acrescentado pelo Dec. 8.010/2013.)

ART. 365. Quando os bens admitidos no regime forem danificados, em virtude de sinistro, o valor da garantia será, a pedido do interessado, reduzido proporcionalmente ao montante do prejuízo.

§ 1º Não caberá a redução quando ficar provado que o sinistro:

I - ocorreu por culpa ou dolo do beneficiário do regime; ou

II - resultou de o bem haver sido utilizado em finalidade diferente daquela que tenha justificado a concessão do regime.

§ 2º Para habilitar-se à redução do valor da garantia, o interessado apresentará laudo pericial do órgão oficial competente, do qual deverão constar as causas e os efeitos do sinistro.

ART. 366. No caso de comprovação da reexportação parcelada dos bens, será concedida, a pedido do interessado, a correspondente redução do valor da garantia.

SUBSEÇÃO V
DA EXTINÇÃO DA APLICAÇÃO DO REGIME

ART. 367. Na vigência do regime, deverá ser adotada, com relação aos bens, uma das seguintes providências, para liberação da garantia e baixa do termo de responsabilidade:

I - reexportação;

II - entrega à Fazenda Nacional, livres de quaisquer despesas, desde que a autoridade aduaneira concorde em recebê-los;

III - destruição, às expensas do interessado;

IV - transferência para outro regime especial; ou

V - despacho para consumo, se nacionalizados.

§ 1º A reexportação de bens poderá ser efetuada parceladamente.

§ 2º Os bens entregues à Fazenda Nacional terão a destinação prevista nas normas específicas.

§ 3º A aplicação do disposto nos incisos II e III não obriga ao pagamento dos tributos suspensos.

§ 4º Se, na vigência do regime, for autorizada a nacionalização dos bens por terceiro, a este caberá promover o despacho para consumo.

§ 5º A nacionalização dos bens e o seu despacho para consumo serão realizados com observância das exigências legais e regulamentares, inclusive as relativas ao controle administrativo das importações (Decreto-Lei n. 37, de 1966, art. 77).

§ 6º A nacionalização e o despacho para consumo não serão permitidos quando a licença de importação, para os bens admitidos no regime, estiver vedada ou suspensa.

§ 7º No caso do inciso V, tem-se por tempestiva a providência para extinção do regime, na data do pedido da licença de importação, desde que este seja formalizado dentro do prazo de vigência do regime, e a licença seja deferida.

§ 8º A unidade aduaneira onde for processada a extinção deverá comunicar o fato à que concedeu o regime.

§ 9º Na hipótese de indeferimento do pedido de prorrogação de prazo ou dos requerimentos a que se referem os incisos II a V, o beneficiário deverá iniciar o despacho de reexportação dos bens no prazo de trinta dias, contados da data da ciência da decisão, salvo se superior o período restante fixado para a sua permanência no País.

§ 10. Quando exigível multa, o despacho de reexportação deverá ser interrompido, formalizando-se a correspondente exigência (Decreto-Lei n. 37, de 1966, art. 71, § 6º, com a redação dada pelo Decreto-Lei n. 2.472, de 1988, art. 1º).

ART. 368. Extingue ainda a aplicação do regime de admissão temporária a produto, parte, peça ou componente recebido do exterior, para substituição em decorrência de garantia ou para reparo, revisão, manutenção, renovação ou recondicionamento a exportação de produto equivalente àquele submetido ao regime (Lei n. 10.833, de 2003, art. 60, *caput*).

§ 1º O disposto no *caput* aplica-se exclusivamente aos seguintes bens (Lei n. 10.833, de 2003, art. 60, § 1º, incisos I e II):

I - partes, peças e componentes de aeronave, objeto da isenção prevista na alínea "j" do inciso II do art. 136; e

II - produtos nacionais exportados definitivamente, ou suas partes e peças, que retornem ao País, mediante admissão temporária, para reparo ou substituição em virtude de defeito técnico que exija sua devolução.

§ 2º A Secretaria da Receita Federal do Brasil disciplinará os procedimentos para a aplicação do disposto neste artigo e os requisitos para reconhecimento da equivalência entre os bens (Lei n. 10.833, de 2003, art. 60, § 2º).

SUBSEÇÃO VI
DA EXIGÊNCIA DO CRÉDITO TRIBUTÁRIO CONSTITUÍDO EM TERMO DE RESPONSABILIDADE

ART. 369. O crédito tributário constituído em termo de responsabilidade será exigido com observância do disposto nos arts. 761 a 766, nas seguintes hipóteses:

I - vencimento do prazo de permanência dos bens no País, sem que haja sido requerida a sua prorrogação ou uma das providências previstas no art. 367;

II - vencimento de prazo, na situação a que se refere o § 9º do art. 367, sem que seja iniciado o despacho de reexportação do bem;

III - apresentação para as providências a que se refere o art. 367, de bens que não correspondam aos ingressados no País;

IV - utilização dos bens em finalidade diversa da que justificou a concessão do regime; ou

V - destruição dos bens, por culpa ou dolo do beneficiário.

§ 1º O disposto no *caput* não se aplica:

I - se, à época da exigência do crédito tributário, a emissão da licença de importação para os bens estiver vedada ou suspensa; e

II - no caso de bens sujeitos a controles de outros órgãos, cuja permanência definitiva no País não seja autorizada.

§ 2º Nos casos referidos no § 1º, deverá a autoridade aduaneira providenciar a apreensão dos bens, para fins de aplicação da pena de perdimento.

ART. 370. Na hipótese de exigência do crédito constituído em termo de responsabilidade, o beneficiário terá o prazo de trinta dias, contados da notificação prevista no § 1º do art. 761, para:

I - iniciar o despacho de reexportação dos bens, após o pagamento da multa a que se refere o art. 709; ou

II - registrar a declaração de importação referente aos bens, na forma estabelecida pela Secretaria da Receita Federal do Brasil, e efetuar o pagamento do crédito tributário exigido, acrescido de juros de mora e da multa referida no inciso I do *caput*.

§ 1º Decorrido o prazo a que se refere o *caput* e não tendo sido reexportados os bens, nem registrada a declaração de importação, o beneficiário ficará sujeito:

I - à retificação de ofício da declaração de admissão, na forma estabelecida pela Secretaria da Receita Federal do Brasil; e

II - ao pagamento da multa a que se refere o inciso I do art. 725, sem prejuízo da continuidade da exigência do crédito tributário, na forma do art. 763, se ainda não cumprida.

§ 2º Ressalvada a hipótese prevista no inciso I do *caput*, a eventual saída dos bens do País fica condicionada à formalização dos procedimentos de exportação.

§ 3º O crédito pago, relativo ao termo de responsabilidade, poderá ser utilizado no registro da declaração a que se refere o inciso II do *caput* e na retificação a que se refere o inciso I do § 1º.

§ 4º As multas de que trata este artigo não prejudicam a aplicação de outras penalidades cabíveis e a representação fiscal para fins penais, quando for o caso.

SUBSEÇÃO VII
DAS DISPOSIÇÕES FINAIS

ART. 371. Poderá ser autorizada a substituição do beneficiário do regime.

Parágrafo único. A autorização de que trata o *caput* não implica reinício da contagem do prazo de permanência dos bens no País.

ART. 372. A Secretaria da Receita Federal do Brasil poderá, no âmbito de sua competência, editar atos normativos para a implementação do disposto nesta Seção.

SEÇÃO II
DA ADMISSÃO TEMPORÁRIA PARA UTILIZAÇÃO ECONÔMICA

ART. 373. Os bens admitidos temporariamente no País para utilização econômica ficam sujeitos ao pagamento dos impostos federais, da contribuição para o PIS/PASEP-Importação e da COFINS-Importação, proporcionalmente ao seu tempo de permanência no território aduaneiro, nos termos e condições estabelecidos nesta Seção (Lei n. 9.430, de 1996, art. 79; e Lei n. 10.865, de 2004, art. 14).

§ 1º Para os efeitos do disposto nesta Seção, considera-se utilização econômica o emprego dos bens na prestação de serviços a terceiros ou na produção de outros bens destinados a venda. (Alterado pelo Dec. 8.010/2013.)

§ 2º A proporcionalidade a que se refere o *caput* será obtida pela aplicação do percentual de um por cento, relativamente a cada mês compreendido no prazo de concessão do regime, sobre o montante dos tributos originalmente devidos.

§ 3º O crédito tributário correspondente à parcela dos tributos com suspensão do pagamento deverá ser constituído em termo de responsabilidade.

§ 4º Na hipótese do § 3º, será exigida garantia correspondente ao crédito constituído no termo de responsabilidade, na forma do art. 759, ressalvados os casos de expressa dispensa, estabelecidos em ato normativo da Secretaria da Receita Federal do Brasil.

ART. 373-A. O tratamento administrativo aplicável na admissão de bens no regime de que trata o art. 373 será o mesmo exigido para uma operação de importação definitiva, salvo nos casos estabelecidos em ato normativo da Secretaria de Comércio Exterior. (Acrescentado pelo Dec. 8.010/2013.)

ART. 374. O regime será concedido pelo prazo previsto no contrato de arrendamento operacional, de aluguel ou de empréstimo, celebrado entre o importador e a pessoa estrangeira, prorrogável na medida da extensão do prazo estabelecido no contrato, observado o disposto no art. 373. (Alterado pelo Dec. 8.010/2013.)

§ 1º O prazo máximo de vigência do regime de que trata o art. 373 será de cem meses. (Redação dada pelo Decreto n. 8.187, de 2014)

§ 2º Antes do término do prazo estipulado no § 1º, o beneficiário deverá providenciar a extinção do regime, conforme previsto no art. 367, sendo facultada a transferência para outro regime aduaneiro especial, inclusive a concessão de nova admissão temporária, que poderá ocorrer sem a necessidade de saída física dos bens do território nacional. (Incluído pelo Decreto n. 8.187, de 2014)

§ 3º O prazo estipulado no § 1º não se aplica ao regime aduaneiro de que trata o art. 458. (Incluído pelo Decreto n. 8.187, de 2014)

ART. 375. No caso de extinção da aplicação do regime mediante despacho para consumo, os tributos originalmente devidos deverão ser recolhidos deduzido o montante já pago.

ART. 376. O disposto no art. 373 não se aplica (Lei n. 9.430, de 1996, art. 79, parágrafo único, com a redação dada pela Medida Provisória n. 2.189-49, de 23 de agosto de 2001, art. 13):

I - até 31 de dezembro de 2040: (Alterado pelo Dec. 9.128/2017. Produção de efeitos: 1º.01.2018.)

a) aos bens destinados às atividades de exploração, desenvolvimento e produção de petróleo e de gás natural, cuja permanência no País seja de natureza temporária, constantes da relação a que se refere o § 1º do art. 458; e (Alterado pelo Dec. 9.128/2017. Produção de efeitos: 1º.01.2018.)

b) aos bens destinados às atividades de transporte, movimentação, transferência, armazenamento ou regaseificação de gás natural liquefeito, constantes de relação a ser estabelecida pela Secretaria da Receita Federal do Brasil; e

II - até 4 de outubro de 2023, aos bens importados temporariamente e para utilização econômica por empresas que se enquadrem nas disposições do Decreto-Lei n. 288, de 28 de fevereiro de 1967, durante o período de sua permanência na Zona Franca de Manaus, os quais serão submetidos ao regime de admissão temporária com suspensão total do pagamento de tributos.

ART. 377. A Secretaria da Receita Federal do Brasil poderá, no âmbito de sua competência, editar atos normativos para a implementação do disposto nesta Seção.

ART. 378. Na administração do regime de admissão temporária para utilização econômica, aplica-se subsidiariamente o disposto na Seção I.

SEÇÃO III
DAS DISPOSIÇÕES FINAIS

ART. 379. O regime de admissão temporária de que trata este Capítulo não se aplica à entrada no território aduaneiro de bens objeto de arrendamento mercantil financeiro, contratado com entidades arrendadoras domiciliadas no exterior (Lei n. 6.099, de 12 de setembro de 1974, art. 17, com a redação dada pela Lei n. 7.132, de 26 de outubro de 1983, art. 1º, inciso III).

CAPÍTULO IV
DA ADMISSÃO TEMPORÁRIA PARA APERFEIÇOAMENTO ATIVO

ART. 380. O regime aduaneiro especial de admissão temporária para aperfeiçoamento ativo é o que permite o ingresso, para permanência temporária no País, com suspensão do pagamento de tributos, de mercadorias estrangeiras ou desnacionalizadas, destinadas a operações de aperfeiçoamento ativo e posterior reexportação.

§ 1º Consideram-se operações de aperfeiçoamento ativo, para os efeitos deste Capítulo:

I - as operações de industrialização relativas ao beneficiamento, à montagem, à renovação, ao recondicionamento, ao acondicionamento ou ao reacondicionamento aplicadas ao próprio bem; e

II - o conserto, o reparo, ou a restauração de bens estrangeiros. (Alterado pelo Dec. 7.213/2010.)

§ 2º São condições básicas para a aplicação do regime:

I - que as mercadorias sejam de propriedade de pessoa sediada no exterior e admitidas sem cobertura cambial;

II - que o beneficiário seja pessoa jurídica sediada no País; e

III - que a operação esteja prevista em contrato de prestação de serviço.

ART. 381. A Secretaria da Receita Federal do Brasil poderá, no âmbito de sua competência, editar atos normativos para a implementação do disposto neste Capítulo.

ART. 382. Aplicam-se ao regime, no que couber, as normas previstas para o regime de admissão temporária.

CAPÍTULO V
DO *DRAWBACK*

SEÇÃO I
DAS DISPOSIÇÕES PRELIMINARES

ART. 383. O regime de *drawback* é considerado incentivo à exportação, e pode ser aplicado nas seguintes modalidades: (Alterado pelo Dec. 8.010/2013.)

I - suspensão - permite a suspensão do pagamento do Imposto de Importação, do Imposto sobre Produtos Industrializados, da Contribuição para o PIS/PASEP, da COFINS, da Contribuição para o PIS/PASEP-Importação e da COFINS-Importação, na importação, de forma combinada ou não com a aquisição no mercado interno, de mercadoria para emprego ou consumo na industrialização de produto a ser exportado (Lei n. 11.945, de 4 de junho de 2009, art. 12, *caput*); (Alterado pelo Dec. 8.010/2013.)

II - isenção - permite a isenção do Imposto de Importação e a redução a zero do Imposto sobre Produtos Industrializados, da Contribuição para o PIS/PASEP, da COFINS, da Contribuição para o PIS/PASEP-Importação e da COFINS-Importação, na importação, de forma combinada ou não com a aquisição no mercado interno, de mercadoria equivalente à empregada ou consumida na industrialização de produto exportado (Lei n. 12.350, de 2010, art. 31, *caput*); e (Alterado pelo Dec. 8.010/2013.)

III - restituição - permite a restituição, total ou parcial, dos tributos pagos na importação de mercadoria exportada após beneficiamento, ou utilizada na fabricação, complementação ou acondicionamento de outra exportada (Decreto-Lei n. 37, de 1966, art. 78, *caput*, inciso I). (Alterado pelo Dec. 8.010/2013.)

§ 1º Para os efeitos do disposto no inciso II do *caput*, considera-se como equivalente a mercadoria nacional ou estrangeira da mesma espécie, qualidade e quantidade, daquela anteriormente adquirida no mercado interno ou importada sem fruição dos benefícios referidos no *caput* (Lei n. 12.350, de 2010, art. 31, § 4º). (Acrescentado pelo Dec. 8.010/2013.)

§ 2º Os tratamentos referidos nos incisos I e II do *caput* não alcançam as hipóteses previstas nos incisos IV a IX do *caput* do art. 3º da Lei n. 10.637, de 2002, nos incisos III a IX do *caput* do art. 3º da Lei n. 10.833, de 29 de dezembro de 2003, e nos incisos III a V do *caput* do art. 15 da Lei n. 10.865, de 2004 (Lei n. 11.945, de 2009, art. 12, § 1º, inciso II; e Lei n. 12.350, de 2010, art. 31, § 2º). (Acrescentado pelo Dec. 8.010/2013.)

§ 3º Apenas a pessoa jurídica habilitada pela Secretaria de Comércio Exterior poderá efetuar operações com os tratamentos indicados nos incisos I e II do *caput* (Lei n. 11.945, de 2009, art. 12, § 2º, com a redação dada pela Lei n. 12.058, de 13 de outubro de 2009, art. 17). (Acrescentado pelo Dec. 8.010/2013.)

§ 4º A Secretaria da Receita Federal do Brasil e a Secretaria de Comércio Exterior disciplinarão em ato conjunto o disposto nos incisos I e II do *caput* (Lei n. 11.945, de 2009, art. 12, § 3º; e Lei n. 12.350, de 2010, art. 33). (Acrescentado pelo Dec. 8.010/2013.)

ART. 384. e **384-A.** (Revogados pelo Dec. 8.010/2013.)

ART. 384-B. Os atos concessórios de *drawback* poderão ser deferidos, a critério da Secretaria de Comércio Exterior, levando-se em conta a agregação de valor e o resultado da operação (Lei n. 11.945, de 2009, art. 14). (Acrescentado pelo Dec. 7.213/2010.)

§ 1º A comprovação do regime poderá ser realizada com base no fluxo físico, por meio de comparação entre os volumes de importação e de aquisição no mercado interno em relação ao volume exportado, considerada, ainda, a variação cambial das moedas de negociação (Lei n. 11.945, de 2009, art. 14, § 1º). (Acrescentado pelo Dec. 7.213/2010.)

§ 2º A Secretaria da Receita Federal do Brasil e a Secretaria de Comércio Exterior disciplinarão em ato conjunto o disposto neste artigo (Lei n. 11.945, de 2009, art. 14, § 2º). (Acrescentado pelo Dec. 7.213/2010.)

ART. 385. (Revogado pelo Dec. 8.010/2013.)

SEÇÃO II
DO DRAWBACK SUSPENSÃO

ART. 386. A concessão do regime, na modalidade de suspensão, é de competência da Secretaria de Comércio Exterior, devendo ser efetivada, em cada caso, por meio do SISCOMEX.

§ 1º A concessão do regime será feita com base nos registros e nas informações prestadas, no SISCOMEX, pelo interessado, conforme estabelecido pela Secretaria de Comércio Exterior.

§ 2º O registro informatizado da concessão do regime equivale, para todos os efeitos legais, ao ato concessório de *drawback*.

§ 3º Para o desembaraço aduaneiro da mercadoria a ser admitida no regime, será exigido termo de responsabilidade na forma disciplinada em ato normativo da Secretaria da Receita Federal do Brasil.

§ 4º Quando constar do ato concessório do regime a exigência de prestação de garantia, esta só alcançará o valor dos tributos suspensos e será reduzida à medida que forem comprovadas as exportações.

ART. 386-A. O tratamento referido no inciso I do *caput* do art. 383 aplica-se também à importação, de forma combinada ou não com a aquisição no mercado interno: (Acrescentado pelo Dec. 8.010/2013.)

I - de mercadorias para emprego em reparo, criação, cultivo ou atividade extrativista de produto a ser exportado (Lei n. 11.945, de 2009, art. 12, § 1º, inciso I); e (Acrescentado pelo Dec. 8.010/2013.)

II - por empresas denominadas fabricantes-intermediários, para industrialização de produto intermediário a ser diretamente fornecido a empresas industriais-exportadoras, para emprego ou consumo na industrialização de produto final destinado à exportação (Lei n. 11.945, de 2009, art. 12, § 1º, inciso III, com a redação dada pela Lei n. 12.058, de 13 de outubro de 2009, art. 17). (Acrescentado pelo Dec. 8.010/2013.)

ART. 386-B. O regime de *drawback*, na modalidade de suspensão, poderá ainda ser concedido à importação de matérias-primas, produtos intermediários e componentes destinados à fabricação, no País, de máquinas e equipamentos a serem fornecidos no mercado interno, em decorrência de licitação internacional, contra pagamento em moeda conversível proveniente de financiamento concedido por instituição financeira internacional da qual o Brasil participe, ou por entidade governamental estrangeira ou, ainda, pelo Banco Nacional de Desenvolvimento Econômico e Social com recursos captados no exterior (Lei n. 8.032, de 1990, art. 5º, com a redação dada pela Lei n. 10.184, de 12 de fevereiro de 2001, art. 5º). (Acrescentado pelo Dec. 8.010/2013.)

§ 1º Para fins de aplicação do disposto no *caput*, considera-se licitação internacional aquela promovida tanto por pessoas jurídicas de direito público como por pessoas jurídicas de direito privado do setor público e do setor privado (Lei n. 11.732, de 2008, art. 3º, *caput*). (Acrescentado pelo Dec. 8.010/2013.)

§ 2º Na licitação internacional de que trata o § 1º, as pessoas jurídicas de direito público e as de direito privado do setor público deverão observar as normas e procedimentos previstos na legislação específica, e as pessoas jurídicas de direito privado do setor privado deverão observar as normas e procedimentos das entidades financiadoras (Lei n. 11.732, de 2008, art. 3º, § 1º). (Acrescentado pelo Dec. 8.010/2013.)

§ 3º Na ausência de normas e procedimentos específicos das entidades financiadoras, referidas no § 2º, as pessoas jurídicas de direito privado do setor privado observarão o disposto no Decreto n. 6.702, de 2008.(Acrescentado pelo Dec. 8.010/2013.)

ART. 387. O regime de *drawback*, na modalidade de suspensão, poderá ser concedido e comprovado, a critério da Secretaria de Comércio Exterior, com base unicamente na análise dos fluxos financeiros das importações e exportações, bem como da compatibilidade entre as mercadorias a serem importadas e aquelas a exportar.

Parágrafo único. O disposto no *caput* não dispensa a observância das demais disposições desta Seção. (Acrescentado pelo Dec. 7.213/2010.)

ART. 388. O prazo de vigência do regime será de um ano, admitida uma única prorrogação, por igual período, salvo nos casos de importação de mercadorias destinadas à produção de bens de capital de longo ciclo de fabricação, quando o prazo máximo será de cinco anos (Decreto-Lei n. 1.722, de 3 de dezembro de 1979, art. 4º, *caput* e parágrafo único).

Parágrafo único. Os prazos de que trata o *caput* terão como termo final o fixado para o cumprimento do compromisso de exportação assumido na concessão do regime.

ART. 389. As mercadorias admitidas no regime, na modalidade de suspensão, deverão ser integralmente utilizadas no processo produtivo ou na embalagem, acondicionamento ou apresentação das mercadorias a serem exportadas.

Parágrafo único. O excedente de mercadorias produzidas ao amparo do regime, em relação ao compromisso de exportação estabelecido no respectivo ato concessório, poderá ser consumido no mercado interno somente após o pagamento dos tributos suspensos dos correspondentes insumos ou produtos importados, com os acréscimos legais devidos.

ART. 390. As mercadorias admitidas no regime que, no todo ou em parte, deixarem de ser empregadas no processo produtivo de bens, conforme estabelecido no ato concessório, ou que sejam empregadas em desacordo com este, ficam sujeitas aos seguintes procedimentos:

I - no caso de inadimplemento do compromisso de exportar, em até trinta dias do prazo fixado para exportação:

a) devolução ao exterior; (Alterado pelo Dec. 8.010/2013.)

b) destruição, sob controle aduaneiro, às expensas do interessado; (Alterado pelo Dec. 7.213/2010.)

c) destinação para consumo das mercadorias remanescentes, com o pagamento dos tributos suspensos e dos acréscimos legais devidos; ou (Alterado pelo Dec. 7.213/2010.)

d) entrega à Fazenda Nacional, livres de quaisquer despesas e ônus, desde que a autoridade aduaneira concorde em recebê-las; (Acrescentado pelo Dec. 7.213/2010.)

II - no caso de renúncia à aplicação do regime, adoção, no momento da renúncia, de um dos procedimentos previstos no inciso I; e

III - no caso de descumprimento de outras condições previstas no ato concessório, requerimento de regularização junto ao órgão concedente, a critério deste.

ART. 391. A Secretaria de Comércio Exterior poderá estabelecer condições e requisitos específicos para a concessão do regime, inclusive a apresentação de cronograma de exportações.

Parágrafo único. Na hipótese de descumprimento das condições e dos requisitos estabelecidos, o regime poderá deixar de ser concedido nas importações subsequentes, até o atendimento das exigências.

ART. 392. A Secretaria da Receita Federal do Brasil e a Secretaria de Comércio Exterior poderão, no âmbito de suas competências, editar atos normativos para a implementação do disposto nesta Seção.

SEÇÃO III
DO DRAWBACK ISENÇÃO

ART. 393. A concessão do regime, na modalidade de isenção, é de competência da Secretaria de Comércio Exterior, devendo o interessado comprovar o atendimento dos requisitos e condições para utilização do regime.(Alterado pelo Dec. 8.010/2013.)

ART. 393-A. O beneficiário do *drawback*, na modalidade de isenção, poderá optar pela importação ou pela aquisição no mercado interno da mercadoria equivalente, de forma combinada ou não, considerada a quantidade total adquirida ou importada com pagamento de tributos (Lei n. 12.350, de 2010, art. 31, § 3º). (Acrescentado pelo Dec. 8.010/2013.)

ART. 393-B. O *drawback*, na modalidade de isenção, aplica-se também à importação, de forma combinada ou não com a aquisição no mercado interno, de mercadoria equivalente (Lei n. 12.350, de 2010, art. 31, § 1º): (Acrescentado pelo Dec. 8.010/2013.)

I - à empregada em reparo, criação, cultivo ou atividade extrativista de produto já exportado; e (Acrescentado pelo Dec. 8.010/2013.)

II - para industrialização de produto intermediário fornecido diretamente a empresa industrial-exportadora e empregado ou consumido na industrialização de produto final já exportado. (Acrescentado pelo Dec. 8.010/2013.)

ART. 394. O regime será concedido mediante ato concessório do qual constarão:

I - valor e especificação da mercadoria exportada;

II - especificação e classificação fiscal na Nomenclatura Comum do Mercosul das mercadorias a serem importadas ou adquiridas no mercado interno, com as quantidades e os valores respectivos, estabelecidos com base na mercadoria exportada; e (Alterado pelo Dec. 8.010/2013.)

III - valor unitário da mercadoria importada ou adquirida no mercado interno, empregada ou consumida na industrialização de produto exportado, ou nas outras atividades permitidas ao amparo do regime. (Alterado pelo Dec. 8.010/2013.)

Parágrafo único. A Secretaria de Comércio Exterior poderá estabelecer outros requisitos que devam constar no ato concessório.

ART. 395. O ato de que trata o art. 394 poderá ter caráter normativo ou específico, quanto ao produto ou ao produto e à empresa, aplicando-se, sem nova consulta à Secretaria de Comércio Exterior, às exportações futuras, observadas em todos os casos as demais exigências deste Capítulo.

§ 1º A Secretaria de Comércio Exterior poderá, independentemente de solicitação, expedir atos para possibilitar a inclusão de produtos no regime.

§ 2º No caso de ato endereçado a determinada empresa, esta se obriga a comunicar à Secretaria de Comércio Exterior as alterações no rendimento do processo de produção e no preço da mercadoria importada ou adquirida no mercado interno, que signifiquem modificações de mais de cinco por cento na quantidade e valor de cada material importado por unidade de produto exportado. (Alterado pelo Dec. 8.010/2013.)

§ 3º A Secretaria de Comércio Exterior procederá periodicamente à atualização das relações importação-exportação constantes dos atos normativos ou específicos que expedir para produto ou produtos.

§ 4º A Secretaria de Comércio Exterior, atendendo aos interesses da economia nacional, poderá suspender a aplicação de atos concessórios normativos ou específicos.

ART. 396. A Secretaria da Receita Federal do Brasil e a Secretaria de Comércio Exterior estabelecerão, no âmbito de suas competências, atos normativos para a implementação do disposto nesta Seção.(Alterado pelo Dec. 8.010/2013.)

SEÇÃO IV
DO DRAWBACK RESTITUIÇÃO

ART. 397. A concessão do regime, na modalidade de restituição, é de competência da Secretaria da Receita Federal do Brasil, e poderá abranger, total ou parcialmente, os tributos pagos na importação de mercadoria exportada após beneficiamento, ou utilizada na fabricação, complementação ou acondicionamento de outra exportada.

Parágrafo único. Para usufruir do regime, o interessado deverá comprovar a exportação de produto em cujo beneficiamento, fabricação, complementação ou acondicionamento tenham sido utilizadas as mercadorias importadas referidas no *caput*.

ART. 398. A restituição do valor correspondente aos tributos poderá ser feita mediante crédito fiscal, a ser utilizado em qualquer importação posterior (Decreto-Lei n. 37, de 1966, art. 78, § 1º).

ART. 399. Na modalidade de restituição, o regime será aplicado pela unidade aduaneira que jurisdiciona o estabelecimento produtor, atendidas as normas estabelecidas pela Secretaria da Receita Federal do Brasil, para reconhecimento do direito creditório.

SEÇÃO V
DAS DISPOSIÇÕES FINAIS

ART. 400. A utilização do regime previsto neste Capítulo será registrada no documento comprobatório da exportação.

ART. 401. Na concessão do regime serão desprezados os subprodutos e os resíduos não exportados, quando seu montante não exceder de cinco por cento do valor do produto importado.

ART. 402. Na hipótese de mercadoria isenta do imposto de importação ou cuja alíquota seja zero, poderá ser concedido o regime relativamente aos demais tributos devidos na importação.

ART. 402-A. Para efeitos de adimplemento do compromisso de exportação no regime de *drawback*, na modalidade de suspensão, as mercadorias importadas ou adquiridas no mercado interno com suspensão do pagamento dos tributos incidentes podem ser substituídas por outras mercadorias equivalentes, conforme definição constante do § 1º do art. 383, importadas ou adquiridas sem suspensão do pagamento dos tributos incidentes (Lei n. 11.774, de 2008, art. 17, *caput*, com a redação dada pela Lei n. 12.350, de 2010, art. 32). (Acrescentado pelo Dec. 8.010/2013.)

§ 1º O disposto no *caput* aplica-se também ao regime de *drawback* na modalidade de isenção (Lei n. 11.774, de 2008, art. 17, § 1º, com a redação dada pela Lei n. 12.350, de 2010, art. 32). (Acrescentado pelo Dec. 8.010/2013.)

§ 2º A aplicação do disposto neste artigo fica condicionada à edição de ato normativo específico conjunto da Secretaria da Receita Federal do Brasil e da Secretaria de Comércio Exterior (Lei n. 11.774, de 2008, art. 17, § 2º,com a redação dada pela Lei n. 12.350, de 2010, art. 32). (Acrescentado pelo Dec. 8.010/2013.)

ART. 403. As controvérsias relativas aos atos concessórios do regime de *drawback* serão dirimidas pela Secretaria da Receita Federal do Brasil e pela Secretaria de Comércio Exterior, no âmbito de suas competências.

CAPÍTULO VI
DO ENTREPOSTO ADUANEIRO

SEÇÃO I
DO ENTREPOSTO ADUANEIRO NA IMPORTAÇÃO

ART. 404. O regime especial de entreposto aduaneiro na importação é o que permite a armazenagem de mercadoria estrangeira em recinto alfandegado de uso público, com suspensão do pagamento dos impostos federais, da contribuição para o PIS/PASEP-Importação e da COFINS-Importação incidentes na importação (Decreto-Lei n. 1.455, de 1976, art. 9º, com a redação dada pela Medida Provisória n. 2.158-35, de 2001, art. 69; e Lei n. 10.865, de 2004, art. 14).

ART. 405. O regime permite, ainda, a permanência de mercadoria estrangeira em:

I - feira, congresso, mostra ou evento semelhante, realizado em recinto de uso privativo, previamente alfandegado para esse fim (Decreto-Lei n. 1.455, de 1976, art. 16, com a redação dada pela Medida Provisória n. 2.158-35, de 2001, art. 69);

II - instalações portuárias de uso privativo misto, previstas na alínea "b" do inciso II do § 2º do art. 4º da Lei n. 8.630, de 1993 (Lei n. 10.833, de 2003, art. 62, inciso I);

III - plataformas destinadas à pesquisa e lavra de jazidas de petróleo e gás natural em construção ou conversão no País, contratadas por empresas sediadas no exterior (Lei n. 10.833, de 2003, art. 62, inciso II); e

IV - estaleiros navais ou em outras instalações industriais localizadas à beira-mar, destinadas à construção de estruturas marítimas, plataformas de petróleo e módulos para plataformas (Lei n. 10.833, de 2003, art. 62, parágrafo único).

§ 1º Na hipótese do inciso I do *caput*, o alfandegamento do recinto será declarado por período que alcance não mais que os trinta dias anteriores e os trinta dias posteriores aos fixados para início e término do evento, prazos estes que poderão, excepcionalmente, ser acrescidos de até sessenta dias, nos casos de congresso, mostra ou evento semelhante, mediante justificativa. (Alterado pelo Dec. 8.010/2013.)

§ 2º Dentro do período a que se refere o § 1º, a mercadoria poderá ser admitida no regime de entreposto aduaneiro em recinto alfandegado de uso público, sem reinício da contagem do prazo.

§ 3º Na hipótese dos incisos II a IV, a operação no regime depende de autorização da Secretaria da Receita Federal do Brasil (Lei n. 10.833, de 2003, art. 62, *caput*).

ART. 406. É beneficiário do regime de entreposto aduaneiro na importação:

I - o promotor do evento, no caso a que se refere o inciso I do art. 405;

II - o contratado pela empresa sediada no exterior, no caso a que se referem os incisos III e IV do art. 405 (Lei n. 10.833, de 2003, art. 62, parágrafo único); ou

III - o consignatário da mercadoria entrepostada, nos demais casos.

ART. 407. É permitida a admissão no regime de mercadoria importada com ou sem cobertura cambial.

ART. 408. A mercadoria poderá permanecer no regime de entreposto aduaneiro na importação pelo prazo de até um ano, prorrogável por período não superior, no total, a dois anos, contados da data do desembaraço aduaneiro de admissão.

§ 1º Em situações especiais, poderá ser concedida nova prorrogação, respeitado o limite máximo de três anos.

§ 2º Na hipótese de a mercadoria permanecer em feira, congresso, mostra ou evento semelhante, o prazo de vigência será equivalente àquele estabelecido para o alfandegamento do recinto.

§ 3º Nas hipóteses referidas nos incisos III e IV do art. 405, o regime será concedido pelo prazo previsto no contrato.

§ 4º Nas hipóteses previstas nos incisos III e IV do *caput* do art. 405, quando ocorrer rescisão de contrato ou sua não prorrogação por motivos alheios à vontade do beneficiário, a Secretaria da Receita Federal do Brasil poderá autorizar a permanência das mercadorias no regime até que haja formalização de novo contrato com empresa sediada no exterior, limitado ao prazo de até dois anos, contado da data de rescisão ou do termo final do prazo de vigência não prorrogado. (Incluído pelo Decreto n. 8.266, de 2014)

§ 5º Nas hipóteses a que se refere o § 4º, a Secretaria da Receita Federal do Brasil poderá estabelecer restrições à operação do regime enquanto não formalizado novo contrato, com o mesmo ou com novo contratante. (Incluído pelo Decreto n. 8.266, de 2014)

ART. 409. A mercadoria deverá ter uma das seguintes destinações, em até quarenta e cinco dias do término do prazo de vigência do regime, sob pena de ser considerada abandonada (Decreto-Lei n. 1.455, de 1976, art. 23, inciso II, alínea "d"):

I - despacho para consumo;

II - reexportação;

III - exportação; ou

IV - transferência para outro regime aduaneiro especial ou aplicado em áreas especiais.

§ 1º A destinação prevista no inciso I somente poderá ser efetuada pelo adquirente quando este adquirir as mercadorias entrepostadas diretamente do proprietário dos bens no exterior.

§ 2º Nas hipóteses referidas nos incisos I e III, as mercadorias admitidas no regime, importadas sem cobertura cambial, deverão ser nacionalizadas antes de efetuada a destinação.

§ 3º A destinação prevista no inciso III não se aplica a mercadorias admitidas no regime para permanência em feira, congresso, mostra ou evento semelhante.

SEÇÃO II
DO ENTREPOSTO ADUANEIRO NA EXPORTAÇÃO

ART. 410. O regime especial de entreposto aduaneiro na exportação é o que permite a armazenagem de mercadoria destinada a exportação (Decreto-Lei n. 1.455, de 1976, art. 10, *caput*, com a redação dada pela Medida Provisória n. 2.158-35, de 2001, art. 69).

ART. 411. O entreposto aduaneiro na exportação compreende as modalidades de regime comum e extraordinário (Decreto-Lei n. 1.455, de 1976, art. 10, *caput*, com a redação dada pela Medida Provisória n. 2.158-35, de 2001, art. 69).

§ 1º Na modalidade de regime comum, permite-se a armazenagem de mercadorias em recinto de uso público, com suspensão do pagamento dos impostos federais (Decreto-Lei n. 1.455, de 1976, art. 10, *caput*, inciso I, com a redação dada pela Medida Provisória n. 2.158-35, de 2001, art. 69). (Alterado pelo Dec. 8.010/2013.)

§ 2º Na modalidade de regime extraordinário, permite-se a armazenagem de mercadorias em recinto de uso privativo, com direito a utilização dos benefícios fiscais previstos para incentivo à exportação, antes do seu efetivo embarque para o exterior (Decreto-Lei n. 1.455, de 1976, art. 10, inciso II, com a redação dada pela Medida Provisória n. 2.158-35, de 2001, art. 69).

§ 3º O regime de entreposto aduaneiro na exportação, na modalidade extraordinário, somente poderá ser outorgado a empresa comercial exportadora constituída na forma prevista no art. 229, mediante autorização da Secretaria da Receita Federal do Brasil (Decreto-Lei n. 1.455, de 1976, art. 10, § 1º, com a redação dada pela Medida Provisória n. 2.158-35, de 2001, art. 69).

§ 4º Na hipótese de que trata o § 3º, as mercadorias que forem destinadas a embarque direto para o exterior, no prazo estabelecido pela autoridade aduaneira, poderão ficar armazenadas em local não alfandegado (Decreto-Lei n. 1.455, de 1976, art. 10, § 2º, com a redação dada pela Medida Provisória n. 2.158-35, de 2001, art. 69).

ART. 412. O entreposto aduaneiro na exportação compreende ainda, mediante autorização da Secretaria da Receita Federal do Brasil, a operação nos locais referidos nos incisos II a IV do art. 405 (Lei n. 10.833, de 2003, art. 62, *caput*).

ART. 413. O entreposto aduaneiro na exportação subsiste:

I - na modalidade de regime comum, a partir da data da entrada da mercadoria na unidade de armazenagem; e

II - na modalidade de regime extraordinário, a partir da data da saída da mercadoria do estabelecimento do produtor-vendedor.

ART. 414. A mercadoria poderá permanecer no regime de entreposto aduaneiro na exportação pelo prazo de:

I - um ano, prorrogável por período não superior, no total, a dois anos, na modalidade de regime comum; e

II - cento e oitenta dias, na modalidade de regime extraordinário.

§ 1º Em situações especiais, na hipótese a que se refere o inciso I, poderá ser concedida nova prorrogação, respeitado o limite máximo de três anos.

§ 2º Na hipótese a que se refere o inciso II, a mercadoria poderá, dentro do prazo nele previsto, ser admitida no regime de entreposto aduaneiro, na modalidade de regime comum, caso em que prevalecerá o prazo previsto no inciso I.

ART. 415. Observado o prazo de permanência da mercadoria no regime, acrescido daquele a que se refere o inciso II do art. 642, deverá o beneficiário adotar uma das seguintes providências:

I - iniciar o despacho de exportação;

II - no caso de regime comum, reintegrá-la ao estoque do seu estabelecimento; ou

III - em qualquer outro caso, pagar os tributos suspensos e ressarcir os benefícios fiscais acaso fruídos em razão da admissão da mercadoria no regime.

SEÇÃO III
DAS DISPOSIÇÕES FINAIS

ART. 416. A autoridade aduaneira poderá exigir, a qualquer tempo, a apresentação da mercadoria submetida ao regime de entreposto aduaneiro, bem como proceder aos inventários que entender necessários (Decreto-Lei n. 1.455, de 1976, art. 18, *caput*, com a redação dada pela Medida Provisória n. 2.158-35, de 2001, art. 69).

ART. 417. Ocorrendo extravio ou avaria de mercadoria submetida ao regime, o depositário responde pelo pagamento (Decreto-Lei n. 1.455, de 1976, art. 18, parágrafo único, com a redação dada pela Medida Provisória n. 2.158-35, de 2001, art. 69; e Lei n. 10.865, de 2004, art. 14):

I - dos tributos suspensos, da multa, de mora ou de ofício, e dos demais acréscimos legais cabíveis, quando se tratar de mercadoria submetida ao regime de entreposto aduaneiro na importação, ou na modalidade de regime comum, na exportação; e

II - dos tributos que deixaram de ser pagos e dos benefícios fiscais de qualquer natureza acaso auferidos, da multa, de mora ou de ofício, e dos demais acréscimos legais cabíveis, no caso de mercadoria submetida ao regime de entreposto aduaneiro, na modalidade de regime extraordinário, na exportação.

ART. 418. A Secretaria da Receita Federal do Brasil estabelecerá, relativamente ao regime de entreposto aduaneiro, na importação e na exportação, em caráter complementar (Decreto-Lei n. 1.455, de 1976, art. 19, *caput*, com a redação dada pela Medida Provisória n. 2.158-35, de 2001, art. 69; e Lei n. 10.833, de 2003, art. 63, inciso II):

I - requisitos e condições para sua aplicação;

II - operações comerciais, industrializações e serviços admitidos; e

III - formas de extinção de sua aplicação.

ART. 419. O Ministro de Estado da Fazenda poderá vedar a aplicação do regime de entreposto aduaneiro às mercadorias que relacionar em ato normativo (Decreto-Lei n. 1.455, de 1976, art. 19, parágrafo único).

CAPÍTULO VII
DO REGIME DE ENTREPOSTO INDUSTRIAL SOB CONTROLE ADUANEIRO INFORMATIZADO - RECOF

SEÇÃO I
DO CONCEITO

ART. 420. O regime de entreposto industrial sob controle aduaneiro informatizado - RECOF é o que permite a empresa importar, com ou sem cobertura cambial, e com suspensão do pagamento de tributos, sob controle aduaneiro informatizado, mercadorias que, depois de submetidas a operação de industrialização, sejam destinadas a exportação (Decreto-Lei n. 37, de 1966, art. 89).

§ 1º Parte da mercadoria admitida no regime, no estado em que foi importada ou depois de submetida a processo de industrialização, poderá ser despachada para consumo (Decreto-Lei n. 37, de 1966, art. 89).

§ 2º A mercadoria, no estado em que foi importada, poderá ter ainda uma das seguintes destinações:

I - exportação;

II - reexportação; ou

III - destruição.

SEÇÃO II
DA AUTORIZAÇÃO PARA OPERAR NO REGIME

ART. 421. A autorização para operar no regime é de competência da Secretaria da Receita Federal do Brasil (Decreto-Lei n. 37, de 1966, art. 90, § 1º).

ART. 422. Poderão habilitar-se a operar no regime as empresas que atendam aos termos, limites e condições estabelecidos pela Secretaria da Receita Federal do Brasil, em ato normativo, do qual constarão (Decreto-Lei n. 37, de 1966, art. 90, *caput*):

I - as mercadorias que poderão ser admitidas no regime;

II - as operações de industrialização autorizadas;

III - o percentual de tolerância, para efeito de exclusão da responsabilidade tributária do beneficiário, no caso de perda inevitável no processo produtivo;

IV - o percentual mínimo da produção destinada ao mercado externo;

V - o percentual máximo de mercadorias importadas destinadas ao mercado interno no estado em que foram importadas; e

VI - o valor mínimo de exportações anuais.

Parágrafo único. A aplicação do regime poderá ser estendida a mercadorias a serem empregadas em desenvolvimento de produtos, em testes de funcionamento e resistência e em operações de renovação, recondicionamento, manutenção e reparo.

SEÇÃO III
DO PRAZO E DA APLICAÇÃO DO REGIME

ART. 423. O prazo de suspensão do pagamento dos tributos incidentes na importação será de até um ano, prorrogável por período não superior a um ano.

§ 1º Em casos justificados, o prazo de que trata o *caput* poderá ser prorrogado por período não superior, no total, a cinco anos, observada a regulamentação editada pela Secretaria da Receita Federal do Brasil.

§ 2º A partir do desembaraço aduaneiro para admissão no regime, a empresa beneficiária responderá pela custódia e guarda das mercadorias na condição de fiel depositária.

ART. 424. A normatização da aplicação do regime é de competência da Secretaria da Receita Federal do Brasil, que disporá quanto aos controles a serem exercidos (Decreto-Lei n. 37, de 1966, art. 90, § 3º).

SEÇÃO IV
DA EXIGÊNCIA DE TRIBUTOS

ART. 425. Findo o prazo fixado para a permanência da mercadoria no regime, serão exigidos, em relação ao estoque, os tributos suspensos, com os acréscimos legais cabíveis (Decreto-Lei n. 37, de 1966, art. 90, § 2º).

Parágrafo único. O disposto no *caput* não dispensa o cumprimento das exigências legais e regulamentares para a permanência definitiva da mercadoria no País.

ART. 426. A Secretaria da Receita Federal do Brasil estabelecerá a forma e o momento para o cálculo e para o pagamento dos tributos.

CAPÍTULO VIII
DO REGIME ADUANEIRO ESPECIAL DE IMPORTAÇÃO DE INSUMOS DESTINADOS A INDUSTRIALIZAÇÃO POR ENCOMENDA DE PRODUTOS CLASSIFICADOS NAS POSIÇÕES 8701 A 8705 DA NOMENCLATURA COMUM DO MERCOSUL - RECOM

ART. 427. O regime aduaneiro especial de importação de insumos destinados a industrialização por encomenda de produtos classificados nas posições 8701 a 8705 da Nomenclatura Comum do Mercosul - RECOM é o que permite a importação, sem cobertura cambial, de chassis, carroçarias, peças, partes, componentes e acessórios, com suspensão do pagamento do imposto sobre produtos industrializados, da contribuição para o PIS/PASEP-Importação e da COFINS-Importação (Medida Provisória n. 2.189-49, de 2001, art. 17, *caput* e §§ 1º e 2º; e Lei n. 10.865, de 2004, art. 14).

Parágrafo único. O regime será aplicado exclusivamente a importações realizadas por conta e ordem de pessoa jurídica encomendante domiciliada no exterior (Medida Provisória n. 2.189-49, de 2001, art. 17, *caput*).

ART. 428. O imposto de importação incidirá somente sobre os insumos importados empregados na industrialização dos produtos referidos no art. 427, inclusive na hipótese do inciso II do art. 429 (Medida Provisória n. 2.189-49, de 2001, art. 17, § 3º).

ART. 429. Os produtos resultantes da industrialização por encomenda terão o seguinte tratamento tributário (Medida Provisória n. 2.189-49, de 2001, art. 17, § 4º; e Lei n. 10.865, de 2004, art. 14):

I - quando destinados ao exterior, resolve-se a suspensão do pagamento do imposto sobre produtos industrializados, da contribuição para o PIS/PASEP-Importação e da COFINS-Importação incidentes na importação e na aquisição, no mercado interno, dos insumos neles empregados; e

II - quando destinados ao mercado interno, serão remetidos obrigatoriamente a empresa comercial atacadista, controlada, direta ou indiretamente, pela pessoa jurídica encomendante domiciliada no exterior, por conta e ordem desta, com suspensão do pagamento do imposto sobre produtos industrializados, da contribuição para o PIS/PASEP-Importação e da COFINS-Importação.

ART. 430. A concessão do regime dependerá de habilitação prévia perante a Secretaria da Receita Federal do Brasil, que expedirá as normas necessárias ao cumprimento do disposto neste Capítulo (Medida Provisória n. 2.189-49, de 2001, art. 17, § 6º).

CAPÍTULO IX
DA EXPORTAÇÃO TEMPORÁRIA

SEÇÃO I
DO CONCEITO

ART. 431. O regime de exportação temporária é o que permite a saída, do País, com suspensão do pagamento do imposto de exportação, de mercadoria nacional ou nacionalizada, condicionada à reimportação em prazo determinado, no mesmo estado em que foi exportada (Decreto-Lei n. 37, de 1966, art. 92, *caput*, com a redação dada pelo Decreto-Lei n. 2.472, de 1988, art. 1º).

SEÇÃO II
DOS BENS A QUE SE APLICA O REGIME

ART. 432. O regime será aplicado aos bens relacionados em ato normativo da Secretaria da Receita Federal do Brasil e aos exportados temporariamente ao amparo de acordos internacionais.

Parágrafo único. Os bens admitidos no regime ao amparo de acordos internacionais firmados pelo País estarão sujeitos aos termos e prazos neles previstos.

ART. 433. Não será permitida a exportação temporária de mercadorias cuja exportação definitiva esteja proibida, exceto nos casos em que haja autorização do órgão competente.

SEÇÃO III
DA CONCESSÃO, DO PRAZO E DA APLICAÇÃO DO REGIME

ART. 434. A concessão do regime poderá ser requerida à unidade que jurisdiciona o exportador, o porto seco de armazenagem, ou o porto, aeroporto ou ponto de fronteira de saída das mercadorias.

Parágrafo único. A verificação da mercadoria poderá ser feita no estabelecimento do exportador ou em outros locais permitidos pela autoridade aduaneira.

ART. 435. O registro de exportação, no SISCOMEX, constitui requisito para concessão do regime.

§ 1º O registro de exportação não será exigido para bagagem e para os veículos referidos nos incisos II e III do art. 440.

§ 2º A Secretaria da Receita Federal do Brasil, ouvida a Secretaria de Comércio Exterior, poderá estabelecer outros casos de não exigência do registro de exportação para a concessão do regime.

ART. 436. A autoridade competente poderá indeferir pedido de concessão do regime em decisão fundamentada, da qual caberá recurso hierárquico, na forma estabelecida pela Secretaria da Receita Federal do Brasil.

§ 1º O indeferimento do pedido não impede a saída da mercadoria do território aduaneiro, exceto no caso das mercadorias a que se refere o art. 433.

§ 2º No caso de indeferimento do pedido, em decisão administrativa final, para mercadoria que já tenha saído do território aduaneiro, será exigido o pagamento dos tributos correspondentes, na hipótese de sua importação (Decreto-Lei n. 37, de 1966, art. 92, § 4º, com a redação dada pelo Decreto-Lei n. 2.472, de 1988, art. 1º). (Alterado pelo Dec. 7.213/2010.)

I - exigido o pagamento dos tributos correspondentes, na hipótese de sua importação (Decreto-Lei n. 37, de 1966, art. 92, § 4º, com a redação dada pelo Decreto-Lei n. 2.472, de 1988, art. 1º); e

II - comunicado o fato à Secretaria de Comércio Exterior.

ART. 437. O prazo de vigência do regime será de até um ano, prorrogável, a juízo da autoridade aduaneira, por período não superior, no total, a dois anos (Decreto-Lei n. 37, de 1966, art. 92, § 1º, com a redação dada pelo Decreto-Lei n. 2.472, de 1988, art. 1º).

§ 1º A título excepcional, em casos devidamente justificados, a critério do Ministro de Estado da Fazenda, o prazo de vigência do regime poderá ser prorrogado por período superior a dois anos (Decreto-Lei n. 37, de 1966, art. 92, § 2º, com a redação dada pelo Decreto-Lei n. 2.472, de 1988, art. 1º).

§ 2º Quando o regime for aplicado a mercadoria vinculada a contrato de prestação de serviços por prazo certo, o prazo de vigência do regime será o previsto no contrato, prorrogável na mesma medida deste (Decreto-Lei n. 37, de 1966, art. 92, § 3º, com a redação dada pelo Decreto-Lei n. 2.472, de 1988, art. 1º).

§ 3º O disposto no § 2º se aplica ainda no caso de contratos de arrendamento operacional, aluguel ou empréstimo.

§ 4º Nas hipóteses a que se referem os §§ 2º e 3º, o prazo de vigência do regime poderá ser prorrogado com base em novo contrato, desde que o pleito seja formulado dentro do prazo de vigência do regime.

§ 5º Não estão sujeitos a prazo os bens compreendidos no conceito de bagagem que, nessa condição, saiam do País.

ART. 438. O regime será aplicado pela autoridade aduaneira da unidade que jurisdicione o exportador, o porto seco de armazenagem, ou o porto, aeroporto ou ponto de fronteira de saída dos bens do País, de acordo com as normas estabelecidas pela Secretaria da Receita Federal do Brasil.

ART. 439. Na aplicação do regime, deverão ser atendidos os controles especiais, se for o caso.

ART. 440. Reputam-se em exportação temporária, independentemente de qualquer procedimento administrativo:

I - a bagagem acompanhada;

II - os veículos para uso de seu proprietário ou possuidor, quando saírem por seus próprios meios; e

III - os veículos de transporte comercial brasileiros, conduzindo carga ou passageiros.

ART. 441. No caso de bagagem acompanhada, será feito, a pedido do viajante, simples registro de saída dos bens para efeito de comprovação no seu retorno.

ART. 442. A autoridade aduaneira que aplicar o regime deverá manter controle adequado de saída dos bens, tendo em vista a sua reimportação e o prazo concedido.

Parágrafo único. (Revogado pelo Dec. 7.213/2010.).

SEÇÃO IV
DA EXTINÇÃO DA APLICAÇÃO DO REGIME

ART. 443. Na vigência do regime, deverá ser adotada uma das seguintes providências, para extinção de sua aplicação:

I - reimportação; ou

II - exportação definitiva da mercadoria admitida no regime.

Parágrafo único. Tem-se por tempestiva a providência para a extinção da aplicação do regime:

I - na data do embarque da mercadoria, no exterior, desde que efetivado seu ingresso no território aduaneiro, no caso do inciso I do *caput*; e

II - na data do pedido do registro de exportação da mercadoria, desde que haja o desembaraço e a averbação de embarque, no caso do inciso II do *caput*.

ART. 444. Extingue ainda a aplicação do regime de exportação temporária de produto, parte, peça ou componente enviado ao exterior para substituição em decorrência de garantia ou para reparo, revisão, manutenção, renovação ou recondicionamento a importação de produto equivalente àquele submetido ao regime (Lei n. 10.833, de 2003, art. 60, *caput*).

§ 1º O disposto no *caput* aplica-se exclusivamente aos seguintes bens (Lei n. 10.833, de 2003, art. 60, § 1º, incisos I e III):

I - partes, peças e componentes de aeronave, objeto da isenção prevista na alínea "i" do inciso II do art. 136; e

II - produtos nacionais, ou suas partes e peças, remetidos ao exterior mediante exportação temporária, para substituição de outro anteriormente exportado definitivamente, que deva retornar ao País para reparo ou substituição, em virtude de defeito técnico que exija sua devolução.

§ 2º A Secretaria da Receita Federal do Brasil disciplinará os procedimentos para a aplicação do disposto neste artigo e os requisitos para reconhecimento da equivalência entre os bens (Lei n. 10.833, de 2003, art. 60, § 2º).

§ 3º Tem-se por tempestiva a providência para a extinção da aplicação do regime, na data do embarque da mercadoria, no exterior, desde que efetivado seu ingresso no território aduaneiro.

SEÇÃO V
DAS DISPOSIÇÕES FINAIS

ART. 445. O exame do mérito de aplicação do regime exaure-se com a sua concessão, não cabendo mais discuti-lo quando da reimportação da mercadoria.

ART. 446. Quando se tratar de exportação temporária de mercadoria sujeita ao imposto de exportação, a obrigação tributária será constituída em termo de responsabilidade, não se exigindo garantia.

Parágrafo único. O termo de responsabilidade será baixado quando comprovada uma das seguintes providências:

I - reimportação da mercadoria no prazo fixado; ou

II - pagamento do imposto de exportação suspenso.

ART. 447. Os veículos matriculados no País, de propriedade de pessoas físicas ou de pessoas jurídicas, utilizados em viagens de turismo, poderão sair livremente do território aduaneiro, com observância das condições previstas na Resolução do Grupo do Mercado Comum - GMC no 35, de 2002, internalizada pelo Decreto n. 5.637, de 2005, dispensado o cumprimento de formalidades aduaneiras.

ART. 448. A Secretaria da Receita Federal do Brasil poderá, no âmbito de sua competência, editar atos normativos para a implementação do disposto neste Capítulo.

CAPÍTULO X
DA EXPORTAÇÃO TEMPORÁRIA PARA APERFEIÇOAMENTO PASSIVO

SEÇÃO I
DO CONCEITO

ART. 449. O regime de exportação temporária para aperfeiçoamento passivo é o que permite a saída, do País, por tempo determinado, de mercadoria nacional ou nacionalizada, para ser submetida a operação de transformação, elaboração, beneficiamento ou montagem, no exterior, e a posterior reimportação, sob a forma do produto resultante, com pagamento dos tributos sobre o valor agregado (Decreto-Lei n. 37, de 1966, art. 93, com a redação dada pelo Decreto-Lei n. 2.472, de 1988, art. 3º).

§ 1º O regime de que trata este artigo aplica-se, também, na saída do País de mercadoria nacional ou nacionalizada para ser submetida a processo de conserto, reparo ou restauração.

§ 2º O Ministro de Estado da Fazenda poderá permitir outras operações de industrialização, no regime.

§ 3º O crédito correspondente aos tributos incidentes na exportação será constituído em termo de responsabilidade, ficando seu pagamento suspenso pela aplicação do regime.

SEÇÃO II
DA CONCESSÃO, DO PRAZO E DA APLICAÇÃO DO REGIME

ART. 450. O Ministério da Fazenda regulamentará a concessão e a aplicação do regime, respeitado o disposto nesta Seção.

ART. 451. O prazo para importação dos produtos resultantes da operação de aperfeiçoamento será fixado tendo em conta o período necessário à realização da respectiva operação e ao transporte das mercadorias, observado o disposto no art. 437. (Alterado pelo Dec. 7.213/2010.)

ART. 452. A mercadoria importada com isenção ou com redução de tributo vinculada a sua destinação, enquanto perdurarem as condições fixadas para fruição do benefício, somente poderá ser admitida no regime para ser submetida a processo de conserto, reparo ou restauração.

ART. 453. A aplicação do regime não gera direitos decorrentes de operação de exportação a título definitivo.

SEÇÃO III
DA EXTINÇÃO DA APLICAÇÃO DO REGIME

ART. 454. Na vigência do regime, deverá ser adotada uma das seguintes providências, para extinção de sua aplicação:

I - reimportação da mercadoria, inclusive sob a forma de produto resultante da operação autorizada;

II - importação de produto equivalente nos termos do art. 444 (Lei n. 10.833, de 2003, art. 60, *caput*); ou

III - exportação definitiva da mercadoria admitida no regime.

Parágrafo único. Tem-se por tempestiva a providência para a extinção da aplicação do regime:

I - na data do embarque da mercadoria, no exterior, desde que efetivado seu ingresso no território aduaneiro, no caso dos incisos I e II do *caput*; e

II - na data do pedido do registro de exportação da mercadoria, desde que haja o desembaraço e a averbação de embarque, no caso do inciso III do *caput*.

ART. 455. O valor dos tributos devidos na importação do produto resultante da operação de aperfeiçoamento será calculado, deduzindo-se, do montante dos tributos incidentes sobre este produto, o valor dos tributos que incidiriam, na mesma data, sobre a mercadoria objeto da exportação temporária, se esta estivesse sendo importada do mesmo país em que se deu a operação de aperfeiçoamento.

ART. 456. Na reimportação de mercadoria exportada temporariamente, nos termos previstos no § 1º do art. 449, são exigíveis os tributos incidentes na importação dos materiais acaso empregados.

Parágrafo único. O despacho aduaneiro da mercadoria deverá compreender:

I - a reimportação da mercadoria exportada temporariamente; e

II - a importação do material acaso empregado, apurando-se o valor aduaneiro desse material e aplicando-se a alíquota que lhe corresponda, fixada na Tarifa Externa Comum.

SEÇÃO IV
DAS DISPOSIÇÕES FINAIS

ART. 457. Aplicam-se ao regime, no que couber, as normas previstas para o regime de exportação temporária.

CAPÍTULO XI
DO REGIME ADUANEIRO ESPECIAL DE EXPORTAÇÃO E DE IMPORTAÇÃO DE BENS DESTINADOS ÀS ATIVIDADES DE PESQUISA E DE LAVRA DAS JAZIDAS DE PETRÓLEO E DE GÁS NATURAL - REPETRO

ART. 458. O regime aduaneiro especial de exportação e de importação de bens destinados às atividades de pesquisa e de lavra das jazidas de petróleo e de gás natural - REPETRO, previstas na Lei n. 9.478, de 6 de agosto de 1997, é o que permite, conforme o caso, a aplicação dos seguintes tratamentos aduaneiros (Decreto-Lei n. 37, de 1966, art. 93, com a redação dada pelo Decreto-Lei n. 2.472, de 1988, art. 3º):

- Art. 2º, Dec. 9.128/2017 (Os bens admitidos até 31.12.2017 no regime aduaneiro especial de exportação e de importação de bens destinados às atividades de pesquisa e de lavra das jazidas de petróleo e de gás natural - Repetro, de que trata este artigo permanecem sujeitos, até o prazo final de concessão do regime, às regras vigentes anteriormente à data de publicação deste Decreto).

I - exportação, sem que tenha ocorrido sua saída do território aduaneiro e posterior aplicação do regime de admissão temporária, no caso de bens a que se referem os §§ 1º e 2º, de fabricação nacional, vendido a pessoa sediada no exterior;

II - exportação, sem que tenha ocorrido sua saída do território aduaneiro, de partes e peças de reposição destinadas aos bens referidos nos § 1º e § 2º, já admitidos no regime aduaneiro especial de admissão temporária; (Alterado pelo Dec. 9.128/2017. Produção de efeitos: 1º.01.2018)

III - importação, sob o regime de drawback, na modalidade de suspensão, de matérias-primas, produtos semielaborados ou acabados e de partes ou peças, utilizados na fabricação dos bens referidos nos § 1º e § 2º, e posterior comprovação do adimplemento das obrigações decorrentes da aplicação desse regime mediante a exportação referida nos incisos I ou II; e (Alterado pelo Dec. 9.128/2017. Produção de efeitos: 1º.01.2018)

DECRETOS

IV - importação de bens para permanência definitiva no País com suspensão do pagamento dos tributos federais incidentes na importação. (Alterado pelo Dec. 9.128/2017. Produção de efeitos: 1º.01.2018)

§ 1º Os bens aos quais se pode aplicar o regime de admissão temporária previsto no inciso I do *caput* são aqueles constantes de relação elaborada pela Secretaria da Receita Federal do Brasil. (Alterado pelo Dec. 9.128/2017. Produção de efeitos: 1º.01.2018)

§ 2º O tratamento aduaneiro poderá ser aplicado, ainda, aos aparelhos e a outras partes e peças a serem incorporadas aos bens referidos no § 1º para garantir sua operacionalidade, e às ferramentas utilizadas na manutenção desses bens, nos termos estabelecidos pela Secretaria da Receita Federal do Brasil. (Alterado pelo Dec. 9.128/2017. Produção de efeitos: 1º.01.2018)

§ 3º Quando se tratar de bem referido nos §§ 1º e 2º, procedente do exterior, será aplicado, também, o regime de admissão temporária.

§ 4º As partes e peças de reposição referidas no inciso II e os bens referidos no § 2º serão admitidos no regime de admissão temporária, pelo mesmo prazo concedido aos bens a que se destinem.

§ 5º Os bens referidos no § 2º, quando forem utilizados para garantir a operacionalidade de mais de um dos bens a que se refere o § 1º, terão o prazo de permanência fixado nos termos estabelecidos em ato normativo da Secretaria da Receita Federal do Brasil.

§ 6º O regime também se aplica às atividades de pesquisa e lavra de que trata a Lei n. 12.276, de 2010, e às atividades de exploração, avaliação, desenvolvimento e produção de que trata a Lei n. 12.351, de 2010 (Lei n. 12.276, de 2010, art. 6º; e Lei n. 12.351, de 2010, art. 61). (Acrescentado pelo Dec. 8.010/2013.)

§ 7º O regime de admissão temporária poderá ser aplicado aos bens referidos no § 1º ainda que o local de destino não esteja definido, desde que: (Acrescentado pelo Dec. 8.010/2013.)

I - permaneçam sem uso até seu efetivo emprego nas atividades de pesquisa e de lavra das jazidas de petróleo e de gás natural; e (Acrescentado pelo Dec. 8.010/2013.)

II - sejam importados pelas pessoas jurídicas a que se referem os incisos I, I-A e I-B do § 1º do art. 461-A." (NR) (Acrescentado pelo Dec. 8.010/2013.)

§ 8º O disposto no inciso IV do *caput* aplica-se aos bens: (Acrescentado pelo Dec. 9.128/2017. Produção de efeitos: 1º.01.2018.)

I - constantes de relação específica elaborada pela Secretaria da Receita Federal do Brasil; e (Acrescentado pelo Dec. 9.128/2017. Produção de efeitos: 1º.01.2018.)

II - referidos nos § 1º e § 2º, alternativamente ao regime de admissão temporária para utilização econômica de que trata o art. 376. (Acrescentado pelo Dec. 9.128/2017. Produção de efeitos: 1º.01.2018.)

ART. 459. Os tratamentos aduaneiros a que se refere o art. 458 serão aplicados mediante o atendimento dos seguintes requisitos:

I - no caso dos seus incisos I e II, os bens deverão ser produzidos no País e adquiridos por pessoa sediada no exterior, contra pagamento em moeda nacional ou estrangeira de livre conversibilidade, mediante cláusula de entrega, sob controle aduaneiro, no território aduaneiro; e (Alterado pelo Dec. 8.010/2013.)

II - na hipótese do seu § 3º, os bens deverão ser de propriedade de pessoa sediada no exterior, e importados sem cobertura cambial pelo contratante dos serviços de pesquisa e produção de petróleo e de gás natural, ou por terceiro subcontratado.

§ 1º A aquisição dos bens de que trata o inciso I do *caput* deverá ser realizada diretamente do respectivo fabricante ou das empresas comerciais exportadoras a que se refere o art. 229.

§ 2º Na hipótese dos incisos I e II do art. 458, os benefícios fiscais concedidos por lei para incentivo às exportações ficam assegurados ao fabricante nacional, após:

I - a conclusão da operação de compra dos produtos de sua fabricação, pela empresa comercial exportadora, na forma do art. 228; ou

II - o desembaraço aduaneiro de exportação, no caso de venda direta a pessoa sediada no exterior.

§ 3º A responsabilidade tributária atribuída a empresa comercial exportadora, relativamente a compras efetuadas de produtor nacional, nos termos do art. 231, será resolvida com a conclusão do despacho aduaneiro de exportação, na forma estabelecida pela Secretaria da Receita Federal do Brasil.

ART. 460. Para fins de aplicação do disposto neste Capítulo, o regime de admissão temporária será concedido observando-se o disposto no inciso I do art. 376 (Lei n. 9.430, de 1996, art. 79, parágrafo único, com a redação dada pela Medida Provisória n. 2.189-49, de 2001, art. 13).

ART. 461. Aplica-se ao regime, no que couber, o disposto no art. 233, bem como as normas previstas para os regimes de admissão temporária e de *drawback*.

ART. 461-A. O REPETRO será utilizado exclusivamente por pessoa jurídica habilitada pela Secretaria da Receita Federal do Brasil. (Incluído pelo Decreto n. 7.296, de 2010).

§ 1º Poderá ser habilitada ao REPETRO a pessoa jurídica: (Incluído pelo Decreto n. 7.296, de 2010).

I - detentora de concessão ou autorização, nos termos da Lei n. 9.478, de 6 de agosto de 1997, para exercer, no País, as atividades de que trata o art. 458; (Alterado pelo Dec. 8.010/2013.)

I-A - detentora de cessão, nos termos da Lei n. 12.276, de 2010; (Acrescentado pelo Dec. 8.010/2013.)

I-B - contratada sob o regime de partilha de produção, nos termos da Lei n. 12.351, de 2010; e (Acrescentado pelo Dec. 8.010/2013.)

II - contratada pela pessoa jurídica referida nos incisos I, I-A ou I-B, em afretamento por tempo ou para a prestação de serviços destinados à execução das atividades objeto da concessão ou autorização, ou por suas subcontratadas. (Alterado pelo Dec. 8.010/2013.)

§ 2º A pessoa jurídica contratada de que trata o inciso II do § 1º, ou sua subcontratada, também poderá ser habilitada ao REPETRO para promover a importação de bens objeto de contrato de afretamento, em que seja parte ou não, firmado entre pessoa jurídica sediada no exterior e a detentora de concessão ou autorização, desde que a importação dos bens esteja prevista no contrato de prestação de serviço ou de afretamento por tempo. (Incluído pelo Decreto n. 7.296, de 2010).

§§ 3º e 4º (Revogados pelo Dec. 9.537/2018.)

§ 5º A habilitação de pessoa jurídica para a prestação de serviço relacionado à operação de embarcação de apoio marítimo ficará condicionada à comprovação de que está qualificada pela Agência Nacional de Transportes Aquaviários - ANTAQ como empresa brasileira de navegação. (Incluído pelo Decreto n. 7.296, de 2010).

§ 6º Não será objeto do processo de habilitação ao REPETRO a análise das condições regulatórias para autorização de afretamento de embarcações de apoio marítimo, cuja competência é da ANTAQ, nos termos da legislação específica. (Incluído pelo Decreto n. 7.296, de 2010).

§ 7º A habilitação será outorgada pelo prazo de duração do contrato de concessão, autorização, cessão, partilha de produção ou relacionado à prestação de serviços, conforme o caso, prorrogável na mesma medida do contrato. (Alterado pelo Dec. 8.010/2013.)

§ 8º A comprovação do atendimento de exigências relativas à importação e à exportação de bens, a cargo de outros órgãos ou entidades da administração pública, quando for o caso, somente será solicitada por ocasião da utilização dos tratamentos aduaneiros referidos nos incisos I a III do *caput* e no § 3º, todos do art. 458. (Incluído pelo Decreto n. 7.296, de 2010).

ART. 462. A Secretaria da Receita Federal do Brasil poderá, no âmbito de sua competência, editar atos normativos para a implementação do disposto neste Capítulo.

CAPÍTULO XII
DO REGIME ADUANEIRO ESPECIAL DE IMPORTAÇÃO DE PETRÓLEO BRUTO E SEUS DERIVADOS - REPEX

SEÇÃO I
DO CONCEITO

ART. 463. O regime aduaneiro especial de importação de petróleo bruto e seus derivados - REPEX é o que permite a importação desses produtos, com suspensão do pagamento dos impostos federais, da contribuição para o PIS/PASEP-Importação e da COFINS-Importação, para posterior exportação, no mesmo estado em que foram importados (Decreto-Lei n. 37, de 1966, art. 93, com a redação dada pelo Decreto-Lei n. 2.472, de 1988, art. 3º; e Lei n. 10.865, de 2004, art. 14).

SEÇÃO II
DA CONCESSÃO, DO PRAZO E DA APLICAÇÃO DO REGIME

ART. 464. O regime será concedido somente a empresa previamente habilitada pela Secretaria da Receita Federal do Brasil, e que possua autorização da Agência Nacional do Petróleo, Gás Natural e Biocombustíveis para exercer as atividades de importação e de exportação dos produtos a serem admitidos no regime.

ART. 465. A Secretaria da Receita Federal do Brasil especificará os produtos que poderão ser admitidos no regime.

ART. 466. O prazo de vigência do regime será de noventa dias, prorrogável uma única vez, por igual período, tendo como termo inicial a data do desembaraço aduaneiro de admissão das mercadorias.

ART. 467. Será permitido o abastecimento interno, com o produto importado admitido no REPEX, no prazo de vigência do regime, desde que cumprido o compromisso de exportação, mediante a exportação de produto nacional em substituição àquele importado.

SEÇÃO III
DA EXTINÇÃO DA APLICAÇÃO DO REGIME

ART. 468. Na vigência do regime, deverá ser adotada uma das seguintes providências, para extinção de sua aplicação:

I - exportação do produto importado; ou

II - exportação de produto nacional, em substituição ao importado, em igual quantidade e idêntica classificação fiscal, na hipótese do art. 467.

§ 1º A exportação dos produtos admitidos no regime será efetuada em moeda nacional ou estrangeira de livre conversibilidade. (Alterado pelo Dec. 8.010/2013.)

§ 2º O fornecimento de combustíveis e lubrificantes a aeronaves ou embarcações estrangeiras ou em viagem internacional não será considerado para fins de comprovação das exportações de que trata este artigo.

§ 3º Serão exigidos os tributos suspensos, com os acréscimos legais e penalidades cabíveis, quando ocorrer o descumprimento do prazo de vigência estabelecido, devendo ser considerada, na determinação da exigência, a data de registro da declaração de admissão das mercadorias no regime.

SEÇÃO IV
DAS DISPOSIÇÕES FINAIS

ART. 469. O controle aduaneiro da entrada e da saída do País de produto admitido no regime será efetuado mediante processo informatizado.

ART. 470. A Secretaria da Receita Federal do Brasil poderá, no âmbito de sua competência, editar atos normativos para a implementação do disposto neste Capítulo.

CAPÍTULO XIII
DO REGIME TRIBUTÁRIO PARA INCENTIVO À MODERNIZAÇÃO E À AMPLIAÇÃO A ESTRUTURA PORTUÁRIA - REPORTO

ART. 471. O regime tributário para incentivo à modernização e à ampliação da estrutura portuária - REPORTO é o que permite, na importação de máquinas, equipamentos, peças de reposição e outros bens, a suspensão do pagamento do imposto de importação, do imposto sobre produtos industrializados, da contribuição para o PIS/PASEP-Importação e da COFINS-Importação, quando importados diretamente pelos beneficiários do regime e destinados ao seu ativo imobilizado para utilização exclusiva em portos na execução de serviços de carga, descarga, movimentação de mercadorias e dragagem, e na execução de treinamento e formação de trabalhadores em Centros de Treinamento Profissional (Lei n. 11.033, de 2004, arts. 13 e 14, *caput*, este com a redação dada pela Lei n. 11.726, de 23 de junho de 2008, art. 1º).

§ 1º O disposto no *caput* aplica-se também aos bens utilizados na execução de serviços de transporte de mercadorias em ferrovias, classificados nas posições 86.01, 86.02 e 86.06 da Nomenclatura Comum do Mercosul, e aos trilhos e demais elementos de vias férreas, classificados na posição 73.02 da Nomenclatura Comum do Mercosul (Lei n. 11.033, de 2004, art. 14, § 8º, com a redação dada pela Lei n. 11.774, de 2008, art. 5º).

§ 2º O disposto no *caput* e no § 1º aplica-se somente às importações realizadas até 31 de dezembro de 2011 (Lei n. 11.033, de 2004, art. 16, com a redação dada pela Lei n. 11.726, de 2008, art. 1º).

§ 3º A suspensão do pagamento do imposto de importação somente beneficiará bens sem similar nacional (Lei n. 11.033, de 2004, art. 14, § 4º).

§ 4º Os bens beneficiados pela suspensão referida no *caput* e no § 1º serão relacionados em ato normativo específico (Lei n. 11.033, de 2004, art. 14, §§ 7º e 8º, este com a com a redação dada pela Lei n. 11.774, de 2008, art. 5º).

§ 5º As peças de reposição referidas no *caput* deverão ter seu valor aduaneiro igual ou superior a vinte por cento do valor aduaneiro da máquina ou equipamento ao qual se destinam (Lei n. 11.033, de 2004, art. 14, § 9º, com a redação dada pela Lei n. 11.726, de 2008, art. 3º).

§ 6º Os veículos adquiridos ao amparo do regime deverão receber identificação visual externa a ser definida pela Secretaria Especial de Portos da Presidência da República (Lei n. 11.033, de 2004, art. 14, § 10º, com a redação dada pela Lei n. 11.726, de 2008, art. 3º).

ART. 472. São beneficiários do regime:

I - o operador portuário, o concessionário de porto organizado, o arrendatário de instalação portuária de uso público e a empresa autorizada a explorar instalação portuária de uso privativo misto (Lei n. 11.033, de 2004, art. 15, *caput*);

II - as empresas de dragagem, definidas na Lei n. 11.610, de 12 de dezembro de 2007, os permissionários ou concessionários de recintos alfandegados de zona secundária e os Centros de Treinamento Profissional, conceituados no art. 32 da Lei n. 8.630, de 1993 (Lei n. 11.033, de 2004, art. 16, com a redação dada pela Lei n. 11.726, de 2008, art. 1º); e

III - os concessionários de transporte ferroviário (Lei n. 11.033, de 2004, art. 15, § 1º, com a redação dada pela Lei n. 11.774, de 2008, art. 5º).

§ 1º A aplicação dos benefícios fiscais relativos ao imposto de importação e ao imposto sobre produtos industrializados fica condicionada à comprovação, pelo beneficiário, da quitação de tributos e contribuições federais e à formalização de termo de responsabilidade em relação ao crédito tributário com pagamento suspenso (Lei n. 11.033, de 2004, art. 14, § 3º).

§ 2º A Secretaria da Receita Federal do Brasil estabelecerá os requisitos e os procedimentos para habilitação dos beneficiários ao regime (Lei n. 11.033, de 2004, art. 15, § 2º, com a redação dada pela Lei n. 11.774, de 2008, art. 5º).

ART. 473. A suspensão do pagamento do imposto de importação e do imposto sobre produtos industrializados converte-se em isenção após o decurso do prazo de cinco anos, contados da data da ocorrência do respectivo fato gerador (Lei n. 11.033, de 2004, art. 14, § 1º).

ART. 474. A suspensão do pagamento da contribuição para o PIS/PASEP-Importação e da COFINS-Importação converte-se em alíquota zero após o decurso do prazo de cinco anos, contados da data da ocorrência do respectivo fato gerador (Lei n. 11.033, de 2004, art. 14, § 2º).

ART. 475. A transferência, a qualquer título, de propriedade dos bens importados ao amparo do REPORTO, dentro do prazo de cinco anos, contados da data da ocorrência do respectivo fato gerador, deverá ser precedida de autorização da Secretaria da Receita Federal do Brasil e do recolhimento dos tributos com pagamento suspenso, acrescidos de juros e de multa de mora (Lei n. 11.033, de 2004, art. 14, § 5º).

Parágrafo único. A transferência a que se refere o *caput* para outro beneficiário do REPORTO será efetivada com dispensa da cobrança dos tributos com pagamento suspenso desde que o adquirente (Lei n. 11.033, de 2004, art. 14, § 6º):

I - formalize novo termo de responsabilidade em relação ao crédito tributário com pagamento suspenso; e

II - assuma perante a Secretaria da Receita Federal do Brasil a responsabilidade, desde o momento de ocorrência dos respectivos fatos geradores, pelos tributos e contribuições com pagamento suspenso.

CAPÍTULO XIV
DA LOJA FRANCA

ART. 476. O regime aduaneiro especial de loja franca é o que permite a estabelecimento instalado em zona primária de porto ou de aeroporto alfandegado vender mercadoria nacional ou estrangeira a passageiro em viagem internacional, contra pagamento em moeda nacional ou estrangeira (Decreto-Lei n. 1.455, de 1976, art. 15, *caput*, com a redação dada pela Lei n. 11.371, de 28 de novembro de 2006, art. 13).

§ 1º (Revogado pelo Dec. 8.010/2013.)

§ 2º A mercadoria estrangeira importada diretamente pelos concessionários das lojas francas permanecerá com suspensão do pagamento de tributos até a sua venda nas condições deste Capítulo (Decreto-Lei n. 1.455, de 1976, art. 15, § 2º).

§ 3º A venda da mercadoria estrangeira converterá automaticamente a suspensão de que trata o § 2º na isenção a que se refere a alínea "e" do inciso II do art. 136, observado o disposto no inciso II do art. 102 (Lei n. 8.032, de 1990, art. 2º, II, "e"; e Lei n. 8.402, de 1992, art. 1º, inciso IV).

§ 4º Quando se tratar de aquisição de produtos nacionais, estes sairão do estabelecimento industrial ou equiparado com isenção de tributos (Decreto-Lei n. 1.455, de 1976, art. 15, § 3º; e Lei n. 8.402, de 1992, art. 1º, inciso VI).

ART. 477. Poderão ser admitidas no regime de loja franca as mercadorias nacionais submetidas ao regime de depósito alfandegado certificado, conforme previsto na alínea "c" do inciso III do art. 497.

§ 1º A importação para admissão no regime, inclusive da mercadoria que se encontra em depósito alfandegado certificado, será feita em consignação, permitido o pagamento ao consignante no exterior somente após a efetiva venda da mercadoria na loja franca.

§ 2º A Secretaria da Receita Federal do Brasil poderá, no âmbito de sua competência, editar atos normativos para a implementação do disposto neste artigo.

ART. 478. As vendas referidas no § 3º do art. 476 e no § 1º do art. 477 poderão ser realizadas, com observância da regulamentação editada pelo Ministério da Fazenda, a:

I - tripulantes e passageiros em viagem internacional;

II - missões diplomáticas, repartições consulares, representações de organismos internacionais de caráter permanente e a seus integrantes e assemelhados; e

III - empresas de navegação aérea ou marítima, para uso ou consumo de bordo de embarcações ou aeronaves, de bandeira estrangeira, aportadas no País (Decreto-Lei n. 1.455, de 1976, art. 15, § 4º).

ART. 479. O Ministro de Estado da Fazenda expedirá as normas necessárias ao disciplinamento do regime (Decreto-Lei n. 1.455, de 1976, art. 15, *caput*, com a redação dada pela Lei n. 11.371, de 2006, art. 13).

CAPÍTULO XV
DO DEPÓSITO ESPECIAL

SEÇÃO I
DO CONCEITO

ART. 480. O regime aduaneiro de depósito especial é o que permite a estocagem de partes, peças, componentes e materiais de reposição ou manutenção, com suspensão do pagamento dos impostos federais, da contribuição para o PIS/PASEP-Importação e da COFINS-Importação, para veículos, máquinas, equipamentos, aparelhos e instrumentos, estrangeiros, nacionalizados ou não, e nacionais em que tenham sido empregados partes, peças e componentes estrangeiros, nos casos definidos pelo Ministro de Estado da Fazenda (Decreto-Lei n. 37, de 1966, art. 93, com a redação dada pelo Decreto-Lei n. 2.472, de 1988, art. 3º; e Lei n. 10.865, de 2004, art. 14).

Parágrafo único. O Ministro de Estado da Fazenda poderá ainda estabelecer a aplicação do regime a outros bens.

SEÇÃO II
DA CONCESSÃO, DO PRAZO E
DA APLICAÇÃO DO REGIME

ART. 481. A autorização para operar no regime é de competência da Secretaria da Receita Federal do Brasil.

ART. 482. Poderão habilitar-se a operar no regime as empresas que atendam aos termos, limites e condições estabelecidos em ato normativo pela Secretaria da Receita Federal do Brasil.

ART. 483. Serão admitidas no regime somente mercadorias importadas sem cobertura cambial, ressalvados os casos autorizados pelo Ministro de Estado da Fazenda.

ART. 484. O prazo de permanência da mercadoria no regime será de até cinco anos, contados da data do seu desembaraço para admissão.

Parágrafo único. O Ministro de Estado da Fazenda, em casos de interesse econômico relevante, poderá autorizar a permanência da mercadoria no regime por prazo superior ao estabelecido no *caput*.

SEÇÃO III
DA EXTINÇÃO DA APLICAÇÃO DO
REGIME

ART. 485. Na vigência do regime, deverá ser adotada uma das seguintes providências, para extinção de sua aplicação:

I - reexportação;

II - exportação, inclusive quando as mercadorias forem aplicadas em serviços de reparo ou manutenção de veículos, máquinas, aparelhos e equipamentos estrangeiros, de passagem pelo País;

III - transferência para outro regime aduaneiro especial ou aplicado em áreas especiais;

IV - despacho para consumo; ou

V - destruição, mediante autorização do consignante, às expensas do beneficiário do regime.

§ 1º A exportação de mercadorias admitidas no regime prescinde de despacho para consumo.

§ 2º A aplicação do disposto no inciso V não obriga ao pagamento dos tributos suspensos.

ART. 486. O despacho para consumo de mercadoria admitida no regime será efetuado pelo beneficiário até o dia dez do mês seguinte ao da saída das mercadorias do estoque, com observância das exigências legais e regulamentares, inclusive as relativas ao controle administrativo das importações.

§ 1º O despacho para consumo poderá ser feito pelo adquirente de mercadoria admitida no regime, nos casos em que ele seja beneficiário de isenção ou de redução de tributos vinculada à qualidade do importador ou à destinação das mercadorias.

§ 2º A Secretaria da Receita Federal do Brasil poderá dispor sobre hipóteses de adoção de prazo diverso do previsto no *caput*.

ART. 487. O controle aduaneiro da entrada, da permanência e da saída de mercadorias será efetuado mediante processo informatizado, com base em software desenvolvido pelo beneficiário, que atenda ao estabelecido em ato normativo da Secretaria da Receita Federal do Brasil.

Parágrafo único. O beneficiário do regime deverá assegurar o livre acesso da Secretaria da Receita Federal do Brasil à base informatizada de que trata o *caput*.

CAPÍTULO XVI
DO DEPÓSITO AFIANÇADO

SEÇÃO I
DO CONCEITO

ART. 488. O regime aduaneiro especial de depósito afiançado é o que permite a estocagem, com suspensão do pagamento dos impostos federais, da contribuição para o PIS/PASEP-Importação e da COFINS-Importação, de materiais importados sem cobertura cambial, destinados à manutenção e ao reparo de embarcação ou de aeronave pertencentes a empresa autorizada a operar no transporte comercial internacional, e utilizadas nessa atividade (Decreto-Lei n. 37, de 1966, art. 93, com a redação dada pelo Decreto-Lei n. 2.472, de 1988, art. 3º; e Lei n. 10.865, de 2004, art. 14).

§ 1º O regime poderá ser concedido, ainda, a empresa estrangeira que opere no transporte rodoviário.

§ 2º Os depósitos afiançados das empresas estrangeiras de transporte marítimo ou aéreo poderão ser utilizados inclusive para provisões de bordo.

SEÇÃO II
DA CONCESSÃO, DO PRAZO E DA
APLICAÇÃO DO REGIME

ART. 489. A autorização para empresa estrangeira operar no regime, pela autoridade aduaneira, é condicionada a previsão em ato internacional firmado pelo Brasil, ou a que seja comprovada a existência de reciprocidade de tratamento.

ART. 490. O prazo de permanência dos materiais no regime será de até cinco anos, contados da data do desembaraço aduaneiro para admissão.

ART. 491. O controle aduaneiro da entrada, da permanência e da saída de mercadorias será efetuado mediante processo informatizado, na forma do art. 487.

ART. 492. A Secretaria da Receita Federal do Brasil poderá, no âmbito de sua competência, editar atos normativos para a implementação do disposto nesta Seção.

CAPÍTULO XVII
DO DEPÓSITO ALFANDEGADO
CERTIFICADO

SEÇÃO I
DO CONCEITO

ART. 493. O regime de depósito alfandegado certificado é o que permite considerar exportada, para todos os efeitos fiscais, creditícios e cambiais, a mercadoria nacional depositada em recinto alfandegado, vendida a pessoa sediada no exterior, mediante contrato de entrega no território nacional e à ordem do adquirente (Decreto-Lei n. 2.472, de 1988, art. 6º).

SEÇÃO II
DA CONCESSÃO, DO PRAZO E DA
APLICAÇÃO DO REGIME

ART. 494. O regime será operado, mediante autorização da Secretaria da Receita Federal do Brasil, em recinto alfandegado de uso público.

Parágrafo único. O regime poderá ainda ser operado em instalação portuária de uso privativo misto, atendidas as condições estabelecidas pela Secretaria da Receita Federal do Brasil.

ART. 495. A admissão no regime ocorrerá com a emissão, pelo depositário, de conhecimento de depósito alfandegado, que comprova o depósito, a tradição e a propriedade da mercadoria.

Parágrafo único. Para efeitos fiscais, creditícios e cambiais, a data de emissão do conhecimento referido no *caput* equivale à data de embarque ou de transposição de fronteira da mercadoria.

ART. 496. O prazo de permanência da mercadoria no regime não poderá ser superior a um ano, contado da emissão do conhecimento de depósito alfandegado.

ART. 497. A extinção da aplicação do regime será feita mediante:

I - a comprovação do efetivo embarque, ou da transposição da fronteira, da mercadoria destinada ao exterior;

II - o despacho para consumo; ou

III - a transferência para um dos seguintes regimes aduaneiros:

a) drawback;

b) admissão temporária, inclusive para as atividades de pesquisa e exploração de petróleo e seus derivados (REPETRO);

c) loja franca;

d) entreposto aduaneiro; ou

e) RECOF.

ART. 498. A Secretaria da Receita Federal do Brasil poderá, no âmbito de sua competência, editar atos normativos para a implementação do disposto nesta Seção.

CAPÍTULO XVIII
DO DEPÓSITO FRANCO

SEÇÃO I
DO CONCEITO

ART. 499. O regime aduaneiro especial de depósito franco é o que permite, em recinto alfandegado, a armazenagem de mercadoria estrangeira para atender ao fluxo comercial de países limítrofes com terceiros países.

SEÇÃO II
DA CONCESSÃO E DA
APLICAÇÃO DO REGIME

ART. 500. O regime de depósito franco será concedido somente quando autorizado em acordo ou convênio internacional firmado pelo Brasil.

ART. 501. Será obrigatória a verificação da mercadoria admitida no regime:

I - cuja permanência no recinto ultrapasse o prazo estabelecido pela Secretaria da Receita Federal do Brasil; ou

II - quando houver fundada suspeita de falsa declaração de conteúdo.

ART. 502. Aplicam-se às mercadorias admitidas no regime de depósito franco as vedações estabelecidas no art. 327.

ART. 503. A Secretaria da Receita Federal do Brasil poderá, no âmbito de sua competência, editar atos normativos para a implementação do disposto nesta Seção.

TÍTULO II
DOS REGIMES ADUANEIROS APLICADOS EM ÁREAS ESPECIAIS

CAPÍTULO I
DA ZONA FRANCA DE MANAUS

SEÇÃO I
DO CONCEITO

ART. 504. A Zona Franca de Manaus é uma área de livre comércio de importação e de exportação e de incentivos fiscais especiais, estabelecida com a finalidade de criar no interior da Amazônia um centro industrial, comercial e agropecuário, dotado de condições econômicas que permitam seu desenvolvimento, em face dos fatores locais e da grande distância a que se encontram os centros consumidores de seus produtos (Decreto-Lei n. 288, de 1967, art. 1º).

SEÇÃO II
DOS BENEFÍCIOS FISCAIS

SUBSEÇÃO I
DOS BENEFÍCIOS FISCAIS NA ENTRADA

ART. 505. A entrada de mercadorias estrangeiras na Zona Franca de Manaus, destinadas a seu consumo interno, industrialização em qualquer grau, inclusive beneficiamento, agropecuária, pesca, instalação e operação de indústrias e serviços de qualquer natureza, bem como a estocagem para reexportação, será isenta dos impostos de importação e sobre produtos industrializados (Decreto-Lei n. 288, de 1967, art. 3º; e Lei n. 8.032, de 1990, art. 4º).

§ 1º Excetuam-se da isenção de que trata este artigo as seguintes mercadorias (Decreto-Lei n. 288, de 1967, art. 3º, § 1º, com a redação dada pela Lei n. 8.387, de 30 de dezembro de 1991, art. 1º):

I - armas e munições;

II - fumo;

III - bebidas alcoólicas;

IV - automóveis de passageiros; e

V - produtos de perfumaria ou de toucador, e preparados e preparações cosméticas, salvo os classificados nas posições 3303 a 3307 da Nomenclatura Comum do Mercosul, se destinados, exclusivamente, a consumo interno na Zona Franca de Manaus ou quando produzidos com utilização de matérias-primas da fauna e da flora regionais, em conformidade com processo produtivo básico.

§ 2º A isenção de que trata este artigo fica condicionada à efetiva aplicação das mercadorias nas finalidades indicadas e ao cumprimento das demais condições e requisitos estabelecidos pelo Decreto-Lei n. 288, de 1967, e pela legislação complementar.

§ 3º Os produtos nacionais exportados para o exterior e, posteriormente, importados pela Zona Franca de Manaus, não gozarão dos benefícios referidos neste artigo (Decreto-Lei n. 1.435, de 16 de dezembro de 1975, art. 5º).

§ 4º As mercadorias entradas na Zona Franca de Manaus nos termos do *caput* poderão ser posteriormente destinadas à exportação para o exterior, ainda que usadas, com a manutenção da isenção dos tributos incidentes na importação (Decreto-Lei n. 288, de 1967, art. 3º, § 3º, com a redação dada pela Lei n. 11.196, de 2005, art. 127).

§ 5º A entrada das mercadorias a que se refere o *caput* será permitida somente em porto, aeroporto ou recinto alfandegados, na cidade de Manaus.

ART. 506. A remessa de mercadorias de origem nacional para consumo ou industrialização na Zona Franca de Manaus, ou posterior exportação, será, para efeitos fiscais, equivalente a uma exportação brasileira para o exterior (Decreto-Lei n. 288, de 1967, art. 4º).

§ 1º O benefício de que trata o *caput* não abrange armas e munições, perfumes, fumo, bebidas alcoólicas e automóveis de passageiros classificados, respectivamente, nos Capítulos 93, 33, 24, nas posições 2203 a 2206 e nos códigos 2208.20.00 a 2208.70.00 e 2208.90.00 (exceto o ex tarifário 01) e na posição 8703 da Nomenclatura Comum do Mercosul (Decreto-Lei n. 340, de 22 de dezembro de 1967, art. 1º, com a redação dada pelo Decreto-Lei n. 355, de 6 de agosto de 1968, art. 1º).

§ 2º O disposto no *caput* não compreende os incentivos fiscais previstos no Decreto-Lei n. 1.248, de 1972, nem os decorrentes do regime de *drawback* (Decreto-Lei n. 1.435, de 1975, art. 7º).

ART. 507. As importações no regime de que trata este Capítulo estão sujeitas a licenciamento não automático, previamente ao despacho aduaneiro, com a expressa anuência da Superintendência da Zona Franca de Manaus.

SUBSEÇÃO II
DOS BENEFÍCIOS FISCAIS NA INTERNAÇÃO

ART. 508. Denomina-se internação, para os efeitos deste Capítulo, a entrada, em outros pontos do território aduaneiro, de mercadoria procedente da Zona Franca de Manaus, nos termos dos arts. 509 e 512.

ART. 509. As mercadorias estrangeiras importadas para a Zona Franca de Manaus, quando desta saírem para outros pontos do território aduaneiro, ficam sujeitas ao pagamento de todos os impostos exigíveis sobre importações do exterior (Decreto-Lei n. 1.455, de 1976, art. 37, *caput*, com a redação dada pela Lei n. 8.387, de 1991, art. 3º).

Parágrafo único. Excetuam-se do disposto no *caput*, relativamente ao pagamento dos impostos, as seguintes hipóteses, observado o disposto nos arts. 511, 512 e 516 (Decreto-Lei n. 1.455, de 1976, art. 37, parágrafo único):

I - bagagem de viajante;

II - internação de produtos industrializados na Zona Franca de Manaus com insumos estrangeiros;

III - saída, para a Amazônia Ocidental, de produtos compreendidos na pauta a que se refere o art. 516; e

IV - saída de mercadorias para as áreas de livre comércio localizadas na Amazônia Ocidental.

ART. 510. A saída da Zona Franca de Manaus, para outro ponto do território aduaneiro, de máquinas, equipamentos, aparelhos e instrumentos, usados, componentes e outros insumos, estrangeiros, que tenham ingressado no regime estabelecido pelo Decreto-Lei n. 288, de 1967, e sejam considerados obsoletos em relação ao processo produtivo desenvolvido pela empresa, bem como aparas, sucata, desperdícios de produção e bens imprestáveis para as suas finalidades originais, com aproveitamento econômico, cuja internação seja autorizada em parecer da Superintendência da Zona Franca de Manaus, sujeita-se ao pagamento dos impostos que deixaram de ser recolhidos no ingresso na região, observado o disposto no art. 313.

Parágrafo único. Caso os bens a que se refere o *caput* não se prestem à utilização econômica, poderão ser destruídos, sem exigência de impostos que deixaram de ser recolhidos no ingresso na região.

ART. 511. O Ministro de Estado da Fazenda poderá aplicar à bagagem de viajante saindo da Zona Franca de Manaus o tratamento previsto para bagagem de viajante procedente do exterior, podendo, no caso, alterar termos, limites e condições (Decreto-Lei n. 1.455, de 1976, art. 6º).

ART. 512. Os produtos industrializados na Zona Franca de Manaus, quando dela saírem para qualquer ponto do território aduaneiro, estarão sujeitos ao pagamento do imposto de importação relativo a matérias-primas, produtos intermediários, materiais secundários e de embalagem, componentes e outros insumos de origem estrangeira neles empregados, calculado o tributo mediante coeficiente de redução de sua alíquota *ad valorem*, desde que atendam a nível de industrialização local compatível com processo produtivo básico para produtos compreendidos na mesma posição e subposição da Nomenclatura Comum do Mercosul (Decreto-Lei n. 288, de 1967, art. 7º, *caput*, com a redação dada pela Lei n. 8.387, de 1991, art. 1º).

§ 1º O coeficiente de redução do imposto de importação será obtido mediante a aplicação de fórmula que tenha (Decreto-Lei n. 288, de 1967, art. 7º, § 1º, com a redação dada pela Lei n. 8.387, de 1991, art. 1º):

I - no dividendo, a soma dos valores de matérias-primas, produtos intermediários, materiais secundários e de embalagem, componentes e outros insumos de produção nacional, e da mão de obra empregada no processo produtivo; e

II - no divisor, a soma dos valores de matérias-primas, produtos intermediários, materiais secundários e de embalagem, componentes e outros insumos de produção nacional e de origem estrangeira, e da mão de obra empregada no processo produtivo.

§ 2º Os veículos automóveis, tratores e outros veículos terrestres, e suas partes e peças, industrializados na Zona Franca de Manaus, quando dela saírem para qualquer ponto do território aduaneiro, estarão sujeitos ao pagamento do imposto de importação relativo a matérias-primas, produtos intermediários, materiais secundários e de embalagem, componentes e outros insumos, de origem estrangeira e neles empregados, conforme coeficiente de redução estabelecido no § 1º, ao qual serão acrescidos cinco pontos percentuais, limitado o referido coeficiente, no total, a cem pontos percentuais (Decreto-Lei n. 288, de 1967, art. 7º, §§ 9º e 10º, com a redação dada pela Lei n. 8.387, de 1991, art. 1º).

§ 3º Excetuam-se do disposto no § 2º os veículos das posições 8711 a 8714 da Nomenclatura Comum do Mercosul, e respectivas partes e peças, os quais ficarão sujeitos ao pagamento do imposto apurado mediante a utilização do coeficiente de redução previsto no § 1º, ou da redução de que trata o § 5º, se atendidos os requisitos nele estabelecidos (Decreto-Lei n. 288, de 1967, art. 7º, § 9º, com a redação dada pela Lei n. 8.387, de 1991, art. 1º).

§ 4º Os bens do setor de informática, industrializados na Zona Franca de Manaus, quando internados em outras regiões do País, estarão sujeitos ao pagamento do imposto de importação relativo a matérias-primas, produtos intermediários, materiais secundários e de embalagem, componentes e outros insumos, de origem estrangeira e nele empregados, conforme coeficiente de redução estabelecido no § 1º, observadas as disposições doart. 2º da Lei n. 8.387, de 1991 (Lei n. 8.387, de 1991, art. 2º, com a redação dada pela Lei n. 10.176, de 11 de janeiro de 2001, art. 3º, pela Lei n. 10.664, de 22 de abril de 2003, art. 2º, pela Lei n. 11.077, de 30 de dezembro de 2004, art. 2º, pela Lei n. 11.196, de 2005, art. 128, e pela Lei n. 12.249, de 2010, art. 16). (Alterado pelo Dec. 8.010/2013.)

§ 5º Para os produtos industrializados na Zona Franca de Manaus, salvo os bens de informática e os veículos de que trata o § 2º, cujos projetos tenham sido aprovados pelo Conselho de Administração da Superintendência da Zona Franca de Manaus até 31 de março de 1991 ou para seus congêneres ou similares, compreendidos na mesma posição e subposição da Nomenclatura Comum do Mercosul, constantes de projetos que venham a ser aprovados no prazo de que trata o art. 40 do Ato das Disposições Constitucionais Transitórias, a redução referida no *caput* será de oitenta e oito por cento (Decreto-Lei n. 288, de 1967, art. 7º, § 4º, com a redação dada pela Lei n. 8.387, de 1991, art. 1º).

§ 6º O pagamento do imposto de importação de que trata o *caput* abrange as matérias-primas, produtos intermediários, materiais secundários e de embalagem empregados no processo produtivo industrial do produto final, exceto quando empregados por estabelecimento industrial localizado na Zona Franca de Manaus, de acordo com projeto aprovado com processo produtivo básico, na fabricação de produto que, por sua vez tenha sido utilizado como insumo por outra empresa, não coligada à empresa fornecedora do referido insumo, estabelecida na mencionada região, na industrialização dos produtos de que trata o § 5º (Decreto-Lei n. 288, de 1967, art. 7º, § 5º, com a redação dada pela Lei n. 8.387, de 1991, art. 1º).

§ 7º A redução do imposto de importação, de que trata este artigo, somente será deferida a produtos industrializados previstos em projeto aprovado pelo Conselho de Administração da Superintendência da Zona Franca de Manaus, na forma da legislação específica (Decreto-Lei n. 288, de 1967, art. 7º, § 7º, com a redação dada pela Lei n. 8.387, de 1991, art. 1º).

§ 8º Para os efeitos deste artigo, consideram-se (Decreto-Lei n. 288, de 1967, art. 7º, § 8º, com a redação dada pela Lei n. 8.387, de 1991, art. 1º):

I - produtos industrializados, os resultantes das operações de transformação, beneficiamento, montagem e recondicionamento, como definidas na legislação de regência do imposto sobre produtos industrializados; e

II - processo produtivo básico, o conjunto mínimo de operações, no estabelecimento fabril, que caracteriza a efetiva industrialização de determinado produto.

ART. 513. Estão isentas do imposto sobre produtos industrializados todas as mercadorias produzidas na Zona Franca de Manaus que se destinem (Decreto-Lei n. 288, de 1967, art. 9º, § 1º, com a redação dada pela Lei n. 8.387, de 1991, art. 1º):

I - ao seu consumo interno; ou

II - à comercialização em qualquer ponto do território aduaneiro, observados os requisitos estabelecidos para o processo produtivo básico de que trata o art. 512.

Parágrafo único. A isenção de que trata o *caput* não se aplica às mercadorias referidas no § 1º do art. 505 (Decreto-Lei n. 288, de 1967, art. 9º, § 2º, com a redação dada pela Lei n. 8.387, de 1991, art. 1º).

ART. 514. Compete à Secretaria da Receita Federal do Brasil:

I - definir os locais de saída, da Zona Franca de Manaus para outros pontos do território aduaneiro, das mercadorias referidas nos arts. 509 e 512; e

II - disciplinar o despacho aduaneiro e os procedimentos de internação das mercadorias a que se refere este Capítulo, inclusive bagagem.

SUBSEÇÃO III
DOS BENEFÍCIOS FISCAIS NA EXPORTAÇÃO

ART. 515. A exportação de mercadorias da Zona Franca de Manaus para o exterior, qualquer que seja sua origem, está isenta do imposto de exportação (Decreto-Lei n. 288, de 1967, art. 5º).

SEÇÃO III
DAS NORMAS ESPECÍFICAS

SUBSEÇÃO I
DA AMAZÔNIA OCIDENTAL

ART. 516. Os benefícios fiscais concedidos pelo Decreto-Lei n. 288, de 1967, estendem-se às áreas pioneiras, zonas de fronteira e outras localidades da Amazônia Ocidental, quanto aos seguintes produtos de origem estrangeira, segundo pauta fixada pelos Ministros de Estado da Fazenda e do Desenvolvimento, Indústria e Comércio Exterior (Decreto-Lei n. 356, de 15 de agosto de 1968, arts. 1º e 2º, este com a redação dada pelo Decreto-Lei n. 1.435, de 1975, art. 3º):

I - motores marítimos de centro e de popa, seus acessórios e pertences, bem como outros utensílios empregados na atividade pesqueira, exceto explosivos e produtos utilizados em sua fabricação;

II - máquinas, implementos e insumos utilizados na agricultura, na pecuária e nas atividades afins;

III - máquinas para construção rodoviária;

IV - máquinas, motores e acessórios para instalação industrial;

V - materiais de construção;

VI - produtos alimentares; e

VII - medicamentos.

§ 1º A Amazônia Ocidental é constituída pelos Estados do Amazonas, do Acre, de Rondônia e de Roraima (Decreto-Lei n. 291, de 28 de fevereiro de 1967, art. 1º, § 4º).

§ 2º O despacho de importação dos bens relacionados no *caput* poderá ser processado nas unidades aduaneiras de Manaus (AM), Porto Velho (RO), Boa Vista (RR) e Rio Branco (AC), ou em outros locais autorizados em ato normativo da Secretaria da Receita Federal do Brasil.

SUBSEÇÃO II
DA SAÍDA TEMPORÁRIA DE MERCADORIA

ART. 517. Poderá ser autorizada a saída temporária de mercadoria, inclusive de veículo, ingressados na Zona Franca de Manaus com os benefícios fiscais previstos na legislação específica, para outros pontos do território aduaneiro, com suspensão do pagamento dos tributos incidentes na internação, observados os termos, prazos e condições estabelecidos em ato normativo da Secretaria da Receita Federal do Brasil.

SUBSEÇÃO III
DAS REMESSAS POSTAIS

ART. 518. Estão sujeitas à fiscalização e ao controle aduaneiros, na área compreendida pela Zona Franca de Manaus, as malas e remessas postais internacionais, bem como as nacionais destinadas a outros pontos do território aduaneiro.

ART. 519. As remessas postais com indícios de irregularidade na internação serão retidas, para verificação, pela autoridade aduaneira.

SEÇÃO IV
DO ENTREPOSTO INTERNACIONAL DA ZONA FRANCA DE MANAUS

ART. 520. O regime de entreposto internacional da Zona Franca de Manaus é o que permite a armazenagem, com suspensão do pagamento de tributos, de (Decreto-Lei n. 37, de 1966, art. 93, com a redação dada pelo Decreto-Lei n. 2.472, de 1988, art. 3º):

I - mercadorias estrangeiras importadas e destinadas:

a) a venda por atacado, para a Zona Franca de Manaus e para outras regiões do território nacional;

b) a comercialização na Zona Franca de Manaus, na Amazônia Ocidental ou nas áreas de livre comércio;

II - matérias-primas, produtos intermediários, materiais secundários e de embalagem, partes e peças e demais insumos, importados e destinados à industrialização de produtos na Zona Franca de Manaus;

III - mercadorias nacionais destinadas à Zona Franca de Manaus, à Amazônia Ocidental, às áreas de livre comércio ou ao mercado externo; e

IV - mercadorias produzidas na Zona Franca de Manaus e destinadas aos mercados interno ou externo.

§ 1º Serão admitidas no regime somente mercadorias importadas sem cobertura cambial, excetuadas as que possam ingressar na Zona Franca de Manaus no regime estabelecido no Decreto-Lei n. 288, de 1967, bem como aquelas destinadas a exportação.

§ 2º É vedada a admissão, no regime, das mercadorias de importação proibida e de fumo e seus derivados.

ART. 521. As mercadorias poderão permanecer no regime pelo prazo de até um ano, prorrogável por período não superior, no total, a cinco anos, contados da data do desembaraço aduaneiro de admissão.

ART. 522. Aplicam-se ao regime de que trata esta Seção, no que couber, as disposições previstas para o regime especial de entreposto aduaneiro.

ART. 523. O Ministro de Estado da Fazenda poderá expedir, no âmbito de sua competência, atos normativos para o disciplinamento do regime.

CAPÍTULO II
DAS ÁREAS DE LIVRE COMÉRCIO

ART. 524. Constituem áreas de livre comércio de importação e de exportação as que, sob regime fiscal especial, são estabelecidas com a finalidade de promover o desenvolvimento de áreas fronteiriças específicas da Região Norte do País e de incrementar as relações bilaterais com os países vizinhos, segundo a política de integração latino-americana (Lei n. 7.965, de 22 de dezembro de 1989, art. 1º; Lei n. 8.210, de 19 de julho de 1991, art. 1º; Lei n. 8.256, de 25 de novembro de 1991, art. 1º, com a redação dada pela Lei n. 11.732, de 2008, art. 5º; Lei n. 8.387, de 1991, art. 11, *caput*; e Lei n. 8.857, de 8 de março de 1994, art. 1º).

Parágrafo único. As áreas de livre comércio são configuradas por limites que envolvem, inclusive, os perímetros urbanos dos municípios de Tabatinga (AM), Guajará-Mirim (RO), Boa Vista e Bonfim (RR), Macapá e Santana (AP) e Brasiléia, com extensão para o município de Epitaciolândia, e Cruzeiro do Sul (AC) (Lei n. 7.965, de 1989, art. 2º, *caput*; Lei n. 8.210, de 1991, art. 2º, *caput*; Lei n. 8.256, de 1991, art. 2º, *caput* e parágrafo único, com a redação dada pela Lei n. 11.732, de 2008, art. 5º; Lei n. 8.387, de 1991, art. 11, § 1º; e Lei n. 8.857, de 1994, art. 2º, *caput*).

ART. 525. A entrada de produtos estrangeiros nas áreas de livre comércio será feita com suspensão do pagamento dos impostos de importação e sobre produtos industrializados, que será convertida em isenção quando os produtos forem destinados a (Lei n. 7.965, de 1989, art. 3º, *caput*; Lei n. 8.210, de 1991, art. 4º, *caput*; Lei n. 8.256, de 1991, art. 4º, *caput*, com a redação dada pela Lei n. 11.732, de 2008, art. 5º; Lei n. 8.387, de 1991, art. 11, § 2º; e Lei n. 8.857, de 1994, art. 4º, *caput*):

I - consumo e venda internos;

II - beneficiamento, em seu território, de pescado, recursos minerais e matérias-primas de origem agrícola ou florestal;

III - beneficiamento de pecuária, restrito às áreas de Boa Vista, Bonfim, Macapá, Santana, Brasiléia e Cruzeiro do Sul;

IV - piscicultura;

V - agropecuária, salvo em relação à área de Guajará-Mirim;

VI - agricultura, restrito à área de Guajará-Mirim;

VII - instalação e operação de atividades de turismo e serviços de qualquer natureza;

VIII - estocagem para comercialização no mercado externo;

IX - estocagem para comercialização ou emprego em outros pontos do País, restrito à área de Tabatinga;

X - atividades de construção e reparos navais, restritas às áreas de Guajará-Mirim e Tabatinga;

XI - industrialização de produtos em seus territórios, restritas às áreas de Tabatinga, Brasiléia e Cruzeiro do Sul; e

XII - internação como bagagem acompanhada, observado o mesmo tratamento previsto na legislação aplicável à Zona Franca de Manaus.

ART. 526. Excetuam-se do regime previsto neste Capítulo:

I - as armas e munições, perfumes, fumo e seus derivados, bebidas alcoólicas e automóveis de passageiros (Lei n. 7.965, de 1989, art. 3º, § 1º; Lei n. 8.210, de 1991, art. 4º, § 2º; Lei n. 8.256, de 1991, art. 4º, § 2º; Lei n. 8.387, de 1991, art. 11, § 2º; e Lei n. 8.857, de 1994, art. 4º, § 2º); e

II - os bens finais de informática, para as áreas de Tabatinga e Guajará-Mirim (Lei n. 7.965, de 1989, art. 3º, § 1º, e Lei n. 8.210, de 1991, art. 4º, § 2º).

ART. 527. A venda de mercadorias nacionais ou nacionalizadas, efetuada por empresas estabelecidas fora das áreas de livre comércio de Boa Vista e de Bonfim para empresas ali sediadas, será, para os efeitos fiscais, equiparada a uma exportação (Lei n. 11.732, de 2008, art. 7º).

ART. 528. As mercadorias estrangeiras importadas para as áreas de livre comércio, quando destas saírem para outros pontos do território aduaneiro, ficam sujeitas ao tratamento fiscal e administrativo dado às importações do exterior (Lei n. 7.965, de 1989, art. 8º; Lei n. 8.210, de 1991, art. 5º; Lei n. 8.256, de 1991, art. 6º, com a redação dada pela Lei n. 11.732, de 2008, art. 5º; Lei n. 8.387, de 1991, art. 11, § 2º; e Lei n. 8.857, de 1994, art. 6º).

Parágrafo único. Excetuam-se do disposto no *caput*, relativamente ao pagamento dos impostos, as mercadorias transferidas para:

I - a Zona Franca de Manaus;

II - a Amazônia Ocidental, observada a pauta de que trata o art. 516; e

III - outras áreas de livre comércio.

ART. 529. A saída temporária de mercadoria, inclusive veículo, de origem estrangeira ou nacional, da área de livre comércio, com os benefícios fiscais previstos na legislação específica, para outros pontos do território aduaneiro poderá ser autorizada, observadas as normas do art. 517.

ART. 530. As áreas de livre comércio serão administradas pela Superintendência da Zona Franca de Manaus.

ART. 531. Compete à Secretaria da Receita Federal do Brasil exercer o controle aduaneiro e a fiscalização das mercadorias admitidas nas áreas de livre comércio, e expedir as normas para isso necessárias.

ART. 532. A aplicação do regime previsto neste Capítulo atenderá, ainda, ao disposto na legislação específica a cada área de livre comércio.

ART. 533. Aplica-se às áreas de livre comércio, no que couber, a legislação pertinente à Zona Franca de Manaus (Lei n. 7.965, de 1989, art. 12; Lei n. 8.256, de 1991, art. 11, com a redação dada pela Lei n. 11.732, de 2008, art. 5º; Lei n. 8.387, de 1991, art. 11, § 2º; e Lei n. 8.857, de 1994, art. 11, *caput*).

CAPÍTULO III
DAS ZONAS DE PROCESSAMENTO DE EXPORTAÇÃO

ART. 534. As zonas de processamento de exportação caracterizam-se como áreas de livre comércio de importação e de exportação, destinadas à instalação de empresas voltadas para a produção de bens a serem comercializados no exterior, objetivando a redução de desequilíbrios regionais, o fortalecimento do balanço de pagamentos e a promoção da difusão tecnológica e do desenvolvimento econômico e social do País (Lei n. 11.508, de 2007, art. 1º, *caput* e parágrafo único).

ART. 535. As importações efetuadas por empresa autorizada a operar em zonas de processamento de exportação serão efetuadas com suspensão do pagamento do imposto de importação, do imposto sobre produtos industrializados, da COFINS-Importação, da contribuição para o PIS/PASEP-Importação e do adicional ao frete para renovação da marinha mercante (Lei n. 11.508, de 2007, art. 6º-A, *caput*, com a redação dada pela Lei n. 11.732, de 2008, art. 1º).

§ 1º A suspensão de que trata o *caput*, quando relativa a máquinas, aparelhos, instrumentos e equipamentos, aplica-se a bens, novos ou usados, para incorporação ao ativo imobilizado da empresa autorizada a operar em zonas de processamento de exportação (Lei n. 11.508, de 2007, art. 6º-A, § 2º, com a redação dada pela Lei n. 11.732, de 2008, art. 1º).

§ 2º A suspensão de que trata o *caput*, na hipótese da Contribuição para o PIS/PASEP-Importação, da COFINS-Importação e do imposto sobre produtos industrializados, relativos aos bens referidos no § 1º, converte-se em alíquota zero por cento depois de cumprido o compromisso de que trata o *caput* do art. 536 e decorrido o prazo de dois anos da data de ocorrência do fato gerador (Lei n. 11.508, de 2007, art. 6º-A, § 7º, com a redação dada pela Lei n. 11.732, de 2008, art. 1º).

§ 3º A suspensão de que trata o *caput*, na hipótese do imposto de importação e do adicional ao frete para renovação da marinha mercante, relativos (Lei n. 11.508, de 2007, art. 6º-A, § 8º, com a redação dada pela Lei n. 11.732, de 2008, art. 1º):

I - aos bens referidos no § 1º, converte-se em isenção depois de cumprido o compromisso de que trata o *caput* do art. 536 e decorrido o prazo de cinco anos da data de ocorrência do fato gerador; e

II - às matérias-primas, produtos intermediários e materiais de embalagem, resolve-se com a:

a) reexportação ou destruição das mercadorias, às expensas do interessado; ou

b) exportação das mercadorias no mesmo estado em que foram importadas ou do produto final no qual foram incorporadas.

§ 4º Na hipótese referida no § 1º, a pessoa jurídica que não incorporar o bem ao ativo imobilizado ou revendê-lo antes da conversão em alíquota zero por cento ou em isenção, na forma dos §§ 2º e 3º, fica obrigada a recolher os impostos e contribuições com o pagamento suspenso acrescidos de juros e multa de mora, na forma da lei, contados a partir da data de registro da declaração de importação (Lei n. 11.508, de 2007, art. 6º-A, § 4º, com a redação dada pela Lei n. 11.732, de 2008, art. 1º).

§ 5º Na hipótese de importação de bens usados, a suspensão de que trata o *caput* será aplicada exclusivamente a conjunto industrial que seja elemento constitutivo da integralização do capital social da empresa (Lei n. 11.508, de 2007, art. 6º-A, § 3º, com a redação dada pela Lei n. 11.732, de 2008, art. 1º).

§ 6º As matérias-primas, produtos intermediários e materiais de embalagem, importados por empresa autorizada a operar em zonas de processamento de exportação com a suspensão de que trata o *caput* deverão ser integralmente utilizados no processo produtivo do produto final (Lei n. 11.508, de 2007, art. 6º-A, § 5º, com a redação dada pela Lei n. 11.732, de 2008, art. 1º).

§ 7º Na hipótese de não ser efetuado o recolhimento na forma do § 4º deste artigo ou do § 3º do art. 536, caberá lançamento de ofício, com aplicação de juros e da multa de que trata o art. 725 (Lei n. 11.508, de 2007, art. 6º-A, § 9º, com a redação dada pela Lei n. 11.732, de 2008, art. 1º).

§ 8º A multa referida no § 7º não prejudica a aplicação de outras penalidades, inclusive do disposto no art. 735 (Lei n. 11.508, de 2007, art. 22, com a redação dada pela Lei n. 11.732, de 2008, art. 2º).

ART. 536. Somente poderá instalar-se em zona de processamento de exportação a pessoa

DECRETOS

jurídica que assuma o compromisso de auferir e manter, por ano-calendário, receita bruta decorrente de exportação para o exterior de, no mínimo, oitenta por cento de sua receita bruta total de venda de bens e serviços (Lei n. 11.508, de 2007, art. 18, *caput*, com a redação dada pela Lei n. 11.732, de 2008, art. 2º).

§ 1º A receita bruta de que trata o *caput* será considerada depois de excluídos os impostos e contribuições incidentes sobre as vendas (Lei n. 11.508, de 2007, art. 18, § 1º, com a redação dada pela Lei n. 11.732, de 2008, art. 2º).

§ 2º O percentual de receita bruta de que trata o *caput* será apurado a partir do ano-calendário subsequente ao do início da efetiva entrada em funcionamento do projeto, em cujo cálculo será incluída a receita bruta auferida no primeiro ano-calendário de funcionamento (Lei n. 11.508, de 2007, art. 18, § 2º, com a redação dada pela Lei n. 11.732, de 2008, art. 2º).

§ 3º Os produtos industrializados em zona de processamento de exportação, quando vendidos para o mercado interno, estarão sujeitos ao pagamento do imposto de importação e do adicional ao frete para renovação da marinha mercante relativos a matérias-primas, produtos intermediários e materiais de embalagem de procedência estrangeira neles empregados, com acréscimo de juros e multa de mora, na forma da lei (Lei n. 11.508, de 2007, art. 18, § 3º, inciso II, com a redação dada pela Lei n. 11.732, de 2008, art. 2º).

§ 4º É permitida a aplicação de regimes aduaneiros suspensivos em zonas de processamento de exportação, observados os termos, limites e condições do regime (Lei n. 11.508, de 2007, art. 18, § 4º, inciso I, com a redação dada pela Lei n. 11.732, de 2008, art. 2º).

§ 5º A transferência de propriedade de mercadoria entre empresas autorizadas a operar em zona de processamento de exportação será realizada com o tratamento referido no art. 535 (Lei n. 11.508, de 2007, art. 18, § 4º, inciso I, com a redação dada pela Lei n. 11.732, de 2008, art. 2º).

§ 6º A receita auferida com a operação de que trata o § 5º será considerada receita bruta decorrente de venda de mercadoria no mercado externo (Lei n. 11.508, de 2007, art. 18, § 6º, com a redação dada pela Lei n. 11.732, de 2008, art. 2º).

§ 7º Excepcionalmente, em casos devidamente autorizados pelo Conselho Nacional das Zonas de Processamento de Exportação, as matérias-primas, produtos intermediários e materiais de embalagem importados com a suspensão referida no art. 535 poderão ser revendidos no mercado interno, observado o disposto nos §§ 3º e 6º (Lei n. 11.508, de 2007, art. 18, § 7º, com a redação dada pela Lei n. 11.732, de 2008, art. 2º).

ART. 537. O ato que autorizar a instalação de empresa em zona de processamento de exportação relacionará os produtos a serem fabricados de acordo com a sua classificação na Nomenclatura Comum do Mercosul e assegurará o tratamento relativo a zonas de processamento de exportação pelo prazo de até vinte anos (Lei n. 11.508, de 2007, art. 8º, *caput*, com a redação dada pela Lei n. 11.732, de 2008, art. 2º).

§ 1º Não serão autorizadas, em zona de processamento de exportação, a produção, a importação ou a exportação de (Lei n. 11.508, de 2007, art. 5º, parágrafo único, com a redação dada pela Lei n. 11.732, de 2008, art. 2º):

I - armas ou explosivos de qualquer natureza, salvo com prévia autorização do Comando do Exército; e

II - material radioativo, salvo com prévia autorização da Comissão Nacional de Energia Nuclear.

§ 2º O prazo de que trata o *caput* poderá, a critério do Conselho Nacional das Zonas de Processamento de Exportação, ser prorrogado por igual período, nos casos de investimento de grande vulto que exijam longos prazos de amortização (Lei n. 11.508, de 2007, art. 8º, § 2º, com a redação dada pela Lei n. 11.732, de 2008, art. 2º).

ART. 538. O início do funcionamento de zona de processamento de exportação dependerá do prévio alfandegamento da respectiva área, observado o disposto na legislação específica (Lei n. 11.508, de 2007, art. 4º, *caput* e parágrafo único).

ART. 539. As importações e exportações de empresa autorizada a operar em zona de processamento de exportação estão sujeitas ao seguinte tratamento administrativo (Lei n. 11.508, de 2007, art. 12, *caput*, com a redação dada pela Lei n. 11.732, de 2008, art. 2º):

I - dispensa de licença ou de autorização de órgãos federais, com exceção dos controles de ordem sanitária, de interesse da segurança nacional e de proteção do meio ambiente, vedadas quaisquer outras restrições à produção, operação, comercialização e importação de bens e serviços que não as impostas pela Lei n. 11.508, de 2007; e

II - somente serão admitidas importações, com a suspensão do pagamento de impostos e contribuições de que trata o art. 535, de equipamentos, máquinas, aparelhos e instrumentos, novos ou usados, e de matérias-primas, produtos intermediários e materiais de embalagem necessários à instalação industrial ou destinados a integrar o processo produtivo.

§ 1º A dispensa de licença ou autorização a que se refere o inciso I do *caput* não se aplica à exportação de produtos (Lei n. 11.508, de 2007, art. 12, § 1º, com a redação dada pela Lei n. 11.732, de 2008, art. 2º):

I - destinados a países com os quais o Brasil mantenha convênios de pagamento, que se submeterá às disposições e controles estabelecidos na forma da legislação específica;

II - sujeitos a regime de cotas aplicáveis às exportações do País, vigente na data de aprovação do projeto, ou que venha a ser instituído posteriormente; ou

III - sujeitos ao pagamento do imposto de exportação.

§ 2º Os produtos importados nos termos do art. 535 são dispensados da apuração de similaridade e da obrigatoriedade de transporte em navio de bandeira brasileira (Lei n. 11.508, de 2007, art. 12, § 3º, com a redação dada pela Lei n. 11.732, de 2008, art. 2º).

§ 3º Além do disposto no § 2º, os bens usados importados nos termos do § 5º do art. 535 são também dispensados da observância às restrições administrativas aplicáveis aos bens usados em geral (Lei n. 11.508, de 2007, art. 12, §§ 3º e 4º, com a redação dada pela Lei n. 11.732, de 2008, art. 2º).

ART. 540. As mercadorias importadas ingressadas em zonas de processamento de exportação serão destinadas à instalação industrial ou ao processo produtivo, podendo, ainda, ser mantidas em depósito, reexportadas ou destruídas, sob controle aduaneiro, às expensas do interessado (Lei n. 11.508, de 2007, art. 12, *caput*, inciso II, e § 2º, com a redação dada pela Lei n. 11.732, de 2008, art. 2º).

ART. 541. As normas relativas à fiscalização, ao despacho e ao controle aduaneiro de mercadorias em zona de processamento de exportação e à forma como a autoridade aduaneira exercerá o controle e a verificação do embarque e, quando for o caso, da destinação de mercadoria exportada por empresa instalada em zona de processamento de exportação serão estabelecidas em ato normativo específico (Lei n. 11.508, de 2007, art. 20).

LIVRO V
DO CONTROLE ADUANEIRO DE MERCADORIAS

TÍTULO I
DO DESPACHO ADUANEIRO

CAPÍTULO I
DO DESPACHO DE IMPORTAÇÃO

SEÇÃO I
DAS DISPOSIÇÕES PRELIMINARES

ART. 542. Despacho de importação é o procedimento mediante o qual é verificada a exatidão dos dados declarados pelo importador em relação à mercadoria importada, aos documentos apresentados e à legislação específica.

ART. 543. Toda mercadoria procedente do exterior, importada a título definitivo ou não, sujeita ou não ao pagamento do imposto de importação, deverá ser submetida a despacho de importação, que será realizado com base em declaração apresentada à unidade aduaneira sob cujo controle estiver a mercadoria (Decreto-Lei n. 37, de 1966, art. 44, com a redação dada pelo Decreto-Lei n. 2.472, de 1988, art. 2º).

Parágrafo único. O disposto no *caput* aplica-se inclusive às mercadorias reimportadas e às referidas nos incisos I a V do art. 70.

ART. 544. O despacho de importação poderá ser efetuado em zona primária ou em zona secundária (Decreto-Lei n. 37, de 1966, art. 49, com a redação dada pelo Decreto-Lei n. 2.472, de 1988, art. 2º).

ART. 545. Tem-se por iniciado o despacho de importação na data do registro da declaração de importação.

§ 1º O registro da declaração de importação consiste em sua numeração pela Secretaria da Receita Federal do Brasil, por meio do SISCOMEX.

§ 2º A Secretaria da Receita Federal do Brasil disporá sobre as condições necessárias ao registro da declaração de importação e sobre a dispensa de seu registro no SISCOMEX.

ART. 546. O despacho de importação deverá ser iniciado em (Decreto-Lei n. 37, de 1966, art. 44, com a redação dada pelo Decreto-Lei n. 2.472, de 1988, art. 2º):

I - até noventa dias da descarga, se a mercadoria estiver em recinto alfandegado de zona primária;

II - até quarenta e cinco dias após esgotar-se o prazo de permanência da mercadoria em recinto alfandegado de zona secundária; e

III - até noventa dias, contados do recebimento do aviso de chegada da remessa postal.

ART. 547. Está dispensada de despacho de importação a entrada, no País, de mala diplomática, assim considerada a que contenha tão-somente documentos diplomáticos e objetos destinados a uso oficial (Convenção de

Viena sobre Relações Diplomáticas, Artigo 27, promulgada pelo Decreto n. 56.435, de 1965).

§ 1º A mala diplomática deverá conter sinais exteriores visíveis que indiquem seu caráter e ser entregue a pessoa formalmente credenciada pela Missão Diplomática.

§ 2º Aplica-se o disposto neste artigo à mala consular (Convenção de Viena sobre Relações Consulares, Artigo 35, promulgada pelo Decreto n. 61.078, de 1967).

ART. 548. O despacho de importação de urna funerária será realizado em caráter prioritário e mediante rito sumário, logo após a sua descarga, com base no respectivo conhecimento de carga ou em documento de efeito equivalente.

Parágrafo único. O desembaraço aduaneiro da urna somente será efetuado após a manifestação da autoridade sanitária competente.

ART. 549. As declarações do importador subsistem para quaisquer efeitos fiscais, ainda que o despacho de importação seja interrompido e a mercadoria abandonada (Decreto-Lei n. 37, de 1966, art. 45, com a redação dada pelo Decreto-Lei n. 2.472, de 1988, art. 2º).

SEÇÃO II
DO LICENCIAMENTO DE IMPORTAÇÃO

ART. 550. A importação de mercadoria está sujeita, na forma da legislação específica, a licenciamento, por meio do SISCOMEX.

§ 1º A manifestação de outros órgãos, a cujo controle a mercadoria importada estiver sujeita, também ocorrerá por meio do SISCOMEX.

§ 2º No caso de despacho de importação realizado sem registro de declaração no SISCOMEX, a manifestação dos órgãos anuentes ocorrerá em campo específico da declaração ou em documento próprio.

§ 3º Os Ministros de Estado da Fazenda e do Desenvolvimento, Indústria e Comércio Exterior determinarão, de forma conjunta, as informações de natureza comercial, financeira, cambial e fiscal a serem prestadas para fins de licenciamento.

§ 4º O licenciamento das importações enquadradas na alínea "e" do inciso I do *caput* e no § 1º do art. 136 terá tratamento prioritário e, quando aplicável, procedimento simplificado (Lei n. 13.243, de 2016, art. 11). (Acrescentado pelo Dec. 9.283/2018.)

SEÇÃO III
DA DECLARAÇÃO DE IMPORTAÇÃO

ART. 551. A declaração de importação é o documento base do despacho de importação (Decreto-Lei n. 37, de 1966, art. 44, com a redação dada pelo Decreto-Lei n. 2.472, de 1988, art. 2º).

§ 1º A declaração de importação deverá conter:

I - a identificação do importador; e

II - a identificação, a classificação, o valor aduaneiro e a origem da mercadoria.

§ 2º A Secretaria da Receita Federal do Brasil poderá:

I - exigir, na declaração de importação, outras informações, inclusive as destinadas a estatísticas de comércio exterior; e

II - estabelecer diferentes tipos de apresentação da declaração de importação, apropriados à natureza dos despachos, ou a situações específicas em relação à mercadoria ou a seu tratamento tributário.

ART. 552. A retificação da declaração de importação, mediante alteração das informações prestadas, ou inclusão de outras, será feita pelo importador ou pela autoridade aduaneira, na forma estabelecida pela Secretaria da Receita Federal do Brasil.

SEÇÃO IV
DA INSTRUÇÃO DA DECLARAÇÃO DE IMPORTAÇÃO

ART. 553. A declaração de importação será obrigatoriamente instruída com (Decreto-Lei n. 37, de 1966, art. 46, *caput*, com a redação dada pelo Decreto-Lei n. 2.472, de 1988, art. 2º): (Alterado pelo Dec. 8.010/2013.)

I - a via original do conhecimento de carga ou documento de efeito equivalente;

II - a via original da fatura comercial, assinada pelo exportador; e (Alterado pelo Dec. 8.010/2013.)

III - o comprovante de pagamento dos tributos, se exigível. (Alterado pelo Dec. 8.010/2013.)

IV - (Revogado pelo Dec. 8.010/2013.)

Parágrafo único. Poderão ser exigidos outros documentos instrutivos da declaração aduaneira em decorrência de acordos internacionais ou por força de lei, de regulamento ou de outro ato normativo. (Acrescentado pelo Dec. 8.010/2013.)

SUBSEÇÃO I
DO CONHECIMENTO DE CARGA

ART. 554. O conhecimento de carga original, ou documento de efeito equivalente, constitui prova de posse ou de propriedade da mercadoria (Decreto-Lei n. 37, de 1966, art. 46, *caput*, com a redação dada pelo Decreto-Lei n. 2.472, de 1988, art. 2º).

Parágrafo único. A Secretaria da Receita Federal do Brasil poderá dispor sobre hipóteses de não exigência do conhecimento de carga para instrução da declaração de importação.

ART. 555. A cada conhecimento de carga deverá corresponder uma única declaração de importação, salvo exceções estabelecidas pela Secretaria da Receita Federal do Brasil.

ART. 556. Os requisitos formais e intrínsecos, a transmissibilidade e outros aspectos atinentes aos conhecimentos de carga devem regular-se pelos dispositivos da legislação comercial e civil, sem prejuízo da aplicação das normas tributárias quanto aos respectivos efeitos fiscais.

SUBSEÇÃO II
DA FATURA COMERCIAL

ART. 557. A fatura comercial deverá conter as seguintes indicações:

I - nome e endereço, completos, do exportador;

II - nome e endereço, completos, do importador e, se for caso, do adquirente ou do encomendante predeterminado;

III - especificação das mercadorias em português ou em idioma oficial do Acordo Geral sobre Tarifas e Comércio, ou, se em outro idioma, acompanhada de tradução em língua portuguesa, a critério da autoridade aduaneira, contendo as denominações próprias e comerciais, com a indicação dos elementos indispensáveis a sua perfeita identificação;

IV - marca, numeração e, se houver, número de referência dos volumes;

V - quantidade e espécie dos volumes;

VI - peso bruto dos volumes, entendendo-se, como tal, o da mercadoria com todos os seus recipientes, embalagens e demais envoltórios;

VII - peso líquido, assim considerado o da mercadoria livre de todo e qualquer envoltório;

VIII - país de origem, como tal entendido aquele onde houver sido produzida a mercadoria ou onde tiver ocorrido a última transformação substancial;

IX - país de aquisição, assim considerado aquele do qual a mercadoria foi adquirida para ser exportada para o Brasil, independentemente do país de origem da mercadoria ou de seus insumos;

X - país de procedência, assim considerado aquele onde se encontrava a mercadoria no momento de sua aquisição;

XI - preço unitário e total de cada espécie de mercadoria e, se houver, o montante e a natureza das reduções e dos descontos concedidos;

XII - custo de transporte a que se refere o inciso I do art. 77 e demais despesas relativas às mercadorias especificadas na fatura;

XIII - condições e moeda de pagamento; e

XIV - termo da condição de venda (INCOTERM).

Parágrafo único. As emendas, ressalvas ou entrelinhas feitas na fatura deverão ser autenticadas pelo exportador.

ART. 558. Os volumes cobertos por uma mesma fatura terão um só marca e serão numerados, vedada a repetição de números.

§ 1º É admitido o emprego de algarismos, a título de marca, desde que sejam apostos dentro de uma figura geométrica, respeitada a norma prescrita no § 2º sobre a numeração de volumes.

§ 2º O número em cada volume será aposto ao lado da marca ou da figura geométrica que a encerre.

§ 3º É dispensável a numeração:

I - quando se tratar de mercadoria normalmente importada a granel, embarcada solta ou em amarrados, desde que não traga embalagem; e

II - no caso de partidas de uma mesma mercadoria, de cinquenta ou mais volumes, desde que toda a partida se constitua de volumes uniformes, com o mesmo peso e medida.

ART. 559. A primeira via da fatura comercial será sempre a original, podendo ser emitida, assim como as demais vias, por qualquer processo.

Parágrafo único. Será aceita como primeira via da fatura comercial, quando emitida por processo eletrônico, aquela da qual conste expressamente tal indicação.

ART. 560. Equipara-se à fatura comercial, para todos os efeitos, o conhecimento de carga aéreo, desde que nele constem as indicações de quantidade, espécie e valor das mercadorias que lhe correspondam (Decreto-Lei n. 37, de 1966, art. 46, § 1º, com a redação dada pelo Decreto-Lei n. 2.472, de 1988, art. 2º).

ART. 561. Poderá ser estabelecida, por ato normativo da Secretaria da Receita Federal do Brasil, à vista de solicitação da Câmara de Comércio Exterior, a exigência de visto consular em fatura comercial (Decreto-Lei n. 37, de 1966, art. 46, § 2º, com a redação dada pelo Decreto-Lei n. 2.472, de 1988, art. 2º).

Parágrafo único. O visto a que se refere o *caput* poderá ser substituído por declaração de órgão público ou de entidade representativa de exportadores, no país de procedência ou na comunidade econômica a que pertencerem.

ART. 562. A Secretaria da Receita Federal do Brasil poderá dispor, em relação à fatura comercial, sobre:

I - casos de não exigência;

II - casos de dispensa de sua apresentação para fins de desembaraço aduaneiro, hipótese em que deverá o importador conservar o documento em seu poder, pelo prazo decadencial, à disposição da fiscalização aduaneira;

III - quantidade de vias em que deverá ser emitida e sua destinação; (Alterado pelo Dec. 8.010/2013.)

IV - formas alternativas de assinatura; e (Alterado pelo Dec. 8.010/2013.)

V - dispensa de elementos descritos no art. 557, ou inclusão de outros elementos a serem indicados. (Acrescentado pelo Dec. 8.010/2013.)

SUBSEÇÃO III

DOS OUTROS DOCUMENTOS INSTRUTIVOS DA DECLARAÇÃO

ART. 563. No caso de mercadoria que goze de tratamento tributário favorecido em razão de sua origem, a comprovação desta será feita por qualquer meio julgado idôneo, em conformidade com o estabelecido no correspondente acordo internacional, atendido o disposto no art. 117.

SEÇÃO V

DA CONFERÊNCIA ADUANEIRA

ART. 564. A conferência aduaneira na importação tem por finalidade identificar o importador, verificar a mercadoria e a correção das informações relativas a sua natureza, classificação fiscal, quantificação e valor, e confirmar o cumprimento de todas as obrigações, fiscais e outras, exigíveis em razão da importação.

Parágrafo único. A fim de determinar o tipo e a amplitude do controle a ser efetuado na conferência aduaneira, serão adotados canais de seleção (Norma Relativa ao Despacho Aduaneiro de Mercadorias, Artigos 64 e 65, aprovada pela Decisão do Conselho do Mercado Comum - CMC n. 50, aprovada no âmbito do Mercosul, de 2004, e internalizada pelo Decreto n. 6.870, de 2009). (Acrescentado pelo Dec. 8.010/2013.)

ART. 565. A conferência aduaneira poderá ser realizada na zona primária ou na zona secundária (Decreto-Lei n. 37, de 1966, art. 49, com a redação dada pelo Decreto-Lei n. 2.472, de 1988, art. 2º).

§ 1º A conferência aduaneira, quando realizada na zona secundária, poderá ser feita:

I - em recintos alfandegados;

II - no estabelecimento do importador:

a) em ato de fiscalização; ou

b) como complementação da iniciada na zona primária; ou

III - excepcionalmente, em outros locais, mediante prévia anuência da autoridade aduaneira.

§ 2º A Secretaria da Receita Federal do Brasil estabelecerá termos e condições para a realização da conferência aduaneira em recinto não alfandegado de zona secundária, na forma do inciso III do § 1º.

ART. 566. A verificação da mercadoria, no curso da conferência aduaneira ou em outra ocasião, será realizada por Auditor-Fiscal da Receita Federal do Brasil, ou sob a sua supervisão, por Analista-Tributário, na presença do viajante, do importador ou de seus representantes (Decreto-Lei n. 37, de 1966, art. 50, *caput*, com a redação dada pela Lei n. 12.350, de 2010, art. 40). (Alterado pelo Dec. 8.010/2013.)

§ 1º Na hipótese de mercadoria depositada em recinto alfandegado, a verificação poderá ser realizada na presença do depositário ou de seus prepostos, dispensada a exigência da presença do importador (Decreto-Lei n. 37, de 1966, art. 50, § 1º, com a redação dada pela Lei n. 10.833, de 2003, art. 77).

§ 2º A verificação de bagagem ou de outra mercadoria que esteja sob a responsabilidade do transportador poderá ser realizada na presença deste ou de seus prepostos, dispensada a exigência da presença do viajante ou do importador (Decreto-Lei n. 37, de 1966, art. 50, § 2º, com a redação dada pela Lei n. 10.833, de 2003, art. 77).

§ 3º Nas hipóteses dos §§ 1º e 2º, o depositário e o transportador, ou seus prepostos, representam o viajante ou o importador, para efeitos de identificação, quantificação e descrição da mercadoria verificada (Decreto-Lei n. 37, de 1966, art. 50, § 3º, com a redação dada pela Lei n. 10.833, de 2003, art. 77).

ART. 567. A bagagem dos integrantes de missões diplomáticas e de repartições consulares de caráter permanente não está sujeita a verificação, salvo se existirem fundadas razões para se supor que contenha bens (Convenção de Viena sobre Relações Diplomáticas, Artigo 36, parágrafo 2, promulgada pelo Decreto n. 56.435, de 1965, e Convenção de Viena sobre Relações Consulares, Artigo 50, parágrafo 3, promulgada pelo Decreto n. 61.078, de 1967):

I - destinados a uso diverso do previsto nas respectivas Convenções de Viena sobre Relações Diplomáticas e Consulares; ou

II - de importação proibida.

Parágrafo único. A verificação da bagagem, havendo as fundadas razões a que se refere o *caput*, deverá ser realizada na presença do interessado ou de seu representante formalmente autorizado.

ART. 568. Na verificação da mercadoria, poderão ser adotados critérios de seleção e amostragem, conforme o estabelecido em ato normativo da Secretaria da Receita Federal do Brasil (Decreto-Lei n. 37, de 1966, art. 50, *caput*, com a redação dada pela Lei n. 12.350, de 2010, art. 40). (Alterado pelo Dec. 8.010/2013.)

ART. 569. Na quantificação ou identificação da mercadoria, a fiscalização aduaneira poderá solicitar perícia, observado o disposto no art. 813 e na legislação específica.

ART. 570. Constatada, durante a conferência aduaneira, ocorrência que impeça o prosseguimento do despacho, este terá seu curso interrompido após o registro da exigência correspondente, pelo Auditor-Fiscal da Receita Federal do Brasil responsável.

§ 1º Caracterizam a interrupção do curso do despacho, entre outras ocorrências:

I - a não apresentação de documentos exigidos pela autoridade aduaneira, desde que indispensáveis ao prosseguimento do despacho; e

II - o não comparecimento do importador para assistir à verificação da mercadoria, quando sua presença for obrigatória.

§ 1º-A. Quando for constatado extravio ou avaria, a autoridade aduaneira poderá, não havendo inconveniente, permitir o prosseguimento do despacho da mercadoria avariada ou da partida com extravio, observado o disposto nos arts. 89 e 660. (Acrescentado pelo Dec. 8.010/2013.)

§ 2º Na hipótese de a exigência referir-se a crédito tributário ou a direito antidumping ou compensatório, o importador poderá efetuar o pagamento correspondente, independente de processo. (Alterado pelo Dec. 8.010/2013.)

§ 3º Havendo manifestação de inconformidade, por parte do importador, em relação à exigência de que trata o § 2º, o Auditor-Fiscal da Receita Federal do Brasil deverá efetuar o respectivo lançamento, na forma prevista no Decreto n. 70.235, de 6 de março de 1972.

§ 4º Quando exigível o depósito ou o pagamento de quaisquer ônus financeiros ou cambiais ou o cumprimento de obrigações semelhantes, o despacho será interrompido até a satisfação da exigência.

SEÇÃO VI

DO DESEMBARAÇO ADUANEIRO

ART. 571. Desembaraço aduaneiro na importação é o ato pelo qual é registrada a conclusão da conferência aduaneira (Decreto-Lei n. 37, de 1966, art. 51, *caput*, com a redação dada pelo Decreto-Lei n. 2.472, de 1988, art. 2º).

§ 1º Não será desembaraçada a mercadoria: (Alterado pelo Dec. 8.010/2013.)

I - cuja exigência de crédito tributário no curso da conferência aduaneira esteja pendente de atendimento, salvo nas hipóteses autorizadas pelo Ministro de Estado da Fazenda, mediante a prestação de garantia (Decreto-Lei n. 37, de 1966, art. 51, § 1º, com a redação dada pelo Decreto-Lei n. 2.472, de 1988, art. 2º; e Decreto-Lei n. 1.455, de 1976, art. 39); e (Alterado pelo Dec. 8.010/2013.)

II - enquanto não apresentados os documentos referidos nos incisos I a III do *caput* do art. 553. (Alterado pelo Dec. 8.010/2013.)

§ 2º Após o desembaraço aduaneiro de mercadoria cuja declaração tenha sido registrada no SISCOMEX, será emitido eletronicamente o documento comprobatório da importação.

ART. 572. Quando se tratar de mercadoria sujeita a controle especial, a depósito ou a pagamento de qualquer ônus financeiro ou cambial, o desembaraço aduaneiro dependerá do prévio cumprimento dessas exigências (Decreto-Lei n. 37, de 1966, arts. 47 e 48, com a redação dada pelo Decreto-Lei n. 2.472, de 1988, art. 2º).

ART. 573. O eventual desembaraço de mercadoria objeto de apreensão anulada por decisão judicial não transitada em julgado dependerá, sempre, da prestação prévia de garantia, na forma de depósito ou fiança idônea, do valor das multas e das despesas de regularização cambial emitidas pela autoridade aduaneira, além do pagamento dos tributos devidos (Decreto-Lei n. 37, de 1966, art. 165, *caput*).

ART. 574. Não serão desembaraçadas mercadorias que sejam consideradas, pelos órgãos competentes, nocivas à saúde, ao meio ambiente ou à segurança pública, ou que descumpram controles sanitários, fitossanitários ou zoossanitários, ainda que em decorrência de avaria, devendo tais mercadorias ser obrigatoriamente devolvidas ao exterior ou, caso a legislação permita, destruídas, sob controle aduaneiro, às expensas do obrigado. (Alterado pelo Dec. 8.010/2013.)

§ 1º O descumprimento da obrigação de que trata o *caput* será punido com a sanção administrativa de suspensão que trata a alínea "f" do inciso II do *caput* do art. 735. (Acrescentado pelo Dec. 8.010/2013.)

§ 2º A obrigação de devolver ou destruir, nos termos deste artigo, aplica-se também a mercadorias para as quais não tenha havido registro de declaração de importação. (Acrescentado pelo Dec. 8.010/2013.)

§ 3º A obrigação a que se refere o *caput* é do: (Acrescentado pelo Dec. 8.010/2013.)

I - importador; (Acrescentado pelo Dec. 8.010/2013.)

II - transportador, se não identificado o importador; ou (Acrescentado pelo Dec. 8.010/2013.)

III - depositário, se o transportador ou o importador não cumprir a obrigação no prazo de trinta dias da determinação efetuada pela autoridade aduaneira. (Acrescentado pelo Dec. 8.010/2013.)

§ 4º Os procedimentos referidos neste artigo não prejudicam a aplicação do disposto no art. 636-A. (Acrescentado pelo Dec. 8.010/2013.)

ART. 575. O desembaraço aduaneiro fica condicionado ainda à informação do pagamento do adicional ao frete para renovação da marinha mercante, ou de sua isenção, pelo Ministério dos Transportes (Lei n. 10.893, de 2004, art. 12, *caput*, com a redação dada pela Lei n. 11.434, de 2006, art. 3º).

§ 1º O disposto no *caput* aplica-se também na hipótese de entrega de mercadoria antes do desembaraço aduaneiro (Lei n. 10.893, de 2004, art. 12, *caput*, com a redação dada pela Lei n. 11.434, de 2006, art. 3º).

§ 2º A informação referida neste artigo poderá ser prestada eletronicamente.

§ 3º O disposto neste artigo não se aplica aos casos de não incidência previstos no art. 18 da Lei n. 11.033, de 2004, e no art. 11 da Lei n. 11.482, de 2007 (Lei n. 11.033, de 2004, art. 18; e Lei n. 11.482, de 2007, art. 11).

ART. 576. Após o desembaraço aduaneiro, será autorizada a entrega da mercadoria ao importador, mediante a comprovação do pagamento do ICMS, salvo disposição em contrário (Decreto-Lei n. 37, de 1966, art. 51, com a redação dada pelo Decreto-Lei n. 2.472, de 1988, art. 2º; e Lei Complementar n. 87, de 1996, art. 12, inciso IX, com a redação dada pela Lei Complementar n. 114, de 16 de dezembro de 2002, art. 1º, e § 2º).

§ 1º Deverá ainda ser comprovado o pagamento a que se refere o *caput*, na hipótese de entrega de mercadoria antes do desembaraço aduaneiro, salvo disposição em contrário (Lei Complementar n. 87, de 1996, art. 12, § 3º, com a redação dada pela Lei Complementar n. 114, de 2002, art. 1º).

§ 2º A comprovação referida neste artigo poderá ser efetuada eletronicamente.

SEÇÃO VII
DO CANCELAMENTO DA DECLARAÇÃO DE IMPORTAÇÃO

ART. 577. A autoridade aduaneira poderá cancelar declaração de importação já registrada, de ofício ou a pedido do importador, observadas as condições estabelecidas em ato normativo da Secretaria da Receita Federal do Brasil (Norma Relativa ao Despacho Aduaneiro de Mercadorias, Artigo 32, item 1, aprovada pela Decisão CMC n. 50, de 2004, e internalizada pelo Decreto n. 6.870, de 2009). (Alterado pelo Dec. 7.213/2010.)

Parágrafo único. O cancelamento da declaração não exime o importador da responsabilidade por eventuais infrações (Norma Relativa ao Despacho Aduaneiro de Mercadorias, Artigo 32, item 2, aprovada pela Decisão CMC n. 50, de 2004, e internalizada pelo Decreto n. 6.870, de 2009). (Alterado pelo Dec. 7.213/2010.)

SEÇÃO VIII
DA SIMPLIFICAÇÃO E DA PRIORIZAÇÃO DO DESPACHO

▸ Alterado pelo Dec. 9.283/2018.

ART. 578. A Secretaria da Receita Federal do Brasil poderá estabelecer procedimentos para simplificação do despacho de importação (Decreto-Lei n. 37, de 1966, art. 52, *caput*, com a redação dada pelo Decreto-Lei n. 2.472, de 1988, art. 2º).

§ 1º Os procedimentos de que trata o *caput* poderão ser suspensos ou extintos, por conveniência administrativa (Decreto-Lei n. 37, de 1966, art. 52, parágrafo único, com a redação dada pelo Decreto-Lei n. 2.472, de 1988, art. 2º):

§ 2º Na hipótese de inobservância das regras estabelecidas para os procedimentos de que trata o *caput*, aplica-se o disposto no art. 735 (Decreto-Lei n. 37, de 1966, art. 52, parágrafo único, com a redação dada pelo Decreto-Lei n. 2.472, de 1988, art. 2º; e Lei n. 10.833, de 2003, art. 76).

ART. 579. A Secretaria da Receita Federal do Brasil poderá, em ato normativo, autorizar:

I - o início do despacho aduaneiro antes da chegada da mercadoria;

II - a entrega da mercadoria antes de iniciado o despacho; e

III - a adoção de faixas diferenciadas de procedimentos, em que a mercadoria possa ser entregue (Decreto-Lei n. 37, de 1966, art. 51, § 2º, com a redação dada pelo Decreto-Lei n. 2.472, de 1988, art. 2º):

a) antes da conferência aduaneira;

b) mediante conferência aduaneira feita parcialmente; ou

c) somente depois de concluída a conferência aduaneira de toda a carga.

Parágrafo único. As facilidades previstas nos incisos I e II não serão concedidas a pessoa inadimplente em relação a casos anteriores.

ART. 579-A Os processos de importação e de desembaraço aduaneiro de bens, insumos, reagentes, peças e componentes utilizados em pesquisa científica e tecnológica ou em projetos de inovação terão tratamento prioritário e procedimentos simplificados, conforme disciplinado em ato da Secretaria da Receita Federal do Brasil do Ministério da Fazenda e observado o disposto no art. 1º da Lei n. 8.010, de 29 de março de 1990, e nas alíneas "e" a "g" do inciso I do *caput* do art. 2º da Lei n. 8.032, de 12 de abril de 1990. (Acrescentado pelo Dec. 9.283/2018.)

§ 1º Os processos de importação e desembaraço aduaneiro de que trata o *caput* terão tratamento equivalente àquele previsto para mercadorias perecíveis. (Acrescentado pelo Dec. 9.283/2018.)

§ 2º Os órgãos da administração pública federal intervenientes na importação adotarão procedimentos de gestão de riscos com a participação das instituições de pesquisa científica e tecnológica, de modo a minimizar os controles durante os processos de importação e despacho aduaneiro, inclusive para os importadores pessoas físicas. (Acrescentado pelo Dec. 9.283/2018.)

§ 3º A fiscalização de condição de isenção tributária reconhecida na forma estabelecida no § 2º do art. 1º da Lei n. 8.010, de 1990, será efetuada prioritariamente em controle pós-despacho aduaneiro. (Acrescentado pelo Dec. 9.283/2018.)

CAPÍTULO II
DO DESPACHO DE EXPORTAÇÃO

SEÇÃO I
DAS DISPOSIÇÕES PRELIMINARES

ART. 580. Despacho de exportação é o procedimento mediante o qual é verificada a exatidão dos dados declarados pelo exportador em relação à mercadoria, aos documentos apresentados e à legislação específica, com vistas a seu desembaraço aduaneiro e a sua saída para o exterior.

ART. 581. Toda mercadoria destinada ao exterior, inclusive a reexportada, está sujeita a despacho de exportação, com as exceções estabelecidas na legislação específica.

Parágrafo único. A mercadoria a ser devolvida ao exterior antes de submetida a despacho de importação poderá ser dispensada do despacho de exportação, conforme disposto em ato editado pela Secretaria da Receita Federal do Brasil.

ART. 582. Será dispensada de despacho de exportação a saída, do País, de mala diplomática ou consular, observado o disposto no art. 547 (Convenção de Viena sobre Relações Diplomáticas, Artigo 27, promulgada pelo Decreto n. 56.435, de 1965, e Convenção de Viena sobre Relações Consulares, Artigo 35, promulgada pelo Decreto n. 61.078, de 1967).

ART. 583. O despacho de exportação de urna funerária será realizado em caráter prioritário e mediante rito sumário, antes de sua saída para o exterior, com base no respectivo conhecimento de carga ou em documento de efeito equivalente, observado, ainda, o disposto no parágrafo único do art. 548.

SEÇÃO II
DO REGISTRO DE EXPORTAÇÃO

ART. 584. O registro de exportação compreende o conjunto de informações de natureza comercial, financeira, cambial e fiscal que caracteriza a operação de exportação de uma mercadoria e define o seu enquadramento, devendo ser efetuado de acordo com o estabelecido pela Secretaria de Comércio Exterior.

ART. 585. O registro de exportação, no SISCOMEX, nos casos previstos pela Secretaria de Comércio Exterior, é requisito essencial para o despacho de exportação de mercadorias nacionais ou nacionalizadas, ou de reexportação.

SEÇÃO III
DA DECLARAÇÃO DE EXPORTAÇÃO

ART. 586. O documento base do despacho de exportação é a declaração de exportação.

Parágrafo único. A Secretaria da Receita Federal do Brasil poderá estabelecer diferentes tipos e formas de apresentação da declaração de exportação, apropriados à natureza dos despachos, ou a situações específicas em relação à mercadoria ou a seu tratamento tributário.

ART. 587. A retificação da declaração de exportação, mediante alteração das informações prestadas, ou a inclusão de outras, será feita pela autoridade aduaneira, de ofício ou a requerimento do exportador, na forma estabelecida pela Secretaria da Receita Federal do Brasil.

SEÇÃO IV
DA INSTRUÇÃO DA DECLARAÇÃO DE EXPORTAÇÃO

ART. 588. A declaração de exportação será instruída com:

I - a primeira via da nota fiscal;

II - a via original do conhecimento e do manifesto internacional de carga, nas exportações por via terrestre, fluvial ou lacustre; e

III - outros documentos exigidos na legislação específica.

Parágrafo único. Os documentos instrutivos da declaração de exportação serão entregues à autoridade aduaneira, na forma, no prazo e nas condições estabelecidos pela Secretaria da Receita Federal do Brasil.

SEÇÃO V
DA CONFERÊNCIA ADUANEIRA

ART. 589. A conferência aduaneira na exportação tem por finalidade identificar o

DECRETOS

exportador, verificar a mercadoria e a correção das informações relativas a sua natureza, classificação fiscal, quantificação e preço, e confirmar o cumprimento de todas as obrigações, fiscais e outras, exigíveis em razão da exportação.

Parágrafo único. A fim de determinar o tipo e a amplitude do controle a ser efetuado na conferência aduaneira, serão adotados canais de seleção (Norma Relativa ao Despacho Aduaneiro de Mercadorias, Artigos 64 e 65, aprovada pela Decisão CMC n. 50, de 2004, e internalizada pelo Decreto n. 6.870, de 2009). (Acrescentado pelo Dec. 8.010/2013.)

ART. 590. A verificação da mercadoria, no curso da conferência aduaneira ou em outra ocasião, será realizada por Auditor-Fiscal da Receita Federal do Brasil, ou sob a sua supervisão, por Analista-Tributário, na presença do viajante, do exportador ou de seus representantes (Decreto-Lei n. 37, de 1966, art. 50, *caput*, com a redação dada pela Lei n. 12.350, de 2010, art. 40).

§ 1º Na hipótese de mercadoria depositada em recinto alfandegado, a verificação poderá ser realizada na presença do depositário ou de seus prepostos, dispensada a exigência da presença do exportador (Decreto-Lei n. 37, de 1966, art. 50, § 1º, com a redação dada pela Lei n. 10.833, de 2003, art. 77).

§ 2º A verificação de bagagem ou de outra mercadoria que esteja sob a responsabilidade do transportador poderá ser realizada na presença deste ou de seus prepostos, dispensada a exigência da presença do viajante ou do exportador (Decreto-Lei n. 37, de 1966, art. 50, § 2º, com a redação dada pela Lei n. 10.833, de 2003, art. 77).

§ 3º Nas hipóteses dos §§ 1º e 2º, o depositário e o transportador, ou seus prepostos, representam o viajante ou o exportador, para efeitos de identificação, quantificação e descrição da mercadoria verificada (Decreto-Lei n. 37, de 1966, art. 50, § 3º, com a redação dada pela Lei n. 10.833, de 2003, art. 77).

SEÇÃO VI
DO DESEMBARAÇO ADUANEIRO E DA AVERBAÇÃO DO EMBARQUE

ART. 591. Desembaraço aduaneiro na exportação é o ato pelo qual é registrada a conclusão da conferência aduaneira, e autorizado o embarque ou a transposição de fronteira da mercadoria.

Parágrafo único. Constatada divergência ou infração que não impeça a saída da mercadoria do País, o desembaraço será realizado, sem prejuízo da formalização de exigências, desde que assegurados os meios de prova necessários.

ART. 592. A mercadoria a ser reexportada somente será desembaraçada após o pagamento das multas a que estiver sujeita (Decreto-Lei n. 37, de 1966, art. 71, § 6º, com a redação dada pelo Decreto-Lei n. 2.472, de 1988, art. 1º).

ART. 593. A averbação do embarque consiste na confirmação da saída da mercadoria do País.

SEÇÃO VII
DO CANCELAMENTO DA DECLARAÇÃO DE EXPORTAÇÃO

ART. 594. A autoridade aduaneira poderá cancelar declaração de exportação já registrada, de ofício ou a pedido do exportador, observadas as condições estabelecidas em ato normativo da Secretaria da Receita Federal do Brasil (Norma Relativa ao Despacho Aduaneiro de Mercadorias, Artigo 54, item 1, aprovada pela Decisão CMC n. 50, de 2004, e internalizada pelo Decreto n. 6.870, de 2009). (Alterado pelo Dec. 7.213/2010.)

Parágrafo único. O cancelamento da declaração não exime o exportador da responsabilidade por eventuais infrações (Norma Relativa ao Despacho Aduaneiro de Mercadorias, Artigo 54, item 2, aprovada pela Decisão CMC n. 50, de 2004, e internalizada pelo Decreto n. 6.870, de 2009). (Alterado pelo Dec. 7.213/2010.)

SEÇÃO VIII
DA SIMPLIFICAÇÃO DO DESPACHO

ART. 595. Poderá ser autorizado, em ato normativo da Secretaria da Receita Federal do Brasil (Decreto-Lei n. 37, de 1966, art. 52, *caput*, com a redação dada pelo Decreto-Lei n. 2.472, de 1988, art. 2º):

I - a adoção de procedimentos para simplificação do despacho de exportação; e

II - o embarque da mercadoria ou a sua saída do território aduaneiro antes do registro da declaração de exportação.

SEÇÃO IX
DAS DISPOSIÇÕES FINAIS

ART. 596. Aplicam-se ao despacho de exportação, no que couber, as normas estabelecidas para o despacho de importação (Decreto-Lei n. 1.578, de 1977, art. 8º).

CAPÍTULO III
DOS CASOS ESPECIAIS

SEÇÃO I
DOS ENTORPECENTES

ART. 597. Estão sujeitos a controle e fiscalização, na forma prevista neste artigo, observado o disposto na legislação específica, a importação, a exportação, a reexportação, o transporte, a distribuição, a transferência e a cessão de produtos químicos que possam ser utilizados como insumo na elaboração de substâncias entorpecentes, psicotrópicas ou que determinem dependência física ou psíquica (Lei n. 10.357, de 27 de dezembro de 2001, art. 1º, *caput*).

§ 1º Aplica-se o disposto neste artigo somente às substâncias entorpecentes, psicotrópicas ou que determinem dependência física ou psíquica, e que não estejam sob controle do órgão competente do Ministério da Saúde (Lei n. 10.357, de 2001, art. 1º, § 1º).

§ 2º As partes envolvidas nas operações a que se refere o *caput* deverão possuir licença de funcionamento, exceto quando se tratar de quantidades de produtos químicos inferiores aos limites a serem estabelecidos em portaria do Ministro de Estado da Justiça (Lei n. 10.357, de 2001, art. 6º).

§ 3º Para importar, exportar ou reexportar os produtos químicos sujeitos a controle e fiscalização, nos termos deste artigo, será necessária autorização prévia do Departamento de Polícia Federal, nos casos previstos em portaria do Ministro de Estado da Justiça, sem prejuízo do disposto no § 2º e dos procedimentos adotados pelos demais órgãos competentes (Lei n. 10.357, de 2001, art. 7º).

ART. 598. Para importar, exportar ou reexportar drogas, ou matéria-prima destinada à sua preparação, que estejam sob controle do órgão competente do Ministério da Saúde, é indispensável licença da autoridade competente (Lei n. 11.343, de 23 de agosto de 2006, art. 31).

Parágrafo único. Para os efeitos do *caput*, consideram-se como drogas as substâncias ou os produtos capazes de causar dependência, assim especificados em lei ou relacionados em listas atualizadas periodicamente pelo Poder Executivo (Lei n. 11.343, de 2006, art. 1º, parágrafo único).

SEÇÃO II
DO FUMO E DE SEUS SUCEDÂNEOS

ART. 599. A importação de cigarros classificados no código 2402.20.00 da Nomenclatura Comum do Mercosul será efetuada com observância do disposto nesta Seção, sem prejuízo de outras exigências, inclusive quanto à comercialização do produto, previstas em legislação específica (Lei n. 9.532, de 1997, art. 45).

Parágrafo único. A importação a que se refere o *caput* será efetuada exclusivamente por empresas que mantiverem registro especial na Secretaria da Receita Federal do Brasil (Decreto-Lei n. 1.593, de 21 de dezembro de 1977, art. 1º, *caput* e § 3º, com a redação dada pela Medida Provisória n. 2.158-35, de 2001, art. 32).

ART. 600. É vedada a importação de cigarros de marca que não seja comercializada no país de origem (Lei n. 9.532, de 1997, art. 46).

ART. 601. No desembaraço aduaneiro de cigarros importados do exterior deverão ser observados (Lei n. 9.532, de 1997, art. 50, *caput*):

I - se as vintenas importadas correspondem à marca comercial divulgada e se estão devidamente seladas, com a marcação no selo de controle do número de inscrição do importador no Cadastro Nacional da Pessoa Jurídica e do preço de venda a varejo;

II - se a quantidade de vintenas importadas corresponde à quantidade autorizada; e

III - se na embalagem dos produtos constam, em língua portuguesa, todas as informações exigidas para os produtos de fabricação nacional.

ART. 602. O Ministro de Estado da Fazenda estabelecerá medidas especiais de controle fiscal para o desembaraço aduaneiro, a circulação, a posse e o consumo de fumo, charuto, cigarrilha e cigarro de procedência estrangeira (Decreto-Lei n. 399, de 30 de dezembro de 1968, art. 2º).

ART. 603. Os cigarros destinados à exportação não poderão ser vendidos nem expostos à venda no País, sendo o fabricante obrigado a imprimir, tipograficamente ou por meio de etiqueta, nas embalagens de cada maço ou carteira de vinte unidades, bem como nos pacotes e em outros envoltórios que as contenham, em caracteres visíveis, o número do Cadastro Nacional da Pessoa Jurídica (Decreto-Lei n. 1.593, de 1977, art. 12, *caput*, com a redação dada pela Medida Provisória n. 2.158-35, de 2001, art. 32).

§ 1º As embalagens de apresentação dos cigarros destinados a países da América do Sul e da América Central, inclusive Caribe, deverão conter, sem prejuízo da exigência de que trata o *caput*, a expressão "Somente para exportação - proibida a venda no Brasil", admitida sua substituição por dizeres com exata correspondência em outro idioma (Decreto-Lei n. 1.593, de 1977, art. 12, § 1º, com a redação dada pela Medida Provisória n. 2.158-35, de 2001, art. 32).

§ 2º O disposto no § 1º também se aplica às embalagens destinadas a venda, para consumo ou revenda, em embarcações ou aeronaves em tráfego internacional, inclusive por meio de ship's chandler (Decreto-Lei n. 1.593, de 1977, art. 12, § 2º, com a redação dada pela Medida Provisória n. 2.158-35, de 2001, art. 32).

§ 3º As disposições relativas à rotulagem ou marcação de produtos previstas na legislação específica não se aplicam aos cigarros destinados à exportação (Decreto-Lei n. 1.593, de 1977, art. 12, § 3º, com a redação dada pela Medida Provisória n. 2.158-35, de 2001, art. 32).

§ 4º O disposto neste artigo não exclui as exigências referentes a selo de controle (Decreto-Lei n. 1.593, de 1977, art. 12, § 4º, com a redação dada pela Medida Provisória n. 2.158-35, de 2001, art. 32).

ART. 604. Ressalvadas as operações de aquisição no mercado interno realizadas pelas empresas comerciais exportadoras com o fim específico de exportação, a exportação do tabaco em folha só poderá ser feita pelas empresas registradas para a atividade de beneficiamento e acondicionamento por enfardamento, de acordo com a legislação específica, atendidas ainda as instruções expedidas pela Secretaria da Receita Federal do Brasil e pela Secretaria de Comércio Exterior (Decreto-Lei n. 1.593, de 1977, art. 9º).

SEÇÃO III
DOS PRODUTOS COM MARCA FALSIFICADA

ART. 605. Poderão ser retidos, de ofício ou a requerimento do interessado, pela autoridade aduaneira, no curso da conferência aduaneira, os produtos assinalados com marcas falsificadas, alteradas ou imitadas, ou que apresentem falsa indicação de procedência (Lei n. 9.279, de 14 de maio de 1996, art. 198).

ART. 606. Após a retenção de que trata o art. 605, a autoridade aduaneira notificará o titular dos direitos da marca para que, no prazo de dez dias úteis da ciência, promova, se for o caso, a correspondente queixa e solicite a apreensão judicial das mercadorias (Lei n. 9.279, de 1996, art. 199, e Acordo sobre Aspectos dos Direitos de Propriedade Intelectual Relacionados ao Comércio, Artigo 55, aprovado pelo Decreto Legislativo n. 30, de 1994, e promulgado pelo Decreto n. 1.355, de 1994).

§ 1º O titular dos direitos da marca poderá, em casos justificados, solicitar que seja prorrogado o prazo estabelecido no *caput* uma única vez, por igual período (Acordo sobre Aspectos dos Direitos de Propriedade Intelectual Relacionados ao Comércio, Artigo 55, aprovado pelo Decreto Legislativo n. 30, de 1994, e promulgado pelo Decreto n. 1.355, de 1994).

§ 2º No caso de falsificação, alteração ou imitação de armas, brasões ou distintivos oficiais nacionais, estrangeiros ou internacionais, sem a necessária autorização, a autoridade aduaneira promoverá a devida representação fiscal para fins penais, conforme modelo estabelecido pela Secretaria da Receita Federal do Brasil (Lei n. 9.279, de 1996, art. 191).

ART. 607. Se a autoridade aduaneira não tiver sido informada, no prazo a que se refere o art. 606, de que foram tomadas pelo titular da marca as medidas cabíveis para apreensão judicial das mercadorias, o despacho aduaneiro destas poderá ter prosseguimento, desde que cumpridas as demais condições para a importação ou exportação (Acordo sobre Aspectos dos Direitos de Propriedade Intelectual Relacionados ao Comércio, Artigo 55, aprovado pelo Decreto Legislativo n. 30, de 1994, e promulgado pelo Decreto n. 1.355, de 1994).

ART. 608. O titular da marca, tendo elementos suficientes para suspeitar que a importação ou a exportação de mercadorias com marca contrafeita venha a ocorrer, poderá requerer sua retenção à autoridade aduaneira, apresentando os elementos que apontem para a suspeita (Acordo sobre Aspectos dos Direitos de Propriedade Intelectual Relacionados ao Comércio, Artigos 51 e 52, aprovado pelo Decreto Legislativo n. 30, de 1994, e promulgado pelo Decreto n. 1.355, de 1994).

Parágrafo único. A autoridade aduaneira poderá exigir que o requerente apresente garantia, em valor suficiente para proteger o requerido e evitar abuso (Acordo sobre Aspectos dos Direitos de Propriedade Intelectual Relacionados ao Comércio, Artigo 53, parágrafo 1, aprovado pelo Decreto Legislativo n. 30, de 1994, e promulgado pelo Decreto n. 1.355, de 1994).

SEÇÃO IV
DOS FONOGRAMAS, DOS LIVROS E DAS OBRAS AUDIOVISUAIS

ART. 609. Os fonogramas, os livros e as obras audiovisuais, importados ou a exportar, deverão conter selos ou sinais de identificação, emitidos e fornecidos na forma da legislação específica, para atestar o cumprimento das normas legais referentes ao direito autoral (Lei n. 9.610, de 19 de fevereiro de 1998, art. 113).

ART. 610. Aplica-se, no que couber, às importações ou às exportações de mercadorias onde haja indício de violação ao direito autoral, o disposto nos arts. 606 a 608 (Acordo sobre Aspectos dos Direitos de Propriedade Intelectual Relacionados ao Comércio, Artigos 51, 52, 53, parágrafo 1, e 55, aprovado pelo Decreto Legislativo n. 30, de 1994, e promulgado pelo Decreto n. 1.355, de 1994).

SEÇÃO V
DOS BRINQUEDOS, DAS RÉPLICAS E DOS SIMULACROS DE ARMAS DE FOGO

ART. 611. É vedada a importação de brinquedos, réplicas e simulacros de armas de fogo, que com estas se possam confundir (Lei n. 10.826, de 22 de dezembro de 2003, art. 26, *caput*).

Parágrafo único. Excetuam-se da proibição referida no *caput* as réplicas e os simulacros destinados à instrução, ao adestramento, ou à coleção de usuário autorizado, nas condições fixadas pelo Comando do Exército(Lei n. 10.826, de 2003, art. 26, parágrafo único).

SEÇÃO VI
DOS BENS SENSÍVEIS

ART. 612. Dependerá de prévia autorização do Ministério da Ciência e Tecnologia a exportação de bem constante das listas de bens sensíveis (Lei n. 9.112, de 10 de outubro de 1995, art. 3º, inciso I; Lei n. 9.649, de 27 de maio de 1998, art. 14, inciso II, alínea "g", com a redação dada pela Medida Provisória n. 2.216-37, de 31 de agosto de 2001, art. 1º; e Lei n. 10.683, de 28 de maio de 2003, art. 27, inciso IV, alínea "g").

§ 1º Consideram-se bens sensíveis os bens de uso duplo e os bens de uso na área nuclear, química e biológica (Lei n. 9.112, de 1995, art. 1º, § 1º, com a redação dada pela Medida Provisória n. 2.216-37, de 2001, art. 15).

§ 2º Para os efeitos do § 1º, consideram-se (Lei n. 9.112, de 1995, art. 1º, § 1º, incisos II a IV):

I - bens de uso duplo, os de aplicação generalizada, desde que relevantes para aplicação bélica;

II - bens de uso na área nuclear, os materiais que contenham elementos de interesse para o desenvolvimento da energia nuclear, bem como as instalações e equipamentos utilizados para o seu desenvolvimento ou para as inúmeras aplicações pacíficas da energia nuclear; e

III - bens químicos ou biológicos, os que sejam relevantes para qualquer aplicação bélica e seus precursores.

§ 3º Os bens de que trata este artigo serão relacionados em listas de bens sensíveis, atualizadas periodicamente e publicadas no Diário Oficial (Lei n. 9.112, de 1995, art. 2º).

ART. 613. A importação e a exportação de materiais nucleares dependerá de autorização da Comissão Nacional de Energia Nuclear (Lei n. 6.189, de 16 de dezembro de 1974, art. 11).

ART. 614. A exportação de produtos que contenham elementos nucleares em coexistência com outros elementos ou substâncias de maior valor econômico dependerá de autorização da Comissão Nacional de Energia Nuclear (Lei n. 6.189, de 1974, art. 17).

SEÇÃO VII
DOS MEDICAMENTOS, DAS DROGAS, DOS INSUMOS FARMACÊUTICOS E CORRELATOS

ART. 615. A importação e a exportação de medicamentos, drogas, insumos farmacêuticos e correlatos, bem como produtos de higiene, cosméticos, perfumes, saneantes domissanitários, produtos destinados à correção estética e outros de natureza e finalidade semelhantes, será permitida apenas às empresas e estabelecimentos autorizados pelo Ministério da Saúde e licenciados pelo órgão sanitário competente (Lei n. 5.991, de 17 de dezembro de 1973, art. 21; e Lei n. 6.360, de 23 de setembro de 1976, arts. 1º e 2º).

Parágrafo único. Para os efeitos do *caput*, consideram-se como (Lei n. 5.991, de 1973, art. 4º, incisos I a IV; e Lei n. 6.360, de 1976, art. 3º, incisos I a VII e XII):

I - drogas, as substâncias ou matérias-primas que tenham a finalidade medicamentosa ou sanitária;

II - medicamentos, os produtos farmacêuticos, tecnicamente obtidos ou elaborados, com finalidades profilática, curativa, paliativa ou para fins de diagnóstico;

III - insumos farmacêuticos, as drogas ou matérias-primas aditivas ou complementares de qualquer natureza, destinadas a emprego em medicamentos, quando for o caso, e seus recipientes;

IV - correlatos, as substâncias, produtos, aparelhos ou acessórios não enquadrados nos conceitos dos incisos I a III, cujo uso ou aplicação esteja ligado à defesa e proteção da saúde individual ou coletiva, à higiene pessoal ou de ambientes, ou a fins diagnósticos e analíticos, os cosméticos e perfumes, e, ainda, os produtos dietéticos, óticos, de acústica médica, odontológicos e veterinários;

V - produtos dietéticos, os produtos tecnicamente elaborados para atender às necessidades dietéticas de pessoas em condições fisiológicas especiais;

VI - produtos de higiene, os produtos para uso externo, antissépticos ou não, destinados ao asseio ou à desinfecção corporal, compreendendo os sabonetes, xampus, dentifrícios, enxaguatórios bucais, antiperspirantes, desodorantes, produtos para barbear e após o barbear, estípticos e outros;

VII - cosméticos, os produtos para uso externo, destinados à proteção ou ao embelezamento das diferentes partes do corpo, tais como pós faciais, talcos, cremes de beleza, creme para as mãos e similares, máscaras faciais, loções de beleza, soluções leitosas, cremosas e adstringentes, loções para as mãos, bases de maquilagem e óleos cosméticos, ruges, blushes, batons, lápis labiais, preparados anti-solares, bronzeadores e simulatórios, rímeis, sombras, delineadores, tinturas capilares, agentes clareadores de cabelos, preparados para ondular e para alisar cabelos, fixadores de cabelos, laquês, brilhantinas e similares, loções capilares, depilatórios e epilatórios, preparados para unhas e outros;

VIII - perfumes, os produtos de composição aromática obtida à base de substâncias naturais ou sintéticas, que, em concentrações e veículos apropriados, tenham como principal finalidade a odorização de pessoas ou ambientes, incluídos os extratos, as águas perfumadas, os perfumes cremosos, preparados para banho e os odorizantes de ambientes, apresentados em forma líquida, geleificada, pastosa ou sólida;

IX - saneantes domissanitários, as substâncias ou preparações destinadas à higienização, desinfecção ou desinfestação domiciliar, em ambientes coletivos ou públicos, em lugares de uso comum e no tratamento da água, compreendendo:

a) inseticidas, destinados ao combate, à prevenção e ao controle dos insetos em habitações, recintos e lugares de uso público e suas cercanias;

b) raticidas, destinados ao combate a ratos, camundongos e outros roedores, em domicílios, embarcações, recintos e lugares de uso público, contendo substâncias ativas, isoladas ou em associação, que não ofereçam risco à vida ou à saúde do homem e dos animais úteis de sangue quente, quando aplicados em conformidade com as recomendações contidas em sua apresentação;

c) desinfetantes, destinados a destruir, indiscriminada ou seletivamente, microorganismos, quando aplicados em objetos inanimados ou ambientes; e

d) detergente, destinados a dissolver gorduras e à higiene de recipientes e vasilhas, e a aplicações de uso doméstico;

X - corantes, as substâncias adicionais aos medicamentos, produtos dietéticos, cosméticos, perfumes, produtos de higiene e similares, saneantes domissanitários e similares, com o efeito de lhes conferir cor e, em determinados tipos de cosméticos, transferi-la para a superfície cutânea e anexos da pele;

XI - nutrimentos, as substâncias constituintes dos alimentos de valor nutricional, incluindo proteínas, gorduras, hidratos de carbono, água, elementos minerais e vitaminas; e

XII - matérias-primas, as substâncias ativas ou inativas que se empregam na fabricação de medicamentos e de outros produtos abrangidos por este artigo, tanto as que permanecem inalteradas quanto as passíveis de sofrer modificações.

SEÇÃO VIII
DOS PRODUTOS CONTENDO ORGANISMOS GENETICAMENTE MODIFICADOS

ART. 616. Os organismos geneticamente modificados e seus derivados destinados a pesquisa ou a uso comercial só poderão ser importados ou exportados após autorização ou em observância às normas estabelecidas pela Comissão Técnica Nacional de Biossegurança ou pelos órgãos e entidades de registro e fiscalização (Lei n. 11.105, de 24 de março de 2005, arts. 14, inciso IX, art. 16, inciso III, e 29).

Parágrafo único. Para os efeitos do *caput*, consideram-se como (Lei n. 11.105, de 2005, art. 1º, §§ 1º e 2º):

I - atividade de pesquisa, a realizada em laboratório, regime de contenção ou campo, como parte do processo de obtenção de organismos geneticamente modificados e seus derivados ou de avaliação da biossegurança de organismos geneticamente modificados e seus derivados, o que engloba, no âmbito experimental, o transporte, a importação, a exportação e o armazenamento de organismos geneticamente modificados e seus derivados; e

II - atividade de uso comercial, a que não se enquadra como atividade de pesquisa, e que trata do transporte, da importação, da exportação e do armazenamento de organismos geneticamente modificados e seus derivados para fins comerciais.

SEÇÃO IX
DO BIODIESEL

ART. 617. A importação de biodiesel deve ser efetuada exclusivamente por pessoas jurídicas constituídas na forma de sociedade sob as leis brasileiras, com sede e administração no País, beneficiárias de autorização da Agência Nacional do Petróleo, Gás Natural e Biocombustíveis, e que mantenham Registro Especial na Secretaria da Receita Federal do Brasil (Lei n. 11.116, de 18 de maio de 2005, art. 1º, *caput*).

§ 1º Excepcionalmente, tratando-se de produtor de pequeno porte, poderá ser concedido registro provisório por período não superior a seis meses (Lei n. 11.116, de 2005, art. 1º, § 3º).

§ 2º É vedada a importação do biodiesel sem a concessão do Registro Especial (Lei n. 11.116, de 2005, art. 1º, § 1º).

§ 3º A Secretaria da Receita Federal do Brasil expedirá normas complementares relativas ao Registro Especial e ao cumprimento das exigências a que estão sujeitas as pessoas jurídicas, podendo, ainda, estabelecer(Lei n. 11.116, de 2005, art. 1º, § 2º):

I - obrigatoriedade de instalação de medidor de vazão do volume de biodiesel produzido;

II - valor mínimo de capital integralizado; e

III - condições quanto à idoneidade fiscal e financeira das empresas e de seus sócios ou diretores.

ART. 618. O registro especial de que trata o art. 617 poderá ser cancelado, a qualquer tempo, pela Secretaria da Receita Federal do Brasil se ocorrer, após a sua concessão, qualquer dos seguintes fatos (Lei n. 11.116, de 2005, art. 2º, *caput*):

I - desatendimento dos requisitos que condicionaram a sua concessão;

II - cancelamento da autorização expedida pela Agência Nacional do Petróleo, Gás Natural e Biocombustíveis;

III - não cumprimento de obrigação tributária principal ou acessória, relativa a tributo ou contribuição administrados pela Secretaria da Receita Federal do Brasil;

IV - utilização indevida do coeficiente de redução diferenciado de que trata o § 1º do art. 5º da Lei n. 11.116, de 2005; ou

V - prática de conluio ou fraude, como definidos na Lei n. 4.502, de 1964, ou de crime contra a ordem tributária, previsto na Lei n. 8.137, de 27 de dezembro de 1990, ou de qualquer outra infração cuja tipificação decorra do descumprimento de norma reguladora da produção, importação ou comercialização de biodiesel, após decisão transitada em julgado.

§ 1º Para os fins do disposto no inciso III, a Secretaria da Receita Federal do Brasil poderá estabelecer a periodicidade e a forma de comprovação do pagamento dos tributos e contribuições devidos, inclusive mediante a instituição de obrigação acessória destinada ao controle da importação e da apuração da base de cálculo (Lei n. 11.116, de 2005, art. 2º, § 1º).

§ 2º Do ato que cancelar o registro especial, caberá recurso ao Ministro de Estado da Fazenda, no prazo de dez dias, contados da data de ciência ao interessado (Lei n. 9.784, de 1999, art. 59; e Lei n. 11.116, de 2005, art. 2º, § 2º).

SEÇÃO IX-A
DO GÁS NATURAL

‣ (Acrescentado pelo Dec. 7.213/2010.)

ART. 618-A. Qualquer empresa ou consórcio de empresas, desde que constituídos sob as leis brasileiras, com sede e administração no País, poderão receber autorização do Ministério de Minas e Energia para exercer as atividades de importação e exportação de gás natural (Lei n. 11.909, de 4 de março de 2009, art. 36, *caput*). (Acrescentado pelo Dec. 7.213/2010.)

Parágrafo único. O exercício das atividades de importação e exportação de gás natural observará as diretrizes estabelecidas pelo Conselho Nacional de Política Energética (Lei n. 11.909, de 2009, art. 36, parágrafo único). (Acrescentado pelo Dec. 7.213/2010.)

SEÇÃO X
DOS AGROTÓXICOS E DOS SEUS COMPONENTES E AFINS

ART. 619. Os agrotóxicos, seus componentes e afins só poderão ser importados ou exportados se previamente registrados em órgão federal, de acordo com as diretrizes e as exigências dos órgãos federais responsáveis pelos setores da saúde, do meio ambiente e da agricultura (Lei n. 7.802, de 11 de julho de 1989, art. 3º, *caput*).

Parágrafo único. Para os efeitos do *caput*, consideram-se (Lei n. 7.802, de 1989, art. 2º):

I - agrotóxicos e afins:

a) os produtos e os agentes de processos físicos, químicos ou biológicos, destinados ao uso nos setores de produção, no armazenamento e no beneficiamento de produtos agrícolas, nas pastagens, na proteção de florestas, nativas ou implantadas, e de outros ecossistemas e também de ambientes urbanos, hídricos e industriais, cuja finalidade seja alterar a composição da flora ou da fauna, a fim de preservá-las da ação danosa de seres vivos considerados nocivos;

b) substâncias e produtos, empregados como desfolhantes, dessecantes, estimuladores e inibidores de crescimento; e

II - componentes, os princípios ativos, os produtos técnicos, suas matérias-primas, os ingredientes inertes e aditivos usados na fabricação de agrotóxicos e afins.

ART. 619-A. É proibida a importação, a exportação e o armazenamento de diclorodifeniltricloretano (DDT) (Lei n. 11.936, de 14 de maio de 2009, art. 1º). (Acrescentado pelo Dec. 7.213/2010.)

SEÇÃO XI
DOS ANIMAIS E DOS SEUS PRODUTOS

ART. 620. Nenhuma espécie animal da fauna silvestre, assim considerada os animais de quaisquer espécies, em qualquer fase do seu desenvolvimento e que vivem naturalmente fora do cativeiro, poderá ser introduzida no País sem parecer técnico e licença expedida pelo Ministério do Meio Ambiente (Lei n. 5.197, de 3 de janeiro de 1967, arts. 1º, *caput*, e 4º).

ART. 621. É proibida a exportação de peles e couros de anfíbios e répteis, em bruto (Lei n. 5.197, de 1967, art. 18).

ART. 622. O transporte para o exterior, de animais silvestres, lepidópteros, e outros insetos e seus produtos, depende de guia de trânsito, fornecida pelo Ministério do Meio Ambiente (Lei n. 5.197, de 1967, art. 19, *caput*).

Parágrafo único. É dispensado dessa exigência o material consignado a instituições científicas oficiais (Lei n. 5.197, de 1967, art. 19, parágrafo único).

SUBSEÇÃO I
DAS ESPÉCIES AQUÁTICAS

ART. 623. A importação de espécies aquáticas para fins ornamentais e de aquicultura, em qualquer fase do ciclo vital, dependerá de permissão do órgão competente (Lei n. 11.959, de 29 de junho de 2009, art. 25, inciso II). (Alterado pelo Dec. 7.213/2010.)

SUBSEÇÃO II
DOS EQUÍDEOS

ART. 624. É proibida a exportação de cavalos importados para fins de reprodução, salvo quando tiverem permanecido no País, como reprodutores, durante o prazo mínimo de três anos consecutivos (Lei n. 7.291, de 19 de dezembro de 1984, art. 20, § 1º).

ART. 625. Os equídeos importados, em caráter temporário, para participação em competições turfísticas, de hipismo e polo, exposições e feiras, e espetáculos circenses, deixarão o País no prazo máximo de sessenta dias, contados do término do respectivo evento, sendo facultada sua permanência definitiva, mediante processo regular de importação (Lei n. 7.291, de 1984, art. 20, § 2º).

SEÇÃO XII
DOS OBJETOS DE INTERESSE ARQUEOLÓGICO OU PRÉ-HISTÓRICO, NUMISMÁTICO OU ARTÍSTICO

ART. 626. Nenhum objeto que apresente interesse arqueológico ou pré-histórico, numismático ou artístico poderá ser transferido para o exterior, sem licença expressa do Instituto do Patrimônio Histórico e Artístico Nacional (Lei n. 3.924, de 26 de julho de 1961, art. 20).

ART. 627. A inobservância do previsto no art. 626 implicará apreensão sumária do objeto a ser transferido, sem prejuízo das demais penalidades a que estiver sujeito o responsável (Lei n. 3.924, de 1961, art. 21, *caput*).

Parágrafo único. O objeto apreendido, de que trata o *caput*, será entregue ao Instituto do Patrimônio Histórico e Artístico Nacional (Lei n. 3.924, de 1961, art. 21, parágrafo único).

SEÇÃO XIII
DAS OBRAS DE ARTE E OFÍCIOS PRODUZIDOS NO PAÍS, ATÉ O FIM DO PERÍODO MONÁRQUICO

ART. 628. É proibida a saída do País, ressalvados os casos de autorização excepcional pelo Ministério da Cultura, de (Lei n. 4.845, de 19 de novembro de 1965, arts. 1º a 4º):

I - quaisquer obras de artes e ofícios tradicionais, produzidos no Brasil até o fim do período monárquico, abrangendo não só pinturas, desenhos, esculturas, gravuras e elementos de arquitetura, como também obras de talha, imaginária, ourivesaria, mobiliário e outras modalidades;

II - obras da mesma espécie das referidas no inciso I, oriundas de Portugal e incorporadas ao meio nacional durante os regimes colonial e imperial; e

III - obras de pintura, escultura e artes gráficas que, embora produzidas no estrangeiro no decurso do período mencionado nos incisos I e II, representem personalidades brasileiras ou relacionadas com a História do Brasil, bem como paisagens e costumes do País.

ART. 629. A tentativa de exportação de quaisquer obras e objetos de que trata o art. 628 será punida com a apreensão dos bens pela autoridade aduaneira, em nome da União (Lei n. 4.845, de 1965, art. 5º).

Parágrafo único. A destinação dos bens apreendidos será feita em proveito de museus no País (Lei n. 4.845, de 1965, art. 5º).

ART. 630. Se ocorrer dúvida sobre a identidade das obras e objetos, a respectiva autenticação será feita por peritos designados pelas chefias dos serviços competentes da União, ou dos Estados se faltarem no local da ocorrência representantes dos serviços federais (Lei n. 4.845, de 1965, art. 6º).

SEÇÃO XIV
DOS LIVROS ANTIGOS E CONJUNTOS BIBLIOGRÁFICOS BRASILEIROS

ART. 631. É proibida a saída do País, ressalvados os casos autorizados pelo Ministério da Cultura, de (Lei n. 5.471, de 9 de julho de 1968, arts. 1º, parágrafo único, alíneas "a" e "b", e 2º):

I - bibliotecas e acervos documentais constituídos de obras brasileiras ou sobre o Brasil, editadas nos séculos XVI a XIX;

II - obras e documentos compreendidos no inciso I, que, por desmembramento dos conjuntos bibliográficos, ou isoladamente, hajam sido vendidos; e

III - coleções de periódicos que já tenham sido publicados há mais de dez anos, bem como quaisquer originais e cópias antigas de partituras musicais.

ART. 632. A infringência do disposto no art. 631 será punida com a apreensão dos bens (Lei n. 5.471, de 1968, art. 3º, *caput*).

Parágrafo único. A destinação dos bens apreendidos será feita em proveito do patrimônio público, após a manifestação do Ministério da Cultura (Lei n. 5.471, de 1968, art. 3º, parágrafo único).

SEÇÃO XV
DOS DIAMANTES BRUTOS

ART. 633. A importação e a exportação de diamantes brutos dependem de apresentação do Certificado do Processo de Kimberley, em conformidade com as exigências estabelecidas no Processo de Kimberley (Lei n. 10.743, de 9 de outubro de 2003, arts. 1º, *caput*, 6º, *caput*, e 7º).

§ 1º Para os efeitos desta Seção, consideram-se diamantes brutos aqueles classificados nas subposições 7102.10, 7102.21 e 7102.31 do Sistema Harmonizado de Designação e de Codificação de Mercadorias (Lei n. 10.743, de 2003, art. 2º, parágrafo único).

§ 2º Denomina-se Processo de Kimberley todas as atividades internacionais relacionadas à certificação de origem de diamantes brutos (Lei n. 10.743, de 2003, art. 1º, § 1º).

ART. 634. São proibidas as atividades de importação e exportação de diamantes brutos originários de países não participantes do Processo de Kimberley (Lei n. 10.743, de 2003, art. 3º, *caput*).

Parágrafo único. O Ministério do Desenvolvimento, Indústria e Comércio Exterior publicará, periodicamente, a relação dos países participantes do Processo de Kimberley (Lei n. 10.743, de 2003, art. 3º, parágrafo único).

ART. 635. Na exportação de diamantes brutos produzidos no País, a emissão do Certificado do Processo de Kimberley compete ao Departamento Nacional de Produção Mineral (Lei n. 10.743, de 2003, art. 6º, § 1º).

Parágrafo único. A Secretaria da Receita Federal do Brasil emitirá o Certificado do Processo de Kimberley em substituição ao certificado original, transcrevendo os dados do certificado substituído, se necessária a abertura de invólucro contendo os diamantes a serem exportados (Lei n. 10.743, de 2003, art. 6º, § 2º).

ART. 636. Compete à Secretaria da Receita Federal do Brasil examinar e manusear os lotes de diamantes brutos submetidos a despacho aduaneiro, com vistas a verificar sua conformidade com o conteúdo do Certificado do Processo de Kimberley (Lei n. 10.743, de 2003, art. 8º).

SEÇÃO XV-A
DOS RESÍDUOS SÓLIDOS E REJEITOS

▸ (Acrescentado pelo Dec. 8.010/2013.)

ART. 636-A. É proibida a importação de resíduos sólidos perigosos e rejeitos, bem como de resíduos sólidos cujas características causem dano ao meio ambiente, à saúde pública e animal ou à sanidade vegetal, ainda que para tratamento, reforma, reuso, reutilização ou recuperação (Lei n. 12.305, de 2 de agosto de 2010, art. 49). (Acrescentado pelo Dec. 8.010/2013.)

§ 1º Para os efeitos deste artigo, entende-se por: (Acrescentado pelo Dec. 8.010/2013.)

I - resíduos sólidos - material, substância, objeto ou bem descartado resultante de atividades humanas em sociedade, a cuja destinação final se procede, se propõe proceder ou se está obrigado a proceder, nos estados sólido ou semissólido, bem como gases contidos em recipientes e líquidos cujas particularidades tornem inviável o seu lançamento na rede pública de esgotos ou em corpos d'água, ou exijam para isso soluções técnica ou economicamente inviáveis em face da melhor tecnologia disponível (Lei n. 12.305, de 2010, art. 3º, *caput*, inciso XVI); e (Acrescentado pelo Dec. 8.010/2013.)

II - rejeitos - resíduos sólidos que, depois de esgotadas todas as possibilidades de tratamento e recuperação por processos tecnológicos disponíveis e economicamente viáveis, não apresentem outra possibilidade que não a disposição final ambientalmente adequada (Lei n. 12.305, de 2010, art. 3º, *caput*, inciso XV). (Acrescentado pelo Dec. 8.010/2013.)

§ 2º Na devolução ao exterior de resíduos ou rejeitos deve-se observar, no que couber, o disposto na Convenção da Basileia sobre o controle de movimentos transfronteiriços de resíduos perigosos e seu depósito, aprovada pelo Decreto Legislativo n. 34, de 16 de junho de 1992, e promulgada pelo Decreto n. 875, de 19 de julho de 1993. (Acrescentado pelo Dec. 8.010/2013.)

SEÇÃO XVI
DAS DISPOSIÇÕES FINAIS

ART. 637. A Secretaria da Receita Federal do Brasil poderá estabelecer, em ato normativo específico, a obrigatoriedade do registro especial a que se refere o parágrafo único do art. 599 na importação de outros produtos (Decreto-Lei n. 1.593, de 1977, art. 1º, § 6º, com a redação dada pela Medida Provisória n. 2.158-35, de 2001, art. 32).

CAPÍTULO IV
DA REVISÃO ADUANEIRA

ART. 638. Revisão aduaneira é o ato pelo qual é apurada, após o desembaraço aduaneiro, a regularidade do pagamento dos impostos e dos demais gravames devidos à Fazenda Nacional, da aplicação de benefício fiscal e da exatidão das informações prestadas pelo importador na declaração de importação, ou pelo exportador na declaração de exportação (Decreto-Lei n. 37, de 1966, art. 54, com a redação dada pelo Decreto-Lei n. 2.472, de 1988, art. 2º; e Decreto-Lei n. 1.578, de 1977, art. 8º).

§ 1º Para a constituição do crédito tributário, apurado na revisão, a autoridade aduaneira deverá observar os prazos referidos nos arts. 752 e 753.

§ 2º A revisão aduaneira deverá estar concluída no prazo de cinco anos, contados da data:

I - do registro da declaração de importação correspondente (Decreto-Lei n. 37, de 1966, art. 54, com a redação dada pelo Decreto-Lei n. 2.472, de 1988, art. 2º); e

II - do registro de exportação.

§ 3º Considera-se concluída a revisão aduaneira na data da ciência, ao interessado, da exigência do crédito tributário apurado.

TÍTULO II
DAS NORMAS ESPECIAIS

CAPÍTULO I
DA MERCADORIA PROVENIENTE DE NAUFRÁGIO E DE OUTROS ACIDENTES

ART. 639. Deverá ser encaminhada à unidade da Secretaria da Receita Federal do Brasil mais próxima a mercadoria transportada por veículo em viagem internacional que seja (Decreto-Lei n. 37, de 1966, art. 55, *caput* e §§ 1º e 2º):

I - lançada às costas e praias interiores, por força de naufrágio de embarcações ou de medida de segurança de sua navegação, ou recolhida em águas territoriais;

II - lançada ao solo ou às águas territoriais por aeronaves, ou nestas recolhida, em virtude de sinistro ou pouso de emergência; e

III - encontrada no território aduaneiro, em decorrência de eventos semelhantes aos referidos nos incisos I e II, ocorridos no transporte terrestre.

§ 1º O disposto no *caput* aplica-se ainda à mercadoria transportada por veículo em viagem nacional, sob o regime especial de trânsito aduaneiro (Decreto-Lei n. 37, de 1966, art. 55, § 2º).

§ 2º As ocorrências referidas neste artigo, independentemente da entrega da mercadoria, deverão ser comunicadas a qualquer unidade da Secretaria da Receita Federal do Brasil por pessoa que delas tome conhecimento.

ART. 640. O titular da unidade da Secretaria da Receita Federal do Brasil notificará o interessado para, no prazo de sessenta dias, promover o despacho da mercadoria, fazendo prova de propriedade ou de posse, sob pena de ser considerada abandonada (Decreto-Lei n. 37, de 1966, art. 56, *caput*).

Parágrafo único. A questão suscitada quanto à entrega dos salvados só produzirá efeito para modificar a figura do abandono se proposta perante a autoridade judicial (Decreto-Lei n. 37, de 1966, art. 56, parágrafo único).

ART. 641. A pessoa que entregar à unidade da Secretaria da Receita Federal do Brasil mercadoria nas condições deste Capítulo terá direito a uma gratificação equivalente a dez por cento do valor da venda em hasta pública (Decreto-Lei n. 37, de 1966, art. 57).

CAPÍTULO II
DO ABANDONO DE MERCADORIA OU DE VEÍCULO

ART. 642. Considera-se abandonada a mercadoria que permanecer em recinto alfandegado sem que o seu despacho de importação seja iniciado no decurso dos seguintes prazos (Decreto-Lei n. 1.455, de 1976, art. 23, incisos II e III):

I - noventa dias:

a) da sua descarga; e

b) do recebimento do aviso de chegada da remessa postal internacional sujeita ao regime de importação comum;

II - quarenta e cinco dias:

a) após esgotar-se o prazo de sua permanência em regime de entreposto aduaneiro;

b) após esgotar-se o prazo de sua permanência em recinto alfandegado de zona secundária; e

c) da sua chegada ao País, trazida do exterior como bagagem, acompanhada ou desacompanhada; e

III - sessenta dias da notificação a que se refere o art. 640.

§ 1º Considera-se também abandonada a mercadoria que permaneça em recinto alfandegado, e cujo despacho de importação:

I - não seja iniciado ou retomado no prazo de trinta dias da ciência (Decreto-Lei n. 1.455, de 1976, art. 23, inciso II; e Lei n. 9.779, de 1999, art. 18, *caput*):

a) da relevação da pena de perdimento aplicada; ou

b) do reconhecimento do direito de iniciar ou de retomar o despacho; ou

II - tenha seu curso interrompido durante sessenta dias, por ação ou por omissão do importador (Decreto-Lei n. 1.455, de 1976, art. 23, inciso II, alínea "b").

§ 2º O prazo a que se refere a alínea "b" do inciso II do *caput* é de setenta e cinco dias, contados da data de entrada da mercadoria no recinto.

§ 3º Na hipótese em que a mercadoria a que se refere a alínea "c" do inciso II do *caput* que não se enquadre no conceito de bagagem, aplicam-se os prazos referidos na alínea "a" do inciso I do *caput* ou na alínea "b" do inciso II do *caput*, conforme o caso.

§ 4º No caso de bagagem de viajante saindo da Zona Franca de Manaus para qualquer outro ponto do território aduaneiro, o prazo estabelecido na alínea "c" do inciso II do *caput* será contado da data de embarque do viajante.

§ 5º (Revogado pelo Dec. 7.213/2010.)

ART. 643. Nas hipóteses a que se refere o art. 642, o importador, antes de aplicada a pena de perdimento, poderá iniciar o respectivo despacho de importação, mediante o cumprimento das formalidades exigíveis e o pagamento dos tributos incidentes na importação, acrescidos de juros e de multa de mora, e das despesas decorrentes da permanência da mercadoria em recinto alfandegado (Lei n. 9.779, de 1999, art. 18, *caput*).

Parágrafo único. A Secretaria da Receita Federal do Brasil expedirá os atos necessários à aplicação do disposto no *caput* (Lei n. 9.779, de 1999, art. 20).

ART. 644. Serão declarados abandonados os bens que permanecerem em recinto alfandegado sem que o seu despacho de importação seja iniciado em noventa dias:

I - da descarga, quando importados por órgãos da administração pública direta, de qualquer nível, ou suas autarquias, missões diplomáticas, repartições consulares ou representações de organismos internacionais, ou por seus funcionários, peritos, técnicos e consultores, estrangeiros; ou (Alterado pelo Dec. 8.010/2013.)

II - do recebimento do aviso de chegada da remessa postal sujeita ao regime de tributação simplificada, quando caída em refugo e com instruções do remetente de não devolução ao exterior.

§ 1º Serão também declarados abandonados os bens:

I - adquiridos em licitação e que não forem retirados no prazo de trinta dias da data de sua aquisição; (Alterado pelo Dec. 7.213/2010.)

II - ingressados no recinto alfandegado, ao amparo do regime de que trata o art. 102-A, decorrido o prazo de trinta dias (Lei n. 11.898, de 2009, art. 8º, § 3º): (Acrescentado pelo Dec. 7.213/2010.)

a) de sua permanência no recinto, sem que tenha sido iniciado o respectivo despacho aduaneiro; ou (Acrescentado pelo Dec. 7.213/2010.)

b) da interrupção do curso do despacho, por ação ou por omissão do habilitado; ou (Acrescentado pelo Dec. 7.213/2010.)

III - na hipótese a que se refere o § 10 do art. 367, se não for efetuado o pagamento da multa exigida no prazo de trinta dias da interrupção do curso do despacho de reexportação. (Alterado pelo Dec. 7.213/2010.)

§ 2º Tratando-se de importação realizada por órgãos da administração pública direta, de qualquer nível, ou suas autarquias, se não for promovido o despacho de importação, nos termos do art. 546, ou se ocorrer a interrupção deste por mais de sessenta dias, a autoridade aduaneira (Decreto-Lei n. 1.455, de 1976, art. 34, § 3º): (Alterado pelo Dec. 7.213/2010.)

§ 2º-A. O disposto no § 2º não impede a destinação de mercadorias perecíveis, em conformidade com o estabelecido em ato do Ministro de Estado da Fazenda. (Acrescentado pelo Dec. 7.213/2010.)

§ 3º A remessa postal sujeita ao regime de tributação simplificada, caída em refugo, na forma da legislação específica, e sem instruções do remetente, será devolvida à origem pela administração postal.

§ 4º As hipóteses de abandono referidas neste artigo não configuram dano ao Erário, e sujeitam-se tão-somente a declaração de abandono por parte da autoridade aduaneira.

§ 5º O Ministro de Estado da Fazenda regulará o processo de declaração de abandono dos bens a que se refere este artigo.

ART. 645. Nas hipóteses do art. 644, enquanto não consumada a destinação, a mercadoria poderá ser despachada ou desembaraçada, desde que indenizada previamente a Fazenda Nacional pelas despesas realizadas. (Alterado pelo Dec. 8.010/2013.)

Parágrafo único. O disposto no *caput* não se aplica na hipótese referida no inciso II do § 1º do art. 644 (Lei n. 11.898, de 2009, art. 16). (Acrescentado pelo Dec. 7.213/2010.)

ART. 646. (Revogado pelo Dec. 8.010/2013.)

ART. 647. Decorridos os prazos previstos nos arts. 642 e 644, sem que tenha sido iniciado o despacho de importação, o depositário fará, em cinco dias, comunicação à unidade da Secretaria da Receita Federal do Brasil com jurisdição sobre o recinto alfandegado, relacionando as mercadorias e mencionando todos os elementos necessários à identificação dos volumes e do veículo transportador (Decreto-Lei n. 1.455, de 1976, art. 31, *caput*).

§ 1º Feita a comunicação dentro do prazo previsto, a Secretaria da Receita Federal do Brasil, com os recursos provenientes do Fundo Especial de Desenvolvimento e Aperfeiçoamento das Atividades de Fiscalização, efetuará o pagamento, ao depositário, da tarifa de armazenagem devida até a data em que retirar a mercadoria (Decreto-Lei n. 1.455, de 1976, art. 31, § 1º).

§ 2º Caso a comunicação não seja efetuada no prazo estipulado, somente será paga pela Secretaria da Receita Federal do Brasil a armazenagem devida até o término do referido prazo, ainda que a mercadoria venha a ser posteriormente alienada (Decreto-Lei n. 1.455, de 1976, art. 31, § 2º).

ART. 648. Considera-se abandonado o veículo, de passageiro ou de carga, em viagem doméstica ou internacional, quando não houver sido recolhida a multa prevista no art. 731, decorrido o prazo de quarenta e cinco dias de sua aplicação ou da ciência da decisão que julgou improcedente a impugnação (Lei n. 10.833, de 2003, art. 75, § 4º).

CAPÍTULO III
DA AVARIA, DO EXTRAVIO E DO ACRÉSCIMO

SEÇÃO I
DAS DISPOSIÇÕES GERAIS

ART. 649. Para os fins deste Decreto, considera-se (Decreto-Lei n. 37, de 1966, art. 60, *caput*, com a redação dada pela Lei n. 12.350, de 2010, art. 40): (Alterado pelo Dec. 8.010/2013.)

I - avaria, qualquer prejuízo que sofrer a mercadoria ou o seu envoltório;

II - extravio - toda e qualquer falta de mercadoria, ressalvados os casos de erro inequívoco ou comprovado de expedição; e (Alterado pelo Dec. 8.010/2013.)

III - acréscimo, qualquer excesso de volume ou de mercadoria, em relação à quantidade registrada em manifesto ou em declaração de efeito equivalente.

Parágrafo único. Será considerada total a avaria que acarrete a descaracterização da mercadoria.

SEÇÃO II
DA VISTORIA ADUANEIRA

ARTS. 650. a **657.** (Revogados pelo Dec. 8.010/2013.)

SEÇÃO III
DA CONFERÊNCIA FINAL DO MANIFESTO DE CARGA

ART. 658. A conferência final do manifesto de carga destina-se a constatar extravio ou acréscimo de volume ou de mercadoria entrada no território aduaneiro, mediante confronto do manifesto com os registros, informatizados ou não, de descarga ou armazenamento (Decreto-Lei n. 37, de 1966, art. 39, § 1º). (Alterado pelo Dec. 8.010/2013.)

ART. 659. No caso de mercadoria a granel transportada por via marítima, em viagem única, e destinada a mais de um porto no País, a conferência final de manifesto deverá ser realizada na unidade da Secretaria da Receita Federal do Brasil com jurisdição sobre o último porto de descarga, considerando-se todas as descargas efetuadas.

SEÇÃO IV
DA RESPONSABILIDADE FISCAL PELO EXTRAVIO

‣ (Alterado pelo Dec. 8.010/2013.)

ART. 660. Os créditos relativos aos tributos e direitos correspondentes às mercadorias extraviadas na importação, inclusive multas, serão exigidos do responsável por meio de lançamento de ofício, formalizado em auto de infração, observado o disposto no Decreto n. 70.235, de 1972 (Decreto-Lei n. 37, de 1966, art. 60, § 1º, com a redação dada pela Lei n. 12.350, de 2010, art. 40). (Alterado pelo Dec. 8.010/2013.)

§ 1º Para os efeitos do disposto no *caput*, considera-se responsável (Decreto-Lei n. 37, de 1966, art. 60, § 2º, com a redação dada pela Lei n. 12.350, de 2010, art. 40): (Acrescentado pelo Dec. 8.010/2013.)

I - o transportador, quando constatado o extravio até a conclusão da descarga da mercadoria no local ou recinto alfandegado, observado o disposto no art. 661; ou (Acrescentado pelo Dec. 8.010/2013.)

II - o depositário, quando o extravio for constatado em mercadoria sob sua custódia, em momento posterior ao referido no inciso I. (Acrescentado pelo Dec. 8.010/2013.)

§ 2º Fica dispensado o lançamento de ofício de que trata o *caput* na hipótese de o importador ou de o responsável assumir espontaneamente o pagamento dos créditos (Decreto-Lei n. 37, de 1966, art. 60, § 3º, com a redação dada pela Lei n. 12.350, de 2010, art. 40). (Acrescentado pelo Dec. 8.010/2013.)

ART. 661. Para efeitos fiscais, é responsável o transportador quando (Decreto-Lei n. 37, de 1966, art. 41): (Alterado pelo Dec. 8.010/2013.)

I - constatado que houve, após o embarque, substituição de mercadoria; (Alterado pelo Dec. 8.010/2013.)

II - houver extravio de mercadoria em volume descarregado com indícios de violação; ou (Alterado pelo Dec. 8.010/2013.)

III - o volume for descarregado com peso ou dimensão inferior ao constante no conhecimento de carga, no manifesto ou em documento de efeito equivalente. (Alterado pelo Dec. 8.010/2013.)

ART. 662. Para efeitos fiscais, o depositário responde por extravio de mercadoria sob sua custódia.(Alterado pelo Dec. 8.010/2013.)

Parágrafo único. Presume-se a responsabilidade do depositário no caso de volumes recebidos sem ressalva ou sem protesto.

ART. 663. Para efeitos fiscais, as entidades da administração pública indireta e as empresas concessionárias ou permissionárias de serviço público, quando depositárias ou transportadoras, respondem por extravio de mercadoria sob sua custódia. (Alterado pelo Dec. 8.010/2013.)

ART. 664. A responsabilidade a que se refere o art. 660 pode ser excluída nas hipóteses de caso fortuito ou força maior. (Alterado pelo Dec. 8.010/2013.)

Parágrafo único. Para os fins de que trata o *caput*, os protestos formados a bordo de navio ou de aeronave somente produzirão efeito se ratificados pela autoridade judiciária competente. (Acrescentado pelo Dec. 8.010/2013.)

SEÇÃO V
DO CÁLCULO DOS TRIBUTOS

ART. 665. Observado o disposto na alínea "c" do inciso II do art. 73, o valor do imposto de importação referente a mercadoria avariada ou extraviada será calculado à vista do manifesto ou dos documentos de importação (Decreto-Lei n. 37, de 1966, art. 112, *caput*).

§ 1º Se os dados do manifesto ou dos documentos de importação forem insuficientes, o cálculo terá por base o valor de mercadoria contida em volume idêntico, da mesma partida (Decreto-Lei n. 37, de 1966, art. 112, *caput*).

§ 2º Se, pela imprecisão dos dados, a mercadoria puder ser classificada em mais de um código da Nomenclatura Comum do Mercosul, será adotado o de alíquota mais elevada (Decreto-Lei n. 37, de 1966, art. 112, parágrafo único).

§ 3º No cálculo de que trata este artigo, não será considerada isenção ou redução de imposto que beneficie a mercadoria extraviada. (Alterado pelo Dec. 8.010/2013.)

ART. 666. Observado o disposto no § 1º do art. 238 e no inciso II do art. 252, o valor do Imposto sobre Produtos Industrializados, da contribuição para o PIS/PASEP-Importação e da COFINS-Importação será calculado com base nos arts. 239 e 253.

CAPÍTULO IV
DAS MERCADORIAS PRESUMIDAS IDÊNTICAS

ART. 667. As mercadorias descritas de forma semelhante em diferentes declarações aduaneiras do mesmo contribuinte, salvo prova em contrário, são presumidas idênticas para fins de determinação do tratamento tributário ou aduaneiro (Lei n. 10.833, de 2003, art. 68, *caput*).

Parágrafo único. Para efeito do disposto no *caput*, a identificação das mercadorias poderá ser realizada, no curso do despacho aduaneiro ou em outro momento, com base em documentos, inclusive obtidos junto a clientes ou fornecedores, ou no processo produtivo em que tenham sido ou venham a ser utilizadas (Lei n. 10.833, de 2003, art. 68, parágrafo único).

CAPÍTULO V
DO TRÁFEGO POSTAL

ART. 668. Compete à Secretaria da Receita Federal do Brasil o controle aduaneiro de malas e remessas postais internacionais (Decreto-Lei n. 37, de 1966, art. 61).

CAPÍTULO VI
DO TRÁFEGO DE CABOTAGEM

ART. 669. Para os efeitos deste Decreto, entende-se por cabotagem o transporte efetuado entre portos e aeroportos nacionais (Decreto-Lei n. 37, de 1966, art. 62).

ART. 670. As mercadorias nacionais ou nacionalizadas, destinadas ao mercado interno em transporte de cabotagem, não poderão ser depositadas em recinto alfandegado.

Parágrafo único. A autoridade aduaneira, para atender a situações especiais, poderá autorizar o depósito das mercadorias de que trata o *caput* em recinto alfandegado, no prazo e nas condições que estabelecer.

ART. 671. A Secretaria da Receita Federal do Brasil poderá estabelecer normas relativas ao controle aduaneiro de mercadorias no tráfego de cabotagem, quando realizado para portos e aeroportos alfandegados, ou a partir desses locais (Decreto-Lei n. 37, de 1966, art. 62).

ART. 672. A autoridade aduaneira poderá, quando necessário, determinar a realização de busca em aeronave ou embarcação, utilizada no transporte de cabotagem, ou seu acompanhamento fiscal.

LIVRO VI
DAS INFRAÇÕES E DAS PENALIDADES

TÍTULO I
DAS DISPOSIÇÕES PRELIMINARES

CAPÍTULO I
DAS INFRAÇÕES

ART. 673. Constitui infração toda ação ou omissão, voluntária ou involuntária, que importe inobservância, por parte de pessoa física ou jurídica, de norma estabelecida ou disciplinada neste Decreto ou em ato administrativo de caráter normativo destinado a completá-lo (Decreto-Lei n. 37, de 1966, art. 94, *caput*).

Parágrafo único. Salvo disposição expressa em contrário, a responsabilidade por infração independe da intenção do agente ou do responsável e da efetividade, da natureza e da extensão dos efeitos do ato (Decreto-Lei n. 37, de 1966, art. 94, § 2º).

ART. 674. Respondem pela infração (Decreto-Lei n. 37, de 1966, art. 95):

I - conjunta ou isoladamente, quem quer que, de qualquer forma, concorra para sua prática ou dela se beneficie;

II - conjunta ou isoladamente, o proprietário e o consignatário do veículo, quanto à que decorra do exercício de atividade própria do veículo, ou de ação ou omissão de seus tripulantes;

III - o comandante ou o condutor de veículo, nos casos do inciso II, quando o veículo proceder do exterior sem estar consignado a pessoa física ou jurídica estabelecida no ponto de destino;

IV - a pessoa física ou jurídica, em razão do despacho que promova, de qualquer mercadoria;

V - conjunta ou isoladamente, o importador e o adquirente de mercadoria de procedência estrangeira, no caso de importação realizada por conta e ordem deste, por intermédio de pessoa jurídica importadora (Decreto-Lei n. 37, de 1966, art. 95, inciso V, com a redação dada pela Medida Provisória n. 2.158-35, de 2001, art. 78); e

VI - conjunta ou isoladamente, o importador e o encomendante predeterminado que adquire mercadoria de procedência estrangeira de pessoa jurídica importadora (Decreto-Lei n. 37, de 1966, art. 95, inciso VI, com a redação dada pela Lei n. 11.281, de 2006, art. 12).

Parágrafo único. Para fins de aplicação do disposto no inciso V, presume-se por conta e ordem de terceiro a operação de comércio exterior realizada mediante utilização de recursos deste, ou em desacordo com os requisitos e condições estabelecidos na forma da alínea "b" do inciso I do § 1º do art. 106 (Lei n. 10.637, de 2002, art. 27; e Lei n. 11.281, de 2006, art. 11, § 2º).

CAPÍTULO II
DAS PENALIDADES

SEÇÃO I
DAS ESPÉCIES DE PENALIDADES

ART. 675. As infrações estão sujeitas às seguintes penalidades, aplicáveis separada ou cumulativamente (Decreto-Lei n. 37, de 1966, art. 96; Decreto-Lei n. 1.455, de 1976, arts. 23, § 1º, com a redação dada pela Lei n. 10.637, de 2002, art. 59, e 24; Lei n. 9.069, de 1995, art. 65, § 3º; e Lei n. 10.833, de 2003, art. 76):

I - perdimento do veículo;

II - perdimento da mercadoria;

III - perdimento de moeda;

IV - multa; e

V - sanção administrativa.

SEÇÃO II
DA APLICAÇÃO E DA GRADUAÇÃO DAS PENALIDADES

ART. 676. A aplicação das penalidades a que se refere o art. 675 será proposta por Auditor-Fiscal da Receita Federal do Brasil. (Alterado pelo Dec. 7.213/2010.)

ART. 677. Compete à autoridade julgadora (Decreto-Lei n. 37, de 1966, art. 97):

I - determinar a pena ou as penas aplicáveis ao infrator ou a quem deva responder pela infração; e

II - fixar a quantidade da pena, respeitados os limites legais.

ART. 678. Quando a multa for expressa em faixa variável de quantidade, a autoridade fixará a pena mínima prevista para a infração, só a majorando em razão de circunstância que demonstre a existência de artifício doloso na prática da infração, ou que importe agravar suas consequências ou retardar seu conhecimento pela autoridade aduaneira (Decreto-Lei n. 37, de 1966, art. 98).

ART. 679. Apurando-se, no mesmo processo, a prática de duas ou mais infrações diferentes, pela mesma pessoa física ou jurídica, aplicam-se cumulativamente, no grau correspondente, quando for o caso, as penalidades a elas cominadas (Decreto-Lei n. 37, de 1966, art. 99, *caput*).

ART. 680. Se do processo se apurar responsabilidade de duas ou mais pessoas, será imposta a cada uma delas a pena relativa à infração que houver cometido (Decreto-Lei n. 37, de 1966, art. 100).

ART. 681. Não será aplicada penalidade enquanto prevalecer o entendimento, a quem cumprir as obrigações acessória e principal, de acordo com (Decreto-Lei n. 37, de 1966, art. 101):

I - interpretação fiscal constante de decisão de qualquer instância administrativa, proferida em processo de determinação e exigência de créditos tributários ou de consulta, em que o interessado seja parte; ou

II - interpretação fiscal constante de ato expedido pela Secretaria da Receita Federal do Brasil.

ART. 682. Não caberá lançamento de multa de ofício na constituição do crédito tributário destinada a prevenir a decadência, relativo aos tributos de competência da União, cuja exigibilidade houver sido suspensa por concessão de medida liminar em mandado de segurança, ou por concessão de medida liminar ou de tutela antecipada, em outras espécies de ação judicial (Lei n. 5.172, de 1966, art. 151, incisos IV e V, este com a redação dada pela Lei Complementar n. 104, de 2001, art. 1º; e Lei n. 9.430, de 1996, art. 63, *caput*, com a redação dada pela Medida Provisória n. 2.158-35, de 2001, art. 70).

Parágrafo único. O disposto no *caput* aplica-se, exclusivamente, aos casos em que a suspensão da exigibilidade do crédito tenha ocorrido antes do início de qualquer procedimento de ofício a ele relativo (Lei n. 9.430, de 1996, art. 63, § 1º).

ART. 683. A denúncia espontânea da infração, acompanhada, se for o caso, do pagamento dos tributos dos acréscimos legais, excluirá a imposição da correspondente penalidade (Decreto-Lei n. 37, de 1966, art. 102, *caput*, com a redação dada pelo Decreto-Lei n. 2.472, de 1988, art. 1º; e Lei n. 5.172, de 1966, art. 138, *caput*).

§ 1º Não se considera espontânea a denúncia apresentada (Decreto-Lei n. 37, de 1966, art. 102, § 1º, com a redação dada pelo Decreto-Lei n. 2.472, de 1988, art. 1º):

I - no curso do despacho aduaneiro, até o desembaraço da mercadoria; ou

II - após o início de qualquer outro procedimento fiscal, mediante ato de ofício, escrito, praticado por servidor competente, tendente a apurar a infração.

§ 2º A denúncia espontânea exclui a aplicação de multas de natureza tributária ou administrativa, com exceção das aplicáveis na hipótese de mercadoria sujeita a pena de perdimento (Decreto-Lei n. 37, de 1966, art. 102, § 2º, com a redação dada pela Lei n. 12.350, de 2010, art. 40). (Alterado pelo Dec. 8.010/2013.)

§ 3º Depois de formalizada a entrada do veículo procedente do exterior não mais se tem por espontânea a denúncia de infração imputável ao transportador.

ART. 684. A aplicação da penalidade tributária, e seu cumprimento, não impedem a cobrança dos tributos devidos nem prejudicam a aplicação das penas cominadas para o mesmo fato pela legislação criminal e especial, salvo disposição de lei em contrário (Decreto-Lei n. 37, de 1966, art. 103).

ART. 685. A circunstância de uma pessoa constar como destinatária de remessa postal internacional, com infração às normas estabelecidas neste Decreto, não configura, por si só, o concurso para a sua prática ou o intuito de beneficiar-se dela.

Parágrafo único. A responsabilidade do destinatário independe de qualquer outra circunstância ou prova nos casos de remessa postal internacional:

I - que tenha sido postada pela pessoa que conste como destinatária; ou

II - cujo desembaraço tenha sido pleiteado, pelo destinatário, como bagagem desacompanhada.

ART. 686. Somente quando proceder do exterior ou a ele se destinar, é alcançado pelas normas de que tratam o Título II e os Capítulos I e III do Título III, deste Livro, o veículo transportador assim designado e suas operações ali indicadas (Decreto-Lei n. 37, de 1966, art. 111).

Parágrafo único. Excluem-se da regra do *caput* os casos dos incisos V a VII do art. 688 (Decreto-Lei n. 37, de 1966, art. 111, parágrafo único; e Lei n. 10.833, de 2003, art. 75).

ART. 687. Aplicam-se, no que couber, as disposições deste Livro a qualquer meio de transporte vindo do exterior ou a ele destinado, bem como a seu proprietário, condutor ou responsável, e à documentação, à carga, aos tripulantes e aos passageiros (Decreto-Lei n. 37, de 1966, art. 113).

TÍTULO II
DA PENA DE PERDIMENTO

CAPÍTULO I
DO PERDIMENTO DO VEÍCULO

ART. 688. Aplica-se a pena de perdimento do veículo nas seguintes hipóteses, por configurarem dano ao Erário (Decreto-Lei n. 37, de 1966, art. 104; Decreto-Lei n. 1.455, de 1976, art. 24; e Lei n. 10.833, de 2003, art. 75, § 4º):

I - quando o veículo transportador estiver em situação ilegal, quanto às normas que o habilitem a exercer a navegação ou o transporte internacional correspondente à sua espécie;

II - quando o veículo transportador efetuar operação de descarga de mercadoria estrangeira ou de carga de mercadoria nacional ou nacionalizada, fora do porto, do aeroporto ou de outro local para isso habilitado;

III - quando a embarcação atracar a navio ou quando qualquer veículo, na zona primária, se colocar nas proximidades de outro, um deles procedente do exterior ou a ele destinado, de modo a tornar possível o transbordo de pessoa ou de carga, sem observância das normas legais e regulamentares;

IV - quando a embarcação navegar dentro do porto, sem trazer escrito, em tipo destacado e em local visível do casco, seu nome de registro;

V - quando o veículo conduzir mercadoria sujeita a perdimento, se pertencente ao responsável por infração punível com essa penalidade;

VI - quando o veículo terrestre utilizado no trânsito de mercadoria estrangeira for desviado de sua rota legal sem motivo justificado; e

VII - quando o veículo for considerado abandonado pelo decurso do prazo referido no art. 648.

§ 1º Aplica-se, cumulativamente ao perdimento do veículo, nos casos dos incisos II, III e VI, o perdimento da mercadoria (Decreto-Lei n. 37, de 1966, art. 104, parágrafo único, este com a redação dada pela Lei n. 10.833, de 2003, art. 77, e art. 105, inciso XVII; e Decreto-Lei n. 1.455, de 1976, art. 23, inciso IV e § 1º, este com a redação dada pela Lei n. 10.637, de 2002, art. 59).

§ 2º Para efeitos de aplicação do perdimento do veículo, na hipótese do inciso V, deverá ser demonstrada, em procedimento regular, a responsabilidade do proprietário do veículo na prática do ilícito.

§ 3º A não chegada do veículo ao local de destino configura desvio de rota legal e extravio, para fins de aplicação das penalidades referidas no inciso VI deste artigo e no inciso XVII do art. 689.

§ 4º O titular da unidade de destino comunicará o fato referido no § 3º à autoridade policial competente, para efeito de apuração do crime de contrabando ou de descaminho.

CAPÍTULO II
DO PERDIMENTO DA MERCADORIA

ART. 689. Aplica-se a pena de perdimento da mercadoria nas seguintes hipóteses, por configurarem dano ao Erário (Decreto-Lei n. 37, de 1966, art. 105; e Decreto-Lei n. 1.455, de 1976, art. 23, *caput* e § 1º, este com a redação dada pela Lei n. 10.637, de 2002, art. 59):

I - em operação de carga ou já carregada em qualquer veículo, ou dele descarregada ou em descarga, sem ordem, despacho ou licença, por escrito, da autoridade aduaneira, ou sem o cumprimento de outra formalidade essencial estabelecida em texto normativo;

II - incluída em listas de sobressalentes e de provisões de bordo quando em desacordo, quantitativo ou qualitativo, com as necessidades do serviço, do custeio do veículo e da manutenção de sua tripulação e de seus passageiros;

III - oculta, a bordo do veículo ou na zona primária, qualquer que seja o processo utilizado;

IV - existente a bordo do veículo, sem registro em manifesto, em documento de efeito equivalente ou em outras declarações;

V - nacional ou nacionalizada, em grande quantidade ou de vultoso valor, encontrada na zona de vigilância aduaneira, em circunstâncias que tornem evidente destinar-se a exportação clandestina;

VI - estrangeira ou nacional, na importação ou na exportação, se qualquer documento necessário ao seu embarque ou desembaraço tiver sido falsificado ou adulterado;

VII - nas condições do inciso VI, possuída a qualquer título ou para qualquer fim;

VIII - estrangeira, que apresente característica essencial falsificada ou adulterada, que impeça ou dificulte sua identificação, ainda que a falsificação ou a adulteração não influa no seu tratamento tributário ou cambial;

IX - estrangeira, encontrada ao abandono, desacompanhada de prova do pagamento dos tributos aduaneiros;

X - estrangeira, exposta à venda, depositada ou em circulação comercial no País, se não for feita prova de sua importação regular;

XI - estrangeira, já desembaraçada e cujos tributos aduaneiros tenham sido pagos apenas em parte, mediante artifício doloso;

XII - estrangeira, chegada ao País com falsa declaração de conteúdo;

XIII - transferida a terceiro, sem o pagamento dos tributos aduaneiros e de outros gravames, quando desembaraçada com a isenção referida nos arts. 142, 143, 162, 163 e 187; (Alterado pelo Dec. 7.213/2010.)

XIV - encontrada em poder de pessoa física ou jurídica não habilitada, tratando-se de papel com linha ou marca d›água, inclusive aparas;

XV - constante de remessa postal internacional com falsa declaração de conteúdo;

XVI - fracionada em duas ou mais remessas postais ou encomendas aéreas internacionais visando a iludir, no todo ou em parte, o pagamento dos tributos aduaneiros ou quaisquer normas estabelecidas para o controle das importações ou, ainda, a beneficiar-se de regime de tributação simplificada (Decreto-Lei n. 37, de 1966, art. 105, inciso XVI, com a redação dada pelo Decreto-Lei n. 1.804, de 1980, art. 3º);

XVII - estrangeira, em trânsito no território aduaneiro, quando o veículo terrestre que a conduzir for desviado de sua rota legal, sem motivo justificado;

XVIII - estrangeira, acondicionada sob fundo falso, ou de qualquer modo oculta;

XIX - estrangeira, atentatória à moral, aos bons costumes, à saúde ou à ordem públicas;

XX - importada ao desamparo de licença de importação ou documento de efeito equivalente, quando a sua emissão estiver vedada ou suspensa, na forma da legislação específica;

XXI - importada e que for considerada abandonada pelo decurso do prazo de permanência em recinto alfandegado, nas hipóteses referidas no art. 642; e

XXII - estrangeira ou nacional, na importação ou na exportação, na hipótese de ocultação do sujeito passivo, do real vendedor, comprador ou de responsável pela operação, mediante fraude ou simulação, inclusive a interposição fraudulenta de terceiros.

§ 1º As infrações previstas no *caput* serão punidas com multa equivalente ao valor aduaneiro da mercadoria, na importação, ou ao preço constante da respectiva nota fiscal ou documento equivalente, na exportação, quando a mercadoria não for localizada, ou tiver sido consumida ou revendida, observados o rito e as competências estabelecidos no Decreto n. 70.235, de 1972 (Decreto-Lei n. 1.455, de 1976, art. 23, § 3º, com a redação dada pela Lei n. 12.350, de 2010, art. 41). (Alterado pelo Dec. 8.010/2013.)

§ 2º A aplicação da multa a que se refere o § 1º não impede a apreensão da mercadoria no caso referido no inciso XX, ou quando for proibida sua importação, consumo ou circulação no território aduaneiro (Decreto-Lei n. 1.455, de 1976, art. 23, § 4º, com a redação dada pela Lei n. 10.637, de 2002, art. 59).

§ 3º Na hipótese prevista no § 1º, após a instauração do processo administrativo para aplicação da multa, será extinto o processo administrativo para apuração da infração capitulada como dano ao Erário (Lei n. 10.833, de 2003, art. 73, *caput* e § 1º).

§ 3º-A. O disposto no inciso VI do *caput* inclui os casos de falsidade material ou ideológica. (Alterado pelo Dec. 8.010/2013.)

§ 3º-B. Para os efeitos do inciso VI do *caput*, são necessários ao desembaraço aduaneiro, na importação, os documentos relacionados nos incisos I a III do *caput* do art. 553. (Acrescentado pelo Dec. 8.010/2013.)

§ 4º Considera-se falsa declaração de conteúdo, nos termos do inciso XII, aquela constante de documento emitido pelo exportador estrangeiro, ou pelo transportador, anteriormente ao despacho aduaneiro.

§ 5º Consideram-se transferidos a terceiro, para os efeitos do inciso XIII, os bens, inclusive automóveis, objeto de:

I - transferência de propriedade ou cessão de uso, a qualquer título;

II - depósito para fins comerciais; ou

III - exposição para venda ou para qualquer outra modalidade de oferta pública.

§ 6º Para os efeitos do inciso XXII, presume-se interposição fraudulenta na operação de comércio exterior a não comprovação da origem, disponibilidade e transferência dos recursos empregados (Decreto-Lei n. 1.455, de 1976, art. 23, § 2º, com a redação dada pela Lei n. 10.637, de 2002, art. 59).

ART. 690. Aplica-se ainda a pena de perdimento da mercadoria de procedência estrangeira encontrada na zona secundária, introduzida clandestinamente no País ou importada irregular ou fraudulentamente (Lei n. 4.502, de 1964, art. 87, inciso I).

Parágrafo único. A pena a que se refere o *caput* não se aplica quando houver tipificação mais específica neste Decreto.

ART. 691. Também será objeto da pena de perdimento, sem prejuízo de aplicação da multa referida na alínea "b" do inciso II do art. 718, a mercadoria que, nos termos de lei, tratado, acordo ou convenção internacional, firmado pelo Brasil, seja proibida de sair do território aduaneiro, e cuja exportação for tentada (Lei n. 5.025, de 1966, art. 68, *caput*).

ART. 692. As mercadorias de importação proibida na forma da legislação específica serão apreendidas, liminarmente, em nome e ordem do Ministro de Estado da Fazenda, para fins de aplicação da pena de perdimento (Decreto-Lei n. 1.455, de 1976, art. 26, *caput*).

Parágrafo único. Independentemente do curso do processo criminal, as mercadorias a que se refere o *caput* poderão ser alienadas ou destinadas na forma deste Decreto (Decreto-Lei n. 1.455, de 1976, art. 26, parágrafo único).

ART. 693. A pena de perdimento da mercadoria será ainda aplicada aos que, em infração às medidas de controle fiscal estabelecidas pelo Ministro de Estado da Fazenda para o desembaraço aduaneiro, a circulação, a posse e o consumo de fumo, charuto, cigarrilha e cigarro de procedência estrangeira, adquirirem, transportarem, venderem, expuserem à venda, tiverem em depósito, possuírem ou consumirem tais produtos, por configurar crime de contrabando ou de descaminho (Decreto-Lei n. 399, de 1968, arts. 2º e 3º, *caput* e parágrafo único, este com a redação dada pela Lei n.

10.833, de 2003, art. 78). (Alterado pelo Dec. 7.213/2010.)

Parágrafo único. A penalidade referida no *caput* aplica-se, inclusive, pela inobservância de qualquer das condições referidas no inciso I do art. 601, para o desembaraço aduaneiro de cigarros (Lei n. 9.532, de 1997, art. 50, parágrafo único).

ART. 694. Consideram-se como produtos estrangeiros introduzidos clandestinamente no território aduaneiro, para efeito de aplicação da pena de perdimento, os cigarros nacionais destinados a exportação que forem encontrados no País (Decreto-Lei n. 1.593, de 1977, art. 18, *caput*, com a redação dada pela Lei n. 10.833, de 2003, art. 40).

§ 1º O disposto no *caput*, se observadas as formalidades previstas para cada operação, não se aplica à (Decreto-Lei n. 1.593, de 1977, arts. 8º, incisos I e II, com a redação dada pelo Decreto-Lei n. 1.988, de 28 de dezembro de 1982, art. 1º, e 18, *caput*, com a redação dada pela Lei n. 10.833, de 2003; e Lei n. 9.532, de 1997, art. 39, *caput* e § 2º):

I - saída dos produtos, diretamente para uso ou consumo de bordo em embarcações ou aeronaves de tráfego internacional, quando o pagamento for efetuado em moeda conversível;

II - venda, diretamente para lojas francas;

III - venda a empresa comercial exportadora, com o fim específico de exportação, diretamente para embarque ou para recintos alfandegados, por conta e ordem da empresa comercial exportadora; e

IV - venda em loja franca, na hipótese referida no § 1º do art. 477.

§ 2º A aplicação da penalidade referida no *caput* não prejudica a exigência de tributos e de penalidades pecuniárias, na forma da legislação específica.

ART. 695. Aplica-se ainda a pena de perdimento da mercadoria classificada nas subposições 7102.10, 7102.21 ou 7102.31 do Sistema Harmonizado de Designação e de Codificação de Mercadorias quando (Lei n. 10.743, de 2003, arts. 2º, parágrafo único, e 9º):

I - submetida a procedimento de despacho aduaneiro, sem amparo do Certificado do Processo de Kimberley, a que se refere o art. 633; e

II - encontrada na posse de qualquer pessoa, em zona primária, sem amparo do Certificado do Processo de Kimberley, a que se refere o art. 633.

ART. 696. Aplica-se a pena de perdimento da mercadoria saída da Zona Franca de Manaus sem autorização da autoridade aduaneira, quando necessária, por configurar crime de contrabando (Decreto-Lei n. 288, de 1967, art. 39; e Decreto-Lei n. 1.455, de 1976, art. 26). (Alterado pelo Dec. 8.010/2013.)

ART. 697. Aplica-se a pena de perdimento (Lei n. 11.508, de 2007, art. 23, *caput* e parágrafo único, com a redação dada pela Lei n. 11.732, de 2008, art. 2º):

I - da mercadoria introduzida no mercado interno, procedente de zona de processamento de exportação, que tenha sido importada, adquirida ou produzida fora dos casos autorizados pela Lei n. 11.508, de 2007;

II - de mercadoria estrangeira não permitida, introduzida em zona de processamento de exportação.

Parágrafo único. A pena de perdimento referida no *caput* não prejudica a aplicação de outras penalidades, inclusive do disposto no art. 735 (Lei n. 11.508, de 2007, art. 22, com a redação dada pela Lei n. 11.732, de 2008, art. 2º).

ART. 698. O importador, depois de aplicado o perdimento da mercadoria considerada abandonada na hipótese a que se refere o inciso XXI do art. 689, mas antes de efetuada a sua destinação, poderá requerer a conversão dessa penalidade em multa equivalente ao valor aduaneiro da mercadoria (Lei n. 9.779, de 1999, art. 19, *caput*).

Parágrafo único. A entrega da mercadoria ao importador, na hipótese do *caput*, está condicionada à comprovação do pagamento da multa e ao cumprimento das formalidades exigidas para o respectivo despacho de importação, sem prejuízo do atendimento das normas de controle administrativo (Lei n. 9.779, de 1999, art. 19, parágrafo único).

ART. 699. Nos casos de dano ao Erário, se ficar provada a responsabilidade do operador de transporte multimodal, sem prejuízo da responsabilidade que possa ser imputável ao transportador, as penas de perdimento referidas neste Decreto serão convertidas em multas, aplicáveis ao operador de transporte multimodal, de valor equivalente ao do bem passível de aplicação da pena de perdimento (Lei n. 9.611, de 1998, art. 29, *caput*).

Parágrafo único. No caso de perdimento de veículo, a conversão em multa não poderá ultrapassar em três vezes o valor da mercadoria transportada, à qual se vincule a infração (Lei n. 9.611, de 1998, art. 29, parágrafo único).

CAPÍTULO III
DO PERDIMENTO DE MOEDA

ART. 700. Aplica-se a pena de perdimento da moeda nacional ou estrangeira, em espécie, no valor excedente a R$ 10.000,00 (dez mil reais), ou o equivalente em moeda estrangeira, que ingresse no território aduaneiro ou dele saia (Lei n. 9.069, de 1995, art. 65, *caput* e § 1º, incisos I e II).

§ 1º Para fins de aplicação do disposto neste artigo, considera-se moeda nacional ou estrangeira, em espécie, somente o papel-moeda, não compreendidos os títulos de crédito, cheques ou cheques de viagem (Lei n. 9.069, de 1995, art. 65, § 2º).

§ 2º Na hipótese de moeda encontrada em zona secundária, o perdimento referido no *caput* somente se aplica quando as circunstâncias tornarem evidente a tentativa de saída do País ou o ingresso no País, da moeda, por qualquer forma não autorizada pela legislação específica.

§ 3º Aplica-se o perdimento à totalidade da moeda que ingressar no território aduaneiro ou dele sair não portada por viajante (Lei n. 9.069, de 1995, art. 65, *caput*, e §§ 2º e 3º).

§ 4º O disposto neste artigo não se aplica na hipótese em que o ingresso ou a saída de moeda esteja autorizado em legislação específica (Lei n. 9.069, de 1995, art. 65, § 1º, inciso III).

§ 5º O perdimento de moeda não exclui a aplicação das sanções penais previstas para a hipótese (Lei n. 9.069, de 1995, art. 65, § 3º).

CAPÍTULO IV
DAS DISPOSIÇÕES FINAIS

ART. 701. Os veículos e as mercadorias sujeitos à pena de perdimento serão guardados em nome e ordem do Ministro de Estado da Fazenda, como medida acautelatória dos interesses da Fazenda Nacional (Decreto-Lei n. 1.455, de 1976, art. 25).

TÍTULO III
DAS MULTAS

CAPÍTULO I
DAS MULTAS NA IMPORTAÇÃO

ART. 702. Aplicam-se as seguintes multas, proporcionais ao valor do imposto incidente sobre a importação da mercadoria ou o que incidiria se não houvesse isenção ou redução (Decreto-Lei n. 37, de 1966, art. 106, *caput*):

I - de cem por cento:

a) pelo não emprego dos bens de qualquer natureza nos fins ou atividades para que foram importados com isenção do imposto;

b) pelo desvio, por qualquer forma, de bens importados com isenção ou com redução do imposto;

c) pelo uso de falsidade nas provas exigidas para obtenção dos benefícios e incentivos previstos no Decreto-Lei n. 37, de 1966; e

d) pela não apresentação de mercadoria submetida ao regime de entreposto aduaneiro;

II - de setenta e cinco por cento, nos casos de venda não faturada de sobra de papel não impresso (mantas, aparas de bobinas e restos de bobinas) (Decreto-Lei n. 37, de 1966, art. 106, § 2º, alínea "a", com a redação dada pelo Decreto-Lei n. 751, de 1969, art. 4º);

III - de cinquenta por cento:

a) pela transferência a terceiro, a qualquer título, de bens importados com isenção do imposto, sem prévia autorização da unidade aduaneira, ressalvada a hipótese referida no inciso XIII do art. 689;

b) pela importação, como bagagem, de mercadoria que, por sua quantidade e qualidade, revele finalidade comercial; e

c) pelo extravio de mercadoria; (Alterado pelo Dec. 8.010/2013.)

IV - de vinte por cento:

a) pela chegada ao País de bagagem e bens de passageiro fora dos prazos regulamentares, quando sujeitos a tributação; e

b) nos casos de venda de sobra de papel não impresso (mantas, aparas de bobinas e restos de bobinas), salvo a editoras ou, como matéria-prima, a fábricas (Decreto-Lei n. 37, de 1966, art. 106, § 2º, alínea "b", com a redação dada pelo Decreto-Lei n. 751, de 1969, art. 4º);

V - de dez por cento:

a) pela apresentação da fatura comercial sem o visto consular, quando exigida essa formalidade; e

b) pela comprovação, fora do prazo, da chegada da mercadoria ao local de destino, no caso de trânsito aduaneiro.

§ 1º No caso de papel com linhas ou marcas d'água, as multas a que se referem os incisos I e III serão de cento e cinquenta por cento e de setenta e cinco por cento, respectivamente (Decreto-Lei n. 37, de 1966, art. 106, § 1º, com a redação dada pelo Decreto-Lei n. 751, de 1969, art. 3º).

§ 2º No cálculo das multas a que se referem o inciso II e a alínea "b" do inciso IV, e o § 1º, será adotada a maior alíquota do imposto fixada para papel similar destinado à impressão, sem linhas ou marcas d'água (Decreto-Lei n. 37, de 1966, art. 106, §§ 1º e 2º, com a redação dada pelo Decreto-Lei n. 751, de 1969, arts. 3º e 4º).

§ 3º A multa de que trata a alínea "b" do inciso III do *caput* não se aplica no caso de o viajante manifestar à fiscalização, de forma inequívoca, antes de qualquer procedimento fiscal, a pretensão de submeter os bens a despacho aduaneiro no regime de importação comum, inclusive na hipótese a que se refere o § 2º do art. 161. (Alterado pelo Dec. 7.213/2010.)

§ 4º Para efeito da aplicação do disposto na alínea "c" do inciso III, fica fixado o limite de tolerância de cinco por cento para exclusão da responsabilidade tributária em casos de perda inevitável de mercadoria em operação, sob controle aduaneiro, de transporte, carga, descarga ou armazenagem (Decreto-Lei n. 2.472, de 1988, art. 10).

§ 5º A multa referida na alínea "c" do inciso III terá como base o valor do imposto de importação, calculado nos termos do art. 665 (Decreto-Lei n. 37, de 1966, art. 112).

§ 6º A multa referida na alínea "b" do inciso V aplica-se somente aos casos em que a legislação específica atribua ao beneficiário do regime a obrigação de comprovar, perante a unidade aduaneira de origem, a entrega da mercadoria na unidade aduaneira de destino.

ART. 703. Nas hipóteses em que o preço declarado for diferente do arbitrado na forma do art. 86 ou do efetivamente praticado, aplica-se a multa de cem por cento sobre a diferença, sem prejuízo da exigência dos tributos, da multa de ofício referida no art. 725 e dos acréscimos legais cabíveis (Medida Provisória n. 2.158-35, de 2001, art. 88, parágrafo único). (Alterado pelo Dec. 7.213/2010.)

§ 1º A multa de cem por cento referida no *caput* aplica-se inclusive na hipótese de ausência de apresentação da fatura comercial, sem prejuízo da aplicação de outras penalidades cabíveis (Lei n. 10.833, de 2003, art. 70, inciso II, alínea "b", item 2, e § 6º). (Alterado pelo Dec. 7.213/2010.)

§ 1º-A Verificando-se que a conduta praticada enseja a aplicação tanto de multa referida neste artigo quanto da pena de perdimento da mercadoria, aplica-se somente a pena de perdimento. (Acrescentado pelo Dec. 8.010/2013.)

§ 2º O disposto neste artigo não prejudica a aplicação da penalidade referida no inciso VI do art. 689, na hipótese de ser encontrada, em momento posterior à aplicação da multa, a correspondente fatura comercial falsificada ou adulterada. (Alterado pelo Dec. 7.213/2010.)

ART. 703-A. Aplica-se a multa de cem por cento sobre a diferença de preço das mercadorias submetidas a despacho ou desembaraçadas ao amparo do regime de que trata o art. 102-A quando (Lei n. 11.898, de 2009, art. 14, *caput*): (Acrescentado pelo Dec. 7.213/2010.)

I - a mercadoria declarada não for idêntica à mercadoria efetivamente importada; ou (Acrescentado pelo Dec. 7.213/2010.)

II - a quantidade de mercadorias efetivamente importadas for maior que a quantidade declarada. (Acrescentado pelo Dec. 7.213/2010.)

§ 1º A multa prevista no inciso I do *caput* não se aplica quando a mercadoria estiver sujeita à pena de perdimento prevista no inciso XII do *caput* do art. 689 (Lei n. 11.898, de 2009, art. 14, parágrafo único). (Acrescentado pelo Dec. 7.213/2010.)

§ 2º Na ocorrência de mais de uma das condutas infracionais passíveis de enquadramento no mesmo inciso ou em diferentes incisos deste artigo e do art. 704-A, aplica-se somente a multa de maior valor (Lei n. 11.898, de 2009, art. 15). (Acrescentado pelo Dec. 7.213/2010.)

§ 3º A aplicação das penalidades previstas neste artigo não elide a exigência dos tributos incidentes, a aplicação de outras penalidades cabíveis e a representação fiscal para fins penais, quando for o caso (Lei n. 11.898, de 2009, art. 17). (Acrescentado pelo Dec. 7.213/2010.)

ART. 704. Sem prejuízo de outras sanções administrativas ou penais cabíveis, incorrerão na multa igual ao valor comercial da mercadoria os que entregarem a consumo, ou consumirem mercadoria de procedência estrangeira introduzida clandestinamente no País ou importada irregular ou fraudulentamente ou que tenha entrado no estabelecimento, dele saído ou nele permanecido sem que tenha havido registro da declaração da importação, ou desacompanhada de Guia de Licitação ou nota fiscal, conforme o caso (Lei n. 4.502, de 1964, art. 83, inciso I; e Decreto-Lei n. 400, de 30 de dezembro de 1968, art. 1º, alteração 2ª).

Parágrafo único. A pena a que se refere o *caput* não se aplica quando houver tipificação mais específica neste Decreto.

ART. 704-A. Aplica-se, relativamente às mercadorias submetidas a despacho ou desembaraçadas ao amparo do regime de que trata o art. 102-A, a multa de (Lei n. 11.898, de 2009, art. 13, *caput*): (Acrescentado pelo Dec. 7.213/2010.)

I - cinquenta por cento, na hipótese de o excesso, em valor ou em quantidade, ser igual ou inferior a vinte por cento do limite máximo, em valor ou em quantidade, permitido; (Acrescentado pelo Dec. 7.213/2010.)

II - setenta e cinco por cento, na hipótese de o excesso, em valor ou em quantidade, ser superior a vinte por cento e igual ou inferior a cinquenta por cento do limite máximo, em valor ou em quantidade, permitido; e (Acrescentado pelo Dec. 7.213/2010.)

III - cem por cento, na hipótese de o excesso, em valor ou em quantidade, ser superior a cinquenta por cento do limite máximo, em valor ou em quantidade, permitido. (Acrescentado pelo Dec. 7.213/2010.)

§ 1º As multas de que trata o *caput* aplicam-se por inobservância do limite de valor ou de quantidade no trimestre-calendário, no semestre-calendário ou no ano-calendário correspondente (Lei n. 11.898, de 2009, art. 13, § 1º). (Acrescentado pelo Dec. 7.213/2010.)

§ 2º As multas de que trata o *caput* incidem sobre (Lei n. 11.898, de 2009, art. 13, § 2º):(Acrescentado pelo Dec. 7.213/2010.)

I - a diferença entre o preço total das mercadorias importadas e o limite máximo de valor fixado; ou (Acrescentado pelo Dec. 7.213/2010.)

II - o preço das mercadorias importadas que excederem o limite de quantidade fixado. (Acrescentado pelo Dec. 7.213/2010.)

§ 3º Na ocorrência de mais de uma das condutas infracionais passíveis de enquadramento no mesmo inciso ou em diferentes incisos deste artigo e do art. 703-A, aplica-se somente a multa de maior valor (Lei n. 11.898, de 2009, art. 15). (Acrescentado pelo Dec. 7.213/2010.)

§ 4º A aplicação das penalidades previstas neste artigo não elide a exigência dos tributos incidentes, a aplicação de outras penalidades cabíveis e a representação fiscal para fins penais, quando for o caso (Lei n. 11.898, de 2009, art. 17). (Acrescentado pelo Dec. 7.213/2010.)

ART. 705. Aplica-se a multa de cinquenta por cento do valor aduaneiro no caso de utilização de bem admitido no REPORTO em finalidade diversa da que motivou a concessão do regime, de sua não incorporação ao ativo imobilizado ou de ausência da identificação a que se refere o § 6º do art. 471 (Lei n. 11.033, de 2004, art. 14, § 11, com a redação dada pela Lei n. 11.726, de 2008, art. 3º).

Parágrafo único. A aplicação da multa referida no *caput* não prejudica a exigência dos tributos suspensos e de acréscimos legais, nem a aplicação de outras penalidades cabíveis (Lei n. 11.033, de 2004, art. 14, § 12, com a redação dada pela Lei n. 11.726, de 2008, art. 3º).

ART. 706. Aplicam-se, na ocorrência das hipóteses abaixo tipificadas, por constituírem infrações administrativas ao controle das importações, as seguintes multas (Decreto-Lei n. 37, de 1966, art. 169, *caput* e § 6º, com a redação dada pela Lei n. 6.562, de 1978, art. 2º):

I - de trinta por cento sobre o valor aduaneiro:

a) pela importação de mercadoria sem licença de importação ou documento de efeito equivalente, inclusive no caso de remessa postal internacional e de bens conduzidos por viajante, desembaraçados no regime comum de importação (Decreto-Lei n. 37, de 1966, art. 169, inciso I, alínea "b", e § 6º, com a redação dada pela Lei n. 6.562, de 1978, art. 2º); e

b) pelo embarque de mercadoria antes de emitida a licença de importação ou documento de efeito equivalente (Decreto-Lei n. 37, de 1966, art. 169, inciso III, alínea "b", e § 6º, com a redação dada pela Lei n. 6.562, de 1978, art. 2º);

II - de vinte por cento sobre o valor aduaneiro pelo embarque da mercadoria depois de vencido o prazo de validade da licença de importação respectiva ou documento de efeito equivalente, de mais de vinte até quarenta dias (Decreto-Lei n. 37, de 1966, art. 169, inciso III, alínea "a", item 2, e § 6º, com a redação dada pela Lei n. 6.562, de 1978, art. 2º); e

III - de dez por cento sobre o valor aduaneiro, pelo embarque da mercadoria, depois de vencido o prazo de validade da licença de importação respectiva ou documento de efeito equivalente, até vinte dias (Decreto-Lei n. 37, de 1966, art. 169, inciso III, alínea "a", item 1, e § 6º, com a redação dada pela Lei n. 6.562, de 1978, art. 2º).

§ 1º Considera-se importada sem licença de importação ou documento de efeito equivalente, a mercadoria cujo embarque tenha se efetivado depois de decorridos mais de quarenta dias do respectivo prazo de validade (Decreto-Lei n. 37, de 1966, art. 169, § 1º, com a redação dada pela Lei n. 6.562, de 1978, art. 2º).

§ 2º As multas referidas neste artigo não poderão ser (Decreto-Lei n. 37, de 1966, art. 169, § 2º, com a redação dada pela Lei n. 10.833, de 2003, art. 77):

I - inferiores a R$ 500,00 (quinhentos reais); e

II - superiores a R$ 5.000,00 (cinco mil reais) nos casos referidos na alínea "b" do inciso I e nos incisos II e III do *caput*.

§ 3º Na ocorrência simultânea de mais de uma infração, será punida apenas aquela a que for cominada a penalidade mais grave (Decreto-Lei n. 37, de 1966, art. 169, § 4º, com a redação dada pela Lei n. 6.562, de 1978, art. 2º).

§ 4º A aplicação das penas referidas neste artigo (Decreto-Lei n. 37, de 1966, art. 169, § 5º, com a redação dada pela Lei n. 6.562, de 1978, art. 2º):

I - não exclui o pagamento dos tributos devidos, nem a imposição de outras penas, inclusive criminais, previstas em legislação específica; e

II - não prejudica a isenção de tributos de que goze a importação, salvo disposição expressa em contrário.

§ 5º Não constituem infrações, para os efeitos deste artigo (Decreto-Lei n. 37, de 1966, art. 169, § 7º, com a redação dada pela Lei n. 6.562, de 1978, art. 2º):

I - a diferença, para mais ou para menos, por embarque, não superior a dez por cento quanto ao preço, e a cinco por cento quanto à quantidade ou ao peso, desde que não ocorram concomitantemente;

II - os casos referidos na alínea "b" do inciso I, e nos incisos II e III do *caput*, se alterados pelo órgão competente os dados constantes da licença de importação ou documento de efeito equivalente; e

III - a importação de máquinas e de equipamentos declarados como originários de determinado país, que constituam um todo integrado, embora contenham partes ou componentes produzidos em outros países que não o indicado na licença de importação ou documento de efeito equivalente.

ART. 707. As infrações de que trata o art. 706 (Lei n. 6.562, de 1978, art. 3º):

I - não excluem aquelas definidas como dano ao Erário, sujeitas à pena de perdimento; e

II - serão apuradas mediante processo administrativo fiscal, em conformidade com o disposto no art. 768.

Parágrafo único. Para os efeitos do inciso I, as multas relativas às infrações administrativas ao controle das importações somente poderão ser lançadas antes da aplicação da pena de perdimento da mercadoria.

ART. 708. Para fins do art. 706 e para efeitos tributários, o embarque da mercadoria a ser importada ou exportada considera-se ocorrido na data da emissão do conhecimento de carga (Lei n. 6.562, de 1978, art. 5º).

ART. 709. Aplica-se a multa de dez por cento sobre o valor aduaneiro, no caso de descumprimento de condições, requisitos ou prazos estabelecidos para aplicação do regime aduaneiro especial de admissão temporária ou de admissão temporária para aperfeiçoamento ativo (Lei n. 10.833, de 2003, art. 72, inciso I).

§ 1º O valor da multa referida no *caput* será de R$ 500,00 (quinhentos reais), quando do seu cálculo resultar valor inferior (Lei n. 10.833, de 2003, art. 72, § 1º).

§ 2º A multa referida no *caput* não se aplica na hipótese de ser iniciado o despacho de reexportação no prazo fixado no § 9º do art. 367.

§ 3º A aplicação da multa a que se refere o *caput* não prejudica a exigência dos tributos incidentes, a aplicação de outras penalidades cabíveis e a representação fiscal para fins penais, quando for o caso (Lei n. 10.833, de 2003, art. 72, § 2º).

ART. 710. Aplica-se a multa de cinco por cento do valor aduaneiro das mercadorias importadas, no caso de descumprimento de obrigação referida no *caput* do art. 18, se relativo aos documentos obrigatórios de instrução das declarações aduaneiras (Lei n. 10.833, de 2003, art. 70, inciso II, alínea "b", item 1).

§ 1º A multa referida no *caput* não se aplica no caso de regular comunicação da ocorrência de um dos eventos previstos no § 2º do art. 18 (Lei n. 10.833, de 2003, art. 70, § 3º).

§ 1º-A A multa referida no *caput* não se aplica no curso do despacho aduaneiro, até o desembaraço da mercadoria. (Acrescentado pelo Dec. 8.010/2013.)

§ 2º O disposto no *caput* não prejudica a aplicação das multas previstas nos arts. 714, 715 e 728, nem a de outras penalidades cabíveis (Lei n. 10.833, de 2003, art. 70, inciso II, alínea "b", e § 6º).

ART. 710-A. O não cumprimento da obrigação referida no inciso II do § 2º do art. 211-B sujeitará a pessoa jurídica às seguintes penalidades (Lei n. 11.945, de 2009, art. 1º, § 4º): (Acrescentado pelo Dec. 7.213/2010.)

I - cinco por cento, não inferior a R$ 100,00 (cem reais) e não superior a R$ 5.000,00 (cinco mil reais), do valor das operações com papel imune omitidas ou apresentadas de forma inexata ou incompleta; e (Acrescentado pelo Dec. 7.213/2010.)

II - de R$ 2.500,00 (dois mil e quinhentos reais) para micro e pequenas empresas e de R$ 5.000,00 (cinco mil reais) para as demais, independentemente da sanção prevista no inciso I, se as informações não forem apresentadas no prazo estabelecido. (Acrescentado pelo Dec. 7.213/2010.)

Parágrafo único. Apresentada a informação fora do prazo, mas antes de qualquer procedimento de ofício, a multa de que trata o inciso II do *caput* será de R$ 1.250,00 (mil duzentos e cinquenta reais) para micro e pequenas empresas e de R$ 2.500,00 (dois mil e quinhentos reais) para as demais (Lei n. 11.945, de 2009, art. 1º, § 5º). (Acrescentado pelo Dec. 7.213/2010.)

ART. 711. Aplica-se a multa de um por cento sobre o valor aduaneiro da mercadoria (Medida Provisória n. 2.158-35, de 2001, art. 84, *caput*; e Lei n. 10.833, de 2003, art. 69, § 1º):

I - classificada incorretamente na Nomenclatura Comum do Mercosul, nas nomenclaturas complementares ou em outros detalhamentos instituídos para a identificação da mercadoria;

II - quantificada incorretamente na unidade de medida estatística estabelecida pela Secretaria da Receita Federal do Brasil; ou

III - quando o importador ou beneficiário de regime aduaneiro omitir ou prestar de forma inexata ou incompleta informação de natureza administrativo-tributária, cambial ou comercial necessária à determinação do procedimento de controle aduaneiro apropriado.

§ 1º As informações referidas no inciso III do *caput*, sem prejuízo de outras que venham a ser estabelecidas em ato normativo da Secretaria da Receita Federal do Brasil, compreendem a descrição detalhada da operação, incluindo (Lei n. 10.833, de 2003, art. 69, § 2º):

I - identificação completa e endereço das pessoas envolvidas na transação: importador ou exportador; adquirente (comprador) ou fornecedor (vendedor), fabricante, agente de compra ou de venda e representante comercial;

II - destinação da mercadoria importada: industrialização ou consumo, incorporação ao ativo, revenda ou outra finalidade;

III - descrição completa da mercadoria: todas as características necessárias à classificação fiscal, espécie, marca comercial, modelo, nome comercial ou científico e outros atributos estabelecidos pela Secretaria da Receita Federal do Brasil que confiram sua identidade comercial;

IV - países de origem, de procedência e de aquisição; e

V - portos de embarque e de desembarque.

§ 2º O valor da multa referida no *caput* será de R$ 500,00 (quinhentos reais), quando do seu cálculo resultar valor inferior, observado o disposto nos §§ 3º a 5º (Medida Provisória n. 2.158-35, de 2001, art. 84, § 1º; e Lei n. 10.833, de 2003, art. 69, *caput*).

§ 3º Na ocorrência de mais de uma das condutas descritas nos incisos do *caput*, para a mesma mercadoria, aplica-se a multa somente uma vez.

§ 4º Na ocorrência de uma ou mais das condutas descritas nos incisos do *caput*, em relação a mercadorias distintas, para as quais a correta classificação na Nomenclatura Comum do Mercosul seja idêntica, a multa referida neste artigo será aplicada somente uma vez, e corresponderá a:

I - um por cento, aplicado sobre o somatório do valor aduaneiro de tais mercadorias, quando resultar em valor superior a R$ 500,00 (quinhentos reais); ou

II - R$ 500,00 (quinhentos reais), quando da aplicação de um por cento sobre o somatório do valor aduaneiro de tais mercadorias resultar valor igual ou inferior a R$ 500,00 (quinhentos reais).

§ 5º O somatório do valor das multas aplicadas com fundamento neste artigo não poderá ser superior a dez por cento do valor total das mercadorias constantes da declaração de importação (Lei n. 10.833, de 2003, art. 69, *caput*).

§ 6º A aplicação da multa referida no *caput* não prejudica a exigência dos tributos, da multa por declaração inexata de que trata o art. 725, e de outras penalidades administrativas, bem como dos acréscimos legais cabíveis (Medida Provisória n. 2.158-35, de 2001, art. 84, § 2º).

ART. 712. Aplica-se ao importador a multa correspondente a um por cento do valor aduaneiro da mercadoria, na hipótese de relevação da pena de perdimento de que trata o art. 737 (Medida Provisória n. 2.158-35, de 2001, art. 67, *caput* e parágrafo único).

ART. 713. As infrações relativas à bagagem de viajante serão punidas com as seguintes multas:

I - de duzentos por cento do valor dos bens trazidos como bagagem, quando forem objeto de comércio (Decreto-Lei n. 1.123, de 1970, art. 3º); e

II - de cinquenta por cento do valor excedente ao limite de isenção, sem prejuízo do imposto de importação devido, calculado na forma do art. 101, pela apresentação de declaração falsa ou inexata de bagagem (Lei n. 9.532, de 1997, art. 57).

§ 1º A multa referida no inciso I aplica-se aos bens vendidos ou colocados em comércio sob qualquer forma.

§ 2º O disposto neste artigo aplica-se também à bagagem de viajante procedente da Zona Franca de Manaus ou das áreas de livre comércio.

ART. 714. Aplica-se a multa de R$ 1.000,00 (mil reais), pela importação de mercadoria estrangeira atentatória à moral, aos bons costumes, à saúde ou à ordem pública, sem prejuízo da aplicação da pena prevista no inciso XIX do art. 689, de outras penalidades cabíveis e da representação fiscal para fins penais, quando for o caso (Decreto-Lei n. 37, de 1966, art. 107, inciso VII, alínea "b", e § 2º, com a redação dada pela Lei n. 10.833, de 2003, art. 77).

Parágrafo único. A lavratura do auto de infração para exigência da multa será efetuada após a conclusão do processo relativo à aplicação da pena de perdimento a que se refere o inciso XIX do art. 689, salvo para prevenir a decadência.

ART. 715. Aplica-se a multa de R$ 200,00 (duzentos reais), pela apresentação de fatura comercial em desacordo com uma ou mais de uma das indicações estabelecidas no art. 557 (Decreto-Lei n. 37, de 1966, art. 107, inciso X, alínea "c", com a redação dada pela Lei n. 10.833, de 2003, art. 77).

§ 1º Simples enganos ou omissões na emissão da fatura comercial, corrigidos ou corretamente supridos na declaração de importação, não acarretarão a aplicação da penalidade referida no *caput*.

§ 2º A multa referida no *caput* não prejudica a exigência dos tributos incidentes, a aplicação de outras penalidades cabíveis e a representação fiscal para fins penais, quando for o caso (Decreto-Lei n. 37, de 1966, art. 107, §

2º, com a redação dada pela Lei n. 10.833, de 2003, art. 77).

ART. 716. Aplica-se a multa de R$ 2,00 (dois reais) por maço de cigarro, unidade de charuto ou de cigarrilha, ou quilograma líquido de qualquer outro produto apreendido, na hipótese do art. 693, cumulativamente com o perdimento da respectiva mercadoria (Decreto-Lei n. 399, de 1968, arts. 1º e 3º, parágrafo único, este com a redação dada pela Lei n. 10.833, de 2003, art. 78).

Parágrafo único. A lavratura do auto de infração para exigência da multa será efetuada após a conclusão do processo relativo à aplicação da pena de perdimento a que se refere o art. 693, salvo para prevenir a decadência.

ART. 717. A falta de recolhimento de direitos antidumping ou de direitos compensatórios na data do registro da declaração de importação acarretará, sobre o valor não recolhido (Lei n. 9.019, de 30 de março de 1995, art. 7º, § 3º, com a redação dada pela Lei n. 10.833, de 2003, art. 79):

I - no caso de pagamento espontâneo, após o desembaraço aduaneiro:

a) a incidência de multa de mora, calculada à taxa de trinta e três centésimos por cento , por dia de atraso, a partir do primeiro dia subsequente ao do registro da declaração de importação até o dia em que ocorrer o seu pagamento, limitada a vinte por cento; e

b) a incidência de juros de mora calculados à taxa referencial do Sistema Especial de Liquidação e de Custódia, para títulos federais, acumulada mensalmente, a partir do primeiro dia do mês subsequente ao do registro da declaração de importação até o último dia do mês anterior ao do pagamento e de um por cento no mês do pagamento; e

II - no caso de exigência de ofício, de multa de setenta e cinco por cento e dos juros de mora referidos na alínea "b" do inciso I.

§ 1º A multa referida no inciso II será exigida isoladamente quando os direitos antidumping ou os direitos compensatórios houverem sido pagos após o registro da declaração de importação, mas sem os acréscimos moratórios (Lei n. 9.019, de 1995, art. 7º, § 4º, com a redação dada pela Lei n. 10.833, de 2003, art. 79).

§ 2º Vencido o prazo a que se refere o parágrafo único do art. 789 sem que tenha havido o pagamento dos direitos, a Secretaria da Receita Federal do Brasil deverá exigi-los de ofício, mediante a lavratura de auto de infração, aplicando-se a multa e os juros de mora referidos no inciso II do *caput*, a partir do término de tal prazo (Lei n. 9.019, de 1995, art. 8º, § 2º, com a redação dada pela Lei n. 10.833, de 2003, art. 79).

CAPÍTULO II
DAS MULTAS NA EXPORTAÇÃO

ART. 718. Aplicam-se ao exportador as seguintes multas, calculadas em função do valor das mercadorias:

I - de sessenta a cem por cento no caso de reincidência, genérica ou específica, de fraude compreendida no inciso II (Lei n. 5.025, de 1966, art. 67, alínea "a"); e

II - de vinte a cinquenta por cento:

a) no caso de fraude, caracterizada de forma inequívoca, relativamente a preço, peso, medida, classificação ou qualidade (Lei n. 5.025, de 1966, art. 66, alínea "a"); e

b) no caso de exportação ou tentativa de exportação de mercadoria cuja saída do território aduaneiro seja proibida, considerando-se como tal aquela que assim for prevista em lei, ou em tratados, acordos ou convenções internacionais firmados pelo Brasil, sem prejuízo da aplicação da pena de perdimento da mercadoria (Lei n. 5.025, de 1966, art. 68, *caput*).

§ 1º Não constituirá infração a variação, para mais ou para menos, não superior a dez por cento quanto ao preço e a cinco por cento quanto à quantidade da mercadoria, desde que não ocorram concomitantemente (Lei n. 5.025, de 1966, art. 75).

§ 2º Ressalvada a hipótese referida na alínea "b" do inciso II, a apuração das infrações de que trata este artigo, quando constatadas no curso do despacho aduaneiro, não prejudicará o embarque ou a transposição de fronteira das mercadorias, desde que assegurados os meios de prova necessários.

ART. 719. A aplicação de penalidade decorrente de infrações de natureza fiscal ou cambial não prejudica a imposição de sanções administrativas pela Secretaria de Comércio Exterior (Lei n. 5.025, de 1966, art. 74, *caput*).

ART. 720. Consumando-se a exportação das mercadorias com qualquer das infrações a que se refere o art. 718, o procedimento fiscal instaurado poderá ser instruído, também, com elementos colhidos no exterior (Lei n. 5.025, de 1966, art. 76).

ART. 721. A imposição das penalidades de que trata o art. 718 não excluirá, quando verificada a ocorrência de ilícito penal, a apuração da responsabilidade criminal dos que intervierem na operação considerada irregular ou fraudulenta (Lei n. 5.025, de 1966, art. 72).

ART. 722. (Revogado pelo Decreto n. 8.010, de 2013)

ART. 723. Quando ocorrerem, na exportação, erros ou omissões que não caracterizem intenção de fraude e que possam ser de imediato corrigidos, a autoridade aduaneira alertará o exportador e o orientará sobre a maneira correta de proceder (Lei n. 5.025, de 1966, art. 65).

ART. 724. Aplica-se a multa de cinco por cento do preço normal da mercadoria submetida ao regime aduaneiro especial de exportação temporária, ou de exportação temporária para aperfeiçoamento passivo, pelo descumprimento de condições, requisitos ou prazos estabelecidos para aplicação do regime (Lei n. 10.833, de 2003, art. 72, inciso II).

§ 1º O valor da multa referida no *caput* será de R$ 500,00 (quinhentos reais), quando do seu cálculo resultar valor inferior (Lei n. 10.833, de 2003, art. 72, § 1º).

§ 2º A aplicação da multa a que se refere o *caput* não prejudica a exigência dos impostos incidentes, a aplicação de outras penalidades cabíveis e a representação fiscal para fins penais, quando for o caso (Lei n. 10.833, de 2003, art. 72, § 2º).

CAPÍTULO III
DAS MULTAS COMUNS À IMPORTAÇÃO E À EXPORTAÇÃO

ART. 725. Nos casos de lançamentos de ofício, relativos a operações de importação ou de exportação, serão aplicadas as seguintes multas, calculadas sobre a totalidade ou a diferença dos impostos ou contribuições de que trata este Decreto (Lei n. 9.430, de 1996, art. 44, inciso I, e § 1º, com a redação dada pela Lei n. 11.488, de 2007, art. 14):

I - de setenta e cinco por cento, nos casos de falta de pagamento, de falta de declaração e nos de declaração inexata, excetuada a hipótese do inciso II; e

II - de cento e cinquenta por cento, independentemente de outras penalidades administrativas ou criminais cabíveis, nos casos previstos nos arts. 71, 72 e 73 da Lei n. 4.502, de 1964.

Parágrafo único. As multas a que se referem os incisos I e II passarão a ser de cento e doze inteiros e cinco décimos por cento e de duzentos e vinte e cinco por cento, respectivamente, nos casos de não atendimento pelo sujeito passivo, no prazo marcado, de intimação para (Lei n. 9.430, de 1996, art. 44, § 2º, com a redação dada pela Lei n. 11.488, de 2007, art. 14):

I - prestar esclarecimentos;

II - apresentar a documentação técnica referida no § 1º do art. 19; ou

III - apresentar os arquivos ou sistemas de que trata o § 2º do art. 19.

ART. 726. Aplica-se a multa de cem por cento do valor da mercadoria (Lei n. 10.743, de 2003, art. 10):

I - ao comércio internacional de diamantes brutos, sem amparo do Certificado do Processo de Kimberley, de que trata o art. 633, verificado em ação fiscal aduaneira de zona secundária, com base em registros assentados em livros fiscais ou comerciais; e

II - à prática de artifício para a obtenção do certificado de que trata o inciso I.

Parágrafo único. Compete à Secretaria da Receita Federal do Brasil a aplicação da penalidade referida no *caput* (Lei n. 10.743, de 2003, art. 11). (Alterado pelo Dec. 7.213/2010.)

ART. 727. Aplica-se a multa de dez por cento do valor da operação à pessoa jurídica que ceder seu nome, inclusive mediante a disponibilização de documentos próprios, para a realização de operações de comércio exterior de terceiros com vistas ao acobertamento de seus reais intervenientes ou beneficiários (Lei n. 11.488, de 2007, art. 33, *caput*).

§ 1º A multa de que trata o *caput* não poderá ser inferior a R$ 5.000,00 (cinco mil reais) (Lei n. 11.488, de 2007, art. 33, *caput*).

§ 2º Entende-se por valor da operação aquele utilizado como base de cálculo do imposto de importação ou do imposto de exportação, de acordo com a legislação específica, para a operação em que tenha ocorrido o acobertamento.

§ 3º A multa de que trata o *caput* não prejudica a aplicação da pena de perdimento às mercadorias na importação ou na exportação. (Alterado pelo Dec. 7.213/2010.)

ART. 728. Aplicam-se ainda as seguintes multas (Decreto-Lei n. 37, de 1966, art. 107, incisos I a VI, VII, alínea "a" e "c" a "g", VIII, IX, X, alíneas "a" e "b", e XI, com a redação dada pela Lei n. 10.833, de 2003, art. 77):

I - de R$ 50.000,00 (cinquenta mil reais), por contêiner ou qualquer veículo contendo mercadoria, inclusive a granel, ingressado em local ou recinto sob controle aduaneiro, que não seja localizado;

II - de R$ 15.000,00 (quinze mil reais), por contêiner ou veículo contendo mercadoria, inclusive a granel, no regime de trânsito aduaneiro, que não seja localizado;

III - de R$ 10.000,00 (dez mil reais): (Alterado pelo Dec. 8.010/2013.)

a) por desacato à autoridade aduaneira; ou (Acrescentado pelo Dec. 8.010/2013.)

b) por dia, pelo descumprimento de requisito estabelecido no art. 13-A ou pelo seu cumprimento fora do prazo fixado com base no art. 13-C; (Acrescentado pelo Dec. 8.010/2013.)

IV - de R$ 5.000,00 (cinco mil reais):

a) por ponto percentual que ultrapasse a margem de cinco por cento, na diferença de

DECRETOS

peso apurada em relação ao manifesto de carga a granel apresentado pelo transportador marítimo, fluvial ou lacustre;

b) por mês-calendário, a quem não apresentar à fiscalização os documentos relativos à operação que realizar ou em que intervier, bem como outros documentos exigidos pela Secretaria da Receita Federal do Brasil, ou não mantiver os correspondentes arquivos em boa guarda e ordem;

c) a quem, por qualquer meio ou forma, omissiva ou comissiva, embaraçar, dificultar ou impedir ação de fiscalização aduaneira, inclusive no caso de não apresentação de resposta, no prazo estipulado, a intimação em procedimento fiscal;

d) a quem promover a saída de veículo de local ou recinto sob controle aduaneiro, sem autorização prévia da autoridade aduaneira;

e) por deixar de prestar informação sobre veículo ou carga nele transportada, ou sobre as operações que execute, na forma e no prazo estabelecidos pela Secretaria da Receita Federal do Brasil, aplicada à empresa de transporte internacional, inclusive a prestadora de serviços de transporte internacional expresso porta-a-porta, ou ao agente de carga; e

f) por deixar de prestar informação sobre carga armazenada, ou sob sua responsabilidade, ou sobre as operações que execute, na forma e no prazo estabelecidos pela Secretaria da Receita Federal do Brasil, aplicada ao depositário ou ao operador portuário;

V - de R$ 3.000,00 (três mil reais), ao transportador de carga ou de passageiro, pelo descumprimento de exigência estabelecida para a circulação de veículos e mercadorias em zona de vigilância aduaneira;

VI - de R$ 2.000,00 (dois mil reais), no caso de violação de volume ou unidade de carga que contenha mercadoria sob controle aduaneiro, ou de dispositivo de segurança;

VII - de R$ 1.000,00 (mil reais):

a) por volume depositado em local ou recinto sob controle aduaneiro, que não seja localizado;

b) pela substituição do veículo transportador, em operação de trânsito aduaneiro, sem autorização prévia da autoridade aduaneira;

c) por dia, pelo descumprimento de condição estabelecida pela administração aduaneira para a prestação de serviços relacionados com o despacho aduaneiro;

d) por dia, pelo descumprimento de requisito, condição ou norma operacional para habilitar-se ou utilizar regime aduaneiro especial ou aplicado em áreas especiais, ou para habilitar-se ou manter recintos nos quais tais regimes sejam aplicados, exceto os requisitos técnicos e operacionais referidos no art. 13-A; (Alterado pelo Dec. 8.010/2013.)

e) por dia, pelo descumprimento de requisito, condição ou norma operacional para executar atividades de movimentação e armazenagem de mercadorias sob controle aduaneiro, e serviços conexos, exceto os requisitos técnicos e operacionais referidos no art. 13-A; e (Alterado pelo Dec. 8.010/2013.)

f) por dia, pelo descumprimento de condição estabelecida para utilização de procedimento aduaneiro simplificado;

VIII - de R$ 500,00 (quinhentos reais):

a) por ingresso de pessoa em local ou recinto sob controle aduaneiro sem a regular autorização, aplicada ao administrador do local ou recinto;

b) por tonelada de carga a granel depositada em local ou recinto sob controle aduaneiro, que não seja localizada;

c) por dia de atraso ou fração, no caso de veículo que, em operação de trânsito aduaneiro, chegar ao destino fora do prazo estabelecido, sem motivo justificado;

d) por erro ou omissão de informação em declaração relativa ao controle de papel imune; e

e) pela não apresentação do romaneio de carga (packing-list) nos documentos de instrução da declaração aduaneira;

IX - de R$ 300,00 (trezentos reais), por volume de mercadoria, em regime de trânsito aduaneiro, que não seja localizado no veículo transportador, limitada ao valor de R$ 15.000,00 (quinze mil reais);

X - de R$ 200,00 (duzentos reais):

a) por tonelada de carga a granel em regime de trânsito aduaneiro que não seja localizada no veículo transportador, limitada ao valor de R$ 15.000,00 (quinze mil reais);

b) para a pessoa que ingressar em local ou recinto sob controle aduaneiro sem a regular autorização; e

XI - de R$ 100,00 (cem reais):

a) por volume de carga não manifestada pelo transportador, sem prejuízo da aplicação da pena prevista no inciso IV do art. 689; e

b) por ponto percentual que ultrapasse a margem de cinco por cento, na diferença de peso apurada em relação ao manifesto de carga a granel apresentado pelo transportador rodoviário ou ferroviário.

§ 1º A multa a que se refere o inciso V não se aplica nos casos em que seja aplicável a penalidade de que trata o art. 731.

§ 1º-A. A multa de que trata a alínea "d" do inciso VIII não se aplica a infração punível com penalidade referida no art. 710-A. (Acrescentado pelo Dec. 7.213/2010.)

§ 2º O recolhimento das multas previstas na alínea "b" do inciso III do *caput* e nas alíneas "d", "e" e "f" do inciso VII do *caput* não garante o direito a regular operação do regime ou do recinto, nem a execução da atividade, do serviço ou do procedimento concedidos a título precário (Decreto-Lei n. 37, de 1966, art. 107, § 1º, com a redação dada pela Lei n. 10.833, de 2003, art. 77; e Lei n. 12.350, de 2010, art. 38, parágrafo único).(Alterado pelo Dec. 8.010/2013.)

§ 3º Na hipótese referida na alínea "a" do inciso XI, a lavratura do auto de infração para exigência da multa será efetuada após a conclusão do processo relativo à aplicação da pena de perdimento, salvo para prevenir a decadência.

§ 4º Nas hipóteses em que a conduta tipificada neste artigo ensejar também a imposição de sanção administrativa referida no art. 735 ou 735-C, a lavratura do auto de infração para exigência da multa será efetuada após a conclusão do processo relativo à aplicação da sanção administrativa, salvo para prevenir a decadência. (Alterado pelo Dec. 8.010/2013.)

§ 5º Nas hipóteses referidas nos incisos I e II, na alínea "a" do inciso VII, na alínea "b" do inciso VIII, no inciso IX e na alínea "a" do inciso X, do *caput*, o responsável será intimado a informar a localização do contêiner, veículo, volume ou mercadoria.

§ 6º A informação a que se refere o § 5º deverá ser prestada:

I - no prazo de cinco dias da ciência da intimação, nas hipóteses referidas no inciso I, na alínea "a" do inciso VII e na alínea "b" do inciso VIII, do *caput*; e

II - no prazo de um dia, nos demais casos.

§ 7º Não prestada a informação de que trata o § 5º nos prazos fixados no § 6º, aplica-se a multa pela não localização, prevista neste artigo, e a multa constante da alínea "c" do inciso III do *caput* do art. 702. (Alterado pelo Dec. 8.010/2013.)

§ 8º As multas previstas neste artigo não prejudicam a exigência dos tributos incidentes, a aplicação de outras penalidades cabíveis e a representação fiscal para fins penais, quando for o caso (Decreto-Lei n. 37, de 1966, art. 107, § 2º com a redação dada pela Lei n. 10.833, de 2003, art. 77; e Lei n. 12.350, de 2010, art. 38, parágrafo único). (Alterado pelo Dec. 8.010/2013.)

ART. 729. Aplica-se à empresa de transporte internacional que opere em linha regular, por via aérea ou marítima, a multa de (Lei n. 10.637, de 2002, art. 28, *caput* e parágrafo único):

I - R$ 5.000,00 (cinco mil reais) por veículo cujas informações sobre tripulantes e passageiros não sejam prestadas na forma e no prazo estabelecidos pela Secretaria da Receita Federal do Brasil; ou

II - R$ 200,00 (duzentos reais) por informação omitida, limitada ao valor de R$ 5.000,00 (cinco mil reais) por veículo.

ART. 730. Aplica-se, cumulativamente ao perdimento do veículo e da mercadoria, a multa de R$ 200,00 (duzentos reais), por passageiro ou tripulante conduzido pelo veículo que efetuar a operação proibida, no caso do inciso III do art. 688 (Decreto-Lei n. 37, de 1966, art. 104, parágrafo único, inciso II, este com a redação dada pela Lei n. 10.833, de 2003, art. 77).

Parágrafo único. A lavratura do auto de infração para exigência da multa será efetuada após a conclusão do processo relativo à aplicação da pena de perdimento a que se refere o inciso III do art. 688, salvo para prevenir a decadência.

ART. 731. Aplica-se a multa de R$ 15.000,00 (quinze mil reais) ao transportador, de passageiros ou de carga, em viagem doméstica ou internacional que transportar mercadoria sujeita a pena de perdimento (Lei n. 10.833, de 2003, art. 75, *caput*):

I - sem identificação do proprietário ou possuidor; ou

II - ainda que identificado o proprietário ou possuidor, as características ou a quantidade dos volumes transportados evidenciarem tratar-se de mercadoria sujeita à referida pena.

§ 1º A multa a ser aplicada será de R$ 30.000,00 (trinta mil reais) na hipótese de (Lei n. 10.833, de 2003, art. 75, § 5º):

I - reincidência da infração prevista no *caput*, envolvendo o mesmo veículo transportador; ou

II - modificações da estrutura ou das características do veículo, com a finalidade de efetuar o transporte de mercadorias ou permitir a sua ocultação.

§ 2º Na hipótese de viagem doméstica, o disposto no *caput* e no § 1º aplica-se somente quando o transportador estiver obrigado a identificar os volumes transportados, ou a emitir conhecimento de carga ou documento equivalente.

§ 3º O disposto neste artigo não se aplica nas hipóteses em que o veículo estiver sujeito à pena de perdimento prevista no inciso V do art. 688, nem prejudica a aplicação de outras penalidades cabíveis (Lei n. 10.833, de 2003, art. 75, § 6º).

CAPÍTULO IV
DA REDUÇÃO DAS MULTAS

ART. 732. Ao sujeito passivo que, notificado, efetuar o pagamento, a compensação ou o parcelamento dos tributos administrados pela Secretaria da Receita Federal do Brasil, será concedida redução da multa de lançamento de ofício nos seguintes percentuais (Lei n. 8.218, de 1991, art. 6º, *caput*, com a redação dada pela Lei n. 11.941, de 27 de maio de 2009, art. 28; e Lei n. 9.430, de 1996, art. 44, § 3º): (Alterado pelo Dec. 7.213/2010.)

I - cinquenta por cento, se for efetuado o pagamento ou a compensação no prazo de trinta dias, contados da data em que o sujeito passivo foi notificado do lançamento; (Acrescentado pelo Dec. 7.213/2010.)

II - quarenta por cento, se o sujeito passivo requerer o parcelamento no prazo de trinta dias, contados da data em que foi notificado do lançamento; (Acrescentado pelo Dec. 7.213/2010.)

III - trinta por cento, se for efetuado o pagamento ou a compensação no prazo de trinta dias, contados da data em que o sujeito passivo foi notificado da decisão administrativa de primeira instância; e (Acrescentado pelo Dec. 7.213/2010.)

IV - vinte por cento, se o sujeito passivo requerer o parcelamento no prazo de trinta dias, contados da data em que foi notificado da decisão administrativa de primeira instância. (Acrescentado pelo Dec. 7.213/2010.)

§ 1º No caso de provimento a recurso de ofício interposto por autoridade julgadora de primeira instância, aplica-se a redução prevista no inciso III do *caput*, para o caso de pagamento ou compensação, e no inciso IV do*caput*, para o caso de parcelamento (Lei n. 8.218, de 1991, art. 6º, § 1º, com a redação dada pela Lei n. 11.941, de 2009, art. 28). (Acrescentado pelo Dec. 7.213/2010.)

§ 2º A rescisão do parcelamento, motivada pelo descumprimento das normas que o regulam, implicará restabelecimento do montante da multa proporcionalmente ao valor da receita não satisfeita e que exceder o valor obtido com a garantia apresentada (Lei n. 8.218, de 1991, art. 6º, § 2º, com a redação dada pela Lei n. 11.941, de 2009, art. 28). (Acrescentado pelo Dec. 7.213/2010.)

ART. 734. A redução de que trata este Capítulo não se aplica aos seguintes casos:

I - multas referidas no § 1º do art. 689, no inciso II do *caput* do art. 717, e nos arts. 698, 703, 703-A, 704, 709, 710, 711, 712, 714, 715, 724, 728 e 731 (Lei n. 10.833, de 2003, art. 81; e Lei n. 11.898, de 2009, art. 16);(Alterado pelo Dec. 8.010/2013.)

II - outras hipóteses de conversão da pena de perdimento em multa equivalente ao valor aduaneiro da mercadoria;

III - outras hipóteses de relevação da pena de perdimento mediante aplicação de multa;

IV - lançamento de ofício da multa de mora; e

V - outras hipóteses de não redução previstas em lei.

TÍTULO IV
DAS SANÇÕES ADMINISTRATIVAS

ART. 735. Os intervenientes nas operações de comércio exterior ficam sujeitos às seguintes sanções (Lei n. 10.833, de 2003, art. 76, *caput*):

I - advertência, na hipótese de:

a) descumprimento de norma de segurança fiscal em local alfandegado;

b) falta de registro ou registro de forma irregular dos documentos relativos a entrada ou saída de veículo ou mercadoria em recinto alfandegado;

c) atraso, de forma contumaz, na chegada ao destino de veículo conduzindo mercadoria submetida ao regime de trânsito aduaneiro;

d) emissão de documento de identificação ou quantificação de mercadoria em desacordo com sua efetiva qualidade ou quantidade;

e) prática de ato que prejudique o procedimento de identificação ou quantificação de mercadoria sob controle aduaneiro;

f) atraso na tradução de manifesto de carga, ou erro na tradução que altere o tratamento tributário ou aduaneiro da mercadoria;

g) consolidação ou desconsolidação de carga efetuada com incorreção que altere o tratamento tributário ou aduaneiro da mercadoria;

h) atraso, por mais de três vezes, em um mesmo mês, na prestação de informações sobre carga e descarga de veículos, ou movimentação e armazenagem de mercadorias sob controle aduaneiro;

i) descumprimento de requisito, condição ou norma operacional para habilitar-se ou utilizar regime aduaneiro especial ou aplicado em áreas especiais, ou para habilitar-se ou manter recintos nos quais tais regimes sejam aplicados; (Alterado pelo Dec. 7.213/2010.)

i1) descumprimento de requisito, condição ou norma operacional para executar atividades de movimentação e armazenagem de mercadorias sob controle aduaneiro, e serviços conexos; (Acrescentado pelo Dec. 8.010/2013.)

i2) descumprimento de condição estabelecida para utilização de procedimento aduaneiro simplificado; (Acrescentado pelo Dec. 8.010/2013.)

j) deixar de comunicar à Secretaria da Receita Federal do Brasil qualquer alteração das informações prestadas para inscrição no registro de despachante aduaneiro ou de ajudante; ou (Alterado pelo Dec. 7.213/2010.)

k) descumprimento de outras normas, obrigações ou ordem legal não previstas nas alíneas "a" a "j"; (Acrescentado pelo Dec. 7.213/2010.)

II - suspensão, pelo prazo de até doze meses, do registro, licença, autorização, credenciamento ou habilitação para utilização de regime aduaneiro ou de procedimento simplificado, exercício de atividades relacionadas com o despacho aduaneiro, ou com a movimentação e armazenagem de mercadorias sob controle aduaneiro, e serviços conexos, na hipótese de:

a) reincidência em conduta já sancionada com advertência;

b) atuação em nome de pessoa que esteja cumprindo suspensão, ou no interesse desta;

c) descumprimento da obrigação de apresentar à fiscalização, em boa ordem, os documentos relativos a operação que realizar ou em que intervier, bem como outros documentos exigidos pela Secretaria da Receita Federal do Brasil;

d) delegação de atribuição privativa a pessoa não credenciada ou habilitada, inclusive na hipótese de cessão de senha de acesso a sistema informatizado; (Alterado pelo Dec. 7.213/2010.)

e) realização, por despachante aduaneiro ou ajudante, em nome próprio ou de terceiro, de exportação ou importação de quaisquer mercadorias, exceto para uso próprio, ou exercício, por estes, de comércio interno de mercadorias estrangeiras; (Alterado pelo Dec. 8.010/2013.)

f) descumprimento, pelo importador, depositário ou transportador, da determinação efetuada pela autoridade aduaneira para destruir mercadoria ou devolvê-la ao exterior, nas hipóteses de que trata o art. 574; ou (Alterado pelo Dec. 8.010/2013.)

g) prática de qualquer outra conduta sancionada com suspensão de registro, licença, autorização, credenciamento ou habilitação, nos termos de legislação específica; ou (Acrescentado pelo Dec. 8.010/2013.)

III - cancelamento ou cassação do registro, licença, autorização, credenciamento ou habilitação para utilização de regime aduaneiro ou de procedimento simplificado, exercício de atividades relacionadas com o despacho aduaneiro, ou com a movimentação e armazenagem de mercadorias sob controle aduaneiro, e serviços conexos, na hipótese de:

a) acúmulo, em período de três anos, de suspensão cujo prazo total supere doze meses;

b) atuação em nome de pessoa cujo registro, licença, autorização, credenciamento ou habilitação tenha sido objeto de cancelamento ou cassação, ou no interesse desta;

c) exercício, por pessoa credenciada ou habilitada, de atividade ou cargo vedados na legislação específica;

d) prática de ato que embarace, dificulte ou impeça a ação da fiscalização aduaneira, inclusive a prestação dolosa de informação falsa ou o uso doloso de documento falso nas atividades relacionadas com o despacho aduaneiro; (Alterado pelo Dec. 8.010/2013.)

e) agressão ou desacato à autoridade aduaneira no exercício da função;

f) sentença condenatória, transitada em julgado, por participação, direta ou indireta, na prática de crime contra a administração pública ou contra a ordem tributária;

g) sentença condenatória, transitada em julgado, à pena privativa de liberdade; (Alterado pelo Dec. 7.213/2010.)

h) descumprimento das obrigações eleitorais; (Alterado pelo Dec. 7.213/2010.)

i) ação ou omissão dolosa tendente a subtrair ao controle aduaneiro, ou dele ocultar, a importação ou a exportação de bens ou de mercadorias; ou (Acrescentado pelo Dec. 7.213/2010.)

j) prática de qualquer outra conduta sancionada com cancelamento ou cassação de registro, licença, autorização, credenciamento ou habilitação, nos termos de legislação específica. (Acrescentado pelo Dec. 7.213/2010.)

§ 1º As sanções previstas neste artigo serão anotadas no registro do infrator pela administração aduaneira, devendo a anotação ser cancelada após o decurso de cinco anos da aplicação definitiva da sanção (Lei n. 10.833, de 2003, art. 76, § 1º).

§ 2º Para os efeitos do disposto neste artigo, considera-se interveniente o importador, o exportador, o beneficiário de regime aduaneiro ou de procedimento simplificado, o despachante aduaneiro e seus ajudantes, o transportador, o agente de carga, o operador de transporte multimodal, o operador portuário, o depositário, o administrador de recinto alfandegado, o perito, o assistente técnico, ou qualquer outra pessoa que tenha relação, direta ou indireta, com a operação de comércio exterior (Lei n. 10.833, de 2003, art. 76, § 2º).

§ 3º Para os efeitos do disposto na alínea "c" do inciso I do *caput*, considera-se contumaz o atraso sem motivo justificado ocorrido em mais de vinte por cento das operações de trânsito aduaneiro realizadas no mês, se superior a cinco o número total de operações (Lei n. 10.833, de 2003, art. 76, § 3º).

§ 4º Na determinação do prazo para a aplicação das sanções previstas no inciso II do *caput*, serão considerados a natureza e a gravidade da infração cometida, os danos que dela provierem e os antecedentes do infrator (Lei n. 10.833, de 2003, art. 76, § 4º).

§ 5º Para os fins do disposto na alínea "a" do inciso II do *caput*, será considerado reincidente o infrator sancionado com advertência que, no período de cinco anos da data da aplicação definitiva da sanção, cometer nova infração pela mesma conduta já penalizada com advertência (Lei n. 10.833, de 2003, art. 76, § 5º). (Alterado pelo Dec. 8.010/2013.)

§ 5º-A. A penalidade referida na alínea "f" do inciso II do *caput* será aplicada pelo prazo de doze meses, cessando sua aplicação com a comprovação do embarque para o exterior ou da destruição, em conformidade com a determinação da autoridade aduaneira. (Acrescentado pelo Dec. 8.010/2013.)

§ 5º-B. Durante o período de suspensão de que trata o § 5º-A, a devolução da mercadoria ao exterior será realizada mediante habilitação restrita à operação.(Acrescentado pelo Dec. 8.010/2013.)

§ 6º Na hipótese de cassação ou cancelamento, a reinscrição para a atividade ou a inscrição para exercer outra atividade sujeita a controle aduaneiro só poderá ser solicitada dois anos depois da data de aplicação definitiva da sanção, devendo ser cumpridas todas as exigências e formalidades previstas para a inscrição (Lei n. 10.833, de 2003, art. 76, § 6º).

§ 7º Ao sancionado com suspensão, cassação ou cancelamento, enquanto perdurarem os efeitos da sanção, é vedado o ingresso em local sob controle aduaneiro, sem autorização do titular da unidade jurisdicionante (Lei n. 10.833, de 2003, art. 76, § 7º).

§ 8º Nas hipóteses em que conduta tipificada nas alíneas "d", "e" ou "f" do inciso VII do art. 728 ensejar também a imposição de sanção referida no *caput*, após a aplicação definitiva da sanção administrativa: (Alterado pelo Dec. 8.010/2013.)

I - de advertência, se ainda não houver sido sanada a irregularidade: (Alterado pelo Dec. 8.010/2013.)

a) o infrator será notificado a saná-la, iniciando-se com sua ciência da notificação a contagem diária da multa a que se refere o art. 728; (Alterado pelo Dec. 8.010/2013.)

b) será lavrado novo auto de infração para aplicação da sanção administrativa de suspensão (Lei n. 10.833, de 2003, art. 76, *caput*, inciso II, alínea "a"); e (Alterado pelo Dec. 8.010/2013.)

c) serão aplicadas restrições à operação no recinto, regime ou procedimento simplificado, de acordo com a gravidade da infração (Decreto-Lei n. 37, de 1966, art. 107, § 1º com a redação dada pela Lei n. 10.833, de 2003, art. 77); (Acrescentado pelo Dec. 8.010/2013.)

II - de suspensão, se ainda não houver sido sanada a irregularidade, após o cumprimento da penalidade de suspensão: (Alterado pelo Dec. 8.010/2013.)

a) será lavrado auto de infração para aplicação da multa a que se refere o art. 728, de R$ 1.000,00 (um mil reais) por dia, contando-se o período desde o primeiro dia útil subsequente à data da ciência da notificação a que se refere a alínea "a" do inciso I até a data da lavratura do auto de infração; (Alterado pelo Dec. 8.010/2013.)

b) será lavrado auto de infração para aplicação da sanção administrativa correspondente (Lei n. 10.833, de 2003, art. 76, *caput*, inciso II, alínea "a", e inciso III, alínea "a"); e (Alterado pelo Dec. 8.010/2013.)

c) serão aplicadas, na hipótese de nova suspensão, restrições à operação no recinto, regime ou procedimento simplificado, de acordo com a gravidade da infração (Decreto-Lei n. 37, de 1966, art. 107, § 1º, com a redação dada pela Lei n. 10.833, de 2003, art. 77); ou (Acrescentado pelo Dec. 8.010/2013.)

III - de cancelamento ou cassação, o sancionado terá trinta dias para tomar as providências necessárias ao encerramento da operação do recinto, regime ou procedimento simplificado.

§ 9º Considera-se definitivamente aplicada a sanção administrativa após a notificação ao sancionado da decisão administrativa da qual não caiba recurso. (Alterado pelo Dec. 7.213/2010.)

§ 10. A notificação a que se refere o § 9º será efetuada mediante: (Alterado pelo Dec. 7.213/2010.)

I - ciência do sancionado, nas hipóteses de que trata o inciso I do *caput*; ou (Acrescentado pelo Dec. 7.213/2010.)

II - publicação de ato específico no Diário Oficial da União, nas hipóteses de que tratam os incisos II e III do *caput*. (Acrescentado pelo Dec. 7.213/2010.)

§ 11. As sanções previstas neste artigo não prejudicam a exigência dos tributos incidentes, a aplicação de outras penalidades cabíveis e a representação fiscal para fins penais, quando for o caso (Lei n. 10.833, de 2003, art. 76, § 15). (Acrescentado pelo Dec. 7.213/2010.)

ART. 735-A. O habilitado ao regime de que trata o art. 102-A será (Lei n. 11.898, de 2009, art. 12, *caput*): (Acrescentado pelo Dec. 7.213/2010.)

I - suspenso pelo prazo de três meses: (Acrescentado pelo Dec. 7.213/2010.)

a) na hipótese de inobservância, por duas vezes em um período de dois anos, dos limites de valor ou de quantidade estabelecidos para as importações; (Acrescentado pelo Dec. 7.213/2010.)

b) quando vender mercadoria sem emissão do documento fiscal de venda; ou (Acrescentado pelo Dec. 7.213/2010.)

c) na hipótese em que tiver contra si ou contra o seu representante decisão administrativa aplicando a pena de perdimento da mercadoria; (Acrescentado pelo Dec. 7.213/2010.)

II - excluído do regime: (Acrescentado pelo Dec. 7.213/2010.)

a) quando for excluído do Simples Nacional de que trata a Lei Complementar n. 123, de 14 de dezembro de 2006; (Acrescentado pelo Dec. 7.213/2010.)

b) na hipótese de acúmulo, em período de três anos, de suspensão cujo prazo total supere seis meses; (Acrescentado pelo Dec. 7.213/2010.)

c) na hipótese de atuação em nome de microempresa excluída do regime ou no interesse desta; ou (Acrescentado pelo Dec. 7.213/2010.)

d) na hipótese de importação de mercadoria que não conste da lista positiva. (Acrescentado pelo Dec. 7.213/2010.)

§ 1º Aplica-se, no que couber, o disposto nos arts. 735 e 783, para efeitos de aplicação e julgamento das sanções administrativas estabelecidas neste artigo (Lei n. 11.898, de 2009, art. 12, § 1º). (Acrescentado pelo Dec. 7.213/2010.)

§ 2º Nas hipóteses de que trata o inciso II do *caput*, a microempresa somente poderá requerer nova adesão após o decurso do prazo de três anos, contados da data da exclusão do regime (Lei n. 11.898, de 2009, art. 12, § 2º). (Acrescentado pelo Dec. 7.213/2010.)

§ 3º As sanções previstas neste artigo não prejudicam a exigência dos tributos incidentes, a aplicação de outras penalidades cabíveis, como a referida no art. 735, e a representação fiscal para fins penais, quando for o caso (Lei n. 11.898, de 2009, art. 12, § 3º, e art. 17). (Acrescentado pelo Dec. 7.213/2010.)

§ 4º O disposto no § 2º não se aplica no caso de exclusão da microempresa do regime a pedido (Lei n. 11.898, de 2009, art. 18). (Acrescentado pelo Dec. 7.213/2010.)

ART. 735-B. O registro especial de que trata o art. 211-B poderá ser cancelado, a qualquer tempo, pela Secretaria da Receita Federal do Brasil se, após a sua concessão, ocorrer uma das seguintes hipóteses (Lei n. 11.945, de 2009, art. 2º, *caput*): (Acrescentado pelo Dec. 7.213/2010.)

I - desatendimento dos requisitos que condicionaram a sua concessão; (Acrescentado pelo Dec. 7.213/2010.)

II - situação irregular da pessoa jurídica perante o Cadastro Nacional da Pessoa Jurídica - CNPJ; (Acrescentado pelo Dec. 7.213/2010.)

III - atividade econômica declarada, para efeito da concessão do registro especial, divergente da informada perante o CNPJ ou daquela regularmente exercida pela pessoa jurídica; (Acrescentado pelo Dec. 7.213/2010.)

IV - não comprovação da correta destinação do papel na forma a ser estabelecida em conformidade com o disposto no inciso II do § 2º do art. 211-B; ou (Acrescentado pelo Dec. 7.213/2010.)

V - decisão final proferida na esfera administrativa sobre a exigência fiscal de crédito tributário decorrente do consumo ou da utilização do papel destinado à impressão de livros, jornais e periódicos em finalidade diversa daquela prevista no art. 211-B. (Acrescentado pelo Dec. 7.213/2010.)

§ 1º Fica vedada a concessão de novo registro especial, pelo prazo de cinco anos-calendário, à pessoa jurídica enquadrada nas hipóteses descritas nos incisos IV ou V do *caput* (Lei n. 11.945, de 2009, art. 2º, § 1º). (Acrescentado pelo Dec. 7.213/2010.)

§ 2º A vedação de que trata o § 1º também se aplica à concessão de registro especial a pessoas jurídicas que possuam em seu quadro societário (Lei n. 11.945, de 2009, art. 2º, § 2º): (Acrescentado pelo Dec. 7.213/2010.)

I - pessoa física que tenha participado, na qualidade de sócio, diretor, gerente ou administrador, de pessoa jurídica que teve registro especial cancelado em virtude do disposto nos incisos IV ou V do *caput*; ou (Acrescentado pelo Dec. 7.213/2010.)

II - pessoa jurídica que teve registro especial cancelado em virtude do disposto nos incisos IV ou V do *caput*. (Acrescentado pelo Dec. 7.213/2010.)

ART. 735-C. A pessoa jurídica de que tratam os arts. 13-B e 13-C, responsável pela administração de local ou recinto alfandegado, fica sujeita, observados a forma, o rito e as competências estabelecidos nos arts. 735, 782 e 783, à aplicação da sanção de (Lei n. 12.350, de 2010, art. 37, *caput*): (Acrescentado pelo Dec. 8.010/2013.)

I - advertência, na hipótese de descumprimento de requisito técnico ou operacional para o alfandegamento, definido com fundamento no art. 13-A; e (Acrescentado pelo Dec. 8.010/2013.)

II - suspensão das atividades de movimentação, armazenagem e despacho aduaneiro de mercadorias sob controle aduaneiro, referidas no *caput* do art. 13-A, na hipótese de reincidência em conduta já punida com advertência, até a constatação pela autoridade aduaneira do cumprimento do requisito ou da obrigação estabelecida. (Acrescentado pelo Dec. 8.010/2013.)

§ 1º Para os fins do disposto no inciso II do *caput*, será considerado reincidente o infrator que, no período de trezentos e sessenta e cinco dias, contados da data da aplicação da sanção, cometer nova infração pela mesma conduta já penalizada com advertência (Lei n. 12.350, de

2010, art. 37, parágrafo único). (Acrescentado pelo Dec. 8.010/2013.)

§ 2º Nas hipóteses em que conduta tipificada na alínea "b" do inciso III do *caput* do art. 728 ensejar também a imposição de sanção referida no *caput*, após a aplicação definitiva da sanção administrativa: (Acrescentado pelo Dec. 8.010/2013.)

I - de advertência, se ainda não houver sido sanada a irregularidade: (Acrescentado pelo Dec. 8.010/2013.)

a) o infrator será notificado a saná-la, iniciando-se com sua ciência da notificação a contagem diária da multa a que se refere o art. 728 (Lei n. 12.350, de 2010, art. 37, *caput*, inciso I); (Acrescentado pelo Dec. 8.010/2013.)

b) será lavrado novo auto de infração para aplicação da sanção administrativa de suspensão (Lei n. 12.350, de 2010, art. 37, *caput*, inciso II); e (Acrescentado pelo Dec. 8.010/2013.)

c) serão aplicadas restrições à operação no local ou recinto alfandegado, de acordo com a gravidade da infração (Lei n. 12.350, de 2010, art. 38, parágrafo único); e (Acrescentado pelo Dec. 8.010/2013.)

II - de suspensão, se ainda não houver sido sanada a irregularidade, será lavrado auto de infração para aplicação da multa a que se refere o art. 728, de R$ 10.000,00 (dez mil reais) por dia, contando-se o período desde o primeiro dia útil subsequente à data da ciência da notificação a que se refere a alínea "a" do inciso I até a data da lavratura do auto de infração. (Acrescentado pelo Dec. 8.010/2013.)

§ 3º Aplica-se somente a sanção administrativa prevista neste artigo quando a conduta praticada pelo infrator se enquadrar também no disposto no art. 735. (Acrescentado pelo Dec. 8.010/2013.)

TÍTULO V
DAS DISPOSIÇÕES FINAIS

CAPÍTULO I
DA RELEVAÇÃO DE PENALIDADES

ART. 736. O Ministro de Estado da Fazenda, em despacho fundamentado, poderá relevar penalidades relativas a infrações de que não tenha resultado falta ou insuficiência de recolhimento de tributos federais, atendendo (Decreto-Lei n. 1.042, de 21 de outubro de 1969, art. 4º, *caput*):

I - a erro ou a ignorância escusável do infrator, quanto à matéria de fato; ou

II - a equidade, em relação às características pessoais ou materiais do caso, inclusive ausência de intuito doloso.

§ 1º A relevação da penalidade poderá ser condicionada à correção prévia das irregularidades que tenham dado origem ao processo fiscal (Decreto-Lei n. 1.042, de 1969, art. 4º, § 1º).

§ 2º O Ministro de Estado da Fazenda poderá delegar a competência que este artigo lhe atribui (Decreto-Lei n. 1.042, de 1969, art. 4º, § 2º).

ART. 737. A pena de perdimento decorrente de infração de que não tenha resultado falta ou insuficiência de recolhimento de tributos federais poderá ser relevada com base no disposto no art. 736, mediante a aplicação da multa referida no art. 712 (Medida Provisória n. 2.158-35, de 2001, art. 67).

§ 1º A relevação não poderá ser deferida:

I - mais de uma vez para a mesma mercadoria; e

II - depois da destinação da respectiva mercadoria.

§ 2º A aplicação da multa a que se refere este artigo não prejudica:

I - a exigência dos tributos, de outras penalidades e dos acréscimos legais cabíveis para a regularização da mercadoria no País; ou

II - a exigência da multa a que se refere o art. 709, para a reexportação de mercadoria submetida ao regime de admissão temporária, quando sujeita a licença de importação vedada ou suspensa.

§ 3º A entrega da mercadoria ao importador, na hipótese deste artigo, está condicionada à comprovação do pagamento da multa e ao cumprimento das formalidades exigidas para o respectivo despacho de importação, sem prejuízo do atendimento das normas de controle administrativo.

ART. 738. O Ministro de Estado da Fazenda poderá, em ato normativo, dispor sobre relevação da pena de perdimento de bens de viajantes, mediante o pagamento dos tributos, acrescidos da multa de cem por cento do valor destes (Decreto-Lei n. 2.120, de 1984, art. 6º, inciso I).

ART. 739. A pena de perdimento a que se refere o inciso VII do art. 688, enquanto não efetuada a destinação do veículo, poderá ser relevada à vista de requerimento do interessado, desde que recolhido o montante correspondente a duas vezes o valor da multa inicialmente aplicada (Lei n. 10.833, de 2003, art. 75, § 7º).

Parágrafo único. A relevação a que se refere o *caput* compete ao titular da unidade da Secretaria da Receita Federal do Brasil responsável pela apuração da infração.

CAPÍTULO II
DA REPRESENTAÇÃO FISCAL PARA FINS PENAIS

ART. 740. Sempre que o Auditor-Fiscal da Receita Federal do Brasil constatar, no exercício de suas atribuições, fato que configure, em tese, crime contra a ordem tributária, crime de contrabando ou de descaminho, ou crimes em detrimento da Fazenda Nacional ou contra a administração pública federal, deverá efetuar a correspondente representação fiscal para fins penais, a ser encaminhada ao Ministério Público, na forma estabelecida pela Secretaria da Receita Federal do Brasil.

ART. 741. A representação fiscal para fins penais relativa aos crimes contra a ordem tributária será encaminhada ao Ministério Público após ter sido proferida a decisão final administrativa, no processo fiscal (Lei n. 9.430, de 1996, art. 83, *caput* com a redação dada pela Lei n. 12.350, de 2010, art. 43). (Alterado pelo Dec. 8.010/2013.)

Parágrafo único. Na hipótese de concessão de parcelamento do crédito tributário, a representação fiscal para fins penais somente será encaminhada ao Ministério Público após a exclusão da pessoa física ou jurídica do parcelamento (Lei n. 9.430, de 1996, art. 83, § 1º, com a redação dada pela Lei n. 12.382, de 2011, art. 6º). (Acrescentado pelo Dec. 8.010/2013.)

CAPÍTULO III
DAS INFRAÇÕES PRATICADAS PELOS ÓRGÃOS DA ADMINISTRAÇÃO PÚBLICA

ART. 742. Constitui falta grave, praticada pelos chefes de órgãos da administração pública direta ou indireta, promover importação ao desamparo de licença de importação ou documento de efeito equivalente, quando exigível na forma da legislação em vigor (Decreto-Lei n. 1.455, de 1976, art. 34, *caput*).

§ 1º A apuração da irregularidade de que trata este artigo será efetuada mediante inquérito determinado pela autoridade competente (Decreto-Lei n. 1.455, de 1976, art. 34, § 1º).

§ 2º O prosseguimento do despacho aduaneiro dos bens importados nas condições deste artigo ficará condicionado à conclusão do inquérito a que se refere o § 1º (Decreto-Lei n. 1.455, de 1976, art. 34, § 2º).

ART. 743. O Ministro de Estado da Fazenda disciplinará os procedimentos fiscais a serem adotados pelas unidades aduaneiras na ocorrência de infrações na importação, que envolvam órgãos da administração pública(Decreto-Lei n. 1.455, de 1976, art. 34, § 3º).

LIVRO VII
DO CRÉDITO TRIBUTÁRIO, DO PROCESSO FISCAL E DO CONTROLE ADMINISTRATIVO ESPECÍFICO

TÍTULO I
DO CRÉDITO TRIBUTÁRIO

CAPÍTULO I
DO LANÇAMENTO DE OFÍCIO

ART. 744. Sempre que for apurada infração às disposições deste Decreto, que implique exigência de tributo ou aplicação de penalidade pecuniária, o Auditor-Fiscal da Receita Federal do Brasil deverá efetuar o correspondente lançamento para fins de constituição do crédito tributário (Lei n. 5.172, de 1966, art. 142, *caput*; e Lei n. 10.593, de 2002, art. 6º, inciso I, alínea "a", com a redação dada pela Lei n. 11.457, de 2007, art. 9º). (Alterado pelo Dec. 7.213/2010.)

Parágrafo único. O Auditor-Fiscal da Receita Federal do Brasil não constituirá os créditos tributários relativos a matérias que, em virtude de jurisprudência pacífica do Supremo Tribunal Federal, ou do Superior Tribunal de Justiça, sejam objeto de ato declaratório do Procurador-Geral da Fazenda Nacional, aprovado pelo Ministro de Estado da Fazenda (Lei n. 10.522, de 19 de julho de 2002, art. 19, *caput*, inciso II e § 4º, com a redação dada pela Lei n. 11.033, de 2004, art. 21). (Acrescentado pelo Dec. 7.213/2010.)

ART. 745. Poderá ser formalizada exigência de crédito tributário correspondente exclusivamente a multa ou a juros de mora, isolada ou conjuntamente (Lei n. 9.430, de 1996, art. 43, *caput*).

Parágrafo único. Sobre o crédito constituído na forma do *caput*, não pago no respectivo vencimento, incidirão juros de mora (Lei n. 9.430, de 1996, art. 43, parágrafo único).

CAPÍTULO II
DOS ACRÉSCIMOS LEGAIS

SEÇÃO I
DA MULTA DE MORA

ART. 746. Os débitos decorrentes dos tributos e contribuições de que trata este Decreto, não pagos nos prazos previstos na legislação específica, serão acrescidos de multa de mora, calculada à taxa de trinta e três centésimos por cento, por dia de atraso (Lei n. 9.430, de 1996, art. 61, *caput*).

§ 1º O percentual de multa a ser aplicado é limitado a vinte por cento (Lei n. 9.430, de 1996, art. 61, § 2º).

§ 2º A multa de mora:

I - será calculada a partir do primeiro dia subsequente ao do vencimento do prazo previsto para o pagamento do tributo ou contribuição até o dia em que ocorrer o seu pagamento (Lei n. 9.430, de 1996, art. 61, § 1º);

DECRETOS

II - não incide sobre o débito oriundo de multa de ofício(Lei n. 8.218, de 1991, art. 3º, § 2º); e

III - não será aplicada quando o valor do imposto já tenha servido de base para a aplicação da multa decorrente de lançamento de ofício (Decreto-Lei n. 1.736, de 20 de dezembro de 1979, art. 11).

ART. 747. A interposição de ação judicial favorecida com medida liminar interrompe a incidência da multa de mora, desde a concessão da medida, até trinta dias após a data da publicação da decisão judicial que considerar devido o tributo ou contribuição (Lei n. 9.430, de 1996, art. 63, § 2º).

SEÇÃO II
DOS JUROS DE MORA

ART. 748. Os débitos, inclusive as multas de ofício, decorrentes dos tributos e contribuições de que trata este Decreto, cujos fatos geradores tenham ocorrido a partir de 1º de janeiro de 1997, não pagos nos prazos previstos na legislação específica, serão acrescidos de juros de mora, calculados à taxa referencial do Sistema Especial de Liquidação e de Custódia, a partir do primeiro dia do mês subsequente ao vencimento do prazo até o mês anterior ao do pagamento, e de um por cento no mês de pagamento (Lei n. 9.430, de 1996, arts. 5º, § 3º, e 61, § 3º).

Parágrafo único. Aplicam-se, a partir de 1º de janeiro de 1997, os juros de mora calculados na forma do *caput*, aos débitos de qualquer natureza, constituídos ou não, cujos fatos geradores tenham ocorrido até 31 de dezembro de 1994, e que não hajam sido objeto de parcelamento requerido até 31 de agosto de 1995, inclusive os inscritos em Dívida Ativa da União (Lei n. 10.522, de 19 de julho de 2002, art. 30).

ART. 749. Os tributos e contribuições de que trata este Decreto, não pagos até a data do vencimento, cujos fatos geradores tenham ocorrido:

I - a partir de 1º de abril de 1995, serão acrescidos dos juros de mora calculados na forma a que se refere o art. 748 (Lei n. 8.981, de 1995, art. 84, *caput* e §§ 1º e 2º; e Lei n. 9.065, de 20 de junho de 1995, art. 13);

II - de 1º de janeiro de 1995 até 31 de março de 1995, serão acrescidos de juros de mora equivalentes à taxa média mensal de captação do Tesouro Nacional relativa à Dívida Mobiliária Federal Interna, acumulada mensalmente a partir do primeiro dia do mês subsequente ao vencimento do prazo até o mês anterior ao do pagamento, e de um por cento no mês de pagamento (Lei n. 8.981, de 1995, art. 84, inciso I; e Lei n. 9.065, de 1995, art. 13); e

III - de 1º de janeiro de 1992 até 31 de dezembro de 1994, serão acrescidos de juros de mora de um por cento ao mês-calendário ou fração, calculados sobre o valor do tributo ou contribuição corrigido monetariamente, a partir do primeiro dia do mês subsequente ao vencimento do prazo até o mês do efetivo pagamento (Lei n. 8.383, de 1991, art. 59, *caput* e § 2º).

Parágrafo único. Os juros de mora de que trata o inciso III serão calculados, até 31 de dezembro de 1996, à razão de um por cento ao mês, adicionando-se ao montante assim apurado, a partir de 1º de janeiro de 1997, os juros de mora equivalentes à taxa de que trata o art. 748 (Lei n. 8.981, de 1995, art. 84, § 5º; e Lei n. 10.522, de 2002, art. 30).

ART. 750. O crédito não integralmente pago no vencimento será acrescido de juros de mora, seja qual for o motivo determinante da falta, sem prejuízo da imposição das penalidades cabíveis e da aplicação de quaisquer medidas de garantia previstas na lei tributária (Lei n. 5.172, de 1966, art. 161, *caput*).

Parágrafo único. O disposto no *caput* não se aplica na pendência de consulta formulada pelo devedor dentro do prazo legal para pagamento do crédito (Lei n. 5.172, de 1966, art. 161, § 2º).

SEÇÃO III
DAS DISPOSIÇÕES FINAIS

ART. 751. Os débitos de qualquer natureza decorrentes dos tributos e contribuições de que trata este Decreto, constituídos ou não, cujos fatos geradores tenham ocorrido até 31 de dezembro de 1994, e que não hajam sido objeto de parcelamento requerido até 31 de agosto de 1995, expressos em quantidade de Unidade Fiscal de Referência, serão reconvertidos para real, com base no valor daquela fixado para 1º de janeiro de 1997 (Lei n. 10.522, de 2002, art. 29, *caput*).

Parágrafo único. A partir de 1º de janeiro de 1997, os créditos apurados devem ser lançados em reais (Lei n. 10.522, de 2002, art. 29, § 1º).

CAPÍTULO III
DA DECADÊNCIA E DA PRESCRIÇÃO

SEÇÃO I
DA DECADÊNCIA

ART. 752. O direito de exigir o tributo extingue-se em cinco anos, contados (Decreto-Lei n. 37, de 1966, art. 138, *caput*, com a redação dada pelo Decreto-Lei n. 2.472, de 1988, art. 4º; e Lei n. 5.172, de 1966, art. 173, *caput*):

I - do primeiro dia do exercício seguinte àquele em que poderia ter sido lançado; ou

II - da data em que se tornar definitiva a decisão que houver anulado, por vício formal, o lançamento anteriormente efetuado.

§ 1º O direito a que se refere o *caput* extingue-se definitivamente com o decurso do prazo nele previsto, contado da data em que tenha sido iniciada a constituição do crédito tributário pela notificação, ao sujeito passivo, de qualquer medida preparatória indispensável ao lançamento (Lei n. 5.172, de 1966, art. 173, parágrafo único).

§ 2º Tratando-se de exigência de diferença de tributo, o prazo a que se refere o *caput* será contado da data do pagamento efetuado (Decreto-Lei n. 37, de 1966, art. 138, parágrafo único, com a redação dada pelo Decreto-Lei n. 2.472, de 1988, art. 4º).

§ 3º No regime de *drawback*, o termo inicial para contagem a que se refere o *caput* é, na modalidade de:

I - suspensão, o primeiro dia do exercício seguinte ao dia imediatamente posterior ao trigésimo dia da data limite para exportação; e

II - isenção, o primeiro dia do exercício seguinte à data do registro da declaração de importação na qual se solicitou a isenção.

ART. 753. O direito de impor penalidade extingue-se em cinco anos, contados da data da infração (Decreto-Lei n. 37, de 1966, art. 139).

ART. 754. O direito de pleitear a restituição do imposto extingue-se com o decurso do prazo de cinco anos, contados da data (Lei n. 5.172, de 1966, art. 168):

I - do pagamento indevido; ou

II - em que se tornar definitiva a decisão administrativa ou passar em julgado a decisão judicial que tenha reformado, anulado, revogado ou rescindido a decisão condenatória.

SEÇÃO II
DA PRESCRIÇÃO

ART. 755. O direito de ação para cobrança do crédito tributário prescreve em cinco anos, contados da data de sua constituição definitiva (Decreto-Lei n. 37, de 1966, art. 140, com a redação dada pelo Decreto-Lei n. 2.472, de 1988, art. 4º; e Lei n. 5.172, de 1966, art. 174, *caput*).

Parágrafo único. A prescrição dos créditos tributários pode ser reconhecida de ofício pela autoridade aduaneira (Lei n. 11.941, de 2009, art. 53). (Acrescentado pelo Dec. 7.213/2010.)

ART. 756. O prazo a que se refere o art. 755 não corre (Decreto-Lei n. 37, de 1966, art. 141, com a redação dada pelo Decreto-Lei n. 2.472, de 1988, art. 4º):

I - enquanto o processo de cobrança depender de exigência a ser satisfeita pelo contribuinte; ou

II - até que a autoridade aduaneira seja diretamente informada pela autoridade judiciária ou órgão do Ministério Público, da revogação de ordem ou decisão judicial que haja suspendido, anulado ou modificado a exigência, inclusive no caso de sobrestamento do processo.

ART. 757. Prescreve em dois anos a ação anulatória da decisão administrativa que denegar a restituição de tributo (Lei n. 5.172, de 1966, art. 169, *caput*).

CAPÍTULO IV
DO TERMO DE RESPONSABILIDADE

ART. 758. O termo de responsabilidade é o documento no qual são constituídas obrigações fiscais cujo adimplemento fica suspenso pela aplicação dos regimes aduaneiros especiais (Decreto-Lei n. 37, de 1966, art. 72, *caput*, com a redação dada pelo Decreto-Lei n. 2.472, de 1988, art. 1º).

§ 1º Serão ainda constituídas em termo de responsabilidade as obrigações tributárias relativas a mercadorias desembaraçadas na forma do § 4º do art. 121.

§ 2º As multas por eventual descumprimento do compromisso assumido no termo de responsabilidade não integram o crédito tributário nele constituído.

ART. 759. Poderá ser exigida garantia real ou pessoal do crédito tributário constituído em termo de responsabilidade (Decreto-Lei n. 37, de 1966, art. 72, § 1º, com a redação dada pelo Decreto-Lei n. 2.472, de 1988, art. 1º).

Parágrafo único. A garantia a que se refere o *caput* poderá ser prestada sob a forma de depósito em dinheiro, fiança idônea ou seguro aduaneiro em favor da União.

ART. 760. O termo de responsabilidade é título representativo de direito líquido e certo da Fazenda Nacional com relação às obrigações fiscais nele constituídas (Decreto-Lei n. 37, de 1966, art. 72, § 2º, com a redação dada pelo Decreto-Lei n. 2.472, de 1988, art. 1º).

Parágrafo único. Não cumprido o compromisso assumido no termo de responsabilidade, o crédito nele constituído será objeto de exigência, com os acréscimos legais cabíveis.

ART. 761. A exigência do crédito tributário constituído em termo de responsabilidade deve ser precedida de:

I - intimação do responsável para, no prazo de dez dias, manifestar-se sobre o descumprimento, total ou parcial, do compromisso assumido; e

II - revisão do processo vinculado ao termo de responsabilidade, à vista da manifestação do interessado, para fins de ratificação ou liquidação do crédito.

§ 1º A exigência do crédito, depois de notificada a sua ratificação ou liquidação ao responsável, deverá ser efetuada mediante:

I - conversão do depósito em renda da União, na hipótese de prestação de garantia sob a forma de depósito em dinheiro; ou

II - intimação do responsável para efetuar o pagamento, no prazo de trinta dias, na hipótese de dispensa de garantia, ou da prestação de garantia sob a forma de fiança idônea ou de seguro aduaneiro.

§ 2º Quando a exigência for efetuada na forma prevista no inciso II do § 1º, será intimado também o fiador ou a seguradora.

ART. 762. Decorrido o prazo fixado no inciso I do *caput* do art. 761, sem que o interessado apresente a manifestação solicitada, será efetivada a exigência do crédito na forma prevista nos §§ 1º e 2º desse artigo.

ART. 763. Não efetuado o pagamento do crédito tributário exigido, o termo será encaminhado à Procuradoria da Fazenda Nacional, para cobrança.

ART. 764. A Secretaria da Receita Federal do Brasil poderá, no âmbito de sua competência, editar atos normativos para o disciplinamento da exigência do crédito tributário constituído em termo de responsabilidade.

ART. 765. O termo não formalizado por quantia certa será liquidado à vista dos elementos constantes do despacho aduaneiro a que estiver vinculado (Decreto-Lei n. 37, de 1966, art. 72, § 3º, com a redação dada pelo Decreto-Lei n. 2.472, de 1988, art. 1º).

§ 1º Na hipótese do *caput*, o interessado deverá ser intimado a apresentar, no prazo de dez dias, as informações complementares necessárias à liquidação do crédito.

§ 2º O crédito liquidado será exigido na forma prevista nos §§ 1º e 2º do art. 761.

ART. 766. A exigência de crédito tributário apurado em procedimento posterior à apresentação do termo de responsabilidade, em decorrência de aplicação de penalidade ou de ajuste no cálculo de tributo devido, será formalizada em auto de infração, lavrado por Auditor-Fiscal da Receita Federal do Brasil, observado o disposto no Decreto n. 70.235, de 1972.

ART. 767. Aplicam-se as disposições deste Capítulo, no que couber, ao termo de responsabilidade para cumprimento de formalidade ou apresentação de documento (Decreto-Lei n. 37, de 1966, art. 72, § 4º, com a redação dada pelo Decreto-Lei n. 2.472, de 1988, art. 1º).

TÍTULO II
DO PROCESSO FISCAL

CAPÍTULO I
DO PROCESSO DE DETERMINAÇÃO E EXIGÊNCIA DE CRÉDITO TRIBUTÁRIO

ART. 768. A determinação e a exigência dos créditos tributários decorrentes de infração às normas deste Decreto serão apuradas mediante processo administrativo fiscal, na forma do Decreto n. 70.235, de 1972 (Decreto-Lei n. 822, de 5 de setembro de 1969, art. 2º; e Lei n. 10.336, de 2001, art. 13, parágrafo único).

§ 1º O disposto no *caput* aplica-se inclusive à multa referida no § 1º do art. 689 (Lei n. 10.833, de 2003, art. 73, § 2º). (Acrescentado pelo Dec. 7.213/2010.)

§ 2º O procedimento referido no § 2º do art. 570 poderá ser aplicado ainda a outros casos, na forma estabelecida pela Secretaria da Receita Federal do Brasil. (Acrescentado pelo Dec. 7.213/2010.)

SEÇÃO ÚNICA
DO PROCESSO DE DETERMINAÇÃO E EXIGÊNCIA DAS MEDIDAS DE SALVAGUARDA

ART. 769. A determinação e a exigência dos créditos tributários decorrentes de infração às medidas de salvaguarda obedecerão ao disposto no art. 768.

ART. 770. Para os efeitos deste Decreto, entende-se por:

I - medida de salvaguarda, a elevação no imposto de importação aplicada nos casos em que a importação de determinado produto aumente em condições e em quantidade, absoluta ou em relação à produção nacional, que causem ou ameacem causar prejuízo grave à indústria doméstica de bens similares ou diretamente concorrentes (Acordo sobre Salvaguarda, Artigo 2, parágrafo 1, aprovado pelo Decreto Legislativo n. 30, de 1994, e promulgado pelo Decreto n. 1.355, de 1994; e Decreto n. 1.488, de 11 de maio de 1995, art. 1º);

II - medida de salvaguarda provisória, aquela aplicada nas circunstâncias em que, havendo provas claras de nexo causal entre o aumento das importações e a ameaça de prejuízo à indústria nacional, a demora na investigação acarrete dano de difícil reparação (Acordo sobre Salvaguarda, Artigo 4, parágrafo 2, (b), e Artigo 6, aprovado pelo Decreto Legislativo n. 30, de 1994, e promulgado pelo Decreto n. 1.355, de 1994; e Decreto n. 1.488, de 1995, art. 4º); e

III - medida de salvaguarda definitiva, aquela aplicada após a investigação para a determinação de prejuízo grave ou ameaça de prejuízo grave decorrente do aumento das importações de determinada mercadoria (Acordo sobre Salvaguarda, Artigo 3, parágrafo 1, aprovado pelo Decreto Legislativo n. 30, de 1994, e promulgado pelo Decreto n. 1.355, de 1994; e Decreto n. 1.488, de 1995, art. 8º, com a redação dada pelo Decreto n. 1.936, de 20 de junho de 1996, art. 1º).

ART. 771. A aplicação das medidas de salvaguarda será precedida de investigação, na forma da legislação específica (Acordo sobre Salvaguarda, Artigo 3, parágrafo 1, aprovado pelo Decreto Legislativo n. 30, de 1994, e promulgado pelo Decreto n. 1.355, de 1994; e Decreto n. 1.488, de 1995, art. 2º, § 1º).

Parágrafo único. Compete à Câmara de Comércio Exterior a fixação das medidas de salvaguarda, provisórias ou definitivas (Acordo sobre Salvaguarda, Artigo 3, aprovado pelo Decreto Legislativo n. 30, de 1994, e promulgado pelo Decreto n. 1.355, de 1994; e Decreto n. 4.732, de 10 de junho de 2003, art. 2º, inciso XV).

ART. 772. As medidas de salvaguarda provisórias serão aplicadas como elevação do imposto de importação, por meio de adicional à Tarifa Externa Comum, sob a forma de alíquota *ad valorem*, de alíquota específica ou da combinação de ambas (Acordo sobre Salvaguarda, Artigo 7, parágrafo 1, aprovado pelo Decreto Legislativo n. 30, de 1994, e promulgado pelo Decreto n. 1.355, de 1994; e Decreto n. 1.488, de 1995, art. 4º, § 3º, com a redação dada pelo Decreto n. 1.936, de 1996, art. 1º).

ART. 773. As medidas de salvaguarda definitivas serão aplicadas, na extensão necessária, para prevenir ou reparar o prejuízo grave e facilitar o ajustamento da indústria doméstica, sob a forma estabelecida no art. 772 ou mediante restrições quantitativas (Acordo sobre Salvaguarda, Artigos 5 e 7, parágrafo 1, aprovado pelo Decreto Legislativo n. 30, de 1994, e promulgado pelo Decreto n. 1.355, de 1994; e Decreto n. 1.488, de 1995, art. 8º, com a redação dada pelo Decreto n. 1.936, de 1996, art. 1º).

CAPÍTULO II
DO PROCESSO DE PERDIMENTO

SEÇÃO I
DO PROCESSO DE PERDIMENTO DE MERCADORIA E DE VEÍCULO

ART. 774. As infrações a que se aplique a pena de perdimento serão apuradas mediante processo fiscal, cuja peça inicial será o auto de infração acompanhado de termo de apreensão e, se for o caso, de termo de guarda fiscal (Decreto-Lei n. 1.455, de 1976, art. 27, *caput*).

§ 1º Feita a intimação, pessoal ou por edital, a não apresentação de impugnação no prazo de vinte dias implica revelia (Decreto-Lei n. 1.455, de 1976, art. 27, § 1º).

§ 2º Considera-se feita a intimação e iniciada a contagem do prazo para impugnação quinze dias após a publicação do edital, se este for o meio utilizado.

§ 3º A revelia do autuado, declarada pela autoridade preparadora, implica o envio do processo à autoridade competente, para imediata aplicação da pena de perdimento, ficando a mercadoria correspondente disponível para destinação, nos termos dos arts. 803 a 806.

§ 4º Apresentada a impugnação, a autoridade preparadora terá o prazo de quinze dias para remessa do processo a julgamento (Decreto-Lei n. 1.455, de 1976, art. 27, § 2º).

§ 5º O prazo mencionado no § 4º poderá ser prorrogado quando houver necessidade de diligência ou perícia (Decreto-Lei n. 1.455, de 1976, art. 27, § 3º).

§ 6º Após o preparo, o processo será submetido à decisão do Ministro de Estado da Fazenda, em instância única (Decreto-Lei n. 1.455, de 1976, art. 27, § 4º).

§ 7º O Ministro de Estado da Fazenda poderá delegar a competência para a decisão de que trata o § 6º.

§ 8º As infrações mencionadas no inciso XXI do art. 689, quando referentes a mercadorias de valor inferior a US$ 500,00 (quinhentos dólares dos Estados Unidos da América), e no inciso IX do mesmo artigo serão apuradas em procedimento simplificado, no qual (Decreto-Lei n. 1.455, de 1976, art. 27, § 5º, com a redação dada pela Lei n. 12.058, de 2009, art. 31): (Alterado pelo Dec. 7.213/2010.)

I - as mercadorias serão relacionadas pela unidade da Secretaria da Receita Federal do Brasil com jurisdição sobre o local de depósito, devendo a relação ser afixada em edital na referida unidade por vinte dias; e(Acrescentado pelo Dec. 7.213/2010.)

II - decorrido o prazo a que se refere o inciso I: (Acrescentado pelo Dec. 7.213/2010.)

a) sem manifestação por parte de qualquer interessado, serão declaradas abandonadas e estarão disponíveis para destinação, dispensada a formalidade a que se refere o *caput*, observado o disposto nos arts. 803 a 806; ou (Acrescentado pelo Dec. 7.213/2010.)

b) com manifestação contrária de interessado, será adotado o procedimento previsto no *caput* e nos §§ 1º a 6º deste artigo. (Acrescentado pelo Dec. 7.213/2010.)

§ 9º O Ministro de Estado da Fazenda poderá aumentar em até duas vezes o limite estabelecido no § 8º (Decreto-Lei n. 1.455, de 1976, art. 27, § 6º, com a redação dada pela Lei n. 12.058, de 2009, art. 31). (Acrescentado pelo Dec. 7.213/2010.)

§ 10. O disposto nos §§ 8º e 9º não se aplica na hipótese de mercadorias de importação proibida (Decreto-Lei n. 1.455, de 1976, art. 27, § 7º, com a redação dada pela Lei n. 12.058, de 2009, art. 31). (Acrescentado pelo Dec. 7.213/2010.)

§ 11. O Ministro de Estado da Fazenda estabelecerá, no âmbito de sua competência, atos normativos para disciplinar os procedimentos previstos neste artigo (Decreto-Lei n. 1.455, de 1976, art. 27, § 6º, com a redação dada pela Lei n. 12.058, de 2009, art. 31). (Acrescentado pelo Dec. 7.213/2010.)

ART. 775. A entrega de mercadoria ou de veículo, cujo processo fiscal se interrompa por decisão judicial não transitada em julgado, dependerá, sempre, da prestação prévia de garantia no valor do litígio, na forma de depósito ou fiança idônea (Decreto-Lei n. 37, de 1966, art. 165, *caput*).

Parágrafo único. O depósito será convertido aos títulos próprios, de acordo com a solução final da lide, de que não caiba recurso com efeito suspensivo (Decreto-Lei n. 37, de 1966, art. 165, parágrafo único).

ART. 776. Na formalização de processo administrativo fiscal para aplicação da pena de perdimento, na representação fiscal para fins penais e para efeitos de controle patrimonial e elaboração de estatísticas, a Secretaria da Receita Federal do Brasil poderá (Lei n. 10.833, de 2003, art. 65):

I - adotar nomenclatura simplificada para a classificação de mercadorias apreendidas, na lavratura do correspondente auto de infração; e

II - aplicar a alíquota de cinquenta por cento sobre o valor arbitrado das mercadorias apreendidas para determinar o montante correspondente à soma do imposto de importação e do imposto sobre produtos industrializados que seriam devidos na importação.

SEÇÃO II
DO PROCESSO DE PERDIMENTO DE MOEDA

ART. 777. O perdimento de moeda de que trata o art. 700 será aplicado pela Secretaria da Receita Federal do Brasil (Medida Provisória n. 2.158-35, de 2001, art. 89, *caput*).

Parágrafo único. A competência prevista no *caput* poderá ser delegada (Decreto-Lei n. 200, de 1967, art. 12, *caput*).

ART. 778. Será objeto de retenção a moeda à qual deva ser aplicada a pena de perdimento referida no art. 700.

§ 1º No caso de retenção de moeda portada por viajante, o valor que não exceda ao limite referido no *caput* do art. 700 será, após a devida anotação no documento relativo à retenção, liberado ao portador.

§ 2º O disposto no § 1º não se aplica no caso de haver indícios de cometimento de infração cuja comprovação requeira a retenção da totalidade da moeda.

§ 3º Quando não for possível efetuar a retenção do montante exato do excedente ao limite referido no § 1º, tendo em vista o valor nominal das cédulas, a autoridade aduaneira deverá reter o menor valor nominal possível superior a tal limite.

ART. 779. O processo administrativo de apuração e de aplicação da pena de perdimento de moeda obedecerá ao disposto no *caput* do art. 774 e em seus §§ 1º, 2º, 4º e 5º (Medida Provisória n. 2.158-35, de 2001, art. 89, §§ 1º a 4º). (Alterado pelo Dec. 7.213/2010.)

Parágrafo único. Da decisão proferida pela autoridade competente, no processo a que se refere o *caput*, não caberá recurso (Medida Provisória n. 2.158-35, de 2001, art. 89, § 5º).

ART. 780. As moedas retidas antes de 27 de agosto de 2001 terão seu valor convertido em renda da União (Medida Provisória n. 2.158-35, de 2001, art. 89, § 6º, inciso II).

Parágrafo único. O disposto no *caput* não se aplica nos casos em que o interessado tenha apresentado manifestação de inconformidade, hipótese em que serão adotados os procedimentos a que se refere o art. 779 (Medida Provisória n. 2.158-35, de 2001, art. 89, § 6º, inciso I).

CAPÍTULO III
DO PROCESSO DE APLICAÇÃO DE PENALIDADES PELO TRANSPORTE RODOVIÁRIO DE MERCADORIA SUJEITA A PENA DE PERDIMENTO

ART. 781. Aplicada a multa referida no art. 731, na hipótese de transporte rodoviário, o veículo será retido, na forma estabelecida pela Secretaria da Receita Federal do Brasil (Lei n. 10.833, de 2003, art. 75, § 1º).

§ 1º A retenção de que trata o *caput* será efetuada ainda que o infrator não seja o proprietário do veículo, cabendo a este adotar as ações necessárias contra o primeiro para se ressarcir dos prejuízos eventualmente incorridos (Lei n. 10.833, de 2003, art. 75, § 2º).

§ 2º A exigência da multa e a retenção do veículo referidas no *caput* serão formalizadas, mediante auto de infração e termo de retenção, em um só processo. (Alterado pelo Dec. 7.213/2010.)

§ 3º A impugnação, com efeito exclusivamente devolutivo, deve ser apresentada no prazo de vinte dias da ciência da formalização dos atos referidos no § 2º ao titular da unidade da Secretaria da Receita Federal do Brasil responsável pela retenção, que a apreciará em instância única (Lei n. 10.833, de 2003, art. 75, § 3º). (Alterado pelo Dec. 7.213/2010.)

§ 4º Na hipótese de recolhimento da multa ou de decisão favorável ao transportador, o veículo será devolvido (Lei n. 10.833, de 2003, art. 75, § 1º).

§ 5º Na hipótese de não recolhimento da multa, decorrido o prazo de quarenta e cinco dias da ciência de sua aplicação ou da decisão contrária ao transportador, aplica-se a penalidade referida no inciso VII do art. 688, observado o rito estabelecido no art. 774 (Lei n. 10.833, de 2003, art. 75, § 4º).

§ 6º Aplicada a pena de perdimento referida no inciso VII do art. 688, o processo a que se refere o § 2º será declarado extinto, por perda de objeto.

§ 7º Aplicada a multa referida no art. 731 ou a pena de perdimento referida no inciso VII do art. 688, será encaminhada representação à autoridade competente para fiscalizar o transporte terrestre, pela Secretaria da Receita Federal do Brasil (Lei n. 10.833, de 2003, art. 75, § 8º).

§ 8º Na hipótese a que se refere o § 6º, as correspondentes autorizações de viagens internacionais ou por zonas de vigilância aduaneira do transportador representado serão canceladas, ficando vedada a expedição de novas autorizações pelo prazo de dois anos (Lei n. 10.833, de 2003, art. 75, § 9º).

§ 9º Se não for possível a retenção do veículo no momento da lavratura do auto de infração, o processo de que trata o § 2º será formalizado para exigência da multa, contando-se o prazo referido no § 3º a partir da ciência do auto de infração, observados o rito e a competência referidos neste artigo. (Acrescentado pelo Dec. 7.213/2010.)

§ 10. Na hipótese do § 9º, caso o veículo seja localizado antes da ocorrência das situações de que trata o § 4º, deverá ser efetuada a sua retenção, mantidos o rito e a competência referidos neste artigo. (Acrescentado pelo Dec. 7.213/2010.)

CAPÍTULO IV
DO PROCESSO DE APLICAÇÃO DE SANÇÕES ADMINISTRATIVAS AOS INTERVENIENTES NAS OPERAÇÕES DE COMÉRCIO EXTERIOR

ART. 782. A aplicação das sanções administrativas referidas no art. 735 compete (Lei n. 10.833, de 2003, art. 76, § 8º):

I - ao titular da unidade da Secretaria da Receita Federal do Brasil responsável pela apuração da infração, nos casos de advertência ou suspensão; ou

II - à autoridade competente para habilitar ou autorizar a utilização de procedimento simplificado, de regime aduaneiro, ou o exercício de atividades relacionadas com o despacho aduaneiro, ou com a movimentação e armazenagem de mercadorias sob controle aduaneiro, e serviços conexos, nos casos de cancelamento ou cassação.

Parágrafo único. Compete ainda ao titular da unidade da Secretaria da Receita Federal do Brasil responsável pela apuração da infração a aplicação das restrições referidas na alínea "b" do inciso I e na alínea "b" do inciso II do § 8º do art. 735.

ART. 783. As sanções administrativas serão aplicadas mediante processo administrativo próprio, instaurado com a lavratura de auto de infração, acompanhado de termo de constatação de hipótese referida nos incisos I a III do *caput* do art. 735 (Lei n. 10.833, de 2003, art. 76, § 9º).

§ 1º Feita a intimação, pessoal ou por edital, a não apresentação de impugnação pelo autuado no prazo de vinte dias implica revelia, cabendo a imediata aplicação da sanção pela autoridade a que se refere o art. 782 (Lei n. 10.833, de 2003, art. 76, § 10).

§ 1º-A. Considera-se feita a intimação e iniciada a contagem do prazo para impugnação, quinze dias após a publicação do edital, se este for o meio utilizado. (Acrescentado pelo Dec. 7.213/2010.)

§ 2º Apresentada a impugnação, a autoridade preparadora terá prazo de quinze dias para remessa do processo a julgamento (Lei n. 10.833, de 2003, art. 76, § 11).

§ 3º O prazo a que se refere o § 2º poderá ser prorrogado quando for necessária a realização de diligências ou perícias (Lei n. 10.833, de 2003, art. 76, § 12).

§ 4º Da decisão que aplicar a sanção cabe recurso, a ser apresentado em trinta dias, à autoridade imediatamente superior, que o julgará em instância final administrativa (Lei n. 10.833, de 2003, art. 76, § 13).

§ 4º-A. Nos processos relativos à aplicação de sanção administrativa a despachantes aduaneiros e ajudantes, a autoridade a que se refere o § 4º é o Superintendente da Receita Federal do Brasil. (Acrescentado pelo Dec. 7.213/2010.)

§ 5º O recurso a que se refere o § 4º terá efeito suspensivo.

CAPÍTULO V
DOS PROCESSOS DE APLICAÇÃO E DE EXIGÊNCIA DOS DIREITOS ANTIDUMPING E COMPENSATÓRIOS

ART. 784. Para os efeitos deste Decreto, entende-se por:

I - dumping, a introdução de um bem no mercado doméstico, inclusive sob as modalidades de *drawback*, a preço de exportação inferior ao preço efetivamente praticado para o produto similar nas operações mercantis normais, que o destinem a consumo interno no país exportador (Acordo sobre Implementação do Artigo VI do Acordo Geral sobre Tarifas e Comércio 1994, Artigo 2, parágrafo 1, aprovado pelo Decreto Legislativo n. 30, de 1994, e promulgado pelo Decreto n. 1.355, de 1994; e Decreto n. 1.602, de 23 de agosto de 1995, art. 4º);

II - direito antidumping, o montante em dinheiro, igual ou inferior à margem de dumping apurada, com o fim exclusivo de neutralizar os efeitos danosos das importações objeto de dumping, calculado mediante a aplicação de alíquotas *ad valorem* ou específicas, ou pela conjugação de ambas (Acordo sobre Implementação do Artigo VI do Acordo Geral sobre Tarifas e Comércio 1994, Artigo 9, parágrafo 1, aprovado pelo Decreto Legislativo n. 30, de 1994, e promulgado pelo Decreto n. 1.355, de 1994; e Decreto n. 1.602, de 1995, art. 45); e

III - direito compensatório, o direito especial percebido com o fim de contrabalançar qualquer subsídio concedido direta ou indiretamente à fabricação, à produção ou à exportação de mercadoria (Acordo sobre Subsídios e Medidas Compensatórias, Artigo 10, Nota 36, aprovado pelo Decreto Legislativo n. 30, de 1994, e promulgado pelo Decreto n. 1.355, de 1994; e Decreto n. 1.751, de 19 de dezembro de 1995, art. 1º, *caput*).

ART. 785. Os direitos antidumping e os direitos compensatórios, provisórios ou definitivos, serão aplicados mediante a cobrança de importância, em real, que corresponderá a percentual da margem de dumping ou do montante de subsídios, apurados em processo administrativo, nos termos da legislação específica, suficientes para sanar dano ou ameaça de dano à indústria doméstica (Lei n. 9.019, de 1995, art. 1º, *caput*).

Parágrafo único. Os direitos antidumping e os direitos compensatórios serão cobrados independentemente de quaisquer obrigações de natureza tributária relativas à importação dos produtos afetados (Lei n. 9.019, de 1995, art. 1º, parágrafo único).

ART. 786. Poderão ser aplicados direitos provisórios durante a investigação, quando da análise preliminar verificar-se a existência de indícios da prática de dumping ou de concessão de subsídios, e que tais práticas causam dano, ou ameaça de dano, à indústria doméstica, e se julgue necessário impedi-las no curso da investigação (Lei n. 9.019, de 1995, art. 2º, *caput*).

ART. 787. A exigibilidade dos direitos provisórios de que trata o art. 786 poderá ficar suspensa, até decisão final do processo, a critério da Câmara de Comércio Exterior, desde que o importador ofereça garantia equivalente ao valor integral da obrigação e dos demais encargos legais, sob a forma de depósito em dinheiro ou fiança bancária (Lei n. 9.019, de 1995, art. 3º, *caput*, com a redação dada pela Medida Provisória n. 2.158-35, de 2001, art. 53).

§ 1º O desembaraço aduaneiro dos bens objeto da aplicação dos direitos provisórios dependerá da prestação da garantia a que se refere este artigo (Lei n. 9.019, de 1995, art. 3º, § 3º).

§ 2º A garantia deverá assegurar, em todos os casos, a aplicação das mesmas normas que disciplinam a hipótese de atraso no pagamento de tributos federais, inclusive juros, desde a data de vigência dos direitos provisórios (Lei n. 9.019, de 1995, art. 3º, § 1º).

§ 3º A Secretaria da Receita Federal do Brasil disporá sobre a forma de prestação e liberação da garantia referida neste artigo (Lei n. 9.019, de 1995, art. 3º, § 2º).

ART. 788. O cumprimento das obrigações resultantes da aplicação dos direitos antidumping e dos direitos compensatórios, sejam definitivos ou provisórios, será condição para a introdução no comércio do País de produtos objeto de dumping ou de subsídios (Lei n. 9.019, de 1995, art. 7º, *caput*).

§ 1º Compete à Secretaria da Receita Federal do Brasil a cobrança e, se for o caso, a restituição dos direitos antidumping e compensatórios, provisórios ou definitivos, quando se tratar de valor em dinheiro (Lei n. 9.019, de 1995, art. 7º, § 1º).

§ 2º Os direitos antidumping e os direitos compensatórios são devidos na data do registro da declaração de importação (Lei n. 9.019, de 1995, art. 7º, § 2º, com a redação dada pela Lei n. 10.833, de 2003, art. 79).

§ 3º A exigência de ofício de direitos antidumping ou de direitos compensatórios e decorrentes acréscimos moratórios e penalidades será formalizada em auto de infração lavrado por Auditor-Fiscal da Receita Federal do Brasil, observado o disposto no Decreto n. 70.235, de 1972, e o prazo de cinco anos, contados da data de registro da declaração de importação (Lei n. 9.019, de 1995, art. 7º, § 5º, com a redação dada pela Lei n. 10.833, de 2003, art. 79).

§ 4º Verificado o inadimplemento da obrigação, a Secretaria da Receita Federal do Brasil encaminhará o débito à Procuradoria-Geral da Fazenda Nacional, para inscrição em Dívida Ativa da União e respectiva cobrança, observado o prazo de prescrição de cinco anos (Lei n. 9.019, de 1995, art. 7º, § 6º, com a redação dada pela Lei n. 10.833, de 2003, art. 79).

§ 5º A restituição de valores pagos a título de direitos antidumping e de direitos compensatórios, provisórios ou definitivos, enseja a restituição dos acréscimos legais correspondentes e das penalidades pecuniárias, de caráter material, prejudicados pela causa da restituição (Lei n. 9.019, de 1995, art. 7º, § 7º, com a redação dada pela Lei n. 10.833, de 2003, art. 79).

ART. 789. Os direitos antidumping ou compensatórios, provisórios ou definitivos, somente serão aplicados sobre bens despachados para consumo a partir da data da publicação do ato que os estabelecer, excetuando-se os casos de retroatividade previstos nos Acordos Antidumping e nos Acordos de Subsídios e Direitos Compensatórios (Lei n. 9.019, de 1995, art. 8º, *caput*).

Parágrafo único. Nos casos de retroatividade, a Secretaria da Receita Federal do Brasil intimará o contribuinte ou responsável para pagar os direitos antidumping ou compensatórios, provisórios ou definitivos, no prazo de trinta dias, sem a incidência de quaisquer acréscimos moratórios (Lei n. 9.019, de 1995, art. 8º, § 1º, com a redação dada pela Lei n. 10.833, de 2003, art. 79).

CAPÍTULO VI
DO PROCESSO DE CONSULTA

ART. 790. No âmbito da Secretaria da Receita Federal do Brasil, os processos administrativos de consulta, relativos à interpretação da legislação tributária e à classificação fiscal de mercadoria, serão solucionados em instância única (Lei n. 9.430, de 1996, art. 48, *caput*).

§ 1º A competência para solucionar a consulta ou declarar a sua ineficácia será atribuída (Lei n. 9.430, de 1996, art. 48, § 1º):

I - à unidade central da Secretaria da Receita Federal do Brasil, nos casos de consultas formuladas por órgão central da administração pública federal ou por entidade representativa de categoria econômica ou profissional de âmbito nacional; e

II - à unidade regional da Secretaria da Receita Federal do Brasil, nos demais casos.

§ 2º A consulta relativa à interpretação da legislação tributária será solucionada com base em normas editadas pela Secretaria da Receita Federal do Brasil, não se aplicando o disposto nos arts. 54 a 58 do Decreto n. 70.235, de 1972 (Lei n. 9.430, de 1996, art. 49).

§ 3º A consulta relativa à classificação fiscal de mercadorias será solucionada pela aplicação das disposições dos arts. 46 a 53 do Decreto n. 70.235, de 1972, e de normas complementares editadas pela Secretaria da Receita Federal do Brasil (Lei n. 9.430, de 1996, art. 50, *caput*).

CAPÍTULO VII
DO PROCESSO DE VISTORIA ADUANEIRA

ARTS. 791. e **792.** (Revogados pelo Dec. 8.010/2013.)

CAPÍTULO VIII
DOS PROCEDIMENTOS ESPECIAIS

SEÇÃO I
DOS PROCEDIMENTOS DE FISCALIZAÇÃO

ART. 793. O Ministro de Estado da Fazenda poderá autorizar a adoção, em casos determinados, de procedimentos especiais com relação à mercadoria introduzida no País sob fundada suspeita de ilegalidade, com o fim específico de facilitar a identificação de eventuais responsáveis (Decreto-Lei n. 37, de 1966, art. 53, com a redação dada pelo Decreto-Lei n. 2.472, de 1988, art. 2º).

ART. 794. Quando houver indícios de infração punível com a pena de perdimento, a mercadoria importada será retida pela Secretaria da Receita Federal do Brasil, até que seja concluído o correspondente procedimento de fiscalização (Medida Provisória n. 2.158-35, de 2001, art. 68, *caput*).

Parágrafo único. O disposto no *caput* será aplicado na forma disciplinada pela Secretaria da Receita Federal do Brasil, que disporá sobre o prazo máximo de retenção, bem como sobre as situações em que as mercadorias poderão ser entregues ao importador, antes da conclusão do procedimento de fiscalização, mediante a adoção das adequadas medidas de cautela fiscal (Medida Provisória n. 2.158-35, de 2001, art. 68, parágrafo único).

ART. 795. No curso de procedimento de fiscalização aduaneira, o Auditor-Fiscal da Receita Federal do Brasil poderá examinar informações relativas a terceiros, constantes de documentos, livros e registros de instituições financeiras e de entidades a elas equiparadas, inclusive os referentes a contas de depósitos e de aplicações financeiras, quando o exame for considerado indispensável à ação fiscal (Lei Complementar n. 105, de 10 de janeiro de 2001, art. 6º, *caput*).

DECRETOS

SEÇÃO II
DA MEDIDA CAUTELAR FISCAL

ART. 796. O procedimento cautelar fiscal poderá ser instaurado após a constituição do crédito, inclusive no curso da execução judicial da Dívida Ativa da União e de suas autarquias (Lei n. 8.397, de 6 de janeiro de 1992, art. 1º, *caput*, com a redação dada pela Lei n. 9.532, de 1997, art. 65).

ART. 797. A medida cautelar fiscal poderá ser requerida contra o sujeito passivo de crédito tributário ou não tributário, quando o devedor (Lei n. 8.397, de 1992, art. 2º, com a redação dada pela Lei n. 9.532, de 1997, art. 65):

I - sem domicílio certo, intenta ausentar-se ou alienar bens que possui ou deixa de pagar a obrigação no prazo fixado;

II - tendo domicílio certo, ausenta-se ou tenta ausentar-se, visando a elidir o adimplemento da obrigação;

III - caindo em insolvência, aliena ou tenta alienar bens;

IV - contrai ou tenta contrair dívidas que comprometam a liquidez do seu patrimônio;

V - notificado pela Fazenda Pública para que proceda ao recolhimento do crédito fiscal:

a) deixa de pagá-lo no prazo legal, salvo se suspensa sua exigibilidade; ou

b) põe ou tenta por seus bens em nome de terceiros;

VI - possui débitos, inscritos ou não em Dívida Ativa, que somados ultrapassem trinta por cento do seu patrimônio conhecido;

VII - aliena bens ou direitos sem proceder à devida comunicação ao órgão da Fazenda Pública competente, quando exigível em virtude de lei;

VIII - tem sua inscrição no cadastro de contribuintes declarada inapta, pelo órgão fazendário; ou

IX - pratica outros atos que dificultem ou impeçam a satisfação do crédito.

ART. 798. Para a concessão da medida cautelar fiscal, é essencial que seja apresentada (Lei n. 8.397, de 1992, art. 3º):

I - prova literal da constituição do crédito fiscal; e

II - prova documental de algum dos casos mencionados no art. 797.

ART. 799. A autoridade competente da Secretaria da Receita Federal do Brasil procederá ao arrolamento de bens e direitos do sujeito passivo sempre que o valor dos créditos tributários de responsabilidade deste for superior a trinta por cento de seu patrimônio conhecido (Lei n. 9.532, de 1997, art. 64, *caput*).

§ 1º Se o crédito tributário for formalizado contra pessoa física, no arrolamento devem ser identificados, inclusive, os bens e direitos em nome do cônjuge, não gravados com a cláusula de incomunicabilidade (Lei n. 9.532, de 1997, art. 64, § 1º).

§ 2º Na falta de outros elementos indicativos, considera-se patrimônio conhecido o valor constante da última declaração de rendimentos apresentada (Lei n. 9.532, de 1997, art. 64, § 2º).

§ 3º O disposto neste artigo só se aplica à soma de créditos de valor superior ao limite estabelecido em conformidade com o disposto nos §§ 7º e 10 do art. 64 da Lei n. 9.532, de 1997, este com a redação dada pelo art. 32 da Lei n. 11.941, de 2009. (Alterado pelo Dec. 7.213/2010.)

ART. 800. A Secretaria da Receita Federal do Brasil estabelecerá os procedimentos a serem adotados relativamente ao arrolamento de bens e direitos e à solicitação de propositura de medida cautelar fiscal.

SEÇÃO III
DA DECLARAÇÃO DE INAPTIDÃO DE EMPRESAS

ART. 801. Será declarada inapta, nos termos e condições definidos pela Secretaria da Receita Federal do Brasil, a inscrição no CNPJ da pessoa jurídica que não for localizada no endereço informado ao CNPJ (Lei n. 9.430, de 1996, art. 81, § 5º, com a redação dada pela Lei n. 11.941, de 2009, art. 30). (Alterado pelo Dec. 7.213/2010.)

§ 1º Será também declarada inapta a inscrição da pessoa jurídica que não comprove a origem, a disponibilidade e a efetiva transferência, se for o caso, dos recursos empregados em operações de comércio exterior (Lei n. 9.430, de 1996, art. 81, § 1º, com a redação dada pela Lei n. 10.637, de 2002, art. 60).

§ 2º Para fins do disposto no § 1º, a comprovação da origem de recursos provenientes do exterior ocorrerá mediante, cumulativamente (Lei n. 9.430, de 1996, art. 81, § 2º, com a redação dada pela Lei n. 10.637, de 2002, art. 60):

I - prova do regular fechamento da operação de câmbio, inclusive com a identificação da instituição financeira no exterior encarregada da remessa dos recursos para o País; e

II - identificação do remetente dos recursos, assim considerada a pessoa física ou jurídica titular dos recursos remetidos.

§ 3º No caso de o remetente referido no inciso II do § 2º ser pessoa jurídica, deverão ser também identificados os integrantes de seus quadros societário e gerencial (Lei n. 9.430, de 1996, art. 81, § 3º, com a redação dada pela Lei n. 10.637, de 2002, art. 60).

§ 4º O disposto nos §§ 2º e 3º aplica-se, ainda, na hipótese de interposição fraudulenta de que trata o § 6º do art. 689 (Lei n. 9.430, de 1996, art. 81, § 4º, com a redação dada pela Lei n. 10.637, de 2002, art. 60).

§ 5º O disposto no § 1º não se aplica quando configurado o acobertamento dos reais intervenientes ou beneficiários em uma operação de comércio exterior, hipótese em que será observado o estabelecido no art. 727(Lei n. 11.488, de 2007, art. 33, parágrafo único).

CAPÍTULO IX
DAS DISPOSIÇÕES FINAIS

ART. 802. No âmbito do processo administrativo fiscal, fica vedado ao julgador afastar a aplicação ou deixar de observar tratado, acordo internacional, lei ou decreto, sob fundamento de inconstitucionalidade (Decreto n.70.235, de 1972, art. 26-A, *caput*, com a redação dada pela Lei n. 11.941, de 2009, art. 25). (Alterado pelo Dec. 7.213/2010.)

Parágrafo único. O disposto no *caput* não se aplica aos casos de tratado, acordo internacional, lei ou ato normativo (Decreto n. 70.235, de 1972, art. 26-A, § 6º, com a redação dada pela Lei n. 11.941, de 2009, art. 25):(Acrescentado pelo Dec. 7.213/2010.)

I - que já tenha sido declarado inconstitucional por decisão plenária definitiva do Supremo Tribunal Federal; ou (Acrescentado pelo Dec. 7.213/2010.)

II - que fundamente crédito tributário objeto de: (Acrescentado pelo Dec. 7.213/2010.)

a) dispensa legal de constituição ou de ato declaratório do Procurador-Geral da Fazenda Nacional, na forma dos arts. 18 e 19 da Lei n. 10.522, de 19 de junho de 2002; (Acrescentado pelo Dec. 7.213/2010.)

b) súmula da Advocacia-Geral da União, na forma do art. 43 da Lei Complementar n. 73, de 10 de fevereiro de 1993; ou (Acrescentado pelo Dec. 7.213/2010.)

c) pareceres do Advogado-Geral da União aprovados pelo Presidente da República, na forma do art. 40 da Lei Complementar n. 73, de 1993. (Acrescentado pelo Dec. 7.213/2010.)

TÍTULO III
DO CONTROLE ADMINISTRATIVO ESPECÍFICO

CAPÍTULO I
DA DESTINAÇÃO DE MERCADORIAS

ART. 803. A destinação das mercadorias, se abandonadas, entregues à Fazenda Nacional ou objeto de pena de perdimento, será feita por (Decreto-Lei n. 1.455, de 1976, art. 29, *caput*, com a redação dada pela Lei n. 12.350, de 2010, art. 41): (Alterado pelo Dec. 8.010/2013.)

I - alienação, mediante: (Alterado pelo Dec. 8.010/2013.)

a) licitação; ou (Alterado pelo Dec. 8.010/2013.)

b) doação a entidades sem fins lucrativos; (Alterado pelo Dec. 8.010/2013.)

II - incorporação ao patrimônio de órgão da Administração Pública; (Alterado pelo Dec. 8.010/2013.)

III - destruição; ou (Alterado pelo Dec. 8.010/2013.)

IV - inutilização. (Alterado pelo Dec. 8.010/2013.)

§ 1º As mercadorias de que trata o *caput* poderão ser destinadas (Decreto-Lei n. 1.455, de 1976, art. 29, § 1º, com a redação dada pela Lei n. 12.350, de 2010, art. 41): (Alterado pelo Dec. 8.010/2013.)

I - após decisão administrativa definitiva, ainda que relativas a processos pendentes de apreciação judicial, inclusive as que estiverem à disposição da Justiça como corpo de delito, produto ou objeto de crime, salvo determinação expressa em contrário, em cada caso, emanada de autoridade judiciária; ou (Acrescentado pelo Dec. 8.010/2013.)

II - imediatamente após a formalização do procedimento administrativo-fiscal pertinente, antes mesmo do término do prazo definido no § 1º do art. 774, quando se tratar de: (Acrescentado pelo Dec. 8.010/2013.)

a) semoventes, perecíveis, inflamáveis e explosivos ou outras mercadorias que exijam condições especiais de armazenamento; (Acrescentado pelo Dec. 8.010/2013.)

b) mercadorias deterioradas, danificadas, estragadas, com data de validade vencida, que não atendam exigências sanitárias ou agropecuárias, ou que estejam em desacordo com regulamentos ou normas técnicas, e que devam ser destruídas; ou (Acrescentado pelo Dec. 8.010/2013.)

c) cigarros e outros derivados do tabaco, apreendidos por infração fiscal sujeita a pena de perdimento, que devem ser destruídos (Decreto-Lei n. 1.593, de 1977, art. 14, *caput*, com a redação dada pela Lei n. 9.822, de 23 de agosto de 1999, art. 1º). (Acrescentado pelo Dec. 8.010/2013.)

§ 2º O produto da alienação de que trata a alínea "a" do inciso I do *caput* terá a seguinte destinação (Decreto-Lei n. 1.455, de 1976, art. 29, § 5º, com a redação dada pela Lei n. 12.350, de 2010, art. 41): (Alterado pelo Dec. 8.010/2013.)

I - sessenta por cento ao Fundo Especial de Desenvolvimento e Aperfeiçoamento das Atividades de Fiscalização, instituído pelo

DECRETOS

Decreto-Lei n. 1.437, de 17 de dezembro de 1975; e (Acrescentado pelo Dec. 8.010/2013.)

II - quarenta por cento à seguridade social. (Acrescentado pelo Dec. 8.010/2013.)

§ 3º Serão expedidos novos certificados de registro e licenciamento de veículos em favor de adquirente em licitação ou beneficiário da destinação de que trata este artigo, mediante a apresentação de cópia da decisão que aplica a pena de perdimento em favor da União, ficando os veículos livres de multas, gravames, encargos, débitos fiscais e outras restrições financeiras e administrativas anteriores a tal decisão, não se aplicando ao caso o disposto nos arts. 124, 128 e 134 da Lei n. 9.503, de 23 de setembro de 1997 - Código de Trânsito Brasileiro (Decreto-Lei n. 1.455, de 1976, art. 29, § 6º, com a redação dada pela Lei n. 12.350, de 2010, art. 41). (Alterado pelo Dec. 8.010/2013.)

§ 4º As multas, gravames, encargos e débitos fiscais a que se refere o § 3º serão de responsabilidade do proprietário do veículo à época da prática da infração punida com o perdimento (Decreto-Lei n. 1.455, de 1976, art. 29, § 7º, com a redação dada pela Lei n. 12.350, de 2010, art. 41). (Alterado pelo Dec. 8.010/2013.)

§ 5º Cabe ao destinatário da alienação ou incorporação a responsabilidade pelo adequado consumo, utilização, industrialização ou comercialização das mercadorias, na forma da legislação pertinente, inclusive no que se refere ao cumprimento das normas de saúde pública, meio ambiente, segurança pública ou outras, cabendo-lhe observar eventuais exigências relativas a análises, inspeções, autorizações, certificações e outras previstas em normas ou regulamentos (Decreto-Lei n. 1.455, de 1976, art. 29, § 8º, com a redação dada pela Lei n. 12.350, de 2010, art. 41). (Alterado pelo Dec. 8.010/2013.)

§ 6º Aplica-se o disposto neste artigo a outras mercadorias que, por força da legislação vigente, possam ser destinadas, ainda que relativas a processos pendentes de apreciação judicial (Decreto-Lei n. 1.455, de 1976, art. 29, § 9º, com a redação dada pela Lei n. 12.350, de 2010, art. 41). (Alterado pelo Dec. 8.010/2013.)

§ 7º Compete ao Ministro de Estado da Fazenda estabelecer os critérios e as condições para cumprimento do disposto neste artigo e dispor sobre outras formas de destinação de mercadorias (Decreto-Lei n. 1.455, de 1976, art. 29, § 10, com a redação dada pela Lei n. 12.350, de 2010, art. 41). (Acrescentado pelo Dec. 8.010/2013.)

§ 8º Não haverá incidência de tributos federais sobre o valor da alienação, mediante licitação, das mercadorias de que trata este artigo (Decreto-Lei n. 1.455, de 1976, art. 29, § 12, com a redação dada pela Lei n. 12.350, de 2010, art. 41). (Acrescentado pelo Dec. 8.010/2013.)

ART. 803-A. Na hipótese de decisão administrativa ou judicial que determine a restituição de mercadorias que houverem sido destinadas, será devida indenização ao interessado, com recursos do Fundo Especial de Desenvolvimento e Aperfeiçoamento das Atividades de Fiscalização, tendo por base o valor declarado para efeito de cálculo do imposto de importação ou de exportação (Decreto-Lei n. 1.455, de 1976, art. 30, *caput*, com a redação dada pela Lei n. 12.350, de 2010, art. 41). (Acrescentado pelo Dec. 8.010/2013.)

§ 1º Será considerado como base o valor constante do procedimento fiscal correspondente nos casos em que (Decreto-Lei n. 1.455, de 1976, art. 30, § 1º, com a redação dada pela Lei n. 12.350, de 2010, art. 41): (Acrescentado pelo Dec. 8.010/2013.)

I - não houver declaração de importação ou de exportação; (Acrescentado pelo Dec. 8.010/2013.)

II - a base de cálculo do imposto de importação ou de exportação apurada for inferior ao valor referido no *caput*; ou (Acrescentado pelo Dec. 8.010/2013.)

III - em virtude de depreciação, o valor da mercadoria apreendida em posse do interessado for inferior ao referido no *caput*. (Acrescentado pelo Dec. 8.010/2013.)

§ 2º Ao valor da indenização será aplicada a taxa de juros prevista no § 4º do art. 39 da Lei n. 9.250, de 26 de dezembro de 1995, tendo como termo inicial a data da apreensão (Decreto-Lei n. 1.455, de 1976, art. 30, § 2º, com a redação dada pela Lei n. 12.350, de 2010, art. 41). (Acrescentado pelo Dec. 8.010/2013.)

ARTS. 804. e **805.** (Revogados pelo Dec. 8.010/2013.)

ART. 806. Compete ao Ministro de Estado da Fazenda autorizar a destinação de mercadorias (Decreto-Lei n. 1.455, de 1976, art. 28, com a redação dada pela Lei n. 12.350, de 2010, art. 41): (Alterado pelo Dec. 8.010/2013.)

I - abandonadas; (Alterado pelo Dec. 8.010/2013.)

II - entregues à Fazenda Nacional; ou (Alterado pelo Dec. 8.010/2013.)

III - objeto de pena de perdimento. (Acrescentado pelo Dec. 8.010/2013.)

Parágrafo único. Compete à Secretaria da Receita Federal do Brasil: (Alterado pelo Dec. 8.010/2013.)

I - a administração e destinação das mercadorias de que trata o *caput* (Decreto-Lei n. 1.455, de 1976, art. 29, § 11, com a redação dada pela Lei n. 12.350, de 2010, art. 41); e (Acrescentado pelo Dec. 8.010/2013.)

II - a regulamentação da forma de destruição de cigarros e outros derivados do tabaco, apreendidos por infração fiscal sujeita a pena de perdimento, observada a legislação ambiental (Decreto-Lei n. 1.593, de 1977, art. 14, § 2º, com a redação dada pela Lei n. 9.822, de 1999, art. 1º). (Acrescentado pelo Dec. 8.010/2013.)

CAPÍTULO II
DO CONTROLE DE PROCESSOS E DE DECLARAÇÕES

ART. 807. Os processos fiscais relativos a tributos ou contribuições federais e a penalidades isoladas, bem como as declarações, não poderão sair das unidades da Secretaria da Receita Federal do Brasil, salvo quando se tratar de (Lei n. 9.250, de 26 de dezembro de 1995, art. 38, *caput*):

I - encaminhamento de recursos à instância superior;

II - restituições de autos às unidades de origem; ou

III - encaminhamento de documentos para fins de processamento de dados.

§ 1º Nos casos a que se referem os incisos I e II, deverá ficar cópia autenticada dos documentos essenciais na unidade aduaneira (Lei n. 9.250, de 1995, art. 38, § 1º).

§ 2º É facultado o fornecimento de cópia do processo ao sujeito passivo ou a seu mandatário (Lei n. 9.250, de 1995, art. 38, § 2º).

CAPÍTULO III
DAS ATIVIDADES RELACIONADAS AOS SERVIÇOS ADUANEIROS

SEÇÃO I
DAS ATIVIDADES RELACIONADAS AO DESPACHO ADUANEIRO

SUBSEÇÃO I
DAS DISPOSIÇÕES GERAIS

ART. 808. São atividades relacionadas ao despacho aduaneiro de mercadorias, inclusive bagagem de viajante, na importação, na exportação ou na internação, transportadas por qualquer via, as referentes a:

I - preparação, entrada e acompanhamento da tramitação e apresentação de documentos relativos ao despacho aduaneiro;

II - subscrição de documentos relativos ao despacho aduaneiro, inclusive termos de responsabilidade;

III - ciência e recebimento de intimações, de notificações, de autos de infração, de despachos, de decisões e de outros atos e termos processuais relacionados com o procedimento de despacho aduaneiro;

IV - acompanhamento da verificação da mercadoria na conferência aduaneira, inclusive da retirada de amostras para assistência técnica e perícia;

V - recebimento de mercadorias desembaraçadas;

VI e VII - (Revogados pelo Dec. 8.010/2013.)

§ 1º Somente mediante cláusula expressa específica do mandato poderá o mandatário subscrever termo de responsabilidade em garantia do cumprimento de obrigação tributária, ou pedidos de restituição de indébito ou de compensação. (Alterado pelo Dec. 8.010/2013.)

§ 2º A Secretaria da Receita Federal do Brasil poderá dispor sobre outras atividades relacionadas ao despacho aduaneiro de mercadorias.

ART. 809. Poderá representar o importador, o exportador ou outro interessado, no exercício das atividades referidas no art. 808, bem assim em outras operações de comércio exterior (Decreto-Lei n. 2.472, de 1988, art. 5º, *caput* e § 1º):

I - o dirigente ou empregado com vínculo empregatício exclusivo com o interessado, munido de mandato que lhe outorgue plenos poderes para o mister, sem cláusulas excludentes da responsabilidade do outorgante mediante ato ou omissão do outorgado, no caso de operações efetuadas por pessoas jurídicas de direito privado;

II - o funcionário ou servidor, especialmente designado, no caso de operações efetuadas por órgão da administração pública direta ou autárquica, federal, estadual ou municipal, missão diplomática ou repartição consular de país estrangeiro ou representação de órgãos internacionais;

II-A - o empresário, o sócio da sociedade empresária ou pessoa física nomeada pelo habilitado, nos casos de importações ao amparo do regime de que trata o art. 102-A (Lei n. 11.898, de 2009, art. 7º, § 2º); (Acrescentado pelo Dec. 7.213/2010.)

III - o próprio interessado, no caso de operações efetuadas por pessoas físicas; (Alterado pelo Dec. 8.010/2013.)

III-A - o mandatário de pessoa física residente no País, nos casos de remessa postal internacional, ou bens de viajante; e (Acrescentado pelo Dec. 8.010/2013.)

DECRETOS

IV - o despachante aduaneiro, em qualquer caso.

§ 1º Nos despachos relativos ao regime de trânsito aduaneiro, o transportador ou o operador de transporte, quando forem beneficiários, equiparam-se a interessado. (Acrescentado pelo Dec. 7.213/2010.)

§ 2º As operações de importação e exportação dependem de prévia habilitação do responsável legal da pessoa jurídica interessada, bem como do credenciamento das pessoas físicas que atuarão em seu nome no exercício dessas atividades, de conformidade com o estabelecido pela Secretaria da Receita Federal do Brasil. (Acrescentado pelo Dec. 7.213/2010.)

SUBSEÇÃO II
DO DESPACHANTE ADUANEIRO

ART. 810. O exercício da profissão de despachante aduaneiro somente será permitido à pessoa física inscrita no Registro de Despachantes Aduaneiros, mantido pela Secretaria da Receita Federal do Brasil (Decreto-Lei n. 2.472, de 1988, art. 5º, § 3º).

§ 1º A inscrição no registro a que se refere o *caput* será feita, a pedido do interessado, atendidos os seguintes requisitos:

I - comprovação de inscrição há pelo menos dois anos no Registro de Ajudantes de Despachantes Aduaneiros, mantido pela Secretaria da Receita Federal do Brasil;

II - ausência de condenação, por decisão transitada em julgado, à pena privativa de liberdade;

III - inexistência de pendências em relação a obrigações eleitorais e, se for o caso, militares;

IV - maioridade civil;

IV-A - nacionalidade brasileira; (Acrescentado pelo Dec. 7.213/2010.)

V - formação de nível médio; e

VI - aprovação em exame de qualificação técnica.

§ 2º Na execução das atividades referidas no art. 809, o despachante aduaneiro poderá contratar livremente seus honorários profissionais (Decreto-Lei n. 2.472, de 1988, art. 5º, § 2º).

§ 3º A competência para a inscrição nos registros a que se referem o *caput* e o inciso I do § 1º será do chefe da unidade da Secretaria da Receita Federal do Brasil com jurisdição aduaneira sobre o domicílio do requerente. (Alterado pelo Dec. 7.213/2010.)

§ 4º Para inscrição no Registro de Ajudante de Despachantes Aduaneiros, o interessado deverá atender somente os requisitos estabelecidos nos incisos II a V do § 1º.

§ 5º Os ajudantes de despachantes aduaneiros poderão estar tecnicamente subordinados a um despachante aduaneiro e exercer as atividades relacionadas nos incisos I, IV, V e VI do art. 808.

§ 6º Compete à Secretaria da Receita Federal do Brasil: (Alterado pelo Dec. 7.213/2010.)

I - editar as normas necessárias à implementação do disposto neste artigo; e (Acrescentado pelo Dec. 7.213/2010.)

II - dar publicidade, em relação aos despachantes aduaneiros e ajudantes inscritos, das seguintes informações: (Acrescentado pelo Dec. 7.213/2010.)

a) nome; (Acrescentado pelo Dec. 7.213/2010.)

b) número de inscrição no Cadastro de Pessoas Físicas; (Acrescentado pelo Dec. 7.213/2010.)

c) número de registro; (Acrescentado pelo Dec. 7.213/2010.)

d) número e data de publicação do ato declaratório de inscrição no registro em Diário Oficial da União; e (Acrescentado pelo Dec. 7.213/2010.)

e) situação do registro. (Acrescentado pelo Dec. 7.213/2010.)

§ 7º Enquanto não for disciplinada pela Secretaria da Receita Federal do Brasil a forma de realização do exame a que se refere o inciso VI do § 1º, o ingresso no Registro de Despachantes Aduaneiros será efetuado mediante o atendimento dos demais requisitos referidos no § 1º.

§ 8º Aos despachantes aduaneiros e ajudantes de despachantes aduaneiros inscritos nos respectivos registros até a data da publicação deste Decreto ficam asseguradas as regras vigentes no momento de sua inscrição.

§ 9º A aplicação do disposto neste artigo não caracterizará, em nenhuma hipótese, qualquer vinculação funcional entre os despachantes aduaneiros, ajudantes de despachante aduaneiro e a administração pública. (Acrescentado pelo Dec. 7.213/2010.)

§ 10. É vedado, a quem exerce cargo, emprego ou função pública, o exercício da atividade de despachante ou ajudante de despachante aduaneiro. (Acrescentado pelo Dec. 7.213/2010.)

SEÇÃO II
DAS ATIVIDADES RELACIONADAS AO TRANSPORTE MULTIMODAL INTERNACIONAL DE CARGA

ART. 811. O exercício da atividade de operador de transporte multimodal, no transporte multimodal internacional de cargas, depende de habilitação pela Secretaria da Receita Federal do Brasil, para fins de controle aduaneiro (Lei n. 9.611, de 1998, art. 6º, *caput*, regulamentado pelo Decreto n. 3.411, de 12 de abril de 2000, art. 5º).

§ 1º Para a habilitação, que será concedida pelo prazo de dez anos, prorrogável por igual período, será exigido do interessado o cumprimento dos seguintes requisitos, sem prejuízo de outros que venham a ser estabelecidos pela Secretaria da Receita Federal do Brasil:

I - comprovação de registro na Secretaria-Executiva do Ministério dos Transportes;

II - compromisso da prestação de garantia em valor equivalente ao do crédito tributário suspenso, conforme determinação da Secretaria da Receita Federal do Brasil, mediante depósito em moeda, fiança idônea, inclusive bancária, ou seguro aduaneiro em favor da União, a ser efetivada quando da solicitação de operação de trânsito aduaneiro; e

III - acesso ao SISCOMEX e a outros sistemas informatizados de controle de carga ou de despacho aduaneiro.

§ 2º Está dispensada de apresentar a garantia a que se refere o inciso II do § 1º a empresa cujo patrimônio líquido, comprovado anualmente, por ocasião do balanço, exceder R$ 2.000.000,00 (dois milhões de reais).

§ 3º Na hipótese de representação legal de empresa estrangeira, o patrimônio líquido do representante, para efeito do disposto no § 2º, poderá ser substituído por carta de crédito de valor equivalente.

SEÇÃO III
DAS ATIVIDADES DE UNITIZAÇÃO E DE DESUNITIZAÇÃO DE CARGA

ART. 812. A unitização e a desunitização de cargas, quando realizadas em locais e recintos alfandegados, serão feitas somente por agentes previamente credenciados pela Secretaria da Receita Federal do Brasil.

Parágrafo único. A Secretaria da Receita Federal do Brasil estabelecerá os termos, requisitos e condições para o credenciamento dos agentes referidos no *caput*.

SEÇÃO IV
DAS ATIVIDADES DE PERÍCIA E DE ASSISTÊNCIA TÉCNICA

ART. 813. A perícia para identificação e quantificação de mercadoria importada ou a exportar, bem como a avaliação de equipamentos de segurança e sistemas informatizados, e a emissão de laudos periciais sobre o estado e o valor residual de bens, será proporcionada:

I - pelos laboratórios da Secretaria da Receita Federal do Brasil;

II - por órgãos ou entidades da administração pública; ou

III - por entidades privadas e técnicos, especializados, previamente credenciados.

Parágrafo único. A Secretaria da Receita Federal do Brasil expedirá ato normativo em que:

I - regulará o processo de credenciamento dos órgãos, das entidades e dos técnicos a que se referem os incisos II e III do *caput*; e

II - estabelecerá o responsável, o valor e a forma de retribuição pelos serviços prestados.

ART. 814. Para fins de acompanhamento da perícia referida no art. 813, a pessoa que comprove legítimo interesse no caso poderá utilizar assistência técnica.

Parágrafo único. O assistente técnico será indicado livremente, sendo sua remuneração estabelecida em contrato.

CAPÍTULO IV
DO FUNDO ESPECIAL DE DESENVOLVIMENTO E APERFEIÇOAMENTO DAS ATIVIDADES DE FISCALIZAÇÃO

ART. 815. A remuneração devida ao Fundo Especial de Desenvolvimento e Aperfeiçoamento das Atividades de Fiscalização pelos permissionários ou concessionários de recintos alfandegados, e pelos beneficiários de regimes aduaneiros especiais ou aplicados em áreas especiais, se for o caso, observará a legislação específica, inclusive as normas complementares editadas pela Secretaria da Receita Federal do Brasil.

LIVRO VIII
DAS DISPOSIÇÕES FINAIS E TRANSITÓRIAS

ART. 816. As empresas de desenvolvimento ou produção de bens e serviços de informática e automação, que investirem em atividades de pesquisa e desenvolvimento em tecnologia da informação, farão jus, observada a legislação específica, aos benefícios fiscais de isenção e de redução do imposto sobre produtos industrializados (Lei n. 8.191, de 11 de junho de 1991, art. 1º; e Lei n. 8.248, de 23 de outubro de 1991, arts. 4º e 11, com a redação dada pela Lei n. 10.176, de 2001, arts. 1º e 2º; pela Lei n. 10.664, de 2003, art. 1º, pela Lei n. 11.077, de 2004, art. 1º, e pela Lei n. 12.249, de 2010, art. 15). (Alterado pelo Dec. 8.010/2013.)

§ 1º Para os bens de informática e automação produzidos nas regiões de influência da Superintendência do Desenvolvimento da Amazônia, da Superintendência do Desenvolvimento do Nordeste e na região Centro-Oeste, o benefício da redução será de (Lei n. 10.176, de 2001, art. 11, *caput*, com a redação dada pela Lei n. 11.077, de 2004, art. 3º):

I - noventa e cinco por cento, de 1º de janeiro de 2004 até 31 de dezembro de 2014;

II - noventa por cento, de 1º de janeiro até 31 de dezembro de 2015; e

III - oitenta e cinco por cento, de 1º de janeiro de 2016 até 31 de dezembro de 2019, quando será extinto.

§ 2º O disposto no § 1º não se aplica a microcomputadores portáteis e às unidades de processamento digitais de pequena capacidade baseadas em microprocessadores, de valor até R$ 11.000,00 (onze mil reais), bem como às unidades de discos magnéticos e ópticos, aos circuitos impressos com componentes elétricos e eletrônicos montados, aos gabinetes e às fontes de alimentação, reconhecíveis como exclusiva ou principalmente destinados a tais equipamentos, que usufruem do benefício fiscal de (Lei n. 10.176, de 2001, art. 11, § 1º, com a redação dada pela Lei n. 11.077, de 2004, art. 3º):

I - isenção, até 31 de dezembro de 2014; e

II - redução do imposto devido, no percentual de:

a) noventa e cinco por cento, de 1º de janeiro a 31 de dezembro de 2015; e

b) oitenta e cinco por cento, 1º de janeiro de 2016 até 31 de dezembro de 2019, quando será extinto.

§ 3º Nas demais regiões, a redução do imposto será de (Lei n. 8.248, de 1991, art. 4º, § 1ºA, com a redação dada pela Lei n. 10.176, de 2001, art. 1º, e pela Lei n. 11.077, de 2004, art. 1º):

I - oitenta por cento, de 1º de janeiro de 2004 até 31 de dezembro de 2014;

II - setenta e cinco por cento, de 1º de janeiro até 31 de dezembro de 2015; e

III - setenta por cento, de 1º de janeiro de 2016 até 31 de dezembro de 2019, quando será extinto.

§ 4º O disposto no § 3º não se aplica a microcomputadores portáteis e às unidades de processamento digitais de pequena capacidade baseadas em microprocessadores, de valor até R$ 11.000,00 (onze mil reais), bem como às unidades de discos magnéticos e ópticos, aos circuitos impressos com componentes elétricos e eletrônicos montados, aos gabinetes e às fontes de alimentação, reconhecíveis como exclusiva ou principalmente destinados a tais equipamentos, que usufruem do benefício fiscal de redução do imposto devido no percentual de (Lei n. 8.248, de 1991, art. 4º, § 5º, com a redação dada pela Lei n. 11.077, de 2004, art. 1º):

I - noventa e cinco por cento, de 1º de janeiro de 2004 até 31 de dezembro de 2014;

II - noventa por cento, de 1º de janeiro até 31 de dezembro de 2015; e

III - setenta por cento, de 1º de janeiro de 2016 até 31 de dezembro de 2019, quando será extinto.

ART. 816-A. Fica concedida, nos termos, limites e condições estabelecidos na legislação específica, isenção de tributos federais incidentes nas importações de bens ou mercadorias para uso ou consumo exclusivo na organização e realização da Copa das Confederações Fifa 2013, da Copa do Mundo Fifa 2014, e das atividades relacionadas a organização e realização desses eventos, tais como (Lei n. 12.350, de 2010, art. 2º, *caput*, incisos V e VI; e art. 3º, *caput*): (Acrescentado pelo Dec. 8.010/2013.)

I - alimentos, suprimentos médicos, inclusive produtos farmacêuticos, combustível e materiais de escritório; (Acrescentado pelo Dec. 8.010/2013.)

II - troféus, medalhas, placas, estatuetas, distintivos, flâmulas, bandeiras e outros objetos comemorativos; (Acrescentado pelo Dec. 8.010/2013.)

III - material promocional, impressos, folhetos e outros bens com finalidade semelhante, a serem distribuídos gratuitamente ou utilizados nesses eventos; (Acrescentado pelo Dec. 8.010/2013.)

IV - bens dos tipos e em quantidades normalmente consumidos em atividades esportivas da mesma magnitude; e (Acrescentado pelo Dec. 8.010/2013.)

V - outros bens não duráveis, assim considerados aqueles cuja vida útil seja de até um ano. (Acrescentado pelo Dec. 8.010/2013.)

Parágrafo único. A isenção de que trata este artigo abrange os seguintes impostos, contribuições e taxas (Lei n. 12.350, de 2010, art. 3º, § 1º): (Acrescentado pelo Dec. 8.010/2013.)

I - Imposto sobre Produtos Industrializados incidente na importação; (Acrescentado pelo Dec. 8.010/2013.)

II - Imposto de Importação; (Acrescentado pelo Dec. 8.010/2013.)

III - Contribuição para o PIS/PASEP-Importação; (Acrescentado pelo Dec. 8.010/2013.)

IV - COFINS-Importação; (Acrescentado pelo Dec. 8.010/2013.)

V - Taxa de utilização do Siscomex; (Acrescentado pelo Dec. 8.010/2013.)

VI - Taxa de utilização do Mercante; (Acrescentado pelo Dec. 8.010/2013.)

VII - Adicional ao Frete para Renovação da Marinha Mercante; e (Acrescentado pelo Dec. 8.010/2013.)

VIII - CIDE-combustíveis. (Acrescentado pelo Dec. 8.010/2013.)

ART. 816-B. A isenção de que trata o art. 816-A não se aplica à importação de bens e equipamentos duráveis para os eventos, que podem ser admitidos no regime aduaneiro especial de admissão temporária, com suspensão do pagamento dos tributos incidentes sobre a importação (Lei n. 12.350, de 2010, art. 4º, *caput*). (Acrescentado pelo Dec. 8.010/2013.)

§ 1º O regime de admissão temporária se aplica, entre outros bens duráveis relacionados na legislação específica, aos equipamentos (Lei n. 12.350, de 2010, art. 4º, § 1º): (Acrescentado pelo Dec. 8.010/2013.)

I - técnicos esportivos; (Acrescentado pelo Dec. 8.010/2013.)

II - técnicos de gravação e transmissão de sons e imagens; (Acrescentado pelo Dec. 8.010/2013.)

III - médicos; e (Acrescentado pelo Dec. 8.010/2013.)

IV - técnicos de escritório. (Acrescentado pelo Dec. 8.010/2013.)

§ 2º Na hipótese prevista no *caput*, será concedida suspensão total do pagamento de tributos federais incidentes sobre a importação, inclusive no caso de bens admitidos temporariamente no País para utilização econômica, observados os requisitos e as condições estabelecidos na legislação específica (Lei n. 12.350, de 2010, art. 4º, § 2º). (Acrescentado pelo Dec. 8.010/2013.)

§ 3º Será dispensada a apresentação de garantias dos tributos suspensos, observados os requisitos e as condições estabelecidos pela Secretaria da Receita Federal do Brasil (Lei n. 12.350, de 2010, art. 4º, § 3º). (Acrescentado pelo Dec. 8.010/2013.)

§ 4º A suspensão de que trata este artigo poderá ser convertida em isenção, observados os termos, limites e condições estabelecidos na legislação específica (Lei n. 12.350, de 2010, art. 5º). (Acrescentado pelo Dec. 8.010/2013.)

§ 5º Poderá ainda ser concedida isenção dos tributos incidentes na importação a bens duráveis de valor unitário igual ou inferior a R$ 5.000,00 (cinco mil reais), nos termos, limites e condições estabelecidos na legislação específica (Lei n. 12.350, de 2010, art. 3º, § 4º). (Acrescentado pelo Dec. 8.010/2013.)

ART. 816-C. O Regime Especial de Tributação para Construção, Ampliação, Reforma ou Modernização de Estádios de Futebol - RECOPA permite, nos termos da legislação específica, a suspensão dos seguintes tributos incidentes sobre a importação de máquinas, aparelhos, instrumentos e equipamentos, novos, e de materiais de construção, destinados à construção, ampliação, reforma ou modernização de estádios de futebol com utilização prevista nas partidas oficiais da Copa das Confederações Fifa 2013 e da Copa do Mundo Fifa 2014 (Lei n. 12.350, de 2010, arts. 18, *caput*; 19, *caput*; e 28, *caput*): (Acrescentado pelo Dec. 8.010/2013.)

I - Contribuição para o PIS/PASEP-Importação e COFINS-Importação; (Acrescentado pelo Dec. 8.010/2013.)

II - Imposto sobre Produtos Industrializados incidente na importação; e (Acrescentado pelo Dec. 8.010/2013.)

III - Imposto de Importação. (Acrescentado pelo Dec. 8.010/2013.)

§ 1º O benefício aplica-se apenas às importações realizadas até 30 de junho de 2014 por pessoa jurídica beneficiária do RECOPA, previamente habilitada ou coabilitada (Lei n. 12.350, de 2010, art. 21). (Acrescentado pelo Dec. 8.010/2013.)

§ 2º No caso do Imposto de Importação, a suspensão se aplica somente a produtos sem similar nacional (Lei n. 12.350, de 2010, art. 19, § 5º). (Acrescentado pelo Dec. 8.010/2013.)

§ 3º A suspensão converte-se em alíquota zero após a utilização ou incorporação do bem ou material de construção ao estádio de que trata o *caput* (Lei n. 12.350, de 2010, art. 19, § 2º). (Acrescentado pelo Dec. 8.010/2013.)

§ 4º A pessoa jurídica que não utilizar ou incorporar o bem ou material de construção ao estádio de futebol de que trata o *caput* fica obrigada a recolher as contribuições e os impostos não pagos em decorrência da suspensão de que trata este artigo, acrescidos de juros e multa de mora, na forma da lei, contados a partir da data do registro da Declaração de Importação, na condição de contribuinte (Lei n. 12.350, de 2010, art. 19, § 3º, inciso I). (Acrescentado pelo Dec. 8.010/2013.)

§ 5º Para efeitos deste artigo, equipara-se ao importador a pessoa jurídica adquirente de bens estrangeiros no caso de importação realizada por sua conta e ordem por intermédio de pessoa jurídica importadora (Lei n. 12.350, de 2010, art. 19, § 4º). (Acrescentado pelo Dec. 8.010/2013.)

ART. 816-D. A Secretaria da Receita Federal do Brasil disciplinará a execução do disposto nos arts. 816-A, 816-B e 816-C (Lei n. 12.350, de 2010, art. 28, parágrafo único). (Acrescentado pelo Dec. 8.010/2013.)

Parágrafo único. A Secretaria da Receita Federal do Brasil poderá editar atos normativos específicos relativos ao tratamento tributário aplicável à bagagem dos viajantes que ingressarem no País para participar dos eventos de que trata o art. 816-A (Lei n. 12.350, de 2010, art. 6º). (Acrescentado pelo Dec. 8.010/2013.)

ART. 817. O rito processual a que se refere o art. 783 aplica-se também aos processos ainda não conclusos para julgamento em primeira instância, na esfera administrativa, relativos a sanções administrativas de advertência, suspensão, cassação ou cancelamento (Lei n. 10.833, de 2003, art. 76, § 14).

ART. 818. Todas as remissões, em diplomas legislativos, às normas consolidadas por este Decreto, consideram-se feitas às disposições correspondentes nele regulamentadas.

ART. 819. Este Decreto entra em vigor na data de sua publicação.

ART. 820. Ficam revogados:

I - o Decreto n. 4.543, de 26 de dezembro de 2002;

II - o Decreto n. 4.765, de 24 de junho de 2003;

III - o Decreto n. 5.138, de 12 de julho de 2004;

IV - o art. 1º do Decreto n. 5.268, de 9 de novembro de 2004;

V - o Decreto n. 5.431, de 22 de abril de 2005;

VI - o Decreto n. 5.887, de 6 de setembro de 2006;

VII - o Decreto n. 6.419, de 1º de abril de 2008;

VIII - o Decreto n. 6.454, de 12 de maio de 2008; e

IX - o Decreto n. 6.622, de 29 de outubro de 2008.

Brasília, 5 de fevereiro de 2009;
188º da Independência e 121º da República.
LUIZ INÁCIO LULA DA SILVA

DECRETO N. 6.761, DE 5 DE FEVEREIRO DE 2009

Dispõe sobre a aplicação da redução a zero da alíquota do imposto sobre a renda incidente sobre os rendimentos de beneficiários residentes ou domiciliados no exterior, e dá outras providências.

▸ *DOU*, 06.02.2009.

O Presidente da República, no uso da atribuição que lhe confere o art. 84, inciso IV, da Constituição, e tendo em vista o disposto no art. 1º da Lei n. 9.481, de 13 de agosto de 1997, no art. 20 da Lei n. 9.532, de 10 de dezembro de 1997, nos arts. 8º e 16 da Lei n. 9.779, de 19 de janeiro de 1999, no art. 8º da Lei n. 11.488, de 15 de junho de 2007, no art. 22 da Lei n. 11.727, de 23 de junho de 2008, e no art. 9º da Lei n. 11.774, de 17 de setembro de 2008,

Decreta:

ART. 1º Fica reduzida a zero a alíquota do imposto sobre a renda incidente sobre os valores pagos, creditados, entregues, empregados ou remetidos a residentes ou domiciliados no exterior, relativos a:

I - despesas com pesquisas de mercado, bem como aluguéis e arrendamentos de estandes e locais para exposições, feiras e conclaves semelhantes, no exterior, inclusive promoção e propaganda no âmbito desses eventos, para produtos e serviços brasileiros e para promoção de destinos turísticos brasileiros (Lei n. 9.481, de 13 de agosto de 1997, art. 1º, III, e Lei n. 11.774, de 17 de setembro de 2008, art. 9º);

II - contratação de serviços destinados à promoção do Brasil no exterior, por órgãos do Poder Executivo Federal (Lei n. 9.481, de 1997, art. 1º, III, e Lei n. 11.774, de 2008, art. 9º);

III - comissões pagas por exportadores a seus agentes no exterior (Lei n. 9.481, de 1997, art. 1º, II);

IV - despesas de armazenagem, movimentação e transporte de carga e emissão de documentos realizadas no exterior (Lei n. 9.481, de 1997, art. 1º, XII, Lei n. 11.774, de 2008, art. 9º);

V - operações de cobertura de riscos de variações, no mercado internacional, de taxas de juros, de paridade entre moedas e de preços de mercadorias (hedge) (Lei n. 9.481, de 1997, art. 1º, IV);

VI - juros de desconto, no exterior, de cambiais de exportação e as comissões de banqueiros inerentes a essas cambiais (Lei n. 9.481, de 1997, art. 1º, X); e

VII - juros e comissões relativos a créditos obtidos no exterior e destinados ao financiamento de exportações (Lei n. 9.481, de 1997, art. 1º, XI).

§ 1º Para os fins do disposto no inciso I do *caput*, consideram-se despesas com promoção de produtos, serviços e destinos turísticos brasileiros aquelas decorrentes de participação, no exterior, em exposições, feiras e conclaves semelhantes.

§ 2º Consideram-se serviços destinados à promoção do Brasil no exterior, na hipótese do inciso II do *caput*, aqueles referentes à consultoria e execução de assessoria de comunicação, de imprensa e de relações públicas.

§ 3º Para os fins do disposto no inciso IV do *caput*, considera-se também valor despendido pelo exportador brasileiro o pago, creditado, entregue, empregado ou remetido ao exterior por operador logístico que atue em nome do exportador e comprove a vinculação do dispêndio com a operação de exportação.

§ 4º Os rendimentos mencionados nos incisos I a V do *caput*, recebidos por pessoa física ou jurídica residente ou domiciliada em país ou dependência que não tribute a renda ou que a tribute à alíquota inferior a vinte por cento, a que se refere o art. 24 da Lei n. 9.430, de 27 de dezembro de 1996, sujeitam-se ao imposto sobre a renda na fonte à alíquota de vinte e cinco por cento (Lei n. 9.779, de 19 de janeiro de 1999, art. 8º, e Lei n. 11.727, de 23 de junho de 2008, art. 22).

ART. 2º As operações referidas nos incisos I a IV do *caput* do art. 1º serão registradas por meio de sistema informatizado que contemple a identificação fiscal da fonte pagadora do rendimento no País e os dados da operação.

§ 1º As operações referentes aos incisos I e II do *caput* do art. 1º serão registradas no Sistema de Registro de Informações de Promoção - Sisprom, disponível no sítio do Ministério do Desenvolvimento, Indústria e Comércio Exterior, no endereço <www.sisprom.desenvolvimento.gov.br>.

§ 2º O registro na forma do § 1º, na hipótese de operação referida no inciso I do *caput* do art. 1º, quando efetuado por organizadora de feira, associação, entidade ou assemelhada, deverá conter a identificação das empresas e entidades participantes que efetuarem pagamento com a utilização da alíquota zero do imposto sobre a renda, bem como o valor das despesas correspondentes ao percentual relativo a cada uma das participações.

§ 3º As operações referidas nos incisos III e IV do *caput* do art. 1º serão registradas no Sistema Integrado de Comércio Exterior - Siscomex.

§ 4º O Ministério do Desenvolvimento, Indústria e Comércio Exterior disponibilizará em meio eletrônico à Secretaria da Receita Federal do Brasil os dados do registro de que trata este artigo, na forma por eles estabelecida em ato conjunto.

ART. 3º Para efeito do disposto no art. 1º, a remessa será efetuada pela instituição autorizada a operar no mercado de câmbio, mediante comprovação da regularidade tributária e:

I - do registro de que trata o art. 2º, nas hipóteses dos incisos I a IV do *caput* do art. 1º; e

II - da legalidade e fundamentação econômica da operação, nas hipóteses dos incisos V a VII do *caput* do art. 1º.

Parágrafo único. Cabe à instituição interveniente verificar o cumprimento das condições referidas no *caput*, mantendo a documentação arquivada na forma das instruções expedidas pelo Banco Central do Brasil.

ART. 4º Para fins de aplicação da redução a zero da alíquota do imposto sobre a renda, na hipótese de operações de cobertura de riscos de variações, no mercado internacional, de taxas de juros, de paridade entre moedas e de preços de mercadorias (hedge), mencionada no inciso V do *caput* do art. 1º, é necessário que as operações sejam comprovadamente caracterizadas como necessárias, usuais e normais, inclusive quanto ao seu valor, para a realização da cobertura dos riscos e das despesas deles decorrentes (Lei n. 9.481, de 1997, art. 1º, IV).

ART. 5º A redução a zero da alíquota do imposto sobre a renda, na hipótese de juros de desconto de cambiais de exportação e comissões inerentes a essas cambiais, de que trata o inciso VI do *caput* do art. 1º, é condicionada a que as importâncias pagas, creditadas, empregadas, entregues ou remetidas a pessoas jurídicas domiciliadas no exterior não estejam relacionadas a créditos obtidos no exterior, cujas vinculações ao financiamento das exportações sejam feitas mediante contratos de câmbio de exportação vencidos (Lei n. 9.481, de 1997, art. 1º, X).

Parágrafo único. Consideram-se vencidos os contratos de câmbio de exportação quando o prazo neles pactuado para entrega de documentos ou para liquidação tenha sido ultrapassado, em um ou mais dias.

ART. 6º A redução a zero da alíquota do imposto sobre a renda, na hipótese de juros e comissões relativos a créditos destinados ao financiamento de exportações, a que se refere o inciso VII do *caput* do art. 1º, é condicionada a que as importâncias pagas, creditadas, empregadas, entregues ou remetidas, por fonte domiciliada no País, a pessoas jurídicas domiciliadas no exterior, destinem-se, efetivamente, ao financiamento de exportações (Lei n. 9.481, de 1997, art. 1º, XI).

§ 1º A comprovação da operação referida no *caput* pela instituição autorizada a operar no mercado de câmbio será efetuada mediante confronto dos pertinentes saldos contábeis globais diários, observadas as normas específicas expedidas pelo Banco Central do Brasil.

§ 2º Os juros e comissões correspondentes à parcela dos créditos obtidos no exterior e destinados ao financiamento de exportações, de que trata o *caput*, não aplicados com tal finalidade, sujeitam-se à incidência do imposto sobre a renda na fonte à alíquota de vinte e cinco por cento (Lei n. 9.779, de 1999, art. 9º).

§ 3º O imposto a que se refere o § 2º será recolhido até o último dia útil do primeiro decêndio do mês subsequente ao de apuração dos referidos juros e comissões (Lei n. 11.488, de 15 de junho de 2007, art. 8º).

ART. 7º A pessoa física ou jurídica que efetuar pagamento de rendimento a beneficiário da redução a zero da alíquota do imposto sobre a renda deverá manter em seu poder, pelo período determinado pela legislação tributária, a fatura ou outro documento comprobatório equivalente da realização das operações, bem como contrato de câmbio e os documentos relativos ao pagamento, crédito, emprego, entrega ou remessa a residentes ou domiciliados no exterior.

ART. 8º Sem prejuízo do disposto no art. 7º, e na hipótese de pagamento com utilização de recursos mantidos no exterior, em moeda estrangeira, de que trata a Lei n. 11.371, de 28 de novembro de 2006, deverão ser observadas as normas expedidas pelo Conselho Monetário Nacional e pela Secretaria da Receita Federal do Brasil, quanto à prestação de informações e à conservação dos documentos comprobatórios das operações realizadas no exterior.

ART. 9º O descumprimento do disposto neste Decreto sujeitará a fonte pagadora ao recolhimento do imposto sobre a renda na fonte, acrescido dos encargos legais e acarretará o impedimento à utilização do benefício, enquanto não regularizada a situação.

ART. 10. A fonte pagadora, pessoa física ou jurídica, deverá, a partir do ano-calendário de 2009, prestar à Secretaria da Receita Federal do Brasil informações sobre os valores pagos, creditados, entregues, empregados ou remetidos a residentes ou domiciliados no exterior, identificando o beneficiário do rendimento, bem como o país de residência.

ART. 11. As remessas de que trata este Decreto serão efetuadas pela instituição autorizada a operar no mercado de câmbio, observadas as instruções expedidas pelo Banco Central do Brasil.

ART. 12. O Ministério do Desenvolvimento, Indústria e Comércio Exterior, a EMBRATUR - Instituto Brasileiro de Turismo, o Banco Central do Brasil e a Secretaria da Receita Federal do Brasil editarão, no âmbito de suas respectivas competências, as normas complementares necessárias à execução do disposto neste Decreto.

ART. 13. Este Decreto entra em vigor na data de sua publicação.

ART. 14. Ficam revogados os Decretos n. 5.183, de 13 de agosto de 2004, e n. 5.533, de 6 de setembro de 2005.

Brasília, 5 de fevereiro de 2008; 188º da Independência e 121º da República.

LUIZ INÁCIO LULA DA SILVA

DECRETO N. 6.814, DE 6 DE ABRIL DE 2009

Regulamenta a Lei n. 11.508, de 20 de julho de 2007, que dispõe sobre o regime tributário, cambial e administrativo das Zonas de Processamento de Exportação - ZPE.

▸ *DOU*, 07.04.2009.

O Presidente da República, no uso da atribuição que lhe confere o art. 84, inciso IV, da Constituição, e tendo em vista o disposto no parágrafo único do art. 4º e no art. 20 da Lei n. 11.508, de 20 de julho de 2007,

Decreta:

ART. 1º A proposta de criação de Zona de Processamento de Exportação - ZPE será apresentada pelos Estados ou Municípios, em conjunto ou isoladamente, ao Conselho Nacional das Zonas de Processamento de Exportação - CZPE, que, após sua análise, a submeterá à decisão do Presidente da República.

§ 1º Além de outros requisitos exigidos na Lei n. 11.508, de 20 de julho de 2007, a proposta de criação de ZPE deverá conter, obrigatoriamente, os seguintes elementos:

I - delimitação da área total da ZPE, incluindo comprovação de sua disponibilidade;

II - indicação de áreas segregadas destinadas a instalações, estrutura e equipamentos para realização das atividades de fiscalização, vigilância e controle aduaneiros, de interesse da segurança nacional, fitossanitários e ambientais;

III - indicação de vias de acesso a portos, aeroportos e pontos de fronteira alfandegados;

IV - relatório sobre obras de infraestrutura a serem realizadas e seus custos;

V - demonstração da disponibilidade de infraestrutura básica de energia, comunicações e transportes, para atender à demanda criada pela ZPE;

VI - cronograma das obras de implantação;

VII - comprovação da viabilidade de mobilização de recursos financeiros para cobertura dos custos exigidos para implantação da ZPE;

VIII - declaração do órgão ambiental competente de que, sob o ponto de vista ambiental, a área escolhida pode ser utilizada para instalação de projetos industriais; e

IX - termo de compromisso do requerente de:

a) solicitar, em tempo hábil, o licenciamento ambiental junto ao órgão competente;

b) constituir pessoa jurídica, no prazo de noventa dias após o ato de criação da ZPE, com a função específica de ser a administradora da ZPE e, nessa condição, prestar serviços a empresas que nela vierem a se instalar e dar apoio e auxílio às autoridades aduaneiras; e

c) não permitir que a administradora da ZPE transfira o domínio ou a posse de lotes da ZPE, a qualquer título, exceto para empresas titulares de projetos já aprovados pelo CZPE, mediante escritura que contenha cláusula resolutória nas hipóteses de:

1. descumprimento do prazo de noventa dias para início das obras de instalação do estabelecimento industrial;
2. descumprimento do prazo previsto para término das obras de instalação do estabelecimento industrial; ou
3. cessão de direitos sobre o imóvel ou sobre o projeto, salvo quando expressamente autorizada pelo CZPE.

§ 2º Na cláusula resolutória da escritura pública prevista na alínea "c" do inciso IX do § 1º, deverá constar que o CZPE poderá prorrogar os prazos de que tratam os itens 1 e 2 da citada alínea, nos termos do parágrafo único do art. 8º.

§ 3º O CZPE, em função das particularidades da proposta, poderá exigir outros requisitos, condições ou elementos que julgue necessários para a sua análise técnica.

§ 4º A apreciação das propostas de criação de ZPE será realizada de acordo com a ordem de protocolo no CZPE.

ART. 2º A ZPE será considerada zona primária para efeito de controle aduaneiro.

§ 1º A área da ZPE será delimitada e fechada de forma a garantir o seu isolamento e assegurar o controle fiscal das operações ali realizadas.

§ 2º Para cumprimento do disposto no § 1º, devem ser observadas as determinações do CZPE, bem como os requisitos e condições estabelecidos pela Secretaria da Receita Federal do Brasil, relativos a:

I - fechamento da área;

II - sistema de vigilância e segurança a ser adotado pela administradora da ZPE;

III - instalações e equipamentos adequados ao controle e administração aduaneiros;

IV - vias de acesso à ZPE; e

V - fluxo de mercadorias, veículos e pessoas.

§ 3º A administradora da ZPE deverá prover, sem custos para a administração pública, as instalações, estrutura e equipamentos necessários à realização das atividades de fiscalização, vigilância e controle referidas no inciso II do § 1º do art. 1º.

ART. 3º A administradora da ZPE deverá submeter à Secretaria da Receita Federal do Brasil, no prazo máximo de noventa dias após sua constituição, projeto referente às determinações, aos requisitos e às condições referidos no § 2º do art. 2º.

ART. 4º O início do funcionamento da ZPE dependerá do prévio alfandegamento da respectiva área pela Secretaria da Receita Federal do Brasil.

§ 1º O alfandegamento da área será feito no prazo de até sessenta dias após o ato da Secretaria da Receita Federal do Brasil que declarar satisfeitos as determinações, os requisitos e as condições previstos no § 2º do art. 2º e na legislação específica, desde que obtido o licenciamento de que trata a alínea "a" do inciso IX do § 1º do art. 1º.

§ 2º A administradora da ZPE será considerada depositária das mercadorias sob controle aduaneiro que receber na área da ZPE, até a entrega definitiva à empresa ali instalada.

ART. 5º A solicitação de instalação de empresa em ZPE será feita mediante apresentação de projeto, na forma estabelecida pelo CZPE.

§ 1º O projeto a ser submetido à apreciação do CZPE deverá estar acompanhado de documento firmado pelo representante legal da administradora da ZPE à qual se destina, manifestando a aceitação do empreendimento.

§ 2º No projeto, deverá constar relação dos produtos a serem fabricados de acordo com sua classificação na Nomenclatura Comum do MERCOSUL - NCM.

§ 3º A apreciação dos projetos de instalação de empresa em ZPE será realizada de acordo com a ordem de protocolo no CZPE.

ART. 6º Aprovado o projeto de que trata o art. 5º, os interessados deverão, no prazo de noventa dias, constituir empresa nos termos estabelecidos pelo CZPE.

ART. 7º A empresa constituída na forma do art. 6º assumirá compromisso, perante o CZPE, no prazo de trinta dias contados de sua constituição, de:

I - cumprir outras condições que, no exame do respectivo projeto, tenham sido formuladas pelo Conselho; e

II - auferir e manter, por ano-calendário, receita bruta decorrente de exportação para o exterior de, no mínimo, oitenta por cento de sua receita bruta total de venda de bens e serviços.

§ 1º A receita bruta de que trata o inciso II do *caput* será considerada depois de excluídos os impostos e contribuições incidentes sobre as vendas.

§ 2º O percentual de receita bruta de que trata o inciso II do *caput* será apurado a partir do ano-calendário subsequente ao do início da efetiva entrada em funcionamento do projeto, em cujo cálculo será incluída a receita bruta auferida no primeiro ano-calendário de funcionamento.

ART. 8º A inobservância dos prazos estipulados no art. 6º ou no *caput* do art. 7º implicará revogação do ato de aprovação do respectivo projeto.

Parágrafo único. O CZPE, atendendo a circunstâncias relevantes, poderá prorrogar os prazos referidos no *caput* e, ainda, aqueles de que tratam as alíneas "b" e "c" do inciso IX do § 1º do art. 1º e o art. 3º.

ART. 9º É vedada a instalação em ZPE de empresas cujos projetos evidenciem a simples transferência de plantas industriais já instaladas no País.

Parágrafo único. Não serão autorizadas, em ZPE, a produção, a importação ou a exportação de:

I - armas ou explosivos de qualquer natureza, salvo com prévia autorização do Comando do Exército; e

II - material radioativo, salvo com prévia autorização da Comissão Nacional de Energia Nuclear - CNEN.

ART. 10. O ato de criação de ZPE caducará:

I - se, no prazo de doze meses, contado da sua publicação, a administradora da ZPE não tiver iniciado, efetivamente, as obras de implantação, de acordo com o cronograma previsto na proposta de criação; ou

II - se as obras de implantação não forem concluídas, sem motivo justificado, no prazo de doze meses, contado da data prevista para sua conclusão, constante do cronograma da proposta de criação.

ART. 11. As sanções previstas na Lei n. 11.508, de 2007, não prejudicam a aplicação de outras penalidades, inclusive do disposto no art. 76 da Lei n. 10.833, de 29 de dezembro de 2003.

ART. 12. Considera-se dano ao erário, para efeito de aplicação da pena de perdimento, na forma da legislação específica, a introdução:

I - no mercado interno, de mercadoria procedente de ZPE que tenha sido importada, adquirida no mercado interno ou produzida em ZPE fora dos casos autorizados na Lei n. 11.508, de 2007; e

II - em ZPE, de mercadoria estrangeira não permitida.

Parágrafo único. Aplica-se o disposto no Decreto-Lei n. 1.455, de 7 de abril de 1976, para efeitos de aplicação e julgamento da pena de perdimento estabelecida neste artigo.

ART. 13. A Secretaria da Receita Federal do Brasil disciplinará:

I - o depósito, a reexportação e a destruição de mercadorias importadas;

II - o depósito, a exportação e a destruição de mercadorias adquiridas no mercado interno; e

III - os procedimentos específicos relacionados à fiscalização, vigilância, controle e ao despacho aduaneiros de mercadorias admitidas em ZPE.

ART. 14. Este Decreto entra em vigor na data de sua publicação.

ART. 15. Fica revogado o Decreto n. 846, de 25 de junho de 1993.

Brasília, 6 de abril de 2009; 188º da Independência e 121º da República.

LUIZ INÁCIO LULA DA SILVA

DECRETO N. 6.877, DE 18 DE JUNHO DE 2009

Regulamenta a Lei n. 11.671, de 8 de maio de 2008, que dispõe sobre a inclusão de presos em estabelecimentos penais federais de segurança máxima ou a sua transferência para aqueles estabelecimentos, e dá outras providências.

▸ *DOU*, 19.06.2009

O Presidente Da República, no uso da atribuição que lhe confere o art. 84, inciso IV, da Constituição, e tendo em vista o disposto no § 3º do art. 5º da Lei n. 11.671, de 8 de maio de 2008

Decreta:

ART. 1º Este Decreto regulamenta o processo de inclusão e transferência de presos para estabelecimentos penais federais de segurança máxima, nos termos da Lei n. 11.671, de 8 de maio de 2008.

ART. 2º O processo de inclusão e de transferência, de caráter excepcional e temporário, terá início mediante requerimento da autoridade administrativa, do Ministério Público ou do próprio preso.

§ 1º O requerimento deverá conter os motivos que justifiquem a necessidade da medida e estar acompanhado da documentação pertinente.

§ 2º O processo de inclusão ou de transferência será autuado em apartado.

ART. 3º Para a inclusão ou transferência, o preso deverá possuir, ao menos, uma das seguintes características:

I - ter desempenhado função de liderança ou participado de forma relevante em organização criminosa;

II - ter praticado crime que coloque em risco a sua integridade física no ambiente prisional de origem;

III - estar submetido ao Regime Disciplinar Diferenciado - RDD;

IV - ser membro de quadrilha ou bando, envolvido na prática reiterada de crimes com violência ou grave ameaça;

V - ser réu colaborador ou delator premiado, desde que essa condição represente risco à sua integridade física no ambiente prisional de origem; ou

VI - estar envolvido em incidentes de fuga, de violência ou de grave indisciplina no sistema prisional de origem.

ART. 4º Constarão dos autos do processo de inclusão ou de transferência, além da decisão do juízo de origem sobre as razões da excepcional necessidade da medida, os seguintes documentos:

I - tratando-se de preso condenado:

a) cópia das decisões nos incidentes do processo de execução que impliquem alteração da pena e regime a cumprir;

b) prontuário, contendo, pelo menos, cópia da sentença ou do acórdão, da guia de recolhimento, do atestado de pena a cumprir, do documento de identificação pessoal e do comprovante de inscrição no Cadastro de Pessoas Físicas - CPF, ou, no caso desses dois últimos, seus respectivos números; e

c) prontuário médico; e

II - tratando-se de preso provisório:

a) cópia do auto de prisão em flagrante ou do mandado de prisão e da decisão que motivou a prisão cautelar;

b) cópia da denúncia, se houver;

c) certidão do tempo cumprido em custódia cautelar;

d) cópia da guia de recolhimento; e

e) cópia do documento de identificação pessoal e do comprovante de inscrição no CPF, ou seus respectivos números.

ART. 5º Ao ser ouvido, o Departamento Penitenciário Nacional do Ministério da Justiça opinará sobre a pertinência da inclusão ou da transferência e indicará o estabelecimento penal federal adequado à custódia, podendo solicitar diligências complementares, inclusive sobre o histórico criminal do preso.

ART. 6º Ao final da instrução do procedimento e após a manifestação prevista no art. 5º, o juiz de origem, admitindo a necessidade da inclusão ou da transferência do preso, remeterá os autos ao juízo federal competente.

ART. 7º Recebidos os autos, o juiz federal decidirá sobre a inclusão ou a transferência, podendo determinar diligências complementares necessárias à formação do seu convencimento.

ART. 8º Admitida a inclusão ou a transferência, o juízo de origem deverá encaminhar ao juízo federal competente:

I - os autos da execução penal, no caso de preso condenado; e

II - carta precatória instruída com os documentos previstos no inciso II do art. 4º, no caso de preso provisório.

ART. 9º A inclusão e a transferência do preso poderão ser realizadas sem a prévia instrução dos autos, desde que justificada a situação de extrema necessidade.

§ 1º A inclusão ou a transferência deverá ser requerida diretamente ao juízo de origem, instruída com elementos que demonstrem a extrema necessidade da medida.

§ 2º Concordando com a inclusão ou a transferência, o juízo de origem remeterá, imediatamente, o requerimento ao juízo federal competente.

§ 3º Admitida a inclusão ou a transferência emergencial pelo juízo federal competente, caberá ao juízo de origem remeter àquele, imediatamente, os documentos previstos nos incisos I e II do art. 4º.

ART. 10. Restando sessenta dias para o encerramento do prazo de permanência do preso no estabelecimento penal federal, o Departamento Penitenciário Nacional comunicará tal circunstância ao requerente da inclusão ou da transferência, solicitando manifestação acerca da necessidade de renovação.

Parágrafo único. Decorrido o prazo estabelecido no § 1º do art. 10 da Lei n. 11.671, de 2008, e não havendo manifestação acerca da renovação da permanência, o preso retornará ao sistema prisional ou penitenciário de origem.

ART. 11. Na hipótese de obtenção de liberdade ou progressão de regime de preso custodiado em estabelecimento penal federal, caberá ao Departamento Penitenciário Nacional providenciar o seu retorno ao local de origem ou a sua transferência ao estabelecimento penal indicado para cumprimento do novo regime.

Parágrafo único. Se o egresso optar em não retornar ao local de origem, deverá formalizar perante o diretor do estabelecimento penal federal sua manifestação de vontade, ficando o Departamento Penitenciário Nacional dispensado da providência referida no *caput*.

ART. 12. Mediante requerimento da autoridade administrativa, do Ministério Público ou do próprio preso, poderão ocorrer transferências de presos entre estabelecimentos penais federais.

§ 1º O requerimento de transferência, instruído com os fatos motivadores, será dirigido ao juiz federal corregedor do estabelecimento penal federal onde o preso se encontrar, que ouvirá o juiz federal corregedor do estabelecimento penal federal de destino.

§ 2º Autorizada e efetivada a transferência, o juiz federal corregedor do estabelecimento penal federal em que o preso se encontrava comunicará da decisão ao juízo de execução penal de origem, se preso condenado, ou ao juízo do processo, se preso provisório, e à autoridade policial, se for o caso.

ART. 13. Este Decreto entra em vigor na data de sua publicação.

Brasília, 18 de junho de 2009; 188º da Independência e 121º da República.

LUIZ INÁCIO LULA DA SILVA

DECRETO N. 6.906, DE 21 DE JULHO DE 2009

Estabelece a obrigatoriedade de prestação de informações sobre vínculos familiares pelos agentes públicos que especifica.

‣ *DOU*, 22.7.2009.

O Presidente da República, no uso da atribuição que lhe confere o art. 84, inciso VI, alínea "a", e tendo em vista o disposto no *caput* do art. 37 da Constituição,

Decreta:

ART. 1º É obrigatória a apresentação de declaração acerca da existência de vínculo matrimonial, de companheirismo ou de parentesco consanguíneo ou afim, em linha reta ou colateral, até o terceiro grau, conforme disposto no Anexo I, com ocupantes de cargos em comissão ou funções de confiança no âmbito do Poder Executivo federal, pelos agentes públicos a seguir indicados, que se encontrem em exercício na data de publicação deste Decreto:

I - Ministro de Estado;

II - ocupante de cargo de natureza especial; e

III - ocupante de cargo do Grupo-Direção e Assessoramento Superiores.

Parágrafo único. A declaração referida no *caput* deverá incluir também informação sobre a existência de vínculo matrimonial, de companheirismo ou de parentesco consanguíneo ou afim, em linha reta ou colateral, até o terceiro grau, com estagiário, terceirizado ou consultor contratado por organismo internacional que prestem serviços para o órgão ou entidade da administração pública direta, autárquica ou fundacional onde o agente exerce atividade.

ART. 2º Para cumprimento do disposto neste Decreto, no prazo de sessenta dias a contar de sua publicação, os agentes públicos de que trata o art. 1º deverão preencher e enviar pela internet o formulário de que trata o Anexo II, disponível no sítio da Controladoria-Geral da União no seguinte endereço eletrônico: www.cgu.gov.br.

Parágrafo único. Após a providência de que trata o *caput*, observado o prazo ali estabelecido, o mesmo formulário, devidamente impresso e assinado, deverá ser entregue ao serviço de pessoal do órgão de exercício do declarante, onde permanecerá à disposição dos órgãos de controle.

ART. 3º As declarações serão analisadas pela Controladoria-Geral da União com vistas à identificação de possível prática de nepotismo e adoção das medidas cabíveis, nos termos de ato normativo a ser editado pelo Poder Executivo federal.

ART. 4º Caberá aos titulares dos órgãos e entidades da administração pública federal direta ou indireta do Poder Executivo federal, sob pena de responsabilidade, velar pela estrita observância do disposto neste Decreto e instaurar processo administrativo disciplinar contra o agente público que se recusar a apresentar a declaração de que trata o art. 1º ou que a prestar falsa.

ART. 5º Este Decreto entra em vigor na data de sua publicação.

Brasília, 21 de julho de 2009; 188º da Independência e 121º da República.

LUIZ INÁCIO LULA DA SILVA

ANEXO I

TABELA 1

PARENTES EM LINHA RETA

GRAU	CONSANGUINIDADE	AFINIDADE (vínculos atuais)
1º	Pai/mãe, filho/filha do agente público	Sogro/sogra, genro/nora; madrasta/padrasto, enteado/enteada do agente público
2º	Avó/avô, neto/neta do agente público	Avô/avó, neto/neta do cônjuge ou companheiro do agente público
3º	Bisavô/bisavó, bisneto/bisneta do agente público	Bisavô/bisavó, bisneto/bisneta do cônjuge ou companheiro do agente público

TABELA 2

PARENTES EM LINHA COLATERAL

GRAU	CONSANGUINIDADE	AFINIDADE (vínculos atuais)
1º	---	---
2º	Irmão/irmã do agente público	Cunhado/cunhada do agente público
3º	Tio/tia, sobrinho/sobrinha do agente público	Tio/tia, sobrinho/sobrinha do cônjuge ou companheiro do agente público

‣ Optamos, nesta edição, pela não publicação do Anexo II.

DECRETO N. 6.924, DE 5 DE AGOSTO DE 2009

Institui o Prêmio de "Boas Práticas na Aplicação, Divulgação ou Implementação da Lei Maria da Penha".

‣ *DOU*, 06.08.2009.

O Presidente da República, no uso da atribuição que lhe confere o art. 84, inciso VI, alínea "a", da Constituição,

Decreta:

ART. 1º Fica instituído o Prêmio de "Boas Práticas na Aplicação, Divulgação ou Implementação da Lei Maria da Penha", a ser concedido, anualmente, pelo Governo Federal às pessoas físicas ou jurídicas cujos trabalhos ou atuação mereçam especial destaque no enfrentamento à violência doméstica e familiar contra a mulher, com base na Lei Maria da Penha.

ART. 2º A Secretaria Especial de Políticas para as Mulheres da Presidência da República publicará as instruções necessárias para a concessão do Prêmio de "Boas Práticas na Aplicação, Divulgação ou Implementação da Lei Maria da Penha", no prazo de trinta dias contados da publicação deste Decreto.

ART. 3º Este Decreto entra em vigor na data de sua publicação.

Brasília, 5 de agosto de 2009; 188º da Independência e 121º da República.

LUIZ INÁCIO LULA DA SILVA

DECRETO N. 6.944, DE 21 DE AGOSTO DE 2009

Estabelece medidas organizacionais para o aprimoramento da administração pública federal direta, autárquica e fundacional, dispõe sobre normas gerais relativas a concursos públicos, organiza sob a forma de sistema as atividades de organização e inovação institucional do Governo Federal, e dá outras providências.

‣ Dec. 8.886/2016 (Aprova a Estrutura Regimental e o Quadro Demonstrativo dos Cargos em Comissão e das Funções de Confiança da Comissão Nacional de Energia Nuclear - CNEN, remaneja cargos em comissão e substitui cargos em comissão do Grupo Direção e Assessoramento Superiores - DAS por Funções Comissionadas do Poder Executivo - FCPE).

‣ *DOU*, 24.08.2009.

O Presidente da República, no uso da atribuição que lhe confere o art. 84, inciso VI, alínea "a", da Constituição,

Decreta:

CAPÍTULO I
DAS MEDIDAS PARA O FORTALECIMENTO DA CAPACIDADE INSTITUCIONAL

SEÇÃO I
DAS DISPOSIÇÕES GERAIS

ART. 1º Para fins deste Decreto, considera-se fortalecimento da capacidade institucional o conjunto de medidas que propiciem aos órgãos ou entidades da administração pública federal direta, autárquica e fundacional a melhoria das suas condições de funcionamento, compreendendo as de caráter organizacional, que lhes proporcionem melhor desempenho no exercício de suas competências institucionais, especialmente na execução dos programas do Plano Plurianual - PPA.

§ 1º As medidas de fortalecimento da capacidade institucional observarão as seguintes diretrizes:

I - organização da ação governamental por programas;

II - eliminação de superposições e fragmentações de ações;

III - aumento da eficiência, eficácia e efetividade do gasto e da ação administrativa;

IV - orientação para resultados;

V - racionalização de níveis hierárquicos e aumento da amplitude de comando;

VI - orientação para as prioridades de governo; e

VII - alinhamento da proposta apresentada com as competências da organização e os resultados que se pretende alcançar.

§ 2º O fortalecimento da capacidade institucional será alcançado por intermédio:

I - da criação e transformação de cargos e funções, ou de sua extinção, quando vagos;

II - da criação, reorganização e extinção de órgãos e entidades;

III - da realização de concursos públicos e provimento de cargos e empregos públicos;

IV - da aprovação e revisão de estrutura regimental e de estatuto;

V - do remanejamento ou redistribuição de cargos e funções públicas; e

VI - da autorização para contratação temporária de excepcional interesse público, nos termos da Lei n. 8.745, de 9 de dezembro de 1993.

ART. 2º As propostas sobre matéria de que trata o § 2º do art. 1º serão encaminhadas ao Ministério do Planejamento, Orçamento

DECRETOS

e Gestão e, quando couber, submetidas à apreciação da Casa Civil da Presidência da República, nos termos do disposto no Decreto n. 4.176, de 28 de março de 2002, e deverão conter:

- O Dec. 4.176/2002 foi revogado pelo Dec. 9.191/2017.
- LC 95/1998 (Dispõe sobre a elaboração, a redação, a alteração e a consolidação das leis).

I - justificativa da proposta, caracterizando-se a necessidade de fortalecimento institucional, demonstrando o seu alinhamento com os resultados pretendidos, em especial no que se refere aos programas do PPA;

II - identificação sucinta dos macroprocessos, produtos e serviços prestados pelos órgãos e entidades; e

III - resultados que se pretende alcançar com o fortalecimento institucional e indicadores para mensurá-los.

Parágrafo único. O Ministério do Planejamento, Orçamento e Gestão analisará as propostas com base nas diretrizes relacionadas no art. 1º, cabendo-lhe emitir parecer sobre sua adequação técnica e orçamentária, bem como propor ou adotar os ajustes e medidas que forem necessários à sua implementação ou prosseguimento.

ART. 3º O órgão ou entidade deverá apresentar as propostas de que tratam os incisos I e II do § 2º do art. 1º, quando acarretarem aumento de despesa, até o dia 31 de maio de cada exercício, de modo a compatibilizá-las com o projeto de lei orçamentária anual para o exercício subsequente.

SEÇÃO II
DOS DOCUMENTOS E INFORMAÇÕES A SEREM ENCAMINHADOS

ART. 4º Para avaliação do Ministério do Planejamento, Orçamento e Gestão, as propostas de que trata o § 2º do art. 1º deverão ser acompanhadas dos documentos abaixo relacionados:

I - aviso do Ministro de Estado sob cuja subordinação ou supervisão se encontrar o órgão ou entidade;

II - minuta de exposição de motivos, quando for o caso;

III - minuta de projeto de lei ou decreto, e respectivos anexos, quando for o caso, observado o disposto no Decreto n. 4.176, de 2002;

- O Dec. 4.176/2002 foi revogado pelo Dec. 9.191/2017.
- LC 95/1998 (Dispõe sobre a elaboração, a redação, a alteração e a consolidação das leis).

IV - nota técnica da área competente; e

V - parecer da área jurídica.

ART. 5º Quando a proposta acarretar aumento de despesa, em complementação à documentação prevista no art. 4º, deverá ser encaminhada a estimativa do seu impacto orçamentário-financeiro, no exercício em que deva entrar em vigor e nos dois exercícios subsequentes, observadas as normas complementares a serem editadas pelo Ministério do Planejamento, Orçamento e Gestão.

§ 1º A estimativa de impacto deverá estar acompanhada das premissas e da memória de cálculo utilizadas, elaboradas pela área técnica competente, que deverão conter:

I - o quantitativo de cargos ou funções a serem criados ou providos;

II - os valores referentes a:

a) remuneração do cargo ou emprego, na forma da legislação;

b) encargos sociais;

c) pagamento de férias;

d) pagamento de gratificação natalina, quando for o caso; e

e) demais despesas com benefícios de natureza trabalhista e previdenciária, tais como auxílio-alimentação, auxílio-transporte, auxílio-moradia, indenização de transporte, contribuição a entidades fechadas de previdência, FGTS e contribuição a planos de saúde; e

III - indicação do mês previsto para ingresso dos servidores ou empregados no serviço público.

§ 2º Para efeito da estimativa de impacto deverá ser considerado o valor correspondente a vinte e dois por cento para os encargos sociais relativos ao Plano de Seguridade Social do Servidor Público - PSS e o adicional de um terço de férias a partir do segundo ano de efetivo exercício.

ART. 6º Os órgãos e entidades deverão encaminhar, ainda, outros documentos e informações definidos em ato do Ministro de Estado do Planejamento, Orçamento e Gestão.

SEÇÃO III
DAS ESTRUTURAS REGIMENTAIS, ESTATUTOS E REGIMENTOS INTERNOS DOS ÓRGÃOS E ENTIDADES

ART. 7º Quando da publicação das estruturas regimentais e dos estatutos dos órgãos e entidades da administração direta, autárquica e fundacional, para fins de classificação de seus cargos em comissão e funções de confiança, considerar-se-á a nomenclatura padrão e o nível correspondente do cargo ou função, na forma a ser estabelecida em ato do Ministro de Estado do Planejamento, Orçamento e Gestão.

ART. 8º Na proposta de aprovação ou revisão de suas estruturas regimentais ou estatutos, os órgãos e entidades deverão tomar como referência, para cálculo da despesa com pessoal, o custo unitário efetivo expresso em DAS - Unitário, constante do Anexo I.

Parágrafo único. As disposições estabelecidas no *caput* não se aplicam às instituições federais de ensino e ao Banco Central do Brasil.

ART. 8º-A. Os cargos em comissão do Grupo-Direção e Assessoramento Superiores - DAS e as Funções Comissionadas do Poder Executivo - FCPE serão constituídos pelas seguintes categorias: (Acrescentado pelo Dec. 8.819/2016.)

a) direção - código 101; e (Acrescentado pelo Dec. 8.819/2016.)

b) assessoramento - código 102. (Acrescentado pelo Dec. 8.819/2016.)

ART. 8º-B. Na proposta de aprovação ou de revisão de suas estruturas regimentais ou seus estatutos, os órgãos e as entidades deverão explicitar quais cargos em comissão do Grupo-DAS ou FCPE destinam-se ao exercício de atividades de direção e de assessoramento, nos termos do Anexo I-A. (Acrescentado pelo Dec. 8.819/2016.)

ART. 9º Os órgãos e entidades que decidirem pela edição de regimento interno deverão publicá-lo no *Diário Oficial da União*, em absoluta consonância com o decreto que aprovar a respectiva estrutura regimental ou estatuto.

§ 1º Poderá haver um único regimento interno para cada Ministério ou órgão da Presidência da República, abrangendo todas as unidades administrativas integrantes de sua estrutura regimental, ou regimentos internos específicos para cada unidade administrativa, a critério do Ministro de Estado correspondente.

§ 2º As autarquias e fundações terão apenas um regimento.

§ 3º O regimento interno conterá o quadro demonstrativo de cargos em comissão e de funções de confiança do órgão ou da entidade. (Acrescentado pelo Dec. 8.819/2016.)

§ 4º Os órgãos e as entidades poderão, mediante alteração do quadro demonstrativo de cargos em comissão e de funções de confiança dos respectivos regimentos internos e dentro de suas estruturas, permutar cargos em comissão do Grupo-DAS com FCPE de mesmo nível e categoria, desde que não sejam alteradas as unidades da estrutura organizacional básica especificadas no decreto que aprovar a estrutura regimental ou o estatuto. (Acrescentado pelo Dec. 8.819/2016.)

§ 5º A permuta de que trata o § 4º: (Acrescentado pelo Dec. 8.819/2016.)

I - não poderá acarretar qualquer alteração do quadro resumo de custos dos cargos em comissão e das funções de confiança do decreto que aprovar a estrutura regimental ou o estatuto do órgão ou da entidade; e (Acrescentado pelo Dec. 8.819/2016.)

II - deverá ser registrada no Sistema de Organização e Inovação Institucional do Governo Federal - SIORG. (Acrescentado pelo Dec. 8.819/2016.)

§ 6º Enquanto não disponibilizado o módulo para registro no SIORG, a permuta de que trata o § 4º deverá ser comunicada ao órgão central do SIORG, mediante ofício do titular do órgão ou da entidade ou da autoridade a quem tiver sido delegada essa competência. (Acrescentado pelo Dec. 8.819/2016.)

CAPÍTULO II
DO CONCURSO PÚBLICO

SEÇÃO I
DAS DISPOSIÇÕES GERAIS

ART. 10. Fica delegada competência ao Ministro de Estado do Planejamento, Orçamento e Gestão para autorizar a realização de concursos públicos nos órgãos e entidades da administração pública federal direta, autárquica e fundacional e decidir sobre o provimento de cargos e empregos públicos, bem como expedir os atos complementares necessários para este fim.

§ 1º A delegação prevista no *caput* não se aplica para efeito de ingresso:

I - nas carreiras de Advogado da União, de Procurador da Fazenda Nacional e de Procurador Federal, cujos atos serão praticados pelo Advogado-Geral da União;

II - na carreira de Defensor Público da União, cujos atos serão praticados pelo Defensor Público-Geral; e

III - na carreira de Diplomata, cujos atos serão praticados pelo Ministro de Estado das Relações Exteriores.

IV - na Carreira de Policial Federal, cujos atos serão praticados pelo Diretor-Geral do Departamento de Polícia Federal. (Acrescentado pelo Dec. 8.326/2014.)

§ 2º Prescinde de autorização do Ministro de Estado do Planejamento, Orçamento e Gestão o provimento de cargo docente e contratação de professor substituto, observado o limite que cada universidade federal se encontra autorizada a manter em seu quadro docente, conforme norma conjunta dos Ministros de Estado do Planejamento, Orçamento e Gestão e da Educação.

§ 3º Os concursos públicos para o provimento de cargos da carreira prevista no inciso IV do § 1º devem ser realizados quando o número de vagas exceder a cinco por cento dos respectivos cargos, ou, com menor número, de acordo com a necessidade e a critério do

Ministro de Estado da Justiça. (Alterado pelo Dec. 8.326/2014.)

§ 4º Nas hipóteses dos §§ 1º e 3º os atos ali referidos dependerão de manifestação do Ministério do Planejamento, Orçamento e Gestão, emitida previamente à realização do concurso, que confirme a existência de disponibilidade orçamentária para cobrir as despesas com o provimento dos cargos. (Acrescentado pelo Dec. 8.326/2014.)

ART. 11. Durante o período de validade do concurso público, o Ministério do Planejamento, Orçamento e Gestão poderá autorizar, mediante motivação expressa, a nomeação de candidatos aprovados e não convocados, podendo ultrapassar em até cinquenta por cento o quantitativo original de vagas.

ART. 12. Excepcionalmente o Ministro de Estado do Planejamento, Orçamento e Gestão poderá autorizar a realização de concurso público para formação de cadastro reserva para provimento futuro, de acordo com a necessidade, de cargos efetivos destinados a atividades de natureza administrativa, ou de apoio técnico ou operacional dos planos de cargos e carreiras do Poder Executivo federal.

ART. 13. O concurso público será de provas ou de provas e títulos, podendo ser realizado em duas etapas, conforme dispuser a lei ou o regulamento do respectivo plano de carreira.

§ 1º Quando houver prova de títulos, a apresentação destes deverá ocorrer em data a ser estabelecida no edital, sempre posterior à da inscrição no concurso, ressalvada disposição diversa em lei.

§ 2º A prova de títulos deverá ser realizada como etapa posterior à prova escrita e somente apresentarão os títulos os candidatos aprovados nas etapas anteriores ou que tiverem inscrição aceita no certame.

§ 3º Havendo prova oral ou defesa de memorial, deverá ser realizada em sessão pública e gravada para efeito de registro e avaliação.

§ 4º A realização de provas de aptidão física exige a indicação no edital do tipo de prova, das técnicas admitidas e do desempenho mínimo para classificação.

§ 5º No caso das provas de conhecimentos práticos específicos, deverá haver indicação dos instrumentos, aparelhos ou das técnicas a serem utilizadas, bem como da metodologia de aferição para avaliação dos candidatos.

§ 6º É admitido, observados os critérios estabelecidos no edital de abertura do concurso, o condicionamento da aprovação em determinada etapa à, simultaneamente, obtenção de nota mínima e obtenção de classificação mínima na etapa.

§ 7º No caso da realização do concurso em duas etapas, a segunda será constituída de curso ou programa de formação, de caráter eliminatório e classificatório, ressalvada disposição diversa em lei específica.

§ 8º Quando o número de candidatos matriculados para a segunda etapa ensejar a formação de mais de uma turma, com início em datas diferentes, o resultado será divulgado por grupo, ao término de cada turma.

ART. 14. A realização de avaliação psicológica está condicionada à existência de previsão legal específica e deverá estar prevista no edital. (Alterado pelo Dec. 7.308/2010.)

§ 1º Para os fins deste Decreto, considera-se avaliação psicológica o emprego de procedimentos científicos destinados a aferir a compatibilidade das características psicológicas do candidato com as atribuições do cargo. (Alterado pelo Dec. 7.308/2010.)

§ 2º A avaliação psicológica será realizada após a aplicação das provas escritas, orais e de aptidão física, quando houver. (Alterado pelo Dec. 7.308/2010.)

§ 3º Os requisitos psicológicos para o desempenho no cargo deverão ser estabelecidos previamente, por meio de estudo científico das atribuições e responsabilidades dos cargos, descrição detalhada das atividades e tarefas, identificação dos conhecimentos, habilidades e características pessoais necessários para sua execução e identificação de características restritivas ou impeditivas para o cargo. (Acrescentado pelo Dec. 7.308/2010.)

§ 4º A avaliação psicológica deverá ser realizada mediante o uso de instrumentos de avaliação psicológica, capazes de aferir, de forma objetiva e padronizada, os requisitos psicológicos do candidato para o desempenho das atribuições inerentes ao cargo. (Acrescentado pelo Dec. 7.308/2010.)

§ 5º O edital especificará os requisitos psicológicos que serão aferidos na avaliação.

ART. 14-A. O resultado final da avaliação psicológica do candidato será divulgado, exclusivamente, como "apto" ou "inapto". (Acrescentado pelo Dec. 7.308/2010.)

§ 1º Todas as avaliações psicológicas serão fundamentadas e os candidatos poderão obter cópia de todo o processado envolvendo sua avaliação, independentemente de requerimento específico e ainda que o candidato tenha sido considerado apto. (Acrescentado pelo Dec. 7.308/2010.)

§ 2º Os prazos e a forma de interposição de recurso acerca do resultado da avaliação psicológica serão definidos pelo edital do concurso. (Acrescentado pelo Dec. 7.308/2010.)

§ 3º Os profissionais que efetuaram avaliações psicológicas no certame não poderão participar do julgamento de recursos. (Acrescentado pelo Dec. 7.308/2010.)

§ 4º É lícito ao candidato apresentar parecer de assistente técnico na fase recursal. (Acrescentado pelo Dec. 7.308/2010.)

§ 5º Caso no julgamento de recurso se entenda que a documentação e a fundamentação da avaliação psicológica são insuficientes para se concluir sobre as condições do candidato, a avaliação psicológica será anulada e realizado novo exame. (Acrescentado pelo Dec. 7.308/2010.)

ART. 15. O valor cobrado a título de inscrição no concurso público será fixado em edital, levando-se em consideração os custos estimados indispensáveis para a sua realização, e ressalvadas as hipóteses de isenção nele expressamente previstas, respeitado o disposto no Decreto n. 6.593, de 2 de outubro de 2008.

ART. 16. O órgão ou entidade responsável pela realização do concurso público homologará e publicará no Diário Oficial da União a relação dos candidatos aprovados no certame, classificados de acordo com Anexo II deste Decreto, por ordem de classificação.

§ 1º Os candidatos não classificados no número máximo de aprovados de que trata o Anexo II, ainda que tenham atingido nota mínima, estarão automaticamente reprovados no concurso público.

§ 2º No caso de realização de concurso público em mais de uma etapa, o critério de reprovação do § 1º será aplicado considerando-se a classificação na primeira etapa.

§ 3º Nenhum dos candidatos empatados na última classificação de aprovados será considerado reprovado nos termos deste artigo.

§ 4º O disposto neste artigo deverá constar do edital de concurso público.

ART. 17. Na autorização do Ministro de Estado do Planejamento, Orçamento e Gestão para realização de concurso público ou na manifestação de que trata o § 3º do art. 10, será fixado prazo não superior a seis meses para o órgão ou entidade publicar o edital de abertura de inscrições para realização do certame.

§ 1º Para as instituições federais de ensino vinculadas ao Ministério da Educação, o prazo referido no *caput* será contado a partir da publicação do ato do Ministro de Estado da Educação que realizar a distribuição, entre essas entidades, das vagas autorizadas.

§ 2º Findo o prazo de que trata o *caput*, sem a abertura de concurso público, ficará sem efeito a autorização concedida pelo Ministro de Estado do Planejamento, Orçamento e Gestão ou a manifestação de que trata o § 3º do art. 10.

SEÇÃO II
DO EDITAL DO CONCURSO PÚBLICO

ART. 18. O edital do concurso público será:

I - publicado integralmente no Diário Oficial da União, com antecedência mínima de sessenta dias da realização da primeira prova; e

II - divulgado no sítio oficial do órgão ou entidade responsável pela realização do concurso público e da instituição que executará o certame, logo após a sua publicação.

§ 1º A alteração de qualquer dispositivo do edital deverá ser publicada no Diário Oficial da União e divulgada na forma do disposto no inciso II.

§ 2º O prazo de que trata o inciso I poderá ser reduzido mediante ato motivado do Ministro de Estado sob cuja subordinação ou supervisão se encontrar o órgão ou entidade responsável pela realização do concurso público.

ART. 19. Deverão constar do edital de abertura de inscrições, no mínimo, as seguintes informações:

I - identificação da instituição realizadora do certame e do órgão ou entidade que o promove;

II - menção ao ato ministerial que autorizar a realização do concurso público, quando for o caso;

III - número de cargos ou empregos públicos a serem providos;

IV - quantitativo de cargos ou empregos reservados às pessoas com deficiência e critérios para sua admissão, em consonância com o disposto nos arts. 37 a 44 do Decreto n. 3.298, de 20 de dezembro de 1999;

V - denominação do cargo ou emprego público, a classe de ingresso e a remuneração inicial, discriminando-se as parcelas que a compõem;

VI - lei de criação do cargo, emprego público ou carreira, e seus regulamentos;

VII - descrição das atribuições do cargo ou emprego público;

VIII - indicação do nível de escolaridade exigido para a posse no cargo ou emprego;

IX - indicação precisa dos locais, horários e procedimentos de inscrição, bem como das formalidades para sua confirmação;

X - valor da taxa de inscrição e hipóteses de isenção;

XI - orientações para a apresentação do requerimento de isenção da taxa de inscrição, conforme legislação aplicável;

XII - indicação da documentação a ser apresentada no ato de inscrição e quando da realização

DECRETOS

das provas, bem como do material de uso não permitido nesta fase;

XIII - enunciação precisa das disciplinas das provas e dos eventuais agrupamentos de provas;

XIV - indicação das prováveis datas de realização das provas;

XV - número de etapas do concurso público, com indicação das respectivas fases, seu caráter eliminatório ou eliminatório e classificatório, e indicativo sobre a existência e condições do curso de formação, se for o caso;

XVI - informação de que haverá gravação em caso de prova oral ou defesa de memorial;

XVII - explicitação detalhada da metodologia para classificação no concurso público;

XVIII - exigência, quando cabível, de exames médicos específicos para a carreira ou de exame psicotécnico ou sindicância da vida pregressa;

XIX - regulamentação dos meios de aferição do desempenho do candidato nas provas, observado o disposto na Lei n. 10.741, de 1º de outubro de 2003;

XX - fixação do prazo de validade do concurso e da possibilidade de sua prorrogação; e

XXI - disposições sobre o processo de elaboração, apresentação, julgamento, decisão e conhecimento do resultado de recursos.

Parágrafo único. A escolaridade mínima, e a experiência profissional, quando exigidas, deverão ser comprovadas no ato de posse no cargo ou emprego, vedada a exigência de comprovação no ato de inscrição no concurso público ou em qualquer de suas etapas, ressalvado o disposto em legislação específica.

CAPÍTULO III
DO SISTEMA DE ORGANIZAÇÃO E INOVAÇÃO INSTITUCIONAL DO GOVERNO FEDERAL - SIORG

ART. 20. Ficam organizadas sob a forma de sistema, com a designação de Sistema de Organização e Inovação Institucional do Governo Federal - SIORG, as atividades de desenvolvimento organizacional dos órgãos e entidades da administração direta, autárquica e fundacional do Poder Executivo Federal, com as seguintes finalidades:

I - uniformizar e integrar ações das unidades que o compõem;

II - constituir rede colaborativa voltada à melhoria da gestão pública;

III - desenvolver padrões de qualidade e de racionalidade;

IV - proporcionar meios para melhorar o desempenho institucional e otimizar a utilização dos recursos disponíveis; e

V - reduzir custos operacionais e assegurar a continuidade dos processos de organização e inovação institucional.

Parágrafo único. Para os fins deste Decreto, consideram-se funções básicas de organização e inovação institucional:

I - definição das competências dos órgãos e entidades e das atribuições de seus dirigentes;

II - organização e funcionamento da administração federal;

III - estabelecimento de programas de melhoria do desempenho dos órgãos e entidades;

IV - geração, adaptação e disseminação de tecnologias de inovação;

V - racionalização de métodos e processos administrativos;

VI - elaboração de planos de formação, desenvolvimento e treinamento do pessoal envolvido na área de abrangência do sistema; e

VII - disseminação de informações organizacionais e de desempenho da gestão administrativa.

ART. 21. São integrantes do SIORG todas as unidades administrativas incumbidas de atividades de organização e inovação institucional da Administração direta, autárquica e fundacional do Poder Executivo federal, observada a seguinte estrutura:

I - órgão central: o Ministério do Planejamento, Orçamento e Gestão, por intermédio da Secretaria de Gestão;

II - órgãos setoriais: as Secretarias-Executivas ou equivalentes, assessoradas pelas unidades administrativas responsáveis pela área de organização e inovação institucional dos Ministérios e órgãos integrantes da Presidência da República; e

III - órgãos seccionais: diretorias administrativas ou equivalentes, que atuam na área de organização e inovação institucional, nas autarquias e fundações.

§ 1º As unidades setoriais e seccionais do SIORG subordinam-se tecnicamente ao órgão central do Sistema, para os estritos fins deste Decreto, sem prejuízo da subordinação administrativa decorrente de sua posição na estrutura do órgão ou entidade em que se encontrem.

§ 2º Caberá às unidades setoriais a articulação com as unidades seccionais a elas vinculadas, com o objetivo de contribuir para a integração sistêmica do SIORG.

ART. 22. Ao órgão central do SIORG compete:

I - definir, padronizar, sistematizar e estabelecer, mediante a edição de enunciados e instruções, os procedimentos atinentes às atividades de organização e inovação institucional;

II - estabelecer fluxos de informação entre as unidades integrantes do Sistema e os demais sistemas de atividades auxiliares, visando subsidiar os processos de decisão e a coordenação das atividades governamentais;

III - gerar e disseminar tecnologias e instrumental metodológicos destinados ao planejamento, execução e controle das atividades de organização e inovação institucional;

IV - orientar e conduzir o processo de organização e de inovação institucional;

V - analisar e manifestar-se sobre propostas de:

a) criação e extinção de órgãos e entidades;

b) definição das competências dos órgãos e entidades, e das atribuições de seus dirigentes;

c) revisão de categoria jurídico-institucional dos órgãos e entidades;

d) remanejamento de cargos em comissão e funções de confiança;

e) criação, transformação e extinção de cargos e funções; e

f) aprovação e revisão de estrutura regimental e de estatuto

VI - promover estudos e propor a criação, fusão, reorganização, transferência e extinção de órgãos e entidades; e

VII - administrar o cadastro de órgãos e entidades do Poder Executivo Federal.

ART. 23. Às unidades setoriais e seccionais do SIORG compete:

I - cumprir e fazer cumprir as normas de organização e inovação institucional expedidas pelo órgão central;

II - propor ações e sugerir prioridades nas atividades de organização e de inovação institucional da respectiva área de atuação;

III - acompanhar e avaliar os programas e projetos de organização e inovação institucional, informando ao órgão central;

IV - organizar e divulgar informações sobre estrutura regimental, estatuto, normas, rotinas, manuais de orientação, regimentos internos, instruções e procedimentos operacionais;

V - elaborar e rever periodicamente os documentos normativos necessários ao bom andamento das atividades de organização e inovação institucional, segundo padrões e orientação estabelecidos;

VI - normatizar, racionalizar e simplificar instrumentos, procedimentos e rotinas de trabalho;

VII - desenvolver padrões de qualidade e funcionalidade destinados à melhoria do desempenho dos trabalhos e dos serviços prestados; e

VIII - promover ações visando eliminar desperdício de recursos.

ART. 24. O suporte às atividades de organização e inovação institucional contará com um sistema informatizado que conterá o cadastro oficial sobre as estruturas, as competências e os cargos em comissão e funções de confiança dos órgãos e entidades integrantes do SIORG.

ART. 25. Para fins de integração, os sistemas abaixo relacionados deverão utilizar a tabela de órgãos do sistema informatizado de apoio ao SIORG como única referência para o cadastro de órgãos e unidades administrativas:

I - Sistema Integrado de Administração de Recursos Humanos - Siape;

II - Sistema Integrado de Administração de Serviços Gerais - Siasg;

III - Sistema Integrado de Dados Orçamentários - Sidor;

IV - Sistema de Informações Gerenciais e de Planejamento - Sigplan;

V - Sistema Integrado de Administração Financeira - Siafi;

VI - Sistema de Concessão de Passagens e Diárias - SCDP; e

VII - Sistema de Administração dos Recursos de Informação e Informática - SISP.

Parágrafo único. O disposto no *caput* aplica-se aos sistemas sucedâneos, aos subsistemas destes e aos sistemas de uso corporativo do Poder Executivo Federal que vierem a ser instituídos.

CAPÍTULO IV
DAS DISPOSIÇÕES FINAIS

ART. 26. As propostas submetidas ao Ministério do Planejamento, Orçamento e Gestão , para fins do disposto no § 2º do art. 1º poderão ser devolvidas ao Ministério de origem caso o encaminhamento não obedeça as disposições deste Decreto.

ART. 27. Serão divulgadas por extrato, no sítio eletrônico do Ministério do Planejamento, Orçamento e Gestão, as demandas de fortalecimento da capacidade institucional enviadas pelos órgãos e entidades, suas justificativas e o impacto orçamentário resultante, quando houver.

ART. 28. O Ministério do Planejamento, Orçamento e Gestão expedirá os atos complementares necessários à aplicação deste Decreto, cabendo-lhe dirimir as dúvidas porventura existentes.

ART. 29. Aos concursos públicos autorizados até a data da publicação deste Decreto aplicam-se as disposições do Decreto n. 4.175, de 27 de março de 2002, e os procedimentos complementares estabelecidos pelo Ministro de Estado do Planejamento, Orçamento e Gestão.

‣ O Dec. 4.175/2002 foi revogado pelo Dec. 6.944/2009.

Parágrafo único. Opcionalmente, o órgão ou entidade poderá aplicar as disposições deste Decreto aos concursos públicos autorizados anteriormente à sua data de publicação.

ART. 30. O art. 8º do Decreto n. 5.378, de 23 de fevereiro de 2005, passa a vigorar com a seguinte redação:

› O Dec. 5.378/2005 foi revogado pelo Dec. 9.094/2017.

ART. 31. Este Decreto entra em vigor na data de sua publicação.

ART. 32. Ficam revogados:

I - o Decreto n. 92.360, de 4 de fevereiro de 1986;

II - o parágrafo único do art. 1º e os arts. 2º a 4º do Decreto n. 1.351, de 28 de dezembro de 1994;

III - o Decreto n. 3.134, de 10 de agosto de 1999;

IV - o Decreto n. 3.716, de 3 de janeiro de 2001;

V - o Decreto n. 4.175, de 27 de março de 2002;

VI - o Decreto n. 4.567, de 1º de janeiro de 2003;

VII - o Decreto n. 4.896, de 25 de novembro de 2003;

VIII - o § 1º do art. 3º do Decreto n. 4.748, de 16 de junho de 2003;

IX - o art. 2º e o Anexo II ao Decreto n. 5.452, de 1º de junho de 2005;

X - o art. 2º do Decreto n. 6.097, de 24 de abril de 2007; e

XI - o Decreto n. 6.133, de 26 de junho de 2007.

Brasília, 21 de agosto de 2009; 188º da Independência e 121º da República.

LUIZ INÁCIO LULA DA SILVA

DECRETO N. 7.052, DE 23 DE DEZEMBRO DE 2009

Regulamenta a Lei n. 11.770, de 09 de setembro de 2008, que cria o Programa Empresa Cidadã, destinado à prorrogação da licença-maternidade, no tocante a empregadas de pessoas jurídicas.

› *DOU*, *24.12.2009*

O Presidente da República, no uso da atribuição que lhe confere o art. 84, inciso IV, da Constituição, e tendo em vista o disposto na Lei n. 11.770, de 9 de setembro de 2008,

Decreta:

ART. 1º Fica instituído o Programa Empresa Cidadã, destinado a prorrogar por sessenta dias a duração da licença-maternidade prevista no inciso XVIII do *caput* do art. 7º da Constituição e o correspondente período do salário-maternidade de que trata os arts. 71 e 71-A da Lei n. 8.213, de 24 de julho de 1991.

§ 1º Será beneficiada pelo Programa Empresa Cidadã a empregada da pessoa jurídica que aderir ao Programa, desde que a empregada requeira a prorrogação do salário-maternidade até o final do primeiro mês após o parto.

§ 2º A prorrogação a que se refere o § 1º iniciar-se-á no dia subsequente ao término da vigência do benefício de que tratam os arts. 71 e 71-A da Lei n. 8.213, de 1991.

§ 3º A prorrogação de que trata este artigo será devida, inclusive, no caso de parto antecipado.

ART. 2º O disposto no art. 1º aplica-se à empregada de pessoa jurídica que adotar ou obtiver guarda judicial para fins de adoção de criança, pelos seguintes períodos:

I - por sessenta dias, quando se tratar de criança de até um ano de idade;

II - por trinta dias, quando se tratar de criança a partir de um ano até quatro anos de idade completos; e

III - por quinze dias, quando se tratar de criança a partir de quatro anos até completar oito anos de idade.

ART. 3º As pessoas jurídicas poderão aderir ao Programa Empresa Cidadã, mediante requerimento dirigido à Secretaria da Receita Federal do Brasil.

ART. 4º Observadas as normas complementares a serem editadas pela Secretaria da Receita Federal do Brasil, a pessoa jurídica tributada com base no lucro real poderá deduzir do imposto devido, em cada período de apuração, o total da remuneração da empregada pago no período de prorrogação de sua licença-maternidade, vedada a dedução como despesa operacional.

Parágrafo único. A dedução de que trata o *caput* fica limitada ao valor do imposto devido em cada período de apuração.

ART. 5º No período de licença-maternidade e licença à adotante de que trata este Decreto, a empregada não poderá exercer qualquer atividade remunerada, salvo nos casos de contrato de trabalho simultâneo firmado previamente, e a criança não poderá ser mantida em creche ou organização similar.

Parágrafo único. Em caso de ocorrência de quaisquer das situações previstas no *caput*, a beneficiária perderá o direito à prorrogação.

ART. 6º A empregada em gozo de salário-maternidade na data de publicação deste Decreto poderá solicitar a prorrogação da licença, desde que requeira no prazo de até trinta dias.

ART. 7º A Secretaria da Receita Federal do Brasil e o Instituto Nacional do Seguro Social - INSS poderão expedir, no âmbito de suas competências, normas complementares para execução deste Decreto.

ART. 8º Este Decreto entra em vigor na data de sua publicação, produzindo efeitos a partir de 1º de janeiro de 2010.

Brasília, 23 de dezembro de 2009; 189º da Independência e 121º da República.

LUIZ INÁCIO LULA DA SILVA

DECRETO N. 7.153, DE 9 DE ABRIL DE 2010

Dispõe sobre a representação e a defesa extrajudicial dos órgãos e entidades da administração federal junto ao Tribunal de Contas da União, por intermédio da Advocacia-Geral da União.

› *DOU*, 12.04.2010.

O Presidente da República, no uso da atribuição que lhe confere o art. 84, inciso VI, alínea "a", e tendo em vista o disposto no art. 131, ambos da Constituição,

Decreta:

ART. 1º A Advocacia-Geral da União exercerá a representação e a defesa extrajudicial dos órgãos e entidades da administração federal perante o Tribunal de Contas da União, nos processos em que houver interesse da União, declarado expressamente pelo Advogado-Geral da União, sem prejuízo do exercício do direito de defesa por parte dos agentes públicos sujeitos à sua jurisdição.

§ 1º A Consultoria-Geral da União da Advocacia-Geral da União será a responsável por exercer a orientação da representação e da defesa extrajudicial da União e dos órgãos e entidades da administração federal direta e indireta perante o Tribunal de Contas da União.

§ 2º A assunção da representação e da defesa extrajudicial, nos termos do *caput*, dar-se-á de forma gradativa, conforme ato a ser editado pelo Advogado-Geral da União, e não exime os gestores de suas responsabilidades.

§ 3º A defesa dos gestores pela Advocacia-Geral da União, perante o Tribunal de Contas da União, dar-se-á na ocorrência de:

I - atos praticados no exercício de suas atribuições constitucionais, legais ou regulamentares, no interesse público, especialmente da União e de suas entidades da administração indireta; e

II - atos praticados em observância dos princípios elencados no *caput* do art. 37 da Constituição.

§ 4º A representação e a defesa extrajudicial de que trata o *caput* não se confundem com o exercício das competências do Sistema de Controle Interno do Poder Executivo Federal.

ART. 2º Fica instituído o Comitê Interministerial - TCU (CI-TCU), que será responsável pela coordenação da representação e da defesa extrajudicial da União e dos órgãos e entidades da administração federal direta e indireta perante o Tribunal de Contas da União, composto por um representante, titular e suplente, de cada órgão a seguir indicado:

I - Advocacia-Geral da União, que o coordenará;

II - Casa Civil da Presidência de República;

III - Ministério da Fazenda;

IV - Ministério do Planejamento, Orçamento e Gestão; e

V - Controladoria-Geral da União.

§ 1º Os representantes do CI-TCU serão indicados pelos respectivos Ministros de Estado, no prazo de quinze dias contado da publicação deste Decreto, e designados pelo Advogado-Geral da União.

§ 2º O CI-TCU reunir-se-á mediante convocação do seu coordenador.

§ 3º O CI-TCU poderá convidar para participar das reuniões representantes de outros órgãos ou entidades da administração federal, para prestarem informações e emitirem pareceres.

§ 4º Poderão ser instituídos, nos termos definidos pelo CI-TCU, comitês de articulação estaduais, integrados por representantes de órgãos e entidades da administração federal.

§ 5º O CI-TCU, com a colaboração de representantes da área técnica e jurídica dos órgãos e entidades diretamente relacionadas com o objeto do processo em curso no Tribunal de Contas da União, será responsável pela coordenação da respectiva atuação processual junto ao Tribunal de Contas da União.

ART. 3º A Advocacia-Geral da União, diretamente ou por intermédio de seus órgãos vinculados, poderá requisitar junto aos órgãos e entidades da administração federal os elementos de fato e de direito necessários para desempenhar as representações previstas neste Decreto.

Parágrafo único. As requisições objeto deste artigo terão tratamento preferencial e serão atendidas no prazo nelas assinalado.

ART. 4º Para os fins de execução da representação e da defesa extrajudicial previstas neste Decreto, os órgãos e entidades da administração federal direta e indireta envolvidos poderão delegar competências entre si, bem como firmar convênios, acordos de cooperação, ajustes ou outros instrumentos congêneres.

ART. 5º O Advogado-Geral da União editará normas complementares para execução do disposto neste Decreto.

ART. 6º Este Decreto entra em vigor em trinta dias a contar da sua publicação, exceto o art. 5º, que terá vigência a partir da data de sua publicação.

Brasília, 9 de abril de 2010; 189º da Independência e 122º da República.

LUIZ INÁCIO LULA DA SILVA

DECRETO N. 7.174, DE 12 DE MAIO DE 2010

Regulamenta a contratação de bens e serviços de informática e automação pela administração pública federal, direta ou indireta, pelas fundações instituídas ou mantidas pelo Poder Público e pelas demais organizações sob o controle direto ou indireto da União.

- *DOU*, 13.05.2010.
- Art. 5º, § 6º, Dec. 8.184/2014 (O direito de preferência previsto no Dec. 7.174/2010 poderá ser exercido somente após a aplicação das margens de preferência de que trata o art. 1º).

O Presidente da República, no uso das atribuições que lhe confere o art. 84, incisos IV e VI, alínea "a", da Constituição, e tendo em vista o disposto no § 4º do art. 45 da Lei n. 8.666, de 21 de junho de 1993, no art. 3º da Lei n. 8.248, de 23 de outubro de 1991, na Lei n. 10.520, de 17 de julho de 2002, e na Lei Complementar n. 123, de 14 de dezembro de 2006,

Decreta:

ART. 1º As contratações de bens e serviços de informática e automação pelos órgãos e entidades da administração pública federal, direta e indireta, pelas fundações instituídas e mantidas pelo Poder Público e pelas demais organizações sob o controle direto ou indireto da União, serão realizadas conforme o disciplinado neste Decreto, assegurada a atribuição das preferências previstas no art. 3º da Lei n. 8.248, de 23 de outubro de 1991, e na Lei Complementar n. 123, de 14 de dezembro de 2006.

ART. 2º A aquisição de bens e serviços de tecnologia da informação e automação deverá ser precedida da elaboração de planejamento da contratação, incluindo projeto básico ou termo de referência contendo as especificações do objeto a ser contratado, vedando-se as especificações que:

I - direcionem ou favoreçam a contratação de um fornecedor específico;

II - não representem a real demanda de desempenho do órgão ou entidade; e

III - não explicitem métodos objetivos de mensuração do desempenho dos bens e serviços de informática e automação.

Parágrafo único. Compete ao Ministério do Planejamento, Orçamento e Gestão expedir normas complementares sobre o processo de contratação de bens e serviços de informática e automação.

ART. 3º Além dos requisitos dispostos na legislação vigente, nas aquisições de bens de informática e automação, o instrumento convocatório deverá conter, obrigatoriamente:

I - as normas e especificações técnicas a serem consideradas na licitação;

II - as exigências, na fase de habilitação, de certificações emitidas por instituições públicas ou privadas credenciadas pelo Instituto Nacional de Metrologia, Normalização e Qualidade Industrial - Inmetro, que atestem, conforme regulamentação específica, a adequação dos seguintes requisitos:

a) segurança para o usuário e instalações;

b) compatibilidade eletromagnética; e

c) consumo de energia;

III - exigência contratual de comprovação da origem dos bens importados oferecidos pelos licitantes e da quitação dos tributos de importação a eles referentes, que deve ser apresentada no momento da entrega do objeto, sob pena de rescisão contratual e multa; e

IV - as ferramentas de aferição de desempenho que serão utilizadas pela administração para medir o desempenho dos bens ofertados, quando for o caso.

ART. 4º Os instrumentos convocatórios para contratação de bens e serviços de informática e automação deverão conter regra prevendo a aplicação das preferências previstas no Capítulo V da Lei Complementar n. 123, de 2006, observado o disposto no art. 8º deste Decreto.

ART. 5º Será assegurada preferência na contratação, nos termos do disposto no art. 3º da Lei n. 8.248, de 1991, para fornecedores de bens e serviços, observada a seguinte ordem:

I - bens e serviços com tecnologia desenvolvida no País e produzidos de acordo com o Processo Produtivo Básico (PPB), na forma definida pelo Poder Executivo Federal;

II - bens e serviços com tecnologia desenvolvida no País; e

III - bens e serviços produzidos de acordo com o PPB, na forma definida pelo Poder Executivo Federal.

Parágrafo único. As microempresas e empresas de pequeno porte que atendam ao disposto nos incisos do *caput* terão prioridade no exercício do direito de preferência em relação às médias e grandes empresas enquadradas no mesmo inciso.

ART. 6º Para os efeitos deste Decreto, consideram-se bens e serviços de informática e automação com tecnologia desenvolvida no País aqueles cujo efetivo desenvolvimento local seja comprovado junto ao Ministério da Ciência e Tecnologia, na forma por este regulamentada.

ART. 7º A comprovação do atendimento ao PPB dos bens de informática e automação ofertados será feita mediante apresentação do documento comprobatório da habilitação à fruição dos incentivos fiscais regulamentados pelo Decreto n. 5.906, de 26 de setembro de 2006, ou pelo Decreto n. 6.008, de 29 de dezembro de 2006.

Parágrafo único. A comprovação prevista no *caput* será feita:

I - eletronicamente, por meio de consulta ao sítio eletrônico oficial do Ministério da Ciência e Tecnologia ou da Superintendência da Zona Franca de Manaus - Suframa; ou

II - por documento expedido para esta finalidade pelo Ministério da Ciência e Tecnologia ou pela Suframa, mediante solicitação do licitante.

ART. 8º O exercício do direito de preferência disposto neste Decreto será concedido após o encerramento da fase de apresentação das propostas ou lances, observando-se os seguintes procedimentos, sucessivamente:

I - aplicação das regras de preferência para as microempresas e empresas de pequeno porte dispostas no Capítulo V da Lei Complementar n. 123, de 2006, quando for o caso;

II - aplicação das regras de preferência previstas no art. 5º, com a classificação dos licitantes cujas propostas finais estejam situadas até dez por cento acima da melhor proposta válida, conforme o critério de julgamento, para a comprovação e o exercício do direito de preferência;

III - convocação dos licitantes classificados que estejam enquadrados no inciso I do art. 5º, na ordem de classificação, para que possam oferecer nova proposta ou novo lance para igualar ou superar a melhor proposta válida, caso em que será declarado vencedor do certame;

IV - caso a preferência não seja exercida na forma do inciso III, por qualquer motivo, serão convocadas as empresas classificadas que estejam enquadradas no inciso II do art. 5º, na ordem de classificação, para a comprovação e o exercício do direito de preferência, aplicando-se a mesma regra para o inciso III do art. 5º, caso esse direito não seja exercido; e

V - caso nenhuma empresa classificada venha a exercer o direito de preferência, observar-se-ão as regras usuais de classificação e julgamento previstas na Lei n. 8.666, de 21 de junho de 1993, e na Lei n. 10.520, de 17 de julho de 2002.

§ 1º No caso de empate de preços entre licitantes que se encontrem na mesma ordem de classificação, proceder-se-á ao sorteio para escolha do que primeiro poderá ofertar nova proposta.

§ 2º Nas licitações do tipo técnica e preço, a nova proposta será exclusivamente em relação ao preço e deverá ser suficiente para que o licitante obtenha os pontos necessários para igualar ou superar a pontuação final obtida pela proposta mais bem classificada.

§ 3º Para o exercício do direito de preferência, os fornecedores dos bens e serviços de informática e automação deverão apresentar, junto com a documentação necessária à habilitação, declaração, sob as penas da lei, de que atendem aos requisitos legais para a qualificação como microempresa ou empresa de pequeno porte, se for o caso, bem como a comprovação de que atendem aos requisitos estabelecidos nos incisos I, II e III do art. 5º.

§ 4º Nas licitações na modalidade de pregão, a declaração a que se refere o § 3º deverá ser apresentada no momento da apresentação da proposta.

§ 5º Nas licitações do tipo técnica e preço, os licitantes cujas propostas não tenham obtido a pontuação técnica mínima exigida não poderão exercer a preferência.

ART. 9º Para a contratação de bens e serviços de informática e automação, deverão ser adotados os tipos de licitação "menor preço" ou "técnica e preço", conforme disciplinado neste Decreto, ressalvadas as hipóteses de dispensa ou inexigibilidade previstas na legislação.

§ 1º A licitação do tipo menor preço será exclusiva para a aquisição de bens e serviços de informática e automação considerados comuns, na forma do parágrafo único do art. 1º da Lei n. 10.520, de 2002, e deverá ser realizada na modalidade de pregão, preferencialmente na forma eletrônica, conforme determina o art. 4º do Decreto n. 5.450, de 31 de maio de 2005.

§ 2º Será considerado comum o bem ou serviço cuja especificação estabelecer padrão objetivo de desempenho e qualidade e for capaz de ser atendida por vários fornecedores, ainda que existam outras soluções disponíveis no mercado.

§ 3º Nas aquisições de bens e serviços que não sejam comuns em que o valor global estimado for igual ou inferior ao da modalidade convite, não será obrigatória a utilização da licitação do tipo "técnica e preço".

§ 4º A licitação do tipo técnica e preço será utilizada exclusivamente para bens e serviços de informática e automação de natureza predominantemente intelectual, justificadamente, assim considerados quando a especificação do objeto evidenciar que os bens ou serviços demandados requerem individualização ou inovação tecnológica, e possam apresentar diferentes metodologias, tecnologias e níveis de qualidade e desempenho, sendo necessário avaliar as vantagens e desvantagens de cada solução.

§ 5º Quando da adoção do critério de julgamento técnica e preço, será vedada a utilização da modalidade convite, independentemente do valor.

ART. 10. No julgamento das propostas nas licitações do tipo "técnica e preço" deverão ser adotados os seguintes procedimentos:

I - determinação da pontuação técnica das propostas, em conformidade com os critérios e parâmetros previamente estabelecidos no ato convocatório da licitação, mediante o somatório das multiplicações das notas dadas aos seguintes fatores, pelos pesos atribuídos a cada um deles, de acordo com a sua importância relativa às finalidades do objeto da licitação, justificadamente:

a) prazo de entrega;

b) suporte de serviços;

c) qualidade;

d) padronização;

e) compatibilidade;

f) desempenho; e

g) garantia técnica;

II - desclassificação das propostas que não obtiverem a pontuação técnica mínima exigida no edital;

III - determinação do índice técnico, mediante a divisão da pontuação técnica da proposta em exame pela de maior pontuação técnica;

IV - determinação do índice de preço, mediante a divisão do menor preço proposto pelo preço da proposta em exame;

V - multiplicação do índice técnico de cada proposta pelo fator de ponderação, fixado previamente no edital da licitação;

VI - multiplicação do índice de preço de cada proposta pelo complemento em relação à dez do valor do fator de ponderação adotado; e

VII - a obtenção do valor da avaliação de cada proposta, pelo somatório dos valores obtidos nos incisos V e VI.

§ 1º Quando justificável, em razão da natureza do objeto licitado, o órgão ou entidade licitante poderá excluir do julgamento técnico até quatro dos fatores relacionados no inciso I.

§ 2º Os fatores estabelecidos no inciso I para atribuição de notas poderão ser subdivididos em subfatores com valoração diversa, de acordo com suas importâncias relativas dentro de cada fator, devendo o órgão licitante, neste caso, especificar e justificar no ato convocatório da licitação essas subdivisões e respectivos valores.

§ 3º Após a obtenção do valor da avaliação e classificação das propostas válidas, deverá ser concedido o direito de preferência, na forma do art. 8º.

ART. 11. Os Ministérios do Planejamento, Orçamento e Gestão e o da Ciência e Tecnologia poderão expedir instruções complementares para a execução deste Decreto.

ART. 12. Os §§ 2º e 3º do art. 3º do Anexo I ao Decreto n. 3.555, de 8 de agosto de 2000, passam a vigorar com a seguinte redação:

"§ 2º Consideram-se bens e serviços comuns aqueles cujos padrões de desempenho e qualidade possam ser objetivamente definidos no edital, por meio de especificações usuais praticadas no mercado.

§ 3º Os bens e serviços de informática e automação adquiridos nesta modalidade deverão observar o disposto no art. 3º da Lei n. 8.248, de 23 de outubro de 1991, e a regulamentação específica." (NR)

ART. 13. Este Decreto entra em vigor na data de sua publicação.

ART. 14. Ficam revogados:

I - o Anexo II ao Decreto n. 3.555, de 8 de agosto de 2000;

II - o Decreto n. 1.070, de 2 de março de 1994; e

III - o art. 1º do Decreto n. 3.693, de 20 de dezembro de 2000, na parte em que altera o § 3º do art. 3º do Anexo I ao Decreto n. 3.555, de 8 de agosto de 2000.

Brasília, 12 de maio de 2010; 189º da Independência e 122º da República.

LUIZ INÁCIO LULA DA SILVA

DECRETO N. 7.179, DE 20 DE MAIO DE 2010

Institui o Plano Integrado de Enfrentamento ao Crack e outras Drogas, cria o seu Comitê Gestor, e dá outras providências.

- *DOU*, 21.05.2010
- Dec. 7.426/2011 (Dispõe sobre a transferência da Secretaria Nacional de Políticas sobre Drogas, do Conselho Nacional de Políticas sobre Drogas - CONAD e da gestão do Fundo Nacional Antidrogas - FUNAD do Gabinete de Segurança Institucional da Presidência da República para o Ministério da Justiça, bem como sobre remanejamento de cargos para a Defensoria Pública da União).

O Presidente da República, no uso da atribuição que lhe confere o art. 84, inciso VI, alínea "a", da Constituição,

Decreta:

ART. 1º Fica instituído o Plano Integrado de Enfrentamento ao Crack e outras Drogas, com vistas à prevenção do uso, ao tratamento e à reinserção social de usuários e ao enfrentamento do tráfico de crack e outras drogas ilícitas.

§ 1º As ações do Plano Integrado de Enfrentamento ao Crack e outras Drogas deverão ser executadas de forma descentralizada e integrada, por meio da conjugação de esforços entre a União, os Estados, o Distrito Federal e os Municípios, observadas a intersetorialidade, a interdisciplinaridade, a integralidade, a participação da sociedade civil e o controle social.

§ 2º O Plano Integrado de Enfrentamento ao Crack e outras Drogas tem como fundamento a integração e a articulação permanente entre as políticas e ações de saúde, assistência social, segurança pública, educação, desporto, cultura, direitos humanos, juventude, entre outras, em consonância com os pressupostos, diretrizes e objetivos da Política Nacional sobre Drogas.

ART. 2º São objetivos do Plano Integrado de Enfrentamento ao Crack e outras Drogas:

I - estruturar, integrar, articular e ampliar as ações voltadas à prevenção do uso, tratamento e reinserção social de usuários de crack e outras drogas, contemplando a participação dos familiares e a atenção aos públicos vulneráveis, entre outros, crianças, adolescentes e população em situação de rua;

II - estruturar, ampliar e fortalecer as redes de atenção à saúde e de assistência social para usuários de crack e outras drogas, por meio da articulação das ações do Sistema Único de Saúde - SUS com as ações do Sistema Único de Assistência Social - SUAS;

III - capacitar, de forma continuada, os atores governamentais e não governamentais envolvidos nas ações voltadas à prevenção do uso, ao tratamento e à reinserção social de usuários de crack e outras drogas e ao enfrentamento do tráfico de drogas ilícitas;

IV - promover e ampliar a participação comunitária nas políticas e ações de prevenção do uso, tratamento, reinserção social e ocupacional de usuários de crack e outras drogas e fomentar a multiplicação de boas práticas;

V - disseminar informações qualificadas relativas ao crack e outras drogas; e

VI - fortalecer as ações de enfrentamento ao tráfico de crack e outras drogas ilícitas em todo o território nacional, com ênfase nos Municípios de fronteira.

ART. 2º-A. Ficam instituídas as seguintes instâncias de gestão do Plano Integrado de Enfrentamento ao Crack e outras Drogas: (Incluído pelo Dec. 7.637/ 2011.)

I - Comitê Gestor; e (Incluído pelo Dec. 7.637/ 2011.)

II - Grupo Executivo. (Incluído pelo Dec. 7.637/ 2011.)

§ 1º As instâncias de gestão serão coordenadas pelo Ministro de Estado da Justiça. (Incluído pelo Dec. 7.637/ 2011.)

§ 2º Caberá ao Ministério da Justiça prover apoio técnico-administrativo e os meios necessários ao funcionamento das instâncias de gestão. (Incluído pelo Dec. 7.637/ 2011.)

§ 3º Poderão ser convidados, para participar das reuniões, representantes de órgãos e entidades da administração pública federal, dos Estados, do Distrito Federal e dos Municípios, dos Poderes Judiciário e Legislativo, do Ministério Público, da Defensoria Pública e de entidades privadas sem fins lucrativos, bem como especialistas." (NR) (Incluído pelo Dec. 7.637/ 2011.)

§ 4º As instâncias de gestão se reunirão periodicamente, mediante convocação do Ministro de Estado da Justiça. (Incluído pelo Dec. 7.637/ 2011.)

§ 5º A participação nas instâncias de gestão será considerada prestação de serviço público relevante, não remunerada. (Incluído pelo Dec. 7.637/ 2011.)

ART. 3º O Comitê Gestor do Plano Integrado de Enfrentamento ao Crack e outras Drogas será composto pelo Ministro de Estado e pelo Secretário-Executivo, respectivamente titular e suplente, de cada um dos seguintes órgãos: (Incluído pelo Dec. 7.637/ 2011.)

I - Gabinete de Segurança Institucional da Presidência da República;

II - Casa Civil da Presidência da República;

III - Secretaria-Geral da Presidência da República;

IV - Secretaria de Relações Institucionais da Presidência da República;

V - Secretaria de Direitos Humanos da Presidência da República;

VI - Secretaria de Comunicação Social da Presidência da República;

VII - Secretaria de Políticas para as Mulheres da Presidência da República;

VIII - Ministério da Justiça;

IX - Ministério da Saúde;

X - Ministério do Desenvolvimento Social e Combate à Fome;

XI - Ministério da Defesa;

XII - Ministério da Educação;

XIII - Ministério da Cultura;

XIV - Ministério do Esporte; e

XV - Ministério do Planejamento, Orçamento e Gestão.

§§ 1º a 5º (Revogados pelo Dec.7.637/2011.)

ART. 4º Compete ao Comitê Gestor:

I - estimular a participação dos entes federados na implementação do Plano Integrado de Enfrentamento ao Crack e outras Drogas;

II - acompanhar e avaliar a implementação do Plano Integrado de Enfrentamento ao Crack e outras Drogas; e

DECRETOS

III - consolidar em relatório periódico as informações sobre a implementação das ações e os resultados obtidos.

ART. 4º-A. O Grupo Executivo do Plano Integrado de Enfrentamento ao Crack e outras Drogas será composto pelo Ministro de Estado e pelo Secretário-Executivo, respectivamente titular e suplente, de cada um dos seguintes órgãos: (Incluído pelo Dec. 7.637/ 2011.)

I - Ministério da Justiça; (Incluído pelo Dec. 7.637/ 2011.)

II - Casa Civil da Presidência da República; (Incluído pelo Dec. 7.637/ 2011.)

III - Ministério do Planejamento, Orçamento e Gestão; (Incluído pelo Dec. 7.637/ 2011.)

IV - Ministério da Fazenda; (Incluído pelo Dec. 7.637/ 2011.)

V - Ministério do Desenvolvimento Social e Combate à Fome; (Incluído pelo Dec. 7.637/ 2011.)

VI - Ministério da Saúde; e (Incluído pelo Dec. 7.637/ 2011.)

VII - Ministério da Educação. (Incluído pelo Dec. 7.637/ 2011.)

Parágrafo único. Caberá ao Grupo Executivo: (Incluído pelo Dec. 7.637/ 2011.)

I - promover a implementação e gestão das ações do Plano; (Incluído pelo Dec. 7.637/2011.)

II - propor ao Comitê Gestor medidas de aprimoramento das ações do Plano. (Incluído pelo Dec. 7.637/ 2011.)

ART. 5º O Plano Integrado de Enfrentamento ao Crack e outras Drogas será composto por ações imediatas e estruturantes.

§ 1º As ações Imediatas do Plano Integrado de Enfrentamento ao Crack e outras Drogas contemplam:

I - ampliação do número de leitos para tratamento de usuários de crack e outras drogas;

II - ampliação da rede de assistência social voltada ao acompanhamento sociofamiliar e à inclusão de crianças, adolescentes e jovens usuários de crack e outras drogas em programas de reinserção social;

III - ação permanente de comunicação de âmbito nacional sobre o crack e outras drogas, envolvendo profissionais e veículos de comunicação;

IV - capacitação em prevenção do uso de drogas para os diversos públicos envolvidos na prevenção do uso, tratamento, reinserção social e enfrentamento ao tráfico de crack e outras drogas ilícitas;

V - ampliação das ações de prevenção, tratamento, assistência e reinserção social em regiões de grande vulnerabilidade à violência e ao uso de crack e outras drogas, alcançadas por programas governamentais como o Projeto Rondon e o Projovem;

VI - criação de sítio eletrônico no Portal Brasil, na rede mundial de computadores, que funcione como centro de referência das melhores práticas de prevenção ao uso do crack e outras drogas, de enfrentamento ao tráfico e de reinserção social do usuário;

VII - ampliação de operações especiais voltadas à desconstituição da rede de narcotráfico, com ênfase nas regiões de fronteira, desenvolvidas pelas Polícias Federal e Rodoviária Federal em articulação com as polícias civil e militar e com apoio das Forças Armadas; e

VIII - fortalecimento e articulação das polícias estaduais para o enfrentamento qualificado ao tráfico do crack em áreas de maior vulnerabilidade ao consumo.

§ 2º As ações estruturantes do Plano Integrado de Enfrentamento ao Crack e outras Drogas contemplam:

I - ampliação da rede de atenção à saúde e assistência social para tratamento e reinserção social de usuários de crack e outras drogas;

II - realização de estudos e diagnóstico para o acúmulo de informações destinadas ao aperfeiçoamento das políticas públicas de prevenção do uso, tratamento e reinserção social do usuário e enfrentamento do tráfico de crack e outras drogas ilícitas;

III - implantação de ações integradas de mobilização, prevenção, tratamento e reinserção social nos Territórios de Paz do Programa Nacional de Segurança Pública com Cidadania - PRONASCI, e nos territórios de vulnerabilidade e risco;

IV - formação de recursos humanos e desenvolvimento de metodologias, envolvendo a criação de programa de especialização e mestrado profissional em gestão do tratamento de usuários de crack e outras drogas;

V - capacitação de profissionais e lideranças comunitárias, observando os níveis de prevenção universal, seletiva e indicada para os diferentes grupos populacionais;

VI - criação e fortalecimento de centros colaboradores no âmbito de hospitais universitários, que tenham como objetivos o ensino, a pesquisa e o desenvolvimento de metodologia de tratamento e reinserção social para dependentes de crack e outras drogas;

VII - criação de centro integrado de combate ao crime organizado, com ênfase no narcotráfico, em articulação com o Centro Gestor e Operacional do Sistema de Proteção da Amazônia - CENSIPAM, com apoio das Forças Armadas;

VIII - capacitação permanente das polícias civis e militares com vistas ao enfrentamento do narcotráfico nas regiões de fronteira; e

IX - ampliação do monitoramento das regiões de fronteira com o uso de tecnologia de aviação não tripulada.

§ 3º O Plano Integrado de Enfrentamento ao Crack e outras Drogas promoverá, ainda, a articulação das ações definidas neste artigo com outras ações desenvolvidas em âmbito federal, estadual, distrital e municipal.

ART. 5º-A. A participação dos Estados, Distrito Federal e Municípios no Plano Integrado de Enfrentamento ao Crack e outras Drogas ocorrerá por meio de termo de adesão. (Incluído pelo Dec. 7.637/ 2011.)

§ 1º A adesão dos entes federados implica responsabilidade pela implementação das ações de acordo com os objetivos previstos neste Decreto e com as cláusulas estabelecidas no termo de adesão. (Incluído pelo Dec. 7.637/ 2011.)

§ 2º No termo de adesão os entes federados se comprometerão a estruturar instâncias estaduais de articulação federativa com Municípios e instâncias locais de gestão e acompanhamento da execução do Plano, assegurada, no mínimo, a participação dos órgãos responsáveis pelas áreas de saúde, assistência social, educação e segurança pública. (Incluído pelo Dec. 7.637/ 2011.)

ART. 5º-B. Os órgãos e entidades que aderirem ao Plano Integrado de Enfrentamento ao Crack e outras Drogas deverão assegurar a disponibilização, em sistema específico, de informações sobre as políticas, programas e ações a serem executados, suas dotações orçamentárias e os resultados da execução no âmbito de suas áreas de atuação. (Incluído pelo Dec. 7.637/2011)

ART. 6º As despesas decorrentes da implementação do Plano Integrado de Enfrentamento ao Crack e outras Drogas correrão à conta de dotações orçamentárias próprias dos órgãos nele representados, consignadas anualmente nos respectivos orçamentos, observados os limites de movimentação, de empenho e de pagamento da programação orçamentária e financeira anual.

ART. 7º A execução das ações previstas neste Plano observará as competências previstas no Decreto n. 5.912, de 27 de setembro de 2006.

ART. 7º-A. Para a execução do Plano Integrado de Enfrentamento ao Crack e outras Drogas poderão ser firmados convênios, contratos de repasse, termos de cooperação, ajustes ou instrumentos congêneres com órgãos e entidades da administração pública federal, dos Estados, do Distrito Federal e dos Municípios, com consórcios públicos ou com entidades privadas. (Incluído pelo Dec. 7.637/ 2011.)

ART. 8º Este Decreto entra em vigor na data de sua publicação.

Brasília, 20 de maio de 2010; 189º da Independência e 122º da República.

LUIZ INÁCIO LULA DA SILVA

DECRETO N. 7.212, DE 15 DE JUNHO DE 2010

Regulamenta a cobrança, fiscalização, arrecadação e administração do Imposto sobre Produtos Industrializados - IPI.

- *DOU*, 16.6.2010, retificado em 25.6.2010.
- V - Dec. 92.560/1986 (Prorroga, nos termos do Dec.-Lei 288/1967, o prazo de vigência das isenções tributárias nele previstas).
- Dec. 8.950/2016 (Aprova a Tabela de Incidência do Imposto sobre Produtos Industrializados - TIPI).

O Presidente da República, no uso das atribuições que lhe confere o art. 84, inciso IV, da Constituição

Decreta:

ART. 1º O Imposto sobre Produtos Industrializados - IPI será cobrado, fiscalizado, arrecadado e administrado em conformidade com o disposto neste Regulamento.

TÍTULO I
DA INCIDÊNCIA

CAPÍTULO I
DA DISPOSIÇÃO PRELIMINAR

ART. 2º O imposto incide sobre produtos industrializados, nacionais e estrangeiros, obedecidas as especificações constantes da Tabela de Incidência do Imposto sobre Produtos Industrializados - TIPI (Lei n. 4.502, de 30 de novembro de 1964, art. 1º, e Decreto-Lei n. 34, de 18 de novembro de 1966, art. 1º).

Parágrafo único. O campo de incidência do imposto abrange todos os produtos com alíquota, ainda que zero, relacionados na TIPI, observadas as disposições contidas nas respectivas notas complementares, excluídos aqueles a que corresponde a notação "NT" (não tributado) (Lei n. 10.451, de 10 de maio de 2002, art. 6º).

CAPÍTULO II
DOS PRODUTOS INDUSTRIALIZADOS

SEÇÃO I
DA DISPOSIÇÃO PRELIMINAR

ART. 3º Produto industrializado é o resultante de qualquer operação definida neste Regulamento como industrialização, mesmo incompleta, parcial ou intermediária (Lei n. 5.172, de 25 de outubro de 1966, art. 46, parágrafo único, e Lei n. 4.502, de 1964, art. 3º)

SEÇÃO II
DA INDUSTRIALIZAÇÃO

Características e Modalidades

ART. 4º Caracteriza industrialização qualquer operação que modifique a natureza, o funcionamento, o acabamento, a apresentação ou a finalidade do produto, ou o aperfeiçoe para consumo, tal como (Lei n. 5.172, de 1966, art. 46, parágrafo único, e Lei n. 4.502, de 1964, art. 3º, parágrafo único):

I - a que, exercida sobre matérias-primas ou produtos intermediários, importe na obtenção de espécie nova (transformação);

II - a que importe em modificar, aperfeiçoar ou, de qualquer forma, alterar o funcionamento, a utilização, o acabamento ou a aparência do produto (beneficiamento);

III - a que consista na reunião de produtos, peças ou partes e de que resulte um novo produto ou unidade autônoma, ainda que sob a mesma classificação fiscal (montagem);

IV - a que importe em alterar a apresentação do produto, pela colocação da embalagem, ainda que em substituição da original, salvo quando a embalagem colocada se destine apenas ao transporte da mercadoria (acondicionamento ou reacondicionamento); ou

V - a que, exercida sobre produto usado ou parte remanescente de produto deteriorado ou inutilizado, renove ou restaure o produto para utilização (renovação ou recondicionamento).

Parágrafo único. São irrelevantes, para caracterizar a operação como industrialização, o processo utilizado para obtenção do produto e a localização e condições das instalações ou equipamentos empregados.

Exclusões

ART. 5º Não se considera industrialização:

I - o preparo de produtos alimentares, não acondicionados em embalagem de apresentação:

a) na residência do preparador ou em restaurantes, bares, sorveterias, confeitarias, padarias, quitandas e semelhantes, desde que os produtos se destinem a venda direta a consumidor; ou

b) em cozinhas industriais, quando destinados a venda direta a pessoas jurídicas e a outras entidades, para consumo de seus funcionários, empregados ou dirigentes;

II - o preparo de refrigerantes, à base de extrato concentrado, por meio de máquinas, automáticas ou não, em restaurantes, bares e estabelecimentos similares, para venda direta a consumidor (Decreto-Lei n. 1.686, de 26 de junho de 1979, art. 5º, § 2º);

III - a confecção ou preparo de produto de artesanato, definido no art. 7º;

IV - a confecção de vestuário, por encomenda direta do consumidor ou usuário, em oficina ou na residência do confeccionador;

V - o preparo de produto, por encomenda direta do consumidor ou usuário, na residência do preparador ou em oficina, desde que, em qualquer caso, seja preponderante o trabalho profissional;

VI - a manipulação em farmácia, para venda direta a consumidor, de medicamentos oficinais e magistrais, mediante receita médica (Lei n. 4.502, de 1964, art. 3º, parágrafo único, inciso III, e Decreto-Lei n. 1.199, de 27 de dezembro de 1971, art. 5º, alteração 2ª);

VII - a moagem de café torrado, realizada por estabelecimento comercial varejista como atividade acessória (Decreto-Lei n. 400, de 30 de dezembro de 1968, art. 8º);

VIII - a operação efetuada fora do estabelecimento industrial, consistente na reunião de produtos, peças ou partes e de que resulte:

a) edificação (casas, edifícios, pontes, hangares, galpões e semelhantes, e suas coberturas);

b) instalação de oleodutos, usinas hidrelétricas, torres de refrigeração, estações e centrais telefônicas ou outros sistemas de telecomunicação e telefonia, estações, usinas e redes de distribuição de energia elétrica e semelhantes; ou

c) fixação de unidades ou complexos industriais ao solo;

IX - a montagem de óculos, mediante receita médica (Lei n. 4.502, de 1964, art. 3º, parágrafo único, inciso III, e Decreto-Lei n. 1.199, de 1971, art. 5º, alteração 2ª);

X - o acondicionamento de produtos classificados nos Capítulos 16 a 22 da TIPI, adquiridos de terceiros, em embalagens confeccionadas sob a forma de cestas de natal e semelhantes (Decreto-Lei n. 400, de 1968, art. 9º);

XI - o conserto, a restauração e o recondicionamento de produtos usados, nos casos em que se destinem ao uso da própria empresa executora ou quando essas operações sejam executadas por encomenda de terceiros não estabelecidos com o comércio de tais produtos, bem como o preparo, pelo consertador, restaurador ou recondicionador, de partes ou peças empregadas exclusiva e especificamente naquelas operações (Lei n. 4.502, de 1964, art. 3º, parágrafo único, inciso I);

XII - o reparo de produtos com defeito de fabricação, inclusive mediante substituição de partes e peças, quando a operação for executada gratuitamente, ainda que por concessionários ou representantes, em virtude de garantia dada pelo fabricante (Lei n. 4.502, de 1964, art. 3º, parágrafo único, inciso I);

XIII - a restauração de sacos usados, executada por processo rudimentar, ainda que com emprego de máquinas de costura;

XIV - a mistura de tintas entre si, ou com concentrados de pigmentos, sob encomenda do consumidor ou usuário, realizada em estabelecimento comercial varejista, efetuada por máquina automática ou manual, desde que fabricante e varejista não sejam empresas interdependentes, controladora, controlada ou coligadas (Lei n. 4.502, de 1964, art. 3º, parágrafo único, inciso IV, e Lei n. 9.493, de 10 de setembro de 1997, art. 18); e

XV - a operação de que resultem os produtos relacionados na Subposição 2401.20 da TIPI, quando exercida por produtor rural pessoa física (Lei n. 11.051, de 29 de dezembro de 2004, art. 12, e Lei n. 11.452, de 27 de fevereiro de 2007, art. 10).

Parágrafo único. O disposto no inciso VIII não exclui a incidência do imposto sobre os produtos, partes ou peças utilizados nas operações nele referidas.

Embalagens de Transporte e de Apresentação

ART. 6º Quando a incidência do imposto estiver condicionada à forma de embalagem do produto, entender-se-á (Lei n. 4.502, de 1964, art. 3º, parágrafo único, inciso II):

I - como acondicionamento para transporte, o que se destinar precipuamente a tal fim; e

II - como acondicionamento de apresentação, o que não estiver compreendido no inciso I.

§ 1º Para os efeitos do inciso I do *caput*, o acondicionamento deverá atender, cumulativamente, às seguintes condições:

I - ser feito em caixas, caixotes, engradados, barricas, latas, tambores, sacos, embrulhos e semelhantes, sem acabamento e rotulagem de função promocional e que não objetive valorizar o produto em razão da qualidade do material nele empregado, da perfeição do seu acabamento ou da sua utilidade adicional; e

II - ter capacidade acima de vinte quilos ou superior àquela em que o produto é comumente vendido, no varejo, aos consumidores.

§ 2º Não se aplica o disposto no inciso II do *caput* aos casos em que a natureza do acondicionamento e as características do rótulo atendam, apenas, a exigências técnicas ou outras constantes de leis e de atos administrativos.

§ 3º O acondicionamento do produto, ou a sua forma de apresentação, será irrelevante quando a incidência do imposto estiver condicionada ao peso de sua unidade.

§ 4º Para os produtos relacionados na Subposição 2401.20 da TIPI, a incidência do imposto independe da forma de apresentação, acondicionamento, estado ou peso do produto (Lei n. 10.865, de 30 de abril de 2004, art. 41, § 1º).

Artesanato, Oficina e Trabalho Preponderante

ART. 7º Para os efeitos do art. 5º:

I - no caso do seu inciso III, produto de artesanato é o proveniente de trabalho manual realizado por pessoa natural, nas seguintes condições:

a) quando o trabalho não contar com o auxílio ou a participação de terceiros assalariados; e

b) quando o produto for vendido a consumidor, diretamente ou por intermédio de entidade de que o artesão faça parte ou seja assistido;

II - nos casos dos seus incisos IV e V:

a) oficina é o estabelecimento que empregar, no máximo, cinco operários e, quando utilizar força motriz não dispuser de potência superior a cinco quilowatts; e

b) trabalho preponderante é o que contribuir no preparo do produto, para formação de seu valor, a título de mão de obra, no mínimo com sessenta por cento.

TÍTULO II
DOS ESTABELECIMENTOS INDUSTRIAIS E EQUIPARADOS A INDUSTRIAL

Estabelecimento Industrial

ART. 8º Estabelecimento industrial é o que executa qualquer das operações referidas no art. 4º, de que resulte produto tributado, ainda que de alíquota zero ou isento (Lei n. 4.502, de 1964, art. 3º).

Estabelecimentos Equiparados a Industrial

ART. 9º Equiparam-se a estabelecimento industrial:

I - os estabelecimentos importadores de produtos de procedência estrangeira, que derem saída a esses produtos (Lei n. 4.502, de 1964, art. 4º, inciso I);

II - os estabelecimentos, ainda que varejistas, que receberem, para comercialização, diretamente da repartição que os liberou, produtos importados por outro estabelecimento da mesma firma;

III - as filiais e demais estabelecimentos que exercerem o comércio de produtos importados, industrializados ou mandados industrializar por outro estabelecimento da mesma firma, salvo se aqueles operarem exclusivamente na venda a varejo e não estiverem enquadrados na hipótese do inciso II (Lei n. 4.502, de 1964, art. 4º, inciso II, e § 2º, Decreto-Lei n. 34, de 1966, art. 2º, alteração 1ª, e Lei n. 9.532, de 10 de dezembro de 1997, art. 37, inciso I);

IV - os estabelecimentos comerciais de produtos cuja industrialização tenha sido realizada por outro estabelecimento da mesma firma ou de terceiro, mediante a remessa, por eles efetuada, de matérias-primas, produtos intermediários, embalagens, recipientes, moldes, matrizes ou modelos (Lei n. 4.502, de 1964, art. 4º, inciso III, e Decreto-Lei n. 34, de 1966, art. 2º, alteração 33ª);

V - os estabelecimentos comerciais de produtos do Capítulo 22 da TIPI, cuja industrialização tenha sido encomendada a estabelecimento industrial, sob marca ou nome de fantasia de propriedade do encomendante, de terceiro ou do próprio executor da encomenda (Decreto-Lei n. 1.593, de 21 de dezembro de 1977, art. 23);

VI - os estabelecimentos comerciais atacadistas dos produtos classificados nas Posições 71.01 a 71.16 da TIPI (Lei n. 4.502, de 1964, Observações ao Capítulo 71 da Tabela);

VII - os estabelecimentos atacadistas e cooperativas de produtores que derem saída a bebidas alcoólicas e demais produtos, de produção nacional, classificados nas Posições 22.04, 22.05, 22.06 e 22.08 da TIPI e acondicionados em recipientes de capacidade superior ao limite máximo permitido para venda a varejo, com destino aos seguintes estabelecimentos (Lei n. 9.493, de 1997, art. 3º):

a) industriais que utilizarem os produtos mencionados como matéria-prima ou produto intermediário na fabricação de bebidas;

b) atacadistas e cooperativas de produtores; ou

c) engarrafadores dos mesmos produtos;

VIII - os estabelecimentos comerciais atacadistas que adquirirem de estabelecimentos importadores produtos de procedência estrangeira, classificados nas Posições 33.03 a 33.07 da TIPI (Medida Provisória n. 2.158-35, de 24 de agosto de 2001, art. 39);

IX - os estabelecimentos, atacadistas ou varejistas, que adquirirem produtos de procedência estrangeira, importados por encomenda ou por sua conta e ordem, por intermédio de pessoa jurídica importadora (Medida Provisória n. 2.158-35, de 2001, art. 79, e Lei n. 11.281, de 20 de fevereiro de 2006, art. 13);

X - os estabelecimentos atacadistas dos produtos da Posição 87.03 da TIPI (Lei n. 9.779, de 19 de janeiro de 1999, art. 12);

XI - os estabelecimentos comerciais atacadistas dos produtos classificados nos Códigos e Posições 2106.90.10 Ex 02, 22.01, 22.02, exceto os Ex 01 e Ex 02 do Código 2202.90.00, e 22.03, da TIPI, de fabricação nacional, sujeitos ao imposto conforme regime geral de tributação de que trata o art. 222 (Lei n. 10.833, de 29 de dezembro de 2003, arts. 58-A e 58-E, inciso I, e Lei n. 11.727, de 23 de junho de 2008, art. 32);

XII - os estabelecimentos comerciais varejistas que adquirirem os produtos de que trata o inciso XI, diretamente de estabelecimento industrial, ou de encomendante equiparado na forma do inciso XIII (Lei n. 10.833, de 2003, arts. 58-A e 58-E, inciso II, e Lei n. 11.727, de 2008, art. 32);

XIII - os estabelecimentos comerciais de produtos de que trata o inciso XI, cuja industrialização tenha sido por eles encomendada a estabelecimento industrial, sob marca ou nome de fantasia de propriedade do encomendante, de terceiro ou do próprio executor da encomenda (Lei n. 10.833, de 2003, arts. 58-A e 58-E, inciso III, e Lei n. 11.727, de 2008, art. 32);

XIV - os estabelecimentos comerciais atacadistas dos produtos classificados nos Códigos e Posições 2106.90.10 Ex 02, 22.01, 22.02, exceto os Ex 01 e Ex 02 do Código 2202.90.00, e 22.03, da TIPI, de procedência estrangeira, sujeitos ao imposto conforme regime geral de tributação de que trata o art. 222 (Lei n. 10.833, de 2003, arts. 58-A e 58-E, inciso I, e Lei n. 11.727, de 2008, art. 32); e

XV - os estabelecimentos comerciais varejistas que adquirirem os produtos de que trata o inciso XIV, diretamente de estabelecimento importador (Lei n. 10.833, de 2003, arts. 58-A e 58-E, inciso II, e Lei n. 11.727, de 2008, art. 32).

§ 1º Nas hipóteses do inciso IX, a Secretaria da Receita Federal do Brasil (Medida Provisória n. 2.158-35, de 2001, art. 80, e Lei n. 11.281, de 2006, art. 11, § 1º):

I - deverá estabelecer requisitos e condições para a atuação de pessoa jurídica importadora:

a) por conta e ordem de terceiro; ou

b) que adquira mercadorias no exterior para revenda a encomendante predeterminado; e

II - poderá exigir prestação de garantia como condição para a entrega de mercadorias, quando o valor das importações for incompatível com o capital social ou o patrimônio líquido do importador ou encomendante predeterminado ou, no caso de importação por conta e ordem, do adquirente.

§ 2º Presume-se por conta e ordem de terceiro, ressalvado o disposto no § 3º, a operação de comércio exterior realizada nas condições previstas no inciso IX:

I - mediante utilização de recursos daquele (Lei n. 10.637, de 30 dezembro de 2002, art. 27); ou

II - em desacordo com os requisitos e condições estabelecidos nos termos da alínea "b" do inciso I do § 1º (Lei n. 11.281, de 2006, art. 11, § 2º).

§ 3º Considera-se promovida por encomenda, nos termos do inciso IX, não configurando importação por conta e ordem, a importação realizada com recursos próprios da pessoa jurídica importadora que adquira mercadorias no exterior para revenda a encomendante predeterminado, participando ou não o encomendante das operações comerciais relativas à aquisição dos produtos no exterior, ressalvado o disposto na alínea "b" do inciso I do § 1º (Lei n. 11.281, de 2006, art. 11, *caput* e § 3º, e Lei n. 11.452, de 2007, art. 18).

§ 4º No caso do inciso X, a equiparação aplica-se, inclusive, ao estabelecimento fabricante dos produtos da Posição 87.03 da TIPI, em relação aos produtos da mesma Posição, produzidos por outro fabricante, ainda que domiciliado no exterior, que revender (Lei n. 9.779, de 1999, art. 12, parágrafo único).

§ 5º O disposto nos incisos XI a XV, relativamente aos produtos classificados nas posições 22.01 e 22.02 da TIPI, alcança exclusivamente aqueles mencionados no parágrafo único do art. 222 (Lei n. 10.833, de 2003, art. 58-V, e Lei n. 11.945, de 4 de junho de 2009, art. 18).

§ 6º Os estabelecimentos industriais quando derem saída a matéria-prima, produto intermediário e material de embalagem, adquiridos de terceiros, com destino a outros estabelecimentos, para industrialização ou revenda, serão considerados estabelecimentos comerciais de bens de produção e obrigatoriamente equiparados a estabelecimento industrial em relação a essas operações (Lei n. 4.502, de 1964, art. 4º, inciso IV, e Decreto-Lei n. 34, de 1966, art. 2º, alteração 1ª).

§ 7º Aos estabelecimentos comerciais atacadistas e varejistas de cigarros e cigarrilhas dos Códigos 2402.20.00, excetuados os classificados no Ex 01, e 2402.10.00 da TIPI, de fabricação nacional ou importados, não se aplicam as equiparações a estabelecimento industrial previstas na legislação do imposto (Lei n. 11.933, de 28 de abril de 2009, art. 9º e Lei n. 12.402, de 2 de maio de 2011, art. 6º, *caput*, inciso I). (Alterado pelo Dec. 7.990/2013.)

§ 8º O previsto no § 7º não se aplica aos estabelecimentos comerciais atacadistas e varejistas que receberem, com suspensão do imposto, cigarros saídos do estabelecimento industrial até 30 de abril de 2009 e cigarrilhas saídas do estabelecimento industrial até 31 de agosto de 2011 (Lei n. 11.933, de 2009, art. 9º, parágrafo único e Lei n. 12.402, de 2011, art. 6º, *caput*, inciso I). (Alterado pelo Dec. 7.990/2013.)

ART. 10. São equiparados a estabelecimento industrial os estabelecimentos atacadistas que adquirirem os produtos relacionados no Anexo III da Lei n. 7.798, de 10 de julho de 1989, de estabelecimentos industriais ou dos estabelecimentos equiparados a industriais de que tratam os incisos I a V do art. 9º (Lei n. 7.798, de 1989, arts. 7º e 8º).

§ 1º O disposto neste artigo aplica-se nas hipóteses em que o adquirente e o remetente dos produtos sejam empresas controladoras ou controladas - Lei n. 6.404, de 15 de dezembro de 1976, art. 243, coligadas - Lei n. 10.406, de 10 de janeiro de 2002, art. 1.099, e Lei n. 11.941, de 27 de maio de 2009, art. 46, parágrafo único, interligadas - Decreto-Lei n. 1.950, de 14 de julho de 1982, art. 10, § 2º - ou interdependentes (Lei n. 7.798, de 1989, art. 7º § 1º).

§ 2º Da relação de que trata o *caput* poderão, mediante decreto, ser excluídos produtos ou grupo de produtos cuja permanência se torne irrelevante para arrecadação do imposto, ou incluídos outros cuja alíquota seja igual ou superior a quinze por cento (Lei n. 7.798, de 1989, art. 8º).

Equiparados a Industrial por Opção

ART. 11. Equiparam-se a estabelecimento industrial, por opção (Lei n. 4.502, de 1964, art. 4º, inciso IV, e Decreto-Lei n. 34, de 1966, art. 2º, alteração 1ª):

I - os estabelecimentos comerciais que derem saída a bens de produção, para estabelecimentos industriais ou revendedores, observado o disposto na alínea "a" do inciso I do art. 14; e

II - as cooperativas, constituídas nos termos da Lei n. 5.764, de 16 de dezembro de 1971, que se dedicarem à venda em comum de bens de produção, recebidos de seus associados para comercialização.

Opção e Desistência

ART. 12. O exercício da opção de que trata o art. 11 será formalizado mediante alteração dos dados cadastrais do estabelecimento, no Cadastro Nacional da Pessoa Jurídica - CNPJ, para sua inclusão como contribuinte do imposto.

Parágrafo único. A desistência da condição de contribuinte do imposto será formalizada, também, mediante alteração dos dados cadastrais, conforme definido no *caput*.

ART. 13. Aos estabelecimentos optantes cumprirá, ainda, observar as seguintes normas:

I - ao formalizar a sua opção, o interessado deverá relacionar, no livro Registro de Utilização de Documentos Fiscais e Termos de Ocorrências - Modelo 6, os produtos que possuía no dia imediatamente anterior àquele em que iniciar o regime de tributação ou a ele anexar relação dos referidos produtos;

II - o optante poderá creditar-se, no livro Registro de Apuração do IPI, pelo imposto constante da relação mencionada no inciso I, desde que, nesta, os produtos sejam discriminados pela classificação fiscal, seguidos dos respectivos valores;

III - formalizada a opção, o optante agirá como contribuinte do imposto, obrigando-se ao cumprimento das normas legais e regulamentares correspondentes, até a formalização da desistência; e

IV - a partir da data de desistência, perderá o seu autor a condição de contribuinte, mas não ficará desonerado das obrigações tributárias decorrentes dos atos que haja praticado naquela qualidade.

Estabelecimentos Atacadistas e Varejistas

ART. 14. Para os efeitos deste Regulamento, consideram-se (Lei n. 4.502, de 1964, art. 4º, § 1º, e Decreto-Lei n. 34, de 1966, art. 2º, alteração 1ª):

I - estabelecimento comercial atacadista, o que efetuar vendas:

a) de bens de produção, exceto a particulares em quantidade que não exceda a normalmente destinada ao seu próprio uso;

b) de bens de consumo, em quantidade superior àquela normalmente destinada a uso próprio do adquirente; e

c) a revendedores; e

II - estabelecimento comercial varejista, o que efetuar vendas diretas a consumidor, ainda que realize vendas por atacado esporadicamente, considerando-se esporádicas as vendas por atacado quando, no mesmo semestre civil, o seu valor não exceder a vinte por cento do total das vendas realizadas.

TÍTULO III
DA CLASSIFICAÇÃO DOS PRODUTOS

ART. 15. Os produtos estão distribuídos na TIPI por Seções, Capítulos, Subcapítulos, Posições, Subposições, Itens e Subitens (Lei n. 4.502, de 1964, art. 10).

ART. 16. Far-se-á a classificação de conformidade com as Regras Gerais para Interpretação - RGI, Regras Gerais Complementares - RGC e Notas Complementares - NC, todas da Nomenclatura Comum do MERCOSUL - NCM, integrantes do seu texto (Lei n. 4.502, de 1964, art. 10).

ART. 17. As Notas Explicativas do Sistema Harmonizado de Designação e de Codificação de Mercadorias - NESH, do Conselho de Cooperação Aduaneira na versão luso-brasileira, efetuada pelo Grupo Binacional Brasil/Portugal, e suas alterações aprovadas pela Secretaria da Receita Federal do Brasil, constituem elementos subsidiários de caráter fundamental para a correta interpretação do conteúdo das Posições e Subposições, bem como das Notas de Seção, Capítulo, Posições e de Subposições da Nomenclatura do Sistema Harmonizado (Lei n. 4.502, de 1964, art. 10).

TÍTULO IV
DA IMUNIDADE TRIBUTÁRIA

ART. 18. São imunes da incidência do imposto:

I - os livros, jornais, periódicos e o papel destinado à sua impressão (Constituição Federal, art. 150, inciso VI, alínea "d");

II - os produtos industrializados destinados ao exterior (Constituição Federal, art. 153, § 3º, inciso III);

III - o ouro, quando definido em lei como ativo financeiro ou instrumento cambial (Constituição Federal, art. 153, § 5º); e

IV - a energia elétrica, derivados de petróleo, combustíveis e minerais do País (Constituição Federal, art. 155, § 3º).

§ 1º A Secretaria da Receita Federal do Brasil poderá estabelecer obrigações acessórias específicas a serem observadas pelas firmas ou estabelecimentos que realizarem operações com o papel referido no inciso I, bem como para a comprovação a que se refere o § 2º, inclusive quanto ao trânsito, dentro do território nacional, do produto a ser exportado (Lei n. 9.779, de 1999, art. 16).

§ 2º Na hipótese do inciso II, a destinação do produto ao exterior será comprovada com a sua saída do território nacional.

§ 3º Para fins do disposto no inciso IV, entende-se como derivados do petróleo os produtos decorrentes da transformação do petróleo, por meio de conjunto de processos genericamente denominado refino ou refinação, classificados quimicamente como hidrocarbonetos (Lei n. 9.478, de 6 de agosto de 1997, art. 6º, incisos III e V).

§ 4º Se a imunidade estiver condicionada à destinação do produto, e a este for dado destino diverso, ficará o responsável pelo fato sujeito ao pagamento do imposto e da penalidade cabível, como se a imunidade não existisse (Lei n. 4.502, de 1964, art. 9º, § 1º, e Lei n. 9.532, de 1997, art. 37, inciso II).

ART. 19. A exportação de produtos nacionais sem que tenha ocorrido sua saída do território nacional somente será admitida, produzindo todos os efeitos fiscais e cambiais, quando o pagamento for efetivado em moeda estrangeira de livre conversibilidade e a venda for realizada para (Lei n. 9.826, de 23 de agosto de 1999, art. 6º, e Lei n. 10.637, de 2002, art. 50):

I - empresa sediada no exterior, para ser utilizado exclusivamente nas atividades de pesquisa ou lavra de jazidas de petróleo e de gás natural, conforme definidas na Lei n. 9.478, de 1997, ainda que a utilização se faça por terceiro sediado no País;

II - empresa sediada no exterior, para ser totalmente incorporado a produto final exportado para o Brasil; e

III - órgão ou entidade de governo estrangeiro ou organismo internacional de que o Brasil seja membro, para ser entregue, no País, à ordem do comprador.

§ 1º As operações previstas neste artigo estarão sujeitas ao cumprimento de obrigações e formalidades de natureza administrativa e fiscal, conforme estabelecido pela Secretaria da Receita Federal do Brasil (Lei n.9.826, de 1999, art. 6º, § 1º).

§ 2º Nas operações de exportação de que trata o *caput*, com pagamento a prazo ou a prestação, os efeitos fiscais e cambiais, quando reconhecidos pela legislação vigente, serão produzidos no momento da contratação, sob condição resolutória, aperfeiçoando-se pelo recebimento integral em moeda de livre conversibilidade (Lei n. 10.833, de 2003, art. 61).

§ 3º O disposto no § 2º aplica-se também ao produto exportado sem saída do território nacional, na forma disciplinada pela Secretaria da Receita Federal do Brasil, para ser (Lei n. 10.833, de 2003, art. 61, parágrafo único):

I - totalmente incorporado a bem que se encontre no País, de propriedade do comprador estrangeiro, inclusive em regime de admissão temporária sob a responsabilidade de terceiro;

II - entregue a órgão da administração direta, autárquica ou fundacional da União, dos Estados, do Distrito Federal ou dos Municípios, em cumprimento de contrato decorrente de licitação internacional;

III - entregue, em consignação, a empresa nacional autorizada a operar o regime de Loja Franca;

IV - entregue, no País, a subsidiária ou coligada, para distribuição sob a forma de brinde a fornecedores e clientes;

V - entregue a terceiro, no País, em substituição de produto anteriormente exportado e que tenha se mostrado, após o despacho aduaneiro de importação, defeituoso ou imprestável para o fim a que se destinava;

VI - entregue, no País, a missão diplomática, repartição consular de caráter permanente ou organismo internacional de que o Brasil seja membro, ou a seu integrante, estrangeiro; e

VII - entregue, no País, para ser incorporado a plataforma destinada à pesquisa e lavra de jazidas de petróleo e gás natural em construção ou conversão contratada por empresa sediada no exterior, ou a seus módulos.

ART. 20. Cessará a imunidade do papel destinado à impressão de livros, jornais e periódicos quando este for consumido ou utilizado em finalidade diversa da prevista no inciso I do art. 18, ou encontrado em poder de pessoa que não seja fabricante, importador, ou seus estabelecimentos distribuidores, bem como que não sejam empresas jornalísticas ou editoras (Lei n. 9.532, de 1997, art. 40).

TÍTULO V
DO SUJEITO PASSIVO DA OBRIGAÇÃO TRIBUTÁRIA

CAPÍTULO I
DAS DISPOSIÇÕES PRELIMINARES

Definição

ART. 21. Sujeito passivo da obrigação tributária principal é a pessoa obrigada ao pagamento do imposto ou penalidade pecuniária, e diz-se (Lei n. 5.172, de 1966, art. 121):

I - contribuinte, quando tenha relação pessoal e direta com a situação que constitua o respectivo fato gerador; e

II - responsável, quando, sem revestir a condição de contribuinte, sua obrigação decorra de expressa disposição de lei.

ART. 22. Sujeito passivo da obrigação tributária acessória é a pessoa obrigada às prestações que constituam o seu objeto (Lei n. 5.172, de 1966, art. 122).

ART. 23. As convenções particulares, relativas à responsabilidade pelo pagamento do imposto, não podem ser opostas à Fazenda Pública, para modificar a definição do sujeito passivo das obrigações correspondentes (Lei n. 5.172, de 1966, art. 123).

CAPÍTULO II
DOS CONTRIBUINTES E RESPONSÁVEIS

Contribuintes

ART. 24. São obrigados ao pagamento do imposto como contribuinte:

I - o importador, em relação ao fato gerador decorrente do desembaraço aduaneiro de produto de procedência estrangeira (Lei n. 4.502, de 1964, art. 35, inciso I, alínea "b");

II - o industrial, em relação ao fato gerador decorrente da saída de produto que industrializar em seu estabelecimento, bem como quanto aos demais fatos geradores decorrentes de atos que praticar (Lei n. 4.502, de 1964, art. 35, inciso I, alínea "a");

III - o estabelecimento equiparado a industrial, quanto ao fato gerador relativo aos produtos que dele saírem, bem como quanto aos demais fatos geradores decorrentes de atos que praticar (Lei n. 4.502, de 1964, art. 35, inciso I, alínea "a"); e

IV - os que consumirem ou utilizarem em outra finalidade, ou remeterem a pessoas que não sejam empresas jornalísticas ou editoras, o papel destinado à impressão de livros, jornais e periódicos, quando alcançado pela imunidade prevista no inciso I do art. 18 (Lei n. 9.532, de 1997, art. 40).

Parágrafo único. Considera-se contribuinte autônomo qualquer estabelecimento de importador, industrial ou comerciante, em relação a cada fato gerador que decorra de ato que praticar (Lei n. 5.172, de 1966, art. 51, parágrafo único).

Responsáveis

ART. 25. São obrigados ao pagamento do imposto como responsáveis:

I - o transportador, em relação aos produtos tributados que transportar, desacompanhados da documentação comprobatória de sua procedência (Lei n. 4.502, de 1964, art. 35, inciso II, alínea "a");

II - o possuidor ou detentor, em relação aos produtos tributados que possuir ou mantiver para fins de venda ou industrialização, nas mesmas condições do inciso I (Lei n. 4.502, de 1964, art. 35, inciso II, alínea "b");

III - o estabelecimento adquirente de produtos usados cuja origem não possa ser comprovada pela falta de marcação, se exigível, de documento fiscal próprio ou do documento a que se refere o art. 372 (Lei n. 4.502, de 1964, art. 35, inciso II, alínea "b", e art. 43);

IV - o proprietário, o possuidor, o transportador ou qualquer outro detentor de produtos nacionais, do Capítulo 22 e do Código 2402.20.00 da TIPI, saídos do estabelecimento industrial com imunidade ou suspensão do imposto, para exportação, encontrados no País em situação diversa, salvo se em trânsito, quando (Decreto-Lei n. 1.593, de 1977, art. 18, Lei n. 9.532, de 1997, art. 41, Lei n. 10.833, de 2003, art. 40, e Lei n. 11.371, de 28 de novembro de 2006, art. 13):

a) destinados a uso ou consumo de bordo, em embarcações ou aeronaves de tráfego internacional, com pagamento em moeda conversível (Decreto-Lei n. 1.593, de 1977, art. 8º, inciso I);

b) destinados a lojas francas, em operação de venda direta, nos termos e condições estabelecidos pelo art. 15 do Decreto-Lei n. 1.455, de 7 de abril de 1976 (Decreto-Lei n. 1.593, de 1977, art. 8º, inciso II);

c) adquiridos por empresa comercial exportadora, com o fim específico de exportação, e remetidos diretamente do estabelecimento industrial para embarque de exportação ou para recintos alfandegados, por conta e ordem da adquirente (Lei n. 9.532, de 1997, art. 39, inciso I e § 2º); ou

d) remetidos a recintos alfandegados ou a outros locais onde se processe o despacho aduaneiro de exportação (Lei n. 9.532, de 1997, art. 39, inciso II);

V - os estabelecimentos que possuírem produtos tributados ou isentos, sujeitos a serem rotulados ou marcados, ou, ainda, ao selo de controle, quando não estiverem rotulados, marcados ou selados (Lei n. 4.502, de 1964, art. 62, e Lei n. 9.532, de 1997, art. 37, inciso V);

VI - os que desatenderem as normas e requisitos a que estiver condicionada a imunidade, a isenção ou a suspensão do imposto (Lei n. 4.502, de 1964, art. 9º, § 1º, e Lei n. 9.532, de 1997, art. 37, inciso II);

VII - a empresa comercial exportadora, em relação ao imposto que deixou de ser pago, na saída do estabelecimento industrial, referente aos produtos por ela adquiridos com o fim específico de exportação, nas hipóteses em que (Lei n. 9.532, de 1997, art. 39, § 3º):

a) tenha transcorrido cento e oitenta dias da data da emissão da nota fiscal de venda pelo estabelecimento industrial, não houver sido efetivada a exportação (Lei n. 9.532, de 1997, art. 39, § 3º, alínea "a");

b) os produtos forem revendidos no mercado interno (Lei n. 9.532, de 1997, art. 39, § 3º, alínea "b"); ou

c) ocorrer a destruição, o furto ou roubo dos produtos (Lei n. 9.532, de 1997, art. 39, § 3º, alínea "c");

VIII - a pessoa física ou jurídica que não seja empresa jornalística ou editora, em cuja posse for encontrado o papel, destinado à impressão de livros, jornais e periódicos, a que se refere o inciso I do art. 18 (Lei n. 9.532, de 1997, art. 40, parágrafo único);

IX - o estabelecimento comercial atacadista de produtos sujeitos ao regime de que trata a Lei n. 7.798, de 1989, que possuir ou mantiver produtos desacompanhados da documentação comprobatória de sua procedência, ou que deles der saída (Lei n. 7.798, de 1989, art. 4º, § 3º, e Medida Provisória n. 2.158-35, de 2001, art. 33);

X - o estabelecimento industrial, relativamente à parcela do imposto devida pelos estabelecimentos equiparados de que tratam os incisos XI e XII do art. 9º, quanto aos produtos a estes fornecidos, na hipótese de aplicação do regime de que trata o art. 222, (Lei n. 10.833, de 2003, art. 58-F, inciso II, e Lei n. 11.727, de 2008, art. 32);

XI - o estabelecimento comercial referido no inciso XIII do art. 9º, pelo imposto devido pelos estabelecimentos equiparados na forma dos incisos XI e XII daquele artigo, quanto aos produtos a estes fornecidos, na hipótese de aplicação do regime de que trata o art. 222 (Lei n. 10.833, de 2003, art. 58-G, inciso II, e Lei n. 11.727, de 2008, art. 32); e

XII - o estabelecimento importador, relativamente à parcela do imposto devida pelos estabelecimentos equiparados de que tratam os incisos XIV e XV do art. 9º, quanto aos produtos a estes fornecidos, na hipótese de aplicação do regime de que trata o art. 222 (Lei n. 10.833, de 2003, art. 58-F, inciso II, e Lei n. 11.727, de 2008, art. 32).

§ 1º Nos casos dos incisos I e II não se exclui a responsabilidade por infração do contribuinte quando este for identificado (Lei n. 4.502, de 1964, art. 35, § 1º, e Lei n. 9.430, de 27 de dezembro de 1996, art. 31).

§ 2º Na hipótese dos incisos X, XI e XII, o imposto será devido pelo estabelecimento industrial ou encomendante ou importador no momento em que derem saída aos produtos sujeitos ao imposto conforme o regime de que trata o art. 222 (Lei n. 10.833, de 2003, art. 58-F, § 3º, art. 58-G, parágrafo único, e Lei n. 11.827, de 20 de novembro de 2008, art. 1º).

Responsável como Contribuinte Substituto

ART. 26. É ainda responsável, por substituição, o industrial ou equiparado a industrial, mediante requerimento, em relação às operações anteriores, concomitantes ou posteriores às saídas que promover, nas hipóteses e condições estabelecidas pela Secretaria da Receita Federal do Brasil (Lei n. 4.502, de 1964, art. 35, inciso II, alínea "c", e Lei n. 9.430, de 1996, art. 31).

Responsabilidade Solidária

ART. 27. São solidariamente responsáveis:

I - o contribuinte substituído, na hipótese do art. 26, pelo pagamento do imposto em relação ao qual estiver sendo substituído, no caso de inadimplência do contribuinte substituto (Lei n. 4.502, de 1964, art. 35, § 2º, e Lei n. 9.430, de 1996, art. 31);

II - o adquirente ou cessionário de mercadoria importada beneficiada com isenção ou redução do imposto pelo seu pagamento e dos acréscimos legais (Decreto-Lei n. 37, de 18 de novembro de 1966, art. 32, parágrafo único, inciso I, e Medida Provisória n. 2.158-35, de 2001, art. 77);

III - o adquirente de mercadoria de procedência estrangeira, no caso de importação realizada por sua conta e ordem, por intermédio de pessoa jurídica importadora, pelo pagamento do imposto e acréscimos legais (Decreto-Lei n. 37, de 1966, art. 32, parágrafo único, alínea "c", Medida Provisória n. 2.158-35, de 2001, art. 77, e Lei n. 11.281, de 2006, art. 12);

IV - o encomendante predeterminado que adquire mercadoria de procedência estrangeira de pessoa jurídica importadora, na operação a que se refere o § 3º do art. 9º, pelo pagamento do imposto e acréscimos legais (Decreto-Lei n. 37, de 1966, art. 32, parágrafo único, alínea "d", e Lei n. 11.281, de 2006, art. 12);

V - o estabelecimento industrial de produtos classificados no Código 2402.20.00 da TIPI, com a empresa comercial exportadora, na hipótese de operação de venda com o fim específico de exportação, pelo pagamento do imposto e dos respectivos acréscimos legais, devidos em decorrência da não efetivação da exportação (Medida Provisória n. 2.158-35, de 2001, art. 35);

VI - o encomendante de produtos sujeitos ao regime de que trata a Lei n. 7.798, de 1989, com o estabelecimento industrial executor da encomenda, pelo cumprimento da obrigação principal e acréscimos legais (Lei n. 7.798, de 1989, art. 4º, § 2º, e Medida Provisória n. 2.158-35, de 2001, art. 33);

VII - o beneficiário de regime aduaneiro suspensivo do imposto, destinado à industrialização para exportação, pelas obrigações tributárias decorrentes da admissão de mercadoria no regime por outro beneficiário, mediante sua anuência, com vistas na execução de etapa da cadeia industrial do produto a ser exportado (Lei n. 10.833, de 2003, art. 59); e

VIII - o encomendante dos produtos sujeitos ao imposto conforme os regimes de tributação de que tratam os arts. 222 e 223 com o estabelecimento industrial executor da encomenda, pelo imposto devido nas formas estabelecidas nos mesmos artigos (Lei n. 10.833, de 2003, art. 58-A, parágrafo único, e Lei n. 11.727, de 2008, art. 32).

§ 1º Aplica-se à operação de que trata o inciso III o disposto no § 2º do art. 9º (Lei n. 10.637, de 2002, art. 27, e Lei n. 11.281, de 2006, art. 11, § 2º).

§ 2º O disposto no inciso V aplica-se também aos produtos destinados a uso ou consumo de bordo, em embarcações ou aeronaves em tráfego internacional, inclusive por meio de ship's chandler (Medida Provisória n. 2.158-35, de 2001, art. 35, parágrafo único).

ART. 28. São solidariamente responsáveis com o sujeito passivo, no período de sua administração, gestão ou representação, os acionistas controladores, e os diretores, gerentes ou representantes de pessoas jurídicas de direito privado, pelos créditos tributários decorrentes do não recolhimento do imposto no prazo legal (Decreto-Lei n. 1.736, de 20 de dezembro de 1979, art. 8º).

ART. 29. São solidariamente responsáveis os curadores quanto ao imposto que deixar de ser pago, em razão da isenção de que trata o inciso IV do art. 55 (Lei n. 8.989, de 24 de fevereiro de 1995, art. 1º, § 5º, e Lei n.10.690, de 16 de junho de 2003, art. 2º).

Responsabilidade pela Infração

ART. 30. Na hipótese dos incisos III e IV do art. 27, o adquirente de mercadoria de procedência estrangeira responde conjunta ou isoladamente pela infração (Decreto-Lei n. 37, de 1966, art. 95, incisos V e VI, Medida Provisória n. 2.158-35, de 2001, art. 78, e Lei n. 11.281, de 2006, art. 12).

CAPÍTULO III
DA CAPACIDADE TRIBUTÁRIA

ART. 31. A capacidade jurídica para ser sujeito passivo da obrigação tributária decorre exclusivamente do fato de se encontrar a pessoa nas condições previstas em lei, neste Regulamento ou nos atos administrativos de caráter normativo destinados a completá-lo, como dando lugar à referida obrigação (Lei n. 4.502, de 1964, art. 40).

Parágrafo único. São irrelevantes, para excluir a responsabilidade pelo cumprimento da obrigação ou a decorrente de sua inobservância:

I - as causas que, de acordo com o direito privado, excluam a capacidade civil das pessoas naturais (Lei n. 5.172, de 1966, art. 126, inciso I, e Lei n. 4.502, de 1964, art. 40, parágrafo único, inciso I);

II - o fato de achar-se a pessoa natural sujeita a medidas que importem privação ou limitação do exercício de atividades civis, comerciais ou profissionais, ou da administração direta de seus bens ou negócios (Lei n.5.172, de 1966, art. 126, inciso II);

III - a irregularidade formal na constituição das pessoas jurídicas de direito privado e das firmas individuais, bastando que configurem uma unidade econômica ou profissional (Lei n. 5.172, de 1966, art. 126, inciso III, e Lei n. 4.502, de 1964, art. 40, parágrafo único, inciso II);

IV - a inexistência de estabelecimento fixo, e a sua clandestinidade ou a precariedade de suas instalações (Lei n. 4.502, de 1964, art. 40, parágrafo único, inciso III); e

V - a inabitualidade no exercício da atividade ou na prática dos atos que deem origem à tributação ou à imposição da pena (Lei n. 4.502, de 1964, art. 40, parágrafo único, inciso IV).

CAPÍTULO IV
DO DOMICÍLIO TRIBUTÁRIO

ART. 32. Para os efeitos de cumprimento da obrigação tributária e de determinação da competência das autoridades administrativas, considera-se domicílio tributário do sujeito passivo (Lei n. 5.172, de 1966, art. 127, e Lei n. 4.502, de 1964, art. 41):

I - se pessoa jurídica de direito privado, ou firma individual, o lugar do estabelecimento responsável pelo cumprimento da obrigação tributária;

II - se pessoa jurídica de direito público, o lugar da situação da repartição responsável pelo cumprimento da obrigação tributária;

III - se comerciante ambulante, a sede de seus negócios ou, na impossibilidade de determinação dela, o local de sua residência habitual, ou qualquer dos lugares em que exerça a sua atividade, quando não tenha residência certa ou conhecida; ou

IV - se pessoa natural não compreendida no inciso III, o local de sua residência habitual ou, sendo esta incerta ou desconhecida, o centro habitual de sua atividade.

§ 1º Quando não couber a aplicação das regras fixadas em qualquer dos incisos do *caput*, considerar-se-á como domicílio tributário do contribuinte ou responsável o lugar da situação dos bens ou da ocorrência dos atos ou fatos que deram origem à obrigação.

§ 2º A autoridade administrativa pode recusar o domicílio eleito, quando impossibilite ou dificulte a arrecadação ou a fiscalização do tributo, aplicando-se então a regra do § 1º.

TÍTULO VI
DA CONTAGEM E FLUÊNCIA DOS PRAZOS

ART. 33. Os prazos previstos neste Regulamento serão contínuos, excluindo-se na sua contagem o dia do início e incluindo-se o do vencimento (Lei n. 5.172, de 1966, art. 210, e Lei n. 4.502, de 1964, art. 116).

§ 1º Os prazos só se iniciam ou vencem em dia de expediente normal na repartição em que corra o processo ou deva ser praticado o ato (Lei n. 5.172, de 1966, art. 210, parágrafo único, e Lei n. 4.502, de 1964, art. 116).

§ 2º Se o dia do vencimento do prazo cair em domingo, feriado nacional ou local, ponto facultativo ou data em que, por qualquer motivo, não funcionar normalmente a repartição onde deva ser cumprida a obrigação, o prazo considerar-se-á prorrogado até o primeiro dia útil subsequente (Lei n. 5.172, de 1966, art. 210, e Lei n. 4.502, de 1964, art. 116).

§ 3º Será antecipado para o último dia útil imediatamente anterior o término do prazo de recolhimento do imposto que ocorra a 31 de dezembro, quando nesta data não houver expediente bancário (Decreto-Lei n. 400, de 1968, art. 15, e Decreto-Lei n. 1.430, de 2 de dezembro de 1975, art. 1º).

§ 4º Ressalvado o disposto no § 3º, será prorrogado para o primeiro dia útil subsequente ao prazo para recolhimento do imposto cujo término ocorrer em data em que, por qualquer motivo, não funcionarem os estabelecimentos bancários arrecadadores.

ART. 34. Nenhum procedimento do contribuinte, não autorizado pela legislação, interromperá os prazos fixados para o recolhimento do imposto.

TÍTULO VII
DA OBRIGAÇÃO PRINCIPAL

CAPÍTULO I
DO FATO GERADOR

Hipóteses de Ocorrência

ART. 35. Fato gerador do imposto é (Lei n. 4.502, de 1964, art. 2º):

I - o desembaraço aduaneiro de produto de procedência estrangeira; ou

II - a saída de produto do estabelecimento industrial, ou equiparado a industrial.

Parágrafo único. Para efeito do disposto no inciso I, considerar-se-á ocorrido o respectivo desembaraço aduaneiro da mercadoria que constar como tendo sido importada e cujo extravio ou avaria venham a ser apurados pela autoridade fiscal, inclusive na hipótese de mercadoria sob regime suspensivo de tributação (Lei n. 4.502, de 1964, art. 2º, § 3º, e Lei n. 10.833, de 2003, art. 80).

ART. 36. Considera-se ocorrido o fato gerador:

I - na entrega ao comprador, quanto aos produtos vendidos por intermédio de ambulantes (Lei n. 4.502, de 1964, art. 2º e art. 5º, inciso I, alínea "a", e Decreto-Lei n. 1.133, de 16 de novembro de 1970, art. 1º);

II - na saída de armazém-geral ou outro depositário do estabelecimento industrial ou equiparado a industrial depositante, quanto aos produtos entregues diretamente a outro estabelecimento (Lei n. 4.502, de 1964, art. 2º e art. 5º, inciso I, alínea "a", e Decreto-Lei n. 1.133, de 1970, art. 1º);

III - na saída da repartição que promoveu o desembaraço aduaneiro, quanto aos produtos que, por ordem do importador, forem remetidos diretamente a terceiros (Lei n. 4.502, de 1964, art. 2º e art. 5º, inciso I, alínea "b", e Decreto-Lei n. 1.133, de 1970, art. 1º);

IV - na saída do estabelecimento industrial diretamente para estabelecimento da mesma firma ou de terceiro, por ordem do encomendante, quanto aos produtos mandados industrializar por encomenda (Lei n. 4.502, de 1964, art. 2º e art. 5º, inciso I, alínea "c", e Decreto-Lei n. 1.133, de 1970, art. 1º);

V - na saída de bens de produção dos associados para as suas cooperativas, equiparadas, por opção, a estabelecimento industrial;

VI - no quarto dia da data da emissão da respectiva nota fiscal, quanto aos produtos que até o dia anterior não tiverem deixado o estabelecimento do contribuinte (Lei n. 4.502, de 1964, art. 2º e art. 5º, inciso I, alínea "d", e Decreto-Lei n. 1.133, de 1970, art. 1º);

VII - no momento em que ficar concluída a operação industrial, quando a industrialização se der no próprio local de consumo ou de utilização do produto, fora do estabelecimento industrial (Lei n. 4.502, de 1964, art. 2º, § 1º);

VIII - no início do consumo ou da utilização do papel destinado à impressão de livros, jornais e periódicos, em finalidade diferente da que lhe é prevista na imunidade de que trata o inciso I do art. 18, ou na saída do fabricante, do importador ou de seus estabelecimentos distribuidores, para pessoas que não sejam empresas jornalísticas ou editoras (Lei n. 9.532, de 1997, art. 40);

IX - na aquisição ou, se a venda tiver sido feita antes de concluída a operação industrial, na conclusão desta, quanto aos produtos que, antes de sair do estabelecimento que os tenha industrializado por encomenda, sejam por este adquiridos;

X - na data da emissão da nota fiscal pelo estabelecimento industrial, quando da ocorrência de qualquer das hipóteses enumeradas no inciso VII do art. 25 (Lei n. 9.532, de 1997, art. 39, § 4º);

XI - no momento da sua venda, quanto aos produtos objeto de operação de venda que forem consumidos ou utilizados dentro do estabelecimento industrial (Lei n. 4.502, de 1964, art. 2º e art. 5º, inciso I, alínea "e", Decreto-Lei n. 1.133, de 1970, art. 1º, e Lei n. 9.532, de 1997, art. 38);

XII - na saída simbólica de álcool das usinas produtoras para as suas cooperativas, equiparadas, por opção, a estabelecimento industrial; e

XIII - na data do vencimento do prazo de permanência da mercadoria no recinto alfandegado, antes de aplicada a pena de perdimento, quando as mercadorias importadas forem consideradas abandonadas pelo decurso do referido prazo (Decreto-Lei n. 1.455, de 1976, art. 23, inciso II, e Lei n. 9.779, de 1999, art. 18, e parágrafo único).

Parágrafo único. Na hipótese do inciso VII, considera-se concluída a operação industrial e ocorrido o fato gerador na data da entrega do produto ao adquirente ou na data em que se iniciar o seu consumo ou a sua utilização, se anterior à formalização da entrega.

ART. 37. Na hipótese de venda, exposição à venda, ou consumo no território nacional, de produtos destinados ao exterior, ou na hipótese de descumprimento das condições estabelecidas para a isenção ou a suspensão do imposto, considerar-se-á ocorrido o fato gerador na data da saída dos produtos do estabelecimento industrial ou equiparado a industrial (Lei n. 4.502, de 1964, art. 9º, § 1º, e Lei n. 9.532, de 1997, art. 37, inciso II).

Exceções

ART. 38. Não constituem fato gerador:

I - o desembaraço aduaneiro de produto nacional que retorne ao Brasil, nos seguintes casos (Decreto-Lei n. 491, de 5 de março de 1969, art. 11):

a) quando enviado em consignação para o exterior e não vendido nos prazos autorizados;

b) por defeito técnico que exija sua devolução, para reparo ou substituição;

c) em virtude de modificações na sistemática de importação do país importador;

d) por motivo de guerra ou calamidade pública; e

e) por quaisquer outros fatores alheios à vontade do exportador;

II - as saídas de produtos subsequentes à primeira:

a) nos casos de locação ou arrendamento, salvo se o produto tiver sido submetido a nova industrialização; ou

b) quando se tratar de bens do ativo permanente, industrializados ou importados pelo próprio estabelecimento industrial ou equiparado a industrial, destinados à execução de serviços pela própria firma remetente;

III - a saída de produtos incorporados ao ativo permanente, após cinco anos de sua incorporação, pelo estabelecimento industrial, ou equiparado a industrial, que os tenha industrializado ou importado; ou

IV - a saída de produtos por motivo de mudança de endereço do estabelecimento.

Irrelevância dos Aspectos Jurídicos

ART. 39. O imposto é devido sejam quais forem as finalidades a que se destine o produto ou o título jurídico a que se faça a importação ou de que decorra a saída do estabelecimento produtor (Lei n. 4.502, de 1964, art. 2º, § 2º).

CAPÍTULO II
DA SUSPENSÃO DO IMPOSTO

SEÇÃO I
DAS DISPOSIÇÕES PRELIMINARES

ART. 40. Somente será permitida a saída ou o desembaraço de produtos com suspensão do imposto quando observadas as normas deste Regulamento e as medidas de controle expedidas pela Secretaria da Receita Federal do Brasil.

ART. 41. O implemento da condição a que está subordinada a suspensão resolve a obrigação tributária suspensa.

ART. 42. Quando não forem satisfeitos os requisitos que condicionaram a suspensão, o imposto tornar-se-á imediatamente exigível, como se a suspensão não existisse (Lei n. 4.502, de 1964, art. 9º, § 1º, e Lei n. 9.532, de 1997, art. 37, inciso II).

§ 1º Se a suspensão estiver condicionada à destinação do produto e a este for dado destino diverso do previsto, estará o responsável pelo fato sujeito ao pagamento do imposto e da penalidade cabível, como se a suspensão não existisse.

§ 2º Cumprirá a exigência:

I - o recebedor do produto, no caso de emprego ou destinação diferentes dos que condicionaram a suspensão; ou

II - o remetente do produto, nos demais casos.

SEÇÃO II
DOS CASOS DE SUSPENSÃO

ART. 43. Poderão sair com suspensão do imposto:

I - o óleo de menta em bruto, produzido por lavradores, com emprego do produto de sua própria lavoura, quando remetido a estabelecimentos industriais, diretamente ou por intermédio de postos de compra (Decreto-Lei n. 400, de 1968, art. 10);

II - os produtos remetidos pelo estabelecimento industrial, ou equiparado a industrial, diretamente a exposição em feiras de amostras e promoções semelhantes (Decreto-Lei n. 400, de 1968, art. 11);

III - os produtos remetidos pelo estabelecimento industrial, ou equiparado a industrial, a depósitos fechados ou armazéns-gerais, bem como aqueles devolvidos ao remetente (Decreto-Lei n. 400, de 1968, art. 11);

IV - os produtos industrializados, que contiverem matéria-prima, produto intermediário ou material de embalagem importados submetidos ao regime aduaneiro especial de que tratam os incisos II e III do art. 78 do Decreto-Lei n. 37, de 1966 (*drawback* - suspensão, isenção), remetidos diretamente a empresas industriais exportadoras para emprego na produção de mercadorias destinadas à exportação direta ou por intermédio de empresa comercial exportadora, atendidas as condições estabelecidas pela Secretaria da Receita Federal do Brasil;

V - os produtos, destinados à exportação, que saiam do estabelecimento industrial para (Lei n. 9.532, de 1997, art. 39):

a) empresas comerciais exportadoras, com o fim específico de exportação nos termos do § 1º (Lei n. 9.532, de 1997, art. 39, inciso I);

b) recintos alfandegados (Lei n. 9.532, de 1997, art. 39, inciso II); ou

c) outros locais onde se processe o despacho aduaneiro de exportação (Lei n. 9.532, de 1997, art. 39, inciso II);

VI - as matérias-primas, os produtos intermediários e os materiais de embalagem destinados à industrialização, desde que os produtos industrializados sejam enviados ao estabelecimento remetente daqueles insumos;

VII - os produtos que, industrializados na forma do inciso VI e em cuja operação o executor da encomenda não tenha utilizado produtos de sua industrialização ou importação, forem remetidos ao estabelecimento de origem e desde que sejam por este destinados:

a) a comércio; ou

b) a emprego, como matéria-prima, produto intermediário e material de embalagem, em nova industrialização que dê origem a saída de produto tributado;

VIII - as matérias-primas ou os produtos intermediários remetidos por estabelecimento industrial, para emprego em operação industrial realizada fora desse estabelecimento, quando o executor da industrialização for o próprio contribuinte remetente daqueles insumos;

IX - o veículo, aeronave ou embarcação dos Capítulos 87, 88 e 89 da TIPI, que deixar o estabelecimento industrial exclusivamente para emprego em provas de engenharia pelo próprio fabricante, desde que a ele tenha de voltar, não excedido o prazo de permanência fora da fábrica, que será de trinta dias, salvo motivos de ordem técnica devidamente justificados, e constará da nota fiscal expedida para esse fim;

X - os produtos remetidos, para industrialização ou comércio, de um estabelecimento industrial ou equiparado a industrial para outro da mesma firma;

XI - os bens do ativo permanente (máquinas e equipamentos, aparelhos, instrumentos, utensílios, ferramentas, gabaritos, moldes, matrizes e semelhantes) remetidos pelo estabelecimento industrial a outro estabelecimento da mesma firma, para serem utilizados no processo industrial do recebedor;

XII - os bens do ativo permanente remetidos pelo estabelecimento industrial a outro estabelecimento, para serem utilizados no processo industrial de produtos encomendados pelo remetente, desde que devam retornar ao estabelecimento encomendante, após o prazo fixado para a fabricação dos produtos;

XIII - as partes e peças destinadas a reparo de produtos com defeito de fabricação, quando a operação for executada gratuitamente por concessionários ou representantes, em virtude de garantia dada pelo fabricante;

XIV - as matérias-primas, os produtos intermediários e os materiais de embalagem, de fabricação nacional, vendidos a (Lei n. 8.402, de 8 de janeiro de 1992, art. 3º):

a) estabelecimento industrial, para industrialização de produtos destinados à exportação; ou

b) estabelecimento comercial, para industrialização em outro estabelecimento da mesma firma ou de terceiro, de produto destinado à exportação; e

XV - produtos para emprego ou consumo na industrialização ou elaboração de produto a ser exportado, adquiridos no mercado interno ou importados (Lei n. 11.945, de 2009, art. 12).

§ 1º No caso da alínea "a" do inciso V, consideram-se adquiridos com o fim específico de exportação os produtos remetidos diretamente do estabelecimento industrial para embarque de exportação ou para recintos alfandegados, por conta e ordem da empresa comercial exportadora (Lei n. 9.532, de 1997, art. 39, § 2º).

§ 2º No caso do inciso XIV do *caput*:

I - a sua aplicação depende de prévia aprovação, pelo Secretário da Receita Federal do Brasil, de plano de exportação, elaborado pela empresa exportadora que irá adquirir as matérias-primas, os produtos intermediários e os materiais de embalagem objeto da suspensão;

II - a exportação dos produtos pela empresa adquirente das matérias-primas, dos produtos intermediários e dos materiais de embalagem fornecidos com suspensão do imposto deverá ser efetivada no prazo de até um ano, contado da aprovação do plano de exportação, prorrogável uma vez, por idêntico período, na forma do inciso I deste parágrafo, admitidas novas prorrogações, respeitado o prazo máximo de cinco anos, quando se tratar de exportação de bens de capital de longo ciclo de produção; e

III - a Secretaria da Receita Federal do Brasil expedirá instruções complementares necessárias a sua execução.

§ 3º No caso do inciso X do *caput*, a suspensão do imposto não se aplica às saídas de cigarros e cigarrilhas dos Códigos 2402.20.00, excetuados os classificados no Ex 01, e 2402.10.00, da TIPI, de fabricação nacional ou importados, dos estabelecimentos industriais ou equiparados quando destinados aos estabelecimentos de que trata o § 7º do art. 9º (Lei n. 11.933, de 2009, art. 9º e Lei n. 12.402, de 2011, art. 6º, *caput*, inciso I). (Alterado pelo Dec. 7.990/2013.)

§ 4º No caso do inciso XV do *caput*:

I - as aquisições no mercado interno podem ser combinadas, ou não, com as importações (Lei n. 11.945, de 2009, art. 12, *caput*);

II - a suspensão aplica-se também:

a) a produtos, adquiridos no mercado interno ou importados, para emprego em reparo, criação, cultivo ou atividade extrativista de produto a ser exportado (Lei n. 11.945, de 2009, art. 12, § 1º, inciso I); e

b) às aquisições no mercado interno ou importações de empresas denominadas fabricantes-intermediários, para industrialização de produto intermediário a ser diretamente fornecido a empresas industriais-exportadoras, para emprego ou consumo na industrialização de produto final destinado à exportação (Lei n. 11.945, de 2009, art. 12, § 1º, inciso III, e Lei n. 12.058, de 13 de outubro de 2009, art. 17);

III - a suspensão beneficia apenas a pessoa jurídica habilitada pela Secretaria de Comércio Exterior do Ministério do Desenvolvimento, Indústria e Comércio Exterior (Lei n. 11.945, de 2009, art. 12, § 2º, e Lei n. 12.058, de 2009, art. 17) ; e

IV - a Secretaria da Receita Federal do Brasil e a Secretaria de Comércio Exterior disciplinarão o benefício em ato conjunto (Lei n. 11.945, de 2009, art. 12, § 3º).

ART. 44. As bebidas alcoólicas e demais produtos de produção nacional, classificados nas Posições 22.04, 22.05, 2206.00 e 22.08 da TIPI, acondicionados em recipientes de capacidade superior ao limite máximo permitido para venda a varejo, sairão obrigatoriamente com suspensão do imposto dos respectivos estabelecimentos produtores, dos estabelecimentos atacadistas e das cooperativas de produtores, quando destinados aos seguintes estabelecimentos (Lei n. 9.493, de 1997, arts. 3º e 4º):

I - industriais que utilizem os produtos mencionados no *caput* como matéria-prima ou produto intermediário na fabricação de bebidas;

II - atacadistas e cooperativas de produtores; e

III - engarrafadores dos mesmos produtos.

ART. 45. Sairão com suspensão do imposto os produtos sujeitos ao regime geral de tributação de que trata o art. 222:

I - do estabelecimento industrial, quando destinados aos estabelecimentos comerciais equiparados a industrial de que tratam os incisos XI, XII e XIII do art. 9º (Lei n. 10.833, de 2003, art. 58-H, *caput* e § 3º, Lei n.11.727, de 2008, art. 32, e Lei n. 11.827, de 2008, art. 1º);

II - do estabelecimento comercial equiparado a industrial, na forma do inciso XIII do art. 9º, quando destinados aos estabelecimentos equiparados a industrial de que tratam os incisos XI e XII daquel artigo (Lei n. 10.833, de 2003, art. 58-H, *caput* e §§ 1º e 3º, Lei n. 11.727, de 2008, art. 32, e Lei n. 11.827, de 2008, art. 1º); e

III - do estabelecimento importador, quando destinados aos estabelecimentos equiparados a industrial de que tratam os incisos XIV e XV do art. 9º (Lei n. 10.833, de 2003, art. 58-H, *caput* e § 3º, Lei n. 11.727, de 2008, art. 32, e Lei n. 11.827, de 2008, art. 1º).

Parágrafo único. A suspensão de que trata este artigo não se aplica ao imposto devido pelos estabelecimentos industrial, encomendante ou importador no caso do § 2º do art. 25 (Lei n. 10.833, de 2003, art. 58-H, e Lei n. 11.827, de 2008, art. 1º).

ART. 46. Sairão do estabelecimento industrial com suspensão do imposto:

I - as matérias-primas, os produtos intermediários e os materiais de embalagem, destinados a estabelecimento que se dedique, preponderantemente, à elaboração de produtos classificados nos Capítulos 2 a 4, 7 a 12, 15 a 20, 23 (exceto Códigos 2309.10.00 e 2309.90.30 e Ex-01 no Código 2309.90.90), 28 a 31, e 64, no Código 2209.00.00, e nas Posições 21.01 a 2105.00, da TIPI, inclusive aqueles a que corresponde a notação "NT" (Lei n.10.637, de 2002, art. 29, e Lei n. 10.684, de 30 de maio de 2003, art. 25);

II - as matérias-primas, os produtos intermediários e os materiais de embalagem, quando adquiridos por estabelecimentos industriais fabricantes, preponderantemente, de partes e peças destinadas a estabelecimento industrial fabricante de produto classificado no Capítulo 88 da TIPI (Lei n. 10.637, de 2002, art. 29, § 1º, inciso I, alínea "b");

III - as matérias-primas, os produtos intermediários e os materiais de embalagem, quando adquiridos por pessoas jurídicas preponderantemente exportadoras (Lei n. 10.637, de 2002, art. 29, § 1º, inciso II); e

IV - os materiais e os equipamentos, incluindo partes, peças e componentes, destinados ao emprego na construção, conservação, modernização, conversão ou reparo de embarcações pré-registradas ou registradas no Registro Especial Brasileiro - REB, instituído pela Lei n. 9.432, de 8 de janeiro de 1997, quando adquiridos por estaleiros navais brasileiros (Lei n. 9.493, de 1997, art. 10, e Lei n. 11.774, de 17 de setembro de 2008, art. 15).

§ 1º O disposto nos incisos I e II do *caput* aplica-se ao estabelecimento industrial cuja receita bruta decorrente dos produtos ali referidos, no ano-calendário imediatamente anterior ao da aquisição, houver sido superior a sessenta por cento de sua receita bruta total no mesmo período (Lei n. 10.637, de 2002, art. 29, § 2º).

§ 2º Para fins do disposto no inciso III do *caput*, considera-se pessoa jurídica preponderantemente exportadora aquela cuja receita bruta decorrente de exportação para o exterior, no ano-calendário imediatamente anterior ao da aquisição, houver sido superior a setenta por cento de sua receita bruta total de venda de bens e serviços no mesmo período, após excluídos os impostos e contribuições sobre a venda (Lei n. 10.637, de 2002, art. 29, § 3º, e Lei n. 11.529, de 22 de outubro de 2007, art. 3º).

§ 3º O percentual de que trata o § 2º fica reduzido a sessenta por cento no caso de pessoa jurídica em que noventa por cento ou mais de suas receitas de exportação houverem sido decorrentes da exportação dos produtos (Lei n. 10.637, de 2002, art. 29, § 8º, e Lei n. 11.529, de 2007, art. 3º):

I - classificados na TIPI:

a) nos Códigos 0801.3, 25.15, 42.02, 50.04 a 50.07, 51.05 a 51.13, 52.03 a 52.12, 53.06 a 53.11;

b) nos Capítulos 54 a 64;

c) nos Códigos 84.29, 84.32, 8433.20, 8433.30.00, 8433.40.00, 8433.5, 87.01, 87.02, 87.03, 87.04, 87.05 e 87.06; e

d) nos Códigos 94.01 e 94.03; e

II - relacionados nos Anexos I e II da Lei n. 10.485, de 3 de julho de 2002.

§ 4º Para os fins do disposto neste artigo, as empresas adquirentes deverão (Lei n. 10.637, de 2002, art. 29, § 7º):

I - atender aos termos e às condições estabelecidas pela Secretaria da Receita Federal do Brasil (Lei n. 10.637, de 2002, art. 29, § 7º, inciso I); e

II - declarar ao vendedor, de forma expressa e sob as penas da lei, que atendem a todos os requisitos estabelecidos (Lei n. 10.637, de 2002, art. 29, § 7º, inciso II).

§ 5º No caso do inciso IV do *caput*, a suspensão converte-se em alíquota zero após a incorporação ou utilização dos bens adquiridos na construção, conservação, modernização, conversão ou reparo das embarcações para as quais se destinarem, conforme regulamento específico (Lei n. 9.493, de 1997, art. 10, § 2º, e Lei n. 11.774, de 2008, art. 15).

ART. 47. Na hipótese do inciso VII do art. 27, a aquisição de mercadoria nacional por qualquer dos beneficiários do regime, para ser incorporada ao produto a ser exportado, será realizada com suspensão do imposto (Lei n. 10.833, de 2003, art. 59, § 1º).

ART. 48. Serão desembaraçados com suspensão do imposto:

I - os produtos de procedência estrangeira importados diretamente pelos concessionários das lojas francas de que trata o Decreto-Lei n. 1.455, de 1976, nas condições nele referidas e em outras estabelecidas pelo Secretário da Receita Federal do Brasil (Decreto-Lei n. 1.455, de 1976, art. 15, § 2º, e Lei n. 11.371, de 2006, art. 13);

II - as máquinas, os equipamentos, os veículos, os aparelhos e os instrumentos, sem similar nacional, bem como suas partes, peças, acessórios e outros componentes, de procedência estrangeira, importados por empresas nacionais de engenharia, e destinados à execução de obras no exterior, quando autorizada a suspensão pelo Secretário da Receita Federal do Brasil (Decreto-Lei n. 1.418, de 3 de setembro de 1975, art. 3º);

III - os produtos de procedência estrangeira que devam sair das repartições aduaneiras com suspensão do Imposto de Importação, nas condições previstas na respectiva legislação; e

IV - as matérias-primas, os produtos intermediários e os materiais de embalagem, importados diretamente por estabelecimento de que tratam os incisos I a III do *caput* do art. 46 (Lei n. 10.637, de 2002, art. 29, § 4º).

SEÇÃO III
DOS REGIMES ESPECIAIS DE SUSPENSÃO

ART. 49. A Secretaria da Receita Federal do Brasil poderá instituir regime especial de suspensão do imposto para implementar o disposto no art. 26 (Lei n. 4.502, de 1964, art. 35, § 2º, e Lei n. 9.430, de 1996, art. 31).

CAPÍTULO III
DAS ISENÇÕES

SEÇÃO I
DAS DISPOSIÇÕES PRELIMINARES

ART. 50. Salvo expressa disposição em lei, as isenções do imposto referem-se ao produto e não ao contribuinte ou adquirente (Lei n. 4.502, de 1964, art. 9º).

ART. 51. A isenção de caráter subjetivo só exclui o crédito tributário quando o seu titular estiver na situação de contribuinte ou de responsável.

Parágrafo único. O titular da isenção poderá renunciar ao benefício, obrigando-se a comunicar a renúncia à unidade da Secretaria da Receita Federal do Brasil de sua jurisdição.

ART. 52. Se a isenção estiver condicionada à destinação do produto e a este for dado destino diverso do previsto, estará o responsável pelo fato sujeito ao pagamento do imposto e da penalidade cabível, como se a isenção não existisse (Lei n. 4.502, de 1964, art. 9º, § 1º, e Lei n. 9.532, de 1997, art. 37, inciso II).

§ 1º Salvo comprovado intuito de fraude, o imposto será devido, sem multa, se recolhido espontaneamente, antes do fato modificador da destinação, se esta se der após um ano da ocorrência do fato gerador, não sendo exigível após o decurso de três anos (Lei n. 4.502, de 1964, art. 9º, § 2º).

§ 2º Nos casos dos incisos XII e XIII do art. 54 não será devido o imposto se a mudança se verificar depois de um ano da ocorrência do fato gerador (Lei n. 5.799, de 31 de agosto de 1972, art. 3º, e Decreto-Lei n. 37, de 1966, art. 161).

ART. 53. Os produtos desembaraçados como bagagem não poderão ser depositados para fins comerciais ou expostos à venda, nem vendidos, senão com o pagamento do imposto e dos acréscimos exigíveis, atendido ao disposto no § 1º do art. 52 (Decreto-Lei n. 1.455, de 1976, art. 8º).

SEÇÃO II
DOS PRODUTOS ISENTOS

ART. 54. São isentos do imposto:

I - os produtos industrializados por instituições de educação ou de assistência social, quando se destinarem, exclusivamente, a uso próprio ou a distribuição gratuita a seus educandos ou assistidos, no cumprimento de suas finalidades (Lei n. 4.502, de 1964, art. 7º, incisos II e IV);

II - os produtos industrializados por estabelecimentos públicos e autárquicos da União, dos Estados, do Distrito Federal e dos Municípios, que não se destinarem a comércio (Lei n. 4.502, de 1964, art. 7º, inciso III);

III - as amostras de produtos para distribuição gratuita, de diminuto ou nenhum valor comercial, assim considerados os fragmentos ou partes de qualquer mercadoria, em quantidade estritamente necessária a dar a conhecer a sua natureza, espécie e qualidade, atendidas as seguintes condições (Lei n. 4.502, de 1964, art. 7º, inciso V):

a) indicação no produto e no seu envoltório da expressão "Amostra Grátis", em caracteres com destaque;

b) quantidade não excedente de vinte por cento do conteúdo ou do número de unidades da menor embalagem da apresentação comercial do mesmo produto, para venda ao consumidor; e

c) distribuição exclusivamente a médicos, veterinários e dentistas, bem como a estabelecimentos hospitalares, quando se tratar de produtos da indústria farmacêutica;

IV - as amostras de tecidos de qualquer largura, e de comprimento até quarenta e cinco centímetros para os de algodão estampado, e até trinta centímetros para os demais, desde que contenham, em qualquer caso, impressa tipograficamente ou a carimbo, a expressão "Sem Valor Comercial", dispensadas desta exigência as amostras cujo comprimento não exceda de vinte e cinco centímetros e de quinze centímetros nas hipóteses supra, respectivamente (Lei n. 4.502, de 1964, art. 7º, inciso VI);

V - os pés isolados de calçados, conduzidos por viajante do estabelecimento industrial, desde que tenham gravada, no solado, a expressão "Amostra para Viajante" (Lei n. 4.502, de 1964, art. 7º, inciso VII);

VI - as aeronaves de uso militar e suas partes e peças, vendidas à União (Lei n. 4.502, de 1964, art. 7º, inciso XXXVII, Decreto-Lei n. 34, de 1966, art. 2º, alteração 3ª, Lei n. 5.330, de 11 de outubro de 1967, art. 1º, e Lei n. 8.402, de 1992, art. 1º, inciso VIII);

VII - os caixões funerários (Lei n. 4.502, de 1964, art. 7º, inciso XV);

VIII - o papel destinado à impressão de músicas (Lei n. 4.502, de 1964, art. 7º, inciso XII);

IX - as panelas e outros artefatos semelhantes, de uso doméstico, de fabricação rústica, de pedra ou barro bruto, apenas umedecido e amassado, com ou sem vidramento de sal (Lei n. 4.502, de 1964, art. 7º, inciso XXVI, e Decreto-Lei n. 34, de 1966, art. 2º, alteração 3ª);

X - os chapéus, roupas e proteção, de couro, próprios para tropeiros (Lei n. 4.502, de 1964, art. 7º, inciso XXVIII, e Decreto-Lei n. 34, de 1966, art. 2º, alteração 3ª);

XI - o material bélico, de uso privativo das Forças Armadas, vendido à União, na forma das instruções expedidas pelo Secretário da Receita Federal do Brasil (Lei n. 4.502, de 1964, art. 7º, inciso XXXVI, Decreto-Lei n. 34, de 1966, art. 2º, alteração 3ª, Lei n. 5.330, de 1967, art. 1º, e Lei n. 8.402, de 1992, art. 1º, inciso VIII);

XII - o automóvel adquirido diretamente de fabricante nacional, pelas missões diplomáticas e pelas repartições consulares de caráter permanente, ou pelos seus integrantes, bem como pelas representações de órgãos internacionais ou regionais de que o Brasil seja membro, e pelos seus funcionários, peritos, técnicos e consultores, de nacionalidade estrangeira, que exerçam funções de caráter permanente, quando a aquisição se fizer em substituição da faculdade de importar o produto com idêntico favor (Decreto-Lei n. 37, de 1966, art. 161, Lei n. 8.032, de 12 de abril de 1990, art. 2º, inciso I, alíneas "c" e "d", e Lei n. 8.402, de 1992, art. 1º, inciso IV);

XIII - o veículo de fabricação nacional adquirido por funcionário das missões diplomáticas acreditadas junto ao Governo brasileiro, ao qual seja reconhecida a qualidade diplomática, que não seja de nacionalidade brasileira e nem tenha residência permanente no País, sem prejuízo dos direitos que lhe são assegurados no inciso XII, ressalvado o princípio da reciprocidade de tratamento (Lei n. 5.799, de 1972, art. 1º);

XIV - os produtos nacionais saídos do estabelecimento industrial, ou equiparado a industrial, diretamente para lojas francas, nos termos e condições estabelecidos pelo art. 15 do Decreto-Lei n. 1.455, de 1976 (Decreto-Lei n. 1.455, de 1976, art. 15, § 3º, Lei n. 8.402, de 1992, art. 1º, inciso VI, e Lei n. 11.371, de 2006, art. 13);

XV - os materiais e equipamentos saídos do estabelecimento industrial, ou equiparado a industrial, para a Itaipu Binacional, ou por esta importados, para utilização nos trabalhos de construção da central elétrica da mesma empresa, seus acessórios e obras complementares, ou para incorporação à referida central elétrica, observadas as condições previstas no art. XII do Tratado entre a República Federativa do Brasil e a República do Paraguai, concluído em Brasília a 26 de abril de 1973, promulgado pelo Decreto n. 72.707, de 28 de agosto de 1973;

XVI - os produtos importados diretamente por missões diplomáticas e repartições consulares de caráter permanente e pelos respectivos integrantes, e por representações, no País, de organismos internacionais de caráter permanente, inclusive os de âmbito regional, dos quais o Brasil seja membro, e pelos respectivos integrantes (Lei n. 4.502, de 1964, art. 8º, inciso II, Lei n. 8.032, de 1990, arts. 2º, inciso I, alíneas "c" e "d", e 3º, e Lei n. 8.402, de 1992, art. 1º, inciso IV);

XVII - a bagagem de passageiros desembaraçada com isenção do Imposto de Importação na forma da legislação pertinente (Lei n. 4.502, de 1964, art. 8º, inciso III, Lei n. 8.032, de 1990, art. 3º, inciso II, e Lei n. 8.402, de 1992, art. 1º, inciso IV);

XVIII - os bens de passageiros procedentes do exterior, desembaraçados com a qualificação de bagagem tributada, com o pagamento do Imposto de Importação, na forma da legislação pertinente (Decreto-Lei n. 1.455, de 1976, art. 4º, Lei n. 8.032, de 1990, art. 3º, inciso II, e Lei n. 8.402, de 1992, art. 1º, inciso IV);

XIX - os bens contidos em remessas postais internacionais sujeitas ao regime de tributação simplificada para a cobrança do Imposto de Importação (Decreto-Lei n. 1.804, de 3 de setembro de 1980, art. 1º, § 1º, Lei n. 8.032, de 1990, art. 3º, inciso II, e Lei n. 8.402, de 1992, art. 1º, inciso IV);

XX - as máquinas, equipamentos, aparelhos e instrumentos, bem como suas partes e peças de reposição, acessórios, matérias-primas e produtos intermediários, destinados à pesquisa científica e tecnológica, importados pelo Conselho Nacional de Desenvolvimento Científico e Tecnológico - CNPq, por cientistas, pesquisadores e entidades sem fins lucrativos ativas no fomento, na coordenação ou na execução de programas de pesquisa científica e tecnológica ou de ensino devidamente credenciadas pelo CNPq (Lei n. 8.010, de 29 de março de 1990, art. 1º, *caput* e § 2º, e Lei n. 10.964, de 28 de outubro de 2004, art. 1º);

XXI - os demais produtos de procedência estrangeira, nas hipóteses previstas pelo art. 2º da Lei n. 8.032, de 1990, desde que satisfeitos os requisitos e condições exigidos para a concessão do benefício análogo relativo ao Imposto de Importação (Lei n. 8.032, de 1990, art. 3º, inciso I, e Lei n. 8.402, de 1992, art. 1º, inciso IV);

XXII - os seguintes produtos de procedência estrangeira, nos termos, limites e condições estabelecidos em regulamento próprio:

a) troféus, medalhas, placas, estatuetas, distintivos, flâmulas, bandeiras e outros objetos comemorativos recebidos em evento cultural, científico ou esportivo oficial realizado no exterior ou para serem distribuídos gratuitamente como premiação em evento esportivo realizado no País (Lei n. 11.488, de 15 de junho de 2007, art. 38, inciso I);

b) bens dos tipos e em quantidades normalmente consumidos em evento esportivo oficial (Lei n. 11.488, de 2007, art. 38, inciso II);

c) material promocional, impressos, folhetos e outros bens com finalidade semelhante, a serem distribuídos gratuitamente ou utilizados em evento esportivo oficial (Lei n. 11.488, de 2007, art. 38, inciso III); e

d) bens importados por desportistas, desde que tenham sido utilizados por estes em evento esportivo oficial e recebidos em doação de entidade de prática desportiva estrangeira ou da promotora ou patrocinadora do evento (Lei n. 11.488, de 2007, art. 38, parágrafo único);

XXIII - os veículos automotores de qualquer natureza, máquinas, equipamentos, bem como suas partes e peças separadas, quando destinadas à utilização nas atividades dos Corpos de Bombeiros, em todo o território nacional, nas saídas de estabelecimento industrial ou equiparado a industrial (Lei n. 8.058, de 2 de julho de 1990, art. 1º);

XXIV - os produtos importados destinados a consumo no recinto de congressos, feiras e exposições internacionais, e eventos assemelhados, a título de promoção ou degustação, de montagem ou conservação de estandes, ou de demonstração de equipamentos em exposição, observado que a isenção (Lei n. 8.383, de 30 de dezembro de 1991, art. 70, §§ 1º a 3º):

a) não se aplica a produtos destinados à montagem de estandes, susceptíveis de serem aproveitados após o evento;

b) está condicionada a que nenhum pagamento, a qualquer título, seja efetuado ao exterior, com relação aos produtos objeto da isenção; e

c) está sujeita a limites de quantidades e valor, além de outros requisitos, estabelecidos pelo Ministro de Estado da Fazenda;

XXV - os bens de informática destinados à coleta eletrônica de votos, fornecidos diretamente ao Tribunal Superior Eleitoral, bem como (Lei n. 9.359, de 12 de dezembro de 1996, art. 1º):

a) as matérias-primas e os produtos intermediários importados para serem utilizados na industrialização desses bens e dos produtos classificados sob os Códigos 8471.60.52, 8471.60.61, 8473.30.49, 8504.40.21 e 8534.00.00 da TIPI a eles destinados (Lei n. 9.359, de 1996, art. 2º, e Lei n. 9.643, de 26 de maio de 1998, art. 1º); e

b) as matérias-primas, os produtos intermediários e os materiais de embalagem, de fabricação nacional, para serem utilizados na industrialização desses bens (Lei n. 9.359, de 1996, art. 2º, parágrafo único);

XXVI - os materiais, equipamentos, máquinas, aparelhos e instrumentos, importados ou de fabricação nacional, bem como os respectivos acessórios, sobressalentes e ferramentas, que os acompanhem, destinados à construção do Gasoduto Brasil - Bolívia, adquiridos pelo executor do projeto, diretamente ou por intermédio de empresa por ele contratada especialmente para a sua execução nos termos dos arts. 1º e 3º do Acordo celebrado entre o Governo da República Federativa do Brasil e o Governo da República da Bolívia, promulgado pelo Decreto n. 2.142, de 5 de fevereiro de 1997, observados as normas e os requisitos estabelecidos em ato conjunto dos Ministros de Estado da Fazenda, do Desenvolvimento, Indústria, e Comércio Exterior e de Minas e Energia e o disposto no parágrafo único deste artigo;

XXVII - as partes, peças e componentes importados destinados ao emprego na conservação, modernização e conversão de embarcações registradas no REB, instituído pela Lei n. 9.432, de 1997, desde que realizadas em estaleiros navais brasileiros (Lei n. 9.493, de 1997, art. 11); e

XXVIII - os aparelhos transmissores e receptores de radiotelefonia e radiotelegrafia, os veículos para patrulhamento policial, as armas e munições, quando adquiridos pelos órgãos de segurança pública da União, dos Estados e do Distrito Federal (Lei n. 9.493, de 1997, art. 12).

Parágrafo único. A isenção referida no inciso XXVI aplica-se somente às saídas efetuadas até 30 de junho de 2003, tendo em vista o disposto no art. 3º do Acordo celebrado entre o Governo da República Federativa do Brasil e o Governo da República da Bolívia, promulgado pelo Decreto n. 2.142, de 1997.

SEÇÃO III
DAS ISENÇÕES POR PRAZO DETERMINADO

Táxis e Veículos para Deficientes Físicos

ART. 55. São isentos do imposto, até 31 de dezembro de 2014, os automóveis de passageiros de fabricação nacional, equipados com motor de cilindrada não superior a dois mil centímetros cúbicos, de no mínimo quatro portas, inclusive a de acesso ao bagageiro, movidos a combustíveis de origem renovável ou sistema reversível de combustão, quando adquiridos por (Lei n. 8.989, de 1995, art. 1º, Lei n. 9.144, de 8 de dezembro 1995, art. 1º, Lei n. 9.317, de 5 de dezembro de 1996, art. 28, Lei n. 10.182, de 12 de fevereiro de 2001, arts. 1º e 2º, Lei n. 10.690, de 2003, art. 2º, Lei n. 11.196, de 21 de novembro de 2005, art. 69, e Lei n. 11.941, de 2009, art. 77):

I - motoristas profissionais que exerçam, comprovadamente, em veículo de sua propriedade, a atividade de condutor autônomo de passageiros, na condição de titular de autorização, permissão ou concessão do Poder Público e que destinem o automóvel à utilização na categoria de aluguel (táxi) (Lei n. 8.989, de 1995, art. 1º, inciso I, e Lei n. 9.317, de 1996, art. 29);

II - motoristas profissionais autônomos titulares de autorização, permissão ou concessão para exploração do serviço de transporte individual de passageiros (táxi), impedidos de continuar exercendo essa atividade em virtude de destruição completa, furto ou roubo do veículo, desde que destinem o veículo adquirido à utilização na categoria de aluguel (táxi) (Lei n. 8.989, de 1995, art. 1º, inciso II);

III - cooperativas de trabalho que sejam permissionárias ou concessionárias de transporte público de passageiros, na categoria de aluguel (táxi), desde que tais veículos se destinem à utilização nessa atividade (Lei n. 8.989, de 1995, art. 1º, inciso III); e

IV - pessoas portadoras de deficiência física, visual, mental severa ou profunda, ou autistas, diretamente ou por intermédio de seu representante legal (Lei n. 8.989, de 1995, art. 1º, inciso IV, e Lei n. 10.690, de 2003, art. 2º).

§ 1º Para efeito do disposto no inciso IV, considera-se:

I - também pessoa portadora de deficiência física aquela que apresenta alteração completa ou parcial de um ou mais segmentos do corpo humano, acarretando o comprometimento da função física, apresentando-se sob a forma de paraplegia, paraparesia, monoplegia, monoparesia, tetraplegia, tetraparesia, triplegia, triparesia, hemiplegia, hemiparesia, amputação ou ausência de membro, paralisia cerebral, membros com deformidade congênita ou adquirida, exceto as deformidades estéticas e as que não produzam dificuldades para o desempenho de funções (Lei n. 8.989, de 1995, art. 1º, § 1º, e Lei n. 10.690, de 2003, art. 2º); e

II - pessoa portadora de deficiência visual aquela que apresenta acuidade visual igual ou menor que 20/200 (tabela de Snellen) no melhor olho, após a melhor correção, ou campo visual inferior a 20º, ou ocorrência simultânea de ambas as situações (Lei n. 8.989, de 1995, art. 1º, § 2º, e Lei n. 10.690, de 2003, art. 2º).

§ 2º Na hipótese do inciso IV, os automóveis de passageiros a que se refere o *caput* serão adquiridos diretamente pelas pessoas que tenham plena capacidade jurídica e, no caso dos interditos, pelos curadores (Lei n. 8.989, de 1995, art. 1º, § 3º, e Lei n. 10.690, de 2003, art. 2º).

§ 3º A exigência para aquisição de automóveis equipados com motor de cilindrada não superior a dois mil centímetros cúbicos, de no mínimo quatro portas, inclusive a de acesso ao bagageiro, movidos a combustíveis de origem renovável ou sistema reversível de combustão não se aplica aos portadores de deficiência de que trata o inciso IV do *caput* (Lei n. 8.989, de 1995, art. 1º, § 6º, Lei n. 10.182, de 2001, art. 1º, § 2º e art. 2º, Lei n. 10.690, de 2003, art. 2º, e Lei n. 10.754, de 31 de outubro de 2003, art. 2º).

ART. 56. O imposto incidirá normalmente sobre quaisquer acessórios opcionais que não sejam equipamentos originais do veículo adquirido (Lei n. 8.989, de 1995, art. 5º).

ART. 57. A isenção de que trata o art. 55 será reconhecida pela Secretaria da Receita Federal do Brasil, mediante prévia verificação de que o adquirente preenche os requisitos e condições previstos nesta Seção (Lei n. 8.989, de 1995, art. 3º).

Parágrafo único. A Secretaria de Diretos Humanos da Presidência da República e o Ministério da Saúde, definirão, em ato conjunto, nos termos da legislação em vigor, os conceitos de pessoas portadoras de deficiência mental severa ou profunda, ou autistas, e estabelecerão as normas e requisitos para emissão dos laudos de avaliação delas (Lei n. 8.989, de 1995, art. 1º, § 4º, e Lei n. 10.690, de 2003, art. 2º).

ART. 58. Para os fins de que trata o art. 55:

I - a isenção somente poderá ser utilizada uma vez, salvo se o veículo tiver sido adquirido há mais de dois anos (Lei n. 8.989, de 1995, art. 2º, parágrafo único, Lei n. 9.317, de 1996, art. 29, Lei n. 10.690, de 2003, art. 3º, e Lei n. 11.196, de 2005, art. 69, parágrafo único); e

II - os adquirentes de automóveis de passageiros deverão comprovar a disponibilidade financeira ou patrimonial compatível com o valor do veículo a ser adquirido (Lei n. 10.690, de 2003, art. 5º).

Parágrafo único. O prazo de que trata o inciso I aplica-se, inclusive, às aquisições realizadas antes de 22 de novembro de 2005 (Lei n. 8.989, de 1995, art. 2º, parágrafo único, e Lei n. 11.307, de 19 de maio de 2006, art. 2º).

ART. 59. A alienação do veículo adquirido nos termos desta Seção, antes de dois anos contados da data da sua aquisição, a pessoas que não satisfaçam às condições e aos requisitos estabelecidos nos referidos diplomas legais acarretará o pagamento pelo alienante do tributo dispensado, atualizado na forma da legislação tributária (Lei n. 8.989, de 1995, art. 6; e Lei n. 11.196, de 2005, art. 69, parágrafo único).

Parágrafo único. A inobservância do disposto neste artigo sujeita ainda o alienante ao pagamento de multa e juros moratórios previstos na legislação em vigor para a hipótese de fraude ou falta de pagamento do imposto devido (Lei n. 8.989, de 1995, art. 6º, parágrafo único).

ART. 60. No caso de falecimento ou incapacitação do motorista profissional alcançado pelos incisos I e II do art. 55, sem que tenha efetivamente adquirido veículo profissional, o direito será transferido ao cônjuge, ou ao herdeiro designado por esse ou pelo juízo, desde que seja motorista profissional habilitado e destine o veículo ao serviço de táxi (Lei n. 8.989, de 1995, art. 7º).

Equipamentos para Preparação de Equipes para Jogos Olímpicos, Paraolímpicos, Pan-americanos, Parapan-americanos e Mundiais

ART. 61. São isentos do imposto, de 1º de janeiro de 2009 até 31 de dezembro de 2013, os equipamentos e materiais importados destinados, exclusivamente, ao treinamento e preparação de atletas e de equipes brasileiras para competições desportivas em jogos olímpicos, paraolímpicos, pan-americanos, parapan-americanos e mundiais (Lei n. 10.451, de 2002, art. 8º, *caput* e § 2º, Lei n. 11.116, de 18 de maio de 2005, art. 14, e Lei n. 11.827, de 2008, art. 5º).

§ 1º A isenção aplica-se a equipamento ou material esportivo homologado pela entidade desportiva internacional da respectiva modalidade esportiva, para as competições a que se refere o *caput* (Lei n. 10.451, de 2002, art. 8º, § 1º, e Lei n. 11.116, de 2005, art. 14).

§ 2º A isenção de que trata este artigo alcança, somente, os produtos sem similar nacional (Lei

DECRETOS

n. 10.451, de 2002, art. 8º, § 1º, e Lei n. 11.116, de 2005, art. 14).

ART. 62. São beneficiários da isenção de que trata o art. 61 os órgãos da União, dos Estados, do Distrito Federal e dos Municípios e suas respectivas autarquias e fundações, os atletas das modalidades olímpicas e paraolímpicas e os das competições mundiais, o Comitê Olímpico Brasileiro - COB e o Comitê Paraolímpico Brasileiro - CPB, bem como as entidades nacionais de administração do desporto que lhes sejam filiadas ou vinculadas (Lei n. 10.451, de 2002, art. 9º, e Lei n. 11.827, de 2008, art. 5º).

ART. 63. O direito à fruição do benefício fiscal de que trata o art. 61 fica condicionado (Lei n. 10.451, de 2002, art. 10, Lei n. 11.116, de 2005, art. 14, e Lei n. 11.827, de 2008, art. 5º):

I - à comprovação da regularidade fiscal do beneficiário, relativamente aos impostos e contribuições federais; e

II - à manifestação do Ministério do Esporte sobre:

a) o atendimento aos requisitos estabelecidos nos §§ 1º e 2º do art. 61;

b) a condição de beneficiário da isenção, do importador, nos termos do art. 62; e

c) a adequação dos equipamentos e materiais importados, quanto à sua natureza, quantidade e qualidade, ao desenvolvimento do programa de trabalho do atleta ou da entidade do desporto a que se destinem.

Parágrafo único. Tratando-se de produtos destinados à modalidade de tiro esportivo, a manifestação quanto ao disposto nas alíneas "a" e "c" do inciso II será do órgão competente do Ministério da Defesa (Lei n.10.451, de 2002, art. 10, parágrafo único).

ART. 64. Os produtos importados na forma do art. 61 poderão ser transferidos pelo valor de aquisição, sem o pagamento do respectivo imposto (Lei n. 10.451, de 2002, art. 11, e Lei n. 11.827, de 2008, art. 5º):

I - para qualquer pessoa e a qualquer título, após o decurso do prazo de quatro anos, contados da data do registro da declaração de importação; ou

II - a qualquer tempo e a qualquer título, para pessoa física ou jurídica que atenda às condições estabelecidas nos arts. 61, 62 e 63, desde que a transferência seja previamente aprovada pela Secretaria da Receita Federal do Brasil.

Parágrafo único. As transferências, a qualquer título, que não atendam às condições estabelecidas nos incisos I e II do *caput* sujeitarão o beneficiário importador ao pagamento do imposto que deixou de ser pago por ocasião da importação, com acréscimo de juros e de multa de mora ou de ofício (Lei n. 10.451, de 2002, art. 11, § 1º).

ART. 65. O adquirente, a qualquer título, de produto beneficiado com a isenção de que trata o art. 61, nas hipóteses de transferências previstas no parágrafo único do art. 64, é responsável solidário pelo pagamento do imposto e respectivos acréscimos (Lei n. 10.451, de 2002, art. 11, § 2º, e Lei n. 11.827, de 2008, art. 5º).

ART. 66. O Poder Executivo regulamentará o disposto nos arts. 61 a 65 (Lei n. 10.451, de 2002, art. 13, Lei n. 11.116, de 2005, art. 14, e Lei n. 11.827, de 2008, art. 5º).

SEÇÃO IV
DA CONCESSÃO DE OUTRAS ISENÇÕES

ART. 67. As entidades beneficentes de assistência social, certificadas na forma do inciso IV do art. 18 da Lei n. 8.742, de 7 de dezembro de 1993, reconhecidas como de utilidade pública, na forma da Lei n. 91, de 28 de agosto de 1935, ficam autorizadas a vender em feiras, bazares e eventos semelhantes, com isenção do imposto incidente na importação, produtos estrangeiros recebidos em doação de representações diplomáticas estrangeiras sediadas no País, nos termos e condições estabelecidos pelo Ministro de Estado da Fazenda (Lei n. 8.218, de 29 de agosto de 1991, art. 34).

Parágrafo único. O produto líquido da venda a que se refere este artigo terá como destinação exclusiva o desenvolvimento de atividades beneficentes no País (Lei n. 8.218, de 1991, art. 34, parágrafo único).

SEÇÃO V
DAS NORMAS DE PROCEDIMENTO

ART. 68. Serão observadas as seguintes normas, em relação às isenções de que trata o art. 54:

I - aos veículos adquiridos nos termos dos incisos XI, XII e XIII não se aplica a exigência de que sejam movidos a combustíveis de origem renovável (Lei n. 9.660, de 16 de junho de 1998, art. 1º, § 2º e art. 2º, § 3º, e Lei n. 10.182, de 2001, art. 3º);

II - as isenções referidas nos incisos XII e XIII serão declaradas pela unidade regional da Secretaria da Receita Federal do Brasil, mediante requisição do Ministério das Relações Exteriores, observadas as normas expedidas pelo Secretário da Receita Federal do Brasil;

III - quanto à isenção do inciso XX, o Secretário da Receita Federal do Brasil, ouvido o Ministério da Ciência e Tecnologia, estabelecerá limite global anual, em valor, para as importações (Lei n. 8.010, de 1990, art. 2º); e

IV - para efeito de reconhecimento das isenções do inciso XXV, a empresa deverá, previamente, apresentar à Secretaria da Receita Federal do Brasil relação quantificada dos bens a serem importados ou adquiridos no mercado interno, aprovada pelo Ministério da Ciência e Tecnologia (Lei n. 9.359, de 1996, art. 4º, e Lei n. 9.643, de 1998, art. 2º).

CAPÍTULO IV
DA REDUÇÃO E MAJORAÇÃO DO IMPOSTO

SEÇÃO I
DAS DISPOSIÇÕES PRELIMINARES

ART. 69. O Poder Executivo, quando se tornar necessário para atingir os objetivos da política econômica governamental, mantida a seletividade em função da essencialidade do produto, ou, ainda, para corrigir distorções, poderá reduzir alíquotas do imposto até zero ou majorá-las até trinta unidades percentuais (Decreto-Lei n. 1.199, de 1971, art. 4º).

Parágrafo único. Para efeito do disposto neste artigo, as alíquotas básicas são as constantes da TIPI, aprovada pelo Decreto n. 4.070, de 28 de dezembro de 2001 (Lei n. 10.451, de 2002, art. 7º).

ART. 70. As reduções do imposto referentes aos bens de procedência estrangeira estão asseguradas na forma da legislação específica desde que satisfeitos os requisitos e condições exigidos para a concessão do benefício análogo, relativo ao Imposto de Importação (Lei n. 8.032, de 1990, art. 3º, inciso I, e Lei n. 8.402, de 1992, art. 1º, inciso IV).

SEÇÃO II
DOS PRODUTOS CLASSIFICADOS NOS CÓDIGOS 71.13, 71.14, 71.16 E 71.17 DA TIPI

ART. 71. O Poder Executivo poderá fixar, para o imposto incidente sobre os produtos classificados nos Códigos 71.13, 71.14, 71.16 e 71.17 da TIPI, alíquotas correspondentes às mínimas estabelecidas para o Imposto sobre Operações relativas à Circulação de Mercadorias e sobre Prestações de Serviços de Transporte Interestadual e Intermunicipal e de Comunicação - ICMS, nos termos do inciso VI do § 2º do art. 155 da Constituição (Lei n. 11.196, de 2005, art. 67).

Parágrafo único. As alíquotas do imposto fixadas na forma do *caput* serão uniformes em todo o território nacional (Lei n. 11.196, de 2005, art. 67, parágrafo único).

SEÇÃO III
DOS PRODUTOS DESTINADOS À PESQUISA E AO DESENVOLVIMENTO TECNOLÓGICO

ART. 72. Haverá redução de cinquenta por cento do imposto incidente sobre equipamentos, máquinas, aparelhos e instrumentos, bem como os acessórios sobressalentes e ferramentas que acompanhem esses bens, destinados à pesquisa e ao desenvolvimento tecnológico (Lei n. 11.196, de 2005, art. 17, inciso II).

§ 1º A pessoa jurídica beneficiária do incentivo de que trata o *caput* fica obrigada a prestar, em meio eletrônico, ao Ministério da Ciência e Tecnologia, informações sobre os programas de pesquisa, desenvolvimento tecnológico e inovação, observado o seguinte (Lei n. 11.196, de 2005, art. 17, § 7º):

I - a documentação relativa à utilização do incentivo deverá ser mantida pela pessoa jurídica beneficiária à disposição da fiscalização da Secretaria da Receita Federal do Brasil, até que ocorra a prescrição dos créditos tributários decorrentes das operações a que se refiram;

II - o Ministério da Ciência e Tecnologia remeterá à Secretaria da Receita Federal do Brasil as informações relativas ao incentivo fiscal.

§ 2º O descumprimento de qualquer obrigação assumida para obtenção do incentivo de que trata o *caput*, bem como sua utilização indevida, implica perda do direito ao incentivo ainda não utilizado e a obrigação de recolher o valor correspondente ao imposto não pago em decorrência do incentivo já utilizado, acrescido de juros e multa, de mora ou de ofício, previstos na legislação tributária, sem prejuízo das sanções penais cabíveis (Lei n. 11.196, de 2005, art. 24).

§ 3º O disposto no *caput* não se aplica às pessoas jurídicas que utilizarem os benefícios de que tratam a Lei n. 8.248, de 23 de outubro de 1991, a Lei n. 8.387, de 30 de dezembro de 1991, e a Lei n. 10.176, de 11 de janeiro de 2001, ressalvada a hipótese de a pessoa jurídica exercer outras atividades além daquelas que geraram os referidos benefícios, aplicando-se a redução do imposto apenas em relação a essas outras atividades (Lei n. 11.196, de 2005, art. 26, § 4º, e Lei n. 11.774, de 2008, art. 4º).

§ 4º O gozo do benefício fiscal de que trata o *caput* fica condicionado à comprovação da regularidade fiscal da pessoa jurídica (Lei n. 11.196, de 2005, art. 23).

§ 5º A redução de que trata o *caput*:

I - será aplicada automaticamente pelo estabelecimento industrial ou equiparado a industrial, à vista de pedido, ordem de compra ou documento de adjudicação da encomenda, emitido pelo adquirente, que ficará arquivado à disposição da fiscalização, devendo constar da nota fiscal a finalidade a que se destina o produto e a indicação do ato legal que concedeu o incentivo fiscal;

II - na hipótese de importação do produto pelo beneficiário da redução, este deverá indicar na declaração de importação a finalidade a que ele se destina e o ato legal que autoriza o incentivo fiscal.

§ 6º Sem prejuízo do estabelecido nos §§ 1º a 5º, aplicam-se as disposições do Poder Executivo em ato regulamentar sobre as atividades de pesquisa tecnológica e desenvolvimento de inovação tecnológica.

SEÇÃO IV
DOS PRODUTOS DESTINADOS AO PDTI E AO PDTA

ART. 73. As empresas industriais e agropecuárias nacionais que foram habilitadas em Programas de Desenvolvimento Tecnológico Industrial - PDTI ou Programas de Desenvolvimento Tecnológico Agropecuário - PDTA, nas aquisições de equipamentos, máquinas, aparelhos e instrumentos, assim como acessórios sobressalentes e ferramentas que acompanhem esses bens, destinados à pesquisa e ao desenvolvimento tecnológico, fazem jus à redução de cinquenta por cento da alíquota do imposto, prevista na TIPI (Lei n. 8.661, de 2 de junho de 1993, arts. 3º e 4º, inciso II, Lei n. 9.532, de 1997, art. 43, e Lei n. 11.196, de 2005, art. 133, inciso I, alínea "a").

Parágrafo único. Os PDTI e PDTA e os projetos aprovados até 31 de dezembro de 2005 permanecem regidos pela legislação em vigor em 16 de junho de 2005, autorizada a migração para o regime previsto no art. 72, conforme disciplinado pelo Poder Executivo (Lei n. 11.196, de 2005, art. 25).

SEÇÃO V
DOS PRODUTOS ADQUIRIDOS OU IMPORTADOS POR MICROEMPRESAS OU EMPRESAS DE PEQUENO PORTE

ART. 74. A União poderá reduzir a zero a alíquota do imposto incidente na aquisição ou na importação de equipamentos, máquinas, aparelhos, instrumentos, acessórios sobressalentes e ferramentas que os acompanhem, na forma definida em regulamento específico, quando adquiridos, ou importados, diretamente por microempresas ou empresas de pequeno porte para incorporação ao seu ativo imobilizado (Lei Complementar n. 123, de 14 de dezembro de 2006, art. 65, § 4º, e Lei Complementar n. 128, de 19 de dezembro de 2008, art. 2º).

SEÇÃO VI
DOS EQUIPAMENTOS PARA PREPARAÇÃO DE EQUIPES PARA JOGOS OLÍMPICOS, PARAOLÍMPICOS, PAN-AMERICANOS, PARAPAN-AMERICANOS E MUNDIAIS

ART. 75. Fica reduzida a zero, de 1º de janeiro de 2009 até 31 de dezembro de 2013, a alíquota do imposto incidente sobre os equipamentos e materiais de fabricação nacional destinados, exclusivamente, ao treinamento e preparação de atletas e de equipes brasileiras para competições desportivas em jogos olímpicos, paraolímpicos, pan-americanos, parapan-americanos e mundiais (Lei n. 10.451, de 2002, art. 8º, *caput* e § 2º, Lei n. 11.116, de 2005, art. 14, e Lei n. 11.827, de 2008, art. 5º).

Parágrafo único. A redução de que trata o *caput* aplica-se a equipamento ou material esportivo homologado pela entidade desportiva internacional da respectiva modalidade esportiva, para as competições a que se refere o *caput*(Lei n. 10.451, de 2002, art. 8º, § 1º, e Lei n. 11.116, de 2005, art. 14).

ART. 76. São beneficiários da redução de que trata o art. 75 os órgãos da União, dos Estados, do Distrito Federal e dos Municípios e suas respectivas autarquias e fundações, os atletas das modalidades olímpicas e paraolímpicas e os das competições mundiais, o Comitê Olímpico Brasileiro - COB e o Comitê Paraolímpico Brasileiro - CPB, bem como as entidades nacionais de administração do desporto que lhes sejam filiadas ou vinculadas (Lei n. 10.451, de 2002, art. 9º, e Lei n. 11.827, de 2008, art. 5º).

ART. 77. O direito à fruição da redução de que trata o art. 75 fica condicionado (Lei n. 10.451, de 2002, art. 10, Lei n. 11.116, de 2005, art. 14, e Lei n. 11.827, de 2008, art. 5º):

I - à comprovação da regularidade fiscal do beneficiário, relativamente aos impostos e contribuições federais; e

II - à manifestação do Ministério do Esporte sobre:

a) o atendimento aos requisitos estabelecidos no parágrafo único do art. 75;

b) a condição de beneficiário da redução, do adquirente, nos termos do art. 76; e

c) a adequação dos equipamentos e materiais adquiridos no mercado interno, quanto à sua natureza, quantidade e qualidade, ao desenvolvimento do programa de trabalho do atleta ou da entidade do desporto a que se destinem.

Parágrafo único. Tratando-se de produtos destinados à modalidade de tiro esportivo, a manifestação quanto ao disposto nas alíneas "a" e "c" do inciso II será do órgão competente do Ministério da Defesa (Lei n. 10.451, de 2002, art. 10, parágrafo único).

ART. 78. Os produtos adquiridos no mercado interno poderão ser transferidos pelo valor de aquisição, sem o pagamento do respectivo imposto (Lei n. 10.451, de 2002, art. 11, e Lei n. 11.827, de 2008, art. 5º):

I - para qualquer pessoa e a qualquer título, após o decurso do prazo de quatro anos, contados da emissão da nota fiscal de aquisição do fabricante nacional; ou

II - a qualquer tempo e a qualquer título, para pessoa física ou jurídica que atenda às condições estabelecidas nos arts. 75, 76 e 77, desde que a transferência seja previamente aprovada pela Secretaria da Receita Federal do Brasil.

Parágrafo único. As transferências, a qualquer título, que não atendam às condições estabelecidas nos incisos I e II do *caput* sujeitarão o beneficiário adquirente ao pagamento do imposto que deixou de ser pago por ocasião da aquisição no mercado interno, com acréscimo de juros e de multa de mora ou de ofício (Lei n. 10.451, de 2002, art. 11, § 1º).

ART. 79. O adquirente, a qualquer título, de produto beneficiado com a redução de que trata o art. 75, nas hipóteses de transferências previstas no parágrafo único do art. 78, é responsável solidário pelo pagamento do imposto e respectivos acréscimos (Lei n. 10.451, de 2002, art. 11, § 2º, e Lei n. 11.827, de 2008, art. 5º).

ART. 80. O disposto nos arts. 75 a 79 será objeto de regulamento adicional específico do Poder Executivo (Lei n. 10.451, de 2002, art. 13, Lei n. 11.116, de 2005, art. 14, e Lei n. 11.827, de 2008, art. 5º).

CAPÍTULO V
DOS REGIMES FISCAIS REGIONAIS

SEÇÃO I
DA ZONA FRANCA DE MANAUS E AMAZÔNIA OCIDENTAL

SUBSEÇÃO I
DA ZONA FRANCA DE MANAUS

Isenção

ART. 81. São isentos do imposto (Decreto-Lei n. 288, de 28 de fevereiro de 1967, art. 9º, e Lei n. 8.387, de 1991, art. 1º):

I - os produtos industrializados na Zona Franca de Manaus, destinados, ao seu consumo interno, excluídos as armas e munições, fumo, bebidas alcoólicas e automóveis de passageiros;

II - os produtos industrializados na Zona Franca de Manaus, por estabelecimentos com projetos aprovados pelo Conselho de Administração da Superintendência da Zona Franca de Manaus - SUFRAMA, que não sejam industrializados pelas modalidades de acondicionamento ou reacondicionamento, destinados à comercialização em qualquer outro ponto do território nacional, excluídos as armas e munições, fumo, bebidas alcoólicas e automóveis de passageiros e produtos de perfumaria ou de toucador, preparados ou preparações cosméticas, salvo quanto a estes (Posições 33.03 a 33.07 da TIPI) se produzidos com utilização de matérias-primas da fauna e flora regionais, em conformidade com processo produtivo básico; e

III - os produtos nacionais entrados na Zona Franca de Manaus, para seu consumo interno, utilização ou industrialização, ou ainda, para serem remetidos, por intermédio de seus entrepostos, à Amazônia Ocidental, excluídos as armas e munições, perfumes, fumo, automóveis de passageiros e bebidas alcoólicas, classificados, respectivamente, nos Capítulos 93, 33 e 24, nas Posições 87.03 e 22.03 a 22.06 e nos Códigos 2208.20.00 a 2208.70.00 e 2208.90.00 (exceto o Ex 01) da TIPI (Decreto-Lei n. 288, de 1967, art. 4º, Decreto-Lei n. 340, de 22 de dezembro de 1967, art. 1º, e Decreto-Lei n. 355, de 6 de agosto de 1968, art. 1º).

ART. 82. Os bens do setor de informática industrializados na Zona Franca de Manaus por estabelecimentos com projetos aprovados pelo Conselho de Administração da SUFRAMA são isentos do imposto na forma dos incisos I e II do art. 81, desde que atendidos os requisitos previstos neste artigo (Lei n. 8.387, de 1991, art. 2º, § 2º).

§ 1º Para fazer jus à isenção de que trata o *caput*, as empresas fabricantes de bens de informática deverão investir, anualmente, em atividades de pesquisa e de desenvolvimento a serem realizadas na Amazônia, conforme definido em legislação específica (Lei n. 8.387, de 1991, art. 2º, §§ 3º, 4º, 13 a 15 e 19, Lei n. 10.176, de 2001, art. 3º, Lei n. 10.664, de 22 de abril de 2003, art. 2º, Lei n. 10.833, de 2003, art. 21, Lei n. 11.077, de 30 de dezembro de 2004, arts. 2º e 5º, e Lei n. 11.196, de 2005, art. 128).

§ 2º A isenção do imposto somente contemplará os bens de informática relacionados pelo Poder Executivo, produzidos na Zona Franca de Manaus conforme Processo Produtivo Básico - PPB, estabelecido em portaria conjunta dos Ministros de Estado do Desenvolvimento, Indústria e Comércio Exterior e da Ciência e Tecnologia (Lei n. 8.387, de 1991, art. 2º, § 3º, Lei n. 10.176, de 2001, art. 3º, Lei n. 10.833, de 2003, art. 21, Lei n. 11.077, de 2004, art. 2º).

§ 3º Consideram-se bens de informática e automação:

I - componentes eletrônicos a semicondutor, optoeletrônicos, bem como os respectivos insumos de natureza eletrônica (Lei n. 8.248, de 1991, art. 16-A, Lei n. 8.387, de 1991, art. 2º, § 2º-A, Lei n. 10.176, de 2001, arts. 5º e 7º, e Lei n. 11.077, de 2004, art. 2º);

II - máquinas, equipamentos e dispositivos baseados em técnica digital, com funções de coleta, tratamento, estruturação, armazenamento, comutação, transmissão, recuperação ou apresentação da informação, seus respectivos insumos eletrônicos, partes, peças e suporte físico para operação (Lei n. 8.248, de 1991, art. 16-A, Lei n. 8.387, de 1991, art. 2º, § 2º-A, Lei n. 10.176, de 2001, arts. 5º e 7º, e Lei n. 11.077, de 2004, art. 2º);

III - os aparelhos telefônicos por fio, com unidade auscultador-microfone sem fio, que incorporem controle por técnicas digitais, classificados no Código 8517.11.00 da TIPI (Lei n. 8.248, de 1991, art. 16-A, § 5º, e Lei n. 11.077, de 2004, art. 1º);

IV - terminais portáteis de telefonia celular, classificados no Código 8517.12.31 da TIPI (Lei n. 8.248, de 1991, art. 16-A, § 2º, inciso I, e Lei n. 10.176, de 2001, arts. 5º e 7º); e

V - unidades de saída por vídeo (monitores), classificados nas Subposições 8528.41 e 8528.51 da TIPI, próprias para operar com máquinas, equipamentos ou dispositivos baseados em técnica digital, com funções de coleta, tratamento, estruturação, armazenamento, comutação, transmissão, recuperação ou apresentação da informação (Lei n. 8.248, de 1991, art. 16-A, § 2º, inciso II, Lei n. 10.176, de 2001, arts. 5º e 7º, e Lei n. 11.077, de 2004, art. 1º).

§ 4º Os bens do setor de informática alcançados pelo benefício de que tratam os incisos I e II do art. 81 são os mesmos da relação prevista no § 1º do art. 141, respeitado o disposto no § 3º e no § 5º deste artigo (Lei n. 8.248, de 1991, art. 4º, § 1º, Lei n. 8.387, de 1991, art. 2º, § 2º-A, Lei n. 10.176, de 2001, art. 1º, e Lei n. 11.077, de 2004, art. 2º).

§ 5º O disposto nos incisos I e II do art. 81 não se aplica aos produtos dos segmentos de áudio, áudio e vídeo, e lazer e entretenimento, ainda que incorporem tecnologia digital, incluindo os constantes da seguinte relação, que poderá ser ampliada em decorrência de inovações tecnológicas, elaborada conforme a TIPI (Lei n. 8.248, de 1991, art. 16-A, § 1º, Lei n. 8.387, de 1991, art. 2º, § 2º-A, Lei n. 10.176, de 2001, art. 5º, e Lei n. 11.077, de 2004, art. 2º):

I - aparelhos de fotocópia, por sistema óptico ou por contato, e aparelhos de termocópia, da Subposição 8443.39;

II - aparelhos de gravação de som, aparelhos de reprodução de som, aparelhos de gravação e de reprodução de som, da Posição 85.19;

III - aparelhos videofônicos de gravação ou de reprodução, mesmo incorporando um receptor de sinais videofônicos, da Posição 85.21;

IV - partes e acessórios reconhecíveis como sendo exclusiva ou principalmente destinados aos aparelhos das Posições 85.19, 85.21 e 85.22;

V - discos, fitas, dispositivos de armazenamento não volátil de dados à base de semicondutores e outros suportes para gravação de som ou para gravações semelhantes (exceto os produtos do Código 8523.52.00), mesmo gravados, incluídos as matrizes e moldes galvânicos para fabricação de discos da Posição 85.23;

VI - câmeras de televisão, câmaras fotográficas digitais e câmeras de vídeo, da Subposição 8525.80;

VII - aparelhos receptores para radiodifusão, mesmo combinados num mesmo invólucro com um aparelho de gravação ou de reprodução de som, ou com um relógio, da Posição 85.27;

VIII - aparelhos receptores de televisão, mesmo incorporando um aparelho receptor de radiodifusão ou um aparelho de gravação ou de reprodução de som ou de imagens, monitores, exceto os relacionados no inciso V do § 3º, e projetores, da Posição 85.28;

IX - partes reconhecíveis como exclusiva ou principalmente destinadas às câmeras da Subposição 8525.80, referidas no inciso VI, e aos aparelhos das Posições 85.27, 85.28 e 85.29;

X - tubos de raios catódicos para receptores de televisão, da Posição 85.40;

XI - câmeras fotográficas, aparelhos e dispositivos, incluídos as lâmpadas e tubos, de luz-relâmpago (flash), para fotografia, da Posição 90.06;

XII - câmeras e projetores cinematográficos, mesmo com aparelhos de gravação ou de reprodução de som incorporados, da Posição 90.07;

XIII - aparelhos de projeção fixa, câmeras fotográficas, de ampliação ou de redução, da Posição 90.08; e

XIV - aparelhos de relojoaria e suas partes, do Capítulo 91.

§ 6º Para os aparelhos do inciso III do § 3º, as isenções dos incisos I e II do art. 81 não estão condicionadas à obrigação de realizar os investimentos de que trata o § 1º (Lei n. 8.248, de 1991, art. 16-A, § 5º, e Lei n. 11.077, de 2004, art. 1º).

§ 7º As empresas beneficiárias das isenções de que trata o *caput* deverão encaminhar anualmente à SUFRAMA demonstrativos do cumprimento, no ano anterior, das obrigações a que estão sujeitas para gozo dos benefícios, mediante apresentação de relatórios descritivos das atividades de pesquisa e desenvolvimento previstas no projeto elaborado e dos respectivos resultados alcançados (Lei n. 8.387, de 1991, art. 2º, § 7º, e Lei n. 10.176, de 2001, art. 3º).

§ 8º Sem prejuízo do estabelecido neste artigo, aplicam-se as disposições do Poder Executivo em atos regulamentares sobre a capacitação e competitividade do setor de tecnologia da informação.

ART. 83. Na hipótese do não cumprimento das exigências para gozo dos benefícios de que trata o *caput* do art. 82, ou da não aprovação dos relatórios referidos no § 7º do mesmo artigo, a sua concessão será suspensa, sem prejuízo do ressarcimento dos benefícios anteriormente usufruídos, acrescidos de juros de mora de que trata o art. 554 e de multas pecuniárias aplicáveis aos débitos fiscais relativos aos tributos da mesma natureza (Lei n. 8.387, de 1991, art. 2º, § 9º, e Lei n. 10.176, de 2001, art. 3º).

Suspensão

ART. 84. A remessa dos produtos para a Zona Franca de Manaus far-se-á com suspensão do imposto até a sua entrada naquela área, quando então se efetivará a isenção de que trata o inciso III do art. 81.

ART. 85. Sairão com suspensão do imposto:

I - os produtos nacionais remetidos à Zona Franca de Manaus, especificamente para serem exportados para o exterior, atendidas as condições estabelecidas pelo Ministro de Estado da Fazenda (Decreto-Lei n. 1.435, de 16 de dezembro de 1975, art. 4º); e

II - os produtos que, antes de sua remessa à Zona Franca de Manaus, forem enviados pelo seu fabricante a outro estabelecimento, para industrialização adicional, por conta e ordem do destinatário naquela área, atendida a ressalva do inciso III do art. 81.

Produtos Importados

ART. 86. Os produtos de procedência estrangeira importados pela Zona Franca de Manaus serão desembaraçados com suspensão do imposto, que será convertida em isenção quando os produtos forem ali consumidos ou utilizados na industrialização de outros produtos, na pesca e na agropecuária, na instalação e operação de indústrias e serviços de qualquer natureza, ou estocados para exportação para o exterior, excetuadas as armas e munições, fumo, bebidas alcoólicas e automóveis de passageiros (Decreto-Lei n. 288, de 1967, art. 3º, Lei n. 8.032, de 1990, art. 4º, e Lei n. 8.387, de 1991, art. 1º).

§ 1º Não podem ser desembaraçados com suspensão do imposto, nem gozam da isenção, os produtos de origem nacional que, exportados para o exterior, venham a ser posteriormente importados por intermédio da Zona Franca de Manaus (Decreto-Lei n. 1.435, de 16 de dezembro de 1975, art. 5º).

§ 2º As mercadorias entradas na Zona Franca de Manaus nos termos do *caput* poderão ser posteriormente destinadas à exportação para o exterior, ainda que usadas, com a manutenção da isenção do imposto incidente na importação (Decreto-Lei n. 288, de 1967, art. 3º, § 3º, Lei n. 8.032, de 1990, art. 4º, e Lei n. 11.196, de 2005, art. 127).

ART. 87. Os produtos estrangeiros importados pela Zona Franca de Manaus, quando desta saírem para outros pontos do território nacional, ficam sujeitos ao pagamento do imposto exigível na importação, salvo se tratar (Decreto-Lei n. 1.455, de 1976, art. 37, e Lei n. 8.387, de 1991, art. 3º):

I - de bagagem de passageiros;

II - de produtos empregados como matéria-prima, produto intermediário e material de embalagem, na industrialização de produtos na Zona Franca de Manaus; e

III - de bens de produção e de consumo, produtos alimentares e medicamentos, referidos no inciso II do art. 95, que se destinem à Amazônia Ocidental.

Veículos

ART. 88. Quanto a veículos nacionais e estrangeiros:

I - a transformação deles em automóveis de passageiros, dentro de três anos de sua fabricação ou ingresso, na Zona Franca de Manaus, com os incentivos fiscais referidos nos incisos I e III do art. 81 e no art. 86, respectivamente, importará na perda do benefício e sujeitará o seu proprietário ao recolhimento do imposto que deixou de ser pago e dos respectivos acréscimos legais, observado o disposto no § 1º do art. 52; e

II - ingressados na Zona Franca de Manaus com os incentivos fiscais de que tratam o inciso III do art. 81, para os nacionais, e o art. 86, para os estrangeiros, poderá ser autorizada a saída temporária deles, pelo prazo de até noventa dias, improrrogável, para o restante do território nacional, sem o pagamento do imposto, mediante prévia autorização concedida pela Secretaria da Receita Federal do Brasil, na forma do Decreto n. 1.491, de 16 de maio de 1995.

Parágrafo único. Não estão abrangidos pelo disposto no inciso II os veículos de transporte coletivo de pessoas e os de transporte de carga.

Prova de Internamento de Produtos

ART. 89. A constatação do ingresso dos produtos na Zona Franca de Manaus e a formalização do internamento serão realizadas pela SUFRAMA de acordo com os procedimentos aprovados em convênios celebrados entre o órgão, o Ministério da Fazenda e as unidades federadas.

ART. 90. Previamente ao ingresso de produtos na Zona Franca de Manaus, deverão ser informados à SUFRAMA, em meio magnético ou pela Rede Mundial de Computadores (Internet), os dados pertinentes aos documentos fiscais que acompanham os produtos, pelo transportador da mercadoria, conforme padrão conferido em software específico disponibilizado pelo órgão.

ART. 91. A SUFRAMA comunicará o ingresso do produto na Zona Franca de Manaus ao Fisco da unidade federada do remetente e à Secretaria da Receita Federal do Brasil, mediante remessa de arquivo magnético até o último dia do segundo mês subsequente àquele de sua ocorrência.

Estocagem

ART. 92. Os produtos de origem nacional destinados à Zona Franca de Manaus, com a finalidade de serem reembarcados para outros pontos do território nacional, serão estocados em armazéns ou embarcações sob controle da SUFRAMA, na forma das determinações desse órgão, não se lhes aplicando a suspensão do imposto (Decreto-Lei n. 288, de 1967, art. 8º).

Manutenção do Crédito

ART. 93. Será mantido, na escrita do contribuinte, o crédito do imposto incidente sobre equipamentos adquiridos para emprego na industrialização de produtos que venham a ser remetidos para a Zona Franca de Manaus, para seu consumo interno, utilização ou industrialização na referida Zona Franca, bem como na hipótese do inciso II do art. 85 (Lei n. 8.387, de 1991, art. 4º).

Prazo de Vigência

ART. 94. Ficam extintos, a partir de 1º de janeiro de 2024, os benefícios previstos nesta Subseção (Constituição, arts. 40 e 92 do Ato das Disposições Constitucionais Transitórias - ADCT, Emenda Constitucional n. 42, de 19 de dezembro de 2003, art. 3º, Decreto-Lei n. 288, de 1967, art. 42, e Lei n. 9.532, de 1997, art. 77, § 2º).

SUBSEÇÃO II
DA AMAZÔNIA OCIDENTAL

Isenção

ART. 95. São isentos do imposto:

I - os produtos nacionais consumidos ou utilizados na Amazônia Ocidental, desde que sejam ali industrializados por estabelecimentos com projetos aprovados pelo Conselho de Administração da SUFRAMA, ou adquiridos por intermédio da Zona Franca de Manaus ou de seus entrepostos na referida região, excluídos as armas e munições, perfumes, fumo, automóveis de passageiros e bebidas alcoólicas, classificados, respectivamente, nos Capítulos 93, 33 e 24, nas Posições 87.03 e 22.03 a 22.06 e nos Códigos 2208.20.00 a 2208.70.00 e 2208.90.00 (exceto o Ex 01) da TIPI (Decreto-Lei n. 356, de 15 de agosto de 1968, art. 1º);

II - os produtos de procedência estrangeira, a seguir relacionados, oriundos da Zona Franca de Manaus e que derem entrada na Amazônia Ocidental para ali serem consumidos ou utilizados (Decreto-Lei n. 356, de 1968, art. 2º, Decreto-Lei n. 1.435, de 1975, art. 3º, e Lei n. 8.032, de 1990, art. 4º):

a) motores marítimos de centro e de popa, seus acessórios e pertences, bem como outros utensílios empregados na atividade pesqueira, exceto explosivos e produtos utilizados em sua fabricação;

b) máquinas, implementos e insumos utilizados na agricultura, pecuária e atividades afins;

c) máquinas para construção rodoviária;

d) máquinas, motores e acessórios para instalação industrial;

e) materiais de construção;

f) produtos alimentares; e

g) medicamentos; e

III - os produtos elaborados com matérias-primas agrícolas e extrativas vegetais de produção regional, exclusive as de origem pecuária, por estabelecimentos industriais localizados na Amazônia Ocidental, cujos projetos tenham sido aprovados pelo Conselho de Administração da SUFRAMA, excetuados o fumo do Capítulo 24 e as bebidas alcoólicas, das Posições 22.03 a 22.06, dos Códigos 2208.20.00 a 2208.70.00 e 2208.90.00 (exceto o Ex 01) da TIPI (Decreto-Lei n. 1.435, de 1975, art. 6º, e Decreto-Lei n. 1.593, de 1977, art. 34).

§ 1º Quanto a veículos nacionais beneficiados com a isenção referida no inciso I, a transformação deles em automóvel de passageiros, dentro de três anos de sua fabricação importará na perda do benefício e sujeitará o seu proprietário ao recolhimento do imposto que deixou de ser pago e dos respectivos acréscimos legais, observado o disposto no § 1º do art. 52.

§ 2º Os Ministros de Estado da Fazenda e do Planejamento, Orçamento e Gestão fixarão periodicamente, em portaria interministerial, a pauta das mercadorias a serem comercializadas com a isenção prevista no inciso II, levando em conta a capacidade de produção das unidades industriais localizadas na Amazônia Ocidental (Decreto-Lei n. 356, de 1968, art. 2º, parágrafo único, e Decreto-Lei n. 1.435, de 1975, art. 3º).

Suspensão

ART. 96. Para fins da isenção de que trata o inciso I do art. 95, a remessa de produtos para a Amazônia Ocidental far-se-á com suspensão do imposto, devendo os produtos ingressarem na região por intermédio da Zona Franca de Manaus ou de seus entrepostos.

Prova de Internamento de Produtos

ART. 97. O disposto nos arts. 89 a 91 aplica-se igualmente às remessas para a Amazônia Ocidental, efetuadas por intermédio da Zona Franca de Manaus ou de seus entrepostos (Decreto-Lei n. 356, de 1968, art. 1º).

Prazo de Vigência

ART. 98. Ficam extintos, a partir de 1º de janeiro de 2014, os benefícios fiscais previstos nesta Subseção (Decreto-Lei n. 288, de 1967, art. 42, Decreto-Lei n. 356, de 1968, art. 1º, Decreto n. 92.560, de 16 de abril de 1986, art. 2º, e Lei n. 9.532, de 1997, art. 77, § 2º).

SEÇÃO II
DAS ÁREAS DE LIVRE COMÉRCIO

Disposições Gerais

ART. 99. O disposto nos arts. 89 a 91 aplica-se igualmente a remessa para as Áreas de Livre Comércio, efetuadas por intermédio de entrepostos da Zona Franca de Manaus.

ART. 100. A entrada de produtos estrangeiros em Áreas de Livre Comércio dar-se-á, obrigatoriamente, por intermédio de porto, aeroporto ou posto de fronteira da Área de Livre Comércio, exigida consignação nominal a importador nela estabelecido.

ART. 101. Os produtos estrangeiros ou nacionais enviados às Áreas de Livre Comércio serão, obrigatoriamente, destinados às empresas autorizadas a operarem nessas áreas.

ART. 102. As obrigações tributárias suspensas nos termos desta Seção resolvem-se com o implemento da condição isencional.

ART. 103. A bagagem acompanhada de passageiro procedente de Áreas de Livre Comércio, no que se refere a produtos de origem estrangeira, será desembaraçada com isenção do imposto, observados os limites e condições correspondentes ao estabelecido para a Zona Franca de Manaus (Lei n. 7.965, de 22 de dezembro de 1989, art. 3º, § 4º, Lei n. 8.210, de 19 de julho de 1991, art. 4º, inciso VII, Lei n. 8.256, de 25 de novembro de 1991, art. 4º, inciso VII, e Lei n. 8.857, de 8 de março de 1994, art. 4º, inciso VII).

ART. 104. Quanto a veículos nacionais e estrangeiros:

I - a transformação deles em automóveis de passageiros, dentro de três anos de sua fabricação ou ingresso, na Áreas de Livre Comércio, com os incentivos fiscais previstos em cada Área, importará na perda do benefício e sujeitará o seu proprietário ao recolhimento do imposto que deixou de ser pago e dos respectivos acréscimos legais, observado o disposto no § 1º do art. 52; e

II - ingressados na Áreas de Livre Comércio com os incentivos fiscais previstos em cada Área, poderá ser autorizada a saída temporária deles, pelo prazo de até noventa dias, improrrogável, para o restante do território nacional, sem o pagamento do imposto, mediante prévia autorização concedida pela autoridade fiscal local da Secretaria da Receita Federal do Brasil, na forma do Decreto n. 1.491, de 1995.

Parágrafo único. Não estão abrangidos pelo disposto no inciso II os veículos de transporte coletivo de pessoas e os de transporte de carga.

ART. 105. Os produtos industrializados nas Áreas de Livre Comércio de importação e exportação de Tabatinga, de Guajará-Mirim, de Boa Vista e Bonfim, de Macapá e Santana, e de Brasiléia e Cruzeiro do Sul, referidas nesta Seção, ficam isentos do imposto, quer se destinem ao seu consumo interno, quer à comercialização em qualquer outro ponto do território nacional (Lei n. 11.732, de 30 de junho de 2008, art. 6º, e Lei n. 11.898. de 8 de janeiro de 2009, art. 26).

§ 1º A isenção prevista no *caput* somente se aplica a produtos:

I - em cuja composição final haja preponderância de matérias-primas de origem regional, provenientes dos segmentos animal, vegetal, mineral, exceto os minérios do Capítulo 26 da TIPI, ou agrossilvopastoril, observada a legislação ambiental pertinente e conforme definido em regulamento específico (Lei n. 11.732, de 2008, art. 6º, § 1º, e Lei n. 11.898, de 2009, art. 26, § 1º); e

II - elaborados por estabelecimentos industriais cujos projetos tenham sido aprovados pela SUFRAMA (Lei n. 11.732, de 2008, art. 6º, § 3º, e Lei n. 11.898, de 2009, art. 27).

§ 2º Excetuam-se da isenção prevista no *caput*:

I - para as Áreas de Livre Comércio de importação e exportação de Tabatinga, de Guajará-Mirim, de Macapá e Santana, e de Brasiléia e Cruzeiro do Sul, as armas e munições, o fumo, as bebidas alcoólicas, os automóveis de passageiros e os produtos de perfumaria ou de toucador, preparados e preparações cosméticas, salvo os classificados nas Posições 33.03 a 33.07 da TIPI, se destinados, exclusivamente, a consumo interno nas Áreas de Livre Comércio aqui referidas ou quando produzidos com utilização de matérias-primas da fauna e da flora regionais, em conformidade com processo produtivo básico e observada a preponderância de que trata o inciso I do § 1º (Lei n. 11.898, de 2009, art. 26, § 2º); e

II - para as Áreas de Livre Comércio de importação e exportação de Boa Vista e Bonfim, as armas e munições e fumo (Lei n. 11.732, de 2008, art. 6º, § 2º).

Tabatinga - ALCT

ART. 106. A entrada de produtos estrangeiros na Área de Livre Comércio de Tabatinga - ALCT far-se-á com suspensão do imposto, que será convertida em isenção quando os produtos forem destinados a (Lei n. 7.965, de 1989, art. 3º, e Lei n. 8.032, de 1990, art. 2º, inciso II, alínea "m", e art. 3º, inciso I):

I - seu consumo interno;

II - beneficiamento, em seu território, de pescado, recursos minerais e matérias-primas de origem agrícola ou florestal;

III - agropecuária e piscicultura;

IV - instalação e operação de atividades de turismo e serviços de qualquer natureza;

V - estocagem para comercialização ou emprego em outros pontos do território nacional;

VI - atividades de construção e reparos navais;

VII - industrialização de outros produtos em seu território, segundo projetos aprovados pelo Conselho de Administração da SUFRAMA, consideradas a vocação local e a capacidade de produção já instalada na região; ou

VIII - estocagem para reexportação.

§ 1º O produto estrangeiro estocado na ALCT, quando sair para qualquer ponto do território nacional, fica sujeito ao pagamento do imposto, salvo nos casos de isenção prevista em legislação específica (Lei n. 7.965, de 1989, art. 8º).

§ 2º Não se aplica o regime fiscal previsto neste artigo a (Lei n. 7.965, de 1989, art. 3º, § 1º):

I - armas e munições;

II - automóveis de passageiros;

III - bens finais de informática;

IV - bebidas alcoólicas;

V - perfumes; e

VI - fumos.

ART. 107. Os produtos nacionais ou nacionalizados, que entrarem na ALCT, estarão isentos do imposto quando destinados às finalidades mencionadas no art. 106 (Lei n. 7.965, de 1989, art. 4º, e Lei n. 8.981, de 20 de janeiro de 1995, art. 108).

Parágrafo único. Estão excluídos dos benefícios fiscais de que trata o *caput* os produtos abaixo, compreendidos nos Capítulos e nas Posições indicadas da TIPI (Lei n. 7.965, de 1989, art. 4º, § 2º, Lei n. 8.981, de 1995, art. 108, e Lei n. 9.065, de 20 de junho de 1995, art. 19):

I - armas e munições: Capítulo 93;

II - veículos de passageiros: Posição 87.03 do Capítulo 87, exceto ambulâncias, carros funerários, carros celulares e jipes;

III - bebidas alcoólicas: Posições 22.03 a 22.06 e 22.08 (exceto 2208.90.00 Ex 01) do Capítulo 22; e

IV - fumo e seus derivados: Capítulo 24.

ART. 108. Os incentivos previstos nos arts. 106 e 107 vigorarão pelo prazo de vinte e cinco anos, a contar de 26 de dezembro de 1989 (Lei n. 7.965, de 1989, art. 13).

Guajará-Mirim - ALCGM

ART. 109. A entrada de produtos estrangeiros na Área de Livre Comércio de Guajará-Mirim - ALCGM far-se-á com suspensão do imposto, que será convertida em isenção quando os produtos forem destinados a (Lei n. 8.210, de 1991, art. 4º):

I - consumo e venda, internos;

II - beneficiamento, em seu território, de pescado, recursos minerais e matérias-primas de origem agrícola ou florestal;

III - agricultura e piscicultura;

IV - instalação e operação de turismo e serviços de qualquer natureza;

V - estocagem para comercialização no mercado externo; ou

VI - atividades de construção e reparos navais.

§ 1º Não se aplica o regime fiscal previsto neste artigo a (Lei n. 8.210, de 1991, art. 4º, § 2º):

I - armas e munições de qualquer natureza;

II - automóveis de passageiros;

III - bens finais de informática;

IV - bebidas alcoólicas;

V - perfumes; e

VI - fumo e seus derivados.

§ 2º Ressalvada a hipótese prevista no art. 103, a saída de produtos estrangeiros da ALCGM para qualquer ponto do território nacional, inclusive os utilizados como partes, peças ou matéria-prima, produto intermediário e material de embalagem de produtos ali industrializados, estará sujeita à tributação no momento de sua saída (Lei n. 8.210, de 1991, art. 4º, § 1º).

§ 3º A compra de produtos estrangeiros, entrepostados na ALCGM, por empresas estabelecidas em qualquer outro ponto do território nacional, é equiparada, para efeitos administrativos e fiscais, a uma importação em regime comum (Lei n. 8.210, de 1991, art. 5º).

ART. 110. Os produtos nacionais ou nacionalizados, que entrarem na ALCGM, estarão isentos do imposto quando destinados às finalidades mencionadas no art. 109 (Lei n. 8.210, de 1991, art. 6º, e Lei n. 8.981, de 1995, art. 109).

Parágrafo único. Estão excluídos dos benefícios fiscais de que trata o *caput* os produtos abaixo, compreendidos nos Capítulos e nas Posições indicadas da TIPI (Lei n. 8.210, de 1991, art. 6º, § 2º, Lei n. 8.981, de 1995, art. 109, e Lei n. 9.065, de 1995, art. 19):

I - armas e munições: Capítulo 93;

II - veículos de passageiros: Posição 87.03 do Capítulo 87, exceto ambulâncias, carros funerários, carros celulares e jipes;

III - bebidas alcoólicas: Posições 22.03 a 22.06 e 22.08 (exceto 2208.90.00 Ex 01) do Capítulo 22; e

IV - fumo e seus derivados: Capítulo 24.

ART. 111. Os incentivos previstos nos arts. 109 e 110 vigorarão pelo prazo de vinte e cinco anos, a contar de 22 de julho de 1991 (Lei n. 8.210, de 1991, art. 13).

Boa Vista - ALCBV e Bonfim - ALCB

ART. 112. A entrada de produtos estrangeiros nas Áreas de Livre Comércio de Boa Vista - ALCBV e Bonfim - ALCB far-se-á com suspensão do imposto, que será convertida em isenção quando forem destinados a (Lei n.8.256, de 1991, art. 4º, e Lei n. 11.732, de 2008, arts. 4º e 5º):

I - consumo e venda, internos;

II - beneficiamento, em seus territórios, de pescado, pecuária, recursos minerais e matérias-primas de origem agrícola ou florestal;

III - agropecuária e piscicultura;

IV - instalação e operação de turismo e serviços de qualquer natureza; ou

V - estocagem para comercialização no mercado externo.

§ 1º Os demais produtos estrangeiros, inclusive os utilizados como partes, peças ou matéria-prima, produto intermediário e material de embalagem de produtos ali industrializados, gozarão de suspensão do imposto, mas estarão sujeitos à tributação no momento de sua saída para qualquer ponto do território nacional (Lei n. 8.256, de 1991, art. 4º, § 1º, e Lei n. 11.732, de 2008, arts. 4º e 5º).

§ 2º Não se aplica o regime fiscal previsto neste artigo a (Lei n. 8.256, de 1991, art. 4º, § 2º):

I - armas e munições de qualquer natureza;

II - automóveis de passageiros;

III - bebidas alcoólicas;

IV - perfumes; e

V - fumos e seus derivados.

§ 3º A compra de produtos estrangeiros armazenados nas ALCBV e ALCB por empresas estabelecidas em qualquer outro ponto do território nacional é considerada, para efeitos administrativos e fiscais, como importação normal (Lei n. 8.256, de 1991, art. 6º, e Lei n. 11.732, de 2008, arts. 4º e 5º).

ART. 113. Os produtos nacionais ou nacionalizados, que entrarem nas ALCBV e ALCB, estarão isentos do imposto quando destinados às finalidades mencionadas no art. 112 (Lei n. 8.256, de 1991, art. 7º, Lei n. 8.981, de 1995, art. 110, e Lei n. 11.732, de 2008, art. 4º).

Parágrafo único. Estão excluídos dos benefícios fiscais de que trata o *caput* os produtos abaixo, compreendidos nos Capítulos e nas Posições indicadas da TIPI (Lei n. 8.256, de 1991, art. 7º, § 2º, Lei n. 8.981, de 1995, art. 110, e Lei n. 9.065, de 1995, art. 19):

I - armas e munições: Capítulo 93;

II - veículos de passageiros: Posição 87.03 do Capítulo 87, exceto ambulâncias, carros funerários, carros celulares e jipes;

III - bebidas alcoólicas: Posições 22.03 a 22.06 e 22.08 (exceto 2208.90.00 Ex 01) do Capítulo 22; e

IV - fumo e seus derivados: Capítulo 24.

ART. 114. A venda de produtos nacionais ou nacionalizados, efetuada por empresas estabelecidas fora das ALCBV e ALCB para empresas ali estabelecidas fica equiparada à exportação (Lei n. 11.732, de 2008, art. 7º).

ART. 115. Os incentivos previstos nos arts. 112 e 113 vigorarão pelo prazo de vinte e cinco anos, a contar de 26 de novembro de 1991 (Lei n. 8.256, de 1991, art. 14, e Lei n. 11.732, de 2008, arts. 4º e 5º).

Macapá e Santana - ALCMS

ART. 116. A entrada de produtos estrangeiros na Área de Livre Comércio de Macapá e Santana - ALCMS far-se-á com suspensão do imposto, que será convertida em isenção quando forem destinados a (Lei n. 8.256, de 1991, art. 4º, e Lei n. 8.387, de 1991, art. 11, *caput* e § 2º):

I - consumo e venda, internos;

II - beneficiamento, em seus territórios, de pescado, pecuária, recursos minerais e matérias-primas de origem agrícola ou florestal;

III - agropecuária e piscicultura;

IV - instalação e operação de turismo e serviços de qualquer natureza; ou

V - estocagem para comercialização no mercado externo.

§ 1º Os demais produtos estrangeiros, inclusive os utilizados como partes, peças ou matéria-prima, produto intermediário e material de embalagem de produtos ali industrializados, gozarão de suspensão do imposto, mas estarão sujeitos à tributação no momento de sua saída para qualquer ponto do território nacional (Lei n. 8.256, de 1991, art. 4º, § 1º, e Lei n. 8.387, de 1991, art. 11, *caput* e § 2º).

§ 2º Não se aplica o regime fiscal previsto neste artigo a (Lei n. 8.256, de 1991, art. 4º, § 2º, e Lei n. 8.387, de 1991, art. 11, *caput* e § 2º):

I - armas e munições de qualquer natureza;

II - automóveis de passageiros;

III - bebidas alcoólicas;

IV - perfumes; e

V - fumos e seus derivados.

§ 3º A compra de produtos estrangeiros armazenados na ALCMS por empresas estabelecidas em qualquer outro ponto do território nacional é considerada, para efeitos administrativos e fiscais, como importação normal (Lei n. 8.256, de 1991, art. 6º, e Lei n. 8.387, de 1991, art. 11, *caput* e § 2º).

ART. 117. Os produtos nacionais ou nacionalizados, que entrarem na ALCMS, estarão isentos do imposto quando destinados às finalidades mencionadas no art. 116 (Lei n. 8.256, de 1991, art. 7º, Lei n. 8.387, de 1991, art. 11, *caput* e § 2º, e Lei n. 8.981, de 1995, art. 110).

Parágrafo único. Estão excluídos dos benefícios fiscais de que trata o *caput* os produtos abaixo, compreendidos nos Capítulos e nas Posições indicadas da TIPI (Lei n. 8.256, de 1991, art. 7º, § 2º, Lei n. 8.387, de 1991, art. 11, *caput* e § 2º, Lei n. 8.981, de 1995, art. 110, e Lei n. 9.065, de 1995, art. 19):

I - armas e munições: Capítulo 93;

II - veículos de passageiros: Posição 87.03 do Capítulo 87, exceto ambulâncias, carros funerários, carros celulares e jipes;

III - bebidas alcoólicas: Posições 22.03 a 22.06 e 22.08 (exceto 2208.90.00 Ex 01) do Capítulo 22; e

IV - fumo e seus derivados: Capítulo 24.

ART. 118. Ficam extintos, a partir de 1º de janeiro de 2014, os incentivos previstos nos arts. 116 e 117 (Lei n. 8.256, de 1991, art. 14, Lei n. 8.387, de 1991, art. 11, *caput* e § 2º, e Lei n. 9.532, de 1997, art. 77, § 2º).

Brasileia - ALCB e Cruzeiro do Sul - ALCCS

ART. 119. A entrada de produtos estrangeiros nas Áreas de Livre Comércio de Brasiléia - ALCB e de Cruzeiro do Sul - ALCCS far-se-á com suspensão do imposto, que será convertida em isenção quando forem destinados a (Lei n. 8.857, de 1994, art. 4º):

I - consumo e venda, internos;

II - beneficiamento, em seus territórios, de pescado, pecuária, recursos minerais e matérias-primas de origem agrícola ou florestal;

III - agropecuária e piscicultura;

IV - instalação e operação de turismo e serviços de qualquer natureza;

V - estocagem para comercialização no mercado externo; ou

VI - industrialização de produtos em seus territórios.

§ 1º Os demais produtos estrangeiros, inclusive os utilizados como partes, peças ou matéria-prima, produto intermediário e material de embalagem de produtos ali industrializados, gozarão de suspensão do imposto, mas estarão sujeitos à tributação no momento de sua saída para qualquer ponto do território nacional (Lei n. 8.857, de 1994, art. 4º, § 1º).

§ 2º Não se aplica o regime fiscal previsto neste artigo a (Lei n. 8.857, de 1994, art. 4º, § 2º):

I - armas e munições de qualquer natureza;

II - automóveis de passageiros;

III - bebidas alcoólicas;

IV - perfumes; e

V - fumo e seus derivados.

§ 3º A compra de produtos estrangeiros armazenados nas ALCB e ALCCS por empresas estabelecidas em qualquer outro ponto do território nacional é considerada, para efeitos administrativos e fiscais, como importação normal (Lei n. 8.857, de 1994, art. 6º).

ART. 120. Os produtos nacionais ou nacionalizados, que entrarem nas ALCB e ALCCS, estarão isentos do imposto quando destinados às finalidades mencionadas no art. 119 (Lei n. 8.857, de 1994, art. 7º, e Lei n. 8.981, de 1995, art. 110).

Parágrafo único. Estão excluídos dos benefícios fiscais de que trata o *caput* os produtos abaixo, compreendidos nos Capítulos e nas Posições indicadas da TIPI (Lei n. 8.857, de 1994, art. 7º, § 2º, Lei n. 8.981, de 1995, art. 110, e Lei n. 9.065, de 1995, art. 19):

I - armas e munições: Capítulo 93;

II - veículos de passageiros: Posição 87.03 do Capítulo 87, exceto ambulâncias, carros funerários, carros celulares e jipes;

III - bebidas alcoólicas: Posições 22.03 a 22.06 e 22.08 (exceto 2208.90.00 Ex 01) do Capítulo 22; e

IV - fumo e seus derivados: Capítulo 24.

SEÇÃO III
DA ZONA DE PROCESSAMENTO DE EXPORTAÇÃO

ART. 121. Às empresas autorizadas a operar em Zona de Processamento de Exportação fica assegurada a suspensão do imposto incidente sobre os bens adquiridos no mercado interno, ou importados, de conformidade com o disposto nesta Seção, sem prejuízo das demais disposições constantes de legislação específica (Lei n. 11.508, de 20 de julho 2007, art. 6º-A, *caput* e inciso II, e Lei n. 11.732, de 2008, art. 1º).

Parágrafo único. A suspensão de que trata o *caput* aplica-se às:

I - importações de equipamentos, máquinas, aparelhos e instrumentos, novos ou usados, e de matérias-primas, produtos intermediários e materiais de embalagem necessários à instalação industrial ou destinados a integrar o processo produtivo (Lei n. 11.508, de 2007, art. 12, inciso II, e Lei n. 11.732, de 2008, art. 2º); e

II - aquisições no mercado interno de bens necessários às atividades da empresa, mencionados no inciso I (Lei n. 11.508, de 2007, art. 13, e Lei n. 11.732, de 2008, art. 2º).

ART. 122. As matérias-primas, produtos intermediários e materiais de embalagem, importados ou adquiridos no mercado interno com a suspensão de que trata o art. 121 deverão ser integralmente utilizados no processo produtivo do produto final (Lei n. 11.508, de 2007, art. 6º-A, § 5º, e Lei n. 11.732, de 2008, art. 1º).

Parágrafo único. Excepcionalmente, em casos devidamente autorizados pelo Conselho Nacional das Zonas de Processamento de Exportação, as matérias-primas, produtos intermediários e materiais de embalagem de que trata o *caput* poderão ser revendidos no mercado interno (Lei n. 11.508, de 2007, art. 18, § 7º, e Lei n. 11.732, de 2008, art. 2º).

ART. 123. A suspensão do imposto de que trata o art. 121:

I - quando for relativa a máquinas, aparelhos, instrumentos e equipamentos, aplica-se a bens, novos ou usados, para incorporação ao ativo imobilizado da empresa autorizada a operar em Zona de Processamento de Exportação (Lei n. 11.508, de 2007, art. 6ºA, § 2º, e Lei n. 11.732, de 2008, art. 1º); e

II - converte-se em alíquota zero depois de cumprido o compromisso de auferir e manter, por ano-calendário, a receita bruta decorrente de exportação para o exterior nos termos previstos na legislação específica e decorrido o prazo de dois anos da data de ocorrência do fato gerador (Lei n. 11.508, de 2007, art. 6º-A, § 7º, e Lei n. 11.732, de 2008, art.1º).

§ 1º Na hipótese do inciso I, a empresa que não incorporar o bem ao ativo imobilizado ou revendê-lo antes da conversão em alíquota zero ou em isenção, na forma do inciso II, fica obrigada a recolher o imposto com a exigibilidade suspensa acrescido de juros e multa de mora, na forma dos arts. 552 a 554, contados a partir da data da aquisição no mercado interno ou de registro da declaração de importação correspondente (Lei n. 11.508, de 2007, art. 6º-A, § 4º, e Lei n. 11.732, de 2008, art. 1º).

§ 2º Na hipótese de não ser efetuado o recolhimento na forma do § 1º, caberá lançamento de ofício, nas condições previstas na Lei n. 11.508, de 2007 (Lei n. 11.508, de 2007, art. 6º -A, § 9º, e Lei n. 11.732, de 2008, art. 1º).

ART. 124. Na importação de produtos usados, a suspensão de que trata o art. 121 será aplicada quando se tratar de conjunto industrial e que seja elemento constitutivo da integralização do capital social da empresa (Lei n. 11.508, de 2007, art. 6º-A, § 3º, e Lei n. 11.732, de 2008, art.1º).

ART. 125. Os produtos industrializados em Zona de Processamento de Exportação, quando vendidos para o mercado interno, estarão sujeitos ao pagamento do imposto normalmente incidente na operação (Lei n. 11.508, de 2007, art. 18, § 3º, e Lei n. 11.732, de 2008, art. 2º).

ART. 126. Nas notas fiscais relativas à venda para empresa autorizada a operar na forma do art. 121 deverá constar a expressão "Venda Efetuada com Regime de Suspensão", com a especificação do dispositivo legal correspondente (Lei n. 11.508, de 2007, art. 6º-A, § 6º, e Lei n. 11.732, de 2008, art. 1º).

ART. 127. Aplica-se o tratamento estabelecido no art. 121 para as aquisições de mercadorias realizadas entre empresas autorizadas a operar em Zona de Processamento de Exportação (Lei n. 11.508, de 2007, art. 18, § 5º, e Lei n. 11.732, de 2008, art. 2º).

ART. 128. Os produtos importados ou adquiridos no mercado interno referidos no art. 121 poderão ser mantidos em depósito, reexportados ou destruídos, na forma prevista na legislação aduaneira (Lei n. 11.508, de 2007, art. 12, § 2º, e art. 13, parágrafo único, e Lei n. 11.732, de 2008, art. 2º).

ART. 129. A empresa autorizada a operar em Zona de Processamento de Exportação de que trata o art. 121 responde pelo imposto suspenso na condição de (Lei n. 11.508, de 2007, art. 6º-A, § 1º, e Lei n. 11.732, de 2008, art. 1º):

I - contribuinte, nas operações de importação (Lei n. 11.508, de 2007, art. 6º-A, § 1º, inciso I, e Lei n. 11.732, de 2008, art. 1º); e

DECRETOS

II - responsável, nas aquisições no mercado interno (Lei n. 11.508, de 2007, art. 6º-A, § 1º, inciso II, e Lei n. 11.732, de 2008, art. 1º).

Perdimento

ART. 130. Considera-se dano ao erário, para efeito de aplicação da pena de perdimento, a introdução (Lei n. 11.508, de 2007, art. 23, e Lei n. 11.732, de 2008, art. 2º):

I - no mercado interno, de mercadoria procedente de Zona de Processamento de Exportação que tenha sido importada, adquirida no mercado interno ou produzida em Zona de Processamento de Exportação fora dos casos autorizados de conformidade com a legislação específica; e

II - em Zona de Processamento de Exportação, de mercadoria estrangeira não permitida.

Parágrafo único. Aplica-se o disposto no Decreto-Lei n. 1.455, de 1976, para efeitos de aplicação e julgamento da pena de perdimento estabelecida neste artigo.

Prazo

ART. 131. A solicitação de instalação de empresa em Zona de Processamento de Exportação será feita mediante apresentação de projeto, na forma estabelecida em regulamento específico (Lei n. 11.508, de 2007, art. 2º, § 5º, e Lei n. 11.732, de 2008, art. 2º).

§ 1º O ato que autorizar a instalação de empresa em Zona de Processamento de Exportação relacionará os produtos a serem fabricados de acordo com a sua classificação na TIPI e assegurará o tratamento relativo a Zonas de Processamento de Exportação pelo prazo de até vinte anos (Lei n. 11.508, de 2007, art. 8º, e Lei n. 11.732, de 2008, art. 2º).

§ 2º O prazo de que trata o § 1º poderá, a critério do Conselho Nacional das Zonas de Processamento de Exportação, ser prorrogado por igual período, nos casos de investimento de grande vulto que exijam longos prazos de amortização (Lei n. 11.508, de 2007, art. 8º, § 2º, e Lei n. 11.732, de 2008, art. 2º).

Vedação

ART. 132. É vedada a instalação em Zona de Processamento de Exportação de empresas cujos projetos evidenciem a simples transferência de plantas industriais já instaladas no País (Lei n. 11.508, de 2007, art. 5º).

Parágrafo único. Não serão autorizadas, em Zona de Processamento de Exportação, a produção, a importação ou a exportação de (Lei n. 11.508, de 2007, art. 5º, parágrafo único):

I - armas ou explosivos de qualquer natureza, salvo com prévia autorização do Comando do Exército;

II - material radioativo, salvo com prévia autorização da Comissão Nacional de Energia Nuclear; e

III - outros indicados em regulamento específico.

CAPÍTULO VI
DOS REGIMES FISCAIS SETORIAIS

SEÇÃO I
DO SETOR AUTOMOTIVO

Crédito Presumido

ART. 133. Os empreendimentos industriais instalados nas áreas de atuação da Superintendência do Desenvolvimento da Amazônia - SUDAM e da Superintendência do Desenvolvimento do Nordeste - SUDENE e na região Centro-Oeste, exceto no Distrito Federal, farão jus a crédito presumido, a ser aproveitado em relação às saídas ocorridas até 31 de dezembro de 2010, para dedução, na apuração do imposto, incidente nas saídas de produtos classificados nas Posições 87.02 a 87.04 da TIPI (Lei Complementar n. 124, de 3 de janeiro de 2007, arts. 1º, 2º e 19, Lei Complementar n. 125, de 3 de janeiro de 2007, arts. 1º, 2º e 22, e Lei n. 9.826, de 1999, art. 1º, §§ 1º e 3º).

§ 1º O crédito presumido de que trata o *caput* corresponderá a trinta e dois por cento do valor do IPI incidente nas saídas, do estabelecimento industrial, dos produtos nacionais ou importados diretamente pelo beneficiário (Lei n. 9.826, de 1999, art. 1º, § 2º).

§ 2º O benefício somente será usufruído pelos contribuintes cujos projetos hajam sido apresentados até 31 de outubro de 1999, não podendo ser utilizado cumulativamente com outros benefícios fiscais federais, exceto os de caráter regional relativos ao Imposto Sobre a Renda das Pessoas Jurídicas (Lei n. 9.826, de 1999, arts. 2º e 3º).

§ 3º Os Ministros de Estado da Fazenda e do Desenvolvimento, Indústria e Comércio Exterior fixarão, em ato conjunto, os requisitos para apresentação e aprovação dos projetos (Lei n. 9.826, de 1999, art. 2º, § 2º).

§ 4º Inclui-se obrigatoriamente entre os requisitos a que se refere o § 3º a exigência de que a instalação de novo empreendimento industrial não implique transferência de empreendimento já instalado, para as regiões incentivadas (Lei n. 9.826, de 1999, art. 2º, § 3º).

§ 5º Os projetos deverão ser implantados no prazo máximo de quarenta e dois meses, contados da data de sua aprovação (Lei n. 9.826, de 1999, art. 2º, § 4º).

§ 6º O direito ao crédito presumido dar-se-á a partir da data de aprovação do projeto, alcançando, inclusive, o período de apuração do IPI que contiver aquela data (Lei n. 9.826, de 1999, art. 2º, § 5º).

§ 7º A utilização do crédito presumido em desacordo com as normas estabelecidas, bem como o descumprimento do projeto, implicará o pagamento do imposto e dos respectivos acréscimos legais (Lei n. 9.826, de 1999, art. 4º).

ART. 134. O estabelecimento industrial, ou equiparado a industrial de que trata o art. 137, poderá aderir ao regime especial de apuração do imposto, relativamente à parcela do frete cobrado pela prestação do serviço de transporte dos produtos classificados nos Códigos 8433.53.00, 8433.59.1, 8701.10.00, 8701.30.00, 8701.90, 8702.10.00 Ex 01, 8702.90.90 Ex 01, 87.03, 8704.2, 8704.3 e 8706.00.20, da TIPI, nos termos e condições estabelecidos pela Secretaria da Receita Federal do Brasil (Medida Provisória n. 2.158-35, de 2001, art. 56, *caput* e § 2º).

§ 1º O regime especial (Medida Provisória n. 2.158-35, de 2001, art. 56, § 1º, e Lei n. 11.827, de 2008, art. 3º):

I - consistirá de crédito presumido do imposto em montante equivalente a três por cento do valor do imposto destacado na nota fiscal; e

II - será concedido mediante opção e sob condição de que os serviços de transporte, cumulativamente:

a) sejam executados ou contratados exclusivamente por estabelecimento industrial;

b) sejam cobrados juntamente com o preço dos produtos referidos no *caput*, nas operações de saída do estabelecimento industrial; e

c) compreendam a totalidade do trajeto, no País, desde o estabelecimento industrial até o local de entrega do produto ao adquirente.

§ 2º Na hipótese do art. 137, o disposto na alínea "c" do inciso II do § 1º alcança o trajeto, no País, desde o estabelecimento executor da encomenda até o local de entrega do produto ao adquirente (Medida Provisória n. 2.158-35, de 2001, art. 56, § 3º).

ART. 135. Poderá ser concedido às empresas referidas no § 1º, até 31 de dezembro de 2010, o incentivo fiscal do crédito presumido do IPI, como ressarcimento das contribuições de que tratam as Leis Complementares n. 7, de 7 de setembro de 1970, n. 8, de 3 de dezembro de 1970, e n. 70, de 30 de dezembro de 1991, no montante correspondente ao dobro das referidas contribuições que incidiram sobre o valor do faturamento decorrente da venda de produtos de fabricação própria (Lei n. 9.440, de 14 de março de 1997, art. 11, *caput* e inciso IV).

§ 1º O disposto neste artigo aplica-se exclusivamente às empresas que sejam montadoras e fabricantes de (Lei n. 9.440, de 1997, art. 1º, § 1º):

I - veículos automotores terrestres de passageiros e de uso misto de duas rodas ou mais e jipes;

II - caminhonetas, furgões, picapes e veículos automotores, de quatro rodas ou mais, para transporte de mercadorias de capacidade máxima de carga não superior a quatro toneladas;

III - veículos automotores terrestres de transporte de mercadorias de capacidade de carga igual ou superior a quatro toneladas, veículos terrestres para transporte de dez pessoas ou mais e caminhões-tratores;

IV - tratores agrícolas e colheitadeiras;

V - tratores, máquinas rodoviárias e de escavação e empilhadeiras;

VI - carroçarias para veículos automotores em geral;

VII - reboques e semirreboques utilizados para o transporte de mercadorias; e

VIII - partes, peças, componentes, conjuntos e subconjuntos - acabados e semiacabados - e pneumáticos, destinados aos produtos relacionados neste inciso e nos incisos I a VII.

§ 2º A concessão do incentivo fiscal dependerá de que as empresas referidas no § 1º tenham (Lei n. 9.440, de 1997, arts. 11 e 12):

I - sido habilitadas, até 31 de dezembro de 1997, aos benefícios fiscais para o desenvolvimento regional;

II - cumprido com todas as condições estipuladas na Lei n. 9.440, de 1997, e constantes do termo de aprovação assinado pela empresa; e

III - comprovado a regularidade do pagamento dos impostos e contribuições federais.

§ 3º O incentivo fiscal alcançará os fatos geradores ocorridos a partir do mês subsequente ao da sua concessão (Lei n. 9.440, de 1997, art. 1º, § 14).

§ 4º O crédito presumido será escriturado no livro Registro de Apuração do IPI, de que trata o art. 477 e utilizado mediante dedução do imposto devido em razão das saídas de produtos do estabelecimento que apurar o referido crédito (Lei n. 9.440, de 1997, art. 1º, § 14).

§ 5º Quando, do confronto dos débitos e créditos, num período de apuração do imposto, resultar saldo credor, será este transferido para o período seguinte (Lei n. 9.440, de 1997, art. 1º, § 14).

§ 6º O crédito presumido não aproveitado na forma dos §§ 4º e 5º poderá, ao final de cada trimestre-calendário, ser aproveitado de conformidade com o disposto no art. 268, observadas as regras específicas estabelecidas pela Secretaria da Receita Federal do Brasil (Lei n. 9.440, de 1997, art. 1º, § 14).

Suspensão

ART. 136. Sairão com suspensão do imposto:

I - no desembaraço aduaneiro, os chassis, carroçarias, peças, partes, componentes e acessórios, importados sob regime aduaneiro especial, sem cobertura cambial, destinados à industrialização por encomenda dos produtos classificados nas Posições 87.01 a 87.05 da TIPI (Medida Provisória n. 2.189-49, de 23 de agosto de 2001, art. 17, §§ 1º e 2º);

II - do estabelecimento industrial, os produtos resultantes da industrialização de que trata o inciso I, quando destinados ao mercado interno para a empresa comercial atacadista, controlada, direta ou indiretamente, pela pessoa jurídica encomendante domiciliada no exterior, por conta e ordem desta (Medida Provisória n. 2.189-49, de 2001, art. 17, § 4º, inciso II);

III - do estabelecimento industrial, os componentes, chassis, carroçarias, acessórios, partes e peças dos produtos autopropulsados classificados nas Posições 84.29, 84.32, 84.33, 87.01 a 87.06 e 87.11 da TIPI (Lei n.9.826, de 1999, art. 5º, e Lei n. 10.485, de 2002, art. 4º);

IV - no desembaraço aduaneiro, os componentes, chassis, carroçarias, acessórios, partes e peças, referidos no inciso III, quando importados diretamente por estabelecimento industrial (Lei n. 9.826, de 1999, art. 5º, § 1º,e Lei n. 10.485, de 2002, art. 4º);

V - do estabelecimento industrial, as matérias-primas, os produtos intermediários e os materiais de embalagem, quando adquiridos por estabelecimentos industriais fabricantes, preponderantemente, de componentes, chassis, carroçarias, partes e peças para industrialização dos produtos autopropulsados classificados nos Códigos 84.29, 8432.40.00, 8432.80.00, 8433.20, 8433.30.00, 8433.40.00, 8433.5 e 87.01 a 87.06 da TIPI (Lei n.10.485, de 2002, art. 1º, e Lei n. 10.637, de 2002, art. 29, § 1º, inciso I, alínea "a"); e

VI - no desembaraço aduaneiro, as matérias-primas, os produtos intermediários e os materiais de embalagem, importados diretamente por estabelecimento industrial de que trata o inciso V (Lei n. 10.637, de 2002, art. 29, § 4º).

§ 1º A concessão do regime aduaneiro especial, de que trata o inciso I do *caput*, dependerá de prévia habilitação perante a Secretaria da Receita Federal do Brasil, que expedirá as normas necessárias ao seu cumprimento (Medida Provisória n. 2.189-49, de 2001, art. 17, § 6º).

§ 2º Quando os produtos resultantes da industrialização por encomenda de que trata o inciso I do *caput* forem destinados ao exterior, resolve-se a suspensão do imposto incidente na importação e na aquisição, no mercado interno, das matérias-primas, dos produtos intermediários e dos materiais de embalagem neles empregados (Medida Provisória n. 2.189-49, de 2001, art. 17, § 4º, inciso I).

§ 3º A suspensão de que tratam os incisos III e IV do *caput* é condicionada a que o produto, inclusive importado, seja destinado a emprego, pelo estabelecimento industrial adquirente (Lei n. 9.826, de 1999, art. 5º, § 2º, e Lei n. 10.485, de 2002, art. 4º):

I - na produção de componentes, chassis, carroçarias, acessórios, partes ou peças dos produtos autopropulsados (Lei n. 9.826, de 1999, art. 5º, § 2º, inciso I, e Lei n. 10.485, de 2002, art. 4º); ou

II - na montagem dos produtos autopropulsados classificados nas Posições 84.29, 84.32, 84.33, 87.01, 87.02, 87.03, 87.05, 87.06 e 87.11, e nos Códigos 8704.10, 8704.2 e 8704.3 da TIPI (Lei n. 9.826, de 1999, art. 5º, § 2º, inciso II, e Lei n. 10.485, de 2002, art. 4º).

§ 4º O disposto nos incisos III e IV do *caput* aplica-se, também, ao estabelecimento equiparado a industrial, de que trata o art. 137 (Lei n. 9.826, de 1999, art. 5º, § 6º, Lei n. 10.485, de 2002, art. 4º, e Lei n. 10.865, de 2004, art. 33).

§ 5º O disposto no inciso I do § 3º alcança, exclusivamente, os produtos destinados a emprego na industrialização dos produtos autopropulsados relacionados nos Anexos I e II da Lei n. 10.485, de 2002 (Lei n. 10.485, de 2002, art. 4º, parágrafo único).

§ 6º O disposto nos incisos V e VI do *caput* aplica-se ao estabelecimento industrial cuja receita bruta decorrente dos produtos ali referidos, no ano-calendário imediatamente anterior ao da aquisição, houver sido superior a sessenta por cento de sua receita bruta total no mesmo período (Lei n. 10.637, de 2002, art. 29, § 2º).

§ 7º Para os fins do disposto nos incisos V e VI do *caput*, as empresas adquirentes deverão (Lei n. 10.637, de 2002, art. 29, § 7º):

I - atender aos termos e às condições estabelecidas pela Secretaria da Receita Federal do Brasil (Lei n. 10.637, de 2002, art. 29, § 7º, inciso I); e

II - declarar ao vendedor, de forma expressa e sob as penas da lei, que atendem a todos os requisitos estabelecidos (Lei n. 10.637, de 2002, art. 29, § 7º, inciso II).

Equiparação a Estabelecimento Industrial

ART. 137. Equipara-se a estabelecimento industrial a empresa comercial atacadista adquirente dos produtos classificados nas Posições 87.01 a 87.05 da TIPI, industrializados por encomenda por conta e ordem de pessoa jurídica domiciliada no exterior, da qual é controlada direta ou indiretamente, observado o disposto no § 2º do art. 9º (Medida Provisória n. 2.189-49, de 2001, art. 17, § 5º).

Pagamento do Imposto Suspenso

ART. 138. Na hipótese de destinação dos produtos adquiridos ou importados com suspensão do imposto, distinta da prevista no § 3º do art. 136, a saída do estabelecimento industrial adquirente ou importador dar-se-á com a incidência do imposto (Lei n. 9.826, de 1999, art. 5º, § 5º, e Lei n. 10.485, de 2002, art. 4º).

Nota Fiscal

ART. 139. Nas notas fiscais, relativas às saídas referidas nos incisos III a VI do *caput* do art. 136, deverá constar a expressão "Saído com suspensão do IPI", com a especificação do dispositivo legal correspondente, vedado o registro do imposto nas referidas notas (Lei n. 9.826, de 1999, art. 5º, § 4º, Lei n. 10.485, de 2002, art. 4º, e Lei n. 10.637, de 2002, art. 29, § 6º).

SEÇÃO II
DOS BENS DE INFORMÁTICA

Direito ao Benefício

ART. 140. As empresas de desenvolvimento ou produção de bens e serviços de informática e automação que invistam em atividades de pesquisa e desenvolvimento em tecnologia da informação poderão pleitear isenção ou redução do imposto para bens de informática e automação (Lei n. 8.248, de 1991, art. 4º, e Lei n. 10.176, de 2001, art. 1º).

§ 1º Para fazer jus aos benefícios previstos no *caput*, as empresas de desenvolvimento ou produção de bens e serviços de informática e automação deverão investir, anualmente, em atividades de pesquisa e desenvolvimento em tecnologia da informação a serem realizadas no País, conforme definido em legislação específica (Lei n. 8.248, de 1991, art. 11, e Lei n. 11.077, de 2004, art. 1º).

§ 2º As empresas beneficiárias deverão encaminhar anualmente ao Ministério da Ciência e Tecnologia demonstrativos do cumprimento, no ano anterior, das obrigações a que estão sujeitas para gozo da isenção ou redução do imposto, mediante apresentação de relatórios descritivos das atividades de pesquisa e desenvolvimento previstas no projeto elaborado e dos respectivos resultados alcançados (Lei n. 8.248, de 1991, art. 11, § 9º, eLei n. 10.176, de 2001, art. 2º).

ART. 141. Para fins do disposto nesta Seção, consideram-se bens de informática e automação:

I - componentes eletrônicos a semicondutor, optoeletrônicos, bem como os respectivos insumos de natureza eletrônica (Lei n. 8.248, de 1991, art. 16-A, e Lei n. 10.176, de 2001, art. 5º);

II - máquinas, equipamentos e dispositivos baseados em técnica digital, com funções de coleta, tratamento, estruturação, armazenamento, comutação, transmissão, recuperação ou apresentação da informação, seus respectivos insumos eletrônicos, partes, peças e suporte físico para operação (Lei n. 8.248, de 1991, art. 16-A, e Lei n. 10.176, de 2001, art. 5º);

III - os aparelhos telefônicos por fio, com unidade auscultador-microfone sem fio, que incorporem controle por técnicas digitais, classificados no Código 8517.11.00 da TIPI (Lei n. 8.248, de 1991, art. 16-A, § 4º, Lei n. 10.176, de 2001, art. 5º, e Lei n. 11.077, de 2004, art. 1º);

IV - terminais portáteis de telefonia celular, classificados no Código 8517.12.31 da TIPI (Lei n. 8.248, de 1991, art. 16-A, § 2º, inciso I, e Lei n. 10.176, de 2001, art. 5º); e

V - unidades de saída por vídeo (monitores), classificados nas Subposições 8528.41 e 8528.51 da TIPI, desprovidas de interfaces e circuitarias para recepção de sinal de rádio frequência ou mesmo vídeo composto, próprias para operar com máquinas, equipamentos e dispositivos baseados em técnica digital da Posição 84.71 da TIPI, com funções de coleta, tratamento, estruturação, armazenamento, comutação, transmissão, recuperação ou apresentação da informação (Lei n. 8.248, de 1991, art. 16-A, § 2º, inciso II, Lei n. 10.176, de 2001, art. 5º, e Lei n. 11.077, de 2004, art. 1º).

§ 1º O Poder Executivo, respeitado o disposto no *caput* e no § 2º, definirá a relação dos bens alcançados pelo benefício de que trata o art. 140 (Lei n. 8.248, de 1991, art. 4º, § 1º, e Lei n. 10.176, de 2001, art. 1º).

§ 2º O disposto no art. 140 não se aplica aos produtos dos segmentos de áudio, áudio e vídeo, e lazer e entretenimento, ainda que incorporem tecnologia digital, incluindo os constantes da seguinte relação, que poderá ser ampliada em decorrência de inovações tecnológicas, elaborada conforme a TIPI (Lei n. 8.248, de 1991, art. 16-A, § 1º, e Lei n. 10.176, de 2001, art. 5º):

I - aparelhos de fotocópia, por sistema óptico ou por contato, e aparelhos de termocópia, da Subposição 8443.39;

II - aparelhos de gravação de som, aparelhos de reprodução de som, aparelhos de gravação e de reprodução de som, da Posição 85.19;

III - aparelhos videofônicos de gravação ou de reprodução, mesmo incorporando um receptor de sinais videofônicos, da Posição 85.21;

IV - partes e acessórios reconhecíveis como sendo exclusiva ou principalmente destinados aos aparelhos das Posições 85.19, 85.21 e 85.22;

V - discos, fitas, dispositivos de armazenamento não volátil de dados à base de semicondutores e outros suportes para gravação de som ou para gravações semelhantes (exceto os produtos do Código 8523.52.00), mesmo gravados, incluídos as matrizes e moldes galvânicos para fabricação de discos, da Posição 85.23;

VI - câmeras de televisão, câmaras fotográficas digitais e câmeras de vídeo, da Subposição 8525.80;

VII - aparelhos receptores para radiodifusão, mesmo combinados, num mesmo invólucro com um aparelho de gravação ou de reprodução de som, ou com um relógio, da Posição 85.27;

VIII - aparelhos receptores de televisão, mesmo incorporando um aparelho receptor de radiodifusão ou um aparelho de gravação ou de reprodução de som ou de imagens; monitores, exceto os relacionados no inciso V do*caput*, e projetores, da Posição 85.28;

IX - partes reconhecíveis como exclusiva ou principalmente destinadas às câmeras da Subposição 8525.80, referidas no inciso VI, e aos aparelhos das Posições 85.27, 85.28 e 85.29;

X - tubos de raios catódicos para receptores de televisão, da Posição 85.40;

XI - câmeras fotográficas; aparelhos e dispositivos, incluídos as lâmpadas e tubos, de luz-relâmpago (flash), para fotografia, da Posição 90.06;

XII - câmeras e projetores cinematográficos, mesmo com aparelhos de gravação ou de reprodução de som incorporados, da Posição 90.07;

XIII - aparelhos de projeção fixa; câmeras fotográficas, de ampliação ou de redução, da Posição 90.08; e

XIV - aparelhos de relojoaria e suas partes, do Capítulo 91.

§ 3º Para os aparelhos do inciso III do *caput*, os benefícios previstos no art. 140 não estão condicionados à obrigação de realizar os investimentos de que trata o § 1º do mesmo artigo (Lei n. 8.248, de 1991, art. 16-A, § 5º, e Lei n. 11.077, de 2004, art. 1º).

Isenção e Redução

ART. 142. Os microcomputadores portáteis (Códigos 8471.30.11, 8471.30.12, 8471.30.19, 8471.41.10 e 8471.41.90 da TIPI) e as unidades de processamento digitais de pequena capacidade, baseadas em microprocessadores (Código 8471.50.10 da TIPI), de valor até R$ 11.000,00 (onze mil reais), bem como as unidades de discos magnéticos e ópticos (Códigos 8471.70.11, 8471.70.12, 8471.70.21 e 8471.70.29 da TIPI), circuitos impressos com componentes elétricos e eletrônicos montados (Códigos 8473.30.41, 8473.30.42, 8473.30.43 e 8473.30.49 da TIPI), gabinetes (Código 8473.30.1 da TIPI) e fontes de alimentação (Código 8504.40.90 da TIPI), reconhecíveis como exclusiva ou principalmente destinados a tais produtos, os bens de informática e automação desenvolvidos no País (Lei n. 8.248, de 1991, art. 4º, §§ 5º e 7º, Lei n. 10.176, de 2001, art. 11, §§ 1º e 4º, Lei n. 10.664, de 2003, art. 1º, e Lei n. 11.077, de 2004, arts. 1º e 3º):

I - quando produzidos na Região Centro-Oeste e nas regiões de influência da SUDAM e da SUDENE (Lei n. 10.176, de 2001, art. 11, §§ 1º e 4º, e Lei n. 11.077, de 2004, art. 3º):

a) até 31 de dezembro de 2014, são isentos do imposto;

b) de 1º de janeiro até 31 de dezembro de 2015, as alíquotas do imposto ficam sujeitas à redução de noventa e cinco por cento; e

c) de 1º de janeiro de 2016 a 31 de dezembro de 2019, as alíquotas do imposto ficam sujeitas à redução de oitenta e cinco por cento;

II - quando produzidos em outros pontos do território nacional, as alíquotas do imposto ficam reduzidas nos seguintes percentuais (Lei n. 8.248, de 1991, art. 4º, § 5º, Lei n. 10.664, de 2003, art. 1º, e Lei n. 11.077, de 2004, art. 1º):

a) noventa e cinco por cento, de 1º de janeiro de 2004 até 31 de dezembro de 2014;

b) noventa por cento, de 1º de janeiro até 31 de dezembro de 2015; e

c) setenta por cento, de 1º de janeiro de 2016 até 31 de dezembro de 2019.

Parágrafo único. O Poder Executivo poderá atualizar o valor fixado no *caput* (Lei n. 8.248, de 1991, art. 4º, § 6º, e Lei n. 11.077, de 2004, art. 1º).

ART. 143. As alíquotas do imposto, incidentes sobre os bens de informática e automação, não especificados no art. 142, serão reduzidas:

I - quando produzidos na Região Centro-Oeste e nas regiões de influência da SUDAM e da SUDENE, em (Lei n. 10.176, de 2001, art. 11, e Lei n. 11.077, de 2004, art. 3º):

a) noventa e cinco por cento, de 1º de janeiro de 2004 a 31 de dezembro de 2014;

b) noventa por cento, de 1º de janeiro até 31 de dezembro de 2015; e

c) oitenta e cinco por cento, de 1º de janeiro de 2016 a 31 de dezembro de 2019, quando será extinta a redução; e

II - quando produzidos em outros pontos do território nacional, em (Lei n. 8.248, de 1991, art. 4º, § 1º-A, Lei n. 10.176, de 2001, art. 1º, e Lei n. 11.077, de 2004, art. 1º):

a) oitenta por cento, de 1º de janeiro de 2004 até 31 de dezembro de 2014;

b) setenta e cinco por cento, de 1º de janeiro até 31 de dezembro de 2015; e

c) setenta por cento, de 1º de janeiro de 2016 até 31 de dezembro de 2019.

ART. 144. A isenção ou redução do imposto somente contemplará os bens de informática e automação relacionados pelo Poder Executivo, produzidos no País conforme PPB, estabelecido em portaria conjunta dos Ministros de Estado do Desenvolvimento, Indústria e Comércio Exterior e da Ciência e Tecnologia (Lei n. 8.248, de 1991, art. 4º, §§ 1º e 1º-C, e Lei n. 10.176, de 2001, art. 1º).

ART. 145. Para os fins do disposto nesta Seção, consideram-se bens ou produtos desenvolvidos no País os bens de informática e automação de que trata o art. 141 e aqueles que atendam às condições estabelecidas em portaria do Ministro de Estado da Ciência e Tecnologia.

ART. 146. O pleito para habilitação à concessão da isenção ou redução do imposto será apresentado ao Ministério da Ciência e Tecnologia pela empresa fabricante de bens de informática e automação, conforme instruções fixadas em conjunto por aquele Ministério e pelo Ministério do Desenvolvimento, Indústria e Comércio Exterior, por intermédio de proposta de projeto que deverá (Lei n. 8.248, de 1991, art. 4º, § 1º-C, e Lei n. 10.176, de 2001, art. 1º):

I - identificar os produtos a serem fabricados;

II - contemplar o plano de pesquisa e desenvolvimento elaborado pela empresa;

III - demonstrar que na industrialização dos produtos a empresa atenderá aos Processos Produtivos Básicos para eles estabelecidos;

IV - ser instruída com a Certidão Conjunta Negativa, ou Positiva com Efeitos de Negativa, de Débitos Relativos a Tributos Federais e à Dívida Ativa da União, com a Certidão Negativa, ou Positiva com Efeitos de Negativa, de Débitos Relativos às Contribuições Previdenciárias e com a comprovação da inexistência de débitos relativos ao Fundo de Garantia do Tempo de Serviço - FGTS; e

V - comprovar, quando for o caso, que os produtos atendem ao requisito de serem desenvolvidos no País.

§ 1º A empresa habilitada deverá manter atualizada a proposta de projeto, tanto no que diz respeito ao plano de pesquisa e desenvolvimento quanto ao cumprimento do Processo Produtivo Básico.

§ 2º Comprovado o atendimento aos requisitos estabelecidos nesta Seção, será publicada no Diário Oficial da União portaria conjunta dos Ministros de Estado da Ciência e Tecnologia, do Desenvolvimento, Indústria e Comércio Exterior e da Fazenda reconhecendo o direito à fruição da isenção ou redução do imposto, quanto aos produtos nela mencionados, fabricados pela empresa interessada.

§ 3º Se a empresa não der início à execução do plano de pesquisa e desenvolvimento e à fabricação dos produtos com atendimento ao PPB, cumulativamente, no prazo de cento e oitenta dias, contados da publicação da portaria conjunta a que se refere o § 2º, o ato será cancelado, nas condições estabelecidas em regulamento próprio.

§ 4º A empresa habilitada deverá manter registro contábil próprio com relação aos produtos relacionados nas portarias conjuntas de seu interesse, identificando os respectivos números de série, quando aplicável, documento fiscal e valor da comercialização, pelo prazo em que estiver sujeita à guarda da correspondente documentação fiscal.

§ 5º Os procedimentos para inclusão de novos modelos de produtos relacionados nas portarias conjuntas a que se refere o § 2º serão fixados em ato conjunto pelos Ministros de Estado da Ciência e Tecnologia e do Desenvolvimento, Indústria e Comércio Exterior.

ART. 147. Na hipótese do não cumprimento das exigências para gozo dos benefícios, ou da não aprovação dos relatórios referidos no § 2º do art. 140, a sua concessão será suspensa, sem prejuízo do ressarcimento dos benefícios anteriormente usufruídos, acrescidos de juros de mora de que trata o art. 554 e de multas pecuniárias aplicáveis aos débitos fiscais relativos aos tributos da mesma natureza (Lei n. 8.248, de 1991, art. 9º, e Lei n. 10.176, de 2001, art. 1º).

Suspensão

ART. 148. Sairão do estabelecimento industrial com suspensão do imposto as matérias-primas, os produtos intermediários e os materiais de embalagem, quando adquiridos por estabelecimentos industriais fabricantes, preponderantemente, de bens de que trata o art. 144, que gozem do benefício referido no art. 140 (Lei n. 10.637, de 2002, art. 29, § 1º, inciso I, alínea "c", e Lei n. 11.908, de 3 de março de 2009, art. 9º).

§ 1º As matérias-primas, os produtos intermediários e os materiais de embalagem, importados diretamente por estabelecimento industrial fabricante de que trata o *caput* serão desembaraçados com suspensão do imposto (Lei n. 10.637, de 2002, art. 29, § 4º).

§ 2º O disposto no *caput* aplica-se ao estabelecimento industrial cuja receita bruta decorrente dos produtos ali referidos, no ano-calendário imediatamente anterior ao da aquisição, houver sido superior a sessenta por cento de sua receita bruta total no mesmo período (Lei n. 10.637, de 2002, art. 29, § 2º).

§ 3º Para os fins do disposto neste artigo, as empresas adquirentes deverão:

I - atender aos termos e às condições estabelecidas pela Secretaria da Receita Federal do Brasil (Lei n. 10.637, de 2002, art. 29, § 7º, inciso I); e

II - declarar ao vendedor, de forma expressa e sob as penas da lei, que atendem a todos os requisitos estabelecidos (Lei n. 10.637, de 2002, art. 29, § 7º, inciso II).

§ 4º As matérias-primas, os produtos intermediários e os materiais de embalagem, importados diretamente por estabelecimentos industriais fabricantes, preponderantemente, de bens de que trata o art. 144, que gozem do benefício referido no art. 140 serão desembaraçados com suspensão do imposto (Lei n. 10.637, de 2002, art. 29, § 4º, e Lei n. 11.908, de 2009, art. 9º).

Outras Disposições

ART. 149. Sem prejuízo do estabelecido nesta Seção, aplicam-se as disposições do Poder Executivo em atos regulamentares sobre a capacitação e competitividade do setor de tecnologias da informação.

SEÇÃO III
DA INDÚSTRIA DE SEMICONDUTORES

Programa de Apoio ao Desenvolvimento Tecnológico da Indústria de Semicondutores - PADIS

ART. 150. A pessoa jurídica habilitada pela Secretaria da Receita Federal do Brasil como beneficiária do Programa de Apoio ao Desenvolvimento Tecnológico da Indústria de Semicondutores - PADIS poderá usufruir da redução das alíquotas a zero, em conformidade com o disposto nos arts. 151 e 152, desde que atendidos os requisitos previstos nesta Seção (Lei n. 11.484, de 31 de maio de 2007, art. 3º, inciso III, e art. 4º, inciso II).

§ 1º Poderá pleitear habilitação no PADIS a pessoa jurídica que invista anualmente em pesquisa e desenvolvimento no País, conforme definido em legislação específica e que exerça isoladamente ou em conjunto (Lei n.11.484, de 2007, art. 2º e art. 6º):

I - em relação a dispositivos eletrônicos semicondutores, classificados nas Posições 85.41 e 85.42 da TIPI, as atividades de:

a) concepção, desenvolvimento e projeto (design);

b) difusão ou processamento físico-químico; ou

c) encapsulamento e teste;

II - em relação a dispositivos mostradores de informações (displays), de que trata o § 3º, as atividades de:

a) concepção, desenvolvimento e projeto (design);

b) fabricação dos elementos fotossensíveis, foto ou eletroluminescentes e emissores de luz; ou

c) montagem final do mostrador e testes elétricos e ópticos.

§ 2º Para efeitos deste artigo, considera-se que a pessoa jurídica exerce as atividades (Lei n. 11.484, de 2007, art. 2º, § 1º):

I - isoladamente, quando executar todas as etapas previstas na alínea em que se enquadrar; ou

II - em conjunto, quando executar todas as atividades previstas no inciso em que se enquadrar.

§ 3º O inciso II do § 1º (Lei n. 11.484, de 2007, art. 2º, § 2º):

I - alcança os mostradores de informações (displays) relacionados em ato do Poder Executivo, destinados à utilização como insumo em equipamentos eletrônicos, com tecnologia baseada em componentes de cristal líquido - LCD, fotoluminescentes (painel mostrador de plasma - PDP), eletroluminescentes (diodos emissores de luz - LED, diodos emissores de luz orgânicos - OLED ou displays eletroluminescentes a filme fino - TFEL) ou similares com microestruturas de emissão de campo elétrico; e

II - não alcança os tubos de raios catódicos - CRT.

§ 4º A pessoa jurídica de que trata o § 1º deve exercer, exclusivamente, as atividades previstas neste artigo (Lei n. 11.484, de 2007, art. 2º, § 3º).

§ 5º O investimento em pesquisa e desenvolvimento e as atividades de que trata o § 1º devem ser efetuados, de acordo com projetos aprovados na forma do art. 153, apenas nas áreas de microeletrônica, de optoeletrônica e de ferramentas computacionais (softwares) de suporte a tais projetos e de metodologias de projeto e de processo de fabricação dos componentes relacionados nos incisos I e II do mencionado parágrafo (Lei n. 11.484, de 2007, art. 2º, § 4º e art. 6º, § 1º).

Redução de Alíquotas

ART. 151. As alíquotas do imposto incidente na saída do estabelecimento industrial ou equiparado ou na importação de máquinas, aparelhos, instrumentos e equipamentos ficam reduzidas a zero, até 22 de janeiro de 2022, quando a aquisição no mercado interno ou a importação for efetuada por pessoa jurídica beneficiária do PADIS, para incorporação ao ativo imobilizado da pessoa jurídica adquirente no mercado interno ou importadora, destinados às atividades de que tratam os incisos I e II do § 1º do art. 150 (Lei n. 11.484, de 2007, arts. 3º, inciso III, e 64, e Lei n. 11.774, de 2008, art. 6º).

§ 1º A redução de alíquotas prevista no *caput* alcança também as ferramentas computacionais (softwares) e os insumos destinados às atividades de que trata o art. 150, quando importados ou adquiridos no mercado interno por pessoa jurídica beneficiária do PADIS (Lei n. 11.484, de 2007, art. 3º, § 1º).

§ 2º As disposições do *caput* e do § 1º alcançam somente os bens ou insumos relacionados em ato do Poder Executivo (Lei n. 11.484, de 2007, art. 3º, § 2º).

§ 3º Para efeitos deste artigo, equipara-se ao importador a pessoa jurídica adquirente de bens estrangeiros, no caso de importação realizada por sua conta e ordem por intermédio de pessoa jurídica importadora (Lei n. 11.484, de 2007, art. 3º, § 4º).

ART. 152. As alíquotas do imposto incidentes sobre os dispositivos referidos nos incisos I e II do § 1º do art. 150, na saída do estabelecimento industrial de pessoa jurídica beneficiária do PADIS, ficam reduzidas a zero, até 22 de janeiro de 2022 (Lei n. 11.484, de 2007, art. 4º, inciso II, e art. 64).

§ 1º A redução de alíquotas prevista no *caput*, relativamente às saídas dos mostradores de informações (displays), aplicam-se somente quando as atividades mencionadas nas alíneas "a" e "b" do inciso II do § 1º do art. 150 tenham sido realizadas no País (Lei n. 11.484, de 2007, art. 4º, § 2º).

§ 2º A redução de alíquotas de que trata este artigo não se aplica cumulativamente com outras reduções ou benefícios relativos ao imposto (Lei n. 11.484, de 2007, art. 4º, § 7º).

Aprovação dos Projetos

ART. 153. Os projetos referidos no § 5º do art. 150 devem ser aprovados em ato conjunto do Ministério da Fazenda, do Ministério da Ciência e Tecnologia e do Ministério do Desenvolvimento, Indústria e Comércio Exterior, nos termos e condições estabelecidos pelo Poder Executivo (Lei n. 11.484, de 2007, art. 5º).

Parágrafo único. A aprovação do projeto fica condicionada à comprovação da regularidade fiscal, da pessoa jurídica interessada, em relação aos impostos e contribuições administrados pela Secretaria da Receita Federal do Brasil (Lei n. 11.484, de 2007, art. 5º, § 1º).

Cumprimento da Obrigação de Investir

ART. 154. A pessoa jurídica beneficiária do PADIS deverá encaminhar ao Ministério da Ciência e Tecnologia, até 31 de julho de cada ano civil, os relatórios demonstrativos do cumprimento, no ano anterior, das obrigações e condições estabelecidas no art. 150 e na legislação específica (Lei n. 11.484, de 2007, art. 7º).

ART. 155. No caso de os investimentos em pesquisa e desenvolvimento previstos no art. 150 não atingirem, em determinado ano, o percentual mínimo fixado nos termos da regulamentação específica, a pessoa jurídica beneficiária do PADIS deverá aplicar o valor residual no Fundo Nacional de Desenvolvimento Científico e Tecnológico - FNDCT (CT-INFO ou CT-Amazônia), acrescido de multa de vinte por cento e de juros equivalentes à taxa do Sistema Especial de Liquidação e de Custódia - SELIC, calculados desde 1º de janeiro do ano subsequente àquele em que não foi atingido o percentual até a data da efetiva aplicação (Lei n. 11.484, de 2007, art. 8º).

§ 1º A pessoa jurídica beneficiária do PADIS deverá efetuar a aplicação referida no *caput* até o último dia útil do mês de março do ano subsequente àquele em que não foi atingido o percentual (Lei n. 11.484, de 2007, art. 8º, § 1º).

§ 2º Na hipótese do *caput*, a não realização da aplicação ali referida, no prazo previsto no § 1º, obriga o contribuinte ao pagamento de juros e multa de mora, na forma da lei tributária, referentes ao imposto não pago em decorrência das disposições do art. 152 (Lei n. 11.484, de 2007, art. 8º, § 2º).

§ 3º Os juros e multa de que trata o § 2º serão recolhidos isoladamente e devem ser calculados a partir da data da saída do produto do estabelecimento industrial, sobre o valor do imposto não recolhido, proporcionalmente à diferença entre o percentual mínimo de aplicações em pesquisa e desenvolvimento fixado e o efetivamente efetuado (Lei n. 11.484, de 2007, art. 8º, § 3º).

§ 4º Os pagamentos efetuados na forma dos §§ 2º e 3º não desobrigam a pessoa jurídica beneficiária do PADIS do dever de efetuar a aplicação no FNDCT (CT-INFO ou CT-Amazônia), na forma do *caput* (Lei n. 11.484, de 2007, art. 8º, § 4º).

§ 5º A falta ou irregularidade do recolhimento previsto no § 2º sujeita a pessoa jurídica a lançamento de ofício, com aplicação de multa de ofício na forma da lei tributária (Lei n. 11.484, de 2007, art. 8º, § 5º).

Suspensão e Cancelamento da Aplicação do PADIS

ART. 156. A pessoa jurídica beneficiária do PADIS será punida, a qualquer tempo, com a suspensão da aplicação dos arts. 151 e 152, sem prejuízo da aplicação de penalidades específicas, no caso das seguintes infrações (Lei n. 11.484, de 2007, art. 9º):

I - não apresentação ou não aprovação dos relatórios de que trata o art. 154;

II - descumprimento da obrigação de efetuar investimentos em pesquisa e desenvolvimento,

DECRETOS

na forma do art. 150, observadas as disposições do art. 155;

III - infringência aos dispositivos de regulamentação do PADIS; ou

IV - irregularidade em relação a impostos ou contribuições administrados pela Secretaria da Receita Federal do Brasil.

§ 1º A suspensão de que trata o *caput* converter-se-á em cancelamento da aplicação dos arts. 151 e 152, no caso de a pessoa jurídica beneficiária do PADIS não sanar a infração no prazo de noventa dias contados da notificação da suspensão (Lei n. 11.484, de 2007, art. 9º, § 1º).

§ 2º A pessoa jurídica que der causa a duas suspensões em prazo inferior a dois anos será punida com o cancelamento da aplicação dos arts. 151 e 152 (Lei n. 11.484, de 2007, art. 9º, § 2º).

§ 3º A penalidade de cancelamento da aplicação somente poderá ser revertida após dois anos de sanada a infração que a motivou (Lei n. 11.484, de 2007, art. 9º, § 3º).

ART. 157. Sem prejuízo do estabelecido nesta Seção, aplicam-se as disposições do Poder Executivo em regulamento específico sobre o PADIS.

SEÇÃO IV
DA INDÚSTRIA DE EQUIPAMENTOS PARA A TV DIGITAL

Programa de Apoio ao Desenvolvimento Tecnológico da Indústria de Equipamentos para a TV digital - PATVD

ART. 158. A pessoa jurídica habilitada pela Secretaria da Receita Federal do Brasil como beneficiária do Programa de Apoio ao Desenvolvimento Tecnológico da Indústria de Equipamentos para TV Digital - PATVD poderá usufruir da redução das alíquotas a zero, em conformidade com o disposto nos arts. 159 e 160, desde que atendidos os requisitos previstos nesta Seção (Lei n. 11.484, de 2007, art. 14, inciso III, e art. 15, inciso II).

§ 1º Poderá pleitear a habilitação no PATVD a pessoa jurídica que invista anualmente em pesquisa e desenvolvimento no País, conforme definido em legislação específica e que exerça as atividades de desenvolvimento e fabricação de equipamentos transmissores de sinais por radiofrequência para televisão digital, classificados no Código 8525.50.2 da TIPI (Lei n. 11.484, de 2007, arts. 13 e 17).

§ 2º Para efeitos deste artigo, a pessoa jurídica de que trata o § 1º deve cumprir PPB estabelecido por portaria interministerial do Ministério do Desenvolvimento, Indústria e Comércio Exterior e Ministério da Ciência e Tecnologia ou, alternativamente, atender aos critérios de bens desenvolvidos no País definidos por portaria do Ministério da Ciência e Tecnologia (Lei n. 11.484, de 2007, art. 13, § 1º).

§ 3º O investimento em pesquisa e desenvolvimento e o exercício das atividades de que trata o § 1º devem ser efetuados, de acordo com projetos aprovados na forma do art. 161, apenas em atividades de pesquisa e desenvolvimento dos equipamentos transmissores mencionados no mesmo parágrafo, de software e de insumos para tais equipamentos (Lei n. 11.484, de 2007, art. 13, § 2º, e art. 17, § 1º).

Redução de Alíquotas

ART. 159. As alíquotas do imposto incidente na saída do estabelecimento industrial ou equiparado ou na importação de máquinas, aparelhos, instrumentos e equipamentos, novos, ficam reduzidas a zero, até 22 de janeiro de 2017, quando a aquisição no mercado interno ou a importação for efetuada por pessoa jurídica beneficiária do PATVD, para incorporação ao ativo imobilizado da pessoa jurídica adquirente no mercado interno ou importadora, destinados às atividades de que trata o § 1º do art. 158 (Lei n. 11.484, de 2007, arts. 14, inciso III, e 66).

§ 1º A redução de alíquotas prevista no *caput* alcança também as ferramentas computacionais (softwares) e os insumos destinados à fabricação dos equipamentos de que trata o art. 158, quando adquiridos no mercado interno ou importados por pessoa jurídica beneficiária do PATVD (Lei n. 11.484, de 2007, art. 14, § 1º).

§ 2º As disposições do *caput* e do § 1º alcançam somente bens ou insumos relacionados em ato do Poder Executivo (Lei n. 11.484, de 2007, art. 14, § 2º).

§ 3º Para efeitos deste artigo, equipara-se ao importador a pessoa jurídica adquirente de bens estrangeiros, no caso de importação realizada por sua conta e ordem, por intermédio de pessoa jurídica importadora (Lei n. 11.484, de 2007, art. 14, § 4º).

ART. 160. As alíquotas do imposto incidentes sobre os equipamentos transmissores referidos no § 1º do art. 158, na saída do estabelecimento industrial de pessoa jurídica beneficiária do PATVD, ficam reduzidas a zero, até 22 de janeiro de 2017 (Lei n. 11.484, de 2007, art. 15, inciso II, e art. 66).

Parágrafo único. A redução de alíquotas de que trata este artigo não se aplica cumulativamente com outras reduções ou benefícios relativos ao imposto (Lei n. 11.484, de 2007, art. 15, parágrafo único).

Aprovação dos Projetos

ART. 161. Os projetos referidos no § 3º do art. 158 devem ser aprovados em ato conjunto do Ministério da Fazenda, do Ministério da Ciência e Tecnologia e do Ministério do Desenvolvimento, Indústria e Comércio Exterior, nos termos e condições estabelecidos pelo Poder Executivo (Lei n. 11.484, de 2007, art. 16).

Parágrafo único. A aprovação do projeto fica condicionada à comprovação da regularidade fiscal, da pessoa jurídica interessada, em relação aos impostos e contribuições administrados pela Secretaria da Receita Federal do Brasil (Lei n. 11.484, de 2007, art. 16, § 1º).

Cumprimento da Obrigação de Investir

ART. 162. A pessoa jurídica beneficiária do PATVD deverá encaminhar ao Ministério da Ciência e Tecnologia, até 31 de julho de cada ano civil, os relatórios demonstrativos do cumprimento, no ano anterior, das obrigações e condições estabelecidas no art. 158 e na legislação específica (Lei n. 11.484, de 2007, art. 18).

ART. 163. No caso dos investimentos em pesquisa e desenvolvimento previstos no art. 158 não atingirem, em determinado ano, o percentual mínimo fixado nos termos da regulamentação específica, a pessoa jurídica beneficiária do PATVD deverá aplicar o valor residual no FNDCT (CT-INFO ou CT-Amazônia), acrescido de multa de vinte por cento e de juros equivalentes à taxa SELIC, calculados desde 1º de janeiro do ano subsequente àquele em que não foi atingido o percentual até a data da efetiva aplicação (Lei n. 11.484, de 2007, art. 19).

§ 1º A pessoa jurídica beneficiária do PATVD deverá efetuar a aplicação referida no *caput* até o último dia útil do mês de março do ano subsequente àquele em que não foi atingido o percentual (Lei n. 11.484, de 2007, art. 19, § 1º).

§ 2º Na hipótese do *caput*, a não realização da aplicação ali referida, no prazo previsto no § 1º, obriga o contribuinte ao pagamento de juros e multa de mora, na forma da lei tributária, referentes ao imposto não pago em decorrência das disposições do art. 160 (Lei n. 11.484, de 2007, art. 19, § 2º).

§ 3º Os juros e multa de que trata o § 2º serão recolhidos isoladamente e devem ser calculados a partir da data da saída do produto do estabelecimento industrial, sobre o valor do imposto não recolhido, proporcionalmente à diferença entre o percentual mínimo de aplicações em pesquisa e desenvolvimento fixado e o efetivamente efetuado (Lei n. 11.484, de 2007, art. 19, § 3º).

§ 4º Os pagamentos efetuados na forma dos §§ 2º e 3º não desobrigam a pessoa jurídica beneficiária do PATVD do dever de efetuar a aplicação no FNDCT (CT-INFO ou CT-Amazônia), na forma do *caput* (Lei n. 11.484, de 2007, art. 19, § 4º).

§ 5º A falta ou irregularidade do recolhimento previsto no § 2º sujeita a pessoa jurídica a lançamento de ofício, com aplicação de multa de ofício na forma da lei tributária (Lei n. 11.484, de 2007, art. 19, § 5º).

Suspensão e Cancelamento da Aplicação do PATVD

ART. 164. A pessoa jurídica beneficiária do PATVD será punida, a qualquer tempo, com a suspensão da aplicação dos arts. 159 e 160, sem prejuízo da aplicação de penalidades específicas, no caso das seguintes infrações (Lei n. 11.484, de 2007, art. 20):

I - descumprimento das condições estabelecidas no § 2º do art. 158;

II - descumprimento da obrigação de efetuar investimentos em pesquisa e desenvolvimento, na forma do art. 158, observadas as disposições do art. 163;

III - não apresentação ou não aprovação dos relatórios de que trata o art. 162;

IV - infringência aos dispositivos de regulamentação do PATVD; ou

V - irregularidade em relação a impostos ou contribuições administrados pela Secretaria da Receita Federal do Brasil.

§ 1º A suspensão de que trata o *caput* converte-se em cancelamento da aplicação dos arts. 159 e 160, no caso de a pessoa jurídica beneficiária do PATVD não sanar a infração no prazo de noventa dias contados da notificação da suspensão (Lei n. 11.484, de 2007, art. 20, § 1º).

§ 2º A pessoa jurídica que der causa a duas suspensões em prazo inferior a dois anos será punida com o cancelamento da aplicação dos arts. 159 e 160 (Lei n. 11.484, de 2007, art. 20, § 2º).

§ 3º A penalidade de cancelamento da aplicação somente poderá ser revertida após dois anos de sanada a infração que a motivou (Lei n. 11.484, de 2007, art. 20, § 3º).

ART. 165. Sem prejuízo do estabelecido nesta Seção, aplicam-se as disposições do Poder Executivo em regulamento específico sobre o PATVD.

SEÇÃO V
DA MODERNIZAÇÃO E AMPLIAÇÃO DA ESTRUTURA PORTUÁRIA - REPORTO

Suspensão

ART. 166. Serão efetuadas com suspensão do imposto (Lei n. 11.033, de 21 de dezembro de 2004, art. 14, Lei n. 11.726, de 23 de junho de 2008, art. 1º, e Lei n. 11.774, de 2008, art. 5º):

I - a saída do estabelecimento industrial ou equiparado a industrial, de máquinas, equipamentos, peças de reposição e outros bens, quando adquiridos diretamente pelos beneficiários do Regime Tributário para Incentivo à Modernização e à Ampliação da Estrutura Portuária - REPORTO e destinados ao seu ativo imobilizado para utilização exclusiva em portos na execução de serviços de carga, descarga e movimentação de mercadorias, na execução dos serviços de dragagem, e nos Centros de Treinamento Profissional, na execução do treinamento e formação de trabalhadores; e

II - o desembaraço aduaneiro, de máquinas, equipamentos, peças de reposição e outros bens, quando importados diretamente pelos beneficiários do REPORTO e destinados ao seu ativo imobilizado para utilização exclusiva em portos na execução de serviços de carga, descarga e movimentação de mercadorias, na execução dos serviços de dragagem, e nos Centros de Treinamento Profissional, na execução do treinamento e formação de trabalhadores.

§ 1º O Poder Executivo relacionará as máquinas, equipamentos e bens objeto da suspensão referida nos incisos I e II do *caput* (Lei n. 11.033, de 2004, art. 14, § 7º).

§ 2º No caso do inciso II do *caput*, a suspensão do imposto somente será aplicada a máquinas, equipamentos e outros bens que não possuam similar nacional (Lei n. 11.033, de 2004, art. 14, § 4º).

§ 3º A suspensão de que tratam os incisos I e II do *caput* aplica-se também aos bens utilizados na execução de serviços de transporte de mercadorias em ferrovias, classificados nas Posições 86.01, 86.02 e 86.06 da TIPI, e aos trilhos e demais elementos de vias férreas, classificados na Posição 73.02 da mesma Tabela, relacionados em regulamento específico (Lei n. 11.033, de 2004, art. 14, § 8º, e Lei n. 11.774, de 2008, art. 5º).

§ 4º As peças de reposição citadas nos incisos I e II do *caput* deverão ter seu valor aduaneiro igual ou superior a vinte por cento do valor aduaneiro da máquina ou equipamento ao qual se destinam, de acordo com a declaração de importação respectiva (Lei n. 11.033, de 2004, art. 14, § 9º, e Lei n. 11.726, de 2008, art. 3º).

§ 5º Os veículos adquiridos com o benefício do REPORTO deverão receber identificação visual externa a ser definida pela Secretaria de Portos da Presidência da República (Lei n. 11.033, de 2004, art. 14, § 10, e Lei n. 11.726, de 2008, art. 3º).

Isenção

ART. 167. A suspensão do imposto de que trata o art. 166 converte-se em isenção após o decurso do prazo de cinco anos, contados da data da ocorrência do respectivo fato gerador (Lei n. 11.033, de 2004, art. 14, § 1º).

Comprovação

ART. 168. A fruição da suspensão e da isenção do imposto ficam condicionadas à comprovação, pelo beneficiário, da quitação de impostos e contribuições federais e, no caso do imposto vinculado à importação, à formalização de termo de responsabilidade em relação ao crédito tributário suspenso (Lei n. 11.033, de 2004, art. 14, § 3º).

Transferência

ART. 169. A transferência, a qualquer título, de propriedade dos bens adquiridos no mercado interno ou importados mediante aplicação do REPORTO, dentro do prazo fixado no art. 167, deverá ser precedida de autorização da Secretaria da Receita Federal do Brasil e do recolhimento dos tributos suspensos, acrescidos de juros e de multa de mora (Lei n. 11.033, de 2004, art. 14, § 5º).

Parágrafo único. A transferência a adquirente também enquadrado no REPORTO, previamente autorizada pela Secretaria da Receita Federal do Brasil, será efetivada com dispensa da cobrança do imposto suspenso desde que, cumulativamente (Lei n. 11.033, de 2004, art. 14, § 6º e incisos I e II):

I - o adquirente formalize novo termo de responsabilidade a que se refere o art. 168; e

II - assuma perante a Secretaria da Receita Federal do Brasil a responsabilidade pelos impostos e contribuições suspensos, desde o momento de ocorrência dos respectivos fatos geradores.

Beneficiários

ART. 170. São beneficiários do REPORTO:

I - o operador portuário, o concessionário de porto organizado, o arrendatário de instalação portuária de uso público e a empresa autorizada a explorar instalação portuária de uso privativo misto (Lei n. 11.033, de 2004, art. 15);

II - as empresas de dragagem, definidas na Lei n. 11.610, de 12 de dezembro de 2007, os recintos alfandegados de zona secundária e os Centros de Treinamento Profissional, conceituados no art. 32 da Lei n. 8.630, de 25 de fevereiro de 1993 (Lei n. 11.033, de 2004, art.16, e Lei n. 11.726, de 2008, art.1º); e

III - o concessionário de transporte ferroviário (Lei n. 11.033, de 2004, art. 15, § 1º, e Lei n. 11.774, de 2008, art. 5º).

§ 1º A Secretaria da Receita Federal do Brasil estabelecerá os requisitos e os procedimentos para habilitação dos beneficiários ao REPORTO (Lei n. 11.033, de 2004, art. 15, § 2º, e Lei n. 11.774, de 2008, art. 5º).

§ 2º O REPORTO aplica-se às aquisições e importações efetuadas até 31 de dezembro de 2011 (Lei n. 11.033, de 2004, art. 16, e Lei n. 11.726, de 2008, art. 1º).

SEÇÃO VI
DO REGIME ESPECIAL DE TRIBUTAÇÃO PARA A PLATAFORMA DE EXPORTAÇÃO DE SERVIÇOS DE TECNOLOGIA DA INFORMAÇÃO - REPES

ART. 171. Serão desembaraçados com suspensão do imposto os bens, sem similar nacional, importados diretamente pelo beneficiário de Regime Especial de Tributação para a Plataforma de Exportação de Serviços de Tecnologia da Informação - REPES para a incorporação ao seu ativo imobilizado (Lei n. 11.196, de 2005, art. 11).

§ 1º A suspensão do imposto de que trata o *caput*:

I - aplica-se aos bens novos, relacionados em ato do Poder Executivo, destinados ao desenvolvimento, no País, de software e de serviços de tecnologia da informação (Lei n. 11.196, de 2005, art. 4º, *caput* e § 4º); e

II - converte-se em isenção depois de cumprido o compromisso de exportação de que trata o § 2º deste artigo, observados os prazos de que tratam os §§ 2º e 3º do art. 4º da Lei n. 11.196, de 2005 (Lei n. 11.196, de 2005, art. 11, § 1º).

§ 2º O beneficiário do REPES é a pessoa jurídica, previamente habilitada pela Secretaria da Receita Federal do Brasil, que (Lei n. 11.196, de 2005, art. 1º, parágrafo único, e art. 2º, e Lei n. 11.774, de 2008, art. 4º):

I - exerça preponderantemente as atividades de desenvolvimento de software ou de prestação de serviços de tecnologia da informação; e

II - assuma compromisso de exportação igual ou superior a sessenta por cento de sua receita bruta anual decorrente da venda dos bens e serviços de que trata o inciso I, por ocasião da sua opção pelo REPES.

§ 3º A receita bruta de que trata o inciso II do § 2º será considerada depois de excluídos os impostos e contribuições incidentes sobre a venda (Lei n. 11.196, de 2005, art. 2º, § 1º).

§ 4º O Poder Executivo poderá reduzir para até cinquenta por cento o percentual de que trata o inciso II do § 2º (Lei n. 11.196, de 2005, art. 2º, § 2º, e Lei n. 11.774, de 2008, art. 4º).

Comprovação

ART. 172. A adesão ao REPES fica condicionada à regularidade fiscal da pessoa jurídica em relação aos impostos e contribuições administrados pela Secretaria da Receita Federal do Brasil (Lei n. 11.196, de 2005, art. 7º).

Cancelamento

ART. 173. Na ocorrência de cancelamento de habilitação ao REPES, a pedido ou de ofício, a pessoa jurídica dele excluída fica obrigada a recolher o imposto que deixou de ser pago acrescido de juros e multa de mora, contados a partir da ocorrência do fato gerador, referentes ao imposto não pago em decorrência da suspensão de que trata o art. 171 (Lei n. 11.196, de 2005, art. 11, § 2º).

Transferência

ART. 174. A transferência de propriedade ou a cessão de uso, a qualquer título, dos bens importados com suspensão do imposto na forma do art. 171, antes de ocorrer o disposto no inciso II do § 1º do mesmo artigo, será precedida de recolhimento do imposto que deixou de ser pago, pelo beneficiário do REPES, acrescido de juros e multa de mora, contados a partir da ocorrência do fato gerador (Lei n. 11.196, de 2005, art. 11, § 3º).

Falta de Recolhimento

ART. 175. Na hipótese de não ser efetuado o recolhimento na forma dos arts. 173 e 174, será observado o disposto no art. 596 (Lei n. 11.196, de 2005, art. 11, § 4º.

CAPÍTULO VII
DA TRANSFERÊNCIA DE INCENTIVOS E BENEFÍCIOS NA SUCESSÃO

ART. 176. Os incentivos e benefícios fiscais concedidos por prazo certo e em função de determinadas condições a pessoa jurídica que vier a ser incorporada poderão ser transferidos, por sucessão, à pessoa jurídica incorporadora, mediante requerimento desta, desde que observados os limites e as condições fixados na legislação que institui o incentivo ou o benefício, em especial quanto aos aspectos vinculados (Lei n. 11.434, de 28 de dezembro de 2006, art. 8º):

I - ao tipo de atividade e de produto;

II - à localização geográfica do empreendimento;

III - ao período de fruição; e

IV - às condições de concessão ou habilitação.

§ 1º A transferência dos incentivos ou benefícios referidos no *caput* poderá ser concedida após o prazo original para habilitação, desde que dentro do período fixado para a sua fruição (Lei n. 11.434, de 2006, art. 8º, § 1º).

§ 2º Na hipótese de alteração posterior dos limites e condições fixados na legislação que institui o incentivo ou o benefício, prevalecerão aqueles vigentes à época da incorporação (Lei n. 11.434, de 2006, art. 8º, § 2º).

§ 3º A pessoa jurídica incorporadora fica obrigada, ainda, a manter, no mínimo, os estabelecimentos da empresa incorporada nas mesmas unidades da Federação previstas nos atos de concessão dos referidos incentivos ou benefícios e os níveis de produção e emprego existentes no ano imediatamente anterior ao da incorporação ou na data desta, o que for maior (Lei n. 11.434, 2006, art. 8º, § 3º).

§ 4º Na hipótese do art. 135, é vedada a alteração de benefício inicialmente concedido para a produção dos produtos referidos nos incisos I e V do seu § 1º, para aqueles referidos nos incisos VI a VIII do mesmo parágrafo, ou vice-versa (Lei n. 11.434, de 2006, art. 8º, § 4º).

CAPÍTULO VIII
DOS OPTANTES PELO SIMPLES NACIONAL

ART. 177. A microempresa e empresa de pequeno porte contribuinte do imposto, optante pelo Regime Especial Unificado de Arrecadação de Tributos e Contribuições devidos pelas Microempresas e Empresas de Pequeno Porte - Simples Nacional e que atenda ao disposto na Lei Complementar n. 123, de 2006, deverá recolher o imposto mensalmente em conjunto com os demais impostos e contribuições, nos termos especificados na referida Lei Complementar (Lei Complementar n. 123, de 2006, arts. 12, e 13, inciso II).

Parágrafo único. O recolhimento do imposto na forma do *caput* não exclui a incidência do imposto devido no desembaraço aduaneiro dos produtos de procedência estrangeira (Lei Complementar n. 123, de 2006, art. 13, inciso II, e § 1º).

Vedação de Crédito

ART. 178. Às microempresas e empresas de pequeno porte, optantes pelo Simples Nacional, é vedada:

I - a apropriação e a transferência de créditos relativos ao imposto (Lei Complementar n. 123, de 2006, art. 23, *caput*); e

II - a utilização ou destinação de qualquer valor a título de incentivo fiscal (Lei Complementar n. 123, de 2006, art. 24).

Obrigações Acessórias

ART. 179. Ficam dispensadas da escrituração dos livros fiscais e do cumprimento das demais obrigações acessórias do imposto as microempresas e empresas de pequeno porte optantes pelo Simples Nacional.

§ 1º Os contribuintes referidos no *caput* observarão as seguintes obrigações acessórias, além de outras baixadas pelo Comitê Gestor do Simples Nacional - CGSN, de que trata o inciso I do art. 2º da Lei Complementar n. 123, de 2006 (Lei Complementar n. 123, de 2006, arts. 25, 26 e 27, e Lei Complementar n. 128, de 2008, art. 2º):

I - emissão de nota fiscal na saída ou venda de produtos que industrializar ou adquirir de terceiros;

II - exame dos produtos adquiridos e respectivos documentos;

III - arquivamento dos documentos referentes às entradas e saídas, ocorridas em seu estabelecimento; e

IV - atendimento a outras obrigações acessórias que guardem relação com a prestação de informações relativas a terceiros.

§ 2º O disposto neste artigo não exclui ou limita a obrigação de exibir, ao Fisco, mercadorias, livros, arquivos, documentos, papéis, sistemas, programas e arquivos magnéticos ou assemelhados, e outros efeitos comerciais ou fiscais.

Regime de Tributação Unificada - RTU

ART. 180. A microempresa optante pelo Simples Nacional poderá aderir ao Regime de Tributação Unificada na forma da legislação específica (Lei n. 11.898, de 2009, arts. 1º e 7º).

§ 1º O Regime de Tributação Unificada:

I - permite a importação, por via terrestre, de mercadorias procedentes do Paraguai, mediante o pagamento do imposto incidente na importação em conjunto com os demais impostos e contribuições federais, nas condições especificadas na legislação (Lei n. 11.898, de 2009, arts. 2º e 9º, inciso II);

II - somente ampara os produtos relacionados pelo Poder Executivo (Lei n. 11.898, de 2009, art. 3º); e

III - é vedado a quaisquer produtos que não sejam destinados ao consumidor final, às armas e munições, fogos de artifícios, explosivos, bebidas, inclusive alcoólicas, cigarros, cigarrilhas, veículos automotores em geral e embarcações de todo tipo, inclusive suas partes e peças, medicamentos, pneus, bens usados e bens com importação suspensa ou proibida no Brasil (Lei n. 11.898, de 2009, art. 3º, parágrafo único, e Lei n. 12.402, de 2011, art. 6º). (Alterado pelo Dec. 7.990/2013.)

§ 2º O optante pelo Regime de que trata o *caput* não fará jus a qualquer benefício fiscal de isenção ou de redução do imposto, bem como de redução de suas alíquotas ou bases de cálculo (Lei n. 11.898, de 2009, art. 9º, § 2º).

CAPÍTULO IX
DO LANÇAMENTO

Conceito

ART. 181. Lançamento é o procedimento destinado à constituição do crédito tributário, que se opera de ofício ou por homologação mediante atos de iniciativa do sujeito passivo da obrigação tributária, com o pagamento antecipado do imposto e a devida comunicação à Secretaria da Receita Federal do Brasil, observando-se que tais atos (Lei n. 5.172, de 1966, arts. 142, 144, 149 e 150, e Lei n. 4.502, de 1964, arts. 19 e 20):

I - compreendem a descrição da operação que lhe dá origem, a identificação do sujeito passivo, a descrição e classificação do produto, o cálculo do imposto, com a declaração do seu valor e, sendo o caso, a penalidade prevista; e

II - reportam-se à data da ocorrência do fato gerador da obrigação e regem-se pela lei então vigente, ainda que posteriormente modificada ou revogada.

Lançamento por Homologação

ART. 182. Os atos de iniciativa do sujeito passivo, de que trata o art. 181, serão efetuados, sob a sua exclusiva responsabilidade (Lei n. 4.502, de 1964, art. 20):

I - quanto ao momento:

a) no registro da declaração de importação no Sistema Integrado de Comércio Exterior - SISCOMEX, quando do despacho aduaneiro de importação (Lei n. 4.502, de 1964, art. 19, inciso I, alínea "a");

b) na saída do produto do estabelecimento industrial ou equiparado a industrial (Lei n. 4.502, de 1964, art. 19, inciso II, alínea "a");

c) na saída do produto de armazém-geral ou outro depositário, diretamente para outro estabelecimento, quando vendido pelo próprio depositante (Lei n. 4.502, de 1964, art. 19, inciso II, alínea "b");

d) na entrega ao comprador, quanto aos produtos vendidos por intermédio de ambulantes (Lei n. 4.502, de 1964, art. 19, inciso II, alínea "b");

e) na saída da repartição onde ocorreu o desembaraço, quanto aos produtos que, por ordem do importador, forem remetidos diretamente a terceiros (Lei n. 4.502, de 1964, art. 5º, inciso I, alínea "b", e Decreto-Lei n. 1.133, de 1970, art. 1º);

f) no momento em que ficar concluída a operação industrial, quando a industrialização se der no próprio local de consumo ou de utilização, fora do estabelecimento industrial (Lei n. 4.502, de 1964, art. 19, inciso II, alínea "b");

g) no início do consumo ou da utilização do papel destinado à impressão de livros, jornais e periódicos, em finalidade diferente da que lhe é prevista na imunidade de que trata o inciso I do art. 18, ou na saída do fabricante, do importador, ou de seus estabelecimentos distribuidores, para pessoas que não sejam empresas jornalísticas ou editoras (Lei n. 9.532, de 1997, art. 40);

h) na aquisição ou, se a venda tiver sido feita antes de concluída a operação industrial, na conclusão desta, quanto aos produtos que, antes de sair do estabelecimento que os tenha industrializado por encomenda, sejam por este adquiridos;

i) no depósito para fins comerciais, na venda ou na exposição à venda, quanto aos produtos trazidos do exterior e desembaraçados com a qualificação de bagagem, com isenção ou com pagamento de tributos (Decreto-Lei n. 1.455, de 1976, art. 8º);

j) na venda, efetuada em feiras de amostras e promoções semelhantes, do produto que tenha sido remetido pelo estabelecimento industrial, ou equiparado a industrial, com suspensão do imposto;

l) na transferência simbólica da produção de álcool das usinas produtoras às suas cooperativas, equiparadas, por opção, a estabelecimento industrial;

m) no reajustamento do preço do produto, em virtude do acréscimo de valor decorrente de contrato escrito (Lei n. 4.502, de 1964, art. 19, parágrafo único, e Decreto-Lei n. 34, de 1966, art. 2º, alteração 7ª);

n) na apuração, pelo usuário, de diferença no estoque dos selos de controle fornecidos para aplicação em seus produtos (Lei n. 4.502, de 1964, art. 46, § 3º, e Decreto-Lei n. 34, de 1966, art. 2º, alteração 12ª);

o) na apuração, pelo contribuinte, de falta no seu estoque de produtos;

p) na apuração, pelo contribuinte, de diferença de preços de produtos saídos do seu estabelecimento;

q) na apuração, pelo contribuinte, de diferença do imposto em virtude do aumento da alíquota, ocorrido após emissão da primeira nota fiscal;

r) quando desatendidas as condições da imunidade, da isenção ou da suspensão do imposto;

s) na venda do produto que for consumido ou utilizado dentro do estabelecimento industrial (Lei n. 9.532, de 1997, art. 38);

t) na saída de bens de produção dos associados para as suas cooperativas, equiparadas, por opção, a estabelecimento industrial; ou

u) na ocorrência dos demais casos não especificados neste artigo, em que couber a exigência do imposto; e

II - quanto ao documento:

a) no registro da declaração de importação no SISCOMEX, quando se tratar de desembaraço aduaneiro de produto de procedência estrangeira (Lei n. 4.502, de 1964, art. 19, inciso I, alínea "a");

b) no documento de arrecadação, para outras operações, realizadas por firmas ou pessoas não sujeitas habitualmente ao pagamento do imposto; ou

c) na nota fiscal, quanto aos demais casos (Lei n. 4.502, de 1964, art. 19, inciso II).

ART. 183. Os atos de iniciativa do sujeito passivo, no lançamento por homologação, aperfeiçoam-se com o pagamento do imposto ou com a compensação deles, nos termos do art. 268 e efetuados antes de qualquer procedimento de ofício da autoridade administrativa (Lei n. 5.172, de 1966, art. 150, *caput* e § 1º, Lei n. 9.430, de 1996, arts. 73 e 74, Lei n. 10.637, de 2002, art. 49, Lei n. 10.833, de 2003, art. 17, e Lei n. 11.051, de 2004, art. 4º).

Parágrafo único. Considera-se pagamento:

I - o recolhimento do saldo devedor, após serem deduzidos os créditos admitidos dos débitos, no período de apuração do imposto;

II - o recolhimento do imposto não sujeito a apuração por períodos, haja ou não créditos a deduzir; ou

III - a dedução dos débitos, no período de apuração do imposto, dos créditos admitidos, sem resultar saldo a recolher.

Presunção de Lançamento Não Efetuado

ART. 184. Considerar-se-ão não efetuados os atos de iniciativa do sujeito passivo, para o lançamento:

I - quando o documento for reputado sem valor por lei ou por este Regulamento (Lei n. 4.502, de 1964, art. 23, inciso II);

II - quando o produto tributado não se identificar com o descrito no documento (Lei n. 4.502, de 1964, art. 23, inciso III); ou

III - quando estiver em desacordo com as normas deste Capítulo (Lei n. 4.502, de 1964, art. 23, inciso I).

Parágrafo único. Nos casos dos incisos I e III não será novamente exigido o imposto já efetivamente recolhido, e, no caso do inciso II, se a falta resultar de presunção legal e o imposto estiver também comprovadamente pago.

Homologação

ART. 185. Antecipado o recolhimento do imposto, o lançamento tornar-se-á definitivo com a sua expressa homologação pela autoridade administrativa (Lei n. 5.172, de 1966, art. 150).

Parágrafo único. Ressalvada a ocorrência de dolo, fraude ou simulação, ter-se-á como homologado o lançamento efetuado nos termos do art. 183 quando sobre ele, após cinco anos da data da ocorrência do fato gerador da obrigação tributária, a autoridade administrativa não se tenha pronunciado (Lei n. 5.172, de 1966, art. 150, § 4º).

Lançamento de Ofício

ART. 186. Se o sujeito passivo não tomar as iniciativas para o lançamento ou as tomar nas condições do art. 184, o imposto será lançado de ofício (Lei n. 5.172, de 1966, art. 149, e Lei n. 4.502, de 1964, art. 21).

§ 1º No caso do inciso VII do art. 25, o imposto não recolhido espontaneamente será exigido em procedimento de ofício, pela Secretaria da Receita Federal do Brasil, com os acréscimos aplicáveis à espécie (Lei n. 9.532, de 1997, art. 39, § 6º).

§ 2º O documento hábil, para a sua realização, será o auto de infração ou a notificação de lançamento, conforme a infração seja constatada, respectivamente, no serviço externo ou no serviço interno da repartição.

§ 3º O lançamento de ofício de que trata o *caput* é atribuição, em caráter privativo, dos ocupantes do cargo de Auditor-Fiscal da Receita Federal do Brasil (Lei n. 10.593, de 6 de dezembro de 2002, art. 6º, e Lei n.11.457, de 16 de março de 2007, art. 9º).

Lançamento Antecipado

ART. 187. Será facultado ao sujeito passivo da obrigação tributária antecipar os atos de sua iniciativa, para o momento:

I - da venda, quando esta for à ordem ou para entrega futura do produto (Lei n. 4.502, de 1964, art. 51, inciso II); ou

II - do faturamento, pelo valor integral, no caso de produto cuja unidade não possa ser transportada de uma só vez (Lei n. 4.502, de 1964, art. 51, inciso I).

Decadência

ART. 188. O direito de constituir o crédito tributário extingue-se após cinco anos, contados:

I - da ocorrência do fato gerador, quando, tendo o sujeito passivo antecipado o pagamento do imposto, a autoridade administrativa não homologar o lançamento, salvo se tiver ocorrido dolo, fraude ou simulação (Lei n. 5.172, de 1966, art. 150, § 4º);

II - do primeiro dia do exercício seguinte àquele em que o sujeito passivo já poderia ter tomado a iniciativa do lançamento (Lei n. 5.172, de 1966, art. 173, inciso I); ou

III - da data em que se tornar definitiva a decisão que houver anulado, por vício formal, o lançamento anteriormente efetuado (Lei n. 5.172, de 1966, art. 173, inciso II).

Parágrafo único. O direito a que se refere este artigo extingue-se definitivamente com o decurso do prazo nele previsto, contado da data em que tenha sido iniciada a constituição do crédito tributário pela notificação, ao sujeito passivo, de qualquer medida preparatória indispensável ao lançamento (Lei n. 5.172, de 1966, art. 173, parágrafo único).

CAPÍTULO X
DO CÁLCULO DO IMPOSTO

SEÇÃO I
DAS DISPOSIÇÕES PRELIMINARES

ART. 189. O imposto será calculado mediante aplicação das alíquotas, constantes da TIPI, sobre o valor tributável dos produtos (Lei n. 4.502, de 1964, art. 13).

Parágrafo único. O disposto no *caput* não exclui outra modalidade de cálculo do imposto estabelecida em legislação específica.

SEÇÃO II
DA BASE DE CÁLCULO

Valor Tributável

ART. 190. Salvo disposição em contrário deste Regulamento, constitui valor tributável:

I - dos produtos de procedência estrangeira:

a) o valor que servir ou que serviria de base para o cálculo dos tributos aduaneiros, por ocasião do despacho de importação, acrescido do montante desses tributos e dos encargos cambiais efetivamente pagos pelo importador ou dele exigíveis (Lei n. 4.502, de 1964, art. 14, inciso I, alínea "b"); e

b) o valor total da operação de que decorrer a saída do estabelecimento equiparado a industrial (Lei n. 4.502, de 1964, art. 18); ou

II - dos produtos nacionais, o valor total da operação de que decorrer a saída do estabelecimento industrial ou equiparado a industrial (Lei n. 4.502, de 1964, art. 14, inciso II, e Lei n. 7.798, de 1989, art. 15).

§ 1º O valor da operação referido na alínea "b" do inciso I e no inciso II compreende o preço do produto, acrescido do valor do frete e das demais despesas acessórias, cobradas ou debitadas pelo contribuinte ao comprador ou destinatário (Lei n. 4.502, de 1964, art. 14, § 1º, Decreto-Lei n. 1.593, de 1977, art. 27, e Lei n. 7.798, de 1989, art. 15).

§ 2º Será também considerado como cobrado ou debitado pelo contribuinte, ao comprador ou destinatário, para efeitos do disposto no § 1º, o valor do frete, quando o transporte for realizado ou cobrado por firma controladora ou controlada - Lei n. 6.404, de 15 de dezembro de 1976, art. 243, coligadas - Lei n. 10.406, de 10 de janeiro de 2002, art. 1.099, e Lei n. 11.941, de 27 de maio de 2009, art. 46, parágrafo único, ou interligada - Decreto-Lei n. 1.950, de 1982, art. 10, § 2º - do estabelecimento contribuinte ou por firma com a qual este tenha relação de interdependência, mesmo quando o frete seja subcontratado (Lei n. 4.502, de 1964, art. 14, § 3º, e Lei n. 7.798, de 1989, art. 15).

§ 3º Não podem ser deduzidos do valor da operação os descontos, diferenças ou abatimentos, concedidos a qualquer título, ainda que incondicionalmente (Lei n. 4.502, de 1964, art. 14, § 2º, Decreto-Lei n. 1.593, de 1977, art. 27, e Lei n. 7.798, de 1989, art. 15).

§ 4º Nas saídas de produtos a título de consignação mercantil, o valor da operação referido na alínea "b" do inciso I e no inciso II do *caput*, será o preço de venda do consignatário, estabelecido pelo consignante.

§ 5º Poderão ser excluídos da base de cálculo do imposto os valores recebidos pelo fabricante ou importador nas vendas diretas ao consumidor final dos veículos classificados nas Posições 87.03 e 87.04 da TIPI, por conta e ordem dos concessionários de que trata a Lei n. 6.729, de 28 de novembro de 1979, a estes devidos pela intermediação ou entrega dos veículos, nos termos estabelecidos nos respectivos contratos de concessão (Lei n. 10.485, de 2002, art. 2º).

§ 6º Os valores referidos no § 5º não poderão exceder a nove por cento do valor total da operação (Lei n} 10.485, de 2002, art. 2º, § 2º, inciso I).

ART. 191. Nos casos de produtos industrializados por encomenda, será acrescido, pelo industrializador, ao valor da operação definido no art. 190, salvo se se tratar de insumos usados, o valor das matérias-primas, dos produtos intermediários e dos materiais de embalagem, fornecidos pelo encomendante, desde que este não destine os produtos industrializados (Lei n. 4.502, de 1964, art. 14, § 4º, Decreto-Lei n. 1.593, de 1977, art. 27, e Lei n. 7.798, de 1989, art. 15):

I - a comércio;

II - a emprego, como matéria-prima ou produto intermediário, em nova industrialização; ou

III - a emprego no acondicionamento de produtos tributados.

ART. 192. Considera-se valor tributável o preço corrente do produto ou seu similar, no mercado atacadista da praça do remetente, na forma do disposto nos arts. 195 e 196, na saída do produto do estabelecimento industrial ou equiparado a industrial, quando a saída se der a título de locação ou arrendamento mercantil ou decorrer de operação a título gratuito, assim considerada também aquela que, em virtude de não transferir a propriedade do produto, não importe em fixar-lhe o preço (Lei n. 4.502, de 1964, art. 16).

ART. 193. Na saída de produtos do estabelecimento do importador, em arrendamento mercantil, nos termos da Lei n. 6.099, de 12 de setembro de 1974, o valor tributável será:

I - o preço corrente do mercado atacadista da praça em que o estabelecimento arrendador estiver domiciliado (Lei n. 6.099, de 1974, art.

18, e Lei n. 7.132, de 26 de outubro de 1983, art. 1º, inciso III); ou

II - o valor que serviu de base de cálculo do imposto no desembaraço aduaneiro, se for demonstrado comprovadamente que o preço dos produtos importados é igual ou superior ao que seria pago pelo arrendatário se os importasse diretamente (Lei n. 6.099, de 1974, art. 18, § 2º).

ART. 194. O imposto incidente sobre produtos usados, adquiridos de particulares ou não, que sofrerem o processo de industrialização, de que trata o inciso V do art. 4º (renovação ou recondicionamento), será calculado sobre a diferença de preço entre a aquisição e a revenda (Decreto-Lei n. 400, de 1968, art. 7º).

Valor Tributável Mínimo

ART. 195. O valor tributável não poderá ser inferior:

I - ao preço corrente no mercado atacadista da praça do remetente quando o produto for destinado a outro estabelecimento do próprio remetente ou a estabelecimento de firma com a qual mantenha relação de interdependência (Lei n. 4.502, de 1964, art. 15, inciso I, e Decreto-Lei n. 34, de 1966, art. 2º, alteração 5ª);

II - a noventa por cento do preço de venda aos consumidores, não inferior ao previsto no inciso I, quando o produto for remetido a outro estabelecimento da mesma empresa, desde que o destinatário opere exclusivamente na venda a varejo (Lei n. 4.502, de 1964, art. 15, inciso II, e Lei n. 9.532, de 1997, art. 37, inciso III);

III - ao custo de fabricação do produto, acrescido dos custos financeiros e dos de venda, administração e publicidade, bem como do seu lucro normal e das demais parcelas que devam ser adicionadas ao preço da operação, no caso de produtos saídos do estabelecimento industrial, ou equiparado a industrial, com destino a comerciante autônomo, ambulante ou não, para venda direta a consumidor (Lei n. 4.502, de 1964, art. 15, inciso III,e Decreto-Lei n. 1.593, de 1977, art. 28); e

IV - a setenta por cento do preço da venda a consumidor no estabelecimento moageiro, nas remessas de café torrado a estabelecimento comercial varejista que possua atividade acessória de moagem (Decreto-Lei n. 400, de 1968, art. 8º).

§ 1º No caso do inciso II, sempre que o estabelecimento comercial varejista vender o produto por preço superior ao que haja servido à determinação do valor tributável, será este reajustado com base no preço real de venda, o qual, acompanhado da respectiva demonstração, será comunicado ao remetente, até o último dia do período de apuração subsequente ao da ocorrência do fato, para efeito de lançamento e recolhimento do imposto sobre a diferença verificada.

§ 2º No caso do inciso III, o preço de revenda do produto pelo comerciante autônomo, ambulante ou não, indicado pelo estabelecimento industrial, ou equiparado a industrial, não poderá ser superior ao preço de aquisição acrescido dos tributos incidentes por ocasião da aquisição e da revenda do produto, e da margem de lucro normal nas operações de revenda.

ART. 196. Para efeito de aplicação do disposto nos incisos I e II do art. 195, será considerada a média ponderada dos preços de cada produto, em vigor no mês precedente ao da saída do estabelecimento remetente, ou, na sua falta, a correspondente ao mês imediatamente anterior àquele.

Parágrafo único. Inexistindo o preço corrente no mercado atacadista, para aplicação do disposto neste artigo, tomar-se-á por base de cálculo:

I - no caso de produto importado, o valor que serviu de base ao Imposto de Importação, acrescido desse tributo e demais elementos componentes do custo do produto, inclusive a margem de lucro normal; e

II - no caso de produto nacional, o custo de fabricação, acrescido dos custos financeiros e dos de venda, administração e publicidade, bem como do seu lucro normal e das demais parcelas que devam ser adicionadas ao preço da operação, ainda que os produtos hajam sido recebidos de outro estabelecimento da mesma firma que os tenha industrializado.

Arbitramento do Valor Tributável

ART. 197. Ressalvada a avaliação contraditória, decorrente de perícia, o Fisco poderá arbitrar o valor tributável ou qualquer dos seus elementos, quando forem omissos ou não merecerem fé os documentos expedidos pelas partes ou, tratando-se de operação a título gratuito, quando inexistir ou for de difícil apuração o valor previsto no art. 192 (Lei n. 5.172, de 1966, art. 148, e Lei n. 4.502, de 1964, art. 17).

§ 1º Salvo se for apurado o valor real da operação, nos casos em que este deva ser considerado, o arbitramento tomará por base, sempre que possível, o preço médio do produto no mercado do domicílio do contribuinte, ou, na sua falta, nos principais mercados nacionais, no trimestre civil mais próximo ao da ocorrência do fato gerador.

§ 2º Na impossibilidade de apuração dos preços, o arbitramento será feito segundo o disposto no art. 196.

ART. 198. Na impossibilidade de identificação da mercadoria importada, em razão de seu extravio ou consumo, e de descrição genérica nos documentos comerciais e de transporte disponíveis, para fins do disposto naalínea "a" do inciso I do art. 190, a base de cálculo do Imposto de Importação será arbitrada em valor equivalente à média dos valores por quilograma de todas as mercadorias importadas a título definitivo, pela mesma via de transporte internacional, constantes de declarações registradas no semestre anterior, incluídas as despesas de frete e seguro internacionais, acrescida de duas vezes o correspondente desvio padrão estatístico (Lei n. 10.833, de 2003, art. 67, § 1º).

Parágrafo único. Na falta de informação sobre o peso da mercadoria, adotar-se-á o peso líquido admitido na unidade de carga utilizada no seu transporte (Lei n. 10.833, de 2003, art. 67, § 2º).

ART. 199. Será aplicada, para fins de cálculo do IPI na hipótese do art. 198, a alíquota de cinquenta por cento (Lei n. 10.833, de 2003, art. 67).

SEÇÃO III
DOS PRODUTOS DOS CAPÍTULOS 17, 18, 21, 22 E 24 DA TIPI

ART. 200. Os produtos dos Capítulos 17, 18, 21, 22 e 24 da TIPI relacionados nesta Seção sujeitam-se, por unidade ou por determinada quantidade de produto, ao imposto, fixado em reais, conforme tabelas de Classes de valores ou valores constantes das Notas Complementares NC (17-1), NC (18-1), NC (21-2), NC (22-3), NC (24-1) e NC (24-2) da TIPI e da Tabela do art. 209 (Lei n. 7.798, de 1989, arts. 1º, *caput* e § 2º, alínea "b", e 3º).

§ 1º O Poder Executivo poderá excluir ou incluir outros produtos no regime tributário de que trata este artigo (Lei n. 7.798, de 1989, art. 1º, § 2º, alínea "b").

§ 2º O enquadramento do produto ou de grupo de produtos poderá se dar sob Classe única (Lei n. 7.798, de 1989, art. 1º, § 2º, alínea "d").

ART. 201. Os valores do imposto poderão ser alterados, pelo Ministro de Estado da Fazenda, tendo em vista o comportamento do mercado na comercialização dos produtos (Lei n. 8.218, de 1991, art. 1º).

ART. 202. A alteração de que trata o art. 201 poderá ser feita até o limite que corresponder ao que resultaria da aplicação da alíquota a que o produto estiver sujeito na TIPI sobre o valor tributável (Lei n. 8.218, de 1991, art. 1º, § 1º).

§ 1º Para efeito deste artigo, o valor tributável é o preço normal de uma operação de venda, sem descontos ou abatimentos, para terceiros que não sejam interdependentes ou distribuidores, nem empresa interligada - Decreto-Lei n. 1.950, de 1982, art. 10, § 2º -, coligada - Lei n. 10.406, de 2002, art. 1.099, e Lei n. 11.941, de 2009, art. 46, parágrafo único, controlada ou controladora - Lei n. 6.404, de 1974, art. 243 (Lei n. 7.798, de 1989, art. 2º, § 1º, e Lei n. 8.218, de 1991, art. 1º, § 2º).

§ 2º No caso de produtos de procedência estrangeira, o valor tributável é o previsto na alínea "a" do inciso I do art. 190.

ART. 203. O enquadramento dos produtos em Classes de valores de imposto, ou a fixação dos valores do imposto por unidade de medida a que estão sujeitos os produtos referidos no art. 200, será feito até o limite estabelecido no art. 202 (Lei n. 7.798, de 1989, art. 2º, e Lei n. 8.218, de 1991, art. 1º, § 1º).

§ 1º As Classes serão estabelecidas tendo em vista a espécie do produto e, conforme o caso, a capacidade e a natureza do recipiente (Lei n. 7.798, de 1989, art. 3º, § 2º).

§ 2º Para efeitos de classificação dos produtos nos termos de que trata este artigo, não haverá distinção entre os da mesma espécie, com mesma capacidade e natureza do recipiente (Lei n. 7.798, de 1989, art. 3º, § 3º).

ART. 204. Os produtos sujeitos ao regime previsto no art. 200 pagarão o imposto uma única vez, ressalvado o disposto no § 1º deste artigo (Lei n. 7.798, de 1989, art. 4º, e Medida Provisória n. 2.158-35, de 2001, art. 33):

I - os nacionais, na saída do estabelecimento industrial, ou do estabelecimento equiparado a industrial (Lei n. 7.798, de 1989, art. 4º, inciso I); e

II - os estrangeiros, por ocasião do desembaraço aduaneiro (Lei n. 7.798, de 1989, art. 4º, inciso II).

§ 1º Quando a industrialização se der por encomenda, o imposto será devido na saída do produto (Lei n. 7.798, de 1989, art. 4º, § 1º, e Medida Provisória n. 2.158-35, de 2001, art. 33):

I - do estabelecimento que o industrializar; e

II - do estabelecimento encomendante, se industrial ou equiparado a industrial, ainda que para estabelecimento filial.

§ 2º O estabelecimento encomendante de que trata o inciso II do § 1º poderá se creditar do imposto cobrado na saída do estabelecimento executor (Lei n. 7.798, de 1989, art. 4º, § 1º, inciso II, e Medida Provisória n. 2.158-35, de 2001, art. 33).

ART. 205. O regime previsto no art. 200 não prejudica o direito ao crédito do imposto, observadas as normas deste Regulamento (Lei n. 7.798, de 1989, art. 5º).

ART. 206. Os produtos não incluídos no regime previsto no art. 200, ou que dele vierem a ser excluídos, sujeitar-se-ão, para o cálculo do imposto, ao disposto na Seção II - Da Base de Cálculo, deste Capítulo, e às alíquotas previstas na TIPI (Lei n. 7.798, de 1989, art. 6º).

Parágrafo único. O regime tributário de que trata o art. 200 não se aplica aos produtos do Capítulo 22 da TIPI acondicionados em recipientes não autorizados para a venda a consumo no varejo.

Produtos dos Capítulos 17 e 18 da TIPI

ART. 207. Os chocolates classificados nos Códigos 1704.90.10 e 1806.90.00 (exceto o Ex 01) e nas Subposições 1806.31 e 1806.32, da TIPI, estão sujeitos ao imposto conforme estabelecido na NC (17-1) e na NC (18-1) da TIPI.

Produtos do Capítulo 21 da TIPI

ART. 208. Os sorvetes classificados na Subposição 2105.00, da TIPI, que se enquadrem como sorvetes de massa ou cremosos ou como sorvetes especiais estão sujeitos ao imposto conforme estabelecido na NC (21-2) da TIPI.

Produtos do Capítulo 22 da TIPI

ART. 209. Os produtos das Posições 22.04, 22.05, 22.06 e 22.08 da TIPI estão sujeitos ao imposto, por Classes, conforme estabelecido na NC (22-3) da TIPI e de acordo com a tabela a seguir (Lei n. 7.798, de 1989, arts. 1º e 3º):

› Optamos, nesta edição, pela não publicação desta tabela.

ART. 210. O enquadramento dos produtos nacionais nas Classes de valores de imposto será feito por ato do Ministro de Estado da Fazenda, segundo (Lei n. 7.798, de 1989, arts. 2º e 3º, e Nota do seu Anexo I):

I - a capacidade do recipiente em que são comercializados, agrupados em quatro categorias:

a) até cento e oitenta mililitros;

b) de cento e oitenta e um mililitros a trezentos e setenta e cinco mililitros;

c) de trezentos e setenta e seis mililitros a seiscentos e setenta mililitros; e

d) de seiscentos e setenta e um mililitros a mil mililitros; e

II - os preços normais de venda efetuada por estabelecimento industrial ou equiparado a industrial ou os preços de venda do comércio atacadista ou varejista.

§ 1º O contribuinte informará ao Ministro de Estado da Fazenda as características de fabricação e os preços de venda, por espécie e marca do produto e por capacidade do recipiente (Lei n. 7.798, de 1989, art. 2º, § 2º).

§ 2º Para o enquadramento a que se refere o *caput*, serão observadas as seguintes disposições:

I - com base na espécie do produto e na capacidade do recipiente, o produto será classificado na menor Classe constante da Tabela do art. 209;

II - sobre o preço de venda praticado pelo estabelecimento industrial ou equiparado, será aplicada a alíquota constante da TIPI para o produto;

III - com base no valor obtido no inciso II, será identificada a Classe em que o produto se classificará entre aquelas constantes da NC (22-3) da TIPI, atendido que:

a) a Classe em que se enquadrará o produto será aquela cujo valor mais se aproxime do valor encontrado na operação a que se refere o inciso II; e

b) se o valor calculado de acordo com o inciso II resultar em valor intermediário aos valores de duas Classes consecutivas, será considerada a Classe correspondente ao maior valor;

IV - com base nas Classes identificadas nos incisos I e III e sem prejuízo do disposto no inciso V, o produto será enquadrado na Classe de maior valor, entre elas, constante da NC (22-3) da TIPI, adotado, como limite máximo, a maior Classe constante da Tabela do art. 209, observada a capacidade do recipiente; e

V - o enquadramento de vinhos de mesa comum ou de consumo corrente e aguardentes de cana, exceto o rum e outras aguardentes provenientes do melaço da cana, classificados, respectivamente, nos Códigos 2204.2 e 2208.40 da TIPI, comercializados em vasilhame retornável, dar-se-á em Classe imediatamente inferior à encontrada na forma do inciso IV, observada a Classe mínima a que se refere o inciso I.

§ 3º A alíquota de que trata o inciso II do § 2º, observadas as condições de mercado, poderá ser reduzida em até cinquenta por cento, ou em até sessenta por cento, na hipótese de aguardentes de cana, exceto o rum e outras aguardentes provenientes do melaço da cana, classificadas no Código 2208.40 da TIPI.

§ 4º O contribuinte que não prestar as informações, ou que prestá-las de forma incompleta ou com incorreções, terá o seu produto enquadrado ou reenquadrado de ofício, sendo devida a diferença de imposto, acrescida dos encargos legais (Lei n. 7.798, de 1989, art. 2º, § 3º).

§ 5º O enquadramento inicial poderá ser alterado:

I - de ofício, nos termos do § 4º; ou

II - a pedido do próprio contribuinte, atendido o disposto no § 6º.

§ 6º Ressalvadas as hipóteses previstas pela Secretaria da Receita Federal do Brasil, o reenquadramento de que trata o inciso II do § 5º deverá ser solicitado durante o mês de junho de cada ano para os produtos já comercializados que tenham seus preços alterados, e desta alteração resulte modificação na Classe de valor do imposto em que se enquadra o produto.

§ 7º Para fins do reenquadramento de que trata o § 6º, será utilizada a média ponderada dos preços apurada nos doze meses anteriores ao do pedido, ou, para produtos cujo início de comercialização se deu ao longo desse período, nos meses em que tenha havido comercialização.

§ 8º Após a formulação do pedido de enquadramento de que trata o *caput* e enquanto não editado o ato pelo Ministro de Estado da Fazenda, o contribuinte deverá enquadrar o seu produto na Tabela constante do art. 209 na maior Classe de valores, observadas as Classes por capacidade do recipiente.

§ 9º Os produtos acondicionados em recipientes de capacidade superior a mil mililitros, desde que autorizada a sua comercialização nessas embalagens, estão sujeitos ao imposto proporcionalmente ao que for estabelecido no enquadramento para o recipiente de capacidade de mil mililitros, arredondando-se para mil mililitros a fração residual, se houver (Lei n. 7.798, de 1989, Nota do seu Anexo I).

§ 10. O disposto na alínea "b" do inciso III do § 2º não se aplica aos produtos classificados nos Códigos 2204.2 e 22.06 da TIPI, exceto os Ex 01 desses Códigos, cujo enquadramento se dará na Classe de menor valor que mais se aproxime do valor encontrado na operação a que se refere o inciso II do § 2º.

ART. 211. Para efeito do desembaraço aduaneiro:

I - os produtos das Posições 22.04, 22.05, 22.06 e 22.08 da TIPI não se sujeitam ao enquadramento de que trata o art. 210, devendo o importador, ressalvado o disposto nos §§ 1º e 2º, enquadrá-lo em Classe constante da Tabela do art. 209, observadas a espécie do produto e a capacidade do recipiente, atendido que:

a) para importações sujeitas ao pagamento integral do Imposto de Importação, o enquadramento se dará na segunda Classe posterior à maior Classe prevista;

b) para importações sujeitas ao pagamento parcial do Imposto de Importação, o enquadramento se dará na Classe posterior à maior Classe prevista; e

c) para importações não sujeitas ao pagamento do Imposto de Importação, o enquadramento se dará na maior Classe prevista;

II - os chocolates classificados nos Códigos 1704.90.10 e 1806.90.00 (exceto o Ex 01) e nas Subposições 1806.31 e 1806.32 da TIPI, os sorvetes classificados na Subposição 2105.00 da TIPI que se enquadrem como sorvetes de massa ou cremosos ou como sorvetes especiais sujeitam-se ao imposto conforme estabelecido na NC (17-1), na NC (18-1), e na NC (21-2) da TIPI.

§ 1º Os vinhos de mesa finos ou nobres e especiais produzidos com uvas viníferas classificados no Código 2204.2 da TIPI e as bebidas tipo champanha classificadas no Código 2204.10.10 da TIPI, ambos de valor Free on Board - FOB unitário igual ou superior a U$ 70,00 (setenta dólares dos Estados Unidos da América), ficam excluídos do regime previsto no art. 200, sujeitando-se ao que estabelece o art. 206.

§ 2º Relativamente aos produtos do Código 2208.30 da TIPI, originários de países integrantes do Mercado Comum do Sul - MERCOSUL:

I - aplicar-se-ão as regras de que trata o art. 210, inclusive quanto à necessidade de solicitação de enquadramento pelo importador, observado o disposto no inciso I do art. 190;

II - na hipótese de o importador não solicitar o enquadramento ou, ainda, enquanto não editado o ato de enquadramento pelo Ministro de Estado da Fazenda, os produtos serão enquadrados de acordo com a regra estabelecida no inciso I do *caput*; e

III - o enquadramento divulgado para determinada marca de produto poderá ser utilizado para importações subsequentes da mesma marca do produto, pelo mesmo importador, desde que não resulte, das condições de comercialização, enquadramento em Classe distinta daquela anteriormente divulgada.

Produtos do Código 2402.20.00 da TIPI

ARTS. 212. a **217.** (Revogados pelo Dec. 7.990/2013.)

ART. 218. Os fabricantes ficam autorizados a proceder à alteração dos preços atribuídos aos seus produtos, observadas as normas estabelecidas pelo Ministro de Estado da Fazenda.

Parágrafo único. A Secretaria da Receita Federal do Brasil expedirá as normas necessárias para fins de aplicação do disposto neste artigo.

ART. 219. Os fabricantes de cigarros e cigarrilhas ficam obrigados a comunicar à Secretaria da Receita Federal do Brasil, na forma por ela estabelecida, com antecedência mínima de três dias úteis da data de vigência: (Alterado pelo Dec. 7.990/2013.)

I - as alterações de preço de venda no varejo, com indicação da data de vigência, de marcas comerciais já existentes; e (Alterado pelo Dec. 7.990/2013.)

II - os preços de venda no varejo de novas marcas comerciais. (Alterado pelo Dec. 7.990/2013.)

§ 1º A Secretaria da Receita Federal do Brasil divulgará, por meio de seu sítio na Internet, o nome das marcas comerciais de cigarros e os preços de venda no varejo de que trata o *caput*, e a data de início de sua vigência. (Lei n. 12.546, de 2011, art. 16, § 2º) (Alterado pelo Dec. 7.990/2013.)

§ 2º A comunicação, nas hipóteses dos incisos I e II do *caput*, deve ser instruída com modelo da respectiva embalagem, a qual será objeto de exame para verificação do cumprimento das exigências definidas segundo regulamentação da Secretaria da Receita Federal do Brasil. (Alterado pelo Dec. 7.990/2013.)

§ 3º A utilização de nova embalagem ou a produção de nova marca poderá ser suspensa enquanto não sanadas eventuais divergências na embalagem, apontadas a partir do exame de que trata o § 2º.

ART. 220. Cumpre aos fabricantes assegurar que os preços de venda a varejo, à data de sua entrada em vigor, sejam divulgados ao consumidor mediante tabela informativa que deverá ser entregue aos varejistas (Lei n. 9.779, de 1999, art. 16).

§ 1º Os estabelecimentos varejistas deverão afixar e manter em local visível ao público a tabela a que se refere o *caput*, cobrando dos consumidores exatamente os preços dela constantes.

§ 2º A não observância ao disposto neste artigo caracteriza descumprimento de obrigação acessória, sujeitando-se o varejista, bem como o fabricante, às penalidades previstas na legislação.

Produtos do Código 2403.10.00 da TIPI

ART. 221. O fumo picado, desfiado, migado ou em pó, não destinado a cachimbos, e o fumo em corda ou em rolo, classificado no Código 2403.10.00, da TIPI, estão sujeitos ao imposto, por unidade de produto, conforme estabelecido na NC (24-2) da TIPI (Lei n. 7.798, de 1989, art. 1º, § 2º, alínea "b").

SEÇÃO IV
DOS PRODUTOS CLASSIFICADOS NOS CÓDIGOS 21.06.90.10 EX 02, 22.01, 22.02, EXCETO OS EX 01 E EX 02 DO CÓDIGO 22.02.90.00, E 22.03

ART. 222. Os produtos classificados nos Códigos e Posições 2106.90.10 Ex 02, 22.01, 22.02, exceto os Ex 01 e Ex 02 do Código 2202.90.00, e 22.03, da TIPI, sujeitam-se ao imposto conforme o regime geral de tributação previsto no Decreto n. 6.707, de 23 de dezembro de 2008, em conformidade com a legislação de regência, na hipótese em que a pessoa jurídica que industrializa ou importa os produtos não optar pelo regime especial de que trata o art. 223 (Lei n. 10.833, de 2003, art. 58-A, e Lei n. 11.727, de 2008, art. 32).

Parágrafo único. O disposto no *caput*, em relação às Posições 22.01 e 22.02 da TIPI, alcança, exclusivamente, água e refrigerantes, refrescos, cerveja sem álcool, repositores hidroeletrolíticos e compostos líquidos prontos para o consumo que contenham como ingrediente principal inositol, glucoronolactona, taurina ou cafeína (Lei n. 10.833, de 2003, art. 58-V, e Lei n. 11.945, de 2009, art. 18).

ART. 223. A pessoa jurídica que industrializa ou importa os produtos referidos no art. 222 poderá optar por regime especial de tributação e apurar o imposto em função do valor-base que será expresso em reais por litro, definido a partir do preço de referência, nas condições estabelecidas no Decreto n. 6.707, de 2008, em conformidade com a legislação de regência (Lei n. 10.833, de 2003, arts. 58-A, 58-J e 58-O, Lei n. 11.727, de 2008, art. 32, e Lei n. 11.945, de 2009, art. 17).

§ 1º A opção pelo regime especial de que trata o *caput*:

I - alcança todos os estabelecimentos da pessoa jurídica optante e abrange todos os produtos por ela fabricados ou importados (Lei n. 10.833, de 2003, art. 58-J, § 1º, e Lei n. 11.727, de 2008, art. 32); e

II - será exercida pelo encomendante, quando a industrialização se der por encomenda (Lei n. 10.833, de 2003, art. 58-J, § 3º, e Lei n. 11.727, de 2008, art. 32).

§ 2º O imposto apurado na forma do *caput* incidirá:

I - uma única vez sobre os produtos nacionais na saída do estabelecimento industrial, observado o disposto no § 3º (Lei n. 10.833, de 2003, art. 58-N, inciso I, e Lei n. 11.727, de 2008, art. 32); e

II - sobre os produtos de procedência estrangeira no desembaraço aduaneiro e na saída do estabelecimento importador equiparado a industrial (Lei n. 10.833, de 2003, art. 58-N, inciso II, e Lei n. 11.727, de 2008, art. 32).

§ 3º Quando a industrialização se der por encomenda, o imposto apurado na forma do *caput* será devido na saída do estabelecimento que industrializar os produtos, observado o disposto no inciso VIII do art. 27 (Lei n. 10.833, de 2003, art. 58-N, parágrafo único, e Lei n. 11.727, de 2008, art. 32).

ART. 224. Nas hipóteses de infração à legislação dos regimes de que tratam os arts. 222 e 223, a exigência de multas e juros de mora dar-se-á em conformidade com os arts. 552 a 554 (Lei n. 10.833, de 2003, art. 58-S, e Lei n. 11.727, de 2008, art. 32).

CAPÍTULO XI
DOS CRÉDITOS

SEÇÃO I
DAS DISPOSIÇÕES PRELIMINARES

Não Cumulatividade do Imposto

ART. 225. A não cumulatividade é efetivada pelo sistema de crédito do imposto relativo a produtos entrados no estabelecimento do contribuinte, para ser abatido do que for devido pelos produtos dele saídos, num mesmo período, conforme estabelecido neste Capítulo (Lei n. 5.172, de 1966, art. 49).

§ 1º O direito ao crédito é também atribuído para anular o débito do imposto referente a produtos saídos do estabelecimento e a este devolvidos ou retornados.

§ 2º Regem-se, também, pelo sistema de crédito os valores escriturados a título de incentivo, bem como os resultantes das situações indicadas no art. 240.

SEÇÃO II
DAS ESPÉCIES DOS CRÉDITOS

SUBSEÇÃO I
DOS CRÉDITOS BÁSICOS

ART. 226. Os estabelecimentos industriais e os que lhes são equiparados poderão creditar-se (Lei n. 4.502, de 1964, art. 25):

I - do imposto relativo a matéria-prima, produto intermediário e material de embalagem, adquiridos para emprego na industrialização de produtos tributados, incluindo-se, entre as matérias-primas e os produtos intermediários, aqueles que, embora não se integrando ao novo produto, forem consumidos no processo de industrialização, salvo se compreendidos entre os bens do ativo permanente;

II - do imposto relativo a matéria-prima, produto intermediário e material de embalagem, quando remetidos a terceiros para industrialização sob encomenda, sem transitar pelo estabelecimento adquirente;

III - do imposto relativo a matéria-prima, produto intermediário e material de embalagem, recebidos de terceiros para industrialização de produtos por encomenda, quando estiver destacado ou indicado na nota fiscal;

IV - do imposto destacado em nota fiscal relativa a produtos industrializados por encomenda, recebidos do estabelecimento que os industrializou, em operação que dê direito ao crédito;

V - do imposto pago no desembaraço aduaneiro;

VI - do imposto mencionado na nota fiscal que acompanhar produtos de procedência estrangeira, diretamente da repartição que os liberou, para estabelecimento, mesmo exclusivamente varejista, do próprio importador;

VII - do imposto relativo a bens de produção recebidos por comerciantes equiparados a industrial;

VIII - do imposto relativo aos produtos recebidos pelos estabelecimentos equiparados a industrial que, na saída destes, estejam sujeitos ao imposto, nos demais casos não compreendidos nos incisos V a VII;

IX - do imposto pago sobre produtos adquiridos com imunidade, isenção ou suspensão quando descumprida a condição, em operação que dê direito ao crédito; e

X - do imposto destacado nas notas fiscais relativas a entregas ou transferências simbólicas do produto, permitidas neste Regulamento.

Parágrafo único. Nas remessas de produtos para armazém-geral ou depósito fechado, o direito ao crédito do imposto, quando admitido, é do estabelecimento depositante.

ART. 227. Os estabelecimentos industriais, e os que lhes são equiparados, poderão, ainda, creditar-se do imposto relativo a matéria-prima, produto intermediário e material de embalagem, adquiridos de comerciante atacadista não contribuinte, calculado pelo adquirente, mediante aplicação da alíquota a que estiver sujeito o produto, sobre cinquenta por cento do seu valor, constante da respectiva nota fiscal (Decreto-Lei n. 400, de 1968, art. 6º).

ART. 228. As aquisições de produtos de estabelecimentos optantes pelo Simples Nacional, de que trata o art. 177, não ensejarão aos adquirentes direito a fruição de crédito do imposto relativo a matéria-prima, produto intermediário e material de embalagem (Lei Complementar n. 123, de 2006, art. 23, *caput*).

SUBSEÇÃO II
DOS CRÉDITOS POR DEVOLUÇÃO OU RETORNO DE PRODUTOS

ART. 229. É permitido ao estabelecimento industrial, ou equiparado a industrial, creditar-se do imposto relativo a produtos tributados recebidos em devolução ou retorno, total ou parcial (Lei n. 4.502, de 1964, art. 30).

ART. 230. No caso de locação ou arrendamento, a reentrada do produto no estabelecimento remetente não dará direito ao crédito do imposto, salvo se o produto tiver sido submetido a nova industrialização e ocorrer nova saída tributada.

Procedimentos

ART. 231. O direito ao crédito do imposto ficará condicionado ao cumprimento das seguintes exigências:

I - pelo estabelecimento que fizer a devolução, emissão de nota fiscal para acompanhar o produto, declarando o número, data da emissão e o valor da operação constante do documento originário, bem como indicando o imposto relativo às quantidades devolvidas e a causa da devolução; e

II - pelo estabelecimento que receber o produto em devolução:

a) menção do fato nas vias das notas fiscais originárias conservadas em seus arquivos;

b) escrituração das notas fiscais recebidas, nos livros Registro de Entradas e Registro de Controle da Produção e do Estoque ou em sistema equivalente, nos termos do art. 466; e

c) comprovação, pelos registros contábeis e demais elementos de sua escrita, do ressarcimento do valor dos produtos devolvidos, mediante crédito ou restituição dele, ou substituição do produto, salvo se a operação tiver sido feita a título gratuito.

Parágrafo único. O disposto neste artigo não se aplica à volta do produto, pertencente a terceiros, ao estabelecimento industrial, ou equiparado a industrial, exclusivamente para operações de conserto, restauração, recondicionamento ou reparo, previstas nos incisos XI e XII do art. 5º.

ART. 232. Quando a devolução for feita por pessoa física ou jurídica não obrigada à emissão de nota fiscal, acompanhará o produto carta ou memorando do comprador, em que serão declarados os motivos da devolução, competindo ao vendedor, na entrada, a emissão de nota fiscal com a indicação do número, data da emissão da nota fiscal originária e do valor do imposto relativo às quantidades devolvidas.

Parágrafo único. Quando ocorrer a hipótese prevista no *caput*, assumindo o vendedor o encargo de retirar ou transportar o produto devolvido, servirá a nota fiscal para acompanhá-lo no trânsito para o seu estabelecimento.

ART. 233. Se a devolução do produto for feita a outro estabelecimento do mesmo contribuinte, que o tenha industrializado ou importado, e que não opere exclusivamente a varejo, o que o receber poderá creditar-se pelo imposto, desde que registre a nota fiscal nos livros Registro de Entradas e Registro de Controle da Produção e do Estoque ou em sistema equivalente, nos termos do art. 466.

ART. 234. Na hipótese de retorno de produtos, deverá o remetente, para creditar-se do imposto, escriturá-lo nos livros Registro de Entradas e Registro de Controle da Produção e do Estoque ou em sistema equivalente, nos termos do art. 466, com base na nota fiscal, emitida na entrada dos produtos, a qual fará referência aos dados da nota fiscal originária.

ART. 235. Produtos que, por qualquer motivo, não forem entregues ao destinatário originário constante da nota fiscal emitida na saída da mercadoria do estabelecimento podem ser enviados a destinatário diferente do que tenha sido indicado na nota fiscal originária, sem que retornem ao estabelecimento remetente, desde que este:

I - emita nota fiscal de entrada simbólica do produto, para creditar-se do imposto, com indicação do número e da data de emissão da nota fiscal originária e do valor do imposto nela destacado, efetuando a sua escrituração nos livros Registro de Entradas e Registro de Controle da Produção e do Estoque ou em sistema equivalente, nos termos do art. 466; e

II - emita nota fiscal com destaque do imposto em nome do novo destinatário, com citação do local de onde os produtos devam sair.

SUBSEÇÃO III

DOS CRÉDITOS COMO INCENTIVO

Incentivos à SUDENE e à SUDAM

ART. 236. Será convertido em crédito do imposto o incentivo atribuído ao programa de alimentação do trabalhador nas áreas da SUDENE e da SUDAM, nos termos dos arts. 2º e 3º da Lei n. 6.542, de 28 de junho de 1978, atendidas as instruções expedidas pelo Secretário da Receita Federal do Brasil (Lei Complementar n. 124, de 2007, arts. 1º, 2º e 19, Lei Complementar n. 125, de 2007, arts. 1º, 2º e 22, e Lei n. 6.542, de 1978, arts. 2º e 3º).

Aquisição da Amazônia Ocidental

ART. 237. Os estabelecimentos industriais poderão creditar-se do valor do imposto calculado, como se devido fosse, sobre os produtos adquiridos com a isenção do inciso III do art. 95, desde que para emprego como matéria-prima, produto intermediário e material de embalagem, na industrialização de produtos sujeitos ao imposto (Decreto-Lei n. 1.435, de 1975, art. 6º, § 1º).

Outros Incentivos

ART. 238. É admitido o crédito do imposto relativo às matérias-primas, aos produtos intermediários e aos materiais de embalagem adquiridos para emprego na industrialização de produtos destinados à exportação para o exterior, saídos com imunidade (Decreto-Lei n. 491, de 1969, art. 5º, e Lei n. 8.402, de 1992, art. 1º, inciso II).

ART. 239. É admitido o crédito do imposto relativo às matérias-primas, aos produtos intermediários e aos materiais de embalagem adquiridos para emprego na industrialização de produtos saídos com suspensão do imposto e que posteriormente sejam destinados à exportação nos casos dos incisos IV, V, XIV e XV do art. 43 (Decreto-Lei n. 491, de 1969, art. 5º, e Lei n. 8.402, de 1992, arts. 1º, inciso II, e 3º, e Lei n. 9.532, de 1997, art. 39, § 1º).

SUBSEÇÃO IV

DOS CRÉDITOS DE OUTRA NATUREZA

ART. 240. É ainda admitido ao contribuinte creditar-se:

I - do valor do imposto, já escriturado, no caso de cancelamento da respectiva nota fiscal, antes da saída da mercadoria; e

II - do valor da diferença do imposto em virtude de redução de alíquota, nos casos em que tenha havido lançamento antecipado previsto no art. 187.

Parágrafo único. Nas hipóteses previstas neste artigo, o contribuinte deverá, ao registrar o crédito, anotar o motivo dele na coluna "Observações" do livro Registro de Apuração do IPI.

SUBSEÇÃO V

DO CRÉDITO PRESUMIDO

Ressarcimento de Contribuições

ART. 241. A empresa produtora e exportadora de mercadorias nacionais fará jus a crédito presumido do imposto, como ressarcimento das contribuições de que tratam as Leis Complementares n. 7, de 1970, n. 8, de 1970, e n. 70, de 1991, incidentes sobre as respectivas aquisições, no mercado interno, de matéria-prima, produto intermediário e material de embalagem, para utilização no processo produtivo (Lei n. 9.363, de 13 de dezembro de 1996, art. 1º).

§ 1º O disposto neste artigo aplica-se, inclusive, nos casos de venda a empresa comercial exportadora com o fim específico de exportação para o exterior (Lei n. 9.363, de 1996, art. 1º, parágrafo único).

§ 2º O crédito presumido de que trata o *caput* será determinado de conformidade com o art. 242 (Lei n. 9.363, de 1996, art. 2º).

§ 3º Alternativamente ao disposto no § 2º, a pessoa jurídica produtora e exportadora de mercadorias nacionais para o exterior poderá determinar o valor do crédito presumido do imposto, de conformidade com o disposto no art. 243 (Lei n. 10.276, de 10 de setembro de 2001, art. 1º).

§ 4º Aplicam-se ao crédito presumido determinado na forma do § 3º todas as demais normas estabelecidas na Lei n. 9.363, de 1996, que institui o crédito presumido a que se refere o *caput* (Lei n. 10.276, de 2001, art. 1º, § 5º).

§ 5º O disposto neste artigo não se aplica às pessoas jurídicas produtoras sujeitas à incidência não cumulativa das contribuições de que trata o *caput* (Lei n. 10.833, de 2003, art. 14).

Apuração

ART. 242. O crédito fiscal a que se refere o § 2º do art. 241 será o resultado da aplicação do percentual de cinco inteiros e trinta e sete centésimos por cento sobre a base de cálculo definida no § 1º (Lei n. 9.363, de 1996, art. 2º, § 1º).

§ 1º A base de cálculo do crédito presumido será determinada mediante a aplicação, sobre o valor total das aquisições de matéria-prima, produto intermediário e material de embalagem referidas no art. 241, do percentual correspondente à relação entre a receita de exportação e a receita operacional bruta do produtor exportador (Lei n. 9.363, de 1996, art. 2º).

§ 2º A apuração do montante da receita operacional bruta, da receita de exportação e do valor das matérias-primas, dos produtos intermediários e dos materiais de embalagem será efetuada nos termos do art. 3º da Lei n. 9.363, de 1996 (Lei n. 9.363, de 1996, art. 3º).

ART. 243. O crédito fiscal a que se refere o § 3º do art. 241 será determinado mediante a aplicação, sobre a base de cálculo definida no § 1º, do fator (F) calculado pela fórmula constante do § 2º (Lei n. 10.276, de 2001, art. 1º, § 2º).

§ 1º A base de cálculo do crédito presumido de que trata o *caput* será o somatório das aquisições de matéria-prima, produto intermediário e material de embalagem, referidos no art. 241, bem como dos custos de energia elétrica e combustíveis, e do preço da industrialização por encomenda, na hipótese em que o encomendante seja o contribuinte do IPI, sobre os quais incidiram as contribuições ali mencionadas (Lei n. 10.276, de 2001, art. 1º, § 1º).

§ 2º O fator (F) a que se refere o *caput* será calculado pela fórmula a seguir indicada (Lei n. 10.276, de 2001, art. 1º, § 2º, e Anexo):

$$F = \frac{0{,}0365.Rx}{(Rt-C)}$$

onde:

F é o fator;

Rx é a receita de exportação;

Rt é a receita operacional bruta; e

C é o custo de produção determinado na forma do § 1º; e

$\frac{Rx,}{(Rt-C)}$ é o quociente de que trata o inciso I do § 3º.

§ 3º Na determinação do fator (F), de que trata o § 2º, serão observadas as seguintes limitações (Lei n. 10.276, de 2001, art. 1º, § 3º):

I - o quociente $\frac{Rx}{(Rt-C)}$ será reduzido a cinco, quando resultar superior; e

II - o valor dos custos previstos no § 1º será apropriado até o limite de oitenta por cento da receita bruta operacional.

ART. 244. A apuração do crédito presumido do imposto será efetuada, de forma centralizada, pelo estabelecimento matriz da pessoa jurídica (Lei n. 9.363, de 1996, art. 2º, § 2º, e Lei n. 9.779, de 1999, art. 15, inciso II).

ART. 245. O Ministro de Estado da Fazenda disporá quanto à periodicidade para a apuração e fruição do crédito presumido, à definição de receita de exportação e aos documentos fiscais comprobatórios dos lançamentos a este título, efetuados pelo produtor exportador (Lei n. 9.363, de 1996, art. 6º).

Dedução e Ressarcimento

ART. 246. O crédito presumido, apurado na forma do art. 244, poderá ser transferido para qualquer estabelecimento da empresa, para efeito de compensação com o imposto, observadas as normas expedidas pela Secretaria da Receita Federal do Brasil (Lei n. 9.363, de 1996, art. 2º, § 3º).

ART. 247. O produtor exportador que fizer jus ao crédito presumido, no caso de comprovada impossibilidade de sua dedução do imposto devido, nas operações de venda no mercado interno, poderá aproveitá-lo na forma estabelecida pelo Ministro de Estado da Fazenda, inclusive mediante ressarcimento em moeda corrente (Lei n. 9.363, de 1996, arts. 4º e 6º).

Parágrafo único. O ressarcimento em moeda corrente será efetuado ao estabelecimento matriz da pessoa jurídica (Lei n. 9.363, de 1996, art. 4º, parágrafo único).

Estorno

ART. 248. A eventual restituição, ao fornecedor, das importâncias recolhidas em pagamento das contribuições referidas no art. 241, bem como a compensação mediante crédito, implica imediato estorno, pelo produtor exportador, do valor correspondente (Lei n. 9.363, de 1996, art. 5º).

Produtos não Exportados

ART. 249. A empresa comercial exportadora que houver adquirido mercadorias de outra pessoa jurídica, com o fim específico de exportação para o exterior, que, no prazo de cento e oitenta dias, contados da data da emissão da nota fiscal pela vendedora, não comprovar o seu embarque para o exterior ou, por qualquer forma, tenha alienado ou utilizado as mercadorias, ficará sujeita ao pagamento do imposto que deixou de ser pago pela pessoa jurídica vendedora, acrescido de juros de mora e multa, de mora ou de ofício, calculados na forma da legislação que rege a cobrança do tributo não pago, bem como de valor correspondente ao do crédito presumido atribuído à empresa produtora-vendedora (Lei n. 9.363, de 1996, art. 2º, § 4º, Lei n. 10.637, de 2002, art. 7º, e Lei n. 10.833, de 2003, art. 9º).

§ 1º O valor correspondente ao crédito presumido, a ser pago pela empresa comercial exportadora, será determinado mediante a aplicação do percentual de cinco inteiros e trinta e sete centésimos por cento sobre sessenta por cento do preço de aquisição dos produtos adquiridos e não exportados (Lei n. 9.363, de 1996, art. 2º, § 5º).

§ 2º Na hipótese da opção de que trata o § 3º do art. 241, o valor a ser pago, correspondente ao crédito presumido, será determinado mediante a aplicação do fator fornecido pelo estabelecimento matriz da empresa produtora, calculado na forma do § 2º do art. 243, sobre sessenta por cento do preço de aquisição dos produtos industrializados não exportados (Lei n. 10.276, de 2001, art. 1º, §§ 2º e 5º).

§ 3º O recolhimento do valor correspondente ao do crédito presumido atribuído à pessoa jurídica produtora-vendedora deverá ser efetuado até o décimo dia subsequente ao do vencimento do prazo estabelecido para a efetivação da exportação, com os acréscimos moratórios definidos nos arts. 552 a 554, calculados a partir do primeiro dia do mês subsequente ao de emissão da nota fiscal de venda dos produtos para a empresa comercial exportadora (Lei n. 9.363, de 1996, art. 2º, § 7º).

§ 4º Na hipótese de que trata este artigo, considera-se vencido o prazo para pagamento do imposto na data em que a pessoa jurídica vendedora deveria fazê-lo, caso a venda houvesse sido efetuada para o mercado interno (Lei n. 10.637, de 2002, art. 7º, § 1º, e Lei n. 10.833, de 2003, art. 9º, § 1º).

§ 5º No pagamento do imposto, a empresa comercial exportadora não poderá deduzir, do montante devido, qualquer valor a título de crédito, decorrente da aquisição das mercadorias objeto da incidência (Lei n. 10.637, de 2002, art. 7º, § 2º, e Lei n. 10.833, de 2003, art. 9º, § 2º).

ART. 250. Quando a empresa comercial exportadora revender, no mercado interno, antes do prazo de cento e oitenta dias, contados da data de emissão da nota fiscal de venda pela empresa produtora, os produtos adquiridos para exportação, o recolhimento dos valores referidos no art. 249 deverá ser efetuado até o décimo dia subsequente ao da data de revenda, com os acréscimos moratórios de que trata o § 3º do mesmo artigo (Lei n. 9.363, de 1996, art. 2º, §§ 4º, 6º e 7º, e Lei n. 9.532, de 1997, art. 39, § 3º, alínea "a").

SEÇÃO III
DA ESCRITURAÇÃO DOS CRÉDITOS

Requisitos para a Escrituração

ART. 251. Os créditos serão escriturados pelo beneficiário, em seus livros fiscais, à vista do documento que lhes confira legitimidade:

I - nos casos dos créditos básicos, incentivados ou decorrentes de devolução ou retorno de produtos, na efetiva entrada dos produtos no estabelecimento industrial, ou equiparado a industrial;

II - no caso de entrada simbólica de produtos, no recebimento da respectiva nota fiscal, ressalvado o disposto no § 3º;

III - nos casos de produtos adquiridos para utilização ou consumo próprio ou para comércio, e eventualmente destinados a emprego como matéria-prima, produto intermediário ou material de embalagem, na industrialização de produtos para os quais o crédito seja assegurado, na data da sua redestinação; e

IV - nos casos de produtos importados adquiridos para utilização ou consumo próprio, dentro do estabelecimento importador, eventualmente destinado a revenda ou saída a qualquer outro título, no momento da efetiva saída do estabelecimento.

§ 1º Não deverão ser escriturados créditos relativos a matéria-prima, produto intermediário e material de embalagem que, sabidamente, se destinem a emprego na industrialização de produtos não tributados - compreendidos aqueles com notação "NT" na TIPI, os imunes, e os que resultem de operação excluída do conceito de industrialização - ou saídos com suspensão, cujo estorno seja determinado por disposição legal.

§ 2º O disposto no § 1º não se aplica aos produtos tributados na TIPI que estejam amparados pela imunidade em decorrência de exportação para o exterior.

§ 3º No caso de produto adquirido mediante venda à ordem ou para entrega futura, o crédito somente poderá ser escriturado na sua efetiva entrada no estabelecimento industrial, ou equiparado a industrial, à vista da nota fiscal que o acompanhar.

ART. 252. Nos casos de apuração de créditos para dedução do imposto lançado de ofício, em auto de infração, serão considerados, também, como escriturados, os créditos a que o contribuinte comprovadamente tiver direito e que forem alegados até a impugnação.

ART. 253. A Secretaria da Receita Federal do Brasil poderá estabelecer normas especiais de escrituração e controle, independentemente das estabelecidas neste Regulamento.

Anulação do Crédito

ART. 254. Será anulado, mediante estorno na escrita fiscal, o crédito do imposto (Lei n. 4.502, de 1964, art. 25, § 3º, Decreto-Lei n. 34, de 1966, art. 2º, alteração 8ª, Lei n. 7.798, de 1989, art. 12, e Lei n. 9.779, de 1999, art. 11):

I - relativo a matéria-prima, produto intermediário e material de embalagem, que tenham sido:

a) empregados na industrialização, ainda que para acondicionamento, de produtos não tributados;

b) empregados na industrialização, ainda que para acondicionamento, de produtos saídos do estabelecimento industrial com suspensão do imposto nos casos de que tratam os incisos VII, XI, XII e XIII do art. 43;

c) empregados na industrialização, ainda que para acondicionamento, de produtos saídos do estabelecimento produtor com a suspensão do imposto determinada no art. 44 (Lei n. 9.493, de 1997, art. 5º);

d) empregados na industrialização, ainda que para acondicionamento, de produtos saídos do estabelecimento remetente com suspensão do imposto, em hipóteses não previstas nas alíneas "b" e "c", nos casos em que aqueles produtos ou os resultantes de sua industrialização venham a sair de outro estabelecimento industrial ou equiparado a industrial, da mesma empresa ou de terceiros, não tributados;

e) empregados nas operações de conserto, restauração, recondicionamento ou reparo, previstas nos incisos XI e XII do art. 5º; ou

f) vendidos a pessoas que não sejam industriais ou revendedores;

II - relativo a bens de produção que os comerciantes, equiparados a industrial:

a) venderem a pessoas que não sejam industriais ou revendedores;

b) transferirem para as seções incumbidas de vender às pessoas indicadas na alínea "a"; ou

c) transferirem para outros estabelecimentos da mesma firma, com a destinação das alíneas "a" e "b";

III - relativo a produtos de procedência estrangeira remetidos, pelo importador, diretamente da repartição que os liberou a outro estabelecimento da mesma firma;

IV - relativo a matéria-prima, produto intermediário, material de embalagem, e quaisquer outros produtos que hajam sido furtados ou roubados, inutilizados ou deteriorados ou, ainda, empregados em outros produtos que tenham tido a mesma sorte;

V - relativo a matéria-prima, produto intermediário e material de embalagem empregados na fabricação de produtos que voltem ao estabelecimento remetente com direito ao crédito do imposto nos casos de devolução ou retorno e não devam ser objeto de nova saída tributada; e

VI - relativo a produtos devolvidos, a que se refere o inciso I do art. 231.

§ 1º No caso dos incisos I, II, IV e V do *caput*, havendo mais de uma aquisição de produtos e não sendo possível determinar aquela a que corresponde o estorno do imposto, este será calculado com base no preço médio das aquisições.

§ 2º O disposto na alínea "a" do inciso I do *caput* aplica-se, inclusive, a produtos destinados ao exterior.

§ 3º Os estabelecimentos recebedores das matérias-primas, dos produtos intermediários e dos materiais de embalagem que, na hipótese da alínea "d" do inciso I do *caput*, derem saída a produtos não tributados, deverão comunicar o fato ao remetente, no mesmo período de apuração do imposto, para que, no período seguinte, seja por aquele promovido o estorno.

§ 4º O disposto na alínea "d" do inciso I do *caput* não se aplica à hipótese do inciso I do art. 46 (Lei n. 10.637, de 2002, art. 29, § 5º).

§ 5º Anular-se-á o crédito no período de apuração do imposto em que ocorrer ou se verificar o fato determinante da anulação.

§ 6º Na hipótese do § 5º, se o estorno for efetuado após o prazo previsto e resultar em saldo devedor do imposto, a este serão acrescidos os encargos legais provenientes do atraso.

Manutenção do Crédito

ART. 255. É assegurado o direito à manutenção do crédito do imposto em virtude da saída de sucata, aparas, resíduos, fragmentos e semelhantes, que resultem do emprego de matéria-prima, produto intermediário e material de embalagem, bem como na ocorrência de quebras admitidas neste Regulamento.

SEÇÃO IV
DA UTILIZAÇÃO DOS CRÉDITOS

Normas Gerais

ART. 256. Os créditos do imposto escriturados pelos estabelecimentos industriais, ou equiparados a industrial, serão utilizados mediante dedução do imposto devido pelas saídas de produtos dos mesmos estabelecimentos (Constituição, art. 153, § 3º, inciso II, e Lei n. 5.172, de 1966, art. 49).

§ 1º Quando, do confronto dos débitos e créditos, num período de apuração do imposto, resultar saldo credor, será este transferido para o período seguinte, observado o disposto no § 2º (Lei n. 5.172, de 1996, art. 49, parágrafo único, e Lei n. 9.779, de 1999, art. 11).

§ 2º O saldo credor de que trata o § 1º, acumulado em cada trimestre-calendário, decorrente de aquisição de matéria-prima, produto intermediário e material de embalagem, aplicados na industrialização, inclusive de produto isento, tributado à alíquota zero, ou ao abrigo da imunidade em virtude de se tratar de operação de exportação, nos termos do inciso II do art. 18, que o contribuinte não puder deduzir do imposto devido na saída de outros produtos, poderá ser utilizado de conformidade com o disposto nos arts. 268 e 269, observadas as normas expedidas pela Secretaria da Receita Federal do Brasil (Lei n. 9.779, de 1999, art. 11).

ART. 257. O direito à utilização do crédito a que se refere o art. 256 está subordinado ao cumprimento das condições estabelecidas para cada caso e das exigências previstas para a sua escrituração neste Regulamento.

Normas Especiais

ART. 258. A concessão de ressarcimento do crédito do imposto pela Secretaria da Receita Federal do Brasil fica condicionada à verificação da quitação de impostos e contribuições federais do interessado, observado o disposto no art. 269 (Decreto-Lei n. 2.287, de 23 de julho de 1986, art. 7º, e Lei n. 9.430, de 1996, art. 73).

CAPÍTULO XII
DO RECOLHIMENTO DO IMPOSTO

SEÇÃO I
DA APURAÇÃO DO IMPOSTO

Período de Apuração

ART. 259. O período de apuração do imposto incidente nas saídas dos produtos do estabelecimento industrial ou equiparado a industrial é mensal (Lei n. 8.850, de 28 de janeiro de 1994, art. 1º, Lei n. 11.774, de 2008, art. 7º, e Lei n. 11.933, de 2009, art. 12, inciso I).

§ 1º O disposto no *caput* não se aplica ao IPI incidente no desembaraço aduaneiro dos produtos importados (Lei n. 8.850, de 1994, art. 1º, § 2º, e Lei n. 11.774, de 2008, art. 7º).

§ 2º O disposto neste artigo aplica-se às microempresas e às empresas de pequeno porte não optantes pelo Simples Nacional referido no art. 177.

Importância a Recolher

ART. 260. A importância a recolher será (Lei n. 4.502, de 1964, art. 25, e Decreto-Lei n. 34, de 1966, art. 2º, alteração 8ª):

I - na importação, a resultante do cálculo do imposto constante do registro da declaração de importação no SISCOMEX;

II - no depósito para fins comerciais, na venda ou na exposição à venda de produtos trazidos do exterior e desembaraçados com a qualificação de bagagem, o valor integral do imposto dispensado, no caso de desembaraço com isenção, ou o que incidir sobre a diferença apurada entre o valor que serviu de base de cálculo do imposto pago na importação e o preço de venda, no caso de produtos desembaraçados com o tratamento de importação comum nas condições previstas na legislação aduaneira;

III - nas operações realizadas por firmas ou pessoas não sujeitas habitualmente ao pagamento do imposto, a diferença entre o tributo devido e o consignado no documento fiscal de aquisição do produto; e

IV - nos demais casos, a resultante do cálculo do imposto relativo ao período de apuração a que se referir o recolhimento, deduzidos os créditos do mesmo período.

SEÇÃO II
DA FORMA DE EFETUAR O RECOLHIMENTO

ART. 261. O recolhimento do imposto deverá ser efetuado por meio do documento de arrecadação, referido no art. 441.

SEÇÃO III
DOS PRAZOS DE RECOLHIMENTO

ART. 262. O imposto será recolhido:

I - antes da saída do produto da repartição que processar o despacho, nos casos de importação (Lei n. 4.502, de 1964, art. 26, inciso I);

II - até o décimo dia do mês subsequente ao de ocorrência dos fatos geradores, nos casos dos produtos classificados no Código 2402.20.00 da TIPI (Lei n. 8.383, de 1991, art. 52, inciso I, alínea "a", e Lei n. 11.933, de 2009, art. 4º);

III - até o vigésimo quinto dia do mês subsequente ao de ocorrência dos fatos geradores, no caso dos demais produtos (Lei n. 8.383, de 1991, art. 52, inciso I, alínea "c", e Lei n. 11.933, de 2009, art. 4º); ou

IV - no ato do pedido de autorização da venda de produtos trazidos do exterior a título de bagagem, despachados com isenção do imposto ou com pagamento de tributos nas condições previstas na legislação aduaneira.

Parágrafo único. Se o dia do vencimento de que tratam os incisos II e III não for dia útil, considerar-se-á antecipado o prazo para o primeiro dia útil que o anteceder (Lei n. 8.383, de 1991, art. 52, § 4º, e Lei n. 11.933, de 2009, art. 4º).

ART. 263. É facultado ao contribuinte o recolhimento do imposto antes do vencimento do prazo fixado.

ART. 264. O imposto destacado na nota fiscal ou escriturado, mesmo no curso de processo de consulta, deverá ser recolhido no respectivo prazo.

ART. 265. O recolhimento do imposto após os prazos previstos na legislação será efetuado com os acréscimos moratórios de que tratam os arts. 552 a 554 (Lei n. 8.383, de 1991, art. 59, e Lei n. 9.430, de 1996, art. 61).

ART. 266. Para fins do disposto no art. 265, o recolhimento do imposto, pelos responsáveis definidos nos incisos I, II, III, VI, VII, VIII e IX do art. 25, e nos incisos I a VII do art. 27, será considerado fora do prazo, sujeito aos acréscimos moratórios de que trata aquele artigo.

ART. 267. No caso do art. 407, se as notas fiscais destinadas ao destaque de diferenças do imposto forem emitidas fora dos prazos previstos no seu § 4º, ou fora do período de apuração do imposto complementado, na hipótese do inciso XII do referido art. 407, o imposto será recolhido com os acréscimos moratórios de que tratam os arts. 552 a 554, se fora dos prazos de recolhimento, em documento de arrecadação federal emitido especialmente para esse fim.

CAPÍTULO XIII
DA COMPENSAÇÃO, DA RESTITUIÇÃO E DO RESSARCIMENTO DO IMPOSTO

Normas Gerais

ART. 268. O sujeito passivo que apurar crédito do imposto, inclusive decorrente de trânsito em julgado de decisão judicial, passível de restituição ou de ressarcimento, poderá utilizá-lo na compensação de débitos próprios relativos a impostos e contribuições administrados pela Secretaria da Receita Federal do Brasil, observadas as demais prescrições e vedações legais (Lei n. 5.172, de 1966, art. 170, Lei n. 9.430, de 1996, art. 74, Lei n. 10.637, de 2002, art. 49, Lei n. 10.833, de 2003, art. 17, e Lei n. 11.051, de 2004, art. 4º).

§ 1º A compensação de que trata o *caput* será efetuada mediante a entrega, pelo sujeito passivo, de declaração na qual constarão informações relativas aos créditos utilizados e aos respectivos débitos compensados(Lei n. 9.430, de 1996, art. 74, § 1º, e Lei n. 10.637, de 2002, art. 49).

§ 2º A compensação declarada à Secretaria da Receita Federal do Brasil extingue o crédito tributário, sob condição resolutória de sua ulterior homologação (Lei n. 9.430, de 1996, art. 74, § 2º, e Lei n. 10.637, de 2002, art. 49).

ART. 269. A restituição ou o ressarcimento do imposto ficam condicionados à verificação da quitação de impostos e contribuições federais do interessado (Decreto-Lei n. 2.287, de 1986, art. 7º, e Lei n. 11.196, de 2005, art. 114).

Parágrafo único. Verificada pela Secretaria da Receita Federal do Brasil a existência de débitos em nome do contribuinte, será realizada a compensação, total ou parcial, do valor da restituição ou do ressarcimento com o valor do débito (Decreto-Lei n. 2.287, de 1986, art. 7º, § 1º, e Lei n. 11.196, de 2005, art. 114).

Produtos Adquiridos por Missões Diplomáticas

ART. 270. As missões diplomáticas e repartições consulares de caráter permanente, bem como as representações de caráter permanente de órgãos internacionais de que o Brasil faça parte poderão, mediante solicitação, ser ressarcidas do valor do IPI incidente sobre produtos adquiridos no mercado interno, destinados à manutenção, ampliação ou reforma de imóveis de seu uso (Medida Provisória n. 2.158-35, de 2001, art. 27).

Parágrafo único. No caso de missão diplomática e repartição consular, o disposto neste artigo aplicar-se-á, apenas, na hipótese em que a legislação de seu país dispense, em relação aos impostos incidentes sobre o valor agregado ou sobre a venda a varejo, conforme o caso, tratamento recíproco para as missões ou repartições brasileiras localizadas, em caráter permanente, em seu território (Medida Provisória n. 2.158-35, de 2001, art. 27, § 1º).

TÍTULO VIII
DAS OBRIGAÇÕES ACESSÓRIAS

CAPÍTULO I
DAS DISPOSIÇÕES PRELIMINARES

ART. 271. Salvo disposições em contrário, incompatibilidade manifesta ou duplicidade de exigência, o cumprimento das obrigações estabelecidas neste título não dispensa o das demais previstas neste Regulamento.

ART. 272. A Secretaria da Receita Federal do Brasil poderá dispor sobre as obrigações acessórias relativas ao imposto, indicando o respectivo responsável e estabelecendo, inclusive, forma, prazo e condições para o seu cumprimento (Lei n. 9.779, de 1999, art. 16).

Parágrafo único. Excetua-se da faculdade prevista no *caput* o tratamento aplicável às microempresas e empresas de pequeno porte optantes pelo Simples Nacional, as quais observarão o disposto no art. 179.

CAPÍTULO II
DA ROTULAGEM, MARCAÇÃO E NUMERAÇÃO DOS PRODUTOS

Exigências de Rotulagem e Marcação

ART. 273. Os fabricantes e os estabelecimentos referidos no inciso IV do art. 9º são obrigados a rotular ou marcar seus produtos e os volumes que os acondicionarem, antes de sua saída do estabelecimento, indicando (Lei n. 4.502, de 1964, art. 43, *caput* e § 4º):

I - a firma;

II - o número de inscrição, do estabelecimento, no CNPJ;

III - a situação do estabelecimento (localidade, rua e número);

IV - a expressão "Indústria Brasileira"; e

V - outros elementos que, de acordo com as normas deste Regulamento e das instruções complementares expedidas pela Secretaria da Receita Federal do Brasil, forem considerados necessários à perfeita classificação e controle dos produtos.

§ 1º A rotulagem ou marcação será feita no produto e no seu recipiente, envoltório ou embalagem, antes da saída do estabelecimento, em cada unidade, em lugar visível, por processo de gravação, estampagem ou impressão com tinta indelével, ou por meio de etiquetas coladas, costuradas ou apensadas, conforme for mais apropriado à natureza do produto, com firmeza e que não se desprenda do produto, podendo a Secretaria da Receita Federal do Brasil expedir as instruções complementares que julgar convenientes (Lei n. 4.502, de 1964, art. 43, *caput* e §§ 2º e 4º, e Lei n. 11.196, de 2005, art. 68).

§ 2º Nos tecidos, far-se-á a rotulagem ou marcação nas extremidades de cada peça, com indicação de sua composição, vedado cortar as indicações constantes da parte final da peça (Lei n. 4.502, de 1964, art. 43, *caput* e § 2º, e Lei n. 11.196, de 2005, art. 68)

§ 3º Se houver impossibilidade ou impropriedade, reconhecida pela Secretaria da Receita Federal do Brasil, da prática da rotulagem ou marcação no produto, estas serão feitas apenas no recipiente, envoltório ou embalagem (Lei n. 4.502, de 1964, art. 43, *caput* e § 2º, e Lei n. 11.196, de 2005, art. 68).

§ 4º As indicações previstas nos incisos I, II e III serão dispensadas nos produtos, se destes constar a marca fabril registrada do fabricante e se tais indicações forem feitas nos volumes que os acondicionem (Lei n. 4.502, de 1964, art. 43, *caput* e § 2º, e Lei n. 11.196, de 2005, art. 68).

§ 5º No caso de produtos industrializados por encomenda, o estabelecimento executor, desde que mencione, na rotulagem ou marcação, essa circunstância, poderá acrescentar as indicações referentes ao encomendante, independentemente das previstas nos incisos I, II e III, relativas a ele próprio (Lei n. 4.502, de 1964, art. 43, *caput* e § 2º, e Lei n. 11.196, de 2005, art. 68).

§ 6º Na hipótese do § 5º, serão dispensadas as indicações relativas ao executor da encomenda, desde que este aponha, no produto, a sua marca fabril registrada, e satisfaça, quanto ao encomendante, as exigências do*caput* (Lei n. 4.502, de 1964, art. 43, *caput* e § 2º, e Lei n. 11.196, de 2005, art. 68).

§ 7º O acondicionador ou reacondicionador mencionará, ainda, o nome do país de origem, no produto importado, ou o nome e endereço do fabricante, no produto nacional (Lei n. 4.502, de 1964, art. 43, § 3º).

§ 8º Os produtos isentos conterão, em caracteres visíveis, a expressão "Isento do IPI" (Lei n. 4.502, de 1964, art. 43, § 1º).

§ 9º Das amostras grátis isentas do imposto e das que, embora destinadas a distribuição gratuita, sejam tributadas, constarão, respectivamente, as expressões "Amostra Grátis Isenta de IPI" e "Amostra Grátis Tributada" (Lei n. 4.502, de 1964, art. 43, *caput* e §§ 1º e 2º, e Lei n 11.196, de 2005, art. 68).

§ 10. A rotulagem ou marcação indicará a graduação alcoólica, peso, capacidade, volume, composição, destinação e outros elementos, quando necessários a identificar os produtos em determinado Código e Ex da TIPI(Lei n. 4.502, de 1964, art. 43, *caput* e § 2º, e Lei n. 11.196, de 2005, art. 68).

§ 11. Em se tratando de bebidas alcoólicas, indicar-se-á, ainda, a espécie da bebida (aguardente, cerveja, conhaque, vermute, vinho, etc.), conforme a nomenclatura da TIPI e de acordo com as descrições constantes doart. 209 (Lei n. 4.502, de 1964, art. 43, *caput* e § 2º, e Lei n. 11.196, de 2005, art. 68).

§ 12. Nas zonas de produção, é facultado ao vinicultor engarrafar ou envasar vinhos e derivados em instalações de terceiros, sob sua responsabilidade, mediante a contratação de serviço, por locação temporária ou permanente, cabendo ao produtor a responsabilidade pelo produto, desobrigado de fazer constar no rótulo o nome do engarrafador ou envasador (Lei n. 7.678, de 8 de novembro de 1988, art. 47).

§ 13. O Secretário da Receita Federal do Brasil poderá autorizar a substituição das indicações previstas nos incisos I, II e III do *caput* e no § 8º por outros elementos que possibilitem a classificação e controle fiscal dos produtos (Lei n. 4.502, de 1964, art. 43, § 2º, e Lei n. 11.196, de 2005, art. 68).

Origem Brasileira

ART. 274. A expressão "Indústria Brasileira" será inscrita com destaque e em caracteres bem visíveis (Lei n. 4.502, de 1964, art. 43, e Decreto-Lei n. 1.593, de 1977, art. 30).

Parágrafo único. A exigência poderá ser dispensada da rotulagem ou marcação das bebidas alcoólicas do Capítulo 22 da TIPI, importadas em recipientes de capacidade superior a um litro e que sejam reacondicionadas no Brasil, no mesmo estado ou após redução do seu teor alcoólico, bem como de outros produtos importados a granel e reacondicionados no País, atendidas às condições estabelecidas pelo Ministro de Estado da Fazenda(Decreto-Lei n. 1.593, de 1977, art. 31).

ART. 275. Na marcação dos produtos e dos volumes que os contenham, destinados à exportação, serão declarados a origem brasileira e o nome do industrial ou exportador (Lei n. 4.557, de 10 de dezembro de 1964, art. 1º).

§ 1º Os produtos do Capítulo 22 da TIPI, destinados à exportação, por via terrestre, fluvial ou lacustre, devem conter, em caracteres bem visíveis, por impressão tipográfica no rótulo ou por meio de etiqueta, em cada recipiente, bem como nas embalagens que os contenham, a expressão "Somente para exportação - proibida a venda no Brasil".

§ 2º Em casos especiais, as indicações previstas no *caput* poderão ser dispensadas, no todo ou em parte, ou adaptadas, de conformidade com as normas que forem expedidas pela Secretaria de Comércio Exterior do Ministério do Desenvolvimento, Indústria e Comércio Exterior, às exigências do mercado importador estrangeiro e à segurança do produto (Lei n. 4.502, de 1964, art. 43, § 5º, e Lei n. 6.137, de 7 de novembro de 1974, art. 1º).

Uso do Idioma Nacional

ART. 276. A rotulagem ou marcação dos produtos industrializados no País será feita no idioma nacional, excetuados os nomes dos produtos e outras expressões que não tenham correspondência em português, e a respectiva marca, se estiver registrada no Instituto Nacional da Propriedade Industrial (Lei n. 4.502, de 1964, art. 44).

Parágrafo único. A disposição do *caput*, sem prejuízo da ressalva do § 2º do art. 275, não se aplica aos produtos especificamente destinados à exportação para o exterior, cuja rotulagem ou marcação poderá ser adaptada às exigências do mercado estrangeiro importador (Lei n. 4.502, de 1964, art. 44, § 1º, e Decreto-Lei n. 1.118, de 10 de agosto de 1970, art. 1º).

Punção

ART. 277. Os fabricantes, os licitantes e os importadores dos produtos classificados nas

Posições 71.13 a 71.15, 91.01 e 91.03 e dos produtos de metais preciosos ou de metais folheados ou chapeados de metais preciosos, classificados nos Códigos 9111.10.00, 9112.20.00 e 9113.10.00 da TIPI, marcarão cada unidade, mesmo quando eles se destinem a reunião a outros produtos, tributados ou não, por meio de punção, gravação ou processo semelhante, com as letras indicativas da unidade federada onde estejam situados, os três últimos algarismos de seu número de inscrição no CNPJ, e o teor, em milésimos, do metal precioso empregado ou da espessura, em mícrons, do respectivo folheado, conforme o caso (Lei n. 4.502, de 1964, arts. 43, § 2º, e 46).

§ 1º As letras e os algarismos poderão ser substituídos pela marca fabril registrada do fabricante ou marca registrada de comércio do importador, desde que seja aplicada nos produtos pela forma prevista neste artigo e reproduzida, com a necessária ampliação, na respectiva nota fiscal.

§ 2º Em casos de comprovada impossibilidade de cumprimento das exigências deste artigo, a Secretaria da Receita Federal do Brasil poderá autorizar a sua substituição por outras que também atendam às necessidades do controle fiscal.

§ 3º A punção deve ser feita antes de ocorrido o fato gerador do imposto, se de produto nacional, e dentro de oito dias, a partir da entrada no estabelecimento do importador ou licitante, nos casos de produto importado ou licitado.

§ 4º Os importadores puncionarão os produtos recebidos do exterior, mesmo que estes já tenham sido marcados no país de origem.

§ 5º A punção dos produtos industrializados por encomenda dos estabelecimentos referidos no inciso IV do art. 9º, que possuam marca fabril registrada, poderá ser feita apenas por esses estabelecimentos, no prazo de oito dias do seu recebimento, ficando sob sua exclusiva responsabilidade a declaração do teor do metal precioso empregado.

§ 6º Os industriais e os importadores que optarem pela modalidade de marcação prevista no § 1º deverão conservar, para exibição ao Fisco, reprodução gráfica de sua marca, do tamanho da que deve figurar nas suas notas fiscais.

§ 7º A punção da marca fabril ou de comércio não dispensa a marcação do teor, em milésimo, do metal precioso empregado.

Outras Medidas de Controle

ART. 278. A Secretaria da Receita Federal do Brasil poderá exigir que os importadores, licitantes e comerciantes, e as repartições fazendárias que desembaraçarem ou alienarem mercadorias, aponham, nos produtos, rótulo, marca ou número, quando entender a medida necessária ao controle fiscal, como poderá prescrever para os estabelecimentos industriais e comerciais, de ofício ou a requerimento do interessado, diferentes modalidades de rotulagem, marcação e numeração (Lei n. 4.502, de 1964, art. 46).

ART. 279. A obrigatoriedade de que tratam os arts. 274 a 278 não afasta o cumprimento de outras medidas de controle previstas em legislação específica.

Falta de Rotulagem

ART. 280. A falta de rotulagem, marcação ou numeração, quando exigidas nos termos deste Capítulo, importará em considerar-se o produto como não identificado com o descrito nos documentos fiscais (Lei n. 4.502, de 1964, art. 46, § 2º, e Lei n. 9.532, de 1997, art. 37, inciso IV).

ART. 281. Considerar-se-ão não rotulados ou não marcados os produtos com rótulos ou marcas que apresentem indicações falsas.

Dispensa de Rotulagem

ART. 282. Ficam dispensados de rotulagem ou marcação:

I - as peças e acessórios de veículos automotores, adquiridos para emprego pelo próprio estabelecimento adquirente, na industrialização desses veículos;

II - as peças e acessórios empregados, no próprio estabelecimento industrial, na industrialização de outros produtos;

III - as antiguidades, assim consideradas as de mais de cem anos;

IV - as joias e objetos de platina ou de ouro, de peso individual inferior a um grama;

V - as joias e objetos de prata de peso individual inferior a três gramas; e

VI - as joias e objetos sem superfície livre que comporte algarismos e letras de, pelo menos, cinco décimos de milímetro de altura.

Proibições

ART. 283. É proibido:

I - importar, fabricar, possuir, aplicar, vender ou expor à venda rótulos, etiquetas, cápsulas ou invólucros que se prestem a indicar, como estrangeiro, produto nacional, ou vice-versa (Lei n. 4.502, de 1964, art. 45, inciso I);

II - importar produto estrangeiro com rótulo escrito, no todo ou em parte, na língua portuguesa, sem indicação do país de origem (Lei n. 4.502, de 1964, art. 45, inciso II);

III - empregar rótulo que declare falsa procedência ou falsa qualidade do produto (Lei n. 4.502, de 1964, art. 45, inciso III);

IV - adquirir, possuir, vender ou expor à venda produto rotulado, marcado, etiquetado ou embalado nas condições dos incisos I a III (Lei n. 4.502, de 1964, art. 45, inciso IV); e

V - mudar ou alterar os nomes dos produtos importados, constantes dos documentos de importação, ressalvadas as hipóteses em que eles tenham sido submetidos a processo de industrialização no País.

CAPÍTULO III
DO SELO DE CONTROLE

SEÇÃO I
DAS DISPOSIÇÕES PRELIMINARES

Produtos Sujeitos ao Selo

ART. 284. Estão sujeitos ao selo de controle previsto no art. 46 da Lei n. 4.502, de 1964, segundo as normas constantes deste Regulamento e de atos complementares, os produtos relacionados em ato da Secretaria da Receita Federal do Brasil, que poderá restringir a exigência a casos específicos, bem como dispensar ou vedar o uso do selo (Lei n. 4.502, de 1964, art. 46).

Parágrafo único. As obras fonográficas sujeitar-se-ão a selos e sinais de controle, sem ônus para o consumidor, com o fim de identificar a legítima origem e reprimir a produção e importação ilegais e a comercialização de contrafações, sob qualquer pretexto, observado para esse efeito o disposto em ato da Secretaria da Receita Federal do Brasil (Lei n. 9.532, de 1997, art. 78).

ART. 285. Ressalvado o disposto no art. 305, os produtos sujeitos ao selo não podem ser liberados pelas repartições fiscais, sair dos estabelecimentos industriais, ou equiparados a industrial, nem ser expostos à venda, vendidos ou mantidos em depósitos fora dos mesmos estabelecimentos, ainda que em armazéns-gerais, sem que, antes, sejam selados.

ART. 286. O emprego do selo não dispensa a rotulagem ou marcação dos produtos, de acordo com as normas previstas neste Regulamento.

Supervisão

ART. 287. Compete à Secretaria da Receita Federal do Brasil a supervisão da distribuição, a guarda e o fornecimento do selo.

SEÇÃO II
DA CONFECÇÃO E DISTRIBUIÇÃO

ART. 288. O selo de controle será confeccionado pela Casa da Moeda do Brasil, que se encarregará também de sua distribuição às repartições da Secretaria da Receita Federal do Brasil (Lei n. 5.895, de 19 de junho de 1973, art. 2º).

ART. 289. A Casa da Moeda do Brasil organizará álbuns das espécies do selo, que serão distribuídos pela Secretaria da Receita Federal do Brasil aos órgãos encarregados da fiscalização.

ART. 290. A confecção do selo atenderá ao formato, cores, dizeres e outras características que a Secretaria da Receita Federal do Brasil estabelecer.

§ 1º Poderão ser adotadas características distintas, inclusive numeração, para o selo de cada produto, ou classe de preços de produtos, que assegurem o perfeito controle quantitativo.

§ 2º No caso dos produtos classificados no Código 2402.20.00, excetuadas as classificadas no Ex 01, e das cigarrilhas classificadas no Código 2402.10.00, da TIPI, o selo de controle confeccionado pela Casa da Moeda do Brasil conterá dispositivos de segurança aprovados pela Secretaria da Receita Federal do Brasil , que possibilitem a verificação de sua autenticidade no momento da aplicação no estabelecimento industrial fabricante de cigarros ou de cigarrilhas (Lei n. 11.488, de 15 de junho de 2007, art. 28, § 1º, e Lei n. 12.402, de 2011, art. 5º, parágrafo único). (Alterado pelo Dec. 7.990/2013.)

SEÇÃO III
DO DEPÓSITO E DA ESCRITURAÇÃO NAS REPARTIÇÕES

ART. 291. Os órgãos da Secretaria da Receita Federal do Brasil que receberem o selo de controle manterão depósito que atenda às exigências de segurança e conservação necessárias à sua boa guarda.

§ 1º Será designado, em ato do chefe da repartição, servidor para exercer as funções de encarregado do depósito.

§ 2º A designação recairá, de preferência, em servidor que tenha, entre suas atribuições, a guarda de bens e valores.

ART. 292. Os órgãos da Secretaria da Receita Federal do Brasil que receberem o selo de controle para redistribuição a outras repartições, ou para fornecimento aos usuários, manterão registro das entradas e saídas, de conformidade com a sistemática estabelecida.

SEÇÃO IV
DO FORNECIMENTO AOS USUÁRIOS

Normas de Fornecimento aos Usuários

ART. 293. O selo de controle será fornecido aos fabricantes, importadores e adquirentes em licitação dos produtos sujeitos ao seu uso.

Parágrafo único. O selo poderá ser fornecido também a comerciantes, nas hipóteses

DECRETOS

e segundo as condições estabelecidas pela Secretaria da Receita Federal do Brasil.

ART. 294. Far-se-á o fornecimento dos selos nos seguintes limites:

I - para produtos nacionais, em quantidade não superior às necessidades de consumo do fabricante para período fixado pela Secretaria da Receita Federal do Brasil;

II - para produtos de origem estrangeira do Código 2402.20.00 da TIPI, em quantidade igual ao número das unidades a importar, previamente informadas, nos termos e condições estabelecidos pela Secretaria da Receita Federal do Brasil;

III - para os demais produtos importados, em quantidade coincidente com o número de unidades tributadas consignadas no registro da declaração de importação no SISCOMEX; e

IV - para produtos adquiridos em licitação, na quantidade de unidades constantes da guia de licitação.

ART. 295. O fornecimento do selo de controle para produtos nacionais será feito mediante comprovação de recolhimento do imposto relativo ao período ou períodos de apuração cujo prazo de recolhimento tenha vencido após a última aquisição, ou da existência de saldo credor.

Parágrafo único. O fornecimento de selo de controle aos estabelecimentos sujeitos à inscrição no registro especial de que trata o art. 330 fica condicionado à concessão do referido registro, não se aplicando o disposto no *caput*.

ART. 296. O fornecimento do selo de controle no caso do inciso II do art. 294 será feito mediante apresentação do respectivo documento de arrecadação, referente ao pagamento dos selos.

Previsão do Consumo

ART. 297. Os usuários, nos prazos e nas condições que estabelecer a Secretaria da Receita Federal do Brasil:

I - apresentarão, ao órgão fornecedor, previsão de suas necessidades de consumo, no caso de fabricação ou importação habitual de produtos; e

II - comunicarão ao mesmo órgão o início de fabricação de produto novo, sujeito ao selo, bem como a sua classificação na escala de preços de venda no varejo, quando a selagem for feita em função dessa classificação.

Ressarcimento de Custos

ART. 298. O Ministro de Estado da Fazenda poderá determinar que o fornecimento do selo de controle aos usuários seja feito mediante ressarcimento de custos e demais encargos, em relação aos produtos ou espécies de produtos que indicar e segundo os critérios e condições que estabelecer (Decreto-Lei n. 1.437, de 17 de dezembro de 1975, art. 3º).

SEÇÃO V
DO REGISTRO, CONTROLE E MARCAÇÃO DOS SELOS FORNECIDOS

Registro pelos Usuários

ART. 299. O movimento de entrada e saída do selo de controle, inclusive das quantidades inutilizadas ou devolvidas, será registrado pelo usuário no livro Registro de Entrada e Saída do Selo de Controle de que trata o art. 467 (Lei n. 4.502, de 1964, art. 56, § 1º)

Falta ou Excesso de Estoque

ART. 300. Apuradas diferenças no estoque do selo, caracterizam-se, nas quantidades correspondentes:

I - a falta, como saída de produtos selados sem emissão de nota fiscal (Lei n. 4.502, de 1964, art. 46, § 3º, alínea "a", e Decreto-Lei n. 34, de 1966, art. 2º, alteração 12ª); ou

II - o excesso, como saída de produtos sem aplicação do selo (Lei n. 4.502, de 1964, art. 46, § 3º, alínea "b", e Decreto-Lei n. 34, de 1966, art. 2º, alteração 12ª).

ART. 301. Nas hipóteses previstas no art. 300, será cobrado o imposto sobre as diferenças apuradas, sem prejuízo das sanções e outros encargos exigíveis (Lei n. 4.502, de 1964, art. 46, § 4º, e Decreto-Lei n. 34, de 1966, art. 2º, alteração 12ª).

Parágrafo único. No caso de produto de diferentes preços, desde que não seja possível identificar o preço do produto, o imposto será calculado com base no de valor mais elevado (Lei n. 4.502, de 1964, art. 46, § 4º, e Decreto-Lei n. 34, de 1966, art. 2º, alteração 12ª).

ART. 302. A Secretaria da Receita Federal do Brasil poderá admitir quebras no estoque do selo de controle para produtos do Capítulo 22 da TIPI, quando decorrentes de perdas verificadas em processo mecânico de selagem, independentemente dos espécimes inutilizados, atendidos os limites e demais condições que estabelecer.

Marcação

ART. 303. A Secretaria da Receita Federal do Brasil disporá sobre a marcação dos selos de controle e especificará os elementos a serem impressos.

SEÇÃO VI
DA APLICAÇÃO DO SELO NOS PRODUTOS

ART. 304. A aplicação do selo de controle nos produtos será feita:

I - pelo industrial, antes da saída do produto do estabelecimento industrial; ou

II - pelo importador ou licitante, antes da saída do produto da repartição que o desembaraçar ou licitar, observado o disposto nos arts. 308 e 309.

ART. 305. A Secretaria da Receita Federal do Brasil expedirá normas com os termos e condições para que a aplicação do selo de controle nos produtos possa ser feita, mediante informação à repartição jurisdicionante, no estabelecimento do importador ou licitante ou em local por eles indicado. (Redação dada pelo Decreto n. 7.435, de 2011)

Parágrafo único. O prazo para a aplicação do selo será de quinze dias, contados da saída dos produtos da repartição que os desembaraçar ou licitar. (Redação dada pelo Decreto n. 7.435, de 2011)

ART. 306. O selo de controle será colado em cada unidade do produto, empregando-se cola especial que impossibilite a sua retirada, atendidas, em sua aplicação, as normas estabelecidas pela Secretaria da Receita Federal do Brasil.

ART. 307. A aplicação do selo, quando numerado, obedecerá à ordem crescente da numeração.

ART. 308. Na importação de produtos do Capítulo 22 da TIPI, relacionados em ato do Secretário da Receita Federal do Brasil, quando sujeitos ao selo de controle, a Secretaria da Receita Federal do Brasil poderá estabelecer hipóteses, condições e requisitos para sua aplicação, no desembaraço aduaneiro ou sua remessa pelo importador, para selagem pelo fabricante (Medida Provisória n. 2.158-35, de 2001, art. 58, § 1º, inciso II).

§ 1º Nos casos em que for autorizada a remessa de selos de controle para o exterior, aplicam-se, no que couber, as disposições deste Regulamento relativas a valor tributável, registro especial, selo e penalidades, na importação de cigarros (Medida Provisória n. 2.158-35, de 2001, art. 58, § 2º).

§ 2º A Secretaria da Receita Federal do Brasil expedirá normas complementares para cumprimento do disposto no *caput* (Medida Provisória n. 2.158-35, de 2001, art. 58, § 1º, inciso III).

ART. 309. No caso dos produtos de procedência estrangeira do Código 2402.20.00 da TIPI, o importador providenciará a impressão, nos selos de controle, de seu número de inscrição no CNPJ e classe de enquadramento do cigarro (Lei n. 9.532, de 1997, arts. 49, § 3º, e 52, e Lei n. 10.637, de 2002, art. 51).

Parágrafo único. Os selos de controle serão remetidos pelo importador ao fabricante no exterior, devendo ser aplicado em cada maço, carteira ou outro recipiente, que contenha vinte unidades do produto, na mesma forma estabelecida pela Secretaria da Receita Federal do Brasil para os produtos de fabricação nacional (Lei n. 9.532, de 1997, art. 49, § 4º).

SEÇÃO VII
DA DEVOLUÇÃO

ART. 310. O selo de controle será devolvido à unidade fornecedora da Secretaria da Receita Federal do Brasil, mediante a "Guia de Devolução do Selo de Controle" e observado o disposto no inciso II do art. 316, nos seguintes casos:

I - encerramento da fabricação do produto sujeito ao selo;

II - dispensa, pela Secretaria da Receita Federal do Brasil, do uso do selo;

III - defeito de origem nas folhas dos selos; ou

IV - quebra, avaria, furto ou roubo de produtos importados, quando tenha sido autorizada a aplicação do selo no estabelecimento do contribuinte.

§ 1º O prazo para a devolução de que trata o *caput* será de trinta dias contados das ocorrências descritas nos incisos I a IV.

§ 2º A não observância do prazo a que se refere o § 1º acarretará a apreensão dos selos de controle de que trata o inciso III do art. 316.

ART. 311. Somente será admitida a devolução dos selos quando estes se encontrarem no mesmo estado em que foram fornecidos.

Destino dos Selos Devolvidos

ART. 312. A unidade da Secretaria da Receita Federal do Brasil que receber os selos devolvidos deverá:

I - reincorporá-los ao seu estoque, nos casos de encerramento de fabricação, ou de quebra, avaria, furto ou roubo dos produtos;

II - incinerá-los, quando for dispensado o seu uso; ou

III - encaminhá-los à Casa da Moeda do Brasil, para novo suprimento nas quantidades correspondentes, se houver defeito de origem.

ART. 313. A devolução dos selos, nas hipóteses previstas no art. 310, dará direito à indenização do valor de sua aquisição ou à sua substituição, nas condições estabelecidas pela Secretaria da Receita Federal do Brasil.

SEÇÃO VIII
DA FALTA DO SELO NOS PRODUTOS E DO SEU USO INDEVIDO

ART. 314. A falta do selo no produto, o seu uso em desacordo com as normas estabelecidas ou a aplicação de espécie imprópria para o produto importarão em considerar o produto respectivo como não identificado com o descrito nos documentos fiscais (Lei n. 4.502, de 1964, art. 46, § 2º, e Lei n. 9.532, de 1997, art. 37, inciso IV).

ART. 315. É vedado reutilizar, ceder ou vender o selo de controle.

Parágrafo único. Considera-se como não selado o produto cujo selo tenha sido reutilizado ou adquirido por cessão ou compra de terceiros.

SEÇÃO IX
DA APREENSÃO E DESTINAÇÃO DE SELO EM SITUAÇÃO IRREGULAR

Apreensão

ART. 316. Serão apreendidos os selos de controle:

I - de legitimidade duvidosa;

II - passíveis de incineração ou destruição, nas hipóteses a que se refere o art. 317, quando não tenha sido comunicada à unidade competente da Secretaria da Receita Federal do Brasil a existência dos selos nessas condições, nos termos do art. 318;

III - sujeitos a devolução, quando não tenha o usuário adotado as providências previstas para esse fim, no prazo fixado no § 1º do art. 310; ou

IV - encontrados em poder de pessoa diversa daquela a quem tenham sido fornecidos.

§ 1º No caso do inciso I, a apreensão estender-se-á aos produtos em que os selos, naquelas condições, tiverem sido aplicados.

§ 2º Na hipótese do inciso IV, a repartição que dela conhecer determinará a imediata realização de diligência, no sentido de verificar, para adoção das medidas cabíveis, a procedência dos selos apreendidos.

§ 3º É vedado constituir o possuidor, nos casos previstos nos incisos I e IV, depositário dos selos e dos produtos selados objeto da apreensão.

Incineração ou Destruição

ART. 317. Serão incinerados ou destruídos, observadas as cautelas estabelecidas pela Secretaria da Receita Federal do Brasil, os selos de controle:

I - imprestáveis, devido à utilização inadequada ou em virtude de erro ou defeito no corte, na impressão ou na carimbagem pelo usuário; ou

II - aplicados em produtos impróprios para o consumo.

ART. 318. O usuário comunicará à unidade da Secretaria da Receita Federal do Brasil de sua jurisdição, até o mês seguinte ao da verificação do fato, a existência dos selos nas condições mencionadas no art. 317.

Perícia

ART. 319. Sem prejuízo do disposto no inciso IV do art. 585, os selos de legitimidade duvidosa, que tenham sido objeto de devolução ou apreensão, serão submetidos a exame pericial pela Secretaria da Receita Federal do Brasil.

§ 1º Se, do exame, se concluir pela ilegitimidade do total ou de parte dos selos, adotar-se-ão as medidas processuais competentes, relativamente aos considerados ilegítimos.

§ 2º Não se conformando, o contribuinte, com as conclusões do exame previsto no *caput*, ser-lhe-á facultado, no prazo de trinta dias da ciência do respectivo resultado, solicitar a realização de perícia pela Casa da Moeda do Brasil.

§ 3º Na hipótese do § 2º, as despesas com a realização da perícia serão de exclusiva responsabilidade do contribuinte, que, no caso, deverá proceder ao depósito prévio da importância correspondente, a crédito da Casa da Moeda do Brasil.

§ 4º A Casa da Moeda do Brasil expedirá o laudo pericial no prazo de trinta dias do recebimento da solicitação de perícia dos selos.

SEÇÃO X
DAS OUTRAS DISPOSIÇÕES

Emprego Indevido

ART. 320. Consideram-se os produtos como não selados, equiparando-se a infração à falta de pagamento do imposto, que será exigível, acrescido da multa prevista no inciso III do art. 585, nos seguintes casos (Decreto-Lei n. 1.593, de 1977, art. 33, inciso III):

I - emprego do selo destinado a produto nacional em produto estrangeiro e vice-versa;

II - emprego do selo em produtos diversos daquele a que é destinado;

III - emprego do selo não marcado ou não aplicado como previsto neste Regulamento ou nos atos administrativos pertinentes; e

IV - emprego de selo que não estiver em circulação.

Selos com Defeito

ART. 321. A Casa da Moeda do Brasil deduzirá, de futuros fornecimentos, o valor dos selos com defeitos de origem que lhe forem devolvidos.

ART. 322. A Secretaria da Receita Federal do Brasil expedirá as instruções necessárias a completar as normas constantes deste Capítulo.

CAPÍTULO IV
DAS OBRIGAÇÕES DOS TRANSPORTADORES, ADQUIRENTES E DEPOSITÁRIOS DE PRODUTOS

SEÇÃO I
DOS TRANSPORTADORES

Despacho de Mercadorias

ART. 323. Os transportadores não podem aceitar despachos ou efetuar transporte de produtos que não estejam acompanhados dos documentos exigidos neste Regulamento (Lei n. 4.502, de 1964, art. 60).

Parágrafo único. A proibição estende-se aos casos de manifesto desacordo dos volumes com sua discriminação nos documentos, de falta de discriminação ou de descrição incompleta dos volumes que impossibilite ou dificulte a sua identificação, e de falta de indicação do nome e endereço do remetente e do destinatário (Lei n. 4.502, de 1964, art. 60, parágrafo único).

Responsabilidade por Extravio de Documentos

ART. 324. Os transportadores são pessoalmente responsáveis pelo extravio dos documentos que lhes tenham sido entregues pelos remetentes dos produtos (Lei n. 4.502, de 1964, art. 61).

Mercadorias em Situação Irregular

ART. 325. No caso de suspeita de existência de irregularidade quanto a mercadorias a serem transportadas, a empresa transportadora deverá (Lei n. 4.502, de 1964, art. 101, e § 1º):

I - tomar as medidas necessárias à sua retenção no local de destino;

II - comunicar o fato à unidade da Secretaria da Receita Federal do Brasil do destino; e

III - aguardar, durante cinco dias, as providências da referida unidade.

Parágrafo único. Idêntico procedimento será adotado pela empresa transportadora se a suspeita só ocorrer na descarga das mercadorias (Lei n. 4.502, de 1964, art. 101, § 2º).

ART. 326. Na hipótese do art. 325, a Secretaria da Receita Federal do Brasil poderá adotar normas relativas ao prévio exame da regularidade dos produtos de procedência estrangeira e dos nacionais.

SEÇÃO II
DOS ADQUIRENTES E DEPOSITÁRIOS

Obrigações

ART. 327. Os fabricantes, comerciantes e depositários que receberem ou adquirirem para industrialização, comércio ou depósito, ou para emprego ou utilização nos respectivos estabelecimentos, produtos tributados ou isentos, deverão examinar se eles se acham devidamente rotulados ou marcados ou, ainda, selados se estiverem sujeitos ao selo de controle, bem como se estão acompanhados dos documentos exigidos e se estes satisfazem a todas as prescrições deste Regulamento (Lei n. 4.502, de 1964, art. 62).

§ 1º Verificada qualquer irregularidade, os interessados comunicarão por escrito o fato ao remetente da mercadoria, dentro de oito dias, contados do seu recebimento, ou antes do início do seu consumo, ou venda, se o início se verificar em prazo menor, conservando em seu arquivo cópia do documento com prova de seu recebimento (Lei n. 4.502, de 1964, art. 62, § 1º).

§ 2º A comunicação feita com as formalidades previstas no § 1º exime de responsabilidade os recebedores ou adquirentes da mercadoria pela irregularidade verificada (Lei n. 4.502, de 1964, art. 62, § 1º).

§ 3º No caso de falta do documento fiscal que comprove a procedência do produto e identifique o remetente pelo nome e endereço, ou de produto que não se encontre selado, rotulado ou marcado, quando exigido o selo de controle, a rotulagem ou a marcação, não poderá o destinatário recebê-lo, sob pena de ficar responsável pelo pagamento do imposto, se exigível, e sujeito às sanções cabíveis (Lei n. 4.502, de 1964, art. 62, § 2º, e Lei n. 9.532, de 1997, art. 37, inciso V).

§ 4º A declaração, na nota fiscal, da data da entrada da mercadoria no estabelecimento será feita no mesmo dia da entrada.

CAPÍTULO V
DO REGISTRO ESPECIAL

SEÇÃO I
DO PAPEL IMUNE

ART. 328. Deve manter Registro Especial na Secretaria da Receita Federal do Brasil a pessoa jurídica que (Lei n. 11.945, de 2009, art 1º):

I - exercer as atividades de comercialização e importação de papel destinado à impressão de livros, jornais e periódicos, a que se refere o inciso I do art. 18; e

II - adquirir o papel a que se refere o inciso I do art. 18 para a utilização na impressão de livros, jornais e periódicos.

§ 1º A comercialização do papel a detentores do Registro Especial de que trata o *caput* faz prova da regularidade da sua destinação, sem prejuízo da responsabilidade, pelo imposto devido, do estabelecimento da pessoa jurídica que, tendo adquirido o papel beneficiado com imunidade, desviar sua finalidade constitucional (Lei n. 11.945, de 2009, art. 1º, § 1º).

§ 2º A Secretaria da Receita Federal do Brasil poderá (Lei n. 11.945, de 2009, art. 1º, § 3º):

I - expedir normas complementares relativas ao Registro Especial e ao cumprimento das exigências a que estão sujeitas as pessoas jurídicas para sua concessão; e

II - estabelecer a periodicidade e a forma de comprovação da correta destinação do papel beneficiado com imunidade, inclusive mediante a instituição de obrigação acessória destinada ao controle da sua comercialização e importação.

§ 3º O não cumprimento da obrigação prevista no inciso II do § 2º sujeitará a pessoa jurídica à penalidade do art. 588 (Lei n. 11.945, de 2009, art.1º, § 4º).

Cancelamento

ART. 329. O Registro Especial de que trata o art. 328 poderá ser cancelado, a qualquer tempo, pela Secretaria da Receita Federal do Brasil se, após a sua concessão, ocorrer uma das seguintes hipóteses (Lei n. 11.945, de 2009, art. 2º):

I - desatendimento dos requisitos que condicionaram a sua concessão;

II - situação irregular do estabelecimento perante o CNPJ;

III - atividade econômica declarada para efeito da concessão do Registro Especial divergente da informada perante o CNPJ ou daquela regularmente exercida pelo estabelecimento;

IV - não comprovação da correta destinação do papel na forma a ser estabelecida no inciso II do § 2º do art. 328; ou

V - decisão final proferida na esfera administrativa sobre a exigência fiscal de crédito tributário decorrente do consumo ou da utilização do papel destinado à impressão de livros, jornais e periódicos em finalidade diferente daquela prevista no art. 328.

§ 1º Fica vedada a concessão de novo Registro Especial, pelo prazo de cinco anos-calendário, ao estabelecimento enquadrado nas hipóteses descritas nos incisos IV ou V do *caput* (Lei n. 11.945, de 2009, art. 2º, § 1º).

§ 2º A vedação de que trata o § 1º também se aplica à concessão de Registro Especial a estabelecimento de pessoa jurídica que possua em seu quadro societário (Lei n. 11.945, de 2009, art. 2º, § 2º):

I - pessoa física que tenha participado, na qualidade de sócio, diretor, gerente ou administrador, de pessoa jurídica cujo estabelecimento teve Registro Especial cancelado em virtude do disposto nos incisos IV ou V do*caput*; ou

II - pessoa jurídica cujo estabelecimento teve Registro Especial cancelado em virtude do disposto nos incisos IV ou V do *caput*.

SEÇÃO II
DOS PRODUTOS DO
CAPÍTULO 24 DA TIPI

ART. 330. A fabricação de cigarros classificados no Código 2402.20.00, excetuados os classificados no Ex 01, e de cigarrilhas classificadas no Código 2402.10.00, da TIPI, será exercida exclusivamente pelas empresas constituídas sob a forma de sociedade e com o capital mínimo estabelecido pelo Secretário da Receita Federal do Brasil que, dispondo de instalações industriais adequadas, mantiverem registro especial na Secretaria da Receita Federal do Brasil (Decreto-Lei n. 1.593, de 1977, art. 1º, *caput* e § 1º, Lei n. 9.822, de 23 de agosto de 1999, art. 1º, Medida Provisória n. 2.158-35, de 2001, art. 32, Lei n. 10.833, de 2003, art. 40, e Lei n. 12.402, de 2011, art. 5º). (Alterado pelo Dec. 7.990/2013.)

Parágrafo único. As disposições do *caput* relativas à constituição da empresa e ao registro especial aplicam-se, também, à importação de cigarros e cigarrilhas, exceto quando destinados à venda em loja franca, no País (Decreto-Lei n. 1.593, de 1977, art. 1º, § 3º, Lei n. 9.532, de 1997, art. 47, Lei n. 9.822, de 1999, art. 1º, Medida Provisória n. 2.158-35, de 2001, art. 32, e Lei n. 12.402, de 2011, art. 5º). (Alterado pelo Dec. 7.990/2013.)

Concessão do Registro

ART. 331. O registro especial será concedido por autoridade designada pelo Secretário da Receita Federal do Brasil (Decreto-Lei n. 1.593, de 1977, art. 1º, § 4º, Lei n. 9.822, de 1999, art. 1º, e Medida Provisória n. 2.158-35, de 2001, art. 32).

Parágrafo único. A concessão do registro especial dar-se-á por estabelecimento industrial e estará, também, na hipótese de produção, condicionada à instalação de contadores automáticos da quantidade produzida de que trata o art. 378, e, nos termos e condições a serem estabelecidos pela Secretaria da Receita Federal do Brasil, à comprovação da regularidade fiscal por parte (Decreto-Lei n. 1.593, de 1977, art. 1º, § 2º, Lei n. 9.822, de 1999, art. 1º, e Medida Provisória n. 2.158-35, de 2001, art. 32):

I - da pessoa jurídica requerente ou detentora do registro especial;

II - de seus sócios, pessoas físicas, diretores, gerentes, administradores e procuradores; e

III - das pessoas jurídicas controladoras da pessoa jurídica referida no inciso I, bem como de seus respectivos sócios, diretores, gerentes, administradores e procuradores.

ART. 332. Os estabelecimentos registrados na forma do art. 331 deverão indicar, nos documentos fiscais que emitirem, no campo destinado à identificação da empresa, seu número de inscrição no registro especial, impresso tipograficamente.

Cancelamento

ART. 333. O registro especial poderá ser cancelado, a qualquer tempo, pela autoridade concedente, se, após a sua concessão, ocorrer um dos seguintes fatos (Decreto-Lei n. 1.593, de 1977, art. 2º, Lei n. 9.822, de 1999, art. 1º, e Medida Provisória n. 2.158-35, de 2001, art. 32):

I - desatendimento dos requisitos que condicionaram a concessão (Decreto-Lei n. 1.593, de 1977, art. 2º, inciso I);

II - não cumprimento de obrigação tributária principal ou acessória, relativa a impostos ou contribuições administrados pela Secretaria da Receita Federal do Brasil (Decreto-Lei n. 1.593, de 1977, art. 2º, inciso II, e Lei n. 9.822, de 1999, art. 1º); ou

III - prática de fraude ou conluio, como definidos nos arts. 562 e 563, ou de crime contra a ordem tributária, previsto na Lei n. 8.137, de 27 de dezembro de 1990, ou de qualquer outra infração cuja tipificação decorra do descumprimento de normas reguladoras da produção, importação e comercialização de cigarros e outros derivados de tabaco, após decisão transitada em julgado (Decreto-Lei n. 1.593, de 1977, art. 2º, inciso III, e Lei n. 9.822, de 1999, art. 1º).

§ 1º Para os fins do disposto no inciso II do *caput*, o Secretário da Receita Federal do Brasil poderá estabelecer a periodicidade e a forma de comprovação do pagamento dos impostos e contribuições devidos, inclusive mediante a instituição de obrigação acessória destinada ao controle da produção ou importação, da circulação dos produtos e da apuração da base de cálculo (Decreto-Lei n. 1.593, de 1977, art. 2º, § 1º, e Lei n. 9.822, de 1999, art. 1º).

§ 2º Na ocorrência das hipóteses mencionadas nos incisos I e II do *caput*, a empresa será intimada a regularizar sua situação fiscal ou a apresentar os esclarecimentos e provas cabíveis, no prazo de dez dias (Decreto-Lei n. 1.593, de 1977, art. 2º, § 2º, Lei n. 9.822, de 1999, art. 1º, e Medida Provisória n. 2.158-35, de 2001, art. 32).

§ 3º A autoridade concedente do registro decidirá sobre a procedência dos esclarecimentos e das provas apresentadas, expedindo ato declaratório cancelando o registro especial, no caso de improcedência ou falta de regularização da situação fiscal, dando ciência de sua decisão à empresa (Decreto-Lei n. 1.593, de 1977, art. 2º, § 3º, Lei n. 9.822, de 1999, art. 1º, e Medida Provisória n. 2.158-35, de 2001, art. 32).

§ 4º Será igualmente expedido ato declaratório cancelando o registro especial se decorrido o prazo previsto no § 2º sem qualquer manifestação da parte interessada (Decreto-Lei n. 1.593, de 1977, art. 2º, § 4º, Lei n. 9.822, de 1999, art. 1º, e Medida Provisória n. 2.158-35, de 2001, art. 32).

§ 5º O cancelamento da autorização ou sua ausência implica, sem prejuízo da exigência dos impostos e das contribuições devidos e da imposição de sanções previstas na legislação tributária e penal, apreensão do estoque de matérias-primas, produtos em elaboração, produtos acabados e materiais de embalagem, existente no estabelecimento (Decreto-Lei n. 1.593, de 1977, art. 2º, § 6º, Lei n. 9.822, de 1999, art. 1º, e Medida Provisória n. 2.158-35, de 2001, art. 32).

§ 6º O estoque apreendido na forma do § 5º poderá ser liberado se, no prazo de noventa dias, contados da data do cancelamento ou da constatação da falta de registro especial, for restabelecido ou concedido o registro, respectivamente (Decreto-Lei n. 1.593, de 1977, art. 2º, § 7º, Lei n. 9.822, de 1999, art. 1º, e Medida Provisória n. 2.158-35, de 2001, art. 32).

ART. 334. A ocorrência do disposto no inciso I do art. 584 caracteriza, ainda, hipótese de cancelamento do registro especial do estabelecimento industrial (Lei n. 11.488, de 2007, art. 30, § 2º).

Recurso

ART. 335. Do ato que indeferir o pedido de registro especial ou determinar o seu cancelamento caberá recurso ao Secretário da Receita Federal do Brasil, no prazo de trinta dias, contados da data em que o contribuinte tomar ciência do indeferimento ou da data de publicação do cancelamento, sendo definitiva a decisão na esfera administrativa (Decreto-Lei n. 1.593, de 1977, art. 1º, § 5º, e art. 2º, § 5º, e Medida Provisória n. 2.158-35, de 2001, art. 32).

SEÇÃO III
DOS PRODUTOS DO CAPÍTULO 22 DA TIPI

ART. 336. A Secretaria da Receita Federal do Brasil poderá exigir dos estabelecimentos industriais ou equiparados a industrial, em relação aos produtos do Capítulo 22 da TIPI, o registro especial a que se refere o art. 330, estabelecendo os seus requisitos, notadamente quanto à constituição da empresa em sociedade, seu capital mínimo e instalações industriais (Decreto-Lei n. 1.593, de 1977, art. 22).

Parágrafo único. Aos importadores dos produtos do Capítulo 22 da TIPI, relacionados em ato da Secretaria da Receita Federal do Brasil e sujeitos ao selo de controle, aplica-se o disposto no *caput* (Medida Provisória n. 2.158-35, de 2001, art. 58, *caput* e § 1º, inciso I).

SEÇÃO IV
DAS NORMAS COMPLEMENTARES

ART. 337. O registro especial de que trata o art. 330 poderá, também, ser exigido dos estabelecimentos que industrializarem ou importarem outros produtos, a serem especificados por meio de ato do Secretário da Receita Federal do Brasil (Decreto-Lei n. 1.593, de 1977, art. 1º, § 6º, e Medida Provisória n. 2.158-35, de 2001, art. 32).

ART. 338. As disposições relativas ao cancelamento de que trata o art. 333 aplicam-se também aos demais produtos cujos estabelecimentos produtores ou importadores estejam sujeitos a registro especial (Decreto-Lei n. 1.593, de 1977, art. 2º, § 9º, e Medida Provisória n. 2.158-35, de 2001, art. 32).

CAPÍTULO VI
DOS PRODUTOS DO CAPÍTULO 22
DA TIPI

SEÇÃO I
DA REMESSA DE BEBIDAS

ART. 339. As bebidas do Capítulo 22 da TIPI somente poderão ser remetidas ao comércio varejista, expostas à venda ou vendidas no varejo, acondicionadas em recipientes de capacidade máxima de um litro (Lei n. 4.502, de 1964, Anexo, Alínea V, Observação 2ª).

§ 1º Os recipientes, bem como as notas fiscais de remessa, indicarão a capacidade do continente.

§ 2º A norma aplica-se, também, às bebidas estrangeiras importadas a granel e reacondicionadas no País.

§ 3º Estão excluídas da prescrição de que trata o *caput*, além de outras que venham a ser objeto de autorização do Ministro de Estado da Fazenda, as bebidas das Posições 22.01 a 22.04, 22.06, 22.07, 22.09, e dos Códigos 2208.30 e 2208.90.00 Ex 01, da TIPI (Lei n. 4.502, de 1964, Anexo, Alínea V, Observação 3ª, e Decreto-Lei n. 400, de 1968, art. 3º).

§ 4º Aplica-se o disposto no § 3º às bebidas do Código 2208.40.00, exceto o rum e outras aguardentes provenientes do melaço de cana, nos termos, limites e condições definidos pela Secretaria da Receita Federal do Brasil (Lei n. 4.502, de 1964, Anexo, Alínea V, Observação 3ª, e Decreto-Lei n. 400, de 1968, art. 3º).

ART. 340. É vedado ao estabelecimento comercial varejista receber bebidas que se apresentem em desacordo com as determinações deste Capítulo.

SEÇÃO II
DA EXPORTAÇÃO

ART. 341. Na exportação dos produtos do Capítulo 22 da TIPI aplica-se o disposto nos arts. 343 e 346 (Decreto-Lei n. 1.593, de 1977, arts. 8º e 18, Lei n. 9.532, de 1997, art. 41, e Lei n. 10.833, de 2003, art. 40).

SEÇÃO III
DAS OUTRAS DISPOSIÇÕES

ART. 342. A Secretaria da Receita Federal do Brasil poderá instituir regimes especiais de controle para os produtos deste Capítulo.

CAPÍTULO VII
DOS PRODUTOS DO CAPÍTULO 24
DA TIPI

SEÇÃO I
DA EXPORTAÇÃO

ART. 343. A exportação dos produtos do Código 2402.20.00 da TIPI deverá ser feita pelo respectivo estabelecimento industrial, diretamente para o importador no exterior, admitindo-se, ainda (Decreto-Lei n. 1.593, de 1977, art. 8º):

I - a saída dos produtos para uso ou consumo de bordo em embarcações ou aeronaves de tráfego internacional, quando o pagamento for efetuado em moeda conversível (Decreto-Lei n. 1.593, de 1977, art. 8º, inciso I);

II - a saída, em operação de venda, diretamente para as lojas francas nos termos e condições estabelecidos pelo art. 15 do Decreto-Lei n. 1.455, de 1976 (Decreto-Lei n. 1.593, de 1977, art. 8º, inciso II, e Lei n. 11.371, de 2006, art. 13); e

III - a saída, em operação de venda a empresa comercial exportadora, com o fim específico de exportação, diretamente para embarque de exportação ou para recintos alfandegados, por conta e ordem da empresa comercial exportadora (Lei n. 9.532, de 1997, art. 39, *caput* e § 2º).

Parágrafo único. O Secretário da Receita Federal do Brasil poderá expedir normas complementares para o controle da saída desses produtos e de seu trânsito fora do estabelecimento industrial (Decreto-Lei n. 1.593, de 1977, art. 8º, parágrafo único).

ART. 344. Os cigarros destinados à exportação não poderão ser vendidos nem expostos à venda no País e deverão ser marcados, nas embalagens de cada maço ou carteira de vinte unidades, pelos equipamentos de que trata o art. 378, com códigos que possibilitem identificar sua legítima origem e reprimir a introdução clandestina desses produtos no território nacional (Decreto-Lei n. 1.593, de 1977, art. 12, e Lei n. 12.402, de 2011, art. 7º) (Alterado pelo Dec. 7.990/2013.)

§ 1º As embalagens de apresentação dos cigarros destinados a países da América do Sul e América Central, inclusive Caribe, deverão conter, sem prejuízo da exigência de que trata o *caput*, a expressão "Somente para exportação - proibida a venda no Brasil", admitida sua substituição por dizeres com exata correspondência em outro idioma (Decreto-Lei n. 1.593, de 1977, art. 12, § 1º, e Medida Provisória n. 2.158-35, de 2001, art. 32).

§ 2º O disposto no § 1º também se aplica às embalagens destinadas a venda, para consumo ou revenda, em embarcações ou aeronaves em tráfego internacional, inclusive por meio de ship's chandler (Decreto-Lei n. 1.593, de 1977, art. 12, § 2º, e Medida Provisória n. 2.158-35, de 2001, art. 32).

§ 3º As disposições relativas à rotulagem ou marcação de produtos de que tratam os arts. 273, 275, 276, 278 e o parágrafo único do art. 357, não se aplicam aos cigarros destinados à exportação (Decreto-Lei n. 1.593, de 1977, art. 12, § 3º, e Medida Provisória n. 2.158-35, de 2001, art. 32).

§ 4º O disposto neste artigo não exclui as exigências referentes a selo de controle (Decreto-Lei n. 1.593, de 1977, art. 12, § 4º, e Medida Provisória n. 2.158-35, de 2001, art. 32).

§ 5º A Secretaria da Receita Federal do Brasil poderá, na forma, condições e prazos por ela estabelecidos, dispensar a aplicação do disposto nos §§ 1º e 4º, desde que (Decreto-Lei n. 1.593, de 1977, art. 12, e Lei n. 12.402, de 2011, art. 7º): (Acrescentado pelo Dec. 7.990/2013.)

I - a dispensa seja necessária para atender às exigências do mercado estrangeiro importador; (Acrescentado pelo Dec. 7.990/2013.)

II - o importador no exterior seja pessoa jurídica vinculada ao estabelecimento industrial, conforme o disposto no art. 23 da Lei n. 9.430, de 27 de dezembro de 1996; e (Acrescentado pelo Dec. 7.990/2013.)

III - seja comprovada pelo estabelecimento industrial, mediante documentação hábil e idônea, a importação dos cigarros no país de destino. (Acrescentado pelo Dec. 7.990/2013.)

§ 6º As exportações de cigarros autorizadas pela Secretaria da Receita Federal do Brasil, na forma do § 5º, ficam isentas do Imposto de Exportação (Decreto-Lei n. 1.593, de 1977, art. 12, e Lei n. 12.402, de 2011, art. 7º). (Acrescentado pelo Dec. 7.990/2013.)

ART. 345. A exportação de cigarros será precedida de verificação fiscal, segundo normas expedidas pelo Secretário da Receita Federal do Brasil.

ART. 346. Consideram-se como produtos estrangeiros introduzidos clandestinamente no território nacional, para todos os efeitos legais, os cigarros nacionais destinados à exportação que forem encontrados no País, salvo se em trânsito, diretamente entre o estabelecimento industrial e os destinos referidos no art. 343, desde que observadas as formalidades previstas para cada operação (Decreto-Lei n. 1.593, de 1977, art. 18, e Lei n. 10.833, de 2003, art. 40).

ART. 347. Ressalvadas as operações realizadas pelas empresas comerciais exportadoras, de que trata o Decreto-Lei n. 1.248, de 29 de novembro de 1972, a exportação de tabaco em folhas só poderá ser feita pelas firmas registradas, na forma do art. 330, para a atividade de beneficiamento do produto, atendidas ainda as instruções expedidas pelo Secretário da Receita Federal do Brasil e pela Secretaria de Comércio Exterior do Ministério do Desenvolvimento, Indústria e Comércio Exterior (Decreto-Lei n. 1.593, de 1977, art. 9º).

SEÇÃO II
DA IMPORTAÇÃO

ART. 348. A importação de cigarros e cigarrilhas dos Códigos 2402.20.00 e 2402.10.00 da TIPI, respectivamente, está sujeita ao cumprimento das normas previstas neste Regulamento, sem prejuízo de outras exigências, inclusive quanto à comercialização do produto previstas em legislação específica (Lei n. 9.532, de 1997, art. 45, e Lei n. 12.402, de 2011, art. 6º). (Alterado pelo Dec. 7.990/2013.)

ART. 349. O importador deverá requerer, à unidade da Secretaria da Receita Federal do Brasil de sua jurisdição, o fornecimento dos selos de controle de que trata o art. 284, devendo, no requerimento, prestar as seguintes informações (Lei n. 9.532, de 1997, art. 48):

I - nome e endereço do fabricante no exterior (Lei n. 9.532, de 1997, art. 48, inciso I);

II - quantidade, marca comercial e características físicas do produto a ser importado (Lei n. 9.532, de 1997, art. 48, *caput*, inciso II); e (Alterado pelo Dec. 7.990/2013.)

III - preço de venda a varejo pelo qual será feita a comercialização do produto no Brasil (Lei n. 9.532, de 1997, art. 48, *caput*, inciso III, e Lei n. 12.402, de 2011, art. 8º). (Alterado pelo Dec. 7.990/2013.)

ART. 350. A Secretaria da Receita Federal do Brasil, com base nos dados do registro especial de que trata o parágrafo único do art. 330, nas

DECRETOS

informações prestadas pelo importador, nas normas de enquadramento em classes de valor aplicáveis aos produtos de fabricação nacional e diante da apresentação do requerimento de que trata o art. 349, deverá (Lei n. 9.532, de 1997, art. 49):

I - se aceito o requerimento, divulgar, por meio do Diário Oficial da União, a identificação do importador, a marca comercial e características do produto, o preço de venda a varejo, a quantidade autorizada de vintenas e o valor unitário e a cor dos respectivos selos de controle (Lei n. 9.532, de 1997, art. 49, inciso I); ou

II - se não aceito o requerimento, comunicar o fato ao requerente, fundamentando as razões da não aceitação (Lei n. 9.532, de 1997, art. 49, inciso II).

ART. 351. O importador, após a divulgação de que trata o inciso I do art. 350, terá o prazo de quinze dias para efetuar o pagamento dos selos e, posteriormente, retirá-los na Secretaria da Receita Federal do Brasil nos termos do art. 296 (Lei n. 9.532, de 1997, art. 49, § 2º).

Parágrafo único. Descumprido o prazo previsto neste artigo, ficará sem efeito a autorização de que trata o art. 350 (Lei n. 9.532, de 1997, art. 49, § 5º).

ART. 352. O importador terá o prazo de noventa dias a partir da data de fornecimento do selo de controle para efetuar o registro da declaração de importação (Lei n. 9.532, de 1997, art. 49, § 6º).

ART. 353. No desembaraço aduaneiro dos cigarros e cigarrilhas importados do exterior, deverão ser observados (Lei n. 9.532, de 1997, art. 50, e Lei n. 12.402, de 2011, art. 6º): (Alterado pelo Dec. 7.990/2013.)

I - se os produtos importados correspondem à marca comercial divulgada e se estão devidamente selados (Lei n. 9.532, de 1997, arts. 50, inciso I, e 52, Lei n. 10.637, de 2002, art. 51, e Lei n. 12.402, de 2011, art. 8º) (Alterado pelo Dec. 7.990/2013.)

II - se a quantidade de produtos importada corresponde à quantidade autorizada (Lei n. 9.532, de 1997, art. 50, *caput*, inciso II); e (Alterado pelo Dec. 7.990/2013.)

III - se na embalagem dos produtos constam, em língua portuguesa, todas as informações exigidas para os produtos de fabricação nacional (Lei n. 9.532, de 1997, art. 50, inciso III).

ART. 354. É vedada a importação de cigarros de marca que não seja comercializada no país de origem (Lei n. 9.532, de 1997, art. 46).

SEÇÃO III
DAS OUTRAS DISPOSIÇÕES

Acondicionamento

ART. 355. A comercialização de cigarros no País, inclusive a sua exposição à venda, será feita exclusivamente em maços, carteiras ou em outro recipiente, que contenham vinte unidades (Decreto-Lei n. 1.593, de 1977, art. 6º, e Lei n. 9.532, de 1997, art. 44).

ART. 356. Os estabelecimentos industriais de cigarros, cigarrilhas e charutos mencionarão, nos rótulos desses produtos, a quantidade contida em cada maço, carteira, lata ou caixa.

ART. 357. Sem prejuízo das exigências determinadas pelos órgãos federais competentes, a embalagem comercial dos cigarros conterá as seguintes informações (Decreto-Lei n. 1.593, de 1977, art. 6º-A, Lei n. 9.822, de 1999, art. 2º, e Lei n. 12.402, de 2011, art. 10, *caput*, inciso III): (Alterado pelo Dec. 7.990/2013.)

I - identificação do importador, em idioma nacional, no caso de produto importado; e (Alterado pelo Dec. 7.990/2013.)

II - código de barras, no padrão estabelecido pela Secretaria da Receita Federal do Brasil, incluindo, no mínimo, informações da marca comercial e do tipo de embalagem, no caso de produto nacional (Decreto-Lei n. 1.593, de 1977, art. 6º-A, parágrafo único, e Medida Provisória n. 2.158-35, de 2001, art. 32). (Alterado pelo Dec. 7.990/2013.)

ART. 358. Os fabricantes de charutos aplicarão, em cada unidade, um anel-etiqueta que indique a sua firma e a situação do estabelecimento industrial, a marca do produto e o número de inscrição, da firma, no CNPJ.

Parágrafo único. Se os produtos estiverem acondicionados em caixas ou em outro recipiente e assim forem entregues a consumo, bastará a indicação no anel-etiqueta do número no CNPJ e da marca fabril registrada.

ART. 359. Os maços, pacotes, carteiras, caixas, latas, potes e quaisquer outros envoltórios ou recipientes que contenham charutos, cigarros, cigarrilhas e fumo desfiado, picado, migado ou em pó, só poderão sair das respectivas fábricas ou ser importados se estiverem fechados por meio de cola ou substância congênere, compressão mecânica (empacotamento mecânico), solda ou processos semelhantes.

ART. 360. O Ministro de Estado da Fazenda poderá expedir instruções sobre a marcação dos volumes de tabaco em folha (Decreto-Lei n. 1.593, de 1977, art. 7º).

Fumo em Folhas

ART. 361. Ressalvado o caso de exportação, o fumo em folhas tratadas, com ou sem talo, aparadas ou não, mesmo cortadas em forma regular, da Posição 24.01 da TIPI, somente será vendido a estabelecimento industrial de charutos, cigarros, cigarrilhas e de fumo desfiado, picado, migado ou em pó, podendo a Secretaria da Receita Federal do Brasil exigir, para essa operação, os meios de controle que julgar necessários (Lei n. 4.502, de 1964, Anexo, Alínea VII, Observação 17ª, e Decreto-Lei n. 34, de 1966, art. 2º, alteração 29ª).

ART. 362. Nas operações realizadas no mercado interno, o tabaco em folha total ou parcialmente destalado só poderá ser remetido a estabelecimento industrial de charutos, cigarros, cigarrilhas ou de fumo desfiado, picado, migado, em pó, em rolo ou em corda, admitida, ainda, a sua comercialização entre estabelecimentos que exerçam a atividade de beneficiamento e acondicionamento por enfardamento (Decreto-Lei n. 1.593, de 1977, art. 3º, e Lei n. 11.452, de 2007, art. 11).

ART. 363. O tabaco em folha, beneficiado e acondicionado por enfardamento, poderá ser conservado em depósito dos estabelecimentos registrados ou, à sua ordem, em armazéns-gerais.

ART. 364. Será admitida a remessa de tabaco em folha, por estabelecimento registrado, a laboratórios, fabricantes de máquinas, e semelhantes, nas quantidades mínimas necessárias à realização de testes ou pesquisas tecnológicas.

Industrialização em Estabelecimentos de Terceiros

ART. 365. É proibida a fabricação, em estabelecimento de terceiros, dos produtos do Código 2402.20.00 da TIPI (Lei n. 10.637, de 2002, art. 53).

Parágrafo único. Aos estabelecimentos que receberem ou tiverem em seu poder matéria-prima, produto intermediário ou material de embalagem para a fabricação de cigarros para terceiros, aplica-se o disposto no inciso III do art. 582. (Lei n. 10.637, de 2002, art. 53, parágrafo único).

Coleta de Carteiras e Selos Usados

ART. 366. É vedada aos fabricantes dos cigarros do Código 2402.20.00 da TIPI a coleta, para qualquer fim, de carteiras de cigarros vazias ou selos de controle já utilizados (Decreto-Lei n. 1.593, de 1977, art. 13).

Papel para Cigarros

ART. 367. O papel para cigarros, em bobinas, somente poderá ser vendido, no mercado interno, a estabelecimento industrial fabricante de cigarros classificados no Código 2402.20.00 da TIPI, ou mortalhas (Lei n. 10.637, de 2002, art. 54, e Lei n. 10.833, de 2003, art. 41).

§ 1º Os fabricantes e os importadores do papel de que trata o *caput* deverão (Lei n. 10.637, de 2002, art. 54, § 1º, e Lei n. 10.833, de 2003, art. 41):

I - exigir do estabelecimento industrial fabricante de cigarros a comprovação, no ato da venda, de que possui o registro especial de que trata o art. 330; e

II - prestar informações acerca da comercialização de papel para industrialização de cigarros, nos termos definidos pela Secretaria da Receita Federal do Brasil.

§ 2º O disposto no inciso I do § 1º não se aplica aos fabricantes de cigarros classificados no Ex 01 do Código 2402.20.00 da TIPI (Lei n. 10.637, do 2002, art. 54, § 2º, e Lei n. 10.833, de 2003, art. 41).

Diferenças de Estoque

ART. 368. Ressalvadas as quebras apuradas pelo Auditor-Fiscal da Receita Federal do Brasil e as faltas comprovadamente resultantes de furto, roubo, incêndio ou avaria, a diferença de estoque do tabaco em folha, verificada à vista dos livros e documentos fiscais do estabelecimento do beneficiador registrado de acordo com o art. 330, será considerada, nas quantidades correspondentes (Decreto-Lei n. 1.593, de 1977, art. 17):

I - falta, como saída de produto beneficiado pelo estabelecimento sem emissão de nota fiscal; ou

II - excesso, como aquisição do tabaco em folha ao produtor sem comprovação da origem.

CAPÍTULO VIII
DOS PRODUTOS DOS CAPÍTULOS 71 E 91 DA TIPI

Caracterização dos Produtos

ART. 369. Os estabelecimentos industriais e os que lhes são equiparados, ao darem saída a produtos classificados nas Posições 71.01 a 71.16, aos relógios de pulso, de bolso e semelhantes, com caixa de metais preciosos ou de metais chapeados de metais preciosos da Posição 91.01, e nos Códigos 9113.10.00 e 9113.90.00 (este último, somente de pedras preciosas ou semipreciosas ou de pedras sintéticas ou reconstituídas e de pérolas naturais) da TIPI, discriminarão na nota fiscal os produtos pelos seus principais componentes e características, conforme o caso, tais como ouro, prata e platina, espécie e quantidade das pedras, quantidades de quilates e pontos das pedras preciosas, peso total do produto por unidade, marca, tipo, modelo e número de fabricação, e a marcação prevista no Capítulo II do Título VIII - Das Obrigações Acessórias.

Parágrafo único. Considera-se o produto não identificado com o descrito na nota fiscal quando esta não contiver as especificações referidas neste artigo.

Viajantes e Representantes

ART. 370. Os viajantes e representantes de firmas, que transportarem os produtos de que trata este Capítulo, estão sujeitos às normas dos arts. 479 a 481.

Parágrafo único. O disposto no *caput* não se aplica aos que conduzirem apenas mostruário constituído de uma só peça de cada produto, não destinado a venda, exigida, de qualquer forma, a emissão de nota fiscal, com destaque do imposto.

Saída para Demonstração

ART. 371. Na saída dos produtos destinados a vitrinas isoladas, desfiles e outras demonstrações públicas, será destacado, na respectiva nota fiscal, o imposto, atendido ao que dispõe o inciso I do art. 195.

Aquisição de Produtos Usados

ART. 372. Os estabelecimentos que adquirirem, de particulares, produtos usados, assim compreendidos também os recebidos em troca ou como parte de pagamento de outros, exigirão recibo do vendedor ou transmitente, de que constem o seu nome e endereço, número de inscrição no Cadastro de Pessoas Físicas - CPF, do Ministério da Fazenda, o número e nome da repartição expedidora de sua carteira de identidade, bem como a descrição minuciosa e o preço ou valor de cada objeto.

CAPÍTULO IX
DOS CONTROLES DE VAZÃO E DE PRODUÇÃO

SEÇÃO I
DOS MEDIDORES DE VAZÃO E CONDUTIVÍMETROS

ART. 373. Os estabelecimentos industriais dos produtos classificados nas Posições 22.02 e 22.03 da TIPI ficam sujeitos à instalação de equipamentos medidores de vazão e condutivímetros, bem como de aparelhos para o controle, registro e gravação dos quantitativos medidos, na forma, condições e prazos estabelecidos pela Secretaria da Receita Federal do Brasil (Medida Provisória n. 2.158-35, de 2001, art. 36).

§ 1º A Secretaria da Receita Federal do Brasil poderá (Medida Provisória n. 2.158-35, de 2001, art. 36, § 1º):

I - credenciar, mediante convênio, órgãos oficiais especializados e entidades de âmbito nacional representativas dos fabricantes de bebidas, que ficarão responsáveis pela contratação, supervisão e homologação dos serviços de instalação, aferição, manutenção e reparação dos equipamentos; e

II - dispensar a instalação dos equipamentos previstos neste artigo, em função de limites de produção ou faturamento que fixar.

§ 2º No caso de inoperância de qualquer dos equipamentos previstos neste artigo, o contribuinte deverá comunicar a ocorrência à unidade da Secretaria da Receita Federal do Brasil com jurisdição sobre seu domicílio fiscal, no prazo de vinte e quatro horas, devendo manter controle do volume de produção enquanto perdurar a interrupção (Medida Provisória n. 2.158-35, de 2001, art. 36, § 2º).

§ 3º Aplica-se aos equipamentos e aparelhos referidos neste artigo o disposto no art. 380 (Lei n. 11.488, de 2007, art. 29, § 2º).

ART. 374. O estabelecimento industrial das bebidas sujeitas ao regime de tributação pelo imposto de que trata o art. 200, deverá apresentar, em meio magnético, nos prazos, modelos e condições estabelecidos pela Secretaria da Receita Federal do Brasil (Medida Provisória n. 2.158-35, de 2001, art. 37):

I - quadro resumo dos registros dos medidores de vazão e dos condutivímetros, a partir da data de entrada em operação dos equipamentos; e

II - demonstrativo da apuração do IPI.

ART. 375. O disposto nos arts. 373 e 374 aplica-se aos estabelecimentos envasadores ou industriais fabricantes dos produtos classificados na Posição 22.01 da TIPI (Lei n. 11.051, de 2004, art. 5º).

SEÇÃO II
DO CONTROLE DA PRODUÇÃO

SUBSEÇÃO I
DOS PRODUTOS DOS CÓDIGOS 21.06.90.10 EX 02, 22.01, 22.02 E 22.03

ART. 376. Os estabelecimentos que industrializam os produtos de que trata o art. 222 ficam obrigados a instalar equipamentos contadores de produção, que possibilitem, ainda, a identificação do tipo de produto, de embalagem e sua marca comercial, aplicando-se, no que couber, as disposições contidas nos arts. 378, 379, 380, no inciso VI do art. 581, e no art. 584 (Lei n. 10.833, de 2003, art. 58-T, e Lei n. 11.827, de 2008, art. 1º).

Parágrafo único. A Secretaria da Receita Federal do Brasil estabelecerá a forma, os limites, as condições e os prazos para a aplicação da obrigatoriedade de que trata o *caput*, sem prejuízo do disposto no art. 373 (Lei n. 10.833, de 2003, art. 58-T, § 1º, e Lei n. 11.827, de 2008, art. 1º).

SUBSEÇÃO II
DO ÁLCOOL

ART. 377. Os produtores de álcool, inclusive para fins carburantes, ficam obrigados à instalação de equipamentos de controle de produção nos termos, condições e prazos estabelecidos pela Secretaria da Receita Federal do Brasil (Lei n. 11.727, de 2008, art. 13).

§ 1º A Secretaria da Receita Federal do Brasil poderá dispensar a instalação dos equipamentos previstos no *caput*, em função de limites de produção ou faturamento que fixar (Lei n. 11.727, de 2008, art. 13, §1º).

§ 2º No caso de inoperância de qualquer dos equipamentos previstos no *caput*, o produtor deverá comunicar a ocorrência à unidade da Secretaria da Receita Federal do Brasil com jurisdição sobre seu domicílio fiscal, no prazo de vinte e quatro horas, devendo manter controle do volume de produção enquanto perdurar a interrupção (Lei n. 11.727, de 2008, art. 13, § 2º).

SEÇÃO III
DO CONTROLE E RASTREAMENTO DA PRODUÇÃO DE CIGARROS

ART. 378. Os estabelecimentos industriais fabricantes de cigarros e cigarrilhas dos Códigos 2402.20.00, excetuados os classificados no Ex 01, e 2402.10.00 da TIPI, respectivamente, estão obrigados à instalação de contadores de produção e de aparelhos para o controle, registro, gravação e transmissão dos quantitativos medidos, na forma, condições e prazos estabelecidos pela Secretaria da Receita Federal do Brasil (Lei n. 11.488, de 2007, art. 27, e Lei n. 12.402, de 2011, art. 5º, parágrafo único). (Alterado pelo Dec. 7.990/2013.)

§ 1º Os equipamentos de que trata o *caput* deverão possibilitar, ainda, o controle e o rastreamento dos produtos em todo o território nacional e a correta utilização do selo de controle de que trata o art. 284, com o fim de identificar a legítima origem e reprimir a produção e importação ilegais, bem como a comercialização de contrafações (Lei n. 11.488, de 2007, art. 27, § 1º).

§ 2º No caso de inoperância de qualquer dos equipamentos previstos neste artigo, o contribuinte deverá comunicar a ocorrência no prazo de vinte e quatro horas, devendo manter o controle do volume de produção, enquanto perdurar a interrupção, na forma estabelecida pela Secretaria da Receita Federal do Brasil (Lei n. 11.488, de 2007, art. 27, § 2º).

§ 3º A falta de comunicação referida no § 2º ensejará a aplicação da multa de que trata o inciso VI do art. 581 (Lei n. 11.488, de 2007, art. 27, § 3º).

ART. 379. Os equipamentos contadores de produção de que trata o art. 378 deverão ser instalados em todas as linhas de produção existentes nos estabelecimentos industriais fabricantes de cigarros e cigarrilhas, em local correspondente ao da aplicação do selo de controle de que trata o art. 284, observado o disposto no § 2º do art. 290 (Lei n. 11.488, de 2007, art. 28, *caput* e § 1º, e Lei n. 12.402, de 2011, art. 5º, parágrafo único). (Alterado pelo Dec. 7.990/2013.)

§ 1º Cabe à Casa da Moeda do Brasil a responsabilidade pela integração, instalação e manutenção preventiva e corretiva de todos os equipamentos de que trata o art. 378, sob supervisão e acompanhamento da Secretaria da Receita Federal do Brasil, e observância aos requisitos de segurança e controle fiscal por ela estabelecidos (Lei n. 11.488, de 2007, art. 28, § 2º).

§ 2º Fica a cargo do estabelecimento industrial o ressarcimento à Casa da Moeda do Brasil pela execução dos procedimentos de que trata o § 1º, e pela adequação necessária à instalação dos equipamentos de que trata o art. 378 em cada linha de produção (Lei n. 11.488, de 2007, art. 28, § 3º, e Lei n. 12.402, de 2011, art. 5º, parágrafo único). (Alterado pelo Dec. 7.990/2013.)

§ 3º Os valores do ressarcimento de que trata o § 2º serão estabelecidos pela Secretaria da Receita Federal do Brasil e deverão ser proporcionais à capacidade produtiva do estabelecimento industrial, podendo ser deduzidos do valor correspondente ao ressarcimento de que trata o art. 298 (Lei n. 11.488, de 2007, art. 28, § 4º, e Lei n. 12.402, de 2011, art. 5º, parágrafo único). (Alterado pelo Dec. 7.990/2013.)

ART. 380. Os equipamentos de que trata o art. 378, em condições normais de operação, deverão permanecer inacessíveis para ações de configuração ou para interação manual direta com o fabricante, mediante utilização de lacre de segurança, nos termos e condições estabelecidos pela Secretaria da Receita Federal do Brasil (Lei n. 11.488, de 2007, art. 29).

Parágrafo único. O lacre de segurança de que trata o *caput* será confeccionado pela Casa da Moeda do Brasil e deverá ser provido de proteção adequada para suportar as condições de umidade, temperatura, substâncias corrosivas, esforço mecânico e fadiga (Lei n. 11.488, de 2007, art. 29, § 1º).

SEÇÃO IV
DAS OUTRAS DISPOSIÇÕES

ART. 381. O disposto no art. 380 também se aplica aos medidores de vazão, condutivímetros e demais equipamentos de controle de produção exigidos em lei (Lei n. 11.488, de 2007, art. 29, § 2º).

DECRETOS

CAPÍTULO X
DO DOCUMENTÁRIO FISCAL

SEÇÃO I
DAS DISPOSIÇÕES GERAIS

Modelos

ART. 382. O documentário fiscal obedecerá aos modelos anexos a este Regulamento, bem como àqueles aprovados ou que vierem a ser aprovados pelo Ministro de Estado da Fazenda, em atos administrativos ou em convênio com as unidades federadas (Lei n. 4.502, de 1964, arts. 48 e 56, § 1º, e Decreto-Lei n. 400, de 1968, art. 17).

Normas de Escrituração

ART. 383. Os livros, os documentos que servirem de base à sua escrituração e demais elementos compreendidos no documentário fiscal serão escriturados ou emitidos em ordem cronológica, sem rasuras ou emendas, e conservados no próprio estabelecimento para exibição aos agentes do Fisco, até que ocorra a prescrição dos créditos tributários decorrentes das operações a que se refiram (Lei n. 5.172, de 1966, art. 195, e Lei n. 4.502, de 1964, arts. 57, § 1º, e 58).

Autonomia dos Estabelecimentos

ART. 384. Cada estabelecimento, seja matriz, sucursal, filial, agência, depósito ou qualquer outro, manterá o seu próprio documentário, vedada, sob qualquer pretexto, a sua centralização, ainda que no estabelecimento matriz (Lei n. 4.502, de 1964, art. 57).

Unidades-Padrão

ART. 385. Na emissão dos documentos e na escrituração dos livros fiscais, os contribuintes poderão utilizar as unidades usuais de medida que mais se ajustarem às diversas espécies de mercadorias, devendo, contudo, ser a quantidade expressa na unidade-padrão do produto, no preenchimento do documento de informação de quantitativos instituído pela Secretaria da Receita Federal do Brasil.

Parágrafo único. A Secretaria da Receita Federal do Brasil estabelecerá as unidades-padrão dos produtos, identificados pelos seus respectivos Códigos da TIPI.

Elementos Subsidiários

ART. 386. Constituem elementos subsidiários da escrita fiscal, os livros da escrita geral, as faturas e as notas fiscais recebidas, os documentos mantidos em arquivos magnéticos ou assemelhados, e outros efeitos comerciais, inclusive aqueles que, mesmo pertencendo ao arquivo de terceiros, se relacionarem com o movimento escriturado (Lei n. 4.502, de 1964, art. 56, § 4º, e Lei n. 9.430, de 1996, art. 34).

Regimes Especiais

ART. 387. A Secretaria da Receita Federal do Brasil poderá autorizar a adoção de regimes especiais para a emissão e escrituração de documentos e livros fiscais, emitidos por processo manual, mecânico ou por sistema de processamento eletrônico de dados.

Processamento Eletrônico de Dados

ART. 388. A emissão de documentos fiscais e a escrituração de livros fiscais por contribuinte usuário de sistema de processamento eletrônico de dados dependem de prévia autorização do Fisco estadual, na forma disposta em legislação específica, exceto quanto aos livros de que tratam os arts. 468 e 478.

ART. 389. As pessoas jurídicas que utilizam sistema de processamento eletrônico de dados para registrar negócios e atividades econômicas ou financeiras, escriturar livros ou elaborar documentos de natureza contábil ou fiscal ficam obrigadas a manter, à disposição da Secretaria da Receita Federal do Brasil, os respectivos arquivos digitais e sistemas, pelo prazo decadencial previsto na legislação tributária (Lei n. 5.172, de 1966, art. 195, Lei n. 8.218, de 1991, art. 11, e Medida Provisória n. 2.158-35, de 2001, art. 72).

§ 1º A Secretaria da Receita Federal do Brasil poderá estabelecer prazo inferior ao previsto no *caput*, que poderá ser diferenciado segundo o porte da pessoa jurídica (Lei n. 8.218, de 1991, art. 11, e Medida Provisória n. 2.158-35, de 2001, art. 72, § 1º).

§ 2º A Secretaria da Receita Federal do Brasil expedirá os atos necessários para estabelecer a forma e o prazo em que os arquivos digitais e sistemas deverão ser apresentados (Lei n. 8.218, de 1991, art. 11, § 2º, Lei n. 8.383, de 1991, art. 62, e Medida Provisória n. 2.158-35, de 2001, art. 72, § 3º).

§ 3º Os atos a que se refere o § 2º poderão ser expedidos por autoridade designada pelo Secretário da Receita Federal do Brasil (Lei n. 8.218, de 1991, art. 11, § 4º, e Medida Provisória n. 2.158-35, de 2001, art. 72).

Atribuições de Competência

ART. 390. As referências feitas neste Capítulo à legislação ou aos Fiscos estaduais compreendem também a legislação e o Fisco do Distrito Federal.

Ajustes SINIEF

ART. 391. São normas complementares deste Capítulo, o Convênio Sistema Nacional Integrado de Informações Econômico-Fiscais - SINIEF S/N., de 15 de dezembro de 1970, e os ajustes SINIEF editados para alterá-lo, quanto ao documentário fiscal do imposto (Lei n. 5.172, de 1966, art. 100, inciso IV).

SEÇÃO II
DOS DOCUMENTOS FISCAIS

SUBSEÇÃO I
DAS DISPOSIÇÕES PRELIMINARES

Modelos e Normas de Utilização

ART. 392. Os estabelecimentos emitirão os seguintes documentos, conforme a natureza de suas atividades:

I - Nota Fiscal, modelos 1 ou 1-A;

II - Documento de Arrecadação;

III - Declaração do Imposto; e

IV - Documento de Prestação de Informações Adicionais de interesse da administração tributária.

§ 1º À nota fiscal, modelos 1 ou 1-A, aplica-se o disposto no art. 382.

§ 2º Os documentos referidos nos incisos II a IV atenderão aos modelos e instruções expedidos pela Secretaria da Receita Federal do Brasil.

ART. 393. Os documentos mencionados no art. 392 serão preenchidos manual, mecanicamente ou por processamento eletrônico de dados, desde que obedecidas as legislações específicas, ficando vedado o preenchimento manual para os documentos mencionados nos incisos III e IV do referido artigo.

Inidoneidade dos Documentos

ART. 394. É considerado inidôneo, para os efeitos fiscais, fazendo prova apenas em favor do Fisco, sem prejuízo do disposto no art. 427, o documento que:

I - não seja o legalmente previsto para a operação;

II - omita indicações exigidas ou contenha declarações inexatas;

III - esteja preenchido de forma ilegível ou apresente emendas ou rasuras que lhe prejudiquem a clareza; ou

IV - não observe outros requisitos previstos neste Regulamento.

Carta de Correção

ART. 395. É permitida a utilização de carta de correção, para regularização de erro ocorrido na emissão de documento fiscal, desde que o erro não esteja relacionado com:

I - as variáveis que determinam o valor do imposto, tais como: base de cálculo, alíquota, diferença de preço, quantidade, valor da operação ou da prestação;

II - a correção de dados cadastrais que implique mudança do remetente ou do destinatário; e

III - a data de emissão ou de saída.

SUBSEÇÃO II
DA NOTA FISCAL

ART. 396. Os estabelecimentos emitirão a nota fiscal, modelos 1 ou 1-A:

I - sempre que promoverem a saída de produtos;

II - sempre que, no estabelecimento, entrarem produtos, real ou simbolicamente, nas hipóteses do art. 434; e

III - nos demais casos previstos neste Regulamento.

ART. 397. É vedada a utilização simultânea dos modelos 1 e 1-A da nota fiscal, salvo quando adotadas séries distintas, nos termos do arts. 405 e 406.

ART. 398. Na nota fiscal é permitido:

I - acrescentar indicações relativas ao controle de outros tributos, desde que não contrariem a legislação própria;

II - suprimir a coluna destinada ao destaque do imposto, no caso de utilização do documento em operação não sujeita ao tributo, exceto o campo "Valor Total do IPI", do quadro "Cálculo do Imposto", hipótese em que nada será anotado neste campo;

III - alterar o tamanho dos quadros e campos, respeitado o tamanho mínimo, quando estipulado neste Regulamento, e a sua disposição gráfica;

IV - acrescentar as seguintes indicações, se de interesse do emitente:

a) no quadro "Emitente": nome de fantasia, endereço telegráfico, número de telex e o da caixa postal;

b) no quadro "Dados do Produto":

1. colunas destinadas à indicação de descontos concedidos e a outras informações correlatas que complementem as indicações previstas para o referido quadro; e

2. pauta gráfica, quando os documentos forem manuscritos;

c) na parte inferior da nota fiscal, indicações expressas em código de barras, desde que determinadas ou autorizadas pelo Fisco estadual;

d) propaganda, na margem esquerda, desde que haja separação de, no mínimo, cinco décimos de centímetro do quadrado do modelo; e

e) informações complementares, impressas tipograficamente no verso da nota fiscal, hipótese em que sempre será reservado espaço, com a dimensão mínima de dez por quinze centímetros, em qualquer sentido, para aposição de carimbos pela fiscalização;

V - deslocar o comprovante de entrega, na forma de canhoto destacável para a lateral direita ou para a extremidade superior do impresso; e

VI - utilizar retícula e fundos decorativos ou personalizantes, desde que não excedentes aos seguintes valores da escala "Europa":

a) dez por cento para as cores escuras;

b) vinte por cento para as cores claras; e

c) trinta por cento para cores creme, rosa, azul, verde e cinza, em tintas próprias para fundos.

ART. 399. Quando exigido pelas unidades federadas, a emissão da nota fiscal, por contribuintes de determinadas atividades econômicas, será feita mediante utilização de sistema eletrônico de processamento de dados.

ART. 400. Quando exigido pelas unidades federadas, a emissão da nota fiscal para acobertar as operações destinadas a órgãos ou entidades da administração pública federal, estadual ou municipal, direta ou indireta, nas situações em que seja obrigatória a utilização dos modelos especificados no inciso I do art. 392, ocorrerá também eletronicamente, utilizando sistema criado pela unidade federada de destino.

Características das notas fiscais

ART. 401. A nota fiscal será de tamanho não inferior a vinte e um por vinte e oito centímetros e vinte e oito por vinte e um centímetros para os modelos 1 e 1-A, respectivamente, observado o seguinte:

I - os quadros terão largura mínima de vinte inteiros e três décimos de centímetros, exceto:

a) o quadro "Destinatário/Remetente", que terá largura mínima de dezessete inteiros e dois décimos de centímetros; e

b) o quadro "Dados Adicionais", no modelo 1-A;

II - o campo "Reservado ao Fisco" terá tamanho mínimo de oito por três centímetros, em qualquer sentido; e

III - os campos "CNPJ", "Inscrição Estadual do Substituto Tributário" e "Inscrição Estadual", do quadro "Emitente", e os campos "CNPJ/CPF" e "Inscrição Estadual", do quadro "Destinatário/Remetente", terão largura mínima de quatro inteiros e quatro décimos de centímetros.

Numeração das notas fiscais

ART. 402. As notas fiscais serão numeradas em ordem crescente, de um a novecentos e noventa e nove mil novecentos e noventa e nove, em todas as vias e enfeixadas em blocos uniformes de vinte unidades, no mínimo, e cinquenta, no máximo, podendo, em substituição aos blocos, também, ser confeccionadas em formulários contínuos, ou jogos soltos, observados os requisitos estabelecidos pela legislação específica para a sua emissão.

§ 1º Atingindo novecentos e noventa e nove mil novecentos e noventa e nove, a numeração será reiniciada, com a designação da mesma série, se houver.

§ 2º Os blocos serão usados pela ordem crescente de numeração dos documentos, vedado utilizar um bloco sem que estejam simultaneamente em uso, ou já tenham sido usados, os de numeração inferior.

§ 3º A numeração da nota fiscal será reiniciada sempre que houver:

I - adoção de séries distintas, nos termos dos arts. 405 e 406; e

II - troca de modelo 1 para 1-A e vice-versa.

Impressão das notas fiscais

ART. 403. As notas fiscais, mesmo quando seus modelos tenham sido aprovados em regime especial, poderão ser impressas:

I - por terceiros, mediante prévia autorização da repartição competente do Fisco estadual; ou

II - em tipografia do próprio usuário, também mediante prévia autorização, se assim o determinar a repartição do Fisco estadual.

§ 1º A critério de cada unidade federada, a nota fiscal poderá ainda ser impressa pela respectiva repartição competente do Fisco estadual, cumprindo ao contribuinte que optar pela sua aquisição preencher o formulário especialmente destinado a esse fim.

§ 2º Para obtenção da autorização de que tratam os incisos I e II deverá ser preenchido o formulário específico para essa finalidade, que será entregue ao Fisco estadual.

§ 3º No caso de o estabelecimento gráfico situar-se em unidade federada diversa da do domicílio do que vier a utilizar o impresso fiscal a ser confeccionado, a autorização será requerida por ambas as partes às repartições do Fisco estadual respectivas, devendo preceder a da localidade em que se situar o estabelecimento encomendante.

§ 4º As unidades federadas poderão fixar prazos para a utilização de impressos de notas fiscais.

Cancelamento das notas fiscais

ART. 404. Quando a nota fiscal for cancelada, conservar-se-ão todas as suas vias no bloco ou sanfona de formulários contínuos, com declaração dos motivos que determinaram o cancelamento e referência, se for o caso, ao novo documento emitido.

Parágrafo único. Se copiada a nota, os assentamentos serão feitos no livro Copiador, arquivando-se todas as vias do documento cancelado.

Séries

ART. 405. As notas fiscais, modelos 1 e 1-A, deverão ter séries distintas:

I - no caso de uso concomitante da nota fiscal e da nota fiscal-fatura a que se refere o art. 428; ou

II - quando houver determinação por parte do Fisco, para separar as operações de entradas das de saída.

§ 1º Sem prejuízo do disposto neste artigo, poderá ser permitida a utilização de séries distintas, quando houver interesse do contribuinte.

§ 2º O Fisco poderá restringir o número de séries.

ART. 406. As séries serão designadas por algarismos arábicos, em ordem crescente, a partir de um, vedada a utilização de subsérie.

Hipóteses de Emissão

ART. 407. A nota fiscal, modelos 1 ou 1-A, será emitida:

I - na saída de produto tributado, mesmo que isento ou de alíquota zero, ou quando imune, do estabelecimento industrial, ou equiparado a industrial, ou ainda de estabelecimento comercial atacadista;

II - na saída de produto, ainda que não tributado, de qualquer estabelecimento, mesmo que este não seja industrial, ou equiparado a industrial, para industrialização, por encomenda, de novo produto tributado, mesmo que isento ou de alíquota zero, ou quando imune;

III - na saída, de estabelecimento industrial, de matéria-prima, produto intermediário e material de embalagem, adquiridos de terceiros;

IV - na saída, em restituição, do produto consertado, restaurado ou recondicionado, nos casos previstos no inciso XI do art. 5º;

V - na saída de produtos de depósitos fechados, armazéns-gerais, feiras de amostras e promoções semelhantes, ou de outro local que não seja o do estabelecimento emitente da nota, nos casos previstos neste Regulamento, inclusive nos de mudança de destinatário;

VI - na saída de produto cuja unidade não possa ser transportada de uma só vez, quando o imposto incida sobre o todo;

VII - nas vendas à ordem ou para entrega futura do produto, quando houver, desde logo, cobrança do imposto;

VIII - na saída de produtos dos associados para as suas cooperativas, equiparadas, por opção, a estabelecimento industrial;

IX - na complementação do imposto sobre produtos fabricados, ou importados, remetidos pelo próprio fabricante, ou importador, ou outro estabelecimento equiparado a industrial, a estabelecimento comercial varejista não contribuinte, da mesma firma, e aí vendido por preço superior ao que serviu à fixação do valor tributável;

X - no reajustamento de preço em virtude de contrato escrito de que decorra acréscimo do valor do produto;

XI - no destaque do imposto, quando verificada pelo usuário diferença no estoque do selo de controle;

XII - no destaque que deixou de ser efetuado na época própria, ou que foi efetuado com erro de cálculo ou de classificação, ou, ainda, com diferença de preço ou de quantidade;

XIII - nos demais casos em que houver destaque do imposto e para os quais não esteja prevista a emissão de outro documento;

XIV - nas transferências de crédito do imposto, se admitidas;

XV - na entrada, real ou simbólica, de produtos, nos momentos definidos no art. 436; e

XVI - na transferência simbólica, obrigada ao destaque do imposto, da produção de álcool das usinas produtoras para as suas cooperativas, equiparadas a estabelecimento industrial.

§ 1º Da nota fiscal prevista no inciso IV do *caput*, constará a indicação da nota fiscal emitida, pelo estabelecimento, por ocasião do recebimento do produto.

§ 2º No caso do inciso VI do *caput*, cumpre ao vendedor do produto observar as seguintes normas:

I - a nota fiscal será emitida pelo valor da operação correspondente ao todo, com destaque do imposto e com a declaração de que a remessa, da unidade, será feita em peças ou partes;

II - a cada remessa corresponderá nova nota fiscal, com indicação do número, da série, se houver, e da data da nota inicial, e sem destaque do imposto, ressalvadas, quanto ao destaque, as hipóteses dos incisos IV e V deste parágrafo;

III - cada nota parcial mencionará o valor correspondente à parte do produto que sair do estabelecimento, de forma que a soma dos valores das remessas parceladas não seja inferior ao valor total da nota inicial;

IV - se a soma dos valores das remessas parceladas exceder ao da nota inicial, será feito o reajustamento do valor na última nota, com destaque da diferença do imposto que resultar; e

V - ocorrendo alteração da alíquota do imposto, prevalecerá aquela que vigorar na data da efetiva saída do produto ou de suas partes e peças, devendo o estabelecimento emitente:

a) destacar, na respectiva nota, em cada saída subsequente à alteração, a diferença do imposto que sobre ela for apurada, no caso de majoração; e *b)* indicar, na respectiva nota, em cada saída subsequente à alteração, a diferença do imposto que for apurada, no caso de diminuição.

§ 3º Na hipótese do inciso VII do *caput*, o vendedor emitirá, por ocasião da efetiva saída do produto, nova nota fiscal:

I - sem destaque do imposto, ou com destaque complementar se ocorrer majoração da respectiva alíquota;

II - com indicação da diferença do imposto resultante de eventual redução da alíquota, ocorrida entre a emissão da nota fiscal original e a da nota referente à saída do produto; e

III - com declaração do número, da série, se houver, e da data da nota fiscal originária, bem como da nota fiscal expedida pelo comprador ao destinatário da mercadoria, se este não for o próprio comprador, assim como do imposto destacado nessas notas fiscais.

§ 4º As notas fiscais a que se referem os incisos IX e X do *caput* serão emitidas, no primeiro caso, até o último dia útil do período de apuração em relação ao movimento de entradas e saídas de produtos no período anterior, e, no segundo, dentro de três dias da data em que se efetivou o reajustamento.

§ 5º Nas hipóteses dos incisos XI e XII do *caput*, a nota fiscal não poderá ser emitida depois de iniciado qualquer procedimento fiscal, adotado o mesmo critério quanto aos demais incisos se excedidos os prazos para eles previstos.

Vendas a Varejo

ART. 408. Nos estabelecimentos industriais ou equiparados a industrial, que possuírem seção de venda a varejo isolada das demais, com perfeita distinção e controle dos produtos saídos de cada uma delas, será permitida, para o movimento diário da seção de varejo, uma única nota fiscal com destaque do imposto, no fim do dia, para os produtos vendidos.

Operações Fora do Estabelecimento

ART. 409. A nota fiscal do contribuinte que executar qualquer das operações compreendidas no inciso VIII do art. 5º conterá, destacadamente, o valor dos produtos, partes ou peças, e o dos serviços efetuados.

Emissão Facultativa

ART. 410. É facultado emitir nota fiscal nas vendas à ordem ou para entrega futura, salvo se houver destaque do imposto, o que tornará obrigatória a sua emissão.

Proibição

ART. 411. Fora dos casos previstos neste Regulamento e na legislação estadual, é vedada a emissão de nota fiscal que não corresponda a uma efetiva saída de mercadoria.

Órgãos Públicos

ART. 412. Não se exigirá nota fiscal dos órgãos públicos, nas remessas de matéria-prima, produto intermediário e material de embalagem a estabelecimentos industriais, para a fabricação de produtos, por encomenda, para seu próprio uso ou consumo.

Requisitos

ART. 413. A nota fiscal, nos quadros e campos próprios, observada a disposição gráfica dos modelos 1 ou 1-A, conterá:

I - no quadro "Emitente":

a) o nome ou razão social;

b) o endereço;

c) o bairro ou distrito;

d) o município;

e) a unidade federada;

f) o telefone e fax;

g) o Código de Endereçamento Postal - CEP;

h) o número de inscrição no CNPJ;

i) a natureza da operação de que decorrer a saída ou a entrada, tais como venda, compra, transferência, devolução, importação, consignação, remessa (para fins de demonstração, de industrialização ou outra);

j) o Código Fiscal de Operações e Prestações - CFOP;

l) o número de inscrição estadual do substituto tributário na unidade federada em favor da qual é retido o imposto, quando for o caso;

m) o número de inscrição estadual;

n) a denominação "nota fiscal";

o) a indicação da operação, se de entrada ou de saída;

p) o número de ordem da nota fiscal e, imediatamente abaixo, a expressão Série, acompanhada do número correspondente, se adotada nos termos dos arts. 405 e 406;

q) o número e destinação da via da nota fiscal;

r) a data-limite para emissão da nota fiscal ou a indicação "00.00.00", quando o Estado não fizer uso da prerrogativa prevista no § 4º do art. 403;

s) a data de emissão da nota fiscal;

t) a data da efetiva saída ou entrada da mercadoria no estabelecimento; e

u) a hora da efetiva saída da mercadoria do estabelecimento;

II - no quadro "Destinatário/Remetente":

a) o nome ou razão social;

b) o número de inscrição no CNPJ ou no CPF do Ministério da Fazenda;

c) o endereço;

d) o bairro ou distrito;

e) o CEP;

f) o município;

g) o telefone e fax;

h) a unidade federada; e

i) o número de inscrição estadual;

III - no quadro "Fatura", se adotado pelo emitente, as indicações previstas na legislação pertinente;

IV - no quadro "Dados do Produto":

a) o código adotado pelo estabelecimento para identificação do produto;

b) a descrição dos produtos, compreendendo: nome, marca, tipo, modelo, série, espécie, qualidade e demais elementos que permitam sua perfeita identificação;

c) a classificação fiscal dos produtos por Posição, Subposição, item e subitem da TIPI (oito dígitos);

d) o Código de Situação Tributária - CST;

e) a unidade de medida utilizada para a quantificação dos produtos;

f) a quantidade dos produtos;

g) o valor unitário dos produtos;

h) o valor total dos produtos;

i) a alíquota do ICMS;

j) a alíquota do IPI; e

l) o valor do IPI, sendo permitido um único cálculo do imposto pelo valor total, se os produtos forem de um mesmo código de classificação fiscal;

V - no quadro "Cálculo do Imposto":

a) a base de cálculo total do ICMS;

b) o valor do ICMS incidente na operação;

c) a base de cálculo aplicada para a determinação do valor do ICMS retido por substituição tributária, quando for o caso;

d) o valor do ICMS retido por substituição tributária, quando for o caso;

e) o valor total dos produtos;

f) o valor do frete;

g) o valor do seguro;

h) o valor de outras despesas acessórias;

i) o valor total do IPI; e

j) o valor total da nota;

VI - no quadro "Transportador/Volumes Transportados":

a) o nome ou razão social do transportador e a expressão "Autônomo", se for o caso;

b) a condição de pagamento do frete: se por conta do emitente ou do destinatário;

c) a placa do veículo, no caso de transporte rodoviário, ou outro elemento identificativo, nos demais casos;

d) a unidade federada de registro do veículo;

e) o número de inscrição do transportador no CNPJ ou no CPF do Ministério da Fazenda;

f) o endereço do transportador;

g) o município do transportador;

h) a unidade federada do domicílio do transportador;

i) o número de inscrição estadual do transportador, quando for o caso;

j) a quantidade de volumes transportados;

l) a espécie dos volumes transportados;

m) a marca dos volumes transportados;

n) a numeração dos volumes transportados;

o) o peso bruto dos volumes transportados; e

p) o peso líquido dos volumes transportados;

VII - no quadro "Dados Adicionais":

a) no campo "Informações Complementares" - o valor tributável, quando diferente do valor da operação, o preço de venda no varejo ou no atacado quando a ele estiver subordinado o cálculo do imposto; indicações exigidas neste Regulamento como: imunidade, isenção, suspensão, e as demais mencionadas no art. 415; redução de base de cálculo; outros dados de interesse do emitente, tais como número do pedido, vendedor, emissor da nota fiscal, local de entrega, quando diverso do endereço do destinatário nas hipóteses previstas na legislação, propaganda, etc.;

b) no campo "Reservado ao Fisco" - indicações estabelecidas pelo Fisco do Estado do emitente; e

c) o número de controle do formulário, no caso de nota fiscal emitida por processamento eletrônico de dados;

VIII - no rodapé ou na lateral direita da nota fiscal: o nome, o endereço e os números de inscrição, estadual e no CNPJ, do impressor da nota; a data e a quantidade da impressão; o número de ordem da primeira e da última nota impressa e respectiva série, quando for o caso; e o número da Autorização para Impressão de Documentos Fiscais - AIDF; e

IX - no comprovante de entrega dos produtos, que deverá integrar apenas a primeira via da nota fiscal, na forma de canhoto destacável:

a) a declaração de recebimento dos produtos;

b) a data do recebimento dos produtos;

c) a identificação e assinatura do recebedor dos produtos;

d) a expressão "nota fiscal"; e

e) o número de ordem da nota fiscal.

Parágrafo único. Os órgãos oficiais de controle da produção e circulação de mercadorias poderão exigir dos fabricantes e comerciantes atacadistas a eles vinculados o acréscimo, ao modelo da nota fiscal, de outras indicações desde que não importem em suprimir ou modificar as mencionadas neste artigo.

ART. 414. A nota fiscal emitida por estabelecimento que não seja industrial, nem equiparado a industrial, para acompanhar matéria-prima, produto intermediário e material de embalagem remetidos a terceiros para industrialização por encomenda, indicará o imposto correspondente aos mesmos produtos, segundo as notas fiscais relativas à sua aquisição.

ART. 415. Sem prejuízo de outros elementos exigidos neste Regulamento, da nota fiscal constará, conforme ocorra, cada um dos seguintes casos:

I - "Isento do IPI", nos casos de isenção do tributo, seguida da declaração do dispositivo legal ou regulamentar que autoriza a concessão;

II - "Produzido na Zona Franca de Manaus", para os produtos industrializados na Zona Franca de Manaus, que se destinem a seu consumo interno, ou a comercialização em qualquer ponto do território nacional;

III - "Saído com Suspensão do IPI", nos casos de suspensão do tributo, declarado, do mesmo modo, o dispositivo legal ou regulamentar concessivo;

IV - Zona Franca de Manaus - Exportação para o Exterior", quanto aos produtos remetidos à Zona Franca de Manaus para dali serem exportados para o exterior;

V - "No Gozo de Imunidade Tributária", declarado o dispositivo constitucional ou regulamentar, quando o produto estiver alcançado por imunidade constitucional;

VI - "Produto Estrangeiro de Importação Direta" ou "Produto Estrangeiro Adquirido no Mercado Interno", conforme se trate de produto importado diretamente ou adquirido no mercado interno;

VII - "O produto sairá de........, sito na Rua......., no........, na Cidade de..............", quando não for entregue diretamente pelo estabelecimento emitente da nota fiscal, mas por ordem deste;

VIII - "Sem Valor para Acompanhar o Produto", seguida esta declaração da circunstância de se tratar de mercadoria para entrega simbólica ou cuja unidade não possa ser transportada de uma só vez, e, ainda, quando o produto industrializado, antes de sair do estabelecimento industrial, for por este adquirido; ou

IX - "Nota Emitida Exclusivamente para Uso Interno", nos casos de diferença apurada no estoque do selo de controle, de nota fiscal emitida para o movimento global diário nas hipóteses do art. 408 e ainda de saldo devedor do imposto, no retorno de produtos entregues a ambulantes.

ART. 416. Na utilização do modelo de nota fiscal, observar-se-ão as seguintes normas:

I - serão impressas tipograficamente as indicações:

a) das alíneas "a" até "h", "m", "n", "p", "q" e "r" do inciso I do art. 413, devendo as indicações das alíneas "a", "h" e "m" ser impressas, no mínimo, em corpo "8", não condensado;

b) do inciso VIII do art. 413, devendo ser impressas, no mínimo, em corpo "5", não condensado; e

c) das alíneas "d" e "e" do inciso IX do art. 413;

II - as indicações a que se referem as alíneas "a" a "h" e "m" do inciso I do art. 413 poderão ser dispensadas de impressão tipográfica, a juízo do Fisco estadual da localização do remetente, desde que a nota fiscal seja fornecida e visada pela repartição fiscal, hipótese em que os dados a esta referentes serão inseridos no quadro "Emitente", e a sua denominação será "nota fiscal Avulsa", observado, ainda:

a) o quadro "Destinatário/Remetente" será desdobrado em quadros "Remetente" e "Destinatário", com a inclusão de campos destinados a identificar os códigos dos respectivos municípios; e

b) no quadro "Informações Complementares", poderão ser incluídos o código do município do transportador e o valor do ICMS incidente sobre o frete;

III - as indicações a que se referem a alínea "l" do inciso I e as alíneas "c" e "d" do inciso V do art. 413 só serão prestadas quando o emitente da nota fiscal for o substituto tributário nos termos da legislação da unidade federada;

IV - nas operações de exportação, o campo destinado ao município, do quadro "Destinatário/Remetente", será preenchido com a cidade e o país de destino;

V - nas vendas a prazo, quando não houver emissão de nota fiscal-fatura ou de fatura, ou, ainda, quando esta for emitida em separado, a nota fiscal, além dos requisitos exigidos no art. 413, deverá conter, impressas ou mediante carimbo, no campo "Informações Complementares" do quadro "Dados Adicionais", indicações sobre a operação, tais como preço a vista, preço final, quantidade, valor e datas de vencimento das prestações;

VI - serão dispensadas as indicações do inciso IV do art. 413 se estas constarem de romaneio, que passará a constituir parte inseparável da nota fiscal, desde que obedecidos os requisitos abaixo:

a) o romaneio deverá conter, no mínimo, as indicações das alíneas "a" até "e", "h", "m", "p", "q", "s" e "t" do inciso I; "a" até "d", "f", "h" e "i" do inciso II; "j" do inciso V; "a", "c" até "h" do inciso VI; e do inciso VIII; todos do art. 413; e

b) a nota fiscal, deverá conter as indicações do número e da data do romaneio e, este, do número e da data daquela;

VII - a indicação da alínea "a" do inciso IV do art. 413:

a) deverá ser efetuada com os dígitos correspondentes ao código de barras, se o contribuinte utilizar o referido código para o seu controle interno; e

b) poderá ser dispensada, a critério da unidade federada do emitente, hipótese em que a coluna "Código Produto", no quadro "Dados do Produto", poderá ser suprimida;

VIII - a indicação da alínea "c", no quadro "Dados do Produto", do inciso IV do art. 413 é obrigatória apenas para os contribuintes, e a das alíneas "j" e "l", do mesmo inciso, é vedada àqueles que não sejam obrigados ao destaque do imposto;

IX - em substituição à aposição dos Códigos da TIPI, no campo "Classificação Fiscal", poderá ser indicado outro código, desde que, no campo "Informações Complementares" do quadro "Dados Adicionais" ou no verso da nota fiscal seja impressa, por meio indelével, tabela com a respectiva decodificação;

X - nas operações sujeitas a mais de uma alíquota de ICMS ou situação tributária, os dados do quadro "Dados do Produto", constantes da nota, deverão ser subtotalizados por alíquota ou situação tributária;

XI - os dados relativos ao Imposto sobre Serviços de Qualquer Natureza - ISSQN serão inseridos, quando for o caso, entre os quadros "Dados do Produto" e "Cálculo do Imposto", conforme legislação municipal, respeitados os tamanhos mínimos dos quadros e campos estipulados neste Regulamento e a sua disposição gráfica;

XII - caso o transportador seja o próprio remetente ou o destinatário, esta circunstância será indicada no campo "Nome/Razão Social", do quadro "Transportador/Volumes Transportados", com a expressão "Remetente" ou "Destinatário", dispensadas as indicações das alíneas "b" e "e" a "i" do inciso VI do art. 413;

XIII - no campo "Placa do Veículo" do quadro "Transportador/Volumes Transportados", deverá ser indicada a placa do veículo tracionado, quando se tratar de reboque ou semirreboque deste tipo de veículo, devendo a placa dos demais veículos tracionados, quando houver, ser indicada no campo "Informações Complementares";

XIV - na nota fiscal emitida relativamente à saída de produtos em retorno ou em devolução, o número, a data da emissão e o valor da operação e do imposto da nota original deverão ser indicados no campo "Informações Complementares";

XV - a aposição de carimbos nas notas fiscais, quando do trânsito de produtos, deve ser feita no verso delas, salvo quando forem carbonadas;

XVI - caso o campo "Informações Complementares", da nota, não seja suficiente para conter as indicações exigidas, poderá ser utilizado, excepcionalmente, o quadro "Dados do Produto", desde que não prejudique a sua clareza;

XVII - é permitida, numa mesma nota, a inclusão de operações enquadradas em diferentes códigos fiscais de operações, hipóteses em que estes serão indicados no campo "CFOP" do quadro "Emitente", e no quadro "Dados do Produto", na linha correspondente a cada item, após a descrição do produto;

XVIII - quando os produtos não saírem do estabelecimento emitente da nota fiscal, a data da efetiva saída será aposta, no local desta, pela própria firma emitente da nota ou por quem estiver autorizado a fazer a entrega;

XIX - verificada a hipótese do inciso XVIII, o estabelecimento emitente da nota fiscal declarará, na via ou cópia da nota em seu poder, a data em que o produto tiver efetivamente saído do local da entrega;

XX - sendo de interesse do estabelecimento, o Fisco poderá dispensar a inserção na nota fiscal do canhoto destacável, comprovante da entrega do produto, mediante indicação na Autorização para Impressão de Documentos Fiscais - AIDF;

XXI - em se tratando dos produtos classificados nos Códigos 30.03 e 30.04 da TIPI, na descrição prevista na alínea "b" do inciso IV do art. 413 deverá ser indicado o número do lote de fabricação a que a unidade pertencer, devendo a discriminação ser feita em função dos diferentes lotes de fabricação e respectivas quantidades e valores; e

XXII - a nota fiscal emitida por fabricante, importador ou distribuidor, relativamente à saída para estabelecimento atacadista ou varejista, dos produtos classificados nos Códigos 30.02, 30.03, 30.04 e 3006.60 da TIPI, exceto se relativa às operações com produtos veterinários, homeopáticos ou amostras grátis, deverá conter, na descrição prevista na alínea "b" do inciso IV do art. 413, a indicação do valor correspondente ao preço constante da tabela, sugerido pelo órgão competente para venda a consumidor e, na falta desse preço, o valor correspondente ao preço máximo de venda a consumidor sugerido ao público pelo estabelecimento industrial.

Quantidade e Destino das Vias

ART. 417. Nos casos dos arts. 418 e 419, a nota fiscal será emitida, no mínimo, em quatro vias, e no caso do art. 420, no mínimo, em cinco vias.

ART. 418. Na saída de produtos para a mesma unidade federada, as vias da nota fiscal terão o seguinte destino:

I - a primeira acompanhará os produtos e será entregue, pelo transportador, ao destinatário;

II - a segunda permanecerá presa ao bloco, para exibição ao Fisco; e

III - a terceira e quarta atenderão ao que for previsto na legislação da unidade federada do emitente.

ART. 419. Na saída de produtos para outra unidade federada, as vias da nota fiscal terão o seguinte destino:

I - a primeira acompanhará os produtos e será entregue, pelo transportador, ao destinatário;

II - a segunda permanecerá presa ao bloco, para exibição ao Fisco;

III - a terceira acompanhará os produtos para fins de controle do Fisco na unidade federada de destino; e

IV - a quarta atenderá ao que for previsto na legislação da unidade federada do emitente.

ART. 420. Na saída de produtos industrializados de origem nacional, para a Zona Franca de Manaus, as vias da nota fiscal terão o seguinte destino:

I - a primeira acompanhará os produtos e será entregue ao destinatário;

II - a segunda permanecerá presa ao bloco, para exibição ao Fisco;

III - a terceira acompanhará os produtos e será destinada para fins de controle da Secretaria da Fazenda do Estado do Amazonas;

IV - a quarta será retida pela repartição estadual, no momento do visto a que alude o § 4º; e

V - a quinta acompanhará os produtos até o local de destino, devendo ser entregue com uma via do conhecimento de transporte à SUFRAMA.

§ 1º Os documentos relativos ao transporte de produtos não poderão ser emitidos englobadamente, de forma a compreender produtos de distintos remetentes.

§ 2º O contribuinte remetente deverá conservar, pelo prazo previsto na legislação da unidade federada a que estiver subordinado, os documentos relativos ao transporte dos produtos, assim como o documento relacionado com o internamento das mercadorias expedido pela SUFRAMA.

§ 3º O contribuinte remetente mencionará na nota fiscal, no campo "Informações Complementares", além das indicações exigidas pela legislação:

I - o número de inscrição do estabelecimento destinatário na SUFRAMA; e

II - o código de identificação da repartição fiscal da unidade federada a que estiver subordinado o seu estabelecimento.

§ 4º As vias da nota fiscal de que tratam os incisos I, III, e V do *caput* serão visadas previamente pela repartição do Fisco estadual do domicílio do contribuinte remetente.

ART. 421. Se a nota fiscal for emitida por processamento eletrônico de dados, observar-se-á a legislação pertinente no tocante ao número de vias e sua destinação.

ART. 422. Nas saídas dos produtos para o exterior, se embarcados na mesma unidade federada do remetente, será observado o disposto no art. 418.

Parágrafo único. Se o embarque se processar em outra unidade federada, a terceira via da nota fiscal acompanhará os produtos para ser entregue ao Fisco estadual do local de embarque.

ART. 423. As diversas vias das notas fiscais não se substituirão em suas respectivas funções e a sua disposição obedecerá ordem sequencial que as diferencia, vedada a intercalação de vias adicionais.

Parágrafo único. As vias das notas fiscais não poderão ser impressas em papel jornal.

ART. 424. As unidades federadas poderão autorizar a confecção da nota fiscal em três vias.

Parágrafo único. O contribuinte poderá utilizar cópia reprográfica da primeira via da nota fiscal, para:

I - substituir a quarta via, quando realizar operação interestadual ou de exportação a que se refere o art. 422; e

II - utilizá-la como via adicional, quando a legislação a exigir, exceto quando ela deva acobertar o trânsito do produto.

ART. 425. Na hipótese de o contribuinte utilizar nota fiscal-fatura e de ser obrigatório o uso de livro Copiador, a segunda via será substituída pela folha do referido livro.

ART. 426. A primeira via da nota fiscal deverá estar, durante o percurso compreendido entre o estabelecimento do remetente e do destinatário, em condições de ser exibida, a qualquer momento, aos encarregados da fiscalização para conferência do produto nela especificado e da exatidão do destaque do respectivo imposto (Lei n. 4.502, de 1964, art. 50, § 3º).

Notas Consideradas sem Valor

ART. 427. Serão consideradas, para efeitos fiscais, sem valor legal, e servirão de prova apenas em favor do Fisco, as notas fiscais que (Lei n. 4.502, de 1964, art. 53, e Decreto-Lei n. 34, de 1966, art. 2º, alteração 15ª):

I - não satisfizerem as exigências das alíneas "a" até "e", "h", "m", "n", "p", "q", "s" e "t", do quadro "Emitente", de que trata o inciso I do art. 413 e das alíneas "a" até "d", "f", "h" e "i", do quadro "Destinatário/Remetente", de que trata o inciso II do mesmo artigo (Lei n. 4.502, de 1964, art. 53, e Decreto-Lei n. 34, de 1966, art. 2º, alteração 15ª);

II - não contiverem, entre as indicações exigidas nas alíneas "b", "f" até "h", "j" e "l", do quadro "Dados do Produto", de que trata o inciso IV do art. 413, e nas alíneas "e", "i" e "j", do quadro "Cálculo do Imposto", de que trata o inciso V do mesmo artigo, as necessárias à identificação e classificação do produto e ao cálculo do imposto devido (Lei n. 4.502, de 1964, art. 53, e Decreto-Lei n. 34, de 1966, art. 2º, alteração 15ª);

III - não contiverem, no campo "Informações Complementares" do quadro "Dados Adicionais", do inciso VII do art. 413, a indicação do preço de venda no varejo ou no atacado, quando o cálculo do imposto estiver ligado a este (Lei n. 4.502, de 1964, art. 53, e Decreto-Lei n. 34, de 1966, art. 2º, alteração 15ª); ou

IV - não contiverem a declaração referida no inciso VIII do art. 415.

Parágrafo único. No caso do inciso IV, considerar-se-á o produto como saído do estabelecimento emitente da nota fiscal, para efeito de exigência do imposto e dos respectivos acréscimos legais.

Nota Fiscal-Fatura

ART. 428. A nota fiscal poderá servir como fatura, feita a inclusão dos elementos necessários no quadro "Fatura", caso em que a denominação prevista nas alíneas "n" do inciso I e "d" do inciso IX do art. 413 passará a ser nota fiscal-fatura.

Nota Fiscal Eletrônica

ART. 429. Em substituição à nota fiscal, modelo 1 ou 1-A, poderá ser utilizada a nota fiscal eletrônica - NF-e, na forma disposta em legislação específica.

§ 1º Considera-se NF-e o documento emitido e armazenado eletronicamente, de existência apenas digital, com o intuito de documentar operações e prestações, cuja validade jurídica é garantida pela assinatura digital do emitente e autorização de uso pela administração tributária da unidade federada do contribuinte, antes da ocorrência do fato gerador.

§ 2º Para emissão da NF-e, o contribuinte deverá solicitar, previamente, seu credenciamento na unidade federada em cujo cadastro de contribuinte do ICMS estiver inscrito, ressaltado que:

I - o contribuinte credenciado para emissão de NF-e deverá observar, no que couber, as disposições relativas à emissão de documentos fiscais por sistema eletrônico de processamento de dados nos termos estabelecidos pela legislação específica e observado o disposto no art. 388; e

II - é vedada a emissão de nota fiscal modelo 1 ou 1-A, por contribuinte credenciado à emissão de NF-e, exceto nas hipóteses previstas em legislação específica.

Emissão por Processo Mecânico

ART. 430. O estabelecimento que emitir notas fiscais, ou notas fiscais-faturas, por sistema mecanizado, inclusive datilográfico, em equipamento que não utilize arquivo magnético ou equivalente, poderá usar formulários contínuos ou jogos soltos de notas, numeradas tipograficamente.

§ 1º Na hipótese deste artigo, as vias das notas fiscais destinadas à exibição ao Fisco deverão ser encadernadas em grupos de até quinhentas, obedecida sua ordem numérica sequencial.

§ 2º Sem prejuízo do disposto no § 1º, quando não adotado o uso de copiador ou microfilmagem, as vias dos jogos soltos ou dos formulários contínuos, destinadas à exibição ao Fisco, poderão ser destacadas e encadernadas, em volumes que contenham no máximo duzentas unidades, em ordem numérica, desde que as notas tenham sido previamente autenticadas pela repartição competente do Fisco estadual ou pela Junta Comercial, segundo determinar a legislação da unidade federada.

§ 3º Ao estabelecimento que se utilizar do processo previsto neste artigo é permitido, ainda, o uso de notas fiscais ou notas fiscais-faturas emitidas por outros meios, observada a numeração sequencial e as determinações dos arts. 405 e 406.

Emissão por Processamento Eletrônico de Dados

ART. 431. Observados os requisitos da legislação específica, a nota fiscal ou nota fiscal-fatura poderá ser emitida por processamento eletrônico de dados, com:

I - as indicações das alíneas "b" até "h", "m", e "p", do inciso I e da alínea "e" do inciso IX do art. 413, impressas por esse sistema; e

II - espaço em branco de até cinco centímetros na margem superior, na hipótese de uso de impressora matricial.

§ 1º A nota fiscal ou a nota fiscal-fatura poderá ser impressa em tamanho inferior ao estatuído no art. 401 exclusivamente nos casos de emissão por processamento eletrônico de dados, desde que as indicações a serem impressas quando da sua emissão sejam grafadas em, no máximo, dezessete caracteres por polegada, sem prejuízo das exigências relativas às indicações a serem impressas tipograficamente, de que trata o inciso I do art. 416.

§ 2º Ao estabelecimento que utilizar a faculdade prevista neste artigo é permitido, ainda, o uso de nota fiscal ou nota fiscal-fatura emitida a máquina ou manuscrita, observado o disposto nos arts. 405 e 406.

Bebidas e Outros

ART. 432. Nas notas fiscais relativas às remessas com suspensão do imposto, previstas no art. 44, deverá constar a expressão a que se refere o inciso III do art. 415, vedado o destaque do imposto, nas referidas notas, sob pena de se considerar o imposto como indevidamente destacado, sujeitando o infrator às disposições legais estabelecidas para a hipótese (Lei n. 9.493, de 1997, art. 6º).

ART. 433. Nas notas fiscais relativas às saídas previstas no art. 46 e inciso IV do art. 48 deverá constar a expressão a que se refere o inciso III do art. 415, vedado o destaque do imposto, nas referidas notas (Lei n.10.637, de 2002, art. 29, § 6º).

Emissão na Entrada de Produtos

ART. 434. A nota fiscal, modelo 1 ou 1-A, será emitida sempre que no estabelecimento entrarem, real ou simbolicamente, produtos:

I - novos ou usados, inclusive matéria-prima, produto intermediário e material de embalagem, remetidos a qualquer título por particulares ou firmas não obrigadas à emissão de documentos fiscais;

II - importados diretamente do exterior, bem como os adquiridos em licitação promovida pelo Poder Público;

III - considerados matéria-prima, produto intermediário e material de embalagem, remetidos a estabelecimentos industriais por órgãos públicos, para fabricação de produtos, por encomenda, para seu próprio uso ou consumo;

IV - recebidos para conserto, restauração ou recondicionamento, salvo se acompanhados de nota fiscal;

V - em retorno de exposição em feiras de amostras e promoções semelhantes, ou na sua venda ou transferência a terceiros sem retorno ao estabelecimento de origem;

VI - em retorno de produtos que tenham saído para vitrinas isoladas, desfiles e outras demonstrações públicas;

VII - em retorno de profissionais autônomos ou avulsos, aos quais tenham sido enviados para operação que não obrigue o remetente à emissão de nota fiscal;

VIII - em retorno de remessas feitas para venda fora do estabelecimento, inclusive por meio de ambulantes;

IX - no retorno de remessas que deixarem de ser entregues aos seus destinatários; e

X - nas demais hipóteses em que for prevista a sua emissão.

ART. 435. A nota fiscal, emitida nos casos do art. 434, servirá ainda para acompanhar o trânsito dos produtos, até o local do estabelecimento emitente:

I - quando o estabelecimento destinatário assumir o encargo de retirar ou de transportar os produtos, a qualquer título, remetidos por particulares ou firmas não sujeitas à exigência de documentos fiscais;

II - no retorno de exposição em feiras de amostras ou de promoções semelhantes, ou de profissionais autônomos ou avulsos; e

III - no caso de produtos importados diretamente do exterior, bem como os adquiridos em licitação promovida pelo Poder Público.

ART. 436. A nota fiscal, modelo 1 ou 1-A, na hipótese do art. 434, será emitida, conforme o caso:

I - no momento em que os produtos entrarem no estabelecimento;

II - no momento da aquisição, quando os produtos não devam transitar pelo estabelecimento do adquirente; ou

III - antes de iniciada a remessa, nos casos previstos no art. 435.

ART. 437. Na utilização da nota fiscal, na entrada de produtos, serão observadas as seguintes normas:

I - o campo "Hora da Saída" e o canhoto de recebimento somente serão preenchidos quando a nota fiscal acobertar o transporte de produtos, na forma do art. 435;

II - no caso do inciso II do art. 434, a nota indicará a repartição que liberou a mercadoria, e o número e data do registro da declaração de importação no SISCOMEX ou da guia de licitação;

III - na hipótese do inciso VIII do art. 434, a nota conterá, no campo "Informações Complementares", ainda, as seguintes indicações:

a) o valor das operações realizadas fora do estabelecimento;

b) o valor das operações realizadas fora do estabelecimento, em outra unidade federada; e

c) os números e as séries das notas fiscais emitidas por ocasião das entregas dos produtos; e

IV - no caso do inciso IX do art. 434, a nota conterá, no campo "Informações Complementares", as indicações do número, da série, se houver, da data de emissão e do valor da operação da nota fiscal originária.

ART. 438. É permitido ao estabelecimento importador manter em poder de preposto blocos de notas fiscais a serem emitidas para acobertar o trânsito de produtos importados desde a repartição aduaneira até o estabelecimento importador, devendo fazer constar essa circunstância na coluna "Observações" do livro Registro de Utilização de Documentos Fiscais e Termos Fiscais de Ocorrências.

ART. 439. Ao emitir nota fiscal na entrada de produtos, o estabelecimento deverá:

I - no caso de emissão por processamento eletrônico de dados, arquivar as segundas vias dos documentos emitidos, separadamente das relativas às saídas; e

II - nos demais casos, sem prejuízo do disposto no inciso I, reservar bloco ou faixa de numeração seqüencial de jogos soltos ou formulários contínuos, registrando o fato no livro Registro de Utilização de Documentos Fiscais e Termos de Ocorrências.

ART. 440. Na hipótese do art. 434, a segunda via da nota fiscal ficará presa ao bloco e as demais terão a destinação prevista na legislação da unidade federada do emitente.

SUBSEÇÃO III
DO DOCUMENTO DE ARRECADAÇÃO

ART. 441. O Documento de Arrecadação de Receitas Federais - DARF será usado para recolhimento do imposto e dos respectivos acréscimos, segundo as instruções expedidas pela Secretaria da Receita Federal do Brasil.

ART. 442. É vedada a utilização de DARF para o recolhimento do imposto inferior a R$ 10,00 (dez reais) (Lei n. 9.430, de 1996, art. 68).

Parágrafo único. No caso de o imposto resultar inferior a R$ 10,00 (dez reais), deverá ele ser adicionado ao imposto correspondente aos períodos subsequentes, até que o total seja igual ou superior a R$ 10,00 (dez reais), quando, então, será recolhido no prazo estabelecido na legislação para este último período de apuração (Lei n. 9.430, de 1996, art. 68, § 1º).

SUBSEÇÃO IV
DOS DOCUMENTOS DE DECLARAÇÃO DO IMPOSTO E DE PRESTAÇÃO DE INFORMAÇÕES

ART. 443. Os documentos de declaração do imposto e de prestação de informações adicionais serão apresentados pelos contribuintes, de acordo com as instruções expedidas pela Secretaria da Receita Federal do Brasil.

§ 1º O documento que formalizar o cumprimento de obrigação acessória, comunicando a existência de crédito tributário, constituirá confissão de dívida e instrumento hábil e suficiente para a exigência do referido crédito (Decreto-Lei n. 2.124, de 13 de junho de 1984, art. 5º, § 1º).

§ 2º As diferenças apuradas, em declaração prestada pelo sujeito passivo, decorrentes de pagamento, parcelamento, compensação ou suspensão de exigibilidade, indevidos ou não comprovados, relativas ao imposto, serão objeto de lançamento de ofício (Medida Provisória n. 2.158-35, de 2001, art. 90).

SEÇÃO III
DOS LIVROS FISCAIS

SUBSEÇÃO I
DAS DISPOSIÇÕES PRELIMINARES

Modelos e Normas de Escrituração

ART. 444. Os contribuintes manterão, em cada estabelecimento, conforme a natureza das operações que realizarem, os seguintes livros fiscais:

I - Registro de Entradas, modelo 1;

II - Registro de Saídas, modelo 2;

III - Registro de Controle da Produção e do Estoque, modelo 3;

IV - Registro de Entrada e Saída do Selo de Controle, modelo 4;

V - Registro de Impressão de Documentos Fiscais, modelo 5;

VI - Registro de Utilização de Documentos Fiscais e Termos de Ocorrências, modelo 6;

VII - Registro de Inventário, modelo 7; e

VIII - Registro de Apuração do IPI, modelo 8.

§ 1º Os livros Registro de Entradas e Registro de Saídas serão utilizados pelos estabelecimentos industriais e pelos que lhes são equiparados.

§ 2º O livro Registro de Controle da Produção e do Estoque será utilizado pelos estabelecimentos industriais, e equiparados a industrial, e comerciantes atacadistas, podendo, a critério da Secretaria da Receita Federal do Brasil, ser exigido de outros estabelecimentos, com as adaptações necessárias.

§ 3º O livro Registro de Entrada e Saída do Selo de Controle será utilizado pelo estabelecimento que fabricar, importar ou licitar produtos sujeitos ao emprego desse selo.

§ 4º O livro Registro de Impressão de Documentos Fiscais será utilizado pelos estabelecimentos que confeccionarem documentos fiscais para o uso próprio ou para terceiros.

§ 5º O livro Registro de Utilização de Documentos Fiscais e Termos de Ocorrências será utilizado pelos estabelecimentos obrigados à emissão de documentos fiscais.

§ 6º O livro Registro de Inventário será utilizado pelos estabelecimentos que mantenham em estoque matéria-prima, produto intermediário e material de embalagem e, ainda, produtos em fase de fabricação e produtos acabados.

§ 7º O livro Registro de Apuração do IPI será utilizado pelos estabelecimentos industriais e equiparados a industrial.

§ 8º Aos livros de que trata esta Seção aplica-se o disposto no art. 382.

ART. 445. Aos livros fiscais poderão ser acrescidas outras indicações, desde que não prejudiquem a clareza dos respectivos modelos.

ART. 446. A escrituração dos livros fiscais será feita a tinta, no prazo de cinco dias, contados da data do documento a ser escriturado ou da ocorrência do fato gerador, ressalvados aqueles a cuja escrituração forem atribuídos prazos especiais.

§ 1º A escrituração será encerrada periodicamente, nos prazos estipulados, somando-se as colunas, quando for o caso.

§ 2º Quando não houver período previsto, encerrar-se-á a escrituração no último dia de cada mês.

§ 3º Será permitida a escrituração por sistema mecanizado, mediante prévia autorização do Fisco estadual, bem como por processamento eletrônico de dados, observado o disposto no art. 388.

Requisitos

ART. 447. Os livros serão impressos e terão as folhas costuradas e encadernadas, e numeradas tipograficamente, ressalvada a hipótese de emissão por sistema de processamento eletrônico de dados.

ART. 448. Os livros só poderão ser usados depois de visados pela repartição competente do Fisco estadual, salvo se esta dispensar a exigência e os livros forem registrados na Junta Comercial, ou ainda, se o visto for substituído por outro meio de controle previsto na legislação estadual.

§ 1º O visto será aposto em seguida ao termo de abertura lavrado e assinado pelo contribuinte, exigindo-se, no caso de renovação, a apresentação do livro anterior, no qual será declarado o encerramento pelo órgão encarregado do visto.

§ 2º Para efeito da declaração prevista no § 1º, os livros serão exibidos à repartição competente do Fisco estadual dentro de cinco dias após a utilização de sua última folha.

Guarda, Exibição e Retirada

ART. 449. Sem prévia autorização do Fisco estadual, os livros não poderão ser retirados do estabelecimento, salvo para serem levados à repartição fiscal.

Parágrafo único. Presume-se retirado do estabelecimento o livro que não for exibido ao Fisco, quando solicitado.

ART. 450. Os Agentes do Fisco arrecadarão, mediante termo, todos os livros fiscais encontrados fora do estabelecimento e os devolverão aos contribuintes, adotando-se, no ato da devolução, as providências cabíveis.

ART. 451. Os contribuintes ficam obrigados a apresentar os livros fiscais à repartição competente do Fisco estadual, dentro de trinta dias, contados da data da cessação da atividade para cujo exercício estiverem inscritos, a fim de serem lavrados os respectivos termos de encerramento.

Parágrafo único. No prazo de trinta dias, após a devolução dos livros pelo Fisco estadual, os contribuintes comunicarão à unidade local da Secretaria da Receita Federal do Brasil o nome e endereço da pessoa que deverá guardá-los, até que se extinga o direito de constituir o crédito tributário em razão de operações neles escrituradas.

ART. 452. Nos casos de fusão, incorporação, transformação ou aquisição, o novo contribuinte deverá transferir para o seu nome, por intermédio da repartição competente do Fisco estadual, no prazo de trinta dias contados da data da ocorrência, os livros fiscais em uso, assumindo a responsabilidade pela sua guarda, conservação e exibição ao Fisco.

Parágrafo único. A repartição poderá autorizar a adoção de livros novos em substituição aos usados anteriormente.

Escrituração Fiscal Digital - EFD

ART. 453. O contribuinte do imposto deverá substituir a escrituração e a impressão dos livros fiscais de que tratam os incisos I, II, VII e VIII do art. 444 pela escrituração fiscal digital - EFD, em arquivo digital, na forma da legislação específica.

§ 1º No caso de fusão, incorporação ou cisão, a obrigatoriedade de que trata o *caput* se estende à empresa incorporada, cindida ou resultante da cisão ou fusão.

§ 2º Ao contribuinte obrigado à EFD não se aplicam as disposições de que tratam § 8º do art. 444, e os arts. 446 a 450.

§ 3º O contribuinte do imposto poderá ser dispensado da obrigação do uso da EFD, desde que a dispensa seja autorizada pelo fisco da unidade federada do contribuinte e pela Secretaria da Receita Federal do Brasil.

ART. 454. A EFD compõe-se da totalidade das informações, em meio digital, necessárias à apuração do imposto, referentes às operações e prestações praticadas pelo contribuinte, bem como de outras de interesse das administrações tributárias das unidades federadas e da Secretaria da Receita Federal do Brasil.

§ 1º Considera-se a EFD válida para os efeitos fiscais após a confirmação do recebimento do arquivo que a contém, no ambiente nacional Sistema Público de Escrituração Digital - SPED, instituído pelo Decreto n.6.022, de 22 de janeiro de 2007.

§ 2º O arquivo digital da EFD será gerado pelo contribuinte de acordo com as disposições previstas na legislação específica e conterá a totalidade das informações econômico-fiscais e contábeis correspondentes ao período compreendido entre o primeiro e o último dia do mês.

§ 3º Aplicam-se à EFD, no que couber, as normas de que trata o art. 391.

ART. 455. O contribuinte do imposto deverá:

I - prestar as informações relativas à EFD em arquivo digital individualizado por estabelecimento; e

II - armazenar o arquivo digital da EFD, observando os requisitos de segurança, autenticidade, integridade e validade jurídica, pelo mesmo prazo estabelecido pela legislação para a guarda dos documentos fiscais.

Parágrafo único. A geração, o armazenamento e o envio do arquivo digital não dispensam o contribuinte da guarda dos documentos que deram origem às informações nele constantes, na forma e nos prazos estabelecidos pela legislação aplicável.

SUBSEÇÃO II
DO REGISTRO DE ENTRADAS

ART. 456. O livro Registro de Entradas, modelo 1, destina-se à escrituração das entradas de mercadorias a qualquer título.

§ 1º As operações serão escrituradas individualmente, na ordem cronológica das efetivas entradas das mercadorias no estabelecimento ou na ordem das datas de sua aquisição ou desembaraço aduaneiro, quando não transitarem pelo estabelecimento adquirente ou importador.

§ 2º Os registros serão feitos, documento por documento, desdobrados em linhas de acordo com a natureza das operações, segundo o Código Fiscal de Operações e Prestações - CFOP, a que se refere o Convênio SINIEF de que trata o art. 391, da seguinte forma:

I - na coluna "Data da Entrada": data da entrada efetiva do produto no estabelecimento ou data da sua aquisição ou do desembaraço aduaneiro, se o produto não entrar no estabelecimento;

II - nas colunas sob o título "Documento Fiscal": espécie, série, se houver, número e data do documento fiscal correspondente à operação, bem como o nome do emitente e seus números de inscrição no CNPJ e no Fisco estadual, facultado, às unidades federadas, dispensar a escrituração das duas últimas colunas referidas neste item;

III - na coluna "Procedência": abreviatura da outra unidade federada, se for o caso, onde se localiza o estabelecimento emitente;

IV - na coluna "Valor Contábil": valor total constante do documento fiscal;

V - nas colunas sob o título "Codificação":

a) coluna "Código Contábil": o mesmo código que o contribuinte eventualmente utilizar no seu plano de contas; e

b) coluna "Código Fiscal": o previsto no CFOP;

VI - "Valores Fiscais" e "Operações Com Crédito do Imposto":

a) coluna "Base de Cálculo": valor sobre o qual incide o imposto; e

b) coluna "Imposto Creditado": montante do IPI;

VII - "Valores Fiscais" e "Operações Sem Crédito do Imposto":

a) coluna "Isenta ou Não Tributada": valor da operação, quando se tratar de entrada de produtos cuja saída do estabelecimento remetente tenha sido beneficiada com isenção do imposto ou esteja amparada por imunidade ou não incidência, bem como o valor da parcela correspondente à redução da base de cálculo, quando for o caso; e

b) coluna "Outras": valor da operação, deduzida a parcela do imposto, se consignada no documento fiscal, quando se tratar de entrada de produtos que não confiram ao estabelecimento destinatário crédito do imposto, ou quando se tratar de entrada de produtos cuja saída do estabelecimento remetente tenha sido beneficiada com suspensão do imposto ou com a alíquota zero; e

VIII - na coluna "Observações": anotações diversas.

§ 3º Os documentos fiscais relativos às entradas de materiais de consumo poderão ser totalizados segundo a natureza da operação, para efeito de lançamento global no último dia do período de apuração, exceto pelo usuário de sistema eletrônico de processamento de dados.

ART. 457. Os contribuintes arquivarão as notas fiscais, segundo a ordem de escrituração.

ART. 458. A escrituração será encerrada no último dia de cada período de apuração do imposto.

SUBSEÇÃO III
DO REGISTRO DE SAÍDAS

ART. 459. O livro Registro de Saídas, modelo 2, destina-se à escrituração das saídas de produtos, a qualquer título, do estabelecimento.

§ 1º Serão também escriturados os documentos fiscais relativos à transmissão de propriedade e à transferência dos produtos que não tenham transitado pelo estabelecimento.

§ 2º Far-se-á a escrituração do movimento de cada dia, dentro dos cinco dias subsequentes ao da ocorrência do fato gerador, observada a codificação das operações, de acordo com o CFOP.

§ 3º Na escrituração, o contribuinte poderá optar pela ordem de data da emissão das notas fiscais, vedado o uso simultâneo deste critério com o de que trata o § 2º.

§ 4º Quando se verificar, à vista da via conservada no talonário ou na sanfona, ou da cópia feita no livro Copiador, que a nota fiscal não contém a data de saída dos produtos, considerar-se-á, para efeito de ocorrência do fato gerador, que a saída se realizou no dia da emissão da nota, sem prejuízo do disposto no art. 427.

§ 5º Os registros serão feitos da seguinte forma:

I - nas colunas sob o título "Documento Fiscal": espécie, série, se houver, números inicial e final e data dos documentos fiscais emitidos;

II - na coluna "Valor Contábil": valor total constante das notas fiscais;

III - nas colunas sob o título "Codificação":

a) coluna "Código Contábil": o mesmo código que o contribuinte eventualmente utilizar no seu plano de contas; e

b) coluna "Código Fiscal": o previsto no CFOP;

IV - "Valores Fiscais" e "Operações Com Débito do Imposto":

a) coluna "Base de Cálculo": valor sobre o qual incide o imposto; e

b) coluna "Imposto Debitado": montante do imposto;

V - "Valores Fiscais" e "Operações Sem Débito do Imposto":

a) coluna "Isento ou Não Tributado": valor da operação, quando se tratar de produtos cuja saída do estabelecimento tenha sido beneficiada com isenção do imposto ou esteja amparada por imunidade ou não incidência, bem como o valor da parcela correspondente à redução da base de cálculo, quando for o caso; e

b) coluna "Outras": valor da operação, quando se tratar de produtos cuja saída do estabelecimento tenha sido beneficiada com suspensão do imposto ou com a alíquota zero; e

VI - na coluna "Observações": anotações diversas.

ART. 460. A escrituração será encerrada no último dia de cada período de apuração do imposto.

SUBSEÇÃO IV
DO REGISTRO DE CONTROLE DA PRODUÇÃO E DO ESTOQUE

ART. 461. O livro Registro de Controle da Produção e do Estoque, modelo 3, destina-se ao controle quantitativo da produção e do estoque de mercadorias e, também, ao fornecimento de dados para preenchimento do documento de prestação de informações à repartição fiscal.

§ 1º Serão escriturados no livro os documentos fiscais relativos às entradas e saídas de mercadorias, bem como os documentos de uso interno, referentes à sua movimentação no estabelecimento.

§ 2º Não serão objeto de escrituração as entradas de produtos destinados ao ativo fixo ou ao uso do próprio estabelecimento.

§ 3º Os registros serão feitos operação a operação, devendo ser utilizada uma folha para cada espécie, marca, tipo e modelo de produtos.

§ 4º A Secretaria da Receita Federal do Brasil, quando se tratar de produtos com a mesma classificação fiscal na TIPI, poderá autorizar o estabelecimento industrial, ou equiparado a industrial, a agrupá-los numa mesma folha.

ART. 462. Os registros serão feitos da seguinte forma:

I - no quadro "Produto": identificação do produto;

II - no quadro "Unidade": especificação da unidade (quilograma, litro etc.);

III - no quadro "Classificação Fiscal": indicação do Código da TIPI e da alíquota do imposto;

IV - nas colunas sob o título "Documento": espécie e série, se houver, do respectivo documento fiscal ou documento de uso interno do estabelecimento, correspondente a cada operação;

V - nas colunas sob o título "Lançamento": número e folha do livro Registro de Entradas ou Registro de Saídas, em que o documento fiscal tenha sido registrado, bem como a respectiva codificação contábil e fiscal, quando for o caso;

VI - nas colunas sob o título "Entradas":

a) coluna "Produção - No Próprio Estabelecimento": quantidade do produto industrializado no próprio estabelecimento;

b) coluna "Produção - Em Outro Estabelecimento": quantidade do produto industrializado em outro estabelecimento da mesma firma ou de terceiros, com matéria-prima, produto intermediário e material de embalagem, anteriormente remetidos para esse fim;

c) coluna "Diversas": quantidade de matéria-prima, produto intermediário e material de embalagem, produtos em fase de fabricação e produtos acabados, não compreendidos nas alíneas "a" e "b", inclusive os recebidos de outros estabelecimentos da mesma firma ou de terceiros, para industrialização e posterior retorno, consignando-se o fato, nesta última hipótese, na coluna "Observações";

d) coluna "Valor": base de cálculo do imposto, quando a entrada dos produtos originar crédito do tributo; se a entrada não gerar crédito ou quando se tratar de isenção, imunidade ou não incidência, será registrado o valor total atribuído aos produtos; e

e) coluna "IPI": valor do imposto creditado;

VII - nas colunas sob o título "Saídas":

a) coluna "Produção - No Próprio Estabelecimento": em se tratando de matéria-prima, produto intermediário e material de embalagem, a quantidade remetida do almoxarifado para o setor de fabricação, para industrialização do próprio estabelecimento; no caso de produto acabado, a quantidade saída, a qualquer título, de produto industrializado do próprio estabelecimento;

b) coluna "Produção - Em Outro Estabelecimento": em se tratando de matéria-prima, produto intermediário e material de embalagem, a quantidade saída para industrialização em outro estabelecimento da mesma firma ou de terceiros, quando o produto industrializado deva ser remetido ao estabelecimento remetente daquelas matérias-primas, produtos intermediários e materiais de embalagem; em se tratando de produto acabado, a quantidade saída, a qualquer título, de produto industrializado em estabelecimentos de terceiros;

c) coluna "Diversas": quantidade de produtos saídos, a qualquer título, não compreendidos nas alíneas "a" e "b";

d) coluna "Valor": base de cálculo do imposto; se a saída estiver amparada por isenção, imunidade ou não incidência, será registrado o valor total atribuído aos produtos; e

e) coluna "IPI": valor do imposto, quando devido;

VIII - na coluna "Estoque": quantidade em estoque após cada registro de entrada ou de saída; e

IX - na coluna "Observações": anotações diversas.

§ 1º Quando se tratar de industrialização no próprio estabelecimento, será dispensada a indicação dos valores relativos às operações indicadas na alínea "a" do inciso VI e na primeira parte da alínea "a" do inciso VII.

§ 2º No último dia de cada mês serão somados as quantidades e valores constantes das colunas "Entradas" e "Saídas", apurando-se o saldo das quantidades em estoque, que será transportado para o mês seguinte.

ART. 463. O livro poderá, a critério da autoridade competente do Fisco estadual, ser substituído por fichas:

I - impressas com os mesmos elementos do livro substituído;

II - numeradas tipograficamente, de um a novecentos e noventa e nove mil, novecentos e noventa e nove; e

III - prévia e unitariamente autenticadas pelo Fisco estadual ou pela Junta Comercial.

Parágrafo único. Deverá ainda ser visada, pela repartição do Fisco estadual, ou pela Junta Comercial, ficha-índice, na qual, observada a ordem numérica crescente, será registrada a utilização de cada ficha.

ART. 464. A escrituração do livro ou das fichas não poderá atrasar mais de quinze dias.

Escrituração Simplificada

ART. 465. A escrituração do livro Registro de Controle de Produção e do Estoque poderá ser feita com as seguintes simplificações:

I - escrituração do total diário na coluna "Produção - No Próprio Estabelecimento", sob o título "Entradas";

II - escrituração do total diário na coluna "Produção - No Próprio Estabelecimento", sob o título "Saídas", em se tratando de matéria-prima, produto intermediário e material de embalagem, quando remetidos do almoxarifado para industrialização no próprio estabelecimento;

III - nos casos previstos nos incisos I e II, fica igualmente dispensada a escrituração das colunas sob o título "Documento" e "Lançamento", exceção feita à coluna "Data"; e

IV - escrituração diária na coluna "Estoque", em vez de ser feita após cada registro de entrada ou saída.

Parágrafo único. Os produtos que tenham pequena expressão na composição do produto final, tanto em termos físicos quanto em valor, poderão ser agrupados numa mesma folha, se possível, desde que se enquadrem no mesmo Código da TIPI.

Controle Alternativo

ART. 466. O estabelecimento industrial, ou equiparado a industrial, e o comercial atacadista, que possuir controle quantitativo de produtos que permita perfeita apuração do estoque permanente, poderá optar pela utilização desse controle, em substituição ao livro Registro de Controle da Produção e do Estoque, observado o seguinte:

I - o estabelecimento fica obrigado a apresentar, quando solicitado, aos Fiscos federal e estadual, o controle substitutivo;

II - para a obtenção de dados destinados ao preenchimento do documento de prestação de informações, o estabelecimento industrial, ou a ele equiparado, poderá adaptar, aos seus modelos, colunas para indicação do valor do produto e do imposto, tanto na entrada quanto na saída; e

III - o formulário adotado fica dispensado de prévia autenticação.

SUBSEÇÃO V
DO REGISTRO DE ENTRADA E SAÍDA DO SELO DE CONTROLE

ART. 467. O livro Registro de Entrada e Saída do Selo de Controle, modelo 4, destina-se à escrituração dos dados relativos à entrada e saída do selo de controle previsto no Capítulo III do Título VIII - Das Obrigações Acessórias.

§ 1º A escrituração será efetuada em ordem cronológica, operação a operação, pelo movimento diário quanto às saídas do selo, devendo ser utilizada uma folha para cada grupo ou subgrupo, cor e série, esta se houver.

§ 2º Far-se-ão os registros, nas colunas próprias, da seguinte forma:

I - na coluna 1: dia, mês e ano do registro;

II - nas colunas 2, 3, 4 e 5: número e data da Guia do Fornecimento do Selo de Controle e quantidade e número dos selos;

III - nas colunas 6, 7 e 8: série, se houver, e número da nota fiscal de saída dos produtos e quantidade dos selos nestes aplicados;

IV - na coluna 9: quantidade dos selos devolvidos, inutilizados, apreendidos, transferidos para outro estabelecimento ou considerados imprestáveis;

V - na coluna 10: quantidade dos selos existentes após cada registro; e

VI - na coluna 11: além das observações julgadas necessárias, será escriturada a natureza do registro levado a efeito na coluna 9, com indicação da guia de devolução, quando for o caso.

ART. 468. Os contribuintes do imposto autorizados a emissão de livros fiscais por processamento eletrônico de dados, na forma do art. 388, poderão emitir, pelo mesmo sistema, o livro modelo 4, nas condições estabelecidas pela Secretaria da Receita Federal do Brasil.

SUBSEÇÃO VI
DO REGISTRO DE IMPRESSÃO DE DOCUMENTOS FISCAIS

ART. 469. O livro Registro de Impressão de Documentos Fiscais, modelo 5, destina-se a anotar as quantidades de notas fiscais, impressas para uso próprio ou para terceiros.

§ 1º Os registros serão feitos operação a operação, em ordem cronológica das saídas dos documentos impressos, ou na data de sua impressão no caso de se destinarem ao uso do próprio estabelecimento impressor.

§ 2º Os registros serão feitos da seguinte forma:

I - na coluna "Autorização de Impressão - Número": número da autorização de impressão, quando exigida pelo Fisco, para a confecção dos documentos;

II - nas colunas sob o título "Comprador":

a) coluna "Número de Inscrição": números de inscrição do usuário, no CNPJ e no Fisco estadual;

b) coluna "Nome": nome do usuário do documento fiscal encomendado; e

c) coluna "Endereço": indicação do local do estabelecimento do usuário do documento fiscal encomendado;

III - nas colunas sob o título "Impressos":

a) coluna "Espécie": espécie do documento fiscal confeccionado (nota fiscal);

b) coluna "Tipo": tipo de documento fiscal confeccionado (blocos, folhas soltas, formulários contínuos, etc.);

c) coluna "Série e Subsérie": série, se houver, correspondente ao documento fiscal impresso; e

d) coluna "Numeração": números dos documentos fiscais impressos; no caso de impressão de documentos fiscais sem numeração tipográfica, sob regime especial, tal circunstância deverá constar da coluna "Observações";

IV - nas colunas sob o título "Entrega":

a) coluna "Data": dia, mês e ano da efetiva entrega dos documentos, ou da sua impressão no caso de se destinarem ao uso do próprio estabelecimento impressor; e

b) coluna "notas fiscais": série, se houver, e número da nota fiscal emitida pelo estabelecimento, relativa à saída dos documentos impressos; e

V - na coluna "Observações": anotações diversas, inclusive as relativas aos documentos que o estabelecimento confeccionar para uso próprio.

SUBSEÇÃO VII
DO REGISTRO DE UTILIZAÇÃO DE DOCUMENTOS FISCAIS E TERMOS DE OCORRÊNCIAS

ART. 470. O livro Registro de Utilização de Documentos Fiscais e Termos de Ocorrências, modelo 6, destina-se à escrituração do recebimento de notas fiscais de uso do próprio contribuinte, impressas por estabelecimentos gráficos dele ou de terceiros, bem como à lavratura, pelo Fisco, de termos de ocorrências e, pelo usuário, à anotação de qualquer irregularidade ou falta praticada, ou a outra comunicação ao Fisco, prevista neste Regulamento ou em ato normativo.

§ 1º A escrituração será feita, operação a operação, em ordem cronológica da impressão ou recebimento das notas fiscais, utilizada uma folha para cada espécie e série, se houver.

§ 2º Os registros serão feitos da seguinte forma:

I - no quadro "Espécie": espécie de documento (nota fiscal);

II - no quadro "Série e Subsérie": série, se houver, correspondente ao documento;

III - no quadro "Tipo": tipo do documento (blocos, folhas soltas, formulários contínuos, etc.);

IV - no quadro "Finalidade da Utilização": fim a que se destina o documento (vendas a contribuintes, a não contribuintes, a contribuintes de outras unidades federadas, etc.);

V - na coluna "Autorização de Impressão": número da autorização expedida pelo Fisco estadual para confecção de documento;

VI - na coluna "Impressos - Numeração": os números dos documentos fiscais; no caso de impressão sem numeração tipográfica, sob regime especial, tal circunstância deverá constar da coluna "Observações";

VII - nas colunas sob o título "Fornecedor":

a) coluna "Nome": nome da firma que confeccionou os documentos;

b) coluna "Endereço": indicação do local do estabelecimento impressor; e

c) coluna "Inscrição": números de inscrição, do estabelecimento impressor, no CNPJ e no Fisco estadual;

VIII - nas colunas sob o título "Recebimento":

a) coluna "Data": dia, mês e ano do efetivo recebimento dos documentos; e

b) coluna "nota fiscal": série, se houver, e número da nota fiscal emitida pelo estabelecimento gráfico por ocasião da saída dos impressos; e

IX - na coluna "Observações": anotações diversas, inclusive sobre:

a) extravio, perda ou inutilização de blocos de documentos fiscais ou conjunto de documentos fiscais em formulários contínuos;

b) supressão de série; e

c) entrega de blocos ou formulários de documentos fiscais à repartição para serem inutilizados.

ART. 471. Metade, pelo menos, das folhas do livro Registro de Utilização de Documentos Fiscais e Termos de Ocorrências, impressas conforme o respectivo modelo, numeradas e incluídas no seu final, servirá para lavratura, pelo Fisco, de termos de ocorrências, e pelo usuário, para o fim previsto no *caput* do art. 470.

SUBSEÇÃO VIII
DO REGISTRO DE INVENTÁRIO

ART. 472. O livro Registro de Inventário, modelo 7, destina-se a arrolar, pelos seus valores e com especificações que permitam sua perfeita identificação, as matérias-primas, os produtos intermediários, os materiais de embalagem, os produtos acabados e os produtos em fase de fabricação, existentes em cada estabelecimento à época do balanço da firma.

§ 1º Serão também arrolados, separadamente:

I - as matérias-primas, os produtos intermediários, os materiais de embalagem e os produtos manufaturados pertencentes ao estabelecimento, em poder de terceiros; e

II - as matérias-primas, os produtos intermediários, os materiais de embalagem, os produtos acabados e produtos em fabricação pertencentes a terceiros, em poder do estabelecimento.

§ 2º A escrituração atenderá à ordem de classificação na TIPI.

§ 3º Os registros serão feitos da seguinte forma:

I - na coluna "Classificação Fiscal": código da TIPI em que os produtos estão classificados;

II - na coluna "Discriminação": especificação que permita a perfeita identificação dos produtos (espécie, qualidade, marca, tipo, modelo e número, se houver);

III - na coluna "Quantidade": quantidade em estoque à época do balanço;

IV - na coluna "Unidade": especificação da unidade (quilograma, metro, litro, etc.);

V - nas colunas sob o título "Valor":

a) coluna "Unitário": valor de cada unidade dos produtos pelo custo de aquisição ou de fabricação ou pelo preço corrente no mercado ou bolsa, prevalecendo o critério de estimar-se pelo preço corrente, quando este for inferior ao preço de custo; no caso de matérias-primas ou de produtos em fase de fabricação, o valor será o de seu preço de custo;

b) coluna "Parcial": valor resultante da multiplicação da quantidade pelo valor unitário; e

c) coluna "Total": soma dos valores parciais constantes do mesmo Código da TIPI; e

VI - na coluna "Observações": anotações diversas.

ART. 473. Após o arrolamento, deverá ser consignado o valor total de cada grupo mencionado no *caput* e no § 1º do art. 472 e, ainda, o total geral do estoque existente.

ART. 474. O disposto no § 2º e no inciso I do § 3º do art. 472 somente se aplica aos estabelecimentos industriais e equiparados a industrial.

ART. 475. Se a firma não mantiver escrita contábil regular, o inventário será levantado em cada estabelecimento no último dia do ano civil.

ART. 476. O livro será escriturado dentro de 60 (sessenta) dias, contados da data do balanço da firma, ou, no caso do art. 475, do último dia do ano civil.

SUBSEÇÃO IX
DO REGISTRO DE APURAÇÃO DO IPI

ART. 477. O livro Registro de Apuração do IPI, modelo 8, destina-se a consignar, de acordo com os períodos de apuração fixados neste Regulamento, os totais dos valores contábeis e dos valores fiscais das operações de entrada e saída, extraídos dos livros próprios, atendido o Código Fiscal de Operações e Prestações - CFOP.

Parágrafo único. No livro Registro de Apuração do IPI serão também registrados os débitos e os créditos do imposto, os saldos apurados e outros elementos que venham a ser exigidos.

ART. 478. Os contribuintes do imposto autorizados a emissão de livros fiscais por processamento eletrônico de dados, na forma do art. 388, poderão emitir, pelo mesmo sistema, o livro modelo 8, nas condições estabelecidas pela Secretaria da Receita Federal do Brasil.

SEÇÃO IV
DAS DISPOSIÇÕES ESPECIAIS

SUBSEÇÃO I
DAS OPERAÇÕES REALIZADAS POR INTERMÉDIO DE AMBULANTES

ART. 479. Na saída de produtos do estabelecimento industrial, ou equiparado a industrial, para venda, por intermédio de ambulantes, será emitida nota fiscal, com a indicação dos números e série, se houver, das notas em branco, em poder do ambulante, a serem utilizadas por ocasião da entrega dos produtos aos adquirentes.

ART. 480. Na entrega efetuada por ambulante, as notas fiscais poderão ser emitidas sem destaque do imposto, desde que declarem:

I - que o imposto se acha incluído no valor dos produtos; e

II - o número e a data da nota fiscal que acompanhou os produtos que lhes foram entregues.

ART. 481. No retorno do ambulante, será feito, no verso da primeira via da nota fiscal relativa à remessa, o balanço do imposto destacado com o devido sobre as vendas realizadas, indicando-se a série, se houver, e os números das notas emitidas pelo ambulante.

§ 1º Se da apuração de que trata este artigo resultar saldo devedor, o estabelecimento emitirá nota fiscal com destaque do imposto e a declaração "Nota Emitida Exclusivamente para Uso Interno", para escrituração no livro Registro de Saídas; se resultar saldo credor, será emitida nota fiscal para escrituração no livro Registro de Entradas.

§ 2º Considerar-se-á, também, que houve retorno do ambulante, quando ocorrer prestação de contas, a qualquer título, entre as partes interessadas, ou entrega de novos produtos ao ambulante.

§ 3º Os contribuintes que operarem na conformidade desta Subseção fornecerão, aos ambulantes, documentos que os credenciem ao exercício de sua atividade.

SUBSEÇÃO II
DOS ARMAZÉNS-GERAIS E DEPÓSITOS FECHADOS

Armazém-Geral na mesma Unidade da Federação

ART. 482. Na saída de produtos para depósito em armazém-geral localizado na mesma unidade federada do estabelecimento remetente, assim como em seu retorno a este, será emitida nota fiscal com suspensão do imposto, indicando como natureza da operação: "Outras Saídas - Remessa para Depósito" ou "Outras Saídas - Retorno de Mercadorias Depositadas".

Parágrafo único. As notas fiscais que acompanharem os produtos serão emitidas pelo depositante, na remessa, e pelo armazém-geral, no retorno.

ART. 483. Na saída de produtos depositados em armazém-geral situado na mesma unidade federada do estabelecimento depositante, com destino a outro estabelecimento, ainda que da mesma empresa, o depositante emitirá nota fiscal, com destaque do imposto, se devido, e com a declaração de que os mesmos produtos serão retirados do armazém-geral, mencionando endereço e números de inscrição, deste, no CNPJ e no Fisco estadual.

§ 1º O armazém-geral, na saída dos produtos, expedirá nota fiscal para o estabelecimento depositante, sem destaque do imposto, indicando:

I - o valor dos produtos, que será aquele atribuído por ocasião de sua entrada no armazém-geral;

II - a natureza da operação: "Outras Saídas - Retorno Simbólico de Produtos Depositados";

III - o número, a série, se houver, e a data da nota fiscal do estabelecimento depositante, na forma do *caput*;

IV - o nome, o endereço e os números de inscrição, do estabelecimento destinatário dos produtos, no CNPJ e no Fisco estadual; e

V - a data da saída efetiva dos produtos.

§ 2º O armazém-geral indicará no verso das vias da nota fiscal do estabelecimento depositante, que deverão acompanhar os produtos, a data de sua efetiva saída, o número, série, se houver, e data da nota fiscal a que se refere o § 1º.

§ 3º A nota fiscal, a que se refere o § 1º será enviada ao estabelecimento depositante, que deverá escriturá-la no livro Registro de Entradas, dentro de dez dias, contados da saída efetiva dos produtos do armazém-geral.

ART. 484. Na saída de produtos para depósito em armazém-geral localizado na mesma unidade federada do estabelecimento destinatário, este será considerado depositante, devendo o remetente emitir nota fiscal, com destaque do imposto, se devido, e com a indicação do valor e da natureza da operação, e, ainda:

I - como destinatário, o estabelecimento depositante; e

II - local de entrega, endereço e números de inscrição, do armazém-geral, no CNPJ e no Fisco estadual.

§ 1º O armazém-geral deverá:

I - escriturar a nota fiscal que acompanhou os produtos, no livro Registro de Entradas; e

II - apor na mesma nota fiscal a data da entrada efetiva dos produtos, remetendo-a ao estabelecimento depositante.

§ 2º Caberá ao estabelecimento depositante:

I - escriturar a nota fiscal no livro Registro de Entradas, dentro de dez dias, contados da data da entrada efetiva das mercadorias no armazém-geral;

II - emitir nota fiscal relativa à saída simbólica, dentro de dez dias, contados da data da entrada efetiva dos produtos no armazém-geral, na forma do art. 482, mencionando, ainda, número e data do documento fiscal do remetente; e

III - remeter a nota fiscal a que se refere o inciso II deste parágrafo ao armazém-geral, dentro de cinco dias, contados da data da sua emissão.

§ 3º O armazém-geral anotará na coluna "Observações" do livro Registro de Entradas, relativamente ao registro previsto no inciso I do § 1º, o número, a série, se houver, e a data da nota fiscal referida no inciso II do § 2º.

Armazém-Geral em outra Unidade da Federação

ART. 485. Na saída de produtos para depósito em armazém-geral localizado em unidade federada diversa daquela em que se situa o estabelecimento remetente, este emitirá nota fiscal, com suspensão do imposto, indicando como natureza da operação: "Outras Saídas - Remessa para Depósito em Outro Estado".

ART. 486. Na saída de produtos depositados em armazém-geral localizado em unidade federada diversa daquela onde está situado o estabelecimento depositante, com destino a outro estabelecimento, ainda que da mesma empresa, o depositante emitirá nota fiscal com destaque do imposto, se devido, indicando o valor e a natureza da operação e a circunstância de que os produtos serão retirados do armazém-geral, bem como o endereço e os números de inscrição deste no CNPJ e no Fisco estadual.

§ 1º O armazém-geral, na saída dos produtos, emitirá:

I - nota fiscal para o estabelecimento destinatário, sem destaque do imposto, indicando:

a) o valor da operação, que será o da nota fiscal emitida pelo estabelecimento depositante, na forma do *caput*;

b) a natureza da operação: "Outras Saídas - Remessa por Conta e Ordem de Terceiros"; e

c) o número, a série, se houver, e a data da nota fiscal do estabelecimento depositante, bem como o nome, o endereço e os números de inscrição deste no CNPJ e no Fisco estadual; e

II - nota fiscal para o estabelecimento depositante, sem destaque do imposto, indicando:

a) o valor dos produtos, que será aquele atribuído por ocasião de sua entrada no armazém-geral;

b) a natureza da operação: "Outras Saídas - Retorno Simbólico de Mercadorias Depositadas";

c) o número, a série, se houver, e a data da nota fiscal emitida na forma do *caput*, pelo estabelecimento depositante, bem como o nome, o endereço e os números de inscrição deste no CNPJ e no Fisco estadual;

d) o nome, o endereço e os números de inscrição, do estabelecimento destinatário, no CNPJ e no Fisco estadual, e o número, a série, se houver, e a data da nota fiscal referida no inciso I deste parágrafo; e

e) a data da efetiva saída dos produtos.

§ 2º Os produtos serão acompanhados, no seu transporte, pelas notas fiscais referidas no *caput* e no inciso I do § 1º.

§ 3º A nota fiscal a que se refere o inciso II do § 1º será enviada ao estabelecimento depositante, que a escriturará no livro Registro de Entradas, dentro de dez dias, contados da saída efetiva dos produtos do armazém-geral.

§ 4º O estabelecimento destinatário, ao receber os produtos, escriturará no livro Registro de Entradas a nota fiscal a que se refere o *caput*, anotando na coluna "Observações" o número, a série, se houver, e a data da nota fiscal a que se refere o inciso I do § 1º, bem como o nome, o endereço e os números de inscrição, do armazém-geral, no CNPJ e no Fisco estadual.

ART. 487. Na saída de produtos para depósito em armazém-geral localizado em unidade federada diversa daquela onde estiver situado o estabelecimento destinatário, este será considerado depositante, cumprindo ao remetente:

I - emitir nota fiscal, com os seguintes elementos:

a) o estabelecimento depositante, como destinatário;

b) o valor da operação;

c) a natureza da operação;

d) o local da entrega, o endereço e os números de inscrição, do armazém-geral, no CNPJ e no Fisco estadual; e

e) o destaque do imposto, se devido; e

II - emitir nota fiscal em nome do armazém-geral, para acompanhar o transporte das mercadorias, sem destaque do imposto, indicando:

a) o valor da operação;

b) a natureza da operação: "Outras Saídas - Para Depósito por Conta e Ordem de Terceiros";

c) o nome, o endereço e os números de inscrição, do estabelecimento destinatário e depositante, no CNPJ e no Fisco estadual; e

d) o número, a série, se houver, e a data da nota fiscal referida no inciso I.

§ 1º O estabelecimento destinatário e depositante, dentro de dez dias, contados da data da entrada efetiva dos produtos no armazém-geral, emitirá nota fiscal para este, relativa à saída simbólica, sem destaque do imposto, com os seguintes elementos:

I - o valor da operação;

II - a natureza da operação: "Outras Saídas - Remessa para Depósito"; e

III - a circunstância de que os produtos foram entregues diretamente ao armazém-geral, bem como o número, a série, se houver, e a data da nota fiscal emitida na forma do inciso I do *caput*, pelo estabelecimento remetente, bem como o nome, o endereço e os números de inscrição deste no CNPJ e no Fisco estadual.

§ 2º A nota fiscal referida no § 1º será remetida ao armazém-geral dentro de cinco dias, contados da data da sua emissão.

§ 3º O armazém-geral escriturará a nota fiscal referida no § 1º no livro Registro de Entradas, anotando na coluna "Observações" o número, a série, se houver, e a data da nota fiscal a que se refere o inciso II do *caput*, bem como o nome, o endereço e os números de inscrição, do estabelecimento remetente, no CNPJ e no Fisco estadual.

ART. 488. Na saída de produtos depositados nas condições indicadas no art. 487, serão observadas as prescrições contidas no art. 486.

Transmissão de Propriedade de Produtos Depositados

ART. 489. Nos casos de transmissão de propriedade de produtos, que permanecerem em armazém-geral situado na mesma unidade federada do estabelecimento depositante e transmitente, este expedirá nota fiscal para o estabelecimento adquirente, com destaque do imposto, se devido, e com indicação do valor e da natureza da operação e da circunstância de que os produtos se encontram depositados no armazém-geral, mencionando o endereço e os números de inscrição deste no CNPJ e no Fisco estadual.

§ 1º O armazém-geral emitirá nota fiscal para o estabelecimento depositante e transmitente, sem destaque do imposto, indicando:

I - o valor dos produtos, que será o atribuído por ocasião de sua entrada no armazém-geral;

II - a natureza da operação: "Outras Saídas - Retorno Simbólico de Mercadorias Depositadas";

III - o número, a série, se houver, e a data da nota fiscal emitida pelo estabelecimento depositante e transmitente, na forma do *caput*; e

IV - o nome, o endereço e os números de inscrição, do estabelecimento adquirente, no CNPJ e no Fisco estadual.

§ 2º A nota fiscal a que se refere o § 1º será enviada ao estabelecimento depositante e transmitente, que a escriturará no livro Registro de Entradas, dentro de dez dias, contados da data de sua emissão.

§ 3º O estabelecimento adquirente escriturará a nota fiscal referida no *caput*, no livro Registro de Entradas, dentro de dez dias, contados da data de sua emissão.

§ 4º No prazo referido no § 3º, o estabelecimento adquirente emitirá nota fiscal para o armazém-geral, sem destaque do imposto, indicando:

I - o valor dos produtos, que será o da nota fiscal emitida pelo estabelecimento depositante e transmitente, na forma do *caput*;

II - a natureza da operação: "Outras Saídas - Remessa Simbólica de Mercadorias Depositadas"; e

III - o número, a série, se houver, e a data da nota fiscal emitida na forma do *caput*, pelo estabelecimento depositante e transmitente, bem como o nome, o endereço e os números de inscrição deste no CNPJ e no Fisco estadual.

§ 5º A nota fiscal a que se refere o § 4º será enviada, dentro de cinco dias, contados da data da sua emissão, ao armazém-geral, que a escriturará no livro Registro de Entradas, dentro de igual prazo, a partir da data de seu recebimento.

ART. 490. Nos casos de transmissão de propriedade de produtos que permanecerem em armazém-geral situado em unidade federada diversa da do estabelecimento depositante e transmitente, este expedirá nota fiscal para o estabelecimento adquirente, com destaque do imposto, se devido, com a indicação do valor e da natureza da operação e da circunstância de que os produtos se encontram depositados em armazém-geral, mencionando, ainda, o endereço e os números de inscrição deste no CNPJ e no Fisco estadual.

§ 1º Caberá ao armazém-geral:

I - emitir nota fiscal para o estabelecimento depositante e transmitente, sem destaque do imposto, indicando:

a) o valor dos produtos, que será aquele atribuído por ocasião de sua entrada no armazém-geral;

b) a natureza da operação: "Outras Saídas - Retorno Simbólico das Mercadorias Depositadas";

c) o número, a série, se houver, e a data da nota fiscal emitida pelo estabelecimento depositante e transmitente, na forma do *caput*; e

d) o nome, o endereço e os números de inscrição, do estabelecimento adquirente, no CNPJ e no Fisco estadual; e

II - emitir nota fiscal para o estabelecimento adquirente, sem destaque do imposto, com os seguintes elementos:

a) o valor da operação, que será o da nota fiscal emitida pelo estabelecimento depositante e transmitente na forma do *caput*;

b) a natureza da operação: "Outras Saídas - Transmissão de Propriedade de Mercadorias por Conta e Ordem de Terceiros"; e

c) o número, a série, se houver, e a data da nota fiscal emitida na forma do *caput*, pelo estabelecimento depositante e transmitente, bem como o nome, o endereço e os números de inscrição deste no CNPJ e no Fisco estadual.

§ 2º A nota fiscal a que se refere o inciso I do § 1º será enviada dentro de cinco dias, contados da data de sua emissão, ao estabelecimento depositante e transmitente, que deverá escriturá-la no livro Registro de Entradas, dentro de igual prazo, a partir da data de seu recebimento.

§ 3º A nota fiscal a que se refere o inciso II do § 1º será enviada dentro de cinco dias, contados da data de sua emissão, ao estabelecimento adquirente, que a escriturará no livro Registro de Entradas, dentro de igual prazo, a partir da data do seu recebimento, anotando, na coluna "Observações", o número, a série, se houver, e a data da nota fiscal referida no *caput*, bem como o nome, o endereço e os números de inscrição, no CNPJ e no Fisco estadual, do estabelecimento depositante e transmitente.

§ 4º No prazo referido no § 3º, o estabelecimento adquirente emitirá nota fiscal para o armazém-geral, sem destaque do imposto, indicando:

I - o valor da operação, que será o da nota fiscal emitida pelo estabelecimento depositante e transmitente, na forma do *caput*;

II - a natureza da operação: "Outras Saídas - Remessa Simbólica de Produtos Depositados"; e

III - o número, a série, se houver, e a data da nota fiscal emitida, na forma do *caput*, pelo estabelecimento depositante e transmitente, bem como o nome, o endereço e os números de inscrição deste no CNPJ e no Fisco estadual.

§ 5º A nota fiscal a que se refere o § 4º será enviada, dentro de cinco dias, contados da data da sua emissão, ao armazém-geral, que deverá escriturá-la no livro Registro de Entradas, dentro de igual prazo, a partir da data de seu recebimento.

Declaração no Conhecimento de Depósito e *Warrant*

ART. 491. No recebimento de produtos com suspensão do imposto, o armazém-geral fará, no verso do conhecimento de depósito e do *warrant* que emitir, a declaração "Recebido com Suspensão do IPI".

Depósitos Fechados

ART. 492. Aplicam-se aos depósitos fechados as seguintes disposições relativas aos armazéns-gerais:

I - na saída de produtos para depósito fechado do próprio remetente, situado na mesma unidade federada deste, e no retorno ao estabelecimento de origem, o art. 482;

II - na saída de produtos de depósito fechado, com destino a outro estabelecimento, ainda que da mesma empresa depositante, o art. 483;

III - na saída dos produtos para depósito fechado do próprio remetente, situado em unidade federada diversa daquela do estabelecimento remetente, o art. 485;

IV - na saída de produtos depositados nas condições do inciso III, com destino a outro estabelecimento, ainda que da mesma empresa depositante, o art. 486; e

V - na saída para depósito fechado pertencente ao estabelecimento adquirente dos produtos, quando depósito e adquirente estejam situados na mesma unidade federada, o art. 484.

SUBSEÇÃO III

DOS PRODUTOS INDUSTRIALIZADOS, POR ENCOMENDA, COM MATÉRIAS-PRIMAS DO ENCOMENDANTE

ART. 493. Nas operações em que um estabelecimento mandar industrializar produtos, com matéria-prima, produto intermediário e material de embalagem, adquiridos de terceiros, os quais, sem transitar pelo estabelecimento adquirente, forem entregues diretamente ao industrializador, será observado o seguinte procedimento:

I - pelo remetente das matérias-primas, dos produtos intermediários e dos materiais de embalagem:

a) emitir nota fiscal em nome do estabelecimento adquirente, com a qualificação do destinatário industrializador pelo nome, endereço e números de inscrição no CNPJ e no Fisco estadual; a declaração de que os produtos se destinam a industrialização; e o destaque do imposto, se este for devido; e

b) emitir nota fiscal em nome do estabelecimento industrializador, para acompanhar as matérias-primas, sem destaque do imposto, e com a qualificação do adquirente, por cuja conta e ordem é feita a remessa; a indicação, pelo número, pela série, se houver, e pela data da nota fiscal referida na alínea "a"; e a declaração de ter sido o imposto destacado na mesma nota, se ocorrer essa circunstância; e

II - pelo estabelecimento industrializador, na saída dos produtos resultantes da industrialização: emitir nota fiscal em nome do encomendante, com a qualificação do remetente das matérias-primas e indicação da nota fiscal com que forem remetidas; o valor total cobrado pela operação, com destaque do valor dos produtos industrializados ou importados pelo estabelecimento, diretamente empregados na operação, se ocorrer essa circunstância, e o destaque do imposto, se este for devido.

ART. 494. Se os produtos em fase de industrialização tiverem de transitar por mais de um estabelecimento industrializador, antes de serem entregues ao encomendante, deverá ser observada a seguinte orientação:

I - cada estabelecimento industrializador emitirá na saída dos produtos resultantes da industrialização:

a) nota fiscal em nome do industrializador seguinte, para acompanhar os produtos, sem destaque do imposto e com a qualificação do encomendante e do industrializador anterior, e a indicação da nota fiscal com que os produtos foram recebidos; e

b) nota fiscal em nome do estabelecimento encomendante, com a indicação da nota fiscal com que os produtos foram recebidos e a qualificação de seu emitente; a indicação da nota fiscal com que os produtos saírem para o industrializador seguinte e a qualificação deste, conforme alínea "a"; o valor total cobrado pela operação, com destaque do valor dos produtos industrializados ou importados pelo estabelecimento, diretamente empregados na operação, se ocorrer essa circunstância; e o destaque do imposto, se este for devido; e

II - pelo industrializador final: adotar, no que for aplicável, o roteiro previsto no inciso II do art. 493.

ART. 495. Na remessa dos produtos industrializados, efetuada pelo industrializador, diretamente a outro estabelecimento da firma encomendante, ou a estabelecimento de terceiros, caberá o seguinte procedimento:

I - pelo estabelecimento encomendante: emitir nota fiscal em nome do estabelecimento destinatário, com destaque do imposto, se este for devido, e a declaração "O produto sairá de ...., sito na Rua ...., no ...., na cidade de ...."; e

II - pelo estabelecimento industrializador: emitir nota fiscal em nome do estabelecimento encomendante, com a declaração "Remessa Simbólica de Produtos Industrializados por Encomenda", no local destinado à natureza da operação; a indicação da nota fiscal que acompanhou as matérias-primas recebidas para industrialização, e a qualificação de seu emitente; o valor total cobrado pela operação, com destaque do valor dos produtos industrializados ou importados pelo estabelecimento, diretamente empregados na operação, se ocorrer essa circunstância; e o destaque do imposto, se este for devido.

ART. 496. Quando o produto industrializado, antes de sair do estabelecimento industrializador, for por este adquirido, será emitida nota fiscal:

I - pelo industrializador, em nome do encomendante, com a qualificação do remetente dos produtos recebidos e a indicação da nota fiscal com que estes foram recebidos; a declaração "Remessa Simbólica de Produtos Industrializados por Encomenda"; o valor total cobrado pela operação, com destaque do valor dos produtos industrializados ou importados pelo estabelecimento, diretamente empregados na operação, se ocorrer essa circunstância; e o destaque do imposto, se este for devido; e

II - pelo encomendante, em nome do adquirente, com destaque do imposto, se este for devido, e a declaração "Sem Valor para Acompanhar o Produto".

ART. 497. Nas notas fiscais emitidas em nome do encomendante, o preço da operação, para destaque do imposto, será o valor total cobrado pela operação, acrescido do valor das matérias-primas, dos produtos intermediários e dos materiais de embalagem fornecidos pelo autor da encomenda, desde que os produtos industrializados não se destinem a comércio, a emprego em nova industrialização ou a acondicionamento de produtos tributados, salvo se se tratar de matéria-prima, produto intermediário e material de embalagem usados (Lei n. 4.502, de 1964, art. 14, § 4º, Decreto-Lei n. 1.593, de 1977, art. 27, e Lei n. 7.798, de 1989, art. 15).

SUBSEÇÃO IV

DO TRÂNSITO DE PRODUTOS DE PROCEDÊNCIA ESTRANGEIRA

ART. 498. Os produtos importados diretamente, bem como os adquiridos em licitação, saídos da unidade da Secretaria da Receita Federal do Brasil que processou seu desembaraço ou licitação, serão acompanhados, no seu trânsito para o estabelecimento importador ou licitante, da nota fiscal de que trata o inciso III do art. 435, quando o transporte dos produtos se fizer de uma só vez.

§ 1º Quando o transporte for realizado parceladamente:

I - será emitida nota fiscal, relativa à entrada de produtos no estabelecimento, pelo valor total da operação correspondente ao todo e com a declaração de que a remessa será realizada parceladamente; e

II - cada remessa, inclusive a primeira, será acompanhada pela nota fiscal de que trata o inciso III do art. 435 referente à parcela transportada, na qual se mencionará o número e a data da nota fiscal emitida nos termos do inciso I.

§ 2º Nas notas fiscais de que trata este artigo deverão constar o número e a data do registro da declaração de importação no SISCOMEX ou da Guia de Licitação correspondente e o órgão da Secretaria da Receita Federal do Brasil onde se processou o desembaraço ou a licitação.

§ 3º Nos casos em que for autorizado o desembaraço sem o registro da declaração no SISCOMEX, deverá constar o número e a data da declaração correspondente que substitui o mencionado registro.

§ 4º As notas fiscais de que trata este artigo poderão deixar de acompanhar os produtos, no seu trânsito, até o estabelecimento importador ou licitante, desde que haja anuência do Fisco estadual que jurisdiciona o contribuinte.

§ 5º Na hipótese do § 4º, a Secretaria da Receita Federal do Brasil poderá estabelecer a documentação que acompanhará os produtos, sem prejuízo da exigência da documentação imposta pelo Fisco estadual.

ART. 499. No caso de produtos que, sem entrar no estabelecimento do importador ou licitante, sejam por estes remetidos a um ou mais estabelecimentos de terceiros, o estabelecimento importador ou licitante emitirá:

I - nota fiscal relativa à entrada, para o total das mercadorias importadas ou licitadas; e

II - nota fiscal, relativamente à parte das mercadorias enviadas a cada estabelecimento de terceiros, fazendo constar da aludida nota, além da declaração prevista no inciso VII do art. 415, o número, a série, se houver, e a data da nota fiscal referida no inciso I.

ART. 500. Se a remessa dos produtos importados, na hipótese do art. 499, for feita para estabelecimento, mesmo exclusivamente varejista, do próprio importador, não se destacará o imposto na nota fiscal, mas nela se mencionarão o número e a data do registro da declaração de importação no SISCOMEX, em que foi lançado o tributo, e o valor deste, calculado proporcionalmente à quantidade dos produtos remetidos.

SUBSEÇÃO V

DAS OPERAÇÕES DE CONSIGNAÇÃO MERCANTIL

ART. 501. Nas saídas de produtos de estabelecimento industrial ou equiparado a industrial, a título de consignação mercantil:

I - o consignante emitirá nota fiscal com destaque do imposto, se devido, indicando como natureza da operação: "Remessa em Consignação"; e

II - o consignatário escriturará a nota fiscal no livro Registro de Entradas.

ART. 502. Havendo reajuste do preço contratado por ocasião da remessa em consignação mercantil:

I - o consignante emitirá nota fiscal complementar, com destaque do imposto, indicando:

a) a natureza da operação: "Reajuste de Preço do Produto em Consignação - NF no ...., de...../...../......"; e

b) o valor do reajuste; e

II - o consignatário escriturará a nota fiscal no livro Registro de Entradas.

ART. 503. Quando da venda do produto remetido a título de consignação mercantil:

I - o consignante emitirá nota fiscal sem destaque do imposto, indicando:

a) a natureza da operação: "Venda";

b) o valor da operação, que será aquele correspondente ao preço do produto efetivamente vendido, neste incluído, quando for o caso, o valor relativo ao reajuste do preço; e

c) a expressão "Simples Faturamento de Mercadoria em Consignação - NF no ...., de ....../...../...... (e, se for o caso) Reajuste de Preço - NF no ...., de ....../...../......"; e

II - o consignatário deverá:

a) emitir nota fiscal indicando como natureza da operação: "Venda de Mercadoria Recebida em Consignação";

b) emitir nota fiscal indicando, além dos demais requisitos exigidos:

1. como natureza da operação, a expressão "Devolução simbólica de mercadoria recebida em consignação"; e

2. no campo "Informações Complementares", a expressão "Nota fiscal emitida em função de venda de mercadoria recebida em consignação pela NF no ..., de.../.../..."; e

c) escriturar a nota fiscal de que trata o inciso I no livro Registro de Entradas, apenas nas colunas "Documento Fiscal" e "Observações", indicando nesta a expressão "Compra em Consignação - NF no ...., de ....../...../......".

Parágrafo único. O consignante escriturará a nota fiscal a que se refere o inciso I, no livro Registro de Saídas, apenas nas colunas "Documento Fiscal" e "Observações", indicando nesta a expressão "Venda em Consignação - NF no ......, de ..../.../...".

ART. 504. Na devolução de produto remetido em consignação mercantil:

I - o consignatário emitirá nota fiscal indicando:

a) a natureza da operação: "Devolução de Produto Recebido em Consignação";

b) o valor do produto efetivamente devolvido, sobre o qual foi pago o imposto;

c) o valor do imposto, destacado por ocasião da remessa em consignação; e

d) a expressão: "Devolução (Parcial ou Total, conforme o caso) de Produto em Consignação - NF no ....., de ..../...../...."; e

II - o consignante escriturará a nota fiscal, no livro Registro de Entradas, creditando-se do valor do imposto de acordo com os arts. 231 e 232.

TÍTULO IX
DA FISCALIZAÇÃO

CAPÍTULO I
DAS DISPOSIÇÕES GERAIS

ART. 505. A fiscalização do imposto compete à Secretaria da Receita Federal do Brasil (Lei n. 5.172, de 1966, arts. 142, 194 e 196, Lei n. 4.502, de 1964, art. 91, e Lei n. 11.457, de 2007, art. 2º).

Parágrafo único. A execução das atividades de fiscalização compete às unidades centrais, da referida Secretaria, e, nos limites de suas jurisdições, às suas unidades regionais e às demais unidades, de conformidade com as instruções expedidas pela mesma Secretaria.

ART. 506. A fiscalização será exercida sobre todas as pessoas, naturais ou jurídicas, contribuintes ou não, que estiverem obrigadas ao cumprimento de disposições da legislação do imposto, bem como as que gozarem de imunidade condicionada ou de isenção (Lei n. 5.172, de 1966, arts. 142 e 194, parágrafo único, e Lei n. 4.502, de 1964, art. 94).

ART. 507. As atividades de fiscalização do imposto serão presididas e executas pela autoridade administrativa competente (Lei n. 5.172, de 1966, arts. 142, 194 e 196, e Lei n. 4.502, de 1964, art. 93).

Parágrafo único. A autoridade administrativa a que se refere o *caput* é o Auditor-Fiscal da Receita Federal do Brasil (Lei n. 5.172, de 1966, arts. 142, 194 e 196, Lei n. 4.502, de 1964, art. 93, Lei n. 10.593, de 2002, art. 6º, e Lei n. 11.457, de 2007, art. 9º).

ART. 508. Os procedimentos fiscais serão válidos mesmo que formalizados por Auditor-Fiscal da Receita Federal do Brasil de jurisdição diversa da do domicílio tributário do sujeito passivo (Decreto-Lei n. 822, de 5 de setembro de 1969, art. 2º, Decreto n. 70.235, de 6 de março de 1972, art. 9º, § 2º, e Lei n. 8.748, de 9 de dezembro de 1993, art. 1º)..

CAPÍTULO II
DOS PROCEDIMENTOS FISCAIS

Normas Gerais

ART. 509. As pessoas referidas no art. 506 exibirão aos Auditores-Fiscais da Receita Federal do Brasil, sempre que exigidos, os produtos, livros das escritas fiscal e geral, documentos mantidos em arquivos magnéticos ou assemelhados, e todos os documentos, em uso ou já arquivados, que forem julgados necessários à fiscalização, e lhes franquearão os seus estabelecimentos, depósitos e dependências, bem como veículos, cofres e outros móveis, a qualquer hora do dia, ou da noite, se à noite os estabelecimentos estiverem funcionando (Lei n. 4.502, de 1964, art. 94, e Lei n. 9.430, de 1996, art. 34).

ART. 510. A entrada dos Auditores-Fiscais da Receita Federal do Brasil nos estabelecimentos, bem como o acesso às suas dependências internas, não estarão sujeitos à formalidade diversa da sua imediata identificação, pela apresentação de identidade funcional aos encarregados diretos e presentes ao local de entrada.

ART. 511. O Auditor-Fiscal da Receita Federal do Brasil poderá proceder ao exame das escritas fiscal e geral das pessoas sujeitas à fiscalização, não se lhe aplicando quaisquer disposições legais excludentes ou limitativas do direito de examinar mercadorias, livros, arquivos, documentos, papéis e efeitos comerciais ou fiscais, dos comerciantes industriais ou produtores, ou da obrigação destes de exibi-los (Lei n. 5.172, de 1966, art. 195, e Lei n. 4.502, de 1964, art. 107).

§ 1º São também passíveis de exame os documentos, os arquivos e os dados do sujeito passivo, mantidos em arquivos magnéticos ou assemelhados, encontrados no local da verificação, que tenham relação direta ou indireta com a atividade por ele exercida (Lei n. 9.430, de 1996, art. 34).

§ 2º No caso de recusa de apresentação dos livros, dos documentos, dos arquivos e dos dados, inclusive os mantidos em arquivos magnéticos ou assemelhados, o Auditor-Fiscal da Receita Federal do Brasil, diretamente ou por intermédio da repartição competente, providenciará junto à Procuradoria-Geral da Fazenda Nacional a sua exibição judicial, sem prejuízo da lavratura do auto de embaraço à fiscalização (Constituição, arts. 129, inciso IX, e 131, *caput*, Lei Complementar n. 73, de 10 de fevereiro de 1993, art. 12, inciso V e parágrafo único, e Lei n. 4.502, de 1964, art. 107, § 1º).

§ 3º Tratando-se de recusa à exibição de livros comerciais registrados, as providências previstas no § 2º serão precedidas de intimação, com prazo não inferior a setenta e duas horas, para a sua apresentação, salvo se, estando os livros no estabelecimento fiscalizado, não alegar o responsável motivo que justifique o seu procedimento (Lei n. 4.502, de 1964, art. 107, § 2º).

ART. 512. Se pelos livros ou documentos apresentados não se puder apurar convenientemente o movimento comercial do estabelecimento, colher-se-ão os elementos necessários por meio de exame dos livros e documentos inclusive os mantidos em meio magnético de outros estabelecimentos que com o fiscalizado transacionem, ou dos despachos, livros e papéis das empresas de transporte, suas estações ou agências, ou de outras fontes subsidiárias (Lei n. 4.502, de 1964, art. 107, § 3º, e Lei n. 9.430, de 1996, art. 34).

Retenção de Livros e Documentos

ART. 513. Os livros e documentos poderão ser examinados fora do estabelecimento do sujeito passivo, desde que lavrado termo escrito de retenção pelo Auditor-Fiscal da Receita Federal do Brasil, em que se especifiquem a quantidade, espécie, natureza e condições dos livros e documentos retidos (Lei n. 9.430, de 1996, art. 35, Lei n. 10.593, de 2002, art. 6º, e Lei n. 11.457, de 2007, art. 9º).

§ 1º Constituindo os livros ou documentos prova da prática de ilícito penal ou tributário, os originais retidos não serão devolvidos, extraindo-se cópia para entrega ao interessado (Lei n. 9.430, de 1996, art. 35, § 1º).

§ 2º Excetuado o disposto no § 1º, devem ser devolvidos os originais dos documentos retidos para exame, mediante recibo (Lei n. 9.430, de 1996, art. 35, § 2º).

Lacração de Arquivos e Documentos

ART. 514. O Auditor-Fiscal da Receita Federal do Brasil que presidir e executar os procedimentos fiscais poderá promover a lacração de móveis, caixas, cofres ou depósitos onde se encontram arquivos e documentos, toda vez que ficar caracterizada a resistência ou o embaraço à fiscalização, ou, ainda, quando as circunstâncias ou a quantidade de documentos não permitirem sua identificação e conferência no local ou no momento em que foram encontrados (Lei n. 9.430, de 1996, art. 36, Lei n. 10.593 de 2002, art. 6º, e Lei n. 11.457, de 2007, art. 9º).

Parágrafo único. O sujeito passivo e demais responsáveis serão previamente notificados para acompanharem o procedimento de rompimento do lacre e identificação dos elementos de interesse da fiscalização (Lei n. 9.430, de 1996, art. 36, parágrafo único).

Assistência do Responsável pelo Estabelecimento

ART. 515. Ao realizar exame da escrita, o Auditor-Fiscal da Receita Federal do Brasil convidará o proprietário do estabelecimento ou seu representante a acompanhar o exame ou indicar pessoa que o faça e, no caso de recusa, fará constar essa ocorrência no termo ou auto que lavrar (Lei n. 4.502, de 1964, art. 109).

Termos relativos aos Procedimentos Fiscais

ART. 516. O Auditor-Fiscal da Receita Federal do Brasil que presidir e executar procedimentos fiscais lavrará, além de auto de infração ou notificação fiscal, se couber, termos circunstanciados de início e encerramento de cada procedimento, em que consignará, ainda, o período fiscalizado, os livros e documentos exigidos e quaisquer outras informações de interesse da fiscalização (Lei n. 5.172, de 1966, art. 196, Lei n. 4.502, de 1964, art. 95, Lei n. 10.593, de 2002, art. 6º, e Lei n. 11.457, de 2007, art. 9º).

§ 1º Os termos serão lavrados, sempre que possível, no livro a que se refere o inciso VI do art. 444 ou em outro livro fiscal exibido (Lei n. 5.172, de 1966, art. 196, parágrafo único, e Lei n. 4.502, de 1964, art. 95, § 1º).

§ 2º Quando as circunstâncias impuserem a lavratura em separado dos termos a que se refere o *caput*, o Auditor-Fiscal da Receita Federal do Brasil que presidir e executar o procedimento fiscal entregará uma via deles ao estabelecimento fiscalizado (Lei n. 5.172, de 1966, art. 196, parágrafo único, Lei n. 4.502, de 1964, art. 95, § 1º, Lei n. 10.593, de 2002, art. 6º, e Lei n. 11.457, de 2007, art. 9º).

§ 3º Será dispensada a lavratura de termos dos trabalhos realizados, quando as suas conclusões constarem circunstanciadamente do auto de infração.

§ 4º Uma via do auto de infração será entregue, pela autoridade autuante, ao estabelecimento.

Dever de Prestar Informações Sobre Terceiros

ART. 517. Mediante intimação escrita, são obrigados a prestar aos Auditores-Fiscais da Receita Federal do Brasil todas as informações de que disponham com relação aos produtos, negócios ou atividades de terceiros(Lei n. 5.172, de 1966, art. 197, e Lei n. 4.502, de 1964, art. 97):

I - os tabeliães, escrivães, serventuários e demais servidores de ofício;

II - os bancos, caixas econômicas e demais instituições financeiras;

III - as empresas transportadoras e os transportadores autônomos;

IV - os corretores, leiloeiros e despachantes oficiais;

V - os inventariantes;

VI - os síndicos, comissários, liquidatários, curadores e administradores judiciais;

VII - os órgãos da administração pública federal, direta e indireta; e

VIII - as demais pessoas, naturais ou jurídicas, cujas atividades envolvam negócios que interessem à fiscalização e arrecadação do imposto.

Parágrafo único. A obrigação prevista neste artigo não abrange a prestação de informações quanto a fatos sobre os quais o informante esteja legalmente obrigado a observar segredo em razão de cargo, ofício, função, ministério, atividade ou profissão (Lei n. 5.172, de 1966, art. 197, parágrafo único).

Instituições Financeiras

ART. 518. O Auditor-Fiscal da Receita Federal do Brasil somente poderá examinar documentos, livros e registros de instituições financeiras, inclusive os referentes a contas de depósitos e aplicações financeiras, quando houver processo administrativo instaurado ou procedimento fiscal em curso e tais exames sejam considerados indispensáveis pela autoridade administrativa competente (Lei Complementar n. 105, de 10 de janeiro de 2001, art. 6º).

Parágrafo único. O resultado dos exames, as informações e os documentos a que se refere este artigo serão conservados em sigilo, observada a legislação tributária (Lei Complementar n. 105, de 2001, art. 6º, parágrafo único).

Requisição de Força Policial

ART. 519. O Auditor-Fiscal da Receita Federal do Brasil poderá requisitar o auxílio da força pública federal, estadual ou municipal, quando vítima de embaraço ou desacato no exercício de suas funções, ou quando necessário à efetivação de medida prevista na legislação tributária, ainda que não se configure fato definido em lei como crime ou contravenção (Lei n. 5.172, de 1966, art. 200, e Lei n. 4.502, de 1964, art. 95, § 2º).

ART. 520. Caracterizará embaraço à fiscalização a recusa ao atendimento, pelas pessoas e entidades mencionadas nos arts. 509, 515, 517 e 518, das disposições neles contidas.

CAPÍTULO III
DO EXAME DE ESCRITA

Denúncia

ART. 521. O disposto no art. 507 não exclui a admissibilidade de denúncia apresentada por particulares, nem a apreensão, por qualquer pessoa, de produtos de procedência estrangeira, encontrados fora dos estabelecimentos comerciais e industriais, desacompanhados da documentação fiscal comprobatória de sua entrada legal no País ou de seu trânsito regular no território nacional (Lei n. 4.502, de 1964, art. 93, parágrafo único).

Parágrafo único. Os produtos apreendidos serão imediatamente encaminhados à unidade competente da Secretaria da Receita Federal do Brasil, para que providencie a instauração do procedimento cabível.

CAPÍTULO IV
DOS CRITÉRIOS LEGAIS DE AUDITORIA

Elementos Subsidiários

ART. 522. Constituem elementos subsidiários para o cálculo da produção e correspondente pagamento do imposto dos estabelecimentos industriais, o valor e a quantidade das matérias-primas, dos produtos intermediários e dos materiais de embalagem adquiridos e empregados na industrialização e acondicionamento dos produtos, o valor das despesas gerais efetivamente feitas, o da mão de obra empregada e o dos demais componentes do custo de produção, assim como as variações dos estoques de matéria-prima, produto intermediário e material de embalagem (Lei n. 4.502, de 1964, art. 108).

§ 1º Apurada qualquer falta no confronto da produção resultante do cálculo dos elementos constantes desse artigo com a registrada pelo estabelecimento, exigir-se-á o imposto correspondente, o qual, no caso de fabricante de produtos sujeitos a alíquotas e preços diversos, será calculado com base nas alíquotas e preços mais elevados, quando não for possível fazer a separação pelos elementos da escrita do estabelecimento.

§ 2º Apuradas, também, receitas cuja origem não seja comprovada, considerar-se-ão provenientes de vendas não registradas e sobre elas será exigido o imposto, mediante adoção do critério estabelecido no § 1º.

Quebras

ART. 523. As quebras alegadas pelo contribuinte, nos estoques ou no processo de industrialização, para justificar diferenças apuradas pela fiscalização, serão submetidas ao órgão técnico competente, para que se pronuncie, mediante laudo, sempre que, a juízo de autoridade julgadora, não forem convenientemente comprovadas ou excederem os limites normalmente admissíveis para o caso (Lei n. 4.502, de 1964, art. 58, § 1º).

Diferenças Apuradas

ART. 524. As diferenças percentuais de mercadoria a granel, apuradas em conferência física nos despachos aduaneiros, não serão consideradas para efeitos de exigência do imposto incidente, até o limite de um por cento, conforme dispuser o Poder Executivo (Lei n. 10.833, de 2003, art. 66).

Declarações Aduaneiras

ART. 525. As mercadorias descritas de forma semelhante em diferentes declarações aduaneiras do mesmo contribuinte, salvo prova em contrário, são presumidas idênticas para fins de determinação do tratamento tributário ou aduaneiro (Lei n. 10.833, de 2003, art. 68)

Parágrafo único. Para efeito do disposto no *caput*, a identificação das mercadorias poderá ser realizada no curso do despacho aduaneiro ou em outro momento, com base em informações coligidas em documentos, obtidos inclusive de clientes ou de fornecedores, ou no processo produtivo em que tenham sido ou venham a ser utilizadas (Lei n. 10.833, de 2003, art. 68, parágrafo único).

CAPÍTULO V
DOS PRODUTOS E EFEITOS FISCAIS EM SITUAÇÃO IRREGULAR

Elementos Passíveis de Apreensão

ART. 526. Serão apreendidos e apresentados à repartição competente, mediante as formalidades legais, as mercadorias, os rótulos, os selos de controle, os livros, os documentos mantidos em arquivos magnéticos ou assemelhados, efeitos fiscais e tudo o mais que for necessário à caracterização ou comprovação de infrações da legislação do imposto (Lei n. 4.502, de 1964, art. 99, e Lei n. 9.430, de 1996, art. 35).

§ 1º Se não for possível efetuar a remoção das mercadorias ou dos objetos apreendidos, o apreensor, tomadas as necessárias cautelas, incumbirá da sua guarda ou do seu depósito, mediante termo, pessoa idônea, que poderá ser o próprio infrator (Lei n. 4.502, de 1964, art. 99, § 1º).

§ 2º Será feita a apreensão somente do documento pelo qual foi apurada a infração, ou que comprovar a sua existência, quando a prova dessa infração independer da verificação da mercadoria, salvo nos casos seguintes (Lei n. 4.502, de 1964, art. 99, § 2º):

I - infração punida com a pena de perdimento da mercadoria; ou

II - falta de identificação do contribuinte ou responsável pela mercadoria

§ 3º Não são passíveis de apreensão os livros da escrita fiscal ou comercial, salvo quando indispensáveis à defesa dos interesses da Fazenda Nacional ou quando constituírem prova da prática de ilícito penal ou tributário, caso em que os originais serão retidos, extraindo-se cópia para entrega ao interessado (Lei n. 4.502, de 1964, art. 110, e Lei n. 9.430, de 1996, art. 35, § 1º).

Busca e Apreensão Judicial

ART. 527. Havendo prova ou suspeita fundada de que as coisas a que se refere o art. 526 se encontram em residência particular, ou em dependência de estabelecimento comercial, industrial, profissional ou qualquer outro, utilizada como moradia, o Auditor-Fiscal da Receita Federal do Brasil ou o titular da unidade da Secretaria da Receita Federal do Brasil, mediante cautelas para evitar a remoção clandestina, solicitará à Procuradoria da Fazenda Nacional que promova a busca e apreensão judicial, se o morador ou detentor, pessoalmente intimado, recusar-se a fazer a sua entrega (Constituição, art. 131, *caput*, Lei Complementar n. 73, de 1993, art. 12, inciso V e parágrafo único, e Lei n. 4.502, de 1964, art. 100).

Joias e Relógios

ART. 528. Quando julgar necessário, o Auditor-Fiscal da Receita Federal do Brasil recolherá, mediante termo e demais cautelas legais, espécimes dos produtos marcados por meio de punção, conforme o art. 277, para o fim de ser verificada, em diligência ou exame técnico, a veracidade dos elementos constantes da marcação, especialmente a relativa ao teor do metal precioso, deixando, em poder do proprietário ou detentor dos produtos, uma via do termo lavrado.

Parágrafo único. Realizada a diligência ou exame, serão os espécimes devolvidos, mediante recibo passado no termo, salvo se for verificada falta que importe na pena de perdimento da mercadoria ou configure ilícito penal de que os espécimes sejam corpo de delito.

Mercadorias Estrangeiras

ART. 529. Serão apreendidas as mercadorias de procedência estrangeira, encontradas fora da zona aduaneira primária, nas seguintes condições (Lei n. 4.502, de 1964, arts. 87 e 102):

I - quando a mercadoria, sujeita ou não ao imposto, tiver sido introduzida clandestinamente no País ou, de qualquer forma, importada irregularmente (Lei n. 4.502, de 1964, arts. 87, inciso I, e 102); ou

II - quando a mercadoria, sujeita ao imposto, estiver desacompanhada de documentação comprobatória de sua importação ou licitação regular, se em poder do estabelecimento importador ou licitante, ou da nota fiscal, se em poder de outros estabelecimentos ou pessoas (Lei n. 4.502, de 1964, arts. 87, inciso II, e 102).

§ 1º Feita a apreensão das mercadorias, será intimado imediatamente o seu proprietário, possuidor ou detentor a apresentar, no prazo de vinte e quatro horas, os documentos comprobatórios de sua entrada legal no País ou de seu trânsito regular no território nacional (Lei n. 4.502, de 1964, art. 102).

§ 2º Decorrido o prazo da intimação sem que sejam apresentados os documentos exigidos ou, se apresentados, não satisfizerem os requisitos legais, será lavrado auto de infração (Lei n. 4.502, de 1964, art. 102, § 2º).

§ 3º As mercadorias de importação proibida na forma da legislação específica serão apreendidas, liminarmente, em nome e por ordem do Ministro de Estado da Fazenda (Decreto-Lei n. 1.455, de 1976, art. 26).

Perdimento

ART. 530. Quando houver indícios de infração punível com a pena de perdimento, nos termos dos arts. 603 e 604, a mercadoria importada será retida pela Secretaria da Receita Federal do Brasil, até que seja concluído o correspondente procedimento de fiscalização (Medida Provisória n. 2.158-35, de 2001, art. 68).

Parágrafo único. O disposto neste artigo aplicar-se-á na forma a ser disciplinada pela Secretaria da Receita Federal do Brasil, que disporá sobre o prazo máximo de retenção, bem como as situações em que as mercadorias poderão ser entregues ao importador, antes da conclusão do procedimento de fiscalização, mediante a adoção das necessárias medidas de cautela fiscal (Medida Provisória n. 2.158-35, de 2001, art. 68, parágrafo único).

ART. 531. Verificada a impossibilidade de apreensão da mercadoria sujeita a pena de perdimento, em razão de sua não localização ou consumo, extinguir-se-á o processo administrativo instaurado para apuração da infração capitulada como dano ao Erário (Lei n. 10.833, de 2003, art. 73).

Parágrafo único. Na hipótese prevista no *caput*, será instaurado processo administrativo para aplicação da multa prevista no art. 573 (Lei n. 10.833, de 2003, art. 73, § 1º).

ART. 532. O importador, antes de aplicada a pena de perdimento da mercadoria na hipótese a que se refere o inciso XIII do art. 36, poderá iniciar o respectivo despacho aduaneiro, mediante o cumprimento das formalidades exigidas e o pagamento dos tributos incidentes na importação, acrescidos dos juros e da multa de que tratam os arts. 553 e 554, e das despesas decorrentes da permanência da mercadoria em recinto alfandegado (Lei n. 9.779, de 1999, art. 18).

Restituição das Mercadorias

ART. 533. Ressalvados os casos para os quais esteja prevista a pena de perdimento das mercadorias, e os de produtos falsificados, adulterados, ou deteriorados, as mercadorias apreendidas poderão ser restituídas antes do julgamento definitivo do processo, a requerimento da parte, depois de sanadas as irregularidades que motivaram a apreensão (Lei n. 4.502, de 1964, art. 103).

§ 1º Tratando-se de mercadoria de fácil deterioração, será dispensada a retenção dos espécimes, consignando-se, minuciosamente, no termo de entrega assinado pelo interessado, o estado da mercadoria e as faltas determinantes da apreensão (Lei n. 4.502, de 1964, art. 103, § 1º).

§ 2º Na hipótese de falta de identificação do contribuinte, poderão ser também restituídas, a requerimento do responsável em cujo poder forem encontradas, as mercadorias apreendidas, mediante depósito do valor do imposto e do máximo da multa aplicável ou de prestação de fiança idônea, retidos os espécimes necessários à instrução do processo.

§ 3º Incluem-se na ressalva de que trata o *caput*, os produtos destinados à falsificação de outros.

ART. 534. No caso do art. 533, se não for requerida a restituição das mercadorias e se tratar de mercadorias de fácil deterioração, o Auditor-Fiscal da Receita Federal do Brasil que presidir o procedimento fiscal ou o titular da unidade da Secretaria da Receita Federal do Brasil intimará o interessado a retirá-las no prazo que fixar (Lei n. 4.502, de 1964, art. 104, Lei n. 10.593, de 2002, art. 6º, e Lei n. 11.457, de 2007, art. 9º).

Parágrafo único. Desatendida a intimação, o infrator ficará sujeito à pena de perdimento das mercadorias, as quais serão imediatamente arroladas e alienadas, conservando-se as importâncias arrecadadas em depósito até a final decisão do processo (Lei n. 4.502, de 1964, art. 104, e parágrafo único).

Mercadorias Não Retiradas

ART. 535. As mercadorias ou outros objetos que, depois de definitivamente julgado o processo, não forem retirados dentro de trinta dias, contados da data da intimação do último despacho, serão declarados abandonados e a eles dar-se-á destinação na forma dos arts. 536 a 539 (Lei n. 4.502, de 1964, art. 103, § 2º).

Mercadorias Falsificadas ou Adulteradas

ART. 536. Os produtos falsificados, ou adulterados serão inutilizados, após decisão definitiva do processo, retirados antes os exemplares ou espécimes necessários à instrução de eventual processo criminal (Lei n. 4.502, de 1964, art. 103, § 3º).

Parágrafo único. Na disposição prevista no *caput*, incluem-se os produtos destinados à falsificação de outros.

Destinação de Produto

ART. 537. As mercadorias nacionais declaradas perdidas em decisão administrativa final, e que não devam ser destruídas, poderão ser incorporadas ao patrimônio da Fazenda Nacional, ou alienadas, inclusive por meio de doação a instituições de educação ou de assistência social (Decreto-Lei n. 1.060, de 21 de outubro de 1969, art. 6º, e Decreto-Lei n. 1.184, de 12 de agosto de 1971, art. 13).

ART. 538. As mercadorias de procedência estrangeira, objeto da pena de perdimento, serão alienadas ou terão outra destinação que lhes der o Ministro de Estado da Fazenda (Decreto-Lei n. 1.455, de 1976, art. 28).

Parágrafo único. No caso de produtos que exijam condições especiais de armazenamento, os produtos apreendidos, objeto de pena de perdimento aplicada em decisão administrativa, ainda quando pendente de apreciação judicial, inclusive as que estiverem à disposição da Justiça como corpo de delito, produto ou objeto do crime, poderão ser destinados para venda mediante licitação pública ou para entidades filantrópicas, científicas e educacionais, sem fins lucrativos (Decreto-Lei n. 1.455, de 1976, art. 30, *caput* e § 1º, e Lei n. 7.450, de 23 de dezembro de 1985, art. 83, inciso II).

Cigarros

ART. 539. Os cigarros e outros derivados do tabaco, apreendidos por infração fiscal sujeita à pena de perdimento, serão destruídos após a formalização do procedimento administrativo fiscal pertinente, antes mesmo do término do prazo de vinte dias para a apresentação de impugnação (Decreto-Lei n. 1.455, de 1976, art. 27, § 1º, Decreto-Lei n. 1.593, de 1977, art. 14, e Lei n. 9.822, de 1999, art. 1º).

§ 1º Aplica-se o disposto no *caput* à destruição dos produtos apreendidos que não tenham sido liberados, nos termos do § 6º do art. 333 (Decreto-Lei n. 1.593, de 1977, art. 2º, § 8º, e Medida Provisória n. 2.158-35, de 2001, art. 32).

§ 2º A Secretaria da Receita Federal do Brasil regulamentará as formas de destruição dos produtos de que trata este artigo, observando a legislação ambiental (Decreto-Lei n. 1.593, de 1977, art.14, § 2º, e Lei n. 9.822, de 1999, art. 1º).

§ 3º No caso de ter sido julgado procedente o recurso administrativo ou judicial, será o contribuinte indenizado pelo valor arbitrado no procedimento administrativo fiscal, atualizado de acordo com os critérios aplicáveis para a correção dos débitos fiscais (Decreto-Lei n. 1.593, de 1997, art. 14, § 1º, e Lei n. 9.822, de 1999, art. 1º).

Depositário Falido

ART. 540. As mercadorias e os objetos apreendidos, que estiverem depositados em poder de negociante que vier a falir, não serão arrecadados na massa, mas removidos para local que for indicado pelo chefe da repartição fiscal competente (Lei n. 4.502, de 1964, art. 105).

CAPÍTULO VI
DOS REGIMES ESPECIAIS DE FISCALIZAÇÃO

Regimes Especiais de Fiscalização

ART. 541. A Secretaria da Receita Federal do Brasil poderá determinar regime especial para cumprimento de obrigações, pelo sujeito passivo, nas seguintes hipóteses (Lei n. 9.430, de 1996, art. 33):

I - embaraço à fiscalização, caracterizado pela negativa não justificada de exibição de livros e documentos em que se assente a escrituração das atividades do sujeito passivo, bem como pelo não fornecimento de informações sobre bens, movimentação financeira, negócio ou atividade, próprios ou de terceiros, quando intimado, e demais hipóteses que autorizam a requisição do auxílio da força pública, nos termos do art. 200 da Lei n. 5.172, de 1966 (Lei n. 9.430, de 1996, art. 33, inciso I);

II - resistência à fiscalização, caracterizada pela negativa de acesso ao estabelecimento, ao domicílio fiscal ou a qualquer outro local onde se desenvolvam as atividades do sujeito passivo, ou se encontrem bens de sua posse ou propriedade (Lei n. 9.430, de 1996, art. 33, inciso II);

III - evidências de que a pessoa jurídica esteja constituída por interpostas pessoas que não sejam os verdadeiros sócios ou acionistas, ou o titular, no caso de firma individual (Lei n. 9.430, de 1996, art. 33, inciso III);

IV - realização de operações sujeitas à incidência tributária, sem a devida inscrição no cadastro de contribuintes apropriado (Lei n. 9.430, de 1996, art. 33, inciso IV);

V - prática reiterada de infração da legislação tributária (Lei n. 9.430, de 1996, art. 33, inciso V);

VI - comercialização de mercadorias com evidências de contrabando ou descaminho (Lei n. 9.430, de 1996, art. 33, inciso VI); ou

VII - incidência em conduta que enseje representação criminal, nos termos da legislação que rege os crimes contra a ordem tributária (Lei n. 9.430, de 1996, art. 33, inciso VII).

§ 1º O regime especial de fiscalização será aplicado em virtude de ato do Secretário da Receita Federal do Brasil (Lei n. 9.430, de 1996, art. 33, § 1º).

§ 2º O regime especial pode consistir, inclusive, em (Lei n. 9.430, de 1996, art. 33, § 2º):

I - manutenção de fiscalização ininterrupta no estabelecimento do sujeito passivo (Lei n. 9.430, de 1996, art. 33, § 2º, inciso I);

II - redução, à metade, dos períodos de apuração e dos prazos de recolhimento dos tributos (Lei n. 9.430, de 1996, art. 33, § 2º, inciso II);

III - utilização compulsória de controle eletrônico das operações realizadas e recolhimento diário dos respectivos tributos (Lei n. 9.430, de 1996, art. 33, § 2º, inciso III); ou

IV - exigência de comprovação sistemática do cumprimento das obrigações tributárias (Lei n. 9.430, de 1996, art. 33, § 2º, inciso IV).

§ 3º As medidas previstas neste artigo poderão ser aplicadas isolada ou cumulativamente, por tempo suficiente à normalização do cumprimento das obrigações tributárias (Lei n. 9.430, de 1996, art. 33, § 3º).

§ 4º A imposição do regime especial não elide a aplicação de penalidades previstas na legislação tributária (Lei n. 9.430, de 1996, art. 33, § 4º).

§ 5º As infrações cometidas pelo contribuinte durante o período em que estiver submetido a regime especial de fiscalização serão punidas com a multa de que trata o art. 571 (Lei n. 9.430, de 1996, art. 33, § 5º, e Lei n. 11.488, de 2007, art. 15).

CAPÍTULO VII
DA GUARDA E DO EXTRAVIO DE LIVROS E DOCUMENTOS

Guarda

ART. 542. Os livros obrigatórios de escrituração comercial e fiscal e os comprovantes dos lançamentos neles efetuados serão conservados até que ocorra a prescrição dos créditos tributários decorrentes das operações a que se refiram (Lei n. 5.172, de 1966, art. 195, parágrafo único).

§ 1º Os comprovantes da escrituração da pessoa jurídica, relativos a fatos que repercutam em lançamentos contábeis de exercícios futuros, serão conservados até que se opere a decadência do direito de a Fazenda Pública constituir os créditos tributários relativos a esses exercícios (Lei n. 9.430, de 1996, art. 37).

§ 2º O sujeito passivo usuário de sistema de processamento de dados deverá manter documentação técnica completa e atualizada do sistema, suficiente para possibilitar a sua auditoria, facultada a manutenção em meio magnético, sem prejuízo da sua emissão gráfica, quando solicitada (Lei n. 9.430, de 1996, art. 38).

ART. 543. O importador, exportador ou adquirente de mercadoria importada por sua conta e ordem deverão manter, em boa guarda e ordem, os documentos relativos às transações que realizarem, pelo prazo decadencial estabelecido na legislação tributária a que estão submetidos, e apresentá-los à fiscalização aduaneira quando exigidos (Lei n. 10.833, de 2003, art. 70).

Parágrafo único. O descumprimento das obrigações referidas no *caput* implicará as sanções e multas previstas no art. 70 da Lei n. 10.833, de 2003 (Lei n. 10.833, de 2003, art. 70).

ART. 544. O despachante aduaneiro, o transportador, o agente de carga, o depositário e os demais intervenientes em operação de comércio exterior ficam obrigados a manter em boa guarda e ordem, e a apresentar à fiscalização aduaneira, quando exigidos, os documentos e registros relativos às transações em que intervierem, ou outros definidos em ato normativo da Secretaria da Receita Federal do Brasil, na forma e nos prazos por ela estabelecidos (Lei n. 10.833, de 2003, art. 71).

Extravio

ART. 545. Ocorrendo extravio, deterioração ou destruição, não intencionais, de livros, notas fiscais ou outros documentos da escrita fiscal ou geral do contribuinte, este comunicará o fato, por escrito e minudentemente, à unidade da Secretaria da Receita Federal do Brasil que tiver jurisdição sobre o estabelecimento, dentro das 48h (quarenta e oito horas) seguintes à ocorrência.

CAPÍTULO VIII
DO SIGILO DAS INFORMAÇÕES

ART. 546. Sem prejuízo do disposto na legislação criminal, é vedada a divulgação, por parte da Fazenda Pública ou de seus servidores, de informação obtida em razão do ofício sobre a situação econômica ou financeira do sujeito passivo ou de terceiros e sobre a natureza e o estado de seus negócios ou atividades (Lei n. 5.172, de 1966, art. 198, e Lei Complementar n. 104, de 10 de janeiro de 2001, art. 1º).

§ 1º Excetuam-se do disposto neste artigo, além dos casos previstos no art. 547, os seguintes (Lei n. 5.172, de 1966, art. 198, § 1º, e Lei Complementar n. 104, de 2001, art. 1º):

I - requisição de autoridade judiciária no interesse da justiça; e

II - solicitações de autoridade administrativa no interesse da administração pública, desde que seja comprovada a instauração regular de processo administrativo, no órgão ou na entidade respectiva, com o objetivo de investigar o sujeito passivo a que se refere a informação, por prática de infração administrativa.

§ 2º O intercâmbio de informação sigilosa, no âmbito da administração pública, será realizado mediante processo regularmente instaurado, e a entrega será feita pessoalmente à autoridade solicitante, mediante recibo, que formalize a transferência e assegure a preservação do sigilo (Lei n. 5.172, de 1966, art. 198, § 2º, e Lei Complementar n. 104, de 2001, art. 1º).

§ 3º Não é vedada a divulgação de informações relativas a (Lei n. 5.172, de 1966, art. 198, § 3º, e Lei Complementar n. 104, de 2001, art. 1º):

I - representações fiscais para fins penais;

II - inscrições na Dívida Ativa da Fazenda Pública; e

III - parcelamento ou moratória.

ART. 547. A Fazenda Nacional e as Fazendas Públicas dos Estados, do Distrito Federal e dos Municípios prestar-se-ão mutuamente assistência para fiscalização dos tributos respectivos e permuta de informações, na forma estabelecida, em caráter geral ou específico, por lei ou convênio (Lei n. 5.172, de 1966, art. 199, e Lei n. 4.502, de 1964, art. 98, parágrafo único).

Parágrafo único. A Fazenda Nacional, na forma estabelecida em tratados, acordos ou convênios, poderá permutar informações com estados estrangeiros no interesse da arrecadação e da fiscalização de tributos (Lei n. 5.172, de 1966, art. 199, parágrafo único, e Lei Complementar n. 104, de 2001, art. 1º).

TÍTULO X
DAS INFRAÇÕES, DOS ACRÉSCIMOS MORATÓRIOS E DAS PENALIDADES

CAPÍTULO I
DAS INFRAÇÕES

Disposições Gerais

ART. 548. Constitui infração toda ação ou omissão, voluntária ou involuntária que importe em inobservância de preceitos estabelecidos ou disciplinados por este Regulamento ou pelos atos administrativos de caráter normativo destinados a complementá-lo (Lei n. 4.502, de 1964, art. 64).

Parágrafo único. Salvo disposição de lei em contrário, a responsabilidade por infrações independe da intenção do agente ou do responsável, e da efetividade, natureza e extensão dos efeitos do ato (Lei n. 5.172, de 1966, art. 136).

ART. 549. As infrações serão apuradas mediante processo administrativo fiscal (Lei n. 4.502, de 1964, art. 65).

Procedimentos do Contribuinte

ART. 550. Não se considera espontânea a denúncia apresentada após o início de qualquer procedimento administrativo ou medida de fiscalização, relacionados com a infração (Lei n. 5.172, de 1966, art. 138, parágrafo único).

Parágrafo único. O contribuinte que recolher apenas o imposto continuará sujeito à sanção do art. 569, salvo se:

I - antes de qualquer ação fiscal, recolher os acréscimos moratórios de que tratam os arts. 552 a 554; ou

II - mesmo estando submetido a ação fiscal, proceder conforme o disposto no art. 551.

ART. 551. O estabelecimento industrial ou equiparado a industrial submetido a ação fiscal por parte da Secretaria da Receita Federal do Brasil poderá pagar, até o vigésimo dia subsequente à data de recebimento do termo de início de fiscalização, o tributo já declarado, de que for sujeito passivo como contribuinte ou responsável, com os acréscimos legais aplicáveis nos casos de procedimento espontâneo (Lei n. 9.430, de 1996, art. 47, e Lei n. 9.532, de 1997, art. 70, inciso II).

CAPÍTULO II
DOS ACRÉSCIMOS MORATÓRIOS

ART. 552. Os débitos do imposto para com a União, não recolhidos nos prazos previstos neste Regulamento, ficarão sujeitos aos acréscimos moratórios, conforme definidos nos artigos deste Capítulo (Lei n. 8.383, de 1991, art. 59, Lei n. 8.981, de 1995, art. 84, Lei n. 9.065, de 1995, art. 13, e Lei n. 9.430, de 1996, art. 61).

Multa de Mora

ART. 553. Os débitos do imposto em atraso, cujos fatos geradores ocorrerem a partir de 1º de janeiro de 1997, serão acrescidos de multa de mora, calculada à taxa de trinta e três centésimos por cento por dia de atraso(Lei n. 9.430, de 1996, art. 61).

§ 1º A multa de que trata este artigo será calculada a partir do primeiro dia útil subsequente ao do vencimento dos prazos previstos para o recolhimento do imposto até o dia em que ocorrer o seu recolhimento (Lei n. 9.430, de 1996, art. 61, § 1º).

§ 2º No caso do inciso VII do art. 25 a multa de que trata este artigo será calculada a partir

DECRETOS

do dia subsequente ao da emissão da referida nota fiscal (Lei n. 9.532, de 1997, art. 39, § 5º, alínea "b").

§ 3º O percentual de multa a ser aplicado fica limitado a vinte por cento (Lei n. 9.430, de 1996, art. 61, § 2º).

Juros de Mora

ART. 554. Sobre os débitos do imposto, a que se refere o art. 552 incidirão juros de mora calculados à taxa referencial do SELIC, para títulos federais, acumulada mensalmente, a partir do primeiro dia do mês subsequente ao do vencimento do prazo até o último dia do mês anterior ao do recolhimento e de um por cento no mês de recolhimento (Lei n. 9.430, de 1996, art. 61, § 3º, e Lei n. 10.522, de 19 de julho de 2002, art. 30).

§ 1º No caso do inciso VII do art. 25 o valor a ser pago ficará sujeito à incidência dos juros de que trata este artigo, calculados a partir do primeiro dia do mês subsequente ao da emissão da nota fiscal pelo estabelecimento industrial, até o mês anterior ao do pagamento, e de um por cento no mês do pagamento (Lei n. 9.532, de 1997, art. 39, § 5º, alínea "a").

§ 2º O imposto não recolhido no vencimento será acrescido de juros de mora de que trata este artigo, seja qual for o motivo determinante da falta, sem prejuízo da imposição das penalidades cabíveis (Lei n. 5.172, de 1966, art. 161).

CAPITULO III
DAS PENALIDADES

SEÇÃO I
DAS DISPOSIÇÕES GERAIS

ART. 555. As infrações serão punidas com as seguintes penas, aplicáveis separada ou cumulativamente (Lei n. 4.502, de 1964, art. 66):

I - multa (Lei n. 4.502, de 1964, art. 66, inciso I);

II - perdimento da mercadoria (Lei n. 4.502, de 1964, art. 66, inciso II); e

III - cassação de regimes ou controles especiais estabelecidos em benefício de contribuintes ou de outras pessoas obrigadas ao cumprimento dos dispositivos deste Regulamento (Lei n. 4.502, de 1964, art. 66, inciso V).

Aplicação

ART. 556. Compete à autoridade administrativa, atendendo aos antecedentes do infrator, aos motivos determinantes da infração e à gravidade de suas consequências efetivas ou potenciais (Lei n. 4.502, de 1964, art. 67):

I - determinar a pena ou as penas aplicáveis ao infrator (Lei n. 4.502, de 1964, art. 67, inciso I); e

II - fixar, dentro dos limites legais, a quantidade da pena aplicável (Lei n. 4.502, de 1964, art. 67, inciso II).

Graduação

ART. 557. A autoridade fixará a pena de multa partindo da pena básica estabelecida para a infração, como se atenuantes houvesse, só a majorando em razão das circunstâncias agravantes ou qualificativas, provadas no respectivo processo (Lei n. 4.502, de 1964, art. 68, e Decreto-Lei n. 34, de 1966, art. 2º, alteração 18ª).

Circunstâncias Agravantes

ART. 558. São circunstâncias agravantes (Lei n. 4.502, de 1964, art. 68, § 1º, e Decreto-Lei n. 34, de 1966, art. 2º, alteração 18ª):

I - a reincidência específica (Lei n. 4.502, de 1964, art. 68, § 1º, inciso I, e Decreto-Lei n. 34, de 1966, art. 2º, alteração 18ª);

II - o fato de o imposto, não destacado, ou destacado em valor inferior ao devido, referir-se a produto cuja tributação e classificação fiscal já tenham sido objeto de solução em consulta formulada pelo infrator (Lei n. 4.502, de 1964, art. 68, § 1º, inciso II, Decreto-Lei n. 34, de 1966, art. 2º, alteração 18ª, e Lei n. 9.430, de 1996, arts. 48 a 50);

III - a inobservância de instruções dos Auditores-Fiscais da Receita Federal do Brasil sobre a obrigação violada, anotadas nos livros e documentos fiscais do sujeito passivo (Lei n. 4.502, de 1964, art. 68, § 1º, inciso III, e Decreto-Lei n. 34, de 1966, art. 2º, alteração 18ª);

IV - qualquer circunstância, não compreendida no art. 559, que demonstre artifício doloso na prática da infração (Lei n. 4.502, de 1964, art. 68, § 1º, inciso IV, e Decreto-Lei n. 34, de 1966, art. 2º, alteração 18ª); e

V - qualquer circunstância que importe em agravar as consequências da infração ou em retardar o seu conhecimento pela autoridade fazendária (Lei n. 4.502, de 1964, art. 68, § 1º, inciso IV, e Decreto-Lei n. 34, de 1966, art. 2º, alteração 18ª).

Circunstâncias Qualificativas

ART. 559. São circunstâncias qualificativas a sonegação, a fraude e o conluio (Lei n. 4.502, de 1964, art. 68, § 2º, e Decreto-Lei n.34, de 1966, art. 2º, alteração 18ª).

Reincidência Específica

ART. 560. Caracteriza reincidência específica a prática de nova infração de um mesmo dispositivo, ou de disposição idêntica, da legislação do imposto, ou de normas contidas num mesmo Capítulo deste Regulamento, por uma mesma pessoa ou pelo sucessor referido no art. 132 da Lei n. 5.172, de 1966, dentro de cinco anos da data em que houver passado em julgado, administrativamente, a decisão condenatória referente à infração anterior(Lei n. 4.502, de 1964, art. 70).

Sonegação

ART. 561. Sonegação é toda ação ou omissão dolosa tendente a impedir ou retardar, total ou parcialmente, o conhecimento por parte da autoridade fazendária (Lei n. 4.502, de 1964, art. 71):

I - da ocorrência do fato gerador da obrigação tributária principal, sua natureza ou circunstâncias materiais (Lei n. 4.502, de 1964, art. 71, inciso I); e

II - das condições pessoais do contribuinte, suscetíveis de afetar a obrigação tributária principal ou o crédito tributário correspondente (Lei n. 4.502, de 1964, art. 71, inciso II).

Fraude

ART. 562. Fraude é toda ação ou omissão dolosa tendente a impedir ou retardar, total ou parcialmente, a ocorrência do fato gerador da obrigação tributária principal, ou a excluir ou modificar as suas características essenciais, de modo a reduzir o montante do imposto devido, ou a evitar ou diferir o seu pagamento (Lei n. 4.502, de 1964, art. 72).

Conluio

ART. 563. Conluio é o ajuste doloso entre duas ou mais pessoas, naturais ou jurídicas, visando a qualquer dos efeitos referidos nos arts. 561 e 562 (Lei n. 4.502, de 1964, art. 73).

Cumulação de Penas

ART. 564. Apurando-se, num mesmo processo, a prática de mais de uma infração por uma mesma pessoa, natural ou jurídica, aplicar-se-ão cumulativamente as penas a elas cominadas (Lei n. 4.502, de 1964, art. 74).

Parágrafo único. As faltas cometidas na emissão de um mesmo documento ou na feitura de um mesmo lançamento serão consideradas uma única infração, sujeita à penalidade mais grave, entre as previstas para elas.

Infrações Continuadas

ART. 565. As infrações continuadas, punidas de conformidade com o art. 597, estão sujeitas a uma pena única, com o aumento de dez por cento para cada repetição da falta, não podendo o valor total exceder o dobro da pena básica (Lei n. 4.502, de 1964, art. 74, *caput* e § 1º, e Decreto-Lei n. 34, de 1966, art. 2º, alteração 20ª).

§ 1º Se tiverem sido lavrados mais de um auto ou notificação de lançamento, serão eles reunidos em um só processo, para imposição da pena (Lei n. 4.502, de 1964, art. 74, § 3º).

§ 2º Não se considera infração continuada a repetição de falta já arrolada em processo fiscal de cuja instauração o infrator tenha sido intimado (Lei n. 4.502, de 1964, art. 74, § 4º).

Responsabilidade de mais de uma Pessoa

ART. 566. Se no processo se apurar a responsabilidade de mais de uma pessoa, será imposta a cada uma delas a pena relativa à infração que houver cometido (Lei n. 4.502, de 1964, art. 75).

Inaplicabilidade da Pena

ART. 567. Não serão aplicadas penalidades:

I - aos que, antes de qualquer procedimento fiscal, anotarem, no livro Registro de Utilização de Documentos Fiscais e Termos de Ocorrências, modelo 6, e comunicarem ao órgão de jurisdição qualquer irregularidade ou falta praticada, ressalvadas as hipóteses previstas nos arts. 552, 553, 572 e 603 (Lei n. 4.502, de 1964, art. 76, inciso I); e

II - aos que, enquanto prevalecer o entendimento, tiverem agido ou pago o imposto (Lei n. 4.502, de 1964, art. 76, inciso II):

a) de acordo com interpretação fiscal constante de decisão irrecorrível de última instância administrativa, proferida em processo fiscal, inclusive de consulta, seja ou não parte o interessado (Lei n. 4.502, de 1964, art. 76, inciso II, alínea "a");

b) de acordo com interpretação fiscal constante de decisão, de primeira instância, proferida em processo fiscal, inclusive de consulta, em instância única, em que for parte o interessado (Lei n. 4.502, de 1964, art. 76, inciso II, alínea "b", e Lei n. 9.430, de 1996, art. 48); ou

c) de acordo com interpretação fiscal constante de atos normativos expedidos pelas autoridades fazendárias competentes dentro das respectivas jurisdições territoriais (Lei n. 4.502, de 1964, art. 76, inciso II, alínea "c").

Exigibilidade do Imposto

ART. 568. A aplicação da pena e o seu cumprimento não dispensam, em caso algum, o pagamento do imposto devido, nem prejudicam a aplicação das penas cominadas, para o mesmo fato, pela legislação criminal (Lei n. 4.502, de 1964, art. 77).

SEÇÃO II
DAS MULTAS

Lançamento de Ofício

ART. 569. A falta de destaque do valor, total ou parcial, do imposto na respectiva nota fiscal ou a falta de recolhimento do imposto destacado sujeitará o contribuinte à multa de ofício de setenta e cinco por cento do valor do imposto que deixou de ser destacado ou recolhido (Lei n. 4.502, de 1964, art. 80, e Lei n. 11.488, de 2007, art. 13).

§ 1º No mesmo percentual de multa incorrem (Lei n. 4.502, de 1964, art. 80, § 1º, e Lei n. 11.488, de 2007, art. 13):

I - os fabricantes de produtos isentos que não emitirem, ou emitirem de forma irregular, as notas fiscais a que são obrigados (Lei n. 4.502, de 1964, art. 80, § 1º, inciso I);

II - os que transportarem produtos tributados ou isentos, desacompanhados da documentação comprobatória de sua procedência (Lei n. 4.502, de 1964, art. 80, § 1º, inciso III);

III - os que possuírem, nas condições do inciso II deste parágrafo, produtos tributados ou isentos, para venda ou industrialização (Lei n. 4.502, de 1964, art. 80, § 1º, inciso IV); e

IV - os que destacarem indevidamente o imposto na nota fiscal, ou o destacarem com excesso sobre o valor resultante do seu cálculo (Lei n. 4.502, de 1964, art. 80, § 1º, inciso V).

§ 2º No caso dos incisos I a III do § 1º, quando o produto for isento ou a sua saída do estabelecimento não obrigar a destaque do imposto, as multas serão calculadas com base no valor do imposto que, de acordo com as regras de classificação e de cálculo estabelecidas neste Regulamento, incidiria sobre o produto ou a operação, se tributados fossem (Lei n. 4.502, de 1964, art. 80, § 2º).

§ 3º No caso do inciso IV do § 1º, a multa terá por base de cálculo o valor do imposto indevidamente destacado, e não será aplicada se o responsável, já tendo recolhido, antes de procedimento fiscal, a importância irregularmente destacada, provar que a infração decorreu de erro escusável, a juízo da autoridade julgadora (Lei n. 4.502, de 1964, art. 80, § 3º).

§ 4º A multa deste artigo aplica-se, ainda, aos casos equiparados por este Regulamento à falta de destaque ou de recolhimento do imposto, desde que para o fato não seja cominada penalidade específica (Lei n. 4.502, de 1964, art. 80, § 4º).

§ 5º A falta de identificação do contribuinte ou responsável não exclui a aplicação das multas previstas neste artigo, cuja cobrança, juntamente com a do imposto que for devido, será efetivada pela alienação da mercadoria a que se referir a infração, aplicando-se, ao processo respectivo, o disposto no § 4º do art. 603 (Lei n. 4.502, de 1964, art. 80, § 5º).

§ 6º O percentual de multa a que se refere o *caput*, independentemente de outras penalidades administrativas ou criminais cabíveis, será (Lei n. 4.502, de 1964, art. 80, § 6º, e Lei n. 11.488, de 2007, art. 13):

I - aumentado de metade, ocorrendo apenas uma circunstância agravante, exceto a reincidência específica (Lei n. 4.502, de 1964, art. 80, § 6º, inciso I, e Lei n. 11.488, de 2007, art. 13); e

II - duplicado, ocorrendo reincidência específica ou mais de uma circunstância agravante, e nos casos previstos nos arts. 561, 562 e 563 (Lei n. 4.502, de 1964, art. 80, § 6º, inciso II, e Lei n. 11.488, de 2007, art. 13).

§ 7º Os percentuais de multa a que se referem o *caput* e o § 6º serão aumentados de metade nos casos de não atendimento pelo sujeito passivo, no prazo marcado, de intimação para prestar esclarecimentos (Lei n. 4.502, de 1964, art. 80, § 7º, e Lei n. 11.488, de 2007, art. 13).

§ 8º A multa de que trata este artigo será exigida (Lei n. 4.502, de 1964, art. 80, § 8º, e Lei n. 11.488, de 2007, art. 13):

I - juntamente com o imposto, quando este não houver sido lançado nem recolhido (Lei n. 4.502, de 1964, art. 80, § 8º, inciso I, e Lei n. 11.488, de 2007, art. 13); ou

II - isoladamente, nos demais casos (Lei n. 4.502, de 1964, art. 80, § 8º, inciso II, e Lei n. 11.488, de 2007, art. 13).

§ 9º A multa de que trata este artigo aplica-se, também, aos que derem causa a ressarcimento indevido de crédito de imposto (Lei n. 4.502, de 1964, art. 80, § 9º, Lei n. 9.430, de 1996, art. 44, § 4º, e Lei n. 11.488, de 2007, art. 13).

§ 10. No caso dos incisos I e II do § 6º, a majoração incidirá apenas sobre a parte do valor do imposto em relação à qual houver sido verificada a ocorrência de circunstância agravante ou qualificativa, na prática da respectiva infração.

§ 11. Na hipótese do § 10, o valor da pena aplicável será o resultado da soma da parcela majorada e da não alcançada pela majoração.

ART. 570. O lançamento de ofício de que trata o § 2º do art. 443, limitar-se-á à imposição de multa isolada em razão da não homologação de compensação quando se comprove falsidade da declaração apresentada pelo sujeito passivo (Lei n. 10.833, de 2003, art. 18, Lei n. 11.051, de 2004, art. 25, e Lei n. 11.488, de 2007, art. 18).

Parágrafo único. A multa isolada a que se refere o *caput* será exigida de acordo com as disposições do art. 18 da Lei n. 10.833, de 2003, e do art. 18 da Lei n. 11.488, de 2007.

ART. 571. As infrações cometidas pelo contribuinte do imposto durante o período em que estiver submetido a regime especial de fiscalização, de que trata o art. 541, serão punidas com a multa de cento e cinquenta por cento sobre a totalidade ou diferença do imposto nos casos de falta de pagamento ou recolhimento, de falta de declaração e nos de declaração inexata (Lei n. 9.430, de 1996, arts. 33, § 5º, e 44, inciso I, e Lei n. 11.488, de 2007, art. 15).

§ 1º O percentual de multa de que trata o *caput* será duplicado nos casos previstos nos arts. 561, 562 e 563, independentemente de outras penalidades administrativas ou criminais cabíveis (Lei n. 9.430, de 1996, art. 44, § 1º, e Lei n. 11.488, de 2007, art. 14).

§ 2º Os percentuais de multa a que se referem o *caput* e o § 1º serão aumentados de metade, nos casos de não atendimento pelo sujeito passivo, no prazo marcado, de intimação para: (Lei n. 9.430, de 1996, art. 44, § 2º, e Lei n. 11.488, de 2007, art. 14):

I - prestar esclarecimentos;

II - apresentar os arquivos ou sistemas de que trata o art. 389; e

III - apresentar a documentação técnica de que trata o § 2º do art. 542.

§ 3º As disposições deste artigo aplicam-se, inclusive, aos contribuintes que derem causa a ressarcimento indevido de impostos ou contribuições decorrente de qualquer incentivo ou benefício fiscal (Lei n. 9.430, de 1996, art. 44, § 4º, e Lei n. 11.488, de 2007, art. 14).

ART. 572. Sem prejuízo de outras sanções administrativas ou penais cabíveis, incorrerão na multa igual ao valor comercial da mercadoria ou ao que lhe for atribuído na nota fiscal, respectivamente (Lei n. 4.502, de 1964, art. 83, e Decreto-Lei n. 400, de 1968, art. 1º, alteração 2ª):

I - os que entregarem a consumo, ou consumirem produto de procedência estrangeira introduzido clandestinamente no País ou importado irregular ou fraudulentamente ou que tenha entrado no estabelecimento, dele saído ou nele permanecido sem que tenha havido registro da declaração de importação no SISCOMEX, salvo se estiver dispensado do registro, ou desacompanhado de Guia de Licitação ou nota fiscal, conforme o caso (Lei n. 4.502, de 1964, art. 83, inciso I, e Decreto-Lei n. 400, de 1968, art. 1º, alteração 2ª); e

II - os que emitirem, fora dos casos permitidos neste Regulamento, nota fiscal que não corresponda à saída efetiva, de produto nela descrito, do estabelecimento emitente, e os que, em proveito próprio ou alheio, utilizarem, receberem ou registrarem essa nota para qualquer efeito, haja ou não destaque do imposto e ainda que a nota se refira a produto isento (Lei n. 4.502, de 1964, art. 83, inciso II, e Decreto-Lei n. 400, de 1968, art. 1º, alteração 2ª).

§ 1º No caso do inciso I, a imposição da pena não prejudica a que é aplicável ao comprador ou recebedor do produto, e, no caso do inciso II, independe da que é cabível pela falta ou insuficiência de recolhimento do imposto em razão da utilização da nota (Lei n. 4.502, de 1964, art. 83, § 1º).

§ 2º A multa a que se refere o inciso I aplica-se apenas às hipóteses de produtos de procedência estrangeira introduzidos clandestinamente no País ou importados irregular ou fraudulentamente.

ART. 573. Na hipótese prevista no art. 531, aplica-se multa equivalente ao valor aduaneiro da mercadoria que não seja localizada ou que tenha sido consumida (Decreto-Lei n. 1.455, de 1976, art. 23, § 3º, Lei n. 10.637, de 2002, art. 59, e Lei n. 10.833, de 2003, art. 73,§ 1º).

Parágrafo único. A multa a que se refere o *caput* será exigida mediante lançamento de ofício, que será processado e julgado nos termos da legislação que rege a determinação e exigência dos demais créditos tributários da União (Lei n. 10.833, de 2003, art. 73, § 2º).

ART. 574. Incorrerá na multa de cinquenta por cento do valor comercial da mercadoria o transportador que conduzir produto de procedência estrangeira que saiba, ou deva presumir pelas circunstâncias do caso, ter sido introduzido clandestinamente no País, ou importado irregular ou fraudulentamente (Lei n. 4.502, de 1964, art. 83, § 2º).

ART. 575. A inobservância das prescrições do *caput* e dos §§ 1º e 3º do art. 327 pelos adquirentes e depositários de produtos mencionados no mesmo dispositivo, sujeitá-los-á às mesmas penas cominadas ao industrial ou remetente, pela falta apurada (Lei n. 4.502, de 1964, art. 82).

ART. 576. Aos que descumprirem as exigências de rotulagem ou marcação a que se refere o art. 274 ou as instruções expedidas pelo Secretário da Receita Federal do Brasil, na forma prevista no parágrafo único do mesmo artigo, será aplicada a multa de R$ 196,18 (cento e noventa e seis reais e dezoito centavos) (Decreto-Lei n. 1.593, de 1977, art. 32, e Lei n. 9.249, de 26 de dezembro de 1995, art. 30).

ART. 577. Será exigido do proprietário do produto encontrado na situação irregular descrita nos arts. 341 e 346 o imposto que deixou de ser pago, aplicando-se-lhe, independentemente de outras sanções cabíveis, a multa de cento e cinquenta por cento do seu valor (Decreto-Lei n. 1.593, de 1977, art. 18, § 1º, Lei n. 9.532, de 1997, art. 41, e Lei n. 10.833, de 2003, art. 40).

Parágrafo único. Se o proprietário não for identificado, considera-se como tal, para os efeitos deste artigo, o possuidor, transportador ou qualquer outro detentor do produto (Decreto-Lei n. 1.593, de 1977, art. 18, § 2º, e Lei n. 10.833, de 2003, art. 40).

§ 1º Se o proprietário não for identificado, considera-se como tal, para os efeitos deste artigo, o possuidor, transportador ou qualquer outro detentor do produto (Decreto-Lei n. 1.593, de 1977, art. 18, § 2º, e Lei n. 10.833, de 2003, art. 40). (Acrescentado pelo Dec. 7.990/2013.)

§ 2º Na hipótese do art. 346, cuja exportação tenha sido autorizada pela Secretaria da Receita Federal do Brasil de acordo com o disposto no § 5º do art. 344, os impostos devidos e a multa de que trata o *caput* serão exigidos do estabelecimento industrial exportador (Decreto-Lei n. 1.593, de 1977, art. 18, § 3º, e Lei n. 12.402, de 2011, art. 7º). (Acrescentado pelo Dec. 7.990/2013.)

§ 3º O disposto no § 2º aplica-se inclusive à hipótese de ausência de comprovação pelo estabelecimento industrial da importação dos cigarros no país de destino, de que trata o inciso III do § 5º do art. 344 (Decreto-Lei n. 1.593, de 1977, art. 18, § 4º, e Lei n. 12.402, de 2011, art. 7º). (Acrescentado pelo Dec. 7.990/2013.)

ART. 578. Poderão ser aplicadas, a cada período de apuração do imposto incidente sobre os produtos classificados nas Posições 22.02 e 22.03 da TIPI, as seguintes multas (Medida Provisória n. 2.158-35, de 2001, art. 38, incisos I e II):

I - de cinquenta por cento do valor comercial da mercadoria produzida, não inferior a R$ 10.000,00 (dez mil reais):

a) se, a partir do décimo dia subsequente ao prazo fixado para a entrada em operação do sistema, os equipamentos referidos no art. 373 não tiverem sido instalados em razão de impedimento criado pelo contribuinte; e

b) se o contribuinte não cumprir qualquer das condições a que se refere o § 2º do art. 373; e

II - no valor de R$ 10.000,00 (dez mil reais), na hipótese de descumprimento do disposto no art. 374.

Parágrafo único. O disposto neste artigo aplica-se aos estabelecimentos envasadores ou industriais fabricantes dos produtos classificados na Posição 22.01 da TIPI (Lei n. 11.051, de 2004, art. 5º).

ART. 579. A pessoa jurídica optante pelo regime especial de tributação de que trata o art. 223 que prestar de forma incorreta ou incompleta as informações exigidas de conformidade com o § 7º do art. 58-J da Lei n.10.833, de 2003, ficará sujeita à multa de ofício no valor de cento e cinquenta por cento do valor do imposto que deixou de ser lançado ou recolhido (Lei n. 10.833, de 2003, art. 58-Q, e Lei n. 11.727, de 2008, art. 32).

Parágrafo único. O disposto no *caput* aplica-se inclusive nos casos em que o contribuinte se omitir de prestar as informações exigidas de conformidade com o § 7º do art. 58-J da Lei n. 10.833, de 2003 (Lei n. 10.833, de 2003, art. 58-Q, parágrafo único, e Lei n. 11.727, de 2008, art. 32).

ART. 580. O descumprimento das disposições do art. 377 ensejará a aplicação de multa (Lei n. 11.727, de 2008, art. 13, § 3º):

I - correspondente a cinquenta por cento do valor comercial da mercadoria produzida no período de inoperância, não inferior a R$ 5.000,00 (cinco mil reais), se, a partir do décimo dia subsequente ao prazo fixado para a entrada em operação do sistema, os equipamentos referidos no *caput* do art. 377 não tiverem sido instalados em virtude de impedimento criado pelo produtor (Lei n. 11.727, de 2008, art. 13, § 3º, inciso I); e

II - no valor de R$ 5.000,00 (cinco mil reais), sem prejuízo do disposto no inciso I, no caso de falta da comunicação da inoperância do medidor na forma do § 2º do art. 377 (Lei n. 11.727, de 2008, art. 13, § 3º, inciso II).

Parágrafo único. Para fins do disposto no inciso I, considera-se impedimento qualquer ação ou omissão praticada pelo fabricante tendente a impedir ou retardar a instalação dos equipamentos ou, mesmo após a sua instalação, prejudicar o seu normal funcionamento (Lei n. 11.727, de 2008, art. 13, § 4º).

ART. 581. Serão ainda aplicadas as seguintes penalidades, na ocorrência de infrações relativas aos produtos do Código 2402.20.00 da TIPI (Decreto-Lei n. 1.593, de 1977, art. 19):

I - aos fabricantes que coletarem, para qualquer fim, carteiras vazias: multa de duas vezes o valor do imposto sobre os cigarros correspondentes às quantidades de carteiras coletadas, calculado de acordo com a marca do produto, não inferior a R$ 99,72 (noventa e nove reais e setenta e dois centavos) (Decreto-Lei n. 1.593, de 1977, art. 19, inciso I, e Lei n. 9.249, de 1995, art. 30);

II - os importadores do produto que não declararem em cada unidade tributada, na forma estabelecida neste Regulamento, a sua firma e a situação do estabelecimento (localidade, rua e número), o número de sua inscrição no CNPJ e outras indicações necessárias à identificação do produto: multa igual a cinquenta por cento do valor comercial das unidades apreendidas, não inferior a R$ 196,18 (cento e noventa e seis reais e dezoito centavos) (Decreto-Lei n. 1.593, de 1977, art. 19, inciso IV, e Lei n. 9.249, de 1995, art. 30);

III - aos que expuserem à venda o produto sem as indicações do inciso II: multa igual a cinquenta por cento do valor das unidades apreendidas, não inferior a R$ 196,18 (cento e noventa e seis reais e dezoito centavos) independentemente da pena de perdimento destas (Decreto-Lei n. 1.593, de 1977, art. 19, inciso V, e Lei n. 9.249, de 1995, art. 30);

IV - aos que derem saída ao produto sem o seu enquadramento na classe de preço de venda no varejo: multa de R$ 0,11 (onze centavos de real) por unidade tributada saída do estabelecimento (Decreto-Lei n. 1.593, de 1977, art. 19, inciso VII, e Lei n. 9.249, de 1995, art. 30);

V - aos que derem saída a marca nova de cigarros sem prévia comunicação, ao Secretário da Receita Federal do Brasil, de sua classe de preço de venda no varejo: multa de R$ 0,11 (onze centavos de real) por unidade tributada saída do estabelecimento (Decreto-Lei n. 1.593, de 1977, art. 19, inciso IX, e Lei n. 9.249, de 1995, art. 30); e

VI - a falta de comunicação de que trata o § 2º do art. 378 ensejará a aplicação de multa de R$ 10.000,00 (dez mil reais) (Lei n. 11.488, de 2007, art. 27, § 3º).

ART. 582. Apuradas operações com cigarros, tabaco em folha ou papel para cigarros em bobinas, praticadas em desacordo com as exigências referidas neste Regulamento ou nos demais atos administrativos destinados a complementá-lo, aplicar-se-ão aos infratores as seguintes penalidades (Decreto-Lei n. 1.593, de 1977, art. 15):

I - aos que derem saída ao produto sem estar previamente registrados, quando obrigados a isto, conforme o art. 330, ou aos que desatenderem o disposto no art. 362, ou, ainda, aos que derem saída a papel para cigarros em bobinas para estabelecimentos não autorizados a adquiri-lo: multa igual ao valor comercial da mercadoria (Decreto-Lei n. 1.593, de 1977, art. 15, inciso I);

II - aos que, nas condições do inciso I, adquirirem e tiverem em seu poder tabaco em folha ou papel para cigarros em bobinas: multa igual ao valor comercial da mercadoria (Decreto-Lei n. 1.593, de 1977, art. 15, inciso II);

III - aos que receberem ou tiverem em seu poder matéria-prima, produto intermediário ou material de embalagem para a fabricação de cigarros para terceiros: multa igual ao valor comercial da mercadoria (Decreto-Lei n. 1.593, de 1997, art. 15, inciso II, e Lei n. 10.637, de 2002, art. 53, parágrafo único); e

IV - aos que, embora registrados, deixarem de marcar o produto ou a sua embalagem na forma prevista no art. 344 ou nas instruções expedidas pelo Ministro de Estado da Fazenda de acordo com o art. 360: multa igual ao valor comercial da mercadoria, e quando se tratar de cigarros, de R$ 0,11 (onze centavos de real) por unidade tributada (Decreto-Lei n. 1.593, de 1977, art. 15, inciso III, e Lei n. 9.249, de 1995, art. 30).

ART. 583. Apurada, em estabelecimento industrial de charutos, cigarros, cigarrilhas ou de fumo desfiado, picado, migado, em pó, ou em rolo e em corda, a falta da escrituração, nos assentamentos próprios, da aquisição do tabaco em folha ou do papel para cigarros em bobinas, aplicar-se-á ao estabelecimento infrator a multa igual a vinte por cento do valor comercial das quantidades não escrituradas (Decreto-Lei n. 1.593, de 1977, art. 16).

ART. 584. A cada período de apuração do imposto poderá ser aplicada multa de cem por cento do valor comercial da mercadoria produzida, sem prejuízo de aplicação das demais sanções fiscais e penais cabíveis, não inferior a R$ 10.000,00 (dez mil reais) (Lei n. 11.488, de 2007, art. 30, e Lei n. 12.402, de 2011, art. 5º, parágrafo único): (Alterado pelo Dec. 7.990/2013.)

I - se, a partir do décimo dia subsequente ao término do prazo fixado para a entrada em operação do sistema, os equipamentos referidos no art. 378 não tiverem sido instalados em virtude de impedimento criado pelo fabricante de cigarros e cigarrilhas; e (Alterado pelo Dec. 7.990/2013.)

II - se o fabricante de cigarros e cigarrilhas não efetuar o controle de volume de produção a que se refere o § 2º do art. 378. (Alterado pelo Dec. 7.990/2013.)

§ 1º Para fins do disposto no inciso I, considera-se impedimento qualquer ação ou omissão praticada pelo fabricante tendente a impedir ou retardar a instalação dos equipamentos ou, mesmo após a sua instalação, prejudicar o seu normal funcionamento (Lei n. 11.488, de 2007, art. 30, § 1º).

§ 2º Na ocorrência da hipótese mencionada no inciso I aplica-se, ainda, o disposto no art. 334 (Lei n. 11.488, de 2007, art. 30, § 2º).

ART. 585. Aplicam-se as seguintes penalidades, em relação ao selo de controle de que trata o art. 284, na ocorrência das infrações abaixo (Decreto-Lei n. 1.593, de 1977, art. 33, e Lei n. 10.637, de 2002, art. 52):

I - venda ou exposição à venda de produtos sem o selo ou com o emprego do selo já utilizado: multa igual ao valor comercial do produto, não inferior a R$ 1.000,00 (mil reais) (Decreto-Lei n. 1.593, de 1977, art. 33, inciso I, e Lei n. 10.637, de 2002, art. 52);

II - emprego ou posse do selo legítimo não adquirido diretamente da repartição fornecedora: multa de R$ 1,00 (um real) por unidade, não inferior a R$ 1.000,00 (mil reais) (Decreto-Lei n. 1.593, de 1977, art. 33, inciso II, e Lei n. 10.637, de 2002, art. 52);

III - emprego do selo destinado a produto nacional, quando se tratar de produto estrangeiro, e vice-versa; emprego de selo destinado a produto diverso; emprego de selo não utilizado ou marcado como previsto em ato da Secretaria da Receita Federal do Brasil; emprego de selo que não estiver em circulação: consideram-se os produtos como não selados, equiparando-se a infração à falta de pagamento do imposto, que será exigível, além da multa igual a setenta e cinco por cento do valor do imposto exigido (Decreto-Lei n. 1.593, de 1977, art. 33, inciso III, e Lei n. 10.637, de 2002, art. 52);

IV - fabricação, venda, compra, cessão, utilização, ou posse, soltos ou aplicados, de selos de controle falsos: independentemente de sanção penal cabível, multa de R$ 5,00 (cinco reais) por unidade, não inferior a R$ 5.000,00 (cinco mil reais), além da apreensão dos selos não utilizados e da aplicação da pena de perdimento dos produtos em que tenham sido utilizados os selos (Decreto-Lei n. 1.593, de 1977, art. 33, inciso IV, e Lei n. 10.637, de 2002, art. 52); e

V - transporte de produto sem o selo ou com emprego de selo já utilizado: multa igual a cinquenta por cento do valor comercial do produto, não inferior a R$ 1.000,00 (mil reais) (Decreto-Lei n. 1.593, de 1977, art. 33, inciso V, e Lei n. 10.637, de 2002, art. 52).

§ 1º Aplicar-se-á a mesma pena cominada no inciso II do *caput* àqueles que fornecerem a outro estabelecimento, da mesma pessoa jurídica ou de terceiros, selos de controle legítimos adquiridos diretamente da repartição fornecedora (Decreto-Lei n. 1.593, de 1977, art. 33, § 1º, e Lei n. 10.637, de 2002, art. 52).

§ 2º Aplicar-se-á ainda a pena de perdimento aos produtos do Código 2402.20.00 da TIPI (Decreto-Lei n. 1.593, de 1977, art. 33, § 2º, e Lei n. 10.637, de 2002, art. 52):

I - na hipótese de que tratam os incisos I e V do *caput*; e

II - encontrados no estabelecimento industrial, acondicionados em embalagem destinada a comercialização, sem o selo de controle.

§ 3º O disposto no inciso I do § 2º também se aplica aos demais produtos sujeitos ao selo de controle a que se refere o art. 284 (Lei n. 11.196, de 2005, art. 61).

§ 4º Para fins de aplicação das penalidades previstas neste artigo, havendo a constatação de produtos com selos de controle em desacordo com as normas estabelecidas pela Secretaria da Receita Federal do Brasil, considerar-se-á irregular a totalidade do lote identificado onde eles foram encontrados (Decreto-Lei n. 1.593, de 1977, art. 33, § 3º, e Lei n. 10.637, de 2002, art. 52).

ART. 586. Sujeita-se às penalidades previstas na legislação, aplicáveis às hipóteses de uso indevido de selos de controle, o importador que não efetivar a importação no prazo estabelecido no art. 352 (Lei n. 9.532, de 1997, art. 51).

Parágrafo único. As penalidades de que trata este artigo serão calculadas sobre a quantidade de selos adquiridos que não houver sido utilizada na importação, se ocorrer importação parcial (Lei n. 9.532, de 1997, art. 51, parágrafo único).

ART. 587. Será aplicada ao estabelecimento beneficiador a multa igual a cinquenta por cento do valor comercial da quantidade em falta ou em excesso do tabaco em folha, apurados à vista dos livros e documentos fiscais do estabelecimento beneficiador (Decreto-Lei n. 1.593, de 1977, art. 17).

ART. 588. O não cumprimento da obrigação prevista no inciso II do § 2º do art. 328 sujeitará a pessoa jurídica às seguintes penalidades (Lei n. 11.945, de 2009, art. 1º, § 4º):

I - cinco por cento, não inferior a R$ 100,00 (cem reais) e não superior a R$ 5.000,00 (cinco mil reais), do valor das operações com papel imune omitidas ou apresentadas de forma inexata ou incompleta (Lei n. 11.945, de 2009, art. 1º, § 4º, inciso I); e

II - de R$ 2.500,00 (dois mil e quinhentos reais) para micro e pequenas empresas e de R$ 5.000,00 (cinco mil reais) para as demais, independentemente da sanção prevista no inciso I, se as informações não forem apresentadas no prazo estabelecido (Lei n. 11.945, de 2009, art. 1º, § 4º, inciso II).

Parágrafo único. Apresentada a informação fora do prazo, mas antes de qualquer procedimento de ofício, a multa de que trata o inciso II do *caput* será reduzida à metade (Lei n. 11.945, de 2009, art. 1º, § 5º).

ART. 589. Estarão sujeitos à multa de cinco vezes a pena prevista no art. 597 aqueles que simularem, viciarem ou falsificarem documentos ou a escrituração de seus livros fiscais ou comerciais, ou utilizarem documentos falsos para iludir a fiscalização ou fugir ao pagamento do imposto, se não couber outra multa maior por falta de lançamento ou pagamento do imposto (Lei n. 4.502, de 1964, art. 85, e Decreto-Lei n. 34, de 1966, art. 2º, alteração 25ª).

ART. 590. Na mesma pena do art. 589 incorrerá quem, por qualquer meio ou forma, desacatar os Auditores-Fiscais da Receita Federal do Brasil ou embaraçar, dificultar ou impedir a sua atividade fiscalizadora, sem prejuízo de qualquer outra penalidade cabível por infração a este Regulamento (Lei n. 4.502, de 1964, art. 85, parágrafo único, e Decreto-Lei n. 34, de 1966, art. 2º, alteração 25ª).

ART. 591. A inobservância do disposto no art. 389 acarretará a imposição das seguintes penalidades (Lei n. 8.218, de 1991, art. 12, e Medida Provisória n. 2.158-35, de 2001, art. 72):

I - multa de cinco décimos por cento do valor da receita bruta da pessoa jurídica no período, aos que não atenderem à forma em que devem ser apresentados os registros e respectivos arquivos (Lei n. 8.218, de 1991, art. 12, inciso I);

II - multa de cinco por cento sobre o valor da operação correspondente, aos que omitirem ou prestarem incorretamente as informações solicitadas, limitada a um por cento da receita bruta da pessoa jurídica no período (Lei n. 8.218, de 1991, art. 12, inciso II, e Medida Provisória n. 2.158-35, de 2001, art. 72); e

III - multa equivalente a dois centésimos por cento por dia de atraso, calculada sobre a receita bruta da pessoa jurídica no período, até o máximo de um por cento dessa, aos que não cumprirem o prazo estabelecido para apresentação dos arquivos e sistemas (Lei n. 8.218, de 1991, art. 12, inciso III, e Medida Provisória n. 2.158-35, de 2001, art. 72).

Parágrafo único. Para fins de aplicação das multas, o período a que se refere este artigo compreende o ano-calendário em que as operações foram realizadas (Lei n. 8.218, de 1991, art. 12, e Medida Provisória n. 2.158-35, de 2001, art. 72).

ART. 592. O descumprimento das obrigações acessórias exigidas nos termos do art. 272 acarretará a aplicação da multa de R$ 5.000,00 (cinco mil reais), por mês-calendário, aos contribuintes que deixarem de fornecer, nos prazos estabelecidos, as informações ou os esclarecimentos solicitados (Medida Provisória n. 2.158-35, de 2001, art. 57).

ART. 593. O sujeito passivo que deixar de apresentar Declaração de Informações Econômico-Fiscais da Pessoa Jurídica - DIPJ, Declaração de Débitos e Créditos Tributários Federais - DCTF e Declaração Simplificada da Pessoa Jurídica - Inativa, nos prazos fixados, ou que as apresentar com incorreções ou omissões, será intimado a apresentar a declaração original, no caso de não apresentação, ou a prestar esclarecimentos, nos demais casos, no prazo estipulado pela Secretaria da Receita Federal do Brasil, e sujeitar-se-á às seguintes multas (Lei n. 10.426, de 24 de abril de 2002, art. 7º, e Lei n. 11.051, de 2004, art. 19):

I - de dois por cento ao mês-calendário ou fração, incidente sobre o montante do Imposto sobre a Renda da Pessoa Jurídica informado na DIPJ, ainda que integralmente pago, no caso de falta de entrega desta declaração ou entrega após o prazo, limitada a vinte por cento, observado o disposto no § 3º (Lei n. 10.426, de 2002, art. 7º, inciso I);

II - de dois por cento ao mês-calendário ou fração, incidente sobre o montante dos impostos e contribuições informados na DCTF ou na Declaração Simplificada da Pessoa Jurídica, ainda que integralmente pago, no caso de falta de entrega destas declarações ou entrega após o prazo, limitada a vinte por cento, observado o disposto no § 3º (Lei n. 10.426, de 2002, art. 7º, inciso II); e

III - de R$ 20,00 (vinte reais) para cada grupo de dez informações incorretas ou omitidas (Lei n. 10.426, de 2002, art. 7º, inciso III, e Lei n. 11.051, de 2004, art. 19).

§ 1º Para efeito de aplicação das multas previstas nos incisos I e II do *caput*, será considerado como termo inicial o dia seguinte do término do prazo originalmente fixado para a entrega da declaração e como termo final a data da efetiva entrega ou, no caso de não apresentação, da lavratura do auto de infração (Lei n. 10.426, de 2002, art. 7º, § 1º, e Lei n. 11.051, de 2004, art. 19).

§ 2º Observado o disposto no § 3º, as multas serão reduzidas (Lei n. 10.426, de 2002, art. 7º, § 2º):

I - à metade, quando a declaração for apresentada após o prazo, mas antes de qualquer procedimento de ofício (Lei n. 10.426, de 2002, art. 7º, § 2º, inciso I); e

II - a setenta e cinco por cento, se houver a apresentação da declaração no prazo fixado em intimação (Lei n. 10.426, de 2002, art. 7º, § 2º, inciso II).

§ 3º A multa mínima a ser aplicada será de (Lei n. 10.426, de 2002, art. 7º, § 3º):

I - R$ 200,00 (duzentos reais), tratando-se de pessoa jurídica inativa (Lei n. 10.426, de 2002, art. 7º, § 3º, inciso I); e

II - R$ 500,00 (quinhentos reais), nos demais casos (Lei n. 10.426, de 2002, art. 7º, § 3º, inciso II).

§ 4º Considerar-se-á não entregue a declaração que não atender às especificações técnicas estabelecidas pela Secretaria da Receita Federal do Brasil (Lei n. 10.426, de 2002, art. 7º, § 4º).

§ 5º Na hipótese do § 4º, o sujeito passivo será intimado a apresentar nova declaração, no prazo de dez dias, contados da ciência da intimação, e sujeitar-se-á à multa prevista no inciso I do *caput*, observado o disposto nos §§ 1º a 3º (Lei n. 10.426, de 2002, art. 7º, § 5º).

ART. 594. Serão punidos com a multa de R$ 31,65 (trinta e um reais e sessenta e cinco centavos), aplicável a cada falta, os contribuintes que deixarem de apresentar, no prazo estabelecido, o documento de prestação de informações a que se refere o art. 443 (Decreto-Lei n. 1.680, de 28 de março de 1979, art. 4º, e Lei n. 9.249, de 1995, art. 30).

Parágrafo único. As disposições do *caput* aplicam-se exclusivamente aos contribuintes do imposto não sujeitos ao disposto no art. 593.

ART. 595. Na hipótese de utilização do bem em finalidade diversa da que motivou a suspensão do imposto de que trata o art. 166, a sua não incorporação ao ativo imobilizado ou a ausência da identificação citada no § 5º do referido artigo, o beneficiário ficará sujeito à multa de cinquenta por cento sobre o valor de aquisição do bem no mercado interno ou do respectivo valor aduaneiro (Lei n. 11.033, de 2004, art. 14, § 11, e Lei n. 11.726, de 2008, art. 3º).

Parágrafo único. A aplicação da multa prevista no *caput* não prejudica a exigência dos tributos suspensos, de outras penalidades cabíveis, bem como dos acréscimos legais (Lei n. 11.033, de 2004, art. 14, § 12, e Lei n. 11.726, de 2008, art. 3º).

ART. 596. Na hipótese do art. 175, caberá lançamento de ofício do imposto, acrescido de juros e da multa de setenta e cinco por cento sobre a totalidade ou diferença do imposto (Lei n. 9.430, de 1996, art. 44, inciso I, Lei n. 11.196, de 2005, art. 11, § 4º, e Lei n. 11.488, de 2007, art. 14).

§ 1º O percentual de multa de que trata o *caput* será duplicado nos casos previstos nos arts. 561, 562 e 563, independentemente de outras penalidades administrativas ou criminais cabíveis (Lei n. 9.430, de 1996, art. 44, § 1º, e Lei n. 11.488, de 2007, art. 14).

§ 2º Os percentuais de multa a que se referem o *caput* e o § 1º serão aumentados de metade, nos casos de não atendimento pelo sujeito passivo, no prazo marcado, de intimação para (Lei n. 9.430, de 1996, art. 44, § 2º, e Lei n. 11.488, de 2007, art. 14):

I - prestar esclarecimentos;

II - apresentar os arquivos ou sistemas de que trata o art. 389; e

III - apresentar a documentação técnica de que trata o § 2º do art. 542.

§ 3º As disposições deste artigo aplicam-se, inclusive, aos contribuintes que derem causa a ressarcimento indevido de impostos ou contribuições decorrente de qualquer incentivo ou benefício fiscal (Lei n. 9.430, de 1996, art. 44, § 4º, e Lei n. 11.488, de 2007, art. 14).

ART. 597. As infrações para as quais não se estabeleçam, neste Regulamento, penas proporcionais ao valor do imposto ou do produto, pena de perdimento da mercadoria ou outra específica, serão punidas com a multa básica de R$ 21,90 (vinte e um reais e noventa centavos) (Lei n. 4.502, de 1964, art. 84, Decreto-Lei n. 34, de 1966, art. 2º, alteração 24ª, e Lei n. 9.249, de 1995, art. 30).

ART. 598. Em nenhum caso a multa aplicada poderá ser inferior à prevista no art. 597 (Lei n. 4.502, de 1964, art. 86, e Decreto-Lei n. 34, de 1966, art. 2º, alteração 25ª).

Instituições Financeiras

ART. 599. A falta de apresentação dos documentos, livros e registros a que se refere o art. 518, ou sua apresentação de forma inexata ou incompleta, sujeita a pessoa jurídica à multa equivalente a dois por cento do valor das operações objeto da requisição, apurado por meio de procedimento fiscal junto à própria pessoa jurídica ou ao titular da conta de depósito ou da aplicação financeira, bem como a terceiros, por mês-calendário ou fração de atraso, limitada a dez por cento, observado o valor mínimo de R$ 50.000,00 (cinquenta mil reais) (Lei n. 10.637, de 2002, art. 31).

ART. 600. A multa de que trata o art. 599 será (Lei n. 10.637, de 2002, art. 30, § 2º, e art. 31, parágrafo único):

I - apurada considerando o período compreendido entre o dia seguinte ao do término do prazo fixado para a entrega da declaração até a data da efetiva entrega; e

II - majorada em cem por cento, na hipótese de lavratura de auto de infração.

Parágrafo único. Na hipótese de lavratura de auto de infração, caso a pessoa jurídica não apresente a declaração, serão lavrados autos de infração complementares até a sua efetiva entrega (Lei n. 10.637, de 2002, art. 30, § 3º, e art. 31, parágrafo único).

Redução de Multas

ART. 601. Ao sujeito passivo que, notificado, efetuar o pagamento, a compensação ou o parcelamento do imposto, será concedida redução da multa de lançamento de ofício nos seguintes percentuais (Lei n. 4.502, de 1964, art. 80, § 9º, Lei n. 8.218, de 1991, art. 6º, Lei n. 9.430, de 1996, art. 44, § 3º, Lei n. 11.488, de 2007, art. 13, e Lei n. 11.941, de 2009, art. 28):

I - de cinquenta por cento, quando for efetuado o pagamento ou a compensação no prazo de trinta dias, contado da data em que o sujeito passivo foi notificado do lançamento (Lei n. 4.502, de 1964, art. 80, § 9º, Lei n. 8.218, de 1991, art. 6º, inciso I, Lei n. 9.430, de 1996, art. 44, § 3º, Lei n. 11.488, de 2007, art. 13, e Lei n. 11.941, de 2009, art. 28);

II - de quarenta por cento, quando o sujeito passivo requerer o parcelamento no prazo de trinta dias, contado da data em que foi notificado do lançamento (Lei n. 4.502, de 1964, art. 80, § 9º, Lei n. 8.218, de 1991, art. 6º, inciso II, Lei n. 9.430, de 1996, art. 44, § 3º, Lei n. 11.488, de 2007, art. 13, e Lei n. 11.941, de 2009, art. 28);

III - de trinta por cento, quando for efetuado o pagamento ou a compensação no prazo de trinta dias, contado da data em que o sujeito passivo foi notificado da decisão administrativa de primeira instância (Lei n. 4.502, de 1964, art. 80, § 9º, Lei n. 8.218, de 1991, art. 6º, inciso III, Lei n. 9.430, de 1996, art. 44, § 3º, Lei n. 11.488, de 2007, art. 13, e Lei n. 11.941, de 2009, art. 28); ou

IV - de vinte por cento, quando o sujeito passivo requerer o parcelamento no prazo de trinta dias, contado da data em que foi notificado da decisão administrativa de primeira instância (Lei n. 4.502, de 1964, art. 80, § 9º,Lei n. 8.218, de 1991, art. 6º, inciso IV, Lei n. 9.430, de 1996, art. 44, § 3º, Lei n. 11.488, de 2007, art. 13, e Lei n. 11.941, de 2009, art. 28).

§ 1º No caso de provimento a recurso de ofício interposto por autoridade julgadora de primeira instância, aplica-se a redução prevista no inciso III do *caput*, para o caso de pagamento ou compensação, e no inciso IV do*caput*, para o caso de parcelamento (Lei n. 8.218, de 1991, art. 6º, § 1º, e Lei n. 11.941, de 2009, art. 28).

§ 2º A rescisão do parcelamento, motivada pelo descumprimento das normas que o regulam, implicará restabelecimento do montante da multa proporcionalmente ao valor da receita não satisfeita e que exceder o valor obtido com a garantia apresentada (Lei n. 8.218, de 1991, art. 6º, § 2º, e Lei n. 11.941, de 2009, art. 28).

ART. 602. A redução da multa de lançamento de ofício prevista nos incisos I a IV do art. 601 não se aplica às multas previstas no art. 543, no inciso I do art. 572, no art. 573 e no art. 605 (Lei n. 10.833, de 2003, art. 81).

SEÇÃO III
DO PERDIMENTO DA MERCADORIA

ART. 603. Sem prejuízo de outras sanções administrativas ou penais cabíveis, incorrerá na pena de perdimento o proprietário de produtos de procedência estrangeira, encontrados fora da zona aduaneira, em qualquer situação ou lugar, nos seguintes casos (Lei n. 4.502, de 1964, art. 87):

I - quando o produto, sujeito ou não ao imposto, tiver sido introduzido clandestinamente no País, ou importado irregular ou fraudulentamente (Lei n. 4.502, de 1964, art. 87, inciso I); ou

II - em relação a produto sujeito ao imposto, quando não houver sido registrada a declaração de importação no SISCOMEX, salvo se estiver dispensado do registro, ou quando estiver desacompanhado da Guia de Licitação, se em poder do estabelecimento importador ou licitante, ou de nota fiscal, se em poder de outros estabelecimentos ou pessoas, ou, ainda, quando estiver acompanhado de nota fiscal falsa (Lei n. 4.502, de 1964, art. 87, inciso II).

§ 1º Se o proprietário não for conhecido ou identificado, considerar-se-á como tal o possuidor ou detentor da mercadoria (Lei n. 4.502, de 1964, art. 87, § 1º).

§ 2º O fato de não serem conhecidas ou identificadas as pessoas a que se referem o *caput* e o seu § 1º não obsta a aplicação da penalidade, considerando-se a mercadoria, no caso, como abandonada (Lei n. 4.502, de 1964, art. 87, § 2º).

§ 3º A aplicação da penalidade independe de ser, ou não, o proprietário da mercadoria, contribuinte do imposto.

§ 4º Na hipótese do § 2º, em qualquer tempo, antes de ocorrida a prescrição, o processo poderá ser reaberto, exclusivamente para apuração da autoria, vedada a discussão de qualquer outra matéria ou a alteração do julgado, quanto à infração, à prova de sua existência, à penalidade aplicada e aos fundamentos jurídicos da condenação (Lei n. 4.502, de 1964, art. 87, § 3º).

§ 5º A falta de nota fiscal será suprida:

I - no caso de mercadoria usada, adquirida de particular, por unidade, para venda a varejo no estabelecimento adquirente, pelo recibo do vendedor em que se consignem os elementos de identificação pessoal deste (nome, endereço, profissão, documento de identidade e CPF) e se especifique a mercadoria, acompanhada de declaração de responsabilidade, assinada pelo mesmo vendedor, sobre a entrada legal no País; ou

II - no caso de produto trazido do exterior como bagagem, em cujo desembaraço tenha sido pago o imposto, pelos documentos comprobatórios da entrada do produto no País e do pagamento do tributo devido por ocasião do respectivo desembaraço.

§ 6º Às infrações e penalidades mencionadas no art. 346, combinado com o inciso I do *caput* deste artigo, e no inciso III do art. 581, aplicar-se-á o disposto no Decreto-Lei n. 1.455, de 1976.

ART. 604. Sujeitar-se-ão também à pena de perdimento da mercadoria:

I - os que expuserem à venda os produtos do Código 2402.20.00 da TIPI, e não declararem, em cada unidade tributada, na forma prevista neste Regulamento, a sua firma e a situação do estabelecimento (localidade, rua e número), o número de sua inscrição no CNPJ e outras indicações necessárias à identificação do produto, independentemente da multa do inciso III do art. 581 (Decreto-Lei n. 1.593, de 1977, art. 19, inciso V);

II - os importadores de produtos do Código 2402.20.00 da TIPI, que desatenderem qualquer das condições do inciso I do art. 353 (Lei n. 9.532, de 1997, art. 50, parágrafo único);

III - os vendedores ambulantes e os estabelecimentos que possuírem ou conservarem produtos das Posições 71.02 a 71.04, 71.06 a

71.11, 71.13 a 71.16, 91.01 e 91.02 da TIPI, cuja origem não for comprovada, ou quando os que os possuírem ou conservarem não estiverem inscritos no CNPJ (Decreto-Lei n. 34, de 1966, art. 22, parágrafo único); e

IV - os que aplicarem selos de controle falsos, incidindo a pena sobre os produtos em que os mesmos selos forem utilizados, independentemente da multa do inciso IV do art. 585 (Decreto-Lei n. 1.593, de 1977, art. 33, inciso IV, e Lei n. 10.637, de 2002, art. 52).

ART. 605. A pena de perdimento, aplicada na hipótese a que se refere o art. 538, poderá ser convertida, a requerimento do importador, antes de ocorrida a destinação, em multa equivalente ao valor aduaneiro da mercadoria (Lei n. 9.779, de 1999, art. 19).

Parágrafo único. A entrega da mercadoria ao importador, em conformidade com o disposto neste artigo, fica condicionada à comprovação do pagamento da multa e ao atendimento das normas de controle administrativo(Lei n. 9.779, de 1999, art. 19, parágrafo único).

ART. 606. A Secretaria da Receita Federal do Brasil poderá adotar nomenclatura simplificada para a classificação de mercadorias apreendidas, na lavratura do correspondente auto de infração para a aplicação da pena de perdimento, bem como aplicar alíquotas de cinquenta por cento sobre o valor arbitrado dessas mercadorias, para o cálculo do valor estimado do imposto que seria devido na importação, para efeitos de controle patrimonial, elaboração de estatísticas, formalização de processo administrativo fiscal e representação fiscal para fins penais (Lei n. 10.833, de 2003, art. 65).

SEÇÃO IV
DAS OUTRAS MULTAS

ART. 607. O estabelecimento destinatário da nota fiscal emitida em desacordo com o disposto no art. 432, que receber, registrar ou utilizar, em proveito próprio ou alheio, ficará sujeito à multa igual ao valor da mercadoria constante do mencionado documento, sem prejuízo da obrigatoriedade de recolher o valor do imposto indevidamente aproveitado (Lei n. 9.493, de 1997, art. 7º).

SEÇÃO V
DA CASSAÇÃO DE REGIMES OU CONTROLES ESPECIAIS

ART. 608. Os regimes ou controles especiais de pagamento do imposto, de uso de documentos ou de escrituração, de rotulagem ou marcação dos produtos ou quaisquer outros, quando estabelecidos em benefício dos contribuintes ou de outras pessoas obrigadas ao cumprimento de dispositivos deste Regulamento, serão cassados se os beneficiários procederem de modo fraudulento, no gozo das respectivas concessões (Lei n. 4.502, de 1964, art. 90).

§ 1º É competente para determinar a cassação a mesma autoridade que o for para a concessão (Lei n. 4.502, de 1964, art. 90, parágrafo único).

§ 2º Do ato que determinar a cassação caberá recurso para a autoridade superior.

TÍTULO XI
DAS DISPOSIÇÕES GERAIS E FINAIS

Conceitos e Definições

ART. 609. Na interpretação e aplicação deste Regulamento, são adotados os seguintes conceitos e definições:

I - as expressões "firma" e "empresa", quando empregadas em sentido geral, compreendem os conceitos de empresário individual e todos os tipos de sociedade (Lei n. 4.502, de 1964, art. 115, e Lei n. 10.406, de 2002, art. 44, inciso II, e arts. 966 e 981);

II - as expressões "fábrica" e "fabricante" são equivalentes a estabelecimento industrial, como definido no art. 8º;

III - a expressão "estabelecimento", em sua delimitação, diz respeito ao prédio em que são exercidas atividades geradoras de obrigações, nele compreendidos, unicamente, as dependências internas, galpões e áreas contínuas muradas, cercadas ou por outra forma isoladas, em que sejam, normalmente, executadas operações industriais, comerciais ou de outra natureza;

IV - são considerados autônomos, para efeito de cumprimento da obrigação tributária, os estabelecimentos, ainda que pertencentes a uma mesma pessoa física ou jurídica;

V - a referência feita, de modo geral, a estabelecimento comercial atacadista não alcança os estabelecimentos comerciais equiparados a industrial;

VI - a expressão "seção", quando relacionada com o estabelecimento, diz respeito a parte ou dependência interna dele;

VII - depósito fechado é aquele em que não se realizam vendas, mas apenas entregas por ordem do depositante dos produtos; e

VIII - considera-se, ainda, depósito fechado a área externa, delimitada, de estabelecimento fabricante de veículos automóveis.

Bens de Produção

ART. 610. Consideram-se bens de produção (Lei n. 4.502, de 1964, art. 4º, inciso IV, e Decreto-Lei n. 34, de 1966, art. 2º, alteração 1ª):

I - as matérias-primas;

II - os produtos intermediários, inclusive os que, embora não integrando o produto final, sejam consumidos ou utilizados no processo industrial;

III - os produtos destinados a embalagem e acondicionamento;

IV - as ferramentas, empregadas no processo industrial, exceto as manuais; e

V - as máquinas, instrumentos, aparelhos e equipamentos, inclusive suas peças, partes e outros componentes, que se destinem a emprego no processo industrial.

Empresas Coligadas

ART. 611. O conceito de empresas coligadas utilizado neste Regulamento não abrange as sociedades de simples participação, conforme definição dada pelos arts. 1.097 e 1.100 da Lei n. 10.406, de 2002.

Firmas Interdependentes

ART. 612. Considerar-se-ão interdependentes duas firmas:

I - quando uma delas tiver participação na outra de quinze por cento ou mais do capital social, por si, seus sócios ou acionistas, bem como por intermédio de parentes destes até o segundo grau e respectivos cônjuges, se a participação societária for de pessoa física (Lei n. 4.502, de 1964, art. 42, inciso I, e Lei n. 7.798, de 1989, art. 9º);

II - quando, de ambas, uma mesma pessoa fizer parte, na qualidade de diretor, ou sócio com funções de gerência, ainda que exercidas sob outra denominação (Lei n. 4.502, de 1964, art. 42, inciso II);

III - quando uma tiver vendido ou consignado à outra, no ano anterior, mais de vinte por cento no caso de distribuição com exclusividade em determinada área do território nacional, e mais de cinquenta por cento, nos demais casos, do volume das vendas dos produtos tributados, de sua fabricação ou importação (Lei n. 4.502, de 1964, art. 42, inciso III);

IV - quando uma delas, por qualquer forma ou título, for a única adquirente, de um ou de mais de um dos produtos industrializados ou importados pela outra, ainda quando a exclusividade se refira à padronagem, marca ou tipo do produto (Lei n. 4.502, de 1964, art. 42, parágrafo único, inciso I); ou

V - quando uma vender à outra, mediante contrato de participação ou ajuste semelhante, produto tributado que tenha fabricado ou importado (Lei n. 4.502, de 1964, art. 42, parágrafo único, inciso II).

Parágrafo único. Não caracteriza a interdependência referida nos incisos III e IV a venda de matérias-primas e produtos intermediários, destinados exclusivamente à industrialização de produtos do comprador.

Comerciante Autônomo

ART. 613. Para os efeitos do § 2º e do inciso III do art. 195, considera-se comerciante autônomo, ambulante ou não, a pessoa física, ainda que como empresário individual, que pratique habitualmente atos de comércio, com o fim de lucro, em seu próprio nome, na revenda direta a consumidor, mediante oferta domiciliar, dos produtos que conduzir ou oferecer por meio de mostruário ou catálogo.

Tabela de Incidência

ART. 614. As Seções, os Capítulos, as Posições e os Códigos citados neste Regulamento são os constantes da TIPI, aprovada pelo Decreto n. 6.006, de 28 de dezembro de 2006.

Disposições Finais

ART. 615. Este Regulamento consolida a legislação referente ao IPI publicada até 15 de outubro de 2009.

ART. 616. Este Decreto entra em vigor na data de sua publicação.

ART. 617. Ficam revogados:

I - o Decreto n. 4.544, de 26 de dezembro de 2002 - Regulamento do Imposto sobre Produtos Industrializados;

II - o Decreto n. 4.859, de 14 de outubro de 2003;

III - o Decreto n. 4.924, de 19 de dezembro de 2003;

IV - o Decreto n. 6.158, de 16 de julho de 2007;

V - o art. 2º do Decreto n. 6.501, de 2 de julho de 2008; e

VI - o art. 43 do Decreto n. 6.707, de 23 de dezembro de 2008.

Brasília, 15 de junho de 2010;
189º da Independência e 122º da República.
LUIZ INÁCIO LULA DA SILVA

‣ Optamos, nesta edição, pela não publicação dos anexos.

DECRETO DE 15 DE SETEMBRO DE 2010

Institui o Plano de Ação para Prevenção e Controle do Desmatamento e das Queimadas no Bioma Cerrado - PPCerrado, altera o Decreto de 03 de julho de 2003, que institui Grupo Permanente de Trabalho Interministerial para os fins que especifica.

‣ *DOU*, 16.09.2010.

O Presidente da República, no uso da atribuição que lhe confere o art. 84, inciso VI, alínea *a*, da Constituição,

Decreta:

ART. 1º Fica instituído o Plano de Ação para Prevenção e Controle do Desmatamento e das Queimadas no Bioma Cerrado - PPCerrado, com a finalidade de promover medidas e ações

DECRETOS

que visem à redução da taxa de desmatamento, queimadas e incêndios florestais no bioma.

Parágrafo único. O PPCerrado observará os princípios e diretrizes da Lei n. 6.938/1981, o Decreto 4.339/2002, a Lei 12.187/2009, o Decreto 5.577/2005, o Decreto 5.092/2004, o Decreto 7.029/2009, e a Lei 9.433/1997.

› O Dec. 7.029/2009 foi revogado pelo Dec. 7.830/2012 (Dispõe sobre o Sistema de Cadastro Ambiental Rural, o Cadastro Ambiental Rural, estabelece normas de caráter geral aos Programas de Regularização Ambiental).

ART. 2º As medidas e ações de que trata o art. 1º deverão considerar, entre outras, as seguintes diretrizes:

I - integração e aperfeiçoamento das ações de monitoramento e controle de órgãos federais, visando à regularização ambiental das propriedades rurais, gestão florestal sustentável e combate às queimadas;

II - ordenamento territorial, visando à conservação da biodiversidade, proteção dos recursos hídricos e uso sustentável dos recursos naturais; e

III - incentivo a atividades econômicas ambientalmente sustentáveis, manutenção de áreas nativas e recuperação de áreas degradadas.

§ 1º No âmbito das diretrizes dispostas neste artigo, devem ser priorizadas as áreas consideradas de maior importância para a biodiversidade e para os recursos hídricos do bioma, as unidades de conservação, as terras indígenas e quilombolas e os Municípios com índices elevados de desmatamento.

§ 2º Os Municípios de que trata o § 1º serão periodicamente identificados em ato próprio do Ministro de Estado do Meio Ambiente.

ART. 3º Os arts. 1º, 2º, 3º-A e 4º do Decreto de 03 de julho de 2003, que institui Grupo Permanente de Trabalho Interministerial para os fins que especifica, passam a vigorar com a seguinte redação:

› Alterações promovidas no texto do referido Decreto.

ART. 4º O Decreto de 03 de julho de 2003, que institui Grupo Permanente de Trabalho Interministerial para os fins que especifica, fica acrescido dos seguintes artigos:

› Alterações promovidas no texto do referido Decreto.

ART. 5º Este Decreto entra em vigor na data de sua publicação.

ART. 6º Fica revogado o art. 3º do Decreto de 03 de julho de 2003, que institui Grupo Permanente de Trabalho Interministerial para os fins que especifica.

Brasília, 15 de setembro de 2010; 189º da Independência e 122º da República.

LUIZ INÁCIO LULA DA SILVA

DECRETO N. 7.404, DE 23 DE DEZEMBRO DE 2010

Regulamenta a Lei n. 12.305, de 2 de agosto de 2010, que institui a Política Nacional de Resíduos Sólidos, cria o Comitê Interministerial da Política Nacional de Resíduos Sólidos e o Comitê Orientador para a Implantação dos Sistemas de Logística Reversa, e dá outras providências.

› *DOU*, 23.12.2010 - Edição extra.

O Presidente da República, no uso das atribuições que lhe confere o art. 84, incisos IV e VI, alínea "a", da Constituição, e tendo em vista o disposto na Lei n. 12.305, de 2 de agosto de 2010,

Decreta:

TÍTULO I
DAS DISPOSIÇÕES PRELIMINARES

ART. 1º Este Decreto estabelece normas para execução da Política Nacional de Resíduos Sólidos, de que trata a Lei n. 12.305, de 2 de agosto de 2010.

ART. 2º A Política Nacional de Resíduos Sólidos integra a Política Nacional do Meio Ambiente e articula-se com as diretrizes nacionais para o saneamento básico e com a Política Federal de Saneamento Básico, nos termos da Lei n. 11.445, de 5 de janeiro de 2007, com a Lei n. 11.107, de 6 de abril de 2005, e com a Política Nacional de Educação Ambiental, regulada pela Lei n. 9.795, de 27 de abril de 1999.

TÍTULO II
DO COMITÊ INTERMINISTERIAL DA POLÍTICA NACIONAL DE RESÍDUOS SÓLIDOS

ART. 3º Fica instituído o Comitê Interministerial da Política Nacional de Resíduos Sólidos, com a finalidade de apoiar a estruturação e implementação da Política Nacional de Resíduos Sólidos, por meio da articulação dos órgãos e entidades governamentais, de modo a possibilitar o cumprimento das determinações e das metas previstas na Lei n. 12.305, de 2010, e neste Decreto, com um representante, titular e suplente, de cada órgão a seguir indicado:

I - Ministério do Meio Ambiente, que o coordenará;

II - Casa Civil da Presidência da República;

III - Ministério das Cidades;

IV - Ministério do Desenvolvimento Social e Combate à Fome;

V - Ministério da Saúde;

VI - Ministério de Minas e Energia;

VII - Ministério da Fazenda;

VIII - Ministério do Planejamento, Orçamento e Gestão;

IX - Ministério do Desenvolvimento, Indústria e Comércio Exterior;

X - Ministério da Agricultura, Pecuária e Abastecimento;

XI - Ministério da Ciência e Tecnologia; e

XII - Secretaria de Relações Institucionais da Presidência da República.

§ 1º Os membros do Comitê Interministerial serão indicados pelos titulares dos órgãos nele representados e designados pelo Ministro de Estado do Meio Ambiente.

§ 2º O Comitê Interministerial poderá convidar representantes de outros órgãos e entidades, públicas ou privadas, para participar de suas reuniões.

§ 3º O Comitê Interministerial poderá criar grupos técnicos compostos por representantes dos órgãos mencionados no *caput*, de outros órgãos públicos, bem como de entidades públicas ou privadas.

§ 4º O Comitê Interministerial indicará o coordenador dos grupos técnicos referidos no § 3º.

§ 5º Caberá ao Ministério do Meio Ambiente prestar apoio técnico-administrativo às atividades do Comitê Interministerial.

§ 6º A participação no Comitê Interministerial será considerada serviço público relevante, não remunerada.

ART. 4º Compete ao Comitê Interministerial:

I - instituir os procedimentos para elaboração do Plano Nacional de Resíduos Sólidos, observado o disposto no art. 15 da Lei n. 12.305, de 2010;

II - elaborar e avaliar a implementação do Plano Nacional de Resíduos Sólidos, observado o disposto no art. 15 da Lei n. 12.305, de 2010;

III - definir as informações complementares ao Plano de Gerenciamento de Resíduos Sólidos Perigosos, conforme o art. 39 da Lei n. 12.305, de 2010;

IV - promover estudos e propor medidas visando a desoneração tributária de produtos recicláveis e reutilizáveis e a simplificação dos procedimentos para o cumprimento de obrigações acessórias relativas à movimentação de produtos e embalagens fabricados com estes materiais;

V - promover estudos visando a criação, modificação e extinção de condições para a utilização de linhas de financiamento ou creditícias de instituições financeiras federais;

VI - formular estratégia para a promoção e difusão de tecnologias limpas para a gestão e o gerenciamento de resíduos sólidos;

VII - incentivar a pesquisa e o desenvolvimento nas atividades de reciclagem, reaproveitamento e tratamento dos resíduos sólidos;

VIII - propor medidas para a implementação dos instrumentos e efetivação dos objetivos da Política Nacional de Resíduos Sólidos;

IX - definir e avaliar a implantação de mecanismos específicos voltados para promover a descontaminação de áreas órfãs, nos termos do art. 41 da Lei n. 12.305, de 2010;

X - implantar ações destinadas a apoiar a elaboração, implementação, execução e revisão dos planos de resíduos sólidos referidos no art. 14 da Lei n. 12.305, de 2010; e

XI - contribuir, por meio de estudos específicos, com o estabelecimento de mecanismos de cobrança dos serviços de limpeza urbana e manejo de resíduos sólidos urbanos pelos seus respectivos titulares.

TÍTULO III
DAS RESPONSABILIDADES DOS GERADORES DE RESÍDUOS SÓLIDOS E DO PODER PÚBLICO

CAPÍTULO I
DAS DISPOSIÇÕES GERAIS

ART. 5º Os fabricantes, importadores, distribuidores, comerciantes, consumidores e titulares dos serviços públicos de limpeza urbana e de manejo de resíduos sólidos são responsáveis pelo ciclo de vida dos produtos.

Parágrafo único. A responsabilidade compartilhada será implementada de forma individualizada e encadeada.

ART. 6º Os consumidores são obrigados, sempre que estabelecido sistema de coleta seletiva pelo plano municipal de gestão integrada de resíduos sólidos ou quando instituídos sistemas de logística reversa na forma do art. 15, a acondicionar adequadamente e de forma diferenciada os resíduos sólidos gerados e a disponibilizar adequadamente os resíduos sólidos reutilizáveis e recicláveis para coleta ou devolução.

Parágrafo único A obrigação referida no *caput* não isenta os consumidores de observar as regras de acondicionamento, segregação e destinação final dos resíduos previstas na legislação do titular do serviço público de limpeza urbana e manejo de resíduos sólidos.

ART. 7º O Poder Público, o setor empresarial e a coletividade são responsáveis pela efetividade das ações voltadas para assegurar a observância da Política Nacional de Resíduos Sólidos e das diretrizes e determinações estabelecidas na Lei n. 12.305, de 2010, e neste Decreto.

ART. 8º O disposto no art. 32 da Lei n. 12.305, de 2010, não se aplica às embalagens de produtos destinados à exportação, devendo o fabricante atender às exigências do país importador.

CAPÍTULO II
DA COLETA SELETIVA

ART. 9º A coleta seletiva dar-se-á mediante a segregação prévia dos resíduos sólidos, conforme sua constituição ou composição.

§ 1º A implantação do sistema de coleta seletiva é instrumento essencial para se atingir a meta de disposição final ambientalmente adequada dos rejeitos, conforme disposto no art. 54 da Lei n. 12.305, de 2010.

§ 2º O sistema de coleta seletiva será implantado pelo titular do serviço público de limpeza urbana e manejo de resíduos sólidos e deverá estabelecer, no mínimo, a separação de resíduos secos e úmidos e, progressivamente, ser estendido à separação dos resíduos secos em suas parcelas específicas, segundo metas estabelecidas nos respectivos planos.

§ 3º Para o atendimento ao disposto neste artigo, os geradores de resíduos sólidos deverão segregá-los e disponibilizá-los adequadamente, na forma estabelecida pelo titular do serviço público de limpeza urbana e manejo de resíduos sólidos.

ART. 10. Os titulares do serviço público de limpeza urbana e manejo de resíduos sólidos, em sua área de abrangência, definirão os procedimentos para o acondicionamento adequado e disponibilização dos resíduos sólidos objeto da coleta seletiva.

ART. 11. O sistema de coleta seletiva de resíduos sólidos priorizará a participação de cooperativas ou de outras formas de associação de catadores de materiais reutilizáveis e recicláveis constituídas por pessoas físicas de baixa renda.

ART. 12. A coleta seletiva poderá ser implementada sem prejuízo da implantação de sistemas de logística reversa.

CAPÍTULO III
DA LOGÍSTICA REVERSA

SEÇÃO I
DAS DISPOSIÇÕES GERAIS

ART. 13. A logística reversa é o instrumento de desenvolvimento econômico e social caracterizado pelo conjunto de ações, procedimentos e meios destinados a viabilizar a coleta e a restituição dos resíduos sólidos ao setor empresarial, para reaproveitamento, em seu ciclo ou em outros ciclos produtivos, ou outra destinação final ambientalmente adequada.

ART. 14. O sistema de logística reversa de agrotóxicos, seus resíduos e embalagens, seguirá o disposto na Lei n. 7.802, de 11 de julho de 1989, e no Decreto n. 4.074, de 4 de janeiro de 2002.

SEÇÃO II
DOS INSTRUMENTOS E DA FORMA DE IMPLANTAÇÃO DA LOGÍSTICA REVERSA

ART. 15. Os sistemas de logística reversa serão implementados e operacionalizados por meio dos seguintes instrumentos:

I - acordos setoriais;

II - regulamentos expedidos pelo Poder Público; ou

III - termos de compromisso.

§ 1º Os acordos setoriais firmados com menor abrangência geográfica podem ampliar, mas não abrandar, as medidas de proteção ambiental constantes dos acordos setoriais e termos de compromisso firmados com maior abrangência geográfica.

§ 2º Com o objetivo de verificar a necessidade de sua revisão, os acordos setoriais, os regulamentos e os termos de compromisso que disciplinam a logística reversa no âmbito federal deverão ser avaliados pelo Comitê Orientador referido na Seção III em até cinco anos contados da sua entrada em vigor.

ART. 16. Os sistemas de logística reversa dos produtos e embalagens previstos no art. 33, incisos I a IV, da Lei n. 12.305, de 2010, cujas medidas de proteção ambiental podem ser ampliadas mas não abrandadas, deverão observar as exigências específicas previstas em:

▸ Dec. 9.177/2017 (regulamenta este artigo).

I - lei ou regulamento;

II - normas estabelecidas pelos órgãos do Sistema Nacional do Meio Ambiente - SISNAMA, do Sistema Nacional de Vigilância Sanitária - SNVS, do Sistema Único de Atenção à Sanidade Agropecuária - SUASA e em outras normas aplicáveis; ou

III - acordos setoriais e termos de compromisso.

ART. 17. Os sistemas de logística reversa serão estendidos, por meio da utilização dos instrumentos previstos no art. 15, a produtos comercializados em embalagens plásticas, metálicas ou de vidro, e aos demais produtos e embalagens, considerando prioritariamente o grau e a extensão do impacto à saúde pública e ao meio ambiente dos resíduos gerados.

▸ Dec. 9.177/2017 (regulamenta este artigo).

Parágrafo único. A definição dos produtos e embalagens a que se refere o *caput* deverá considerar a viabilidade técnica e econômica da logística reversa, a ser aferida pelo Comitê Orientador.

ART. 18. Os fabricantes, importadores, distribuidores e comerciantes dos produtos referidos nos incisos II, III, V e VI do art. 33 da Lei n. 12.305, de 2010, bem como dos produtos e embalagens referidos nos incisos I e IV e no § 1º do art. 33 daquela Lei, deverão estruturar e implementar sistemas de logística reversa, mediante o retorno dos produtos e embalagens após o uso pelo consumidor.

§ 1º Na implementação e operacionalização do sistema de logística reversa poderão ser adotados procedimentos de compra de produtos ou embalagens usadas e instituídos postos de entrega de resíduos reutilizáveis e recicláveis, devendo ser priorizada, especialmente no caso de embalagens pós-consumo, a participação de cooperativas ou outras formas de associações de catadores de materiais recicláveis ou reutilizáveis.

§ 2º Para o cumprimento do disposto no *caput*, os fabricantes, importadores, distribuidores e comerciantes ficam responsáveis pela realização da logística reversa no limite da proporção dos produtos que colocarem no mercado interno, conforme metas progressivas, intermediárias e finais, estabelecidas no instrumento que determinar a implementação da logística reversa.

SUBSEÇÃO I
DOS ACORDOS SETORIAIS

ART. 19. Os acordos setoriais são atos de natureza contratual, firmados entre o Poder Público e os fabricantes, importadores, distribuidores ou comerciantes, visando a implantação da responsabilidade compartilhada pelo ciclo de vida do produto.

ART. 20. O procedimento para implantação da logística reversa por meio de acordo setorial poderá ser iniciado pelo Poder Público ou pelos fabricantes, importadores, distribuidores ou comerciantes dos produtos e embalagens referidos no art. 18.

§ 1º Os acordos setoriais iniciados pelo Poder Público serão precedidos de editais de chamamento, conforme procedimento estabelecido nesta Subseção.

§ 2º Os acordos setoriais iniciados pelos fabricantes, importadores, distribuidores ou comerciantes serão precedidos da apresentação de proposta formal pelos interessados ao Ministério de Meio Ambiente, contendo os requisitos referidos no art. 23.

§ 3º Poderão participar da elaboração dos acordos setoriais representantes do Poder Público, dos fabricantes, importadores, comerciantes e distribuidores dos produtos e embalagens referidos no art. 33 da Lei n. 12.305, de 2010, das cooperativas ou outras formas de associações de catadores de materiais recicláveis ou reutilizáveis, das indústrias e entidades dedicadas à reutilização, ao tratamento e à reciclagem de resíduos sólidos, bem como das entidades de representação dos consumidores, entre outros.

ART. 21. No caso dos procedimentos de iniciativa da União, a implantação da logística reversa por meio de acordo setorial terá início com a publicação de editais de chamamento pelo Ministério do Meio Ambiente, que poderão indicar:

I - os produtos e embalagens que serão objeto da logística reversa, bem como as etapas do ciclo de vida dos produtos e embalagens que estarão inseridas na referida logística;

II - o chamamento dos interessados, conforme as especificidades dos produtos e embalagens referidos no inciso I;

III - o prazo para que o setor empresarial apresente proposta de acordo setorial, observados os requisitos mínimos estabelecidos neste Decreto e no edital;

IV - as diretrizes metodológicas para avaliação dos impactos sociais e econômicos da implantação da logística reversa;

V - a abrangência territorial do acordo setorial; e

VI - outros requisitos que devam ser atendidos pela proposta de acordo setorial, conforme as especificidades dos produtos ou embalagens objeto da logística reversa.

§ 1º A publicação do edital de chamamento será precedida da aprovação, pelo Comitê Orientador, da avaliação da viabilidade técnica e econômica da implantação da logística reversa, promovida pelo grupo técnico previsto no § 3º do art. 33.

§ 2º As diretrizes metodológicas para avaliação dos impactos sociais e econômicos da implantação da logística reversa referidas no inciso IV do *caput* serão estabelecidas pelo Comitê Orientador.

ART. 22. No caso dos procedimentos de iniciativa dos fabricantes, importadores, distribuidores ou comerciantes, as propostas de acordo setorial serão avaliadas pelo Ministério do Meio Ambiente, consoante os critérios previstos no art. 28, que as enviará ao Comitê Orientador para as providências previstas no art. 29.

ART. 23. Os acordos setoriais visando a implementação da logística reversa deverão conter, no mínimo, os seguintes requisitos:

I - indicação dos produtos e embalagens objeto do acordo setorial;

II - descrição das etapas do ciclo de vida em que o sistema de logística reversa se insere, observado o disposto no inciso IV do art. 3º da Lei n. 12.305, de 2010;

III - descrição da forma de operacionalização da logística reversa;

IV - possibilidade de contratação de entidades, cooperativas ou outras formas de associação de catadores de materiais recicláveis ou reutilizáveis, para execução das ações propostas no sistema a ser implantado;

V - participação de órgãos públicos nas ações propostas, quando estes se encarregarem de alguma etapa da logística a ser implantada;

VI - definição das formas de participação do consumidor;

VII - mecanismos para a divulgação de informações relativas aos métodos existentes

DECRETOS

para evitar, reciclar e eliminar os resíduos sólidos associados a seus respectivos produtos e embalagens;

VIII - metas a serem alcançadas no âmbito do sistema de logística reversa a ser implantado;

IX - cronograma para a implantação da logística reversa, contendo a previsão de evolução até o cumprimento da meta final estabelecida;

X - informações sobre a possibilidade ou a viabilidade de aproveitamento dos resíduos gerados, alertando para os riscos decorrentes do seu manuseio;

XI - identificação dos resíduos perigosos presentes nas várias ações propostas e os cuidados e procedimentos previstos para minimizar ou eliminar seus riscos e impactos à saúde humana e ao meio ambiente;

XII - avaliação dos impactos sociais e econômicos da implantação da logística reversa;

XIII - descrição do conjunto de atribuições individualizadas e encadeadas dos participantes do sistema de logística reversa no processo de recolhimento, armazenamento, transporte dos resíduos e embalagens vazias, com vistas à reutilização, reciclagem ou disposição final ambientalmente adequada, contendo o fluxo reverso de resíduos, a discriminação das várias etapas da logística reversa e a destinação dos resíduos gerados, das embalagens usadas ou pós-consumo e, quando for o caso, das sobras do produto, devendo incluir:

a) recomendações técnicas a serem observadas em cada etapa da logística, inclusive pelos consumidores e recicladores;

b) formas de coleta ou de entrega adotadas, identificando os responsáveis e respectivas responsabilidades;

c) ações necessárias e critérios para a implantação, operação e atribuição de responsabilidades pelos pontos de coleta;

d) operações de transporte entre os empreendimentos ou atividades participantes, identificando as responsabilidades; e

e) procedimentos e responsáveis pelas ações de reutilização, de reciclagem e de tratamento, inclusive triagem, dos resíduos, bem como pela disposição final ambientalmente adequada dos rejeitos; e

XIV - cláusulas prevendo as penalidades aplicáveis no caso de descumprimento das obrigações previstas no acordo.

Parágrafo único. As metas referidas no inciso VIII do *caput* poderão ser fixadas com base em critérios quantitativos, qualitativos ou regionais.

ART. 24. Durante as discussões para a elaboração do acordo setorial, o grupo técnico a que se refere o § 3º do art. 33 poderá promover iniciativas com vistas a estimular a adesão às negociações do acordo, bem como realizar reuniões com os integrantes da negociação, com vistas a que a proposta de acordo setorial obtenha êxito.

ART. 25. Deverão acompanhar a proposta de acordo setorial os seguintes documentos:

I - atos constitutivos das entidades participantes e relação dos associados de cada entidade, se for o caso;

II - documentos comprobatórios da qualificação dos representantes e signatários da proposta, bem como cópia dos respectivos mandatos; e

III - cópia de estudos, dados e demais informações que embasarem a proposta.

ART. 26. As propostas de acordo setorial serão objeto de consulta pública, na forma definida pelo Comitê Orientador.

ART. 27. O Ministério do Meio Ambiente deverá, por ocasião da realização da consulta pública:

I - receber e analisar as contribuições e documentos apresentados pelos órgãos e entidades públicas e privadas; e

II - sistematizar as contribuições recebidas, assegurando-lhes a máxima publicidade.

ART. 28. O Ministério do Meio Ambiente fará a avaliação das propostas de acordo setorial apresentadas consoante os seguintes critérios mínimos:

I - adequação da proposta à legislação e às normas aplicáveis;

II - atendimento ao edital de chamamento, no caso dos processos iniciados pelo Poder Público, e apresentação dos documentos que devem acompanhar a proposta, em qualquer caso;

III - contribuição da proposta e das metas apresentadas para a melhoria da gestão integrada e do gerenciamento ambientalmente adequado dos resíduos sólidos e para a redução dos impactos à saúde humana e ao meio ambiente;

IV - observância do disposto no art. 9º da Lei n. 12.305, de 2010, quanto à ordem de prioridade da aplicação da gestão e gerenciamento de resíduos sólidos propostos;

V - representatividade das entidades signatárias em relação à participação de seus membros no mercado dos produtos e embalagens envolvidos; e

VI - contribuição das ações propostas para a inclusão social e geração de emprego e renda dos integrantes de cooperativas e associações de catadores de materiais reutilizáveis e recicláveis constituídas por pessoas físicas de baixa renda.

ART. 29. Concluída a avaliação a que se refere o art. 28, o Ministério do Meio Ambiente a enviará ao Comitê Orientador, que poderá:

I - aceitar a proposta, hipótese em que convidará os representantes do setor empresarial para assinatura do acordo setorial;

II - solicitar aos representantes do setor empresarial a complementação da proposta de estabelecimento de acordo setorial; ou

III - determinar o arquivamento do processo, quando não houver consenso na negociação do acordo.

Parágrafo único. O acordo setorial contendo a logística reversa pactuada será subscrito pelos representantes do setor empresarial e pelo Presidente do Comitê Orientador, devendo ser publicado no Diário Oficial da União.

SUBSEÇÃO II
DO REGULAMENTO

ART. 30. Sem prejuízo do disposto na Subseção I, a logística reversa poderá ser implantada diretamente por regulamento, veiculado por decreto editado pelo Poder Executivo.

Parágrafo único. Na hipótese prevista no *caput*, antes da edição do regulamento, o Comitê Orientador deverá avaliar a viabilidade técnica e econômica da logística reversa.

ART. 31. Os sistemas de logística reversa estabelecidos diretamente por decreto deverão ser precedidos de consulta pública, cujo procedimento será estabelecido pelo Comitê Orientador.

SUBSEÇÃO III
DOS TERMOS DE COMPROMISSO

ART. 32. O Poder Público poderá celebrar termos de compromisso com os fabricantes, importadores, distribuidores ou comerciantes referidos no art. 18, visando o estabelecimento de sistema de logística reversa:

I - nas hipóteses em que não houver, em uma mesma área de abrangência, acordo setorial ou regulamento específico, consoante estabelecido neste Decreto; ou

II - para a fixação de compromissos e metas mais exigentes que o previsto em acordo setorial ou regulamento.

Parágrafo único. Os termos de compromisso terão eficácia a partir de sua homologação pelo órgão ambiental competente do SISNAMA, conforme sua abrangência territorial.

SEÇÃO III
DO COMITÊ ORIENTADOR PARA IMPLEMENTAÇÃO DE SISTEMAS DE LOGÍSTICA REVERSA

ART. 33. Fica instituído o Comitê Orientador para Implantação de Sistemas de Logística Reversa - Comitê Orientador, com a seguinte composição:

I - Ministro de Estado do Meio Ambiente;

II - Ministro de Estado da Saúde;

III - Ministro de Estado do Desenvolvimento, Indústria e Comércio Exterior;

IV - Ministro de Estado da Agricultura, Pecuária e Abastecimento; e

V - Ministro de Estado da Fazenda.

§ 1º O Comitê Orientador será presidido pelo Ministro de Estado do Meio Ambiente.

§ 2º O Ministério do Meio Ambiente exercerá a função de secretaria-executiva do Comitê Orientador e expedirá os atos decorrentes das decisões do colegiado.

§ 3º O Comitê Orientador será assessorado por grupo técnico, composto por representantes do Ministério do Meio Ambiente, do Ministério da Saúde, do Ministério do Desenvolvimento, Indústria e Comércio Exterior, do Ministério da Fazenda e do Ministério de Agricultura, Pecuária e Abastecimento.

§ 4º Nas hipóteses em que forem abordados temas referentes às suas respectivas competências ou áreas de atuação, o Comitê Orientador poderá convidar a compor o grupo técnico referido no § 3º representantes:

I - de outros Ministérios, de órgãos e entidades da administração pública federal;

II - dos Estados, do Distrito Federal e dos Municípios; e

III - de entidades representativas de setores da sociedade civil diretamente impactados pela logística reversa.

§ 6º As decisões do Comitê Orientador serão tomadas por maioria simples de votos, presente a maioria absoluta dos membros.

§ 7º Os membros referidos no *caput* elaborarão o regimento interno do Comitê Orientador, que deverá conter, no mínimo:

I - o procedimento para divulgação da pauta das reuniões;

II - os critérios para participação dos órgãos e entidades no grupo técnico de que trata o § 4º;

III - as regras para o funcionamento do grupo técnico de assessoramento e do colegiado; e

IV - os critérios de decisão no caso de empate nas deliberações colegiadas.

ART. 34. Compete ao Comitê Orientador:

I - estabelecer a orientação estratégica da implementação de sistemas de logística reversa instituídos nos termos da Lei n. 12.305, de 2010, e deste Decreto;

II - definir as prioridades e aprovar o cronograma para o lançamento de editais de chamamento de propostas de acordo setorial para a implantação de sistemas de logística reversa de iniciativa da União;

III - fixar cronograma para a implantação dos sistemas de logística reversa;

IV - aprovar os estudos de viabilidade técnica e econômica;

V - definir as diretrizes metodológicas para avaliação dos impactos sociais e econômicos dos sistemas de logística reversa;

VI - avaliar a necessidade da revisão dos acordos setoriais, dos regulamentos e dos termos de compromisso que disciplinam a logística reversa no âmbito federal;

VII - definir as embalagens que ficam dispensadas, por razões de ordem técnica ou econômica, da obrigatoriedade de fabricação com materiais que propiciem a reutilização e reciclagem;

VIII - definir a forma de realização da consulta pública relativa a proposta de implementação de sistemas de logística reversa;

IX - promover estudos e propor medidas de desoneração tributária das cadeias produtivas sujeitas à logística reversa e a simplificação dos procedimentos para o cumprimento de obrigações acessórias relativas à movimentação de produtos e embalagens sujeitos à logística reversa; e

X - propor medidas visando incluir nos sistemas de logística reversa os produtos e embalagens adquiridos diretamente de empresas não estabelecidas no País, inclusive por meio de comércio eletrônico.

TÍTULO IV
DAS DIRETRIZES APLICÁVEIS À GESTÃO E GERENCIAMENTO DOS RESÍDUOS SÓLIDOS

ART. 35. Na gestão e gerenciamento de resíduos sólidos, deverá ser observada a seguinte ordem de prioridade: não geração, redução, reutilização, reciclagem, tratamento dos resíduos sólidos e disposição final ambientalmente adequada dos rejeitos.

ART. 36. A utilização de resíduos sólidos nos processos de recuperação energética, incluindo o coprocessamento, obedecerá às normas estabelecidas pelos órgãos competentes.

ART. 37. A recuperação energética dos resíduos sólidos urbanos referida no § 1º do art. 9º da Lei n. 12.305, de 2010, assim qualificados consoante o art. 13, inciso I, alínea "c", daquela Lei, deverá ser disciplinada, de forma específica, em ato conjunto dos Ministérios do Meio Ambiente, de Minas e Energia e das Cidades.

Parágrafo único. O disposto neste artigo não se aplica ao aproveitamento energético dos gases gerados na biodigestão e na decomposição da matéria orgânica dos resíduos sólidos urbanos em aterros sanitários.

ART. 38. Os geradores de resíduos sólidos deverão adotar medidas que promovam a redução da geração dos resíduos, principalmente os resíduos perigosos, na forma prevista nos respectivos planos de resíduos sólidos e nas demais normas aplicáveis.

ART. 39. O gerenciamento dos resíduos sólidos presumidamente veiculadores de agentes etiológicos de doenças transmissíveis ou de pragas, dos resíduos de serviços de transporte gerados em portos, aeroportos e passagens de fronteira, bem como de material apreendido proveniente do exterior, observará o estabelecido nas normas do SISNAMA, do SNVS e do SUASA, relativamente à suas respectivas áreas de atuação.

TÍTULO V
DA PARTICIPAÇÃO DOS CATADORES DE MATERIAIS RECICLÁVEIS E REUTILIZÁVEIS

ART. 40. O sistema de coleta seletiva de resíduos sólidos e a logística reversa priorizarão a participação de cooperativas ou de outras formas de associação de catadores de materiais reutilizáveis e recicláveis constituídas por pessoas físicas de baixa renda.

ART. 41. Os planos municipais de gestão integrada de resíduos sólidos definirão programas e ações para a participação dos grupos interessados, em especial das cooperativas ou outras formas de associação de catadores de materiais reutilizáveis e recicláveis formadas por pessoas físicas de baixa renda.

ART. 42. As ações desenvolvidas pelas cooperativas ou outras formas de associação de catadores de materiais reutilizáveis e recicláveis no âmbito do gerenciamento de resíduos sólidos das atividades relacionadas no art. 20 da Lei n. 12.305, de 2010, deverão estar descritas, quando couber, nos respectivos planos de gerenciamento de resíduos sólidos.

ART. 43. A União deverá criar, por meio de regulamento específico, programa com a finalidade de melhorar as condições de trabalho e as oportunidades de inclusão social e econômica dos catadores de materiais reutilizáveis e recicláveis.

ART. 44. As políticas públicas voltadas aos catadores de materiais reutilizáveis e recicláveis deverão observar:

I - a possibilidade de dispensa de licitação, nos termos do inciso XXVII do art. 24 da Lei n. 8.666, de 21 de junho de 1993, para a contratação de cooperativas ou associações de catadores de materiais reutilizáveis e recicláveis;

II - o estímulo à capacitação, à incubação e ao fortalecimento institucional de cooperativas, bem como à pesquisa voltada para sua integração nas ações que envolvam a responsabilidade compartilhada pelo ciclo de vida dos produtos; e

III - a melhoria das condições de trabalho dos catadores.

Parágrafo único. Para o atendimento do disposto nos incisos II e III do *caput*, poderão ser celebrados contratos, convênios ou outros instrumentos de colaboração com pessoas jurídicas de direito público ou privado, que atuem na criação e no desenvolvimento de cooperativas ou de outras formas de associação de catadores de materiais reutilizáveis e recicláveis, observada a legislação vigente.

TÍTULO VI
DOS PLANOS DE RESÍDUOS SÓLIDOS

CAPÍTULO I
DAS DISPOSIÇÕES GERAIS

ART. 45. São planos de resíduos sólidos:

I - o Plano Nacional de Resíduos Sólidos;

II - os planos estaduais de resíduos sólidos;

III - os planos microrregionais de resíduos sólidos e os planos de resíduos sólidos de regiões metropolitanas ou aglomerações urbanas;

IV - os planos intermunicipais de resíduos sólidos;

V - os planos municipais de gestão integrada de resíduos sólidos; e

VI - os planos de gerenciamento de resíduos sólidos.

§ 1º O Ministério do Meio Ambiente e os demais órgãos competentes darão ampla publicidade, inclusive por meio da rede mundial de computadores, à proposta preliminar, aos estudos que a fundamentaram, ao resultado das etapas de formulação e ao conteúdo dos planos referidos no Capítulo II deste Título, bem como assegurarão o controle social na sua formulação, implementação e operacionalização, observado o disposto na Lei n. 10.650, de 16 de abril de 2003, e na Lei n. 11.445, de 2007.

§ 2º Os planos de gerenciamento de resíduos da construção civil serão regidos pelas normas estabelecidas pelos órgãos competentes do SISNAMA.

CAPÍTULO II
DOS PLANOS DE RESÍDUOS SÓLIDOS ELABORADOS PELO PODER PÚBLICO

SEÇÃO I
DO PLANO NACIONAL DE RESÍDUOS SÓLIDOS

ART. 46. O Plano Nacional de Resíduos Sólidos será elaborado pela União, sob a coordenação do Ministério do Meio Ambiente, com vigência por prazo indeterminado e horizonte de vinte anos, devendo ser atualizado a cada quatro anos.

ART. 47. A elaboração do Plano Nacional de Resíduos Sólidos deverá ser feita de acordo com o seguinte procedimento:

I - formulação e divulgação da proposta preliminar em até cento e oitenta dias, contados a partir da publicação deste Decreto, acompanhada dos estudos que a fundamentam;

II - submissão da proposta à consulta pública, pelo prazo mínimo de sessenta dias, contados da data da sua divulgação;

III - realização de, no mínimo, uma audiência pública em cada região geográfica do País e uma audiência pública de âmbito nacional, no Distrito Federal, simultaneamente ao período de consulta pública referido no inciso II;

IV - apresentação da proposta daquele Plano, incorporadas as contribuições advindas da consulta e das audiências públicas, para apreciação dos Conselhos Nacionais de Meio Ambiente, das Cidades, de Recursos Hídricos, de Saúde e de Política Agrícola; e

V - encaminhamento pelo Ministro de Estado do Meio Ambiente ao Presidente da República da proposta de decreto que aprova aquele Plano.

SEÇÃO II
DOS PLANOS ESTADUAIS E DOS PLANOS REGIONAIS DE RESÍDUOS SÓLIDOS

ART. 48. Os planos estaduais de resíduos sólidos serão elaborados com vigência por prazo indeterminado, horizonte de atuação de vinte anos e deverão ser atualizados ou revistos a cada quatro anos.

Parágrafo único. Os planos estaduais de resíduos sólidos devem abranger todo o território do respectivo Estado e atender ao conteúdo mínimo previsto no art. 17 da Lei n. 12.305, de 2010.

ART. 49. Além dos planos estaduais, os Estados poderão elaborar planos microrregionais de resíduos sólidos, bem como planos de regiões metropolitanas ou aglomerações urbanas.

§ 1º Na elaboração e implementação dos planos referidos no *caput*, os Estados deverão assegurar a participação de todos os Municípios que integram a respectiva microrregião, região metropolitana ou aglomeração urbana.

§ 2º O conteúdo dos planos referidos no *caput* deverá ser estabelecido em conjunto com os Municípios que integram a respectiva microrregião, região metropolitana ou aglomeração urbana, não podendo ser excluída ou substituída qualquer das prerrogativas atinentes aos Municípios.

SEÇÃO III
DOS PLANOS MUNICIPAIS DE GESTÃO INTEGRADA DE RESÍDUOS SÓLIDOS

ART. 50. Os planos municipais de gestão integrada de resíduos sólidos serão elaborados consoante o disposto no art. 19 da Lei n. 12.305, de 2010.

§ 1º Os planos municipais de gestão integrada de resíduos sólidos deverão ser atualizados ou revistos, prioritariamente, de forma concomitante com a elaboração dos planos plurianuais municipais.

DECRETOS

§ 2º Os planos municipais de gestão integrada de resíduos sólidos deverão identificar e indicar medidas saneadoras para os passivos ambientais originados, entre outros, de:

I - áreas contaminadas, inclusive lixões e aterros controlados; e

II - empreendimentos sujeitos à elaboração de planos de gerenciamento de resíduos sólidos.

ART. 51. Os Municípios com população total inferior a vinte mil habitantes, apurada com base nos dados demográficos do censo mais recente da Fundação Instituto Brasileiro de Geografia Estatística - IBGE, poderão adotar planos municipais simplificados de gestão integrada de resíduos sólidos.

§ 1º Os planos municipais simplificados de gestão integrada de resíduos sólidos referidos no *caput* deverão conter:

I - diagnóstico da situação dos resíduos sólidos gerados no respectivo território, com a indicação da origem, do volume e da massa, a caracterização dos resíduos e as formas de destinação e disposição final adotadas;

II - identificação das áreas favoráveis para disposição final ambientalmente adequada de rejeitos, observado o plano diretor de que trata o § 1º do art. 182 da Constituição e o zoneamento ambiental, quando houver;

III - identificação da possibilidade de implantação de soluções consorciadas ou compartilhadas com outros Municípios, considerando a economia de escala, a proximidade dos locais estabelecidos e as formas de prevenção dos riscos ambientais;

IV - identificação dos resíduos sólidos e dos geradores sujeitos ao plano de gerenciamento ou ao sistema de logística reversa, conforme os arts. 20 e 33 da Lei n. 12.305, de 2010, observadas as disposições deste Decreto e as normas editadas pelos órgãos do SISNAMA e do SNVS;

V - procedimentos operacionais e especificações mínimas a serem adotadas nos serviços públicos de limpeza urbana e de manejo de resíduos sólidos, incluída a disposição final ambientalmente adequada de rejeitos, em consonância com o disposto na Lei n. 11.445, de 2007, e no Decreto n. 7.217, de 21 de junho de 2010;

VI - regras para transporte e outras etapas do gerenciamento de resíduos sólidos de que trata o art. 20 da Lei n. 12.305, de 2010, observadas as normas editadas pelos órgãos do SISNAMA e do SNVS, bem como as demais disposições previstas na legislação federal e estadual;

VII - definição das responsabilidades quanto à sua implementação e operacionalização pelo Poder Público, incluídas as etapas do plano de gerenciamento de resíduos sólidos;

VIII - programas e ações de educação ambiental que promovam a não geração, a redução, a reutilização, a coleta seletiva e a reciclagem de resíduos sólidos;

IX - programas e ações voltadas à participação de cooperativas e associações de catadores de materiais reutilizáveis e recicláveis formadas por pessoas físicas de baixa renda, quando houver;

X - sistema de cálculo dos custos da prestação dos serviços públicos de limpeza urbana e de manejo de resíduos sólidos, bem como a forma de cobrança desses serviços, observado o disposto na Lei n. 11.445, de 2007;

XI - metas de coleta seletiva e reciclagem dos resíduos;

XII - descrição das formas e dos limites da participação do Poder Público local na coleta seletiva e na logística reversa, respeitado o disposto no art. 33 da Lei n. 12.305, de 2010, e de outras ações relativas à responsabilidade compartilhada pelo ciclo de vida dos produtos;

XIII - identificação de áreas de disposição inadequada de resíduos e áreas contaminadas e respectivas medidas saneadoras; e

XIV - periodicidade de sua revisão.

§ 2º O disposto neste artigo não se aplica aos Municípios:

I - integrantes de áreas de especial interesse turístico;

II - inseridos na área de influência de empreendimentos ou atividades com significativo impacto ambiental de âmbito regional ou nacional; ou

III - cujo território abranja, total ou parcialmente, unidades de conservação.

ART. 52. Os Municípios que optarem por soluções consorciadas intermunicipais para gestão dos resíduos sólidos estão dispensados da elaboração do plano municipal de gestão integrada de resíduos sólidos, desde que o plano intermunicipal atenda ao conteúdo mínimo previsto no art. 19 da Lei n. 12.305, de 2010.

SEÇÃO IV
DA RELAÇÃO ENTRE OS PLANOS DE RESÍDUOS SÓLIDOS E DOS PLANOS DE SANEAMENTO BÁSICO NO QUE TANGE AO COMPONENTE DE LIMPEZA URBANA E MANEJO DE RESÍDUOS SÓLIDOS URBANOS

ART. 53. Os serviços públicos de limpeza urbana e de manejo de resíduos sólidos urbanos, compostos pelas atividades mencionadas no art. 3º, inciso I, alínea "c", e no art. 7º da Lei n. 11.445, de 2007, deverão ser prestados em conformidade com os planos de saneamento básico previstos na referida lei e no Decreto n. 7.217, de 2010.

ART. 54. No caso dos serviços mencionados no art. 53, os planos de resíduos sólidos deverão ser compatíveis com os planos de saneamento básico previstos na Lei n. 11.445, de 2007, e no Decreto n. 7.217, de 2010, sendo que:

I - o componente de limpeza urbana e manejo de resíduos sólidos urbanos do Plano Nacional de Resíduos Sólidos deverá atender ao conteúdo mínimo previsto no art. 52, inciso I, da Lei n. 11.445, de 2007, e no art. 15 da Lei n. 12.305, de 2010; e

II - o componente de limpeza urbana e manejo de resíduos sólidos urbanos dos planos municipais de gestão integrada de resíduos sólidos deverá atender ao conteúdo mínimo previsto no art. 19 da Lei n. 11.445, de 2007, e no art. 19 da Lei n. 12.305, de 2010.

§ 1º O Plano Nacional de Resíduos Sólidos deverá ser elaborado de forma articulada entre o Ministério do Meio Ambiente e os demais órgãos e entidades federais competentes, sendo obrigatória a participação do Ministério das Cidades na avaliação da compatibilidade do referido Plano com o Plano Nacional de Saneamento Básico.

§ 2º O componente de limpeza urbana e manejo de resíduos sólidos urbanos dos planos municipais de gestão integrada de resíduos sólidos poderá estar inserido nos planos de saneamento básico previstos no art. 19 da Lei n. 11.445, de 2007, devendo ser respeitado o conteúdo mínimo referido no art. 19 da Lei n. 12.305, de 2010, ou o disposto no art. 51, conforme o caso.

CAPÍTULO III
DOS PLANOS DE GERENCIAMENTO DE RESÍDUOS SÓLIDOS

SEÇÃO I
DAS REGRAS APLICÁVEIS AOS PLANOS DE GERENCIAMENTO DE RESÍDUOS SÓLIDOS

ART. 55. Os empreendimentos sujeitos à elaboração de plano de gerenciamento de resíduos sólidos localizados em um mesmo condomínio, Município, microrregião, região metropolitana ou aglomeração urbana, que exerçam atividades características de um mesmo setor produtivo e que possuam mecanismos formalizados de governança coletiva ou de cooperação em atividades de interesse comum, poderão optar pela apresentação do referido plano de forma coletiva e integrada.

Parágrafo único. O plano de gerenciamento de resíduos sólidos apresentado na forma do *caput* deverá conter a indicação individualizada das atividades e dos resíduos sólidos gerados, bem como as ações e responsabilidades atribuídas a cada um dos geradores.

ART. 56. Os responsáveis pelo plano de gerenciamento de resíduos sólidos deverão disponibilizar ao órgão municipal competente, ao órgão licenciador do SISNAMA e às demais autoridades competentes, com periodicidade anual, informações completas e atualizadas sobre a implementação e a operacionalização do plano sob sua responsabilidade, consoante as regras estabelecidas pelo órgão coordenador do Sistema Nacional de Informações Sobre a Gestão dos Resíduos Sólidos - SINIR, por meio eletrônico.

ART. 57. No processo de aprovação do plano de gerenciamento de resíduos sólidos, será assegurada a utilização dos subprodutos e resíduos de valor econômico não descartados, de origem animal ou vegetal, referidos na Lei n. 8.171, de 17 de janeiro de 1991, e na Lei n. 9.972, de 25 de maio de 2000, como insumos de cadeias produtivas.

Parágrafo único. Será ainda assegurado o aproveitamento de biomassa na produção de energia e o rerrefino de óleos lubrificantes usados, nos termos da legislação vigente.

SEÇÃO II
DO CONTEÚDO DOS PLANOS DE GERENCIAMENTO DE RESÍDUOS SÓLIDOS EM RELAÇÃO À PARTICIPAÇÃO DAS COOPERATIVAS E OUTRAS FORMAS DE ASSOCIAÇÃO DE CATADORES DE MATERIAIS RECICLÁVEIS

ART. 58. O plano de gerenciamento de resíduos sólidos dos empreendimentos listados no art. 20 da Lei n. 12.305, de 2010, poderá prever a participação de cooperativas ou de associações de catadores de materiais recicláveis no gerenciamento dos resíduos sólidos recicláveis ou reutilizáveis, quando:

I - houver cooperativas ou associações de catadores capazes técnica e operacionalmente de realizar o gerenciamento dos resíduos sólidos;

II - utilização de cooperativas e associações de catadores no gerenciamento dos resíduos sólidos for economicamente viável; e

III - não houver conflito com a segurança operacional do empreendimento.

ART. 59. No atendimento ao previsto no art. 58, o plano de gerenciamento de resíduos sólidos deverá especificar as atividades atribuídas às cooperativas e associações, considerando o conteúdo mínimo previsto no art. 21 da Lei n. 12.305, de 2010.

SEÇÃO III
DOS PLANOS DE GERENCIAMENTO DE RESÍDUOS SÓLIDOS RELATIVOS ÀS MICROEMPRESAS E EMPRESAS DE PEQUENO PORTE

ART. 60. As microempresas e empresas de pequeno porte, assim consideradas as referidas nos incisos I e II do art. 3º da Lei Complementar n. 123, de 14 de dezembro de 2006, que gerem apenas resíduos sólidos domiciliares ou equiparados pelo poder público municipal, nos termos do parágrafo único do art. 13 da Lei n. 12.305, de 2010, estão dispensadas de apresentar o plano de gerenciamento de resíduos sólidos.

ART. 61. O plano de gerenciamento de resíduos sólidos das microempresas e empresas de pequeno porte, quando exigível, poderá ser inserido no plano de gerenciamento de empresas com as quais operam de forma integrada, desde que estejam localizadas na área de abrangência da mesma autoridade de licenciamento ambiental.

Parágrafo único. Os planos de gerenciamento de resíduos sólidos apresentados na forma do *caput* conterão a indicação individualizada das atividades e dos resíduos sólidos gerados, bem como as ações e responsabilidades atribuídas a cada um dos empreendimentos.

ART. 62. Os planos de gerenciamento de resíduos sólidos das microempresas e empresas de pequeno porte poderão ser apresentados por meio de formulário simplificado, definido em ato do Ministério do Meio Ambiente, que deverá conter apenas as informações e medidas previstas no art. 21 da Lei n. 12.305, de 2010.

ART. 63. O disposto nesta Seção não se aplica às microempresas e empresas de pequeno porte geradoras de resíduos perigosos.

TÍTULO VII
DOS RESÍDUOS PERIGOSOS

CAPÍTULO I
DAS DISPOSIÇÕES GERAIS

ART. 64. Consideram-se geradores ou operadores de resíduos perigosos empreendimentos ou atividades:

I - cujo processo produtivo gere resíduos perigosos;

II - cuja atividade envolva o comércio de produtos que possam gerar resíduos perigosos e cujo risco seja significativo a critério do órgão ambiental;

III - que prestam serviços que envolvam a operação com produtos que possam gerar resíduos perigosos e cujo risco seja significativo a critério do órgão ambiental;

IV - que prestam serviços de coleta, transporte, transbordo, armazenamento, tratamento, destinação e disposição final de resíduos ou rejeitos perigosos; ou

V - que exercerem atividades classificadas em normas emitidas pelos órgãos do SISNAMA, SNVS ou SUASA como geradoras ou operadoras de resíduos perigosos.

ART. 65. As pessoas jurídicas que operam com resíduos perigosos, em qualquer fase do seu gerenciamento, são obrigadas a elaborar plano de gerenciamento de resíduos perigosos e submetê-lo ao órgão competente do SISNAMA e, quando couber, do SNVS e do SUASA, observadas as exigências previstas neste Decreto ou em normas técnicas específicas.

Parágrafo único. O plano de gerenciamento de resíduos perigosos poderá ser inserido no plano de gerenciamento de resíduos sólidos.

ART. 66. A instalação e o funcionamento de empreendimento ou atividade que gere ou opere com resíduos perigosos somente podem ser autorizados ou licenciados pelas autoridades competentes se o responsável comprovar, no mínimo, capacidade técnica e econômica, além de condições para prover os cuidados necessários ao gerenciamento desses resíduos.

Parágrafo único. Para fins de comprovação de capacidade técnica e econômica prevista no *caput*, os referidos empreendimentos ou atividades deverão:

I - dispor de meios técnicos e operacionais adequados para o atendimento da respectiva etapa do processo de gerenciamento dos resíduos sob sua responsabilidade, observadas as normas e outros critérios estabelecidos pelo órgão ambiental competente; e

II - apresentar, quando da concessão ou renovação do licenciamento ambiental, as demonstrações financeiras do último exercício social, a certidão negativa de falência, bem como a estimativa de custos anuais para o gerenciamento dos resíduos perigosos, ficando resguardado o sigilo das informações apresentadas.

ART. 67. No licenciamento ambiental de empreendimentos ou atividades que operem com resíduos perigosos, o órgão licenciador do SISNAMA pode exigir a contratação de seguro de responsabilidade civil por danos causados ao meio ambiente ou à saúde pública, observadas as regras sobre cobertura e os limites máximos de contratação estabelecidos pelo Conselho Nacional de Seguros Privados - CNSP.

Parágrafo único. A aplicação do disposto no *caput* deverá considerar o porte e as características da empresa.

CAPÍTULO II
DO CADASTRO NACIONAL DE OPERADORES DE RESÍDUOS PERIGOSOS

ART. 68. As pessoas jurídicas que operam com resíduos perigosos, em qualquer fase de seu gerenciamento, são obrigadas a se cadastrar no Cadastro Nacional de Operadores de Resíduos Perigosos.

Parágrafo único. As pessoas jurídicas referidas no *caput* deverão indicar responsável técnico pelo gerenciamento dos resíduos perigosos, devidamente habilitado, cujos dados serão mantidos atualizados no cadastro.

ART. 69. O Instituto Brasileiro do Meio Ambiente e dos Recursos Naturais Renováveis - IBAMA será responsável por coordenar o Cadastro Nacional de Operadores de Resíduos Perigosos, que será implantado de forma conjunta pelas autoridades federais, estaduais e municipais.

§ 1º O IBAMA deverá adotar medidas visando assegurar a disponibilidade e a publicidade do cadastro referido no *caput* aos órgãos e entidades interessados.

§ 2º O IBAMA deverá promover a integração do Cadastro Nacional de Operadores de Resíduos Perigosos com o Cadastro Técnico Federal de Atividades Potencialmente Poluidoras ou Utilizadoras de Recursos Ambientais e com o SINIR.

ART. 70. O Cadastro Nacional de Operadores de Resíduos Perigosos será composto com base nas informações constantes nos Planos de Gerenciamento de Resíduos Perigosos, no relatório específico anual do Cadastro Técnico Federal de Atividades Potencialmente Poluidoras ou Utilizadoras de Recursos Ambientais, bem como nas informações sobre a quantidade, a natureza e a destinação temporária ou final dos resíduos sob responsabilidade da respectiva pessoa jurídica, entre outras fontes.

TÍTULO VIII
DO SISTEMA NACIONAL DE INFORMAÇÕES SOBRE A GESTÃO DOS RESÍDUOS SÓLIDOS - SINIR

ART. 71. Fica instituído o Sistema Nacional de Informações Sobre a Gestão dos Resíduos Sólidos - SINIR, sob a coordenação e articulação do Ministério do Meio Ambiente, com a finalidade de:

I - coletar e sistematizar dados relativos à prestação dos serviços públicos e privados de gestão e gerenciamento de resíduos sólidos, inclusive dos sistemas de logística reversa implantados;

II - promover o adequado ordenamento para a geração, armazenamento, sistematização, compartilhamento, acesso e disseminação dos dados e informações de que trata o inciso I;

III - classificar os dados e informações de acordo com a sua importância e confidencialidade, em conformidade com a legislação vigente;

IV - disponibilizar estatísticas, indicadores e outras informações relevantes, inclusive visando à caracterização da demanda e da oferta de serviços públicos de gestão e gerenciamento de resíduos sólidos;

V - permitir e facilitar o monitoramento, a fiscalização e a avaliação da eficiência da gestão e gerenciamento de resíduos sólidos nos diversos níveis, inclusive dos sistemas de logística reversa implantados;

VI - possibilitar a avaliação dos resultados, dos impactos e o acompanhamento das metas dos planos e das ações de gestão e gerenciamento de resíduos sólidos nos diversos níveis, inclusive dos sistemas de logística reversa implantados;

VII - informar a sociedade sobre as atividades realizadas na implementação da Política Nacional de Resíduos Sólidos;

VIII - disponibilizar periodicamente à sociedade o diagnóstico da situação dos resíduos sólidos no País, por meio do Inventário Nacional de Resíduos Sólidos; e

IX - agregar as informações sob a esfera de competência da União, Estados, Distrito Federal e Municípios.

Parágrafo único. O SINIR deverá ser implementado no prazo máximo de dois anos, contados da publicação deste Decreto.

ART. 72. O SINIR será estruturado de modo a conter as informações fornecidas:

I - pelo Cadastro Nacional de Operadores de Resíduos Perigosos;

II - pelo Cadastro Técnico Federal de Atividades Potencialmente Poluidoras ou Utilizadoras de Recursos Ambientais;

III - pelo Cadastro Técnico Federal de Atividades e Instrumentos de Defesa Ambiental;

IV - pelos órgãos públicos competentes para a elaboração dos planos de resíduos sólidos referidos no art. 14 da Lei n. 12.305, de 2010;

V - pelos demais sistemas de informações que compõem o Sistema Nacional de Informações sobre Meio Ambiente - SINIMA; e

VI - pelo Sistema Nacional de Informações em Saneamento Básico - SINISA, no que se refere aos serviços públicos de limpeza urbana e manejo de resíduos sólidos.

ART. 73. A implementação do SINIR dar-se-á mediante:

I - articulação com o SINIMA e com o Sistema Nacional de Informações de Recursos Hídricos - SNIRH;

II - articulação com os órgãos integrantes do SISNAMA, para interoperabilidade entre os diversos sistemas de informação existentes e para o estabelecimento de padrões e ontologias para as unidades de informação componentes do SINIR;

III - integração ao SINISA no tocante aos serviços públicos de limpeza urbana e manejo de resíduos sólidos urbanos; e

IV - sistematização de dados, disponibilização de estatísticas e indicadores referentes à gestão e gerenciamento de resíduos sólidos.

ART. 74. O Ministério do Meio Ambiente apoiará os Estados, o Distrito Federal, os Municípios e os respectivos órgãos executores do SISNAMA na organização das informações, no desenvolvimento dos instrumentos e no financiamento das ações voltadas à implantação e manutenção do SINIR.

§ 1º O Ministério do Meio Ambiente, os Estados, o Distrito Federal e os Municípios, de forma conjunta, organizarão e manterão a infraestrutura necessária para receber, analisar, classificar, sistematizar, consolidar e divulgar dados e informações qualitativas e quantitativas sobre a gestão de resíduos sólidos.

§ 2º Os Estados, o Distrito Federal e os Municípios disponibilizarão anualmente ao SINIR as informações necessárias sobre os resíduos sólidos sob sua esfera de competência.

§ 3º Os planos de gestão de resíduos sólidos deverão ser disponibilizados pelos respectivos responsáveis no SINIR.

ART. 75. A coleta e sistematização de dados, a disponibilização de estatísticas e indicadores, o monitoramento e a avaliação da eficiência da prestação dos serviços públicos de limpeza urbana e manejo de resíduos sólidos serão realizados no âmbito do SINISA, nos termos do art. 53 da Lei n. 11.445, de 2007.

§ 1º O SINIR utilizará as informações do SINISA referentes às atividades previstas no *caput*.

§ 2º O Ministério do Meio Ambiente e o Ministério das Cidades deverão adotar as medidas necessárias para assegurar a integração entre o SINIR e o SINISA.

ART. 76. Os dados, informações, relatórios, estudos, inventários e instrumentos equivalentes que se refiram à regulação ou à fiscalização dos serviços relacionados à gestão dos resíduos sólidos, bem como aos direitos e deveres dos usuários e operadores, serão disponibilizados pelo SINIR na rede mundial de computadores.

§ 1º A publicidade das informações divulgadas por meio do SINIR observará o sigilo comercial, industrial, financeiro ou de qualquer outro tipo protegido por lei.

§ 2º As pessoas físicas e jurídicas que fornecerem informações de caráter sigiloso aos órgãos e entidades da administração pública deverão indicar essa circunstância, de forma expressa e fundamentada, a fim de que seja resguardado o sigilo a que se refere o § 1º.

TÍTULO IX
DA EDUCAÇÃO AMBIENTAL NA GESTÃO DOS RESÍDUOS SÓLIDOS

ART. 77. A educação ambiental na gestão dos resíduos sólidos é parte integrante da Política Nacional de Resíduos Sólidos e tem como objetivo o aprimoramento do conhecimento, dos valores, dos comportamentos e do estilo de vida relacionados com a gestão e o gerenciamento ambientalmente adequado dos resíduos sólidos.

§ 1º A educação ambiental na gestão dos resíduos sólidos obedecerá às diretrizes gerais fixadas na Lei n. 9.795, de 1999, e no Decreto n. 4.281, de 25 de junho de 2002, bem como às regras específicas estabelecidas na Lei n. 12.305, de 2010, e neste Decreto.

§ 2º O Poder Público deverá adotar as seguintes medidas, entre outras, visando o cumprimento do objetivo previsto no *caput*:

I - incentivar atividades de caráter educativo e pedagógico, em colaboração com entidades do setor empresarial e da sociedade civil organizada;

II - promover a articulação da educação ambiental na gestão dos resíduos sólidos com a Política Nacional de Educação Ambiental;

III - realizar ações educativas voltadas aos fabricantes, importadores, comerciantes e distribuidores, com enfoque diferenciado para os agentes envolvidos direta e indiretamente com os sistemas de coleta seletiva e logística reversa;

IV - desenvolver ações educativas voltadas à conscientização dos consumidores com relação ao consumo sustentável e às suas responsabilidades no âmbito da responsabilidade compartilhada de que trata a Lei n. 12.305, de 2010;

V - apoiar as pesquisas realizadas por órgãos oficiais, pelas universidades, por organizações não governamentais e por setores empresariais, bem como a elaboração de estudos, a coleta de dados e de informações sobre o comportamento do consumidor brasileiro;

VI - elaborar e implementar planos de produção e consumo sustentável;

VII - promover a capacitação dos gestores públicos para que atuem como multiplicadores nos diversos aspectos da gestão integrada dos resíduos sólidos; e

VIII - divulgar os conceitos relacionados com a coleta seletiva, com a logística reversa, com o consumo consciente e com a minimização da geração de resíduos sólidos.

§ 3º As ações de educação ambiental previstas neste artigo não excluem as responsabilidades dos fornecedores referentes ao dever de informar o consumidor para o cumprimento dos sistemas de logística reversa e coleta seletiva instituídos.

TÍTULO X
DAS CONDIÇÕES DE ACESSO A RECURSOS

ART. 78. A elaboração dos planos de resíduos sólidos previstos no art. 45 é condição, nos termos do art. 55 da Lei n. 12.305, de 2010, para que os Estados, o Distrito Federal e os Municípios tenham acesso a recursos da União ou por ela controlados, bem como para que sejam beneficiados por incentivos ou financiamentos de entidades federais de crédito ou fomento destinados, no âmbito de suas respectivas competências:

I - a empreendimentos e serviços relacionados à gestão de resíduos sólidos; ou

II - à limpeza urbana e manejo de resíduos sólidos.

Parágrafo único. O acesso aos recursos mencionados no *caput* fica condicionado à comprovação da regularidade fiscal perante a União.

ART. 79. A União e os órgãos ou entidades a ela vinculados darão prioridade no acesso aos recursos mencionados no art. 78:

I - aos Estados que instituírem microrregiões, consoante o § 3º do art. 25 da Constituição, para integrar a organização, o planejamento e a execução das ações a cargo de Municípios limítrofes na gestão dos resíduos sólidos;

II - ao Distrito Federal e aos Municípios que:

a) optarem por soluções consorciadas intermunicipais para a gestão dos resíduos sólidos, incluída a elaboração e implementação de plano intermunicipal, ou que se inserirem de forma voluntária nos planos microrregionais de resíduos sólidos referidos no art. 16 da Lei n. 12.305, de 2010; ou

b) implantarem a coleta seletiva com a participação de cooperativas ou outras formas de associação de catadores de materiais reutilizáveis e recicláveis formadas por pessoas físicas de baixa renda; e

III - aos consórcios públicos, constituídos na forma da Lei n. 11.105, de 2005.

§ 1º Os critérios de prioridade no acesso aos recursos previstos no *caput* não excluem outros critérios definidos em programas específicos instituídos pelo Poder Público Federal.

§ 2º Os Estados, o Distrito Federal, os Municípios e os consórcios públicos deverão atender às seguintes condições, entre outras estabelecidas na legislação vigente, para serem beneficiados com a prioridade no acesso aos recursos prevista do *caput*:

I - adotar, de forma efetiva, soluções regionalizadas para a organização, planejamento e execução das ações na gestão dos resíduos sólidos, no que concerne aos incisos I, II, alínea "a", e III do *caput*; e

II - manter os dados e informações atualizadas no SINIR, o que será comprovado mediante a apresentação de certidão de regularidade emitida pelo órgão coordenador do referido sistema.

TÍTULO XI
DOS INSTRUMENTOS ECONÔMICOS

ART. 80. As iniciativas previstas no art. 42 da Lei n. 12.305, de 2010, serão fomentadas por meio das seguintes medidas indutoras:

I - incentivos fiscais, financeiros e creditícios;

II - cessão de terrenos públicos;

III - destinação dos resíduos recicláveis descartados pelos órgãos e entidades da administração pública federal às associações e cooperativas dos catadores de materiais recicláveis, nos termos do Decreto n. 5.940, de 25 de outubro de 2006;

IV - subvenções econômicas;

V - fixação de critérios, metas, e outros dispositivos complementares de sustentabilidade ambiental para as aquisições e contratações públicas;

VI - pagamento por serviços ambientais, nos termos definidos na legislação; e

VII - apoio à elaboração de projetos no âmbito do Mecanismo de Desenvolvimento Limpo - MDL ou quaisquer outros mecanismos decorrentes da Convenção Quadro de Mudança do Clima das Nações Unidas.

Parágrafo único. O Poder Público poderá estabelecer outras medidas indutoras além das previstas no *caput*.

ART. 81. As instituições financeiras federais poderão também criar linhas especiais de financiamento para:

I - cooperativas ou outras formas de associação de catadores de materiais reutilizáveis e recicláveis, com o objetivo de aquisição de máquinas e equipamentos utilizados na gestão de resíduos sólidos;

II - atividades destinadas à reciclagem e ao reaproveitamento de resíduos sólidos, bem como atividades de inovação e desenvolvimento relativas ao gerenciamento de resíduos sólidos; e

III - atendimento a projetos de investimentos em gerenciamento de resíduos sólidos.

TÍTULO XII
DAS DISPOSIÇÕES FINAIS

ART. 82. Para efeitos do inciso I do art. 47 da Lei n. 12.305, de 2010, o deslocamento de material do leito de corpos d'água por meio de dragagem não se considera lançamento, devendo ser objeto de licenciamento ou autorização do órgão ambiental competente.

ART. 83. Quando decretada emergência sanitária, poderá ser realizada a queima de resíduos a céu aberto, desde que autorizada e acompanhada pelos órgãos competentes do SISNAMA, do SNVS e, quando couber, do SUASA.

ART. 84. O art. 62 do Decreto n. 6.514, de 22 de julho de 2008, passa a vigorar com a seguinte redação:

› Alterações promovidas no texto do referido decreto.

ART. 85. O Decreto n. 6.514, de 2008, passa a vigorar acrescido do seguinte artigo:

› Alterações promovidas no texto do referido decreto.

ART. 86. Este Decreto entra em vigor na data de sua publicação.

Brasília, 23 de dezembro de 2010;
189º da Independência e 122º da República.

LUIZ INÁCIO LULA DA SILVA

DECRETO N. 7.508, DE 28 DE JUNHO DE 2011

Regulamenta a Lei n. 8.080, de 19 de setembro de 1990, para dispor sobre a organização do Sistema Único de Saúde - SUS, o planejamento da saúde, a assistência à saúde e a articulação interfederativa, e dá outras providências.

› *DOU*, 29.06.2011.

A Presidenta da República, no uso da atribuição que lhe confere o art. 84, inciso IV, da Constituição, e tendo em vista o disposto na Lei n. 8.080, 19 de setembro de 1990,

Decreta:

CAPÍTULO I
DAS DISPOSIÇÕES PRELIMINARES

ART. 1º Este Decreto regulamenta a Lei n. 8.080, de 19 de setembro de 1990, para dispor sobre a organização do Sistema Único de Saúde - SUS, o planejamento da saúde, a assistência à saúde e a articulação interfederativa.

ART. 2º Para efeito deste Decreto, considera-se:

I - Região de Saúde - espaço geográfico contínuo constituído por agrupamentos de Municípios limítrofes, delimitado a partir de identidades culturais, econômicas e sociais e de redes de comunicação e infraestrutura de transportes compartilhados, com a finalidade de integrar a organização, o planejamento e a execução de ações e serviços de saúde;

II - Contrato Organizativo da Ação Pública da Saúde - acordo de colaboração firmado entre entes federativos com a finalidade de organizar e integrar as ações e serviços de saúde na rede regionalizada e hierarquizada, com definição de responsabilidades, indicadores e metas de saúde, critérios de avaliação de desempenho, recursos financeiros que serão disponibilizados, forma de controle e fiscalização de sua execução e demais elementos necessários à implementação integrada das ações e serviços de saúde;

III - Portas de Entrada - serviços de atendimento inicial à saúde do usuário no SUS;

IV - Comissões Intergestores - instâncias de pactuação consensual entre os entes federativos para definição das regras da gestão compartilhada do SUS;

V - Mapa da Saúde - descrição geográfica da distribuição de recursos humanos e de ações e serviços de saúde ofertados pelo SUS e pela iniciativa privada, considerando-se a capacidade instalada existente, os investimentos e o desempenho aferido a partir dos indicadores de saúde do sistema;

VI - Rede de Atenção à Saúde - conjunto de ações e serviços de saúde articulados em níveis de complexidade crescente, com a finalidade de garantir a integralidade da assistência à saúde;

VII - Serviços Especiais de Acesso Aberto - serviços de saúde específicos para o atendimento da pessoa que, em razão de agravo ou de situação laboral, necessita de atendimento especial; e

VIII - Protocolo Clínico e Diretriz Terapêutica - documento que estabelece: critérios para o diagnóstico da doença ou do agravo à saúde; o tratamento preconizado, com os medicamentos e demais produtos apropriados, quando couber; as posologias recomendadas; os mecanismos de controle clínico; e o acompanhamento e a verificação dos resultados terapêuticos, a serem seguidos pelos gestores do SUS.

CAPÍTULO II
DA ORGANIZAÇÃO DO SUS

ART. 3º O SUS é constituído pela conjugação das ações e serviços de promoção, proteção e recuperação da saúde executados pelos entes federativos, de forma direta ou indireta, mediante a participação complementar da iniciativa privada, sendo organizado de forma regionalizada e hierarquizada.

SEÇÃO I
DAS REGIÕES DE SAÚDE

ART. 4º As Regiões de Saúde serão instituídas pelo Estado, em articulação com os Municípios, respeitadas as diretrizes gerais pactuadas na Comissão Intergestores Tripartite - CIT a que se refere o inciso I do art. 30.

§ 1º Poderão ser instituídas Regiões de Saúde interestaduais, compostas por Municípios limítrofes, por ato conjunto dos respectivos Estados em articulação com os Municípios.

§ 2º A instituição de Regiões de Saúde situadas em áreas de fronteira com outros países deverá respeitar as normas que regem as relações internacionais.

ART. 5º Para ser instituída, a Região de Saúde deve conter, no mínimo, ações e serviços de:

I - atenção primária;

II - urgência e emergência;

III - atenção psicossocial;

IV - atenção ambulatorial especializada e hospitalar; e

V - vigilância em saúde.

Parágrafo único. A instituição das Regiões de Saúde observará cronograma pactuado nas Comissões Intergestores.

ART. 6º As Regiões de Saúde serão referência para as transferências de recursos entre os entes federativos.

ART. 7º As Redes de Atenção à Saúde estarão compreendidas no âmbito de uma Região de Saúde, ou de várias delas, em consonância com diretrizes pactuadas nas Comissões Intergestores.

Parágrafo único. Os entes federativos definirão os seguintes elementos em relação às Regiões de Saúde:

I - seus limites geográficos;

II - população usuária das ações e serviços;

III - rol de ações e serviços que serão ofertados; e

IV - respectivas responsabilidades, critérios de acessibilidade e escala para conformação dos serviços.

SEÇÃO II
DA HIERARQUIZAÇÃO

ART. 8º O acesso universal, igualitário e ordenado às ações e serviços de saúde se inicia pelas Portas de Entrada do SUS e se completa na rede regionalizada e hierarquizada, de acordo com a complexidade do serviço.

ART. 9º São Portas de Entrada às ações e aos serviços de saúde nas Redes de Atenção à Saúde os serviços:

I - de atenção primária;

II - de atenção de urgência e emergência;

III - de atenção psicossocial; e

IV - especiais de acesso aberto.

Parágrafo único. Mediante justificativa técnica e de acordo com o pactuado nas Comissões Intergestores, os entes federativos poderão criar novas Portas de Entrada às ações e serviços de saúde, considerando as características da Região de Saúde.

ART. 10. Os serviços de atenção hospitalar e os ambulatoriais especializados, entre outros de maior complexidade e densidade tecnológica, serão referenciados pelas Portas de Entrada de que trata o art. 9º.

ART. 11. O acesso universal e igualitário às ações e aos serviços de saúde será ordenado pela atenção primária e deve ser fundado na avaliação da gravidade do risco individual e coletivo e no critério cronológico, observadas as especificidades previstas para pessoas com proteção especial, conforme legislação vigente.

Parágrafo único. A população indígena contará com regramentos diferenciados de acesso, compatíveis com suas especificidades e com a necessidade de assistência integral à sua saúde, de acordo com disposições do Ministério da Saúde.

ART. 12. Ao usuário será assegurada a continuidade do cuidado em saúde, em todas as suas modalidades, nos serviços, hospitais e em outras unidades integrantes da rede de atenção da respectiva região.

Parágrafo único. As Comissões Intergestores pactuarão as regras de continuidade do acesso às ações e aos serviços de saúde na respectiva área de atuação.

ART. 13. Para assegurar ao usuário o acesso universal, igualitário e ordenado às ações e serviços de saúde do SUS, caberá aos entes federativos, além de outras atribuições que venham a ser pactuadas pelas Comissões Intergestores:

I - garantir a transparência, a integralidade e a equidade no acesso às ações e aos serviços de saúde;

II - orientar e ordenar os fluxos das ações e dos serviços de saúde;

III - monitorar o acesso às ações e aos serviços de saúde; e

IV - ofertar regionalmente as ações e os serviços de saúde.

ART. 14. O Ministério da Saúde disporá sobre critérios, diretrizes, procedimentos e demais medidas que auxiliem os entes federativos no cumprimento das atribuições previstas no art. 13.

CAPÍTULO III
DO PLANEJAMENTO DA SAÚDE

ART. 15. O processo de planejamento da saúde será ascendente e integrado, do nível local até o federal, ouvidos os respectivos Conselhos de Saúde, compatibilizando-se as necessidades das políticas de saúde com a disponibilidade de recursos financeiros.

§ 1º O planejamento da saúde é obrigatório para os entes públicos e será indutor de políticas para a iniciativa privada.

§ 2º A compatibilização de que trata o *caput* será efetuada no âmbito dos planos de saúde, os quais serão resultado do planejamento integrado dos entes federativos, e deverão conter metas de saúde.

§ 3º O Conselho Nacional de Saúde estabelecerá as diretrizes a serem observadas na elaboração dos planos de saúde, de acordo com as características epidemiológicas e da organização de serviços nos entes federativos e nas Regiões de Saúde.

ART. 16. No planejamento devem ser considerados os serviços e as ações prestados pela iniciativa privada, de forma complementar ou não ao SUS, os quais deverão compor os Mapas da Saúde regional, estadual e nacional.

ART. 17. O Mapa da Saúde será utilizado na identificação das necessidades de saúde e

DECRETOS

orientará o planejamento integrado dos entes federativos, contribuindo para o estabelecimento de metas de saúde.

ART. 18. O planejamento da saúde em âmbito estadual deve ser realizado de maneira regionalizada, a partir das necessidades dos Municípios, considerando o estabelecimento de metas de saúde.

ART. 19. Compete à Comissão Intergestores Bipartite - CIB de que trata o inciso II do art. 30 pactuar as etapas do processo e os prazos do planejamento municipal em consonância com os planejamentos estadual e nacional.

CAPÍTULO IV
DA ASSISTÊNCIA À SAÚDE

ART. 20. A integralidade da assistência à saúde se inicia e se completa na Rede de Atenção à Saúde, mediante referenciamento do usuário na rede regional e interestadual, conforme pactuado nas Comissões Intergestores.

SEÇÃO I
DA RELAÇÃO NACIONAL DE AÇÕES E SERVIÇOS DE SAÚDE - RENASES

ART. 21. A Relação Nacional de Ações e Serviços de Saúde - RENASES compreende todas as ações e serviços que o SUS oferece ao usuário para atendimento da integralidade da assistência à saúde.

ART. 22. O Ministério da Saúde disporá sobre a RENASES em âmbito nacional, observadas as diretrizes pactuadas pela CIT.

Parágrafo único. A cada dois anos, o Ministério da Saúde consolidará e publicará as atualizações da RENASES.

ART. 23. A União, os Estados, o Distrito Federal e os Municípios pactuarão nas respectivas Comissões Intergestores as suas responsabilidades em relação ao rol de ações e serviços constantes da RENASES.

ART. 24. Os Estados, o Distrito Federal e os Municípios poderão adotar relações específicas e complementares de ações e serviços de saúde, em consonância com a RENASES, respeitadas as responsabilidades dos entes pelo seu financiamento, de acordo com o pactuado nas Comissões Intergestores.

SEÇÃO II
DA RELAÇÃO NACIONAL DE MEDICAMENTOS ESSENCIAIS - RENAME

ART. 25. A Relação Nacional de Medicamentos Essenciais - RENAME compreende a seleção e a padronização de medicamentos indicados para atendimento de doenças ou de agravos no âmbito do SUS.

Parágrafo único. A RENAME será acompanhada do Formulário Terapêutico Nacional - FTN que subsidiará a prescrição, a dispensação e o uso dos seus medicamentos.

ART. 26. O Ministério da Saúde é o órgão competente para dispor sobre a RENAME e os Protocolos Clínicos e Diretrizes Terapêuticas em âmbito nacional, observadas as diretrizes pactuadas pela CIT.

Parágrafo único. A cada dois anos, o Ministério da Saúde consolidará e publicará as atualizações da RENAME, do respectivo FTN e dos Protocolos Clínicos e Diretrizes Terapêuticas.

ART. 27. O Estado, o Distrito Federal e o Município poderão adotar relações específicas e complementares de medicamentos, em consonância com a RENAME, respeitadas as responsabilidades dos entes pelo financiamento de medicamentos, de acordo com o pactuado nas Comissões Intergestores.

ART. 28. O acesso universal e igualitário à assistência farmacêutica pressupõe, cumulativamente:

I - estar o usuário assistido por ações e serviços de saúde do SUS;

II - ter o medicamento sido prescrito por profissional de saúde, no exercício regular de suas funções no SUS;

III - estar a prescrição em conformidade com a RENAME e os Protocolos Clínicos e Diretrizes Terapêuticas ou com a relação específica complementar estadual, distrital ou municipal de medicamentos; e

IV - ter a dispensação ocorrido em unidades indicadas pela direção do SUS.

§ 1º Os entes federativos poderão ampliar o acesso do usuário à assistência farmacêutica, desde que questões de saúde pública o justifiquem.

§ 2º O Ministério da Saúde poderá estabelecer regras diferenciadas de acesso a medicamentos de caráter especializado.

ART. 29. A RENAME e a relação específica complementar estadual, distrital ou municipal de medicamentos somente poderão conter produtos com registro na Agência Nacional de Vigilância Sanitária - ANVISA.

CAPÍTULO V
DA ARTICULAÇÃO INTERFEDERATIVA

SEÇÃO I
DAS COMISSÕES INTERGESTORES

ART. 30. As Comissões Intergestores pactuarão a organização e o funcionamento das ações e serviços de saúde integrados em redes de atenção à saúde, sendo:

I - a CIT, no âmbito da União, vinculada ao Ministério da Saúde para efeitos administrativos e operacionais;

II - a CIB, no âmbito do Estado, vinculada à Secretaria Estadual de Saúde para efeitos administrativos e operacionais; e

III - a Comissão Intergestores Regional - CIR, no âmbito regional, vinculada à Secretaria Estadual de Saúde para efeitos administrativos e operacionais, devendo observar as diretrizes da CIB.

ART. 31. Nas Comissões Intergestores, os gestores públicos de saúde poderão ser representados pelo Conselho Nacional de Secretários de Saúde - CONASS, pelo Conselho Nacional de Secretarias Municipais de Saúde - CONASEMS e pelo Conselho Estadual de Secretarias Municipais de Saúde - COSEMS.

ART. 32. As Comissões Intergestores pactuarão:

I - aspectos operacionais, financeiros e administrativos da gestão compartilhada do SUS, de acordo com a definição da política de saúde dos entes federativos, consubstanciada nos seus planos de saúde, aprovados pelos respectivos conselhos de saúde;

II - diretrizes gerais sobre Regiões de Saúde, integração de limites geográficos, referência e contrarreferência e demais aspectos vinculados à integração das ações e serviços de saúde entre os entes federativos;

III - diretrizes de âmbito nacional, estadual, regional e interestadual, a respeito da organização das redes de atenção à saúde, principalmente no tocante à gestão institucional e à integração das ações e serviços dos entes federativos;

IV - responsabilidades dos entes federativos na Rede de Atenção à Saúde, de acordo com o seu porte demográfico e seu desenvolvimento econômico-financeiro, estabelecendo as responsabilidades individuais e as solidárias; e

V - referências das regiões intraestaduais e interestaduais de atenção à saúde para o atendimento da integralidade da assistência.

Parágrafo único. Serão de competência exclusiva da CIT a pactuação:

I - das diretrizes gerais para a composição da RENASES;

II - dos critérios para o planejamento integrado das ações e serviços de saúde da Região de Saúde, em razão do compartilhamento da gestão; e

III - das diretrizes nacionais, do financiamento e das questões operacionais das Regiões de Saúde situadas em fronteiras com outros países, respeitadas, em todos os casos, as normas que regem as relações internacionais.

SEÇÃO II
DO CONTRATO ORGANIZATIVO DA AÇÃO PÚBLICA DA SAÚDE

ART. 33. O acordo de colaboração entre os entes federativos para a organização da rede interfederativa de atenção à saúde será firmado por meio de Contrato Organizativo da Ação Pública da Saúde.

ART. 34. O objeto do Contrato Organizativo de Ação Pública da Saúde é a organização e a integração das ações e dos serviços de saúde, sob a responsabilidade dos entes federativos em uma Região de Saúde, com a finalidade de garantir a integralidade da assistência aos usuários.

Parágrafo único. O Contrato Organizativo de Ação Pública da Saúde resultará da integração dos planos de saúde dos entes federativos na Rede de Atenção à Saúde, tendo como fundamento as pactuações estabelecidas pela CIT.

ART. 35. O Contrato Organizativo de Ação Pública da Saúde definirá as responsabilidades individuais e solidárias dos entes federativos com relação às ações e serviços de saúde, os indicadores e as metas de saúde, os critérios de avaliação de desempenho, os recursos financeiros que serão disponibilizados, a forma de controle e fiscalização da sua execução e demais elementos necessários à implementação integrada das ações e serviços de saúde.

§ 1º O Ministério da Saúde definirá indicadores nacionais de garantia de acesso às ações e aos serviços de saúde no âmbito do SUS, a partir de diretrizes estabelecidas pelo Plano Nacional de Saúde.

§ 2º O desempenho aferido a partir dos indicadores nacionais de garantia de acesso servirá como parâmetro para avaliação do desempenho da prestação das ações e dos serviços definidos no Contrato Organizativo de Ação Pública de Saúde em todas as Regiões de Saúde, considerando-se as especificidades municipais, regionais e estaduais.

ART. 36. O Contrato Organizativo da Ação Pública de Saúde conterá as seguintes disposições essenciais:

I - identificação das necessidades de saúde locais e regionais;

II - oferta de ações e serviços de vigilância em saúde, promoção, proteção e recuperação da saúde em âmbito regional e inter-regional;

III - responsabilidades assumidas pelos entes federativos perante a população no processo de regionalização, as quais serão estabelecidas de forma individualizada, de acordo com o perfil, a organização e a capacidade de prestação das ações e dos serviços de cada ente federativo da Região de Saúde;

IV - indicadores e metas de saúde;

V - estratégias para a melhoria das ações e serviços de saúde;

VI - critérios de avaliação dos resultados e forma de monitoramento permanente;

VII - adequação das ações e dos serviços dos entes federativos em relação às atualizações realizadas na RENASES;

VIII - investimentos na rede de serviços e as respectivas responsabilidades; e

IX - recursos financeiros que serão disponibilizados por cada um dos partícipes para sua execução.

Parágrafo único. O Ministério da Saúde poderá instituir formas de incentivo ao cumprimento das metas de saúde e à melhoria das ações e serviços de saúde.

ART. 37. O Contrato Organizativo de Ação Pública de Saúde observará as seguintes diretrizes básicas para fins de garantia da gestão participativa:

I - estabelecimento de estratégias que incorporem a avaliação do usuário das ações e dos serviços, como ferramenta de sua melhoria;

II - apuração permanente das necessidades e interesses do usuário; e

III - publicidade dos direitos e deveres do usuário na saúde em todas as unidades de saúde do SUS, inclusive nas unidades privadas que dele participem de forma complementar.

ART. 38. A humanização do atendimento do usuário será fator determinante para o estabelecimento das metas de saúde previstas no Contrato Organizativo de Ação Pública de Saúde.

ART. 39. As normas de elaboração e fluxos do Contrato Organizativo de Ação Pública de Saúde serão pactuados pelo CIT, cabendo à Secretaria de Saúde Estadual coordenar a sua implementação.

ART. 40. O Sistema Nacional de Auditoria e Avaliação do SUS, por meio de serviço especializado, fará o controle e a fiscalização do Contrato Organizativo de Ação Pública da Saúde.

§ 1º O Relatório de Gestão a que se refere o inciso IV do art. 4º da Lei n. 8.142, de 28 de dezembro de 1990, conterá seção específica relativa aos compromissos assumidos no âmbito do Contrato Organizativo de Ação Pública de Saúde.

§ 2º O disposto neste artigo será implementado em conformidade com as demais formas de controle e fiscalização previstas em Lei.

ART. 41. Aos partícipes caberá monitorar e avaliar a execução do Contrato Organizativo de Ação Pública de Saúde, em relação ao cumprimento das metas estabelecidas, ao seu desempenho e à aplicação dos recursos disponibilizados.

Parágrafo único. Os partícipes incluirão dados sobre o Contrato Organizativo de Ação Pública de Saúde no sistema de informações em saúde organizado pelo Ministério da Saúde e os encaminhará ao respectivo Conselho de Saúde para monitoramento.

CAPÍTULO VI
DAS DISPOSIÇÕES FINAIS

ART. 42. Sem prejuízo das outras providências legais, o Ministério da Saúde informará aos órgãos de controle interno e externo:

I - o descumprimento injustificado de responsabilidades na prestação de ações e serviços de saúde e de outras obrigações previstas neste Decreto;

II - a não apresentação do Relatório de Gestão a que se refere o inciso IV do art. 4º da Lei n. 8.142, de 1990;

III - a não aplicação, malversação ou desvio de recursos financeiros; e

IV - outros atos de natureza ilícita de que tiver conhecimento.

ART. 43. A primeira RENASES é a somatória de todas as ações e serviços de saúde que na data da publicação deste Decreto são ofertados pelo SUS à população, por meio dos entes federados, de forma direta ou indireta.

ART. 44. O Conselho Nacional de Saúde estabelecerá as diretrizes de que trata o § 3º do art. 15 no prazo de cento e oitenta dias a partir da publicação deste Decreto.

ART. 45. Este Decreto entra em vigor na data de sua publicação.

Brasília, 28 de junho de 2011; 190º da Independência e 123º da República.

DILMA ROUSSEFF

DECRETO N. 7.546, DE 2 DE AGOSTO DE 2011

Regulamenta o disposto nos §§ 5º a 12 do art. 3º da Lei n. 8.666, de 21 de junho de 1993, e institui a Comissão Interministerial de Compras Públicas.

› *DOU*, 03.08.2011.

A Presidenta da República, no uso das atribuições que lhe confere o art. 84, incisos IV e VI, alínea "a", da Constituição, e tendo em vista o disposto na Lei n. 8.666, de 21 de junho de 1993,

Decreta:

ART. 1º A aplicação de margem de preferência para produtos manufaturados e serviços nacionais e de medidas de compensação comercial, industrial, tecnológica ou de acesso a condições vantajosas de financiamento, de que tratam os §§ 5º a 12 do art. 3º da Lei n. 8.666, de 21 de junho de 1993, observará o disposto neste Decreto.

ART. 2º Para os fins deste Decreto, considera-se:

I - Margem de preferência normal - diferencial de preços entre os produtos manufaturados nacionais e serviços nacionais e os produtos manufaturados estrangeiros e serviços estrangeiros, que permite assegurar preferência à contratação de produtos manufaturados nacionais e serviços nacionais;

II - Margem de preferência adicional - margem de preferência cumulativa com a prevista no inciso I do *caput*, assim entendida como o diferencial de preços entre produtos manufaturados nacionais e serviços nacionais, resultantes de desenvolvimento e inovação tecnológica realizados no País, e produtos manufaturados estrangeiros e serviços estrangeiros, que permite assegurar preferência à contratação de produtos manufaturados nacionais e serviços nacionais;

III - Medida de compensação industrial, comercial ou tecnológica - qualquer prática compensatória estabelecida como condição para o fortalecimento da produção de bens, do desenvolvimento tecnológico ou da prestação de serviços, com a intenção de gerar benefícios de natureza industrial, tecnológica ou comercial concretizados, entre outras formas, como:

a) coprodução;

b) produção sob licença;

c) produção subcontratada;

d) investimento financeiro em capacitação industrial e tecnológica;

e) transferência de tecnologia;

f) obtenção de materiais e meios auxiliares de instrução;

g) treinamento de recursos humanos;

h) contrapartida comercial; ou

i) contrapartida industrial;

IV - Produto manufaturado nacional - produto que tenha sido submetido a qualquer operação que modifique a sua natureza, a natureza de seus insumos, a sua finalidade ou o aperfeiçoe para o consumo, produzido no território nacional de acordo com o processo produtivo básico definido nas Leis n. 8.387, de 30 de dezembro de 1991, e 8.248, de 23 de outubro de 1991, ou com as regras de origem estabelecidas pelo Poder Executivo federal, tendo como padrão mínimo as regras de origem do Mercosul;

V - Serviço nacional - serviço prestado no País, nos termos, limites e condições estabelecidos nos atos do Poder Executivo que estipulem a margem de preferência por serviço ou grupo de serviços;

VI - Produto manufaturado estrangeiro e serviço estrangeiro - aquele que não se enquadre nos conceitos estabelecidos nos incisos IV e V do *caput*, respectivamente; e

VII - Normas técnicas brasileiras - normas técnicas produzidas e divulgadas pelos órgãos oficiais competentes, entre eles a Associação Brasileira de Normas Técnicas - ABNT e outras entidades designadas pelo Conselho Nacional de Metrologia, Normalização e Qualidade Industrial - CONMETRO.

ART. 3º Nas licitações no âmbito da administração pública federal será assegurada, na forma prevista em regulamentos específicos, margem de preferência, nos termos previstos neste Decreto, para produtos manufaturados nacionais e serviços nacionais que atendam, além dos regulamentos técnicos pertinentes, a normas técnicas brasileiras, limitada a vinte e cinco por cento acima do preço dos produtos manufaturados estrangeiros e serviços estrangeiros.

§ 1º Para os fins deste Decreto, entende-se como administração pública federal, além dos órgãos da administração direta, os fundos especiais, as autarquias, as fundações públicas, as empresas públicas, as sociedades de economia mista e as demais entidades controladas direta ou indiretamente pela União.

§ 2º Os estados, o Distrito Federal, os municípios e os demais poderes da União poderão adotar as margens de preferência estabelecidas pelo Poder Executivo federal, previstas nos §§ 5º e 7º do art. 3º da Lei n. 8.666, de 1993.

§ 3º A margem de preferência normal será calculada em termos percentuais em relação à proposta melhor classificada para produtos manufaturados estrangeiros ou serviços estrangeiros, conforme definido em decreto, nos termos do art. 5º.

§ 4º Os produtos manufaturados nacionais e os serviços nacionais resultantes de desenvolvimento e inovação tecnológica realizados no País poderão ter margem de preferência adicional, definida em decreto, nos termos do art. 5º, que, acumulada à margem de preferência normal, não poderá ultrapassar o limite de vinte e cinco por cento, conforme previsto no *caput*.

§ 5º Para fins de aplicação do § 4º, os Ministérios da Ciência e Tecnologia e do Desenvolvimento, Indústria e Comércio Exterior estabelecerão os requisitos e critérios para verificação dos produtos e serviços resultantes de desenvolvimento e inovação tecnológica realizados no País, após proposição da Comissão a que se refere o artigo 7º.

DECRETOS

§ 6º A aplicação de margem de preferência não exclui o acréscimo dos gravames previstos no § 4º do art. 42 da Lei n. 8.666, de 1993.

ART. 4º As margens de preferência normais e adicionais não se aplicam aos bens e serviços cuja capacidade de produção ou de prestação no País seja inferior à quantidade de bens a ser adquirida ou de serviços a ser contratada.

Parágrafo único. Na hipótese prevista no art. 23, § 7º, da Lei n. 8.666, de 1993, não serão aplicadas as margens de preferência aos bens e serviços cuja capacidade de produção ou de prestação no País seja inferior ao quantitativo mínimo fixado no edital para preservar a economia de escala.

ART. 5º O Decreto que estabelecer as margens de preferência discriminará a abrangência de sua aplicação e poderá fixar o universo de normas técnicas brasileiras aplicáveis por produto, serviço, grupo de produtos e grupo de serviços para os fins do disposto neste Decreto.

ART. 6º Os editais de licitação para a contratação de bens, serviços e obras poderão, mediante prévia justificativa da autoridade competente, exigir que o contratado promova, em favor de órgão ou entidade integrante da administração pública ou daqueles por ele indicados, a partir de processo isonômico, medidas de compensação comercial, industrial, tecnológica ou de acesso a condições vantajosas de financiamento, cumulativamente ou não, na forma estabelecida em decreto, nos termos do art. 5º.

Parágrafo único. A aplicação das condições vantajosas de financiamento para serviços e obras de que trata o § 11 do art. 3º da Lei n. 8.666, de 1993, observará o disposto no § 3º do art. 7º da referida Lei.

ART. 7º Fica instituída a Comissão Interministerial de Compras Públicas - CI-CP.

Parágrafo único. A CI-CP terá caráter temporário, com atribuições específicas atinentes à proposição e ao acompanhamento da aplicação da margem de preferência para produtos manufaturados nacionais e serviços nacionais e das medidas de compensação comercial, industrial, tecnológica ou de acesso a condições vantajosas de financiamento, de que trata este Decreto.

ART. 8º À CI-CP compete:

I - elaborar proposições normativas referentes a:

a) margens de preferência normais e margens de preferência adicionais máximas; e

b) medidas de compensação tecnológica, industrial, comercial ou de acesso a condições vantajosas de financiamento;

II - analisar estudos setoriais para subsidiar a definição e a implementação das margens de preferência por produto, serviço, grupo de produtos ou grupo de serviços e das medidas de compensação referidas no inciso I do *caput*;

III - promover avaliações de impacto econômico, para examinar os efeitos da política de margem de preferência e de medidas de compensação nas compras públicas sobre o desenvolvimento nacional, considerando o disposto na Lei n. 12.349, de 15 de dezembro de 2010;

IV - acompanhar e avaliar a evolução e a efetiva implantação das margens de preferência e medidas de compensação no processo de compras públicas;

V - propor o universo de normas técnicas brasileiras aplicáveis por produto, serviço, grupo de produtos e grupo de serviços para os fins do disposto neste Decreto; e

VI - elaborar seu regimento.

§ 1º A proposição das margens de preferência será realizada com base em estudos, revistos periodicamente, em prazo não superior a cinco anos, que identifiquem, entre outros:

I - o potencial de geração de emprego e renda no País;

II - o efeito multiplicador sobre a arrecadação de tributos federais, estaduais e municipais;

III - o potencial de desenvolvimento e inovação tecnológica realizados no País;

IV - o custo adicional dos produtos e serviços; e

V - em suas revisões, a análise retrospectiva de resultados.

§ 2º Os estudos de que trata o § 1º serão elaborados a partir de informações oficiais, com fundamento em métodos de reconhecida confiabilidade técnica, podendo-se utilizar, de maneira complementar, informações de outras fontes, de reconhecida idoneidade e especialização técnica.

§ 3º A fixação das margens de preferência e de medidas de compensação observará as diretrizes gerais das políticas industrial, tecnológica e de comércio exterior vigentes.

§ 4º As medidas de compensação tecnológica referidas na alínea "b" do inciso I do *caput* deverão ser promovidas, prioritariamente, no setor de competência do contratante.

§ 5º As proposições de que trata a alínea "a" do inciso I do *caput* preverão critérios segundo os quais as margens serão alteradas.

§ 6º O regime de origem para produtos manufaturados nacionais, para efeito de aplicação das margens de preferência, será definido pelo Ministério do Desenvolvimento, Indústria e Comércio Exterior, após proposição da CI-CP.

§ 7º As proposições de que trata o inciso I do *caput* serão encaminhadas à Presidência da República pelo Ministério da Fazenda.

ART. 9º A CI-CP será integrada pelos seguintes Ministros de Estado:

I - da Fazenda, que a presidirá;

II - do Planejamento, Orçamento e Gestão;

III - do Desenvolvimento, Indústria e Comércio Exterior;

IV - da Ciência e Tecnologia; e

V - das Relações Exteriores.

§ 1º Os Ministros indicarão seus suplentes na CI-CP, devendo estes ocupar cargo de Secretário, Diretor ou equivalente nos respectivos ministérios.

§ 2º Os suplentes indicados na forma do § 1º serão designados pelo Ministro da Fazenda.

§ 3º A participação nas atividades da CI-CP é considerada serviço público relevante e não enseja remuneração.

§ 4º A CI-CP terá suporte de Grupo de Apoio Técnico, constituído por técnicos indicados por cada órgão representado, designados pela Secretaria-Executiva da CI-CP, com o objetivo de assessorar a Comissão no desempenho de suas funções.

§ 5º A CI-CP deverá convidar os ministérios setoriais envolvidos para apoiar a execução dos trabalhos e para subsidiar as deliberações na definição das margens de preferência e das medidas de compensação.

§ 6º A CI-CP poderá convidar especialistas, pesquisadores e representantes de outros órgãos e entidades públicas ou privadas para apoiar a execução dos trabalhos.

§ 7º A CI-CP poderá criar comitês e subcomitês, com o intuito de prover subsídios técnicos necessários ao exercício das suas atribuições.

§ 8º A CI-CP se reunirá mensalmente e, extraordinariamente, sempre que o Presidente a convocar, estando presente a maioria de seus membros, decidindo por maioria simples.

§ 9º A Secretaria de Política Econômica do Ministério da Fazenda exercerá a atribuição de Secretaria-Executiva da CI-CP.

ART. 10. Nas contratações a que se refere o § 12 do art. 3º da Lei n. 8.666, de 1993, destinadas à implantação, manutenção e aperfeiçoamento dos sistemas de tecnologia da informação e comunicação, a licitação poderá ser restrita a bens e serviços com tecnologia desenvolvida no País e produzidos de acordo com o processo produtivo básico de que trata a Lei n. 10.176, de 11 de janeiro de 2001, desde que considerados estratégicos por meio de ato conjunto dos Ministérios do Planejamento, Orçamento e Gestão, de Ciência e Tecnologia e do Desenvolvimento, Indústria e Comércio Exterior.

Parágrafo único. O ato conjunto previsto no *caput* deverá explicitar a vinculação dos bens e serviços de tecnologia da informação e comunicação aos critérios previstos no art. 6º, inciso XIX, da Lei n. 8.666, de 1993.

ART. 11. O Ministério do Planejamento, Orçamento e Gestão, ouvida a CI-CP, disciplinará os procedimentos necessários à implementação do disposto neste Decreto.

ART. 12. Este Decreto entra em vigor na data de sua publicação.

Brasília, 2 de agosto de 2011;
190º da Independência e 123º da República.
DILMA ROUSSEFF

DECRETO N. 7.555, DE 19 DE AGOSTO DE 2011

Regulamenta os arts. 14 a 20 da Lei n. 12.546, de 14 de dezembro de 2011, que dispõem sobre a incidência do Imposto sobre Produtos Industrializados - IPI, no mercado interno e na importação, relativo aos cigarros classificados no código 2402.20.00 da Tabela de Incidência do Imposto sobre Produtos Industrializados - Tipi, e dá outras providências.

- Ementa alterada pelo Dec. 8.656/2016.
- *DOU*, 22.8.2011.

A Presidenta da República, no uso da atribuição que lhe confere o inciso IV do *caput* do art. 84 da Constituição, e tendo em vista o disposto nos arts. 14 a 20 da Lei n. 12.546, de 14 de dezembro de 2011, e no art. 6º da Lei n.12.402, de 2 de maio de 2011, (Alterado pelo Dec. 8.656/2016.)

Decreta:

ART. 1º O Imposto sobre Produtos Industrializados - IPI relativo aos cigarros classificados no código 2402.20.00, excetuados os classificados no Ex 01, da Tabela de Incidência do Imposto sobre Produtos Industrializados - TIPI aprovada pelo Decreto n. 6.006, de 28 de dezembro de 2006, será exigido na forma prevista neste Decreto e nos demais dispositivos pertinentes da legislação em vigor.

ART. 2º Os sujeitos passivos da obrigação tributária de que trata o art. 1º são os importadores e as pessoas jurídicas que procedam à industrialização dos cigarros, referidos neste Decreto como sujeitos passivos.

Parágrafo único. O disposto no *caput* também se aplica aos importadores e às pessoas jurídicas que procedam à industrialização de cigarrilhas classificadas no código 2402.10.00 da TIPI.

ART. 3º O IPI de que trata o art. 1º será apurado e recolhido uma única vez:

I - pelo estabelecimento industrial, em relação às saídas dos cigarros destinados ao mercado interno; ou

II - pelo importador, no desembaraço aduaneiro dos cigarros de procedência estrangeira.

§ 1º Na hipótese de adoção de preços diferenciados para a mesma marca comercial de cigarro, prevalecerá, para fins de apuração e recolhimento do IPI, o maior preço de venda no varejo praticado em cada Estado ou no Distrito Federal. (Alterado pelo Dec. 7.990/2013.)

§ 2º Para fins de aplicação do disposto no § 1º será considerada como marca comercial o nome a ela associado, bem como as características físicas do produto, inclusive em relação ao tipo de embalagem e comprimento do cigarro.

§ 3º O disposto neste artigo aplica-se ao regime geral de tributação previsto no art. 4º e ao regime especial previsto nos arts. 5º e 6º.

§ 4º A Secretaria da Receita Federal do Brasil divulgará, por meio de seu sítio na Internet, o nome das marcas comerciais de cigarros e os preços de venda no varejo de que trata o § 1º, bem como a data de início da vigência dos mesmos.

DO REGIME GERAL

ART. 4º Os sujeitos passivos que não fizerem a opção pelo regime especial, nos termos do art. 6º, ficam sujeitos ao regime geral de tributação, no qual o IPI será apurado mediante aplicação da alíquota de trezentos por cento.

§ 1º Para a apuração da base de cálculo do IPI, conforme dispõe o inciso I do art. 4º do Decreto-Lei n. 1.593, de 21 de dezembro de 1977, o valor tributável será o que resultar da aplicação do percentual de quinze por cento sobre o preço de venda no varejo dos cigarros.

§ 2º O IPI será calculado mediante aplicação da alíquota de que trata o *caput* sobre o valor tributável disposto no § 1º.

DO REGIME ESPECIAL

ART. 5º Os sujeitos passivos poderão optar por regime especial de apuração e recolhimento do IPI, no qual o valor do imposto será obtido pelo somatório de duas parcelas, calculadas mediante a utilização, conforme cronograma, das seguintes alíquotas:

- (Alterada pelo Dec. 7.593/2011.)

VIGÊNCIA	ALÍQUOTAS		
	AD VALOREM	ESPECÍFICA	
		MAÇO	BOX
01/12/2011 a 30/04/2012	0%	R$ 0,80	R$ 1,15
01/05/2012 a 31/12/2012	40,0%	R$ 0,90	R$ 1,20
01/01/2013 a 31/12/2013	47,0%	R$ 1,05	R$ 1,25
01/01/2014 a 31/12/2014	54,0%	R$ 1,20	R$ 1,30
01/01/2015 a 30/04/2016	60,0%	R$ 1,30	R$ 1,30
01/05/2016 a 30/11/2016	63,3%	R$ 1,40	R$ 1,40
A partir de 01/12/2016	66,7%	R$ 1,50	R$ 1,50

- (Tabela alterada pelo Dec. 8.656/2016. Produção de efeitos: a partir de 1º.05.2016.)

§ 1º Para fins de aplicação do *caput*:

I - deverá ser observado o disposto nos §§ 1º e 2º do art. 4º no cálculo do IPI decorrente da utilização da alíquota *ad valorem*; e

II - a alíquota específica deverá ser utilizada independentemente do tipo de embalagem, maço ou rígida, das carteiras de cigarros. (Alterado pelo Dec. 8.656/2016. Produção de efeitos: a partir de 1º.05.2016.)

§ 2º A propositura pelo sujeito passivo de ação judicial questionando os termos do regime especial de que trata este artigo implica desistência da opção e incidência do IPI na forma do regime geral.

ART. 6º A opção pelo regime especial previsto no art. 5º será exercida pela pessoa jurídica em relação a todos os estabelecimentos, até o último dia útil do mês de dezembro de cada ano-calendário, produzindo efeitos a partir do primeiro dia do ano-calendário subsequente ao da opção.

§ 1º A opção a que se refere este artigo será automaticamente prorrogada a cada ano-calendário, salvo se o sujeito passivo dela desistir, nos termos e condições estabelecidas pela Secretaria da Receita Federal do Brasil.

§ 2º No ano-calendário em que o sujeito passivo iniciar atividades de produção ou importação de cigarros, a opção pelo regime especial poderá ser exercida em qualquer data, produzindo efeitos a partir do primeiro dia do mês subsequente ao da opção.

§ 3º No ano-calendário de 2011, a opção pelo regime especial poderá ser exercida até o último dia útil do mês de novembro, produzindo efeitos a partir de 1º de dezembro de 2011.

§ 4º A Secretaria da Receita Federal do Brasil divulgará, por meio de seu sítio na Internet, o nome dos sujeitos passivos optantes pelo regime especial, bem como a data de início da respectiva opção.

DO PREÇO MÍNIMO

ART. 7º Fica fixado o preço mínimo de venda no varejo de cigarros classificados no código 2402.20.00 da TIPI, válido em todo o território nacional, de acordo com a tabela a seguir, abaixo do qual fica proibida a sua comercialização:

VIGÊNCIA	VALOR POR VINTENA
01/05/2012 a 31/12/2012	R$ 3,00
01/01/2013 a 31/12/2013	R$ 3,50
01/01/2014 a 31/12/2014	R$ 4,00
01/01/2015 a 30/04/2016	R$ 4,50
A partir de 01/05/2016	R$ 5,00

- (Tabela alterada pelo Dec. 8.656/2016. Produção de efeitos: a partir de 1º.05.2016.)

§ 1º A Secretaria da Receita Federal do Brasil aplicará pena de perdimento dos cigarros comercializados em desacordo com o disposto no *caput*, sem prejuízo das sanções penais cabíveis na hipótese de produtos introduzidos clandestinamente em território nacional.

§ 2º Fica vedada a comercialização de cigarros pela pessoa jurídica enquadrada por descumprimento ao disposto no *caput*, pelo prazo de cinco anos-calendário a partir da aplicação da pena de perdimento.

§ 3º Fica sujeito ao cancelamento do registro especial de fabricante de cigarros de que trata o art. 1º do Decreto-Lei n. 1.593, de 1977, o estabelecimento industrial que:

I - divulgar tabela de preços de venda no varejo em desacordo com o disposto no *caput*; ou

II - comercializar cigarros a pessoa enquadrada na hipótese do § 2º.

§ 4º A Secretaria da Receita Federal do Brasil divulgará a relação das pessoas enquadradas na hipótese do § 2º no Diário Oficial da União e por meio de seu sítio na Internet.

§ 5º Os sujeitos passivos deverão fazer constar, nas tabelas informativas de preços entregues aos varejistas, referência à proibição de comercialização de cigarros abaixo dos preços mínimos previstos no *caput*, indicando os respectivos valores, sem prejuízo da observância às demais disposições contidas no art. 220 do Decreto n. 7.212, de 15 de junho de 2010.

DISPOSIÇÕES COMPLEMENTARES

ART. 8º No período de 1º de setembro a 30 de novembro de 2011, o IPI incidente sobre as cigarrilhas classificadas no código 2402.10.00 da TIPI deverá ser apurado pelos sujeitos passivos em conformidade com o disposto na Nota Complementar NC (24-1) do Capítulo 24 da TIPI.

Parágrafo único. Na hipótese de cigarrilhas acondicionadas em embalagem contendo fração ou múltiplo de vintena, o IPI deverá ser proporcional aos valores estabelecidos na Nota Complementar NC (24-1) do Capítulo 24 da TIPI.

DISPOSIÇÕES FINAIS

ART. 9º As demais disposições da legislação relativa ao IPI aplicam-se subsidiariamente aos regimes previstos neste Decreto.

Parágrafo único. Nas hipóteses de infração à legislação do IPI, a exigência de multas e juros de mora ocorrerá em conformidade com as normas gerais desse imposto.

ART. 10. A Secretaria da Receita Federal do Brasil poderá, no âmbito de suas atribuições, disciplinar o disposto neste Decreto.

ART. 11. Este Decreto entra em vigor na data de sua publicação, produzindo efeitos:

I - em relação ao art. 8º, a partir de 1º de setembro de 2011; e

II - em relação aos demais artigos, a partir de 1º de dezembro de 2011.

Brasília, 19 de agosto de 2011; 190º da Independência e 123º da República.

DILMA ROUSSEFF

DECRETO N. 7.572, DE 28 DE SETEMBRO DE 2011

Regulamenta dispositivos da Medida Provisória n. 535, de 2 de junho de 2011, que tratam do Programa de Apoio à Conservação Ambiental - Programa Bolsa Verde.

- *DOU*, 29.09.2011, retificado em 30.09.2011.
- A Med. Prov. 535/2011 foi convertida na Lei 12.512/2011.

A Presidenta da República, no uso das atribuições que lhe confere o art. 84, incisos IV e VI, alínea "a", da Constituição, e tendo em vista o disposto na Medida Provisória n. 535, de 2 de junho de 2011,

Decreta:

ART. 1º O Programa de Apoio à Conservação Ambiental instituído pela Medida Provisória n. 535, de 2 de junho de 2011, denominado Programa Bolsa Verde, será regido por este Decreto e pelas disposições complementares a serem estabelecidas pelo Ministério do Meio Ambiente e pelo Comitê Gestor do Programa.

ART. 2º Cabe ao Ministério do Meio Ambiente coordenar, executar e operacionalizar o Programa Bolsa Verde, observadas as indicações do Comitê Gestor do Programa Bolsa Verde.

Parágrafo único. O Programa Bolsa Verde será executado por meio da transferência direta de recursos financeiros, sob a responsabilidade do Ministério do Meio Ambiente.

DECRETOS

CAPÍTULO I
DISPOSIÇÕES PRELIMINARES

SEÇÃO I
DOS OBJETIVOS

ART. 3º O Programa Bolsa Verde tem como objetivos:

I - incentivar a conservação dos ecossistemas; e

II - promover a cidadania, a melhoria das condições de vida e a elevação da renda da população em situação de extrema pobreza que exerça atividades de conservação dos recursos naturais nas áreas de que trata o art. 5º.

SEÇÃO II
DAS ATIVIDADES DE CONSERVAÇÃO AMBIENTAL

ART. 4º Para os efeitos do Programa Bolsa Verde, é considerada atividade de conservação ambiental:

I - a manutenção da cobertura vegetal identificada pelo diagnóstico ambiental da área onde a família está inserida; e

II - o uso sustentável, nos termos do inciso XI do *caput* do art. 2º da Lei n. 9.985, de 18 de julho de 2000.

Parágrafo único. As atividades de conservação previstas no *caput* devem estar em consonância com o previsto nos instrumentos de gestão e regularização das unidades territoriais alcançadas pelo Programa Bolsa Verde, quando houver, ou em acordos ou demais instrumentos comunitários reconhecidos pelos órgãos gestores das áreas em questão.

SEÇÃO III
DAS FAMÍLIAS BENEFICIÁRIAS

ART. 5º Poderão ser beneficiárias do Programa Bolsa Verde as famílias em situação de extrema pobreza que desenvolvam atividades de conservação ambiental nas seguintes áreas:

I - Florestas Nacionais, Reservas Extrativistas Federais e Reservas de Desenvolvimento Sustentável Federais;

II - Projetos de Assentamento Florestal, Projetos de Desenvolvimento Sustentável ou Projetos de Assentamento Agroextrativista instituídos pelo Instituto Nacional de Colonização e Reforma Agrária - INCRA; e

III - outras áreas rurais indicadas pelo Comitê Gestor do Programa Bolsa Verde e definidas pelo Ministério do Meio Ambiente.

§ 1º Para os efeitos deste Decreto, entende-se por família a unidade nuclear composta por um ou mais indivíduos, eventualmente ampliada por outros indivíduos que contribuam para o rendimento da unidade familiar ou tenham suas despesas atendidas por aquela unidade familiar, moradores de um mesmo domicílio.

§ 2º É vedada a percepção de mais de um benefício por família.

§ 3º Considera-se em situação de extrema pobreza, para efeito de caracterização como beneficiário deste Programa, a família com renda *per capita* mensal definida no parágrafo único do art. 2º do Decreto n. 7.492, de 2 de junho de 2011, que instituiu o Plano Brasil Sem Miséria.

§ 4º As áreas de que trata o *caput* deverão apresentar cobertura vegetal em conformidade com a legislação aplicável ou estarem inseridas em processo de regularização ambiental reconhecido pelo Governo federal.

§ 5º Serão priorizadas áreas que apresentem instrumentos de gestão ou regularização reconhecidos pelos órgãos gestores das áreas em questão.

ART. 6º Para a participação no Programa Bolsa Verde, a família interessada deverá atender, cumulativamente, às seguintes condições:

I - encontrar-se em situação de extrema pobreza;

II - estar inscrita no Cadastro Único para Programas Sociais do Governo Federal, disciplinado pelo Decreto n. 6.135, de 26 de junho de 2007; e

III - desenvolver atividades de conservação nas áreas previstas no art. 5º.

§ 1º Serão priorizadas as famílias que, no momento da adesão, forem beneficiárias do Programa Bolsa Família, instituído pela Lei n. 10.836, de 9 de janeiro de 2004.

§ 2º O desligamento posterior do beneficiário do Programa Bolsa Família não implicará exclusão automática da família do Programa Bolsa Verde.

ART. 7º Para receber os recursos financeiros do Programa Bolsa Verde, a família beneficiária deverá:

I - estar inscrita em cadastro a ser mantido pelo Ministério do Meio Ambiente, contendo informações sobre as atividades de conservação ambiental; e

II - aderir ao Programa Bolsa Verde por meio da assinatura de termo de adesão por parte do responsável pela família beneficiária, no qual serão especificadas as atividades de conservação a serem desenvolvidas.

SEÇÃO III
DO COMITÊ GESTOR

ART. 8º Fica instituído no âmbito do Ministério do Meio Ambiente o Comitê Gestor do Programa Bolsa Verde, com as seguintes atribuições:

I - aprovar o planejamento do Programa Bolsa Verde, compatibilizando o número de famílias beneficiárias com os recursos disponíveis;

II - indicar áreas prioritárias para a implementação do Programa Bolsa Verde; e

III - indicar critérios e procedimentos para:

a) seleção e inclusão das famílias beneficiárias, de acordo com as características populacionais e regionais e conforme disponibilidade orçamentária e financeira, observado o disposto na Seção II do Capítulo I;

b) monitoramento e avaliação do Programa Bolsa Verde e das ações de conservação dos recursos naturais realizada pelas famílias contempladas, observado o disposto no Capítulo III; e

c) renovação da adesão das famílias;

IV - articular as ações dos órgãos do Governo federal envolvidos no Programa;

V - aprovar seu regimento interno; e

VI - indicar as outras áreas rurais de que trata o inciso III do *caput* do art. 5º.

§ 1º As decisões do Comitê Gestor do Programa Bolsa Verde serão tomadas por maioria simples, cabendo a seu Presidente, além do voto pessoal, o voto de desempate.

§ 2º O Ministério do Meio Ambiente providenciará o apoio administrativo necessário ao funcionamento do Comitê Gestor do Programa Bolsa Verde, na forma de seu regimento interno.

§ 3º As indicações do Comitê Gestor do Programa Bolsa Verde serão submetidas à aprovação final do Ministro de Estado do Meio Ambiente.

ART. 9º O Comitê Gestor do Programa Bolsa Verde será composto por representantes titulares e suplentes dos seguintes órgãos:

I - Ministério do Meio Ambiente, que o presidirá;

II - Casa Civil da Presidência da República;

III - Ministério do Desenvolvimento Social e Combate à Fome;

IV - Ministério do Desenvolvimento Agrário;

V - Ministério da Fazenda; e

VI - Ministério do Planejamento Orçamento e Gestão.

§ 1º Os membros do Comitê Gestor do Programa Bolsa Verde e os respectivos suplentes serão indicados pelos órgãos que o compõem e designados por portaria do Ministro de Estado do Meio Ambiente.

§ 2º A participação no Comitê Gestor do Programa Bolsa Verde será considerada serviço público relevante, não remunerado.

ART. 10. Compete ao Ministério do Meio Ambiente:

I - coordenar, executar e operacionalizar o Programa Bolsa Verde;

II - definir as normas complementares do Programa;

III - consolidar e tornar pública a lista das famílias beneficiadas pelo Programa, com base nos critérios e procedimentos estabelecidos pelo Comitê Gestor;

IV - disponibilizar ao agente operador a lista das famílias beneficiárias do Programa que comporão a folha de pagamento e outras informações necessárias;

V - elaborar e fazer divulgar material educativo pertinente ao Programa Bolsa Verde;

VI - capacitar os gestores locais para a operacionalização do Programa Bolsa Verde, bem como para ações de conservação ambiental, assistindo-os nas informações que lhes forem necessárias acerca do Programa Bolsa Verde;

VII - desenvolver e manter cadastro contendo informações sobre as famílias beneficiárias, áreas e atividades de conservação ambiental;

VIII - supervisionar a execução financeira do Programa Bolsa Verde;

IX - atestar os documentos comprobatórios de cumprimento das etapas estabelecidas para liberação dos recursos;

X - estabelecer os instrumentos de controle do cumprimento das etapas estabelecidas para a liberação dos recursos às famílias beneficiárias;

XI - coordenar a realização do diagnóstico e do monitoramento ambiental das áreas contempladas pelo Programa Bolsa Verde;

XII - elaborar o Termo de Adesão a ser assinado pelas famílias beneficiárias, contendo os requisitos de enquadramento e outros critérios previstos neste Decreto;

XIII - coordenar a identificação, seleção, inclusão em cadastro do Programa Bolsa Verde e a assinatura do Termo de Adesão pelas famílias que desenvolvam atividades de conservação ambiental nas Unidades de Conservação e que se enquadrem nos critérios de participação do Programa;

XIV - verificar o cumprimento dos requisitos ambientais estabelecidos para a transferência dos recursos aos beneficiários;

XV - identificar as famílias que deverão ser excluídas do Programa por descumprimento do Termo de Adesão;

XVI - levantar e disponibilizar a base de dados georreferenciada das Unidades de Conservação previstas no inciso I do *caput* do art. 5º e a relação das famílias beneficiárias que nelas desenvolvam atividades de conservação ambiental, na forma definida em ato do Ministério; e

XVII - propor o planejamento do Programa Bolsa Verde a seu Comitê Gestor.

ART. 11. Compete ao Ministério do Desenvolvimento Agrário, no âmbito do Programa Bolsa Verde:

I - levantar e disponibilizar ao Ministério do Meio Ambiente a base de dados georreferenciada dos projetos de que trata o inciso II do art. 5º do *caput* e a relação das famílias assentadas nestas localidades, na forma definida em ato do Ministério do Meio Ambiente;

II - coordenar a identificação, seleção, inclusão em cadastro do Programa e assinatura do Termo de Adesão das famílias nos assentamentos instituídos pelo Instituto Nacional de Colonização e Reforma Agrária - INCRA e que se enquadram nos critérios de participação do Programa, informando-as ao Ministério do Meio Ambiente.

ART. 12. Compete ao Ministério do Desenvolvimento Social e Combate à Fome, no âmbito do Programa Bolsa Verde:

I - fornecer informações de ordem técnica necessárias à implementação do Programa Bolsa Verde, no que lhe couber;

II - identificar, no Cadastro Único para Programas Sociais do Governo federal, a partir de listagem enviada pelo Ministério do Meio Ambiente, as famílias que preenchem os requisitos para inclusão no Programa Bolsa Verde;

III - articular junto aos Municípios a inclusão no Cadastro Único para Programa Sociais do Governo federal, das famílias identificadas em situação de extrema pobreza que ainda não constem de sua base de dados;

IV - acompanhar os resultados alcançados pelo Programa Bolsa Verde, conforme sistemática de monitoramento e avaliação do Plano Brasil sem Miséria; e

V - articular a capacitação das equipes de técnicos para a identificação e o referenciamento das famílias com o objetivo de promover o acesso aos serviços e equipamentos da rede socioassistencial do Sistema Único de Assistência Social - SUAS.

SEÇÃO IV
DO AGENTE OPERADOR

ART. 13. Cabe à Caixa Econômica Federal a função de Agente Operador do Programa, mediante condições pactuadas com o Ministério do Meio Ambiente.

Parágrafo único. Sem prejuízo de outras atividades, a Caixa Econômica Federal poderá, desde que pactuados em instrumento específico, realizar, entre outros, os seguintes serviços:

I - organizar e operar a logística de pagamento do benefício;

II - fornecer as informações sobre o pagamento do benefício necessárias ao acompanhamento, ao controle, à avaliação e à fiscalização da execução do Programa Bolsa Verde por parte dos órgãos do Governo federal designados para tal fim;

III - elaborar relatórios solicitados pelo Ministério do Meio Ambiente.

SEÇÃO V
DO GESTOR LOCAL

ART. 14. Os gestores locais do programa serão designados pelo Ministério do Meio Ambiente, a partir da indicação dos órgãos envolvidos, e terão como atribuição, sem prejuízo de outras definidas pelo Comitê Gestor do Programa Bolsa Verde:

I - operacionalizar a adesão ao Programa Bolsa Verde das famílias beneficiárias definidas pelo Ministério do Meio Ambiente, observado o disposto neste Decreto.

II - realizar capacitação técnica simplificada das famílias beneficiárias e entrega de material educativo acerca da importância da conservação dos recursos naturais, e da adoção de melhores práticas com esta finalidade.

CAPÍTULO II
DA EXECUÇÃO DO PROGRAMA BOLSA VERDE

SEÇÃO I
DO INGRESSO DE FAMÍLIAS

ART. 15. As famílias selecionadas deverão firmar Termo de Adesão para o ingresso no Programa Bolsa Verde, devendo o gestor local do Programa Bolsa Verde colher a assinatura do responsável familiar.

SEÇÃO II
DO REPASSE DE RECURSOS

ART. 16. Os recursos financeiros serão transferidos pelo Ministério do Meio Ambiente ao agente operador, para serem repassados diretamente às famílias beneficiárias do Programa Bolsa Verde.

Parágrafo único. O pagamento do benefício será efetuado por meio de depósito, em quaisquer das seguintes modalidades de contas:

I - contas-correntes de depósito à vista

II - contas especiais de depósito à vista;

III - contas contábeis; e

IV - outras espécies de contas que venham a ser criadas.

ART. 17. A transferência de recursos financeiros do Programa Bolsa Verde será realizada mediante repasses trimestrais no valor de R$ 300,00 (trezentos reais) por família.

§ 1º A assinatura do Termo de Adesão ao Programa Bolsa Verde é condição para o início da transferência do benefício, atendidos os demais critérios e requisitos previstos neste Decreto.

§ 2º A liberação das parcelas subsequentes ao monitoramento previsto no inciso I do *caput* do art. 19 fica condicionada à apresentação de laudo atestando o cumprimento dos compromissos assumidos pela família beneficiária no Termo de Adesão.

§ 3º A transferência dos recursos de que trata o *caput* será realizada por um prazo de até dois anos, podendo ser renovada.

§ 4º O recebimento dos recursos do Programa Bolsa Verde tem caráter temporário e não gera direito adquirido.

§ 5º Os recursos transferidos no âmbito do Programa Bolsa Verde não comporão a renda familiar mensal, para efeito de elegibilidade nos programas de transferência de renda do Governo federal.

ART. 18. Cessará a transferência de recursos do Programa Bolsa Verde quando:

I - não sejam atendidas as condições definidas na Medida Provisória n. 535, de 2011 e as condições definidas neste Decreto;

II - a família beneficiária seja habilitado em outros programas ou ações federais de incentivo à conservação ambiental; e

III - as atividades de conservação ambiental previstas no Termo de Adesão e monitoradas nos termos deste Decreto sejam descumpridas pela família beneficiária.

Parágrafo único. A metodologia de apuração do descumprimento das atividades de conservação em áreas coletivas será definida pelo Comitê Gestor do Programa Bolsa Verde.

CAPÍTULO III
DO MONITORAMENTO E FISCALIZAÇÃO DO PROGRAMA BOLSA VERDE

ART. 19. O acompanhamento de atividades e resultados do Programa Bolsa Verde deverá contemplar as informações contidas em seu cadastro, mantido pelo Ministério do Meio Ambiente e a implementação das ações previstas nos Termos de Adesão relativas às famílias beneficiárias, áreas e atividades de conservação ambiental, sendo feito por meio de:

I - monitoramento da cobertura vegetal das áreas objeto do Programa, com frequência mínima anual, por meio de laudo emitido por órgão competente;

II - fiscalização, por meio da análise de dados e relatórios disponíveis no sistema de monitoramento do Programa Bolsa Verde ou verificação in loco, usando critérios de amostragem; e.

III - demais critérios e procedimentos de monitoramento e avaliação estabelecidos pelo Comitê Gestor do Programa Bolsa Verde.

ART. 20. A relação nominal dos beneficiários do Programa Bolsa Verde, com os respectivos Números de Inscrição Social - NIS e valores percebidos, será divulgada em meios eletrônicos de acesso público e em outros meios de comunicação previstos pelo Comitê Gestor do Programa Bolsa Verde.

CAPÍTULO IV
DISPOSIÇÕES FINAIS

ART. 21. As despesas relacionadas ao Programa Bolsa Verde correrão à conta de dotações orçamentárias do Ministério do Meio Ambiente e estarão condicionadas às disponibilidades orçamentárias e financeiras.

ART. 22. Este Decreto entra em vigor na data de sua publicação.

Brasília, 28 de setembro de 2011;
190º da Independência e 123º da República.
DILMA ROUSSEFF

DECRETO N. 7.574, DE 29 DE SETEMBRO DE 2011

Regulamenta o processo de determinação e de exigência de créditos tributários da União, o processo de consulta relativo à interpretação da legislação tributária e aduaneira, à classificação fiscal de mercadorias, à classificação de serviços, intangíveis e de outras operações que produzam variações no patrimônio e de outros processos que especifica, sobre matérias administradas pela Secretaria da Receita Federal do Brasil.

- Ementa alterada pelo Dec. 8.853/2016.
- *DOU*, 30.09.2011, retificado em 08.11.2011.

A Presidenta da República, no uso da atribuição que lhe confere o art. 84, inciso IV, da Constituição, Decreta:

ART. 1º O processo de determinação e de exigência de créditos tributários da União, o processo de consulta relativo à interpretação da legislação tributária e aduaneira, à classificação fiscal de mercadorias, à classificação de serviços, intangíveis e de outras operações que produzam variações no patrimônio e de outros processos administrativos relativos às matérias de competência da Secretaria da Receita Federal do Brasil serão regidos conforme o disposto neste Decreto. (Alterado pelo Dec. 8.853/2016.)

TÍTULO I
DAS NORMAS GERAIS

CAPÍTULO I
DOS ATOS E DOS TERMOS PROCESSUAIS

SEÇÃO I
DA FORMA

ART. 2º Os atos e termos processuais, quando a lei não prescrever forma própria, conterão somente o indispensável à sua finalidade e serão lavrados sem espaço em branco, não devendo conter entrelinhas, rasuras ou emendas não ressalvadas (Decreto n. 70.235, de 6 de março de 1972, art. 2º).

Parágrafo único. Os atos e termos processuais poderão ser formalizados, tramitados, comunicados e transmitidos em formato digital, conforme disciplinado em ato da administração tributária. (Alterado pelo Dec. 8.853/2016.)

ART. 3º Os termos decorrentes de atividade fiscalizadora serão lavrados, sempre que possível, em livro fiscal, extraindo-se cópia para anexação ao processo.

Parágrafo único. Na hipótese de o termo não ser lavrado em livro fiscal, deverá ser entregue cópia autenticada à pessoa sob fiscalização (Decreto n. 70.235, de 1972, art. 8º).

ART. 4º É dispensado o reconhecimento de firma em petições dirigidas à administração pública, salvo em casos excepcionais ou naqueles em que a lei imponha explicitamente essa condição, podendo, no caso de dúvida sobre a autenticidade da assinatura ou quando a providência servir ao resguardo do sigilo, antes da decisão final, ser exigida a apresentação de prova de identidade do requerente (Lei n. 4.862, de 29 de novembro de 1965, art. 31).

ART. 5º O processo será organizado em ordem cronológica e terá suas folhas numeradas e rubricadas ou autenticadas eletronicamente (Decreto n. 70.235, de 1972, parágrafo único do art. 2º e art. 22).

SEÇÃO II
DA PRÁTICA DOS ATOS

SUBSEÇÃO I
DO LOCAL

ART. 6º Os atos serão lavrados por servidor competente no local de verificação da falta (Decreto n. 70.235, de 1972, art. 10).

Parágrafo único. Considera-se local de verificação da falta aquele em que for apurada a existência da infração, podendo ser, inclusive, a repartição fazendária, em face dos elementos de prova disponíveis.

SUBSEÇÃO II
DOS PRAZOS

ART. 7º O prazo para a autoridade local fazer realizar os atos processuais que devam ser praticados em sua jurisdição, por solicitação de outra autoridade preparadora ou julgadora, é de trinta dias, contados da data do recebimento da solicitação (Decreto n. 70.235, de 1972, art. 3º).

ART. 8º Salvo disposição em contrário, o prazo para o servidor executar os atos processuais é de oito dias, contados da data da ciência da designação (Decreto n. 70.235, de 1972, art. 4º).

ART. 9º Os prazos serão contínuos, com início e vencimento em dia de expediente normal da unidade da Secretaria da Receita Federal do Brasil em que corra o processo ou deva ser praticado o ato (Decreto n. 70.235, de 1972, art. 5º).

Parágrafo único. Na contagem dos prazos, é excluído o dia de início e incluído o de vencimento.

SEÇÃO III
DAS INTIMAÇÕES

SUBSEÇÃO I
DA FORMA

ART. 10. As formas de intimação são as seguintes:

I - pessoal, pelo autor do procedimento ou por agente do órgão preparador, na repartição ou fora dela, provada com a assinatura do sujeito passivo, seu mandatário ou preposto, ou, no caso de recusa, com declaração escrita de quem o intimar (Decreto n. 70.235, de 1972, art. 23, inciso I, com a redação dada pela Lei n. 9.532, de 10 de dezembro de 1997, art. 67);

II - por via postal ou por qualquer outro meio ou via, com prova de recebimento no domicílio tributário eleito pelo sujeito passivo (Decreto n. 70.235, de 1972, art. 23, inciso II, com a redação dada pela Lei n. 9.532, de 1997, art. 67);

III - por meio eletrônico, com prova de recebimento, mediante:

a) envio ao domicílio tributário do sujeito passivo; ou

b) registro em meio magnético ou equivalente utilizado pelo sujeito passivo (Decreto n. 70.235, de 1972, art. 23, inciso III, com a redação dada pela Lei n. 11.196, de 2005, art. 113); ou

IV - por edital, quando resultar improfícuo um dos meios previstos nos incisos I a III do *caput* ou quando o sujeito passivo tiver sua inscrição declarada inapta perante o cadastro fiscal, publicado (Decreto n. 70.235, de 1972, art. 23, § 1º, com a redação dada pela Lei n. 11.941, de 27 de maio de 2009, art. 25):

a) no endereço da administração tributária na Internet;

b) em dependência, franqueada ao público, do órgão encarregado da intimação; ou

c) uma única vez, em órgão da imprensa oficial local.

§ 1º A utilização das formas de intimação previstas nos incisos I a III não está sujeita a ordem de preferência (Decreto n. 70.235, de 1972, art. 23, § 3º, com a redação dada pela Lei n. 11.196, de 2005, art. 113).

§ 2º Para fins de intimação por meio das formas previstas nos incisos II e III, considera-se domicílio tributário do sujeito passivo (Decreto n. 70.235, de 1972, art. 23, § 4º, com a redação dada pela Lei n. 9.532, de 1997, art. 67):

I - o endereço postal fornecido à administração tributária, para fins cadastrais; e

II - o endereço eletrônico atribuído pela administração tributária, desde que autorizado pelo sujeito passivo (Decreto n. 70.235, de 1972, art. 23, § 4º, inciso II, com a redação dada pela Lei n. 11.196, de 2005, art. 113).

§ 3º O endereço eletrônico de que trata o inciso II do § 2º somente será implementado com expresso consentimento do sujeito passivo, e a administração tributária informar-lhe-á as normas e condições de sua utilização e manutenção (Decreto n. 70.235, de 1972, art. 23, § 5º, com a redação dada pela Lei n. 11.196, de 2005, art. 113).

§ 4º A Secretaria da Receita Federal do Brasil expedirá atos complementares às normas previstas neste artigo (Decreto n. 70.235, de 1972, art. 23, § 6º, com a redação dada pela Lei n. 11.196, de 2005, art. 113).

SUBSEÇÃO II
DO MOMENTO

ART. 11. Considera-se feita a intimação: (Alterado pelo Dec. 8.853/2016.)

I - se pessoal, na data da ciência do intimado ou da declaração de recusa lavrada pelo servidor responsável pela intimação;

II - se por via postal, na data do recebimento ou, se omitida, quinze dias após a data da expedição da intimação (Decreto n. 70.235, de 1972, art. 23, § 2º, inciso II, com a redação dada pela Lei n. 9.532, de 1997, art. 67);

III - se por meio eletrônico: (Alterado pelo Dec. 8.853/2016.)

a) quinze dias, contados da data registrada no comprovante de entrega no domicílio tributário do sujeito passivo; (Alterado pelo Dec. 8.853/2016.)

b) na data em que o sujeito passivo efetuar consulta no endereço eletrônico a ele atribuído pela administração tributária, se ocorrida antes do prazo previsto na alínea "a"; ou (Alterado pelo Dec. 8.853/2016.)

c) na data registrada no meio magnético ou equivalente utilizado pelo sujeito passivo; ou (Acrescentado pelo Dec. 8.853/2016.)

IV - se por edital, quinze dias após a sua publicação (Decreto n. 70.235, de 1972, art. 23, § 2º, inciso IV, com a redação dada pela Lei n. 9.532, de 1997, art. 67, e pela Lei n. 11.196, de 2005, art. 113).

SEÇÃO IV
DAS NULIDADES

ART. 12. São nulos (Decreto n. 70.235, de 1972, art. 59):

I - os atos e os termos lavrados por pessoa incompetente; e

II - os despachos e decisões proferidos por autoridade incompetente ou com preterição do direito de defesa.

§ 1º A nulidade de qualquer ato só prejudica os atos posteriores que dele diretamente dependam ou sejam consequência.

§ 2º Na declaração de nulidade, a autoridade dirá os atos alcançados e determinará as providências necessárias ao prosseguimento ou solução do processo.

§ 3º Quando puder decidir o mérito em favor do sujeito passivo a quem aproveitaria a declaração de nulidade, a autoridade julgadora não a pronunciará, nem mandará repetir o ato, ou suprir-lhe a falta.

ART. 13. As irregularidades, incorreções e omissões diferentes das referidas no art. 12 não importarão em nulidade e serão sanadas quando resultarem em prejuízo para o sujeito passivo, salvo se este lhes houver dado causa, ou quando não influírem na solução do litígio (Decreto n. 70.235, de 1972, art. 60).

ART. 14. A nulidade será declarada pela autoridade competente para praticar o ato ou julgar a sua legitimidade (Decreto n. 70.235, de 1972, art. 61).

CAPÍTULO II
DA COMPETÊNCIA PARA O PREPARO DO PROCESSO

ART. 15. O preparo do processo compete à autoridade local da unidade da Secretaria da Receita Federal do Brasil encarregada da administração do tributo (Decreto n. 70.235, de 1972, art. 24).

Parágrafo único. Quando o ato for praticado por meio eletrônico, a administração tributária poderá atribuir o preparo do processo a unidade da administração tributária diversa da prevista no *caput*(incluído pela Lei n. 11.941, de 2009, art. 25).

ART. 16. A autoridade preparadora determinará que seja informado, no processo, se o infrator é reincidente, conforme definição em lei específica, se essa circunstância não tiver sido declarada na formalização da exigência, reabrindo-se o prazo de impugnação (Decreto n. 70.235, de 1972, art. 13).

CAPÍTULO III
DO EXAME DE LIVROS E DE DOCUMENTOS

ART. 17. Para o efeito da legislação tributária, não têm aplicação quaisquer disposições legais excludentes ou limitativas do direito de examinar mercadorias, livros, arquivos, documentos, papéis e efeitos comerciais ou fiscais, dos empresários e das sociedades, ou da obrigação destes de exibi-los (Lei n. 5.172, de 25 de outubro de 1966 - Código Tributário Nacional, art. 195; Lei n. 10.406, de 10 de janeiro de 2002 - Código Civil, art. 1.179).

§ 1º Os livros obrigatórios de escrituração comercial e fiscal e os comprovantes dos lançamentos neles efetuados serão conservados até que ocorra a prescrição dos créditos tributários decorrentes das operações a que se refiram (Lei n. 5.172, de 1966 - Código Tributário Nacional, art. 195, parágrafo único; Lei n. 8.212, de 24 de julho de 1991, art. 32, § 11, com a redação dada pela Lei n. 11.941, de 2009, art. 26).

§ 2º Os comprovantes da escrituração comercial e fiscal relativos a fatos que repercutem em lançamentos contábeis de exercícios futuros serão conservados até que se opere a decadência do direito de a Fazenda Pública constituir os créditos tributários relativos a esses exercícios (Lei n. 9.430, de 27 de dezembro de 1996, art. 37).

ART. 18. São também passíveis de exame os documentos mantidos em arquivos magnéticos ou assemelhados, encontrados no local da verificação, que tenham relação direta ou indireta com a atividade exercida pelo sujeito passivo (Lei n. 9.430, de 1996, art. 34).

ART. 19. Os livros e documentos poderão ser examinados fora do estabelecimento do sujeito passivo, desde que lavrado termo escrito de retenção pela autoridade fiscal, em que se especifiquem a quantidade, espécie, natureza e condições dos livros e documentos retidos (Lei n. 9.430, de 1996, art. 35).

Parágrafo único. Os originais dos livros e dos documentos retidos devem ser devolvidos, mediante recibo, salvo se constituírem prova da prática de ilícito penal ou tributário, hipótese em que permanecerão retidos, extraindo-se cópia para entrega ao interessado (Lei n. 9.430, de 1996, art. 35, §§ 1º e 2º).

ART. 20. A autoridade fiscal encarregada de diligência ou fiscalização poderá promover a lacração de móveis, caixas, cofres ou depósitos onde se encontrarem arquivos e documentos, toda vez que ficar caracterizada a resistência ou embaraço à fiscalização, ou ainda quando as circunstâncias ou a quantidade de documentos não permitirem a sua identificação e conferência no local ou no momento em que foram encontrados (Lei n. 9.430, de 1996, art. 36).

Parágrafo único. O sujeito passivo e demais responsáveis serão previamente notificados para acompanharem o procedimento de rompimento do lacre e de identificação dos elementos de interesse da fiscalização (Lei n. 9.430, de 1996, art. 36, parágrafo único).

ART. 21. O sujeito passivo usuário de sistemas de processamento de dados deverá manter documentação técnica completa e atualizada do sistema, suficiente para possibilitar sua auditoria, facultada a manutenção em meio magnético, sem prejuízo da sua emissão gráfica, quando solicitada (Lei n. 9.430, de 1996, art. 38).

ART. 22. As pessoas jurídicas que utilizarem sistemas de processamento eletrônico de dados para registrar negócios e atividades econômicas ou financeiras, escriturar livros ou elaborar documentos de natureza contábil ou fiscal ficam obrigadas a manter, à disposição da Secretaria da Receita Federal do Brasil, os respectivos arquivos digitais e sistemas, pelo prazo decadencial previsto na legislação tributária (Lei n. 8.218, de 29 de agosto de 1991, art. 11, com a redação dada pela Medida Provisória n. 2.158-35, de 24 de agosto de 2001, art. 72).

§ 1º A Secretaria da Receita Federal do Brasil poderá estabelecer prazo inferior ao previsto no *caput*, que poderá ser diferenciado segundo o porte da pessoa jurídica (Lei n. 8.218, de 1991, art. 11, § 1º, com a redação dada pela Medida Provisória n. 2.158-35, de 2001, art. 72).

§ 2º A Secretaria da Receita Federal do Brasil expedirá os atos necessários para estabelecer a forma e o prazo em que os arquivos digitais e sistemas deverão ser apresentados (Lei n. 8.218, de 1991, art. 11, § 3º, com a redação dada pela Medida Provisória n. 2.158-35, de 2001, art. 72).

§ 3º Os atos a que se refere o § 2º poderão ser expedidos por autoridade designada pelo Secretário da Receita Federal do Brasil (Lei n. 8.218, de 1991, art. 11, § 4º, com a redação dada pela Medida Provisória n. 2.158-35, de 2001, art. 72).

CAPÍTULO IV
DO DEVER DE PRESTAR INFORMAÇÕES

ART. 23. Os órgãos da Secretaria da Receita Federal do Brasil, e os Auditores-Fiscais da Receita Federal do Brasil, no uso de suas atribuições legais, poderão solicitar informações e esclarecimentos ao sujeito passivo ou a terceiros, sendo as declarações, ou a recusa em prestá-las, lavradas pela autoridade administrativa e assinadas pelo declarante (Lei n. 2.354, de 29 de novembro de 1954, art. 7º; Decreto-Lei n. 1.718, de 27 de novembro de 1979, art. 2º; Lei n. 5.172, de 1966 - Código Tributário Nacional, arts. 196 e 197; Lei n. 11.457, de 16 de março de 2007, art. 10).

Parágrafo único. A obrigação a que se refere o *caput* não abrange a prestação de informações quanto a fatos sobre os quais o informante esteja legalmente obrigado a observar segredo em razão de cargo, ofício, função, ministério, atividade ou profissão (Lei n. 5.172, de 1966 - Código Tributário Nacional, de 1966, art. 197, parágrafo único).

CAPÍTULO V
DAS PROVAS

ART. 24. São hábeis para comprovar a verdade dos fatos todos os meios de prova admitidos em direito (Lei n. 5.869, de 11 de janeiro de 1973, art. 332).

Parágrafo único. São inadmissíveis no processo administrativo as provas obtidas por meios ilícitos (Lei n. 9.784, de 29 de janeiro de 1999, art. 30).

ART. 25. Os autos de infração ou as notificações de lançamento deverão estar instruídos com todos os termos, depoimentos, laudos e demais elementos de prova indispensáveis à comprovação do ilícito (Decreto n. 70.235, de 1972, art. 9º, com a redação dada pela Lei n. 11.941, de 2009, art. 25).

ART. 26. A escrituração mantida com observância das disposições legais faz prova a favor do sujeito passivo dos fatos nela registrados e comprovados por documentos hábeis, segundo sua natureza, ou assim definidos em preceitos legais (Decreto-Lei n. 1.598, de 26 de dezembro de 1977, art. 9º, § 1º).

Parágrafo único. Cabe à autoridade fiscal a prova da inveracidade dos fatos registrados com observância do disposto no *caput* (Decreto-Lei n. 1.598, de 1977, art. 9º, § 2º).

ART. 27. O disposto no parágrafo único do art. 26 não se aplica aos casos em que a lei, por disposição especial, atribua ao sujeito passivo o ônus da prova de fatos registrados na sua escrituração (Decreto-Lei n. 1.598, de 1977, art. 9º, § 3º).

ART. 28. Cabe ao interessado a prova dos fatos que tenha alegado, sem prejuízo do dever atribuído ao órgão competente para a instrução e sem prejuízo do disposto no art. 29 (Lei n. 9.784, de 1999, art. 36).

ART. 29. Quando o interessado declarar que fatos e dados estão registrados em documentos existentes na própria administração responsável pelo processo ou em outro órgão administrativo, o órgão competente para a instrução proverá, de ofício, à obtenção dos documentos ou das respectivas cópias (Lei n. 9.784, de 1999, art. 37).

TÍTULO II
DO PROCESSO DE DETERMINAÇÃO E EXIGÊNCIA DE CRÉDITOS TRIBUTÁRIOS

CAPÍTULO I
DO PROCEDIMENTO FISCAL

SEÇÃO I
DA APLICAÇÃO NO TEMPO DAS NORMAS PROCEDIMENTAIS RELATIVAS AO LANÇAMENTO

ART. 30. Aplica-se ao lançamento a legislação que, posteriormente à ocorrência do fato gerador da obrigação tributária, tenha instituído novos critérios de apuração ou processos de fiscalização, ampliado os poderes de investigação das autoridades fiscais ou outorgado ao crédito tributário maiores garantias ou privilégios, exceto, neste último caso, para o efeito de atribuir responsabilidade tributária a terceiros (Lei n. 5.172, de 1966 - Código Tributário Nacional, art. 144, § 1º).

SEÇÃO II
DA COMPETÊNCIA PARA EFETUAR LANÇAMENTO

ART. 31. O lançamento de ofício compete ao Auditor-Fiscal da Receita Federal do Brasil, podendo a exigência do crédito tributário ser formalizada em auto de infração ou em notificação de lançamento. (Alterado pelo Dec. 8.853/2016.)

I e II - (Revogados pelo Dec. 8.853/2016.)

Parágrafo único. O servidor que verificar a ocorrência de infração à legislação tributária federal e não for competente para formalizar a exigência decorrente comunicará o fato, em representação circunstanciada, a seu chefe imediato para adoção das providências necessárias (Decreto n. 70.235, de 1972, art. 12).

ART. 32. A competência para fiscalizar o cumprimento das obrigações principais e acessórias relativas ao Regime Especial Unificado de Arrecadação de Tributos e Contribuições devidos pelas Microempresas e Empresas de Pequeno Porte - Simples Nacional e para verificar a ocorrência das hipóteses de exclusão de ofício é da Secretaria da Receita Federal do Brasil e das Secretarias de Fazenda ou de

DECRETOS

Finanças do Estado ou do Distrito Federal, segundo a localização do estabelecimento, e, tratando-se de prestação de serviços incluídos na competência tributária municipal, a competência será também do respectivo Município (Lei Complementar n. 123, de 14 de dezembro de 2006, art. 33).

SEÇÃO III
DO INÍCIO DO PROCEDIMENTO FISCAL

ART. 33. O procedimento fiscal tem início com (Decreto n. 70.235, de 1972, art. 7º):

I - o primeiro ato de ofício, por escrito, praticado por servidor competente, cientificado o sujeito passivo da obrigação tributária ou seu preposto;

II - a apreensão de mercadorias;

III - a apreensão de documentos ou de livros; ou

IV - o começo do despacho aduaneiro de mercadoria importada.

§ 1º O início do procedimento exclui a espontaneidade do sujeito passivo em relação aos atos anteriores e, independentemente de intimação, a dos demais envolvidos nas infrações verificadas.

§ 2º O ato que determinar o início do procedimento fiscal exclui a espontaneidade do sujeito passivo em relação ao tributo, ao período e à matéria nele expressamente inseridos.

§ 3º Para os efeitos do disposto nos §§ 1º e 2º, os atos referidos nos incisos I, II e III do *caput* valerão pelo prazo de sessenta dias, prorrogável, sucessivamente, por igual período contado a partir do término, com qualquer outro ato escrito que indique o prosseguimento dos trabalhos, desde que lavrado e cientificado ao sujeito passivo dentro do prazo anterior.

§ 4º Para efeitos do disposto no inciso IV do *caput*, tem-se:

I - por iniciado o despacho aduaneiro de importação na data do registro da declaração de importação (Decreto n. 6.759, de 5 de fevereiro de 2009, art. 545); e

II - por registro da Declaração de Importação a sua numeração pela Secretaria da Receita Federal do Brasil no Sistema Integrado de Comércio Exterior - SISCOMEX ou, quando dispensado o registro com a utilização desse meio, na forma estabelecida por esse órgão (Decreto n. 6.759, de 2009, art. 545, §§ 1º e 2º).

ART. 34. O procedimento de fiscalização será iniciado pela intimação ao sujeito passivo para, no prazo de vinte dias, contados da data da ciência, apresentar as informações e documentos necessários ao procedimento fiscal, ou efetuar o recolhimento do crédito tributário constituído (Lei n. 3.470, de 28 de novembro de 1958, art. 19, com a redação dada pela Medida Provisória n. 2.158-35, de 2001, art. 71).

§ 1º O prazo a que se refere o *caput* será de cinco dias úteis, nas situações em que as informações e os documentos solicitados digam respeito a fatos que devam estar registrados na escrituração contábil ou fiscal do sujeito passivo, ou em declarações apresentadas à administração tributária.

§ 2º Não enseja a aplicação da penalidade prevista no § 2º do art. 44 da Lei n. 9.430, de 1996, o desatendimento à intimação para apresentar documentos cuja guarda não esteja sob a responsabilidade do sujeito passivo, ou no caso de impossibilidade material de seu cumprimento.

SEÇÃO IV
DAS DILIGÊNCIAS E
DAS PERÍCIAS

ART. 35. A realização de diligências e de perícias será determinada pela autoridade julgadora de primeira instância, de ofício ou a pedido do impugnante, quando entendê-las necessárias para a apreciação da matéria litigada (Decreto n. 70.235, de 1972, art. 18, com a redação dada pela Lei n. 8.748, de 9 de dezembro de 1993, art. 1º).

Parágrafo único. O sujeito passivo deverá ser cientificado do resultado da realização de diligências e perícias, sempre que novos fatos ou documentos sejam trazidos ao processo, hipótese na qual deverá ser concedido prazo de trinta dias para manifestação (Lei n. 9.784, de 1999, art. 28).

ART. 36. A impugnação mencionará as diligências ou perícias que o sujeito passivo pretenda sejam efetuadas, expostos os motivos que as justifiquem, com a formulação de quesitos referentes aos exames desejados, e, no caso de perícia, o nome, o endereço e a qualificação profissional de seu perito deverão constar da impugnação (Decreto n. 70.235, de 1972, art. 16, inciso IV, com a redação dada pela Lei n. 8.748, de 1993, art. 1º).

§ 1º Deferido o pedido de perícia, ou determinada de ofício sua realização, a autoridade designará servidor para, como perito da União, a ela proceder, e intimará o perito do sujeito passivo a realizar o exame requerido, cabendo a ambos apresentar os respectivos laudos em prazo que será fixado segundo o grau de complexidade dos trabalhos a serem executados (Decreto n. 70.235, de 1972, art. 18, com a redação dada pela Lei n. 8.748, de 1993, art. 1º).

§ 2º Indeferido o pedido de diligência ou de perícia, por terem sido consideradas prescindíveis ou impraticáveis, deverá o indeferimento, devidamente fundamentado, constar da decisão (Decreto n. 70.235, de 1972, arts. 18 e 28, com as redações dadas pela Lei n. 8.748, de 1993, art. 1º).

§ 3º Determinada, de ofício ou a pedido do impugnante, diligência ou perícia, é vedado à autoridade incumbida de sua realização escusar-se de cumpri-las.

ART. 37. No âmbito da Secretaria da Receita Federal do Brasil, compete ao Auditor-Fiscal da Receita Federal do Brasil a realização de diligências e de perícias (Decreto n. 70.235, de 1972, art. 20, com a redação dada pela Lei n. 8.748, de 1993, art. 1º; Lei n. 10.593, de 2002, art. 6º, com a redação dada pela Lei n. 11.457, de 2007, art. 9º).

SEÇÃO V
DA EXIGÊNCIA FISCAL

SUBSEÇÃO I
DA FORMALIZAÇÃO

ART. 38. A exigência do crédito tributário e a aplicação de penalidade isolada serão formalizados em autos de infração ou notificações de lançamento, distintos para cada tributo ou penalidade (Decreto n. 70.235, de 1972, art. 9º, com a redação dada pela Lei n. 11.941, de 2009, art. 25).

§ 1º Os autos de infração ou as notificações de lançamento, em observância ao disposto no art. 25, deverão ser instruídos com todos os termos, depoimentos, laudos e demais elementos de prova indispensáveis à comprovação do fato motivador da exigência.

§ 2º Os autos de infração e as notificações de lançamento de que trata o *caput*, formalizados em relação ao mesmo sujeito passivo, podem ser objeto de um único processo, quando a comprovação dos ilícitos depender dos mesmos elementos de prova.

§ 3º A formalização de que trata este artigo será válida, mesmo que efetuada por Auditor-Fiscal da Receita Federal do Brasil com exercício em unidade da Secretaria da Receita Federal do Brasil com jurisdição diversa do domicílio tributário do sujeito passivo.

§ 4º A formalização da exigência, na hipótese prevista no § 3º, previne a jurisdição e prorroga a competência da autoridade que dela primeiro conhecer.

§ 5º O disposto no *caput* aplica-se também nas hipóteses em que, constatada infração à legislação tributária, dela não resulte exigência de crédito tributário.

§ 6º Os autos de infração e as notificações de lançamento de que trata o *caput*, formalizados em decorrência de fiscalização relacionada a regime especial unificado de arrecadação de tributos, poderão conter lançamento único para todos os tributos por eles abrangidos.

§ 7º O disposto no *caput* não se aplica às contribuições de que trata o art. 3º da Lei n. 11.457, de 2007.

SUBSEÇÃO II
DO AUTO DE INFRAÇÃO

ART. 39. O auto de infração será lavrado no local da verificação da falta, devendo conter (Decreto n. 70.235, de 1972, art. 10; Lei n. 10.593, de 2002, art. 6º):

I - a qualificação do autuado;

II - o local, a data e a hora da lavratura;

III - a descrição dos fatos;

IV - a disposição legal infringida e a penalidade aplicável;

V - a determinação da exigência e a intimação para cumpri-la ou impugná-la no prazo de trinta dias, contados da data da ciência; e

VI - a assinatura do Auditor-Fiscal da Receita Federal do Brasil responsável pela autuação e o número de sua matrícula.

SUBSEÇÃO III
DA NOTIFICAÇÃO DE LANÇAMENTO

ART. 40. A notificação de lançamento será expedida pela unidade da Secretaria da Receita Federal do Brasil encarregada da formalização da exigência, devendo conter (Decreto n. 70.235, de 1972, art. 11; Lei n. 10.593, de 2002, art. 6º):

I - a qualificação do notificado;

II - o valor do crédito tributário e o prazo para pagamento ou impugnação;

III - a disposição legal infringida, se for o caso; e

IV - a assinatura do Auditor-Fiscal da Receita Federal do Brasil responsável pela notificação de lançamento, com a indicação do cargo e do número de matrícula. (Alterado pelo Dec. 8.853/2016.)

Parágrafo único. A notificação de lançamento emitida por processamento eletrônico prescinde da assinatura referida no inciso IV do *caput*, obrigatória a identificação do Auditor-Fiscal da Receita Federal do Brasil que a emitir. (Alterado pelo Dec. 8.853/2016.)

SUBSEÇÃO IV
DO LANÇAMENTO COMPLEMENTAR

ART. 41. Quando, em exames posteriores, diligências ou perícias realizados no curso do processo, forem verificadas incorreções, omissões ou inexatidões, de que resultem agravamento da exigência inicial, inovação ou alteração da fundamentação legal da exigência, será efetuado lançamento complementar por meio da lavratura de auto de infração complementar ou de emissão de notificação de lançamento complementar, específicos em relação à matéria modificada (Decreto n. 70.235, de 1972, art. 18, § 3º, com a redação dada pela Lei n. 8.748, de 1993, art. 1º).

§ 1º O lançamento complementar será formalizado nos casos:

I - em que seja aferível, a partir da descrição dos fatos e dos demais documentos produzidos na ação fiscal, que o autuante, no momento da formalização da exigência:

a) apurou incorretamente a base de cálculo do crédito tributário; ou

b) não incluiu na determinação do crédito tributário matéria devidamente identificada; ou

II - em que forem constatados fatos novos, subtraídos ao conhecimento da autoridade lançadora quando da ação fiscal e relacionados aos fatos geradores objeto da autuação, que impliquem agravamento da exigência inicial.

§ 2º O auto de infração ou a notificação de lançamento de que trata o *caput* terá o objetivo de:

I - complementar o lançamento original; ou

II - substituir, total ou parcialmente, o lançamento original nos casos em que a apuração do quantum devido, em face da legislação tributária aplicável, não puder ser efetuada sem a inclusão da matéria anteriormente lançada.

§ 3º Será concedido prazo de trinta dias, contados da data da ciência da intimação da exigência complementar, para a apresentação de impugnação apenas no concernente à matéria modificada.

§ 4º O auto de infração ou a notificação de lançamento de que trata o *caput* devem ser objeto do mesmo processo em que for tratado o auto de infração ou a notificação de lançamento complementados.

§ 5º O julgamento dos litígios instaurados no âmbito do processo referido no § 4º será objeto de um único acórdão.

SUBSEÇÃO V
DO SEGUNDO EXAME
DA ESCRITA

ART. 42. Em relação ao mesmo exercício, só é possível um segundo exame, mediante ordem escrita do Superintendente, do Delegado ou do Inspetor da Receita Federal do Brasil (Lei n. 2.354, de 1954, art. 7º, § 2º; Lei n. 3.470, de 1958, art. 34).

SEÇÃO VI
DAS MEDIDAS DE DEFESA DO CRÉDITO TRIBUTÁRIO

SUBSEÇÃO I
DO ARROLAMENTO DE BENS E DIREITOS PARA ACOMPANHAMENTO DO PATRIMÔNIO DO SUJEITO PASSIVO

ART. 43. O Auditor-Fiscal da Receita Federal do Brasil procederá ao arrolamento de bens e direitos do sujeito passivo sempre que o valor dos créditos tributários de sua responsabilidade for superior a trinta por cento do seu patrimônio conhecido. (Alterado pelo Dec. 8.853/2016.)

§ 1º Se o crédito tributário for formalizado contra pessoa física, no arrolamento devem ser identificados, inclusive, os bens e direitos em nome do cônjuge, não gravados com a cláusula de incomunicabilidade (Lei n. 9.532, de 1997, art. 64, § 1º).

§ 2º Na falta de outros elementos indicativos, considera-se patrimônio conhecido o valor constante da última declaração de rendimentos apresentada (Lei n. 9.532, de 1997, art. 64, § 2º).

§ 3º A partir da data da notificação do ato de arrolamento, mediante entrega de cópia do respectivo termo, o proprietário dos bens e direitos arrolados, ao transferi-los, aliená-los ou onerá-los, deve comunicar o fato à unidade da Secretaria da Receita Federal do Brasil em cuja jurisdição o domicílio tributário do sujeito passivo estiver (Lei n. 9.532, de 1997, art. 64, § 3º).

§ 4º A alienação, oneração ou transferência, a qualquer título, dos bens e direitos arrolados, sem o cumprimento da formalidade prevista no § 3º, autoriza o requerimento de medida cautelar fiscal contra o sujeito passivo (Lei n. 9.532, de 1997, art. 64, § 4º).

§ 5º O termo de arrolamento de que trata o § 3º será registrado independentemente de pagamento de custas ou emolumentos (Lei n. 9.532, de 1997, art. 64, § 5º):

I - no competente registro imobiliário, relativamente aos bens imóveis;

II - nos órgãos ou entidades, onde, por força de lei, os bens móveis ou direitos sejam registrados ou controlados; ou

III - no Cartório de Títulos e Documentos e Registros Especiais do domicílio tributário do sujeito passivo, relativamente aos demais bens e direitos.

§ 6º As certidões de regularidade fiscal expedidas deverão conter informações quanto à existência de arrolamento (Lei n. 9.532, de 1997, art. 64, § 6º).

§ 7º Liquidado o crédito tributário que tenha motivado o arrolamento antes de seu encaminhamento para inscrição em dívida ativa da União, o Auditor-Fiscal da Receita Federal do Brasil responsável comunicará o fato ao órgão em que o termo foi registrado para que sejam anulados os efeitos do arrolamento. (Alterado pelo Dec. 8.853/2016.)

§ 8º Liquidado ou garantido, nos termos da n. 6.830, de 22 de setembro de 1980, o crédito tributário que tenha motivado o arrolamento, após seu encaminhamento para inscrição em dívida ativa da União, a comunicação de que trata o § 8º será feita pela autoridade competente da Procuradoria da Fazenda Nacional (Lei n. 9.532, de 1997, art. 64, § 9º).

§ 9º Os órgãos de registro público onde os bens e direitos foram arrolados dispõem do prazo de trinta dias para liberá-los, contado da data de protocolo de cópia do documento comprobatório da comunicação aos órgãos fazendários referido no § 3º. (Acrescentado pelo Dec. 8.853/2016.)

§ 10. O disposto neste artigo é aplicável somente se a soma dos valores dos créditos tributários for superior a R$ 2.000.000,00 (dois milhões de reais). (Acrescentado pelo Dec. 8.853/2016.)

ART. 44. O arrolamento de que trata o art. 43 recairá sobre bens e direitos suscetíveis de registro público, com prioridade aos imóveis, e em valor suficiente para cobrir o montante do crédito tributário de responsabilidade do sujeito passivo (Lei n. 9.532, de 1997, art. 64-A, incluído pela Medida Provisória n. 2.158-35, de 2001, art. 75).

§ 1º O arrolamento somente poderá alcançar outros bens e direitos para fins de complementar o valor referido no *caput*.

§ 2º O Auditor-Fiscal da Receita Federal do Brasil poderá, a requerimento do sujeito passivo, substituir bem ou direito arrolado por outro que seja de valor igual ou superior, desde que respeitada a ordem de prioridade de bens ou direitos a serem arrolados definida pela Secretaria da Receita Federal do Brasil e que seja realizada a avaliação de bem ou direito arrolado e de bem ou direito substituto, nos termos do § 3º. (Alterado pelo Dec. 8.853/2016.)

§ 3º Fica a critério do sujeito passivo, às expensas dele, requerer, anualmente, aos órgãos de registro público onde os bens e direitos estiverem arrolados, por petição fundamentada, avaliação dos referidos ativos, por perito indicado pelo próprio órgão de registro, a identificar o valor justo dos bens e direitos arrolados e evitar, desse modo, excesso de garantia. (Acrescentado pelo Dec. 8.853/2016.)

SUBSEÇÃO II
DA MEDIDA CAUTELAR FISCAL

ART. 45. A Procuradoria da Fazenda Nacional poderá instaurar procedimento cautelar fiscal após a constituição do crédito, inclusive no curso da execução judicial da dívida ativa da União (Lei n. 8.397, de 6 de janeiro de 1992, art. 1º, com a redação dada pela Lei n. 9.532, de 1997, art. 65).

Parágrafo único. O requerimento da medida cautelar independe da prévia constituição do crédito tributário quando o sujeito passivo (Lei n. 8.397, de 1992, art. 1º, parágrafo único, com a redação dada pela Lei n. 9.532, de 1997, art. 65):

I - notificado pela Fazenda Pública para que proceda ao recolhimento do crédito tributário, põe ou tenta por seus bens em nome de terceiros (Lei n. 8.397, de 1992, art. 2º, inciso V, alínea "b", com a redação dada pela Lei n. 9.532, de 1997, art. 65); ou

II - aliena bens ou direitos sem proceder à devida comunicação ao órgão da Fazenda Pública competente, quando exigível em virtude de lei (Lei n. 8.397, de 1992, art. 2º, inciso VII, com a redação dada pela Lei n. 9.532, de 1997, art. 65).

SUBSEÇÃO III
DA MEDIDA CAUTELAR FISCAL PREPARATÓRIA

ART. 46. Quando a medida cautelar fiscal for concedida em procedimento preparatório, deverá a Fazenda Nacional propor a execução judicial da dívida ativa no prazo de sessenta dias, contados da data em que a exigência se tornar irrecorrível na esfera administrativa (Lei n. 8.397, de 1992, art. 11).

SEÇÃO VII
DA REPRESENTAÇÃO FISCAL PARA FINS PENAIS

ART. 47. O Auditor-Fiscal da Receita Federal do Brasil formalizará representação fiscal para fins penais em autos separados, protocolizada na mesma data da lavratura do auto de infração, sempre que, no curso de procedimento de fiscalização de que resulte lavratura de auto de infração relativo a tributos administrados pela Secretaria da Receita Federal do Brasil ou decorrente de apreensão de bens sujeitos à pena de perdimento, constatar fato que configure, em tese (Decreto n. 2.730, de 10 de agosto de 1998, art. 1º):

I - crime contra a ordem tributária tipificado nos arts. 1º ou 2º da Lei n. 8.137, de 27 de dezembro de 1990;

II - crime de contrabando ou de descaminho tipificado no art. 334 do Decreto-Lei n. 2.848, de 7 de dezembro de 1940 - Código Penal; ou

III - crime contra a Previdência Social tipificado nos arts. 168-A ou 337-A do Decreto-Lei n. 2.848, de 1940.

ART. 48. As representações fiscais para fins penais relativas aos crimes contra a ordem tributária definidos nos arts. 1º e 2º da Lei n. 8.137, de 1990, e aos crimes contra a Previdência Social, definidos nos arts. 168-A e 337-A do Decreto-Lei n. 2.848, de 1940 - Código Penal acrescentados pela Lei n. 9.983, de 14 de julho de 2000, serão formalizadas e protocolizadas em até dez dias contados da data da constituição do crédito tributário, devendo permanecer no âmbito da unidade de controle até que o referido crédito se torne definitivo na esfera administrativa, respeitado o prazo para cobrança amigável (Lei n. 9.430, de 1996, art. 83).

Parágrafo único. Caso o crédito tributário correspondente ao ilícito penal seja integralmente extinto pelo julgamento administrativo ou pelo pagamento, os autos da representação, juntamente com cópia da respectiva decisão administrativa, quando for o caso, deverão ser arquivados.

ART. 49. A representação fiscal para fins penais relativa aos crimes de contrabando ou descaminho, definidos no art. 334 do Decreto-Lei n. 2.848, de 1940 - Código Penal , será formalizada em autos separados e protocolizada na mesma data da lavratura do auto de infração, devendo permanecer na unidade da Secretaria da Receita Federal do Brasil de lavratura até o final do prazo para impugnação.

§ 1º Se for aplicada a pena de perdimento de bens, inclusive na hipótese de conversão em multa equivalente ao valor aduaneiro da mercadoria que não seja localizada ou que tenha sido consumida, a representação de que trata o *caput* deverá ser encaminhada pela autoridade julgadora de instância única ao órgão do Ministério Público Federal que for competente para promover a ação penal, no prazo máximo de dez dias, anexando-se cópia da decisão.

§ 2º Não aplicada a pena de perdimento, a representação fiscal para fins penais deverá ser arquivada, depois de incluir nos autos cópia da respectiva decisão administrativa.

ART. 50. A Secretaria da Receita Federal do Brasil disciplinará os procedimentos necessários à execução do disposto nesta Seção.

SEÇÃO VIII
DA REPRESENTAÇÃO PARA FINS PENAIS

ART. 51. Além dos casos de representação previstos no art. 47, os servidores em exercício na Secretaria da Receita Federal do Brasil, observadas as atribuições dos respectivos cargos, deverão formalizar representação para fins penais, perante os titulares das unidades centrais, superintendentes, delegados ou inspetores da Secretaria da Receita Federal do Brasil aos quais estiverem vinculados, sempre que identificarem situações que, em tese, configurem crime contra a administração pública federal ou em detrimento da Fazenda Nacional.

§ 1º A representação de que trata o *caput* deverá ser:

I - levada a registro em protocolo pelo servidor que a elaborar, no prazo de dez dias, contados da data em que identificar a situação caracterizadora de crime;

II - remetida no prazo de dez dias, contados da data de sua protocolização, ao órgão do Ministério Público Federal que for competente para promover a ação penal.

§ 2º Deverá ser dado conhecimento da representação ao titular da unidade do domicílio fiscal do sujeito passivo, na hipótese de o servidor formalizar representação perante outra autoridade a quem estiver vinculado.

CAPÍTULO II
DA COBRANÇA ADMINISTRATIVA DO CRÉDITO TRIBUTÁRIO

SEÇÃO I
DO PAGAMENTO - DA REDUÇÃO DA MULTA DE LANÇAMENTO DE OFÍCIO

ART. 52. Será concedida redução de cinquenta por cento do valor da multa de lançamento de ofício ao sujeito passivo que, notificado, efetuar o pagamento ou a compensação do crédito tributário no prazo previsto para apresentar impugnação (Lei n. 8.218, de 1991, art. 6º, com a redação dada pela Lei n. 11.941, de 2009, art. 28; Lei n. 9.430, de 1996, art. 44, § 3º).

§ 1º Apresentada impugnação tempestivamente, a redução será de trinta por cento se o pagamento ou a compensação forem efetuados no prazo de trinta dias, contados da data da ciência da decisão de primeira instância (Lei n. 8.218, de 1991, art. 6º, inciso III, com a redação dada pela Lei n. 11.941, de 2009, art. 28; Lei n. 9.430, de 1996, art. 44, § 3º).

§ 2º No caso de provimento a recurso de ofício interposto pela autoridade julgadora de primeira instância, será aplicada a redução de trinta por cento se o pagamento ou a compensação for efetuado no prazo de trinta dias contados da ciência da decisão (Lei n. 8.218, de 1991, art. 6º, § 1º, com a redação dada pela Lei n. 11.941, de 2009, art. 28).

§ 3º O disposto no *caput* aplica-se também às penalidades aplicadas isoladamente. (Acrescentado pelo Dec. 8.853/2016.)

SEÇÃO II
DO PARCELAMENTO - DA REDUÇÃO DA MULTA DE LANÇAMENTO DE OFÍCIO

ART. 53. Será concedida redução de quarenta por cento do valor da multa de lançamento de ofício, ao sujeito passivo que, notificado, requerer o parcelamento do crédito tributário no prazo previsto para apresentar impugnação (Lei n. 8.218, de 1991, art. 6º, inciso II, com a redação dada pela Lei n. 11.941, de 2009, art. 28; Lei n. 9.430, de 1996, art. 44, § 3º).

§ 1º Apresentada impugnação tempestivamente, a redução será de vinte por cento se o parcelamento for requerido no prazo de trinta dias, contados da data da ciência da decisão de primeira instância (Lei n. 8.218, de 1991, art. 6º, inciso IV, com a redação dada pela Lei n. 11.941, de 2009, art. 28; Lei n. 9.430, de 1996, art. 44, § 3º).

§ 2º No caso de provimento a recurso de ofício interposto pela autoridade julgadora de primeira instância, será aplicada a redução de vinte por cento se o parcelamento for requerido no prazo de trinta dias contados da ciência da decisão (Lei n. 8.218, de 1991, art. 6º, § 1º, com a redação dada pela Lei n. 11.941, de 2009, art. 28).

§ 3º A rescisão do parcelamento, motivada pelo descumprimento das normas que o regulam, implicará restabelecimento do montante da multa proporcionalmente ao valor da receita não satisfeita e que exceder o valor obtido com a garantia apresentada (Lei n. 8.218, de 1991, art. 6º, § 2º, com a redação dada pela Lei n. 11.941, de 2009, art. 28).

§ 4º O disposto no *caput* aplica-se também às penalidades aplicadas isoladamente. (Acrescentado pelo Dec. 8.853/2016.)

SEÇÃO III
DA REVELIA

ART. 54. Não sendo cumprida nem impugnada a exigência, a autoridade preparadora declarará a revelia, permanecendo o processo no órgão preparador, pelo prazo de trinta dias, para cobrança amigável (Decreto n. 70.235, de 1972, art. 21, com a redação dada pela Lei n. 8.748, de 1993, art. 1º).

§ 1º No caso de identificação de impugnação parcial, não cumprida a exigência relativa à parte não litigiosa do crédito, o órgão preparador, antes da remessa dos autos a julgamento, providenciará a formação de autos apartados para a imediata cobrança da parte não contestada, consignando essa circunstância no processo original.

§ 2º Esgotado o prazo de cobrança amigável sem que tenha sido pago ou parcelado o crédito tributário, o órgão preparador encaminhará o processo à autoridade competente para promover a cobrança executiva.

ART. 55. Tratando-se de apreensão de mercadoria para fins de aplicação da pena de perdimento ou de declaração de abandono, em que não tenha sido apresentada impugnação, a autoridade preparadora, após declarar a revelia, deverá, em observância às normas que regem a matéria e, mediante o competente ato administrativo, aplicar a pena de perdimento ou declarar o abandono, para fins de destinação da mercadoria (Decreto n. 70.235, de 1972, arts. 21, § 2º, e 63).

CAPÍTULO III
DA FASE LITIGIOSA

SEÇÃO I
DA IMPUGNAÇÃO

ART. 56. A impugnação, formalizada por escrito, instruída com os documentos em que se fundamentar e apresentada em unidade da Secretaria da Receita Federal do Brasil com jurisdição sobre o domicílio tributário do sujeito passivo, bem como, remetida por via postal, no prazo de trinta dias, contados da data da ciência da intimação da exigência, instaura a fase litigiosa do procedimento (Decreto n. 70.235, de 1972, arts. 14 e 15).

§ 1º Apresentada a impugnação em unidade diversa, esta a remeterá à unidade indicada no *caput*.

§ 2º Eventual petição, apresentada fora do prazo, não caracteriza impugnação, não instaura a fase litigiosa do procedimento, não suspende a exigibilidade do crédito tributário nem comporta julgamento de primeira instância, salvo se caracterizada ou suscitada a tempestividade, como preliminar.

§ 3º No caso de pluralidade de sujeitos passivos, caracterizados na formalização da exigência, todos deverão ser cientificados do auto de infração ou da notificação de lançamento, com abertura de prazo para que cada um deles apresente impugnação.

§ 4º Na hipótese do § 3º, o prazo para impugnação é contado, para cada sujeito passivo, a partir da data em que cada um deles tiver sido cientificado do lançamento.

§ 5º Na hipótese de remessa da impugnação por via postal, será considerada como data de sua apresentação a da respectiva postagem constante do aviso de recebimento, o qual deverá trazer a indicação do destinatário da remessa e o número do protocolo do processo correspondente.

§ 6º Na impossibilidade de se obter cópia do aviso de recebimento, será considerada como data da apresentação da impugnação a constante do carimbo aposto pelos Correios no envelope que contiver a remessa, quando da postagem da correspondência.

§ 7º No caso previsto no § 5º, a unidade de preparo deverá juntar, por anexação ao processo correspondente, o referido envelope.

ART. 57. A impugnação mencionará (Decreto n. 70.235, de 1972, art. 16, com a redação dada pela Lei n. 8.748, de 1993, art. 1º, e pela Lei n. 11.196, de 2005, art. 113):

I - a autoridade julgadora a quem é dirigida;

II - a qualificação do impugnante;

III - os motivos de fato e de direito em que se fundamenta, os pontos de discordância e as razões e provas que possuir;

IV - as diligências ou perícias que o impugnante pretenda sejam efetuadas, expostos os motivos que as justifiquem, com a formulação de quesitos referentes aos exames desejados, bem como, no caso de perícia, o nome, o endereço e a qualificação profissional de seu perito; e

V - se a matéria impugnada foi submetida à apreciação judicial, devendo ser juntada cópia da petição.

§ 1º Considera-se não formulado o pedido de diligência ou perícia que deixar de atender aos requisitos previstos no inciso IV.

§ 2º É defeso ao impugnante, ou a seu representante legal, empregar expressões injuriosas nos escritos apresentados no processo, cabendo ao julgador, de ofício ou a requerimento do ofendido, mandar riscá-las.

§ 3º Quando o impugnante alegar direito municipal, estadual ou estrangeiro, incumbe-lhe o ônus de provar o teor e a vigência, se assim o determinar o julgador.

§ 4º A prova documental será apresentada na impugnação, precluindo o direito de o impugnante fazê-lo em outro momento processual, a menos que:

I - fique demonstrada a impossibilidade de sua apresentação oportuna, por motivo de força maior;

II - refira-se a fato ou a direito superveniente; ou

III - destine-se a contrapor fatos ou razões posteriormente trazidas aos autos.

§ 5º Considera-se motivo de força maior o fato necessário, cujos efeitos não era possível evitar ou impedir (Lei n. 10.406, de 2002, art. 393).

§ 6º A juntada de documentos depois de apresentada a impugnação deverá ser requerida à autoridade julgadora, mediante petição em que se demonstre, com fundamentos, a ocorrência de uma das condições previstas no § 4º.

§ 7º Os documentos apresentados após proferida a decisão deverão ser juntados, por anexação, aos autos para, se for interposto recurso, serem apreciados pela autoridade julgadora de segunda instância.

ART. 58. Considera-se não impugnada a matéria que não tenha sido expressamente contestada pelo impugnante (Decreto n. 70.235, de 1972, art. 17, com a redação dada pela Lei n. 9.532, de 1997, art. 67).

SEÇÃO II
DO JULGAMENTO - DISPOSIÇÕES GERAIS

ART. 59. No âmbito do processo administrativo fiscal, fica vedado aos órgãos de julgamento afastar a aplicação ou deixar de observar tratado, acordo internacional, lei ou decreto, sob fundamento de inconstitucionalidade (Decreto n. 70.235, de 1972, art. 26-A, com a redação dada pela Lei n. 11.941, de 2009, art. 25).

Parágrafo único. O disposto no *caput* não se aplica aos casos de tratado, acordo internacional, lei ou ato normativo (Decreto n. 70.235, de 1972, art. 26-A, § 6º, incluído pela Lei n. 11.941, de 2009, art. 25):

I - que já tenha sido declarado inconstitucional por decisão plenária definitiva do Supremo Tribunal Federal; ou

II - que fundamente crédito tributário objeto de:

a) dispensa legal de constituição ou de ato declaratório do Procurador-Geral da Fazenda Nacional, na forma dos arts. 18 e 19 da Lei n. 10.522, de 19 de junho de 2002;

b) súmula da Advocacia-Geral da União, na forma do art. 43 da Lei Complementar n. 73, de 10 de fevereiro de 1993; ou

c) pareceres do Advogado-Geral da União aprovados pelo Presidente da República, na forma do art. 40 da Lei Complementar n.73, de 1993.

ART. 60. O contencioso administrativo relativo ao Simples Nacional será de competência do órgão julgador integrante da estrutura administrativa do ente federativo que efetuar o lançamento ou a exclusão de ofício, observados os dispositivos legais atinentes aos processos administrativos fiscais desse ente (Lei Complementar n. 123, de 2006, art. 39).

SEÇÃO III
DO JULGAMENTO EM PRIMEIRA INSTÂNCIA

SUBSEÇÃO I
DA COMPETÊNCIA

ART. 61. O julgamento de processos sobre a aplicação da legislação referente a tributos administrados pela Secretaria da Receita Federal do Brasil, e os relativos à exigência de direitos antidumping e direitos compensatórios, compete em primeira instância, às Delegacias da Receita Federal do Brasil de Julgamento, órgãos de deliberação interna e natureza colegiada da Secretaria da Receita Federal do Brasil (Decreto n. 70.235, de 1972, art. 25, inciso I; Lei n. 9.019, de 30 de março de 1995, art. 7º, § 5º).

Parágrafo único. A competência de que trata o *caput* inclui, dentre outros, o julgamento de:

I - impugnação a auto de infração e notificação de lançamento (Decreto n. 70.235, de 1972, art. 14);

II - manifestação de inconformidade do sujeito passivo em processos administrativos relativos a compensação, restituição e ressarcimento de tributos, inclusive créditos de Imposto sobre Produtos Industrializados - IPI (Lei n. 8.748, de 1993, art. 3º, inciso II; Lei n. 9.019, de 1995, art. 7º, §1º e §5º); e

III - impugnação ao ato declaratório de suspensão de imunidade e isenção (Lei n. 9.430, de 1996, art. 32, § 10).

SUBSEÇÃO II
DO JULGAMENTO

ART. 62. Terão prioridade no julgamento os processos em que estiverem presentes as circunstâncias de crime contra a ordem tributária ou de elevado valor, este definido em ato do Ministro de Estado da Fazenda, bem como, mediante requisição do interessado, aqueles em que figure como parte interveniente (Decreto n. 70.235, de 1972, art. 27, com a redação dada pela Lei n. 9.532, de 1997, art. 67; Lei n. 10.741, de 1º de outubro de 2003, art. 71; Lei n. 9.784, de 1999, art. 69-A, com a redação dada pela Lei n. 12.008, de 29 de julho de 2009, art. 4º):

I - pessoa com idade igual ou superior a sessenta anos;

II - pessoa portadora de deficiência, física ou mental; e

III - pessoa portadora de tuberculose ativa, esclerose múltipla, neoplasia maligna, hanseníase, paralisia irreversível e incapacitante, cardiopatia grave, doença de Parkinson, espondiloartrose anquilosante, nefropatia grave, hepatopatia grave, estados avançados da doença de Paget (osteíte deformante), contaminação por radiação, síndrome de imunodeficiência adquirida, ou outra doença grave, com base em conclusão da medicina especializada, mesmo que a doença tenha sido contraída após o início do processo.

Parágrafo único. Os processos serão julgados na ordem estabelecida em ato do Secretário da Receita Federal do Brasil, observada a prioridade de que trata o *caput*.

ART. 63. Na apreciação das provas, a autoridade julgadora formará livremente sua convicção, podendo determinar, de ofício ou a requerimento do impugnante, a realização de diligências ou de perícias, observado o disposto nos arts. 35 e 36 (Decreto n. 70.235, de 1972, arts. 29 e 18, com a redação dada pela Lei n. 8.748, de 1993, art. 1º).

ART. 64. Os laudos e os pareceres do Laboratório Nacional de Análises, do Instituto Nacional de Tecnologia e de outros órgãos federais congêneres serão adotados nos aspectos técnicos de sua competência, salvo se comprovada a improcedência desses laudos ou pareceres (Decreto n. 70.235, de 1972, art. 30, com a redação dada pela Lei n. 9.532, de 1997, art. 67).

§ 1º Não se considera como aspecto técnico a classificação fiscal de produtos.

§ 2º A existência no processo de laudos ou de pareceres técnicos não impede a autoridade julgadora de solicitar outros a qualquer dos órgãos referidos neste artigo.

§ 3º Atribui-se eficácia aos laudos e aos pareceres técnicos sobre produtos, exarados em outros processos administrativos fiscais e translados mediante certidão de inteiro teor ou cópia fiel, quando tratarem:

I - de produtos originários do mesmo fabricante, com igual denominação, marca e especificação; e

II - de máquinas, aparelhos, equipamentos, veículos e outros produtos complexos de fabricação em série, do mesmo fabricante, com iguais especificações, marca e modelo.

SUBSEÇÃO III
DO ACÓRDÃO

ART. 65. O acórdão conterá relatório resumido do processo, fundamentos legais, conclusão e ordem de intimação, devendo referir-se, expressamente, a todos os autos de infração e notificações de lançamento objeto do processo, bem como às razões de defesa suscitadas pelo impugnante contra todas as exigências (Decreto n. 70.235, de 1972, art. 31, com a redação dada pela Lei n. 8.748, de 1993, art. 1º).

ART. 66. No acórdão em que for julgada questão preliminar, será também julgado o mérito, salvo quando incompatíveis (Decreto n. 70.235, de 1972, art. 28, com a redação dada pela Lei n. 8.748, de 1993, art. 1º).

Parágrafo único. O indeferimento de pedido de diligência ou de perícia deverá ser fundamentado e constar da decisão (Decreto n. 70.235, de 1972, art. 28, com a redação dada pela Lei n. 8.748, de 1993, art. 1º).

ART. 67. As inexatidões materiais devidas a lapso manifesto e os erros de escrita ou de cálculo existentes na decisão deverão ser corrigidos de ofício ou a requerimento do sujeito passivo, mediante a prolação de um novo acórdão (Decreto n. 70.235, de 1972, art. 32).

ART. 68. O órgão preparador dará ciência da decisão ao sujeito passivo, intimando-o, quando for o caso, a cumpri-la no prazo de trinta dias, contados da data da ciência, facultada a apresentação de recurso voluntário no mesmo prazo (Decreto n. 70.235, de 1972, arts. 31 e 33).

ART. 69. Da decisão de primeira instância não cabe pedido de reconsideração (Decreto n. 70.235, de 1972, art. 36).

SUBSEÇÃO IV
DO RECURSO DE OFÍCIO

ART. 70. O recurso de ofício deve ser interposto, pela autoridade competente de primeira instância, sempre que a decisão exonerar o sujeito passivo do pagamento de tributo e encargos de multa de valor total (lançamento principal e decorrentes) a ser fixado em ato do Ministro de Estado da Fazenda, bem como quando deixar de aplicar a pena de perdimento de mercadoria com base na legislação do IPI (Decreto n. 70.235, de 1972, art. 34, com a redação dada pela Lei n. 9.532, de 1997, art. 67).

§ 1º O recurso será interposto mediante formalização na própria decisão.

§ 2º Sendo o caso de interposição de recurso de ofício e não tendo este sido formalizado, o servidor que verificar o fato representará à autoridade julgadora, por intermédio de seu chefe imediato, no sentido de que seja observada aquela formalidade.

§ 3º O disposto no *caput* aplica-se sempre que, na hipótese prevista no § 3º do art. 56, a decisão excluir da lide o sujeito passivo cuja exigência seja em valor superior ao fixado em ato do Ministro de Estado da Fazenda, ainda que mantida a totalidade da exigência do crédito tributário. (Acrescentado pelo Dec. 8.853/2016.)

ART. 71. Não cabe recurso de ofício das decisões prolatadas, pela autoridade fiscal da jurisdição do sujeito passivo, em processos relativos a restituição, ressarcimento, reembolso e compensação de tributos administrados pela Secretaria da Receita Federal do Brasil (Lei n. 10.522, de 2002, art. 27).

ART. 72. Enquanto não decidido o recurso de ofício, a decisão a ele correspondente não se torna definitiva (Decreto n. 70.235, de 1972, art. 42, parágrafo único).

SUBSEÇÃO V
DO RECURSO VOLUNTÁRIO

ART. 73. O recurso voluntário total ou parcial, que tem efeito suspensivo, poderá ser interposto contra decisão de primeira instância contrária ao sujeito passivo, no prazo de trinta dias, contados da data da ciência da decisão (Decreto n. 70.235, de 1972, art. 33).

ART. 74. O recurso voluntário total ou parcial, mesmo perempto, deverá ser encaminhado ao órgão de segunda instância, que julgará a perempção (Decreto n. 70.235, de 1972, art. 35).

SEÇÃO IV
DO JULGAMENTO EM SEGUNDA INSTÂNCIA

SUBSEÇÃO I
DA COMPETÊNCIA

ART. 75. O julgamento de recursos de ofício e voluntários de decisão de primeira instância, e de recursos de natureza especial, compete ao Conselho Administrativo de Recursos Fiscais (Decreto n. 70.235, de 1972, art. 25, inciso II, com a redação dada pela Lei n. 11.941, de 2009, art. 25).

§ 1º O Conselho Administrativo de Recursos Fiscais será constituído por seções e pela Câmara Superior de Recursos Fiscais (Decreto n. 70.235, de 1972, art. 25, inciso II, § 1º, com a redação dada pela Lei n. 11.941, de 2009, art. 25).

§ 2º As seções serão especializadas por matéria e constituídas por câmaras (Decreto n. 70.235, de 1972, art. 25, § 2º, com a redação dada pela Lei n. 11.941, de 2009, art. 25).

§ 3º A Câmara Superior de Recursos Fiscais será constituída por turmas, compostas pelos Presidentes e Vice-Presidentes das câmaras (Decreto n. 70.235, de 1972, art. 25, § 3º, com a redação dada pela Lei n. 11.941, de 2009, art. 25).

§ 4º As câmaras poderão ser divididas em turmas (Decreto n. 70.235, de 1972, art. 25, § 4º, com a redação dada pela Lei n. 11.941, de 2009, art. 25).

§ 5º O Ministro de Estado da Fazenda poderá criar, nas seções, turmas especiais, de caráter temporário, com competência para julgamento de processos que envolvam valores reduzidos ou matéria recorrente ou de baixa complexidade, que poderão funcionar nas cidades onde estão localizadas as Superintendências Regionais da Receita Federal do Brasil (Decreto n. 70.235, de 1972, art. 25, § 5º, com a redação dada pela Lei n. 11.941, de 2009, art. 25).

§ 6º As turmas da Câmara Superior de Recursos Fiscais serão constituídas pelo Presidente do Conselho Administrativo de Recursos Fiscais, pelo Vice-Presidente, pelos Presidentes e pelos Vice-Presidentes das câmaras (Decreto n. 70.235, de 1972, art. 25, § 7º, com a redação dada pela Lei n. 11.941, de 2009, art. 25).

§ 7º A presidência das turmas da Câmara Superior de Recursos Fiscais será exercida pelo Presidente do Conselho Administrativo de Recursos Fiscais e a vice-presidência, por conselheiro representante dos contribuintes (Decreto n. 70.235, de 1972, art. 25, § 8º, com a redação dada pela Lei n. 11.941, de 2009, art. 25).

§ 8º Os cargos de Presidente das Turmas da Câmara Superior de Recursos Fiscais, das câmaras, das suas turmas e das turmas especiais serão ocupados por conselheiros representantes da Fazenda Nacional, que, em caso de empate, terão o voto de qualidade, e os cargos de Vice-Presidente, por representantes dos contribuintes (Decreto n. 70.235, de 1972, art. 25, § 9º, com a redação dada pela Lei n. 11.941, de 2009, art. 25).

§ 9º Os conselheiros serão designados pelo Ministro de Estado da Fazenda para mandato, limitando-se as reconduções, na forma e no prazo estabelecidos no regimento interno (Decreto n. 70.235, de 1972, art. 25, § 10, com a redação dada pela Lei n. 11.941, de 2009, art. 25).

§ 10. O Ministro de Estado da Fazenda, observado o devido processo legal, decidirá sobre a perda do mandato, para os conselheiros que incorrerem em falta grave, definida no regimento interno (Decreto n. 70.235, de 1972, art. 25, § 11, com a redação dada pela Lei n. 11.941, de 2009, art. 25).

ART. 76. O acórdão de segunda instância deverá observar o disposto nos arts. 65, 66, 67 e 69.

ART. 77. O julgamento no Conselho Administrativo de Recursos Fiscais será feito conforme dispuser o regimento interno (Decreto n. 70.235, de 1972, art. 37, com a redação dada pela Lei n. 11.941, de 2009, art. 25).

SUBSEÇÃO II
DA INTIMAÇÃO DO PROCURADOR DA FAZENDA NACIONAL

ART. 78. Os Procuradores da Fazenda Nacional serão intimados pessoalmente das decisões do Conselho Administrativo de Recursos Fiscais na sessão das respectivas câmaras subsequente à formalização do acórdão (Decreto n. 70.235, de 1972, art. 23, § 7º, incluído pela Lei n. 11.457, de 2007, art. 44).

§ 1º Se os Procuradores da Fazenda Nacional não tiverem sido intimados pessoalmente em até quarenta dias contados da formalização do acórdão do Conselho Administrativo de Recursos Fiscais, os respectivos autos serão remetidos e entregues, mediante protocolo, à Procuradoria da Fazenda Nacional, para fins de intimação (Decreto n. 70.235, de 1972, art. 23, § 8º, incluído pela Lei n. 11.457, de 2007, art. 44).

§ 2º Os Procuradores da Fazenda Nacional serão considerados intimados pessoalmente das decisões do Conselho Administrativo de Recursos Fiscais, com o término do prazo de trinta dias contados da data em que os respectivos autos forem entregues à Procuradoria na forma do § 1º (Decreto n. 70.235, de 1972, art. 23, § 9º, incluído pela Lei n. 11.457, de 2007, art. 44).

SUBSEÇÃO III
DO RECURSO ESPECIAL CONTRA DECISÃO DE SEGUNDA INSTÂNCIA

ART. 79. Caberá recurso especial à Câmara Superior de Recursos Fiscais, no prazo de quinze dias da ciência do acórdão ao interessado, de decisão que der à lei tributária interpretação divergente da que lhe tenha dado outra câmara, turma de câmara, turma especial ou a própria Câmara Superior de Recursos Fiscais (Decreto n. 70.235, de 1972, art. 37, § 2º, inciso II, com a redação dada pela Lei n. 11.941, de 2009, art. 25).

Parágrafo único. É cabível recurso especial de divergência, previsto no *caput*, contra decisão que der ou negar provimento a recurso de ofício (Decreto n. 70.235, de 1972, art. 37, § 2º, inciso II, com a redação dada pela Lei n. 11.941, de 2009, art. 25).

CAPÍTULO IV
DA EFICÁCIA E DA EXECUÇÃO DAS DECISÕES

ART. 80. São definitivas as decisões (Decreto n. 70.235, de 1972, art. 42):

I - de primeira instância, esgotado o prazo para recurso voluntário sem que este tenha sido interposto;

II - de segunda instância, de que não caiba recurso ou, se cabível, quando decorrido o prazo sem a sua interposição; ou

III - de instância especial.

Parágrafo único. Serão também definitivas as decisões de primeira instância na parte que não for objeto de recurso voluntário ou não estiver sujeita a recurso de ofício.

ART. 81. A decisão definitiva contrária ao sujeito passivo será cumprida no prazo para cobrança amigável fixado no art. 54, aplicando-se, no caso de descumprimento, o disposto no § 2º (Decreto n. 70.235, de 1972, art. 43).

§ 1º Na hipótese do cumprimento de decisão administrativa definitiva contrária ao sujeito passivo, a quantia depositada para evitar acréscimos moratórios do crédito tributário ou para liberar mercadoria será convertida em renda se o sujeito passivo não comprovar, no prazo legal, a propositura de ação judicial (Decreto n. 70.235, de 1972, art. 43, § 1º).

§ 2º Se o valor depositado não for suficiente para cobrir o crédito tributário, será aplicado o disposto no *caput* à cobrança do restante; se exceder o exigido, a autoridade competente determinará o levantamento da quantia excedente, na forma da legislação específica (Decreto n. 70.235, de 1972, art. 43, § 2º).

ART. 82. Mediante ordem da autoridade judicial ou, no caso de depósito extrajudicial, da autoridade administrativa competente, o valor do depósito, após o encerramento da lide ou do processo litigioso, será (Lei n. 9.703, de 17 de novembro de 1998, art. 1º, § 3º):

I - devolvido ao depositante pelo estabelecimento bancário em que foi feito o depósito, no prazo de vinte e quatro horas, contadas da hora da ciência da ordem da autoridade judicial ou administrativa competente, quando a sentença ou a decisão administrativa lhe for favorável ou na proporção em que o for, acrescido de juros, na forma estabelecida pelo § 4º do art. 39 da Lei n. 9.250, de 26 de dezembro de 1995; ou

II - transformado em pagamento definitivo, proporcionalmente à exigência do correspondente tributo, inclusive seus acessórios, quando se tratar de sentença ou decisão favorável à Fazenda Nacional, cessando, no caso de decisão em processo administrativo regulado pelo Decreto n. 70.235, de 1972, a suspensão da exigibilidade do crédito tributário a que se refere o § 1º do art. 86.

ART. 83. A decisão que aplicar a pena de perdimento ou declarar o abandono de mercadoria ou de outros bens será executada, pela unidade preparadora, após o prazo de trinta dias, segundo o que dispuser a legislação aplicável (Decreto n. 70.235, de 1972, arts. 21 e 44).

ART. 84. A destinação de mercadorias ou de outros bens apreendidos, declarados abandonados ou dados em garantia de pagamento de crédito tributário obedecerá às normas estabelecidas na legislação aplicável (Decreto n. 70.235, de 1972, art. 63).

Parágrafo único. As mercadorias ou outros bens referidos no *caput*, ainda que relativos a processos pendentes de apreciação judicial, inclusive os que estiverem à disposição da Justiça como corpo de delito, produto ou objeto de crime, salvo determinação em contrário, em cada caso, de autoridade judiciária, serão destinadas conforme as normas aplicáveis (Decreto-Lei n. 1.455, de 7 de abril de 1976, art. 30, com a redação dada pela Lei n. 12.350, de 20 de dezembro de 2010).

ART. 85. No caso de decisão definitiva favorável ao sujeito passivo, cumpre à autoridade preparadora exonerá-lo, de ofício, dos gravames decorrentes do litígio (Decreto n. 70.235, de 1972, art. 45).

CAPÍTULO V
DOS EFEITOS DAS AÇÕES JUDICIAIS

SEÇÃO I
DO LANÇAMENTO PARA PREVENIR A DECADÊNCIA

ART. 86. O lançamento para prevenir a decadência deverá ser efetuado nos casos em que existir a concessão de medida liminar em mandado de segurança ou de concessão de medida liminar ou de tutela antecipada, em outras espécies de ação judicial (Lei n. 5.172, de 1966 - Código Tributário Nacional, arts. 142, parágrafo único, e 151, incisos IV e V; Lei n. 9.430, de 1996, art. 63, com a redação dada pela Medida Provisória n. 2.158-35, de 2001, art. 70).

§ 1º O lançamento de que trata o *caput* deve ser regularmente notificado ao sujeito passivo com o esclarecimento de que a exigibilidade do crédito tributário permanece suspensa, em face da medida liminar concedida (Lei n. 5.172, de 1966 - Código Tributário Nacional, arts. 145 e 151; Decreto n. 70.235, de 1972, art. 7º).

§ 2º O lançamento para prevenir a decadência deve seguir seu curso normal, com a prática dos atos administrativos que lhe são próprios, exceto quanto aos atos executórios, que aguardarão a sentença judicial, ou, se for o caso, a perda da eficácia da medida liminar concedida.

SEÇÃO II
DA RENÚNCIA OU DA DESISTÊNCIA AO LITÍGIO NAS INSTÂNCIAS ADMINISTRATIVAS

ART. 87. A existência ou propositura, pelo sujeito passivo, de ação judicial com o mesmo objeto do lançamento importa em renúncia ou em desistência ao litígio nas instâncias administrativas (Lei n. 6.830, de 1980, art. 38, parágrafo único).

Parágrafo único. O curso do processo administrativo, quando houver matéria distinta da constante do processo judicial, terá prosseguimento em relação à matéria diferenciada.

TÍTULO III
DOS OUTROS PROCESSOS ADMINISTRATIVOS

CAPÍTULO I
DO PROCESSO DE CONSULTA

SEÇÃO I
DA LEGITIMIDADE PARA FORMULAR CONSULTA

ART. 88. O sujeito passivo poderá formular consulta sobre a interpretação da legislação tributária e aduaneira aplicável a fato determinado e sobre a classificação fiscal de mercadorias e a classificação de serviços, intangíveis e de outras operações que produzam variações no patrimônio, com base na Nomenclatura Brasileira de Serviços, Intangíveis e Outras Operações que Produzam Variações no Patrimônio. (Alterado pelo Dec. 8.853/2016.)

Parágrafo único. A consulta de que trata o *caput* é facultada aos órgãos da administração pública e às entidades representativas de categorias econômicas ou profissionais (Decreto n. 70.235, de 1972, art. 46, parágrafo único).

SEÇÃO II
DOS EFEITOS DA CONSULTA

ART. 89. Nenhum procedimento fiscal será instaurado, relativamente à espécie consultada, contra o sujeito passivo alcançado pela consulta, a partir da apresentação da consulta até o trigésimo dia subsequente à data da ciência da decisão que lhe der solução definitiva. (Decreto n. 70.235, de 1972, arts. 48 e 49; Lei n. 9.430, de 1996, art. 48, *caput* e § 3º).

§ 1º A apresentação da consulta:

I - não suspende o prazo:

a) para recolhimento de tributo, retido na fonte ou declarado (autolançado), antes ou depois da data de apresentação; e

b) para a apresentação de declaração de rendimentos; e

II - não impede a instauração de procedimento fiscal para fins de apuração da regularidade do recolhimento de tributos e da apresentação de declarações.

§ 2º No caso de consulta formulada por entidade representativa de categoria econômica ou profissional, os efeitos referidos no *caput* só alcançam seus associados ou filiados depois de cientificada a entidade consulente da decisão. (Alterado pelo Dec. 8.853/2016.)

ART. 90. Em se tratando de consulta eficaz e formulada antes do vencimento do débito, não incidirão encargos moratórios desde seu protocolo até o trigésimo dia subsequente à data da ciência de sua solução (Lei n. 5.172, de 1966 - Código Tributário Nacional, art. 161, § 2º).

SEÇÃO III
DOS REQUISITOS DA CONSULTA

ART. 91. A consulta deverá ser formulada por escrito e apresentada na unidade da Secretaria da Receita Federal do Brasil do domicílio tributário do consulente. (Alterado pelo Dec. 8.853/2016.)

Parágrafo único. A consulta poderá ser formulada por meio eletrônico, na forma disciplinada pela Secretaria da Receita Federal do Brasil. (Acrescentado pelo Dec. 8.853/2016.)

SEÇÃO IV
DA COMPETÊNCIA PARA A SOLUÇÃO DA CONSULTA

ART. 92. A competência para solucionar a consulta ou declarar sua ineficácia, na forma disciplinada pela Secretaria da Receita Federal do Brasil, poderá ser atribuída: (Alterado pelo Dec. 8.853/2016.)

I - à unidade central; ou (Alterado pelo Dec. 8.853/2016.)

II - à unidade descentralizada.

ART. 93. A competência para solucionar consultas relativas ao Simples Nacional é da Secretaria da Receita Federal do Brasil quando se referir a tributos administrados por esse órgão (Lei Complementar n. 123, de 2006, art. 40).

SEÇÃO V
DA INEFICÁCIA DA CONSULTA

ART. 94. Não produzirá qualquer efeito a consulta formulada (Decreto n. 70.235, de 1972, art. 52):

I - em desacordo com o disposto nos arts. 88 e 91;

II - por quem tiver sido intimado a cumprir obrigação relativa ao fato objeto da consulta;

III - por quem estiver sob procedimento fiscal iniciado para apurar fatos que se relacionem com a matéria consultada;

IV - quando o fato já houver sido objeto de decisão anterior, ainda não modificada, proferida em consulta ou litígio em que tenha sido parte o consulente;

V - quando o fato estiver disciplinado em ato normativo, publicado antes de sua apresentação;

VI - quando o fato estiver definido ou declarado em disposição literal de lei;

VII - quando o fato for definido como crime ou contravenção penal; e

VIII - quando não descrever, completa ou exatamente, a hipótese a que se referir, ou não contiver os elementos necessários à sua solução, salvo se a inexatidão ou omissão for escusável, a critério da autoridade julgadora.

SEÇÃO VI
DA SOLUÇÃO DA CONSULTA

ART. 95. Os processos administrativos de consulta serão solucionados em instância única (Lei n. 9.430, de 1996, art. 48, *caput*).

§ 1º Não cabe recurso nem pedido de reconsideração da solução da consulta ou do despacho que declarar sua ineficácia. (Acrescentado pelo Dec. 8.853/2016.)

§ 2º A consulta será solucionada no prazo máximo de trezentos e sessenta dias, contado da data de protocolo. (Acrescentado pelo Dec. 8.853/2016.)

ART. 96. Na solução da consulta serão observados os atos administrativos, expedidos pelas autoridades competentes, relativos à matéria consultada (Lei n. 9.430, de 1996, art. 48, § 2º).

ART. 97. As soluções das consultas serão publicadas no Diário Oficial da União, na forma disposta em ato normativo da Secretaria da Receita Federal do Brasil (Lei n. 9.430, de 1996, art. 48, § 4º).

ART. 98. O envio de conclusões decorrentes de decisões proferidas em processos de consulta sobre classificação fiscal de mercadorias para órgãos do Mercado Comum do Sul - Mercosul será efetuado exclusivamente pela unidade indicada no inciso I do art. 92 (Lei n. 9.430, de 1996, art. 50, § 4º).

SEÇÃO VII
DA MUDANÇA DE ENTENDIMENTO

ART. 99. O entendimento manifestado em decisão relativa a processo de consulta sobre classificação fiscal de mercadorias poderá ser alterado ou reformado, de ofício, pela unidade indicada no inciso I do art. 92 (Lei n. 9.430, de 1996, art. 50, §§ 1º a 3º).

§ 1º O consulente deverá ser cientificado da alteração ou da reforma de entendimento.

§ 2º Aplica-se o entendimento manifestado em decisão proferida por Superintendência Regional da Receita Federal do Brasil aos atos praticados pelo sujeito passivo até a data da ciência, ao consulente, da alteração ou da reforma de que trata o *caput*.

ART. 100. Se, após a resposta à consulta, a administração alterar o entendimento expresso na respectiva solução, a nova orientação atingirá apenas os fatos geradores que ocorrerem após ser dada ciência ao consulente ou após a sua publicação na imprensa oficial (Lei n. 9.430, de 1996, art. 48, § 12).

Parágrafo único. Na hipótese de alteração de entendimento expresso em solução de consulta, a nova orientação alcança apenas os fatos geradores que ocorrerem após a sua publicação na Imprensa Oficial ou após a ciência do consulente, exceto se a nova orientação lhe for mais favorável, caso em que esta atingirá, também, o período abrangido pela solução anteriormente dada.

SEÇÃO VIII
DO RECURSO ESPECIAL

ART. 101. Cabe recurso especial, sem efeito suspensivo, junto à unidade indicada no inciso I do art. 92, nos casos em que se verificar a ocorrência de conclusões divergentes entre soluções de consulta relativas a idêntica matéria, fundada em idêntica norma jurídica (Lei n. 9.430, de 1996, art. 48, §§ 5º a 8º, 10 e 11).

§ 1º O recurso especial pode ser interposto pelo destinatário da solução divergente, no prazo de trinta dias, contados da data da ciência da solução.

§ 2º O sujeito passivo que tiver conhecimento de solução divergente daquela que esteja observando em decorrência de resposta a consulta anteriormente formulada, sobre idêntica matéria, poderá adotar o procedimento previsto no *caput*, no prazo de trinta dias, contados da data da respectiva publicação.

§ 3º Cabe a quem interpuser o recurso comprovar a existência das soluções divergentes sobre idênticas matérias.

§ 4º O exame de admissibilidade do recurso será realizado na forma disciplinada pela Secretaria da Receita Federal do Brasil. (Alterado pelo Dec. 8.853/2016.)

§ 5º A solução da divergência acarretará, em qualquer hipótese, a edição de ato administrativo específico, uniformizando o entendimento, com imediata ciência ao destinatário da solução reformada, aplicando-se seus efeitos a partir da data da ciência, respeitado o disposto no parágrafo único do art. 100.

SEÇÃO IX
DA REPRESENTAÇÃO

ART. 102. Qualquer servidor da administração tributária deverá, a qualquer tempo, formular representação ao órgão que houver proferido a decisão, encaminhando as soluções divergentes sobre idêntica matéria, de que tenha conhecimento (Lei n. 9.430, de 1996, art. 48, §§ 8º e 9º).

Parágrafo único. O juízo de admissibilidade da representação será realizado na forma disciplinada pela Secretaria da Receita Federal do Brasil. (Alterado pelo Dec. 8.853/2016.)

CAPÍTULO II
DOS PROCESSOS DE RECONHECIMENTO DE DIREITO CREDITÓRIO

SEÇÃO I
DAS DISPOSIÇÕES GERAIS

ART. 103. (Revogado pelo Dec. 8.853/2016.)

SEÇÃO II
DO PROCESSO DE COMPENSAÇÃO

SUBSEÇÃO I
DA DECLARAÇÃO DE COMPENSAÇÃO

ART. 104. O sujeito passivo que apurar crédito, inclusive os judiciais com trânsito em julgado, relativo a tributo administrado pela Secretaria da Receita Federal do Brasil, passível de restituição ou de ressarcimento, poderá utilizá-lo na compensação de débitos próprios relativos a quaisquer tributos administrados por esse órgão (Lei n. 9.430, de 1996, art. 74, com a redação dada pela Lei n. 10.637, de 30 de dezembro de 2002, art. 49).

Parágrafo único. A compensação de que trata o *caput* será efetuada mediante a entrega, pelo sujeito passivo, de Declaração de Compensação na qual constarão informações relativas aos créditos utilizados e aos respectivos débitos compensados.

SUBSEÇÃO II
DOS CRÉDITOS VEDADOS À COMPENSAÇÃO

ART. 105. É vedada a compensação de débitos, mediante entrega da Declaração de Compensação, além das hipóteses previstas nas normas específicas de cada tributo:

I - com o crédito relativo ao saldo a restituir apurado na Declaração de Ajuste Anual do Imposto sobre a Renda da Pessoa Física (Lei n. 9.430, de 1996, art. 74, § 3º, inciso I, com a redação dada pela Lei n. 10.637, de 2002, art. 49); e

II - com créditos relativos às contribuições sociais previstas nas alíneas "a", "b" e "c" do parágrafo único do art. 11 da Lei n. 8.212, de 1991, e às contribuições instituídas a título de substituição (Lei n. 11.457, de 2007, art. 26, parágrafo único).

ART. 106. O valor objeto de pedido de restituição ou de ressarcimento que tenha sido indeferido pela autoridade competente da Secretaria da Receita Federal do Brasil, ainda que pendente de decisão definitiva na esfera administrativa, não pode ser utilizado para fins de compensação (Lei n. 9.430, de 1996, art. 74, § 3º, inciso VI, incluído pela Lei n. 11.051, de 2004, art. 4º).

SUBSEÇÃO III
DOS DÉBITOS VEDADOS À COMPENSAÇÃO

ART. 107. Não poderão ser objeto de compensação, mediante entrega da Declaração de Compensação (Lei n. 9.430, de 1996, art. 74, § 3º):

I - os débitos relativos a tributos devidos no registro da Declaração de Importação;

II - os débitos relativos a tributos administrados pela Secretaria da Receita Federal do Brasil que já tenham sido encaminhados à Procuradoria-Geral da Fazenda Nacional para inscrição em dívida ativa da União;

III - o débito consolidado em qualquer modalidade de parcelamento concedido pela Secretaria da Receita Federal do Brasil;

IV - o débito que já tenha sido objeto de compensação não homologada, ainda que a compensação se encontre pendente de decisão definitiva na esfera administrativa; e

V - os débitos relativos às contribuições sociais previstas nas alíneas "a", "b" e "c" do parágrafo único do art. 11 da Lei n. 8.212, de 1991, e às contribuições instituídas a título de substituição (Lei n. 11.457, de 2007, art. 26, parágrafo único).

SUBSEÇÃO IV
DOS EFEITOS DA DECLARAÇÃO DE COMPENSAÇÃO

ART. 108. A Declaração de Compensação entregue à Secretaria da Receita Federal do Brasil extingue o crédito tributário, sob condição resolutória de sua ulterior homologação (Lei n. 9.430, de 1996, art. 74, § 2º, com a redação dada pela Lei n. 10.637, de 2002, art. 49).

ART. 109. A Declaração de Compensação constitui confissão de dívida e instrumento hábil e suficiente para a exigência dos débitos indevidamente compensados (Lei n. 9.430, de 1996, art. 74, § 6º, incluído pela Lei n. 10.833, de 2003, art. 17).

ART. 110. Não homologada a compensação, a autoridade administrativa deverá cientificar o sujeito passivo e intimá-lo a efetuar, no prazo de trinta dias, contados da data da ciência do ato que não a homologou, o pagamento dos débitos indevidamente compensados (Lei n. 9.430, de 1996, art. 74, § 7º, incluído pela Lei n. 10.833, de 2003, art. 17).

ART. 111. Não efetuado o pagamento no prazo previsto no art. 110, o débito será encaminhado à Procuradoria-Geral da Fazenda Nacional para inscrição em dívida ativa da União, ressalvado o disposto no art. 119. (Alterado pelo Dec. 8.853/2016.)

SUBSEÇÃO V
DA COMPETÊNCIA E DO PRAZO PARA HOMOLOGAÇÃO

ART. 112. A competência para decidir acerca da homologação ou não da compensação declarada é do Auditor-Fiscal da Receita Federal do Brasil, conforme disciplinado pela Secretaria da Receita Federal do Brasil. (Alterado pelo Dec. 8.853/2016.)

ART. 113. O prazo para homologação da compensação será de cinco anos, contados da data da entrega da Declaração de Compensação (Lei n. 9.430, de 1996, art. 74, § 5º, incluído pela Lei n. 10.833, de 2003, art. 17).

SUBSEÇÃO VI
DA COMPENSAÇÃO NÃO DECLARADA

ART. 114. Será considerada não declarada a compensação nas hipóteses (Lei n. 9.430, de 1996, art. 74, § 12, com a redação dada pela Lei n. 11.051, de 2004, art. 4º):

I - previstas nos arts. 105 a 107; ou

II - em que o crédito:

a) seja de terceiros;

b) refira-se a "crédito-prêmio" instituído pelo art. 1º do Decreto-Lei n. 491, de 5 de março de 1969;

c) refira-se a título público;

d) seja decorrente de decisão judicial não transitada em julgado;

e) não se refira a tributos administrados pela Secretaria da Receita Federal do Brasil; ou

f) tiver como fundamento a alegação de inconstitucionalidade de lei, exceto nos casos em que a lei (Lei n. 9.430, de 1996, art. 74, § 12, inciso II, alínea "f", com a redação dada pela Lei n. 11.941, de 2009, art. 30):

1. tenha sido declarada inconstitucional pelo Supremo Tribunal Federal em ação direta de inconstitucionalidade ou em ação declaratória de constitucionalidade;
2. tenha tido sua execução suspensa pelo Senado Federal;
3. tenha sido julgada inconstitucional em sentença judicial transitada em julgado a favor do contribuinte; ou
4. seja objeto de súmula vinculante aprovada pelo Supremo Tribunal Federal nos termos do art. 103-A da Constituição.

Parágrafo único. O disposto nos arts. 108 a 111, 113 e 119 não se aplica às hipóteses previstas neste artigo (Lei n. 9.430, de 1996, art. 74, § 13, com a redação dada pela Lei n. 11.051, de 2004, art. 4º).

SUBSEÇÃO VII
DISPOSIÇÕES COMPLEMENTARES

ART. 115. A Secretaria da Receita Federal do Brasil disciplinará o disposto nesta Seção, inclusive quanto à fixação de critérios de prioridade para apreciação de processos de compensação (Lei n. 9.430, de 1996, art. 74, § 14, com a redação dada pela Lei n. 11.051, de 2004, art. 4º).

ART. 116. Ocorrendo manifestação de inconformidade contra a não homologação da compensação e impugnação quanto ao lançamento das multas a que se refere o art. 18 da Lei n. 10.833, de 2003, as peças serão reunidas em um único processo, devendo as decisões respectivas às matérias litigadas serem objeto de um único acórdão (Lei n. 10.833, de 2003, art. 18, § 3º).

ART. 116-A. Na hipótese de apresentação de manifestação de inconformidade contra a não homologação da compensação, fica suspensa a exigibilidade da multa de ofício de que trata o § 17 do art. 74 da Lei n. 9.430, de 27 de dezembro de 1996, ainda que não impugnada essa exigência, enquadrando-se no disposto no inciso III do *caput* do art. 151 da Lei n. 5.172, de 25 de outubro de 1966 - Código Tributário Nacional. (Acrescentado pelo Dec. 8.853/2016.)

SEÇÃO III
DOS PROCESSOS DE RESTITUIÇÃO, RESSARCIMENTO E REEMBOLSO

SUBSEÇÃO I
DA COMPETÊNCIA

ART. 117. A competência para apreciar pedidos de restituição, de ressarcimento e de reembolso de tributos administrados pela Secretaria da Receita Federal do Brasil e os pedidos de restituição relativos a direitos antidumping e a direitos compensatórios é do Auditor-Fiscal da Receita Federal do Brasil, conforme disciplinado pela Secretaria da Receita Federal do Brasil.

SUBSEÇÃO II
DA COMPENSAÇÃO DE OFÍCIO

ART. 118. A Secretaria da Receita Federal do Brasil, antes de proceder à restituição ou ao ressarcimento de tributos, deverá verificar se o sujeito passivo é devedor à Fazenda Nacional. (Alterado pelo Dec. 8.853/2016.)

Parágrafo único. Na hipótese de haver débito em nome do sujeito passivo, não parcelado ou parcelado sem garantia, inclusive inscrito em Dívida Ativa da União, o valor da restituição ou do ressarcimento será compensado, total ou parcialmente, com o valor do débito. (Alterado pelo Dec. 8.853/2016.)

SEÇÃO IV
DOS RECURSOS

SUBSEÇÃO I
DOS RECURSOS CONTRA A NÃO HOMOLOGAÇÃO

ART. 119. É facultado ao sujeito passivo, no prazo referido no art. 110, apresentar manifestação de inconformidade contra a não homologação da compensação (Lei n. 9.430, de 1996, art. 74, § 9º, incluído pela Lei n. 10.833, de 2003, art. 17).

§ 1º Da decisão que julgar improcedente a manifestação de inconformidade caberá recurso ao Conselho Administrativo de Recursos Fiscais (Lei n. 9.430, de 1996, art. 74, § 10, incluído pela Lei n. 10.833, de 2003, art. 17; Decreto n. 70.235, de 1972, art. 25, inciso II, com a redação dada pela Lei n. 11.941, de 2009, art. 25).

§ 2º A manifestação de inconformidade e o recurso de que tratam o *caput* e o § 1º obedecerão ao rito processual do Decreto n. 70.235, de 1972 (Título II deste Regulamento), e enquadram-se no disposto no inciso III do art. 151 da Lei n. 5.172, de 1966 - Código Tributário Nacional, relativamente ao débito objeto da compensação (Lei n. 9.430, de 1996, art. 74, § 11, incluído pela Lei n. 10.833, de 2003, art. 17).

SUBSEÇÃO I-A
DOS RECURSOS CONTRA A DECISÃO QUE CONSIDERAR A COMPENSAÇÃO NÃO DECLARADA

‣ Acrescentado pelo Dec. 8.853/2016.

ART. 119-A. É facultado ao sujeito passivo, nos termos do art. 56 ao art. 65 da Lei n. 9.784, de 29 de janeiro de 1999, apresentar recurso, no prazo de dez dias, contado da data da ciência, contra a decisão que considerar a compensação não declarada. (Acrescentado pelo Dec. 8.853/2016.)

Parágrafo único. O recurso de que trata o *caput*: (Acrescentado pelo Dec. 8.853/2016.)

I - não terá efeito suspensivo, não se enquadrando no disposto no inciso III do *caput* do art. 151 da Lei n. 5.172, de 1966 - Código Tributário Nacional, relativamente ao débito objeto da compensação; e (Acrescentado pelo Dec. 8.853/2016.)

II - será decidido em última instância pelo titular da Superintendência Regional da Receita Federal do Brasil, com jurisdição sobre o domicílio tributário do recorrente. (Acrescentado pelo Dec. 8.853/2016.)

SUBSEÇÃO II
DOS RECURSOS CONTRA O INDEFERIMENTO DOS PEDIDOS DE RESTITUIÇÃO, RESSARCIMENTO E REEMBOLSO

ART. 120. É facultado ao sujeito passivo, no prazo de trinta dias, contados da data da ciência da decisão que indeferiu seu pedido de restituição, ressarcimento ou reembolso, apresentar manifestação de inconformidade, junto à Delegacia da Receita Federal do Brasil de Julgamento competente, contra o não reconhecimento do direito creditório (Lei n. 8.748, de 1993, art. 3º, inciso II; Lei n. 9.019, de 1995, art. 7º, §§ 1º e 5º).

Parágrafo único. Da decisão que julgar improcedente a manifestação de inconformidade, caberá recurso ao Conselho Administrativo de Recursos Fiscais.

ART. 121. Compete ao Conselho Administrativo de Recursos Fiscais, observada sua competência por matéria, julgar recurso voluntário de decisão de primeira instância nos processos relativos a restituição, ressarcimento e reembolso de tributos administrados pela Secretaria da Receita Federal do Brasil (Decreto n. 70.235, de 1972, art. 25, inciso II, com a redação dada pela Lei n. 11.941, de 2009).

SUBSEÇÃO III
DISPOSIÇÕES COMPLEMENTARES

ART. 122. A Secretaria da Receita Federal do Brasil disciplinará o disposto nesta Seção, inclusive quanto à fixação de critérios de prioridade para apreciação de processos de restituição, de ressarcimento e de reembolso (Lei n. 9.430, de 1996, art. 74, § 14, com a redação dada pela Lei n. 11.051, de 2004, art. 4º).

CAPÍTULO III
DOS PROCESSOS DE SUSPENSÃO DA IMUNIDADE E DA ISENÇÃO

SEÇÃO I
DO PROCESSO DE SUSPENSÃO DA IMUNIDADE

ART. 123. A suspensão da imunidade tributária, em virtude de falta de observância de requisitos legais, deve ser procedida em conformidade com o disposto nesta Seção (Lei n. 9.430, de 1996, art. 32).

§ 1º Constatado que entidade beneficiária de imunidade de tributos federais, de que trata a alínea "c" do inciso VI do *caput* do art. 150 da Constituição, não está observando requisitos ou condições previstos no § 1º do art. 9º e no art. 14 da Lei n. 5.172, de 1966 - Código Tributário Nacional, a fiscalização tributária expedirá notificação fiscal, na qual relatará os fatos que determinaram a suspensão do benefício, indicando inclusive a data em que os requisitos legais deixaram de ser atendidos.

151, incisos IV e V

§ 2º O disposto no § 1º não se aplica no caso de descumprimento de requisito estabelecido no art. 12 da Lei n. 9.532, de 1997.

§ 3º A entidade poderá, no prazo de trinta dias, contados da data da ciência da notificação, apresentar as alegações e provas que entender necessárias.

§ 4º O delegado ou inspetor da Receita Federal do Brasil decidirá sobre a procedência das alegações, expedindo o ato declaratório suspensivo do benefício no caso de improcedência, dando ciência de sua decisão à entidade.

§ 5º Será igualmente expedido o ato suspensivo se decorrido o prazo previsto no § 3º sem qualquer manifestação da parte interessada.

§ 6º A suspensão da imunidade terá como termo inicial a data em que os requisitos legais deixaram de ser atendidos.

§ 7º Efetivada a suspensão da imunidade:

I - a entidade interessada poderá, no prazo de trinta dias, contados da data da ciência, apresentar impugnação ao ato declaratório, a qual será objeto de decisão pela Delegacia da Receita Federal do Brasil de Julgamento competente; e

II - a fiscalização de tributos federais lavrará auto de infração, se for o caso.

§ 8º A impugnação relativa à suspensão da imunidade obedecerá às demais normas reguladoras do processo administrativo fiscal.

§ 9º A impugnação e o recurso apresentados pela entidade não terão efeito suspensivo em relação ao ato declaratório contestado.

§ 10. Caso seja lavrado auto de infração, as impugnações e os recursos contra o ato declaratório e contra a exigência do crédito tributário serão reunidos em um único processo, devendo as decisões respectivas às matérias litigadas serem objeto de um único acórdão.

§ 11. Somente se inicia o procedimento que visa à suspensão da imunidade tributária dos partidos políticos após trânsito em julgado de decisão do Tribunal Superior Eleitoral que julgar irregulares ou não prestadas, nos termos da Lei, as devidas contas à Justiça Eleitoral (Lei n. 9.430, de 1996, art. 32, § 11, incluído pela Lei n. 11.941, de 2009, art. 73).

§ 12. A entidade interessada disporá de todos os meios legais para impugnar os fatos que determinam a suspensão do benefício (Lei n. 9.430, de 1996, art. 32, § 12, incluído pela Lei n. 11.941, de 2009, art. 73).

SEÇÃO II
DO PROCESSO DE SUSPENSÃO DA ISENÇÃO

ART. 124. Os procedimentos estabelecidos no art. 123 aplicam-se também às hipóteses de suspensão de isenções condicionadas quando a entidade beneficiária estiver descumprindo as condições ou requisitos impostos pela legislação de regência (Lei n. 9.430, de 1996, art. 32, § 10).

ART. 125. No caso da isenção das contribuições sociais previstas nos arts. 22 e 23 da Lei n. 8.212, de 1991, constatado o descumprimento, pela entidade beneficiária, dos requisitos impostos pela legislação de regência, a fiscalização da Secretaria da Receita Federal do Brasil lavrará o auto de infração relativo ao período correspondente e relatará os fatos que demonstram o não atendimento de tais requisitos para o gozo da isenção (Lei n. 12.101, de 27 de novembro de 2009, arts. 29 e 32).

§ 1º Considera-se automaticamente suspenso o direito à isenção das contribuições referidas no *caput* durante o período em que se constatar o descumprimento de requisito na forma deste artigo, devendo o lançamento correspondente ter como termo inicial a data da ocorrência da infração que lhe deu causa.

§ 2º O disposto neste artigo obedecerá ao rito processual do Decreto n. 70.235, de 1972 (Título II deste Regulamento).

CAPÍTULO IV
DO PEDIDO DE REVISÃO DE ORDEM DE EMISSÃO DE INCENTIVOS FISCAIS

ART. 126. O contribuinte optante pela aplicação de parcelas do imposto sobre a renda devido em incentivos fiscais poderá pedir revisão da ordem de emissão de incentivos fiscais emitida pela Secretaria da Receita Federal do Brasil, quando não atendida a opção formalizada na Declaração do Imposto sobre a Renda da Pessoa Jurídica - Lucro Real.

§ 1º A Secretaria da Receita Federal do Brasil, com base nas opções exercidas pelos contribuintes e no controle dos recolhimentos, expedirá, em cada exercício, à pessoa jurídica optante, extrato de conta corrente contendo os valores efetivamente considerados como imposto e como aplicação nos fundos de investimento (Decreto-Lei n. 1.752, de 31 de dezembro de 1979, art. 3º).

§ 2º O pedido de revisão da ordem de emissão de incentivos fiscais deve ser apresentado, salvo prazo maior concedido pela Secretaria da Receita Federal do Brasil:

I - no prazo de trinta dias, contados da ciência do extrato no qual as opções não aparecem formalizadas ou se apresentam com divergências (Decreto-Lei n. 1.752, de 1979, art. 3º; Decreto n. 70.235, de 1972, art. 15); ou

II - até o dia 30 de setembro do segundo ano subsequente ao exercício financeiro a que corresponder a opção, no caso de não recebimento do extrato (Decreto-Lei n. 1.376, de 12 de dezembro de 1974, art. 15, § 5º, com redação dada pelo Decreto-Lei n. 1.752, de 1979, art. 1º).

§ 3º O disposto neste artigo obedecerá ao rito processual do Decreto n. 70.235, de 1972 (Título II deste Regulamento).

CAPÍTULO V
DO PROCESSO DE APLICAÇÃO DA PENA DE PERDIMENTO

SEÇÃO I
DO PROCESSO DE APLICAÇÃO DA PENA DE PERDIMENTO DE MERCADORIA E DE VEÍCULO

ART. 127. As infrações a que se aplique a pena de perdimento serão apuradas mediante processo administrativo fiscal, cuja peça inicial será o auto de infração acompanhado de termo de apreensão e, se for o caso, de termo de guarda fiscal (Decreto-Lei n. 1.455, de 1976, art. 27, *caput*).

§ 1º Feita a intimação, pessoal ou por edital, a não apresentação de impugnação no prazo de vinte dias, contados da data da ciência, implica revelia (Decreto-Lei n. 1.455, de 1976, art. 27, § 1º).

§ 2º A revelia do autuado, declarada pela autoridade preparadora, implica o envio do processo à autoridade competente, para imediata aplicação da pena de perdimento, ficando a mercadoria correspondente disponível para destinação, nos termos da legislação específica.

§ 3º Apresentada a impugnação, a autoridade preparadora terá o prazo de quinze dias, contados da data do protocolo, para remessa do processo a julgamento (Decreto-Lei n. 1.455, de 1976, art. 27, § 2º). Decreto-Lei n. 37, de 1966

§ 4º O prazo mencionado no § 3º poderá ser prorrogado quando houver necessidade de diligência ou perícia (Decreto-Lei n. 1.455, de 1976, art. 27, § 3º).

§ 5º Após o preparo, o processo será submetido à decisão do Ministro de Estado da Fazenda, em instância única (Decreto-Lei n. 1.455, de 1976, art. 27, § 4º).

§ 6º As infrações mencionadas nos incisos II e III do *caput* do art. 23 do Decreto-Lei n. 1.455, de 1976, quando referentes a mercadorias de valor inferior a US$ 500.00 (quinhentos dólares dos Estados Unidos da América), e no inciso IX do *caput* do art. 105 do Decreto-Lei n. 37, de 18 de novembro de 1966, serão apuradas em procedimento simplificado, no qual (Decreto-Lei n. 1.455, de 1976, art. 27, § 5º, incluído pela Lei n. 12.058, de 13 de outubro de 2009, art. 31):

I - as mercadorias serão relacionadas pela unidade da Secretaria da Receita Federal do Brasil com jurisdição sobre o local de depósito, devendo a relação ser afixada em edital na referida unidade por vinte dias; e

II - decorrido o prazo a que se refere o inciso I:

a) sem manifestação por parte de qualquer interessado, serão declaradas abandonadas e estarão disponíveis para destinação, dispensada a formalidade a que se refere o *caput*, observado o disposto nos arts. 28 a 30 do Decreto-Lei n. 1.455, de 1976; ou

b) com manifestação contrária de interessado, será adotado o procedimento previsto no *caput* e nos §§ 1º a 4º.

§ 7º O Ministro de Estado da Fazenda poderá complementar a disciplina do disposto no § 6º, e aumentar em até duas vezes o limite nele estabelecido (Decreto-Lei n. 1.455, de 1976, art. 27, § 6º, incluído pela Lei n. 12.058, de 2009, art. 31).

§ 8º O disposto nos §§ 6º e 7º não se aplica na hipótese de mercadorias de importação proibida (Decreto-Lei n. 1.455, de 1976, art. 27, § 7º, incluído pela Lei n. 12.058, de 2009, art. 31).

§ 9º O Ministro de Estado da Fazenda poderá:

I - delegar a competência para a decisão de que trata o § 5º (Decreto-Lei n. 200, de 25 de fevereiro de 1967, art. 12); e

II - estabelecer normas complementares para disciplinar os procedimentos previstos nesta Seção.

SEÇÃO II
DO PROCESSO DE RETENÇÃO E DE PERDIMENTO DE VEÍCULO TRANSPORTADOR DE MERCADORIA SUJEITA A PENA DE PERDIMENTO

ART. 128. Caberá recurso contra os atos que formalizarem a exigência da multa pelo transporte de mercadoria sujeita a pena de perdimento e a retenção do veículo transportador, com efeito exclusivamente devolutivo, a ser apresentado no prazo de vinte dias, contados da data da ciência da retenção, ao chefe da unidade da Secretaria da Receita Federal do Brasil responsável pela retenção, que o apreciará em instância única (Lei n. 10.833, de 2003, art. 75, § 3º).

§ 1º Decorrido o prazo de quarenta e cinco dias, contados da data da aplicação da multa ou da ciência do indeferimento do recurso, e não recolhida a multa prevista, o veículo será considerado abandonado, caracterizando dano ao Erário e ensejando a aplicação da pena de perdimento, observado o rito estabelecido na Seção I deste Capítulo.

§ 2º A Secretaria da Receita Federal do Brasil deverá representar contra o transportador que incorrer na infração prevista no *caput* ou que seja submetido à aplicação da pena de perdimento de veículo à autoridade competente para fiscalizar o transporte terrestre.

SEÇÃO III
DO PROCESSO DE PERDIMENTO DE MOEDA

ART. 129. O processo administrativo de apuração e de aplicação da pena de perdimento de moeda obedecerá ao disposto no art. 127 e seus §§ 1º, 3º e 4º (Medida Provisória n. 2.158-35, de 2001, art. 89, §§ 1º a 4º; Decreto n. 6.759, de 2009, art. 700).

Parágrafo único. Da decisão proferida pela autoridade competente, no processo a que se refere o *caput*, não caberá recurso (Medida Provisória n. 2.158-35, de 2001, art. 89, § 5º).

ART. 130. As moedas retidas antes de 27 de agosto de 2001 terão seu valor convertido em renda da União (Medida Provisória n. 2.158-35, de 2001, art. 89, § 6º, inciso II).

Parágrafo único. O disposto no *caput* não se aplica nos casos em que o interessado tenha apresentado manifestação de inconformidade, hipótese em que serão adotados os procedimentos a que se refere o art. 127. (Alterado pelo Dec. 8.853/2016.)

SEÇÃO IV
DA RELEVAÇÃO DA PENA DE PERDIMENTO

ART. 131. O Ministro de Estado da Fazenda, em despacho fundamentado, poderá relevar penalidades relativas a infrações de que não tenha resultado falta ou insuficiência de recolhimento de tributos federais, atendendo (Decreto-Lei n. 1.042, de 21 de outubro de 1969, art. 4º):

I - a erro ou à ignorância escusável do infrator, quanto à matéria de fato; ou

II - à equidade, em relação às características pessoais ou materiais do caso, inclusive ausência de intuito doloso.

§ 1º A relevação da penalidade poderá ser condicionada à correção prévia das irregularidades que tenham dado origem ao processo administrativo fiscal (Decreto-Lei n. 1.042, de 1969, art. 4º, § 1º).

§ 2º O Ministro de Estado da Fazenda poderá delegar a competência atribuída por este artigo (Decreto-Lei n. 1.042, de 1969, art. 4º, § 2º).

CAPÍTULO VI
DO PROCESSO DE DETERMINAÇÃO E EXIGÊNCIA DAS MEDIDAS DE SALVAGUARDA

ART. 132. A determinação e a exigência dos créditos tributários decorrentes de infração às medidas de salvaguarda obedecerão ao rito processual do Decreto n. 70.235, de 1972 (Título II deste Regulamento) (Decreto n. 6.759, de 2009, arts. 768 a 773).

CAPÍTULO VII
DOS PROCESSOS DE APLICAÇÃO E DE EXIGÊNCIA DOS DIREITOS *ANTIDUMPING* E COMPENSATÓRIOS

ART. 133. O cumprimento das obrigações resultantes da aplicação dos direitos antidumping e dos direitos compensatórios, provisórios ou definitivos, será condição para a introdução no comércio do País de produtos objeto de dumping ou subsídio (Lei n. 9.019, de 1995, art. 7º).

§ 1º Será competente para a cobrança dos direitos antidumping e compensatórios, provisórios ou definitivos, quando se tratar de valor em dinheiro, e, se for o caso, para sua restituição, a Secretaria da Receita Federal do Brasil.

§ 2º Os direitos antidumping e os direitos compensatórios são devidos na data do registro da Declaração de Importação (Lei n. 9.019, de 1995, art. 7º, § 2º, com a redação dada pela Lei n. 10.833, de 2003, art. 79).

§ 3º A exigência de ofício de direitos antidumping ou de direitos compensatórios e decorrentes acréscimos moratórios e penalidades será formalizada em auto de infração lavrado por Auditor-Fiscal da Receita Federal do Brasil, observado o disposto no Título II deste Regulamento, e o prazo de cinco anos, contados da data de registro da Declaração de Importação (Lei n. 9.019, de 1995, art. 7º, § 5º, incluído pela Lei n. 10.833, de 2003, art. 79).

§ 4º O julgamento dos processos relativos à exigência de que trata o § 3º, observado o disposto no Decreto n. 70.235, de 1972, compete:

I - em primeira instância, às Delegacias da Receita Federal do Brasil de Julgamento; e

II - em segunda instância, ao Conselho Administrativo de Recursos Fiscais.

§ 5º A restituição de valores pagos a título de direitos antidumping e de direitos compensatórios, provisórios ou definitivos, enseja a restituição dos acréscimos legais correspondentes e das penalidades pecuniárias, de caráter material, prejudicados pela causa da restituição (Lei n. 9.019, de 1995, art. 7º, § 7º, incluído pela Lei n. 10.833, de 2003, art. 79).

ART. 134. Os direitos antidumping ou compensatórios, provisórios ou definitivos, somente serão aplicados sobre bens despachados para consumo a partir da data da publicação do ato que os estabelecer, excetuando-se os casos de retroatividade previstos nos Acordos Antidumping e nos Acordos de Subsídios e Direitos Compensatórios (Lei n. 9.019, de 1995, art. 8º).

§ 1º Nos casos de retroatividade, a Secretaria da Receita Federal do Brasil intimará o contribuinte ou responsável para pagar os direitos antidumping ou compensatórios, provisórios ou definitivos, no prazo de trinta dias, contados da data da ciência, sem a incidência de quaisquer acréscimos moratórios (Lei n. 9.019, de 1995, art. 8º, § 1º, incluído pela Lei n. 10.833, de 2003, art. 79).

§ 2º Vencido o prazo previsto no § 1º sem que tenha havido o pagamento dos direitos, a Secretaria da Receita Federal do Brasil deverá exigi-los de ofício, mediante a lavratura de auto de infração, aplicando-se a multa e os juros de mora previstos no inciso II do § 3º do art. 7º da Lei n. 9.019, de 1995, a partir do término do prazo previsto no § 1º (Lei n. 9.019, de 1995, art. 8º, § 2º, incluído pela Lei n. 10.833, de 2003, art. 79).

CAPÍTULO VIII
DO PROCESSO DE DETERMINAÇÃO E EXIGÊNCIA DE DIREITOS DE NATUREZA COMERCIAL

ART. 135. A exigência de ofício de direitos de natureza comercial de que trata a Lei n. 12.270, de 24 de junho de 2010, dos acréscimos moratórios e das penalidades será formalizada em auto de infração lavrado por Auditor-Fiscal da Receita Federal do Brasil, observados os procedimentos previstos no Título II deste Regulamento, e o prazo de cinco anos contados da data da remessa, pagamento ou crédito da remuneração a que fizer jus o titular de direitos de propriedade intelectual (Lei n 12.270, de 2010, art. 7º, § 8º).

§ 1º Verificado o inadimplemento da obrigação, a Secretaria da Receita Federal do Brasil encaminhará o débito à Procuradoria-Geral da Fazenda Nacional, para inscrição em dívida ativa da União e respectiva cobrança, observado o prazo de prescrição de cinco anos (Lei n. 12.270, de 2010, art. 7º, § 9º).

§ 2º Somente serão passíveis de ressarcimento os valores recolhidos a título de cobrança de direitos de que trata o *caput* nos casos de pagamento indevido ou em valor maior que o devido, observados os procedimentos estabelecidos pela Secretaria da Receita Federal do Brasil (Lei n. 12.270, de 2010, art. 7º, § 10).

CAPÍTULO IX
DO PROCESSO DE LIQUIDAÇÃO DE TERMO DE RESPONSABILIDADE

ART. 136. Ressalvado o regime de entreposto industrial previsto no Decreto-Lei n. 37, de 1966, as obrigações fiscais relativas à mercadoria sujeita a regime aduaneiro especial serão constituídas em termo de responsabilidade (Decreto-Lei n. 37, de 1966, art. 72).

§ 1º O termo de responsabilidade é título representativo de direito líquido e certo da Fazenda Nacional com relação às obrigações fiscais nele constituídas (Decreto-Lei n. 37, de 1966, art. 72, § 2º, incluído pelo Decreto-Lei n. 2.472, de 1º de setembro de 1988, art. 1º).

§ 2º Não cumprido o compromisso assumido no termo de responsabilidade, o crédito nele constituído será objeto de exigência, com os acréscimos legais cabíveis (Decreto n. 6.759, de 2009, art. 760, parágrafo único).

ART. 137. A exigência do crédito tributário constituído em termo de responsabilidade deve ser precedida de (Decreto n. 6.759, de 2009, art. 761):

I - intimação do responsável para, no prazo de dez dias, contados da data da ciência, justificar o descumprimento, total ou parcial, do compromisso assumido; e

II - revisão do processo vinculado ao termo de responsabilidade, à vista da justificativa do interessado, para fins de ratificação ou liquidação do crédito.

§ 1º A exigência do crédito, depois de notificada a sua ratificação ou liquidação ao responsável, deverá ser efetuada mediante:

I - conversão do depósito em renda da União, na hipótese de prestação de garantia sob a forma de depósito em dinheiro; ou

II - intimação do responsável para efetuar o pagamento, no prazo de trinta dias, contados da data da ciência, na hipótese de dispensa de garantia, ou da prestação de garantia sob a forma de fiança idônea ou de seguro aduaneiro.

§ 2º Quando a exigência for efetuada na forma prevista no inciso II do § 1º, será intimado também o fiador ou a seguradora.

ART. 138. Decorrido o prazo fixado no inciso I do *caput* do art. 137, sem que o interessado apresente a justificativa solicitada, será efetivada a exigência do crédito na forma prevista nos §§ 1º e 2º do referido artigo (Decreto n. 6.759, de 2009, art. 762).

ART. 139. Não efetuado o pagamento do crédito tributário exigido, o termo será encaminhado à Procuradoria da Fazenda Nacional para inscrição em dívida ativa da União (Decreto n. 6.759, de 2009, art. 763).

ART. 140. A Secretaria da Receita Federal do Brasil poderá editar normas complementares para disciplinar a exigência do crédito tributário constituído em termo de responsabilidade

(Decreto n. 6.759, de 2009, art. 764). Decreto-Lei n. 37, de 1966.

ART. 141. O termo não formalizado por quantia certa será liquidado à vista dos elementos constantes do despacho aduaneiro a que estiver vinculado (Decreto-Lei n. 37, de 1966, art. 72, § 3º, com a redação dada pelo Decreto-Lei n. 2.472, de 1988, art. 1º).

§ 1º Na hipótese do *caput*, o interessado deverá ser intimado a apresentar, no prazo de dez dias, contados da data da ciência, as informações complementares necessárias à liquidação do crédito (Decreto n. 6.759, de 2009, art. 765, § 1º).

§ 2º O crédito liquidado será exigido na forma prevista nos §§ 1º e 2º do art. 137 (Decreto n. 6.759, de 2009, art. 765, § 2º).

ART. 142. A exigência do crédito tributário apurado em procedimento posterior à apresentação do termo de responsabilidade, em decorrência de aplicação de penalidade ou de ajuste no cálculo de tributo devido, será formalizada em auto de infração, lavrado por Auditor-Fiscal da Receita Federal do Brasil, observado o disposto no Decreto n. 70.235, de 1972 (Decreto n. 6.759, de 2009, art. 766).

ART. 143. Aplicam-se as disposições deste Capítulo, no que couber, ao termo de responsabilidade para cumprimento de formalidade ou de apresentação de documento (Decreto-Lei n. 37, de 1966, art. 72, § 4º, incluído pelo Decreto-Lei n. 2.472, de 1988, art. 1º).

CAPÍTULO X
DO PROCESSO DE RECONHECIMENTO DO DIREITO À REDUÇÃO DE TRIBUTO INCIDENTE SOBRE O LUCRO DA EXPLORAÇÃO NA ÁREA DA SUDENE

ART. 144. O direito à redução do Imposto sobre a Renda das Pessoas Jurídicas e adicionais não restituíveis incidentes sobre o lucro da exploração, na área de atuação da extinta Superintendência do Desenvolvimento do Nordeste - SUDENE será reconhecido pela unidade da Secretaria da Receita Federal do Brasil com jurisdição sobre o domicílio tributário da pessoa jurídica, instruído com o laudo expedido pelo Ministério da Integração Nacional (Decreto n. 4.213, de 26 de abril de 2002, art. 3º).

§ 1º O chefe da unidade da Secretaria da Receita Federal do Brasil competente decidirá sobre o pedido de redução no prazo de cento e vinte dias, contados da data da apresentação do requerimento.

§ 2º Expirado o prazo indicado no § 1º sem que a requerente tenha sido notificada da decisão contrária ao pedido e enquanto não sobrevier decisão irrecorrível, a interessada será considerada automaticamente no pleno gozo da redução pretendida.

§ 3º Caberá impugnação para a Delegacia da Receita Federal do Brasil de Julgamento, no prazo de trinta dias, contado da data da ciência do despacho que denegar, parcial ou totalmente, o pedido da requerente. (Alterado pelo Dec. 8.853/2016.)

§ 4º Não cabe recurso na esfera administrativa da decisão da Delegacia da Receita Federal do Brasil de Julgamento que denegar o pedido.

§ 5º Na hipótese do § 4º, a unidade competente procederá ao lançamento das importâncias que, até então, tenham sido reduzidas do imposto devido, efetuando-se a cobrança do débito.

§ 6º A cobrança prevista no § 5º não alcançará as parcelas correspondentes às reduções feitas durante o período em que a pessoa jurídica interessada esteja em pleno gozo da redução de que trata o § 2º.

CAPÍTULO XI
DO PROCESSO DE RECONHECIMENTO DO DIREITO À REDUÇÃO DE TRIBUTO INCIDENTE SOBRE O LUCRO DA EXPLORAÇÃO NA ÁREA DA SUDAM

ART. 145. O direito à redução do Imposto sobre a Renda das Pessoas Jurídicas e adicionais não restituíveis incidentes sobre o lucro da exploração, na área de atuação da extinta Superintendência do Desenvolvimento da Amazônia - SUDAM, será reconhecido pela unidade da Secretaria da Receita Federal do Brasil com jurisdição sobre o domicílio tributário da pessoa jurídica, instruído com o laudo expedido pelo Ministério da Integração Nacional (Decreto n. 4.213, de 2002, art. 3º).

§ 1º O chefe da unidade da Secretaria da Receita Federal do Brasil decidirá sobre o pedido em cento e vinte dias contados da respectiva apresentação do requerimento à repartição fiscal competente.

§ 2º Expirado o prazo indicado no § 1º sem que a requerente tenha sido notificada da decisão contrária ao pedido e enquanto não sobrevier decisão irrecorrível, a interessada será considerada automaticamente no pleno gozo da redução pretendida.

§ 3º Caberá impugnação para a Delegacia da Receita Federal do Brasil de Julgamento, no prazo de trinta dias, contado da data da ciência do despacho que denegar, parcial ou totalmente, o pedido da requerente. (Alterado pelo Dec. 8.853/2016.)

§ 4º É irrecorrível, na esfera administrativa, a decisão da Delegacia da Receita Federal do Brasil de Julgamento que denegar o pedido.

§ 5º Na hipótese do § 4º, a repartição competente procederá ao lançamento das importâncias que, até então, tenham sido reduzidas do imposto devido, efetuando-se a cobrança do débito.

§ 6º A cobrança prevista no § 5º não alcançará as parcelas correspondentes às reduções feitas durante o período em que a pessoa jurídica interessada esteja em pleno gozo da redução de que trata o § 2º.

TÍTULO IV
DISPOSIÇÕES FINAIS

ART. 146. Os processos administrativos fiscais relativos a tributos e a penalidades isoladas e as declarações não poderão sair das unidades da Secretaria da Receita Federal do Brasil, salvo quando se tratar de (Lei n. 9.250, de 1995, art. 38):

I - encaminhamento de recursos à instância superior;

II - restituições de autos aos órgãos de origem; ou

III - encaminhamento de documentos para fins de processamento de dados.

§ 1º Nos casos a que se referem os incisos I e II do *caput*, deverá ficar cópia autenticada dos documentos essenciais na respectiva unidade (Lei n. 9.250, de 1995, art. 38, § 1º).

§ 2º É facultado o fornecimento de cópia do processo ao sujeito passivo ou a seu mandatário (Lei n. 9.250, de 1995, art. 38, § 2º).

§ 3º É facultada vista do processo ao sujeito passivo ou a seu mandatário.

§ 4º O processo administrativo correspondente à inscrição de dívida ativa, à execução fiscal ou à ação proposta contra a Fazenda Nacional será mantido na unidade competente, dele se extraindo as cópias autenticadas ou certidões, que forem requeridas pelas partes ou requisitadas pelo Juiz ou pelo Ministério Público (Lei n. 6.830, de 1980, art. 41).

§ 5º Mediante requisição do Juiz à repartição competente, com dia e hora previamente marcados, poderá o processo administrativo ser exibido em sede do Juízo, pelo funcionário para esse fim designado, lavrando o serventuário termo da ocorrência, com indicação, se for o caso, das peças a serem transladadas (Lei n. 6.830, de 1980, art. 41, parágrafo único).

ART. 147. Os documentos apresentados pelo sujeito passivo e que instruem o processo poderão ser substituídos por cópia e restituídos, em qualquer fase, a requerimento do sujeito passivo, desde que a medida não prejudique a instrução do processo e que deles fique cópia autenticada no processo (Decreto n. 70.235, de 1972, art. 64).

Parágrafo único. Caso a medida prejudique a instrução do processo, os documentos não poderão ser restituídos, sendo facultado o fornecimento de cópias na forma prevista na legislação.

ART. 147-A. Os documentos que instruem o processo poderão ser objeto de digitalização. (Acrescentado pelo Dec. 8.853/2016.)

§ 1º Para os fins do disposto neste Decreto, entende-se digitalização como a conversão da fiel imagem de um documento para código digital. (Acrescentado pelo Dec. 8.853/2016.)

§ 2º O processo de digitalização deverá ser realizado de forma a manter a integridade, a autenticidade e, se necessário, a confidencialidade do documento digital, com o emprego de certificado digital emitido no âmbito da Infraestrutura de Chaves Públicas Brasileira - ICP - Brasil. (Acrescentado pelo Dec. 8.853/2016.)

§ 3º Os meios de armazenamento dos documentos digitais deverão protegê-los de acesso, uso, alteração, reprodução e destruição não autorizados. (Acrescentado pelo Dec. 8.853/2016.)

ART. 147-B. No processo eletrônico, os atos, os documentos e os termos que o instruem poderão ser natos digitais ou produzidos por meio de digitalização, observado o disposto na Medida Provisória n. 2.200-2, de 24 de agosto de 2001. (Acrescentado pelo Dec. 8.853/2016.)

§ 1º Os atos, os termos e os documentos submetidos a digitalização pela administração tributária e armazenados eletronicamente possuem o mesmo valor probante de seus originais. (Acrescentado pelo Dec. 8.853/2016.)

§ 2º Os autos de processos eletrônicos, ou parte deles, que tiverem de ser remetidos a órgãos ou entidades que não disponham de sistema compatível de armazenagem e tramitação poderão ser encaminhados impressos em papel ou por meio digital, conforme disciplinado em ato da administração tributária. (Acrescentado pelo Dec. 8.853/2016.)

ART. 147-C. As matrizes físicas dos atos, dos termos e dos documentos digitalizados e armazenados eletronicamente conforme disposto no § 1º do art. 147-B poderão ser descartadas. (Acrescentado pelo Dec. 8.853/2016.)

§ 1º O descarte das matrizes físicas será feito por meios que garantam sua inutilização e preservem o sigilo fiscal. (Acrescentado pelo Dec. 8.853/2016.)

§ 2º Independentemente de terem sido digitalizados, os originais dos documentos apresentados em papel serão arquivados pela administração tributária, observada a tabela de temporalidade do órgão, quando: (Acrescentado pelo Dec. 8.853/2016.)

I - tiverem valor histórico para a sociedade ou para a administração tributária; (Acrescentado pelo Dec. 8.853/2016.)

II - configurarem prova em processo de representação fiscal para fins penais; ou (Acrescentado pelo Dec. 8.853/2016.)

III - forem indícios de práticas de violação a direito autoral, de falsificação ou de adulteração de produtos ou documentos ou indícios de práticas de outros crimes ou contravenções penais. (Acrescentado pelo Dec. 8.853/2016.)

ART. 148. Este regulamento incorpora a legislação editada sobre a matéria até 19 de janeiro de 2015. (Redação dada pelo Decreto n. 8.853, de 2016)

ART. 149. Este Decreto entra em vigor na data de sua publicação.

Brasília, 29 de setembro de 2011; 190º da Independência 123º da República.

DILMA ROUSSEFF

DECRETO N. 7.578, DE 11 DE OUTUBRO DE 2011

Regulamenta as medidas tributárias referentes à realização, no Brasil, da Copa das Confederações FIFA 2013 e da Copa do Mundo FIFA 2014 de que trata a Lei n. 12.350, de 20 de dezembro de 2010.

▸ *DOU*, 13.10.2011.

A Presidenta da República, no uso da atribuição que lhe confere o art. 84, inciso IV, da Constituição, Decreta:

ART. 1º As medidas tributárias referentes à realização no Brasil da Copa das Confederações FIFA 2013 e da Copa do Mundo FIFA 2014, de que tratam os arts. 2º a 16, 22 a 29 e 62 da Lei n. 12.350, de 20 de dezembro de 2010, serão aplicadas observando as disposições deste Decreto.

CAPÍTULO I
DISPOSIÇÕES PRELIMINARES

ART. 2º Para fins do disposto neste Decreto, considera-se:

I - Fédération Internationale de Football Association - FIFA - associação suíça de direito privado, entidade mundial que regula o esporte de futebol de associação, e suas subsidiárias, não domiciliadas no Brasil;

II - Subsidiária FIFA no Brasil - pessoa jurídica de direito privado, domiciliada no Brasil, cujo capital social total pertence à FIFA;

III - Copa do Mundo FIFA 2014 - Comitê Organizador Brasileiro Ltda. - LOC - pessoa jurídica brasileira de direito privado, reconhecida pela FIFA, constituída com o objetivo de promover no Brasil a Copa das Confederações FIFA 2013 e a Copa do Mundo FIFA 2014, bem como os Eventos relacionados;

IV - Confederação Brasileira de Futebol - CBF - associação brasileira de direito privado, sendo a associação nacional de futebol no Brasil;

V - Competições - a Copa das Confederações FIFA 2013 e a Copa do Mundo FIFA 2014;

VI - Eventos - as Competições e as seguintes atividades relacionadas às Competições, oficialmente organizadas, chanceladas, patrocinadas ou apoiadas pela FIFA, pela Subsidiária FIFA no Brasil, pelo LOC ou pela CBF:

a) os congressos da FIFA, banquetes, cerimônias de abertura, encerramento, premiação e outras cerimônias, sorteio preliminar, final e quaisquer outros sorteios, lançamentos de mascote e outras atividades de lançamento;

b) seminários, reuniões, conferências, workshops e coletivas de imprensa;

c) atividades culturais: concertos, exibições, apresentações, espetáculos ou outras expressões culturais, bem como os projetos Futebol pela Esperança (Football for Hope) ou projetos beneficentes similares;

d) partidas de futebol e sessões de treino; e

e) outras atividades consideradas relevantes para a realização, organização, preparação, marketing, divulgação, promoção ou encerramento das Competições;

VII - Confederações FIFA - as seguintes confederações:

a) Confederação Asiática de Futebol (Asian Football Confederation - AFC);

b) Confederação Africana de Futebol (Confédération Africaine de Football - CAF);

c) Confederação de Futebol da América do Norte, Central e Caribe (Confederation of North, Central American and Caribbean Association Football - CONCACAF);

d) Confederação Sul-Americana de Futebol (Confederación Sudamericana de Fútbol - CONMEBOL);

e) Confederação de Futebol da Oceania (Oceania Football Confederation - OFC); e

f) União das Associações Europeias de Futebol (Union des Associations Européennes de Football - UEFA);

VIII - Associações estrangeiras membros da FIFA - as associações nacionais de futebol de origem estrangeira, oficialmente afiliadas à FIFA, participantes ou não das Competições;

IX - Emissora Fonte da FIFA - pessoa jurídica licenciada ou nomeada, com base em relação contratual, para produzir o sinal e o conteúdo audiovisual básicos ou complementares dos Eventos, com o objetivo de distribuição no Brasil e no exterior para os detentores de direitos de mídia;

X - Prestadores de Serviços da FIFA - pessoas jurídicas licenciadas ou nomeadas, com base em relação contratual, para prestar serviços relacionados à organização e produção dos Eventos:

a) como coordenadores da FIFA na gestão de acomodações, de serviços de transporte, de programação de operadores de turismo e dos estoques de ingressos;

b) como fornecedores da FIFA de serviços de hospitalidade e de soluções de tecnologia da informação; ou

c) outros prestadores de serviço ou fornecedores de bens, nos termos do Anexo a este Decreto;

XI - Parceiros Comerciais da FIFA - pessoa jurídica licenciada ou nomeada com base em qualquer relação contratual, em relação aos Eventos, bem como os seus subcontratados, para atividades relacionadas aos Eventos, excetuando-se as entidades referidas nos incisos III, IV e VII a X;

XII - Voluntário da FIFA, de Subsidiária FIFA no Brasil ou do LOC - pessoa física que dedica parte do seu tempo, sem vínculo empregatício, para auxiliar a FIFA, a Subsidiária FIFA no Brasil ou o LOC na organização e realização dos Eventos;

XIII - bens duráveis - aqueles cuja vida útil ultrapasse o período de um ano;

XIV - base temporária de negócios - a instalação de unidade no País para o exercício de atividades inerentes à realização e à organização dos Eventos pelos beneficiários domiciliados no exterior; e

XV - pacotes de hospedagem - refere-se a pacotes que incluam hospedagem, podendo estar associados a um ou vários dos serviços abaixo:

a) ingressos de qualquer tipo;

b) alimentação;

c) estacionamento;

d) entretenimento; e

e) outros serviços.

§ 1º As pessoas jurídicas estrangeiras previstas no *caput*, qualquer que seja o seu objeto, somente poderão funcionar no País até 31 de dezembro de 2015, ainda que por estabelecimentos subordinados ou base temporária de negócios.

§ 2º É facultado à FIFA ou a qualquer de suas subsidiárias integrais constituir ou incorporar subsidiárias integrais no País, até o limite de cinco, mediante escritura pública, sob qualquer modalidade societária, desde que tal Subsidiária FIFA no Brasil tenha finalidade específica vinculada à organização e realização dos Eventos, e cuja duração termine em data anterior a 31 de dezembro de 2015, e tenha como único acionista ou cotista a própria FIFA ou qualquer de suas subsidiárias integrais.

§ 3º As Subsidiárias FIFA no Brasil poderão permanecer em funcionamento após 31 de dezembro de 2015 para cumprir obrigações previamente assumidas em relação à organização ou à realização dos Eventos, tais como os reembolsos de valores pagos por ingressos, hipótese em que não gozarão de nenhum benefício fiscal previsto na Lei n. 12.350, de 2010 a partir de tal data.

§ 4º A Emissora Fonte da FIFA, os Parceiros Comerciais e os Prestadores de Serviços referidos nos incisos IX, X e XI do *caput* poderão ser nomeados ou licenciados diretamente pela FIFA ou por meio de uma de suas nomeadas ou licenciadas.

ART. 3º A Secretaria da Receita Federal do Brasil poderá solicitar ao Ministério do Esporte informações relativas à Copa das Confederações FIFA 2013 e à Copa do Mundo FIFA 2014, em especial quanto:

I - aos Eventos de que trata o inciso VI do *caput* do art. 2º; e

II - aos bens e produtos vinculados aos Eventos.

ART. 4º Cabe ao Ministério da Fazenda:

I - avaliar a solicitação de extensão do prazo de permanência no País de que trata o § 1º do art. 2º da Lei n. 12.350, de 2010; e

II - estabelecer as condições necessárias à defesa dos interesses nacionais de que trata o § 4º do art. 2º da Lei n. 12.350, de 2010.

CAPÍTULO II
DA HABILITAÇÃO

ART. 5º A fruição dos benefícios fiscais de que trata este Decreto estará condicionada à habilitação na forma deste Capítulo.

ART. 6º A FIFA ou Subsidiária FIFA no Brasil deverá apresentar, na forma disciplinada pela Secretaria da Receita Federal do Brasil, lista dos Eventos e das pessoas físicas e jurídicas passíveis de serem beneficiadas pelo disposto neste Decreto.

§ 1º Na impossibilidade de a FIFA ou de Subsidiária FIFA no Brasil apresentar a lista de que trata o *caput*, caberá ao LOC apresentá-la.

§ 2º A inclusão ou exclusão de Eventos, pessoas físicas ou jurídicas na lista de que trata o *caput*, poderá ser feita a qualquer tempo, devendo a lista ser consolidada obrigatoriamente de três em três meses.

§ 3º A Secretaria da Receita Federal do Brasil disciplinará o assunto de que trata o *caput* em até quarenta e cinco dias após a publicação deste Decreto.

ART. 7º Cabe à Secretaria da Receita Federal do Brasil habilitar os Eventos e as pessoas físicas e jurídicas de que trata o *caput* do art. 6º.

DECRETOS

§ 1º A Subsidiária FIFA no Brasil e o LOC somente poderão apresentar a lista de que trata o *caput* do art. 6º após serem habilitados.

§ 2º No caso de criação de mais de uma Subsidiária FIFA no Brasil, cada Subsidiária deverá ser habilitada separadamente.

§ 3º A Secretaria da Receita Federal do Brasil divulgará em até trinta dias após a entrega da lista de que trata o *caput* do art. 6º, a relação das pessoas físicas e jurídicas habilitadas à fruição dos benefícios, observado o prazo estabelecido no § 3º do art. 6º.

ART. 8º A Secretaria da Receita Federal do Brasil deverá divulgar a lista dos Eventos e dos nomes das pessoas físicas e jurídicas habilitadas à fruição dos benefícios por meio de Ato Declaratório Executivo.

Parágrafo único. A publicidade do ato a que se refere o *caput* deverá ocorrer de forma consolidada no sítio oficial da Secretaria da Receita Federal do Brasil na Internet, sendo dispensada a sua publicação no Diário Oficial da União.

ART. 9º A habilitação dos parceiros comerciais da FIFA e das bases temporárias de negócios no País, instaladas pela FIFA, por Confederações FIFA, por Associações estrangeiras membros da FIFA, por Emissora Fonte da FIFA, ou por Prestadores de Serviços da FIFA, será condicionada à indicação de representante para resolver quaisquer questões e receber comunicações oficiais no País. (Alterado pelo Dec. 8.463/2015.)

Parágrafo único. A habilitação a que se refere o *caput* pressupõe autorização prévia para funcionamento no país pela Secretaria da Receita Federal do Brasil.

CAPÍTULO III
DA IMPORTAÇÃO COM ISENÇÃO DE TRIBUTOS

ART. 10. A isenção dos tributos federais incidentes nas importações promovidas pela FIFA, pela Subsidiária FIFA no Brasil, pelas Confederações FIFA, pelas Associações estrangeiras membros da FIFA, pelos Parceiros Comerciais da FIFA domiciliados no exterior, pela Emissora Fonte da FIFA e pelos Prestadores de Serviços da FIFA domiciliados no exterior, aplica-se:

I - aos alimentos, suprimentos médicos, produtos farmacêuticos, combustíveis e materiais de escritório;

II - aos troféus, medalhas, placas, estatuetas, distintivos, flâmulas, bandeiras e outros objetos comemorativos;

III - aos materiais promocionais, impressos, folhetos e outros bens com finalidade semelhante, a serem distribuídos gratuitamente ou utilizados nos Eventos;

IV - aos bens dos tipos e em quantidades normalmente consumidos em atividades esportivas da mesma magnitude; e

V - a outros bens não duráveis, assim considerados aqueles cuja vida útil seja de até um ano.

§ 1º A isenção de que trata este artigo abrange os seguintes tributos:

I - Imposto sobre Produtos Industrializados - IPI incidente no desembaraço aduaneiro;

II - Imposto de Importação;

III - Contribuição para os Programas de Integração Social e de Formação do Patrimônio do Servidor Público incidente sobre a importação - Contribuição para o PIS/Pasep-Importação;

IV - Contribuição para o Financiamento da Seguridade Social incidente sobre a importação de bens e serviços - Cofins-Importação;

V - Taxa de Utilização do Sistema Integrado de Comércio Exterior - SISCOMEX;

VI - Taxa de Utilização do MERCANTE;

VII - Adicional ao Frete para Renovação da Marinha Mercante - AFRMM; e

VIII - Contribuição de Intervenção no Domínio Econômico incidente sobre a importação e a comercialização de petróleo e seus derivados, gás natural e seus derivados, e álcool etílico combustível.

§ 2º A isenção prevista no *caput* será concedida com observância das seguintes condições:

I - (Revogado pelo Dec. 8.463/2015.)

II - os bens ou mercadorias deverão ser importados para uso ou consumo exclusivo na organização ou realização dos Eventos.

§ 3º A Secretaria da Receita Federal do Brasil disciplinará as condições de que trata o § 2º em até quarenta e cinco dias após a publicação deste Decreto.

§ 4º Para fins de fruição da isenção, entende-se por bens consumidos os bens dos tipos e em quantidades normalmente utilizados em Eventos dessa magnitude.

§ 5º O conceito de bens consumidos estabelecido no § 4º não abrange veículos automotores em geral, nem motocicletas, motonetas, bicicletas com motor, motos aquáticas e similares, aeronaves e embarcações de todo tipo, tampouco armas.

§ 6º As importações efetuadas na forma deste artigo não darão, em nenhuma hipótese, direito a crédito da Contribuição para o PIS/Pasep e da Cofins.

CAPÍTULO IV
DA IMPORTAÇÃO DE BENS DURÁVEIS COM ISENÇÃO DE TRIBUTOS

ART. 11. A isenção prevista no *caput* do art. 10 aplica-se, também, aos bens duráveis de que trata o art. 12, cujo valor unitário, apurado segundo as normas do Artigo VII do Acordo Geral Sobre Tarifas e Comércio - GATT, de 1994, seja igual ou inferior a R$ 5.000,00 (cinco mil reais), observado o disposto nos arts. 75 a 89 do Decreto n. 6.759, de 5 de fevereiro de 2009.

§ 1º A isenção prevista no *caput* será concedida com observância das seguintes condições:

I - (Revogado pelo Dec. 8.463/2015.)

II - os bens ou mercadorias deverão ser importados para uso ou consumo exclusivo na organização ou realização dos Eventos.

§ 2º A Secretaria da Receita Federal do Brasil deverá disciplinar o disposto no § 1º em até quarenta e cinco dias após a publicação deste Decreto.

CAPÍTULO V
DA IMPORTAÇÃO COM SUSPENSÃO DE TRIBUTOS

ART. 12. Ressalvado o disposto no art. 11, a isenção de que trata o *caput* do art. 10 não se aplica à importação de bens e equipamentos duráveis, os quais poderão ser admitidos no País sob o Regime Aduaneiro Especial de Admissão Temporária, com suspensão do pagamento dos tributos incidentes sobre a importação.

§ 1º O benefício fiscal previsto no *caput* é aplicável, entre outros, aos seguintes bens duráveis:

I - equipamento técnico-esportivo;

II - equipamento técnico de gravação e transmissão de sons e imagens;

III - equipamento médico; e

IV - equipamento técnico de escritório.

§ 2º Na hipótese prevista no *caput*, será concedida suspensão total do pagamento dos tributos federais mencionados no § 1º do art. 10, inclusive no caso de bens admitidos temporariamente no País para utilização econômica, observados os requisitos e as condições estabelecidos nos arts. 353 a 382 do Decreto n. 6.759, de 2009. (Alterado pelo Dec. 8.463/2015.)

§ 3º Será dispensada a apresentação de garantias dos tributos suspensos, observados os requisitos e as condições estabelecidos pela Secretaria da Receita Federal do Brasil.

§ 4º Para fins de aplicação do regime de admissão temporária de que trata este artigo, considera-se o prazo de vida útil referida no inciso XIII do *caput* do art. 2º como sendo o prazo de duração provável do bem em condições normais de uso. (Acrescentado pelo Dec. 8.463/2015.)

ART. 13. A suspensão dos tributos federais mencionados no § 1º do art. 10, no caso da importação de bens sob o Regime Aduaneiro Especial de Admissão Temporária pelas entidades referidas no*caput* do art. 10, será regularizada mediante a re-exportação dos bens em até cento e oitenta dias contados do término do prazo estabelecido pelo art. 33, ou convertida em isenção, desde que tais bens sejam:

I - doados à União em até cento e oitenta dias contados do término do prazo estabelecido pelo art. 33, a qual poderá repassá-los às pessoas jurídicas de que trata o art. 25; ou

II - doados diretamente pelos beneficiários às pessoas jurídicas de que trata o art. 26, em até cento e oitenta dias contados do término do prazo estabelecido pelo art. 33.

§ 1º O disposto no *caput* aplica-se exclusivamente aos bens que tenham sido utilizados na organização ou realização dos Eventos.

§ 2º As importações efetuadas na forma dos arts. 10, 11 e 12 não darão, em nenhuma hipótese, direito a crédito da Contribuição para o PIS/Pasep e da Cofins.

CAPÍTULO VI
DA BAGAGEM DOS VIAJANTES

ART. 14. A Secretaria da Receita Federal do Brasil poderá editar atos normativos específicos relativos ao tratamento tributário aplicável à bagagem dos viajantes que ingressarem no País para participar dos Eventos de que trata este Decreto.

CAPÍTULO VII
DAS ISENÇÕES CONCEDIDAS À FIFA, ÀS CONFEDERAÇÕES FIFA, ÀS ASSOCIAÇÕES ESTRANGEIRAS MEMBROS DA FIFA, À EMISSORA FONTE DA FIFA, E AOS PRESTADORES DE SERVIÇOS DA FIFA, NÃO DOMICILIADOS NO PAÍS

ART. 15. A isenção concedida à FIFA, às Confederações FIFA, às Associações estrangeiras membros da FIFA, à Emissora Fonte da FIFA e aos Prestadores de Serviços da FIFA, não domiciliados no País, em relação aos fatos geradores decorrentes das atividades próprias e diretamente vinculadas à organização ou realização dos Eventos, abrange os seguintes tributos federais:

I - impostos:

a) Imposto sobre a Renda Retido na Fonte; e

b) Imposto sobre Operações de Crédito, Câmbio e Seguro, ou relativas a Títulos ou Valores Mobiliários - IOF;

II - contribuições sociais:

a) contribuições sociais previstas na alínea "a" do parágrafo único do art. 11 da Lei n. 8.212, de 24 de julho de 1991;

b) contribuições administradas pela Secretaria da Receita Federal do Brasil na forma do art. 3º da Lei n. 11.457, de 16 de março de 2007, devidas por lei a terceiros, assim entendidos os fundos públicos e as entidades privadas de serviço social e de formação profissional;

c) Contribuição para o PIS/Pasep-Importação; e

d) Cofins-Importação; e

III - contribuições de intervenção no domínio econômico:

a) Contribuição para o Programa de Estímulo à Interação Universidade-Empresa para o Apoio à Inovação, instituída pela Lei n. 10.168, de 29 de dezembro de 2000; e

b) Contribuição para o Desenvolvimento da Indústria Cinematográfica Nacional - Condecine, instituída pela Medida Provisória n. 2.228-1, de 6 de setembro de 2001.

§ 1º As isenções previstas nos incisos I e III do *caput* aplicam-se exclusivamente:

I - aos rendimentos pagos, creditados, entregues, empregados, ou remetidos às pessoas jurídicas citadas no *caput* ou pelas pessoas jurídicas citadas no *caput*, em espécie ou de outra forma, inclusive mediante o fornecimento de bens ou prestação de serviços; e

II - às operações de crédito, de câmbio e de seguro realizadas pelas pessoas jurídicas citadas no *caput*.

§ 2º As isenções previstas nas alíneas "c" e "d" do inciso II do *caput* referem-se apenas à importação de serviços.

§ 3º Para fins do disposto neste Decreto, a base temporária de negócios no País, instalada pela FIFA, pelas Confederações FIFA, pelas Associações estrangeiras membros da FIFA, pela Emissora Fonte da FIFA, e pelos Prestadores de Serviços da FIFA não domiciliados no País, com a finalidade específica de servir à organização e à realização dos Eventos, não configura estabelecimento permanente para efeitos de aplicação da legislação brasileira e não se sujeita ao disposto nos incisos II e III do *caput* do art. 147 do Decreto n. 3.000, de 26 de março de 1999, bem como no art. 126 da Lei n. 5.172, de 25 de outubro de 1966 - Código Tributário Nacional (CTN).

§ 4º A isenção de que trata o *caput* não alcança:

I - os rendimentos e ganhos de capital auferidos nas operações realizadas no mercado financeiro e de capitais ou na alienação de bens e direitos; e

II - as operações de câmbio realizadas para ingresso de recursos no País para aplicação nos mercados financeiros e de capitais e as operações relativas a títulos ou valores mobiliários que deverão observar o disposto no Decreto n. 6.306, de 14 de dezembro de 2007.

§ 5º O disposto neste artigo não desobriga:

I - a pessoa jurídica domiciliada no País e a pessoa física residente no País que aufiram renda ou proventos de qualquer natureza, recebidos das pessoas jurídicas de que trata este artigo, do pagamento do Imposto sobre a Renda da Pessoa Jurídica - IRPJ e do Imposto sobre a Renda da Pessoa Física - IRPF, respectivamente, observada a legislação específica;

II - a pessoa física residente no País que aufira renda ou proventos de qualquer natureza decorrentes da prestação de serviços às pessoas jurídicas de que trata o *caput*, do recolhimento da contribuição previdenciária de que trata o art. 21 da Lei n. 8.212, de 1991; e

III - as pessoas jurídicas de que trata este artigo de reter e recolher a contribuição previdenciária dos segurados empregados, prevista no art. 20 da Lei n. 8.212, de 1991.

CAPÍTULO VIII
DAS ISENÇÕES CONCEDIDAS À SUBSIDIÁRIA FIFA NO BRASIL E À EMISSORA FONTE, NA HIPÓTESE DE SEREM PESSOAS JURÍDICAS DOMICILIADAS NO BRASIL

ART. 16. A isenção concedida à Subsidiária FIFA no Brasil, e à Emissora Fonte, na hipótese de serem pessoas jurídicas domiciliadas no Brasil, em relação aos fatos geradores decorrentes das atividades próprias e diretamente vinculadas à organização ou realização dos Eventos, abrange os seguintes tributos federais:

I - impostos:

a) Imposto de Renda sobre Pessoa Jurídica;

b) Imposto de Renda Retido na Fonte;

c) IOF; e

d) IPI, na saída de produtos importados do estabelecimento importador da subsidiária FIFA no Brasil ou da Emissora Fonte domiciliada no País;

II - contribuições sociais:

a) Contribuição Social sobre o Lucro Líquido;

b) Contribuição para o PIS/Pasep;

c) Cofins;

d) Contribuição para o PIS/Pasep-Importação;

e) Cofins-Importação;

f) contribuições sociais previstas na alínea "a" do parágrafo único do art. 11 da Lei n. 8.212, de 1991; e

g) contribuições administradas pela Secretaria da Receita Federal do Brasil na forma do art. 3º da Lei n. 11.457, de 2007, devidas por lei a terceiros, assim entendidos os fundos públicos e as entidades privadas de serviço social e de formação profissional; e

III - contribuições de intervenção no domínio econômico:

a) Contribuição para o Programa de Estímulo à Interação Universidade-Empresa para o Apoio à Inovação, instituída pela Lei n. 10.168, de 2000; e

b) Condecine, instituída pela Medida Provisória n. 2.228-1, de 2001.

§ 1º As isenções previstas nas alíneas "a", "b" e "c" do inciso I, na alínea "a" do inciso II e no inciso III do *caput* aplicam-se exclusivamente:

I - às receitas, lucros e rendimentos auferidos por Subsidiária FIFA no Brasil e por Emissora Fonte no Brasil, excluindo-se os rendimentos e ganhos de capital auferidos nas operações realizadas no mercado financeiro e de capitais ou na alienação de bens e direitos;

II - aos rendimentos pagos, creditados, entregues, empregados ou remetidos pela Subsidiária FIFA no Brasil ou pela Emissora Fonte no Brasil ou para Subsidiária FIFA no Brasil e para Emissora Fonte no Brasil, em espécie ou de outra forma, inclusive mediante o fornecimento de bens ou prestação de serviços; e

III - às operações de crédito, de câmbio e de seguro realizadas por Subsidiária FIFA no Brasil ou por Emissora Fonte no Brasil.

§ 2º A isenção de que trata a alínea "b" do inciso I do *caput* não desobriga a Subsidiária FIFA no Brasil e a Emissora Fonte no Brasil de efetuar a retenção do imposto sobre a renda, de que trata o art. 7º da Lei n. 7.713, de 22 de dezembro de 1988, na forma estabelecida pela Secretaria da Receita Federal do Brasil.

§ 3º As isenções de que tratam as alíneas "b" e "c" do inciso II do *caput* não alcançam as receitas da venda de ingressos e de pacotes de hospedagem, observado o disposto no art. 24.

§ 4º A isenção de que trata o inciso III do § 1º não alcança as operações de câmbio realizadas para ingresso de recursos no País para aplicação nos mercados financeiros e de capitais e as operações relativas a títulos ou valores mobiliários que deverão observar o disposto no Decreto n. 6.306, de 2007.

§ 5º Deverão constar das notas fiscais relativas às vendas realizadas pela Subsidiária FIFA no Brasil ou pela Emissora Fonte no Brasil com a isenção de que tratam as alíneas "b" e "c" do inciso II do *caput*, a expressão "Venda efetuada com isenção da Contribuição para o PIS/Pasep e da Cofins" e a indicação do dispositivo legal correspondente.

§ 6º Deverão constar das notas fiscais relativas às saídas de que trata a alínea "d" do inciso I do *caput*, a expressão "Venda efetuada com isenção do IPI" e a indicação do dispositivo legal correspondente.

§ 7º Se os produtos não forem destinados a uso ou consumo na organização e realização dos Eventos, o beneficiário ou o responsável tributário ficará sujeito ao pagamento dos tributos e da penalidade cabível, como se a isenção não existisse.

§ 8º Não serão admitidos os descontos de créditos da Contribuição para o PIS/Pasep ou da Cofins, previstos respectivamente no art. 3º da Lei n. 10.637, de 2002, e no art. 3º da Lei n. 10.833, de 2003, pelos adquirentes, em relação às vendas realizadas por Subsidiária FIFA no Brasil ou por Emissora Fonte no Brasil, observado o disposto no § 5º.

§ 9º O disposto neste artigo não desobriga:

I - a pessoa física residente no País que aufira renda ou proventos de qualquer natureza decorrentes da prestação de serviços às pessoas jurídicas de que trata este artigo, do recolhimento da contribuição previdenciária de que trata o art. 21 da Lei n. 8.212, de 1991; e

II - a pessoa jurídica de que trata este artigo de reter e recolher a contribuição previdenciária dos segurados empregados, prevista no art. 20 da Lei n. 8.212, de 1991, na forma estabelecida pela Secretaria da Receita Federal do Brasil.

§ 10. As importações efetuadas na forma deste artigo não darão, em nenhuma hipótese, direito a crédito da Contribuição para o PIS/Pasep e da Cofins.

§ 11. A Emissora Fonte, na hipótese de ser pessoa jurídica domiciliada no Brasil, deverá ser estabelecida com finalidade específica para o desenvolvimento de atividades diretamente relacionadas à realização dos Eventos.

CAPÍTULO IX
DAS ISENÇÕES CONCEDIDAS AOS PRESTADORES DE SERVIÇOS FIFA ESTABELECIDOS NO PAÍS E AO LOC

ART. 17. A isenção concedida aos Prestadores de Serviços da FIFA estabelecidos no País sob a forma de sociedade com finalidade específica para o desenvolvimento de atividades diretamente relacionadas à realização dos Eventos, e ao LOC, abrange os seguintes tributos federais:

I - impostos:

a) Imposto de Renda sobre Pessoa Jurídica;

b) IOF; e

II - contribuições sociais:

a) Contribuição Social sobre o Lucro Líquido;

b) Contribuição para o PIS/Pasep; e

c) Cofins.

§ 1º A isenção de que trata o *caput* aplica-se apenas aos fatos geradores decorrentes das atividades próprias e diretamente vinculadas à organização ou à realização dos Eventos.

§ 2º As isenções previstas no inciso I e na alínea "a" do inciso II do *caput* aplicam-se, exclusivamente:

DECRETOS

I - às receitas, lucros e rendimentos auferidos, decorrentes da prestação de serviços diretamente à FIFA ou Subsidiária FIFA no Brasil, excluindo-se os rendimentos e ganhos de capital auferidos nasoperações realizadas no mercado financeiro e de capitais ou na alienação de bens e direitos; e

II - às operações de crédito, de câmbio e de seguro realizadas pelo LOC ou pelos Prestadores de Serviços da FIFA de que trata o *caput*.

§ 3º As isenções de que tratam as alíneas "b" e "c" do inciso II do *caput*:

I - não alcançam as receitas da venda de ingressos e de pacotes de hospedagem, observado o disposto no art. 24;

II - aplicam-se exclusivamente às receitas provenientes de serviços prestados diretamente à FIFA ou Subsidiária FIFA no Brasil; e

III - não darão, em hipótese alguma, direito a crédito da Contribuição para o PIS/Pasep nem da Cofins.

§ 4º Deverão constar das notas fiscais relativas às vendas realizadas pelos Prestadores de Serviços FIFA estabelecidos no País sob a forma de sociedade com finalidade específica ou pelo LOC, com a isenção de que tratam as alíneas "b" e "c" do inciso II do *caput*, a expressão "Venda efetuada com isenção da Contribuição para o PIS/Pasep" e da Cofins" e a indicação do dispositivo legal correspondente.

§ 5º A isenção de que trata o inciso II do § 2º não alcança as operações de câmbio realizadas para ingresso de recursos no País para aplicação nos mercados financeiros e de capitais e as operações relativas a títulos ou valores mobiliários, que deverão observar o disposto no Decreto n. 6.306, de 2007.

CAPÍTULO X
DAS ISENÇÕES CONCEDIDAS A PESSOAS FÍSICAS

ART. 18. Estão isentos do imposto sobre a renda os rendimentos pagos, creditados, empregados, entregues ou remetidos pela FIFA, pelas demais pessoas jurídicas referidas no § 2º do art. 7º da Lei n. 12.350, de 2010, ou por Subsidiária FIFA no Brasil, para pessoas físicas, não residentes no País, empregadas ou de outra forma contratadas para trabalhar de forma pessoal e direta na organização ou realização dos Eventos, que ingressarem no País com visto temporário.

§ 1º As isenções deste artigo também são aplicáveis aos árbitros, aos jogadores de futebol e aos outros membros das delegações, exclusivamente no que concerne ao pagamento de prêmios relacionados aos Eventos efetuado pelas pessoas jurídicas referidas no *caput*.

§ 2º Para fins do disposto neste artigo, não caracteriza residência no País a permanência no Brasil até 31 de dezembro de 2015, salvo o caso de obtenção de visto permanente ou vínculo empregatício com pessoa jurídica distinta da FIFA, de Subsidiária FIFA no Brasil, e das demais pessoas jurídicas referidas no § 2º do art. 7º da Lei n. 12.350, de 2010.

§ 3º Sem prejuízo dos acordos, tratados e convenções internacionais firmados pelo Brasil e independentemente da existência de reciprocidade de tratamento, os demais rendimentos recebidos de fonte no Brasil, inclusive o ganho de capital na alienação de bens e direitos situados no País, pelas pessoas físicas referidas no *caput* são tributados de acordo com normas específicas aplicáveis aos não residentes no Brasil.

§ 4º Para efeitos deste artigo, prêmio é o valor auferido pelas pessoas físicas de que trata o § 1º em função da sua participação nos Eventos.

ART. 19. Estão isentos do imposto sobre a renda os valores dos benefícios indiretos e o reembolso de despesas recebidos por Voluntário da FIFA, da Subsidiária FIFA no Brasil ou do LOC que auxiliar na organização e realização dos Eventos, até o valor de cinco salários mínimos por mês, sem prejuízo da aplicação da tabela de incidência mensal do imposto sobre a renda sobre o valor excedente.

§ 1º No caso de recebimento de dois ou mais pagamentos em um mesmo mês, a parcela isenta deve ser considerada em relação à soma desses pagamentos.

§ 2º Caso esteja obrigado a apresentar a Declaração de Ajuste Anual, o contribuinte deverá informar a soma dos valores mensais recebidos e considerados isentos na forma deste artigo.

§ 3º Os rendimentos que excederem o limite de isenção de que trata o *caput* não poderão ser aproveitados para fruição da isenção em meses subsequentes.

§ 4º A parcela dos rendimentos excedente ao limite de que trata o *caput* será tributada na fonte conforme tabela progressiva mensal vigente no mês do pagamento e está sujeita ao ajuste anual.

§ 5º O imposto retido na fonte na forma deste artigo poderá ser considerado antecipação do devido no ajuste anual.

§ 6º No caso de ocorrer diferença a menor do limite de isenção em um mês, a diferença não poderá ser transferida para meses anteriores ou posteriores para efeito da fruição da isenção.

ART. 20. Estão isentas do IOF as operações de câmbio liquidadas por pessoas físicas não residentes no País, empregadas ou de outra forma contratadas para trabalhar na organização e realização dos Eventos, que ingressarem no Brasil com visto temporário.

Parágrafo único. A isenção de que trata o *caput* não alcança as operações de câmbio realizadas para ingresso de recursos no País que tenham como objetivo a aplicação nos mercados financeiros e de capitais, devendo observar o disposto no art. 15-A do Decreto n. 6.306, de 2007, bem como as operações de crédito, de seguro ou relativas a títulos ou valores mobiliários.

CAPÍTULO XI
DA DESONERAÇÃO DE TRIBUTOS INDIRETOS NAS AQUISIÇÕES REALIZADAS NO MERCADO INTERNO PELA FIFA, POR SUBSIDIÁRIA FIFA NO BRASIL E PELA EMISSORA FONTE DA FIFA

ART. 21. Ficam isentos do IPI os produtos nacionais adquiridos pela FIFA, por Subsidiária FIFA no Brasil ou pela Emissora Fonte da FIFA, diretamente de estabelecimento industrial fabricante, para uso ou consumo na organização e realização dos Eventos.

§ 1º O disposto neste artigo não se aplica aos bens e equipamentos duráveis adquiridos para utilização nos Eventos.

§ 2º A isenção prevista neste artigo será aplicada, também, nos casos de doação e dação em pagamento, e nos casos de qualquer outra forma de pagamento, inclusive mediante o fornecimento de bens ou prestação de serviços.

ART. 22. Fica suspensa a incidência do IPI sobre os bens duráveis adquiridos diretamente de estabelecimento industrial, para utilização nos Eventos, pela FIFA, por Subsidiária FIFA no Brasil ou pela Emissora Fonte da FIFA.

§ 1º Deverão constar das notas fiscais relativas às saídas de que trata o *caput*, a expressão "Venda efetuada com suspensão do IPI" e a indicação do dispositivo legal correspondente.

§ 2º Se os produtos não forem destinados à utilização nos Eventos, ficará o beneficiário ou o responsável tributário sujeito ao pagamento do imposto e da penalidade cabível, como se a suspensão não tivesse existido.

§ 3º A suspensão de que trata o *caput* será convertida em isenção desde que os referidos bens sejam exportados para o exterior ou doados nos prazos e condições estabelecidos no art. 13.

§ 4º Caso não ocorra a conversão em isenção de que trata o § 3º, o IPI suspenso será exigido como se a suspensão não tivesse existido.

§ 5º Os benefícios previstos neste artigo serão aplicáveis, também, nos casos de doação e dação em pagamento, e nos casos de qualquer outra forma de pagamento, inclusive mediante o fornecimento de bens ou prestação de serviços.

ART. 23. As vendas realizadas no mercado interno para a FIFA, para Subsidiária FIFA no Brasil ou para a Emissora Fonte da FIFA, de mercadorias destinadas a uso ou consumo exclusivo na organização e realização dos Eventos, ocorrerão com suspensão da incidência da Contribuição para o PIS/Pasep e da Cofins.

§ 1º A suspensão de que trata este artigo será convertida em isenção após comprovação da utilização ou consumo do bem nas finalidades previstas neste Decreto, observado o disposto no § 5º.

§ 2º Ficam a FIFA, a Subsidiária FIFA no Brasil e a Emissora Fonte da FIFA obrigadas solidariamente a recolher, na condição de responsáveis, as contribuições não pagas em decorrência da suspensão de que trata este artigo, acrescidas de juros e multa de mora, na forma da lei, calculados a partir da data da aquisição, se não utilizarem ou consumirem o bem na finalidade prevista, ressalvado o disposto no § 6º.

§ 3º A suspensão prevista neste artigo somente se aplica aos bens adquiridos diretamente de pessoas jurídicas indicadas pela FIFA, ou por Subsidiária FIFA no Brasil, e habilitadas pela Secretaria da Receita Federal do Brasil nos termos e prazos por ela disciplinados.

§ 4º Deverão constar das notas fiscais relativas às vendas de que trata o *caput*, a expressão "Venda efetuada com suspensão da incidência da Contribuição para o PIS/Pasep e da Cofins" e a indicação do dispositivo legal correspondente.

§ 5º A suspensão e posterior conversão em isenção de que trata este artigo não dará, em hipótese alguma, direito a crédito da Contribuição para o PIS/Pasep e da Cofins à FIFA, a Subsidiária FIFA no Brasil ou à Emissora Fonte.

§ 6º O disposto neste artigo aplica-se ainda aos bens e equipamentos duráveis adquiridos para utilização nos Eventos, desde que esses bens e equipamentos sejam exportados ou doados nos prazos e condições estabelecidos no art. 13.

§ 7º A Secretaria da Receita Federal do Brasil poderá relacionar os bens sujeitos aos benefícios deste artigo.

CAPÍTULO XII
DO REGIME DE APURAÇÃO DE CONTRIBUIÇÕES POR SUBSIDIÁRIA FIFA NO BRASIL

ART. 24. A Contribuição para o PIS/Pasep e a Cofins serão apuradas por Subsidiária FIFA no Brasil na forma do art. 8º da Lei n. 10.637, de 2002, e do art. 10 da Lei n. 10.833, de 2003, observado o disposto no § 3º do art. 16.

Parágrafo único. O disposto neste artigo aplica-se à Emissora Fonte da FIFA, na hipótese de ser pessoa jurídica domiciliada no Brasil.

CAPÍTULO XIII
DA DESTINAÇÃO DOS BENS DOADOS

ART. 25. A União poderá destinar os bens doados nos termos deste Decreto, a:

I - entidades beneficentes de assistência social, certificadas nos termos da Lei n. 12.101, de 27 de novembro de 2009, desde que atendidos os requisitos do art. 14 da Lei n. 5.172, de 1966 - Código Tributário Nacional, e do § 2º do art. 12 da Lei n. 9.532, de 10 de dezembro de 1997; ou

II - pessoas jurídicas de direito público.

ART. 26. A doação de bens diretamente pelos beneficiados de que trata este Decreto poderá ser feita para:

I - entidades beneficentes de assistência social, certificadas nos termos da Lei n. 12.101, de 2009, desde que atendidos os requisitos do art. 14 da Lei n. 5.172, de 1966 - Código Tributário Nacional, e do § 2º do art. 12 da Lei n. 9.532, de 1997;

II - pessoas jurídicas de direito público; ou

III - entidades sem fins lucrativos desportivas ou outras pessoas jurídicas cujos objetos sociais sejam relacionados à prática de esportes, desenvolvimento social, proteção ambiental ou assistência a crianças, desde que atendidos os requisitos das alíneas "a" a "h" do § 2º do art. 12 da Lei n. 9.532, de 1997.

§ 1º As entidades relacionadas no inciso III do *caput* deverão ser reconhecidas pelos Ministérios do Esporte, do Desenvolvimento Social e Combate à Fome ou do Meio Ambiente, conforme critérios a serem definidos em atos expedidos pelos respectivos órgãos certificantes.

§ 2º As entidades de assistência a crianças a que se refere o inciso III do *caput* são aquelas que recebem recursos dos fundos controlados pelos Conselhos Municipais, Estaduais, Distrital e Nacional dos Direitos da Criança e do Adolescente.

§ 3º As entidades de prática de esportes a que se refere o inciso III do *caput* deverão aplicar as doações em apoio direto a projetos desportivos e paradesportivos previamente aprovados pelo Ministério do Esporte.

ART. 27. A doação dos bens deverá ser comprovada à Secretaria da Receita Federal do Brasil nos termos por ela disciplinados, para fins de extinção do regime, de que trata o art. 12, e conversão da suspensão em isenção, de que trata o § 3º do art. 22, o § 1º e o § 6º do art. 23.

CAPÍTULO XIV
DISPOSIÇÕES FINAIS

ART. 28. As desonerações previstas neste Decreto aplicam-se somente às operações que a FIFA, as Subsidiárias FIFA no Brasil, a Emissora Fonte da FIFA, o LOC e os Prestadores de Serviços da FIFA demonstrarem, por intermédio de documentação fiscal ou contratual idônea, estar relacionadas com os Eventos.

ART. 29. Eventuais tributos federais recolhidos indevidamente com inobservância do disposto na Lei n. 12.350, de 2010, serão restituídos de acordo com as regras previstas na legislação brasileira.

ART. 30. A utilização dos benefícios fiscais concedidos pela Lei n. 12.350, de 2010, em desacordo com os seus termos sujeitará o beneficiário, ou o responsável tributário, ao pagamento dos tributos devidos, acrescidos da taxa do Sistema Especial de Liquidação e de Custódia - SELIC, sem prejuízo das demais penalidades cabíveis.

Parágrafo único. Fica a FIFA sujeita aos pagamentos referidos no *caput* no caso de vício contido na lista de que trata o art. 6º que impossibilite ou torne incerta a identificação e localização do sujeito passivo ou do responsável tributário.

ART. 31. A União compensará o Fundo do Regime Geral de Previdência Social de que trata o art. 68 da Lei Complementar n. 101, de 4 de maio de 2000 - Lei de Responsabilidade Fiscal, no valor correspondente à estimativa de renúncia decorrente da desoneração de que trata a Lei n. 12.350, de 2010, relativa às contribuições previdenciárias, de forma a não afetar a apuração do resultado financeiro do Regime Geral de Previdência Social.

§ 1º A renúncia de que trata o *caput* consistirá na diferença entre o valor da contribuição que seria devido, como se não houvesse incentivo, e o valor da contribuição efetivamente recolhido.

§ 2º O valor estimado da renúncia será incluído na Lei Orçamentária Anual, sem prejuízo do repasse, enquanto não constar na mencionada lei.

ART. 32. O disposto neste Decreto não desobriga as pessoas jurídicas e físicas beneficiadas de apresentar declarações e de cumprir as demais obrigações acessórias previstas em atos da Secretaria da Receita Federal do Brasil.

ART. 32-A. A transferência de propriedade ou a cessão de uso dos bens importados com isenção, a qualquer título, obriga ao prévio pagamento dos tributos. (Acrescentado pelo Dec. 8.463/2015.)

Parágrafo único. O disposto no *caput* não se aplica aos bens transferidos ou cedidos: (Acrescentado pelo Dec. 8.463/2015.)

I - a pessoa referida no *caput* do art. 10, mediante prévia decisão da autoridade aduaneira; e (Acrescentado pelo Dec. 8.463/2015.)

II - depois do decurso do prazo de cinco anos, contado da data do registro da declaração de importação. (Acrescentado pelo Dec. 8.463/2015.)

ART. 32-B. A autoridade aduaneira poderá, a qualquer tempo, promover diligências necessárias para assegurar o controle da transferência dos bens objeto da isenção. (Acrescentado pelo Dec. 8.463/2015.)

ART. 32-C. A transferência de que trata o art. 32-A, inclusive no que se refere ao cálculo dos tributos devidos, será realizada com observância das normas dispostas no Decreto-Lei n. 37, de 18 de novembro de 1966, e no Decreto-Lei n. 1.455, de 7 de abril de 1976, regulamentadas pelos arts. 124 a 131 do Decreto n. 6.759, de 2009. (Acrescentado pelo Dec. 8.463/2015.)

Parágrafo único. O disposto no *caput* aplica-se, inclusive, aos tributos referidos nos incisos I, III e IV do § 1º do art. 10. (Acrescentado pelo Dec. 8.463/2015.)

ART. 33. O disposto neste Decreto aplica-se aos fatos geradores que ocorrerem no período de 1º de janeiro de 2011 a 31 de dezembro de 2015.

ART. 34. Este Decreto entra em vigor na data de sua publicação.

Brasília, 11 de outubro de 2011; 190º da Independência e 123º da República.

DILMA ROUSSEFF

‣ Optamos, nesta edição, pela não publicação do Anexo.

DECRETO N. 7.581, DE 11 DE OUTUBRO DE 2011

Regulamenta o Regime Diferenciado de Contratações Públicas - RDC, de que trata a Lei n. 12.462, de 4 de agosto de 2011.

‣ *DOU*, 13.10.2011.

‣ Nova redação da ementa dada pelo Dec. 8.251/2014.

A Presidenta da República, no uso da atribuição que lhe confere o art. 84, inciso IV, e tendo em vista o disposto na Lei n. 12.462, de 5 de agosto de 2011,

Decreta:

ART. 1º O Regime Diferenciado de Contratações Públicas - RDC, de que trata a Lei n. 12.462, de 4 de agosto de 2011, fica regulamentado por este Decreto. (Alterado pelo Dec. 8.251/2014.)

TÍTULO I
DISPOSIÇÕES GERAIS

ART. 2º O RDC aplica-se exclusivamente às licitações e contratos necessários à realização:

I - dos Jogos Olímpicos e Paraolímpicos de 2016, constantes da Carteira de Projetos Olímpicos a ser definida pela Autoridade Pública Olímpica - APO;

II - da Copa das Confederações da Fédération Internationale de Football Association - FIFA 2013 e da Copa do Mundo FIFA 2014, definidos em instrumento próprio pelo Grupo Executivo da Copa do Mundo FIFA 2014 - GECOPA, vinculado ao Comitê Gestor da Copa do Mundo FIFA 2014 - CGCOPA; e

‣ O Comitê Gestor da Copa do Mundo FIFA 2014 - CGCOPA e o Grupo Executivo da Copa do Mundo FIFA 2014 - GECOPA foram extintos pelo Dec. 9.512/2018.

III - de obras de infraestrutura e à contratação de serviços para os aeroportos das capitais dos Estados distantes até trezentos e cinquenta quilômetros das cidades sedes das competições referidas nos incisos I e II do *caput*.

Parágrafo único. Nos casos de obras públicas necessárias à realização da Copa das Confederações da FIFA 2013 e da Copa do Mundo FIFA 2014, aplica-se o RDC às obras constantes da matriz de responsabilidade celebrada entre a União, Estados, Distrito Federal e Municípios.

TÍTULO II
DO PROCEDIMENTO DA LICITAÇÃO

CAPÍTULO I
DAS VEDAÇÕES

ART. 3º É vedada a participação direta ou indireta nas licitações:

I - da pessoa física ou jurídica que elaborar o projeto básico ou executivo correspondente;

II - da pessoa jurídica que participar de consórcio responsável pela elaboração do projeto básico ou executivo correspondente;

III - da pessoa jurídica na qual o autor do projeto básico ou executivo seja administrador, sócio com mais de cinco por cento do capital votante, controlador, gerente, responsável técnico ou subcontratado; ou

IV - do servidor, empregado ou ocupante de cargo em comissão do órgão ou entidade contratante ou responsável pela licitação.

§ 1º Caso adotado o regime de contratação integrada:

I - não se aplicam as vedações previstas nos incisos I, II e III do *caput*; e

II - é vedada a participação direta ou indireta nas licitações da pessoa física ou jurídica que elaborar o anteprojeto de engenharia.

DECRETOS

§ 2º O disposto no *caput* não impede, nas licitações para a contratação de obras ou serviços, a previsão de que a elaboração do projeto executivo constitua encargo do contratado, consoante preço previamente fixado pela administração pública.

§ 3º É permitida a participação das pessoas jurídicas de que tratam os incisos II e III do *caput* em licitação ou na execução do contrato como consultores ou técnicos, nas funções de fiscalização, supervisão ou gerenciamento, exclusivamente a serviço do órgão ou entidade pública interessados.

§ 4º Para fins do disposto neste artigo, considera-se participação indireta a existência de qualquer vínculo de natureza técnica, comercial, econômica, financeira ou trabalhista entre o autor do projeto, pessoa física ou jurídica, e o licitante ou responsável pelos serviços, fornecimentos e obras, incluindo-se o fornecimento de bens e serviços a estes necessários.

§ 5º O disposto no § 4º aplica-se aos membros da comissão de licitação.

CAPÍTULO II
DA FASE INTERNA

SEÇÃO I
DOS ATOS PREPARATÓRIOS

ART. 4º Na fase interna a administração pública elaborará os atos e expedirá os documentos necessários para caracterização do objeto a ser licitado e para definição dos parâmetros do certame, tais como:

I - justificativa da contratação e da adoção do RDC;

II - definição:

a) do objeto da contratação;

b) do orçamento e preço de referência, remuneração ou prêmio, conforme critério de julgamento adotado;

c) dos requisitos de conformidade das propostas;

d) dos requisitos de habilitação;

e) das cláusulas que deverão constar do contrato, inclusive as referentes a sanções e, quando for o caso, a prazos de fornecimento; e

f) do procedimento da licitação, com a indicação da forma de execução, do modo de disputa e do critério de julgamento;

III - justificativa técnica, com a devida aprovação da autoridade competente, no caso de adoção da inversão de fases prevista no parágrafo único do art. 14;

IV - justificativa para:

a) a fixação dos fatores de ponderação na avaliação das propostas técnicas e de preço, quando escolhido o critério de julgamento por técnica e preço;

b) a indicação de marca ou modelo;

c) a exigência de amostra;

d) a exigência de certificação de qualidade do produto ou do processo de fabricação; e

e) a exigência de carta de solidariedade emitida pelo fabricante;

V - indicação da fonte de recursos suficiente para a contratação;

VI - declaração de compatibilidade com o plano plurianual, no caso de investimento cuja execução ultrapasse um exercício financeiro;

VII - termo de referência que contenha conjunto de elementos necessários e suficientes, com nível de precisão adequado, para caracterizar os serviços a serem contratados ou os bens a serem fornecidos;

VIII - projeto básico ou executivo para a contratação de obras e serviços de engenharia;

IX - justificativa da vantajosidade da divisão do objeto da licitação em lotes ou parcelas para aproveitar as peculiaridades do mercado e ampliar a competitividade, desde que a medida seja viável técnica e economicamente e não haja perda de economia de escala;

X - instrumento convocatório;

XI - minuta do contrato, quando houver; e

XII - ato de designação da comissão de licitação.

ART. 5º O termo de referência, projeto básico ou projeto executivo poderá prever requisitos de sustentabilidade ambiental, além dos previstos na legislação aplicável.

SEÇÃO II
DA COMISSÃO DE LICITAÇÃO

ART. 6º As licitações serão processadas e julgadas por comissão permanente ou especial.

§ 1º As comissões de que trata o *caput* serão compostas por, no mínimo, três membros tecnicamente qualificados, sendo a maioria deles servidores ou empregados públicos pertencentes aos quadros permanentes dos órgãos ou entidades responsáveis pela licitação.

§ 2º Os membros da comissão de licitação responderão solidariamente por todos os atos praticados pela comissão, salvo se posição individual divergente estiver registrada na ata da reunião em que adotada a decisão.

ART. 7º São competências da comissão de licitação:

I - elaborar as minutas dos editais e contratos ou utilizar minuta padrão elaborada pela Comissão do Catálogo Eletrônico de Padronização, e submetê-las ao órgão jurídico;

II - processar licitações, receber e responder a pedidos de esclarecimentos, receber e decidir as impugnações contra o instrumento convocatório;

III - receber, examinar e julgar as propostas conforme requisitos e critérios estabelecidos no instrumento convocatório;

IV - desclassificar propostas nas hipóteses previstas no art. 40;

V - receber e examinar os documentos de habilitação, declarando habilitação ou inabilitação de acordo com os requisitos estabelecidos no instrumento convocatório;

VI - receber recursos, apreciar sua admissibilidade e, se não reconsiderar a decisão, encaminhá-los à autoridade competente;

VII - dar ciência aos interessados das decisões adotadas nos procedimentos;

VIII - encaminhar os autos da licitação à autoridade competente para adjudicar o objeto, homologar a licitação e convocar o vencedor para a assinatura do contrato;

IX - propor à autoridade competente a revogação ou a anulação da licitação; e

X - propor à autoridade competente a aplicação de sanções.

§ 1º É facultado à comissão de licitação, em qualquer fase da licitação, promover as diligências que entender necessárias.

§ 2º É facultado à comissão de licitação, em qualquer fase da licitação, desde que não seja alterada a substância da proposta, adotar medidas de saneamento destinadas a esclarecer informações, corrigir impropriedades na documentação de habilitação ou complementar a instrução do processo.

SEÇÃO III
DO INSTRUMENTO CONVOCATÓRIO

ART. 8º O instrumento convocatório definirá:

I - o objeto da licitação;

II - a forma de execução da licitação, eletrônica ou presencial;

III - o modo de disputa, aberto, fechado ou com combinação, os critérios de classificação para cada etapa da disputa e as regras para apresentação de propostas e de lances;

IV - os requisitos de conformidade das propostas;

V - o prazo de apresentação de proposta pelos licitantes, que não poderá ser inferior ao previsto no art. 15 da Lei n. 12.462, de 2011;

VI - os critérios de julgamento e os critérios de desempate;

VII - os requisitos de habilitação;

VIII - a exigência, quando for o caso:

a) de marca ou modelo;

b) de amostra;

c) de certificação de qualidade do produto ou do processo de fabricação; e

d) de carta de solidariedade emitida pelo fabricante;

IX - o prazo de validade da proposta;

X - os prazos e meios para apresentação de pedidos de esclarecimentos, impugnações e recursos;

XI - os prazos e condições para a entrega do objeto;

XII - as formas, condições e prazos de pagamento, bem como o critério de reajuste, quando for o caso;

XIII - a exigência de garantias e seguros, quando for o caso;

XIV - os critérios objetivos de avaliação do desempenho do contratado, bem como os requisitos da remuneração variável, quando for o caso;

XV - as sanções;

XVI - a opção pelo RDC; e

XVII - outras indicações específicas da licitação.

§ 1º Integram o instrumento convocatório, como anexos:

I - o termo de referência mencionado no inciso VII do *caput* do art. 4º, o projeto básico ou executivo, conforme o caso;

II - a minuta do contrato, quando houver;

III - o acordo de nível de serviço, quando for o caso; e

IV - as especificações complementares e as normas de execução.

§ 2º No caso de obras ou serviços de engenharia, o instrumento convocatório conterá ainda:

I - o cronograma de execução, com as etapas necessárias à medição, ao monitoramento e ao controle das obras;

II - a exigência de que os licitantes apresentem, em suas propostas, a composição analítica do percentual dos Benefícios e Despesas Indiretas - BDI e dos Encargos Sociais - ES, discriminando todas as parcelas que o compõem, exceto no caso da contratação integrada prevista no art. 9º da Lei n. 12.462, de 2011; e (Alterado pelo Dec. 8.080/2013.)

III - a exigência de que o contratado conceda livre acesso aos seus documentos e registros contábeis, referentes ao objeto da licitação, para os servidores ou empregados do órgão ou entidade contratante e dos órgãos de controle interno e externo.

ART. 9º O orçamento previamente estimado para a contratação será tornado público apenas e imediatamente após a adjudicação do objeto, sem prejuízo da divulgação no instrumento convocatório do detalhamento dos quantitativos e das demais informações necessárias para a elaboração das propostas.

§ 1º O orçamento previamente estimado estará disponível permanentemente aos órgãos de controle externo e interno.

§ 2º O instrumento convocatório deverá conter:

I - o orçamento previamente estimado, quando adotado o critério de julgamento por maior desconto;

II - o valor da remuneração ou do prêmio, quando adotado o critério de julgamento por melhor técnica ou conteúdo artístico; e

III - o preço mínimo de arrematação, quando adotado o critério de julgamento por maior oferta.

ART. 10. A possibilidade de subcontratação de parte da obra ou dos serviços de engenharia deverá estar prevista no instrumento convocatório.

§ 1º A subcontratação não exclui a responsabilidade do contratado perante a administração pública quanto à qualidade técnica da obra ou do serviço prestado.

§ 2º Quando permitida a subcontratação, o contratado deverá apresentar documentação do subcontratado que comprove sua habilitação jurídica, regularidade fiscal e a qualificação técnica necessária à execução da parcela da obra ou do serviço subcontratado.

SEÇÃO IV
DA PUBLICAÇÃO

ART. 11. A publicidade do instrumento convocatório, sem prejuízo da faculdade de divulgação direta aos fornecedores, cadastrados ou não, será realizada mediante:

I - publicação de extrato do instrumento convocatório no Diário Oficial da União, do Estado, do Distrito Federal ou do Município, conforme o caso, ou, no caso de consórcio público, do ente de maior nível entre eles, sem prejuízo da possibilidade de publicação em jornal diário de grande circulação; e

II - divulgação do instrumento convocatório em sítio eletrônico oficial centralizado de publicidade de licitações ou sítio mantido pelo órgão ou entidade responsável pelo procedimento licitatório.

§ 1º O extrato do instrumento convocatório conterá a definição precisa, suficiente e clara do objeto, a indicação dos locais, dias e horários em que poderá ser consultada ou obtida a íntegra do instrumento convocatório, bem como o endereço onde ocorrerá a sessão pública, a data e hora de sua realização e a indicação de que a licitação, na forma eletrônica, será realizada por meio da internet.

§ 2º A publicação referida no inciso I do *caput* também poderá ser feita em sítios eletrônicos oficiais da administração pública, desde que certificados digitalmente por autoridade certificadora credenciada no âmbito da Infraestrutura de Chaves Públicas Brasileira - ICP-Brasil.

§ 3º No caso de licitações cujo valor não ultrapasse R$ 150.000,00 (cento e cinquenta mil reais) para obras ou R$ 80.000,00 (oitenta mil reais) para bens e serviços, inclusive de engenharia, fica dispensada a publicação prevista no inciso I do *caput*.

§ 4º No caso de parcelamento do objeto, deverá ser considerado, para fins da aplicação do disposto no § 3º, o valor total da contratação.

§ 5º Eventuais modificações no instrumento convocatório serão divulgadas nos mesmos prazos dos atos e procedimentos originais, exceto quando a alteração não comprometer a formulação das propostas.

ART. 12. Caberão pedidos de esclarecimento e impugnações ao instrumento convocatório nos prazos e conforme descrito no art. 45, inciso I do *caput*, da Lei n. 12.462, de 2011.

CAPÍTULO III
DA FASE EXTERNA

SEÇÃO I
DISPOSIÇÕES GERAIS

ART. 13. As licitações deverão ser realizadas preferencialmente sob a forma eletrônica.

§ 1º Nos procedimentos sob a forma eletrônica, a administração pública poderá determinar, como condição de validade e eficácia, que os licitantes pratiquem seus atos em formato eletrônico.

§ 2º As licitações sob a forma eletrônica poderão ser processadas por meio do sistema eletrônico utilizado para a modalidade pregão, de que trata o Decreto n. 5.450, de 31 de maio de 2005.

ART. 14. Após a publicação do instrumento convocatório inicia-se a fase de apresentação de propostas ou lances.

Parágrafo único. A fase de habilitação poderá, desde que previsto no instrumento convocatório, anteceder à fase de apresentação de propostas ou lances.

SEÇÃO II
DA APRESENTAÇÃO DAS PROPOSTAS OU LANCES

SUBSEÇÃO I
DISPOSIÇÕES GERAIS

ART. 15. As licitações poderão adotar os modos de disputa aberto, fechado ou combinado.

ART. 16. Os licitantes deverão apresentar na abertura da sessão pública declaração de que atendem aos requisitos de habilitação.

§ 1º Os licitantes que se enquadrem como microempresa ou empresa de pequeno porte deverão apresentar também declaração de seu enquadramento.

§ 2º Nas licitações sob a forma eletrônica, constará do sistema a opção para apresentação pelos licitantes das declarações de que trata este artigo.

§ 3º Os licitantes, nas sessões públicas, deverão ser previamente credenciados para oferta de lances nos termos do art. 19.

ART. 17. A comissão de licitação verificará a conformidade das propostas com os requisitos estabelecidos no instrumento convocatório quanto ao objeto e ao preço.

Parágrafo único. Serão imediatamente desclassificados, mediante decisão motivada, os licitantes cujas propostas não estejam em conformidade com os requisitos.

SUBSEÇÃO II
DO MODO DE DISPUTA ABERTO

ART. 18. No modo de disputa aberto, os licitantes apresentarão suas propostas em sessão pública por meio de lances públicos e sucessivos, crescentes ou decrescentes, conforme o critério de julgamento adotado.

Parágrafo único. O instrumento convocatório poderá estabelecer intervalo mínimo de diferença de valores entre os lances, que incidirá tanto em relação aos lances intermediários quanto em relação à proposta que cobrir a melhor oferta. (Alterado pelo Dec. 8.080/2013.)

ART. 19. Caso a licitação de modo de disputa aberto seja realizada sob a forma presencial, serão adotados, adicionalmente, os seguintes procedimentos:

I - as propostas iniciais serão classificadas de acordo com a ordem de vantajosidade;

II - a comissão de licitação convidará individual e sucessivamente os licitantes, de forma sequencial, a apresentar lances verbais, a partir do autor da proposta menos vantajosa, seguido dos demais; e

III - a desistência do licitante em apresentar lance verbal, quando convocado, implicará sua exclusão da etapa de lances verbais e a manutenção do último preço por ele apresentado, para efeito de ordenação das propostas, exceto no caso de ser o detentor da melhor proposta, hipótese em que poderá apresentar novos lances sempre que esta for coberta, observado o disposto no parágrafo único do art. 18. (Alterado pelo Dec. 8.080/2013.)

ART. 20. O instrumento convocatório poderá estabelecer a possibilidade de apresentação de lances intermediários pelos licitantes durante a disputa aberta.

Parágrafo único. São considerados intermediários os lances:

I - iguais ou inferiores ao maior já ofertado, mas superiores ao último lance dado pelo próprio licitante, quando adotado o julgamento pelo critério da maior oferta de preço; ou

II - iguais ou superiores ao menor já ofertado, mas inferiores ao último lance dado pelo próprio licitante, quando adotados os demais critérios de julgamento.

ART. 21. Após a definição da melhor proposta, se a diferença em relação à proposta classificada em segundo lugar for de pelo menos dez por cento, a comissão de licitação poderá admitir o reinício da disputa aberta, nos termos estabelecidos no instrumento convocatório, para a definição das demais colocações.

§ 1º Após o reinício previsto no *caput*, os licitantes serão convocados a apresentar lances.

§ 2º Os licitantes poderão apresentar lances nos termos do parágrafo único do art. 20.

§ 3º Os lances iguais serão classificados conforme a ordem de apresentação.

SUBSEÇÃO III
DO MODO DE DISPUTA FECHADO

ART. 22. No modo de disputa fechado, as propostas apresentadas pelos licitantes serão sigilosas até a data e hora designadas para sua divulgação.

Parágrafo único. No caso de licitação presencial, as propostas deverão ser apresentadas em envelopes lacrados, abertos em sessão pública e ordenadas conforme critério de vantajosidade.

SUBSEÇÃO IV
DA COMBINAÇÃO DOS MODOS DE DISPUTA

ART. 23. O instrumento convocatório poderá estabelecer que a disputa seja realizada em duas etapas, sendo a primeira eliminatória.

ART. 24. Os modos de disputa poderão ser combinados da seguinte forma:

I - caso o procedimento se inicie pelo modo de disputa fechado, serão classificados para a etapa subsequente os licitantes que apresentarem as três melhores propostas, iniciando-se então a disputa aberta com a apresentação de lances sucessivos, nos termos dos arts. 18 e 19; e

II - caso o procedimento se inicie pelo modo de disputa aberto, os licitantes que apresentarem as três melhores propostas oferecerão propostas finais, fechadas.

SEÇÃO III
DO JULGAMENTO DAS PROPOSTAS

SUBSEÇÃO I
DISPOSIÇÕES GERAIS

ART. 25. Poderão ser utilizados como critérios de julgamento:

I - menor preço ou maior desconto;

II - técnica e preço;

III - melhor técnica ou conteúdo artístico;

IV - maior oferta de preço; ou

V - maior retorno econômico.

§ 1º O julgamento das propostas observará os parâmetros definidos no instrumento convocatório, sendo vedado computar vantagens não previstas, inclusive financiamentos subsidiados ou a fundo perdido.

§ 2º O julgamento das propostas deverá observar a margem de preferência prevista no art. 3º da Lei n. 8.666, de 21 de junho de 1993, observado o disposto no Decreto n. 7.546, de 2 de agosto de 2011.

SUBSEÇÃO II
MENOR PREÇO OU MAIOR DESCONTO

ART. 26. O critério de julgamento pelo menor preço ou maior desconto considerará o menor dispêndio para a administração pública, atendidos os parâmetros mínimos de qualidade definidos no instrumento convocatório.

§ 1º Os custos indiretos, relacionados às despesas de manutenção, utilização, reposição, depreciação e impacto ambiental, entre outros fatores, poderão ser considerados para a definição do menor dispêndio, sempre que objetivamente mensuráveis, conforme parâmetros definidos no instrumento convocatório.

§ 2º Parâmetros adicionais de mensuração de custos indiretos poderão ser estabelecidos em ato do Secretário de Logística e Tecnologia da Informação do Ministério do Planejamento, Orçamento e Gestão.

ART. 27. O critério de julgamento por maior desconto utilizará como referência o preço total estimado, fixado pelo instrumento convocatório.

Parágrafo único. No caso de obras ou serviços de engenharia, o percentual de desconto apresentado pelos licitantes incidirá linearmente sobre os preços de todos os itens do orçamento estimado constante do instrumento convocatório.

SUBSEÇÃO III
TÉCNICA E PREÇO

ART. 28. O critério de julgamento pela melhor combinação de técnica e preço será utilizado exclusivamente nas licitações destinadas a contratar objeto:

I - de natureza predominantemente intelectual e de inovação tecnológica ou técnica; ou

II - que possa ser executado com diferentes metodologias ou tecnologias de domínio restrito no mercado, pontuando-se as vantagens e qualidades oferecidas para cada produto ou solução.

Parágrafo único. Será escolhido o critério de julgamento a que se refere o *caput* quando a avaliação e a ponderação da qualidade técnica das propostas que superarem os requisitos mínimos estabelecidos no instrumento convocatório forem relevantes aos fins pretendidos.

ART. 29. No julgamento pelo critério de melhor combinação de técnica e preço, deverão ser avaliadas e ponderadas as propostas técnicas e de preço apresentadas pelos licitantes, segundo fatores de ponderação objetivos previstos no instrumento convocatório.

§ 1º O fator de ponderação mais relevante será limitado a setenta por cento.

§ 2º Poderão ser utilizados parâmetros de sustentabilidade ambiental para a pontuação das propostas técnicas.

§ 3º O instrumento convocatório estabelecerá pontuação mínima para as propostas técnicas, cujo não atingimento implicará desclassificação.

SUBSEÇÃO IV
MELHOR TÉCNICA OU CONTEÚDO ARTÍSTICO

ART. 30. O critério de julgamento pela melhor técnica ou pelo melhor conteúdo artístico poderá ser utilizado para a contratação de projetos e trabalhos de natureza técnica, científica ou artística, incluídos os projetos arquitetônicos e excluídos os projetos de engenharia.

ART. 31. O critério de julgamento pela melhor técnica ou pelo melhor conteúdo artístico considerará exclusivamente as propostas técnicas ou artísticas apresentadas pelos licitantes, segundo parâmetros objetivos inseridos no instrumento convocatório.

§ 1º O instrumento convocatório definirá o prêmio ou a remuneração que será atribuída ao vencedor.

§ 2º Poderão ser utilizados parâmetros de sustentabilidade ambiental para a pontuação das propostas nas licitações para contratação de projetos.

§ 3º O instrumento convocatório poderá estabelecer pontuação mínima para as propostas, cujo não atingimento implicará desclassificação.

ART. 32. Nas licitações que adotem o critério de julgamento pelo melhor conteúdo artístico a comissão de licitação será auxiliada por comissão especial integrada por, no mínimo, três pessoas de reputação ilibada e notório conhecimento da matéria em exame, que podem ser servidores públicos.

Parágrafo único. Os membros da comissão especial a que se refere o *caput* responderão por todos os atos praticados, salvo se posição individual divergente estiver registrada na ata da reunião em que adotada a decisão.

SUBSEÇÃO V
MAIOR OFERTA DE PREÇO

ART. 33. O critério de julgamento pela maior oferta de preço será utilizado no caso de contratos que resultem em receita para a administração pública.

§ 1º Poderá ser dispensado o cumprimento dos requisitos de qualificação técnica e econômico-financeira.

§ 2º Poderá ser requisito de habilitação a comprovação do recolhimento de quantia como garantia, limitada a cinco por cento do valor mínimo de arrematação.

§ 3º Na hipótese do § 2º, o licitante vencedor perderá a quantia em favor da administração pública caso não efetue o pagamento devido no prazo estipulado.

ART. 34. Os bens e direitos a serem licitados pelo critério previsto no art. 33 serão previamente avaliados para fixação do valor mínimo de arrematação.

ART. 35. Os bens e direitos arrematados serão pagos à vista, em até um dia útil contado da data da assinatura da ata lavrada no local do julgamento ou da data de notificação.

§ 1º O instrumento convocatório poderá prever que o pagamento seja realizado mediante entrada em percentual não inferior a cinco por cento, no prazo referido no *caput*, com pagamento do restante no prazo estipulado no mesmo instrumento, sob pena de perda em favor da administração pública do valor já recolhido.

§ 2º O instrumento convocatório estabelecerá as condições para a entrega do bem ao arrematante.

SUBSEÇÃO VI
MAIOR RETORNO ECONÔMICO

ART. 36. No critério de julgamento pelo maior retorno econômico as propostas serão consideradas de forma a selecionar a que proporcionar a maior economia para a administração pública decorrente da execução do contrato.

§ 1º O critério de julgamento pelo maior retorno econômico será utilizado exclusivamente para a celebração de contrato de eficiência.

§ 2º O contrato de eficiência terá por objeto a prestação de serviços, que poderá incluir a realização de obras e o fornecimento de bens, com o objetivo de proporcionar economia ao órgão ou entidade contratante, na forma de redução de despesas correntes.

§ 3º O instrumento convocatório deverá prever parâmetros objetivos de mensuração da economia gerada com a execução do contrato, que servirá de base de cálculo da remuneração devida ao contratado.

§ 4º Para efeito de julgamento da proposta, o retorno econômico é o resultado da economia que se estima gerar com a execução da proposta de trabalho, deduzida a proposta de preço.

ART. 37. Nas licitações que adotem o critério de julgamento pelo maior retorno econômico, os licitantes apresentarão:

I - proposta de trabalho, que deverá contemplar:

a) as obras, serviços ou bens, com respectivos prazos de realização ou fornecimento; e

b) a economia que se estima gerar, expressa em unidade de medida associada à obra, bem ou serviço e expressa em unidade monetária; e

II - proposta de preço, que corresponderá a um percentual sobre a economia que se estima gerar durante determinado período, expressa em unidade monetária.

SUBSEÇÃO VII
PREFERÊNCIA E DESEMPATE

ART. 38. Nos termos da Lei Complementar n. 123, de 14 de dezembro de 2006, considera-se empate aquelas situações em que a proposta apresentada pela microempresa ou empresa de pequeno porte seja igual ou até dez por cento superior à proposta mais bem classificada.

§ 1º Nas situações descritas no *caput*, a microempresa ou empresa de pequeno porte que apresentou proposta mais vantajosa poderá apresentar nova proposta de preço inferior à proposta mais bem classificada.

§ 2º Caso não seja apresentada a nova proposta de que trata o § 1º, as demais microempresas ou empresas de pequeno porte licitantes com propostas até dez por cento superiores à proposta mais bem classificada serão convidadas a exercer o mesmo direito, conforme a ordem de vantajosidade de suas propostas.

ART. 39. Nas licitações em que após o exercício de preferência de que trata o art. 38 esteja configurado empate em primeiro lugar, será realizada disputa final entre os licitantes empatados, que poderão apresentar nova proposta fechada, conforme estabelecido no instrumento convocatório.

§ 1º Mantido o empate após a disputa final de que trata o *caput*, as propostas serão ordenadas segundo o desempenho contratual prévio dos respectivos licitantes, desde que haja sistema objetivo de avaliação instituído.

§ 2º Caso a regra prevista no § 1º não solucione o empate, será dada preferência:

I - em se tratando de bem ou serviço de informática e automação, nesta ordem:

a) aos bens e serviços com tecnologia desenvolvida no País;

b) aos bens e serviços produzidos de acordo com o processo produtivo básico definido pelo Decreto n. 5.906, de 26 de setembro de 2006;

c) produzidos no País;

d) produzidos ou prestados por empresas brasileiras; e

e) produzidos ou prestados por empresas que invistam em pesquisa e no desenvolvimento de tecnologia no País; ou

II - em se tratando de bem ou serviço não abrangido pelo inciso I do § 2º, nesta ordem:

a) produzidos no País;

b) produzidos ou prestados por empresas brasileiras; e

c) produzidos ou prestados por empresas que invistam em pesquisa e no desenvolvimento de tecnologia no País.

§ 3º Caso a regra prevista no § 2º não solucione o empate, será realizado sorteio.

SUBSEÇÃO VIII
ANÁLISE E CLASSIFICAÇÃO DE PROPOSTA

ART. 40. Na verificação da conformidade da melhor proposta apresentada com os requisitos do instrumento convocatório, será desclassificada aquela que:

I - contenha vícios insanáveis;

II - não obedeça às especificações técnicas previstas no instrumento convocatório;

III - apresente preço manifestamente inexequível ou permaneça acima do orçamento estimado para a contratação, inclusive nas hipóteses previstas no *caput* do art. 9º;

IV - não tenha sua exequibilidade demonstrada, quando exigido pela administração pública; ou

V - apresente desconformidade com quaisquer outras exigências do instrumento convocatório, desde que insanável.

§ 1º A comissão de licitação poderá realizar diligências para aferir a exequibilidade da proposta ou exigir do licitante que ela seja demonstrada.

§ 2º Com exceção da contratação integrada prevista no art. 9º da Lei n. 12.462, de 2011, nas licitações de obras ou serviços de engenharia, o licitante da melhor proposta apresentada deverá reelaborar e apresentar à comissão de licitação, por meio eletrônico, conforme prazo estabelecido no instrumento convocatório, planilha com os valores adequados ao lance vencedor, em que deverá constar: (Alterado pelo Dec. 8.080/2013.)

a) indicação dos quantitativos e dos custos unitários, vedada a utilização de unidades genéricas ou indicadas como verba;

b) composição dos custos unitários quando diferirem daqueles constantes dos sistemas de referências adotados nas licitações; e

c) detalhamento das Bonificações e Despesas Indiretas - BDI e dos Encargos Sociais - ES.

§ 3º No caso da contratação integrada prevista no art. 9º da Lei n. 12.462, de 2011, o licitante que ofertou a melhor proposta deverá apresentar o valor do lance vencedor distribuído pelas etapas do cronograma físico, definido no ato de convocação e compatível com o critério de aceitabilidade por etapas previsto no § 5º do art. 42. (Incluído pelo Dec. 8.080/2013.)

§ 4º Salvo quando aprovado relatório técnico conforme previsto no § 2º, II, e § 4º, II, do art. 42, o licitante da melhor proposta deverá adequar os custos unitários ou das etapas propostos aos limites previstos nos § 2º, § 4º ou § 5º do art. 42, sem alteração do valor global da proposta, sob pena de aplicação do art. 62. (Incluído pelo Dec. 8.080/2013.)

ART. 41. Nas licitações de obras e serviços de engenharia, consideram-se inexequíveis as propostas com valores globais inferiores a setenta por cento do menor dos seguintes valores:

I - média aritmética dos valores das propostas superiores a cinquenta por cento do valor do orçamento estimado pela administração pública, ou

II - valor do orçamento estimado pela administração pública.

§ 1º A administração deverá conferir ao licitante a oportunidade de demonstrar a exequibilidade da sua proposta.

§ 2º Na hipótese de que trata o § 1º, o licitante deverá demonstrar que o valor da proposta é compatível com a execução do objeto licitado no que se refere aos custos dos insumos e aos coeficientes de produtividade adotados nas composições de custos unitários.

§ 3º A análise de exequibilidade da proposta não considerará materiais e instalações a serem fornecidos pelo licitante em relação aos quais ele renuncie a parcela ou à totalidade da remuneração, desde que a renúncia esteja expressa na proposta.

ART. 42. Nas licitações de obras e serviços de engenharia, a economicidade da proposta será aferida com base nos custos globais e unitários.

§ 1º O valor global da proposta não poderá superar o orçamento estimado pela administração pública, com base nos parâmetros previstos nos §§ 3º, 4º ou 6º do art. 8º da Lei n. 12.462, de 2011, e, no caso da contratação integrada, na forma estabelecida no art. 9º, § 2º, inciso II, da Lei n. 12.462, de 2011. (Alterado pelo Dec. 8.080/2013.)

§ 2º No caso de adoção do regime de empreitada por preço unitário ou de contratação por tarefa, os custos unitários dos itens materialmente relevantes das propostas não podem exceder os custos unitários estabelecidos no orçamento estimado pela administração pública, observadas as seguintes condições:

I - serão considerados itens materialmente relevantes aqueles de maior impacto no valor total da proposta e que, somados, representem pelo menos oitenta por cento do valor total do orçamento estimado ou que sejam considerados essenciais à funcionalidade da obra ou do serviço de engenharia; e (Alterado pelo Dec. 8.080/2013.)

II - em situações especiais, devidamente comprovadas pelo licitante em relatório técnico circunstanciado aprovado pela administração pública, poderão ser aceitos custos unitários superiores àqueles constantes do orçamento estimado em relação aos itens materialmente relevantes, sem prejuízo da avaliação dos órgãos de controle, dispensada a compensação em qualquer outro serviço do orçamento de referência; (Alterado pelo Dec. 8.080/2013.)

§ 3º Se o relatório técnico de que trata o inciso II do § 2º não for aprovado pela administração pública, aplica-se o disposto no art. 62, salvo se o licitante apresentar nova proposta, com adequação dos custos unitários propostos aos limites previstos no § 2º, sem alteração do valor global da proposta.

§ 4º No caso de adoção do regime de empreitada por preço global ou de empreitada integral, serão observadas as seguintes condições:

I - no cálculo do valor da proposta, poderão ser utilizados custos unitários diferentes daqueles previstos nos §§ 3º, 4º ou 6º do art. 8º da Lei n. 12.462, de 2011, desde que o valor global da proposta e o valor de cada etapa prevista no cronograma físico-financeiro seja igual ou inferior ao valor calculado a partir do sistema de referência utilizado;

II - em situações especiais, devidamente comprovadas pelo licitante em relatório técnico circunstanciado, aprovado pela administração pública, os valores das etapas do cronograma físico-financeiro poderão exceder o limite fixado no inciso I; e

III - as alterações contratuais sob alegação de falhas ou omissões em qualquer das peças, orçamentos, plantas, especificações, memoriais ou estudos técnicos preliminares do projeto básico não poderão ultrapassar, no seu conjunto, dez por cento do valor total do contrato.

§ 5º No caso de adoção do regime de contratação integrada, deverão ser previstos no instrumento convocatório critérios de aceitabilidade por etapa, estabelecidos de acordo com o orçamento estimado na forma prevista no art. 9º da Lei n. 12.462, de 2011, e compatíveis com o cronograma físico do objeto licitado. (Alterado pelo Dec. 8.080/2013.)

§ 6º O orçamento estimado das obras e serviços de engenharia será aquele resultante da composição dos custos unitários diretos do sistema de referência utilizado, acrescida do percentual de BDI de referência, ressalvado o disposto no art. 9º da Lei n. 12.462, de 2011, para o regime de contratação integrada. (Alterado pelo Dec. 8.080/2013.)

§ 7º A diferença percentual entre o valor global do contrato e o valor obtido a partir dos custos unitários do orçamento estimado pela administração pública não poderá ser reduzida, em favor do contratado, em decorrência de aditamentos contratuais que modifiquem a composição orçamentária. (Acrescentado pelo Dec. 8.080/2013.)

ART. 43. Após o encerramento da fase de apresentação de propostas, a comissão de licitação classificará as propostas por ordem decrescente de vantajosidade.

§ 1º Quando a proposta do primeiro classificado estiver acima do orçamento estimado, a comissão de licitação poderá negociar com o licitante condições mais vantajosas.

§ 2º A negociação de que trata o § 1º poderá ser feita com os demais licitantes, segundo a ordem de classificação, quando o primeiro colocado, após a negociação, for desclassificado por sua proposta permanecer superior ao orçamento estimado.

§ 3º Encerrada a etapa competitiva do processo, poderão ser divulgados os custos dos itens ou das etapas do orçamento estimado que estiverem abaixo dos custos ou das etapas ofertados pelo licitante da melhor proposta, para fins de reelaboração da planilha com os valores adequados ao lance vencedor, na forma prevista no art. 40, § 2º. (Acrescentado pelo Dec. 8.080/2013.)

ART. 44. Encerrado o julgamento, será disponibilizada a respectiva ata, com a ordem de classificação das propostas.

SEÇÃO IV
DA HABILITAÇÃO

ART. 45. Nas licitações regidas pelo RDC será aplicado, no que couber, o disposto nos arts. 27 a 33 da Lei n. 8.666, de 1993.

ART. 46. Será exigida a apresentação dos documentos de habilitação apenas pelo licitante classificado em primeiro lugar.

§ 1º Poderá haver substituição parcial ou total dos documentos por certificado de registro cadastral e certificado de pré-qualificação, nos termos do instrumento convocatório.

§ 2º Em caso de inabilitação, serão requeridos e avaliados os documentos de habilitação dos licitantes subsequentes, por ordem de classificação.

ART. 47. O instrumento convocatório definirá o prazo para a apresentação dos documentos de habilitação.

ART. 48. Quando utilizado o critério de julgamento pela maior oferta de preço, nas licitações destinadas à alienação, a qualquer título, dos bens e direitos da administração pública, os requisitos de qualificação técnica e econômico-financeira poderão ser dispensados, se substituídos pela comprovação do recolhimento de quantia como garantia, limitada a cinco por cento do valor mínimo de arrematação.

Parágrafo único. O disposto no *caput* não dispensa os licitantes da apresentação dos demais documentos exigidos para a habilitação.

ART. 49. Em qualquer caso, os documentos relativos à regularidade fiscal poderão ser exigidos em momento posterior ao julgamento das propostas, apenas em relação ao licitante mais bem classificado.

ART. 50. Caso ocorra a inversão de fases prevista no parágrafo único do art. 14:

I - os licitantes apresentarão simultaneamente os documentos de habilitação e as propostas;

II - serão verificados os documentos de habilitação de todos os licitantes; e

III - serão julgadas apenas as propostas dos licitantes habilitados.

SEÇÃO V
DA PARTICIPAÇÃO EM CONSÓRCIO

ART. 51. Quando permitida a participação na licitação de pessoas jurídicas organizadas em consórcio, serão observadas as seguintes condições:

I - comprovação do compromisso público ou particular de constituição de consórcio, subscrito pelos consorciados;

II - indicação da pessoa jurídica responsável pelo consórcio, que deverá atender às condições de liderança fixadas no instrumento convocatório;

III - apresentação dos documentos exigidos no instrumento convocatório quanto a cada consorciado, admitindo-se, para efeito de qualificação técnica, o somatório dos quantitativos de cada consorciado;

IV - comprovação de qualificação econômico-financeira, mediante:

a) apresentação do somatório dos valores de cada consorciado, na proporção de sua respectiva participação, podendo a administração pública estabelecer, para o consórcio, um acréscimo de até trinta por cento dos valores exigidos para licitante individual; e

b) demonstração, por cada consorciado, do atendimento aos requisitos contábeis definidos no instrumento convocatório; e

V - impedimento de participação de consorciado, na mesma licitação, em mais de um consórcio ou isoladamente.

§ 1º O instrumento convocatório deverá exigir que conste cláusula de responsabilidade solidária:

I - no compromisso de constituição de consórcio a ser firmado pelos licitantes; e

II - no contrato a ser celebrado pelo consórcio vencedor.

§ 2º No consórcio de empresas brasileiras e estrangeiras, a liderança caberá, obrigatoriamente, à empresa brasileira, observado o disposto no inciso II do *caput*.

§ 3º O licitante vencedor fica obrigado a promover, antes da celebração do contrato, a constituição e o registro do consórcio, nos termos do compromisso referido no inciso I do *caput*.

§ 4º A substituição de consorciado deverá ser expressamente autorizada pelo órgão ou entidade contratante.

§ 5º O instrumento convocatório poderá, no interesse da administração pública, fixar a quantidade máxima de pessoas jurídicas organizadas por consórcio.

§ 6º O acréscimo previsto na alínea "a" do inciso IV do *caput* não será aplicável aos consórcios compostos, em sua totalidade, por microempresas e empresas de pequeno porte.

SEÇÃO VI
DOS RECURSOS

ART. 52. Haverá fase recursal única, após o término da fase de habilitação.

ART. 53. Os licitantes que desejarem recorrer em face dos atos do julgamento da proposta ou da habilitação deverão manifestar imediatamente, após o término de cada sessão, a sua intenção de recorrer, sob pena de preclusão.

Parágrafo único. Nas licitações sob a forma eletrônica, a manifestação de que trata o *caput* deve ser efetivada em campo próprio do sistema.

ART. 54. As razões dos recursos deverão ser apresentadas no prazo de cinco dias úteis contado a partir da data da intimação ou da lavratura da ata, conforme o caso.

§ 1º O prazo para apresentação de contrarrazões será de cinco dias úteis e começará imediatamente após o encerramento do prazo a que se refere o *caput*.

§ 2º É assegurado aos licitantes obter vista dos elementos dos autos indispensáveis à defesa de seus interesses.

ART. 55. Na contagem dos prazos estabelecidos no art. 54, exclui-se o dia do início e inclui-se o do vencimento.

Parágrafo único. Os prazos se iniciam e expiram exclusivamente em dia útil no âmbito do órgão ou entidade responsável pela licitação.

ART. 56. O recurso será dirigido à autoridade superior, por intermédio da autoridade que praticou o ato recorrido, que apreciará sua admissibilidade, cabendo a esta reconsiderar sua decisão no prazo de cinco dias úteis ou, nesse mesmo prazo, fazê-lo subir, devidamente informado, devendo, neste caso, a decisão do recurso ser proferida dentro do prazo de cinco dias úteis, contado do seu recebimento, sob pena de apuração de responsabilidade.

ART. 57. O acolhimento de recurso implicará invalidação apenas dos atos insuscetíveis de aproveitamento.

ART. 58. No caso da inversão de fases prevista no parágrafo único do art. 14, os licitantes poderão apresentar recursos após a fase de habilitação e após a fase de julgamento das propostas.

SEÇÃO VII
DO ENCERRAMENTO

ART. 59. Finalizada a fase recursal, a administração pública poderá negociar condições mais vantajosas com o primeiro colocado.

ART. 60. Exaurida a negociação prevista no art. 59, o procedimento licitatório será encerrado e os autos encaminhados à autoridade superior, que poderá:

I - determinar o retorno dos autos para saneamento de irregularidades que forem supríveis;

II - anular o procedimento, no todo ou em parte, por vício insanável;

III - revogar o procedimento por motivo de conveniência e oportunidade; ou

IV - adjudicar o objeto, homologar a licitação e convocar o licitante vencedor para a assinatura do contrato, preferencialmente em ato único.

§ 1º As normas referentes a anulação e revogação de licitações previstas no art. 49 da Lei n. 8.666, de 1993, aplicam-se às contratações regidas pelo RDC.

§ 2º Caberá recurso no prazo de cinco dias úteis contado a partir da data da anulação ou revogação da licitação, observado o disposto nos arts. 53 a 57, no que couber.

ART. 61. Convocado para assinar o termo de contrato, aceitar ou retirar o instrumento equivalente, o interessado deverá observar os prazos e condições estabelecidos, sob pena de decair o direito à contratação, sem prejuízo das sanções previstas em lei.

ART. 62. É facultado à administração pública, quando o convocado não assinar o termo de contrato, ou não aceitar ou retirar o instrumento equivalente, no prazo e condições estabelecidos:

I - revogar a licitação, sem prejuízo da aplicação das cominações previstas na Lei n. 8.666, de 1993, e neste Decreto; ou

II - convocar os licitantes remanescentes, na ordem de classificação, para a celebração do contrato nas condições ofertadas pelo licitante vencedor.

Parágrafo único. Na hipótese de nenhum dos licitantes aceitar a contratação nos termos do inciso II do *caput*, a administração pública poderá convocar os licitantes remanescentes, na ordem de classificação, para a celebração do contrato nas condições ofertadas por estes, desde que o valor seja igual ou inferior ao orçamento estimado para a contratação, inclusive quanto aos preços atualizados, nos termos do instrumento convocatório.

TÍTULO III
DOS CONTRATOS E DE SUA EXECUÇÃO

ART. 63. Os contratos administrativos celebrados serão regidos pela Lei n. 8.666, de 1993, com exceção das regras específicas previstas na Lei n. 12.462, de 2011, e neste Decreto.

ART. 64. Os contratos para a execução das obras previstas no plano plurianual poderão ser firmados pelo período nele compreendido, observado o disposto no *caput* do art. 57 da Lei n. 8.666, de 1993.

ART. 65. Na hipótese do inciso II do *caput* do art. 57 da Lei n. 8.666, de 1993, os contratos regidos por este Decreto poderão ter sua vigência estabelecida até a data da extinção da APO.

ART. 66. Nos contratos de obras e serviços de engenharia, a execução de cada etapa será precedida de projeto executivo para a etapa e da conclusão e aprovação, pelo órgão ou entidade contratante, dos trabalhos relativos às etapas anteriores.

§ 1º O projeto executivo de etapa posterior poderá ser desenvolvido concomitantemente com a execução das obras e serviços de etapa anterior, desde que autorizado pelo órgão ou entidade contratante. (Incluído pelo Dec. 8.080/2013.)

§ 2º No caso da contratação integrada prevista no art. 9º da Lei n. 12.462, de 2011, a análise e a aceitação do projeto deverá limitar-se a sua adequação técnica em relação aos parâmetros definidos no instrumento convocatório, em conformidade com o art. 74, devendo ser assegurado que as parcelas desembolsadas observem ao cronograma financeiro apresentado na forma do art. 40, § 3º. (Incluído pelo Dec. 8.080/2013.)

§ 3º A aceitação a que se refere o § 2º não enseja a assunção de qualquer responsabilidade técnica sobre o projeto pelo órgão ou entidade contratante. (Incluído pelo Dec. 8.080/2013.)

§ 4º O disposto no § 3º do art. 8º da Lei n. 12.462 não se aplica à determinação do custo global para execução das obras e serviços de engenharia contratados mediante o regime de contratação integrada. (Incluído pelo Dec. 8.080/2013.)

ART. 67. A inexecução total ou parcial do contrato enseja a sua rescisão, com as consequências contratuais, legais e regulamentares.

§ 1º Não haverá rescisão contratual em razão de fusão, cisão ou incorporação do contratado, ou de substituição de consorciado, desde que mantidas as condições de habilitação previamente atestadas.

§ 2º Os contratos de eficiência referidos no art. 36 deverão prever que nos casos em que não for gerada a economia estimada:

I - a diferença entre a economia contratada e a efetivamente obtida será descontada da remuneração do contratado;

II - será aplicada multa por inexecução contratual se a diferença entre a economia contratada e a efetivamente obtida for superior à remuneração do contratado, no valor da referida diferença; e

III - aplicação de outras sanções cabíveis, caso a diferença entre a economia contratada e a efetivamente obtida seja superior ao limite máximo estabelecido no contrato.

ART. 68. Caberá recurso no prazo de cinco dias úteis a partir da data da intimação ou da lavratura da ata da rescisão do contrato, nas hipóteses previstas no inciso I do *caput* do art. 79 da Lei n. 8.666, de 1993, observado o disposto nos arts. 53 a 57, no que couber.

ART. 69. Na hipótese do inciso XI do *caput* do art. 24 da Lei n. 8.666, de 1993, a contratação de remanescente de obra, serviço ou fornecimento de bens em consequência de rescisão contratual observará a ordem de classificação dos licitantes e as condições por estes ofertadas, desde que não seja ultrapassado o orçamento estimado para a contratação.

TÍTULO IV
DISPOSIÇÕES ESPECÍFICAS

CAPÍTULO I
DA REMUNERAÇÃO VARIÁVEL

ART. 70. Nas licitações de obras e serviços, inclusive de engenharia, poderá ser estabelecida remuneração variável, vinculada ao desempenho do contratado, com base em metas, padrões de qualidade, parâmetros de sustentabilidade ambiental e prazo de entrega definidos pela administração pública no instrumento convocatório, observado o conteúdo do projeto básico, do projeto executivo ou do termo de referência.

§ 1º A utilização da remuneração variável respeitará o limite orçamentário fixado pela administração pública para a contratação e será motivada quanto:

I - aos parâmetros escolhidos para aferir o desempenho do contratado;

II - ao valor a ser pago; e

III - ao benefício a ser gerado para a administração pública.

§ 2º Eventuais ganhos provenientes de ações da administração pública não serão considerados no cômputo do desempenho do contratado.

§ 3º O valor da remuneração variável deverá ser proporcional ao benefício a ser gerado para a administração pública.

§ 4º Nos casos de contratação integrada, deverá ser observado o conteúdo do anteprojeto de engenharia na definição dos parâmetros para aferir o desempenho do contratado.

CAPÍTULO II
DA CONTRATAÇÃO SIMULTÂNEA

ART. 71. A administração pública poderá, mediante justificativa, contratar mais de uma empresa ou instituição para executar o mesmo serviço, desde que não implique perda de economia de escala, quando:

I - o objeto da contratação puder ser executado de forma concorrente e simultânea por mais de um contratado; e

II - a múltipla execução for conveniente para atender à administração pública.

Parágrafo único. A contratação simultânea não se aplica às obras ou serviços de engenharia.

ART. 72. A administração pública deverá manter o controle individualizado dos serviços prestados por contratado.

Parágrafo único. O instrumento convocatório deverá disciplinar os parâmetros objetivos para a alocação das atividades a serem executadas por contratado.

CAPÍTULO III
DA CONTRATAÇÃO INTEGRADA

ART. 73. Nas licitações de obras e serviços de engenharia, poderá ser utilizada a contratação integrada, desde que técnica e economicamente justificada.

§ 1º O objeto da contratação integrada compreende a elaboração e o desenvolvimento dos projetos básico e executivo, a execução de obras e serviços de engenharia, a montagem, a realização de testes, a pré-operação e todas as demais operações necessárias e suficientes para entrega final do objeto.

§ 2º Será adotado o critério de julgamento técnica e preço.

ART. 74. O instrumento convocatório das licitações para contratação de obras e serviços de engenharia sob o regime de contratação integrada deverá conter anteprojeto de engenharia com informações e requisitos técnicos destinados a possibilitar a caracterização do objeto contratual, incluindo:

I - a demonstração e a justificativa do programa de necessidades, a visão global dos investimentos e as definições quanto ao nível de serviço desejado;

II - as condições de solidez, segurança, durabilidade e prazo de entrega;

III - a estética do projeto arquitetônico; e

IV - os parâmetros de adequação ao interesse público, à economia na utilização, à facilidade na execução, aos impactos ambientais e à acessibilidade.

§ 1º Deverão constar do anteprojeto, quando couber, os seguintes documentos técnicos:

I - concepção da obra ou serviço de engenharia;

II - projetos anteriores ou estudos preliminares que embasaram a concepção adotada;

III - levantamento topográfico e cadastral;

IV - pareceres de sondagem; e

V - memorial descritivo dos elementos da edificação, dos componentes construtivos e dos materiais de construção, de forma a estabelecer padrões mínimos para a contratação.

§ 2º Caso seja permitida no anteprojeto de engenharia a apresentação de projetos com metodologia diferenciadas de execução, o instrumento convocatório estabelecerá critérios objetivos para avaliação e julgamento das propostas.

§ 3º O anteprojeto deverá possuir nível de definição suficiente para proporcionar a comparação entre as propostas recebidas das licitantes.

§ 4º Os Ministérios supervisores dos órgãos e entidades da administração pública poderão definir o detalhamento dos elementos mínimos necessários para a caracterização do anteprojeto de engenharia. (Incluído pelo Dec. 8.080/2013.)

ART. 75. O orçamento e o preço total para a contratação serão estimados com base nos valores praticados pelo mercado, nos valores pagos pela administração pública em contratações similares ou na avaliação do custo global da obra, aferida mediante orçamento sintético ou metodologia expedita ou paramétrica.

§ 1º Na elaboração do orçamento estimado na forma prevista no *caput*, poderá ser considerada taxa de risco compatível com o objeto da licitação e as contingências atribuídas ao contratado, devendo a referida taxa ser motivada de acordo com metodologia definida em ato do Ministério supervisor ou da entidade contratante. (Incluído pelo Dec. 8.080/2013.)

§ 2º A taxa de risco a que se refere o § 1º não integrará a parcela de benefícios e despesas indiretas - BDI do orçamento estimado, devendo ser considerada apenas para efeito de análise de aceitabilidade das propostas ofertadas no processo licitatório. (Incluído pelo Dec. 8.080/2013.)

ART. 76. Nas hipóteses em que for adotada a contratação integrada, fica vedada a celebração de termos aditivos aos contratos firmados, exceto se verificada uma das seguintes hipóteses:

I - recomposição do equilíbrio econômico-financeiro, devido a caso fortuito ou força maior;

II - necessidade de alteração do projeto ou das especificações para melhor adequação técnica aos objetivos da contratação, a pedido da administração pública, desde que não

DECRETOS

decorrentes de erros ou omissões por parte do contratado, observados os limites previstos no § 1º do art. 65 da Lei n. 8.666, de 1993.

TÍTULO V
DOS PROCEDIMENTOS AUXILIARES

CAPÍTULO I
DISPOSIÇÕES GERAIS

ART. 77. São procedimentos auxiliares das licitações regidas por este Decreto:

I - cadastramento;

II - pré-qualificação;

III - sistema de registro de preços; e

IV - catálogo eletrônico de padronização.

CAPÍTULO II
DO CADASTRAMENTO

ART. 78. Os registros cadastrais serão feitos por meio do Sistema de Cadastramento Unificado de Fornecedores - SICAF, conforme disposto Decreto n. 3.722, de 9 de janeiro de 2001.

ART. 79. Caberá recurso no prazo de cinco dias úteis contado a partir da data da intimação ou do indeferimento do pedido de inscrição em registro cadastral, de sua alteração ou de seu cancelamento, observado o disposto nos arts. 53 a 57, no que couber.

CAPÍTULO III
DA PRÉ-QUALIFICAÇÃO

ART. 80. A administração pública poderá promover a pré-qualificação destinada a identificar:

I - fornecedores que reúnam condições de qualificação técnica exigidas para o fornecimento de bem ou a execução de serviço ou obra nos prazos, locais e condições previamente estabelecidos; e

II - bens que atendam às exigências técnicas e de qualidade estabelecida pela administração pública.

§ 1º A pré-qualificação poderá ser parcial ou total, contendo alguns ou todos os requisitos de habilitação técnica necessários à contratação, assegurada, em qualquer hipótese, a igualdade de condições entre os concorrentes.

§ 2º A pré-qualificação de que trata o inciso I do *caput* poderá ser efetuada por grupos ou segmentos de objetos a serem contratados, segundo as especialidades dos fornecedores.

ART. 81. O procedimento de pré-qualificação ficará permanentemente aberto para a inscrição dos eventuais interessados.

ART. 82. A pré-qualificação terá validade máxima de um ano, podendo ser atualizada a qualquer tempo.

Parágrafo único. A validade da pré-qualificação de fornecedores não será superior ao prazo de validade dos documentos apresentados pelos interessados.

ART. 83. Sempre que a administração pública entender conveniente iniciar procedimento de pré-qualificação de fornecedores ou bens, deverá convocar os interessados para que demonstrem o cumprimento das exigências de qualificação técnica ou de aceitação de bens, conforme o caso.

§ 1º A convocação de que trata o *caput* será realizada mediante:

I - publicação de extrato do instrumento convocatório no Diário Oficial da União, do Estado, do Distrito Federal ou do Município, conforme o caso, sem prejuízo da possibilidade de publicação de extrato em jornal diário de grande circulação; e

II - divulgação em sítio eletrônico oficial centralizado de publicidade de licitações ou sítio mantido pelo órgão ou entidade.

§ 2º A convocação explicitará as exigências de qualificação técnica ou de aceitação de bens, conforme o caso.

ART. 84. Será fornecido certificado aos pré-qualificados, renovável sempre que o registro for atualizado.

ART. 85. Caberá recurso no prazo de cinco dias úteis contado a partir da data da intimação ou da lavratura da ata do ato que defira ou indefira pedido de pré-qualificação de interessados, observado o disposto nos arts. 53 a 57, no que couber.

ART. 86. A administração pública poderá realizar licitação restrita aos pré-qualificados, justificadamente, desde que:

I - a convocação para a pré-qualificação discrimine que as futuras licitações serão restritas aos pré-qualificados;

II - na convocação a que se refere o inciso I do *caput* conste estimativa de quantitativos mínimos que a administração pública pretende adquirir ou contratar nos próximos doze meses e de prazos para publicação do edital; e

III - a pré-qualificação seja total, contendo todos os requisitos de habilitação técnica necessários à contratação.

§ 1º O registro cadastral de pré-qualificados deverá ser amplamente divulgado e deverá estar permanentemente aberto aos interessados, obrigando-se a unidade por ele responsável a proceder, no mínimo anualmente, a chamamento público para a atualização dos registros existentes e para o ingresso de novos interessados.

§ 2º Só poderão participar da licitação restrita aos pré-qualificados os licitantes que, na data da publicação do respectivo instrumento convocatório:

I - já tenham apresentado a documentação exigida para a pré-qualificação, ainda que o pedido de pré-qualificação seja deferido posteriormente; e

II - estejam regularmente cadastrados.

§ 3º No caso de realização de licitação restrita, a administração pública enviará convite por meio eletrônico a todos os pré-qualificados no respectivo segmento.

§ 4º O convite de que trata o § 3º não exclui a obrigação de atendimento aos requisitos de publicidade do instrumento convocatório.

CAPÍTULO IV
DO SISTEMA DE REGISTRO DE PREÇOS

ART. 87. O Sistema de Registro de Preços destinado especificamente ao RDC - SRP/RDC será regido pelo disposto neste Decreto.

ART. 88. Para os efeitos deste Decreto, considera-se:

I - Sistema de Registro de Preços - SRP - conjunto de procedimentos para registro formal de preços para contratações futuras, relativos à prestação de serviços, inclusive de engenharia, de aquisição de bens e de execução de obras com características padronizadas; (Alterado pelo Dec. 8.080/2013.)

II - ata de registro de preços - documento vinculativo, obrigacional, com característica de compromisso para futura contratação, em que se registram os preços, fornecedores, órgãos participantes e condições a serem praticadas, conforme as disposições contidas no instrumento convocatório e propostas apresentadas;

III - órgão gerenciador - órgão ou entidade pública responsável pela condução do conjunto de procedimentos do certame para registro de preços e gerenciamento da ata de registro de preços dele decorrente;

IV - órgão participante - órgão ou entidade da administração pública que participe dos procedimentos iniciais do SRP e integre a ata de registro de preços; e

V - órgão aderente - órgão ou entidade da administração pública que, não tendo participado dos procedimentos iniciais da licitação, adere a uma ata de registro de preços.

VI - órgão participante de compra nacional - órgão ou entidade da administração pública que, em razão de participação em programa ou projeto federal, é contemplado no registro de preços independentemente de manifestação formal; e (Acrescentado pelo Dec. 8.251/2014.)

VII - compra nacional - compra ou contratação de bens, serviços e obras com características padronizadas, inclusive de engenharia, em que o órgão gerenciador conduz os procedimentos para registro de preços destinado à execução descentralizada de programa ou projeto federal, mediante prévia indicação da demanda pelos entes federados beneficiados. (Acrescentado pelo Dec. 8.251/2014.)

ART. 89. O SRP/RDC poderá ser adotado para a contratação de bens, de obras com características padronizadas e de serviços, inclusive de engenharia, quando: (Alterado pelo Dec. 8.080/2013.)

I - pelas características do bem ou serviço, houver necessidade de contratações frequentes; (Alterado pelo Dec. 8.080/2013.)

II - for mais conveniente a aquisição de bens com previsão de entregas parceladas ou contratação de serviços remunerados por unidade de medida ou em regime de tarefa; (Alterado pelo Dec. 8.080/2013.)

III - for conveniente para atendimento a mais de um órgão ou entidade, ou a programas de governo; ou (Alterado pelo Dec. 8.080/2013.)

IV - pela natureza do objeto, não for possível definir previamente o quantitativo a ser demandado pela administração pública. (Alterado pelo Dec. 8.080/2013.)

Parágrafo único. O SRP/RDC, no caso de obra, somente poderá ser utilizado: (Incluído pelo Dec. 8.080/2013.)

I - nas hipóteses dos incisos III ou IV do *caput*; e (Incluído pelo Dec. 8.080/2013.)

II - desde que atendidos, cumulativamente, os seguintes requisitos: (Incluído pelo Dec. 8.080/2013.)

a) as licitações sejam realizadas pelo Governo federal; (Incluída pelo Dec. 8.080/2013.)

b) as obras tenham projeto de referência padronizado, básico ou executivo, consideradas as regionalizações necessárias; e (Incluída pelo Dec. 8.080/2013.)

c) haja compromisso do órgão aderente de suportar as despesas das ações necessárias à adequação do projeto padrão às peculiaridades da execução. (Incluída pelo Dec. 8.080/2013.)

ART. 90. A licitação para o registro de preços:

I - poderá ser realizada por qualquer dos modos de disputa previstos neste Decreto, combinados ou não;

II - poderá utilizar os critérios de julgamento menor preço, maior desconto ou técnica e preço; e (Alterado pelo Dec. 8.251/2014.)

III - será precedida de ampla pesquisa de mercado.

ART. 91. Na licitação para registro de preços, a indicação da dotação orçamentária só será necessária para a formalização do contrato ou instrumento equivalente.

ART. 92. A licitação para registro de preços será precedida de divulgação de intenção de registro de preços com a finalidade de permitir a participação de outros órgãos ou entidades públicas.

§ 1º Observado o prazo estabelecido pelo órgão gerenciador, os órgãos ou entidades públicas interessados em participar do registro de preços deverão:

I - manifestar sua concordância com o objeto do registro de preços; e

II - indicar a sua estimativa de demanda e o cronograma de contratações.

§ 2º Esgotado o prazo para a manifestação de interesse em participar do registro de preços, o órgão gerenciador:

I - consolidará todas as informações relativas às estimativas individuais de demanda;

II - promoverá a adequação de termos de referência ou projetos básicos encaminhados, para atender aos requisitos de padronização e racionalização;

III - realizará ampla pesquisa de mercado para a definição dos preços estimados; e

IV - apresentará as especificações, termos de referência, projetos básicos, quantitativos e preços estimados aos órgãos ou entidades públicas interessados, para confirmação da intenção de participar do registro de preço.

V - estabelecerá, quando for o caso, o número máximo de participantes, em conformidade com sua capacidade de gerenciamento; (Acrescentado pelo Dec. 8.251/2014.)

VI - aceitará ou recusará, justificadamente, os quantitativos considerados ínfimos ou a inclusão de novos itens; e (Acrescentado pelo Dec. 8.251/2014.)

VII - deliberará quanto à inclusão posterior de participantes que não manifestaram interesse durante o período de divulgação da intenção de registro de preços. (Acrescentado pelo Dec. 8.251/2014.)

§ 3º No caso de compra nacional, o órgão gerenciador promoverá a divulgação da ação, a pesquisa de mercado e a consolidação da demanda dos órgãos e entidades da administração direta e indireta da União, dos Estados, do Distrito Federal e dos Municípios. (Acrescentado pelo Dec.8.251/2014.)

ART. 93. O órgão gerenciador poderá subdividir a quantidade total de cada item em lotes, sempre que comprovada a viabilidade técnica e econômica, de forma a possibilitar maior competitividade, observada a quantidade mínima, o prazo e o local de entrega ou de prestação dos serviços.

§ 1º No caso de serviços, a subdivisão se dará em função da unidade de medida adotada para aferição dos produtos e resultados esperados, e será observada a demanda específica de cada órgão ou entidade participante.

§ 2º Na situação prevista no § 1º, será evitada a contratação de mais de uma empresa para a execução do mesmo serviço em uma mesma localidade no âmbito do mesmo órgão ou entidade, com vistas a assegurar a responsabilidade contratual e o princípio da padronização.

ART. 94. Constará do instrumento convocatório para registro de preços, além das exigências previstas no art. 8º:

I - a especificação ou descrição do objeto, explicitando o conjunto de elementos necessários e suficientes, com nível de precisão adequado, para a caracterização do bem ou serviço, inclusive definindo as respectivas unidades de medida usualmente adotadas;

II - a estimativa de quantidades a serem adquiridas no prazo de validade do registro;

III - a quantidade mínima de unidades a ser cotada, por item ou lote, no caso de bens;

IV - as condições quanto aos locais, prazos de entrega, forma de pagamento e, complementarmente, nos casos de serviços, quando cabíveis, a frequência, periodicidade, características do pessoal, materiais e equipamentos a serem fornecidos e utilizados, procedimentos a serem seguidos, cuidados, deveres, disciplina e controles a serem adotados;

V - o prazo de validade do registro de preço;

VI - os órgãos e entidades participantes;

VII - os modelos de planilhas de custo, quando couber;

VIII - as minutas de contratos decorrentes do SRP/RDC, quando for o caso; e

IX - as penalidades a serem aplicadas por descumprimento das condições estabelecidas.

§ 1º Quando o instrumento convocatório previr o fornecimento de bens ou prestação de serviços em locais diferentes, é facultada a exigência de apresentação de proposta diferenciada por região, de modo que os custos variáveis por região sejam acrescidos aos respectivos preços. (Alterado de p.u. para § 1º pelo Dec. 8.251/2014.)

§ 2º O exame e a aprovação das minutas do instrumento convocatório e do contrato serão efetuados exclusivamente pela assessoria jurídica do órgão gerenciador. (Acrescentado pelo Dec. 8.251/2014.)

ART. 95. Caberá ao órgão gerenciador:

I - promover os atos preparatórios à licitação para registro de preços, conforme o art. 92;

II - definir os itens a serem registrados, os respectivos quantitativos e os órgãos ou entidades participantes;

III - realizar todo o procedimento licitatório;

IV - providenciar a assinatura da ata de registro de preços;

V - encaminhar cópia da ata de registro de preços aos órgãos ou entidades participantes;

VI - gerenciar a ata de registro de preços, indicando os fornecedores que poderão ser contratados e os respectivos quantitativos e preços, conforme as regras do art. 103;

VII - manter controle do saldo da quantidade global de bens e serviços que poderão ser contratados pelos órgãos aderentes, observado o disposto nos §§ 3º e 4º do art. 102;

VIII - aplicar eventuais sanções que decorrerem:

a) do procedimento licitatório;

b) de descumprimento da ata de registro de preços, ressalvado o disposto no art. 96, inciso III do *caput*, alínea "a"; e

c) do descumprimento dos contratos que celebrarem, ainda que não haja o correspondente instrumento;

IX - conduzir eventuais negociações dos preços registrados, conforme as regras do art. 105; e

X - anular ou revogar o registro de preços.

XI - autorizar, excepcional e justificadamente, a prorrogação do prazo previsto no § 4º do art. 103 deste Decreto, respeitado o prazo de vigência da ata, quando solicitada pelo órgão aderente; e (Acrescentado pelo Dec. 8.251/2014.)

XII - realizar pesquisa de mercado para identificação do valor estimado da licitação e consolidar os dados das pesquisas de mercado realizadas pelos órgãos e entidades participantes, inclusive nas hipóteses previstas no § 3º do art. 92 e no § 2º do art. 96 deste Decreto. (Acrescentado pelo Dec. 8.251/2014.)

§ 1º O órgão gerenciador realizará todos os atos de controle e administração do SRP/RDC.

§ 2º O órgão gerenciador somente considerará os itens e quantitativos referentes aos órgãos ou entidades que confirmarem a intenção de participar do registro de preços, na forma do inciso IV do § 2º do art. 92.

ART. 96. Caberá aos órgãos ou entidades participantes:

I - consultar o órgão gerenciador para obter a indicação do fornecedor e respectivos quantitativos e preços que poderão ser contratados;

II - fiscalizar o cumprimento dos contratos que celebrarem; e

III - aplicar eventuais sanções que decorrerem:

a) do descumprimento da ata de registro de preços, no que se refere às suas demandas; e

b) do descumprimento dos contratos que celebrarem, ainda que não haja o correspondente instrumento.

§ 1º Os órgãos participantes deverão informar ao órgão gerenciador: (Alterado de p.u. para § 1º pelo Dec. 8.251/2014.)

I - as sanções que aplicarem; e (Alterado pelo Dec. 8.251/2014.)

II - o nome do responsável pelo acompanhamento e fiscalização dos contratos que celebrarem. (Alterado pelo Dec. 8.251/2014.)

§ 2º Na hipótese prevista no § 3º do art. 92, comprovada a vantajosidade, fica facultada aos órgãos ou entidades participantes de compra nacional a execução da ata de registro de preços vinculada ao programa ou projeto federal. (Acrescentado pelo Dec. 8.251/2014.)

§ 3º Os entes federados participantes de compra nacional poderão utilizar recursos de transferências legais ou voluntárias da União, vinculados aos processos ou projetos objeto de descentralização e de recursos próprios para suas demandas de aquisição no âmbito da ata de registro de preços de compra nacional. (Acrescentado pelo Dec. 8.251/2014.)

§ 4º Caso o órgão gerenciador aceite a inclusão de novos itens, o órgão participante demandante elaborará sua especificação ou termo de referência ou projeto básico, conforme o caso, e a pesquisa de mercado, observado o disposto no art. 96. (Acrescentado pelo Dec. 8.251/2014.)

§ 5º Caso o órgão gerenciador aceite a inclusão de novas localidades para entrega do bem ou execução do serviço, o órgão participante responsável pela demanda elaborará, ressalvada a hipótese do § 3º do art. 92, pesquisa de mercado que contemple a variação de custos locais ou regionais. (Acrescentado pelo Dec. 8.251/2014.)

ART. 97. Após o encerramento da etapa competitiva, os licitantes poderão reduzir seus preços ao valor igual ao da proposta do licitante mais bem classificado.

§ 1º Havendo apresentação de novas propostas na forma do *caput*, o órgão gerenciador estabelecerá nova ordem de classificação, observadas as regras do art. 98.

§ 2º A apresentação de novas propostas na forma do *caput* não prejudicará o resultado do certame em relação ao licitante mais bem classificado.

ART. 98. Serão registrados na ata de registro de preços os preços e os quantitativos do licitante mais bem classificado durante a etapa competitiva. (Alterado pelo Dec. 8.251/2014.)

§ 1º Será incluído na ata de registro de preços, na forma de anexo, o registro dos licitantes que aceitarem cotar os bens ou serviços com preços iguais aos do licitante vencedor na sequência da classificação do certame, excluído o percentual referente à margem de preferência, quando o objeto não atender aos requisitos previstos no art. 3º da Lei n. 8.666, de 1993. (Alterado pelo Dec. 8.251/2014.)

§ 2º Se houver mais de um licitante na situação de que trata o §1º, os licitantes serão classificados segundo a ordem da última proposta apresentada durante a fase competitiva. (Acrescentado pelo Dec. 8.251/2014.)

§ 3º A habilitação dos fornecedores que comporão o cadastro de reserva, nos termos do § 1º, será efetuada nas hipóteses previstas no art. 62 e quando da necessidade de contratação de fornecedor remanescente, nas hipóteses previstas no art. 07. (Acrescentado pelo Dec. 8.251/2014.)

§ 4º O anexo de que trata o §1º consiste na ata de realização da sessão pública, que conterá a informação dos licitantes que aceitarem cotar os bens ou serviços com preços iguais ao do licitante vencedor do certame. (Acrescentado pelo Dec. 8.251/2014.)

ART. 99. A ata de registro de preços obriga os licitantes ao fornecimento de bens ou à prestação de serviço, conforme o caso, observados os preços, quantidades e demais condições previstas no instrumento convocatório.

Parágrafo único. O prazo de validade da ata de registro de preços será definido pelo instrumento convocatório, limitado ao mínimo de três meses e ao máximo de doze meses.

ART. 100. Os contratos decorrentes do SRP/RDC terão sua vigência conforme as disposições do instrumento convocatório, observadas, no que couber, as normas da Lei n. 8.666, de 1993.

§ 1º Os contratos decorrentes do SRP/RDC não poderão sofrer acréscimo de quantitativos.

§ 2º Os contratos decorrentes do SRP/RDC poderão ser alterados conforme as normas da Lei n. 8.666, de 1993, ressalvado o disposto no § 1º.

ART. 101. A existência de preços registrados não obriga a administração pública a firmar os contratos que deles poderão advir.

Parágrafo único. Será facultada a realização de licitação específica para contratação de objetos cujos preços constam do sistema, desde que assegurada aos fornecedores registrados a preferência em igualdade de condições.

ART. 102. O órgão ou entidade pública responsável pela execução das obras ou serviços contemplados no art. 2º que não tenha participado do certame licitatório, poderá aderir à ata de registro de preços, respeitado o seu prazo de vigência.

§ 1º Os órgãos aderentes deverão observar o disposto no art. 96.

§ 2º Os órgãos aderentes não poderão contratar quantidade superior à soma das estimativas de demanda dos órgãos gerenciador e participantes.

§ 3º A quantidade global de bens ou de serviços que poderão ser contratados pelos órgãos aderentes e gerenciador, somados, não poderá ser superior a cinco vezes a quantidade prevista para cada item e, no caso de obras, não poderá ser superior a três vezes. (Alterado pelo Dec. 8.080/2013.)

§ 4º Os fornecedores registrados não serão obrigados a contratar com órgãos aderentes.

§ 5º O fornecimento de bens ou a prestação de serviços a órgãos aderentes não prejudicará a obrigação de cumprimento da ata de registro de preços em relação aos órgãos gerenciador e participantes.

ART. 103. Quando solicitado, o órgão gerenciador indicará os fornecedores que poderão ser contratados pelos órgãos ou entidades participantes ou aderentes, e os respectivos quantitativos e preços, conforme a ordem de classificação.

§ 1º O órgão gerenciador observará a seguinte ordem quando da indicação de fornecedor aos órgãos participantes:

I - o fornecedor registrado mais bem classificado, até o esgotamento dos respectivos quantitativos oferecidos;

II - os fornecedores registrados que registraram seus preços em valor igual ao do licitante mais bem classificado, conforme a ordem de classificação; e

III - os demais fornecedores registrados, conforme a ordem de classificação, pelos seus preços registrados.

§ 2º No caso de solicitação de indicação de fornecedor por órgão aderente, o órgão gerenciador indicará o fornecedor registrado mais bem classificado e os demais licitantes que registraram seus preços em valor igual ao do licitante mais bem classificado.

§ 3º Os órgãos aderentes deverão propor a celebração de contrato aos fornecedores indicados pelo órgão gerenciador seguindo a ordem de classificação.

§ 4º Os órgãos aderentes deverão concretizar a contratação no prazo de até trinta dias após a indicação do fornecedor pelo órgão gerenciador, respeitado o prazo de vigência da ata.

ART. 104. O órgão gerenciador avaliará trimestralmente a compatibilidade entre o preço registrado e o valor de mercado.

Parágrafo único. Constatado que o preço registrado é superior ao valor de mercado, ficarão vedadas novas contratações até a adoção das providências cabíveis, conforme o art. 105.

ART. 105. Quando o preço registrado tornar-se superior ao preço praticado no mercado por motivo superveniente, o órgão gerenciador convocará os fornecedores para negociarem a redução dos preços aos valores praticados pelo mercado.

§ 1º Os fornecedores que não aceitarem reduzir seus preços aos valores praticados pelo mercado serão liberados do compromisso assumido, sem aplicação de penalidade.

§ 2º A ordem de classificação dos fornecedores que aceitarem reduzir seus preços aos valores de mercado observará a classificação original.

ART. 106. Os órgãos ou entidades da administração pública federal não poderão participar ou aderir a ata de registro de preços cujo órgão gerenciador integre a administração pública de Estado, do Distrito Federal ou de Município, ressalvada a faculdade de a APO aderir às atas gerenciadas pelos respectivos consorciados.

Parágrafo único. Os órgãos ou entidades públicas estaduais, municipais ou do Distrito Federal poderão participar ou aderir a ata de registro de preços gerenciada pela administração pública federal, observado o disposto no § 1º do art. 92 e no *caput* do art. 102.

ART. 107. O registro de preços será revogado quando o fornecedor:

I - descumprir as condições da ata de registro de preços;

II - não retirar a respectiva nota de empenho ou instrumento equivalente, no prazo estabelecido pela administração pública, sem justificativa aceitável;

III - não aceitar reduzir o seu preço registrado, na hipótese de este se tornar superior àqueles praticados no mercado; e

IV - sofrer as sanções previstas nos incisos III e IV do *caput* do art. 87 da Lei n. 8.666, de 1993, e no art. 7º da Lei n. 10.520, de 17 de julho de 2002.

§ 1º A revogação do registro poderá ocorrer:

I - por iniciativa da administração pública, conforme conveniência e oportunidade; ou

II - por solicitação do fornecedor, com base em fato superveniente devidamente comprovado que justifique a impossibilidade de cumprimento da proposta.

§ 2º A revogação do registro nas hipóteses previstas nos incisos I, II e IV do *caput* será formalizado por decisão da autoridade competente do órgão gerenciador, assegurados o contraditório e a ampla defesa.

§ 3º A revogação do registro em relação a um fornecedor não prejudicará o registro dos preços dos demais licitantes.

ART. 108. No âmbito da administração pública federal competirá ao Ministro de Estado do Planejamento, Orçamento e Gestão estabelecer normas complementares necessárias para a operação do SRP/RDC.

CAPÍTULO V
DO CATÁLOGO ELETRÔNICO DE PADRONIZAÇÃO

ART. 109. O Catálogo Eletrônico de Padronização é o sistema informatizado destinado à padronização de bens, serviços e obras a serem adquiridos ou contratados pela administração pública.

Parágrafo único. O Catálogo Eletrônico de Padronização será gerenciado de forma centralizada pela Secretaria de Logística e Tecnologia da Informação do Ministério do Planejamento, Orçamento e Gestão.

ART. 110. O Catálogo Eletrônico de Padronização conterá:

I - a especificação de bens, serviços ou obras;

II - descrição de requisitos de habilitação de licitantes, conforme o objeto da licitação; e

III - modelos de:

a) instrumentos convocatórios;

b) minutas de contratos;

c) termos de referência e projetos referência; e

d) outros documentos necessários ao procedimento de licitação que possam ser padronizados.

§ 1º O Catálogo Eletrônico de Padronização será destinado especificamente a bens, serviços e obras que possam ser adquiridos ou contratados pela administração pública pelo critério de julgamento menor preço ou maior desconto.

§ 2º O projeto básico da licitação será obtido a partir da adaptação do "projeto de referência" às peculiaridades do local onde a obra será realizada, considerando aspectos relativos ao solo e à topografia do terreno, bem como aos preços dos insumos da região que será implantado o empreendimento.

TÍTULO VI
DAS SANÇÕES

ART. 111. Serão aplicadas sanções nos termos do art. 47 da Lei n. 12.462, de 2011, sem prejuízo das multas previstas no instrumento convocatório.

§ 1º Caberá recurso no prazo de cinco dias úteis contado a partir da data da intimação ou da lavratura da ata da aplicação das penas de advertência, multa, suspensão temporária de participação em licitação, impedimento de contratar com a administração pública e declaração de inidoneidade, observado o disposto nos arts. 53 a 57, no que couber.

§ 2º As penalidades serão obrigatoriamente registradas no SICAF.

TÍTULO VII
DISPOSIÇÕES FINAIS

ART. 112. Na contagem dos prazos estabelecidos neste Decreto, exclui-se o dia do início e inclui-se o do vencimento.

Parágrafo único. Os prazos estabelecidos neste Decreto se iniciam e expiram exclusivamente em dia útil no âmbito do órgão ou entidade responsável pela licitação ou contratante.

ART. 113. Competirá ao Ministro de Estado do Planejamento, Orçamento e Gestão expedir normas e procedimentos complementares para a execução deste Decreto n. âmbito da administração pública federal.

ART. 114. Este Decreto entra em vigor na data de sua publicação.

Brasília, 11 de outubro de 2011; 190º da Independência e 123º da República.

DILMA ROUSSEFF

DECRETO N. 7.619, DE 21 DE NOVEMBRO DE 2011

Regulamenta a concessão de crédito presumido do Imposto sobre Produtos Industrializados - IPI na aquisição de resíduos sólidos.

▸ *DOU*, 22.11.2011.

A Presidenta da República, no uso da atribuição que lhe confere o art. 84, inciso IV, da Constituição, e tendo em vista o disposto nos arts. 5º e 6º da Lei n. 12.375, de 30 de dezembro de 2010,

Decreta:

ART. 1º Os estabelecimentos industriais farão jus, até 31 de dezembro de 2014, a crédito presumido do Imposto sobre Produtos Industrializados - IPI na aquisição de resíduos sólidos a serem utilizados como matérias-primas ou produtos intermediários na fabricação de seus produtos.

Parágrafo único. Para efeitos deste Decreto, resíduos sólidos são os materiais, substâncias, objetos ou bens descartados resultantes de atividades humanas em sociedade.

ART. 2º Para fins do disposto no art. 1º, os resíduos sólidos deverão ser adquiridos diretamente de cooperativas de catadores de materiais recicláveis, constituídas de, no mínimo, vinte cooperados pessoas físicas, sendo vedada, neste caso, a participação de pessoas jurídicas.

ART. 3º Os resíduos sólidos de que trata este Decreto são aqueles classificados nos códigos 39.15, 47.07, 7001.00.00, 72.04, 7404.00.00, 7503.00.00, 7602.00.00, 7802.00.00 e 7902.00.00 da Tabela de Incidência do Imposto sobre Produtos Industrializados - TIPI, bem como aqueles descritos em destaques "Ex" agregados a esses mesmos códigos.

ART. 4º A venda dos resíduos sólidos de que trata o art. 3º será comprovada por documento fiscal previsto na legislação do IPI.

ART. 5º O crédito presumido de que trata o art. 1º será apurado pelo adquirente mediante a aplicação da alíquota da TIPI a que estiver sujeito o produto final resultante do aproveitamento dos resíduos sólidos que se enquadram nas condições estabelecidas neste Decreto, sobre os seguintes percentuais do valor inscrito no documento fiscal referido no art. 4º:

I - cinquenta por cento, no caso dos resíduos sólidos classificados na posição 39.15 e no código 7001.00.00 da TIPI;

II - trinta por cento, no caso dos resíduos sólidos classificados nas posições 47.07 e 72.04 da TIPI; ou

III - dez por cento, no caso dos resíduos sólidos classificados nos códigos 7404.00.00, 7503.00.00, 7602.00.00, 7802.00.00 e 7902.00.00 da TIPI.

§ 1º O valor do crédito presumido apurado deverá:

I - constar de nota fiscal de entrada emitida pelo estabelecimento industrial adquirente dos resíduos sólidos; e

II - ser escriturado no item 005 do quadro "Demonstrativo de Créditos" do Livro Registro de Apuração do IPI, modelo 8, observando-se ainda as demais regras de escrituração constantes da legislação do imposto.

§ 2º O aproveitamento do crédito presumido dar-se-á, exclusivamente, por sua dedução com o IPI devido nas saídas do estabelecimento industrial de produtos que contenham os resíduos sólidos referidos no art. 3º.

§ 3º Fica vedada a escrituração do crédito presumido quando os produtos que contenham os resíduos sólidos referidos no art. 3º saírem do estabelecimento industrial com suspensão, isenção ou imunidade do IPI.

ART. 6º A Secretaria da Receita Federal do Brasil poderá estabelecer normas complementares para aplicação do disposto neste Decreto.

ART. 7º Este Decreto entra em vigor na data de sua publicação.

Brasília, 21 de novembro de 2011; 190º da Independência e 123º da República.

DILMA ROUSSEFF

DECRETO N. 7.626, DE 24 DE NOVEMBRO DE 2011

Institui o Plano Estratégico de Educação no âmbito do Sistema Prisional.

▸ *DOU*, 25.11.2011.

A Presidenta da República, no uso das atribuições que lhe confere o art. 84, incisos IV e VI, alínea "a", da Constituição, e tendo em vista o disposto nos arts. 17 a 21 e § 4º do art. 83 da Lei n. 7.210, de 11 de julho de 1984,

Decreta:

ART. 1º Fica instituído o Plano Estratégico de Educação no âmbito do Sistema Prisional - PEESP, com a finalidade de ampliar e qualificar a oferta de educação nos estabelecimentos penais.

ART. 2º O PEESP contemplará a educação básica na modalidade de educação de jovens e adultos, a educação profissional e tecnológica, e a educação superior.

ART. 3º São diretrizes do PEESP:

I - promoção da reintegração social da pessoa em privação de liberdade por meio da educação;

II - integração dos órgãos responsáveis pelo ensino público com os órgãos responsáveis pela execução penal; e

III - fomento à formulação de políticas de atendimento educacional à criança que esteja em estabelecimento penal, em razão da privação de liberdade de sua mãe.

Parágrafo único. Na aplicação do disposto neste Decreto serão observadas as diretrizes definidas pelo Conselho Nacional de Educação e pelo Conselho Nacional de Política Criminal e Penitenciária.

ART. 4º São objetivos do PEESP:

I - executar ações conjuntas e troca de informações entre órgãos federais, estaduais e do Distrito Federal com atribuições nas áreas de educação e de execução penal;

II - incentivar a elaboração de planos estaduais de educação para o sistema prisional, abrangendo metas e estratégias de formação educacional da população carcerária e dos profissionais envolvidos em sua implementação;

III - contribuir para a universalização da alfabetização e para a ampliação da oferta da educação no sistema prisional;

IV - fortalecer a integração da educação profissional e tecnológica com a educação de jovens e adultos no sistema prisional;

V - promover a formação e capacitação dos profissionais envolvidos na implementação do ensino nos estabelecimentos penais; e

VI - viabilizar as condições para a continuidade dos estudos dos egressos do sistema prisional.

Parágrafo único. Para o alcance dos objetivos previstos neste artigo serão adotadas as providências necessárias para assegurar os espaços físicos adequados às atividades educacionais, culturais e de formação profissional, e sua integração às demais atividades dos estabelecimentos penais.

ART. 5º O PEESP será coordenado e executado pelos Ministérios da Justiça e da Educação.

ART. 6º Compete ao Ministério da Educação, na execução do PEESP:

I - equipar e aparelhar os espaços destinados às atividades educacionais nos estabelecimentos penais;

II - promover a distribuição de livros didáticos e a composição de acervos de bibliotecas nos estabelecimentos penais;

III - fomentar a oferta de programas de alfabetização e de educação de jovens e adultos nos estabelecimentos penais; e

IV - promover a capacitação de professores e profissionais da educação que atuam na educação em estabelecimentos penais.

ART. 7º Compete ao Ministério da Justiça, na execução do PEESP:

I - conceder apoio financeiro para construção, ampliação e reforma dos espaços destinados à educação nos estabelecimentos penais;

II - orientar os gestores do sistema prisional para a importância da oferta de educação nos estabelecimentos penais; e

III - realizar o acompanhamento dos indicadores estatísticos do PEESP, por meio de sistema informatizado, visando à orientação das políticas públicas voltadas para o sistema prisional.

ART. 8º O PEESP será executado pela União em colaboração com os Estados e o Distrito Federal, podendo envolver Municípios, órgãos ou entidades da administração pública direta ou indireta e instituições de ensino.

§ 1º A vinculação dos Estados e do Distrito Federal ocorrerá por meio de termo de adesão voluntária.

§ 2º A União prestará apoio técnico e financeiro, mediante apresentação de plano de ação a ser elaborado pelos Estados e pelo Distrito Federal, do qual participarão, necessariamente, órgãos com competências nas áreas de educação e de execução penal.

§ 3º Os Ministérios da Justiça e da Educação analisarão os planos de ação referidos no § 2º e definirão o apoio financeiro a partir das ações pactuadas com cada ente federativo.

§ 4º No âmbito do Ministério da Educação, as demandas deverão ser veiculadas por meio do Plano de Ações Articuladas - PAR de que trata o Decreto n. 6.094, de 24 de abril de 2007.

ART. 9º O plano de ação a que se refere o § 2º do art. 8º deverá conter:

I - diagnóstico das demandas de educação no âmbito dos estabelecimentos penais;

II - estratégias e metas para sua implementação; e

III - atribuições e responsabilidades de cada órgão do ente federativo que o integrar, especialmente quanto à adequação dos espaços destinados às atividades educacionais nos estabelecimentos penais, à formação e à contratação de professores e de outros profissionais da educação, à produção de material didático e à integração da educação de jovens e adultos à educação profissional e tecnológica.

ART. 10. Para a execução do PEESP poderão ser firmados convênios, acordos de cooperação, ajustes ou instrumentos congêneres, com órgãos e entidades da administração pública federal, dos Estados, do Distrito Federal e dos Municípios, com consórcios públicos ou com entidades privadas.

ART. 11. As despesas do PEESP correrão à conta das dotações orçamentárias anualmente consignadas aos Ministérios da Educação e da Justiça, de acordo com suas respectivas áreas de atuação, observados os limites estipulados pelo Poder Executivo, na forma da legislação orçamentária e financeira, além de fontes de recursos advindas dos Estados e do Distrito Federal.

ART. 12. Este Decreto entra em vigor na data de sua publicação.

Brasília, 24 de novembro de 2011; 190º da Independência e 123º da República.

DILMA ROUSSEFF

DECRETO N. 7.674, DE 20 DE JANEIRO DE 2012

Dispõe sobre o Subsistema de Relações de Trabalho no Serviço Público Federal.

A Presidenta da República, no uso da atribuição que lhe confere o art. 84, inciso VI, alínea "a", da Constituição,

Decreta:

ART. 1º Este Decreto disciplina a organização do processo de diálogo com vistas ao tratamento dos conflitos nas relações de trabalho no âmbito do Poder Executivo federal, por meio da negociação de termos e condições de trabalho entre suas autoridades e os servidores públicos federais da administração pública federal direta, autárquica e fundacional.

ART. 2º O processo de diálogo de que trata o art. 1º fica organizado sob a forma de subsistema, denominado Subsistema de Relações de Trabalho no Serviço Público Federal - SISRT, integrante do Sistema de Pessoal Civil da Administração Federal - SIPEC, criado pelo Decreto n. 67.326, de 5 de outubro de 1970.

ART. 3º A negociação de termos e condições de trabalho, no âmbito do SISRT, tem como objetivo a democratização das relações de trabalho e a busca da solução de conflitos por meio da redefinição das condições de trabalho.

ART. 4º O SISRT compreende o conjunto de atividades relacionadas com o diálogo com vistas ao tratamento dos conflitos decorrentes das relações do trabalho e à negociação de termos e condições de trabalho no âmbito da administração pública federal direta, autárquica e fundacional e das organizações de servidores, tendo por fim a solução dos conflitos.

ART. 5º O SISRT compreende:

I - órgão central - o Ministério do Planejamento, Orçamento e Gestão, por meio do órgão definido em sua estrutura regimental;

II - órgãos setoriais - departamentos ou outras unidades nos Ministérios e nos órgãos da Presidência da República, definidos em suas estruturas regimentais, responsáveis pelas instâncias setoriais de negociação permanente; e

III - órgãos seccionais - departamentos ou outras unidades nas autarquias e fundações, definidos em suas estruturas regimentais, responsáveis pelas instâncias seccionais de negociação permanente.

ART. 6º Ao órgão central do SISRT compete:

I - exercer a competência normativa em matéria de negociação de termos e condições de trabalho e solução de conflitos no serviço público federal;

II - organizar e supervisionar o SISRT;

III - exercer, como órgão central do SISRT, a interlocução com os servidores públicos, por meio de procedimentos de negociação de termos e condições referentes à trabalho, da Ouvidoria-Geral do Servidor Público e de outros instrumentos;

IV - organizar e manter atualizado cadastro nacional das entidades sindicais representativas de servidores públicos federais;

V - propor a formulação de políticas e diretrizes que garantam a democratização das relações de trabalho na administração pública federal;

VI - propor medidas para a solução, por meio do diálogo institucional, de conflitos surgidos em razão da fixação de condições de trabalho, direitos e benefícios dos servidores públicos, conforme diretrizes estabelecidas pelo Presidente da República;

VII - articular a participação dos órgãos e entidades da administração pública federal direta, suas autarquias e fundações, nos procedimentos de diálogo institucional surgidos em razão da fixação de condições de trabalho;

VIII - difundir e fomentar a democratização das relações de trabalho no setor público; e

IX - registrar em conjunto com as entidades representativas, os consensos do processo negocial.

§ 1º O órgão central do SISRT prestará orientação nas questões referentes à interlocução com as entidades sindicais e associações representativas dos servidores públicos federais da administração pública federal direta, autárquica e fundacional, no âmbito das instâncias nacionais, setoriais e seccionais de negociação permanente.

§ 2º A proposição de medidas para a solução dos conflitos deverá contar com a participação, na sua formulação, do órgão setorial ou dos órgãos setoriais a cujo quadro de pessoal pertençam os servidores afetados.

ART. 7º Este Decreto entra em vigor na data de sua publicação.

Brasília, 20 de janeiro de 2012; 191º da Independência e 124º da República.

DILMA ROUSSEFF

DECRETO N. 7.721, DE 16 DE ABRIL DE 2012

Dispõe sobre o condicionamento do recebimento da assistência financeira do Programa de Seguro-Desemprego à comprovação de matrícula e frequência em curso de formação inicial e continuada ou de qualificação profissional, com carga horária mínima de cento e sessenta horas.

▸ *DOU, 17.04.2012*

A Presidenta da República, no uso da atribuição que lhe confere o art. 84, *caput*, inciso IV, da Constituição, e tendo em vista o disposto no § 1º do art. 3º e no § 2º do art. 8º da Lei n. 7.998, de 11 de janeiro de 1990, e na Lei n. 12.513, de 26 de outubro de 2011,

Decreta:

ART. 1º O recebimento de assistência financeira pelo trabalhador segurado que solicitar o benefício do Programa de Seguro-Desemprego a partir da segunda vez dentro de um período de dez anos poderá ser condicionado à comprovação de matrícula e frequência em curso de formação inicial e continuada ou de qualificação profissional, habilitado pelo Ministério da Educação, nos termos do art. 18 da Lei n. 12.513, de 26 de outubro de 2011, com carga horária mínima de cento e sessenta horas. (Alterado pelo Dec. 8.118/2013.)

Parágrafo único. O curso previsto no *caput* será ofertado por meio da Bolsa-Formação Trabalhador concedida no âmbito do Programa Nacional de Acesso ao Ensino Técnico e Emprego - PRONATEC, instituído pela Lei n. 12.513, de 2011, ou de vagas gratuitas na rede de educação profissional e tecnológica.

ART. 2º Compete ao Ministério da Educação:

I - ofertar vagas em cursos de formação inicial e continuada ou de qualificação profissional no âmbito do PRONATEC aos trabalhadores beneficiários do seguro-desemprego, considerando as vagas gratuitas disponíveis na rede de educação profissional e tecnológica; e

II - encaminhar periodicamente ao Ministério do Trabalho e Emprego informações acerca das matrículas e frequência de que trata o *caput* do art. 1º.

ART. 3º Compete ao Ministério do Trabalho e Emprego:

I - orientar e encaminhar os trabalhadores beneficiários do seguro-desemprego aos cursos de formação inicial e continuada ou de qualificação profissional ofertados nos termos deste Decreto;

II - fixar os requisitos para a definição do perfil do trabalhador, conforme estabelecido no inciso I do *caput* do art. 5º;

III - encaminhar ao Ministério da Educação informações sobre as características dos trabalhadores beneficiários do seguro-desemprego para subsidiar as atividades de formação e qualificação profissional desenvolvidas para atendimento desse público; e

IV - estabelecer os demais procedimentos necessários ao cumprimento da condicionalidade para o recebimento do benefício do seguro-desemprego previsto no *caput* do art. 1º.

ART. 4º A disponibilização de cursos de formação inicial e continuada ou de qualificação profissional pelas instituições ofertantes no âmbito do PRONATEC deverá ter como referência as informações do Ministério do Trabalho e Emprego e do Sistema Nacional de Emprego - SINE relativas ao perfil dos trabalhadores segurados de que trata o *caput* do art. 1º e às características locais do mercado de trabalho.

ART. 5º Não será exigida do trabalhador a condicionalidade de que trata o *caput* do art. 1º nas seguintes hipóteses:

I - inexistência de oferta de curso compatível com o perfil do trabalhador no município ou região metropolitana de domicílio do trabalhador, ou, ainda, em município limítrofe; e

II - apresentação pelo trabalhador de comprovante de matrícula e frequência mensal em outro curso de formação inicial e continuada ou de qualificação profissional com carga horária igual ou superior a cento e sessenta horas.

Parágrafo único. A condicionalidade de que trata o *caput* do art. 1º ainda poderá ser exigida caso o encerramento do curso de que trata o inciso II do *caput* ocorra enquanto o trabalhador estiver recebendo as parcelas do benefício seguro-desemprego.

ART. 6º O benefício do seguro-desemprego do trabalhador sujeito à condicionalidade de que trata o *caput* do art. 1º poderá ser cancelado nas seguintes situações:

I - recusa pelo trabalhador da pré-matrícula no curso de formação inicial e continuada ou de qualificação profissional ofertado;

II - não realização pelo trabalhador da matrícula efetiva na instituição de ensino, no prazo estabelecido; e

III - evasão do curso de formação inicial e continuada ou de qualificação profissional em que estiver matriculado.

§ 1º A pré-matrícula ou sua recusa exigirá assinatura de termo de ciência.

§ 2º A pré-matrícula ou sua recusa será realizada nas unidades do Ministério do Trabalho e Emprego ou integrantes do SINE.

§ 3º No caso de o trabalhador recusar-se a assinar o documento de que trata o § 1º, será lavrado termo assinado por duas testemunhas.

ART. 7º Atendidos prioritariamente os trabalhadores de que trata o art. 1º, havendo disponibilidade de Bolsas-Formação Trabalhador no âmbito do PRONATEC ou de vagas gratuitas na rede de educação profissional e tecnológica, estas poderão ser ofertadas aos demais beneficiários do seguro-desemprego, respeitados os níveis de escolaridade requeridos e os demais critérios de priorização estabelecidos no âmbito do PRONATEC.

ART. 8º Ato conjunto dos Ministros de Estado da Educação e do Trabalho e Emprego disciplinará:

I - as características dos cursos de formação inicial e continuada ou de qualificação profissional ofertados no âmbito deste Decreto; e

II - as demais condições, requisitos e normas necessárias para aplicação da condicionalidade prevista no *caput* do art. 1º.

ART. 9º A oferta de Bolsa-Formação Trabalhador no âmbito do PRONATEC nos termos previstos neste Decreto fica condicionada à existência de dotação orçamentária.

ART. 10. Este Decreto entra em vigor na data de sua publicação.

Brasília, 16 de abril de 2012;
191º da Independência e 124º da República.
DILMA ROUSSEFF

DECRETO N. 7.725, DE 21 DE MAIO DE 2012

Altera as Notas Complementares NC (87-2), NC (87-4), NC (87-5) e NC (87-7) da Tabela de Incidência do Imposto sobre Produtos Industrializados - TIPI, aprovada pelo Decreto n. 7.660, de 23 de dezembro de 2011, e dispõe sobre a devolução ficta dos produtos nelas referidos.

› *DOU*, 22.5.2012.

A Presidenta da República, no uso da atribuição que lhe confere o art. 84, *caput*, inciso IV, da Constituição, e tendo em vista o disposto nos incisos I e II do *caput* do art. 4º do Decreto-Lei n. 1.199, de 27 de dezembro de 1971,

Decreta:

ART. 1º As Notas Complementares NC (87-2), NC (87-4), NC (87-5) e NC (87-7) da Tabela de Incidência do Imposto sobre Produtos Industrializados - TIPI, aprovada pelo Decreto n. 7.660, de 23 de dezembro de 2011, passam a vigorar com a redação constante do Anexo.

ART. 2º As concessionárias de que trata a Lei n. 6.729, de 28 de novembro de 1979, poderão efetuar devolução ficta ao fabricante dos veículos de que trata este Decreto, existentes em seu estoque e ainda não negociados até 21 de maio de 2012, mediante emissão de nota fiscal de devolução.

§ 1º Da nota fiscal de devolução deverá constar a expressão "Nota Fiscal emitida nos termos do art. 2º do Decreto n. 7.725, de 21 de maio de 2012".

§ 2º O fabricante deverá registrar a devolução do veículo em seu estoque, efetuar os respectivos registros fiscais e contábeis, e promover saída ficta para a mesma concessionária, com a utilização da alíquota vigente no momento da emissão da nota fiscal.

§ 3º A devolução ficta de que trata o *caput* enseja para o fabricante direito ao crédito relativo ao IPI que incidiu na saída efetiva do veículo para a concessionária.

§ 4º O fabricante fará constar da nota fiscal do novo faturamento a expressão "Nota Fiscal emitida nos termos do art. 2º do Decreto n. 7.725, de 21 de maio de 2012, referente à Nota Fiscal de Devolução n. ....".

ART. 3º Na hipótese de venda direta a consumidor final dos veículos de que trata o Anexo, efetuada em data anterior à data de publicação deste Decreto, se ainda não recebidos os veículos pelo adquirente, o fabricante poderá reintegrar ao seu estoque, de forma ficta, os veículos por ele produzidos, mediante emissão de nota fiscal de entrada.

§ 1º O disposto no *caput* somente se aplica na impossibilidade de cancelamento da nota fiscal de saída, nos termos da legislação aplicável.

§ 2º O fabricante somente poderá emitir a nota fiscal de entrada de que trata o *caput* quando estiver de posse da nota fiscal que comprova o não recebimento do veículo novo pelo adquirente.

§ 3º Da nota fiscal de entrada deverá constar a expressão: "Nota Fiscal emitida nos termos do art. 3º do Decreto n. 7.725, de 21 de maio de 2012."

§ 4º O fabricante deverá registrar a entrada do veículo em seu estoque, efetuar os respectivos registros fiscais e contábeis, e promover saída ficta para o mesmo consumidor final, com a utilização da alíquota vigente no momento da emissão da nota fiscal.

§ 5º A reintegração ao estoque de que trata o *caput* enseja ao fabricante direito ao crédito relativo ao IPI que incidiu na saída efetiva do veículo para o consumidor final.

§ 6º O fabricante fará constar da nota fiscal do novo faturamento a expressão "Nota Fiscal emitida nos termos do art. 3º do Decreto n. 7.725, de 21 de maio de 2012, referente à Nota Fiscal de Entrada n. ...."

ART. 4º Este Decreto entra em vigor na data de sua publicação.

Brasília, 21 de maio de 2012;
191º da Independência e 124º da República.
DILMA ROUSSEFF

› Optamos, nesta edição, pela não publicação dos Anexos.

DECRETO N. 7.746, DE 5 DE JUNHO DE 2012

Regulamenta o art. 3º da Lei n. 8.666, de 21 de junho de 1993, para estabelecer critérios e práticas para a promoção do desenvolvimento nacional sustentável nas contratações realizadas pela administração pública federal direta, autárquica e fundacional e pelas empresas estatais dependentes, e institui a Comissão Interministerial de Sustentabilidade na Administração Pública - CISAP.

› Ementa alterada pelo Dec. 9.178/2017.

› *DOU*, 06.06.2012

A Presidenta da República, no uso das atribuições que lhe confere o art. 84, *caput*, incisos IV e VI, alínea "a", da Constituição, e tendo em vista o disposto no art. 3º da Lei n. 8.666, de 21 de junho de 1993,

Decreta:

ART. 1º Este Decreto regulamenta o art. 3º da Lei n. 8.666, de 21 de junho de 1993, para estabelecer critérios e práticas para a promoção do desenvolvimento nacional sustentável por meio das contratações realizadas pela administração pública federal direta, autárquica e fundacional e pelas empresas estatais dependentes, e institui a Comissão Interministerial de Sustentabilidade na Administração Pública - CISAP. (Alterado pelo Dec. 9.178/2017.)

ART. 2º Na aquisição de bens e na contratação de serviços e obras, a administração pública federal direta, autárquica e fundacional e as empresas estatais dependentes adotarão critérios e práticas sustentáveis nos instrumentos convocatórios, observado o disposto neste Decreto. (Alterado pelo Dec. 9.178/2017. Vigência: 180 dias após publicação [24.10.2017].)

Parágrafo único. A adequação da especificação do objeto da contratação e das obrigações da contratada aos critérios e às práticas de sustentabilidade será justificada nos autos, resguardado o caráter competitivo do certame. (Alterado pelo Dec. 9.178/2017. Vigência: 180 dias após publicação [24.10.2017].)

ART. 3º Os critérios e as práticas de sustentabilidade de que trata o art. 2º serão publicados como especificação técnica do objeto, obrigação da contratada ou requisito previsto em lei especial, de acordo com o disposto no inciso IV do *caput* do art. 30 da Lei n. 8.666, de 1993. (Alterado pelo Dec. 9.178/2017.)

Parágrafo único. (Revogado pelo Dec. 9.178/2017.)

ART. 4º Para os fins do disposto no art. 2º, são considerados critérios e práticas sustentáveis, entre outras: (Alterado pelo Dec. 9.178/2017.)

I - baixo impacto sobre recursos naturais como flora, fauna, ar, solo e água; (Alterado pelo Dec. 9.178/2017.)

II - preferência para materiais, tecnologias e matérias-primas de origem local;

III - maior eficiência na utilização de recursos naturais como água e energia;

IV - maior geração de empregos, preferencialmente com mão de obra local;

V - maior vida útil e menor custo de manutenção do bem e da obra;

VI - uso de inovações que reduzam a pressão sobre recursos naturais; (Alterado pelo Dec. 9.178/2017.)

VII - origem sustentável dos recursos naturais utilizados nos bens, nos serviços e nas obras; e (Alterado pelo Dec. 9.178/2017.)

VIII - utilização de produtos florestais madeireiros e não madeireiros originários de manejo florestal sustentável ou de reflorestamento. (Acrescentado pelo Dec. 9.178/2017.)

ART. 5º A administração pública federal direta, autárquica e fundacional e as empresas estatais dependentes poderão exigir no instrumento convocatório para a aquisição de bens que estes sejam constituídos por material renovável, reciclado, atóxico ou biodegradável, entre outros critérios de sustentabilidade. (Alterado pelo Dec. 9.178/2017.)

ART. 6º As especificações e demais exigências do projeto básico ou executivo para contratação de obras e serviços de engenharia devem ser elaboradas, nos termos do art. 12 da Lei n. 8.666, de 1993, de modo a proporcionar a economia da manutenção e operacionalização da edificação e a redução do consumo de energia e água, por meio de tecnologias, práticas e materiais que reduzam o impacto ambiental.

ART. 7º (Revogado pelo Dec. 9.178/2017.)

ART. 8º A comprovação das exigências apresentadas no instrumento convocatório poderá ser feita por meio de certificação emitida ou reconhecida por instituição pública oficial ou instituição credenciada ou por outro meio definido no instrumento convocatório. (Alterado pelo Dec. 9.178/2017.)

§ 1º Em caso de inexistência da certificação referida no *caput*, o instrumento convocatório estabelecerá que, após a seleção da proposta e antes da adjudicação do objeto, o contratante poderá realizar diligências para verificar a adequação do bem ou serviço às exigências do instrumento convocatório.

§ 2º Caso o bem ou serviço seja considerado inadequado em relação às exigências do instrumento convocatório, o contratante deverá apresentar razões técnicas, assegurado o direito de manifestação do licitante vencedor.

ART. 9º Fica instituída a Comissão Interministerial de Sustentabilidade na Administração Pública - CISAP, de natureza consultiva e caráter permanente, vinculada à Secretaria de Gestão do Ministério do Planejamento, Desenvolvimento e Gestão, com a finalidade de propor a implementação de critérios, práticas e ações de logística sustentável no âmbito da administração pública federal direta, autárquica e fundacional e das empresas estatais dependentes. (Alterado pelo Dec. 9.178/2017.)

ART. 10. A CISAP será composta pelos seguintes membros, titulares e suplentes: (Alterado pelo Dec. 9.178/2017.)

I - um representante da Secretaria de Gestão do Ministério do Planejamento, Desenvolvimento e Gestão, que a presidirá; (Alterado pelo Dec. 9.178/2017.)

a) e *b)* (Revogadas pelo Dec. 9.178/2017.)

II - um representante do Ministério do Meio Ambiente, que exercerá a vice-presidência;

III - um representante da Casa Civil da Presidência da República;

IV - um representante do Ministério de Minas e Energia;

V - um representante do Ministério da Indústria, Comércio Exterior e Serviços; (Alterado pelo Dec. 9.178/2017.)

VI - um representante do Ministério da Ciência, Tecnologia, Inovações e Comunicações; (Alterado pelo Dec. 9.178/2017.)

VII - um representante do Ministério da Fazenda; e

VIII - um representante do Ministério da Transparência e Controladoria-Geral da União. (Alterado pelo Dec. 9.178/2017.)

§ 1º Os membros titulares da CISAP deverão ocupar cargo de Secretário, Diretor ou cargos equivalentes no órgão que representam, possuindo cada um deles um suplente.

§ 2º Os representantes dos órgãos a que se referem os incisos II a IV do *caput* serão designados, conforme estabelecido no regimento interno da CISAP. (Alterado pelo Dec. 9.178/2017.)

ART. 11. Compete à CISAP:

I - propor à Secretaria de Gestão do Ministério do Planejamento, Desenvolvimento e Gestão: (Alterado pelo Dec. 9.178/2017.)

a) normas para elaboração de ações de logística sustentável;

b) regras para a elaboração dos Planos de Gestão de Logística Sustentável, de que trata o art. 16; (Alterada pelo Dec. 9.178/2017.)

c) (Revogada pelo Dec. 9.178/2017.)

d) critérios e práticas de sustentabilidade nas aquisições, contratações, utilização dos recursos públicos, desfazimento e descarte;

e) estratégias de sensibilização e capacitação de servidores para a correta utilização dos recursos públicos e para a execução da gestão logística de forma sustentável;

f) cronograma para a implantação de sistema integrado de informações para acompanhar a execução das ações de sustentabilidade; e

g) ações para a divulgação das práticas de sustentabilidade; e

II - elaborar seu regimento interno; e (Alterado pelo Dec. 9.178/2017.)

III - coordenar a implementação de ações de logística sustentável. (Acrescentado pelo Dec. 9.178/2017.)

ART. 12. A CISAP poderá constituir Grupos de Apoio Técnico, com o objetivo de assessorá-la no desempenho de suas funções, nos termos do seu regimento interno. (Alterado pelo Dec. 9.178/2017.)

ART. 13. Poderão ser convidados a participar das reuniões da CISAP especialistas, pesquisadores e representantes de órgãos e entidades públicas ou privadas.

ART. 14. A participação na CISAP é considerada prestação de serviço público relevante, não remunerada.

ART. 15. Compete à Secretaria de Gestão do Ministério do Planejamento, Desenvolvimento e Gestão, como órgão central do Sistema de Serviços Gerais - SISG, expedir normas complementares sobre critérios, práticas e ações de logística sustentável. (Alterado pelo Dec. 9.178/2017.)

§ 1º As proposições da CISAP serão avaliadas com base nas diretrizes gerais de logística e compras da administração pública federal.

§ 2º A Secretaria de Gestão do Ministério do Planejamento, Desenvolvimento e Gestão exercerá a função de Secretaria-Executiva da CISAP. (Alterado pelo Dec. 9.178/2017.)

ART. 16. A administração pública federal direta, autárquica e fundacional e as empresas estatais dependentes deverão elaborar e implementar Planos de Gestão de Logística Sustentável, conforme ato editado pela Secretaria de Gestão do Ministério do Planejamento, Desenvolvimento e Gestão, que preverá, no mínimo: (Alterado pelo Dec. 9.178/2017.)

I - atualização do inventário de bens e materiais do órgão e identificação de similares de menor impacto ambiental para substituição;

II - práticas de sustentabilidade e de racionalização do uso de materiais e serviços;

III - responsabilidades, metodologia de implementação e avaliação do plano; e

IV - ações de divulgação, conscientização e capacitação.

ART. 17. Este Decreto entra em vigor na data de sua publicação.

Brasília, 05 de junho de 2012; 191º da Independência e 124º da República.

DILMA ROUSSEFF

DECRETO N. 7.777, DE 24 DE JULHO DE 2012

Dispõe sobre as medidas para a continuidade de atividades e serviços públicos dos órgãos e entidades da administração pública federal durante greves, paralisações ou operações de retardamento de procedimentos administrativos promovidas pelos servidores públicos federais.

▸ *DOU*, 25.07.2012, retificado em 31.07.2012

A Presidenta da República, no uso das atribuições que lhe confere o art. 84, *caput*, incisos IV e VI, alínea "a", da Constituição, e tendo em vista o disposto na Lei n. 7.783, de 28 de junho de 1989,

Decreta:

ART. 1º Compete aos Ministros de Estado supervisores dos órgãos ou entidades em que ocorrer greve, paralisação ou retardamento de atividades e serviços públicos:

▸ Dec. 8.851/2016 (Dispõe sobre a substituição de Ministros de Estado, do Advogado-Geral da União e do Presidente do Bacen).

I - promover, mediante convênio, o compartilhamento da execução da atividade ou serviço com Estados, Distrito Federal ou Municípios; e

II - adotar, mediante ato próprio, procedimentos simplificados necessários à manutenção ou realização da atividade ou serviço.

§ 1º As atividades de liberação de veículos e cargas no comércio exterior serão executadas em prazo máximo a ser definido pelo respectivo Ministro de Estado supervisor dos órgãos ou entidades intervenientes.

§ 2º Compete à chefia de cada unidade a observância do prazo máximo estabelecido no § 1º.

§ 3º A responsabilidade funcional pelo descumprimento do disposto nos §§ 1º e 2º será apurada em procedimento disciplinar específico.

ART. 2º O Ministro de Estado competente aprovará o convênio e determinará os procedimentos necessários que garantam o funcionamento regular das atividades ou serviços públicos durante a greve, paralisação ou operação de retardamento.

ART. 3º As medidas adotadas nos termos deste Decreto serão encerradas com o término da greve, paralisação ou operação de retardamento e a regularização das atividades ou serviços públicos.

ART. 4º Este Decreto entra em vigor na data de sua publicação.

Brasília, 24 de julho de 2012; 191º da Independência e 124º da República.

DILMA ROUSSEFF

DECRETO N. 7.783, DE 7 DE AGOSTO DE 2012

Regulamenta a Lei n. 12.663, de 05 de junho de 2012, que dispõe sobre as medidas relativas à Copa das Confederações FIFA 2013, à Copa do Mundo FIFA 2014 e à Jornada Mundial da Juventude - 2013.

▸ *DOU*, 08.08.2012

A Presidenta da República, no uso da atribuição que lhe confere o art. 84, *caput*, inciso IV, da Constituição, e tendo em vista o disposto na Lei n. 12.663, de 5 de junho de 2012,

Decreta:

ART. 1º Este Decreto regulamenta a Lei n. 12.663, de 05 de junho de 2012, que dispõe sobre as medidas relativas à Copa das Confederações FIFA 2013, à Copa do Mundo FIFA 2014 e à Jornada Mundial da Juventude - 2013.

Parágrafo único. Para os fins deste Decreto, serão observadas as definições constantes do art. 2º da Lei n. 12.663, de 2012.

ART. 2º O Ministério das Relações Exteriores fixará o prazo de estada dos portadores de vistos de entrada previstos nos arts. 19 e 63 da Lei n. 12.663, de 2012, que serão emitidos em caráter prioritário e sem qualquer custo aos interessados.

§ 1º O prazo de estada dos portadores de vistos concedidos com fundamento nos incisos I a X do *caput* do art. 19 da Lei n. 12.663, de 2012, poderá ser fixado até o dia 31 de dezembro de 2014.

§ 2º O prazo de estada dos portadores de vistos concedidos com fundamento no inciso XI do *caput* do art. 19 e no art. 63 da Lei n. 12.663, de 2012, será de até noventa dias, improrrogável.

§ 3º O Ministério das Relações Exteriores regulamentará eventuais procedimentos específicos para emissão de vistos de entrada para a Jornada Mundial da Juventude - 2013.

ART. 3º Cabe ao Ministério das Relações Exteriores dispor sobre a concessão de vistos de entrada por meio eletrônico, no prazo de noventa dias contado da data de publicação deste Decreto, observado o disposto no § 7º do art. 19 da Lei n. 12.663, de 2012.

Parágrafo único. Os procedimentos para emissão de vistos de entrada por meio eletrônico poderão ser adotados, no que couber, para a Jornada Mundial da Juventude - 2013.

ART. 4º Cabe ao Ministério do Trabalho e Emprego, ouvido o Ministério do Esporte, conceder as permissões de trabalho para as pessoas mencionadas nos incisos I a X do *caput* do art. 19 da Lei n. 12.663, de 2012, quando exigíveis nos termos do inciso V do *caput* do art. 13 da Lei n. 6.815, de 19 de agosto de 1980, e das Resoluções do Conselho Nacional de Imigração.

§ 1º Para a concessão da permissão de trabalho, a pessoa jurídica interessada na atividade profissional do estrangeiro deverá apresentar requerimento expedido pela FIFA, ou por terceiro por ela indicado, acompanhado de documentos que demonstrem a vinculação do profissional estrangeiro a atividades relacionadas à Copa das Confederações FIFA 2013 ou à Copa do Mundo FIFA 2014.

§ 2º O Ministério do Trabalho e Emprego decidirá sobre as permissões de trabalho, quando devidamente instruídas, no prazo de cinco dias úteis, encaminhando-as ao Ministério das Relações Exteriores para concessão do visto de entrada nas repartições consulares brasileiras no exterior.

§ 3º As permissões de trabalho serão concedidas sem qualquer custo, pelo prazo de até dois anos, prorrogável, observado em qualquer hipótese o limite de 31 de dezembro de 2014.

ART. 5º Os requerimentos de permissão de trabalho poderão ser efetuados em meio eletrônico, em sistema próprio disponibilizado na internet pelo Ministério do Trabalho e Emprego.

Parágrafo único. O sistema será construído de modo a possibilitar a consulta pública instantânea dos requerimentos em tramitação ou já decididos.

ART. 6º Os requerimentos de visto de entrada serão apresentados ao Ministério das Relações Exteriores.

ART. 7º A regularidade dos sorteios de Ingressos previstos no § 4º do art. 26 da Lei 12.663, de 2012, será verificada pelo Ministério do Esporte, em articulação com outros órgãos.

ART. 8º Para comprovação da condição de estudante de que trata o § 11 do art. 26 da Lei n. 12.663, de 2012, a certificação digital adotará o padrão ICP-Brasil, para garantir a autenticidade, integridade e validade jurídica das manifestações eletrônicas, nos termos da Medida Provisória n. 2.200-2, de 24 de agosto de 2001.

ART. 9º Fica assegurado às pessoas com deficiência no mínimo um por cento do número de Ingressos ofertados para as Partidas da Copa das Confederações FIFA 2013 e da Copa do Mundo FIFA 2014.

§ 1º Será assegurada a oferta de Ingressos a, no mínimo, um acompanhante da pessoa com deficiência.

§ 2º A entidade organizadora definirá período específico para a solicitação de compra dos Ingressos a que se referem o *caput* e o §1º, inclusive por meio eletrônico, garantida ampla divulgação.

§ 3º Caso comprovada ausência de procura, os Ingressos a que se referem o *caput* e o §1º poderão ser oferecidos na forma do § 4º do art. 26 da Lei n. 12.663, de 2012.

ART. 10. Os Ingressos a que se refere o art. 9º deverão corresponder a espaços e assentos adequados, situados em locais com boa visibilidade e sinalizados.

ART. 11. Na construção, reforma ou ampliação de estádios e outras instalações que sediarão ou apoiarão a realização de Eventos da Copa das Confederações FIFA 2013 e da Copa do Mundo FIFA 2014, antes ou após a realização desses torneios, será observada a destinação mínima de um por cento da capacidade total de espaços e assentos do estádio ou outra instalação para pessoas com deficiência.

§ 1º Os espaços e assentos a que se refere este artigo deverão situar-se em locais que garantam a acomodação de, no mínimo, um acompanhante da pessoa com deficiência.

§ 2º A aprovação de financiamento de projetos de construção, reforma ou ampliação de estádios ou outras instalações destinados aos Eventos da Copa das Confederações FIFA 2013 e da Copa do Mundo FIFA 2014 com a utilização de recursos públicos, por meio de qualquer instrumento, fica condicionada à observância do disposto no presente Decreto.

§ 3º Ato do Ministério do Esporte elencará os estádios e instalações a que se refere o *caput*.

ART. 12. As controvérsias entre a União e a FIFA, Subsidiárias da FIFA no Brasil, seus representantes legais, empregados ou consultores poderão ser resolvidas, em sede administrativa, na Câmara de Conciliação e Arbitragem da Administração Federal, órgão da estrutura da Advocacia-Geral da União, mediante procedimento conciliatório.

Parágrafo único. A Advocacia Geral da União regulamentará, no prazo de cento e oitenta dias, o procedimento conciliatório.

ART. 13. O Ministério do Esporte e o Grupo Executivo da Copa do Mundo FIFA 2014 - GECOPA, instituído pelo Decreto de 14 de janeiro de 2010, poderão fixar disposições complementares para a aplicação do disposto neste Decreto.

ART. 14. Este Decreto entra em vigor na data de sua publicação.

Brasília, 7 de agosto de 2012; 191º da Independência e 124º da República.

DILMA ROUSSEFF

DECRETO N. 7.788, DE 15 DE AGOSTO DE 2012

Regulamenta o Fundo Nacional de Assistência Social, instituído pela Lei n. 8.742, de 7 de dezembro de 1993, e dá outras providências.

▸ *DOU*, 16.08.2012.

A Presidenta da República, no uso da atribuição que lhe confere o art. 84, *caput*, inciso IV, da Constituição, e tendo em vista o disposto na Lei n. 8.742, de 7 de dezembro de 1993,

Decreta:

ART. 1º O Fundo Nacional de Assistência Social - FNAS, fundo público de gestão orçamentária, financeira e contábil, instituído pela Lei n. 8.742, de 7 de dezembro de 1993, tem como objetivo proporcionar recursos para cofinanciar gestão, serviços, programas, projetos e benefícios de assistência social.

ART. 2º Caberá ao Ministério do Desenvolvimento Social e Combate à Fome, enquanto órgão responsável pela coordenação da Política Nacional de Assistência Social, gerir o FNAS, sob orientação e acompanhamento do Conselho Nacional de Assistência Social - CNAS.

§ 1º A proposta orçamentária do FNAS constará das políticas e programas anuais e plurianuais do Governo federal e será submetida à apreciação e à aprovação do CNAS.

§ 2º O orçamento do FNAS integrará o orçamento do Ministério do Desenvolvimento Social e Combate à Fome.

ART. 3º Constituem recursos do FNAS:

I - os consignados a seu favor na Lei Orçamentária Anual;

II - as receitas provenientes de alienação de bens móveis e imóveis da União destinados à assistência social;

II - as receitas provenientes de aluguéis de bens imóveis da União destinados à assistência social; e

IV - outras fontes que vierem a ser instituídas.

Parágrafo único. Poderão ser realizadas descentralizações internas e externas para o FNAS, nos termos do Decreto n. 825, de 28 de maio de 1993, para atender despesas com serviços, programas ou projetos de assistência social, de que trata o inciso II do *caput* do art. 12 da Lei n. 8.742, de 1993.

ART. 4º Os recursos repassados pelo FNAS destinam-se ao:

I - cofinanciamento dos serviços de caráter continuado e de programas e projetos de assistência social, destinado ao custeio de ações e ao investimento em equipamentos públicos da rede socioassistencial dos Estados, do Distrito Federal e dos Municípios;

II - cofinanciamento da estruturação da rede socioassistencial dos Estados, do Distrito Federal e dos Municípios, incluindo ampliação e construção de equipamentos públicos, para aprimorar a capacidade instalada e fortalecer o Sistema Único da Assistência Social - SUAS;

III - atendimento, em conjunto com os Estados, o Distrito Federal e os Municípios, às ações assistenciais de caráter de emergência;

IV - aprimoramento da gestão de serviços, programas, projetos e benefícios de assistência social, por meio do Índice de Gestão Descentralizada - IGD do SUAS, para a utilização no âmbito dos Estados, do Distrito Federal e dos Municípios, conforme legislação específica;

V - apoio financeiro às ações de gestão e execução descentralizada do Programa Bolsa Família pelos Estados, pelo Distrito Federal e pelos Municípios, por meio do Índice de Gestão Descentralizada do Programa Bolsa Família - IGD, conforme legislação específica;

VI - pagamento, operacionalização, gestão, informatização, pesquisa, monitoramento e avaliação do benefício de prestação continuada e de renda mensal vitalícia; e

VII - atendimento das despesas de operacionalização que visem implementar ações de assistência social.

§ 1º Os recursos de que tratam os incisos I, IV e V do *caput* serão transferidos, de forma regular e automática, diretamente do FNAS para os fundos de assistência social dos Estados, do Distrito Federal e dos Municípios, independente de celebração de convênio, ajuste, acordo, contrato ou instrumento congênere, observados os critérios aprovados pelo CNAS, à vista de avaliações técnicas periódicas, realizadas pelo Ministério do Desenvolvimento Social e Combate à Fome.

§ 2º Os recursos de que tratam os incisos II e III do *caput* poderão ser transferidos, de forma automática, diretamente do FNAS para os fundos de assistência social dos Estados, do Distrito Federal e dos Municípios, independente de celebração de convênio, ajuste, acordo, contrato ou instrumento congênere, conforme disciplinado em ato do Ministro de Estado do Desenvolvimento Social e Combate à Fome.

§ 3º Os recursos de que trata o inciso VI do *caput* serão repassados pelo Ministério do Desenvolvimento Social e Combate à Fome diretamente ao Instituto Nacional do Seguro Social - INSS, por meio de celebração de termo de cooperação ou outro instrumento definido em ato conjunto do Ministério do Desenvolvimento Social e Combate à Fome e do Presidente do INSS.

§ 4º Os recursos de que trata o inciso I do *caput* também poderão ser utilizados pelos entes federados:

I - para pagamento de profissionais que integrarem equipes de referência, nos termos do art. 6º-E da Lei n. 8.742, de 1993; e

II - para capacitação de recursos humanos e desenvolvimento de estudos e pesquisas essenciais à execução de serviços, programas e projetos de assistência social.

§ 5º O FNAS poderá repassar recursos destinados à assistência social aos entes federados por meio de convênio, ajuste, acordo, contrato ou instrumento congênere, sendo vedado ao convenente transferir a terceiros a execução do objeto do instrumento.

ART. 5º São condições para transferência de recursos do FNAS aos Estados, ao Distrito Federal e aos Municípios:

I - a instituição e o funcionamento de Conselho de Assistência Social;

II - a instituição e o funcionamento de Fundo de Assistência Social, devidamente constituído como unidade orçamentária;

III - a elaboração de Plano de Assistência Social; e

IV - a comprovação orçamentária de recursos próprios destinados à assistência social, alocados em seus respectivos fundos de assistência social.

Parágrafo único. O planejamento das atividades a serem desenvolvidas com recursos do FNAS integrará o Plano de Assistência Social, na forma definida em ato do Ministro de Estado do Desenvolvimento Social e Combate à Fome.

ART. 6º Os recursos transferidos do FNAS aos fundos dos Estados, Distrito Federal e Municípios serão aplicados segundo prioridades estabelecidas em planos de assistência social, aprovados por seus respectivos conselhos, observada, no caso de transferência a fundos municipais, a compatibilização com o plano estadual e o respeito ao princípio da equidade.

ART. 7º O cofinanciamento federal de serviços, programas e projetos de assistência social e de sua gestão, no âmbito do SUAS, poderá ser realizado por meio de blocos de financiamento.

Parágrafo único. Consideram-se blocos de financiamento o conjunto de serviços, programas e projetos, devidamente tipificados e agrupados, e sua gestão, na forma definida em ato do Ministro de Estado do Desenvolvimento Social e Combate à Fome.

ART. 8º A prestação de contas da utilização de recursos federais de que tratam os incisos I, II e III do *caput* do art. 4º, repassados para os fundos de assistência social dos Estados, dos Municípios e do Distrito Federal, será realizada por meio de declaração anual dos entes recebedores ao ente transferidor, mediante relatório de gestão submetido à apreciação do respectivo conselho de assistência social, que comprovará a execução das ações.

§ 1º Para fins de prestação de contas dos recursos federais de que trata inciso I do *caput* do art. 4º, considera-se relatório de gestão as informações relativas à execução física e financeira dos recursos transferidos, declaradas pelos entes federados em instrumento informatizado específico, disponibilizado pelo Ministério do Desenvolvimento Social e Combate à Fome.

§ 2º A prestação de contas, na forma do *caput*, será submetida à aprovação do FNAS.

ART. 9º A utilização e prestação de contas de recursos federais recebidos pelos fundos de assistência social dos Estados, dos Municípios e do Distrito Federal, de que tratam os incisos IV e V do *caput* do art. 4º, observará o disposto em legislação específica.

ART. 10. Os recursos de que trata o inciso I do *caput* do art. 4º poderão ser repassados pelos fundos estaduais, municipais e do Distrito Federal para entidades e organizações que compõem a rede socioassistencial, observados os critérios estabelecidos pelos respectivos conselhos, o disposto no art. 9º da Lei n. 8.742, de 1993, e a legislação aplicável.

ART. 11. Os demonstrativos da execução orçamentária e financeira do FNAS serão submetidos à apreciação do CNAS trimestralmente, de forma sintética, e anualmente, de forma analítica.

ART. 12. O FNAS atuará de forma integrada com as unidades de programação financeira do Ministério de Estado do Desenvolvimento Social e Combate à Fome, de que tratam o inciso II do *caput* do art. 4º, o inciso II do *caput* do art. 11 e o inciso II do *caput* do art. 17 da Lei n. 10.180, de 6 de fevereiro de 2001.

ART. 13. O Ministério de Estado do Desenvolvimento Social e Combate à Fome expedirá as normas necessárias para a execução deste Decreto.

ART. 14. Este Decreto entra em vigor na data de sua publicação.

ART. 15. Ficam revogados os Decretos n. 1.605, de 25 de agosto de 1995, e n. 2.529, de 25 de março de 1998.

Brasília, 15 de agosto de 2012; 191º da Independência e 124º da República.

DILMA ROUSSEFF

DECRETO N. 7.791, DE 17 DE AGOSTO DE 2012

Regulamenta a compensação fiscal na apuração do Imposto sobre a Renda da Pessoa Jurídica - IRPJ pela divulgação gratuita da propaganda partidária e eleitoral, de plebiscitos e referendos.

A Presidenta da República, no uso da atribuição que lhe confere o art. 84, *caput*, inciso IV, da Constituição, e tendo em vista o disposto no parágrafo único do art. 52 da Lei n. 9.096, de 19 de setembro de 1995, e no art. 99 da Lei n. 9.504, de 30 de setembro de 1997,

Decreta:

ART. 1º As emissoras de rádio e televisão obrigadas à divulgação gratuita da propaganda partidária e eleitoral, de plebiscitos e referendos poderão efetuar a compensação fiscal de que trata o parágrafo único do art. 52 da Lei n. 9.096, de 19 de setembro de 1995, e o art. 99 da Lei n. 9.504, de 30 de setembro de 1997, na apuração do Imposto sobre a Renda da Pessoa Jurídica - IRPJ, inclusive da base de cálculo dos recolhimentos mensais previstos na legislação fiscal, e da base de cálculo do lucro presumido.

ART. 2º A apuração do valor da compensação fiscal de que trata o art. 1º se dará mensalmente, de acordo com o seguinte procedimento:

I - parte-se do preço dos serviços de divulgação de mensagens de propaganda comercial, fixados em tabela pública pelo veículo de divulgação, conforme previsto no art. 14 do Decreto n. 57.690, de 1º de fevereiro de 1966, para o mês de veiculação da propaganda partidária e eleitoral, do plebiscito ou referendo;

II - apura-se o "valor do faturamento" com base na tabela a que se refere o inciso anterior, de acordo com o seguinte procedimento:

a) parte-se do volume de serviço de divulgação de mensagens de propaganda comercial local efetivamente prestado pelo veículo de divulgação no mês da veiculação da propaganda partidária e eleitoral, do plebiscito ou referendo;

b) classifica-se o volume de serviço da alínea "a" por faixa de horário, identificando-se o respectivo valor com base na tabela pública para veiculações comerciais locais;

c) para cada faixa de horário, multiplica-se o respectivo valor unitário de prestação de serviço pelo volume de serviço a ela relativo; e

d) o somatório dos resultados da multiplicação referida na alínea "c", para cada faixa de horário, corresponde ao "valor do faturamento", com base na tabela pública;

III - apura-se o "valor efetivamente faturado" no mês de veiculação da propaganda partidária ou eleitoral com base nos documentos fiscais emitidos pelos serviços de divulgação de mensagens de propaganda comercial local efetivamente prestados;

IV - calcula-se o coeficiente percentual entre os valores apurados conforme previsto nos incisos II e III do *caput*, de acordo com a seguinte fórmula:

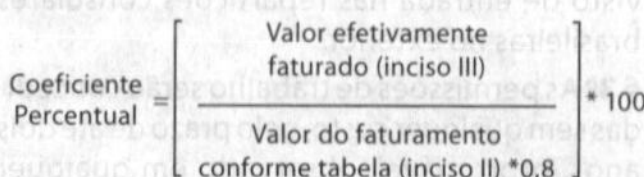

V - para cada espaço de serviço de divulgação de mensagens de propaganda cedido para o horário eleitoral e partidário gratuito:

a) identifica-se, na tabela pública de que trata o inciso I, o respectivo preço, multiplicando-o pelo espaço cedido e por 0,8 (oito décimos);

b) multiplica-se cada resultado obtido na alínea "a" por 0,25 (vinte e cinco décimos) no caso de transmissões em bloco, e por um, no caso de inserções; e

c) aplica-se sobre cada valor apurado na alínea "b" o coeficiente percentual a que se refere o inciso IV do *caput*; e

VI - apura-se o somatório dos valores decorrentes da operação de que trata a alínea "c" do inciso V do *caput*.

ART. 3º O valor apurado na forma do inciso VI do *caput* do art. 2º poderá ser excluído:

I - do lucro líquido para determinação do lucro real;

II - da base de cálculo dos recolhimentos mensais previstos no art. 2º da Lei n. 9.430, de 27 de dezembro de 1996; e

III - da base de cálculo do IRPJ incidente sobre o lucro presumido.

ART. 4º As empresas concessionárias de serviços públicos de telecomunicações, obrigadas ao tráfego gratuito de sinais de televisão e rádio também poderão fazer a exclusão de que trata o art. 3º.

ART. 5º O disposto neste Decreto aplica-se também aos comunicados, às instruções e a outras requisições da Justiça Eleitoral, relativos aos programas partidários e eleitorais.

ART. 6º Fica o Ministro de Estado da Fazenda autorizado a expedir atos normativos complementares a este Decreto.

ART. 7º Este Decreto entra em vigor na data de sua publicação, produzindo efeitos a partir de 21 de dezembro de 2010.

ART. 8º Fica revogado o Decreto n. 5.331, de 4 de janeiro de 2005.

Brasília, 17 de agosto de 2012; 191º da Independência e 124º da República.

DILMA ROUSSEFF

DECRETO N. 7.794, DE 20 DE AGOSTO DE 2012

Institui a Política Nacional de Agroecologia e Produção Orgânica.

▸ *DOU*, 21.08.2012, retificado em 22.08.2012.

A Presidenta da República, no uso das atribuições que lhe confere o art. 84, *caput*, incisos IV e VI, alínea "a", da Constituição, e tendo em vista o disposto no art. 50 da Lei n. 10.711, de 5 de agosto de 2003, e no art. 11 da Lei n. 10.831, de 23 de dezembro de 2003,

Decreta:

ART. 1º Fica instituída a Política Nacional de Agroecologia e Produção Orgânica - PNAPO, com o objetivo de integrar, articular e adequar políticas, programas e ações indutoras da transição agroecológica e da produção orgânica e de base agroecológica, contribuindo para o desenvolvimento sustentável e a qualidade de vida da população, por meio do uso sustentável dos recursos naturais e da oferta e consumo de alimentos saudáveis.

Parágrafo único. A PNAPO será implementada pela União em regime de cooperação com Estados, Distrito Federal e Municípios, organizações da sociedade civil e outras entidades privadas.

ART. 2º Para fins deste Decreto, entende-se por:

I - produtos da sociobiodiversidade - bens e serviços gerados a partir de recursos da biodiversidade, destinados à formação de cadeias produtivas de interesse dos beneficiários da Lei n. 11.326, de 24 de julho de 2006, que promovam a manutenção e valorização de suas práticas e saberes, e assegurem os direitos decorrentes, para gerar renda e melhorar sua qualidade de vida e de seu ambiente;

II - sistema orgânico de produção - aquele estabelecido pelo art. 1º da Lei n. 10.831, de 23 de dezembro de 2003, e outros que atendam aos princípios nela estabelecidos;

III - produção de base agroecológica - aquela que busca otimizar a integração entre capacidade produtiva, uso e conservação da biodiversidade e dos demais recursos naturais, equilíbrio ecológico, eficiência econômica e justiça social, abrangida ou não pelos mecanismos de controle de que trata a Lei n. 10.831, de 2003, e sua regulamentação; e

IV - transição agroecológica - processo gradual de mudança de práticas e de manejo de agroecossistemas, tradicionais ou convencionais, por meio da transformação das bases produtivas e sociais do uso da terra e dos recursos naturais, que levem a sistemas de agricultura que incorporem princípios e tecnologias de base ecológica.

ART. 3º São diretrizes da PNAPO:

I - promoção da soberania e segurança alimentar e nutricional e do direito humano à alimentação adequada e saudável, por meio da oferta de produtos orgânicos e de base agroecológica isentos de contaminantes que ponham em risco a saúde;

II - promoção do uso sustentável dos recursos naturais, observadas as disposições que regulem as relações de trabalho e favoreçam o bem-estar de proprietários e trabalhadores;

III - conservação dos ecossistemas naturais e recomposição dos ecossistemas modificados, por meio de sistemas de produção agrícola e de extrativismo florestal baseados em recursos renováveis, com a adoção de métodos e práticas culturais, biológicas e mecânicas, que reduzam resíduos poluentes e a dependência de insumos externos para a produção;

IV - promoção de sistemas justos e sustentáveis de produção, distribuição e consumo de alimentos, que aperfeiçoem as funções econômica, social e ambiental da agricultura e do extrativismo florestal, e priorizem o apoio institucional aos beneficiários da Lei n. 11.326, de 2006;

V - valorização da agrobiodiversidade e dos produtos da sociobiodiversidade e estímulo às experiências locais de uso e conservação dos recursos genéticos vegetais e animais, especialmente àquelas que envolvam o manejo de raças e variedades locais, tradicionais ou crioulas;

VI - ampliação da participação da juventude rural na produção orgânica e de base agroecológica; e

VII - contribuição na redução das desigualdades de gênero, por meio de ações e programas que promovam a autonomia econômica das mulheres.

ART. 4º São instrumentos da PNAPO, sem prejuízo de outros a serem constituídos:

I - Plano Nacional de Agroecologia e Produção Orgânica - PLANAPO;

II - crédito rural e demais mecanismos de financiamento;

III - seguro agrícola e de renda;

IV - preços agrícolas e extrativistas, incluídos mecanismos de regulação e compensação de preços nas aquisições ou subvenções;

V - compras governamentais;

VI - medidas fiscais e tributárias;

VII - pesquisa e inovação científica e tecnológica;

VIII - assistência técnica e extensão rural;

IX - formação profissional e educação;

X - mecanismos de controle da transição agroecológica, da produção orgânica e de base agroecológica; e

XI - sistemas de monitoramento e avaliação da produção orgânica e de base agroecológica.

ART. 5º O PLANAPO terá como conteúdo, no mínimo, os seguintes elementos:

I - diagnóstico;

II - estratégias e objetivos;

III - programas, projetos, ações;

IV - indicadores, metas e prazos; e

V - modelo de gestão do Plano.

Parágrafo único. O PLANAPO será implementado por meio das dotações consignadas nos orçamentos dos órgãos e entidades que dele participem com programas e ações.

ART. 6º São instâncias de gestão da PNAPO:

I - a Comissão Nacional de Agroecologia e Produção Orgânica - CNAPO; e

II - a Câmara Interministerial de Agroecologia e Produção Orgânica - CIAPO.

ART. 7º Compete à CNAPO:

I - promover a participação da sociedade na elaboração e no acompanhamento da PNAPO e do PLANAPO;

II - constituir subcomissões temáticas que reunirão setores governamentais e da sociedade, para propor e subsidiar a tomada de decisão sobre temas específicos no âmbito da PNAPO;

III - propor as diretrizes, objetivos, instrumentos e prioridades do PLANAPO ao Poder Executivo federal;

IV - acompanhar e monitorar os programas e ações integrantes do PLANAPO, e propor alterações para aprimorar a realização dos seus objetivos; e

V - promover o diálogo entre as instâncias governamentais e não governamentais relacionadas à agroecologia e produção orgânica, em âmbito nacional, estadual e distrital, para a implementação da PNAPO e do PLANAPO.

ART. 8º A CNAPO terá a seguinte composição paritária:

I - quatorze representantes dos seguintes órgãos e entidades do Poder Executivo federal:

a) um da Secretaria-Geral da Presidência da República;

b) três do Ministério da Agricultura, Pecuária e Abastecimento, sendo um da Companhia Nacional de Abastecimento - CONAB e um da Empresa Brasileira de Pesquisa Agropecuária - EMBRAPA;

c) dois do Ministério do Desenvolvimento Agrário, sendo um do Instituto Nacional de Colonização e Reforma Agrária - INCRA;

d) dois do Ministério da Saúde, sendo um da Agência Nacional de Vigilância Sanitária - ANVISA;

e) dois do Ministério da Educação, sendo um do Fundo Nacional de Desenvolvimento da Educação - FNDE;

f) um do Ministério de Ciência, Tecnologia e Inovação;

g) um do Ministério do Desenvolvimento Social e Combate à Fome;

h) um do Ministério do Meio Ambiente; e

i) um do Ministério da Pesca e Aquicultura; e

II - quatorze representantes de entidades da sociedade civil.

§ 1º Cada membro titular da CNAPO terá um suplente.

§ 2º Os representantes do governo federal na CNAPO serão indicados pelos titulares dos órgãos previstos no inciso I do *caput* e designados em ato do Ministro de Estado da Secretaria-Geral da Presidência da República.

§ 3º Ato conjunto dos Ministros de Estado do Desenvolvimento Agrário, do Ministério da Agricultura, Pecuária e Abastecimento e da Secretaria Geral da Presidência da República disporá sobre o funcionamento da CNAPO, sobre os critérios para definição dos representantes das entidades da sociedade civil e sobre a forma de sua designação.

§ 4º O mandato dos membros representantes de entidades da sociedade civil na CNAPO terá duração de dois anos.

§ 5º A Secretaria-Geral da Presidência da República exercerá a função de Secretaria-Executiva da CNAPO e providenciará suporte técnico e administrativo ao seu funcionamento.

§ 6º Poderão participar das reuniões da CNAPO, a convite de sua Secretaria-Executiva, especialistas e representantes de órgãos e entidades públicas ou privadas que exerçam atividades relacionadas à agroecologia e produção orgânica.

ART. 9º Compete à CIAPO:

I - elaborar proposta do PLANAPO, no prazo de cento e oitenta dias, contado da data de publicação deste Decreto;

II - articular os órgãos e entidades do Poder Executivo federal para a implementação da PNAPO e do PLANAPO;

III - interagir e pactuar com instâncias, órgãos e entidades estaduais, distritais e municipais sobre os mecanismos de gestão e de implementação do PLANAPO; e

IV - apresentar relatórios e informações ao CNAPO para o acompanhamento e monitoramento do PLANAPO.

ART. 10. A CIAPO será composta por representantes, titular e suplente, dos seguintes órgãos:

I - Ministério do Desenvolvimento Agrário, que a coordenará;

II - Secretaria-Geral da Presidência da República;

III - Ministério da Fazenda;

IV - Ministério da Agricultura, Pecuária e Abastecimento;

V - Ministério do Meio Ambiente;

VI - Ministério do Desenvolvimento Social e Combate à Fome;

VII - Ministério da Educação;

VIII - Ministério da Saúde;

IX - Ministério da Ciência, Tecnologia e Inovação; e

X - Ministério da Pesca e Aquicultura.

§ 1º Os membros da CIAPO serão indicados pelos titulares dos órgãos e designados em ato do Ministro de Estado do Desenvolvimento Agrário.

§ 2º Poderão participar das reuniões da CIAPO, a convite de sua coordenação, especialistas e representantes de órgãos e entidades públicas ou privadas que exercem atividades relacionadas à agroecologia e produção orgânica.

§ 3º O Ministério do Desenvolvimento Agrário exercerá a função de Secretaria-Executiva da CIAPO e providenciará suporte técnico e administrativo ao seu funcionamento.

ART. 11. A participação nas instâncias de gestão da PNAPO será considerada prestação de serviço público relevante, não remunerada.

ART. 12. O Regulamento da Lei n. 10.711, de 5 de agosto de 2003, que dispõe sobre o Sistema Nacional de Sementes e Mudas - SNSM, aprovado pelo Decreto n. 5.153, de 23 de julho de 2004, passa a vigorar com as seguintes alterações:

- Alterações promovidas no texto do referido decreto.

ART. 13. O Decreto n. 6.323, de 27 de dezembro de 2007, passa a vigorar com as seguintes alterações:

- Alterações promovidas no texto do referido decreto.

ART. 14. Este Decreto entra em vigor na data de sua publicação.

Brasília, 20 de agosto de 2012; 191º da Independência e 124º da República.

DILMA ROUSSEFF

DECRETO N. 7.808, DE 20 DE SETEMBRO DE 2012

Cria a Fundação de Previdência Complementar do Servidor Público Federal do Poder Executivo - Funpresp-Exe, dispõe sobre sua vinculação no âmbito do Poder Executivo e dá outras providências.

- *DOU*, 21.09.2012.

A Presidenta da República, no uso das atribuições que lhe confere o art. 84, *caput*, incisos IV e VI, alínea "a", da Constituição, e tendo em vista o disposto no art. 4º, *caput*, inciso I, da Lei n. 12.618, de 30 de abril de 2012,

Decreta:

ART. 1º Fica criada a Fundação de Previdência Complementar do Servidor Público Federal do Poder Executivo - Funpresp-Exe, entidade fechada de previdência complementar vinculada ao Ministério do Planejamento, Orçamento e Gestão, com a finalidade de administrar e executar planos de benefícios de caráter previdenciário.

§ 1º A Funpresp-Exe será estruturada na forma de fundação, de natureza pública, com personalidade jurídica de direito privado e autonomia administrativa, financeira e gerencial.

§ 2º A Funpresp-Exe terá sede e foro em Brasília, Distrito Federal.

ART. 2º O regime jurídico de pessoal da Funpresp-Exe será o previsto na legislação trabalhista.

ART. 3º A Funpresp-Exe atuará de acordo com o disposto na lei e em seu estatuto, e sua estrutura organizacional será constituída de Conselho Deliberativo, Conselho Fiscal e Diretoria-Executiva.

ART. 4º Para o cumprimento do disposto na Lei n. 12.618, de 30 de abril de 2012, o Ministério do Planejamento, Orçamento e Gestão:

I - elaborará a proposta de estatuto inicial da Funpresp-Exe e adotará as providências necessárias à sua aprovação pelo órgão fiscalizador das entidades fechadas de previdência complementar;

II - celebrará convênio de adesão com a Funpresp-Exe em nome dos órgãos da administração direta, das autarquias e das fundações do Poder Executivo federal;

III - exercerá as funções de órgão responsável:

a) pelo aporte inicial, a título de adiantamento de contribuições futuras, de que trata o art. 25, *caput*, inciso I, da Lei n. 12.618, de 2012, e o Anexo I à Lei n. 12.697, de 30 de julho de 2012;

b) pelo aporte, desconto e transferência das contribuições de que trata o art. 11, *caput*, da Lei n. 12.618, de 2012; e

c) pela supervisão e fiscalização sistemática das atividades da Funpresp-Exe, em nome dos órgãos e entidades de que trata o inciso II do *caput*, e encaminhamento dos resultados ao órgão fiscalizador das entidades fechadas de previdência complementar, na forma do art. 20 da Lei n. 12.618, de 2012; e

IV - fornecerá as informações necessárias para compor a base de dados da Funpresp-Exe.

Parágrafo único. Os órgãos e entidades do Poder Executivo federal deverão fornecer ao Ministério do Planejamento, Orçamento e Gestão os dados e informações necessários ao cumprimento do disposto no *caput*.

ART. 5º Poderão celebrar convênios de adesão com a Funpresp-Exe, na qualidade de patrocinadores de planos de benefícios próprios administrados pela entidade:

I - o Ministério Público da União e o Conselho Nacional do Ministério Público; e

II - a Câmara dos Deputados, o Senado Federal e o Tribunal de Contas da União.

§ 1º Os servidores públicos titulares de cargo efetivo dos órgãos de que tratam os incisos I e II do *caput*, inclusive os membros do Ministério Público da União e do Tribunal de Contas da União, poderão aderir aos planos de benefícios próprios de que trata o *caput*.

§ 2º As competências definidas no art. 4º serão exercidas, no que couber, pelos órgãos de que tratam os incisos I e II do *caput*, em relação aos seus servidores e membros.

ART. 6º A Funpresp-Exe será mantida integralmente por suas receitas, oriundas das contribuições de patrocinadores, participantes e assistidos, dos resultados financeiros de suas aplicações e de doações e legados de qualquer natureza.

ART. 7º Os patrocinadores poderão ceder servidores públicos para a Funpresp-Exe, desde que ressarcidos os custos correspondentes, observadas as disposições legais sobre a cessão de pessoal.

Parágrafo único. No âmbito do Poder Executivo, a cessão deverá ser autorizada pelo Ministro de Estado do Planejamento, Orçamento e Gestão e pelo dirigente máximo do órgão ou entidade cedente.

ART. 8º As seguintes propostas a serem encaminhadas pela Funpresp-Exe para autorização do órgão fiscalizador das entidades fechadas de previdência complementar deverão estar acompanhadas de manifestação favorável do Ministério do Planejamento, Orçamento e Gestão e do Ministério da Fazenda, observado o disposto no art. 19 da Lei n. 12.618, de 2012:

I - aprovação e alteração do estatuto;

II - aprovação, alteração e extinção de planos de benefícios; e

III - adesão e retirada de patrocinadores, e alteração dos convênios de adesão.

ART. 9º O Ministério do Planejamento, Orçamento e Gestão prestará o apoio necessário às atividades da Funpresp-Exe até o início de seu funcionamento, nos termos do art. 26 da Lei n. 12.618, de 2012.

Parágrafo único. As despesas administrativas diretas ou indiretas, apuradas pelo Ministério do Planejamento, Orçamento e Gestão, decorrentes do estabelecido no *caput*, serão ressarcidas pela Funpresp-Exe.

ART. 10. O Anexo ao Decreto n. 6.129, de 20 de junho de 2007, passa a vigorar com as seguintes alterações:

- O Dec. 6.129/2007 foi revogado pelo Dec. 8.872/2016 (Dispõe sobre a vinculação das entidades da administração pública federal indireta).
- Alterações promovidas no texto do referido decreto.

ART. 11. O Anexo I ao Decreto n. 7.675, de 20 de janeiro de 2012, passa a vigorar com as seguintes alterações:

- Alterações promovidas no texto do referido decreto.

ART. 12. Este Decreto entra em vigor na data de sua publicação.

Brasília, 20 de setembro de 2012; 191º da Independência e 124º da República.

DILMA ROUSSEFF

DECRETO N. 7.819, DE 3 DE OUTUBRO DE 2012

Regulamenta os arts. 40 a 44 da Lei n. 12.715, de 17 de setembro de 2012, que dispõe sobre o Programa de Incentivo à Inovação Tecnológica e Adensamento da Cadeia Produtiva de Veículos Automotores - INOVAR-AUTO, e os arts. 5º e 6º da Lei n. 12.546, de 14 de dezembro de 2011, que dispõe sobre redução do Imposto sobre Produtos Industrializados, na hipótese que especifica.

- *DOU*, 3.10.2012 - Edição extra.
- Lei 12.546/2011 (Institui o Regime Especial de Reintegração de Valores Tributários para as Empresas Exportadoras (Reintegra); dispõe sobre a redução do Imposto sobre Produtos Industrializados (IPI) à indústria automotiva; altera a incidência das contribuições previdenciárias devidas pelas empresas que menciona).
- Lei 12.715/2012 (Altera a alíquota das contribuições previdenciárias sobre a folha de salários devidas pelas empresas que especifica; institui o Programa de Incentivo à Inovação Tecnológica e Adensamento da Cadeia Produtiva de Veículos

Automotores, o Regime Especial de Tributação do Programa Nacional de Banda Larga para Implantação de Redes de Telecomunicações, o Regime Especial de Incentivo a Computadores para Uso Educacional, o Programa Nacional de Apoio à Atenção Oncológica e o Programa Nacional de Apoio à Atenção da Saúde da Pessoa com Deficiência; restabelece o Programa Um Computador por Aluno; altera o Programa de Apoio ao Desenvolvimento Tecnológico da Indústria de Semicondutores, instituído pela Lei 11.484/2007).

A Presidenta da República, no uso da atribuição que lhe confere o art. 84, *caput*, inciso IV da Constituição, e tendo em vista o disposto nos arts. 5º e 6º da Lei n. 12.546, de 14 de dezembro de 2011, e nos arts. 40 a 44 da Lei n. 12.715, de 17 de setembro de 2012,

Decreta:

CAPÍTULO I
DOS OBJETIVOS E DA DURAÇÃO

ART. 1º O Programa de Incentivo à Inovação Tecnológica e Adensamento da Cadeia Produtiva de Veículos Automotores - INOVAR-AUTO tem como objetivo apoiar o desenvolvimento tecnológico, a inovação, a segurança, a proteção ao meio ambiente, a eficiência energética e a qualidade dos veículos e das autopeças, nos termos deste Decreto.

§ 1º O INOVAR-AUTO será aplicado até 31 de dezembro de 2017, data em que cessarão seus efeitos e todas as habilitações vigentes serão consideradas canceladas.

§ 2º O disposto no § 1º não prejudica a exigência do cumprimento dos compromissos assumidos, inclusive dos estabelecidos para data posterior a 31 de dezembro de 2017.

CAPITULO II
DOS BENEFICIÁRIOS

ART. 2º Poderão habilitar-se ao INOVAR-AUTO as empresas que:

I - produzam, no País, os produtos classificados nos códigos da Tabela de Incidência do Imposto sobre Produtos Industrializados, aprovada pelo Decreto n. 7.660, de 23 de dezembro de 2011, relacionados no Anexo I; (Alterado pelo Dec. 8.015/2013.)

II - não produzam, mas comercializem, no País, os produtos a que se refere o inciso I; ou

III - tenham projeto de investimento aprovado para instalação, no País, de fábrica dos produtos a que se refere o inciso I ou, em relação a empresas já instaladas, de novas plantas ou projetos industriais para produção de novos modelos desses produtos.

§ 1º Para efeito do disposto no inciso III do *caput*, o projeto de investimento, para a instalação de novas plantas ou de projetos industriais, deverá compreender o desenvolvimento de atividades que resultem em aumento da capacidade instalada produtiva da empresa habilitada, decorrente da produção de modelo de produto ainda não fabricado no País, nos termos estabelecidos em ato do Ministro de Estado do Desenvolvimento, Indústria e Comércio Exterior.

§ 2º A habilitação ao INOVAR-AUTO, nos termos do inciso III do *caput*, poderá ser concedida a empresas que, na data de publicação deste Decreto, tenham em execução projeto de investimento, para instalação de novas plantas ou de projetos industriais.

§ 3º Na hipótese prevista no § 2º, a habilitação contemplará apenas a parcela do projeto ainda não executada.

CAPITULO III
DA HABILITAÇÃO

SEÇÃO I
DA SOLICITAÇÃO E DA CONCESSÃO

ART. 3º A habilitação ao INOVAR-AUTO:

I - será solicitada ao Ministério do Desenvolvimento, Indústria e Comércio Exterior e concedida por ato específico, desde que atendidos todos os requisitos para habilitação previstos neste Decreto; e (Alterado pelo Dec. 8.015/2013.)

II - terá validade de doze meses, contados da data da habilitação, e poderá, ao final de cada período, ser renovada por solicitação da empresa, pelo período de doze meses, com limite de validade em 31 de dezembro de 2017.

§ 1º O ato referido no inciso I do *caput* discriminará as modalidades de habilitação da empresa entre aquelas previstas nos incisos I a III do *caput* do art. 2º.

§ 2º No caso de que trata o inciso III do *caput* do art. 2º, a renovação prevista no inciso II do *caput* deverá ser efetuada com observância ao disposto no § 2º do art. 5º.

§ 3º Aplica-se o disposto no inciso II do *caput* à hipótese de mudança de modalidade de habilitação entre aquelas previstas nos incisos I a III do *caput* do art. 2º. (Alterado pelo Dec. 8.015/2013.)

§ 4º A solicitação de habilitação poderá ser efetuada a qualquer tempo.

§ 5º Excepcionalmente para o ano-calendário de 2012, poderão ser habilitadas ao INOVAR-AUTO as empresas de que trata o art. 2º que apresentem ao Ministério do Desenvolvimento, Indústria e Comércio Exterior solicitação de habilitação, da qual constará:

I - atendimento aos requisitos estabelecidos nos incisos I e II do *caput* art. 4º;

II - projeto de investimentos nos termos do Anexo V, no caso de habilitação nos termos do inciso III do *caput* do art. 2º; e

III - as informações referidas no parágrafo único do art. 6º, no caso das empresas de que trata o inciso II do *caput* do art. 2º.

§ 6º Para efeito do disposto no § 5º, a habilitação terá validade até 31 de maio de 2013, aplicando-se, posteriormente, o disposto no inciso II do *caput*. (Alterado pelo Dec. 7.969/2013.)

§ 7º Para efeito da habilitação nos termos do § 5º, os compromissos e os direitos da empresa habilitada constarão do Ato de Habilitação editado pelo Ministério do Desenvolvimento, Indústria e Comércio Exterior. (Alterado pelo Dec. 8.015/2013.)

§ 8º As habilitações provisórias que não forem transformadas em habilitações definitivas até o prazo de que trata o §6º serão mantidas em vigor até a publicação de suas habilitações definitivas ou até 31 de julho de 2013, o que primeiro ocorrer. (Acrescentado pelo Dec. 8.015/2013.)

SEÇÃO II
DAS CONDIÇÕES GERAIS

ART. 4º A habilitação ao INOVAR-AUTO fica condicionada:

I - à regularidade da empresa solicitante em relação aos tributos federais; e

II - ao compromisso da empresa solicitante de atingir níveis mínimos de eficiência energética em relação aos produtos comercializados no País, nos termos do item 2 do Anexo II.

§ 1º As obrigações e os direitos da empresa habilitada constarão de Termo de Compromisso, conforme estabelecido em ato do Ministro de Estado do Desenvolvimento, Indústria e Comércio Exterior.

§ 2º O requisito constante do inciso II do *caput* não se aplica às empresas que produzam ou comercializem, no País, exclusivamente os veículos relacionados no Anexo IV.

SEÇÃO III
DAS CONDIÇÕES ESPECÍFICAS

SUBSEÇÃO I
DAS EMPRESAS QUE TENHAM PROJETO DE INSTALAÇÃO DE FÁBRICA OU DE NOVA PLANTA OU PROJETO INDUSTRIAL

ART. 5º No caso de que trata o inciso III do *caput* do art. 2º, o projeto de investimento deverá atender aos termos estabelecidos pelo Ministério do Desenvolvimento, Indústria e Comércio Exterior, e aos critérios para a determinação da capacidade anual de produção.

§ 1º A habilitação da empresa solicitante fica condicionada à aprovação de projeto de investimento, nos termos do *caput*, pelo Ministério do Desenvolvimento, Indústria e Comércio Exterior.

§ 2º A empresa deverá solicitar habilitação específica para cada fábrica, planta ou projeto industrial que pretenda instalar, podendo cada habilitação ser renovada uma vez, e desde que cumprido o cronograma físico-financeiro do projeto de investimento.

§ 3º O projeto de investimento deverá contemplar a descrição e as características técnicas dos veículos a serem importados e produzidos.

§ 4º Para efeito da renovação de que trata o § 2º, não será considerada a habilitação realizada nos termos dos §§ 5º a 7º do art. 3º. (Acrescentado pelo Dec. 8.015/2013.)

SUBSEÇÃO II
DAS EMPRESAS QUE NÃO PRODUZAM, MAS COMERCIALIZEM VEÍCULOS NO PAÍS

ART. 6º No caso de que trata o inciso II do *caput* do art. 2º, a habilitação ao INOVAR-AUTO fica condicionada a compromisso da empresa de atender aos requisitos estabelecidos nos incisos II, III e IV do *caput* do art. 7º.

Parágrafo único. Para efeito de aplicação do disposto no *caput*, a empresa interessada deverá: (Alterado pelo Dec. 8.015/2013.)

I - apresentar programação descritiva dos dispêndios e dos investimentos que pretenda realizar no País; e (Acrescentado pelo Dec. 8.015/2013.)

II - comprovar vínculo com o fabricante ou com seu respectivo distribuidor de veículos no exterior, demonstrando estar formalmente autorizada a realizar no território brasileiro as atividades de importação, comercialização, prestação de serviços de assistência técnica, organização de rede de distribuição, e a utilização das marcas do fabricante em relação aos veículos objeto de importação, mediante documento válido no Brasil. (Acrescentado pelo Dec. 8.015/2013.)

SUBSEÇÃO III
DAS EMPRESAS QUE PRODUZAM VEÍCULOS NO PAÍS

ART. 7º No caso de que trata o inciso I do *caput* do art. 2º, a habilitação ao INOVAR-AUTO fica condicionada ao compromisso da empresa de atender ao inciso I e, no mínimo, a dois dos requisitos estabelecidos nos incisos II a IV seguintes:

I - realizar, no País, diretamente ou por intermédio de terceiros, a quantidade mínima de atividades fabris e de atividades de infraestrutura de engenharia relacionadas no Anexo III, em pelo menos oitenta por cento dos veículos fabricados, conforme cronograma a seguir:

a) para a produção de automóveis e comerciais leves:

▸ (Alterado pelo Dec. 8.015/2013.)

Ano-Calendário	Número de atividades
2013	8
2014	9
2015	9
2016	10
2017	10

b) para a produção de caminhões:

▸ (Alterado pelo Dec. 8.015/2013.)

Ano-Calendário	Número de atividades
2013	9
2014	10
2015	10
2016	11
2017	11

c) para a produção de chassis com motor:

▸ (Alterado pelo Dec. 8.015/2013.)

Ano-Calendário	Número de atividades
2013	7
2014	8
2015	8
2016	9
2017	9

d) para a produção de automóveis na situação prevista no inciso III do § 5º do art. 12: (Acrescentado pelo Dec. 8.015/2013.)

Ano-Calendário	Número de atividades
2013	6
2014	6
2015	7
2016	7
2017	8

II - realizar, no País, dispêndios em pesquisa e desenvolvimento correspondentes, no mínimo, aos percentuais, a seguir indicados, incidentes sobre a receita bruta total de venda de bens e serviços, excluídos os impostos e contribuições incidentes sobre a venda:

Ano-Calendário	Percentual
2013	0,15%
2014	0,30%
2015	0,50%
2016	0,50%
2017	0,50%

III - realizar, no País, dispêndios em engenharia, tecnologia industrial básica e capacitação de fornecedores correspondentes, no mínimo, aos percentuais, a seguir indicados, incidentes sobre a receita bruta total de venda de bens e serviços, excluídos os impostos e contribuições incidentes sobre a venda:

Ano-Calendário	Percentual
2013	0,5%
2014	0,75%
2015	1,0%
2016	1,0%
2017	1,0%

IV - aderir a Programa de Etiquetagem Veicular definido pelo Ministério do Desenvolvimento, Indústria e Comércio Exterior e estabelecido pelo Instituto Nacional de Metrologia, Qualidade e Tecnologia-INMETRO, com eventual participação de outras entidades públicas, com os seguintes percentuais mínimos dos modelos, conforme definido no Programa de Etiquetagem Veicular do INMETRO, de produtos classificados nos códigos TIPI relacionados no Anexo I, comercializados pela empresa, a serem etiquetados no âmbito do referido Programa: (Alterado pelo Dec. 8.015/2013.)

Ano-Calendário	Percentual
2013	36%
2014	49%
2015	64%
2016	81%
2017	100%

§ 1º A empresa que fabrique exclusivamente veículos classificados nos códigos constantes do Anexo IV deve assumir o compromisso de atender ao inciso I e a pelo menos um dos requisitos estabelecidos nos incisos II e III do *caput*, não se lhes aplicando o requisito disposto no inciso IV do *caput*.

§ 2º O requisito disposto no inciso IV do *caput* não se aplica aos veículos classificados nos códigos constantes do Anexo IV.

§ 3º Em relação às empresas que tenham se instalado no País depois do ano de 2013 e passem ser habilitadas na modalidade de que trata o inciso I do *caput* do art. 2º, os requisitos de que tratam os incisos I a III do *caput* ficam deslocados no tempo da seguinte forma, sem prejuízo do disposto no § 1º e no § 2º do art. 1º:

I - requisitos previstos para 2013 ficam postergados para o ano-calendário de habilitação;

II - requisitos previstos para 2014 ficam postergados para o ano-calendário seguinte ao da habilitação;

III - requisitos previstos para 2015 ficam postergados para o segundo ano-calendário seguinte ao da habilitação;

IV - requisitos previstos para 2016 ficam postergados para o terceiro ano-calendário seguinte ao da habilitação; e

V - requisitos previstos para 2017 ficam postergados para o quarto ano-calendário seguinte ao da habilitação.

§ 4º Os valores de que trata o inciso II do *caput* devem ser aplicados nas atividades de:

I - pesquisa básica dirigida - atividades executadas com o objetivo de adquirir conhecimentos quanto à compreensão de novos fenômenos, com vistas ao desenvolvimento de produtos, processos ou sistemas inovadores;

II - pesquisa aplicada - atividades executadas com o objetivo de adquirir novos conhecimentos, com vistas ao desenvolvimento ou aprimoramento de produtos, processos e sistemas;

III - desenvolvimento experimental - atividades sistemáticas delineadas a partir de conhecimentos pré-existentes, visando à comprovação ou demonstração da viabilidade de técnica ou funcional de novos produtos, processos, sistemas e serviços ou, ainda, um evidente aperfeiçoamento dos já produzidos ou estabelecidos; e

IV - serviços de apoio técnico - serviços indispensáveis à implantação e à manutenção das instalações ou dos equipamentos destinados, exclusivamente, à execução de projetos de pesquisa, desenvolvimento ou inovação tecnológica, bem como à capacitação dos recursos humanos a eles dedicados, diretamente vinculados às atividades relacionadas nos incisos I a III.

§ 5º Poderão ser considerados, para efeito deste Decreto, e como valores de que trata o inciso II do *caput*, os dispêndios realizados pelas empresas habilitadas ao INOVAR-AUTO com o desenvolvimento de novos dispositivos de segurança veicular ativa e passiva, nos termos, limites e condições estabelecidos em ato conjunto dos Ministros de Estado do Desenvolvimento, Indústria e Comércio Exterior e da Ciência, Tecnologia e Inovação, desde que:

I - sejam incorporados aos produtos relacionados no Anexo I até 30 de julho de 2017; e

II - constituam-se em avanços funcionais e tecnológicos em relação aos previstos pelo CONTRAN.

§ 6º Os valores de que trata o inciso III do *caput* devem ser aplicados nas atividades de:

I - desenvolvimento de engenharia - concepção de novo produto ou processo de fabricação, e a agregação de novas funcionalidades ou características a produto ou processo que implique melhorias incrementais e efetivo ganho de qualidade ou produtividade, resultando maior competitividade no mercado;

II - tecnologia industrial básica - aferição e a calibração de máquinas e equipamentos, o projeto e a confecção de instrumentos de medida específicos, a certificação de conformidade, inclusive os ensaios correspondentes, a normalização ou a documentação técnica gerada e o patenteamento do produto ou processo desenvolvido;

III - treinamento do pessoal dedicado à pesquisa, desenvolvimento do produto e do processo, inovação e implementação;

IV - desenvolvimento de produtos, inclusive veículos, sistemas e seus componentes, autopeças, máquinas e equipamentos;

V - concepção, projeto, construção ou modernização de laboratório, centros de pesquisa aplicada, pista de testes e da infraestrutura para seu funcionamento e aquisição de equipamentos, serviços e peças de reposição, nacionais, necessários para a realização das atividades previstas no inciso I; (Alterado pelo Dec. 8.294/2014.)

VI - concepção, projeto, construção ou modernização de laboratório, centros de pesquisa aplicada, pista de testes e da infraestrutura para seu funcionamento e aquisição de equipamentos, serviços e peças de reposição, nacionais, necessários para a realização das atividades previstas no inciso II; (Alterado pelo Dec. 8.294/2014.)

VII - desenvolvimento de ferramental, moldes e modelos para moldes, matrizes e dispositivos, como instrumentos e aparelhos industriais e de controle de qualidade, novos, e seus acessórios e peças, utilizados no processo produtivo; ou (Alterado pelo Dec. 8.294/2014.)

VIII - capacitação de fornecedores, em conformidade com o disposto em ato do Ministro de Estado do Desenvolvimento, Indústria e Comércio Exterior.

§ 7º Poderão ser considerados, para efeito deste Decreto, e como valores de que tratam os incisos II e III do *caput*, os dispêndios realizados pelas empresas habilitadas ao Inovar-Auto para alcance de relação de consumo nos motores flex, entre etanol hidratado e gasolina, superior a setenta e cinco por cento, sem prejuízo da eficiência energética da gasolina nesses veículos, nos termos, limites e condições a serem definidos em ato do Ministro de Estado do Desenvolvimento, Indústria e Comércio Exterior. (Acrescentado pelo Dec. 8.544/2015.)

§ 8º Excepcionalmente, na renovação da habilitação de que trata o inciso II do *caput* do art. 3º, realizada no ano de 2015, a empresa habilitada poderá solicitar a alteração dos compromissos assumidos entre aqueles estabelecidos nos incisos II a IV do *caput*. (Acrescentado pelo Dec. 8.544/2015.)

§ 9º O disposto no § 8º aplica-se nos casos em que a empresa habilitada se comprometa a manter, até o final do Programa, os níveis previstos para o ano de 2013, relativamente ao requisito alterado. (Acrescentado pelo Dec. 8.544/2015.)

ART. 8º Os dispêndios em pesquisa, desenvolvimento tecnológico, engenharia, tecnologia industrial básica e capacitação de fornecedores de que tratam os incisos II e III do *caput* do art. 7º:

I - deverão ser realizados, no País, pela pessoa jurídica beneficiária do INOVAR-AUTO:

a) diretamente;

b) por intermédio de fornecedor contratado; ou

c) por intermédio de contratação de universidade, instituição de pesquisa, empresa especializada ou inventor independente de que trata o inciso IX do *caput* do art. 2º da Lei n. 10.973, de 2 de dezembro de 2004;

II - não poderão abranger a doação de bens e serviços;

III - poderão abranger a destinação de recursos ao Fundo Nacional de Desenvolvimento Científico e Tecnológico - FNDCT;

IV - tomarão por base a receita bruta total de venda de bens e serviços, excluídos os impostos e contribuições incidentes sobre a venda, apurada no ano-calendário; e

V - observarão os procedimentos estabelecidos em portaria conjunta dos Ministros de Estado da Ciência, Tecnologia e Inovação e do Desenvolvimento, Indústria e Comércio Exterior.

§ 1º O Ministério da Fazenda adotará as providências necessárias para que sejam repassados ao FNDCT os recursos de que trata o inciso III do *caput*.

§ 2º O Ministério da Ciência, Tecnologia e Inovação disciplinará a gestão, o controle e a contabilidade específica da posição financeira e orçamentária dos recursos destinados ao FNDCT, criado pelo Decreto-Lei n. 719, de 31 de julho de 1969.

§ 3º Para efeito da comprovação dos dispêndios de que tratam os incisos II e III do *caput* do art. 7º, poderão ser considerados aqueles realizados em acordo com a Lei n. 11.196, de 21 de novembro de 2005, com a Lei n. 9.440, de 14 de março de 1997, e com a Lei n. 9.826, de 23 de agosto de 1999, observando-se as atividades descritas nos §§ 4º, 5º e 6º do art. 7º. (Alterado pelo Dec. 8.015/2013.)

§ 4º Na hipótese de glosa dos dispêndios de que trata este artigo, a empresa habilitada poderá cumprir os compromissos de que tratam os incisos II e III do *caput* do art. 7º mediante recolhimento do valor glosado ao FNDCT, no prazo de 30 dias, contado da notificação, nos termos estabelecidos pelos Ministérios da Ciência, Tecnologia e Inovação e do Desenvolvimento, Indústria e Comércio Exterior. (Acrescentado pelo Dec. 8.294/2014.)

§ 5º O recolhimento de valores ao FNDCT como alternativa à realização das despesas de que tratam os incisos II e III do *caput* do art. 7º poderá ser efetuado até o último dia útil do mês de fevereiro do ano subsequente ao ano-calendário em que deveriam ter sido realizadas as despesas, ressalvado o disposto no § 4º. (Acrescentado pelo Dec. 8.294/2014.)

SEÇÃO IV
DO CANCELAMENTO DA HABILITAÇÃO

ART. 9º O descumprimento dos requisitos e dos compromissos estabelecidos por este Decreto ou pelos atos complementares de regulamentação do INOVAR-AUTO acarretará o cancelamento da habilitação ao Programa, exceto nas seguintes hipóteses: (Alterado pelo Dec. 8.294/2014.)

I - descumprimento do compromisso de que trata o inciso II do *caput* do art. 4º; e (Acrescentado pelo Dec. 8.294/2014.)

II - apuração e utilização de valor a maior de crédito presumido por empresa habilitada ao INOVAR-AUTO em razão das incorreções nas informações de que trata o § 2º do art. 32-B. (Acrescentado pelo Dec. 8.294/2014.)

§ 1º O ato de cancelamento de que trata o *caput*:

I - será editado em ato do Ministro de Estado do Desenvolvimento, Indústria e Comércio Exterior; (Alterado pelo Dec. 8.015/2013.)

II - produzirá efeitos apenas a partir do início do período da habilitação em que tenha ocorrido descumprimento de compromisso assumido; e (Alterado pelo Dec. 8.015/2013.)

III - implicará o cancelamento da renovação da habilitação para novo período de doze meses. (Alterado pelo Dec. 8.015/2013.)

§ 2º No caso de a empresa possuir mais de uma habilitação vigente, o cancelamento de uma não afeta as demais.

§ 3º O descumprimento do compromisso de que trata o inciso II do *caput* do art. 4º ensejará a aplicação da multa de que tratam os incisos II a V do *caput* do art. 32. (Acrescentado pelo Dec. 8.015/2013.)

ART. 10. O cancelamento da habilitação ao INOVAR-AUTO implicará a exigência do IPI que deixou de ser pago em função da utilização do crédito presumido, com os acréscimos previstos na legislação tributária, desde a primeira habilitação.

Parágrafo único. Na hipótese prevista no § 1º do art. 9º, a exigência de que trata o *caput* poderá abranger apenas o imposto que deixou de ser pago desde o início do período de vigência da habilitação não renovada, com os acréscimos previstos na legislação tributária. (Alterado pelo Dec. 8.015/2013.)

CAPITULO IV
DO CRÉDITO PRESUMIDO DO IPI

ART. 11. As empresas habilitadas ao INOVAR-AUTO farão jus a crédito presumido do IPI, nos termos deste Decreto.

Parágrafo único. O crédito presumido de que trata o *caput* poderá ser apurado desde a habilitação ao Programa.

SEÇÃO I
DA APURAÇÃO

ART. 12. O crédito presumido do IPI poderá ser apurado com base nos dispêndios realizados em cada mês-calendário relativos a:

I - insumos estratégicos;

II - ferramentaria;

III - pesquisa;

IV - desenvolvimento tecnológico;

V - inovação tecnológica;

VI - recolhimentos ao Fundo Nacional de Desenvolvimento Científico e Tecnológico - FNDCT, na forma da legislação específica;

VII - capacitação de fornecedores; e

VIII - engenharia e tecnologia industrial básica.

§ 1º Para efeito do disposto no *caput*, serão considerados os dispêndios realizados no segundo mês-calendário anterior ao mês de apuração do crédito.

§ 1º-A. O crédito presumido de janeiro de 2013 poderá ser apurado com base nos dispêndios realizados entre 1º de novembro de 2012 e 31 de dezembro de 2012. (Acrescentado pelo Dec. 8.015/2013.)

§ 2º Os dispêndios realizados nos meses de novembro e dezembro de 2017 não darão direito ao crédito de que trata o *caput*.

§ 3º O crédito presumido relativo aos incisos I e II do *caput* será apurado com base na multiplicação dos valores dos dispêndios realizados, para aquisição de insumos e ferramentaria, pelo fator de que trata o § 5º, nos termos e condições estabelecidos em ato do Ministério do Desenvolvimento, Indústria e Comércio Exterior, inclusive na hipótese de produção pela própria empresa habilitada.

§ 4º Na hipótese de encomenda a outra empresa habilitada ao INOVAR-AUTO, esta não poderá incluir os dispêndios para a fabricação de insumos estratégicos ou ferramentaria encomendados na base de cálculo de crédito presumido. (Alterado pelo Dec. 8.015/2013.)

§ 5º O fator de que trata o § 3º:

I - no caso de empresas habilitadas que produzam ou apenas comercializem, no País, produtos classificados nos códigos da TIPI referidos no Anexo I e as que tenham novos projetos nos termos do inciso III do *caput* do art. 2º, fica estabelecido em: (Alterado pelo Dec. 8.294/2014.)

Automóveis e Comerciais Leves	
Fator	Ano-Calendário
1,30	2013
1,25	2014
1,15	2015
1,10	2016
1,00	2017

Caminhões e Chassis com Motor		
Fator	Ano-Calendário	Período de Apuração da Receita Líquida de Vendas

(1,30 x RPS) + (1,0 x RLM) RT	2013	Jul./2011 a jun./2012
(1,25 x RPS) + (0,95 x RLM) RT	2014	Jul./2012 a jun./2013
(1,15 x RPS) + (0,90 x RLM) RT	2015	Jul./2013 a jun./2014
(1,10 x RPS) + (0,85 x RLM) RT	2016	Jul./2014 a jun./2015
(1,00 x RPS) + (0,85 x RLM) RT	2017	Jul./2015 a jun./2016

II - no caso de empresas que tenham se instalado no País depois do ano de 2013, passando a ser habilitadas ao INOVAR-AUTO na modalidade de que trata o inciso I do *caput* do art. 2º, fica estabelecido em:

Automóveis e Comerciais Leves	
Fator	Ano de habilitação
1,30	1º
1,25	2º
1,15	3º
1,10	4º
1,00	5º

Caminhões e Chassis com Motor		
Fator	Ano de habilitação	Período de Apuração da Receita Líquida de Vendas
(1,30 x RPS) + (1,0 x RLM) RT	1º	Período de 12 meses iniciado em julho do segundo ano anterior ao de habilitação.
(1,25 x RPS) + (0,95 x RLM) RT	2º	Período de 12 meses iniciado em julho do segundo ano anterior ao da primeira renovação de habilitação.
(1,15 x RPS) + (0,90 x RLM) RT	3º	Período de 12 meses iniciado em julho do segundo ano anterior ao da segunda renovação de habilitação.
(1,10 x RPS) + (0,85 x RLM) RT	4º	Período de 12 meses iniciado em julho do segundo ano anterior ao da terceira renovação da habilitação.
(1,00 x RPS) + (0,85 x RLM) RT	5º	Período de 12 meses iniciado em julho do segundo ano anterior ao da quarta renovação de habilitação.

III - no caso de empresas que tenham se instalado no País, com projeto de investimento relativo à instalação de uma única fábrica de veículos classificados nos códigos constantes do Anexo XIII, com capacidade produtiva anual de até trinta e cinco mil unidades e, com investimento específico de, no mínimo, R$ 17.000,00 (dezessete mil reais), e que passem a estar habilitadas ao INOVAR-AUTO na modalidade de que trata o inciso I do *caput* do art. 2º, fica estabelecido em 1,3 para o período de vigência do referido Programa. (Alterado pelo Dec. 8.015/2013.)

§ 6º Para efeito de aplicação do disposto nos incisos I e II do § 5º, considera-se:

I - RPS - Receita Líquida de Vendas da empresa nos segmentos de caminhões pesados e semipesados e chassis com motor;

II - RLM - Receita Líquida de Vendas da empresa nos segmentos de caminhões semileves, leves e médios;

III - RT - somatório de RPS e RLM;

IV - caminhões semileves, leves e médios os que possuem peso bruto total - PBT superior a três toneladas e meia e inferior a quinze toneladas;

V - caminhões semipesados:

a) os caminhões-chassis que possuem PBT igual ou superior a quinze toneladas e capacidade máxima de tração - CMT inferior ou igual a quarenta e cinco toneladas; e (Alterado pelo Dec. 8.015/2013.)

b) os caminhões-trator que possuem PBT igual ou superior a quinze toneladas e peso bruto total combinado - PBTC inferior a quarenta toneladas; e

VI - caminhões pesados:

a) os caminhões-chassis que possuem PBT igual ou superior a quinze toneladas e CMT superior a quarenta e cinco toneladas; e

b) os caminhões-trator que possuem PBT igual ou superior a quinze toneladas e PBTC igual ou superior a quarenta toneladas.

§ 7º Para efeito do que dispõe o inciso III do § 5º, entende-se como investimento específico a relação entre o valor do investimento em ativo fixo e a capacidade produtiva informada no projeto da empresa, conforme o disposto no art. 5º. (Alterado pelo Dec. 8.015/2013.)

§ 8º Caso as empresas enquadradas no inciso III do § 5º aumentem a produção de veículos acima do limite de trinta e cinco mil veículos anuais, o multiplicador fica estabelecido segundo a tabela indicada no inciso II do § 5º. (Alterado pelo Dec. 8.015/2013.)

§ 9º O crédito presumido de que tratam os incisos III a VI do *caput* corresponderá a cinquenta por cento dos dispêndios, limitados ao valor que corresponder à aplicação de dois por cento da receita bruta total de venda de bens e serviços do segundo mês-calendário anterior ao mês de apuração do crédito, excluídos os impostos e contribuições incidentes sobre a venda. (Alterado pelo Dec. 8.294/2014.)

§ 10. O crédito presumido de que tratam os incisos VI, VII e VIII do *caput* corresponderá a cinquenta por cento do valor dos dispêndios que excederem a setenta e cinco centésimos por cento, limitados a dois inteiros e setenta e cinco centésimos por cento da receita bruta total de venda de bens e serviços do segundo mês-calendário anterior ao mês de apuração do crédito, excluídos os impostos e contribuições incidentes sobre a venda. (Alterado pelo Dec. 8.294/2014.)

§ 10-A. A cada mês, os dispêndios referidos no inciso VI do *caput* deverão ser considerados para a apuração de apenas um dos créditos presumidos entre os previstos no § 9º e no § 10, a critério da empresa habilitada. (Acrescentado pelo Dec. 8.294/2014.)

§ 11. A apuração de que trata o *caput* será feita pelo estabelecimento matriz da empresa habilitada.

§ 12. Para a realização das atividades previstas nos incisos II e III do art. 7º, serão considerados realizados no País os dispêndios com aquisição de software, equipamentos e suas peças de reposição, desde que sejam utilizados nos laboratórios constantes do Termo de Compromisso de que trata o § 1º do art. 4º, observados os termos e condições complementares estabelecidos em ato conjunto dos Ministros de Estado do Desenvolvimento, Indústria e Comércio Exterior e de Ciência, Tecnologia e Inovação. (Acrescentado pelo Dec. 8.294/2014.)

§ 13. As peças de reposição referidas no § 12 são aquelas adquiridas juntamente com o equipamento, cujo valor seja igual ou inferior a dez por cento do valor do equipamento. (Acrescentado pelo Dec. 8.294/2014.)

§ 14. O valor dos dispêndios referidos nos incisos III a VIII do *caput* que não puderem ser utilizados em função dos limites estabelecidos nos §§ 9º e 10, poderá ser utilizado nos meses subsequentes, sem prejuízo da observância dos referidos limites, observada a data limite de 31 de dezembro de 2017. (Acrescentado pelo Dec. 8.544/2015.)

ART. 13. As empresas de que trata o inciso III do *caput* do art. 2º habilitadas ao INOVAR-AUTO, poderão, ainda, apurar crédito presumido do IPI correspondente ao resultado da aplicação da alíquota de trinta por cento sobre a base de cálculo do imposto na saída dos produtos do estabelecimento importador, classificados nos códigos da TIPI referidos no Anexo I, importados por estabelecimento importador da empresa habilitada. (Alterado pelo Dec. 8.015/2013.)

§ 1º A apuração do crédito presumido de que trata o *caput*:

I - subsistirá até vinte e quatro meses a partir da habilitação; (Alterado pelo Dec. 8.015/2013.)

II - estará vinculada ao cumprimento do cronograma físico-financeiro constante do projeto de que trata o art. 5º, conforme definido em portaria do Ministro de Estado do Desenvolvimento, Indústria e Comércio Exterior; e

III - será relativa aos veículos constantes do projeto de investimento aprovado. (Alterado pelo Dec. 8.015/2013.)

§ 2º A quantidade de veículos importados no ano-calendário, que dará direito à apuração de crédito presumido, fica limitada a um vinte e quatro avos da capacidade de produção anual prevista no projeto de investimento aprovado multiplicado pelo número de meses restantes no ano-calendário, incluindo-se o mês da habilitação.

§ 3º A importação mencionada no *caput* deverá ser efetuada diretamente pela empresa, por encomenda ou por sua conta e ordem.

§ 4º A empresa deixará de apurar o crédito presumido de que trata o *caput*, restando-lhe a possibilidade de apuração do crédito presumido de que trata o art. 12 decorridos vinte e quatro meses da primeira habilitação. (Alterado pelo Dec. 8.015/2013.)

I e **II** - (Revogados pelo Dec. 8.119/2013.)

§ 5º A apuração de que trata o *caput* será feita pelo estabelecimento matriz da empresa habilitada.

§ 6º Na hipótese do § 2º, excepcionalmente para o ano-calendário de 2012, a quantidade de veículos de que trata aquele parágrafo dará direito à apuração do crédito presumido, ainda que sua importação ocorra no ano-calendário de 2013. (Acrescentado pelo Dec. 8.015/2013.)

§ 7º Excepcionalmente para o ano-calendário de 2014, o limite de que trata o § 2º poderá ser atingido por importações realizadas a qualquer momento durante o ano-calendário de 2015. (Acrescentado pelo Dec. 8.544/2015.)

SEÇÃO II
DA UTILIZAÇÃO

ART. 14. O crédito presumido relativo aos incisos I e II do *caput* do art. 12 poderá ser utilizado, em cada operação realizada a partir de 1º de janeiro de 2013, para pagamento do IPI devido na saída dos produtos classificados nos códigos da TIPI relacionados no Anexo I:

I - fabricados pelos estabelecimentos da empresa habilitada na hipótese do inciso I do *caput* do art. 2º; ou (Alterado pelo Dec. 8.015/2013.)

II - comercializados pela empresa habilitada, na hipótese do inciso II do *caput* do art. 2º.

§ 1º O valor do crédito presumido a ser utilizado para o pagamento de que trata o *caput* fica limitado ao valor correspondente ao que resultaria da aplicação de trinta por cento sobre a base de cálculo prevista na legislação do IPI.

§ 2º Ao final de cada mês-calendário, o valor do crédito presumido que restar da utilização conforme o disposto no § 1º poderá ser utilizado para pagamento do IPI referente aos veículos importados pela empresa, observado o seguinte: (Alterado pelo Dec. 8.015/2013.)

I - o valor do crédito presumido a ser utilizado fica limitado ao valor correspondente ao que resultaria da aplicação de trinta por cento sobre a base de cálculo prevista na legislação do IPI; e (Vide Decreto n. 8.015, de 2013)

II - a utilização estará limitada a quatro mil e oitocentos veículos por ano-calendário.

§ 3º O valor do crédito presumido que não puder ser utilizado em função dos limites estabelecidos neste artigo poderá ser utilizado nos meses subsequentes, observada a data-limite de 31 de dezembro de 2017.

§ 4º Fica vedada a escrituração do crédito presumido de que trata este artigo no Livro Registro de Apuração do IPI.

§ 5º O disposto no § 2º não se aplica aos veículos importados classificados nos códigos constantes do Anexo VI. (Alterado pelo Dec. 8.015/2013.)

§ 6º O disposto no § 2º não se aplica ao crédito presumido relativo às aquisições de insumos estratégicos e de ferramentaria destinados à fabricação de veículos classificados nos códigos constantes do Anexo VI. (Acrescentado pelo Dec. 8.015/2013.)

§ 7º Relativamente à importação de automóveis e comerciais leves, não se aplica o disposto no § 6º ao crédito presumido apurado pela empresa que tenha novo projeto de investimento para a produção, no País, de veículos classificados nos códigos TIPI relacionados no Anexo I. (Acrescentado pelo Dec. 8.015/2013.)

§ 8º Em relação a produtos fabricados por encomenda de empresa habilitada ao Inovar-Auto nos termos dos incisos I ou III do *caput* do art. 2º, a empresa fabricante não poderá abater do correspondente IPI devido na saída do seu estabelecimento créditos presumidos relativos às aquisições de insumos estratégicos e ferramentaria. (Alterado pelo Dec. 8.544/2015.)

ART. 14-A. Na hipótese da fabricação por encomenda de que trata o § 8º do art. 14, a empresa encomendante poderá utilizar o valor do crédito presumido relativo ao dispêndio da empresa fabricante na aquisição de insumos estratégicos e de ferramentaria. (Alterado pelo Dec. 8.544/2015.)

§ 1º A empresa fabricante deverá informar à empresa encomendante o valor do crédito presumido relativo ao dispêndio na aquisição de insumos estratégicos e de ferramentaria e promover o estorno deste valor nas memórias de cálculo e de utilização do crédito presumido de que trata o Anexo VII. (Acrescentado pelo Dec. 8.544/2015.)

§ 2º A empresa encomendante deverá manter controle adequado dos valores de crédito presumido de que trata o § 1º nas memórias de cálculo e de utilização do crédito presumido de que trata o Anexo VII. (Acrescentado pelo Dec. 8.544/2015.)

§ 3º A empresa encomendante poderá usufruir de redução da alíquota do IPI na saída do produto do seu estabelecimento mediante a utilização de créditos presumidos próprios, observado o limite estabelecido no Anexo VIII. (Acrescentado pelo Dec. 8.544/2015.)

ART. 15. O crédito presumido relativo aos incisos III a VIII do *caput* do art. 12 poderá ser, a partir de 1º de janeiro de 2013, escriturado no Livro Registro de Apuração do IPI do estabelecimento matriz, no campo "Outros Créditos.

§ 1º A utilização do crédito presumido de que trata o *caput* ocorrerá: (Acrescentado pelo Dec. 8.015/2013.)

I - primeiramente, pela dedução do valor do IPI devido pelas operações no mercado interno do estabelecimento matriz da pessoa jurídica; (Acrescentado pelo Dec. 8.015/2013.)

II - a critério do estabelecimento matriz da pessoa jurídica, o saldo resultante da dedução descrita no inciso I poderá ser transferido, no todo ou em parte, para outros estabelecimentos industriais, ou equiparados a industrial, da mesma pessoa jurídica; e (Acrescentado pelo Dec. 8.015/2013.)

III - não existindo os débitos de IPI referidos no inciso I ou remanescendo saldo credor após o aproveitamento na forma dos incisos I e II, é permitida a utilização de conformidade com as normas sobre ressarcimento em espécie e compensação previstas em ato específico da Secretaria da Receita Federal do Brasil do Ministério da Fazenda: (Acrescentado pelo Dec. 8.015/2013.)

a) a partir do primeiro dia subsequente ao trimestre-calendário em que o crédito presumido tenha sido escriturado no livro Registro de Apuração do IPI, caso se trate de matriz contribuinte do imposto; ou (Acrescentado pelo Dec. 8.015/2013.)

b) a partir do primeiro dia subsequente ao trimestre-calendário em que o crédito presumido tenha sido apurado, caso se trate de matriz não contribuinte do IPI. (Acrescentado pelo Dec. 8.015/2013.)

§ 2º A utilização do crédito presumido de conformidade com o disposto nos incisos I e II do § 1º poderá ocorrer ao final do mês em que foi apurado. (Acrescentado pelo Dec. 8.015/2013.)

§ 3º A transferência de crédito de que trata o inciso II do § 1º ocorrerá mediante emissão de nota fiscal pelo estabelecimento matriz da pessoa jurídica exclusivamente para essa finalidade, em que deverão constar: (Acrescentado pelo Dec. 8.015/2013.)

I - o valor do crédito transferido; e (Acrescentado pelo Dec. 8.015/2013.)

II - a declaração "crédito transferido de acordo com o Decreto n. 7.819, de 2012". (Acrescentado pelo Dec. 8.015/2013.)

§ 4º O estabelecimento matriz da pessoa jurídica, ao transferir o crédito, deverá escriturá-lo no livro Registro de Apuração do IPI, a título de "Estornos de Créditos", com a observação "crédito transferido para o estabelecimento inscrito no Cadastro Nacional da Pessoa Jurídica (CNPJ) sob o n. [indicar o número completo do CNPJ], de acordo com o Decreto n. 7.819, de 2012". (Acrescentado pelo Dec. 8.015/2013.)

§ 5º Caso o estabelecimento matriz da pessoa jurídica não seja contribuinte do IPI, a escrituração referida no § 4º será efetuada no Livro Diário. (Acrescentado pelo Dec. 8.015/2013.)

§ 6º O estabelecimento que estiver recebendo o crédito por transferência deverá escriturá-lo no livro Registro de Apuração do IPI, a título de "Outros Créditos", com a observação: "crédito transferido do estabelecimento inscrito no CNPJ sob o n. [indicar o número completo do CNPJ], de acordo com o Decreto n. 7.819, de 2012", indicando o número da nota fiscal que documenta a transferência. (Acrescentado pelo Dec. 8.015/2013.)

§ 7º O estabelecimento que receber crédito por transferência do estabelecimento matriz só poderá utilizá-lo para dedução de débitos do IPI, vedada a compensação ou o ressarcimento em espécie. (Acrescentado pelo Dec. 8.015/2013.)

§ 8º Na hipótese do § 5º, a transferência ocorrerá mediante emissão de nota fiscal de entrada pelo estabelecimento que estiver recebendo o crédito. (Acrescentado pelo Dec. 8.015/2013.)

ART. 16. O crédito presumido do IPI de que trata o art. 13 poderá ser utilizado para pagamento do IPI devido na saída do estabelecimento importador de pessoa jurídica habilitada, observados:

I - o limite de um quarenta e oito avos da capacidade de produção anual prevista no projeto de investimento aprovado multiplicado pelo número de meses restantes no ano-calendário, incluindo-se o mês da habilitação; e

II - o disposto no inciso II do § 1º do art. 13.

§ 1º O saldo do crédito presumido do IPI apurado nos termos do art. 13, depois do pagamento de que trata o *caput*, somente poderá ser aproveitado na saída dos veículos fabricados pela empresa habilitada, a partir do início da comercialização dos veículos objeto do projeto, até o montante correspondente a trinta e cinco por cento do saldo devedor apurado a cada período de apuração do IPI. (Alterado pelo Dec. 8.015/2013.)

§ 2º O valor do crédito presumido que não puder ser utilizado em função dos limites estabelecidos neste artigo poderá ser utilizado nos meses subsequentes, observada a data limite de 31 de dezembro de 2017.

ART. 17. O crédito presumido do IPI, apurado de conformidade com o disposto nos incisos I e II do *caput* do art. 12 e no art. 13, deverá ser utilizado para pagamento do valor do IPI devido na saída dos produtos classificados nos códigos da TIPI relacionados no Anexo I do estabelecimento industrial ou equiparado a industrial da empresa habilitada.

§ 1º O valor constante do campo de destaque na Nota Fiscal deverá ser o resultado da diferença entre o valor do imposto calculado com base na legislação geral do IPI e o valor do crédito presumido do IPI relativo aos incisos I e II do *caput* do art. 12 e ao art. 13.

§ 2º Deverá constar do Campo Informações Complementares da Nota Fiscal a expressão "crédito presumido utilizado nos termos do Decreto n. 7.819, de 3 de outubro de 2012."

CAPÍTULO V
DAS OBRIGAÇÕES ACESSÓRIAS

ART. 18. Para efeito de apuração e de aproveitamento do crédito presumido do IPI, a empresa beneficiária deverá manter registro mensal que permita a verificação detalhada da apuração, do cálculo e da utilização do crédito presumido, nos termos do Anexo VII.

Parágrafo único. O registro de que trata o *caput* poderá ser solicitado, em qualquer tempo pela Secretaria da Receita Federal do Brasil do Ministério da Fazenda e pelos demais responsáveis pela fiscalização da apuração e da utilização do crédito presumido.

ART. 19. A empresa habilitada deverá apresentar relatórios para comprovar os dispêndios e o atendimento dos requisitos de que trata este Decreto, conforme modelo estabelecido pelos Ministérios do Desenvolvimento, Indústria e Comércio Exterior e de Ciência, Tecnologia e Inovação.

Parágrafo único. A verificação do atendimento dos requisitos de que trata este Decreto será feita diretamente pelos Ministérios da Fazenda, do Desenvolvimento, Indústria e Comércio Exterior e de Ciência, Tecnologia e Inovação ou por intermédio de auditorias realizadas por entidades credenciadas pela União, contratadas pelas empresas beneficiárias do INOVAR-AUTO.

CAPÍTULO VI
DA CUMULAÇÃO COM OUTROS BENEFÍCIOS

ART. 20. Os créditos presumidos relativos ao INOVAR-AUTO poderão ser usufruídos em conjunto com os benefícios previstos nos arts. 11-A e 11-B da Lei n. 9.440, de 14 de março de 1997, no art. 1º da Lei n. 9.826, de 23 de agosto de 1999, no art. 17 da Lei n. 11.196, de 21 de novembro de 2005 e, ainda, com o regime especial de tributação de que trata o art. 56 da Medida Provisória n. 2.158-35, de 24 de agosto de 2001.

CAPÍTULO VII
DAS ALÍQUOTAS E DA SUSPENSÃO DO IPI

SEÇÃO I
DAS ALÍQUOTAS DO IPI

ART. 21. A partir de 1º de janeiro de 2013, os veículos classificados nos códigos da TIPI relacionados no Anexo I, quando originários de países signatários dos acordos promulgados pelo Decreto Legislativo n. 350, de 21 de novembro de 1991, pelo Decreto n. 4.458, de 5 de novembro de 2002, e pelo Decreto n. 6.500, de 2 de julho de 2008, importados por empresa habilitada ao INOVAR-AUTO, nos termos do inciso I ou do inciso III do *caput* do art. 2º, poderão usufruir, até 31 de dezembro de 2017, de redução de alíquotas do IPI, nos termos do Anexo VIII. (Alterado pelo Dec. 8.015/2013.)

§ 1º O disposto no *caput* aplica-se:

I - no desembaraço aduaneiro e na saída do estabelecimento importador;

II - às importações realizadas diretamente pela empresa habilitada ao INOVAR-AUTO, por encomenda ou por sua conta e ordem;

III - aos produtos que atendam às respectivas exigências, limites ou restrições quantitativas dos acordos referidos no *caput*; e

IV - somente às importações de produtos da mesma marca de veículos fabricados pela empresa habilitada.

§ 2º No caso de importações realizadas por conta e ordem ou por encomenda de empresa habilitada, a redução de alíquota do IPI aplica-se na saída de estabelecimento equiparado a industrial por força do art. 13 da Lei n. 11.281, de 20 de fevereiro de 2006.

ART. 22. Aplica-se, ainda, a redução de alíquotas do IPI de que trata o art. 21 aos produtos classificados nos códigos da TIPI relacionados no Anexo I, nos termos do Anexo VIII:

I - quando importados ao amparo do acordo promulgado pelo Decreto n. 6.518, de 30 de julho de 2008, e pelo Decreto n. 7.658, de 23 de dezembro de 2011;

II - importados diretamente por empresa habilitada ao INOVAR-AUTO, por encomenda ou por sua conta e ordem, até o limite, por ano-calendário:

a) do que resultar da média aritmética da quantidade de veículos importados pela referida empresa nos anos-calendário de 2009 a 2011; ou

b) de quatro mil e oitocentos veículos, caso a operação de que trata a alínea "a" resulte em valor superior;

III - (Revogado pelo Dec. 8.294/2014.)

IV - fabricados por empresas que apresentem volume de produção anual inferior a mil e quinhentas unidades e faturamento anual não superior a R$ 90.000.000,00 (noventa milhões de reais); ou (Alterado pelo Dec. 8.015/2013.)

V - quando caracterizados como quadriciclos ou triciclos. (Acrescentado pelo Dec. 8.015/2013.)

VI - na saída do industrial para o encomendante, na hipótese de fabricação de veículos por encomenda, desde que ambas as empresas estejam habilitadas ao Inovar-Auto. (Acrescentado pelo Dec. 8.544/2015.)

§ 1º O disposto nos incisos I, II e V do *caput* aplica-se: (Alterado pelo Dec. 8.015/2013.)

I - no desembaraço aduaneiro e na saída do estabelecimento importador;

II - aos produtos que atendam às respectivas exigências limites ou restrições quantitativas do acordo referido; e

III - inclusive na saída de estabelecimento equiparado a industrial, por força do art. 13 da Lei n. 11.281, de 2006, no caso de importações por encomenda ou por conta e ordem.

§ 2º O disposto no inciso II do *caput* não se aplica aos veículos relacionados no Anexo VI.

§ 3º Os limites estabelecidos no inciso IV do *caput* poderão ser revistos anualmente.

§ 4º Na hipótese do inciso II do *caput*, excepcionalmente para o ano-calendário de 2012: (Acrescentado pelo Dec. 8.015/2013.)

I - poderão usufruir da redução de alíquotas do IPI os produtos de que trata o Anexo I cujo desembaraço aduaneiro tenha ocorrido a partir do primeiro dia do mês-calendário em que tenha sido protocolizado o pedido de habilitação da empresa ao INOVAR-AUTO; e (Acrescentado pelo Dec. 8.015/2013.)

II - o saldo da quota de que trata o inciso I que não puder ser utilizado no ano-calendário de 2012, poderá ser utilizado ao longo do ano-calendário de 2013. (Acrescentado pelo Dec. 8.015/2013.)

§ 5º (Revogado pelo Dec. 8.294/2014.)

§ 6º O limite, por ano-calendário, a que se refere o inciso II do *caput* será o que resultar da multiplicação de um doze avos do valor a que se refere a alínea "a" ou a alínea "b" do referido inciso II do *caput* pelo número de meses restantes do ano-calendário, incluído o mês da habilitação. (Acrescentado pelo Dec. 8.015/2013.)

§ 7º As reduções de alíquotas de que tratam os incisos I, IV e V do *caput* podem ser usufruídas até 31 de dezembro de 2017 independentemente de habilitação ao INOVAR-AUTO. (Acrescentado pelo Dec. 8.294/2014.)

§ 8º Excepcionalmente, o saldo da quota de que trata o inciso II do *caput* que não puder ser utilizado no ano-calendário de 2014, poderá ser utilizado ao longo do ano-calendário de 2015. (Acrescentado pelo Dec. 8.544/2015.)

ART. 23. Independentemente de habilitação ao INOVAR-AUTO, as empresas que se dediquem à fabricação de produto classificado nos códigos 8704.2, 8704.3, 8704.90.00, 8702.10.00 Ex 02 e 8702.90.90 Ex 02 da TIPI, por intermédio de montagem de carroçaria sobre chassis, poderão usufruir:

I - da redução de que trata o art. 21, no caso de a operação ser realizada sobre chassis:

a) fabricado por empresa habilitada nos termos do Decreto n. 7.567, de 15 de setembro de 2011; ou

b) usado, assim considerado o chassis saído do estabelecimento fabricante até 15 de dezembro de 2011; e

II - de redução de alíquota do IPI na medida da redução utilizada pela empresa fabricante do chassis com motor, como resultado da utilização do crédito presumido nos termos do art. 14.

§ 1º Para efeito de aplicação do disposto no inciso II do *caput*, as empresas habilitadas ao INOVAR-AUTO fabricantes do chassis com motor deverão informar à empresa que realiza a montagem de carroçaria ou de carroçaria e cabina sobre chassis a alíquota de IPI resultante da utilização do crédito presumido do IPI.

§ 2º O disposto no *caput* aplica-se inclusive na hipótese de encomenda de empresa habilitada ao INOVAR-AUTO à empresa que realiza a montagem de carroçaria ou de carroçaria e cabina sobre chassis.

ART. 24. As importações de que tratam os arts. 21 e 22 não geram direito à apuração do crédito presumido de IPI, exceto aquelas que excederem limites ou restrições quantitativas eventualmente existentes nos acordos neles referidos, desde que realizadas por empresas habilitadas nos termos do inciso III do *caput* do art. 2º.

ARTS. 25. a 27. (Revogados pelo Dec. 8.950 /2016.)

ART. 28. O Anexo I ao Decreto n. 7.567, de 15 de setembro de 2011, passa a vigorar com a redação dada pelo Anexo XII a este Decreto.

ART. 29. Ficam excluídos do disposto no Decreto n. 7.567, de 2011, os veículos de que trata o inciso IV do *caput* do art. 22, observado o disposto no § 3º do referido artigo.

SEÇÃO II
DA SUSPENSÃO DO IPI

ART. 30. Fica suspenso o IPI incidente no desembaraço aduaneiro dos produtos classificados nos códigos da TIPI relacionados no Anexo I, importados com direito à apuração do crédito presumido do IPI nos termos do art. 13.

§ 1º Também fica suspenso o IPI no desembaraço aduaneiro e na saída do estabelecimento importador que realizar importação por encomenda ou por conta e ordem da empresa habilitada ao INOVAR-AUTO. (Acrescentado pelo Dec. 8.015/2013.)

§ 2º A suspensão de que trata este artigo somente se aplica na hipótese em que os veículos forem destinados à comercialização. (Acrescentado pelo Dec. 8.015/2013.)

CAPÍTULO VIII
DISPOSIÇÕES FINAIS

ART. 31. Os créditos presumidos do IPI de que trata este Decreto:

I - não estão sujeitos à incidência da Contribuição para o PIS/PASEP e da Contribuição para o Financiamento da Seguridade Social - COFINS; e

II - não devem ser computados para fins de apuração do Imposto sobre a Renda da Pessoa Jurídica e da Contribuição Social sobre o Lucro Líquido.

ART. 32. Fica sujeita à multa de: (Alterado pelo Dec. 8.015/2013.)

I - dez por cento do valor do crédito presumido apurado a empresa que descumprir obrigação acessória relativa ao INOVAR-AUTO estabelecida neste Decreto ou em ato específico da Secretaria da Receita Federal do Brasil do Ministério da Fazenda; (Acrescentado pelo Dec. 8.015/2013.)

II - de R$ 50,00 (cinquenta reais) para até o primeiro centésimo, inclusive, maior que o consumo energético correspondente à meta de eficiência energética, expressa em megajoules por quilômetro, estabelecida para a empresa habilitada; (Acrescentado pelo Dec. 8.015/2013.)

III - de R$ 90,00 (noventa reais) a partir do primeiro centésimo, exclusive, até o segundo centésimo, inclusive, maior que o consumo energético correspondente à meta de eficiência energética, expressa em megajoules por quilômetro, estabelecida para a empresa habilitada; (Acrescentado pelo Dec. 8.015/2013.)

IV - de R$ 270,00 (duzentos e setenta reais) a partir do segundo centésimo, exclusive, até o terceiro centésimo, inclusive, maior que o consumo energético correspondente à meta de eficiência energética, expressa em megajoules por quilômetro, estabelecida para a empresa habilitada; e (Acrescentado pelo Dec. 8.015/2013.)

V - de R$ 360,00 (trezentos e sessenta reais) a partir do terceiro centésimo, exclusive, para cada centésimo maior que o consumo energético correspondente à meta de eficiência energética, expressa em megajoules por quilômetro, estabelecida para a empresa habilitada. (Acrescentado pelo Dec. 8.015/2013.)

§ 1º O percentual de que trata o inciso I do *caput* deverá ser aplicado sobre o valor do crédito presumido referente ao mês anterior ao da verificação da infração. (Acrescentado pelo Dec. 8.015/2013.)

§ 2º Os valores de que tratam os incisos II, III, IV e V do *caput* deverão ser multiplicados pelo número de veículos de que trata o item 7 do Anexo II, comercializados pela referida empresa a partir da data da primeira habilitação ao INOVAR-AUTO. (Acrescentado pelo Dec. 8.015/2013.)

§ 3º O Ministério do Desenvolvimento Indústria e Comércio Exterior estabelecerá os procedimentos para a imposição das multas previstas nos incisos II, III, IV e V do *caput*. (Acrescentado pelo Dec. 8.015/2013.)

§ 4º Os valores de que tratam os incisos II, III, IV e V do *caput* deverão ser depositados no FNDCT, em conta específica, até cento e vinte dias após a verificação de que trata o Anexo II. (Acrescentado pelo Dec. 8.294/2014.)

ART. 32-A. Para efeitos deste Decreto, o valor do consumo energético, em megajoules por quilômetro, inclusive quanto à aplicação de multa e estabelecimento de metas, será apurado até a segunda casa decimal, desprezando-se as demais. (Acrescentado pelo Dec. 8.015/2013.)

ART. 32-B. A fim de assegurar a promoção dos objetivos previstos no art. 41-A da Lei n. 12.715, de 17 de setembro de 2012, os fornecedores de insumos estratégicos e de ferramentaria para as empresas habilitadas ao INOVAR-AUTO e seus fornecedores diretos ficam obrigados a informar aos adquirentes, nas operações de venda, os valores e as demais características dos produtos fornecidos, nos termos, limites e condições definidos pelo Ministério do Desenvolvimento, Indústria e Comércio Exterior. (Acrescentado pelo Dec. 8.294/2014.)

§ 1º A omissão na prestação das informações de que trata o *caput* ensejará a aplicação de multa no valor de dois por cento sobre o valor das operações de venda. (Acrescentado pelo Dec. 8.294/2014.)

§ 2º A prestação de informações incorretas no cumprimento da obrigação a que se refere o *caput* ensejará a aplicação de multa de um por cento sobre a diferença entre o valor informado e o valor devido. (Acrescentado pelo Dec. 8.294/2014.)

§ 3º O disposto nos § 1º e § 2º será aplicado nas operações de venda realizadas a partir do sétimo mês subsequente à definição dos termos, limites e condições referidos no *caput*. (Acrescentado pelo Dec. 8.294/2014.)

§ 4º Ato do Ministro de Estado do Desenvolvimento, Indústria e Comércio Exterior poderá estabelecer, nas hipóteses que especificar, procedimentos alternativos para o cumprimento da obrigação de que trata o *caput*, observado o disposto neste artigo, no que couber. (Acrescentado pelo Dec. 8.294/2014.)

§ 5º Caberá ao Ministério do Desenvolvimento, Indústria e Comércio Exterior enviar à Secretaria da Receita Federal do Brasil relatório conclusivo acerca das informações de que trata o *caput*, de forma a subsidiar a verificação da utilização do crédito presumido pelas empresas habilitadas ao INOVAR-AUTO. (Acrescentado pelo Dec. 8.294/2014.)

§ 6º A omissão na prestação das informações de que trata o § 1º impede a apuração e a utilização do crédito presumido pela empresa habilitada, em relação à operação de venda a que se referir a omissão. (Acrescentado pelo Dec. 8.294/2014.)

ART. 32-C. Na hipótese de prestação de informações incorretas no cumprimento da obrigação a que se refere o § 2º do art. 32-B, estas poderão ser corrigidas pelo declarante até o último dia útil do terceiro mês-calendário subsequente àquele em que foram prestadas. (Acrescentado pelo Dec. 8.294/2014.)

Parágrafo único. O atendimento do disposto no *caput* afasta a aplicação da multa de que trata o § 2º do art. 32-B. (Acrescentado pelo Dec. 8.294/2014.)

ART. 32-D. A empresa habilitada ao INOVAR-AUTO deverá, no prazo de sessenta dias, contado a partir da correção de que trata o art. 32-C: (Acrescentado pelo Dec. 8.294/2014.)

I - promover o estorno da parcela do crédito presumido apurado a maior, conforme regulamentação específica; ou (Acrescentado pelo Dec. 8.294/2014.)

II - na hipótese de insuficiência do saldo de créditos presumidos, recolher o valor do imposto que restou devido, acrescido de juros equivalentes à taxa do Sistema Especial de Liquidação e Custódia - Selic para títulos federais, acumulada mensalmente, calculados a partir do mês da apuração do imposto até o mês anterior ao do pagamento e adicionados de um por cento relativamente ao mês em que o pagamento estiver sendo feito. (Acrescentado pelo Dec. 8.294/2014.)

Parágrafo único. Decorridos sessenta dias após a notificação, a inobservância do disposto no *caput* acarretará o cancelamento da habilitação ao INOVAR-AUTO, afastando-se a exceção prevista no inciso II do *caput* do art. 9º. (Acrescentado pelo Dec. 8.294/2014.)

ART. 33. Fica instituído Grupo de Acompanhamento composto de representantes dos Ministérios da Fazenda, do Desenvolvimento, Indústria e Comércio Exterior e da Ciência, Tecnologia e Inovação, designados por ato conjunto, com o objetivo de definir os critérios para monitoramento dos impactos deste Decreto em termos de produção, emprego, investimento, inovação, preço e agregação de valor.

ART. 33-A. Ato conjunto dos Ministros de Estado do Desenvolvimento, Indústria e Comércio Exterior e da Fazenda estabelecerá os mecanismos de controle para efeitos da suspensão prevista no *caput* do art. 30, da redução de que trata o art. 22, e da utilização de crédito presumido prevista no § 2º do art. 14. (Acrescentado pelo Dec. 8.015/2013.)

ART. 34. Este Decreto entra em vigor na data de sua publicação, produzindo efeitos:

I - a partir de 1º de janeiro de 2013, quanto ao art. 25; e

II - na data de sua publicação, quanto aos demais artigos.

ART. 35. Ficam revogados:

I - na data de publicação deste Decreto, o Decreto n. 7.716, de 3 de abril de 2012; e

II - a partir de 1º de janeiro de 2013, o Decreto n. 7.567, de 15 de setembro de 2011.

Brasília, 3 de outubro de 2012; 191º da Independência e 124º da República.

DILMA ROUSSEFF

‣ Optamos, nesta edição, pela não publicação dos Anexos.

DECRETO N. 7.827, DE 16 DE OUTUBRO DE 2012

Regulamenta os procedimentos de condicionamento e restabelecimento das transferências de recursos provenientes das receitas de que tratam o inciso II do caput do art. 158, as alíneas "a" e "b" do inciso I e o inciso II do caput do art. 159 da Constituição, dispõe sobre os procedimentos de suspensão e restabelecimento das transferências voluntárias da União, nos casos de descumprimento da aplicação dos recursos em ações e serviços públicos de saúde de que trata a Lei Complementar n. 141, de 13 de janeiro de 2012, e dá outras providências.

‣ *DOU*, 17.10.2012

A Presidenta da República, no uso das atribuições que lhe confere o art. 84, *caput*, incisos IV e VI, alínea "a", da Constituição, e tendo em vista o disposto na Lei Complementar n. 141, de 13 de janeiro de 2012, Decreta:

ART. 1º Este Decreto regulamenta os procedimentos de condicionamento e restabelecimento das transferências de recursos provenientes das receitas de que tratam o inciso II do *caput* do art. 158, as alíneas "a" e "b" do inciso I e o inciso II do *caput* do art. 159 da Constituição, dispõe sobre os procedimentos de suspensão e restabelecimento das transferências voluntárias da União, nos casos de descumprimento da aplicação dos recursos em ações e serviços públicos de saúde de que trata a Lei Complementar n. 141, de 13 de janeiro de 2012.

CAPÍTULO I
DO SISTEMA DE INFORMAÇÕES SOBRE ORÇAMENTOS PÚBLICOS EM SAÚDE

ART. 2º O Sistema de Informações Sobre Orçamentos Públicos em Saúde - SIOPS é o sistema informatizado de acesso público, gerido pelo Ministério da Saúde, para o registro eletrônico centralizado das informações de saúde referentes aos orçamentos públicos da União, dos Estados, do Distrito Federal e dos Municípios.

ART. 3º O SIOPS será estruturado pelo Ministério da Saúde, observados os seguintes requisitos mínimos:

I - registro obrigatório e atualização permanente dos dados no Sistema pela União, Estados, Distrito Federal e Municípios;

II - informatização dos processos de declaração, armazenamento e exportação dos dados;

III - disponibilização do programa de declaração aos gestores do Sistema Único de Saúde - SUS no âmbito de cada ente da Federação, preferencialmente em meio eletrônico de acesso público;

IV - cálculo automático dos recursos mínimos aplicados em ações e serviços públicos de saúde previstos na Lei Complementar n. 141, de 2012, que deve constituir fonte de informação para elaboração dos demonstrativos contábeis e extracontábeis;

V - previsão de módulo específico de controle externo, para registro, por parte do Tribunal de Contas com jurisdição no território de cada ente da Federação, das informações sobre a aplicação dos recursos em ações e serviços públicos de saúde para emissão do parecer prévio divulgado nos termos do art. 48 e art. 56 da Lei Complementar n. 101, de 4 de maio de 2000, sem prejuízo das informações declaradas e homologadas pelos gestores do SUS; e

VI - integração das informações do SIOPS, por meio de processamento automático, ao sistema eletrônico centralizado de controle das transferências da União aos demais entes da Federação mantido pelo Ministério da Fazenda, para fins de controle do cumprimento do disposto no inciso II do parágrafo único do art. 160 da Constituição e no art. 25 da Lei Complementar n. 101, de 2000.

ART. 4º O gestor do SUS de cada ente da Federação será responsável pelo registro dos dados no SIOPS nos prazos definidos pelo Ministério da Saúde, e pela fidedignidade dos dados homologados, aos quais será conferida fé pública para os fins previstos na Lei Complementar n. 141, de 2012.

ART. 5º O Ministério da Saúde estabelecerá as diretrizes para o funcionamento do SIOPS e os prazos para o registro e homologação das informações no Sistema, conforme pactuado entre os gestores do SUS, observado o disposto no art. 52 da Lei Complementar n. 101, de 2000.

ART. 6º Os resultados do monitoramento e avaliação previstos neste Capítulo serão apresentados de forma objetiva, inclusive por meio de indicadores, e integrarão os relatórios de gestão dos entes federativos, conforme o disposto no inciso IV do *caput* do art. 4º da Lei n. 8.142, de 28 de dezembro de 1990.

CAPÍTULO II
DA VERIFICAÇÃO DA APLICAÇÃO DOS PERCENTUAIS MÍNIMOS EM AÇÕES E SERVIÇOS PÚBLICOS DE SAÚDE

ART. 7º Sem prejuízo das atribuições próprias do Poder Legislativo e dos Tribunais de Contas, a verificação do cumprimento de aplicação dos percentuais mínimos em ações e serviços públicos de saúde pelos entes federativos, para fins de condicionamento das transferências constitucionais e suspensão das transferências voluntárias, em cumprimento ao disposto no § 1º do art. 26 da Lei Complementar n. 141, de 2012, será realizada por meio das informações homologadas no SIOPS.

Parágrafo único. A ausência de homologação das informações de que trata o *caput* no prazo de até trinta dias após o encerramento do último bimestre de cada exercício será considerada, para todos os fins, presunção de descumprimento de aplicação dos percentuais mínimos em ações e serviços públicos de saúde.

ART. 8º O cumprimento ou o descumprimento da aplicação dos percentuais mínimos em ações e serviços públicos de saúde será informado ao Ministério da Fazenda, por meio de processamento automático das informações homologadas no SIOPS ao:

I - serviço auxiliar de informações para transferências voluntárias, ou outro que venha a substituí-lo; e

II - agente financeiro responsável pela operacionalização das transferências constitucionais da União aos demais entes federativos, para fins de condicionamento das transferências constitucionais de que tratam o art. 158, *caput*, inciso II, e o art. 159, *caput*, inciso I, alíneas "a" e "b", e inciso II, da Constituição.

§ 1º O SIOPS enviará diariamente, por via eletrônica, ao serviço auxiliar de informações para transferências voluntárias a que se refere o inciso I do *caput* a relação dos entes da Federação que não aplicaram os percentuais mínimos em ações e serviços públicos de saúde fixados nos arts. 6º e 8º da Lei Complementar n. 141, de 2012, ou que se enquadrem na situação descrita no parágrafo único do art. 7º deste Decreto.

§ 2º O SIOPS enviará ao agente financeiro responsável pela operacionalização das transferências constitucionais da União para os demais entes federativos, por meio eletrônico, no mínimo, as seguintes informações:

I - valor em moeda corrente que deixou de ser aplicado em ações e serviços públicos de saúde pelo ente federativo em exercício anterior, em descumprimento à exigência de aplicação dos percentuais mínimos em ações e serviços públicos de saúde;

II - número da conta corrente e domicílio bancário do Fundo de Saúde do ente federativo; e

III - relação dos entes federativos que não apresentaram informações homologadas no SIOPS no prazo de trinta dias após o encerramento do último bimestre de cada exercício, conforme disposto no parágrafo único do art. 7º.

§ 3º As informações de que trata o § 2º serão enviadas até o quinto dia útil:

I - do decurso do prazo para publicação do demonstrativo das receitas e despesas com ações e serviços públicos de saúde do Relatório Resumido de Execução Orçamentária - RREO.

II - da retificação de informações nos módulos específicos disponibilizados pelo SIOPS, em caso de alteração na verificação do descumprimento da aplicação dos percentuais mínimos em ações e serviços públicos de saúde; e

III - do depósito do montante não aplicado em ações e serviços públicos de saúde a que se refere o art. 15 pelo Estado no Fundo de Saúde Municipal.

CAPÍTULO III
DA VERIFICAÇÃO DA APLICAÇÃO EFETIVA DO MONTANTE QUE DEIXOU DE SER APLICADO EM AÇÕES E SERVIÇOS PÚBLICOS DE SAÚDE EM EXERCÍCIOS ANTERIORES

ART. 9º Sem prejuízo das atribuições próprias do Poder Legislativo e dos Tribunais de Contas, a verificação da aplicação efetiva do montante que deixou de ser aplicado em ações e serviços públicos de saúde em exercícios anteriores, para fins de suspensão das transferências constitucionais, em cumprimento ao disposto no *caput* do art. 26 da Lei Complementar n. 141, de 2012, será realizada por meio das informações homologadas no SIOPS.

ART. 10. O descumprimento da aplicação efetiva do montante que deixou de ser aplicado em ações e serviços públicos de saúde em exercícios anteriores será informado ao Ministério da Fazenda, por meio de processamento automático das informações homologadas no SIOPS ao agente financeiro responsável pela operacionalização das transferências constitucionais da União aos demais entes federativos, para fins de suspensão das transferências constitucionais de que trata a Subseção II da Seção I do Capítulo IV.

§ 1º O SIOPS enviará ao agente financeiro responsável pela operacionalização das transferências constitucionais da União, por meio eletrônico, a relação dos entes federativos que não comprovaram a aplicação efetiva do montante que deixou de ser aplicado em ações e serviços públicos de saúde em exercícios anteriores.

§ 2º As informações a que se refere o § 1º serão enviadas até o quinto dia útil:

I - do decurso do prazo para publicação do demonstrativo das receitas e despesas com ações e serviços públicos de saúde do RREO imediatamente posterior aos doze meses contados da data em que ocorrer o primeiro depósito; e

II - da retificação de informações nos módulos específicos disponibilizados pelo SIOPS, em caso de alteração na verificação da aplicação efetiva do montante que deixou de ser aplicado em ações e serviços públicos de saúde em exercícios anteriores.

CAPÍTULO IV
DO CONDICIONAMENTO DAS TRANSFERÊNCIAS CONSTITUCIONAIS E DA SUSPENSÃO DAS TRANSFERÊNCIAS VOLUNTÁRIAS

ART. 11. Em caso de verificação de descumprimento da aplicação dos percentuais mínimos em ações e serviços públicos de saúde e de não aplicação efetiva do montante que deixou de ser aplicado em ações e serviços públicos de saúde em exercícios anteriores, na forma dos arts. 7º a 10, a União:

I - condicionará o repasse de recursos provenientes das receitas de que tratam o inciso II do *caput* do art. 158, as alíneas "a" e "b" do inciso I e o inciso II do *caput* do art. 159, da Constituição, após processadas as retenções, destinações, deduções e bloqueio de seu interesse; e

II - suspenderá as transferências voluntárias.

SEÇÃO I
DO CONDICIONAMENTO DAS TRANSFERÊNCIAS CONSTITUCIONAIS

ART. 12. O condicionamento das transferências constitucionais de que tratam o inciso II do *caput* do art. 158, as alíneas "a" e "b" do inciso I e o inciso II do *caput* do art. 159, da Constituição ocorrerá por meio de:

I - medida preliminar de direcionamento das transferências constitucionais para a conta vinculada ao Fundo de Saúde do ente federativo beneficiário; ou

II - suspensão das transferências constitucionais.

SUBSEÇÃO I
DA MEDIDA PRELIMINAR DE DIRECIONAMENTO DAS TRANSFERÊNCIAS PARA A CONTA VINCULADA AO FUNDO DE SAÚDE

ART. 13. O direcionamento das transferências de que trata o art. 12 para a conta vinculada ao Fundo de Saúde do ente federativo beneficiário ocorrerá quando as informações homologadas no SIOPS indicarem o descumprimento da aplicação dos percentuais mínimos em ações e serviços públicos de saúde no exercício anterior.

§ 1º O direcionamento previsto no *caput* corresponderá ao montante que deixou de ser aplicado em ações e serviços públicos de saúde no exercício anterior.

§ 2º Para a preservação do cumprimento da aplicação dos percentuais mínimos em saúde no exercício corrente, os depósitos em conta vinculada ao Fundo de Saúde não poderão superar:

I - doze por cento dos repasses decendiais, no caso de Estados e Distrito Federal; e

II - quinze por cento dos repasses decendiais, no caso de Municípios.

§ 3º O direcionamento previsto no *caput* será encerrado caso comprovado o depósito na conta vinculada ao Fundo de Saúde da integralidade do montante necessário ao cumprimento da aplicação dos percentuais mínimos em ações e serviços públicos de saúde no exercício anterior, sem prejuízo do cumprimento do limite relativo ao exercício financeiro corrente.

§ 4º Verificado o depósito na conta vinculada do Fundo de Saúde de valor superior ao necessário, em decorrência de procedimento de retificação ou do procedimento previsto no art. 15, os recursos permanecerão depositados a título de antecipação do montante a ser aplicado no exercício corrente.

§ 5º Não será aplicada a medida preliminar prevista no *caput* na hipótese de não declaração e homologação das informações no SIOPS.

ART. 14. O agente financeiro da União enviará ao SIOPS arquivo eletrônico contendo informação do valor em moeda corrente depositado na conta corrente do Fundo de Saúde do ente federativo até o quinto dia útil após a efetivação do direcionamento das transferências de que trata o inciso I do *caput* do art. 12, ao qual será permitido acesso público.

ART. 15. A limitação do direcionamento das transferências de que trata o inciso I do *caput* do art. 12 ao montante não aplicado em ações e serviços públicos de saúde no exercício anterior para os Municípios considerará as restrições efetivadas pela União e pelos Estados.

Parágrafo único. A atuação complementar e interativa da União e dos Estados na aplicação do direcionamento a que se refere o inciso I do *caput* do art. 12 será viabilizada por meio de:

I - consulta ao SIOPS, pelo Estado em cujo território se localize o Município, do valor em moeda corrente depositado pelo agente financeiro da União na conta corrente do Fundo de Saúde; e

II - registro no SIOPS, pelo Estado em cujo território se localize o Município, do valor em moeda corrente pelo Estado depositado na conta corrente do Fundo de Saúde.

SUBSEÇÃO II
DA SUSPENSÃO DAS TRANSFERÊNCIAS CONSTITUCIONAIS

ART. 16. As transferências de recursos constitucionais de que trata o art. 12 serão suspensas quando:

I - adotada a medida preliminar a que se refere a Subseção I, o ente federativo não comprovar no SIOPS, no prazo de doze meses, contado do depósito da primeira parcela direcionada ao Fundo de Saúde, a aplicação efetiva do montante que deixou de ser aplicado em ações e serviços públicos de saúde em exercícios anteriores; ou

II - não houver declaração e homologação das informações no SIOPS, transcorrido o prazo de trinta dias da emissão de notificação automática do Sistema para os gestores a que se refere o art. 4º.

- Dec. 8.021/2014 (Estabelece que no ano de 2014, excepcionalmente, o prazo previsto neste inciso será de 120 dias.)

ART. 17. A suspensão de que trata o art. 16 será informada ao SIOPS até o quinto dia útil após sua efetivação pelo agente financeiro da União.

SEÇÃO II
DA SUSPENSÃO DAS TRANSFERÊNCIAS VOLUNTÁRIAS

ART. 18. As transferências voluntárias da União serão suspensas:

I - quando constatado o descumprimento da aplicação dos percentuais mínimos em ações e serviços públicos de saúde pelos Estados e Municípios; e

II - na ausência de declaração e homologação das informações no SIOPS, transcorrido o prazo de trinta dias da emissão de notificação automática do Sistema para os gestores a que se refere o art. 4º.

CAPÍTULO V
DO RESTABELECIMENTO DAS TRANSFERÊNCIAS CONSTITUCIONAIS E VOLUNTÁRIAS DA UNIÃO

ART. 19. A verificação da aplicação efetiva do adicional depositado na conta do Fundo de Saúde que deixou de ser aplicado pelo ente federativo em exercício anterior e que deu causa ao descumprimento da aplicação do percentual mínimo em ações e serviços de saúde, será realizada por meio das informações homologadas no SIOPS.

Parágrafo único. A verificação a que se refere o *caput* será realizada por meio dos demonstrativos das receitas e despesas com ações e serviços públicos de saúde do RREO disponibilizados a partir do bimestre imediatamente subsequente ao primeiro depósito na conta vinculada ao Fundo de Saúde e se estenderá até doze meses, contados da data do primeiro depósito.

ART. 20. As transferências constitucionais de que trata o art. 12 e as transferências voluntárias da União serão restabelecidas quando o ente federativo beneficiário comprovar, por meio de demonstrativo das receitas e despesas com ações e serviços públicos de saúde do RREO, a aplicação efetiva do adicional relativo ao montante não aplicado em ações e serviços públicos de saúde em exercícios anteriores.

§ 1º Cumprido o disposto no *caput*, o prazo para restabelecimento das transferências constitucionais e voluntárias da União será de cinco dias úteis.

§ 2º A suspensão decorrente da ausência de informações homologadas no SIOPS, conforme disposto no inciso II do *caput* do art. 16, perderá efeito após a homologação das informações no sistema.

CAPÍTULO VI
DOS PROCEDIMENTOS ORÇAMENTÁRIOS E CONTÁBEIS

ART. 21. A metodologia para verificação do cumprimento da aplicação dos recursos mínimos em ações e serviços públicos de saúde integrará as normas gerais para consolidação das contas públicas editadas pelo órgão central de contabilidade da União.

CAPÍTULO VII
DISPOSIÇÕES FINAIS

ART. 22. A audiência pública a que se refere o § 5º do art. 36 da Lei Complementar n. 141, de 2012, de periodicidade quadrimestral, utilizará as informações previstas:

I - no Relatório de Gestão do SUS; e

II - no RREO dos dois bimestres correspondentes, ressalvado o prazo semestral previsto na alínea "c" do inciso II do *caput* do art. 63 da Lei Complementar n. 101, de 2000.

ART. 23. Verificado o descumprimento das disposições da Lei Complementar n. 141, de 2012, ou deste Decreto, ou detectada a aplicação de recursos federais em objeto diverso do originalmente pactuado, o Ministério da Saúde comunicará a irregularidade:

I - ao órgão de auditoria do SUS;

II - à direção local do SUS;

III - ao responsável pela administração orçamentária e financeira do ente federativo;

IV - aos órgãos de controle interno e externo do ente federativo;

V - ao Conselho de Saúde; e

VI - ao Ministério Público.

§ 1º A comunicação a que se refere o *caput* somente será encaminhada ao Tribunal de Contas competente e ao Ministério Público com atribuição para o caso após o esgotamento da via administrativa de controle interno do Ministério da Saúde, sem prejuízo do exercício autônomo das competências e atribuições previstas na legislação.

§ 2º A atuação dos destinatários da comunicação de que trata o *caput* terá como objetivo promover a imediata devolução dos recursos irregularmente aplicados ao Fundo de Saúde do ente federativo beneficiário, visando ao cumprimento do objetivo do repasse, nos termos do inciso I do *caput* do art. 27 da Lei Complementar n. 141, de 2012. (Alterado pelo Dec. 9.380/2018.)

§ 3º Para os fins do disposto no § 2º, em caso de aplicação de recursos previstos no inciso II do § 3º do art. 198 da Constituição em ações e serviços diversos dos previstos no art. 3º da Lei Complementar n. 141, de 2012, ou em objeto diverso do originalmente pactuado, a devolução será efetivada com recursos do Tesouro do ente federativo beneficiário.

§ 4º Na hipótese de, durante a cobrança administrativa, que faz parte da via administrativa de controle interno a que se refere o § 1º, ficar evidenciado que o ente federativo beneficiário não tem mais interesse no cumprimento do objetivo do repasse, deverá ser feita a devolução dos recursos irregularmente aplicados de que trata o § 2º ao Fundo de Saúde do ente federativo que repassou os recursos. (Acrescentado pelo Dec. 9.380/2018.)

ART. 23-A. Nos termos do art. 21 da Lei Complementar n. 141, de 2012, os Estados, o Distrito Federal e os Municípios poderão, mediante pactuação regional, remanejar entre si parcelas de recursos financeiros, por meio de transferência fundo a fundo, conforme previsto no § 3º do art. 3º da Lei n. 8.142, de

28 de dezembro de 1990, desde que tenha sido celebrado consórcio de saúde, convênio ou outro instrumento congênere, que estabeleça, entre outras cláusulas gerenciais, as obrigações de todos os entes envolvidos, seu âmbito de aplicação e a periodicidade e os valores das transferências a serem realizadas. (Acrescentado pelo Dec. 9.380/2018.)

ART. 23-B. A transferência de recursos de capital de que trata o art. 18 da Lei Complementar n. 141, de 2012, será realizada diretamente para os fundos de saúde dos entes federativos beneficiários, sem a celebração de convênio ou outro instrumento congênere, exceto nas hipóteses em que as definições do objeto do repasse não estejam previamente estabelecidas em normas do Ministério da Saúde. (Acrescentado pelo Dec. 9.380/2018.)

ART. 24. A não observância dos procedimentos previstos neste Decreto sujeitará os infratores, nos termos do art. 46 da Lei Complementar n. 141, de 2012, às penalidades previstas no Decreto-Lei n. 2.848, de 7 de dezembro de 1940 - Código Penal, na Lei n. 1.079, de 10 de abril de 1950, no Decreto-Lei n. 201, de 27 de fevereiro de 1967, na Lei n. 8.429, de 2 de junho de 1992, sem prejuízo de outras previstas na legislação.

ART. 25. O Ministério do Planejamento, Orçamento e Gestão providenciará as modificações orçamentárias necessárias ao atendimento do disposto neste Decreto, no prazo de sessenta dias, contado da data de sua publicação.

ART. 26. Para atender o disposto nos arts. 26, 36, 39 e 43 da Lei Complementar n. 141, de 2012, e neste Decreto, o Ministério da Saúde:

I - estabelecerá as diretrizes para o funcionamento do SIOPS, no prazo de noventa dias, contado da data de publicação deste Decreto; e

II - disponibilizará nova versão do SIOPS até 20 de janeiro de 2013.

ART. 27. Este Decreto entra em vigor na data da sua publicação, produzindo efeitos a partir da execução orçamentária do ano de 2013.

§ 1º A verificação anual do cumprimento do limite mínimo dos recursos aplicados em ações e serviços públicos de saúde nos termos da Lei Complementar n. 141, de 2012, e deste Decreto, será realizada a partir do ano de 2014, com base na execução orçamentária do ano de 2013, sem prejuízo das exigências legais e controles adotados antes da entrada em vigor da Lei Complementar n. 141, de 2012.

§ 2º Os procedimentos de direcionamento, suspensão e restabelecimento de transferências de recursos nos termos deste Decreto serão realizados a partir do ano de 2014, sem prejuízo das exigências legais e controles adotados antes da entrada em vigor da Lei Complementar n. 141, de 2012.

Brasília, 16 de outubro de 2012; 191º da Independência e 124º da República.

DILMA ROUSSEFF

DECRETO N. 7.828, DE 16 DE OUTUBRO DE 2012

Regulamenta a incidência da contribuição previdenciária sobre a receita devida pelas empresas de que tratam os arts. 7º a 9º da Lei n. 12.546, de 14 de dezembro de 2011.

▸ *DOU*, 17.10.2012.

A Presidenta da República, no uso da atribuição que lhe confere o art. 84, *caput*, inciso IV, da Constituição, e tendo em vista o disposto na Lei n. 12.546, de 14 de dezembro de 2011,

Decreta:

ART. 1º A incidência da contribuição previdenciária devida pelas empresas de que tratam os arts. 7º a 9º da Lei n. 12.546, de 14 de dezembro de 2011, ocorrerá em conformidade com o disposto neste Decreto.

ART. 2º Entre 1º de dezembro de 2011 e 31 de dezembro de 2014, incidirão sobre o valor da receita bruta, em substituição às contribuições previstas nos incisos I e III do *caput* do art. 22 da Lei n. 8.212, de 24 de julho de 1991, as contribuições das empresas que prestam exclusivamente os serviços de Tecnologia da Informação - TI e de Tecnologia da Informação e Comunicação - TIC, assim considerados:

I - análise e desenvolvimento de sistemas;

II - programação;

III - processamento de dados e congêneres;

IV - elaboração de programas de computadores, inclusive de jogos eletrônicos;

V - licenciamento ou cessão de direito de uso de programas de computação;

VI - assessoria e consultoria em informática;

VII - suporte técnico em informática, inclusive instalação, configuração e manutenção de programas de computação e bancos de dados; e

VIII - planejamento, confecção, manutenção e atualização de páginas eletrônicas.

§ 1º O disposto neste artigo não se aplica às empresas que exerçam exclusivamente as atividades de representante, distribuidor ou revendedor de programas de computador.

§ 2º Entre 1º de abril de 2012 e 31 de dezembro de 2014, será aplicado o disposto no *caput* às empresas de call center e de TI e TIC, ainda que se dediquem a outras atividades, além das previstas nos incisos I a VIII do *caput*, observado o disposto no art. 6º.

§ 3º Entre 1º de agosto de 2012 e 31 de dezembro de 2014:

I - aplica-se o disposto no *caput* às empresas:

a) do setor hoteleiro enquadradas na subclasse 5510-8/01 da Classificação Nacional de Atividades Econômicas - CNAE 2.0; e

b) que exerçam atividades de concepção, desenvolvimento ou projeto de circuitos integrados;

II - não se aplica o disposto no *caput* às empresas que exerçam as atividades de representação, distribuição ou revenda de programas de computador e cuja receita bruta que decorra dessas atividades seja igual ou superior a noventa e cinco por cento da receita bruta total; e

III - no caso de contratação de empresas para execução dos serviços referidos neste artigo, por meio de cessão de mão de obra, na forma definida pelo art. 31 da Lei n. 8.212, de 1991, a empresa contratante deverá reter três inteiros e cinco décimos por cento do valor bruto da nota fiscal ou fatura de prestação de serviços.

§ 4º Entre 1º de janeiro de 2013 e 31 de dezembro de 2014, será aplicado o disposto no *caput* às empresas:

I - de transporte rodoviário coletivo de passageiros, com itinerário fixo, municipal, intermunicipal em região metropolitana, intermunicipal, interestadual e internacional enquadradas nas classes 4921-3 e 4922-1 da CNAE 2.0;

II - de manutenção e reparação de aeronaves, motores, componentes e equipamentos correlatos;

III - de transporte aéreo de carga;

IV - de transporte aéreo de passageiros regular;

V - de transporte marítimo de carga na navegação de cabotagem;

VI - de transporte marítimo de passageiros na navegação de cabotagem;

VII - de transporte marítimo de carga na navegação de longo curso;

VIII - de transporte marítimo de passageiros na navegação de longo curso;

IX - de transporte por navegação interior de carga;

X - de transporte por navegação interior de passageiros em linhas regulares; e

XI - de navegação de apoio marítimo e de apoio portuário.

§ 5º As alíquotas da contribuição a que se refere este artigo serão de: (Redação dada pelo Dec. 7.877/2012.)

I - dois inteiros e cinco décimos por cento: (Redação dada pelo Dec. 7.877/2012.)

a) no período entre 1º de dezembro de 2011 e 31 de julho de 2012, para as empresas referidas no *caput*; e (Incluído pelo Dec. 7.877/2012.)

b) no período entre 1º de abril de 2012 e 31 de julho de 2012, para as empresas referidas no § 2º; e (Incluído pelo Dec. 7.877/2012.)

II - dois por cento, no período entre 1º de agosto de 2012 e 31 de dezembro de 2014, para as empresas referidas no *caput* e nos §§ 2º e 3º; (Redação dada pelo Dec. 7.877/2012.)

III - dois por cento, no período entre 1º de janeiro de 2013 e 31 de dezembro de 2014, para as empresas referidas no inciso I do § 4º; e

IV - um por cento, no período entre 1º de janeiro de 2013 e 31 de dezembro de 2014, para as empresas referidas nos incisos II a XI do § 4º.

§ 6º Não farão jus às reduções previstas no *caput* do art. 14 da Lei n. 11.774, de 17 de setembro de 2008:

I - a partir de 1º de dezembro de 2011, as empresas que prestam exclusivamente os serviços de TI e TIC referidos nos incisos I a VIII do *caput*; e

II - a partir de 1º de abril de 2012, as empresas que se dediquem a outras atividades além das referidas nos incisos I a VIII do *caput* e as empresas de call center.

§ 7º As empresas que prestam exclusivamente os serviços a que se referem os incisos I a VIII do *caput* e as empresas de call center continuam fazendo jus às reduções das contribuições devidas a terceiros a que se refere o § 7º do art. 14 da Lei n. 11.774, de 2008.

ART. 3º Entre 1º de dezembro de 2011 e 31 de dezembro de 2014, incidirão sobre o valor da receita bruta, em substituição às contribuições previstas nos incisos I e III do *caput* do art. 22 da Lei n. 8.212, de 1991, as contribuições das empresas que fabriquem os produtos classificados na Tabela de Incidência do Imposto sobre Produtos Industrializados - TIPI, aprovada pelo Decreto n. 7.660, de 23 de dezembro de 2011, nos seguintes códigos:

▸ O Dec. 7.660/2011 foi revogado pelo Dec. 8.950/2016.

I - 3926.20.00, 40.15, 42.03, 43.03, 4818.50.00, 63.01 a 63.05, 6812.91.00, 9404.90.00 e nos capítulos 61 e 62; e

II - 4202.11.00, 4202.21.00, 4202.31.00, 4202.91.00, 4205.00.00, 6309.00, 64.01 a 64.06.

§ 1º Entre 1º de abril de 2012 e 31 de dezembro de 2014, aplica-se o disposto no *caput* às empresas que fabriquem os produtos classificados na TIPI nos seguintes códigos e posições:

I - 41.04, 41.05, 41.06, 41.07 e 41.14;

II - 8308.10.00, 8308.20.00, 96.06.10.00, 9606.21.00 e 9606.22.00; e

III - 9506.62.00.

§ 2º Entre 1º de agosto de 2012 e 31 de dezembro de 2014:

I - aplica-se o disposto no *caput*: (Redação dada pelo Dec. 7.877/2012.)

a) às empresas que fabricam os produtos classificados na TIPI nos códigos referidos no

Anexo I, até o dia 31 de dezembro de 2012; e (Incluída pelo Decreto 7.877/2012)

b) às empresas que fabricam os produtos classificados na TIPI nos códigos referidos no Anexo II, a partir de 1º de janeiro de 2013; (Incluída pelo Dec. 7.877/2012.)

II - não se aplica o disposto no *caput* às empresas:

a) que se dediquem a atividades diversas das previstas neste artigo, cuja receita bruta delas decorrente seja igual ou superior a noventa e cinco por cento da receita bruta total; e

b) aos fabricantes de automóveis, comerciais leves - camionetas, picapes, utilitários, vans e furgões; caminhões e chassis com motor para caminhões, chassis com motor para ônibus, caminhões-tratores, tratores agrícolas e colheitadeiras agrícolas auto propelidas.

§ 3º (Revogado pelo Dec. 7.877/2012.)

§ 4º As alíquotas das contribuições referidas neste artigo serão de:

I - um inteiro e cinco décimos por cento, no período de 1º dezembro de 2011 a 31 de julho de 2012; e

II - um por cento, no período de 1º de agosto de 2012 a 31 de dezembro de 2014.

§ 5º O disposto no *caput* aplica-se apenas em relação aos produtos industrializados pela empresa.

§ 6º Para os fins do § 5º, serão considerados os conceitos de industrialização e industrialização por encomenda previstos na legislação do Imposto sobre Produtos Industrializados - IPI.

§ 7º Nos casos em que a industrialização for efetuada parcialmente por encomenda, o disposto no *caput* aplica-se também às empresas executoras, desde que de suas operações resulte produto discriminado neste artigo.

ART. 4º As contribuições de que tratam os arts 2º e 3º têm caráter impositivo aos contribuintes que exerçam as atividades neles mencionadas.

Parágrafo único. As empresas que se dedicam exclusivamente às atividades referidas nos arts. 2º e 3º, nos meses em que não auferirem receita, não recolherão as contribuições previstas nos incisos I e III do *caput* do art. 22 da Lei n. 8.212, de 1991.

ART. 5º Para fins do disposto nos arts. 2º e 3º:

I - a receita bruta deve ser considerada sem o ajuste de que trata o inciso VIII do *caput* do art. 183 da Lei n. 6.404, de 15 de dezembro de 1976; e

II - na determinação da base de cálculo da contribuição previdenciária sobre a receita, poderão ser excluídos:

a) a receita bruta de exportações;

b) as vendas canceladas e os descontos incondicionais concedidos;

c) o IPI, quando incluído na receita bruta; e

d) o Imposto sobre Operações relativas à Circulação de Mercadorias e sobre Prestações de Serviços de Transporte Interestadual e Intermunicipal e de Comunicação - ICMS, quando cobrado pelo vendedor dos bens ou prestador dos serviços na condição de substituto tributário.

§ 1º As contribuições de que tratam os arts. 2º e 3º deverão ser apuradas e pagas de forma centralizada, pelo estabelecimento matriz da pessoa jurídica.

§ 2º A informação e o recolhimento das contribuições de que tratam os arts. 2º e 3º ocorrerão na forma estabelecida pela Secretaria da Receita Federal do Brasil do Ministério da Fazenda, em ato próprio.

§ 3º As empresas a que se referem os arts. 2º e 3º continuam sujeitas ao cumprimento das demais obrigações previstas na legislação previdenciária.

ART. 6º No caso de empresas que se dediquem a outras atividades, além das previstas nos arts. 2º e 3º, até 31 de dezembro de 2014, o cálculo da contribuição obedecerá:

I - ao disposto nos arts. 2º e 3º, em relação às receitas referidas nesses artigos; e

II - quanto à parcela da receita bruta relativa a atividades cuja contribuição não se sujeita às substituições previstas nos arts. 2º e 3º, ao disposto no art. 22 da Lei n. 8.212, de 1991, reduzindo-se o valor das contribuições referidas nos incisos I e III do *caput* do mencionado art. 22 ao percentual resultante da razão entre a receita bruta de atividades não relacionadas aos serviços de que trata o *caput* do art. 2º ou à fabricação dos produtos de que trata o *caput* do art. 3º e a receita bruta total.

§ 1º Nos meses em que não auferirem receita relativa às atividades previstas nos arts. 2º e 3º, as empresas a que se refere o *caput* deverão recolher as contribuições previstas nos incisos I e III do *caput* do art. 22 da Lei n. 8.212, de 1991, sobre a totalidade da folha de pagamentos, não sendo aplicada a proporcionalização de que trata o inciso II do *caput*.

§ 2º Nos meses em que não auferirem receita relativa a atividades não abrangidas pelos arts. 2º e 3º, as empresas deverão recolher a contribuição neles prevista, não sendo aplicada a proporcionalização de que trata o inciso II do *caput*.

§ 3º O disposto neste artigo aplica-se às empresas que se dediquem a outras atividades, além das previstas nos arts. 2º e 3º, somente se a receita bruta decorrente dessas outras atividades for superior a cinco por cento da receita bruta total.

§ 4º Não ultrapassado o limite previsto no § 3º, as contribuições a que se referem os arts. 2º e 3º serão calculadas sobre a receita bruta total auferida no mês.

ART. 7º Relativamente aos períodos anteriores à tributação da empresa nas formas instituídas nos arts. 2º e 3º, mantém-se a incidência das contribuições previstas no art. 22 da Lei n. 8.212, de 1991, aplicada de forma proporcional sobre o décimo-terceiro salário.

Parágrafo único. Para fins de cálculo da razão a que se refere o inciso II do *caput* do art. 6º, aplicada ao décimo-terceiro salário, será considerada a receita bruta acumulada nos doze meses anteriores ao mês de dezembro de cada ano-calendário.

ART. 8º A União compensará o Fundo do Regime Geral de Previdência Social, de que trata o art. 68 da Lei Complementar n. 101, de 4 de maio de 2000 - Lei de Responsabilidade Fiscal, no valor correspondente à estimativa de renúncia previdenciária decorrente da desoneração, por meio de transferência do Orçamento Fiscal, de forma a não afetar a apuração do resultado financeiro do Regime Geral de Previdência Social.

Parágrafo único. A compensação de que trata o *caput* será feita na forma regulamentada em ato conjunto da Secretaria da Receita Federal do Brasil e da Secretaria do Tesouro Nacional, do Ministério da Fazenda, e do Instituto Nacional do Seguro Social.

ART. 9º Este Decreto entra em vigor na data de sua publicação.

Brasília, 16 de outubro de 2012; 191º da Independência e 124º da República.

DILMA ROUSSEFF

› Optamos, nesta edição, pela não publicação dos Anexos.

DECRETO N. 7.829, DE 17 DE OUTUBRO DE 2012

Regulamenta a Lei n. 12.414, de 9 de junho de 2011, que disciplina a formação e consulta a bancos de dados com informações de adimplemento, de pessoas naturais ou de pessoas jurídicas, para formação de histórico de crédito.

› *DOU*, 18.10.2012

A Presidenta da República, no uso da atribuição que lhe confere o art. 84, *caput*, inciso IV, da Constituição, e tendo em vista o disposto na Lei n. 12.414, de 9 de junho de 2011,

Decreta:

CAPÍTULO I
DAS CONDIÇÕES PARA FUNCIONAMENTO DOS BANCOS DE DADOS

ART. 1º São requisitos mínimos para o funcionamento dos bancos de dados e o compartilhamento de informações autorizados pela Lei n. 12.414, de 9 de junho de 2011:

I - aspectos econômico-financeiros: patrimônio líquido mínimo de R$ 20.000.000,00 (vinte milhões de reais), detido pelo gestor de banco de dados ou por grupo de pessoas jurídicas que, conjuntamente, exercem a atividade de gestor de bancos de dados;

II - aspectos técnico-operacionais:

a) certificação técnica emitida por empresa qualificada independente, renovada, no mínimo, a cada dois anos, que ateste a disponibilidade de plataforma tecnológica apta a preservar a integridade e o sigilo dos dados armazenados, e indique que as estruturas tecnológicas envolvidas no fornecimento do serviço de cadastro seguem as melhores práticas de segurança da informação, inclusive quanto a plano de recuperação em caso de desastre, com infraestrutura de cópia de segurança para o armazenamento dos dados e das autorizações;

b) certificação técnica emitida por empresa qualificada independente, renovada, no mínimo, a cada dois anos, que ateste a adequabilidade da política de segurança da informação sobre a criação, guarda, utilização e descarte de informações no âmbito interno e externo, inclusive quanto à transferência ou utilização de informações por outras empresas prestadoras de serviço contratadas; e

c) certificação técnica emitida por empresa qualificada independente, renovada, no mínimo, a cada dois anos, que ateste a adequabilidade da política de estabelecimento da responsabilidade, principalmente nos quesitos sigilo e proteção das informações, privacidade de dados dos clientes e prevenção e tratamento de fraudes;

III - aspectos relacionados à governança:

a) estatuto ou contrato social com o desenho e as regras relativas à sua estrutura administrativa;

b) disponibilização dos procedimentos operacionais do desempenho da atividade e, quando for o caso, dos controles de risco disponíveis; e

c) disponibilização mensal de todas as informações relevantes relacionadas a seu funcionamento no período, que contemple desempenho econômico-financeiro, número de operações registradas, número total de consultas realizadas, número de cadastrados autorizados, número de consulentes cadastrados, número de fontes ativas, relatório de erros ocorridos, entre outras que atestem a plena operação do gestor de banco de dados; e

IV - aspectos relacionais:

a) manutenção de serviço de atendimento ao consumidor que atenda os requisitos do Decreto n. 6.523, de 31 de julho de 2008; e

b) manutenção de ouvidoria, com a atribuição de atuar como canal de comunicação entre os gestores de bancos de dados e os cadastrados.

§ 1º O ato constitutivo da pessoa jurídica, suas eventuais alterações, a ata de eleição de administradores, quando aplicável, e os documentos comprobatórios do disposto nos incisos do *caput* ficarão disponíveis para verificação por órgãos públicos e serão a eles encaminhados sempre que solicitado.

§ 2º Os documentos referidos nos incisos II e III do *caput* deverão ser atualizados e disponíveis de forma pública e de fácil acesso nos sítios eletrônicos da entidade.

§ 3º O gestor de banco de dados deve dar ampla divulgação sobre a ouvidoria e o serviço de atendimento ao consumidor, com informações completas acerca da sua finalidade e forma de utilização, acesso telefônico gratuito por número divulgado de forma ampla e mantido atualizado nos recintos de atendimento ao público, no sítio eletrônico da entidade e nos seus demais canais de comunicação, inclusive nos extratos e comprovantes fornecidos ao cadastrado.

§ 4º Serão atribuições da ouvidoria, no mínimo:

I - receber, registrar, instruir, analisar e dar tratamento formal e adequado às reclamações dos cadastrados não solucionadas em vinte dias úteis pelos demais canais de atendimento;

II - prestar esclarecimentos e informar reclamantes acerca do andamento de suas demandas, das providências adotadas, conforme número de protocolo, observado prazo de dez dias úteis para resposta; e

III - propor ao gestor do banco de dados medidas corretivas ou de aprimoramento relativas aos procedimentos e rotinas, em decorrência da análise das reclamações recebidas.

CAPÍTULO II
DO HISTÓRICO DE CRÉDITO

ART. 2º O histórico de crédito do cadastrado é composto pelo conjunto de dados financeiros e de pagamentos relativos às operações de crédito e obrigações de pagamento, adimplidas ou em andamento, necessárias para avaliar o risco financeiro do cadastrado.

ART. 3º Para os fins deste Decreto, o conjunto de dados financeiros e de pagamentos é composto por:

I - data da concessão do crédito ou da assunção da obrigação de pagamento;

II - valor do crédito concedido ou da obrigação de pagamento assumida;

III - valores devidos das prestações ou obrigações, indicadas as datas de vencimento e de pagamento; e

IV - valores pagos, mesmo que parciais, das prestações ou obrigações, indicadas as datas de pagamento.

ART. 4º As instituições financeiras e demais instituições autorizadas a funcionar pelo Banco Central do Brasil prestarão informações de acordo com diretrizes aprovadas pelo Conselho Monetário Nacional.

ART. 5º As informações de que trata este Decreto serão prestadas conforme o Anexo I, inclusive pelos prestadores de serviços continuados referidos no art. 11 da Lei n. 12.414, de 2011.

ART. 6º Os bancos de dados, para fins de composição do histórico de crédito, deverão apresentar informações objetivas, claras, verdadeiras e de fácil compreensão, que sejam necessárias para avaliação da situação econômico-financeira do cadastrado.

CAPÍTULO III
DA AUTORIZAÇÃO PARA ABERTURA DO CADASTRO E COMPARTILHAMENTO

ART. 7º As autorizações para abertura de cadastro e para compartilhamento da informação de adimplemento, de que tratam, respectivamente, os arts. 4º e 9º da Lei n. 12.414, de 2011, podem ser concedidas pelo cadastrado em forma física ou eletrônica, diretamente à fonte ou ao gestor de banco de dados, observados os termos e condições constantes do Anexo II.

§ 1º Quando qualquer das autorizações for concedida à fonte, esta deverá encaminhar a autorização concedida, por meio eletrônico, aos gestores de bancos de dados indicados no ato de concessão, no prazo de sete dias úteis contado de seu recebimento.

§ 2º O gestor do banco de dados ou a fonte, conforme o caso, deverá manter os registros adequados para comprovar a autenticidade e a validade da autorização.

§ 3º A abertura de cadastro não poderá ser condicionada à concessão de autorização para compartilhamento da informação de adimplemento.

ART. 8º A verificação da validade e autenticidade das autorizações de que trata o art. 7º, caberá àquele que recepcionou diretamente a autorização concedida pelo cadastrado, sem prejuízo do disposto no art. 16 da Lei n. 12.414, de 2011.

Parágrafo único. O gestor do banco de dados será responsável por avaliar a adequabilidade do processo de validação e autenticação da autorização.

CAPÍTULO IV
DA CONSULTA AO BANCO DE DADOS

ART. 9º As informações sobre o cadastrado constantes dos bancos de dados somente poderão ser acessadas por consulentes que com ele mantiverem ou pretenderem manter relação comercial ou creditícia.

§ 1º Ao realizar a consulta, o consulente deverá declarar ao gestor do banco de dados que mantém ou pretende manter relação comercial ou creditícia com o cadastrado.

§ 2º O gestor do banco de dados deverá manter políticas e controles para garantir que as informações sobre o cadastrado somente serão acessadas por consulente que atenda ao disposto neste artigo.

CAPÍTULO V
DO DEVER E RESPONSABILIDADE DO GESTOR DE BANCO DE DADOS

ART. 10. O gestor do banco de dados deverá:

I - comunicar às fontes eventual exclusão ou revogação da autorização pelo cadastrado;

II - indicar, em cada resposta a consulta, a data da última atualização das informações enviadas ao banco de dados;

III - adotar as cautelas necessárias à preservação do sigilo das informações que lhe forem enviadas, divulgando-as apenas para as finalidades previstas na Lei n. 12.414, de 2011;

IV - manter sistemas de guarda e acesso com requisitos de segurança que protejam as informações de acesso por terceiros não autorizados e de uso em desacordo com as finalidades previstas na Lei n. 12.414, de 2011;

V - dotar os sistemas de guarda e acesso das informações de características de rastreabilidade, passíveis de serem auditadas;

VI - disponibilizar em seus sítios eletrônicos para consulta do cadastrado, com acesso formalizado, de maneira segura e gratuita:

a) as informações sobre o cadastrado constantes do banco de dados no momento da solicitação;

b) a indicação das fontes que encaminharam informações sobre o cadastrado, com endereço e telefone para contato;

c) a indicação dos gestores dos bancos de dados com os quais as informações sobre o cadastrado foram compartilhadas; e

d) a indicação clara dos consulentes que tiveram acesso ao histórico de crédito do cadastrado nos seis meses anteriores ao momento da solicitação; e

VII - informar claramente, inclusive em seu sítio eletrônico, os direitos do cadastrado definidos em lei e em normas infralegais pertinentes à sua relação com as fontes e os gestores de bancos de dados, e disponibilizar lista de órgãos governamentais aos quais poderá recorrer em caso de violação.

Parágrafo único. As informações dispostas no inciso VI do *caput* também poderão ser acessadas, gratuitamente, por telefone.

ART. 11. O gestor do banco de dados não poderá informar aos consulentes as fontes individuais das informações.

ART. 12. O cancelamento do cadastro poderá ser realizado perante qualquer gestor de banco de dados que mantenha cadastro ou perante a fonte que recebeu a autorização para abertura do cadastro.

§ 1º Caso o cancelamento não seja solicitado perante o gestor do banco de dados originário, o pedido será encaminhado ao gestor do banco de dados originário no prazo de dois dias úteis.

§ 2º Na hipótese do § 1º, gestor do banco de dados originário:

I - encerrará o histórico de crédito do cadastrado, não disponibilizará informações para novas consultas e não incluirá novas informações; e

II - informará o cancelamento, no prazo de sete dias, a:

a) todas as fontes das quais recebeu informações relativas ao cadastrado; e

b) todos os gestores de bancos de dados com os quais compartilhou informações relativas ao cadastrado.

§ 3º O gestor de banco de dados deverá manter em arquivo, exclusivamente para fins de auditoria, dados, autorizações concedidas pelos cadastrados, pedidos de cancelamento, exclusão, revogação e correção de anotação, pelo prazo mínimo de cinco anos, contado do cancelamento do cadastro.

ART. 13. O cadastrado poderá requerer:

I - que suas informações não sejam acessíveis por determinados consulentes ou em período determinado de tempo; e

II - o não compartilhamento de informações ou ainda a revogação de autorização para o compartilhamento de suas informações com um ou mais bancos de dados.

Parágrafo único. Não será admitido pedido de exclusão parcial de informações registradas em banco de dados, salvo se indevida ou erroneamente anotadas.

ART. 14. As solicitações de cancelamento do cadastro, de vedação de acesso e de não compartilhamento deverão ser realizadas de forma expressa, e poderão ser feitas por meio eletrônico.

CAPÍTULO VI
DO ENVIO DE INFORMAÇÕES PELA FONTE

ART. 15. O envio das informações pelas fontes aos gestores de bancos de dados deverá ser realizado por mecanismos que preservem a integridade e o sigilo dos dados enviados.

Parágrafo único. Os gestores de bancos de dados, observado o disposto no art. 10 da Lei n. 12.414, de 2011, poderão fornecer às fontes os mecanismos de envio das informações.

CAPÍTULO VII
DISPOSIÇÕES GERAIS E FINAIS

ART. 16. No caso de decisão realizada exclusivamente por meios automatizados, se o cadastrado solicitar ao consulente a revisão da decisão, o consulente deverá apresentar o resultado no prazo de sete dias úteis, contado da data do requerimento de revisão.

ART. 17. A simples falta de comunicação pela fonte do adimplemento de operação de crédito ou de obrigação continuada antes em curso não poderá ser registrada pelo gestor do banco de dados como informação negativa.

ART. 18. Este Decreto entra em vigor no dia 1º de janeiro de 2013.

Brasília, 17 de outubro de 2012; 191º da Independência e 124º da República.

DILMA ROUSSEFF

- Optamos, nesta edição, pela não publicação dos Anexos.

DECRETO N. 7.830, DE 17 DE OUTUBRO DE 2012

Dispõe sobre o Sistema de Cadastro Ambiental Rural, o Cadastro Ambiental Rural, estabelece normas de caráter geral aos Programas de Regularização Ambiental, de que trata a Lei n. 12.651, de 25 de maio de 2012, e dá outras providências.

- *DOU*, 18.10.2012
- Art. 59, § 2º, Lei 12.651 (Código Florestal - "A inscrição do imóvel rural no CAR é condição obrigatória para a adesão ao PRA, devendo essa adesão ser requerida até 31 de dezembro de 2019, permitida a prorrogação por mais um ano por ato do Chefe do Poder Executivo" - Alterado pela Med. Prov. 867/2018).
- Dec. 8.235/2014 (Estabelece normas gerais complementares aos Programas de Regularização Ambiental dos Estados e do Distrito Federal, de que trata este decreto, institui o Programa Mais Ambiente Brasil.)
- Dec. 8.972/2017 (Institui a Política Nacional de Recuperação da Vegetação Nativa).
- Dec. 9.395/2018 (Prorroga até 31.12.2018 o prazo de inscrição no CAR).

A Presidenta da República, no uso das atribuições que lhe confere o art. 84, *caput*, incisos IV e VI, alínea "a", da Constituição, e tendo em vista o disposto na Lei n. 12.651, de 25 de maio de 2012,

Decreta:

CAPÍTULO I
DISPOSIÇÕES GERAIS

ART. 1º Este Decreto dispõe sobre o Sistema de Cadastro Ambiental Rural - SICAR, sobre o Cadastro Ambiental Rural - CAR, e estabelece normas de caráter geral aos Programas de Regularização Ambiental - PRA, de que trata a Lei n. 12.651, de 25 de maio de 2012.

ART. 2º Para os efeitos deste Decreto entende-se por:

I - Sistema de Cadastro Ambiental Rural - SICAR - sistema eletrônico de âmbito nacional destinado ao gerenciamento de informações ambientais dos imóveis rurais;

II - Cadastro Ambiental Rural - CAR - registro eletrônico de abrangência nacional junto ao órgão ambiental competente, no âmbito do Sistema Nacional de Informação sobre Meio Ambiente - SINIMA, obrigatório para todos os imóveis rurais, com a finalidade de integrar as informações ambientais das propriedades e posses rurais, compondo base de dados para controle, monitoramento, planejamento ambiental e econômico e combate ao desmatamento;

III - termo de compromisso - documento formal de adesão ao Programa de Regularização Ambiental - PRA, que contenha, no mínimo, os compromissos de manter, recuperar ou recompor as áreas de preservação permanente, de reserva legal e de uso restrito do imóvel rural, ou ainda de compensar áreas de reserva legal;

IV - área de remanescente de vegetação nativa - área com vegetação nativa em estágio primário ou secundário avançado de regeneração;

V - área degradada - área que se encontra alterada em função de impacto antrópico, sem capacidade de regeneração natural;

VI - área alterada - área que após o impacto ainda mantém capacidade de regeneração natural;

VII - área abandonada - espaço de produção convertido para o uso alternativo do solo sem nenhuma exploração produtiva há pelo menos trinta e seis meses e não formalmente caracterizado como área de pousio;

VIII - recomposição - restituição de ecossistema ou de comunidade biológica nativa degradada ou alterada a condição não degradada, que pode ser diferente de sua condição original;

IX - planta - representação gráfica plana, em escala mínima de 1:50.000, que contenha particularidades naturais e artificiais do imóvel rural;

X - croqui - representação gráfica simplificada da situação geográfica do imóvel rural, a partir de imagem de satélite georreferenciada disponibilizada via SICAR e que inclua os remanescentes de vegetação nativa, as servidões, as áreas de preservação permanente, as áreas de uso restrito, as áreas consolidadas e a localização das reservas legais;

XI - pousio - prática de interrupção temporária de atividades ou usos agrícolas, pecuários ou silviculturais, por no máximo cinco anos, para possibilitar a recuperação da capacidade de uso ou da estrutura física do solo;

XII - rio perene - corpo de água lótico que possui naturalmente escoamento superficial durante todo o período do ano;

XIII - rio intermitente - corpo de água lótico que naturalmente não apresenta escoamento superficial por períodos do ano;

XIV - rio efêmero - corpo de água lótico que possui escoamento superficial apenas durante ou imediatamente após períodos de precipitação;

XV - regularização ambiental - atividades desenvolvidas e implementadas no imóvel rural que visem a atender ao disposto na legislação ambiental e, de forma prioritária, à manutenção e recuperação de áreas de preservação permanente, de reserva legal e de uso restrito, e à compensação da reserva legal, quando couber;

XVI - sistema agroflorestal - sistema de uso e ocupação do solo em que plantas lenhosas perenes são manejadas em associação com plantas herbáceas, arbustivas, arbóreas, culturas agrícolas, forrageiras em uma mesma unidade de manejo, de acordo com arranjo espacial e temporal, com alta diversidade de espécies e interações entre estes componentes;

XVII - projeto de recomposição de área degradada e alterada - instrumento de planejamento das ações de recomposição contendo metodologias, cronograma e insumos; e

XVIII - Cota de Reserva Ambiental - CRA - título nominativo representativo de área com vegetação nativa existente ou em processo de recuperação conforme o disposto no art. 44 da Lei n. 12.651, de 2012.

CAPÍTULO II
DO SISTEMA DE CADASTRO AMBIENTAL RURAL E DO CADASTRO AMBIENTAL RURAL

SEÇÃO I
DO SISTEMA DE CADASTRO AMBIENTAL RURAL - SICAR

ART. 3º Fica criado o Sistema de Cadastro Ambiental Rural - SICAR, com os seguintes objetivos:

I - receber, gerenciar e integrar os dados do CAR de todos os entes federativos;

II - cadastrar e controlar as informações dos imóveis rurais, referentes a seu perímetro e localização, aos remanescentes de vegetação nativa, às áreas de interesse social, às áreas de utilidade pública, às Áreas de Preservação Permanente, às Áreas de Uso Restrito, às áreas consolidadas e às Reservas Legais;

III - monitorar a manutenção, a recomposição, a regeneração, a compensação e a supressão da vegetação nativa e da cobertura vegetal nas áreas de Preservação Permanente, de Uso Restrito, e de Reserva Legal, no interior dos imóveis rurais;

IV - promover o planejamento ambiental e econômico do uso do solo e conservação ambiental no território nacional; e

V - disponibilizar informações de natureza pública sobre a regularização ambiental dos imóveis rurais em território nacional, na Internet.

§ 1º Os órgãos integrantes do SINIMA disponibilizarão em sítio eletrônico localizado na Internet a interface de programa de cadastramento integrada ao SICAR destinado à inscrição, consulta e acompanhamento da situação da regularização ambiental dos imóveis rurais.

§ 2º Os entes federativos que não disponham de sistema para o cadastramento de imóveis rurais poderão utilizar o módulo de cadastro ambiental rural, disponível no SICAR, por meio de instrumento de cooperação com o Ministério do Meio Ambiente.

§ 3º Os órgãos competentes poderão desenvolver módulos complementares para atender a peculiaridades locais, desde que sejam compatíveis com o SICAR e observem os Padrões de Interoperabilidade de Governo Eletrônico - e-PING, em linguagem e mecanismos de gestão de dados.

§ 4º O Ministério do Meio Ambiente disponibilizará imagens destinadas ao mapeamento das propriedades e posses rurais para compor a base de dados do sistema de informações geográficas do SICAR, com vistas à implantação do CAR.

ART. 4º Os entes federativos que já disponham de sistema para o cadastramento de imóveis rurais deverão integrar sua base de dados ao SICAR, nos termos do inciso VIII do *caput* do art. 8º e do inciso VIII do *caput* do art. 9º da Lei Complementar n. 140, de 8 de dezembro de 2011.

SEÇÃO II
DO CADASTRO AMBIENTAL RURAL

ART. 5º O Cadastro Ambiental Rural - CAR deverá contemplar os dados do proprietário, possuidor rural ou responsável direto pelo

DECRETOS

imóvel rural, a respectiva planta georreferenciada do perímetro do imóvel, das áreas de interesse social e das áreas de utilidade pública, com a informação da localização dos remanescentes de vegetação nativa, das Áreas de Preservação Permanente, das Áreas de Uso Restrito, das áreas consolidadas e da localização das Reservas Legais.

ART. 6º A inscrição no CAR, obrigatória para todas as propriedades e posses rurais, tem natureza declaratória e permanente, e conterá informações sobre o imóvel rural, conforme o disposto no art. 21.

§ 1º As informações são de responsabilidade do declarante, que incorrerá em sanções penais e administrativas, sem prejuízo de outras previstas na legislação, quando total ou parcialmente falsas, enganosas ou omissas.

§ 2º A inscrição no CAR deverá ser requerida no prazo de 1 (um) ano contado da sua implantação, preferencialmente junto ao órgão ambiental municipal ou estadual competente do Sistema Nacional do Meio Ambiente - SISNAMA.

§ 3º As informações serão atualizadas periodicamente ou sempre que houver alteração de natureza dominial ou possessória.

§ 4º A atualização ou alteração dos dados inseridos no CAR só poderão ser efetuadas pelo proprietário ou possuidor rural ou representante legalmente constituído.

ART. 7º Caso detectadas pendências ou inconsistências nas informações declaradas e nos documentos apresentados no CAR, o órgão responsável deverá notificar o requerente, de uma única vez, para que preste informações complementares ou promova a correção e adequação das informações prestadas.

§ 1º Na hipótese do *caput*, o requerente deverá fazer as alterações no prazo estabelecido pelo órgão ambiental competente, sob pena de cancelamento da sua inscrição no CAR.

§ 2º Enquanto não houver manifestação do órgão competente acerca de pendências ou inconsistências nas informações declaradas e nos documentos apresentados para a inscrição no CAR, será considerada efetivada a inscrição do imóvel rural no CAR, para todos os fins previstos em lei.

§ 3º O órgão ambiental competente poderá realizar vistorias de campo sempre que julgar necessário para verificação das informações declaradas e acompanhamento dos compromissos assumidos.

§ 4º Os documentos comprobatórios das informações declaradas poderão ser solicitados, a qualquer tempo, pelo órgão competente, e poderão ser fornecidos por meio digital.

ART. 8º Para o registro no CAR dos imóveis rurais referidos no inciso V do *caput* do art. 3º, da Lei n. 12.651, de 2012, será observado procedimento simplificado, nos termos de ato do Ministro de Estado do Meio Ambiente, no qual será obrigatória apenas a identificação do proprietário ou possuidor rural, a comprovação da propriedade ou posse e a apresentação de croqui que indique o perímetro do imóvel, as Áreas de Preservação Permanente e os remanescentes que formam a Reserva Legal.

§ 1º Caberá ao proprietário ou possuidor apresentar os dados com a identificação da área proposta de Reserva Legal.

§ 2º Caberá aos órgãos competentes integrantes do SISNAMA, ou instituição por ele habilitada, realizar a captação das respectivas coordenadas geográficas, devendo o poder público prestar apoio técnico e jurídico, assegurada a gratuidade de que trata o parágrafo único do art. 53 da Lei n. 12.651, de 2012, sendo facultado ao proprietário ou possuidor fazê-lo por seus próprios meios.

§ 3º Aplica-se o disposto neste artigo ao proprietário ou posseiro rural com até quatro módulos fiscais que desenvolvam atividades agrossilvipastoris, e aos povos e comunidades indígenas e tradicionais que façam uso coletivo do seu território.

CAPÍTULO III
DO PROGRAMA DE REGULARIZAÇÃO AMBIENTAL - PRA

ART. 9º Serão instituídos, no âmbito da União, dos Estados e do Distrito Federal, Programas de Regularização Ambiental - PRAs, que compreenderão o conjunto de ações ou iniciativas a serem desenvolvidas por proprietários e posseiros rurais com o objetivo de adequar e promover a regularização ambiental com vistas ao cumprimento do disposto no Capítulo XIII da Lei n. 12.651, de 2012.

Parágrafo único. São instrumentos do Programa de Regularização Ambiental:

I - o Cadastro Ambiental Rural - CAR, conforme disposto no *caput* do art. 5º;

II - o termo de compromisso;

III - o Projeto de Recomposição de Áreas Degradadas e Alteradas; e,

IV - as Cotas de Reserva Ambiental - CRA, quando couber.

ART. 10. Os Programas de Regularização Ambiental - PRAs deverão ser implantados no prazo de um ano, contado da data da publicação da Lei n. 12.651, de 2012, prorrogável por uma única vez, por igual período, por ato do Chefe do Poder Executivo.

ART. 11. A inscrição do imóvel rural no CAR é condição obrigatória para a adesão ao PRA, a que deverá ser requerida pelo interessado no prazo de um ano, contado a partir da sua implantação, prorrogável por uma única vez, por igual período, por ato do Chefe do Poder Executivo.

ART. 12. No período entre a publicação da Lei n. 12.651, de 2012, e a implantação do PRA em cada Estado e no Distrito Federal, e após a adesão do interessado ao PRA e enquanto estiver sendo cumprido o termo de compromisso, o proprietário ou possuidor não poderá ser autuado por infrações cometidas antes de 22 de julho de 2008, relativas à supressão irregular de vegetação em Áreas de Preservação Permanente, de Reserva Legal e de uso restrito.

ART. 13. A partir da assinatura do termo de compromisso, serão suspensas as sanções decorrentes das infrações mencionadas no art. 12, e cumpridas as obrigações estabelecidas no PRA ou no termo de compromisso para a regularização ambiental das exigências previstas na Lei n. 12.651, de 2012, nos prazos e condições neles estabelecidos.

Parágrafo único. As multas decorrentes das infrações referidas no *caput* serão consideradas como convertidas em serviços de preservação, melhoria e recuperação da qualidade do meio ambiente, regularizando o uso de áreas rurais consolidadas conforme definido no PRA.

ART. 14. O proprietário ou possuidor rural inscrito no CAR que for autuado pelas infrações cometidas antes de 22 de julho de 2008, durante o prazo de que trata o art. 11, poderá promover a regularização da situação por meio da adesão ao PRA, aplicando-se-lhe o disposto no art. 13.

ART. 15. Os PRAs a serem instituídos pela União, Estados e Distrito Federal deverão incluir mecanismo que permita o acompanhamento de sua implementação, considerando os objetivos e metas nacionais para florestas, especialmente a implementação dos instrumentos previstos na Lei n. 12.651, de 2012, a adesão cadastral dos proprietários e possuidores de imóvel rural, a evolução da regularização das propriedades e posses rurais, o grau de regularidade do uso de matéria-prima florestal e o controle e prevenção de incêndios florestais.

ART. 16. As atividades contidas nos Projetos de Recomposição de Áreas Degradadas e Alteradas deverão ser concluídas de acordo com o cronograma previsto no Termo de Compromisso.

§ 1º A recomposição da Reserva Legal de que trata o art. 66 da Lei n. 12.651, de 2012, deverá atender os critérios estipulados pelo órgão competente do SISNAMA e ser concluída em até vinte anos, abrangendo, a cada dois anos, no mínimo um décimo da área total necessária à sua complementação.

§ 2º É facultado ao proprietário ou possuidor de imóvel rural, o uso alternativo do solo da área necessária à recomposição ou regeneração da Reserva Legal, resguardada a área da parcela mínima definida no Termo de Compromisso que já tenha sido ou que esteja sendo recomposta ou regenerada, devendo adotar boas práticas agronômicas com vistas à conservação do solo e água.

ART. 17. Os PRAs deverão prever as sanções a serem aplicadas pelo não cumprimento dos Termos de Compromisso firmados nos termos deste Decreto.

ART. 18. A recomposição das áreas de reserva legal poderá ser realizada mediante o plantio intercalado de espécies nativas e exóticas, em sistema agroflorestal, observados os seguintes parâmetros:

I - o plantio de espécies exóticas deverá ser combinado com as espécies nativas de ocorrência regional; e

II - a área recomposta com espécies exóticas não poderá exceder a cinquenta por cento da área total a ser recuperada.

Parágrafo único. O proprietário ou possuidor de imóvel rural que optar por recompor a reserva legal com utilização do plantio intercalado de espécies exóticas terá direito a sua exploração econômica.

ART. 19. A recomposição das Áreas de Preservação Permanente poderá ser feita, isolada ou conjuntamente, pelos seguintes métodos:

I - condução de regeneração natural de espécies nativas;

II - plantio de espécies nativas;

III - plantio de espécies nativas conjugado com a condução da regeneração natural de espécies nativas; e

IV - plantio intercalado de espécies lenhosas, perenes ou de ciclo longo, exóticas com nativas de ocorrência regional, em até cinquenta por cento da área total a ser recomposta, no caso dos imóveis a que se refere o inciso V do *caput* do art. 3º da Lei n. 12.651, de 2012.

§ 1º Para os imóveis rurais com área de até um módulo fiscal que possuam áreas consolidadas em Áreas de Preservação Permanente ao longo de cursos d'água naturais, será obrigatória a recomposição das respectivas faixas marginais em cinco metros, contados da borda da calha do leito regular, independentemente da largura do curso d´água.

§ 2º Para os imóveis rurais com área superior a um módulo fiscal e de até dois módulos fiscais que possuam áreas consolidadas em Áreas de Preservação Permanente ao longo de cursos d'água naturais, será obrigatória a recomposição das respectivas faixas marginais em oito metros, contados da borda da calha do leito regular, independentemente da largura do curso d'água.

§ 3º Para os imóveis rurais com área superior a dois módulos fiscais e de até quatro módulos fiscais que possuam áreas consolidadas em Áreas de Preservação Permanente ao longo de cursos d'água naturais, será obrigatória a recomposição das respectivas faixas marginais em quinze metros, contados da borda da calha do leito regular, independentemente da largura do curso d'água.

§ 4º Para fins do que dispõe o inciso II do § 4º do art. 61-A da Lei n. 12.651, de 2012, a recomposição das faixas marginais ao longo dos cursos d'água naturais será de, no mínimo:

I - vinte metros, contados da borda da calha do leito regular, para imóveis com área superior a quatro e de até dez módulos fiscais, nos cursos d'água com até dez metros de largura; e

II - nos demais casos, extensão correspondente à metade da largura do curso d'água, observado o mínimo de trinta e o máximo de cem metros, contados da borda da calha do leito regular.

§ 5º Nos casos de áreas rurais consolidadas em Áreas de Preservação Permanente no entorno de nascentes e olhos d'água perenes, será admitida a manutenção de atividades agrossilvipastoris, de ecoturismo ou de turismo rural, sendo obrigatória a recomposição do raio mínimo de quinze metros.

§ 6º Para os imóveis rurais que possuam áreas consolidadas em Áreas de Preservação Permanente no entorno de lagos e lagoas naturais, será admitida a manutenção de atividades agrossilvipastoris, de ecoturismo ou de turismo rural, sendo obrigatória a recomposição de faixa marginal com largura mínima de:

I - cinco metros, para imóveis rurais com área de até um módulo fiscal;

II - oito metros, para imóveis rurais com área superior a um módulo fiscal e de até dois módulos fiscais;

III - quinze metros, para imóveis rurais com área superior a dois módulos fiscais e de até quatro módulos fiscais; e

IV - trinta metros, para imóveis rurais com área superior a quatro módulos fiscais.

§ 7º Nos casos de áreas rurais consolidadas em veredas, será obrigatória a recomposição das faixas marginais, em projeção horizontal, delimitadas a partir do espaço brejoso e encharcado, de largura mínima de:

I - trinta metros, para imóveis rurais com área de até quatro módulos fiscais; e

II - cinquenta metros, para imóveis rurais com área superior a quatro módulos fiscais.

§ 8º Será considerada, para os fins do disposto neste artigo, a área detida pelo imóvel rural em 22 de julho de 2008.

CAPÍTULO IV
DISPOSIÇÕES FINAIS

ART. 20. Os proprietários ou possuidores de imóveis rurais que firmaram o Termo de Adesão e Compromisso que trata o inciso I do *caput* do art. 3º do Decreto n. 7.029, de 10 de dezembro de 2009, até a data de publicação deste Decreto, não serão autuados com base nos arts. 43, 48, 51 e 55 do Decreto n. 6.514, de 22 de julho de 2008.

ART. 21. Ato do Ministro de Estado do Meio Ambiente estabelecerá a data a partir da qual o CAR será considerado implantado para os fins do disposto neste Decreto e detalhará as informações e os documentos necessários à inscrição no CAR, ouvidos os Ministros de Estado da Agricultura, Pecuária e Abastecimento e do Desenvolvimento Agrário.

ART. 22. Este Decreto entra em vigor na data de sua publicação.

ART. 23. Fica revogado o Decreto n. 7.029, de 10 de dezembro de 2009.

Brasília, 17 de outubro de 2012; 191º da Independência e 124º da República.

DILMA ROUSSEFF

DECRETO N. 7.845, DE 14 DE NOVEMBRO DE 2012

Regulamenta procedimentos para credenciamento de segurança e tratamento de informação classificada em qualquer grau de sigilo, e dispõe sobre o Núcleo de Segurança e Credenciamento

▸ *DOU*, 16.11.2012.

A Presidenta da República, no uso das atribuições que lhe confere o art. 84, *caput*, incisos IV e VI, alínea "a", da Constituição, e tendo em vista o disposto nos arts. 25, 27, 29, 35, § 5º, e 37 da Lei n. 12.527, de 18 de novembro de 2011,

Decreta:

CAPÍTULO I
DISPOSIÇÕES GERAIS

ART. 1º Este Decreto regulamenta procedimentos para o credenciamento de segurança e tratamento de informação classificada em qualquer grau de sigilo no âmbito do Poder Executivo federal, e dispõe sobre o Núcleo de Segurança e Credenciamento, conforme o disposto nos arts. 25, 27, 29, 35, § 5º, e 37 da Lei n. 12.527, de 18 de novembro de 2011.

ART. 2º Para os efeitos deste Decreto, considera-se:

I - algoritmo de Estado - função matemática utilizada na cifração e na decifração, desenvolvido pelo Estado, para uso exclusivo em interesse do serviço de órgãos ou entidades do Poder Executivo federal;

II - cifração - ato de cifrar mediante uso de algoritmo simétrico ou assimétrico, com recurso criptográfico, para substituir sinais de linguagem clara por outros ininteligíveis por pessoas não autorizadas a conhecê-la;

III - código de indexação - código alfanumérico que indexa documento com informação classificada em qualquer grau de sigilo;

IV - comprometimento - perda de segurança resultante do acesso não autorizado;

V - contrato sigiloso - ajuste, convênio ou termo de cooperação cujo objeto ou execução implique tratamento de informação classificada;

VI - credencial de segurança - certificado que autoriza pessoa para o tratamento de informação classificada;

VII - credenciamento de segurança - processo utilizado para habilitar órgão ou entidade pública ou privada, e para credenciar pessoa para o tratamento de informação classificada;

VIII - decifração - ato de decifrar mediante uso de algoritmo simétrico ou assimétrico, com recurso criptográfico, para reverter processo de cifração original;

IX - dispositivos móveis - equipamentos portáteis dotados de capacidade computacional ou dispositivos removíveis de memória para armazenamento;

X - gestor de segurança e credenciamento - responsável pela segurança da informação classificada em qualquer grau de sigilo no órgão de registro e posto de controle;

XI - marcação - aposição de marca que indica o grau de sigilo da informação classificada;

XII - medidas de segurança - medidas destinadas a garantir sigilo, inviolabilidade, integridade, autenticidade e disponibilidade da informação classificada em qualquer grau de sigilo;

XIII - órgão de registro nível 1 - ministério ou órgão de nível equivalente habilitado pelo Núcleo de Segurança e Credenciamento;

XIV - órgão de registro nível 2 - órgão ou entidade pública vinculada a órgão de registro nível 1 e por este habilitado;

XV - posto de controle - unidade de órgão ou entidade pública ou privada, habilitada, responsável pelo armazenamento de informação classificada em qualquer grau de sigilo;

XVI - quebra de segurança - ação ou omissão que implica comprometimento ou risco de comprometimento de informação classificada em qualquer grau de sigilo;

XVII - recurso criptográfico - sistema, programa, processo, equipamento isolado ou em rede que utiliza algoritmo simétrico ou assimétrico para realizar cifração ou decifração; e

XVIII - tratamento da informação classificada - conjunto de ações referentes a produção, recepção, classificação, utilização, acesso, reprodução, transporte, transmissão, distribuição, arquivamento, armazenamento, eliminação, avaliação, destinação ou controle de informação classificada em qualquer grau de sigilo.

CAPÍTULO II
DO CREDENCIAMENTO DE SEGURANÇA

SEÇÃO I
DOS ÓRGÃOS

ART. 3º Compete ao Núcleo de Segurança e Credenciamento, órgão central de credenciamento de segurança, instituído no âmbito do Gabinete de Segurança Institucional da Presidência da República, nos termos do art. 37 da Lei n. 12.527, de 2011:

I - habilitar os órgãos de registro nível 1 para o credenciamento de segurança de órgãos e entidades públicas e privadas, e pessoas para o tratamento de informação classificada;

II - habilitar postos de controle dos órgãos de registro nível 1 para armazenamento de informação classificada em qualquer grau de sigilo;

III - habilitar entidade privada que mantenha vínculo de qualquer natureza com o Gabinete de Segurança Institucional da Presidência da República para o tratamento de informação classificada;

IV - credenciar pessoa que mantenha vínculo de qualquer natureza com o Gabinete de Segurança Institucional da Presidência da República para o tratamento de informação classificada;

V - realizar inspeção e investigação para credenciamento de segurança necessárias à execução do previsto, respectivamente, nos incisos III e IV do *caput*; e

VI - fiscalizar o cumprimento das normas e procedimentos de credenciamento de segurança e tratamento de informação classificada.

ART. 4º Fica criado o Comitê Gestor de Credenciamento de Segurança, integrado por representantes, titular e suplente, dos seguintes órgãos:

I - Gabinete de Segurança Institucional da Presidência da República, que o coordenará;

II - Casa Civil da Presidência da República;

III - Ministério da Justiça;

IV - Ministério das Relações Exteriores;

V - Ministério da Defesa;

DECRETOS

VI - Ministério da Ciência, Tecnologia e Inovação;

VII - Ministério do Planejamento, Orçamento e Gestão; e

VIII - Controladoria-Geral da União.

§ 1º Os membros titulares e suplentes serão indicados pelos dirigentes máximos dos órgãos representados, e designados pelo Ministro de Estado Chefe do Gabinete de Segurança Institucional da Presidência da República.

§ 2º A participação no Comitê será considerada prestação de serviço público relevante, não remunerada.

§ 3º Poderão ser convidados para as reuniões do Comitê representantes de órgãos e entidades públicas e privadas, ou especialistas, para emitir pareceres e fornecer informações.

ART. 5º Compete ao Comitê Gestor de Credenciamento de Segurança:

I - propor diretrizes gerais de credenciamento de segurança para tratamento de informação classificada;

II - definir parâmetros e requisitos mínimos para:

a) qualificação técnica de órgãos e entidades públicas e privadas, para credenciamento de segurança, nos termos dos arts. 10 e 11; e

b) concessão de credencial de segurança para pessoas, nos termos do art. 12; e

III - avaliar periodicamente o cumprimento do disposto neste Decreto.

ART. 6º Compete ao Gabinete de Segurança Institucional da Presidência da República:

I - expedir atos complementares e estabelecer procedimentos para o credenciamento de segurança e para o tratamento de informação classificada;

II - participar de negociações de tratados, acordos ou atos internacionais relacionados com o tratamento de informação classificada, em articulação com o Ministério das Relações Exteriores;

III - acompanhar averiguações e processos de avaliação e recuperação dos danos decorrentes de quebra de segurança;

IV - informar sobre eventuais danos referidos no inciso III do *caput* ao país ou à organização internacional de origem, sempre que necessário, pela via diplomática; e

V - assessorar o Presidente da República nos assuntos relacionados com credenciamento de segurança para o tratamento de informação classificada, inclusive no que se refere a tratados, acordos ou atos internacionais, observadas as competências do Ministério das Relações Exteriores.

Parágrafo único. O Gabinete de Segurança Institucional da Presidência da República exercerá as funções de autoridade nacional de segurança para tratamento de informação classificada decorrente de tratados, acordos ou atos internacionais.

ART. 7º Compete ao órgão de registro nível 1:

I - habilitar órgão de registro nível 2 para credenciar pessoa para o tratamento de informação classificada;

II - habilitar posto de controle dos órgãos e entidades públicas ou privadas que com ele mantenham vínculo de qualquer natureza, para o armazenamento de informação classificada em qualquer grau de sigilo;

III - credenciar pessoa que com ele mantenha vínculo de qualquer natureza para o tratamento de informação classificada;

IV - realizar inspeção e investigação para credenciamento de segurança necessárias à execução do previsto no inciso III do *caput*; e

V - fiscalizar o cumprimento das normas e procedimentos de credenciamento de segurança e tratamento de informação classificada, no âmbito de suas competências.

ART. 8º Compete ao órgão de registro nível 2 realizar investigação e credenciar pessoa que com ele mantenha vínculo de qualquer natureza para o tratamento de informação classificada.

Parágrafo único. A competência para realização de inspeção e investigação de que trata o inciso IV do *caput* do art. 7º poderá ser delegada a órgão de registro nível 2.

ART. 9º Compete ao posto de controle:

I - realizar o controle das credenciais de segurança das pessoas que com ele mantenham vínculo de qualquer natureza; e

II - garantir a segurança da informação classificada em qualquer grau de sigilo sob sua responsabilidade.

SEÇÃO II
DOS PROCEDIMENTOS

ART. 10. A habilitação dos órgãos e entidades públicas para o credenciamento de segurança fica condicionada aos seguintes requisitos:

I - comprovação de qualificação técnica necessária à segurança de informação classificada em qualquer grau de sigilo; e

II - designação de gestor de segurança e credenciamento, e de seu substituto.

ART. 11. A concessão de habilitação de entidade privada como posto de controle fica condicionada aos seguintes requisitos:

I - regularidade fiscal;

II - comprovação de qualificação técnica necessária à segurança de informação classificada em qualquer grau de sigilo;

III - expectativa de assinatura de contrato sigiloso;

IV - designação de gestor de segurança e credenciamento, e de seu substituto; e

V - aprovação em inspeção para habilitação de segurança.

ART. 12. A concessão de credencial de segurança a uma pessoa fica condicionada aos seguintes requisitos:

I - solicitação do órgão ou entidade pública ou privada em que a pessoa exerce atividade;

II - preenchimento de formulário com dados pessoais e autorização para investigação;

III - aptidão para o tratamento da informação classificada, verificada na investigação; e

IV - declaração de conhecimento das normas e procedimentos de credenciamento de segurança e de tratamento de informação classificada.

ART. 13. A habilitação para credenciamento de segurança e a concessão de credencial de segurança resultarão da análise objetiva dos requisitos previstos neste Decreto.

ART. 14. Os órgãos de registro nível 1 e nível 2 poderão firmar ajustes, convênios ou termos de cooperação com outros órgãos ou entidades públicas, habilitados, para:

I - credenciamento de segurança e tratamento de informação classificada; e

II - realização de inspeção e investigação para credenciamento de segurança.

ART. 15. Cada órgão de registro terá no mínimo um posto de controle, habilitado.

ART. 16. Na hipótese de troca e tratamento de informação classificada em qualquer grau de sigilo com país ou organização estrangeira, o credenciamento de segurança no território nacional se dará somente se houver tratado, acordo, memorando de entendimento ou ajuste técnico firmado entre o país ou organização estrangeira e a República Federativa do Brasil.

CAPÍTULO III
DO TRATAMENTO DE INFORMAÇÃO CLASSIFICADA

SEÇÃO I
DISPOSIÇÕES GERAIS

ART. 17. Os órgãos e entidades adotarão providências para que os agentes públicos conheçam as normas e observem os procedimentos de credenciamento de segurança e de tratamento de informação classificada.

Parágrafo único. O disposto no *caput* se aplica à pessoa ou entidade privada que, em razão de qualquer vínculo com o Poder Público, execute atividade de credenciamento de segurança ou de tratamento de informação classificada.

ART. 18. O acesso, a divulgação e o tratamento de informação classificada ficarão restritos a pessoas com necessidade de conhecê-la e que sejam credenciadas na forma deste Decreto, sem prejuízo das atribuições dos agentes públicos autorizados na legislação.

Parágrafo único. O acesso à informação classificada em qualquer grau de sigilo a pessoa não credenciada ou não autorizada por legislação poderá, excepcionalmente, ser permitido mediante assinatura de Termo de Compromisso de Manutenção de Sigilo - TCMS, constante do Anexo I, pelo qual a pessoa se obrigará a manter o sigilo da informação, sob pena de responsabilidade penal, civil e administrativa, na forma da lei.

ART. 19. A decisão de classificação, desclassificação, reclassificação ou redução do prazo de sigilo de informação classificada em qualquer grau de sigilo observará os procedimentos previstos nos arts. 31 e 32 do Decreto n. 7.724 de 16 de maio de 2012, e deverá ser formalizada em decisão consubstanciada em Termo de Classificação de Informação.

ART. 20. A publicação de atos normativos relativos a informação classificada em qualquer grau de sigilo ou protegida por sigilo legal ou judicial poderá limitar-se, quando necessário, aos seus respectivos números, datas de expedição e ementas, redigidos de modo a não comprometer o sigilo.

SEÇÃO II
DO DOCUMENTO CONTROLADO

ART. 21. Para o tratamento de documento com informação classificada em qualquer grau de sigilo ou prevista na legislação como sigilosa o órgão ou entidade poderá adotar os seguintes procedimentos adicionais de controle:

I - identificação dos destinatários em protocolo e recibo específicos;

II - lavratura de termo de custódia e registro em protocolo específico;

III - lavratura anual de termo de inventário, pelo órgão ou entidade expedidor e pelo órgão ou entidade receptor; e

IV - lavratura de termo de transferência de custódia ou guarda.

§ 1º O documento previsto no *caput* será denominado Documento Controlado - DC.

§ 2º O termo de inventário previsto no inciso III do *caput* deverá conter no mínimo os seguintes elementos:

I - numeração sequencial e data;

II - órgãos produtor e custodiante do DC;

III - rol de documentos controlados; e

IV - local e assinatura.

§ 3º O termo de transferência previsto no inciso IV do *caput* deverá conter no mínimo os seguintes elementos:

I - numeração sequencial e data;

II - agentes públicos substituto e substituído;

III - identificação dos documentos ou termos de inventário a serem transferidos; e

IV - local e assinatura.

ART. 22. O documento ultrassecreto é considerado DC desde sua classificação ou reclassificação.

SEÇÃO III
DA MARCAÇÃO

ART. 23. A marcação será feita nos cabeçalhos e rodapés das páginas que contiverem informação classificada e nas capas do documento.

§ 1º As páginas serão numeradas seguidamente, devendo cada uma conter indicação do total de páginas que compõe o documento.

§ 2º A marcação deverá ser feita de modo a não prejudicar a compreensão da informação.

ART. 24. O DC possuirá a marcação de que trata o art. 23 e conterá, na capa e em todas as páginas, a expressão em diagonal "Documento Controlado (DC)" e o número de controle, que indicará o agente público custodiante.

ART. 25. A indicação do grau de sigilo em mapas, fotocartas, cartas, fotografias, quaisquer outros tipos de imagens e meios eletrônicos de armazenamento obedecerá aos procedimentos complementares adotados pelos órgãos e entidades.

SEÇÃO IV
DA EXPEDIÇÃO, TRAMITAÇÃO
E COMUNICAÇÃO

ART. 26. A expedição e a tramitação de documentos classificados deverão observar os seguintes procedimentos:

I - serão acondicionados em envelopes duplos;

II - no envelope externo não constará indicação do grau de sigilo ou do teor do documento;

III - no envelope interno constarão o destinatário e o grau de sigilo do documento, de modo a serem identificados logo que removido o envelope externo;

IV - o envelope interno será fechado, lacrado e expedido mediante recibo, que indicará remetente, destinatário e número ou outro indicativo que identifique o documento; e

V - será inscrita a palavra "PESSOAL" no envelope que contiver documento de interesse exclusivo do destinatário.

ART. 27. A expedição, a condução e a entrega de documento com informação classificada em grau de sigilo ultrassecreto serão efetuadas pessoalmente, por agente público autorizado, ou transmitidas por meio eletrônico, desde que sejam usados recursos de criptografia compatíveis com o grau de classificação da informação, vedada sua postagem.

ART. 28. A expedição de documento com informação classificada em grau de sigilo secreto ou reservado será feita pelos meios de comunicação disponíveis, com recursos de criptografia compatíveis com o grau de sigilo ou, se for o caso, por via diplomática, sem prejuízo da entrega pessoal.

ART. 29. Cabe aos responsáveis pelo recebimento do documento com informação classificada em qualquer grau de sigilo, independente do meio e formato:

I - registrar o recebimento do documento;

II - verificar a integridade do meio de recebimento e registrar indícios de violação ou de irregularidade, comunicando ao destinatário, que informará imediatamente ao remetente; e

III - informar ao remetente o recebimento da informação, no prazo mais curto possível.

§ 1º Caso a tramitação ocorra por expediente ou correspondência, o envelope interno somente será aberto pelo destinatário, seu representante autorizado ou autoridade hierarquicamente superior.

§ 2º Envelopes internos contendo a marca "PESSOAL" somente poderão ser abertos pelo destinatário.

ART. 30. A informação classificada em qualquer grau de sigilo será mantida ou arquivada em condições especiais de segurança.

§ 1º Para manutenção e arquivamento de informação classificada no grau de sigilo ultrassecreto e secreto é obrigatório o uso de equipamento, ambiente ou estrutura que ofereça segurança compatível com o grau de sigilo.

§ 2º Para armazenamento em meio eletrônico de documento com informação classificada em qualquer grau de sigilo é obrigatória a utilização de sistemas de tecnologia da informação atualizados de forma a prevenir ameaças de quebra de segurança, observado o disposto no art. 38.

§ 3º As mídias para armazenamento poderão estar integradas a equipamentos conectados à internet, desde que por canal seguro e com níveis de controle de acesso adequados ao tratamento da informação classificada, admitindo-se também a conexão a redes de computadores internas, desde que seguras e controladas.

ART. 31. Os meios eletrônicos de armazenamento de informação classificada em qualquer grau de sigilo, inclusive os dispositivos móveis, devem utilizar recursos criptográficos adequados ao grau de sigilo.

ART. 32. Os agentes responsáveis pela guarda ou custódia de documento controlado o transmitirá a seus substitutos, devidamente conferido, quando da passagem ou transferência de responsabilidade.

Parágrafo único. Aplica-se o disposto neste artigo aos responsáveis pela guarda ou custódia de material de acesso restrito.

SEÇÃO V
DA REPRODUÇÃO

ART. 33. A reprodução do todo ou de parte de documento com informação classificada em qualquer grau de sigilo terá o mesmo grau de sigilo do documento.

§ 1º A reprodução total ou parcial de informação classificada em qualquer grau de sigilo condiciona-se à autorização expressa da autoridade classificadora ou autoridade hierarquicamente superior com igual prerrogativa.

§ 2º As cópias serão autenticadas pela autoridade classificadora ou autoridade hierarquicamente superior com igual prerrogativa.

ART. 34. Caso a preparação, impressão ou reprodução de informação classificada em qualquer grau de sigilo for efetuada em tipografia, impressora, oficina gráfica ou similar, essa operação será acompanhada por pessoa oficialmente designada, responsável pela garantia do sigilo durante a confecção do documento.

SEÇÃO VI
DA PRESERVAÇÃO E DA GUARDA

ART. 35. A avaliação e a seleção de documento com informação desclassificada, para fins de guarda permanente ou eliminação, observarão o disposto na Lei n. 8.159, de 8 de janeiro de 1991, e no Decreto n. 4.073, de 3 de janeiro de 2002.

- A Lei 8.159/1991 dispõe sobre a política nacional de arquivos públicos e privados.
- O Dec. 4.073/2002 regulamenta a Lei 8.159/1991.
- Dec. 7.845/2012 (Regulamenta procedimentos para credenciamento de segurança e tratamento de informação classificada em qualquer grau de sigilo, e dispõe sobre o Núcleo de Segurança e Credenciamento).

ART. 36. O documento de guarda permanente que contiver informação classificada em qualquer grau de sigilo será encaminhado, em caso de desclassificação, ao Arquivo Nacional ou ao arquivo permanente do órgão público, da entidade pública ou da instituição de caráter público, para fins de organização, preservação e acesso.

ART. 37. O documento de guarda permanente não pode ser desfigurado ou destruído, sob pena de responsabilidade penal, civil e administrativa, na forma da lei.

SEÇÃO VII
DOS SISTEMAS DE INFORMAÇÃO

ART. 38. No tratamento da informação classificada deverão ser utilizados sistemas de informação e canais de comunicação seguros que atendam aos padrões mínimos de qualidade e segurança definidos pelo Poder Executivo federal.

§ 1º A transmissão de informação classificada em qualquer grau de sigilo por meio de sistemas de informação deverá ser realizada, no âmbito da rede corporativa, por meio de canal seguro, como forma de mitigar o risco de quebra de segurança.

§ 2º A autenticidade da identidade do usuário da rede deverá ser garantida, no mínimo, pelo uso de certificado digital.

§ 3º Os sistemas de informação de que trata o *caput* deverão ter níveis diversos de controle de acesso e utilizar recursos criptográficos adequados aos graus de sigilo.

§ 4º Os sistemas de informação de que trata o *caput* deverão manter controle e registro dos acessos autorizados e não autorizados e das transações realizadas por prazo igual ou superior ao de restrição de acesso à informação.

ART. 39. Os equipamentos e sistemas utilizados para a produção de documento com informação classificada em qualquer grau de sigilo deverão estar isolados ou ligados a canais de comunicação seguros, que estejam física ou logicamente isolados de qualquer outro, e que possuam recursos criptográficos e de segurança adequados à sua proteção.

ART. 40. A cifração e a decifração de informação classificada em qualquer grau de sigilo deverão utilizar recurso criptográfico baseado em algoritmo de Estado.

Parágrafo único. Compete ao Gabinete de Segurança Institucional da Presidência da República estabelecer parâmetros e padrões para os recursos criptográficos baseados em algoritmo de Estado, ouvido o Comitê Gestor de Segurança da Informação previsto no art. 6º do Decreto n. 3.505, de 13 de junho de 2000.

- O Dec. 3.505/2000 institui a Política de Segurança da Informação nos órgãos e entidades da Administração Pública Federal.

ART. 41. Os procedimentos de tratamento de informação classificada em qualquer grau de sigilo aplicam-se aos recursos criptográficos, atendidas as seguintes exigências:

I - realização de vistorias periódicas, com a finalidade de assegurar a execução das operações criptográficas;

II - manutenção de inventários completos e atualizados do material de criptografia existente;

III - designação de sistemas criptográficos adequados a cada destinatário;

IV - comunicação, ao superior hierárquico ou à autoridade competente, de anormalidade relativa ao sigilo, à inviolabilidade, à integridade, à autenticidade, à legitimidade e à disponibilidade de informações criptografadas; e

V - identificação de indícios de violação, de interceptação ou de irregularidades na transmissão ou recebimento de informações criptografadas.

SEÇÃO VIII
DAS ÁREAS, INSTALAÇÕES E MATERIAIS

ART. 42. As áreas e instalações que contenham documento com informação classificada em qualquer grau de sigilo, ou que, por sua utilização ou finalidade, demandarem proteção, terão seu acesso restrito às pessoas autorizadas pelo órgão ou entidade.

ART. 43. Os órgãos e entidades públicas adotarão medidas para definição, demarcação, sinalização, segurança e autorização de acesso às áreas restritas sob sua responsabilidade.

Parágrafo único. As visitas a áreas ou instalações de acesso restrito serão disciplinadas pelo órgão ou entidade responsável pela sua segurança.

ART. 44. Os materiais que, por sua utilização ou finalidade, demandarem proteção, terão acesso restrito às pessoas autorizadas pelo órgão ou entidade.

ART. 45. São considerados materiais de acesso restrito qualquer matéria, produto, substância ou sistema que contenha, utilize ou veicule conhecimento ou informação classificada em qualquer grau de sigilo, informação econômica ou informação científico-tecnológica cuja divulgação implique risco ou dano aos interesses da sociedade e do Estado, tais como:

I - equipamentos, máquinas, modelos, moldes, maquetes, protótipos, artefatos, aparelhos, dispositivos, instrumentos, representações cartográficas, sistemas, suprimentos e manuais de instrução;

II - veículos terrestres, aquaviários e aéreos, suas partes, peças e componentes;

III - armamentos e seus acessórios, as munições e os aparelhos, equipamentos, suprimentos e insumos correlatos;

IV - aparelhos, equipamentos, suprimentos e programas relacionados a tecnologia da informação e comunicações, inclusive à inteligência de sinais e imagens;

V - recursos criptográficos; e

VI - explosivos, líquidos e gases.

ART. 46. Os órgãos ou entidades públicas encarregadas da preparação de planos, pesquisas e trabalhos de aperfeiçoamento ou de elaboração de projeto, prova, produção, aquisição, armazenagem ou emprego de material de acesso restrito expedirão instruções adicionais necessárias à salvaguarda dos assuntos a eles relacionados.

ART. 47. O meio de transporte utilizado para deslocamento de material de acesso restrito é de responsabilidade do custodiante e deverá considerar o grau de sigilo das informações.

§ 1º O material de acesso restrito poderá ser transportado por empresas contratadas, adotadas as medidas necessárias à manutenção do sigilo das informações.

§ 2º As medidas necessárias para a segurança do material transportado serão prévia e explicitamente estabelecidas em contrato.

SEÇÃO IX
DA CELEBRAÇÃO DE CONTRATOS SIGILOSOS

ART. 48. A celebração de contrato, convênio, acordo, ajuste, termo de cooperação ou protocolo de intenção cujo objeto contenha informação classificada em qualquer grau de sigilo, ou cuja execução envolva informação classificada, é condicionada à assinatura de TCMS e ao estabelecimento de cláusulas contratuais que prevejam os seguintes requisitos:

I - obrigação de manter sigilo relativo ao objeto e a sua execução;

II - possibilidade de alteração do objeto para inclusão ou alteração de cláusula de segurança não estipulada previamente;

III - obrigação de adotar procedimentos de segurança adequados, no âmbito das atividades sob seu controle, para a manutenção do sigilo relativo ao objeto;

IV - identificação, para fins de concessão de credencial de segurança e assinatura do TCMS, das pessoas que poderão ter acesso a informação classificada em qualquer grau de sigilo e material de acesso restrito;

V - obrigação de receber inspeções para habilitação de segurança e sua manutenção; e

VI - responsabilidade em relação aos procedimentos de segurança, relativa à subcontratação, no todo ou em parte.

ART. 49. Aos órgãos e entidades públicas com que os contratantes mantêm vínculo de qualquer natureza caberá adotar procedimentos de segurança da informação classificada em qualquer grau de sigilo ou do material de acesso restrito em poder dos contratados ou subcontratados.

CAPÍTULO IV
DA INDEXAÇÃO DE DOCUMENTO COM INFORMAÇÃO CLASSIFICADA

ART. 50. A informação classificada em qualquer grau de sigilo ou o documento que a contenha receberá o Código de Indexação de Documento que contém Informação Classificada - CIDIC.

Parágrafo único. O CIDIC será composto por elementos que garantirão a proteção e a restrição temporária de acesso à informação classificada, e será estruturado em duas partes.

ART. 51. A primeira parte do CIDIC será composta pelo Número Único de Protocolo -NUP, originalmente cadastrado conforme legislação de gestão documental.

§ 1º A informação classificada em qualquer grau de sigilo ou o documento que a contenha, quando de sua desclassificação, manterá apenas o NUP.

§ 2º Não serão usadas tabelas de classificação de assunto ou de natureza do documento, em razão de exigência de restrição temporária de acesso à informação classificada em qualquer grau de sigilo, sob pena de pôr em risco sua proteção e confidencialidade.

ART. 52. A segunda parte do CIDIC será composta dos seguintes elementos:

I - grau de sigilo: indicação do grau de sigilo, ultrassecreto (U), secreto (S) ou reservado (R), com as iniciais na cor vermelha, quando possível;

II - categorias: indicação, com dois dígitos, da categoria relativa, exclusivamente, ao primeiro nível do Vocabulário Controlado do Governo Eletrônico (VCGE), conforme Anexo II;

III - data de produção da informação classificada: registro da data de produção da informação classificada, de acordo com a seguinte composição: dia (dois dígitos)/mês (dois dígitos)/ano (quatro dígitos);

IV - data de desclassificação da informação classificada em qualquer grau de sigilo: registro da potencial data de desclassificação da informação classificada, efetuado no ato da classificação, de acordo com a seguinte composição: dia (dois dígitos)/mês (dois dígitos)/ano (quatro dígitos);

V - indicação de reclassificação: indicação de ocorrência ou não, S (sim) ou N (não), de reclassificação da informação classificada, respectivamente, conforme as seguintes situações:

a) reclassificação da informação resultante de reavaliação; ou

b) primeiro registro da classificação; e

VI - indicação da data de prorrogação da manutenção da classificação: indicação, exclusivamente, para informação classificada no grau de sigilo ultrassecreto, de acordo com a seguinte composição: dia (dois dígitos)/mês (dois dígitos)/ano (quatro dígitos), na cor vermelha, quando possível.

ART. 53. Para fins de gestão documental, deverá ser guardado o histórico das alterações do CIDIC.

CAPÍTULO V
DISPOSIÇÕES FINAIS E TRANSITÓRIAS

ART. 54. A implementação do CIDIC deverá ser consolidada até 1º de junho de 2013.

Parágrafo único. Enquanto não implementado o CIDIC, o Termo de Classificação de Informação será preenchido com o NUP.

ART. 55. O documento com informação classificada em qualquer grau de sigilo, produzido antes da vigência da Lei n. 12.527, de 2011, receberá o CIDIC para fins do disposto no art. 45 do Decreto n. 7.724, de 16 de maio de 2012.

ART. 56. Os órgãos e entidades deverão adotar os recursos criptográficos baseados em algoritmo de Estado no prazo de um ano a contar da definição dos parâmetros e padrões de que trata o parágrafo único do art. 40.

Parágrafo único. Até o término do prazo previsto no *caput*, compete ao Gabinete de Segurança Institucional da Presidência da República acompanhar e prestar apoio técnico aos órgãos e entidades quanto à implementação dos recursos criptográficos baseados em algoritmo de Estado.

ART. 57. Os órgãos e entidades poderão expedir instruções complementares, no âmbito de suas competências, que detalharão os procedimentos relativos ao credenciamento de segurança e ao tratamento de informação classificada em qualquer grau de sigilo.

ART. 58. O Regimento Interno da Comissão Mista de Reavaliação da Informação detalhará os procedimentos de segurança necessários para a salvaguarda de informação classificada em qualquer grau de sigilo durante os seus trabalhos e os de sua Secretaria-Executiva, observado o disposto neste Decreto.

ART. 59. Este Decreto entra em vigor na data de sua publicação.

ART. 60. Ficam revogados:

I - o Decreto n. 4.553, de 27 de dezembro de 2002; e

II - o Decreto n. 5.301, de 9 de dezembro de 2004.

Brasília, 14 de novembro de 2012;
191º da Independência e 124º da República.
DILMA ROUSSEFF

▸ Optamos, nesta edição, pela não publicação dos Anexos.

DECRETO N. 7.860, DE 6 DE DEZEMBRO DE 2012

Cria a Comissão Nacional para Assuntos de Praticagem, com o objetivo de elaborar propostas sobre regulação de preços, abrangência das zonas e medidas de aperfeiçoamento relativas ao serviço de praticagem; e altera o Decreto n. 2.596, de 18 de maio de 1998.

▸ *DOU*, 07.12.2012.

A Presidenta da República, no uso das atribuições que lhe confere o art. 84, *caput*, incisos IV e VI, alínea *"a"*, da Constituição, e tendo em vista o disposto no art. 14, parágrafo único, inciso II, da Lei n. 9.537, de 11 de dezembro de 1997,

Decreta:

ART. 1º Fica criada a Comissão Nacional para Assuntos de Praticagem, com o objetivo de propor:

I - metodologia de regulação de preços do serviço de praticagem;

II - preços máximos do serviço de praticagem em cada Zona de Praticagem;

III - medidas para o aperfeiçoamento da regulação do serviço de praticagem em cada Zona de Praticagem; e

IV - abrangência de cada Zona de Praticagem.

Parágrafo único. As propostas serão submetidas à Autoridade Marítima para homologação.

ART. 2º A Comissão Nacional para Assuntos de Praticagem será composta por cinco membros titulares e respectivos suplentes, que representarão os seguintes órgãos e entidade:

I - Ministério da Defesa, representado pela Autoridade Marítima, que a presidirá;

II - (Revogado pelo Dec. 9.000/2017.)

III - Ministério da Fazenda;

IV - Ministério dos Transportes, Portos e Aviação Civil; e (Alterado pelo Dec. 9.000/2017.)

V - Agência Nacional de Transportes Aquaviários.

§ 1º Os membros de que tratam os incisos I a V do *caput* e suplentes serão indicados pelos titulares dos órgãos e entidade representados, ao Presidente da Comissão, no prazo de dez dias contado da data de publicação deste Decreto.

§ 2º Os membros indicados na forma do § 1º serão designados por ato do Ministro de Estado da Defesa.

§ 3º A Comissão poderá convidar representantes de outros órgãos e entidades públicas ou de organizações da sociedade civil para participar de reuniões não deliberativas.

§ 4º As normas de funcionamento da Comissão serão estabelecidas em regimento interno, elaborado no prazo de trinta dias após a realização da primeira reunião.

§ 5º A Comissão se reunirá na forma estabelecida no regimento interno, com no mínimo uma reunião por semestre.

§ 6º A Secretaria Nacional de Portos do Ministério dos Transportes, Portos e Aviação Civil exercerá a função de Secretaria-Executiva da Comissão Nacional para Assuntos de Praticagem. (Acrescentado pelo Dec. 9.000/2017.)

ART. 3º A Comissão Nacional para Assuntos de Praticagem deliberará pela maioria absoluta dos votos de seus membros.

ART. 4º A participação na Comissão Nacional para Assuntos de Praticagem será considerada prestação de serviço público relevante, não remunerada.

ART. 5º A Comissão Nacional para Assuntos de Praticagem deliberará sobre a forma de encaminhamento à Autoridade Marítima das propostas de que trata o art. 1º.

§ 1º As propostas da Comissão poderão ser submetidas a consulta pública.

§ 2º As propostas encaminhadas pela Comissão serão publicadas no sítio eletrônico do Ministério dos Transportes, Portos e Aviação Civil e no sítio eletrônico da Diretoria de Portos e Costas da Marinha do Brasil, no prazo de dez dias, contado da data da reunião. (Alterado pelo Dec. 9.000/2017.)

§ 3º Após o encaminhamento das propostas, a Autoridade Marítima publicará no Diário Oficial da União sua decisão de homologação, no prazo de dez dias.

ART. 6º A Comissão Nacional para Assuntos de Praticagem submeterá a consulta pública a metodologia de regulação de preços de que trata o inciso I do *caput* do art. 1º, no prazo de noventa dias, contado da data de publicação deste Decreto.

ART. 7º O Regulamento de Segurança do Tráfego Aquaviário em Águas sob Jurisdição Nacional, anexo ao Decreto n. 2.596, de 18 de maio de 1998, passa a vigorar com as seguintes alterações:

"Art. 6º O serviço de praticagem é constituído de prático, lancha de prático e atalaia." (NR)

ART. 8º Este Decreto entra em vigor na data de sua publicação.

Brasília, 6 de dezembro de 2012; 191 da Independência e 124 da República.

DILMA ROUSSEFF

DECRETO N. 7.861, DE 6 DE DEZEMBRO DE 2012

Institui a Comissão Nacional das Autoridades nos Portos - CONAPORTOS, dispõe sobre a atuação integrada dos órgãos e entidades públicos nos portos organizados e instalações portuárias, e dá outras providências.

▸ *DOU*, 07.12.2012

A Presidenta da República, no uso da atribuição que lhe confere o art. 84, *caput*, inciso IV, da Constituição, e tendo em vista o disposto na Medida Provisória n. 595, de 6 de dezembro de 2012,

Decreta:

ART. 1º Fica instituída a Comissão Nacional das Autoridades nos Portos - CONAPORTOS, sob coordenação do Ministério dos Transportes, Portos e Aviação Civil, com a finalidade de integrar as atividades desempenhadas pelos órgãos e entidades públicos nos portos e instalações portuárias. (Alterado pelo Dec. 9.000/2017.)

ART. 2º A CONAPORTOS será integrada por um representante e respectivo suplente, dos seguintes órgãos:

I - Ministério dos Transportes, Portos e Aviação Civil; (Alterado pelo Dec. 9.000/2017.)

II - Casa Civil da Presidência da República;

III - Ministério da Justiça e Segurança Pública; (Alterado pelo Dec. 9.000/2017.)

IV - Ministério da Defesa, representado pelo Comando da Marinha;

V - Ministério da Fazenda;

VI - Ministério da Agricultura, Pecuária e Abastecimento;

VII - Ministério da Saúde;

VIII - Ministério da Indústria, Comércio Exterior e Serviços; (Alterado pelo Dec. 9.000/2017.)

IX - Ministério do Planejamento, Desenvolvimento e Gestão; e (Alterado pelo Dec. 9.000/2017.)

X - Agência Nacional de Transportes Aquaviários - ANTAQ.

§ 1º Os representantes, titular e suplente, dos órgãos e da entidade a que se refere o *caput* serão indicados pelos Ministros de Estado respectivos e pelo Diretor-Geral da ANTAQ e designados em ato do Ministro de Estado dos Transportes, Portos e Aviação Civil. (Alterado pelo Dec. 9.000/2017.)

§ 2º As reuniões da CONAPORTOS ocorrerão periodicamente, no mínimo duas vezes ao ano.

§ 3º Caberá à Secretaria Nacional de Portos do Ministério dos Transportes, Portos e Aviação Civil fornecer apoio técnico e administrativo e os meios necessários ao funcionamento da CONAPORTOS e reunir e sistematizar informações relativas ao cumprimento das metas por ela estabelecidas. (Alterado pelo Dec. 9.000/2017.)

ART. 3º Compete à CONAPORTOS:

I - promover a integração das atividades dos órgãos e entidades públicos nos portos organizados e nas instalações portuárias;

II - promover, em conjunto com seus membros e respeitadas as competências de cada um deles, alterações, aperfeiçoamentos ou revisões de atos normativos, procedimentos e rotinas de trabalho que otimizem o fluxo de embarcações, bens, produtos e pessoas, e a ocupação dos espaços físicos nos portos organizados, para aumentar a qualidade, a segurança e a celeridade dos processos operacionais;

III - estabelecer e monitorar parâmetros de desempenho para os órgãos e entidades públicos nos portos organizados e instalações portuárias, propondo sua revisão quando necessário;

IV - estabelecer mecanismos que assegurem a eficiência na liberação de bens e produtos para operadores que atendam aos requisitos estabelecidos pelos órgãos e entidades públicos nos portos organizados e instalações portuárias;

V - propor medidas adequadas para implementar os padrões e práticas internacionais relativos à operação portuária e ao transporte marítimo, observados os acordos, tratados e convenções internacionais de que o País seja signatário;

VI - propor e promover, no âmbito dos portos organizados e instalações portuárias, medidas com o objetivo de:

a) aperfeiçoar o fluxo de informações e os processos operacionais;

b) possibilitar o compartilhamento dos bancos de dados e a integração dos sistemas informatizados dos órgãos e entidades públicos;

c) capacitar os agentes dos órgãos e entidades públicos para a melhoria da eficiência de suas atividades;

d) padronizar as ações dos órgãos e entidades públicos;

e) viabilizar os recursos materiais e financeiros para a atuação eficiente dos órgãos e entidades públicos;

f) aperfeiçoar os critérios para as atividades de fiscalização, com base em análise de risco; e

g) normatizar os procedimentos para atender a requisitos de segurança, qualidade e celeridade;

VII - expedir normas sobre instituição, estrutura e funcionamento das comissões locais das autoridades nos portos, e acompanhar, monitorar e orientar suas atividades; e

VIII - avaliar e deliberar sobre as propostas encaminhadas pelas comissões locais.

ART. 4º Compete à coordenação da CONAPORTOS:

I - convocar, organizar as pautas e emitir os convites das reuniões ordinárias e extraordinárias da CONAPORTOS;

II - convidar representantes de outros órgãos e entidades públicos ou privados, e pessoas de notório conhecimento sobre os assuntos de competência da CONAPORTOS para participar das reuniões;

III - monitorar a execução das propostas aprovadas pela CONAPORTOS; e

IV - propor a criação e coordenar os trabalhos de comitês técnicos para subsidiar e auxiliar as deliberações da CONAPORTOS, no estabelecimento das metas de desempenho dos órgãos e entidades públicas nos portos organizados e instalações portuárias.

ART. 5º As comissões locais serão integradas por um representante titular e um representante suplente de cada um dos seguintes órgãos e entidades:

I - Companhias Docas;

II - Departamento de Polícia Federal do Ministério da Justiça e Segurança Pública; (Alterado pelo Dec. 9.000/2017.)

III - Autoridade Marítima, por intermédio de seu representante local;

IV - Secretaria da Receita Federal do Brasil do Ministério da Fazenda;

V - Secretaria de Defesa Agropecuária do Ministério da Agricultura, Pecuária e Abastecimento;

VI - Agência Nacional de Vigilância Sanitária - ANVISA; e

VII - Agência Nacional de Transportes Aquaviários - ANTAQ.

§ 1º A coordenação das comissões locais será exercida por representante das Companhias Docas, nos portos a elas outorgados.

§ 2º Nos portos organizados não outorgados às Companhias Docas, caberá ao Ministério dos Transportes, Portos e Aviação Civil designar o órgão ou a entidade responsável pela coordenação da comissão local. (Alterado pelo Dec. 9.000/2017.)

§ 3º Representante do Ministério dos Transportes, Portos e Aviação Civil poderá participar das reuniões, sempre que entender necessário. (Alterado pelo Dec. 9.000/2017.)

§ 4º Nos portos fluviais e lacustres, excetuados os outorgados às Companhias Docas, as Comissões Locais também serão integradas por representantes e respectivos suplentes do Departamento Nacional de Infraestrutura de Transportes - DNIT.

§ 5º Caberá à coordenação da comissão local prestar o apoio técnico e administrativo necessário às atividades das comissões, responsabilizando-se também por:

I - reunir e sistematizar informações relativas ao cumprimento das metas estabelecidas pela CONAPORTOS para o respectivo porto organizado; e

II - convidar para participar das reuniões, por deliberação da respectiva comissão local, representantes de outros órgãos ou entidades públicos federais, estaduais e municipais, ou entidades privadas que exerçam atividades nos portos.

§ 6º As despesas com diárias e passagens serão custeadas pelos próprios órgãos ou entidades convidados.

§ 7º A coordenação receberá as demandas, pedidos e reclamações relacionadas à atuação das autoridades nos portos organizados e instalações portuárias, encaminhando os pleitos à comissão local, para deliberação e recomendação das medidas cabíveis.

ART. 6º Ficam, desde já, instituídas Comissões Locais nos seguintes portos:

I - Porto do Rio de Janeiro, no Estado do Rio de Janeiro;

II - Porto de Vitória, no Estado do Espirito Santo; e

III - Porto de Santos, no Estado de São Paulo.

Parágrafo único. A CONAPORTOS determinará a criação de comissões locais em outros portos organizados.

ART. 7º São atribuições das comissões locais, observadas as diretrizes básicas emanadas pela CONAPORTOS:

I - implementar a integração das ações e o compartilhamento de informações e sistemas, procedimentos e rotinas de trabalho para otimizar o fluxo de embarcações, cargas, tripulantes, passageiros e bagagens, e a ocupação dos espaços físicos nos portos organizados, aumentando a qualidade, a segurança e a celeridade das atividades cotidianas do porto;

II - propor à CONAPORTOS, com base nos registros das operações portuárias, metas de desempenho relacionadas à melhoria e adequação do espaço físico, instalações, prestação dos serviços e condições de atuação das autoridades nos portos organizados e instalações portuárias;

III - coordenar a comunicação, quando necessária, das atividades dos agentes dos órgãos e entidades públicos que a integram;

IV - propor à administração portuária a adequação de infraestrutura, instalações e equipamentos aos requisitos de segurança, qualidade e celeridade recomendáveis às atividades exercidas nos portos organizados;

V - implementar e acompanhar o cumprimento de metas definidas pela CONAPORTOS, segundo parâmetros estabelecidos;

VI - propor à CONAPORTOS medidas a serem implementadas em períodos de alta demanda;

VII - harmonizar as ações dos agentes dos órgãos e entidade públicos na aplicação das normas e recomendações da Organização Marítima Internacional - OMI relativas à facilitação do tráfego marítimo internacional;

VIII - apoiar a implantação de mecanismos que assegurem a eficiência na liberação de produtos para operadores que atendam os requisitos estabelecidos pelos órgãos e entidades públicos nos portos;

IX - incentivar a utilização de procedimentos informatizados de declaração, fiscalização e liberação de embarcações, cargas, tripulantes e passageiros, pelas empresas e agentes dos órgãos e entidades públicos nos portos organizados e instalações portuárias;

X - propor à CONAPORTOS atos normativos, revisões em regulamentos procedimentos e rotinas de trabalho que possam otimizar o fluxo de embarcações, cargas, tripulantes e passageiros, e a ocupação dos espaços físicos nos portos organizados, aumentando a qualidade, a segurança e a celeridade dos processos operacionais; e

XI - apoiar as iniciativas em andamento para cumprimento do Regulamento Sanitário Internacional nos portos organizados designados, de forma a executar os controles de saúde pública contra a propagação internacional de doenças e evitar interferências desnecessárias ao tráfego de pessoas e ao comércio internacional.

ART. 8º A participação na CONAPORTOS e nas comissões locais será considerada prestação de serviço público relevante, não remunerada.

ART. 9º A CONAPORTOS e as comissões locais desenvolverão seus trabalhos por período indeterminado.

ART. 10. Este Decreto entra em vigor na data de sua publicação.

Brasília, 6 de dezembro de 2012; 191º da Independência e 124 da República.

DILMA ROUSSEFF

DECRETO N. 7.871, DE 21 DE DEZEMBRO DE 2012

Dispõe sobre as condições de delegação da exploração de aeródromos civis públicos por meio de autorização.

▸ *DOU*, 21.12.2012 - Edição extra -, retificado em 25.01.2013.

A Presidenta da República, no uso da atribuição que lhe confere o art. 84, *caput*, inciso IV, da Constituição, e tendo em vista o disposto no art. 21, *caput*, inciso XII, alínea "c", da Constituição e no art. 36, *caput*, inciso IV, da Lei n. 7.565, de 19 de dezembro de 1986,

Decreta:

CAPÍTULO I
DISPOSIÇÕES GERAIS

ART. 1º Este Decreto dispõe sobre as condições de delegação da exploração de aeródromos civis públicos por meio de autorização.

ART. 2º É passível de delegação por meio de autorização a exploração de aeródromos civis públicos destinados exclusivamente ao processamento de operações de serviços aéreos privados, de serviços aéreos especializados e de táxi-aéreo, conforme definições constantes da Lei n. 7.565, de 19 de dezembro de 1986.

CAPÍTULO II
DO PROCEDIMENTO DE AUTORIZAÇÃO

ART. 3º Os interessados requererão a autorização para exploração de aeródromo civil público à Secretaria de Aviação Civil da Presidência da República.

§ 1º Quando da apresentação do requerimento, o requerente deverá comprovar ser titular da propriedade, de direito de superfície, enfiteuse, usufruto, direito real de uso, ou de outro direito real compatível com o objeto da autorização e que lhe assegure a faculdade de usar ou gozar dos imóveis que constituirão o sítio aeroportuário, incluídos faixas de domínio, edificações e terrenos relacionados à exploração do aeródromo.

§ 2º Recebido o requerimento, a Secretaria de Aviação Civil da Presidência da República consultará o Departamento de Controle do Espaço Aéreo do Comando da Aeronáutica sobre a viabilidade da autorização do respectivo aeródromo civil público.

§ 3º O requerimento poderá ser indeferido por razão de interesse público relevante, sempre mediante fundamentação.

§ 4º A Secretaria de Aviação Civil da Presidência da República dará ampla publicidade, inclusive por meio da Internet, a todos os requerimentos recebidos e aos respectivos pareceres e autorizações.

ART. 4º O requerimento da autorização para exploração de aeródromo será deferido por meio de ato do Ministro de Estado Chefe da Secretaria de Aviação Civil da Presidência da República.

§ 1º Após publicação do ato de que trata o *caput* no Diário Oficial da União, a Agência Nacional de Aviação Civil - ANAC formalizará a delegação por meio de termo de autorização, nos termos do inciso XXIV do *caput* do art. 8º da Lei n. 11.182, de 27 de setembro de 2005.

§ 2º O termo de autorização será expedido pela ANAC após a extinção de eventuais autorizações para exploração de serviços distintos dos previstos no art. 2º que tenham como origem ou destino o aeródromo a ser autorizado.

CAPÍTULO III
DAS CONDIÇÕES DE EXPLORAÇÃO DE AERÓDOMOS CIVIS PÚBLICOS POR MEIO DE AUTORIZAÇÃO

ART. 5º A homologação para a abertura ao tráfego, de que trata o art. 30, § 1º, da Lei n. 7.565, de 1986, deverá ser obtida pelo requerente da autorização junto à ANAC no prazo de trinta e seis meses, contado da data de publicação do termo de autorização de que trata o § 1º do art. 4º no Diário Oficial da União.

§ 1º A ANAC poderá deferir a prorrogação do prazo especificado no *caput*, por no máximo igual período, mediante solicitação específica e fundamentada do requerente da autorização.

§ 2º O não cumprimento do disposto no *caput* ensejará a perda de efeitos do ato de que trata o *caput* do art. 4º, e a extinção do termo de autorização, caso tenha sido emitido, observado o disposto nos arts. 17, 18 e 19.

ART. 6º A ANAC não emitirá autorização para explorar serviços distintos dos previstos no art. 2º que tenham como origem ou destino um aeródromo civil público explorado por meio de autorização.

ART. 7º O autorizatário deverá comunicar previamente à ANAC a alteração do seu controle societário ou da titularidade do direito real que possua sobre os imóveis que constituirão o sítio aeroportuário, incluídos faixas de domínio, edificações e terrenos relacionados à exploração do aeródromo.

Parágrafo único. Para o cumprimento do disposto no *caput*, serão consideradas como transferência de controle societário de empresas autorizatárias as transformações societárias decorrentes de cisão, fusão, incorporação e formação de consórcio.

ART. 8º O autorizatário deverá observar a legislação e a regulamentação técnica e de segurança aplicáveis aos aeródromos e às operações de tráfego aéreo da ANAC e do Comando da Aeronáutica - COMAER, e as disposições constantes do termo de autorização.

Parágrafo único. O descumprimento dessas normas ensejará aplicação de sanções legais, regulamentares ou outras previstas no termo de autorização, sem prejuízo do disposto nos arts. 17, 18 e 19.

ART. 9º Os aeródromos civis públicos explorados por meio de autorização poderão ser usados por quaisquer aeronaves, sem distinção de propriedade ou nacionalidade, desde que assumam o ônus da utilização e observado o disposto no art. 2º, exceto se houver restrição de uso por determinados tipos de aeronaves ou serviços aéreos, por motivo operacional ou de segurança, vedada a discriminação de usuários.

§ 1º O disposto no *caput* não se aplica quando houver restrição de uso por determinados tipos de aeronaves ou serviços aéreos decorrente de motivo operacional ou de segurança, vedada a discriminação de usuários.

§ 2º Para os fins deste Decreto, a restrição imposta pelo art. 2º será considerada restrição operacional.

ART. 10. A autorização não confere quaisquer garantias ao autorizatário, que a executará por sua conta e risco.

§ 1º O autorizatário não terá direito adquirido à permanência das condições vigentes quando da autorização ou do início das atividades, e deverá observar novas condições definidas em lei ou pela regulamentação, sem quaisquer garantias de equilíbrio-econômico financeiro por parte do Poder Público.

§ 2º A autorização não constitui quaisquer obrigações por parte do Poder Público de disponibilidade de capacidade de tráfego aéreo e de investimentos na infraestrutura de acesso ao aeródromo.

ART. 11. Em caso de restrição da capacidade de tráfego aéreo, os aeródromos explorados diretamente pela União, Estados, Distrito Federal e Municípios, por empresas da administração indireta ou suas subsidiárias, ou por concessionárias terão prioridade de tráfego sobre os aeródromos explorados por meio de autorização.

ART. 12. A autorização para exploração de aeródromo não substitui nem dispensa a exigência de obtenção, pelo autorizatário, de alvarás, licenças e autorizações necessárias à sua implantação, construção e operação, além daquelas exigidas pelas autoridades aeronáuticas e de aviação civil ou as relacionadas às áreas de restrição especial previstas no art. 43 da Lei n. 7.565, de 19 de dezembro de 1986, bem como os ônus e despesas decorrentes.

ART. 13. O autorizatário responderá diretamente por suas obrigações e por danos e prejuízos que causar ou para os quais vier a concorrer, inexistindo, em nenhuma hipótese, responsabilidade por parte da União.

ART. 14. Será aplicada aos serviços autorizados a estrutura de tarifas aeroportuárias, conforme o disposto na legislação e regulamentação federal em vigor, e especialmente na Lei n. 6.009, de 26 de dezembro de 1973.

ART. 15. A ANAC, no exercício da competência prevista no inciso XXV do *caput* do art. 8º, da Lei n. 11.182, de 2005, poderá prever que os valores das tarifas serão livremente estabelecidos pelo autorizatário, observado o disposto nos arts. 1º e 2º da Lei n. 7.920, de 12 de dezembro de 1989.

ART. 16. Serão reprimidos toda prática prejudicial à concorrência e o abuso de poder econômico, nos termos da legislação própria, observadas as atribuições dos órgãos de defesa da concorrência.

CAPÍTULO IV
DA EXTINÇÃO DO TERMO DE AUTORIZAÇÃO

ART. 17. A autorização para a exploração de aeródromo não terá sua vigência sujeita a termo final, extinguindo-se somente por:

I - renúncia, ato formal unilateral, irrevogável e irretratável, em que o autorizatário manifesta seu desinteresse pela autorização;

II - revogação, por motivo de interesse público;

III - cassação, em caso de perda das condições indispensáveis à autorização;

IV - caducidade, em caso de descumprimento reiterado de compromissos assumidos ou de descumprimento de obrigações legais ou regulamentares por parte do autorizatário; ou

V - anulação da autorização, judicial ou administrativamente, em caso de irregularidade insanável da autorização.

ART. 18. A extinção da autorização não ensejará pagamento de indenização ao autorizatário ou assunção pela União de responsabilidade em relação aos encargos, ônus, obrigações ou compromissos com terceiros ou com empregados do autorizatário.

ART. 19. A extinção da autorização por revogação, cassação, caducidade ou anulação dependerá de procedimento prévio, assegurados o contraditório e a ampla defesa.

§ 1º Em caso de arguição de cassação e caducidade, a ANAC deverá, previamente à instauração do procedimento, comunicar o autorizatário sobre os inadimplementos ou descumprimentos aventados, e poderá estabelecer prazo para saná-los.

§ 2º Instaurado o procedimento e comprovados os descumprimentos ou inadimplências, a caducidade ou cassação serão declaradas pela ANAC, observado o disposto no art. 18.

ART. 20. A renúncia à autorização deverá ser comunicada à ANAC com antecedência de, no mínimo, noventa dias, período em que o patrimônio do aeródromo permanecerá afetado, nos termos dos arts. 36, § 5º, e 38 da Lei n. 7.565, de 1986, e observado o disposto no art. 21.

Parágrafo único. A renúncia não ensejará punição do autorizatário e não o eximirá do cumprimento de suas obrigações com terceiros.

ART. 21. A extinção do termo de autorização expedido pela ANAC resultará na revogação da homologação do aeródromo, de que trata o art. 30, *caput*, § 1º, da Lei n. 7.565, de 1986.

ART. 22. Este Decreto entra em vigor na data de sua publicação.

Brasília, 21 de dezembro de 2012; 191º da Independência e 124º da República.

DILMA ROUSSEFF

DECRETO N. 7.872, DE 26 DE DEZEMBRO DE 2012

Regulamenta a Lei n. 12.382, de 25 de fevereiro de 2011, que dispõe sobre o valor do salário-mínimo e a sua política de valorização de longo prazo.

▸ *DOU*, 26.12.2012 - Edição extra -, retificado em 28.12.2012.

A Presidenta da República, no uso das atribuições que lhe conferem o art. 84, *caput*, incisos IV e VI, alínea "a", da Constituição, e tendo em vista o disposto no art. 3º da Lei n. 12.382, de 25 de fevereiro de 2011,

Decreta:

ART. 1º A partir de 1º de janeiro de 2013, o salário mínimo será de R$ 678,00 (seiscentos e setenta e oito reais).

Parágrafo único. Em virtude do disposto no *caput*, o valor diário do salário mínimo corresponderá a R$ 22,60 (vinte e dois reais e sessenta centavos) e o valor horário, a R$ 3,08 (três reais e oito centavos).

ART. 2º Este Decreto entra em vigor em 1º de janeiro de 2013.

Brasília, 26 de dezembro de 2012; 191º da Independência e 124º da República.

DILMA ROUSSEFF

DECRETO N. 7.892, DE 23 DE JANEIRO DE 2013

Regulamenta o Sistema de Registro de Preços previsto no art. 15 da Lei n. 8.666, de 21 de junho de 1993.

▸ *DOU*, 23.01.2013.

A Presidenta da República, no uso da atribuição que lhe confere o art. 84, *caput*, inciso IV, da Constituição, e tendo em vista o disposto no art. 15 da Lei n. 8.666, de 21 de junho de 1993, e no art. 11 da Lei n. 10.520, de 17 de julho de 2002,

Decreta:

CAPÍTULO I
DISPOSIÇÕES GERAIS

ART. 1º As contratações de serviços e a aquisição de bens, quando efetuadas pelo Sistema de Registro de Preços - SRP, no âmbito da administração pública federal direta, autárquica e fundacional, fundos especiais, empresas públicas, sociedades de economia mista e demais entidades controladas, direta ou indiretamente pela União, obedecerão ao disposto neste Decreto.

ART. 2º Para os efeitos deste Decreto, são adotadas as seguintes definições:

I - Sistema de Registro de Preços - conjunto de procedimentos para registro formal de preços relativos à prestação de serviços e aquisição de bens, para contratações futuras;

II - ata de registro de preços - documento vinculativo, obrigacional, com característica de compromisso para futura contratação, em que se registram os preços, fornecedores, órgãos participantes e condições a serem praticadas, conforme as disposições contidas no instrumento convocatório e propostas apresentadas;

III - órgão gerenciador - órgão ou entidade da administração pública federal responsável pela condução do conjunto de procedimentos para registro de preços e gerenciamento da ata de registro de preços dele decorrente;

IV - órgão participante - órgão ou entidade da administração pública que participa dos procedimentos iniciais do Sistema de Registro de Preços e integra a ata de registro de preços; (Alterado pelo Dec. 8.250/2014.)

V - órgão não participante - órgão ou entidade da administração pública que, não tendo participado dos procedimentos iniciais da licitação, atendidos os requisitos desta norma, faz adesão à ata de registro de preços.

VI - compra nacional - compra ou contratação de bens e serviços, em que o órgão gerenciador conduz os procedimentos para registro de preços destinado à execução descentralizada de programa ou projeto federal, mediante prévia indicação da demanda pelos entes federados beneficiados; e (Acrescentado pelo Dec. 8.250/2014.)

VII - órgão participante de compra nacional - órgão ou entidade da administração pública que, em razão de participação em programa ou projeto federal, é contemplado no registro de preços independente de manifestação formal. (Acrescentado pelo Dec. 8.250/2014.)

ART. 3º O Sistema de Registro de Preços poderá ser adotado nas seguintes hipóteses:

I - quando, pelas características do bem ou serviço, houver necessidade de contratações frequentes;

II - quando for conveniente a aquisição de bens com previsão de entregas parceladas ou contratação de serviços remunerados por unidade de medida ou em regime de tarefa;

III - quando for conveniente a aquisição de bens ou a contratação de serviços para atendimento a mais de um órgão ou entidade, ou a programas de governo; ou

IV - quando, pela natureza do objeto, não for possível definir previamente o quantitativo a ser demandado pela Administração.

CAPÍTULO II
DA INTENÇÃO PARA REGISTRO DE PREÇOS

ART. 4º Fica instituído o procedimento de Intenção de Registro de Preços - IRP, a ser operacionalizado por módulo do Sistema de Administração e Serviços Gerais - SIASG, que deverá ser utilizado pelos órgãos e entidades integrantes do Sistema de Serviços Gerais - SISG, para registro e divulgação dos itens a serem licitados e para a realização dos atos previstos nos incisos II e V do *caput* do art. 5º e dos atos previstos no inciso II e *caput* do art. 6º.

§ 1º A divulgação da intenção de registro de preços poderá ser dispensada, de forma justificada pelo órgão gerenciador. (Alterado pelo Dec. 8.250/2014.)

§ 1º-A O prazo para que outros órgãos e entidades manifestem interesse em participar de IRP será de oito dias úteis, no mínimo, contado da data de divulgação da IRP no Portal de Compras do Governo federal. (Acrescentado pelo Dec. 9.488/2018. Vigência: 1º.10.2018.)

§ 2º O Ministério do Planejamento, Orçamento e Gestão editará norma complementar para regulamentar o disposto neste artigo.

▸ O Ministério do Planejamento, Orçamento e Gestão foi transformado em Ministério do Planejamento, Desenvolvimento e Gestão pela Lei 13.341/2016.

§ 3º Caberá ao órgão gerenciador da Intenção de Registro de Preços - IRP: (Acrescentado pelo Dec. 8.250/2014.)

I - estabelecer, quando for o caso, o número máximo de participantes na IRP em conformidade com sua capacidade de gerenciamento; (Acrescentado pelo Dec. 8.250/2014.)

II - aceitar ou recusar, justificadamente, os quantitativos considerados ínfimos ou a inclusão de novos itens; e (Acrescentado pelo Dec. 8.250/2014.)

III - deliberar quanto à inclusão posterior de participantes que não manifestaram interesse durante o período de divulgação da IRP. (Acrescentado pelo Dec. 8.250/2014.)

§ 4º Os procedimentos constantes dos incisos II e III do § 3º serão efetivados antes da elaboração do edital e de seus anexos. (Acrescentado pelo Dec. 8.250/2014.)

§ 5º Para receber informações a respeito das IRPs disponíveis no Portal de Compras do Governo Federal, os órgãos e entidades integrantes do SISG se cadastrarão no módulo IRP e inserirão a linha de fornecimento e de serviços de seu interesse. (Acrescentado pelo Dec. 8.250/2014.)

§ 6º É facultado aos órgãos e entidades integrantes do SISG, antes de iniciar um processo licitatório, consultar as IRPs em andamento e deliberar a respeito da conveniência de sua participação. (Acrescentado pelo Dec. 8.250/2014.)

CAPÍTULO III
DAS COMPETÊNCIAS DO ÓRGÃO GERENCIADOR

ART. 5º Caberá ao órgão gerenciador a prática de todos os atos de controle e administração do Sistema de Registro de Preços, e ainda o seguinte:

I - registrar sua intenção de registro de preços no Portal de Compras do Governo federal;

II - consolidar informações relativas à estimativa individual e total de consumo, promovendo a adequação dos respectivos termos de referência ou projetos básicos encaminhados para atender aos requisitos de padronização e racionalização;

III - promover atos necessários à instrução processual para a realização do procedimento licitatório;

IV - realizar pesquisa de mercado para identificação do valor estimado da licitação e, consolidar os dados das pesquisas de mercado realizadas pelos órgãos e entidades participantes, inclusive nas hipóteses previstas nos §§ 2º e 3º do art. 6º deste Decreto; (Alterado pelo Dec. 8.250/2014.)

V - confirmar junto aos órgãos participantes a sua concordância com o objeto a ser licitado, inclusive quanto aos quantitativos e termo de referência ou projeto básico;

VI - realizar o procedimento licitatório;

VII - gerenciar a ata de registro de preços;

VIII - conduzir eventuais renegociações dos preços registrados;

IX - aplicar, garantida a ampla defesa e o contraditório, as penalidades decorrentes de infrações no procedimento licitatório; e

X - aplicar, garantida a ampla defesa e o contraditório, as penalidades decorrentes do descumprimento do pactuado na ata de registro de preços ou do descumprimento das obrigações contratuais, em relação às suas próprias contratações.

XI - autorizar, excepcional e justificadamente, a prorrogação do prazo previsto no § 6º do art. 22 deste Decreto, respeitado o prazo de vigência da ata, quando solicitada pelo órgão não participante. (Acrescentado pelo Dec. 8.250/2014.)

§ 1º A ata de registro de preços, disponibilizada no Portal de Compras do Governo federal, poderá ser assinada por certificação digital.

§ 2º O órgão gerenciador poderá solicitar auxílio técnico aos órgãos participantes para execução das atividades previstas nos incisos III, IV e VI do *caput*.

CAPÍTULO IV
DAS COMPETÊNCIAS DO ÓRGÃO PARTICIPANTE

ART. 6º O órgão participante será responsável pela manifestação de interesse em participar do registro de preços, providenciando o encaminhamento ao órgão gerenciador de sua estimativa de consumo, local de entrega e, quando couber, cronograma de contratação e respectivas especificações ou termo de referência ou projeto básico, nos termos da Lei n. 8.666, de 21 de junho de 1993, e da Lei n. 10.520, de 17 de julho de 2002, adequado ao registro de preços do qual pretende fazer parte, devendo ainda:

I - garantir que os atos relativos a sua inclusão no registro de preços estejam formalizados e aprovados pela autoridade competente;

II - manifestar, junto ao órgão gerenciador, mediante a utilização da Intenção de Registro de Preços, sua concordância com o objeto a ser licitado, antes da realização do procedimento licitatório; e

III - tomar conhecimento da ata de registros de preços, inclusive de eventuais alterações, para o correto cumprimento de suas disposições.

§ 1º Cabe ao órgão participante aplicar, garantida a ampla defesa e o contraditório, as penalidades decorrentes do descumprimento do pactuado na ata de registro de preços ou do descumprimento das obrigações contratuais, em relação às suas próprias contratações, informando as ocorrências ao órgão gerenciador. (Acrescentado pelo Dec. 8.250/2014.)

§ 2º No caso de compra nacional, o órgão gerenciador promoverá a divulgação da ação, a pesquisa de mercado e a consolidação da demanda dos órgãos e entidades da administração direta e indireta da União, dos Estados, do Distrito Federal e dos Municípios. (Acrescentado pelo Dec. 8.250/2014.)

§ 3º Na hipótese prevista no § 2º, comprovada a vantajosidade, fica facultado aos órgãos ou entidades participantes de compra nacional a execução da ata de registro de preços vinculada ao programa ou projeto federal. (Acrescentado pelo Dec. 8.250/2014.)

§ 4º Os entes federados participantes de compra nacional poderão utilizar recursos de transferências legais ou voluntárias da União, vinculados aos processos ou projetos objeto de descentralização e de recursos próprios para suas demandas de aquisição no âmbito da ata de registro de preços de compra nacional. (Acrescentado pelo Dec. 8.250/2014.)

§ 5º Caso o órgão gerenciador aceite a inclusão de novos itens, o órgão participante demandante elaborará sua especificação ou termo de referência ou projeto básico, conforme o caso, e a pesquisa de mercado, observado o disposto no art. 6º. (Acrescentado pelo Dec. 8.250/2014.)

§ 6º Caso o órgão gerenciador aceite a inclusão de novas localidades para entrega do bem ou execução do serviço, o órgão participante responsável pela demanda elaborará, ressalvada a hipótese prevista no § 2º, pesquisa de mercado que contemple a variação de custos locais ou regionais. (Acrescentado pelo Dec. 8.250/2014.)

CAPÍTULO V
DA LICITAÇÃO PARA REGISTRO DE PREÇOS

ART. 7º A licitação para registro de preços será realizada na modalidade de concorrência, do tipo menor preço, nos termos da Lei n. 8.666, de 1993, ou na modalidade de pregão, nos termos da Lei n. 10.520, de 2002, e será precedida de ampla pesquisa de mercado.

§ 1º O julgamento por técnica e preço, na modalidade concorrência, poderá ser excepcionalmente adotado, a critério do órgão gerenciador e mediante despacho fundamentado da autoridade máxima do órgão ou entidade. (Alterado pelo Dec. 8.250/2014.)

§ 2º Na licitação para registro de preços não é necessário indicar a dotação orçamentária, que somente será exigida para a formalização do contrato ou outro instrumento hábil.

ART. 8º O órgão gerenciador poderá dividir a quantidade total do item em lotes, quando técnica e economicamente viável, para possibilitar maior competitividade, observada a quantidade mínima, o prazo e o local de entrega ou de prestação dos serviços.

§ 1º No caso de serviços, a divisão considerará a unidade de medida adotada para aferição dos produtos e resultados, e será observada a demanda específica de cada órgão ou entidade participante do certame. (Alterado pelo Dec. 8.250/2014.)

§ 2º Na situação prevista no § 1º, deverá ser evitada a contratação, em um mesmo órgão ou entidade, de mais de uma empresa para a execução de um mesmo serviço, em uma mesma localidade, para assegurar a responsabilidade contratual e o princípio da padronização.

ART. 9º O edital de licitação para registro de preços observará o disposto nas Leis n. 8.666, de 1993, e n.10.520, de 2002, e contemplará, no mínimo:

I - a especificação ou descrição do objeto, que explicitará o conjunto de elementos necessários e suficientes, com nível de precisão adequado para a caracterização do bem ou serviço, inclusive definindo as respectivas unidades de medida usualmente adotadas;

II - estimativa de quantidades a serem adquiridas pelo órgão gerenciador e órgãos participantes;

III - estimativa de quantidades a serem adquiridas por órgãos não participantes, observado o disposto no § 4º do art. 22, no caso de o órgão gerenciador admitir adesões;

IV - quantidade mínima de unidades a ser cotada, por item, no caso de bens;

V - condições quanto ao local, prazo de entrega, forma de pagamento, e nos casos de serviços, quando cabível, frequência, periodicidade, características do pessoal, materiais e equipamentos a serem utilizados, procedimentos, cuidados, deveres, disciplina e controles a serem adotados;

VI - prazo de validade do registro de preço, observado o disposto no *caput* do art. 12;

VII - órgãos e entidades participantes do registro de preço;

VIII - modelos de planilhas de custo e minutas de contratos, quando cabível;

IX - penalidades por descumprimento das condições;

X - minuta da ata de registro de preços como anexo; e

XI - realização periódica de pesquisa de mercado para comprovação da vantajosidade.

§ 1º O edital poderá admitir, como critério de julgamento, o menor preço aferido pela oferta de desconto sobre tabela de preços praticados no mercado, desde que tecnicamente justificado.

§ 2º Quando o edital previr o fornecimento de bens ou prestação de serviços em locais diferentes, é facultada a exigência de apresentação de proposta diferenciada por região, de modo que aos preços sejam acrescidos custos variáveis por região.

§ 3º A estimativa a que se refere o inciso III do *caput* não será considerada para fins de qualificação técnica e qualificação econômico-financeira na habilitação do licitante.

§ 4º O exame e a aprovação das minutas do instrumento convocatório e do contrato serão efetuados exclusivamente pela assessoria jurídica do órgão gerenciador. (Acrescentado pelo Dec. 8.250/2014.)

ART. 10. Após o encerramento da etapa competitiva, os licitantes poderão reduzir seus preços ao valor da proposta do licitante mais bem classificado.

Parágrafo único. A apresentação de novas propostas na forma do *caput* não prejudicará o resultado do certame em relação ao licitante mais bem classificado.

CAPÍTULO VI
DO REGISTRO DE PREÇOS E DA VALIDADE DA ATA

ART. 11. Após a homologação da licitação, o registro de preços observará, entre outras, as seguintes condições:

I - serão registrados na ata de registro de preços os preços e quantitativos do licitante mais bem classificado durante a fase competitiva; (Alterado pelo Dec. 8.250/2014.)

II - será incluído, na respectiva ata na forma de anexo, o registro dos licitantes que aceitarem cotar os bens ou serviços com preços iguais aos do licitante vencedor na sequência da classificação do certame, excluído o percentual referente à margem de preferência, quando o objeto não atender aos requisitos previstos no art. 3º da Lei n. 8.666, de 1993; (Alterado pelo Dec. 8.250/2014.)

III - o preço registrado com indicação dos fornecedores será divulgado no Portal de Compras do Governo Federal e ficará disponibilizado durante a vigência da ata de registro de preços; e (Alterado pelo Dec. 8.250/2014.)

IV - a ordem de classificação dos licitantes registrados na ata deverá ser respeitada nas contratações. (Acrescentado pelo Dec. 8.250/2014.)

§ 1º O registro a que se refere o inciso II do *caput* tem por objetivo a formação de cadastro de reserva no caso de impossibilidade de atendimento pelo primeiro colocado da ata, nas hipóteses previstas nos arts. 20 e 21. (Alterado pelo Dec. 8.250/2014.)

§ 2º Se houver mais de um licitante na situação de que trata o inciso II do *caput*, serão classificados segundo a ordem da última proposta apresentada durante a fase competitiva. (Alterado pelo Dec. 8.250/2014.)

§ 3º A habilitação dos fornecedores que comporão o cadastro de reserva a que se refere o inciso II do *caput* será efetuada, na hipótese prevista no parágrafo único do art. 13 e quando houver necessidade de contratação de fornecedor remanescente, nas hipóteses previstas nos arts. 20 e 21. (Alterado pelo Dec. 8.250/2014.)

§ 4º O anexo que trata o inciso II do *caput* consiste na ata de realização da sessão pública do pregão ou da concorrência, que conterá a informação dos licitantes que aceitarem cotar os bens ou serviços com preços iguais ao do licitante vencedor do certame. (Acrescentado pelo Dec. 8.250/2014.)

ART. 12. O prazo de validade da ata de registro de preços não será superior a doze meses, incluídas eventuais prorrogações, conforme o inciso III do § 3º do art. 15 da Lei n. 8.666, de 1993.

§ 1º É vedado efetuar acréscimos nos quantitativos fixados pela ata de registro de preços, inclusive o acréscimo de que trata o § 1º do art. 65 da Lei n. 8.666, de 1993.

§ 2º A vigência dos contratos decorrentes do Sistema de Registro de Preços será definida nos instrumentos convocatórios, observado o disposto no art. 57 da Lei n. 8.666, de 1993.

§ 3º Os contratos decorrentes do Sistema de Registro de Preços poderão ser alterados, observado o disposto no art. 65 da Lei n. 8.666, de 1993.

§ 4º O contrato decorrente do Sistema de Registro de Preços deverá ser assinado no prazo de validade da ata de registro de preços.

CAPÍTULO VII
DA ASSINATURA DA ATA E DA CONTRATAÇÃO COM FORNECEDORES REGISTRADOS

ART. 13. Homologado o resultado da licitação, o fornecedor mais bem classificado será convocado para assinar a ata de registro de preços, no prazo e nas condições estabelecidos no instrumento convocatório, podendo o prazo ser prorrogado uma vez, por igual período, quando solicitado pelo fornecedor e desde que ocorra motivo justificado aceito pela administração. (Alterado pelo Dec. 8.250/2014.)

Parágrafo único. É facultado à administração, quando o convocado não assinar a ata de registro de preços no prazo e condições estabelecidos, convocar os licitantes remanescentes, na ordem de classificação, para fazê-lo em igual prazo e nas mesmas condições propostas pelo primeiro classificado.

ART. 14. A ata de registro de preços implicará compromisso de fornecimento nas condições estabelecidas, após cumpridos os requisitos de publicidade.

Parágrafo único. A recusa injustificada de fornecedor classificado em assinar a ata, dentro do prazo estabelecido neste artigo, ensejará a aplicação das penalidades legalmente estabelecidas.

ART. 15. A contratação com os fornecedores registrados será formalizada pelo órgão interessado por intermédio de instrumento contratual, emissão de nota de empenho de despesa, autorização de compra ou outro instrumento hábil, conforme o art. 62 da Lei n. 8.666, de 1993.

ART. 16. A existência de preços registrados não obriga a administração a contratar, facultando-se a realização de licitação específica para a aquisição pretendida, assegurada preferência ao fornecedor registrado em igualdade de condições.

CAPÍTULO VIII
DA REVISÃO E DO CANCELAMENTO DOS PREÇOS REGISTRADOS

ART. 17. Os preços registrados poderão ser revistos em decorrência de eventual redução dos preços praticados no mercado ou de fato que eleve o custo dos serviços ou bens registrados, cabendo ao órgão gerenciador promover as negociações junto aos fornecedores, observadas as disposições contidas na alínea "d" do inciso II do *caput* do art. 65 da Lei n. 8.666, de 1993.

ART. 18. Quando o preço registrado tornar-se superior ao preço praticado no mercado por motivo superveniente, o órgão gerenciador convocará os fornecedores para negociarem a redução dos preços aos valores praticados pelo mercado.

§ 1º Os fornecedores que não aceitarem reduzir seus preços aos valores praticados pelo mercado serão liberados do compromisso assumido, sem aplicação de penalidade.

§ 2º A ordem de classificação dos fornecedores que aceitarem reduzir seus preços aos valores de mercado observará a classificação original.

ART. 19. Quando o preço de mercado tornar-se superior aos preços registrados e o fornecedor não puder cumprir o compromisso, o órgão gerenciador poderá:

I - liberar o fornecedor do compromisso assumido, caso a comunicação ocorra antes do pedido de fornecimento, e sem aplicação da penalidade se confirmada a veracidade dos motivos e comprovantes apresentados; e

II - convocar os demais fornecedores para assegurar igual oportunidade de negociação.

Parágrafo único. Não havendo êxito nas negociações, o órgão gerenciador deverá proceder à revogação da ata de registro de preços, adotando as medidas cabíveis para obtenção da contratação mais vantajosa.

ART. 20. O registro do fornecedor será cancelado quando:

I - descumprir as condições da ata de registro de preços;

II - não retirar a nota de empenho ou instrumento equivalente no prazo estabelecido pela Administração, sem justificativa aceitável;

III - não aceitar reduzir o seu preço registrado, na hipótese deste se tornar superior àqueles praticados no mercado; ou

IV - sofrer sanção prevista nos incisos III ou IV do *caput* do art. 87 da Lei n. 8.666, de 1993, ou no art. 7º da Lei n. 10.520, de 2002.

Parágrafo único. O cancelamento de registros nas hipóteses previstas nos incisos I, II e IV do *caput* será formalizado por despacho do órgão gerenciador, assegurado o contraditório e a ampla defesa.

ART. 21. O cancelamento do registro de preços poderá ocorrer por fato superveniente, decorrente de caso fortuito ou força maior, que prejudique o cumprimento da ata, devidamente comprovados e justificados:

I - por razão de interesse público; ou

II - a pedido do fornecedor.

CAPÍTULO IX
DA UTILIZAÇÃO DA ATA DE REGISTRO DE PREÇOS POR ÓRGÃO OU ENTIDADES NÃO PARTICIPANTES

ART. 22. Desde que devidamente justificada a vantagem, a ata de registro de preços, durante sua vigência, poderá ser utilizada por qualquer órgão ou entidade da administração pública federal que não tenha participado do certame licitatório, mediante anuência do órgão gerenciador.

§ 1º Os órgãos e entidades que não participaram do registro de preços, quando desejarem fazer uso da ata de registro de preços, deverão consultar o órgão gerenciador da ata para manifestação sobre a possibilidade de adesão.

§ 1º-A. A manifestação do órgão gerenciador de que trata o § 1º fica condicionada à realização de estudo, pelos órgãos e pelas entidades que não participaram do registro de preços, que demonstre o ganho de eficiência, a viabilidade e a economicidade para a administração pública federal da utilização da ata de registro de preços, conforme estabelecido em ato do Secretário de Gestão do Ministério do Planejamento, Desenvolvimento e Gestão. (Acrescentado pelo Dec. 9.488/2018. Vigência: 1º.10.2018.)

§ 1º-B. O estudo de que trata o § 1º-A, após aprovação pelo órgão gerenciador, será divulgado no Portal de Compras do Governo federal. (Acrescentado pelo Dec. 9.488/2018. Vigência: 1º.10.2018.)

§ 2º Caberá ao fornecedor beneficiário da ata de registro de preços, observadas as condições nela estabelecidas, optar pela aceitação ou não do fornecimento decorrente de adesão, desde que não prejudique as obrigações presentes e futuras decorrentes da ata, assumidas com o órgão gerenciador e órgãos participantes.

§ 3º As aquisições ou as contratações adicionais de que trata este artigo não poderão exceder, por órgão ou entidade, a cinquenta por cento dos quantitativos dos itens do instrumento convocatório e registrados na ata de registro de preços para o órgão gerenciador e para os órgãos participantes. (Alterado pelo Dec. 9.488/2018.) . Vigência: 1º.10.2018.)

§ 4º O instrumento convocatório preverá que o quantitativo decorrente das adesões à ata de registro de preços não poderá exceder, na totalidade, ao dobro do quantitativo de cada item registrado na ata de registro de preços para o órgão gerenciador e para os órgãos participantes, independentemente do número de órgãos não participantes que aderirem. (Alterado pelo Dec. 9.488/2018. Vigência: 1º.10.2018.)

§ 4º-A Na hipótese de compra nacional: (Acrescentado pelo Dec. 9.488/2018. Vigência: 1º.10.2018.)

I - as aquisições ou as contratações adicionais não excederão, por órgão ou entidade, a cem por cento dos quantitativos dos itens do instrumento convocatório e registrados na ata de registro de preços para o órgão gerenciador e para os órgãos participantes; e (Acrescentado pelo Dec. 9.488/2018. . Vigência: 1º.10.2018.)

II - o instrumento convocatório da compra nacional preverá que o quantitativo decorrente das adesões à ata de registro de preços não excederá, na totalidade, ao quíntuplo do quantitativo de cada item registrado na ata de registro de preços para o órgão gerenciador e para os órgãos participantes, independentemente do número de órgãos não participantes que aderirem. (Acrescentado pelo Dec. 9.488/2018. Vigência: 1º.10.2018.)

§ 5º (Revogado pelo Dec. 8.250/2014.)

§ 6º Após a autorização do órgão gerenciador, o órgão não participante deverá efetivar a aquisição ou contratação solicitada em até noventa dias, observado o prazo de vigência da ata.

§ 7º Compete ao órgão não participante os atos relativos à cobrança do cumprimento pelo fornecedor das obrigações contratualmente assumidas e a aplicação, observada a ampla defesa e o contraditório, de eventuais penalidades decorrentes do descumprimento de cláusulas contratuais, em relação às suas próprias contratações, informando as ocorrências ao órgão gerenciador.

§ 8º É vedada aos órgãos e entidades da administração pública federal a adesão a ata de registro de preços gerenciada por órgão ou entidade municipal, distrital ou estadual.

§ 9º É facultada aos órgãos ou entidades municipais, distritais ou estaduais a adesão a ata de registro de preços da Administração Pública Federal.

§ 9º-A. Sem prejuízo da observância ao disposto no § 3º, à hipótese prevista no § 9º não se aplica o disposto nos § 1º-A e § 1º-B no caso de órgãos e entidades de outros entes federativos. (Acrescentado pelo Dec. 9.488/2018. Vigência: 1º.10.2018.)

§ 10. É vedada a contratação de serviços de tecnologia da informação e comunicação por meio de adesão a ata de registro de preços que não seja: (Acrescentado pelo Dec. 9.488/2018. Vigência: 1º.10.2018.)

I - gerenciada pelo Ministério do Planejamento, Desenvolvimento e Gestão; ou (Acrescentado pelo Dec. 9.488/2018. Vigência: 1º.10.2018.)

II - gerenciada por outro órgão ou entidade e previamente aprovada pela Secretaria de Tecnologia da Informação e Comunicação do Ministério do Planejamento, Desenvolvimento e Gestão. (Acrescentado pelo Dec. 9.488/2018. Vigência: 1º.10.2018.)

§ 11. O disposto no § 10 não se aplica às hipóteses em que a contratação de serviços esteja vinculada ao fornecimento de bens de tecnologia da informação e comunicação constante da mesma ata de registro de preços. (Acrescentado pelo Dec. 9.488/2018. Vigência: 1º.10.2018.)

CAPÍTULO X
DISPOSIÇÕES FINAIS E TRANSITÓRIAS

ART. 23. A Administração poderá utilizar recursos de tecnologia da informação na operacionalização do disposto neste Decreto e automatizar procedimentos de controle e atribuições dos órgãos gerenciadores e participantes.

ART. 24. As atas de registro de preços vigentes, decorrentes de certames realizados sob a vigência do Decreto n. 3.931, de 19 de setembro de 2001, poderão ser utilizadas pelos órgãos gerenciadores e participantes, até o término de sua vigência.

ART. 25. Até a completa adequação do Portal de Compras do Governo federal para atendimento ao disposto no § 1º do art. 5º, o órgão gerenciador deverá:

I - providenciar a assinatura da ata de registro de preços e o encaminhamento de sua cópia aos órgãos ou entidades participantes; e

II - providenciar a indicação dos fornecedores para atendimento às demandas, observada a ordem de classificação e os quantitativos de contratação definidos pelos órgãos e entidades participantes.

ART. 26. Até a completa adequação do Portal de Compras do Governo federal para atendimento ao disposto nos incisos I e II do *caput* do art. 11 e no inciso II do § 2º do art. 11, a ata registrará os licitantes vencedores, quantitativos e respectivos preços.

ART. 27. O Ministério do Planejamento, Orçamento e Gestão poderá editar normas complementares a este Decreto.

‣ O Ministério do Planejamento, Orçamento e Gestão foi transformado em Ministério do Planejamento, Desenvolvimento e Gestão pela Lei 13.341/2016.

ART. 28. Este Decreto entra em vigor trinta dias após a data de sua publicação.

ART. 29. Ficam revogados:

I - o Decreto n. 3.931, de 19 de setembro de 2001; e

II - o Decreto n. 4.342, de 23 de agosto de 2002.

Brasília, 23 de janeiro de 2013; 192º da Independência e 125º da República.

DILMA ROUSSEFF

DECRETO N. 7.897, DE 1º DE FEVEREIRO DE 2013

Regulamenta a constituição de gravames e ônus sobre ativos financeiros e valores mobiliários em operações realizadas no âmbito do mercado de valores mobiliários ou do sistema de pagamentos brasileiro, de que trata o parágrafo único do art. 63-A da Lei n. 10.931, de 2 de agosto de 2004.

‣ *DOU*, 04.02.2013.

‣ Lei 10.931/2004 (Dispõe sobre o patrimônio de afetação de incorporações imobiliárias, Letra de Crédito Imobiliário, Cédula de Crédito Imobiliário, Cédula de Crédito Bancário).

A Presidenta da República, no uso das atribuições que lhe confere o art. 84, *caput*, incisos IV e VI, alínea "a", da Constituição, e tendo em vista o disposto no art. 63-A, parágrafo único, da Lei n. 10.931, de 2 de agosto de 2004,

Decreta:

ART. 1º Este Decreto dispõe sobre as formas e condições de registro de gravames e ônus sobre ativos financeiros e valores mobiliários em operações realizadas no âmbito do mercado de valores mobiliários e do sistema de pagamentos brasileiro.

ART. 2º A atividade de registro de gravames e ônus de que trata este Decreto será realizada pelas entidades ou sistemas mantenedores de contas de ativos financeiros e de valores mobiliários em que se constituam direitos reais sobre estes ativos financeiros e valores mobiliários.

ART. 3º O desempenho da atividade de registro de gravames e ônus de que trata este Decreto está sujeito à autorização do Banco Central do Brasil ou da Comissão de Valores Mobiliários, em suas esferas de competência.

§ 1º A autorização será condicionada à aprovação dos regulamentos e sistemas das entidades requerentes, que deverão ser estruturados segundo procedimentos capazes de garantir a segurança e a confiabilidade dos registros.

§ 2º Os regulamentos deverão estabelecer as regras e os procedimentos para registro dos gravames e ônus, e para a retificação e cancelamento dos registros efetuados.

§ 3º Os procedimentos fixados nos regulamentos e sistemas deverão:

I - assegurar a unicidade e a continuidade dos registros sobre os ativos financeiros e valores mobiliários objeto de gravames e ônus;

II - gerar as informações necessárias para o exercício do direito de sequela pelos credores garantidos; e

III - definir o regime de acesso às informações contidas nos registros de gravames e ônus constituídos no âmbito da entidade, observado o disposto na legislação aplicável.

ART. 4º O Banco Central do Brasil e a Comissão de Valores Mobiliários, em suas respectivas esferas de competência, baixarão as normas e instruções necessárias ao cumprimento deste Decreto.

ART. 5º Este Decreto entra em vigor na data de sua publicação.

Brasília, 1º de fevereiro de 2013; 192º da Independência e 125º da República.

DILMA ROUSSEFF

DECRETO N. 7.920, DE 15 DE FEVEREIRO DE 2013

Cria o Conselho Interministerial de Estoques Públicos de Alimentos - CIEP, com objetivo de definir as condições para aquisição e liberação de estoques públicos de alimentos.

‣ *DOU*, 18.02.2013.

A Presidenta da República, no uso da atribuição que lhe confere o art. 84, *caput*, inciso VI, alínea "a", da Constituição, e tendo em vista o disposto na Lei n. 8.171, de 17 de janeiro de 1991, no art. 3º da Lei n. 8.174, de 30 de janeiro de 1991, e no art. 36 da Lei n. 8.177, de 1º de março de 1991,

Decreta:

ART. 1º Fica criado o Conselho Interministerial de Estoques Públicos de Alimentos - CIEP, com o objetivo de definir as condições para aquisição e liberação de estoques públicos de alimentos.

Parágrafo único. Consideram-se estoques públicos os estoques regulador e estratégico.

ART. 2º Integram o CIEP os titulares dos seguintes órgãos:

I - Ministério da Agricultura, Pecuária e Abastecimento, que o presidirá;

II - Casa Civil da Presidência da República;

III - Ministério da Fazenda; e

IV - Ministério do Desenvolvimento Agrário.

§ 1º Cada integrante indicará um suplente a ser designado por ato do Presidente do CIEP.

§ 2º Poderão ser convidados representantes de outros órgãos e entidades públicas ou de organizações da sociedade civil para participar de reuniões.

ART. 3º As reuniões do CIEP ocorrerão, ordinariamente, uma vez por semestre, e, extraordinariamente, sempre que convocado por seu Presidente.

Parágrafo único. As reuniões serão realizadas com a presença de, no mínimo, três integrantes.

ART. 4º Compete ao CIEP:

‣ Art. 6º, Lei 12.844/2013 (Amplia o valor do Benefício Garantia-Safra para a safra de 2011/2012; amplia o Auxílio Emergencial Financeiro, de que trata a Lei 10.954/2004, relativo aos desastres ocorridos em 2012; autoriza a distribuição de milho para venda a pequenos criadores, nos termos que especifica; institui medidas de estímulo à liquidação ou regularização de dívidas originárias de operações de crédito rural).

I - monitorar os volumes de estoques públicos e deliberar sobre seus quantitativos;

II - avaliar e definir as condições para aquisição e liberação de estoques públicos de alimentos;

III - referendar as decisões do Presidente, quando couber; e

IV - fixar diretrizes gerais para a atuação de sua Câmara Técnica.

Parágrafo único. Em casos de relevância e urgência, o Presidente do CIEP poderá deliberar *ad referendum* do Plenário, obtida a concordância prévia dos demais integrantes.

ART. 5º Fica criada a Câmara Técnica do CIEP, composta por um representante titular e um representante suplente de cada um dos órgãos mencionados no art. 2º.

§ 1º Os membros titulares e suplentes da Câmara Técnica serão indicados pelos dirigentes máximos e designados em ato do Presidente do CIEP.

§ 2º O representante do Ministério da Agricultura, Pecuária e Abastecimento coordenará a Câmara Técnica.

§ 3º A Companhia Nacional de Abastecimento - CONAB participará das reuniões como convidado permanente, cabendo-lhe prestar assessoria e orientação técnica.

§ 4º Poderão ser convidados representantes de outros órgãos e entidades públicas ou de organizações da sociedade civil para participar de reuniões.

§ 5º Compete ao Ministério da Agricultura, Pecuária e Abastecimento prestar apoio técnico-administrativo às atividades da Câmara Técnica.

ART. 6º As reuniões da Câmara Técnica do CIEP ocorreão, ordinariamente, uma vez por mês, e, extraordinariamente, sempre que convocado por seu Coordenador.

Parágrafo único. As reuniões serão realizadas com a presença de, no mínimo, três integrantes.

ART. 7º Compete à Câmara Técnica do CIEP:

I - propor ao CIEP os quantitativos dos estoques estratégicos por produto e tipo;

II - recomendar ao CIEP critérios para cálculo do Preço de Liberação dos Estoques Públicos, respeitadas as diferenças regionais; e

III - propor ao CIEP as condições gerais para aquisição e liberação dos estoques públicos de alimentos.

Parágrafo único. Observadas as deliberações e diretrizes gerais fixadas pelo CIEP, a Câmara Técnica definirá medidas relativas à aquisição e à liberação dos estoques públicos de alimentos, a serem executadas pela Conab.

ART. 8º A participação no CIEP e em sua Câmara Técnica será considerada prestação de serviço público relevante, não remunerada.

ART. 9º Este Decreto entra em vigor na data de sua publicação.

Brasília, 15 de fevereiro de 2013; 192º da Independência e 125º da República.

DILMA ROUSSEFF

DECRETO N. 7.921, DE 15 DE FEVEREIRO DE 2013

Regulamenta a aplicação do Regime Especial de Tributação do Programa Nacional de Banda Larga para Implantação de Redes de Telecomunicações - REPNBL-Redes, de que trata a Lei n. 12.715, de 17 de setembro de 2012.

‣ *DOU*, 18.02.2013.

A Presidenta da República, no uso da atribuição que lhe confere o art. 84, *caput*, inciso IV e inciso VI, alínea "a", da Constituição, e tendo em vista o disposto nos arts. 28 a 33 da Lei n. 12.715, de 17 de setembro de 2012,

Decreta:

CAPÍTULO I
DA FINALIDADE

ART. 1º O Regime Especial de Tributação do Programa Nacional de Banda Larga para Implantação de Redes de Telecomunicações - REPNBL-Redes destina-se a projetos de implantação, ampliação ou modernização de redes de telecomunicações que suportem acesso à internet em banda larga, incluídas estações terrenas satelitais, que contribuam com os objetivos de implantação do Programa Nacional de Banda Larga - PNBL.

ART. 2º É beneficiária do REPNBL-Redes a pessoa jurídica habilitada ou coabilitada à fruição do regime.

CAPÍTULO II
DOS PROJETOS

ART. 3º Os projetos de que trata o art. 1º deverão ser apresentados ao Ministério das Comunicações até o dia 30 de junho de 2013.

ART. 4º O Ministério das Comunicações disciplinará o procedimento e os critérios de aprovação dos projetos de que trata o art. 1º, observadas as seguintes diretrizes:

I - os critérios de aprovação deverão ser estabelecidos de acordo com os seguintes objetivos:

a) reduzir as diferenças regionais;

b) modernizar as redes de telecomunicações e elevar os padrões de qualidade propiciados aos usuários; e

c) massificar o acesso às redes e aos serviços de telecomunicações que suportam acesso à internet em banda larga;

II - o projeto deverá contemplar, no mínimo:

a) as especificações e a cotação de preços dos equipamentos e componentes de rede vinculados, e as obras civis necessárias;

b) a aquisição de equipamentos e componentes de rede produzidos de acordo com o respectivo Processo Produtivo Básico - PPB; e

c) a aquisição de equipamentos e componentes de rede desenvolvidos com tecnologia nacional.

III - o projeto não poderá relacionar como serviços associados às obras civis referidas no inciso II os serviços de operação, manutenção, aluguel, comodato e arrendamento mercantil de equipamentos e componentes de rede de telecomunicações;

Parágrafo único. Os equipamentos e componentes de rede adquiridos no âmbito dos projetos deverão possuir certificação expedida ou aceita pela Agência Nacional de Telecomunicações - ANATEL, quando aplicável.

ART. 5º Somente poderá apresentar projetos no âmbito do REPNBL-Redes a sociedade empresária prestadora de serviço de telecomunicações de interesse coletivo, cuja execução do serviço tenha sido outorgada pela ANATEL.

Parágrafo único. Em caso de projetos apresentados por consórcio empresarial, este deverá incluir entre os seus consorciados pelo menos uma pessoa jurídica conforme descrita no *caput*.

ART. 6º O Ministério das Comunicações estabelecerá:

I - os tipos específicos de redes de telecomunicações elegíveis no âmbito do regime especial de que trata este Decreto;

II - os percentuais mínimos para os equipamentos e componentes previstos nas alíneas "b" e "c" do inciso II do *caput* do art. 4º para cada tipo específico de rede de telecomunicações;

III - a relação de equipamentos e componentes de que tratam alíneas "b" e "c" do inciso II do *caput* do art. 4º;

IV - a forma e os procedimentos necessários para apresentação de projeto no âmbito do regime especial de que trata este Decreto, observadas as diretrizes do art. 4º;

V - o prazo limite para a conclusão prevista de projeto relacionado a cada tipo específico de rede de telecomunicações, quando anterior à data de encerramento do regime especial de que trata este Decreto; e

VI - os demais critérios e condicionantes associados a cada tipo específico de rede de telecomunicações, considerando as diretrizes definidas para o REPNBL-Redes;

ART. 7º Compete ao Ministério das Comunicações aprovar, em ato próprio, o projeto que se enquadre nas regras estabelecidas neste Capítulo e na regulamentação de que trata o art. 6º, no qual deverá constar, no mínimo:

I - nome empresarial e o número de inscrição no Cadastro Nacional da Pessoa Jurídica - CNPJ da pessoa jurídica titular do projeto aprovado;

II - descrição do projeto;

III - valor total do projeto; e

IV - previsão de início e de fim da execução do projeto.

ART. 8º A avaliação dos projetos apresentados ao Ministério das Comunicações deverá ter ampla publicidade, nos termos da Lei n. 12.527, de 18 de novembro de 2011.

Parágrafo único. Os autos do processo de análise dos projetos ficarão arquivados no Ministério das Comunicações, e disponíveis para consulta e fiscalização pelos órgãos de controle.

CAPÍTULO III
DA HABILITAÇÃO E COABILITAÇÃO AO REGIME ESPECIAL

ART. 9º Aprovado o projeto em conformidade com o art. 7º, o requerimento de habilitação ou de coabilitação ao REPNBL-Redes será apresentado à Secretaria da Receita Federal do Brasil do Ministério da Fazenda.

§ 1º Poderá habilitar-se ao REPNBL-Redes a pessoa jurídica titular do projeto aprovado nos termos do art. 7º; e

§ 2º Poderá coabilitar-se ao REPNBL-Redes a pessoa jurídica contratada para prestar serviços destinados exclusivamente às obras civis abrangidas no projeto aprovado, inclusive com o fornecimento de bens, por pessoa jurídica habilitada ao regime.

§ 3º Não podem ser beneficiárias do REPNBL-Redes as pessoas jurídicas optantes pelo Regime Especial Unificado de Arrecadação de Tributos e Contribuições devidos pelas Microempresas e Empresas de Pequeno Porte - Simples Nacional, de que trata a Lei Complementar n. 123, de 14 de dezembro de 2006.

ART. 10. A habilitação ou coabilitação ao REPNBL-Redes será concedida apenas à pessoa jurídica que comprovar a entrega de Escrituração Fiscal Digital - EFD, nos termos do disposto no Ajuste SINIEF n. 2, de 3 de abril de 2009.

Parágrafo único. A exigência constante do *caput* deverá ser atendida pelas pessoas jurídicas requerentes, inclusive por aquelas domiciliadas no Estado de Pernambuco e no Distrito Federal, não lhes aplicando, exclusivamente para fins da habilitação ou da coabilitação de que trata este artigo, o disposto no §2º da cláusula décima oitava do Ajuste SINIEF n. 2, de 2009.

ART. 11. A Secretaria da Receita Federal do Brasil do Ministério da Fazenda estabelecerá a forma e o procedimento de habilitação e coabilitação ao REPNBL-Redes.

§ 1º A pessoa jurídica deverá solicitar habilitação ou coabilitação separadamente para cada projeto a que estiver vinculada.

§ 2º A habilitação e a coabilitação serão formalizadas em ato da Secretaria da Receita Federal do Brasil do Ministério da Fazenda, publicado no Diário Oficial da União.

ART. 12. A Secretaria da Receita Federal do Brasil do Ministério da Fazenda divulgará a relação dos beneficiários habilitados e coabilitados ao REPNBL-Redes, com a indicação dos projetos vinculados, a data de habilitação e de coabilitação e o período de fruição do benefício, entre outras informações.

ART. 13. A pessoa jurídica beneficiária do REPNBL-Redes terá a habilitação ou a coabilitação ao regime cancelada:

I - a pedido, apresentado à Secretaria da Receita Federal do Brasil do Ministério da Fazenda; ou

II - de ofício, sempre que constatado que o beneficiário:

a) não cumpria os requisitos para habilitação ou coabilitação ao regime, quando de seu requerimento;

b) não possui regularidade fiscal nos termos do art. 16; ou

c) não concluiu a implantação, modernização ou ampliação prevista no projeto no prazo e condições aprovados pelo Ministério das Comunicações.

§ 1º O cancelamento da habilitação ou da coabilitação será formalizado por meio de ato da Secretaria da Receita Federal do Brasil do Ministério da Fazenda, publicado no Diário Oficial da União.

§ 2º O cancelamento da habilitação implica o cancelamento automático das coabilitações a ela vinculadas.

§ 3º A pessoa jurídica que tiver a habilitação ou a coabilitação cancelada em determinado projeto não poderá, no âmbito do REPNBL-Redes, efetuar aquisições de bens e serviços destinados ao referido projeto.

ART. 14. Extingue-se, automaticamente, a habilitação ou a coabilitação ao REPNBL-Redes:

I - para cada pessoa jurídica beneficiária do regime, com o advento do termo final para execução do projeto, referido no inciso IV do *caput* do art. 7º;

II - para todas as pessoas jurídicas beneficiárias do regime, após o período previsto no art. 15.

Parágrafo único. A extinção da habilitação ou da coabilitação ao REPNBL-Redes não prejudica a obrigação prevista no § 3º do art. 17 e no § 1º do art. 18, caso aplicável.

CAPÍTULO IV
DOS BENEFÍCIOS

ART. 15. Os benefícios decorrentes do regime especial de que trata este Decreto alcançam apenas as operações realizadas entre a data de habilitação ou coabilitação e 31 de dezembro de 2016.

ART. 16. A fruição dos benefícios do REPNBL-Redes fica condicionada à regularidade fiscal da pessoa jurídica em relação aos tributos administrados pela Secretaria da Receita Federal do Brasil do Ministério da Fazenda.

Parágrafo único. Para as prestadoras de serviços de telecomunicações sujeitas à certificação da ANATEL, a fruição de que trata o *caput* fica também condicionada à comprovação da regularidade fiscal em relação às receitas que constituem o Fundo de Fiscalização das Telecomunicações - FISTEL.

ART. 17. No caso de venda no mercado interno de máquinas, aparelhos, instrumentos e equipamentos novos e de materiais de construção para utilização ou incorporação nas obras civis abrangidas no projeto de que trata o art. 7º, fica suspenso o pagamento:

I - da Contribuição para o PIS/PASEP e da COFINS incidentes sobre a receita da pessoa jurídica vendedora, quando a aquisição for efetuada por pessoa jurídica beneficiária do REPNBL-Redes; e

II - do Imposto sobre Produtos Industrializados - IPI incidente na saída do estabelecimento industrial ou equiparado, quando a aquisição no mercado interno for efetuada por pessoa jurídica beneficiária do REPNBL-Redes.

§ 1º Nas notas fiscais relativas:

I - às vendas de que trata o inciso I do *caput*, deverá constar a expressão "Venda efetuada com suspensão da exigibilidade da Contribuição para o PIS/PASEP e da COFINS", com a especificação do dispositivo legal correspondente; e

II - às saídas de que trata o inciso II do *caput*, deverá constar a expressão "Saída com suspensão do IPI", com a especificação do dispositivo legal correspondente, vedado o registro do imposto nas referidas notas.

§ 2º As suspensões de que trata este artigo somente convertem-se em alíquota zero após a conclusão da execução do projeto e desde que o bem ou material de construção tenha sido utilizado ou incorporado à obra de que trata o projeto previsto no art. 7º.

§ 3º Fica a pessoa jurídica obrigada a recolher, na condição de responsável, as contribuições e os impostos não pagos em decorrência da suspensão de que trata este artigo, acrescidos de juros e multa de mora, na forma da lei, contados a partir da data da aquisição, quando:

I - não utilizar ou não incorporar o bem ou material de construção adquiridos com os benefícios do REPNBL-Redes nas obras de que trata o *caput*; ou

II - tiver a habilitação ou a coabilitação ao REPNBL-Redes cancelada nos termos do art. 13.

§ 4º As máquinas, aparelhos, instrumentos e equipamentos que possuam PPB definido nos termos da Lei n. 8.248, de 23 de outubro de 1991, ou da Lei n. 8.387, de 30 de dezembro de 1991, ou no Decreto-Lei n. 288, de 28 de fevereiro de 1967, relacionados no projeto para dar cumprimento ao percentual mínimo de que trata o inciso II do *caput* do art. 6º visando à aquisição prevista na alínea "b" do inciso II do *caput* do art. 4º, somente farão jus à suspensão de que tratam os incisos I e II do *caput* quando produzidos conforme seus respectivos PPBs.

ART. 18. No caso de venda de serviços destinados às obras civis abrangidas em projetos de que trata o art. 7º, fica suspensa a exigência da Contribuição para o PIS/PASEP e da COFINS incidentes sobre a prestação de serviços efetuada por pessoa jurídica estabelecida no País, quando os serviços forem prestados à pessoa jurídica beneficiária do REPNBL-Redes.

§ 1º Nas vendas de serviços de que trata o *caput*, aplica-se, no que couber, o disposto nos §§ 1º a 3º do art. 17.

§ 2º O disposto no *caput* se aplica também na hipótese de receita de aluguel de máquinas, aparelhos, instrumentos e equipamentos para utilização em obras civis abrangidas em projetos de que trata o art. 7º, e que serão desmobilizados após sua conclusão, quando contratados por pessoa jurídica beneficiária do REPNBL-Redes.

CAPÍTULO V
DA FISCALIZAÇÃO

ART. 19. A verificação de ocorrência das infrações previstas nas alíneas do inciso II do *caput* do art. 13 compete:

I - no caso descrito na alínea "a" do inciso II do *caput* do art. 13, à Secretaria da Receita Federal do Brasil do Ministério da Fazenda;

II - no caso descrito na alínea "b" do inciso II do *caput* do art. 13, à Secretaria da Receita Federal do Brasil do Ministério da Fazenda, quanto aos tributos por ela administrados, e à ANATEL, quanto às receitas que constituem o FISTEL;

III - no caso descrito na alínea "c" do inciso II do *caput* do art. 13, ao Ministério das Comunicações.

§ 1º Compete ao Ministério das Comunicações fiscalizar a utilização ou incorporação dos serviços, bens ou materiais de construção adquiridos com os benefícios do REPNBL-Redes nas obras abrangidas no projeto aprovado nos termos do art. 7º.

§ 2º Compete à Secretaria da Receita Federal do Brasil do Ministério da Fazenda encaminhar ao Ministério das Comunicações as informações solicitadas para fins do disposto no § 1º, observada a legislação relativa ao sigilo fiscal.

ART. 20. A ANATEL, quando demandada pelo Ministério das Comunicações, fiscalizará a execução dos projetos, inclusive em relação ao estabelecido no inciso III do *caput* do art. 19.

ART. 21. As empresas habilitadas encaminharão semestralmente ao Ministério das Comunicações, a partir da data da habilitação do projeto, relatório de sua execução.

§ 1º Ao final da execução do projeto, a pessoa jurídica habilitada encaminhará relatório final de execução ao Ministério das Comunicações.

§ 2º O final da execução do projeto pressupõe a rede de telecomunicações implantada, ampliada ou modernizada de acordo com o projeto aprovado.

ART. 22. Compete ao Ministério das Comunicações editar ato que ateste a conclusão da implantação, modernização ou ampliação de que trata o projeto.

Parágrafo único. O Ministério das Comunicações informará à Secretaria da Receita Federal do Brasil do Ministério da Fazenda quando não for verificada:

I - a conclusão da execução do projeto no prazo e nas condições aprovados;

II - a manutenção da regularidade fiscal em relação às contribuições do FISTEL; e

III - a utilização ou incorporação dos serviços, bens ou materiais de construção adquiridos com os benefícios do REPNBL-Redes nas obras abrangidas no projeto aprovado nos termos do art. 7º.

ART. 23. Para subsidiar a análise dos projetos de que trata este Decreto e a formulação e a avaliação da política nacional de telecomunicações, a ANATEL disponibilizará anualmente ao Ministério das Comunicações as informações georreferenciadas e as características técnicas da infraestrutura atualizada das redes necessárias para fruição dos serviços de telecomunicações de interesse coletivo.

Parágrafo único. A organização e consolidação das informações de que trata o *caput* obedecerão a diretrizes e critérios estabelecidos pelo Ministério das Comunicações.

ART. 24. As redes de telecomunicações resultantes de projetos de implantação, ampliação ou modernização beneficiadas pelo REPNBL-Redes deverão ser compartilhadas, de acordo com as regras editadas pela Agência Nacional de Telecomunicações, consideradas as diretrizes estabelecidas pelo Ministério das Comunicações.

ART. 25. A Secretaria da Receita Federal do Brasil do Ministério da Fazenda e o Ministério das Comunicações disciplinarão, no âmbito de suas competências, a aplicação das disposições deste Decreto.

ART. 26. Este Decreto entra em vigor na data de sua publicação.

Brasília, 15 de fevereiro de 2013; 192º da Independência e 125º da República.

DILMA ROUSSEFF

DECRETO N. 7.922, DE 18 DE FEVEREIRO DE 2013

Regulamenta as Gratificações de Qualificação - GQ, instituídas pelas Leis n. 9.657 de 3 de junho de 1998, n. 10.871, de 20 de maio de 2004, n. 11.046, de 27 de dezembro de 2004, n. 11.171, de 2 de setembro de 2005, n. 11.355, de 19 de outubro de 2006, n. 11.356, de 19 de outubro de 2006, n. 11.357, de 19 de outubro de 2006, n. 11.539, de 8 de novembro de 2007, e n. 11.907, de 2 de fevereiro de 2009, e dá outras providências.

‣ *DOU*, 19.2.2013, retificado em 13.3.2013.

A Presidenta da República, no uso das atribuições que lhe confere o art. 84, *caput*, incisos IV e VI, alínea "a", da Constituição, e tendo em vista o disposto no § 6º do art. 21-B da Lei n. 9.657, de 3 de junho de 1998; § 5º do art. 22 da Lei n. 10.871, de 20 de maio de 2004; no § 5º do art. 22 da Lei n. 11.046, de 27 de dezembro de 2004; no § 5º do art. 22 da Lei n. 11.171, de 2 de setembro de 2005; no art. 41-B da Lei n. 11.355, de 19 de outubro de 2006; nos arts. 5º e 12 da Lei n. 11.356, de 19 de outubro de 2006; nos arts. 49 e 63-A da Lei n. 11.357, de 19 de outubro 2006; e no art. 14-A da Lei n. 11.539, de 8 de novembro de 2007; e nos arts. 56 e 205 da Lei n. 11.907, de 2 de fevereiro de 2009,

Decreta:

CAPÍTULO I
ÂMBITO DE APLICAÇÃO

ART. 1º Ficam aprovados, na forma deste Decreto, os critérios e procedimentos gerais a serem observados para o pagamento das seguintes Gratificações de Qualificação - GQ, aos servidores que a ela fizerem jus:

I - (Revogado pelo Dec. 9.124/2017.)

II - GQ instituída pelo art. 22 da Lei n. 11.171, de 2 de setembro de 2005, concedida aos titulares dos cargos de Analista em Infraestrutura de Transportes e de Analista Administrativo, e aos titulares dos cargos de nível intermediário de Agente de Serviços de Engenharia, Técnico de Estradas e Tecnologista e aos titulares de cargos de nível superior do Plano Especial de Cargos do Departamento Nacional de Infraestrutura de Transportes - DNIT, de que tratam, respectivamente, os incisos I e III do *caput* do art. 1º e os arts. 3º-A e 3º-B da Lei n. 11.171, de 2005;

III - GQ instituída pelo art. 22 da Lei n. 11.046, de 27 de dezembro de 2004, concedida aos titulares dos cargos de Especialista em Recursos Minerais, de Analista Administrativo e de nível superior do Plano Especial de Cargos do Departamento Nacional de Produção Mineral - DNPM; (Alterado pelo Dec. 9.124/2017.)

III-A - a GQ de que trata o inciso III do *caput* do art. 25-A da Lei n. 11.046, de 2004, devida aos titulares dos cargos de nível intermediário de Desenhista, Técnico em Cartografia e Técnico em Recursos Minerais; (Acrescentado pelo Dec. 9.124/2017.)

IV - GQ instituída pelo art. 14-A da Lei n. 11.539, de 8 de novembro de 2007, concedida aos titulares de cargos de provimento efetivo

DECRETOS

integrantes da Carreira de Analista de Infraestrutura e do cargo isolado de Especialista em Infraestrutura Sênior de que trata a Lei n. 11.539, de 2007;

V - GQ instituída pelo art. 5º da Lei n. 11.356, de 19 de outubro de 2006, concedida aos titulares dos cargos de nível superior do Plano Especial de Cargos da Superintendência da Zona Franca de Manaus - Suframa de que trata a Lei n. 11.356, de 2006;

VI - GQ instituída pelo art. 12 da Lei n. 11.356, de 2006, concedida aos titulares dos cargos de nível superior do Plano Especial de Cargos do Instituto Brasileiro de Turismo - Embratur, de que trata a Lei n. 11.356, de 2006;

VII - GQ instituída pelo art. 63-A da Lei n. 11.355, de 19 de outubro de 2006, concedida aos titulares de cargos de provimento efetivo de nível intermediário e auxiliar integrantes do Plano de Carreiras e Cargos do Instituto Nacional de Metrologia, Normalização e Qualidade Industrial - Inmetro, de que trata a Lei n. 11.355, de 2006;

VIII - GQ instituída pelo art. 82-A da Lei n. 11.355, de 2006, concedida aos titulares de cargos de provimento efetivo de nível intermediário integrantes do Plano de Carreiras e Cargos da Fundação Instituto Brasileiro de Geografia e Estatística - IBGE, de que trata a Lei n. 11.355, de 2006;

IX - GQ instituída pelo art. 105-B da Lei n. 11.355, de 2006, concedida aos titulares de cargos de provimento efetivo de nível intermediário integrantes do Plano de Carreiras e Cargos do Instituto Nacional de Propriedade Industrial - INPI, de que trata a Lei n. 11.355, de 2006;

X - GQ instituída pelo art. 205 da Lei n. 11.907, de 02 de fevereiro de 2009, concedida aos titulares de cargos de provimento efetivo de níveis intermediário e auxiliar integrantes do Plano de Carreiras e Cargos de Pesquisa e Investigação Biomédica em Saúde Pública, de que trata a Lei n. 11.907, de 2009;

XI - GQ instituída pelo art. 56 da Lei n. 11.907, de 2009, concedida aos titulares de cargos de provimento efetivo de níveis intermediário e auxiliar integrantes das Carreiras de Desenvolvimento Tecnológico e de Gestão, Planejamento e Infraestrutura em Ciência e Tecnologia, de que trata a Lei n. 8.691, de 28 de julho de 1993;

XII - GQ instituída pelo art. 21-B da Lei n. 9.657, de 3 de junho de 1998, concedida aos titulares de cargos de provimento efetivo de níveis intermediário integrantes do Plano de Carreiras dos Cargos de Tecnologia Militar, de que trata a Lei n. 9.657, de 1998;

XIII - GQ instituída pelo art. 49 da Lei n. 11.357, de 19 de outubro de 2006, concedida aos titulares do cargo de nível intermediário de Técnico em Financiamento e Execução de Programas e Projetos Educacionais da Carreira de Suporte Técnico ao Financiamento e Execução de Programas e Projetos Educacionais do Fundo Nacional de Desenvolvimento da Educação - FNDE, e aos titulares de cargos de nível intermediário do Plano Especial de Cargos do FNDE de que trata a Lei n. 11.357, de 2006;

XIV - GQ instituída pelo art. 63-A da Lei n. 11.357, de 2006, concedida aos titulares do cargo de nível intermediário de Técnico em Informações Educacionais da Carreira de Suporte Técnico em Informações Educacionais do Instituto Nacional de Estudos e Pesquisas Educacionais Anísio Teixeira - Inep, e aos titulares dos cargos de nível intermediário do Plano Especial de Cargos do Inep de que trata a Lei n. 11.357, de 2006;

XV - GQ instituída pelo art. 41-B da Lei n. 11.355, de 19 de 2006, concedida aos titulares de cargos de provimento efetivo de nível intermediário integrantes do Plano de Carreiras e Cargos de Ciência e Tecnologia, Produção e Inovação em Saúde Pública de que trata a Lei n. 11.355, de 2006; e

XVI - GQ instituída pelo art. 13-B da Lei n. 10.410, de 11 de janeiro de 2002, e 17-G da Lei n. 11.357, de 2006, concedida aos titulares de cargos de provimento efetivo de níveis superior e intermediário integrantes da Carreira de Especialista em Meio Ambiente, de que trata a Lei n. 10.410, de 2002, e aos titulares de cargos de provimento efetivo de nível intermediário do Plano Especial de Cargos do Ministério do Meio Ambiente e do IBAMA, de que trata a Lei n. 11.357, de 2006.

CAPÍTULO II
DA GRATIFICAÇÃO DE QUALIFICAÇÃO DAS CARREIRAS DAS AGÊNCIAS REGULADORAS

› Revogado pelo Dec. 9.124/2017.

ARTS. 2º a 11. (Revogados pelo Dec. 9.124/2017.)

CAPÍTULO III
DA GRATIFICAÇÃO DE QUALIFICAÇÃO DO DEPARTAMENTO NACIONAL DE INFRAESTRUTURA DE TRANSPORTES - DNIT

ART. 12. A GQ dos titulares dos cargos de que trata o inciso II do *caput* do art. 1º será paga aos servidores que a ela fizerem jus em retribuição ao cumprimento de requisitos técnico-funcionais, acadêmicos e organizacionais necessários ao desempenho das atividades de supervisão, gestão ou assessoramento, quando em efetivo exercício do cargo no DNIT, conforme disposto neste Capítulo.

Parágrafo único. Os requisitos técnico-funcionais, acadêmicos e organizacionais necessários à percepção da GQ abrangem o nível de capacitação que o servidor possua em relação a: (Acrescentado pelo Dec. 9.124/2017.)

I - conhecimento das políticas, diretrizes e estratégias setoriais e globais da organização, comprovado por meio do plano de trabalho do servidor, com o registro das metas individuais pactuadas e das metas globais e intermediárias ou por meio de outro documento cuja elaboração tenha contado com a participação do servidor e que demonstre esse nível de conhecimento; (Acrescentado pelo Dec. 9.124/2017.)

II - conhecimento dos serviços que lhe são afetos, na sua operacionalização e na sua gestão, comprovado pela apresentação de trabalhos elaborados pelo servidor no exercício das atribuições do cargo ou pela comprovação da chefia imediata de execução de atribuições técnicas; e (Acrescentado pelo Dec. 9.124/2017.)

III - formação acadêmica obtida por meio da participação, com aproveitamento, nas seguintes modalidades de cursos: (Acrescentado pelo Dec. 9.124/2017.)

a) doutorado; (Acrescentado pelo Dec. 9.124/2017.)

b) mestrado; ou (Acrescentado pelo Dec. 9.124/2017.)

c) pós-graduação *lato sensu*, com carga horária mínima de trezentas e sessenta horas-aula. (Acrescentado pelo Dec. 9.124/2017.)

ART. 13. Para fins de concessão da GQ, os cursos referidos no inciso III do parágrafo único do art. 12 deverão estar relacionados com as atribuições do cargo ocupado pelo servidor e com as atividades desenvolvidas pelo DNIT. (Alterado pelo Dec. 9.124/2017.)

ART. 14. Na concessão da GQ, serão observados os seguintes parâmetros e limites:

I - para os cargos de nível superior de que tratam os incisos I e III do *caput* do art. 1º e os arts. 3º-A e 3º-B da Lei n. 11.171, de 2005, a GQ será paga nos valores correspondentes previstos no Anexo VIII àquela Lei, observados os seguintes limites:

a) nível I, trinta por cento dos cargos providos de nível superior; e

b) nível II, quinze por cento dos cargos providos de nível superior; e

II - para os cargos de nível intermediário de que trata o art. 3º-A da Lei n. 11.171, de 2005, a GQ será paga nos valores correspondentes previstos no Anexo VIII daquela Lei, observados os seguintes limites:

a) nível I, trinta por cento dos cargos providos de nível intermediário; e

b) nível II, quinze por cento dos cargos providos de nível intermediário.

ART. 15. O quantitativo das vagas colocadas em concorrência para concessão da GQ será de cem por cento das vagas existentes, a ser aferido na forma dos incisos I e II do *caput* do art. 14, no âmbito de cada carreira, tomando por base o quantitativo de cargos providos em 30 de junho ou 31 dezembro do semestre anterior.

ART. 16. A classificação dos servidores que concorrem à GQ dentro das vagas fixadas obedecerá à ordem decrescente do resultado obtido por cada servidor da soma da pontuação atribuída para cada critério abaixo, conforme disposto em ato do dirigente máximo do DNIT:

I - doutorado;

II - mestrado;

III - pós-graduação *lato sensu* com carga horária mínima de trezentos e sessenta horas-aula;

IV - tempo de efetivo exercício no cargo;

V - produção técnica ou acadêmica na área de atuação do servidor;

VI - participação como instrutor ou palestrante em cursos e eventos técnicos sobre assunto atinente às atividades do DNIT; e

VII - tempo de efetivo exercício em cargos em comissão ou função de confiança de direção ou chefia.

§ 1º O ato de que trata o *caput* disporá sobre a pontuação mínima necessária para participação do servidor no processo de concorrência à GQ nível I e à GQ nível II.

§ 2º A pontuação máxima a ser atribuída em função do inciso VII do *caput* não poderá superar a pontuação atribuída em função da posse de título de doutor.

§ 3º O servidor selecionado para o recebimento de mais de um nível de gratificação será automaticamente excluído da seleção para a gratificação de nível inferior.

§ 4º Caso exista igualdade no total de pontos obtidos pelos servidores que estiverem concorrendo à GQ, serão considerados como critérios de desempate, na seguinte ordem:

I - tempo de efetivo exercício em cargos em comissão ou função de confiança de assessoramento;

II - tempo de efetivo exercício no cargo; e

III - a classificação no concurso de ingresso.

ART. 17. A percepção da GQ pelo servidor será semestral e sua continuidade estará condicionada à disponibilidade de vagas e à revisão da classificação do servidor decorrente da pontuação obtida, de acordo com o ato de que trata o art. 21.

ART. 18. Será instituído Comitê Especial para a concessão da GQ, no âmbito do DNIT.

§ 1º A forma de funcionamento e o quantitativo de membros do Comitê a que se refere o *caput* serão definidos no ato de que trata o art. 21.

§ 2º Para fins do disposto neste artigo, poderão ser utilizadas comissões ou comitês já instituídos no âmbito da área de recursos humanos.

ART. 19. As comprovações para a aferição do cumprimento dos critérios considerados para fins de pontuação no processo de concorrência serão avaliadas pelo Comitê Especial para Concessão da GQ.

ART. 20. Concluído o processo de habilitação, concorrência e classificação para fins de concessão da GQ, em cada período, o dirigente máximo do DNIT publicará a classificação e a pontuação individual dos servidores.

§ 1º O prazo para a interposição de recursos ao Comitê Especial para cada período de concessão será de dez dias úteis, contado da data da publicação de que trata o *caput*.

§ 2º A instância recursal máxima para fins do processo de concessão das Gratificações de Qualificação de que trata este Capítulo será definida no ato de que trata o art. 21.

ART. 21. Ato do dirigente máximo do DNIT disporá sobre os procedimentos específicos para concessão da GQ, observado o disposto neste Decreto e na Lei n. 11.171, de 2005.

CAPÍTULO IV
DA GRATIFICAÇÃO DE QUALIFICAÇÃO DO DEPARTAMENTO NACIONAL DE PRODUÇÃO MINERAL - DNPM

ART. 22. A GQ dos titulares dos cargos de nível superior e intermediário de que tratam os incisos III e III-A do *caput* do art. 1º será paga aos servidores que a ela fizerem jus em retribuição ao cumprimento de requisitos técnico-funcionais, acadêmicos e organizacionais necessários ao desempenho das atividades de supervisão, gestão ou assessoramento, quando em efetivo exercício do cargo no DNPM, de acordo com os valores estabelecidos no Anexo VII à Lei n. 11.046, de 2004. (Alterado pelo Dec. 9.124/2017.)

§ 1º Os requisitos técnico-funcionais, acadêmicos e organizacionais necessários à percepção da GQ de nível superior abrangem o nível de capacitação que o servidor possua em relação: (Alterado pelo Dec. 9.124/2017.)

I - ao conhecimento das políticas, diretrizes e estratégias setoriais e globais da organização, comprovado por meio do plano de trabalho do servidor, com o registro das metas individuais pactuadas e das metas globais e intermediárias ou outro documento do qual o servidor tenha participado da elaboração que demonstre esse nível de conhecimento; (Alterado pelo Dec. 9.124/2017.)

II - ao conhecimento dos serviços que lhe são afetos, na sua operacionalização e na sua gestão, comprovado pela apresentação de trabalhos elaborados pelo servidor no exercício das atribuições do cargo ou pela comprovação da chefia imediata de execução de atribuições técnicas; e (Alterado pelo Dec. 9.124/2017.)

III - à formação acadêmica obtida mediante participação, com aproveitamento, nas seguintes modalidades de cursos:

a) doutorado;

b) mestrado; ou

c) pós-graduação *lato sensu*, com carga horária mínima de trezentas e sessenta horas-aula.

§ 2º Os requisitos técnico-funcionais, acadêmicos e organizacionais necessários à percepção da GQ de nível intermediário abrangem o nível de capacitação que o servidor possua em relação a: (Alterado pelo Dec. 9.124/2017.)

I - conhecimento das políticas, diretrizes e estratégias setoriais e globais da organização, comprovado por meio do plano de trabalho do servidor, com o registro das metas individuais pactuadas e das metas globais e intermediárias ou outro documento cuja elaboração tenha contado com a participação do servidor e que demonstre esse nível de conhecimento; (Incluído pelo Decreto n. 9.124, de 2017)

II - conhecimento dos serviços que lhe são afetos, na sua operacionalização e na sua gestão, comprovado pela apresentação de trabalhos elaborados pelo servidor no exercício das atribuições do cargo ou pela comprovação da chefia imediata de execução de atribuições técnicas; e (Acrescentado pelo Dec. 9.124/2017.)

III - formação profissional e acadêmica obtida por meio da participação, com aproveitamento, nas seguintes modalidades de cursos: (Acrescentado pelo Dec. 9.124/2017.)

a) para a concessão da GQ I, cursos de capacitação ou qualificação profissional que totalizem cento e oitenta horas; ou (Acrescentado pelo Dec. 9.124/2017.)

b) para a concessão da GQ II, cursos de capacitação ou qualificação profissional que totalizem duzentos e cinquenta horas ou diploma de curso de graduação. (Acrescentado pelo Dec. 9.124/2017.)

§ 3º Para a concessão da GQ de nível intermediário, poderá ser aceita a acumulação de cursos de capacitação ou qualificação profissional com duração mínima de quarenta horas-aula para a comprovação das cargas horárias mínimas de que trata o § 2º, na forma disposta em ato do dirigente máximo do DNPM. (Alterado pelo Dec. 9.124/2017.)

ART. 23. Para fins de concessão da GQ, os cursos referidos no inciso III dos § 1º e § 2º do art. 22 deverão estar relacionados às atribuições do cargo ocupado pelo servidor e às atividades desenvolvidas pelo DNPM, conforme estabelecido em ato do dirigente máximo do DNPM de que trata o art. 31, e serão objeto de avaliação do Comitê de que trata o art. 28. (Alterado pelo Dec. 9.124/2017.)

ART. 24. A GQ será concedida em dois níveis aos titulares dos cargos de nível superior que a ela fizerem jus, observados os limites estabelecidos no§ 4º do art. 22 da Lei n. 11.046, de 2004. (Alterado pelo Dec. 9.124/2017.)

ART. 24-A. A GQ será concedida em dois níveis aos titulares dos cargos de nível intermediário que a ela fizerem jus, observados os seguintes limites: (Acrescentado pelo Dec. 9.124/2017.)

I - GQ I, para até trinta por cento dos cargos de nível intermediário providos; e (Acrescentado pelo Dec. 9.124/2017.)

II - GQ II, para até quinze por cento dos cargos de nível intermediário providos. (Acrescentado pelo Dec. 9.124/2017.)

ART. 25. O quantitativo das vagas colocadas em concorrência para concessão da GQ será de cem por cento das vagas existentes, a ser aferido na forma dos art. 24 e art. 24-A, no âmbito de cada carreira, observado o quantitativo de cargos providos em 30 de junho ou 31 dezembro do semestre anterior. (Alterado pelo Dec. 9.124/2017.)

ART. 26. A classificação dos servidores que concorrem à GQ dentro das vagas fixadas obedecerá à ordem decrescente do resultado obtido por cada servidor da soma da pontuação atribuída para cada critério abaixo, conforme disposto em ato do dirigente máximo do DNPM:

I - doutorado;

II - mestrado;

III - pós-graduação *lato sensu* com carga horária mínima de trezentos e sessenta horas-aula;

IV - tempo de efetivo exercício no cargo;

V - produção técnica ou acadêmica na área de atuação do servidor;

VI - participação como instrutor ou palestrante em cursos e eventos técnicos sobre assunto atinente às atividades do DNPM; e

VII - tempo de efetivo exercício em cargos em comissão ou função de confiança de direção ou chefia.

§ 1º O ato de que trata o *caput* disporá sobre a pontuação mínima para participação do servidor no processo de concorrência à GQ nível I e à GQ nível II.

§ 2º O servidor selecionado para o recebimento de mais de um nível de gratificação será automaticamente excluído da seleção para a de nível inferior.

§ 3º A pontuação máxima a ser atribuída em função do inciso VII do *caput* não poderá superar a pontuação atribuída em função da posse de título de doutor.

§ 4º Caso exista igualdade no total de pontos obtidos pelos servidores que estiverem concorrendo à GQ, serão considerados como critérios de desempate, na seguinte ordem:

I - tempo de efetivo exercício em cargos em comissão ou função de confiança de assessoramento;

II - tempo de efetivo exercício no cargo; e

III - a classificação no concurso de ingresso.

ART. 27. A percepção da GQ pelo servidor será semestral e sua continuidade estará condicionada à disponibilidade de vagas e à revisão da classificação do servidor decorrente da pontuação obtida, de acordo com o ato de que trata o art. 31.

ART. 28. Será instituído Comitê Especial para a concessão da GQ, no âmbito do DNPM.

§ 1º A forma de funcionamento e o quantitativo de membros do Comitê a que se refere o *caput* serão definidos no ato de que trata o art. 31.

§ 2º Para fins do disposto neste artigo, poderão ser utilizadas comissões ou comitês já instituídos no âmbito da área de recursos humanos.

ART. 29. As comprovações para a aferição do cumprimento dos critérios considerados para fins de pontuação no processo de concorrência serão avaliadas pelo Comitê Especial para concessão da GQ.

ART. 30. Concluído o processo de habilitação, concorrência e classificação para fins de concessão da GQ, em cada período, o dirigente máximo do DNPM publicará a classificação e a pontuação individual dos servidores.

§ 1º O prazo para a interposição de recursos ao Comitê Especial para cada período de concessão será de dez dias úteis, contado da data da publicação de que trata o *caput*.

§ 2º A instância recursal máxima para fins do processo de concessão das Gratificações de Qualificação de que trata este Capítulo será definida no ato de que trata o art. 31.

ART. 31. Ato do dirigente máximo do DNPM disporá sobre os procedimentos específicos para concessão da GQ, observado o disposto neste Capítulo e na Lei n. 11.046, de 2004.

CAPÍTULO V
DA GRATIFICAÇÃO DE QUALIFICAÇÃO DA CARREIRA DE ANALISTA DE INFRAESTRUTURA E DO CARGO ISOLADO DE ESPECIALISTA EM INFRAESTRUTURA SÊNIOR

ART. 32. A GQ dos titulares dos cargos de que trata o inciso IV do *caput* do art. 1º será paga aos servidores que a ela fizerem jus em retribuição ao cumprimento de requisitos técnico-funcionais, acadêmicos e organizacionais necessários ao desempenho das atividades de seus respectivos cargos, de acordo com os valores constantes do Anexo IV à Lei n. 11.539, de 2007, conforme disposto neste Capítulo.

Parágrafo único. Os requisitos técnico-funcionais, acadêmicos e organizacionais necessários à percepção da GQ abrangem o nível de qualificação que o servidor possua em relação a: (Acrescentado pelo Dec. 9.124/2017.)

I - conhecimento dos serviços que lhe são afetos, na sua operacionalização e na sua gestão, comprovado pela apresentação de trabalhos elaborados pelo servidor no exercício das atribuições do cargo, pela comprovação da chefia imediata de execução de atribuições técnicas; e (Acrescentado pelo Dec. 9.124/2017.)

II - formação acadêmica e profissional, obtida por meio da participação, com aproveitamento, nas seguintes modalidades de cursos: (Acrescentado pelo Dec. 9.124/2017.)

a) doutorado; (Acrescentado pelo Dec. 9.124/2017.)

b) mestrado; ou (Acrescentado pelo Dec. 9.124/2017.)

c) pós-graduação *lato sensu*, com carga horária mínima de trezentas e sessenta horas-aula. (Acrescentado pelo Dec. 9.124/2017.)

ART. 33. Para a concessão da GQ, os cursos referidos no inciso II do parágrafo único do art. 32 deverão estar relacionados às atribuições do cargo ocupado pelo servidor e serão objeto de avaliação do Comitê de que trata o art. 38. (Alterado pelo Dec. 9.124/2017.)

ART. 34. Na concessão da GQ, serão observados os seguintes parâmetros e limites:

I - GQ de nível I, paga nos valores correspondentes constantes do Anexo IV à Lei n. 11.539, de 2007, até o limite de trinta por cento dos cargos providos de Analista de Infraestrutura e de Especialista em Infraestrutura Sênior; e

II - GQ de nível II, paga nos valores correspondentes constantes do Anexo IV à Lei n. 11.539, de 2007, até o limite de quinze por cento dos cargos providos de Analista de Infraestrutura e de Especialista em Infraestrutura Sênior.

ART. 35. O quantitativo das vagas colocadas em concorrência para concessão da GQ será de cem por cento das vagas existentes, a ser aferido na forma dos incisos I e II do *caput* do art. 34, no âmbito de cada carreira ou cargo isolado, tomando por base o quantitativo de cargos providos em 31 de dezembro do ano anterior.

ART. 36. A classificação dos servidores que concorrem à GQ dentro das vagas fixadas a cada ano obedecerá a ordem decrescente do resultado obtido por cada servidor da soma da pontuação atribuída para cada critério abaixo, conforme disposto em ato do Ministro de Estado do Planejamento, Desenvolvimento e Gestão: (Alterado pelo Dec. 9.124/2017.)

I - doutorado;

II - mestrado;

III - pós-graduação *lato sensu* com carga horária mínima de trezentos e sessenta horas-aula;

IV - tempo de efetivo exercício no cargo;

V - produção técnica ou acadêmica na área de atuação do servidor;

VI - participação como instrutor ou palestrante em cursos e eventos técnicos sobre assunto atinente às atividades da carreira ou cargo isolado; e

VII - tempo de efetivo exercício em cargos em comissão ou função de confiança de direção ou chefia.

§ 1º O ato de que trata o *caput* disporá sobre a pontuação mínima necessária para participação do servidor no processo de concorrência à GQ nível I e à GQ nível II.

§ 2º A pontuação máxima a ser atribuída em função do inciso VII do *caput* não poderá superar a pontuação atribuída em função da posse de título de doutor.

§ 3º O servidor selecionado para o recebimento de mais de um nível de gratificação será automaticamente excluído da seleção para a de nível inferior.

§ 4º Caso exista igualdade no total de pontos obtidos pelos servidores que estiverem concorrendo à GQ, serão considerados como critérios de desempate, na seguinte ordem:

I - tempo de efetivo exercício em cargos em comissão ou função de confiança de assessoramento;

II - tempo de efetivo exercício no cargo; e

III - a classificação no concurso de ingresso.

ART. 37. A percepção da GQ pelo servidor será anual e sua continuidade estará condicionada à disponibilidade de vagas e à classificação do servidor decorrente da pontuação obtida de acordo com o ato de que trata o art. 41.

ART. 38. Será instituído Comitê Especial para a concessão da GQ, no âmbito do Ministério do Planejamento, Desenvolvimento e Gestão. (Alterado pelo Dec. 9.124/2017.)

§ 1º A forma de funcionamento e o quantitativo de membros do Comitê a que se refere o *caput* serão definidos no ato de que trata o art. 41.

§ 2º Para fins do disposto neste artigo, poderão ser utilizadas comissões ou comitês já instituídos no âmbito da área de recursos humanos.

ART. 39. As comprovações para a aferição do cumprimento dos critérios considerados para fins de pontuação no processo de concorrência serão avaliadas pelo Comitê Especial para Concessão da GQ.

ART. 40. Concluído o processo de habilitação, concorrência e classificação para fins de concessão da GQ, em cada ano, o Ministério do Planejamento, Desenvolvimento e Gestão publicará a classificação e a pontuação individual dos servidores. (Alterado pelo Dec. 9.124/2017.)

§ 1º O prazo para a interposição de recursos ao Comitê Especial para cada período de concessão será de dez dias úteis, contado da data da publicação de que trata o *caput*.

§ 2º A instância recursal máxima para fins do processo de concessão das Gratificações de Qualificação de que trata este Capítulo será definida no ato de que trata o art. 41.

ART. 41. Ato do Ministro de Estado do Planejamento, Desenvolvimento e Gestão disporá sobre os procedimentos específicos para a concessão da GQ, observado o disposto neste Decreto e na Lei n. 11.539, de 2007. (Alterado pelo Dec. 9.124/2017.)

CAPÍTULO VI
DA GRATIFICAÇÃO DE QUALIFICAÇÃO DA SUPERINTENDÊNCIA DA ZONA FRANCA DE MANAUS - SUFRAMA E DO INSTITUTO BRASILEIRO DE TURISMO - EMBRATUR

ART. 42. A GQ dos titulares dos cargos de que tratam os incisos V e VI do *caput* do art. 1º será paga aos servidores que a ela fizerem jus em retribuição ao cumprimento de requisitos técnico-funcionais, acadêmicos e organizacionais necessários ao desempenho das atividades de suas respectivas autarquias, quando em efetivo exercício do cargo, de acordo com os valores estabelecidos, respectivamente, nos Anexo III- B e VI-B à Lei n. 11.356, de 2006. (Alterado pelo Dec. 9.124/2017.)

Parágrafo único. Os requisitos técnico-funcionais, acadêmicos e organizacionais necessários à percepção da GQ abrangem o nível de capacitação que o servidor possua em relação a: (Acrescentado pelo Dec. 9.124/2017.)

I - conhecimento das políticas, diretrizes e estratégias setoriais e globais da organização, comprovado por meio do plano de trabalho do servidor, com o registro das metas individuais pactuadas e das metas globais e intermediárias ou por meio de outro documento cuja elaboração tenha contado com a participação do servidor e que demonstre esse nível de conhecimento; (Acrescentado pelo Dec. 9.124/2017.)

II - conhecimento dos serviços que lhe são afetos, na sua operacionalização e na sua gestão, comprovado pela apresentação de trabalhos elaborados pelo servidor no exercício das atribuições do cargo ou pela comprovação da chefia imediata de execução de atribuições técnicas; e (Acrescentado pelo Dec. 9.124/2017.)

III - formação acadêmica obtida por meio da participação, com aproveitamento, nas seguintes modalidades de cursos: (Acrescentado pelo Dec. 9.124/2017.)

a) doutorado; (Acrescentado pelo Dec. 9.124/2017.)

b) mestrado; ou (Acrescentado pelo Dec. 9.124/2017.)

c) pós-graduação *lato sensu*, com carga horária mínima de trezentas e sessenta horas-aula. (Acrescentado pelo Dec. 9.124/2017.)

ART. 43. Para fins de concessão da GQ, os cursos referidos no inciso III do parágrafo único do art. 42 deverão estar relacionados às atribuições do cargo ocupado pelo servidor e às atividades desenvolvidas pela entidade e estar em consonância com o plano anual de capacitação, conforme estabelecido no ato do dirigente máximo da Suframa e da Embratur, de que trata o art. 51, e serão objeto de avaliação do Comitê de que trata o art. 48. (Alterado pelo Dec. 9.124/2017.)

ART. 44. Na concessão da GQ, a Suframa e a Embratur deverão observar, respectivamente, os limites estabelecidos no § 4º do art. 5º e no § 4º do art. 12 da Lei n. 11.356, de 2006. (Alterado pelo Dec. 9.124/2017.)

I e **II** - (Revogados pelo Dec. 9.124/2017.)

ART. 45. O quantitativo das vagas colocadas em concorrência para concessão da GQ será de cem por cento das vagas existentes, a ser aferido na forma dos incisos I e II do *caput* do art. 44, no âmbito de cada carreira ou cargo isolado, tomando por base o quantitativo de cargos providos em 30 de junho ou 31 dezembro do semestre anterior.

ART. 46. A classificação dos servidores que concorrem à GQ dentro das vagas fixadas, obedecerá a ordem decrescente do resultado obtido por cada servidor da soma da pontuação atribuída para cada critério abaixo, conforme disposto em ato do dirigente máximo de cada entidade de que trata este Capítulo:

I - doutorado;

II - mestrado;

III - pós-graduação *lato sensu* com carga horária mínima de trezentos e sessenta horas-aula;

IV - tempo de efetivo exercício no cargo; (Alterado pelo Dec. 9.124/2017.)

V - produção técnica ou acadêmica na área de atuação do servidor; e (Alterado pelo Dec. 9.124/2017.)

VI - participação como instrutor ou palestrante em cursos e eventos técnicos sobre assunto atinente às atribuições do cargo. (Acrescentado pelo Dec. 9.124/2017.)

§ 1º O ato de que trata o *caput* disporá sobre a pontuação mínima necessária para participação do servidor no processo de concorrência à GQ nível I e à GQ nível II.

§ 2º A pontuação máxima a ser atribuída em função do inciso VII do *caput* não poderá superar a pontuação atribuída em função da posse de título de doutor.

§ 3º O servidor selecionado para o recebimento de mais de um nível de gratificação será automaticamente excluído da seleção para a de nível inferior.

§ 4º Caso exista igualdade no total de pontos obtidos pelos servidores que estiverem concorrendo à GQ, serão considerados como critérios de desempate, na seguinte ordem:

I - tempo de efetivo exercício em cargos em comissão ou função de confiança de assessoramento;

II - tempo de efetivo exercício no cargo; e

III - a classificação no concurso de ingresso.

ART. 47. A percepção da GQ pelo servidor será semestral e sua continuidade estará condicionada à disponibilidade de vagas e à revisão da classificação do servidor decorrente da pontuação obtida de acordo com o ato de que trata o art. 51.

ART. 48. Será instituído Comitê Especial para a concessão da GQ no âmbito da Suframa e da Embratur.

§ 1º A forma de funcionamento e o quantitativo de membros do Comitê a que se refere o *caput* serão definidos no ato de que trata o art. 51.

§ 2º Para fins do disposto neste artigo, poderão ser utilizadas comissões ou comitês já instituídos no âmbito da área de recursos humanos.

ART. 49. As comprovações para a aferição do cumprimento dos critérios considerados para fins de pontuação no processo de concorrência serão avaliadas pelo Comitê Especial para Concessão da GQ.

ART. 50. Concluído o processo de habilitação, concorrência e classificação para fins de concessão da GQ, em cada período, cada entidade publicará a classificação e a pontuação individual dos servidores.

§ 1º O prazo para a interposição de recursos ao Comitê Especial para cada período de concessão será de dez dias úteis, contado da data da publicação de que trata o *caput*.

§ 2º A instância recursal máxima para fins do processo de concessão das Gratificações de Qualificação de que trata este Capítulo será definida no ato de que trata o art. 51.

ART. 51. Ato do dirigente máximo de cada entidade de que trata este Capítulo disporá sobre os procedimentos específicos para concessão da GQ, observado o disposto neste Decreto e na Lei n. 11.356, de 2006.

CAPÍTULO VII
DA GRATIFICAÇÃO DE QUALIFICAÇÃO DA TECNOLOGIA MILITAR

ART. 52. A GQ dos titulares dos cargos de que trata o inciso XII do *caput* do art. 1º será paga aos servidores que a ela fizerem jus em retribuição ao cumprimento de requisitos técnico-funcionais, acadêmicos e organizacionais necessários ao desempenho das atividades de nível intermediário de desenvolvimento de tecnologia militar, de acordo com os valores estabelecidos no Anexo III à Lei n. 9.657, de 1998. (Alterado pelo Dec. 9.124/2017.)

Parágrafo único. Os requisitos técnico-funcionais, acadêmicos e organizacionais necessários à percepção das GQ abrangem o nível de capacitação que o servidor possua em relação a: (Alterado pelo Dec. 9.124/2017.)

I - conhecimento dos serviços que lhe são afetos, na sua operacionalização e na sua gestão, comprovado pela apresentação de trabalhos elaborados pelo servidor no exercício das atribuições do cargo ou pela comprovação da chefia imediata de execução de atribuições técnicas; e (Alterado pelo Dec. 9.124/2017.)

II - formação acadêmica e profissional, obtida mediante participação, com aproveitamento, em cursos regularmente instituídos, nas seguintes modalidades:

a) doutorado;

b) mestrado;

c) pós-graduação *lato sensu*, com carga horária mínima de trezentas e sessenta horas-aula;

d) graduação; ou

e) cursos de capacitação ou qualificação profissional, na forma disposta neste Capítulo.

ART. 53. A comprovação de conclusão de cursos com aproveitamento deverá ser feita por meio de diploma, certificado, atestado ou declaração de conclusão de curso ou documento similar, emitido pela instituição responsável pelo curso, com indicação da data de conclusão e respectiva carga horária, não sendo aceitos certificados apenas de frequência ou de participação.

ART. 54. Para fins de percepção da GQ pelos titulares de cargos de nível intermediário do Plano de Carreiras dos Cargos a que se refere este Capítulo, a ser paga de acordo com os valores previstos no Anexo III à Lei n. 9.657, de 1998, aplicam-se as seguintes disposições:

I - os servidores de que trata o *caput* somente farão jus ao nível I da GQ se comprovada a participação em cursos de capacitação ou qualificação profissional com carga horária mínima de cento e oitenta horas, ou se reconhecida a qualificação profissional adquirida em, no mínimo, dez anos de efetivo exercício no cargo, mediante aplicação de prova prática e/ou escrita, por instituição de ensino vinculada ao Ministério da Defesa ou aos Comandos Militares;

II - para a percepção do nível II da GQ, o servidor de que trata o *caput* deverá comprovar conclusão de curso de capacitação ou qualificação profissional com carga horária mínima de duzentas e cinquenta horas; e

III - a percepção do nível III da GQ pelo servidor de que trata o *caput* está condicionada à comprovação de curso de capacitação ou qualificação profissional com carga horária mínima de trezentas e sessenta horas, ou curso em nível de graduação ou pós-graduação, de que tratam as alíneas "a" a "d" do inciso II, do § 1º do art. 52.

§ 1º Ato do Ministro de Estado da Defesa, permitida a delegação aos Comandantes das Forças Armadas, disporá sobre a prova de que trata o inciso I do *caput*.

§ 2º Os cursos de que tratam os incisos I, II e III do *caput* somente serão considerados para a percepção da GQ se pertinentes às atividades desempenhadas pelo servidor na respectiva entidade de lotação, conforme avaliação do Comitê de que trata o art. 55.

§ 3º Poderá ser aceita a acumulação de cursos de capacitação ou qualificação profissional com duração mínima de quarenta horas-aula para a comprovação da carga horária mínima de cursos de capacitação ou qualificação profissional estabelecida nos incisos I, II e III do *caput*.

§ 4º A percepção de GQ em determinado nível não é condicionante para a percepção das demais GQ em níveis subsequentes.

ART. 55. Será instituído Comitê Especial para a concessão da GQ, no âmbito de cada Organização Militar que possua lotação de cargos do Plano de Carreiras dos Cargos referido neste Capítulo.

§ 1º A forma de funcionamento e o quantitativo de membros do Comitê a que se refere o *caput* serão definidos no ato de que trata o art. 58.

§ 2º Para fins do disposto neste artigo, poderão ser utilizadas comissões ou comitês já instituídos no âmbito da área de recursos humanos das Organizações Militares.

ART. 56. Serão avaliadas pelo Comitê Especial para concessão da GQ as comprovações dos atendimentos dos requisitos de que trata este Capítulo, inclusive no que tange às comprovações de conclusão com aproveitamento dos cursos, das cargas horárias dos mesmos e da adequação dos cursos às atividades desempenhadas no âmbito das respectivas unidades.

ART. 57. A instância recursal máxima para tratar das avaliações dos requisitos de concessão de GQ será definida no ato de que trata o art. 58.

ART. 58. Ato do Ministro de Estado da Defesa, permitida a delegação aos Comandantes das Forças Armadas, poderá dispor sobre os procedimentos específicos para concessão da GQ, observado o disposto neste Capítulo e na Lei n. 9.657, de 1998.

CAPÍTULO VIII
DA GRATIFICAÇÃO DE QUALIFICAÇÃO DO INSTITUTO NACIONAL DE METROLOGIA, QUALIDADE E TECNOLOGIA - INMETRO, DO INSTITUTO BRASILEIRO DE GEOGRAFIA E ESTATÍSTICA - IBGE, DO INSTITUTO NACIONAL DE PROPRIEDADE INDUSTRIAL - INPI, DO PLANO DE CARREIRAS E CARGOS DO INSTITUTO EVANDRO CHAGAS E DO CENTRO NACIONAL DE PRIMATAS E DAS CARREIRAS DA CIÊNCIA E TECNOLOGIA

ART. 59. A GQ dos titulares dos cargos de que tratam os incisos VII, VIII, IX, X e XI do *caput* do art. 1º será paga aos servidores que a ela fizerem jus em retribuição ao cumprimento de requisitos técnico-funcionais, acadêmicos e organizacionais necessários ao desempenho das atividades de desenvolvimento tecnológico, gestão, planejamento e infraestrutura, quando em efetivo exercício do cargo, de acordo com os valores estabelecidos, respectivamente, nos Anexos XI-C, XV-C e XVIII-C à Lei n. 11.355, de 2006, e nos Anexos XX e CXXVI da Lei n. 11.907, de 2009.

Parágrafo único. Os requisitos técnico-funcionais, acadêmicos e organizacionais necessários à percepção da GQ abrangem o nível de capacitação que o servidor possua em relação a: (Acrescentado pelo Dec. 9.124/2017.)

DECRETOS

I - conhecimento dos serviços que lhe são afetos, na sua operacionalização e na sua gestão, comprovado pela apresentação de trabalhos elaborados pelo servidor no exercício das atribuições do cargo ou pela comprovação da chefia imediata de execução de atribuições técnicas; e (Acrescentado pelo Dec. 9.124/2017.)

II - formação acadêmica e profissional, obtida por meio da participação, com aproveitamento, em cursos regularmente instituídos de graduação ou pós-graduação; e (Acrescentado pelo Dec. 9.124/2017.)

III - participação em cursos de capacitação ou qualificação profissional. (Acrescentado pelo Dec. 9.124/2017.)

ART. 60. Os titulares de cargos a que se refere este Capítulo, somente farão jus à GQ se comprovada a conclusão com aproveitamento em cursos de que tratam os incisos II e III do *caput* do art. 52, na forma disposta neste Capítulo.

§ 1º A comprovação de que trata o *caput* será feita por meio de diploma, certificado ou declaração de conclusão de curso ou documento similar, emitido pela instituição responsável pelo curso, com indicação da data de conclusão e respectiva carga horária, não sendo aceitos certificados apenas de frequência ou de participação.

§ 2º Os cursos de que trata o *caput* deverão ser compatíveis com as atividades dos órgãos e entidades e estar em consonância com o Plano Anual de Capacitação.

§ 3º Para fins de percepção da GQ pelos titulares de cargos de nível intermediário das Carreiras e dos Planos de Carreiras e Cargos a que se referem os incisos VII, VIII, IX, X e XI do *caput* do art. 1º, aplicam-se as seguintes disposições:

I - para fazer jus ao nível I da GQ, o servidor deverá comprovar a conclusão de curso de capacitação ou qualificação profissional com carga horária mínima de cento e oitenta horas;

II - para fazer jus ao nível II da GQ, o servidor deverá comprovar a conclusão de curso de capacitação ou qualificação profissional com carga horária mínima de duzentas e cinquenta horas; e

III - para fazer jus ao nível III da GQ, o servidor deverá comprovar a conclusão de curso de capacitação ou qualificação profissional com carga horária mínima de trezentas e sessenta horas, ou de curso de graduação ou pós-graduação em nível de especialização ou titulação acadêmica de mestre ou de doutor.

§ 4º Poderá ser aceita a acumulação de cursos de capacitação ou qualificação profissional com duração mínima de quarenta horas-aula para a comprovação das cargas horárias mínimas previstas nos incisos I a III do §3º, na forma disposta em ato do dirigente máximo de cada órgão ou entidade.

§ 5º Os titulares de cargos de nível auxiliar integrantes do Plano de Carreiras e Cargos a que se referem os incisos X e XI do *caput* do art. 1º somente farão jus à GQ se comprovada a participação em cursos de qualificação profissional com carga horária mínima de cento e oitenta horas, permitida a acumulação de cursos com duração mínima de vinte horas-aula, ou mediante apresentação de diploma de graduação ou certificado de conclusão com aproveitamento de pós-graduação *stricto* ou *lato sensu*, observados os procedimentos estabelecidos em ato do dirigente máximo de cada órgão ou entidade.

§ 6º Os titulares de cargos de nível auxiliar integrantes do Plano de Carreiras e Cargos a que se refere o inciso VII do *caput* do art. 1º somente farão jus à GQ se comprovada a participação em cursos de qualificação profissional com carga horária mínima de cento e oitenta horas, permitida a acumulação de cursos com duração mínima de vinte horas-aula, observado o disposto em ato do dirigente máximo da entidade.

§ 7º A percepção de GQ em determinado nível não é condicionante para a percepção das demais GQ em níveis subsequentes.

ART. 61. Aos servidores titulares de cargos de nível intermediário de que tratam os arts. 63-B, 82-B e 105-C da Lei n. 11.355, de 2006, e arts. 57 e 206 da Lei n. 11.907, de 2009, que fazem jus à GQ em face da percepção pretérita dos extintos Adicionais de Titulação, aplica-se o seguinte:

I - os servidores de que trata o *caput* que possuírem comprovação de conclusão com aproveitamento de curso de aperfeiçoamento com carga horária mínima de trezentas e sessentas horas, de curso de pós-graduação em nível de especialização, de graduação, de titulação acadêmica de mestre, ou de titulação acadêmica de doutor, fazem jus ao reenquadramento no nível III da GQ do respectivo Plano de Carreiras ou Plano de Carreiras e Cargos;

II - os servidores de que trata o *caput* que possuírem comprovação de conclusão com aproveitamento de curso de aperfeiçoamento com carga horária igual ou superior a duzentos e cinquentas horas e inferior a trezentas e sessenta horas, fazem jus ao reenquadramento na GQ de nível II; e

III - os servidores de que trata o *caput* que possuírem comprovação de conclusão com aproveitamento de curso de aperfeiçoamento com carga horária igual ou superior a cento e oitenta horas e inferior a duzentos e cinquenta horas, fazem jus ao reenquadramento na GQ de nível I.

Parágrafo único. Caso o órgão ou entidade não identifique o respectivo comprovante de conclusão de curso no assentamento funcional do servidor referente à comprovação para fins de percepção do extinto Adicional de Titulação à época:

I - no caso dos servidores abrangidos pelos arts. 57 e 206 da Lei n. 11.907, de 2009, o servidor permanecerá no respectivo nível de GQ em que se encontrava quando da edição da Lei n. 12.778, de 2012, até que seja possível a identificação do diploma, certificado, atestado ou declaração de conclusão de curso ou documento similar, emitido pela instituição responsável pelo curso, com indicação da data de conclusão e carga horária que permita o reenquadramento para níveis subsequentes, observados os critérios dispostos no *caput*; e

II - no caso dos servidores abrangidos pelos arts. 63-B, 82-B e 105-C da Lei n. 11.355, de 2006, o servidor permanecerá percebendo o valor equivalente ao nível I da GQ, até que seja possível a identificação do diploma, certificado, atestado ou declaração de conclusão de curso ou documento similar, emitido pela instituição responsável pelo curso, com indicação da data de conclusão e carga horária, que permita o reenquadramento para níveis subsequentes, observados os critérios dispostos no *caput*.

ART. 62. Será instituído Comitê Especial para a concessão da GQ no âmbito cada entidade de lotação dos Planos de Carreiras e Cargos referidos nos incisos VII, VIII, IX, X e XI do *caput* do art. 1º.

ART. 63. O Comitê de que trata o art. 62 avaliará as provas do atendimento dos requisitos de que trata este Capítulo, em especial no que tange às comprovações de conclusão com aproveitamento dos cursos de capacitação ou qualificação profissional, das cargas horárias e da adequação dos cursos às atividades desempenhadas no âmbito das respectivas entidades.

§ 1º No caso de indeferimento de concessão da GQ, o prazo para a interposição de recursos será de dez dias úteis, contado da informação do indeferimento ao requerente.

§ 2º A instância recursal máxima para fins do processo de concessão das Gratificações de Qualificação de que trata este Capítulo será definida no ato de que trata o art. 64.

ART. 64. Ato do dirigente máximo de cada entidade de que trata este Capítulo disporá sobre os procedimentos específicos para concessão da GQ, observado o disposto neste Decreto, na Lei n. 11.355, de 2006 e na Lei n. 11.907, de 2009.

CAPÍTULO IX
DA GRATIFICAÇÃO DE QUALIFICAÇÃO DO INSTITUTO NACIONAL DE ESTUDOS E PESQUISAS EDUCACIONAIS ANÍSIO TEIXEIRA - INEP E DO FUNDO NACIONAL DE DESENVOLVIMENTO DA EDUCAÇÃO - FNDE

ART. 65. A GQ dos titulares dos cargos de que tratam os incisos XIII e XIV do *caput* do art. 1º será paga aos servidores que a ela fizerem jus em conformidade com o padrão de vencimento básico, classe de capacitação e qualificação comprovada, observado o disposto neste Capítulo, quando em efetivo exercício do cargo, de acordo com os valores estabelecidos nos Anexos XX-C e XXV-E à Lei n. 11.357, de 2006, respectivamente, para o Fundo Nacional de Desenvolvimento da Educação - FNDE e para o Instituto Nacional de Estudos e Pesquisas Educacionais Anísio Teixeira - INEP. (Alterado pelo Dec. 9.124/2017.)

ART. 66. Para fazer jus à Gratificação de Qualificação - GQ, de que trata este Capítulo, os servidores deverão possuir:

I - certificação em curso de capacitação ou qualificação profissional, com carga horária mínima de trezentas e sessenta horas;

II - diploma de curso superior em nível de graduação reconhecido pelo Ministério da Educação; ou

III - certificado de pós-graduação *lato sensu*, de título de mestre ou de título de doutor.

Parágrafo único. A adequação dos cursos a que se refere o *caput* às atividades desempenhadas pela entidade e às atribuições do servidor no exercício de seu cargo será objeto de avaliação de Comitê Especial de que trata o art. 69. (Acrescentado pelo Dec. 9.124/2017.)

ART. 67. A comprovação de conclusão de cursos com aproveitamento deverá ser feita por meio de diploma, certificado, atestado ou declaração de conclusão de curso ou documento similar, emitido pela instituição responsável pelo curso, com indicação da data de conclusão e respectiva carga horária, não sendo aceitos certificados apenas de frequência ou de participação.

ART. 68. Poderá ser aceita a acumulação de cursos de capacitação ou qualificação profissional com duração mínima de quarenta horas-aula para a comprovação da carga horária mínima estabelecida neste artigo, na forma disposta em ato do dirigente máximo de cada entidade.

ART. 69. Será instituído Comitê Especial para a concessão da GQ, no âmbito do INEP e do FNDE.

§ 1º A forma de funcionamento e o quantitativo de membros do Comitê a que se refere o *caput* deste artigo serão definidos no ato de que trata o art. 72.

§ 2º Para fins do disposto neste artigo, poderão ser utilizadas comissões ou comitês já instituídos no âmbito da área de recursos humanos de cada entidade.

ART. 70. Serão avaliadas pelo Comitê Especial para concessão da GQ as comprovações dos atendimentos dos requisitos de que trata este Capítulo, inclusive no que tange às comprovações de conclusão com aproveitamento dos cursos, das cargas horárias dos mesmos e da adequação dos cursos às atividades desempenhadas no âmbito das respectivas entidades.

ART. 71. A instância recursal máxima para fins do processo de concessão das Gratificações de Qualificação de que trata este Capítulo será definida no ato de que trata o art. 72.

ART. 72. Ato do dirigente máximo de cada entidade disporá sobre os procedimentos específicos para concessão da GQ, observado o disposto neste Capítulo e na Lei n. 11.357, de 2006.

CAPÍTULO X
DA GRATIFICAÇÃO DE QUALIFICAÇÃO DO PLANO DE CARREIRAS E CARGOS DA FUNDAÇÃO OSWALDO CRUZ - FIOCRUZ

ART. 73. A GQ dos titulares dos cargos de que trata o inciso XV do *caput* do art. 1º será paga aos servidores que a ela fizerem jus em retribuição ao cumprimento de requisitos técnico-funcionais, acadêmicos e organizacionais necessários ao desempenho das atividades de nível intermediário e auxiliar de desenvolvimento tecnológico, gestão, planejamento e infraestrutura, quando em efetivo exercício do cargo, de acordo com os valores estabelecidos no Anexo IX-D à Lei n. 11.355, de 2006. (Alterado pelo Dec. 9.124/2017.)

Parágrafo único. Os requisitos técnico-funcionais, acadêmicos e organizacionais necessários à percepção da GQ abrangem o nível de capacitação que o servidor possua em relação a: (Acrescentado pelo Dec. 9.124/2017.)

I - conhecimento dos serviços que lhe são afetos, na sua operacionalização e na sua gestão, comprovado pela apresentação de trabalhos elaborados pelo servidor no exercício das atribuições do cargo ou pela comprovação da chefia imediata de execução de atribuições técnicas; e (Acrescentado pelo Dec. 9.124/2017.)

II - formação acadêmica e profissional, obtida por meio da participação, com aproveitamento, em cursos regularmente constituídos, nas seguintes modalidades: (Incluído pelo Decreto n. 9.124, de 2017)

a) doutorado; (Acrescentado pelo Dec. 9.124/2017.)

b) mestrado; (Acrescentado pelo Dec. 9.124/2017.)

c) pós-graduação *lato sensu*, com carga horária mínima de trezentas e sessenta horas-aula; (Acrescentado pelo Dec. 9.124/2017.)

d) graduação; ou (Acrescentado pelo Dec. 9.124/2017.)

e) cursos de capacitação ou qualificação profissional, na forma estabelecida neste Capítulo. (Acrescentado pelo Dec. 9.124/2017.)

ART. 74. A comprovação de conclusão de cursos com aproveitamento deverá ser feita por meio de diploma, certificado, atestado ou declaração de conclusão de curso ou documento similar, emitido pela instituição responsável pelo curso, com indicação da data de conclusão e respectiva carga horária, não sendo aceitos certificados apenas de frequência ou de participação.

ART. 75. Para fins de percepção da GQ pelos titulares de cargos de nível intermediário do Plano de Carreiras e Cargos a que refere este Capítulo, paga nos valores estabelecidos no Anexo IX-D à Lei n. 11.355, de 2006, aplicam-se as seguintes disposições:

I - os servidores de que trata o *caput* somente farão jus ao nível I da GQ se comprovada a participação em cursos de capacitação ou qualificação profissional com carga horária mínima de cento e oitenta horas;

II - para a percepção do nível II da GQ, o servidor de que trata o *caput* deverá comprovar a participação em cursos de capacitação ou qualificação profissional com carga horária mínima de duzentas e cinquenta horas;

III - a percepção do nível III da GQ pelo servidor de que trata o *caput* está condicionada a comprovação de participação em cursos de capacitação ou qualificação profissional com carga horária mínima de trezentas e sessenta horas ou graduação; e

IV - a percepção dos níveis IV e V de GQ pelo servidor de que trata o *caput* é condicionada a comprovação, respectivamente, de titulação de mestre e doutor.

§ 1º Os cursos de que tratam os incisos I, II, III e IV do *caput* somente serão considerados para a percepção da GQ se pertinentes às atividades desempenhadas pela Fiocruz, conforme avaliação do Comitê de que trata o art. 70.

§ 2º Poderá ser aceita a acumulação de cursos de capacitação ou qualificação profissional com duração mínima de 40 horas-aula para a comprovação da carga horária mínima estabelecida nos incisos I a III do *caput*.

§ 3º A percepção de GQ em determinado nível não é condicionante para a percepção das demais GQ em níveis subsequentes.

§ 4º Os requisitos dispostos no *caput* para cada nível de GQ se aplicam aos servidores de que trata o art. 41-C da Lei n. 11.355, de 2006, podendo haver alteração no nível de GQ atualmente percebida por força daqueles dispositivos, vedada a percepção de efeitos financeiros retroativos.

ART. 75-A. A partir de 1º de setembro de 2018, a GQ percebida pelos servidores de que trata o art. 75 será concedida em três níveis, observados os seguintes parâmetros: (Acrescentado pelo Dec. 9.124/2017.)

I - GQ I - conclusão de cursos de qualificação profissional com carga horária mínima de cento e oitenta horas; (Acrescentado pelo Dec. 9.124/2017.)

II - GQ II - conclusão de cursos de qualificação profissional com carga horária mínima de duzentas e cinquenta horas; e (Acrescentado pelo Dec. 9.124/2017.)

III - GQ III - conclusão de cursos de qualificação profissional com carga horária mínima de trezentas e sessenta horas ou de curso de graduação, pós-graduação *lato sensu*, mestrado ou doutorado. (Acrescentado pelo Dec. 9.124/2017.)

Parágrafo único. O servidor de nível intermediário ocupante de cargo de provimento efetivo integrante das carreiras a que se refere o art. 75 que, em 31 de agosto de 2018 e na forma da legislação vigente nessa data, estiver percebendo GQ em valor correspondente aos níveis IV e V passará a perceber, a partir de 1º de setembro de 2018, GQ correspondente ao nível III. (Acrescentado pelo Dec. 9.124/2017.)

ART. 76. Será instituído Comitê Especial para a concessão da GQ, no âmbito da Fiocruz.

§ 1º A forma de funcionamento e o quantitativo de membros do Comitê a que se refere o *caput* deste artigo serão definidos no ato de que trata o art. 79.

§ 2º Para fins do disposto neste artigo, poderão ser utilizadas comissões ou comitês já instituídos no âmbito da área de recursos humanos ou previsto na legislação do Plano de Carreiras e Cargos da entidade.

ART. 77. Serão avaliadas pelo Comitê Especial para concessão da GQ as comprovações dos atendimentos dos requisitos de que trata este Capítulo, inclusive no que tange às comprovações de conclusão com aproveitamento dos cursos, das cargas horárias dos mesmos e da adequação dos cursos às atividades desempenhadas no âmbito da Fiocruz.

ART. 78. A instância recursal máxima para fins do processo de concessão das Gratificações de Qualificação de que trata este Capítulo será definida no ato de que trata o art. 79.

ART. 79. Ato do dirigente máximo da Fiocruz poderá dispor sobre os procedimentos específicos para concessão da GQ, observado o disposto neste Decreto e na Lei n. 11.355, de 2006.

CAPÍTULO XI
DA GRATIFICAÇÃO DE QUALIFICAÇÃO DA CARREIRA DE ESPECIALISTA EM MEIO AMBIENTE E DO PLANO ESPECIAL DE CARGOS DO MINISTÉRIO DO MEIO AMBIENTE E DO INSTITUTO BRASILEIRO DO MEIO AMBIENTE E DOS RECURSOS NATURAIS RENOVÁVEIS - IBAMA

ART. 80. A GQ dos titulares dos cargos de nível superior e intermediário de que trata o inciso XVI do *caput* do art. 1º será paga aos servidores que a ela fizerem jus em retribuição à formação acadêmica e profissional, obtida por meio da participação, com aproveitamento, em cursos regularmente instituídos de pós-graduação *lato* ou *stricto sensu*, graduação ou cursos de capacitação ou qualificação profissional, de acordo com os valores estabelecidos no Anexo IV à Lei n. 10.410, de 2002, e no Anexo X-A à Lei n. 11.357, de 2006. (Alterado pelo Dec. 9.124/2017.)

§ 1º A comprovação da conclusão com aproveitamento em cursos de que trata o *caput* deverá ser feita por meio de diploma, certificado ou declaração de conclusão de curso ou documento similar, emitido pela instituição responsável pelo curso, com indicação da data de conclusão e carga horária, e não serão aceitos certificados apenas de frequência ou de participação. (Alterado pelo Dec. 9.124/2017.)

§ 2º Os cursos a que se refere o *caput* deverão ser compatíveis, conforme o caso, com as atividades do Ministério do Meio Ambiente, do IBAMA ou do Instituto Chico Mendes de Conservação da Biodiversidade - Instituto Chico Mendes, e deverão estar em consonância com o plano de capacitação de cada órgão ou entidade, e serão objeto de avaliação do Comitê de que trata o art. 82, observado o disposto em ato do dirigente máximo dos referidos órgão e entidades, de que trata o art. 85. (Alterado pelo Dec. 9.124/2017.)

§ 3º (Revogado pelo Decreto n. 9.124, de 2017)

ART. 81. A Gratificação de Qualificação de que trata o art. 80 será concedida em três níveis, de acordo com os valores estabelecidos no Anexo IV à Lei n. 10.410, de 2002, e no Anexo X-A à Lei n. 11.357, de 2006, observados os seguintes requisitos mínimos: (Alterado pelo Dec. 9.124/2017.)

I - para os titulares de cargos de nível superior da Carreira de Especialista em Meio Ambiente:

a) GQ I - curso de pós-graduação *lato sensu*; (Alterado pelo Dec. 9.124/2017.)

b) GQ II - mestrado; ou (Alterado pelo Dec. 9.124/2017.)

c) GQ III - doutorado; e (Acrescentado pelo Dec. 9.124/2017.)

II - para os titulares de cargos de nível intermediário da Carreira de Especialista em Meio Ambiente e do PECMA:

a) GQ I - conclusão, com aproveitamento, de cursos de capacitação ou de qualificação profissional que totalizem cento e oitenta horas; (Alterado pelo Dec. 9.124/2017.)

b) GQ II - conclusão, com aproveitamento, em cursos de capacitação ou de qualificação profissional que totalizem duzentos e cinquenta horas; ou (Alterado pelo Dec. 9.124/2017.)

c) GQ III - conclusão, com aproveitamento, em cursos de capacitação ou de qualificação profissional que totalizem trezentas e sessenta horas ou de curso de graduação ou de pós-graduação *lato sensu*. (Acrescentado pelo Dec. 9.124/2017.)

Parágrafo único. Poderá ser aceita a acumulação de cursos de capacitação ou qualificação profissional com duração mínima de quarenta horas-aula para a comprovação das cargas horárias mínimas de que trata este artigo, na forma disposta em ato do dirigente máximo de cada órgão ou entidade.

ART. 82. Será instituído Comitê Especial para a concessão da GQ de que trata este Capítulo no âmbito do Ministério do Meio Ambiente, do IBAMA e do Instituto Chico Mendes.

§ 1º A forma de funcionamento e quantitativo de membros do Comitê a que se refere o *caput* serão definidos no ato de que trata o art. 85.

§ 2º Para fins do disposto neste artigo, poderão ser utilizadas comissões ou comitês já instituídos no âmbito da área de recursos humanos.

ART. 83. O Comitê de que trata o art. 85 avaliará as comprovações de atendimentos dos requisitos de que trata este Capítulo inclusive no que tange às comprovações de conclusão com aproveitamento dos cursos, das cargas horárias, e da adequação dos cursos às atividades desempenhadas no âmbito das respectivas entidades.

Parágrafo único. No caso de indeferimento de concessão da GQ, o prazo para a interposição de recursos será de dez dias úteis, contado da informação do indeferimento ao requerente.

ART. 84. A instância recursal máxima para fins do processo de concessão das Gratificações de Qualificação de que trata este Capítulo será definida no ato de que trata o art. 85.

ART. 85. Ato do dirigente máximo de cada entidade poderá dispor sobre os procedimentos específicos para concessão da GQ, observado o disposto neste Decreto e nas Leis n. 10.410, de 2002 e n. 11.357, de 2006.

CAPÍTULO XII
DISPOSIÇÕES GERAIS E TRANSITÓRIAS

ART. 86. É vedada a acumulação de diferentes níveis de GQ e a acumulação desta GQ com qualquer adicional ou gratificação que tenha como fundamento a qualificação profissional ou a titulação.

ART. 87. A percepção da GQ nos proventos de aposentadoria e pensões observará a legislação de criação da respectiva gratificação e os regramentos previdenciários aplicáveis a cada servidor.

ART. 88. Os pagamentos de valores a título de gratificação de qualificação somente ocorrerão após a publicação do ato de concessão pelo órgão ou entidade de lotação do servidor.

ART. 88-A. Para os fins do disposto neste Decreto, os cursos de graduação e de pós-graduação *lato sensu* e stricto sensu realizados no País serão considerados somente se atendidos os requisitos estabelecidos pelo Conselho Nacional de Educação e pelo Ministério da Educação. (Acrescentado pelo Dec. 9.124/2017.)

ART. 88-B. Os cursos de graduação e de pós-graduação stricto sensu realizados no exterior deverão ser revalidados por instituição nacional competente. (Acrescentado pelo Dec. 9.124/2017.)

ART. 88-C. O reconhecimento da certificação dos cursos de pós-graduação *lato sensu* realizados no exterior obedecerá aos critérios definidos em ato do dirigente máximo de cada órgão ou entidade. (Acrescentado pelo Dec. 9.124/2017.)

Parágrafo único. O Comitê Especial para Concessão da GQ instituído em cada órgão ou entidade apresentará ao dirigente máximo a proposta do ato de que trata o *caput*. (Acrescentado pelo Dec. 9.124/2017.)

ART. 88-D. O Comitê Especial para Concessão da GQ instituído em cada órgão ou entidade editará ato com a definição das áreas de conhecimento relacionadas às atribuições do cargo e as atividades desenvolvidas pelas instituições para fins de verificação da adequação da formação acadêmica aos requisitos para concessão da GQ. (Acrescentado pelo Dec. 9.124/2017.)

ART. 89. Este Decreto entra em vigor no data de sua publicação, produzindo efeitos financeiros a partir de 1º de janeiro de 2013.

ART. 90. Fica revogado o Decreto n. 7.876, de 27 de dezembro de 2012.

Brasília, 18 de fevereiro de 2013; 192º da Independência e 125º da República.

DILMA ROUSSEFF

DECRETO N. 7.943, DE 5 DE MARÇO DE 2013

Institui a Política Nacional para os Trabalhadores Rurais Empregados.

▸ *DOU*, 6.3.2013.

A Presidenta da República, no uso da atribuição que lhe confere o art. 84, *caput*, inciso VI, alínea "a", da Constituição,

Decreta:

ART. 1º Fica instituída a Política Nacional para os Trabalhadores Rurais Empregados - PNATRE, com a finalidade de fortalecer os direitos sociais e a proteção social dos trabalhadores rurais empregados.

ART. 2º Para fins deste Decreto, considera-se trabalhador rural empregado a pessoa física prestadora de serviços remunerados e de natureza não eventual a empregador rural, sob a dependência deste, contratada por prazo indeterminado, determinado e de curta duração.

ART. 3º São princípios da PNATRE:

I - a dignidade da pessoa humana;

II - a garantia de direitos; e

III - o diálogo social.

ART. 4º São diretrizes da PNATRE:

I - revisar a legislação para articular as ações de promoção e proteção social aos trabalhadores rurais empregados;

II - fomentar a formalização e o aprimoramento das relações de trabalho que envolvam os trabalhadores rurais empregados;

III - promover o diálogo permanente e qualificado entre entidades e órgãos públicos e sociedade civil;

IV - aperfeiçoar as políticas de saúde, habitação, previdência e segurança destinadas aos trabalhadores rurais empregados;

V - fortalecer as políticas destinadas à educação formal e à capacitação profissional dos trabalhadores rurais empregados, para possibilitar a conciliação entre trabalho e estudo;

VI - integrar as políticas públicas federais, estaduais e municipais direcionadas aos trabalhadores rurais empregados;

VII - fortalecer as políticas públicas direcionadas à igualdade de gênero, raça e etnia nas relações de trabalho que envolvam os trabalhadores rurais empregados;

VIII - fortalecer as políticas públicas direcionadas à juventude que garantam acesso ao trabalho, sem prejuízo do direito à educação, à saúde, ao esporte e ao lazer;

IX - combater o trabalho infantil; e

X - articular-se com os Estados, o Distrito Federal, os Municípios e a sociedade civil para garantir a implementação da PNATRE.

ART. 5º São objetivos da PNATRE:

I - integrar e articular as políticas públicas direcionadas aos trabalhadores rurais empregados;

II - promover e ampliar a formalização nas relações de trabalho dos trabalhadores rurais empregados;

III - promover a reinserção produtiva dos trabalhadores rurais empregados que perderam seus postos de trabalho, gerando oportunidades de trabalho e renda;

IV - intensificar a fiscalização das relações de trabalho rural;

V - minimizar os efeitos do impacto das inovações tecnológicas na redução de postos de trabalho no meio rural;

VI - promover a alfabetização, a escolarização, a qualificação e a requalificação profissional aos trabalhadores rurais empregados;

VII - promover a saúde, a proteção social e a segurança dos trabalhadores rurais empregados;

VIII - promover estudos e pesquisas integrados e permanentes sobre os trabalhadores rurais empregados;

IX - ampliar as condições de trabalho decente para permanência de jovens no campo; e

X - combater práticas que caracterizem trabalho infantil.

ART. 6º Fica instituída a Comissão Nacional dos Trabalhadores Rurais Empregados - CNATRE, com a finalidade de gerir a PNATRE;

§ 1º A CNATRE terá a seguinte composição:

I - um representante, titular e suplente, dos seguintes órgãos:

a) Ministério do Trabalho e Emprego, que o coordenará;

b) Secretaria-Geral da Presidência da República;

c) Ministério da Agricultura, Pecuária e Abastecimento;

d) Ministério da Educação;

e) Ministério da Previdência Social;

f) Ministério do Desenvolvimento Social e Combate à Fome;

g) Ministério da Saúde;

h) Ministério do Desenvolvimento Agrário;

i) Secretaria de Relações Institucionais da Presidência da República;

j) Secretaria de Políticas para as Mulheres da Presidência da República; e

l) Secretaria de Direitos Humanos da Presidência da República.

II - Até cinco representantes da sociedade civil e seus suplentes.

§ 2º O prazo para instalação da CNATRE será de sessenta dias, contado da data de publicação deste Decreto.

§ 3º Os representantes da Comissão serão indicados pelos Secretários-Executivos dos órgãos integrantes no prazo de trinta dias, contado da data de publicação deste Decreto, e designados por ato do Ministro de Estado do Trabalho e Emprego.

§ 4º Ato conjunto dos Ministros de Estado do Trabalho e Emprego e da Secretaria-Geral da Presidência da República disporá sobre o funcionamento da CNATRE, sobre os critérios para definição dos representantes da sociedade civil e sua forma de designação.

§ 5º Poderão participar das reuniões da CNATRE, a convite de sua coordenação, especialistas e representantes de órgãos e entidades públicas ou privadas que exerçam atividades relacionadas ao tema.

§ 6º A participação na CNATRE será considerada prestação de serviço público relevante, não remunerada.

ART. 7º Compete à CNATRE:

I - articular e promover o diálogo entre entidades e órgãos públicos e sociedade civil para a implementação das ações no âmbito da PNATRE;

II - estabelecer outras diretrizes e objetivos da PNATRE;

III - propor alterações para aprimorar, acompanhar e monitorar as ações de seu Comitê Executivo;

IV - estabelecer critérios para elaboração dos planos de trabalho do Comitê-Executivo; e

V - aprovar os planos de trabalho apresentados pelo Comitê-Executivo.

ART. 8º A CNATRE terá um Comitê-Executivo, integrado por um representante, titular e suplente, dos seguintes órgãos:

I - Ministério do Trabalho e Emprego, que o coordenará;

II - Ministério da Educação;

III - Ministério da Previdência Social; e

IV - Ministério do Desenvolvimento Social e Combate à Fome.

ART. 9º Compete ao Comitê-Executivo da CNATRE:

I - elaborar plano de trabalho para execução de ações da PNATRE;

II - coordenar e supervisionar a execução de ações da PNATRE;

III - coordenar e supervisionar o a execução do plano de trabalho;

IV - elaborar relatório de atividades desenvolvidas no âmbito da PNATRE, e encaminhá-lo à CNATRE; e

V - disponibilizar periodicamente informações sobre as ações implementadas no âmbito da PNATRE.

ART. 10. O Ministério do Trabalho e Emprego exercerá a função de Secretaria-Executiva da CNATRAE e providenciará suporte técnico e administrativo ao seu funcionamento.

ART. 11. Este Decreto entra em vigor na data de sua publicação.

Brasília, 5 de março de 2013; 192º da Independência e 125º da República.

DILMA ROUSSEFF

DECRETO N. 7.950, DE 12 DE MARÇO DE 2013

Institui o Banco Nacional de Perfis Genéticos e a Rede Integrada de Bancos de Perfis Genéticos.

› *DOU*, 13.03.2013.

A Presidenta da República, no uso das atribuições que lhe confere o art. 84, *caput*, incisos IV e VI, alínea "a", da Constituição, e tendo em vista o disposto na Lei n. 12.654, de 28 de maio de 2012,

Decreta:

ART. 1º Ficam instituídos, no âmbito do Ministério da Justiça, o Banco Nacional de Perfis Genéticos e a Rede Integrada de Bancos de Perfis Genéticos.

§ 1º O Banco Nacional de Perfis Genéticos tem como objetivo armazenar dados de perfis genéticos coletados para subsidiar ações destinadas à apuração de crimes.

§ 2º A Rede Integrada de Bancos de Perfis Genéticos tem como objetivo permitir o compartilhamento e a comparação de perfis genéticos constantes dos bancos de perfis genéticos da União, dos Estados e do Distrito Federal.

§ 3º A adesão dos Estados e do Distrito Federal à Rede Integrada ocorrerá por meio de acordo de cooperação técnica celebrado entre a unidade federada e o Ministério da Justiça.

§ 4º O Banco Nacional de Perfis Genéticos será instituído na unidade de perícia oficial do Ministério da Justiça, e administrado por perito criminal federal habilitado e com experiência comprovada em genética, designado pelo Ministro de Estado da Justiça.

ART. 2º A Rede Integrada de Bancos de Perfis Genéticos contará com um Comitê Gestor, com a finalidade de promover a coordenação das ações dos órgãos gerenciadores de banco de dados de perfis genéticos e a integração dos dados nos âmbitos da União, dos Estados e do Distrito Federal, que será composto por representantes titulares e suplentes, indicados da seguinte forma:

I - cinco representantes do Ministério da Justiça;

II - um representante da Secretaria de Direitos Humanos da Presidência da República; e

III - cinco representantes dos Estados ou do Distrito Federal, sendo um representante de cada região geográfica.

§ 1º O Comitê Gestor será coordenado por membro indicado nos termos do inciso I do *caput*, que ocupará a função de administrador do Banco Nacional de Perfis Genéticos.

§ 2º Os representantes referidos nos incisos II e III do *caput* e seus suplentes serão indicados pelo dirigente máximo de seus respectivos órgãos.

§ 3º Serão indicados peritos criminais habilitados aprovados pelas unidades federadas das regiões signatárias do acordo de cooperação, para a representação a que se refere o inciso III do *caput*.

§ 4º Na ausência de entendimento entre as unidades da região geográfica, será adotado o revezamento entre os Estados e o Distrito Federal, por ordem alfabética, na forma do regimento interno do Comitê Gestor.

§ 5º Serão convidados para participar das reuniões, sem direito a voto, um representante de cada um dos seguintes órgãos:

I - do Ministério Público;

II - da Defensoria Pública;

III - da Ordem dos Advogados do Brasil; e

IV - da Comissão Nacional de Ética em Pesquisa.

§ 6º Compete ao Ministro de Estado da Justiça designar os membros do Comitê Gestor.

§ 7º As deliberações do Comitê Gestor serão adotadas por maioria absoluta, admitido o voto do coordenador somente com a finalidade de desempate.

§ 8º O mandato dos membros do Comitê Gestor será de dois anos, permitida uma única recondução por igual período.

ART. 3º O Comitê Gestor poderá convidar especialistas e representantes de outros órgãos e entidades, públicas e privadas, para acompanhar as reuniões ou participar de suas atividades.

ART. 4º A participação no Comitê Gestor será considerada prestação de serviço público relevante, não remunerada.

ART. 5º Compete ao Comitê Gestor:

I - promover a padronização de procedimentos e técnicas de coleta, de análise de material genético, e de inclusão, armazenamento e manutenção dos perfis genéticos nos bancos de dados que compõem a Rede Integrada de Perfis Genéticos;

II - definir medidas e padrões que assegurem o respeito aos direitos e garantias individuais nos procedimentos de coleta, de análise e de inclusão, armazenamento e manutenção dos perfis genéticos nos bancos de dados;

III - definir medidas de segurança para garantir a confiabilidade e o sigilo dos dados;

IV - definir os requisitos técnicos para a realização das auditorias no Banco Nacional de Perfis Genéticos e na Rede Integrada de Banco de Perfis Genéticos; e;

V - elaborar seu regimento interno.

ART. 6º Compete ao Ministério da Justiça adotar as providências necessárias:

I - à preservação do sigilo da identificação e dos dados de perfis genéticos administrados no seu âmbito; e

II - à inclusão, no convênio celebrado com as unidades federadas, de cláusulas que atendam ao disposto no inciso I do *caput*.

ART. 7º O perfil genético do identificado criminalmente será excluído do banco de dados no término do prazo estabelecido em lei para prescrição do delito, ou em data anterior definida em decisão judicial.

ART. 8º O Banco Nacional de Perfis Genéticos poderá ser utilizado para a identificação de pessoas desaparecidas.

Parágrafo único. A comparação de amostras e perfis genéticos doados voluntariamente por parentes consanguíneos de pessoas desaparecidas serão utilizadas exclusivamente para a identificação da pessoa desaparecida, sendo vedado seu uso para outras finalidades.

ART. 9º Compete ao Ministério da Justiça auditar periodicamente o Banco Nacional de Perfis Genéticos e a Rede Integrada de Bancos de Perfis Genéticos para averiguar se suas atividades estão em conformidade com este Decreto, na forma disposta no acordo de cooperação técnica de que trata o § 3º do art. 1º, observado os requisitos técnicos previstos no inciso IV do *caput* do art. 5º.

Parágrafo único. Participarão da auditoria especialistas vinculados a instituições científicas ou de ensino superior sem fins lucrativos.

ART. 10. O Ministério da Justiça exercerá a função de Secretaria-Executiva do Comitê Gestor.

ART. 11. Este Decreto entra em vigor na data de sua publicação.

Brasília, 12 de março de 2013; 192º da Independência e 125º da República.

DILMA ROUSSEFF

DECRETOS

DECRETO N. 7.957, DE 12 DE MARÇO DE 2013

Institui o Gabinete Permanente de Gestão Integrada para a Proteção do Meio Ambiente; regulamenta a atuação das Forças Armadas na proteção ambiental; altera o Decreto n. 5.289, de 29 de novembro de 2004, e dá outras providências.

‣ *DOU*, 13.03.2013.

A Presidenta da República, no uso da atribuição que lhe confere o art. 84, *caput*, incisos IV e VI, alínea "a", da Constituição, e tendo em vista o disposto na Lei n. 11.473, de 10 de maio de 2007 e na Lei Complementar n. 97, de 9 de junho de 1999,

Decreta:

CAPÍTULO I
DISPOSIÇÕES PRELIMINARES

ART. 1º Este Decreto institui o Gabinete Permanente de Gestão Integrada para a Proteção do Meio Ambiente, regulamenta a atuação das Forças Armadas na proteção ambiental e altera o Decreto n. 5.289, de 29 de novembro de 2004.

Parágrafo único. O objetivo deste Decreto é estabelecer normas para a articulação, integração e cooperação entre os órgãos e entidades públicas ambientais, Forças Armadas, órgãos de segurança pública e de coordenação de atividades de inteligência, visando o aumento da eficiência administrativa nas ações ambientais de caráter preventivo ou repressivo.

CAPÍTULO II
DO GABINETE PERMANENTE DE GESTÃO INTEGRADA PARA A PROTEÇÃO DO MEIO AMBIENTE - GGI-MA

ART. 2º Fica instituído o Gabinete Permanente de Gestão Integrada para a Proteção do Meio Ambiente - GGI-MA, composto pelos seguintes órgãos:

I - Gabinete de Segurança Institucional da Presidência da República;

II - Ministério do Meio Ambiente;

III - Ministério da Defesa; e

IV - Ministério da Justiça.

ART. 3º O GGI-MA tem como objetivos integrar e articular as ações preventivas e repressivas dos órgãos e entidades federais em relação aos crimes e infrações ambientais na Amazônia Legal, e promover a integração dessas ações com as ações dos Estados e Municípios.

§ 1º Compete ao GGI-MA:

I - estabelecer diretrizes da atuação integrada dos órgãos e entidades federais;

II - definir projetos estruturantes para o fortalecimento da presença do poder público nas áreas que indicar;

III - planejar estratégias para a execução de suas operações;

IV - assegurar a comunicação ágil e eficaz entre os órgãos que o compõem;

V - estabelecer rede de informações e experiências que alimentará sistema de planejamento integrado em nível nacional, em articulação com o Sistema de Proteção da Amazônia - SIPAM, instituído pelo Decreto de 18 de outubro de 1999, que dispõe sobre o Conselho Deliberativo do Sistema de Proteção da Amazônia - CONSIPAM;

VI - definir indicadores para avaliação e monitoramento das ações executadas;

VII - identificar situações e áreas que demandem emprego das Forças Armadas, em garantia da lei e da ordem, e submetê-las ao Presidente da República, conforme disposto na legislação; e

VIII - demandar das Forças Armadas a prestação de apoio logístico, de inteligência, de comunicações e de instrução, conforme disposto na legislação.

§ 2º A Comissão Executiva do Plano de Ação para a Prevenção e Controle do Desmatamento na Amazônia Legal, prevista no art. 3º-A do Decreto de 3 julho de 2003, que institui grupo permanente de trabalho interministerial para os fins que especifica, encaminhará, periodicamente, as informações necessárias para auxiliar e subsidiar a execução das ações preventivas e repressivas do GGI-MA.

§ 3º A Secretaria-Executiva do GGI encaminhará, periodicamente, à Comissão Executiva do Plano de Ação para a Prevenção e Controle do Desmatamento na Amazônia Legal, as informações decorrentes das ações do GGI.

ART. 4º O GGI-MA será coordenado de forma conjunta pelos titulares do Gabinete de Segurança Institucional da Presidência da República, do Ministério do Meio Ambiente, do Ministério da Defesa e do Ministério da Justiça.

§ 1º Os titulares dos órgãos referidos no *caput* indicarão representantes para atuação perante o GGI-MA, cabendo ao Ministério do Meio Ambiente exercer as funções de Secretaria-Executiva.

§ 2º Representante do Centro Gestor e Operacional do Sistema de Proteção da Amazônia - CENSIPAM, do Instituto Nacional de Pesquisas Espaciais - INPE e do Instituto Brasileiro do Meio Ambiente e dos Recursos Naturais Renováveis - IBAMA participarão como convidados das reuniões do GGI-MA.

§ 3º O GGI-MA poderá convidar representantes de outros órgãos ou entidades, públicos ou privados, para participar das suas reuniões.

ART. 5º O GGI-MA poderá solicitar ao Presidente da República, com a finalidade de proteger o meio ambiente, que determine o emprego das Forças Armadas para a garantia da lei e da ordem, nos termos da legislação.

ART. 6º A participação nas ações do GGI-MA será considerada prestação de serviço público relevante, não remunerada.

CAPÍTULO III
DA ATUAÇÃO DAS FORÇAS ARMADAS NA PROTEÇÃO DO MEIO AMBIENTE

ART. 7º As Forças Armadas prestarão apoio logístico, de inteligência, de comunicações e de instrução às ações de proteção ambiental, com a disponibilização das estruturas necessárias à execução das referidas ações, conforme disposto na legislação vigente.

ART. 8º No caso de emprego das Forças Armadas para garantia da lei e da ordem em operações de proteção ambiental, caberá ao Ministério da Defesa a coordenação, o acompanhamento e a integração das ações a serem implementadas pelos órgãos e entidades envolvidos, resguardadas as respectivas competências legais.

Parágrafo único. As operações em curso contarão com a participação de representantes das instituições envolvidas e observarão as diretrizes estabelecidas pelo GGI-MA, respeitado o controle operacional de que trata o § 6º do art. 15 da Lei Complementar n. 97, de 9 de junho de 1999.

CAPÍTULO IV
DA ATUAÇÃO DA FORÇA NACIONAL DE SEGURANÇA PÚBLICA NA PROTEÇÃO DO MEIO AMBIENTE

ART. 9º O Decreto n. 5.289, de 29 de novembro de 2004, passa a vigorar com as seguintes alterações:

‣ Alterações promovidas no texto do referido decreto.

CAPÍTULO V
DISPOSIÇÕES COMPLEMENTARES

ART. 10. As atividades de inteligência de que trata este Decreto serão exercidas sob a coordenação do órgão central do Sistema Brasileiro de Inteligência, nos termos da Lei n. 9.883, de 7 de dezembro de 1999.

ART. 11. O Decreto de 3 de julho de 2003, que institui Grupo Permanente de Trabalho Interministerial para os fins que especifica, passa a vigorar com as seguintes alterações:

‣ Alterações promovidas no texto do referido decreto.

ART. 12. Fica revogado o art. 3º-B do Decreto de 3 de julho de 2003, que institui grupo permanente de trabalho interministerial para os fins que especifica e dá outras providências.

ART. 13. Este Decreto entra em vigor na data de sua publicação.

Brasília, 12 de março de 2013;
192º da Independência e 125º da República.
DILMA ROUSSEFF

DECRETO N. 7.958, DE 13 DE MARÇO DE 2013

Estabelece diretrizes para o atendimento às vítimas de violência sexual pelos profissionais de segurança pública e da rede de atendimento do Sistema Único de Saúde.

‣ *DOU*, 14.03.2013.

A Presidenta da República, no uso das atribuições que lhe confere o art. 84, *caput*, incisos IV e VI, alínea "a", da Constituição, e tendo em vista o disposto nos incisos IV e V do *caput* do art. 15 da Lei n. 8.080, de 19 de setembro de 1990,

Decreta:

ART. 1º Este Decreto estabelece diretrizes para o atendimento humanizado às vítimas de violência sexual pelos profissionais da área de segurança pública e da rede de atendimento do Sistema Único de Saúde - SUS, e as competências do Ministério da Justiça e do Ministério da Saúde para sua implementação.

ART. 2º O atendimento às vítimas de violência sexual pelos profissionais de segurança pública e da rede de atendimento do SUS observará as seguintes diretrizes:

I - acolhimento em serviços de referência;

II - atendimento humanizado, observados os princípios do respeito da dignidade da pessoa, da não discriminação, do sigilo e da privacidade;

III - disponibilização de espaço de escuta qualificado e privacidade durante o atendimento, para propiciar ambiente de confiança e respeito à vítima;

IV - informação prévia à vítima, assegurada sua compreensão sobre o que será realizado em cada etapa do atendimento e a importância das condutas médicas, multiprofissionais e policiais, respeitada sua decisão sobre a realização de qualquer procedimento;

V - identificação e orientação às vítimas sobre a existência de serviços de referência para atendimento às vítimas de violência e de unidades do sistema de garantia de direitos;

VI - divulgação de informações sobre a existência de serviços de referência para atendimento de vítimas de violência sexual;

VII - disponibilização de transporte à vítima de violência sexual até os serviços de referência; e

VIII - promoção de capacitação de profissionais de segurança pública e da rede de atendimento do SUS para atender vítimas de violência sexual de forma humanizada, garantindo a idoneidade e o rastreamento dos vestígios coletados.

ART. 3º Para os fins deste Decreto, considera-se serviço de referência o serviço qualificado para oferecer atendimento às vítimas de violência sexual, observados os níveis de assistência e os diferentes profissionais que atuarão em cada unidade de atendimento, segundo normas técnicas e protocolos adotados pelo Ministério da Saúde e pelo Ministério da Justiça.

ART. 4º O atendimento às vítimas de violência sexual pelos profissionais da rede do SUS compreenderá os seguintes procedimentos:

I - acolhimento, anamnese e realização de exames clínicos e laboratoriais;

II - preenchimento de prontuário com as seguintes informações:

a) data e hora do atendimento;

b) história clínica detalhada, com dados sobre a violência sofrida;

c) exame físico completo, inclusive o exame ginecológico, se for necessário;

d) descrição minuciosa das lesões, com indicação da temporalidade e localização específica;

e) descrição minuciosa de vestígios e de outros achados no exame; e

f) identificação dos profissionais que atenderam a vítima;

III - preenchimento do Termo de Relato Circunstanciado e Termo de Consentimento Informado, assinado pela vítima ou responsável legal;

IV - coleta de vestígios para, assegurada a cadeia de custódia, encaminhamento à perícia oficial, com a cópia do Termo de Consentimento Informado;

V - assistência farmacêutica e de outros insumos e acompanhamento multiprofissional, de acordo com a necessidade;

VI - preenchimento da Ficha de Notificação Compulsória de violência doméstica, sexual e outras violências; e

VII - orientação à vítima ou ao seu responsável a respeito de seus direitos e sobre a existência de serviços de referência para atendimento às vítimas de violência sexual.

§ 1º A coleta, identificação, descrição e guarda dos vestígios de que tratam as alíneas "e" e "f" do inciso II e o inciso IV do *caput* observarão regras e diretrizes técnicas estabelecidas pelo Ministério da Justiça e pelo Ministério da Saúde.

§ 2º A rede de atendimento ao SUS deve garantir a idoneidade e o rastreamento dos vestígios coletados.

ART. 5º Ao Ministério da Justiça compete:

I - apoiar a criação de ambiente humanizado para atendimento de vítimas de violência sexual nos órgãos de perícia médico-legal; e

II - promover capacitação de:

a) peritos médicos-legistas para atendimento humanizado na coleta de vestígios em vítimas de violência sexual;

b) profissionais e gestores de saúde do SUS para atendimento humanizado de vítimas de violência sexual, no tocante à coleta, guarda e transporte dos vestígios coletados no exame clínico e o posterior encaminhamento do material coletado para a perícia oficial; e

c) profissionais de segurança pública, em especial os que atuam nas delegacias especializadas no atendimento a mulher, crianças e adolescentes, para atendimento humanizado e encaminhamento das vítimas aos serviços de referência e a unidades do sistema de garantia de direitos.

ART. 6º Ao Ministério da Saúde compete:

I - apoiar a estruturação e as ações para o atendimento humanizado às vítimas de violência sexual no âmbito da rede do SUS;

II - capacitar os profissionais e gestores de saúde do SUS para atendimento humanizado; e

III - realizar ações de educação permanente em saúde dirigidas a profissionais, gestores de saúde e população em geral sobre prevenção da violência sexual, organização e humanização do atendimento às vítimas de violência sexual.

ART. 7º Este Decreto entra em vigor na data de sua publicação.

Brasília, 13 de março de 2013;
192º da Independência e 125º da República.
DILMA ROUSSEFF

DECRETO N. 7.963, DE 15 DE MARÇO DE 2013

Institui o Plano Nacional de Consumo e Cidadania e cria a Câmara Nacional das Relações de Consumo.

› *DOU*, 15.03.2013 - Edição extra.

A Presidenta da República, no uso da atribuição que lhe confere o art. 84, *caput*, inciso VI, alínea "a", da Constituição,

Decreta:

ART. 1º Fica instituído o Plano Nacional de Consumo e Cidadania, com a finalidade de promover a proteção e defesa do consumidor em todo o território nacional, por meio da integração e articulação de políticas, programas e ações.

Parágrafo único. O Plano Nacional de Consumo e Cidadania será executado pela União em colaboração com Estados, Distrito Federal, Municípios e com a sociedade.

ART. 2º São diretrizes do Plano Nacional de Consumo e Cidadania:

I - educação para o consumo;

II - adequada e eficaz prestação dos serviços públicos;

III - garantia do acesso do consumidor à justiça;

IV - garantia de produtos e serviços com padrões adequados de qualidade, segurança, durabilidade, desempenho e acessibilidade; (Alterado pelo Dec. 8.953/2017.)

V - fortalecimento da participação social na defesa dos consumidores;

VI - prevenção e repressão de condutas que violem direitos do consumidor; e

VII - autodeterminação, privacidade, confidencialidade e segurança das informações e dados pessoais prestados ou coletados, inclusive por meio eletrônico.

Parágrafo único. Para fins do disposto neste Decreto, considera-se acessibilidade a possibilidade e a condição de alcance para utilização, com segurança e autonomia, de espaços, mobiliários, equipamentos urbanos, edificações, transportes, informação e comunicação, inclusive seus sistemas e suas tecnologias, e de outros serviços e instalações abertos ao público, de uso público ou privados de uso coletivo, tanto na zona urbana como na rural, por pessoa com deficiência ou com mobilidade reduzida. (Incluído pelo Decreto n. 8.953, de 2017)

ART. 3º São objetivos do Plano Nacional de Consumo e Cidadania:

I - garantir o atendimento das necessidades dos consumidores;

II - assegurar o respeito à dignidade, saúde e segurança do consumidor;

III - estimular a melhoria da qualidade e o desenho universal de produtos e serviços disponibilizados no mercado de consumo; (Alterado pelo Dec. 8.953/2017.)

IV - assegurar a prevenção e a repressão de condutas que violem direitos do consumidor;

V - promover o acesso a padrões de produção e consumo sustentáveis; e

VI - promover a transparência e harmonia das relações de consumo.

Parágrafo único. Para fins do disposto neste Decreto, considera-se: (Incluído pelo Decreto n. 8.953, de 2017)

I - desenho universal - concepção de produtos, ambientes, programas e serviços a serem usados por todas as pessoas, sem necessidade de adaptação ou de projeto específico, incluídos os recursos de tecnologia assistiva; e (Incluído pelo Decreto n. 8.953, de 2017)

II - tecnologia assistiva - produtos, equipamentos, dispositivos, recursos, metodologias, estratégias, práticas e serviços que objetivem promover a funcionalidade, relacionada à atividade e à participação da pessoa com deficiência ou com mobilidade reduzida, visando à sua autonomia, independência, qualidade de vida e inclusão social. (Incluído pelo Decreto n. 8.953, de 2017)

ART. 4º São eixos de atuação do Plano Nacional de Consumo e Cidadania:

I - prevenção e redução de conflitos;

II - regulação e fiscalização; e

III - fortalecimento do Sistema Nacional de Defesa do Consumidor.

ART. 5º O eixo de prevenção e redução de conflitos será composto, dentre outras, pelas seguintes políticas e ações:

I - aprimoramento dos procedimentos de atendimento ao consumidor no pós-venda de produtos e serviços;

II - criação de indicadores e índices de qualidade das relações de consumo; e

III - promoção da educação para o consumo, incluída a qualificação e capacitação profissional em defesa do consumidor.

ART. 6º O eixo regulação e fiscalização será composto, dentre outras, pelas seguintes políticas e ações:

I - instituição de avaliação de impacto regulatório sob a perspectiva dos direitos do consumidor;

II - promoção da inclusão, nos contratos de concessão de serviços públicos, de mecanismos de garantia dos direitos do consumidor;

III - ampliação e aperfeiçoamento dos processos fiscalizatórios quanto à efetivação de direitos do consumidor;

IV - garantia de autodeterminação, privacidade, confidencialidade e segurança das informações e dados pessoais prestados ou coletados, inclusive por meio eletrônico;

V - garantia da efetividade da execução das multas; e

VI - implementação de outras medidas sancionatórias relativas à regulação de serviços.

ART. 7º O eixo de fortalecimento do Sistema Nacional de Defesa do Consumidor será

DECRETOS

composto, dentre outras, pelas seguintes políticas e ações:

I - estimulo à interiorização e ampliação do atendimento ao consumidor, por meio de parcerias com Estados e Municípios;

II - promoção da participação social junto ao Sistema Nacional de Defesa do Consumidor; e

III - fortalecimento da atuação dos Procons na proteção dos direitos dos consumidores.

ART. 8º Dados e informações de atendimento ao consumidor registrados no Sistema Nacional de Informações de Defesa do Consumidor - SINDEC, que integra os órgãos de proteção e defesa do consumidor em todo o território nacional, subsidiarão a definição das Políticas e ações do Plano Nacional de Consumo e Cidadania.

Parágrafo único. Compete ao Ministério da Justiça coordenar, gerenciar e ampliar o SINDEC, garantindo o acesso às suas informações.

ART. 9º Fica criada a Câmara Nacional das Relações de Consumo, no Conselho de Governo de que trata o art. 7º da Lei n. 10.683, de 28 de maio de 2003, com as seguintes instâncias para a gestão do Plano Nacional de Consumo e Cidadania:

I - Conselho de Ministros; e

II - Observatório Nacional das Relações de Consumo.

Parágrafo único. O apoio administrativo necessário ao funcionamento das instâncias instituídas no *caput* será prestado pelo Ministério da Justiça.

ART. 10. Compete ao Conselho de Ministros da Câmara Nacional das Relações de Consumo do Plano Nacional de Consumo e Cidadania orientar a formulação, a implementação, o monitoramento e a avaliação do Plano.

§ 1º O Conselho de Ministros do Plano Nacional de Consumo e Cidadania será integrado por:

I - Ministro de Estado da Justiça, que o presidirá;

II - Ministro Chefe da Casa Civil da Presidência da República;

III - Ministro de Estado da Fazenda;

IV - Ministro de Estado do Desenvolvimento, Indústria e Comércio Exterior; e

V - Ministro de Estado do Planejamento, Orçamento e Gestão.

§ 2º Os membros do Conselho de Ministros do Plano Nacional de Consumo e Cidadania indicarão seus respectivos suplentes.

§ 3º Poderão ser convidados para as reuniões do Conselho de Ministros representantes de órgãos da administração pública federal, dos Estados, Distrito Federal e Municípios, e de entidades privadas.

§ 4º O Conselho de Ministros da Câmara Nacional das Relações de Consumo do Plano Nacional de Consumo e Cidadania poderá criar comitês técnicos destinados ao estudo e elaboração de propostas sobre temas específicos relacionados ao Plano.

ART. 11. Compete ao Observatório Nacional das Relações de Consumo:

I - promover estudos e formular propostas para consecução dos objetivos do Plano Nacional de Consumo e Cidadania; e

II - acompanhar a execução das políticas, programas e ações do Plano Nacional de Consumo e Cidadania.

§ 1º O Observatório Nacional das Relações de Consumo terá a seguinte estrutura:

I - Secretaria Executiva,

II - Comitê Técnico de Consumo e Regulação;

III - Comitê Técnico de Consumo e Turismo; e

IV - Comitê Técnico de Consumo e Pós-Venda.

§ 2º O Observatório Nacional das Relações de Consumo será composto por representantes dos seguintes órgãos:

I - na Secretaria-Executiva: Secretaria Nacional do Consumidor do Ministério da Justiça;

II - no Comitê Técnico de Consumo e Regulação:

a) Ministério da Justiça, que o presidirá;

b) Ministério da Fazenda;

c) Ministério das Comunicações

d) Ministério de Minas e Energia;

e) Ministério da Saúde;

f) Secretaria de Aviação Civil;

g) Agência Nacional de Telecomunicações;

h) Agência Nacional de Energia Elétrica;

i) Agência Nacional de Saúde Suplementar;

j) Agência Nacional de Aviação Civil; e

k) Banco Central do Brasil;

III - no Comitê Técnico de Consumo e Turismo:

a) Ministério da Justiça, que o presidirá;

b) Ministério do Turismo;

c) Secretaria de Aviação Civil;

d) Ministério da Saúde;

e) Ministério dos Transportes;

f) Instituto Brasileiro de Turismo - EMBRATUR;

g) Empresa Brasileira de Infraestrutura Aeronáutica - INFRAERO;

h) Agência Nacional de Aviação Civil;

i) Agência Nacional de Vigilância Sanitária; e

j) Agência Nacional de Transportes Terrestres; e

IV - no Comitê Técnico de Consumo e Pós-Venda:

a) Ministério da Justiça, que o presidirá;

b) Ministério da Fazenda;

c) Ministério da Educação,

d) Ministério do Meio Ambiente;

e) Ministério do Desenvolvimento, Indústria e Comércio Exterior; e

f) Instituto Nacional de Metrologia, Normalização e Tecnologia.

§ 3º A designação do Secretário-Executivo e dos membros dos Comitês Técnicos do Observatório Nacional de Relações de Consumo será feita pelo Ministro de Estado da Justiça, com respectivos suplentes, a partir da indicação dos órgãos representados.

§ 4º Poderão ser convidados para participar das reuniões dos Comitês Técnicos representantes de órgãos da administração pública federal, dos Estados, Distrito Federal e Municípios, e de entidades privadas.

§ 5º Os Comitês Técnicos apresentarão à Secretaria-Executiva relatórios periódicos com propostas, resultados de estudos e registros do acompanhamento do Plano Nacional de Consumo e Cidadania de sua esfera temática.

ART. 12. A participação nas instâncias colegiadas instituídas neste Decreto será considerada prestação de serviço público relevante, não remunerada.

ART. 13. Para a execução do Plano Nacional de Consumo e Cidadania poderão ser firmados convênios, acordos de cooperação, ajustes ou instrumentos congêneres, com órgãos e entidades da administração pública federal, dos Estados, do Distrito Federal e dos Municípios, com consórcios públicos, bem como com entidades privadas, na forma da legislação pertinente.

ART. 14. O Plano Nacional de Consumo e Cidadania será custeado por:

I - dotações orçamentárias da União consignadas anualmente nos orçamentos dos órgãos e entidades envolvidos no Plano, observados os limites de movimentação, de empenho e de pagamento fixados anualmente;

II - recursos oriundos dos órgãos participantes do Plano Nacional de Consumo e Cidadania e que não estejam consignados nos Orçamentos Fiscal e da Seguridade Social da União; e

III - outras fontes de recursos destinadas por Estados, Distrito Federal e Municípios, bem como por outras entidades públicas.

ART. 15. O Ministro de Estado do Planejamento, Orçamento e Gestão poderá, nos termos do § 7º do art. 93 da Lei n. 8.112, de 11 de dezembro de 1990, determinar o exercício temporário de servidores ou empregados dos órgãos integrantes do Observatório Nacional das Relações de Consumo da administração pública federal direta e indireta para desempenho de atividades no âmbito do Ministério da Justiça, com objetivo de auxiliar a gestão do Plano Nacional de Consumo e Cidadania.

§ 1º A determinação de exercício temporário referido no *caput* observará os seguintes procedimentos:

I - requisição do Ministro de Estado da Justiça ao Ministro de Estado ou autoridade competente de órgão integrante da Presidência da República a que pertencer o servidor;

II - o órgão ou entidade cedente instruirá o processo de requisição no prazo máximo de dez dias, encaminhando-o ao Ministério do Planejamento, Orçamento e Gestão; e

III - examinada a adequação da requisição ao disposto neste Decreto, o Ministro de Estado do Planejamento, Orçamento e Gestão editará, no prazo de até dez dias, ato determinando o exercício temporário do servidor requisitado.

§ 2º O prazo do exercício temporário não poderá ser superior a um ano, admitindo-se prorrogações sucessivas, de acordo com as necessidades do projeto.

§ 3º Os servidores de que trata o *caput* deverão, preferencialmente, ser ocupantes de cargos efetivos de Especialista em Regulação de Serviços Públicos de Telecomunicações, de Especialista em Regulação de Serviços Públicos de Energia, de Especialista em Regulação de Saúde Suplementar, e de Especialista em Regulação de Aviação Civil, integrantes das carreiras de que trata a Lei n. 10.871, de 20 de maio de 2004, e de Analista em Tecnologia da Informação e de economista, do Plano Geral de Cargos do Poder Executivo - PGPE.

ART. 16. O Conselho de Ministros da Câmara Nacional das Relações de Consumo elaborará, em prazo definido por seus membros formalizado em ato do Ministro de Estado da Justiça, proposta de regulamentação do § 3º do art. 18 da Lei n. 8.078, de 1990, para especificar produtos de consumo considerados essenciais e dispor sobre procedimentos para uso imediato das alternativas previstas no § 1º do art. 18 da referida Lei. (Alterado pelo Dec. 7.986/2013.)

ART. 17. Este Decreto entra em vigor na data de sua publicação.

Brasília, 15 de março de 2013; 192º da Independência e 125º da República.

DILMA ROUSSEFF

DECRETO N. 7.970, DE 28 DE MARÇO DE 2013

Regulamenta dispositivos da Lei n. 12.598, de 22 de março de 2012, que estabelece normas especiais para as compras, as contratações e o desenvolvimento de produtos e sistemas de defesa, e dá outras providências.

▸ *DOU*, 1º.04.2013.

A Presidenta da República, no uso das atribuições que lhe confere o art. 84, *caput*, incisos IV e VI, alínea "a", da Constituição, e tendo em vista o disposto na Lei n. 12.598, de 22 de março de 2012,

Decreta:

CAPÍTULO I
DISPOSIÇÕES PRELIMINARES

ART. 1º Este Decreto regulamenta dispositivos da Lei n. 12.598, de 22 de março de 2012.

Parágrafo único. O Regime Especial Tributário para a Indústria de Defesa - RETID, disposto na Lei n. 12.598, de 2012, será regulamentado por ato específico.

CAPÍTULO II
DA COMISSÃO MISTA DA INDÚSTRIA DE DEFESA

ART. 2º Fica criada a Comissão Mista da Indústria de Defesa - CMID, tendo por finalidade assessorar o Ministro de Estado da Defesa em processos decisórios e em proposições de atos relacionados à indústria nacional de defesa.

§ 1º A CMID tem as seguintes atribuições:

I - propor e coordenar estudos relativos à política nacional da indústria de defesa;

II - promover a integração entre o Ministério da Defesa e órgãos e entidades públicos e privados relacionadas à base industrial de defesa;

III - emitir parecer e propor ao Ministro de Estado da Defesa as classificações de bens, serviços, obras ou informações nos termos do inciso I do *caput* do art. 2º da Lei n. 12.598, de 2012, como Produto de Defesa - PRODE;

IV - emitir parecer e propor ao Ministro de Estado da Defesa as classificações de conjunto inter-relacionado ou interativo de Produto de Defesa como Sistema de Defesa - SD, nos termos do inciso III do *caput* do art. 2º da Lei n.12.598, de 2012;

V - propor ao Ministro de Estado da Defesa a classificação de PRODE como Produto Estratégico de Defesa - PED, nos termos do inciso II do *caput* do art. 2º da Lei n. 12.598, de 2012;

VI - propor ao Ministro de Estado da Defesa o credenciamento de Empresa de Defesa como Empresa Estratégica de Defesa, nos termos do inciso IV do *caput* do art. 2º da Lei n. 12.598, de 2012;

VII - propor ao Ministro de Estado da Defesa políticas e orientações sobre processos de aquisição, importação e financiamento de que tratam os arts. 3º, 4º e 6º da Lei n. 12.598, de 2012; e

VIII - apreciar e emitir parecer sobre os Termos de Licitação Especial - TLE.

§ 2º A CMID é composta por:

I - quatro representantes da Administração Central do Ministério da Defesa;

II - um representante do Comando da Marinha;

III - um representante do Comando do Exército; e

IV - um representante do Comando da Aeronáutica.

V - um representante do Ministério da Fazenda

VI - um representante do Ministério do Desenvolvimento, Indústria e Comércio Exterior;

VII - um representante do Ministério de Ciência, Tecnologia e Inovação; e

VIII - um representante do Ministério do Planejamento, Orçamento e Gestão.

§ 3º Os participantes da CMID deverão ser oficiais-generais ou, no caso de servidores civis, ocupantes de cargo em comissão do Grupo-Direção e Assessoramento Superiores - DAS, no mínimo, de nível 101.5, podendo o membro suplente ser ocupante de cargo em comissão do Grupo-Direção e Assessoramento Superiores - DAS, no mínimo, de nível 101.4.

§ 4º A CMID poderá convidar para suas reuniões, em caráter extraordinário, representantes de outros órgãos e entidades públicos e privados.

§ 5º A CMID poderá criar subcomissões temáticas constituídos por órgãos e entidades públicos e privados com o objetivo, entre outros, de:

I - estabelecer fluxo de troca de informações e experiências entre o empresariado do setor de defesa e os membros dos órgãos públicos;

II - analisar e aprofundar estudos e propor soluções para os assuntos apresentados;

III - estudar e recomendar a propositura, aos órgãos governamentais, de iniciativas de política econômico-financeira para instituir condições especiais de acesso das empresas estratégicas de defesa a financiamento no âmbito do Sistema Financeiro Nacional; e

IV - acompanhar os impactos dos mecanismos de financiamento na estrutura financeira das Empresas Estratégicas de Defesa - EED.

ART. 3º A participação na CMID, inclusive nas suas subcomissões temáticas, não ensejará qualquer remuneração para os seus membros e os trabalhos neles desenvolvidos serão considerados prestação de relevante serviço público.

CAPÍTULO III
DAS CLASSIFICAÇÕES E DOS CREDENCIAMENTOS

SEÇÃO I
DOS PRODUTOS DE DEFESA, DOS PRODUTOS ESTRATÉGICOS DE DEFESA E DOS SISTEMAS DE DEFESA

ART. 4º Os produtos de defesa serão catalogados conforme as normas e os procedimentos compatíveis com o Sistema Militar de Catalogação das Forças Armadas - SISMICAT.

§ 1º Os produtos não abrangidos pelo SISMICAT e aqueles em fase de inclusão poderão ser classificados como PRODE, por proposta da CMID e a critério do Ministério da Defesa, considerada sua participação na cadeia produtiva da indústria nacional de defesa ou sua destinação finalística de defesa.

§ 2º O Ministério da Defesa poderá autorizar entidades públicas e privadas a instalar e operar unidades de catalogação, conforme normas e procedimentos compatíveis com o SISMICAT, cabendo a homologação dos produtos ao Centro de Catalogação das Forças Armadas - CECAFA.

ART. 5º Por proposta da CMID, o PRODE considerado de interesse estratégico para a defesa nacional devido ao conteúdo tecnológico, à dificuldade de obtenção ou à sua imprescindibilidade será classificado como PED, por ato do Ministro de Estado da Defesa.

ART. 6º Por proposta da CMID, os sistemas de defesa - SD serão identificados e classificados por ato do Ministro de Estado da Defesa.

SEÇÃO II
DAS EMPRESAS DE DEFESA E DAS EMPRESAS ESTRATÉGICAS DE DEFESA

ART. 7º As empresas interessadas em obter credenciamento no SISMICAT como Empresa de Defesa - ED, deverão solicitá-lo no SISMICAT, apresentando a Declaração de Processo Produtivo - DPP ou a Declaração de Conteúdo Nacional - DCN dos seus PRODE ou SD.

§ 1º Considera-se ED, para os fins do disposto no *caput* e neste Decreto, a pessoa jurídica cadastrada em conformidade com as normas do SISMICAT, que produza ou integre a cadeia produtiva de PRODE.

§ 2º A DPP, emitida nos termos estabelecidos pelo Ministério do Desenvolvimento, Indústria e Comércio Exterior, especifica a manufatura ou o desenvolvimento de PRODE ou de SD nacional, mensurado de acordo com as apropriações de custos e o desenvolvimento, e a inovação tecnológica, realizados no País.

§ 3º A DCN, de caráter autodeclaratório, é emitida pela empresa, e expressa o grau de nacionalização de PRODE ou de SD, mensurado de acordo com as apropriações de custos dos insumos e os processos da cadeia produtiva, especificando, quando couber, o desenvolvimento e a inovação tecnológica realizados no País.

§ 4º A solicitação de credenciamento deverá ser feita junto ao Centro de Catalogação das Forças Armadas - CECAFA ou demais unidades de catalogação previstos no § 2º do art. 6º.

§ 5º As empresas poderão ser credenciadas como ED, por proposta da CMID e consideradas a DPP ou a DCN de seus respectivos produtos.

§ 6º Caberá ao Ministério da Defesa, em articulação com o Ministério do Desenvolvimento, Indústria e Comércio Exterior, com o Ministério da Ciência, Tecnologia e Inovação e, quando necessário, com outros órgãos públicos, verificar a conformidade das DPP ou DCN.

ART. 8º As ED, por proposta da CMID, poderão ser credenciadas como EED por ato do Ministro de Estado da Defesa.

Parágrafo único. As solicitações de credenciamento como EED serão encaminhadas ao Ministério da Defesa, por iniciativa das ED.

ART. 9º As ED e as EED, quando participarem de licitações, deverão apresentar garantias para que, no caso de descontinuidade da produção de um PED ou na ocorrência do encerramento da pessoa jurídica relativa à área estratégica de defesa, sem sucessor equivalente que garanta a sua perenidade, seja assegurada a continuidade das capacitações tecnológica e produtiva no País, tais como:

I - transferência à União, quando requisitado, da tecnologia relacionada aos PED;

II - disponibilização da capacidade tecnológica e produtiva para outras EED;

III - autorização da produção, sob licença, por outras EED;

IV - transferência da propriedade intelectual;

V - ressarcimento dos investimentos realizados pela União; ou

VI - apresentação de garantias reais.

ART. 10. Resguardado o segredo industrial e para cumprimento de composição dos dados estatísticos do setor, as empresas credenciadas pela Lei n. 12.598, de 2012, deverão encaminhar ao Ministério da Defesa e ao Ministério do Desenvolvimento, Indústria e Comércio Exterior, relatórios anuais dos resultados sobre a produção, o comércio e o mercado de trabalho, e impactos sobre a cadeia da base industrial de defesa, conforme ato interministerial expedido pelos mencionados ministérios.

ART. 11. Será descredenciada a EED que deixe de atender às condições previstas no inciso IV do *caput* do art. 2º da Lei n. 12.598, de 2012.

CAPÍTULO IV
DA COMPRA, DA CONTRATAÇÃO E DO DESENVOLVIMENTO DE PRODUTOS E SISTEMAS DE DEFESA

ART. 12. As aquisições de que trata o § 1º do art. 3º da Lei n. 12.598, de 2012, deverão ser precedidas de Termo de Licitação Especial - TLE.

§ 1º O TLE deverá ser confeccionado pelo órgão licitante, com indicação do objeto de forma clara e precisa, e apresentar a análise entre benefício e custo e as razões da opção de utilização do procedimento licitatório abrangido pela Lei n. 12.598, de 2012.

§ 2º O TLE, no que couber, indicará:

I - percentual mínimo de conteúdo nacional;

II - capacidade inovadora exigida;

III - contribuição para aumentar a capacidade tecnológica e produtiva da base industrial de defesa, esperada como resultado da contratação;

IV - sustentabilidade do ciclo de vida do PRODE;

V - garantia de continuidade das capacitações tecnológicas e produtivas a serem exigidas;

VI - possíveis condições de financiamento; e

VII - parâmetros para valoração da relação entre benefício e custo.

ART. 13. A participação das empresas nas licitações de que trata o § 1º do art. 3º da Lei n. 12.598, de 2012, será condicionada ao disposto nos arts. 9º ou 10 deste Decreto.

Parágrafo único. O cadastramento como ED poderá ser solicitado a qualquer tempo, mesmo após a abertura do procedimento licitatório.

ART. 14. Quando permitida a participação na licitação de pessoas jurídicas organizadas em consórcio de que trata o § 4º do art. 3º da Lei n. 12.598, de 2012, serão observadas as seguintes condições:

I - comprovação do compromisso público ou particular de constituição de consórcio, subscrito pelos consorciados;

II - indicação da pessoa jurídica responsável pelo consórcio, que deverá atender às condições de liderança fixadas no instrumento convocatório;

III - apresentação dos documentos exigidos no instrumento convocatório quanto a cada consorciado, admitindo-se, para efeito de qualificação técnica, o somatório dos quantitativos de cada consorciado;

IV - comprovação de qualificação econômico-financeira, mediante demonstração, por consorciado, do atendimento aos requisitos contábeis definidos no instrumento convocatório; e

V - impedimento de participação de consorciado na mesma licitação, em mais de um consórcio ou isoladamente, por meio de suas subsidiárias, coligadas ou outras empresas que pertençam ao grupo empresarial do consorciado.

§ 1º O instrumento convocatório deverá exigir que conste cláusula de responsabilidade solidária:

I - no compromisso de constituição de consórcio, a ser firmado pelos licitantes; e

II - no contrato a ser celebrado pelo consórcio vencedor.

§ 2º No consórcio de empresas brasileiras e estrangeiras a liderança caberá, obrigatoriamente, à empresa brasileira, observado o disposto no inciso I do § 4º do art. 3º da Lei n. 12.598, de 2012.

§ 3º O licitante vencedor ficará obrigado a promover, antes da celebração do contrato, a constituição e o registro do consórcio, nos termos do compromisso referido no *caput* do § 4º do art. 3º da Lei n. 12.598, de 2012.

§ 4º O instrumento convocatório poderá exigir do consórcio o estabelecimento de sociedade de propósito específico, cuja constituição observará as condições do art. 9º da Lei n. 11.079, de 30 de dezembro de 2004.

ART. 15. Compete ao Ministério da Defesa, ouvida a CMID, nos casos previstos no § 1º do art. 3º da Lei n. 12.598, de 2012, autorizar o procedimento licitatório.

ART. 16. As importações de PRODE ou SD que envolvam compensação comercial, tecnológica ou industrial serão autorizadas e acompanhadas pelo Ministério da Defesa, ouvida a CMID.

Parágrafo único. Comprovada a impossibilidade de atendimento à exigência de compensação comercial, tecnológica ou industrial, o Ministério da Defesa, ouvida a CMID, poderá autorizar a importação, independentemente de compensação.

CAPÍTULO V
DOS FINANCIAMENTOS ÀS EMPRESAS ESTRATÉGICAS DE DEFESA

ART. 17. As EED terão acesso a financiamentos para programas, projetos e ações relativos, respectivamente, a bens e serviços de defesa nacional de que trata o inciso I do *caput* do art. 8º da Lei n. 12.598, de 2012, e a PED, nos termos da legislação específica.

ART. 18. Para fins do disposto no art. 6º da Lei n. 12.598, de 2012, serão priorizados os financiamentos destinados a atender às diretrizes da Estratégia Nacional de Defesa, os projetos que envolvam capacitação tecnológica, produção e desenvolvimento de conteúdo local.

CAPÍTULO VI
DISPOSIÇÕES FINAIS

ART. 19. Competirá aos Ministros de Estado expedir normas e procedimentos complementares para a execução deste Decreto, no âmbito de suas competências.

ART. 20. O Ministério da Defesa poderá credenciar e contratar empresas com capacidade de atestar o conteúdo nacional dos PRODE, PED ou SD e de suas cadeias produtivas.

ART. 21. A Lei n. 8.666, de 21 de junho de 1993, será aplicada de forma subsidiária à Lei n. 12.598, de 2012, e ao estabelecido neste Decreto.

ART. 22. Este Decreto entra em vigor na data de sua publicação.

Brasília, 28 de março de 2013;
192º da Independência e 125º da República.
DILMA ROUSSEFF

DECRETO N. 7.984, DE 8 DE ABRIL DE 2013

Regulamenta a Lei n. 9.615, de 24 de março de 1998, que institui normas gerais sobre desporto.

- *DOU*, 09.04.2013.
- Vigência: 30 dias após sua publicação.
- Lei 12.867/2013 (Regula a profissão de árbitro de futebol.)

A Presidenta da República, no uso da atribuição que lhe confere o art. 84, *caput*, inciso IV, da Constituição, e tendo em vista o disposto na Lei n. 9.615, de 24 de março de 1998,

Decreta:

ART. 1º Este Decreto regulamenta a Lei n. 9.615, de 24 de março de 1998, que institui normas gerais sobre desporto.

CAPÍTULO I
DISPOSIÇÕES PRELIMINARES

ART. 2º O desporto brasileiro abrange práticas formais e não formais e tem como base os princípios dispostos no art. 2º da Lei n. 9.615, de 1998.

§ 1º A prática desportiva formal é regulada por normas nacionais e internacionais e pelas regras de prática desportiva de cada modalidade, aceitas pelas respectivas entidades nacionais de administração do desporto.

§ 2º A prática desportiva não formal é caracterizada pela liberdade lúdica de seus praticantes.

ART. 3º O desporto pode ser reconhecido nas seguintes manifestações:

I - desporto educacional ou esporte-educação, praticado na educação básica e superior e em formas assistemáticas de educação, evitando-se a seletividade, a competitividade excessiva de seus praticantes, com a finalidade de alcançar o desenvolvimento integral do indivíduo e a sua formação para o exercício da cidadania e a prática do lazer;

II - desporto de participação, praticado de modo voluntário, caracterizado pela liberdade lúdica, com a finalidade de contribuir para a integração dos praticantes na plenitude da vida social, a promoção da saúde e da educação, e a preservação do meio ambiente; e

III - desporto de rendimento, praticado segundo as disposições da Lei n. 9.615, de 1998, e das regras de prática desportiva, nacionais e internacionais, com a finalidade de obter resultados de superação ou de performance relacionados aos esportes e de integrar pessoas e comunidades do País e de outras nações.

§ 1º O desporto educacional pode constituir-se em:

I - esporte educacional, ou esporte formação, com atividades em estabelecimentos escolares e não escolares, referenciado em princípios socioeducativos como inclusão, participação, cooperação, promoção à saúde, coeducação e responsabilidade; e

II - esporte escolar, praticado pelos estudantes com talento esportivo no ambiente escolar, visando à formação cidadã, referenciado nos princípios do desenvolvimento esportivo e do desenvolvimento do espírito esportivo, podendo contribuir para ampliar as potencialidades para a prática do esporte de rendimento e promoção da saúde.

§ 2º O esporte escolar pode ser praticado em competições, eventos, programas de formação, treinamento, complementação educacional, integração cívica e cidadã, realizados por:

I - Confederação Brasileira de Desporto Escolar - CBDE, Confederação Brasileira de Desporto Universitário - CBDU, ou entidades vinculadas, e instituições públicas ou privadas que desenvolvem programas educacionais; e

II - instituições de educação de qualquer nível.

ART. 4º O desporto de rendimento pode ser organizado e praticado:

I - de modo profissional, caracterizado pela remuneração pactuada em contrato especial de trabalho desportivo entre o atleta e a entidade de prática desportiva empregadora; e

II - de modo não profissional, identificado pela liberdade de prática e pela inexistência de contrato especial de trabalho desportivo, sendo permitido o recebimento de incentivos materiais e de patrocínio.

Parágrafo único. Consideram-se incentivos materiais, na forma disposta no inciso II do *caput,* entre outros:

I - benefícios ou auxílios financeiros concedidos a atletas na forma de bolsa de aprendizagem, prevista no § 4º do art. 29 da Lei n. 9.615, de 1998;

II - Bolsa-Atleta, prevista na Lei n. 10.891, de 9 de julho de 2004;

III - bolsa paga a atleta por meio de recursos dos incentivos previstos na Lei n. 11.438, de 29 de dezembro de 2006, ressalvado o disposto em seu art. 2º, § 2º; e

IV - benefícios ou auxílios financeiros similares previstos em normas editadas pelos demais entes federativos.

CAPÍTULO II
DOS SISTEMAS DO DESPORTO

SEÇÃO I
DO SISTEMA BRASILEIRO DO DESPORTO

ART. 5º O Sistema Brasileiro do Desporto compreende:

I - o Ministério do Esporte;

II - o Conselho Nacional do Esporte - CNE; e

III - o Sistema Nacional do Desporto e os sistemas de desporto dos Estados, do Distrito Federal e dos Municípios, organizados de forma autônoma e em regime de colaboração, integrados por vínculos de natureza técnica específicos de cada modalidade desportiva.

§ 1º O Sistema Brasileiro do Desporto tem por objetivo garantir a prática desportiva regular e melhorar o seu padrão de qualidade.

§ 2º Poderão ser incluídas no Sistema Brasileiro de Desporto as pessoas jurídicas que desenvolvam práticas não formais, promovam a cultura e as ciências do desporto e formem e aprimorem especialistas, consultado o Conselho Nacional do Esporte.

SEÇÃO II
DO SISTEMA NACIONAL DO DESPORTO

ART. 6º O Sistema Nacional do Desporto tem por finalidade promover e aprimorar as práticas desportivas de rendimento, e é composto pelas entidades indicadas no parágrafo único do art. 13 da Lei n. 9.615, de 1998.

Parágrafo único. O Comitê Olímpico Brasileiro - COB, o Comitê Paralímpico Brasileiro - CPB, a Confederação Brasileira de Clubes - CBC e as entidades nacionais de administração do desporto a eles filiadas ou vinculadas constituem subsistema específico do Sistema Nacional do Desporto.

SEÇÃO III
DOS SISTEMAS DE DESPORTO DOS ESTADOS, DO DISTRITO FEDERAL E DOS MUNICÍPIOS

ART. 7º Os sistemas de desporto constituídos pelos Estados e pelo Distrito Federal observarão o disposto na Lei n. 9.615, de 1998, e neste Decreto.

Parágrafo único. A constituição de sistemas próprios de desporto pelos Municípios é facultativa e deve observar o disposto na Lei n. 9.615, de 1998, neste Decreto e, no que couber, na legislação estadual.

ART. 8º A relação entre o Sistema Brasileiro do Desporto e os sistemas de desporto dos Estados, do Distrito Federal e dos Municípios observará o princípio da descentralização, com organização e funcionamento harmônicos de sistemas desportivos diferenciados e autônomos de cada ente federativo.

CAPÍTULO III
DO CONSELHO NACIONAL DO ESPORTE

ART. 9º O Conselho Nacional do Esporte - CNE é órgão colegiado de deliberação, normatização e assessoramento, diretamente vinculado ao Ministro de Estado do Esporte e parte integrante do Sistema Brasileiro de Desporto.

Parágrafo único. O CNE tem por objetivo buscar o desenvolvimento de programas que promovam a massificação planejada da atividade física para toda a população e a melhoria do padrão de organização, gestão, qualidade e transparência do desporto nacional.

ART. 10. O CNE será composto por vinte e dois membros indicados pelo Ministro de Estado do Esporte, que o presidirá.

§ 1º Na escolha dos membros do CNE deverão ser observados os critérios de representatividade dos componentes do Sistema Brasileiro do Desporto e de capacidade de formulação de políticas públicas na área do esporte.

§ 2º São membros natos do CNE o Ministro de Estado do Esporte, o Secretário-Executivo e os Secretários Nacionais do Ministério do Esporte.

§ 3º Caberá ao Ministro de Estado do Esporte expedir ato normativo próprio para especificar a composição do CNE.

§ 4º À exceção dos membros natos, os membros do CNE e seus suplentes serão designados para um mandato de dois anos, permitida uma recondução consecutiva.

§ 5º O Presidente do CNE poderá convidar outras entidades de prática desportiva a participarem do colegiado, sem direito a voto.

§ 6º A atividade de membro do CNE é considerada prestação de serviço público relevante, não remunerada.

§ 7º O Ministro de Estado do Esporte poderá adotar providências que dependam de deliberação do CNE, que serão posteriormente submetidas à homologação pelo colegiado.

ART. 11. Compete ao CNE:

I - zelar pela aplicação dos princípios constantes da Lei n. 9.615, de 1998;

II - oferecer subsídios técnicos à elaboração do Plano Nacional do Desporto e contribuir para a implementação de suas diretrizes e estratégias;

III - estabelecer diretrizes, apreciar e aprovar os programas de inclusão social através do esporte;

IV - propor diretrizes para a integração entre o esporte e outros setores socioeconômicos;

V - emitir pareceres e recomendações sobre questões desportivas nacionais;

VI - aprovar os Códigos de Justiça Desportiva e suas alterações, com as peculiaridades de cada modalidade;

VII - expedir diretrizes para o controle de substâncias e métodos proibidos na prática desportiva;

VIII - propor mecanismos para prevenção de atividades que visem fraudar resultados de competições desportivas;

IX - propor ações para incentivar boas práticas de gestão corporativa, de equilíbrio financeiro, de competitividade desportiva e de transparência na administração do desporto nacional;

X - apoiar projetos que democratizem o acesso da população à atividade física e às práticas desportivas;

XI - propor seu regimento interno, para aprovação do Ministro de Estado do Esporte; e

XII - exercer outras atribuições previstas na legislação.

§ 1º O Ministério do Esporte prestará apoio técnico e administrativo ao CNE.

§ 2º Para o atendimento ao disposto no inciso VII do *caput,* o CNE aprovará o Código Brasileiro de Justiça Desportiva para o Desporto de Rendimento - CBJD e o Código Brasileiro de Justiça Desportiva para o Desporto Educacional - CBJDE.

CAPÍTULO IV
DAS LIGAS DESPORTIVAS

ART. 12. As ligas desportivas nacionais e regionais de que trata o art. 20 da Lei n. 9.615, de 1998, são pessoas jurídicas de direito privado, com ou sem fins lucrativos, dotadas de autonomia de organização e funcionamento, com competências definidas em estatutos.

Parágrafo único. As ligas desportivas constituídas na forma da lei integram o Sistema Nacional do Desporto.

ART. 13. As ligas constituídas com finalidade de organizar, promover ou regulamentar competições nacionais ou regionais, envolvendo atletas profissionais, equiparam-se, nos termos do § 6º do art. 20 da Lei n. 9.615, de 1998, às entidades de administração do desporto, devendo em seus estatutos observar as mesmas exigências a estas previstas.

§ 1º Os estatutos das ligas, independente da circunstância de equiparação às entidades de administração do desporto, deverão prever a inelegibilidade de seus dirigentes para o desempenho de cargos ou funções eletivas de livre nomeação, conforme o art. 23, *caput,* inciso II, da Lei n. 9.615, de 1998.

§ 2º As ligas, as entidades a elas filiadas ou vinculadas, independente da equiparação às entidades de administração do desporto, e os atletas que participam das competições por elas organizadas subordinam-se às regras de proteção à saúde e à segurança dos praticantes, inclusive as estabelecidas pelos organismos intergovernamentais e entidades internacionais de administração do desporto.

ART. 14. São requisitos mínimos para a admissão e a permanência de entidade de prática desportiva como filiada à liga desportiva:

I - fornecer cópia atualizada de seus estatutos com certidão do Cartório de Registro Civil das Pessoas Jurídicas;

II - apresentar ata da eleição dos dirigentes e dos integrantes da Diretoria ou do Conselho de Administração, comunicando imediatamente à liga qualquer alteração promovida nas suas instâncias diretivas;

III - comunicar imediatamente à liga quaisquer modificações estatutárias ou sociais;

IV - fornecer à liga as informações por ela solicitadas, conforme prazo estabelecido;

V - depositar, se exigido pela liga, aval ou fiança bancária no prazo e na forma estabelecidos, para assegurar o cumprimento das resoluções e dos acordos econômicos da liga;

VI - permitir auditorias externas determinadas pela liga, realizadas por pessoas físicas ou jurídicas;

VII - remeter para ciência da liga cópias dos contratos com repercussão econômico-desportiva no relacionamento com a liga, informando os direitos cedidos, transferidos ou dados em garantia; e

VIII - manter seu estatuto atualizado, na forma registrada em Cartório, disponível para

DECRETOS

conhecimento público em sítio eletrônico, atualizado.

CAPÍTULO V
DO PLANO NACIONAL DO DESPORTO

ART. 15. Cumpre ao Ministério do Esporte propor à Presidência da República o Plano Nacional do Desporto - PND, decenal, ouvido o CNE e observado o disposto no art. 217 da Constituição.

ART. 16. O PND deverá:

I - conter análise da situação nacional do desenvolvimento do desporto;

II - definir diretrizes para sua aplicação;

III - consolidar programas e ações relacionados às diretrizes e indicar as prioridades, metas e requisitos para sua execução;

IV - explicitar as responsabilidades dos órgãos e entidades da União e os mecanismos de integração e coordenação com os integrantes do Sistema Brasileiro do Desporto; e

V - definir mecanismos de monitoramento e de avaliação.

Parágrafo único. A elaboração do PND contará com a participação de outros ministérios em suas respectivas áreas de competência.

CAPÍTULO VI
DOS RECURSOS DO DESPORTO

SEÇÃO I
DAS CONDIÇÕES GERAIS PARA REPASSES DE RECURSOS PÚBLICOS

ART. 17. Os recursos do Ministério do Esporte serão aplicados conforme o Plano Nacional do Desporto - PND, observado o disposto na Lei n. 9.615, de 1998, neste Decreto e em outras normas aplicáveis à espécie

Parágrafo único. Enquanto não instituído o PND, o Ministério do Esporte destinará os recursos conforme as leis orçamentárias vigentes.

ART. 18. As transferências voluntárias da União aos entes federativos serão precedidas da análise quanto ao cumprimento, por estes, do disposto na Lei n. 9.615, de 1998.

ART. 19. Somente serão beneficiadas com recursos oriundos de isenções e benefícios fiscais e repasses de outros recursos da administração federal direta e indireta, nos termos do inciso II do *caput* do art. 217 da Constituição, as entidades do Sistema Nacional do Desporto que preencherem os requisitos estabelecidos nos art. 18, 22, 23 e 24 da Lei n. 9.615, de 1998, e neste Decreto.

Parágrafo único. A verificação do cumprimento das exigências contidas nos incisos I a V do *caput* do art. 18 da Lei n. 9.615, de 1998, será de responsabilidade do Ministério do Esporte, que analisará a documentação fornecida pela entidade.

ART. 20. A aplicação dos recursos financeiros de que tratam o art. 9º e o inciso VI do *caput* do art. 56 da Lei n. 9.615, de 1998, destinados ao Comitê Olímpico Brasileiro - COB e ao Comitê Paralímpico Brasileiro - CPB, sujeita-se aos princípios gerais da administração pública mencionados no *caput* do art. 37 da Constituição.

§ 1º A observância dos princípios gerais da administração pública estende-se à aplicação, pela Confederação Brasileira de Clubes - CBC, dos recursos previstos no art. 56, *caput,* inciso VIII, da Lei n. 9.615, de 1998.

§ 2º Os recursos citados no *caput* e § 1º serão repassados diretamente pela Caixa Econômica Federal ao COB, ao CPB e à CBC.

§ 3º Os recursos poderão ser geridos diretamente ou de forma descentralizada, total ou parcialmente, por meio de ajustes com outras entidades, que deverão apresentar plano de trabalho e observar os princípios gerais da administração pública.

§ 4º A descentralização prevista no § 3º não poderá beneficiar entidades em situação irregular perante a União, os Estados, o Distrito Federal e os Municípios.

§ 5º A comprovação de regularidade no âmbito federal será feita mediante apresentação pela entidade de certidão negativa ou certidão positiva com efeito de negativa de débitos relativos aos tributos administrados pela Secretaria da Receita Federal do Brasil e à dívida ativa da União, certificado de regularidade do Fundo de Garantia do Tempo de Serviço - FGTS e de regularidade em face do Cadastro Informativo de Créditos não Quitados do Setor Público Federal - CADIN.

§ 6º A comprovação da situação de regularidade referida no § 5º, será exigida periodicamente, em intervalos que serão estabelecidos por ato do Ministro de Estado do Esporte, sem prejuízo da observância das normas legais e regulamentares aplicáveis.

ART. 21. Os recursos a que se referem o *caput* e o § 1º do art. 20 serão aplicados em programas e projetos de:

I - fomento, desenvolvimento e manutenção do desporto;

II - formação de recursos humanos;

III - preparação técnica, manutenção e locomoção de atletas; e

IV - participação em eventos esportivos.

Parágrafo único. Para efeito do disposto neste Decreto, considera-se:

I - fomento, desenvolvimento e manutenção do desporto - promoção das práticas desportivas a que se refere o art. 217 da Constituição;

II - formação de recursos humanos - capacitação, instrução, educação, treinamento e habilitação na área do desporto, por cursos, palestras, congressos, seminários, exposições e outras formas de difusão de conhecimento, além de pesquisas e desenvolvimento de técnicas e práticas técnico-científicas ligadas ao esporte olímpico e paralímpico, em manifestações desportivas previstas no art. 3º da Lei n. 9.615, de 1998;

III - preparação técnica, manutenção e locomoção de atletas - preparo, sustentação e transporte de atletas, além de:

a) aquisição e locação de equipamentos desportivos para atletas, técnicos e outros profissionais;

b) serviços de profissionais de saúde para atletas, técnicos e outros profissionais;

c) alimentação e nutrição para atletas, técnicos e outros profissionais;

d) moradia e hospedagem para atletas, técnicos e outros profissionais, e

e) custos com serviços administrativos referentes às atividades de preparação técnica, manutenção e locomoção de atletas; e

IV - participação de atletas em eventos esportivos - efetivação do deslocamento, da alimentação e da acomodação de atletas, técnicos, pessoal de apoio e dirigentes, inclusive gastos com premiações.

ART. 22. Ato do Ministro de Estado do Esporte definirá limite de utilização dos recursos a que se referem o *caput* e o § 1º do art. 20 para realização de despesas administrativas necessárias ao cumprimento das metas pactuadas pelas entidades.

Parágrafo único. Os instrumentos de repasse de recursos para as entidades ou para as descentralizações deverão observar o limite referido no *caput*.

SEÇÃO II
DO ACOMPANHAMENTO DA APLICAÇÃO DOS RECURSOS REPASSADOS AO COB, CPB E À CBC

ART. 23. Serão publicados no Diário Oficial da União no prazo máximo de cento e vinte dias, pelo COB, pelo CPB e pela CBC, contado da data de publicação deste Decreto, atos disciplinando:

I - procedimentos para a descentralização dos recursos e a respectiva prestação de contas; e

II - critérios e limites para despesas administrativas necessárias ao cumprimento do objeto pactuado a serem realizadas com recursos descentralizados pelas entidades beneficiadas e daqueles referentes a passagens, hospedagem, transporte e alimentação dos dirigentes e funcionários das entidades mencionadas no *caput* e das conveniadas, observado o disposto no art. 22.

ART. 24. Os atos sobre procedimentos de que trata o inciso I do art. 23 deverão estabelecer que as despesas realizadas com recursos oriundos da Lei n. 9.615 de 1998, estejam de acordo com plano de trabalho previamente aprovado, que deverá conter, no mínimo:

I - razões que justifiquem o repasse dos recursos;

II - descrição detalhada do objeto a ser executado, com especificação completa do bem a ser produzido ou adquirido e, no caso de obras, instalações ou serviços, o projeto básico, com elementos necessários e suficientes para caracterizar, de modo preciso, a obra, instalação ou serviço objeto do convênio, sua viabilidade técnica, custo, fases ou etapas, e prazos de execução;

III - descrição das metas a serem atingidas, qualitativas e quantitativas;

IV - etapas ou fases da execução do objeto, com previsões de início e de fim;

V - plano de aplicação dos recursos a serem desembolsados pelo COB, pelo CPB e pela CBC, para cada atividade, projeto ou evento;

VI - cronograma de desembolso; e

VII - declaração expressa do proponente, sob as penas do art. 299 do Código Penal, de que não se encontra em mora e nem em débito junto a qualquer órgão ou entidade da administração pública federal.

§ 1º Os atos de que trata o *caput* deverão definir, expressa e obrigatoriamente, cláusulas que constarão dos instrumentos de formalização de repasse dos recursos, estabelecendo:

I - objeto e seus elementos característicos, com descrição detalhada, objetiva e precisa do que se pretende realizar ou obter, em consonância com o plano de trabalho;

II - obrigação de cada um dos partícipes;

III - vigência, fixada de acordo com o prazo previsto para a execução do objeto e em função das metas estabelecidas;

IV - prerrogativa, por parte do COB, do CPB e da CBC, de exercer o controle e a fiscalização sobre a execução do objeto;

V - prerrogativa, por parte do COB, do CPB e da CBC, de assumir ou transferir a responsabilidade pela gestão dos recursos para outra entidade, no caso de paralisação ou de fato relevante superveniente, de modo a evitar a descontinuidade das ações;

VI - sistemática de liberação de recursos, conforme cronograma de desembolso constante do plano de trabalho, com previsão de aguardar a ordem de início;

VII - obrigatoriedade, por parte das entidades beneficiadas com os recursos descentralizados pelo COB, pelo CPB e pela CBC, de observar o regulamento de compras e contratações de que trata o art. 28;

VIII - apresentação de relatórios de execução físico-financeira e de prestação de contas dos recursos recebidos, no prazo máximo de sessenta dias, contado da data do término da vigência prevista no plano de trabalho;

IX - definição, na data do término da vigência prevista no plano de trabalho, do direito de propriedade dos bens remanescentes adquiridos, produzidos, transformados ou construídos;

X - faculdade aos partícipes para denunciar ou rescindir, a qualquer tempo, os ajustes celebrados, com responsabilidade pelas obrigações decorrentes do período em que vigoraram os instrumentos, e reconhecimento dos benefícios adquiridos, quando for o caso;

XI - obrigatoriedade de restituição, ao final do prazo de vigência dos ajustes, de eventual saldo de recursos para as contas bancárias específicas do COB, do CPB e da CBC, inclusive rendimentos de aplicações financeiras;

XII - obrigatoriedade de restituição ao COB, ao CPB e à CBC dos valores transferidos, atualizados monetariamente e acrescidos de juros legais desde a data do recebimento, na forma da legislação aplicável aos débitos com a Fazenda Nacional, nos seguintes casos:

a) quando não for executado o objeto pactuado;

b) quando não forem apresentadas, nos prazos exigidos, as prestações de contas; ou

c) quando os recursos forem utilizados em finalidade diversa da estabelecida no plano de trabalho;

XIII - obrigatoriedade de recolher à conta do COB, do CPB e da CBC os rendimentos de aplicações financeiras referentes ao período entre a liberação do recurso e a sua utilização, quando não comprovar o seu emprego na execução do objeto; e

XIV - obrigatoriedade de movimentar os valores em conta bancária específica vinculada ao reajuste.

§ 2º Os atos de que trata o *caput* deverão consignar a vedação de inclusão, tolerância ou admissão, nos ajustes, sob pena de nulidade e responsabilidade dos envolvidos, de cláusulas ou condições que prevejam ou permitam:

I - despesas a título de taxa de administração, de gerência ou similar;

II - pagamento, a qualquer título, a servidor ou empregado público;

III - utilização dos recursos em finalidade diversa da estabelecida no respectivo instrumento, ainda que em caráter de emergência;

IV - realização de despesas em data anterior ou posterior à vigência do ajuste;

V - atribuição de vigência ou de efeitos financeiros retroativos;

VI - realização de despesas com multa, juros ou correção monetária, inclusive referente a pagamentos ou recolhimentos fora dos prazos;

VII - transferência de recursos para associações de servidores ou quaisquer entidades congêneres;

VIII - realização de despesas com publicidade, salvo as de caráter educativo ou de orientação social, e nas quais não constem nomes, símbolos ou imagens que caracterizem promoção pessoal de autoridades ou servidores públicos;

IX - descentralização de recursos para entidades cujo objeto social não se relacione com as características do plano estratégico de aplicação de recursos; e

X - descentralização de recursos para entidades que não disponham de condições técnicas para executar o objeto ajustado

ART. 25. Para o acompanhamento da aplicação dos recursos nos programas e projetos referidos no § 3º do art. 56 da Lei n. 9.615, de 1998, o COB, o CPB e a CBC disponibilizarão ao Tribunal de Contas da União, ao Ministério do Esporte e ao Ministério da Educação, por meio físico e eletrônico, quadro-resumo da receita e da utilização dos recursos, subdivididos por exercício financeiro, discriminando:

I - valores mensais arrecadados;

II - aplicações diretas, com a discriminação dos recursos aplicados por projetos e programas contemplados; e

III - valores despendidos pelo COB, pelo CPB e pelas entidades beneficiadas com os recursos descentralizados, por grupos de despesa, consolidados conforme disciplinado em ato do Ministro de Estado do Esporte.

ART. 26. O COB, o CPB e a CBC deverão encaminhar ao Ministério do Esporte cópia da documentação remetida em atendimento às normas do Tribunal de Contas da União, em relação à aplicação dos recursos a eles repassados.

ART. 27. Nas hipóteses em que haja opção pela gestão descentralizada dos recursos recebidos, a entidade beneficiada prestará contas e o concedente responderá de forma subsidiária pelas omissões, irregularidades e utilização dos recursos por parte da entidade beneficiada, competindo a esta a obrigação de prestar contas.

ART. 28. O COB, o CPB e a CBC disponibilizarão, em seus sítios eletrônicos o regulamento próprio de compras e contratações, para fins de aplicação direta e indireta dos recursos para obras, serviços, inclusive de publicidade, compras, alienações e locações, conforme o disposto no art. 56-A, § 2º, inciso V, da Lei n. 9.615, de 1998.

Parágrafo único. O regulamento a que se refere o *caput* deverá atender aos princípios da legalidade, impessoalidade, moralidade, publicidade, eficiência, igualdade, e do julgamento objetivo e dos que lhes são correlatos, tendo por finalidade apara seleção da proposta mais vantajosa.

ART. 29. Dos totais dos recursos correspondentes ao COB, ao CPB e à CBC:

I - dez por cento serão destinados ao desporto escolar, em programação definida conjuntamente com a Confederação Brasileira do Desporto Escolar - CBDE; e

II - cinco por cento serão destinados ao desporto universitário, em programação definida conjuntamente com a Confederação Brasileira do Desporto Universitário - CBDU.

§ 1º Para os fins deste Decreto, considera-se desporto escolar aquele praticado por estudantes regularmente matriculados nos ensinos fundamental ou médio, e desporto universitário aquele praticado por estudantes regularmente matriculados em cursos de educação superior.

§ 2º Consideram-se despesas com desporto escolar e desporto universitário aquelas decorrentes das ações de que trata o parágrafo único do art. 21.

§ 3º O COB, o CPB e a CBC poderão gerir, diretamente e em conjunto com a CBDE ou a CBDU, ou de forma descentralizada, por meio de ajuste, os percentuais de que tratam os incisos I e II do *caput*.

§ 4º Do total dos valores destinados ao desporto escolar e ao desporto universitário ao menos cinquenta por cento serão efetivamente empregados nas principais competições nacionais realizadas diretamente pela CBDE e pela CBDU, respectivamente.

§ 5º Não se aplica ao CPB o disposto no § 4º.

§ 6º As competições nacionais paraolímpicas de desporto escolar e de desporto universitário poderão ser promovidas conjuntamente em um único evento, caso impossível a realização em separado.

ART. 30. A CBC observará a aplicação em atividades paradesportivas de quantidade mínima de quinze por cento dos recursos repassados nos termos do § 1º do art. 20.

SEÇÃO III
DO CONTRATO DE DESEMPENHO

ART. 31. É condição para o recebimento dos recursos públicos federais que o COB, o CPB e as entidades nacionais de administração do desporto celebrem contrato de desempenho com o Ministério do Esporte.

§ 1º Contrato de desempenho é o instrumento firmado entre o Ministério do Esporte e as entidades de que trata o *caput*, para o fomento público e a execução de atividades relacionadas ao Plano Nacional do Desporto, mediante o cumprimento de metas e de resultados fixados no correspondente contrato.

§ 2º O contrato de desempenho terá as seguintes cláusulas essenciais:

I - a do objeto, que conterá a especificação do programa de trabalho proposto pela entidade;

II - a de estipulação das metas e dos resultados a serem atingidos prazos de execução ou cronograma;

III - a de critérios objetivos de avaliação de desempenho, com indicadores de resultado;

IV - a que estabelece as obrigações da entidade, entre as quais:

a) apresentar ao Ministério do Esporte, ao término de cada exercício, relatório sobre a execução do objeto, contendo comparativo específico das metas propostas com os resultados alcançados, e prestação de contas dos gastos e receitas; e

b) elaborar regulamento próprio para a contratação de obras, serviços e compras com recursos públicos, observados os princípios da legalidade, impessoalidade, moralidade, publicidade, economicidade e eficiência; e

V - a de obrigatoriedade de publicação, pelo Ministério do Esporte, no Diário Oficial da União, de seu extrato e de demonstrativo da sua execução física e financeira, conforme modelo simplificado contendo os dados principais da documentação obrigatória referida no inciso IV do *caput*, sob pena de não liberação dos recursos.

§ 3º A celebração do contrato de desempenho condiciona-se à aprovação pelo Ministério do Esporte:

I - de programa de trabalho, apresentado pela entidade na forma definida em ato do Ministro de Estado do Esporte, quanto à compatibilidade com o PND; e

II - de plano estratégico de aplicação de recursos, apresentado pela entidade considerando o ciclo olímpico ou paraolímpico de quatro anos, em que deverão constar a estratégia de

DECRETOS

base, as diretrizes, os objetivos, os indicadores e as metas.

§ 4º O plano estratégico de aplicação de recursos referido no § 3º, suas revisões e avaliações integrarão o contrato de desempenho.

§ 5º O ciclo olímpico e paraolímpico é o período de quatro anos compreendido entre a realização de dois Jogos Olímpicos ou dois Jogos Paraolímpicos, de verão ou de inverno, ou o que restar até a realização dos próximos Jogos Olímpicos ou Jogos Paraolímpicos.

§ 6º A verificação do cumprimento do contrato de desempenho será de responsabilidade do Ministério do Esporte, conforme indicadores mínimos para considerar satisfatória a sua execução, previstos no próprio instrumento contratual.

§ 7º O Ministério do Esporte poderá designar comissão técnica temática de acompanhamento e avaliação do cumprimento do contrato de desempenho e do plano estratégico de aplicação de recursos, que emitirá parecer sobre os resultados alcançados, em subsídio aos processos de fiscalização e prestação de contas sob sua responsabilidade perante os órgãos de controle interno e externo do Poder Executivo.

§ 8º O descumprimento injustificado de cláusulas do contrato de desempenho ou a inadmissão, pelo Ministério do Esporte, da justificativa apresentada pela entidade que o descumpriu constituem causas para rescisão, sem prejuízo de outras medidas administrativas.

§ 9º O contrato de desempenho especificará cláusulas cujo descumprimento acarretará rescisão do ajuste, de forma isolada ou não, estabelecidos critérios objetivos que permitam a aferição quanto ao cumprimento.

§ 10. O conteúdo integral dos contratos de desempenho será disponibilizado no sitio eletrônico do Ministério do Esporte, sem prejuízo de que a entidade os disponibilize em seu sitio eletrônico.

§ 11. É facultado a entidades não referidas no *caput* propor ao Ministério do Esporte firmar o contrato de desempenho.

ART. 32. Para a celebração do contrato de desempenho será exigido das entidades que sejam regidas por estatutos que disponham expressamente sobre:

I - observância dos princípios da legalidade, impessoalidade, moralidade, publicidade, economicidade e eficiência;

II - adoção de práticas de gestão administrativa necessárias e suficientes a coibir a obtenção, de forma individual ou coletiva, de benefícios ou vantagens pessoais em decorrência da participação no processo decisório;

III - constituição de conselho fiscal ou órgão equivalente, dotado de competência para opinar sobre os relatórios de desempenho financeiro e contábil e sobre as operações patrimoniais realizadas, emitindo pareceres para os órgãos superiores da entidade;

IV - funcionamento autônomo e regular dos órgãos de Justiça Desportiva referentes à respectiva modalidade, inclusive quanto a não existência de aplicação de sanções disciplinares através de mecanismos estranhos a esses órgãos, ressalvado o disposto no art. 51 da Lei n. 9.615, de 1998;

V - prestação de contas, com a observância, no mínimo:

a) dos princípios fundamentais de contabilidade, de acordo com os critérios estabelecidos pelo Conselho Federal de Contabilidade;

b) da publicidade, no encerramento do exercício fiscal, do relatório de atividades e das demonstrações financeiras da entidade, incluindo-se as certidões negativas de débitos com o Instituto Nacional do Seguro Social - INSS e com o FGTS, além da Certidão Negativa de Débitos Trabalhistas - CNDT, à disposição para exame de qualquer cidadão.

Parágrafo único. O Ministério do Esporte verificará, previamente, o regular funcionamento da entidade e a compatibilidade do seu estatuto com o disposto neste Decreto.

ART. 33. O requerimento para celebração de contrato de desempenho observará modelo disponibilizado no sitio eletrônico do Ministério do Esporte e será instruído com cópias autenticadas dos seguintes documentos das entidades:

I - estatuto atualizado, com a certidão do Cartório de Registro Civil das Pessoas Jurídicas;

II - ata da eleição dos dirigentes, integrantes da Diretoria ou do Conselho de Administração;

III - balanço patrimonial e demonstração do resultado do exercício;

IV - comprovante de inscrição no Cadastro Geral de Contribuintes - CGC/Cadastro Nacional da Pessoa Jurídica - CNPJ; e

V - comprovantes da regularidade jurídica e fiscal perante a Receita Federal do Brasil e o FGTS, além da CNDT.

Parágrafo único. O Ministério do Esporte deverá verificar a regularidade dos documentos citados no *caput*.

ART. 34. O Ministério do Esporte, no prazo de trinta dias contado do recebimento do requerimento, se manifestará sobre a celebração do contrato de desempenho.

§ 1º A decisão será publicada em sítio eletrônico, no prazo máximo de dez dias.

§ 2º No caso de indeferimento, o Ministério do Esporte notificará a entidade proponente das razões da negativa.

§ 3º A entidade com requerimento indeferido poderá reapresentá-lo a qualquer tempo, desde que suprida a causa da negativa.

ART. 35. A alteração nos estatutos que implique descumprimento de exigência elencada no art. 32, ou fato que implique mudança nas condições estabelecidas no ato da contratação, darão causa à rescisão do contrato de desempenho por parte do Ministério do Esporte, salvo se, sob consulta, aceitar a alteração.

§ 1º O contratante deverá comunicar ao Ministério do Esporte a respeito da alteraçao de que trata o *caput* no prazo de dez dias, contado da data em que registrada em cartório ou da ocorrência do fato que houver implicado mudança das condições.

§ 2º O Ministério do Esporte deverá decidir a respeito da rescisão do contrato no prazo de trinta dias, contado da data em que recebida a comunicação de que trata o § 1º, período em que repasses de recursos referentes ao contrato de desempenho ficarão suspensos.

SEÇÃO IV
DA DESTINAÇÃO DOS RECURSOS AOS ENTES FEDERADOS

ART. 36. Um terço dos recursos previstos no inciso II do *caput* do art. 6º da Lei n. 9.615, de 1998, será repassado às Secretarias de Esporte dos Estados e do Distrito Federal ou, se inexistentes, a órgãos ou entidades com atribuições semelhantes.

§ 1º Os recursos previstos no *caput* serão repassados proporcionalmente ao montante das apostas efetuadas em cada unidade da Federação e pelo menos cinquenta por cento do montante recebido será destinado a projetos apresentados pelos Municípios ou, na falta de projetos, em ações governamentais em benefício dos Municípios.

§ 2º Os recursos do repasse serão aplicados em atividades finalísticas do esporte, com prioridade para jogos escolares de esportes olímpicos e paraolímpicos, admitida também sua aplicação em outras áreas do desporto educacional e no e apoio ao desporto para pessoas com deficiência, observado o disposto no PND.

§ 3º Os jogos escolares mencionados no § 2º visarão à preparação e à classificação de atletas para competição nacional de desporto educacional.

§ 4º A destinação aos Municípios de que trata o § 1º será regulamentada por cada Estado, observando:

I - a distribuição dos recursos entre as diversas regiões de cada Estado;

II - a adequação dos projetos apresentados ao PND e, caso houver, ao Plano Estadual do Desporto; e

III - a publicação de edital ou outro meio que proporcione a ciência de todas as administrações municipais quanto ao prazo para apresentação de projetos.

ART. 37. Além das atividades voltadas ao desporto de participação, são consideradas atividades finalísticas do esporte, para fins do disposto no art. 36, § 2º:

I - subvenção direta ao estudante que atue em competições voltadas ao esporte escolar, assim como à comissão técnica responsável por sua preparação;

II - custeio de transporte e de hospedagem de atletas, árbitros e comissão técnica de equipes de esporte escolar para atividades e eventos de treinamento e de competições nacionais e internacionais;

III - aquisição de equipamentos e uniformes para treinamento e competição de esporte escolar;

IV - custeio de profissionais, equipamentos, suplementos e medicamentos utilizados na recuperação e prevenção de lesões de atletas de esporte escolar; e

V - construção, ampliação, manutenção e recuperação de instalações esportivas destinadas ao desporto educacional e de participação.

§ 1º A comissão técnica de equipes desportivas inclui treinador, assistentes técnicos, preparadores físicos, profissionais de saúde e quaisquer outros membros cuja atuação contribua diretamente na preparação, aperfeiçoamento, manutenção e recuperação técnica e física dos atletas de esporte escolar.

§ 2º As despesas observarão critérios de economicidade e as necessidades de conforto indispensáveis à manutenção de boas condições físicas dos atletas do desporto educacional ou de maior eficiência na logística de treinamento e de competição.

§ 3º Não será permitida a destinação de recursos para obrigações do ente federado referentes a pessoal e encargos sociais, ou qualquer despesa com a folha de pagamento.

CAPÍTULO VII
DA ORDEM DESPORTIVA

ART. 38. A aplicação de qualquer penalidade prevista nos incisos IV ou V do *caput* do art. 48 da Lei n. 9.615, de 1998, exige decisão definitiva da Justiça Desportiva, limitada às questões que envolvam infrações disciplinares e competições desportivas, em observância ao disposto no § 1º do art. 217 da Constituição.

ART. 39. Na aplicação das penalidades por violação da ordem desportiva, previstas no art. 48 da Lei n. 9.615, de 1998, além da garantia do contraditório e ampla defesa, devem ser observados os princípios da proporcionalidade e da razoabilidade.

CAPÍTULO VIII
DA JUSTIÇA DESPORTIVA

ART. 40. A Justiça Desportiva regula-se pela Lei n. 9.615, de 1998, por este Decreto e pelo disposto no CBJD ou CBJDE, respectivamente observados os seguintes princípios:

I - ampla defesa;

II - celeridade;

III - contraditório;

IV - economia processual;

V - impessoalidade;

VI - independência;

VII - legalidade;

VIII - moralidade;

IX - motivação;

X - oficialidade;

XI - oralidade;

XII - proporcionalidade;

XIII - publicidade;

XIV - razoabilidade;

XV - devido processo legal;

XVI - tipicidade desportiva;

XVII - prevalência, continuidade e estabilidade das competições; e

XVIII - espírito desportivo

ART. 41. Os órgãos integrantes da Justiça Desportiva, autônomos e independentes das entidades de administração do desporto de cada sistema, são os Superiores Tribunais de Justiça Desportiva - STJD, perante as entidades nacionais de administração do desporto; os Tribunais de Justiça Desportiva - TJD, perante as entidades regionais da administração do desporto, e as Comissões Disciplinares, com competência para processar e julgar questões previstas nos Códigos de Justiça Desportiva, assegurados a ampla defesa e o contraditório.

§ 1º Os tribunais plenos dos STJD e dos TJD serão compostos por nove membros:

I - dois indicados pela entidade de administração do desporto;

II - dois indicados pelas entidades de prática desportiva que participem de competições oficiais da divisão principal, por decisão em reunião convocada pela entidade de administração do desporto para esse fim;

III - dois advogados com notório saber jurídico desportivo, indicados pela Ordem dos Advogados do Brasil;

IV - um representante dos árbitros, indicado pela entidade de classe;

V - dois representantes dos atletas, indicados pelas entidades sindicais.

§ 2º Para os fins dispostos nos incisos IV e V do § 1º na hipótese de inexistência de entidade regional, caberá à entidade nacional a indicação.

CAPÍTULO IX
DA PRÁTICA DESPORTIVA PROFISSIONAL

SEÇÃO I
DA ATIVIDADE PROFISSIONAL

ART. 42. É facultado às entidades desportivas profissionais, inclusive às de prática de futebol profissional, constituírem-se como sociedade empresária, segundo um dos tipos regulados pelos arts. 1.039 a 1.092 da Lei n. 10.406, de 10 de janeiro de 2002 - Código Civil.

SEÇÃO II
DA COMPETIÇÃO PROFISSIONAL

ART. 43. Considera-se competição profissional aquela promovida para obter renda e disputada por atletas profissionais cuja remuneração decorra de contrato especial de trabalho desportivo.

Parágrafo único. Entende-se como renda a receita auferida pelas entidades previstas no § 10 do art. 27 da Lei n. 9.615, de 1998, na organização e realização de competição desportiva com a venda de ingressos, patrocínio e negociação dos direitos audiovisuais do evento desportivo, entre outros.

SEÇÃO III
DO ATLETA PROFISSIONAL

ART. 44. A atividade do atleta profissional é caracterizada por remuneração pactuada em contrato especial de trabalho desportivo, firmado com entidade de prática desportiva, na forma da Lei n. 9.615, de 1998, e, de forma complementar e no que for compatível, pelas das normas gerais da legislação trabalhista e da seguridade social.

§ 1º O contrato especial de trabalho desportivo fixará as condições e os valores para as hipóteses de aplicação da cláusula indenizatória desportiva ou da cláusula compensatória desportiva, previstas no art. 28 da Lei n. 9.615, de 1998.

§ 2º O vínculo desportivo do atleta com a entidade de prática desportiva previsto no § 5º do art. 28 da Lei n. 9.615, de 1998, não se confunde com o vínculo empregatício e não é condição para a caracterização da atividade de atleta profissional.

SEÇÃO IV
DO DIREITO DE IMAGEM DO ATLETA

ART. 45. O direito ao uso da imagem do atleta, disposto no art. 87-A da Lei n. 9.615, de 1998, pode ser por ele cedido ou explorado, por ajuste contratual de natureza civil e com fixação de direitos, deveres e condições inconfundíveis com o contrato especial de trabalho desportivo.

§ 1º O ajuste de natureza civil referente ao uso da imagem do atleta não substitui o vínculo trabalhista entre ele e a entidade de prática desportiva e não depende de registro em entidade de administração do desporto.

§ 2º Serão nulos de pleno direito os atos praticados através de contrato civil de cessão da imagem com o objetivo de desvirtuar, impedir ou fraudar as garantias e direitos trabalhistas do atleta.

SEÇÃO V
DIREITO DE ARENA

ART. 46. Para fins do disposto no § 1º do art. 42 da Lei n. 9.615, de 1998, a respeito do direito de arena, o percentual de cinco por cento devido aos atletas profissionais será repassado pela emissora detentora dos direitos de transmissão diretamente às entidades sindicais de âmbito nacional da modalidade, regularmente constituídas.

Parágrafo único. O repasse pela entidade sindical aos atletas profissionais participantes do espetáculo deverá ocorrer no prazo de sessenta dias.

SEÇÃO VI
DO ATLETA AUTÔNOMO

ART. 47. Caracteriza-se como autônomo o atleta maior de dezesseis anos sem relação empregatícia com entidade de prática desportiva que se dedica à prática desportiva de modalidade individual, com objetivo econômico e por meio de contrato de natureza civil.

§ 1º A atividade econômica do atleta autônomo é caracterizada quando há:

I - remuneração decorrente de contrato de natureza civil firmado entre o atleta e a entidade de prática desportiva;

II - premiação recebida pela participação em competição desportiva; ou

III - incentivo financeiro proveniente de divulgação de marcas ou produtos do patrocinador.

§ 2º O atleta autônomo enquadra-se como contribuinte individual no Regime Geral de Previdência Social - RGPS.

SEÇÃO VII
DO CONTRATO DE FORMAÇÃO DESPORTIVA

ART. 48. O atleta não profissional em formação, maior de quatorze e menor de vinte anos de idade, poderá receber auxílio financeiro da entidade de prática desportiva formadora, sob a forma de bolsa de aprendizagem livremente pactuada por contrato de formação desportiva, a que se refere o § 4º do art. 29 da Lei n. 9.615, de 1998, sem vínculo empregatício entre as partes.

ART. 49. Caracteriza-se como entidade de prática desportiva formadora, certificada pela entidade nacional de administração da modalidade, aquela que assegure gratuitamente ao atleta em formação, sem prejuízo das demais exigências dispostas na Lei n. 9.615, de 1998, o direito a:

I - programas de treinamento nas categorias de base e formação educacional exigível e adequada, enquadrando-o na equipe da categoria correspondente a sua idade;

II - alojamento em instalações desportivas apropriadas à sua capacitação técnica na modalidade, quanto a alimentação, higiene, segurança e saúde;

III - conhecimentos teóricos e práticos de educação física, condicionamento e motricidade, por meio de um corpo de profissionais habilitados e especializados, norteados por programa de formação técnico-desportiva, compatível com o desenvolvimento físico, moral e psicológico do atleta;

IV - matrícula escolar e presença às aulas da educação básica ou de formação técnica em que estiver matriculado, ajustando o tempo destinado à efetiva atividade de formação do atleta, não superior a quatro horas diárias, aos horários estabelecidos pela instituição educacional, e exigindo do atleta satisfatório aproveitamento escolar;

V - assistência educacional e integral à saúde;

VI - alimentação com acompanhamento de nutricionista, assistência de fisioterapeuta e demais profissionais qualificados na formação física e motora, além da convivência familiar adequada;

VII - pagamento da bolsa de aprendizagem até o décimo dia útil do mês subsequente ao vencido;

VIII - apólice de seguro de vida e de acidentes pessoais para cobrir as atividades de formação desportiva, durante toda a vigência do contrato, incluindo como beneficiários da apólice de seguro os indicados pelo atleta em formação;

IX - período de descanso de trinta dias consecutivos e ininterruptos, com a garantia de recebimento dos incentivos previstos na Lei coincidente com as férias escolares regulares;

X - registro do atleta em formação na entidade de administração do desporto e inscrição do atleta em formação nas competições oficiais de sua faixa etária promovidas pela entidade; e

XI - transporte.

ART. 50. O contrato de formação desportiva deve conter os elementos mínimos previstos no § 6º do art. 29 da Lei n. 9.615, de 1998, e visa propiciar ao atleta:

I - capacitação técnico-educacional específica para sua modalidade desportiva;

II - conhecimentos teóricos e práticos de atividade física, condicionamento e motricidade;

III - conhecimentos específicos de regras, legislação, fundamentos e comportamento do atleta de sua modalidade;

IV - conhecimentos sobre civismo, ética, comportamento e demais informações necessárias à futura formação de atleta desportivo profissional; e

V - preparação para firmar o primeiro contrato especial de trabalho desportivo, norteado pelo programa de formação técnico-profissional, compatível com o desenvolvimento físico e psicológico.

ART. 51. O contrato de formação desportiva poderá conter as seguintes obrigações do atleta:

I - observar as cláusulas do contrato de formação desportiva;

II - cumprir o programa de treinamento e o horário de capacitação determinados pela entidade formadora;

III - assistir às aulas teóricas e práticas programadas pela entidade formadora, com satisfatório aproveitamento;

IV - apresentar-se nas competições desportivas preparatórias e oficiais, nas condições, horários e locais estabelecidos pela entidade de prática desportiva contratante;

V - permanecer, sempre que necessário, em regime de concentração, observado o limite semanal de três dias consecutivos;

VI - assistir às aulas da instituição educacional em que matriculado e apresentar frequência e aproveitamento satisfatórios; e

VII - respeitar as normas internas da entidade formadora.

ART. 52. Caberá à entidade de administração do desporto responsável pela certificação de entidade de prática desportiva formadora:

I - fixar as normas e requisitos para a outorga da certificação;

II - estabelecer tipologias e prazos de validade da certificação;

III - uniformizar um modelo de contrato de formação desportiva; e

IV - padronizar as bases de cálculo dos custos diretos ou indiretos das entidades formadoras.

Parágrafo único. Atendidos os requisitos, a entidade de administração do desporto não negará a certificação da entidade de prática desportiva formadora, assim como do registro do contrato de formação desportiva.

CAPÍTULO X
ASSISTÊNCIA SOCIAL E EDUCACIONAL A ATLETAS PROFISSIONAIS, EX-ATLETAS E ATLETAS EM FORMAÇÃO

ART. 53. Assistência social e educacional será prestada pela Federação das Associações de Atletas Profissionais - FAAP, ou pela Federação Nacional dos Atletas Profissionais de Futebol - FENAPAF, na forma do art. 57 da Lei n. 9.615, de 1998, com a concessão dos seguintes benefícios:

I - aos atletas profissionais: assistência financeira, para os casos de atletas desempregados ou que tenham deixado de receber regularmente seus salários por um período igual ou superior a quatro meses;

II - aos ex-atletas:

a) assistência financeira mensal ao incapacitado para o trabalho, desde que a restrição decorra de lesões ou atividades ocorridas quando ainda era atleta; e

b) assistência financeira mensal em caso de comprovada ausência de fonte de renda que garanta a sobrevivência ao ex-atleta; e

III - aos atletas em formação, aos atletas profissionais e aos ex-atletas: custeio total ou parcial dos gastos com educação formal.

§ 1º A FAAP e a FENAPAF deverão elaborar demonstrações financeiras dos recursos cuja fonte seja a prevista no art. 57 da Lei n. 9.615, de 1998, referentes a cada exercício fiscal, de acordo com padrões e critérios estabelecidos pelo Conselho Federal de Contabilidade, e, após submetidas à auditoria independente, publicarão as demonstrações em seu sítio eletrônico, até o último dia útil do mês de abril do ano subsequente.

§ 2º Qualquer pessoa poderá requerer, por escrito, a prestação de contas referente aos valores recebidos e empregados na assistência social e educacional aos atletas profissionais, aos ex-atletas e aos atletas em formação, cujos documentos serão disponibilizados no prazo de dez dias úteis.

ART. 54. As contribuições devidas à FAAP e à FENAPAF, na forma do art. 57 da Lei n. 9.615, de 1998, se não recolhidas nos prazos fixados, sujeitam-se à cobrança administrativa e judicial, com atualização dos valores devidos até a data do efetivo recolhimento.

ART. 55. As entidades de prática desportiva e de administração do desporto responsáveis pela arrecadação, pelo recolhimento dos valores referidos no art. 57 da Lei n. 9.615, de 1998, e pelo registro dos contratos desportivos deverão prestar à FAAP e à FENAPAF todas as informações financeiras, cadastrais e de registro necessárias à verificação, controle e fiscalização das contribuições devidas.

ART. 56. A entidade responsável pelo registro do contrato de trabalho do atleta profissional e pelo registro de transferência de atleta profissional a outra entidade desportiva deverá exigir, quando de sua efetivação, o comprovante do recolhimento das contribuições fixadas no art. 57 da Lei n. 9.615, de 1998.

Parágrafo único. As entidades nacionais de administração do desporto deverão informar à FAAP e à FENAPAF a relação dos atletas e das entidades de prática desportiva que não atenderem ao disposto no *caput*.

CAPÍTULO XI
DISPOSIÇÕES FINAIS E TRANSITÓRIAS

ART. 57. Ato conjunto dos Ministros de Estado do Esporte, da Defesa e do Planejamento, Orçamento e Gestão estabelecerá normas e prazos para efetivar a liberação de servidores públicos que atuam como atletas, árbitros, assistentes, profissionais especializados e dirigentes integrantes de representação nacional convocados para treinamento ou para competição desportiva no País ou no exterior.

ART. 58. O Ministério da Defesa deverá ser previamente consultado nas questões de desporto militar ou programas governamentais cujas atividades esportivas incluam a participação das Forças Armadas.

ART. 59. Para os efeitos do art. 84-A da Lei n. 9.615, de 1998, a obrigatoriedade de transmissão de jogo envolve partida disputada em competição oficial por ambas seleções principais brasileiras de futebol, masculina e feminina, da categoria principal.

ART. 60. No prazo de cento e oitenta dias da data da entrada em vigor deste Decreto, o Conselho Nacional do Esporte - CNE aprovará o Código Brasileiro de Justiça Desportiva para o Desporto Educacional - CBJDE, ouvidas a CBDE e a CBDU.

ART. 61. O atleta não profissional que perceba incentivos materiais na forma de bolsa, conforme disposto no art. 4º, parágrafo único, não será considerado contribuinte obrigatório do RGPS.

ART. 62. A participação de árbitros e auxiliares de arbitragem em competições, partidas, provas ou equivalente, de qualquer modalidade desportiva, obedecerá às regras e aos regulamentos da entidade de administração, a qual, no exercício de sua autonomia, fará inclusão ou exclusão de nomes nas relações regionais, nacionais ou internacionais.

ART. 63. A exclusividade prevista no art. 15, § 2º, da Lei n. 9.615, de 1998, implica proibição à imitação e à reprodução, no todo, em parte ou com acréscimo, de signos graficamente distintivos, bandeiras, lemas, emblemas e hinos utilizados pelo Comitê Olímpico Internacional - COI, pelo Comitê Paralímpico Internacional - IPC, pelo COB e pelo CPB.

§ 1º As proibições referidas no *caput* abrangem abreviações e variações e ainda aquelas igualmente relacionadas que, porventura, venham a ser criadas dentro dos mesmos objetivos.

§ 2º Em relação ao COI e ao IPC, a exclusividade de que trata o *caput* deverá observar o disposto no inciso I do parágrafo único do art. 6º e no art. 16 da Lei n. 12.035, de 1º de outubro de 2009.

§ 3º Excetuam-se do disposto neste artigo os usos formalmente autorizados pelo COB, CPB, COI ou IPC.

ART. 64. Ao COB e ao CPB aplicam-se as disposições constantes do inciso I do *caput* do art. 23 da Lei n. 9.615, de 1998, acerca da instituição do Tribunal de Justiça Desportiva, quando estiverem atuando na administração de modalidade desportiva em substituição a entidade nacional de administração do desporto.

ART. 65. Para fins do disposto no § 1º do art. 9º da Lei n. 9.615, de 1998, entende-se por Jogos Olímpicos os jogos de verão e os jogos de inverno, organizados pelo COI ou pelo IPC.

ART. 66. As normas e os procedimentos complementares necessários à execução deste Decreto serão definidos em ato do Ministro de Estado do Esporte.

ART. 67. Este Decreto entra em vigor trinta dias após a data de sua publicação.

ART. 68. Revogam-se:

I - o Decreto n. 3.659, de 14 de novembro de 2000;

II - o Decreto n. 3.944, de 28 de setembro de 2001;

III - o Decreto n. 4.201, de 18 de abril de 2002;

IV - o Decreto n. 5.139, de 12 de julho de 2004; e

V - o Decreto n. 6.297, de 11 de dezembro de 2007.

Brasília, 8 de abril de 2013;
192º da Independência e 125º da República.
DILMA ROUSSEFF

DECRETO N. 7.988, DE 17 DE ABRIL DE 2013

Regulamenta os arts. 1º a 13 da Lei n. 12.715, de 17 de setembro de 2012, que dispõem sobre o Programa Nacional de Apoio à Atenção Oncológica - Pronon e o Programa Nacional de Apoio à Atenção da Saúde da Pessoa com Deficiência - PRONAS/PCD.

› *DOU*, 18.04.2013.

A Presidenta da República, no uso da atribuição que lhe confere o art. 84, *caput*, inciso IV, da Constituição, e tendo em vista o disposto nos arts. 1º a 13 da Lei n. 12.715, de 17 de setembro de 2012,

Decreta:

ART. 1º Este Decreto regulamenta os arts. 1º a 13 da Lei n. 12.715, de 17 de setembro de 2012, que dispõem sobre o Programa Nacional de Apoio à Atenção Oncológica - Pronon e o Programa Nacional de Apoio à Atenção da Saúde da Pessoa com Deficiência - PRONAS/PCD.

CAPÍTULO I
DO PROGRAMA NACIONAL DE APOIO À ATENÇÃO ONCOLÓGICA - PRONON

ART. 2º O Pronon tem a finalidade de captar e canalizar recursos para a prevenção e o combate ao câncer.

Parágrafo único. A prevenção e o combate ao câncer englobam a promoção da informação, a pesquisa, o rastreamento, o diagnóstico, o tratamento, os cuidados paliativos e a reabilitação referentes às neoplasias malignas e afecções correlatas.

ART. 3º O Pronon será implementado mediante incentivo fiscal a ações e serviços de atenção oncológica, desenvolvidos por instituições de prevenção e combate ao câncer.

Parágrafo único. Consideram-se instituições de prevenção e combate ao câncer as pessoas jurídicas de direito privado, associativas ou fundacionais, sem fins lucrativos:

I - certificadas como entidades beneficentes de assistência social, na forma da Lei n. 12.101, de 27 de novembro de 2009;

II - qualificadas como organizações sociais, na forma da Lei n. 9.637, de 15 de maio de 1998; ou

III - qualificadas como Organizações da Sociedade Civil de Interesse Público - Oscip, na forma da Lei n. 9.790, de 23 de março de 1999.

ART. 4º As ações e os serviços de atenção oncológica a serem apoiados com os recursos captados por meio do Pronon compreendem:

I - a prestação de serviços médico-assistenciais;

II - a formação, o treinamento e o aperfeiçoamento de recursos humanos em todos os níveis; e

III - a realização de pesquisas clínicas, epidemiológicas e experimentais.

§ 1º Fica o Ministro de Estado da Saúde autorizado a definir as áreas prioritárias para execução das ações e serviços de atenção oncológica referidos no *caput*.

§ 2º As ações e os serviços de atenção oncológica de que trata o *caput* não compreendem o quantitativo executado ou em execução:

I - por meio de contratos, convênios e instrumentos congêneres firmados com os órgãos e entidades integrantes do Sistema Único de Saúde - SUS; e

II - para obtenção do Certificado de Entidade Beneficente de Assistência Social de que trata a Lei n. 12.101, de 2009.

CAPÍTULO II
DO PROGRAMA NACIONAL DE APOIO À ATENÇÃO DA SAÚDE DA PESSOA COM DEFICIÊNCIA - PRONAS/PCD.

ART. 5º O Pronas/PCD tem a finalidade de captar e canalizar recursos destinados a estimular e desenvolver a prevenção e a reabilitação da pessoa com deficiência.

Parágrafo único. A prevenção e a reabilitação da pessoa com deficiência compreendem promoção, prevenção, diagnóstico precoce, tratamento, reabilitação e indicação e adaptação de órteses, próteses e meios auxiliares de locomoção, em todo o ciclo de vida.

ART. 6º O Pronas/PCD será implementado mediante incentivo fiscal a ações e serviços de reabilitação da pessoa com deficiência desenvolvidos por pessoas jurídicas de direito privado sem fins lucrativos que se destinam ao tratamento de deficiências físicas, motoras, auditivas, visuais, mentais, intelectuais, múltiplas e de autismo.

Parágrafo único. Para fins do disposto no *caput*, as pessoas jurídicas devem:

I - ser certificadas como entidades beneficentes de assistência social que atendam ao disposto na Lei n. 12.101, de 2009; ou

II - atender aos requisitos de que trata a Lei n. 9.637, de 1998; ou

III - constituir-se como Oscip que atenda aos requisitos de que trata a Lei n. 9.790, de 1999; ou

IV - prestar atendimento direto e gratuito às pessoas com deficiência, cadastradas no Sistema Cadastro Nacional de Estabelecimentos de Saúde - SCNES do Ministério da Saúde.

ART. 7º As ações e os serviços de reabilitação apoiados com as doações e os patrocínios captados por meio do Pronas/PCD compreendem:

I - prestação de serviços médico-assistenciais;

II - formação, treinamento e aperfeiçoamento de recursos humanos em todos os níveis; e

III - realização de pesquisas clínicas, epidemiológicas e experimentais.

§ 1º Fica o Ministro de Estado da Saúde autorizado a definir as áreas prioritárias para execução das ações e serviços de reabilitação referidos no *caput*.

§ 2º As ações e os serviços de reabilitação de que trata o *caput* não compreendem o quantitativo executado ou em execução:

I - por meio de contratos, convênios e instrumentos congêneres firmados com os órgãos e entidades integrantes do SUS; e

II - para obtenção do Certificado de Entidade Beneficente de Assistência Social de que trata a Lei n. 12.101, de 2009.

CAPÍTULO III
DO DESENVOLVIMENTO DE AÇÕES E SERVIÇOS NO ÂMBITO DO PRONON E DO PRONAS/PCD

ART. 8º Para participar do desenvolvimento de ações e serviços no âmbito do Pronon e do Pronas/PCD, as instituições de que tratam os arts. 3º e 6º devem apresentar projetos para avaliação e aprovação pelo Ministério da Saúde.

Parágrafo único. Cada projeto conterá:

I - identificação da instituição e comprovante de qualificação nos termos do art. 3º ou do art. 6º;

II - ações e serviços a serem executados no âmbito do respectivo Programa;

III - demonstração da compatibilidade entre o disposto no inciso II e as áreas de atuação prioritárias definidas pelo Ministério da Saúde nos termos do § 1º do art. 4º ou do § 1º do art. 7º;

IV - descrição da estrutura física e de recursos materiais e humanos a serem utilizados;

V - estimativa de recursos financeiros para início e término da execução do projeto;

VI - no caso de atuação complementar voluntária ao SUS, declaração da respectiva direção do SUS favorável à execução do projeto; e

VII - cronograma de sua execução.

ART. 9º A análise da viabilidade do projeto pelo Ministério da Saúde levará em consideração a sua consonância com a política definida para o setor no Plano Nacional de Saúde e nas diretrizes do Ministério da Saúde.

ART. 10. Caso aprovado o projeto pelo Ministério da Saúde, a instituição ficará apta a captar e canalizar recursos para sua execução.

Parágrafo único. O Ministério da Saúde divulgará em meio oficial as instituições e respectivos projetos considerados aptos a participar do Pronon e do Pronas/PCD.

ART. 11. As ações e serviços executados no âmbito do Pronon e do Pronas/PCD terão o seu desenvolvimento acompanhado e avaliado pelo Ministério da Saúde, conforme ato do Ministro de Estado da Saúde, observada a necessidade de participação do controle social, nos termos da Lei n. 8.142, de 28 de dezembro de 1990.

§ 1º A avaliação pelo Ministério da Saúde da correta aplicação dos recursos recebidos terá lugar ao final do desenvolvimento das ações e serviços, ou ocorrerá anualmente, se permanentes.

§ 2º Os incentivadores e instituições destinatárias deverão, nos termos de ato do Ministro de Estado da Saúde, comunicar-lhe os incentivos realizados e recebidos, cabendo aos destinatários a comprovação de sua aplicação.

§ 3º Deverá ser elaborado relatório de avaliação e acompanhamento das ações e serviços previstos no *caput* e publicado no sítio do Ministério da Saúde na Internet.

ART. 12. Em caso de execução de má qualidade ou de inexecução parcial ou completa das ações e serviços previstos no projeto, o Ministério da Saúde poderá inabilitar, por até três anos, a instituição destinatária.

Parágrafo único. O Ministério da Saúde divulgará em meio oficial as instituições consideradas inabilitadas, com o respectivo prazo de inabilitação para participar do Pronon e do Pronas/PCD.

ART. 13. Para fins do disposto no art. 12, são critérios para a inabilitação da instituição destinatária:

I - dolo ou má-fé;

II - violação da dignidade da pessoa humana;

III - prejuízo à saúde ou à vida do cidadão;

IV - descumprimento de normas éticas ou legais;

V - descumprimento da política definida para o setor no Plano Nacional de Saúde e nas diretrizes do Ministério da Saúde;

VI - prejuízo ao erário;

VII - uso do projeto com intuito lucrativo;

VIII - prejuízo das finalidades institucionais desenvolvidas pelo SUS;

IX - prestação de informações incompletas, distintas ou falsas em relação às solicitadas pelo Ministério da Saúde para análise e acompanhamento do projeto; e

DECRETOS

X - concessão a patrocinador ou doador vantagem de qualquer espécie ou bem em razão do patrocínio ou da doação.

ART. 14. Constatada a ocorrência de execução de má qualidade ou de inexecução parcial ou completa das ações e serviços previstos no projeto, o Ministério da Saúde notificará a instituição para que, no prazo de dez dias, se manifeste.

§ 1º Depois do recebimento das informações prestadas pela instituição:

I - caso entenda que não tenha ocorrido quaisquer dos fatos descritos no art. 13, o Ministério da Saúde analisará a possibilidade de concessão, mediante decisão motivada, de novo prazo, no máximo de seis meses, para que o projeto seja devidamente executado; ou

II - caso entenda que tenha ocorrido quaisquer dos fatos descritos no art. 13, o Ministério da Saúde notificará novamente a instituição, com indicação do evento, para que, no prazo de dez dias, apresente sua manifestação.

§ 2º Na hipótese do inciso II do § 1º, prestadas as informações pela instituição, o Ministério da Saúde decidirá, de forma motivada, pela ocorrência ou não do fato descrito no art. 13, e:

I - caso decida pela inocorrência do fato descrito no art. 13, aplica-se o disposto no inciso I do § 1º; e

II - caso decida pela ocorrência do fato descrito no art. 13, inabilitará a instituição destinatária, por até três anos, observados critérios de razoabilidade e proporcionalidade e a gravidade do fato ocorrido.

ART. 15. Caberá recurso para o Ministro de Estado da Saúde, da decisão de que trata o inciso I do § 1º e o inciso II do § 2º, no prazo de quinze dias, contado da notificação da instituição destinatária.

CAPÍTULO IV
DA DEDUÇÃO DO IMPOSTO SOBRE A RENDA DOS VALORES CORRESPONDENTES ÀS DOAÇÕES E AOS PATROCÍNIOS NO ÂMBITO DO PRONON E DO PRONAS/PCD

ART. 16. A União facultará às pessoas físicas, a partir do ano-calendário de 2012 até o ano-calendário de 2015, e às pessoas jurídicas, a partir do ano-calendário de 2013 até o ano-calendário de 2016, na qualidade de incentivadoras, a opção de deduzirem do imposto sobre a renda os valores correspondentes às doações e aos patrocínios diretamente efetuados em prol de ações e serviços desenvolvidos no âmbito do Pronon e do Pronas/PCD, previamente aprovados pelo Ministério da Saúde e desenvolvidos pelas instituições destinatárias a que se referem os arts. 3º e 6º.

§ 1º As doações poderão assumir as seguintes espécies de atos gratuitos:

I - transferência de quantias em dinheiro;

II - transferência de bens móveis ou imóveis;

III - comodato ou cessão de uso de bens imóveis ou equipamentos;

IV - realização de despesas em conservação, manutenção ou reparos nos bens móveis, imóveis e equipamentos, inclusive os referidos no inciso III; e

V - fornecimento de material de consumo, hospitalar ou clínico, de medicamentos ou de produtos de alimentação.

§ 2º Considera-se patrocínio a prestação do incentivo com finalidade promocional.

§ 3º A pessoa física incentivadora poderá deduzir do imposto sobre a renda devido, apurado na Declaração de Ajuste Anual, o valor total das doações e dos patrocínios.

§ 4º A pessoa jurídica incentivadora tributada com base no lucro real poderá deduzir do imposto sobre a renda devido, em cada período de apuração, trimestral ou anual, o valor total das doações e dos patrocínios, vedada a dedução como despesa operacional.

§ 5º O valor global máximo das deduções de que trata este artigo será fixado anualmente por ato conjunto dos Ministros de Estado da Fazenda e da Saúde com base em um percentual da renda tributável das pessoas físicas e do imposto sobre a renda devido pelas pessoas jurídicas tributadas com base no lucro real.

§ 6º As deduções de que trata este artigo:

I - relativamente às pessoas físicas:

a) ficam limitadas ao valor das doações efetuadas no ano-calendário a que se referir a Declaração de Ajuste Anual do Imposto sobre a Renda da Pessoa Física;

b) aplicam-se à declaração de ajuste anual utilizando-se a opção pelas deduções legais; e

c) ficam limitadas a um por cento do imposto sobre a renda devido com relação ao Pronon e a um por cento do imposto sobre a renda devido com relação ao Pronas/PCD; e

II - relativamente às pessoas jurídicas tributadas com base no lucro real:

a) deverão corresponder às doações e aos patrocínios efetuados dentro do período de apuração trimestral ou anual do imposto; e

b) ficam limitadas a um por cento do imposto sobre a renda devido em cada período de apuração trimestral ou anual com relação ao Pronon e a um por cento do imposto sobre a renda devido em cada período de apuração trimestral ou anual com relação ao Pronas/PCD, observado em ambas as hipóteses o disposto no § 4º do art. 3º da Lei n. 9.249, de 26 de dezembro de 1995.

§ 7º Os benefícios de que trata este artigo não excluem outros benefícios, abatimentos e deduções em vigor.

ART. 17. Na hipótese da doação em bens, o doador deverá considerar como valor dos bens doados:

I - para as pessoas físicas, o valor constante da última declaração do imposto sobre a renda; e

II - para as pessoas jurídicas, o valor contábil dos bens.

Parágrafo único. Em qualquer das hipóteses previstas no § 1º do art. 16, o valor da dedução não poderá ultrapassar o valor de mercado.

ART. 18. A instituição destinatária titular da ação ou serviço definido nos arts. 4º e 7º deve emitir recibo em favor do doador ou patrocinador, na forma e condições estabelecidas em ato da Secretaria da Receita Federal do Brasil do Ministério da Fazenda.

ART. 19. Para aplicação do disposto no art. 16, as ações e serviços definidos nos arts. 4º e 7º deverão ser previamente aprovados pelo Ministério da Saúde nos termos do art. 10.

CAPÍTULO V
DA APLICAÇÃO E MOVIMENTAÇÃO DOS RECURSOS FINANCEIROS

ART. 20. Os recursos objeto de doação ou patrocínio deverão ser depositados e movimentados em conta bancária específica em nome do destinatário.

Parágrafo único. Não serão considerados, para fins de comprovação do incentivo, os aportes em relação aos quais não se cumpra o disposto neste artigo.

ART. 21. Nenhuma aplicação dos recursos poderá ser efetuada mediante intermediação.

Parágrafo único. Não configura intermediação a contratação de serviços de:

I - elaboração de projetos de ações ou serviços para a obtenção de doação ou patrocínio; e

II - captação de recursos.

ART. 22. O valor dos recursos despendidos e o conteúdo das atividades desenvolvidas no âmbito dos projetos relativos ao Pronon e ao Pronas/PCD deverão ser objeto de relatórios e encaminhados ao Ministério da Saúde para acompanhamento e fiscalização, sem prejuízo das atribuições dos órgãos de fiscalização tributária.

Parágrafo único. Os relatórios deverão ser acompanhados de demonstrações contábeis e financeiras, submetidas a parecer conclusivo de auditoria independente, realizada por instituição credenciada perante o respectivo conselho regional de contabilidade.

ART. 23. O Ministério da Saúde enviará, nos termos de ato da Secretaria da Receita Federal do Brasil do Ministério da Fazenda, informações a respeito dos projetos aprovados no âmbito do Pronon e do Pronas/PCD.

CAPÍTULO VI
DAS INFRAÇÕES

ART. 24. Constitui infração ao disposto na Lei n. 12.715, de 2012, e neste Decreto o recebimento pelo patrocinador de vantagem financeira ou bem, em razão do patrocínio.

ART. 25. As infrações ao disposto na Lei n. 12.715, de 2012, e neste Decreto, sem prejuízo das sanções penais cabíveis, sujeitarão o doador ou patrocinador ao pagamento do valor atualizado do imposto sobre a renda devido em relação a cada exercício financeiro e das penalidades e demais acréscimos previstos na legislação vigente.

Parágrafo único. Na hipótese de dolo, fraude ou simulação, inclusive no caso de desvio de finalidade, será aplicada ao doador e ao beneficiário multa correspondente a duas vezes o valor da vantagem auferida indevidamente.

ART. 26. Em caso de má execução ou inexecução parcial ou total do projeto desenvolvido no âmbito do Pronon ou do Pronas/PCD, além do disposto nos arts. 12 e 25, a entidade donatária ou patrocinada ficará sujeita às demais responsabilizações cabíveis.

ART. 27. Este Decreto entra em vigor na data de sua publicação.

Brasília, 17 de abril de 2013;
192º da Independência e 125º da República.
DILMA ROUSSEF

DECRETO N. 8.033, DE 27 DE JUNHO DE 2013

Regulamenta o disposto na Lei n. 12.815, de 5 de junho de 2013, e as demais disposições legais que regulam a exploração de portos organizados e de instalações portuárias.

▸ *DOU*, 28.6.2013, retificado em 1º.7.2013.

A Presidenta da República, no uso das atribuições que lhe conferem os arts. 84, *caput*, incisos IV e VI, alínea "a", e 21, *caput*, inciso XII, alínea "f", da Constituição, e tendo em vista o disposto nas Leis no 12.815, de 5 de junho de 2013, no 10.233, de 5 de junho de 2001, e no 10.683, de 28 de maio de 2003,

Decreta:

CAPÍTULO I
DISPOSIÇÕES PRELIMINARES

ART. 1º Este Decreto regulamenta o disposto na Lei n. 12.815, de 5 de junho de 2013, e as demais disposições legais que regulam a exploração de portos organizados e de instalações portuárias.

Parágrafo único. O poder concedente será exercido pela União por intermédio do Ministério dos Transportes, Portos e Aviação Civil, ouvidas as respectivas Secretarias. (Alterado pelo Dec. 9.048/2017.)

ART. 2º Sem prejuízo de outras atribuições previstas na legislação específica, compete ao poder concedente:

I - elaborar o plano geral de outorgas do setor portuário;

II - disciplinar conteúdo, forma e periodicidade de atualização dos planos de desenvolvimento e zoneamento dos portos;

III - definir diretrizes para a elaboração dos regulamentos de exploração dos portos;

IV - aprovar a transferência de titularidade de contratos de concessão, de arrendamento ou de autorização previamente analisados pela Agência Nacional de Transportes Aquaviários - Antaq; (Alterado pelo Dec. 9.048/2017.)

V - aprovar a realização de investimentos não previstos nos contratos de concessão ou de arrendamento, na forma do art. 42; (Alterado pelo Dec. 9.048/2017.)

VI - conduzir e aprovar, sempre que necessários, os estudos de viabilidade técnica, econômica e ambiental do objeto da concessão ou do arrendamento; e

VII - aprovar e encaminhar ao Congresso Nacional o relatório de que trata o § 5º do art. 57 da Lei n. 12.815, de 2013.

Parágrafo único. O plano geral de outorgas do setor portuário a que se refere o inciso I do *caput* terá caráter orientativo, com a finalidade de subsidiar decisões relacionadas às outorgas portuárias em todas as suas modalidades, e conterá: (Acrescentado pelo Dec. 9.048/2017.)

I - informações relativas aos portos e às instalações portuárias brasileiros; e (Acrescentado pelo Dec. 9.048/2017.)

II - orientações quanto aos requisitos e aos procedimentos a serem adotados para novas outorgas, conforme as características necessárias a cada modalidade. (Acrescentado pelo Dec. 9.048/2017.)

ART. 3º Sem prejuízo de outras atribuições previstas na legislação específica, compete à Antaq:

I - analisar a transferência de titularidade de contratos de concessão, de arrendamento ou de autorização; (Alterado pelo Dec. 9.048/2017.)

II - analisar as propostas de realização de investimentos não previstos nos contratos de concessão ou de arrendamento;

III - arbitrar, na esfera administrativa, os conflitos de interesses e as controvérsias sobre os contratos não solucionados entre a administração do porto e a arrendatária;

IV - arbitrar, em grau de recurso, os conflitos entre agentes que atuem no porto organizado, ressalvadas as competências das demais autoridades públicas;

V - apurar, de ofício ou mediante provocação, práticas abusivas ou tratamentos discriminatórios, ressalvadas as competências previstas na Lei n. 12.529, de 30 de novembro de 2011; (Alterado pelo Dec. 9.048/2017.)

VI - elaborar o relatório de que trata o § 5º do art. 57 da Lei n. 12.815, de 2013, e encaminhá-lo ao poder concedente; (Alterado pelo Dec. 9.048/2017.)

VII - analisar e aprovar a transferência de controle societário de contratos de concessão, de arrendamento e de autorização; e (Acrescentado pelo Dec. 9.048/2017.)

VIII - arbitrar, na esfera administrativa, os conflitos de interesse e as controvérsias não solucionados entre a administração do porto e o autorizatário. (Acrescentado pelo Dec. 9.048/2017.)

Parágrafo único. A Antaq seguirá as orientações do plano geral de outorgas para a realização: (Alterado pelo Dec. 9.048/2017.)

I - das licitações de concessão e de arrendamento; e (Acrescentado pelo Dec. 9.048/2017.)

II - das chamadas públicas para autorização de instalações portuárias. (Acrescentado pelo Dec. 9.048/2017.)

ART. 4º Sem prejuízo de outras atribuições previstas na legislação específica, compete à administração do porto:

I - estabelecer o regulamento de exploração do porto, observadas as diretrizes do poder concedente; e

II - decidir sobre conflitos que envolvam agentes que atuam no porto organizado, ressalvadas as competências das demais autoridades públicas.

Parágrafo único. Nas concessões de porto organizado, o contrato disciplinará a extensão e a forma do exercício das competências da administração do porto.

CAPÍTULO II
DA EXPLORAÇÃO DOS PORTOS E DAS INSTALAÇÕES PORTUÁRIAS LOCALIZADAS DENTRO DA ÁREA DO PORTO ORGANIZADO

SEÇÃO I
DAS DISPOSIÇÕES GERAIS SOBRE A LICITAÇÃO DA CONCESSÃO E DO ARRENDAMENTO

ART. 5º A licitação para a concessão e para o arrendamento de bem público destinado à atividade portuária será regida pelo disposto na Lei n.12.815, de 2013, na Lei n. 12.462, de 4 de agosto de 2011, neste Decreto e, subsidiariamente, no Decreto n. 7.581, de 11 de outubro de 2011.

Parágrafo único. Na hipótese de transferência das competências para a elaboração do edital ou para a realização dos procedimentos licitatórios de que trata o § 5º do art. 6º da Lei n. 12.815, de 2013, a administração do porto deverá observar o disposto neste Decreto, sem prejuízo do acompanhamento dos atos e procedimentos pela Antaq.

ART. 6º A realização dos estudos prévios de viabilidade técnica, econômica e ambiental do objeto do arrendamento ou da concessão observará as diretrizes do planejamento do setor portuário, de forma a considerar o uso racional da infraestrutura de acesso aquaviário e terrestre e as características de cada empreendimento. (Alterado pelo Dec. 9.048/2017.)

§ 1º Os estudos de que trata o *caput* poderão ser realizados em versão simplificada, conforme disciplinado pela Antaq, sempre que:

I - não haja alteração substancial da destinação da área objeto da concessão ou do arrendamento;

II - não haja alteração substancial das atividades desempenhadas pela concessionária ou pela arrendatária; (Alterado pelo Dec. 9.048/2017.)

III - o objeto e as condições da concessão ou do arrendamento permitam, conforme estabelecido pelo poder concedente; ou (Alterado pelo Dec. 9.048/2017.)

IV - o valor do contrato seja inferior a cem vezes o limite previsto no art. 23, *caput*, inciso I, alínea "c", da Lei n. 8.666, de 21 de junho de 1993, e o prazo de vigência do contrato seja, no máximo, de dez anos. (Acrescentado pelo Dec. 9.048/2017.)

§ 2º As administrações dos portos encaminharão ao poder concedente e à Antaq todos os documentos e informações necessários ao desenvolvimento dos estudos previstos neste artigo.

§ 3º O poder concedente poderá autorizar a elaboração, por qualquer interessado, dos estudos de que trata o *caput* e, caso esses sejam utilizados para a licitação, deverá assegurar o ressarcimento dos dispêndios correspondentes.

§ 4º O escopo e a profundidade dos estudos de que trata o *caput* considerarão os riscos de engenharia e ambientais associados à complexidade das obras e ao local do empreendimento. (Acrescentado pelo Dec. 9.048/2017.)

§ 5º As modelagens dos estudos de viabilidade deverão observar a complexidade da atividade econômica dos diversos modelos de terminais portuários, incluídos aqueles associados a outros modelos de exploração econômica. (Acrescentado pelo Dec. 9.048/2017.)

ART. 7º Definido o objeto da licitação, a Antaq deverá adotar as providências previstas no art. 14 da Lei n. 12.815, de 2013.

SEÇÃO II
DO EDITAL DA LICITAÇÃO

ART. 8º O edital definirá os critérios objetivos para o julgamento da licitação e disporá sobre:

I - o objeto, a área, o prazo e a possibilidade de prorrogação do contrato;

II - os prazos, os locais, os horários e as formas de recebimento da documentação exigida para a habilitação e das propostas, do julgamento da licitação e da assinatura dos contratos;

III - os prazos, os locais e os horários em que serão fornecidos aos interessados os dados, estudos e projetos necessários à elaboração dos orçamentos e à apresentação das propostas;

IV - os critérios e a relação dos documentos exigidos para aferição da capacidade técnica e econômico-financeira, da regularidade jurídica e fiscal dos licitantes e da garantia da proposta e da execução do contrato;

V - a relação dos bens afetos ao arrendamento ou à concessão;

VI - as regras para pedido de esclarecimento, impugnação administrativa e interposição de recursos; e

VII - a minuta do contrato de arrendamento ou de concessão e seus anexos.

Parágrafo único. O edital de licitação poderá impor ao vencedor a obrigação de indenizar o antigo titular pela parcela não amortizada dos investimentos realizados em bens afetos ao arrendamento ou à concessão, desde que tenham sido aprovados pelo poder concedente.

ART. 9º Nas licitações de concessão e de arrendamento, serão utilizados, de forma combinada ou isolada, os seguintes critérios para julgamento: (Alterado pelo Dec. 8.464/2015.)

I - maior capacidade de movimentação; (Acrescentado pelo Dec. 8.464/2015.)

II - menor tarifa; (Acrescentado pelo Dec. 8.464/2015.)

III - menor tempo de movimentação de carga; (Acrescentado pelo Dec. 8.464/2015.)

IV - maior valor de investimento; (Acrescentado pelo Dec. 8.464/2015.)

DECRETOS

V - menor contraprestação do poder concedente; (Acrescentado pelo Dec. 8.464/2015.)

VI - melhor proposta técnica, conforme critérios objetivos estabelecidos pelo poder concedente; ou (Acrescentado pelo Dec. 8.464/2015.)

VII - maior valor de outorga. (Acrescentado pelo Dec. 8.464/2015.)

§ 1º (Revogado pelo Dec. 8.464/2015.)

§§ 2º e **3º** (Revogados pelo Dec. 9.048/2017.)

ART. 10. Na fase de habilitação das licitações previstas neste Decreto, será aplicado, no que couber, o disposto nos arts. 27 a 33 da Lei n. 8.666, de 21 de junho de 1993.

Parágrafo único. Para a qualificação técnica nas licitações de arrendamento, o edital poderá estabelecer que o licitante assuma o compromisso de:

I - obter sua pré-qualificação como operador portuário perante a administração do porto; ou

II - contratar um operador portuário pré-qualificado perante a administração do porto para o desempenho das operações portuárias, sem prejuízo do integral cumprimento das metas de qualidade e de outras obrigações estabelecidas no contrato.

ART. 11. Será adotado o prazo mínimo de cem dias para a apresentação de propostas, contado da data de publicação do edital. (Alterado pelo Dec. 9.048/2017.)

§ 1º Será conferida publicidade ao edital mediante:

I - publicação de extrato do edital no Diário Oficial da União; e

II - divulgação no sítio eletrônico do Ministério dos Transportes, Portos e Aviação Civil e da Antaq. (Alterado pelo Dec. 9.048/2017.)

§ 2º As eventuais modificações no edital serão divulgadas no mesmo prazo dos atos e procedimentos originais, exceto quando a alteração não comprometer a formulação das propostas.

§ 3º Quando o valor do contrato for superior a cem vezes o limite estabelecido no art. 23, *caput*, inciso I, alínea "c", da Lei n. 8.666, de 1993, a Antaq deverá convocar, com antecedência mínima de dez dias úteis de sua realização, audiência pública, a qual deverá ocorrer com antecedência mínima de quinze dias úteis da data prevista para a publicação do edital. (Alterado pelo Dec. 9.048/2017.)

§ 4º Nas hipóteses em que for necessária a realização de estudos prévios de viabilidade técnica, econômica e ambiental, nos termos do § 1º do art. 6º, o prazo para apresentação de propostas será, no mínimo, de quarenta e cinco dias. (Acrescentado pelo Dec. 9.048/2017.)

SEÇÃO III
DO PROCEDIMENTO LICITATÓRIO

ART. 12. O procedimento licitatório observará as fases e a ordem previstas no art. 12 da Lei n. 12.462, de 2011.

Parágrafo único. As licitações adotarão preferencialmente os modos de disputa aberto ou combinado.

ART. 13. Após o encerramento da fase de apresentação de propostas, a comissão de licitação classificará as propostas em ordem decrescente, observadas as particularidades dos critérios de julgamento adotados.

§ 1º A comissão de licitação poderá negociar condições mais vantajosas com os licitantes.

§ 2º A negociação de que trata o § 1º será promovida segundo a ordem de classificação das propostas, assegurada a publicidade sobre seus termos e condições.

§ 3º Encerrada a sessão de julgamento, será dada publicidade à respectiva ata, com a ordem de classificação das propostas.

ART. 14. O procedimento licitatório terá fase recursal única, que se seguirá à habilitação do vencedor, exceto na hipótese de inversão de fases.

§ 1º Na fase recursal, serão analisados os recursos referentes ao julgamento das propostas ou lances e à habilitação do vencedor.

§ 2º Os licitantes que desejarem recorrer em face dos atos do julgamento da proposta ou da habilitação deverão manifestar, imediatamente após o término de cada sessão, sua intenção de recorrer, sob pena de preclusão.

ART. 15. O recurso será dirigido à Diretoria da Antaq, por intermédio da comissão de licitação, que apreciará sua admissibilidade.

§ 1º A comissão de licitação poderá, de ofício ou mediante provocação, reconsiderar sua decisão em até cinco dias úteis ou, nesse mesmo prazo, encaminhar o recurso à Antaq devidamente instruído.

§ 2º A Antaq deverá proferir sua decisão no prazo de cinco dias úteis, contado da data de seu recebimento.

ART. 16. Exauridos os recursos administrativos, o procedimento licitatório será encerrado e encaminhado ao poder concedente, que poderá:

I - determinar o retorno dos autos para saneamento de irregularidades que forem supríveis;

II - anular o procedimento, no todo ou em parte, por vício insanável;

III - revogar o procedimento por motivo de conveniência e oportunidade; ou

IV - adjudicar o objeto.

§ 1º As normas referentes à anulação e à revogação de licitações previstas no art. 49 da Lei n. 8.666, de 1993, aplicam-se às contratações regidas por este Decreto.

§ 2º Caberá recurso da anulação ou da revogação da licitação no prazo de cinco dias úteis, contado da data da decisão.

ART. 17. Convocado para assinar o contrato, o interessado deverá observar os prazos e as condições estabelecidos no edital, sob pena de decadência do direito à contratação, sem prejuízo das sanções previstas na Lei n. 12.462, de 2011, e na Lei n. 8.666, de 1993.

§ 1º É facultado ao poder concedente, quando o convocado não assinar o contrato no prazo e nas condições estabelecidos:

I - determinar à Antaq que revogue a licitação, sem prejuízo da aplicação das cominações previstas na Lei n. 8.666, de 1993; ou

II - determinar à Antaq que convoque os licitantes remanescentes, na ordem de classificação, para a celebração do contrato nas condições ofertadas pelo licitante vencedor.

§ 2º Na hipótese de nenhum dos licitantes aceitar a contratação nos termos do inciso II do § 1º, o poder concedente poderá determinar à Antaq que convoque os licitantes remanescentes, na ordem de classificação, para a celebração do contrato nas condições por eles ofertadas, desde que a proposta apresente condições melhores que o mínimo estipulado no edital.

ART. 18. Nos procedimentos licitatórios regidos por este Decreto, caberão:

I - pedidos de esclarecimento e impugnações ao edital, com antecedência mínima de cinco dias úteis da data de abertura das propostas; e

II - representações, no prazo de cinco dias úteis, contado da data da intimação, relativamente a atos de que não caiba recurso hierárquico.

§ 1º O prazo para apresentação de contrarrazões será o mesmo do recurso e começará imediatamente após o encerramento do prazo recursal.

§ 2º É assegurado aos licitantes vista dos documentos indispensáveis à defesa de seus interesses.

SEÇÃO IV
DOS CONTRATOS DE CONCESSÃO E DE ARRENDAMENTO

ART. 19. Os contratos de concessão e de arrendamento terão prazo determinado de até trinta e cinco anos, prorrogável por sucessivas vezes, a critério do poder concedente, até o limite máximo de setenta anos, incluídos o prazo de vigência original e todas as prorrogações. (Alterado pelo Dec. 9.048/2017.)

§ 1º Nas hipóteses em que for possível a prorrogação dos contratos, caberá ao órgão ou à entidade competente fundamentar a vantagem das prorrogações em relação à realização de nova licitação de contrato de concessão ou de arrendamento. (Acrescentado pelo Dec. 9.048/2017.)

§ 2º Os prazos de que trata o *caput* serão fixados de modo a permitir a amortização e a remuneração adequada dos investimentos previstos no contrato, quando houver, conforme indicado no estudo de viabilidade a que se refere o art. 6º. (Acrescentado pelo Dec. 9.048/2017.)

§ 3º São requisitos para a prorrogação de contratos de concessão ou de arrendamento portuário, sem prejuízo de outros previstos em lei ou regulamento: (Alterado pelo Dec. 9.048/2017.)

I - a manutenção das condições de: (Acrescentado pelo Dec. 9.048/2017.)

a) habilitação jurídica; (Acrescentada pelo Dec. 9.048/2017.)

b) qualificação técnica; (Acrescentada pelo Dec. 9.048/2017.)

c) qualificação econômico-financeira; (Acrescentada pelo Dec. 9.048/2017.)

d) regularidade fiscal e trabalhista; e (Acrescentada pelo Dec. 9.048/2017.)

e) cumprimento do disposto no inciso XXXIII do *caput* do art. 7º da Constituição; (Acrescentada pelo Dec. 9.048/2017.)

II - a adimplência junto à administração do porto e à Antaq, na forma do art. 62 da Lei n. 12.815, de 2013; e (Acrescentado pelo Dec. 9.048/2017.)

III - a compatibilidade com as diretrizes e o planejamento de uso e ocupação da área, conforme estabelecido no plano de desenvolvimento e zoneamento do porto. (Acrescentado pelo Dec. 9.048/2017.)

§ 4º A concessionária ou a arrendatária deverá manifestar formalmente interesse na prorrogação do contrato ao poder concedente com antecedência mínima de sessenta meses em relação ao encerramento da vigência, ressalvadas as exceções que sejam estabelecidas em ato do poder concedente. (Acrescentado pelo Dec. 9.048/2017.)

ART. 19-A. Os contratos de arrendamento portuário em vigor firmados sob a Lei n. 8.630, de 25 de fevereiro de 1993, que possuam previsão expressa de prorrogação ainda não realizada poderão ter sua prorrogação antecipada, a critério do poder concedente. (Acrescentado pelo Dec. 9.048/2017.)

§ 1º Considera-se prorrogação antecipada aquela que ocorrer previamente ao último quinquênio de vigência do contrato. (Acrescentado pelo Dec. 9.048/2017.)

§ 2º Além dos requisitos necessários à prorrogação ordinária, a prorrogação antecipada exige a aceitação pelo arrendatário da obrigação de realizar investimentos novos e imediatos, não amortizáveis durante a vigência original do contrato, conforme plano de investimento aprovado pelo poder concedente. (Acrescentado pelo Dec. 9.048/2017.)

§ 3º O plano de investimento a ser apresentado pelo arrendatário para fins de prorrogação antecipada deverá ser analisado pelo poder concedente no prazo de sessenta dias. (Acrescentado pelo Dec. 9.048/2017.)

§ 4º Os investimentos que o arrendatário tenha se obrigado a realizar poderão ser escalonados ao longo da vigência do contrato, conforme o cronograma físico-financeiro previsto no estudo de viabilidade a que se refere o art. 6º, sem prejuízo do atendimento ao disposto no § 2º. (Acrescentado pelo Dec. 9.048/2017.)

§ 5º A rejeição da prorrogação antecipada não impede que posteriormente seja aprovado novo pedido de prorrogação antecipada com base em outras justificativas ou que seja realizada a prorrogação ordinária do contrato. (Acrescentado pelo Dec. 9.048/2017.)

§ 6º Sem prejuízo da obrigatoriedade de atendimento ao disposto no § 2º, aplica-se ao cronograma de investimentos, para fins de prorrogação antecipada, o disposto no art. 24-B. (Acrescentado pelo Dec. 9.048/2017.)

ART. 20. O objeto do contrato de concessão poderá abranger:

I - o desempenho das funções da administração do porto e a exploração direta e indireta das instalações portuárias;

II - o desempenho das funções da administração do porto e a exploração indireta das instalações portuárias, vedada a sua exploração direta; ou

III - o desempenho, total ou parcial, das funções de administração do porto, vedada a exploração das instalações portuárias.

ART. 21. Os contratos celebrados entre a concessionária e terceiros serão regidos pelas normas de direito privado, não se estabelecendo qualquer relação jurídica entre os terceiros e o poder concedente, sem prejuízo das atividades regulatória e fiscalizatória da Antaq.

§ 1º A execução das atividades contratadas com terceiros pressupõe o cumprimento:

I - do plano de desenvolvimento e zoneamento do porto;

II - das normas aplicáveis aos serviços concedidos e contratados; e

III - das condições estabelecidas no edital de licitação e no contrato de concessão, inclusive quanto às tarifas e aos preços praticados.

§ 2º Os contratos celebrados entre a concessionária e terceiros terão sua vigência máxima limitada ao prazo previsto para a concessão.

ART. 22. Os contratos de arrendamento e demais instrumentos voltados à exploração de áreas nos portos organizados vigentes no momento da celebração do contrato de concessão poderão ter sua titularidade transferida à concessionária, conforme previsto no edital de licitação.

§ 1º A concessionária deverá respeitar os termos contratuais originalmente pactuados.

§ 2º A transferência da titularidade afasta a aplicação das normas de direito público sobre os contratos.

ART. 23. Os contratos de concessão e arrendamento deverão resguardar o direito de passagem de infraestrutura de terceiros na área objeto dos contratos, conforme disciplinado pela Antaq e mediante justa indenização.

ART. 24. O poder concedente poderá autorizar, mediante requerimento do arrendatário, a expansão da área arrendada para área contígua dentro da poligonal do porto organizado, quando: (Alterado pelo Dec. 9.048/2017.)

I - a medida trouxer comprovadamente ganhos de eficiência à operação portuária; ou (Acrescentado pelo Dec. 9.048/2017.)

II - quando comprovada a inviabilidade técnica, operacional ou econômica de realização de licitação de novo arrendamento portuário. (Acrescentado pelo Dec. 9.048/2017.)

§ 1º A comprovação dos ganhos de eficiência à operação portuária ocorrerá por meio da comparação dos resultados advindos da exploração da área total expandida com os resultados que seriam obtidos com a exploração das áreas isoladamente, observados os aspectos concorrenciais e as diretrizes de planejamento setorial. (Acrescentado pelo Dec. 9.048/2017.)

§ 2º A recomposição do equilíbrio econômico-financeiro do contrato poderá ser excepcionalmente dispensada quando a expansão do arrendamento para área contígua não alterar substancialmente os resultados da exploração da instalação portuária. (Acrescentado pelo Dec. 9.048/2017.)

ART. 24-A. A área dos arrendamentos portuários poderá ser substituída, no todo ou em parte, por área não arrendada dentro do mesmo porto organizado, conforme o plano de desenvolvimento e zoneamento do porto, ouvida previamente a autoridade portuária, e desde que: (Acrescentado pelo Dec. 9.048/2017.)

I - a medida comprovadamente traga ganhos operacionais à atividade portuária ou, no caso de empecilho superveniente, ao uso da área original; e (Acrescentado pelo Dec. 9.048/2017.)

II - seja recomposto o equilíbrio econômico-financeiro do contrato. (Acrescentado pelo Dec. 9.048/2017.)

§ 1º O poder concedente e o arrendatário são partes competentes para iniciar o processo de substituição de área previsto no *caput*. (Acrescentado pelo Dec. 9.048/2017.)

§ 2º Caso não esteja de acordo com a decisão do poder concedente, o arrendatário poderá: (Acrescentado pelo Dec. 9.048/2017.)

I - solicitar a rescisão do contrato, quando a iniciativa do processo for do poder concedente; ou (Acrescentado pelo Dec. 9.048/2017.)

II - desistir do pedido de substituição de área, quando a iniciativa do processo for do próprio arrendatário. (Acrescentado pelo Dec. 9.048/2017.)

§ 3º Na hipótese prevista no inciso I do § 2º, o arrendatário não se sujeitará à penalidade por rescisão antecipada do contrato. (Acrescentado pelo Dec. 9.048/2017.)

§ 4º A substituição das áreas de que trata o *caput* deverá ser precedida de: (Acrescentado pelo Dec. 9.048/2017.)

I - consulta à autoridade aduaneira; (Acrescentado pelo Dec. 9.048/2017.)

II - consulta ao respectivo poder público municipal; (Acrescentado pelo Dec. 9.048/2017.)

III - consulta pública; (Acrescentado pelo Dec. 9.048/2017.)

IV - emissão, pelo órgão licenciador, do termo de referência para os estudos ambientais com vistas ao licenciamento; e (Acrescentado pelo Dec. 9.048/2017.)

V - manifestação sobre os possíveis impactos concorrenciais do remanejamento. (Acrescentado pelo Dec. 9.048/2017.)

ART. 24-B. O cronograma de investimentos previsto em contrato de concessão ou de arrendamento poderá ser revisto para melhor adequação ao interesse público em razão de evento superveniente, assegurada a preservação da equação econômico-financeira original. (Acrescentado pelo Dec. 9.048/2017.)

SEÇÃO V
DA EXPLORAÇÃO DIRETA OU INDIRETA DE ÁREAS NÃO AFETAS ÀS OPERAÇÕES PORTUÁRIAS

ART. 25. As áreas não afetas às operações portuárias e suas destinações serão previstas no plano de desenvolvimento e zoneamento do porto.

§ 1º Para a exploração indireta das áreas referidas no *caput*, a administração do porto submeterá à aprovação do poder concedente a proposta de uso da área. (Acrescentado pelo Dec. 9.048/2017.)

§ 2º Para fins deste Decreto, considera-se não afeta às operações portuárias a área localizada dentro da poligonal do porto organizado que, de acordo com o plano de desenvolvimento e zoneamento do porto, não seja diretamente destinada ao exercício das atividades de movimentação de passageiros, movimentação ou armazenagem de mercadorias, destinados ou provenientes de transporte aquaviário. (Acrescentado pelo Dec. 9.048/2017.)

CAPÍTULO III
DA AUTORIZAÇÃO DE INSTALAÇÕES PORTUÁRIAS

ART. 26. Serão exploradas mediante autorização, formalizada por meio da celebração de contrato de adesão, as instalações portuárias localizadas fora da área do porto organizado, compreendendo as seguintes modalidades:

I - terminal de uso privado;

II - estação de transbordo de carga;

III - instalação portuária pública de pequeno porte; e

IV - instalação portuária de turismo.

§ 1º O início da operação da instalação portuária deverá ocorrer no prazo de até cinco anos, contado da data da celebração do contrato de adesão, prorrogável a critério do poder concedente. (Alterado pelo Dec. 9.048/2017.)

§ 2º O pedido de prorrogação do prazo para o início da operação deverá ser justificado e acompanhado de documentação que comprove a exequibilidade do novo cronograma.

ART. 27. Os interessados em obter a autorização de instalação portuária poderão requerê-la à Antaq, a qualquer tempo, mediante a apresentação dos seguintes documentos, entre outros que poderão ser exigidos pela Antaq:

I - declaração de adequação do empreendimento às diretrizes do planejamento e das políticas do setor portuário, emitida pelo poder concedente; (Alterado pelo Dec. 9.048/2017.)

II - memorial descritivo das instalações, com as especificações estabelecidas pela Antaq, que conterá, no mínimo: (Alterado pelo Dec. 9.048/2017.)

a) descrição da poligonal das áreas por meio de coordenadas georreferenciadas, discriminando separadamente a área pretendida em terra, a área pretendida para instalação de estrutura física sobre a água, a área pretendida para berços de atracação e a área necessária

DECRETOS

para a bacia de evolução e para o canal de acesso; (Acrescentada pelo Dec. 9.048/2017.)

b) descrição dos acessos terrestres e aquaviários existentes e aqueles a serem construídos; (Acrescentada pelo Dec. 9.048/2017.)

c) descrição do terminal, inclusive quanto às instalações de acostagem e armazenagem, os seus berços de atracação e as suas finalidades; (Acrescentada pelo Dec. 9.048/2017.)

d) especificação da embarcação-tipo por berço; (Acrescentada pelo Dec. 9.048/2017.)

e) descrição dos principais equipamentos de carga e descarga das embarcações e de movimentação das cargas nas instalações de armazenagem, informando a quantidade existente, a capacidade e a utilização; (Acrescentada pelo Dec. 9.048/2017.)

f) cronograma físico e financeiro para a implantação da instalação portuária; (Acrescentada pelo Dec. 9.048/2017.)

g) estimativa da movimentação de cargas ou de passageiros; e (Acrescentada pelo Dec. 9.048/2017.)

h) valor global do investimento; (Acrescentada pelo Dec. 9.048/2017.)

III - título de propriedade, inscrição de ocupação, certidão de aforamento ou contrato de cessão sob regime de direito real, ou outro instrumento jurídico que assegure o direito de uso e fruição do terreno; (Acrescentado pelo Dec. 9.048/2017.)

IV - comprovação do atendimento ao disposto no art. 14 da Lei n. 12.815, de 2013; (Acrescentado pelo Dec. 9.048/2017.)

V - documentação comprobatória de sua regularidade perante as Fazendas federal, estadual e municipal da sede da pessoa jurídica e o Fundo de Garantia do Tempo de Serviço - FGTS; e (Acrescentado pelo Dec. 9.048/2017.)

VI - parecer favorável da autoridade marítima, que deverá responder à consulta em prazo não superior a quinze dias. (Acrescentado pelo Dec. 9.048/2017.)

§ 1º Recebido o requerimento de autorização, a Antaq deverá: (Acrescentado pelo Dec. 9.048/2017.)

I - publicar em seu sítio eletrônico, em até cinco dias, a íntegra do conteúdo do requerimento e seus anexos; e (Acrescentado pelo Dec. 9.048/2017.)

II - desde que a documentação esteja em conformidade com o disposto no *caput*, promover, em até dez dias, a abertura de processo de anúncio público, com prazo de trinta dias, a fim de identificar a existência de outros interessados em autorização de instalação portuária na mesma região e com características semelhantes. (Acrescentado pelo Dec. 9.048/2017.)

§ 2º Em relação às áreas da União necessárias à implantação da instalação portuária, a Antaq poderá admitir, para os fins do disposto no inciso III do *caput*, a apresentação de certidão emitida pela Secretaria do Patrimônio da União do Ministério do Planejamento, Desenvolvimento e Gestão que ateste que a área requerida se encontra disponível para futura destinação ao empreendedor autorizado pelo poder concedente. (Acrescentado pelo Dec. 9.048/2017.)

§ 3º Na hipótese de ser admitido o processamento do pedido de autorização com base na certidão de que trata o § 2º, o contrato de adesão poderá ser celebrado pelo poder concedente com condição suspensiva de sua eficácia à apresentação, pelo interessado e em prazo a ser estabelecido no contrato, da documentação que lhe assegure o direito de uso e fruição da área. (Acrescentado pelo Dec. 9.048/2017.)

§ 4º A seleção do empreendedor portuário pelo poder concedente, mediante a assinatura do contrato de adesão, autoriza a Secretaria do Patrimônio da União do Ministério do Planejamento, Desenvolvimento e Gestão a destinar diretamente ao interessado a área correspondente, tanto a parte terrestre quanto a aquática, independentemente de contiguidade, desde que observado o disposto no parágrafo único do art. 42 da Lei n. 9.636, de 15 de maio de 1998, quando se tratar de cessão de uso. (Acrescentado pelo Dec. 9.048/2017.)

§ 5º A apresentação de documentação em desconformidade com o disposto neste Decreto ou com as normas da Antaq ensejará a desclassificação da proposta e a convocação dos demais interessados na ordem de classificação no processo seletivo público. (Acrescentado pelo Dec. 9.048/2017.)

ART. 28. O poder concedente poderá determinar à Antaq, a qualquer momento e em consonância com as diretrizes do planejamento e das políticas do setor portuário, a abertura de processo de chamada pública para identificar a existência de interessados na obtenção de autorização de instalação portuária.

ART. 29. O instrumento da abertura de chamada ou de anúncio públicos, cujos extratos serão publicados no Diário Oficial da União e no sítio eletrônico da Antaq, indicará obrigatoriamente os seguintes parâmetros:

I - a região geográfica na qual será implantada a instalação portuária;

II - o perfil das cargas a serem movimentadas; e

III - a estimativa do volume de cargas ou de passageiros a ser movimentado nas instalações portuárias.

§ 1º O perfil de cargas a serem movimentadas será classificado conforme uma ou mais das seguintes modalidades:

I - granel sólido;

II - granel líquido e gasoso;

III - carga geral; ou

IV - carga conteinerizada.

§ 2º Todas as propostas apresentadas durante o prazo de chamada ou de anúncio públicos, que se encontrem na mesma região geográfica, deverão ser reunidas em um mesmo procedimento e analisadas conjuntamente, independentemente do tipo de carga.

§ 3º Para participar de chamada ou de anúncio públicos, os demais interessados deverão apresentar a documentação exigida no *caput* do art. 27.

ART. 30. A análise de viabilidade locacional fica delegada à Antaq. (Alterado pelo Dec. 9.048/2017.)

Parágrafo único. Para os fins deste Decreto, considera-se viabilidade locacional a possibilidade da implantação física de duas ou mais instalações portuárias na mesma região geográfica que não gere impedimento operacional a qualquer uma delas.

ART. 31. Poderão ser expedidas diretamente, independente da realização de processo seletivo público, as autorizações de instalação portuária quando:

I - o processo de chamada ou anúncio públicos for concluído com a participação de um único interessado; ou

II - não existir impedimento locacional à implantação concomitante de todas as instalações portuárias solicitadas.

Parágrafo único. Em qualquer caso, somente poderão ser autorizadas as instalações portuárias compatíveis com as diretrizes do planejamento e das políticas do setor portuário.

ART. 32. Nos casos de inviabilidade locacional à implantação concomitante das instalações portuárias solicitadas, a Antaq deverá:

I - definir os critérios de julgamento a serem utilizados no processo seletivo público; e

II - conferir prazo de trinta dias para que os interessados reformulem suas propostas, adaptando-as à participação no processo seletivo público.

§ 1º Eliminado o impedimento locacional após a reformulação prevista no inciso II do *caput*, as propostas deverão ser novamente submetidas à aprovação do poder concedente, que poderá autorizar as instalações portuárias na forma do art. 31.

§ 2º Mantido o impedimento locacional após a reformulação prevista no inciso II do *caput*, caberá à Antaq promover processo seletivo público para seleção da melhor proposta.

§ 3º A Antaq disciplinará os procedimentos e prazos para realização do processo seletivo público de que trata este artigo.

§ 4º Será exigida garantia de execução do autorizatário apenas no caso de realização de processo seletivo público, na forma estabelecida pelas normas da Antaq. (Acrescentado pelo Dec. 9.048/2017.)

ART. 33. (Revogado pelo Dec. 9.048/2017.)

ART. 34. Encerrados os procedimentos para autorização, a Antaq enviará a documentação ao poder concedente para a celebração do contrato de adesão. (Alterado pelo Dec. 9.048/2017.)

Parágrafo único. Celebrados os contratos de adesão, os processos serão restituídos à Antaq para acompanhamento.

ART. 35. Fica dispensada a celebração de novo contrato de adesão ou a realização de novo anúncio público nas seguintes hipóteses, que dependerão somente da aprovação do poder concedente: (Alterado pelo Dec. 9.048/2017.)

I - a transferência de titularidade da autorização, desde que preservadas as condições estabelecidas no contrato de adesão original; (Alterado pelo Dec. 9.048/2017.)

II - a ampliação da área da instalação portuária, desde que haja viabilidade locacional; ou (Alterado pelo Dec. 9.048/2017.)

III - as alterações efetuadas no cronograma físico e financeiro ou no montante de investimentos previstos para a implantação da instalação portuária. (Acrescentado pelo Dec. 9.048/2017.)

§ 1º Nos casos de ampliação de área que envolva imóvel da União, será aplicado o disposto no § 2º do art. 27 e será autorizada a celebração de termo aditivo com condição suspensiva de sua eficácia, nos termos do § 3º do art. 27. (Acrescentado pelo Dec. 9.048/2017.)

§ 2º Poderá ser dispensada a aprovação do poder concedente quando a ampliação de área não implicar a necessidade de novo exame de viabilidade locacional, na forma a ser estabelecida em ato do Ministro de Estado dos Transportes, Portos e Aviação Civil. (Acrescentado pelo Dec. 9.048/2017.)

§ 3º Na hipótese de que trata o § 1º, o autorizatário comunicará previamente ao poder concedente a intenção de ampliar a área de sua instalação portuária e apresentará o instrumento jurídico que assegure o direito de uso e fruição do terreno e os demais documentos que venham a ser exigidos em ato do poder concedente. (Acrescentado pelo Dec. 9.048/2017.)

§ 4º Apresentada a comunicação a que se refere o § 3º, o poder concedente examinará a regularidade do pedido de ampliação de área e, se for o caso, assegurado ao autorizatário os princípios da ampla defesa e do contraditório, notificará os fatos à Antaq para que esta adote as medidas cabíveis. (Acrescentado pelo Dec. 9.048/2017.)

§ 5º Exceto quando vedado no contrato de adesão, o aumento da capacidade de movimentação ou de armazenagem sem ampliação de área dependerá de comunicação ao poder concedente com antecedência de sessenta dias. (Acrescentado pelo Dec. 9.048/2017.)

§ 6º O disposto no *caput* aplica-se aos demais pleitos de aumento da capacidade de movimentação ou de armazenagem não abrangidos pelo disposto no § 5º. (Acrescentado pelo Dec. 9.048/2017.)

§ 7º Nos casos de transferência de titularidade, o autorizatário deverá comunicar o fato à Secretaria do Patrimônio da União do Ministério do Planejamento, Desenvolvimento e Gestão. (Acrescentado pelo Dec. 9.048/2017.)

ART. 35-A. O contrato de adesão conterá cláusulas que preservem: (Acrescentado pelo Dec. 9.048/2017.)

I - a liberdade de preços das atividades, nos termos do art. 45 da Lei n. 10.233, de 5 de junho de 2001; e (Acrescentado pelo Dec. 9.048/2017.)

II - a prerrogativa do autorizatário para disciplinar a operação portuária, nos termos do art. 30 da Lei n. 12.815, de 2013, sem prejuízo das competências da Antaq. (Acrescentado pelo Dec. 9.048/2017.)

CAPÍTULO IV
DO CONSELHO DE AUTORIDADE PORTUÁRIA

ART. 36. Será instituído em cada porto organizado um conselho de autoridade portuária, órgão consultivo da administração do porto.

§ 1º Compete ao conselho de autoridade portuária sugerir:

I - alterações do regulamento de exploração do porto;

II - alterações no plano de desenvolvimento e zoneamento do porto;

III - ações para promover a racionalização e a otimização do uso das instalações portuárias;

IV - medidas para fomentar a ação industrial e comercial do porto;

V - ações com objetivo de desenvolver mecanismos para atração de cargas;

VI - medidas que visem estimular a competitividade; e

VII - outras medidas e ações de interesse do porto.

§ 2º Compete ao conselho de autoridade portuária aprovar o seu regimento interno.

ART. 37. Cada conselho de autoridade portuária será constituído pelos membros titulares e seus suplentes:

I - do Poder Público, sendo:

a) quatro representantes da União, dentre os quais será escolhido o presidente do conselho;

b) um representante da autoridade marítima;

c) um representante da administração do porto;

d) um representante do Estado onde se localiza o porto; e

e) um representante dos Municípios onde se localizam o porto ou os portos organizados abrangidos pela concessão;

II - da classe empresarial, sendo:

a) dois representantes dos titulares de arrendamentos de instalações portuárias;

b) um representante dos operadores portuários; e

c) um representante dos usuários; e

III - da classe dos trabalhadores portuários, sendo:

a) dois representantes dos trabalhadores portuários avulsos; e

b) dois representante dos demais trabalhadores portuários.

§ 1º Para os efeitos do disposto neste artigo, os membros e seus suplentes do conselho serão indicados:

I - pelo Ministro de Estado dos Transportes, Portos e Aviação Civil; pelo Comandante da Marinha; pela administração do porto; pelo Governador de Estado e pelo Prefeito do Município, respectivamente, na hipótese prevista no inciso I do *caput*; e (Alterado pelo Dec. 9.048/2017.)

II - pelas entidades de classe local das respectivas categorias profissionais e econômicas, nos casos dos incisos II e III do *caput*.

§ 2º Ato do Ministro de Estado dos Transportes, Portos e Aviação Civil definirá as entidades responsáveis pela indicação de que trata o inciso II do § 1º e os procedimentos a serem adotados para as indicações. (Alterado pelo Dec. 9.048/2017.)

§ 3º Os membros do conselho serão designados por ato do Ministro de Estado dos Transportes, Portos e Aviação Civil para mandato de dois anos, admitida uma recondução por igual período. (Alterado pelo Dec. 9.048/2017.)

§ 4º A participação no conselho de autoridade portuária será considerada prestação de serviço público relevante, não remunerada.

§ 5º As deliberações do conselho serão tomadas de acordo com as seguintes regras:

I - cada representante terá direito a um voto; e

II - o presidente do conselho terá voto de qualidade.

§ 6º Perderá o mandato o membro do conselho que faltar, injustificadamente, a três reuniões consecutivas ou seis alternadas, assumindo a vaga o seu suplente até a efetivação de nova indicação.

CAPÍTULO V
DO ÓRGÃO GESTOR DE MÃO DE OBRA

ART. 38. O órgão de gestão de mão de obra terá, obrigatoriamente, um conselho de supervisão e uma diretoria-executiva.

§ 1º O conselho de supervisão será composto por três membros titulares, e seus suplentes, cujo prazo de gestão será de três anos, admitida a redesignação, sendo: (Alterado pelo Dec. 9.048/2017.)

I - um indicado pela entidade de classe local, responsável pela indicação do representante dos operadores portuários no Conselho de Autoridade Portuária; (Alterado pelo Dec. 9.048/2017.)

II - um indicado pela entidade de classe local, responsável pela indicação do representante dos usuários no Conselho de Autoridade Portuária; e (Alterado pelo Dec. 9.048/2017.)

III - um indicado pela maioria das entidades de classe local, responsável pelas indicações dos representantes do segmento laboral no Conselho de Autoridade Portuária. (Acrescentado pelo Dec. 9.048/2017.)

§ 2º Ato do Ministro de Estado dos Transportes, Portos e Aviação Civil definirá os procedimentos a serem adotados para as indicações de que trata o § 1º e os critérios de desempate. (Alterado pelo Dec. 9.048/2017.)

§ 3º A Diretoria-Executiva será composta por um ou mais diretores, que serão designados e destituídos a qualquer tempo, pela entidade local, responsável pela indicação do representante dos operadores portuários no Conselho de Autoridade Portuária, cujo prazo de gestão será de três anos, permitida a redesignação. (Alterado pelo Dec. 9.048/2017.)

§ 4º Caso a Diretoria-Executiva seja composta por dois membros ou mais, um deles poderá ser indicado pelas respectivas entidades de classe das categorias profissionais relativas às atividades previstas no § 1º do art. 40 da Lei n. 12.815, de 2013, conforme definido em convenção coletiva.

§ 5º Até um terço dos membros do conselho de supervisão poderá ser designado para exercício de cargos de diretores.

CAPÍTULO VI
DO FÓRUM PERMANENTE PARA QUALIFICAÇÃO DO TRABALHADOR PORTUÁRIO E DO SINE-PORTO

ART. 39. Fica instituído o Fórum Nacional Permanente para Qualificação do Trabalhador Portuário, com a finalidade de discutir as questões relacionadas a formação, qualificação e certificação profissional do trabalhador portuário e do trabalhador portuário avulso, em especial:

I - sua adequação aos modernos processos de movimentação de carga e de operação de aparelhos e equipamentos portuários; e

II - o treinamento multifuncional do trabalhador portuário e do trabalhador portuário avulso.

§ 1º Integrarão o Fórum Nacional Permanente para Qualificação do Trabalhador Portuário:

I - um representante de cada um dos seguintes órgãos e entidades:

a) Ministério do Trabalho, que o coordenará; (Alterado pelo Dec. 9.048/2017.)

b) Ministério dos Transportes, Portos e Aviação Civil; (Alterado pelo Dec. 9.048/2017.)

c) Ministério do Planejamento, Desenvolvimento e Gestão; (Alterado pelo Dec. 9.048/2017.)

d) Ministério da Educação;

e) Secretaria-Geral da Presidência da República; e

f) Comando da Marinha;

II - três representantes de entidades empresariais, sendo:

a) um representante dos titulares de arrendamentos de instalações portuárias;

b) um representante dos operadores portuários; e

c) um representante dos usuários; e

III - três representantes da classe trabalhadora, sendo:

a) dois representantes dos trabalhadores portuários avulsos; e

b) um representante dos demais trabalhadores portuários.

§ 2º Os representantes de que tratam os incisos II e III do § 1º cumprirão mandatos de dois anos, permitida a recondução.

§ 3º Perderá o mandato o membro do Fórum de que tratam os incisos II e III do § 1º que faltar, injustificadamente, a três reuniões consecutivas ou seis alternadas, assumindo a vaga o seu suplente até a efetivação de nova indicação.

§ 4º Ato do Ministro de Estado dos Transportes, Portos e Aviação Civil definirá as entidades responsáveis pela indicação de que trata os incisos II e III do § 1º e os procedimentos a serem adotados para as indicações. (Alterado pelo Dec. 9.048/2017.)

§ 5º A participação no Fórum será considerada prestação de serviço público relevante, não remunerada.

ART. 40. O Ministério do Trabalho e Emprego instituirá, no âmbito do Sistema Nacional de Emprego - SINE, banco de dados específico com o objetivo de organizar a identificação e a oferta de mão de obra qualificada para o setor portuário, intitulado SINE-PORTO. (Alterado pelo Dec. 8.071/2013.)

§ 1º Constarão do SINE-PORTO, no mínimo, as seguintes informações: (Alterado pelo Dec. 8.071/2013.)

I - identificação do trabalhador; (Acrescentado pelo Dec. 8.071/2013.)

II - qualificação profissional obtida para o exercício das funções; e (Acrescentado pelo Dec. 8.071/2013.)

III - registro ou cadastramento em órgão de gestão de mão de obra, quando couber. (Acrescentado pelo Dec. 8.071/2013.)

§ 2º Os trabalhadores portuários avulsos inscritos no respectivo órgão de gestão de mão de obra, constantes no SINE-PORTO, terão preferência no acesso a programas de formação ou qualificação profissional oferecidos no âmbito do SINE ou do Programa Nacional de Acesso ao Ensino Técnico e Emprego - Pronatec, de que trata a Lei n. 12.513, de 26 de outubro de 2011. (Alterado pelo Dec. 8.071/2013.)

CAPÍTULO VII
DISPOSIÇÕES FINAIS

ART. 41. A participação de um representante da classe empresarial e outro da classe trabalhadora no conselho de administração ou órgão equivalente da administração do porto, quando se tratar de entidade sob controle estatal, deverá estar prevista nos estatutos sociais das empresas públicas e sociedades de economia mista.

§ 1º A indicação dos representantes das classes empresarial e trabalhadora de que trata o *caput* será feita pelos respectivos representantes no conselho de autoridade portuária.

§ 2º A indicação do representante da classe trabalhadora e seu suplente recairá obrigatoriamente sobre empregado da entidade sob controle estatal.

§ 3º Os representantes da classe empresarial e da classe trabalhadora estão sujeitos aos critérios e exigências para o cargo de conselheiro de administração previstos em lei e no estatuto da respectiva entidade.

§ 4º Serão observadas, quanto aos requisitos e impedimentos para a participação nos conselhos de que trata o art. 21 da Lei n. 12.815, de 2013, as disposições constantes da legislação sobre conflitos de interesse no âmbito da administração pública federal e, subsidiariamente, da Lei n. 6.404, de 15 de dezembro de 1976.

ART. 42. A realização de investimentos não previstos nos contratos deverá ser precedida:

I - de comunicação à Antaq, no caso das instalações portuárias autorizadas; e

II - de aprovação do poder concedente, precedida de análise da Antaq, no caso das concessões e dos arrendamentos. (Alterado pelo Dec. 9.048/2017.)

§ 1º O poder concedente poderá, mediante requerimento do interessado, autorizar a realização de investimentos imediatos e urgentes previamente à análise que compete à Antaq nas hipóteses de: (Acrescentado pelo Dec. 9.048/2017.)

I - investimento necessário para o cumprimento de exigências de órgãos ou entidades integrantes da administração pública com competência para intervir nas operações portuárias; (Acrescentado pelo Dec. 9.048/2017.)

II - investimento necessário para restaurar a operacionalidade da instalação portuária em razão de fato superveniente que impeça ou dificulte a oferta de serviços portuários; ou (Acrescentado pelo Dec. 9.048/2017.)

III - investimento para fins de aumento da eficiência operacional ou ampliação de capacidade da instalação portuária quando a medida for comprovadamente urgente para o atendimento adequado aos usuários. (Acrescentado pelo Dec. 9.048/2017.)

§ 2º Na hipótese de que trata o inciso III do § 1º, o requerimento de autorização de investimento em caráter de urgência deverá ser acompanhado por: (Acrescentado pelo Dec. 9.048/2017.)

I - manifestação favorável da autoridade portuária quanto à urgência da realização imediata do investimento proposto; e (Acrescentado pelo Dec. 9.048/2017.)

II - plano de investimento. (Acrescentado pelo Dec. 9.048/2017.)

§ 3º Nas hipóteses de que tratam os incisos I e II do § 1º, o interessado deverá apresentar o plano de investimento no prazo a ser estabelecido pelo poder concedente. (Acrescentado pelo Dec. 9.048/2017.)

§ 4º Previamente à autorização para realizar investimento em caráter de urgência, o poder concedente deverá: (Acrescentado pelo Dec. 9.048/2017.)

I - avaliar se o pedido está enquadrado em uma das hipóteses previstas no § 1º; e (Acrescentado pelo Dec. 9.048/2017.)

II - aprovar, se for o caso, o plano de investimento apresentado pelo interessado. (Acrescentado pelo Dec. 9.048/2017.)

§ 5º O interessado poderá, a seu critério, requerer que o seu plano de investimento só seja apreciado pelo poder concedente após a autorização de investimento em caráter de urgência, hipótese em que fica dispensada a exigência do inciso II do § 4º. (Acrescentado pelo Dec. 9.048/2017.)

§ 6º Previamente à autorização para realizar investimento em caráter de urgência, o interessado firmará termo de risco de investimentos, no qual assumirá: (Acrescentado pelo Dec. 9.048/2017.)

I - o risco de rejeição do seu plano de investimento pelo poder concedente por incompatibilidade com a política pública, caso não tenha sido previamente apreciado; (Acrescentado pelo Dec. 9.048/2017.)

II - o risco de ser determinada a revisão do seu plano de investimentos; (Acrescentado pelo Dec. 9.048/2017.)

III - o risco de rejeição do seu estudo de viabilidade técnica, econômica e ambiental pela Antaq; e (Acrescentado pelo Dec. 9.048/2017.)

IV - outros riscos discriminados no instrumento de termo de risco de investimentos. (Acrescentado pelo Dec. 9.048/2017.)

§ 7º Após a autorização para realizar investimento em caráter de urgência, se for o caso, serão adotadas as demais medidas necessárias à preservação do equilíbrio econômico-financeiro do contrato. (Acrescentado pelo Dec. 9.048/2017.)

§ 8º O disposto nos § 1º ao § 7º somente se aplica à hipótese de que trata o inciso II do *caput*. (Acrescentado pelo Dec. 9.048/2017.)

ART. 42-A. Nos casos de arrendamento portuário, o poder concedente poderá autorizar investimentos, fora da área arrendada, na infraestrutura comum do porto organizado, desde que haja anuência da administração do porto. (Acrescentado pelo Dec. 9.048/2017.)

Parágrafo único. Os investimentos novos de que trata o *caput* ensejarão recomposição do equilíbrio econômico-financeiro do contrato do proponente. (Acrescentado pelo Dec. 9.048/2017.)

ART. 42-B. A administração do porto organizado poderá negociar a antecipação de receitas de tarifas junto aos usuários para fins de realização de investimentos imediatos na infraestrutura custeada pela tarifa, respeitado o equilíbrio das contas da administração portuária. (Acrescentado pelo Dec. 9.048/2017.)

§ 1º A antecipação de receitas de que trata o *caput* somente será admitida quando: (Acrescentado pelo Dec. 9.048/2017.)

I - houver sido comunicada à Antaq com antecedência mínima de trinta dias; (Acrescentado pelo Dec. 9.048/2017.)

II - a entidade encarregada da administração do porto for constituída sob a forma de sociedade empresária e não estiver enquadrada como empresa estatal dependente; (Acrescentado pelo Dec. 9.048/2017.)

III - as receitas e as despesas relativas à administração do porto estiverem contabilizadas de forma segregada de qualquer outro empreendimento; e (Acrescentado pelo Dec. 9.048/2017.)

IV - não abranger receitas relativas a período superveniente ao encerramento da delegação, quando for o caso. (Acrescentado pelo Dec. 9.048/2017.)

§ 2º A Antaq poderá: (Acrescentado pelo Dec. 9.048/2017.)

I - no prazo de até vinte dias após a comunicação de que trata o § 1º, suspender a realização da operação, caso considere necessários mais esclarecimentos pela administração do porto ou se houver algum indício de que a operação deva ser proibida; (Acrescentado pelo Dec. 9.048/2017.)

II - proibir a realização da operação, fundamentadamente, quando houver sido tempestivamente determinada a sua suspensão e: (Acrescentado pelo Dec. 9.048/2017.)

a) não estiver presente algum dos requisitos indicados no *caput* ou no § 1º; ou (Acrescentada pelo Dec. 9.048/2017.)

b) a medida for considerada incompatível com as políticas definidas para o setor portuário pelo poder concedente. (Acrescentada pelo Dec. 9.048/2017.)

§ 3º O valor antecipado pelos usuários na forma do *caput* poderá ser pago, conforme definido previamente pelas partes: (Acrescentado pelo Dec. 9.048/2017.)

I - à administração do porto; ou (Acrescentado pelo Dec. 9.048/2017.)

II - diretamente à empresa encarregada pela execução das obras de infraestrutura, na forma estabelecida no contrato, após a autorização da administração do porto específica para cada pagamento. (Acrescentado pelo Dec. 9.048/2017.)

§ 4º Na hipótese prevista neste artigo, a contratação será realizada pela administração do porto. (Acrescentado pelo Dec. 9.048/2017.)

§ 5º O disposto neste artigo aplica-se, inclusive, aos titulares de instalações portuárias arrendadas, autorizadas e aos demais usuários que recolham as tarifas para posterior repasse à administração do porto. (Acrescentado pelo Dec. 9.048/2017.)

ART. 42-C. A administração do porto poderá negociar a antecipação de receitas a título de valor de arrendamento para fins de realização de investimentos imediatos na infraestrutura comum do porto, respeitado o equilíbrio das contas da administração portuária. (Acrescentado pelo Dec. 9.048/2017.)

§ 1º A antecipação de receitas de que trata o *caput* somente será admitida quando: (Acrescentado pelo Dec. 9.048/2017.)

I - houver sido comunicada à Antaq com antecedência mínima de trinta dias; (Acrescentado pelo Dec. 9.048/2017.)

II - a entidade encarregada da administração do porto for constituída sob a forma de sociedade empresária e não estiver enquadrada como empresa estatal dependente; (Acrescentado pelo Dec. 9.048/2017.)

III - as receitas e as despesas relativas à administração do porto estiverem contabilizadas de forma segregada de qualquer outro empreendimento; e (Acrescentado pelo Dec. 9.048/2017.)

IV - não abranger receitas relativas a período superveniente ao encerramento da delegação, quando for o caso. (Acrescentado pelo Dec. 9.048/2017.)

§ 2º A Antaq poderá: (Acrescentado pelo Dec. 9.048/2017.)

I - no prazo de até vinte dias após a comunicação de que trata o § 1º, suspender a realização da operação, caso considere necessários mais esclarecimentos pela administração do porto ou se houver algum indício de que a operação deva ser proibida; (Acrescentado pelo Dec. 9.048/2017.)

II - proibir a realização da operação, fundamentadamente, quando houver sido tempestivamente determinada a sua suspensão e: (Acrescentado pelo Dec. 9.048/2017.)

a) não estiver presente algum dos requisitos indicados no *caput* ou no § 1º; ou (Acrescentada pelo Dec. 9.048/2017.)

b) a medida for considerada incompatível com as políticas definidas para o setor portuário pelo poder concedente. (Acrescentada pelo Dec. 9.048/2017.)

§ 3º O valor antecipado pelos arrendatários na forma do *caput* poderá ser pago, conforme definido previamente pelas partes: (Acrescentado pelo Dec. 9.048/2017.)

I - à administração do porto; ou (Acrescentado pelo Dec. 9.048/2017.)

II - diretamente à empresa encarregada pela execução das obras de infraestrutura, na forma estabelecida no contrato, após a autorização da administração do porto específica para cada pagamento. (Acrescentado pelo Dec. 9.048/2017.)

§ 4º Na hipótese prevista neste artigo, a contratação será realizada pela administração do porto. (Acrescentado pelo Dec. 9.048/2017.)

ART. 43. Os requerimentos de autorização de instalação portuária apresentados à Antaq até a data de publicação deste Decreto e que atendam ao disposto na Lei n. 12.815, de 2013, poderão ensejar a abertura imediata de processo de anúncio público.

Parágrafo único. Na hipótese de os requerimentos de que trata o *caput* não atenderem integralmente ao disposto no inciso I do *caput* do art. 27, os interessados poderão apresentar à Antaq a documentação faltante durante o prazo de trinta dias, a que se refere o inciso II do parágrafo único do art. 27.

ART. 44. A Antaq poderá disciplinar, após consulta pública, as condições de acesso por qualquer interessado, em caráter excepcional, às instalações portuárias arrendadas, autorizadas ou exploradas pela concessionária, assegurada a remuneração adequada a seu titular. (Alterado pelo Dec. 9.048/2017.)

Parágrafo único. Em qualquer hipótese, a operação portuária será realizada pelo titular do contrato ou por terceiro por ele indicado. (Acrescentado pelo Dec. 9.048/2017.)

ART. 45. Ato conjunto dos Ministros de Estado dos Transportes, Portos e Aviação Civil, da Fazenda, do Planejamento, Desenvolvimento e Gestão e do Desenvolvimento Social e Agrário disporá sobre a concessão do benefício assistencial de que trata o art. 10-A da Lei n. 9.719, de 27 de novembro de 1998, e disciplinará: (Acrescentado pelo Dec. 9.048/2017.)

I - o valor do benefício;

II - os critérios para a comprovação pelo trabalhador portuário avulso da insuficiência de meios para prover a sua subsistência;

III - os procedimentos para o requerimento e a concessão do benefício; e

IV - as hipóteses de perda ou cassação do benefício.

Parágrafo único. Para fins de habilitação ao benefício será exigida, cumulativamente, a comprovação de:

I - no mínimo quinze anos de registro ou cadastro como trabalhador portuário avulso;

II - comparecimento a, no mínimo, oitenta por cento das chamadas realizadas pelo respectivo órgão de gestão de mão de obra; e

III - comparecimento a, no mínimo, oitenta por cento dos turnos de trabalho para os quais tenha sido escalado no período.

ART. 46. Ato conjunto dos Ministros de Estado dos Transportes, Portos e Aviação Civil e do Planejamento, Desenvolvimento e Gestão estabelecerá os procedimentos para cessão de áreas públicas da União, com vistas à implantação de instalações portuárias. (Alterado pelo Dec. 9.048/2017.)

ART. 47. Deverão ser publicados em até cento e oitenta dias, contados da data de publicação deste Decreto, os atos a que se referem os seguintes dispositivos:

I - § 2º do art. 37;

II - § 2º do art. 38;

III - § 4º do art. 39;

IV - art. 44;

V - art. 45; e

VI - art. 46.

ART. 47-A. Caberá à Antaq a regulamentação de outras formas de ocupação e exploração de áreas e instalações portuárias não previstas neste Decreto e na legislação específica. (Acrescentado pelo Dec. 9.048/2017.)

ART. 48. Ficam revogados:

I - o Decreto n. 4.391, de 26 de setembro de 2002; e

II - o Decreto n. 6.620, de 29 de outubro de 2008.

ART. 49. Este Decreto entra em vigor na data de sua publicação.

Brasília, 27 de junho de 2013; 192º da Independência e 125º da República.

DILMA ROUSSEFF

DECRETO N. 8.058, DE 26 DE JULHO DE 2013

Regulamenta os procedimentos administrativos relativos à investigação e à aplicação de medidas antidumping; e altera o Anexo II ao Decreto n. 7.096, de 4 de fevereiro de 2010, que aprova a Estrutura Regimental e o Quadro Demonstrativo dos Cargos em Comissão e das Funções Gratificadas do Ministério do Desenvolvimento, Indústria e Comércio Exterior.

‣ *DOU*, 29.07.2013.

A Presidenta da República, no uso das atribuições que lhe confere o art. 84, *caput*, incisos IV e VI, da Constituição, e tendo em vista o disposto no Acordo Relativo à Implementação do Artigo VI do Acordo Geral sobre Tarifas Aduaneiras e Comércio - GATT/1994 (Acordo *Antidumping*), aprovado pelo Decreto Legislativo n. 30, de 15 dezembro de 1994, e promulgado pelo Decreto n. 1.355, de 30 de dezembro de 1994, e na Lei n. 9.019, de 30 de março de 1995, na parte que dispõe sobre a aplicação das medidas previstas no Acordo *Antidumping*,

Decreta:

CAPÍTULO I
DOS PRINCÍPIOS E DAS COMPETÊNCIAS

ART. 1º Poderão ser aplicadas medidas *antidumping* quando a importação de produtos objeto de *dumping* causar dano à indústria doméstica.

§ 1º Medidas *antidumping* serão aplicadas de acordo com as investigações iniciadas e conduzidas em conformidade com o disposto neste Decreto.

§ 2º Nenhum produto importado poderá estar sujeito simultaneamente a medida *antidumping* e a medida compensatória para neutralizar a mesma situação de *dumping* ou de subsídio à exportação.

ART. 2º Compete ao Conselho de Ministros da Câmara de Comércio Exterior - CAMEX, com base nas recomendações contidas em parecer do Departamento de Defesa Comercial da Secretaria de Comércio Exterior do Ministério do Desenvolvimento, Indústria e Comércio Exterior - DECOM, a decisão de:

I - aplicar ou prorrogar direitos *antidumping* provisórios ou definitivos;

II - homologar ou prorrogar compromissos de preços;

III - determinar a cobrança retroativa de direitos *antidumping* definitivos;

IV - determinar a extensão de direitos *antidumping* definitivos;

V - estabelecer a forma de aplicação de direitos *antidumping*, e de sua eventual alteração;

VI - suspender a investigação para produtores ou exportadores para os quais tenha sido homologado compromisso de preços, nos termos do art. 67;

VII - suspender a exigibilidade de direito *antidumping* definitivo aplicado, mediante a exigência de depósito em dinheiro ou fiança bancária na hipótese da Subseção I da Seção III do Capítulo VIII, assim como determinar a retomada da cobrança do direito e a conversão das garantias prestadas; e

VIII - suspender a aplicação do direito *antidumping* na hipótese do art. 109.

ART. 3º Em circunstâncias excepcionais, o Conselho de Ministros poderá, em razão de interesse público:

I - suspender, por até um ano, prorrogável uma única vez por igual período, a exigibilidade de direito *antidumping* definitivo, ou de compromisso de preços, em vigor;

II - não aplicar direitos *antidumping* provisórios; ou

III - homologar compromisso de preços ou aplicar direito *antidumping* definitivo em valor diferente do que o recomendado, respeitado o disposto no § 4º do art. 67 e no § 2º do art. 78.

§ 1º Os direitos anti*dumping* ou os compromissos de preços suspensos com base no inciso I do *caput* poderão ser reaplicados a qualquer momento, por decisão do Conselho.

§ 2º Os direitos anti*dumping* ou os compromissos de preços serão extintos ao final do período de suspensão previsto no inciso I do *caput*, caso não tenham sido reaplicados nos termos do § 1º ou caso o ato de suspensão não estabelecer expressamente a reaplicação ao final do período de suspensão.

§ 3º Os setores industriais usuários do produto objeto da investigação e as organizações de consumidores poderão fornecer informações julgadas relevantes a respeito dos efeitos de uma determinação positiva de *dumping*, de dano e de nexo de causalidade entre ambos.

§ 4º As informações fornecidas nos termos do § 3º deverão ser endereçadas à Secretaria-Executiva da CAMEX e serão consideradas no processo de tomada de decisão relativo a interesse público.

§ 5º A análise de interesse público deverá observar os procedimentos estabelecidos em ato específico publicado pela CAMEX.

§ 6º As decisões do Conselho de Ministros, inclusive as amparadas em interesse público, deverão sempre se fazer acompanhar da fundamentação que as motivou.

ART. 4º Caberá à CAMEX conceder o status de economia de mercado para fins de defesa comercial.

ART. 5º Compete à Secretaria de Comércio Exterior do Ministério do Desenvolvimento, Indústria e Comércio Exterior - SECEX:

I - iniciar a investigação *antidumping*;

II - encerrar a investigação sem aplicação de medidas nas hipóteses do art. 74;

III - prorrogar o prazo para a conclusão da investigação;

IV - encerrar, a pedido do peticionário, a investigação sem julgamento de mérito e arquivar o processo;

V - iniciar uma revisão de direito *antidumping* definitivo ou de compromisso de preços; e

VI - extinguir a medida *antidumping* nas hipóteses de determinação negativa nas revisões amparadas pelo Capítulo VIII.

ART. 6º Compete ao DECOM, na função de autoridade investigadora, conduzir o processo administrativo disciplinado por este Decreto.

CAPÍTULO II
DA DETERMINAÇÃO DE *DUMPING*

ART. 7º Para os efeitos deste Decreto, considera-se prática de *dumping* a introdução de um produto no mercado doméstico brasileiro, inclusive sob as modalidades de drawback, a um preço de exportação inferior ao seu valor normal.

SEÇÃO I
DO VALOR NORMAL

ART. 8º Considera-se "valor normal" o preço do produto similar, em operações comerciais normais, destinado ao consumo no mercado interno do país exportador.

ART. 9º Para os fins deste Decreto, considera-se "produto similar" o produto idêntico, igual sob todos os aspectos ao produto objeto da investigação ou, na sua ausência, outro produto que, embora não exatamente igual sob todos os aspectos, apresente características muito próximas às do produto objeto da investigação.

§ 1º A similaridade de que trata o *caput* será avaliada com base em critérios objetivos, tais como:

I - matérias-primas;

II - composição química;

III - características físicas;

IV - normas e especificações técnicas;

V - processo de produção;

VI - usos e aplicações;

VII - grau de substitutibilidade; e

VIII - canais de distribuição.

§ 2º Os critérios a que faz referência o parágrafo anterior não constituem lista exaustiva e nenhum deles, isoladamente ou em conjunto, será necessariamente capaz de fornecer indicação decisiva.

ART. 10. O termo "produto objeto da investigação" englobará produtos idênticos ou que apresentem características físicas ou composição química e características de mercado semelhantes.

§ 1º O exame objetivo das características físicas ou da composição química do produto objeto da investigação levará em consideração a matéria-prima utilizada, as normas e especificações técnicas e o processo produtivo.

§ 2º O exame objetivo das características de mercado levará em consideração usos e aplicações, grau de substitutibilidade e canais de distribuição.

§ 3º Os critérios a que se referem os § 1º e § 2º não constituem lista exaustiva e nenhum deles, isoladamente ou em conjunto, será necessariamente capaz de fornecer indicação decisiva.

ART. 11. Para os fins deste Decreto, considera-se "país exportador" como sendo o país de origem declarado das importações do produto objeto da investigação, observado o disposto no art. 24.

ART. 12. Consideram-se "operações comerciais normais" todas as vendas do produto similar realizadas pelo produtor ou exportador sob investigação no mercado interno do país exportador ou para um terceiro país, observado o disposto no art. 14.

§ 1º As vendas do produto similar destinadas ao consumo no mercado interno do país exportador serão consideradas como em quantidade suficiente para a apuração do valor normal quando constituam cinco por cento ou mais das vendas do produto objeto da investigação exportado para o Brasil, admitindo-se percentual inferior quando for demonstrado que, ainda assim, ocorreram vendas no mercado interno do país exportador em quantidade suficiente para permitir comparação adequada.

§ 2º A apuração a que se refere o § 1º será efetuada após a exclusão das vendas que não tenham sido consideradas operações comerciais normais e deverá ser feita para a totalidade das vendas restantes do produto similar destinadas ao consumo no mercado interno do país exportador.

ART. 13. Caso existam vendas do produto similar destinadas ao consumo no mercado interno do país exportador em quantidade suficiente para a apuração do valor normal, sem que existam vendas em quantidade suficiente de determinados modelos específicos, o valor normal para estes modelos poderá ser apurado com base no valor construído, conforme definido no inciso II do *caput* do art. 14 ou, alternativamente, no preço de exportação para um terceiro país.

ART. 14. Caso não existam vendas do produto similar em operações comerciais normais no mercado interno do país exportador ou quando, em razão de condições especiais de mercado ou de baixo volume de vendas do produto similar no mercado interno do país exportador, não for possível comparação adequada com o preço de exportação, o valor normal será apurado com base no:

I - preço de exportação do produto similar para terceiro país apropriado, desde que esse preço seja representativo; ou

II - valor construído, que consistirá no custo de produção no país de origem declarado, acrescido de razoável montante a título de:

a) despesas gerais;

b) despesas administrativas;

c) despesas de comercialização;

d) despesas financeiras; e

e) lucro.

§ 1º As vendas do produto similar no mercado interno do país exportador ou as vendas a um terceiro país não serão consideradas como operações comerciais normais e serão desprezadas na apuração do valor normal quando realizadas a preços inferiores ao custo de produção unitário do produto similar, nele computados os custos de fabricação, fixos e variáveis, e as despesas gerais, administrativas, de comercialização e financeiras.

§ 2º O disposto no § 1º aplica-se somente quando as vendas foram realizadas:

I - no decorrer de um período razoável de tempo, preferencialmente de doze meses, mas nunca inferior a seis meses;

II - em quantidades substanciais; e

III - a preço que não permita recuperar todos os custos dentro de um período razoável de tempo, preferencialmente de doze meses.

§ 3º Considera-se "quantidade substancial", para fins do inciso II do § 2º, as situações em que:

I - o preço médio ponderado de venda do produto similar no período de investigação de *dumping* for inferior ao custo de produção médio ponderado unitário do produto similar no o referido período; ou

II - o volume de vendas do produto similar a preço abaixo do custo unitário corresponder a vinte por cento ou mais do volume total de vendas do produto similar.

§ 4º Será considerado que os preços permitem a recuperação de todos os custos dentro de período razoável de tempo sempre que os preços abaixo do custo de produção unitário, no momento da venda, superarem o custo de produção médio ponderado unitário do produto similar no período de investigação de *dumping*.

§ 5º Não serão consideradas operações comerciais normais e serão desprezadas, na apuração do valor normal, as transações entre partes associadas ou relacionadas ou que tenham celebrado entre si acordo compensatório, salvo se comprovado que os preços e custos relativos à transações entre partes associadas ou relacionadas sejam comparáveis aos das transações efetuadas entre partes não associadas ou relacionadas.

§ 6º As transações entre partes associadas ou relacionadas serão consideradas operações comerciais normais se o preço médio ponderado de venda da parte interessada para sua parte associada ou relacionada não for superior ou inferior a no máximo três por cento do preço médio ponderado de venda da parte interessada para todas as partes que não tenham tais vínculos entre si.

§ 7º Não serão consideradas operações comerciais normais e serão desprezadas na apuração do valor normal:

I - vendas de amostras ou para empregados e doações;

II - vendas amparadas por contratos envolvendo industrialização para outras empresas -*tolling* ou troca de produtos - *swap*;

III - consumo cativo; ou

IV - outras operações, estabelecidas pela SECEX.

§ 8º O custo referido no inciso II do *caput* será preferencialmente calculado com base nos registros mantidos pelo produtor ou exportador sob investigação, desde que estejam de acordo com os princípios e as normas contábeis do país exportador e reflitam os custos relativos à produção e à venda do produto similar.

§ 9º As operações entre partes associadas ou relacionadas ou que tenham celebrado entre si acordo compensatório não serão consideradas no cálculo do custo relativo à produção, exceto se comprovado que os preços praticados em tais operações são comparáveis aos preços praticados em operações efetuadas entre partes não associadas ou relacionadas.

§ 10. Para os fins deste Capítulo, as partes serão consideradas relacionadas ou associadas se:

I - uma delas ocupar cargo de responsabilidade ou de direção em empresa da outra;

II - forem legalmente reconhecidas como associados em negócios;

III - forem empregador e empregado;

IV - qualquer pessoa, direta ou indiretamente, possuir, controlar ou detiver cinco por cento ou mais das ações ou títulos emitidos com direito a voto de ambas;

V - uma delas, direta ou indiretamente, controlar a outra, inclusive por intermédio de acordo de acionistas;

VI - forem ambas, direta ou indiretamente, controladas por uma terceira pessoa;

VII - juntas controlarem direta ou indiretamente uma terceira pessoa;

VIII - forem membros da mesma família; ou

IX - se houver relação de dependência econômica, financeira ou tecnológica com clientes, fornecedores ou financiadores.

§ 11. Serão levados em consideração os elementos de prova disponíveis acerca da correta alocação de custos, desde que historicamente utilizada pelo produtor ou exportador, particularmente no que diz respeito à determinação dos períodos adequados de amortização e de depreciação e do montante das deduções relativas a despesas de capital e a outros custos de desenvolvimento.

§ 12. Os custos devem ser ajustados em função dos itens de custo não recorrentes que beneficiem a produção atual ou futura ou em razão de circunstâncias nas quais os custos incorridos durante o período de investigação sejam afetados por operações de entrada em funcionamento, a menos que já refletidos na alocação de custos prevista no § 11.

§ 13. Os ajustes efetuados em razão da entrada em funcionamento devem refletir os custos ao final do período de entrada em funcionamento ou, caso se estenda além do período de investigação de *dumping*, os custos mais recentes que possam ser razoavelmente considerados.

§ 14. Para fins deste artigo, o cálculo das despesas gerais, administrativas, de comercialização e financeiras e da margem de lucro será baseado em dados efetivos de produção e de venda do produto similar do produtor ou exportador sob investigação no curso de operações comerciais normais.

§ 15. Quando esse montante não puder ser apurado conforme o estabelecido no § 14, as despesas gerais, administrativas, de comercialização e financeiras e a margem de lucro serão apuradas com base:

I - nas quantias efetivamente despendidas e auferidas pelo produtor ou exportador sob investigação relativas à produção e à venda de produtos da mesma categoria geral no mercado interno do país exportador;

II - na média ponderada das quantias efetivamente despendidas e auferidas por outros produtores ou exportadores sob investigação relativas à produção e à comercialização do produto similar no mercado interno do país exportador; ou

III - em qualquer outro método razoável, desde que o montante estipulado para o lucro não exceda o lucro normalmente auferido por outros produtores ou exportadores com as vendas de produtos da mesma categoria geral no mercado interno do país exportador.

§ 16. O termo "condições especiais de mercado" a que faz referência o *caput* inclui situações em que a formação de preços domésticos, em especial aqueles relacionados a insumos básicos, não ocorre em condições de mercado ou seja determinada ou significativamente influenciada pela ação do governo.

ART. 15. No caso de país que não seja considerado economia de mercado, o valor normal será determinado com base:

I - no preço de venda do produto similar em um país substituto;

II - no valor construído do produto similar em um país substituto;

III - no preço de exportação do produto similar de um país substituto para outros países, exceto o Brasil; ou

IV - em qualquer outro preço razoável, inclusive o preço pago ou a pagar pelo produto similar no mercado interno brasileiro, devidamente ajustado, se necessário, para incluir margem de lucro razoável, sempre que nenhuma das hipóteses anteriores seja viável e desde que devidamente justificado.

§ 1º O país substituto consistirá em um terceiro país de economia de mercado considerado apropriado, levando-se em conta as informações confiáveis apresentadas tempestivamente pelo peticionário ou pelo produtor ou exportador, incluindo:

I - o volume das exportações do produto similar do país substituto para o Brasil e para os principais mercados consumidores mundiais;

II - o volume das vendas do produto similar no mercado interno do país substituto;

III - a similaridade entre o produto objeto da investigação e o produto vendido no mercado interno ou exportado pelo país substituto;

IV - a disponibilidade e o grau de desagregação das estatísticas necessárias à investigação; ou

V - o grau de adequação das informações apresentadas com relação às características da investigação em curso.

§ 2º Sempre que adequado, recorrer-se-á a país substituto sujeito à mesma investigação.

§ 3º No ato de início da investigação, as partes interessadas serão informadas do país substituto que se pretende utilizar, e, no caso de discordância quanto à escolha do terceiro país, o produtor, o exportador ou o peticionário poderão sugerir terceiro país alternativo, desde que a sugestão seja devidamente justificada e seja apresentada, juntamente com os respectivos elementos de prova, dentro do prazo improrrogável de setenta dias, contado da data de início da investigação.

§ 4º A decisão final a respeito do terceiro país de economia de mercado a ser utilizado na investigação constará da determinação preliminar.

ART. 16. No prazo previsto no § 3º do art. 15, o produtor ou exportador de um país não considerado economia de mercado pelo Brasil poderá apresentar elementos de prova com o intuito de permitir que o valor normal seja apurado com base no disposto nos arts. 8º a 14.

ART. 17. Os elementos de prova a que faz referência o art. 16 incluem informações relativas ao produtor ou exportador e ao setor econômico do qual o produtor ou exportador faz parte.

§ 1º As informações relativas ao produtor ou exportador devem permitir a comprovação de que:

I - as decisões do produtor ou exportador relativas a preços, custos e insumos, incluindo matérias-primas, tecnologia, mão de obra, produção, vendas e investimentos, se baseiam nas condições de oferta e de demanda, sem que haja interferência governamental significativa a esse respeito, e os custos dos principais insumos refletem substancialmente valores de mercado;

II - o produtor ou exportador possui um único sistema contábil interno, transparente e auditado de forma independente, com base em princípios internacionais de contabilidade;

III - os custos de produção e a situação financeira do produtor ou exportador não estão sujeitos a distorções significativas oriundas de vínculos, atuais ou passados, estabelecidos com o governo fora de condições de mercado; e

IV - o produtor ou exportador está sujeito a leis de falência e de propriedade, assegurando segurança jurídica e estabilidade para a sua operação.

§ 2º As informações relativas ao setor econômico do qual o produtor ou exportador faz parte devem permitir a comprovação de que:

I - o envolvimento do governo na determinação das condições de produção ou na formação de preços, inclusive no que se refere à taxa de câmbio e às operações cambiais, é inexistente ou muito limitado;

II - o setor opera de maneira primordialmente baseada em condições de mercado, inclusive no que diz respeito à livre determinação dos salários entre empregadores e empregados; e

III - os preços que os produtores ou exportadores pagam pelos insumos principais e por boa parte dos insumos secundários utilizados na produção são determinados pela interação entre oferta e demanda.

§ 3º Constitui condição para que o valor normal seja apurado com base no disposto nos arts. 8º a 14 a determinação positiva relativa às condições estabelecidas neste artigo.

§ 4º Determinações positivas relacionadas ao § 2º poderão ser válidas para futuras investigações sobre o mesmo produto.

§ 5º As informações elencadas nos § 1º e § 2º não constituem lista exaustiva e nenhuma delas, isoladamente ou em conjunto, será necessariamente capaz de fornecer indicação decisiva.

SEÇÃO II
DO PREÇO DE EXPORTAÇÃO

ART. 18. Caso o produtor seja o exportador do produto objeto da investigação, o preço de exportação será o recebido, ou o preço de exportação a receber, pelo produto exportado ao Brasil, líquido de tributos, descontos ou reduções efetivamente concedidos e diretamente relacionados com as vendas do produto objeto da investigação.

ART. 19. Caso o produtor não seja o exportador e ambos não sejam partes associadas ou relacionadas, o preço de exportação será, preferencialmente, o recebido, ou o preço a ser recebido, pelo produtor, por produto exportado ao Brasil, líquido de tributos, descontos ou reduções efetivamente concedidos e diretamente relacionados com as vendas do produto objeto da investigação.

ART. 20. Na hipótese de o produtor e o exportador serem partes associadas ou relacionadas, o preço de exportação será reconstruído a partir do preço efetivamente recebido, ou o preço a receber, pelo exportador, por produto exportado ao Brasil.

ART. 21. Nos casos em que não exista preço de exportação ou em que este não pareça confiável em razão de associação ou relacionamento entre o produtor ou exportador e o importador ou uma terceira parte, ou de possuírem acordo compensatório entre si, o preço de exportação poderá ser construído a partir:

I - do preço pelo qual os produtos importados foram revendidos pela primeira vez a um comprador independente; ou

II - de uma base considerada razoável, no caso de os produtos não serem revendidos a um comprador independente ou na mesma condição em que foram importados.

SEÇÃO III
DA COMPARAÇÃO ENTRE VALOR NORMAL E O PREÇO DE EXPORTAÇÃO

ART. 22. Será efetuada comparação justa entre o preço de exportação e o valor normal, no mesmo nível de comércio, normalmente no termo de venda *ex fabrica*, considerando as vendas realizadas no período de investigação de *dumping*.

§ 1º As partes interessadas serão comunicadas quanto ao tipo de informação necessária para assegurar comparação justa, não lhes sendo exigido excessivo ônus de prova.

§ 2º Serão examinadas para fins de ajuste, caso a caso, diferenças que afetem a comparação de preços, entre elas diferenças:

I - nas condições e nos termos de vendas;

II - na tributação;

III - nos níveis de comércio;

IV - nas quantidades;

V - nas características físicas; e

VI - outras quaisquer que comprovadamente afetem a comparação de preços.

§ 3º É desnecessária a duplicação de ajustes quando mais de um fator referido no § 2º incidir cumulativamente.

§ 4º Para fins de aplicação do art. 21, serão também efetuados ajustes em função de despesas e de custos incorridos entre a importação e a revenda, incluídos o Imposto de Importação, demais tributos, e dos lucros auferidos.

§ 5º Nas hipóteses previstas no art. 21, se a comparação tiver sido afetada, o valor normal será estabelecido no nível de comércio equivalente àquele do preço de exportação construído, ou poderão ser feitos os ajustes previstos neste artigo.

§ 6º O valor do ajuste será calculado com base nos dados pertinentes relativos ao período de investigação de *dumping* ou nos dados do último exercício fiscal disponível.

ART. 23. Na hipótese de a comparação de preços prevista no *caput* do art. 22 exigir conversão cambial, será utilizada a taxa de câmbio oficial, publicada pelo Banco Central do Brasil, em vigor na data da venda.

§ 1º Quando ocorrer venda de moeda estrangeira em mercados futuros, diretamente ligada à exportação sob investigação, será utilizada a taxa de câmbio adotada na venda futura.

§ 2º Caso a taxa de câmbio oficial em vigor na data da venda esteja fora de uma faixa de flutuação de mais ou menos dois por cento com relação à média das taxas de câmbio oficiais diárias dos sessenta dias anteriores - taxa de câmbio de referência, será utilizada a taxa de câmbio oficial diária média dos sessenta dias anteriores.

§ 3º Caso a média semanal da taxa de câmbio oficial diária seja superior ou inferior à média semanal das taxas de câmbio de referência em cinco por cento ou mais durante oito semanas consecutivas, será considerado que há movimento sustentado da taxa de câmbio.

§ 4º Caracterizado o movimento referido no § 3º, será utilizada, por um período de sessenta dias, a taxa de câmbio de referência do último dia antes de se caracterizar o movimento sustentado.

§ 5º Preferencialmente, a data da venda será a data do contrato, da ordem de compra ou da aceitação do pedido ou emissão da fatura, utilizando-se, dentre esses documentos, aquele que estabeleça as condições da operação.

ART. 24. O valor normal não será apurado com base nas informações relativas ao país de origem declarado do produto objeto da investigação quando, dentre outros:

I - ocorrer mero trânsito do produto nesse país;

II - o produto não for produzido nesse país; ou

III - não houver preço comparável para o produto nesse país.

SEÇÃO IV
DA MARGEM DE DUMPING

ART. 25. A margem de *dumping* constitui a diferença entre o valor normal e o preço de exportação.

ART. 26. A margem de *dumping* será apurada com base na comparação entre:

I - o valor normal médio ponderado e a média ponderada dos preços de todas as transações comparáveis de exportação; ou

II - os valores normais e os preços de exportação, comparados transação a transação.

§ 1º Nas hipóteses de que tratam os incisos I e II do *caput*, o cálculo da margem de *dumping* deverá incluir a totalidade das vendas para o Brasil do produto objeto da investigação, somando-se resultados positivos e negativos apurados para diferentes transações ou modelos.

§ 2º Um valor normal estabelecido por meio de média ponderada poderá ser comparado com preços individuais de exportação caso determinada a existência de um padrão de preços de exportação que difira significativamente entre diferentes compradores, regiões ou períodos de tempo e caso seja apresentada explicação sobre a razão pela qual tais diferenças não podem ser adequadamente consideradas por meio da adoção das metodologias de que tratam os incisos I e II do *caput*.

ART. 27. Preferencialmente, será determinada margem individual de *dumping* para cada um dos produtores ou exportadores conhecidos do produto objeto da investigação.

ART. 28. Caso o número excessivo de exportadores, produtores, importadores ou modelos do produto objeto da investigação torne impraticável a determinação a que se refere o art. 27, a determinação individual poderá limitar-se a:

I - amostra estatisticamente válida que inclua número razoável de partes interessadas ou modelos de produto, baseada nas informações disponíveis no momento da seleção; ou

II - seleção dos produtores ou exportadores responsáveis pelo maior percentual razoavelmente investigável do volume de exportações do país exportador.

§ 1º A seleção referida no inciso II do *caput* incluirá os produtores ou exportadores que, elencados em ordem decrescente de volume, forem responsáveis pelos maiores volumes de exportação para o Brasil.

§ 2º No caso do inciso II do *caput*, os produtores ou exportadores que solicitem sua exclusão da seleção depois de terem confirmado sua participação ou que deixem de responder ao questionário poderão ter a margem de *dumping* apurada com base na melhor informação disponível.

§ 3º O DECOM poderá incluir, a seu critério, outro produtor ou exportador na seleção referida no inciso II do *caput*.

§ 4º Qualquer seleção de produtores ou exportadores, importadores ou tipos de produto feita em conformidade ao disposto no inciso II do *caput* será efetuada, preferencialmente, após terem sido consultados os produtores, os exportadores ou os importadores e obtida a sua anuência.

§ 5º O governo do país exportador poderá manifestar-se a respeito da seleção com o objetivo de esclarecer se as empresas selecionadas são exportadoras, *trading companies* ou produtoras do produto objeto da investigação, no prazo de até dez dias, contado da data de ciência da notificação de início da investigação.

§ 6º Será também determinada margem individual de *dumping* para cada produtor ou exportador que, não tendo sido incluído na seleção, apresente a informação necessária a tempo de ser considerada durante a investigação.

§ 7º Não se aplica o disposto no § 6º nas situações em que o número de exportadores ou produtores seja de tal modo elevado que a análise de casos individuais impeça a conclusão da investigação nos prazos estabelecidos.

§ 8º É vedada qualquer forma de desestímulo à apresentação de informação referida no § 6º.

§ 9º Para fins de determinação de margem individual de *dumping* e de aplicação de direitos *antidumping*, pessoas jurídicas distintas poderão ser tratadas como um único produtor ou exportador quando demonstrado que a relação estrutural e comercial das entidades entre si, ou com uma terceira entidade, é próxima o suficiente.

CAPÍTULO III
DA DETERMINAÇÃO DO DANO

ART. 29. Para os fins deste Decreto, considera-se dano:

I - o dano material à indústria doméstica;

II - a ameaça de dano material à indústria doméstica; ou

III - o atraso material na implantação da indústria doméstica.

ART. 30. A determinação de dano será baseada em elementos de prova e incluirá o exame objetivo do:

I - volume das importações objeto de *dumping*;

II - efeito das importações objeto de *dumping* sobre os preços do produto similar no mercado brasileiro; e

III - consequente impacto de tais importações sobre a indústria doméstica.

§ 1º No exame do referido no inciso I do *caput*, será considerado se houve aumento significativo das importações nessas condições, tanto em termos absolutos quanto em relação à produção ou ao consumo no Brasil.

§ 2º No exame do referido no inciso II do *caput*, será considerado se:

I - houve subcotação significativa do preço das importações objeto de *dumping* em relação ao preço do produto similar no Brasil;

II - tais importações tiveram por efeito deprimir significativamente os preços; ou

III - tais importações tiveram por efeito suprimir significativamente aumento de preços que teria ocorrido na ausência de tais importações.

§ 3º O exame do impacto das importações objeto de *dumping* sobre a indústria doméstica incluirá avaliação de todos os fatores e índices econômicos pertinentes, relacionados com a situação da referida indústria, inclusive:

I - queda real ou potencial:

a) das vendas;

b) dos lucros;

c) da produção;

d) da participação no mercado;

e) da produtividade;

f) do retorno sobre os investimentos; e

g) do grau de utilização da capacidade instalada.

II - fatores que afetem os preços domésticos, incluindo a amplitude da margem de *dumping*.

III - os efeitos negativos reais ou potenciais sobre:

a) fluxo de caixa;

b) estoques;

c) emprego;

d) salários;

e) crescimento da indústria doméstica; e

f) capacidade de captar recursos ou investimentos.

§ 4º Nenhum dos fatores ou índices econômicos referidos no § 3º, isoladamente ou em conjunto, será necessariamente capaz de conduzir a conclusão decisiva.

ART. 31. Quando as importações de um produto de mais de um país forem simultaneamente objeto de investigações que abranjam o mesmo período de investigação de *dumping*, os efeitos de tais importações poderão ser avaliados cumulativamente se for verificado que:

I - a margem de *dumping* determinada em relação às importações de cada um dos países não é de *minimis*;

II - o volume de importações de cada país não é insignificante; e

III - a avaliação cumulativa dos efeitos daquelas importações é apropriada tendo em vista as condições de concorrência entre os produtos importados e as condições de concorrência entre os produtos importados e o produto similar doméstico.

§ 1º A margem de *dumping* será considerada de minimis quando, expressa como um percentual do preço de exportação, for inferior a dois por cento.

§ 2º O volume de importações objeto da investigação ou o volume de importações objeto de *dumping*, provenientes de determinado país, será considerado insignificante quando inferior a três por cento das importações totais brasileiras do produto objeto da investigação e do produto similar.

§ 3º Caso o conjunto de países que individualmente respondam por menos de três por cento das importações totais brasileiras do produto objeto da investigação e do produto similar represente mais de sete por cento das importações totais brasileiras do produto objeto da investigação e do produto similar, o volume das importações objeto da investigação ou o volume das importações objeto de *dumping*, de cada país, não será considerado insignificante.

§ 4º A determinação do volume insignificante de importação será baseada nos dados relativos ao período de investigação de *dumping*.

ART. 32. É necessário demonstrar que, por meio dos efeitos do *dumping*, as importações objeto de *dumping* contribuíram significativamente para o dano experimentado pela indústria doméstica.

§ 1º A demonstração do nexo de causalidade referido no *caput* deve basear-se no exame:

I - dos elementos de prova pertinentes apresentados; e

II - de outros fatores conhecidos além das importações objeto de *dumping* que possam simultaneamente estar causando dano à indústria doméstica, sendo que tal dano provocado por outros motivos que não as importações objeto de *dumping* não poderá ser atribuído às importações objeto de *dumping*.

§ 2º É necessário separar e distinguir os efeitos das importações objeto de *dumping* e os efeitos de possíveis outras causas de dano à indústria doméstica.

§ 3º Possíveis outras causas são aquelas especificamente trazidas à atenção do DECOM pelas partes interessadas, desde que acompanhadas da devida justificativa e dos elementos de prova pertinentes, e eventuais outras causas conhecidas pelo DECOM.

§ 4º Os fatores que podem ser relevantes para fins da análise de que trata o inciso II do § 1º incluem, entre outros:

I - o volume e o preço de importações não objeto de *dumping*;

II - o impacto de eventuais processos de liberalização das importações sobre os preços domésticos;

III - a contração na demanda ou mudanças nos padrões de consumo;

IV - as práticas restritivas ao comércio de produtores domésticos e estrangeiros;

V - a concorrência entre produtores domésticos e estrangeiros;

VI - o progresso tecnológico;

VII - o desempenho exportador;

VIII - a produtividade da indústria doméstica;

IX - o consumo cativo; e

X - as importações ou a revenda do produto importado pela indústria doméstica.

§ 5º O efeito das importações objeto de *dumping* será determinado em relação à produção da indústria doméstica quando os dados disponíveis permitirem a sua identificação individualizada, com base em critérios como:

I - processo produtivo; e

II - vendas e lucros dos produtores.

§ 6º Não sendo possível a identificação individualizada dessa produção, os efeitos das importações objeto de *dumping* serão determinados com base na produção do grupo ou gama de produtos que, definido da forma mais restrita possível, inclua o produto similar doméstico e para o qual os dados necessários possam ser apresentados.

ART. 33. A determinação de ameaça de dano material à indústria doméstica será baseada na possibilidade de ocorrência de eventos claramente previsíveis e iminentes.

§ 1º A expectativa quanto à ocorrência desses eventos futuros a que faz referência o *caput* deverá ser baseada nos elementos de prova constantes dos autos do processo e não em simples alegações, conjecturas ou possibilidade remota.

§ 2º Os eventos futuros a que faz referência o *caput* deverão ser capazes de alterar as condições vigentes, de maneira a criar uma situação na qual ocorreria dano material à indústria doméstica decorrente de importações objeto de *dumping* adicionais.

§ 3º A análise do dano material a que se refere o § 2º deverá ser feita com base nos critérios estabelecidos no § 3º do art. 30.

§ 4º Na análise do efeito das importações objeto de *dumping* adicionais sobre a indústria doméstica referida no § 2º, poderão ser considerados, entre outros, os seguintes fatores:

I - significativa taxa de crescimento das importações objeto de *dumping*, indicando a possibilidade de aumento substancial dessas importações;

II - suficiente capacidade ociosa ou iminente aumento substancial da capacidade produtiva no país exportador, indicando possibilidade de aumento significativo das exportações objeto de *dumping* para o Brasil;

III - importações realizadas a preço que terão por efeito reduzir ou impedir o aumento dos preços domésticos de forma significativa e que provavelmente aumentarão a demanda por importações adicionais; e

IV - existência de estoques do produto objeto da investigação.

§ 5º Na análise do inciso II do § 4º, será considerada a existência de terceiros mercados capazes de absorver o possível aumento das exportações, podendo, inclusive, ser considerada a existência de medidas de defesa comercial em vigor ou de investigações em curso em terceiros países que possam justificar desvios de comércio do produto para o Brasil.

§ 6º A conclusão de que importações objeto de *dumping* adicionais são iminentes e de que, se não for adotada medida *antidumping*, causarão dano material à indústria doméstica, deve se basear na análise conjunta dos fatores a que faz referência o § 4º, não sendo nenhum desses fatores isoladamente necessariamente capaz de conduzir a conclusão definitiva.

CAPÍTULO IV
DA DEFINIÇÃO DE INDÚSTRIA DOMÉSTICA

ART. 34. Para os fins deste Decreto, o termo indústria doméstica será interpretado como a totalidade dos produtores do produto similar doméstico.

Parágrafo único. Quando não for possível reunir a totalidade dos produtores referidos no *caput*, e desde que devidamente justificado, o termo poderá ser definido como o conjunto de produtores cuja produção conjunta constitua proporção significativa da produção nacional total do produto similar doméstico.

ART. 35. A critério do DECOM, poderão ser excluídos do conceito de indústria doméstica:

DECRETOS

I - os produtores domésticos associados ou relacionados aos produtores estrangeiros, aos exportadores ou aos importadores; e

II - os produtores cuja parcela das importações do produto alegadamente importado a preço de *dumping* for significativa em comparação com o total da produção própria do produto similar.

§ 1º Para os efeitos do inciso I do *caput*, os produtores domésticos serão considerados associados ou relacionados aos produtores estrangeiros, aos exportadores ou aos importadores somente no caso de:

I - um deles controlar direta ou indiretamente o outro;

II - ambos serem controlados direta ou indiretamente por um terceiro; ou

III - juntos controlarem direta ou indiretamente um terceiro.

§ 2º Para os fins do § 1º, será considerado que uma pessoa controla outra quando a primeira está em condições legais ou operacionais de restringir ou influir nas decisões da segunda.

§ 3º Os casos enumerados no inciso I do *caput* só levarão à exclusão do produtor associado ou relacionado do conceito de indústria doméstica se houver suspeita de que este vínculo leva o referido produtor a agir diferentemente da forma como agiriam os produtores que não têm tal vínculo.

ART. 36. Em circunstâncias excepcionais, nas quais o território brasileiro puder ser dividido em dois ou mais mercados distintos, o termo "indústria doméstica" poderá ser interpretado como o conjunto de produtores domésticos de cada um desses mercados separadamente.

§ 1º O conjunto dos produtores domésticos de cada um dos referidos mercados poderão ser considerados indústria doméstica subnacional se:

I - os produtores desse mercado venderem toda ou quase toda sua produção do produto similar neste mesmo mercado; e

II - a demanda nesse mercado não for suprida em proporção substancial por produtores do produto similar estabelecidos fora desse mercado.

§ 2º Na hipótese do § 1º, poderá ser determinada a existência de dano mesmo quando parcela importante da indústria nacional não estiver sendo afetada, desde que haja concentração das importações objeto de *dumping* no mercado e que estas estejam causando dano à indústria doméstica subnacional.

CAPÍTULO V
DA INVESTIGAÇÃO

SEÇÃO I
DA PETIÇÃO E DE SUA ADMISSIBILIDADE

ART. 37. A investigação para determinar a existência de *dumping*, de dano e de nexo de causalidade entre ambos deverá ser solicitada mediante petição escrita, apresentada pela indústria doméstica, ou em seu nome.

§ 1º Para que uma petição seja considerada como feita "pela indústria doméstica ou em seu nome" é necessário que:

I - tenham sido consultados outros produtores domésticos que compõem a indústria doméstica e que produziram o produto similar durante o período de investigação de *dumping*; e

II - os produtores do produto similar que tenham manifestado expressamente apoio à petição representem mais de cinquenta por cento da produção total do produto similar daqueles que se manifestaram na consulta a que faz referência o inciso I do § 1º.

§ 2º A petição não será considerada como feita "pela indústria doméstica ou em seu nome" quando os produtores domésticos que manifestaram expressamente apoio à petição representem menos de vinte e cinco por cento da produção nacional do produto similar durante o período de investigação de *dumping*.

§ 3º No caso de indústria fragmentada, que envolva um número especialmente elevado de produtores domésticos, o grau de apoio ou de rejeição poderá ser confirmado mediante amostra estatisticamente válida.

§ 4º A manifestação de apoio ou de rejeição somente será considerada quando acompanhada de informação correspondente ao volume ou valor de produção e ao volume de vendas no mercado interno durante o período de análise de dano.

§ 5º Caso a petição não contenha dados relativos à totalidade dos produtores domésticos do produto similar, essa circunstância deverá ser justificada nos termos do parágrafo único do art. 34.

§ 6º A petição deverá conter os dados necessários à determinação do dano à indústria doméstica relativos aos produtores domésticos que manifestaram expressamente seu apoio à petição.

§ 7º No caso de indústria fragmentada, que envolva um número especialmente elevado de produtores domésticos, poderá ser aceita petição contendo dados relativos a produtores domésticos que respondam por parcela inferior a vinte e cinco por cento da produção nacional do produto similar no período de investigação de *dumping*.

ART. 38. A petição deverá conter indícios da existência de *dumping*, de dano à indústria doméstica e de nexo de causalidade entre ambos.

Parágrafo único. Meras alegações não serão consideradas suficientes para os fins deste artigo.

ART. 39. A SECEX publicará ato por meio do qual tornará públicas as informações que deverão constar da petição, assim como o formato para a sua apresentação.

ART. 40. Não serão conhecidas petições que não cumpram as exigências estabelecidas nesta Seção, no ato da SECEX a que faz referência o art. 39, ou no art. 51.

SEÇÃO II
DA ANÁLISE DA PETIÇÃO

ART. 41. A petição protocolada em conformidade com o disposto na Seção I será analisada no prazo de quinze dias, contado da data do seu protocolo.

§ 1º No caso de a petição estar devidamente instruída e de não serem necessárias informações complementares, o peticionário será notificado a respeito do início da investigação ou do indeferimento da petição no prazo adicional de quinze dias.

§ 2º Caso haja a necessidade de informações complementares pouco expressivas, ou de correções e ajustes pontuais na petição, o peticionário será instado a emendá-la no prazo de cinco dias, contado da data de ciência da solicitação.

§ 3º As informações complementares, as correções ou os ajustes serão analisados no prazo de dez dias, contado da data de seu recebimento.

§ 4º Ao final do prazo previsto no § 3º, o peticionário será notificado, no prazo de quinze dias, a respeito do início da investigação ou do indeferimento da petição.

§ 5º Deverão ser protocoladas simultaneamente uma versão confidencial e uma versão não confidencial da petição.

§ 6º Documentos protocolados sem indicação "confidencial" ou "restrito" serão tratados como públicos.

ART. 42. A petição será analisada quanto aos indícios da existência de *dumping*, de dano à indústria doméstica e de nexo de causalidade entre ambos.

§ 1º A correção e a adequação dos dados e indícios contidos na petição serão examinadas com base nas informações das fontes prontamente disponíveis, para determinar se o início da investigação é justificado.

§ 2º Serão indeferidas petições que não contenham os indícios a que faz referência o *caput*, não cumpram as exigências e os prazos estabelecidos no art. 41 para as partes interessadas, ou demandem informações complementares, correções ou ajustes significativos.

ART. 43. A identificação de produtores ou exportadores no âmbito exclusivo de investigação de *dumping* para a qual haja processo administrativo devidamente instaurado, independentemente de estarem listados na petição, será feita com base nos dados detalhados de importação fornecidos pela Secretaria da Receita Federal do Brasil do Ministério da Fazenda, na forma do inciso II do § 1º do art. 198 da Lei n. 5.172, de 25 de outubro de 1966.

SEÇÃO III
DO INÍCIO DA INVESTIGAÇÃO

ART. 44. Em circunstâncias excepcionais, devidamente justificadas, a SECEX poderá iniciar investigação de ofício, desde que disponha de indícios suficientes da existência de *dumping*, de dano e de nexo de causalidade entre ambos.

ART. 45. A SECEX publicará ato de início de uma investigação e o DECOM notificará as partes interessadas conhecidas do início da investigação.

§ 1º O ato especificará os países dos exportadores ou produtores investigados, o produto objeto da investigação, a data de início da investigação e os prazos para que as partes interessadas possam manifestar-se, e conterá as informações relativas ao *dumping*, ao dano à indústria doméstica e ao nexo de causalidade entre ambos.

§ 2º Serão consideradas partes interessadas:

I - os produtores domésticos do produto similar e a entidade de classe que os represente;

II - os importadores brasileiros que importaram o produto objeto da investigação durante o período da investigação de *dumping* e a entidade de classe que os represente;

III - os produtores ou exportadores estrangeiros que exportaram para o Brasil o produto objeto da investigação durante o período da investigação de *dumping* e a entidade de classe que os represente;

IV - o governo do país exportador do produto objeto da investigação; e

V - outras partes nacionais ou estrangeiras afetadas pela prática investigada, a critério do DECOM.

§ 3º Será concedido o prazo de vinte dias, contado da data da publicação do ato da SECEX para a apresentação de pedidos de habilitação de outras partes que se considerem interessadas e de seus respectivos representantes legais.

§ 4º Iniciada a investigação, o inteiro teor da petição que lhe deu origem será enviado aos produtores ou exportadores conhecidos e ao governo do país exportador e anexado aos autos do processo.

§ 5º Caso o número de produtores ou exportadores seja particularmente elevado, o texto completo da petição será enviado apenas ao governo do país exportador ou à entidade de classe correspondente.

§ 6º Para fins do cumprimento das obrigações estabelecidas neste Decreto, as comunicações oficiais com o governo do país exportador serão enviadas para a representação oficial do país exportador no Brasil.

§ 7º Na hipótese de não haver representação oficial no Brasil, as comunicações oficiais com o governo do país exportador serão enviadas com auxílio do Ministério das Relações Exteriores.

ART. 46. Processos de investigação *antidumping* não poderão constituir entrave ao desembaraço aduaneiro.

ART. 47. O Governo brasileiro não divulgará a existência de petições anteriormente à publicação do ato da SECEX que torne público o início da investigação, exceto com relação ao governo do país exportador, que será notificado da existência de petição devidamente instruída antes da publicação do ato que dará início à investigação.

SEÇÃO IV
DA INSTRUÇÃO

ART. 48. Durante a investigação será analisada a existência de *dumping*, de dano à indústria doméstica e de nexo de causalidade entre ambos.

§ 1º O período de *dumping* a ser investigado, doravante denominado "período de investigação de *dumping*", compreenderá doze meses encerrados em março, junho, setembro ou dezembro.

§ 2º O peticionário terá até o último dia útil do quarto mês subsequente ao encerramento do referido período para protocolar a petição sem a necessidade de atualização do período de investigação.

§ 3º Em circunstâncias excepcionais, devidamente justificadas, o período de investigação de *dumping* poderá ser inferior a doze meses, mas nunca inferior a seis meses.

§ 4º O período de dano a ser investigado, doravante denominado "período de investigação de dano", compreenderá sessenta meses, divididos em cinco intervalos de doze meses, sendo que o intervalo mais recente deverá coincidir com o período de investigação de *dumping* e os outros quatro intervalos compreenderão os doze meses anteriores aos primeiros, e assim sucessivamente.

§ 5º Em circunstâncias excepcionais, devidamente justificadas, o período de investigação de dano poderá ser inferior a sessenta meses, mas nunca inferior a trinta e seis meses.

§ 6º Ao longo da instrução, os usuários industriais do produto objeto da investigação e as organizações de consumidores mais representativas do produto objeto da investigação poderão fornecer informações julgadas relevantes acerca do *dumping*, do dano e do nexo de causalidade entre ambos, caso o produto seja habitualmente comercializado no varejo.

SUBSEÇÃO I
DAS INFORMAÇÕES

ART. 49. As partes interessadas conhecidas em uma investigação serão notificadas a respeito das informações requeridas e terão ampla oportunidade para apresentar por escrito os elementos de prova que considerem pertinentes à investigação.

§ 1º Dificuldades encontradas pelas partes interessadas, em especial por empresas de pequeno porte, no fornecimento das informações solicitadas serão devidamente consideradas, sendo-lhes proporcionada a assistência possível.

§ 2º Todos os documentos apresentados pelas partes interessadas deverão ser juntados aos respectivos autos do processo, em ordem cronológica, exceto aqueles recebidos intempestivamente ou em desacordo com as normas aplicáveis, hipóteses que serão registradas e a parte interessada notificada da decisão denegatória do DECOM de juntada de tais documentos aos autos do processo.

ART. 50. Os produtores ou exportadores conhecidos, os importadores conhecidos e os demais produtores domésticos, conforme definidos no § 2º do art. 45, receberão questionários indicando as informações necessárias à investigação e disporão do prazo de trinta dias para restituí-los, contado da data de ciência, sem prejuízo do envio de questionários para outras partes interessadas.

§ 1º Será concedida, a pedido e sempre que possível, prorrogação do prazo referido no *caput* por até trinta dias.

§ 2º Poderão ser solicitadas informações adicionais àquelas contidas nas respostas aos questionários, concedendo-se o prazo de dez dias para resposta, contado da data de ciência da solicitação, prorrogável, a pedido e desde que devidamente justificado, por até dez dias.

§ 3º Caso qualquer parte interessada negue acesso a informação necessária, não a forneça tempestivamente ou crie obstáculos à investigação, o parecer referente às determinações preliminares ou finais será elaborado com base na melhor informação disponível, de acordo com as disposições do Capítulo XIV.

ART. 51. As informações confidenciais serão juntadas aos autos confidenciais do processo.

§ 1º Serão tratadas como informações confidenciais aquelas assim identificadas pelas partes interessadas, desde que o pedido seja devidamente justificado, não podendo, nesse caso, serem reveladas sem autorização expressa da parte que a forneceu.

§ 2º As partes interessadas que fornecerem informações confidenciais deverão apresentar resumos restritos com detalhes que permitam a compreensão da informação fornecida, sob pena de ser desconsiderada a informação confidencial.

§ 3º Nos casos em que não seja possível a apresentação do resumo, as partes deverão justificar por escrito tal circunstância.

§ 4º As justificativas referidas nos § 1º e § 3º não constituem informação confidencial.

§ 5º Não serão consideradas adequadas justificativas de confidencialidade para documentos, dados e informações, entre outros:

I - quando tenham notória natureza pública no Brasil, ou sejam de domínio público, no Brasil ou no exterior; ou

II - os relativos:

a) à composição acionária e identificação do respectivo controlador;

b) à organização societária do grupo de que faça parte;

c) ao volume da produção, das vendas internas, das exportações, das importações e dos estoques;

d) a quaisquer contratos celebrados por escritura pública ou arquivados perante notário público ou em junta comercial, no Brasil ou no exterior; e

e) a demonstrações patrimoniais, financeiras e empresariais de companhia aberta; companhia equiparada à companhia aberta; ou de empresas controladas por companhias abertas, inclusive as estrangeiras, e suas subsidiárias integrais, que devam ser publicadas ou divulgadas em virtude da legislação societária ou do mercado de valores mobiliários.

§ 6º O resumo restrito relativo a informações numéricas confidenciais deverá ser apresentado em formato numérico, na forma de números-índice, entre outros.

§ 7º Os documentos, as respostas aos questionários e outras manifestações, em todas as suas versões, devem ser apresentados simultaneamente para o cumprimento dos prazos e das obrigações estabelecidos neste Decreto.

§ 8º A critério do DECOM, não serão considerados documentos, dados e informações apresentados em bases confidenciais, quando o tratamento confidencial puder resultar no cerceamento do direito de defesa e do contraditório das demais partes interessadas.

§ 9º Caso o DECOM considere injustificado o pedido de confidencialidade e a parte interessada que houver fornecido a informação se recuse a adequá-la para anexação em autos não confidenciais, a informação poderá ser desconsiderada, exceto se demonstrado, a contento e por fonte apropriada, que tal informação é correta.

§ 10. A indicação de confidencialidade dos documentos apresentados é de responsabilidade da parte interessada e deverá constar de todas as suas páginas, centralizada no alto e no pé de cada página, em cor vermelha.

§ 11. As páginas devem ser numeradas sequencialmente e devem conter indicação sobre o número total de páginas que compõem o documento.

ART. 52. O DECOM buscará, no curso das investigações, verificar a correção das informações fornecidas pelas partes interessadas.

§ 1º Poderão ser realizadas verificações *in loco* no território de outros países, desde que obtida a autorização das empresas envolvidas, notificado o governo do país correspondente e este não apresente objeções à realização do procedimento.

§ 2º Serão aplicados às verificações *in loco* realizadas no território do país exportador os procedimentos descritos no Capítulo XIII.

§ 3º Poderão ser realizadas verificações *in loco* nas empresas localizadas em território nacional, desde que previamente por elas autorizadas.

ART. 53. O DECOM considerará estudos apresentados pelas partes interessadas, desde que atendidas as seguintes condições:

I - tabelas e gráficos devem conter referências detalhadas das fontes das informações e o detalhamento de cálculos e ajustes utilizados para sua elaboração, de tal forma que possam ser reproduzidos a partir dos dados originais;

II - devem indicar as referências e as fontes utilizadas;

III - as estimações estatísticas, econométricas e simulações devem ser acompanhadas de todas as informações metodológicas, tais como:

a) o banco de dados utilizado, por meio eletrônico, que informe a fonte dos dados, e identifique as variáveis e o período a que se referem;

b) a especificação do programa computacional utilizado para a estimação;

c) a justificativa do período escolhido para a estimação;

d) a justificativa da exclusão de alguma observação da amostra, se for o caso;

e) a explicação dos pressupostos da análise econométrica ou da simulação, justificando-se as formas funcionais adotadas;

f) a explicação de como os testes propostos se relacionam com a questão suscitada na investigação a que fazem referência;

g) os dados provenientes da própria parte, devidamente acompanhados de termo de responsabilidade sobre a veracidade das informações prestadas, firmado por seu representante legal;

h) todos e quaisquer dados, memórias de cálculo, metodologias e informações, sob qualquer forma manifestadas, que se façam necessárias para a plena compreensão e reprodução dos resultados apresentados; e

i) outras informações, a critério do DECOM.

Parágrafo único. Os estudos com informações confidenciais ou apresentados em desacordo com as disposições deste artigo poderão ser desconsiderados pelo DECOM, em suas determinações.

SUBSEÇÃO II
DA DEFESA

ART. 54. As partes interessadas disporão de ampla oportunidade para a defesa de seus interesses.

ART. 55. Serão realizadas, a pedido de uma ou mais partes interessadas ou por iniciativa do DECOM, audiências com as partes interessadas, a fim de permitir o exercício do contraditório e da ampla defesa.

§ 1º As audiências deverão ser solicitadas por escrito, no prazo de cinco meses, contado da data do início da investigação, e as solicitações deverão estar acompanhadas da relação dos temas específicos a serem nela tratados.

§ 2º Somente serão deferidos pedidos de realização de audiência que envolvam aspectos relativos ao *dumping*, ao dano ou ao nexo de causalidade entre ambos.

§ 3º As partes interessadas conhecidas serão notificadas da realização da audiência e dos temas a serem tratados com antecedência mínima de vinte dias.

§ 4º O comparecimento às audiências é facultativo e a ausência de qualquer parte interessada não será utilizada em seu prejuízo.

§ 5º As partes interessadas deverão enviar, por escrito, com pelo menos dez dias de antecedência, os argumentos que desejam tratar e indicar, com pelo menos três dias de antecedência, os representantes legais que estarão presentes à audiência, podendo as partes interessadas apresentar informações adicionais oralmente na audiência.

§ 6º As informações apresentadas oralmente durante a audiência somente serão consideradas pelo DECOM, caso reproduzidas por escrito e protocoladas no prazo de dez dias após a sua realização, a fim de que sejam anexadas aos autos restritos do processo.

§ 7º Na hipótese de as audiências serem gravadas, as manifestações orais feitas pelas partes interessadas poderão ser utilizadas pelo DECOM na elaboração de seus pareceres, ficando, nesse caso, as partes interessadas desobrigadas de reproduzir por escrito as manifestações feitas.

§ 8º As gravações ou as respectivas transcrições serão igualmente anexadas aos autos restritos do processo.

ART. 56. A critério do DECOM, o número de representantes por parte interessada na audiência poderá ser limitado.

ART. 57. A realização de audiências não prejudicará os prazos estabelecidos neste Decreto.

ART. 58. Será assegurado a todas as partes interessadas o direito de vistas aos autos restritos do processo.

§ 1º As vistas das informações constantes dos autos restritos se darão mediante solicitação escrita, por meio de consulta aos autos do processo na sede do DECOM ou por acesso eletrônico.

§ 2º O acesso eletrônico será autorizado mediante concessão de senha de acesso individual às partes interessadas, que ficarão responsáveis pela não divulgação da senha, sob pena de perder o direito de acompanhamento da investigação por meio eletrônico, sem prejuízo das demais sanções administrativas, cíveis e criminais previstas em lei.

§ 3º A SECEX publicará ato que disporá sobre o acesso eletrônico aos autos do processo.

SUBSEÇÃO III
DO FINAL DA INSTRUÇÃO

ART. 59. A fase probatória da investigação será encerrada em prazo não superior a cento e vinte dias, contado da data de publicação da determinação preliminar.

Parágrafo único. Os elementos de prova apresentados após o encerramento da fase probatória não serão juntados aos autos do processo.

ART. 60. A fase de manifestações sobre os dados e as informações constantes dos autos restritos do processo será encerrada em vinte dias contados da data de encerramento da fase probatória da investigação.

ART. 61. O DECOM divulgará para as partes interessadas a nota técnica contendo os fatos essenciais que se encontram em análise e que serão considerados na determinação final a que faz referência o art. 63, no prazo de trinta dias, contado da data de encerramento da fase de manifestações.

ART. 62. As partes interessadas disporão do prazo de vinte dias, contado da data de divulgação da nota técnica, para apresentar suas manifestações finais por escrito.

Parágrafo único. Encerrado o prazo previsto no *caput*, será considerada encerrada a instrução do processo, e as informações apresentadas posteriormente não serão consideradas para fins de determinação final, na qual constarão todos os elementos de fato e de direito relativos à investigação e as conclusões finais quanto à existência de *dumping*, de dano e de nexo de causalidade entre ambos.

ART. 63. Em até vinte dias contados da data do encerramento do prazo estipulado no art. 62, o DECOM elaborará a determinação final da investigação.

ART. 64. Os documentos apresentados intempestivamente não serão considerados para fins das determinações e, caso não retirados pela parte em prazo a ser determinado pelo DECOM, serão destruídos.

SEÇÃO V
DAS DETERMINAÇÕES PRELIMINARES E DAS MEDIDAS *ANTIDUMPING* PROVISÓRIAS

ART. 65. No prazo de cento e vinte dias, e nunca inferior a sessenta dias, contado da data do início da investigação, o DECOM elaborará a determinação preliminar, na qual constarão todos os elementos de fato e de direito disponíveis quanto à existência de *dumping*, de dano e do nexo de causalidade entre ambos.

§ 1º Excepcionalmente, o prazo a que faz referência o *caput* poderá ser prorrogado para até duzentos dias contados da data do início da investigação.

§ 2º Aplica-se o § 1º quando a indústria doméstica definida por ocasião do início da investigação corresponder a menos de cinquenta por cento da produção do produto similar produzido pela totalidade dos produtores nacionais no período de investigação de *dumping*.

§ 3º As determinações preliminares positivas ou negativas de *dumping*, de dano à indústria doméstica e do nexo de causalidade entre ambos serão tempestivamente juntadas aos autos restritos do processo.

§ 4º Determinações preliminares negativas de dano ou do nexo de causalidade poderão justificar o encerramento da investigação, observada a obrigação quanto à divulgação da nota técnica que contenha os fatos essenciais a que faz referência o art. 61.

§ 5º A SECEX publicará as determinações preliminares em até três dias contados da data da determinação, nas quais se informará sobre os prazos a que fazem referência os arts. 59 a 63.

§ 6º A eventual recomendação quanto à aplicação de direitos provisórios será encaminhada à CAMEX que, imediatamente após a decisão sobre sua aplicação, publicará o ato correspondente.

§ 7º As determinações preliminares serão elaboradas com base nos elementos de prova apresentados no prazo de sessenta dias, contado da data do início da investigação.

§ 8º Os elementos de prova apresentados após o prazo a que se refere o § 7º poderão ser utilizados pelo DECOM, se a análise não prejudicar o cumprimento do prazo a que se refere o *caput*.

ART. 66. Direitos provisórios somente poderão ser aplicados se:

I - uma investigação tiver sido iniciada de acordo com as disposições constantes da Seção III do Capítulo V, o ato que tenha dado início à investigação tiver sido publicado e às partes interessadas tiver sido oferecida oportunidade adequada para se manifestarem;

II - houver determinação preliminar positiva de *dumping*, de dano à indústria doméstica e do nexo de causalidade entre ambos; e

III - a CAMEX julgar que tais medidas são necessárias para impedir que ocorra dano durante a investigação.

§ 1º O valor da medida *antidumping* provisória não poderá exceder a margem de *dumping*.

§ 2º Medidas *antidumping* provisórias serão aplicadas na forma de direito provisório ou de garantia, cujo valor será equivalente ao do direito provisório.

§ 3º Direitos provisórios serão recolhidos e garantias serão prestadas mediante depósito em espécie ou fiança bancária, cabendo à Secretaria da Receita Federal do Brasil do Ministério da Fazenda estabelecer os procedimentos de recolhimento.

§ 4º A CAMEX publicará ato com decisão de aplicar medidas *antidumping* provisórias, na forma estabelecida no Capítulo X.

§ 5º O desembaraço aduaneiro dos produtos objeto de medidas *antidumping* provisórias dependerá do pagamento do direito ou da prestação da garantia.

§ 6º A vigência das medidas *antidumping* provisórias será limitada a um período não superior a quatro meses, exceto nos casos em que, por decisão do Conselho de Ministros da CAMEX e a pedido de exportadores que representem percentual significativo do comércio em questão, poderá ser de até seis meses.

§ 7º Os exportadores poderão solicitar, por escrito, a extensão do prazo de aplicação da medida *antidumping* provisória, no prazo de trinta dias antes do término do período de vigência da medida.

§ 8º Na hipótese de ser aplicada medida *antidumping* provisória inferior à margem de *dumping*, os períodos previstos no § 6º passam a ser de seis e nove meses, respectivamente.

SEÇÃO VI
DO COMPROMISSO DE PREÇOS

ART. 67. A investigação poderá ser suspensa sem aplicação de medidas provisórias ou de direitos definitivos para os produtores ou exportadores que tenham assumido voluntariamente compromisso de revisão dos seus preços de exportação ou de cessação das exportações a preço de *dumping* destinadas ao Brasil, desde que as autoridades referidas no art. 2º considerem o compromisso satisfatório para eliminar o dano à indústria doméstica causado pelas importações a preço de *dumping*.

§ 1º O compromisso será celebrado perante o DECOM, submetido à homologação do Conselho de Ministros da CAMEX.

§ 2º O compromisso de preços deverá conter permissão expressa de verificação *in loco* pelo DECOM e previsão de fornecimento de informações periódicas relativas a seu cumprimento.

§ 3º A investigação de *dumping*, de dano à indústria doméstica e de nexo de causalidade entre ambos poderá prosseguir a pedido do exportador ou a critério do DECOM.

§ 4º O aumento de preço ao amparo do compromisso não poderá exceder a margem de *dumping*.

§ 5º O aumento de preço a que se refere o § 4º será igual ou inferior à margem de *dumping* apurada, com o fim exclusivo de eliminar o dano causado à indústria doméstica pelas importações objeto de *dumping*.

§ 6º Os exportadores somente poderão oferecer compromissos de preços ou aceitar aqueles oferecidos pelo DECOM durante o período compreendido entre a data da publicação da determinação preliminar positiva de *dumping*, de dano à indústria doméstica e do nexo de causalidade entre ambos, e o encerramento da fase probatória.

§ 7º A SECEX publicará o ato com indicação das informações que deverão constar das ofertas de compromissos de preços.

§ 8º Os exportadores não estão obrigados a propor compromisso de preços nem a aceitar eventuais ajustes ou compromissos propostos pelo DECOM.

§ 9º As propostas não prejudicarão o curso da investigação nem alterarão a determinação preliminar.

§ 10. O DECOM poderá recusar ofertas de compromissos de preços consideradas ineficazes ou impraticáveis.

§ 11. Na decisão de recusa a que faz referência o § 10, deverão ser levados em consideração, entre outros, o grau de homogeneidade do produto, o número de ofertas de compromissos de preços e a existência de associação ou relacionamento entre partes interessadas, tal qual definido no § 10 do art. 14.

§ 12. Serão informadas ao produtor ou exportador as razões pelas quais o compromisso foi julgado ineficaz ou impraticável e será concedido prazo de dez dias para manifestação, por escrito.

§ 13. Na análise da possibilidade de homologação de compromissos de preço, será levado em consideração se os compromissos foram oferecidos por produtores ou exportadores dos Estados Partes do MERCOSUL.

ART. 68. A CAMEX publicará a homologação do compromisso de preços, no qual deverão constar, entre outras informações:

I - o nome dos produtores ou exportadores para os quais vigerá o compromisso de preços;

II - a descrição do produto objeto da medida; e

III - os termos do compromisso de preços.

ART. 69. O produtor ou exportador sujeito a compromisso de preços deverá fornecer periodicamente, caso solicitado, informação relativa a seu cumprimento e permitir verificação *in loco* dos dados pertinentes, sob pena de serem considerados violados os termos do compromisso.

ART. 70. Havendo indícios de violação aos termos do compromisso de preços, será dada oportunidade para que o produtor ou exportador se manifeste.

ART. 71. Caso seja constatada a violação do compromisso de preços, o DECOM notificará o referido produtor ou exportador e a CAMEX publicará ato com informações a respeito da retomada da investigação e da aplicação imediata de direitos provisórios ou sobre a aplicação de direitos definitivos.

Parágrafo único. As partes interessadas serão notificadas sobre o término do compromisso e sobre os direitos *antidumping* provisórios ou definitivos aplicados.

SEÇÃO VII
DO ENCERRAMENTO DA INVESTIGAÇÃO

ART. 72. As investigações serão concluídas no prazo de dez meses, contado da data do início da investigação, exceto em circunstâncias excepcionais, quando o prazo poderá ser prorrogado para até dezoito meses.

ART. 73. O peticionário poderá solicitar, a qualquer momento e mediante justificativa, o encerramento da investigação.

§ 1º Caso o pedido seja deferido, o processo será arquivado e a SECEX publicará ato com o encerramento da investigação, sem julgamento do mérito.

§ 2º Caso uma investigação seja encerrada a pedido do peticionário, uma nova petição que envolva o mesmo produto somente será analisada se protocolada depois de decorrido o prazo de doze meses, contado do encerramento da investigação.

ART. 74. Será encerrada a investigação, sem aplicação de direitos, nos casos em que:

I - não houver comprovação da existência de *dumping*, de dano à indústria doméstica ou de nexo de causalidade entre ambos;

II - a margem de *dumping* for de minimis; ou

III - o volume, real ou potencial, de importações objeto de *dumping*, conforme estabelecido nos § 2º e § 3º do art. 31, ou o dano à indústria doméstica for insignificante.

Parágrafo único. Caso a investigação seja encerrada com base em determinação negativa, nova petição sobre o mesmo produto só será analisada se protocolada após doze meses contados da data do encerramento da investigação podendo este prazo, em casos excepcionais e devidamente justificados, ser reduzido para seis meses.

ART. 75. O DECOM só recomendará a aplicação de direitos *antidumping* quando tiver alcançado uma determinação final positiva de *dumping*, de dano à indústria doméstica e de nexo de causalidade entre ambos.

ART. 76. Na hipótese de ter sido homologado um compromisso de preços, com subsequente prosseguimento da investigação:

I - se o DECOM alcançar uma determinação negativa de *dumping*, de dano à indústria doméstica ou de nexo de causalidade entre ambos, a investigação será encerrada e o compromisso de preços automaticamente extinto, exceto quando a determinação negativa resultar, substancialmente, da própria existência do compromisso de preços, caso em que poderá ser requerida sua manutenção por período razoável, cabendo à CAMEX publicar o ato correspondente; ou

II - se o DECOM alcançar uma determinação positiva de *dumping*, de dano à indústria doméstica ou de nexo de causalidade entre ambos, a investigação será encerrada e a aplicação do direito definitivo será suspensa enquanto vigorar o compromisso de preços.

ART. 77. A CAMEX publicará a decisão de aplicar medidas *antidumping* definitivas, na forma estabelecida no Capítulo X.

CAPÍTULO VI
DA APLICAÇÃO E COBRANÇA DOS DIREITOS *ANTIDUMPING*

SEÇÃO I
DA APLICAÇÃO

ART. 78. A expressão "direito *antidumping*" significa um montante em dinheiro igual ou inferior à margem de *dumping* apurada.

§ 1º Ressalvados os casos previstos no § 3º e as decisões da CAMEX amparadas pelo art. 3º, o direito *antidumping* a ser aplicado será inferior à margem de *dumping* sempre que um montante inferior a essa margem for suficiente para eliminar o dano à indústria doméstica causado por importações objeto de *dumping*.

§ 2º O montante do direito *antidumping* não poderá exceder a margem de *dumping*.

§ 3º O direito *antidumping* a ser aplicado corresponderá necessariamente à margem de *dumping* nos seguintes casos:

I - produtores ou exportadores cuja margem de *dumping* foi apurada com base na melhor informação disponível ou cujo direito *antidumping* for aplicado nos termos do art. 80;

II - redeterminações positivas relativas ao inciso II do *caput* do art. 155; e

III - revisões:

a) por alteração das circunstâncias que, amparadas na Subseção I, da Seção II, do Capítulo VIII, envolvam apenas o cálculo da margem de *dumping*;

b) para novos produtores ou exportadores, ao amparo da Subseção I, da Seção III, do Capítulo VIII; ou

c) anticircunvenção, ao amparo da Subseção II, da Seção III, do Capítulo VIII, sempre que o direito *antidumping* em vigor tenha sido aplicado com base na margem de *dumping*.

§ 4º O direito *antidumping* será aplicado na forma de alíquotas *ad valorem* ou específicas, fixas ou variáveis, ou pela conjugação de ambas.

§ 5º A alíquota *ad valorem* será aplicada sobre o valor aduaneiro da mercadoria, em base Cost, Insurance & Freight - CIF, apurado nos termos da legislação.

DECRETOS

§ 6º A alíquota específica será fixada em moeda estrangeira e convertida em moeda nacional, nos termos da legislação.

ART. 79. A aplicação de medidas *antidumping* vigentes poderá ser estendida a importações de produtos originários de terceiros países, e a importações de partes, peças e componentes do produto sujeito à aplicação de medida *antidumping*, caso constatada a existência de práticas comerciais que visem a frustrar a eficácia de medidas *antidumping* em vigor, observadas as disposições relativas à revisão anticircunvenção estabelecidas na Subseção II da Seção III do Capítulo VIII.

ART. 80. Nas situações em que, nos termos do art. 28, tenha sido determinado que a análise de casos individuais resultaria em sobrecarga despropositada para o DECOM ou em impedimento à conclusão da investigação nos prazos estabelecidos, serão aplicados direitos *antidumping* individuais de mesmo valor para todos os produtores ou exportadores conhecidos que, mesmo não tendo sido incluídos na seleção, tenham fornecido as informações solicitadas no § 6º e no § 7º do art. 28.

§ 1º Os direitos *antidumping* individuais de mesmo valor a que faz referência o *caput* serão calculados com base na média ponderada da margem de *dumping* apurada para os produtores ou exportadores incluídos na seleção efetuada nos termos do art. 28.

§ 2º Caso não tenham sido solicitadas informações, todos os produtores ou exportadores conhecidos farão jus a direitos *antidumping* individuais de mesmo valor.

§ 3º O cálculo da margem de *dumping* a que faz referência o *caput* não levará em conta margens de *dumping* zero ou de minimis.

§ 4º Para os demais produtores ou exportadores, serão aplicados direitos *antidumping* calculados com base na melhor informação disponível, nos termos do § 3º do art. 50.

ART. 81. Para fins do disposto no art. 36, serão cobrados direitos *antidumping* apenas para as importações do produto objeto da investigação destinadas ao consumo final no mercado considerado para fins da definição de indústria doméstica subnacional.

SEÇÃO II
DA COBRANÇA

ART. 82. Independentemente das obrigações de natureza tributária relativas à sua importação, serão cobrados direitos *antidumping*, provisórios ou definitivos, aplicados às importações do produto objeto da investigação para o qual tenha havido uma determinação preliminar ou final positiva e tenham sido cumpridas as demais exigências relativas à aplicação de direitos.

ART. 83. Não serão cobrados direitos aplicados às importações de produtos de produtores ou exportadores com os quais tenham sido homologados compromissos de preço.

SEÇÃO III
DA COBRANÇA RETROATIVA

ART. 84. Exceto nos casos previstos nesta Seção, somente poderão ser aplicadas medidas provisórias e direitos definitivos a produtos importados despachados para consumo a partir da data de publicação do ato que contenha as decisões previstas no § 4º do art. 66 e no art. 77.

ART. 85. Direitos *antidumping* poderão ser aplicados retroativamente apenas nos casos de determinação final positiva de dano material à indústria doméstica.

Parágrafo único. Na hipótese de determinação final positiva de ameaça de dano material à indústria doméstica, a aplicação retroativa de direitos *antidumping* somente poderá ocorrer quando demonstrado que a ausência de medidas *antidumping* provisórias teria feito com que os efeitos das importações objeto de *dumping* tivessem levado a uma determinação positiva de dano material à indústria doméstica.

ART. 86. O valor do direito provisoriamente recolhido, garantido por depósito ou fiança bancária, será restituído, devolvido ou extinto de forma célere, na hipótese de:

I - determinação final positiva de ameaça de dano material à indústria doméstica;

II - retardamento significativo no estabelecimento da indústria doméstica; ou

III - determinação final negativa de *dumping*, de dano à indústria doméstica ou de nexo de causalidade entre ambos.

ART. 87. Caso o valor do direito definitivo seja superior ao valor do direito provisoriamente recolhido ou garantido por depósito, a diferença não será cobrada.

ART. 88. Caso o valor do direito definitivo seja inferior ao valor do direito provisoriamente recolhido ou garantido por depósito em dinheiro ou fiança bancária, o valor pago a maior será restituído ou devolvido, ou a conversão da garantia ajustada, conforme o caso.

ART. 89. Direitos *antidumping* definitivos somente poderão ser cobrados de importações a preço de *dumping* cuja data do conhecimento de embarque anteceda em até noventa dias a data de aplicação das medidas *antidumping* provisórias e se verifique, com relação ao produto objeto de *dumping*, que:

I - há antecedentes de *dumping*, de dano à indústria doméstica e de nexo de causalidade entre ambos, ou que o importador estava ou deveria estar ciente de que o produtor ou exportador pratica *dumping* e de que este causaria dano; e

II - o dano é causado por importações volumosas de um produto a preço de *dumping* em período relativamente curto, o que, levando em conta o período em que foram efetuadas e o volume das importações objeto de *dumping* e outros fatores, como o rápido crescimento dos estoques do produto importado, muito provavelmente reduzirá acentuadamente o efeito corretivo dos direitos *antidumping* definitivos a serem aplicados.

§ 1º Não serão cobrados direitos aplicados às importações cuja data do conhecimento de embarque seja anterior à data de início da investigação ou de violação do compromisso de preços.

§ 2º Aos importadores envolvidos será concedido prazo para manifestação sobre a medida *antidumping*.

ART. 90. Para aplicação do disposto no inciso I do *caput* do art. 89, considera-se que:

I - há antecedentes de *dumping* causador de dano, quando:

a) os produtos importados objeto de *dumping* foram objeto de medida *antidumping*, provisória ou definitiva, aplicada no Brasil; ou

b) os produtos importados objeto de *dumping* são ou foram objeto de medida *antidumping*, provisória ou definitiva, aplicada em terceiro país; e

II - o importador estava ou deveria estar ciente de que o produtor ou exportador pratica *dumping* e de que este causaria dano quando a data do conhecimento de embarque dos produtos importados a preço de *dumping* for posterior à data do início da investigação.

ART. 91. Os elementos de fato e de direito que levaram à determinação da cobrança retroativa de direitos *antidumping* definitivos constarão da decisão da CAMEX que determinar a cobrança retroativa de direitos definitivos.

Parágrafo único. Para fins do disposto no inciso II do *caput* do art. 90, cabe ao importador comprovar, junto à Secretaria da Receita Federal do Brasil do Ministério da Fazenda, que a data do conhecimento de embarque é anterior à data da publicação do ato da SECEX que deu início à investigação.

CAPÍTULO VII
DA DURAÇÃO DOS DIREITOS *ANTIDUMPING* E DOS COMPROMISSOS DE PREÇO

ART. 92. Direitos *antidumping* e compromissos de preços permanecerão em vigor enquanto perdurar a necessidade de eliminar o dano à indústria doméstica causado pelas importações objeto de *dumping*.

ART. 93. Todo direito *antidumping* definitivo será extinto no prazo de cinco anos, contado da data de sua aplicação ou da data da conclusão da mais recente revisão que tenha abrangido o *dumping*, o dano à indústria doméstica e o nexo de causalidade entre ambos, conforme estabelecido na Seção II do Capítulo VIII.

CAPÍTULO VIII
DA REVISÃO DOS DIREITOS *ANTIDUMPING* E DOS COMPROMISSOS DE PREÇO

SEÇÃO I
DOS PRINCÍPIOS E DISPOSIÇÕES APLICÁVEIS

ART. 94. As revisões previstas neste Capítulo obedecerão, no que couber, ao disposto nos Capítulos I, II, III, X a XIV e aos princípios, prazos e procedimentos estabelecidos no Capítulo V, a menos que disposto de maneira distinta neste Capítulo.

Parágrafo único. Para as revisões da Seção II, poderá aplicar-se igualmente o disposto no art. 73.

ART. 95. As revisões previstas neste Capítulo deverão ser solicitadas por meio de petição escrita, devidamente fundamentada com base em indícios, apresentada pelas partes interessadas.

§ 1º O DECOM poderá conduzir, a seu critério e desde que devidamente justificado, os processos de revisão previstos neste Capítulo de forma simultânea ou combinada.

§ 2º Serão consideradas partes interessadas aquelas relacionadas no § 2º do art. 45, a menos que disposto de maneira distinta neste Capítulo.

ART. 96. O DECOM notificará as partes interessadas do início de revisão sob amparo deste Capítulo.

ART. 97. As partes interessadas terão ampla oportunidade para apresentar por escrito os elementos de prova considerados pertinentes à revisão.

ART. 98. Exceto quando disposto de maneira distinta neste Capítulo, o período da revisão será definido conforme as disposições do art. 48.

ART. 99. A SECEX publicará ato que contenha o modelo de petição para cada uma das revisões previstas neste Capítulo.

ART. 100. O disposto neste Capítulo aplica-se igualmente às revisões de compromissos de preço.

SEÇÃO II
DAS REVISÕES RELATIVAS À
APLICAÇÃO DO DIREITO

SUBSEÇÃO I
DA REVISÃO DO DIREITO POR ALTERAÇÃO DAS CIRCUNSTÂNCIAS

ART. 101. A pedido de qualquer parte interessada da investigação original ou da última revisão de *dumping*, dano e do nexo de causalidade entre ambos, que submeta petição escrita com indícios de que as circunstâncias que justificaram a aplicação do direito *antidumping* se alteraram, o DECOM poderá iniciar revisão amparada nesta subseção, à condição de que haja decorrido no mínimo um ano da aplicação, alteração, prorrogação ou extensão de um direito *antidumping* definitivo.

§ 1º A alteração das circunstâncias deve ser significativa e duradoura, não se configurando por oscilações ou flutuações inerentes ao mercado, entre outras.

§ 2º Excepcionalmente, poderá ser iniciada revisão amparada nesta subseção em prazo inferior ao referido no *caput*, desde que devidamente justificado pelo peticionário.

ART. 102. Com base na determinação estabelecida pelo DECOM:

I - o direito *antidumping* poderá ser extinto, caso seja improvável a continuação ou retomada do:

a) dumping; ou

b) dano.

II - o direito *antidumping* poderá ser alterado caso:

a) tenha deixado de ser suficiente ou tenha se tornado excessivo para neutralizar o *dumping* ; ou

b) tenha se tornado insuficiente para eliminar o dano à indústria doméstica causado pelas importações objeto de *dumping*.

ART. 103. Nas hipóteses da alínea "a" do inciso I e da alínea "a" do inciso II, do *caput* do art. 102, a análise deverá basear-se no exame objetivo de todos os fatores relevantes, incluindo:

I - a existência de *dumping* durante a vigência da medida;

II - o desempenho do produtor ou exportador no tocante a produção, utilização da capacidade instalada, custos, volume de vendas, preços, exportações e lucros;

III - alterações nas condições de mercado, tanto do país exportador quanto em outros países, incluindo alterações na oferta e na demanda pelo produto, nos preços e na participação do produtor ou exportador no mercado do país exportador; e

IV - a aplicação de medidas de defesa comercial sobre o produto similar por outros países e a consequente possibilidade de desvio de comércio para o Brasil.

§ 1º Petições que envolvam o cálculo de nova margem de *dumping* devem incluir, entre outras informações, dados relativos ao preço de exportação e ao valor normal durante o período de revisão, desde que as transações ocorridas durante esse período tenham sido feitas em quantidades representativas.

§ 2º O direito a ser aplicado como resultado de uma revisão de alteração das circunstâncias não poderá exceder a nova margem de *dumping* calculada para o período de revisão.

ART. 104. Nas hipóteses da alínea "b" do inciso I e da alínea "b" do inciso II, do *caput* do art. 102, a análise deverá basear-se no exame objetivo de todos os fatores relevantes, incluindo:

I - a situação da indústria doméstica durante a vigência definitiva do direito;

II - o volume das importações do produto objeto da medida durante sua vigência e a provável tendência de comportamento dessas importações, em termos absolutos e relativos à produção ou ao consumo do produto similar no mercado interno brasileiro;

III - o preço provável das importações objeto de *dumping* e o seu provável efeito sobre os preços do produto similar no mercado interno brasileiro;

IV - o impacto provável das importações objeto de *dumping* sobre a indústria doméstica, avaliado com base em todos os fatores e índices econômicos pertinentes definidos no § 2º e no § 3º do art. 30;

V - alterações nas condições de mercado no país exportador, no Brasil ou em terceiros mercados, incluindo alterações na oferta e na demanda do produto similar, em razão, por exemplo, da imposição de medidas de defesa comercial por outros países; e

VI - o efeito provável de outros fatores que não as importações objeto de *dumping* sobre a indústria doméstica, tais como:

a) volume e preço de importações não sujeitas ao direito *antidumping* ;

b) impacto de eventuais processos de liberalização das importações sobre os preços domésticos;

c) contração na demanda ou mudanças nos padrões de consumo;

d) práticas restritivas ao comércio de produtores domésticos e estrangeiros e a concorrência entre eles;

e) progresso tecnológico;

f) desempenho exportador;

g) produtividade da indústria doméstica;

h) consumo cativo; e

i) importações ou revenda do produto importado pela indústria doméstica.

ART. 105. A revisão será concluída no prazo de dez meses, contado da data do início da revisão.

§ 1º Em circunstâncias excepcionais, esse prazo poderá ser prorrogado por até dois meses.

§ 2º No curso da revisão, os direitos permanecerão em vigor e não serão alterados.

SUBSEÇÃO II
DA REVISÃO DE FINAL DE PERÍODO

ART. 106. A duração do direito *antidumping* de que trata o art. 93 poderá ser, por meio de uma revisão de final de período amparada por esta Subseção, prorrogada por igual período, caso determinado que a sua extinção levaria muito provavelmente à continuação ou à retomada do *dumping* e do dano dele decorrente.

ART. 107. A determinação de que a extinção do direito levaria muito provavelmente à continuação ou à retomada do *dumping* deverá basear-se no exame objetivo de todos os fatores relevantes, incluindo aqueles elencados no art. 103.

§ 1º O direito a ser aplicado como resultado de uma revisão de final de período poderá ser determinado com base na margem de *dumping* calculada para o período de revisão, caso evidenciado que a referida margem reflita adequadamente o comportamento dos produtores ou exportadores durante a totalidade do período de revisão e o montante do direito não poderá exceder a margem de *dumping* calculada para o período de revisão.

§ 2º Se a margem de *dumping* calculada para o período de revisão não refletir o comportamento dos produtores ou exportadores durante a totalidade do período de revisão, o direito poderá ser prorrogado sem alteração.

§ 3º Na hipótese de não ter havido exportações do país ao qual se aplica a medida *antidumping* ou de ter havido apenas exportações em quantidades não representativas durante o período de revisão, a probabilidade de retomada do *dumping* será determinada com base na comparação entre o valor normal médio internalizado no mercado brasileiro e:

I - o preço médio de venda do produto similar doméstico no mercado brasileiro, apurados para o período de revisão; ou

II - o preço de exportação médio de outros fornecedores estrangeiros para o mercado brasileiro em transações feitas em quantidades representativas, apurados para o período de revisão.

§ 4º Em caso de determinação positiva na hipótese do § 3º, será recomendada a prorrogação do direito *antidumping* em montante igual ou inferior ao do direito em vigor.

ART. 108. A determinação de que a extinção do direito levará muito provavelmente à continuação ou à retomada do dano deverá basear-se no exame objetivo de todos os fatores relevantes, incluindo aqueles elencados no art. 104.

ART. 109. Em situações em que houver dúvidas quanto à provável evolução futura das importações do produto objeto de direito *antidumping*, o DECOM poderá recomendar a prorrogação do direito com a imediata suspensão de sua aplicação.

Parágrafo único. A cobrança do direito será imediatamente retomada caso o aumento das importações ocorrer em volume que possa levar à retomada do dano.

ART. 110. A revisão de final de período deverá ser solicitada pela indústria doméstica ou em seu nome, por meio de petição escrita, devidamente fundamentada, acompanhada de indícios de que a extinção do direito *antidumping* levaria muito provavelmente à continuação ou à retomada do *dumping* e do dano dele decorrente.

ART. 111. A petição de revisão de final de período deverá ser protocolada, no mínimo, quatro meses antes da data do término do período de vigência do direito *antidumping* de que trata o art. 93, sob pena de a petição ser considerada intempestiva.

Parágrafo único. A decisão de iniciar a revisão, ou não, será publicada antes do término da vigência do direito *antidumping*.

ART. 112. A revisão será concluída no prazo de dez meses, contado da data do início da revisão.

§ 1º Em circunstâncias excepcionais, esse prazo poderá ser prorrogado por até dois meses.

§ 2º No curso da revisão, os direitos permanecerão em vigor e não serão alterados.

SEÇÃO III
DAS REVISÕES RELATIVAS
AO ESCOPO E À COBRANÇA
DO DIREITO

SUBSEÇÃO I
DA REVISÃO PARA NOVOS PRODUTORES OU EXPORTADORES

ART. 113. Quando um produto estiver sujeito a direitos *antidumping*, o produtor ou exportador que não tenha exportado para o Brasil durante o período da investigação que culminou com a aplicação, alteração, prorrogação ou extensão do direito *antidumping* vigente poderá solicitar, por meio de petição escrita e fundamentada, revisão do direito *antidumping* em vigor, com vistas a determinar, de forma célere, sua margem individual de *dumping*.

Parágrafo único. O produtor ou exportador referido no *caput* deve apresentar elementos de fato e de direito suficientes para comprovar que:

I - não possui relação ou associação, nos termos do § 10 do art. 14, com os produtores ou exportadores que, localizados no país exportador e sujeitos ao direito *antidumping* vigente, exportaram durante o período de investigação que culminou com a aplicação, alteração, prorrogação ou extensão do direito *antidumping* vigente; e

II - não exportou durante o período de investigação que culminou com a aplicação, alteração, prorrogação ou extensão do direito *antidumping* vigente.

ART. 114. Caso o peticionário não seja o produtor do produto sujeito à medida, deverá incluir em seu pedido, além das informações solicitadas no art. 113:

I - o nome do produtor; e

II - declaração do produtor de que irá colaborar com a revisão no que se refere ao fornecimento de dados relativos a custos de manufatura e preço de venda do produto similar no mercado interno do país de exportação no período de revisão.

§ 1º Caso o país exportador não seja considerado uma economia de mercado, deverá ser indicado, para fins de apuração do valor normal, produtor do mesmo terceiro país utilizado no procedimento imediatamente anterior ao início da revisão.

§ 2º Caso existam importações brasileiras do produto do peticionário em quantidades representativas dentro de um período de seis meses, deverão constar da petição informações relativas aos custos de manufatura e ao valor normal do produto similar no país de exportação, e sobre volume e preço de exportação ao Brasil, além de eventuais ajustes para fins de justa comparação.

§ 3º A petição deverá ser protocolada em até quatro meses após o término do período a que faz referência o § 2º.

ART. 115. O DECOM disporá de dois meses para analisar se a petição está devidamente instruída e, em caso positivo, a SECEX publicará ato tornando público o início da revisão.

§ 1º Ato da CAMEX suspenderá a cobrança do direito *antidumping* aplicado às importações do produto exportado pelo produtor ou exportador peticionário da revisão enquanto perdurar a revisão, e instituirá aos importadores do referido produto, a prestação de garantia na forma de depósito em espécie ou fiança bancária em montante equivalente aos direitos suspensos.

§ 2º Compete à Secretaria da Receita Federal do Brasil do Ministério da Fazenda verificar a prestação da garantia de que trata este artigo, por ocasião do despacho aduaneiro.

§ 3º O DECOM notificará as partes interessadas sobre o início da revisão.

ART. 116. Caso não existam importações brasileiras do produto do peticionário em quantidades representativas para a determinação de margem de *dumping* individual, a CAMEX poderá suspender a cobrança do direito *antidumping* aplicado às importações do produto exportado pelo peticionário, despachadas para consumo final no Brasil em um período de seis meses, improrrogável, contado da data de publicação do ato pertinente pela CAMEX.

§ 1º A suspensão a que faz referência o *caput* somente ocorrerá uma vez protocolada uma petição para uma revisão de novo produtor ou exportador, em conformidade com as exigências estabelecidas nos arts. 113 e 114.

§ 2º No ato de suspensão a que faz referência o *caput*, será determinada a prestação de garantia pelos importadores do produto exportado pelo peticionário na forma de depósito em espécie ou fiança bancária em montante equivalente aos direitos suspensos.

§ 3º Encerrado o período a que faz referência o *caput*, o peticionário terá trinta dias para protocolar as informações relativas aos custos de produção e ao valor normal do produto similar no país de exportação, e sobre volume e preço de exportação para o Brasil, além de eventuais ajustes para fins de justa comparação.

§ 4º As informações mencionadas no § 3º devem referir-se ao período previsto no *caput*.

§ 5º Uma vez protocoladas as informações referidas no § 3º, o DECOM terá o prazo de trinta dias para analisá-las.

§ 6º Caso a petição esteja devidamente instruída, a SECEX publicará ato tornando público o início da revisão.

§ 7º Caso as informações não sejam protocoladas no prazo a se refere o § 3º, o DECOM indeferirá a petição e a CAMEX determinará a conversão das garantias prestadas.

§ 8º Decorrido o período a que faz referência o *caput* sem importações em quantidades representativas para a determinação de margem de *dumping* individual, o DECOM indeferirá a petição e a CAMEX determinará a retomada da cobrança do direito *antidumping* e a conversão das garantias prestadas.

§ 9º Entre o final do período de suspensão a que faz referência o *caput* e o início da revisão, os direitos *antidumping* serão cobrados regularmente.

ART. 117. A margem de *dumping* individual será calculada com base nos dados relativos ao período de revisão ou ao período de suspensão de que trata o *caput* do art. 116.

ART. 118. O DECOM poderá solicitar informações complementares ao peticionário, que devem ser encaminhadas no prazo improrrogável de cinco dias, contado da data de ciência da solicitação.

Parágrafo único. Caso o peticionário negue acesso à informação necessária, não a forneça tempestivamente ou crie obstáculos à revisão, a SECEX encerrará a revisão sem a determinação de margem individual para o produtor ou exportador e a CAMEX publicará ato determinando a retomada da cobrança do direito *antidumping* e a conversão das garantias prestadas.

ART. 119. A fase probatória da revisão será encerrada no prazo de noventa dias, contado da data de início da revisão, não sendo juntados aos autos do processo elementos de prova apresentados após o seu encerramento.

ART. 120. As revisões previstas nesta subseção serão concluídas no prazo de sete meses, contado da sua data de início.

§ 1º A CAMEX publicará ato retomando a cobrança do direito aplicado às importações do produto do produtor ou exportador beneficiado pela revisão no montante do direito individual definitivo determinado na revisão.

§ 2º A garantia prestada será convertida, caso o valor do direito individual definitivo seja superior a seu valor.

§ 3º Caso o valor do direito individual seja inferior ao valor da garantia prestada, o valor a maior poderá ser objeto de revisão de restituição, nos termos da Subseção III.

SUBSEÇÃO II
DA REVISÃO ANTICIRCUNVENÇÃO

ART. 121. A aplicação de uma medida *antidumping* poderá ser estendida, por meio de uma revisão anticircunvenção amparada por esta Subseção, a importações de:

I - partes, peças ou componentes originários ou procedentes do país sujeito a medida *antidumping*, destinadas à industrialização, no Brasil, do produto sujeito a medida *antidumping*;

II - produto de terceiros países cuja industrialização com partes, peças ou componentes originários ou procedentes do país sujeito a medida *antidumping* resulte no produto sujeito a medida *antidumping*; ou

III - produto que, originário ou procedente do país sujeito a medida *antidumping*, apresente modificações marginais com relação ao produto sujeito a medida *antidumping*, mas que não alteram o seu uso ou a sua destinação final.

ART. 122. Constitui circunvenção prática comercial que vise a frustrar a eficácia de medida *antidumping* vigente por meio da introdução, no território nacional, das importações a que faz referência o art. 121.

ART. 123. A existência de circunvenção será determinada pela análise conjugada de informações relativas tanto aos países de origem das exportações dos produtos ou das partes, peças ou componentes quanto aos produtores ou exportadores destes países, ou ainda aos importadores brasileiros de partes, peças ou componentes, nos termos do art. 121.

§ 1º A análise de informações relativas aos países de origem das exportações dos produtos ou das partes, peças ou componentes a que faz referência o *caput* será feita para os países como um todo, de maneira a verificar se:

I - em razão de alterações nos fluxos comerciais destes países ocorridas após o início de investigação original ou de revisão, a eficácia de uma medida *antidumping* vigente estiver sendo frustrada, avaliada em termos do preço e da quantidade importada do produto objeto da revisão; e

II - as alterações nos fluxos comerciais destes países ocorridas após o início de investigação original ou revisão são decorrentes de processo, atividade ou prática sem motivação ou justificativa econômica outra do que frustrar a eficácia de medida *antidumping* vigente.

§ 2º A análise de informações relativas aos produtores, exportadores ou importadores a que faz referência o *caput* será feita para produtores, exportadores ou importadores individualmente, de maneira a verificar se:

I - na hipótese do inciso I do *caput* do art. 121:

a) a revenda, no Brasil, do produto sujeito à medida *antidumping* industrializado com partes, peças ou componentes originários ou procedentes do país sujeito à medida *antidumping* se deu a valores inferiores ao valor normal apurado para o produto sujeito a medida *antidumping*;

b) as partes, as peças ou os componentes originários ou procedentes do país sujeito à medida *antidumping* não apresentam utilização distinta da industrialização do produto sujeito a medida *antidumping*;

c) o início ou o aumento substancial da industrialização no Brasil ocorreu após o início da investigação que resultou na aplicação de medida *antidumping*; e

d) as partes, as peças ou os componentes originários ou procedentes do país sujeito a medida *antidumping* representam sessenta por cento ou mais do valor total de partes, peças ou componentes do produto industrializado no Brasil.

II - na hipótese do inciso II do *caput* do art. 121:

a) a exportação do produto para o Brasil se deu a valores inferiores ao valor normal apurado para o produto sujeito a medida *antidumping*;

b) a exportação do produto para o Brasil correspondeu a uma proporção importante das vendas totais do produtor ou exportador;

c) o início ou o aumento substancial das exportações do produto para o Brasil ocorreu após o início da investigação que resultou na aplicação de medida *antidumping*; e

d) as partes, as peças ou os componentes originários ou procedentes do país sujeito a medida *antidumping* representam sessenta por cento ou mais do valor total de partes, peças ou componentes do produto exportado para o Brasil.

III - na hipótese do inciso III do *caput* do art. 121:

a) a exportação do produto com modificações marginais para o Brasil se deu a valores inferiores ao valor normal apurado para o produto sujeito a medida *antidumping*;

b) a exportação do produto com modificações marginais para o Brasil correspondeu a uma proporção importante das vendas totais do produtor ou exportador; e

c) o início ou o aumento substancial das exportações do produto com modificações marginais para o Brasil ocorreu após o início da investigação que resultou na aplicação de medida *antidumping*.

§ 3º Não se caracterizará a circunvenção quando o valor agregado nas operações de industrialização a que faz referência o inciso I do *caput* do art. 121 for superior a trinta e cinco por cento do custo de manufatura do produto.

§ 4º Para os fins do § 3º, o custo de manufatura não inclui:

I - despesas de depreciação;

II - despesas de embalagem; e

III - custos ou despesas que não sejam diretamente relacionados à fabricação do produto.

ART. 124. A revisão anticircunvenção será baseada nos antecedentes da investigação que culminou com a aplicação ou a prorrogação da medida *antidumping*.

ART. 125. Uma revisão anticircunvenção poderá ser solicitada mediante petição escrita por parte interessada na investigação original ou, na hipótese de a medida já ter sido prorrogada, a pedido da parte interessada na última revisão da medida *antidumping* em questão, por meio de petição formulada por escrito, ou, excepcionalmente, de ofício pela SECEX.

ART. 126. Para os efeitos da revisão anticircunvenção, são consideradas partes interessadas em uma revisão anticircunvenção:

I - os produtores brasileiros do produto sujeito a medida *antidumping* ou as entidades de classe que os representem;

II - o governo do país de exportação dos produtos a que se referem os incisos II e III do *caput* do art. 121;

III - os produtores ou exportadores dos produtos a que se referem os incisos II e III do *caput* do art. 121;

IV - os importadores brasileiros das partes, peças ou componentes a que faz referência o inciso I do *caput* do art. 121;

V - as empresas responsáveis pela industrialização das partes, peças ou componentes a que faz referência o inciso I do *caput* do art. 121;

VI - outras partes nacionais ou estrangeiras que possam ser afetadas pela revisão, a critério do DECOM.

ART. 127. O DECOM poderá enviar questionário para as partes interessadas, que disporão do prazo de vinte dias, contado da data de ciência da expedição dos referidos questionários, para restituí-los.

Parágrafo único. Poderá ser concedida, a pedido, e sempre que possível, prorrogação por até dez dias do prazo referido no *caput*.

ART. 128. As revisões serão concluídas no prazo de seis meses, contado da data de publicação do ato que deu início à investigação, exceto em circunstâncias excepcionais, quando o prazo poderá ser prorrogado por até três meses.

ART. 129. Sempre que possível, a extensão de uma medida *antidumping* será objeto de determinação individual para cada produtor, exportador ou importador conhecido do produto objeto da revisão anticircunvenção.

§ 1º No caso de o número elevado de produtores, exportadores ou importadores tornar impraticável a determinação referida no *caput*, a determinação individual poderá limitar-se:

I - na hipótese do inciso I do *caput* do art. 121, a uma seleção dos importadores responsáveis pelo maior percentual razoavelmente investigável do volume de importações de partes, peças ou componentes originários ou procedentes do país sujeito à medida *antidumping* cuja industrialização resulte em um produto similar ao produto sujeito à aplicação de medida *antidumping*; e

II - nas hipóteses dos incisos II e III do *caput* do art. 121, a uma seleção dos produtores ou exportadores responsáveis pelo maior percentual razoavelmente investigável do volume de exportações do país exportador.

§ 2º A seleção de que trata o § 1º incluirá os produtores, exportadores ou importadores que, elencados em ordem decrescente de volume, tenham sido responsáveis pelos maiores volumes de exportação, no caso de produtores ou exportadores, ou importação, no caso de importadores, para o Brasil.

ART. 130. Serão estendidos os direitos *antidumping* para todos os produtores, exportadores ou importadores incluídos na seleção de que trata o art. 129, que tenham apresentado os dados solicitados e para os quais o DECOM tenha alcançado determinação final positiva quanto à prática de circunvenção.

§ 1º O valor do direito estendido consistirá na média ponderada da margem de *dumping* apurada para os produtores ou exportadores cujo direito, na investigação original ou na última revisão, tenha sido calculado com base no art. 27 ou nos incisos I ou II do *caput* do art. 28, desconsideradas margens de *dumping* zero ou de minimis.

§ 2º Na hipótese do inciso I do *caput* do art. 121, o direito *antidumping* sobre as partes, peças ou componentes será estendido na forma de alíquota *ad valorem*.

§ 3º Produtores, exportadores ou importadores para os quais tenha sido estabelecida determinação final negativa serão individualmente identificados no ato que tornar público o encerramento da revisão e a eles não se estenderá a aplicação dos direitos *antidumping* em vigor.

§ 4º No caso de determinação final positiva para um produtor ou exportador para o qual haja compromisso de preços em vigor, será considerado violado o compromisso de preços.

ART. 131. Para os importadores conhecidos não incluídos na seleção e que tenham importado para o Brasil partes, peças ou componentes a que faz referência o inciso I do *caput* do art. 121 durante o período de revisão, a revisão anticircunvenção será suspensa e não será estendida a aplicação de direitos *antidumping*.

ART. 132. Para os produtores ou exportadores conhecidos não incluídos na seleção e que tenham exportado para o Brasil os produtos a que fazem referência os incisos II e III do *caput* do art. 121 durante o período de revisão, a revisão será suspensa e não será estendida a aplicação de direitos *antidumping*.

ART. 133. Caso existam indícios de que os produtores, exportadores ou importadores a que fazem referência os arts. 131 e 132 possam estar engajados em circunvenção, com base em pedidos devidamente fundamentados ou de ofício, o DECOM poderá retomar a revisão.

§ 1º A SECEX publicará ato com a retomada da revisão.

§ 2º Na hipótese prevista no § 4º do art. 130, a CAMEX publicará ato tornando pública a retomada da investigação.

ART. 134. Para os produtores, exportadores ou importadores desconhecidos ou que, embora incluídos na seleção, não forneceram os dados solicitados, será estendido o direito *antidumping* com base na melhor informação disponível, nos termos do § 3º do art. 50.

§ 1º Importadores que não tenham importado partes, peças ou componentes a que faz referência o inciso I do *caput* do art. 121 para o Brasil, durante o período de revisão anticircunvenção, poderão solicitar sua exclusão da medida *antidumping* estendida ao amparo desta Subseção.

§ 2º Produtores ou exportadores que não tenham exportado os produtos a que fazem referência os incisos II e III do *caput* do art. 121 para o Brasil durante o período da revisão anticircunvenção poderão solicitar uma revisão de novo produtor ou exportador, nos termos da Subseção I.

ART. 135. A medida *antidumping* não estendida aos importadores se condiciona à manutenção dos mesmos fornecedores identificados no período de revisão.

ART. 136. O importador a que faz referência o § 1º do art. 134 deve apresentar elementos de fato e de direito suficientes para comprovar que:

I - não possui relação ou associação, nos termos do § 10 do art. 14, com as partes interessadas na revisão anticircunvenção que resultou na extensão da medida *antidumping*;

II - não tenham importado para o Brasil partes, peças ou componentes a que faz referência o inciso I do *caput* do art. 121 durante o período de revisão anticircunvenção; e

III - as operações de industrialização a que faz referência o inciso I do *caput* do art. 121 agreguem pelo menos trinta e cinco por cento de valor, calculado com base no custo total de manufatura do produto, nos termos do § 3º e do § 4º do art. 123.

ART. 137. Direitos *antidumping* estendidos ao amparo de revisões anticircunvenção estarão sujeitos às revisões de final de período do direito *antidumping* que deu ensejo à revisão anticircunvenção.

ART. 138. Não se aplicam as Seções V e VI do Capítulo V às revisões anticircunvenção.

ART. 139. Serão extintos os direitos estendidos com base em revisões amparadas por esta Subseção e encerradas as revisões anticircunvenção suspensas quando for extinto o direito*antidumping* que deu ensejo à revisão anticircunvenção ou à eventual extensão da aplicação do referido direito.

SUBSEÇÃO III
DA REVISÃO DE RESTITUIÇÃO

ART. 140. Qualquer importador do produto objeto do direito *antidumping* poderá solicitar a restituição de direitos *antidumping* definitivos recolhidos, caso fique demonstrado que a margem de *dumping* apurada para o período de revisão de restituição é inferior ao direito vigente.

ART. 141. A revisão de restituição deverá ser solicitada pelo importador interessado, mediante petição escrita, fundamentada com elementos de prova de que o montante de direitos *antidumping* recolhidos foi superior ao que seria devido caso o direito tivesse sido calculado com base na margem de *dumping* apurada para o período de revisão.

§ 1º Meras alegações não serão consideradas suficientes para cumprir as exigências estabelecidas nesta subseção.

§ 2º Para os efeitos desta subseção, consideram-se partes interessadas em uma revisão de restituição o peticionário da revisão de restituição e os produtores ou exportadores para os quais exista um direito *antidumping* individual aplicado.

§ 3º Caso o país exportador não seja considerado uma economia de mercado, deverá ser indicado produtor do país substituto utilizado no procedimento imediatamente anterior ao início da revisão para fins de apuração do valor normal.

ART. 142. O período de revisão será preferencialmente de doze meses, mas nunca inferior a seis meses.

Parágrafo único. O final do período corresponderá necessariamente à data da última importação no interregno em que a restituição é pleiteada e para a qual tenham sido recolhidos direitos *antidumping*.

ART. 143. A petição a que faz referência o art. 141 deverá ser protocolada no prazo de quatro meses, contado da data final do período de revisão.

§ 1º Uma petição somente será considerada devidamente instruída se contiver informação precisa a respeito do montante a ser reembolsado e estiver acompanhada de toda documentação aduaneira, original ou cópia autenticada, relativa ao recolhimento dos direitos *antidumping* devidos.

§ 2º A petição deverá conter elementos de prova relativos ao valor normal e ao preço de exportação para o Brasil do produtor ou exportador para o qual uma margem de *dumping* individual tenha sido calculada.

§ 3º Caso o importador seja relacionado ou associado ao produtor ou exportador, deverá apresentar os preços de revenda do produto importado no mercado brasileiro.

ART. 144. A margem de *dumping* calculada para o período de revisão servirá exclusivamente para calcular a eventual restituição de direitos *antidumping* recolhidos em montante superior à margem de *dumping* apurada para o período de revisão.

Parágrafo único. As revisões de restituição serão concluídas no prazo de dez meses, contado da data de seu início.

ART. 145. No caso de uma determinação final positiva, o DECOM notificará a Secretaria da Receita Federal do Brasil do Ministério da Fazenda a respeito da margem de *dumping* apurada para o período da revisão de restituição, que por sua vez deverá proceder à restituição devida.

Parágrafo único. A restituição será efetuada, de maneira geral, no prazo de noventa dias, contado da data da publicação da conclusão da revisão.

CAPÍTULO IX
DA AVALIAÇÃO DE ESCOPO E DA REDETERMINAÇÃO

SEÇÃO I
DA AVALIAÇÃO DE ESCOPO

ART. 146. Qualquer uma das partes interessadas relacionadas no § 2º do art. 45, além de outros importadores, poderá solicitar ao DECOM, que proceda a uma avaliação de escopo, a fim de determinar se um produto está sujeito a uma medida *antidumping* em vigor.

Parágrafo único. Caso o DECOM entenda necessária avaliação de escopo para determinar se um produto se sujeita a medida *antidumping* em vigor, poderá iniciar a avaliação de escopo de ofício.

ART. 147. A avaliação de escopo deverá ser solicitada por meio de petição escrita, devidamente fundamentada, que conterá:

I - descrição detalhada do produto a ser avaliado, acompanhada dos elementos de prova pertinentes, incluindo suas características técnicas e seus usos, bem como a sua classificação tarifária na Nomenclatura Comum do MERCOSUL - NCM; e

II - explicação pormenorizada, acompanhada de elementos de prova, das razões que levam o peticionário a entender que o produto está, ou não, sujeito à medida *antidumping* em vigor.

ART. 148. Caso a petição esteja devidamente instruída, a SECEX publicará ato que informará o início da avaliação de escopo.

ART. 149. O ato que dará início a uma avaliação de escopo conterá:

I - descrição pormenorizada do produto objeto da avaliação e do produto objeto de medida *antidumping*;

II - razões pelas quais o DECOM entenda necessária a avaliação;

III - cronograma para manifestações das partes interessadas; e

IV - data da realização da audiência a que faz referência o parágrafo único do art. 152, se houver.

Parágrafo único. No cumprimento do cronograma a que faz referência o inciso III do *caput*, serão concedidos trinta dias contados da data de publicação do ato a que faz referência o art. 148 para que as partes interessadas possam manifestar-se por escrito ou submeter elementos de prova.

ART. 150. Na hipótese de conclusão final apenas com base nas informações constantes da petição de que o produto está, ou não, sujeito à medida *antidumping* em vigor, o DECOM elaborará determinação final, no prazo de sessenta dias, contado da data de publicação do ato a que faz referência o art. 148.

ART. 151. Na hipótese de não ser possível uma conclusão final apenas com base nas informações constantes da petição, o DECOM poderá enviar questionários para as partes interessadas e realizar verificações *in loco* das informações recebidas, caso em que o DECOM elaborará a determinação final no prazo de cento e vinte dias, contado da data de publicação do ato a que faz referência o art. 148.

ART. 152. A análise do DECOM será baseada nos critérios utilizados para definir o produto objeto da investigação, conforme estabelecido no art. 10.

Parágrafo único. O DECOM poderá realizar as audiências a que faz referência o art. 55 a fim de esclarecer aspectos relativos ao escopo da medida *antidumping* em vigor no prazo de quarenta dias, contado da data de publicação do ato a que faz referência o art. 148.

ART. 153. A SECEX remeterá a conclusão final à CAMEX, para aprovação e publicação do ato contendo o resultado da avaliação de escopo.

ART. 154. Os resultados e as conclusões das avaliações de escopo poderão ser utilizados pelo DECOM, para instruir investigações ou revisões amparadas por este Decreto.

Parágrafo único. A avaliação conduzida ao amparo desta Seção possui caráter interpretativo, não alterando o escopo de medidas *antidumping* vigentes.

SEÇÃO II
DA REDETERMINAÇÃO

ART. 155. Os produtores domésticos do produto similar ou a entidade de classe que os represente poderão solicitar ao DECOM que proceda a uma redeterminação, a fim de determinar se uma medida *antidumping* aplicada está com sua eficácia comprometida:

I - em razão da forma de aplicação da medida; ou

II - em virtude de o preço de exportação ou, na hipótese do art. 21, de o preço de revenda do produto objeto do direito no mercado interno brasileiro ter-se reduzido, não se ter alterado, ou ter aumentado em valor inferior ao esperado pela aplicação, alteração, prorrogação ou extensão de uma medida *antidumping*.

§ 1º A redeterminação deverá ser solicitada por meio de petição escrita, devidamente fundamentada.

§ 2º Excepcionalmente, o DECOM poderá iniciar uma redeterminação de ofício.

ART. 156. Na hipótese do inciso I *caput* do art. 155, a petição deverá conter explicação pormenorizada, acompanhada dos indícios pertinentes e das razões que levam o peticionário a entender que a redeterminação é necessária.

§ 1º Uma medida *antidumping* poderá ter a sua forma de aplicação alterada como resultado de uma redeterminação apenas uma vez a cada cinco anos.

§ 2º Aplica-se a regra do § 1º para as medidas que tenham sido prorrogadas por meio de revisão amparada pelo Capítulo VIII.

§ 3º A alteração da forma de aplicação não poderá ultrapassar a margem de *dumping* apurada na investigação original ou na revisão mais recente.

ART. 157. Na hipótese do inciso II do *caput* do art. 155, a petição deverá conter explicação pormenorizada, acompanhada dos indícios pertinentes e das razões que levam o peticionário a entender que a redeterminação é necessária.

§ 1º Somente serão aceitas petições ao amparo deste artigo caso a medida *antidumping* tenha sido aplicada em montante inferior à margem de *dumping*.

§ 2º Ao longo de uma redeterminação, exportadores, produtores estrangeiros, importadores e produtores domésticos disporão de ampla oportunidade para esclarecer aspectos relativos aos preços de exportação ou de revenda do produto objeto do direito no mercado interno brasileiro.

ART. 158. Uma redeterminação só poderá ser iniciada após nove meses contados da data de aplicação, alteração, prorrogação ou extensão da medida *antidumping*.

§ 1º A SECEX publicará ato dando início à redeterminação.

§ 2º Uma redeterminação será concluída no prazo de três meses, contado da data de seu início.

ART. 159. Na hipótese do inciso II do *caput* do art. 155, caso o DECOM conclua que a aplicação do direito *antidumping* deveria ter resultado em alterações não ocorridas dos referidos preços, recomendará à CAMEX a alteração da medida *antidumping* em vigor.

ART. 160. Determinações positivas quanto à absorção de direitos referida no inciso II do *caput* do art. 155 constituem indícios significativos de que a extinção do direito levará à continuação ou retomada do *dumping*.

CAPÍTULO X
DA PUBLICIDADE

ART. 161. Os atos decorrentes das decisões das autoridades referidas nos arts. 2º e 5º serão publicados no Diário Oficial da União e conterão informação detalhada acerca das conclusões sobre as matérias de fato e de direito.

ART. 162. Os atos a que faz referência o art. 161 relativos ao início de uma investigação deverão conter, entre outras, as seguintes informações:

I - o nome do país ou países exportadores e o produto objeto da investigação;

II - a data do início da investigação;

III - a base da alegação de *dumping* formulada na petição;

IV - o resumo dos fatos sobre os quais se baseia a alegação de dano;

V - o endereço para onde devem ser encaminhadas as manifestações das partes interessadas; e

VI - os prazos e procedimentos para as manifestações das partes interessadas.

ART. 163. Os atos a que faz referência o art. 161 relativos à imposição de medidas *antidumping* provisórias deverão conter explicações suficientemente detalhadas sobre as determinações preliminares relativas ao *dumping*, ao dano e ao nexo de causalidade entre ambos e referências às matérias de fato e de direito que levaram à aceitação ou à rejeição dos argumentos apresentados pelas partes interessadas.

Parágrafo único. Os atos mencionados no *caput* deverão conter, dentre outras, as seguintes informações:

I - nomes dos produtores ou exportadores aos quais serão aplicadas as medidas *antidumping* provisórias ou, no caso de o número de produtores ou exportadores ser de tal modo elevado que impeça sua singularização, o nome dos países nos quais se localizam os produtores ou exportadores investigados;

II - descrição detalhada do produto objeto da medida *antidumping* provisória;

III - as margens de *dumping* apuradas e explicação detalhada da metodologia utilizada para o estabelecimento e a comparação do preço de exportação com o valor normal;

IV - os dados relativos aos principais parâmetros julgados necessários à determinação do dano e do nexo de causalidade; e

V - as razões de fato e de direito que justificam a determinação preliminar positiva de *dumping*, de dano e de nexo de causalidade entre ambos.

ART. 164. Os atos a que faz referência o art. 161 relativos à imposição de medidas *antidumping* definitivas ou à homologação de compromisso sobre preço deverão conter todas as informações relevantes sobre as matérias de fato e de direito e sobre os motivos que levaram à determinação final positiva.

Parágrafo único. Os atos mencionados no *caput* deverão conter, além das informações referidas no parágrafo único do art. 163, as razões para aceitação ou rejeição dos argumentos apresentados pelas partes interessadas.

ART. 165. Os atos a que faz referência o art. 161 relativos ao encerramento ou à suspensão de uma investigação em consequência da aceitação de compromisso de preços deverá conter transcrição da parte não confidencial desse compromisso.

ART. 166. O disposto nesta Seção se aplica, quando for o caso, ao início e ao encerramento das revisões previstas no Capítulo VIII.

ART. 167. As obrigações de notificação decorrentes da aplicação deste Decreto poderão ser cumpridas por meio do encaminhamento de cópia dos atos referidos neste Capítulo.

ART. 168. Quando as investigações incluírem partes interessadas de um ou mais Estados Partes do MERCOSUL, cópias das respectivas notificações serão antecipadas por meio eletrônico diretamente para suas respectivas autoridades investigadoras.

ART. 169. Versões eletrônicas dos atos a que faz referência este Capítulo ficarão disponíveis na página eletrônica do Ministério do Desenvolvimento, Indústria e Comércio Exterior, para consulta.

CAPÍTULO XI
DA FORMA DOS ATOS E DOS TERMOS PROCESSUAIS

ART. 170. Os atos e termos processuais não dependem de forma especial e as partes interessadas deverão observar as instruções deste Decreto e as expedidas pela SECEX para a elaboração de petições e apresentação de documentos em geral, sob pena de não serem juntados aos autos do processo.

§ 1º Somente será exigida a observância de instruções tornadas públicas antes do início do prazo processual ou que tenham sido especificadas em notificação encaminhada à parte interessada.

§ 2º Os atos processuais são públicos.

§ 3º O direito de consultar os autos restritos e de pedir certidão sobre o andamento da investigação é limitado às partes interessadas e aos seus representantes legais, observadas as disposições relativas ao sigilo de informação e de documentos internos de governo.

§ 4º A indicação de representante legal deverá ser devidamente assinada por pessoa que detenha os poderes necessários, nos termos dos atos constitutivos da pessoa jurídica.

CAPÍTULO XII
DO PROCESSO DECISÓRIO

ART. 171. As decisões preliminares ou finais, positivas ou negativas, relativas às investigações e às revisões serão baseadas em parecer do DECOM.

ART. 172. Pedidos de reconsideração desacompanhados das razões que os fundamentam ou apresentados à Secretaria-Executiva da CAMEX fora do prazo improrrogável de dez dias, contado da data da publicação a que fazem referência o § 4º do art. 66 e o art. 77, não serão conhecidos.

ART. 173. Em nenhuma hipótese será concedido efeito suspensivo aos pedidos de reconsideração.

ART. 174. Em caso de reconsideração da decisão, a Secretaria-Executiva da CAMEX solicitará à Secretaria da Receita Federal do Brasil do Ministério da Fazenda, se for o caso, que proceda à restituição de valores cobrados indevidamente.

CAPÍTULO XIII
DAS VERIFICAÇÕES *IN LOCO*

ART. 175. Iniciada a investigação, o DECOM comunicará aos produtores estrangeiros ou exportadores, aos produtores nacionais e aos importadores selecionados a sua intenção de realizar verificação *in loco* e as informará das datas sugeridas para a realização das visitas.

§ 1º A comunicação a que faz referência o *caput* será formalizada por escrito, com uma antecedência mínima da data sugerida para a verificação de:

I - trinta dias no caso de produtores estrangeiros ou exportadores e importadores; e

II - vinte dias no caso de produtores nacionais.

§ 2º No prazo de dois dias, contado da data de ciência da comunicação a que faz referência o § 1º, o produtor estrangeiro ou exportador, o produtor nacional, ou o importador, deverão manifestar, por escrito, sua anuência expressa à realização da verificação.

§ 3º A ausência de resposta tempestiva por parte do produtor estrangeiro, exportador ou importador poderá dar ensejo à aplicação dos dispositivos previstos no Capítulo XIV.

§ 4º A ausência de resposta tempestiva por parte das empresas que compõem a indústria doméstica poderá dar ensejo ao encerramento da investigação sem julgamento de mérito.

§ 5º Exceto pelo disposto no § 7º, não serão admitidas alterações dos dados a serem verificados após o envio da comunicação a que faz referência o § 1º.

§ 6º O DECOM enviará o roteiro de verificação e esclarecerá as informações que serão solicitadas e analisadas por ocasião da visita, e os documentos que deverão ser apresentados no prazo de:

I - vinte dias antes da verificação, no caso de produtores estrangeiros ou exportadores e importadores; ou

II - dez dias antes da verificação, no caso de produtores nacionais.

§ 7º Antes de iniciada a verificação, as partes terão a oportunidade de fornecer esclarecimentos com relação a informações previamente apresentadas para a equipe verificadora.

§ 8º A análise do DECOM quanto aos esclarecimentos fornecidos constará do relatório de verificação, cujo acesso será facultado à parte verificada no prazo de quinze dias, contado da data final da autorização do afastamento do País dos servidores que compõem a equipe verificadora.

§ 9º Os relatórios das verificações *in loco* serão juntados aos respectivos autos do processo.

§ 10. Obtida a anuência do produtor estrangeiro ou exportador de que trata o § 2º, o governo do país exportador será imediatamente comunicado dos nomes e endereços dos produtores ou exportadores a serem verificados, e das datas acordadas para a realização das visitas.

§ 11. Em circunstâncias excepcionais, havendo a necessidade de se incluírem peritos não governamentais na equipe de verificação *in loco* dos produtores estrangeiros ou exportadores, estes e o governo do país exportador serão informados.

ART. 176. A verificação *in loco* dos produtores estrangeiros ou exportadores será realizada após a restituição do questionário, a menos que o produtor ou exportador concorde com o contrário e que o governo do país exportador esteja informado da verificação antecipada e não apresente objeção.

ART. 177. Visitas destinadas a explicar o questionário a que faz referência o art. 50 poderão ser realizadas apenas a pedido do produtor estrangeiro ou exportador, e só poderão ocorrer se o DECOM notificar o governo do país exportador e este não apresentar objeção à visita.

ART. 178. As respostas aos pedidos de informação ou às perguntas formuladas pelo governo ou pelos produtores estrangeiros ou exportadores do país exportador deverão, sempre que possível, ser fornecidas antes da realização da verificação.

CAPÍTULO XIV
DA MELHOR INFORMAÇÃO DISPONÍVEL

ART. 179. Iniciada uma investigação, as partes interessadas serão notificadas dos dados e das informações necessários à instrução do processo, da forma e do prazo de sua apresentação.

Parágrafo único. As partes interessadas serão igualmente notificadas de que, caso os dados e as informações solicitadas, devidamente acompanhados dos respectivos elementos de prova, não sejam fornecidos ou sejam fornecidos fora dos prazos estabelecidos, o DECOM poderá elaborar suas determinações preliminares ou finais com base nos fatos disponíveis, incluídos aqueles contidos na petição de início da investigação.

ART. 180. O DECOM levará em conta, quando da elaboração de suas determinações, as informações verificáveis que tenham sido apresentadas tempestivamente e de forma adequada, e, portanto, passíveis de utilização na investigação.

Parágrafo único. Caso solicitados dados em meio eletrônico, a parte interessada que não mantiver contabilidade informatizada ou quando a entrega de resposta em formato eletrônico lhe representar sobrecarga adicional exagerada, com o acréscimo injustificado de custos e de dificuldades, esta ficará desobrigada de apresentá-la em formato eletrônico.

ART. 181. Caso não aceite um dado ou uma informação, o DECOM notificará a parte interessada do motivo da recusa, a fim de que ela possa fornecer as devidas explicações, em prazo estabelecido pelo DECOM, de forma a não prejudicar o andamento da investigação.

Parágrafo único. Caso as explicações não sejam consideradas satisfatórias, as razões da recusa deverão constar dos atos que contenham qualquer decisão ou determinação.

ART. 182. Caso o DECOM se utilize de informações de fontes secundárias na elaboração de suas determinações, inclusive aquelas fornecidas na petição, estas deverão, sempre que possível, ser comparadas com informações de fontes independentes ou com aquelas provenientes de outras partes interessadas.

ART. 183. Sempre que o DECOM não dispuser de meios específicos para processar a informação, por tê-la recebido em programa não compatível com os sistemas por ele utilizado, a informação deverá ser fornecida sob a forma de documento escrito.

ART. 184. A parte interessada é responsável por cooperar com a investigação e por fornecer todos os dados e informações solicitadas, arcando com eventuais consequências decorrentes de sua omissão.

CAPÍTULO XV
DISPOSIÇÕES GERAIS

ART. 185. Os prazos previstos neste Decreto serão contabilizados de forma corrida, incluindo-se o dia do vencimento.

Parágrafo único. Considera-se prorrogado o prazo até o primeiro dia útil seguinte, se o vencimento cair em dia em que não houver expediente ou este for encerrado antes da hora normal.

ART. 186. Presume-se que os exportadores ou produtores estrangeiros terão ciência de questionário enviado pelo DECOM dez dias após a data de envio ou transmissão.

ART. 187. A contagem de prazos começa no primeiro dia útil subsequente à publicação do ato ou à expedição da correspondência, quando houver.

ART. 188. Os prazos fixados em meses contam-se de data a data.

Parágrafo único. Se no mês do vencimento não houver o dia equivalente àquele do início do prazo, tem-se como termo o último dia do mês.

ART. 189. Os pedidos de prorrogação, quando admitidos, só poderão ser conhecidos se apresentados antes do vencimento do prazo original e o primeiro dia do prazo prorrogado será o dia subsequente ao do vencimento do prazo original.

ART. 190. O prazo de prorrogação acresce ao original, sendo o prazo total resultante contado ininterruptamente do início do prazo original.

ART. 191. O teor de pareceres, determinações e recomendações do DECOM não será divulgado até que as exigências relativas à publicidade estabelecidas neste Decreto tenham sido observadas, quando então tais documentos serão juntados aos autos do processo.

§ 1º Estendem-se as obrigações de confidencialidade de que trata este Decreto às autoridades envolvidas no processo decisório relativo à aplicação de medidas *antidumping*.

§ 2º As autoridades competentes dos Ministérios que integram a CAMEX terão acesso, por meio dos pareceres do DECOM, a todas as informações confidenciais submetidas pelas partes interessadas em investigações *antidumping* conduzidas conforme o disposto neste Decreto.

ART. 192. Os produtos sujeitos a medidas *antidumping* serão objeto de acompanhamento estatístico detalhado e de esforço de inteligência conjunto entre a SECEX e a Secretaria da Receita Federal do Brasil do Ministério da Fazenda, de maneira a assegurar a eficácia das medidas *antidumping* em vigor.

ART. 193. Para o cumprimento do disposto neste Decreto, solicitações para alterações da NCM poderão ser submetidas à instância apropriada do MERCOSUL.

ART. 194. O DECOM poderá prorrogar, por uma única vez e igual período, os prazos previstos neste Decreto, exceto aqueles em que a prorrogação, ou a sua proibição já estejam previstos.

ART. 195. A SECEX, a Secretaria da Receita Federal do Brasil do Ministério da Fazenda e a CAMEX poderão expedir normas complementares à execução deste Decreto, no âmbito de suas competências.

ART. 196. Em casos em que o Brasil tenha sido autorizado, pelo Órgão de Solução de Controvérsias da Organização Mundial do Comércio - OMC, a suspender concessões ou outras obrigações dos Acordos da OMC, dispositivos deste Decreto poderão, por decisão do Conselho de Ministros da CAMEX, deixar de ser observados, no todo ou em parte.

ART. 197. As investigações e as revisões cujas petições tenham sido protocoladas até a entrada em vigor deste Decreto continuarão a ser regidas pelo Decreto n. 1.602, de 23 de agosto de 1995

ART. 198. O Anexo I ao Decreto n. 7.096, de 4 de fevereiro de 2010, passa a vigorar com as seguintes alterações.

‣ Alterações promovidas no texto do referido decreto.

ART. 199. O Anexo II ao Decreto n. 7.096, de 2010, passa a vigorar com as alterações constantes do Anexo a este Decreto.

§ 1º Os apostilamentos decorrentes das alterações processadas deverão ocorrer no prazo de vinte dias, contado da data de entrada em vigor deste Decreto

§ 2º O Ministro de Estado do Desenvolvimento, Indústria e Comércio Exterior fará publicar no Diário Oficial da União, no prazo de trinta dias após os apostilamentos, relação nominal dos titulares dos cargos em comissão a que se refere o Anexo, que indicará, inclusive, o número de cargos vagos, suas denominações e níveis

ART. 200. Este Decreto entra em vigor em 1º de outubro de 2013.

ART. 201. Ficam revogados:

I - o Decreto n. 1.602, de 23 de agosto de 1995;

II - o art. 2º do Decreto n. 7.474, de 10 de maio de 2011; e

III - o Anexo II ao Decreto n. 7.474, de 10 de maio de 2011.

Brasília, 26 de julho de 2013;
192º da Independência e 125º da República.
DILMA ROUSSEFF

‣ Optamos, nesta edição, pela não publicação do Anexo.

DECRETO N. 8.084, DE 26 DE AGOSTO DE 2013

Regulamenta a Lei n. 12.761, de 27 de dezembro de 2012, que institui o Programa de Cultura do Trabalhador e cria o vale-cultura.

‣ *DOU*, 27.08.2013.

A Presidenta da República, no uso da atribuição que lhe confere o art. 84, *caput*, inciso IV, da Constituição, e tendo em vista o disposto na Lei n. 12.761, de 27 de dezembro de 2012,

Decreta:

CAPÍTULO I
DISPOSIÇÕES GERAIS

ART. 1º Este Decreto regulamenta a Lei n. 12.761, de 27 de dezembro de 2012, que institui o Programa de Cultura do Trabalhador e cria o vale-cultura.

ART. 2º Para os efeitos deste Decreto, considera-se:

I - empresa operadora - pessoa jurídica cadastrada no Ministério da Cultura, possuidora do Certificado de Inscrição no Programa de Cultura do Trabalhador e autorizada a produzir e comercializar o vale-cultura;

II - empresa beneficiária - pessoa jurídica optante pelo Programa de Cultura do Trabalhador e autorizada a distribuir o vale-cultura a seus trabalhadores com vínculo empregatício;

III - empresa recebedora - pessoa jurídica habilitada pela empresa operadora para receber o vale-cultura como forma de pagamento de serviço ou produto cultural;

IV - usuário - trabalhador com vínculo empregatício com a empresa beneficiária que recebe o vale-cultura; e

V - taxa de administração - remuneração total cobrada das empresas beneficiárias e recebedoras pela empresa operadora como contrapartida pela produção e comercialização do vale-cultura, inclusive quanto a custos de operação e de reembolso.

Parágrafo único. Apenas fará jus aos incentivos fiscais previstos no art. 10 da Lei n. 12.761, de 2012, a empresa beneficiária cuja tributação do imposto sobre a renda seja feita com base no lucro real.

CAPÍTULO II
DA GESTÃO DO PROGRAMA DE CULTURA DO TRABALHADOR

ART. 3º Compete ao Ministério da Cultura, em articulação com os demais órgãos e entidades do Poder Executivo, a gestão do Programa de Cultura do Trabalhador, nos termos deste Decreto.

ART. 4º O cadastramento, a habilitação e a inscrição das empresas no Programa de Cultura do Trabalhador estão sujeitos às regras deste Capítulo.

ART. 5º O cadastramento da empresa operadora será feito no Ministério da Cultura e deverá observar, entre outros, aos seguintes requisitos:

I - inscrição regular no Cadastro Nacional da Pessoa Jurídica - CNPJ; e

II - qualificação técnica para produzir e comercializar o vale-cultura, observado o disposto noart. 6º da Lei n. 12.761, de 2012.

Parágrafo único. O Ministério da Cultura emitirá o Certificado de Inscrição no Programa de Cultura do Trabalhador à empresa regularmente cadastrada, e autorizará a produção e a comercialização do vale-cultura.

ART. 6º São deveres da empresa operadora:

I - observar limites de cobrança de taxa de administração;

II - apresentar ao Ministério da Cultura relatórios periódicos relativos a acesso e fruição de produtos e serviços culturais; e

III - tomar providências para que empresas recebedoras cumpram os deveres previstos no art. 9º, e inabilitá-las em caso de descumprimento.

ART. 7º A perda de quaisquer dos requisitos de que trata o art. 5º, posterior ao cadastramento, ou o descumprimento de quaisquer dos deveres previstos no art. 6º implica a perda da certificação da empresa operadora.

ART. 8º A habilitação da empresa recebedora será feita perante a empresa operadora e dependerá da comprovação de exercício de atividade econômica admitida, para fins do vale-cultura, pelo Ministério da Cultura.

ART. 9º São deveres da empresa recebedora:

I - receber o vale-cultura, exclusivamente para a comercialização de produtos e serviços culturais; e

II - disponibilizar as informações necessárias à elaboração dos relatórios de que trata o inciso II do *caput* do art. 6º.

ART. 10. A inscrição da empresa beneficiária será feita no Ministério da Cultura e deverá observar, entre outros, aos seguintes requisitos:

I - inscrição regular no CNPJ;

II - indicação de empresa operadora possuidora de Certificado de Inscrição no Programa de Cultura do Trabalhador; e

III - indicação do número de trabalhadores com vínculo empregatício, conforme a faixa de renda mensal.

ART. 11. São deveres da empresa beneficiária:

I - oferecer o vale-cultura nos termos do Capítulo III;

II - prestar ao Ministério da Cultura as informações referentes aos usuários, conforme faixa de renda mensal, e mantê-las atualizadas; e

III - divulgar e incentivar o acesso e a fruição de produtos e serviços culturais pelos usuários.

CAPÍTULO III
DA OFERTA DO VALE-CULTURA

ART. 12. O vale-cultura deverá ser oferecido ao trabalhador com vínculo empregatício e que perceba até cinco salários mínimos mensais.

ART. 13. O fornecimento do vale-cultura aos trabalhadores com vínculo empregatício e renda superior a cinco salários mínimos mensais depende da comprovação da sua oferta a todos os trabalhadores de que trata o art. 12.

§ 1º A fiscalização do disposto no *caput* será feita pelo Ministério do Trabalho e Emprego quando de suas inspeções, conforme disposições estabelecidas pelas autoridades integrantes do Sistema Federal de Inspeção do Trabalho.

§ 2º Verificado o descumprimento do disposto no *caput*, o Ministério do Trabalho e Emprego comunicará o fato aos Ministérios da Cultura e da Fazenda, sem prejuízo da aplicação das sanções legais decorrentes de outras infrações trabalhistas.

ART. 14. O valor mensal do vale-cultura, por usuário, será de R$ 50,00 (cinquenta reais).

ART. 15. O trabalhador de que trata o art. 12 poderá ter descontado de sua remuneração os seguintes percentuais do valor do vale-cultura:

I - até um salário mínimo - dois por cento;

II - acima de um salário mínimo e até dois salários mínimos - quatro por cento;

III - acima de dois salários mínimos e até três salários mínimos - seis por cento;

IV - acima de três salários mínimos e até quatro salários mínimos - oito por cento; e

V - acima de quatro salários mínimos e até cinco salários mínimos - dez por cento.

ART. 16. O trabalhador de que trata o art. 13 terá descontado de sua remuneração os seguintes percentuais do valor do vale-cultura:

I - acima de cinco salários mínimos e até seis salários mínimos - vinte por cento;

II - acima de seis salários mínimos e até oito salários mínimos - trinta e cinco por cento;

III - acima de oito salários mínimos e até dez salários mínimos - cinquenta e cinco por cento;

IV - acima de dez salários mínimos e até doze salários mínimos - setenta por cento; e

V - acima de doze salários mínimos: noventa por cento.

ART. 17. O fornecimento do vale-cultura dependerá de prévia aceitação pelo trabalhador.

Parágrafo único. O trabalhador poderá reconsiderar, a qualquer tempo, a sua decisão sobre o recebimento do vale-cultura.

ART. 18. É vedada a reversão do valor do vale-cultura em dinheiro.

Parágrafo único. A vedação de que trata o *caput* compreende a entrega do valor do vale-cultura em dinheiro, a qualquer título, pelas empresas beneficiária, operadora e recebedora, ou a troca do vale-cultura em dinheiro pelo próprio trabalhador.

CAPÍTULO IV
DAS CONDIÇÕES DE UTILIZAÇÃO DO VALE-CULTURA

ART. 19. Os créditos inseridos no cartão magnético do vale-cultura não possuem prazo de validade.

ART. 20. O vale-cultura deverá ser utilizado exclusivamente na aquisição de produtos e serviços culturais previstos no ato de que trata o inciso V do *caput* do art. 24.

CAPÍTULO V
DO INCENTIVO FISCAL

ART. 21. Até o exercício de 2017, ano-calendário de 2016, o valor despendido a título de aquisição do vale-cultura poderá ser deduzido do Imposto sobre a Renda da Pessoa Jurídica - IRPJ devido pela pessoa jurídica beneficiária tributada com base no lucro real.

§ 1º Observado o disposto no § 4º do art. 3º da Lei n. 9.249, de 26 de dezembro de 1995, a dedução de que trata o *caput* fica limitada a um por cento do IRPJ devido com base:

I - no lucro real trimestral; ou

II - no lucro real apurado no ajuste anual.

§ 2º O limite de dedução no percentual de um por cento do IRPJ devido de que trata o § 1º será considerado isoladamente e não se submeterá a limite conjunto com outras deduções do IRPJ a título de incentivo.

§ 3º O valor excedente ao limite de dedução de que tratam os §§ 1º e 2º não poderá ser deduzido do IRPJ devido em períodos de apuração posteriores.

§ 4º A pessoa jurídica beneficiária tributada com base no lucro real:

I - poderá deduzir o valor despendido a título de aquisição do vale-cultura como despesa operacional para fins de apuração do IRPJ; e

II - deverá adicionar o valor deduzido como despesa operacional, de que trata o inciso I, para fins de apuração da base de cálculo da Contribuição Social sobre o Lucro Líquido - CSLL.

§ 5º As deduções de que trata o *caput* e os §§ 1º a 4º:

I - somente se aplicam em relação ao valor do vale-cultura distribuído ao usuário no período de apuração do IRPJ; e

II - não abrangem a parcela descontada da remuneração do empregado, nos percentuais de que tratam os arts. 15 e 16, a título de vale-cultura.

ART. 22. O valor correspondente ao vale-cultura:

I - não integra o salário-de-contribuição de que trata o art. 28 da Lei n. 8.212, de 24 de julho de 1991; e

II - é isento do imposto sobre a renda das pessoas físicas.

Parágrafo único. A parcela do valor correspondente ao vale-cultura, cujo ônus seja da empresa beneficiária, não constitui base de incidência de contribuição previdenciária ou do Fundo de Garantia do Tempo de Serviço - FGTS.

CAPÍTULO VI
DAS PENALIDADES

ART. 23. A execução inadequada do Programa de Cultura do Trabalhador ou a ação que acarrete o desvio ou desvirtuamento de suas finalidades resultarão na aplicação das penalidades previstas no art. 12 da Lei n. 12.761, de 2012.

DECRETOS

Parágrafo único. Compete aos Ministérios da Cultura, do Trabalho e Emprego e da Fazenda a aplicação das penalidades cabíveis, no âmbito de suas competências, sem prejuízo de outras sanções previstas na legislação.

CAPÍTULO VII
DISPOSIÇÕES FINAIS

ART. 24. Ato do Ministro de Estado da Cultura disporá sobre:

I - forma e procedimento de cadastramento de empresas operadoras e de emissão do Certificado de Inscrição no Programa de Cultura do Trabalhador previsto no art. 5º;

II - limites da taxa de administração prevista no inciso I do *caput* do art. 6º;

III - forma e conteúdo dos relatórios previstos no inciso II do *caput* do art. 6º e no inciso II do *caput* do art. 11;

IV - atividades econômicas admitidas previstas no art. 8º;

V - produtos e serviços culturais a que se referem o inciso I do *caput* do art. 9º e o art. 20; e

VI - modelos do cartão magnético e do impresso de que trata o art. 6º da Lei n. 12.761, de 2012.

ART. 25. Fica o Ministério da Cultura autorizado a ampliar as áreas culturais previstas no , § 2º do art. 2º da Lei n. 12.761, de 2012.

ART. 26. Ato conjunto dos Ministros de Estado da Cultura, do Trabalho e Emprego e da Fazenda estabelecerá o compartilhamento das informações necessárias à implementação deste Decreto, respeitadas as hipóteses de sigilo legalmente previstas.

§ 1º O Ministério da Cultura deverá informar aos demais órgãos e entidades envolvidos sobre a execução inadequada, os desvios ou os desvirtuamentos das finalidades do Programa de Cultura do Trabalhador, para que sejam tomadas providências cabíveis em seus âmbitos de competência.

§ 2º O Ministério da Cultura deverá ser informado sobre a execução inadequada, os desvios ou os desvirtuamentos das finalidades do Programa, aferidos pelos demais órgãos e entidades durante suas respectivas atividades de fiscalização, para que sejam tomadas as providências cabíveis em seu âmbito de competência.

ART. 27. Este Decreto entra em vigor na data de sua publicação.

Brasília, 26 de agosto de 2013; 192º da Independência e 125º da República.

DILMA ROUSSEFF

DECRETO N. 8.122, DE 16 DE OUTUBRO DE 2013

Regulamenta o Regime Especial Tributário para a Indústria de Defesa - Retid, instituído pela Lei n. 12.598, de 22 de março de 2012.

› *DOU*, 17.10.2013.

A Presidenta da República, no uso da atribuição que lhe confere o art. 84, *caput*, inciso IV, da Constituição, e tendo em vista o disposto na Lei n. 12.598, de 22 de março de 2012,

Decreta:

ART. 1º Este Decreto regulamenta o Regime Especial Tributário para a Indústria de Defesa - Retid, instituído pelos arts. 7º a 11 da Lei n. 12.598, de 22 de março de 2012.

ART. 2º São beneficiárias do Retid:

I - a Empresa Estratégica de Defesa - EED credenciada, que produza ou desenvolva bens de defesa nacional definidos em ato do Ministro de Estado da Defesa ou que preste os serviços a que se refere o *caput* do art. 4º empregados na manutenção, conservação, modernização, reparo, revisão, conversão ou industrialização dos referidos bens;

II - a pessoa jurídica que produza ou desenvolva partes, peças, ferramentais, componentes, equipamentos, sistemas, subsistemas, insumos ou matérias-primas a serem empregados na produção ou no desenvolvimento dos bens de defesa nacional do inciso I do *caput*; e

III - a pessoa jurídica que preste os serviços a que se refere o *caput* do art. 4º empregados como insumos na produção ou no desenvolvimento dos bens de defesa nacional referidos nos incisos I e II do *caput*.

§ 1º Em relação aos incisos II e III do *caput*, somente poderá ser habilitada ao Retid a pessoa jurídica preponderantemente fornecedora para as pessoas jurídicas referidas no inciso I do *caput*.

§ 2º Para fins do disposto no § 1º, considera-se pessoa jurídica preponderantemente fornecedora aquela que tenha, pelo menos, setenta por cento da sua receita total de venda de bens e serviços, no ano-calendário imediatamente anterior ao da habilitação, decorrente do somatório das vendas para:

I - as pessoas jurídicas referidas no inciso I do *caput*;

II - as pessoas jurídicas fabricantes de bens de defesa nacional definidos no ato do Ministro de Estado da Defesa de que trata o inciso I do *caput*;

III - o exterior; e

IV - o Ministério da Defesa e suas entidades vinculadas.

§ 3º Para fins do disposto no § 2º, fica excluído do cálculo da receita o valor dos impostos e das contribuições incidentes sobre a venda.

§ 4º A pessoa jurídica em início de atividade ou que não se enquadre como preponderantemente fornecedora, poderá habilitar-se ao Retid, desde que assuma compromisso de atingir o percentual mínimo referido no § 2º até o término do ano-calendário seguinte ao da habilitação.

ART. 3º No caso de venda no mercado interno ou de importação dos bens de que trata o art. 2º, fica suspensa a exigência de:

I - Contribuição para o Programa de Integração Social e de Formação do Patrimônio do Servidor Público - PIS/Pasep e de Contribuição para o Financiamento da Seguridade Social - Cofins incidentes sobre a receita da pessoa jurídica vendedora, quando a aquisição for efetuada por pessoa jurídica beneficiária do Retid;

II - Contribuição para o PIS/Pasep-Importação e de Cofins-Importação, quando a importação for efetuada por pessoa jurídica beneficiária do Retid;

III - Imposto sobre Produtos Industrializados - IPI incidente na saída do estabelecimento industrial ou equiparado, quando a aquisição no mercado interno for efetuada por estabelecimento industrial de pessoa jurídica beneficiária do Retid; e

IV - IPI incidente na importação, quando efetuada por estabelecimento industrial de pessoa jurídica beneficiária do Retid.

§ 1º Deverá constar nas notas fiscais relativas:

I - às vendas de que trata o inciso I do *caput* a expressão "Venda efetuada com suspensão da exigência da Contribuição para o PIS/Pasep e da Cofins", com a especificação do dispositivo legal correspondente; e

II - às saídas de que trata o inciso III do *caput* a expressão "Saída com suspensão da exigência do IPI", com a especificação do dispositivo legal correspondente, vedado o registro do imposto nas referidas notas.

§ 2º A suspensão da exigência nas hipóteses de que trata este artigo converte-se em alíquota zero:

I - depois do emprego ou utilização dos bens adquiridos ou importados no âmbito do Retid, ou dos bens que resultaram de sua industrialização, na manutenção, conservação, modernização, reparo, revisão, conversão ou industrialização de bens de defesa nacional definidos no ato do Ministro de Estado da Defesa de que trata o inciso I do *caput* do art. 2º, e esses bens forem destinados:

a) à venda à União, para uso privativo das Forças Armadas, exceto para uso pessoal e administrativo; ou

b) à produção de bens definidos em ato do Ministro de Estado da Defesa como de interesse estratégico para a defesa nacional; ou

II - depois da exportação dos bens com tributação suspensa ou dos que resultaram de sua industrialização.

§ 3º A pessoa jurídica que não utilizar o bem na forma prevista no § 2º, ou não atender as condições de que trata o § 4º do art. 2º ao término do ano-calendário subsequente ao da concessão da habilitação ao Retid, fica obrigada a recolher os tributos não pagos em decorrência da suspensão da exigência de que trata este artigo, acrescidos de juros e multa, de mora ou de ofício, na forma da lei, contados a partir do vencimento dos tributos relativos à aquisição ou do registro da Declaração de Importação, na condição de:

I - contribuinte, em relação à Contribuição para o PIS/Pasep-Importação, à Cofins-Importação e ao IPI incidente no desembaraço aduaneiro de importação; e

II - responsável, em relação à Contribuição para o PIS/Pasep, à Cofins e ao IPI.

§ 4º Para efeitos do disposto neste artigo, equipara-se ao importador a pessoa jurídica que adquire bens estrangeiros, no caso de importação realizada por sua conta e ordem, por intermédio de pessoa jurídica importadora.

ART. 4º No caso de venda no mercado interno ou de importação de serviços de tecnologia industrial básica, projetos, pesquisa, desenvolvimento e inovação tecnológica, assistência técnica e transferência de tecnologia, destinados a empresas beneficiárias do Retid, fica suspensa a exigência da:

I - Contribuição para o PIS/Pasep e da Cofins incidentes sobre a receita de prestação de serviços efetuada por pessoa jurídica estabelecida no País, quando prestados para pessoa jurídica beneficiária do Retid; e

II - Contribuição para o PIS/Pasep-Importação e da Cofins-Importação incidentes sobre serviços, quando importados diretamente por pessoa jurídica beneficiária do Retid.

§ 1º A suspensão da exigência nas hipóteses de que trata este artigo converte-se em alíquota zero depois do emprego ou da utilização dos serviços nas destinações a que se referem os incisos I a III do *caput* do art. 2º.

§ 2º A pessoa jurídica que não empregar ou utilizar os serviços na forma prevista no § 1º, ou não tiver atendido às condições de que trata o § 4º do art. 2º ao término do ano-calendário subsequente ao da concessão da habilitação ao Retid, fica obrigada a recolher os tributos não pagos em decorrência da suspensão da exigência de que trata o *caput*, acrescidos de juros e multa, de mora ou de ofício, na forma da lei, contados a partir da data:

I - do pagamento, do crédito, da entrega, do emprego ou da remessa de valores, na condição de contribuinte, em relação à Contribuição para o PIS/Pasep-Importação e à Cofins-Importação; e

II - do vencimento das contribuições relativas à prestação, na condição de responsável, em relação à Contribuição para o PIS/Pasep e à Cofins.

§ 3º A fruição do benefício de que trata este artigo depende da comprovação da efetiva prestação do serviço nas destinações a que se refere o art. 2º.

§ 4º Deverá constar nas notas fiscais relativas às vendas de que tratam o inciso I do *caput* e o § 3º a expressão "Venda efetuada com suspensão da exigência da Contribuição para o PIS/Pasep e da Cofins", com a especificação do dispositivo legal correspondente.

ART. 5º Fica suspensa a exigência da Contribuição para o PIS/Pasep e da Cofins incidentes sobre a receita decorrente da locação de máquinas, aparelhos, instrumentos e equipamentos a pessoas jurídicas habilitadas ao Retid.

§ 1º A fruição do benefício de que trata este artigo depende da comprovação da efetiva utilização dos bens locados nas destinações a que se refere o art. 2º.

§ 2º A suspensão da exigência nas hipóteses de que trata este artigo converte-se em alíquota zero depois da utilização dos bens locados nas destinações a que se referem os incisos I a III do *caput* do art. 2º.

§ 3º A pessoa jurídica que não utilizar os bens locados nas destinações referidas no § 2º, ou não tiver atendido às condições de que trata o § 4º do art. 2º ao término do ano-calendário subsequente ao da concessão da habilitação ao Retid, fica obrigada a recolher as contribuições não pagas em decorrência da suspensão da exigência de que trata o *caput*, acrescidas de juros e multa, de mora ou de ofício, na forma da lei, contados a partir do vencimento dos tributos relativos à locação, na condição de responsável.

ART. 6º Ficam reduzidas a zero as alíquotas da:

I - Contribuição para o PIS/Pasep e da Cofins incidentes sobre a receita decorrente da venda dos bens referidos no inciso I do *caput* do art. 2º efetuada por pessoa jurídica beneficiária do Retid à União, para uso privativo das Forças Armadas, exceto para uso pessoal e administrativo; e

II - Contribuição para o PIS/Pasep e da Cofins incidentes sobre a receita decorrente da prestação dos serviços referidos no art. 4º por pessoa jurídica beneficiária do Retid à União, para uso privativo das Forças Armadas, exceto para uso pessoal e administrativo.

ART. 7º Ficam isentos do pagamento do IPI os bens referidos no inciso I do *caput* do art. 2º saídos do estabelecimento industrial ou equiparado de pessoa jurídica beneficiária do Retid, quando adquiridos pela União, para uso privativo das Forças Armadas, exceto para uso pessoal e administrativo.

ART. 8º A fruição dos benefícios do Retid fica condicionada ao atendimento cumulativo, pela pessoa jurídica, dos seguintes requisitos:

I - credenciamento por órgão competente do Ministério da Defesa;

II - prévia habilitação na Secretaria da Receita Federal do Brasil; e

III - regularidade fiscal em relação aos impostos e às contribuições administrados pela Secretaria da Receita Federal do Brasil.

ART. 9º Não poderá se habilitar ao Retid a pessoa jurídica:

I - optante pelo Regime Especial Unificado de Arrecadação de Tributos e Contribuições devidos pelas Microempresas e Empresas de Pequeno Porte - Simples Nacional, de que trata a Lei Complementar n. 123, de 14 de dezembro de 2006; e

II - de que tratam o inciso II do *caput* do art. 8º da Lei n. 10.637, de 30 de dezembro de 2002, e o inciso II do *caput* do art. 10 da Lei n. 10.833, de 29 de dezembro de 2003.

ART. 10. A Secretaria da Receita Federal do Brasil estabelecerá a forma e o procedimento de habilitação ao Retid.

§ 1º A habilitação será formalizada por meio de ato do Secretário da Receita Federal do Brasil, publicado no Diário Oficial da União.

§ 2º Será divulgada a relação das pessoas jurídicas habilitadas ao Retid, em que constará a data de habilitação, e, se for o caso, a data do cancelamento.

ART. 11. A pessoa jurídica beneficiária do Retid terá a habilitação ao regime cancelada:

I - a pedido, apresentado à Secretaria da Receita Federal do Brasil; ou

II - de ofício, sempre que se apure que o beneficiário:

a) não cumpra ou deixe de cumprir os requisitos para habilitação ao Retid;

b) não possua regularidade fiscal nos termos do inciso III do *caput* do art. 8º;

c) não cumpra o compromisso de que trata o § 4º do art. 2º;

d) tenha cancelado seu credenciamento junto ao Ministério da Defesa; ou

e) não utilize bens ou serviços adquiridos com os benefícios do Retid nas destinações previstas no § 2º do art. 3º, no § 1º do art. 4º, e no § 2º do art. 5º.

§ 1º O cancelamento da habilitação será formalizado por meio de ato do Secretário da Receita Federal do Brasil, publicado no Diário Oficial da União.

§ 2º A pessoa jurídica que tiver a habilitação cancelada não poderá efetuar aquisições ou importações de bens e serviços ao amparo do Retid.

§ 3º A pessoa jurídica que tiver a habilitação cancelada nos termos do inciso II do *caput* fica obrigada a recolher, na condição de responsável ou de contribuinte, conforme o caso, as contribuições e os impostos não pagos em decorrência das suspensões de exigência de que tratam os arts. 3º a 5º, acrescidos de juros e de multa, de mora ou de ofício, na forma da legislação específica.

ART. 12. A aquisição de bens ou de serviços referidos nos arts. 3º a 7º com suspensão da exigência de tributos pela aplicação do Retid não gera, para o adquirente, direito ao desconto de créditos na forma do art. 3º da Lei n. 10.637, de 2002, do art. 3º da Lei n. 10.833, de 2003, e do art. 15 da Lei n. 10.865, de 30 de abril de 2004.

Parágrafo único. O disposto no *caput* não se aplica no caso de a pessoa jurídica habilitada optar por efetuar aquisições e importações fora do Retid, sem a suspensão da exigência de tributos de que tratam os arts. 3º a 7º.

ART. 13. A verificação da ocorrência das infrações previstas nas alíneas do inciso II do *caput* do art. 11 compete:

I - no caso descrito nas alíneas "a" e "b", à Secretaria da Receita Federal do Brasil; e

II - no caso descrito nas alíneas "c", "d" e "e", ao Ministério da Defesa.

§ 1º Compete ao Ministério da Defesa fiscalizar a utilização dos bens ou serviços adquiridos com os benefícios do Retid.

§ 2º Compete à Secretaria da Receita Federal do Brasil encaminhar ao Ministério da Defesa as informações solicitadas para fins do disposto neste artigo, observada a legislação relativa ao sigilo fiscal.

§ 3º O Ministério da Defesa informará à Secretaria da Receita Federal do Brasil sobre a prática de infração por parte de beneficiário do Retid.

ART. 14. Os benefícios de que tratam os arts. 3º a 7º podem ser usufruídos pelo prazo de cinco anos, contado da publicação da Lei n. 12.598, de 2012, nas aquisições e importações realizadas pela pessoa jurídica depois da sua habilitação ao Retid.

Parágrafo único. Para efeito do disposto no *caput*, considera-se adquirido no mercado interno ou importado o bem ou serviço na data da emissão do documento fiscal das aquisições no mercado interno ou na data do desembaraço aduaneiro nas importações.

ART. 15. A Secretaria da Receita Federal do Brasil disciplinará, no âmbito de sua competência, a execução das disposições deste Decreto.

ART. 16. Este Decreto entra em vigor na data de sua publicação.

Brasília, 16 de outubro de 2013;
192º da Independência e 125º da República.
DILMA ROUSSEFF

DECRETO N. 8.176, DE 27 DE DEZEMBRO DE 2013

Dispõe sobre a obrigatoriedade de exibição de obras audiovisuais cinematográficas brasileiras.

▸ *DOU*, 30.12.2013.

A Presidenta da República, no uso da atribuição que lhe confere o art. 84, *caput*, inciso IV, da Constituição, e tendo em vista o disposto no art. 55 da Medida Provisória n. 2.228-1, de 6 de setembro de 2001, Decreta:

ART. 1º As empresas proprietárias, locatárias ou arrendatárias de salas ou complexos de exibição pública comercial ficam obrigadas a exibir, no ano de 2014, obras cinematográficas brasileiras de longa metragem no âmbito de sua programação, observado o número mínimo de dias e a diversidade dos títulos fixados em tabela constante do Anexo.

Parágrafo único. A obrigatoriedade de que trata o *caput* abrange salas, geminadas ou não, pertencentes à mesma empresa exibidora e que integrem espaços ou locais de exibição pública comercial localizadas em um mesmo complexo, conforme instrução normativa expedida pela Agência Nacional do Cinema - ANCINE.

ART. 2º Os requisitos e as condições de validade para o cumprimento da obrigatoriedade de que trata este Decreto, e sua forma de comprovação, serão disciplinados em instrução normativa expedida pela ANCINE.

ART. 3º A ANCINE regulará as atividades de fomento e proteção à indústria cinematográfica nacional, e poderá dispor sobre o período de permanência dos títulos brasileiros em exibição em cada complexo em função dos resultados obtidos, com a finalidade de promover a autossustentabilidade da indústria cinematográfica nacional e o aumento da produção, da distribuição e da exibição das obras cinematográficas brasileiras.

ART. 4º Este Decreto entra em vigor na data de sua publicação.

DECRETOS

Brasília, 27 de dezembro de 2013; 192º da Independência e 125º da República.

DILMA ROUSSEFF

▸ Optamos, nesta edição, pela não publicação do Anexo.

DECRETO N. 8.235, DE 5 DE MAIO DE 2014

Estabelece normas gerais complementares aos Programas de Regularização Ambiental dos Estados e do Distrito Federal, de que trata o Decreto n. 7.830, de 17 de outubro de 2012, institui o Programa Mais Ambiente Brasil, e dá outras providências.

▸ *DOU*, 5.5.2014 - Edição extra - e retificado em 6.5.2014

A Presidenta da República, no uso da atribuição que lhe confere o art. 84, *caput*, inciso IV, da Constituição, e tendo em vista o disposto na Lei n. 12.651, de 25 de maio de 2012,

Decreta:

CAPÍTULO I
DISPOSIÇÕES PRELIMINARES

ART. 1º Este Decreto estabelece normas gerais complementares aos Programas de Regularização Ambiental dos Estados e do Distrito Federal - PRA, de que trata o Decreto n. 7.830, de 17 de outubro de 2012, e institui o Programa Mais Ambiente Brasil.

ART. 2º Os programas a que se refere este Decreto restringem-se à regularização das Áreas de Preservação Permanente, de Reserva Legal e de uso restrito, que poderá ser efetivada mediante recuperação, recomposição, regeneração ou compensação.

Parágrafo único. A compensação aplica-se exclusivamente às Áreas de Reserva Legal e poderá ser feita mediante as opções previstas no § 5º do art. 66 da Lei n. 12.651, de 25 de maio de 2012.

ART. 3º Os proprietários ou possuidores de imóveis rurais deverão inscrever seus imóveis no Cadastro Ambiental Rural - CAR, conforme disposto na Seção II do Capítulo II do Decreto n. 7.830, de 2012.

§ 1º A inscrição no CAR será realizada por meio do Sistema de Cadastro Ambiental Rural - Sicar, que emitirá recibo para fins de cumprimento do disposto no § 2º do art. 14 e no § 3º do art. 29 da Lei n. 12.651, de 2012, e se constitui em instrumento suficiente para atender ao disposto no art. 78-A da referida Lei.

§ 2º Realizada a inscrição no CAR, os proprietários ou os possuidores de imóveis rurais com passivo ambiental relativo às Áreas de Preservação Permanente, de Reserva Legal e de uso restrito poderão proceder à regularização ambiental mediante adesão aos Programas de Regularização Ambiental dos Estados e do Distrito Federal - PRA, com base nas normas estabelecidas pelo Capítulo II deste Decreto e pelo Capítulo III do Decreto n. 7.830, de 2012.

§ 3º Identificada na inscrição a existência de passivo ambiental, o proprietário ou possuidor de imóvel rural poderá solicitar de imediato a adesão ao PRA.

§ 4º As áreas degradadas ou alteradas, conceituadas nos incisos V e VI do *caput* do art. 2º do Decreto n. 7.830, de 2012, serão consideradas áreas antropizadas para efeitos de cadastramento no CAR.

§ 5º A inscrição referida no §2º poderá ser realizada pelo proprietário ou possuidor do imóvel rural independentemente de contratação de técnico responsável.

CAPÍTULO II
DOS PROGRAMAS DE REGULARIZAÇÃO AMBIENTAL DOS ESTADOS E DO DISTRITO FEDERAL - PRA

ART. 4º Nos termos do § 1º do art. 59 da Lei n. 12.651, de 2012, os programas de regularização ambiental serão implantados pelos Estados e pelo Distrito Federal, observados os seguintes requisitos:

I - termo de compromisso, com eficácia de título executivo extrajudicial;

II - mecanismos de controle e acompanhamento da recomposição, recuperação, regeneração ou compensação e de integração das informações no Sicar; e

III - mecanismos de acompanhamento da suspensão e extinção da punibilidade das infrações de que tratam o § 4º do art. 59 e o art. 60 da Lei n. 12.651, de 2012, que incluam informações sobre o cumprimento das obrigações firmadas para a suspensão e o encerramento dos processos administrativo e criminal.

§ 1º Os órgãos competentes deverão firmar um único termo de compromisso por imóvel rural.

§ 2º Na hipótese de regularização do passivo ambiental por intermédio da compensação da reserva legal, os proprietários ou possuidores deverão apresentar os documentos comprobatórios de uma das opções previstas no § 5º do art. 66 da Lei n. 12.651, de 2012.

ART. 5º Após a solicitação de adesão ao PRA, o proprietário ou possuidor do imóvel rural assinará termo de compromisso que deverá conter:

I - o nome, a qualificação e o endereço das partes compromissadas ou dos representantes legais;

II - os dados da propriedade ou posse rural;

III - a localização da Área de Preservação Permanente ou Reserva Legal ou área de uso restrito a ser recomposta, recuperada, regenerada ou compensada;

IV - descrição da proposta simplificada do proprietário ou possuidor que vise à recomposição, recuperação, regeneração ou compensação das áreas referidas no inciso III;

V - prazos para atendimento das opções constantes da proposta simplificada prevista no inciso IV e o cronograma físico de execução das ações;

VI - as multas ou sanções que poderão ser aplicadas aos proprietários ou possuidores de imóveis rurais compromissados e os casos de rescisão, em decorrência do não cumprimento das obrigações nele pactuadas; e

VII - o foro competente para dirimir litígios entre as partes.

§ 1º Caso opte o interessado, no âmbito do PRA, pelo saneamento do passivo de Reserva Legal por meio de compensação, o termo de compromisso deverá conter as informações relativas à exata localização da área de que trata o art. 66, § 6º, da Lei n. 12.651, de 2012, com o respectivo CAR.

§ 2º A proposta simplificada a que se refere o inciso IV do *caput* poderá ser apresentada pelo proprietário ou possuidor do imóvel rural independentemente de contratação de técnico responsável.

§ 3º Tratando-se de Área de Reserva Legal, o prazo de vigência dos compromissos, previsto no inciso V do *caput*, poderá variar em até vinte anos, conforme disposto no § 2º do art. 66 da Lei n. 12.651, de 2012.

§ 4º No caso de território de uso coletivo titulado ou concedido aos povos ou comunidades tradicionais, o termo de compromisso será firmado entre o órgão competente e a instituição ou entidade representativa dos povos ou comunidades tradicionais.

§ 5º Em assentamentos de reforma agrária, o termo de compromisso a ser firmado com o órgão competente deverá ser assinado pelo beneficiário da reforma agrária e pelo órgão fundiário.

ART. 6º Após a assinatura do termo de compromisso, o órgão competente fará a inserção imediata no Sicar das informações e das obrigações de regularização ambiental.

ART. 7º O termo de compromisso firmado poderá ser alterado em comum acordo, em razão de evolução tecnológica, caso fortuito ou força maior.

ART. 8º Quando houver necessidade de alteração das obrigações pactuadas ou das especificações técnicas, deverá ser encaminhada solicitação, com justificativa, ao órgão competente, para análise e deliberação.

Parágrafo único. O disposto no *caput* não se aplica às hipóteses de regularização da Reserva Legal por meio da compensação de que trata o parágrafo único do art. 2º.

ART. 9º Enquanto estiver sendo cumprido o termo de compromisso pelos proprietários ou possuidores de imóveis rurais, ficará suspensa a aplicação de sanções administrativas, associadas aos fatos que deram causa à celebração do termo de compromisso, conforme disposto no § 5º do art. 59 da Lei n. 12.651, de 2012.

§ 1º A suspensão de que trata o *caput* não impede a aplicação de penalidade a infrações cometidas a partir de 22 de julho de 2008, conforme disposto no § 4º do art. 59 da Lei n. 12.651, de 2012.

§ 2º Caso seja descumprido o termo de compromisso:

I - será retomado o curso do processo administrativo, sem prejuízo da aplicação da multa e das sanções previstas no termo de compromisso; e

II - serão adotadas as providências necessárias para o prosseguimento do processo criminal.

ART. 10. O órgão competente poderá utilizar recursos tecnológicos para verificar o cumprimento das obrigações assumidas pelo proprietário ou possuidor rural no termo de compromisso.

ART. 11. O cumprimento das obrigações será atestado pelo órgão que efetivou o termo de compromisso, por intermédio de notificação simultânea ao órgão de origem da autuação e ao proprietário ou possuidor de imóvel rural.

Parágrafo único. Após a inscrição das informações no Sicar pelo órgão competente, o processo será concluído e as eventuais multas e sanções serão consideradas convertidas em serviços de preservação e melhoria da qualidade do meio ambiente, atendendo ao disposto no § 5º do art. 59 da Lei n. 12.651, de 2012.

ART. 12. Os termos de compromissos ou instrumentos similares para a regularização ambiental do imóvel rural referentes às Áreas de Preservação Permanente, de Reserva Legal e de uso restrito, firmados sob a vigência da legislação anterior, deverão ser revistos para se adequarem ao disposto na Lei n. 12. 651, de 2012.

§ 1º O disposto no *caput* aplica-se exclusivamente aos casos em que o proprietário ou o possuidor do imóvel rural requerer a revisão.

§ 2º Realizadas as adequações requeridas pelo proprietário ou possuidor, o termo de compromisso revisto deverá ser inscrito no Sicar.

§ 3º Caso não haja pedido de revisão, os termos ou instrumentos de que trata o *caput* serão respeitados.

CAPÍTULO III
DO PROGRAMA MAIS AMBIENTE BRASIL

ART. 13. Fica instituído o Programa Mais Ambiente Brasil, com o objetivo de apoiar, articular e integrar os Programas de Regularização Ambiental dos Estados e do Distrito Federal, em atendimento ao disposto no art. 59 da Lei n. 12.651, de 2012.

ART. 14. O Programa será composto de ações de apoio à regularização ambiental de imóveis rurais, em especial:

I - educação ambiental;

II - assistência técnica e extensão rural;

III - produção e distribuição de sementes e mudas; e

IV - capacitação de gestores públicos envolvidos no processo de regularização ambiental dos imóveis rurais nos Estados e no Distrito Federal.

ART. 15. Caberá ao Ministério do Meio Ambiente a coordenação do Programa de que trata este Capítulo.

Parágrafo único. As despesas com a execução das atividades do programa e suas ações correrão à conta das dotações orçamentárias consignadas anualmente no orçamento do Ministério do Meio Ambiente.

CAPÍTULO IV
DISPOSIÇÕES FINAIS

ART. 16. Para os fins do disposto no inciso III do § 6º do art. 66 da Lei n. 12.651, de 2012, consideram-se áreas prioritárias:

I - as áreas definidas pelo Ministério do Meio Ambiente, nos termos do Decreto n. 5.092, de 21 de maio de 2004;

II - as unidades de conservação de domínio público pendentes de regularização fundiária;

III - as áreas que abriguem espécies migratórias ou ameaçadas de extinção, segundo lista oficial publicada pelos órgãos integrantes do Sistema Nacional de Meio Ambiente - Sisnama; e

IV - as áreas identificadas pelos Estados e Distrito Federal.

ART. 17. Em caso de solicitação de compensação da Reserva Legal a ser realizada fora do Estado, o órgão competente da origem do processo de regularização verificará, sem prejuízo dos demais requisitos previstos no § 6º do art. 66 da Lei n. 12.651, de 2012, se a área a ser compensada atende ao disposto no art. 16.

ART. 18. A conclusão da compensação prevista no inciso III do § 5º do art. 66 da Lei n. 12.651, de 2012, ocorrerá mediante apresentação de termo de doação.

ART. 19. Após aprovação da compensação da Reserva Legal, o órgão competente efetuará o registro no Sicar.

ART. 20. O Sicar disponibilizará demonstrativo da situação das informações declaradas no CAR relativas às Áreas de Preservação Permanente, de Reserva Legal e de uso restrito, para os fins do disposto no inciso II do *caput* do art. 3º do Decreto n. 7.830, de 2012.

ART. 21. Nas hipóteses mencionadas no § 5º do art. 59 da Lei n. 12.651, de 2012, em que haja áreas embargadas pelo órgão ambiental competente, o requerimento de desembargo deverá necessariamente estar acompanhado do termo de compromisso de que trata o art. 5º.

Parágrafo único. O disposto no *caput* aplica-se apenas aos casos em que o interessado tenha aderido ao PRA, nos termos deste Decreto.

ART. 22. Ato conjunto dos Ministros de Estado do Meio Ambiente, do Desenvolvimento Agrário, da Agricultura, Pecuária e Abastecimento e da Advocacia-Geral da União disciplinará, no prazo de um ano, contado da data de publicação deste Decreto, o programa para conversão das multas aplicadas por desmates ocorridos em áreas onde não era vedada a supressão de vegetação referido no art. 42 da Lei n. 12.651, de 2012.

Parágrafo único. O cumprimento das obrigações estabelecidas no programa poderá resultar, na forma disciplinada pelo ato conjunto previsto no *caput*, na conversão da multa aplicada às hipóteses previstas no art. 3º, *caput*, inciso I, art. 139, art. 140 e art. 141 do Decreto n. 6.514, de 22 de julho de 2008.

ART. 23. Este Decreto entra em vigor na data de sua publicação.

Brasília, 5 de maio de 2014;
193º da Independência e 126º da República.
DILMA ROUSSEFF

DECRETO N. 8.242, DE 23 DE MAIO DE 2014

Regulamenta a Lei n. 12.101, de 27 de novembro de 2009, para dispor sobre o processo de certificação das entidades beneficentes de assistência social e sobre procedimentos de isenção das contribuições para a seguridade social.

- *DOU*, 26.5.2014.
- Súmulas 352 e 612, STJ.

A Presidenta da República, no uso das atribuições que lhe confere o art. 84, *caput*, incisos IV e VI, alínea "a", da Constituição, e tendo em vista o disposto na Lei n. 12.101, de 27 de novembro de 2009, e na Lei n. 12.868, de 15 de outubro de 2013,

Decreta:

ART. 1º A certificação das entidades beneficentes de assistência social será concedida às pessoas jurídicas de direito privado, sem fins lucrativos, reconhecidas como entidades beneficentes de assistência social com a finalidade de prestação de serviços nas áreas de assistência social, saúde ou educação e que atendam ao disposto na Lei n. 12.101, de 27 de novembro de 2009, e neste Decreto.

ART. 2º Para obter a certificação, as entidades deverão obedecer ao princípio da universalidade do atendimento e às exigências da Lei n. 12.101, de 2009, e deste Decreto, vedado o direcionamento de suas atividades exclusivamente a seus associados ou a categoria profissional.

TÍTULO I
DA CERTIFICAÇÃO

CAPÍTULO I
DISPOSIÇÕES GERAIS

SEÇÃO I
DA CERTIFICAÇÃO E DA RENOVAÇÃO

ART. 3º A certificação ou sua renovação será concedida à entidade que demonstre, no exercício fiscal anterior ao do requerimento, o cumprimento do disposto nos Capítulos I a IV deste Título, isolada ou cumulativamente, conforme sua área de atuação, e que apresente os seguintes documentos:

I - comprovante de inscrição no Cadastro Nacional de Pessoa Jurídica - CNPJ;

II - cópia da ata de eleição dos dirigentes e do instrumento comprobatório de representação legal, quando for o caso;

III - cópia do ato constitutivo registrado, que demonstre o cumprimento dos requisitos previstos no art. 3º da Lei n. 12.101, de 2009;

IV - relatório de atividades desempenhadas no exercício fiscal anterior ao requerimento, destacando informações sobre o público atendido e os recursos envolvidos;

V - balanço patrimonial;

VI - demonstração das mutações do patrimônio líquido;

VII - demonstração dos fluxos de caixa; e

VIII - demonstração do resultado do exercício e notas explicativas, com receitas e despesas segregadas por área de atuação da entidade, se for o caso.

§ 1º Será certificada, na forma deste Decreto, a entidade legalmente constituída e em funcionamento regular há, pelo menos, doze meses, imediatamente anteriores à data de apresentação do requerimento.

§ 2º Em caso de necessidade local atestada pelo gestor do Sistema Único de Saúde - SUS ou do Sistema Único de Assistência Social - SUAS, o período de cumprimento dos requisitos de que trata este artigo poderá ser reduzido se a entidade for prestadora de serviços por meio de contrato, convênio ou instrumento congênere celebrado com o gestor do sistema.

§ 3º A entidade certificada deverá atender às exigências previstas nos Capítulos I a IV deste Título, conforme sua área de atuação, durante todo o período de validade da certificação, sob pena de cancelamento da certificação a qualquer tempo.

§ 4º As demonstrações contábeis a que se referem os incisos V a VIII do *caput* serão relativas ao exercício fiscal anterior ao do requerimento da certificação e elaboradas por profissional legalmente habilitado, atendidas as normas do Conselho Federal de Contabilidade.

§ 5º As entidades de que trata o art. 1º cuja receita bruta anual for superior ao limite máximo estabelecido no inciso II do *caput* do art. 3º da Lei Complementar n. 123, de 14 de dezembro de 2006, deverão submeter sua escrituração a auditoria independente realizada por instituição credenciada junto ao Conselho Regional de Contabilidade.

§ 6º Na apuração da receita bruta anual, para fins do § 5º, também serão computadas as doações e as subvenções recebidas ao longo do exercício fiscal, em todas as atividades realizadas.

§ 7º As entidades que prestam serviços exclusivamente na área de assistência social e as indicadas no inciso I do § 2º do art. 38 ficam dispensadas da apresentação dos documentos referidos nos incisos V a VII do *caput*.

ART. 4º Os requerimentos de concessão da certificação e de sua renovação deverão ser protocolados junto aos Ministérios da Saúde, da Educação ou do Desenvolvimento Social e Combate à Fome, conforme a área de atuação preponderante da entidade, acompanhados dos documentos necessários à sua instrução, nos termos deste Decreto.

§ 1º Os requerimentos deverão ser analisados, de acordo com a ordem cronológica de seu protocolo, no prazo de até seis meses, salvo em caso de necessidade de diligência devidamente justificada, na forma do § 2º.

§ 2º Para fins de complementação de documentação, será permitida uma única diligência por cada Ministério, considerando a área de atuação da entidade, a ser por ela atendida

DECRETOS

no prazo de trinta dias, contado da data da notificação e prorrogável uma vez, por igual período.

§ 3º O não atendimento pela entidade à diligência para complementação da documentação implicará o indeferimento do requerimento pelo Ministério certificador.

§ 4º Os Ministérios a que se refere o *caput* poderão solicitar esclarecimentos e informações aos órgãos públicos e à entidade interessada, sem prejuízo da diligência de que trata o § 2º, desde que relevantes para a tomada de decisão sobre o requerimento.

§ 5º A decisão sobre o requerimento de concessão da certificação ou de sua renovação deverá ser publicada no Diário Oficial da União e na página do Ministério certificador, na internet, sem prejuízo de comunicação às entidades, por escrito ou em meio eletrônico.

§ 6º Os requerimentos de concessão da certificação ou de sua renovação deverão ser apresentados em formulário próprio a ser definido em ato específico de cada um dos Ministérios referidos no *caput*.

§ 7º Os requerimentos de que trata este artigo serão considerados recebidos a partir da data de seu protocolo, em sistema informatizado próprio com acesso pela internet.

§ 8º Os Ministérios a que se refere o *caput* deverão adotar sistemas padronizados de protocolo, contendo, no mínimo, os dados sobre o nome da entidade, seu número de inscrição no CNPJ, os documentos obrigatórios previstos no art. 3º e a especificação dos seus efeitos quando se tratar de requerimento de renovação, de acordo com o disposto no art. 8º.

ART. 5º As certificações concedidas a partir da publicação da Lei n. 12.868, de 15 de outubro de 2013, terão prazo de três anos, contado da data da publicação da decisão de deferimento.

§ 1º As certificações que forem renovadas a partir da publicação da Lei n. 12.868, de 2013, terão prazo de cinco anos, contado da data da publicação da decisão de deferimento, para as entidades que tenham receita bruta anual igual ou inferior a um milhão de reais.

§ 2º Na apuração da receita bruta anual:

I - serão computadas as doações e as subvenções recebidas ao longo do exercício, em todas as atividades realizadas; e

II - será considerada a documentação relativa ao ano-calendário anterior ao do requerimento da certificação.

ART. 6º Para os requerimentos de renovação da certificação protocolados no prazo previsto no § 1º do art. 24 da Lei n. 12.101, de 2009, o efeito da decisão contará:

I - do término da validade da certificação anterior, se a decisão for favorável; ou

II - da data de publicação da decisão de indeferimento.

ART. 7º Os requerimentos de renovação protocolados após o prazo previsto no § 1º do art. 24 da Lei n. 12.101, de 2009, serão considerados como requerimentos para concessão da certificação.

Parágrafo único. A entidade não será beneficiada pela isenção do pagamento das contribuições de que tratam os arts. 22 e 23 da Lei n. 8.212, de 24 de julho de 1991, no período compreendido entre o término da validade da certificação anterior e a data de publicação da decisão, favorável ou desfavorável.

ART. 8º O protocolo do requerimento de renovação da certificação será considerado prova da certificação até o julgamento do seu processo pelo Ministério certificador.

§ 1º O disposto no *caput* aplica-se aos requerimentos de renovação da certificação redistribuídos nos termos do art. 35 da Lei n. 12.101, de 2009, assegurado às entidades interessadas o fornecimento de cópias dos protocolos.

§ 2º O disposto no *caput* não se aplica aos requerimentos de renovação da certificação protocolados fora do prazo legal ou com certificação anterior tornada sem efeito por qualquer motivo.

§ 3º A validade e a tempestividade do protocolo serão confirmadas pelo interessado mediante consulta da tramitação processual do requerimento na página do Ministério certificador na internet ou, na impossibilidade, por certidão expedida pelo Ministério certificador.

ART. 9º As informações sobre a tramitação dos processos administrativos que envolvam a concessão de certificação, sua renovação ou seu cancelamento deverão ser disponibilizadas na página do Ministério certificador na internet.

SEÇÃO II
DA ENTIDADE COM ATUAÇÃO EM MAIS DE UMA ÁREA

ART. 10. A entidade que atuar em mais de uma das áreas a que se refere o art. 1º deverá requerer a concessão da certificação ou sua renovação junto ao Ministério certificador da sua área de atuação preponderante, sem prejuízo da comprovação dos requisitos exigidos para as demais áreas.

§ 1º A atividade econômica principal constante do CNPJ deverá corresponder ao principal objeto de atuação da entidade, verificado nos documentos apresentados nos termos do art. 3º, sendo preponderante a área na qual a entidade realiza a maior parte de suas despesas.

§ 2º A área de atuação preponderante da entidade será verificada pelo Ministério certificador que receber o requerimento, na forma indicada no § 1º, antes da análise dos requisitos exigidos para sua concessão ou sua renovação.

§ 3º Na hipótese de recebimento de requerimento por Ministério sem competência pela certificação na área de atuação preponderante da entidade, este será encaminhado ao Ministério certificador competente, considerada a data do protocolo inicial para fins de comprovação de sua tempestividade.

§ 4º Os requerimentos das entidades de que trata o inciso I do § 2º do art. 18 da Lei n. 12.101, de 2009, serão analisados pelo Ministério do Desenvolvimento Social e Combate à Fome, observados os requisitos exigidos na referida Lei e neste Decreto, salvo quando atuarem exclusivamente nas áreas de saúde ou de educação.

ART. 11. O requerimento de concessão da certificação ou de sua renovação protocolado em mais de um Ministério pela mesma entidade será analisado de acordo com a ordem cronológica do Ministério certificador competente na área de atuação preponderante da entidade.

ART. 12. As entidades de que trata esta Seção deverão manter escrituração contábil com registros segregados de modo a evidenciar o seu patrimônio, as suas receitas, os custos e despesas de cada área de atuação, conforme normas do Conselho Federal de Contabilidade.

Parágrafo único. Os registros de atos e fatos devem ser segregados por área de atuação da entidade e obedecer aos critérios específicos de cada área, a fim de possibilitar a comprovação dos requisitos para sua certificação como entidade beneficente de assistência social.

ART. 13. A concessão da certificação ou renovação de entidade com atuação em mais de uma das áreas referidas no art. 1º dependerá da manifestação dos demais Ministérios certificadores competentes nas respectivas áreas de atuação.

§ 1º O requerimento de concessão da certificação ou de sua renovação deverá ser instruído com os documentos previstos neste Decreto para certificação em cada uma das áreas de atuação da entidade.

§ 2º Recebido o requerimento de concessão da certificação ou de sua renovação, o Ministério certificador competente na área de atuação preponderante da entidade consultará os demais Ministérios interessados, que se manifestarão no prazo de trinta dias, prorrogável por igual período, sobre o cumprimento dos requisitos nas suas respectivas áreas.

§ 3º O requerimento deverá ser analisado pelos Ministérios certificadores interessados e somente será deferido se constatado o cumprimento dos requisitos previstos na Lei n. 12.101, de 2009, e neste Decreto, para cada uma de suas áreas de atuação.

§ 4º As entidades com atuação preponderante nas áreas de educação ou de saúde deverão, para fins de comprovação dos requisitos no âmbito da assistência social, demonstrar:

I - a inscrição das ações assistenciais junto aos Conselhos municipal ou distrital de assistência social onde desenvolvam suas ações;

II - que as ações e serviços socioassistenciais atendem aos requisitos previstos no art. 18 da Lei n. 12.101, de 2009, e neste Decreto; e

III - que suas ações socioassistenciais integram o sistema de cadastro nacional de entidades e organizações de assistência social de que trata o inciso XI do *caput* do art. 19 da Lei n. 8.742, de 7 de dezembro de 1993.

SEÇÃO III
DO RECURSO CONTRA A DECISÃO DE INDEFERIMENTO DA CERTIFICAÇÃO

ART. 14. Da decisão que indeferir o requerimento de concessão ou renovação ou que cancelar a certificação caberá recurso no prazo de trinta dias, contado da data de sua publicação.

§ 1º O recurso será dirigido à autoridade certificadora que, se não reconsiderar a decisão no prazo de dez dias, encaminhará ao Ministro de Estado para julgamento, no prazo de sessenta dias.

§ 2º Na hipótese de interposição de recurso pelas entidades referidas no art. 10, a autoridade certificadora, sempre que necessário, consultará os demais Ministérios competentes pela certificação nas áreas de atuação não preponderantes, que se manifestarão no prazo de quinze dias, interrompendo o prazo de dez dias previsto no § 1º.

§ 3º O recurso poderá abranger questões de legalidade e mérito.

§ 4º Após o recebimento do recurso pelo Ministro de Estado, será aberto prazo de quinze dias, que suspenderá o prazo de sessenta dias previsto no § 1º, para manifestação, por meio eletrônico, da sociedade civil, não sendo admitidas manifestações encaminhadas sem a identificação do autor.

§ 5º O recurso protocolado fora do prazo previsto no *caput* não será admitido.

§ 6º O disposto no *caput* não impede o lançamento do crédito tributário correspondente.

§ 7º Se o lançamento a que se refere o § 6º for impugnado em razão de questionamentos sobre os requisitos de certificação, a autoridade julgadora da impugnação aguardará o julgamento do recurso de que trata o *caput*, e o crédito tributário permanecerá suspenso nesse período.

§ 8º O sobrestamento de que trata o § 7º não impede o trâmite do respectivo processo administrativo fiscal ou de outro relativo a lançamento efetuado por descumprimento de requisito de que trata o art. 46.

§ 9º O Ministério certificador comunicará o resultado do julgamento do recurso de que trata o *caput* à Secretaria da Receita Federal do Brasil até o quinto dia útil do mês subsequente à decisão.

§ 10. Na hipótese do § 7º, caso o lançamento esteja fundamentado em descumprimento de requisitos de certificação, o crédito tributário por ele constituído:

I - será extinto, se o julgamento do recurso de que trata o *caput* for favorável à entidade; ou

II - será exigido na forma do Processo Administrativo Fiscal, disciplinado pelo Decreto n. 70.235, de 6 de março de 1972, se o julgamento for desfavorável à entidade.

SEÇÃO IV
DA SUPERVISÃO E DO CANCELAMENTO DA CERTIFICAÇÃO

ART. 15. Compete aos Ministérios da Saúde, da Educação e do Desenvolvimento Social e Combate à Fome supervisionar as entidades certificadas e zelar pela manutenção do cumprimento dos requisitos necessários à certificação, podendo, a qualquer tempo, determinar a apresentação de documentos, a realização de auditorias ou o cumprimento de diligências.

§ 1º Cada Ministério certificador regulamentará os procedimentos e os prazos para a realização da supervisão às entidades.

§ 2º Sem prejuízo das representações a que se refere o art. 17, o Ministério certificador competente poderá, de ofício, determinar a apuração de indícios de irregularidades no cumprimento da Lei n. 12.101, de 2009, ou deste Decreto.

ART. 16. A autoridade competente para a certificação determinará o seu cancelamento, a qualquer tempo, caso constate o descumprimento dos requisitos necessários à sua obtenção.

§ 1º A certificação será cancelada a partir da ocorrência do fato que ensejou o descumprimento dos requisitos necessários à sua concessão ou manutenção, após processo iniciado de ofício pela autoridade a que se refere o *caput* ou por meio de representação, aplicado, em ambas as hipóteses, o procedimento previsto no art. 17.

§ 2º O Ministério competente pela certificação na área de atuação não preponderante deverá supervisionar as entidades em sua área, devendo notificar a autoridade certificadora sobre o descumprimento dos requisitos necessários à manutenção da certificação, para que promova seu cancelamento, nos termos deste artigo.

§ 3º A autoridade de que trata o *caput* deverá comunicar o cancelamento à Secretaria da Receita Federal do Brasil, até o quinto dia útil do mês subsequente ao cancelamento da certificação.

SEÇÃO V
DA REPRESENTAÇÃO

ART. 17. Verificada a prática de irregularidade pela entidade certificada, são competentes para representar, motivadamente, ao Ministério certificador, sem prejuízo das atribuições do Ministério Público:

I - o gestor municipal, distrital ou estadual do SUS ou do SUAS e o gestor da educação municipal, distrital ou estadual;

II - a Secretaria da Receita Federal do Brasil;

III - os conselhos de acompanhamento e controle social previstos na Lei n. 11.494, de 20 de junho de 2007, e os Conselhos de Assistência Social e de Saúde; e

IV - o Tribunal de Contas da União.

§ 1º A representação será realizada por meio eletrônico ou físico e deverá conter a qualificação do seu autor, a descrição dos fatos a serem apurados e, sempre que possível, a documentação e as informações para o esclarecimento do pedido.

§ 2º Caberá ao Ministério certificador:

I - comunicar a formalização de representação à Secretaria da Receita Federal do Brasil até o quinto dia útil do mês subsequente, salvo se esta figurar como parte na representação;

II - solicitar ao autor da representaçãoque complemente as informações apresentadas, no prazo de dez dias, quando necessário;

III - notificar a entidade certificada para que, no prazo de trinta dias, apresente defesa;

IV - solicitar, caso a representação aponte indícios de irregularidades referentes às áreas de atuação não preponderantes da entidade certificada, que os Ministérios competentes pela certificação nessas áreas se manifestem, no prazo de trinta dias; e

V - analisar e decidir sobre a representação, no prazo de trinta dias, contado:

a) da apresentação de defesa; ou

b) do termo final do prazo de que trata o inciso II sem apresentação de complementação das informações solicitadas.

§ 3º O Ministério certificador poderá arquivar a representação no caso de insuficiência ou de não apresentação das informações solicitadas na forma do inciso II do § 2º.

§ 4º Os processos de requerimento de renovação da certificação e de representação, que estejam em tramitação concomitante, deverão ser julgados simultaneamente.

§ 5º Da decisão que julgar procedente a representação, cabe recurso por parte da entidade certificada ao Ministro de Estado do Ministério certificador, no prazo de trinta dias, contado de sua notificação, na forma do art. 14.

§ 6º Indeferido o recurso ou decorrido o prazo para sua apresentação pela entidade certificada, o Ministério certificador cancelará a certificação e dará ciência do fato à Secretaria da Receita Federal do Brasil, até o quinto dia útil do mês subsequente à publicação da sua decisão.

§ 7º Julgada improcedente a representação, será dada ciência à Secretaria da Receita Federal do Brasil, e o processo correspondente será arquivado.

§ 8º A decisão final sobre o recurso de que trata o § 5º deverá ser prolatada em até noventa dias, contados da data do seu recebimento pelo Ministro de Estado.

§ 9º A entidade e o autor da representação serão comunicados sobre o resultado do julgamento da representação, por ofício da autoridade julgadora, acompanhado de cópia da decisão.

CAPÍTULO II
DA CERTIFICAÇÃO DAS ENTIDADES DE SAÚDE

ART. 18. Compete ao Ministério da Saúde conceder ou renovar a certificação das entidades beneficentes de assistência social da área de saúde que preencherem os requisitos previstos na Lei n. 12.101, de 2009, e neste Decreto.

Parágrafo único. Consideram-se entidades beneficentes de assistência social na área de saúde aquelas que atuem diretamente na atenção à saúde.

ART. 19. O requerimento de concessão ou renovação da certificação de entidade que atue na área da saúde deverá ser protocolado junto ao Ministério da Saúde, em sistema próprio, acompanhado dos seguintes documentos:

I - aqueles previstos no art. 3º;

II - cópia da proposta de oferta da prestação de serviços ao SUS no percentual mínimo de sessenta por cento, efetuada pelo responsável legal da entidade ao gestor local do SUS, protocolada junto à Secretaria de Saúde respectiva; e

III - cópia do contrato, convênio ou instrumento congênere firmado com o gestor do SUS.

§ 1º Caso não haja interesse do gestor do SUS na contratação dos serviços de saúde ofertados pela entidade ou havendo contratação abaixo do percentual mínimo a que se refere o inciso II do *caput* do art. 4º da Lei n. 12.101, de 2009, a entidade de saúde instruirá seu requerimento com:

I - os documentos previstos nos incisos I a III do *caput*, se for o caso;

II - declaração fornecida pelo gestor do SUS que ateste a ausência de interesse; e

III - demonstrativo contábil que comprove a aplicação de percentual em gratuidade, na forma do disposto no art. 8º da Lei n. 12.101, de 2009.

§ 2º A entidade de saúde de reconhecida excelência que optar por realizar projetos de apoio ao desenvolvimento institucional do SUS, nos termos do art. 11 da Lei n. 12.101, de 2009, deverá apresentar os documentos previstos no inciso I do *caput*, além dos seguintes:

I - portaria de reconhecimento de excelência para apresentação de projetos de apoio ao desenvolvimento institucional do SUS, editada pelo Ministério da Saúde;

II - cópia do ajuste ou convênio celebrado com o Ministério da Saúde e dos termos aditivos, se houver;

III - demonstrações contábeis e financeiras submetidas a parecer conclusivo de auditor independente, legalmente habilitado junto ao Conselho Regional de Contabilidade;

IV - resumo da Guia de Recolhimento do Fundo de Garantia do Tempo de Serviço - FGTS e Informações à Previdência Social;

V - declaração fornecida pelo gestor do SUS atestando os resultados obtidos com a complementação prevista no § 4º do art. 11 da Lei n. 12.101, de 2009, para as entidades referidas no art. 24; e

VI - certidão, expedida por órgão competente do Ministério da Saúde, de aprovação dos relatórios finais referentes à execução dos projetos constantes do termo de ajuste ou convênio, e seus termos aditivos, relativos ao exercício fiscal anterior ao do requerimento, conforme regulamento vigente do Ministério da Saúde.

§ 3º O Ministério da Saúde poderá exigir a apresentação de outros documentos.

ART. 20. A prestação anual de serviços ao SUS no percentual mínimo de sessenta por cento será comprovada por meio dos registros das internações hospitalares e atendimentos ambulatoriais verificados nos sistemas de informações do Ministério da Saúde.

§ 1º Os atendimentos ambulatoriais e as internações hospitalares realizados pela entidade de saúde serão apurados de acordo com os seguintes critérios:

I - produção de internações hospitalares medida pela razão paciente-dia; e

II - produção de atendimentos ambulatoriais medida por quantidade de atendimentos.

§ 2º A produção da entidade de saúde que presta serviços exclusivamente na área ambulatorial será verificada apenas pelo critério estabelecido no inciso II do § 1º.

ART. 21. A entidade de saúde que aderir a programas e estratégias prioritárias definidas pelo Ministério da Saúde fará jus a índice percentual que será adicionado ao total da prestação de serviços ofertados ao SUS, observado o limite máximo de dez por cento, conforme estabelecido em ato do Ministro de Estado da Saúde, para fins de comprovação da prestação anual de serviços ao SUS, de acordo com o disposto no art. 20.

ART. 22. O atendimento do percentual mínimo de sessenta por cento de prestação de serviços ao SUS pode ser individualizado por estabelecimento ou pelo conjunto de estabelecimentos de saúde da pessoa jurídica, desde que não abranja outra entidade com personalidade jurídica própria que seja por ela mantida.

Parágrafo único. Para fins de cumprimento do percentual previsto no *caput*, a entidade de saúde requerente poderá incorporar, no limite de dez por cento dos seus serviços, aqueles prestados ao SUS em estabelecimento a ela vinculado na forma do disposto no § 2º do art. 4º da Lei n. 12.101, de 2009.

ART. 23. Para os requerimentos de renovação de certificação, caso a entidade de saúde não cumpra a exigência constante do art. 20 no exercício fiscal anterior ao do requerimento, o Ministério da Saúde avaliará o cumprimento da exigência com base na média do total de prestação de serviços ao SUS pela entidade durante todo o período de certificação em curso, que deverá ser de, no mínimo, sessenta por cento.

§ 1º Para fins do disposto no *caput*, apenas será admitida a avaliação da entidade de saúde pelo Ministério da Saúde caso haja o cumprimento, no mínimo, de cinquenta por cento da prestação de serviços de que trata o art. 20 em cada um dos anos do período de sua certificação.

§ 2º A comprovação da prestação dos serviços ao SUS, conforme regulamento do Ministério da Saúde, será feita com base nas internações hospitalares, nos atendimentos ambulatoriais e nas ações prioritárias realizadas.

ART. 24. As entidades de saúde realizadoras de projetos de apoio ao desenvolvimento institucional do SUS que complementarem as atividades relativas aos projetos com a prestação de serviços gratuitos ambulatoriais e hospitalares deverão comprová-los mediante preenchimento dos sistemas de informações do Ministério da Saúde, com observação de não geração de créditos.

ART. 25. O valor dos recursos despendidos e o conteúdo das atividades desenvolvidas no âmbito dos projetos de apoio ao desenvolvimento institucional do SUS ou da prestação de serviços previstos no art. 24 deverão ser objeto de relatórios anuais encaminhados ao Ministério da Saúde para acompanhamento e fiscalização, sem prejuízo das atribuições dos órgãos de fiscalização tributária.

§ 1º Os relatórios previstos no *caput* deverão ser acompanhados de demonstrações contábeis e financeiras submetidas a parecer conclusivo de auditoria independente, realizada por instituição credenciada perante o Conselho Regional de Contabilidade.

§ 2º O cálculo do valor da isenção prevista no § 2º do art. 11 da Lei n. 12.101, de 2009, será realizado anualmente com base no exercício fiscal anterior.

§ 3º Tratando-se de requerimento de concessão, o recurso despendido pela entidade de saúde no projeto de apoio não poderá ser inferior ao valor das contribuições de que tratam os arts. 22 e 23 da Lei n. 8.212, de 1991, referente ao exercício fiscal anterior ao do requerimento.

§ 4º Caso os recursos despendidos nos projetos de apoio institucional não alcancem o valor da isenção usufruída, na forma do § 2º, a entidade deverá complementar a diferença até o término do prazo de validade de sua certificação.

§ 5º O disposto no § 4º alcança somente as entidades que tenham aplicado, no mínimo, setenta por cento do valor usufruído anualmente com a isenção nos projetos de apoio ao desenvolvimento institucional do SUS.

ART. 26. As instituições reconhecidas nos termos da legislação como prestadoras de serviços de atenção em regime residencial e transitório, incluídas as comunidades terapêuticas que prestem serviços ao SUS de atendimento e acolhimento a pessoas com transtornos decorrentes do uso, abuso ou dependência de substância psicoativa, poderão ser certificadas desde que:

I - sejam qualificadas como entidades de saúde; e

II - comprovem a prestação de serviços de que trata o *caput*.

§ 1º O cumprimento dos requisitos estabelecidos nos incisos I e II do *caput* deverá observar os critérios definidos pelo Ministério da Saúde.

§ 2º A prestação dos serviços previstos no *caput* será pactuada com o gestor do SUS por meio de contrato, convênio ou instrumento congênere.

§ 3º O atendimento dos requisitos previstos neste artigo dispensa a observância das exigências previstas nos arts. 19 e 20.

ART. 27. Excepcionalmente, será admitida a certificação de entidade que atue exclusivamente na promoção da saúde sem exigência de contraprestação do usuário pelas ações e serviços de saúde realizados.

§ 1º A oferta da totalidade de ações e serviços sem contraprestação do usuário dispensa a observância das exigências previstas nos arts. 19 e 20.

§ 2º Para os fins do disposto no *caput*, a execução de ações e serviços de gratuidade em promoção da saúde será previamente pactuada por meio de contrato, convênio ou instrumento congênere com o gestor do SUS.

§ 3º Para efeito do disposto no *caput*, são consideradas ações e serviços de promoção da saúde as atividades voltadas para redução de risco à saúde, desenvolvidas em áreas como:

I - nutrição e alimentação saudável;

II - prática corporal ou atividade física;

III - prevenção e controle do tabagismo;

IV - prevenção ao câncer, ao vírus da imunodeficiência humana - HIV, às hepatites virais, à tuberculose, à hanseníase, à malária e à dengue;

V - redução da morbimortalidade em decorrência do uso abusivo de álcool e outras drogas;

VI - redução da morbimortalidade por acidentes de trânsito;

VII - prevenção da violência; e

VIII - redução da morbimortalidade nos diversos ciclos de vida.

§ 4º A entidade interessada encaminhará o requerimento de certificação e anexará os demonstrativos contábeis de que trata o art. 3º, os documentos e outras informações estabelecidas em ato do Ministério da Saúde.

ART. 28. Excepcionalmente será admitida a certificação de entidades que prestem serviços de atenção em regime residencial e transitório, incluídas as comunidades terapêuticas, que executem exclusivamente ações de promoção da saúde voltadas para pessoas com transtornos decorrentes do uso, abuso ou dependência de drogas, desde que comprovem a aplicação de, no mínimo, vinte por cento de sua receita bruta em ações de gratuidade.

§ 1º Para fins do cálculo de que trata o *caput*, as receitas provenientes de subvenção pública e as despesas decorrentes não devem incorporar a receita bruta e o percentual aplicado em ações de gratuidade.

§ 2º A execução das ações de gratuidade em promoção da saúde será previamente pactuada com o gestor do SUS, por meio de contrato, convênio ou instrumento congênere.

§ 3º O atendimento dos requisitos previstos neste artigo dispensa a observância das exigências previstas nos arts. 19 e 20.

§ 4º A entidade interessada encaminhará o requerimento de certificação e anexará os demonstrativos contábeis de que trata o art. 3º, os documentos e outras informações estabelecidas em ato do Ministério da Saúde.

CAPÍTULO III
DA CERTIFICAÇÃO DAS ENTIDADES DE EDUCAÇÃO

ART. 29. Compete ao Ministério da Educação conceder ou renovar a certificação das entidades beneficentes de assistência social da área de educação que preencherem os requisitos previstos na Lei n.12.101, de 2009, e neste Decreto.

ART. 30. Para os fins de concessão da certificação ou de sua renovação, a entidade de educação deverá observar o disposto nos arts. 13, 13-A e 13-B da Lei n. 12.101, de 2009.

§ 1º A adequação às diretrizes e metas estabelecidas no Plano Nacional de Educação - PNE será demonstrada por meio de plano de atendimento que comprove a concessão de bolsas, eventuais benefícios complementares e projetos e atividades para a garantia da educação básica em tempo integral, submetido à aprovação do Ministério da Educação.

§ 2º O plano de atendimento referido no § 1º constitui-se na descrição da concessão de bolsas, eventuais benefícios complementares e projetos e atividades para a garantia da educação básica em tempo integral desenvolvidos pela entidade para cumprimento do previsto nos arts. 13, 13-A e 13-B da Lei n. 12.101, de 2009, e no planejamento destas ações para todo o período de vigência da certificação a ser concedida ou renovada.

§ 3º O Ministério da Educação analisará o plano de atendimento visando ao cumprimento das metas do PNE, de acordo com as diretrizes estabelecidas na Lei n. 9.394, de 20 de dezembro de 1996, e segundo critérios de qualidade e prioridade por ele definidos, reservando-se o direito de determinar adequações, propondo medidas a serem implementadas pela entidade em prazo a ser fixado, sob pena de indeferimento do requerimento ou cancelamento da certificação.

§ 4º Todas as bolsas de estudos a serem computadas como aplicação em gratuidade pela entidade deverão ser informadas ao Censo da Educação Básica e ao Censo da Educação Superior, conforme definido pelo Ministério da Educação.

§ 5º O número total de bolsas de estudo, eventuais benefícios complementares e projetos e atividades para a garantia da educação básica em tempo integral deverão estar previstos no plano de atendimento, de forma discriminada.

§ 6º Para fins de cumprimento do disposto nos arts. 13, 13-A e 13-B da Lei n. 12.101, de 2009, serão computadas as matrículas da educação profissional oferecidas em consonância com a Lei n. 9.394, de 1996, com a Lei n. 12.513, de 26 de outubro de 2011, e com o Decreto n. 5.154, de 23 de julho de 2004, na forma definida pelo Ministério da Educação.

§ 7º Para fins de cumprimento do disposto no art. 13 da Lei n. 12.101, de 2009, serão computadas as matrículas da educação de jovens e adultos oferecidas em consonância com a Lei n. 9.394, de 1996.

ART. 31. O Ministério da Educação estabelecerá as definições necessárias ao cumprimento das proporções de bolsas de estudo, benefícios complementares e projetos e atividades para a garantia da educação básica em tempo integral, previstas nos arts. 13, 13-A e 13-B da Lei n. 12.101, de 2009.

ART. 32. As entidades de educação que prestem serviços integralmente gratuitos deverão:

I - garantir a observância da proporção de, no mínimo, um aluno cuja renda familiar mensal *per capita* não exceda o valor de um salário-mínimo e meio para cada cinco alunos matriculados; e

II - adotar e observar, no que couber, os critérios de seleção e as proporções previstas na Seção II do Capítulo II da Lei n. 12.101, de 2009, considerado o número total de alunos matriculados.

ART. 33. As entidades de educação deverão selecionar os alunos a serem beneficiados pelas bolsas previstas nos arts. 13, 13-A e 13-B da Lei n. 12.101, de 2009, a partir do perfil socioeconômico e dos seguintes critérios:

I - proximidade da residência;

II - sorteio; e

III - outros critérios contidos no plano de atendimento da entidade, a que se refere o § 1º do art. 30.

§ 1º Na hipótese de adoção dos critérios previstos no inciso III do *caput*, as entidades de educação deverão oferecer igualdade de condições para acesso e permanência aos alunos beneficiados pelas bolsas de estudo, eventuais benefícios complementares e projetos e atividades para a garantia da educação básica em tempo integral.

§ 2º O Ministério da Educação poderá determinar a reformulação dos critérios de seleção de alunos beneficiados constantes do plano de atendimento da entidade previsto no § 1º do art. 30, quando julgados incompatíveis com as finalidades da Lei n. 12.101, de 2009, sob pena de indeferimento do requerimento de certificação ou de sua renovação.

ART. 34. No ato de concessão da certificação ou de sua renovação, as entidades de educação que não tenham concedido o número mínimo de bolsas previsto nos arts. 13, 13-A e 13-B da Lei n. 12.101, de 2009, poderão compensar o número de bolsas devido nos três exercícios subsequentes com acréscimo de vinte por cento sobre o percentual não atingido ou o número de bolsas não concedido, mediante a assinatura de Termo de Ajuste de Gratuidade, nas condições estabelecidas pelo Ministério da Educação.

§ 1º Após a publicação da decisão relativa ao julgamento do requerimento de concessão da certificação ou de sua renovação na primeira instância administrativa, as entidades de educação a que se refere o *caput* poderão requerer a assinatura do Termo de Ajuste de Gratuidade no prazo improrrogável de trinta dias.

§ 2º O descumprimento do Termo de Ajuste de Gratuidade implicará o cancelamento da certificação da entidade em relação a todo o seu período de validade.

§ 3º O Termo de Ajuste de Gratuidade poderá ser celebrado uma única vez.

§ 4º As bolsas de pós-graduação *stricto sensu* poderão integrar o percentual de acréscimo de compensação de vinte por cento, desde que se refiram a áreas de formação definidas pelo Ministério da Educação.

ART. 35. Os requerimentos de concessão ou de renovação de certificação de entidades de educação ou com atuação preponderante na área de educação deverão ser instruídos com os seguintes documentos:

I - da mantenedora: aqueles previstos no art. 3º; e

II - da instituição de educação:

a) ato de credenciamento regularmente expedido pelo órgão normativo do sistema de ensino;

b) relação de bolsas de estudo, eventuais benefícios complementares e projetos e atividades para a garantia da educação básica em tempo integral, com identificação precisa de cada um dos beneficiários;

c) plano de atendimento, na forma definida pelo art. 30, durante o período pretendido de vigência da certificação;

d) regimento ou estatuto; e

e) identificação dos integrantes do corpo dirigente, com descrição de suas experiências acadêmicas e administrativas.

§ 1º O requerimento será analisado em relação ao cumprimento do número mínimo de bolsas de estudo a serem concedidas e, quanto ao conteúdo do plano de atendimento, será verificado o cumprimento das metas do PNE, de acordo com as diretrizes e os critérios de prioridade definidos pelo Ministério da Educação.

§ 2º O requerimento de renovação de certificação deverá ser acompanhado de relatório de atendimento às metas definidas no plano de atendimento precedente.

ART. 36. Sem prejuízo do prazo de validade da certificação, a entidade deverá apresentar relatórios anuais, contendo informações sobre o preenchimento das bolsas de estudo e do atendimento às metas previstas no plano de atendimento vigente, no prazo e forma definidos pelo Ministério da Educação.

CAPÍTULO IV
DA CERTIFICAÇÃO DAS ENTIDADES DE ASSISTÊNCIA SOCIAL

ART. 37. Compete ao Ministério do Desenvolvimento Social e Combate à Fome conceder ou renovar a certificação das entidades beneficentes de assistência social da área de assistência social que preencherem os requisitos previstos na Lei n. 12.101, de 2009, e neste Decreto.

ART. 38. Poderão ser certificadas as entidades de assistência social que prestam serviços ou executam programas ou projetos socioassistenciais, de forma gratuita, continuada e planejada, e sem discriminação de seus usuários.

§ 1º Consideram-se entidades de assistência social aquelas sem fins lucrativos que, isolada ou cumulativamente, prestam atendimento ou assessoramento aos beneficiários abrangidos pela Lei n. 8.742, de 1993, ou atuam na defesa e garantia de seus direitos, nos termos do art. 3º da referida lei.

§ 2º Observado o disposto no *caput* e no § 1º, também são consideradas entidades de assistência social:

I - as que prestam serviços ou ações socioassistenciais, sem qualquer exigência de contraprestação dos usuários, com o objetivo de habilitação e reabilitação da pessoa com deficiência e de promoção da sua inclusão à vida comunitária, no enfrentamento dos limites existentes para as pessoas com deficiência, de forma articulada ou não com ações educacionais ou de saúde, observado o disposto no § 4º do art. 10;

II - as de que trata o inciso II do *caput* do art. 430 do Decreto-Lei n. 5.452, de 1º de maio de 1943, Consolidação das Leis do Trabalho, desde que os programas de aprendizagem de adolescentes, jovens ou pessoas com deficiência sejam prestados com a finalidade de promover a integração ao mercado de trabalho, nos termos da Lei n. 8.742, de 1993, observadas as ações protetivas previstas na n. 8.069, de 13 de julho de 1990; e

III - as que realizam serviço de acolhimento institucional provisório de pessoas e de seus acompanhantes, que estejam em trânsito e sem condições de autossustento, durante o tratamento de doenças graves fora da localidade de residência.

§ 3º Observado o disposto no *caput* e no § 1º deste artigo e no art. 39, exceto a exigência de gratuidade, as entidades referidas no art. 35 da Lei n. 10.741, de 1º de outubro de 2003, poderão ser certificadas, com a condição de que eventual cobrança de participação do idoso no custeio da entidade se dê nos termos e limites do § 2º do art. 35 da Lei n. 10.741, de 2003.

ART. 39. Para obter a concessão da certificação ou sua renovação, além da documentação prevista no art. 3º, a entidade de assistência social deverá demonstrar:

I - natureza, objetivos e público-alvo compatíveis com a Lei n. 8.742, de 1993, e o Decreto n. 6.308, de 14 de dezembro de 2007;

II - inscrição no Conselho de Assistência Social Municipal ou do Distrito Federal, de acordo com a localização de sua sede ou do Município em que concentre suas atividades, nos termos do art. 9º da Lei n. 8.742, de 1993; e

III - inclusão no cadastro nacional de entidades e organizações de assistência social de que trata o inciso XI do *caput* do art. 19 da Lei n. 8.742, de 1993, na forma definida pelo Ministério do Desenvolvimento Social e Combate à Fome.

ART. 40. A comprovação do vínculo da entidade de assistência social ao SUAS, conforme o §1º do art. 6º-B da Lei n. 8.742, de 1993, é condição suficiente para a obtenção da certificação.

§ 1º A verificação do vínculo da entidade de assistência social ocorrerá no sistema de cadastro nacional de entidades e organizações de assistência social de que trata o inciso XI do *caput* do art. 19 da Lei n. 8.742, de 1993, na forma definida pelo Ministério do Desenvolvimento Social e Combate à Fome.

§ 2º A certificação de entidade de assistência social vinculada ao SUAS não é automática e depende da formalização de prévio requerimento, inclusive para sua renovação, na forma do art. 4º.

CAPÍTULO V
DA TRANSPARÊNCIA

ART. 41. Os Ministérios da Saúde, da Educação e do Desenvolvimento Social e Combate à Fome deverão manter cadastro das entidades sem fins lucrativos, beneficentes ou não, atuantes em suas áreas e tornar suas informações disponíveis para consulta pública em suas páginas na internet.

§ 1º O cadastro das entidades beneficentes de assistência social deverá ser atualizado periodicamente e servirá como referencial básico para os processos de certificação ou de sua renovação.

§ 2º As entidades beneficentes de assistência social com atuação em mais de uma área deverão figurar nos cadastros dos Ministérios competentes pela certificação nas suas áreas de atuação.

§ 3º Os Ministérios a que se refere o *caput* deverão divulgar:

I - lista atualizada comos dados relativos às certificações concedidas, seu período de vigência e entidades certificadas;

II - informações sobre oferta de atendimento, bolsas concedidas ou serviços prestados de cada entidade certificada; e

III - recursos financeiros destinados às entidades a que se refere o *caput*.

ART. 42. Os Ministérios da Saúde, da Educação e do Desenvolvimento Social e Combate à Fome deverão disponibilizar as informações sobre a tramitação dos requerimentos de certificação ou de sua renovação na internet.

ART. 43. Os Ministérios da Saúde, da Educação e do Desenvolvimento Social e Combate à Fome deverão informar à Secretaria da Receita Federal do Brasil, na forma e no prazo por ela definidos, e aos respectivos conselhos setoriais os requerimentos de concessão de certificação ou de sua renovação deferidos ou definitivamente indeferidos.

CAPÍTULO VI
CÂMARA INTERSETORIAL DE COORDENAÇÃO ADMINISTRATIVA DA CERTIFICAÇÃO

ART. 44. Fica instituída a Câmara Intersetorial de Coordenação Administrativa da Certificação, instância de deliberação administrativa, integrada por representantes dos Ministérios da Saúde, da Educação e do Desenvolvimento Social e Combate à Fome, indicados pelos seus titulares e designados em ato ministerial conjunto.

Parágrafo único. A Câmara Intersetorial de Coordenação Administrativa da Certificação aprovará seu regimento interno no prazo de sessenta dias, contado da publicação do ato ministerial conjunto de que trata o *caput*.

ART. 45. Compete à Câmara Intersetorial de Coordenação Administrativa da Certificação deliberar sobre:

I - entendimentos técnicos e encaminhamentos administrativos;

II - forma de divulgação de informações sobre a certificação; e

III - padronização de procedimento sem processos de competência comum.

Parágrafo único. As questões submetidas à Câmara Intersetorial de Coordenação Administrativa da Certificação serão decididas por maioria dos seus membros.

TÍTULO II
DA ISENÇÃO

CAPÍTULO I
DOS REQUISITOS

ART. 46. A entidade beneficente certificada na forma do Título I fará jus à isenção do pagamento das contribuições de que tratam os arts. 22 e 23 da Lei n. 8.212, de 1991, desde que atenda, cumulativamente, aos seguintes requisitos:

I - não percebam seus dirigentes estatutários, conselheiros, sócios, instituidores ou benfeitores remuneração, vantagens ou benefícios, direta ou indiretamente, por qualquer forma ou título, em razão das competências, funções ou atividades que lhes sejam atribuídas pelos respectivos atos constitutivos;

II - aplique suas rendas, seus recursos e eventual superávit integralmente no território nacional, na manutenção e no desenvolvimento de seus objetivos institucionais;

III - apresente certidão negativa ou positiva com efeitos de negativa de débitos relativos aos tributos administrados pela Secretaria da Receita Federal do Brasil e certificado de regularidade do FGTS;

IV - mantenha escrituração contábil regular, que registre receitas, despesas e aplicação de recursos em gratuidade de forma segregada por área de atuação, em consonância com as normas emanadas do Conselho Federal de Contabilidade;

V - não distribua resultados, dividendos, bonificações, participações ou parcelas do seu patrimônio, sob qualquer forma ou pretexto;

VI - mantenha em boa ordem e à disposição da Secretaria da Receita Federal do Brasil, pelo prazo de dez anos, contado da data de emissão, os documentos que comprovem a origem e a aplicação de seus recursos e os relativos a atos ou operações que impliquem modificação da situação patrimonial;

VII - cumpra as obrigações acessórias estabelecidas pela legislação tributária; e

VIII - mantenha em boa ordem e à disposição da Secretaria da Receita Federal do Brasil as demonstrações contábeis e financeiras devidamente auditadas por auditor independente legalmente habilitado nos Conselhos Regionais de Contabilidade, quando a receita bruta anual auferida for superior ao limite máximo estabelecido pelo inciso II do *caput* do art. 3º da Lei Complementar n. 123, de 2006.

§ 1º A isenção de que trata o *caput* não se estende à entidade com personalidade jurídica própria constituída e mantida por entidade a quem o direito à isenção tenha sido reconhecido.

§ 2º A exigência a que se refere o inciso I do *caput* não impede:

I - a remuneração aos diretores não estatutários que tenham vínculo empregatício; e

II - a remuneração aos dirigentes estatutários, desde que recebam remuneração inferior, em seu valor bruto, a setenta por cento do limite estabelecido para a remuneração de servidores do Poder Executivo federal.

§ 3º A remuneração dos dirigentes estatutários referidos no inciso II do § 2º deverá obedecer às seguintes condições:

I - nenhum dirigente remunerado poderá ser cônjuge ou parente até terceiro grau, inclusive por afinidade, de instituidores, sócios, diretores, conselheiros, benfeitores ou equivalentes da instituição de que trata o *caput* deste artigo; e

II - o total pago a título de remuneração para dirigentes, pelo exercício das atribuições estatutárias, deve ser inferior a cinco vezes o valor correspondente ao limite individual estabelecido no inciso II do § 2º.

§ 4º O disposto nos §§ 2º e 3º não impede a remuneração de dirigente estatutário ou diretor que, cumulativamente, tenha vínculo estatutário e empregatício, exceto se houver incompatibilidade de jornadas de trabalho.

CAPÍTULO II
DA FISCALIZAÇÃO

ART. 47. O direito à isenção das contribuições sociais somente poderá ser exercido pela entidade a partirda data da publicação da concessão de sua certificação no Diário Oficial da União, desde que atendidos cumulativamente os requisitos previstos na Lei n. 12.101, de 2009, e neste Decreto.

ART. 48. Constatado o descumprimento de requisito estabelecido pelo art. 46, a fiscalização da Secretaria da Receita Federal do Brasil lavrará auto de infração relativo ao período correspondente, com orelatodos fatos que demonstram o não atendimento de tais requisitos para o gozo da isenção.

§ 1º Durante o período a que se refere o *caput*, a entidade não terá direito à isenção e o lançamento correspondente terá como termo inicial a data de ocorrência da infração que lhe deu causa.

§ 2º A entidade poderá impugnar o auto de infração no prazo de trinta dias, contado de sua intimação.

§ 3º O julgamento do auto de infração e a cobrança do crédito tributário seguirão o rito estabelecido pelo Decreto n. 70.235, de 1972.

CAPÍTULO III
DISPOSIÇÕES TRANSITÓRIAS

ART. 49. Os pedidos de reconhecimento de isenção formalizados até 30 de novembro de 2009 e não definitivamente julgados, em curso no âmbito do Ministério da Fazenda, serão analisados com base na legislação em vigor no momento do fato gerador que ensejou a isenção.

Parágrafo único. Verificado o direito à isenção, será certificado o direito à restituição do valor recolhido desde o protocolo do pedido de isenção até a data de publicação da Lei n. 12.101, de 2009.

ART. 50. Os processos para cancelamento de isenção não definitivamente julgados em curso no âmbito do Ministério da Fazenda serão encaminhados a sua unidade competente para verificação do cumprimento dos requisitos da isenção, na forma do rito estabelecido no art. 32 da Lei n. 12.101, de 2009, aplicada a legislação vigente à época do fato gerador.

ART. 51. Das decisões de indeferimento dos requerimentos de renovação previstos no art. 35 da Lei n. 12.101, de 2009, caberá recurso com efeito suspensivo, no prazo de trinta dias, dirigido ao Ministro de Estado responsável pela área de atuação da entidade.

ART. 52. Os processos de que trata o art. 35 da Lei n. 12.101, de 2009, que possuam recursos pendentes de julgamento até a data de publicação da Lei n. 12.868, de 2013, poderão ser analisados com base nos critérios estabelecidos nos arts. 38 a 40, desde que as entidades comprovem, cumulativamente, que:

I - atuem exclusivamente na área de assistência social ou se enquadrem nos incisos I ou II do § 2º do art. 38;

II - sejam certificadas pelo Ministério do Desenvolvimento Social e Combate à Fome, a partir da publicação da Lei n. 12.868, de 2013; e

III - o requerimento de renovação de certificação tenha sido indeferido exclusivamente:

a) por falta de instrução documental relativa à demonstração contábil e financeira exigida em regulamento; ou

b) pelo não atingimento do percentual de gratuidade, nos casos das entidades previstas no inciso II do § 2º do art. 38.

Parágrafo único. A documentação utilizada como base para o indeferimento do requerimento de renovação a que se refere o inciso III do *caput* corresponde exclusivamente a:

I - balanço patrimonial;

II - demonstração de mutação do patrimônio;

III - demonstração da origem e aplicação de recursos; e

IV - parecer de auditoria independente.

ART. 53. Caso haja decisão final desfavorável à entidade, publicada após a data de publicação da Lei n. 12.868, de 2013, em processos de renovação de que trata o *caput* do art. 35 da Lei n. 12.101, de 2009, cujos requerimentos tenham sido protocolados tempestivamente, os débitos tributários serão restritos ao período de cento e oitenta dias anteriores à decisão final, afastada a multa de mora.

ART. 54. Caso haja decisão favorável à entidade, em processos de renovação de que trata o *caput* do art. 35 da Lei n. 12.101, de 2009, cujos requerimentos tenham sido protocolados intempestivamente, os débitos tributários serão restritos ao período de cento e oitenta dias anteriores à decisão, afastada a multa de mora.

ART. 55. O critério de definição da preponderância previsto no § 1º do art. 10 aplica-se aos processos de concessão e renovação de certificação remetidos aos Ministérios por força dos arts. 34 e 35 da Lei n. 12.101, de 2009.

ART. 56. As certificações concedidas ou que vierem a ser concedidas com base na Lei n. 12.101, de 2009, para requerimentos de renovação protocolados entre 30 de novembro de 2009 e 31 de dezembro de 2011, terão prazo de validade de cinco anos.

Parágrafo único. As certificações concedidas ou que vierem a ser concedidas para requerimentos de renovação protocolados entre 10 de novembro de 2008 e 31 de dezembro de 2011 terão prazo de validade de cinco anos, no caso de entidades que atuam exclusivamente na área de assistência social ou que se enquadrem nos incisos I ou II do § 2º do art. 18 da Lei n. 12.101, de 2009, e que, a partir da publicação da referida Lei, sejam certificadas pelo Ministério do Desenvolvimento Social e Combate à Fome.

ART. 57. Os requerimentos de certificação protocolados por entidades com atuação, preponderante ou não, na área de assistência social, a partir de 1º de janeiro de 2011 até a publicação deste Decreto, não instruídos com a declaração do gestor local de que a entidade realiza suas ações de forma gratuita, poderão ter esse requisito analisado por meio da documentação contábil prevista no inciso VIII do *caput* do art. 3º.

ART. 58. Aplica-se o disposto no art. 23 aos requerimentos de renovação de certificação relativos às entidades da área de saúde, pendentes de decisão na publicação da Lei n. 12.868, de 2013.

ART. 59. A renovação das certificações que tiveram seu prazo de validade estendido, na forma do art. 38-A da Lei n. 12.101, de 2009, deverá ser requerida no decorrer dos trezentos e sessenta dias que antecedem o termo final de validade do certificado.

§ 1º Caso a renovação de que trata o *caput* tenha sido requerida antes dos trezentos e sessenta dias que antecedem o termo final de validade da certificação, as entidades serão comunicadas pelos respectivos Ministérios certificadores para apresentação de novo requerimento instruído com documentos atualizados, garantido o prazo mínimo de sessenta dias anteriores ao termo final da validade da certificação para apresentação do novo requerimento.

§ 2º Se a renovação de que trata o § 1º for referente a certificação expirada ou com vigência restante menor que sessenta dias, contados da data da edição deste Decreto, a entidade terá o prazo de até sessenta dias após o recebimento da comunicação do Ministério certificador para o cumprimento do previsto no § 1º.

§ 3º As entidades que não cumprirem o disposto nos §§ 1º e 2º terão seu processo arquivado e serão comunicadas pelos respectivos Ministérios certificadores.

ART. 60. Os requerimentos de renovação da certificação de que trata a Lei n. 12.101, de 2009, protocolados entre 30 de novembro de 2009 e a publicação da Lei n. 12.868, de 2013, serão considerados tempestivos caso tenham sido apresentados antes do termo final de validade da certificação.

Parágrafo único. Os requerimentos de renovação da certificação protocolados entre 30 de novembro de 2009 e 31 de dezembro de 2010, no período de até trezentos e sessenta dias após o termo final de validade da certificação, serão, excepcionalmente, considerados tempestivos.

ART. 61. Para os requerimentos de concessão da certificação e de renovação de que trata a Lei n. 12.101, de 2009, protocolados no ano de 2009 pelas entidades de saúde e pendentes de decisão na publicação da Lei n. 12.868, de 2013, será avaliado todo o exercício fiscal de 2009 para aferição do cumprimento dos requisitos de certificação.

§ 1º O Ministério da Saúde poderá solicitar da entidade, em diligência única, com prazo de atendimento de trinta dias, contado da data de notificação e prorrogável uma vez, por igual período, documentos e informações que entender necessários para a aferição de que trata o *caput*.

§ 2º Os requerimentos das entidades de saúde para concessão de certificação e de sua renovação protocolados no ano de 2009 que foram indeferidos serão reavaliados pelo Ministério da Saúde, observado o disposto no *caput*.

ART. 62. Para efeito da comprovação do atendimento aos critérios estabelecidos nos incisos II e III do *caput* do art. 4º da Lei n. 12.101, de 2009, relativa aos exercícios fiscais de 2009 e anteriores, serão considerados os percentuais correspondentes às internações hospitalares, medidos pela razão paciente/dia, demonstrados por meio dos relatórios de atividades e sistemas de informações, na forma definida pelo Ministério da Saúde.

ART. 63. Os Ministérios certificadores deverão implementar sistema informatizado próprio, de acordo com o § 7º do art. 4º, para protocolo de requerimentos de concessão e renovação da certificação, no prazo de cento e oitenta dias, contado da publicação deste Decreto.

Parágrafo único. Até que seja implantado o sistema de que trata o *caput*, serão admitidos os requerimentos encaminhados pela via postal, considerando-se a data da postagem como a de seu protocolo.

CAPÍTULO IV
DISPOSIÇÕES FINAIS

ART. 64. Os Ministérios da Saúde, da Educação e do Desenvolvimento Social e Combate à Fome disciplinarão os procedimentos necessários à operacionalização do processo de certificação no âmbito de sua competência, especialmente quanto ao processamento dos requerimentos de concessão da certificação ou de sua renovação em sistema eletrônico e ao procedimento previsto no § 1º do art. 13.

§ 1º Para efeitos de cumprimento do *caput*, os Ministérios poderão utilizar sistema eletrônico unificado.

§ 2º Os Ministérios a que se refere o *caput* disponibilizarão sistema de consulta da tramitação dos requerimentos de certificação ou de sua renovação na internet.

ART. 65. A certificação da entidade beneficente de assistência social na área de saúde, educação ou assistência social não impede a celebração de contratos, convênios ou instrumentos congêneres com órgãos de outra área que não aquela da certificação, desde que atendida a legislação pertinente.

ART. 66. Conforme disposto no art. 16 da Lei n. 12.868, de 2013, os requerimentos de concessão de certificação das entidades da área de educação, protocolados até 31 de dezembro de 2015, serão analisados com base nos critérios vigentes até a publicação da Lei n. 12.868, de 2013.

Parágrafo único. Serão aplicados os critérios vigentes após a publicação da Lei n. 12.868, de 2013, caso sejam mais vantajosos à entidade de educação requerente.

ART. 67. O disposto no art. 17 da Lei n. 12.101, de 2009, aplica-se também aos requerimentos de concessão ou de renovação da certificação pendentes de julgamento definitivo no âmbito do Ministério da Educação na publicação da Lei n. 12.868, de 2013.

§ 1º Se o requerimento de concessão da certificação ou de renovação já tiver sido julgado em primeira instância administrativa, estando pendente de julgamento o recurso de que trata o art. 26 da Lei n. 12.101, de 2009, o prazo de trinta dias a que se refere o § 1º do art. 34 para requerer a assinatura do Termo de Ajuste de Gratuidade conta-se a partir da publicação da Lei n. 12.868, de 2013.

§ 2º As entidades de educação que não tenham aplicado em gratuidade o percentual mínimo previsto na legislação vigente à época do seu requerimento de concessão ou de renovação da certificação deverão compensar o percentual devido nos três exercícios subsequentes com acréscimo de vinte por cento sobre o percentual a ser compensado, mediante a assinatura de Termo de Ajuste de Gratuidade, nas condições estabelecidas pelo Ministério da Educação.

ART. 68. Para cálculo da aplicação em gratuidade relativa às turmas iniciadas antes de 30 de novembro de 2009, podem ser contabilizados os descontos de caráter assistencial concedidos aos alunos para o atendimento do percentual mínimo de gratuidade previsto no Decreto n. 2.536, de 6 de abril de 1998.

Parágrafo único. Os descontos concedidos na forma do *caput* podem ser mantidos até a conclusão da etapa da educação básica presencial em que os beneficiários estavam matriculados na data da publicação do Decreto n. 7.237, de 20 de julho de 2010, nos termos definidos pelo Ministério da Educação.

ART. 69. O Decreto n. 6.253, de 13 de novembro de 2007, passa a vigorar com as seguintes alterações:

› Alterações promovidas no texto do referido decreto.

ART. 70. Fica revogado o Decreto n. 7.237, de 20 de julho de 2010.

ART. 71. Este Decreto entra em vigor na data de sua publicação.

Brasília, 23 de maio de 2014;
193º da Independência e 126º da República.
DILMA ROUSSEFF

DECRETO N. 8.364, DE 17 DE NOVEMBRO DE 2014

Regulamenta o Fórum Permanente das Microempresas e Empresas de Pequeno Porte.

› *DOU*, 18.11.2014.

O Vice-Presidente da República, no exercício do cargo de Presidente da República, no uso da atribuição que lhe confere o art. 84, *caput*, inciso IV, da Constituição, e tendo em vista o disposto no inciso II do *caput* e no § 5º do art. 2º e no art. 76 da Lei Complementar n. 123, de 14 de dezembro de 2006,

Decreta:

ART. 1º O Fórum Permanente das Microempresas e Empresas de Pequeno Porte é a instância consultiva governamental federal responsável por tratar dos aspectos não tributários relativos ao tratamento diferenciado e favorecido dispensado às microempresas e empresas de pequeno porte.

Parágrafo único. O Secretário Especial da Micro e Pequena Empresa da Secretaria de Governo da Presidência da República exercerá a presidência do Fórum Permanente e, em suas ausências e impedimentos, será substituído pelo Secretário-Adjunto da Secretaria Especial da Micro e Pequena Empresa da Secretaria de Governo da Presidência da República, na forma do Regimento Interno do Fórum Permanente. (Alterado pelo Dec. 8.579/2015.)

ART. 2º O Fórum Permanente das Microempresas e Empresas de Pequeno Porte tem como objetivo encaminhar à Secretaria da Micro e Pequena Empresa da Presidência da República propostas que garantam o tratamento favorecido e diferenciado a ser dispensado às microempresas e empresas de pequeno porte, especialmente quanto:

I - à criação e alteração de leis, regulamentos, procedimentos, sistemas de informação, portais e canais de comunicação da administração pública direta e indireta da União, dos Estados, do Distrito Federal e dos Municípios;

II - aos ajustes e aperfeiçoamentos de ações e projetos, governamentais e não governamentais, para harmonizar e potencializar resultados;

III - à articulação e à integração entre instituições, órgãos do Governo federal e entidades de apoio e representação nacional que atuem diretamente no segmento das microempresas e empresas de pequeno porte; e

IV - à implantação e ao desenvolvimento de fóruns regionais das microempresas e empresas de pequeno porte nas unidades da federação e a sua integração com o Fórum Permanente.

ART. 3º Serão convidados a integrar o Fórum Permanente das Microempresas e Empresas de Pequeno Porte:

I - as instituições e órgãos governamentais federais;

II - os fóruns regionais das microempresas e empresas de pequeno porte nas unidades da federação; e

III - as entidades de apoio e de representação nacional do segmento.

ART. 4º O Regimento Interno do Fórum Permanente das Microempresas e Empresas de Pequeno Porte, proposto por seu Presidente, deverá ser aprovado por maioria simples.

ART. 5º Este Decreto entra em vigor na data de sua publicação.

ART. 6º Fica revogado o Decreto n. 6.174, de 1º de agosto de 2007.

Brasília, 17 de novembro de 2014;
193º da Independência e 126º da República.
MICHEL TEMER

DECRETO N. 8.368, DE 2 DE DEZEMBRO DE 2014

Regulamenta a Lei n. 12.764, de 27 de dezembro de 2012, que institui a Política Nacional de Proteção dos Direitos da Pessoa com Transtorno do Espectro Autista.

› *DOU*, 03.12.2014.

A Presidenta da República, no uso da atribuição que lhe confere o art. 84, *caput*, inciso IV, da Constituição, e tendo em vista o disposto na Lei n. 12.764, de 27 de dezembro de 2012,

Decreta:

ART. 1º A pessoa com transtorno do espectro autista é considerada pessoa com deficiência, para todos os efeitos legais.

Parágrafo único. Aplicam-se às pessoas com transtorno do espectro autista os direitos e obrigações previstos na Convenção Internacional sobre os Direitos da Pessoa com Deficiência e seu Protocolo Facultativo, promulgados pelo Decreto n. 6.949, de 25 de agosto de 2009, e na legislação pertinente às pessoas com deficiência.

ART. 2º É garantido à pessoa com transtorno do espectro autista o direito à saúde no âmbito do Sistema Único de Saúde - SUS, respeitadas as suas especificidades.

§ 1º Ao Ministério da Saúde compete:

I - promover a qualificação e a articulação das ações e dos serviços da Rede de Atenção à Saúde para assistência à saúde adequada das pessoas com transtorno do espectro autista, para garantir:

a) o cuidado integral no âmbito da atenção básica, especializada e hospitalar;

b) a ampliação e o fortalecimento da oferta de serviços de cuidados em saúde bucal das pessoas com espectro autista na atenção básica, especializada e hospitalar; e

c) a qualificação e o fortalecimento da rede de atenção psicossocial e da rede de cuidados de saúde da pessoa com deficiência no atendimento das pessoas com o transtorno do espectro autista, que envolva diagnóstico diferencial, estimulação precoce, habilitação, reabilitação e outros procedimentos definidos pelo projeto terapêutico singular;

II - garantir a disponibilidade de medicamentos incorporados ao SUS necessários ao tratamento de pessoas com transtorno do espectro autista;

III - apoiar e promover processos de educação permanente e de qualificação técnica dos profissionais da Rede de Atenção à Saúde quanto ao atendimento das pessoas com o transtorno do espectro autista;

IV - apoiar pesquisas que visem ao aprimoramento da atenção à saúde e à melhoria da qualidade de vida das pessoas com transtorno do espectro autista; e

V - adotar diretrizes clínicas e terapêuticas com orientações referentes ao cuidado à saúde das pessoas com transtorno do espectro autista, observando suas especificidades de acessibilidade, de comunicação e atendimento.

§ 2º A atenção à saúde à pessoa com transtorno do espectro autista tomará como base a Classificação Internacional de Funcionalidade, Incapacidade e Saúde - CIF e a Classificação Internacional de Doenças - CID-10.

ART. 3º É garantida proteção social à pessoa com transtorno do espectro autista em situações de vulnerabilidade ou risco social ou pessoal, nos termos da Lei n. 8.742, de 7 de dezembro de 1993.

ART. 4º É dever do Estado, da família, da comunidade escolar e da sociedade assegurar o direito da pessoa com transtorno do espectro autista à educação, em sistema educacional inclusivo, garantida a transversalidade da educação especial desde a educação infantil até a educação superior.

§ 1º O direito de que trata o *caput* será assegurado nas políticas de educação, sem discriminação e com base na igualdade de oportunidades, de acordo com os preceitos da Convenção Internacional sobre os Direitos da Pessoa com Deficiência.

§ 2º Caso seja comprovada a necessidade de apoio às atividades de comunicação, interação social, locomoção, alimentação e cuidados pessoais, a instituição de ensino em que a pessoa com transtorno do espectro autista ou com outra deficiência estiver matriculada disponibilizará acompanhante especializado no contexto escolar, nos termos do parágrafo único do art. 3º da Lei n. 12.764, de 2012.

ART. 5º Ao tomar conhecimento da recusa de matrícula, o órgão competente ouvirá o gestor escolar e decidirá pela aplicação da multa de que trata o *caput* do art. 7º da Lei n. 12.764, de 2012.

§ 1º Caberá ao Ministério da Educação a aplicação da multa de que trata o *caput*, no âmbito dos estabelecimentos de ensino a ele vinculados e das instituições de educação superior privadas, observado o procedimento previsto na Lei n. 9.784, de 29 de janeiro de 1999.

§ 2º O Ministério da Educação dará ciência da instauração do processo administrativo para aplicação da multa ao Ministério Público e ao Conselho Nacional dos Direitos da Pessoa com Deficiência - Conade.

§ 3º O valor da multa será calculado tomando-se por base o número de matrículas recusadas pelo gestor, as justificativas apresentadas e a reincidência.

ART. 6º Qualquer interessado poderá denunciar a recusa da matrícula de estudantes com deficiência ao órgão administrativo competente.

ART. 7º O órgão público federal que tomar conhecimento da recusa de matrícula de pessoas com deficiência em instituições de ensino vinculadas aos sistemas de ensino estadual, distrital ou municipal deverá comunicar a recusa aos órgãos competentes pelos respectivos sistemas de ensino e ao Ministério Público.

ART. 8º A Secretaria de Direitos Humanos da Presidência da República, juntamente ao Conade, promoverá campanhas de conscientização sobre os direitos das pessoas com transtorno do espectro autista e suas famílias.

ART. 9º Este Decreto entra em vigor na data de sua publicação.

Brasília, 2 de dezembro de 2014;
193º da Independência e 126º da República.
DILMA ROUSSEFF

DECRETO N. 8.373, DE 11 DE DEZEMBRO DE 2014

Institui o Sistema de Escrituração Digital das Obrigações Fiscais, Previdenciárias e Trabalhistas - eSocial e dá outras providências.

› *DOU*, 12.12.2014.

A Presidenta da República, no uso da atribuição que lhe confere o art. 84, *caput*, inciso IV, alínea "a", da Constituição,

Decreta:

ART. 1º Fica instituído o Sistema de Escrituração Digital das Obrigações Fiscais, Previdenciárias e Trabalhistas - eSocial.

ART. 2º O eSocial é o instrumento de unificação da prestação das informações referentes à escrituração das obrigações fiscais, previdenciárias e trabalhistas e tem por finalidade padronizar sua transmissão, validação, armazenamento e distribuição, constituindo ambiente nacional composto por:

I - escrituração digital, contendo informações fiscais, previdenciárias e trabalhistas;

II - aplicação para preenchimento, geração, transmissão, recepção, validação e distribuição da escrituração; e

III - repositório nacional, contendo o armazenamento da escrituração.

§ 1º A prestação das informações ao eSocial substituirá, na forma disciplinada pelos órgãos ou entidades partícipes, a obrigação de entrega das mesmas informações em outros formulários e declarações a que estão sujeitos:

I - o empregador, inclusive o doméstico, a empresa e os que forem a eles equiparados em lei;

II - o segurado especial, inclusive em relação a trabalhadores que lhe prestem serviço;

III - as pessoas jurídicas de direito público da União, dos Estados, do Distrito Federal e dos Municípios; e

IV - as demais pessoas jurídicas e físicas que pagarem ou creditarem por si rendimentos sobre os quais tenha incidido retenção do Imposto sobre a Renda Retido na Fonte - IRRF, ainda que em um único mês do ano-calendário.

§ 2º A prestação de informação ao eSocial pelas microempresas e empresas de pequeno porte, conforme a Lei Complementar n. 123, de 15 de dezembro de 2006, e pelo Microempreendedor Individual - MEI será efetuada em sistema simplificado, compatível com as especificidades dessas empresas.

§ 3º As informações prestadas por meio do eSocial substituirão as constantes na Guia de Recolhimento do Fundo de Garantia por Tempo de Serviço e Informações à Previdência Social - GFIP, na forma disciplinada no Manual de Orientação do eSocial.

§ 4º As informações prestadas pelos empregadores serão enviadas ao Fundo de Garantia do Tempo de Serviço - FGTS e armazenadas no repositório nacional.

§ 5º A escrituração digital de que trata o inciso I do *caput* é composta pelos registros de eventos tributários, previdenciários e trabalhistas, na forma disciplinada no Manual de Orientação do eSocial.

ART. 3º O eSocial rege-se pelos seguintes princípios:

I - viabilizar a garantia de direitos previdenciários e trabalhistas;

II - racionalizar e simplificar o cumprimento de obrigações;

III - eliminar a redundância nas informações prestadas pelas pessoas físicas e jurídicas;

IV - aprimorar a qualidade de informações das relações de trabalho, previdenciárias e tributárias; e

V - conferir tratamento diferenciado às microempresas e empresas de pequeno porte

ART. 4º Fica instituído o Comitê Diretivo do eSocial, composto pelos Secretários-Executivos dos seguintes órgãos:

I - Ministério da Fazenda;

II - Ministério da Previdência Social;

III - Ministério do Trabalho e Emprego; e

IV - Secretaria da Micro e Pequena Empresa da Presidência da República.

§ 1º Ao Comitê Diretivo, com coordenação exercida alternadamente por período de um ano, compete:

I - estabelecer o prazo máximo da substituição de que trata o § 1º do art. 2º.

II - estabelecer diretrizes gerais e formular as políticas referentes ao eSocial;

III - acompanhar e avaliar a implementação das diretrizes gerais e políticas do eSocial;

IV - propor o orçamento e acompanhar a execução das ações referentes ao eSocial e das integrações dele decorrentes;

V - propor ações e parcerias para comunicação, divulgação e aperfeiçoamento do eSocial entre os empregadores e empregados;

VI - propor ajustes nos processos de trabalhos dos órgãos, visando à melhoria da qualidade da informação e dos serviços prestados à sociedade; e

VII - decidir, em última instância administrativa, mediante representação do subcomitê temático específico e após oitiva do Comitê Gestor, sobre proposições não implementadas no âmbito de suas atribuições, discriminadas no § 1º do art. 6º.

§ 2º As deliberações do Comitê Diretivo serão tomadas por consenso e formalizadas por meio de resolução.

ART. 5º Fica instituído o Comitê Gestor do eSocial, formado por representantes dos seguintes órgãos:

I - Ministério do Trabalho e Emprego;

II - Ministério da Previdência Social;

III - Secretaria da Receita Federal do Brasil;

IV - Instituto Nacional do Seguro Social - INSS; e

V - Conselho Curador do FGTS, representado pela Caixa Econômica Federal, na qualidade de agente operador do FGTS.

§ 1º Compete ao Comitê Gestor:

I - estabelecer diretrizes para o funcionamento e a divulgação do ambiente nacional;

II - especificar, desenvolver, implantar e manter o ambiente nacional;

III - promover a integração com os demais módulos do sistema;

IV - auxiliar e regular o compartilhamento e a utilização das informações armazenadas no ambiente nacional do eSocial; e

V - aprovar o Manual de Orientação do eSocial e suas atualizações.

§ 2º A gestão do eSocial será exercida de forma compartilhada e as deliberações do Comitê Gestor serão adotadas por meio de resolução.

§ 3º Os órgãos e entidades partícipes do Comitê Gestor exercerão, alternadamente, as funções de Secretaria-Executiva pelo período de um ano, tendo como secretário-executivo o respectivo representante no Comitê.

ART. 6º O Comitê Gestor será assessorado pelo Subcomitê Temático do Módulo Micro e Pequena Empresa e Microempreendedor Individual - MEI, formado por representantes dos órgãos referidos no *caput* do art. 6º e por representante da Secretaria da Micro e Pequena Empresa da Presidência da República.

§ 1º Ao Subcomitê Temático de que trata o *caput* compete formular proposta de simplificação, formalização, inovação, melhorias da especificação, arquitetura do sistema e de processos de trabalho que envolvam MEI, microempresas, empresas de pequeno porte e outros beneficiários enquadrados no Estatuto da Microempresa e Empresa de Pequeno Porte, disciplinado pela Lei Complementar n. 123, de 15 de dezembro de 2006.

§ 2º As deliberações do subcomitê serão tomadas por consenso, registradas em ata e encaminhadas ao Comitê Gestor.

§ 3º O Comitê Gestor se pronunciará, de forma motivada, sobre as propostas encaminhadas pelo subcomitê na forma prevista no § 2º do art. 6º.

§ 4º As propostas elaboradas pelo subcomitê que não forem aceitas pelo Comitê Gestor poderão ser analisadas pelo Comitê Diretivo, mediante representação, para decisão final acerca de sua implantação.

§ 5º Em caso de divergências no subcomitê temático, a iniciativa apenas poderá ser implementada pelo Comitê Gestor após decisão do Conselho Diretivo.

§ 6º O Comitê Gestor poderá constituir outros subcomitês para desenvolver as ações necessárias à implementação, à operacionalização, ao controle e ao aprimoramento do eSocial.

ART. 7º A participação nas atividades dos Comitês Diretivo e Gestor será considerada função relevante, não remunerada.

ART. 8º A Caixa Econômica Federal, na qualidade de agente operador do FGTS, o Instituto Nacional do Seguro Social, a Secretaria da Receita Federal do Brasil, o Ministério da Previdência Social e o Ministério do Trabalho e Emprego regulamentarão, no âmbito de suas competências, sobre o disposto neste Decreto.

§ 1º O eSocial não implica, em qualquer hipótese, transferência de atribuições e competências entre os órgãos ou entidades partícipes, nem transferência ou compartilhamento de propriedade intelectual de produtos não abrangidos por esse sistema.

§ 2º Os integrantes do Comitê Gestor terão acesso compartilhado às informações que integram o ambiente nacional do eSocial e farão uso delas no limite de suas respectivas competências e atribuições, não podendo transferi-las a terceiros ou divulgá-las, salvo previsão legal.

§ 3º As informações de natureza tributária e do FGTS observarão as regras de sigilo fiscal e bancário, respectivamente.

ART. 9º Este Decreto entra em vigor na data de sua publicação.

Brasília, 11 de dezembro de 2014;
193º da Independência e 126º da República.
DILMA ROUSSEFF

DECRETO N. 8.415, DE 27 DE FEVEREIRO DE 2015

Regulamenta a aplicação do Regime Especial de Reintegração de Valores Tributários para as Empresas Exportadoras - Reintegra.

› *DOU*, 27.02.2015 - Edição Extra e retificado em 03.03.2015.

A Presidenta da República, no uso da atribuição que lhe confere o art. 84, *caput*, inciso IV, da Constituição, e tendo em vista o disposto no art. 29 da Lei n. 13.043, de 13 de novembro de 2014, no § 3º do art. 195 da Constituição Federal e no art. 60 da Lei n. 9.069, de 29 de junho de 1995,

DECRETOS

Decreta:

CAPÍTULO I
DO OBJETO

ART. 1º Este Decreto regulamenta a aplicação do Regime Especial de Reintegração de Valores Tributários para as Empresas Exportadoras - Reintegra, de que tratam os arts. 21 a 29 da Lei n. 13.043, de 13 de novembro de 2014.

Parágrafo único. O Reintegra tem por objetivo devolver, parcial ou integralmente, o resíduo tributário remanescente na cadeia de produção de bens exportados.

CAPÍTULO II
DO CRÉDITO

ART. 2º A pessoa jurídica que exporte os bens de que trata o art. 5º poderá apurar crédito, mediante a aplicação do percentual de 3% (três por cento), sobre a receita auferida com a exportação desses bens para o exterior.

§ 1º Considera-se também exportação a venda a empresa comercial exportadora - ECE, com o fim específico de exportação para o exterior.

§ 2º Na hipótese de a exportação realizar-se por meio de ECE, o direito ao crédito estará condicionado à informação, no Registro de Exportação, da pessoa jurídica que vendeu à ECE o produto exportado.

§ 3º Para efeitos do disposto no *caput*, entende-se como receita de exportação:

I - o valor do bem no local de embarque, no caso de exportação direta; ou

II - o valor da nota fiscal de venda para ECE, no caso de exportação via ECE.

§ 4º Do crédito de que trata este artigo:

I - 17,84% (dezessete inteiros e oitenta e quatro centésimos por cento) serão devolvidos a título da Contribuição para os Programas de Integração Social e de Formação do Patrimônio do Servidor Público - Contribuição para o PIS/Pasep; e

II - 82,16% (oitenta e dois inteiros e dezesseis centésimos por cento) serão devolvidos a título da Contribuição para o Financiamento da Seguridade Social - Cofins.

§ 5º O valor do crédito apurado conforme o disposto neste artigo não será computado na base de cálculo da Contribuição para o PIS/Pasep, da Cofins, do Imposto sobre a Renda da Pessoa Jurídica - IRPJ e da Contribuição Social sobre o Lucro Líquido - CSLL.

§ 6º Na hipótese de exportação efetuada por cooperativa ou por encomendante, admite-se que os bens sejam produzidos pelo cooperado ou pelo encomendado, respectivamente.

§ 7º O percentual de que trata o *caput* será de:

I - 1% (um por cento), entre 1º de março de 2015 e 30 de novembro de 2015; (Alterado pelo Dec. 8.543/2015.)

II - um décimo por cento, entre 1º de dezembro de 2015 e 31 de dezembro de 2016; (Alterado pelo Dec. 9.393/2018.)

III - dois por cento, entre 1º de janeiro de 2017 e 31 de maio de 2018; e (Alterado pelo Dec. 9.393/2018.)

IV - um décimo por cento, a partir de 1º de junho de 2018. (Alterado pelo Dec. 9.393/2018.)

§ 8º Ato do Poder Executivo poderá rever as alíquotas de que trata o § 7º, observada a evolução macroeconômica do país.

§ 9º Para cálculo do crédito de que trata o *caput*, o percentual a ser aplicado será o vigente na data de saída da nota fiscal de venda para o exterior, no caso de exportação direta, ou para a ECE, no caso de exportação via ECE.

ART. 3º Poderão também fruir do Reintegra as pessoas jurídicas de que tratam os arts. 11-A e 11-B da Lei n. 9.440, de 14 de março de 1997, e o art. 1º da Lei n. 9.826, de 23 de agosto de 1999.

ART. 4º Na hipótese de exportação efetuada por cooperativa ou industrialização por encomenda, somente a cooperativa ou a pessoa jurídica encomendante, respectivamente, poderá fruir do Reintegra.

CAPÍTULO III
DOS BENS CONTEMPLADOS

ART. 5º A apuração de crédito nos termos do Reintegra será permitida na exportação de bem que, cumulativamente:

I - tenha sido industrializado no País;

II - esteja classificado em código da Tabela de Incidência do Imposto sobre Produtos Industrializados - TIPI, aprovada pelo Decreto n. 7.660, de 23 de dezembro de 2011, e relacionado no Anexo; e

III - tenha custo total de insumos importados não superior ao limite percentual do preço de exportação estabelecido no Anexo.

§ 1º Para efeitos do disposto no inciso I do *caput*, considera-se industrialização, nos termos da legislação do Imposto sobre Produtos Industrializados - IPI, as operações de:

I - transformação;

II - beneficiamento;

III - montagem; e

IV - renovação ou recondicionamento.

§ 2º O Ministro de Estado da Fazenda poderá alterar a listagem dos bens contemplados pelo Anexo.

§ 3º Para efeitos do disposto no inciso III do *caput*:

I - os insumos originários dos demais países integrantes do Mercado Comum do Sul - Mercosul que cumprirem os requisitos do Regime de Origem do Mercosul serão considerados nacionais;

II - o custo do insumo importado corresponderá a seu valor aduaneiro, adicionado dos montantes pagos do Imposto de Importação e do Adicional sobre Frete para Renovação da Marinha Mercante, se houver;

III - no caso de insumo importado adquirido de empresa importadora, o custo do insumo corresponderá ao custo final de aquisição do produto colocado no armazém do fabricante exportador; e

IV - o preço de exportação será o preço do bem no local de embarque, ou, na hipótese de venda a ECE com o fim específico de exportação para o exterior, será o valor da nota fiscal de venda.

CAPÍTULO IV
DA UTILIZAÇÃO DO CRÉDITO

ART. 6º O crédito referido no art. 2º, observada a legislação de regência, somente poderá ser:

I - compensado com débitos próprios relativos a tributos administrados pela Secretaria da Receita Federal do Brasil do Ministério da Fazenda; ou

II - ressarcido em espécie.

§ 1º Ao declarar a compensação ou requerer o ressarcimento do crédito, a pessoa jurídica deverá declarar que o custo total de insumos importados não ultrapassou o limite de que trata o inciso III do *caput* do art. 5º.

§ 2º A declaração de compensação ou o pedido de ressarcimento somente poderá ser efetuado depois do encerramento do trimestre-calendário em que houver ocorrido a exportação e a averbação do embarque.

CAPÍTULO V
DA EMPRESA COMERCIAL EXPORTADORA

ART. 7º A ECE fica obrigada ao recolhimento de valor correspondente ao crédito atribuído à empresa produtora vendedora se:

I - revender, no mercado interno, os produtos adquiridos para exportação; ou

II - no prazo de cento e oitenta dias, contado da data da emissão da nota fiscal de venda pela empresa produtora, não houver efetuado a exportação dos produtos para o exterior.

Parágrafo único. O recolhimento do valor referido no *caput* deverá ser efetuado:

I - acrescido de multa de mora ou de ofício e de juros equivalentes à taxa referencial do Sistema Especial de Liquidação e de Custódia - Selic, para títulos federais, acumulada mensalmente, calculados a partir do primeiro dia do mês subsequente ao da emissão da nota fiscal de venda dos produtos para a ECE até o último dia do mês anterior ao do pagamento, e de 1% (um por cento) no mês do pagamento;

II - a título da Contribuição para o PIS/Pasep e da Cofins, nas proporções definidas no § 4º do art. 2º; e

III - até o décimo dia subsequente:

a) ao da revenda no mercado interno; ou

b) ao do vencimento do prazo de que trata do inciso II do *caput*.

ART. 8º O Reintegra não se aplica à ECE.

CAPÍTULO VI
DISPOSIÇÕES FINAIS

ART. 9º A Secretaria da Receita Federal do Brasil do Ministério da Fazenda e a Secretaria de Comércio Exterior do Ministério do Desenvolvimento, Indústria e Comércio Exterior poderão disciplinar, no âmbito de suas competências, a aplicação das disposições deste Decreto.

ART. 10. Este Decreto entra em vigor na data de sua publicação, produzindo efeitos a partir de 14 de novembro de 2014.

ART. 11. Fica revogado o Decreto n. 8.304, de 12 de setembro de 2014.

Brasília, 27 de fevereiro de 2015; 194º da Independência e 127º da República.

DILMA ROUSSEFF

› Optamos, nesta edição, pela não publicação do Anexo.

DECRETO N. 8.424, DE 31 DE MARÇO DE 2015

Regulamenta a Lei n. 10.779, de 25 de novembro de 2003, para dispor sobre a concessão do benefício de seguro-desemprego, durante o período de defeso, ao pescador profissional artesanal que exerce sua atividade exclusiva e ininterruptamente.

A Presidenta da República, no uso das atribuições que lhe confere o art. 84, *caput*, incisos IV e VI, alínea "a", da Constituição, e tendo em vista o disposto na Lei n. 10.779, de 25 de novembro de 2003,

Decreta:

ART. 1º Este Decreto regulamenta a concessão do benefício de seguro-desemprego, no valor de um salário-mínimo mensal, ao pescador artesanal de que tratam a alínea "b" do inciso VII do *caput* do art. 12 da Lei n. 8.212, de 24 de julho de 1991, e a alínea "b" do inciso VII do *caput* do art. 11 da Lei n. 8.213, de 24 de julho de 1991, desde que exerça sua atividade profissional ininterruptamente, de forma artesanal e individualmente ou em regime de economia familiar, durante o período de defeso de atividade pesqueira para a preservação da espécie. (Alterado pelo Dec. 8.967/2017.)

§ 1º Considera-se ininterrupta a atividade exercida durante o período compreendido entre o término do defeso anterior e o início do defeso em curso ou nos doze meses imediatamente anteriores ao início do defeso em curso, o que for menor.

§ 2º Entende-se como regime de economia familiar o trabalho dos membros da mesma família, indispensável à própria subsistência e exercido em condições de mútua dependência e colaboração, sem a utilização de empregados.

§ 3º Para fins de concessão do benefício, consideram-se como períodos de defeso aqueles estabelecidos pelos órgãos federais competentes, determinando a paralisação temporária da pesca para preservação das espécies, nos termos e prazos fixados nos respectivos atos. (Alterado pelo Dec. 8.967/2017.)

§ 4º O benefício será devido ao pescador profissional artesanal inscrito no Registro Geral da Atividade Pesqueira - RGP que não disponha de outra fonte de renda diversa da decorrente da atividade pesqueira, observado o disposto no Decreto n. 8.425, de 31 de março de 2015, sem prejuízo da licença de pesca concedida na esfera federal, quando exigida nos termos do art. 3º, § 2º, da Lei n. 11.959, de 29 de junho de 2009. (Alterado pelo Dec. 8.967/2017.)

§ 5º O pescador profissional artesanal não fará jus a mais de um benefício de seguro-desemprego no mesmo ano decorrente de defesos relativos a espécies distintas.

§ 6º A concessão do benefício não será extensível aos trabalhadores de apoio à pesca artesanal, assim definidos em legislação específica, e nem aos componentes do grupo familiar do pescador profissional artesanal que não satisfaçam, individualmente, os requisitos e as condições estabelecidos neste Decreto.

§ 7º Os pescadores e as pescadoras de que trata o § 1º do art. 3º do Decreto n. 8.425, de 2015, não farão jus ao benefício de seguro-desemprego durante o período de defeso. (Alterado pelo Dec. 8.967/2017.)

§ 8º Fará jus ao seguro-desemprego o pescador artesanal que, durante o período aquisitivo de que trata o § 1º, tenha recebido benefício de auxílio-doença, auxílio-doença acidentário ou salário maternidade, exclusivamente sob categoria de filiação de segurado especial, ou ainda, que tenha contribuído para a Previdência Social relativamente ao exercício exclusivo dessa atividade. (Acrescentado pelo Dec. 8.967/2017.)

§ 9º Previamente ao estabelecimento de períodos de defeso, deverão ser avaliadas outras medidas de gestão e de uso sustentável dos recursos pesqueiros, por meio de ato conjunto dos Ministérios da Agricultura, Pecuária e Abastecimento e do Meio Ambiente. (Acrescentado pelo Dec. 8.967/2017.)

§ 10. As normas, os critérios, os padrões e as medidas de ordenamento relativas aos períodos de defeso serão editadas, observadas as competências dos Ministérios da Agricultura, Pecuária e Abastecimento e do Meio Ambiente, e deverão: (Acrescentado pelo Dec. 8.967/2017.)

I - definir as espécies que são objeto de conservação, as medidas de proteção à reprodução e ao recrutamento das espécies, os petrechos e os métodos de pesca proibidos; (Acrescentado pelo Dec. 8.967/2017.)

II - estabelecer a abrangência geográfica da norma, de modo a indicar as bacias hidrográficas, a região ou a área costeiro-marinha e discriminar os Municípios alcançados; (Acrescentado pelo Dec. 8.967/2017.)

III - definir se há alternativas de pesca disponíveis e se elas abrangem todos os pescadores ou apenas aqueles que atuam de forma embarcada; e (Acrescentado pelo Dec. 8.967/2017.)

IV - estabelecer mecanismos de monitoramento da biodiversidade e da atividade pesqueira e de avaliação da eficácia dos períodos de defeso como medida de ordenamento. (Acrescentado pelo Dec. 8.967/2017.)

§ 11. Os Ministérios da Agricultura, Pecuária e Abastecimento e do Meio Ambiente deverão periodicamente avaliar a efetividade dos períodos de defeso instituídos, sobretudo os de área continental, e revogar ou suspender seus atos normativos quando comprovada a sua ineficácia na preservação dos recursos pesqueiros, inclusive quando forem observados os fenômenos de seca, estiagem e contaminações por agentes químicos, físicos e biológicos. (Acrescentado pelo Dec. 8.967/2017.)

§ 12. Não será devido o benefício do seguro-desemprego quando houver disponibilidade de alternativas de pesca nos Municípios alcançados pelos períodos de defeso. (Acrescentado pelo Dec. 8.967/2017.)

§ 13. O benefício do seguro-desemprego é direito pessoal e intransferível. (Acrescentado pelo Dec. 8.967/2017.)

ART. 2º Terá direito ao benefício do seguro-desemprego o pescador profissional artesanal que preencher os seguintes requisitos:

I - ter registro no RGP, com situação cadastral ativa decorrente de licença concedida, emitido pelo Ministério da Agricultura, Pecuária e Abastecimento, na condição de pescador profissional artesanal, observada a antecedência mínima prevista no art. 2º da Lei n. 10.779, de 2003; (Alterado pelo Dec. 8.967/2017.)

II - possuir a condição de segurado especial unicamente na categoria de pescador profissional artesanal;

III - ter realizado o pagamento da contribuição previdenciária, nos termos da Lei n. 8.212, de 24 de julho de 1991, nos últimos doze meses imediatamente anteriores ao requerimento do benefício ou desde o último período de defeso até o requerimento do benefício, o que for menor, observado, quando for o caso, o disposto no inciso IV do *caput* do art. 5º;

IV - não estar em gozo de nenhum benefício decorrente de programa federal de transferência de renda com condicionalidades ou de benefício de prestação continuada da Assistência Social ou da Previdência Social, exceto auxílio-acidente ou pensão por morte; e

V - não ter vínculo de emprego, ou outra relação de trabalho, ou outra fonte de renda diversa da decorrente da atividade pesqueira vedada pelo período de defeso. (Alterado pelo Dec. 8.967/2017.)

§ 1º A comprovação da contribuição do segurado especial de que trata o inciso III do *caput* deverá ser feita nos termos do art. 25 da Lei n. 8.212, de 1991, e do inciso IV do *caput* do art. 216 do Regulamento da Previdência Social, aprovado pelo Decreto n. 3.048, de 6 de maio 1999, excluído o período de defeso, desde que não tenha havido comercialização de espécie alternativa não contemplada no ato que fixar o período de defeso.

§ 2º Desde que atendidos os demais requisitos previstos neste artigo, o benefício de seguro-desemprego será concedido ao pescador profissional artesanal cuja família seja beneficiária de programa de transferência de renda com condicionalidades, e caberá ao órgão ou entidade da administração pública federal responsável pela manutenção do programa a suspensão do pagamento pelo mesmo período da percepção do benefício de seguro-desemprego.

§ 3º Para fins do disposto no § 2º, o Instituto Nacional do Seguro Social - INSS disponibilizará aos órgãos ou entidades da administração pública federal responsáveis pela manutenção de programas de transferência de renda com condicionalidades as informações necessárias para identificação dos beneficiários e dos benefícios de seguro-desemprego concedidos, inclusive as relativas à duração, suspensão ou cessação do benefício.

ART. 3º Cabe ao INSS receber e processar os requerimentos, habilitar os beneficiários e decidir quanto à concessão do benefício de seguro-desemprego de que trata o art. 1º.

Parágrafo único. (Revogado pelo Dec. 8.967/2017.)

ART. 4º O prazo para requerer o benefício do seguro-desemprego do pescador profissional artesanal se iniciará trinta dias antes da data de início do período de defeso e terminará no último dia do referido período.

Parágrafo único. Desde que requerido dentro do prazo previsto no *caput*, o pagamento do benefício será devido desde o início do período de defeso, independentemente da data do requerimento.

ART. 5º Para requerer o benefício de seguro-desemprego, o pescador deverá apresentar ao INSS:

I - documento de identificação oficial;

II - comprovante de inscrição no Cadastro de Pessoa Física - CPF;

III - inscrição no RGP, com licença de pesca, emitida pelo Ministério da Agricultura, Pecuária e Abastecimento, na condição de pescador profissional artesanal que tenha a atividade pesqueira como única fonte de renda, observada a antecedência mínima prevista no art. 2º da Lei n. 10.779, de 2003; (Alterado pelo Dec. 8.967/2017.)

IV - cópia do documento fiscal de venda do pescado a empresa adquirente, consumidora ou consignatária da produção, em que conste, além do registro da operação realizada, o valor da respectiva contribuição previdenciária de que trata o § 7º do art. 30 da Lei n. 8.212, de 1991, ou cópia do comprovante de recolhimento da contribuição previdenciária, caso tenha comercializado sua produção a pessoa física; e

V - comprovante de residência em Município abrangido pelo ato que instituiu o período de defeso relativo ao benefício requerido, ou seus limítrofes. (Alterado pelo Dec. 8.967/2017.)

§ 1º Além de apresentar os documentos previstos no *caput*, o pescador profissional artesanal assinará declaração de que:

I - não dispõe de outra fonte de renda;

II - se dedicou à pesca das espécies e nas localidades atingidas pelo defeso ininterruptamente durante o período compreendido entre o término do defeso anterior e o início do defeso em curso ou nos doze meses imediatamente anteriores ao início do defeso em curso, o que for menor; e (Alterado pelo Dec. 8.967/2017.)

III - assume responsabilidade civil e criminal por todas as informações prestadas para fins da concessão do benefício.

§ 2º O Ministério da Agricultura, Pecuária e Abastecimento disponibilizará ao INSS informações que demonstrem: (Alterado pelo Dec. 8.967/2017.)

I - o exercício ininterrupto da atividade de pesca pelo pescador profissional artesanal, observado o disposto no § 1º do art. 4º do

DECRETOS

Decreto n. 8.425, de 2015, com a indicação das localidades em que a atividade foi exercida e das espécies pescadas; e (Alterado pelo Dec. 8.967/2017.)

II - os municípios abrangidos pelo período de defeso e os municípios limítrofes.

§ 3º Ato do Ministério da Previdência Social poderá exigir outros documentos para a habilitação do benefício.

§ 4º O INSS poderá expedir atos complementares relativos ao reconhecimento e à manutenção do direito ao benefício, observado o disposto neste Decreto e no ato de que trata o § 3º.

§ 5º A apresentação dos documentos discriminados no *caput* poderá ser dispensada pelo INSS caso as informações constem em bases governamentais a ele disponibilizadas por outros órgãos, nos termos do art. 2º do Decreto n. 6.932, de 11 de agosto de 2009, do art. 329-B do Anexo ao Decreto n. 3.048, de 6 de maio de 1999 - Regulamento da Previdência Social, e do art. 1º do Decreto n. 8.789, de 29 de junho de 2016. (Acrescentado pelo Dec. 8.967/2017.)

§ 6º Nos casos em que o pescador já tenha recebido o seguro-desemprego do pescador artesanal, o INSS poderá dispensar a reapresentação de requerimento para os próximos períodos do defeso que deu origem ao benefício, desde que possua informações que demonstrem a manutenção dos requisitos do art. 2º e das características da atividade pesqueira exercida; (Acrescentado pelo Dec. 8.967/2017.)

§ 7º O INSS poderá comunicar o indeferimento ou a existência de qualquer impedimento para a concessão do benefício por meio da internet ou da central de teleatendimento. (Acrescentado pelo Dec. 8.967/2017.)

§ 8º O INSS poderá, a qualquer tempo, convocar o pescador para apresentação de documentos comprobatórios referentes aos requisitos do *caput*. (Acrescentado pelo Dec. 8.967/2017.)

ART. 6º O INSS cessará o benefício de seguro-desemprego nas seguintes hipóteses:

I - início de atividade remunerada ou de percepção de outra renda que seja incompatível com a percepção do benefício;

II - desrespeito ao período de defeso ou a quaisquer proibições estabelecidas em normas de defeso;

III - obtenção de renda proveniente da pesca de espécie alternativa não contemplada no ato que fixar o período de defeso;

IV - suspensão do período de defeso;

V - morte do beneficiário, exceto em relação às parcelas vencidas;

VI - início de percepção de renda proveniente de benefício previdenciário ou assistencial de natureza continuada, exceto auxílio-acidente ou pensão por morte;

VII - prestação de declaração falsa; ou

VIII - comprovação de fraude.

Parágrafo único. O INSS cessará o benefício quando constatar a ocorrência de hipótese prevista no *caput* ou quando for informado sobre sua ocorrência pelo órgão ou entidade pública competente.

ART. 6º-A. O Poder Executivo poderá condicionar o recebimento do seguro-desemprego, durante o período de defeso, ao pescador profissional artesanal que exerça sua atividade exclusiva, à comprovação da matrícula e da frequência do trabalhador segurado em curso de formação inicial e continuada ou de qualificação profissional, com carga horária mínima de cento e sessenta horas, nos termos do § 1º do art. 3º da Lei n. 7.998, de 11 de janeiro de 1990. (Acrescentado pelo Dec. 8.967/2017.)

ART. 7º No caso de indeferimento do requerimento de concessão de benefício ou no caso de cessação do benefício, o pescador profissional artesanal poderá interpor recurso ao Conselho de Recursos da Previdência Social - CRPS.

§ 1º O prazo para interposição de recurso e para oferecimento de contrarrazões será de trinta dias, contado da ciência da decisão e da interposição do recurso, respectivamente.

§ 2º O processamento e o julgamento dos recursos seguirão o disposto no Regulamento da Previdência Social, aprovado pelo Decreto n. 3.048, de 1999, e no regimento interno do CRPS.

ART. 8º Os recursos financeiros para o pagamento do benefício de seguro-desemprego ao pescador profissional artesanal serão provenientes do Fundo de Amparo ao Trabalhador - FAT.

§ 1º Compete ao Conselho Deliberativo do Fundo de Amparo ao Trabalhador - Codefat a gestão do pagamento dos benefícios e ao Ministério do Trabalho e Emprego a sua operacionalização, cabendo aos referidos órgãos a edição dos atos necessários a essas atividades.

§ 2º O INSS disponibilizará ao Ministério do Trabalho e Emprego as informações necessárias para a efetivação do pagamento.

§ 3º O Ministério do Trabalho e Emprego disponibilizará ao INSS e aos órgãos de que trata o § 3º do art. 2º as informações referentes à realização dos pagamentos aos beneficiários.

§ 4º O Ministério do Trabalho e Emprego e o INSS prestarão aos interessados informações relativas ao pagamento dos benefícios em seus próprios canais de atendimento.

ART. 9º O Regulamento da Previdência Social, aprovado pelo Decreto n. 3.048, de 1999, passa a vigorar com as seguintes alterações:

▸ Alterações promovidas no texto do referido decreto.

ART. 10. O Decreto n. 5.209, de 17 de setembro de 2004, passa a vigorar com as seguintes alterações:

▸ Alterações promovidas no texto do referido decreto.

ART. 11. Atos conjuntos dos Ministérios da Previdência Social, do Trabalho e Emprego e da Pesca e Aquicultura e de outros órgãos interessados estabelecerão os procedimentos e prazos para operacionalização das trocas de informações previstas neste Decreto.

ART. 12. Este Decreto aplica-se aos períodos de defeso iniciados a partir de 1º de abril de 2015.

Parágrafo único. Aos períodos de defeso iniciados até 31 de março de 2015, aplica-se o disposto na legislação anterior, inclusive quanto aos prazos, procedimentos e recursos e à competência do Ministério do Trabalho e Emprego para as atividades de recebimento e processamento dos requerimentos, habilitação dos beneficiários e apuração de irregularidades.

ART. 13. Ficam revogados o inciso III do § 14 e o § 17 do art. 9º do Regulamento da Previdência Social, aprovado pelo Decreto n. 3.048, de 6 de maio de 1999.

ART. 14. Este Decreto entra em vigor na data de sua publicação.

Brasília, 31 de março de 2015; 194º da Independência e 127º da República.

DILMA ROUSSEFF

DECRETO N. 8.425, DE 31 DE MARÇO DE 2015

Regulamenta o parágrafo único do art. 24 e o art. 25 da Lei n. 11.959, de 29 de junho de 2009, para dispor sobre os critérios para inscrição no Registro Geral da Atividade Pesqueira e para a concessão de autorização, permissão ou licença para o exercício da atividade pesqueira.

▸ *DOU*, 1º.4.2015.

A Presidenta da República, no uso das atribuições que lhe confere o art. 84, *caput*, incisos IV e VI, alínea "a", da Constituição, e tendo em vista o disposto no Decreto-Lei n. 221, de 28 de fevereiro de 1967, no parágrafo único do art. 24 e no art. 25 da Lei n. 11.959, de 29 de junho de 2009,

Decreta:

ART. 1º Este Decreto dispõe sobre os critérios para inscrição no Registro Geral da Atividade Pesqueira - RGP e para a concessão de autorização, permissão ou licença para o exercício da atividade pesqueira, nos termos do parágrafo único do art. 24 e do art. 25 da Lei n. 11.959, de 29 de junho de 2009.

§ 1º O RGP é o instrumento prévio que habilita a pessoa física ou jurídica e a embarcação de pesca ao exercício da atividade pesqueira no Brasil.

§ 2º A atividade pesqueira no Brasil só poderá ser exercida por pessoa física, jurídica e embarcação de pesca inscrita no RGP e que detenha autorização, permissão ou licença para o exercício da atividade pesqueira.

§ 3º Compete ao Ministério da Pesca e Aquicultura as ações previstas no *caput*.

ART. 2º São categorias de inscrição no RGP:

I - pescador e pescadora profissional artesanal - pessoa física, brasileira ou estrangeira, residente no País, que exerce a pesca com fins comerciais de forma autônoma ou em regime de economia familiar, com meios de produção próprios ou mediante contrato de parceria, podendo atuar de forma desembarcada ou utilizar embarcação de pesca com arqueação bruta menor ou igual a vinte;

II - pescador e pescadora profissional industrial - pessoa física, brasileira ou estrangeira, residente no País, que exerce a pesca com fins comerciais, na condição de empregado ou empregada ou em regime de parceria por cotas-partes em embarcação de pesca com qualquer arqueação bruta;

III - armador e armadora de pesca - pessoa física ou jurídica que apresta embarcação própria ou de terceiros para ser utilizada na atividade pesqueira, pondo-a ou não a operar por sua conta;

IV - embarcação de pesca - aquela pertencente a pessoa física ou jurídica, brasileira ou estrangeira, que opera, com exclusividade, em uma ou mais das seguintes atividades:

a) pesca;

b) aquicultura;

c) conservação do pescado;

d) processamento do pescado;

e) transporte do pescado; e

f) pesquisa de recursos pesqueiros;

V - pescador amador ou esportivo e pescadora amadora ou esportiva - pessoa física, brasileira ou estrangeira, que pratica a pesca com finalidade de lazer ou desporto, com equipamentos ou petrechos previstos em legislação específica, sem fins comerciais;

VI - aquicultor e aquicultora - pessoa física ou jurídica que exerce a aquicultura com fins comerciais;

VII - empresa pesqueira - pessoa jurídica, constituída de acordo com a legislação, que se dedica, com fins comerciais, ao exercício da atividade pesqueira;

VIII - (Revogado pelo Dec. 8.967/2017.)

IX - aprendiz de pesca - pessoa física com mais de quatorze e menos de dezoito anos que atua de forma desembarcada ou embarcada como tripulante em embarcação de pesca, observadas as legislações trabalhista, previdenciária, de proteção à criança e ao adolescente e as normas da autoridade marítima.

Parágrafo único. A pessoa jurídica registrada nas categorias de aquicultor ou de armador de pesca estará automaticamente inscrita na categoria empresa pesqueira.

ART. 3º As pessoas físicas ou jurídicas, nacionais ou estrangeiras, e os proprietários ou responsáveis pelas embarcações de pesca deverão solicitar, ao Ministério da Pesca e Aquicultura, a inscrição no RGP em uma das categorias previstas no art. 2º e a concessão de autorização, permissão ou licença para exercer atividade pesqueira no Brasil.

§ 1º Ficam dispensados da inscrição de que trata o *caput*: (Acrescentado pelo Dec. 8.967/2017.)

I - pescadoras e pescadores de subsistência que praticam a atividade de pesca com fins de consumo doméstico ou escambo sem fins de lucro e que utilizem petrechos previstos em legislação específica; (Acrescentado pelo Dec. 8.967/2017.)

II - pescadoras e pescadores amadores que utilizem linha de mão ou caniço simples; e (Acrescentado pelo Dec. 8.967/2017.)

III - índias e índios que pratiquem a atividade pesqueira para subsistência. (Acrescentado pelo Dec. 8.967/2017.)

§ 2º Deverão ser cancelados os certificados de autorizações de embarcações pesqueiras classificadas como de pequeno porte, nos termos do art. 10, § 1º, inciso I, da Lei n. 11.959, de 2009, que estejam inativas, naufragadas, que tenham sido clonadas ou alteradas em desacordo com o Título de Inscrição de Embarcação - TIE expedido pela autoridade marítima, observados os procedimentos administrativos pertinentes. (Acrescentado pelo Dec. 8.967/2017.)

ART. 4º O pedido de inscrição no RGP será dirigido à Superintendência Federal de Agricultura, Pecuária e Abastecimento da unidade da federação mais próxima do seu local de domicílio. (Alterado pelo Dec. 8.967/2017.)

§ 1º O RGP deverá identificar se o pescador profissional artesanal dispõe de outra fonte de renda diversa da decorrente da atividade pesqueira, qualquer que seja a sua origem e o seu valor. (Acrescentado pelo Dec. 8.967/2017.)

§ 2º O RGP deverá informar a categoria profissional artesanal para embarcações de pequeno porte e a categoria pesca industrial para embarcações classificadas como de pequeno, médio ou grande porte, nos termos do § 1º do art. 10 da Lei n. 11.959, de 2009. (Acrescentado pelo Dec. 8.967/2017.)

§ 3º O RGP deverá conter informações que identifiquem individualmente, em cada uma das embarcações de pequeno porte, os pescadores profissionais artesanais que exercem sua atividade pesqueira. (Acrescentado pelo Dec. 8.967/2017.)

§ 4º A verificação do atendimento dos critérios de elegibilidade e permanência dos pescadores profissionais artesanais no programa seguro desemprego poderá ser realizada, a qualquer tempo, por meio do cruzamento de informações constantes do RGP confrontadas com os registros administrativos oficiais. (Acrescentado pelo Dec. 8.967/2017.)

ART. 5º Para o exercício da atividade pesqueira, observadas as regras de ordenamento e do uso sustentável dos recursos pesqueiros, o Ministério da Pesca e Aquicultura poderá conceder:

I - permissão de regularização de embarcações pesqueiras, para: (Alterado pelo Dec. 8.967/2017.)

a) transferência de propriedade da embarcação ou de modalidade de pesca;

b) construção, transformação e importação de embarcações de pesca; e

c) arrendamento de embarcação estrangeira de pesca;

II - autorização de atividade pesqueira, para:

a) operação de pesca pelas embarcações; (Alterado pelo Dec. 8.967/2017.)

b) realização de torneios ou gincanas de pesca amadora; e

c) coleta, captura e transporte, por aquicultor e aquicultora, de organismos aquáticos silvestres com finalidade de reposição de plantel de reprodutores e de cultivo de moluscos aquáticos e macroalgas; e

III - licença de atividade pesqueira, para:

a) pescador e pescadora profissional artesanal;

b) pescador e pescadora profissional industrial;

c) pescador amador ou esportivo e pescadora amadora ou esportiva;

d) aquicultor e aquicultora;

e) armador e armadora de pesca;

f) instalação e operação de empresa pesqueira;

g) trabalhador e trabalhadora de apoio à pesca artesanal; e

h) aprendiz de pesca.

ART. 6º Para obtenção de autorização, permissão ou licença de atividade pesqueira, o interessado ou interessada deverá entregar no pedido de inscrição no RGP:

I - formulário preenchido;

II - documentos definidos em ato do Ministério da Pesca e Aquicultura; e

III - comprovante do pagamento de taxa prevista no Decreto-Lei n. 221, de 28 de fevereiro de 1967.

§ 1º A obtenção de autorização, permissão ou licença não exime o interessado ou a interessada do cumprimento das demais normas aplicáveis ao exercício da atividade a ser realizada.

§ 2º No ato da concessão de autorização, permissão ou licença, o Ministério da Pesca e Aquicultura orientará os interessados e as interessadas sobre os procedimentos adicionais que deverão adotar, inclusive junto aos demais órgãos de fiscalização, visando ao exercício regular de suas atividades.

§ 3º Os documentos a serem exigidos no pedido de renovação de autorização, permissão ou licença de atividade pesqueira serão definidos em ato do Ministério da Pesca e Aquicultura.

§ 4º Para fins de comprovação das subcategorias dispostas no parágrafo único do art. 4º, o Ministério da Pesca e Aquicultura poderá, a qualquer tempo, solicitar documentos complementares para comprovar o exercício da atividade pesqueira do pescador ou pescadora profissional artesanal.

ART. 7º Caso o pedido de inscrição no RGP seja deferido e a autorização, permissão ou licença seja concedida, o interessado ou interessada receberá carteira de pescador ou pescadora profissional ou certificado de registro referente à autorização, à licença ou à permissão de atividade pesqueira.

Parágrafo único. Os documentos comprobatórios da inscrição no RGP e da obtenção de autorização, permissão ou licença para o exercício da atividade pesqueira referidos no *caput* terão validade em todo o território nacional.

ART. 8º Os documentos comprobatórios da inscrição no RGP e da obtenção de autorização, permissão ou licença para o exercício da atividade pesqueira referidos no *caput* do art. 7º terão validade:

I - de até dois anos para permissão, contados da data de expedição;

II - de três anos para autorização, contados da data de expedição; e (Alterado pelo Dec. 8.967/2017.)

III - de acordo com cada categoria para licença, desde que comprovado o cumprimento das obrigações e o exercício da atividade pesqueira no prazo definido em ato do Ministério da Pesca e Aquicultura.

§ 1º Os pedidos de prorrogação de permissão e de autorização deverão ser apresentados ao Ministério da Agricultura, Pecuária e Abastecimento até trinta dias antes do final do prazo de sua vigência. (Alterado pelo Dec. 8.967/2017.)

§ 2º A autorização concedida para realização de torneios ou gincanas de pesca amadora terá validade equivalente ao período de duração do evento informado no pedido.

§ 3º A licença de pescador profissional estrangeiro ou pescadora profissional estrangeira terá validade equivalente ao período concedido na autorização de trabalho no País, respeitado o prazo previsto para cada categoria de licença.

§ 4º A licença de pescador amador ou pescadora amadora terá validade máxima de um ano.

ART. 9º Qualquer modificação ou alteração das condições ou dados constantes de autorização, permissão ou licença de atividade pesqueira concedida deverá ser comunicada pelo interessado ou interessada, no prazo máximo de sessenta dias de sua ocorrência, ao SFPA ou ao Escritório Regional do Ministério da Pesca e Aquicultura da unidade da federação que o concedeu, por meio de requerimento instruído com documentação comprobatória.

Parágrafo único. O não atendimento do disposto no *caput* poderá acarretar o cancelamento do ato administrativo concedido.

ART. 10. A não comprovação do exercício da atividade pesqueira ou o descumprimento das obrigações definidas em ato do Ministério da Pesca e Aquicultura poderá ensejar o cancelamento da autorização, permissão ou licença de atividade pesqueira.

ART. 11. Este Decreto não se aplica às seguintes hipóteses previstas no art. 25 da Lei n. 11.959, de 2009:

I - concessão para exploração por particular de infraestrutura e de terrenos públicos destinados à exploração de recursos pesqueiros;

II - permissão:

a) para o exercício de aquicultura em águas públicas;

b) para importação de espécies aquáticas para fins ornamentais e de aquicultura, em qualquer fase do ciclo vital; e

c) para instalação de armadilhas fixas em águas de domínio da União;

III - autorização para operação de embarcação de esporte e recreio, quando utilizada na pesca esportiva; e

IV - cessão para uso de espaços físicos em corpos d'água sob jurisdição da União, dos Estados e do Distrito Federal, para fins de aquicultura.

ART. 12. A pesquisa pesqueira será objeto de portaria conjunta do Ministério da Pesca e Aquicultura e do Ministério do Meio Ambiente,

DECRETOS

sem prejuízo do disposto no art. 30 da Lei n. 11.959, de 2009.

ART. 13. O Ministério da Pesca e Aquicultura poderá expedir atos complementares necessários à aplicação deste Decreto.

ART. 14. A inscrição no RGP não isenta o interessado de:

I - estar regularmente cadastrado no Cadastro Técnico Federal para a realização da atividade pesqueira;

II - possuir habilitação certificada pela autoridade marítima, caso opere embarcação em caráter profissional;

III - ter autorização para o exercício de atividade profissional no País, no caso de pessoas físicas estrangeiras; e

IV - observar a legislação referente a povos e terras indígenas.

ART. 15. Este Decreto entra em vigor setenta e cinco dias após a data de sua publicação. (Alterado pelo Dec. 8.450/2015.)

Brasília, 31 de março de 2015; 194º da Independência e 127º da República.

DILMA ROUSSEFF

DECRETO N. 8.426, DE 1º DE ABRIL DE 2015

Restabelece as alíquotas da Contribuição para o PIS/PASEP e da COFINS incidentes sobre receitas financeiras auferidas pelas pessoas jurídicas sujeitas ao regime de apuração não cumulativa das referidas contribuições.

▸ *DOU*, 1º.4.2015 - Edição extra.

A Presidenta da República, no uso da atribuição que lhe confere o art. 84, *caput*, inciso IV, da Constituição, e tendo em vista o disposto no § 2º do art. 27 da Lei n. 10.865, de 30 de abril de 2004,

Decreta:

ART. 1º Ficam restabelecidas para 0,65% (sessenta e cinco centésimos por cento) e 4% (quatro por cento), respectivamente, as alíquotas da Contribuição para os Programas de Integração Social e de Formação do Patrimônio do Servidor Público - PIS/PASEP e da Contribuição para o Financiamento da Seguridade Social - COFINS incidentes sobre receitas financeiras, inclusive decorrentes de operações realizadas para fins de hedge, auferidas pelas pessoas jurídicas sujeitas ao regime de apuração não cumulativa das referidas contribuições.

§ 1º Aplica-se o disposto no *caput* inclusive às pessoas jurídicas que tenham apenas parte de suas receitas submetidas ao regime de apuração não cumulativa da Contribuição para o PIS/PASEP e da COFINS.

§ 2º Ficam mantidas em 1,65% (um inteiro e sessenta e cinco centésimos por cento) e 7,6% (sete inteiros e seis décimos por cento), respectivamente, as alíquotas da Contribuição para o PIS/PASEP e da COFINS aplicáveis aos juros sobre o capital próprio.

§ 3º Ficam mantidas em zero as alíquotas das contribuições de que trata o *caput* incidentes sobre receitas financeiras decorrentes de variações monetárias, em função da taxa de câmbio, de: (Acrescentado pelo Dec. 8.451/2015. Vigência: a partir de 1º.07.2015.)

I - operações de exportação de bens e serviços para o exterior; e (Acrescentado pelo Dec. 8.451/2015. Vigência: a partir de 1º.07.2015.)

II - obrigações contraídas pela pessoa jurídica, inclusive empréstimos e financiamentos. (Acrescentado pelo Dec. 8.451/2015. Vigência: a partir de 1º.07.2015.)

§ 4º Ficam mantidas em zero as alíquotas das contribuições de que trata o *caput* incidentes sobre receitas financeiras decorrentes de operações de cobertura (hedge) realizadas em bolsa de valores, de mercadorias e de futuros ou no mercado de balcão organizado destinadas exclusivamente à proteção contra riscos inerentes às oscilações de preço ou de taxas quando, cumulativamente, o objeto do contrato negociado: (Acrescentado pelo Dec. 8.451/2015. Vigência: a partir de 1º.07.2015.)

a) estiver relacionado com as atividades operacionais da pessoa jurídica; e (Acrescentado pelo Dec. 8.451/2015. Vigência: a partir de 1º.07.2015.)

b) destinar-se à proteção de direitos ou obrigações da pessoa jurídica. (Acrescentado pelo Dec. 8.451/2015. Vigência: a partir de 1º.07.2015.)

ART. 2º Este Decreto entra em vigor na data de sua publicação, produzindo efeitos a partir de 1º de julho de 2015.

ART. 3º Fica revogado, a partir de 1º de julho de 2015, o Decreto n. 5.442, de 9 de maio de 2005.

Brasília, 1º de abril de 2015; 194º da Independência e 127º da República.

DILMA ROUSSEFF

DECRETO N. 8.428, DE 2 DE ABRIL DE 2015

Dispõe sobre o Procedimento de Manifestação de Interesse a ser observado na apresentação de projetos, levantamentos, investigações ou estudos, por pessoa física ou jurídica de direito privado, a serem utilizados pela administração pública.

▸ *DOU*, 6.4.2015.

A Presidenta da República, no uso das atribuições que lhe conferem o art. 84, *caput*, incisos IV e VI, alínea "a", da Constituição, e tendo em vista o disposto no art. 21 da Lei n. 8.987, de 13 de fevereiro de 1995, no art. 31 da Lei n. 9.074, de 7 de julho de 1995, e no art. 3º, *caput* e § 1º, da Lei n. 11.079, 30 de dezembro de 2004,

Decreta:

CAPÍTULO I
DISPOSIÇÕES PRELIMINARES

ART. 1º Este Decreto estabelece o Procedimento de Manifestação de Interesse - PMI a ser observado na apresentação de projetos, levantamentos, investigações ou estudos, por pessoa física ou jurídica de direito privado, com a finalidade de subsidiar a administração pública na estruturação de empreendimentos objeto de concessão ou permissão de serviços públicos, de parceria público-privada, de arrendamento de bens públicos ou de concessão de direito real de uso.

§ 1º A abertura do procedimento previsto no *caput* é facultativa para a administração pública.

§ 2º O procedimento previsto no *caput* poderá ser aplicado à atualização, complementação ou revisão de projetos, levantamentos, investigações e estudos já elaborados.

§ 3º Não se submetem ao procedimento previsto neste Decreto:

I - procedimentos previstos em legislação específica, inclusive os previstos no art. 28 da Lei n. 9.427, de 26 de dezembro de 1996; e

II - projetos, levantamentos, investigações e estudos elaborados por organismos internacionais dos quais o País faça parte e por autarquias, fundações públicas, empresas públicas ou sociedades de economia mista.

§ 4º O PMI será composto das seguintes fases:

I - abertura, por meio de publicação de edital de chamamento público;

II - autorização para a apresentação de projetos, levantamentos, investigações ou estudos; e

III - avaliação, seleção e aprovação.

ART. 2º A competência para abertura, autorização e aprovação de PMI será exercida pela autoridade máxima ou pelo órgão colegiado máximo do órgão ou entidade da administração pública federal competente para proceder à licitação do empreendimento ou para a elaboração dos projetos, levantamentos, investigações ou estudos a que se refere o art. 1º.

CAPÍTULO II
DA ABERTURA

ART. 3º O PMI será aberto mediante chamamento público, a ser promovido pelo órgão ou pela entidade que detenha a competência prevista no art. 2º, de ofício ou por provocação de pessoa física ou jurídica interessada.

Parágrafo único. A proposta de abertura de PMI por pessoa física ou jurídica interessada será dirigida à autoridade referida no art. 2º e deverá conter a descrição do projeto, com o detalhamento das necessidades públicas a serem atendidas e do escopo dos projetos, levantamentos, investigações e estudos necessários.

ART. 4º O edital de chamamento público deverá, no mínimo:

I - delimitar o escopo mediante termo de referência, dos projetos, levantamentos, investigações ou estudos; e

II - indicar:

a) diretrizes e premissas do projeto que orientem sua elaboração com vistas ao atendimento do interesse público;

b) prazo máximo e forma para apresentação de requerimento de autorização para participar do procedimento;

c) prazo máximo para apresentação de projetos, levantamentos, investigações e estudos, contado da data de publicação da autorização e compatível com a abrangência dos estudos e o nível de complexidade das atividades a serem desenvolvidas;

d) valor nominal máximo para eventual ressarcimento;

e) critérios para qualificação, análise e aprovação de requerimento de autorização para apresentação de projetos, levantamentos, investigações ou estudos;

f) critérios para avaliação e seleção de projetos, levantamentos, investigações ou estudos apresentados por pessoas físicas ou jurídicas de direito privado autorizadas, nos termos do art. 10; e

g) a contraprestação pública admitida, no caso de parceria público-privada, sempre que possível estimar, ainda que sob a forma de percentual;

III - divulgar as informações públicas disponíveis para a realização de projetos, levantamentos, investigações ou estudos; e

IV - ser objeto de ampla publicidade, por meio de publicação no Diário Oficial da União e de divulgação no sítio na internet dos órgãos e entidades a que se refere o art. 2º.

§ 1º Para fins de definição do objeto e do escopo do projeto, levantamento, investigação ou estudo, o órgão ou a entidade solicitante avaliará, em cada caso, a conveniência e a oportunidade de reunir parcelas fracionáveis em um mesmo PMI para assegurar, entre outros aspectos, economia de escala, coerência de estudos relacionados a determinado setor, padronização ou celeridade do processo.

§ 2º A delimitação de escopo a que se refere o inciso I do *caput* poderá se restringir à indicação do problema a ser resolvido por meio do empreendimento a que se refere o art. 1º, deixando a pessoas físicas e jurídicas de direito privado a possibilidade de sugerir diferentes meios para sua solução.

§ 3º O prazo para apresentação de requerimento de autorização para apresentação de projetos, levantamentos, investigações ou estudos não será inferior a vinte dias, contado da data de publicação do edital.

§ 4º Poderão ser estabelecidos no edital de chamamento público prazos intermediários para apresentação de informações e relatórios de andamento no desenvolvimento de projetos, levantamentos, investigações ou estudos.

§ 5º O valor nominal máximo para eventual ressarcimento dos projetos, levantamentos, investigações ou estudos:

I - será fundamentado em prévia justificativa técnica, que poderá basear-se na complexidade dos estudos ou na elaboração de estudos similares; e

II - não ultrapassará, em seu conjunto, dois inteiros e cinco décimos por cento do valor total estimado previamente pela administração pública para os investimentos necessários à implementação do empreendimento ou para os gastos necessários à operação e à manutenção do empreendimento durante o período de vigência do contrato, o que for maior.

§ 6º O edital de chamamento público poderá condicionar o ressarcimento dos projetos, levantamentos, investigações e estudos à necessidade de sua atualização e de sua adequação, até a abertura da licitação do empreendimento, em decorrência, entre outros aspectos, de:

I - alteração de premissas regulatórias e de atos normativos aplicáveis;

II - recomendações e determinações dos órgãos de controle; ou

III - contribuições provenientes de consulta e audiência pública.

§ 7º No caso de PMI provocado por pessoa física ou jurídica de direito privado, deverá constar do edital de chamamento público o nome da pessoa física ou jurídica que motivou a abertura do processo.

ART. 5º O requerimento de autorização para apresentação de projetos, levantamentos, investigações ou estudos por pessoas físicas ou jurídicas de direito privado conterá as seguintes informações:

I - qualificação completa, que permita a identificação da pessoa física ou jurídica de direito privado e a sua localização para eventual envio de notificações, informações, erratas e respostas a pedidos de esclarecimentos, com:

a) nome completo;

b) inscrição no Cadastro de Pessoa Física - CPF ou no Cadastro Nacional de Pessoa Jurídica - CNPJ;

c) cargo, profissão ou ramo de atividade;

d) endereço; e

e) endereço eletrônico;

II - demonstração de experiência na realização de projetos, levantamentos, investigações e estudos similares aos solicitados;

III - detalhamento das atividades que pretende realizar, considerado o escopo dos projetos, levantamentos, investigações e estudos definidos na solicitação, inclusive com a apresentação de cronograma que indique as datas de conclusão de cada etapa e a data final para a entrega dos trabalhos;

IV - indicação de valor do ressarcimento pretendido, acompanhado de informações e parâmetros utilizados para sua definição; e

V - declaração de transferência à administração pública dos direitos associados aos projetos, levantamentos, investigações e estudos selecionados.

§ 1º Qualquer alteração na qualificação do interessado deverá ser imediatamente comunicada ao órgão ou à entidade solicitante.

§ 2º A demonstração de experiência a que se refere o inciso II do *caput* poderá consistir na juntada de documentos que comprovem as qualificações técnicas de profissionais vinculados ao interessado, observado o disposto no § 4º.

§ 3º Fica facultado aos interessados a que se refere o *caput* se associarem para apresentação de projetos, levantamentos, investigações e estudos em conjunto, hipótese em que deverá ser feita a indicação das empresas responsáveis pela interlocução com a administração pública e indicada a proporção da repartição do eventual valor devido a título de ressarcimento.

§ 4º O autorizado, na elaboração de projetos, levantamentos, investigações ou estudos, poderá contratar terceiros, sem prejuízo das responsabilidades previstas no edital de chamamento público do PMI.

CAPÍTULO III
DA AUTORIZAÇÃO

ART. 6º A autorização para apresentação de projetos, levantamentos, investigações e estudos:

I - será conferida sem exclusividade;

II - não gerará direito de preferência no processo licitatório do empreendimento;

III - não obrigará o Poder Público a realizar licitação;

IV - não implicará, por si só, direito a ressarcimento de valores envolvidos em sua elaboração; e

V - será pessoal e intransferível.

§ 1º A autorização para a realização de projetos, levantamentos, investigações e estudos não implica, em nenhuma hipótese, responsabilidade da administração pública perante terceiros por atos praticados por pessoa autorizada.

§ 2º Na elaboração do termo de autorização, a autoridade competente reproduzirá as condições estabelecidas na solicitação e poderá especificá-las, inclusive quanto às atividades a serem desenvolvidas, ao limite nominal para eventual ressarcimento e aos prazos intermediários para apresentação de informações e relatórios de andamento no desenvolvimento de projetos, levantamentos, investigações ou estudos.

ART. 7º A autorização poderá ser:

I - cassada, em caso de descumprimento de seus termos, inclusive na hipótese de descumprimento do prazo para reapresentação determinado pelo órgão ou pela entidade solicitante, tendo em vista o disposto no § 2º do art. 9º, e de não observação da legislação aplicável;

II - revogada, em caso de:

a) perda de interesse do Poder Público nos empreendimentos de que trata o art. 1º; e

b) desistência por parte da pessoa física ou jurídica de direito privado autorizada, a ser apresentada, a qualquer tempo, por meio de comunicação ao órgão ou à entidade solicitante por escrito;

III - anulada, em caso de vício no procedimento regulado por este Decreto ou por outros motivos previstos na legislação; ou

IV - tornada sem efeito, em caso de superveniência de dispositivo legal que, por qualquer motivo, impeça o recebimento dos projetos, levantamentos, investigações ou estudos.

§ 1º A pessoa autorizada será comunicada da ocorrência das hipóteses previstas no *caput*.

§ 2º Na hipótese de descumprimento dos termos da autorização, caso não haja regularização no prazo de cinco dias, contado da data da comunicação, a pessoa autorizada terá sua autorização cassada.

§ 3º Os casos previstos no *caput* não geram direito de ressarcimento dos valores envolvidos na elaboração de projetos, levantamentos, investigações e estudos.

§ 4º Contado o prazo de trinta dias da data da comunicação prevista nos § 1º e § 2º, os documentos eventualmente encaminhados ao órgão ou à entidade solicitante que não tenham sido retirados pela pessoa autorizada poderão ser destruídos.

ART. 8º O Poder Público poderá realizar reuniões com a pessoa autorizada e quaisquer interessados na realização de chamamento público, sempre que entender que possam contribuir para a melhor compreensão do objeto e para a obtenção de projetos, levantamentos, investigações e estudos mais adequados aos empreendimentos de que trata o art. 1º.

CAPÍTULO IV
DA AVALIAÇÃO, SELEÇÃO E APROVAÇÃO DE PROJETOS, LEVANTAMENTOS, INVESTIGAÇÕES E ESTUDOS

ART. 9º A avaliação e a seleção de projetos, levantamentos, investigações e estudos apresentados serão efetuadas por comissão designada pelo órgão ou pela entidade solicitante.

§ 1º O órgão ou a entidade solicitante poderá, a seu critério, abrir prazo para reapresentação de projetos, levantamentos, investigações e estudos apresentados, caso necessitem de detalhamentos ou correções, que deverão estar expressamente indicados no ato de reabertura de prazo.

§ 2º A não reapresentação em prazo indicado pelo órgão ou pela entidade solicitante implicará a cassação da autorização.

ART. 10. Os critérios para avaliação e seleção dos projetos, levantamentos, investigações e estudos serão especificados no edital de chamamento público e considerarão:

I - a observância de diretrizes e premissas definidas pelo órgão ou pela entidade a que se refere o art. 2º;

II - a consistência e a coerência das informações que subsidiaram sua realização;

III - a adoção das melhores técnicas de elaboração, segundo normas e procedimentos científicos pertinentes, e a utilização de equipamentos e processos recomendados pela melhor tecnologia aplicada ao setor;

IV - a compatibilidade com a legislação aplicável ao setor e com as normas técnicas emitidas pelos órgãos e pelas entidades competentes;

V - a demonstração comparativa de custo e benefício da proposta do empreendimento em relação a opções funcionalmente equivalentes, na hipótese prevista no § 2º do art. 4º; e

VI - o impacto socioeconômico da proposta para o empreendimento, se aplicável.

ART. 11. Nenhum dos projetos, levantamentos, investigações e estudos selecionados vincula a administração pública e cabe a seus órgãos técnicos e jurídicos avaliar, opinar e aprovar a legalidade, a consistência e a suficiência dos projetos, levantamentos, investigações e estudos eventualmente apresentados.

ART. 12. Os projetos, levantamentos, investigações e estudos poderão ser rejeitados:

DECRETOS

I - parcialmente, caso em que os valores de ressarcimento serão apurados apenas em relação às informações efetivamente utilizadas em eventual licitação; ou

II - totalmente, caso em que, ainda que haja licitação para contratação do empreendimento, não haverá ressarcimento pelas despesas efetuadas.

Parágrafo único. Na hipótese de a comissão entender que nenhum dos projetos, levantamentos, investigações ou estudos apresentados atenda satisfatoriamente à autorização, não selecionará qualquer deles para utilização em futura licitação, caso em que todos os documentos apresentados poderão ser destruídos se não forem retirados no prazo de trinta dias, contado da data de publicação da decisão.

ART. 13. O órgão ou a entidade solicitante publicará o resultado do procedimento de seleção nos meios de comunicação a que se refere o inciso IV do *caput* do art. 4º.

ART. 14. Os projetos, levantamentos, investigações e estudos somente serão divulgados após a decisão administrativa, nos termos do § 3º do art. 7º da Lei n. 12.527, de 18 de novembro de 2011.

ART. 15. Concluída a seleção dos projetos, levantamentos, investigações ou estudos, aqueles que tiverem sido selecionados terão os valores apresentados para eventual ressarcimento, apurados pela comissão.

§ 1º Caso a comissão conclua pela não conformidade dos projetos, levantamentos, investigações ou estudos apresentados com aqueles originalmente propostos e autorizados, deverá arbitrar o montante nominal para eventual ressarcimento com a devida fundamentação.

§ 2º O valor arbitrado pela comissão poderá ser rejeitado pelo interessado, hipótese em que não serão utilizadas as informações contidas nos documentos selecionados, os quais poderão ser destruídos se não retirados no prazo de trinta dias, contado da data de rejeição.

§ 3º Na hipótese prevista no § 2º, fica facultado à comissão selecionar outros projetos, levantamentos, investigações e estudos entre aqueles apresentados.

§ 4º O valor arbitrado pela comissão deverá ser aceito por escrito, com expressa renúncia a outros valores pecuniários.

§ 5º Concluída a seleção de que trata o *caput*, a comissão poderá solicitar correções e alterações dos projetos, levantamentos, investigações e estudos sempre que tais correções e alterações forem necessárias para atender a demandas de órgãos de controle ou para aprimorar os empreendimentos de que trata o art. 1º.

§ 6º Na hipótese de alterações prevista no § 5º, o autorizado poderá apresentar novos valores para o eventual ressarcimento de que trata o *caput*.

ART. 16. Os valores relativos a projetos, levantamentos, investigações e estudos selecionados, nos termos deste Decreto, serão ressarcidos à pessoa física ou jurídica de direito privado autorizada exclusivamente pelo vencedor da licitação, desde que os projetos, levantamentos, investigações e estudos selecionados tenham sido efetivamente utilizados no certame.

Parágrafo único. Em nenhuma hipótese, será devida qualquer quantia pecuniária pelo Poder Público em razão da realização de projetos, levantamentos, investigações e estudos.

CAPÍTULO V
DISPOSIÇÕES FINAIS

ART. 17. O edital do procedimento licitatório para contratação do empreendimento de que trata o art. 1º conterá obrigatoriamente cláusula que condicione a assinatura do contrato pelo vencedor da licitação ao ressarcimento dos valores relativos à elaboração de projetos, levantamentos, investigações e estudos utilizados na licitação.

ART. 18. Os autores ou responsáveis economicamente pelos projetos, levantamentos, investigações e estudos apresentados nos termos deste Decreto poderão participar direta ou indiretamente da licitação ou da execução de obras ou serviços, exceto se houver disposição em contrário no edital de abertura do chamamento público do PMI.

§ 1º Considera-se economicamente responsável a pessoa física ou jurídica de direito privado que tenha contribuído financeiramente, por qualquer meio e montante, para custeio da elaboração de projetos, levantamentos, investigações ou estudos a serem utilizados em licitação para contratação do empreendimento a que se refere o art. 1º.

§ 2º Equiparam-se aos autores do projeto as empresas integrantes do mesmo grupo econômico do autorizado.

ART. 19. Aplica-se o disposto neste Decreto às parcerias público-privadas, inclusive às já definidas como prioritárias pelo Comitê Gestor de Parceria Público-Privada Federal - CGP e, no que couber, às autorizações já publicadas por sua Secretaria-Executiva, para apresentação de projetos, levantamentos, investigações e estudos elaborados por pessoa física ou jurídica de direito privado reguladas pelo Decreto n. 5.977, de 1º de dezembro de 2006.

Parágrafo único. A competência para avaliação, seleção e publicação do resultado dos procedimentos de manifestação de interesse em andamento observará as disposições contidas neste Decreto e caberá à Secretaria-Executiva do CGP comunicar a modificação de competência às pessoas autorizadas.

ART. 20. Ficam revogados:

I - o inciso VII do *caput* do art. 3º do Decreto n. 5.385, de 4 de março de 2005; e

II - o Decreto n. 5.977, de 1º de dezembro de 2006.

ART. 21. Este Decreto entra em vigor na data de sua publicação.

Parágrafo único. O disposto neste Decreto não se aplica aos chamamentos públicos em curso.

Brasília, 2 de abril de 2015;
194º da Independência e 127º da República.
DILMA ROUSSEFF

DECRETO N. 8.437, DE 22 DE ABRIL DE 2015

Regulamenta o disposto no art. 7º, caput, inciso XIV, alínea "h", e parágrafo único, da Lei Complementar n. 140, de 8 de dezembro de 2011, para estabelecer as tipologias de empreendimentos e atividades cujo licenciamento ambiental será de competência da União.

▸ *DOU*, 23.04.2015.

A Presidenta da República, no uso da atribuição que lhe confere o art. 84, *caput*, IV, da Constituição, e tendo em vista o disposto no art. 7º, *caput*, inciso XIV, alínea "h" e parágrafo único, da Lei Complementar n. 140, de 8 de dezembro de 2011,

Decreta:

CAPÍTULO I
DISPOSIÇÕES PRELIMINARES

ART. 1º Este Decreto estabelece, em cumprimento ao disposto no art. 7º, *caput*, inciso XIV, "h", e parágrafo único, da Lei Complementar n. 140, de 8 de dezembro de 2011, a tipologia de empreendimentos e atividades cujo licenciamento ambiental será de competência da União.

ART. 2º Para os fins deste Decreto, adotam-se as seguintes definições:

I - implantação de rodovia - construção de rodovia em acordo com as normas rodoviárias de projetos geométricos, com ou sem pavimentação, observada a classe estabelecida pelo Departamento Nacional de Infraestrutura de Transportes - DNIT;

II - pavimentação de rodovia - obras para execução do revestimento superior da rodovia, com pavimento asfáltico, de concreto, cimento ou alvenaria poliédrica;

III - ampliação da capacidade de rodovias - conjunto de operações que resultam no aumento da capacidade do fluxo de tráfego de rodovia pavimentada existente e no aumento da segurança de tráfego de veículos e pedestres, compreendendo a duplicação rodoviária integral ou parcial, a construção de multifaixas e a implantação ou substituição de obras de arte especiais para duplicação;

IV - acesso rodoviário - segmento rodoviário de entrada e saída para área urbana, porto, terminal ou instalação à margem da rodovia;

V - travessia urbana - via ou sucessão de vias que proporciona a passagem preferencial de veículos dentro do perímetro urbano;

VI - contorno rodoviário - trecho de rodovia destinado à circulação de veículos na periferia das áreas urbanas, de modo a evitar ou minimizar o tráfego no seu interior, sem circundar completamente a localidade;

VII - manutenção de rodovias pavimentadas - processo sistemático e contínuo de correção, devido a condicionamentos cronológicos ou decorrentes de eventos supervenientes, a que devem ser submetidas as rodovias pavimentadas, para oferecer permanentemente, ao usuário, tráfego econômico, confortável e seguro, por meio das ações de conservação, recuperação e restauração realizadas nos limites das suas faixas de domínio;

VIII - conservação de rodovias pavimentadas - conjunto de operações rotineiras, periódicas e de emergência, com o objetivo de preservar as características técnicas e operacionais do sistema rodoviário e suas instalações físicas, para proporcionar conforto e segurança aos usuários;

IX - restauração de rodovia pavimentada - conjunto de operações aplicadas à rodovia com pavimento desgastado ou danificado, com o objetivo de restabelecer suas características técnicas originais ou de adaptá-la às condições de tráfego atual e prolongar seu período de vida útil, por meio de intervenções de reforço, reciclagem, reconstrução do pavimento, recuperação, complementação ou substituição dos componentes da rodovia;

X - melhoramento de rodovia pavimentada - conjunto de operações que modificam as características técnicas existentes ou acrescentam características novas à rodovia já pavimentada, nos limites da sua faixa de domínio, para adequar sua capacidade a atuais demandas operacionais, visando a assegurar nível superior de segurança do tráfego por meio de intervenção na sua geometria, sistema de sinalização e de segurança e adequação ou incorporação de elementos nos demais componentes da rodovia;

XI - regularização ambiental - conjunto de procedimentos visando a obter o licenciamento ambiental de ferrovias e rodovias federais pavimentadas, por meio da obtenção da licença de operação;

XII - implantação de ferrovia - conjunto de ações necessárias para construir uma ferrovia em faixa de terreno onde não exista ferrovia previamente implantada;

XIII - ampliação de capacidade de linhas férreas - obras ou intervenções que visam a melhorar a segurança e o nível de serviço da ferrovia, tais como, a sua duplicação e a implantação e ampliação de pátio ferroviário;

XIV - pátio ferroviário - segmentos de linhas férreas que têm os objetivos de permitir o cruzamento, o estacionamento e a formação de trens e de efetuar operações de carga e descarga;

XV - contorno ferroviário - trecho de ferrovia que tem por objetivo eliminar parcial ou totalmente as operações ferroviárias dentro de área urbana;

XVI - ramal ferroviário - linha férrea secundária que deriva de uma ferrovia, com o objetivo de atender a um ponto de carregamento ou de fazer a conexão com outra ferrovia;

XVII - melhoramentos de ferrovia:

a) obras relacionadas à reforma da linha férrea e das estruturas que a compõe; e

b) obras de transposição de linha férrea em locais onde há cruzamento entre ferrovia e vias públicas, tais como, viadutos ferroviários ou rodoviários, passarelas, tubulações de água, esgoto ou drenagem;

XVIII - implantação e ampliação de estrutura de apoio de ferrovias - implantação e ampliação de oficinas e postos de manutenção ou de abastecimento, estações de controle de tráfego, subestações elétricas e de comunicação, terminais de cargas e passageiros;

XIX - porto organizado - bem público construído e aparelhado para atender a necessidades de navegação, de movimentação de passageiros ou de movimentação e armazenagem de mercadorias e cujo tráfego e operações portuárias estejam sob jurisdição de autoridade portuária;

XX - instalação portuária - instalação localizada dentro ou fora da área do porto organizado e utilizada em movimentação de passageiros ou em movimentação ou armazenagem de mercadorias, destinadas ou provenientes de transporte aquaviário;

XXI - área do porto organizado - área delimitada por ato do Poder Executivo que compreende as instalações portuárias e a infraestrutura de proteção e de acesso ao porto organizado;

XXII - terminal de uso privado - instalação portuária explorada mediante autorização e localizada fora da área do porto organizado;

XXIII - intervenções hidroviárias, assim compreendidas:

a) implantação de hidrovias - obras e serviços de engenharia para implantação de canal de navegação em rios com potencial hidroviário com o objetivo de integração intermodal; e

b) ampliação de capacidade de transporte - conjunto de ações que visam a elevar o padrão navegável da hidrovia, com a expansão do seu gabarito de navegação por meio do melhoramento das condições operacionais, da segurança e da disponibilidade de navegação, tais como, dragagem de aprofundamento e alargamento de canal, derrocamento, alargamento e proteção de vão de pontes, retificação de meandros e dispositivos de transposição de nível;

XXIV - dragagem - obra ou serviço de engenharia que consiste na limpeza, desobstrução, remoção, derrocamento ou escavação de material do fundo de rios, lagos, mares, baías e canais;

XXV - TEU - *Twenty-foot Equivalent Units* (Unidades Equivalentes a Vinte Pés) - unidade utilizada para conversão da capacidade de contêineres de diversos tamanhos ao tipo padrão International *Organization for Standardization* - ISO de vinte pés;

XXVI - *offshore* - ambiente marinho e zona de transição terra-mar ou área localizada no mar;

XXVII - *onshore* - ambiente terrestre ou área localizada em terra;

XXVIII - jazida convencional de petróleo e gás natural - reservatório ou depósito de petróleo ou gás natural possível de ser posto em produção sem o uso de tecnologias e processos especiais de recuperação;

XXIX - recurso não convencional de petróleo e gás natural - recurso cuja produção não atinge taxas de fluxo econômico viável ou que não produzem volumes econômicos de petróleo e gás sem a ajuda de tratamentos de estimulação maciça ou de tecnologias e processos especiais de recuperação, como as areias betuminosas - *oilsands*, o gás e o óleo de folhelho - *shale-gas* e *shale-oil*, o metano em camadas de carvão - *coalbed methane*, os hidratos de metano e os arenitos de baixa permeabilidade - *tightsandstones*;

XXX - sistema de geração de energia elétrica - sistema de transformação em energia elétrica de qualquer outra forma de energia, seja qual for a sua origem, e suas instalações de uso exclusivo, até a subestação de transmissão e de distribuição de energia elétrica, compreendendo:

a) usina hidrelétrica - instalações e equipamentos destinados à transformação do potencial hidráulico em energia elétrica;

b) pequena central hidrelétrica - usina hidrelétrica com capacidade instalada de pequeno porte, destinada à transformação do potencial hidráulico em energia elétrica;

c) usina termelétrica - instalações e equipamentos destinados à transformação da energia calorífica de combustíveis em energia elétrica; e

d) usina eólica - instalações e equipamentos destinados à transformação do potencial cinético dos ventos em energia elétrica;

XXXI - sistema de transmissão de energia elétrica - sistema de transporte de energia elétrica, por meio de linhas de transmissão, subestações e equipamentos associados com o objetivo de integrar eletricamente:

a) sistema de geração de energia elétrica a outro sistema de transmissão até as subestações distribuidoras;

b) dois ou mais sistemas de transmissão ou distribuição;

c) conexão de consumidores livres ou autoprodutores;

d) interligações internacionais; e

e) instalações de transmissão ou distribuição para suprimento temporário; e

XXXII - sistema de distribuição de energia elétrica - sistema responsável pelo fornecimento de energia elétrica aos consumidores.

CAPÍTULO II
DAS TIPOLOGIAS

ART. 3º Sem prejuízo das disposições contidas no art. 7º, *caput*, inciso XIV, alíneas "a" a "g", da Lei Complementar n. 140, de 2011, serão licenciados pelo órgão ambiental federal competente os seguintes empreendimentos ou atividades:

I - rodovias federais:

a) implantação;

b) pavimentação e ampliação de capacidade com extensão igual ou superior a duzentos quilômetros;

c) regularização ambiental de rodovias pavimentadas, podendo ser contemplada a autorização para as atividades de manutenção, conservação, recuperação, restauração, ampliação de capacidade e melhoramento; e

d) atividades de manutenção, conservação, recuperação, restauração e melhoramento em rodovias federais regularizadas;

II - ferrovias federais:

a) implantação;

b) ampliação de capacidade; e

c) regularização ambiental de ferrovias federais;

III - hidrovias federais:

a) implantação; e

b) ampliação de capacidade cujo somatório dos trechos de intervenções seja igual ou superior a duzentos quilômetros de extensão;

IV - portos organizados, exceto as instalações portuárias que movimentem carga em volume inferior a 450.000 TEU/ano ou a 15.000.000 ton/ano;

V - terminais de uso privado e instalações portuárias que movimentem carga em volume superior a 450.000 TEU/ano ou a 15.000.000 ton/ano;

VI - exploração e produção de petróleo, gás natural e outros hidrocarbonetos fluidos nas seguintes hipóteses:

a) exploração e avaliação de jazidas, compreendendo as atividades de aquisição sísmica, coleta de dados de fundo (piston core), perfuração de poços e teste de longa duração quando realizadas no ambiente marinho e em zona de transição terra-mar (offshore);

b) produção, compreendendo as atividades de perfuração de poços, implantação de sistemas de produção e escoamento, quando realizada no ambiente marinho e em zona de transição terra-mar (offshore); e

c) produção, quando realizada a partir de recurso não convencional de petróleo e gás natural, em ambiente marinho e em zona de transição terra-mar (offshore) ou terrestre (onshore), compreendendo as atividades de perfuração de poços, fraturamento hidráulico e implantação de sistemas de produção e escoamento; e

VII - sistemas de geração e transmissão de energia elétrica, quais sejam:

a) usinas hidrelétricas com capacidade instalada igual ou superior a trezentos megawatt;

b) usinas termelétricas com capacidade instalada igual ou superior a trezentos megawatt; e

c) usinas eólicas, no caso de empreendimentos e atividades offshore e zona de transição terra-mar.

§ 1º O disposto nas alíneas "a" e "b" do inciso I do *caput*, em qualquer extensão, não se aplica nos casos de contornos e acessos rodoviários, anéis viários e travessias urbanas.

§ 2º O disposto no inciso II do *caput* não se aplica nos casos de implantação e ampliação de pátios ferroviários, melhoramentos de ferrovias, implantação e ampliação de estruturas de apoio de ferrovias, ramais e contornos ferroviários.

§ 3º A competência para o licenciamento será da União quando caracterizadas situações que comprometam a continuidade e a segurança do suprimento eletroenergético, reconhecidas pelo Comitê de Monitoramento do Setor Elétrico - CMSE, ou a necessidade de sistemas de transmissão de energia elétrica associados a empreendimentos estratégicos, indicada pelo Conselho Nacional de Política Energética - CNPE.

CAPÍTULO III
DISPOSIÇÕES FINAIS E TRANSITÓRIAS

ART. 4º Os processos de licenciamento e autorização ambiental das atividades e empreendimentos de que trata o art. 3º iniciados em data anterior à publicação deste Decreto terão sua tramitação mantida perante os órgãos originários até o término da vigência da licença de operação, cuja renovação caberá ao ente federativo competente, nos termos deste Decreto.

§ 1º Caso o pedido de renovação da licença de operação tenha sido protocolado no órgão ambiental originário em data anterior à publicação deste Decreto, a renovação caberá ao referido órgão.

§ 2º Os pedidos de renovação posteriores aos referidos no § 1º serão realizados pelos entes federativos competentes, nos termos deste Decreto.

ART. 5º O processo de licenciamento ambiental de trechos de rodovias e ferrovias federais que se iniciar em órgão ambiental estadual ou municipal de acordo com as disposições deste Decreto será assumido pelo órgão ambiental federal na licença de operação pertinente, mediante comprovação do atendimento das condicionantes da licença ambiental concedida pelo ente federativo.

Parágrafo único. A comprovação do atendimento das condicionantes ocorrerá por meio de documento emitido pelo órgão licenciador estadual ou municipal.

ART. 6º Este Decreto entra em vigor em sua data de publicação.

Brasília, 22 de abril de 2015;
194º da Independência e 127º da República.
DILMA ROUSSEFF

DECRETO N. 8.441, DE 29 DE ABRIL DE 2015

Dispõe sobre as restrições ao exercício de atividades profissionais aplicáveis aos representantes dos contribuintes no Conselho Administrativo de Recursos Fiscais e a gratificação de presença de que trata a Lei n. 5.708, de 4 de outubro de 1971.

‣ *DOU*, 30.4.2015.

A Presidenta da República, no uso da atribuição que lhe confere o art. 84, *caput*, inciso IV, da Constituição, e tendo em vista o disposto no art. 1º da Lei n. 5.708, de 4 de outubro de 1971, art. 6º, parágrafo único, alínea "a", do Decreto-Lei n. 1.437, de 17 de dezembro de 1975, art. 48 da Lei n. 11.941, de 27 de maio de 2009, e art. 10 da Lei n. 12.813, de 16 de maio de 2013,

Decreta:

ART. 1º O Conselho Administrativo de Recursos Fiscais - CARF, órgão colegiado judicante, integrante da estrutura do Ministério da Fazenda, é constituído, paritariamente, por representantes da Fazenda Nacional e dos contribuintes, na forma da legislação.

§ 1º Os conselheiros representantes dos contribuintes no CARF estão sujeitos às restrições ao exercício de atividades profissionais em conformidade com a legislação e demais normas dos conselhos profissionais a que estejam submetidos, observado, em qualquer caso, o disposto no art. 10 da Lei n. 12.813, de 16 de maio de 2013.

§ 2º As restrições a que se refere o § 1º incluem a vedação ao exercício da advocacia contra a Fazenda Pública federal, nos termos da Lei n. 8.906, de 4 de julho de 1994.

§ 3º O conselheiro, sem prejuízo de outras exigências legais e regulamentares, firmará compromisso de que observará durante todo o mandato as restrições a que se refere este Decreto, ficando sujeito às sanções previstas na legislação.

ART. 2º A gratificação de presença estabelecida pela Lei n. 5.708, de 4 de outubro de 1971, devida exclusivamente aos conselheiros representantes dos contribuintes no CARF, corresponderá à sexta parte da remuneração do cargo em comissão do Grupo-Direção e Assessoramento Superiores - DAS nível 5, conforme estabelecido na Lei n. 11.526, de 4 de outubro de 2007, por sessão de julgamento.

§ 1º Serão remuneradas pela gratificação de presença de que trata o *caput* até, no máximo, seis sessões de julgamento por mês.

§ 2º Para a caracterização da presença de que trata o *caput*, deverá ser comprovada a participação efetiva na sessão de julgamento, na forma estabelecida em ato do Ministro de Estado da Fazenda.

ART. 3º O pagamento da gratificação de presença de que trata o art. 2º fica condicionado à existência de dotação orçamentária e autorização específica na Lei Orçamentária Anual.

ART. 4º O Ministro de Estado da Fazenda expedirá normas complementares para o cumprimento do disposto neste Decreto.

ART. 5º Este Decreto entre em vigor na data de sua publicação.

Brasília, 29 de abril de 2015;
194º da Independência e 127º da República.
DILMA ROUSSEFF

DECRETO N. 8.442, DE 29 DE ABRIL DE 2015

Regulamenta os art. 14 a art. 36 da Lei n. 13.097, de 19 de janeiro de 2015, que tratam da incidência do Imposto sobre Produtos Industrializados - IPI, da Contribuição para o PIS/Pasep e da Contribuição para o Financiamento da Seguridade Social - Cofins, no mercado interno e na importação, sobre produtos dos Capítulos 21 e 22 da Tabela de Incidência do Imposto sobre Produtos Industrializados - Tipi.

‣ *DOU*, 30.4.2015.

A Presidenta da República, no uso da atribuição que lhe confere o art. 84, *caput*, inciso IV, da Constituição, e tendo em vista o disposto nos arts. 14 a 36 da Lei n. 13.097, de 19 de janeiro de 2015,

Decreta:

ART. 1º A Contribuição para o PIS/Pasep, a Contribuição para o Financiamento da Seguridade Social - Cofins, a Contribuição para o PIS/Pasep-Importação, a Cofins-Importação e o Imposto sobre Produtos Industrializados - IPI devidos pelos importadores e pelas pessoas jurídicas que procedam à industrialização e comercialização dos produtos classificados nos seguintes códigos da Tabela de Incidência do Imposto sobre Produtos Industrializados - Tipi, aprovada pelo Decreto n. 7.660, de 23 de dezembro de 2011, serão exigidos na forma prevista neste Decreto e nos demais dispositivos pertinentes da legislação em vigor:

‣ O Dec. 7.660/2011 foi revogado pelo Dec. 8.950/2016.

I - 2106.90.10 Ex 02;

II - 22.01, exceto os Ex 01 e Ex 02 do código 2201.10.00;

III - 22.02, exceto os Ex 01 e Ex 02 do código 2202.90.00; e

IV - 22.03.

Parágrafo único. O disposto neste artigo, em relação às posições 22.01 e 22.02 da Tipi, alcança, exclusivamente, água e refrigerantes, refrescos, cerveja sem álcool, repositores hidroeletrolíticos, bebidas energéticas e compostos líquidos prontos para o consumo que contenham como ingrediente principal inositol, glucoronolactona, taurina ou cafeína.

ART. 2º Para fins do disposto neste Decreto, considera-se:

I - cerveja especial - a cerveja que possuir 75% (setenta e cinco por cento) ou mais de malte de cevada, em peso, sobre o extrato primitivo, como fonte de açúcares;

II - chope especial - a cerveja especial não submetida a processo de pasteurização para o envase; e

III - varejista - a pessoa jurídica cuja receita decorrente da venda de bens e serviços a consumidor final no ano-calendário imediatamente anterior ao da operação houver sido igual ou superior a 75% (setenta e cinco por cento) de sua receita total de venda de bens e serviços no mesmo período, depois de excluídos os impostos e contribuições incidentes sobre a venda.

ART. 3º Pode ser considerada varejista a pessoa jurídica em início de atividade, desde que a receita estimada decorrente da venda de bens e serviços a consumidor final, no ano-calendário do início de atividade, seja igual ou superior a 75% (setenta e cinco por cento) de sua receita total de venda de bens e serviços no mesmo período, depois de excluídos os impostos e contribuições incidentes sobre a venda.

Parágrafo único. Na hipótese da estimativa de que trata o *caput* não se confirmar, deverá ser recolhida a diferença relativa ao IPI, à Contribuição para o PIS/Pasep e à Cofins que deixaram de ser pagos, com os acréscimos cabíveis, de acordo com legislação aplicável, observado o disposto nos art. 11 e art. 28.

CAPÍTULO I
DO IMPOSTO SOBRE PRODUTOS INDUSTRIALIZADOS

SEÇÃO I
DOS ESTABELECIMENTOS EQUIPARADOS A INDUSTRIAL

ART. 4º Ficam equiparados a estabelecimento industrial, quando derem saída aos produtos de que trata o art. 1º, o estabelecimento de pessoa jurídica:

I - caracterizado como controlador, controlado ou coligado de pessoa jurídica que industrializa ou importa os produtos de que trata o art. 1º, na forma definida no art. 243 da Lei n. 6.404, de 15 de dezembro de 1976;

II - caracterizado como filial de pessoa jurídica que industrializa ou importa os produtos de que trata o art. 1º;

III - que, juntamente com pessoa jurídica que industrializa ou importa os produtos de que trata o art. 1º, estiver sob controle societário ou administrativo comum;

IV - que apresente sócio ou acionista controlador, em participação direta ou indireta, que seja cônjuge, companheiro ou parente, consanguíneo ou afim, em linha reta ou colateral, até o terceiro grau, de sócio ou acionista controlador de pessoa jurídica que industrializa ou importa os produtos de que trata o art. 1º;

V - que tenha participação no capital social de pessoa jurídica que industrializa ou importa os produtos de que trata o art. 1º, exceto nos casos de participação inferior a um por cento em pessoa jurídica com registro de companhia aberta junto à Comissão de Valores Mobiliários;

VI - que possuir, em comum com pessoa jurídica que industrializa ou importa os produtos de que trata o art. 1º, diretor ou sócio que exerçam funções de gerência, ainda que essas funções sejam exercidas sob outra denominação; ou

VII - que tiver adquirido ou recebido em consignação, no ano anterior, mais de vinte por cento do volume de saída da pessoa jurídica que industrializa ou importa os produtos de que trata o art. 1º.

SEÇÃO II
DA ADIÇÃO DO FRETE
À BASE DE CÁLCULO

ART. 5º Na saída dos produtos de que trata o art. 1º de estabelecimento de pessoa jurídica industrial ou equiparada que mantenha com a pessoa jurídica transportadora quaisquer das relações mencionadas nos incisos do *caput* do art. 4º, o valor do frete integrará a base de cálculo do IPI.

SEÇÃO III
DAS ALÍQUOTAS

ART. 6º As alíquotas do IPI incidentes no desembaraço aduaneiro e na saída dos produtos de que trata o art. 1º dos estabelecimentos importadores, industriais ou equiparados são as constantes da Tipi, considerando o disposto no § 1º.

§ 1º Para os produtos que contiverem suco de fruta, extrato de sementes de guaraná ou extrato de açaí, as alíquotas aplicáveis serão as do *caput* com as eventuais reduções previstas em Notas Complementares da Tipi.

§ 2º Aos estabelecimentos das pessoas jurídicas optantes pelo Regime Especial Unificado de Arrecadação de Tributos e Contribuições devidos pelas Microempresas e Empresas de Pequeno Porte - Simples Nacional, aplicam-se as alíquotas constantes do Anexo II da Lei Complementar n. 123, de 14 de dezembro de 2006.

SUBSEÇÃO ÚNICA
DA REDUÇÃO DE ALÍQUOTAS

ART. 7º Na hipótese de saída dos produtos de que trata o art. 1º do estabelecimento importador, industrial ou equiparado para pessoa jurídica varejista ou consumidor final, as alíquotas de que tratam o *caput* e o § 1º do art. 6º ficam reduzidas em:

I - 22% (vinte e dois por cento) para os fatos geradores ocorridos no ano-calendário de 2015; e

II - 25% (vinte e cinco por cento) para os fatos geradores ocorridos a partir do ano-calendário de 2016.

Parágrafo único. Não se aplicam as reduções de que trata o *caput* na hipótese:

I - em que, sendo de instalação obrigatória, nos termos definidos pela Secretaria da Receita Federal do Brasil - RFB, os equipamentos referidos no art. 32 não estejam instalados ou em normal funcionamento; ou

II - de saída dos produtos de que trata o art. 1º de estabelecimentos importadores, industriais ou equiparados de pessoa jurídica optante pelo Simples Nacional.

ART. 8º Fica reduzida, nos termos do Anexo II, a alíquota de que trata o *caput* do art. 6º incidente na saída dos estabelecimentos industriais de cervejas e chopes especiais.

§ 1º A pessoa jurídica cuja produção total de cervejas e chopes especiais, calculada na forma prevista no art. 31, ultrapassar o limite máximo estabelecido no Anexo II não poderá aplicar a redução de que trata o *caput*.

§ 2º A pessoa jurídica em início de atividade poderá, no ano-calendário do início de atividade, aplicar a redução de que trata o *caput* até o limite máximo estabelecido no Anexo II, observado disposto no art. 31.

ART. 9º Na hipótese de aplicação conjunta das reduções de que trata esta Subseção, primeiro deve ser calculada a redução prevista no art. 7º, para então, sobre o resultado apurado, ser efetuada a redução de que trata o art. 8º.

SEÇÃO IV
DA INDUSTRIALIZAÇÃO POR
ENCOMENDA

ART. 10. Quando a industrialização dos produtos de que trata o art. 1º se der por encomenda, o IPI será devido na saída do produto:

I - do estabelecimento que o industrializar; e

II - do estabelecimento encomendante, que poderá creditar-se do IPI cobrado conforme o inciso I.

SEÇÃO V
DA RESPONSABILIDADE TRIBUTÁRIA

ART. 11. Na hipótese de inobservância das condições estabelecidas para aplicação da redução prevista no art. 7º, a pessoa jurídica adquirente dos produtos de que trata o art. 1º fica solidariamente responsável com o estabelecimento importador, industrial ou equiparado pelo recolhimento do imposto que deixou de ser pago em decorrência das reduções de alíquotas previstas no art. 7º, com os acréscimos cabíveis, de acordo com legislação aplicável.

ART. 12. O estabelecimento encomendante e o industrial respondem solidariamente pelo IPI devido nas operações de que trata o art. 10.

ART. 13. Está sujeito ao pagamento do IPI, na condição de responsável, o estabelecimento comercial atacadista que possuir ou mantiver produtos de que trata o art. 1º desacompanhados da documentação comprobatória de sua procedência ou que deles der saída.

SEÇÃO VI
DAS OBRIGAÇÕES ACESSÓRIAS

ART. 14. Deverão constar nas notas fiscais de comercialização dos produtos de que trata o art. 1º emitidas pelo estabelecimento importador, industrial ou equiparado, exceto os estabelecimentos de pessoa jurídica optante pelo Simples Nacional:

I - a expressão "Saída para pessoa jurídica varejista ou consumidor final com redução da alíquota do IPI de que trata o § 1º do art. 15 da Lei n. 13.097, de 2015", na hipótese prevista no art. 7º; e

II - a descrição da marca comercial, tipo de embalagem e volume dos produtos, para perfeita identificação destes e cálculo do imposto devido, sem prejuízo do disposto no art. 48 da Lei n. 4.502, de 30 de novembro de 1964.

› A Lei 4.502/1964 dispõe sôbre o Impôsto de Consumo e reorganiza a Diretoria de Rendas Internas.

Parágrafo único. A inobservância do disposto no inciso II do *caput* implicará considerar as notas fiscais enquadradas no art. 53 da Lei n. 4.502, de 1964.

CAPÍTULO II
DA CONTRIBUIÇÃO PARA
O PIS/PASEP E DA COFINS

SEÇÃO I
DA ADIÇÃO DO FRETE
À BASE DE CÁLCULO

ART. 15. Nas operações de venda dos produtos de que trata o art. 1º por pessoa jurídica industrial ou atacadista, o valor do frete integrará a base de cálculo da Contribuição para o PIS/Pasep e da Cofins apuradas pela pessoa jurídica vendedora dos citados produtos.

SEÇÃO II
DAS ALÍQUOTAS

ART. 16. As alíquotas das contribuições incidentes na importação dos produtos de que trata o art. 1º são as seguintes:

I - 2,32% (dois inteiros e trinta e dois centésimos por cento), em relação à Contribuição para o PIS/Pasep-Importação; e

II - 10,68% (dez inteiros e sessenta e oito centésimos por cento), em relação à Cofins-Importação.

ART. 17. As alíquotas das contribuições incidentes sobre a receita decorrente da venda dos produtos de que trata o art. 1º são as seguintes:

I - 2,32% (dois inteiros e trinta e dois centésimos por cento), em relação à Contribuição para o PIS/Pasep; e

II - 10,68% (dez inteiros e sessenta e oito centésimos por cento), em relação à Cofins.

ART. 18. No caso de industrialização por encomenda dos produtos de que trata o art. 1º, a Contribuição para o PIS/Pasep e a Cofins incidirão sobre a receita auferida pela pessoa jurídica executora da encomenda às alíquotas de 1,65% (um inteiro e sessenta e cinco centésimos por cento) e 7,6% (sete inteiros e seis décimos por cento), respectivamente.

ART. 19. As alíquotas de que tratam os art. 16 a art. 18 aplicam-se independentemente do regime de apuração a que sujeita a pessoa jurídica, exceto em relação à pessoa jurídica optante pelo Simples Nacional.

SUBSEÇÃO ÚNICA
DAS REDUÇÕES DE ALÍQUOTAS

ART. 20. No caso de vendas realizadas para pessoa jurídica varejista ou consumidor final, as alíquotas das contribuições incidentes sobre a receita decorrente da venda dos produtos de que trata o art. 1º são as seguintes:

I - 1,86% (um inteiro e oitenta e seis centésimos por cento), em relação à Contribuição para o PIS/Pasep; e

II - 8,54% (oito inteiros e cinquenta e quatro centésimos por cento), em relação à Cofins.

ART. 21. Ficam reduzidas, nos termos do Anexo II, as alíquotas referidas nos art. 17 e art. 20, conforme o caso, em relação à Contribuição para o PIS/Pasep e à Cofins incidentes sobre a receita decorrente da venda das cervejas e chopes especiais auferida pela pessoa jurídica que os tenha industrializado.

§ 1º A pessoa jurídica cuja produção total de cervejas e chopes especiais, calculada na forma prevista no art. 31, ultrapassar o limite máximo estabelecido no Anexo II não poderá aplicar a redução de alíquota de que trata o *caput*.

§ 2º A pessoa jurídica em início de atividade poderá aplicar, no ano-calendário do início de atividade, a redução de que trata o *caput* até o limite máximo estabelecido no Anexo II, observado o disposto no art. 31.

ART. 22. Ficam reduzidas a zero as alíquotas da Contribuição para o PIS/Pasep e da Cofins incidentes sobre a receita decorrente da venda dos produtos de que trata o art. 1º, quando auferida por pessoa jurídica varejista.

§ 1º O disposto no *caput*:

I - não se aplica às pessoas jurídicas que industrializam ou importam os produtos de que trata o art. 1º e às pessoas jurídicas que possuam estabelecimento equiparado a industrial nos termos do art. 4º; e

II - aplica-se independentemente do regime de apuração a que esteja sujeita a pessoa jurídica.

§ 2º O disposto no inciso II do § 1º aplica-se inclusive às pessoas jurídicas optantes pelo Simples Nacional.

ART. 23. No caso de aplicação conjunta de reduções, as alíquotas de que trata o art. 17 ou o art. 20, conforme o caso, serão reduzidas na forma do art. 33, sendo esse resultado reduzido na forma do art. 21.

SEÇÃO III
DO DESCONTO DE CRÉDITOS

ART. 24. A pessoa jurídica sujeita ao regime de apuração não cumulativa poderá descontar créditos da Contribuição para o PIS/Pasep e da Cofins em relação à aquisição no mercado interno ou à importação dos produtos de que trata o art. 1º.

§ 1º Na hipótese de aquisição no mercado interno, os créditos de que trata o *caput* correspondem aos valores informados na nota fiscal pelo vendedor, nos termos do art. 29.

§ 2º Na hipótese de aquisição dos produtos de que trata o *caput* de pessoa jurídica optante pelo Simples Nacional, os créditos serão calculados mediante a aplicação sobre o valor de aquisição constante do documento fiscal de percentual correspondente a:

I - 0,38% (trinta e oito centésimos por cento), em relação à Contribuição para o PIS/Pasep; e

II - 1,60% (um inteiro e sessenta centésimos por cento), em relação à Cofins.

§ 3º Na hipótese de importação, os créditos de que trata o *caput* correspondem aos valores da Contribuição para o PIS/Pasep-Importação e da Cofins-Importação efetivamente pagos na importação dos produtos de que trata o art. 1º.

ART. 25. A pessoa jurídica sujeita ao regime de apuração cumulativa, exceto a pessoa jurídica optante pelo Simples Nacional, poderá descontar créditos presumidos da Contribuição para o PIS/Pasep e da Cofins em relação à aquisição no mercado interno dos produtos de que trata o art. 1º.

§ 1º Na hipótese de aquisição no mercado interno de que trata o *caput*, os créditos presumidos de que trata o *caput* correspondem aos valores informados na nota fiscal pelo vendedor, nos termos do art. 29.

§ 2º Na hipótese de aquisição dos produtos de que trata o *caput* de pessoa jurídica optante pelo Simples Nacional, os créditos presumidos serão calculados mediante a aplicação sobre o valor de aquisição constante do documento fiscal de percentual correspondente a:

I - 0,38% (trinta e oito centésimos por cento), em relação à Contribuição para o PIS/Pasep; e

II - 1,60% (um inteiro e sessenta centésimos por cento), em relação à Cofins.

ART. 26. Os créditos de que tratam os art. 24 e art. 25 somente podem ser utilizados para desconto do valor da Contribuição para o PIS/Pasep e da Cofins devido pela pessoa jurídica.

ART. 27. Fica vedado à pessoa jurídica descontar os créditos da Contribuição para o PIS/Pasep e da Cofins de que tratam os art. 24 e art. 25, o inciso I do *caput* do art. 3º da Lei n. 10.637, de 30 de dezembro de 2002, e o inciso I do *caput* do art. 3º da Lei n. 10.833, de 29 de dezembro de 2003, em relação aos produtos de que trata o art. 1º revendidos com a aplicação da redução de alíquotas estabelecida no art. 22.

SEÇÃO IV
DA RESPONSABILIDADE TRIBUTÁRIA

ART. 28. Na hipótese de inobservância das condições estabelecidas para aplicação das alíquotas previstas no art. 20, será identificado o sujeito passivo e serão apuradas as contribuições devidas e acréscimos cabíveis de acordo com a legislação aplicável.

SEÇÃO V
DAS OBRIGAÇÕES ACESSÓRIAS

ART. 29. Nas notas fiscais de saída referentes a operações com os produtos de que trata o art. 1º, as pessoas jurídicas, exceto as optantes pelo Simples Nacional, deverão informar:

I - a expressão "Saída para comerciante varejista ou consumidor final com a redução das alíquotas da Contribuição para o PIS/Pasep e da Cofins de que trata o § 1º do art. 25 da Lei n. 13.097, de 2015", na hipótese prevista no art. 20; e

II - os valores devidos da Contribuição para o PIS/Pasep e da Cofins.

§ 1º Na determinação do valor a ser informado, devem ser consideradas as reduções de alíquotas cabíveis estabelecidas neste Decreto.

§ 2º Aplica-se o disposto neste artigo inclusive à pessoa jurídica executora da encomenda, no caso de industrialização por encomenda.

CAPÍTULO III
DAS DISPOSIÇÕES COMUNS

SEÇÃO I
DOS VALORES MÍNIMOS

ART. 30. Ficam estabelecidos valores mínimos do IPI, da Contribuição para o PIS/Pasep, da Cofins, da Contribuição para o PIS/Pasep-Importação e da Cofins-Importação em função da classificação fiscal na Tipi, do tipo de produto e da capacidade do recipiente, conforme Anexo I.

§ 1º Sobre os valores mínimos constantes no Anexo I são aplicáveis eventuais reduções de alíquotas do IPI previstas em Notas Complementares da Tipi para os produtos que contiverem suco de fruta, extrato de sementes de guaraná ou extrato de açaí.

§ 2º Excetuado o caso previsto no § 1º, os valores dos tributos de que trata o *caput* não podem ser inferiores aos valores mínimos de que trata este artigo, mesmo após a aplicação de qualquer das reduções de alíquotas previstas neste Decreto.

SEÇÃO II
DO CÁLCULO DOS VOLUMES TOTAIS

ART. 31. No cálculo dos volumes totais de produção estabelecidos no Anexo II, deverá ser considerado o somatório da produção total de cervejas e chopes especiais da pessoa jurídica que os industrializa com a produção total de cervejas e chopes especiais de todas as pessoas jurídicas que com ela mantenham quaisquer das relações estabelecidas nos incisos do *caput* do art. 4º.

SEÇÃO III
DOS EQUIPAMENTOS CONTADORES DE PRODUÇÃO

ART. 32. As pessoas jurídicas que industrializam os produtos de que trata o art. 1º ficam obrigadas a instalar equipamentos contadores de produção, que possibilitem, ainda, a identificação do tipo de produto, de embalagem e sua marca comercial, aplicando-se, no que couber, as disposições contidas nos art. 27 a art. 30 da Lei n. 11.488, de 15 de junho de 2007.

§ 1º A RFB estabelecerá a forma, limites, condições e prazos para a aplicação da obrigatoriedade de que trata o *caput*, sem prejuízo do disposto no art. 36 da Medida Provisória n. 2.158-35, de 24 de agosto de 2001.

§ 2º A RFB poderá dispensar a obrigatoriedade de que trata o *caput* na hipótese de inviabilidade técnica para instalação dos equipamentos contadores de produção atestada pela Casa da Moeda do Brasil.

CAPÍTULO IV
DAS DISPOSIÇÕES TRANSITÓRIAS

SEÇÃO I
DA REDUÇÃO TEMPORÁRIA DAS ALÍQUOTAS DA CONTRIBUIÇÃO PARA O PIS/PASEP E DA COFINS

ART. 33. Até 31 de dezembro de 2017, as alíquotas da Contribuição para o PIS/Pasep, da Cofins, da Contribuição para o PIS/Pasep-Importação e da Cofins-Importação de que tratam os art. 16, art. 17 e art. 20 ficam reduzidas nos termos do Anexo III.

SEÇÃO II
DO APROVEITAMENTO DO CRÉDITO DO IPI RELATIVO AOS PRODUTOS EM ESTOQUE

ART. 34. O estabelecimento equiparado a estabelecimento industrial sujeito ao regime de tributação do IPI de que trata este Decreto deverá relacionar no livro Registro de Utilização de Documentos Fiscais e Termos de Ocorrências (modelo 6) os produtos de que trata o art. 1º em estoque ao final do dia 30 de abril de 2015.

§ 1º A relação a que se refere este artigo deverá indicar o produto, a classificação fiscal, a quantidade, a base de cálculo, a alíquota e o valor do imposto e a respectiva nota fiscal de aquisição.

§ 2º O estabelecimento equiparado a industrial poderá creditar-se do valor do imposto destacado na nota fiscal de aquisição, no livro Registro de Apuração do IPI (modelo 8), referente apenas aos produtos em estoque de que trata o *caput*.

§ 3º O disposto neste artigo não se aplica aos estabelecimentos de pessoa jurídica optante pelo Simples Nacional.

CAPÍTULO V
DAS DISPOSIÇÕES FINAIS

ART. 35. Não se aplicam as regras de suspensão do IPI nas saídas promovidas pelos estabelecimentos industriais e equiparados das pessoas jurídicas relacionadas no art. 1º.

ART. 36. As demais disposições da legislação relativa à Contribuição para o PIS/Pasep, à Cofins, à Contribuição para o PIS/Pasep-Importação, à Cofins-Importação e ao IPI aplicam-se aos regimes previstos neste Decreto, naquilo que não forem contrárias.

ART. 37. Ficam alteradas as alíquotas dos códigos da Tipi, aprovada pelo Decreto n. 7.660, de 2011, na forma prevista no Anexo IV.

ART. 38. Fica revogado, a partir de 1º de maio de 2015, o Decreto n. 6.707, de 23 de dezembro de 2008.

ART. 39. Este Decreto entra em vigor em 1º de maio de 2015.

Brasília, 29 de abril de 2015;
194º da Independência e 127º da República.
DILMA ROUSSEFF

‣ Optamos, nesta edição, pela não publicação dos Anexos.

DECRETO N. 8.479, DE 6 DE JULHO DE 2015

Regulamenta o disposto na Medida Provisória n. 680, de 6 de julho de 2015, que institui o Programa de Proteção ao Emprego.

‣ *DOU*, 20.11.2005.

‣ A Med. Prov. 680/2015 foi convertida na Lei 13.189/2015 (Institui o Programa Seguro-Emprego - PSE).

A Presidenta da República, no uso das atribuições que lhe confere o art. 84, *caput*, incisos IV e VI, alínea "a", da Constituição, e tendo em vista o disposto na Medida Provisória n. 680, de 6 de julho de 2015,

Decreta:

ART. 1º Este Decreto regulamenta o Programa de Proteção ao Emprego - PPE, de que trata a Medida Provisória n. 680, de 6 de julho de 2015.

ART. 2º Fica criado o Comitê do Programa de Proteção ao Emprego - CPPE, com a finalidade de estabelecer as regras e os procedimentos para a adesão e o funcionamento deste Programa.

§ 1º O CPPE será composto pelos seguintes Ministros de Estado:

I - do Trabalho e Emprego, que o coordenará;

II - do Planejamento, Orçamento e Gestão;

III - da Fazenda;

IV - do Desenvolvimento, Indústria e Comércio Exterior; e

V - Chefe da Secretaria-Geral da Presidência da República.

§ 2º Os Ministros de Estado a que se refere o § 1º poderão ser representados pelos seus Secretários-Executivos.

§ 3º A Secretaria-Executiva do CPPE será exercida pela Secretaria de Políticas Públicas de Emprego do Ministério do Trabalho e Emprego.

ART. 3º Compete ao CPPE definir:

I - as condições de elegibilidade para adesão ao PPE, observado o disposto no art. 6º;

II - a forma de adesão ao PPE;

III - as condições de permanência no PPE, observado o disposto no art. 7º;

IV - as regras de funcionamento do PPE; e

V - as possibilidades de suspensão e interrupção da adesão ao PPE.

§ 2º O CPPE editará as regras e os procedimentos de que trata o *caput* no prazo de quinze dias, contado da data de publicação deste Decreto.

§ 3º O CPPE poderá criar grupos de acompanhamento setorial, de caráter consultivo, com a participação equitativa de empresários e trabalhadores, para acompanhar o Programa e propor o seu aperfeiçoamento.

ART. 4º Compete à Secretaria-Executiva do CPPE:

I - receber, analisar e deferir as solicitações de adesão ao PPE; e

II - fornecer o apoio técnico e administrativo necessário ao CPPE.

ART. 5º Compete ao Ministério do Trabalho e Emprego dispor sobre a forma de pagamento da compensação pecuniária de que trata o art. 4º da Medida Provisória n. 680, de 2015.

ART. 6º Para aderir ao PPE, a empresa deverá comprovar, além de outras condições definidas pelo CPPE:

I - registro no Cadastro Nacional da Pessoa Jurídica - CNPJ há, pelo menos, dois anos;

II - regularidade fiscal, previdenciária e relativa ao Fundo de Garantia do Tempo de Serviço - FGTS;

III - sua situação de dificuldade econômico-financeira, a partir de informações definidas pelo CPPE; e

IV - existência de acordo coletivo de trabalho específico, registrado no Ministério do Trabalho e Emprego, nos termos do art. 614 do Decreto-Lei n. 5.452, de 1º de maio de 1943 - Consolidação das Leis do Trabalho.

Parágrafo único. Para fins do disposto no inciso I do *caput*, em caso de solicitação de adesão por filial de empresa, poderá ser considerado o tempo de registro no CNPJ da matriz.

ART. 7º No período de adesão ao PPE, a empresa não poderá contratar empregados para executar, total ou parcialmente, as mesmas atividades exercidas pelos trabalhadores abrangidos pelo Programa, exceto nos casos de:

I - reposição; ou

II - aproveitamento de concluinte de curso de aprendizagem na empresa, nos termos do art. 429 da Consolidação das Leis do Trabalho, desde que o novo empregado também seja abrangido pela adesão.

ART. 8º O acordo coletivo de trabalho específico a que se refere o § 1º do art. 3º da Medida Provisória n. 680, de 2015, deverá ser celebrado entre a empresa solicitante da adesão ao PPE e o sindicato de trabalhadores representativo da categoria de sua atividade econômica preponderante e deverá conter, no mínimo:

I - o período pretendido de adesão ao PPE;

II - os percentuais de redução da jornada de trabalho e de redução da remuneração;

III - os estabelecimentos ou os setores da empresa a serem abrangidos pelo PPE;

IV - a relação dos trabalhadores abrangidos, identificados por nome, números de inscrição no Cadastro de Pessoas Físicas - CPF e no Programa de Integração Social - PIS; e

V - a previsão de constituição de comissão paritária composta por representantes do empregador e dos empregados abrangidos pelo PPE para acompanhamento e fiscalização do Programa e do acordo.

§ 1º O acordo coletivo de trabalho específico deverá ser aprovado em assembleia dos trabalhadores abrangidos pelo Programa.

§ 2º Para a pactuação do acordo coletivo de trabalho específico, a empresa demonstrará ao sindicato que foram esgotados os períodos de férias, inclusive coletivas, e os bancos de horas.

§ 3º A empresa fornecerá previamente ao sindicato as informações econômico-financeiras a serem apresentadas para adesão ao PPE.

§ 4º As alterações no acordo coletivo de trabalho específico deverão ser submetidas à Secretaria-Executiva do CPPE.

ART. 9º Este Decreto entra em vigor na data de sua publicação.

Brasília, 6 de julho de 2015;
194º da Independência e 127º da República
DILMA ROUSSEFF

DECRETO N. 8.516, DE 10 DE SETEMBRO DE 2015

Regulamenta a formação do Cadastro Nacional de Especialistas de que tratam o § 4º e § 5º do art. 1º da Lei n. 6.932, de 7 de julho de 1981, e o art. 35 da Lei n. 12.871, de 22 de outubro de 2013.

‣ *DOU*, 11.09.2015.

A Presidenta da República, no uso da atribuição que lhe confere o art. 84, *caput*, inciso IV, da Constituição, e tendo em vista o disposto nos § 4º e § 5º do art. 1º da Lei n. 6.932, de 7 de julho de 1981, e no art. 35 da Lei n. 12.871, de 22 de outubro de 2013,

Decreta:

ART. 1º Este Decreto regulamenta a formação do Cadastro Nacional de Especialistas de que tratam o § 4º e § 5º do art. 1º da Lei n. 6.932, de 7 de julho de 1981, e o art. 35 da Lei n. 12.871, de 22 de outubro de 2013.

ART. 2º O Cadastro Nacional de Especialistas reunirá informações relacionadas aos profissionais médicos com o objetivo de subsidiar os Ministérios da Saúde e da Educação na parametrização de ações de saúde pública e de formação em saúde, por meio do dimensionamento do número de médicos, sua especialidade médica, sua formação acadêmica, sua área de atuação e sua distribuição no território nacional.

Parágrafo único. Para fins do disposto neste Decreto, o título de especialista de que tratam os § 3º e § 4º do art. 1º da Lei n. 6.932, de 1981, é aquele concedido pelas sociedades de especialidades, por meio da Associação Médica Brasileira - AMB, ou pelos programas de residência médica credenciados pela Comissão Nacional de Residência Médica - CNRM.

ART. 3º O Cadastro Nacional de Especialistas constituirá a base de informação pública oficial na qual serão integradas as informações referentes à especialidade médica de cada profissional médico constantes nas bases de dados da CNRM, do Conselho Federal de Medicina - CFM, da AMB e das sociedades de especialidades a ela vinculadas.

Parágrafo único. Além do disposto no *caput*, o Cadastro Nacional de Especialistas também conterá informações sobre o profissional médico provenientes dos órgãos e das entidades referidos nos § 1º a § 4º do art. 8º, que não configuram especialidade médica, mas que sejam relevantes para o planejamento das políticas de saúde e de educação e se refiram à formação acadêmica e à atuação desses profissionais.

ART. 4º Fica estabelecida a Comissão Mista de Especialidades, vinculada ao CFM, a qual compete definir, por consenso, as especialidades médicas no País.

§ 1º A Comissão Mista de Especialidades será composta por:

DECRETOS

I - dois representantes da CNRM, sendo um do Ministério da Saúde e um do Ministério da Educação;

II - dois representantes do CFM; e

III - dois representantes da AMB.

§ 2º Os representantes da Comissão Mista de Especialidades, definirão, por consenso, as demais competências para sua atuação e as regras de seu funcionamento, por meio de ato específico.

§ 3º A atuação da Comissão Mista de Especialidades observará as competências previstas em lei.

ART. 5º O Ministério da Saúde e o Ministério da Educação adotarão o Cadastro Nacional de Especialistas como fonte de informação para a formulação das políticas públicas de saúde destinadas a:

I - subsidiar o planejamento e a formação de recursos humanos da área médica no Sistema Único de Saúde - SUS e na saúde suplementar;

II - dimensionar o número de médicos, suas especializações, suas áreas de atuação e a distribuição deles no território nacional, de forma a garantir o acesso ao atendimento médico da população brasileira de acordo com as necessidades do SUS;

III - estabelecer as prioridades de abertura e de ampliação de vagas de formação de médicos e especialistas no País;

IV - conceder estímulos à formação de especialistas para atuação nas políticas públicas de saúde do País e na organização e no funcionamento do SUS;

V - garantir à população o direito à informação sobre a modalidade de especialização do conjunto de profissionais da área médica em exercício no País;

VI - subsidiar as Comissões Intergestores de que trata o art. 14-A da Lei n. 8.080, de 19 de setembro de 1990, na pactuação, na organização e no desenvolvimento de ações e serviços de saúde integrados a redes de atenção à saúde;

VII - propor a reordenação de vagas para residência médica; e

VIII - orientar as pesquisas aplicadas ao SUS.

Parágrafo único. Os entes federativos poderão utilizar os dados do Cadastro Nacional de Especialistas para delinear as ações e os serviços de saúde de sua competência, nos termos do art. 16 a art. 19 da Lei n. 8.080, de 1990.

ART. 6º Os dados do Cadastro Nacional de Especialistas constituirão parâmetros para a CNRM, para a AMB e para as sociedades de especialidades, por meio da AMB, definirem a oferta de vagas nos programas de residência e de cursos de especialização para atendimento das necessidades do SUS, nos termos do § 4º do art. 1º da Lei n. 6.932, de 1981.

ART. 7º O Ministério da Saúde, por meio da Secretaria de Gestão do Trabalho e da Educação na Saúde, deverá compor, gerir e atualizar o Cadastro Nacional de Especialistas e garantirá a proteção das informações sigilosas nos termos da lei.

ART. 8º Para a formação do Cadastro Nacional de Especialistas, a CNRM, o CFM, a AMB e as sociedades de especialidades a ela vinculadas disponibilizarão, de forma permanente, a partir da data de publicação deste Decreto e sempre que houver solicitação, para o Ministério da Saúde, as suas bases de dados atualizadas com as informações de que trata o art. 3º.

§ 1º O Ministério da Educação e as instituições de ensino superior disponibilizarão, de forma permanente, para o Ministério da Saúde, as suas bases de dados atualizadas com as informações referentes à formação acadêmica.

§ 2º O Ministério da Educação disporá sobre o envio das informações das instituições de ensino superior de que trata o § 1º para o Ministério da Saúde.

§ 3º A base de dados dos sistemas de informação em saúde do SUS e da Agência Nacional de Saúde Suplementar - ANS será utilizada para formação do Cadastro Nacional de Especialistas.

§ 4º As informações fornecidas pelos órgãos e pelas entidades de que trata este artigo serão centralizadas em base de dados própria do sistema de informação em saúde do SUS.

ART. 9º Para assegurar a atualização do Cadastro Nacional de Especialistas, a AMB, as sociedades de especialidades, por meio da AMB, e os programas de residência médica credenciados pela CNRM, únicas entidades que concedem títulos de especialidades médicas no País, sempre que concederem certificação de especialidade médica, em qualquer modalidade, disponibilizarão ao Ministério da Saúde as informações disciplinadas conforme ato do Ministro de Estado da Saúde, ressalvadas aquelas sob sigilo nos termos da lei.

ART. 10. Será criada, no Cadastro Nacional de Especialistas, consulta específica de acesso ao cidadão denominada Lista de Especialistas.

Parágrafo único. A Lista de que trata o *caput* conterá o rol de profissionais médicos por Estado, na qual serão divulgados aqueles devidamente registrados como especialistas no Conselho Regional de Medicina de sua jurisdição.

ART. 11. Os registros de informações referentes aos profissionais médicos nos sistemas de informação em saúde do SUS apenas serão realizados caso estejam em consonância com os dados registrados no Cadastro Nacional de Especialistas.

Parágrafo único. Ato do Ministério da Saúde definirá o início da exigência descrita no *caput*.

ART. 12. Para fins de inclusão no Cadastro Nacional de Especialistas, as modalidades de certificação de especialistas previstas nos § 3º e § 4º do art. 1º da Lei n. 6.932, de 1981, deverão cumprir os pré-requisitos e as condições estabelecidos no art. 5º, art. 6º e art. 7º, § 2º e § 3º, da Lei n. 12.871, de 2013.

ART. 13. Será livre o acesso às informações do Cadastro Nacional de Especialistas pelos órgãos e entidades públicas e privadas, pelos profissionais médicos e pela sociedade civil, nos termos da Lei n. 12.527, de 18 de novembro de 2011, e das diretrizes da Política de Segurança da Informação nos órgãos e nas entidades da administração pública federal de que trata o Decreto n. 3.505, de 13 de junho de 2000.

ART. 14. O Ministério da Saúde adotará as providências para a implementação e a disponibilização, no prazo de cento e vinte dias, contado da data de publicação deste Decreto, do Cadastro Nacional de Especialistas.

ART. 15. Compete à CNRM definir a matriz de competência para a formação de especialistas na área de residência médica.

ART. 16. A Comissão Mista de Especialidades deverá se manifestar quando da definição pela AMB da matriz de competências exigidas para a emissão de títulos de especialistas a serem concedidos por essa associação, ou pelas sociedades de especialidades, por meio dela.

ART. 17. Este Decreto entra em vigor na data de sua publicação.

ART. 18. Fica revogado o Decreto n. 8.497, de 4 de agosto de 2015.

Brasília, 10 de setembro de 2015;
194º da Independência e 127º da República.
DILMA ROUSSEFF

DECRETO N. 8.533, DE 30 DE SETEMBRO DE 2015

Regulamenta o disposto no art. 9º-A da Lei n. 10.925, de 23 de julho de 2004, que dispõe sobre o crédito presumido da Contribuição para os Programas de Integração Social e de Formação do Patrimônio do Servidor Público - PIS/Pasep e da Contribuição para o Financiamento da Seguridade Social - Cofins relativo à aquisição de leite in natura, e institui o Programa Mais Leite Saudável.

▸ *DOU*, 1º.10.2015.

A Presidenta da República, no uso da atribuição que lhe confere o art. 84, *caput*, inciso IV, da Constituição, e tendo em vista o disposto no art. 9º-A da Lei n. 10.925, de 23 de julho de 2004, incluído pelo art. 4º da Lei n. 13.137, de 19 de junho de 2015,

Decreta:

ART. 1º Fica instituído o Programa Mais Leite Saudável, que objetiva incentivar a realização de investimentos destinados a auxiliar produtores rurais de leite no desenvolvimento da qualidade e da produtividade de sua atividade, conforme estabelecido neste Decreto.

CAPÍTULO I
DOS BENEFÍCIOS DO PROGRAMA MAIS LEITE SAUDÁVEL

ART. 2º O Programa Mais Leite Saudável permite à pessoa jurídica beneficiária a apuração de créditos presumidos da Contribuição para os Programas de Integração Social e de Formação do Patrimônio do Servidor Público - PIS/Pasep e da Contribuição para o Financiamento da Seguridade Social - Cofins na forma prevista no inciso I do parágrafo único do art. 4º e sua utilização na forma prevista no art. 6º.

ART. 3º É beneficiária do Programa Mais Leite Saudável a pessoa jurídica que tenha projeto aprovado para realização dos investimentos a que se refere o art. 1º e que seja habilitada na forma prevista no Capítulo V.

SEÇÃO I
DA APURAÇÃO DE CRÉDITOS PRESUMIDOS DA CONTRIBUIÇÃO PARA O PIS/PASEP E DA COFINS EM RELAÇÃO À AQUISIÇÃO DE LEITE *IN NATURA*

ART. 4º A pessoa jurídica, inclusive cooperativa, poderá descontar créditos presumidos da Contribuição para o PIS/Pasep e da Cofins em relação à aquisição de leite *in natura* utilizado como insumo, conforme disposto no inciso II do *caput* do art. 3º da Lei n.10.637, de 30 de dezembro de 2002, e no inciso II do *caput* do art. 3º da Lei n. 10.833, de 29 de dezembro de 2003, na produção de produtos destinados à alimentação humana ou animal classificados nos códigos da Nomenclatura Comum do Mercosul - NCM mencionados no *caput* do art. 8º da Lei n. 10.925, de 23 de julho de 2004.

Parágrafo único. Os créditos presumidos de que trata o *caput* serão apurados mediante aplicação dos seguintes percentuais das alíquotas da Contribuição para o PIS/Pasep e da Cofins, respectivamente:

I - cinquenta por cento da alíquota prevista no *caput* do art. 2º da Lei n. 10.637, de 2002, e da alíquota prevista no *caput* do art. 2º da Lei n. 10.833, de 2003, para o leite *in natura* adquirido por pessoa jurídica, inclusive cooperativa, regularmente habilitada, provisória ou definitivamente, no Programa Mais Leite Saudável;

II - vinte por cento da alíquota prevista no *caput* do art. 2º da Lei n. 10.637, de 2002, e da alíquota prevista no *caput* do art. 2º da Lei n. 10.833, de 2003, para o leite *in natura* adquirido por pessoa jurídica, inclusive cooperativa, não habilitada no Programa Mais Leite Saudável.

SEÇÃO II
DA UTILIZAÇÃO DOS CRÉDITOS PRESUMIDOS

ART. 5º Os créditos presumidos apurados na forma prevista no art. 4º poderão ser utilizados para desconto da Contribuição para o PIS/Pasep e da Cofins devidas em cada período de apuração.

Parágrafo único. O crédito presumido não aproveitado em determinado mês poderá ser aproveitado nos meses subsequentes.

ART. 6º Os créditos presumidos apurados na forma prevista no inciso I do parágrafo único do art. 4º poderão ser utilizados para:

I - compensação com débitos próprios, vencidos ou vincendos, relativos a tributos administrados pela Secretaria da Receita Federal do Brasil - RFB, observada a legislação aplicável à matéria; ou

II - ressarcimento em dinheiro, observada a legislação aplicável à matéria.

CAPÍTULO II
DOS REQUISITOS PARA HABILITAÇÃO NO PROGRAMA MAIS LEITE SAUDÁVEL

ART. 7º São requisitos para habilitação no Programa Mais Leite Saudável e para fruição de seus benefícios:

I - a aprovação de projeto elegível ao Programa Mais Leite Saudável pelo Ministério da Agricultura, Pecuária e Abastecimento;

II - a realização, pela pessoa jurídica interessada, de investimentos no projeto aprovado no âmbito do Programa Mais Leite Saudável, na forma prevista nos arts. 12 a 16;

III - a regular execução do projeto aprovado no âmbito do Programa Mais Leite Saudável, nos termos estabelecidos pela pessoa jurídica interessada e aprovados pelo Ministério da Agricultura, Pecuária e Abastecimento;

IV - o cumprimento das obrigações acessórias estabelecidas pelo Ministério da Agricultura, Pecuária e Abastecimento ou pela RFB para viabilizar a fiscalização da regularidade da execução do projeto aprovado no âmbito do Programa; e

V - a regularidade fiscal da pessoa jurídica em relação aos tributos administrados pela RFB.

CAPÍTULO III
DOS PROJETOS ELEGÍVEIS AO PROGRAMA MAIS LEITE SAUDÁVEL

ART. 8º Podem ser aprovados no âmbito do Programa Mais Leite Saudável projetos de realização de investimentos destinados a auxiliar produtores rurais de leite no desenvolvimento da qualidade e da produtividade de sua atividade que atendam aos requisitos estabelecidos neste Decreto.

ART. 9º Os projetos deverão ter duração máxima de trinta e seis meses.

ART. 10. Somente serão aprovados pelo Ministério da Agricultura, Pecuária e Abastecimento os projetos apresentados por pessoa jurídica regularmente registrada como produtora de produtos de origem animal, conforme o disposto na Lei n. 1.283, de 18 de dezembro de 1950.

ART. 11. O Ministério da Agricultura, Pecuária e Abastecimento publicará ato com a relação de projetos aprovados no âmbito do Programa Mais Leite Saudável, que apresentará, no mínimo, as seguintes informações:

I - o nome empresarial e o número de inscrição no Cadastro Nacional da Pessoa Jurídica - CNPJ do titular do projeto aprovado; e

II - a descrição do projeto.

Parágrafo único. Os autos do processo de análise do projeto ficarão arquivados e disponíveis no Ministério da Agricultura, Pecuária e Abastecimento, para consulta e fiscalização dos órgãos de controle.

CAPÍTULO IV
DO PROJETO DE INVESTIMENTOS

ART. 12. A pessoa jurídica deverá investir no projeto aprovado nos termos do art. 8º valor correspondente a, no mínimo, cinco por cento do somatório dos valores dos créditos presumidos de que trata o art. 6º efetivamente compensados com outros tributos ou ressarcidos em dinheiro no mesmo ano-calendário.

ART. 13. Para cálculo do montante a ser investido nos termos do art. 12, deverá ser considerado o valor total de créditos presumidos:

I - cuja compensação com outros tributos foi declarada à RFB no ano-calendário; ou

II - cujo ressarcimento em dinheiro foi efetuado pela RFB no ano-calendário.

Parágrafo único. Eventual glosa de valores pela RFB, quando da homologação da declaração de compensação não alterará o montante a ser investido nos termos do art. 12.

ART. 14. Os investimentos nos projetos de que trata o art. 12:

I - poderão ser realizados, total ou parcialmente, individual ou coletivamente, por meio de aporte de recursos em instituições que se dediquem a auxiliar os produtores de leite em sua atividade, sem prejuízo da responsabilidade da pessoa jurídica interessada pela efetiva execução do projeto aprovado no âmbito do Programa Mais Leite Saudável;

II - poderão ser realizados mediante o desenvolvimento, individual ou coletivamente, de atividades destinadas a auxiliar produtores rurais de leite no desenvolvimento da qualidade e da produtividade de sua atividade; e

III - não poderão abranger valores despendidos pela pessoa jurídica para cumprir requisito à fruição de qualquer outro benefício ou incentivo fiscal.

ART. 15. Para fins do disposto no art. 14, consideram-se atividades destinadas a auxiliar produtores rurais de leite no desenvolvimento da qualidade e da produtividade de sua atividade:

I - fornecimento de assistência técnica voltada prioritariamente para gestão da propriedade, implementação de boas práticas agropecuárias e capacitação de produtores rurais;

II - criação ou desenvolvimento de atividades que promovam o melhoramento genético dos rebanhos leiteiros; e

III - desenvolvimento de programas específicos para promoção da educação sanitária na pecuária.

ART. 16. A pessoa jurídica que, em determinado ano-calendário, não alcançar o valor de investimento necessário nos termos do art. 12 poderá, em complementação, investir no projeto aprovado o valor residual até o dia 30 de junho do ano-calendário subsequente.

Parágrafo único. Os valores investidos na forma prevista no *caput* não serão computados no valor do investimento de que trata o art. 12 apurado no ano-calendário em que foram investidos.

CAPÍTULO V
DA HABILITAÇÃO NO PROGRAMA MAIS LEITE SAUDÁVEL

SEÇÃO I
DA HABILITAÇÃO PROVISÓRIA

ART. 17. A pessoa jurídica poderá requerer ao Ministério da Agricultura, Pecuária e Abastecimento habilitação provisória no Programa Mais Leite Saudável.

Parágrafo único. O requerimento de habilitação de que trata o *caput* poderá ser apresentado em qualquer unidade do Ministério da Agricultura, Pecuária e Abastecimento.

ART. 18. São requisitos para a habilitação provisória da pessoa jurídica no Programa Mais Leite Saudável:

I - apresentação do projeto de investimentos de que trata o inciso I do *caput* do art. 7º; e

II - comprovação da regularidade fiscal da pessoa jurídica em relação aos tributos administrados pela RFB.

ART. 19. A habilitação provisória da pessoa jurídica no Programa Mais Leite Saudável ocorrerá automaticamente com a apresentação do requerimento ao Ministério da Agricultura, Pecuária e Abastecimento.

ART. 20. Verificada qualquer irregularidade relativa aos requisitos de que trata o art. 18, o Ministério da Agricultura, Pecuária e Abastecimento notificará a pessoa jurídica interessada para adequação no prazo de trinta dias, sob pena de indeferimento do projeto ou do requerimento de habilitação provisória.

SEÇÃO II
DA APROVAÇÃO DO PROJETO DE INVESTIMENTOS

ART. 21. O projeto de investimentos de que trata o inciso I do *caput* do art. 7º, apresentado quando do requerimento de habilitação provisória, será apreciado pelo Ministério da Agricultura, Pecuária e Abastecimento no prazo máximo de trinta dias.

§ 1º A aprovação do projeto de que trata o *caput* será formalizada por meio da publicação de ato no sítio eletrônico do Ministério da Agricultura, Pecuária e Abastecimento e no Diário Oficial da União.

§ 2º O indeferimento do projeto de que trata o *caput* será comunicado pelo Ministério da Agricultura, Pecuária e Abastecimento à RFB e produzirá os mesmos efeitos do indeferimento da habilitação definitiva da pessoa jurídica no Programa Mais Leite Saudável, conforme disposto no art. 25.

SEÇÃO III
DA HABILITAÇÃO DEFINITIVA

ART. 22. A habilitação definitiva da pessoa jurídica no Programa Mais Leite Saudável deverá ser requerida pela pessoa jurídica à RFB no prazo de trinta dias, contado da data de publicação do ato de aprovação do projeto de investimentos de que trata o § 1º do art. 21.

Parágrafo único. A não apresentação do requerimento de habilitação definitiva da pessoa jurídica ao Programa Mais Leite Saudável no prazo de que trata o *caput* produzirá os mesmos efeitos do indeferimento da habilitação definitiva da pessoa jurídica no Programa Mais Leite Saudável, conforme disposto no art. 25.

ART. 23. A habilitação definitiva será formalizada por meio de ato da RFB, publicado no Diário Oficial da União.

DECRETOS

SEÇÃO IV
DOS EFEITOS DO DEFERIMENTO E DO INDEFERIMENTO DO REQUERIMENTO DE HABILITAÇÃO DEFINITIVA

ART. 24. No caso de deferimento do requerimento de habilitação definitiva da pessoa jurídica no Programa Mais Leite Saudável, cessará a vigência da habilitação provisória e serão convalidados seus efeitos.

ART. 25. Na hipótese de indeferimento do requerimento de habilitação definitiva da pessoa jurídica no Programa Mais Leite Saudável, a habilitação provisória perderá seus efeitos retroativamente à data de sua concessão, e a pessoa jurídica deverá:

I - apurar, na forma prevista no inciso II do parágrafo único do art. 4º, os créditos presumidos relativos às operações ocorridas na vigência da habilitação provisória, observado o disposto nos incisos II e III deste artigo;

II - caso tenha utilizado os créditos presumidos apurados na vigência da habilitação provisória na forma prevista no inciso I do parágrafo único do art. 4º para desconto da Contribuição para o PIS/Pasep e da Cofins devidas, para compensação com outros tributos ou para ressarcimento em dinheiro, recolher, no prazo de trinta dias do indeferimento, o valor utilizado indevidamente, acrescido de juros de mora; e

III - caso não tenha utilizado, nas formas citadas no inciso II deste artigo, os créditos presumidos apurados na vigência da habilitação provisória na forma prevista no inciso I do parágrafo único do art. 4º, estornar o montante de créditos presumidos apurados indevidamente do saldo acumulado.

ART. 26. A desistência do requerimento de habilitação definitiva no Programa Mais Leite Saudável por parte da pessoa jurídica interessada, antes da decisão de deferimento ou indeferimento, produzirá os mesmos efeitos do indeferimento da habilitação definitiva da pessoa jurídica no Programa, conforme disposto no art. 25.

SEÇÃO V
DO CANCELAMENTO DA HABILITAÇÃO DE PESSOA JURÍDICA NO PROGRAMA MAIS LEITE SAUDÁVEL

ART. 27. A pessoa jurídica terá sua habilitação definitiva no Programa Mais Leite Saudável cancelada de ofício caso descumpra os requisitos para habilitação ao Programa e para fruição dos benefícios estabelecidos no art. 7º.

Parágrafo único. No caso de cancelamento de ofício da habilitação definitiva no Programa Mais Leite Saudável, a pessoa jurídica:

I - deverá apurar, na forma prevista no inciso II do parágrafo único do art. 4º, os créditos presumidos relativos às operações ocorridas na vigência das habilitações provisória e definitiva, observado o disposto nos incisos II e III deste artigo;

II - caso tenha utilizado os créditos presumidos apurados na vigência das habilitações provisória e definitiva na forma prevista no inciso I do parágrafo único do art. 4º para desconto da Contribuição para o PIS/Pasep e da Cofins devidas, para compensação com outros tributos ou para ressarcimento em dinheiro, deverá recolher, no prazo de trinta dias do indeferimento, o valor utilizado indevidamente, acrescido de juros de mora;

III - caso não tenha utilizado, nas formas citadas no inciso II deste artigo, os créditos presumidos apurados na vigência da habilitação provisória na forma prevista no inciso I do parágrafo único do art. 4º, deverá estornar o montante de créditos presumidos apurados indevidamente do saldo acumulado; e

IV - não poderá ser habilitada, provisória ou definitivamente, novamente no prazo de dois anos, contado da data de publicação do ato de que trata o art. 28.

ART. 28. O cancelamento de ofício da habilitação definitiva da pessoa jurídica ao Programa Mais Leite Saudável será formalizado por meio de ato da RFB, publicado no Diário Oficial da União.

ART. 29. A pessoa jurídica terá sua habilitação definitiva no Programa Mais Leite Saudável cancelada automaticamente na data de protocolização do relatório de conclusão do projeto de que trata o inciso II do *caput* do art. 31, independentemente da publicação de ato pela RFB.

CAPÍTULO VI
DA FISCALIZAÇÃO DA EXECUÇÃO DOS PROJETOS APROVADOS NO PROGRAMA MAIS LEITE SAUDÁVEL

ART. 30. A execução dos projetos aprovados no Programa Mais Leite Saudável será acompanhada pelo Ministério da Agricultura, Pecuária e Abastecimento.

ART. 31. A pessoa jurídica beneficiária do Programa Mais Leite Saudável deverá:

I - encaminhar ao Ministério da Agricultura, Pecuária e Abastecimento relatório anual de execução do projeto aprovado no Programa Mais Leite Saudável;

II - encaminhar ao Ministério da Agricultura, Pecuária e Abastecimento, ao final da execução do projeto aprovado no Programa Mais Leite Saudável, relatório de conclusão do projeto;

III - manter registros auditáveis que evidenciem a execução das metas estabelecidas no projeto aprovado no Programa Mais Leite Saudável;

IV - arquivar toda documentação referente a cada ano de execução do projeto aprovado no Programa Mais Leite Saudável pelo período de cinco anos, contado da data de protocolização do relatório de conclusão do projeto de que trata o inciso II.

ART. 32. O Ministério da Agricultura, Pecuária e Abastecimento comunicará à RFB as ocorrências e irregularidades verificadas na execução dos projetos aprovados no Programa Mais Leite Saudável consideradas relevantes, especialmente aquelas de que tratam o § 2º do art. 21 e o *caput* do art. 27.

CAPÍTULO VII
DO SALDO DE CRÉDITO PRESUMIDO ACUMULADO

ART. 33. A pessoa jurídica poderá utilizar o saldo de créditos presumidos apurados na forma prevista no art. 8º da Lei n. 10.925, de 2004, em relação a custos, despesas e encargos vinculados à produção e à comercialização de leite e de seus derivados classificados nos códigos da NCM mencionados no *caput* do art. 8º da Lei n. 10.925, de 2004, acumulado até o dia anterior à publicação deste Decreto para:

I - compensação com débitos próprios, vencidos ou vincendos, relativos a tributos administrados pela RFB, observada a legislação aplicável à matéria; ou

II - ressarcimento em dinheiro, observada a legislação aplicável à matéria.

§ 1º A declaração de compensação ou o pedido de ressarcimento do saldo de créditos de que trata o *caput* somente poderá ser efetuado:

I - relativamente aos créditos apurados no ano-calendário de 2010, a partir da data de publicação deste Decreto;

II - relativamente aos créditos apurados no ano-calendário de 2011, a partir de 1º de janeiro de 2016;

III - relativamente aos créditos apurados no ano-calendário de 2012, a partir de 1º de janeiro de 2017;

IV - relativamente aos créditos apurados no ano-calendário de 2013, a partir de 1º de janeiro de 2018; e

V - relativamente aos créditos apurados no período compreendido entre 1º de janeiro de 2014 e o dia anterior à data de publicação deste Decreto, a partir de 1º de janeiro de 2019.

§ 2º A aplicação do disposto neste artigo independe de habilitação da pessoa jurídica no Programa Mais Leite Saudável.

CAPÍTULO VIII
DISPOSIÇÕES FINAIS

ART. 34. A Secretaria da Receita Federal do Brasil e o Ministério da Agricultura, Pecuária e Abastecimento disciplinarão, no âmbito de suas competências, a aplicação das disposições previstas neste Decreto.

ART. 35. Este Decreto entra em vigor na data de sua publicação.

Brasília, 30 de setembro de 2015; 194º da Independência e 127º da República.

DILMA ROUSSEFF

DECRETO N. 8.535, DE 1º DE OUTUBRO DE 2015

Dispõe sobre a contratação de serviços de instituições financeiras pelos órgãos e entidades do Poder Executivo federal.

› *DOU*, 2.10.2015.

A Presidenta da República, no uso da atribuição que lhe confere o art. 84, *caput*, inciso VI, alínea "a", da Constituição,

Decreta:

ART. 1º A contratação de serviços de instituições financeiras, no interesse da execução de políticas públicas, observará o disposto neste Decreto.

ART. 2º Competem aos órgãos e entidades do Poder Executivo federal responsáveis pela contratação dos serviços de instituições financeiras a respectiva gestão e execução orçamentária e financeira.

ART. 3º É vedado aos órgãos e entidades do Poder Executivo federal firmar contrato de prestação de serviços com instituições financeiras, no interesse da execução de políticas públicas, que contenha cláusula que permita a ocorrência de insuficiência de recursos por período superior a cinco dias úteis.

§ 1º Em caso de excepcional insuficiência de recursos, a instituição financeira comunicará a ocorrência ao órgão ou entidade do Poder Executivo federal contratante até o quinto dia útil da ocorrência, que procederá à cobertura do saldo em quarenta e oito horas úteis, contadas a partir do recebimento da comunicação.

§ 2º Na hipótese de que trata o § 1º, o ordenador de despesa deverá apresentar justificativa para a ocorrência, que será anexada à documentação comprobatória dos pagamentos, para efeito de análise dos órgãos de contabilidade e de controle.

§ 3º É vedada a existência de saldos negativos ao final de cada exercício financeiro.

ART. 4º As dotações orçamentárias alocadas em programações específicas, no âmbito de Encargos Financeiros da União - EFU, da Lei Orçamentária Anual e de seus créditos adicionais serão descentralizadas pelo Ministério da Fazenda aos órgãos e entidades do Poder Executivo federal responsáveis pela contratação dos serviços.

§ 1º A solicitação de inclusão dos valores destinados ao pagamento das despesas de cada exercício na Lei Orçamentária Anual e em créditos adicionais será encaminhada ao Ministério da Fazenda e ao Ministério do Planejamento, Orçamento e Gestão.

§ 2º Os recursos financeiros correspondentes às dotações orçamentárias descentralizadas na forma do *caput* serão liberados pelo Ministério da Fazenda ao órgão setorial de programação financeira dos órgãos e entidades do Poder Executivo federal responsáveis pelo pagamento.

ART. 5º A contratação ou prorrogação contratual dos serviços de instituições financeiras cujas dotações orçamentárias estejam alocadas em programações específicas, no âmbito de EFU, da Lei Orçamentária Anual e de seus créditos adicionais e sejam descentralizadas pelo Ministério da Fazenda deverão ser previamente submetidas, pelos órgãos e entidades do Poder Executivo federal, ao Ministério da Fazenda e ao Ministério do Planejamento, Orçamento e Gestão.

ART. 6º Os contratos de serviços de agentes financeiros vigentes que estejam em desacordo com as disposições deste Decreto deverão ser adequados, mediante a celebração de aditivo contratual, no prazo de sessenta dias.

ART. 7º O Ministério da Fazenda e o Ministério do Planejamento, Orçamento e Gestão poderão estabelecer conjuntamente normas complementares ao disposto neste Decreto.

ART. 8º Fica revogado o Decreto n. 7.793, de 17 de agosto de 2012.

ART. 9º Este Decreto entra em vigor na data de sua publicação.

Brasília, 1º de outubro de 2015; 194º da Independência e 127º da República.

DILMA ROUSSEFF

DECRETO N. 8.614, DE 22 DE DEZEMBRO DE 2015

Regulamenta a Lei Complementar n. 121, de 9 de fevereiro de 2006, para instituir a Política Nacional de Repressão ao Furto e Roubo de Veículos e Cargas e para disciplinar a implantação do Sistema Nacional de Prevenção, Fiscalização e Repressão ao Furto e Roubo de Veículos e Cargas.

▸ *DOU*, 23.12.2015.

A Presidenta da República, no uso das atribuições que lhe confere o art. 84, *caput*, incisos IV e VI, alínea "a", da Constituição, e tendo em vista o disposto na Lei Complementar n. 121, de 9 de fevereiro de 2006,

Decreta:

ART. 1º Fica instituída, nos termos da Lei Complementar n. 121, de 9 de fevereiro de 2006, a Política Nacional de Repressão ao Furto e Roubo de Veículos e Cargas, com os seguintes objetivos:

I - estabelecer os planos, os programas e as estratégias de ação voltados para a repressão ao furto e roubo de veículos e cargas em todo o território nacional;

II - promover a capacitação e articular a atuação dos órgãos e das entidades federais, estaduais, municipais e do Distrito Federal com competências pertinentes ao objeto da Lei Complementar n. 121, de 2006;

III - promover a integração e incentivar as ações de prevenção, de fiscalização e de repressão dos crimes de furto e roubo de veículos e cargas pelos órgãos de segurança e fazendários da União, dos Estados, do Distrito Federal e dos Municípios;

IV - incentivar a formação e o aperfeiçoamento do pessoal civil e militar empregado na área de trânsito e segurança pública, nos âmbitos federal, estadual, distrital e municipal, no tocante à prevenção, à fiscalização e à repressão aos crimes de furto e roubo de veículos e cargas;

V - propor alterações, na legislação penal e de trânsito, com vistas à redução dos índices de furto e roubo de veículos e cargas;

VI - promover a implantação, a integração, a modernização e a adequação tecnológica dos sistemas de monitoramento veicular dos equipamentos e dos procedimentos empregados, com vistas à unificação de dados de interesse nas atividades de prevenção, de fiscalização e de repressão ao furto e roubo de veículos e cargas;

VII - desenvolver campanhas de esclarecimento e de orientação aos transportadores e proprietários de veículos e cargas, quanto à segurança pessoal e, em particular, à segurança da operação de transporte;

VIII - organizar, operar e manter sistema de informações para o conjunto dos órgãos integrantes do Sistema Nacional de Prevenção, Fiscalização e Repressão ao Furto e Roubo de Veículos e Cargas; e

IX - promover e implantar o uso, na cadeia produtiva e logística, de protocolos e certificações de segurança e de meios que identifiquem, na nota fiscal, o lote e a unidade do produto que está sendo transportado.

ART. 2º A Política instituída pelo art. 1º será implementada pela União em regime de cooperação com os Estados, o Distrito Federal, os Municípios e a sociedade civil.

ART. 3º O Sistema Nacional de Prevenção, Fiscalização e Repressão ao Furto e Roubo de Veículos e Cargas, nos termos do § 1º do art. 2º da Lei Complementar n. 121, de 2006, será constituído pelos seguintes órgãos:

I - do Ministério da Justiça:

a) Secretaria Nacional de Segurança Pública - Senasp;

b) Departamento de Polícia Federal - DPF; e

c) Departamento de Polícia Rodoviária Federal - DPRF;

II - do Ministério da Fazenda:

a) Secretaria da Receita Federal do Brasil - RFB; e

b) Superintendência de Seguros Privados - Susep;

III - do Ministério dos Transportes:

a) Departamento Nacional de Infraestrutura de Transportes - Dnit; e

b) Agência Nacional de Transportes Terrestres - ANTT;

IV - do Ministério das Cidades: Departamento Nacional de Trânsito - Denatran; e

V - dos Estados e do Distrito Federal:

a) Secretarias de Segurança Pública ou órgão equivalente;

b) Secretarias da Fazenda ou órgão equivalente;

c) órgãos policiais; e

d) órgãos e entidades pertencentes ao Sistema Nacional de Trânsito.

§ 1º O Sistema Nacional de Prevenção, Fiscalização e Repressão ao Furto e Roubo de Veículos e Cargas será coordenado pelo Comitê Gestor da Política Nacional de Repressão ao Furto e Roubo de Veículos e Cargas, de que tratam os arts. 7º a 9º.

§ 2º Todos os órgãos e entidades integrantes do Sistema Nacional de Prevenção, Fiscalização e Repressão ao Furto e Roubo de Veículos e Cargas ficam obrigados a fornecer informações relativas a furto e roubo de veículos e cargas, de acordo com as diretrizes do Comitê Gestor da Política Nacional de Repressão ao Furto e Roubo de Veículos e Cargas, para constituir banco de dados do sistema de informações previsto no inciso VIII do *caput* do art. 1º.

§ 3º Com base no disposto no § 2º, são instrumentos do Sistema Nacional de Prevenção, Fiscalização e Repressão ao Furto e Roubo de Veículos e Cargas, no que se refere à prevenção, à fiscalização e à repressão ao furto e roubo de veículos e cargas, cuja utilização será normatizada pelo Comitê Gestor da Política Nacional de Repressão ao Furto e Roubo de Veículos e Cargas:

I - o Centro Integrado de Comando e Controle Nacional - CICCN, do Ministério da Justiça;

II - o Sistema Nacional de Informações de Segurança Pública, Prisionais e sobre Drogas - Sinesp;

III - o Sistema Nacional de Identificação Automática de Veículos - Siniav;

IV - o Sistema Integrado de Monitoramento e Registro Automático de Veículos - Simrav;

V - o Sistema Georreferenciado de Informações Viárias - SGV;

VI - o Sistema Nacional de Identificação, Rastreamento e Autenticação de Mercadorias - Brasil-ID; e

VII - o Sistema Alerta Brasil.

§ 4º O Sinesp criará e manterá banco de dados nacional para o registro dos roubos e furtos de cargas, a ser utilizado pelos organismos policiais integrantes do Sistema Nacional de Prevenção, Fiscalização e Repressão ao Furto e Roubo de Veículos e Cargas de acordo com normas estabelecidas pelo Comitê Gestor da Política Nacional de Repressão ao Furto e Roubo de Veículos e Cargas.

ART. 4º Compete às autoridades fazendárias integrantes do Sistema Nacional de Prevenção, Fiscalização e Repressão ao Furto e Roubo de Veículos e Cargas:

I - estabelecer as padronizações técnicas e as normas de execução para o cumprimento do disposto no inciso IX do *caput* do art. 1º; e

II - encaminhar à autoridade policial competente cópia dos autos de infração referentes a veículos e mercadorias desacompanhados de documento regular de aquisição encontrados durante ação fiscal.

ART. 5º Compete ao Conselho Nacional de Trânsito - Contran, além das competências definidas no art. 7º da Lei Complementar n.121, de 2006, estabelecer a padronização e editar as normas relativas à emissão da autorização para conduzir veículo de que trata o art. 8º da referida Lei.

ART. 6º Compete à Susep, ouvido o Contran, estabelecer os parâmetros e editar as normas relativas ao cumprimento do disposto no art. 9º da Lei Complementar n. 121, de 2006.

ART. 7º Fica instituído o Comitê Gestor da Política Nacional de Repressão ao Furto e Roubo de Veículos e Cargas, órgão colegiado de natureza consultiva e deliberativa, vinculado ao Ministério da Justiça, que tem por finalidade promover a atuação integrada de órgãos e entidades responsáveis pela prevenção, fiscalização e repressão ao furto e roubo de veículos e cargas.

Parágrafo único. Ao Comitê Gestor da Política Nacional de Repressão ao Furto e Roubo de Veículos e Cargas compete:

I - coordenar a Política Nacional de Repressão ao Furto e Roubo de Veículos e Cargas;

II - formular diretrizes para a execução da Política Nacional de Repressão ao Furto e Roubo de Veículos e Cargas;

III - estabelecer diretrizes e procedimentos para atuação integrada na prevenção, na fiscalização e na repressão ao furto e roubo de veículos e cargas;

IV - estabelecer padrões e procedimentos para coleta, análise, sistematização, atualização, interoperabilidade e interpretação de dados e informações relativos ao furto e roubo de veículos e cargas; e

V - publicar relatórios semestrais com estatísticas, indicadores e análises referentes à prevenção, à fiscalização e à repressão ao furto e roubo de veículos e cargas.

ART. 8º O Comitê Gestor da Política Nacional de Repressão ao Furto e Roubo de Veículos e Cargas será composto por representante, titular e suplente, de cada órgão a seguir indicado:

I - Senasp;

II - DPF;

III - DPRF;

IV - RFB;

V - Susep;

VI - Dnit;

VII - ANTT; e

VIII - Denatran.

§ 1º O Comitê Gestor da Política Nacional de Repressão ao Furto e Roubo de Veículos e Cargas será presidido por um representante do Ministério da Justiça, designado pelo Ministro de Estado da Justiça.

§ 2º Integrará o Comitê Gestor da Política Nacional de Repressão ao Furto e Roubo de Veículos e Cargas um representante, e respectivo suplente, de cada um dos seguintes colegiados:

I - Conselho Nacional de Comandantes Gerais das Polícias Militares dos Estados e do Distrito Federal;

II - Conselho Nacional de Chefes de Polícia Civil dos Estados e do Distrito Federal; e

III - Conselho Nacional de Política Fazendária.

§ 3º Os membros do Comitê Gestor da Política Nacional de Repressão ao Furto e Roubo de Veículos e Cargas serão indicados por seus respectivos órgãos, e designados pelo Ministro de Estado da Justiça para um mandato de dois anos, permitida uma única recondução.

§ 4º O Comitê Gestor da Política Nacional de Repressão ao Furto e Roubo de Veículos e Cargas poderá convidar representantes de órgãos ou entidades, públicas ou privadas, ou especialistas em assuntos de interesse para participar de suas reuniões.

§ 5º O Ministério da Justiça providenciará o apoio administrativo e logístico ao Comitê Gestor da Política Nacional de Repressão ao Furto e Roubo de Veículos e Cargas.

ART. 9º O Comitê Gestor da Política Nacional de Repressão ao Furto e Roubo de Veículos e Cargas poderá constituir câmaras técnicas, que terão por objeto oferecer sugestões e embasamento técnico às suas decisões.

ART. 10. Os órgãos e entidades referidos no *caput* do art. 8ºdeverão fornecer aos demais integrantes do Sistema, nos termos estabelecidos pelo Comitê Gestor da Política Nacional de Repressão ao Furto e Roubo de Veículos e Cargas, os dados e as informações de interesse para as ações de prevenção, de fiscalização e de repressão ao furto e roubo de veículos e cargas, observadas as restrições constantes em legislação específica.

ART. 11. Os Estados, os Municípios e o Distrito Federal poderão tornar disponíveis aos órgãos e entidades do Comitê Gestor da Política Nacional de Repressão ao Furto e Roubo de Veículos e Cargas, por meio eletrônico, os dados e as informações constantes das notas fiscais eletrônicas, dos conhecimentos de transporte eletrônicos e dos manifestos de transporte eletrônicos.

ART. 12. Fica instituído o Alerta Brasil, sistema de monitoramento de fluxo de veículos, a ser gerido pelo DPRF do Ministério da Justiça, com a finalidade de integrar e compartilhar os dados e as informações sobre veículos, cargas e passageiros em rodovias e áreas de interesse da União, que subsidiará as ações de prevenção, de fiscalização e de repressão de órgãos e entidades integrantes do Sistema Nacional de Prevenção, Fiscalização e Repressão ao Furto e Roubo de Veículos e Cargas.

§ 1º O Alerta Brasil terá acesso às seguintes bases de dados, sem prejuízo das demais finalidades a que se destinam:

I - Registro Nacional de Veículos Automotores - Renavam;

II - Registro Nacional de Carteiras de Habilitação - Renach;

III - Sistema Integrado de Operações Rodoviárias - Sior;

IV - SGV;

V - Registro Nacional de Transportadores Rodoviários de Cargas - RNTRC;

VI - Sistema de Monitoramento do Transporte Rodoviário Interestadual e Internacional Coletivo de Passageiros - Monitriip;

VII - Cadastro de Pessoas Físicas - CPF;

VIII - Cadastro Nacional da Pessoa Jurídica - CNPJ; e

IX - Sistema Nacional de Identificação Automático de Veículos - Siniav.

§ 2º Os órgãos e entidades integrantes do Comitê Gestor da Política Nacional de Repressão ao Furto e Roubo de Veículos e Cargas terão acesso aos dados do Alerta Brasil.

§ 3º O Alerta Brasil fornecerá dados e informações:

I - ao Sinesp, nos termos da Lei n. 12.681, de 4 de julho de 2012; e

II - aos órgãos integrantes do Sistema Nacional de Prevenção, Fiscalização e Repressão ao Furto e Roubo de Veículos e Cargas, no âmbito de suas competências específicas.

ART. 13. Fica instituído o Programa de Operações Integradas de Combate ao Roubo de Cargas - Proint, com a finalidade de articular a repressão uniforme ao furto, ao roubo e à receptação de cargas transportadas em operação interestadual ou internacional, quando houver indícios da atuação de quadrilha ou bando em mais de uma unidade da Federação, nos termos do disposto na Lei n.10.446, de 8 de maio de 2002.

§ 1º O Proint será coordenado pelo DPF e sua execução será realizada em conjunto com a Polícia Rodoviária Federal e com as Polícias Militares e Civis dos Estados e do Distrito Federal, mediante acordo de cooperação técnica e em conformidade com as competências constitucionais e legais dos órgãos de segurança pública envolvidos.

§ 2º Os acordos de cooperação técnica e seus planos de trabalho conterão obrigatoriamente a descrição detalhada do objeto, metas de execução e mecanismos de monitoramento e avaliação da efetividade das intervenções e do cumprimento das metas estabelecidas.

ART. 14. Este Decreto entra em vigor na data de sua publicação.

Brasília, 22 de dezembro de 2015; 194º da Independência e 127º da República.

DILMA ROUSSEFF

DECRETO N. 8.772, DE 11 DE MAIO DE 2016

Regulamenta a Lei n. 13.123, de 20 de maio de 2015, que dispõe sobre o acesso ao patrimônio genético, sobre a proteção e o acesso ao conhecimento tradicional associado e sobre a repartição de benefícios para conservação e uso sustentável da biodiversidade.

▸ *DOU*, 12.05.2016.

A Presidenta da República, no uso das atribuições que lhe conferem o art. 84, *caput*, inciso IV e inciso VI, alínea "a", da Constituição, e tendo em vista o disposto na Lei n. 13.123, de 20 de maio de 2015,

Decreta:

CAPÍTULO I
DISPOSIÇÕES PRELIMINARES

ART. 1º Este Decreto regulamenta a Lei n. 13.123, de 20 de maio de 2015, que dispõe sobre o acesso ao patrimônio genético, sobre a proteção e o acesso ao conhecimento tradicional associado e sobre a repartição de benefícios para conservação e uso sustentável da biodiversidade.

§ 1º Considera-se parte do patrimônio genético existente no território nacional, para os efeitos deste Decreto, o microrganismo que tenha sido isolado a partir de substratos do território nacional, do mar territorial, da zona econômica exclusiva ou da plataforma continental.

§ 2º O microrganismo não será considerado patrimônio genético nacional quando o usuário, instado pela autoridade competente, comprovar:

I - que foi isolado a partir de substratos que não sejam do território nacional, do mar territorial, da zona econômica exclusiva ou da plataforma continental; e

II - a regularidade de sua importação.

§ 3º As espécies vegetais e animais introduzidas no País somente serão consideradas patrimônio genético encontrado em condições in situ no território nacional quando formarem populações espontâneas que tenham adquirido características distintivas próprias no País.

§ 4º Considera-se também patrimônio genético encontrado em condições in situ a variedade proveniente de espécie introduzida no território nacional com diversidade genética desenvolvida ou adaptada por populações indígenas, comunidades tradicionais ou agricultores tradicionais, incluindo seleção natural combinada com seleção humana no ambiente local, que não seja substancialmente semelhante a cultivares comerciais.

ART. 2º Ficam sujeitas às exigências da Lei n. 13.123, de 2015, e deste Decreto, as seguintes atividades:

I - acesso ao patrimônio genético ou ao conhecimento tradicional associado;

II - remessa para o exterior de amostras de patrimônio genético; e

III - exploração econômica de produto acabado ou material reprodutivo oriundo de acesso ao patrimônio genético ou ao conhecimento tradicional associado realizado após a entrada em vigor da Lei n. 13.123, de 2015.

§ 1º Para fins do disposto no inciso II do *caput*, a prática de qualquer atividade de pesquisa ou desenvolvimento tecnológico que for efetuada após 17 de novembro de 2015, será, independentemente da data do seu início, considerada como acesso realizado após a entrada em vigor da Lei n. 13.123, de 2015.

§ 2º As atividades realizadas entre 30 de junho de 2000 e 17 de novembro de 2015 deverão observar o disposto no Capítulo VIII deste Decreto.

ART. 3º Não estão sujeitos às exigências da Lei n. 13.123, de 2015, e deste Decreto, o acesso ao patrimônio genético ou ao conhecimento tradicional associado concluído antes de 30 de junho de 2000 e a exploração econômica de produto acabado ou material reprodutivo dele decorrente.

§ 1º Para os fins de que trata o *caput*, e quando instado pela autoridade competente, o usuário deverá comprovar que todas as etapas do acesso se encerraram antes de 30 de junho de 2000.

§ 2º A comprovação de que trata o § 1º deverá ocorrer por meio de:

I - no caso de pesquisa:

a) publicação de artigo em periódico científico;

b) comunicação em eventos científicos;

c) depósito de pedido de patente;

d) relatório de conclusão da pesquisa junto a órgão ou entidade de fomento público; ou

e) publicação de trabalhos de conclusão de curso, dissertação de mestrado, teses de doutorado; e

II - no caso de desenvolvimento tecnológico:

a) depósito de pedido de patente;

b) registro de cultivar;

c) registro de produto junto a órgãos públicos; ou

d) comprovante de comercialização do produto.

§ 3º Tratando-se de exploração econômica de produto acabado ou material reprodutivo, além do disposto nos incisos I e II do § 2º, o usuário deverá comprovar que o acesso concluído foi suficiente para a obtenção do produto acabado ou material reprodutivo objeto da exploração econômica.

§ 4º Para efeitos do § 3º, considera-se que o acesso concluído foi suficiente para a obtenção do produto acabado ou material reprodutivo objeto da exploração econômica quando não houver ocorrido nenhuma atividade de pesquisa ou desenvolvimento tecnológico posterior a 30 de junho de 2000.

§ 5º O Conselho de Gestão do Patrimônio Genético poderá:

I - definir outros meios de comprovação além dos previstos nos incisos I e II do § 2º; e

II - emitir, mediante solicitação e comprovação, documento que ateste o enquadramento do usuário nas situações previstas neste artigo.

CAPÍTULO II
DO CONSELHO DE GESTÃO DO PATRIMONIO GENÉTICO - CGEN

SEÇÃO I
DAS DISPOSIÇÕES GERAIS

ART. 4º O Conselho de Gestão do Patrimônio Genético - CGen, órgão colegiado de caráter deliberativo, normativo, consultivo e recursal, possui as seguintes competências:

I - coordenar a elaboração e a implementação de políticas para a gestão do acesso ao patrimônio genético e ao conhecimento tradicional associado e da repartição de benefícios;

II - estabelecer:

a) normas técnicas;

b) diretrizes e critérios para elaboração e cumprimento do acordo de repartição de benefícios; e

c) critérios para a criação de banco de dados para o registro de informação sobre patrimônio genético e conhecimento tradicional associado;

III - acompanhar, em articulação com órgãos federais, ou mediante convênio com outras instituições, as atividades de:

a) acesso e remessa de amostra que contenha o patrimônio genético; e

b) acesso a conhecimento tradicional associado;

IV - deliberar sobre:

a) o credenciamento de instituição nacional que mantém coleção *ex situ* de amostras que contenham o patrimônio genético; sejam elas:

1. públicas; ou

2. privadas sem fins lucrativos que mantenham herbários populares ou bancos comunitários de sementes; e

b) o credenciamento de instituição pública nacional para ser responsável pela criação e manutenção da base de dados de que trata o inciso X;

V - atestar a regularidade do acesso ao patrimônio genético ou ao conhecimento tradicional associado de que trata o Capítulo IV da Lei n. 13.123, de 2015;

VI - registrar o recebimento da notificação do produto acabado ou material reprodutivo e a apresentação do acordo de repartição de benefícios, nos termos do art. 16 da Lei n. 13.123, de 2015;

VII - promover debates e consultas públicas sobre os temas de que trata a Lei n. 13.123, de 2015;

VIII - funcionar como instância superior de recurso em relação à decisão de instituição credenciada e aos atos decorrentes da aplicação da Lei n. 13.123, de 2015;

IX - estabelecer diretrizes para a aplicação dos recursos destinados ao Fundo Nacional para a Repartição de Benefícios - FNRB, a título de repartição de benefícios;

X - criar e manter base de dados relativos:

a) aos cadastros de acesso ao patrimônio genético ou ao conhecimento tradicional associado e de remessa;

b) às autorizações de acesso ao patrimônio genético ou ao conhecimento tradicional associado e de remessa;

c) aos instrumentos e termos de transferência de material para envio de amostra e remessa;

d) às coleções *ex situ* das instituições credenciadas que contenham amostras de patrimônio genético;

e) às notificações de produto acabado ou material reprodutivo;

f) aos acordos de repartição de benefícios; e

g) aos atestados de regularidade de acesso;

XI - cientificar órgãos federais de proteção dos direitos de populações indígenas, de comunidades tradicionais e de agricultores tradicionais sobre o registro em cadastro de acesso a conhecimentos tradicionais associados; e

XII - aprovar seu regimento interno, que disporá, no mínimo, sobre:

a) organização e funcionamento de suas reuniões;

b) funcionamento da Secretaria-Executiva;

c) procedimento para nomeação de seus Conselheiros;

d) afastamento, impedimento, suspeição e hipóteses de conflito de interesses dos Conselheiros;

e) publicidade das suas normas técnicas e deliberações; e

f) composição e funcionamento das Câmaras Temáticas e Setoriais.

Parágrafo único. O CGen poderá, a pedido do usuário, emitir certificado de cumprimento internacionalmente reconhecido que servirá como prova de que as atividades sobre o patrimônio genético ou o conhecimento tradicional associado foram realizadas conforme o disposto na Lei n. 13.123, de 2015, e neste Decreto.

ART. 5º Sem prejuízo do Sistema previsto no Capítulo IV deste Decreto, o CGen deverá manter sistema próprio de rastreabilidade das atividades decorrentes de acesso ao patrimônio genético ou ao conhecimento tradicional associado, inclusive as relativas à exploração econômica.

§ 1º Nos termos do que determina o art. 7º da Lei n. 13.123, de 2015, o sistema previsto no *caput* será gerido pela Secretaria-Executiva do CGen e disporá das informações necessárias à rastreabilidade das atividades decorrentes de acesso ao patrimônio genético ou ao conhecimento tradicional associado constantes dos bancos de dados dos sistemas:

I - de proteção e registro de cultivares, de sementes e mudas, de produtos, estabelecimentos e insumos agropecuários, de informações sobre o trânsito internacional de produtos e insumos agropecuários do Ministério da Agricultura, Pecuária e Abastecimento;

II - de registro de importação e exportação no âmbito do Sistema Integrado de Comércio Exterior - Siscomex, instituído pelo Decreto n. 660, de 25 de setembro de 1992;

III - de informação sobre currículos, grupos de pesquisa, instituições cadastradas na Plataforma Lattes do Conselho Nacional de Desenvolvimento Científico e Tecnológico - CNPq;

IV - de informação sobre pesquisa e liberação comercial de organismos geneticamente modificados e derivados, da Comissão Técnica Nacional de Biossegurança - CTNBio do Ministério de Ciência, Tecnologia e Inovação;

V - de registro de produtos da Agência Nacional de Vigilância Sanitária - Anvisa;

VI - de concessão e de garantia de direitos de propriedade intelectual do Instituto Nacional da Propriedade Industrial - INPI;

VII - de cadastro nacional de informações sociais do Ministério do Desenvolvimento Social e Combate à Fome; e

VIII - de informações sobre patrimônio cultural do Sistema Nacional de Informações e Indicadores Culturais - SNIIC, do Ministério da Cultura.

§ 2º Os órgãos e entidades de que trata este artigo adotarão as medidas necessárias para garantir o acesso às informações pelo sistema de rastreabilidade e o Ministério do Meio Ambiente adotará as medidas necessárias para a integração das informações constantes dos bancos de dados previstos no § 1º.

§ 3º Na impossibilidade de adoção das medidas previstas no § 2º, as informações deverão ser encaminhadas ao CGen no prazo de trinta dias, contados da solicitação.

§ 4º O CGen também poderá:

I - pedir informações complementares aos órgãos e entidades previstos no § 1º;

II - requerer a outros órgãos e entidades da administração pública federal informações que entender necessárias para a rastreabilidade das atividades decorrentes de acesso ao patrimônio genético ou ao conhecimento tradicional associado; e

III - adotar medidas para garantir o acesso às informações pelo sistema de rastreabilidade e a integração dos bancos de dados com órgãos e entidades diversos daqueles previstos nos incisos I a VIII do §1º do *caput*.

§ 5º Os órgãos e entidades da administração pública federal que fornecerem informações de caráter sigiloso ao CGen deverão indicar essa circunstância de forma expressa, especificando, quando couber, a classificação da informação quanto ao grau e prazo de sigilo, conforme o disposto na Lei n. 12.527, de 18 de novembro de 2011, ou na legislação específica.

§ 6º A Secretaria-Executiva do CGen assegurará o sigilo legal das informações, respeitando a classificação da informação quanto ao grau e prazo de sigilo, quando for o caso.

§ 7º Para fins do disposto no *caput*, o CGen poderá ter acesso aos dados contidos em sistemas da Secretaria da Receita Federal do Brasil constantes de cadastro de domínio público e que não informem a situação econômica ou financeira dos contribuintes.

ART. 6º O CGen funcionará por meio de:

I - Plenário;

II - Câmaras Temáticas;

III - Câmaras Setoriais; e

IV - Secretaria-Executiva.

SEÇÃO II
DO PLENÁRIO

ART. 7º O Plenário do CGen será integrado por vinte e um conselheiros, sendo doze representantes de órgãos da administração pública federal e nove representantes da sociedade civil, distribuídos da seguinte forma:

I - um representante de cada um dos seguintes ministérios:

a) Ministério do Meio Ambiente;

b) Ministério da Justiça;

c) Ministério da Saúde;

d) Ministério das Relações Exteriores;

e) Ministério da Agricultura, Pecuária e Abastecimento;

f) Ministério da Cultura;

g) Ministério do Desenvolvimento Social e Combate à Fome;

h) Ministério da Defesa;

i) Ministério do Desenvolvimento, Indústria e Comércio Exterior;

j) Ministério da Ciência, Tecnologia e Inovação; e

k) Ministério do Desenvolvimento Agrário;

II - três representantes de entidades ou organizações do setor empresarial, sendo:

a) um indicado pela Confederação Nacional da Indústria - CNI;

b) um indicado pela Confederação Nacional da Agricultura - CNA; e

c) um indicado alternativa e sucessivamente pela CNI e pela CNA;

III - três representantes de entidades ou organizações do setor acadêmico, sendo:

a) um indicado pela Sociedade Brasileira para o Progresso da Ciência - SBPC;

b) um indicado pela Associação Brasileira de Antropologia - ABA; e

c) um indicado pela Academia Brasileira de Ciências - ABC; e

IV - três representantes de entidades ou organizações representativas das populações indígenas, comunidades tradicionais e agricultores tradicionais, sendo:

a) um indicado pelos representantes de povos e comunidades tradicionais e suas organizações da Conselho Nacional dos Povos e Comunidades Tradicionais - CNPCT;

b) um indicado pelos representantes de agricultores familiares e suas organizações do Conselho Nacional de Desenvolvimento Rural Sustentável - Condraf; e

c) um indicado pelos representantes de povos e organizações indígenas integrantes do Conselho Nacional de Política Indigenista - CNPI.

§ 1º O CGen será presidido pelo conselheiro titular do Ministério do Meio Ambiente e, nos seus impedimentos ou afastamentos, pelo respectivo suplente.

§ 2º As representações de que trata este artigo serão compostas de um titular e dois suplentes cada, que serão indicados pelo titular dos órgãos da administração pública federal e pelos respectivos representantes legais das entidades ou organizações da sociedade civil.

§ 3º Os membros do CGen, titulares e suplentes, serão designados em ato do Ministro de Estado do Meio Ambiente, em até trinta dias do recebimento das indicações.

§ 4º O Plenário do CGen reunir-se-á com a presença de, no mínimo, onze conselheiros, e suas deliberações serão tomadas pela maioria simples.

§ 5º As funções dos conselheiros não serão remuneradas e o seu exercício é considerado serviço público relevante, cabendo aos órgãos públicos e às entidades representativas da sociedade civil custear as despesas de deslocamento e estada de seus respectivos representantes.

§ 6º Caberá à União custear as despesas de deslocamento e estada dos conselheiros referidos no inciso IV do *caput*.

SEÇÃO III
DAS CÂMARAS TEMÁTICAS E DAS CÂMARAS SETORIAIS

ART. 8º As Câmaras Temáticas serão criadas pelo CGen para subsidiar as decisões do Plenário a partir de discussões técnicas e apresentação de propostas sobre temas ou áreas de conhecimento específicos relacionados ao acesso e à repartição de benefícios.

§ 1º O ato de criação das Câmaras Temáticas disporá sobre suas atribuições, tempo de duração e composição, que deverá observar a proporção de:

I - cinquenta por cento de representantes de órgãos e entidades da administração pública federal com competências relacionadas ao tema da respectiva Câmara;

II - vinte e cinco por cento de organizações representantes do setor usuário; e

III - vinte e cinco por cento de organizações representantes de provedores de conhecimentos tradicionais associados.

§ 2º O CGen poderá criar Câmara Temática especial para analisar e subsidiar o julgamento pelo Plenário de recursos interpostos em última instância.

ART. 9º As Câmaras Setoriais serão criadas pelo CGen para subsidiar as decisões do Plenário a partir de discussões técnicas e apresentação de propostas de interesse dos setores empresarial e acadêmico, como também das populações indígenas, comunidades tradicionais e agricultores tradicionais.

Parágrafo único. O ato de criação das Câmaras Setoriais disporá sobre suas atribuições, tempo de duração e composição, que deverá observar a paridade entre a representação dos órgãos e entidades da administração pública federal com competências relacionadas à respectiva Câmara e do setor da sociedade civil correspondente.

ART. 10. Os membros das Câmaras Temáticas e das Câmaras Setoriais serão indicados pelos conselheiros do Plenário do CGen, considerando a formação, a atuação ou o notório saber na área relacionada às competências da Câmara.

SEÇÃO IV
DA SECRETARIA-EXECUTIVA

ART. 11. À Secretaria-Executiva do CGen compete:

I - prestar apoio técnico e administrativo ao Plenário do CGen e suas Câmaras;

II - promover a instrução e a tramitação dos processos a serem submetidos à deliberação do CGen;

III - emitir, de acordo com deliberação do CGen, os atos e decisões de sua competência;

IV - promover, de acordo com deliberação do CGen, o credenciamento ou descredenciamento de:

a) instituição nacional que mantém coleção *ex situ* de amostras que contenham o patrimônio genético; e

b) instituição pública nacional para ser responsável pela criação e manutenção de base de dados que tratem de item relacionado nas alíneas do inciso IX do § 1º do art. 6º da Lei n. 13.123, de 2015; e

V - implementar, manter e operar os sistemas:

a) de rastreabilidade das informações relativas ao patrimônio genético e conhecimento tradicional associado, previsto no art. 5º; e

b) de que trata o Capítulo IV deste Decreto.

CAPÍTULO III
DO CONHECIMENTO TRADICIONAL ASSOCIADO

ART. 12. Fica garantido o direito à participação das populações indígenas, comunidades tradicionais e agricultores tradicionais que criam, desenvolvem, detêm ou conservam conhecimento tradicional associado no processo de tomada de decisão sobre assuntos relacionados ao acesso a conhecimento tradicional associado e à repartição de benefícios decorrente desse acesso.

§ 1º O acesso ao conhecimento tradicional associado de origem identificável está condicionado à obtenção do consentimento prévio informado.

§ 2º O acesso ao conhecimento tradicional associado de origem não identificável independe de consentimento prévio informado.

§ 3º Qualquer população indígena, comunidade tradicional ou agricultor tradicional que cria, desenvolve, detém ou conserva determinado conhecimento tradicional associado é considerado origem identificável desse conhecimento, exceto na hipótese do § 3º do art. 9º da Lei n. 13.123, de 2015.

ART. 13. A população indígena, comunidade tradicional ou agricultor tradicional poderá negar o consentimento ao acesso a seu conhecimento tradicional associado de origem identificável.

ART. 14. O provedor do conhecimento tradicional associado de origem identificável optará pela forma de comprovação do seu consentimento prévio informado, negociará livremente seus termos e condições, bem como aqueles do acordo de repartição de benefícios, inclusive a modalidade, garantido o direito de recusá-los.

§ 1º As partes poderão estabelecer prazo para a realização do cadastro de acesso ao conhecimento tradicional associado, objeto do consentimento, que não poderá exceder o limite temporal disposto no § 2º do art. 12 da Lei n. 13.123, de 2015.

§ 2º Os órgãos e entidades federais de proteção dos direitos, de assistência ou de fomento das atividades das populações indígenas, comunidades tradicionais e agricultores tradicionais deverão, a pedido dos detentores, assessorar as atividades de obtenção de consentimento prévio informado e a negociação dos acordos de repartição de benefícios.

§ 3º Para os fins do disposto no § 2º os órgãos e entidade federais poderão solicitar apoio técnico à Secretaria-Executiva do CGen.

ART. 15. A obtenção de consentimento prévio informado de provedor de conhecimento tradicional associado deverá respeitar as formas tradicionais de organização e representação de população indígena, comunidade tradicional ou agricultor tradicional e o respectivo protocolo comunitário, quando houver.

ART. 16. O usuário deverá observar as seguintes diretrizes para a obtenção do consentimento prévio informado:

I - esclarecimentos à população indígena, comunidade tradicional ou agricultor tradicional sobre:

a) os impactos sociais, culturais e ambientais decorrentes da execução da atividade envolvendo acesso ao conhecimento tradicional associado;

b) os direitos e as responsabilidades de cada uma das partes na execução da atividade e em seus resultados; e

c) o direito da população indígena, comunidade tradicional e agricultor tradicional de recusar o acesso ao conhecimento tradicional associado;

II - estabelecimento, em conjunto com a população indígena, comunidade tradicional ou agricultor tradicional, das modalidades de repartição de benefícios, monetária ou não monetária, derivadas da exploração econômica; e

III - respeito ao direito da população indígena, comunidade tradicional e agricultor tradicional de recusar o acesso ao conhecimento tradicional associado, durante o processo de consentimento prévio.

ART. 17. Observada as diretrizes de que trata o art. 16, o instrumento de comprovação de obtenção do consentimento prévio informado será formalizado em linguagem acessível à população indígena, à comunidade tradicional e ao agricultor tradicional e conterá:

I - a descrição do histórico do processo para a obtenção do consentimento prévio informado;

II - a descrição das formas tradicionais de organização e representação da população indígena, comunidade tradicional ou agricultor tradicional;

III - o objetivo da pesquisa, bem como sua metodologia, duração, orçamento, possíveis benefícios e fontes de financiamento do projeto;

IV - o uso que se pretende dar ao conhecimento tradicional associado a ser acessado; e

V - a área geográfica abrangida pelo projeto e as populações indígenas, comunidades tradicionais ou agricultores tradicionais envolvidos.

Parágrafo único. O instrumento a que se refere o *caput* deverá ainda mencionar, expressamente, se a população indígena, a comunidade tradicional ou agricultor tradicional recebeu assessoramento técnico ou jurídico durante o processo de obtenção do consentimento prévio informado.

ART. 18. O acesso ao patrimônio genético de variedade tradicional local ou crioula ou à raça localmente adaptada ou crioula para atividades agrícolas compreende o acesso ao conhecimento tradicional associado de origem não identificável que deu origem à variedade ou à raça e não depende do consentimento prévio da população indígena, da comunidade tradicional ou do agricultor tradicional que cria, desenvolve, detém ou conserva a variedade ou a raça.

§ 1º Nos termos do inciso XXIV do art. 2º da Lei n. 13.123, de 2015, considera-se atividade agrícola as atividades de produção, processamento e comercialização de alimentos, bebidas, fibras, energia e florestas plantadas.

§ 2º Incluem-se no conceito de energia previsto no § 1º os biocombustíveis, tais como etanol, biodiesel, biogás e cogeração de energia elétrica a partir do processamento de biomassa.

§ 3º Para as atividades que não se enquadrem no conceito de atividade agrícola, o acesso ao patrimônio genético de variedade tradicional local ou crioula ou à raça localmente adaptada ou crioula compreende o conhecimento tradicional associado que deu origem à variedade ou à raça, e seguirá as regras de acesso ao conhecimento tradicional associado dispostas na Lei n. 13.123, de 2015, e neste Decreto.

§ 4º No caso de acesso ao patrimônio genético de variedade tradicional local ou crioula a que se refere o *caput*, o usuário deverá depositar material reprodutivo da variedade objeto de acesso em coleção *ex situ* mantida por instituição pública, salvo quando a variedade tiver sido obtida na própria coleção.

ART. 19. Às populações indígenas, às comunidades tradicionais e aos agricultores tradicionais que criam, desenvolvem, detêm ou conservam conhecimento tradicional associado são garantidos os direitos de usar ou vender livremente produtos que contenham patrimônio genético ou conhecimento tradicional associado, observados os dispositivos da Lei n. 9.456, de 25 de abril de 1997, e da Lei n. 10.711, de 5 de agosto de 2003.

§ 1º A Anvisa, no âmbito das competências de que trata a Lei n. 9.782, de 26 de janeiro de 1999, disciplinará a produção e a comercialização dos produtos a que se refere o *caput*.

§ 2º A regulamentação prevista no § 1º deverá estabelecer procedimentos simplificados e contará com a participação das populações indígenas, comunidades tradicionais e agricultores tradicionais, considerando seus usos, costumes, e tradições.

CAPÍTULO IV
DO SISTEMA NACIONAL DE GESTÃO DO PATRIMÔNIO GENÉTICO E DO CONHECIMENTO TRADICIONAL ASSOCIADO - SISGEN

SEÇÃO I
DISPOSIÇÕES GERAIS

ART. 20. Fica criado o Sistema Nacional de Gestão do Patrimônio Genético e do Conhecimento Tradicional Associado - SisGen, sistema eletrônico a ser implementado, mantido e operacionalizado pela Secretaria-Executiva do CGen para o gerenciamento:

I - do cadastro de acesso ao patrimônio genético ou ao conhecimento tradicional associado, como também do cadastro de envio de amostra que contenha patrimônio genético para prestação de serviços no exterior;

II - do cadastro de remessa de amostra de patrimônio genético e do Termo de Transferência de Material;

III - das autorizações de acesso ao patrimônio genético ou ao conhecimento tradicional associado e de remessa ao exterior, para os casos de que trata o art. 13 da Lei n. 13.123, de 2015;

IV - do credenciamento das instituições mantenedoras das coleções *ex situ* que contenham amostras de patrimônio genético;

V - das notificações de produto acabado ou material reprodutivo e dos acordos de repartição de benefícios; e

VI - dos atestados de regularidade de acesso.

§ 1º O cadastramento deverá ser realizado previamente:

I - à remessa;

II - ao requerimento de qualquer direito de propriedade intelectual;

III - à comercialização do produto intermediário;

IV - à divulgação dos resultados, finais ou parciais, em meios científicos ou de comunicação; ou

V - à notificação de produto acabado ou material reprodutivo desenvolvido em decorrência do acesso.

§ 2º Havendo modificações de fato ou de direito nas informações prestadas ao SisGen, o usuário deverá fazer a atualização dos seus cadastros ou notificação, pelo menos uma vez por ano.

§ 3º A atualização referida no § 2º deverá ainda ser realizada para incluir as informações referentes ao requerimento de qualquer direito de propriedade intelectual ou licenciamento de patente.

ART. 21. São públicas as informações constantes do SisGen, ressalvadas aquelas que, mediante solicitação do usuário, sejam consideradas sigilosas.

Parágrafo único. A solicitação de que trata o *caput* deverá indicar a fundamentação legal pertinente e ser acompanhada de resumo não sigiloso.

SEÇÃO II
DO CADASTRO DE ACESSO AO PATRIMÔNIO GENÉTICO OU AO CONHECIMENTO TRADICIONAL ASSOCIADO E DO CADASTRO DE ENVIO DE AMOSTRA QUE CONTENHA PATRIMÔNIO GENÉTICO PARA PRESTAÇÃO DE SERVIÇOS NO EXTERIOR

ART. 22. Para a realização do cadastro de acesso ao patrimônio genético ou ao conhecimento tradicional associado, a pessoa natural ou jurídica nacional deverá preencher o formulário eletrônico do SisGen que exigirá:

I - identificação do usuário;

II - informações sobre as atividades de pesquisa ou desenvolvimento tecnológico, incluindo:

a) resumo da atividade e seus respectivos objetivos;

b) setor de aplicação, no caso de desenvolvimento tecnológico;

c) resultados esperados ou obtidos, a depender do momento da realização do cadastro;

d) equipe responsável, inclusive das instituições parceiras, quando houver;

e) período das atividades;

f) identificação do patrimônio genético no nível taxonômico mais estrito possível ou do conhecimento tradicional associado, conforme o caso, em especial:

1. da procedência do patrimônio genético, incluindo coordenada georreferenciada no formato de grau, minuto e segundo, do local de obtenção in situ, ainda que tenham sido obtidas em fontes *ex situ* ou in silico; e

2. da população indígena, comunidade tradicional ou agricultor tradicional provedores dos conhecimentos tradicionais associados, ainda que os conhecimentos tenham sido obtidos em fontes secundárias;

g) declaração se o patrimônio genético é variedade tradicional local ou crioula ou raça localmente adaptada ou crioula, ou se a espécie consta em lista oficial de espécies ameaçadas de extinção;

h) informações da instituição sediada no exterior associada à instituição nacional, no caso previsto no inciso II do art. 12 da Lei n. 13.123, de 2015; e

i) identificação das instituições nacionais parceiras, quando houver;

III - número do cadastro ou autorização anterior, no caso de patrimônio genético ou conhecimento tradicional associado acessado a partir de pesquisa ou desenvolvimento tecnológico realizado após 30 de junho de 2000;

IV - comprovação da obtenção do consentimento prévio informado na forma do art. 9º da Lei n. 13.123, de 2015, e do art. 17 deste Decreto, quando for o caso;

V - solicitação de reconhecimento de hipótese legal de sigilo; e

VI - declaração, conforme o caso, de enquadramento em hipótese de isenção legal ou de não incidência de repartição de benefícios.

§ 1º Quando não for possível identificar a coordenada georreferenciada do local de obtenção in situ de que trata o item 1 da alínea "f" do inciso II do *caput*, e apenas nos casos em que a obtenção do patrimônio genético se deu em data anterior à entrada em vigor da Lei n. 13.123, de 2015, a procedência poderá ser informada com base na localização geográfica mais específica possível, por meio de uma das seguintes formas:

I - identificação da fonte de obtenção *ex situ* do patrimônio genético, com as informações constantes no registro de depósito, quando for oriundo de coleção ex situ; ou

II - identificação do banco de dados de origem do patrimônio genético com as informações constantes no registro de depósito, quando for oriundo de banco de dados in silico.

§ 2º O cadastro de acesso ao conhecimento tradicional associado deverá:

I - identificar as fontes de obtenção dos conhecimentos tradicionais associados; e

II - informar a coordenada georreferenciada da respectiva comunidade, exceto quando se tratar de conhecimento tradicional associado de origem não identificável.

§ 3º Não sendo possível informar as coordenadas georreferenciadas a que se refere o inciso II do § 2º, o usuário deverá informar a localização geográfica mais específica possível.

§ 4º O CGen definirá em norma técnica:

I - o nível taxonômico mais estrito a ser informado, nos casos de pesquisa com o objetivo de avaliar ou elucidar a diversidade genética ou a história evolutiva de uma espécie ou grupo taxonômico;

II - a forma de indicar a localização geográfica mais específica possível, nos casos em que o acesso seja exclusivamente para fins de pesquisa em que sejam necessários mais de cem registros de procedência por cadastro; e

III - a forma de indicar o patrimônio genético, nos casos de acesso a partir de amostras de substratos contendo microrganismos não isolados.

§ 5º O usuário deverá realizar novo cadastro quando houver mudança do patrimônio genético ou do conhecimento tradicional associado acessado ou do objetivo do acesso.

ART. 23. Concluído o preenchimento do formulário de que trata o art. 22 o SisGen emitirá automaticamente comprovante de cadastro de acesso.

§ 1º O comprovante de cadastro de acesso constitui documento hábil para demonstrar que o usuário prestou as informações que lhe eram exigidas e produz os seguintes efeitos:

I - permite, nos termos do que dispõe o § 2º do art. 12 da Lei n. 13.123, de 2015:

a) o requerimento de qualquer direito de propriedade e intelectual;

b) a comercialização de produto intermediário;

c) a divulgação dos resultados, finais ou parciais, da pesquisa ou do desenvolvimento tecnológico, em meios científicos ou de comunicação; e

d) a notificação de produto acabado ou material reprodutivo desenvolvido em decorrência do acesso; e

II - estabelece o início do procedimento de verificação previsto na Seção VII deste Capítulo.

§ 2º O usuário não necessitará aguardar o término do procedimento de verificação para realizar as atividades de que trata o inciso I do § 1º.

ART. 24. O Sisgen disponibilizará formulário eletrônico no cadastro de acesso para que a pessoa jurídica nacional, pública ou privada, cadastre o envio de amostra que contenha patrimônio genético para a prestação de serviços no exterior como parte de pesquisa ou desenvolvimento tecnológico.

§ 1º A pessoa jurídica nacional, pública ou privada, poderá autorizar a pessoa natural responsável pela pesquisa ou desenvolvimento tecnológico a preencher o cadastro de envio.

§ 2º O cadastro de envio de que trata o *caput* exigirá:

I - informações sobre a instituição destinatária no exterior, incluindo informações de contato e indicação de representante legal; e

II - informação das amostras a serem enviadas, contendo a identificação do patrimônio genético a ser enviado.

§ 3º O envio de amostra que contenha patrimônio genético para a prestação de serviços no exterior, nos termos do inciso XXX do art. 2º da Lei n. 13.123, de 2015, não acarreta em transferência de responsabilidade sobre a amostra da instituição responsável pelo envio para a instituição destinatária.

§ 4º Para os fins dispostos no § 3º, considera-se prestação de serviços no exterior a execução de testes ou atividades técnicas especializadas executadas pela instituição parceira da instituição nacional responsável pelo acesso ou por ela contratada, mediante retribuição ou contrapartida.

§ 5º A retribuição ou contrapartida prevista no § 4º poderá ser dispensada quando a instituição parceira integrar a pesquisa como coautora, observado o disposto no § 6º.

§ 6º O instrumento jurídico firmado entre a instituição nacional responsável pelo acesso e a instituição parceira ou contratada deverá conter:

I - identificação do patrimônio genético no nível taxonômico mais estrito possível, observado o disposto no § 4º do art. 22;

II - informação sobre:

a) o tipo de amostra e a forma de acondicionamento; e

b) a quantidade de recipientes, o volume ou o peso;

III - descrição do serviço técnico especializado objeto da prestação;

IV - obrigação de devolver ou destruir as amostras enviadas;

V - discriminação do prazo para a prestação dos serviços, com detalhamento por atividade a ser executada, quando couber; e

VI - cláusulas proibindo a instituição parceira o contratada de:

a) repassar a amostra do patrimônio genético ou a informação de origem genética da espécie objeto do envio, incluindo substâncias oriundas do metabolismo destes seres para terceiros;

b) utilizar a amostra do patrimônio genético ou a informação de origem genética da espécie objeto do envio para quaisquer outras finalidades além das previstas;

c) explorar economicamente produto intermediário ou acabado ou material reprodutivo decorrente do acesso; e

d) requerer qualquer tipo de direito de propriedade intelectual.

§ 7º O instrumento jurídico de que trata o § 6º não será obrigatório nos casos de envio de amostra para sequenciamento genético.

§ 8º Na hipótese do § 7º, o usuário deverá comunicar formalmente à instituição parceira ou contratada as obrigações previstas nos incisos IV e VI do § 6º.

§ 9º O cadastro de envio de amostra deverá ser realizado dentro dos prazos definidos para o cadastro de acesso.

§ 10. As amostras objeto do envio deverão estar acompanhadas:

I - do instrumento jurídico a que se refere o § 6º; e

II - do consentimento prévio informado, em caso de envio de amostra de patrimônio genético de variedade tradicional local ou crioula ou raça localmente adaptada ou crioula para acesso em atividades não agrícolas, quando couber.

SEÇÃO III
DO CADASTRO DE REMESSA DE AMOSTRA DE PATRIMÔNIO GENÉTICO E DO TERMO DE TRANSFERÊNCIA DE MATERIAL

ART. 25. Para a realização do cadastro de remessa de amostra de patrimônio genético, a pessoa natural ou jurídica nacional deverá preencher o formulário eletrônico do SisGen que exigirá:

I - identificação:

a) do remetente;

b) das amostras de patrimônio genético no nível taxonômico mais estrito possível; e

c) da procedência das amostras a serem remetidas, observado o disposto no item 1 da alínea "f" do inciso II, no § 1º e no inciso II do § 4º do art. 22;

II - informações sobre:

a) o tipo de amostra e a forma de acondicionamento;

b) a quantidade de recipientes, o volume ou o peso;

c) a instituição destinatária no exterior, incluindo indicação de representante legal e informações de contato; e

d) as atividades de acesso no exterior, incluindo objetivos, usos pretendidos e setor de aplicação do projeto de pesquisa ou desenvolvimento tecnológico;

III - Termo de Transferência de Material - TTM, firmado entre a pessoa natural ou jurídica nacional e a pessoa jurídica sediada no exterior; e

IV - consentimento prévio informado que autorize expressamente a remessa no caso de patrimônio genético de variedade tradicional local ou crioula ou raça localmente adaptada ou crioula para acesso em atividades não agrícolas, quando couber.

§ 1º O TTM referido no inciso III do *caput* deverá conter:

I - as informações a que se referem os incisos I e II do *caput* deste artigo;

II - a obrigação de cumprimento das exigências da Lei n. 13.123, de 2015;

III - a previsão de que:

a) o TTM deve ser interpretado de acordo com as leis brasileiras, e, no caso de litígio, o foro competente seja o do Brasil, admitindo-se arbitragem acordada entre as partes.

b) a instituição destinatária do patrimônio genético não será considerada provedora do patrimônio genético; e

c) a instituição destinatária exigirá de terceiro a assinatura de TTM com a obrigação do cumprimento das exigências da Lei n. 13.123, de 2015, incluindo a previsão da alínea "a" deste inciso;

IV - cláusula que autorize ou vede o repasse da amostra a terceiros; e

V - informação sobre acesso a conhecimento tradicional associado, quando for o caso.

§ 2º Na hipótese de autorização a que se refere o inciso IV do § 1º, o repasse da amostra a terceiros dependerá ainda da assinatura de TTM que contenha as cláusulas previstas no § 1º.

§ 3º O disposto no § 2º aplica-se a todos os repasses subsequentes.

ART. 26. Concluído o preenchimento do formulário de que trata o art. 25 o SisGen emitirá automaticamente comprovante de cadastro de remessa.

§ 1º O comprovante de cadastro de remessa constitui documento hábil para demonstrar que o usuário prestou as informações que lhe eram exigidas e produz os seguintes efeitos:

I - permite a efetivação da remessa, nos termos do que dispõe o § 2º do art. 12 da Lei n. 13.123, de 2015; e

II - estabelece o início do procedimento de verificação previsto na Seção VII deste Capítulo.

§ 2º Para efeitos do que dispõe o inciso I do § 1º, além do comprovante de cadastro de remessa, as amostras deverão estar acompanhadas do respectivo TTM para serem regularmente remetidas.

§ 3º O usuário não necessitará aguardar o término do procedimento de verificação de que trata o inciso II do § 1º para realizar a remessa.

SEÇÃO IV
DAS AUTORIZAÇÕES DE ACESSO AO PATRIMÔNIO GENÉTICO E AO CONHECIMENTO TRADICIONAL ASSOCIADO E DA REMESSA AO EXTERIOR, PARA OS CASOS DE QUE TRATA O ART. 13 DA LEI N. 13.123, DE 2015

ART. 27. Nos casos de acesso ao patrimônio genético ou conhecimento tradicional associado em áreas indispensáveis à segurança nacional, em águas jurisdicionais brasileiras, na plataforma continental e na zona econômica exclusiva, o acesso ou a remessa estarão sujeitos à autorização prévia de que trata o art. 13 da Lei n. 13.123, de 2015, quando o usuário for:

I - pessoa jurídica nacional, cujos acionistas controladores ou sócios sejam pessoas naturais ou jurídicas estrangeiras;

II - instituição nacional de pesquisa científica e tecnológica, pública ou privada, quando o acesso for feito em associação com a pessoa jurídica sediada no exterior; ou

III - pessoa natural brasileira associada, financiada ou contratada por pessoa jurídica sediada no exterior.

§ 1º Para os fins do *caput* consideram-se áreas indispensáveis à segurança nacional a faixa de fronteira e as ilhas oceânicas.

§ 2º O usuário deverá, previamente ao acesso ao patrimônio genético ou ao conhecimento tradicional associado, preencher todas as informações do cadastro de acesso ou de remessa previstos nos arts. 22 e 25, como também identificar o quadro societário da empresa e da pessoa jurídica associada, conforme o caso.

§ 3º Na hipótese em que o quadro societário for composto por outras pessoas jurídicas, o usuário deverá identificar os respectivos quadros societários, até que sejam identificadas as pessoas físicas que ostentem a qualidade de sócio ou controlador.

§ 4º As autorizações de acesso e de remessa podem ser requeridas em conjunto ou isoladamente.

§ 5º O preenchimento das informações do cadastro de acesso e remessa compreende a solicitação automática de autorização prévia e de anuência do Conselho de Defesa Nacional ou do Comando da Marinha, conforme o caso.

§ 6º A instituição nacional referida no inciso II do *caput* que realizar vários acessos em associação com a mesma pessoa jurídica estrangeira poderá receber uma única autorização para todos os acessos.

§ 7º O cadastro de acesso e remessa não será concluído até que se obtenha anuência do Conselho de Defesa Nacional ou do Comando da Marinha.

ART. 28. Prestadas as informações, o SisGen, no prazo de cinco dias, notificará a Secretaria-Executiva do Conselho de Defesa Nacional ou o Comando da Marinha, que deverá se manifestar no prazo de sessenta dias, considerando o interesse nacional.

§ 1º A solicitação de informações ou documentos complementares pelo Conselho de Defesa Nacional ou Comando da Marinha suspenderá o prazo para sua manifestação até a efetiva entrega do que foi solicitado.

§ 2º O disposto nesta Seção não suspende os prazos do procedimento administrativo de verificação de que trata a Seção VII deste Capítulo.

ART. 29. Obtida a anuência do Conselho de Defesa Nacional ou do Comando da Marinha fica autorizado automaticamente o acesso ou a remessa.

§ 1º As alterações no quadro societário ou no controle acionário ocorridas após a obtenção da anuência deverão ser informadas ao SisGen, no prazo de trinta dias.

§ 2º O Conselho de Defesa Nacional ou o Comando da Marinha poderão, em decisão fundamentada, cassar a anuência anteriormente concedida.

§ 3º Na hipótese prevista no § 2º o usuário terá o prazo de trinta dias para apresentar sua defesa.

§ 4º Não sendo acatados os argumentos do usuário, o Conselho de Defesa Nacional ou o Comando da Marinha cassará a anuência e comunicará o CGen para que este cancele o cadastro de acesso ou remessa.

SEÇÃO V
DO CREDENCIAMENTO DAS INSTITUIÇÕES NACIONAIS MANTENEDORAS DE COLEÇÕES X SITU DE AMOSTRAS QUE CONTENHAM O PATRIMÔNIO GENÉTICO

ART. 30. O credenciamento de instituição nacional mantenedora de coleção *ex situ* de amostras que contenham patrimônio genético tem como objetivo reunir as informações necessárias à criação da base de dados de que trata a alínea "d" do inciso IX do § 1º do art. 6º da Lei n. 13.123, de 2015, de modo a garantir o acesso à informação estratégica sobre a conservação *ex situ* do patrimônio genético no território nacional.

§ 1º Conforme o disposto no § 2º do art. 32 da Lei n. 13.123, de 2015, somente poderá receber recursos do FNRB a instituição nacional mantenedora de coleções *ex situ* que for credenciada nos termos desta Seção.

§ 2º As instituições privadas sem fins lucrativos que mantenham herbários populares ou bancos comunitários de sementes poderão ser credenciadas como instituições nacionais mantenedoras de coleções *ex situ* desde que observem o disposto nesta Seção.

§ 3º Os critérios para o recebimento dos recursos de que trata este artigo serão definidos pelo Comitê Gestor do FNRB.

ART. 31. Para o credenciamento de instituição nacional mantenedora de coleção *ex situ* de amostras que contenham patrimônio genético, a pessoa jurídica deverá preencher formulário eletrônico no SisGen, que exigirá:

I - identificação da instituição; e

II - informações sobre cada uma das coleções *ex situ* incluindo:

a) identificação dos curadores ou responsáveis;

b) tipos de amostras conservadas;

c) grupos taxonômicos colecionados; e

d) método de armazenamento e conservação.

§ 1º Concluído o preenchimento do formulário pela pessoa jurídica, o CGen, nos termos do que dispõe o art. 6º, § 1º, inciso III, alínea "b", da Lei n. 13.123, de 2015, deliberará sobre o credenciamento de que trata o *caput*.

§ 2º A instituição nacional deverá manter atualizadas as informações de que tratam os incisos I e II do *caput*.

ART. 32. As amostras do patrimônio genético mantido em coleções *ex situ* em instituições nacionais geridas com recursos públicos e as informações a elas associadas poderão ser acessados pelas populações indígenas, pelas comunidades tradicionais e pelos agricultores tradicionais.

§ 1º A instituição que receber o pedido deverá, em prazo não superior a vinte dias:

I - comunicar a data, local e modo de disponibilização do patrimônio genético;

II - indicar as razões da impossibilidade, total ou parcial, de atendimento do pedido; ou

III - comunicar que não possui o patrimônio genético.

§ 2º O prazo referido no § 1º poderá ser prorrogado por mais dez dias, mediante justificativa expressa, da qual será cientificado o requerente.

§ 3º Poderá ser cobrado exclusivamente o valor necessário ao ressarcimento dos custos para a regeneração ou multiplicação das amostras ou disponibilização das informações sobre o patrimônio genético.

§ 4º A disponibilização de amostra deverá ser gratuita quando efetuada por instituições nacionais mantenedoras de coleção *ex situ* que recebam recursos do FNRB.

SEÇÃO VI
DAS NOTIFICAÇÕES DE PRODUTO ACABADO OU MATERIAL REPRODUTIVO E DOS ACORDOS DE REPARTIÇÃO DE BENEFÍCIOS

ART. 33. O usuário deverá notificar o produto acabado ou o material reprodutivo oriundo de acesso ao patrimônio genético ou conhecimento tradicional associado realizado após a vigência da Lei n. 13.123, de 2015.

§ 1º A notificação de que trata o *caput* deverá ser realizada antes do início da exploração econômica.

§ 2º Para os fins do §1º, considera-se iniciada a exploração econômica quando ocorrer a emissão da primeira nota fiscal de venda do produto acabado ou material reprodutivo.

ART. 34. Para a realização da notificação do produto acabado ou material reprodutivo oriundo de acesso ao patrimônio genético ou ao conhecimento tradicional associado, o usuário deverá preencher formulário eletrônico do SisGen, que exigirá:

I - identificação da pessoa natural ou jurídica requerente;

II - identificação comercial do produto acabado ou material reprodutivo e setor de aplicação;

III - informação se o patrimônio genético ou o conhecimento tradicional associado utilizado no produto acabado é determinante para a formação do apelo mercadológico;

IV - informação se o patrimônio genético ou o conhecimento tradicional associado utilizado no produto acabado é determinante para a existência das características funcionais;

V - previsão da abrangência local, regional, nacional ou internacional da fabricação e comercialização do produto acabado ou material reprodutivo;

VI - número de registro, ou equivalente, de produto ou cultivar em órgão ou entidade competente, tais como Anvisa, Ministério da Agricultura, Pecuária e Abastecimento e Instituto Brasileiro do Meio Ambiente e dos Recursos Naturais Renováveis - Ibama;

VII - número do depósito de pedido de direito de propriedade intelectual de produto ou cultivar no Ministério da Agricultura, Pecuária e Abastecimento ou no INPI, ou em escritórios no exterior, quando houver;

VIII - data prevista para o início da comercialização;

IX - indicação da modalidade da repartição de benefícios;

X - apresentação de acordo de repartição de benefícios, quando couber;

XI - números dos cadastros de acesso ao patrimônio genético ou conhecimento tradicional associado que deram origem ao produto acabado ou ao material reprodutivo, observado o disposto no art. 2º e no Capítulo VIII deste Decreto;

XII - números dos cadastros de remessa que deram origem ao produto acabado ou ao material reprodutivo, quando houver;

XIII - solicitação de reconhecimento de hipótese legal de sigilo; e

XIV - comprovação de enquadramento em hipótese de isenção legal ou de não incidência de repartição de benefícios.

Parágrafo único. O acordo de repartição de benefícios deverá ser apresentado:

I - no ato da notificação, no caso de acesso ao conhecimento tradicional associado de origem identificável; ou

II - em até trezentos e sessenta e cinco dias a contar da notificação do produto acabado ou do material reprodutivo.

ART. 35. Concluído o preenchimento do formulário de que trata o art. 34 o SisGen emitirá automaticamente comprovante de notificação.

§ 1º O comprovante de notificação constitui documento hábil para demonstrar que o usuário prestou as informações que lhe eram exigidas e produz os seguintes efeitos:

I - permite a exploração econômica do produto acabado ou material reprodutivo, observado o disposto no art. 16 da Lei n. 13.123, de 2015; e

II - estabelece o início do procedimento de verificação previsto na Seção VII deste Capítulo.

§ 2º O usuário não necessitará aguardar o término do procedimento de verificação de que trata o inciso II do § 1º para iniciar a exploração econômica.

SEÇÃO VII
DO PROCEDIMENTO ADMINISTRATIVO DE VERIFICAÇÃO

ART. 36. O procedimento administrativo de verificação previsto nesta Seção será aplicado nos casos de:

I - cadastro de acesso ao patrimônio genético ou ao conhecimento tradicional associado de que trata a Seção II deste Capítulo;

II - cadastro de remessa de amostra de patrimônio genético, de que trata a Seção III deste Capítulo; e

III - notificação de produto acabado ou material reprodutivo de que trata a Seção VI deste Capítulo.

ART. 37. No período de verificação, a Secretaria-Executiva do CGen :

I - cientificará os conselheiros do CGen sobre os cadastros ou sobre a notificação;

II - encaminhará aos integrantes das câmaras setoriais competentes as informações relativas à espécie objeto de acesso e o Município de sua localização, de forma dissociada dos respectivos cadastros e das demais informações dele constantes;

III - cientificará, nos termos do inciso X do art. 6º da Lei n. 13.123, de 2015, órgãos federais de proteção dos direitos de populações indígenas e comunidades tradicionais sobre o registro em cadastro de acesso a conhecimentos tradicionais associados; e

IV - poderá identificar, de ofício, eventuais irregularidades na realização dos cadastros ou da notificação, ocasião em que solicitará a ratificação das informações ou procederá à retificação de erros formais.

§ 1º O disposto no *caput* deverá ser efetuado pela Secretaria-Executiva do CGen no prazo:

I - de quinze dias, em relação aos incisos I, II e III; e

II - de sessenta dias, em relação ao inciso IV.

§ 2º Os conselheiros do CGen terão acesso a todas as informações disponíveis, inclusive àquelas consideradas sigilosas, e não poderão divulgá-las, sob pena de responsabilização, nos termos da legislação.

§ 3º Nos casos de manifesta fraude, o Presidente do CGen poderá suspender cautelarmente o cadastros e a notificação *ad referendum* do Plenário.

§ 4º Na hipótese do § 3º, a decisão acautelatória será encaminhada para deliberação na sessão plenária seguinte.

ART. 38. Os conselheiros do CGen poderão identificar indícios de irregularidade nas informações constantes dos cadastros e da notificação no prazo de sessenta dias a contar da data da ciência a que se refere o inciso I do *caput* do art. 37.

§ 1º Os conselheiros poderão, no prazo a que se refere o *caput*, receber subsídios:

I - das câmaras setoriais;

II - dos órgãos referidos no inciso III do *caput* do art. 37;

III - da Secretaria-Executiva do CGen; e

IV - diretamente de detentores de conhecimento tradicional associado ou de seus representantes.

§ 2º Na hipótese do *caput*, o conselheiro encaminhará requerimento de verificação de indícios de irregularidade devidamente fundamentado para deliberação do Plenário do CGen.

§ 3º Nas atividades agrícolas, o fato de a espécie ser domesticada não pode ser considerado, por si só, como fundamento de indício de irregularidade de cadastro de acesso ao patrimônio genético sob alegação de acesso ao conhecimento tradicional associado.

ART. 39. O Plenário do CGen fará juízo de admissibilidade do requerimento de que trata o art. 38 e determinará:

I - a notificação do usuário, caso constate a existência de indício de irregularidade; ou

II - o arquivamento do requerimento, caso não constate a existência de indício de irregularidade.

§ 1º No caso do inciso I do *caput*, o usuário terá o prazo de quinze dias para apresentar sua manifestação.

§ 2º Não serão recebidas manifestações apresentadas após o prazo estabelecido no § 1º.

ART. 40. Esgotado o prazo para apresentação da manifestação, a Secretaria-Executiva encaminhará o processo para deliberação do Plenário do CGen, que poderá:

I - não acatar o mérito do requerimento; ou

II - acatar o requerimento, ocasião em que:

a) determinará que o usuário retifique os cadastros de acesso ou de remessa, ou ainda a notificação, caso a irregularidade seja sanável, sob pena de cancelamento dos respectivos cadastros ou notificação; ou

b) cancelará os cadastros de acesso ou de remessa, ou ainda a notificação, caso a irregularidade seja insanável, e notificará:

1. os órgãos e as entidades referidos nos arts. 93 e 109; e

2. o usuário, para que faça novos cadastros ou notificação.

§ 1º São irregularidades insanáveis:

I - a existência de conhecimento tradicional associado de origem identificável quando os cadastros ou a notificação indicarem apenas patrimônio genético;

II - a existência de conhecimento tradicional associado de origem identificável, quando os cadastros ou a notificação indicarem apenas conhecimento tradicional associado de origem não identificável; e

III - a obtenção de consentimento prévio informado em desacordo com o disposto na Lei n. 13.123, de 2015, e neste Decreto.

§ 2º Caso a constatação das irregularidades a que se refere os incisos I, II e III do § 1º ocorra quando já houver sido iniciada a exploração econômica do produto acabado ou do material reprodutivo, o CGen, excepcionalmente, e desde que não se configure má-fé, poderá determinar que o usuário retifique os cadastros ou a notificação, e apresente, no prazo de noventa dias o acordo de repartição de benefícios com o provedor do conhecimento tradicional associado.

§ 3º Na hipótese prevista no § 2º, a repartição de benefícios relativa a todo o período de apuração correspondente será calculada e recolhida em favor dos beneficiários e nos valores previstos no acordo de repartição de benefícios vigente na data do pagamento.

ART. 41. O usuário poderá requerer a emissão de certidão que declare que os respectivos cadastros de acesso e remessa bem como a notificação:

I - não foram admitidos requerimentos de verificação de indícios de irregularidades durante o processo de verificação; ou

II - que foram objeto de requerimento de verificação e que este não foi acatado.

Parágrafo único. A certidão de que trata o *caput* possibilita que o usuário seja inicialmente advertido pelo órgão ou entidade fiscalizador antes de receber qualquer outra sanção administrativa, caso a autuação ocorra sobre fatos informados nos respectivos cadastros de acesso e remessa como também à notificação.

SEÇÃO VIII
DO ATESTADO DE
REGULARIDADE DE ACESSO

ART. 42. O CGen poderá emitir o atestado de regularidade de acesso de que trata o inciso XXII do art. 2º da Lei n. 13.123, de 2015, mediante solicitação do usuário.

§ 1º O atestado previsto no *caput* declara que o cadastro de acesso cumpriu os requisitos da Lei n. 13.123, de 2015.

§ 2º Nos termos do que determina o inciso IV do § 1º do art. 6º da Lei n. 13.123, de 2015, a concessão do atestado de regularidade de acesso será objeto de prévia deliberação pelo CGen, conforme procedimentos a serem estabelecidos no seu regimento interno.

§ 3º Uma vez concedido, o atestado de regularidade de acesso:

I - declara a regularidade do acesso até a data de sua emissão pelo CGen; e

II - obsta a aplicação de sanções administrativas por parte do órgão ou entidade competente especificamente em relação às atividades de acesso realizadas até a emissão do atestado.

§ 4º Na situação descrita no inciso II do § 3º, constatado erro ou fraude no acesso já atestado pelo CGen, o órgão ou entidade fiscalizador deverá adotar medidas administrativas junto ao CGen para desconstituir o atestado anteriormente concedido.

CAPÍTULO V
DA REPARTIÇÃO DE BENEFÍCIOS

SEÇÃO I
DISPOSIÇÕES GERAIS

ART. 43. A repartição de benefícios de que trata a Lei n. 13.123, de 2015, será devida enquanto houver exploração econômica de:

I - produto acabado oriundo de acesso ao patrimônio genético ou de conhecimento tradicional associado realizado após a vigência da Lei n. 13.123, de 2015, ou

II - material reprodutivo oriundo de acesso ao patrimônio genético ou conhecimento tradicional associado para fins de atividades agrícolas realizado após a vigência da Lei n. 13.123, de 2015.

§ 1º No caso do produto acabado referido no inciso I do *caput*, o componente do patrimônio genético ou do conhecimento tradicional associado deve ser um dos elementos principais de agregação de valor.

§ 2º Nos termos do que dispõe o inciso XVIII do art. 2º da Lei n. 13.123, de 2015, consideram-se elementos principais de agregação de valor os elementos cuja presença no produto acabado é determinante para a existência das características funcionais ou para a formação do apelo mercadológico.

§ 3º Para os fins deste Decreto, consideram-se:

I - apelo mercadológico: referência a patrimônio genético ou a conhecimento tradicional associado, a sua procedência ou a diferenciais deles decorrentes, relacionada a um produto, linha de produtos ou marca, em quaisquer meios de comunicação visual ou auditiva, inclusive campanhas de marketing ou destaque no rótulo do produto; e

II - características funcionais: características que determinem as principais finalidades, aprimorem a ação do produto ou ampliem o seu rol de finalidades.

§ 4º Não será considerada determinante para a existência das características funcionais a utilização de patrimônio genético, exclusivamente como excipientes, veículos ou outras substâncias inertes, que não determinem funcionalidade.

§ 5º A substância oriunda do metabolismo de microrganismo não será considerada determinante para a existência das características funcionais quando for idêntica à substância de origem fóssil já existente e utilizada em substituição a esta.

§ 6º O SisGen disponibilizará campo específico no cadastro de acesso a que se refere o art. 22 para que o usuário, caso tenha interesse, indique e comprove o enquadramento na situação descrita no § 5º.

ART. 44. Estão sujeitos à repartição de benefícios exclusivamente o fabricante do produto acabado ou o produtor do material reprodutivo, independentemente de quem tenha realizado o acesso anteriormente.

§ 1º Tratando-se de atividade agrícola, a repartição de benefícios será devida pelo produtor responsável pelo último elo da cadeia produtiva de material reprodutivo.

§ 2º para fins do disposto no § 1º, considera-se o último elo da cadeia produtiva o produtor responsável pela venda de material reprodutivo para a produção, processamento e comercialização de alimentos, bebidas, fibras, energia e florestas plantadas.

§ 3º No caso de exploração econômica de material reprodutivo oriundo de acesso a patrimônio genético ou a conhecimento tradicional associado para fins de atividades agrícolas e destinado exclusivamente à geração de produtos acabados nas cadeias produtivas que não envolvam atividade agrícola, a repartição de benefícios ocorrerá somente sobre a exploração econômica do produto acabado.

ART. 45. O cálculo da receita líquida de que tratam os arts. 20, 21 e 22 da Lei n. 13.123, de 2015, será feito conforme determina o §1º do art. 12 do Decreto-Lei n. 1.598, de 26 de dezembro de 1977.

§ 1º Para fins do disposto no *caput* o fabricante do produto acabado ou produtor do material reprodutivo deverá declarar a receita líquida anual de cada ano fiscal, obtida com a exploração econômica de cada produto acabado ou material reprodutivo e apresentar documento apto a comprová-la.

§ 2º As informações previstas no *caput* deverão ser prestadas ao Ministério do Meio Ambiente, em formato por ele definido, no prazo de noventa dias após o encerramento do ano fiscal.

§ 3º O Ministério da Fazenda e o Ibama prestarão as informações e o apoio técnico necessários para o cumprimento do disposto neste artigo.

§ 4º Para fins do § 3º, o Ministério da Fazenda observará o disposto no § 2º do art. 198 da Lei n. 5.172, de 25 de outubro de 1966 - Código Tributário Nacional.

ART. 46. Nos casos de produto acabado ou material reprodutivo produzido fora do Brasil, e para fins de determinação da base de cálculo a que se refere o § 8º do art. 17 da Lei n. 13.123, de 2015, o Ministério do Meio Ambiente poderá solicitar ao fabricante de produto acabado ou produtor de material reprodutivo ou aos responsáveis solidários previstos no § 7º do art. 17 da Lei n. 13.123, de 2015, dados e informações, devidamente acompanhados dos respectivos elementos de prova.

§ 1º Os dados e informações solicitados deverão ser apresentados em formato compatível com os sistemas utilizados pelo Ministério do Meio Ambiente ou em meio por ele definido.

§ 2º É dever do notificado fornecer todos os dados e informações solicitados, sendo responsável pela veracidade do seu conteúdo ou por sua omissão.

§ 3º O Ministério da Fazenda prestará as informações e o apoio técnico necessários para o cumprimento do disposto do *caput*.

§ 4º Para fins do § 3º, o Ministério da Fazenda observará o disposto no § 2º do art. 198 da Lei n. 5.172, de 25 de outubro de 1966 - Código Tributário Nacional.

ART. 47. A repartição de benefícios poderá constituir-se nas modalidades monetária e não monetária.

§ 1º No caso de exploração econômica de produto acabado ou de material reprodutivo oriundo de acesso ao patrimônio genético, caberá ao usuário optar por uma das modalidades de repartição de benefícios previstas no *caput*.

§ 2º Quando se tratar de exploração econômica de produto acabado ou de material reprodutivo oriundo de acesso ao conhecimento tradicional associado de origem não identificável, a repartição dar-se-á na modalidade monetária e será recolhida ao FNRB.

§ 3º Na hipótese de exploração econômica de produto acabado ou de material reprodutivo oriundo de acesso ao conhecimento tradicional associado de origem identificável, a repartição de benefícios:

I - deverá ser livremente negociada entre o usuário e a população indígena, a comunidade tradicional ou o agricultor tradicional provedor do conhecimento; e

II - a parcela devida pelo usuário ao FNRB corresponderá a 0,5% (cinco décimos por cento) da receita líquida anual obtida com a exploração econômica ou à metade daquela prevista em acordo setorial.

SEÇÃO II
DA REPARTIÇÃO DE BENEFÍCIOS MONETÁRIA

ART. 48. A repartição de benefícios monetária será destinada:

I - às populações indígenas, às comunidades tradicionais e aos agricultores tradicionais nos casos de conhecimento tradicional associado de origem identificável, conforme acordo negociado de forma justa e equitativa entre as partes, nos termos do art. 24 da Lei n. 13.123, de 2015; e

II - ao FNRB, nos casos de exploração econômica de produto acabado ou material reprodutivo oriundo de acesso:

a) ao patrimônio genético, no montante de um por cento da receita líquida do produto acabado ou material reprodutivo, salvo na hipótese de celebração de acordo setorial a que se refere o art. 21 da Lei n. 13.123, de 2015;

b) ao conhecimento tradicional associado de origem não identificável, no montante de um por cento da receita líquida do produto acabado ou material reprodutivo, salvo na hipótese de celebração de acordo setorial a que se refere o art. 21 da Lei n. 13.123, de 2015; e

c) ao conhecimento tradicional associado de origem identificável referente à parcela de que trata o § 3º do art. 24 da Lei n. 13.123, de 2015.

ART. 49. A repartição de benefícios monetária destinada ao FNRB será recolhida independentemente de acordo de repartição de benefícios e será calculada após o encerramento de cada ano fiscal, considerando:

I - informações da notificação de produto acabado ou material reprodutivo;

II - receita líquida anual obtida a partir da exploração econômica de produto acabado ou material reprodutivo; e

III - acordo setorial vigente aplicável ao produto acabado ou material reprodutivo.

§ 1º O valor referente à repartição de benefícios será recolhido em até trinta dias após prestadas as informações a que se refere o § 2º do art. 45 enquanto houver exploração econômica do produto acabado ou material reprodutivo

§ 2º O primeiro recolhimento do valor referente à repartição de benefícios deverá incluir os benefícios auferidos desde o início da exploração econômica até o encerramento do ano fiscal em que houver:

I - apresentação do acordo de repartição de benefícios; ou

II - notificação de produto acabado ou material reprodutivo nos casos em que a repartição de benefícios for depositada diretamente no FNRB, incluindo exercícios anteriores, quando houver.

§ 3º Na hipótese de celebração de acordo setorial, o valor da repartição de benefícios devido a partir do ano de sua entrada em vigor será calculado para todo o ano fiscal, com base na alíquota definida.

§ 4º Para os efeitos do disposto no § 8º do art. 17 da Lei n. 13.123, de 2015, não havendo acesso a informações da receita líquida do fabricante do produto acabado ou material reprodutivo produzido fora do Brasil, a base de cálculo da repartição de benefícios será a receita líquida de importador, subsidiária, controlada, coligada, vinculada ou representante comercial do produtor estrangeiro em território nacional ou no exterior.

SEÇÃO III
DA REPARTIÇÃO DE BENEFÍCIOS NÃO MONETÁRIA

ART. 50. A repartição de benefícios não monetária será feita por meio de acordo firmado:

I - com as populações indígenas, as comunidades tradicionais e os agricultores tradicionais, provedores do conhecimento tradicional associado de origem identificável, nos casos de exploração econômica de produto acabado ou de material reprodutivo oriundo desse conhecimento negociada de forma justa e equitativa entre as partes, nos termos do art. 24 da Lei n. 13.123, de 2015; ou

II - com a União, nos casos de exploração econômica de produto acabado ou de material reprodutivo oriundo de acesso a patrimônio genético.

§ 1º Nos acordos de repartição de benefícios implementados por meio dos instrumentos a que se referem as alíneas "a", "e" e "f" do inciso II do art. 19, da Lei n. 13.123, de 2015, a repartição será equivalente a setenta e cinco por cento do previsto para a modalidade monetária.

§ 2º Nos acordos de repartição de benefícios implementados por meio de instrumentos não previstos no § 1º, a repartição será equivalente ao valor previsto para a modalidade monetária.

§ 3º As despesas com a gestão do projeto, inclusive planejamento, e prestação de contas, não poderão ser computadas para atingir o percentual previsto nos §§ 1º e 2º.

§ 4º Para fins de comprovação da equivalência de que tratam os §§ 1º e 2º, o usuário deverá apresentar estimativa, com base em valores de mercado.

§ 5º Os acordos de repartição de benefícios celebrados pela União serão implementados, preferencialmente, por meio do instrumento a que se refere a alínea "a" do inciso II do art. 19, da Lei n. 13.123, de 2015.

§ 6º O usuário não poderá utilizar recursos da repartição de benefícios não monetária em campanhas de marketing ou qualquer outra forma de publicidade em benefício dos seus produtos, linhas de produtos ou marcas.

ART. 51. No caso do inciso II do art. 50, a repartição de benefícios não monetária a que se refere as alíneas "a" e "e" do inciso II do art. 19 da Lei n. 13.123, de 2015, será destinada a:

I - unidades de conservação;

II - terras indígenas;

III - territórios remanescentes de quilombos;

IV - assentamento rural de agricultores familiares;

V - territórios tradicionais nos termos do Decreto n. 6.040, de 7 de fevereiro de 2007;

VI - instituições públicas nacionais de pesquisa e desenvolvimento;

VII - áreas prioritárias para a conservação, utilização sustentável e repartição de benefícios da biodiversidade brasileira, conforme ato do Ministro de Estado do Meio Ambiente;

VIII - atividades relacionadas à salvaguarda de conhecimento tradicional associado;

IX - coleções *ex situ* mantidas por instituições credenciadas nos termos do que dispõe a Seção V do Capítulo IV; e

X - populações indígenas, comunidades tradicionais e agricultores tradicionais.

ART. 52. No caso do inciso II do art. 50 a repartição de benefícios não monetária a que se referem as alíneas, "b" "c", "d" e "f" do inciso II do art. 19 da Lei n. 13.123, de 2015, será destinada a órgãos e instituições públicas nacionais que executem programas de interesse social.

ART. 53. O Ministério do Meio Ambiente poderá criar e manter o banco de propostas de repartição de benefícios não monetária, ao qual se dará ampla publicidade, inclusive por meio de seu sítio eletrônico, para atender o disposto no inciso II do art. 19 da Lei n. 13.123 de 2015.

Parágrafo único. As propostas de que trata o *caput* deverão ser destinadas à conservação e o uso sustentável da biodiversidade, à valorização e à proteção do conhecimento tradicional associado, atendido o interesse público.

SEÇÃO IV
DAS ISENÇÕES DE REPARTIÇÃO DE BENEFÍCIOS

ART. 54. Está isenta da obrigação de repartição de benefícios a exploração econômica de:

I - produto acabado ou material reprodutivo desenvolvido pelos agricultores tradicionais e suas cooperativas, com receita bruta anual igual ou inferior ao limite máximo estabelecido no inciso II do art. 3º da Lei Complementar n. 123, de 14 de dezembro de 2006;

II - produto acabado ou material reprodutivo desenvolvido pelas microempresas, pelas empresas de pequeno porte e pelos microempreendedores individuais, conforme disposto na Lei Complementar n. 123, de 2006;

III - operações de licenciamento, transferência ou permissão de utilização de qualquer forma de direito de propriedade intelectual sobre produto acabado, processo ou material reprodutivo oriundo do acesso ao patrimônio genético ou ao conhecimento tradicional associado por terceiros;

IV - produtos intermediários ao longo da cadeia produtiva;

V - material reprodutivo ao longo da cadeia produtiva de material reprodutivo, exceto a exploração econômica realizada pelo último elo da cadeia produtiva;

VI - material reprodutivo oriundo de acesso a patrimônio genético ou a conhecimento tradicional associado para fins de atividades agrícolas e destinado exclusivamente à geração de produtos acabados; e

VII - produto acabado ou material reprodutivo oriundo do acesso ao patrimônio genético de espécies introduzidas no território nacional pela ação humana, ainda que domesticadas, ressalvado o disposto nos incisos I e II do § 3º do art. 18 da Lei n. 13.123, de 2015.

§ 1º São também isentos da obrigação de repartição de benefícios o intercâmbio e a difusão de patrimônio genético e de conhecimento tradicional associado praticados entre si por populações indígenas, comunidade tradicional ou agricultor tradicional para seu próprio benefício e baseados em seus usos, costumes e tradições;

§ 2º A isenção da repartição de benefício a que se refere o *caput* não exime o usuário da obrigação de notificar o produto acabado ou material reprodutivo como também do cumprimento das demais obrigações da Lei n. 13.123, de 2015.

§ 3º O disposto no § 2º não se aplica aos casos previstos no § 4º do art. 8º da Lei n. 13.123, de 2015.

§ 4º O usuário que deixar de preencher os requisitos de isenção previstos na Lei n. 13.123, de 2015, repartirá benefícios no ano fiscal seguinte.

§ 5º Nos casos previstos nos incisos IV, V e VI do *caput*, o usuário deverá declarar que o produto ou material reprodutivo enquadra-se como produto intermediário e será destinado somente para atividades e processos ao longo da cadeia reprodutiva.

SEÇÃO V
DO ACORDO DE
REPARTIÇÃO DE BENEFÍCIOS

ART. 55. O acordo de repartição de benefícios entre usuário e provedor será negociado de forma justa e equitativa entre as partes, atendendo a parâmetros de clareza, lealdade e transparência nas cláusulas pactuadas, que deverão indicar condições, obrigações, tipos e duração dos benefícios de curto, médio e longo prazo, sem prejuízo de outras diretrizes e critérios a serem estabelecidos pelo CGen.

SEÇÃO VI
DOS ACORDOS SETORIAIS

ART. 56. Os acordos setoriais tem por finalidade garantir a competitividade do setor produtivo nos casos em que a aplicação da parcela de 1% (um por cento) da receita líquida anual obtida com a exploração econômica de produto acabado ou de material reprodutivo oriundo de acesso ao patrimônio genético ou ao conhecimento tradicional associado de origem não identificável caracterize dano material ou ameaça de dano material.

§ 1º Para os fins deste Decreto, considera-se setor produtivo a empresa ou conjunto de empresas que produzam um determinado produto ou similar caracterizado no pedido de redução.

§ 2º Na hipótese prevista no *caput*, o percentual de pagamento de repartição de benefícios monetária poderá ser reduzido para até 0,1% (um décimo por cento) da receita líquida anual obtida com a exploração econômica.

ART. 57. O pedido de redução do valor da repartição de benefícios monetária será dirigido ao Ministério do Meio Ambiente e dependerá da demonstração de que o pagamento desse percentual resultou ou resultará dano material.

§ 1º Será tratada como informação sigilosa constante do pedido a que se refere o *caput* aquela assim identificada pelo interessado, desde que o pedido seja devidamente justificado, não podendo, neste caso, ser revelada sem autorização expressa do interessado.

§ 2º O interessado que forneceu informação sigilosa deverá apresentar resumo a ser publicado, com detalhes que permitam sua compreensão, sob pena de ser considerada não sigilosa.

§ 3º Caso o Ministério do Meio Ambiente considere injustificado o pedido de tratamento sigiloso e a parte interessada se recuse a adequá-la para anexação em autos não sigilosos, a informação não será conhecida.

ART. 58. O pedido de redução de repartição de benefícios só será conhecido quando as empresas signatárias detiverem mais de:

I - cinquenta por cento do valor de produção setorial, no caso em que a referida produção esteja concentrada em até vinte empresas; e

II - vinte e cinco por cento do valor de produção setorial, no caso em que a referida produção esteja concentrada em mais de vinte empresas.

§ 1º Para os fins deste artigo, considera-se valor de produção setorial a estimativa do valor da produção nacional do produto acabado ou material reprodutivo oriundo de acesso ao patrimônio genético ou conhecimento tradicional associado de origem não identificável conforme caracterizado no pedido de redução.

§ 2º O pedido deverá ser subscrito pelos representantes legais de cada uma das signatárias e conterá:

I - documentos que comprovem o nexo causal entre o dano material ou sua ameaça e o pagamento da repartição de benefícios monetária correspondente a parcela de 1% (um por cento) da receita líquida anual; e

II - caracterização do produto acabado ou material reprodutivo para os quais se deseja a redução da parcela de 1% (um por cento) prevista no art. 56.

§ 3º A caracterização indicada no inciso II do § 2º incluirá as seguintes informações:

I - patrimônio genético acessado;

II - conhecimentos tradicionais associados acessados;

III - matérias-primas;

IV - composição química;

V - características físicas;

VI - normas e especificações técnicas;

VII - processo de produção;

VIII - usos e aplicações;

IX - grau de substitutibilidade; e

X - canais de distribuição.

§ 4º O pedido não será conhecido caso exista verificação em curso abrangendo os mesmos produtos ou similares.

ART. 59. Demonstradas as condições do art. 58, o Ministério do Meio Ambiente:

I - publicará ato dando início à verificação do dano material ou sua ameaça; e

II - notificará:

a) as empresas interessadas;

b) o Ministério do Desenvolvimento, Indústria e Comércio Exterior; e

c) os órgãos de que trata o parágrafo único do art. 21 da Lei n. 13.123, de 2015.

§ 1º O ato a que se refere o inciso I do *caput* especificará o produto acabado ou o material reprodutivo objeto da verificação e as empresas signatárias do pedido.

§ 2º A manifestação do Ministério do Desenvolvimento, Indústria e Comércio Exterior é condição para a análise de que trata o art. 62 e será apresentada no prazo de sessenta dias.

§ 3º Os órgãos a que se refere alínea "c" do inciso II do *caput* poderão se manifestar no prazo de sessenta dias a contar da data da notificação.

§ 4º Será concedido o prazo de vinte dias, contados da data da publicação do ato referido no inciso I do *caput*, para a apresentação de pedidos de habilitação de outras partes que se considerem interessadas.

ART. 60. A constatação do dano material ou sua ameaça será baseada em elementos de prova e incluirá o exame objetivo do efeito da repartição de benefícios sobre o preço do produto e o consequente impacto no setor produtivo.

§ 1º O exame a que se refere o *caput* incluirá, dentre outros, a avaliação dos seguintes fatores e índices econômicos:

I - queda real ou potencial:

a) das vendas;

b) dos lucros;

c) da produção;

d) da participação no mercado;

e) da produtividade; e

f) do grau de utilização da capacidade instalada;

II - efeitos negativos reais ou potenciais sobre:

a) estoques;

b) emprego;

c) salários; e

d) crescimento do setor produtivo;

III - a contração na demanda ou mudanças nos padrões de consumo;

IV - a concorrência entre produtores domésticos e estrangeiros; e

V - o desempenho exportador.

§ 2º Para fins do disposto neste artigo deverão ser segregados os efeitos do pagamento da repartição de benefícios monetária correspondente à parcela de 1% (um por cento) da receita líquida anual dos efeitos advindos de outras causas que possam ter gerado dano material ou sua ameaça.

§ 3º Para o exame do impacto a que se refere o *caput* será considerado se o valor da repartição de benefícios teve o efeito de deprimir significativamente as vendas.

ART. 61. O Ministério do Desenvolvimento, Indústria e Comercio Exterior fará a análise de que trata o art. 60 e encaminhará parecer técnico sobre o pedido de redução do valor da repartição de benefícios ao Ministério do Meio Ambiente, no prazo a que se refere o § 2º do art. 59.

ART. 62. Recebido o parecer de que trata o art. 61, o Ministério do Meio Ambiente emitirá parecer técnico que deverá considerar o conteúdo das manifestações:

I - do Ministério do Desenvolvimento, Indústria e Comercio Exterior; e

II - dos órgãos oficiais de defesa dos direitos dos povos indígenas, comunidades tradicionais ou agricultores tradicionais, quando apresentadas.

§ 1º As empresas interessadas serão notificadas para, no prazo de trinta dias, se manifestarem a respeito do parecer referido no *caput*.

§ 2º O Ministério do Meio Ambiente poderá acatar as manifestações das empresas interessadas, ocasião em que fará um novo parecer.

ART. 63. O parecer será submetido ao Ministro de Estado do Meio Ambiente que decidirá, de forma motivada, sobre a realização ou não do acordo setorial.

ART. 64. Os termos do acordo setorial em vigor aplicam-se a todos os produtos produzidos no território nacional que se enquadrem nos termos da decisão, mesmo que produzidos por empresas que não tenham subscrito o pedido de redução.

ART. 65. O acordo setorial vigorará por sessenta meses contados da publicação da decisão a que se refere o art. 63.

§ 1º Na hipótese de haver acordo setorial em vigor no momento do pagamento da repartição de benefícios referente a um determinado produto acabado ou material reprodutivo, a alíquota a ser paga será aquela definida no acordo setorial.

§ 2º Decorrido o prazo de que trata o *caput*, e não havendo solicitação de prorrogação, o acordo setorial será extinto.

§ 3º O acordo setorial poderá ser prorrogado caso se mantenham as condições que ensejaram a sua celebração.

§ 4º O pedido de prorrogação deverá ser feito pelo interessado, no mínimo, quatro meses antes do seu término.

§ 5º Durante a análise do pedido de prorrogação o acordo setorial permanecerá em vigor.

ART. 66. Durante o prazo de vigência do acordo setorial, o interessado contemplado poderá

DECRETOS

solicitar revisão da alíquota, desde que tenha decorrido pelo menos trinta meses do início da vigência do acordo.

§ 1º A solicitação de que trata o *caput* deverá ser instruída com evidências de que as circunstâncias que justificaram a aplicação da redução da alíquota concedida à época se alteraram.

§ 2º A análise do pedido de revisão seguirá o disposto nesta Seção e considerará apenas os fatos novos que justificaram o pedido.

ART. 67. A decisão final sobre o pedido de revisão caberá ao Ministro de Estado do Meio Ambiente e será limitada à redução ou não da alíquota.

ART. 68. Caso o pedido de revisão seja acatado será formalizado termo aditivo ao acordo setorial em vigor.

ART. 69. Ato do Ministro de Estado do Meio Ambiente estabelecerá as regras complementares ao disposto nesta Seção.

CAPÍTULO VI
DAS INFRAÇÕES E SANÇÕES ADMINISTRATIVAS

SEÇÃO I
DISPOSIÇÕES GERAIS

ART. 70. Considera-se infração administrativa contra o patrimônio genético ou ao conhecimento tradicional associado o disposto nos arts. 78 a 91 deste Decreto.

ART. 71. Sem prejuízo das responsabilidades penais e cíveis cabíveis, as infrações administrativas serão punidas com as seguintes sanções:

I - advertência;

II - multa;

III - apreensão:

a) das amostras que contêm o patrimônio genético acessado;

b) dos instrumentos utilizados na obtenção ou no processamento do patrimônio genético ou do conhecimento tradicional associado acessado;

c) dos produtos derivados de acesso ao patrimônio genético ou ao conhecimento tradicional associado; ou

d) dos produtos obtidos a partir de informação sobre conhecimento tradicional associado;

IV - suspensão temporária da fabricação e venda do produto acabado ou do material reprodutivo derivado de acesso ao patrimônio genético ou ao conhecimento tradicional associado até a regularização;

V - embargo da atividade específica relacionada à infração;

VI - interdição parcial ou total do estabelecimento, atividade ou empreendimento;

VII - suspensão de atestado ou autorização; ou

VIII - cancelamento de atestado ou autorização.

Parágrafo único. As sanções previstas nos incisos I a VIII do *caput* poderão ser aplicadas cumulativamente.

ART. 72. O agente autuante, ao lavrar o auto de infração, indicará as sanções estabelecidas neste Decreto, observando:

I - a gravidade do fato;

II - os antecedentes do infrator, quanto ao cumprimento da legislação referente ao patrimônio genético e ao conhecimento tradicional associado;

III - a reincidência; e

IV - a situação econômica do infrator, no caso de multa.

Parágrafo único. Para a aplicação do disposto neste artigo, o órgão ou entidade competente poderá estabelecer, por meio de norma técnica, critérios complementares para o agravamento e atenuação das sanções administrativas.

ART. 73. A multa será arbitrada pela autoridade competente, por infração, e pode variar:

I - de R$ 1.000,00 (mil reais) a R$ 100.000,00 (cem mil reais), quando a infração for cometida por pessoa natural; ou

II - de R$ 10.000,00 (dez mil reais) a 10.000.000,00 (dez milhões de reais), quando a infração for cometida por pessoa jurídica, ou com seu concurso.

ART. 74. O cometimento de nova infração pelo mesmo infrator, no período de cinco anos, contados do trânsito em julgado da decisão administrativa que o tenha condenado por infração anterior, implica em:

I - aplicação da multa em triplo, no caso de cometimento da mesma infração; ou

II - aplicação da multa em dobro, no caso de cometimento de infração distinta.

§ 1º O agravamento será apurado no procedimento da nova infração, do qual se fará constar, por cópia, o auto de infração anterior e o julgamento que o confirmou.

§ 2º Antes do julgamento da nova infração, a autoridade ambiental deverá verificar a existência de auto de infração anterior confirmado em julgamento, para fins de aplicação do agravamento da nova penalidade.

§ 3º Constatada a existência de auto de infração anteriormente confirmado em julgamento, a autoridade ambiental deverá:

I - agravar a pena conforme disposto no *caput*;

II - notificar o autuado para que se manifeste sobre o agravamento da penalidade no prazo de dez dias; e

III - julgar a nova infração considerando o agravamento da penalidade.

ART. 75. Para as sanções previstas nos incisos III a VI do art. 71, aplicam-se, no que couber, as disposições do Decreto n. 6.514, de 22 de julho de 2008.

SEÇÃO II
DOS PRAZOS PRESCRICIONAIS

ART. 76. Nos termos da Lei n. 9.873, de 23 de novembro de 1999, prescreve em cinco anos a ação da administração pública objetivando apurar a prática de infrações administrativas contra patrimônio genético e o conhecimento tradicional associado, contada da data da prática do ato, ou, no caso de infração permanente ou continuada, do dia em que esta tiver cessado.

§ 1º Considera-se iniciada a apuração de infração contra o patrimônio genético e o conhecimento tradicional associado com a lavratura do auto de infração pela autoridade competente ou notificação administrativa.

§ 2º Incide a prescrição intercorrente no procedimento de apuração do auto de infração paralisado por mais de três anos, pendente de julgamento ou despacho, cujos autos serão arquivados de ofício ou mediante requerimento da parte interessada, sem prejuízo da apuração da responsabilidade funcional decorrente da paralisação.

ART. 77. Interrompe-se a prescrição:

I - pela cientificação do infrator por qualquer meio, inclusive por edital;

II - por qualquer ato inequívoco da administração pública que importe apuração do fato; e

III - pela decisão condenatória recorrível.

Parágrafo único. Considera-se ato inequívoco da administração pública, para o efeito do que dispõe o inciso II, aquele que implique instrução do processo.

SEÇÃO III
DAS INFRAÇÕES CONTRA O PATRIMÔNIO GENÉTICO E CONHECIMENTO TRADICIONAL ASSOCIADO

ART. 78. Explorar economicamente produto acabado ou material reprodutivo oriundo de acesso ao patrimônio genético ou conhecimento tradicional associado sem notificação prévia.

Multa mínima de R$ 3.000,00 (três mil reais) e máxima de R$ 30.000,00 (trinta mil reais), quando se tratar de pessoa natural.

Multa mínima de R$ 10.000,00 (dez mil reais) e máxima de R$ 200.000,00 (duzentos mil reais), quando se tratar de pessoa jurídica enquadrada como microempresa, empresa de pequeno porte ou cooperativas de agricultores tradicionais com receita bruta anual igual ou inferior ao limite máximo estabelecido no inciso II do art. 3º da Lei Complementar n. 123, de 14 de dezembro de 2006.

Multa mínima de R$ 30.000,00 (trinta mil reais) e máxima de R$ 10.000.000,00 (dez milhões de reais), para as demais pessoas jurídicas.

§ 1º A sanção prevista no *caput* será aplicada por produto acabado ou material reprodutivo, independentemente do número de espécies acessadas para a elaboração do produto acabado ou material reprodutivo.

§ 2º A sanção de multa é aplicada em dobro se houver comercialização no exterior de produto acabado ou material reprodutivo desenvolvido em decorrência do acesso.

§ 3º Incorre nas mesmas sanções previstas neste artigo quem apresentar acordo de repartição de benefícios em desacordo com os prazos definidos nos incisos I e II do § 1º do art. 34.

ART. 79. Remeter, diretamente ou por interposta pessoa, amostra de patrimônio genético ao exterior sem o cadastro prévio ou em desacordo com este.

Multa mínima de R$ 20.000,00 (vinte mil reais) e máxima de R$ 100.000,00 (cem mil reais), quando se tratar de pessoa natural.

Multa mínima de R$ 50.000,00 (cinquenta mil reais) e máxima de R$ 500.000,00 (quinhentos mil reais), quando se tratar de pessoa jurídica enquadrada como microempresa, empresa de pequeno porte ou cooperativas de agricultores tradicionais com receita bruta anual igual ou inferior ao limite máximo estabelecido no inciso II do art. 3º da Lei Complementar n. 123, de 2006.

Multa mínima de R$ 100.000,00 (cem mil reais) e máxima de R$ 10.000.000,00 (dez milhões de reais), para as demais pessoas jurídicas.

§ 1º A sanção prevista no *caput* será aplicada:

I - por espécie;

II - em triplo se a amostra for obtida a partir de espécie constante de listas oficiais de espécies brasileiras ameaçadas de extinção ou do Anexo I da Convenção sobre o Comércio Internacional das Espécies da Flora e Fauna Selvagens em Perigo de Extinção - CITES, promulgada pelo Decreto n. 76.623, de 17 de novembro de 1975; e

III - em dobro se a amostra for obtida a partir de espécie constante apenas do Anexo II da CITES, promulgada pelo Decreto n. 76.623, de 1975.

§ 2º Se a remessa for realizada para o desenvolvimento de armas biológicas ou químicas, a pena prevista no *caput* será quadruplicada e deverão ser aplicadas as sanções de embargo, suspensão ou interdição parcial ou total do estabelecimento, atividade ou empreendimento, do responsável pela remessa.

ART. 80. Requerer direito de propriedade intelectual resultante de acesso ao patrimônio genético ou conhecimento tradicional associado, no Brasil ou no exterior, sem realização de cadastro prévio.

Multa mínima de R$ 3.000,00 (três mil reais) e máxima de R$ 30.000,00 (trinta mil reais), quando se tratar de pessoa natural.

Multa mínima de R$ 10.000,00 (dez mil reais) e máxima de R$ 200.000,00 (duzentos mil reais), quando se tratar de pessoa jurídica enquadrada como microempresa, empresa de pequeno porte ou cooperativas de agricultores tradicionais com receita bruta anual igual ou inferior ao limite máximo estabelecido no inciso II do art. 3º da Lei Complementar n. 123, de 2006.

Multa mínima de R$ 20.000,00 (vinte mil reais) e máxima de R$ 10.000.000,00 (dez milhões de reais), para as demais pessoas jurídicas.

ART. 81. Divulgar resultados, finais ou parciais, em meios científicos ou de comunicação sem cadastro prévio:

Multa mínima de R$ 1.000,00 (mil reais) e máxima de R$ 20.000,00 (vinte mil reais), quando se tratar de pessoa natural.

Multa mínima de R$ 10.000,00 (dez mil reais) e máxima de R$ 200.000,00 (duzentos mil reais), quando se tratar de pessoa jurídica enquadrada como microempresa, empresa de pequeno porte ou cooperativas de agricultores tradicionais com receita bruta anual igual ou inferior ao limite máximo estabelecido no inciso II do art. 3º da Lei Complementar n. 123, de 2006.

Multa mínima de R$ 50.000,00 (cinquenta mil reais) e máxima de R$ 500.000,00 (quinhentos mil reais), para as demais pessoas jurídicas.

§ 1º A sanção de multa poderá ser substituída pela de advertência, quando favoráveis as circunstâncias previstas no art. 72.

§ 2º O disposto no §1º não se aplica às hipóteses em que a conduta infracional envolva acesso ao conhecimento tradicional associado ou quando o infrator for reincidente nos termos deste Decreto.

ART. 82. Deixar de realizar cadastro de acesso antes da comercialização de produto intermediário:

Multa mínima de R$ 1.000,00 (mil reais) e máxima de R$ 20.000,00 (vinte mil reais), quando se tratar de pessoa natural.

Multa mínima de R$ 10.000,00 (dez mil reais) e máxima de R$ 200.000,00 (duzentos mil reais), quando se tratar de pessoa jurídica enquadrada como microempresa, empresa de pequeno porte ou cooperativas de agricultores tradicionais com receita bruta anual igual ou inferior ao limite máximo estabelecido no inciso II do art. 3º da Lei Complementar n. 123, de 2006.

Multa mínima de R$ 50.000,00 (cinquenta mil reais) e máxima de R$ 500.000,00 (quinhentos mil reais), para as demais pessoas jurídicas.

§ 1º A sanção de multa poderá ser substituída pela de advertência, quando favoráveis as circunstâncias previstas no art. 72.

§ 2º O disposto no § 1º não se aplica às hipóteses em que a conduta infracional envolva acesso ao conhecimento tradicional associado ou quando o infrator for reincidente nos termos deste Decreto.

ART. 83. Acessar conhecimento tradicional associado de origem identificável sem a obtenção do consentimento prévio informado, ou em desacordo com este.

Multa mínima de R$ 20.000,00 (vinte mil reais) e máxima de R$ 100.000,00 (cem mil reais), quando se tratar de pessoa natural.

Multa mínima de R$ 50.000,00 (cinquenta mil reais) e máxima de R$ 500.000,00 (quinhentos mil reais), quando se tratar de pessoa jurídica enquadrada como microempresa, empresa de pequeno porte ou cooperativas de agricultores tradicionais com receita bruta anual igual ou inferior ao limite máximo estabelecido no inciso II do art. 3º da Lei Complementar n. 123, de 14 de dezembro de 2006.

Multa mínima de R$ 100.000,00 (cem mil reais) e máxima de R$ 10.000.000,00 (dez milhões de reais), para as demais pessoas jurídicas.

Parágrafo único. Incide nas mesmas sanções aquele que obtiver consentimento prévio informado eivado de vício de vontade do provedor de conhecimento tradicional associado nos termos do Código Civil.

ART. 84. Deixar de indicar a origem do conhecimento tradicional associado de origem identificável em publicações, utilizações, explorações e divulgações dos resultados do acesso.

Multa mínima de R$ 1.000,00 (mil reais) e máxima de R$ 10.000,00 (dez mil reais), quando se tratar de pessoa natural.

Multa mínima de R$ 10.000,00 (dez mil reais) e máxima de R$ 50.000,00 (cinquenta mil reais), quando se tratar de pessoa jurídica enquadrada como microempresa, empresa de pequeno porte ou cooperativas de agricultores tradicionais com receita bruta anual igual ou inferior ao limite máximo estabelecido no inciso II do art. 3º da Lei Complementar n. 123, de 14 de dezembro de 2006.

Multa mínima de R$ 10.000,00 (dez mil reais) e máxima de R$ 500.000,00 (quinhentos mil reais), para as demais pessoas jurídicas.

ART. 85. Deixar de pagar a parcela anualmente devida ao FNRB decorrente da exploração econômica de produto acabado ou material reprodutivo desenvolvido em decorrência do acesso ao patrimônio genético ou conhecimento tradicional associado.

Multa mínima de R$ 1.000,00 (mil reais) e máxima de R$ 100.000,00 (cem mil reais), quando se tratar de pessoa natural.

Multa mínima de R$ 10.000,00 (dez mil reais) e máxima de R$ 10.000.000,00 (dez milhões de reais), para as pessoas jurídicas.

§ 1º Incorre nas mesmas sanções aquele que interrompe ou cumpre parcialmente a repartição de benefícios acordada, seja ela monetária ou não monetária.

§ 2º Observados os limites previstos no *caput*, a multa não deverá ser inferior a 10% (dez por cento) nem superior a 30% (trinta por cento) do valor anualmente devido.

ART. 86. Elaborar ou apresentar informação, documento, estudo, laudo ou relatório total ou parcialmente falso, ou enganoso, seja nos sistemas oficiais ou em qualquer outro procedimento administrativo relacionado ao patrimônio genético ou ao conhecimento tradicional associado:

Multa mínima de R$ 10.000,00 (dez mil reais) e máxima de R$ 50.000,00 (cinquenta mil reais), quando se tratar de pessoa natural.

Multa mínima de R$ 30.000,00 (trinta mil reais) e máxima de R$ 300.000,00 (trezentos mil reais), quando se tratar de pessoa jurídica enquadrada como microempresa, empresa de pequeno porte ou cooperativas de agricultores tradicionais com receita bruta anual igual ou inferior ao limite máximo estabelecido no inciso II do art. 3º da Lei Complementar n. 123, de 2006.

Multa mínima de R$ 100.000,00 (cem mil reais) e máxima de R$ 5.000.000,00 (cinco milhões de reais), para as demais pessoas jurídicas.

Parágrafo único. A sanção prevista no *caput* será aplicada em dobro se a informação, documento, estudo, laudo ou relatório total ou parcialmente falso ou enganoso for referente à remessa ou ao envio de amostra para prestação de serviços no exterior.

ART. 87. Descumprir suspensão, embargo ou interdição decorrente de infração administrativa contra o patrimônio genético ou ao conhecimento tradicional associado:

Multa mínima de R$ 10.000,00 (dez mil reais) e máxima de R$ 100.000,00 (cem mil reais), quando se tratar de pessoa natural.

Multa mínima de R$ 50.000,00 (cinquenta mil reais) e máxima de R$ 500.000,00 (quinhentos mil reais), quando se tratar de pessoa jurídica enquadrada como microempresa, empresa de pequeno porte ou cooperativas de agricultores tradicionais com receita bruta anual igual ou inferior ao limite máximo estabelecido no inciso II do art. 3º da Lei Complementar n. 123, de 2006.

Multa mínima de R$ 200.000,00 (duzentos mil reais) e máxima de R$ 10.000.000,00 (dez milhões de reais), para as demais pessoas jurídicas.

ART. 88. Obstar ou dificultar a fiscalização das obrigações previstas na Lei n. 13.123, de 2015:

Multa mínima de R$ 5.000,00 (cinco mil reais) e máxima de R$ 50.000,00 (cinquenta mil reais), quando se tratar de pessoa natural.

Multa mínima de R$ 30.000,00 (trinta mil reais) e máxima de R$ 300.000,00 (trezentos mil reais), quando se tratar de pessoa jurídica enquadrada como microempresa, empresa de pequeno porte ou cooperativas de agricultores tradicionais com receita bruta anual igual ou inferior ao limite máximo estabelecido no inciso II do art. 3º da Lei Complementar n. 123, de 2006.

Multa mínima de R$ 100.000,00 (cem mil reais) e máxima de R$ 5.000.000,00 (cinco milhões de reais), para as demais pessoas jurídicas.

ART. 89. Deixar de se adequar no prazo estabelecido no art. 37 da Lei n. 13.123, de 2015:

Multa mínima de R$ 1.000,00 (mil reais) e máxima de R$ 10.000,00 (dez mil reais), quando se tratar de pessoa natural.

Multa mínima de R$ 10.000,00 (dez mil reais) e máxima de R$ 50.000,00 (cinquenta mil reais), quando se tratar de pessoa jurídica enquadrada como microempresa, empresa de pequeno porte ou cooperativas de agricultores tradicionais com receita bruta anual igual ou inferior ao limite máximo estabelecido no inciso II do art. 3º da Lei Complementar n. 123, de 2006

Multa mínima de R$ 10.000,00 (dez mil reais) e máxima de R$ 300.000,00 (trezentos mil reais), para as demais pessoas jurídicas.

§ 1º A sanção prevista no *caput* será aplicada por produto acabado ou material reprodutivo ou por cada atividade de acesso, isoladamente, que deixar de promover a sua respectiva adequação independentemente do número de espécies acessadas.

§ 2º A sanção de multa poderá ser substituída pela de advertência, quando favoráveis as circunstâncias previstas no art. 72.

§ 3º Na hipótese de acesso ao patrimônio genético ou ao conhecimento tradicional associado realizado unicamente para fins de pesquisa científica, a sanção de advertência sobre fatos relacionados ao respectivo cadastro para fins de adequação deverá anteceder a aplicação de qualquer outra sanção administrativa.

ART. 90. Deixar de se regularizar no prazo estabelecido no art. 38 da Lei n. 13.123, de 2015:
Multa mínima de R$ 1.000,00 (mil reais) e máxima de R$ 10.000,00 (dez mil reais), quando se tratar de pessoa natural.
Multa mínima de R$ 10.000,00 (dez mil reais) e máxima de R$ 50.000,00 (cinquenta mil reais), quando se tratar de pessoa jurídica enquadrada como microempresa, empresa de pequeno porte ou cooperativas de agricultores tradicionais com receita bruta anual igual ou inferior ao limite máximo estabelecido no inciso II do art. 3º da Lei Complementar n. 123, de 2006.
Multa mínima de R$ 10.000,00 (dez mil reais) e máxima de R$ 10.000.000,00 (dez milhões de reais), para as demais pessoas jurídicas.

§ 1º A sanção prevista no *caput* será aplicada por produto acabado ou material reprodutivo ou por cada atividade de acesso, isoladamente, que deixar de promover a sua respectiva regularização independentemente do número de espécies acessadas.

§ 2º a sanção de multa poderá ser substituída pela de advertência, quando favoráveis as circunstâncias previstas no art. 72, e se tratar de:

I - pessoa natural; ou

II - pessoa jurídica que realizou acesso ao patrimônio genético ou conhecimento tradicional associado unicamente para fins de pesquisa científica.

ART. 91. Deixar de atender às exigências legais ou regulamentares, quando notificado pela autoridade competente no prazo concedido:
Multa mínima de R$ 1.000,00 (mil reais) e máxima de R$ 30.000,00 (trinta mil reais), quando se tratar de pessoa natural.
Multa mínima de R$ 10.000,00 (dez mil reais) e máxima de R$ 200.000,00 (duzentos mil reais), quando se tratar de pessoa jurídica enquadrada como microempresa, empresa de pequeno porte ou cooperativas de agricultores tradicionais com receita bruta anual igual ou inferior ao limite máximo estabelecido no inciso II do art. 3º da Lei Complementar n. 123, de 2006.
Multa mínima de R$ 15.000,00 (quinze mil reais) e máxima de R$ 5.000.000,00 (cinco milhões de reais), para as demais pessoas jurídicas.

Parágrafo único. A sanção de multa poderá ser substituída pela de advertência, quando favoráveis as circunstâncias previstas no art. 72.

SEÇÃO IV
DO PROCESSO ADMINISTRATIVO PARA APURAÇÃO DAS INFRAÇÕES

ART. 92. As infrações contra o patrimônio genético ou o conhecimento tradicional associado serão apuradas em processo administrativo próprio mediante a lavratura de auto de infração e respectivos termos, assegurado o direito à ampla defesa e ao contraditório.

Parágrafo único. O processo administrativo a que se refere o *caput* será regido pelas disposições do Decreto n. 6.514, de 2008, exceto quando houver disposição diversa prevista neste Capítulo.

ART. 93. São competentes para fiscalizar e apurar o cometimento das infrações administrativas previstas neste Decreto:

I - o Ibama;

II - o Comando da Marinha, no âmbito de águas jurisdicionais e da plataforma continental brasileiras; e

III - o Ministério da Agricultura, Pecuária e Abastecimento, no âmbito do acesso ao patrimônio genético para atividades agrícolas, nos termos do que dispõe o art. 3º da Lei n. 10.883, de 16 de junho de 2004.

§ 1º Quando a infração envolver conhecimento tradicional associado, os órgãos oficiais de defesa dos direitos das populações indígenas, comunidades tradicionais e agricultores tradicionais prestarão apoio às ações de fiscalização do Ibama.

§ 2º Ato conjunto dos Ministros de Estado do Meio Ambiente, da Agricultura, Pecuária e Abastecimento e da Defesa disciplinará a atuação coordenada dos órgãos de fiscalização.

ART. 94. Da decisão final proferida pelos órgãos previstos no art. 93 caberá recurso ao CGen, no prazo de vinte dias.

ART. 95. Ato do CGen estabelecerá critérios para a destinação das amostras, produtos e instrumentos apreendidos, a que se refere o § 4º do art. 27 da Lei n. 13.123, de 2015.

Parágrafo único. Enquanto não for editado o ato de que trata o *caput*, a autoridade competente para a fiscalização fará a destinação, observando-se o disposto no Decreto n. 6.514, de 2008.

CAPÍTULO VII
DO FUNDO NACIONAL PARA A REPARTIÇÃO DE BENEFÍCIOS E DO PROGRAMA NACIONAL DE REPARTIÇÃO DE BENEFÍCIOS

ART. 96. O Fundo Nacional de Repartição de Benefícios - FNRB, instituído pela Lei n. 13.123, de 2015, vinculado ao Ministério do Meio Ambiente, tem natureza financeira e se destina a apoiar ações e atividades que visem valorizar o patrimônio genético e os conhecimentos tradicionais associados e promover o seu uso de forma sustentável.

§ 1º Constituem receita do FNRB:

I - dotações consignadas na lei orçamentária anual e seus créditos adicionais;

II - doações;

III - valores arrecadados com o pagamento de multas administrativas aplicadas em virtude do descumprimento da Lei n. 13.123, de 2015;

IV - recursos financeiros de origem externa decorrentes de contratos, acordos ou convênios, especialmente reservados para as finalidades do Fundo;

V - contribuições feitas por usuários de patrimônio genético ou de conhecimento tradicional associado para o Programa Nacional de Repartição de Benefícios;

VI - valores provenientes da repartição de benefícios; e

VII - outras receitas que lhe vierem a ser destinadas.

§ 2º Os recursos monetários depositados no FNRB decorrentes da exploração econômica de produto acabado ou de material reprodutivo oriundo de acesso a conhecimento tradicional associado serão destinados exclusivamente a ações, atividades e projetos em benefício dos detentores de conhecimentos tradicionais associados.

§ 3º As receitas destinadas ao FNRB e eventuais devoluções de recursos serão recolhidas diretamente ao Fundo, conforme procedimentos definidos pelo Comitê Gestor.

ART. 97. O FNRB será gerido por Comitê Gestor órgão colegiado composto:

I - por um representante e dois suplentes:

a) do Ministério do Meio Ambiente, que o presidirá;

b) do Ministério da Fazenda;

c) do Ministério da Agricultura, Pecuária e Abastecimento;

d) do Ministério do Desenvolvimento Social e Combate à Fome;

e) do Ministério do Desenvolvimento Agrário;

f) do Ministério da Ciência, Tecnologia e Inovação;

g) da Fundação Nacional do Índio - Funai; e

h) do Instituto do Patrimônio Histórico e Artístico Nacional - Iphan;

II - por sete representantes de entidades ou organizações representativas das populações indígenas, comunidades tradicionais e agricultores tradicionais, sendo:

a) dois indicados pelo Conselho Nacional dos Povos e Comunidades Tradicionais - CNPCT;

b) dois indicados pelo Conselho Nacional de Desenvolvimento Rural Sustentável - Condraf;

c) dois indicados pelos representantes de povos e organizações indígenas integrantes do Conselho Nacional de Política Indigenista - CNPI; e

d) um representante de população indígena, comunidade tradicional ou agricultor tradicional indicado pelo Conselho Nacional de Segurança Alimentar e Nutricional - Consea; e

III - por um representante da Sociedade Brasileira para o Progresso da Ciência - SBPC.

§ 1º Os representantes e os seus suplentes serão nomeados pelo Ministro de Estado do Meio Ambiente, após indicação dos respectivos órgãos e entidades.

§ 2º Os representantes e suplentes terão mandato de dois anos, renovável por igual período.

§ 3º Nos impedimentos ou afastamentos do seu presidente, o Comitê Gestor será presidido pelo representante suplente do Ministério do Meio Ambiente.

§ 4º A participação no Comitê Gestor do FNRB é considerada de relevante interesse público e não será remunerada.

§ 5º Para atender o disposto no inciso IV do art. 10 da Lei n. 13.123, de 2015, as despesas de deslocamento e estada dos representantes de que trata o inciso II do *caput* serão custeadas pelo FNBR.

§ 6º O Ministério do Meio Ambiente poderá arcar com as despesas de que trata o § 5º nos dois primeiros anos de funcionamento do FNBR.

§ 7º O Comitê Gestor poderá convidar outros representantes, sem direito a voto, para participar de suas reuniões.

ART. 98. Compete ao Comitê Gestor:

I - decidir sobre a gestão dos recursos monetários depositados no FNRB, observadas as diretrizes para a aplicação dos recursos estabelecidas pelo CGen;

II - definir, anualmente, o percentual dos recursos monetários depositados no FNRB decorrentes da exploração econômica de produto acabado ou de material reprodutivo oriundo de acesso a patrimônio genético proveniente de coleções ex situ, que será destinado em benefício dessas coleções;

III - aprovar o Manual de Operações do FNRB, estabelecendo condições e procedimentos para a execução financeira e a aplicação de recursos, incluindo o recolhimento de receitas e a contratação, execução, monitoramento e avaliação de ações e atividades apoiadas pelo FNRB;

IV - aprovar o plano operativo quadrienal e revisá-lo bienalmente;

V - aprovar ações, atividades e projetos a serem apoiados pelo FNRB;

VI - decidir sobre a contratação de estudos e pesquisas pelo FNRB;

VII - aprovar anualmente relatórios de:

a) atividades e de execução financeira;

b) desempenho da instituição financeira;

VIII - estabelecer instrumentos de cooperação, inclusive com Estados, o Distrito Federal e Municípios;

IX - estabelecer instrumentos de cooperação e repasse de recursos com instituições públicas nacionais de pesquisa, ensino e apoio técnico, inclusive com apoio financeiro do FNRB, para acompanhar as ações e atividades apoiadas pelo FNRB; e

X - elaborar e aprovar o seu regimento interno.

Parágrafo único. O percentual de que trata o inciso II do *caput* não poderá ser inferior a sessenta por cento nem superior a oitenta por cento.

ART. 99. As disponibilidades do FNRB serão mantidas em instituição financeira federal, a quem caberá a administração e execução financeira dos recursos e a operacionalização do Fundo.

§ 1º A instituição financeira depositária remunerará as disponibilidades do Fundo, no mínimo, pela taxa média referencial do Sistema Especial de Liquidação e de Custódia - Selic.

§ 2º As obrigações e responsabilidades da instituição financeira, bem como sua remuneração serão definidas em contrato.

ART. 100. O Programa Nacional de Repartição de Benefícios - PNRB, instituído pelo art. 33 da Lei n. 13.123, de 2015, tem como finalidade promover:

I - conservação da diversidade biológica;

II - recuperação, criação e manutenção de coleções *ex situ* de amostra do patrimônio genético;

III - prospecção e capacitação de recursos humanos associados ao uso e à conservação do patrimônio genético ou do conhecimento tradicional associado;

IV - proteção, promoção do uso e valorização dos conhecimentos tradicionais associados;

V - implantação e desenvolvimento de atividades relacionadas ao uso sustentável da diversidade biológica, sua conservação e repartição de benefícios;

VI - fomento a pesquisa e desenvolvimento tecnológico associado ao patrimônio genético e ao conhecimento tradicional associado;

VII - levantamento e inventário do patrimônio genético, considerando a situação e o grau de variação das populações existentes, incluindo aquelas de uso potencial e, quando viável, avaliando qualquer ameaça a elas;

VIII - apoio aos esforços das populações indígenas, das comunidades tradicionais e dos agricultores tradicionais no manejo sustentável e na conservação de patrimônio genético;

IX - conservação das plantas silvestres;

X - desenvolvimento de um sistema eficiente e sustentável de conservação *ex situ* e in situ e desenvolvimento e transferência de tecnologias apropriadas para essa finalidade com vistas a melhorar o uso sustentável do patrimônio genético;

XI - monitoramento e manutenção da viabilidade, do grau de variação e da integridade do patrimônio genético mantido por coleções;

XII - adoção de medidas para minimizar ou, se possível, eliminar as ameaças ao patrimônio genético;

XIII - desenvolvimento e manutenção dos diversos sistemas de cultivo que favoreçam o uso sustentável do patrimônio genético;

XIV - elaboração e execução dos Planos de Desenvolvimento Sustentável de Populações ou Comunidades Tradicionais; e

XV - outras ações relacionadas ao acesso ao patrimônio genético e aos conhecimentos tradicionais associados, conforme definido pelo Comitê Gestor do FNRB.

§ 1º O FNRB poderá apoiar projetos e atividades de capacitação dos servidores dos órgãos e entidades a que refere o § 2º do art. 14.

§ 2º O FNRB poderá apoiar projetos e atividades relacionados à elaboração de protocolos comunitários.

ART. 101. Os recursos do FNRB deverão ser empregados no PNRB para apoiar ações e atividades que promovam os objetivos previstos no art. 100, por meio de convênios, termos de parceria, de colaboração ou de fomento, acordos, ajustes ou outros instrumentos de cooperação e repasse de recursos previstos em Lei.

Parágrafo único. Os recursos do FNRB poderão ainda ser destinados:

I - à análise, supervisão, gerenciamento e acompanhamento das ações, atividades e projetos apoiados;

II - à remuneração e cobertura das despesas da instituição financeira relativas à administração do Fundo.

ART. 102. O Ministério do Meio Ambiente exercerá a função de Secretaria-Executiva do Comitê Gestor do FNRB e prestará apoio técnico e administrativo necessário ao funcionamento do FNRB e implementação do PNRB.

CAPÍTULO VIII
DAS DISPOSIÇÕES TRANSITÓRIAS SOBRE A ADEQUAÇÃO E A REGULARIZAÇÃO DE ATIVIDADES

ART. 103. Deverá adequar-se aos termos da Lei n. 13.123, de 2015, e deste Decreto, no prazo de um ano, contado da data da disponibilização do cadastro pelo CGen, o usuário que realizou, a partir de 30 de junho de 2000, as seguintes atividades de acordo com a Medida Provisória n. 2.186-16, de 23 de agosto de 2001:

I - acesso a patrimônio genético ou conhecimento tradicional associado; e

II - exploração econômica de produto acabado ou de material reprodutivo oriundo de acesso a patrimônio genético ou ao conhecimento tradicional associado.

§ 1º Para fins do disposto no *caput*, o usuário, observado o art. 44 da Lei n. 13.123, de 2015, deverá adotar uma ou mais das seguintes providências, conforme o caso:

I - cadastrar o acesso ao patrimônio genético ou ao conhecimento tradicional associado;

II - notificar o produto acabado ou o material reprodutivo objeto da exploração econômica, nos termos da Lei n. 13.123, de 2015 e deste Decreto; e

III - repartir os benefícios referentes à exploração econômica realizada a partir da data de entrada em vigor da Lei n. 13.123, de 2015, nos termos do Capítulo V da referida Lei e do Capítulo V deste Decreto, exceto quando o tenha feito na forma da Medida Provisória n. 2.186-16, de 2001.

§ 2º No caso do inciso III do § 1º, a repartição de benefícios pactuada na forma da Medida Provisória n. 2.186-16, de 2001, será válida pelo prazo estipulado no contrato de utilização do patrimônio genético e de repartição de benefícios ou projeto de repartição de benefícios anuído pelo CGen.

ART. 104. Deverá regularizar-se nos termos da Lei n. 13.123, de 2015, e deste Decreto, no prazo de um ano, contado da data da disponibilização do cadastro pelo CGen, o usuário que, entre 30 de junho de 2000 e a data de entrada em vigor da Lei n. 13.123, de 2015, realizou as seguintes atividades em desacordo com a legislação em vigor à época:

I - acesso a patrimônio genético ou a conhecimento tradicional associado;

II - acesso e exploração econômica de produto ou processo oriundo do acesso a patrimônio genético ou a conhecimento tradicional associado, de que trata a Medida Provisória n. 2.186-16, de 2001;

III - remessa ao exterior de amostra de patrimônio genético; ou

IV - divulgação, transmissão ou retransmissão de dados ou informações que integram ou constituem conhecimento tradicional associado.

§ 1º A regularização de que trata o *caput* está condicionada a assinatura de Termo de Compromisso.

§ 2º Na hipótese de acesso ao patrimônio genético ou ao conhecimento tradicional associado unicamente para fins de pesquisa científica, o usuário estará dispensado de firmar o Termo de Compromisso, regularizando-se por meio de cadastro ou autorização da atividade, conforme o caso.

§ 3º O cadastro e a autorização de que trata o § 2º extinguem a exigibilidade das sanções administrativas previstas na Medida Provisória n. 2.186-16, de 2001, e especificadas nos arts. 15 e 20 do Decreto n. 5.459, de 7 de junho de 2005, desde que a infração tenha sido cometida até o dia anterior à data de entrada em vigor da Lei n.º 13.123, de 2015.

§ 4º Para fins de regularização no INPI dos pedidos de patentes depositados durante a vigência da Medida Provisória n. 2.186-16, de 2001, o requerente deverá apresentar o comprovante de cadastro ou de autorização de que trata este artigo.

§ 5º O usuário que realizou atividades em desacordo com a Medida Provisória n. 2.186-16, de 2001, ainda que tenha obtido autorização durante a vigência da referida Medida Provisória, poderá, a seu critério, aderir ao processo de regularização previsto no art. 38 da Lei n. 13.123, de 2015.

§ 6º Para fins do disposto no § 5º, o contrato de utilização do patrimônio genético e de repartição de benefícios ou projeto de repartição de benefícios anuído pelo CGen integrará o termo de compromisso.

CAPÍTULO IX
DISPOSIÇÕES FINAIS

ART. 105. Para fins do disposto no inciso XVII do art. 2º da Lei n. 13.123, de 2015, os insumos utilizados nas atividades agrícolas são produtos intermediários.

Parágrafo único. Consideram-se insumos para atividades agrícolas os bens que sejam consumidos na atividade de produção ou que sofram alterações, tais como o desgaste, o dano ou a perda de propriedades físicas ou químicas, em função da ação diretamente exercida sobre o produto em fabricação, desde que não estejam incluídas no ativo imobilizado.

ART. 106. O CGen poderá criar banco de dados para registro voluntário de consentimentos prévios informados, concedidos ou negados pelos detentores de conhecimento tradicional associado.

ART. 107. Os seguintes testes, exames e atividades, quando não forem parte integrante de pesquisa ou desenvolvimento tecnológico, não configuram acesso ao patrimônio genético nos termos da Lei n. 13.123, de 2015:

I - teste de filiação ou paternidade, técnica de sexagem e análise de cariótipo ou de ADN e outras analises moleculares que visem a identificação de uma espécie ou espécime;

II - testes e exames clínicos de diagnóstico para a identificação direta ou indireta de agentes etiológicos ou patologias hereditárias em um indivíduo;

III - extração, por método de moagem, prensagem ou sangria que resulte em óleos fixos;

IV - purificação de óleos fixos que resulte em produto cujas características sejam idênticas às da matéria prima original;

V - teste que visa aferir taxas de mortalidade, crescimento ou multiplicação de parasitas, agentes patogênicos, pragas e vetores de doenças;

VI - comparação e extração de informações de origem genética disponíveis em bancos de dados nacionais e internacionais

VI - processamento de extratos, separação física, pasteurização, fermentação, avaliação de pH, acidez total, sólidos solúveis, contagem de bactérias e leveduras, bolores, coliformes fecais e totais das amostras de patrimônio genético; e

VII - caracterização físico, química e físico-química para a determinação da informação nutricional de alimentos;

Parágrafo único. Não configura acesso ao patrimônio genético a leitura ou a consulta de informações de origem genética disponíveis em bancos de dados nacionais e internacionais, ainda que sejam parte integrante de pesquisa e desenvolvimento tecnológico.

ART. 108. O melhoramento genético vegetal ou animal realizado por população indígena, comunidade tradicional ou agricultor tradicional é isento de cadastro nos termos do inciso VI do art. 10 da Lei n. 13.123, de 2015.

ART. 109. Para atender ao disposto no § 2º do art. 12 da Lei n. 13.123, de 2015, o usuário, no ato de requerimento de direito de propriedade intelectual, deverá informar se houve acesso a patrimônio genético ou ao conhecimento tradicional associado, como também se há cadastro de acesso realizado nos termos deste Decreto.

ART. 110. Verificada a inexistência do cadastro ou em caso de seu cancelamento, o Ibama ou o CGen comunicará o órgão e a entidade previstos no art. 109 para que cientifiquem o solicitante do direito de propriedade intelectual para apresentar comprovante de cadastro em trinta dias, sob pena de arquivamento do processo de solicitação do direito de propriedade intelectual.

Parágrafo único. No caso de inexistência de cadastro, será observado o período de um ano referido nos arts. 36, 37 e 38 da Lei n. 13.123, de 2015.

ART. 111. O CGen, com a colaboração das instituições credenciadas nos termos do inciso V do art. 15 da Medida Provisória n. 2.186-16, de 2001, cadastrará no sistema as autorizações já emitidas.

ART. 112. Fica aprovada, com base na Nomenclatura Comum do Mercosul - NCM, a Lista de Classificação de Repartição de Benefícios de que trata o § 9º do art. 17 da Lei n. 13.123, de 2015, anexa a este Decreto.

Parágrafo único. A lista a que se refere o *caput* terá caráter exemplificativo e não excluirá a aplicação das regras de incidência de repartição de benefícios previstas nos arts. 17 e 18 da Lei n. 13.123, de 2015.

ART. 113. O Ministério da Agricultura, Pecuária e Abastecimento elaborará, publicará e revisará, periodicamente, lista de referência de espécies animais e vegetais domesticadas ou cultivadas que foram introduzidas no território nacional, utilizadas nas atividades agrícolas.

Parágrafo único. A lista de que trata o *caput* indicará as espécies que formam populações espontâneas e as variedades que tenham adquirido propriedades características distintivas no País.

ART. 114. Ato conjunto dos Ministros de Estado da Agricultura, Pecuária e Abastecimento e do Desenvolvimento Agrário divulgará lista das variedades tradicionais locais ou crioulas e das raças localmente adaptadas ou crioulas.

ART. 115. O Ministério da Saúde e o Ministério do Meio Ambiente, em Portaria conjunta, disciplinarão procedimento simplificado para a realização de remessa de patrimônio genético relacionado à situação de Emergência em Saúde Pública de Importância Nacional - ESPIN, de que trata o Decreto n. 7.616, de 17 de novembro de 2011.

§ 1º A remessa prevista no *caput* será destinada exclusivamente a pesquisa e desenvolvimento tecnológico declarados no Termo de Transferência de Material, necessariamente vinculados à situação epidemiológica, sendo vedada a utilização desse patrimônio genético acessado para outras finalidades.

§ 2º Os benefícios resultantes da exploração econômica de produto acabado ou material reprodutivo oriundo de pesquisa ou desenvolvimento tecnológico de que trata este artigo serão repartidos nos termos da Lei n. 13.123, 2015, e deste Decreto.

ART. 116. O Ministério do Meio Ambiente, em coordenação com o Ministério das Relações Exteriores, poderá celebrar acordos de cooperação e convênios com entidades em outros países para fins de cumprimento do disposto na Lei n. 13.123, de 2015.

ART. 117. O disposto neste Decreto não exclui as competências do Ministério da Ciência, Tecnologia e Inovação de supervisionar e controlar as atividades de pesquisas científicas em território nacional, quando realizadas por estrangeiros, que impliquem ingresso no País.

ART. 118. O usuário que requereu qualquer direito de propriedade intelectual, explorou economicamente produto acabado ou material reprodutivo, ou divulgou resultados, finais ou parciais, em meios científicos ou de comunicação, entre 17 de novembro de 2015 e a data de disponibilização do cadastro, deverá cadastrar as atividades de que trata o art. 12 da Lei n. 13.123, de 2015 e notificar o produto acabado ou o material reprodutivo desenvolvido em decorrência do acesso.

§ 1º O prazo para o cadastramento ou notificação de que trata o *caput* será de 1 (um) ano, contado da data da disponibilização do cadastro pelo CGen.

§ 2º Realizado o cadastramento ou notificação tempestivamente, o usuário não estará sujeito a sanção administrativa.

ART. 119. Ficam revogados:

I - o Decreto n. 3.945, de 28 de setembro de 2001;

II - o Decreto n. 4.946, de 31 de dezembro de 2003;

III - o Decreto n. 5.459, de 7 de junho de 2005;

IV - o Decreto n. 6.159, de 17 de julho de 2007; e

V - o Decreto n. 6.915, de 29 de julho de 2009.

ART. 120. Este Decreto entra em vigor na data de sua publicação.

Brasília, 11 de maio de 2016; 195º da Independência e 128º da República.

DILMA ROUSSEFF

DECRETO N. 8.777, DE 11 DE MAIO DE 2016

Institui a Política de Dados Abertos do Poder Executivo federal.

‣ *DOU*, 12.5.2016.

A Presidenta da República, no uso das atribuições que lhe confere o art. 84, *caput*, incisos IV e VI, alínea "a", da Constituição, e tendo em vista o disposto na Lei n. 12.527, de 18 de novembro de 2011, e no art. 24, *caput*, incisos V e VI, da Lei n.12.965, de 23 de abril de 2014,

Decreta:

CAPÍTULO I
DISPOSIÇÕES GERAIS

ART. 1º Fica instituída a Política de Dados Abertos do Poder Executivo federal, com os seguintes objetivos:

I - promover a publicação de dados contidos em bases de dados de órgãos e entidades da administração pública federal direta, autárquica e fundacional sob a forma de dados abertos;

II - aprimorar a cultura de transparência pública;

III - franquear aos cidadãos o acesso, de forma aberta, aos dados produzidos ou acumulados pelo Poder Executivo federal, sobre os quais não recaia vedação expressa de acesso;

IV - facilitar o intercâmbio de dados entre órgãos e entidades da administração pública federal e as diferentes esferas da federação;

V - fomentar o controle social e o desenvolvimento de novas tecnologias destinadas à construção de ambiente de gestão pública participativa e democrática e à melhor oferta de serviços públicos para o cidadão;

VI - fomentar a pesquisa científica de base empírica sobre a gestão pública;

VII - promover o desenvolvimento tecnológico e a inovação nos setores público e privado e fomentar novos negócios;

VIII - promover o compartilhamento de recursos de tecnologia da informação, de maneira a evitar a duplicidade de ações e o desperdício de recursos na disseminação de dados e informações; e

IX - promover a oferta de serviços públicos digitais de forma integrada.

ART. 2º Para os fins deste Decreto, entende-se por:

I - dado - sequência de símbolos ou valores, representados em qualquer meio, produzidos como resultado de um processo natural ou artificial;

II - dado acessível ao público - qualquer dado gerado ou acumulado pelo Governo que não esteja sob sigilo ou sob restrição de acesso nos termos da Lei n. 12.527, de 18 de novembro de 2011;

III - dados abertos - dados acessíveis ao público, representados em meio digital, estruturados em formato aberto, processáveis por máquina, referenciados na internet e disponibilizados sob licença aberta que permita sua livre utilização, consumo ou cruzamento, limitando-se a creditar a autoria ou a fonte;

IV - formato aberto - formato de arquivo não proprietário, cuja especificação esteja documentada publicamente e seja de livre conhecimento e implementação, livre de patentes ou qualquer outra restrição legal quanto à sua utilização; e

V - Plano de Dados Abertos - documento orientador para as ações de implementação e promoção de abertura de dados de cada órgão ou entidade da administração pública federal, obedecidos os padrões mínimos de qualidade, de forma a facilitar o entendimento e a reutilização das informações.

ART. 3º A Política de Dados Abertos do Poder Executivo federal será regida pelos seguintes princípios e diretrizes:

I - observância da publicidade das bases de dados como preceito geral e do sigilo como exceção;

II - garantia de acesso irrestrito às bases de dados, as quais devem ser legíveis por máquina e estar disponíveis em formato aberto;

III - descrição das bases de dados, com informação suficiente para a compreensão de eventuais ressalvas quanto à sua qualidade e integridade;

IV - permissão irrestrita de reuso das bases de dados publicadas em formato aberto;

V - completude e interoperabilidade das bases de dados, as quais devem ser disponibilizadas em sua forma primária, com o maior grau de granularidade possível, ou referenciar as bases primárias, quando disponibilizadas de forma agregada;

VI - atualização periódica, de forma a garantir a perenidade dos dados, a padronização de estruturas de informação e o valor dos dados à sociedade e atender às necessidades de seus usuários; e

VII - designação clara de responsável pela publicação, atualização, evolução e manutenção de cada base de dado aberta, incluída a prestação de assistência quanto ao uso de dados.

CAPÍTULO II
DA LIVRE UTILIZAÇÃO DE BASES DE DADOS

ART. 4º Os dados disponibilizados pelo Poder Executivo federal, bem como qualquer informação de transparência ativa, são de livre utilização pelo Governo federal e pela sociedade.

Parágrafo único. Na divulgação de dados protegidos por direitos autorais pertencentes a terceiros, fica o Poder Executivo federal obrigado a indicar o seu detentor e as condições de utilização por ele autorizadas.

CAPÍTULO III
DA GOVERNANÇA

ART. 5º A gestão da Política de Dados Abertos do Poder Executivo federal será coordenada pelo Ministério do Planejamento, Orçamento e Gestão, por meio da Infraestrutura Nacional de Dados Abertos - INDA.

- O Ministério do Planejamento, Orçamento e Gestão foi transformado em Ministério do Planejamento, Desenvolvimento e Gestão pela Lei 13.341/2016.

§ 1º A INDA contará com mecanismo de governança multiparticipativa, transparente, colaborativa e democrática, com caráter gerencial e normativo, na forma de regulamento.

§ 2º A implementação da Política de Dados Abertos ocorrerá por meio da execução de Plano de Dados Abertos no âmbito de cada órgão ou entidade da administração pública federal, direta, autárquica e fundacional, o qual deverá dispor, no mínimo, sobre os seguintes tópicos:

I - criação e manutenção de inventários e catálogos corporativos de dados;

II - mecanismos transparentes de priorização na abertura de bases de dados, os quais obedecerão os critérios estabelecidos pela INDA e considerarão o potencial de utilização e reutilização dos dados tanto pelo Governo quanto pela sociedade civil;

III - cronograma relacionado aos procedimentos de abertura das bases de dados, sua atualização e sua melhoria;

IV - especificação clara sobre os papeis e responsabilidades das unidades do órgão ou entidade da administração pública federal relacionados com a publicação, a atualização, a evolução e a manutenção das bases de dados;

V - criação de processos para o engajamento de cidadãos, com o objetivo de facilitar e priorizar a abertura da dados, esclarecer dúvidas de interpretação na utilização e corrigir problemas nos dados já disponibilizados; e

VI - demais mecanismos para a promoção, o fomento e o uso eficiente e efetivo das bases de dados pela sociedade e pelo Governo.

§ 3º A INDA poderá estabelecer normas complementares relacionadas com a elaboração do Plano de Dados Abertos, bem como relacionadas à proteção de informações pessoais na publicação de bases de dados abertos nos termos deste Decreto.

§ 4º A autoridade designada nos termos do art. 40 da Lei n. 12.527, de 2011, será responsável por assegurar a publicação e a atualização do Plano de Dados Abertos, e exercerá as seguintes atribuições:

I - orientar as unidades sobre o cumprimento das normas referentes a dados abertos;

II - assegurar o cumprimento das normas relativas à publicação de dados abertos, de forma eficiente e adequada;

III - monitorar a implementação dos Planos de Dados Abertos; e

IV - apresentar relatórios periódicos sobre o cumprimento dos Planos de Dados Abertos, com recomendações sobre as medidas indispensáveis à implementação e ao aperfeiçoamento da Política de Dados Abertos.

CAPÍTULO IV
DA SOLICITAÇÃO DE ABERTURA DE BASES DE DADOS

ART. 6º Às solicitações de abertura de bases de dados da administração pública federal aplicam-se os prazos e os procedimentos previstos para o processamento de pedidos de acesso à informação, nos termos da Lei n. 12.527, de 2011, e do Decreto n. 7.724, de 16 de maio de 2012.

Parágrafo único. A decisão negativa de acesso de pedido de abertura de base de dados governamentais fundamentada na demanda por custos adicionais desproporcionais e não previstos pelo órgão ou pela entidade da administração pública federal deverá apresentar análise sobre a quantificação de tais custos e sobre a viabilidade da inclusão das bases de dados em edição futura do Plano de Dados Abertos.

CAPÍTULO V
DISPOSIÇÕES FINAIS

ART. 7º O Decreto n. 7.724, de 16 de maio de 2012, passa a vigorar com as seguintes alterações:

- Alterações promovidas no texto do referido decreto.

ART. 8º Consideram-se automaticamente passíveis de abertura as bases de dados do Governo federal que não contenham informações protegidas nos termos dos art. 7, § 3º, art. 22, art. 23 e art. 31 da Lei n. 12.527, de 2011.

Parágrafo único. Aplica-se o disposto no *caput* a bases de dados que contenham informações protegidas, no que se refere às informações não alcançadas por essa proteção.

ART. 9º Os Planos de Dados Abertos dos órgãos e das entidades da administração pública federal direta, autárquica e fundacional deverão ser elaborados e publicados em sítio eletrônico no prazo de sessenta dias da data de publicação deste Decreto.

§ 1º Os Planos de Dados Abertos dos órgãos e das entidades da administração pública federal direta, autárquica e fundacional deverão priorizar a abertura dos dados de interesse público listados no Anexo, os quais deverão ser publicados em formato aberto no prazo de cento e oitenta dias da data de publicação deste Decreto.

§ 2º Os Planos de Dados Abertos dos demais órgãos e entidades da administração pública federal direta, autárquica e fundacional serão publicados conforme cronograma publicado em ato conjunto do Ministério do Planejamento, Orçamento e Gestão e da Controladoria-Geral da União.

ART. 10. Compete à Controladoria-Geral da União monitorar a aplicação do disposto neste Decreto e o cumprimento dos prazos e procedimentos.

ART. 11. Este Decreto entra em vigor na data de sua publicação.

Brasília, 11 de maio de 2016; 195º da Independência e 128º da República.

DILMA ROUSSEFF

ANEXO

Sistema/órgão responsável	Dados de interesse público para priorização
Casa Civil da Presidência da República	Texto das publicações do Diário Oficial da União
Controladoria-Geral da União	Ocupantes de cargos de gerência e direção em empresas estatais e subsidiárias
Órgãos e entidades que não utilizam o Sistema Integrado de Administração de Recursos Humanos Siape	Dados relativos a servidores inativos e aposentados e relativos à empregados e servidores públicos das entidades da administração indireta que órgãos e entidades que não utilizam o Siape
Ministério da Fazenda	Dados do Sistema Integrado de Administração Financeira - Siafi
Ministério da Fazenda	Informações sobre o quadro societário das empresas, a partir do Cadastro Nacional de Pessoas Jurídicas
Ministério do Planejamento, Orçamento e Gestão	Dados relacionados ao Plano Plurianual, incluindo metas físicas.
Ministério do Planejamento, Orçamento e Gestão	Dados relativos a servidores inativos e aposentados.

DECRETOS

Ministério do Planejamento, Orçamento e Gestão	Bens móveis e de patrimônio registrados no Sistema Integrado de Administração de Serviços - Siads
Ministério do Planejamento, Orçamento e Gestão	Dados relacionados ao Sistema Integrado de Administração de Serviços Gerais - Siasg / Comprasnet.
Ministério do Planejamento, Orçamento e Gestão	Dados referentes ao Portal de Convênios/ Siconv.
Ministério do Planejamento, Orçamento e Gestão	Informações cadastrais e relacionadas ao controle da execução de emendas parlamentares.
Ministério do Planejamento, Orçamento e Gestão	Propriedades e imóveis do Governo federal.
Sistema Nacional de Informações de Registro Civil - SIRC	Dados sobre nascimentos, casamentos, divórcios e óbitos.

DECRETO N. 8.789, DE 29 DE JUNHO DE 2016

Dispõe sobre o compartilhamento de bases de dados na administração pública federal.

- *DOU*, 30.06.2016.

O Vice-Presidente da República, no exercício do cargo de Presidente da República, no uso da atribuição que lhe confere o art. 84, *caput*, inciso VI, alínea "a", da Constituição,

Decreta:

ART. 1º Os órgãos e as entidades da administração pública federal direta e indireta e as demais entidades controladas direta ou indiretamente pela União que forem detentoras ou responsáveis pela gestão de bases de dados oficiais disponibilizarão aos órgãos e às entidades da administração pública federal direta, autárquica e fundacional interessados o acesso aos dados sob a sua gestão, nos termos deste Decreto.

§ 1º Ficam excluídos do disposto no *caput* os dados protegidos por sigilo fiscal sob gestão da Secretaria da Receita Federal do Brasil.

§ 2º Permanecem vigentes os mecanismos de compartilhamento de dados estabelecidos por acordos voluntários entre os órgãos e entidades referenciados no *caput* deste artigo.

ART. 2º O acesso a dados de que trata o art. 1º tem como finalidades:

I - a simplificação da oferta de serviços públicos;

II - a formulação, a implementação, a avaliação e o monitoramento de políticas públicas;

III - a análise da regularidade da concessão ou do pagamento de benefícios, ou da execução de políticas públicas; e

IV - a melhoria da qualidade e da fidedignidade dos dados constantes das bases dos órgãos e das entidades de que trata o art. 1º.

ART. 3º Os dados cadastrais sob gestão dos órgãos e das entidades de que trata o art. 1º serão compartilhados entre as bases de dados oficiais, preferencialmente de forma automática, para evitar novas exigências de apresentação de documentos e informações e possibilitar a atualização permanente e simultânea dos dados.

§ 1º Para os fins do disposto no *caput*, consideram-se dados cadastrais, entre outros:

I - identificadores cadastrais junto a órgãos públicos, tais como o número do Cadastro de Pessoas Físicas - CPF, do Cadastro Nacional de Pessoas Jurídicas - CNPJ, do Número de Identificação Social - NIS, do Programa Integração Social - PIS, do Programa de Formação do Patrimônio do Servidor Público - Pasep e do título de eleitor;

II - razão social, data de constituição, tipo societário, composição societária, Classificação Nacional de Atividades Econômicas - CNAE e outros dados públicos de pessoa jurídica ou empresa individual;

III - nome civil e/ou social de pessoas naturais, data de nascimento, filiação, naturalidade, nacionalidade, sexo, estado civil, grupo familiar, endereço; e

IV - vínculos empregatícios.

§ 2º A Secretaria da Receita Federal do Brasil disponibilizará, na forma por ela disciplinada, aos órgãos interessados, os seguintes dados não protegidos por sigilo fiscal conforme o disposto neste Decreto:

I - informações constantes da Declaração de Operações Imobiliárias - DOI, relativas à existência do bem imóvel, localização do ato registral, número e situação de CPF e CNPJ das partes;

II - informações constantes da Declaração do Imposto sobre a Propriedade Territorial Rural - DITR, relativas à existência do bem imóvel;

III - informações referentes a registros de natureza pública ou de conhecimento público constantes de nota fiscal;

IV - informações sobre parcelamento e moratória de natureza global;

V - informações sobre débitos de pessoas jurídicas de direito público; e

VI - demais informações de natureza pública constantes das bases de dados sob a sua gestão.

§ 3º A Procuradoria-Geral da Fazenda Nacional disponibilizará, na forma por ela disciplinada, aos órgãos interessados, os seguintes dados não protegidos por sigilo fiscal conforme o disposto neste Decreto:

I - dados constantes do termo de inscrição na Dívida Ativa da União e do Fundo de Garantia do Tempo de Serviço - FGTS;

II - informações sobre parcelamento e moratória de natureza global dos débitos inscritos em Dívida Ativa da União;

III - informações sobre débitos inscritos em Dívida Ativa da União, inclusive de pessoas jurídicas de direito público, e informações sobre débitos inscritos em Dívida Ativa da União ou débitos tributários ou não tributários já em fase de execução fiscal; e

IV - demais informações de natureza pública constantes das bases de dados sob a sua gestão.

ART. 4º O acesso a outros dados individualizados ocorrerá por meio da disponibilização integral ou parcial da base de dados, observada a necessidade dos órgãos interessados.

Parágrafo único. O acesso a dados protegidos por sigilo fiscal ou bancário observará, respectivamente, o disposto no art. 198 da Lei n. 5.172, de 25 de outubro de 1966, e na Lei Complementar n. 105, de 10 de janeiro de 2001.

ART. 5º Os órgãos competentes pela concessão, pelo pagamento ou pela fiscalização de benefícios poderão desenvolver mecanismos eletrônicos para conferência, preferencialmente automática, de requisitos de elegibilidade e manutenção de benefícios junto às bases de dados dos demais órgãos e entidades.

Parágrafo único. Na hipótese de a conferência eletrônica não confirmar o cumprimento de um ou mais requisitos para a concessão ou o pagamento de benefício, o órgão competente para tal concessão ou pagamento deverá iniciar procedimento padrão específico de comprovação de requisitos e informar o cidadão acerca da necessidade de apresentação dos documentos e das demais informações necessárias à concessão ou ao pagamento do benefício.

ART. 6º Fica dispensada a celebração de convênio, acordo de cooperação técnica ou ajustes congêneres para a efetivação do compartilhamento das bases de dados.

ART. 7º Os órgãos ou as entidades que tiverem acesso a dados e informações compartilhados deverão observar, em relação a esses dados e informações, as normas e os procedimentos específicos que garantam sua segurança, proteção e confidencialidade.

ART. 8º A solicitação de acesso a bases de dados será realizada mediante pedido ao órgão responsável, com, no mínimo, as seguintes informações:

I - data da solicitação;

II - identificação do solicitante;

III - telefone e endereço eletrônico institucional do solicitante;

IV - descrição clara dos dados objeto da solicitação, incluindo periodicidade; e

V - descrição das finalidades de uso dos dados.

§ 1º O responsável pela base de dados deverá manifestar-se quanto à solicitação em até vinte dias.

§ 2º As informações recebidas não poderão ser transmitidas a outros órgãos ou entidades, exceto quando previsto expressamente na autorização concedida pelo responsável pela base de dados.

ART. 9º O órgão ou a entidade interessado deverá arcar com os custos envolvidos, quando houver, no acesso ou na extração de informações da base de dados, exceto quando estabelecido de forma diversa entre os órgãos envolvidos.

ART. 10. O Ministério do Planejamento, Desenvolvimento e Gestão, por meio da Secretaria de Tecnologia da Informação, poderá expedir normas complementares para execução deste Decreto, observado o disposto nos § 2º e § 3º do art. 3º.

§ 1º Os órgãos referidos no art. 1º publicarão catálogo das bases sob sua gestão, informando os compartilhamentos vigentes.

§ 2º A Secretaria de Tecnologia da Informação do Ministério do Planejamento, Desenvolvimento e Gestão definirá os procedimentos para a criação do catálogo de que trata o § 1º.

ART. 11. Este Decreto entra em vigor na data de sua publicação.

Brasília, 29 de junho de 2016; 195º da Independência e 128º da República.

MICHEL TEMER

DECRETO N. 8.950, DE 29 DE DEZEMBRO DE 2016

Aprova a Tabela de Incidência do Imposto sobre Produtos Industrializados - TIPI.

- *DOU*, 30.12.2016.
- Dec. 9.020/2017 (A TIPI passa a vigorar com a alíquota do IPI incidente sobre os produtos classificados no código 2402.90.00 alterada para 30%).
- Dec. 9.394/2018 (Altera a TIPI).
- Dec. 9.442/2018 (Altera as alíquotas do Imposto sobre Produtos Industrializados - IPI incidente sobre veículos equipados com motores híbridos e elétricos).
- Dec. 9.514/2018 (Altera a TIPI).

O Presidente da República, no uso da atribuição que lhe confere o art. 84, *caput*, inciso IV, da Constituição, e tendo em vista o disposto nos incisos I e II do art. 4º do Decreto-Lei n. 1.199, de 27 de dezembro de 1971, no Decreto n. 2.376, de 12 de novembro de 1997, no inciso XIX do art. 2º do Decreto n. 4.732, de 10 de junho de 2003,

Decreta:

ART. 1º Fica aprovada a Tabela de Incidência do Imposto sobre Produtos Industrializados - TIPI, anexa a este Decreto.

ART. 2º A TIPI tem por base a Nomenclatura Comum do Mercosul - NCM.

ART. 3º A NCM constitui a Nomenclatura Brasileira de Mercadorias baseada no Sistema Harmonizado de Designação e de Codificação de Mercadorias - NBM/SH para todos os efeitos previstos no art. 2º do Decreto-Lei n. 1.154, de 1º de março de 1971.

ART. 4º Fica a Secretaria da Receita Federal do Brasil - RFB autorizada a adequar a TIPI, sempre que não implicar alteração de alíquota, em decorrência de alterações promovidas na NCM pela Resolução n. 125, de 15 de dezembro de 2016, da Câmara de Comércio Exterior - Camex.

Parágrafo único. Aplica-se ao ato de adequação editado pela RFB o disposto no inciso I do art. 106 da Lei n. 5.172, de 25 de outubro de 1966 - Código Tributário Nacional.

ART. 5º O Anexo ao Decreto n. 4.070, de 28 de dezembro de 2001, é aplicável exclusivamente para fins do disposto no art. 7º da Lei n. 10.451, de 10 de maio de 2002.

ART. 6º Ficam revogados, a partir de 1º de janeiro de 2017:

I - o Decreto n. 7.660, de 23 de dezembro de 2011;

II - o Decreto n. 7.705, de 25 de março de 2012;

III - o Decreto n. 7.741, de 30 de maio de 2012;

IV - o Decreto n. 7.770, de 28 de junho de 2012;

V - o Decreto n. 7.792, de 17 de agosto de 2012;

VI - o Decreto n. 7.796, de 30 de agosto de 2012;

VII - os art. 25, art. 26 e art. 27 do Decreto n. 7.819, de 3 de outubro de 2012;

VIII - o Decreto n. 7.834, de 31 de outubro de 2012;

IX - o Decreto n. 7.879, de 27 de dezembro de 2012;

X - o Decreto n. 7.947, de 8 de março de 2013;

XI - o Decreto n. 7.971, de 28 de março de 2013;

XII - o Decreto n. 8.017, de 17 de maio de 2013;

XIII - o Decreto n. 8.035, de 28 de junho de 2013;

XIV - o Decreto n. 8.070, de 14 de agosto de 2013;

XV - o Decreto n. 8.116, de 30 de setembro de 2013;

XVI - o Decreto n. 8.168, de 23 de dezembro de 2013;

XVII - o Decreto n. 8.169, de 23 de dezembro de 2013;

XVIII - o Decreto n. 8.279, de 30 de junho de 2014;

XIX - o Decreto n. 8.280, de 30 de junho de 2014;

XX - o Decreto n. 8.512, de 31 de agosto de 2015; e

XXI - os art. 2º, art. 3º e art. 4º do Decreto n. 8.656, de 29 de janeiro de 2016.

ART. 7º Este Decreto entra em vigor na data de sua publicação, produzindo efeitos a partir de 1º de janeiro de 2017.

Brasília, 29 de dezembro de 2016;
195º da Independência e 128º da República.
MICHEL TEMER

DECRETO N. 9.036, DE 20 DE ABRIL DE 2017

Dispõe sobre a priorização de políticas de fomento aos projetos de empreendimentos públicos dos Estados, do Distrito Federal e dos Municípios.

‣ *DOU*, 24.04.2017.

O Presidente da República, no uso da atribuição que lhe confere o art. 84, *caput*, inciso IV, da Constituição, tendo em vista o disposto no art. 4º, *caput*, inciso III, da Lei n. 13.334, de 13 de setembro de 2016,

Decreta:

ART. 1º São consideradas políticas públicas prioritárias aquelas relativas aos seguintes setores de infraestrutura dos Estados, do Distrito Federal e dos Municípios:

I - saneamento básico;

II - iluminação pública; e

III - distribuição de gás canalizado.

ART. 2º As instituições oficiais de crédito cujos Presidentes integrem o Conselho do Programa de Parcerias de Investimentos da Presidência da República - CPPI poderão dar suporte à estruturação e ao desenvolvimento dos projetos relacionados aos setores a que se refere o art. 1º, observada a legislação pertinente.

Parágrafo único. As instituições oficiais de crédito deverão informar à Secretaria-Executiva do Programa de Parceria de Investimentos - SPPI os empreendimentos estaduais, distritais e municipais de infraestrutura a serem contemplados nos termos do *caput*, sem prejuízo da comunicação da listagem destes empreendimentos na reunião do CPPI subsequente.

ART. 3º Os órgãos e as entidades da administração pública federal conferirão tratamento prioritário aos empreendimentos cujo escopo esteja indicado no art. 1º.

ART. 4º Este Decreto entra em vigor na data de sua publicação.

Brasília, 20 de abril de 2017;
196º da Independência e 129º da República.
MICHEL TEMER

DECRETO N. 9.041, DE 2 DE MAIO DE 2017

Regulamenta a Lei n. 12.351, de 22 de dezembro de 2010, para dispor sobre o direito de preferência da Petróleo Brasileiro S.A. - Petrobras atuar como operadora nos consórcios formados para exploração e produção de blocos a serem contratados sob o regime de partilha de produção.

‣ *DOU*, 03.05.2017.

O Presidente da República, no uso da atribuição que lhe confere o art. 84, *caput*, inciso IV, da Constituição, e tendo em vista o disposto na Lei n. 12.351, de 22 de dezembro de 2010,

Decreta:

ART. 1º A Petróleo Brasileiro S.A. - Petrobras deverá manifestar seu interesse em participar como operadora nos consórcios formados para exploração e produção de blocos a serem contratados sob o regime de partilha de produção no prazo de trinta dias, contado da data de publicação da Resolução do Conselho Nacional de Política Energética - CNPE que conterá os parâmetros técnicos e econômicos dos blocos a serem contratados sob o regime de partilha de produção.

Parágrafo único. A manifestação prevista no *caput* deverá conter a relação dos blocos de interesse da empresa e o percentual de participação pretendido, que não poderá ser inferior a trinta por cento, nos termos do § 2º do art. 4º da Lei n. 12.351, de 22 de dezembro de 2010.

ART. 2º Após manifestação da Petrobras, o CNPE proporá ao Presidente da República os blocos que deverão ser operados pela empresa, indicando sua participação mínima no consórcio.

Parágrafo único. O CNPE estabelecerá o percentual de participação da Petrobras considerados os percentuais entre o mínimo de trinta por cento e aquele indicado na manifestação da empresa.

ART. 3º Na hipótese de a Petrobras não exercer seu direito de preferência, os blocos serão objeto de licitação, da qual a Petrobras poderá participar em condições de igualdade com os demais licitantes.

ART. 4º Na hipótese de a Petrobras exercer seu direito de preferência, após a conclusão da fase de julgamento da licitação, a Petrobras:

I - comporá o consórcio com o licitante vencedor, se o percentual do excedente em óleo da União ofertado no leilão para a área licitada for igual ao percentual mínimo estabelecido no edital; ou

II - poderá compor o consórcio com o licitante vencedor, se o percentual do excedente em óleo da União ofertado no leilão para a área licitada for superior ao percentual mínimo estabelecido no edital, devendo manifestar sua decisão durante a rodada de licitação.

Parágrafo único. Na hipótese de a Petrobras não compor o consórcio, conforme faculdade prevista no inciso II do *caput*, o licitante vencedor indicará o operador e os percentuais de participação de cada contratado do consórcio, condição para homologação do resultado pela Agência Nacional do Petróleo, Gás Natural e Biocombustíveis - ANP.

ART. 5º Este Decreto entra em vigor na data de sua publicação.

Brasília, 2 de maio de 2017;
196º da Independência e 129º da República.
MICHEL TEMER

DECRETO N. 9.046, DE 5 DE MAIO DE 2017

Dispõe sobre as condições para a contratação plurianual de obras, bens e serviços, no âmbito do Poder Executivo federal.

‣ *DOU*, 08.05.2017.

O Presidente da República, no uso da atribuição que lhe confere o art. 84, *caput*, inciso VI, alínea "a", da Constituição, e tendo em vista o disposto no art. 16 da Lei Complementar n. 101, de 4 de maio de 2000,

Decreta:

ART. 1º A assunção de compromissos financeiros plurianuais decorrentes de contratos formalizados pelos órgãos, fundos e entidades do Poder Executivo federal integrantes dos Orçamentos Fiscal e da Seguridade Social da União, referentes às despesas primárias classificadas como "Outras Despesas Correntes", "Investimentos" ou "Inversões Financeiras", e classificadas na modalidade de execução direta, deverá ser precedida de registro no Sistema Integrado de Administração de Serviços Gerais - Siasg.

§ 1º O registro a que se refere o *caput* e as atualizações do cronograma anual de desembolso de compromissos financeiros plurianuais, para cada um dos exercícios financeiros de sua vigência, são obrigatórios, sob pena de apuração de responsabilidade funcional.

§ 2º Aplica-se o disposto no *caput* aos contratos firmados por período igual ou inferior a doze meses cuja natureza seja continuada ou que possam ultrapassar mais de um exercício

DECRETOS

financeiro, nos termos do art. 57 da Lei n. 8.666, de 21 de junho de 1993.

§ 3º Os compromissos financeiros plurianuais a que se refere o *caput* relativos a contratos que já tenham sido formalizados deverão ser registrados no prazo de sessenta dias, após a adequação do Siasg ao disposto neste Decreto.

§ 4º Os valores dos compromissos financeiros plurianuais a que se refere o *caput* serão considerados na definição dos limites orçamentários anuais de órgãos, fundos e entidades do Poder Executivo Federal integrantes dos Orçamentos Fiscal e da Seguridade Social da União.

§ 5º As disposições dos § 1º, § 2º e § 3º somente serão aplicadas após a publicação do ato que regulamentar a utilização e a operacionalização do Siasg.

ART. 2º Para os efeitos deste Decreto, entendem-se como:

I - compromissos financeiros plurianuais - compromissos financeiros decorrentes de contratos firmados por órgãos, fundos e entidades do Poder Executivo federal integrantes dos Orçamentos Fiscal e da Seguridade Social da União, cuja realização da despesa ultrapasse um exercício financeiro; e

II - contratos - ajuste entre órgãos ou entidades da administração pública federal e particulares em que haja um acordo de vontades para a formação de vínculo e a estipulação de obrigações recíprocas, não obstante a denominação utilizada, realizado com fundamento nas disposições da Lei n. 8.666, de 1993, da Lei n. 12.462, de 4 de agosto de 2011, ou da Lei n. 10.520, de 17 de julho de 2002.

ART. 3º A edição de atos ou a assunção de compromissos, pelos órgãos, fundos e entidades do Poder Executivo Federal integrantes dos Orçamentos Fiscal e da Seguridade Social da União, que versem sobre a criação, expansão e revisão de referenciais monetários que acarretem aumento de despesas previstas na Lei Orçamentária Anual deverão ser precedidos de atesto de disponibilidade orçamentária.

ART. 4º Este Decreto entra em vigor na data de sua publicação.

ART. 5º Fica revogado o art. 5º do Decreto n. 7.689, de 2 de março de 2012.

Brasília, 5 de maio de 2017; 196º da Independência e 129º da República.

MICHEL TEMER

DECRETO N. 9.084, DE 29 DE JUNHO DE 2017

Regulamenta o Programa Cartão Reforma, instituído pela Lei n. 13.439, de 27 de abril de 2017.

› *DOU*, 30.06.2017.

O Presidente da República, no uso da atribuição que lhe confere o art. 84, *caput*, inciso IV, alínea "a", da Constituição, e tendo em vista o disposto na Lei n. 13.439, de 27 de abril de 2017,

Decreta:

CAPÍTULO I
DISPOSIÇÕES PRELIMINARES

ART. 1º Este Decreto dispõe sobre a regulamentação do Programa Cartão Reforma, instituído pela Lei n. 13.439, de 27 de abril de 2017.

Parágrafo único. Os Ministérios das Cidades, da Fazenda, e do Planejamento, Desenvolvimento e Gestão poderão expedir normas complementares para o cumprimento do disposto neste Decreto.

CAPÍTULO II
DA FINALIDADE E DA ESTRUTURA BÁSICA DO PROGRAMA CARTÃO REFORMA

SEÇÃO I
DA FINALIDADE DO PROGRAMA CARTÃO REFORMA

ART. 2º O Programa Cartão Reforma tem por finalidade a concessão de subvenção econômica para:

I - a aquisição de materiais de construção, destinados à reforma, à ampliação ou à conclusão de unidades habitacionais dos grupos familiares com renda mensal de até R$ 2.811,00 (dois mil, oitocentos e onze reais);

II - o fornecimento de assistência técnica; e

III - os custos operacionais do Programa Cartão Reforma que estejam a cargo da União.

SEÇÃO II
DA SUBVENÇÃO ECONÔMICA

ART. 3º Para a execução do Programa Cartão Reforma, a União, observada a disponibilidade orçamentária e financeira, concederá:

I - parcela da subvenção econômica às pessoas físicas beneficiárias para aquisição de materiais de construção; e

II - parcela da subvenção econômica aos entes apoiadores para as ações de assistência técnica.

Parágrafo único. Parcela da subvenção econômica será destinada à satisfação dos custos operacionais do Programa que estejam a cargo da União.

ART. 4º O percentual da subvenção econômica destinado à satisfação dos custos operacionais que estejam a cargo da União fica limitado a três por cento da subvenção concedida aos beneficiários.

ART. 5º Observado o limite definido no § 6º do art. 1º da Lei n. 13.439, de 2017, o valor da parcela da subvenção econômica destinado à execução das ações de assistência técnica, de acompanhamento e de controle será definido em termo de compromisso a ser firmado entre o Ministério das Cidades e os entes apoiadores responsáveis pelas ações do Programa Cartão Reforma e será transferido ao ente apoiador conforme andamento das ações do Programa no Município ou no Distrito Federal.

§ 1º Os polígonos de intervenção em cada Município ou no Distrito Federal deverão ser identificados no termo de compromisso.

§ 2º O percentual da subvenção econômica a ser definido no termo de compromisso fica limitado a quinze por cento do valor da parcela da subvenção econômica concedida às pessoas físicas beneficiárias de cada Município ou do Distrito Federal.

§ 3º O valor da subvenção econômica de que trata o *caput* será concedido diretamente aos entes apoiadores responsáveis pelas ações do Programa Cartão Reforma em cada Município.

ART. 6º O pagamento da parcela da subvenção econômica destinada às pessoas físicas beneficiárias poderá ser efetuado fracionadamente, de acordo com os termos e as condições a serem definidos pelo Ministério das Cidades.

Parágrafo único. Os recursos serão disponibilizados às pessoas físicas beneficiárias do Programa Cartão Reforma por meio de cartão, observados os seguintes parâmetros:

I - os recursos deverão ser efetivamente utilizados pelas pessoas físicas beneficiárias do Programa Cartão Reforma no prazo de doze meses, contado da emissão do cartão por instituição financeira oficial;

II - o cartão será nominal às pessoas físicas beneficiárias do Programa Cartão Reforma e intransferível; e

III - a entrega de cartão às pessoas físicas beneficiárias do Programa Cartão Reforma somente poderá ocorrer após a aprovação, pelo Ministério das Cidades, da proposta de assistência técnica para cada área de intervenção do Programa.

ART. 7º A subvenção econômica poderá ser concedida mais de uma vez, desde que não ultrapasse o valor a ser fixado em ato conjunto dos Ministros de Estado das Cidades, da Fazenda e do Planejamento, Desenvolvimento e Gestão.

Parágrafo único. A subvenção econômica não poderá ser acumulada com outros subsídios concedidos no âmbito de programas habitacionais da União, exceto:

I - aqueles concedidos a pessoas físicas por mais de dez anos, contados a partir do seu cadastro no Programa Cartão Reforma; e

II - os descontos habitacionais concedidos nas operações de financiamento de aquisição de material de construção realizadas com recursos do Fundo de Garantia do Tempo de Serviço - FGTS.

ART. 8º A aquisição de materiais de construção com utilização da parcela da subvenção econômica de que trata o inciso I do *caput* do art. 3º ocorrerá junto às pessoas jurídicas que:

I - detenham por atividade o comércio de materiais de construção em geral há pelo menos um ano;

II - estejam regularmente inscritas no Cadastro Nacional da Pessoa Jurídica - CNPJ da Receita Federal do Brasil; e

III - tenham aderido ao Programa Cartão Reforma, observada a regulamentação do Ministério das Cidades.

CAPÍTULO III
DA EXECUÇÃO E DA GESTÃO DO PROGRAMA CARTÃO REFORMA

SEÇÃO I
DOS PARÂMETROS PARA ENQUADRAMENTO E PRIORIZAÇÃO NO PROGRAMA CARTÃO REFORMA

ART. 9º Para participar do Programa Cartão Reforma, o candidato a beneficiário deverá atender, cumulativamente, aos seguintes requisitos:

I - integrar grupo familiar com renda mensal estabelecida no art. 2º;

II - declarar ser proprietário, possuidor ou detentor de apenas uma unidade habitacional no território nacional e nela residir, ao tempo da inscrição e na fase de seleção dos beneficiários do Programa; e

III - ser maior de dezoito anos ou emancipado.

§ 1º A unidade habitacional de que trata o inciso II do *caput* deverá estar localizada em áreas regularizadas ou passíveis de regularização fundiária, na forma da lei.

§ 2º Será excluído do Programa Cartão Reforma o grupo familiar inscrito que deixar o imóvel antes da efetiva concessão da subvenção econômica de que trata este Decreto.

ART. 10. Terão prioridade na concessão da subvenção econômica, em cada polígono de intervenção, os grupos familiares:

I - em que a mulher seja a responsável pela subsistência da unidade familiar;

II - de que façam parte pessoas com deficiência que habitem de forma permanente a unidade objeto das intervenções do Programa Cartão Reforma;

III - de que façam parte pessoas idosas que habitem de forma permanente a unidade objeto das intervenções do Programa Cartão Reforma; e

IV - com menor renda familiar.

Parágrafo único. Ato do Ministro de Estado Cidades estabelecerá os critérios de desempate entre as hipóteses dos incisos I a IV do *caput*.

ART. 11. As unidades habitacionais que serão objeto das intervenções do Programa Cartão Reforma deverão se enquadrar em pelo menos um dos seguintes critérios:

I - relativamente às obras de reforma ou ampliação:

a) apresentar mais de três integrantes do grupo familiar por dormitório;

b) não possuir banheiro ou sanitário de uso exclusivo do grupo familiar;

c) apresentar inadequação da cobertura; ou

d) não possuir solução adequada de esgotamento sanitário; ou

II - carecer de conclusão da unidade habitacional relativamente, de forma cumulativa ou não, à alvenaria interna ou externa; às instalações elétricas e hidrossanitárias; aos revestimentos internos ou externos, inclusive pintura; forro e reforma da cobertura; à instalação de piso; à instalação de esquadrias; e à acessibilidade.

§ 1º As unidades habitacionais de que trata o *caput* deverão ter estrutura estável, com paredes de alvenaria e madeira aparelhada ou equivalente.

§ 2º Os critérios de enquadramento das unidades habitacionais serão considerados para fins de priorização das obras a serem contempladas no Programa Cartão Reforma.

§ 3º A subvenção econômica para aquisição de materiais de construção poderá ser destinada a promover a acessibilidade nas unidades em que habitem pessoas com deficiência.

ART. 12. A distribuição, entre as unidades federativas, dos recursos das parcelas da subvenção econômica destinadas, respectivamente, à aquisição de materiais de construção e ao fornecimento de assistência técnica, seguirá índice associado ao déficit habitacional qualitativo, elaborado pelo Ministério das Cidades e disponibilizado na internet.

SEÇÃO II
DAS COMPETÊNCIAS E DAS RESPONSABILIDADES

ART. 13. Ato conjunto dos Ministros de Estado das Cidades, da Fazenda e do Planejamento, Desenvolvimento e Gestão estabelecerá:

I - os limites da parcela da subvenção econômica destinada à aquisição de materiais de construção para os incisos I e II do art. 11;

II - a atualização monetária dos limites da renda familiar mensal dos grupos familiares elegíveis ao Programa Cartão Reforma, com base em índices oficiais;

III - a remuneração e as atividades a serem exercidas pela Caixa Econômica Federal no âmbito do Programa Cartão Reforma;

IV - as metas a serem atingidas pelo Programa Cartão Reforma, observada a disponibilidade orçamentária e financeira;

V - as condições operacionais relativas ao pagamento e ao controle da subvenção econômica concedida no âmbito do Programa Cartão Reforma; e

VI - o número mínimo de pessoas físicas beneficiárias a serem atendidas em cada Município contemplado pelas ações do Programa Cartão Reforma, ou no Distrito Federal.

Parágrafo único. A atualização monetária de que trata o inciso II do *caput* deverá ser compatível com a disponibilidade orçamentária e financeira e não será objeto de correção automática.

ART. 14. Ato do Ministro de Estado das Cidades regulamentará o Programa Cartão Reforma e disporá sobre:

I - o estabelecimento dos procedimentos e das condições necessárias à adesão ao Programa, incluídos os parâmetros para enquadramento nos critérios estabelecidos pelo art. 11;

II - a distribuição regional dos recursos do Programa;

III - a definição dos critérios para a seleção dos projetos de melhorias habitacionais apresentados pelos entes apoiadores;

IV - a definição dos procedimentos para cadastramento e verificação da elegibilidade e para seleção das pessoas físicas beneficiárias do Programa;

V - a fixação do valor da parcela de subvenção a ser concedida às pessoas físicas beneficiárias para aquisição de materiais de construção, observados os limites estabelecidos no inciso I do *caput* do art. 13 e as características dos projetos de melhorias habitacionais a serem executados no âmbito do Programa;

VI - a fixação do valor da parcela da subvenção a ser concedida aos entes apoiadores para as ações de assistência técnica, observado o estabelecido no art. 5º;

VII - a operacionalização, o acompanhamento, o controle e as avaliações gerenciais do desempenho do Programa;

VIII - a divulgação, na internet, do rol de entes apoiadores e de pessoas físicas beneficiárias inscritas no Programa, incluídos os dados cadastrais e os benefícios recebidos, observado o disposto na Lei n. 12.527, de 18 de novembro de 2011;

IX - as condições para complementação do valor da subvenção econômica pelos entes apoiadores e por instituições privadas, de que trata o art. 6º da Lei n. 13.439, de 2017;

X - a vistoria de unidades habitacionais que receberam intervenções do Programa, a partir de plano amostral, com seleção aleatória de unidades habitacionais e de Municípios, a ser elaborado com base nas referências estatísticas usuais; e

XI - as ações que devam ser prestadas pelos entes apoiadores como assistência técnica.

Parágrafo único. O Ministério das Cidades encaminhará semestralmente relatório de avaliação do Programa Cartão Reforma ao Congresso Nacional.

ART. 15. Compete à Caixa Econômica Federal:

I - criar os mecanismos operacionais necessários à emissão física do cartão a ser fornecido a cada pessoa física beneficiária do Programa Cartão Reforma;

II - manter os recursos oriundos do repasse da subvenção econômica do Programa Cartão Reforma segregados em conta gráfica;

III - realizar o pagamento da parcela da subvenção econômica destinada à aquisição de materiais de construção às pessoas jurídicas vendedoras;

IV - disponibilizar, aos Ministérios das Cidades, da Fazenda e do Planejamento, Desenvolvimento e Gestão, relatório contendo o valor global dos recursos transferidos às pessoas jurídicas vendedoras de materiais de construção e aos entes apoiadores e outras informações necessárias ao monitoramento e à avaliação do Programa Cartão Reforma, na forma e na periodicidade que venham a ser definidas; e

V - expedir os atos necessários à atuação de instituições financeiras na operacionalização do Programa Catão Reforma.

ART. 16. Competem aos Estados, ao Distrito Federal e aos Municípios que aderirem ao Programa Cartão Reforma e firmarem termo de compromisso com a União, por intermédio do Ministério das Cidades, na condição de entes apoiadores, as seguintes ações:

I - elaborar proposta de melhorias habitacionais em áreas específicas aptas a receberem a subvenção econômica prevista no Programa Cartão Reforma;

II - promover o cadastramento e a seleção dos beneficiários do Programa Cartão Reforma e das unidades habitacionais a serem contemplados por meio dos critérios estabelecidos pelo Ministério das Cidades;

III - verificar a regularidade das informações prestadas pelas pessoas físicas beneficiárias;

IV - prestar assistência técnica às pessoas físicas beneficiárias e realizar ações de acompanhamento e controle do Programa Cartão Reforma em âmbito local;

V - prestar contas ao Ministério das Cidades das atividades realizadas com os recursos da subvenção econômica destinada ao fornecimento de assistência técnica, incluídas as ações de acompanhamento e controle; e

VI - indicar e manter um coordenador-geral responsável pelas ações de gestão e respectivo suplente, e um coordenador técnico com registro em Conselho Regional de Engenharia e Agronomia ou em Conselho Regional de Arquitetura e Urbanismo, encarregado do gerenciamento das equipes de assistência técnica.

Parágrafo único. É facultado aos entes apoiadores realizar parcerias com entidades públicas ou privadas que possam contribuir para a otimização e o aperfeiçoamento das ações e dos resultados do Programa Cartão Reforma.

ART. 17. Aos coordenadores-gerais e aos coordenados técnicos indicados pelos entes apoiadores compete:

I - a elaboração de projetos e programas de ação destinados a fornecer assistência técnica às pessoas físicas beneficiárias para orientação em relação à execução das intervenções acordadas, compreendidas instruções para a correta execução de obras, a correta aplicação de materiais e a elaboração de projetos, quando for o caso;

II - promover a vistoria prévia das unidades habitacionais indicadas para a verificação das informações declaradas no ato do cadastramento e para a confirmação do enquadramento nos critérios estabelecidos no art. 11 e em outros que o Ministério das Cidades venha a estabelecer;

III - acompanhar a execução das obras e dos serviços, certificando-se de que a execução e a aplicação dos materiais de construção adquiridos com recursos da subvenção econômica atendem, com regularidade, aos critérios do Programa Cartão Reforma;

IV - informar ao Ministério das Cidades quaisquer indícios ou a constatação de malversação dos recursos do Programa Cartão Reforma; e

V - atestar a conclusão das etapas das obras e dos serviços a cargo das pessoas físicas beneficiárias para fins de liberação das parcelas da subvenção econômica que lhes seja devida em razão do Programa Cartão Reforma.

ART. 18. Compete às pessoas físicas beneficiárias do Programa Cartão Reforma:

I - efetuar a compra dos materiais de construção nos estabelecimentos participantes do Programa Cartão Reforma, conforme as regras e os procedimentos estabelecidos pelo Ministério das Cidades; e

II - providenciar, às suas expensas, a mão de obra necessária para a execução das obras dos serviços na forma proposta pelos entes apoiadores.

CAPÍTULO IV DISPOSIÇÕES FINAIS

ART. 19. Ato normativo do Ministro de Estado das Cidades definirá os procedimentos e os instrumentos para o acompanhamento e o controle do Programa do Cartão Reforma.

§ 1º Para a apuração do disposto no inciso VII do *caput* do art. 14, e para o exame de situações previstas nos art. 14 e art.15 da Lei n. 13.439, de 2017, os participantes do Programa Cartão Reforma fornecerão informações, pareceres e outros documentos necessários à instrução dos procedimentos de fiscalização, acompanhamento, esclarecimento de denúncias e reclamações.

§ 2º O não atendimento às solicitações previstas no § 1º, nos prazos definidos pelo Ministério das Cidades, ensejará a adoção de medidas para o bloqueio de recursos e a suspensão da participação no Programa Cartão Reforma.

ART. 20. Este Decreto entra em vigor na data de sua publicação.

Brasília, 29 de junho de 2017; 196º da Independência e 129º da República.

MICHEL TEMER

DECRETO N. 9.094, DE 17 DE JULHO DE 2017

Dispõe sobre a simplificação do atendimento prestado aos usuários dos serviços públicos, ratifica a dispensa do reconhecimento de firma e da autenticação em documentos produzidos no País e institui a Carta de Serviços ao Usuário.

› *DOU*, 18.7.2017.

O Presidente da República, no uso da atribuição que lhe confere o art. 84, *caput*, inciso VI, alínea "a", da Constituição,

Decreta:

ART. 1º Os órgãos e as entidades do Poder Executivo federal observarão as seguintes diretrizes nas relações entre si e com os usuários dos serviços públicos:

I - presunção de boa-fé;

II - compartilhamento de informações, nos termos da lei;

III - atuação integrada e sistêmica na expedição de atestados, certidões e documentos comprobatórios de regularidade;

IV - racionalização de métodos e procedimentos de controle;

V - eliminação de formalidades e exigências cujo custo econômico ou social seja superior ao risco envolvido;

VI - aplicação de soluções tecnológicas que visem a simplificar processos e procedimentos de atendimento aos usuários dos serviços públicos e a propiciar melhores condições para o compartilhamento das informações;

VII - utilização de linguagem clara, que evite o uso de siglas, jargões e estrangeirismos; e

VIII - articulação com os Estados, o Distrito Federal, os Municípios e os outros Poderes para a integração, racionalização, disponibilização e simplificação de serviços públicos.

Parágrafo único. Usuários dos serviços públicos são as pessoas físicas e jurídicas, de direito público ou privado, diretamente atendidas por serviço público.

CAPÍTULO I DA RACIONALIZAÇÃO DE EXIGÊNCIAS E DA TROCA DE INFORMAÇÕES

ART. 2º Salvo disposição legal em contrário, os órgãos e as entidades do Poder Executivo federal que necessitarem de documentos comprobatórios da regularidade da situação de usuários dos serviços públicos, de atestados, de certidões ou de outros documentos comprobatórios que constem em base de dados oficial da administração pública federal deverão obtê-los diretamente do órgão ou da entidade responsável pela base de dados, nos termos do Decreto n. 8.789, de 29 de junho de 2016, e não poderão exigi-los dos usuários dos serviços públicos.

ART. 3º Na hipótese dos documentos a que se refere o art. 2º conterem informações sigilosas sobre os usuários dos serviços públicos, o fornecimento pelo órgão ou pela entidade responsável pela base de dados oficial fica condicionado à autorização expressa do usuário, exceto nas situações previstas em lei.

Parágrafo único. Quando não for possível a obtenção dos documentos a que a que se refere o art. 2º diretamente do órgão ou da entidade responsável pela base de dados oficial, a comprovação necessária poderá ser feita por meio de declaração escrita e assinada pelo usuário dos serviços públicos, que, na hipótese de declaração falsa, ficará sujeito às sanções administrativas, civis e penais aplicáveis.

ART. 4º Os órgãos e as entidades responsáveis por bases de dados oficiais da administração pública federal prestarão orientações aos órgãos e às entidades públicos interessados para o acesso às informações constantes das bases de dados, observadas as disposições legais aplicáveis.

ART. 5º No atendimento aos usuários dos serviços públicos, os órgãos e as entidades do Poder Executivo federal observarão as seguintes práticas:

I - gratuidade dos atos necessários ao exercício da cidadania, nos termos da Lei n. 9.265, de 12 de fevereiro de 1996;

II - padronização de procedimentos referentes à utilização de formulários, guias e outros documentos congêneres; e

III - vedação de recusa de recebimento de requerimentos pelos serviços de protocolo, exceto quando o órgão ou a entidade for manifestamente incompetente.

§ 1º Na hipótese referida no inciso III do *caput*, os serviços de protocolo deverão prover as informações e as orientações necessárias para que o interessado possa dar andamento ao requerimento.

§ 2º Após a protocolização de requerimento, caso o agente público verifique que o órgão ou a entidade do Poder Executivo federal é incompetente para o exame ou a decisão da matéria, deverá providenciar a remessa imediata do requerimento ao órgão ou à entidade do Poder Executivo federal competente.

§ 3º Quando a remessa referida no § 2º não for possível, o interessado deverá ser comunicado imediatamente do fato para adoção das providências necessárias.

ART. 6º As exigências necessárias para o requerimento serão feitas desde logo e de uma só vez ao interessado, justificando-se exigência posterior apenas em caso de dúvida superveniente.

ART. 7º Não será exigida prova de fato já comprovado pela apresentação de documento ou informação válida.

ART. 8º Para complementar informações ou solicitar esclarecimentos, a comunicação entre o órgão ou a entidade do Poder Executivo federal e o interessado poderá ser feita por qualquer meio, preferencialmente eletrônico.

ART. 9º Exceto se existir dúvida fundada quanto à autenticidade ou previsão legal, fica dispensado o reconhecimento de firma e a autenticação de cópia dos documentos expedidos no País e destinados a fazer prova junto a órgãos e entidades do Poder Executivo federal.

ART. 10. A apresentação de documentos por usuários dos serviços públicos poderá ser feita por meio de cópia autenticada, dispensada nova conferência com o documento original.

§ 1º A autenticação de cópia de documentos poderá ser feita, por meio de cotejo da cópia com o documento original, pelo servidor público a quem o documento deva ser apresentado.

§ 2º Constatada, a qualquer tempo, a falsificação de firma ou de cópia de documento público ou particular, o órgão ou a entidade do Poder Executivo federal considerará não satisfeita a exigência documental respectiva e, no prazo de até cinco dias, dará conhecimento do fato à autoridade competente para adoção das providências administrativas, civis e penais cabíveis.

CAPÍTULO II DA CARTA DE SERVIÇOS AO USUÁRIO

ART. 11. Os órgãos e as entidades do Poder Executivo federal que prestam atendimento aos usuários dos serviços públicos, direta ou indiretamente, deverão elaborar e divulgar Carta de Serviços ao Usuário, no âmbito de sua esfera de competência.

§ 1º A Carta de Serviços ao Usuário tem por objetivo informar aos usuários dos serviços prestados pelo órgão ou pela entidade do Poder Executivo federal as formas de acesso a esses serviços e os compromissos e padrões de qualidade do atendimento ao público.

§ 2º Da Carta de Serviços ao Usuário, deverão constar informações claras e precisas sobre cada um dos serviços prestados, especialmente as relativas:

I - ao serviço oferecido;

II - aos requisitos e aos documentos necessários para acessar o serviço;

III - às etapas para processamento do serviço;

IV - ao prazo para a prestação do serviço;

V - à forma de prestação do serviço;

VI - à forma de comunicação com o solicitante do serviço; e

VII - aos locais e às formas de acessar o serviço.

§ 3º Além das informações referidas no § 2º, a Carta de Serviços ao Usuário deverá, para detalhar o padrão de qualidade do atendimento, estabelecer:

I - os usuários que farão jus à prioridade no atendimento;

II - o tempo de espera para o atendimento;

III - o prazo para a realização dos serviços;

IV - os mecanismos de comunicação com os usuários;

V - os procedimentos para receber, atender, gerir e responder às sugestões e reclamações;

VI - as etapas, presentes e futuras, esperadas para a realização dos serviços, incluídas as estimativas de prazos;

VII - os mecanismos para a consulta pelos usuários acerca das etapas, cumpridas e pendentes, para a realização do serviço solicitado;

VIII - o tratamento a ser dispensado aos usuários quando do atendimento;

IX - os elementos básicos para o sistema de sinalização visual das unidades de atendimento;

X - as condições mínimas a serem observadas pelas unidades de atendimento, em especial no que se refere à acessibilidade, à limpeza e ao conforto;

XI - os procedimentos para atendimento quando o sistema informatizado se encontrar indisponível; e

XII - outras informações julgadas de interesse dos usuários.

CAPÍTULO III
DA RACIONALIZAÇÃO DAS NORMAS

ART. 12. A edição e a alteração das normas relativas ao atendimento dos usuários dos serviços públicos observarão os princípios da eficiência e da economicidade e considerarão os efeitos práticos tanto para a administração pública federal quanto para os usuários.

CAPÍTULO IV
DA SOLICITAÇÃO DE SIMPLIFICAÇÃO

ART. 13. Os usuários dos serviços públicos poderão apresentar Solicitação de Simplificação, por meio de formulário próprio denominado Simplifique!, aos órgãos e às entidades do Poder Executivo federal, quando a prestação de serviço público não observar o disposto neste Decreto.

§ 1º A Solicitação de Simplificação deverá ser apresentada, preferencialmente, por meio eletrônico, em canal único oferecido pela Ouvidoria-Geral da União, do Ministério da Transparência e Controladoria-Geral da União.

§ 2º Sempre que recebida por meio físico, os órgãos e as entidades deverão digitalizar a Solicitação de Simplificação e promover a sua inserção no canal a que se refere o § 1º.

ART. 14. Do formulário Simplifique! deverá constar:

I - a identificação do solicitante;

II - a especificação do serviço objeto da simplificação;

III - o nome do órgão ou da entidade perante o qual o serviço foi solicitado;

IV - a descrição dos atos ou fatos; e

V - facultativamente, a proposta de melhoria.

ART. 15. Ato conjunto dos Ministros de Estado da Transparência e Controladoria-Geral da União e do Planejamento, Desenvolvimento e Gestão disciplinará o procedimento aplicável à Solicitação de Simplificação.

CAPÍTULO V
DAS SANÇÕES PELO DESCUMPRIMENTO

ART. 16. O servidor público ou o militar que descumprir o disposto neste Decreto estará sujeito às penalidades previstas, respectivamente, na Lei n. 8.112, de 11 de dezembro de 1990, e na Lei n. 6.880, de 9 de dezembro de 1980.

Parágrafo único. Os usuários dos serviços públicos que tiverem os direitos garantidos neste Decreto desrespeitados poderão representar ao Ministério da Transparência e Controladoria-Geral da União.

ART. 17. Cabe ao Ministério da Transparência e Controladoria-Geral da União e aos órgãos integrantes do sistema de controle interno do Poder Executivo federal zelar pelo cumprimento do disposto neste Decreto e adotar as providências para a responsabilização dos servidores públicos e dos militares, e de seus superiores hierárquicos, que praticarem atos em desacordo com suas disposições.

CAPÍTULO VI
DA DIVULGAÇÃO AOS USUÁRIOS DOS SERVIÇOS PÚBLICOS

ART. 18. A Carta de Serviços ao Usuário, a forma de acesso, as orientações de uso e as informações do formulário Simplifique! deverão ser objeto de permanente divulgação aos usuários dos serviços públicos, e mantidos visíveis e acessíveis ao público:

I - nos locais de atendimento;

II - nos portais institucionais e de prestação de serviços na internet; e

III - no Portal de Serviços do Governo federal, disponível em www.servicos.gov.br.

ART. 19. As informações do formulário Simplifique!, de que trata o art. 14, serão divulgadas no painel de monitoramento do desempenho dos serviços públicos prestados a que se refere o inciso V do *caput* do art. 3º do Decreto n. 8.936, de 19 de dezembro de 2016.

CAPÍTULO VII
DA AVALIAÇÃO E DA MELHORIA DOS SERVIÇOS PÚBLICOS

ART. 20. Os órgãos e as entidades do Poder Executivo federal deverão utilizar ferramenta de pesquisa de satisfação dos usuários dos seus serviços, constante do Portal de Serviços do Governo federal, e do Sistema de Ouvidoria do Poder Executivo federal, e utilizar os dados como subsídio relevante para reorientar e ajustar a prestação dos serviços.

§ 1º Os canais de ouvidoria e as pesquisas de satisfação objetivam assegurar a efetiva participação dos usuários dos serviços públicos na avaliação e identificar lacunas e deficiências na prestação dos serviços.

§ 2º Os órgãos e as entidades do Poder Executivo federal deverão dar ampla divulgação aos resultados das pesquisas de satisfação.

CAPÍTULO VIII
DISPOSIÇÕES TRANSITÓRIAS

ART. 21. O Ministério da Transparência e Controladoria-Geral da União terá prazo de cento e oitenta dias, contado da data de publicação deste Decreto, para disponibilizar os meios de acesso à Solicitação de Simplificação e ao Simplifique!.

ART. 22. Os Ministros de Estado da Transparência e Controladoria-Geral da União e do Planejamento, Desenvolvimento e Gestão poderão expedir normas complementares ao disposto neste Decreto.

ART. 23. O Decreto n. 8.936, de 2016, passa vigorar com as seguintes alterações:

› Alterações promovidas no texto do referido decreto.

ART. 24. Este Decreto entra em vigor na data de sua publicação.

ART. 25. Ficam revogados:

I - o Decreto n. 6.932, de 11 de agosto de 2009; e

II - o Decreto n. 5.378, de 23 de fevereiro de 2005.

Brasília, 17 de julho de 2017; 196º da Independência e 129º da República.

MICHEL TEMER

DECRETO N. 9.175, DE 18 DE OUTUBRO DE 2017

Regulamenta a Lei n. 9.434, de 4 de fevereiro de 1997, para tratar da disposição de órgãos, tecidos, células e partes do corpo humano para fins de transplante e tratamento.

› *DOU*, 19.10.2017.

O Presidente da República, no uso da atribuição que lhe confere o art. 84, *caput*, inciso IV, da Constituição, e tendo em vista o disposto na Lei n. 9.434, de 4 de fevereiro de 1997,

Decreta:

ART. 1º A disposição gratuita e anônima de órgãos, tecidos, células e partes do corpo humano para utilização em transplantes, enxertos ou outra finalidade terapêutica, nos termos da Lei n. 9.434, de 4 de fevereiro de 1997, observará o disposto neste Decreto.

Parágrafo único. O sangue, o esperma e o óvulo não estão compreendidos entre os tecidos e as células a que se refere este Decreto.

CAPÍTULO I
DO SISTEMA NACIONAL DE TRANSPLANTES

SEÇÃO I
DA ESTRUTURA

ART. 2º Fica instituído o Sistema Nacional de Transplantes - SNT, no qual se desenvolverá o processo de doação, retirada, distribuição e transplante de órgãos, tecidos, células e partes do corpo humano, para finalidades terapêuticas.

ART. 3º Integram o SNT:

I - o Ministério da Saúde;

II - as Secretarias de Saúde dos Estados e do Distrito Federal;

III - as Secretarias de Saúde dos Municípios;

IV - as Centrais Estaduais de Transplantes - CET;

V - a Central Nacional de Transplantes - CNT;

VI - as estruturas especializadas integrantes da rede de procura e doação de órgãos, tecidos, células e partes do corpo humano para transplantes;

VII - as estruturas especializadas no processamento para preservação ex situ de órgãos, tecidos, células e partes do corpo humano para transplantes;

VIII - os estabelecimentos de saúde transplantadores e as equipes especializadas; e

IX - a rede de serviços auxiliares específicos para a realização de transplantes.

SEÇÃO II
DAS ATRIBUIÇÕES

ART. 4º O SNT tem como âmbito de intervenção:

I - as atividades de doação e transplante de órgãos, tecidos, células e partes do corpo humano, a partir de doadores vivos ou falecidos;

II - o conhecimento dos casos de morte encefálica; e

III - a determinação do destino de órgãos, tecidos, células e partes do corpo humano retirados para transplante em qualquer ponto do território nacional.

ART. 5º O Ministério da Saúde, por intermédio de unidade própria prevista em sua estrutura regimental, exercerá as funções de órgão central do SNT, e lhe caberá:

I - coordenar as atividades de que trata este Decreto;

II - expedir normas e regulamentos técnicos para disciplinar os procedimentos estabelecidos neste Decreto, o funcionamento ordenado e harmônico do SNT e o controle, inclusive social, das atividades desenvolvidas pelo Sistema;

III - autorizar o funcionamento de CET;

IV - autorizar estabelecimentos de saúde, bancos de tecidos ou células, laboratórios de histocompatibilidade e equipes especializadas a promover retiradas, transplantes, enxertos, processamento ou armazenamento de órgãos, tecidos, células e partes do corpo humano, nos termos estabelecidos no Capítulo II;

V - cancelar ou suspender a autorização de estabelecimentos de saúde ou de equipes e profissionais que não respeitem as regras estabelecidas neste Decreto, sem prejuízo das sanções penais e administrativas previstas no Capítulo V da Lei n. 9.434, de 1997, mediante decisão fundamentada e observados os princípios do contraditório e da ampla defesa;

VI - articular-se com os integrantes do SNT para viabilizar seu funcionamento;

VII - prover e manter o funcionamento da CNT;

VIII - gerenciar a lista única de espera de receptores, de forma a garantir a disponibilidade das informações necessárias à busca de órgãos, tecidos, células e partes do corpo humano para transplantes; e

IX - avaliar o desempenho do SNT, mediante planejamento e análise de metas e relatórios do Ministério da Saúde e dos órgãos estaduais, distrital e municipais que o integram.

§ 1º Somente poderão exercer atividades de transplantes os entes federativos que dispuserem da CET de que trata a Seção IV deste Capítulo, implantada e em funcionamento.

§ 2º Para fins do disposto no inciso VIII do *caput*, a lista única de espera de receptores será constituída pelo conjunto das seguintes listas:

I - lista regional, nos casos que se aplique;

II - lista estadual;

III - lista macrorregional; e

IV - lista nacional.

§ 3º A composição das listas de que trata o § 2º ocorrerá a partir do cadastro técnico dos candidatos a receptores, de acordo com os critérios a serem definidos em ato do Ministro de Estado da Saúde.

SEÇÃO III
DOS ÓRGÃOS ESTADUAIS

ART. 6º Para integrar o SNT, as Secretarias de Saúde dos Estados e do Distrito Federal deverão instituir, em suas estruturas organizacionais, unidade com o perfil e as funções indicadas na Seção IV deste Capítulo.

§ 1º Instituída a unidade referida no *caput*, a Secretaria de Saúde estadual solicitará ao órgão central a autorização para integrar o SNT que, uma vez concedida, implicará a assunção dos encargos que lhe são próprios.

§ 2º A autorização a que se refere o § 1º estará sujeita a cancelamento na hipótese de descumprimento das regras definidas pelo órgão central do SNT.

§ 3º Os Estados, o Distrito Federal e os Municípios poderão estabelecer mecanismos de cooperação para o desenvolvimento das atividades de que trata este Decreto.

§ 4º Os Estados, o Distrito Federal e os Municípios realizarão a difusão de informações e iniciativas relacionadas ao processo de doações e transplantes.

SEÇÃO IV
DAS CENTRAIS ESTADUAIS DE TRANSPLANTES

ART. 7º As Centrais Estaduais de Transplantes - CET serão as unidades executivas das atividades do SNT nos Estados e no Distrito Federal, de natureza pública, conforme estabelecido neste Decreto.

ART. 8º Compete às CET:

I - organizar, coordenar e regular as atividades de doação e transplante em seu âmbito de atuação;

II - gerenciar os cadastros técnicos dos candidatos a receptores de tecidos, células, órgãos e partes do corpo humano, inscritos pelas equipes médicas locais, para compor a lista única de espera nos casos em que se aplique;

III - receber as notificações de morte que enseje a retirada de órgãos, tecidos, células e partes do corpo humano para transplantes, ocorridas em seu âmbito de atuação;

IV - gerenciar as informações referentes aos doadores e mantê-las atualizadas;

V - determinar o encaminhamento e providenciar o transporte de órgãos, tecidos, células e partes do corpo humano ao estabelecimento de saúde autorizado para o transplante ou o enxerto onde se encontrar o receptor, observadas as instruções ou as normas complementares expedidas na forma do art. 46;

VI - notificar a CNT quanto a não utilização de órgãos, tecidos, células e partes do corpo humano pelos receptores inscritos em seus registros, para fins de disponibilização para o receptor subsequente, entre aqueles relacionados na lista única de espera;

VII - encaminhar relatórios anuais ao órgão central do SNT sobre o desenvolvimento das atividades de transplante em seu âmbito de atuação;

VIII - controlar, avaliar e fiscalizar as atividades de que trata este Decreto em seu âmbito de atuação;

IX - definir, em conjunto com o órgão central do SNT, parâmetros e indicadores de qualidade para avaliação dos serviços transplantadores, laboratórios de histocompatibilidade, bancos de tecidos e organismos integrantes da rede de procura e doação de órgãos, tecidos, células e partes do corpo humano;

X - elaborar o Plano Estadual de Doação e Transplantes, de que trata o Capítulo VII;

XI - aplicar as penalidades administrativas nas hipóteses de infração às disposições da Lei n. 9.434, de 1997, observado o devido processo legal e assegurado ao infrator o direito de ampla defesa;

XII - suspender cautelarmente, pelo prazo máximo de sessenta dias, o estabelecimento e/ou a equipe especializada para apurar infração administrativa ou ato ilícito praticado no processo de doação, alocação ou transplante de órgãos, tecidos, células e partes do corpo humano;

XIII - comunicar a aplicação de penalidade ao órgão central do SNT, que a registrará para consulta quanto às restrições estabelecidas no § 2º do art. 21 da Lei n. 9.434, de 1997, e, caso necessário, procederá ao cancelamento da autorização concedida;

XIV - requerer ao órgão central do SNT a suspensão ou o cancelamento da autorização da equipe ou do profissional que desrespeitar a ordem da lista única de espera de receptores; e

XV - acionar o Ministério Público e outras instituições públicas competentes para informar a prática de ilícitos cuja apuração não esteja compreendida no âmbito de sua competência.

§ 1º O gerenciamento dos cadastros técnicos dos candidatos a receptores de que trata o inciso II do *caput* será realizado mediante o fornecimento e a manutenção dos dados necessários à localização do candidato a receptor, a indicação do procedimento, os consentimentos necessários e as características do receptor determinantes para a verificação da compatibilidade do seu organismo com o enxerto ofertado, de modo a permitir a sua rápida alocação.

§ 2º O Município considerado polo de região administrativa poderá solicitar à CET a instituição de Central de Transplante Regional, que ficará vinculada e subordinada à referida CET, nos termos definidos em ato do Ministério da Saúde.

SEÇÃO V
DA CENTRAL NACIONAL DE TRANSPLANTES

ART. 9º Para a execução das atividades de coordenação logística e distribuição de tecidos, células e partes do corpo humano no processo de doação e transplante em âmbito nacional, o órgão central do SNT manterá a Central Nacional de Transplantes - CNT, a qual terá as seguintes atribuições:

I - receber as notificações de não utilização de órgãos, tecidos, células e partes do corpo humano pelos receptores inscritos no âmbito dos Estados ou do Distrito Federal, de forma a disponibilizá-los aos receptores subsequentes entre aqueles relacionados na lista única de espera de receptores;

II - apoiar o gerenciamento da retirada de órgãos e tecidos, prestando suporte técnico e logístico à sua busca, no território nacional, nas hipóteses em que as condições clínicas do doador, o tempo decorrido desde a cirurgia de retirada do órgão e as condições de acessibilidade o permitam;

III - alocar os órgãos e os tecidos retirados em conformidade com a lista única de espera de receptores, de forma a otimizar as condições técnicas de preservação, transporte e distribuição, considerados os critérios estabelecidos nas normas em vigor e com vistas a garantir o seu melhor aproveitamento e a equidade na sua destinação;

IV - articular a relação entre as CET durante o processo de alocação dos órgãos entre as unidades da federação;

V - manter registros de suas atividades;

VI - receber e difundir as notificações de eventos inesperados pertinentes à segurança dos receptores, nos transplantes de órgãos e outros enxertos por ela alocados;

VII - apoiar a atividade de regulação do acesso dos pacientes com indicação de transplante;

VIII - articular, regular e operacionalizar as inscrições interestaduais para modalidades de transplantes não existentes nos Estados ou no Distrito Federal; e

IX - providenciar, em caráter complementar, a logística de transportes dos órgãos, tecidos, células e partes do corpo humano disponibilizados para a lista única de espera de receptores.

SEÇÃO VI
DA PROCURA E DA DOAÇÃO DE ÓRGÃOS, TECIDOS, CÉLULAS E PARTES DO CORPO HUMANO PARA TRANSPLANTES

ART. 10. A CET organizará o funcionamento de estruturas especializadas para a procura e a doação de órgãos, tecidos, células e partes do corpo humano para transplante que, juntamente com as equipes assistenciais dos hospitais, constituirão a rede de procura e doação de órgãos, tecidos, células e partes do corpo humano, responsável por assegurar a notificação de morte, a avaliação e o acompanhamento de doadores e de suas famílias.

Parágrafo único. A CET deverá organizar a sua rede de procura e doação de acordo com as características de sua rede assistencial e em conformidade com as normas complementares expedidas pelo órgão central do SNT.

CAPÍTULO II
DA AUTORIZAÇÃO

SEÇÃO I
DA AUTORIZAÇÃO DE ESTABELECIMENTOS DE SAÚDE E EQUIPES ESPECIALIZADAS

ART. 11. O transplante, o enxerto ou a retirada de órgãos, tecidos, células e partes do corpo humano somente poderão ser realizados em estabelecimentos de saúde, públicos ou privados, por equipes especializadas, prévia e expressamente autorizados pelo órgão central do SNT.

§ 1º O pedido de autorização formalmente apresentado pela CET poderá ser formulado para cada atividade de que trata este Decreto.

§ 2º A autorização para fins de transplantes, enxerto ou retirada de órgãos, tecidos, células e partes do corpo humano deverá ser concedida conjunta ou separadamente para estabelecimentos de saúde e para equipes especializadas de transplante, enxerto ou retirada.

§ 3º A retirada de órgãos, tecidos, células e partes do corpo humano poderá ocorrer em quaisquer estabelecimentos de saúde, desde que realizada por equipes especializadas autorizadas e com a anuência formal da CET.

§ 4º Em qualquer caso, no pedido de autorização, os estabelecimentos de saúde e as equipes especializadas firmarão compromisso no qual se sujeitarão à fiscalização e ao controle do Poder Público, facilitando o acesso às instalações, aos equipamentos e aos prontuários, observada sempre a habilitação dos agentes credenciados para tal, tendo em vista o caráter sigiloso desses documentos.

§ 5º As autorizações serão válidas pelo prazo de até quatro anos, renováveis por períodos iguais e sucessivos, verificada a observância dos requisitos estabelecidos neste Decreto e em normas complementares do Ministério da Saúde.

§ 6º A renovação a que se refere o § 5º deverá ser requerida pelas equipes especializadas e pelos estabelecimentos de saúde ao órgão central do SNT no prazo de até noventa dias antes do término da vigência da autorização anterior.

§ 7º Os pedidos de renovação apresentados após o prazo estabelecido no § 6º serão considerados como pedidos de nova autorização, situação que implica a cessação dos efeitos da autorização anterior após o término de sua vigência.

ART. 12. Os estabelecimentos de saúde deverão contar com os serviços e as instalações adequados à execução de retirada, transplante ou enxerto de órgãos, tecidos, células e partes do corpo humano, atendidas as exigências contidas em normas complementares do Ministério da Saúde e comprovadas no requerimento de autorização.

§ 1º A transferência da propriedade, a modificação da razão social e a alteração das equipes especializadas pela incorporação de outros profissionais, igualmente autorizados, quando comunicadas no prazo de até noventa dias da sua ocorrência, não prejudicarão a validade da autorização concedida.

§ 2º O estabelecimento de saúde autorizado na forma deste artigo somente poderá realizar transplante se observar, em caráter permanente, ao disposto no § 2º do art. 13.

ART. 13. A composição das equipes especializadas será determinada em função da modalidade de transplante, enxerto ou retirada de órgãos, tecidos, células e partes do corpo humano para a qual solicitou autorização, mediante integração de profissionais também autorizados na forma desta Seção.

§ 1º Os critérios técnicos para concessão de autorização e de renovação da autorização de equipes especializadas e de estabelecimentos de saúde serão definidos em normas complementares do órgão central do SNT.

§ 2º Será exigível, no caso de transplante, a definição, em número e habilitação, de profissionais necessários à realização do procedimento.

§ 3º A autorização será concedida para cada modalidade de transplante, enxerto ou retirada de órgãos, tecidos, células e partes do corpo humano e o pedido deverá ser formalizado para o conjunto dos seus membros, indicando o estabelecimento ou os estabelecimentos de saúde de atuação.

ART. 14. Além da habilitação profissional, as equipes especializadas deverão instruir o pedido de autorização ou de renovação de autorização de acordo com as normas expedidas pelo órgão central do SNT.

SEÇÃO II
DAS DISPOSIÇÕES COMPLEMENTARES

ART. 15. O pedido de autorização de estabelecimentos de saúde, de equipes especializadas, de laboratórios de histocompatibilidade e de bancos de tecidos será apresentado às Secretarias de Saúde do Estado ou do Distrito Federal pelo gestor local do Sistema Único de Saúde - SUS, que o instruirá com relatório circunstanciado e conclusivo quanto à necessidade do novo serviço e à satisfação das exigências estabelecidas neste Decreto e em normas complementares, no âmbito de sua área de competência, definida pela Lei n. 8.080, de 19 de setembro de 1990.

§ 1º Os estabelecimentos de saúde e as demais instâncias cujo funcionamento esteja condicionado à autorização pelo órgão central do SNT deverão respeitar o Plano Estadual de Doação e Transplantes estabelecido no Capítulo VII, no âmbito da gestão local de saúde, inclusive quanto à necessidade de sua criação e implementação.

§ 2º A Secretaria de Saúde do Estado ou do Distrito Federal diligenciará junto ao requerente para verificar o cumprimento das exigências a seu cargo.

§ 3º A Secretaria de Saúde do Estado ou do Distrito Federal remeterá o pedido de autorização ao órgão central do SNT para expedição da autorização caso haja manifestação favorável quanto à presença de todos os requisitos estabelecidos neste Decreto e em normas complementares.

ART. 16. O Ministério da Saúde poderá estabelecer outras exigências que se tornem indispensáveis à prevenção de irregularidades nas atividades de que trata este Decreto.

CAPÍTULO III
DA DISPOSIÇÃO *POST MORTEM*

SEÇÃO I
DA DISPOSIÇÃO *POST MORTEM* DE ÓRGÃOS, TECIDOS, CÉLULAS E PARTES DO CORPO HUMANO PARA FINS DE TRANSPLANTE OU ENXERTO

ART. 17. A retirada de órgãos, tecidos, células e partes do corpo humano poderá ser efetuada após a morte encefálica, com o consentimento expresso da família, conforme estabelecido na Seção II deste Capítulo.

§ 1º O diagnóstico de morte encefálica será confirmado com base nos critérios neurológicos definidos em resolução específica do Conselho Federal de Medicina - CFM.

§ 2º São dispensáveis os procedimentos previstos para o diagnóstico de morte encefálica quando ela decorrer de parada cardíaca irreversível, diagnosticada por critérios circulatórios.

§ 3º Os médicos participantes do processo de diagnóstico da morte encefálica deverão estar especificamente capacitados e não poderão ser integrantes das equipes de retirada e transplante.

§ 4º Os familiares que estiverem em companhia do paciente ou que tenham oferecido meios de contato serão obrigatoriamente informados do início do procedimento para diagnóstico da morte encefálica.

§ 5º Caso a família do paciente solicite, será admitida a presença de médico de sua confiança no ato de diagnóstico da morte encefálica.

ART. 18. Os hospitais deverão notificar a morte encefálica diagnosticada em suas dependências à CET da unidade federativa a que estiver vinculada, em caráter urgente e obrigatório.

Parágrafo único. Por ocasião da investigação da morte encefálica, na hipótese de o hospital necessitar de apoio para o diagnóstico, a CET deverá prover os profissionais ou os serviços necessários para efetuar os procedimentos, observado o disposto no art. 13.

ART. 19. Após a declaração da morte encefálica, a família do falecido deverá ser consultada sobre a possibilidade de doação de órgãos, tecidos, células e partes do corpo humano para transplante, atendido o disposto na Seção II do Capítulo III.

Parágrafo único. Nos casos em que a doação não for viável, por quaisquer motivos, o suporte terapêutico artificial ao funcionamento dos órgãos será descontinuado, hipótese em que o corpo será entregue aos familiares ou à instituição responsável pela necropsia, nos casos em que se aplique.

SEÇÃO II
DO CONSENTIMENTO FAMILIAR

ART. 20. A retirada de órgãos, tecidos, células e partes do corpo humano, após a morte, somente poderá ser realizada com o consentimento livre e esclarecido da família do falecido, consignado de forma expressa em termo específico de autorização.

§ 1º A autorização deverá ser do cônjuge, do companheiro ou de parente consanguíneo, de maior idade e juridicamente capaz, na linha reta ou colateral, até o segundo grau, e firmada em documento subscrito por duas testemunhas presentes à verificação da morte.

§ 2º Caso seja utilizada autorização de parente de segundo grau, deverão estar circunstanciadas, no termo de autorização, as razões de impedimento dos familiares de primeiro grau.

§ 3º A retirada de órgãos, tecidos, células e partes do corpo humano de falecidos incapazes, nos termos da lei civil, dependerá de autorização expressa de ambos os pais, se vivos, ou de quem lhes detinha, ao tempo da morte, o poder familiar exclusivo, a tutela ou a curatela.

§ 4º Os casos que não se enquadrem nas hipóteses previstas no § 1º ao §3º dependerão de prévia autorização judicial.

ART. 21. Fica proibida a doação de órgãos, tecidos, células e partes do corpo humano em casos de não identificação do potencial doador falecido.

Parágrafo único. Não supre as exigências do *caput* o simples reconhecimento de familiares se nenhum dos documentos de identificação do falecido for encontrado, exceto nas hipóteses em que autoridade oficial que detenha fé pública certifique a identidade.

SEÇÃO III
DA PRESERVAÇÃO DE ÓRGÃOS, TECIDOS, CÉLULAS E PARTES DO CORPO HUMANO

ART. 22. Constatada a morte e a ausência de contraindicações clínicas conhecidas, caberá às equipes assistenciais do hospital onde se encontra o falecido prover o suporte terapêutico artificial, de forma a oferecer a melhor preservação in situ possível dos órgãos, tecidos, células e partes do corpo humano até que a família decida sobre sua doação.

Parágrafo único. As CET e a sua rede de procura e doação de órgãos, tecidos, células e partes do corpo humano para transplante, no âmbito de suas competências, deverão acompanhar o trabalho das equipes assistenciais dos hospitais, subsidiando-as técnica e logisticamente na avaliação e na manutenção homeostática do potencial doador.

ART. 23. Cabe à rede de procura e doação de órgãos, tecidos, células e partes do corpo humano para transplante, sob a coordenação da CET, e em consonância com as equipes assistenciais e transplantadoras, proceder ao planejamento, ao contingenciamento e à provisão dos recursos físicos e humanos, do transporte e dos demais insumos necessários à realização da cirurgia de retirada dos órgãos e dos demais enxertos.

Parágrafo único. A CNT participará da coordenação das atividades a que se refere o *caput* sempre que houver intercâmbio de órgãos, enxertos ou equipes cirúrgicas entre as unidades federativas.

ART. 24. Quando indicada a preservação ex situ de órgãos, tecidos, células e partes do corpo humano, esses serão processados obrigatoriamente em estabelecimentos previamente autorizados pelo órgão central do SNT, em conformidade com o disposto neste Decreto e nas normas complementares.

§ 1º A preservação de tecidos ou células deverá ser realizada em bancos de tecidos humanos.

§ 2º A preservação de órgãos deverá ser realizada em centros específicos para essa finalidade.

SEÇÃO IV
DA NECROPSIA

ART. 25. A necropsia será realizada obrigatoriamente no caso de morte por causas externas ou em outras situações nas quais houver indicação de verificação médica da causa da morte.

§ 1º A retirada de órgãos, tecidos, células e partes do corpo humano poderá ser efetuada desde que não prejudique a análise e a identificação das circunstâncias da morte.

§ 2º A retirada de que trata o § 1º será realizada com o conhecimento prévio do serviço médico-legal ou do serviço de verificação de óbito responsável pela investigação, e os dados pertinentes serão circunstanciados no relatório de encaminhamento do corpo para necropsia.

§ 3º O corpo será acompanhado do relatório com a descrição da cirurgia de retirada e dos eventuais procedimentos realizados e a documentação será anexada ao prontuário legal do doador, com cópia destinada à instituição responsável pela realização da necropsia.

§ 4º Ao doador de órgãos, tecidos, células e partes do corpo humano será dada a precedência para a realização da necropsia, imediatamente após a cirurgia de retirada, sem prejuízo aos procedimentos descritos nos § 2º e § 3º.

SEÇÃO V
DA RECOMPOSIÇÃO DO CADÁVER

ART. 26. Efetuada a retirada de órgãos, tecidos, células e partes do corpo humano e a necropsia, na hipótese em que seja necessária, o cadáver será condignamente recomposto, de modo a recuperar tanto quanto possível a sua aparência anterior.

CAPÍTULO IV
DA DOAÇÃO EM VIDA

SEÇÃO I
DA DISPOSIÇÃO DO CORPO VIVO

ART. 27. Qualquer pessoa capaz, nos termos da lei civil, poderá dispor de órgãos, tecidos, células e partes de seu corpo para serem retirados, em vida, para fins de transplantes ou enxerto em receptores cônjuges, companheiros ou parentes até o quarto grau, na linha reta ou colateral.

ART. 28. As doações entre indivíduos vivos não relacionados dependerão de autorização judicial, que será dispensada no caso de medula óssea.

Parágrafo único. É considerada como doação de medula óssea a doação de outros progenitores hematopoiéticos.

ART. 29. Somente será permitida a doação referida nesta Seção quando se tratar de órgãos duplos, de partes de órgãos, tecidos, células e partes do corpo cuja retirada não impeça o organismo do doador de continuar vivendo sem risco para a sua integridade e não represente grave comprometimento de suas aptidões vitais e de sua saúde mental e não cause mutilação ou deformação inaceitável.

§ 1º A retirada nas condições estabelecidas neste artigo somente será permitida se corresponder a uma necessidade terapêutica, comprovadamente indispensável para a pessoa receptora.

§ 2º O doador vivo será prévia e obrigatoriamente esclarecido sobre as consequências e os riscos decorrentes da retirada do órgão, tecido, células ou parte do seu corpo para a doação.

§ 3º Os esclarecimentos de que trata o § 2º serão consignados em documento lavrado e lido na presença do doador e de duas testemunhas.

§ 4º O doador especificará, em documento escrito, firmado por duas testemunhas:

I - o tecido, o órgão, a célula ou a parte do seu corpo que doará para transplante ou enxerto;

II - o nome da pessoa beneficiada; e

III - a qualificação e o endereço dos envolvidos.

§ 5º O Comitê de Bioética ou a Comissão de Ética do hospital onde se realizará a retirada e o transplante ou o enxerto emitirá parecer sobre os casos de doação entre não consanguíneos, exceto cônjuges e companheiros, reconhecidos nos termos da lei civil.

§ 6º A doação de medula óssea de pessoa juridicamente incapaz somente poderá ocorrer entre consanguíneos, desde que observadas as seguintes condições:

I - se houver autorização expressa de ambos os pais ou de seus representantes legais, após serem esclarecidos sobre os riscos do ato;

II - se houver autorização judicial; e

III - se o transplante não oferecer risco para a saúde do doador.

§ 7º Antes de iniciado o procedimento, a doação poderá ser revogada pelo doador a qualquer momento.

§ 8º A gestante não poderá doar órgãos, tecidos e partes de seu corpo, exceto medula óssea, desde que não haja risco para a sua saúde e a do embrião ou do feto.

§ 9º A gestante será a responsável pela autorização, previamente ao parto, de doação de células progenitoras do sangue do cordão umbilical e placentário do nascituro.

ART. 30. O autotransplante dependerá somente da autorização do próprio receptor ou de seus representantes legais.

ART. 31. Os doadores voluntários de medula óssea serão cadastrados pelo órgão central do SNT, que manterá as informações sobre a identidade civil e imunológica desses doadores em registro próprio, cuja consulta estará disponível sempre que não houver doador compatível disponível na família.

Parágrafo único. O órgão central do SNT poderá delegar a competência prevista no *caput* para outro órgão do Ministério da Saúde ou para entidade pública vinculada a esse Ministério.

CAPITULO V
DO TRANSPLANTE OU DO ENXERTO

SEÇÃO I
DO CONSENTIMENTO DO RECEPTOR

ART. 32. O transplante ou o enxerto somente será feito com o consentimento expresso do receptor, após devidamente aconselhado sobre a excepcionalidade e os riscos do procedimento, por meio da autorização a que se refere o § 2º.

§ 1º Na hipótese de o receptor ser juridicamente incapaz ou estar privado de meio de comunicação oral ou escrita, o consentimento para a realização do transplante será dado pelo cônjuge, pelo companheiro ou por parente consanguíneo ou afim, de maior idade e juridicamente capaz, na linha reta ou colateral, até o quarto grau, inclusive, firmada em documento subscrito por duas testemunhas presentes na assinatura do termo.

§ 2º A autorização será aposta em documento que conterá as informações sobre o procedimento e as perspectivas de êxito, insucesso e as possíveis sequelas e que serão transmitidas ao receptor ou, se for o caso, às pessoas indicadas no § 1º.

§ 3º Os riscos considerados aceitáveis pela equipe de transplante ou enxerto, em razão dos testes aplicados ao doador, serão esclarecidos ao receptor ou às pessoas indicadas no § 1º, que poderão assumi-los, mediante expressa concordância, aposta no documento referido no § 2º.

SEÇÃO II
DO PROCEDIMENTO DE TRANSPLANTE OU ENXERTO

ART. 33. Os transplantes somente poderão ser realizados em pacientes com doença progressiva ou incapacitante e irreversível por outras técnicas terapêuticas.

ART. 34. A realização de transplantes ou enxertos de órgãos, tecidos, células e partes do corpo humano somente será autorizada após a realização, no doador, dos testes estabelecidos pelas normas do SNT, com vistas à segurança do receptor, especialmente quanto às infecções, às afecções transmissíveis e às condições funcionais, segundo as normas complementares do Ministério da Saúde.

§ 1º As equipes de transplantes ou enxertos somente poderão realizá-los na hipótese de os exames previstos neste artigo apresentarem resultados que indiquem relação de risco e benefício favorável ao receptor, de acordo com o previsto na Seção I deste Capítulo.

§ 2º Não serão transplantados nem enxertados órgãos, tecidos, células e partes do corpo humano de portadores de doenças indicadas como critérios de exclusão absolutos em normas complementares do SNT.

§ 3º Nos casos em que se aplique, o transplante dependerá, ainda, dos exames necessários à verificação de compatibilidades sanguínea, imunogenética ou antropométrica com o organismo de receptor inscrito na lista única de espera ou de outras situações definidas pelo SNT.

§ 4º A CET, ou a CNT nos casos em que se aplique, diante das informações relativas ao doador, indicará a destinação dos órgãos, dos tecidos, das células e das partes do corpo humano removidos, em estrita observância aos critérios de alocação estabelecidos em normas complementares do Ministério da Saúde.

ART. 35. A alocação de órgãos, tecidos, células e partes do corpo humano prevista no § 4º do art. 34 observará os critérios de gravidade, compatibilidade, ordem de inscrição, distância, condições de transporte, tempo estimado de deslocamento das equipes de retirada e do receptor selecionado e as situações de urgência máxima.

Parágrafo único. Antes de iniciado o procedimento de transplante ou de enxerto, será exigido termo de declaração, subscrito pelo médico responsável e pelo receptor ou por seu representante legal, em que conste, de forma expressa, a inexistência de ônus financeiro para o receptor referente à doação do órgão, do tecido, das células ou da parte do corpo humano, exceto aqueles referentes ao processamento, nos casos em que se aplique.

ART. 36. Os pacientes que necessitarem de alotransplante de medula óssea e que não tenham doador identificado na família serão mantidos em cadastro próprio, no qual os dados imunológicos serão periodicamente comparados com o cadastro de doadores, em busca de doador compatível.

ART. 37. A seleção de um receptor em lista de espera não confere a ele ou a sua família direito subjetivo à indenização caso o transplante não se realize devido a prejuízo nas condições dos órgãos, dos tecidos, das células ou das partes que lhe seriam destinados provocado por acidente ou incidente em seu transporte.

SEÇÃO III
DOS PRONTUÁRIOS

ART. 38. Além das informações usuais e sem prejuízo do disposto no § 1º do art. 3º da Lei n. 9.434, de 1997, os prontuários conterão:

I - quando relacionados ao doador falecido, os laudos dos exames utilizados para a comprovação da morte encefálica e para a verificação da viabilidade da utilização dos órgãos, dos tecidos, das células ou das partes do corpo humano e o original ou a cópia autenticada dos documentos utilizados para a sua identificação;

II - quando relacionados ao doador vivo, o resultado dos exames realizados para avaliar as possibilidades de retirada e transplante de órgãos, tecidos, células ou partes do corpo humano e a autorização do Poder Judiciário para a doação, quando for o caso, de acordo com o disposto no art. 28; e

III - quando relacionados ao receptor, a prova de seu consentimento, na forma do art. 32, e a cópia dos laudos dos exames previstos nos incisos I e II do *caput*.

ART. 39. Os prontuários com os dados especificados no art. 38 serão mantidos conforme previsão legal.

CAPITULO VI
DOS DOADORES E DOS RECEPTORES ESTRANGEIROS

ART. 40. Os estrangeiros que vierem a falecer em solo brasileiro poderão ser doadores de órgãos, tecidos, células e partes do corpo humano.

Parágrafo único. Aos potenciais doadores estrangeiros falecidos aplicam-se as mesmas exigências referentes aos potenciais doadores brasileiros, especificadas no Capítulo III.

ART. 41. O estrangeiro poderá dispor de órgãos, tecidos, células e partes de seu corpo para serem retirados em vida, para fins de transplantes ou enxerto em receptores cônjuges, companheiros ou parentes até o quarto grau, na linha reta ou colateral, sejam estes brasileiros ou estrangeiros.

Parágrafo único. Aos potenciais doadores vivos estrangeiros aplicam-se as mesmas exigências referentes aos potenciais doadores brasileiros, especificadas no Capítulo IV.

ART. 42. É vedada a realização de procedimento de transplante ou enxerto em potencial receptor estrangeiro não residente no País, exceto nos casos de doação entre indivíduos vivos em que o doador seja comprovadamente cônjuge, companheiro ou parente consanguíneo do receptor até o quarto grau, em linha reta ou colateral.

§ 1º É vedada a inclusão de potenciais receptores estrangeiros não residentes no País na lista de espera para transplante ou enxerto de órgãos, tecidos, células e partes do corpo humano a seu favor, provenientes de doadores falecidos, exceto se houver tratado internacional com promessa de reciprocidade.

§ 2º Na hipótese de indicação aguda de transplante com risco de morte iminente em um potencial receptor estrangeiro em que se verifique que a remoção para o seu país seja comprovadamente impossível, o SNT poderá autorizar, em caráter excepcional, a sua inscrição em lista de espera para transplante ou enxerto.

§ 3º Fica vedado o financiamento do procedimento de transplante em estrangeiros não residentes com recursos do SUS, exceto se houver tratado internacional com promessa de reciprocidade ou na hipótese a que se refere o § 2º, sob autorização do órgão central do SNT.

CAPÍTULO VII
DO PLANO ESTADUAL DE DOAÇÃO E TRANSPLANTES

ART. 43. A CET deverá elaborar e aprovar o Plano Estadual de Doação e Transplantes, que será submetido à homologação da Comissão Intergestores Bipartite - CIB.

Parágrafo único. O órgão central do SNT indicará, em normas complementares, os critérios para elaboração do Plano referido no *caput*.

ART. 44. O Plano Estadual de Doação e Transplantes, após a homologação da CIB, será submetido à aprovação do Ministério da Saúde, que emitirá parecer técnico conclusivo.

ART. 45. As alterações no Plano Estadual de Doação e Transplantes deverão ser submetidas à mesma sistemática de homologação e aprovação previstas nos art. 43 e art. 44.

CAPITULO VIII
DISPOSIÇÕES FINAIS

ART. 46. O Ministério da Saúde fica autorizado a expedir instruções e regulamentos necessários à aplicação do disposto neste Decreto.

ART. 47. É vedado o transplante de órgãos, tecidos, células e partes do corpo humano em receptor não inscrito nos cadastros técnicos das CET.

ART. 48. É vedada a inscrição de receptor de órgãos, tecidos, células e partes do corpo humano em mais de uma CET para o mesmo órgão, tecido, célula ou parte do corpo humano.

ART. 49. Caberá aos estabelecimentos de saúde e às equipes especializadas autorizados a execução dos procedimentos médicos previstos neste Decreto que, no âmbito do SUS, serão remunerados segundo os valores fixados em tabela aprovada pelo Ministério da Saúde.

ART. 50. É vedada a cobrança à família do potencial doador e ao receptor e sua família de quaisquer dos procedimentos referentes à doação, observado o disposto no parágrafo único do art. 35.

ART. 51. É vedada a remuneração de serviços prestados, no âmbito do SUS, de procedimentos relacionados a transplantes de órgãos, tecidos, células e partes do corpo humano doados, manipulados ou não, cuja comprovação de eficácia clínica não seja reconhecida pelo Ministério da Saúde.

ART. 52. Na hipótese de doação *post mortem*, será resguardada a identidade dos doadores em relação aos seus receptores e dos receptores em relação à família dos doadores.

ART. 53. É vedada a realização e a veiculação de publicidade nas seguintes situações:

I - para obter doador ou doadores de órgãos, tecidos, células e partes do corpo humano, vivos ou falecidos, com vistas ao benefício de um receptor específico;

II - para divulgar estabelecimentos autorizados a realizar transplantes e enxertos; eIII - para a arrecadação de fundos para o financiamento de transplante ou enxerto em benefício de particulares.

ART. 54. Os órgãos de gestão nacional, regional e local do SUS deverão adotar estratégias de comunicação social, esclarecimento público e educação permanentes da população destinadas ao estímulo à doação de órgãos.

ART. 55. O Ministério da Saúde poderá requisitar, em forma complementar ao estabelecido no inciso V do *caput* do art. 8º, apoio à Força Aérea Brasileira para o transporte de órgãos, tecidos e partes do corpo humano até o local em que será feito o transplante.

§ 1º Para atender às requisições do Ministério da Saúde previstas no *caput*, a Força Aérea Brasileira manterá permanentemente disponível, no mínimo, uma aeronave que servirá exclusivamente a esse propósito.

§ 2º Em caso de necessidade, o Ministério da Saúde poderá requisitar aeronaves adicionais para fins do disposto no *caput* e o atendimento a essas requisições fica condicionado à possibilidade operacional da Força Aérea Brasileira.

§ 3º O disposto no *caput* não se aplica às situações passíveis de serem atendidas nos termos do inciso V do *caput* do art. 8º ou da cooperação que as empresas de aviação civil, de forma voluntária e gratuita, mantenham com o SNT para o transporte de órgãos, tecidos, células e partes do corpo humano.

ART. 56. Fica revogado o Decreto n. 2.268, de 30 de junho de 1997.

ART. 57. Este Decreto entra em vigor na data de sua publicação.

Brasília, 18 de outubro de 2017; 196º da Independência e 129º da República.

MICHEL TEMER

DECRETO N. 9.190, DE 1º DE NOVEMBRO DE 2017

Regulamenta o disposto no art. 20 da Lei n. 9.637, de 15 de maio de 1998.

▸ *DOU*, 3.11.2017

O Presidente da República, no uso da atribuição que lhe confere o art. 84, *caput*, inciso IV, da Constituição, e tendo em vista o disposto no art. 20 da Lei n. 9.637, de 15 de maio de 1998,

Decreta:

CAPÍTULO I
DO PROGRAMA NACIONAL DE PUBLICIZAÇÃO

ART. 1º O Programa Nacional de Publicização - PNP, destinado à absorção de atividades desenvolvidas por entidades ou órgãos da União pelas organizações sociais qualificadas conforme o disposto na Lei n. 9.637, de 15 de maio de 1998 e neste Decreto, será implementado de acordo com as seguintes diretrizes:

I - alinhamento aos princípios e aos objetivos estratégicos da política pública correspondente, respeitadas as especificidades de regulação do setor;

II - ênfase no atendimento ao cliente-cidadão;

III - ênfase nos resultados qualitativos e quantitativos, nos prazos pactuados; e

IV - controle social das ações de forma transparente.

Parágrafo único. A qualificação de entidades privadas sem fins lucrativos como organizações sociais tem por objetivo o estabelecimento de parcerias de longo prazo, com vistas à prestação, de forma contínua, de serviços de interesse público à comunidade beneficiária.

SEÇÃO I
DAS DIRETRIZES PARA QUALIFICAÇÃO DE ORGANIZAÇÕES SOCIAIS

ART. 2º Poderão ser qualificadas como organizações sociais pessoas jurídicas de direito privado, sem fins lucrativos, cujas atividades sejam dirigidas ao ensino, à pesquisa científica, ao desenvolvimento tecnológico, à proteção e à preservação do meio ambiente, à cultura e à saúde, atendidos os requisitos legais, as diretrizes de políticas públicas setoriais, as determinações e os critérios estabelecidos neste Decreto.

ART. 3º É vedada a qualificação de organizações sociais para desenvolvimento de atividades:

I - exclusivas de Estado;

II - de apoio técnico e administrativo à administração pública federal; e

III - de fornecimento de instalação, bens, equipamentos ou execução de obra pública em favor da administração pública federal.

ART. 4º O atendimento aos requisitos estabelecidos nos art. 2º, art. 3º e art. 4º da Lei n. 9.637, de 1998, é condição indispensável à qualificação de entidade privada como organização social, cujos documentos probatórios serão apresentados ao órgão supervisor ou à entidade supervisora no ato da inscrição da entidade privada postulante.

§ 1º A entidade privada poderá entregar de forma provisória, no ato da inscrição, declaração que contenha o compromisso de apresentar os documentos exigidos para a qualificação como organização social, acompanhada da Ata da Assembleia que aprovou a emissão da declaração, nos termos estabelecidos nos art. 2º, art. 3º e art. 4º da Lei n. 9.637, de 1998, sem prejuízo das sanções previstas em lei. (Acrescentado pelo Dec. 9.469/2018.)

§ 2º A entidade privada que optar pelo procedimento previsto no § 1º entregará os documentos probatórios no prazo de quarenta e cinco dias, contado da publicação da decisão final de seleção. (Acrescentado pelo Dec. 9.469/2018.)

§ 3º A entidade privada somente poderá ser qualificada como organização social após apresentar a documentação comprobatória hábil, conforme o disposto nos art. 2º, art. 3º e art. 4º da Lei n. 9.637, de 1998. (Acrescentado pelo Dec. 9.469/2018.)

§ 4º A entidade privada será desclassificada na hipótese de descumprimento do prazo de que trata o § 2º. (Acrescentado pelo Dec. 9.469/2018.)

ART. 5º A qualificação de organização social obedecerá às seguintes diretrizes:

I - o processo de qualificação vinculará as partes à assinatura do contrato de gestão;

II - o objeto social da entidade, definido em seu estatuto, será aderente à atividade a ser publicizada;

III - os órgãos e as entidades públicos representados no Conselho de Administração da entidade privada serão aqueles diretamente responsáveis pela supervisão, pelo financiamento e pelo controle da atividade; e

IV - os representantes da sociedade civil no Conselho de Administração serão escolhidos no âmbito da comunidade beneficiária dos serviços prestados pela organização social e atenderão aos requisitos de notória capacidade profissional e idoneidade moral.

ART. 6º O processo de qualificação de entidade privada sem fins lucrativos como organização social compreende as seguintes fases:

I - decisão de publicização;

II - seleção da entidade privada;

III - publicação do ato de qualificação; e

IV - celebração do contrato de gestão.

SEÇÃO II
DA DECISÃO DE PUBLICIZAÇÃO

ART. 7º A proposta de publicização das atividades de que trata o art. 1º da Lei n. 9.637, de 1998, será encaminhada pelo Ministro de Estado supervisor da área ao Ministério do Planejamento, Desenvolvimento e Gestão, devidamente justificada, e explicitará as razões que fundamentam a conveniência e a oportunidade da opção pelo modelo das organizações sociais, observado o disposto no art. 4º do Decreto n. 6.944, de 21 de agosto de 2009.

§ 1º A fundamentação de que trata o *caput* conterá todas as informações pertinentes à tomada de decisão, entre as quais:

I - a descrição das atividades;

II - a análise e a caracterização da comunidade beneficiária das atividades e a definição dos órgãos e das entidades públicos responsáveis pela supervisão e pelo financiamento da organização social;

III - os objetivos em termos de melhoria para o cidadão-cliente na prestação dos serviços com a adoção do modelo de organização social;

IV - a demonstração, em termos do custo-benefício esperado, da absorção da atividade por organização social, em substituição à atuação direta do Estado, considerados os impactos esperados a curto, médio e longo prazo;

V - as informações sobre cargos, funções, gratificações, recursos orçamentários e físicos que serão desmobilizados, quando a decisão implicar em extinção de órgão, entidade ou unidade administrativa da administração pública federal responsável pelo desenvolvimento das atividades;

VI - análise quantitativa e qualitativa dos profissionais atualmente envolvidos com a execução da atividade, com vistas ao aproveitamento em outra atividade ou à cessão para a entidade privada selecionada;

VII - previsão de eventual cessão de imóveis e de outros bens materiais; e

VIII - a estimativa de recursos financeiros para o desenvolvimento da atividade durante o primeiro exercício de vigência do contrato de gestão e para os três exercícios subsequentes.

§ 2º A decisão da publicização será efetuada em ato conjunto do Ministro de Estado supervisor e do Ministro de Estado do Planejamento, Desenvolvimento e Gestão, e se for o caso, com anuência da autoridade supervisora, e publicada no Diário Oficial da União.

SEÇÃO III
DA SELEÇÃO DA ENTIDADE

ART. 8º A seleção da entidade privada sem fins lucrativos a ser qualificada como organização social será realizada pelo órgão supervisor ou pela entidade supervisora da área e observará as seguintes etapas:

I - divulgação do chamamento público;

II - recebimento e avaliação das propostas;

III - publicação do resultado provisório;

IV - fase recursal; e

V - publicação do resultado definitivo.

Parágrafo único. O atendimento ao princípio da economicidade, previsto no art. 7º da Lei n. 9.637, de 1998, será observado durante todo o processo de seleção.

ART. 9º Não poderá participar do chamamento público a entidade privada sem fins lucrativos que:

I - tenha sido desqualificada como organização social, por descumprimento das disposições contidas no contrato de gestão, nos termos do art. 16 da Lei n. 9.637, de 1998, em decisão irrecorrível, pelo período que durar a penalidade;

II - esteja omissa no dever de prestar contas de parceria anteriormente celebrada;

III - tenha sido punida com uma das seguintes sanções, pelo período que durar a penalidade:

a) suspensão de participação em licitação e impedimento de contratar com o órgão supervisor ou a entidade supervisora; e

b) declaração de inidoneidade para licitar ou contratar com a administração pública federal;

IV - tenha tido contas de parceria julgadas irregulares ou rejeitadas por Tribunal ou Conselho de Contas de qualquer ente federativo, em decisão irrecorrível, nos últimos oito anos; e

V - não possuam comprovação de regularidade fiscal, trabalhista e junto ao Fundo de Garantia do Tempo de Serviço - FGTS, por meio de:

a) Certidão Negativa de Débitos Relativos a Créditos Tributários Federais e à Dívida Ativa da União;

b) Certificado de Regularidade do FGTS; e

c) Certidão Negativa de Débitos Trabalhistas.

ART. 10. O processo de seleção da entidade privada se iniciará com a divulgação de chamamento público pelo órgão supervisor ou pela entidade supervisora da atividade, que definirá, entre outros aspectos:

I - os requisitos a serem atendidos pelas entidades privadas interessadas para fins de habilitação;

II - a documentação comprobatória exigida;

III - a relação dos órgãos e das entidades públicas e a relação mínima das entidades da comunidade beneficiária dos serviços que deverão estar representados no Conselho de Administração como membros natos;

IV - as condições específicas da absorção das atividades, tais como a cessão de imóveis e outros bens materiais e de servidores envolvidos na atividade em processo de publicização, se for o caso;

V - as disposições relativas ao direito do uso de nomes, símbolos, marcas e domínio na internet;

VI - o prazo mínimo de quarenta e cinco dias para o início do período de inscrição das entidades privadas interessadas;

VII - as etapas do processo de avaliação das entidades privadas sem fins lucrativos inscritas;

VIII - os critérios específicos de avaliação; e

IX - os recursos administrativos e os seus prazos.

ART. 11. A avaliação das propostas contemplará, sem prejuízo de outros critérios:

I - a abrangência de representação da comunidade beneficiária no Conselho de Administração e no quadro social, conforme estabelecido no inciso III do *caput* do art. 10; e

II - o nível de aderência da proposta de trabalho à fundamentação de que trata o § 1º do art. 7º.

ART. 12. A avaliação das entidades privadas sem fins lucrativos inscritas no chamamento público será realizada por comissão de avaliação especialmente criada para esta finalidade pela Secretaria-Executiva do órgão supervisor ou pela entidade supervisora.

§ 1º Não poderão ser nomeados para a comissão de que trata o *caput* servidores que tenham sido cedidos a organização social com contrato vigente com a administração pública federal ou servidores que trabalhem na área responsável pela supervisão dos contratos de gestão.

§ 2º À comissão de que trata o *caput* competirá a avaliação das entidades privadas participantes quanto ao atendimento dos requisitos legais, das diretrizes e dos critérios estabelecidos neste Decreto e dos critérios definidos no chamamento público.

§ 3º Observado o prazo estabelecido no chamamento público, a comissão responsável pela avaliação elaborará relatório conclusivo, que explicitará:

I - o atendimento aos requisitos legais pelas entidades privadas inscritas;

II - a relação das entidades privadas habilitadas;

III - as entidades privadas inabilitadas em razão do não atendimento aos requisitos legais e a outros previstos neste Decreto; e

IV - nos casos de mais de uma entidade privada participante habilitada, a escolha justificada da entidade privada que melhor atendeu aos critérios estabelecidos no art. 11.

§ 4º A decisão da comissão de avaliação será publicada no Diário Oficial da União e a íntegra do relatório será publicada no sítio eletrônico oficial do órgão supervisor ou da entidade supervisora.

§ 5º Da decisão de que trata o § 4º caberá recurso no prazo de dez dias, contado da data de publicação no Diário Oficial da União, que será dirigido à comissão responsável pela decisão recorrida.

§ 6º A comissão recorrida terá o prazo de cinco dias, contado da data de interposição do recurso a que se refere o § 5º, para análise.

§ 7º Na hipótese de não haver reconsideração da decisão, os autos do processo de chamamento público serão encaminhados à autoridade superior para decisão sobre o recurso, no prazo de trinta dias, contado da data de decisão a que se refere o § 6º.

§ 8º A decisão final sobre a escolha da entidade privada para fins de qualificação como organização social e celebração de contrato de gestão será formalizada em ato do Ministro de Estado ou do titular da entidade supervisora da área de atuação e terá como base o relatório de avaliação do órgão responsável, após o encerramento da fase recursal.

§ 9º A decisão final será publicada no Diário Oficial da União.

§ 10. Enquanto durar a vigência do contrato de gestão, os membros da comissão de que trata o *caput* não poderão ser cedidos à organização social qualificada.

SEÇÃO IV
DA PUBLICAÇÃO DO ATO DE QUALIFICAÇÃO

ART. 13. A qualificação de entidade privada como organização social será formalizada em ato do Presidente da República, a partir de proposição do Ministro de Estado supervisor da área, e se for o caso, com anuência da autoridade titular da entidade supervisora, precedida de manifestação do Ministro de Estado do Planejamento, Desenvolvimento e Gestão.

Parágrafo único. O ato de qualificação de entidade privada como organização social será específico e indicará a entidade privada qualificada, a atividade, o número do processo administrativo relativo ao chamamento público e a identificação do órgão ou da entidade da administração pública federal cujas atividades serão absorvidas pela organização social.

SEÇÃO V
DA CELEBRAÇÃO DO CONTRATO DE GESTÃO

ART. 14. O contrato de gestão, instrumento firmado entre o Poder Público e a entidade privada sem fins lucrativos qualificada como organização social, com vistas à formação de parceria entre as partes para o fomento e a execução das atividades aprovadas no ato de qualificação, observará o disposto nos art. 5º, art. 6º e art. 7º da Lei n. 9.637, de 1998.

§ 1º O contrato de gestão discriminará os serviços, as atividades, as metas e os objetivos a serem alcançados nos prazos pactuados, o cronograma de desembolso financeiro e os mecanismos de avaliação de resultados das atividades da organização social.

§ 2º O contrato de gestão, de vigência plurianual, poderá ser alterado por meio de termos aditivos mediante acordo entre as partes.

§ 3º Os objetivos, as metas e o cronograma de desembolso dos recursos previstos no orçamento, em cada exercício, serão definidos em anexo específico ao contrato de gestão.

ART. 15. Fica autorizada a inclusão de metas relativas a atividades intersetoriais no contrato de gestão mantido com o órgão supervisor ou a entidade supervisora, desde que consistentes com os objetivos sociais da entidade privada e com o ato de qualificação da organização social.

§ 1º A autoridade supervisora será responsável pelo acompanhamento e pela avaliação da execução das metas relativas às atividades intersetoriais, por meio da comissão de avaliação do contrato de gestão.

§ 2º Na hipótese prevista no *caput*, é admitido o compartilhamento do financiamento das atividades da organização social pelas entidades ou pelos órgãos representados no Conselho de Administração da entidade privada como membros natos e o órgão ou a entidade cofinanciador deverá figurar como interveniente no contrato de gestão e como partícipe da comissão de avaliação.

ART. 16. O contrato de gestão poderá ser renovado por períodos sucessivos, a critério da autoridade supervisora, condicionado à demonstração do cumprimento de seus termos e suas condições.

§ 1º A decisão da autoridade supervisora quanto à renovação do contrato considerará os resultados para a atividade publicizada e demonstrará os benefícios alcançados no ciclo contratual anterior e aqueles esperados para o próximo ciclo em relação à realização de novo chamamento público.

§ 2º A decisão de renovação não afasta a possibilidade de realização de novo chamamento público para qualificação e celebração de contrato de gestão com outras entidades privadas interessadas na mesma atividade publicizada.

§ 3º O contrato de gestão poderá ser renovado com redução de valor ou de objeto, observado o disposto no § 1º.

ART. 17. O órgão supervisor ou a entidade supervisora deverá, nos termos do parágrafo único do art. 7º da Lei n. 9.637, de 1998, introduzir cláusulas no contrato de gestão que disporão sobre:

I - a vinculação obrigatória dos recursos de fomento público com metas e objetivos estratégicos previstos no contrato de gestão;

II - criação de reserva técnica financeira para utilização em atendimento a situações emergenciais;

III - limite prudencial de despesas com pessoal em relação ao valor total de recursos do contrato de gestão e mecanismos de controle sistemático pela autoridade supervisora; e

IV - definição de critérios e limites para a celebração de contratos de prestação de serviços pela organização social com outros órgãos ou entidades públicas e privadas ou de outros instrumentos de parceria.

SEÇÃO VI
DO ORÇAMENTO

ART. 18. O Poder Público repassará os recursos públicos de fomento destinados ao financiamento das atividades das organizações sociais.

§ 1º Os recursos destinados à organização social serão repassados com obediência ao cronograma de desembolso financeiro estabelecido no contrato de gestão, que pactua as metas e os resultados a serem alcançados.

§ 2º A autoridade supervisora ouvirá a organização social sobre o valor que será proposto para elaboração da Lei Orçamentária.

§ 3º O valor mencionado no § 2º será acompanhado de plano preliminar de ações e metas para o exercício financeiro e de orçamento estimativo.

§ 4º Na hipótese de financiamento compartilhado, conforme estabelecido no § 2º do art. 15, com aportes de recursos de dotações de mais de um órgão ou entidade da administração pública federal, os aportes serão incluídos nas propostas orçamentárias no montante assumido por cada órgão ou entidade, que os repassarão à organização social com obediência ao cronograma de desembolso financeiro pactuado no contrato de gestão.

§ 5º Eventuais excedentes financeiros do contrato de gestão ao final do exercício, apurados no balanço patrimonial e financeiro da entidade privada, serão incorporados ao planejamento financeiro do exercício seguinte e utilizados no desenvolvimento das atividades da entidade privada com vistas ao alcance dos objetivos estratégicos e das metas do contrato de gestão.

SEÇÃO VII
DA EXECUÇÃO E DA AVALIAÇÃO DO CONTRATO DE GESTÃO

ART. 19. Incumbe ao Conselho de Administração da organização social exercer as atribuições previstas na Lei n. 9.637, de 1998, além de zelar pelo cumprimento dos resultados pactuados, pela aplicação regular dos recursos públicos, pela adequação dos gastos e pela sua aderência ao objeto do contrato de gestão.

§ 1º O Conselho de Administração aprovará e encaminhará ao órgão supervisor ou à entidade supervisora os relatórios gerenciais e de atividades da organização social que serão elaborados pela diretoria.

§ 2º A comissão de avaliação prevista no § 2º do art. 8º da Lei n. 9.637, de 1998, avaliará os resultados alcançados pela organização social, nos prazos estabelecidos no contrato de gestão e ao final do ciclo do referido contrato, e encaminhará relatório conclusivo sobre a avaliação procedida à autoridade supervisora.

§ 3º A autoridade supervisora definirá a área responsável pela supervisão dos contratos de gestão dentro de sua estrutura organizacional vigente.

§ 4º O órgão supervisor ou a entidade supervisora emitirá parecer final em cada exercício compreendido no ciclo de vigência do contrato de gestão e terá como base as informações constantes dos relatórios emitidos pela comissão de avaliação e o parecer da auditoria externa sobre os demonstrativos financeiros e contábeis e as contas da organização social

ART. 20. O órgão supervisor ou a entidade supervisora disponibilizará em seu sítio eletrônico:

I - os atos de chamamento público;

II - a cópia integral dos contratos de gestão e seus aditivos;

III - os relatórios de execução de que trata o § 1º do art. 8º da Lei n. 9.637, de 1998, acompanhados das prestações de contas correspondentes; e

IV - os relatórios apresentados pelas comissões de avaliação.

SEÇÃO VIII
DA DESQUALIFICAÇÃO

ART. 21. A entidade privada sem fins lucrativos poderá ser desqualificada:

I - por decisão fundamentada do órgão supervisor ou da entidade supervisora;

II - pelo encerramento do contrato de gestão;

III - quando constatado o descumprimento das disposições contidas no contrato de gestão, na Lei n. 9.637, de 1998, e neste Decreto; e

IV - pelo não atendimento, de forma injustificada, às recomendações da comissão de avaliação ou do órgão supervisor ou da entidade supervisora.

§ 1º Observado o disposto no art. 16 da Lei n. 9.637, de 1998, e na Lei n. 9.784, de 29 de janeiro de 1999, a organização social apresentará sua defesa perante a autoridade supervisora no prazo de trinta dias, contado da data de sua intimação, respeitado o devido processo legal.

§ 2º A desqualificação ocorrerá em ato do Poder Executivo federal, cuja proposição caberá ao órgão supervisor ou à entidade supervisora, ouvido o Ministério do Planejamento, Desenvolvimento e Gestão.

ART. 22. Na hipótese de desqualificação da organização social, o órgão supervisor ou a entidade supervisora providenciará a incorporação integral do patrimônio, dos legados ou das doações que lhe foram destinados e dos excedentes financeiros decorrentes de suas atividades.

ART. 23. Na hipótese de desqualificação da organização social, as atividades absorvidas pela entidade privada na forma dos art. 18 a art. 22 da Lei n. 9.637, de 1998, poderão ser reassumidas pelo Poder Público, com vistas à manutenção da continuidade dos serviços prestados e à preservação do patrimônio, facultada à União a transferência da execução do serviço para outra organização social, observado o disposto no art. 2º, *caput*, inciso I, alínea "i", da referida Lei.

CAPÍTULO II
DISPOSIÇÕES FINAIS

ART. 24. É vedada a execução de despesa em favor do órgão supervisor ou da entidade supervisora e em desacordo com o objeto do contrato.

ART. 25. É vedada a transferência de recursos de fomento para organização social, nos termos da Lei n. 13.019, de 31 de julho de 2014, e do Decreto n.8.726, de 27 de abril de 2016.

ART. 26. Os representantes dos órgãos e das entidades públicas nos Conselhos de Administração de organizações sociais deverão ser ocupantes de cargos do Grupo Direção e Assessoramento Superiores - DAS de nível 4 ou superior, ou equivalente, e serão designados pelo Ministro de Estado supervisor ou autoridade titular da entidade supervisora da área após a assinatura do contrato de gestão.

Parágrafo único. Cidadãos da sociedade civil com notório saber nas áreas de atuação das organizações sociais poderão ser indicados como representantes dos órgãos e das entidades públicas nos Conselhos de Administração, mediante decisão fundamentada do órgão supervisor ou da entidade supervisora.

ART. 27. As disposições referentes ao processo de seleção estabelecidos neste Decreto não se aplicam às entidades privadas já qualificadas como organizações sociais, observado o disposto no art. 16.

ART. 28. Os contratos de gestão vigentes serão adaptados às disposições deste Decreto por meio de termo aditivo ou renovação.

ART. 29. A entidade privada qualificada como organização social somente poderá celebrar um contrato de gestão com a administração pública federal.

ART. 30. O Ministério do Planejamento, Desenvolvimento e Gestão poderá estruturar programa de capacitação para os representantes nos Conselhos de Administração das entidades privadas qualificadas e para os servidores a cargo da supervisão e da avaliação dos contratos de gestão e para o público-alvo que atue junto às organizações sociais.

ART. 31. O Ministério do Planejamento, Desenvolvimento e Gestão editará normas complementares a este Decreto.

ART. 32. Este Decreto entra em vigor na data de sua publicação.

ART. 33. Fica revogado o § 5º do art. 1º do Decreto n. 5.504, de 5 de agosto de 2005.

Brasília, 1º de novembro de 2017; 196º da Independência e 129º da República.

MICHEL TEMER

DECRETO N. 9.194, DE 7 DE NOVEMBRO DE 2017

Dispõe sobre a remessa de créditos constituídos pelas autarquias e fundações públicas federais para a Procuradoria-Geral Federal.

‣ *DOU*, 8.11.2017.

O Presidente da República, no uso da atribuição que lhe confere o art. 84, *caput*, inciso VI, alínea "a", da Constituição,

Decreta:

ART. 1º Este Decreto dispõe sobre a remessa de créditos tributários e não tributários constituídos pelas autarquias e fundações públicas federais para a Procuradoria-Geral Federal para fins de cobrança extrajudicial ou judicial.

Parágrafo único. Este Decreto não se aplica aos créditos do Banco Central do Brasil e aos créditos administrados pela Secretaria da Receita Federal do Brasil do Ministério da Fazenda.

ART. 2º Após a constituição definitiva do crédito, as autarquias e fundações públicas federais comunicarão ao devedor, no prazo de quinze dias, a existência do débito passível de inscrição no Cadastro Informativo de Créditos não Quitados do Setor Público Federal - Cadin e fornecerão todas as informações pertinentes ao débito.

§ 1º A notificação expedida por via postal ou telegráfica para o endereço indicado no instrumento que deu origem ao débito será considerada entregue após quinze dias da expedição.

§ 2º A inclusão no Cadin ocorrerá setenta e cinco dias após a expedição da notificação de que trata o *caput*.

ART. 3º As autarquias e fundações públicas federais poderão disponibilizar ao devedor a opção de receber notificações por meio eletrônico.

§ 1º É de responsabilidade do devedor que optar pelo recebimento de notificações por meio eletrônico manter seu cadastro atualizado no sistema eletrônico.

§ 2º É permitido, a qualquer tempo, o descadastramento do sistema eletrônico.

§ 3º Exceto se lei estabelecer prazo diverso, o devedor será considerado notificado quinze dias após a inclusão da notificação no sistema eletrônico.

ART. 4º As autarquias e fundações públicas federais encaminharão os processos administrativos a que se refere o art. 1º ao órgão de execução da Procuradoria-Geral Federal competente para a cobrança extrajudicial ou judicial no prazo de quinze dias, contado da providência de que trata o § 2º do art. 2º.

ART. 5º Decorrido o prazo de cento e vinte dias da constituição definitiva, os créditos tributários e não tributários das autarquias e fundações públicas federais passarão à gestão da Procuradoria-Geral Federal, independentemente da adoção das providências administrativas pendentes ou da existência de decisão judicial que impeça o registro contábil ou a inscrição do devedor no Cadin.

Parágrafo único. A não observância dos prazos estipulados nos art. 2º e art. 4º em razão do cumprimento de quaisquer medidas administrativas, inclusive aquelas acautelatórias ou de destinação de bens, não isenta a continuidade dos procedimentos no âmbito das autarquias e fundações públicas federais, sem prejuízo do disposto no *caput*.

ART. 6º A gestão do crédito não será restituída às autarquias e fundações públicas federais em razão de decisão judicial que determine exclusivamente a suspensão ou a exclusão do registro contábil ou da inscrição no Cadin, ressalvada a prática dos atos necessários ao cumprimento da decisão judicial.

Parágrafo único. Na hipótese de decisão judicial transitada em julgado reconhecer a nulidade da constituição definitiva do crédito, a gestão do crédito será restituída às autarquias e fundações públicas federais.

ART. 7º Constatado o risco de prescrição da pretensão executória antes da adoção das providências previstas no art. 2º, caracterizado quando houver prazo igual ou inferior a cento e oitenta dias para o exercício dessa pretensão, o crédito definitivamente constituído será encaminhado imediatamente à Procuradoria-Geral Federal para adoção das providências administrativas e judiciais relativas à cobrança.

§ 1º O encaminhamento para adoção das providências administrativas e judiciais de competência da Procuradoria-Geral Federal para afastar a ocorrência da prescrição não dispensa as autarquias e fundações públicas federais do cumprimento ao disposto no art. 2º.

§ 2º Na hipótese de ocorrer a prescrição do crédito, as autarquias e fundações públicas federais deverão apurar os motivos dessa ocorrência, incluindo as razões do não encaminhamento dos processos administrativos no prazo estabelecido no art. 4º.

ART. 8º As autarquias e fundações públicas federais que possuírem sistemas informatizados de gestão do crédito remeterão o crédito e encaminharão o respectivo processo administrativo de constituição à Procuradoria-Geral Federal por via eletrônica, nos padrões de interoperabilidade definidos em ato do Procurador-Geral Federal.

§ 1º Por razões de ordem técnica, o ato de que trata o *caput* poderá excepcionar espécies de crédito das autarquias e fundações públicas federais da obrigação de que trata o *caput*.

§ 2º Não será admitida a remessa de créditos por meio do encaminhamento de autos físicos para a Procuradoria-Geral Federal.

§ 3º As autarquias e fundações públicas federais que não possuírem sistemas informatizados de gestão do crédito em sua fase administrativa de constituição adotarão solução tecnológica centralizada.

§ 4º O Ministério do Planejamento, Desenvolvimento e Gestão coordenará as ações para disponibilização da solução tecnológica referida no § 3º e editará as normas complementares necessárias.

ART. 9º Serão cancelados:

I - os créditos inscritos em dívida ativa pela Procuradoria-Geral Federal, quando o valor consolidado remanescente for igual ou inferior a R$ 100,00 (cem reais); e

II - os saldos de parcelamentos concedidos no âmbito das autarquias ou fundações públicas federais ou da Procuradoria-Geral Federal cujos montantes sejam iguais ou inferiores aos valores mínimos estipulados para recolhimento por meio de documento de arrecadação.

ART. 10. As autarquias e fundações públicas federais que possuírem sistemas informatizados de gestão do crédito terão o prazo de cento e oitenta dias, contado da data de entrada em vigor do ato referido no *caput* do art. 8º, para adequação dos respectivos sistemas informatizados.

ART. 11. As autarquias e fundações públicas federais terão o prazo de dois anos, contado da data de entrada em vigor deste Decreto, para a adoção das providências determinadas no § 3º do art. 8º.

§ 1º Durante o período de transição previsto no *caput*, as autarquias e fundações públicas federais observarão os seguintes procedimentos para a remessa do crédito para a Procuradoria-Geral Federal:

I - realização do cadastro prévio do crédito no sistema de gestão de dívida ativa da Advocacia-Geral da União; e

II - realizado o cadastro prévio, encaminhamento eletrônico do processo administrativo de constituição do crédito, por meio de solução de interoperabilidade do Processo Eletrônico Nacional quando a gestão documental de seus processos administrativos for feita de forma eletrônica pelo Sistema Eletrônico de Informações - SEI ou por meio de outro sistema.

§ 2º Na hipótese de o processo administrado estar em meio físico, as autarquias e fundações públicas federais digitalizarão e cadastrarão o processo nos sistemas informatizados de gestão administrativa de processos eletrônicos da Advocacia-Geral da União e permanecerão com a guarda dos autos físicos.

ART. 12. As autarquias e fundações públicas federais se adequarão ao disposto neste Decreto no prazo de noventa dias, contado da sua entrada em vigor, ressalvadas as hipóteses dos art. 10 e art. 11.

ART. 13. Aplica-se o disposto neste Decreto aos processos administrativos de constituição de crédito em andamento.

ART. 14. Estando o crédito definitivamente constituído por período igual ou superior a cinquenta e quatro meses quando da entrada em vigor deste Decreto, a remessa dos créditos e o encaminhamento dos processos administrativos respectivos se dará conforme os critérios definidos em ato do Procurador-Geral Federal.

ART. 15. Este Decreto entra em vigor na data de sua publicação.

Brasília, 7 de novembro de 2017; 196º da Independência e 129º da República.

MICHEL TEMER

DECRETO N. 9.246, DE 21 DE DEZEMBRO DE 2017

Concede indulto natalino e comutação de penas e dá outras providências.

▸ *DOU*, 22.12.2017.

O Presidente da República, no exercício da competência privativa que lhe confere o art. 84, *caput*, inciso XII, da Constituição, e considerando a tradição, por ocasião das festividades comemorativas do Natal, de conceder indulto às pessoas condenadas ou submetidas a medida de segurança e comutar penas de pessoas condenadas,

Decreta:

ART. 1º O indulto natalino coletivo será concedido às pessoas nacionais e estrangeiras que, até 25 de dezembro de 2017, tenham cumprido:

I - um quinto da pena, se não reincidentes, e um terço da pena, se reincidentes, nos crimes praticados sem grave ameaça ou violência a pessoa;

II - um terço da pena, se não reincidentes, e metade da pena, se reincidentes, nos crimes praticados com grave ameaça ou violência a pessoa, quando a pena privativa de liberdade não for superior a quatro anos;

III - metade da pena, se não reincidentes, e dois terços da pena, se reincidentes, nos crimes praticados com grave ameaça ou violência a pessoa, quando a pena privativa de liberdade for superior a quatro e igual ou inferior a oito anos;

IV - um quarto da pena, se homens, e um sexto da pena, se mulheres, na hipótese prevista no § 4º do art. 33 da Lei n. 11.343, de 23 de agosto de 2006, quando a pena privativa de liberdade não for superior a oito anos;

V - um quarto do período do livramento condicional, se não reincidentes, ou um terço, se reincidentes, desde que a pena remanescente, em 25 de dezembro de 2017, não seja superior

DECRETOS

a oito anos, se não reincidentes, e seis anos, se reincidentes;

VI - um sexto da pena, se não reincidentes, ou um quarto, se reincidentes, nos casos de crime contra o patrimônio, cometido sem grave ameaça ou violência à pessoa, desde que haja reparação do dano até 25 de dezembro de 2017, exceto se houver inocorrência de dano ou incapacidade econômica de repará-lo; ou

VII - três meses de pena privativa de liberdade, se comprovado o depósito em juízo do valor correspondente ao prejuízo causado à vítima, exceto se houver incapacidade econômica para fazê-lo, no caso de condenação a pena privativa de liberdade superior a dezoito meses e não superior a quatro anos, por crime contra o patrimônio, cometido sem grave ameaça ou violência à pessoa, com prejuízo ao ofendido em valor estimado não superior a um salário mínimo.

Parágrafo único. O indulto natalino será concedido às pessoas condenadas a pena privativa de liberdade que, no curso do cumprimento da sua pena, tenham sido vítimas de tortura, nos termos da Lei n. 9.455, de 7 de abril de 1997, reconhecida por decisão colegiada de segundo grau de jurisdição.

ART. 2º O tempo de cumprimento das penas previstas no art. 1º será reduzido para a pessoa:

I - gestante;

II - com idade igual ou superior a setenta anos;

III - que tenha filho de até quatorze anos de idade ou de qualquer idade, se pessoa com doença crônica grave ou com deficiência, que necessite de seus cuidados;

IV - que tenha neto de até quatorze anos de idade ou de qualquer idade, se pessoa com deficiência, que necessite de seus cuidados e esteja sob a sua responsabilidade;

V - que esteja cumprindo pena ou em livramento condicional e tenha frequentado, ou esteja frequentando, curso de ensino fundamental, médio, superior, profissionalizante ou de requalificação profissional, reconhecido pelo Ministério da Educação, ou que tenha exercido trabalho, no mínimo por doze meses, nos três anos contados retroativamente a 25 de dezembro de 2017;

VI - com paraplegia, tetraplegia ou cegueira adquirida posteriormente à prática do delito, comprovada por laudo médico oficial, ou, na falta do laudo, por médico designado pelo juízo da execução;

VII - com paraplegia, tetraplegia, cegueira ou neoplasia maligna, ainda que em remissão, mesmo que tais condições sejam anteriores à prática do delito, comprovadas por laudo médico oficial ou, na falta do laudo, por médico designado pelo juízo da execução, e resulte em grave limitação de atividade ou exija cuidados contínuos que não possam ser prestados no estabelecimento penal;

VIII - acometida de doença grave e permanente, que apresente grave limitação de atividade ou que exija cuidados contínuos que não possam ser prestados no estabelecimento penal, desde que comprovada por laudo médico oficial, ou, na falta do laudo, por médico designado pelo juízo da execução; ou

IX - indígena, que possua Registro Administrativo de Nascimento de Indígenas ou outro documento comprobatório equivalente.

§ 1º A redução de que trata o *caput* será de:

I - um sexto da pena, se não reincidente, e um quarto da pena, se reincidente, nas hipóteses previstas no inciso I do *caput* do art. 1º;

II - um quarto da pena, se não reincidente, e um terço da pena, se reincidente, nas hipóteses previstas no inciso II do *caput* do art. 1º; e

III - um terço da pena, se não reincidente, e metade da pena, se reincidente, nas hipóteses previstas no inciso III do *caput* do art. 1º.

§ 2º As hipóteses previstas nos incisos III e IV do *caput* não incluem as pessoas condenadas por crime praticado com violência ou grave ameaça contra o filho ou o neto ou por crime de abuso sexual cometido contra criança, adolescente ou pessoa com deficiência.

ART. 3º O indulto natalino ou a comutação de pena não será concedido às pessoas condenadas por crime:

I - de tortura ou terrorismo;

II - tipificado nos art. 33, *caput* e § 1º, art. 34, art. 36 e art. 37 da Lei n. 11.343, de 2006, exceto na hipótese prevista no art. 1º, *caput*, inciso IV, deste Decreto;

III - considerado hediondo ou a este equiparado, ainda que praticado sem grave ameaça ou violência a pessoa, nos termos da Lei n. 8.072, de 25 de julho de 1990;

IV - praticado com violência ou grave ameaça contra os militares e os agentes de segurança pública, de que tratam os art. 142 e art. 144 da Constituição, no exercício da função ou em decorrência dela;

V - tipificado nos art. 240, art. 241 e art. 241-A, *caput* e § 1º, da Lei n. 8.069, de 13 de julho de 1990; ou

VI - tipificado nos art. 215, art. 216-A, art. 218 e art. 218-A do Decreto-Lei n. 2.848, de 7 de dezembro de 1940 - Código Penal.

ART. 4º O indulto natalino ou a comutação não será concedido às pessoas que:

I - tenham sofrido sanção, aplicada pelo juízo competente em audiência de justificação, garantido o direito aos princípios do contraditório e da ampla defesa, em razão da prática de infração disciplinar de natureza grave, nos doze meses anteriores à data de publicação deste Decreto;

II - tenham sido incluídas no Regime Disciplinar Diferenciado, em qualquer momento do cumprimento da pena;

III - tenham sido incluídas no Sistema Penitenciário Federal, em qualquer momento do cumprimento da pena, exceto na hipótese em que o recolhimento se justifique por interesse do próprio preso, nos termos do art. 3º da Lei n. 11.671, de 8 de maio de 2008; ou

IV - tenham descumprido as condições fixadas para a prisão albergue domiciliar, com ou sem monitoração eletrônica, ou para o livramento condicional, garantido o direito aos princípios do contraditório e da ampla defesa.

§ 1º Na hipótese de a apuração da infração disciplinar não ter sido concluída e encaminhada ao juízo competente, o processo de declaração do indulto natalino ou da comutação será suspenso até a conclusão da sindicância ou do procedimento administrativo, que ocorrerá no prazo de trinta dias, sob pena de prosseguimento do processo e efetivação da declaração.

§ 2º Decorrido o prazo a que se refere o § 1º sem que haja a conclusão da apuração da infração disciplinar, o processo de declaração do indulto natalino ou da comutação prosseguirá.

ART. 5º O indulto natalino especial será concedido às mulheres presas, nacionais e estrangeiras, que, até 25 de dezembro de 2017, atendam aos seguintes requisitos, cumulativamente:

I - não estejam respondendo ou tenham sido condenadas pela prática de outro crime cometido mediante violência ou grave ameaça;

II - não tenham sido punidas com a prática de falta grave, nos doze meses anteriores à data de publicação deste Decreto; e

III - se enquadrem em uma das seguintes hipóteses, no mínimo:

a) mulheres condenadas à pena privativa de liberdade por crimes cometidos sem grave ameaça ou violência a pessoa, que tenham completado sessenta anos de idade ou que não tenham vinte e um anos completos;

b) mulheres condenadas por crime praticado sem grave ameaça ou violência a pessoa, que sejam consideradas pessoas com deficiência, nos termos do art. 2º Lei n. 13.146, de 6 de julho de 2015; ou

c) gestantes cuja gravidez seja considerada de alto risco, condenadas à pena privativa de liberdade, desde que comprovada a condição por laudo médico emitido por profissional designado pelo juízo competente.

ART. 6º O indulto natalino será concedido às pessoas submetidas a medida de segurança que, independentemente da cessação de periculosidade, tenham suportado privação da liberdade, internação ou tratamento ambulatorial:

I - por período igual ou superior ao máximo da pena cominada à infração penal correspondente à conduta praticada; ou

II - nos casos da substituição prevista no art. 183 da Lei n. 7.210, de 11 de julho de 1984, por período igual ao remanescente da condenação cominada.

Parágrafo único. A decisão que extinguir a medida de segurança, com o objetivo de reinserção psicossocial, determinará:

I - o encaminhamento a Centro de Atenção Psicossocial ou a outro serviço equivalente na localidade em que a pessoa com transtornos mentais em conflito com a lei se encontre, previamente indicado no Projeto Terapêutico Singular, em conformidade com os princípios da Rede de Atenção Psicossocial, instituída pela Portaria n. 3.088, de 23 de dezembro de 2011, do Ministério da Saúde;

II - o acolhimento em serviço residencial terapêutico, nos termos da Portaria n. 3.088, de 2011, do Ministério da Saúde, previamente indicado no Projeto Terapêutico Singular, hipótese em que a Secretaria de Saúde do Município em que a pessoa com transtornos mentais em conflito com a lei se encontre será intimada para dar efetividade ao Projeto Terapêutico Singular ou, subsidiariamente, a Secretaria de Saúde do Estado;

III - o cumprimento do projeto terapêutico singular para a alta planejada e a reabilitação psicossocial assistida, quando houver a indicação de internação hospitalar, por critérios médicos ou por ausência de processo de desinstitucionalização, nos termos estabelecidos no art. 5º da Lei n. 10.216, de 6 de abril de 2001; e

IV - a ciência ao Ministério Público estadual ou do Distrito Federal e Territórios da localidade em que a pessoa com transtornos mentais em conflito com a lei se encontre, para acompanhamento da inclusão do paciente em tratamento de saúde e para avaliação de sua situação civil, nos termos estabelecidos na Lei n. 13.146, de 2015.

ART. 7º A comutação da pena privativa de liberdade remanescente, aferida em 25 de dezembro de 2017, será concedida, nas seguintes proporções:

I - à pessoa condenada a pena privativa de liberdade:

a) em um terço, se não reincidente, e que, até 25 de dezembro de 2017, tenha cumprido um quarto da pena; e

b) em um quarto, se reincidente, e que, até 25 de dezembro de 2017, tenha cumprido um terço da pena;

II - em dois terços, se não reincidente, quando se tratar de mulher condenada por crime cometido sem grave ameaça ou violência a pessoa, que tenha filho ou neto menor de quatorze anos de idade ou de qualquer idade se considerado pessoa com deficiência ou portador de doença crônica grave e que necessite de seus cuidados, e que, até 25 de dezembro de 2017, tenha cumprido um quinto da pena; e

III - à metade, se reincidente, quando se tratar de mulher condenada por crime cometido sem grave ameaça ou violência a pessoa, que tenha filho ou neto menor de quatorze anos de idade ou de qualquer idade se considerado pessoa com deficiência ou portador de doença crônica grave e que necessite de seus cuidados, e que, até 25 de dezembro de 2017, tenha cumprido um quinto da pena.

Parágrafo único. A comutação a que se refere o *caput* será concedida às pessoas condenadas à pena privativa de liberdade que não tenham, até 25 de dezembro de 2017, obtido as comutações decorrentes de Decretos anteriores, independentemente de pedido anterior.

ART. 8º Os requisitos para a concessão do indulto natalino e da comutação de pena de que trata este Decreto são aplicáveis à pessoa que:

I - teve a pena privativa de liberdade substituída por restritiva de direitos;

II - esteja cumprindo a pena em regime aberto;

III - tenha sido beneficiada com a suspensão condicional do processo; ou

IV - esteja em livramento condicional.

ART. 9º O indulto natalino e a comutação de que trata este Decreto não se estendem:

I - às penas acessórias previstas no Decreto-Lei n. 1.001, de 21 de outubro de 1969 - Código Penal Militar; e

II - aos efeitos da condenação.

ART. 10. O indulto ou a comutação de pena alcançam a pena de multa aplicada cumulativamente, ainda que haja inadimplência ou inscrição de débitos na Dívida Ativa da União, observados os valores estabelecidos em ato do Ministro de Estado da Fazenda.

Parágrafo único. O indulto será concedido independentemente do pagamento:

I - do valor multa, aplicada de forma isolada ou cumulativamente; ou

II - do valor de condenação pecuniária de qualquer natureza.

ART. 11. O indulto natalino e a comutação de pena de que trata este Decreto são cabíveis, ainda que:

I - a sentença tenha transitado em julgado para a acusação, sem prejuízo do julgamento de recurso da defesa em instância superior;

II - haja recurso da acusação de qualquer natureza após a apreciação em segunda instância;

III - a pessoa condenada responda a outro processo criminal sem decisão condenatória em segunda instância, mesmo que tenha por objeto os crimes a que se refere o art. 3º; ou

IV - a guia de recolhimento não tenha sido expedida.

ART. 12. As penas correspondentes a infrações diversas serão unificadas ou somadas para efeito da declaração do indulto natalino ou da comutação, na forma do art. 111 da Lei n. 7.210, de 1984.

Parágrafo único. Na hipótese de haver concurso com infração descrita no art. 3º, não será concedido o indulto natalino ou comutada a pena correspondente ao crime não impeditivo enquanto a pessoa condenada não cumprir dois terços da pena correspondente ao crime impeditivo.

ART. 13. A autoridade que detiver a custódia dos presos e os órgãos de execução previstos no art. 61 da Lei n. 7.210, de 1984, encaminharão ao juízo competente, ao Ministério Público e à Defensoria Pública, inclusive por meio digital, na forma estabelecida pela alínea "f" do inciso I do *caput* do art. 4º da Lei n. 12.714, de 14 de setembro de 2012, a lista das pessoas que satisfaçam os requisitos necessários para a concessão do indulto natalino e da comutação de pena que tratam este Decreto.

§ 1º O procedimento previsto no *caput* será iniciado de ofício ou mediante requerimento da parte interessada, da Defensoria Pública ou de seu representante, cônjuge ou companheiro, ascendente ou descendente.

§ 2º O juízo competente proferirá a decisão, após ouvidos o Ministério Público e a defesa do beneficiário.

§ 3º Para atender ao disposto neste Decreto, os Tribunais poderão organizar mutirões.

§ 4º A concessão do indulto natalino e da comutação de que trata este Decreto serão aplicadas pelo juiz do processo de conhecimento na hipótese de condenados primários, desde que haja o trânsito em julgado da sentença condenatória para a acusação.

ART. 14. A declaração do indulto natalino e da comutação das penas terá preferência sobre a decisão de qualquer outro incidente no curso da execução penal, exceto quanto a medidas urgentes.

ART. 15. Este Decreto entra em vigor na data de sua publicação.

Brasília, 21 de dezembro de 2017; 196º da Independência e 129º da República.

MICHEL TEMER

DECRETO N. 9.271, DE 25 DE JANEIRO DE 2018

Regulamenta a outorga de contrato de concessão no setor elétrico associada à privatização de titular de concessão de serviço público de geração de energia elétrica, nos termos da Lei n. 9.074, de 7 de julho de 1995.

▸ *DOU*, 26.01.2018.

O Presidente da Câmara dos Deputados, no exercício do cargo de Presidente da República, no uso das atribuições que lhe confere o art. 84, *caput*, incisos IV e VI, alínea "a", da Constituição, e tendo em vista o disposto nos art. 26, art. 27, art. 28 e art. 30 da Lei n. 9.074, de 7 de julho de 1995,

Decreta:

ART. 1º A União poderá outorgar novo contrato de concessão pelo prazo de até trinta anos, contado da data de sua celebração, à pessoa jurídica vencedora de leilão de privatização de concessionário de serviço público de geração de energia elétrica sob controle direto ou indireto da União, de Estado, do Distrito Federal ou de Município, nos termos estabelecidos nos art. 26, art. 27, art. 28 e art. 30 da Lei n. 9.074, de 7 de julho de 1995.

§ 1º O disposto neste Decreto não se aplica às concessões de serviço público de geração de energia elétrica que tenham sido prorrogadas nos termos estabelecidos na Lei n. 12.783, de 11 de janeiro de 2013, cuja energia da usina tenha sido alocada, em cotas de garantia física de energia e de potência, às concessionárias e às permissionárias de serviço público de distribuição de energia elétrica do Sistema Interligado Nacional.

§ 2º Para fins do disposto no *caput*, a outorga de novo contrato de concessão de geração de energia elétrica fica condicionada ao cumprimento dos seguintes requisitos:

I - existência de contrato de concessão de serviço público de geração vigente no momento da privatização e com prazo remanescente de concessão superior a sessenta meses do advento do termo contratual ou do ato de outorga;

II - solicitação ou ratificação de pedido anterior encaminhada ao Ministério de Minas e Energia pelo controlador da pessoa jurídica titular de contrato vigente de concessão de serviço público de geração de energia elétrica que será privatizada, nos termos estabelecidos neste Decreto;

III - privatização da pessoa jurídica titular de concessão de serviço público de geração de energia elétrica, mediante transferência do controle acionário;

IV - alteração de regime de gerador hídrico de energia elétrica, de serviço público para produção independente de energia elétrica, com o pagamento de uso do bem público, nos termos estabelecido no art. 7º da Lei n. 9.648, de 27 de maio de 1998; e

V - pagamento do valor de outorga de concessão a que se refere o inciso II do *caput* do art. 15 da Lei n. 8.987, de 13 de fevereiro 1995, observado o disposto no § 3º do art. 2º e no § 3º do art. 3º deste Decreto.

§ 3º Na hipótese de o contrato vigente de concessão de serviço público de geração de energia elétrica ser de titularidade de pessoa jurídica sob controle direto ou indireto de Estado, do Distrito Federal ou de Município, a solicitação ou a ratificação de que trata o inciso II do § 2º deverá ser acompanhada de manifestação do chefe da advocacia pública do ente federativo correspondente e, quando couber, dos órgãos competentes para autorização do Estado, do Distrito Federal ou do Município para a transferência de controle.

§ 4º O Estado, o Distrito Federal ou o Município que figurar como controlador da pessoa jurídica titular da concessão de serviço público de geração de energia elétrica adotará, no que lhe couber, as providências necessárias ao atendimento das determinações e das solicitações do Ministério de Minas e Energia, da Agência Nacional de Energia Elétrica - Aneel e dos demais órgãos federais de fiscalização e controle.

ART. 2º A aceitação da solicitação de que trata o inciso II do § 2º do art. 1º observará a política setorial e o benefício econômico-financeiro para a União do novo contrato de concessão outorgado em decorrência do pagamento ao poder concedente pela outorga da concessão quando da privatização da pessoa jurídica

DECRETOS

titular do contrato de concessão de serviço público de geração de energia elétrica de que trata o inciso I do § 2º do art. 1º.

§ 1º O valor mínimo e a forma de pagamento da outorga de concessão de geração de energia elétrica serão estabelecidos, em ato conjunto, pelos Ministros de Estado de Minas e Energia e da Fazenda.

§ 2º O disposto no § 1º não se aplica às hipóteses em que o titular da concessão vigente for pessoa jurídica sob controle direto ou indireto da União, situação em que:

I - os procedimentos estabelecidos na Lei n. 9.491, de 9 de setembro de 1997, e na Lei n. 13.334, de 13 de setembro de 2016, deverão ser seguidos; e

II - o valor e a forma de pagamento pela outorga serão propostos pelos Ministros de Estado de Minas e Energia e da Fazenda, ao Conselho do Programa de Parceria de Investimentos.

§ 3º O valor mínimo de outorga de concessão que trata o *caput* será calculado com base no benefício econômico-financeiro adicionado pelo novo contrato de concessão de geração de energia elétrica, representado pelo Valor Presente Líquido - VPL adicional do novo contrato.

§ 4º Para fins do cálculo do valor de que trata o § 3º, poderão ser solicitadas informações à Aneel, à Empresa de Pesquisa Energética - EPE e à pessoa jurídica titular de concessão de serviço público de geração de energia elétrica de que trata o *caput* do art. 1º.

ART. 3º A minuta de contrato de concessão de geração de energia elétrica deverá ser aprovada pela Aneel e integrará o edital do leilão de privatização da pessoa jurídica de que trata o *caput* do art. 1º.

§ 1º Os valores mínimos de outorga de concessão de geração de energia elétrica e de uso do bem público constarão do edital de que trata o *caput*.

§ 2º Para fins de transferência do controle societário, o critério de seleção das propostas será o maior valor ofertado para aquisição das ações a serem alienadas da empresa objeto da privatização.

§ 3º O percentual de ágio sobre o valor mínimo para aquisição das ações a serem alienadas para fins de transferência de controle societário da empresa objeto da privatização, obtido no Leilão de privatização, deverá ser aplicado sobre o valor mínimo de outorga de concessão de que trata o § 3º do art. 2º para a apuração do valor de outorga.

ART. 4º Este Decreto entra em vigor na data de sua publicação.

Brasília, 25 de janeiro de 2018; 197º da Independência e 130º da República.

RODRIGO MAIA

DECRETO N. 9.277, DE 5 DE FEVEREIRO DE 2018

Dispõe sobre a identificação do solicitante de refúgio e sobre o Documento Provisório de Registro Nacional Migratório.

‣ *DOU*, 06.02.2018.

O Presidente da República, no uso das atribuições que lhe confere o art. 84, *caput*, incisos IV e VI, alínea "a", da Constituição, e tendo em vista o disposto nos art. 21 e art. 22 da Lei n. 9.474, de 22 de julho de 1997, e no art. 31, § 4º, da Lei n. 13.445, de 24 de maio de 2017,

Decreta:

Âmbito de aplicação

ART. 1º Este Decreto dispõe sobre a identificação do solicitante de reconhecimento da condição de refugiado no Brasil e sobre o Documento Provisório de Registro Nacional Migratório.

Emissão do documento

ART. 2º Recebida a solicitação de refúgio, a polícia federal emitirá protocolo em favor do solicitante e de seu grupo familiar que se encontre no território nacional.

Parágrafo único. Com a emissão do protocolo a que se refere o *caput*, a polícia federal fornecerá gratuitamente o Documento Provisório de Registro Nacional Migratório.

Efeitos do documento

ART. 3º O Documento Provisório de Registro Nacional Migratório produzirá os seguintes efeitos:

I - constituirá, para todos os fins, o documento de identificação do solicitante de refúgio, até a decisão final do processo no Comitê Nacional para os Refugiados - CONARE, nos termos do disposto no inciso I do *caput* do art. 12 da Lei n. 9.474, de 22 de julho de 1997; e

II - permitirá ao seu portador o gozo de direitos no País, dentre os quais:

a) a expedição da Carteira de Trabalho e Previdência Social provisória para o exercício de atividade remunerada no País;

b) a abertura de conta bancária em instituição integrante do sistema financeiro nacional;

c) a inscrição no Cadastro de Pessoas Físicas do Ministério da Fazenda - CPF;

d) o acesso às garantias e aos mecanismos protetivos e de facilitação da inclusão social decorrentes da Convenção relativa ao Estatuto dos Refugiados, promulgada pelo Decreto n. 50.215, de 28 de janeiro de 1961, e da Lei n. 13.445, de 24 de maio de 2017; e

e) o acesso aos serviços públicos, em especial, os relativos à educação, saúde, previdência e assistência social.

Parágrafo único. O Documento Provisório de Registro Nacional Migratório não substitui os documentos de viagem internacional.

Requisitos do documento

ART. 4º São elementos essenciais do Documento Provisório de Registro Nacional Migratório:

I - o número do protocolo emitido pela polícia federal;

II - os dados biográficos e biométricos;

III - as informações de que o portador:

a) não poderá ser deportado fora das hipóteses legais; e

b) tem assegurado os mesmos direitos dos demais imigrantes em situação regular no País e não receberá tratamento discriminatório de qualquer natureza; e

IV - código de barras bidimensional, no padrão QR Code.

§ 1º O código de barras de que trata o inciso IV do *caput* permitirá a consulta da validade do documento em sistema próprio ou diretamente em sítio eletrônico oficial.

§ 2º Ato do Diretor-Geral do Departamento de Polícia Federal do Ministério da Justiça e Segurança Pública definirá os demais elementos e aprovará o modelo do Documento Provisório de Registro Nacional Migratório.

Perda da validade

ART. 5º O Documento Provisório de Registro Nacional Migratório perderá a validade:

I - pela decisão definitiva que indeferir a solicitação do reconhecimento da condição de refugiado;

II - pela expedição da Carteira de Registro Nacional Migratório em decorrência do deferimento do pedido de reconhecimento da condição de refugiado; e

III - pelo arquivamento ou pela extinção do processo sem julgamento do mérito.

Emissão em meio eletrônico

ART. 6º O Documento Provisório de Registro Nacional Migratório poderá ser emitido em meio eletrônico, sem prejuízo da emissão em meio físico.

‣ Adaptações do Regulamento da Lei de Migração

ART. 7º O Decreto n. 9.199, de 20 de novembro de 2017, passa a vigorar com as seguintes alterações:

‣ Alterações promovidas no texto do referido decreto.

‣ O Dec. 9.199/2017 regulamenta a Lei de Migração.

Prazo de adaptação

ART. 8º A emissão do Documento Provisório de Registro Nacional Migratório de que trata este Decreto será iniciada até 1º de outubro de 2018.

Parágrafo único. Os protocolos de que trata o art. 21 da Lei n. 9.474, de 1997, emitidos antes do prazo previsto no *caput* permanecerão válidos.

Vigência

ART. 9º Este Decreto entra em vigor na data de sua publicação.

Brasília, 5 de fevereiro de 2018; 197º da Independência e 130º da República.

MICHEL TEMER

DECRETO N. 9.278, DE 5 DE FEVEREIRO DE 2018

Regulamenta a Lei n. 7.116, de 29 de agosto de 1983, que assegura validade nacional às Carteiras de Identidade e regula sua expedição.

‣ *DOU*, 6.2.2018.

O Presidente da República, no uso da atribuição que lhe confere o art. 84, *caput*, inciso IV, da Constituição, e tendo em vista o disposto na Lei n. 7.116, de 29 de agosto de 1983, na Lei n. 9.049, de 18 de maio de 1995, e na Lei n. 13.444, de 11 de maio de 2017,

Decreta:

Âmbito de aplicação

ART. 1º Este Decreto regulamenta a Lei n. 7.116, de 29 de agosto de 1983, para estabelecer os procedimentos e os requisitos para a emissão de Carteira de Identidade por órgãos de identificação dos Estados e do Distrito Federal.

Validade documental

ART. 2º A Carteira de Identidade tem fé pública e validade em todo o território nacional.

Documentos exigidos para emissão

ART. 3º Para a expedição da Carteira de Identidade, será exigido do requerente a apresentação somente da certidão de nascimento ou de casamento.

§ 1º Na hipótese de o nome do requerente ter sido alterado em consequência de matrimônio, ele apresentará a certidão de casamento.

§ 2º O brasileiro naturalizado apresentará o ato de naturalização publicado no Diário Oficial da União.

§ 3º O português beneficiado pelo disposto no § 1º do art. 12 da Constituição fará prova da condição mediante a apresentação do ato de outorga de igualdade de direitos e obrigações civis e de gozo dos direitos políticos no Brasil publicado no Diário Oficial da União.

§ 4º A expedição de segunda via da Carteira de Identidade será efetuada mediante simples solicitação do interessado, vedada a formulação de exigências não previstas neste Decreto.

Gratuidade da emissão

ART. 4º É gratuita a primeira emissão da Carteira de Identidade.

Informações essenciais

ART. 5º A Carteira de Identidade conterá:

I - as Armas da República Federativa do Brasil e a inscrição "República Federativa do Brasil";

II - a identificação da unidade da Federação que a emitiu;

III - a identificação do órgão expedidor;

IV - o número do registro geral no órgão emitente e o local e a data da expedição;

V - o nome, a filiação e o local e a data de nascimento do identificado;

VI - o número único da matrícula de nascimento ou, se não houver, de forma resumida, a comarca, o cartório, o livro, a folha e o número do registro de nascimento;

VII - fotografia, no formato 3x4cm, a assinatura e a impressão digital do polegar direito do identificado;

VIII - a assinatura do dirigente do órgão expedidor; e

IX - a expressão "Válida em todo o território nacional".

§ 1º Poderá ser utilizado pelo órgão de identificação como o número do registro geral de que trata o inciso IV do *caput* o número de inscrição no Cadastro de Pessoas Físicas do Ministério da Fazenda - CPF.

§ 2º A matrícula de que trata o inciso VI do *caput* seguirá os padrões constantes de provimento do Conselho Nacional de Justiça.

§ 3º A conferência dos dados de que trata o inciso VI do *caput* poderá ser realizada pelo órgão de identificação junto: (Alterado pelo Dec. 9.376/2018.)

I - à Central Nacional de Informações do Registro Civil - CRC Nacional, por meio de credenciamento, acordo ou convênio; e (Acrescentado pelo Dec. 9.376/2018.)

II - ao Sistema Nacional de Informações de Registro Civil - SIRC, independentemente de convênio. (Acrescentado pelo Dec. 9.376/2018.)

§ 4º Para os fins do disposto no inciso VII do *caput*, padrões biométricos seguirão as recomendações do Comitê Gestor da Identificação Civil Nacional - ICN.

Informações do CPF

ART. 6º Será incorporado, de ofício, à Carteira de Identidade, o número de inscrição no CPF sempre que o órgão de identificação tiver acesso a documento comprobatório ou à base de dados administrada pela Secretaria da Receita Federal do Brasil do Ministério da Fazenda.

§ 1º A incorporação do número de inscrição no CPF à Carteira de Identidade será precedida de consulta e validação com a base de dados administrada pela Secretaria da Receita Federal do Brasil do Ministério da Fazenda.

§ 2º Na hipótese de o requerente da Carteira de Identidade não estar inscrito no CPF, o órgão de identificação realizará a sua inscrição, caso tenha integração com a base de dados da Secretaria da Receita Federal do Brasil do Ministério Fazenda.

Verificação do DNI

ART. 7º Na expedição da Carteira de Identidade será realizada a validação biométrica com a Base de Dados da ICN para aferir a conformidade com o Documento Nacional de Identificação - DNI.

Parágrafo único. O disposto no *caput* e no inciso I do § 1º do art. 8º está condicionado à existência de compartilhamento de dados entre o órgão de identificação e o Tribunal Superior Eleitoral.

Informações incluídas a pedido

ART. 8º Será incluído na Carteira de Identidade, mediante requerimento:

I - o número do DNI;

II - o Número de Identificação Social - NIS, o número no Programa de Integração Social - PIS ou o número no Programa de Formação do Patrimônio do Servidor Público - PASEP;

III - o número do Cartão Nacional de Saúde;

IV - o número do Título de Eleitor;

V - o número do documento de identidade profissional expedido por órgão ou entidade legalmente autorizado;

VI - o número da Carteira de Trabalho e Previdência Social;

VII - o número da Carteira Nacional de Habilitação;

VIII - o número do Certificado Militar;

IX - o tipo sanguíneo e o fator Rh;

X - as condições específicas de saúde cuja divulgação possa contribuir para preservar a saúde ou salvar a vida do titular; e

XI - o nome social.

§ 1º A comprovação das informações de que tratam os incisos I a VIII do *caput* será feita por meio, respectivamente:

I - da validação biométrica com a base de dados da ICN;

II - dos cartões de inscrição no NIS, no PIS ou no PASEP;

III - do Cartão Nacional de Saúde;

IV - do Título de Eleitor;

V - do documento de identidade profissional expedido por órgão ou entidade legalmente autorizado;

VI - da Carteira de Trabalho e Previdência Social;

VII - da Carteira Nacional de Habilitação;

VIII - do Certificado Militar;

IX - do resultado de exame laboratorial; e

X - do atestado médico ou documento oficial que comprove a vulnerabilidade ou a condição particular de saúde que se deseje preservar, nos termos do inciso X do *caput*.

§ 2º Em substituição aos documentos de que tratam os incisos I a VIII do *caput*, será aceita a apresentação de documento de identidade válido para todos os fins legais do qual constem as informações a serem comprovadas.

§ 3º A comprovação pelo interessado das informações de que tratam os incisos II a X do *caput* será dispensada na hipótese do órgão de identificação ter acesso às informações por meio de base eletrônica de dados de órgão ou entidade públicos.

§ 4º O nome social de que trata o inciso XI do *caput*:

I - será incluído:

a) mediante requerimento escrito do interessado;

b) com a expressão "nome social";

c) sem prejuízo da menção ao nome do registro civil no verso da Carteira de Identidade; e

d) sem a exigência de documentação comprobatória; e

II - poderá ser excluído por meio de requerimento escrito do interessado.

§ 5º O requerimento de que trata a alínea "a" do inciso I do § 4º será arquivado no órgão de identificação, juntamente com o histórico de alterações do nome social.

Apresentação dos documentos mencionados na Carteira de Identidade

ART. 9º A Carteira de Identidade fará prova de todos os dados nela incluídos e dispensará a apresentação dos documentos que nela tenham sido mencionados.

Apresentação dos documentos por cópia autenticada

ART. 10. A apresentação dos documentos de que trata o *caput* e o § 1º do art. 3º poderá ser feita por meio de cópia autenticada.

Modelo da Carteira de Identidade

ART. 11. A Carteira de Identidade será emitida em cartão ou em papel.

Parágrafo único. É facultada ao órgão de identificação a expedição da Carteira de Identidade em meio eletrônico, sem prejuízo da expedição em meio físico.

Requisitos da Carteira de Identidade em papel

ART. 12. A Carteira de Identidade em papel será confeccionada nas dimensões 96x65mm em papel filigranado com fibras invisíveis reagentes à luz ultravioleta, preferencialmente em formulário plano, impressa em talho doce e offset.

ART. 13. A Carteira de Identidade em papel conterá as seguintes características de segurança:

I - tarja em talho doce que:

a) será impressa em duas tonalidades da cor verde (calcografia em duas cores);

b) conterá a imagem latente com a palavra "Brasil" em ambos os lados;

c) conterá faixa de microletra negativa, contornando internamente a tarja, com a expressão "CARTEIRA DE IDENTIDADE" grafada em letras maiúsculas;

d) conterá faixa de microletra positiva, contornando externamente a tarja, com a expressão "CARTEIRA DE IDENTIDADE" grafada em letras maiúsculas; e

e) conterá os seguintes textos incorporados, conforme o disposto no modelo que consta do Anexo, grafados em letras maiúsculas:

1. REPÚBLICA FEDERATIVA DO BRASIL;
2. CARTEIRA DE IDENTIDADE;
3. LEI N. 7.116, DE 29 DE AGOSTO DE 1983; e
4. VÁLIDA EM TODO TERRITÓRIO NACIONAL;

II - no anverso, fundo numismático, impresso em offset, contendo efeito íris e geométrico e as Armas da República Federativa do Brasil, impressos com tinta invisível reativa à fonte de luz ultravioleta;

III - no verso, fundo numismático com o nome da unidade da Federação e a imagem do seu brasão;

IV - perfuração mecânica da sigla do órgão de identificação sobre a fotografia do titular, quando for o caso;

V - numeração tipográfica, sequencial, no verso ou em código de barras;

VI - código de barras bidimensional, no padrão QR Code, gerado a partir de algoritmo específico do órgão de identificação; e

VII - película com a imagem das Armas da República Federativa do Brasil com tinta invisível reativa à fonte de luz ultravioleta.

Parágrafo único. O código de barras bidimensional de que trata o inciso VI do *caput* permitirá a consulta da validade do documento em sistema próprio ou diretamente em sítio eletrônico oficial do órgão expedidor.

Carteira de Identidade em cartão

ART. 14. A Carteira de Identidade em cartão terá as seguintes características de segurança:

I - substrato polimérico em policarbonato, na dimensão 85,6x54 mm, que conterá microchip de aproximação;

II - no anverso: (Alterado pelo Dec. 9.577/2018.)

a) tarja em guilhoche eletrônico contendo microletras com a expressão "CARTEIRA DE IDENTIDADE" grafada em letras maiúsculas;

b) tarja contendo a expressão "REPÚBLICA FEDERATIVA DO BRASIL" grafada em letras maiúsculas;

c) fundo numismático contendo as Armas da República Federativa do Brasil;

d) imagem fantasma com a fotografia do titular localizada no canto superior direito;

e) fundo com tinta invisível reativa à fonte de luz ultravioleta contendo as Armas da República Federativa do Brasil; e

f) fundo numismático com o nome e a imagem do brasão da unidade da Federação; e

III - no verso: (Alterado pelo Dec. 9.577/2018.)

a) fundo numismático contendo as Armas da República Federativa do Brasil;

b) tarja em guilhoche eletrônico contendo microletras com os seguintes textos incorporados, conforme o disposto no modelo que consta do Anexo, grafados em letras maiúsculas:

1. "CARTEIRA DE IDENTIDADE";
2. "LEI N. 7.116, DE 29 DE AGOSTO DE 1983"; e
3. "VÁLIDA EM TODO TERRITÓRIO NACIONAL";

c) relevo tátil com o Selo da República; (Alterado pelo Dec. 9.577/2018.)

d) fundo com tinta invisível reativa à fonte de luz ultravioleta, que conterá as Armas da República Federativa do Brasil; e

e) código de barras, nos termos do disposto no parágrafo único do art. 13.

Carteira de Identidade em meio eletrônico

ART. 15. A Carteira de Identidade em meio eletrônico:

I - atenderá aos requisitos de segurança, integridade, validade jurídica e interoperabilidade, nos termos das recomendações do Comitê Gestor da ICN; e

II - permitirá a checagem dos dados pelas autoridades públicas com ou sem conexão à internet.

Obrigação dos modelos deste Decreto

ART. 16. Os órgãos de identificação não poderão utilizar padrões de Carteira de Identidade que não atenda a todos os requisitos estabelecidos neste Decreto.

Parágrafo único. O Comitê Gestor da ICN formulará recomendações complementares ao padrões estabelecidos neste Decreto.

Aprovação dos modelos de Carteira de Identidade

ART. 17. Os modelos de Carteira de Identidade em papel e em cartão são os constantes do Anexo.

Parágrafo único. Compete ao Comitê Gestor de ICN aprovar o modelo da Carteira de Identidade em meio eletrônico.

Validade da Carteira de Identidade

ART. 18. A Carteira de Identidade terá validade por prazo indeterminado.

ART. 19. A Carteira de Identidade poderá ter a validade negada pela:

I - alteração dos dados nela contidos, quanto ao ponto específico;

II - existência de danos no meio físico que comprometam a verificação da autenticidade;

III - alteração das características físicas do titular que gere dúvida fundada sobre a identidade; ou

IV - mudança significativa no gesto gráfico da assinatura.

Parágrafo único. Se o titular for pessoa enferma ou idosa, não poderá ser negada a validade de Carteira de Identidade com fundamento nos incisos III e IV do *caput*.

ART. 20. O português beneficiado pelo disposto no § 1º do art. 12 da Constituição que perder essa condição e o brasileiro que perder a nacionalidade, conforme o disposto no § 4º do art. 12 da Constituição, terão a Carteira de Identidade recolhida pela polícia federal e encaminhada ao órgão de identificação expedidor para cancelamento.

Disposições transitórias

ART. 21. A partir de 1º de março de 2019, os órgãos de identificação estarão obrigados a adotar os padrões de Carteira de Identidade estabelecidos neste Decreto.

ART. 22. Permanecem válidas as Carteiras de Identidade expedidas de acordo com os padrões anteriores a este Decreto.

Revogações

ART. 23. Ficam revogados:

I - o Decreto n. 89.250, de 27 de dezembro de 1983;

II - o Decreto n. 89.721, de 30 de maio de 1984; e

III - o Decreto n. 2.170, de 4 de março de 1997.

Vigência

ART. 24. Este Decreto entra em vigor na data de sua publicação.

Brasília, 5 de fevereiro de 2018; 197º da Independência e 130º da República.

MICHEL TEMER

‣ Optamos, nesta edição, pela não publicação do Anexo.

DECRETO N. 9.283, DE 7 DE FEVEREIRO DE 2018

Regulamenta a Lei n. 10.973, de 2 de dezembro de 2004, a Lei n. 13.243, de 11 de janeiro de 2016, o art. 24, § 3º, e o art. 32, § 7º, da Lei n. 8.666, de 21 de junho de 1993, o art. 1º da Lei n. 8.010, de 29 de março de 1990, e o art. 2º, caput, inciso I, alínea "g", da Lei n. 8.032, de 12 de abril de 1990, e altera o Decreto n. 6.759, de 5 de fevereiro de 2009, para estabelecer medidas de incentivo à inovação e à pesquisa científica e tecnológica no ambiente produtivo, com vistas à capacitação tecnológica, ao alcance da autonomia tecnológica e ao desenvolvimento do sistema produtivo nacional e regional.

‣ *DOU*, 8.2.2018.

O Presidente da República, no uso das atribuições que lhe confere o art. 84, *caput*, incisos IV e VI, alínea "a", da Constituição, e tendo em vista o disposto na Lei n. 10.973, de 2 de dezembro de 2004, e na Lei n. 13.243, de 11 de janeiro de 2016,

Decreta:

CAPÍTULO I
DISPOSIÇÕES PRELIMINARES

ART. 1º Este Decreto regulamenta o disposto na Lei n. 10.973, de 2 de dezembro de 2004, na Lei n. 13.243, de 11 de janeiro de 2016, no art. 24, § 3º, e no art. 32, § 7º, da Lei n. 8.666, de 21 de junho de 1993, no art. 1º da Lei n. 8.010, de 29 de março de 1990, e no art. 2º, *caput*, inciso I, alínea "g", da Lei n. 8.032, de 12 de abril de 1990, e altera o Decreto n. 6.759, de 5 de fevereiro de 2009, para estabelecer medidas de incentivo à inovação e à pesquisa científica e tecnológica no ambiente produtivo, com vistas à capacitação tecnológica, ao alcance da autonomia tecnológica e ao desenvolvimento do sistema produtivo nacional e regional.

ART. 2º Para os fins do disposto neste Decreto, considera-se:

I - entidade gestora - entidade de direito público ou privado responsável pela gestão de ambientes promotores de inovação;

II - ambientes promotores da inovação - espaços propícios à inovação e ao empreendedorismo, que constituem ambientes característicos da economia baseada no conhecimento, articulam as empresas, os diferentes níveis de governo, as Instituições Científicas, Tecnológicas e de Inovação, as agências de fomento ou organizações da sociedade civil, e envolvem duas dimensões:

a) ecossistemas de inovação - espaços que agregam infraestrutura e arranjos institucionais e culturais, que atraem empreendedores e recursos financeiros, constituem lugares que potencializam o desenvolvimento da sociedade do conhecimento e compreendem, entre outros, parques científicos e tecnológicos, cidades inteligentes, distritos de inovação e polos tecnológicos; e

b) mecanismos de geração de empreendimentos - mecanismos promotores de empreendimentos inovadores e de apoio ao desenvolvimento de empresas nascentes de base tecnológica, que envolvem negócios inovadores, baseados em diferenciais tecnológicos e buscam a solução de problemas ou desafios sociais e ambientais, oferecem suporte para transformar ideias em empreendimentos de sucesso, e compreendem, entre outros, incubadoras de empresas, aceleradoras de negócios, espaços abertos de trabalho cooperativo e laboratórios abertos de prototipagem de produtos e processos;

III - risco tecnológico - possibilidade de insucesso no desenvolvimento de solução, decorrente de processo em que o resultado é incerto em função do conhecimento técnico-científico insuficiente à época em que se decide pela realização da ação;

IV - Instituição Científica, Tecnológica e de Inovação pública - ICT pública - aquela abrangida pelo inciso V do *caput* do art. 2º da Lei n. 10.973, de 2004, integrante da administração pública direta ou indireta, incluídas as empresas públicas e as sociedades de economia mista; e

V - Instituição Científica, Tecnológica e de Inovação privada - ICT privada - aquela abrangida pelo inciso V do *caput* do art. 2º da Lei n. 10.973, de 2004, constituída sob a forma de pessoa jurídica de direito privado sem fins lucrativos.

CAPÍTULO II
DO ESTÍMULO À CONSTRUÇÃO DE AMBIENTES ESPECIALIZADOS E COOPERATIVOS DE INOVAÇÃO

SEÇÃO I
DAS ALIANÇAS ESTRATÉGICAS E DOS PROJETOS DE COOPERAÇÃO

ART. 3º A administração pública direta, autárquica e fundacional, incluídas as agências reguladoras, e as agências de fomento poderão estimular e apoiar a constituição de alianças estratégicas e o desenvolvimento de projetos de cooperação que envolvam empresas, ICT e entidades privadas sem fins lucrativos destinados às atividades de pesquisa e desenvolvimento, que objetivem a geração de produtos, processos e serviços inovadores e a transferência e a difusão de tecnologia.

§ 1º O apoio previsto no *caput* poderá contemplar:

I - as redes e os projetos internacionais de pesquisa tecnológica;

II - as ações de empreendedorismo tecnológico e de criação de ambientes promotores da inovação, incluídos os parques e os polos tecnológicos e as incubadoras de empresas; e

III - a formação e a capacitação de recursos humanos qualificados.

§ 2º Para os fins do disposto no *caput*, as alianças estratégicas poderão envolver parceiros estrangeiros, especialmente quando houver vantagens para as políticas de desenvolvimento tecnológico e industrial na atração de centros de pesquisa, desenvolvimento e inovação de empresas estrangeiras.

§ 3º Na hipótese de desenvolvimento de projetos de cooperação internacional que envolvam atividades no exterior, as despesas que utilizem recursos públicos serão de natureza complementar, conforme instrumento jurídico que regulamente a aliança, exceto quando o objeto principal da cooperação for a formação ou a capacitação de recursos humanos.

§ 4º Quando couber, as partes deverão prever, em instrumento jurídico específico, a titularidade da propriedade intelectual e a participação nos resultados da exploração das criações resultantes da parceria.

§ 5º As alianças estratégicas e os projetos de cooperação poderão ser realizados por concessionárias de serviços públicos por meio de suas obrigações legais de pesquisa, desenvolvimento e inovação.

SEÇÃO II DA PARTICIPAÇÃO MINORITÁRIA NO CAPITAL E DOS FUNDOS DE INVESTIMENTO

ART. 4º Ficam as ICT públicas integrantes da administração pública indireta, as agências de fomento, as empresas públicas e as sociedades de economia mista autorizadas a participar minoritariamente do capital social de empresas, com o propósito de desenvolver produtos ou processos inovadores que estejam de acordo com as diretrizes e as prioridades definidas nas políticas de ciência, tecnologia, inovação e de desenvolvimento industrial.

§ 1º A entidade de que trata o *caput* estabelecerá a sua política de investimento direto e indireto, da qual constarão os critérios e as instâncias de decisão e de governança, e que conterá, no mínimo:

I - a definição dos critérios e dos processos para o investimento e para a seleção das empresas;

II - os limites orçamentários da carteira de investimentos;

III - os limites de exposição ao risco para investimento;

IV - a premissa de seleção dos investimentos e das empresas-alvo com base:

a) na estratégia de negócio;

b) no desenvolvimento de competências tecnológicas e de novos mercados; e

c) na ampliação da capacidade de inovação;

V - a previsão de prazos e de critérios para o desinvestimento;

VI - o modelo de controle, de governança e de administração do investimento; e

VII - a definição de equipe própria responsável tecnicamente pelas atividades relacionadas com a participação no capital social de empresas.

§ 2º A participação minoritária de que trata este artigo observará o disposto nas normas orçamentárias pertinentes.

§ 3º A entidade poderá realizar o investimento:

I - de forma direta, na empresa, com ou sem coinvestimento com investidor privado; ou

II - de forma indireta, por meio de fundos de investimento constituídos com recursos próprios ou de terceiros para essa finalidade.

§ 4º O investimento de forma direta de que trata o inciso I do § 3º, quando realizado por ICT pública integrante da administração pública indireta, observará os seguintes critérios, independentemente do limite de que trata o § 5º:

I - o investimento deverá fundar-se em relevante interesse de áreas estratégicas ou que envolvam a autonomia tecnológica ou a soberania nacional; e

II - o estatuto ou contrato social conferirá poderes especiais às ações ou às quotas detidas pela ICT pública, incluídos os poderes de veto às deliberações dos demais sócios, nas matérias em que especificar.

§ 5º Fica dispensada a observância aos critérios estabelecidos no § 4º nas hipóteses em que:

I - a ICT pública aporte somente contribuição não financeira, que seja economicamente mensurável, como contrapartida pela participação societária; ou

II - o investimento da ICT pública seja inferior a cinquenta por cento do valor total investido e haja coinvestimento com investidor privado, considerada cada rodada isolada de investimento na mesma empresa.

§ 6º Os fundos de investimento de que trata o inciso II do § 3º serão geridos por administradores e gestores de carteira de investimentos registrados na Comissão de Valores Mobiliários.

§ 7º O investimento poderá ser realizado por meio de:

I - quotas ou ações;

II - mútuos conversíveis em quotas ou ações;

III - opções de compra futura de quotas ou ações; ou

IV - outros títulos conversíveis em quotas ou ações.

§ 8º A participação minoritária de ICT pública integrante da administração pública indireta no capital social de empresa ficará condicionada à consecução dos objetivos de suas políticas institucionais de inovação.

§ 9º As empresas públicas, as sociedades de economia mista e as suas subsidiárias poderão investir direta ou indiretamente nas empresas, observado o disposto na Lei n. 13.303, de 30 de junho de 2016.

§ 10. As empresas públicas, as sociedades de economia mista e as suas subsidiárias poderão realizar mais de uma rodada de investimento na mesma empresa.

§ 11. O investimento feito por ICT pública integrante da administração pública direta poderá ocorrer somente por meio de entidade da administração indireta, a partir de instrumento específico com ela celebrado.

ART. 5º Ficam as ICT públicas integrantes da administração indireta, as agências de fomento, as empresas públicas e as sociedades de economia mista autorizadas a instituir fundos mútuos de investimento em empresas cuja atividade principal seja a inovação.

§ 1º Os fundos mútuos de investimento de que trata o *caput* serão caracterizados pela comunhão de recursos captados por meio do sistema de distribuição de valores mobiliários, na forma estabelecida na Lei n. 6.385, de 7 de dezembro de 1976, destinados à aplicação em carteira diversificada de valores mobiliários de emissão dessas empresas.

§ 2º Cabe à Comissão de Valores Mobiliários editar normas complementares sobre a constituição, o funcionamento e a administração dos fundos mútuos de investimento a que se refere o *caput*.

SEÇÃO III DOS AMBIENTES PROMOTORES DA INOVAÇÃO

ART. 6º A administração pública direta, as agências de fomento e as ICT poderão apoiar a criação, a implantação e a consolidação de ambientes promotores da inovação, como forma de incentivar o desenvolvimento tecnológico, o aumento da competitividade e a interação entre as empresas e as ICT.

§ 1º Para os fins previstos no *caput*, a administração pública direta, as agências de fomento e as ICT públicas poderão:

I - ceder o uso de imóveis, sob o regime de cessão de uso de bem público, para a instalação e a consolidação de ambientes promotores da inovação:

a) à entidade privada, com ou sem fins lucrativos, que tenha por missão institucional a gestão de ambientes promotores da inovação; ou

b) diretamente às empresas e às ICT interessadas.

II - participar da criação e da governança das entidades gestoras de ambientes promotores da inovação, desde que adotem mecanismos que assegurem a segregação das funções de financiamento e de execução e operação;

III - conceder, quando couber, financiamento, subvenção econômica, outros tipos de apoio financeiro reembolsável ou não reembolsável e incentivos fiscais e tributários, para a implantação e a consolidação de ambientes promotores da inovação, incluída a transferência de recursos públicos para obras que caracterizem a ampliação de área construída ou a instalação de novas estruturas físicas em terrenos de propriedade particular, destinados ao funcionamento de ambientes promotores da inovação, em consonância com o disposto no art. 19, § 6º, inciso III, da Lei n. 10.973, de 2004, e observada a legislação específica; e

IV - disponibilizar espaço em prédios compartilhados aos interessados em ingressar no ambiente promotor da inovação.

§ 2º A cessão de que trata o inciso I do § 1º será feita mediante contrapartida obrigatória, financeira ou não financeira, das entidades, das empresas ou das ICT de que tratam as alíneas "a" e "b" do referido inciso.

§ 3º A transferência de recursos públicos, na modalidade não reembolsável, para obras que caracterizem a ampliação de área construída ou a instalação de novas estruturas físicas, quando realizada em terreno de propriedade de ICT privada e destinado à instalação de ambientes promotores da inovação, ficará condicionada à cláusula de inalienabilidade do bem ou formalização de transferência da propriedade à administração pública na hipótese de sua dissolução ou extinção.

§ 4º As ICT públicas e as ICT privadas beneficiadas pelo Poder Público prestarão informações ao Ministério da Ciência, Tecnologia, Inovações e Comunicações sobre os indicadores de desempenho de ambientes promotores da inovação, quando couber, na forma de norma complementar a ser editada pelo Ministro de Estado da Ciência, Tecnologia, Inovações e Comunicações.

§ 5º O apoio de que trata o *caput* poderá ser prestado de forma isolada ou consorciada, com empresas, entidades privadas, ICT ou órgãos de diferentes esferas da administração pública, observado o disposto no art. 218, § 6º, no art. 219, parágrafo único, e no art. 219-A da Constituição.

§ 6º Na hipótese de cessão onerosa de bem imóvel da União que envolva contrapartida financeira, nos termos dos § 1º e § 2º, o código de arrecadação será o de receita patrimonial da União.

ART. 7º Na hipótese de dispensa de licitação de que tratam o art. 24, *caput*, inciso XXXI, da Lei n. 8.666, de 1993, e o art. 3º da Lei n. 10.973, de 2004, para fins da cessão de uso de imóveis públicos para a instalação e a consolidação de ambientes promotores da inovação, caberá ao cedente:

I - providenciar a publicação, em sítio eletrônico oficial, de extrato da oferta pública da cessão de uso, a qual conterá, no mínimo:

a) a identificação e a descrição do imóvel;

b) o prazo de duração da cessão;

c) a finalidade da cessão;

d) o prazo e a forma de apresentação da proposta pelos interessados; e

e) os critérios de escolha do cessionário; e

II - observar critérios impessoais de escolha, a qual será orientada:

a) pela formação de parcerias estratégicas entre os setores público e privado;

b) pelo incentivo ao desenvolvimento tecnológico;

c) pela interação entre as empresas e as ICT; ou

d) por outros critérios de avaliação dispostos expressamente na oferta pública da cessão de uso.

§ 1º A oferta pública da cessão de uso será inexigível, de forma devidamente justificada e demonstrada, na hipótese de inviabilidade de competição.

§ 2º A cessão de uso ficará condicionada à apresentação, pelo interessado, de Certidão Negativa de Débitos Relativos a Créditos Tributários Federais e à Dívida Ativa da União, Certificado de Regularidade do Fundo de Garantia do Tempo de Serviço, Certidão Negativa de Débitos Trabalhistas e prova de regularidade relativa à Seguridade Social, hipótese em que serão consideradas regulares as certidões positivas com efeito de negativas.

§ 3º O termo de cessão será celebrado pela autoridade máxima do órgão ou da entidade pública cedente, permitida a delegação, vedada a subdelegação.

§ 4º O cedente poderá receber os recursos oriundos da contrapartida financeira e será facultado ainda ao cedente dispor que tais receitas serão recebidas por ICT pública federal diretamente ou, quando previsto em contrato ou convênio, por meio da fundação de apoio.

§ 5º A contrapartida não financeira poderá consistir em fornecimento de produtos e serviços, participação societária, investimentos em infraestrutura, capacitação e qualificação de recursos humanos em áreas compatíveis com a finalidade da Lei n. 10.973, de 2004, entre outras, que sejam economicamente mensuráveis.

§ 6º A cessão de uso terá prazo certo, outorgada por período adequado à natureza do empreendimento, admitidas renovações sucessivas, sem prejuízo da extinção da cessão caso o cessionário dê ao imóvel destinação diversa daquela prevista no instrumento.

§ 7º Encerrado o prazo da cessão de uso de imóvel público, a propriedade das construções e das benfeitorias reverterá ao outorgante cedente, independentemente de indenização, se as partes não houverem estipulado o contrário.

§ 8º É cláusula obrigatória do instrumento previsto neste artigo o envio de informações ao Ministério da Ciência, Tecnologia, Inovações e Comunicações sobre os indicadores de desempenho de ambientes promotores da inovação, quando couber, na forma de norma complementar a ser editada pelo Ministro de Estado da Ciência, Tecnologia, Inovações e Comunicações.

§ 9º Na hipótese de imóvel de titularidade da União, a Secretaria de Patrimônio da União do Ministério do Planejamento, Desenvolvimento e Gestão fará a entrega do imóvel ao Ministério supervisor para fins da execução do empreendimento, observada a legislação patrimonial quanto à utilização dos imóveis da União.

ART. 8º Na hipótese de cessão do uso de imóvel público, a entidade gestora poderá destinar a terceiros áreas no espaço cedido para o exercício de atividades e serviços de apoio necessárias ou convenientes ao funcionamento do ambiente de inovação, tais como postos bancários, unidades de serviços de saúde, restaurantes, livrarias, creches, entre outros, sem que seja estabelecida qualquer relação jurídica entre o cedente e os terceiros.

Parágrafo único. O contrato de cessão deverá prever que a entidade gestora realizará processo seletivo para ocupação dos espaços cedidos para as atividades e os serviços de apoio de que trata o *caput*.

ART. 9º As entidades gestoras privadas estabelecerão regras para:

I - fomento, concepção e desenvolvimento de projetos em parceria;

II - seleção de empresas e instituições públicas ou privadas, nacionais ou estrangeiras, com ou sem fins lucrativos, para ingresso nos ambientes promotores da inovação, observado o disposto na Lei n. 10.973, de 2004, e neste Decreto;

III - captação de recursos, participação societária, aporte de capital e criação de fundos de investimento, observado o disposto no art. 23 da Lei n. 10.973, de 2004, e na legislação específica e

IV - outros assuntos pertinentes ao funcionamento do ambiente promotor da inovação.

ART. 10. Na hipótese de ambientes promotores da inovação que se encontrem sob a gestão de órgãos ou entidades públicas, a instituição gestora divulgará edital de seleção para a disponibilização de espaço em prédios compartilhados com pessoas jurídicas interessadas em ingressar nesse ambiente.

§ 1º O edital de seleção deverá dispor sobre as regras para ingresso no ambiente promotor da inovação e poderá:

I - ser mantido aberto por prazo indeterminado; e

II - exigir que as pessoas jurídicas interessadas apresentem propostas a serem avaliadas com base em critérios técnicos, sem prejuízo da realização de entrevistas ou da utilização de métodos similares.

§ 2º Para o ingresso no ambiente promotor da inovação, a instituição gestora exigirá das interessadas a apresentação de Certidão Negativa de Débitos Relativos a Créditos Tributários Federais e à Dívida Ativa da União, Certificado de Regularidade do Fundo de Garantia do Tempo de Serviço, Certidão Negativa de Débitos Trabalhistas e prova de regularidade relativa à Seguridade Social, hipótese em que serão consideradas regulares, para esse fim, as certidões positivas com efeito de negativas.

§ 3º A instituição gestora do ambiente da inovação poderá não exigir das interessadas a constituição prévia de pessoa jurídica nas fases preliminares do empreendimento, hipótese em que ficará dispensada a apresentação dos documentos a que se refere o § 2º.

§ 4º Quando o ambiente promotor da inovação for um mecanismo de geração de empreendimentos, a instituição gestora e os proponentes selecionados celebrarão termo simplificado de adesão ao mecanismo, hipótese em que a assinatura de outro instrumento será dispensada, inclusive na modalidade residente.

§ 5º A modalidade residente ocorrerá quando o interessado ocupar a infraestrutura física no mecanismo de geração de empreendimentos, de forma compartilhada ou não, pelo prazo definido no termo de adesão.

§ 6º A contrapartida obrigatória, financeira ou não financeira, será exigida daqueles que ingressarem no mecanismo de geração de empreendimentos na modalidade residente, observado o disposto no § 4º e no § 5º do art. 7º.

§ 7º O prazo de permanência no mecanismo de geração de empreendimentos constará do termo de adesão, de maneira a garantir ao interessado a permanência no mecanismo pelo prazo estabelecido.

§ 8º A autoridade competente para assinar o termo de adesão ao mecanismo de geração de empreendimentos pelo órgão ou pela entidade pública federal será definida pelas normas internas da instituição.

CAPÍTULO III
DO ESTÍMULO À PARTICIPAÇÃO DA INSTITUIÇÃO CIENTÍFICA, TECNOLÓGICA E DE INOVAÇÃO NO PROCESSO DE INOVAÇÃO

SEÇÃO I
DA TRANSFERÊNCIA DE TECNOLOGIA

ART. 11. A ICT pública poderá celebrar contrato de transferência de tecnologia e de licenciamento para outorga de direito de uso ou de exploração de criação por ela desenvolvida isoladamente ou por meio de parceria.

§ 1º O contrato mencionado no *caput* também poderá ser celebrado com empresas que tenham, em seu quadro societário, aquela ICT pública ou o pesquisador público daquela ICT, de acordo com o disposto na política institucional de inovação.

§ 2º A remuneração de ICT privada pela transferência de tecnologia e de licenciamento para outorga de direito de uso ou de exploração de criação por ela desenvolvida e oriunda de pesquisa, desenvolvimento e inovação não impedirá a sua classificação como entidade sem fins lucrativos.

ART. 12. A realização de licitação em contratação realizada por ICT ou por agência de fomento para a transferência de tecnologia e para o licenciamento de direito de uso ou de exploração de criação protegida é dispensável.

§ 1º A contratação realizada com dispensa de licitação em que haja cláusula de exclusividade será precedida de publicação de extrato da oferta tecnológica em sítio eletrônico oficial da ICT pública, na forma estabelecida em sua política de inovação.

§ 2º Na hipótese de não concessão de exclusividade ao receptor de tecnologia ou ao licenciado, os contratos previstos no *caput* poderão ser celebrados diretamente, para os fins de exploração de criação que deles seja objeto.

§ 3º Para os fins do disposto no § 1º-A do art. 6º da Lei n. 10.973, de 2004, considera-se desenvolvimento conjunto as criações e as inovações resultantes de parcerias entre ICT ou entre ICT e empresa, incluídas as incubadas oriundas de programa de empreendedorismo da ICT.

§ 4º O extrato de oferta tecnológica previsto no § 1º descreverá, no mínimo:

I - o tipo, o nome e a descrição resumida da criação a ser ofertada; e

II - a modalidade de oferta a ser adotada pela ICT pública.

§ 5º Os terceiros interessados na oferta tecnológica comprovarão:

I - a sua regularidade jurídica e fiscal; e

II - a sua qualificação técnica e econômica para a exploração da criação.

§ 6º A ICT pública definirá, em sua política de inovação, as modalidades de oferta a serem utilizadas, que poderão incluir a concorrência pública e a negociação direta.

§ 7º A modalidade de oferta escolhida será previamente justificada em decisão fundamentada, por meio de processo administrativo, observado o disposto na política de inovação da ICT pública.

§ 8º Os critérios e as condições para a escolha da contratação mais vantajosa serão estabelecidos de acordo com a política de inovação da ICT pública.

ART. 13. A ICT pública poderá ceder os seus direitos sobre a criação, por meio de manifestação expressa e motivada e a título não oneroso, ao criador, para que os exerça em seu próprio nome e sob a sua inteira responsabilidade, ou a terceiro, mediante remuneração, nas hipóteses e nas condições definidas na sua política de inovação e nas normas da ICT pública, nos termos da legislação pertinente.

§ 1º O criador que se interessar pela cessão dos direitos da criação encaminhará solicitação ao órgão ou à autoridade máxima da instituição, que determinará a instauração de procedimento e submeterá a solicitação à apreciação do Núcleo de Inovação Tecnológica - NIT.

§ 2º A ICT pública decidirá expressamente sobre a cessão dos direitos de que trata o *caput* no prazo de seis meses, contado da data do recebimento da solicitação de cessão feita pelo criador, ouvido o NIT.

§ 3º A cessão a terceiro mediante remuneração de que trata o *caput* será precedida de ampla publicidade no sítio eletrônico oficial da ICT pública, na forma estabelecida em sua política de inovação.

SEÇÃO II
DA POLÍTICA DE INOVAÇÃO
DA INSTITUIÇÃO CIENTÍFICA,
TECNOLÓGICA E DE INOVAÇÃO

ART. 14. A ICT pública instituirá a sua política de inovação, que disporá sobre:

I - a organização e a gestão dos processos que orientarão a transferência de tecnologia; e

II - a geração de inovação no ambiente produtivo, em consonância com as prioridades da política nacional de ciência, tecnologia e inovação e com a política industrial e tecnológica nacional.

§ 1º A política a que se refere o *caput* estabelecerá, além daqueles previstos no art. 15-A da Lei n. 10.973, de 2004, as diretrizes e os objetivos para:

I - a participação, a remuneração, o afastamento e a licença de servidor ou empregado público nas atividades decorrentes das disposições deste Decreto;

II - a captação, a gestão e a aplicação das receitas próprias decorrentes das disposições deste Decreto.

III - a qualificação e a avaliação do uso da adoção dos resultados decorrentes de atividades e projetos de pesquisa; e

IV - o atendimento do inventor independente.

§ 2º A concessão de recursos públicos considerará a implementação de políticas de inovação por parte das ICT públicas e privadas.

§ 3º A ICT pública publicará em seu sítio eletrônico oficial os documentos, as normas e os relatórios relacionados com a sua política de inovação.

§ 4º A política de inovação da ICT estabelecerá os procedimentos para atender ao disposto no art. 82.

ART. 15. A administração pública poderá conceder ao pesquisador público que não esteja em estágio probatório licença sem remuneração para constituir, individual ou associadamente, empresa com a finalidade de desenvolver atividade empresarial relativa à inovação.

§ 1º A licença a que se refere o *caput* ocorrerá pelo prazo de até três anos consecutivos, renovável por igual período.

§ 2º Nos termos estabelecidos no § 2º do art. 15 da Lei n. 10.973, de 2004, não se aplica ao pesquisador público que tenha constituído empresa na forma deste artigo, durante o período de vigência da licença, o disposto no inciso X do *caput* do art. 117 da Lei n. 8.112, de 11 de dezembro de 1990.

§ 3º Na hipótese de a ausência do servidor licenciado acarretar prejuízo às atividades da ICT integrante da administração direta ou constituída na forma de autarquia ou fundação, poderá ser efetuada contratação temporária na forma estabelecida na Lei n. 8.745, de 9 de dezembro de 1993, independentemente de autorização específica.

§ 4º A licença de que trata este artigo poderá ser interrompida, a qualquer tempo, a pedido do pesquisador público.

ART. 16 O NIT poderá ser constituído com personalidade jurídica própria, como entidade privada sem fins lucrativos, inclusive sob a forma de fundação de apoio.

§ 1º A escolha do NIT caberá ao órgão máximo da ICT.

§ 2º Cabe à ICT a denominação a ser adotada para o NIT e a sua posição no organograma institucional.

ART. 17. A ICT pública prestará anualmente, por meio eletrônico, informações ao Ministério da Ciência, Tecnologia, Inovações e Comunicações, sobre:

I - a política de propriedade intelectual da instituição;

II - as criações desenvolvidas no âmbito da instituição;

III - as proteções requeridas e concedidas;

IV - os contratos de licenciamento ou de transferência de tecnologia celebrados; e

V - os ambientes promotores da inovação existentes; e

VI - outras informações que o Ministério da Ciência, Tecnologia, Inovações e Comunicações considerar pertinentes, na forma estabelecida no § 1º.

§ 1º Ato do Ministro de Estado da Ciência, Tecnologia, Inovações e Comunicações estabelecerá outras informações a serem prestadas pela ICT pública, além da sua forma de apresentação e dos prazos para o seu envio.

§ 2º A ICT pública deverá publicar em seu sítio eletrônico as informações encaminhadas ao Ministério da Ciência, Tecnologia, Inovações e Comunicações sob a forma de base de dados abertos, ressalvadas as informações sigilosas.

§ 3º O Ministério da Ciência, Tecnologia, Inovações e Comunicações divulgará a relação nominal das instituições que não houverem contribuído para a consolidação de relatórios, no prazo estabelecido em regulamento, e disponibilizará essa informação até que seja sanada a irregularidade.

§ 4º As informações de que trata este artigo, além daquelas publicadas em formato eletrônico sob a forma de base de dados abertos, serão divulgadas de forma consolidada, em base de dados abertos, pelo Ministério da Ciência, Tecnologia, Inovações e Comunicações em seu sítio eletrônico, ressalvadas as informações sigilosas.

§ 5º O disposto neste artigo aplica-se à ICT privada beneficiada pelo Poder Público na forma estabelecida neste Decreto.

SEÇÃO III
DA INTERNACIONALIZAÇÃO
DA INSTITUIÇÃO CIENTÍFICA,
TECNOLÓGICA E DE INOVAÇÃO

ART. 18. O poder público manterá mecanismos de fomento, apoio e gestão adequados à internacionalização das ICT públicas, que poderão exercer fora do território nacional atividades relacionadas com ciência, tecnologia e inovação, respeitado o disposto em seu estatuto social ou em norma regimental equivalente, inclusive com a celebração de acordos, convênios, contratos ou outros instrumentos com entidades públicas ou privadas, estrangeiras ou organismos internacionais.

§ 1º A atuação de ICT pública no exterior considerará, entre outros objetivos:

I - o desenvolvimento da cooperação internacional no âmbito das ICT públicas, incluídas aquelas que atuam no exterior;

II - a execução de atividades de ICT pública nacional no exterior;

III - a alocação de recursos humanos no exterior;

IV - a contribuição no alcance das metas institucionais e estratégicas nacionais;

V - a interação com organizações e grupos de excelência para fortalecer as ICT públicas nacionais;

VI - a geração de conhecimentos e tecnologias inovadoras para o desenvolvimento nacional;

VII - participação institucional brasileira em instituições internacionais ou estrangeiras envolvidas na pesquisa e na inovação científica e tecnológica; e

VIII - a negociação de ativos de propriedade intelectual com entidades internacionais ou estrangeiras.

§ 2º Ao instituir laboratórios, centros, escritórios com ICT estrangeiras ou representações em instalações físicas próprias no exterior, a ICT pública observará:

I - a existência de instrumento formal de cooperação entre a ICT pública nacional e a entidade estrangeira;

II - a conformidade das atividades com a área de atuação da ICT pública; e

III - existência de plano de trabalho ou projeto para a manutenção de instalações, pessoal e atividades do exterior.

§ 3º A ICT pública poderá enviar equipamentos para atuação no exterior, desde que:

I - estabeleça, em normas internas ou em instrumento de cooperação, o pagamento de custos relativos ao deslocamento, à instalação

DECRETOS

e à manutenção, de forma a manter as suas condições de utilização;

II - determine o período de permanência dos equipamentos conforme a duração das atividades previstas em projeto de pesquisa, desenvolvimento ou inovação ao qual estejam vinculados; e

III - exija o retorno dos bens enviados para o exterior somente quando for economicamente vantajoso para a administração pública.

§ 4º A ICT pública poderá enviar recursos humanos para atuação no exterior, desde que:

I - estabeleça, em normas internas ou em instrumento de cooperação, o pagamento de custos relativos ao deslocamento, à ambientação e aos demais dispêndios necessários, de acordo com a realidade do país de destino; e

II - determine o período de permanência dos profissionais conforme a duração de suas atividades previstas no projeto de pesquisa, desenvolvimento ou inovação ao qual estejam vinculados.

§ 5º Os procedimentos a que se referem os § 2º, § 3º e § 4º que se encontram vigentes, acordados e subscritos entre as partes até a data de publicação deste Decreto deverão ser adequados pela administração pública às disposições deste Decreto, garantida a continuidade da atuação da ICT pública no exterior.

§ 6º Na hipótese de realização de projetos de pesquisa ou de projetos para capacitação de recursos humanos, os direitos de propriedade intelectual sobre os resultados do projeto que for desenvolvido na instituição no exterior deverão ser neles previstos.

§ 7º Os acordos mencionados no *caput* poderão fazer uso de instrumentos jurídicos distintos daqueles previstos no Capítulo V.

CAPÍTULO IV
DO ESTÍMULO À INOVAÇÃO NAS EMPRESAS

SEÇÃO I
DISPOSIÇÕES GERAIS

ART. 19. Os instrumentos de estímulo à inovação previstos no art. 19, § 2º-A, da Lei n. 10.973, de 2004, poderão ser utilizados cumulativamente por órgãos, empresas, instituições públicas ou privadas, inclusive para o desenvolvimento do mesmo projeto.

Parágrafo único. Na hipótese de cumulação dos instrumentos para o desenvolvimento do mesmo projeto, os recursos poderão ser destinados para a mesma categoria de despesa, desde que não haja duplicidade quanto ao item custeado, ressalvadas as disposições em contrário.

SEÇÃO II
DA SUBVENÇÃO ECONÔMICA

ART. 20. A concessão da subvenção econômica implicará, obrigatoriamente, a assunção de contrapartida pela empresa beneficiária, na forma estabelecida em termo de outorga específico.

§ 1º A concessão de recursos financeiros sob a forma de subvenção econômica, financiamento ou participação societária, com vistas ao desenvolvimento de produtos ou processos inovadores, será precedida de aprovação do projeto pelo órgão ou pela entidade concedente.

§ 2º Os recursos destinados à subvenção econômica serão aplicados no financiamento de atividades de pesquisa, desenvolvimento tecnológico e inovação em empresas, admitida sua destinação para despesas de capital e correntes, desde que destinadas à atividade financiada.

§ 3º Os valores recebidos a título de subvenção econômica deverão ser mantidos em conta bancária de instituição financeira pública federal até sua utilização ou sua devolução, atualizados monetariamente, conforme exigido para a quitação de débitos para com a Fazenda Nacional, com base na variação da Taxa Referencial do Sistema Especial de Liquidação e de Custódia - Selic, acumulada mensalmente, até o último dia do mês anterior ao da devolução dos recursos, acrescidos de um por cento no mês de efetivação da devolução dos recursos à conta única do Tesouro Nacional.

ART. 21. O termo de outorga de subvenção econômica conterá obrigatoriamente:

I - a descrição do projeto de pesquisa, desenvolvimento tecnológico e inovação a ser executado pela empresa, dos resultados a serem atingidos e das metas a serem alcançadas, os prazos de execução e os parâmetros a serem utilizados para a aferição do cumprimento das metas;

II - o valor total a ser aplicado no projeto, o cronograma de desembolso e a estimativa de despesas, que deverão constar do plano de trabalho; e

III - a forma de execução do projeto e de cumprimento das metas a ele atreladas, assegurada ao beneficiário a discricionariedade necessária para o alcance das metas estabelecidas.

§ 1º O plano de trabalho constará como anexo do termo de outorga e será parte integrante e indissociável deste, e somente poderá ser modificado segundo os critérios e a forma definidos pela concedente, desde que não desnature o objeto do termo:

I - por meio de comunicação justificada do responsável pelo projeto, quando a modificação implicar alteração de até vinte por cento nas dotações orçamentárias estimadas ou na distribuição entre grupos de natureza de despesa, desde que o valor global do projeto não seja alterado, e

II - por meio de anuência prévia e expressa da concedente, nas demais hipóteses.

§ 2º Os termos de outorga deverão ser assinados pelo dirigente máximo do órgão ou da entidade da administração pública, permitida a delegação, vedada a subdelegação.

ART. 22. As despesas realizadas com recursos da subvenção serão registradas na plataforma eletrônica de que trata o § 5º do art. 38, dispensada a inserção de notas, comprovantes fiscais ou recibos.

§ 1º Na hipótese de a plataforma eletrônica de que trata o *caput* não estar disponível, os pagamentos deverão ser realizados em conta bancária específica por meio de transferência eletrônica que permita a identificação do beneficiário final.

§ 2º Para fins do disposto no § 1º, o pagamento em espécie somente poderá ser realizado mediante justificativa, o que não dispensará a identificação do beneficiário final da despesa nos registros contábeis do projeto.

§ 3º A concedente, em ato próprio, poderá exigir, além do registro eletrônico de que tratam o *caput* e o § 1º, relatório simplificado de execução financeira para projetos de maior vulto financeiro, conforme estabelecido, consideradas as faixas e as tipologias aplicáveis aos projetos.

ART. 23. A concedente adotará medidas para promover a boa gestão dos recursos transferidos, entre as quais serão obrigatórias:

I - a divulgação da lista completa dos projetos apoiados, de seus responsáveis e dos valores desembolsados;

II - a divulgação de canal para denúncia de irregularidades, de fraudes ou de desperdício de recursos no seu sítio eletrônico oficial;

III - a definição de equipe ou estrutura administrativa com capacidade de apurar eventuais denúncias; e

IV - a exigência de que os participantes do projeto assinem documento do qual constem informações sobre como fazer denúncias, sobre o canal existente no sítio eletrônico e sobre a importância da integridade na aplicação dos recursos.

ART. 24. A Financiadora de Estudos e Projetos - Finep, na qualidade de Secretaria-Executiva do Fundo Nacional de Desenvolvimento Científico e Tecnológico, observado o disposto no art. 1º, parágrafo único, inciso IV, da Lei n. 10.973, de 2004, credenciará agências de fomento regionais, estaduais e locais, e instituições de crédito oficiais, com vistas a descentralizar e a aumentar a capilaridade dos programas de concessão de subvenção às microempresas e às empresas de pequeno porte, sem prejuízo da concessão direta.

Parágrafo único. A Finep adotará procedimentos simplificados, inclusive quanto aos formulários de apresentação de projetos, para a concessão de subvenção às microempresas e às empresas de pequeno porte.

SEÇÃO III
DO APOIO A PROJETOS

ART. 25. A utilização de materiais ou de infraestrutura integrantes do patrimônio do órgão ou da entidade incentivador ou promotor da cooperação ocorrerá por meio da celebração de termo próprio que estabeleça as obrigações das partes, observada a duração prevista no cronograma de execução do projeto de cooperação.

§ 1º O termo de que trata o *caput* poderá prever o fornecimento gratuito de material de consumo, desde que demonstrada a vantagem da aquisição pelo Poder Público para a execução do projeto.

§ 2º A redestinação do material cedido ou a sua utilização em finalidade diversa daquela prevista acarretará para o beneficiário as cominações administrativas, civis e penais previstas em lei.

SEÇÃO IV
DO BÔNUS TECNOLÓGICO

ART. 26. O bônus tecnológico é uma subvenção a microempresas e a empresas de pequeno e médio porte, com base em dotações orçamentárias de órgãos e entidades da administração pública, destinada ao pagamento de compartilhamento e ao uso de infraestrutura de pesquisa e desenvolvimento tecnológicos, de contratação de serviços tecnológicos especializados ou de transferência de tecnologia, quando esta for meramente complementar àqueles serviços.

§ 1º São consideradas microempresas e empresas de pequeno porte aquelas empresas que atendam aos critérios estabelecidos no art. 3º da Lei Complementar n. 123, de 14 de dezembro de 2006, e empresas de médio porte aquelas que aufiram, em cada ano-calendário, receita bruta superior ao limite estabelecido para pequenas empresas na referida Lei e inferior ou igual a esse valor multiplicado por dez.

§ 2º A concessão do bônus tecnológico implicará, obrigatoriamente, a assunção de contrapartida financeira ou não financeira pela empresa beneficiária, na forma estabelecida pela concedente.

§ 3º O bônus tecnológico será concedido por meio de termo de outorga e caberá ao órgão ou à entidade concedente dispor sobre os critérios e os procedimentos para a sua concessão.

§ 4º A concedente deverá realizar a análise motivada de admissibilidade das propostas apresentadas, especialmente quanto ao porte da empresa, à destinação dos recursos solicitados e à regularidade fiscal e previdenciária do proponente.

§ 5º As solicitações de bônus tecnológico poderão ser apresentadas de forma isolada ou conjugada com outros instrumentos de apoio, de acordo com os critérios e os procedimentos estabelecidos pela concedente.

§ 6º Na hipótese de concessão de forma isolada, a concedente adotará procedimento simplificado para seleção das empresas que receberão o bônus tecnológico.

§ 7º O bônus tecnológico deverá ser utilizado no prazo máximo de doze meses, contado da data do recebimento dos recursos pela empresa.

§ 8º O uso indevido dos recursos ou o descumprimento do prazo estabelecido no § 7º implicará a perda ou a restituição do benefício concedido.

§ 9º O bônus tecnológico poderá ser utilizado para a contratação de ICT pública ou privada ou de empresas, de forma individual ou consorciada.

§ 10. A prestação de contas será feita de forma simplificada e privilegiará os resultados obtidos, conforme definido pelo órgão ou pela entidade da administração pública concedente.

SEÇÃO V
DA ENCOMENDA TECNOLÓGICA

SUBSEÇÃO I
DISPOSIÇÕES GERAIS

ART. 27. Os órgãos e as entidades da administração pública poderão contratar diretamente ICT pública ou privada, entidades de direito privado sem fins lucrativos ou empresas, isoladamente ou em consórcio, voltadas para atividades de pesquisa e de reconhecida capacitação tecnológica no setor, com vistas à realização de atividades de pesquisa, desenvolvimento e inovação que envolvam risco tecnológico, para solução de problema técnico específico ou obtenção de produto, serviço ou processo inovador, nos termos do art. 20 da Lei n. 10.973, de 2004, e do inciso XXXI do art. 24 da Lei n. 8.666, de 1993.

§ 1º Para os fins do *caput*, são consideradas como voltadas para atividades de pesquisa aquelas entidades, públicas ou privadas, com ou sem fins lucrativos, que tenham experiência na realização de atividades de pesquisa, desenvolvimento e inovação, dispensadas as seguintes exigências:

I - que conste expressamente do ato constitutivo da contratada a realização de pesquisa entre os seus objetivos institucionais; e

II - que a contratada se dedique, exclusivamente, às atividades de pesquisa.

§ 2º Na contratação da encomenda, também poderão ser incluídos os custos das atividades que precedem a introdução da solução, do produto, do serviço ou do processo inovador no mercado, dentre as quais:

I - a fabricação de protótipos;

II - o escalonamento, como planta piloto para prova de conceito, testes e demonstração; e

III - a construção da primeira planta em escala comercial, quando houver interesse da administração pública no fornecimento de que trata o § 4º do art. 20 da Lei n. 10.973, de 2004.

§ 3º Caberá ao contratante descrever as necessidades de modo a permitir que os interessados identifiquem a natureza do problema técnico existente e a visão global do produto, do serviço ou do processo inovador passível de obtenção, dispensadas as especificações técnicas do objeto devido à complexidade da atividade de pesquisa, desenvolvimento e inovação ou por envolver soluções inovadoras não disponíveis no mercado.

§ 4º Na fase prévia à celebração do contrato, o órgão ou a entidade da administração pública deverá consultar potenciais contratados para obter informações necessárias à definição da encomenda, observado o seguinte:

I - a necessidade e a forma da consulta serão definidas pelo órgão ou pela entidade da administração pública;

II - as consultas não implicarão desembolso de recursos por parte do órgão ou da entidade da administração pública e tampouco preferência na escolha do fornecedor ou do executante; e

III - as consultas e as respostas dos potenciais contratados, quando feitas formalmente, deverão ser anexadas aos autos do processo de contratação, ressalvadas eventuais informações de natureza industrial, tecnológica ou comercial que devam ser mantidas sob sigilo.

§ 5º O órgão ou a entidade da administração pública contratante poderá criar, por meio de ato de sua autoridade máxima, comitê técnico de especialistas para assessorar a instituição na definição do objeto da encomenda, na escolha do futuro contratado, no monitoramento da execução contratual e nas demais funções previstas neste Decreto, observado o seguinte:

I - os membros do comitê técnico deverão assinar declaração de que não possuem conflito de interesse na realização da atividade de assessoria técnica ao contratante; e

II - a participação no comitê técnico será considerada prestação de serviço público relevante, não remunerada.

§ 6º As auditorias técnicas e financeiras a que se refere este Decreto poderão ser realizadas pelo comitê técnico de especialistas.

§ 7º O contratante definirá os parâmetros mínimos aceitáveis para utilização e desempenho da solução, do produto, do serviço ou do processo objeto da encomenda.

§ 8º A administração pública negociará a celebração do contrato de encomenda tecnológica, com um ou mais potenciais interessados, com vistas à obtenção das condições mais vantajosas de contratação, observadas as seguintes diretrizes:

I - a negociação será transparente, com documentação pertinente anexada aos autos do processo de contratação, ressalvadas eventuais informações de natureza industrial, tecnológica ou comercial que devam ser mantidas sob sigilo;

II - a escolha do contratado será orientada para a maior probabilidade de alcance do resultado pretendido pelo contratante, e não necessariamente para o menor preço ou custo, e a administração pública poderá utilizar, como fatores de escolha, a competência técnica, a capacidade de gestão, as experiências anteriores, a qualidade do projeto apresentado e outros critérios significativos de avaliação do contratado; e

III - o projeto específico de que trata o § 9º poderá ser objeto de negociação com o contratante, permitido ao contratado, durante a elaboração do projeto, consultar os gestores públicos responsáveis pela contratação e, se houver, o comitê técnico de especialistas.

§ 9º A celebração do contrato de encomenda tecnológica ficará condicionada à aprovação prévia de projeto específico, com etapas de execução do contrato estabelecidas em cronograma físico-financeiro, a ser elaborado pelo contratado, com observância aos objetivos a serem atingidos e aos requisitos que permitam a aplicação dos métodos e dos meios indispensáveis à verificação do andamento do projeto em cada etapa, além de outros elementos estabelecidos pelo contratante.

§ 10. A contratação prevista no *caput* poderá englobar a transferência de tecnologia para viabilizar a produção e o domínio de tecnologias essenciais para o País, definidas em atos específicos dos Ministros de Estados responsáveis por sua execução.

§ 11. Sem prejuízo da responsabilidade assumida no instrumento contratual, o contratado poderá subcontratar determinadas etapas da encomenda, até o limite previsto no termo de contrato, hipótese em que o subcontratado observará as mesmas regras de proteção do segredo industrial, tecnológico ou comercial aplicáveis ao contratado.

ART. 28. O contratante será informado quanto à evolução do projeto e aos resultados parciais alcançados e deverá monitorar a execução do objeto contratual, por meio da mensuração dos resultados alcançados em relação àqueles previstos, de modo a permitir a avaliação da sua perspectiva de êxito, além de indicar eventuais ajustes que preservem o interesse das partes no cumprimento dos objetivos pactuados.

§ 1º Encerrada a vigência do contrato, sem alcance integral ou com alcance parcial do resultado almejado, o órgão ou a entidade contratante, a seu exclusivo critério, poderá, por meio de auditoria técnica e financeira:

I - prorrogar o seu prazo de duração; ou

II - elaborar relatório final, hipótese em que será considerado encerrado.

§ 2º O projeto contratado poderá ser descontinuado sempre que verificada a inviabilidade técnica ou econômica no seu desenvolvimento, por meio da rescisão do contrato:

I - por ato unilateral da administração pública; ou

II - por acordo entre as partes, de modo amigável.

§ 3º A inviabilidade técnica ou econômica referida no § 2º deverá ser comprovada por meio de avaliação técnica e financeira.

§ 4º Na hipótese de descontinuidade do projeto contratado prevista no § 2º, o pagamento ao contratado cobrirá as despesas já incorridas na execução efetiva do projeto, consoante o cronograma físico-financeiro aprovado, mesmo que o contrato tenha sido celebrado sob a modalidade de preço fixo ou de preço fixo mais remuneração variável de incentivo.

§ 5º Na hipótese de o projeto ser conduzido nos moldes contratados e os resultados obtidos serem diversos daqueles almejados em função do risco tecnológico, comprovado por meio de avaliação técnica e financeira, o pagamento obedecerá aos termos estabelecidos no contrato.

SUBSEÇÃO II
DAS FORMAS DE REMUNERAÇÃO

ART. 29. O pagamento decorrente do contrato de encomenda tecnológica será efetuado proporcionalmente aos trabalhos executados no projeto, consoante o cronograma físico-financeiro aprovado, com a possibilidade de adoção de remunerações adicionais associadas ao alcance de metas de desempenho no projeto, nos termos desta Subseção.

§ 1º Os órgãos e as entidades da administração pública poderão utilizar diferentes modalidades de remuneração de contrato de encomenda para compartilhar o risco tecnológico e contornar a dificuldade de estimar os custos de atividades de pesquisa, desenvolvimento e inovação a partir de pesquisa de mercado, quais sejam:

I - preço fixo;

II - preço fixo mais remuneração variável de incentivo;

III - reembolso de custos sem remuneração adicional;

IV - reembolso de custos mais remuneração variável de incentivo; ou

V - reembolso de custos mais remuneração fixa de incentivo.

§ 2º A escolha da modalidade de que trata este artigo deverá ser devidamente motivada nos autos do processo, conforme as especificidades do caso concreto, e aprovada expressamente pela autoridade superior.

§ 3º Os contratos celebrados sob a modalidade de preço fixo são aqueles utilizados quando o risco tecnológico é baixo e em que é possível antever, com nível razoável de confiança, os reais custos da encomenda, hipótese em que o termo de contrato estabelecerá o valor a ser pago ao contratado e o pagamento ocorrerá ao final de cada etapa do projeto ou ao final do projeto.

§ 4º O preço fixo somente poderá ser modificado:

I - se forem efetuados os ajustes de que trata o *caput* do art. 28;

II - na hipótese de reajuste por índice setorial ou geral de preços, nos prazos e nos limites autorizados pela legislação federal;

III - para recomposição do equilíbrio econômico-financeiro decorrente de caso fortuito ou força maior; ou

IV - por necessidade de alteração do projeto ou das especificações para melhor adequação técnica aos objetivos da contratação, a pedido da administração pública, desde que não decorrentes de erros ou omissões por parte do contratado, observados os limites previstos no § 1º do art. 65 da Lei n. 8.666, de 1993.

§ 5º Os contratos celebrados sob a modalidade de preço fixo mais remuneração variável de incentivo serão utilizados quando as partes puderem prever com margem de confiança os custos do projeto e quando for interesse do contratante estimular o atingimento de metas previstas no projeto relativas aos prazos ou ao desempenho técnico do contratado.

§ 6º Os contratos que prevejam o reembolso de custos serão utilizados quando os custos do projeto não forem conhecidos no momento da realização da encomenda em razão do risco tecnológico, motivo pelo qual estabelecem o pagamento das despesas incorridas pelo contratado na execução do objeto, hipótese em que será estabelecido limite máximo de gastos para fins de reserva de orçamento que o contratado não poderá exceder, exceto por sua conta e risco, sem prévio acerto com o contratante.

§ 7º Nos contratos que adotam apenas a modalidade de reembolso de custos sem remuneração adicional, a administração pública arcará somente com as despesas associadas ao projeto incorridas pelo contratado e não caberá remuneração ou outro pagamento além do custo.

§ 8º A modalidade de reembolso de custos sem remuneração adicional é indicada para encomenda tecnológica celebrada com entidade sem fins lucrativos ou cujo contratado tenha expectativa de ser compensado com benefícios indiretos, a exemplo de algum direito sobre a propriedade intelectual ou da transferência de tecnologia.

§ 9º Os contratos celebrados sob a modalidade de reembolso de custos mais remuneração variável de incentivo são aqueles que, além do reembolso de custos, adotam remunerações adicionais vinculadas ao alcance de metas previstas no projeto, em especial metas associadas à contenção de custos, ao desempenho técnico e aos prazos de execução ou de entrega.

§ 10. Os contratos celebrados sob a modalidade de reembolso de custos mais remuneração fixa de incentivo são aqueles que, além do reembolso dos custos, estabelecem o pagamento ao contratado de remuneração negociada entre as partes, que será definida no instrumento contratual e que somente poderá ser modificada nas hipóteses previstas nos incisos de I a IV do § 4º.

§ 11. A remuneração fixa de incentivo não poderá ser calculada como percentual das despesas efetivamente incorridas pelo contratado.

§ 12. A política de reembolso de custos pelo contratante observará as seguintes diretrizes:

I - separação correta entre os custos incorridos na execução da encomenda dos demais custos do contratado;

II - razoabilidade dos custos;

III - previsibilidade mínima dos custos; e

IV - necessidade real dos custos apresentados pelo contratado para a execução da encomenda segundo os parâmetros estabelecidos no instrumento contratual.

§ 13. Nos contratos que prevejam o reembolso de custos, caberá ao contratante exigir do contratado sistema de contabilidade de custos adequado, a fim de que seja possível mensurar os custos reais da encomenda.

§ 14. As remunerações de incentivo serão definidas pelo contratante com base nas seguintes diretrizes:

I - compreensão do mercado de atuação do contratado;

II - avaliação correta dos riscos e das incertezas associadas à encomenda tecnológica;

III - economicidade;

IV - compreensão da capacidade de entrega e do desempenho do contratado;

V - estabelecimento de metodologias de avaliação transparentes, razoáveis e auditáveis; e

VI - compreensão dos impactos potenciais da superação ou do não atingimento das metas previstas no contrato.

ART. 30. As partes deverão definir, no instrumento contratual, a titularidade ou o exercício dos direitos de propriedade intelectual resultante da encomenda e poderão dispor sobre a cessão do direito de propriedade intelectual, o licenciamento para exploração da criação e a transferência de tecnologia, observado o disposto no § 4º e no § 5º do art. 6º da Lei n. 10.973, de 2004.

§ 1º O contratante poderá, mediante demonstração de interesse público, ceder ao contratado a totalidade dos direitos de propriedade intelectual, por meio de compensação financeira ou não financeira, desde que economicamente mensurável, inclusive quanto ao licenciamento da criação à administração pública sem o pagamento de *royalty* ou de outro tipo de remuneração.

§ 2º Na hipótese prevista no § 1º, o contrato de encomenda tecnológica deverá prever que o contratado detentor do direito exclusivo de exploração de criação protegida perderá automaticamente esse direito caso não comercialize a criação no prazo e nas condições definidos no contrato, situação em que os direitos de propriedade intelectual serão revertidos em favor da administração pública.

§ 3º A transferência de tecnologia, a cessão de direitos e o licenciamento para exploração de criação cujo objeto interesse à defesa nacional observarão o disposto no § 3º do art. 75 da Lei n. 9.279, de 14 de maio de 1996.

§ 4º Na hipótese de omissão do instrumento contratual, os resultados do projeto, a sua documentação e os direitos de propriedade intelectual pertencerão ao contratante.

SUBSEÇÃO III
DO FORNECIMENTO À ADMINISTRAÇÃO

ART. 31. O fornecimento, em escala ou não, do produto, do serviço ou do processo inovador resultante das atividades de pesquisa, desenvolvimento e inovação encomendadas na forma estabelecida neste Decreto poderá ser contratado com dispensa de licitação, inclusive com o próprio desenvolvedor da encomenda.

Parágrafo único. O contrato de encomenda tecnológica poderá prever opção de compra dos produtos, dos serviços ou dos processos resultantes da encomenda.

ART. 32. Quando o contrato de encomenda tecnológica estabelecer a previsão de fornecimento em escala do produto, do serviço ou do processo inovador, as partes poderão celebrar contrato, com dispensa de licitação, precedido da elaboração de planejamento do fornecimento, acompanhado de termo de referência com as especificações do objeto encomendado e de informações sobre:

I - a justificativa econômica da contratação;

II - a demanda do órgão ou da entidade;

III - os métodos objetivos de mensuração do desempenho dos produtos, dos serviços ou dos processos inovadores; e

IV - quando houver, as exigências de certificações emitidas por instituições públicas ou privadas credenciadas.

ART. 33. Compete aos Ministérios da Ciência, Tecnologia, Inovações e Comunicações e do Planejamento, Desenvolvimento e Gestão editar as normas complementares sobre o processo de encomenda tecnológica, sem prejuízo de sua aplicação imediata e das competências normativas de órgãos e entidades executores em suas esferas.

Parágrafo único. Previamente à edição das normas complementares de que trata o *caput*, os Ministérios da Ciência, Tecnologia, Inovações e Comunicações e do Planejamento, Desenvolvimento e Gestão deverão realizar consulta pública.

CAPÍTULO V
DOS INSTRUMENTOS JURÍDICOS DE PARCERIA

SEÇÃO I
DO TERMO DE OUTORGA

ART. 34. O termo de outorga é o instrumento jurídico utilizado para concessão de bolsas, de auxílios, de bônus tecnológico e de subvenção econômica.

§ 1º Cada órgão ou entidade estabelecerá em ato normativo as condições, os valores, os prazos e as responsabilidades dos termos de outorga que utilizar, observadas as seguintes disposições:

I - a vigência do termo de outorga terá prazo compatível com o objeto da pesquisa;

II - os valores serão compatíveis com a complexidade do projeto de pesquisa e com a qualificação dos profissionais;

III - os critérios de seleção privilegiarão a escolha dos melhores projetos, segundo os critérios definidos pela concedente; e

IV - o processo seletivo assegurará transparência nos critérios de participação e de seleção.

§ 2º Considera-se bolsa o aporte de recursos financeiros, em benefício de pessoa física, que não importe contraprestação de serviços, destinado à capacitação de recursos humanos ou à execução de projetos de pesquisa científica e tecnológica e desenvolvimento de tecnologia, produto ou processo e às atividades de extensão tecnológica, de proteção da propriedade intelectual e de transferência de tecnologia.

§ 3º Considera-se auxílio o aporte de recursos financeiros, em benefício de pessoa física, destinados:

I - aos projetos, aos programas e às redes de pesquisa, desenvolvimento e inovação, diretamente ou em parceria;

II - às ações de divulgação científica e tecnológica para a realização de eventos científicos;

III - à participação de estudantes e de pesquisadores em eventos científicos;

IV - à editoração de revistas científicas; e

V - às atividades acadêmicas em programas de pós-graduação stricto sensu.

§ 4º O termo de outorga de auxílio somente poderá ser modificado segundo os critérios e a forma definidos pela concedente, desde que não desnature o objeto do termo:

I - por meio de comunicação justificada do responsável pelo projeto, quando a modificação implicar alteração de até vinte por cento nas dotações orçamentárias estimadas ou na distribuição entre grupos de natureza de despesa, desde que o valor global do projeto não seja alterado; e

II - por meio da anuência prévia e expressa da concedente, nas demais hipóteses.

SEÇÃO II
DO ACORDO DE PARCERIA PARA PESQUISA, DESENVOLVIMENTO E INOVAÇÃO

ART. 35. O acordo de parceria para pesquisa, desenvolvimento e inovação é o instrumento jurídico celebrado por ICT com instituições públicas ou privadas para realização de atividades conjuntas de pesquisa científica e tecnológica e de desenvolvimento de tecnologia, produto, serviço ou processo, sem transferência de recursos financeiros públicos para o parceiro privado, observado o disposto no art. 9º da Lei n. 10.973, de 2004.

§ 1º A celebração do acordo de parceria para pesquisa, desenvolvimento e inovação deverá ser precedida da negociação entre os parceiros do plano de trabalho, do qual deverá constar obrigatoriamente:

I - a descrição das atividades conjuntas a serem executadas, de maneira a assegurar discricionariedade aos parceiros para exercer as atividades com vistas ao atingimento dos resultados pretendidos;

II - a estipulação das metas a serem atingidas e os prazos previstos para execução, além dos parâmetros a serem utilizados para a aferição do cumprimento das metas, considerados os riscos inerentes aos projetos de pesquisa, desenvolvimento e inovação;

III - a descrição, nos termos estabelecidos no § 3º, dos meios a serem empregados pelos parceiros; e

IV - a previsão da concessão de bolsas, quando couber, nos termos estabelecidos no § 4º.

§ 2º O plano de trabalho constará como anexo do acordo de parceria e será parte integrante e indissociável deste, e somente poderá ser modificado segundo os critérios e a forma definidos em comum acordo entre os partícipes.

§ 3º As instituições que integram os acordos de parceria para pesquisa, desenvolvimento e inovação poderão permitir a participação de recursos humanos delas integrantes para a realização das atividades conjuntas de pesquisa, desenvolvimento e inovação, inclusive para as atividades de apoio e de suporte, e também ficarão autorizadas a prover capital intelectual, serviços, equipamentos, materiais, propriedade intelectual, laboratórios, infraestrutura e outros meios pertinentes à execução do plano de trabalho.

§ 4º O servidor, o militar, o empregado da ICT pública e o estudante de curso técnico, de graduação ou de pós-graduação, envolvidos na execução das atividades previstas no *caput* poderão receber bolsa de estímulo à inovação diretamente da ICT a que estiverem vinculados, de fundação de apoio ou de agência de fomento, observado o disposto no § 4º do art. 9º da Lei n. 10.973, de 2004.

§ 5º Na hipótese de remuneração do capital intelectual, deverá haver cláusula específica no instrumento celebrado mediante estabelecimento de valores e destinação de comum acordo.

§ 6º O acordo de parceria para pesquisa, desenvolvimento e inovação poderá prever a transferência de recursos financeiros dos parceiros privados para os parceiros públicos, inclusive por meio de fundação de apoio, para a consecução das atividades previstas neste Decreto.

§ 7º Na hipótese prevista no § 6º, as agências de fomento poderão celebrar acordo de parceria para pesquisa, desenvolvimento e inovação para atender aos objetivos previstos no art. 3º da Lei n. 10.973, de 2004.

§ 8º A prestação de contas da ICT ou da agência de fomento, na hipótese prevista no § 6º, deverá ser disciplinada no acordo de parceria para pesquisa, desenvolvimento e inovação.

ART. 36. A celebração do acordo de parceria para pesquisa, desenvolvimento e inovação dispensará licitação ou outro processo competitivo de seleção equivalente.

ART. 37. As partes deverão definir, no acordo de parceria para pesquisa, desenvolvimento e inovação, a titularidade da propriedade intelectual e a participação nos resultados da exploração das criações resultantes da parceria, de maneira a assegurar aos signatários o direito à exploração, ao licenciamento e à transferência de tecnologia, observado o disposto no § 4º ao § 7º do art. 6º da Lei n. 10.973, de 2004.

§ 1º A propriedade intelectual e a participação nos resultados referidas no *caput* serão asseguradas aos parceiros, nos termos estabelecidos no acordo, hipótese em que será admitido à ICT pública ceder ao parceiro privado a totalidade dos direitos de propriedade intelectual mediante compensação financeira ou não financeira, desde que economicamente mensurável, inclusive quanto ao licenciamento da criação à administração pública sem o pagamento de *royalty* ou de outro tipo de remuneração.

§ 2º Na hipótese de a ICT pública ceder ao parceiro privado a totalidade dos direitos de propriedade intelectual, o acordo de parceria deverá prever que o parceiro detentor do direito exclusivo de exploração de criação protegida perderá automaticamente esse direito caso não comercialize a criação no prazo e nas condições definidos no acordo, situação em que os direitos de propriedade intelectual serão revertidos em favor da ICT pública, conforme disposto em sua política de inovação.

SEÇÃO III
DO CONVÊNIO PARA PESQUISA, DESENVOLVIMENTO E INOVAÇÃO

SUBSEÇÃO I
DA CELEBRAÇÃO DO CONVÊNIO PARA PESQUISA, DESENVOLVIMENTO E INOVAÇÃO

ART. 38. O convênio para pesquisa, desenvolvimento e inovação é o instrumento jurídico celebrado entre os órgãos e as entidades da União, as agências de fomento e as ICT públicas e privadas para execução de projetos de pesquisa, desenvolvimento e inovação, com transferência de recursos financeiros públicos, observado o disposto no art. 9º-A da Lei n. 10.973, de 2004.

§ 1º Os projetos de pesquisa, desenvolvimento e inovação poderão contemplar, entre outras finalidades:

I - a execução de pesquisa científica básica, aplicada ou tecnológica;

II - o desenvolvimento de novos produtos, serviços ou processos e aprimoramento dos já existentes;

III - a fabricação de protótipos para avaliação, teste ou demonstração; e

IV - a capacitação, a formação e o aperfeiçoamento de recursos humanos para atuação em pesquisa, desenvolvimento e inovação, inclusive no âmbito de programas de pós-graduação.

§ 2º A vigência do convênio para pesquisa, desenvolvimento e inovação deverá ser suficiente à realização plena do objeto, admitida a prorrogação, desde que justificada tecnicamente e refletida em ajuste do plano de trabalho.

§ 3º A convenente somente poderá pagar despesas em data posterior ao término da execução do convênio se o fato gerador da despesa houver ocorrido durante sua vigência.

§ 4º Ato conjunto dos Ministros de Estado da Ciência, Tecnologia, Inovações e Comunicações e do Planejamento, Desenvolvimento e Gestão disciplinará a exigência de contrapartida como requisito para celebração do convênio para pesquisa, desenvolvimento e inovação.

§ 5º O processamento será realizado por meio de plataforma eletrônica específica desenvolvida conjuntamente pelos Ministérios da Ciência, Tecnologia, Inovações e Comunicações e do Planejamento, Desenvolvimento e Gestão.

§ 6º Na hipótese de remuneração do capital intelectual, deverá haver cláusula específica no instrumento celebrado mediante estabelecimento de valores e destinação de comum acordo.

ART. 39. A celebração do convênio para pesquisa, desenvolvimento e inovação poderá ser feita por meio de:

I - processo seletivo promovido pela concedente; ou

II - apresentação de proposta de projeto por iniciativa de ICT pública.

§ 1º A hipótese prevista no inciso II do *caput* aplica-se excepcionalmente às ICT privadas mediante justificativa que considere os requisitos estabelecidos no inciso II do § 2º.

§ 2º A celebração de convênio de pesquisa, desenvolvimento e inovação por meio de processo seletivo observará, cumulativamente, os seguintes requisitos:

I - ser precedida da publicação, em sítio eletrônico oficial, por prazo não inferior a quinze dias, de extrato do projeto de pesquisa, desenvolvimento e inovação, o qual deverá conter, no mínimo, o valor do apoio financeiro, o prazo e a forma de apresentação da proposta pelos interessados; e

II - respeitar critérios impessoais de escolha, a qual deverá ser orientada pela competência técnica, pela capacidade de gestão, pelas experiências anteriores ou por outros critérios qualitativos de avaliação dos interessados.

§ 3º A publicação de extrato referida no inciso I do § 2º é inexigível, de forma devidamente justificada, na hipótese de inviabilidade de competição.

§ 4º Os órgãos e as entidades da União poderão celebrar convênios para pesquisa, desenvolvimento e inovação a partir da iniciativa das ICT públicas ou privadas na apresentação de propostas de projeto de pesquisa, desenvolvimento e inovação, hipótese em que a concessão do apoio observará o disposto no inciso II do § 2º e, ainda, a relevância do projeto para a missão institucional do concedente, a sua aderência aos planos e às políticas do Governo federal e a disponibilidade orçamentária e financeira.

§ 5º Após o recebimento de proposta na forma estabelecida no § 4º, o órgão ou a entidade da administração pública federal poderá optar pela realização de processo seletivo.

ART. 40. Ficará impedida de celebrar convênio para pesquisa, desenvolvimento e inovação a ICT privada que:

I - esteja omissa no dever de prestar contas de convênio ou qualquer outro tipo de parceria anteriormente celebrada ou tenha tido as contas rejeitadas pela administração pública federal nos últimos cinco anos, exceto se:

a) a irregularidade que motivou a rejeição for sanada e os débitos eventualmente imputados forem quitados;

b) a decisão pela rejeição for reconsiderada ou revista; ou

c) a apreciação das contas estiver pendente de decisão sobre recurso com efeito suspensivo;

II - tenha tido contas julgadas irregulares ou rejeitadas pelo Tribunal de Contas da União, em decisão irrecorrível, nos últimos cinco anos;

III - tenha sido punida com sanção que impeça a participação em licitação ou a contratação com a administração pública federal ou com a concedente, pelo período que durar a penalidade;

IV - tenha sido punida com sanção que impeça a participação em processo de seleção ou a celebração de convênio ou qualquer outro tipo de parceria com a administração pública federal ou com a concedente, pelo período que durar a penalidade;

V - tenha, entre seus dirigentes, pessoa:

a) cujas contas relativas a convênios ou a qualquer outro tipo de parceria tenham sido julgadas irregulares ou rejeitadas pelo Tribunal de Contas da União, em decisão irrecorrível, nos últimos oito anos;

b) inabilitada para o exercício de cargo em comissão ou função de confiança, enquanto durar a inabilitação; ou

c) considerada responsável por ato de improbidade, enquanto durarem os prazos estabelecidos nos incisos I, II e III do *caput* do art. 12 da Lei n. 8.429, de 2 de junho de 1992.

ART. 41. Para a celebração do convênio para pesquisa, desenvolvimento e inovação, as ICT privadas deverão apresentar:

I - cópia do ato constitutivo registrado e suas alterações;

II - relação nominal atualizada dos dirigentes da ICT, conforme o estatuto, com endereço, telefone, endereço eletrônico, número e órgão expedidor da carteira de identidade e número de registro no Cadastro de Pessoa Física de cada um deles;

III - Certidão Negativa de Débitos Relativos a Créditos Tributários Federais e à Dívida Ativa da União, Certificado de Regularidade do Fundo de Garantia do Tempo de Serviço, Certidão Negativa de Débitos Trabalhistas e prova de regularidade relativa à Seguridade Social, hipótese em que serão consideradas regulares, para esse fim, as certidões positivas com efeito de negativas;

IV - declaração, por meio do seu representante legal, de que não serão utilizados recursos públicos oriundos do convênio para a contratação de:

a) cônjuge, companheiro ou parente, em linha reta ou colateral, por consanguinidade ou afinidade, até o terceiro grau, de dirigentes da ICT privada ou de detentor de cargo em comissão ou função de confiança no órgão ou na entidade pública concedente;

b) pessoa jurídica na qual haja administrador ou sócio com poder de direção que seja cônjuge, companheiro ou parente, em linha reta ou colateral, por consanguinidade ou afinidade, até o terceiro grau, de dirigentes da ICT privada ou de detentor de cargo em comissão ou função de confiança no órgão ou na entidade pública concedente; e

c) pessoa, física ou jurídica, que caracterize vedação prevista no Decreto n. 7.203, de 4 de junho de 2010;

V - declaração, por meio do seu representante legal, que informe que a ICT privada não incorre em quaisquer das vedações previstas neste Decreto.

§ 1º A critério da concedente, os documentos a que se refere o inciso III do *caput* poderão ser substituídos pelo extrato emitido pelo Serviço Auxiliar de Informações para Transferências Voluntárias, quando disponibilizados pela Secretaria do Tesouro Nacional do Ministério da Fazenda.

§ 2º No momento da verificação do cumprimento dos requisitos para a celebração do convênio para pesquisa, desenvolvimento e inovação, a administração pública federal deverá consultar o Cadastro de Entidades Impedidas, o Sistema Integrado de Administração Financeira, o Sistema de Cadastramento Unificado de Fornecedores e o Cadastro Informativo de Créditos não Quitados do Setor Público Federal, para verificar se há informação sobre ocorrência impeditiva à referida celebração.

ART. 42. Ficará impedida de celebrar convênio para pesquisa, desenvolvimento e inovação a ICT pública que não atender às exigências para a realização de transferências voluntárias previstas no § 1º do art. 25 da Lei Complementar n. 101, de 4 de maio de 2000, observado o disposto na lei de diretrizes orçamentárias.

Parágrafo único. A transferência de recursos de órgãos ou entidades da União para ICT pública estadual, distrital ou municipal em projetos de ciência, tecnologia e inovação não poderá sofrer restrições por conta de inadimplência de outros órgãos ou instâncias que não a própria ICT.

ART. 43. O plano de trabalho do convênio de pesquisa, desenvolvimento e inovação deverá ser estabelecido mediante negociação e conter obrigatoriamente:

I - a descrição do projeto de pesquisa, desenvolvimento e inovação a ser executado, dos resultados a serem atingidos e das metas a serem alcançadas e o cronograma, além dos parâmetros a serem utilizados para a aferição do cumprimento das metas;

II - o valor total a ser aplicado no projeto, o cronograma de desembolso e a estimativa de despesas; e

III - a forma de execução do projeto e de cumprimento do cronograma a ele atrelado, de maneira a assegurar ao convenente a discricionariedade necessária ao alcance das metas.

§ 1º O plano de trabalho constará como anexo do convênio e será parte integrante e indissociável deste, e somente poderá ser modificado segundo os critérios e a forma definidos pela concedente, desde que não desnature o objeto do termo:

I - por meio de comunicação justificada do responsável pelo projeto, quando a modificação implicar alteração de até vinte por cento nas dotações orçamentárias estimadas ou na distribuição entre grupos de natureza de despesa, desde que o valor global do projeto não seja alterado; e

II - por meio de anuência prévia e expressa da concedente, nas demais hipóteses.

§ 2º Os convênios e os acordos de parceria para pesquisa, desenvolvimento e inovação deverão ser assinados pelo dirigente máximo do órgão ou da entidade da administração pública, permitida a delegação, vedada a subdelegação.

ART. 44. A concedente adotará medidas para promover a boa gestão dos recursos transferidos, entre as quais serão obrigatórias:

I - a divulgação da lista completa dos projetos apoiados, de seus responsáveis e dos valores desembolsados;

II - a divulgação de canal para denúncia de irregularidades, de fraudes ou de desperdício de recursos no seu sítio eletrônico oficial;

III - a definição de equipe ou estrutura administrativa com capacidade de apurar eventuais denúncias; e

IV - a exigência de que os participantes do projeto assinem documento do qual constem informações sobre como fazer denúncias, sobre o canal existente no sítio eletrônico da concedente e sobre a importância da integridade na aplicação dos recursos.

SUBSEÇÃO II
DA EXECUÇÃO DO CONVÊNIO PARA PESQUISA, DESENVOLVIMENTO E INOVAÇÃO

ART. 45. O convenente terá responsabilidade exclusiva pelo gerenciamento administrativo e financeiro dos recursos recebidos, inclusive quanto às despesas de custeio, de investimento e de pessoal, e pelo pagamento dos encargos trabalhistas, previdenciários, fiscais e comerciais relacionados à execução do objeto previsto no convênio para pesquisa, desenvolvimento e inovação, hipótese em que a inadimplência do convenente em relação ao referido pagamento não implicará responsabilidade solidária ou subsidiária do concedente.

§ 1º Incumbe ao convenente aplicar os recursos financeiros repassados por meio do convênio para pesquisa, desenvolvimento e inovação na consecução de seus objetivos e para pagamento de despesas previstas nos instrumentos celebrados, e será vedada, em qualquer hipótese, a incorporação de tais recursos financeiros ao patrimônio da ICT pública ou privada, os quais não serão caracterizados como receita própria.

§ 2º Os recursos de origem pública poderão ser aplicados de forma ampla pelos convenentes para execução do projeto aprovado, inclusive para a aquisição de equipamentos e materiais permanentes, a realização de serviços de adequação de espaço físico e a execução de obras de infraestrutura destinada às atividades de pesquisa, desenvolvimento e inovação, observadas as condições previstas expressamente na legislação aplicável e no termo de convênio e os princípios da impessoalidade, da moralidade, da economicidade e da eficiência.

§ 3º As compras de bens e as contratações de serviços e obras pela ICT privada com recursos transferidos pela concedente adotarão métodos usualmente utilizados pelo setor privado e deverão ser compatíveis com os preços praticados no mercado, comprovados por meio de cotação prévia de preços junto a, no mínimo, três potenciais fornecedores ou executantes, observados os princípios da impessoalidade, da moralidade e da economicidade.

§ 4º A cotação prévia de preços será desnecessária quando, em razão da natureza do objeto, não houver pluralidade de opções, hipótese em que a ICT privada deverá apresentar documento declaratório com os elementos que definiram a escolha do fornecedor ou do executante e a justificativa do preço, subscrita pelo dirigente máximo da instituição.

§ 5º A transferência de recursos públicos a ICT privadas para a execução de obras de infraestrutura destinada às atividades de pesquisa, desenvolvimento e inovação que caracterizem a ampliação de área construída ou a instalação de novas estruturas físicas ficará condicionada:

I - à cláusula de inalienabilidade do bem ou de promessa de transferência da propriedade à administração pública, na hipótese de falência, dissolução ou extinção; e

II - à observância ao disposto no Decreto n. 7.983, de 8 de abril de 2013.

§ 6º Desde que previsto no plano de trabalho, os recursos transferidos pela administração pública para as ICT privadas poderão ser empregados para o pagamento de despesas com remuneração e demais custos de pessoal necessário à execução do projeto, inclusive de equipe própria da ICT privada ou do pesquisador a ela vinculado, e com diárias referentes a deslocamento, hospedagem e alimentação, nas hipóteses em que a execução do objeto do convênio assim o exigir.

§ 7º Não poderão ser contratadas com recursos do convênio as pessoas naturais que tenham sido condenadas por crime:

I - contra a administração pública ou o patrimônio público;

II - eleitorais, para os quais a lei comine pena privativa de liberdade; ou

III - de lavagem ou ocultação de bens, direitos e valores.

§ 8º Os recursos recebidos em decorrência do convênio serão depositados em conta corrente específica isenta de tarifa bancária na instituição financeira pública federal e deverão ser automaticamente aplicados em cadernetas de poupança, fundo de aplicação financeira de curto prazo ou operação de mercado aberto lastreada em títulos da dívida pública, enquanto não empregados na sua finalidade ou até a data da devolução do saldo remanescente.

§ 9º As despesas realizadas com recursos do convênio serão registradas na plataforma eletrônica de que trata o § 5º do art. 38, dispensada a inserção de notas, comprovantes fiscais ou recibos.

§ 10. Na hipótese de a plataforma eletrônica de que trata o § 9º não estar disponível, os pagamentos deverão ser realizados em conta bancária específica por meio de transferência eletrônica que permita a identificação do beneficiário final.

§ 11. Para fins do disposto no § 10, o pagamento em espécie somente poderá ser realizado mediante justificativa, o que não dispensará a identificação do beneficiário final da despesa nos registros contábeis do projeto.

§ 12. A concedente, em ato próprio, poderá exigir, além do registro eletrônico de que tratam o § 9º e o § 10, relatório simplificado de execução financeira para projetos de maior vulto financeiro, conforme estabelecido, consideradas as faixas e as tipologias aplicáveis aos projetos.

§ 13. Por ocasião da conclusão, da rescisão ou da extinção do convênio, os saldos financeiros remanescentes, incluídos aqueles provenientes das receitas obtidas das aplicações financeiras realizadas, serão devolvidos à administração pública, no prazo de até sessenta dias.

§ 14. É permitido que a convenente atue em rede ou celebre parcerias com outras ICT públicas ou privadas ou com instituições ou entidades estrangeiras, para o desenvolvimento de atividades inerentes, acessórias ou complementares ao projeto, sem que seja estabelecida qualquer relação jurídica entre a concedente e os parceiros da convenente, mantida a responsabilidade integral da convenente pelo cumprimento do objeto do convênio.

§ 15. A atuação em rede ou a celebração de parcerias na forma estabelecida no § 14 deverá ser comunicada previamente à concedente.

CAPÍTULO VI
DAS ALTERAÇÕES ORÇAMENTÁRIAS

ART. 46. A transposição, o remanejamento ou a transferência de recursos de categoria de programação para outra poderão ocorrer com o objetivo de conferir eficácia e eficiência às atividades de ciência, tecnologia e inovação, em atendimento ao disposto no § 5º do art. 167 da Constituição.

§ 1º No âmbito de cada projeto de pesquisa, desenvolvimento e inovação, o pesquisador responsável indicará a necessidade de alteração das categorias de programação, as dotações orçamentárias e a distribuição entre grupos de natureza de despesa em referência ao projeto de pesquisa aprovado originalmente.

§ 2º Por ocasião da ocorrência de quaisquer das ações previstas no § 1º, a concedente poderá alterar a distribuição inicialmente acordada, promover modificações internas ao seu orçamento anual, desde que não modifique a dotação orçamentária prevista na lei orçamentária anual, ou solicitar as alterações orçamentárias necessárias.

§ 3º Alterações na distribuição entre grupos de natureza de despesa que não ultrapassarem vinte por cento do valor total do projeto ficarão dispensadas de prévia anuência da concedente, hipótese em que deverão ser comunicadas pelo responsável pelo projeto, observadas as regras definidas pela concedente.

§ 4º As alterações que superarem o percentual a que se refere o § 3º dependerão de anuência prévia e expressa da concedente.

§ 5º Em razão da necessidade de modificações nos orçamentos anuais, o Poder Executivo federal deverá adotar medidas de descentralização na responsabilidade por tais alterações, com o intuito de possibilitar o ajuste tempestivo dos recursos previstos inicialmente.

CAPÍTULO VII
DA PRESTAÇÃO DE CONTAS

SEÇÃO I
DISPOSIÇÕES GERAIS

ART. 47. A prestação de contas observará as seguintes etapas:

I - monitoramento e avaliação por meio de formulário de resultado; e

II - prestação de contas final por meio da apresentação de relatório.

§ 1º O disposto neste Capítulo aplica-se aos seguintes instrumentos:

I - convênio para pesquisa, desenvolvimento e inovação;

II - termo de outorga para subvenção econômica; e

III - termo de outorga de auxílio.

§ 2º A concedente poderá contratar auditoria independente para a análise da execução financeira dos instrumentos a que se refere o § 1º em caráter excepcional, a partir de critérios objetivos definidos em normativos internos, considerados, entre outros aspectos, a sua capacidade operacional e o risco de fraude, abuso e desperdício nesses instrumentos.

ART. 48. O monitoramento, a avaliação e a prestação de contas serão disciplinados pelas instituições concedentes, observados os seguintes parâmetros:

I - as metas que não forem atingidas em razão do risco tecnológico inerente ao objeto, desde que fundamentadas e aceitas pela concedente, não gerarão dever de ressarcimento;

DECRETOS

II - o monitoramento, a avaliação e a análise da prestação de contas poderão observar técnicas estatísticas, tais como amostragem e agrupamento em faixas ou subconjuntos de características similares para a utilização de critérios de análise diferenciados em cada um;

III - a utilização dos meios eletrônicos será priorizada;

IV - as instituições concedentes deverão providenciar:

a) o fornecimento de orientações gerais e de modelos dos relatórios a serem utilizados; e

b) a publicidade dos projetos subsidiados, de seus produtos, de seus resultados, de suas prestações de contas e de suas avaliações, sem prejuízo dos direitos de propriedade intelectual.

§ 1º Os indicadores utilizados para monitoramento dos beneficiários deverão ser transparentes, razoáveis e auditáveis.

§ 2º Os dados de monitoramento, sem prejuízo de eventuais consolidações efetuadas pelos concedentes, deverão ser divulgados em formatos abertos, não proprietários, como planilhas e textos, de modo a facilitar a análise das informações.

§ 3º O Ministério da Ciência, Tecnologia, Inovações e Comunicações poderá definir exigências mínimas para as informações que serão requeridas pelas instituições concedentes, nos termos estabelecidos no *caput*.

SEÇÃO II
DO MONITORAMENTO E DA AVALIAÇÃO

ART. 49. O monitoramento e a avaliação deverão observar os objetivos, o cronograma, o orçamento, as metas e os indicadores previstos no plano de trabalho.

ART. 50. O responsável pelo projeto deverá apresentar formulário de resultado parcial, anualmente, durante a execução do objeto, conforme definido no instrumento de concessão, ou quando solicitado pela instituição concedente.

§ 1º Caberá ao responsável pelo projeto manter atualizadas as informações indicadas no sistema eletrônico de monitoramento do órgão ou da entidade, se houver.

§ 2º No formulário de que trata o *caput*, constarão informações quanto ao cumprimento do cronograma e à execução do orçamento previsto, hipótese em que deverão ser comunicadas eventuais alterações necessárias em relação ao planejamento inicial para a consecução do objeto do instrumento.

ART. 51. Fica facultado às instituições concedentes, durante o monitoramento e a avaliação dos projetos, a realização de visitas, para acompanhamento técnico ou fiscalização financeira, bem como o uso de técnicas estatísticas, tais como amostragem e agrupamento em faixas ou subconjuntos de características similares para a utilização de critérios de análise diferenciados em cada um.

§ 1º A visita será comunicada ao responsável pelo projeto, com antecedência mínima de três dias úteis, admitido o uso de meios eletrônicos para a comunicação.

§ 2º A visita não dispensará o responsável pelo projeto de manter atualizadas as informações relativas à execução da pesquisa no meio eletrônico de monitoramento, caso existente, ou em outro meio disponibilizado.

§ 3º Os processos, os documentos ou as informações referentes à execução dos instrumentos de pesquisa, desenvolvimento e inovação não poderão ser sonegados aos representantes da concedente no exercício de suas funções de monitoramento e avaliação, sem prejuízo das atribuições, das prerrogativas e do livre acesso pelos órgãos de controle.

§ 4º Quando a documentação ou a informação prevista neste artigo envolver assuntos de caráter sigiloso, deverá ser dispensado tratamento de acordo com o estabelecido na legislação pertinente.

§ 5º A visita ao local de que trata o *caput* não se confunde com o livre acesso ao local decorrente das ações de fiscalização e de auditoria realizadas pela administração pública federal, pelos órgãos de controle interno e externo.

ART. 52. O monitoramento será realizado pela concedente, que apontará as ocorrências relacionadas com a consecução do objeto, adotará as medidas para a regularização das falhas observadas e deverá manifestar-se fundamentadamente pela aprovação ou pela rejeição das justificativas.

§ 1º A concedente terá acesso às informações necessárias à verificação do cumprimento do plano de trabalho do instrumento e praticará os atos indispensáveis à sua execução.

§ 2º Fica facultado à concedente o envio da decisão ao responsável pelo projeto ou à instituição por meio eletrônico.

ART. 53. A execução do plano de trabalho deverá ser analisada, periodicamente, por:

I - comissão de avaliação, indicada pelo órgão ou pela entidade federal concedente, composta por especialistas e por, no mínimo, um servidor ocupante de cargo efetivo ou emprego permanente do quadro de pessoal da administração pública; ou

II - servidor ou empregado público designado, com capacidade técnica especializada na área do projeto a ser avaliado.

§ 1º Caberá à comissão de avaliação ou ao servidor ou empregado público proceder à avaliação dos resultados atingidos com a execução do objeto, de maneira a verificar o cumprimento do projeto de pesquisa, desenvolvimento e inovação e a relação entre os objetivos, as metas e o cronograma propostos e os resultados alcançados, com base nos indicadores estabelecidos e aprovados no plano de trabalho.

§ 2º A comissão de avaliação ou o servidor ou empregado público poderá propor ajustes ao projeto de pesquisa, desenvolvimento e inovação e revisão do cronograma, das metas e dos indicadores de desempenho, além de formular outras recomendações aos partícipes, a quem caberá justificar, por escrito, eventual não atendimento.

§ 3º Além da comissão de avaliação, a concedente poderá dispor de equipe própria ou, ainda, de apoio técnico de terceiros, além de delegar competência ou firmar parcerias com outros órgãos ou entidades.

ART. 54. A concedente deverá emitir parecer técnico quanto à execução do plano de trabalho e ao alcance das metas estabelecidas para o período considerado.

Parágrafo único. A concedente publicará em sítio eletrônico oficial a íntegra do parecer, exceto nas hipóteses de sigilo legal, em que será publicado somente o extrato.

ART. 55. A liberação de parcela não ficará condicionada à espera da aprovação dos formulários de resultados parciais entregues e pendentes de análise pela concedente dos recursos.

ART. 56. Os procedimentos de avaliação deverão ser previstos em norma específica da instituição financiadora.

SEÇÃO III
DA PRESTAÇÃO DE CONTAS FINAL

ART. 57. Encerrada a vigência do instrumento, o responsável pelo projeto encaminhará à concedente a prestação de contas final no prazo de até sessenta dias.

§ 1º O prazo a que se refere o *caput* poderá ser prorrogado por igual período, a pedido, desde que o requerimento seja feito anteriormente ao vencimento do prazo inicial.

§ 2º A concedente dos recursos financeiros disponibilizará, preferencialmente, sistema eletrônico específico para inserção de dados com vistas à prestação de contas, ou, na hipótese de não possuí-lo, a prestação de contas ocorrerá de forma manual, de acordo com as exigências requeridas nesta Seção.

§ 3º Se, durante a análise da prestação de contas, a concedente verificar irregularidade ou omissão passível de ser sanada, determinará prazo compatível com o objeto, para que o beneficiário apresente as razões ou a documentação necessária.

§ 4º Transcorrido o prazo de que trata o § 3º, se não for sanada a irregularidade ou a omissão, a autoridade administrativa competente adotará as providências para a apuração dos fatos, nos termos da legislação vigente.

§ 5º A análise da prestação de contas final deverá ser concluída pela concedente no prazo de até um ano, prorrogável por igual período, justificadamente, e, quando a complementação de dados se fizer necessária, o prazo poderá ser suspenso.

ART. 58. A prestação de contas será simplificada, privilegiará os resultados obtidos e compreenderá:

I - relatório de execução do objeto, que deverá conter:

a) a descrição das atividades desenvolvidas para o cumprimento do objeto;

b) a demonstração e o comparativo específico das metas com os resultados alcançados; e

c) o comparativo das metas cumpridas e das metas previstas devidamente justificadas em caso de discrepância, referentes ao período a que se refere a prestação de contas;

II - declaração de que utilizou os recursos exclusivamente para a execução do projeto, acompanhada de comprovante da devolução dos recursos não utilizados, se for o caso;

III - relação de bens adquiridos, desenvolvidos ou produzidos, quando houver;

IV - avaliação de resultados; e

V - demonstrativo consolidado das transposições, dos remanejamentos ou das transferências de recursos efetuados, quando houver.

§ 1º A análise da prestação de contas final observará, no que couber, o disposto no art. 53.

§ 2º Quando o relatório de execução do objeto não for aprovado ou quando houver indício de ato irregular, a concedente exigirá a apresentação de relatório de execução financeira.

§ 3º A concedente estabelecerá em ato próprio modelo de relatório de execução financeira e a relação de documentos que deverão ser apresentados na hipótese de que trata o § 1º deste artigo.

§ 4º Nos projetos que forem objeto de apuração formal pelos órgãos de controle ou pelos órgãos de investigação e persecução criminal ou que contiverem indício de irregularidade, os beneficiários deverão apresentar os documentos suplementares exigidos pela concedente.

§ 5º Na hipótese de instrumentos para pesquisa, desenvolvimento e inovação celebrado com ICT pública, não caberá à concedente, por ocasião da prestação de contas, analisar ou fiscalizar a regularidade de licitações e contratações feitas com os recursos federais transferidos.

§ 6º Desde que o projeto seja conduzido nos moldes pactuados, o relatório de execução do objeto poderá ser aprovado mesmo que os resultados obtidos sejam diversos daqueles almejados em função do risco tecnológico ou das incertezas intrínsecas à atividade de pesquisa, desenvolvimento e inovação, devidamente comprovadas, com a consequente aprovação das contas, com ou sem ressalvas, sem que o beneficiário dos recursos seja obrigado, por esse motivo, a restituir os recursos financeiros utilizados.

§ 7º A concedente deverá estipular tipologias e faixas de valores em que o relatório de execução financeira será exigido independentemente da análise do relatório de execução do objeto.

ART. 59. A documentação gerada até a aprovação da prestação de contas final deverá ser organizada e arquivada pelo responsável pela pesquisa, separada por projeto, pelo prazo de cinco anos, contado da data da aprovação da prestação de contas final.

Parágrafo único. Fica facultada à concedente a solicitação do envio de cópia da documentação original ou digitalizada.

ART. 60. O parecer conclusivo da concedente sobre a prestação de contas final deverá concluir, alternativamente, pela:

I - aprovação da prestação de contas, quando constatado o atingimento dos resultados e das metas pactuadas, ou, quando devidamente justificado, o não atingimento de metas em razão do risco tecnológico;

II - aprovação da prestação de contas com ressalvas, quando, apesar de cumpridos o objeto e as metas, for constatada impropriedade ou falta de natureza formal que não resulte em dano ao erário; ou

III - rejeição da prestação de contas, sem prejuízo das sanções civis, penais e administrativas cabíveis, nas seguintes hipóteses:

a) omissão no dever de prestar contas;

b) descumprimento injustificado dos resultados e das metas pactuadas;

c) dano ao erário decorrente de ato de gestão ilegítimo ou antieconômico; ou

d) desfalque ou desvio de dinheiro, bens ou valores públicos.

CAPÍTULO VIII DA CONTRATAÇÃO DE PRODUTOS PARA PESQUISA E DESENVOLVIMENTO

SEÇÃO I DOS PROCEDIMENTOS ESPECIAIS PARA A DISPENSA DE LICITAÇÃO DE OBRAS E SERVIÇOS DE ENGENHARIA ENQUADRADOS COMO PRODUTOS DE PESQUISA E DESENVOLVIMENTO

ART. 61. A contratação por dispensa de licitação de obras e serviços de engenharia enquadrados como produtos para pesquisa e desenvolvimento, limitada ao valor máximo definido em lei, seguirá os procedimentos especiais instituídos neste Decreto, observado o disposto no art. 24, § 3º, e no art. 26 da Lei n. 8.666, de 1993.

ART. 62. Os processos de contratação por dispensa de licitação para produtos de pesquisa e desenvolvimento serão instruídos, no mínimo, com as seguintes informações sobre os projetos de pesquisa:

I - indicação do programa e da linha de pesquisa a que estão vinculados;

II - descrição do objeto de pesquisa;

III - relação dos produtos para pesquisa e desenvolvimento a serem adquiridos ou contratados; e

IV - relação dos pesquisadores envolvidos e suas atribuições no projeto.

ART. 63. O orçamento e o preço total para a contratação de produtos de pesquisa e desenvolvimento serão estimados com base nos valores praticados pelo mercado, nos valores pagos pela administração pública em contratações similares ou na avaliação do custo global da obra, aferida mediante orçamento sintético ou metodologia expedita ou paramétrica.

§ 1º Na elaboração do orçamento estimado na forma prevista no *caput*, poderá ser considerada taxa de risco compatível com o objeto da licitação e as contingências atribuídas ao contratado, hipótese em que a referida taxa deverá ser motivada de acordo com a metodologia definida pelo Ministério supervisor ou pela entidade contratante.

§ 2º A taxa de risco a que se refere o § 1º não integrará a parcela de benefícios e despesas indiretas do orçamento estimado e deverá ser considerada apenas para efeito de análise de aceitabilidade das propostas ofertadas no processo licitatório.

ART. 64. No processo de dispensa de licitação para a contratação de obras e serviços de engenharia de que trata o inciso XXI do *caput* do art. 24 da Lei n. 8.666, de 1993, a contratante deverá:

I - obter três ou mais cotações antes da abertura da fase de apresentação de propostas adicionais;

II - divulgar, em sítio eletrônico oficial, o interesse em obter propostas adicionais, com a identificação completa do objeto pretendido, dispensada a publicação de edital;

III - adjudicar a melhor proposta somente após decorrido o prazo mínimo de cinco dias úteis, contado da data da divulgação a que se refere o inciso II; e

IV - publicar extrato do contrato em sítio eletrônico oficial, que deverá conter, no mínimo, a identificação do contratado, o objeto, o prazo de entrega, o valor do contrato e a sua justificativa, as razões de escolha do fornecedor e o local onde eventual interessado possa obter mais informações sobre o contrato.

§ 1º A escolha da melhor proposta poderá considerar o menor preço, a melhor técnica ou a combinação de técnica e preço, cabendo ao contratante justificar a escolha do fornecedor.

§ 2º Desde que o preço seja compatível com aquele praticado no mercado e seja respeitado, no caso de obras e serviços de engenharia, o valor estabelecido no inciso XXI do *caput* do art. 24 da Lei n. 8.666, de 1993, a justificativa de que trata o § 1º poderá considerar todas as características do objeto a ser contratado ou do fornecedor, tais como:

I - atributos funcionais ou inovadores do produto;

II - qualificação e experiência do fornecedor, do executante ou da equipe técnica encarregada;

III - serviço e assistência técnica pós-venda;

IV - prazo de entrega ou de execução;

V - custos indiretos relacionados com despesas de manutenção, utilização, reposição e depreciação; e

VI - impacto ambiental.

§ 3º A contratante poderá facultativamente adotar as disposições previstas neste artigo para aquisição ou contratação de outros produtos de pesquisa e desenvolvimento não enquadrados no *caput*.

ART. 65. É vedada a contratação por dispensa de licitação de pessoa ou de empresa dirigida ou controlada por pessoa que mantenha relação de parentesco, inclusive por afinidade, até o terceiro grau civil, com o pesquisador responsável pelo projeto de pesquisa e desenvolvimento.

ART. 66. Nas contratações por dispensa de licitação de obras e serviços de engenharia para produto de pesquisa e desenvolvimento, é vedada a celebração de aditamentos contratuais que resultem na superação do limite estabelecido no inciso XXI do *caput* do art. 24 da Lei n. 8.666, de 1993, exceto nas seguintes hipóteses:

I - para recomposição do equilíbrio econômico-financeiro decorrente de caso fortuito ou força maior; e

II - por necessidade de alteração do projeto ou das especificações para melhor adequação técnica aos objetivos da contratação, a pedido da administração pública, desde que não decorrentes de erros ou omissões por parte do contratado, observados os limites estabelecidos no § 1º do art. 65 da Lei n. 8.666, de 1993.

SEÇÃO II DA DISPENSA DA DOCUMENTAÇÃO PARA A AQUISIÇÃO DE PRODUTOS PARA PRONTA ENTREGA

ART. 67. A documentação de que tratam o art. 28 ao art. 31 da Lei n. 8.666, de 1993, poderá ser dispensada, no todo ou em parte, para a contratação de produto para pesquisa e desenvolvimento, desde que para pronta entrega ou até o valor previsto na alínea "a" do inciso II do *caput* do art. 23 da referida Lei, observadas as disposições deste artigo.

§ 1º Caberá ao contratante definir os documentos de habilitação que poderão ser dispensados em razão das características do objeto da contratação e observadas as seguintes disposições:

I - na hipótese de fornecedores estrangeiros que não funcionem no País, a prova de regularidade fiscal, ou outro documento equivalente, do domicílio ou da sede do fornecedor é inexigível;

II - na hipótese de fornecedores estrangeiros que não funcionem no País, a prova de regularidade fiscal para com a Fazenda distrital, estadual e municipal do domicílio ou da sede do fornecedor poderá ser dispensada;

III - a regularidade fiscal e trabalhista do fornecedor estrangeiro perante as autoridades de seu País é inexigível; e

IV - na hipótese de fornecedores estrangeiros que não funcionem no País, o contratante poderá dispensar a autenticação de documentos pelos consulados e a tradução juramentada, desde que seja fornecida tradução para o vernáculo.

§ 2º Na hipótese de fornecedores estrangeiros que não funcionem no País, o contratante poderá dispensar a representação legal no País de que trata o § 4º do art. 32 da Lei n. 8.666, de

DECRETOS

1993, situação em que caberá ao contratante adotar cautelas para eventual inadimplemento contratual ou defeito do produto, incluídas a garantia contratual, a previsão de devolução total ou parcial do valor, a emissão de título de crédito pelo contratado ou outras cautelas usualmente adotadas pelo setor privado.

§ 3º Cláusula que declare competente o foro da sede da administração pública para dirimir questões contratuais deverá constar do contrato ou do instrumento equivalente.

§ 4º Para os fins do disposto neste Decreto, considera-se para pronta entrega a aquisição de produtos com prazo de entrega de até trinta dias, contado da data de assinatura do contrato ou, quando facultativo, da emissão de instrumento hábil para substituí-lo.

§ 5º A comprovação da regularidade com a Seguridade Social deverá ser exigida nos termos estabelecidos no § 3º do art. 195 da Constituição, exceto na hipótese de fornecedores estrangeiros que não funcionem no País.

SEÇÃO III
DISPOSIÇÕES GERAIS SOBRE A CONTRATAÇÃO DE PRODUTOS DE PESQUISA E DESENVOLVIMENTO

ART. 68. As informações sobre projetos de pesquisa e desenvolvimento poderão ser classificadas como sigilosas e ter a sua divulgação restringida quando imprescindível à segurança da sociedade ou do Estado, observado o disposto na Lei n. 12.527, de 18 de novembro de 2011.

§ 1º O sigilo de que trata o *caput* poderá ser oponível ao próprio contratado responsável pela execução da obra ou do serviço de engenharia quando não prejudicar a execução do objeto contratual.

§ 2º Na hipótese de a execução do objeto contratual ser prejudicada pela restrição de acesso à informação, a administração pública poderá exigir do contratado a assinatura de Termo de Compromisso de Manutenção de Sigilo, nos termos do art. 18, parágrafo único, do Decreto n. 7.845, de 14 de novembro de 2012.

ART. 69. A contratação de obras e serviços de engenharia enquadrados como produtos para pesquisa e desenvolvimento poderá ocorrer na modalidade integrada, que compreenderá a elaboração e o desenvolvimento dos projetos básico e executivo, a execução de obras e serviços de engenharia, a montagem, a realização de testes, a pré-operação e as demais operações necessárias e suficientes para a entrega final do objeto.

§ 1º A vedação para a contratação do autor do projeto básico ou executivo prevista no inciso I do *caput* do art. 9º da Lei n. 8.666, de 1993, não se aplica para a contratação integrada por dispensa de licitação de obras ou serviço de engenharia referente a produto de pesquisa e desenvolvimento.

§ 2º Na hipótese prevista no *caput*, cabe à contratante providenciar a elaboração de anteprojeto de engenharia que contemple os documentos técnicos destinados a possibilitar a caracterização do objeto contratual e que contenha:

I - a demonstração e a justificativa do programa de necessidades, a visão global dos investimentos e as definições quanto ao nível de serviço desejado;

II - as condições de solidez, segurança, durabilidade e prazo de entrega;

III - a estética do projeto arquitetônico; e

IV - os parâmetros de adequação ao interesse público, à economia na sua utilização, à facilidade na sua execução, aos impactos ambientais e à acessibilidade.

§ 3º A celebração de termos aditivos aos contratos celebrados fica vedada quando for adotada a contratação integrada, exceto se verificada uma das seguintes hipóteses:

I - para recomposição do equilíbrio econômico-financeiro decorrente de caso fortuito ou força maior;

II - por necessidade de alteração do projeto ou das especificações para melhor adequação técnica aos objetivos da contratação, a pedido da administração pública, desde que não decorrentes de erros ou omissões por parte do contratado, observados os limites estabelecidos no § 1º do art. 65 da Lei n. 8.666, de 1993.

§ 4º Na hipótese de a contratante optar por não realizar a contratação integrada para obras ou serviços de engenharia de produto de pesquisa e desenvolvimento, deverá haver projeto básico previamente aprovado pela autoridade competente.

ART. 70. A contratante poderá adotar o Regime Diferenciado de Contratações Públicas, nos termos da Lei n. 12.462, de 4 de agosto de 2011, ainda que a contratação de produto de pesquisa e desenvolvimento se enquadre nas hipóteses de dispensa de licitação previstas no inciso XXI do *caput* do art. 24 da Lei n. 8.666, de 1993.

CAPÍTULO IX
DA IMPORTAÇÃO DE BENS PARA PESQUISA, DESENVOLVIMENTO E INOVAÇÃO

ART. 71. O Decreto n. 6.759, de 5 de fevereiro de 2009, passa a vigorar com as seguintes alterações:

› Alterações promovidas no texto do referido decreto.

ART. 72. A Seção VIII do Capítulo I do Título I do Livro V do Decreto n. 6.759, de 2009, passa a vigorar com as seguintes alterações:

› Alteração promovida no texto do referido decreto.

CAPÍTULO X
DISPOSIÇÕES FINAIS

ART. 73. Os acordos, os convênios e os instrumentos congêneres em execução poderão ser alterados para definir que a titularidade dos bens gerados ou adquiridos pertencerá à entidade recebedora dos recursos, observado o disposto no art. 13 da Lei n. 13.243, de 2016.

ART. 74. Os acordos, os convênios e os contratos celebrados entre as ICT, as instituições de apoio, as agências de fomento e as entidades nacionais de direito privado sem fins lucrativos destinadas às atividades de pesquisa, cujos objetos sejam compatíveis com a finalidade da Lei n. 10.973, de 2004, poderão prever a destinação de até quinze por cento do valor total dos recursos financeiros destinados à execução do projeto, para cobertura de despesas operacionais e administrativas necessárias à execução desses acordos, convênios e contratos.

Parágrafo único. Os gastos indivisíveis, usuais e necessários à consecução do objetivo do acordo, do convênio ou do contrato poderão ser lançados à conta de despesa administrativa, obedecido o limite estabelecido no *caput*.

ART. 75. Eventuais restrições de repasses de recursos aplicadas a ICT não se estendem aos pesquisadores a ela vinculados.

ART. 76. A União, as autarquias e as fundações públicas poderão efetuar a admissão de pesquisador, de técnico com formação em área tecnológica de nível intermediário ou de tecnólogo, nacional ou estrangeiro, para projeto de pesquisa com prazo determinado, em instituição destinada à pesquisa, ao desenvolvimento e à inovação, nos termos da Lei n. 8.745, de 1993, e do § 3º do art. 15 da Lei n. 10.973, de 2004.

ART. 77. O disposto no Capítulo VII aplica-se aos instrumentos que, na data de entrada em vigor deste Decreto, estejam em fase de execução do objeto ou de análise de prestação de contas.

ART. 78. As agências de fomento de natureza privada, incluídos os serviços sociais autônomos, por suas competências próprias, poderão executar as atividades a que se referem o art. 3º, o art. 3º-B, o art. 3º-D e o art. 19 da Lei n. 10.973, de 2004.

ART. 79. Os convênios celebrados entre as agências de fomento federal e estadual deverão ser processados por meio da plataforma eletrônica de que trata o § 5º do art. 38, observadas as peculiaridades desse tipo de transferência.

ART. 80. Os instrumentos vigentes na data de entrada em vigor deste Decreto serão regidos pela legislação anterior.

Parágrafo único. Na hipótese a que se refere o *caput*, é facultada a adaptação às disposições deste Decreto aos partícipes.

ART. 81. Incumbe ao Ministro de Estado da Ciência, Tecnologia, Inovações e Comunicações editar as normas e as orientações complementares sobre a matéria disciplinada neste Decreto, além de deliberar e decidir sobre os casos omissos, com a participação dos demais Ministros de Estado quanto aos assuntos relacionados às suas áreas de competência.

ART. 82. Nas hipóteses previstas nos art. 11, art. 13, art. 18 e art. 37, em que a tecnologia for considerada de interesse da defesa nacional, fica a ICT pública obrigada a realizar consulta prévia ao Ministério de Defesa, o qual deverá se manifestar quanto à conveniência da cessão, do licenciamento ou da transferência de tecnologia no prazo máximo de quarenta e cinco dias.

Parágrafo único. As tecnologias de interesse da defesa nacional serão identificadas por meio de ato normativo conjunto dos Ministros de Estado da Ciência, Tecnologia, Inovações e Comunicações e da Defesa.

ART. 83. Fica revogado o Decreto n. 5.563, de 11 de outubro de 2005.

ART. 84. Este Decreto entra em vigor na data de sua publicação.

Brasília, 7 de fevereiro de 2018; 197º da Independência e 130º da República.

MICHEL TEMER

DECRETO N. 9.287, DE 15 DE FEVEREIRO DE 2018

Dispõe sobre a utilização de veículos oficiais pela administração pública federal direta, autárquica e fundacional.

› *DOU*, 16.02.2018.

O Presidente da República, no uso da atribuição que lhe confere o art. 84, *caput*, incisos IV e VI, alínea "a", da Constituição, e tendo em vista o disposto na Lei n. 1.081, de 13 de abril de 1950,

Decreta:

ART. 1º Este Decreto dispõe sobre o uso de veículos oficiais, próprios ou contratados de prestadores de serviços, pela administração pública federal direta, autárquica e fundacional.

Parágrafo único. Este Decreto não se aplica aos militares das Forças Armadas.

ART. 2º Para fins de utilização, os veículos oficiais da administração pública federal direta, autárquica e fundacional serão classificados nas seguintes categorias:

I - veículos de representação;

II - veículos de serviços comuns; e

III - veículos de serviços especiais.

ART. 3º Os veículos de representação serão utilizados exclusivamente:

I - pelo Presidente da República;

II - pelo Vice-Presidente da República;

III - pelos Ministros de Estado;

IV - pelos ex-Presidentes da República; e

V - pelos ocupantes de cargos de natureza especial ou pelas autoridades de que trata o parágrafo único do art. 5º da Lei n. 9.986, de 18 de julho de 2000.

§ 1º Os veículos de representação podem ser utilizados em todos os deslocamentos, no território nacional, das autoridades referidas no *caput*.

§ 2º Os substitutos dos ocupantes dos cargos de que trata o inciso III do *caput* farão jus à utilização do veículo de representação enquanto exercerem a substituição.

§ 3º Os veículos de representação poderão ter identificação própria.

ART. 4º Para os fins do disposto neste Decreto, consideram-se veículos de serviços comuns:

I - os utilizados em transporte de material; e

II - os utilizados em transporte de pessoal a serviço.

§ 1º Para os fins do disposto neste Decreto, os integrantes de comitiva do Presidente da República e do Vice-Presidente da República e os colaboradores eventuais serão equiparados a pessoal a serviço, quando no estrito cumprimento de atividade solicitada pela administração.

§ 2º Os veículos de serviços comuns de que trata o *caput* serão de modelo básico.

ART. 5º Os veículos de serviços especiais serão utilizados para prestar serviços relacionados a:

I - segurança pública;

II - segurança nacional;

III - atividades de inteligência;

IV - saúde pública;

V - fiscalização;

VI - coleta de dados;

VII - peculiaridades do Ministério das Relações Exteriores não abrangidas pelo disposto no art. 3º;

VIII - necessidades dos ex-Presidentes da República, nos termos da Lei n. 7.474, de 8 de maio de 1986; e

IX - segurança dos familiares do Presidente e do Vice-Presidente da República.

ART. 6º É vedado:

I - o uso de veículos de empresas públicas e de sociedades de economia mista para os fins do disposto neste Decreto;

II - o uso de veículos oficiais para o provimento de serviços de transporte coletivo de pessoal a partir da residência ao local de trabalho e vice-versa, exceto nas hipóteses de atendimento a unidades localizadas em áreas de difícil acesso ou não servidas por transporte público regular;

III - o uso de veículos oficiais nos sábados, domingos e feriados, exceto para eventual desempenho de encargos inerentes ao exercício da função pública ou nas hipóteses previstas nos incisos VIII e IX do *caput* do art. 5º;

IV - o uso de veículos oficiais para o transporte individual da residência ao local de trabalho e vice-versa e para o transporte a locais de embarque e desembarque, na origem e no destino, em viagens a serviço, quando houver o pagamento da indenização estabelecida no art. 8º do Decreto n. 5.992, de 19 de dezembro de 2006;

V - o uso de veículos oficiais em excursões de lazer ou passeios;

VI - o uso de veículos oficiais no transporte de familiares de servidor público ou de pessoas estranhas ao serviço público e no traslado internacional de funcionários, ressalvadas as hipóteses estabelecidas nas alíneas "b" e "c" do art. 3º e no art. 14 do Anexo ao Decreto n. 1.280, de 14 de outubro de 1994;

VII - o uso de placa não oficial em veículo oficial ou de placa oficial em veículo particular, ressalvado o disposto no § 1º; e

VIII - a guarda dos veículos oficiais em garagem residencial, exceto quando houver autorização da autoridade máxima do órgão ou da entidade.

§ 1º Os veículos de que trata o art. 116 da Lei n. 9.503, de 23 de setembro de 1997 - Código de Trânsito Brasileiro e os veículos destinados especialmente a serviços incompatíveis com a identificação oficial poderão ter placas não oficiais e o seu uso ficará sujeito a regime especial de controle.

§ 2º O servidor público que utilizar veículo de serviços especiais em regime de permanente sobreaviso, em razão de atividades de investigação, fiscalização e atendimento a serviços públicos essenciais que exijam o máximo de aproveitamento de tempo, poderá ser dispensado, a critério do dirigente do órgão, da entidade ou da unidade regional, das vedações estabelecidas neste artigo, exceto as vedações estabelecidas nos incisos I, V e VI do *caput* do art. 6º.

§ 3º Na hipótese de o horário de trabalho de servidor público que esteja diretamente a serviço das pessoas de que tratam os incisos I, II, III e V do *caput* do art. 3º ser estendido além da jornada de trabalho regular e no interesse da administração, poderão ser utilizados veículos de serviços comuns para transportá-lo da residência ao local de trabalho e vice-versa.

§ 4º Entende-se como extrapolada a jornada de trabalho regular, para fins do disposto no § 3º, as atividades exercidas no período noturno e em sábados, domingos e feriados.

ART. 7º Aplica-se o disposto neste Decreto aos veículos apreendidos pelos órgãos policiais e pelos órgãos ou entidades de fiscalização que temporariamente estejam sendo utilizados pela administração pública federal em decorrência de autorização judicial.

ART. 8º Os órgãos, as autarquias e as fundações da administração pública federal deverão considerar todos os modelos de contratação praticados pela administração pública federal para prestação de serviço de transporte de material e de pessoal a serviço, de que trata o art. 4º, e adotar aquele que for comprovadamente mais vantajoso em comparação ao modelo vigente.

§ 1º A aquisição de veículos deverá ser adotada somente quando comprovada a sua vantajosidade econômica em relação à adoção de qualquer dos demais modelos de contratação praticados pela administração pública federal.

§ 2º Quando da substituição dos veículos próprios pelos modelos praticados pela administração pública federal, seus órgãos, suas autarquias e suas fundações elaborarão e executarão plano de desmobilização, que será encaminhado para a aprovação pela Secretaria de Gestão do Ministério do Planejamento, Desenvolvimento e Gestão.

§ 3º A Secretaria de Gestão do Ministério do Ministério do Planejamento, Desenvolvimento e Gestão conduzirá o processo de inventário dos veículos enquadrados na categoria de transporte institucional e dos veículos próprios que forem substituídos pelos modelos de contratação praticados pela administração pública federal.

ART. 9º Os Ministérios das Relações Exteriores e do Planejamento, Desenvolvimento e Gestão poderão expedir normas complementares ao disposto neste Decreto.

Parágrafo único. Os órgãos e as entidades da administração pública federal direta, autárquica e fundacional poderão expedir normas operacionais complementares ao disposto neste Decreto, para dispor sobre as situações específicas no seu âmbito de atuação, desde que não conflitem com as normas deste Decreto ou com as normas complementares de que trata o *caput*.

ART. 10. Fica revogado o Decreto n. 6.403, de 17 de março de 2008.

ART. 11. Este Decreto entra em vigor no dia 15 de março de 2018.

Brasília, 15 de fevereiro de 2018; 197º da Independência e 130º da República.

MICHEL TEMER

DECRETO N. 9.290, DE 21 DE FEVEREIRO DE 2018

Regulamenta a Lei n. 7.827, de 27 de setembro de 1989, para estabelecer a sistemática de cálculo e apropriação da taxa de administração a que fazem jus os bancos administradores dos Fundos Constitucionais de Financiamento.

▸ *DOU*, 22.2.2018.

O Presidente da República, no uso da atribuição que lhe confere o art. 84, *caput*, inciso IV, da Constituição, e tendo em vista o disposto na Lei n. 7.827, de 27 de setembro de 1989,

Decreta:

ART. 1º A taxa de administração e a remuneração sobre as disponibilidades a que fazem jus os bancos administradores do Fundo Constitucional de Financiamento do Norte - FNO, do Fundo Constitucional de Financiamento do Nordeste - FNE e do Fundo Constitucional de Financiamento do Centro-Oeste - FCO, de que trata o art. 17-A da Lei n. 7.827, de 27 de setembro de 1989, deverão ser calculadas e apropriadas mensalmente de acordo com as condições estabelecidas neste Decreto.

ART. 2º A taxa de administração referida no *caput* do art. 17-A da Lei n. 7.827, de 1989, será calculada mensalmente, conforme a metodologia estabelecida no Anexo a este Decreto, por meio da aplicação, sobre o patrimônio líquido apurado nos balancetes mensais e nos balanços do Fundo Constitucional de Financiamento, das seguintes taxas:

I - vinte e cinco centésimos por cento ao mês, nos balancetes e nos balanços referentes ao ano de 2018; (Alterado pelo Dec. 9.539/2018.)

II - duzentos e vinte e cinco milésimos por cento ao mês, nos balancetes e nos balanços referentes ao ano de 2019; (Alterado pelo Dec. 9.539/2018.)

III - vinte centésimos por cento ao mês, nos balancetes e nos balanços referentes ao ano de 2020; (Alterado pelo Dec. 9.539/2018.)

IV - cento e setenta e cinco milésimos por cento ao mês, nos balancetes e nos balanços referentes ao ano de 2021; (Alterado pelo Dec. 9.539/2018.)

V - quinze centésimos por cento ao mês, nos balancetes e nos balanços referentes ao ano de 2022; e (Alterado pelo Dec. 9.539/2018.)

VI - cento e vinte e cinco milésimos por cento ao mês, nos balancetes e nos balanços referentes ao ano de 2023 e seguintes. (Alterado pelo Dec. 9.539/2018.)

§ 1º Nos balancetes mensais, o patrimônio líquido do Fundo Constitucional de Financiamento será aquele apurado no último balanço semestral ou anual, acrescido do saldo das transferências do Tesouro Nacional e do saldo das contas de resultado credoras e deduzido do saldo das contas de resultado devedoras, ao final do mês de referência.

§ 2º Para fins do cálculo das taxas estabelecidas no *caput*:

I - serão deduzidos do patrimônio líquido apurado para o mês de referência:

a) os valores repassados ao banco administrador, observado o disposto no art. 9º-A, § 11, da Lei n. 7.827, de 1989;

b) o total dos saldos médios diários das operações contratadas na forma estabelecida no art. 6º-A da Lei n. 10.177, de 12 de janeiro de 2001, conforme regulamentado pelo Conselho Monetário Nacional;

c) (Revogada pelo Dec. 9.539/2018.)

d) o total dos saldos médios diários dos recursos do FNO, do FNE e do FCO de que trata o art. 4º da Lei n. 9.126, de 10 de novembro de 1995; e

II - será considerado, no cálculo da taxa, o impacto da própria taxa no patrimônio líquido do Fundo Constitucional de Financiamento relativo ao mês de referência.

ART. 3º A remuneração a que se refere o § 2º do art. 17-A da Lei n. 7.827, de 1989, será calculada mensalmente por meio da aplicação da taxa de duzentos e noventa e um milésimos por cento sobre o saldo dos recursos de que trata o art. 4º da Lei n. 9.126, de 1995, apurado nos balancetes mensais e nos balanços do Fundo Constitucional de Financiamento, conforme a metodologia estabelecida no Anexo a este Decreto.

ART. 4º Para fins da apropriação mensal, o banco administrador deverá observar o limite a que se refere o § 4º do art. 17-A da Lei n. 7.827, de 1989, de maneira a apropriar, em cada mês de referência, o menor valor apurado entre os seguintes, descontado do montante apropriado até o mês anterior: (Alterado pelo Dec. 9.539/2018.)

I - soma dos valores obtidos com aplicação da taxa estabelecida no art. 2º sobre o patrimônio líquido relativo a cada mês de referência e da taxa estabelecida no art. 3º sobre os saldos dos recursos de que trata o art. 4º da Lei n. 9.126, de 1995; e

II - vinte por cento do valor das transferências do Tesouro Nacional recebidas no exercício financeiro, até o final do mês de referência, registradas nos balancetes mensais e nos balanços do Fundo Constitucional de Financiamento.

Parágrafo único. Na hipótese de eventual atraso no recebimento das transferências do Tesouro Nacional pelo Fundo Constitucional de Financiamento, o limite de que trata o inciso II do *caput* deverá ser aplicado sobre o valor das transferências efetivamente recebidas no exercício financeiro.

ART. 5º O pagamento da taxa de administração poderá ser efetuado a partir do primeiro dia útil do mês seguinte ao de referência e eventuais ajustes quanto ao valor efetivamente devido serão efetuados até o primeiro dia útil do mês subsequente.

ART. 6º Os bancos administradores dos Fundos Constitucionais de Financiamento deverão recalcular as taxas de administração cobradas a partir de janeiro de 2018, observadas as condições estabelecidas neste Decreto, com o ressarcimento aos Fundos de eventuais valores cobrados a maior ou aos bancos administradores de eventuais valores cobrados a menor, atualizados pela taxa extramercado, divulgada pelo Banco Central do Brasil.

ART. 7º Caberá ao Ministério da Transparência e Controladoria-Geral da União fiscalizar e atestar o fiel cumprimento das normas estabelecidas neste Decreto.

ART. 8º Fica revogado o Decreto n. 5.641, de 26 de dezembro de 2005.

ART. 9º Este Decreto entra em vigor na data de sua publicação.

Brasília, 21 de fevereiro de 2018; 197º da Independência e 130º da República.

MICHEL TEMER

DECRETO N. 9.292, DE 23 DE FEVEREIRO DE 2018

Estabelece as características dos títulos da Dívida Pública Mobiliária Federal e dá outras providências.

▸ *DOU*, 26.2.2018.

O Presidente da República, no uso da atribuição que lhe confere o art. 84, *caput*, inciso IV, da Constituição, e tendo em vista o disposto na Lei n. 10.179, de 6 de fevereiro de 2001,

Decreta:

ART. 1º As Letras do Tesouro Nacional - LTN terão as seguintes características:

I - prazo: definido pelo Ministro de Estado da Fazenda, quando da emissão do título;

II - modalidade: nominativa;

III - valor nominal: múltiplo de R$ 1.000,00 (mil reais);

IV - rendimento: definido pelo deságio sobre o valor nominal; e

V - resgate: pelo valor nominal, na data de vencimento.

ART. 2º As Letras Financeiras do Tesouro - LFT terão as seguintes características:

I - prazo: definido pelo Ministro de Estado da Fazenda, quando da emissão do título;

II - modalidade: nominativa;

III - valor nominal na data-base: múltiplo de R$ 1.000,00 (mil reais);

IV - rendimento: taxa média ajustada dos financiamentos diários apurados no Sistema Especial de Liquidação e de Custódia - Selic para títulos públicos federais, divulgada pelo Banco Central do Brasil, calculada sobre o valor nominal; e

V - resgate: pelo valor nominal, acrescido do respectivo rendimento, desde a data-base do título.

ART. 3º As Notas do Tesouro Nacional - NTN poderão ser emitidas nas seguintes séries:

I - NTN Série B - NTN-B;

II - NTN Série C - NTN-C;

III - NTN Série D - NTN-D;

IV - NTN Série F - NTN-F; e

V - NTN Série I - NTN-I.

ART. 4º As NTN-B terão as seguintes características:

I - prazo: definido pelo Ministro de Estado da Fazenda, quando da emissão do título;

II - taxa de juros: definida pelo Ministro de Estado da Fazenda, quando da emissão, em porcentagem ao ano, calculada sobre o valor nominal atualizado;

III - modalidade: nominativa;

IV - valor nominal na data-base: múltiplo de R$ 1.000,00 (mil reais);

V - atualização do valor nominal: pela variação do Índice Nacional de Preços ao Consumidor Amplo - IPCA do mês anterior, divulgado pela Fundação Instituto Brasileiro de Geografia e Estatística - IBGE, desde a data-base do título;

VI - pagamento de juros: semestralmente, com ajuste do prazo no primeiro período de fluência, quando couber, e o primeiro cupom de juros a ser pago contemplará a taxa integral definida para seis meses, independentemente da data de emissão do título; e

VII - resgate do principal: em parcela única, na data do seu vencimento.

ART. 5º As NTN-C terão as seguintes características:

I - prazo: definido pelo Ministro de Estado da Fazenda, quando da emissão do título;

II - taxa de juros: definida pelo Ministro de Estado da Fazenda, quando da emissão, em porcentagem ao ano, calculada sobre o valor nominal atualizado;

III - modalidade: nominativa;

IV - valor nominal na data-base: múltiplo de R$ 1.000,00 (mil reais);

V - atualização do valor nominal: pela variação do Índice Geral de Preços - Mercado - IGP-M do mês anterior, divulgado pela Fundação Getulio Vargas, desde a data-base do título;

VI - pagamento de juros: semestralmente, com ajuste do prazo no primeiro período de fluência, quando couber, e o primeiro cupom de juros a ser pago contemplará a taxa integral definida para seis meses, independentemente da data de emissão do título; e

VII - resgate do principal: em parcela única, na data do seu vencimento.

ART. 6º As NTN-D terão as seguintes características:

I - prazo: definido pelo Ministro de Estado da Fazenda, quando da emissão do título;

II - taxa de juros: definida pelo Ministro de Estado da Fazenda, quando da emissão, em porcentagem ao ano, calculada sobre o valor nominal atualizado;

III - modalidade: nominativa;

IV - valor nominal na data-base: múltiplo de R$ 1.000,00 (mil reais);

V - atualização do valor nominal: pela variação da cotação de venda do dólar dos Estados Unidos da América no mercado de câmbio de taxas livres, divulgada pelo Banco Central do Brasil, sendo consideradas as taxas médias do dia útil imediatamente anterior à data-base e à data do vencimento do título;

VI - pagamento de juros: semestralmente, com ajuste do prazo no primeiro período de fluência, quando couber, e o primeiro cupom de juros a ser pago contemplará a taxa integral definida para seis meses, independentemente da data de emissão do título; e

VII - resgate do principal: em parcela única, na data do seu vencimento.

ART. 7º As NTN-F terão as seguintes características:

I - prazo: definido pelo Ministro de Estado da Fazenda, quando da emissão do título;

II - taxa de juros: definida pelo Ministro de Estado da Fazenda, quando da emissão, em porcentagem ao ano, calculada sobre o valor nominal;

III - modalidade: nominativa;

IV - valor nominal: múltiplo de R$ 1.000,00 (mil reais);

V - rendimento: definido pelo deságio sobre o valor nominal;

VI - pagamento de juros: semestralmente, com ajuste do prazo no primeiro período de fluência, quando couber, e o primeiro cupom de juros a ser pago contemplará a taxa integral definida para seis meses, independentemente da data de emissão do título; e

VII - resgate: pelo valor nominal, na data do seu vencimento.

ART. 8º As NTN-I, a serem utilizadas exclusivamente para o pagamento de equalização das taxas de juros dos financiamentos à exportação de bens e serviços nacionais amparados pelo Programa de Financiamento às Exportações - Proex, de que trata a Lei n. 10.184, de 12 de fevereiro de 2001, quando previsto na Lei Orçamentária Anual, terão as seguintes características:

I - prazo: definido pelo Ministro de Estado da Fazenda, quando da emissão do título;

II - taxa de juros: definida pelo Ministro de Estado da Fazenda, quando da emissão, em porcentagem ao ano, calculada sobre o valor nominal;

III - modalidade: nominativa;

IV - valor nominal na data-base: múltiplo de R$ 1,00 (um real);

V - atualização do valor nominal: pela variação da cotação de venda do dólar dos Estados Unidos da América no mercado de câmbio de taxas livres, divulgada pelo Banco Central do Brasil, sendo consideradas as taxas médias do dia útil imediatamente anterior à data-base e à data do vencimento do título; e

VI - resgate do principal e pagamento dos juros: até a data de vencimento da correspondente parcela de juros do financiamento à exportação.

ART. 9º Os Certificados Financeiros do Tesouro - CFT, serão destinados a atender preferencialmente as operações com finalidades específicas definidas em lei, e poderão ser emitidos nas seguintes séries:

I - CFT Série A - CFT-A;

II - CFT Série B - CFT-B;

III - CFT Série C - CFT-C;

IV - CFT Série D - CFT-D;

V - CFT Série E - CFT-E;

VI - CFT Série F - CFT-F; e

VII - CFT Série G - CFT-G.

ART. 10. Os CFT terão as seguintes características:

I - forma de colocação: direta em favor de interessado específico;

II - modalidade: nominativa;

III - valor nominal na data-base: múltiplo de R$ 1.000,00 (mil reais);

IV - prazo: definido pelo Ministro de Estado da Fazenda, quando da emissão do certificado; e

V - taxa de juros: definida pelo Ministro de Estado da Fazenda, quando da emissão, em porcentagem ao ano, calculada sobre o valor nominal atualizado.

ART. 11. O CFT-A terá por característica específica a atualização mensal do valor nominal pela variação do Índice Geral de Preços - Disponibilidade Interna - IGP-DI do mês anterior, divulgado pela Fundação Getúlio Vargas, desde a data-base do certificado.

ART. 12. O CFT-B terá por característica específica a atualização mensal do valor nominal por índice calculado com base na Taxa Referencial - TR, divulgada pelo Banco Central do Brasil, a partir da data-base do certificado.

ART. 13. O CFT-C terá por característica específica o rendimento definido pela taxa média ajustada dos financiamentos diários apurados no Selic, divulgada pelo Banco Central do Brasil, desde a data-base do certificado.

ART. 14. O CFT-D terá por característica específica a atualização do valor nominal pela variação da cotação de venda do dólar dos Estados Unidos da América no mercado de câmbio de taxas livres, divulgada pelo Banco Central do Brasil, sendo consideradas as taxas médias do último dia imediatamente anterior à data-base e à data do vencimento do certificado.

ART. 15. O CFT-E terá por característica específica a atualização mensal do valor nominal pela variação do IGP-M do mês anterior, divulgado pela Fundação Getúlio Vargas, a partir da data-base do certificado.

Parágrafo único. Os CFT-E emitidos em função do art. 7º da Lei n. 10.260, de 12 de julho de 2001, terão como valor nominal múltiplo de R$ 1,00 (um real) e serão inegociáveis.

ART. 16. O CFT-F terá por característica específica o rendimento definido pelo deságio sobre o valor nominal.

ART. 17. O CFT-G terá por característica específica a atualização do valor nominal pela variação do IPCA, divulgado pelo IBGE, a partir da data-base do certificado.

ART. 18. Os CFT poderão ser emitidos nas seguintes subséries:

I - CFT Subsérie 1 - CFT-1;

II - CFT Subsérie 2 - CFT-2;

III - CFT Subsérie 3 - CFT-3;

IV - CFT Subsérie 4 - CFT-4; e

V - CFT Subsérie 5 - CFT-5.

§ 1º O CFT-1 terá as seguintes características gerais:

I - pagamento de juros: na data de resgate do certificado; e

II - pagamento de principal: em parcela única, na data do seu vencimento.

§ 2º O CFT-2 terá as seguintes características gerais:

I - pagamento de juros: anualmente, com ajuste do prazo no primeiro período de fluência, quando couber, sendo que o primeiro cupom de juros, que será pago após período a ser definido em ato do Ministro de Estado da Fazenda, contemplará a taxa integral definida para doze meses, independentemente da data de emissão do título; e

II - pagamento de principal: em parcela única, na data do seu vencimento.

§ 3º O CFT-3 terá as seguintes características gerais:

I - pagamento de juros: semestralmente, com ajuste do prazo no primeiro período de fluência, quando couber, sendo que o primeiro cupom de juros, que será pago após período a ser definido em ato do Ministro de Estado da Fazenda, contemplará a taxa integral definida para seis meses, independentemente da data de emissão do título; e

II - pagamento de principal: em parcela única, na data do seu vencimento.

§ 4º O CFT-4 terá as seguintes características gerais:

I - pagamento de juros: mensalmente, com ajuste do prazo no primeiro período de fluência, quando couber, sendo que o primeiro cupom de juros, que será pago após período a ser definido em ato do Ministro de Estado da Fazenda, contemplará a taxa integral definida para um mês, independentemente da data de emissão do título; e

II - pagamento de principal: em parcela única, na data do seu vencimento.

§ 5º O CFT-5 terá as seguintes características gerais:

I - pagamento de juros: periodicamente, nas datas de aniversário do certificado, juntamente com os pagamentos de principal, a partir do primeiro pagamento; e

II - pagamento de principal: periodicamente, nas datas de aniversário do certificado, conforme sistema francês de amortização - Tabela Price.

ART. 19. Os Títulos da Dívida Agrária - TDA emitidos para desapropriação e para aquisição por compra e venda de imóveis rurais destinados à implementação de projetos integrantes do Programa Nacional de Reforma Agrária, nos termos do disposto na Lei n. 4.504, de 30 de novembro de 1964, na Lei n. 8.629, de 25 de fevereiro de 1993, e no Decreto n. 578, de 24 de junho de 1992, terão as seguintes características:

I - data de emissão: primeiro dia de cada mês;

II - prazo: cinco, dez, quinze, dezoito ou vinte anos, na forma prevista na Lei n. 8.629, de 1993;

III - forma de colocação: direta em favor do proprietário do imóvel rural;

IV - quantidade de séries:

a) os títulos serão emitidos em séries autônomas com datas de resgate anuais e sucessivas;

b) a quantidade de séries a serem emitidas corresponderá ao prazo subtraído um inteiro; e

c) cada série autônoma será composta pelo quociente inteiro da divisão da quantidade total pelo número de séries, com exceção da última série que será a diferença entre a quantidade total e a soma das quantidades das outras séries;

V - taxa de juros: um, dois, três e seis por cento ao ano, calculada sobre o valor nominal atualizado, na forma prevista na Lei n. 8.177, de 1º de março de 1991;

VI - atualização: no primeiro dia de cada mês, por índice calculado com base na TR referente ao mês anterior;

VII - modalidade: nominativa;

VIII - pagamento de juros: anualmente até o resgate do principal ou até o vencimento da última série; e

IX - resgate do principal: as séries autônomas terão datas de resgate anual, sendo que a primeira será resgatável a partir do segundo ano de sua emissão e assim sucessivamente, na forma prevista na Lei n. 8.177, de 1991.

ART. 20. Os títulos CVS utilizados para novação das dívidas do Fundo de Compensação de Variações Salariais - FCVS junto às instituições financiadoras, relativas a saldos devedores remanescentes da liquidação de contratos de financiamento habitacional, firmados com mutuários finais do Sistema Financeiro da Habitação - SFH com as condições previstas na Lei n. 10.150, de 21 de dezembro de 2000, terão as seguintes características:

I - prazo: trinta anos, contados a partir de 1º de janeiro de 1997;

II - atualização do valor nominal: pela TR ou ao índice que a suceder na atualização dos saldos dos depósitos de poupança;

III - taxa de juros:

a) juros à taxa efetiva de três inteiros e doze centésimos por cento ao ano para as operações

DECRETOS

realizadas com recursos oriundos do Fundo de Garantia do Tempo de Serviço - FGTS; e

b) juros de seis inteiros e dezessete centésimos por cento ao ano, correspondente à taxa efetiva de juros aplicada aos depósitos de poupança, para as demais operações;

IV - modalidade: nominativa;

V - valor nominal na data de emissão: múltiplo de R$ 1.000,00 (mil reais);

VI - pagamento de juros: capitalizado mês a mês e exigíveis mensalmente a partir de 1º de janeiro de 2005; e

VII - resgate do principal: carência de doze anos com a devida atualização, sendo que a amortização se dará de 1º de janeiro de 2009 a 1º de janeiro de 2027, com pagamentos no primeiro dia de cada mês.

ART. 21. As Notas do Tesouro Nacional - NTN - Série P - NTN - P, que foram emitidas em conformidade com a Lei n. 9.491, de 9 de setembro de 1997, poderão ser utilizadas, pelo valor ao par, mediante expressa anuência do credor, para:

I - pagamento de dívidas próprias vencidas ou vincendas para com a União ou as entidades da administração pública federal;

II - pagamento de dívidas de terceiros vencidas ou vincendas para com a União ou as entidades da administração pública federal, mediante autorização do Ministro de Estado da Fazenda e dos Ministros de Estado sob cuja supervisão se encontrem as entidades envolvidas; e

III - transferência, a qualquer título, para entidade da administração pública federal.

§ 1º Observados os privilégios legais, terão preferência, para efeito de pagamento, as dívidas vencidas com o Tesouro Nacional ou aquelas decorrentes de avais honrados pela União.

§ 2º O disposto no § 1º não se aplica às dívidas de origem tributária para com a Fazenda Nacional.

§ 3º Nas operações a que se refere este artigo, a NTN-P será recebida ao par, valorizada pro rata dias úteis.

§ 4º É vedada a utilização das NTN-P como meio de pagamento para aquisição de bens e direitos alienados no âmbito do Programa Nacional de Desestatização.

§ 5º A critério do Ministro da Fazenda, as NTN-P poderão ser resgatadas antecipadamente pelo valor de mercado ou permutadas por outros títulos, observando a equivalência econômica.

ART. 22. Os Certificados da Dívida Pública Mobiliária Federal - Instituto Nacional do Seguro Social - CDP/INSS, emitidos até fevereiro de 2002, em conformidade com a Lei n. 9.711, de 20 de novembro de 1998, poderão ser permutados por outro título da Dívida Pública de responsabilidade do Tesouro Nacional, a critério do Ministro de Estado da Fazenda, observada a equivalência econômica.

ART. 23. Os títulos da Dívida Pública Mobiliária interna serão registrados sob a forma escritural em sistema centralizado de liquidação e de custódia.

ART. 24. Os títulos a que se referem este Decreto poderão ser emitidos com data-base que servirá como data de referência para atualização do valor nominal dos referidos títulos.

ART. 25. O Ministro de Estado da Fazenda fica autorizado a:

I - disciplinar as formas de operacionalização para emissão e resgate dos títulos da dívida pública de responsabilidade da Secretaria do Tesouro Nacional do Ministério da Fazenda e de registro em sistema centralizado de liquidação e custódia; e

II - celebrar convênios, ajustes ou contratos para emissão, colocação e resgate dos títulos referidos neste Decreto.

ART. 26. O Ministro de Estado da Fazenda editará os atos necessários ao cumprimento deste Decreto.

ART. 27. Fica revogado o Decreto n. 3.859, de 4 de julho de 2001.

ART. 28. Este Decreto entra em vigor na data de sua publicação.

Brasília, 23 de fevereiro de 2018; 197º da Independência e 130º da República.

MICHEL TEMER

DECRETO N. 9.296, DE 1º DE MARÇO DE 2018

Regulamenta o art. 45 da Lei n. 13.146, de 6 de julho de 2015, que institui a Lei Brasileira de Inclusão da Pessoa com Deficiência - Estatuto da Pessoa com Deficiência.

‣ *DOU*, 02.03.2018.

O Presidente da República, no uso da atribuição que lhe confere o art. 84, *caput*, inciso IV, da Constituição, e tendo em vista o disposto no art. 45 da Lei n. 13.146, de 6 de julho de 2015,

Decreta:

ART. 1º A concepção e a implementação dos projetos arquitetônicos de hotéis, pousadas e estruturas similares deverão atender aos princípios do desenho universal e ter como referências básicas as normas técnicas de acessibilidade da Associação Brasileira de Normas Técnicas - ABNT, a legislação específica e as disposições deste Decreto, especialmente quanto aos Anexos I, II e III.

§ 1º O atendimento aos princípios do desenho universal nos projetos arquitetônicos de hotéis, pousadas e estruturas similares pressupõe que o estabelecimento, como um todo, possa receber, na maior medida possível, o maior número de hóspedes, independentemente de sua condição física, sensorial, intelectual ou mental, e garantir que essas pessoas possam desfrutar de todas as comodidades oferecidas.

§ 2º As áreas comuns do estabelecimento, ou seja, todas as áreas de livre acesso aos hóspedes, incluídos, entre outros, garagem, estacionamento, calçadas, recepção, área de acesso a computadores, escadas, rampas, elevadores, áreas de circulação, restaurantes, áreas de lazer, salas de ginástica, salas de convenções, spa, piscinas, saunas, salões de cabelereiro, lojas e demais espaços destinados à locação localizados no complexo hoteleiro, deverão observar as normas aplicáveis às edificações de uso coletivo previstas no Decreto n. 5.296, de 2 de dezembro de 2004, e as normas técnicas de acessibilidade da ABNT.

§ 3º O disposto no *caput* aplica-se aos projetos arquitetônicos protocolados a partir de 3 de janeiro de 2018 nos órgãos competentes, para aprovação, observado o prazo estabelecido no art. 125, *caput*, inciso III, da Lei n. 13.146, de 6 de julho de 2015.

§ 4º As ajudas técnicas e os recursos de acessibilidade exigíveis sob demanda, constantes do Anexo III, deverão ser solicitados pelo hóspede no momento da reserva junto ao estabelecimento.

§ 5º Os estabelecimentos disporão do prazo de vinte e quatro horas para atender as ajudas técnicas e os recursos de acessibilidade exigíveis sob demanda de que trata o Anexo III.

§ 6º Na hipótese de a solicitação ocorrer em prazo inferior àquele previsto no § 5º, o prazo para o atendimento às ajudas técnicas e aos recursos de acessibilidade será contado a partir do momento da solicitação junto ao estabelecimento.

ART. 2º Observado o disposto no § 2º do art. 1º, os estabelecimentos deverão disponibilizar, no mínimo:

I - cinco por cento dos dormitórios, respeitado o mínimo de um, com as características construtivas e os recursos de acessibilidade estabelecidos no Anexo I;

II - as ajudas técnicas e os recursos de acessibilidade constantes do Anexo II para noventa e cinco por cento dos demais dormitórios; e

III - quando solicitados pelo hóspede nos termos estabelecidos no § 4º do art. 1º, as ajudas técnicas e os recursos de acessibilidade constantes do Anexo III.

Parágrafo único. Os dormitórios a que se refere o inciso I do *caput* não poderão estar isolados dos demais e deverão estar distribuídos por todos os níveis de serviços e localizados em rota acessível.

ART. 3º Os estabelecimentos já existentes, construídos, ampliados, reformados ou com projeto arquitetônico protocolado nos órgãos competentes entre 30 de junho de 2004 e 2 de janeiro de 2018, atenderão ao percentual mínimo de dez por cento de dormitórios acessíveis, na seguinte proporção:

I - cinco por cento, respeitado o mínimo de um, com as características construtivas e os recursos de acessibilidade estabelecidos no Anexo I;

II - as ajudas técnicas e os recursos de acessibilidade constantes do Anexo II para cinco por cento dos demais dormitórios; e

III - quando solicitados pelo hóspede nos termos estabelecidos no § 4º do art. 1º, as ajudas técnicas e os recursos de acessibilidade constantes do Anexo III.

ART. 4º Os estabelecimentos já existentes, construídos até 29 de junho de 2004, atenderão, no prazo máximo de quatro anos, o percentual mínimo de dez por cento de dormitórios acessíveis, na seguinte proporção:

I - cinco por cento, respeitado o mínimo de um, com as características construtivas e os recursos de acessibilidade estabelecidos no Anexo I;

II - as ajudas técnicas e os recursos de acessibilidade constantes do Anexo II para cinco por cento dos demais dormitórios; e

III - quando solicitados pelo hóspede nos termos estabelecidos no § 4º do art. 1º, as ajudas técnicas e os recursos de acessibilidade constantes do Anexo III.

§ 1º Nas hipóteses em que comprovadamente o percentual estabelecido no inciso I do *caput* não possa ser alcançado, a adaptação razoável poderá ser utilizada, observado o disposto no § 2º.

§ 2º A adaptação razoável poderá ser empreendida por meio da redução proporcional e necessária do percentual estabelecido no inciso I do *caput*, hipótese em que será majorado, na mesma proporção, o percentual estabelecido no inciso II do *caput*.

§ 3º A redução do percentual de que trata o § 2º não poderá resultar em percentual inferior a dois por cento.

§ 4º A comprovação de que trata o § 1º, acompanhada dos percentuais de redução necessários de que trata o § 2º, será realizada perante o órgão competente para aprovação, licenciamento ou emissão de certificado de conclusão de projeto arquitetônico, ou para expedição de alvará de funcionamento, por meio da apresentação de laudo técnico emitido por profissional habilitado e registrado com a Anotação de Responsabilidade Técnica ou o Registro de Responsabilidade Técnica.

§ 5º Os percentuais estabelecidos no *caput* serão observados caso não seja comprovada a necessidade de adaptação razoável ou de redução de percentual.

§ 6º Nas áreas comuns do estabelecimento, na impossibilidade de atendimento às disposições aplicáveis às edificações de uso coletivo previstas no Decreto n. 5.296, de 2004, e às normas técnicas de acessibilidade da ABNT, comprovada nos termos estabelecidos no § 4º, o estabelecimento deverá proceder à adaptação razoável, que consiste em:

I - adotar medidas compensatórias não estruturais tendentes a garantir a máxima utilização da área comum por pessoas com deficiência; e

II - veicular em todos os seus meios de divulgação e publicidade, e informar ao hóspede, no momento da reserva junto ao estabelecimento, quais as áreas comuns do estabelecimento não atendem às especificações técnicas previstas neste Decreto.

ART. 5º Os hotéis, as pousadas e as estruturas similares que sejam constituídos sob a forma de microempresa ou empresa de pequeno porte obedecerão a regulamentação específica, observado o disposto no art. 122 da Lei n. 13.146, de 2015.

ART. 6º Este Decreto entra em vigor na data de sua publicação.

Brasília, 1º de março de 2018; 197º da Independência e 130º da República.

MICHEL TEMER

ANEXO I
CARACTERÍSTICAS CONSTRUTIVAS E RECURSOS DE ACESSIBILIDADE

1. Dimensões de acesso, de circulação, de manobra, de alcance e de mobiliário estabelecidas na norma técnica de acessibilidade da Associação Brasileira de Normas Técnicas - ABNT para dormitórios acessíveis.
2. Banheiro que atenda integralmente as especificações estabelecidas na norma técnica de acessibilidade da ABNT.
3. Chuveiro equipado com barra deslizante, desviador para ducha manual e controle de fluxo (ducha/chuveiro) na ducha manual (chuveirinho), o qual deverá estar sempre posicionado na altura mais baixa quando da chegada do hóspede.
4. Condições de circulação, aproximação e alcance de utensílios e instalações estabelecidas na norma técnica de acessibilidade da ABNT, quando houver cozinha ou similar na unidade.
5. Olhos-mágicos instalados nas portas nas alturas de cento e vinte e cento e sessenta centímetros.
6. Sistema magnético de tranca das portas dos dormitórios que permita autonomia ao hóspede com deficiência visual, surdo ou surdo-cego, além de informações em relevo, ranhuras ou cortes nos escaninhos de leitura e nos cartões magnéticos.
7. Campainha (batidas na porta) sonora e luminosa intermitente (flash) na cor amarela.
8. Sinalização de emergência, para os casos de incêndio ou perigo, sonora e luminosa intermitente (flash) na cor vermelha.
9. Aparelho de televisão com dispositivos receptores de legenda oculta e de áudio secundário.
10. Telefone com tipologia ampliada e com amplificador de sinal.

ANEXO II
AJUDAS TÉCNICAS E RECURSOS DE ACESSIBILIDADE

1. Vão de passagem livre mínimo de oitenta centímetros para a porta da unidade e para a porta do banheiro.
2. Barra de apoio no box do chuveiro.
3. Chuveiro equipado com barra deslizante, desviador para ducha manual e controle de fluxo (ducha/chuveiro) na ducha manual (chuveirinho), o qual deverá estar sempre posicionado na altura mais baixa quando da chegada do hóspede.
4. Olhos-mágicos instalados nas portas nas alturas de cento e vinte e cento e sessenta centímetros.
5. Campainha (batidas na porta) sonora e luminosa intermitente (flash) na cor amarela.
6. Sistema magnético de tranca das portas dos dormitórios que permita autonomia ao hóspede com deficiência visual, surdo ou surdo-cego, além de informações em relevo, ranhuras ou cortes nos escaninhos de leitura e nos cartões magnéticos.
7. Sinalização de emergência, para os casos de incêndio ou perigo, sonora e luminosa intermitente (flash) na cor vermelha.
8. Aparelho de televisão com dispositivos receptores de legenda oculta e de áudio secundário, quando o dormitório disponibilizar esse tipo de aparelho.
9. Telefone com tipologia ampliada e com amplificador de sinal, quando o dormitório disponibilizar esse tipo de aparelho.

ANEXO III
AJUDAS TÉCNICAS E RECURSOS DE ACESSIBILIDADE EXIGÍVEIS SOB DEMANDA

1. Cadeiras de roda.
2. Cadeiras adaptadas para banho.
3. Materiais de higiene identificado em braile e embalagens em formatos diferentes.
4. Materiais impressos disponíveis em formato digital, braile, fonte ampliada com contraste, a exemplo de formulários impressos, informações sobre facilidades e serviços oferecidos dentre outros, feitos sob demanda.
5. Cardápio em braile e fonte ampliada com contraste.
6. Relógio despertador/alarme vibratório.
7. Dispositivos móveis com chamada em vídeo e mensagem disponibilizados nas áreas comuns do estabelecimento ou aplicativo de comunicação criado nos termos estabelecidos no Título IV da Resolução n. 667, de 30 de maio de 2016, da Anatel, que aprova o Regulamento Geral de Acessibilidade em Serviços de Telecomunicações de interesse coletivo.

DECRETO N. 9.309, DE 15 DE MARÇO DE 2018

Regulamenta a Lei n. 11.952, de 25 de junho de 2009, para dispor sobre a regularização fundiária das áreas rurais, e dá outras providências.

▸ *DOU*, 16.3.2018.

O Presidente da República, no uso da atribuição que lhe confere o art. 84, *caput*, inciso IV, da Constituição, e tendo em vista o disposto na Lei n. 11.952, de 25 de junho de 2009, e na Lei n. 13.465, de 11 de julho de 2017,

Decreta:

CAPÍTULO I
DISPOSIÇÕES GERAIS

ART. 1º Este Decreto regulamenta a Lei n. 11.952, de 25 de junho de 2009, para dispor sobre a regularização fundiária das áreas rurais situadas em terras da União no âmbito da Amazônia Legal, estabelecida pela Lei Complementar n. 124, de 3 de janeiro de 2007, e do Instituto Nacional de Colonização e Reforma Agrária - INCRA.

ART. 2º O disposto neste Decreto aplica-se à regularização fundiária de:

I - ocupações fora da Amazônia Legal nas áreas rurais do INCRA e da União sob gestão do INCRA, exceto quanto ao disposto no art. 11 da Lei n. 11.952, de 2009; e

II - áreas remanescentes de projetos com características de colonização criados pelo INCRA, dentro ou fora da Amazônia Legal, anteriormente a 10 de outubro de 1985.

§ 1º O disposto neste Decreto aplica-se subsidiariamente a outras áreas não descritas no art. 3 da Lei n. 11.952, de 2009, sob domínio da União na Amazônia Legal, que serão regularizadas por meio dos instrumentos previstos na legislação patrimonial.

§ 2º Para fins do disposto no inciso II do *caput*, consideram-se os seguintes projetos com características de colonização:

I - projeto de colonização oficial;

II - projeto de assentamento rápido;

III - projeto de assentamento conjunto;

IV - projeto especial de colonização;

V - projeto de assentamento dirigido;

VI - projeto fundiário;

VII - projeto integrado de colonização; e

VIII - outros projetos definidos em ato do dirigente máximo do INCRA.

ART. 3º As competências para coordenar, normatizar e supervisionar o processo de regularização fundiária de áreas rurais e para expedir os instrumentos titulatórios correspondentes ficam atribuídas:

I - na Amazônia Legal, à Secretaria Especial de Agricultura Familiar e do Desenvolvimento Agrário da Casa Civil da Presidência da República; e

II - fora da Amazônia Legal, ao INCRA.

Parágrafo único. Ficam mantidas as atribuições do Ministério do Planejamento, Desenvolvimento e Gestão referentes à administração do patrimônio imobiliário das áreas não afetadas à regularização fundiária.

CAPÍTULO II
DOS REQUISITOS E DOS PROCEDIMENTOS

ART. 4º Para ser considerado beneficiário da regularização fundiária, o ocupante e o seu cônjuge ou companheiro deverão atender aos requisitos previstos no art. 5º da Lei n. 11.952, de 2009.

§ 1º Para fins do disposto no inciso III do *caput* do art. 2º da Lei n. 11.952, de 2009, será considerada forma de exploração direta aquela atividade econômica definida em contrato de parceria, conforme os critérios estabelecidos em ato normativo do órgão competente.

§ 2º Para fins do disposto no inciso V do *caput* do art. 2º da Lei n. 11.952, de 2009, será considerada prática de cultura efetiva a obtenção de renda por intermédio dos serviços ambientais previstos no inciso I do *caput* do art. 41 da Lei n. 12.651, de 25 de maio de 2012, conforme os critérios estabelecidos em ato normativo do órgão competente.

§ 3º Não será admitida a regularização em favor de requerente que conste do Cadastro de Empregadores que tenham submetido trabalhadores à condições análogas à de escravo do Ministério do Trabalho.

ART. 5º A regularização fundiária de ocupações incidentes em terras públicas rurais atenderá aos seguintes procedimentos:

I - cadastramento das ocupações e identificação ocupacional por Município ou por gleba;

II - elaboração de memorial descritivo dos perímetros das ocupações, com a devida Anotação de Responsabilidade Técnica, com as coordenadas dos vértices definidores dos limites do imóvel rural, georreferenciadas ao Sistema Geodésico Brasileiro; e

III - formalização de processo administrativo, previamente à titulação, com os documentos e as peças técnicas descritos nos incisos I e II, e aprovado pelo órgão competente.

§ 1º O cadastramento será feito por meio de formulário de declaração preenchido e assinado pelo requerente, acompanhado de fotocópia de sua carteira de identidade e do Cadastro de Pessoas Físicas, e de outros documentos definidos pelo órgão competente.

§ 2º O formulário de declaração de que trata o § 1º conterá as seguintes informações:

I - os dados pessoais do ocupante e do seu cônjuge ou companheiro;

II - a área e a localização do imóvel;

III - o tempo de ocupação direta ou de ocupação de seus antecessores;

IV - a atividade econômica desenvolvida no imóvel e a atividade complementar;

V - a existência de conflito agrário ou fundiário; e

VI - outras informações definidas pelo órgão competente.

§ 3º O cadastramento das ocupações não implicará o reconhecimento de direito real sobre a área.

§ 4º As peças técnicas apresentadas pelo ocupante serão recebidas, analisadas e, caso atendam aos requisitos normativos, validadas.

§ 5º O profissional habilitado responsável pela elaboração do memorial descritivo de que trata o inciso II do *caput*, nos termos estabelecidos no art. 9º da Lei n. 11.952, de 2009, será aquele credenciado junto ao INCRA para a execução de serviços de georreferenciamento de imóveis rurais.

§ 6º O memorial descritivo elaborado pelo profissional habilitado de que trata o § 5º será submetido ao INCRA, por meio do Sistema de Gestão Fundiária, para validação.

§ 7º Os serviços técnicos e os atos administrativos de que trata este artigo poderão ser praticados em parceria com os Estados e os Municípios.

ART. 6º Identificada a existência de disputas em relação aos limites das ocupações, o órgão competente poderá buscar acordo entre as partes, observado o disposto no art. 8º da Lei n. 11.952, de 2009.

§ 1º Se for estabelecido acordo entre as partes, essas assinarão declaração para validar a concordância quanto aos limites demarcados.

§ 2º Se não houver acordo entre as partes, a regularização das ocupações será suspensa para decisão administrativa, nos termos de procedimento definido pelo órgão competente.

ART. 7º A vistoria prévia à regularização das ocupações em áreas de até quatro módulos fiscais, nos termos estabelecidos no art. 13 da Lei n. 11.952, de 2009, será obrigatória nas seguintes hipóteses:

I - se o imóvel houver sido objeto de termo de embargo ou infração ambiental, lavrado pelo órgão ambiental federal;

II - se o imóvel apresentar indícios de fracionamento fraudulento da unidade econômica de exploração;

III - se o cadastramento a que se refere o art. 5º houver sido realizado por meio de procuração;

IV - se houver conflito declarado no ato de cadastramento a que se refere o art. 5º ou registrado junto à Ouvidoria Agrária Nacional; ou

V - se forem estabelecidas outras razões em ato do órgão competente.

Parágrafo único. A vistoria realizada na hipótese prevista no inciso I do *caput* verificará se o preenchimento de requisitos à regularização fundiária decorreu de dano ambiental, situação em que o pedido será indeferido, exceto se houver celebração de termo de ajustamento de conduta ou instrumento similar, firmado com o órgão ambiental federal ou com o Ministério Público.

ART. 8º Para as áreas de até quatro módulos fiscais, os requisitos estabelecidos no art. 5º da Lei n. 11.952, de 2009, serão verificados por meio das seguintes declarações do requerente e do seu cônjuge ou companheiro, sob as penas da lei, de que:

I - não sejam proprietários de outro imóvel rural em qualquer parte do território nacional e não tenham sido beneficiários de programa de reforma agrária ou de regularização fundiária rural;

II - exerçam ocupação e exploração direta, mansa e pacífica, por si ou por seus antecessores, anteriormente a 22 de julho de 2008;

III - pratiquem cultura efetiva;

IV - não exerçam cargo ou emprego público:

a) no INCRA;

b) na Secretaria Especial de Agricultura Familiar e do Desenvolvimento Agrário da Casa Civil da Presidência da República;

c) na Secretaria de Patrimônio da União do Ministério do Planejamento, Desenvolvimento e Gestão, ou

d) nos órgãos estaduais de terras;

V - não mantenham, em sua propriedade, trabalhadores em condições análogas às de escravos; e

VI - o imóvel não se encontre sob embargo ambiental ou seja objeto de infração do órgão ambiental federal, estadual e municipal.

ART. 9º Para fins do disposto no inciso V do *caput* do art. 5º da Lei n. 11.952, de 2009, será admitida a regularização fundiária de requerente anteriormente beneficiado por programa de reforma agrária ou regularização fundiária, desde que não ocupe o lote originário, decorridos mais de quinze anos:

I - da data da expedição de título de regularização fundiária, desde que o referido documento tenha sido emitido anteriormente a 22 de dezembro de 2016, observado o disposto no parágrafo único;

II - da data da homologação do beneficiário no programa de reforma agrária; ou

III - de outras situações definidas pelo órgão competente em regulamento específico.

Parágrafo único. O processo que originou a expedição do título anterior deverá ser apensado ao novo requerimento de regularização fundiária, situação em que será realizada a análise das cláusulas resolutivas.

ART. 10. A regularização fundiária de ocupações incidentes em terras públicas rurais com área superior a quatro módulos fiscais e até o limite de dois mil e quinhentos hectares será precedida de:

I - declaração firmada pelo requerente e pelo seu cônjuge ou companheiro, sob as penas da lei, de que preencham os requisitos estabelecidos no art. 8º; e

II - elaboração de relatório de vistoria da ocupação, subscrita por profissional regularmente habilitado do Poder Executivo federal ou por outro profissional habilitado em razão de convênio, acordo ou instrumento congênere firmado com órgão ou entidade da administração pública federal, estadual, distrital ou municipal.

Parágrafo único. As informações constantes do relatório de vistoria poderão ser complementadas por documentos, técnicas de sensoriamento remoto e outros meios de prova.

ART. 11. As áreas ocupadas insuscetíveis de regularização por excederem os limites estabelecidos no § 1º do art. 6º da Lei n. 11.952, de 2009, poderão ser objeto de titulação parcial até o limite de dois mil e quinhentos hectares.

Parágrafo único. A titulação, nos termos do *caput*, será condicionada à desocupação da área excedente.

ART. 12. A Secretaria Especial de Agricultura Familiar e do Desenvolvimento Agrário da Casa Civil da Presidência da República poderá expedir Certidão de Reconhecimento de Ocupação nas hipóteses em que, cumulativamente:

I - haja requerimento de regularização fundiária para o imóvel nos termos estabelecidos na Lei n. 11.952 de 2009;

II - o imóvel esteja georreferenciado e aprovado por fiscalização no Sistema de Gestão Fundiária;

III - o imóvel esteja localizado em terra pública federal e inexista sobreposição com as áreas a que se refere o art. 4º da Lei n. 11.952, de 2009; e

IV - sejam cumpridos outros requisitos definidos em ato normativo da Secretaria Especial de Agricultura Familiar e do Desenvolvimento Agrário da Casa Civil da Presidência da República.

§ 1º A Certidão de Reconhecimento de Ocupação é personalíssima, intransferível *inter vivos* ou *causa mortis* e não implica o reconhecimento do direito de propriedade ou a regularização fundiária da área.

§ 2º A Certidão de Reconhecimento de Ocupação é documento hábil a comprovar a ocupação da área pública pelo requerente junto às instituições oficiais de crédito.

§ 3º A Certidão de Reconhecimento de Ocupação poderá ser emitida a requerimento ou de ofício e terá validade de doze meses, admitida a renovação nas seguintes hipóteses:

I - até que seja proferida a decisão que indefira o pedido de regularização; ou

II - até que seja entregue o título de domínio.

§ 4º A Certidão de Reconhecimento de Ocupação não se prestará à instrução de processos administrativos junto aos órgãos ambientais e não será dada em garantia real.

CAPÍTULO III
DAS CONSULTAS ÀS INSTITUIÇÕES

ART. 13. A Secretaria Especial de Agricultura Familiar e do Desenvolvimento Agrário da Casa Civil da Presidência da República definirá as glebas a serem regularizadas após consulta aos seguintes órgãos e entidades:

I - INCRA;

II - Secretaria do Patrimônio da União do Ministério do Planejamento, Desenvolvimento e Gestão;

III - Fundação Nacional do Índio - FUNAI;

IV - Serviço Florestal Brasileiro;

V - Instituto Chico Mendes de Conservação da Biodiversidade - Instituto Chico Mendes; e

VI - órgãos ambientais estaduais.

§ 1º A Secretaria Especial de Agricultura Familiar e do Desenvolvimento Agrário da Casa Civil da Presidência da República notificará os órgãos e as entidades mencionados no *caput* e lhes encaminhará arquivo eletrônico com a identificação do perímetro da gleba.

§ 2º Os órgãos e as entidades consultados se manifestarão sobre eventual interesse na área, no prazo máximo de sessenta dias, e, na ausência de manifestação, será considerado que não há oposição quanto à regularização.

§ 3º O prazo previsto no § 2º poderá ser prorrogado por meio de requerimento fundamentado dos órgãos e das entidades a que se refere o *caput*.

§ 4º A manifestação deverá demonstrar a existência de interesse ou vínculo da área a ser regularizada com o desenvolvimento de suas atribuições, observadas as competências dos órgãos e das entidades a que se refere o *caput*.

§ 5º Os órgãos e as entidades a que se refere o *caput* identificarão a área de interesse e disponibilizarão a informação em meio eletrônico para inclusão na base cartográfica da Secretaria Especial de Agricultura Familiar e Desenvolvimento Agrário da Casa Civil da Presidência da República, a qual deverá estar compatibilizada com os cadastros geoespaciais geridos pela Secretaria do Patrimônio da União do Ministério do Planejamento, Desenvolvimento e Gestão.

§ 6º Na hipótese de interesse manifestado nos termos do § 2º por um ou mais órgãos ou entidades, caberá à Secretaria Especial de Agricultura Familiar e Desenvolvimento Agrário da Casa Civil da Presidência da República declarar a desafetação da área à regularização fundiária e passar a gestão patrimonial da área à Secretaria do Patrimônio da União do Ministério do Planejamento, Desenvolvimento e Gestão, a qual promoverá a destinação da área ao órgão ou à entidade interessado, nos termos da legislação patrimonial.

§ 7º Na hipótese de a gleba definida localizar-se em faixa de fronteira, o processo de regularização fundiária será remetido pela Secretaria Especial de Agricultura Familiar e do Desenvolvimento Agrário da Casa Civil da Presidência da República à Secretaria-Executiva do Conselho de Defesa Nacional para fins de assentimento prévio, nos termos estabelecidos na Lei n. 6.634, de 2 de maio de 1979.

ART. 14. A Câmara Técnica de Destinação e Regularização Fundiária de Terras Públicas Federais Rurais da Amazônia Legal tem por finalidade:

I - atuar, de maneira articulada, na gestão do patrimônio público; e

II - propiciar a convergência nas ações de destinação e promoção de políticas públicas.

§ 1º A Câmara Técnica de Destinação e Regularização Fundiária de Terras Públicas Federais Rurais da Amazônia Legal será composta pelos seguintes órgãos e entidades:

I - Ministério do Meio Ambiente;

II - Secretaria Especial de Agricultura Familiar e Desenvolvimento Agrário da Casa Civil da Presidência da República;

III - Secretaria do Patrimônio da União do Ministério do Planejamento, Desenvolvimento e Gestão;

IV - INCRA;

V - Instituto Chico Mendes;

VI - FUNAI;

VII - Serviço Florestal Brasileiro; e

VIII - Centro Gestor do Sistema de Proteção da Amazônia - CENSIPAM.

§ 2º A Câmara Técnica de Destinação e Regularização Fundiária de Terras Públicas Federais Rurais da Amazônia Legal atuará sob a coordenação alternada da Secretaria Especial de Agricultura Familiar e Desenvolvimento Agrário da Casa Civil da Presidência da República, da Secretaria do Patrimônio da União do Ministério do Planejamento, Desenvolvimento e Gestão, do INCRA e do Ministério do Meio Ambiente, nos termos definidos em ato normativo conjunto.

§ 3º A consulta de que trata o § 1º do art. 13 será realizada por meio da Câmara Técnica de Destinação e Regularização Fundiária de Terras Públicas Federais Rurais da Amazônia Legal.

§ 4º Os órgãos e as entidades a que se refere o *caput* poderão solicitar preferência na eleição de glebas analisadas pela Câmara Técnica de Destinação e Regularização Fundiária de Terras Públicas Federais Rurais da Amazônia Legal.

ART. 15. Para fins da vedação prevista no inciso III do *caput* do art. 4º da Lei n. 11.952, de 2009, consideram-se florestas públicas as áreas de interesse do Serviço Florestal Brasileiro, manifestado na forma estabelecida no § 6º do art. 12.

ART. 16. Na hipótese de a gleba a ser regularizada abranger terrenos de marinha, marginais ou reservados, seus acrescidos ou outras áreas insuscetíveis de alienação não demarcadas, caberá à Secretaria do Patrimônio da União do Ministério do Planejamento, Desenvolvimento e Gestão delimitar a faixa da gleba que não será suscetível à alienação.

ART. 17. A Secretaria do Patrimônio da União do Ministério do Planejamento, Desenvolvimento e Gestão instituirá comissão para delimitar a faixa a que se refere o art. 16, a qual será composta por servidores da referida Secretaria.

§ 1º Os representantes da Secretaria Especial de Agricultura Familiar e do Desenvolvimento Agrário da Casa Civil da Presidência da República e de outros órgãos públicos envolvidos no processo de regularização fundiária poderão ser convidados para participar da comissão de que trata o *caput*.

§ 2º A faixa a que se refere o art. 16 será definida em cada uma das glebas, nos termos estabelecidos no Decreto-Lei n. 9.760, de 5 de setembro de 1946.

ART. 18. A regularização das ocupações inseridas, total ou parcialmente, na faixa a que se refere o art. 16 será de competência da Secretaria do Patrimônio da União do Ministério do Planejamento, Desenvolvimento e Gestão, por meio da outorga de título de concessão de direito real de uso.

§ 1º Caberá à Secretaria Especial de Agricultura Familiar e do Desenvolvimento Agrário da Casa Civil da Presidência da República a emissão, em nome da União, da concessão do direito real de uso, no âmbito do Programa Terra Legal, de imóveis rurais da União situados em glebas públicas arrecadadas pelo INCRA.

§ 2º A regularização de que trata o § 1º incluirá a análise das condições resolutivas, os atos decisórios concernentes à concessão do direito real de uso e a competência normativa infralegal correspondente.

§ 3º A identificação das áreas rurais da União para a outorga da concessão do direito real de uso pela Secretaria Especial de Agricultura Familiar e do Desenvolvimento Agrário da Casa Civil da Presidência da República será feita pela Secretaria do Patrimônio da União do Ministério do Planejamento, Desenvolvimento e Gestão, a partir da definição da faixa inalienável da gleba, de que trata o § 4º do art. 6º da Lei n. 11.952, de 2009.

§ 4º A Secretaria Especial de Agricultura Familiar e do Desenvolvimento Agrário da Casa Civil da Presidência da República atualizará os sistemas geoespaciais da Secretaria do Patrimônio da União do Ministério do Planejamento, Desenvolvimento e Gestão com as informações cadastrais das áreas destinadas no âmbito do Programa Terra Legal, à medida que os títulos forem outorgados.

§ 5º A Secretaria do Patrimônio da União do Ministério do Planejamento, Desenvolvimento e Gestão terá acesso aos sistemas de titulação da Secretaria Especial de Agricultura Familiar e do Desenvolvimento Agrário da Casa Civil da Presidência da República para fins de controle da delegação de que trata o *caput*.

§ 6º Na hipótese de apenas parte da área objeto de regularização fundiária rural ser inalienável, poderão ser expedidos ao ocupante, após a delimitação devida, concomitantemente, título de domínio correspondente à área alienável e concessão de direito real de uso referente à porção inalienável.

CAPÍTULO IV
DA TITULAÇÃO E DO CUMPRIMENTO DAS CLÁUSULAS RESOLUTIVAS

ART. 19. Os títulos de domínio e de concessão de direito real de uso serão expedidos:

I - em nome da mulher e do homem, obrigatoriamente, nos seguintes casos:

a) quando forem casados; ou

b) quando conviverem em regime de união estável;

II - em nome dos conviventes, no caso de união homoafetiva; e

III - preferencialmente em nome da mulher, nos demais casos.

ART. 20. O título de domínio ou, na hipótese prevista no § 4º do art. 6º da Lei n. 11.952, de 2009, o termo de concessão de direito real de uso, conterá, entre outras, cláusulas que determinem, pelo prazo de dez anos, sob condição resolutiva, além da inalienabilidade do imóvel:

I - a manutenção da destinação agrária, por meio de prática de cultura efetiva;

II - o respeito à legislação ambiental, em especial quanto ao cumprimento do disposto no Capítulo VI da Lei n. 12.651, de 2012;

III - a não exploração de mão de obra em condição análoga à de escravo; e

IV - as condições e a forma de pagamento.

§ 1º O descumprimento das condições resolutivas pelo titulado implica a resolução de pleno direito do título de domínio ou do termo de concessão de direito real de uso, com a consequente reversão da área em favor da União, declarada no processo administrativo que apurar o descumprimento das cláusulas

DECRETOS

resolutivas, assegurados os princípios da ampla defesa e do contraditório.

§ 2º Na hipótese de a violação de cláusula resolutiva ser identificada por outro órgão ou entidade, o órgão competente deverá ser informado para que seja instaurado procedimento administrativo destinado à declaração de reversão do imóvel ao patrimônio da União.

§ 3º O beneficiário que transferir ou negociar, por qualquer meio, o título obtido nos termos estabelecidos na Lei n. 11.952, de 2009, não poderá ser beneficiado novamente em programas de reforma agrária ou de regularização fundiária, ressalvadas as hipóteses previstas no art. 9º.

§ 4º A prática de cultura efetiva referida no inciso I do *caput* poderá ser comprovada por meio de documentos, técnicas de sensoriamento remoto ou vistoria.

§ 5º A comprovação do cumprimento da cláusula prevista no inciso II do *caput* ocorrerá por meio da juntada das certidões negativas de infração ambiental ou instrumento similar, em nível federal e estadual e inscrição no Cadastro Ambiental Rural - CAR.

§ 6º Não se operará a resolução do título por descumprimento ao inciso II do *caput* caso seja firmado termo de compromisso de ajustamento de conduta ou instrumento similar com vistas à reparação do dano.

§ 7º Para os fins dispostos no § 6º, o ocupante deverá requerer a regularização de sua situação junto ao órgão ambiental competente no prazo de até sessenta dias, contado da data da notificação.

§ 8º O órgão competente poderá celebrar acordos de cooperação com os órgãos de meio ambiente, com vistas a estabelecer mecanismos de comunicação de infrações ambientais.

§ 9º A comprovação do cumprimento da cláusula prevista no inciso III do *caput* ocorrerá por meio de consulta ao Cadastro de Empregadores que tenham submetido trabalhadores à condições análoga à de escravo do Ministério do Trabalho.

§ 10. Sem prejuízo da verificação pela administração pública federal, o beneficiário de título de regularização fundiária apresentará periodicamente documentos que comprovem o cumprimento das cláusulas resolutivas, conforme disciplinado em ato do órgão competente.

§ 11. Na hipótese de o beneficiário do título requerer a liberação das cláusulas resolutivas, esse deverá, respeitado o prazo de carência estabelecido no art. 17 da Lei n. 11.952, de 2009, realizar o pagamento integral, no prazo de até cento e oitenta dias, correspondente a cem por cento do valor médio da terra nua por hectare estabelecido na pauta de valores da terra nua, para fins de titulação e regularização fundiária elaborada pelo INCRA, vigente à época do pagamento, e desde que cumpridas as condições resolutivas.

§ 12. O disposto no § 11 poderá ser aplicado aos imóveis de até um módulo fiscal, desde que o interessado dispense a gratuidade prevista no art. 11 da Lei n. 11.952, de 2009.

§ 13. Na hipótese prevista no § 11, o cálculo do valor para pagamento será realizado somente depois de atestado o cumprimento das demais condições resolutivas.

ART. 21. O ocupante que tenha cumprido as cláusulas contratuais e cujo contrato originário tenha sido expedido há mais de dez anos será dispensado das condições resolutivas ou, se for o caso, receberá o título de domínio sem condição resolutiva.

§ 1º Na hipótese de emissão de título de domínio sem condições resolutivas, o pagamento deverá ser efetuado à vista.

§ 2º O título definitivo será emitido com condições resolutivas caso não ocorra o pagamento à vista.

ART. 22. Desde que cumpridas as demais cláusulas resolutivas, o órgão competente concederá, de ofício, a gratuidade aos títulos emitidos em áreas de até um módulo fiscal, expedidos anteriormente à data de entrada em vigor da Lei n. 11.952, de 2009.

ART. 23. Resolvido o título de domínio ou o termo de concessão na forma prevista no § 7º do art. 18 da Lei n. 11.952, de 2009, o contratante:

I - terá direito à indenização pelas acessões e pelas benfeitorias, necessárias e úteis, hipótese em que poderá levantar as benfeitorias consideradas voluptuárias, no prazo máximo de cento e oitenta dias, contado da data da desocupação do imóvel, sob pena de perda em proveito do alienante;

II - terá direito à restituição dos valores pagos com a atualização monetária devida, deduzido o percentual das quantias abaixo:

a) quinze por cento do valor pago a título de multa compensatória; e

b) três décimos por cento do valor atualizado do contrato por cada mês de ocupação do imóvel desde o início do contrato, a título de indenização pela fruição; e

III - estará desobrigado do pagamento de eventual saldo devedor remanescente, na hipótese de o montante das quantias indicadas nas alíneas "a" e "b" do inciso II exceder ao valor total pago a título de preço.

§ 1º A indenização de que trata o inciso I do *caput* caberá ao órgão competente pela gestão da área.

§ 2º A atualização monetária prevista no inciso II do *caput* será a mesma taxa prevista no art. 26, exceto se houver disposição contratual mais benéfica ao titular do contrato.

§ 3º O disposto neste artigo se aplica aos títulos emitidos anteriormente à data de entrada em vigor da Lei n. 11.952, de 2009.

CAPÍTULO V
DO PAGAMENTO

SEÇÃO I
DO VALOR DOS TÍTULOS

ART. 24. Na ocupação de área contínua de até um módulo fiscal, a alienação e, na hipótese prevista no § 4º do art. 6º da Lei n. 11.952, de 2009, a concessão de direito real de uso, ocorrerão de forma gratuita, dispensada a licitação.

ART. 25. Na ocupação de área contínua acima de um módulo fiscal até dois mil e quinhentos hectares, a alienação e, na hipótese prevista no § 4º do art. 6º, a concessão de direito real de uso ocorrerão de forma onerosa, dispensada a licitação.

§ 1º O preço do imóvel considerará o tamanho da área em módulos fiscais e será estabelecido entre dez por cento e cinquenta por cento do valor mínimo da pauta de valores da terra nua, para fins de titulação e regularização fundiária, instrumento este elaborado pelo INCRA, nos seguintes termos:

I - até um módulo fiscal - dez por cento do valor mínimo da pauta de valores da terra nua para fins de titulação e regularização fundiária;

II - acima de um até quatro módulos fiscais - será estabelecido entre dez por cento e trinta por cento do valor mínimo da pauta de valores da terra nua, para fins de titulação e regularização fundiária, conforme a fórmula e os coeficientes estabelecidos no Anexo I e no Anexo III, respectivamente; e

III - acima de quatro módulos fiscais até dois mil e quinhentos hectares - será estabelecido entre trinta por cento e cinquenta por cento do valor mínimo da pauta de valores da terra nua, para fins de titulação e regularização fundiária, conforme a fórmula e os coeficientes estabelecidos no Anexo Ie no Anexo IV, respectivamente.

§ 2º Para definir o valor final das alienações a que se referem os incisos II e III do § 1º, será utilizada a equação estabelecida no Anexo II.

§ 3º A pauta de valores prevista no *caput* será elaborada com base no valor médio dos imóveis avaliados pelo INCRA, para fins de obtenção de terras na mesma região nos últimos vinte anos, corrigidos monetariamente pelo Índice Nacional de Preços ao Consumidor Amplo Especial - IPCA-E, sendo o valor mínimo equivalente a setenta e cinco por cento do valor médio e o valor máximo equivalente a cento e vinte e cinco por cento, conforme ato normativo do INCRA.

§ 4º Na hipótese de inexistir a pauta de valores de preços referenciais de terra nua na região a que se refere o § 1º, a administração pública federal utilizará como referência as avaliações de preços produzidas preferencialmente por entidades públicas, justificadamente.

§ 5º Serão acrescidos ao preço do imóvel para alienação estabelecido no § 1º os custos relativos à execução dos serviços topográficos, se executados pelo Poder Público, exceto quando se tratar de ocupações cujas áreas não excedam a quatro módulos fiscais.

§ 6º Na hipótese de concessão de direito real de uso de forma onerosa nos termos estabelecidos neste artigo, aplica-se a razão de quarenta por cento sobre os percentuais estabelecidos no § 1º.

§ 7º Na hipótese de imóvel cuja área esteja situada em mais de um Município com dimensões de módulos fiscais diferentes, para efeitos do cálculo da quantidade de módulos fiscais, serão consideradas as dimensões do Município onde estiver localizada a maior porção do imóvel.

SEÇÃO II
DOS ENCARGOS FINANCEIROS DOS TÍTULOS

ART. 26. Para fins do disposto no § 1º do art. 17 da Lei n. 11.952, de 2009, aos títulos e à concessão de direito real uso onerosos serão aplicados encargos financeiros para atualização dos valores dos títulos, nos seguintes termos:

I - até quatro módulos fiscais - um por cento ao ano;

II - acima de quatro até oito módulos fiscais - dois por cento ao ano;

III - acima de oito até quinze módulos fiscais - quatro por cento ao ano; e

IV - acima de quinze módulos fiscais até dois mil e quinhentos hectares - seis por cento ao ano.

Parágrafo único. O disposto neste artigo se aplica às hipóteses previstas nos § 12 e § 13 do art. 20.

SEÇÃO III
DA FORMA DE PAGAMENTO DOS TÍTULOS

ART. 27. O valor do título de domínio será pago pelo beneficiário de regularização fundiária, nos seguintes termos:

I - o pagamento à vista do valor integral, excetuadas as hipóteses previstas nos § 12 e § 13 do art. 20, deverá ser realizado no prazo de até cento e oitenta dias, contado da data do recebimento do título, o beneficiário terá direito a vinte por cento de desconto sobre a quantia devida, nos termos estabelecidos no § 2º do art. 17 da Lei n. 11.952, de 2009; e

II - o pagamento parcelado em prestações anuais e sucessivas deverá ser realizado em até vinte anos, com carência de trinta e seis meses, contados a partir da data da expedição do título.

§ 1º O cálculo de pagamento das prestações adotará o sistema de amortização constante e o regime de juros simples.

§ 2º Os encargos financeiros de que trata o art. 26 serão aplicados a partir da data da expedição do título.

§ 3º O pagamento será efetuado por meio de Guia de Recolhimento da União ou de outro instrumento decorrente de convênio ou contrato firmado com instituições financeiras, que terá prazo máximo de vencimento de trinta dias, contado da data da sua emissão.

§ 4º O pagamento efetuado deverá ser comprovado nos autos nos quais tenha sido concedido o título de domínio.

SEÇÃO IV
DOS TÍTULOS INADIMPLIDOS

ART. 28. O inadimplemento da obrigação de pagamento nos prazos pactuados constituirá o beneficiário em mora de pleno direito.

Parágrafo único. O beneficiário poderá purgar a mora, para evitar a reversão do imóvel, por meio do pagamento da parcela em atraso, desde que respeitado o limite de um ano do vencimento da parcela.

ART. 29. A administração pública federal poderá receber pagamentos em atraso referentes a três prestações consecutivas ou cinco alternadas, desde que seja atestada a utilidade da prestação e a inexistência de interesse social ou utilidade pública atinente ao imóvel.

§ 1º A faculdade prevista no *caput* não impede a administração pública federal de declarar a rescisão do título e a reversão do imóvel ao patrimônio da União caso inexista o interesse em receber as parcelas em atraso.

§ 2º O prazo para requerer o pagamento na hipótese prevista no *caput* é de trinta dias, contado da data do vencimento das prestações.

ART. 30. Sobre os valores em atraso incidirá juros de mora de cinco décimos por cento ao mês, além da atualização monetária nos termos do art. 26.

CAPÍTULO VI
DA RENEGOCIAÇÃO

ART. 31. A análise quanto ao cumprimento de cláusulas resolutivas ficará restrita aos termos estabelecidos em contrato.

ART. 32. Na hipótese de descumprimento de contrato firmado com os órgãos fundiários federais até 22 de dezembro de 2016, o beneficiário originário ou os seus herdeiros que ocupem e explorem o imóvel terão prazo de cinco anos, contado da data de entrada em vigor da Medida Provisória no 759, de 22 de dezembro de 2016, para requerer a renegociação do contrato firmado, sob pena de reversão, observadas:

I - as condições de pagamento estabelecidas no art. 11 e no art.12 da Lei n. 11.952, de 2009; e

II - a comprovação do cumprimento das cláusulas de que trata o art. 15 da Lei n. 11.952, de 2009.

§ 1º O disposto no *caput* não se aplica na hipótese de manifestação de interesse social ou utilidade pública relacionada aos imóveis titulados, independentemente do tamanho da área, situação em que será obrigatória a análise do cumprimento das condições resolutivas nos termos estabelecidos em contrato.

§ 2º O georreferenciamento do imóvel, nos termos definidos no art. 9º da Lei n. 11.952, de 2009, será requisito indispensável ao pedido de renegociação.

ART. 33. Deferida a renegociação, será emitido novo título, nos termos e nas condições estabelecidas pela Lei n. 11.952, de 2009.

Parágrafo único. O título de que trata o *caput* evidenciará, em seu anverso, o resultado do processo de renegociação, com menção expressa ao número do título anterior.

ART. 34. Não caberá a renegociação de títulos alienados durante a vigência das condições resolutivas, ainda que demonstrado o distrato posterior.

ART. 35. A renegociação será realizada apenas uma vez, observado o disposto neste Decreto.

ART. 36. Na hipótese de pagamento parcial comprovado nos autos, o valor será atualizado com base na Taxa Referencial, descontado o valor estabelecido na renegociação.

ART. 37. Os títulos emitidos anteriormente à data de entrada em vigor da Lei n. 13.465, de 2017, terão seus valores passíveis de enquadramento, conforme estabelecido na Lei n. 11.952, de 2009, por meio de requerimento do interessado e vedada a restituição de valores já pagos que, por conta do enquadramento, eventualmente excedam ao valor que se tornou devido.

Parágrafo único. Deferido o enquadramento, será emitido termo aditivo ao título anterior, mantidas as demais condições das cláusulas contratuais.

CAPÍTULO VII
DA VENDA DIRETA

ART. 38. A modalidade de alienação estabelecida no art. 38 da Lei n. 11.952, de 2009, se aplica às hipóteses de venda direta, mediante o pagamento de cem por cento do valor máximo da terra nua definido na pauta de valores da terra nua, para fins de titulação e regularização fundiária elaborada pelo INCRA.

§ 1º A alienação de que trata o *caput* será realizada por meio da expedição de título de domínio nos termos do art. 15 e do art.16 da Lei n. 11.952, de 2009, aos ocupantes de imóveis rurais localizados na Amazônia Legal, até o limite de dois mil e quinhentos hectares, nas seguintes hipóteses:

I - quando se tratar de ocupações posteriores a 22 de julho de 2008 ou em áreas em que tenha havido interrupção da cadeia alienatória posterior à referida data, desde que observado o disposto no art. 4º e no art. 5º da Lei n. 11.952, de 2009, e comprovado o período da ocupação atual por prazo igual ou superior a cinco anos, apurado até 23 de dezembro de 2016; e

II - quando o requerente for proprietário de outro imóvel rural, desde que a soma das áreas não ultrapasse o limite estabelecido no § 1º e observado o disposto no art. 4º e no art. 5º da Lei n. 11.952, de 2009.

§ 2º Os imóveis rurais identificados como de propriedade do requerente deverão estar georreferenciados conforme norma técnica definida pelo INCRA, de forma a permitir a exata verificação do limite estabelecido no § 1º.

§ 3º A venda direta se aplica a áreas contíguas ou não às propriedades do requerente.

§ 4º O disposto no art. 8º se aplica às hipóteses de venda direta.

CAPÍTULO VIII
DA COMPENSAÇÃO FINANCEIRA POR BENFEITORIAS

ART. 39. O pagamento da compensação financeira por benfeitorias úteis ou necessárias estabelecida no § 8º do art. 18 da Lei n. 11.952, de 2009, ficará sob a responsabilidade do órgão ou da entidade que manifestar interesse social quanto à destinação da área.

ART. 40. As benfeitorias úteis ou necessárias serão avaliadas com base nos critérios estabelecidos pelo manual de obtenção de terras elaborado pelo INCRA.

CAPÍTULO IX
DISPOSIÇÕES FINAIS

ART. 41. Para a realização de atividades de geomensura, cadastramento, titulação, instrução processual e outras ações necessárias à implementação da regularização fundiária, poderão ser firmados acordos de cooperação técnica, convênios e outros instrumentos congêneres entre a União, os Estados, o Distrito Federal e os Municípios.

ART. 42. As cessões de direitos a terceiros que decorram de contratos firmados entre o órgão competente e o ocupante serão nulas se efetivadas em desacordo com os prazos e as restrições estabelecidos nos instrumentos a que se refere o art. 41.

§ 1º A cessão de direitos de que trata o *caput* servirá somente para fins de comprovação da ocupação atual do imóvel pelo terceiro cessionário.

§ 2º O terceiro cessionário somente poderá regularizar a área ocupada nas condições estabelecidas pela Lei n. 11.952, de 2009.

ART. 43. O disposto neste Decreto não se aplica às alienações ou às concessões de direito real de uso precedidas de processo licitatório ocorrido posteriormente à data de entrada em vigor da Lei n. 11.952, de 2009.

ART. 44. O sistema informatizado de que trata o art. 34 da Lei n. 11.952, de 2009, estará disponível em sítio eletrônico e permitirá o acompanhamento:

I - das ações de regularização fundiária;

II - do cadastro de posseiros;

III - dos dados geoespaciais dos imóveis em processo de regularização; e

IV - de outras informações relevantes ao programa.

Parágrafo único. A regulamentação das informações apresentadas no sistema informatizado será feita pelo comitê de que trata o art. 35 da Lei n. 11.952, de 2009, que deverá estar compatibilizada com os cadastros geoespaciais geridos pela Secretaria de Patrimônio da União do Ministério do Planejamento, Desenvolvimento e Gestão.

ART. 45. A regularização de áreas ocupadas por comunidades de remanescentes de quilombos será efetuada com base em legislação específica.

ART. 46. A certidão de liberação das condições resolutivas, de caráter declaratório, será averbada à margem da matrícula do imóvel previamente à alienação do bem pelo beneficiário do título ou da concessão de direito real de uso.

ART. 47. Fica revogado o Decreto n. 6.992, de 28 de outubro de 2009.

ART. 48. Este Decreto entra em vigor na data de sua publicação.

Brasília, 15 de março de 2018; 197º da Independência e 130º da República.

MICHEL TEMER

› Optamos, nesta edição, pela não publicação do Anexo.

DECRETO N. 9.310, DE 15 DE MARÇO DE 2018

Institui as normas gerais e os procedimentos aplicáveis à Regularização Fundiária Urbana e estabelece os procedimentos para a avaliação e a alienação dos imóveis da União.

› *DOU*, 16.03.2018, retificado em 19.03.2018.

O Presidente da República, no uso das atribuições que lhe confere o art. 84, *caput*, incisos IV e VI, alínea "a", da Constituição, e tendo em vista o disposto na Lei n. 13.465, de 11 de julho de 2017, e nos art. 37, art. 38, art. 39 e art. 40, *caput* e § 1º a § 4º, § 41, § 42, § 44 e § 47 a § 52, da Lei n. 6.766, de 19 de dezembro de 1979,

Decreta:

TÍTULO I
DA REGULARIZAÇÃO FUNDIÁRIA URBANA

CAPÍTULO I
DISPOSIÇÕES GERAIS

ART. 1º Ficam instituídos as normas gerais e os procedimentos aplicáveis à Regularização Fundiária Urbana - Reurb, a qual abrange as medidas jurídicas, urbanísticas, ambientais e sociais destinadas à incorporação dos núcleos urbanos informais ao ordenamento territorial urbano e à titulação dos seus ocupantes.

§ 1º Os Poderes Públicos formularão e desenvolverão, no espaço urbano, as políticas de suas competências de acordo com os princípios de sustentabilidade econômica, social e ambiental e ordenação territorial, de forma a buscar a ocupação do solo de maneira eficiente e combinar o seu uso de forma funcional.

§ 2º A Reurb promovida por meio da legitimação fundiária somente poderá ser aplicada para os núcleos urbanos informais comprovadamente existentes em 22 de dezembro de 2016, nos termos do disposto na Lei n. 13.465, de 11 de julho de 2017, e neste Decreto.

ART. 2º Constituem objetivos da Reurb, a serem observados pela União, pelos Estados, pelo Distrito Federal e pelos Municípios:

I - identificar os núcleos urbanos informais a serem regularizados, organizá-los e assegurar a prestação de serviços públicos aos seus ocupantes, de modo a melhorar as condições urbanísticas e ambientais em relação à situação de ocupação informal anterior;

II - criar unidades imobiliárias compatíveis com o ordenamento territorial urbano e constituir sobre elas direitos reais em favor dos seus ocupantes;

III - ampliar o acesso à terra urbanizada pela população de baixa renda, de modo a priorizar a permanência dos ocupantes nos próprios núcleos urbanos informais regularizados;

IV - promover a integração social e a geração de emprego e renda;

V - estimular a resolução extrajudicial de conflitos, em reforço à consensualidade e à cooperação entre Estado e sociedade;

VI - garantir o direito social à moradia digna e às condições de vida adequadas;

VII - garantir a efetivação da função social da propriedade;

VIII - ordenar o pleno desenvolvimento das funções sociais da cidade e garantir o bem-estar de seus habitantes;

IX - concretizar o princípio constitucional da eficiência na ocupação e no uso do solo;

X - prevenir e desestimular a formação de novos núcleos urbanos informais;

XI - conceder direitos reais, preferencialmente em nome da mulher; e

XII - franquear a participação dos interessados nas etapas do processo de regularização fundiária.

ART. 3º Para fins do disposto na Lei n. 13.465, de 2017, e neste Decreto, considera-se:

I - núcleo urbano - assentamento humano, com uso e características urbanas, constituído por unidades imobiliárias com área inferior à fração mínima de parcelamento prevista no art. 8º da Lei n. 5.868, de 12 de dezembro de 1972, independentemente da propriedade do solo, ainda que situado em área qualificada ou inscrita como rural;

II - núcleo urbano informal - aquele clandestino, irregular ou no qual não tenha sido possível realizar a titulação de seus ocupantes, ainda que atendida a legislação vigente à época de sua implantação ou regularização;

III - núcleo urbano informal consolidado - aquele de difícil reversão, considerados o tempo da ocupação, a natureza das edificações, a localização das vias de circulação e a presença de equipamentos públicos, entre outras circunstâncias a serem avaliadas pelo Município ou pelo Distrito Federal;

IV - demarcação urbanística - procedimento destinado a identificar os imóveis públicos e privados abrangidos pelo núcleo urbano informal e a obter a anuência dos titulares de direitos inscritos nas matrículas ou nas transcrições dos imóveis ocupados para possibilitar a averbação nas matrículas da viabilidade da regularização fundiária, a ser promovida a critério do Município ou do Distrito Federal;

V - Certidão de Regularização Fundiária - CRF - documento expedido pelo Município ou pelo Distrito Federal ao final do procedimento da Reurb, constituído do projeto de regularização fundiária aprovado, do termo de compromisso relativo a sua execução e, no caso da legitimação fundiária e da legitimação de posse, da listagem dos ocupantes do núcleo urbano informal regularizado, da devida qualificação destes e dos direitos reais que lhes foram conferidos;

VI - legitimação de posse - ato do Poder Público destinado a conferir título, por meio do qual fica reconhecida a posse de imóvel objeto da Reurb, conversível em aquisição de direito real de propriedade na forma estabelecida na Lei n. 13.465, de 2017, e neste Decreto, e do qual conste a identificação de seus ocupantes, o tempo da ocupação e a natureza da posse;

VII - legitimação fundiária - mecanismo de reconhecimento da aquisição originária do direito real de propriedade sobre unidade imobiliária objeto de Reurb; e

VIII - ocupante - aquele que mantenha poder de fato sobre o lote ou a fração ideal de imóvel público ou privado em núcleos urbanos informais.

§ 1º Para fins de Reurb, os Municípios e o Distrito Federal poderão dispensar as exigências relativas ao percentual e às dimensões de áreas destinadas ao uso público, ao tamanho dos lotes regularizados ou a outros parâmetros urbanísticos e edilícios.

§ 2º O termo de compromisso referido no inciso V do *caput* conterá o cronograma da execução de obras e serviços e da implantação da infraestrutura essencial e poderá prever compensações urbanísticas e ambientais, quando necessárias.

§ 3º Constatada a existência de núcleo urbano informal situado, total ou parcialmente, em área de preservação permanente ou em área de unidade de conservação de uso sustentável ou de proteção de mananciais definidas pela União, pelos Estados, pelo Distrito Federal ou pelos Municípios, a Reurb observará, também, o disposto nos art. 64 e art. 65 da Lei n. 12.651, de 25 de maio de 2012, e será obrigatória a elaboração de estudo técnico que comprove que as intervenções de regularização fundiária implicam a melhoria das condições ambientais em relação à situação de ocupação informal anterior com a adoção das medidas nele preconizadas, inclusive por meio de compensações ambientais, quando necessárias.

§ 4º Cabe aos Municípios e ao Distrito Federal a aprovação do projeto de regularização fundiária do núcleo urbano informal de que trata o § 3º.

§ 5º Constatada a existência de núcleo urbano informal situado, total ou parcialmente, em área de unidade de conservação de uso sustentável que, nos termos da Lei n. 9.985, de 18 de julho de 2000, admita a regularização, a anuência do órgão gestor da unidade será exigida, desde que estudo técnico comprove que essas intervenções de regularização fundiária impliquem a melhoria das condições ambientais em relação à situação de ocupação informal anterior, o órgão gestor da unidade de conservação de uso sustentável deverá se manifestar, para fins de Reurb, no prazo de noventa dias, contado da data do protocolo da solicitação.

§ 6º Na hipótese de recusa à anuência a que se refere o § 5º pelo órgão gestor da unidade, este emitirá parecer, técnica e legalmente fundamentado, que justifique a negativa para realização da Reurb.

§ 7º Na Reurb em núcleos urbanos informais situados às margens de reservatório artificial de água destinado à geração de energia ou ao abastecimento público, a faixa da área de preservação permanente consistirá na distância entre o nível máximo operativo normal e a cota *maxima maximorum*.

§ 8º Não é admitida a Reurb em núcleos urbanos informais situados em áreas indispensáveis à segurança nacional ou de interesse da defesa, assim reconhecidas em ato do Presidente da República.

§ 9º É admitida a Reurb em núcleos urbanos informais situados na faixa de fronteira estabelecida na Lei n. 6.634, de 2 de maio de 1979, exceto na hipótese referida no § 8º.

§ 10. Consideram-se áreas indispensáveis à segurança nacional para fins do disposto neste Decreto, os locais e as adjacências onde o Presidente da República e o Vice-Presidente da República trabalham ou residem oficialmente durante o mandato presidencial, e das infraestruturas críticas, cujas instalações, serviços e bens, se forem interrompidos ou destruídos, provocarão sérios impactos à sociedade e ao Estado.

§ 11. As infraestruturas críticas cujas instalações, serviços e bens, se forem interrompidos ou destruídos, provocarão sérios impactos à sociedade e ao Estado, serão definidas em ato do Presidente da República, consultado o Gabinete de Segurança Institucional da Presidência da República.

§ 12. Aplica-se o disposto no § 10 quanto às instalações, e às suas adjacências, utilizadas de forma permanente ou não pelo Presidente da República e pelo Vice-Presidente da República, conforme indicação definida em ato do Ministro de Estado Chefe do Gabinete de Segurança Institucional da Presidência da República.

§ 13. O disposto na Lei n. 13.465, de 2017, e neste Decreto se aplica aos imóveis localizados em área rural, desde que a unidade imobiliária tenha área inferior à fração mínima de parcelamento prevista no art. 8º da Lei n. 5.868, de 1972.

§ 14. Após a Reurb de núcleos urbanos informais situados em áreas qualificadas como rurais, os Municípios e o Distrito Federal poderão efetuar o cadastramento das novas unidades imobiliárias, para fins de lançamento dos tributos municipais e distritais.

ART. 4º A aprovação municipal e distrital da Reurb de que trata o § 4º do art. 3º corresponde à aprovação urbanística do projeto de regularização fundiária, e à aprovação ambiental, se o Município tiver órgão ambiental capacitado.

§ 1º A aprovação ambiental a que se refere o *caput* corresponde à aprovação do estudo técnico ambiental a que se refere o inciso VIII do *caput* do art. 30.

§ 2º Considera-se órgão ambiental capacitado o órgão municipal que possua, em seus quadros ou à sua disposição, profissionais com atribuição técnica para a análise e a aprovação dos estudos referidos no art. 3º, independentemente da existência de convênio com os Estados ou com a União.

§ 3º A aprovação ambiental poderá ser feita pelos Estados, na hipótese de o Município não ter órgão ambiental capacitado.

§ 4º O estudo técnico ambiental será obrigatório somente para as parcelas dos núcleos urbanos informais situados nas áreas de preservação permanente, nas unidades de conservação de uso sustentável ou nas áreas de proteção de mananciais e poderá ser feito em fases ou etapas e a parte do núcleo urbano informal não afetada pelo estudo poderá ter seu projeto de regularização fundiária aprovado e levado a registro separadamente.

§ 5º Na Reurb de Interesse Social - Reurb-S, quando houver estudo técnico ambiental, este deverá comprovar que as intervenções da regularização fundiária implicam a melhoria das condições ambientais em relação à situação de ocupação informal anterior com a adoção das medidas nele preconizadas e deverá conter, no mínimo, os seguintes elementos previstos no art. 64 da Lei n. 12.651, de 2012:

I - caracterização da situação ambiental da área a ser regularizada;

II - especificação dos sistemas de saneamento básico;

III - proposição de intervenções para a prevenção e o controle de riscos geotécnicos e de inundações;

IV - recuperação de áreas degradadas e daquelas não passíveis de regularização;

V - comprovação da melhoria das condições de sustentabilidade urbano-ambiental, considerados o uso adequado dos recursos hídricos, a não ocupação das áreas de risco e a proteção das unidades de conservação, quando for o caso; (Alterado pelo Dec. 9.597/2018.)

VI - comprovação da melhoria da habitabilidade dos moradores propiciada pela regularização proposta; e

VII - demonstração de garantia de acesso livre e gratuito pela população às praias e aos corpos d'água, quando couber.

§ 6º Na Reurb de Interesse Específico - Reurb-E, quando houver estudo técnico ambiental, este deverá comprovar que as intervenções da regularização fundiária implicam a melhoria das condições ambientais em relação à situação de ocupação informal anterior com a adoção das medidas nele preconizadas e deverá conter, no mínimo, os seguintes elementos previstos no art. 65 da Lei n. 12.651, de 2012:

I - caracterização físico-ambiental, social, cultural e econômica da área;

II - identificação dos recursos ambientais, dos passivos e das fragilidades ambientais e das restrições e potencialidades da área;

III - especificação e a avaliação dos sistemas de infraestrutura urbana e de saneamento básico implantados, além de outros serviços e equipamentos públicos;

IV - identificação das unidades de conservação e das áreas de proteção de mananciais na área de influência direta da ocupação, sejam elas águas superficiais, sejam subterrâneas; (Alterado pelo Dec. 9.597/2018.)

V - especificação da ocupação consolidada existente na área;

VI - identificação das áreas consideradas de risco de inundações e de movimentos de massa rochosa, tais como deslizamento, queda e rolamento de blocos, corrida de lama e outras definidas como de risco geotécnico;

VII - indicação das faixas ou áreas em que devem ser resguardadas as características típicas da área de preservação permanente com a proposta de recuperação de áreas degradadas e daquelas não passíveis de regularização;

VIII - avaliação dos riscos ambientais;

IX - comprovação da melhoria das condições de sustentabilidade urbano-ambiental e de habitabilidade dos moradores a partir da regularização; e

X - demonstração de garantia de acesso livre e gratuito pela população às praias e aos corpos d'água, quando couber.

§ 7º Para fins da regularização ambiental prevista no § 6º, ao longo dos rios ou de qualquer curso d'água, será mantida faixa não edificável com largura mínima de quinze metros de cada lado. (Alterado pelo Dec. 9.597/2018.)

§ 8º Em áreas urbanas tombadas como patrimônio histórico e cultural, a faixa não edificável de que trata o inciso anterior poderá ser redefinida de maneira a atender aos parâmetros do ato do tombamento.

§ 9º Os estudos de que trata este artigo deverão ser elaborados por profissional legalmente habilitado e estar compatibilizados com o projeto de regularização fundiária e conter, conforme o caso, os elementos constantes do art. 64 ou art. 65 da Lei n. 12.651, de 25 de maio de 2012.

ART. 5º A Reurb compreende duas modalidades:

I - Reurb-S - regularização fundiária aplicável aos núcleos urbanos informais ocupados predominantemente por população de baixa renda, assim declarados em ato do Poder Público municipal ou distrital; e

II - Reurb-E - regularização fundiária aplicável aos núcleos urbanos informais ocupados por população não qualificada na hipótese de que trata o inciso I.

§ 1º Serão isentos de custas e emolumentos, entre outros, os atos registrais relacionados à Reurb-S conforme disposto no Capítulo V.

§ 2º O registro dos atos de que trata § 1º independe da comprovação do pagamento de tributos ou de penalidades tributárias.

§ 3º O disposto nos § 1º e § 2º aplica-se também à Reurb-S que tenha por objeto conjuntos habitacionais ou condomínios de interesse social construídos pelo Poder Público, diretamente ou por meio da administração pública indireta, que já tenham sido implantados em 22 de dezembro de 2016.

§ 4º No mesmo núcleo urbano informal poderá haver as duas modalidades de Reurb, desde que a parte ocupada predominantemente por população de baixa renda seja regularizada por meio de Reurb-S e o restante do núcleo por meio de Reurb-E. (Alterado pelo Dec. 9.597/2018.)

§ 5º Na Reurb, os Municípios e o Distrito Federal poderão admitir o uso misto de atividades como forma de promover a integração social e a geração de emprego e renda no núcleo urbano informal regularizado. (Alterado pelo Dec. 9.597/2018.)

§ 6º A regularização fundiária de núcleos urbanos informais constituídos por unidades imobiliárias não residenciais poderá ser feita por meio de Reurb-E.

§ 7º A classificação da modalidade da Reurb de unidades imobiliárias residenciais ou não residenciais integrantes de núcleos urbanos informais poderá ser feita, a critério do Município ou do Distrito Federal, ou quando for o caso, dos Estados e da União, de forma integral, por partes ou de forma isolada por unidade imobiliária.

§ 8º A classificação da modalidade visa exclusivamente à identificação dos responsáveis pela implantação ou adequação das obras da infraestrutura essencial e ao reconhecimento do direito à gratuidade das custas e dos emolumentos notariais e registrais em favor daqueles a quem for atribuído o domínio das unidades imobiliárias regularizadas.

§ 9º Os cartórios que não cumprirem o disposto neste artigo, que retardarem ou não efetuarem o registro de acordo com as normas previstas neste Decreto, por ato não justificado, ficarão sujeitos às sanções previstas no art. 44 da Lei n. 11.977, de 2009, observado o disposto nos § 3º-A e § 3º-B do art. 30 da Lei n. 6.015, de 31 de dezembro de 1973.

§ 10. A partir da disponibilidade de equipamentos e infraestrutura para prestação de serviço público de abastecimento de água, coleta de esgoto, distribuição de energia elétrica, ou outros serviços públicos, é obrigatório aos beneficiários do Reurb realizar a conexão da edificação que ocupem à rede de água, de coleta de esgoto ou de distribuição de energia elétrica e adotar as demais providências necessárias à utilização do serviço, exceto se houver disposição em contrário na legislação municipal ou distrital.

ART. 6º Para a classificação da Reurb na modalidade Reurb-S, a composição ou a faixa da renda familiar para definição de população de baixa renda poderá ser estabelecida em ato do Poder Público municipal ou distrital, consideradas as peculiaridades locais e regionais de cada ente federativo.

Parágrafo único. A renda familiar prevista no *caput* não poderá ser superior ao quíntuplo do salário mínimo vigente no País.

ART. 7º Poderão requerer a instauração da Reurb:

I - a União, os Estados, o Distrito Federal e os Municípios, diretamente ou por meio de entidades da administração pública indireta;

II - os seus beneficiários, individual ou coletivamente, diretamente ou por meio de cooperativas habitacionais, associações de moradores, fundações, organizações sociais, organizações da sociedade civil de interesse público ou outras associações civis que tenham por finalidade atuar nas áreas de desenvolvimento urbano ou de regularização fundiária urbana;

III - os proprietários dos imóveis ou dos terrenos, os loteadores ou os incorporadores;

IV - a Defensoria Pública, em nome dos beneficiários hipossuficientes; e

V - o Ministério Público.

§ 1º Os legitimados poderão promover os atos necessários à regularização fundiária, inclusive requerer os atos de registro.

§ 2º Nas hipóteses de parcelamento do solo, de conjunto habitacional ou de condomínio informal, empreendidos por particular, a conclusão da Reurb confere direito de regresso àqueles que suportarem os seus custos e as suas obrigações contra os responsáveis pela implantação dos núcleos urbanos informais. (Alterado pelo Dec. 9.597/2018.)

§ 3º O requerimento de instauração da Reurb pelos proprietários de terreno, pelos loteadores ou pelos incorporadores que tenham dado causa à formação de núcleos urbanos informais, ou por seus sucessores, não os eximirá de responsabilidades administrativa, civil ou criminal.

CAPÍTULO II
DOS INSTRUMENTOS DA REGULARIZAÇÃO FUNDIÁRIA URBANA

SEÇÃO I
DISPOSIÇÕES GERAIS

ART. 8º Os seguintes institutos jurídicos poderão ser empregados no âmbito da Reurb, sem prejuízo de outros considerados adequados:

I - a legitimação fundiária e a legitimação de posse, nos termos da Lei n. 13.465, de 2017, e deste Decreto;

II - o usucapião, nos termos do art. 1.238 ao art. 1.244 da Lei n. 10.406, de 10 de janeiro de 2002 - Código Civil, do art. 9º ao art. 14 da Lei n. 10.257, de 10 de julho de 2001, e do art. 216-A da Lei n. 6.015, de 1973;

III - a desapropriação em favor dos possuidores, nos termos dos § 4º e § 5º do art. 1.228 da Lei n. 10.406, de 2002 - Código Civil;

IV - a arrecadação de bem vago, nos termos do art. 1.276 da Lei n. 10.406, de 2002 - Código Civil;

V - o consórcio imobiliário, nos termos do art. 46 da Lei n. 10.257, de 2001;

VI - a desapropriação por interesse social, nos termos do inciso IV do *caput* do art. 2º da Lei n. 4.132, de 10 de setembro de 1962;

VII - o direito de preempção, nos termos do inciso I do *caput* do art. 26 da Lei n. 10.257, de 2001;

VIII - a transferência do direito de construir, nos termos do inciso III do *caput* do art. 35 da Lei n. 10.257, de 2001;

IX - a requisição, em caso de perigo público iminente, nos termos do § 3º do art. 1.228 da Lei n. 10.406, de 2002 - Código Civil;

X - a intervenção do Poder Público em parcelamento clandestino ou irregular, nos termos do art. 40 da Lei n. 6.766, de 19 de dezembro de 1979;

XI - a alienação de imóvel pela administração pública diretamente para o seu detentor, nos termos da alínea "f" do inciso I do *caput* do art. 17 da Lei n. 8.666, de 21 de junho de 1993;

XII - a concessão de uso especial para fins de moradia;

XIII - a concessão de direito real de uso;

XIV - a doação;

XV - a compra e venda;

XVI - o condomínio de lotes a que se refere o Capítulo VII;

XVII - o loteamento de acesso controlado a que se refere o art. 78 da Lei n. 13.465, de 2017; e

XVIII - o condomínio urbano simples a que se refere o Capítulo IX.

Parágrafo único. Na Reurb, poderão ser utilizados mais de um dos instrumentos previstos neste artigo.

ART. 9º Na Reurb-E, promovida sobre bem público, se houver solução consensual, a aquisição de direitos reais pelo particular ficará condicionada ao pagamento do valor justo da unidade imobiliária regularizada, a ser apurado na forma estabelecida em ato do Poder Público titular do domínio e não serão considerados o valor das acessões e benfeitorias feitas pelo ocupante e a valorização decorrente da implantação dessas acessões e benfeitorias.

Parágrafo único. As áreas de propriedade do Poder Público registradas no cartório de registro de imóveis que sejam objeto de ação judicial que verse sobre a sua titularidade poderão ser objeto de Reurb-E, desde que celebrado acordo judicial ou extrajudicial, na forma estabelecida na Lei n. 13.465, de 2017, e neste Decreto, homologado pelo juiz.

ART. 10. Na Reurb-S, promovida sobre bem público, o registro projeto de regularização fundiária e a constituição de direito real em nome dos beneficiários poderão ser feitas em ato único, a critério do Poder Público promovente.

§ 1º Na hipótese a que se refere o *caput*, serão encaminhados ao cartório de registro de imóveis o instrumento indicativo do direito real constituído, a listagem dos ocupantes que serão beneficiados pela Reurb e as suas qualificações, com a indicação de suas unidades, dispensada a apresentação de título cartorial individualizado e de cópias da documentação referente à qualificação de cada beneficiário.

§ 2º A qualificação dos beneficiários a que se refere o § 1º será constituída de:

I - nome completo;

II - estado civil; e

III - número de inscrição no Cadastro de Pessoas Físicas - CPF.

§ 3º Poderá haver mais de um documento indicativo do direito real constituído em um núcleo urbano informal e caberá ao Poder Público titular do domínio indicar a qual direito real cada beneficiário faz jus.

§ 4º O procedimento previsto neste artigo poderá ser aplicado no todo ou em parte do núcleo urbano informal e as unidades que não se enquadrarem neste artigo poderão ser tituladas individualmente.

§ 5º A listagem dos ocupantes e o instrumento indicativo do direito real constituído, previstos no § 1º, poderão ser encaminhados ao cartório de registro de imóveis em momento posterior ao registro da CRF.

§ 6º Na Reurb-S promovida pela União, pelos Estados ou pelo Distrito Federal em áreas de suas propriedades, caberá a estes a definição do instrumento indicativo do direito real constituído e a listagem dos ocupantes a serem beneficiados, que poderão ser encaminhados ao cartório de registro de imóveis juntamente com a CRF ou em momento posterior, conforme previsto no § 5º.

ART. 11. Os Municípios e o Distrito Federal poderão instituir, como instrumento de planejamento urbano, Zonas Especiais de Interesse Social - Zeis, no âmbito da política de ordenamento do seu território.

§ 1º Para efeitos do disposto na Lei n. 13.465, de 2017, e neste Decreto, considera-se Zeis a parcela de área urbana instituída pelo plano diretor ou por outra lei municipal ou distrital, destinada preponderantemente à população de baixa renda e sujeita a regras específicas de parcelamento, uso e ocupação do solo.

§ 2º A Reurb não ficará condicionada à existência de Zeis.

SEÇÃO II
DA DEMARCAÇÃO URBANÍSTICA

ART. 12. O Poder Público poderá utilizar o procedimento de demarcação urbanística, com base no levantamento da situação da área a ser regularizada e na caracterização do núcleo urbano informal a ser regularizado.

§ 1º O auto de demarcação urbanística será instruído com os seguintes documentos:

I - planta e memorial descritivo da área a ser regularizada, dos quais constarão:

a) as medidas perimetrais;

b) a área total;

c) os confrontantes;

d) as coordenadas georreferenciadas dos vértices definidores de seus limites;

e) os números das matrículas ou das transcrições atingidas;

f) a indicação dos proprietários identificados; e

g) a ocorrência de situações de domínio privado com proprietários não identificados em razão de descrições imprecisas dos registros anteriores; e

II - planta de sobreposição do imóvel demarcado com a situação da área constante do registro dos imóveis.

§ 2º O auto de demarcação urbanística poderá abranger uma parte ou a totalidade de um ou mais imóveis que se enquadrem em uma ou mais das seguintes hipóteses:

I - domínio privado com proprietários não identificados, em razão de descrições imprecisas dos registros anteriores;

II - domínio privado registrado no cartório de registro de imóveis competente, ainda que de proprietários distintos; ou

III - domínio público.

§ 3º O procedimento de demarcação urbanística não constitui condição para o processamento e a efetivação da Reurb.

ART. 13. O Poder Público notificará os titulares de domínio e os confrontantes da área demarcada, pessoalmente ou por via postal, com aviso de recebimento, no endereço que constar da matrícula ou da transcrição, para, que estes, querendo, apresentem impugnação à demarcação urbanística, no prazo comum de trinta dias.

§ 1º Os titulares de domínio ou os confrontantes não identificados, não encontrados ou que recusarem o recebimento da notificação por via postal serão notificados por edital, para que apresentem impugnação à demarcação urbanística, no prazo comum de trinta dias, contado da data da notificação.

§ 2º O edital de que trata o § 1º conterá resumo do auto de demarcação urbanística, com a descrição que permita a identificação da área a ser demarcada e o seu desenho simplificado.

§ 3º A ausência de manifestação dos indicados neste artigo será interpretada como concordância com a demarcação urbanística.

§ 4º Apresentada a impugnação apenas em relação à parte da área objeto do auto de demarcação urbanística, é facultado ao Poder Público prosseguir com o procedimento em relação à parcela não impugnada.

§ 5º A critério do Poder Público municipal ou distrital, as medidas de que trata o art. 12 poderão ser realizadas pelo cartório de registro de imóveis do local do núcleo urbano informal a ser regularizado.

§ 6º A notificação conterá a advertência de que a ausência de impugnação implicará a perda de eventual direito de que o notificado titularize sobre o imóvel objeto da Reurb.

ART. 14. Na hipótese de apresentação de impugnação, procedimento extrajudicial de composição de conflitos poderá ser adotado.

§ 1º Caso exista demanda judicial de que o impugnante seja parte e que verse sobre direitos reais ou possessórios relativos ao imóvel abrangido pela demarcação urbanística, este deverá informá-la ao Poder Público, o qual comunicará ao juízo a existência do procedimento de que trata o *caput*.

§ 2º Para subsidiar o procedimento de que trata o *caput*, será feito levantamento de eventuais passivos tributários, ambientais e administrativos associados ao imóvel objeto da impugnação, assim como das posses existentes, com vistas à identificação de casos de prescrição aquisitiva da propriedade.

§ 3º A mediação observará o disposto na Lei n. 13.140, de 26 de junho de 2015, facultado ao Poder Público promover a alteração do auto de demarcação urbanística ou adotar qualquer outra medida que possa afastar a oposição do proprietário ou dos confrontantes à regularização da área ocupada.

§ 4º Fica facultado o emprego da arbitragem caso não seja obtido acordo na fase de mediação.

ART. 15. Decorrido o prazo sem impugnação ou superada a oposição ao procedimento, o auto de demarcação urbanística será encaminhado ao cartório de registro de imóveis e averbado nas matrículas por ele alcançadas.

§ 1º A averbação informará:

I - a área total e o perímetro correspondente ao núcleo urbano informal a ser regularizado;

II - as matrículas alcançadas pelo auto de demarcação urbanística e, quando possível, a área abrangida em cada uma delas; e

III - a existência de áreas cuja origem não tenha sido identificada em razão de imprecisões dos registros anteriores.

§ 2º Na hipótese de o auto de demarcação urbanística incidir sobre imóveis ainda não matriculados previamente à averbação, será aberta matrícula, que refletirá a situação registrada do imóvel, dispensadas a retificação do memorial descritivo e a apuração de área remanescente.

§ 3º Na hipótese de registro anterior efetuado em outra circunscrição, para abertura da matrícula de que trata o § 2º, o oficial requererá, de ofício, certidões atualizadas daquele registro.

§ 4º Na hipótese de a demarcação urbanística abranger imóveis situados em mais de uma circunscrição imobiliária, o oficial do cartório de registro de imóveis responsável pelo procedimento comunicará as demais circunscrições imobiliárias envolvidas para averbação da demarcação urbanística nas matrículas alcançadas.

§ 5º A demarcação urbanística será averbada ainda que a área abrangida pelo auto de demarcação urbanística supere a área disponível nos registros anteriores.

§ 6º Para a averbação da demarcação urbanística, a retificação da área não abrangida pelo auto de demarcação urbanística não será exigida e a apuração de área remanescente será de responsabilidade do proprietário do imóvel atingido.

SEÇÃO III
DA LEGITIMAÇÃO FUNDIÁRIA

ART. 16. A legitimação fundiária constitui forma originária de aquisição do direito real de propriedade conferido por ato do Poder Público, exclusivamente no âmbito da Reurb, àquele que detiver em área pública ou possuir em área privada, como sua, unidade imobiliária com destinação urbana, integrante de núcleo urbano informal consolidado existente em 22 de dezembro de 2016. (Alterado pelo Dec. 9.597/2018.)

§ 1º Apenas na Reurb-S, a legitimação fundiária será concedida ao beneficiário desde que atendidas as seguintes condições:

I - não ser o beneficiário concessionário, foreiro ou proprietário de imóvel urbano ou rural;

II - não ter sido o beneficiário contemplado com por legitimação de posse ou fundiária de imóvel urbano com a mesma finalidade, ainda que situado em núcleo urbano distinto; e

III - quanto a imóvel urbano com finalidade não residencial, ser reconhecido, pelo Poder Público, o interesse público de sua ocupação.

§ 2º Por meio da legitimação fundiária, em quaisquer das modalidades da Reurb, o ocupante adquire a unidade imobiliária com destinação urbana livre e desembaraçada de quaisquer ônus, direitos reais, gravames ou inscrições, eventualmente existentes em sua matrícula ou transcrição de origem, exceto quando disserem respeito ao próprio beneficiário.

§ 3º As inscrições, as indisponibilidades e os gravames existentes no registro da área maior originária serão transportados para as matrículas das unidades imobiliárias que não houverem sido adquiridas por legitimação fundiária.

§ 4º Na Reurb-S de imóveis públicos, a União, os Estados, o Distrito Federal e os Municípios e as suas entidades vinculadas, quando titulares do domínio, ficam autorizados a reconhecer o direito de propriedade aos ocupantes do núcleo urbano informal regularizado por meio da legitimação fundiária.

§ 5º Na legitimação fundiária, o Poder Público encaminhará ao cartório de registro de imóveis, para registro imediato da aquisição de propriedade, a CRF, dispensados a apresentação de título individualizado e as cópias da documentação referente à qualificação do beneficiário, o projeto de regularização fundiária aprovado, a listagem dos ocupantes e a sua devida qualificação e a identificação das áreas que estes ocupam.

§ 6º Para fins do disposto no § 5º, a CRF será acompanhada exclusivamente pelo projeto de regularização fundiária aprovado, a listagem dos ocupantes, com a sua qualificação, e a identificação das áreas ocupadas.

§ 7º O Poder Público poderá atribuir domínio adquirido por legitimação fundiária aos ocupantes que não tenham constado da listagem inicial, por meio de cadastramento complementar, sem prejuízo dos direitos de quem tenha constado da listagem inicial.

§ 8º O procedimento previsto neste artigo poderá ser aplicado no todo ou em parte do núcleo urbano informal e as unidades que não tenham sido regularizadas por meio da legitimação fundiária poderão ser regularizadas por meio de outro instrumento previsto em lei.

ART. 17. Nos casos de regularização fundiária urbana previstos na Lei n. 11.952, de 2009, os Municípios e o Distrito Federal poderão utilizar a legitimação fundiária e os demais instrumentos previstos na Lei n. 13.465, de 2017, para conferir propriedade aos ocupantes.

Parágrafo único. Na hipótese a que se refere o *caput*, o órgão público municipal ou distrital responsável deverá promover a Reurb nos termos estabelecidos na Lei n. 13.465, de 2017, e neste Decreto.

SEÇÃO IV
DA LEGITIMAÇÃO DE POSSE

ART. 18. A legitimação de posse, instrumento de uso exclusivo para fins de regularização fundiária, constitui ato do Poder Público destinado a conferir título, por meio do qual fica reconhecida a posse de imóvel objeto da Reurb, com a identificação de seus ocupantes, do tempo da ocupação e da natureza da posse, o qual poderá ser convertido em direito real de propriedade, na forma estabelecida na Lei n. 13.465, de 2017, e neste Decreto. (Alterado pelo Dec. 9.597/2018.)

§ 1º A legitimação de posse poderá ser transferida por *causa mortis* ou por ato *inter vivos*.

§ 2º A legitimação de posse não se aplica aos imóveis urbanos situados em área de titularidade do Poder Público.

§ 3º O possuidor pode, para o fim de contar o tempo exigido pela legislação específica, acrescentar à sua posse a dos seus antecessores, nos termos estabelecidos no art. 1.243 da Lei n. 10.406, de 2002 - Código Civil.

ART. 19. Sem prejuízo dos direitos decorrentes do exercício da posse mansa e pacífica no tempo, aquele em cujo favor for expedido título de legitimação de posse, decorrido o prazo de cinco anos, contado da data do seu registro, terá a conversão automática deste em título de propriedade, desde que atendidos os termos e as condições previstos no art. 183 da Constituição, independentemente de provocação prévia ou da prática de ato registral.

§ 1º Nas hipóteses não contempladas no art. 183 da Constituição, o título de legitimação de posse poderá ser convertido em título de propriedade, desde que satisfeitos os requisitos do usucapião, estabelecidos em lei, a requerimento do interessado, perante o cartório de registro de imóveis.

§ 2º A legitimação de posse, após convertida em propriedade, constitui forma originária de aquisição de direito real, de modo que a unidade imobiliária com destinação urbana

DECRETOS

regularizada restará livre e desembaraçada de quaisquer ônus, direitos reais, gravames ou inscrições existentes em sua matrícula ou transcrição de origem, exceto quando disserem respeito ao próprio beneficiário.

§ 3º Poderão ser utilizados diferentes meios de prova para a comprovação dos prazos de tempo de posse necessários para a conversão do título de posse em título de propriedade nos termos do *caput* e do § 1º.

ART. 20. O título de legitimação de posse poderá ser cancelado pelo Poder Público emitente quando constatado que as condições estabelecidas na Lei n. 13.465, de 2017, e neste Decreto deixaram de ser satisfeitas, sem que seja devida qualquer indenização àquele que irregularmente se beneficiou do instrumento.

Parágrafo único. Após efetuado o procedimento a que se refere o *caput*, o Poder Público solicitará ao oficial do cartório de registro de imóveis a averbação do seu cancelamento.

CAPÍTULO III
DO PROCEDIMENTO ADMINISTRATIVO

SEÇÃO I
DISPOSIÇÕES GERAIS

ART. 21. A Reurb obedecerá às seguintes fases:

I - requerimento dos legitimados;

II - processamento administrativo do requerimento, no qual será conferido prazo para manifestação dos titulares de direitos reais sobre o imóvel e dos confrontantes;

III - elaboração do projeto de regularização fundiária;

IV - saneamento do processo administrativo;

V - decisão da autoridade competente, por meio de ato formal, ao qual será dado publicidade;

VI - expedição da CRF pelo Município ou pelo Distrito Federal; e

VII - registro da CRF e do projeto de regularização fundiária aprovado no cartório de registro de imóveis em que se situe a unidade imobiliária com destinação urbana regularizada.

§ 1º O termo de compromisso será assinado, também, por duas testemunhas, de modo a formar título executivo extrajudicial na forma estabelecida no inciso III do *caput* do art. 784 da Lei n. 13.105, de 16 de março de 2015 - Código de Processo Civil.

§ 2º A elaboração do projeto de regularização fundiária é obrigatória para qualquer Reurb, independentemente do instrumento que tenha sido utilizado para a titulação, exceto:

I - na hipótese prevista no art. 69 da Lei n. 13.465, de 2017, e

II - quando se tratar de núcleos urbanos já regularizados e registrados em que a titulação de seus ocupantes se encontre pendente.

§ 3º Na elaboração do projeto de regularização fundiária, fica dispensada a apresentação da Anotação de Responsabilidade Técnica - ART ou do Registro de Responsabilidade Técnica - RRT quando o responsável técnico for servidor ou empregado público.

§ 4º Não impedirá a Reurb, na forma estabelecida na Lei n. 13.465, de 2017, e neste Decreto, a inexistência de lei municipal específica que trate de medidas ou posturas de interesse local, aplicáveis a projetos de regularização fundiária urbana.

ART. 22. A fim de fomentar a implantação das medidas da Reurb, os entes federativos poderão celebrar convênios ou outros instrumentos congêneres com o Ministério das Cidades, com vistas a cooperar para a fiel execução do disposto neste Decreto.

ART. 23. Compete aos Municípios nos quais estejam situados os núcleos urbanos informais a serem regularizados e ao Distrito Federal:

I - classificar, caso a caso, as modalidades da Reurb;

II - processar, analisar e aprovar os projetos de regularização fundiária; e

III - emitir a CRF.

§ 1º Na Reurb requerida pela União ou pelos Estados, a classificação prevista no inciso I do *caput* será de responsabilidade do ente federativo instaurador.

§ 2º O Município ou o Distrito Federal deverá classificar e fixar, no prazo de cento e oitenta dias, uma das modalidades da Reurb ou indeferir, fundamentadamente, o requerimento.

§ 3º A inércia do Município ou do Distrito Federal implicará a fixação automática da modalidade de classificação da Reurb indicada pelo legitimado em seu requerimento e o prosseguimento do procedimento administrativo da Reurb, sem prejuízo de futura revisão da classificação pelo Município ou pelo Distrito Federal, por meio de estudo técnico que a justifique.

ART. 24. Instaurada a Reurb, o Município ou o Distrito Federal deverá proceder às buscas necessárias para determinar a titularidade do domínio dos imóveis onde está situado o núcleo urbano informal a ser regularizado.

§ 1º Caberá ao Poder Público municipal ou distrital notificar os titulares de domínio, os responsáveis pela implantação do núcleo urbano informal, os confinantes e os terceiros eventualmente interessados, para que apresentem impugnação no prazo de trinta dias, contado da data de recebimento da notificação. (Alterado pelo Dec. 9.597/2018.)

§ 2º Quanto aos imóveis públicos municipais ou distritais, o Município ou o Distrito Federal, conforme o caso, notificará os confinantes e os terceiros eventualmente interessados, para que apresentem impugnação no prazo de trinta dias, contado da data de recebimento da notificação. (Alterado pelo Dec. 9.597/2018.)

§ 3º O Poder Público municipal ou distrital poderá promover alterações no projeto de regularização fundiária em decorrência do acolhimento, total ou parcial, das impugnações referidas nos § 1º e § 2º.

§ 4º A notificação do proprietário e dos confinantes será feita por via postal com aviso de recebimento, no endereço que constar da matrícula ou da transcrição do imóvel e será considerada efetuada quando comprovada a entrega nesse endereço.

§ 5º A notificação da Reurb também será feita por meio de publicação de edital, com prazo de trinta dias, do qual deverá constar, de forma resumida, a descrição da área a ser regularizada, nos seguintes casos:

I - do proprietário e dos confinantes não encontrados; e

II - de recusa da notificação por qualquer motivo.

§ 6º A ausência de manifestação dos titulares de domínio, dos responsáveis pela implantação do núcleo urbano informal, dos confinantes e dos terceiros eventualmente interessados será interpretada como concordância com a Reurb.

§ 7º O procedimento extrajudicial de composição de conflitos será iniciado caso a impugnação não seja acolhida.

§ 8º A notificação conterá a advertência de que a ausência de impugnação implicará a perda de eventual direito de que o notificado titularize sobre o imóvel objeto da Reurb.

§ 9º Apresentada a impugnação apenas em relação a parte da área objeto da Reurb, é facultado ao Poder Público municipal ou distrital prosseguir com a Reurb em relação à parcela não impugnada.

§ 10. O Poder Público municipal ou distrital poderá rejeitar a impugnação infundada, por meio de ato fundamentado do qual constem as razões pelas quais assim a considerou, e dar seguimento à Reurb se o impugnante não apresentar recurso no prazo de quinze dias, contado da data da notificação da decisão de rejeição.

§ 11. Na hipótese de interposição de recurso, o impugnante apresentará as suas razões ao Município ou ao Distrito Federal e, caso não haja consenso, o Poder Público municipal ou distrital poderá iniciar o procedimento extrajudicial de composição de conflitos. (Alterado pelo Dec. 9.597/2018.)

§ 12. Considera-se infundada a impugnação que:

I - não indicar, de forma plausível, onde e de que forma a Reurb avança na propriedade do impugnante;

II - não apresentar motivação, ainda que sumária; ou

III - versar sobre matéria estranha ao procedimento da Reurb em andamento.

§ 13. Caso algum dos imóveis atingidos ou confinantes não esteja matriculado ou transcrito na serventia, o Distrito Federal ou o Município realizará diligências junto às serventias anteriormente competentes, por meio da apresentação da planta do perímetro regularizado, a fim de que a sua situação jurídica atual seja certificada, caso possível. (Alterado pelo Dec. 9.597/2018.)

§ 14. O requerimento de instauração da Reurb ou, na forma do regulamento, a manifestação de interesse nesse sentido por parte de quaisquer dos legitimados garante, perante o Poder Público, aos ocupantes dos núcleos urbanos informais situados em áreas públicas a serem regularizados a permanência em suas unidades imobiliárias, preservadas as situações de fato já existentes, até o eventual arquivamento definitivo do procedimento da Reurb.

§ 15. Na Reurb-E, compete ao requerente legitimado fornecer as certidões que comprovem a titularidade de domínio da área, providenciar o levantamento topográfico georreferenciado e apresentar o memorial descritivo da área e a planta do perímetro do núcleo urbano informal com demonstração, quando possível, das matrículas ou das transcrições atingidas.

§ 16. Fica dispensado o disposto neste artigo, caso adotados os procedimentos da demarcação urbanística.

ART. 25. A Reurb será instaurada por decisão do Município, por meio de requerimento, por escrito, de um dos legitimados de que trata este Decreto.

Parágrafo único. Na hipótese de indeferimento do requerimento de instauração da Reurb, a decisão do Município ou do Distrito Federal deverá indicar as medidas a serem adotadas com vistas à reformulação e à reavaliação do requerimento, quando for o caso.

ART. 26. Instaurada a Reurb, compete ao Município ou ao Distrito Federal aprovar o projeto de regularização fundiária, do qual deverão constar as responsabilidades das partes envolvidas.

§ 1º A elaboração e o custeio do projeto de regularização fundiária e da implantação da infraestrutura essencial obedecerão aos seguintes procedimentos:

I - na Reurb-S:

a) operada sobre área de titularidade de ente público, caberá ao referido ente público ou ao Município ou ao Distrito Federal a responsabilidade de elaborar o projeto de regularização fundiária, nos termos do ajuste que venha a ser celebrado e a implantação da infraestrutura essencial, quando necessária; e

b) operada sobre área titularizada por particular, caberá ao Município ou ao Distrito Federal a responsabilidade de elaborar e custear o projeto de regularização fundiária e a implantação da infraestrutura essencial, quando necessária.

II - na Reurb-E, a regularização fundiária será contratada e custeada por seus potenciais beneficiários ou requerentes privados.

§ 2º Na Reurb-E sobre áreas públicas, se houver interesse público, o Município ou o Distrito Federal poderá elaborar e custear o projeto de regularização fundiária e a implantação da infraestrutura essencial, com cobrança posterior aos seus beneficiários. (Alterado pelo Dec. 9.597/2018.)

§ 3º Os custos a que se referem o inciso II do § 1º e o § 2º incluem a elaboração do projeto de regularização fundiária, as compensações urbanísticas e ambientais, e a implantação da infraestrutura essencial, quando necessária. (Alterado pelo Dec. 9.597/2018.)

§ 4º Quando a área a ser regularizada for pública, termo de compromisso poderá ser celebrado entre o Poder Público titular e o Poder Público municipal ou distrital para fins de elaboração do projeto de regularização fundiária e implantação da infraestrutura essencial, dos equipamentos comunitários e das melhorias habitacionais previstas nos projetos de regularização fundiária.

ART. 27. Os Municípios e o Distrito Federal poderão criar câmaras de prevenção e resolução administrativa de conflitos, no âmbito da administração local, inclusive mediante celebração de ajustes com os Tribunais de Justiça Estaduais, as quais detenham competência para dirimir conflitos relacionados à Reurb, mediante solução consensual.

§ 1º O modo de composição e funcionamento das câmaras de que trata o *caput* será estabelecido em ato do Poder Executivo municipal ou distrital e, na falta deste, pelo disposto na Lei n. 13.140, de 26 de junho de 2015.

§ 2º Se houver consenso entre as partes, o acordo será reduzido a termo e constituirá condição para a conclusão da Reurb, com consequente expedição da CRF.

§ 3º Os Municípios e o Distrito Federal poderão instaurar, de ofício ou mediante provocação, procedimento de mediação coletiva de conflitos relacionados à Reurb. (Alterado pelo Dec. 9.597/2018.)

§ 4º A instauração de procedimento administrativo para a resolução consensual de conflitos no âmbito da Reurb suspende a prescrição.

§ 5º Os Municípios e o Distrito Federal poderão, mediante a celebração de convênio, utilizar os Centros Judiciários de Solução de Conflitos e Cidadania ou as câmaras de mediação credenciadas perante os Tribunais de Justiça.

SEÇÃO II
DO LEVANTAMENTO TOPOGRÁFICO GEORREFERENCIADO

ART. 28. Para fins do disposto neste Decreto, considera-se levantamento topográfico georreferenciado o conjunto de:

I - levantamento planialtimétrico e cadastral, com georreferenciamento, de que trata o inciso I do *caput* do art. 35 da Lei n. 13.465, de 2017;

II - outros levantamentos georreferenciados necessários para a elaboração do projeto de regularização fundiária;

III - planta do perímetro;

IV - memorial descritivo;

V - descrições técnicas das unidades imobiliárias; e

VI - outros documentos em que se registrem os vértices definidores de limites, com o uso de métodos e tecnologias que estiverem à disposição e que se adequarem melhor às necessidades, segundo a economicidade e a eficiência em sua utilização.

ART. 29. Os levantamentos topográficos georreferenciados serão realizados conforme as normas técnicas para serviços topográficos da Associação Brasileira de Normas Técnicas - ABNT, o disposto no Decreto n. 89.817, de 20 de junho de 1984, as normas técnicas da Diretoria do Serviço Geográfico do Exército Brasileiro e serão acompanhados de ART ou de RRT.

§ 1º Os limites das unidades imobiliárias serão definidos por vértices georreferenciados ao Sistema Geodésico Brasileiro.

§ 2º O vértice definidor do limite terá natureza tridimensional e será definido por suas coordenadas de latitude, longitude e altitude geodésicas.

§ 3º O erro posicional esférico do vértice definidor de limite deverá ser igual ou menor a oito centímetros de raio.

§ 4º O erro posicional de que trata o § 3º terá menor magnitude conforme a avaliação do impacto da propagação dos erros, considerados o desenvolvimento de projetos urbanísticos e de infraestruturas, o registro de propriedade, a prevenção de riscos e os demais projetos de arquitetura e engenharia.

§ 5º O responsável técnico realizará a avaliação dos impactos da propagação dos erros de que trata o § 4º, previamente à execução do levantamento topográfico georreferenciado.

§ 6º O levantamento topográfico georreferenciado será remetido eletronicamente pelo profissional legalmente habilitado ou pelo órgão público responsável pela sua execução ao Sistema Nacional de Gestão de Informações Territoriais na forma estabelecida no Manual Operacional do referido Sistema.

§ 7º O Sistema Nacional de Gestão de Informações Territoriais disponibilizará serviço geoespacial de visualização do levantamento topográfico georreferenciado e das parcelas confrontantes para auxiliar os Poderes Públicos, os gestores de cadastro imobiliário e os oficiais de cartório de registro de imóveis na conferência do posicionamento, das distâncias, dos vértices, dos ângulos e das áreas, para fins de obtenção do código identificador unívoco do imóvel em âmbito nacional, previsto no § 1º do art. 8º do Decreto n. 8.764, de 10 de maio de 2016.

SEÇÃO III
DO PROJETO DE REGULARIZAÇÃO FUNDIÁRIA

ART. 30. O projeto de regularização fundiária conterá, no mínimo:

I - levantamento planialtimétrico e cadastral com georreferenciamento, subscrito por profissional legalmente habilitado, acompanhado de ART ou de RRT, que demonstrará as unidades, as construções, o sistema viário, as áreas públicas, os acidentes geográficos e os demais elementos caracterizadores do núcleo a ser regularizado; (Alterado pelo Dec. 9.597/2018.)

II - planta do perímetro do núcleo urbano informal com demonstração das matrículas ou das transcrições atingidas, quando possível;

III - estudo preliminar das desconformidades e das situações jurídica, urbanística e ambiental;

IV - projeto urbanístico;

V - memorial descritivo;

VI - proposta de soluções para questões ambientais, urbanísticas e de reassentamento dos ocupantes, quando for o caso;

VII - estudo técnico para situação de risco, quando for o caso;

VIII - estudo técnico ambiental, quando for o caso;

IX - cronograma físico de serviços e implantação de obras de infraestrutura essencial, compensações urbanísticas, ambientais e outras, quando houver, definidas por ocasião da aprovação do projeto de regularização fundiária; e

X - termo de compromisso a ser assinado pelos responsáveis, públicos ou privados, para cumprimento do cronograma físico, definido no inciso IX.

§ 1º Na regularização de núcleo urbano informal que já possua a infraestrutura essencial implantada e para o qual não haja compensações urbanísticas ou ambientais ou outras obras e serviços a serem executados, fica dispensada a apresentação do cronograma físico e do termo de compromisso previstos nos incisos IX e X do *caput*.

§ 2º Na hipótese a que se refere o § 1º, constará da CRF que o núcleo urbano regularizado já possui a infraestrutura essencial definida no § 1º do art. 31 deste Decreto e que não existem compensações urbanísticas ou ambientais ou outras obras e serviços a serem executados.

§ 3º O projeto de regularização fundiária considerará as características da ocupação e da área ocupada para definir parâmetros urbanísticos e ambientais específicos, além de identificar os lotes, as vias de circulação e as áreas destinadas a uso público.

§ 4º Na Reurb-S, cabe à concessionária ou à permissionária de serviços públicos, mediante provocação do Poder Público competente, a elaboração do cronograma físico de implantação da infraestrutura essencial e a assinatura do termo de compromisso para cumprimento do cronograma. (Acrescentado pelo Dec. 9.597/2018.)

ART. 31. O projeto urbanístico de regularização fundiária indicará, no mínimo:

I - as áreas ocupadas, o sistema viário e as unidades imobiliárias existentes e projetados;

II - as unidades imobiliárias a serem regularizadas, as suas características, a área, as confrontações, a localização, o nome do logradouro e o número da designação cadastral, se houver; (Alterado pelo Dec. 9.597/2018.)

III - as unidades imobiliárias edificadas a serem regularizadas, as suas características, a área dos lotes e das edificações, as confrontações, a localização, o nome do logradouro e o número da designação cadastral;

IV - quando for o caso, as quadras e as suas subdivisões em lotes ou as frações ideais vinculadas à unidade regularizada;

V - os logradouros, os espaços livres, as áreas destinadas aos edifícios públicos e outros equipamentos urbanos, quando houver;

VI - as áreas já usucapidas;

VII - as medidas de adequação para a correção das desconformidades, quando necessárias; (Alterado pelo Dec. 9.597/2018.)

VIII - as medidas necessárias à adequação da mobilidade, da acessibilidade, da infraestrutura e da relocação de edificações;

IX - as obras de infraestrutura essenciais, quando necessárias; e

X - outros requisitos que sejam definidos pelo Poder Público municipal ou distrital.

§ 1º Para fins do disposto na Lei n. 13.465, de 2017, e neste Decreto, consideram-se infraestrutura essencial os seguintes equipamentos:

I - sistema de abastecimento de água potável, coletivo ou individual;

II - sistema de coleta e tratamento do esgotamento sanitário, coletivo ou individual;

III - rede de energia elétrica domiciliar;

IV - soluções de drenagem, quando necessárias; e (Alterado pelo Dec. 9.597/2018.)

V - outros equipamentos a serem definidos pelo Poder Público municipal ou distrital em função das necessidades locais e das características regionais.

§ 2º A Reurb poderá ser implementada por etapas e abranger o núcleo urbano informal de forma total ou parcial.

§ 3º Na Reurb de parcelamentos do solo, as edificações já existentes nos lotes poderão ser regularizadas, a critério do Poder Público municipal ou distrital, em momento posterior, de forma coletiva ou individual.

§ 4º As obras de implantação da infraestrutura essencial, de equipamentos comunitários e de melhoria habitacional e a sua manutenção poderão ser realizadas antes, durante ou após a conclusão da Reurb.

§ 5º O Poder Público municipal ou distrital definirá os requisitos para elaboração do projeto de regularização fundiária, no que se refere aos desenhos, ao memorial descritivo e ao cronograma físico de obras e serviços a serem realizados, se for o caso. (Alterado pelo Dec. 9.597/2018.)

§ 6º A inexistência de regulamentação dos requisitos a que se refere o § 5º não impedirá o processamento da Reurb e o registro da CRF.

§ 7º A planta e o memorial descritivo serão assinados por profissional legalmente habilitado, dispensada a apresentação da ART no Conselho Regional de Engenharia e Arquitetura ou do RRT no Conselho de Arquitetura e Urbanismo, quando o responsável técnico for servidor ou empregado público.

§ 8º As áreas já usucapidas referidas no inciso VI do *caput* constarão do projeto de regularização fundiária com a área constante na matrícula ou na transcrição e com a observação de se tratar de unidade imobiliária já registrada e oriunda de processo de usucapião e a nova descrição técnica georreferenciada da unidade imobiliária deverá ser averbada na matrícula existente.

ART. 32. O memorial descritivo do núcleo urbano informal conterá, no mínimo:

I - a descrição do perímetro do núcleo urbano, com indicação resumida de suas características;

II - a descrição técnica das unidades imobiliárias, do sistema viário e das demais áreas públicas que componham o núcleo urbano informal;

III - a enumeração e a descrição dos equipamentos urbanos comunitários e dos prédios públicos existentes no núcleo urbano informal e dos serviços públicos e de utilidade pública que integrarão o domínio público com o registro da regularização; e

IV - quando se tratar de condomínio, as descrições técnicas, os memoriais de incorporação e os demais elementos técnicos previstos na Lei n. 4.591, de 16 de dezembro de 1964.

ART. 33. Na hipótese de núcleo urbano informal localizado em mais de um Município e de não ser possível o seu desmembramento, de forma que cada parcela fique integralmente no território de um Município, o projeto urbanístico deverá assinalar a sua divisão territorial.

§ 1º Na hipótese de a divisão territorial atingir a unidade imobiliária de modo que esta fique localizada em mais de um Município, os Poderes Públicos municipais poderão instaurar os procedimentos da Reurb de forma conjunta.

§ 2º Não instaurado o procedimento de forma conjunta, nos termos do § 1º, o Poder Público municipal que instaurar a Reurb indicará apenas as unidades imobiliárias cuja maior porção territorial esteja situada em seu território.

ART. 34. Na Reurb-S, caberá ao Poder Público competente, diretamente ou por meio da administração pública indireta, ou por meio das concessionárias e permissionárias de serviços públicos, implantar a infraestrutura essencial, os equipamentos públicos ou comunitários e as melhorias habitacionais previstas nos projetos de regularização fundiária, além de arcar com os custos de sua manutenção. (Alterado pelo Dec. 9.597/2018.)

ART. 35. Na Reurb-E, o Distrito Federal ou o Município deverá definir, quando da aprovação dos projetos de regularização fundiária, os responsáveis pela:

I - implantação dos sistemas viários;

II - implantação da infraestrutura essencial, dos equipamentos públicos ou comunitários, quando for o caso; e

III - implementação das medidas de mitigação e compensação urbanística e ambiental e daquelas indicadas no estudo técnico ambiental.

§ 1º As responsabilidades de que trata o *caput* poderão ser atribuídas aos beneficiários da Reurb-E.

§ 2º Os responsáveis pela adoção de medidas de mitigação e compensação urbanística e ambiental celebrarão termo de compromisso com as autoridades competentes do Poder Público municipal ou distrital, como condição de aprovação da Reurb-E.

ART. 36. Para que seja aprovada a Reurb de área de núcleos urbanos informais, ou de parcela dela, situados em áreas de riscos geotécnicos, de inundações ou de outros riscos especificados em lei, será elaborado o estudo técnico para situação de risco a que se refere o inciso VII do *caput* do art. 30, a fim de examinar a possibilidade de eliminação, de correção ou de administração de riscos na parcela afetada. (Alterado pelo Dec. 9.597/2018.)

§ 1º Na hipótese prevista no *caput*, a implantação das medidas indicadas no estudo técnico realizado será condição indispensável à aprovação da Reurb.

§ 2º O estudo técnico de que trata este artigo será elaborado por profissional legalmente habilitado, dispensada a apresentação da ART, ou de documento equivalente, quando o responsável técnico for servidor ou empregado público.

§ 3º Os estudos técnicos previstos neste artigo aplicam-se somente às parcelas dos núcleos urbanos informais situados nas áreas de risco e a parte do núcleo urbano não inserida na área de risco e não afetada pelo estudo técnico poderá ter o seu projeto de regularização fundiária aprovado e levado a registro separadamente.

§ 4º Na Reurb-S de área de risco que não comporte eliminação, correção ou administração, o Poder Público municipal ou distrital providenciará a realocação dos ocupantes do núcleo urbano informal a ser regularizado.

§ 5º Na hipótese a que se refere o § 4º, se o risco se der em área privada, o Poder Público municipal ou distrital poderá ser ressarcido dos custos com a realocação pelos responsáveis pela implantação do núcleo urbano informal.

§ 6º Na Reurb-E de área de risco que não comporte eliminação, correção ou administração, a realocação dos ocupantes do núcleo urbano informal a ser regularizado será providenciada pelo titular de domínio, pelos responsáveis pela implantação do núcleo urbano informal, pelos beneficiários ou pelo legitimado promotor da Reurb.

SEÇÃO IV
DA CONCLUSÃO DA REGULARIZAÇÃO FUNDIÁRIA URBANA

ART. 37. O pronunciamento da autoridade competente que decidir o processamento administrativo da Reurb deverá:

I - aprovar o projeto de regularização fundiária resultante da Reurb;

II - indicar as intervenções a serem executadas, se for o caso, conforme o projeto de regularização fundiária aprovado; e (Alterado pelo Dec. 9.597/2018.)

III - identificar e declarar os ocupantes de cada unidade imobiliária com destinação urbana regularizada e os seus direitos reais.

§ 1º As intervenções previstas no inciso II do *caput* consistem em obras de implantação da infraestrutura essencial, serviços e compensações, dentre outras. (Alterado pelo Dec. 9.597/2018.)

§ 2º Na hipótese de constituição de direitos reais feita por título individual, a autoridade competente fica dispensada do cumprimento do disposto no inciso III do *caput*.

ART. 38. A CRF é o ato administrativo de aprovação da Reurb que acompanhará o projeto de regularização fundiária aprovado e conterá, no mínimo:

I - o nome do núcleo urbano regularizado;

II - a localização do núcleo urbano regularizado;

III - a modalidade da Reurb;

IV - os responsáveis pelas obras e pelos serviços constantes do cronograma;

V - a indicação numérica de cada unidade regularizada, quando possível; e

VI - a listagem dos ocupantes que houverem adquirido a unidade, por meio de título de legitimação fundiária ou de ato único de registro, que conterá o nome do ocupante, o seu estado civil, a sua a profissão, o seu número de inscrição no CPF, o número de sua carteira de identidade e a sua a filiação.

Parágrafo único. A CRF, na hipótese de Reurb somente para titulação final dos beneficiários de núcleos urbanos informais já registrados junto ao cartório de registro de imóveis, dispensa a apresentação do projeto de regularização fundiária aprovado.

ART. 39. O indeferimento do projeto de regularização fundiária será técnica e legalmente fundamentado, de modo a permitir, quando possível, a reformulação do referido projeto e a reavaliação do pedido de aprovação.

CAPÍTULO IV
DO REGISTRO DA REGULARIZAÇÃO FUNDIÁRIA URBANA

ART. 40. Os registros da CRF e do projeto de regularização fundiária aprovado serão requeridos diretamente ao oficial do cartório de registro de imóveis da situação do imóvel e serão efetivados independentemente de decisão judicial ou de determinação do Ministério Público.

Parágrafo único. Na hipótese de recusa do registro, o oficial do cartório do registro de imóveis expedirá nota devolutiva fundamentada, na qual indicará os motivos da recusa e estipulará as exigências na forma prevista na Lei n. 13.465, de 2017, e neste Decreto. (Alterado pelo Dec. 9.597/2018.)

ART. 41. Na hipótese de a Reurb abranger imóveis situados em mais de uma circunscrição imobiliária, o procedimento será efetuado perante o oficial de cada um dos cartórios de registro de imóveis.

Parágrafo único. Quando os imóveis regularizados estiverem situados em divisa de circunscrições imobiliárias, as novas matrículas das unidades imobiliárias serão de competência do oficial do cartório de registro de imóveis em cuja circunscrição esteja situada a maior porção da unidade imobiliária regularizada.

ART. 42. Recebida a CRF, cumprirá ao oficial do cartório do registro de imóveis prenotá-la, autuá-la, instaurar o procedimento registral e, no prazo de quinze dias, emitir a nota de exigência ou praticar os atos tendentes ao registro.

§ 1º O registro do projeto Reurb aprovado importa:

I - a abertura de nova matrícula, quando for o caso;

II - a abertura de matrículas individualizadas para os lotes e as áreas públicas resultantes do projeto de regularização aprovado; e

III - o registro dos direitos reais indicados na CRF junto às matrículas dos lotes, dispensada a apresentação de título individualizado.

§ 2º Para fins do disposto neste Decreto, o registro dos direitos reais ao beneficiário, de que trata o inciso III do § 1º, compreende os títulos provenientes de quaisquer dos institutos jurídicos e instrumentos de aquisição previstos na Lei n. 13.465, de 2017, e neste Decreto.

§ 3º Na falta de indicação dos beneficiários e dos direitos reais na CRF, será feito o registro do projeto de regularização fundiária com abertura de matrícula para cada unidade imobiliária e o direito real será registrado posteriormente, por meio de título individual ou conforme o disposto no art. 10.

§ 4º Quando o núcleo urbano regularizado abranger mais de uma matrícula ou transcrição, o oficial do registro de imóveis abrirá nova matrícula para a área objeto de regularização, conforme previsto no inciso I do *caput*, com destaque para a área abrangida na matrícula ou na transcrição de origem, dispensada a apuração de área remanescente.

§ 5º Quando o núcleo urbano regularizado abranger imóveis ainda não matriculados, será aberta matrícula que refletirá a situação da área ocupada pelo núcleo regularizado, dispensadas a retificação do memorial descritivo e a apuração de área remanescente.

§ 6º O registro da CRF dispensa a comprovação do pagamento de tributos ou penalidades tributárias de responsabilidade dos legitimados.

§ 7º O registro da CRF aprovado independe de averbação prévia do cancelamento do cadastro de imóvel rural junto ao Instituto Nacional de Colonização e Reforma Agrária - Incra.

§ 8º O procedimento para registro deverá ser concluído no prazo de sessenta dias, prorrogável, no máximo, por igual período, mediante justificativa fundamentada do oficial do cartório de registro de imóveis.

§ 9º O oficial do cartório de registro de imóveis fica dispensado de providenciar a notificação dos titulares de domínio, dos confinantes e de terceiros eventualmente interessados, uma vez cumprido este rito pelo Município ou pelo Distrito Federal, conforme o disposto no art. 24.

§ 10. O oficial do cartório de registro de imóveis, após o registro da CRF, notificará o Incra, o Ministério do Meio Ambiente e a Receita Federal do Brasil do Ministério da Fazenda, para que cancelem, parcial ou totalmente, os registros existentes no Cadastro Ambiental Rural - CAR e nos demais cadastros relacionados a imóvel rural, relativamente às unidades imobiliárias regularizadas.

ART. 43. Quando se tratar de imóvel sujeito a regime de condomínio geral a ser dividido em lotes com indicação, na matrícula, da área deferida a cada condômino, o Município poderá indicar, de forma individual ou coletiva, as unidades imobiliárias correspondentes às frações ideais registradas, sob sua exclusiva responsabilidade, para a especialização das áreas registradas em comum.

Parágrafo único. Na hipótese de a informação prevista no *caput* não constar do projeto de regularização fundiária aprovado pelo Município ou pelo Distrito Federal, as novas matrículas das unidades imobiliárias serão abertas por meio de requerimento de especialização formulado pelos legitimados de que tratam a Lei n. 13.465, de 2017, e este Decreto, dispensada a outorga de escritura pública para indicação da quadra e do lote.

ART. 44. Para atendimento ao princípio da especialidade, o oficial do cartório de registro de imóveis adotará o memorial descritivo da gleba apresentado com o projeto de regularização fundiária e deverá averbá-lo na matrícula existente anteriormente ao registro do projeto, independentemente de provocação, retificação, notificação, unificação ou apuração de disponibilidade ou de área remanescente.

§ 1º Na hipótese de haver dúvida quanto à extensão da gleba matriculada, em razão da precariedade da descrição tabular, o oficial do cartório de registro de imóveis abrirá nova matrícula para a área destacada e averbará o destaque na matrícula matriz.

§ 2º As notificações serão emitidas de forma simplificada e indicarão os dados de identificação do núcleo urbano a ser regularizado, sem a anexação de plantas, projetos, memoriais ou outros documentos, e convidará o notificado a comparecer à sede da serventia para tomar conhecimento da CRF com a advertência de que o não comparecimento e a não apresentação de impugnação, no prazo legal, importará em anuência ao registro.

§ 3º As notificações previstas no *caput* e no § 2º serão feitas aos titulares de domínio das áreas envolvidas na Reurb, as quais ficam dispensadas quando já realizadas pelos Municípios ou pelo Distrito Federal. (Alterado pelo Dec. 9.597/2018.)

§ 4º Na hipótese de o projeto de regularização fundiária não envolver a integralidade do imóvel matriculado, o registro será feito com base na planta e no memorial descritivo referentes à área objeto de regularização e será averbado destaque da área na matrícula da área total.

ART. 45. Os padrões dos memoriais descritivos, das plantas e das demais representações gráficas, inclusive escalas adotadas e outros detalhes técnicos, seguirão as diretrizes estabelecidas pela autoridade municipal ou distrital competente, as quais serão consideradas atendidas com a emissão da CRF.

Parágrafo único. Não serão exigidos reconhecimentos de firma nos documentos que compõem a CRF ou o termo individual de legitimação fundiária quando apresentados pela União, pelos Estados, pelo Distrito Federal, pelos Municípios ou pelos entes da administração pública indireta.

ART. 46. O registro da CRF produzirá efeito de instituição e especificação de condomínio, quando for o caso, regido pelas disposições legais específicas, hipótese em que ficará facultada aos condôminos a aprovação de convenção condominial.

§ 1º Para que a CRF produza efeito de instituição e especificação de condomínio, dela deverá constar, no mínimo, os cálculos das áreas das unidades autônomas, a sua área privativa, a área de uso exclusivo, se houver, a área de uso comum e a sua fração ideal no terreno.

§ 2º O disposto no § 1º não se aplica na hipótese de a documentação referente à instituição e à especificação de condomínio acompanhar a CRF.

§ 3º Na Reurb-S, fica dispensada a apresentação dos quadros de área da Norma de Avaliação de custos de construção para incorporação imobiliária e outras disposições para condomínios edilícios da ABNT, NBR 12.721, ou outra que venha a sucedê-la.

ART. 47. O registro da CRF será feito em todas as matrículas atingidas pelo projeto de regularização fundiária aprovado e serão informadas, quando possível, as parcelas correspondentes a cada matrícula.

ART. 48. Das matrículas abertas para cada parcela deverão constar, nos campos referentes ao registro anterior e ao proprietário:

I - quando for possível identificá-la, a identificação exata da origem da parcela matriculada, por meio de planta de sobreposição do parcelamento com os registros existentes, a matrícula anterior e o nome de seu proprietário; ou

II - quando não for possível identificar a origem exata da parcela matriculada, todas as matrículas anteriores atingidas pela Reurb e a expressão "proprietário não identificado", dispensadas as especificações a que se referem os itens 4 e 5 do inciso II do *caput* do art. 167 da Lei n. 6.015, de 1973.

ART. 49. Qualificada a CRF, desde que não haja exigências nem impedimentos, o oficial do cartório de registro de imóveis efetuará o seu registro na matrícula dos imóveis cujas áreas tenham sido atingidas, total ou parcialmente.

Parágrafo único. Não identificadas as matrículas ou as transcrições da área regularizada, o oficial do cartório de registro de imóveis abrirá matrícula com a descrição do perímetro do núcleo urbano informal que constar da CRF e nela efetuará o registro.

ART. 50. Registrada a CRF, será aberta matrícula para cada uma das unidades imobiliárias regularizadas.

Parágrafo único. Nas hipóteses de ter sido celebrado compromisso de compra e venda, contrato de a cessão ou promessa de cessão, este será título hábil para a aquisição da propriedade pelos ocupantes das unidades imobiliárias objeto de Reurb quando acompanhado da prova de quitação das obrigações do adquirente e será registrado nas matrículas das unidades imobiliárias correspondentes resultantes da regularização fundiária.

ART. 51. Com o registro da CRF, serão incorporadas automaticamente ao patrimônio público as vias públicas, as áreas destinadas ao uso comum do povo, os prédios públicos e os equipamentos urbanos, na forma estabelecida no projeto de regularização fundiária aprovado. (Alterado pelo Dec. 9.597/2018.)

§ 1º A requerimento do Poder Público municipal ou distrital, o oficial do cartório de registro de imóveis abrirá matrícula para as áreas que tenham ingressado no domínio público.

§ 2º O requerimento de registro da CRF substitui o requerimento a que se refere o § 1º.

ART. 52. As unidades desocupadas e não comercializadas alcançadas pela Reurb terão as suas matrículas abertas em nome do titular originário do domínio da área. (Alterado pelo Dec. 9.597/2018.)

§ 1º As unidades não edificadas que tenham sido comercializadas a qualquer título terão as suas matrículas abertas em nome do adquirente, nos termos estabelecidos no parágrafo único do art. 50.

§ 2º As unidades imobiliárias na forma de lotes não edificadas ou desocupadas e já comercializadas poderão ser provenientes de núcleos urbanos informais na forma de parcelamento do solo ou de condomínio de lotes.

CAPÍTULO V
DAS ISENÇÕES

ART. 53. São isentos de custas e emolumentos os atos necessários ao registro da Reurb-S.

§ 1º As isenções de custas e emolumentos a que se refere o *caput* independem do disposto no § 4º do art. 11 da Lei n. 11.124, de 16 de junho de 2005.

§ 2º As isenções de custas e emolumentos aplicam-se a partir da classificação prevista nos art. 13 e art. 30, *caput*, inciso I, da Lei n. 13.465, de 2017, pela autoridade competente, como Reurb-S.

§ 3º Para a aplicação das isenções de custas e emolumentos na fase de processamento administrativo da Reurb-S anterior à emissão da CRF, o interessado apresentará documento emitido pela autoridade competente que ateste a classificação da regularização do núcleo urbano informal como Reurb-S, na forma prevista no art. 5º.

ART. 54. Os atos necessários ao registro da Reurb-S, a que se refere o *caput* do art. 53, compreendem, entre outros:

I - o primeiro registro da Reurb-S, o qual confere direitos reais aos beneficiários;

II - o registro da legitimação fundiária;

III - o registro do título de legitimação de posse e a sua conversão em título de propriedade;

IV - o registro da CRF e do projeto de regularização fundiária, com abertura de matrícula para cada unidade imobiliária urbana regularizada;

V - a primeira averbação de construção residencial, desde que respeitado o limite de até setenta metros quadrados;

VI - a aquisição do primeiro direito real sobre unidade imobiliária derivada da Reurb-S;

VII - o primeiro registro do direito real de laje no âmbito da Reurb-S;

VIII - a averbação das edificações de conjuntos habitacionais ou condomínios;

IX - a abertura de matrícula para a área objeto da regularização fundiária, quando necessária;

X - a abertura de matrículas individualizadas para as áreas públicas resultantes do projeto de regularização; e

XI - a emissão de certidões necessárias para os atos previstos neste artigo.

Parágrafo único. As certidões referidas no inciso XI do *caput* são relativas à matrícula, à transcrição, à inscrição, à distribuição de ações judiciais e aos registros efetuados no âmbito da Reurb, entre outras. (Alterado pelo Dec. 9.597/2018.)

ART. 55. É vedado ao oficial do cartório de registro de imóveis exigir comprovação de pagamento ou quitação de tributos, entendidos como impostos, taxas, contribuições ou penalidades e demais figuras tributárias nos atos de registros ou averbações relativos a Reurb-S.

ART. 56. Para a dispensa de custas e emolumentos prevista na Lei n. 13.465, de 2017, será apresentado o título de legitimação fundiária, de posse ou outro instrumento de aquisição, pelos legitimados ou pelos ocupantes, ao oficial do cartório de registro de imóveis competente, no prazo máximo de um ano, contado da data de emissão do título.

ART. 57. Fica habilitado o Fundo Nacional de Habitação de Interesse Social - FNHIS, criado pela Lei n. 11.124, de 2005, a destinar recursos para a compensação, total ou parcial, dos custos referentes aos atos necessários ao registro da Reurb-S, a que se refere o *caput* do art. 53.

CAPÍTULO VI
DO DIREITO REAL DE LAJE

ART. 58. O proprietário de uma construção-base poderá ceder a superfície superior ou inferior de sua construção a fim de que o titular da laje mantenha unidade distinta daquela originalmente construída sobre o solo.

§ 1º O direito real de laje contempla o espaço aéreo ou o subsolo de terrenos públicos ou privados, tomados em projeção vertical como unidade imobiliária autônoma, não contempladas as demais áreas, edificadas ou não, pertencentes ao proprietário da construção-base.

§ 2º O titular do direito real de laje responderá pelos encargos e tributos que incidirem sobre a sua unidade.

§ 3º Os titulares da laje, unidade imobiliária autônoma constituída em matrícula própria, poderão dela usar, gozar e dispor.

§ 4º A instituição do direito real de laje não implica a atribuição de fração ideal de terreno ao titular da laje ou a participação proporcional em áreas já edificadas.

§ 5º Os Municípios e o Distrito Federal poderão dispor sobre as posturas edilícias e urbanísticas associadas ao direito real de laje.

§ 6º O titular da laje poderá ceder a superfície de sua construção para a instituição de um sucessivo direito real de laje, desde que haja autorização expressa dos titulares da construção-base e das demais lajes, respeitadas as posturas edilícias e urbanísticas vigentes.

§ 7º A constituição do direito real de laje na superfície superior ou inferior da construção-base, como unidade imobiliária autônoma, somente poderá ser admitida quando as unidades imobiliárias tiverem acessos independentes.

ART. 59. É expressamente vedado ao titular da laje prejudicar com obras novas ou com falta de reparação a segurança, a linha arquitetônica ou o arranjo estético do edifício, observadas as posturas previstas em legislação local.

ART. 60. Sem prejuízo, no que couber, da aplicação das normas relativas ao condomínio edilício, para fins do direto real de laje, as despesas necessárias à conservação e à fruição das partes que sirvam a todo o edifício e ao pagamento de serviços de interesse comum serão partilhadas entre o proprietário da construção-base e o titular da laje, na proporção estipulada em contrato.

§ 1º São partes que servem a todo o edifício:

I - os alicerces, as colunas, os pilares, as paredes-mestras e todas as partes restantes que constituam a estrutura do prédio;

II - o telhado ou os terraços de cobertura, ainda que destinados ao uso exclusivo do titular da laje;

III - as instalações gerais de água, esgoto, eletricidade, aquecimento, ar condicionado, gás, comunicações e similares; e

IV - as coisas que sejam afetadas ao uso de todo o edifício.

§ 2º É assegurado o direito de qualquer interessado em promover reparações urgentes na construção na forma estabelecida no parágrafo único do art. 249 da Lei n. 10.406, de 2002 - Código Civil.

ART. 61. Na hipótese de alienação de quaisquer das unidades sobrepostas, terão direito de preferência, em igualdade de condições com terceiros, os titulares da construção-base e da laje, nessa ordem, que serão cientificados por escrito para que se manifestem no prazo de trinta dias, exceto se o contrato dispuser de modo diverso.

§ 1º O titular da construção-base ou da laje a quem não se der conhecimento da alienação poderá, mediante depósito do preço, haver para si a parte alienada a terceiro, se o requerer no prazo decadencial de cento e oitenta dias, contado da data da alienação.

§ 2º Na hipótese de haver mais de uma laje, terão preferência, sucessivamente, os titulares das lajes ascendentes e os titulares das lajes descendentes, assegurada a prioridade para a laje mais próxima à unidade sobreposta a ser alienada.

ART. 62. A ruína da construção-base implica extinção do direito real de laje, exceto:

I - se este tiver sido instituído sobre o subsolo; ou

II - se a construção-base for reconstruída no prazo de cinco anos.

Parágrafo único. O disposto neste artigo não afasta o direito à reparação civil pelo culpado pela ruína.

ART. 63. Para fins de Reurb, o direito real de laje dependerá da comprovação de que a unidade imobiliária é estável.

§ 1º A estabilidade da unidade imobiliária depende das condições da edificação para o uso a que se propõe dentro da realidade em que se situa o imóvel.

§ 2º Na Reurb-S, caberá ao Poder Público municipal ou distrital a comprovação da estabilidade das unidades imobiliárias de que trata o *caput*.

§ 3º Para aprovação e registro do direito real de laje em unidades imobiliárias que compõem a Reurb, fica dispensada a apresentação do habite-se e, na Reurb-S, das certidões negativas de tributos e de contribuições previdenciárias.

CAPÍTULO VII DO CONDOMÍNIO DE LOTES

ART. 64. Pode haver, em terrenos, partes designadas de lotes que são propriedade exclusiva e partes que são propriedade comum dos condôminos.

§ 1º A fração ideal de cada condômino poderá ser proporcional à área do solo de cada unidade autônoma, ao seu potencial construtivo ou a outros critérios indicados no ato de instituição.

§ 2º As normas relativas ao condomínio edilício aplicam-se, no que couber, ao condomínio de lotes.

§ 3º Para fins de incorporação imobiliária, a implantação da infraestrutura do condomínio de lotes ficará a cargo do empreendedor.

ART. 65. O Poder Público municipal ou distrital poderá dispor sobre as posturas edilícias e urbanísticas para a implantação do condomínio de lotes.

ART. 66. Os núcleos urbanos informais consolidados constituídos na forma de condomínio de lotes poderão ser objeto de Reurb nos termos estabelecidos na Lei n. 13.465, de 2017, e neste Decreto.

§ 1º A Reurb do condomínio de lotes independerá da regularização das edificações já existentes, que serão regularizadas de forma coletiva ou individual em expediente próprio, a critério do Poder Público municipal ou distrital.

§ 2º As novas edificações a serem construídas em condomínio de lotes objeto de Reurb observarão as posturas edilícias e urbanísticas vigentes.

CAPÍTULO VIII DOS CONJUNTOS HABITACIONAIS

ART. 67. Serão regularizados como conjuntos habitacionais os núcleos urbanos informais que tenham sido constituídos para a alienação de unidades já edificadas pelo próprio empreendedor, público ou privado. (Alterado pelo Dec. 9.597/2018.)

§ 1º Os conjuntos habitacionais poderão ser constituídos de parcelamento do solo com unidades edificadas isoladas, parcelamento do solo com edificações em condomínio, condomínios horizontais ou verticais ou ambas as modalidades de parcelamento e condomínio.

§ 2º As unidades resultantes da regularização de conjuntos habitacionais serão atribuídas aos ocupantes reconhecidos, exceto quando o Poder Público promotor do programa habitacional demonstrar, durante o processo de regularização fundiária, que há obrigações pendentes, hipótese em que as unidades imobiliárias regularizadas serão a ele atribuídas.

ART. 68. Para aprovação e registro dos conjuntos habitacionais que compõem a Reurb, fica dispensada a apresentação do habite-se e, na Reurb-S, das certidões negativas de tributos e de contribuições previdenciárias.

Parágrafo único. O registro do núcleo urbano informal na forma de conjunto habitacional será feito com a emissão da CRF e a aprovação do projeto de regularização, acompanhado das plantas e dos memoriais técnicos das unidades imobiliárias e edificações e dos demais elementos técnicos que sejam necessários à incorporação e ao registro do núcleo urbano informal, quando for o caso.

CAPÍTULO IX DO CONDOMÍNIO URBANO SIMPLES

ART. 69. Quando o mesmo imóvel contiver construções de casas ou cômodos, poderá ser instituído, inclusive para fins de Reurb, condomínio urbano simples, respeitados os parâmetros urbanísticos locais, e serão discriminadas, na matrícula, a parte do terreno ocupada pelas edificações, as de utilização exclusiva e as áreas que constituem passagem para as vias públicas e para as unidades entre si.

§ 1º As normas relativas ao condomínio edilício aplicam-se, no que couber, ao condomínio urbano simples.

§ 2º Não constituem condomínio urbano simples:

I - as situações contempladas pelo direito real de laje;

II - as edificações ou os conjuntos de edificações, de um ou mais pavimentos, construídos como unidades isoladas entre si, destinadas a fins residenciais ou não residenciais, a que se refere a Lei n. 4.591, de 1964;

III - aqueles condomínios que possuem sistema viário interno para acesso as unidades imobiliárias autônomas; e

IV - aqueles condomínios que possuem unidades imobiliárias autônomas com acessos independentes aos logradouros públicos existentes.

ART. 70. A instituição do condomínio urbano simples será registrada na matrícula do imóvel, na qual serão identificadas as partes comuns no nível do solo, as partes comuns internas à edificação, se houver, e as unidades autônomas, dispensada a apresentação de convenção de condomínio.

§ 1º Após o registro da instituição do condomínio urbano simples, será aberta uma matrícula para cada unidade autônoma, à qual caberá, como parte inseparável, uma fração ideal do solo e das outras partes comuns, se houver, representada na forma de percentual.

§ 2º As unidades autônomas constituídas em matrícula própria poderão ser alienadas e gravadas livremente por seus titulares.

§ 3º Nenhuma unidade autônoma poderá ser privada do acesso ao logradouro público. (Alterado pelo Dec. 9.597/2018.)

§ 4º A gestão das partes comuns será feita de comum acordo entre os condôminos e poderá ser formalizada por meio de contrato.

ART. 71. O registro da instituição do condomínio urbano simples será efetivado mediante a apresentação pelo requerente ao oficial de do cartório de registro de imóveis do que segue:

I - projeto de regularização aprovado do qual constem as unidades imobiliárias que serão instituídas como unidades autônomas;

II - planta simples de cada lote, com indicação das partes comuns no nível do solo, das partes comuns internas à edificação, se houver, e das unidades autônomas, acompanhada de memorial descritivo simplificado;

III - informação sobre a fração ideal atribuída a cada unidade autônoma, relativamente ao terreno e às partes comuns;

IV - informação sobre o fim a que as unidades autônomas se destinam; e

V - cálculo das áreas das edificações ou dos lotes, com descriminação da área global e da área das partes comuns, quando houver, e indicação da metragem de área construída ou da metragem de cada lote, para cada tipo de unidade.

§ 1º Do memorial descritivo simplificado a que se refere o inciso II do *caput* constará a área aproximada das unidades autônomas, dos acessos e das partes comuns.

§ 2º Sem prejuízo do disposto nos incisos I a V do *caput*, na Reurb, o registro da instituição do condomínio urbano simples será efetivado por meio da apresentação pelo requerente ao oficial do cartório de registro de imóveis, ainda, da CRF, com o projeto de regularização aprovado do qual conste a indicação dos lotes nos quais serão instituídas as unidades autônomas.

§ 3º Na Reurb, o registro da instituição do condomínio urbano simples poderá ser requerido posteriormente ao registro do núcleo urbano informal, hipótese em que será suficiente a apresentação dos documentos mencionados no inciso II do *caput* com visto do órgão competente pela aprovação do projeto de regularização.

ART. 72. Na Reurb-S, a averbação das edificações poderá ser efetivada a partir de mera notícia, a requerimento do interessado, da qual conste a área construída e o número da unidade imobiliária, dispensada a apresentação de habite-se e das certidões negativas de tributos e de contribuições previdenciárias.

CAPÍTULO X DA ARRECADAÇÃO DE IMÓVEIS ABANDONADOS

ART. 73. Os imóveis urbanos privados abandonados cujos proprietários não possuam a intenção de conservá-los em seu patrimônio ficam sujeitos à arrecadação pelo Município ou pelo Distrito Federal na condição de bem vago.

§ 1º A intenção referida no *caput* será presumida quando o proprietário, cessados os atos de posse sobre o imóvel, não adimplir os ônus fiscais instituídos sobre a propriedade predial e territorial urbana, pelo prazo de cinco anos.

§ 2º O procedimento de arrecadação de imóveis urbanos abandonados observará o disposto em ato do Poder Executivo municipal ou distrital e, no mínimo:

I - abertura de processo administrativo para tratar da arrecadação;

II - comprovação do tempo de abandono e de inadimplência fiscal; e

III - notificação ao titular do domínio para, querendo, apresentar impugnação no prazo de trinta dias, contado da data de recebimento da notificação.

§ 3º A notificação do titular de domínio será feita por via postal com aviso de recebimento, no endereço que constar do cadastro municipal ou distrital, e será considerada efetuada quando comprovada a entrega nesse endereço.

§ 4º Os titulares de domínio não localizados serão notificados por edital, do qual deverão constar, de forma resumida, a localização e a descrição do imóvel a ser arrecadado, para que apresentem impugnação no prazo de trinta dias, contado da data da notificação.

§ 5º A abertura do processo administrativo de que trata o inciso I do § 2º será determinada pelo Poder Público municipal ou distrital ou a requerimento de terceiro interessado.

§ 6º A ausência de manifestação do titular de domínio será interpretada como concordância com a arrecadação.

§ 7º Respeitado o procedimento de arrecadação, o Município poderá realizar, diretamente ou por meio de terceiros, os investimentos necessários para que o imóvel urbano arrecadado atinja prontamente os objetivos sociais a que se destina.

§ 8º Na hipótese de o proprietário reivindicar a posse do imóvel declarado abandonado, no transcorrer do prazo de três anos a que se refere o art. 1.276 da Lei n. 10.406, de 2002 - Código Civil, fica assegurado ao Poder Público municipal ou distrital o direito ao ressarcimento prévio e em valor atualizado das despesas em que houver incorrido, inclusive aquelas tributárias, em razão do exercício da posse provisória.

ART. 74. Os imóveis arrecadados pelos Municípios ou pelo Distrito Federal poderão ser destinados aos programas habitacionais, à prestação de serviços públicos, ao fomento da Reurb-S ou serão objeto de concessão de direito real de uso a entidades civis que comprovadamente tenham fins filantrópicos, assistenciais, educativos, esportivos ou outros, no interesse do Município ou do Distrito Federal.

CAPÍTULO XI
DO LOTEAMENTO OU DO DESMEMBRAMENTO

ART. 75. É vedada a venda ou a promessa de compra e venda de unidade imobiliária integrante de núcleo urbano informal ou de parcela de loteamento ou desmembramento não inscrito, nos termos do art. 37 da Lei n. 6.766, de 1979.

ART. 76. O Poder Público municipal ou distrital notificará os titulares de domínio ou os responsáveis pelos núcleos urbanos informais consolidados, de interesse específico, existentes na data de publicação deste Decreto, para que, no prazo de noventa dias, protocolem o pedido da Reurb-E acompanhado da documentação e dos projetos necessários, visando à sua análise e sua aprovação.

§ 1º A critério do Poder Público municipal ou distrital, o prazo previsto no *caput* para protocolo do pedido da Reurb-E poderá ser prorrogado, no máximo, por igual período.

§ 2º Não atendida a notificação prevista neste artigo, o órgão municipal ou distrital responsável poderá tomar as providências para promoção da Reurb-E, nos termos da Lei n. 13.465, de 2017, e deste Decreto, sem prejuízo das ações e das penalidades previstas na legislação vigente.

ART. 77. Nos termos do art. 38 da Lei n. 6.766, de 1979, verificado que o loteamento ou o desmembramento não se encontre registrado ou regularmente executado ou notificado pelo Poder Público municipal ou distrital, o adquirente do lote suspenderá o pagamento das prestações restantes e notificará o loteador para que faça o pagamento.

§ 1º Ocorrida a suspensão do pagamento das prestações restantes, na forma estabelecida no *caput*, o adquirente efetuará o depósito das prestações devidas junto ao cartório de registro de imóveis, que as depositará em instituição financeira, nos termos do inciso I do *caput* do art. 666 da Lei n. 13.105, de 2015 - Código de Processo Civil, em conta, com incidência de juros e correção monetária, cuja movimentação dependerá de autorização judicial.

§ 2º O Poder Público municipal ou distrital e o Ministério Público poderão promover a notificação do loteador prevista no *caput*, para que, no prazo de noventa dias, tome as providências para a aprovação e o registro do loteamento ou desmembramento.

§ 3º A pedido do loteador, desde que justificado, o Poder Público municipal ou distrital poderá, a seu critério, prorrogar por igual período o prazo previsto no § 2º.

§ 4º Regularizado o loteamento, o loteador requererá autorização judicial para fazer o levantamento do valor das prestações depositadas, com os acréscimos juros e de correção monetária.

§ 5º O Poder Público municipal ou distrital será intimado no processo judicial a que se refere o § 4º e o Ministério Público será ouvido.

§ 6º Após o reconhecimento judicial de regularidade do loteamento, o loteador notificará os adquirentes dos lotes, por intermédio do cartório de registro de imóveis, para que voltem a pagar diretamente as prestações restantes.

§ 7º O loteador não poderá, a qualquer título, exigir o recebimento das prestações depositadas, nas seguintes hipóteses, nos termos do art. 40 da Lei n. 6.766, de 1979:

I - o loteador deixar de atender à notificação até o vencimento do prazo contratual; ou

II - o loteamento ou o desmembramento for regularizado pela Prefeitura Municipal ou pelo Distrito Federal.

ART. 78. A cláusula de rescisão de contrato por inadimplemento do adquirente será nula quando o loteamento não estiver regularmente inscrito.

ART. 79. O Poder Público municipal ou distrital, se desatendida pelo loteador a notificação a que se referem o *caput* e o § 2º do art. 77, poderá regularizar loteamento ou desmembramento não autorizado ou executado sem observância às determinações do ato administrativo de licença, para evitar lesão aos seus padrões de desenvolvimento urbano e em defesa dos direitos dos adquirentes de lotes.

§ 1º O Poder Público municipal, ou o distrital, que promover a regularização na forma estabelecida neste artigo, fará jus, por meio de autorização judicial, ao levantamento das prestações depositadas, com os acréscimos de juros e de correção monetária, a título de ressarcimento pelas importâncias despendidas com equipamentos urbanos ou expropriações necessárias para regularizar o loteamento ou o desmembramento.

§ 2º Na hipótese de as importâncias despendidas pelo Poder Público municipal ou distrital para regularizar o loteamento ou desmembramento não serem integralmente ressarcidas com o levantamento a que se refere o § 1º, o valor que faltar será exigido do loteador, conforme o disposto no art. 47 da Lei n. 6.766, de 1979.

§ 3º Na hipótese de o loteador não cumprir o estabelecido no § 2º, o Poder Público municipal ou distrital poderá receber as prestações dos adquirentes até o valor devido.

§ 4º O Poder Público municipal ou distrital, para assegurar a regularização do loteamento ou desmembramento e o ressarcimento integral de importâncias despendidas ou a despender, poderá promover judicialmente os procedimentos cautelares necessários.

ART. 80. Regularizado o loteamento ou o desmembramento pelo Poder Público municipal ou distrital, o adquirente do lote, desde que comprovado o depósito de todas as prestações do preço avençado, poderá obter o registro de propriedade do lote adquirido, com fundamento na promessa de venda e compra firmada.

ART. 81. Nas desapropriações, não serão considerados como loteados ou loteáveis, para fins de indenização, os terrenos ainda não vendidos ou objeto de promessa de compra e venda.

ART. 82. Os Municípios, o Distrito Federal e os Estados poderão expropriar áreas urbanas ou de expansão urbana para reloteamento, demolição, reconstrução e incorporação, hipótese em que a preferência para a aquisição das novas unidades será dos expropriados.

ART. 83. Na hipótese de o loteador beneficiário do loteamento ou do desmembramento integrar grupo econômico ou financeiro, as pessoas naturais ou jurídicas do grupo serão solidariamente responsáveis pelos prejuízos por ele causados aos compradores de lotes e ao Poder Público.

ART. 84. O foro competente para os procedimentos judiciais previstos neste Decreto será o da comarca da situação do núcleo urbano informal ou lote.

ART. 85. As intimações e notificações previstas neste Decreto serão feitas pessoalmente ao intimado ou notificado, que assinará o comprovante do recebimento, e poderão igualmente ser promovidas por meio dos cartórios de registro de títulos e documentos da comarca da situação do imóvel ou do domicílio do intimado ou notificado.

Parágrafo único. Se o destinatário se recusar a receber ou a dar recibo, ou se o seu paradeiro for desconhecido, o oficial competente certificará a circunstância e a intimação ou a notificação será feita por edital e a contagem do prazo terá início dez dias após a última publicação.

CAPÍTULO XII
DISPOSIÇÕES FINAIS E TRANSITÓRIAS

ART. 86. Ao Distrito Federal são atribuídas as competências e as responsabilidades dos Estados e dos Municípios, na forma da Lei n. 13.465, de 2017, e deste Decreto.

ART. 87. As glebas parceladas para fins urbanos anteriormente a 19 de dezembro de 1979 que não possuírem registro poderão ter a sua situação jurídica regularizada por meio do registro do parcelamento, desde que esteja implantado e integrado à cidade, e poderão, para tanto, ser utilizados os instrumentos previstos na Lei n. 13.465, de 2017, e neste Decreto. (Alterado pelo Dec. 9.597/2018.)

§ 1º O interessado requererá ao oficial do cartório de registro de imóveis a efetivação do registro do parcelamento, munido dos seguintes documentos:

I - planta da área em regularização, assinada pelo interessado responsável pela regularização e por profissional legalmente habilitado, que contenha o perímetro da área a ser regularizada, as subdivisões das quadras, dos lotes e das áreas públicas, com as dimensões e a numeração dos lotes, os logradouros, os espaços livres e as outras áreas com destinação específica, se for o caso, dispensada a apresentação da ART no Conselho Regional de Engenharia e Arquitetura ou o RRT no Conselho de Arquitetura e Urbanismo quando o responsável técnico for servidor ou empregado público;

II - descrição técnica do perímetro da área a ser regularizada, dos lotes, das áreas públicas e das outras áreas com destinação específica, quando for o caso; e

III - documento expedido pelo Município ou pelo Distrito Federal, o qual ateste que o parcelamento foi implantado anteriormente a 19 de dezembro de 1979 e de que está integrado à cidade. (Alterado pelo Dec. 9.597/2018.)

§ 2º A apresentação da documentação prevista no § 1º dispensa a apresentação do projeto de regularização fundiária, do estudo técnico ambiental, da CRF ou de quaisquer outras manifestações, aprovações, licenças ou alvarás emitidos pelos órgãos públicos.

§ 3º O registro do parcelamento das glebas previsto neste artigo poderá ser feito por trechos ou etapas, independentemente de retificação ou apuração de área remanescente.

ART. 88. As disposições da Lei n. 6.766, de 1979, não se aplicam à Reurb, exceto quanto ao disposto nos art. 37, art. 38, art. 39, art. 40, *caput* e § 1º ao § 4º, art. 41, art. 42, art. 44, art. 47, art. 48, art. 49, art. 50, art. 51 e art. 52 da referida Lei. (Alterado pelo Dec. 9.597/2018.)

ART. 89. Para fins da Reurb, ficam dispensadas a desafetação e as seguintes exigências previstas no inciso I do *caput* do art. 17 da Lei n. 8.666, de 21 de junho de 1993:

I - autorização legislativa para alienação de bens da administração pública direta, autárquica e fundacional; e

II - avaliação prévia e licitação na modalidade de concorrência.

Parágrafo único. Na venda direta prevista no art. 84 da Lei n. 13.465, de 2017, será necessária a avaliação prévia para definição do valor a ser cobrado na alienação.

ART. 90. Os Estados e o Distrito Federal criarão e regulamentarão fundos específicos destinados à compensação, total ou parcial, dos custos referentes aos atos registrais da Reurb-S previstos na Lei n. 13.465, de 2017, e neste Decreto.

Parágrafo único. Para que os fundos estaduais acessem os recursos do Fundo Nacional de Habitação de Interesse Social - FNHIS, criado pela Lei n. 11.124, de 16 de junho de 2005, estes deverão firmar termo de adesão, na forma a ser regulamentada em ato do Ministro de Estado das Cidades.

ART. 91. Serão regularizadas, na forma da Lei n. 13.465, de 2017, e deste Decreto, as ocupações que incidam sobre áreas objeto de ação judicial que verse sobre direitos reais de garantia, de constrição, bloqueio ou indisponibilidade judicial, ressalvada a hipótese de decisão judicial que impeça a análise, a aprovação e o registro do projeto de Reurb.

ART. 92. As normas e os procedimentos estabelecidos neste Decreto poderão ser aplicados aos processos administrativos de regularização fundiária iniciados pelos entes públicos competentes até a data de publicação da Lei n. 13.465, de 2017, e serão regidos, a critério deles, pelo disposto no art. 288-A ao art. 288-G da Lei n. 6.015, de 1973, e no art. 46 ao art. 71-A da Lei n. 11.977, de 2009.

§ 1º O disposto no *caput* aplica-se às regularizações fundiárias urbanas em andamento, situadas total ou parcialmente em unidade de uso sustentável, em área de preservação permanente, em área de proteção de mananciais e no entorno dos reservatórios de água artificiais. (Alterado pelo Dec. 9.597/2018.)

§ 2º Nas regularizações fundiárias previstas no *caput*, poderão ser utilizadas, a critério do órgão municipal ou distrital responsável pela regularização, as normas, os procedimentos e os instrumentos previstos na Lei n. 13.465, de 2017, e neste Decreto ou no art. 288-A ao art. 288-G da Lei n. 6.015, de 1973, inclusive conjuntamente.

§ 3º As legitimações de posse já registradas na forma da Lei n. 11.977, de 2009, prosseguirão sob o regime da referida Lei até a titulação definitiva dos legitimados na posse.

§ 4º O registro dos títulos emitidos, para conferir direitos reais, nos projetos de regularização que tenham sido registrados nos termos do art. 46 ao art. 71-A da Lei n. 11.977, de 2009, a critério dos legitimados, do Município ou do Distrito Federal, poderá ser feito nos termos da Lei n. 13.465, de 2017, e deste Decreto.

§ 5º Para a abertura de matrícula do sistema viário de parcelamento urbano irregular, na forma prevista no art. 195-A da Lei n. 6.015, de 1973, a intimação dos confrontantes será feita por meio de edital, publicado no Diário Oficial ou em jornal com circulação na sede do Município ou no Distrito Federal, e será conferido prazo de trinta dias para a manifestação do intimado.

ART. 93. O Poder Público municipal ou distrital poderá facultar ao proprietário da área atingida pela obrigação de que trata o *caput* do art. 5º da Lei n. 10.257, de 2001, ou objeto de Reurb, o estabelecimento de consórcio imobiliário como forma de viabilização financeira para o aproveitamento do imóvel.

§ 1º Considera-se consórcio imobiliário a forma de viabilização de planos de urbanização, de regularização fundiária ou de reforma, conservação ou construção de edificação por meio da qual o proprietário transfere ao Poder Público municipal ou distrital a propriedade do imóvel e, após a realização das obras, recebe como pagamento unidades imobiliárias urbanizadas ou edificadas e as demais unidades incorporadas ao patrimônio público.

§ 2º O valor das unidades imobiliárias a serem entregues na forma do § 1º será correspondente ao valor do imóvel anteriormente à execução das obras.

§ 3º A instauração do consórcio imobiliário por proprietário que tenha dado causa à formação de núcleos urbanos informais ou por seu sucessor não os eximirá da responsabilidade administrativa, civil ou criminal.

ART. 93-A. Para que o Município promova a Reurb em áreas da União sob a gestão da Secretaria do Patrimônio da União do Ministério do Planejamento, Desenvolvimento e Gestão, é necessária a prévia formalização da transferência da área ou a celebração de acordo de cooperação técnica ou de instrumento congênere com a referida Secretaria. (Acrescentado pelo Dec. 9.597/2018.)

TÍTULO II
DOS PROCEDIMENTOS PARA A AVALIAÇÃO E A ALIENAÇÃO DOS IMÓVEIS DA UNIÃO

ART. 94. Os imóveis da União objeto da Reurb-E objeto de processo de parcelamento reconhecido pela autoridade pública poderão ser, no todo ou em parte, vendidos diretamente aos seus ocupantes, dispensados os procedimentos exigidos pela Lei n. 8.666, de 1993.

§ 1º A venda aplica-se unicamente aos imóveis ocupados até 22 de dezembro de 2016 e o ocupante deverá estar regularmente inscrito e em dia com suas obrigações para com a Secretaria do Patrimônio da União do Ministério do Planejamento, Desenvolvimento e Gestão.

§ 2º A possibilidade da venda direta de que trata este artigo é extensiva aos ocupantes cuja inscrição de ocupação tenha sido feita em nome de condomínios ou associações.

§ 3º A venda direta de que trata este artigo somente poderá ser concedida para, no máximo, dois imóveis, um residencial e um não residencial, regularmente cadastrados em nome do beneficiário na Secretaria do Patrimônio da União do Ministério do Planejamento, Desenvolvimento e Gestão.

§ 4º Nas ocupações de áreas da União não cadastradas junto à Secretaria do Patrimônio da União do Ministério do Planejamento, Desenvolvimento e Gestão será possível a venda direta ao ocupante, desde que comprovada a sua ocupação em 22 de dezembro de 2016.

§ 5º Para fins da comprovação que trata o § 4º, é admitida a contagem de tempo de ocupações anteriores, desde que demonstrada a continuidade da cadeia de ocupação até o atual ocupante.

§ 6º A venda direta de que trata este artigo obedecerá ao disposto na Lei n. 9.514, de 20 de novembro de 1997, e a União permanecerá com a propriedade fiduciária dos bens até a quitação integral, na forma dos §7º e § 9º.

§ 7º Para os ocupantes com renda familiar de cinco e dez salários mínimos, o valor pela aquisição poderá ser pago à vista ou em até duzentas e quarenta parcelas mensais e consecutivas, devido sinal de, no mínimo, cinco por cento do valor da avaliação.

§ 8º O valor da parcela mensal a que se refere o § 7º não poderá ser inferior ao valor devido pelo ocupante a título de taxa de foro ou de ocupação, quando requerido pelo interessado.

§ 9º Para os ocupantes com renda familiar acima de dez salários mínimos, a aquisição poderá ser realizada à vista ou em até cento e vinte parcelas mensais e consecutivas, devido sinal de, no mínimo, dez por cento do valor da avaliação, hipótese em que o valor da parcela mensal não poderá ser inferior ao equivalente devido pelo usuário a título de taxa de foro ou de ocupação, quando requerido pelo interessado.

§ 10. A regulamentação do disposto neste artigo será efetuada pela Secretaria do Patrimônio da União do Ministério do Planejamento, Desenvolvimento e Gestão, no prazo de doze meses, contado da data de publicação da Lei n. 13.465, de 2017.

ART. 95. O preço de venda será fixado com base no valor de mercado do imóvel, segundo critérios de avaliação previstos no art. 11-C da Lei n. 9.636, de 15 de maio de 1998, excluídas as acessões e as benfeitorias realizadas pelo ocupante.

§ 1º O prazo de validade da avaliação a que se refere o *caput* será de, no máximo, doze meses.

§ 2º No condomínio edilício, as áreas comuns, excluídas as suas benfeitorias, serão adicionadas na fração ideal da unidade privativa correspondente.

ART. 96. Os procedimentos necessários à promoção da Reurb-E em áreas da União poderão ser conduzidos no âmbito de acordo de cooperação técnica ou de instrumento congênere, celebrado entre a Secretaria do Patrimônio da União do Ministério do Planejamento, Desenvolvimento e Gestão e os interessados na promoção da Reurb-E, representados por suas associações representativas ou condomínios.

Parágrafo único. Os acordos de cooperação técnica ou os instrumento congêneres a que se refere o *caput* poderão ser celebrados tanto com ocupantes regularmente inscritos junto à Secretaria do Patrimônio da União do

Ministério do Planejamento, Desenvolvimento e Gestão, quanto com aqueles que ocupam áreas da União não cadastradas junto à referida Secretaria.

ART. 97. As pessoas físicas de baixa renda que, por qualquer título, utilizem regularmente imóvel da União, inclusive imóveis provenientes de órgãos e entidades federais extintos, para fins de moradia, até 22 de dezembro de 2016, e que sejam isentas do pagamento de qualquer valor pela utilização, na forma da legislação patrimonial e dos cadastros da Secretaria do Patrimônio da União do Ministério do Planejamento, Desenvolvimento e Gestão, poderão requerer diretamente ao oficial do cartório de registro de imóveis, por meio da apresentação da Certidão de Autorização de Transferência - CAT expedida pela referida Secretaria, a transferência gratuita da propriedade do imóvel, desde que preenchidos os requisitos previstos no § 5º do art. 31 da Lei n. 9.636, de 1998. (Alterado pelo Dec. 9.597/2018.)

§ 1º A transferência gratuita de que trata este artigo somente poderá ser concedida uma vez por beneficiário.

§ 2º A avaliação prévia do imóvel e a prévia autorização legislativa específica não se configuram como condição para a transferência gratuita de que trata este artigo.

ART. 98. Para obter gratuitamente a concessão de direito real de uso ou o domínio pleno do imóvel, o interessado deverá requerer, junto à Secretaria do Patrimônio da União do Ministério do Planejamento, Desenvolvimento e Gestão, a CAT para fins de Reurb-S - CAT-Reurb-S, a qual valerá como título hábil para a aquisição do direito mediante o registro no cartório de registro de imóveis.

Parágrafo único. Efetivado o registro da transferência da concessão de direito real de uso ou do domínio pleno do imóvel, o oficial do cartório de registro de imóveis, no prazo de trinta dias, notificará a Superintendência do Patrimônio da União no Estado ou no Distrito Federal e informará o número da matrícula ou da transcrição do imóvel e o seu Registro Imobiliário Patrimonial, o qual deverá constar da CAT-Reurb-S.

ART. 98-A. Os procedimentos para a Reurb promovida em áreas da União serão regulamentados em ato específico da Secretaria do Patrimônio da União do Ministério do Planejamento, Desenvolvimento e Gestão, sem prejuízo da eventual adoção de procedimentos e instrumentos previstos para a Reurb. (Acrescentado pelo Dec. 9.597/2018.)

ART. 99. Na hipótese de imóveis destinados à Reurb-S cuja propriedade da União ainda não se encontre regularizada junto ao cartório de registro de imóveis competente, a abertura de matrícula poderá ser realizada por meio de requerimento da Secretaria do Patrimônio da União do Ministério do Planejamento, Desenvolvimento e Gestão, dirigido ao oficial do referido cartório, acompanhado dos seguintes documentos:

I - planta e memorial descritivo do imóvel, assinados por profissional habilitado perante o Conselho Regional de Engenharia e Arquitetura ou o Conselho de Arquitetura e Urbanismo, condicionados à apresentação da ART ou do RRT, quando for o caso; e

II - ato de discriminação administrativa do imóvel da União para fins de Reurb-S, a ser expedido pela Secretaria do Patrimônio da União do Ministério do Planejamento, Desenvolvimento e Gestão.

§ 1º O oficial do cartório de registro de imóveis deverá, no prazo de trinta dias, contado da data de protocolo do requerimento, fornecer à Superintendência do Patrimônio da União no Estado ou no Distrito Federal a certidão da matrícula aberta ou os motivos fundamentados para a negativa da abertura, hipótese para a qual deverá ser estabelecido prazo para que as pendências sejam supridas.

§ 2º O disposto no *caput* não se aplica aos imóveis da União submetidos a procedimentos específicos de identificação e demarcação, os quais continuam submetidos às normas pertinentes.

ART. 100. Os procedimentos para a transferência gratuita do direito real de uso ou do domínio pleno de imóveis da União no âmbito da Reurb-S, inclusive aqueles relacionados à forma de comprovação dos requisitos pelos beneficiários, serão regulamentados em ato do Secretário do Patrimônio da União do Ministério do Planejamento, Desenvolvimento e Gestão.

ART. 101. Ficam a União e as suas autarquias e fundações autorizadas a transferir aos Estados, aos Municípios e ao Distrito Federal as áreas públicas federais ocupadas por núcleos urbanos informais, para que estes promovam a Reurb nos termos da Lei n. 13.465, de 2017, observado o disposto neste regulamento quando se tratar de imóveis de titularidade de fundos.

TÍTULO III
DISPOSIÇÕES FINAIS

ART. 102. Fica facultado aos Estados, aos Municípios e ao Distrito Federal utilizar a prerrogativa de venda direta aos ocupantes de suas áreas públicas objeto de Reurb-E, dispensados os procedimentos exigidos pela Lei n. 8.666, de 1993, desde que os imóveis se encontrem ocupados até 22 de dezembro de 2016, devendo regulamentar o processo em legislação própria nos moldes do disposto no art. 84 da Lei n. 13.465, de 11 de julho de 2017.

ART. 103. Nos termos do Decreto-Lei n. 1.876, de 15 de julho de 1981, são requisitos da Reurb-S em áreas da União:

I - a renda familiar mensal do ocupante ser igual ou inferior a cinco salários mínimos; e

II - o ocupante não ter possuído ou ser proprietário de bens ou direitos em montante superior ao limite estabelecido pela Secretaria da Receita Federal do Brasil do Ministério da Fazenda para a obrigatoriedade de apresentação da Declaração de Ajuste Anual do Imposto de Renda Pessoa Física.

ART. 104. Na Reurb promovida em áreas da União em que não seja possível a constituição de direitos reais para a totalidade dos interessados ou em que existam unidades imobiliárias desocupadas, as matrículas correspondentes a essas unidades deverão ser abertas em nome da União.

ART. 105. Na hipótese de decisão pela remoção do núcleo urbano informal consolidado, deverão ser realizados estudos técnicos que comprovem que o desfazimento e a remoção do núcleo urbano não causará maiores danos ambientais e sociais do que a sua regularização nos termos da Lei n. 13.465, de 2017, e deste Decreto.

Parágrafo único. O disposto no *caput* não se aplica às áreas de risco a serem realocadas conforme o disposto no § 2º do art. 39 da Lei n. 13.465, de 2017.

ART. 106. Para registro da aquisição de propriedade por meio da legitimação fundiária em áreas da União promovida por legitimados que não sejam a própria União, a constituição do direito real em nome dos beneficiários ficará condicionada à autorização da Secretaria do Patrimônio da União do Ministério do Planejamento, Desenvolvimento e Gestão.

ART. 107. Os imóveis ocupados por órgãos ou entidades da administração pública federal, estadual, distrital ou municipal que se encontrem em núcleos urbanos informais, localizados em áreas da União e regularizados por meio de Reurb serão destinados conforme a legislação patrimonial da União.

ART. 108. O ocupante irregular de imóvel da União fruto de Reurb-E que não opte pela aquisição do imóvel será inscrito na Secretaria do Patrimônio da União do Ministério do Planejamento, Desenvolvimento e Gestão como ocupante, na forma da legislação vigente.

ART. 109. O disposto na Lei n. 13.465, de 2017, e neste Decreto se aplica às ilhas oceânicas e costeiras do País, sem prejuízo da legislação patrimonial pertinente em vigor.

ART. 109-A. O disposto no art. 34 aplica-se ao Programa Minha Casa Minha Vida - PMCMV, operado com recursos de que tratam os incisos II e III do *caput* do art. 2º da Lei n. 11.977, de 2009. (Acrescentado pelo Dec. 9.597/2018.)

ART. 109-B. Os procedimentos necessários à promoção da Reurb em áreas da União sob a gestão da Secretaria do Patrimônio da União do Ministério do Planejamento, Desenvolvimento e Gestão que não tenham como agente promotor a própria União, serão antecedidos pela formalização da transferência da área ou pela celebração de acordo de cooperação técnica ou de instrumento congênere entre a referida Secretaria e os interessados na promoção da Reurb. (Acrescentado pelo Dec. 9.597/2018.)

ART. 110. Este Decreto entra em vigor na data de sua publicação.

Brasília, 15 de março de 2018;
197º da Independência e 130º da República.

MICHEL TEMER

DECRETO N. 9.311, DE 15 DE MARÇO DE 2018

Regulamenta a Lei n. 8.629, de 25 de fevereiro de 1993, e a Lei n. 13.001, de 20 de junho de 2014, para dispor sobre o processo de seleção, permanência e titulação das famílias beneficiárias do Programa Nacional de Reforma Agrária.

▸ *DOU*, 16.03.2018.

O Presidente da República, no uso da atribuição que lhe confere o art. 84, *caput*, inciso IV, da Constituição, e tendo em vista o disposto na Lei n. 8.629, de 25 de fevereiro de 1993, e na Lei n. 13.001, de 20 de junho de 2014,

Decreta:

ART. 1º Este Decreto dispõe sobre a seleção das famílias candidatas a beneficiárias do Programa Nacional de Reforma Agrária - PNRA, a verificação das condições de permanência das famílias beneficiárias no Programa, a regularização das ocupações dos projetos de assentamento, a titulação provisória e definitiva das parcelas concedidas e a destinação de áreas remanescentes a projetos de assentamento.

ART. 2º Considera-se reforma agrária o conjunto de medidas que visam a realizar uma melhor distribuição da terra com acesso a políticas públicas para promover o desenvolvimento social e econômico das famílias beneficiárias.

Parágrafo único. No âmbito da administração pública federal, o PNRA será executado pelo Instituto Nacional de Colonização e Reforma

Agrária - Incra, a quem compete promovê-lo em articulação com os demais órgãos e entidades da administração pública, direta e indireta, federal, distrital, estadual e municipal, responsáveis pelas políticas públicas complementares e necessárias à efetivação do Programa.

ART. 3º Para fins do disposto neste Decreto, considera-se:

I - unidade familiar - família composta pelos titulares e demais integrantes, que explore ou se proponha a explorar conjuntamente uma parcela da reforma agrária, com a finalidade de atender à própria subsistência e à demanda da sociedade por alimentos ou por outros bens e serviços;

II - renda familiar mensal *per capita* - valor total dos rendimentos mensais da unidade familiar, dividida pelo número de seus integrantes;

III - agricultor ou trabalhador rural - pessoa que pratique atividade agrícola ou não agrícola no meio rural;

IV - família em situação de vulnerabilidade social - família que esteja inscrita no Cadastro Único para Programas Sociais do Governo Federal;

V - acampamento - conjunto de famílias em situação de vulnerabilidade social, habitantes de uma mesma localidade, que demandem ações do Incra para sua inclusão no PNRA, inscritos no Cadastro Único para Programas Sociais do Governo Federal na condição de acampados;

VI - projeto de assentamento - unidade territorial destinada ao assentamento de famílias de agricultores ou trabalhadores rurais criada ou reconhecida pelo Incra;

VII - família beneficiária - unidade familiar selecionada e homologada na relação de beneficiários do projeto de assentamento; e

VIII - família assentada - unidade familiar homologada na relação de beneficiários do projeto de assentamento que tenha firmado contrato de concessão de uso ou, quanto a reconhecimento de projeto que não tenha sido criado pelo Incra, documento equivalente.

CAPÍTULO I
DA SELEÇÃO DAS FAMÍLIAS BENEFICIÁRIAS DO PROGRAMA NACIONAL DE REFORMA AGRÁRIA

ART. 4º A seleção das famílias candidatas do PNRA será realizada por projeto de assentamento, conforme a disponibilidade de áreas ou lotes.

ART. 5º O processo de seleção inicia-se com a publicação de edital de seleção para chamamento dos interessados, seguido de inscrição da unidade familiar perante o Incra, do deferimento da inscrição e da classificação dos candidatos e encerra-se com a homologação das famílias beneficiárias do projeto de assentamento.

ART. 6º A inscrição poderá ser feita por qualquer interessado de forma individual, que indicará os titulares e os demais integrantes da unidade familiar candidata.

Parágrafo único. Para candidatar sua família a beneficiária do PNRA, o interessado deverá estar inscrito no Cadastro Único para Programas Sociais do Governo Federal, nos termos do disposto no Decreto n. 6.135, de 26 de junho de 2007.

ART. 7º Não poderá ser selecionado como beneficiário do PNRA e terá indeferida sua inscrição, quem na data da inscrição para a seleção:

I - for ocupante de cargo, emprego ou função pública remunerada;

II - tiver sido excluído ou se afastado de programa de reforma agrária, de regularização fundiária ou de crédito fundiário, sem consentimento do seu órgão executor;

III - for proprietário rural, exceto o desapropriado do imóvel para o qual ocorre a seleção e o agricultor cuja propriedade seja insuficiente para o sustento próprio e o de sua família;

IV - for proprietário, quotista ou acionista de sociedade empresária em atividade;

V - for menor de dezoito anos, não emancipado na forma da lei civil; ou

VI - auferir renda proveniente de atividade não agrícola superior a três salários mínimos mensais ou a um salário mínimo *per capita*.

§ 1º As disposições constantes dos incisos I, II, III, IV e VI do *caput* se aplicam aos cônjuges e companheiros, inclusive em regime de união estável, exceto em relação ao cônjuge separado judicialmente ou de fato que não tenha sido beneficiado pelos programas de que trata o inciso II do *caput*.

§ 2º Na hipótese de alteração da composição da unidade familiar por inclusão de novo integrante cônjuge ou companheiro de beneficiário já homologado, não será necessária nova verificação dos requisitos de elegibilidade.

§ 3º A vedação de que trata o inciso I do *caput* não se aplica ao candidato que preste serviços de interesse comunitário à comunidade rural ou à vizinhança do projeto de assentamento, desde que o exercício do cargo, do emprego ou da função pública seja compatível com a exploração da parcela pela unidade familiar.

§ 4º Para fins do disposto no § 3º, são considerados como de interesse comunitário as atividades e os serviços prestados nas áreas de saúde, educação, transporte, assistência social e agrária.

ART. 8º Desde que não se enquadre nos impedimentos previstos no art. 7º, poderá ser beneficiário do PNRA o candidato que exerça mandato de representação sindical, associativa ou cooperativa se for comprovada a compatibilidade do exercício do mandato com a exploração da parcela pela unidade familiar.

ART. 9º A classificação dos candidatos que tiverem suas inscrições deferidas será feita por projeto de assentamento, observada, sucessivamente, a preferência:

I - ao desapropriado, ao qual será assegurada preferência para a parcela na qual se situe a sede do imóvel, hipótese em que esta será excluída da indenização paga pela desapropriação;

II - a quem trabalhe no imóvel desapropriado, na data da vistoria de classificação e aferição do cumprimento de sua função social, como posseiro, assalariado, parceiro ou arrendatário, conforme identificação expressa no Laudo Agronômico de Fiscalização do Incra;

III - ao trabalhador rural desintrusado de outra área, em virtude de demarcação de terra indígena, criação de unidade de conservação, titulação de comunidade quilombola ou de outras ações de interesse público, localizada no mesmo Município do projeto de assentamento para o qual se destina a seleção;

IV - ao trabalhador rural sem terra em situação de vulnerabilidade social inscrito no Cadastro Único para Programas Sociais do Governo Federal que não se enquadre nas hipóteses dos incisos I, II e III;

V - ao trabalhador rural vítima de trabalho análogo à escravidão, identificado pelo Ministério do Trabalho;

VI - a quem trabalhe como posseiro, assalariado, parceiro ou arrendatário em outros imóveis rurais; e

VII - ao ocupante de área inferior à fração mínima do parcelamento.

§ 1º Fica assegurada a participação das pessoas com deficiência no PNRA, desde que comprovada a capacidade de exploração agrícola pela unidade familiar.

§ 2º O aposentado por invalidez que auferir renda de até três salários mínimos mensais poderá ser beneficiário do PNRA desde que comprovada a capacidade de exploração agrícola pela unidade familiar.

ART. 10. Nos projetos de assentamentos ambientalmente diferenciados, o processo de seleção será restrito às famílias que já residam na área, observadas as vedações constantes do art. 7º.

Parágrafo único. Serão consideradas ambientalmente diferenciadas as seguintes modalidades de projetos:

I - Projeto de Assentamento Agroextrativista - PAE - projeto destinado à exploração de áreas dotadas de riquezas extrativas, mediante atividades economicamente viáveis, socialmente justas e ecologicamente sustentáveis, a serem executadas pelas populações que ocupem tradicionalmente a respectiva área;

II - Projeto de Desenvolvimento Sustentável - PDS - projeto de interesse social e ecológico destinado às populações que baseiam sua subsistência no extrativismo, na agricultura familiar e outras atividades de baixo impacto ambiental; e

III - Projeto de Assentamento Florestal - PAF - projeto destinado ao manejo de recursos florestais em áreas com aptidão para a produção florestal familiar comunitária e sustentável, especialmente aplicável ao bioma Amazônia.

ART. 11. Na hipótese de projeto de assentamento reconhecido pelo Incra, de unidades de conservação de uso sustentável e de territórios quilombolas, a inclusão das unidades familiares como beneficiárias do PNRA se restringirá à verificação das vedações constantes do art. 7º.

ART. 12. Caberá ao Incra, respeitada a ordem de preferência estabelecida no art. 9º, classificar os candidatos a beneficiários do PNRA, segundo os seguintes critérios e respectiva pontuação:

I - unidade familiar mais numerosa, cujos membros se proponham a exercer a atividade agrícola na área a ser assentada, conforme o tamanho da família e sua força de trabalho - até o limite de dez pontos;

II - unidade familiar que resida há mais tempo no Município em que se localize o projeto de assentamento para o qual se destine a seleção ou nos Municípios limítrofes - até o limite de dez pontos;

III - unidade familiar chefiada por mulher - cinco pontos;

IV - unidade familiar ou indivíduo integrante de acampamento situado no Município em que se localize o projeto de assentamento da seleção ou nos Municípios limítrofes - até o limite de quinze pontos, graduados conforme a proximidade do imóvel;

V - unidade familiar que contenha filho com idade entre dezoito e vinte e nove anos e cujos pai ou mãe seja assentado residente no mesmo projeto de assentamento para o qual se destina a seleção - até o limite de dez pontos;

VI - unidade familiar de trabalhador rural que resida no imóvel destinado ao projeto de assentamento para o qual se destina a seleção na condição de agregados - até dez pontos;

VII - tempo comprovado de exercício de atividades agrárias pela unidade familiar - até dez pontos; e

VIII - unidade familiar em situação de vulnerabilidade social e econômica, até o limite de dez pontos, graduados conforme a faixa de renda.

§ 1º As unidades familiares que, em 22 de dezembro de 2016, por força de contrato de comodato ou em decorrência de situação equivalente, residam ou estejam ocupando o imóvel a ser destinado ao projeto de assentamento, respeitada a ordem de preferência do art. 19 da Lei n. 8.629, de 25 de fevereiro de 1993, terão prioridade na classificação de que trata este artigo.

§ 2º As pontuações previstas neste artigo são cumulativas e serão atribuídas conforme disciplinado pelo Incra.

§ 3º Considera-se a unidade familiar chefiada por mulher aquela em que, independentemente do estado civil, a mulher seja responsável pela maior parte do sustento material de seus dependentes.

§ 4º Na hipótese de empate, terá preferência a unidade familiar candidata chefiada pela pessoa mais velha.

ART. 13. O processo de seleção transcorrerá de forma pública, com o registro dos atos em autos formalizados com essa finalidade específica e a publicação dos atos decisórios no sítio eletrônico do Incra.

§ 1º O edital de abertura de seleção será publicado no sítio eletrônico do Incra e afixado na sede da unidade do Incra responsável pela seleção, com antecedência mínima de trinta dias do início das inscrições, e informará o projeto de assentamento a que se destina, o Município de sua localização, a quantidade de vagas disponíveis, o prazo para as inscrições e a discriminação das fases do processo seletivo, incluídos os prazos para interposição de recurso.

§ 2º Além da publicação prevista no § 1º, é obrigatória a divulgação do edital no Município em que será instalado o projeto de assentamento e nos Municípios limítrofes, em pelo menos uma das seguintes formas:

I - publicação em jornal;

II - anúncio em estação de rádio; ou

III - afixação do edital em órgão público municipal, sindicato de trabalhadores rurais, empresa de assistências técnicas ou cooperativas.

§ 3º O prazo de inscrição será de, no mínimo, quinze dias e, no máximo, trinta dias, conforme as particularidades da região da seleção.

§ 4º Os atos decisórios ou informativos serão publicados no sítio eletrônico do Incra, para possibilitar aos interessados o conhecimento das decisões e eventual apresentação de recurso.

§ 5º Compete ao Incra definir as instâncias decisórias e recursais do processo de seleção.

ART. 14. O processo de seleção será finalizado com a publicação da lista das famílias selecionadas por ordem de classificação, para homologação da unidade familiar no sistema informatizado do Incra, na Relação de Famílias Beneficiárias do projeto de assentamento.

§ 1º A Relação de Famílias Beneficiárias constitui a lista única de beneficiários do PNRA por projeto de assentamento e será mantida no sítio eletrônico do Incra.

§ 2º Na hipótese de a capacidade do projeto de assentamento não atender todas as famílias selecionadas, será elaborada lista dos candidatos excedentes, com prazo de validade de dois anos, contado da data de sua divulgação no sítio eletrônico do Incra.

§ 3º A lista dos candidatos excedentes a que se refere o § 2º será atendida de forma prioritária quando houver substituição dos beneficiários originários dos lotes, nas hipóteses de desistência, de abandono ou de reintegração de posse das parcelas ao Incra.

CAPÍTULO II
DA VERIFICAÇÃO DAS CONDIÇÕES DE PERMANÊNCIA DO BENEFICIÁRIO NO PROGRAMA NACIONAL DE REFORMA AGRÁRIA E DAS OCUPAÇÕES DOS PROJETOS DE ASSENTAMENTO

ART. 15. As condições de permanência do beneficiário no PNRA constarão do Contrato de Concessão de Uso - CCU, do Contrato de Concessão de Direito Real de Uso - CDRU e do Título de Domínio - TD e incluem as seguintes obrigações da unidade familiar:

I - explorar o imóvel direta e pessoalmente, por meio de sua unidade familiar, exceto se verificada situação que enseje justa causa ou motivo de força maior reconhecido pelo Incra, admitidas a intermediação de cooperativas, a participação de terceiros, onerosa ou gratuita, e a celebração do contrato de integração de que trata a Lei n. 13.288, de 16 de maio de 2016;

II - não ceder, a qualquer título, a posse ou a propriedade da parcela recebida, ainda que provisória e parcialmente, para uso ou exploração por terceiros;

III - observar a legislação ambiental, em especial quanto à manutenção e à preservação das áreas de reserva legal e de preservação permanente;

IV - observar as diretrizes técnicas, econômicas e sociais definidas pelo Incra para projeto de assentamento;

V - firmar o instrumento de titulação definitiva, conforme disciplinado pelo Incra; e

VI - cumprir demais obrigações e compromissos previstos no instrumento contratual.

ART. 16. As obrigações previstas no art. 15 e outras expressamente constantes do CCU, do CDRU e do TD possuem natureza de condição resolutiva.

§ 1º As cláusulas resolutivas constantes do CDRU ou do TD vigorarão pelo prazo mínimo de dez anos, contado da data de celebração do contrato de concessão de uso ou de outro instrumento equivalente que comprove a exploração do lote após a homologação, e somente se extinguem após o transcurso do prazo e a realização do pagamento integral.

§ 2º Antes da resolução do CCU, do CDRU ou do TD, será dada oportunidade ao assentado de adimplir a cláusula descumprida, conforme previsto neste Decreto.

§ 3º Comprovado o descumprimento de condição resolutiva, o CCU, o CDRU ou o TD será rescindido, com imediato retorno da parcela ao Incra, por meio de processo administrativo, assegurado o contraditório e a ampla defesa.

ART. 17. O Incra promoverá, periodicamente, a atualização cadastral das famílias beneficiárias.

§ 1º O assentado que constar no contrato como responsável pelo pagamento da parcela fica obrigado a promover atualização cadastral da unidade familiar a cada dois anos, sob pena de bloqueio da condição de assentado.

§ 2º A atualização cadastral prevista neste dispositivo será processada preferencialmente por meio eletrônico, conforme disciplinado pelo Incra.

§ 3º Para a realização da atualização cadastral, o Incra poderá celebrar acordos de cooperação, convênios ou outros instrumentos congêneres com órgãos da administração pública federal, estadual, distrital ou municipal e utilizar dos serviços de Assistência Técnica e Extensão Rural, nos termos do disposto na Lei n. 12.188, de 11 de janeiro de 2010.

ART. 18. O Incra verificará, de ofício ou por provocação, as condições da permanência do beneficiário no PNRA e das eventuais ocupações irregulares em áreas localizadas em projetos de assentamento e emitirá relatório circunstanciado que identifique e caracterize a situação encontrada nas áreas vistoriadas.

§ 1º As ações previstas no *caput* serão realizadas diretamente pelo Incra ou indiretamente, por meio da celebração de acordos de cooperação técnica, convênios ou outros instrumentos congêneres com outros órgãos da administração pública federal, estadual, distrital ou municipal ou por meio dos serviços de Assistência Técnica e Extensão Rural, nos termos do disposto na Lei n. 12.188, de 2010.

§ 2º Os relatórios circunstanciados serão utilizados para fins de regularização da ocupação, retomada da parcela, titulação e outras finalidades institucionais.

§ 3º O procedimento administrativo de supervisão ocupacional será disciplinado pelo Incra, com definição das instâncias decisória e recursal, com adoção preferencial de notificação eletrônica dos interessados.

§ 4º Desde que compatível com a exploração direta da parcela pelo indivíduo assentado ou pela unidade familiar beneficiada, não perderá a condição de beneficiário do PNRA aquele que:

I - passar a ocupar cargo, emprego ou função pública remunerada;

II - se tornar proprietário de outro imóvel rural;

III - se tornar proprietário, cotista ou acionista de sociedade empresária em atividade; ou

IV - passar a auferir renda familiar proveniente de atividade não agrária superior a três salários mínimos mensais ou superior a um salário mínimo *per capita*.

ART. 19. Identificada ocupação ou exploração em projeto de assentamento por unidade familiar não beneficiária do PNRA, deverá o Incra notificá-la para que imediatamente desocupe a área e cesse a exploração, sem prejuízo de eventual responsabilização nas esferas cível e penal.

§ 1º Na hipótese de constatação da ocupação de lote em projeto de assentamento por unidade familiar não beneficiária do PNRA com possibilidade de regularização na forma do art. 21, o ocupante será notificado para, no prazo de quinze dias, apresentar pedido de regularização acompanhado da documentação pertinente ou desocupar imediatamente a parcela.

§ 2º Apresentado o pedido de regularização, até a decisão final, ficarão sobrestadas medidas relativas à reintegração de posse ou à desocupação da parcela.

§ 3º Na hipótese de não ser apresentado o pedido de regularização no prazo previsto no § 1º ou do seu indeferimento, o Incra adotará as providências administrativas ou judiciais para reintegração de posse da parcela.

§ 4º Não sendo possível a regularização ou indeferido o pedido de regularização, o Incra declarará o perdimento das benfeitorias úteis e necessárias por terem sido feitas de má-fé e apurará eventuais danos ambientais e perdas e danos em razão da utilização irregular da área.

ART. 20. Na hipótese de descumprimento de cláusula contratual constante do CCU, do CDRU ou do TD, o beneficiário será notificado para adimplir a cláusula descumprida, em prazo fixado administrativamente conforme a natureza da irregularidade, sob pena de rescisão contratual ou de invalidação do título e reintegração de posse da parcela ao Incra.

Parágrafo único. Enquanto não regularizada sua situação, o beneficiário não poderá receber crédito de instalação ou ser beneficiado por outras políticas públicas do PNRA, restando bloqueada sua condição de assentado.

ART. 21. A pedido do interessado ou mediante atuação de ofício, a ocupação de parcela sem autorização do Incra em projetos de assentamento criados até 22 de dezembro de 2014 poderá ser regularizada, até o limite de quatro módulos fiscais, atendidas, cumulativamente, as seguintes condições:

I - início da ocupação e da exploração da parcela pelo interessado em data anterior a 22 de dezembro de 2015;

II - inexistência de interessados na parcela constantes da lista dos candidatos excedentes para o projeto de assentamento;

III - observância, pelo interessado, dos requisitos de elegibilidade do PNRA; e

IV - quitação ou assunção pelo interessado, até a data de celebração de novo CCU, dos débitos relativos ao crédito de instalação reembolsável concedido ao beneficiário anterior.

§ 1º Será celebrado CCU nos termos do art. 25, se atendidos, no momento do requerimento, os requisitos de que trata *caput*.

§ 2º É considerado reembolsável o crédito de instalação recebido por qualquer beneficiário anterior ao ocupante que está sendo regularizado na parcela e não remitidos na forma do art. 3º da Lei n. 13.001, de 20 de junho de 2014.

ART. 22. Os lotes vagos em projetos de assentamento em decorrência de desistência, de abandono ou retomada serão destinados aos interessados de que trata o § 3º do art. 14.

Parágrafo único. Esgotada a lista dos candidatos excedentes ou expirada sua validade, será instaurado novo processo de seleção por projeto de assentamento, para os lotes vagos ou que vagaram no prazo de dois anos.

ART. 23. Na hipótese de desistência, de rescisão ou de resolução do CCU, do CDRU ou do TD, caberá ao Incra indenizar o beneficiário pelas benfeitorias úteis e necessárias feitas de boa-fé.

§ 1º Para os fins deste Decreto, consideram-se de boa-fé as benfeitorias feitas pelo assentado na parcela durante a vigência do instrumento de titulação.

§ 2º A rescisão ou a resolução do CCU, do CDRU ou do TD não afasta a responsabilidade contratual assumida pelo beneficiário em relação ao crédito de instalação recebido ou a outras políticas públicas acessadas em decorrência do PNRA.

CAPÍTULO III
DA TITULAÇÃO PROVISÓRIA E DEFINITIVA

ART. 24. A distribuição de imóveis rurais em projetos de assentamento federais será formalizada:

I - em caráter provisório, por meio de CCU gratuito; e

II - em caráter definitivo, por meio de:

a) CDRU gratuito; ou

b) TD oneroso ou gratuito.

§ 1º O instrumento de titulação, provisório ou definitivo, poderá ter como objeto área descontínua.

§ 2º A titulação, provisória ou definitiva, poderá ser:

I - individual;

II - individual, com fração ideal de área coletiva; ou

III - coletiva, com fração ideal.

§ 3º O instrumento de titulação será formalizado com os titulares da unidade familiar, vedada a titulação em nome de pessoa jurídica.

§ 4º A titulação definitiva por meio de CDRU, individual ou coletivo, ou por meio de TD coletivo somente será concedida quando requerida por, no mínimo, cinquenta por cento dos beneficiários de um mesmo projeto de assentamento, conforme disciplinado pelo Incra.

ART. 25. O CCU, instrumento celebrado entre o Incra e o beneficiário imediatamente após a homologação da seleção, é inegociável e autoriza de forma provisória, segundo suas cláusulas, o uso e a exploração do imóvel e o acesso às demais políticas do PNRA.

Parágrafo único. O CCU será celebrado sem prazo determinado e sua vigência findará com a titulação definitiva ou com a sua rescisão nos termos previstos neste Decreto.

ART. 26. O CCU é transferível, a qualquer tempo, por sucessão legítima ou testamentária, desde que os herdeiros ou os legatários atendam aos requisitos de elegibilidade do PNRA e assumam as obrigações constantes do instrumento, vedado o fracionamento do lote.

§ 1º Na hipótese de haver mais de um herdeiro interessado, a transferência da concessão objeto do CCU se dará na forma de condomínio.

§ 2º O Incra revogará o CCU, providenciará a reintegração de posse do lote e poderá indenizar as benfeitorias de boa-fé, nas hipóteses de:

I - não haver herdeiro ou legatário que preencha os requisitos de elegibilidade do PNRA; ou

II - haver herdeiro ou legatário que preencha os requisitos de elegibilidade do PNRA, que, no entanto, não queira ou não possa assumir as obrigações constantes do CCU.

§ 3º Dissolvida a sociedade conjugal, se, a critério do Incra, não for possível o fracionamento do lote, a mulher terá preferência para permanecer no imóvel e assumir os direitos e as obrigações decorrentes do CCU, exceto na hipótese de o homem ficar com a guarda dos filhos menores.

§ 4º A transferência de que trata o *caput* será processada administrativamente pelo Incra.

ART. 27. É possível a rescisão unilateral do CCU, por desistência formalmente apresentada pelo beneficiário ao Incra.

Parágrafo único. A reintegração de posse do lote ao Incra, a transferência para novo beneficiário e o eventual pagamento de indenização pelas benfeitorias úteis e necessárias feitas de boa-fé serão realizados administrativamente pelo Incra.

ART. 28. A transferência definitiva dos lotes, por meio de CDRU ou de TD, será efetuada posteriormente:

I - ao registro da área em nome do Incra ou da União;

II - à realização dos serviços de medição e demarcação dos lotes individuais e do georreferenciamento e certificação do perímetro do assentamento;

III - ao cumprimento das cláusulas contratuais do CCU pelo assentado; e

IV - à atualização cadastral do assentado.

ART. 29. Nos projetos de assentamento criados até 22 de dezembro de 2014, o Incra poderá conferir o CDRU ou o TD das áreas aos assentados mesmo que tenha havido desmembramento ou remembramento de parcelas após a concessão de uso, desde que:

I - o desmembramento ou o remembramento tenha ocorrido até 22 de dezembro de 2014;

II - a área a ser titulada não seja superior a quatro módulos fiscais;

III - o beneficiário não seja proprietário de outro imóvel rural a qualquer título, exceto o já titulado pelo Incra no assentamento; e

IV - o beneficiário preencha os requisitos de elegibilidade estabelecidos no art. 3º da Lei n. 11.326, de 24 de julho de 2006.

§ 1º O beneficiário titulado nos termos deste artigo não fará jus a crédito de instalação.

§ 2º Os títulos concedidos nos termos deste artigo são inegociáveis pelo prazo de dez anos, contado da data de sua expedição.

ART. 30. O CDRU é o instrumento com força de escritura pública que transfere, de forma gratuita e em caráter definitivo, o direito real de uso condicionado à exploração rural de imóvel da reforma agrária ao beneficiário.

ART. 31. A concessão objeto do CDRU é inegociável por ato *inter vivos* durante o período de dez anos, contado da data de celebração do CCU ou de outro instrumento equivalente que comprove o início de exploração da parcela após a homologação.

Parágrafo único. Decorrido o prazo de dez anos, cumpridas as condições resolutivas e com anuência do Incra, a concessão do direito real de uso poderá ser negociada por ato *inter vivos*, desde que o adquirente atenda aos requisitos de elegibilidade do PNRA, vedado o fracionamento do lote ou a incorporação a outro imóvel rural que resulte em área final que ultrapasse quatro módulos fiscais.

ART. 32. A CDRU é transferível, antes do prazo de dez anos, por sucessão legítima ou testamentária, desde que os herdeiros ou os legatários atendam aos requisitos de elegibilidade do PNRA, vedado o fracionamento do lote.

§ 1º Na hipótese de sucessão legítima ou testamentária da concessão objeto de CDRU pendente de cumprimento das cláusulas resolutivas, os herdeiros assumirão as obrigações constantes do instrumento titulatório.

§ 2º Na hipótese de haver mais de um herdeiro interessado, a transferência da concessão objeto do CDRU se dará na forma de condomínio.

§ 3º O Incra revogará a CDRU, providenciará a restituição da posse do lote e poderá indenizar benfeitorias úteis e necessárias feitas de boa-fé, nas hipóteses de:

I - não haver herdeiro ou legatário que preencha os requisitos de elegibilidade do PNRA; ou

II - haver herdeiro ou legatário que preencha os requisitos de elegibilidade do PNRA, que, no entanto, não queira ou não possa assumir as obrigações constantes do CDRU.

§ 4º Dissolvida a sociedade conjugal, se, a critério do Incra não for possível o fracionamento do lote, a mulher terá preferência para permanecer no imóvel e assumir os direitos e as obrigações decorrentes do CDRU, exceto na hipótese de o homem ficar com a guarda dos filhos menores.

§ 5º A transferência de que trata o *caput* será processada administrativamente pelo Incra.

§ 6º A cada transferência de titularidade da concessão objeto do CDRU, será cobrado pelo Incra a quantia correspondente a cinco por cento sobre o valor da pauta de valores para fins de titulação.

ART. 33. O titular da concessão objeto do CDRU poderá, a qualquer tempo, optar por convertê-lo em TD, sem prejuízo na contagem do prazo de inegociabilidade, cujo valor da alienação será calculado na forma estabelecida no art. 38.

ART. 34. O TD é o instrumento com força de escritura pública que transfere, de forma onerosa ou gratuita e em caráter definitivo, a propriedade do imóvel da reforma agrária ao beneficiário e é inegociável durante o período de dez anos.

ART. 35. Nos projetos de assentamento criados em terras devolutas discriminadas e registradas em nome do Incra ou da União, a alienação de propriedade objeto de TD de lotes de até um módulo fiscal será gratuita.

Parágrafo único. Decorrido o prazo de dez anos a que se refere o art. 34 e cumpridas as condições resolutivas, a propriedade objeto do TD é negociável por ato *inter vivos*, vedada a incorporação da área titulada a outro imóvel rural cuja área final ultrapasse quatro módulos fiscais.

ART. 36. Durante a vigência das cláusulas resolutivas, a propriedade objeto do TD é transferível por sucessão legítima ou testamentária.

Parágrafo único. Na hipótese de sucessão legítima ou testamentária da propriedade objeto de TD pendente de cumprimento das cláusulas resolutivas, os herdeiros assumirão as obrigações constantes do instrumento titulatório.

ART. 37. Além das medidas judiciais cabíveis, o Incra poderá pleitear administrativamente a nulidade da alienação feita em desacordo com o disposto no art. 22, § 1º, da Lei n. 8.629, de 1993, perante a Corregedoria-Geral de Justiça competente, a quem caberá decidir pela declaração de nulidade, nos termos do disposto no art. 214 da Lei n. 6.015, de 31 de dezembro de 1973.

ART. 38. O valor da alienação na TD considerará a área total do lote em módulos fiscais e será estabelecido, entre dez por cento até o limite de trinta por cento do valor mínimo da pauta de valores da terra nua para fins de titulação e regularização fundiária elaborada pelo Incra, nos seguintes termos:

I - até um módulo fiscal - dez por cento do valor mínimo da pauta de valores da terra nua para fins de titulação e regularização fundiária; e

II - acima de um até quatro módulos fiscais - será estabelecido entre dez por cento e trinta por cento do valor mínimo da pauta de valores da terra nua, para fins de titulação e regularização fundiária, conforme a fórmula e os coeficientes estabelecidos no Anexo I e no Anexo III, respectivamente.

§ 1º A pauta de valores referida no *caput* será elaborada com base no valor médio dos imóveis avaliados pelo Incra para fins de obtenção de terras em uma mesma região e o valor mínimo será equivalente a setenta e cinco por cento do valor médio e o valor máximo, equivalente a cento e vinte e cinco por cento do valor médio, conforme disciplinado pelo Incra.

§ 2º A pauta de valores terá validade de um ano e será atualizada anualmente pelo Incra até o final do primeiro trimestre, com base nas avaliações realizadas nos vinte anos anteriores, corrigidas monetariamente pelo Índice Nacional de Preços ao Consumidor Amplo Especial - IPCA-E.

§ 3º Na hipótese do lote ser maior do que um módulo fiscal, não será concedida a gratuidade prevista no art. 35.

§ 4º Em áreas localizadas em mais de um Município cujos valores mínimos da pauta de valores para fins de titulação sejam diversos, prevalecerá o menor valor.

§ 5º Os TD expedidos sob a vigência de norma anterior, com cláusulas adimplidas ou não, poderão ter seus valores reenquadrados de acordo com o previsto neste artigo, mediante requerimento do beneficiário, no prazo de cinco anos, contado da data de publicação deste Decreto, vedada a restituição de valores já pagos, ainda que excedam o valor devido após o reenquadramento.

§ 6º O reenquadramento previsto no § 5º não implica cancelamento do TD já expedido, hipótese em que será firmado termo aditivo.

§ 7º Para fins do reenquadramento, o valor já comprovadamente pago será atualizado monetariamente pelo IPCA-E.

ART. 39. O pagamento do TD será efetuado à vista ou a prazo, em prestações anuais e sucessivas, amortizáveis em até vinte anos, incluída a carência de três anos, conforme valor mínimo de parcela a ser estabelecido pelo Incra.

§ 1º Para pagamento à vista, será concedido desconto de vinte por cento sobre o valor atualizado do título desde que efetuado dentro no prazo de cento e oitenta dias, contado da data da do recebimento do título ou do termo aditivo, na hipótese de reenquadramento.

§ 2º Sobre o valor das parcelas anuais incidirá taxa de juros de um por cento ao ano.

§ 3º Na hipótese de atraso no pagamento da prestação anual, sobre o seu valor vencido incidirão juros de mora de cinco décimos por cento ao mês, além da atualização monetária de um por cento ao ano.

§ 4º As condições de pagamento, carência e encargos financeiros estabelecidos neste artigo serão aplicadas aos TD já outorgados cujos prazos de carência ainda não tenham expirado, desde que solicitado pelo beneficiário, hipótese em que será firmado termo aditivo.

ART. 40. O inadimplemento da obrigação de pagamento nos prazos estipulados no TD constitui em mora o beneficiário.

§ 1º O beneficiário poderá purgar a mora e evitar a rescisão do TD e a reversão da posse e da propriedade do imóvel ao Incra por meio do pagamento da parcela em atraso, acrescida de multa e encargos, no prazo máximo de um ano, contado do vencimento da prestação inadimplida.

§ 2º Encerrado o prazo previsto no § 1º sem a purgação da mora, o Incra adotará as providências necessárias à rescisão do TD e reversão da posse e propriedade da parcela titulada.

§ 3º Ainda que não purgada a mora na forma prevista no § 1º, o Incra poderá receber pagamentos referentes a, no máximo, três prestações inadimplidas consecutivas ou cinco alternadas, desde que se ateste a utilidade da prestação e a inexistência de interesse social na reversão da posse e da propriedade do imóvel ao Incra.

ART. 41. Verificado o cumprimento das cláusulas resolutivas na forma disciplinada pelo Incra e comprovada a quitação do valor relativo ao TD, o Incra emitirá certidão de baixa das condições resolutivas, que deverá ser averbada no registro de imóveis.

Parágrafo único. O inadimplemento de crédito de instalação não obsta a emissão da certidão de baixa das condições resolutivas do TD, que será cobrado de acordo com o disposto no art. 37-A da Lei n. 10.522, de 19 de julho de 2002.

ART. 42. Fica o Incra autorizado a doar áreas de sua propriedade remanescentes de projetos de assentamento aos Estados, ao Distrito Federal, aos Municípios e às entidades da administração pública indireta, independentemente de licitação, para a utilização de seus serviços, para atividades ou obras reconhecidas como de interesse público ou social, observado, no que couber, o disposto na Lei n. 9.636, de 15 de maio de 1998, e em ato normativo do Incra, desde que:

I - tenham sido incorporadas à zona urbana; ou

II - tenham sido destinadas à implantação de infraestrutura de interesse público ou social.

§ 1º Na hipótese do inciso II do *caput*, os assentados no projeto de assentamento serão previamente consultados sobre a doação.

§ 2º Em assentamentos localizados na Faixa de Fronteira, a doação de áreas será precedida do assentimento prévio do Conselho de Defesa Nacional, conforme estabelecido na Lei n. 6.634, de 2 de maio de 1979.

ART. 43. O Incra poderá outorgar título provisório ou definitivo, oneroso ou gratuito, de áreas de projetos de assentamento para a implantação de infraestrutura reconhecida como de interesse público, social ou econômico a associações ou a outras entidades legalmente constituídas ou integradas por assentados.

ART. 44. A vedação de fracionamento do imóvel abaixo da fração mínima de parcelamento, prevista no art. 18-A da Lei n. 8.629, de 1993, somente se aplica aos lotes rurais destinados à exploração rural pela unidade familiar e não incide sobre lotes de caráter urbano, assim entendidos os que se destinarem a agrovilas ou a instalações para fins de utilidade pública e prestação de serviços de natureza social ou econômica.

ART. 45. Não se aplicam os limites de área estabelecidos no art. 18-A da Lei n. 8.629, de 1993, aos projetos de assentamento ambientalmente diferenciados, se incompatíveis com as peculiaridades da organização espacial e de exploração.

CAPÍTULO IV
DISPOSIÇÕES FINAIS

ART. 46. Para efeitos do disposto no inciso V do *caput* do art. 17 da Lei n. 8.629, de 1993, serão considerados:

I - conclusão dos investimentos:

a) a execução dos serviços de medição e demarcação topográfica georreferenciada do perímetro e das parcelas no projeto de assentamento, conforme critérios estabelecidos pelo Incra; e

b) a viabilização de meios de acesso no assentamento que permitam o trânsito de pessoas e o escoamento da produção e a instalação de energia elétrica, de abastecimento de água e de moradia no assentamento; e

II - concessão dos créditos de instalação - a disponibilização de créditos de instalação previstos no Decreto n. 9.066, de 31 de maio de 2017, a no mínimo cinquenta por cento dos beneficiários do assentamento.

§ 1º O ato de consolidação do assentamento encerra a disponibilização pelo Incra dos investimentos de infraestrutura, sem prejuízo da continuidade da concessão do crédito de instalação, na forma prevista no Decreto n. 9.066, de 2017.

§ 2º As informações relativas ao estabelecido nos incisos I e II do *caput* e aquelas relativas à dominialidade dos imóveis integrantes do PNRA serão atualizadas na forma disciplinada pelo Incra.

§ 3º Os investimentos descritos na alínea "b" do inciso I do *caput*, referentes à infraestrutura dos assentamentos, deverão ser priorizados pelos entes federativos competentes pela sua implantação.

ART. 47. Independentemente do cumprimento dos requisitos de concessão de créditos de instalação e a conclusão dos investimentos, considera-se consolidado o projeto de assentamento após quinze anos de sua implantação, exceto se decisão fundamentada do Incra dispuser de forma diversa.

Parágrafo único. A decisão de afastar a consolidação prevista no *caput* observará as seguintes condições do assentamento, entre outras estabelecidas pelo Incra:

I - a infraestrutura disponível;

II - a quantidade de beneficiários com moradia edificada e acesso à energia elétrica;

III - a quantidade de beneficiários a quem tenha sido disponibilizado o crédito de instalação; e

IV - o quantitativo de parcelas com titulação definitiva.

ART. 48. As benfeitorias, reprodutivas ou não, existentes no imóvel destinado para reforma agrária poderão ser cedidas aos beneficiários para exploração individual ou coletiva em benefício da comunidade de assentados.

§ 1º Constatada a inviabilidade ou a inconveniência da exploração ou do uso coletivo das benfeitorias existentes no imóvel, até o parcelamento da área, o Incra poderá realizar sua doação em favor da comunidade de assentados, condicionada à prévia elaboração de plano de alienação e aplicação do valor obtido na implantação de infraestrutura produtiva, social ou cultural em proveito do assentamento.

§ 2º O Incra examinará e aprovará previamente o plano de alienação e aplicação do valor obtido a que se refere o § 1º, a ser executado pela representação dos assentados, com prestação de contas à comunidade de assentados e ao Incra.

ART. 49. O Incra poderá firmar acordos de cooperação técnica, convênios ou outros instrumentos congêneres com os Estados, o Distrito Federal e os Municípios para viabilizar as atividades previstas neste Decreto, inclusive para a implantação de obras simplificadas de infraestrutura.

Parágrafo único. Nas obras simplificadas de infraestrutura de abastecimento de água e de manutenção e recuperação de estradas em projetos de assentamento, na forma definida pelo Incra, o acordo de cooperação técnica, convênio ou outro instrumento congênere a que se refere o *caput* poderá estabelecer a transferência da execução das obras e do fornecimento de materiais e serviços.

ART. 50. O Decreto n. 4.449, de 30 de outubro de 2002, passa a vigorar com as seguintes alterações:

‣ Alterações promovidas no texto do referido decreto.

ART. 51. Ficam revogados:

I - o § 1º ao § 4º do art. 8ºº do Decreto n. 4.449, de 30 de outubro de 2002; e

II - o Decreto n. 8.738, de 3 de maio de 2016.

ART. 52. Este Decreto entra em vigor na data de sua publicação.

Brasília, 15 de março de 2018;
197º da Independência e 130º da República.
MICHEL TEMER

ANEXO I
FÓRMULA DO PERCENTUAL A SER APLICADO SOBRE O VALOR MÍNIMO DA PAUTA DE VALORES DA TERRA NUA, PARA FINS DE TITULAÇÃO E REGULARIZAÇÃO FUNDIÁRIA

$y = (a \times X) + b$

Onde:

y - percentual a ser aplicado sobre o valor mínimo da pauta de valores da terra nua, para fins de titulação e regularização fundiária;

a - coeficiente angular da reta;

X - área total do imóvel em hectares; e

b - coeficiente linear da reta.

ANEXO II
EQUAÇÃO PARA DEFINIR VALOR FINAL DAS ALIENAÇÕES A QUE SE REFERE O INCISO II DO ART. 38

$VFI = ((y \div 100) \times PVTN) \times A$

Onde:

VFI - Valor Final do Imóvel, em reais;

y - percentual a ser aplicado sobre o valor mínimo da pauta de valores da terra nua, para fins de titulação e regularização fundiária, conforme disposto no inciso II do *caput* do art. 38;

PVTN - Valor mínimo da pauta de valores da terra nua, para fins de titulação e regularização fundiária, em reais; e

A - área em hectares.

‣ Optamos, nesta edição, pela não publicação do Anexo III.

DECRETO N. 9.328, DE 3 DE ABRIL DE 2018

Institui a Estratégia Brasil Amigo da Pessoa Idosa.

‣ *DOU*, 4.4.2018.

O Presidente da República, no uso da atribuição que lhe confere o art. 84, *caput*, inciso VI, alínea "a", da Constituição,

Decreta:

ART. 1º Fica instituída a Estratégia Brasil Amigo da Pessoa Idosa para incentivar as comunidades e as cidades a promoverem ações destinadas ao envelhecimento ativo, saudável, sustentável e cidadão da população, principalmente das pessoas mais vulneráveis.

ART. 2º A Estratégia Brasil Amigo da Pessoa Idosa tem como diretrizes:

I - o protagonismo da pessoa idosa;

II - o foco na população idosa, prioritariamente a inscrita no Cadastro Único para Programas Sociais do Governo federal;

III - a orientação por políticas públicas destinadas ao envelhecimento populacional e a efetivação da política nacional do idoso, prevista na Lei n. 8.842, de 4 de janeiro de 1994, e do Estatuto do Idoso, instituído pela Lei n. 10.741, de 1º de outubro de 2003;

IV - o fortalecimento dos serviços públicos destinados à pessoa idosa, no âmbito das políticas de assistência social, de saúde, de desenvolvimento urbano, de direitos humanos, de educação e de comunicação; e

V - a intersetorialidade e a interinstitucionalidade, mediante a atuação conjunta de órgãos e entidades públicas e privadas, conselhos nacional, estaduais, distrital e municipais de direitos da pessoa idosa, e organismos internacionais na abordagem do envelhecimento e da pessoa idosa. (Alterado pelo Dec. 9.614/2018.)

ART. 3º Para os fins do disposto neste Decreto, considera-se:

I - envelhecimento ativo - o processo de melhoria das condições de saúde, da participação e da segurança, de modo a melhorar a qualidade de vida durante o envelhecimento;

II - envelhecimento saudável - o processo de desenvolvimento e manutenção da capacidade funcional que permite o bem-estar da pessoa idosa;

III - envelhecimento cidadão - aquele em que há o exercício de direitos civis, políticos e sociais;

IV - envelhecimento sustentável - o que garante o bem-estar da pessoa idosa quanto a direitos, renda, saúde, atividades, respeito e, quanto à sociedade, nos aspectos de produção, convivência intergeracional e harmonia com o amplo conceito de desenvolvimento econômico; e

V - comunidade e cidade amiga das pessoas idosas - aquela que estimula o envelhecimento ativo ao propiciar oportunidades para a melhoria da saúde, da participação e da segurança, de forma a incrementar a qualidade de vida durante o envelhecimento.

ART. 4º São objetivos da Estratégia Brasil Amigo da Pessoa Idosa:

I - o fomento a políticas públicas, programas, ações, serviços e benefícios que promovam o envelhecimento ativo, saudável, cidadão e sustentável por meio de comunidades e cidades amigas das pessoas idosas;

II - a contribuição para a efetivação de políticas públicas, programas, ações, benefícios e serviços destinados à população idosa, principalmente a mais vulnerável;

III - o fortalecimento dos conselhos de direitos das pessoas idosas e da rede nacional de proteção e defesa dos direitos da pessoa idosa;

IV - a promoção da articulação governamental para a integração das políticas setoriais;

V - o planejamento e a implementação de estudos, pesquisas e publicações sobre a situação social das pessoas idosas; e

VI - o fortalecimento do arcabouço legal para o favorecimento da qualidade de vida da pessoa idosa.

ART. 5º A Estratégia Brasil Amigo da Pessoa Idosa tem como principais atividades:

I - o apoio técnico aos entes federativos que aderirem à Estratégia, com vistas à promoção

DECRETOS

das comunidades e das cidades amigas das pessoas idosas;

II - a realização de diagnóstico que contemple o protagonismo e a participação da população idosa, além de informações sobre a gestão das ações, dos programas, dos benefícios e dos serviços ofertados à população idosa;

III - a elaboração de plano que contemple as ações a serem executadas pelos Municípios para a população idosa;

IV - a avaliação e o monitoramento, por meio de indicadores da Estratégia, com base em metodologia a ser definida pelo Comitê Gestor da Estratégia Brasil Amigo da Pessoa Idosa; e

V - o reconhecimento pelo Governo federal de políticas públicas, programas, ações, serviços ou benefícios, implementados pelos Municípios, que promovam o envelhecimento ativo, saudável, cidadão e sustentável da população idosa.

Parágrafo único. O reconhecimento de que trata o inciso V do *caput* ocorrerá por meio da concessão de certificados, selos ou congêneres.

ART. 6º A participação dos entes federativos na Estratégia Brasil Amigo da Pessoa Idosa ocorrerá mediante assinatura de termo de adesão, hipótese em que caberá:

I - aos Estados:

a) indicar o órgão responsável pela Estratégia;

b) indicar os servidores que participarão das capacitações, presenciais ou a distância, oferecidas;

c) auxiliar o Governo federal na sensibilização, na mobilização e na capacitação dos Municípios para a adesão e a implementação da Estratégia;

d) fornecer apoio logístico para a realização de capacitações presenciais de servidores e lideranças comunitárias nos Municípios;

e) apoiar tecnicamente, em conjunto com o Comitê Gestor da Estratégia Brasil Amigo da Pessoa Idosa e demais parceiros, os Municípios na elaboração do diagnóstico e do plano de que tratam os incisos II e III do *caput* do art. 5º e na execução das ações;

f) monitorar, em sistema próprio da Estratégia, a sua implementação, inclusive a partir da verificação das políticas públicas, dos programas, das ações, dos serviços ou dos benefícios implementados pelos Municípios; e

g) identificar os Municípios que atendam aos critérios estabelecidos pelo Comitê Gestor da Estratégia Brasil Amigo da Pessoa Idosa, com vistas a habilitá-los ao reconhecimento de que trata o inciso V do *caput* do art. 5º; e

II - aos Municípios:

a) indicar o órgão responsável pela Estratégia;

b) indicar os servidores que participarão das capacitações, presenciais ou a distância, oferecidas;

c) divulgar as capacitações oferecidas, presenciais ou a distância, para as lideranças comunitárias;

d) instituir o Conselho Municipal de Direitos da Pessoa Idosa ou, quando já instituído, mantê-lo ativo, de forma a garantir as condições para o exercício de suas competências legais;

e) elaborar o diagnóstico e o plano de que tratam os incisos II e III do *caput* do art. 5º;

f) executar as ações do plano; e

g) inserir informações em sistema próprio da Estratégia.

Parágrafo único. Ao Distrito Federal caberá exercer, no que couber, as atribuições de que tratam os incisos I e II do *caput*.

ART. 7º Poderão ser firmadas parcerias com órgãos e entidades públicas ou privadas para a implementação da Estratégia Brasil Amigo da Pessoa Idosa.

ART. 8º As ações da Estratégia Brasil Amigo da Pessoa Idosa serão executadas de forma descentralizada e integrada, por meio da conjugação de esforços entre a União, os Estados, o Distrito Federal e os Municípios, observada a intersetorialidade, as especificidades das políticas públicas setoriais, a participação da sociedade civil e o controle social.

Parágrafo único. A Estratégia Brasil Amigo da Pessoa Idosa será implementada a partir da articulação entre as políticas de assistência social, de saúde, de direitos humanos, de educação, de trabalho, de cultura e de esporte, entre outras.

ART. 9º Fica instituído o Comitê Gestor da Estratégia Brasil Amigo da Pessoa Idosa, composto por representantes, titular e suplente, dos seguintes órgãos:

I - Ministério do Desenvolvimento Social, que o coordenará;

II - Ministério da Saúde; e

III - Ministério dos Direitos Humanos.

§ 1º Os membros do Comitê Gestor serão ocupantes de cargo em comissão do Grupo-Direção e Assessoramento Superiores - DAS, de nível 4 ou superior, indicados pelo titular do respectivo órgão e designados em ato do Ministro de Estado do Desenvolvimento Social.

§ 2º O Comitê Gestor poderá convidar representantes de outros órgãos e entidades públicas ou privadas para participar de suas reuniões, sem direito a voto.

§ 3º Participará das reuniões do Comitê Gestor um representante do Conselho Nacional dos Direitos da Pessoa Idosa do Ministério dos Direitos Humanos, com direito a voz e sem direito a voto. (Alterado pelo Dec. 9.614/2018.)

§ 4º O Comitê Gestor, a ser instalado no prazo de sessenta dias, contado da data de publicação deste Decreto, se reunirá, ordinariamente, a cada três meses e, extraordinariamente, mediante convocação de seu coordenador ou a pedido da maioria de seus membros.

§ 5º As deliberações do Comitê Gestor serão adotadas por consenso.

§ 6º A participação no Comitê Gestor será considerada prestação de serviço público relevante, não remunerada.

§ 7º O apoio administrativo para o funcionamento do Comitê Gestor será prestado pelo Ministério do Desenvolvimento Social, por meio da Secretaria Nacional de Promoção do Desenvolvimento Humano.

ART. 10. Compete ao Comitê Gestor da Estratégia Brasil Amigo da Pessoa Idosa:

I - planejar, coordenar e detalhar a implementação das atividades da Estratégia Brasil Amigo da Pessoa Idosa e distribuir as atividades entre os órgãos que o compõem;

II - acompanhar, monitorar e avaliar a execução da Estratégia Brasil Amigo da Pessoa Idosa, além de propor medidas para o seu aperfeiçoamento;

III - disciplinar a os critérios para a concessão do reconhecimento de que trata o inciso V do *caput* do art. 5º;

IV - auxiliar os Estados, o Distrito Federal e os Municípios na implementação das políticas públicas, dos programas, das ações, dos serviços e dos benefícios, com vistas ao reconhecimento de que trata o inciso V do *caput* do art. 5º; e

V - disponibilizar dados e informações sobre o andamento da Estratégia, apresentando-os anualmente ao Conselho Nacional dos Direitos da Pessoa Idosa em reunião ordinária.

Parágrafo único. Cada órgão que compõe o Comitê Gestor apresentará, no âmbito de sua competência, proposta de formulação, implementação e monitoramento da Estratégia.

ART. 11. Compete à Secretaria Nacional de Promoção do Desenvolvimento Humano, do Ministério do Desenvolvimento Social, operacionalizar a Estratégia Brasil Amigo da Pessoa Idosa, com a contribuição dos demais Ministérios que compõe o Comitê Gestor, conforme art. 9º.

ART. 12. As informações relativas à execução da Estratégia Brasil Amigo da Pessoa Idosa serão compiladas e publicadas em plataforma disponível para consulta na internet, com vistas à garantia da transparência e do controle social.

ART. 13. Ato dos Ministros que compõem o Comitê Gestor da Estratégia Brasil Amigo da Pessoa Idosa estabelecerá os critérios para a implementação da Estratégia.

ART. 14. Este Decreto entra em vigor na data de sua publicação.

Brasília, 3 de abril de 2018;
197º da Independência e 130º da República.
MICHEL TEMER

DECRETO N. 9.354, DE 25 DE ABRIL DE 2018

Regulamenta o art. 1º do Decreto-Lei n. 2.398, de 21 de dezembro de 1987, que dispõe sobre foros, laudêmios e taxas de ocupação relativas a imóveis de propriedade da União, e o art. 11-B da Lei n. 9.636, de 15 de maio de 1998, que dispõe sobre a regularização, a administração, o aforamento e a alienação de bens imóveis de domínio da União.

▸ *DOU*, 26.4.2018.

O Presidente da República, no uso da atribuição que lhe confere o art. 84, *caput*, inciso IV, da Constituição, e tendo em vista o disposto no art. 1º do Decreto-Lei n. 2.398, de 21 de dezembro de 1987, e no art. 11-B da Lei n. 9.636, de 15 de maio de 1998,

Decreta:

ART. 1º As informações a que se referem o inciso I do § 1º do art. 1º do Decreto-Lei n. 2.398, de 21 de dezembro de 1987, e o inciso I do *caput* do art. 11-B da Lei n. 9.636, de 15 de maio de 1998, serão consideradas inaptas para a definição do valor do domínio pleno do terreno da União nas seguintes hipóteses:

I - se houver envio de dados incorretos, inconsistentes ou referentes à avaliação realizada há mais de dois exercícios, contados da data do referido envio;

II - se as informações encaminhadas não permitirem a identificação do imóvel em sua totalidade; ou

III - se os dados enviados pelo Município e pelo Distrito Federal não apresentarem o valor venal do terreno separadamente.

Parágrafo único. O enquadramento em uma das hipóteses previstas nos incisos do *caput* será objeto de fundamentação técnica por parte da Secretaria do Patrimônio da União do Ministério do Planejamento, Desenvolvimento e Gestão.

ART. 2º Nas hipóteses de não fornecimento do valor venal do terreno ou de as informações serem consideradas inaptas, na forma prevista no art. 1º, o valor venal do terreno será obtido por meio da planta de valores da

Secretaria do Patrimônio da União do Ministério do Planejamento, Desenvolvimento e Gestão, referente ao exercício anterior, corrigida monetariamente por meio da aplicação do Índice Nacional de Preços ao Consumidor Amplo - IPCA do exercício imediatamente anterior, a ser publicada em ato do Secretário do Patrimônio da União do Ministério do Planejamento, Desenvolvimento e Gestão, ou por meio de pesquisa mercadológica.

ART. 3º Este Decreto entra em vigor na data de sua publicação.

Brasília, 25 de abril de 2018; 197º da Independência e 130º da República.

MICHEL TEMER

DECRETO N. 9.373, DE 11 DE MAIO DE 2018

Dispõe sobre a alienação, a cessão, a transferência, a destinação e a disposição final ambientalmente adequadas de bens móveis no âmbito da administração pública federal direta, autárquica e fundacional.

› *DOU*, 14.5.2018.

O Presidente da República, no uso das atribuições que lhe confere o art. 84, *caput*, incisos IV e VI, alínea "a", da Constituição, e tendo em vista o disposto na Lei n. 8.666, de 21 de junho de 1993, e na Lei n. 12.305, de 2 de agosto de 2010,

Decreta:

ART. 1º Este Decreto dispõe sobre a alienação, a cessão, a transferência, a destinação e a disposição final ambientalmente adequadas de bens móveis no âmbito da administração pública federal direta, autárquica e fundacional.

ART. 2º No cumprimento ao disposto neste Decreto, aplicam-se os princípios e objetivos da Política Nacional de Resíduos Sólidos, conforme o disposto na Lei n. 12.305, de 2 de agosto de 2010, em especial:

I - a ecoeficiência, mediante a compatibilização entre o fornecimento, a preços competitivos, de bens e serviços qualificados que satisfaçam as necessidades humanas e tragam qualidade de vida e a redução do impacto ambiental e do consumo de recursos naturais a um nível, no mínimo, equivalente à capacidade de sustentação estimada do planeta;

II - a visão sistêmica, na gestão dos resíduos sólidos, que considere as variáveis ambiental, social, cultural, econômica, tecnológica e de saúde pública;

III - a responsabilidade compartilhada pelo ciclo de vida dos produtos;

IV - o reconhecimento do resíduo sólido reutilizável e reciclável como um bem econômico e de valor social, gerador de trabalho e renda e promotor de cidadania; e

V - não geração, redução, reutilização, reciclagem e tratamento dos resíduos sólidos e a disposição final ambientalmente adequada dos rejeitos.

ART. 3º Para que seja considerado inservível, o bem será classificado como:

I - ocioso - bem móvel que se encontra em perfeitas condições de uso, mas não é aproveitado;

II - recuperável - bem móvel que não se encontra em condições de uso e cujo custo da recuperação seja de até cinquenta por cento do seu valor de mercado ou cuja análise de custo e benefício demonstre ser justificável a sua recuperação;

III - antieconômico - bem móvel cuja manutenção seja onerosa ou cujo rendimento seja precário, em virtude de uso prolongado, desgaste prematuro ou obsoletismo; ou

IV - irrecuperável - bem móvel que não pode ser utilizado para o fim a que se destina devido à perda de suas características ou em razão de ser o seu custo de recuperação mais de cinquenta por cento do seu valor de mercado ou de a análise do seu custo e benefício demonstrar ser injustificável a sua recuperação.

ART. 4º A cessão, modalidade de movimentação de bens de caráter precário e por prazo determinado, com transferência de posse, poderá ser realizada nas seguintes hipóteses:

I - entre órgãos da União;

II - entre a União e as autarquias e fundações públicas federais; ou

III - entre a União e as autarquias e fundações públicas federais e os Estados, o Distrito Federal e os Municípios e suas autarquias e fundações públicas.

Parágrafo único. A cessão dos bens não considerados inservíveis será admitida, excepcionalmente, mediante justificativa da autoridade competente.

ART. 5º A transferência, modalidade de movimentação de caráter permanente, poderá ser:

I - interna - quando realizada entre unidades organizacionais, dentro do mesmo órgão ou entidade; ou

II - externa - quando realizada entre órgãos da União.

Parágrafo único. A transferência externa de bens não considerados inservíveis será admitida, excepcionalmente, mediante justificativa da autoridade competente.

ART. 6º Os bens móveis inservíveis ociosos e os recuperáveis poderão ser reaproveitados, mediante transferência interna ou externa.

ART. 7º Os bens móveis inservíveis cujo reaproveitamento seja considerado inconveniente ou inoportuno serão alienados em conformidade com a legislação aplicável às licitações e aos contratos no âmbito da administração pública federal direta, autárquica e fundacional, indispensável a avaliação prévia.

Parágrafo único. Verificada a impossibilidade ou a inconveniência da alienação do bem classificado como irrecuperável, a autoridade competente determinará sua destinação ou disposição final ambientalmente adequada, nos termos da Lei n. 12.305, de 2010.

ART. 8º A doação prevista no art. 17, *caput*, inciso II, alínea "a", da Lei n. 8.666, de 21 de junho de 1993, permitida exclusivamente para fins e uso de interesse social, após avaliação de sua oportunidade e conveniência socioeconômica, relativamente à escolha de outra forma de alienação, poderá ser feita em favor:

I - das autarquias e fundações públicas federais e dos Estados, do Distrito Federal e dos Municípios e de suas autarquias e fundações públicas, quando se tratar de bem ocioso ou recuperável;

II - dos Estados, do Distrito Federal e dos Municípios e de suas autarquias e fundações públicas e de Organizações da Sociedade Civil de Interesse Público, quando se tratar de bem antieconômico; e

III - de Organizações da Sociedade Civil de Interesse Público e de associações ou cooperativas que atendam aos requisitos do Decreto n. 5.940, de 25 de outubro de 2006, quando se tratar de bem irrecuperável.

Parágrafo único. Excepcionalmente, mediante ato motivado da autoridade máxima do órgão ou da entidade, vedada a delegação, os bens ociosos e recuperáveis poderão ser doados a Organizações da Sociedade Civil de Interesse Público.

ART. 9º Os alienatários e beneficiários da transferência se responsabilizarão pela destinação final ambientalmente adequada dos bens móveis inservíveis.

ART. 10. As classificações e avaliações de bens serão efetuadas por comissão especial, instituída pela autoridade competente e composta por três servidores do órgão ou da entidade, no mínimo.

ART. 11. Sem prejuízo da observância aos princípios e objetivos da Política Nacional de Resíduos Sólidos, conforme o disposto na Lei n. 12.305, de 2010, este Decreto não se aplica:

I - ao Ministério da Defesa e aos Comandos da Marinha, do Exército e da Aeronáutica;

II - à Secretaria da Receita Federal do Brasil do Ministério da Fazenda, quanto a bens apreendidos; e

III - aos órgãos e às entidades com finalidades agropecuárias, industriais ou comerciais, quanto à venda de bens móveis por eles produzidos ou comercializados.

ART. 12. Observada a legislação aplicável às licitações e aos contratos no âmbito da administração pública federal direta, autárquica e fundacional, os bens móveis adquiridos pela União, autarquias e fundações públicas federais para a execução descentralizada de programa federal poderão ser doados à União, aos Estados, ao Distrito Federal e aos Municípios e às suas autarquias e fundações públicas e aos consórcios intermunicipais, para exclusiva utilização pelo órgão ou entidade executor do programa.

Parágrafo único. Na hipótese do *caput*, quando se tratar de bem móvel permanente, o seu tombamento poderá ser feito diretamente no patrimônio do donatário, lavrando-se registro no processo administrativo competente.

ART. 13. O disposto no art. 8º não se aplica às aeronaves, simuladores e demais produtos aeronáuticos cedidos, até a data de publicação deste Decreto, para utilização na formação e adestramento de pessoal de aviação civil, pela Agência Nacional de Aviação Civil - ANAC a aeroclubes, que poderão ser a estes doados, dispensada a licitação, desde que comprovados os fins e uso de interesse social e após avaliação de sua oportunidade e conveniência socioeconômica, relativamente à escolha de outra forma de alienação.

Parágrafo único. O disposto no *caput* também se aplica às aeronaves, simuladores e demais produtos aeronáuticos doados pela União e revertidos ao patrimônio da ANAC por descumprimento do encargo até a publicação deste Decreto.

ART. 14. Os equipamentos, as peças e os componentes de tecnologia da informação e comunicação classificados como ociosos ou recuperáveis poderão ser doados a Organizações da Sociedade Civil de Interesse Público que participem do programa de inclusão digital do Governo federal, conforme disciplinado pelo Ministério da Ciência, Tecnologia, Inovações e Comunicações.

Parágrafo único. Os bens referidos neste artigo poderão ser doados a entidades sem fins lucrativos regularmente constituídas que se dediquem à promoção gratuita da educação e da inclusão digital, desde que não se enquadrem nas categorias arroladas nos incisos I a

VIII, X e XIII do *caput* do art. 2º da Lei n. 9.790, de 23 de março de 1999.

ART. 15. Os resíduos perigosos serão remetidos a pessoas jurídicas inscritas no Cadastro Nacional de Operadores de Resíduos Perigosos, conforme o disposto no art. 38 da Lei n. 12.305, de 2010, contratadas na forma da lei.

ART. 16. Os símbolos nacionais, as armas, as munições, os materiais pirotécnicos e os bens móveis que apresentarem risco de utilização fraudulenta por terceiros, quando inservíveis, serão inutilizados em conformidade com a legislação específica.

ART. 17. O Ministério do Planejamento, Desenvolvimento e Gestão poderá:

I - expedir instruções complementares necessárias para a execução do disposto neste Decreto; e

II - estabelecer, por meio de sistema de tecnologia da informação, solução integrada e centralizada para auxiliar na operacionalização das disposições deste Decreto.

ART. 18. Ficam revogados:

I - o Decreto n. 99.658, de 30 de outubro de 1990; e

II - o Decreto n. 6.087, de 20 de abril de 2007.

ART. 19. Este Decreto entra em vigor na data de sua publicação.

Brasília, 11 de maio de 2018; 197º da Independência e 130º da República.

MICHEL TEMER

DECRETO N. 9.405, DE 11 DE JUNHO DE 2018

Dispõe sobre o tratamento diferenciado, simplificado e favorecido às microempresas e às empresas de pequeno porte, previsto no art. 122 da Lei n. 13.146, de 6 de julho de 2015 - Lei Brasileira de Inclusão da Pessoa com Deficiência (Estatuto da Pessoa com Deficiência).

› *DOU*, 12.6.2018.

O Presidente da República, no uso da atribuição que lhe confere o art. 84, *caput*, inciso IV, da Constituição, e tendo em vista o disposto no art. 122 da Lei n. 13.146, de 6 de julho de 2015, e no art. 1º, § 3º, da Lei Complementar n. 123, de 14 de dezembro de 2006,

Decreta:

ART. 1º Este Decreto dispõe sobre o tratamento diferenciado, simplificado e favorecido dispensado às microempresas e às empresas de pequeno porte, previsto no art. 122 da Lei n. 13.146, de 6 de julho de 2015 - Lei Brasileira de Inclusão da Pessoa com Deficiência (Estatuto da Pessoa com Deficiência).

§ 1º Para os fins do disposto neste Decreto, consideram-se:

I - microempresa e empresa de pequeno porte - a sociedade empresária, a sociedade simples, a empresa individual de responsabilidade limitada e o empresário que cumprirem os requisitos estabelecidos no art. 3º da Lei Complementar n. 123, de 14 de dezembro de 2006, inclusive o microempreendedor individual;

II - acessibilidade - possibilidade e condição de alcance para utilização, com segurança e autonomia, de espaços, mobiliários, equipamentos urbanos, edificações, transportes, informação e comunicação, inclusive seus sistemas e tecnologias, e outros serviços e instalações abertos ao público, de uso público ou privado de uso coletivo, tanto na zona urbana como na rural, por pessoa com deficiência ou com mobilidade reduzida;

III - adaptações razoáveis - adaptações, modificações e ajustes necessários e adequados que não acarretem ônus desproporcional e indevido, quando requeridos em cada caso, a fim de assegurar que a pessoa com deficiência possa gozar ou exercer, em igualdade de condições e oportunidades com as demais pessoas, todos os direitos e liberdades fundamentais;

IV - desenho universal - concepção de produtos, ambientes, programas e serviços a serem usados por todas as pessoas, sem necessidade de adaptação ou de projeto específico, incluídos os recursos de tecnologia assistiva; e

V - tecnologia assistiva - produtos, equipamentos, dispositivos, recursos, metodologias, estratégias, práticas e serviços que objetivem promover a funcionalidade, relacionada à atividade e à participação da pessoa com deficiência ou com mobilidade reduzida, visando à autonomia, à independência, à qualidade de vida e à inclusão social.

§ 2º Para fins da realização de adaptações razoáveis, previstas neste Decreto, entende-se por adaptações, modificações e ajustes necessários e adequados que não acarretam ônus desproporcional e indevido aqueles que não ultrapassem os seguintes percentuais da receita bruta do exercício contábil anterior:

I - dois e meio por cento, no caso de microempreendedor individual, exceto quanto ao disposto no § 4º do art. 2º;

II - três e meio por cento por cento, no caso da microempresa; ou

III - quatro e meio por cento, no caso da empresa de pequeno porte.

§ 3º As adaptações necessárias ao cumprimento do disposto neste Decreto deverão seguir as normas técnicas previstas na legislação e nas normativas da Associação Brasileira de Normas Técnicas - ABNT.

ART. 2º A microempresa e a empresa de pequeno porte deverão, na relação com pessoas com deficiência, assegurar:

I - condições de acessibilidade ao estabelecimento e suas dependências abertos ao público;

II - atendimento prioritário, com a disponibilização de recursos que garantam igualdade de condições com as demais pessoas;

III - igualdade de oportunidades na contratação de pessoal, com a garantia de ambientes de trabalho acessíveis e inclusivos;

IV - acessibilidade em cursos de formação, de capacitação e em treinamentos; e

V - condições justas e favoráveis de trabalho, incluídas a igualdade de remuneração por trabalho de igual valor e a igualdade de oportunidades de promoção.

§ 1º Serão concedidos os seguintes prazos, contados da data de publicação deste Decreto, para que as adaptações necessárias para garantir as condições de acessibilidade ao estabelecimento sejam realizadas:

I - quarenta e oito meses, no caso de empresas de pequeno porte; e

II - sessenta meses, no caso de microempreendedores individuais e microempresas.

§ 2º As adaptações arquitetônicas em áreas e edificações tombadas pelo patrimônio histórico e cultural serão regidas pela legislação específica.

§ 3º As microempresas e as empresas de pequeno porte poderão se organizar para, de forma coletiva, cumprir o disposto nos incisos I e IV do *caput*.

§ 4º Os microempreendedores individuais ficam dispensados do cumprimento do disposto no inciso I do *caput* quando tiverem o estabelecimento comercial em sua residência ou não atenderem ao público de forma presencial no seu estabelecimento.

ART. 3º As condições de acessibilidade previstas no art. 44 da Lei Brasileira de Inclusão da Pessoa com Deficiência (Estatuto da Pessoa com Deficiência) para teatros, cinemas, auditórios, estádios, ginásios de esporte, locais de espetáculos e de conferências e similares que sejam microempresa ou empresa de pequeno porte serão implementadas no prazo de vinte e quatro meses, contado da data de publicação deste Decreto, observadas as definições de acessibilidade e adaptações razoáveis constantes dos incisos II e III do § 1º do art. 1º.

ART. 4º Os hotéis, as pousadas e os outros estabelecimentos similares garantirão o percentual de cinco por cento de dormitórios acessíveis, com, no mínimo, uma unidade acessível.

§ 1º Aos hotéis, às pousadas e aos outros estabelecimentos similares já existentes ou em construção serão concedidos os seguintes prazos, contados da data de publicação deste Decreto, para que as adaptações necessárias para o cumprimento do previsto no *caput* sejam realizadas:

I - trinta e seis meses, no caso de empresas de pequeno porte; e

II - quarenta e oito meses, no caso de microempresas e microempreendedores individuais.

§ 2º As unidades serão localizadas em rotas acessíveis dentro do estabelecimento.

§ 3º Os estabelecimentos que possuam dormitórios sem banheiro assegurarão, no mínimo, um banheiro acessível na edificação.

§ 4º No cálculo do percentual de que trata o *caput*, serão desconsideradas as frações de unidade.

§ 5º As empresas disponibilizarão, com antecedência mínima de seis meses dos prazos previstos no § 1º, os projetos de adaptação, para fiscalização dos órgãos competentes.

ART. 5º Os veículos de transporte coletivo terrestre, aquaviário e aéreo, as instalações, as estações, os portos e os terminais em operação no País devem ser acessíveis.

§ 1º A acessibilidade dos veículos da microempresa ou da empresa de pequeno porte de que trata o *caput* poderá ser implementada à medida que as frotas forem renovadas, de acordo com as normas de renovação vigentes estabelecidas pelos órgãos competentes.

§ 2º Serão concedidos os seguintes prazos, contados da data de publicação deste Decreto, para que as adaptações necessárias para garantir as condições de acessibilidade das instalações, das estações, dos portos e dos terminais operados por microempresa ou por empresa de pequeno porte sejam realizadas:

I - vinte e quatro meses, no caso de empresas de pequeno porte; e

II - trinta e seis meses, no caso de microempresas.

ART. 6º A microempresa ou a empresa de pequeno porte que opere frota de táxi disponibilizará cinco por cento, com, no mínimo, uma unidade, de seus veículos adaptados ao transporte de pessoa com deficiência.

§ 1º Ficam isentas do cumprimento do disposto no *caput* empresas que operem frota de até sete veículos.

§ 2º A acessibilidade de que trata o *caput* será implementada à medida que as frotas forem renovadas, de acordo com as normas de renovação vigentes estabelecidas pelos órgãos competentes.

§ 3º No cálculo do percentual de que trata o *caput*, serão desconsideradas as frações de unidade.

§ 4º Enquanto não houver a renovação da frota, a microempresa ou a empresa de pequeno porte deverá oferecer, no mínimo, um veículo adaptado para o uso por pessoa com deficiência.

§ 5º Para cumprimento do disposto no *caput*, a empresa poderá dispor de frota própria ou subcontratada.

ART. 7º A acessibilidade nos sítios eletrônicos mantidos por microempresa, empresa de pequeno porte ou microempreendedor individual é obrigatória e poderá ser feita gradativamente nos seguintes prazos, contados da data de publicação deste Decreto:

I - doze meses, no caso de empresas de pequeno porte; e

II - dezoito meses, no caso de microempresas e microempreendedores individuais.

ART. 8º Nos termos do art. 55 da Lei Complementar n. 123, de 2006, a fiscalização do cumprimento ao disposto neste Decreto terá natureza orientadora e ensejará a necessidade de dupla visita orientadora para lavratura de eventual auto de infração.

ART. 9º Este Decreto entra em vigor na data de sua publicação.

Brasília, 11 de junho de 2018;
197º da Independência e 130º da República.
MICHEL TEMER

DECRETO N. 9.406, DE 12 DE JUNHO DE 2018

Regulamenta o Decreto-Lei n. 227, de 28 de fevereiro de 1967, a Lei n. 6.567, de 24 de setembro de 1978, a Lei n. 7.805, de 18 de julho de 1989, e a Lei n. 13.575, de 26 de dezembro de 2017.

▸ *DOU*, 13.6.2018.

O Presidente da República, no uso da atribuição que lhe confere o art. 84, *caput*, inciso IV, da Constituição, e tendo em vista o disposto no Decreto-Lei n. 227, de 28 de fevereiro de 1967,

Decreta:

ART. 1º Este Decreto regulamenta o Decreto-Lei n. 227, de 28 de fevereiro de 1967 - Código de Mineração, a Lei n. 6.567, de 24 de setembro de 1978, a Lei n. 7.805, de 18 de julho de 1989, e parte da Lei n. 13.575, de 26 de dezembro de 2017.

CAPÍTULO I
DISPOSIÇÕES PRELIMINARES

ART. 2º São fundamentos para o desenvolvimento da mineração:

I - o interesse nacional; e

II - a utilidade pública.

Parágrafo único. As jazidas minerais são caracterizadas:

I - por sua rigidez locacional;

II - por serem finitas; e

III - por possuírem valor econômico.

SEÇÃO I
DA COMPETÊNCIA DA UNIÃO E DA AGÊNCIA NACIONAL DE MINERAÇÃO

ART. 3º Compete à União organizar a administração dos recursos minerais, a indústria de produção mineral e a distribuição, o comércio e o consumo de produtos minerais.

Parágrafo único. A organização a que se refere o *caput* inclui, entre outros aspectos, a formulação de políticas públicas para a pesquisa, a lavra, o beneficiamento, a comercialização e o uso dos recursos minerais.

ART. 4º Compete à Agência Nacional de Mineração - ANM observar e implementar as orientações, as diretrizes e as políticas estabelecidas pelo Ministério de Minas e Energia e executar o disposto no Decreto-Lei n. 227, de 1967 - Código de Mineração, e nas normas complementares.

SEÇÃO II
DA ATIVIDADE DE MINERAÇÃO, DA JAZIDA E DA MINA

ART. 5º A atividade de mineração abrange a pesquisa, a lavra, o desenvolvimento da mina, o beneficiamento, a comercialização dos minérios, o aproveitamento de rejeitos e estéreis e o fechamento da mina.

§ 1º Independe de concessão o aproveitamento de minas manifestadas e registradas, as quais são sujeitas às condições que o Decreto-Lei n. 227, de 1967 - Código de Mineração, este Decreto e a legislação correlata estabelecem para a lavra, a tributação e a fiscalização das minas concedidas.

§ 2º O exercício da atividade de mineração implica a responsabilidade do minerador pela recuperação ambiental das áreas degradadas.

§ 3º O fechamento da mina pode incluir, entre outros aspectos, os seguintes:

I - a recuperação ambiental da área degradada;

II - a desmobilização das instalações e dos equipamentos que componham a infraestrutura do empreendimento;

III - a aptidão e o propósito para o uso futuro da área; e

IV - o monitoramento e o acompanhamento dos sistemas de disposição de rejeitos e estéreis, da estabilidade geotécnica das áreas mineradas e das áreas de servidão, do comportamento do aquífero e da drenagem das águas.

ART. 6º Para fins do disposto neste Decreto, considera-se:

I - jazida - toda massa individualizada de substância mineral ou fóssil, que aflore à superfície ou que já exista no solo, no subsolo, no leito ou no subsolo do mar territorial, da zona econômica exclusiva ou da plataforma continental e que tenha valor econômico; e

II - mina - a jazida em lavra, ainda que suspensa.

§ 1º A jazida é bem imóvel, distinto do solo onde se encontra, e não abrange a propriedade deste o minério ou a substância mineral útil que a constitui.

§ 2º O limite subterrâneo da jazida ou da mina é o plano vertical coincidente com o perímetro definidor da área titulada, admitida, em caráter excepcional, a fixação de limites em profundidade por superfície horizontal, a ser implementada na forma prevista no art. 85 do Decreto-Lei n. 227, de 1967 - Código de Mineração, e em Resolução da ANM.

SEÇÃO III
DO DIREITO DE PRIORIDADE E DA ÁREA LIVRE

ART. 7º Ao interessado cujo requerimento de direito minerário tenha por objeto área considerada livre para a finalidade pretendida na data da protocolização do requerimento na ANM é assegurado o direito de prioridade para a obtenção do título minerário, atendidos os demais requisitos estabelecidos no Decreto-Lei n. 227, de 1967 - Código de Mineração, neste Decreto e na legislação correlata.

ART. 8º Será considerada livre a área que não se enquadre em quaisquer das seguintes hipóteses:

I - área vinculada a autorização de pesquisa, registro de licença, concessão da lavra, manifesto de mina, permissão de lavra garimpeira, permissão de reconhecimento geológico ou registro de extração a que se refere o art. 13, parágrafo único, inciso I;

II - área objeto de requerimento anterior de autorização de pesquisa, exceto se este for indeferido de plano, sem oneração de área;

III - área objeto de requerimento anterior de concessão de lavra ou de permissão de lavra garimpeira;

IV - área objeto de requerimento anterior de registro de licença, ou vinculada a licença, cujo registro seja requerido no prazo de trinta dias, contado da data de sua expedição;

V - área objeto de requerimento anterior de registro de extração, exceto se houver anuência do órgão ou da entidade da administração pública que apresentou o requerimento anterior;

VI - área vinculada a requerimento anterior de prorrogação de autorização de pesquisa, permissão de lavra garimpeira ou de registro de licença, apresentado tempestivamente, pendente de decisão;

VII - área vinculada a autorização de pesquisa nas seguintes condições:

a) sem relatório final de pesquisa tempestivamente apresentado;

b) com relatório final de pesquisa apresentado tempestivamente, mas pendente de decisão;

c) com sobrestamento da decisão sobre o relatório final de pesquisa apresentado tempestivamente, nos termos do disposto no art. 30, *caput*, inciso IV, do Decreto-Lei n. 227, de 1967 - Código de Mineração; ou

d) com relatório final de pesquisa apresentado tempestivamente, mas não aprovado nos termos do disposto no art. 30, *caput*, inciso II, do Decreto-Lei n. 227, de 1967 - Código de Mineração;

VIII - área vinculada a autorização de pesquisa, com relatório final de pesquisa aprovado, ou na vigência do direito de requerer a concessão da lavra, atribuído nos termos do disposto do art. 31 do Decreto-Lei n. 227, de 1967 - Código de Mineração; e

IX - área que aguarda declaração de disponibilidade ou declarada em disponibilidade nos termos do disposto no art. 45.

§ 1º O requerimento será indeferido pela ANM se a área pretendida não for considerada livre.

§ 2º Na hipótese de interferência parcial da área objeto do requerimento com área onerada nas circunstâncias referidas nos incisos I a VIII do *caput*, o requerente será notificado para manifestar interesse pela área remanescente, conforme disposto em Resolução da ANM.

SEÇÃO IV
DOS CONCEITOS DE PESQUISA, LAVRA, LAVRA GARIMPEIRA E LICENCIAMENTO

ART. 9º Para fins do disposto neste Decreto, considera-se pesquisa mineral a execução dos trabalhos necessários à definição da jazida, à sua avaliação e à determinação da exequibilidade de seu aproveitamento econômico.

§ 1º A pesquisa mineral compreende, entre outros, os seguintes trabalhos de campo e de laboratório:

I - levantamentos geológicos pormenorizados da área a ser pesquisada, em escala conveniente;

II - estudos dos afloramentos e suas correlações;

III - levantamentos geofísicos e geoquímicos;

IV - aberturas de escavações visitáveis e execução de sondagens no corpo mineral;

V - amostragens sistemáticas;

VI - análises físicas e químicas das amostras e dos testemunhos de sondagens; e

VII - ensaios de beneficiamento dos minérios ou das substâncias minerais úteis, para obtenção de concentrados de acordo com as especificações do mercado ou para aproveitamento industrial.

§ 2º A definição da jazida resultará da coordenação, da correlação e da interpretação dos dados colhidos nos trabalhos executados e conduzirá a uma medida das reservas e dos teores dos minerais encontrados.

§ 3º Considera-se reserva mineral a porção de depósito mineral a partir da qual um ou mais bens minerais podem ser técnica e economicamente aproveitados.

§ 4º A reserva mineral se classifica em recursos inferido, indicado e medido e em reservas provável e provada, conforme definidos em Resolução da ANM, necessariamente com base em padrões internacionalmente aceitos de declaração de resultados.

§ 5º A ANM estabelecerá em Resolução o padrão de declaração de resultados para substâncias que não se enquadrem no disposto no § 4º.

§ 6º A exequibilidade do aproveitamento econômico, objeto do relatório final de pesquisa a que se refere o art. 25, decorrerá do estudo econômico preliminar do empreendimento mineiro baseado nos custos da produção, dos fretes e do mercado, nos recursos medidos e indicados, no plano conceitual da mina e nos fatores modificadores disponíveis ou considerados à época da elaboração do relatório, com base no fluxo de caixa simplificado do futuro empreendimento conforme definido e disciplinado por Resolução da ANM.

§ 7º Encerrado o prazo da autorização de pesquisa e apresentado o relatório de pesquisa, o titular, ou o seu sucessor, poderá dar continuidade aos trabalhos, inclusive em campo, com vistas ao melhor detalhamento da jazida e à conversão dos recursos medido ou indicado em reservas provada e provável, a ser futuramente considerada no plano de aproveitamento econômico e para o planejamento adequado do empreendimento.

§ 8º Os trabalhos a que se refere o § 7º não incluem a extração de recursos minerais, exceto mediante autorização prévia da ANM, observada a legislação ambiental pertinente, nos termos do disposto no art. 24.

§ 9º Os dados obtidos em razão dos trabalhos a que se refere o § 7º não poderão ser utilizados para retificação ou complementação das informações contidas no relatório final de pesquisa.

ART. 10. Considera-se lavra o conjunto de operações coordenadas com o objetivo de aproveitamento da jazida, desde a extração das substâncias minerais úteis que contiver até o beneficiamento destas.

§ 1º As operações coordenadas a que se refere o *caput* incluem, entre outras, o planejamento e o desenvolvimento da mina, a remoção de estéril, o desmonte de rochas, a extração mineral, o transporte do minério dentro da mina, o beneficiamento e a concentração do minério, a deposição e o aproveitamento econômico do rejeito, do estéril e dos resíduos da mineração e a armazenagem do produto mineral.

§ 2º O Ministério de Minas e Energia e a ANM estimularão os empreendimentos destinados a aproveitar rejeito, estéril e resíduos da mineração, inclusive mediante aditamento ao título por meio de procedimento simplificado.

§ 3º A ANM disciplinará em Resolução o aproveitamento do rejeito, do estéril e dos resíduos da mineração.

ART. 11. Considera-se lavra garimpeira o aproveitamento imediato de substância mineral garimpável, compreendido o material inconsolidado, exclusivamente nas formas aluvionar, eluvionar e coluvial, que, por sua natureza, seu limite espacial, sua localização e sua utilização econômica, possa ser lavrado, independentemente de trabalhos prévios de pesquisa, segundo os critérios estabelecidos pela ANM.

ART. 12. Considera-se licenciamento o aproveitamento das substâncias minerais a que se refere o art. 1º da Lei n. 6.567, de 1978, que, por sua natureza, seu limite espacial e sua utilização econômica, possa ser lavrado, independentemente de trabalhos prévios de pesquisa.

CAPÍTULO II
DOS REGIMES DE APROVEITAMENTO DE RECURSOS MINERAIS

SEÇÃO I
DISPOSIÇÕES GERAIS

ART. 13. Os regimes de aproveitamento de recursos minerais são:

I - regime de concessão, quando depender de Portaria do Ministro de Estado de Minas e Energia ou quando outorgada pela ANM, se tiver por objeto as substâncias minerais de que trata o art. 1º da Lei n. 6.567, de 1978;

II - regime de autorização, quando depender de expedição de alvará pela ANM;

III - regime de licenciamento, quando depender de licença expedida em obediência a regulamentos administrativos locais e de registro da licença na ANM;

IV - regime de permissão de lavra garimpeira, quando depender de permissão expedida pela ANM; e

V - regime de monopolização, quando, em decorrência de lei especial, depender de execução direta ou indireta do Poder Executivo federal.

Parágrafo único. O disposto neste artigo não se aplica aos:

I - órgãos da administração direta e autárquica da União, dos Estados, do Distrito Federal e dos Municípios, sendo-lhes permitida, por meio de registro de extração, a ser disciplinado em Resolução da ANM, a extração de substâncias minerais de emprego imediato na construção civil, definidas em Portaria do Ministro de Estado de Minas e Energia, para uso exclusivo em obras públicas por eles executadas diretamente, respeitados os direitos minerários em vigor nas áreas onde devam ser executadas as obras e vedada a comercialização; e

II - trabalhos de movimentação de terras e de desmonte de materiais *in natura* que se fizerem necessários à abertura de vias de transporte e a obras gerais de terraplenagem e de edificações, desde que não haja comercialização das terras e dos materiais resultantes dos referidos trabalhos e ficando o seu aproveitamento restrito à utilização na própria obra.

ART. 14. O requerimento de autorização de pesquisa, de permissão de lavra garimpeira ou de registro de licença terá por objeto apenas um polígono, que deverá ficar adstrito à área máxima estabelecida em Resolução da ANM, sob pena de indeferimento sem oneração de área.

ART. 15. O título minerário será recusado ou revogado se a atividade minerária for considerada prejudicial ao bem público ou comprometer interesses que superem a utilidade da exploração industrial do recurso mineral, a critério do Ministério de Minas e Energia ou da ANM, conforme o caso.

SEÇÃO II
DO REGIME DE AUTORIZAÇÃO

SUBSEÇÃO I
DO REQUERIMENTO DE AUTORIZAÇÃO DE PESQUISA

ART. 16. A autorização de pesquisa será outorgada a brasileiro, sociedade empresária constituída sob as leis brasileiras e com sede e administração no País ou a cooperativa, mediante requerimento à ANM, que deverá conter os elementos de instrução constantes do art. 16 do Decreto-Lei n. 227, de 1967 - Código de Mineração, e atender aos requisitos estabelecidos em Resolução da ANM.

Parágrafo único. É admitida a desistência total ou parcial do requerimento de autorização de pesquisa, conforme dispuser Resolução da ANM.

ART. 17. Será indeferido de plano pela ANM, sem oneração de área, o requerimento de autorização de pesquisa desacompanhado de quaisquer dos elementos de instrução referidos no do art. 16 do Decreto-Lei n. 227, de 1967 - Código de Mineração.

ART. 18. A ANM poderá formular exigência sobre dados complementares ou elementos necessários à melhor instrução do processo, observado o disposto no art. 17.

§ 1º Caberá ao requerente cumprir a exigência de que trata o *caput* no prazo de sessenta dias, contado da data de publicação da intimação no Diário Oficial da União, admitida a prorrogação do prazo, a critério da ANM, mediante requerimento justificado e apresentado anteriormente ao término do prazo.

§ 2º Encerrado o prazo de que trata o § 1º sem que o requerente tenha cumprido a exigência ou o requerimento de prorrogação de prazo para o cumprimento tenha sido negado, o requerimento será indeferido pela ANM e a área será declarada disponível para pesquisa, na forma prevista noart. 26 do Decreto-Lei n. 227, de 1967 - Código de Mineração.

ART. 19. Da decisão que indeferir o requerimento de autorização de pesquisa caberá pedido de reconsideração no prazo de sessenta dias, contado da data de publicação do despacho no Diário Oficial da União.

§ 1º Contra a decisão que indeferir o pedido de reconsideração, caberá recurso ao Ministério das Minas e Energia no prazo de trinta dias, contado da data de publicação do despacho no Diário Oficial da União.

§ 2º A apresentação de pedido de reconsideração ou de recurso sustará, até que seja obtida decisão administrativa definitiva, a tramitação de requerimentos supervenientes de títulos minerários que tenham por objeto toda ou parte da área.

SUBSEÇÃO II
DA AUTORIZAÇÃO DE PESQUISA

ART. 20. A autorização de pesquisa terá como título alvará, cujo extrato será publicado no Diário Oficial da União e teor transcrito em registro da ANM.

ART. 21. O prazo de validade da autorização de pesquisa não será inferior a um ano, nem superior a três anos, a critério da ANM, consideradas as características especiais da situação da área e da pesquisa mineral objetivada, admitida prorrogação única, nas seguintes condições:

I - a prorrogação poderá ser concedida por até igual período, com base na avaliação do desenvolvimento dos trabalhos; e

II - a prorrogação deverá ser requerida até sessenta dias antes de o prazo da autorização vigente expirar e o requerimento deverá ser instruído com relatório dos trabalhos efetuados e justificativa do prosseguimento da pesquisa.

§ 1º A prorrogação independerá da expedição de novo alvará e o seu prazo será contado da data de publicação da decisão que a deferir no Diário Oficial da União.

§ 2º É admitida mais de uma prorrogação do prazo da autorização de pesquisa exclusivamente nas hipóteses de impedimento de acesso à área de pesquisa ou de falta de assentimento ou de licença do órgão ambiental competente, desde que o titular demonstre, por meio de documentos comprobatórios, que:

I - atendeu às diligências e às notificações promovidas no curso do processo de avaliação judicial ou determinadas pelo órgão ambiental competente, conforme a hipótese; e

II - não contribuiu, por ação ou omissão, para a falta de ingresso na área ou de expedição do assentimento ou da licença ambiental.

§ 3º Até que haja decisão do requerimento de prorrogação do prazo apresentado tempestivamente, a autorização de pesquisa permanecerá válida.

ART. 22. Sem prejuízo do cumprimento, pelo titular, das obrigações decorrentes do disposto no Decreto-Lei n. 227, de 1967 - Código de Mineração, é admitida a renúncia total ou parcial à autorização de pesquisa, que se tornará eficaz na data do protocolo do instrumento de renúncia, com a desoneração da área renunciada, na forma prevista no art. 26 do Decreto-Lei n. 227, de 1967 - Código de Mineração, conforme dispuser Resolução da ANM.

Parágrafo único. Excepcionalmente, poderá ser dispensada a apresentação do relatório a que se refere o art. 25, na hipótese de renúncia total à autorização, conforme critérios estabelecidos em Resolução da ANM.

ART. 23. A retificação de alvará de pesquisa, a ser efetivada por meio de despacho publicado no Diário Oficial da União, não acarretará modificação no prazo original, exceto se houver alteração significativa no polígono delimitador da área, hipótese em que será expedido alvará retificador, situação em que o prazo de validade da autorização de pesquisa será contado a partir da data de publicação, no Diário Oficial da União, do novo título.

§ 1º A retificação do alvará de pesquisa que resultar em redução, sem deslocamento, da área autorizada não alterará o prazo original do alvará.

§ 2º Na hipótese de aumento ou de deslocamento da área, a ANM estabelecerá em Resolução, os critérios para fins de concessão de prazo adicional.

ART. 24. É admitida, em caráter excepcional, a extração de substâncias minerais em área titulada anteriormente à outorga da concessão de lavra, por meio de autorização prévia da ANM, observada a legislação ambiental pertinente.

Parágrafo único. A autorização a que se refere o *caput* será emitida uma vez, pelo prazo de um a três anos, admitida uma prorrogação por até igual período, conforme as particularidades da substância mineral, nos termos de Resolução da ANM.

SUBSEÇÃO III
DO RELATÓRIO FINAL DE PESQUISA

ART. 25. Ao concluir os trabalhos, o titular apresentará à ANM relatório final dos trabalhos de pesquisa realizados, conforme o disposto em Resolução da ANM.

§ 1º O titular da autorização fica obrigado a apresentar, no prazo de sua vigência, o relatório final dos trabalhos realizados independentemente do resultado da pesquisa.

§ 2º O conteúdo mínimo e as orientações quanto à elaboração do relatório final serão definidos em Resolução da ANM, de acordo com as melhores práticas internacionais.

§ 3º Se, encerrado o prazo de vigência da autorização ou de sua prorrogação, o titular deixar de apresentar o relatório a que se refere este artigo, será dada baixa na transcrição do título de autorização de pesquisa e a área será declarada disponível para pesquisa, na forma prevista noart. 26 do Decreto-Lei n. 227, de 1967 - Código de Mineração, sem prejuízo do disposto no art. 55 deste Decreto.

ART. 26. Realizada a pesquisa e apresentado o relatório final a que se refere o art. 25, a ANM verificará a sua exatidão e, à vista de parecer conclusivo, proferirá despacho de:

I - aprovação do relatório, quando ficar demonstrada a existência de jazida aproveitável técnica e economicamente;

II - não aprovação do relatório, quando ficar constatada a insuficiência dos trabalhos de pesquisa ou a deficiência técnica na sua elaboração, que impossibilitem a avaliação da jazida;

III - arquivamento do relatório, quando ficar provada a inexistência de jazida aproveitável técnica e economicamente, passando a área a ser livre para futuro requerimento, inclusive com acesso do interessado ao relatório que concluiu pela referida inexistência de jazida; ou

IV - sobrestamento da decisão sobre o relatório, quando ficar caracterizada a impossibilidade temporária da exequibilidade técnico-econômica da lavra, conforme o disposto no art. 23, *caput*, inciso III, do Decreto-Lei n. 227, de 1967 - Código de Mineração.

§ 1º A ANM estabelecerá em Resolução os critérios e os procedimentos para a verificação da exatidão do relatório final de pesquisa, inclusive quanto às hipóteses em que a realização de vistoria in loco ficará dispensada.

§ 2º Na hipótese prevista no inciso II do *caput*, constatada a deficiência técnica na elaboração do relatório, a ANM poderá formular exigência a ser cumprida pelo titular do direito minerário no prazo de sessenta dias, prorrogável por igual período, a critério da ANM, desde que o requerimento de prorrogação seja justificado e apresentado no prazo concedido para cumprimento da exigência.

§ 3º Encerrado o prazo sem que o requerente tenha cumprido a exigência a que se refere o § 2º, a ANM deverá negar aprovação ao relatório final e declarar a área disponível, na forma prevista no art. 26 do Decreto-Lei n. 227, de 1967 - Código de Mineração.

§ 4º Na hipótese prevista no inciso IV do *caput*, a ANM estabelecerá, no ato de sobrestamento, prazo para o interessado apresentar novo estudo da exequibilidade técnico-econômica da lavra, sob pena de arquivamento do relatório.

§ 5º Se o novo estudo a que se refere o § 4º comprovar a exequibilidade técnico-econômica da lavra, a ANM proferirá despacho de aprovação do relatório.

ART. 27. Para um conjunto de autorizações de pesquisa da mesma substância mineral em áreas contíguas ou próximas, o titular ou os titulares das autorizações poderão apresentar plano único de pesquisa e também relatório único dos trabalhos executados que abranjam todo o conjunto, conforme o disposto em Resolução da ANM.

SEÇÃO III
DO REGIME DE CONCESSÃO

SUBSEÇÃO I
REQUERIMENTO DE CONCESSÃO DE LAVRA

ART. 28. Aprovado o relatório final de pesquisa, o titular terá um ano para requerer a concessão de lavra e, neste prazo, poderá negociar o seu direito minerário.

§ 1º A ANM poderá prorrogar o prazo referido no *caput*, por igual período, por meio de requerimento justificado do titular, apresentado anteriormente ao prazo inicial ou à prorrogação em curso terminar.

§ 2º Até que haja decisão a respeito do requerimento de prorrogação de prazo, se apresentado tempestivamente, o direito minerário permanecerá válido e será mantida a prerrogativa de que trata o art. 9º, § 7º.

ART. 29. Encerrado o prazo a que se refere o art. 26 sem que o titular ou o seu sucessor tenha requerido concessão de lavra, caducará o seu direito e caberá à ANM declarar, por meio de edital, a disponibilidade da jazida pesquisada, para fins de requerimento de concessão de lavra.

Parágrafo único. A ANM definirá em Resolução as hipóteses de sucessão para fins do disposto no *caput*.

ART. 30. O requerimento de concessão de lavra, a ser formulado por empresário individual, sociedade empresária constituída sob as leis brasileiras e com sede e administração no País ou cooperativa, será dirigido ao Ministro de Estado de Minas e Energia ou à ANM, conforme o disposto no art. 33, e deverá ser instruído com os elementos de informação e prova referidos no art. 38 do Decreto-Lei n. 227, de 1967 - Código de Mineração.

ART. 31. O requerente terá o prazo de sessenta dias para o cumprimento de exigências com vistas à melhor instrução do requerimento de concessão de lavra e para comprovar o ingresso, no órgão competente, da solicitação com vistas ao licenciamento ambiental.

§ 1º O prazo de que trata o *caput* poderá ser prorrogado uma vez por até igual período.

§ 2º Excepcionalmente, o prazo de que trata o *caput* poderá ser prorrogado mais de uma vez se o não cumprimento da exigência decorrer de causa de responsabilidade do Poder Público, a juízo da ANM, e desde que efetuado por meio de requerimento justificado apresentado no prazo prorrogado.

§ 3º Encerrado o prazo sem que o requerente tenha cumprido a exigência, o requerimento será indeferido e a área declarada disponível para lavra, na forma prevista no art. 32 do Decreto-Lei n. 227, de 1967 - Código de Mineração.

§ 4º O requerente deverá demonstrar à ANM, a cada seis meses, contados da data de comprovação do ingresso, no órgão competente, da solicitação com vistas ao licenciamento ambiental e, até que a licença ambiental seja

DECRETOS

apresentada à ANM, demonstrar que o procedimento de licenciamento ambiental está em curso e que o requerente tem adotado as medidas necessárias para a obtenção da licença ambiental, sob pena de indeferimento do requerimento de lavra.

ART. 32. O plano de aproveitamento econômico, firmado por profissional legalmente habilitado, é documento obrigatório do requerimento de concessão de lavra e deverá conter, além dos documentos e das informações exigidas pelo art. 39 do Decreto-Lei n. 227, de 1967 - Código de Mineração, descrição das instalações de beneficiamento, indicadores relativos às reservas e produção e plano de fechamento da mina, nos termos estabelecidos em Resolução da ANM.

SUBSEÇÃO II

DA CONCESSÃO DE LAVRA

ART. 33. A concessão de lavra terá título cujo extrato simplificado será publicado no Diário Oficial da União e teor transcrito em registro da ANM, outorgado por Portaria do Ministro de Estado de Minas e Energia.

Parágrafo único. Para as substâncias minerais de que trata o art. 1º da Lei n. 6.567, de 1978, a concessão de lavra terá título outorgado em Resolução da ANM.

Obrigações do titular

ART. 34. Além das condições gerais que constam do Decreto-Lei n. 227, de 1967 - Código de Mineração e deste Decreto, o titular da concessão fica obrigado, sob pena das sanções previstas em lei, a:

I - iniciar os trabalhos previstos no plano de aproveitamento econômico no prazo de seis meses, contado da data de publicação da concessão de lavra no Diário Oficial da União, exceto por motivo de força maior, a juízo da ANM;

II - lavrar a jazida de acordo com o plano de aproveitamento econômico aprovado pela ANM;

III - extrair somente as substâncias minerais indicadas na concessão de lavra;

IV - comunicar à ANM o descobrimento de qualquer outra substância mineral não incluída na concessão de lavra;

V - executar os trabalhos de mineração com observância às normas regulamentares;

VI - confiar, obrigatoriamente, a responsabilidade dos trabalhos de lavra a técnico legalmente habilitado ao exercício da profissão;

VII - não dificultar ou impossibilitar, por lavra ambiciosa, o aproveitamento posterior da jazida;

VIII - responder pelos danos e pelos prejuízos a terceiros que resultarem, direta ou indiretamente, da lavra;

IX - promover a segurança e a salubridade das habitações existentes no local;

X - evitar o extravio das águas e drenar aquelas que possam ocasionar danos e prejuízos aos vizinhos;

XI - evitar poluição do ar ou da água que possa resultar dos trabalhos de mineração;

XII - proteger e conservar as fontes e utilizar as águas de acordo com os preceitos técnicos, quando se tratar de lavra de águas minerais;

XIII - tomar as providências indicadas pela fiscalização da ANM e de outros órgãos e entidades da administração pública;

XIV - não suspender os trabalhos de lavra sem comunicação prévia à ANM;

XV - não interromper os trabalhos de lavra já iniciados, por mais de seis meses consecutivos, exceto por motivo de força maior comprovado;

XVI - manter a mina em bom estado, na hipótese de suspensão temporária dos trabalhos de lavra, de modo a permitir a retomada das operações;

XVII - apresentar à ANM, até o dia 15 de março de cada ano, relatório anual das atividades realizadas no ano anterior, de forma a consolidar as informações prestadas periodicamente, conforme o disposto em Resolução da ANM;

XVIII - executar e concluir adequadamente, após o término das operações e antes da extinção do título, o plano de fechamento de mina; e

XIX - observar o disposto na Política Nacional de Segurança de Barragens, estabelecida pela Lei n. 12.334, de 20 de setembro de 2010.

§ 1º Para o aproveitamento, pelo titular, das substâncias referidas no inciso IV do *caput*, será necessário o aditamento à concessão de lavra pelo Ministro de Estado de Minas e Energia ou, para as substâncias minerais de que trata o art. 1º da Lei n. 6.567, de 1978, pela ANM.

§ 2º Para fins do disposto neste Decreto, considera-se lavra ambiciosa aquela conduzida sem observância ao plano preestabelecido, nos termos do disposto em Resolução da ANM, ou de modo a impossibilitar o aproveitamento econômico posterior da jazida.

Revisão do plano de aproveitamento econômico

ART. 35. Na hipótese de conhecimento da jazida obtido durante os trabalhos de lavra justificar mudanças no plano de aproveitamento econômico ou as condições do mercado exigirem modificações na escala de produção, o titular deverá propor à ANM as alterações necessárias, para exame do novo plano, conforme critérios estabelecidos em Resolução da ANM.

Relatório anual de lavra

ART. 36. O relatório anual das atividades realizadas no ano anterior deverá ser apresentado na forma estabelecida pela ANM, observado o disposto no art. 50 do Decreto-Lei n. 227, de 1967 - Código de Mineração.

Grupamento mineiro

ART. 37. O titular poderá requerer a reunião, em uma só unidade de mineração denominada grupamento mineiro, de duas ou mais de suas concessões de lavra da mesma substância mineral, em áreas de um mesmo jazimento ou zona mineralizada, conforme procedimentos e requisitos estabelecidos em Resolução da ANM.

Desmembramento

ART. 38. A concessão de lavra poderá ser desmembrada em duas ou mais concessões distintas, a juízo da ANM, se o fracionamento não comprometer o aproveitamento racional da jazida e desde que evidenciados a viabilidade técnica, a economicidade do aproveitamento autônomo das unidades mineiras resultantes e o incremento da produção da jazida, conforme critérios estabelecidos em Resolução da ANM.

Parágrafo único. O desmembramento será pleiteado pelo titular e pelos os pretendentes às novas concessões, conjuntamente.

SEÇÃO IV

DO REGIME DE LICENCIAMENTO

ART. 39. O aproveitamento de recursos minerais sob o regime de licenciamento obedecerá ao disposto na Lei n. 6.567, de 1978, e em Resolução da ANM.

Parágrafo único. O licenciamento será outorgado pela ANM em conformidade com os procedimentos e os requisitos estabelecidos em Resolução.

SEÇÃO V

DO REGIME DE PERMISSÃO DE LAVRA GARIMPEIRA

ART. 40. O aproveitamento de recursos minerais sob o regime de permissão de lavra garimpeira obedecerá ao disposto na Lei n. 7.805, de 1989, e em Resolução da ANM.

Parágrafo único. A permissão de lavra garimpeira será outorgada pela ANM em conformidade com os procedimentos e os requisitos estabelecidos em Resolução.

SEÇÃO VI

DISPOSIÇÕES COMUNS A TODOS OS REGIMES

SUBSEÇÃO I

DA SERVIDÃO MINERAL E DA DESAPROPRIAÇÃO

ART. 41. O titular poderá requerer à ANM que emita declaração de utilidade pública para fins de instituição de servidão mineral ou de desapropriação de imóvel.

SUBSEÇÃO II

DA CESSÃO, DA TRANSFERÊNCIA E DA ONERAÇÃO DE DIREITOS MINERÁRIOS

ART. 42. O alvará de autorização de pesquisa, a concessão de lavra, o licenciamento e a permissão de lavra garimpeira poderão ser objeto de cessão ou de transferência, total ou parcial, desde que o cessionário satisfaça os requisitos constitucionais, legais e normativos aplicáveis.

Parágrafo único. É admitida a cessão total ou parcial do direito minerário após a vigência da autorização de pesquisa e antes da outorga da concessão de lavra.

ART. 43. A concessão da lavra poderá ser oferecida em garantia para fins de financiamento.

ART. 44. A ANM estabelecerá em Resolução as hipóteses de oneração de direitos minerários e os requisitos e os procedimentos para a averbação de cessões, transferências e onerações de direitos minerários.

SUBSEÇÃO III

DA DISPONIBILIDADE DE ÁREA

ART. 45. A área desonerada e aquela decorrente de qualquer forma de extinção do direito minerário será disponibilizada a interessados, por meio de critérios objetivos de seleção e julgamento, definidos por meio de Resolução da ANM, observado o disposto no art. 26 do Decreto-Lei n. 227, de 1967 - Código de Mineração.

Parágrafo único. O não cumprimento das obrigações relacionadas com o processo seletivo, no prazo estabelecido, sujeitará o proponente vencedor à perda imediata do direito de prioridade sobre a área e às sanções previstas na Lei n. 8.666, de 21 de junho de 1993, conforme dispuser o edital ou a Resolução da ANM.

ART. 46. Com vistas a avaliar o potencial de atratividade da área desonerada para leilão eletrônico, a ANM poderá, a seu critério, submetê-la a oferta pública prévia, conforme estabelecido em Resolução da ANM.

§ 1º A manifestação de interesse pela área ofertada deverá ocorrer de forma eletrônica e será protegida de sigilo, de modo a resguardar a quantidade e a identidade dos interessados.

§ 2º Encerrado o prazo para manifestação de interesse pela área ofertada:

I - na hipótese de nenhuma manifestação de interesse ter sido apresentada, a área será considerada livre a partir do dia útil subsequente àquele do término do prazo, dispensada a realização do leilão eletrônico;

II - na hipótese de apenas uma manifestação de interesse ter sido apresentada, o interessado será notificado para protocolizar o seu requerimento de título minerário no prazo de trinta dias, contado da data de recebimento da notificação, dispensada a realização do leilão eletrônico; e

III - na hipótese de mais de uma manifestação de interesse ter sido apresentada, a ANM disponibilizará a área nos termos do disposto no art. 45.

SUBSEÇÃO IV

DOS ENCARGOS FINANCEIROS

ART. 47. Sem prejuízo de outros encargos financeiros previstos em lei, são devidos à ANM:

I - taxa anual, por hectare; e

II - valor relativo ao custeio de vistorias da ANM.

Taxa anual por hectare

ART. 48. Durante a vigência da autorização de pesquisa, incluída a sua prorrogação, até a entrega do relatório final de pesquisa, o titular de autorização de pesquisa pagará à ANM taxa anual, por hectare, admitida a fixação em valores progressivos em função da substância mineral objetivada, da extensão e da localização da área e de outras condições, respeitado o valor máximo estabelecido no art. 20, *caput*, inciso II, do Decreto-Lei n. 227, de 1967 - Código de Mineração.

Custeio de vistorias da Agência Nacional de Mineração

ART. 49. As vistorias realizadas pela ANM, no exercício da fiscalização dos trabalhos de pesquisa e lavra, serão custeadas pelos interessados.

SEÇÃO VII

DISPOSIÇÕES COMUNS AOS REGIMES DE CONCESSÃO DE LAVRA E DE REGISTRO DE LICENÇA

Suspensão temporária da lavra

ART. 50. O requerimento de suspensão temporária da lavra deverá estar justificado e instruído com relatório dos trabalhos efetuados e do estado da mina e de suas possibilidades futuras, conforme dispuser Resolução da ANM.

§ 1º O titular fica autorizado a interromper as atividades enquanto o requerimento de suspensão temporária de lavra estiver pendente de decisão da ANM, sem prejuízo da observância à obrigação estabelecida no art. 34, *caput*, inciso XVI.

§ 2º A decisão da ANM sobre o requerimento de suspensão temporária de lavra deverá ser precedida de vistoria in loco.

§ 3º Não aceitas as razões da suspensão dos trabalhos, a ANM adotará as medidas necessárias à continuação dos trabalhos, estabelecerá prazo para o reinício das operações e determinará a aplicação das sanções cabíveis.

Renúncia

ART. 51. A comunicação da renúncia total ou parcial da concessão de lavra, do licenciamento ou da permissão de lavra garimpeira deverá ser instruída com relatório dos trabalhos efetuados e do estado da mina e de suas possibilidades futuras, conforme Resolução da ANM.

§ 1º A renúncia será efetivada no momento de sua comunicação.

§ 2º A extinção do título dependerá da homologação da renúncia e ficará condicionada à conclusão do plano de fechamento de mina, previamente aprovado pela ANM.

§ 3º Efetivada a renúncia, a ANM adotará as medidas necessárias com vistas a assegurar a execução adequada do plano de fechamento de mina, inclusive por meio da aplicação das sanções cabíveis.

§ 4º Na hipótese de haver mais de uma unidade mineira inserida em um mesmo título minerário, poderá ser homologada a renúncia parcial do título e desonerada a área de cuja a unidade mineira tenha o relatório final de execução do seu plano de fechamento aprovado.

§ 5º Homologada a renúncia e reduzido ou extinto o título minerário, a ANM poderá declarar a área disponível, na forma prevista no art. 26 do Decreto-Lei n. 227, de 1967 - Código de Mineração, ou mantê-la bloqueada, se assim for tecnicamente justificável.

§ 6º O disposto neste artigo aplica-se, no que couber, à renúncia de direito minerário em área objeto de lavra mineral realizada por meio da autorização a que se refere o art. 24.

CAPÍTULO III

DAS INFRAÇÕES E DAS SANÇÕES ADMINISTRATIVAS

SEÇÃO I

DISPOSIÇÕES GERAIS

ART. 52. O não cumprimento das obrigações decorrentes da autorização de pesquisa, da concessão de lavra, do licenciamento e da permissão de lavra garimpeira implicará, a depender da infração:

I - advertência;

II - multa; e

III - caducidade do título.

§ 1º Compete à ANM a aplicação das sanções de advertência, de multa e de caducidade, exceto de caducidade de concessão de lavra de substância mineral que não se enquadre no disposto no art. 1º da Lei n. 6.567, de 1978, que será aplicada em ato do Ministro de Estado de Minas e Energia.

§ 2º A aplicação das sanções previstas neste artigo deverá ser precedida de notificação do titular, de modo a assegurar os princípios do contraditório e da ampla defesa, conforme estabelecido em Resolução da ANM e, para a caducidade de concessão de lavra de substância mineral que não se enquadre no disposto no art. 1º da Lei n. 6.567, de 1978, conforme estabelecido em ato do Ministro de Estado de Minas e Energia.

ART. 53. A multa variará entre R$ 329,39 (trezentos e vinte e nove reais e trinta e nove centavos) e R$ 3.293,90 (três mil, duzentos e noventa e três reais e noventa centavos), de acordo com a gravidade das infrações.

§ 1º A ANM estabelecerá em Resolução os critérios detalhados a serem observados na imposição das multas e na fixação dos seus valores, para as infrações administrativas previstas neste Decreto.

§ 2º Na hipótese de reincidência específica no prazo de até cinco anos, a multa será cobrada em dobro.

SEÇÃO II

DAS INFRAÇÕES ADMINISTRATIVAS

ART. 54. Realizar trabalhos de pesquisa ou extração mineral sem título autorizativo ou em desacordo com o título obtido:

Sanção: multa de R$ 3.293,90 (três mil, duzentos e noventa e três reais e noventa centavos) e advertência.

Parágrafo único. Na hipótese de reincidência de trabalhos de lavra de substância não constante do título autorizativo, aplica-se a multa em dobro e declara-se a caducidade do direito minerário.

ART. 55. Praticar lavra ambiciosa:

Sanção: multa de R$ 3.293,90 (três mil, duzentos e noventa e três reais e noventa centavos) e advertência.

Parágrafo único. Na hipótese de reincidência, aplica-se a multa em dobro e declara-se a caducidade do direito minerário.

ART. 56. Deixar de pagar ou pagar fora do prazo a taxa anual a que se refere o art. 48:

Sanção: multa de R$ 3.293,90 (três mil, duzentos e noventa e três reais e noventa centavos).

Parágrafo único. Se não for efetuado o pagamento da taxa anual no prazo de trinta dias, contado da data da imposição da multa, será declarada a nulidade *ex officio* do alvará de autorização de pesquisa.

ART. 57. Deixar de apresentar ou apresentar intempestivamente o relatório a que se refere o art. 25:

Sanção: multa de R$ 3,29 (três reais e vinte e nove centavos) por hectare.

ART. 58. Não obedecer aos prazos de início ou de reinício dos trabalhos de pesquisa ou de lavra:

Sanção: na hipótese de pesquisa, multa de R$ 809,82 (oitocentos e nove reais e oitenta e dois centavos) e advertência, e, na hipótese de lavra, multa de R$ 3.293,90 (três mil, duzentos e noventa e três reais e noventa centavos) e advertência.

Parágrafo único. Aplicada a multa, o titular terá o prazo de seis meses para dar início ou reinício à pesquisa ou à lavra, sob pena de imposição de multa em dobro e de declaração de caducidade do direito minerário.

ART. 59. Deixar de comunicar prontamente o início ou reinício ou as interrupções dos trabalhos de pesquisa:

Sanção: multa de R$ 809,82 (oitocentos e nove reais e oitenta e dois centavos).

ART. 60. Deixar de comunicar prontamente a ocorrência de outra substância mineral útil, não constante do alvará de autorização de pesquisa:

Sanção: multa de R$ 1.619,63 (um mil, seiscentos e dezenove reais e sessenta e três centavos).

ART. 61. Não confiar a responsabilidade dos trabalhos de lavra a técnico legalmente habilitado ao exercício da profissão (art. 34, *caput*, inciso VI):

Sanção: multa de R$ 3.293,90 (três mil, duzentos e noventa e três reais e noventa centavos).

ART. 62. Deixar de propor à ANM, para exame, as alterações necessárias no plano de aproveitamento econômico (art. 35):

Sanção: multa de R$ 3.293,90 (três mil, duzentos e noventa e três reais e noventa centavos).

ART. 63. Suspender os trabalhos de lavra sem prévia comunicação à ANM (art. 34, *caput*, inciso XIV):

Sanção: multa de R$ 3.293,90 (três mil, duzentos e noventa e três reais e noventa centavos).

ART. 64. Interromper os trabalhos de lavra já iniciados, por mais de seis meses consecutivos, exceto por motivo de força maior comprovado:
Sanção: multa de R$ 3.293,90 (três mil, duzentos e noventa e três reais e noventa centavos).

ART. 65. Deixar de prestar, no relatório anual de lavra, informação ou dado exigido por lei ou por Resolução da ANM ou prestar informação ou dado falso.
Sanção: multa de R$ 3.293,90 (três mil, duzentos e noventa e três reais e noventa centavos).

ART. 66. Deixar de comunicar à ANM a descoberta de outra substância mineral, não incluída na concessão de lavra, no regime de licenciamento e na permissão de lavra garimpeira:
Sanção: multa de R$ 3.293,90 (três mil, duzentos e noventa e três reais e noventa centavos).

ART. 67. Realizar deliberadamente trabalhos de lavra em desacordo com o plano de aproveitamento econômico:
Sanção: multa de R$ 3.293,90 (três mil, duzentos e noventa e três reais e noventa centavos).

ART. 68. Abandonar a mina ou a jazida, assim formalmente caracterizada conforme disposto em Resolução da ANM:
Sanção: multa de R$ 3.293,90 (três mil, duzentos e noventa e três reais e noventa centavos) e caducidade do título.

ART. 69. Deixar de apresentar ou apresentar intempestivamente os estatutos ou os contratos sociais e os acordos de acionistas em vigor e as alterações contratuais ou estatutárias que venham a ocorrer (art. 76):
Sanção: multa de R$ 809,82 (oitocentos e nove reais e oitenta e dois centavos).

Parágrafo único. A multa será aplicada em dobro na hipótese de não atendimento às exigências objeto deste artigo no prazo de trinta dias, contado da data da imposição da multa inicial, e assim sucessivamente, a cada trinta dias subsequentes.

ART. 70. O descumprimento às obrigações previstas no art. 34, *caput*, incisos V, IX, X, XI, XII, XIII, XVI, XVIII e XIX implicará multa de R$ 1.619,63 (um mil, seiscentos e dezenove reais e sessenta e três centavos) a R$ 3.239,26 (três mil, duzentos e trinta e nove reais e vinte e seis centavos), conforme estabelecido em Resolução da ANM.

CAPÍTULO IV
DISPOSIÇÕES FINAIS E TRANSITÓRIAS

ART. 71. Os titulares de concessões e minas próximas ou vizinhas, abertas ou situadas sobre o mesmo jazimento ou zona mineralizada, poderão obter permissão para a formação de consórcio de mineração, com o objetivo de incrementar a produtividade da extração ou a sua capacidade, nos termos do disposto no art. 86 do Decreto-Lei n. 227, de 1967 - Código de Mineração, e de Resolução da ANM.

ART. 72. Em zona declarada reserva nacional de determinada substância mineral ou em áreas específicas objeto de pesquisa ou lavra sob o regime de monopólio, o Poder Executivo federal poderá, mediante condições especiais condizentes com os interesses da União e da economia nacional, outorgar autorização de pesquisa ou concessão de lavra de outra substância mineral, quando os trabalhos relativos à autorização ou à concessão forem compatíveis e independentes dos relativos à substância da reserva nacional ou do monopólio.

§ 1º Nas reservas nacionais, a pesquisa ou lavra de outra substância mineral somente será autorizada ou concedida nas condições especiais estabelecidas em ato do Ministro de Estado de Minas e Energia, ouvidos, previamente, os órgãos governamentais interessados.

§ 2º Nas áreas sob regime de monopólio, a pesquisa ou a lavra de outra substância mineral somente será autorizada ou concedida nas condições especiais estabelecidas em ato do Ministro de Estado de Minas e Energia, ouvido, previamente, o órgão executor do monopólio.

§ 3º Verificada, a qualquer tempo, a incompatibilidade ou a dependência dos trabalhos, a autorização de pesquisa ou concessão de lavra será revogada.

§ 4º O direito de prioridade não se aplica às hipóteses previstas neste artigo e cabe ao Poder Executivo federal outorgar a autorização ou a concessão tendo em vista os interesses da União e da economia nacional.

ART. 73. Cabe ao profissional legalmente habilitado que constar como responsável técnico pela execução de atividades ou pela elaboração de planos e relatórios técnicos de que trata este Decreto, e ao titular do direito minerário, assegurar a veracidade das informações e dos dados fornecidos ao Poder Público, sob pena de responsabilização criminal e administrativa.

Parágrafo único. A aprovação ou a aceitação de planos e relatórios técnicos não ensejarão qualquer responsabilidade do Poder Público na hipótese de imprecisão ou falsidade de dados ou informações neles contidos.

ART. 74. O exercício da fiscalização da atividade minerária observará os critérios de definição de prioridades e abrangerá a fiscalização das áreas tituladas por amostragem.

ART. 75. As pessoas naturais ou jurídicas que exerçam atividades de pesquisa, lavra, beneficiamento, distribuição, comercialização, consumo ou industrialização de recursos minerais ficam obrigadas a facilitar aos agentes da ANM a inspeção de instalações, equipamentos e trabalhos e a lhes fornecer informações sobre:

I - o volume da produção e as características qualitativas dos produtos;

II - as condições técnicas e econômicas da execução dos serviços ou da exploração das atividades mencionadas no *caput*, as análises químicas e os laudos técnicos;

III - os mercados e os preços de venda; e

IV - a quantidade e as condições técnicas e econômicas do consumo de produtos minerais.

ART. 76. As sociedades empresariais que requererem ou forem titulares de direitos minerários ficam obrigadas a apresentar à ANM os estatutos ou os contratos sociais e os acordos de acionistas em vigor e as alterações contratuais ou estatutárias que venham a ocorrer, no prazo de trinta dias, contado da data de registro na junta comercial.

ART. 77. O comércio no mercado interno ou externo de pedras preciosas, de metais nobres e de outros minerais especificados fica sujeito a registro especial, nos termos de ato do Poder Executivo federal.

ART. 78. O disposto neste Decreto aplica-se, no que couber, aos requerimentos de direitos minerários e de registro de extração pendentes de decisão e aos direitos minerários e registros de extração ativos na sua data de entrada em vigor.

ART. 79. Naquilo em que não contrariarem este Decreto, os atos normativos do extinto Departamento Nacional de Produção Mineral - DNPM permanecem aplicáveis, no que couberem, até que sejam substituídos por Resoluções da ANM.

ART. 80. Os valores expressos neste Decreto e as multas e os encargos devidos à ANM serão reajustados anualmente em Resolução da ANM, respeitada a variação do Índice Nacional de Preços ao Consumidor Amplo - IPCA no exercício anterior.

Parágrafo único. Os valores corrigidos serão divulgados pela ANM até o dia 31 de janeiro e passarão a ser exigidos a partir de 1º de março daquele mesmo ano.

ART. 81. A ANM definirá os prazos para tramitação dos processos minerários em Resolução, a ser editada no prazo de cento e oitenta dias, contado da data de entrada em vigor do Decreto de instalação da ANM.

Parágrafo único. A ANM publicará as Resoluções a que se referem o art. 40, parágrafo único, e o art. 13, parágrafo único, inciso I, no prazo de cento e oitenta dias, contado da data de entrada em vigor deste Decreto.

ART. 82. O Ministério de Minas e Energia será ouvido previamente sobre os assuntos referentes às atividades de mineração ou que criem restrições ao desenvolvimento dessas atividades.

ART. 83. Ficam revogados:

I - o Decreto n. 62.934, de 2 de julho de 1968;

II - o Decreto n. 98.812, de 9 de janeiro de 1990; e

III - o Decreto n. 3.358, de 2 de fevereiro de 2000.

ART. 84. Este Decreto entra em vigor:

I - quanto aos incisos II e III do *caput* do art. 83, em cento e oitenta dias, contados da data de sua publicação; e

II - quanto aos demais dispositivos, na data de instalação da ANM, nos termos do disposto no art. 36 da Lei n. 13.575, de 26 de dezembro de 2017.

Brasília, 12 de junho de 2018; 197º da Independência e 130º da República.

MICHEL TEMER

DECRETO N. 9.424, DE 26 DE JUNHO DE 2018

Regulamenta o inciso V do caput do art. 17 da Lei n. 8.629, de 25 de fevereiro de 1993, que dispõe sobre a concessão de créditos de instalação de projetos de assentamento aos beneficiários do Programa Nacional de Reforma Agrária.

› *DOU*, 27.6.2018.

O Presidente da República, no uso da atribuição que lhe confere o art. 84, *caput*, inciso IV, da Constituição, e tendo em vista o disposto no art. 17, *caput*, inciso V, da Lei n. 8.629, de 25 de fevereiro de 1993,

Decreta:

ART. 1º Este Decreto regulamenta a concessão de créditos de instalação de projetos de assentamento, de que trata o inciso V do *caput* do art. 17 da Lei n. 8.629, de 25 de fevereiro de 1993, exclusivamente aos beneficiários do Programa Nacional de Reforma Agrária - PNRA.

§ 1º Compete ao Instituto Nacional de Colonização e Reforma Agrária - Incra a gestão operacional da concessão dos créditos de instalação de que trata este Decreto.

§ 2º A concessão dos créditos de instalação de que trata este Decreto será realizada por instituição financeira federal contratada pelo Incra para essa finalidade, dispensada a licitação.

§ 3º Os créditos de instalação de que trata este Decreto serão formalizados por meio de contrato individual.

§ 4º As despesas relativas à concessão dos créditos de instalação de que trata este Decreto se adequarão às disponibilidades orçamentárias e financeiras consignadas na lei orçamentária anual ao Incra para essa finalidade.

ART. 2º Os créditos de instalação de que trata este Decreto serão concedidos nas seguintes modalidades:

I - apoio inicial - para apoiar a instalação no projeto de assentamento e a aquisição de itens de primeira necessidade, de bens duráveis de uso doméstico e de equipamentos produtivos, no valor de até R$ 5.200,00 (cinco mil e duzentos reais) por família assentada;

II - fomento - para viabilizar a implementação de projetos produtivos de promoção da segurança alimentar e nutricional e de estímulo à geração de trabalho e renda, no valor de até R$ 6.400,00 (seis mil e quatrocentos reais), que poderá ser dividido em duas operações de até R$ 3.200,00 (três mil e duzentos reais) por família assentada;

III - fomento mulher - para viabilizar a implementação de projeto produtivo sob responsabilidade da mulher titular do lote, no valor de até R$ 5.000,00 (cinco mil reais), em operação única, por família assentada; e

IV - semiárido - para atender a necessidade de segurança hídrica das famílias assentadas nos projetos de assentamento localizados nas áreas circunscritas ao semiárido, reconhecidas pelo Instituto Brasileiro de Geografia e Estatística - IBGE, destinados a apoiar soluções de captação, armazenamento e distribuição de água para consumo humano, animal e produtivo, no valor de até R$ 5.000,00 (cinco mil reais) por família assentada;

V - florestal - para viabilizar a implementação e a manutenção sustentável de sistemas agroflorestais ou o manejo florestal de lotes e de área de reserva legal com vegetação nativa igual ou superior ao estabelecido pela legislação ambiental, nos projetos de reforma agrária criados ou reconhecidos pelo Incra, no valor de até R$ 6.400,00 (seis mil e quatrocentos reais) por família assentada;

VI - recuperação ambiental - para viabilizar a implementação e a manutenção sustentável de sistemas florestais ou agroflorestais ou o manejo florestal de lotes, de área de reserva legal e área de preservação permanente, degradados até 25 de maio de 2012, referentes a projetos de reforma agrária criados ou reconhecidos pelo Incra, no valor de até R$ 6.400,00 (seis mil e quatrocentos reais) por família assentada;

VII - cacau - para viabilizar a implementação e a recuperação de cultivos de cacau, em sistema agroflorestal, no valor de até R$ 6.000,00 (seis mil reais), permitida a sua renovação em até três operações, por família assentada;

VIII - habitacional - para viabilizar a construção de habitação rural nos projetos de reforma agrária criados ou reconhecidos pelo Incra, no valor de até R$ 34.000,00 (trinta e quatro mil reais), por família assentada; e

IX - reforma habitacional - para viabilizar a aquisição de materiais de construção a serem utilizados na reforma e na ampliação de habitações rurais em projetos de reforma agrária criados ou reconhecidos pelo Incra, no valor de até R$ 17.000,00 (dezessete mil reais) por família assentada.

Parágrafo único. O beneficiário poderá optar somente por uma das modalidades previstas nos incisos V, VI ou VII do *caput.*

ART. 3º Para fazer jus à modalidade apoio inicial de que trata o inciso I do *caput* do art. 2º, os beneficiários deverão, cumulativamente:

I - ter os seus dados atualizados junto ao Incra, nos termos previstos no art. 9º;

II - não ter recebido anteriormente o crédito de instalação nas modalidades previstas no § 1º do art. 3º da Lei n. 13.001, de 20 de junho de 2014; e

III - não ter contratado operações do Programa Especial de Crédito para a Reforma Agrária - Procera ou do Programa Nacional de Fortalecimento da Agricultura Familiar - Pronaf Grupo "A".

§ 1º As famílias beneficiadas com o apoio inicial deverão ser encaminhadas para efetuar a inscrição no Cadastro Único para Programas Sociais do Governo Federal - CadÚnico, de que trata o Decreto n. 6.135, de 26 de junho de 2007, no prazo de cento e oitenta dias, contado da data de assinatura do contrato para a concessão do crédito de instalação.

§ 2º As famílias beneficiadas com a modalidade de crédito de instalação denominada apoio inicial I e não beneficiadas com a modalidade apoio inicial II, anteriormente previstas no Decreto n. 8.256, de 26 de maio de 2014, poderão receber o valor de até R$ 2.800,00 (dois mil e oitocentos reais) de forma complementar, observados os requisitos estabelecidos nos incisos I e II do *caput.*

ART. 4º Para fazer jus à modalidade fomento de que trata o inciso II do *caput* do art. 2º, os beneficiários deverão, cumulativamente:

I - ter os seus dados atualizados junto ao Incra, nos termos previstos no art. 9º;

II - não ter recebido anteriormente o crédito de instalação na modalidade prevista no inciso VIII do § 1º do art. 3º da Lei n. 13.001, de 2014;

III - não ter contrato de operações do Pronaf Grupo "A" ou, por meio de declaração do beneficiário, de outra operação de crédito rural com risco bancário firmado a partir de 2010;

IV - ser atendidos por:

a) serviço de Assistência Técnica e Extensão Rural - Ater, conforme definido no inciso I do *caput* do art. 2º da Lei n. 12.188, de 11 de janeiro de 2010, responsável por apresentar projeto de estruturação da unidade produtiva; ou

b) outro profissional habilitado, que poderá ser servidor do Incra, de suas prestadoras de assistência técnica ou de órgãos da administração pública federal, estadual, distrital e municipal que estabeleçam acordo de cooperação, convênio ou outro instrumento congênere, conforme disciplinado pelo Incra;

V - estar inscritos no CadÚnico; e

VI - não estar inscritos em Dívida Ativa da União.

§ 1º Para fins do disposto neste artigo, serão priorizadas as famílias assentadas a partir de 2011 e aquelas assentadas até 2010 que atendam ao critério de renda familiar mensal de que trata o art. 18 do Decreto n. 5.209, de 17 de setembro de 2004, sem prejuízo do disposto em outros critérios estabelecidos pelo Incra.

§ 2º A liberação da segunda operação de fomento ficará condicionada à apresentação de laudo de acompanhamento da unidade produtiva familiar que ateste o progresso no desenvolvimento do projeto da primeira operação de fomento, o qual será elaborado por profissional habilitado, que poderá ser servidor do Incra, de suas prestadoras de assistência técnica ou de órgãos da administração pública federal, estadual, distrital e municipal que estabeleçam acordo de cooperação, convênio ou outro instrumento congênere, conforme disciplinado pelo Incra.

ART. 5º Para fazer jus à modalidade fomento mulher de que trata o inciso III do *caput* do art. 2º, a mulher titular de lote da reforma agrária deverá, cumulativamente:

I - ter os seus dados atualizados junto ao Incra, nos termos previstos no art. 9º;

II - não ter recebido anteriormente o crédito de instalação na modalidade prevista no inciso VI do § 1º do art. 3º da Lei n. 13.001, de 2014, exceto aquelas que não tenham recebido integralmente os valores estabelecidos no § 1º do art. 3º da Instrução Normativa n. 58, de 5 de março de 2010, do Incra, hipótese em que farão jus à diferença do valor estipulado para a referida modalidade;

III - ser atendida por:

a) serviço de Ater, conforme definido no inciso I do *caput* do art. 2º da Lei n. 12.188, de 2010, responsável por apresentar projeto de estruturação da unidade produtiva; ou

b) outro profissional habilitado, que poderá ser servidor do Incra, de suas prestadoras de assistência técnica ou de órgãos da administração pública federal, estadual, distrital e municipal que estabeleçam acordo de cooperação, convênio ou outro instrumento congênere, conforme disciplinado pelo Incra; e

IV - estar inscrita no CadÚnico.

ART. 6º Para fazer jus à modalidade semiárido de que trata o inciso IV do *caput* do art. 2º, os beneficiários deverão, cumulativamente:

I - ter os seus dados atualizados junto ao Incra, nos termos previstos no art. 9º;

II - não ter recebido anteriormente o crédito de instalação na modalidade prevista no inciso XI do § 1º do art. 3º da Lei n. 13.001, de 2014;

III - apresentar projeto técnico, individual ou coletivo, elaborado por profissional habilitado, que poderá ser servidor do Incra, de suas prestadoras de assistência técnica ou de órgãos da administração pública federal, estadual, distrital e municipal que estabeleçam acordo de cooperação, convênios ou outro instrumento congênere, conforme disciplinado pelo Incra;

IV - ter o perímetro do projeto de assentamento e os lotes devidamente identificados, conforme projeto de pré-parcelamento aprovado pela Superintendência Regional do Incra correspondente, ou a área individual reconhecida pelo Incra; e

V - estar em assentamento localizado no semiárido brasileiro, conforme definição estabelecida pelo IBGE.

ART. 7º Para fazer jus à modalidade florestal ou recuperação ambiental, de que tratam o incisos V e VI do *caput* do art. 2º, os beneficiários deverão, cumulativamente:

I - ter os seus dados atualizados junto ao Incra, nos termos previstos no art. 9º;

II - não ter recebido anteriormente o crédito de instalação na modalidade prevista no inciso XIII do § 1º do art. 3º da Lei n. 13.001, de 2014;

III - ser atendidos por:

a) serviço de Ater, conforme definido no inciso I do *caput* do art. 2º da Lei n. 12.188, de 2010, responsável por apresentar projeto de estruturação da unidade produtiva; ou

b) por outro profissional habilitado, que poderá ser servidor do Incra, de suas prestadoras de assistência técnica ou de órgãos da administração pública federal, estadual, distrital e municipal que estabeleçam acordo de cooperação, convênio ou outro instrumento congênere, conforme disciplinado pelo Incra;

IV - estar inscritos no CadÚnico;

V - não estar inscritos em Dívida Ativa da União;

VI - possuir Cadastro Ambiental Rural - CAR do lote ou do perímetro do projeto de assentamento; e

VII - ter comprovação de regularidade ambiental ou Plano de Recuperação Ambiental - PRA aprovado pelo órgão competente.

ART. 8º Para fazer jus à modalidade cacau de que trata o inciso VII do *caput* do art. 2º, os beneficiários deverão, cumulativamente:

I - ter os seus dados atualizados junto ao Incra, nos termos previstos no art. 9º;

II - ser atendidos por:

a) serviço de Ater, conforme definido no inciso I do *caput* do art. 2º da Lei n. 12.188, de 2010, responsável por apresentar projeto de estruturação da unidade produtiva; ou

b) outro profissional habilitado, que poderá ser servidor do Incra, de suas prestadoras de assistência técnica ou de órgãos da administração pública federal, estadual, distrital e municipal que estabeleçam acordo de cooperação, convênio ou outro instrumento congênere, conforme disciplinado pelo Incra;

III - estar inscritos no CadÚnico;

IV - não estar inscritos em Dívida Ativa da União;

V - possuir CAR do lote ou do perímetro do projeto de assentamento; e

VI - ter comprovação de regularidade ambiental ou PRA aprovado pelo órgão competente.

ART. 9º Para fazer jus à modalidade habitacional ou reforma habitacional de que tratam os incisos VIII e IX do *caput* do art. 2º, os beneficiários deverão, cumulativamente:

I - ter os seus dados atualizados junto ao Incra, nos termos previstos no art. 9º;

II - não ter recebido anteriormente o crédito de instalação nas modalidades previstas nos incisos I, II ou III do § 1º do art. 1º da Lei n. 13.001, 2014, cujo valor concedido tenha sido igual ou superior a R$ 10.000,00;

III - não ter sido contemplado anteriormente pelo Programa Nacional de Habitação Rural - PNHR, de que trata a Lei n. 11.977, de 7 de julho de 2009;

IV - ser atendido por técnico habilitado e credenciado pelo Incra, para elaboração de projeto e para responsabilização técnica pela execução e pela fiscalização da obra, que poderá ser servidor do Incra, de suas prestadoras de assistência técnica ou de órgãos da administração pública federal, estadual, distrital e municipal ou de entidades que representem os beneficiários que estabeleçam acordo de cooperação, convênio ou outro instrumento congênere, conforme disciplinado pelo Incra;

V - estar inscritos no CadÚnico;

VI - não estar inscritos em Dívida Ativa da União;

VII - estar com parcela do assentamento demarcada ou com pré-projeto de parcelamento aprovado ou área individual reconhecida pelo Incra; e

VIII - não sejam proprietários, cessionários ou promitentes compradores de imóvel residencial em qualquer localidade, que poderá ser comprovado por todos os meios disponíveis, além de declaração do beneficiário.

ART. 10. Aos créditos de instalação previstos no art. 2º será aplicada taxa efetiva de juros de cinco décimos por cento ao ano, a partir da data da sua concessão, observadas as seguintes condições específicas:

I - para a modalidade apoio inicial:

a) reembolso - em parcela única, com vencimento no prazo de três anos, contado da data de liberação do crédito de instalação; e

b) rebate para liquidação - noventa por cento sobre o saldo devedor atualizado na forma prevista no *caput* para as liquidações efetuadas até o prazo de vencimento ou outro prazo estabelecido em ato do dirigente máximo do Incra, caso o pagamento não seja efetuado até a data de vencimento por situação não imputável aos beneficiários;

II - para as modalidades fomento e fomento mulher:

a) reembolso - em parcela única, com vencimento no prazo de um ano, contado da data de liberação do crédito de instalação; e

b) rebate para liquidação - oitenta por cento sobre o saldo devedor atualizado na forma prevista no *caput* para as liquidações efetuadas até o prazo de vencimento ou outro prazo estabelecido em ato do dirigente máximo do Incra, caso o pagamento não seja efetuado até a data de vencimento por situação não imputável aos beneficiários;

III - para a modalidade semiárido:

a) reembolso - em parcela única, com vencimento no prazo de três anos, contado da data de liberação do crédito de instalação; e

b) rebate para liquidação - oitenta por cento sobre o saldo devedor atualizado na forma prevista no *caput* para as liquidações efetuadas até o prazo de vencimento ou outro prazo estabelecido em ato do dirigente máximo do Incra, caso o pagamento não seja efetuado até a data de vencimento por situação não imputável aos beneficiários;

IV - para a modalidade florestal:

a) reembolso - em parcela única, com vencimento no prazo de cinco anos, contado da data de liberação do crédito de instalação; e

b) rebate para liquidação - oitenta por cento sobre o saldo devedor atualizado na forma prevista no *caput* para as liquidações efetuadas até o prazo de vencimento ou outro prazo estabelecido em ato do dirigente máximo do Incra, caso o pagamento não seja efetuado até a data de vencimento por situação não imputável aos beneficiários;

V - para a modalidade recuperação ambiental:

a) reembolso - em parcela única, com vencimento no prazo de cinco anos, contado da data de liberação do crédito de instalação; e

b) rebate para liquidação - cinquenta por cento sobre o saldo devedor atualizado na forma prevista no *caput* para as liquidações efetuadas até o prazo de vencimento ou outro prazo estabelecido em ato do dirigente máximo do Incra, caso o pagamento não seja efetuado até a data de vencimento por situação não imputável aos beneficiários;

VI - na modalidade cacau:

a) reembolso - em parcela única, com vencimento no prazo de cinco anos, contado da data de liberação do crédito de instalação; e

b) rebate para liquidação - cinquenta por cento sobre o saldo devedor atualizado na forma prevista no *caput* para as liquidações efetuadas até o prazo de vencimento ou outro prazo estabelecido em ato do dirigente máximo do Incra, caso o pagamento não seja efetuado até a data de vencimento por situação não imputável aos beneficiários; e

VII - para as modalidades habitacional e reforma habitacional:

a) reembolso - em parcela única, com vencimento no prazo de três anos, contado da data de liberação do crédito de instalação; e

b) rebate para liquidação - noventa e seis por cento sobre o saldo devedor atualizado na forma prevista no *caput* para as liquidações efetuadas até o prazo de vencimento ou outro prazo estabelecido em ato do dirigente máximo do Incra, caso o pagamento não seja efetuado até a data de vencimento por situação não imputável aos beneficiários.

Parágrafo único. A concessão dos créditos de instalação de que trata o art. 2º ficará limitada às disponibilidades orçamentárias e financeiras do Orçamento Geral da União destinadas para essa finalidade.

ART. 11. Na hipótese de inadimplência, os rebates para liquidação previstos no art. 10 serão reduzidos em cinquenta por cento, exceto para as modalidades habitacional e reforma habitacional, que serão cobrados de acordo com o disposto no art. 37-A da Lei n. 10.522, de 19 de julho de 2002.

ART. 12. Para que os seus dados sejam considerados atualizados junto ao Incra, os beneficiários do PNRA deverão:

I - estar em situação regular na relação de beneficiários do PNRA, observado o disposto no § 12 do art. 18 da Lei n. 8.629, de 1993; e

II - proceder à atualização de informações cadastrais no Sistema de Informações de Projetos de Reforma Agrária do Incra, caso esteja assentado por período superior a dois anos, contado da data da solicitação dos créditos de instalação da modalidade apoio inicial de que trata o art. 3º.

§ 1º Para a atualização cadastral de que trata este artigo, o Incra realizará ações de ofício, cruzamentos de bancos de dados oficiais e chamamentos para participação ativa dos beneficiários do PNRA.

§ 2º A atualização cadastral dos beneficiários dos créditos de instalação de que trata este Decreto será realizada pelo Incra em etapas, com cronograma e abrangência territorial a serem divulgados pelo Incra.

§ 3º Para cumprimento do disposto neste artigo, o Incra poderá firmar acordos de cooperação técnica, convênios ou outros instrumentos congêneres com os Estados, o Distrito Federal e os Municípios e poderá contratar entidades que já tenham prestado serviço de Ater, observado o disposto na Lei n. 12.188, de 2010.

ART. 13 Para optar pelas modalidades de créditos de instalação de que trata este Decreto, o beneficiário deverá firmar:

I - contrato de concessão de uso;

II - concessão de direto real de uso; ou

III - título de domínio.

ART. 14. O Incra apurará as denúncias relacionadas à concessão e à utilização dos créditos de instalação, sem prejuízo das atribuições dos demais órgãos competentes.

ART. 15. O beneficiário que descumprir as regras de utilização dos créditos de instalação, nos termos estabelecidos pelo Incra, será obrigado a efetuar o ressarcimento da importância recebida, no prazo de sessenta dias, contado da data de notificação, atualizada pelo Índice Nacional de Preços ao Consumidor Amplo - IPCA, divulgado pelo IBGE, e calculado a partir da data de assinatura do contrato.

ART. 16. Fica vedada a concessão de crédito de instalação em forma diversa da disposta neste Decreto.

ART. 17. Fica revogado o Decreto n. 9.066, de 31 de maio de 2017.

ART. 18. Este Decreto entra em vigor na data de sua publicação.

Brasília, 26 de junho de 2018; 197º da Independência e 130º da República.

MICHEL TEMER

DECRETO N. 9.427, DE 28 DE JUNHO DE 2018

Reserva aos negros trinta por cento das vagas oferecidas nas seleções para estágio no âmbito da administração pública federal direta, autárquica e fundacional.

› *DOU*, 29.6.2018.

O Presidente da República, no uso das atribuições que lhe confere o art. 84, *caput*, incisos IV e VI, alínea "a", da Constituição, e tendo em vista o disposto na Lei n. 11.788, de 25 de setembro de 2008, e no art. 39 da Lei n. 12.288, de 20 de julho de 2010,

Decreta:

ART. 1º Ficam reservadas aos negros trinta por cento das vagas oferecidas nas seleções para estágio no âmbito da administração pública federal direta, autárquica e fundacional.

§ 1º A reserva de vagas de que trata o *caput* será aplicada quando o número de vagas oferecidas na seleção for igual ou superior a três.

§ 2º Na hipótese de quantitativo fracionado para o número de vagas reservadas a candidatos negros:

I - o quantitativo será aumentado para o primeiro número inteiro subsequente, em caso de fração igual ou maior que cinco décimos; ou

II - o quantitativo será diminuído para número inteiro imediatamente inferior, em caso de fração menor que cinco décimos.

§ 3º A reserva de vagas a candidatos negros constará expressamente dos editais das seleções, que especificarão o total de vagas correspondentes à reserva para cada vaga de estágio oferecida.

ART. 2º Poderão concorrer às vagas reservadas a candidatos negros aqueles que se autodeclararem pretos ou pardos no ato da inscrição na seleção de estágio, conforme o quesito cor ou raça utilizado pela Fundação Instituto Brasileiro de Geografia e Estatística - IBGE.

Parágrafo único. Na hipótese de constatação de declaração falsa, o candidato será eliminado do processo seletivo e, se houver sido selecionado ou contratado, será imediatamente desligado do programa de estágio.

ART. 3º A contratação dos candidatos selecionados respeitará os critérios de alternância e proporcionalidade, que consideram a relação entre o número de vagas total para o estágio e o número de vagas reservadas a candidatos negros.

ART. 4º Os candidatos negros concorrerão concomitantemente às vagas reservadas e às vagas destinadas à ampla concorrência, de acordo com a sua classificação na seleção.

§ 1º Os candidatos negros aprovados dentro do número de vagas oferecido para a ampla concorrência não serão computados para efeito do preenchimento das vagas reservadas.

§ 2º Na hipótese de desistência de candidato negro aprovado em vaga reservada, a vaga será preenchida pelo candidato negro classificado na posição imediatamente posterior.

§ 3º Na hipótese de não haver número de candidatos negros aprovados suficiente para ocupar as vagas reservadas, as vagas remanescentes serão revertidas para a ampla concorrência e serão preenchidas pelos demais candidatos aprovados, observada a ordem de classificação.

ART. 5º A Secretaria Nacional de Políticas de Promoção da Igualdade Racial do Ministério dos Direitos Humanos será responsável pelo acompanhamento e pela avaliação anual do disposto neste Decreto, observado o disposto no art. 59 da Lei n. 12.288, de 20 de julho de 2010.

ART. 6º A administração pública federal direta, autárquica e fundacional priorizará a contratação de serviços sob o regime de execução indireta prestados por empresas que comprovem o emprego da cota de aprendizes de que trata o art. 429 do Decreto-Lei n. 5.452, de 1º de maio de 1943 - Consolidação das Leis do Trabalho, em relação aos trabalhadores existentes em cada estabelecimento, cujas funções demandem formação profissional.

ART. 7º O disposto neste Decreto não se aplica às seleções cujos editais tiverem sido publicados antes de sua data de entrada em vigor.

ART. 8º Este Decreto entra em vigor na data de sua publicação.

Brasília, 28 de junho de 2018; 197º da Independência e 130º da República.

MICHEL TEMER

DECRETO N. 9.450, DE 24 DE JULHO DE 2018

Institui a Política Nacional de Trabalho no âmbito do Sistema Prisional, voltada à ampliação e qualificação da oferta de vagas de trabalho, ao empreendedorismo e à formação profissional das pessoas presas e egressas do sistema prisional, e regulamenta o § 5º do art. 40 da Lei n. 8.666, de 21 de junho de 1993, que regulamenta o disposto no inciso XXI do caput do art. 37 da Constituição e institui normas para licitações e contratos da administração pública firmados pelo Poder Executivo federal.

› *DOU*, 25.7.2018.

A Presidente do Supremo Tribunal Federal, no exercício do cargo de Presidente Da República, no uso das atribuições que lhe confere o art. 84, *caput*, incisos IV e VI, alínea "a", da Constituição, e tendo em vista o disposto na Lei n. 7.210, de 11 de julho de 1984, e no art. 40, § 5º, da Lei n. 8.666, de 21 de junho de 1993,

Decreta:

ART. 1º Fica instituída a Política Nacional de Trabalho no âmbito do Sistema Prisional - Pnat para permitir a inserção das pessoas privadas de liberdade e egressas do sistema prisional no mundo do trabalho e na geração de renda.

§ 1º A Pnat destina-se aos presos provisórios, às pessoas privadas de liberdade em cumprimento de pena no regime fechado, semiaberto e aberto e às pessoas egressas do sistema prisional.

§ 2º A Pnat será implementada pela União em regime de cooperação com Estados, Distrito Federal e Municípios.

§ 3º Para a execução da Pnat, poderão ser firmados convênios ou instrumentos de cooperação técnica da União com o Poder Judiciário, Ministério Público, organismos internacionais, federações sindicais, sindicatos, organizações da sociedade civil e outras entidades e empresas privadas.

§ 4º Será promovida a articulação e a integração da Pnat com políticas, programas e projetos similares e congêneres da União, dos Estados, do Distrito Federal e dos Municípios.

§ 5º Considera-se egresso, para os efeitos deste Decreto, a pessoa que se encontre nas hipóteses elencadas no art. 26 da Lei n. 7.210, de 11 de julho de 1984.

ART. 2º São princípios da Pnat:

I - a dignidade da pessoa humana;

II - a ressocialização;

III - o respeito às diversidades étnico-raciais, religiosas, em razão de gênero e orientação sexual, origem, opinião política, para com as pessoas com deficiência, entre outras; e

IV - a humanização da pena.

ART. 3º São diretrizes da Pnat:

I - estabelecer mecanismos que favoreçam a reinserção social das pessoas presas em regime fechado, semiaberto e aberto, e egressas do sistema prisional;

II - adotar estratégias de articulação com órgãos públicos, entidades privadas e com organismos internacionais e estrangeiros para a implantação desta Política;

III - ampliar as alternativas de absorção econômica das pessoas presas em regime fechado, semiaberto e aberto, e egressas do sistema prisional;

IV - estimular a oferta de vagas de trabalho para pessoas presas em regime fechado, semiaberto e aberto e egressas do sistema prisional;

V - integrar os órgãos responsáveis pelo fomento ao trabalho e pela execução penal com as entidades responsáveis pela oferta de vagas de trabalho; e

VI - uniformizar modelo de edital de chamamento visando a formação de parcerias para construção de espaços de trabalho em unidades prisionais por entes privados e públicos.

ART. 4º São objetivos da Pnat:

I - proporcionar, às pessoas privadas de liberdade e egressas do sistema prisional, a ressocialização, por meio da sua incorporação no mercado de trabalho, e a reinserção no meio social;

II - promover a qualificação das pessoas privadas de liberdade e egressas do sistema prisional, visando sua independência profissional por meio do empreendedorismo;

III - promover a articulação de entidades governamentais e não governamentais, nas esferas federal, estadual, distrital e municipal, visando garantir efetividade aos programas de integração social e de inserção de pessoas privadas de liberdade e egressas do sistema prisional e cumpridoras de pena restritiva de direitos ou medida cautelar;

IV - ampliar a oferta de vagas de trabalho no sistema prisional, pelo poder público e pela iniciativa privada;

V - incentivar a elaboração de planos estaduais sobre trabalho no sistema prisional, abrangendo diagnósticos, metas e estratégias de qualificação profissional e oferta de vagas de trabalho no sistema prisional;

VI - promover a sensibilização e conscientização da sociedade e dos órgãos públicos para a importância do trabalho como ferramenta para a reintegração social das pessoas em privação de liberdade e egressas do sistema prisional;

VII - assegurar os espaços físicos adequados às atividades laborais e de formação profissional e sua integração às demais atividades dos estabelecimentos penais;

VIII - viabilizar as condições para o aprimoramento da metodologia e do fluxo interno e externo de oferta de vagas de trabalho no sistema prisional;

IX - fomentar a responsabilidade social empresarial;

X - estimular a capacitação continuada dos servidores que atuam no sistema prisional quanto às especificidades e à importância da atividade laborativa no sistema prisional; e

XI - promover a remição da pena pelo trabalho, nos termos do art. 126 da Lei n. 7.210, de 1984.

ART. 5º Na contratação de serviços, inclusive os de engenharia, com valor anual acima de R$ 330.000,00 (trezentos e trinta mil reais), os órgãos e entidades da administração pública federal direta, autárquica e fundacional deverão exigir da contratada o emprego de mão de obra formada por pessoas presas ou egressos do sistema prisional, nos termos disposto no § 5º do art. 40 da Lei n. 8.666, de 21 de junho de 1993.

§ 1º O disposto no *caput* será previsto:

I - no edital, como requisito de habilitação jurídica, consistente na apresentação de declaração do licitante de que, caso seja vencedor, contratará pessoas presas ou egressos nos termos deste Decreto, acompanhada de declaração emitida pelo órgão responsável pela execução penal de que dispõe de pessoas presas aptas à execução de trabalho externo; e

II - no edital e na minuta de contrato, como obrigação da contratada de empregar como mão de obra pessoas presas ou egressos do sistema prisional e de observar o disposto neste Decreto.

§ 2º Na hipótese de ser admitido o emprego de mão de obra de pessoa presa em regime fechado, o edital e a minuta do contrato deverão prever as seguintes cautelas a serem observadas pela contratada, em atendimento ao disposto nos art. 35 e art. 36 da Lei n. 7.210, de 1984:

I - apresentação de prévia autorização do Juízo da Execução;

II - comprovação de aptidão, disciplina e responsabilidade da pessoa presa;

III - comprovação do cumprimento mínimo de um sexto da pena; e

IV - observância do limite máximo de dez por cento do número de presos na prestação do serviço.

§ 3º Na fiscalização da execução do contrato, cabe à administração pública contratante:

I - informar à contratada e oficiar a vara de execuções penais sobre qualquer incidente ou prática de infração por parte dos empregados, para que adotem as providências cabíveis à luz da legislação penal; e

II - aplicar as penalidades à contratada quando verificada infração a qualquer regra prevista neste Decreto.

§ 4º A administração pública poderá deixar de aplicar o disposto neste artigo quando, justificadamente, a contratação de pessoa presa ou egressa do sistema prisional se mostrar inviável.

ART. 6º Para efeito do disposto no art. 5º, a empresa deverá contratar, para cada contrato que firmar, pessoas presas, em cumprimento de pena em regime fechado, semiaberto ou aberto, ou egressas do sistema prisional, nas seguintes proporções:

I - três por cento das vagas, quando a execução do contrato demandar duzentos ou menos funcionários;

II - quatro por cento das vagas, quando a execução do contrato demandar duzentos e um a quinhentos funcionários;

III - cinco por cento das vagas, quando a execução do contrato demandar quinhentos e um a mil funcionários; ou

IV - seis por cento das vagas, quando a execução do contrato demandar mais de mil empregados.

§ 1º A efetiva contratação do percentual indicado nos incisos I a IV do *caput* será exigida da proponente vencedora quando da assinatura do contrato.

§ 2º A contratada deverá apresentar mensalmente ao juiz da execução, com cópia para o fiscal do contrato ou para o responsável indicado pela contratante, relação nominal dos empregados, ou outro documento que comprove o cumprimento dos limites previstos no *caput*.

§ 3º Havendo demissão, a contratada deverá proceder sua comunicação ao fiscal do contrato ou responsável indicado pela contratante em até cinco dias.

§ 4º Após a demissão ou outro fato que impeça o comparecimento da mão de obra, a contratada deverá, em até sessenta dias, providenciar o preenchimento da vaga em aberto para fins de cumprimento dos limites previstos no *caput*.

§ 5º A prorrogação de contratos de prestação de serviços com fornecimento de mão de obra no âmbito da administração pública federal, cuja empresa tenha se beneficiado do disposto no art. 5º, apenas poderá ser realizada mediante comprovação de manutenção da contratação do número de pessoas egressas do sistema prisional.

§ 6º Em caso de subcontratação de obra ou serviço, desde que admitida no edital e no contrato, a subcontratada deverá cumprir os limites previstos no art. 7º.

§ 7º A não observância das regras previstas neste artigo durante o período de execução contratual acarreta quebra de cláusula contratual e possibilita a rescisão por iniciativa da administração pública federal, além das sanções previstas na Lei n. 8.666, de 1993.

ART. 7º À contratada caberá providenciar às pessoas presas e aos egressos contratados:

I - transporte;

II - alimentação;

III - uniforme idêntico ao utilizado pelos demais terceirizados;

IV - equipamentos de proteção, caso a atividade exija;

V - inscrição do preso em regime semiaberto, na qualidade de segurado facultativo, e o pagamento da respectiva contribuição ao Regime Geral de Previdência Social; e

VI - remuneração, nos termos da legislação pertinente.

ART. 8º O Ministério da Segurança Pública estimulará a apresentação, pelos Estados e Distrito Federal, a cada dois anos, de Plano Estadual da Política Nacional de Trabalho no âmbito do Sistema Prisional, conforme as diretrizes e os objetivos dispostos neste Decreto, em articulação da secretaria responsável pela administração prisional com aquela responsável pelas políticas de trabalho e educação.

§ 1º O Ministério da Segurança Pública analisará os planos referidos no *caput* e definirá o apoio técnico e financeiro a partir das ações pactuadas com cada ente federativo.

§ 2º O plano que se refere o *caput* conterá:

I - diagnósticos das unidades prisionais com atividades laborativas, identificando as oficinas de trabalho de gestão prisional ou realizadas por convênios ou parcerias;

II - diagnósticos das demandas de qualificação profissional nos estabelecimentos penais;

III - estratégias e metas para sua implementação; e

IV - atribuições e responsabilidades de cada órgão do ente federativo, identificando normativos existentes, procedimentos de rotina, gestão de pessoas e sistemas de informação.

ART. 9º O Ministério dos Direitos Humanos, por meio da Secretaria Nacional de Cidadania, e o Ministério da Segurança Pública, por meio do Departamento Penitenciário Nacional:

I - fomentarão, junto às administrações prisionais estaduais, a contratação de pessoas presas para prestação de serviços terceirizados nas unidades prisionais, exceto a segurança;

II - instaurarão mecanismo de ouvidoria para assistência aos presos e egressos; e

III - promoverão a ampla divulgação da Pnat, objetivando a conscientização da sociedade brasileira, juntamente com o Ministério do Planejamento, Desenvolvimento e Gestão.

ART. 10. Este Decreto entra em vigor na data de sua publicação.

Brasília, 24 de julho de 2018; 197º da Independência e 130º da República.

CÁRMEN LÚCIA ANTUNES ROCHA

DECRETO N. 9.451, DE 26 DE JULHO DE 2018

Regulamenta o art. 58 da Lei n. 13.146, de 6 de julho de 2015, que institui a Lei Brasileira de Inclusão da Pessoa com Deficiência - Estatuto da Pessoa com Deficiência.

▸ *DOU*, 27.7.2018.

A Presidente do Supremo Tribunal Federal, no exercício do cargo de Presidente da República, no uso da atribuição que lhe confere o art. 84, *caput*, inciso IV, da Constituição, e tendo em vista o disposto no art. 58 da Lei n. 13.146, de 6 de julho de 2015,

Decreta:

ART. 1º Este Decreto regulamenta o disposto no art. 58 da Lei n. 13.146, de 6 de julho de 2015, para dispor sobre os preceitos de acessibilidade relativos ao projeto e à construção de edificação de uso privado multifamiliar.

ART. 2º Para fins do disposto neste Decreto, considera-se:

I - edificação de uso privado multifamiliar - aquela com duas ou mais unidades autônomas destinadas ao uso residencial, ainda que localizadas em pavimento único;

II - unidade internamente acessível - unidade autônoma de edificação de uso privado multifamiliar, dotada de características específicas que permitam o uso da unidade por pessoa com deficiência ou com mobilidade reduzida, observado o disposto nos Anexos I e II;

III - unidade adaptável - unidade autônoma de edificação de uso privado multifamiliar cujas características construtivas permitam a sua adaptação, a partir de alterações de layout, dimensões internas ou quantidade de ambientes, sem que sejam afetadas a estrutura da edificação e as instalações prediais, observado o disposto neste Decreto;

IV - unidade com adaptação razoável - unidade autônoma de edificação de uso privado multifamiliar, com modificações e ajustes realizados por meio de tecnologia assistiva e de ajuda técnica, a que se refere o Anexo II, que permitam o uso da unidade por pessoa com deficiência auditiva, visual, intelectual ou nanismo; e

V - data do início da obra - a data de emissão do Cadastro Específico do Instituto Nacional do Seguro Social - INSS - CEI.

Parágrafo único. A alteração da quantidade de ambientes a que se refere o inciso III do *caput* somente poderá ser efetuada nas unidades autônomas com área privativa de, no máximo, setenta metros quadrados.

ART. 3º Os empreendimentos de edificação de uso privado multifamiliar serão projetados com unidades adaptáveis, nos termos do disposto neste Decreto, com condições de adaptação dos ambientes para as características de unidade internamente acessível, observadas as especificações estabelecidas nos Anexos I e II.

Parágrafo único. Nas unidades autônomas com mais de um pavimento, será previsto espaço para instalação de equipamento de transposição vertical para acesso a todos os pavimentos da mesma unidade autônoma.

ART. 4º As unidades autônomas das edificações de uso privado multifamiliar deverão ser adaptáveis.

ART. 5º As unidades autônomas adaptáveis deverão ser convertidas em unidades internamente acessíveis quando solicitado pelo adquirente, por escrito, até a data do início da obra.

§ 1º É vedada a cobrança de valores adicionais para a conversão de que trata o *caput*.

§ 2º Na hipótese de desistência ou de resolução contratual por inadimplemento do comprador da unidade internamente acessível, o incorporador poderá reter os custos adicionais incorridos devido à adaptação solicitada, desde que previsto expressamente em cláusula contratual.

ART. 6º Os empreendimentos que adotarem sistema construtivo que não permita alterações posteriores, tais como a alvenaria estrutural, paredes de concreto, impressão 3D ou outros equivalentes, poderão não atender às obrigações previstas nos art. 3º, art. 4º e art. 5º, desde que garantam o percentual mínimo de três por cento de unidades internamente acessíveis, não restritas ao pavimento térreo.

§ 1º Na hipótese de o percentual previsto no *caput* resultar em número menor do que um, os empreendimentos deverão garantir, no mínimo, uma unidade internamente acessível.

§ 2º Ressalvado o disposto no § 1º, na hipótese de a aplicação do percentual previsto no *caput* resultar em número fracionado, este será arredondado para o número inteiro subsequentemente superior.

§ 3º O adquirente do imóvel poderá solicitar, por escrito, a adaptação razoável de sua unidade até a data do início da obra, para informar à construtora ou à incorporadora sobre os itens de sua escolha para instalação na unidade adquirida, observadas as especificações estabelecidas noAnexo II.

§ 4º É vedada a cobrança de valores adicionais para a aquisição de unidades internamente acessíveis ou a adaptação razoável da unidade autônoma, observado o percentual previsto no *caput*.

ART. 7º As áreas de uso comum das edificações de uso privado multifamiliar deverão ser acessíveis e atender aos requisitos estabelecidos nas normas técnicas de acessibilidade vigentes.

ART. 8º Serão reservados dois por cento das vagas de garagem ou estacionamento, vinculadas ao empreendimento, para uso comum, para veículos que transportem pessoa com deficiência com comprometimento de mobilidade, sem prejuízo do disposto no art. 47 da Lei n. 13.146, de 2015.

§ 1º Na hipótese de o percentual previsto no *caput* resultar em número menor do que um, os empreendimentos deverão garantir, no mínimo, a reserva de uma vaga de garagem ao estacionamento para veículos que transportem pessoa com deficiência com comprometimento de mobilidade.

§ 2º Ressalvado o disposto no § 1º, na hipótese de a aplicação do percentual previsto no *caput* resultar em número fracionado, as casas decimais da fração serão desprezadas.

§ 3º As vagas a que se refere o *caput* deverão ser localizadas próximo às rotas acessíveis de pedestres ou aos elevadores, atender aos requisitos estabelecidos nas normas técnicas de acessibilidade vigentes e ficar sob a administração do condomínio em área comum.

§ 4º O morador com deficiência com comprometimento de mobilidade e que tenha vaga vinculada à sua unidade autônoma poderá solicitar uma das vagas sob a administração do condomínio a qualquer tempo, hipótese em que o condomínio deverá ceder a posse temporária da vaga acessível em troca da posse da vaga vinculada à unidade autônoma do morador.

§ 5º O disposto neste artigo não se aplica aos empreendimentos que não ofertem vagas de estacionamento vinculadas às unidades autônomas da edificação.

ART. 9º Ficam dispensados do disposto neste Decreto:

I - edificações de uso privado multifamiliar cujo projeto tenha sido protocolado no órgão responsável pelo licenciamento anteriormente à data de entrada em vigor deste Decreto;

II - unidades autônomas com, no máximo, um dormitório e com área útil de, no máximo, trinta e cinco metros quadrados;

III - unidades autônomas com dois dormitórios e com área útil de, no máximo, quarenta e um metros quadrados;

IV - reforma e regularização de edificação de uso privado multifamiliar, desde que a construção da edificação original a ser reformada ou regularizada tenha se iniciado anteriormente à data de entrada em vigor deste Decreto;

V - reforma das unidades autônomas das edificações de uso privado multifamiliar; e

VI - regularização fundiária de interesse social, desde que o imóvel ou os núcleos informais a serem regularizados tenha se iniciado anteriormente à data de entrada em vigor deste Decreto.

ART. 10. Ficam excluídos do disposto neste Decreto os empreendimentos a que se refere o art. 32 da Lei n. 13.146, de 2015.

ART. 11. Este Decreto entra em vigor dezoito meses após a data de sua publicação.

Brasília, 26 de julho de 2018; 197º da Independência e 130º da República.

CÁRMEN LÚCIA ANTUNES ROCHA

ANEXO I
CARACTERÍSTICAS CONSTRUTIVAS E RECURSOS DE ACESSIBILIDADE DA UNIDADE INTERNAMENTE ACESSÍVEL

ART. 1º Para a conversão de sua unidade autônoma em internamente acessível, o adquirente poderá escolher os seguintes itens referentes a características construtivas e recursos de acessibilidade, em conformidade com a norma NBR 9050 da Associação Brasileira de Normas Técnicas - ABNT:

I - em todos os ambientes:

a) vão livre de passagem das portas;

b) largura mínima dos corredores;

c) tratamento de desníveis no piso no acesso à unidade autônoma e em seu interior, incluídos terraços e varandas;

d) alcance visual adequado de janelas e guarda-corpos;

e) faixa de altura dos dispositivos de comando ou altura especificada pelo adquirente;

f) quando disponibilizados pelo empreendimento, equipamentos de comunicação com sinal sonoro e luminoso, tais como:

1. alarme;
2. campainha; e
3. interfone; e

g) portas com maçaneta tipo alavanca;

II - na sala e em, no mínimo, um dormitório:

a) área de manobra com amplitude mínima de cento e oitenta graus, com permissão para compensação com o uso do vão da porta; e

b) área de transferência lateral à cama que permita, no mínimo, o acesso de um módulo de referência a um dos lados;

III - em, no mínimo, um banheiro:

a) área de manobra com amplitude mínima de cento e oitenta graus com permissão para compensação com o uso do vão da porta;

b) aproximação frontal ao lavatório;

c) modalidade de transferência à bacia sanitária, para a qual poderá ser considerada a área do box para transferência à bacia sanitária;

d) dimensões mínimas do box para a área do chuveiro, cujo piso não poderá apresentar desnível em relação à área adjacente;

e) área de transferência para a área do chuveiro e/ou banheira; e

f) previsão de reforço nas paredes para instalação de barras de apoio e banco articulado; e

IV - na cozinha e na área de serviço:

a) área de manobra com amplitude mínima de cento e oitenta graus, com permissão para compensação com o uso do vão da porta;

b) áreas de aproximação lateral, com as dimensões do módulo de referência, a equipamentos eletrodomésticos, tais como:

1. fogão;
2. geladeira; e
3. micro-ondas;

c) área de aproximação frontal à pia;

d) altura da superfície da pia ou altura especificada pelo adquirente; e

e) alcance da torneira.

ANEXO II
TECNOLOGIA ASSISTIVA E AJUDAS TÉCNICAS DISPONIBILIZADAS SOB DEMANDA PARA ADAPTAÇÃO RAZOÁVEL DE UNIDADES AUTÔNOMAS

ART. 1º Para a adaptação razoável de sua unidade autônoma, o adquirente poderá escolher os seguintes itens de tecnologia assistiva e ajudas técnicas disponibilizadas sob demanda:

I - puxador horizontal na porta do banheiro, em conformidade com a norma NBR 9050 da Associação Brasileira de Normas Técnicas - ABNT;

II - barras de apoio junto à bacia sanitária, em conformidade com a norma NBR 9050 da ABNT;

III - barras de apoio no box do chuveiro, em conformidade com a norma NBR 9050 da ABNT;

IV - torneiras de banheiro, cozinha e tanque, com acionamento por alavanca ou por sensor;

V - lavatório e bancada de cozinha instalados em alturas adequadas ao uso por pessoa com nanismo;

VI - registro do chuveiro instalado em altura adequada ao uso por pessoa com nanismo;

VII - registro do banheiro instalado em altura adequada ao uso por pessoa com nanismo;

VIII - quadro de distribuição de energia instalado em altura adequada ao uso por pessoa com nanismo;

IX - interruptores, campainha e interfone instalados em alturas adequadas ao uso por pessoa com nanismo;

X - fita contrastante para sinalização de degraus ou escadas internas, em conformidade com a norma NBR 9050 da ABNT;

XI - interruptores de luz, tomadas elétricas e termostatos instalados em padrões e alturas adequadas ao uso por pessoa com nanismo;

XII - equipamentos de comunicação com sinal sonoro e luminoso, tais como:

a) alarme;

b) campainha; e

c) interfone; e

XIII - portas com maçaneta tipo alavanca.

DECRETO N. 9.455, DE 1º DE AGOSTO DE 2018

Regulamenta, para o Exército, o disposto nos § 1º e § 2º do art. 10 da Lei n. 6.880, de 9 de dezembro de 1980, para dispor sobre a convocação e a incorporação de brasileiros com reconhecida competência técnico-profissional ou com notória cultura científica no serviço ativo do Exército, em caráter voluntário e temporário.

▸ *DOU*, 2.8.2018.

O Presidente da República, no uso da atribuição que lhe confere o art. 84, *caput*, inciso IV, da Constituição, e tendo em vista o disposto no art. 10, § 1º e § 2º, da Lei n. 6.880, de 9 de dezembro de 1980,

Decreta:

Objeto e âmbito de aplicação

ART. 1º Este Decreto regulamenta, para o Exército, o disposto nos § 1º e § 2º do art. 10 da Lei n. 6.880, de 9 de dezembro de 1980, para permitir a convocação e a incorporação de brasileiros com reconhecida competência técnico-profissional ou com notória cultura científica no serviço ativo do Exército, em caráter voluntário e temporário, nas áreas de ciência e tecnologia, medicina e educação.

Convocação

ART. 2º Compete ao Comandante do Exército determinar a convocação de profissionais com reconhecida competência técnico-profissional ou com notória cultura científica, quando houver comprovada conveniência para o serviço, em caráter voluntário e temporário.

Processo seletivo

ART. 3º Serão considerados aptos a participar de processo seletivo para a incorporação no serviço ativo do Exército, nos termos do art. 1º, os brasileiros natos que comprovem os seguintes requisitos:

I - qualificação profissional;

II - experiência profissional em funções de nível correlato àquelas exigidas pelo serviço; e

III - capacidade técnico-profissional ou notória cultura científica.

§ 1º Os requisitos de que trata o *caput* serão analisados com base em avaliação de títulos e em outros critérios definidos em ato do Comandante do Exército.

§ 2º Poderão participar de processo seletivo de convocação, observado o disposto no *caput*:

I - os aspirantes a oficial e os oficiais da reserva de 2ª classe, de ambos os sexos;

II - os reservistas de 1ª ou 2ª categorias;

III - os homens dispensados do serviço militar obrigatório; e

IV - as mulheres voluntárias.

§ 3º O processo seletivo de convocação para incorporação no serviço ativo do Exército será realizado segundo critérios definidos em ato do Comandante do Exército, será divulgado em âmbito nacional e relacionará expressamente as vagas disponíveis e a localização da respectiva organização militar.

Incorporação

ART. 4º O aprovado no processo seletivo será incorporado ao Exército no posto de Major, respeitada a compatibilidade de suas atividades civis com as responsabilidades que lhe serão atribuídas.

Parágrafo único. A contagem de tempo de serviço do oficial superior temporário no posto se iniciará a partir do ato de incorporação ao Exército, observado o disposto no art. 6º.

Estágio

ART. 5º Os oficiais superiores temporários realizarão estágio no primeiro ano após a incorporação, que terá por finalidade:

I - adaptação ao serviço ativo do Exército;

II - capacitação para exercer, em tempo de paz, as funções militares nas áreas de sua especialidade; e

III - habilitação à convocação na hipótese de mobilização.

Parágrafo único. O Comandante do Exército disporá sobre o estágio previsto no *caput*.

Prorrogações

ART. 6º A permanência do oficial superior temporário no serviço ativo do Exército será de doze meses e poderá ser prorrogada, a critério do Comandante do Exército, por igual período, de modo sucessivo, observado o disposto no § 1º.

§ 1º O prazo máximo de permanência no serviço ativo não poderá exceder a noventa e seis meses, contínuos ou intercalados.

§ 2º Serão computados no cálculo do tempo máximo de serviço todos os períodos de efetivo serviço militar anteriores à incorporação.

Licenciamento

ART. 7º O licenciamento do serviço ativo dos oficiais de que trata este Decreto será realizado de acordo com o disposto no Decreto n. 4.502, de 9 de dezembro de 2002.

Parágrafo único. O licenciamento poderá ser concedido a pedido do oficial temporário a qualquer tempo ou por conveniência do serviço, observado, sempre, o interesse do Exército.

Deveres

ART. 8º Os oficiais de que trata este Decreto estarão sujeitos aos deveres previstos na Lei n. 6.880, de 1980, e nos demais regulamentos e normas internas do Exército.

Direitos

ART. 9º Os oficiais de que trata este Decreto terão os direitos e as prerrogativas de seu posto, nos termos da legislação dos oficiais na ativa, ressalvado o disposto neste Decreto e na legislação específica para os militares temporários.

Parágrafo único. Não se aplica aos oficiais de que trata este Decreto o disposto na Lei n. 6.880, de 1980, quanto à vitaliciedade, presumida ou assegurada, e ao direito à estabilidade.

Restrição à promoção

ART. 10. Não haverá promoção para os oficiais de que trata este Decreto.

Oficiais médicos

ART. 11. Para os oficiais médicos que ingressarem na forma prevista neste Decreto, não se aplica o disposto na Lei n. 5.292, de 8 de junho de 1967.

Normas complementares

ART. 12. O Comandante do Exército editará atos complementares necessários à aplicação do disposto neste Decreto.

Vigência

ART. 13. Este Decreto entra em vigor na data de sua publicação.

Brasília, 1º de agosto de 2018; 197º da Independência e 130º da República.

MICHEL TEMER

DECRETO N. 9.489, DE 30 DE AGOSTO DE 2018

Regulamenta, no âmbito da União, a Lei n. 13.675, de 11 de junho de 2018, para estabelecer normas, estrutura e procedimentos para a execução da Política Nacional de Segurança Pública e Defesa Social.

▸ *DOU*, 31.8.2018.

O Presidente da República, no uso das atribuições que lhe confere o art. 84, *caput*, incisos IV e VI, alínea "a", da Constituição, e tendo em vista o disposto na Lei n.. 13.675, de 11 de junho de 2018,

Decreta:

CAPÍTULO I
DISPOSIÇÕES PRELIMINARES

ART. 1º Este Decreto estabelece normas, estrutura e procedimentos para a execução da Política Nacional de Segurança Pública e Defesa Social, de que trata a Lei n. 13.675, de 11 de junho de 2018, que institui o Sistema Único de Segurança Pública - Susp.

ART. 2º A Política Nacional de Segurança Pública e Defesa Social será implementada por estratégias que garantam integração, coordenação e cooperação federativa, interoperabilidade, liderança situacional, modernização da gestão das instituições de segurança pública, valorização e proteção dos profissionais, complementaridade, dotação de recursos humanos, diagnóstico dos problemas a serem enfrentados, excelência técnica, avaliação continuada dos resultados e garantia da regularidade orçamentária para execução de planos e programas de segurança pública.

Parágrafo único. Configuram meios e instrumentos essenciais da Política Nacional de Segurança Pública e Defesa Social:

I - o Plano Nacional de Segurança Pública e Defesa Social - PNSP, que compreenderá o Plano Nacional de Enfrentamento de Homicídios de Jovens;

II - o Sistema Nacional de Informações e Gestão de Segurança Pública e Defesa Social; e

III - a atuação integrada dos mecanismos formados pelos órgãos federais de prevenção e controle de atos ilícitos contra a administração pública e referentes à ocultação ou à dissimulação de bens, direitos e valores.

ART. 3º O Ministério da Segurança Pública, responsável pela gestão, pela coordenação e pelo acompanhamento do Susp, orientará e acompanhará as atividades dos órgãos integrados ao Sistema, além de promover as seguintes ações:

I - apoiar os programas de aparelhamento e modernização dos órgãos de segurança pública e defesa social do País;

II - implementar, manter e expandir, observadas as restrições previstas em lei quanto ao sigilo, o Sistema Nacional de Informações e de Gestão de Segurança Pública e Defesa Social;

III - efetivar o intercâmbio de experiências técnicas e operacionais entre os órgãos policiais federais, estaduais, distrital e as guardas municipais;

IV - valorizar a autonomia técnica, científica e funcional dos institutos oficiais de criminalística, medicina legal e identificação, de modo a lhes garantir condições plenas para o exercício de suas competências;

V - promover a qualificação profissional dos integrantes da segurança pública e defesa social, especialmente nos âmbitos operacional, ético e técnico-científico;

VI - elaborar estudos e pesquisas nacionais e consolidar dados e informações estatísticas sobre criminalidade e vitimização;

VII - coordenar as atividades de inteligência de segurança pública e defesa social integradas ao Sistema Brasileiro de Inteligência; e

VIII - desenvolver a doutrina de inteligência policial.

§ 1º A autonomia dos institutos oficiais de criminalística, medicina legal e identificação de que trata o inciso IV do *caput* refere-se, exclusivamente, à liberdade técnico-científica para a realização e a conclusão de procedimentos e exames inerentes ao exercício de suas competências.

§ 2º No desempenho das competências de que tratam os incisos VII e VIII do *caput*, o Ministério da Segurança Pública manterá sistemas destinados à coordenação, ao planejamento e à integração das atividades de inteligência de segurança pública e defesa social e de inteligência penitenciária no território nacional, e ao assessoramento estratégico dos Governos federal, estaduais, distrital e municipais, com informações e conhecimentos que subsidiem a tomada de decisões nesse âmbito.

§ 3º O Ministério da Segurança Pública poderá firmar instrumentos de cooperação, para integrar aos sistemas de que trata o § 2º, outros órgãos ou entidades federais, estaduais, distrital e municipais cujas atividades sejam compatíveis com os interesses das atividades de inteligência.

§ 4º Ato do Ministro de Estado da Segurança Pública disporá sobre os procedimentos necessários ao cumprimento das ações de que trata o *caput* no âmbito do Ministério da Segurança Pública.

CAPÍTULO II
DO PLANO NACIONAL DE SEGURANÇA PÚBLICA E DEFESA SOCIAL

SEÇÃO I
DO REGIME DE FORMULAÇÃO

ART. 4º Caberá ao Ministério da Segurança Pública elaborar o PNSP, que deverá incluir o Plano de Nacional de Enfrentamento de Homicídios de Jovens, além de estabelecer suas estratégias, suas metas, suas ações e seus indicadores, direcionados ao cumprimento dos objetivos e das finalidades estabelecidos nos art. 6º e art. 22 da Lei n. 13.675, de 2018.

§ 1º A elaboração do PNSP deverá observar as diretrizes estabelecidas no art. 24 da Lei n. 13.675, de 2018.

§ 2º O PNSP terá duração de dez anos, contado da data de sua publicação e deverá ser estruturado em ciclos de implementação de dois anos.

§ 3º Sem prejuízo do pressuposto de que as ações de prevenção à criminalidade devem ser consideradas prioritárias na elaboração do PNSP, o primeiro ciclo do PNSP editado após a data de entrada em vigor deste Decreto deverá priorizar ações destinadas a viabilizar a coleta, a análise, a atualização, a sistematização, a interoperabilidade de sistemas, a integração e a interpretação de dados:

I - de segurança pública e defesa social;

II - prisionais;

III - de rastreabilidade de armas e munições;

IV - relacionados com perfil genético e digitais; e

V - sobre drogas.

ART. 5º O PNSP será estabelecido após processo de consulta pública, efetuada por meio eletrônico, observado o disposto no Capítulo VI do Decreto n. 9.191, de 1º de novembro de 2017.

SEÇÃO II
DAS METAS PARA O ACOMPANHAMENTO E A AVALIAÇÃO DAS POLÍTICAS DE SEGURANÇA PÚBLICA E DEFESA SOCIAL

ART. 6º Os integrantes do Susp, a que se refere o art. 9º da Lei n. 13.675, de 2018, elaborarão, estabelecerão e divulgarão, anualmente, programas de ação baseados em parâmetros de avaliação e metas de excelência com vistas à prevenção e à repressão, no âmbito de suas competências, de infrações penais e administrativas e à prevenção de desastres, que tenham como finalidade:

I - planejar, pactuar, implementar, coordenar e supervisionar as atividades de educação gerencial, técnica e operacional, em cooperação com os entes federativos;

II - apoiar e promover educação qualificada, continuada e integrada;

III - identificar e propor novas metodologias e técnicas de educação destinadas ao aprimoramento de suas atividades;

IV - identificar e propor mecanismos de valorização profissional;

V - apoiar e promover o sistema de saúde para os profissionais de segurança pública e defesa social; e

VI - apoiar e promover o sistema habitacional para os profissionais de segurança pública e defesa social.

ART. 7º Até o dia 31 de março de cada ano-calendário, o Ministério da Segurança Pública, em articulação com os órgãos competentes dos Estados, do Distrito Federal e dos Municípios, realizará avaliação sobre a implementação do PNSP, com o objetivo de verificar o cumprimento das metas estabelecidas e elaborar recomendações aos gestores e operadores de políticas públicas relacionadas com segurança pública e defesa social.

§ 1º A primeira avaliação do PNSP será realizada no segundo ano de vigência da Lei n. 13.675, de 2018.

§ 2º Ao fim da avaliação de cada PNSP, será elaborado relatório com o histórico e a caracterização das atividades, as recomendações e os prazos para que elas sejam cumpridas, de acordo com o disposto no art. 27 da Lei 13.675, de 2018.

§ 3º O relatório da avaliação deverá ser encaminhado aos conselhos estaduais, distrital e municipais de segurança pública e defesa social.

SEÇÃO III
DOS MECANISMOS DE TRANSPARÊNCIA E AVALIAÇÃO E DE CONTROLE E CORREIÇÃO DE ATOS DOS ÓRGÃOS DO SISTEMA ÚNICO DE SEGURANÇA PÚBLICA

ART. 8º Aos órgãos de correição dos integrantes operacionais do Susp, no exercício de suas competências, caberão o gerenciamento e a realização dos procedimentos de apuração de responsabilidade funcional, por meio de sindicância e processo administrativo disciplinar, e a proposição de subsídios para o aperfeiçoamento das atividades dos órgãos de segurança pública e defesa social.

§ 1º Caberá ao Ministério da Segurança Pública instituir mecanismos de registro, acompanhamento e avaliação, em âmbito nacional, dos órgãos de correição, e poderá, para tanto, solicitar aos órgãos de correição a que se refere o *caput* o fornecimento de dados e informações que entender necessários, respeitadas as atribuições legais e de modo a promover a racionalização de meios com base nas melhores práticas.

§ 2º Os titulares dos órgãos de correição a que se refere o *caput*, que exercerão as suas atribuições preferencialmente por meio de mandato, deverão colaborar com o processo de avaliação referido no § 1º, de modo a facilitar o acesso à documentação e aos elementos necessários ao seu cumprimento efetivo.

§ 3º O Ministério da Segurança Pública considerará, entre os critérios e as condições para prestar apoio à implementação dos planos de segurança pública e de defesa social dos Estados, do Distrito Federal e dos Municípios, os indicadores de eficiência apurados no processo de avaliação de que trata o § 1º.

ART. 9º Aos órgãos de ouvidoria da União, dos Estados, do Distrito Federal e dos Municípios caberão, nos termos do disposto no art. 34 da Lei n. 13.675, de 2018, o recebimento e o tratamento de representações, elogios e sugestões de qualquer pessoa sobre as ações e as atividades dos profissionais e dos membros integrantes do Susp, e o encaminhamento ao órgão competente para tomar as providências legais e fornecer a resposta ao requerente.

CAPÍTULO III
DO SISTEMA NACIONAL DE INFORMAÇÕES E GESTÃO DE SEGURANÇA PÚBLICA E DEFESA SOCIAL

SEÇÃO I
DA COMPOSIÇÃO

ART. 10. O Sistema Nacional de Informações e Gestão de Segurança Pública e Defesa Social disporá, para a consecução de seus objetivos, dos seguintes sistemas e programas, que atuarão de forma integrada:

I - Sistema Nacional de Acompanhamento e Avaliação das Políticas de Segurança Pública e Defesa Social;

II - Sistema Nacional de Informações de Segurança Pública, Prisionais e de Rastreabilidade

DECRETOS

de Armas e Munições, de Material Genético, de Digitais e de Drogas;

III - Sistema Integrado de Educação e Valorização Profissional;

IV - Rede Nacional de Altos Estudos em Segurança Pública; e

V - Programa Nacional de Qualidade de Vida para Profissionais de Segurança.

SEÇÃO II
DO SISTEMA NACIONAL DE ACOMPANHAMENTO E AVALIAÇÃO DAS POLÍTICAS DE SEGURANÇA PÚBLICA E DEFESA SOCIAL

ART. 11. A implementação do Sistema Nacional de Acompanhamento e Avaliação das Políticas de Segurança Pública e Defesa Social observará o disposto no art. 26 ao art. 32 da Lei n. 13.675, de 2018.

SUBSEÇÃO ÚNICA
DA COMISSÃO PERMANENTE DO SISTEMA NACIONAL DE ACOMPANHAMENTO E AVALIAÇÃO DAS POLÍTICAS DE SEGURANÇA PÚBLICA E DEFESA SOCIAL

ART. 12. Fica criada a Comissão Permanente do Sistema Nacional de Acompanhamento e Avaliação das Políticas de Segurança Pública e Defesa Social, com a função de coordenar a avaliação dos objetivos e das metas do PNSP.

§ 1º A Comissão Permanente será composta por cinco representantes, titulares e suplentes, indicados e designados em ato do Ministro de Estado da Segurança Pública.

§ 2º Caberá ao Ministro de Estado da Segurança, entre os membros por ele indicados, designar o Presidente da Comissão Permanente.

§ 3º O mandato dos representantes da Comissão Permanente será de dois anos, admitida uma recondução.

§ 4º A Comissão Permanente instituirá comissões temporárias de avaliação, por meio de Portaria, observado o disposto em seu regimento interno e no art. 32 da Lei n. 13.675, de 2018.

§ 5º A Comissão Permanente se reunirá, em caráter ordinário, mensalmente, e, em caráter extraordinário, sempre que convocado por seu Presidente ou pelo Ministro de Estado da Segurança Pública.

§ 6º A Comissão Permanente deliberará por maioria simples, com a presença da maioria de seus representantes.

§ 7º É vedado à Comissão Permanente designar para as comissões temporárias avaliadores que sejam titulares ou servidores dos órgãos gestores avaliados, caso:

I - tenham relação de parentesco até terceiro grau com titulares ou servidores dos órgãos gestores avaliados; ou

II - estejam respondendo a processo criminal ou administrativo.

ART. 13. Caberá à Comissão Permanente do Sistema Nacional de Acompanhamento e Avaliação das Políticas de Segurança Pública e Defesa Social, com o apoio técnico e administrativo do Ministério da Segurança Pública, por intermédio de sua Secretaria-Executiva, coordenar o processo de acompanhamento e avaliação de que tratam os § 1º e § 2º do art. 8º.

§ 1º A Comissão Permanente adotará as providências necessárias ao cumprimento do disposto no art. 31 da Lei n. 13.675, de 2018.

§ 2º Os órgãos integrantes do Susp assegurarão à Comissão Permanente e às comissões temporárias de avaliação o acesso às instalações, à documentação e aos elementos necessários ao exercício de suas competências.

ART. 14. A Comissão Permanente do Sistema Nacional de Acompanhamento e Avaliação das Políticas de Segurança Pública e Defesa Social assegurará a participação, no processo de avaliação do PNSP, de representantes dos Poderes Legislativo, Executivo e Judiciário, do Ministério Público, da Defensoria Pública e dos conselhos estaduais, distrital e municipais de segurança pública e defesa social, observados os parâmetros estabelecidos na Lei n. 13.675, de 2018.

ART. 15. A participação na Comissão Permanente do Sistema Nacional de Acompanhamento e Avaliação das Políticas de Segurança Pública e Defesa Social e nas comissões temporárias de avaliação será considerada prestação de serviço público relevante, não remunerada.

ART. 16. A organização e o funcionamento da Comissão Permanente do Sistema Nacional de Acompanhamento e Avaliação das Políticas de Segurança Pública e Defesa Social serão estabelecidos em regimento interno, que deverá ser aprovado no prazo de noventa dias, contado da data de publicação deste Decreto.

SEÇÃO III
DO SISTEMA NACIONAL DE INFORMAÇÕES DE SEGURANÇA PÚBLICA, PRISIONAIS, DE RASTREABILIDADE DE ARMAS E MUNIÇÕES, DE MATERIAL GENÉTICO, DE DIGITAIS E DE DROGAS

ART. 17. O Sistema Nacional de Informações de Segurança Pública, Prisionais, de Rastreabilidade de Armas e Munições, de Material Genético, de Digitais e de Drogas, instituído pelo art. 35 da Lei n. 13.675, de 2018, será integrado por órgãos criados ou designados para esse fim por todos os entes federativos.

Parágrafo único. O Ministério da Segurança Pública buscará a integração do Sistema Nacional de Informações de Segurança Pública, Prisionais, de Rastreabilidade de Armas e Munições, de Material Genético, de Digitais e de Drogas com sistemas de informação de outros países, de modo a conferir prioridade aos países que fazem fronteira com a República Federativa do Brasil.

ART. 18. Constarão do Sistema Nacional de Informações de Segurança Pública, Prisionais, de Rastreabilidade de Armas e Munições, de Material Genético, de Digitais e de Drogas, sem prejuízo de outros definidos por seu Conselho Gestor, dados e informações relativos a:

I - ocorrências criminais registradas e comunicações legais;

II - registro e rastreabilidade de armas de fogo e munições;

III - entrada e saída de estrangeiros;

IV - pessoas desaparecidas;

V - execução penal e sistema prisional;

VI - recursos humanos e materiais dos órgãos e das entidades de segurança pública e defesa social;

VII - condenações, penas, mandados de prisão e contramandados de prisão;

VIII - repressão à produção, à fabricação e ao tráfico de drogas ilícitas e a crimes correlacionados, além da apreensão de drogas ilícitas;

IX - índices de elucidação de crimes;

X - veículos e condutores; e

XI - banco de dados de perfil genético e digitais.

§ 1º Os dados e as informações, a serem fornecidos de forma atualizada pelos integrantes do Sistema Nacional de Informações de Segurança Pública, Prisionais, de Rastreabilidade de Armas e Munições, de Material Genético, de Digitais e de Drogas, deverão ser padronizados e categorizados com o fim de assegurar padrões de integridade, disponibilidade, confidencialidade, confiabilidade e tempestividade dos sistemas informatizados do Governo federal.

§ 2º Na divulgação dos dados e das informações, a identificação pessoal dos envolvidos deverá ser preservada.

§ 3º Os dados e as informações referentes à prevenção, ao tratamento e à reinserção social de usuários e dependentes de drogas ilícitas serão fornecidos, armazenados e tratados de forma agregada, de modo a preservar o sigilo, a confidencialidade e a identidade de usuários e dependentes, observada a natureza multidisciplinar e intersetorial prevista na legislação.

§ 4º O fornecimento de dados dos usuários, de acessos e consultas do Sistema Nacional de Informações de Segurança Pública, Prisionais, de Rastreabilidade de Armas e Munições, de Material Genético, de Digitais e de Drogas ficará condicionado à instauração e à instrução de processos administrativos ou judiciais, observados, nos casos concretos, os procedimentos de segurança da informação e de seus usuários.

§ 5º O usuário que utilizar indevidamente as informações obtidas por meio do Sistema Nacional de Informações de Segurança Pública, Prisionais, de Rastreabilidade de Armas e Munições, de Material Genético, de Digitais e de Drogas ficará sujeito à responsabilidade administrativa, civil e criminal.

ART. 19. Compete ao Conselho Gestor do Sistema Nacional de Informações de Segurança Pública, Prisionais, de Rastreabilidade de Armas e Munições, de Material Genético, de Digitais e de Drogas, órgão consultivo do Ministério da Segurança Pública, por meio de Resolução:

I - propor procedimentos sobre coleta, análise, sistematização, integração, atualização, interpretação de dados e informações referentes às políticas relacionadas com:

a) segurança pública e defesa social;

b) sistema prisional e execução penal;

c) rastreabilidade de armas e munições;

d) banco de dados de perfil genético e digitais; e

e) enfrentamento do tráfico de drogas ilícitas;

II - sugerir:

a) metodologia, padronização, categorias e regras para tratamento dos dados e das informações a serem fornecidos ao Sistema Nacional de Informações de Segurança Pública, Prisionais, de Rastreabilidade de Armas e Munições, de Material Genético, de Digitais e de Drogas;

b) dados e informações a serem integrados ao Sistema Nacional de Informações de Segurança Pública, Prisionais, de Rastreabilidade de Armas e Munições, de Material Genético, de Digitais e de Drogas, observado o disposto no art. 18;

c) padrões de interoperabilidade dos sistemas de dados e informações que integrarão o Sistema Nacional de Informações de Segurança Pública, Prisionais, de Rastreabilidade de Armas e Munições, de Material Genético, de Digitais e de Drogas;

d) critérios para integração e gestão centralizada dos sistemas de dados e informações a que se refere o art. 18;

e) rol de crimes de comunicação imediata; e

f) forma e condições para adesão dos Municípios, do Poder Judiciário, da Defensoria Pública, do Ministério Público, e dos demais entes públicos que considerar pertinentes;

III - propor normas, critérios e padrões para disponibilização de estudos, estatísticas, indicadores e outras informações para auxiliar na formulação, na implementação, na execução, no monitoramento e na avaliação das políticas públicas relacionadas com segurança pública e defesa social, sistema prisional e de execução penal, rastreabilidade de armas e munições, banco de dados de perfil genético e digitais, e enfrentamento do tráfico de drogas ilícitas;

IV - sugerir procedimentos para implementação, operacionalização, aprimoramento e fiscalização do Sistema Nacional de Informações de Segurança Pública, Prisionais, de Rastreabilidade de Armas e Munições, de Material Genético, de Digitais e de Drogas;

V - instituir grupos de trabalho relacionados com segurança pública e defesa social, sistema prisional e execução penal, enfrentamento do tráfico ilícito de drogas e prevenção, tratamento e reinserção social de usuários e dependentes de drogas;

VI - promover a elaboração de estudos com vistas à integração das redes e dos sistemas de dados e informações relacionados com segurança pública e defesa social, sistema prisional e execução penal, e enfrentamento do tráfico ilícito de drogas;

VII - propor condições, parâmetros, níveis e formas de acesso aos dados e às informações do Sistema Nacional de Informações de Segurança Pública, Prisionais, de Rastreabilidade de Armas e Munições, de Material Genético, de Digitais e de Drogas, assegurada a preservação do sigilo;

VIII - controlar e dar publicidade a situações de inadimplemento dos integrantes do Sistema Nacional de Informações de Segurança Pública, Prisionais, de Rastreabilidade de Armas e Munições, de Material Genético, de Digitais e de Drogas, em relação ao fornecimento de informações obrigatórias, ao Ministro de Estado da Segurança Pública, para aplicação do disposto no § 2º do art. 37 da Lei n. 13.675, de 2018; e

IX - publicar relatórios anuais que contemplem estatísticas, indicadores e análises relacionadas com segurança pública e defesa social, sistema prisional e de execução penal, rastreabilidade de armas e munições, banco de dados de perfil genético e digitais, e enfrentamento do tráfico de drogas ilícitas.

Parágrafo único. As Resoluções do Conselho Gestor serão submetidas à aprovação do Ministro de Estado da Segurança Pública, que, na qualidade de responsável pela administração, pela coordenação e pela formulação de diretrizes do Sistema Nacional de Informações de Segurança Pública, Prisionais, de Rastreabilidade de Armas e Munições, de Material Genético, de Digitais e de Drogas, editará as normas complementares necessárias à implementação das medidas aprovadas.

ART. 20. O Conselho Gestor do Sistema Nacional de Informações de Segurança Pública, Prisionais, de Rastreabilidade de Armas e Munições, de Material Genético, de Digitais e de Drogas será composto pelos seguintes representantes, titulares e suplentes:

I - cinco representantes do Ministério da Segurança Pública;

II - um representante do Ministério da Justiça;

III - um representante do Ministério do Planejamento, Desenvolvimento e Gestão;

IV - um representante do Ministério de Direitos Humanos; e

V - cinco representantes dos Estados ou do Distrito Federal, dos quais serão designados um para cada região geográfica.

§ 1º Os representantes a que se refere o inciso V do *caput* serão escolhidos por meio de eleição direta pelos gestores dos entes federativos de sua região.

§ 2º Os representantes, titulares e suplentes, do Conselho Gestor serão indicados pelos titulares dos órgãos que representam e designados em ato do Ministro de Estado da Segurança Pública.

§ 3º O mandato dos representantes do Conselho Gestor será de dois anos, admitida uma recondução.

§ 4º A recondução dos representantes a que se refere o inciso V do *caput* será realizada por meio de nova consulta aos entes federativos integrantes da região geográfica correspondente.

§ 5º O Presidente do Conselho Gestor será escolhido entre um dos representantes do Ministério da Segurança Pública e designado em ato do Ministro de Estado da Segurança Pública.

ART. 21. O Conselho Gestor do Sistema Nacional de Informações de Segurança Pública, Prisionais, de Rastreabilidade de Armas e Munições, de Material Genético, de Digitais e de Drogas deliberará por maioria simples, com a presença da maioria de seus representantes e caberá ao seu Presidente o voto de qualidade para desempate.

ART. 22. A estrutura administrativa do Conselho Gestor do Sistema Nacional de Informações de Segurança Pública, Prisionais, de Rastreabilidade de Armas e Munições, de Material Genético, de Digitais e de Drogas é composta por:

I - uma Secretaria-Executiva;

II - três câmaras técnicas;

III - fóruns consultivos regionais; e

IV - gestores dos entes federativos.

ART. 23. A Secretaria-Executiva do Conselho será exercida pelo Ministério da Segurança Pública e terá competência para:

I - organizar as reuniões do Conselho Gestor, das câmaras técnicas e dos fóruns consultivos regionais e as eleições dos representantes do referido Conselho;

II - prestar apoio técnico-administrativo, logístico e financeiro ao Conselho Gestor; e

III - promover a articulação entre os integrantes do Sistema Nacional de Informações de Segurança Pública, Prisionais, de Rastreabilidade de Armas e Munições, de Material Genético, de Digitais e de Drogas.

ART. 24. As câmaras técnicas têm por objetivo oferecer sugestões e embasamento técnico para subsidiar as decisões do Conselho Gestor.

§ 1º Cada câmara técnica atuará em uma das seguintes áreas:

I - estatística e análise;

II - inteligência; e

III - tecnologia da informação.

§ 2º Cada câmara técnica será composta pelos seguintes representantes, titulares e suplentes:

I - um representante do Ministério da Segurança Pública; e

II - cinco representantes dos Estados ou do Distrito Federal, dos quais serão designados um para cada região geográfica.

§ 3º A forma de indicação dos representantes das câmaras técnicas pelos entes federativos será definida em regimento interno.

§ 4º Os representantes das câmaras técnicas serão designados em ato do Ministro de Estado da Segurança Pública.

ART. 25. Os fóruns consultivos regionais, integrados pelos gestores dos entes federativos da região geográfica correspondente, deverão se reunir periodicamente para discutir a reformulação dos métodos de coleta, tratamento, análise e divulgação de dados e de aprimoramento do Sistema Nacional de Informações de Segurança Pública, Prisionais, de Rastreabilidade de Armas e Munições, de Material Genético, de Digitais e de Drogas, com o objetivo de apresentar propostas para apreciação de seu Conselho Gestor.

ART. 26. Cada ente federativo indicará um gestor titular e um suplente para atuar em cada uma das seguintes áreas:

I - estatística e análise;

II - inteligência; e

III - tecnologia da informação.

Parágrafo único. Caberá aos gestores dos entes federativos, sem prejuízo de outras competências conferidas pelo Conselho Gestor:

I - repassar dados e informações sobre as suas áreas de atuação sempre que solicitado pelo Conselho Gestor;

II - acompanhar a qualidade e a frequência do fornecimento e da atualização de dados e informações do Sistema Nacional de Informações de Segurança Pública, Prisionais, de Rastreabilidade de Armas e Munições, de Material Genético, de Digitais e de Drogas e comunicar ao ente federativo correspondente a respeito do fornecimento de dados e informações obrigatórios;

III - auxiliar na execução das atividades de coleta, tratamento, fornecimento e atualização de dados e de informações de cada área de atuação; e

IV - gerir as rotinas e as atividades referentes ao Sistema Nacional de Informações de Segurança Pública, Prisionais, de Rastreabilidade de Armas e Munições, de Material Genético, de Digitais e de Drogas.

ART. 27. A participação no Conselho Gestor do Sistema Nacional de Informações de Segurança Pública, Prisionais, de Rastreabilidade de Armas e Munições, de Material Genético, de Digitais e de Drogas, nas câmaras técnicas e nos fóruns consultivos regionais será considerada prestação de serviço público relevante, não remunerada.

ART. 28. A organização e o funcionamento do Conselho Gestor do Sistema Nacional de Informações de Segurança Pública, Prisionais, de Rastreabilidade de Armas e Munições, de Material Genético, de Digitais e de Drogas serão estabelecidos em regimento interno, que deverá ser elaborado no prazo de noventa dias, contado da data de publicação deste Decreto.

ART. 29. Caberá ao Conselho Gestor do Sistema Nacional de Informações de Segurança Pública, Prisionais, de Rastreabilidade de Armas e Munições, de Material Genético, de Digitais e de Drogas propor alterações quanto às suas áreas de atuação, a que se referem o § 1º do art. 24 e o *caput* do art. 26.

ART. 30. As reuniões das câmaras técnicas do Conselho Gestor poderão ser realizadas de forma remota.

Parágrafo único. O Conselho Gestor poderá convocar os seus representantes para reuniões presenciais.

ART. 31. O Conselho Gestor poderá convidar representantes de outros órgãos e entidades, públicos ou privados, para participar de suas reuniões, sem direito a voto.

SEÇÃO IV
DO SISTEMA INTEGRADO DE EDUCAÇÃO E VALORIZAÇÃO PROFISSIONAL

ART. 32. A implementação do Sistema Integrado de Educação e Valorização Profissional observará o disposto no art. 38 ao art. 41 da Lei n. 13.675, de 2018.

Parágrafo único. Compete à Secretaria Nacional de Segurança Pública do Ministério da Segurança Pública, em coordenação com os demais órgãos e entidades federais com competências concorrentes, executar os programas de que tratam o inciso I ao inciso IV do § 1º do art. 38 da Lei n. 13.675, de 2018, com o fim de assegurar, no âmbito do Susp, o acesso às ações de educação, presenciais ou a distância, aos profissionais de segurança pública e defesa social.

SEÇÃO V
DO PROGRAMA NACIONAL DE QUALIDADE DE VIDA PARA PROFISSIONAIS DE SEGURANÇA PÚBLICA

ART. 33. Fica instituído o Programa Nacional de Qualidade de Vida para Profissionais de Segurança Pública, com o objetivo de elaborar, implementar, apoiar, monitorar e avaliar os projetos de programas de atenção psicossocial e de saúde no trabalho dos profissionais de segurança pública e defesa social, e de promover a integração sistêmica das unidades de saúde dos órgãos que compõem o Susp.

Parágrafo único. Compete à Secretaria Nacional de Segurança Pública do Ministério da Segurança Pública, em coordenação com os demais órgãos e entidades federais com competências concorrentes, executar os programas de que trata o *caput*, por meio de programas e ações especificadas em planos quinquenais.

CAPÍTULO IV
DA INTEGRAÇÃO DOS MECANISMOS DE PREVENÇÃO E CONTROLE DE ATOS ILÍCITOS CONTRA A ADMINISTRAÇÃO PÚBLICA

ART. 34. Sem prejuízo das competências atribuídas ao Ministério da Transparência e Controladoria-Geral da União pela Lei n. 12.846, de 1º de agosto de 2013, caberá ao Ministério da Segurança Pública praticar os atos necessários para promover a integração e a coordenação das ações dos órgãos e das entidades federais de prevenção e controle de atos ilícitos contra a administração pública e referentes à ocultação ou à dissimulação de bens, direitos e valores, definidos em plano estratégico anual, aprovado de acordo com os critérios e os procedimentos estabelecidos em ato do Ministro de Estado da Segurança Pública.

CAPÍTULO V
DO CONSELHO NACIONAL DE SEGURANÇA PÚBLICA E DEFESA SOCIAL

SEÇÃO I
DA COMPOSIÇÃO DO CONSELHO NACIONAL DE SEGURANÇA PÚBLICA E DEFESA SOCIAL

ART. 35. O Conselho Nacional de Segurança Pública e Defesa Social - CNSP terá a seguinte composição:

I - o Ministro de Estado da Segurança Pública, que o presidirá;

II o Secretário-Executivo do Ministério da Segurança Pública, que exercerá a vice-presidência e substituirá o Presidente em suas ausências e seus impedimentos;

III - o Diretor-Geral do Departamento de Polícia Federal;

IV - o Diretor-Geral do Departamento de Polícia Rodoviária Federal;

V - o Diretor-Geral do Departamento Penitenciário Nacional;

VI - o Secretário Nacional de Segurança Pública;

VII - o Secretário Nacional de Proteção e Defesa Civil;

VIII - o Secretário Nacional de Políticas sobre Drogas;

IX - os seguintes representantes da administração pública federal, indicados pelo Ministro de Estado correspondente:

a) um representante da Casa Civil da Presidência da República;

b) um representante do Ministério da Defesa;

c) um representante do Ministério do Planejamento, Desenvolvimento e Gestão;

d) um representante do Ministério dos Direitos Humanos;

e) um representante do Gabinete de Segurança Institucional da Presidência da República;

X - os seguintes representantes estaduais e distrital:

a) um representante das polícias civis, indicado pelo Conselho Nacional de Chefes de Polícia Civil;

b) um representante das polícias militares, indicado pelo Conselho Nacional de Comandantes Gerais;

c) um representante dos corpos de bombeiros militares, indicado pelo Conselho Nacional dos Corpos de Bombeiros Militares do Brasil;

d) um representante das secretarias de segurança pública ou de órgãos congêneres, indicado pelo Colégio Nacional dos Secretários de Segurança Pública;

e) um representante dos institutos oficiais de criminalística, medicina legal e identificação, indicado pelo Conselho Nacional de Perícia Criminal; e

f) um representante dos agentes penitenciários, indicado por conselho nacional devidamente constituído;

XI - um representante dos agentes de trânsito, indicado por conselho nacional devidamente constituído;

XII - um representante das guardas municipais, indicado por conselho nacional devidamente constituído;

XIII - um representante da Guarda Portuária, indicado por conselho nacional devidamente constituído;

XIV - um representante do Poder Judiciário, indicado pelo Conselho Nacional de Justiça;

XV - um representante do Ministério Público, indicado pelo Conselho Nacional do Ministério Público;

XVI - um representante da Defensoria Pública, indicado pelo Colégio Nacional de Defensores Públicos Gerais;

XVII - um representante da Ordem dos Advogados do Brasil, indicado pelo Conselho Federal da Ordem dos Advogados do Brasil;

XVIII - dois representantes de entidades da sociedade civil organizada cuja finalidade esteja relacionada com políticas de segurança pública e defesa social, eleitos nos termos do disposto no § 3º;

XIX - dois representantes de entidades de profissionais de segurança pública, eleitos nos termos do disposto no § 3º; e

XX - os seguintes indicados, de livre escolha e designação pelo Ministro de Estado da Segurança Pública:

a) um representante do Poder Judiciário;

b) um representante do Ministério Público; e

c) até oito representantes com notórios conhecimentos na área de políticas de segurança pública e defesa social e com reputação ilibada.

§ 1º O Ministro de Estado da Segurança Pública designará os representantes a que se referem o inciso IX ao inciso XVII do *caput*.

§ 2º Cada representante titular terá um representante suplente para substituí-lo em suas ausências e seus impedimentos.

§ 3º Os representantes a que se referem os incisos XVIII e XIX do *caput* serão escolhidos por meio de processo aberto a entidades da sociedade civil organizada cuja finalidade esteja relacionada com políticas de segurança pública e entidades de profissionais de segurança pública que manifestem interesse em participar do CNSP.

§ 4º O processo a que se refere o § 3º será precedido de convocação pública, cujos termos serão aprovados na primeira reunião deliberativa do CNSP, observados o requisito de representatividade e os critérios objetivos definidos também na primeira reunião.

§ 5º O mandato dos representantes a que se referem o inciso IX ao inciso XX do *caput* será de dois anos, admitida uma recondução.

§ 6º A participação no CNSP será considerada prestação de serviço público relevante, não remunerada.

SEÇÃO II
DO FUNCIONAMENTO DO CONSELHO NACIONAL DE SEGURANÇA PÚBLICA E DEFESA SOCIAL

ART. 36. A organização e o funcionamento do CNSP serão estabelecidos em regimento interno, que deverá ser aprovado no prazo de noventa dias, contado da data de sua instalação.

ART. 37. O CNSP se reunirá, em caráter ordinário, semestralmente, e, em caráter extraordinário, sempre que convocado por seu Presidente.

§ 1º As reuniões ordinárias e extraordinárias do CNSP serão realizadas com a presença da maioria simples de seus representantes.

§ 2º As reuniões do CNSP deverão ocorrer, preferencialmente, de forma remota.

§ 3º As recomendações do CNSP serão aprovadas pela maioria simples de seus representantes e caberá ao seu Presidente, além do voto ordinário, o voto de qualidade para desempate.

§ 4º O CNSP poderá convidar representantes de outros órgãos e entidades, públicos ou privados, para participar de suas reuniões, sem direito a voto.

ART. 38. O CNSP poderá instituir câmaras técnicas, observado o disposto em seu regimento interno.

ART. 39. Caberá ao Ministério da Segurança Pública a edição dos demais atos administrativos necessários à consecução das atividades do CNSP, por intermédio de sua Secretaria-Executiva ou de unidade que venha a ser instalada para esse fim em regimento interno, que prestará apoio técnico e administrativo ao CNSP e às suas câmaras.

SEÇÃO III
DA COMPETÊNCIA DO CONSELHO NACIONAL DE SEGURANÇA PÚBLICA E DEFESA SOCIAL

ART. 40. O CNSP, órgão colegiado permanente, integrante estratégico do Susp, tem competência consultiva, sugestiva e de acompanhamento social das atividades de segurança pública e defesa social, respeitadas as instâncias decisórias e as normas de organização da administração pública.

Parágrafo único. O CNSP exercerá o acompanhamento dos integrantes operacionais do Susp, a que se refere o § 2º do art. 9º da Lei n. 13.675, de 2018, e poderá recomendar providências legais às autoridades competentes, de modo a considerar, entre outros definidos em regimento interno ou em norma específica, os seguintes aspectos:

I - as condições de trabalho, a valorização e o respeito pela integridade física e moral de seus integrantes;

II - o cumprimento das metas definidas de acordo com o disposto na Lei n. 13.675, de 2018, para a consecução dos objetivos do órgão;

III - o resultado célere na apuração das denúncias em tramitação nas corregedorias; e

IV - o grau de confiabilidade e aceitabilidade do órgão pela população por ele atendida.

ART. 41. Compete, ainda, ao CNSP:

I - propor diretrizes para políticas públicas relacionadas com segurança pública e defesa social, com vistas à prevenção e à repressão da violência e da criminalidade e à satisfação de princípios, diretrizes, objetivos, estratégias, meios e instrumentos da Política Nacional de Segurança Pública e Defesa Social, estabelecidos no art. 4º ao art. 8º da Lei n. 13.675, de 2018;

II - apreciar o Plano Nacional de Segurança Pública e Defesa Social e, quando necessário, fazer recomendações relativamente aos objetivos, às ações estratégicas, às metas, às prioridades, aos indicadores e às formas de financiamento e gestão das políticas de segurança pública e defesa social nele estabelecidos;

III - propor ao Ministério da Segurança Pública e aos integrantes do Susp a definição anual de metas de excelência com vistas à prevenção e à repressão das infrações penais e administrativas e à prevenção de desastres, por meio de indicadores públicos que demonstrem, de forma objetiva, os resultados pretendidos;

IV - contribuir para a integração e a interoperabilidade de informações e dados eletrônicos sobre segurança pública e defesa social, prisionais e sobre drogas, e para a unidade de registro das ocorrências policiais;

V - propor a criação de grupos de trabalho com o objetivo de produzir e publicar estudos e diagnósticos para a formulação e a avaliação de políticas públicas relacionadas com segurança pública e defesa social;

VI - prestar apoio e articular-se, sistematicamente, com os conselhos estaduais, distrital e municipais de segurança pública e defesa social, com vistas à formulação de diretrizes básicas comuns e à potencialização do exercício de suas atribuições legais e regulamentares;

VII - estudar, analisar e sugerir alterações na legislação pertinente; e

VIII - promover a articulação entre os órgãos que integram o Susp e a sociedade civil.

Parágrafo único. O CNSP divulgará anualmente e, de forma extraordinária, quando necessário, as avaliações e as recomendações que emitir a respeito das matérias de sua competência.

CAPÍTULO VI
DISPOSIÇÕES FINAIS

ART. 42. Ficam revogados:

I - o Decreto n. 6.138, de 28 de junho de 2007;

II - o Decreto n. 7.413, de 30 de dezembro de 2010; e

III - o Decreto n. 8.075, de 14 de agosto de 2013.

ART. 43. Este Decreto entra em vigor na data de sua publicação.

Brasília, 30 de agosto de 2018; 197º da Independência e 130º da República.

MICHEL TEMER

DECRETO N. 9.492, DE 5 DE SETEMBRO DE 2018

Regulamenta a Lei n. 13.460, de 26 de junho de 2017, que dispõe sobre participação, proteção e defesa dos direitos do usuário dos serviços públicos da administração pública federal, institui o Sistema de Ouvidoria do Poder Executivo federal, e altera o Decreto n. 8.910, de 22 de novembro de 2016, que aprova a Estrutura Regimental e o Quadro Demonstrativo dos Cargos em Comissão e das Funções de Confiança do Ministério da Transparência, Fiscalização e Controladoria-Geral da União.

▸ *DOU*, 06.09.2018.

O Presidente da República, no uso das atribuições que lhe confere o art. 84, *caput*, incisos IV e VI, alínea "a", da Constituição, e tendo em vista o disposto nos art. 30 e art. 31 do Decreto-Lei n. 200, de 25 de fevereiro de 1967, e na Lei n. 13.460, de 26 de junho de 2017,

Decreta:

CAPÍTULO I
DISPOSIÇÕES GERAIS

ART. 1º Este Decreto regulamenta os procedimentos para a participação, a proteção e a defesa dos direitos do usuário de serviços públicos da administração pública federal, direta e indireta, de que trata a Lei n. 13.460, de 26 de junho de 2017, e institui o Sistema de Ouvidoria do Poder Executivo federal.

ART. 2º O disposto neste Decreto se aplica:

I - aos órgãos da administração pública federal direta, autárquica e fundacional;

II - às empresas estatais que recebam recursos do Tesouro Nacional para o custeio total ou parcial de despesas de pessoal ou para o custeio em geral; e

III - às empresas estatais que prestem serviços públicos, ainda que não recebam recursos do Tesouro Nacional para custeio total ou parcial de despesas de pessoal ou para o custeio em geral.

ART. 3º Para fins do disposto neste Decreto, considera-se:

I - reclamação - demonstração de insatisfação relativa à prestação de serviço público e à conduta de agentes públicos na prestação e na fiscalização desse serviço;

II - denúncia - ato que indica a prática de irregularidade ou de ilícito cuja solução dependa da atuação dos órgãos apuratórios competentes;

III - elogio - demonstração de reconhecimento ou de satisfação sobre o serviço público oferecido ou o atendimento recebido;

IV - sugestão - apresentação de ideia ou formulação de proposta de aprimoramento de serviços públicos prestados por órgãos e entidades da administração pública federal;

V - solicitação de providências - pedido para adoção de providências por parte dos órgãos e das entidades administração pública federal;

VI - certificação de identidade - procedimento de conferência de identidade do manifestante por meio de documento de identificação válido ou, na hipótese de manifestação por meio eletrônico, por meio de assentamento constante de cadastro público federal, respeitado o disposto na legislação sobre sigilo e proteção de dados e informações pessoais; e

VII - decisão administrativa final - ato administrativo por meio do qual o órgão ou a entidade da administração pública federal se posiciona sobre a manifestação, com apresentação de solução ou comunicação quanto à sua impossibilidade.

CAPÍTULO II
DO SISTEMA DE OUVIDORIA DO PODER EXECUTIVO FEDERAL

ART. 4º Fica instituído o Sistema de Ouvidoria do Poder Executivo federal, com a finalidade de coordenar as atividades de ouvidoria desenvolvidas pelos órgãos e pelas entidades da administração pública federal a que se refere o art. 2º.

ART. 5º São objetivos do Sistema de Ouvidoria do Poder Executivo federal:

I - coordenar e articular as atividades de ouvidoria a que se refere este Decreto;

II - propor e coordenar ações com vistas a:

a) desenvolver o controle social dos usuários sobre a prestação de serviços públicos; e

b) facilitar o acesso do usuário de serviços públicos aos instrumentos de participação na gestão e na defesa de seus direitos;

III - zelar pela interlocução efetiva entre o usuário de serviços públicos e os órgãos e as entidades da administração pública federal responsáveis por esses serviços; e

IV - acompanhar a implementação da Carta de Serviços ao Usuário, de que trata o art. 7º da Lei n. 13.460, de 2017, de acordo com os procedimentos adotados pelo Decreto n. 9.094, de 17 de julho de 2017.

ART. 6º Integram o Sistema de Ouvidoria do Poder Executivo federal:

I - como órgão central, o Ministério da Transparência e Controladoria-Geral da União, por meio da Ouvidoria-Geral da União; e

II - como unidades setoriais, as ouvidorias dos órgãos e das entidades da administração pública federal abrangidos por este Decreto e, na inexistência destas, as unidades diretamente responsáveis pelas atividades de ouvidoria.

ART. 7º As atividades de ouvidoria das unidades setoriais do Sistema de Ouvidoria do Poder Executivo federal ficarão sujeitas à orientação normativa e à supervisão técnica do órgão central, sem prejuízo da subordinação administrativa ao órgão ou à entidade da administração pública federal a que estiverem subordinadas.

ART. 8º Sempre que solicitadas, ou para atender a procedimento regularmente instituído, as unidades setoriais do Sistema de Ouvidoria do Poder Executivo federal remeterão ao órgão central dados e informações sobre as atividades de ouvidoria realizadas.

ART. 9º A unidade setorial do Sistema de Ouvidoria do Poder Executivo federal será, de preferência, diretamente subordinada à autoridade máxima do órgão ou da entidade da administração pública federal a que se refere o art. 2º.

SEÇÃO I
DAS COMPETÊNCIAS

ART. 10. Compete às unidades setoriais do Sistema de Ouvidoria do Poder Executivo federal:

I - executar as atividades de ouvidoria previstas no art. 13 da Lei n. 13.460, de 2017;

II - propor ações e sugerir prioridades nas atividades de ouvidoria de sua área de atuação;

III - informar ao órgão central do Sistema de Ouvidoria do Poder Executivo federal a respeito do acompanhamento e da avaliação dos programas e dos projetos de atividades de ouvidoria;

IV - organizar e divulgar informações sobre atividades de ouvidoria e procedimentos operacionais;

V - processar as informações obtidas por meio das manifestações recebidas e das pesquisas de satisfação realizadas com a finalidade de avaliar os serviços públicos prestados, em especial sobre o cumprimento dos compromissos e dos padrões de qualidade de atendimento da Carta de Serviços ao Usuário, de que trata o art. 7º da Lei n. 13.460, de 2017; e

VI - produzir e analisar dados e informações sobre as atividades de ouvidoria, para subsidiar recomendações e propostas de medidas para aprimorar a prestação de serviços públicos e para corrigir falhas.

Parágrafo único. Os canais de atendimento ao usuário de serviços públicos dos órgãos e das entidades da administração pública federal serão submetidos à supervisão técnica das unidades setoriais do Sistema de Ouvidoria do Poder Executivo federal quanto ao cumprimento do disposto nos art. 13 e art. 14 da Lei n. 13.460, de 2017.

ART. 11. Compete ao órgão central do Sistema de Ouvidoria do Poder Executivo federal:

I - estabelecer procedimentos para o exercício das competências e das atribuições definidas nos Capítulos III, IV e VI da Lei n. 13.460, de 2017;

II - monitorar a atuação das unidades setoriais do Sistema de Ouvidoria do Poder Executivo federal no tratamento das manifestações recebidas;

III - promover a capacitação e o treinamento relacionados com as atividades de ouvidoria e de proteção e defesa do usuário de serviços públicos;

IV - manter sistema informatizado de uso obrigatório pelos órgãos e pelas entidades da administração pública federal a que se refere o art. 2º, com vistas ao recebimento, à análise e ao atendimento das manifestações enviadas para as unidades setoriais do Sistema de Ouvidoria do Poder Executivo federal;

V - definir, em conjunto com o Ministério do Planejamento, Desenvolvimento e Gestão, metodologia padrão para aferir o nível de satisfação dos usuários de serviços públicos;

VI - manter base de dados com as manifestações recebidas de usuários;

VII - sistematizar as informações disponibilizadas pelas unidades setoriais do Sistema de Ouvidoria do Poder Executivo federal, consolidar e divulgar estatísticas, inclusive aquelas indicativas de nível de satisfação dos usuários com os serviços públicos prestados; e

VIII - propor e monitorar a adoção de medidas para a prevenção e a correção de falhas e omissões na prestação de serviços públicos.

SEÇÃO II
DO RECEBIMENTO, DA ANÁLISE E DA RESPOSTA DE MANIFESTAÇÕES

ART. 12. Em nenhuma hipótese será recusado o recebimento de manifestações formuladas nos termos do disposto neste Decreto, sob pena de responsabilidade do agente público.

ART. 13. Os procedimentos de que trata este Decreto são gratuitos, vedada a cobrança de importâncias ao usuário de serviços públicos.

ART. 14. São vedadas as exigências relativas aos motivos que determinaram a apresentação de manifestações perante a unidade setorial do Sistema de Ouvidoria do Poder Executivo federal.

ART. 15. A certificação da identidade do usuário de serviços públicos somente será exigida quando a resposta à manifestação implicar o acesso a informação pessoal própria ou de terceiros.

ART. 16. As manifestações serão apresentadas preferencialmente em meio eletrônico, por meio do Sistema Informatizado de Ouvidorias do Poder Executivo federal - e-Ouv, de uso obrigatório pelos órgãos e pelas entidades da administração pública federal a que se refere o art. 2º.

§ 1º Os órgãos e as entidades da administração pública federal a que se refere o art. 2º disponibilizarão o acesso ao e-Ouv em seus sítios eletrônicos, em local de destaque.

§ 2º Na hipótese de a manifestação ser recebida em meio físico, a unidade setorial do Sistema de Ouvidoria do Poder Executivo federal promoverá a sua digitalização e a sua inserção imediata no e-Ouv.

§ 3º A unidade do Sistema de Ouvidoria do Poder Executivo federal que receber manifestação sobre matéria alheia à sua competência encaminhará à unidade do Sistema de Ouvidoria responsável pelas providências requeridas.

ART. 17. As unidades que compõem o Sistema de Ouvidoria do Poder Executivo federal responderão às manifestações em linguagem clara, objetiva, simples e compreensível.

ART. 18. As unidades setoriais do Sistema de Ouvidoria do Poder Executivo federal elaborarão e apresentarão resposta conclusiva às manifestações recebidas no prazo de trinta dias, contado da data de seu recebimento, prorrogável por igual período mediante justificativa expressa, e notificarão o usuário de serviço público sobre a decisão administrativa.

§ 1º Recebida a manifestação, as unidades setoriais do Sistema de Ouvidoria do Poder Executivo federal procederão à análise prévia e, se necessário, a encaminharão às áreas responsáveis pela adoção das providências necessárias.

§ 2º Sempre que as informações apresentadas pelo usuário de serviços públicos forem insuficientes para a análise da manifestação, as unidades setoriais do Sistema de Ouvidoria do Poder Executivo federal solicitarão ao usuário a complementação de informações, que deverá ser atendida no prazo de trinta dias, contado da data de seu recebimento.

§ 3º Não serão admitidos pedidos de complementação sucessivos, exceto se referentes a situação surgida com a nova documentação ou com as informações apresentadas.

§ 4º A solicitação de complementação de informações suspenderá o prazo previsto no *caput*, que será retomado a partir da data de resposta do usuário.

§ 5º A falta de complementação da informação pelo usuário de serviços públicos no prazo estabelecido no § 2º acarretará o arquivamento da manifestação, sem a produção de resposta conclusiva.

§ 6º As unidades que compõem o Sistema de Ouvidoria do Poder Executivo federal poderão solicitar informações às áreas dos órgãos e das entidades da administração pública federal responsáveis pela tomada de providências, as quais deverão responder no prazo de vinte dias, contado da data de recebimento do pedido na área competente, prorrogável uma vez por igual período mediante justificativa expressa.

ART. 19. O elogio recebido pela unidade setorial do Sistema de Ouvidoria do Poder Executivo federal será encaminhado ao agente público que prestou o atendimento ou ao responsável pela prestação do serviço público e à sua chefia imediata.

ART. 20. A reclamação recebida pela unidade setorial do Sistema de Ouvidoria do Poder Executivo federal será encaminhada à autoridade responsável pela prestação do atendimento ou do serviço público.

Parágrafo único. A resposta conclusiva da reclamação conterá informação objetiva acerca do fato apontado.

ART. 21. A sugestão recebida pela unidade setorial do Sistema de Ouvidoria do Poder Executivo federal será encaminhada à autoridade responsável pela prestação do atendimento ou do serviço público, à qual caberá manifestar-se acerca da possibilidade de adoção da providência sugerida.

ART. 22. A denúncia recebida pela unidade setorial do Sistema de Ouvidoria do Poder Executivo federal será conhecida na hipótese de conter elementos mínimos descritivos de irregularidade ou indícios que permitam a administração pública federal a chegar a tais elementos.

Parágrafo único. A resposta conclusiva da denúncia conterá informação sobre o seu encaminhamento aos órgãos apuratórios competentes e sobre os procedimentos a serem adotados, ou sobre o seu arquivamento, na hipótese de a denúncia não ser conhecida, exceto o previsto no § 5º do art. 19.

ART. 23. As unidades que compõem o Sistema de Ouvidoria do Poder Executivo federal poderão coletar informações junto aos usuários de serviços públicos com a finalidade de avaliar a prestação desses serviços e de auxiliar na detecção e na correção de irregularidades.

§ 1º As informações a que se refere o *caput*, quando não contiverem a identificação do usuário, não configurarão manifestações nos termos do disposto neste Decreto e não obrigarão resposta conclusiva.

§ 2º As informações que constituírem comunicações de irregularidade, ainda que de origem anônima, serão enviadas ao órgão ou à entidade da administração pública federal competente para a sua apuração, observada a existência de indícios mínimos de relevância, autoria e materialidade.

ART. 24. As unidades que compõem o Sistema de Ouvidoria do Poder Executivo federal assegurarão a proteção da identidade e dos elementos que permitam a identificação do usuário de serviços públicos ou do autor da manifestação, nos termos do disposto no art. 31 da Lei n. 12.527, de 18 de novembro de 2011.

Parágrafo único. A inobservância ao disposto no *caput* sujeitará o agente público às penalidades legais pelo seu uso indevido.

CAPÍTULO III
DISPOSIÇÕES FINAIS E TRANSITÓRIAS

ART. 25. O órgão central editará as normas complementares necessárias ao funcionamento do Sistema de Ouvidoria do Poder Executivo federal.

ART. 26. Os órgãos e as entidades da administração pública federal que já possuírem sistemas próprios de recebimento e tratamento de manifestações adotarão as providências necessárias para a integração ao e-Ouv, na forma estabelecida pelo órgão central do Sistema de Ouvidoria do Poder Executivo federal, no prazo de um ano, contado da data de publicação deste Decreto.

ART. 27. O Anexo I ao Decreto n. 8.910, de 22 de novembro de 2016, passa vigorar com as seguintes alterações:

- Alterações promovidas no texto do referido decreto.

ART. 28. Este Decreto entra em vigor na data de sua publicação.

Brasília, 5 de setembro de 2018; 197º da Independência e 130º da República.

MICHEL TEMER

DECRETO N. 9.493, DE 5 DE SETEMBRO DE 2018

Aprova o Regulamento para a Fiscalização de Produtos Controlados.

- *DOU*, 06.09.2018.
- Dec. 9.607/2018 (Institui a Política Nacional de Exportação e Importação de Produtos de Defesa).

O Presidente da República, no uso da atribuição que lhe confere o art. 84, *caput*, inciso IV, da Constituição, e tendo em vista o disposto no art. 8º da Lei n. 9.112, de 10 de outubro de 1995, na Lei n. 10.826, de 22 de dezembro de 2003, e no art. 2º, § 2º, da Lei n. 10.834, de 29 de dezembro de 2003,

Decreta:

ART. 1º Fica aprovado o Regulamento para a Fiscalização de Produtos Controlados, na forma do Anexo I.

ART. 2º Fica revogado o Decreto n. 3.665, de 20 de novembro de 2000.

ART. 3º Este Decreto entra em vigor cento e oitenta dias após a data de sua publicação.

Brasília, 5 de setembro de 2018; 197º da Independência e 130º da República.

MICHEL TEMER

ANEXO I
REGULAMENTO PARA A FISCALIZAÇÃO DE PRODUTOS CONTROLADOS

TÍTULO I
DISPOSIÇÕES PRELIMINARES

CAPÍTULO I
DA FISCALIZAÇÃO DE PRODUTOS CONTROLADOS

ART. 1º Este Regulamento dispõe sobre os princípios e as normas para a fiscalização de produtos controlados pelo Comando do Exército, observado o disposto no art. 8º da Lei n. 9.112, de 10 de outubro de 1995.

ART. 2º Para fins do disposto neste Regulamento, Produto Controlado pelo Comando do Exército - PCE é aquele que:

I - apresenta:

a) poder destrutivo;

b) propriedade que possa causar danos às pessoas ou ao patrimônio; ou

c) indicação de necessidade de restrição de uso por motivo de incolumidade pública; ou

II - seja de interesse militar.

Parágrafo único. Os PCE são classificados, quanto ao tipo e ao grupo, conforme o disposto no Anexo II.

ART. 3º As definições dos termos empregados neste Regulamento são aquelas constantes do Anexo III.

ART. 4º Compete ao Comando do Exército a elaboração da lista dos PCE e as suas alterações posteriores.

§ 1º As alterações de que trata o *caput* referem-se à inclusão, à exclusão ou à mudança de nomenclatura dos PCE.

§ 2º O Ministério da Defesa poderá solicitar a inclusão ou a exclusão, na lista de que trata o *caput*, dos Produtos de Defesa - Prode previstos na Lei n. 12.598, de 21 de março de 2012.

§ 3º A inclusão ou a exclusão de que trata o § 2º será condicionada ao enquadramento do produto como PCE, nos termos estabelecidos no art. 2º.

ART. 5º A fiscalização de PCE tem por finalidade:

I - contribuir para a segurança da sociedade, por meio do controle das atividades com PCE;

II - cooperar com o Ministério da Defesa nas ações da Estratégia Nacional de Defesa;

III - colaborar com a mobilização industrial de recursos logísticos de defesa;

IV - acompanhar a evolução científico-tecnológica da indústria de defesa;

V - colaborar com a preservação do patrimônio histórico nacional, no que se refere a PCE; e

VI - manter cadastro geral, permanente e integrado das armas de fogo de competência do Sistema de Gerenciamento Militar de Armas - Sigma.

ART. 6º Compete, ainda, ao Comando do Exército regulamentar, autorizar e fiscalizar o exercício das atividades de fabricação, comércio, importação, exportação, utilização, prestação de serviços, colecionamento, tiro desportivo e caça relacionadas com PCE, executadas por pessoas físicas ou jurídicas.

ART. 7º É obrigatório o registro de pessoas físicas ou jurídicas junto ao Comando do Exército para o exercício de atividade, própria ou terceirizada, com PCE, a qual estará sujeita ao seu controle e à sua fiscalização.

§ 1º As atividades com PCE a que se refere o *caput* são aquelas mencionadas no art. 6º.

§ 2º As pessoas físicas ficam dispensadas do registro a que se refere o *caput* quando a atividade com PCE se referir ao uso de armas de pressão ou de fogos de artifício, exceto quando se tratar de aquisição por meio de importação.

§ 3º O exercício das atividades com PCE fica restrito às condições estabelecidas no registro a que se refere o *caput*.

ART. 8º Compete ao Comando do Exército a fiscalização de PCE, que será executada por meio de seus órgãos subordinados ou vinculados.

Parágrafo único. Para a consecução dos fins de que trata o *caput*, o Comando do Exército poderá firmar acordos ou convênios para a execução de atividades complementares e acessórias.

ART. 9º O fabricante, o produtor, o importador, o comerciante e o prestador de serviços que exercem atividades com PCE responderão pelo fato do produto ou do serviço na forma estabelecida na Lei n. 8.078, de 11 de setembro de 1990.

ART. 10. A reutilização ou a reciclagem de PCE ou de seus resíduos, após expirado o seu prazo de validade, obedecerá, no que couber, o disposto na Lei n. 12.305, de 2 de agosto de 2010.

CAPÍTULO II
DO SISTEMA DE FISCALIZAÇAO DE PRODUTOS CONTROLADOS

ART. 11. Fica instituído o Sistema de Fiscalização de Produtos Controlados - SisFPC, com a finalidade de promover a regulamentação, a autorização e a fiscalização de atividades referentes aos PCE, com vistas a atingir, de maneira eficiente, eficaz e efetiva, os seguintes objetivos:

I - regulamentar, fiscalizar e autorizar as atividades de pessoas físicas e jurídicas referentes às atividades com PCE;

II - definir o direcionamento estratégico do SisFPC;

III - assegurar aos usuários do SisFPC a prestação de serviço eficiente;

IV - assegurar a eficiência da gestão orçamentária, financeira e patrimonial; e

V - valorizar e aperfeiçoar os seus recursos humanos.

ART. 12. A governança do SisFPC assegurará:

I - a efetividade, a eficácia, a eficiência e a economicidade dos processos do SisFPC, garantida a entrega dos produtos e dos serviços;

II - a transparência em suas ações, por meio do acesso da sociedade às informações geridas pelo SisFPC;

III - a orientação para o usuário;

IV - a auditoria de seus processos e a gestão de riscos;

V - a responsabilidade na prestação de contas; e

VI - o aperfeiçoamento técnico-profissional dos integrantes do SisFPC.

ART. 13. Integram o SisFPC, na condição de auxiliares da fiscalização de PCE:

I - os órgãos de segurança pública;

II - os órgãos da administração pública federal aos quais compete a supervisão de atividades relacionadas com o comércio exterior;

III - a Secretaria da Receita Federal do Brasil do Ministério da Fazenda;

IV - o Instituto Nacional de Metrologia, Qualidade e Tecnologia - Inmetro;

DECRETOS

V - a Empresa Brasileira de Correios e Telégrafos - ECT; e

VI - as entidades de tiro desportivo, na forma estabelecida no art. 55.

Parágrafo único. Os órgãos e as entidades de que trata o *caput* comunicarão ao Comando do Exército as irregularidades ou os delitos verificados na execução de atividades relacionadas com PCE.

ART. 14. Os órgãos e as entidades da administração pública federal cooperarão com o Comando do Exército nas ações de fiscalização de PCE, quando solicitados.

Parágrafo único. O Comando do Exército poderá promover reuniões temáticas, inclusive em nível regional, com os órgãos e as entidades de que trata o *caput*, com a finalidade de estabelecer e aperfeiçoar os instrumentos de coordenação e de controle nas ações de fiscalização de PCE.

ART. 15. Aos órgãos estaduais e distritais com poder de polícia judiciária compete:

I - colaborar com o Comando do Exército na fiscalização de PCE, nas áreas sob a sua responsabilidade, com vistas à manutenção da segurança da sociedade;

II - colaborar com o Comando do Exército na identificação de pessoas físicas e jurídicas que exerçam irregularmente atividade com PCE;

III - comunicar, imediatamente, aos órgãos de fiscalização do Comando do Exército irregularidade administrativa constatada em atividades com PCE;

IV - instaurar os procedimentos de inquérito policial, de perícia ou de atos análogos, por si ou em colaboração com autoridades militares, na hipótese de indício de crime, acidente, explosão ou incêndio que envolva PCE, e fornecer aos órgãos de fiscalização do Comando do Exército os documentos solicitados;

V - controlar e fiscalizar o comércio e o uso de fogos de artifício, artifícios pirotécnicos e artefatos similares de maneira preventiva e repressiva;

VI - fornecer à pessoa idônea, conforme legislação estadual, carteira de encarregado de fogo (blaster); e

VII - exercer outras atribuições estabelecidas em lei ou regulamento.

CAPÍTULO III
DOS PRODUTOS CONTROLADOS

ART. 16. Os PCE são classificados, quanto ao grau de restrição, da seguinte forma:

I - de uso proibido;

II - de uso restrito; ou

III - de uso permitido.

§ 1º São considerados produtos de uso proibido:

I - os produtos químicos listados na Convenção Internacional sobre a Proibição do Desenvolvimento, Produção, Estocagem e Uso de Armas Químicas e sobre a Destruição das Armas Químicas Existentes no Mundo, promulgada pelo Decreto n. 2.977, de 1º de março de 1999, e na legislação correlata, quando utilizados para fins de desenvolvimento, de produção, estocagem e uso em armas químicas;

II - as réplicas e os simulacros de armas de fogo que possam ser confundidos com armas de fogo, na forma estabelecida na Lei n. 10.826, de 22 de dezembro de 2003, e que não sejam classificados como armas de pressão; e

III - as armas de fogo dissimuladas, com aparência de objetos inofensivos.

§ 2º São considerados produtos de uso restrito:

I - as armas de fogo:

a) de dotação das Forças Armadas de emprego finalístico, exceto aquelas de alma lisa de porte ou portáteis;

b) que não sejam iguais ou similares ao material bélico usado pelas Forças Armadas e que possuam características particulares direcionadas ao emprego militar ou policial;

c) de alma raiada que, com a utilização de munição comum, atinjam, na saída do cano, energia cinética superior a:

1. mil libras-pé ou mil trezentos e cinquenta e cinco joules para armas portáteis; ou
2. trezentas libras-pé ou quatrocentos e sete joules para armas de porte;

d) que sejam dos seguintes calibres:

1. .357 Magnum;
2. .40 Smith e Wesson;
3. .44 Magnum;
4. .45 Automatic Colt Pistol;
5. .243 Winchester;
6. .270 Winchester;
7. 7 mm Mauser;
8. .375 Winchester;
9. .30-06 e .30 Carbine (7,62 mm x 33 mm);
10. 5,7 mm x 28 mm e 7,62 mm x 39 mm;
11. 9 mm x 19 mm (9 mm Luger, Parabellum ou OTAN);
12. .308 Winchester (7,62 mm x 51 mm ou OTAN);
13 .223 Remington (5,56 mm x 45 mm ou OTAN); e
14. .50 BMG (12,7 mm x 99 mm ou OTAN);

e) que têm funcionamento automático, de qualquer calibre; ou

f) obuseiros, canhões e morteiros;

II - os lançadores de rojões, foguetes, mísseis e bombas de qualquer natureza;

III - os acessórios de arma de fogo que tenham por objetivo:

a) dificultar a localização da arma, como silenciadores de tiro, quebra-chamas e outros;

b) amortecer o estampido ou a chama do tiro; ou

c) modificar as condições de emprego, tais como bocais lança-granadas, conversores de arma de porte em arma portátil e outros;

IV - as munições:

a) que sejam dos seguintes calibres:

1. 9 mm x 19 mm (9 mm Luger, Parabellum ou OTAN);
2. .308 Winchester (7,62 mm x 51 mm ou OTAN);
3. .223 Remington (5,56 mm x 45 mm ou OTAN);
4. .50 BMG (12,7 mm x 99 mm ou OTAN);
5. .357 Magnum;
6. .40 Smith & Wesson;
7. .44 Magnum;
8. .45 Automatic Colt Pistol;
9. .243 Winchester;
10. .270 Winchester;
11. 7 mm Mauser;
12. .375 Winchester;
13. .30-06 e .30 Carbine;
14. 7,62x39mm; e
15. 5,7 mm x 28 mm;

b) para arma de alma raiada que, depois de disparadas, atinjam, na saída do cano, energia cinética superior a:

1. mil libras-pé ou mil trezentos e cinquenta e cinco joules para armas portáteis; ou
2. trezentas libras-pé ou quatrocentos e sete joules para armas de porte;

c) que sejam traçantes, perfurantes, incendiárias, fumígenas ou de uso especial;

d) que sejam granadas de obuseiro, canhão, morteiro, mão ou bocal; ou

e) que sejam rojões, foguetes, mísseis e bombas de qualquer natureza;

V - os explosivos, os iniciadores e os acessórios;

VI - os veículos blindados de emprego militar ou policial e de transporte de valores;

VII - as proteções balísticas e os veículos automotores blindados, conforme estabelecido em norma editada pelo Comando do Exército;

VIII - os agentes lacrimogêneos e os seus dispositivos de lançamento;

IX - os produtos menos letais;

X - os fogos de artifício de uso profissional, conforme estabelecido em norma editada pelo Comando do Exército;

XI - os equipamentos de visão noturna que apresentem particularidades técnicas e táticas direcionadas ao emprego militar ou policial;

XII - os PCE que apresentem particularidades técnicas ou táticas direcionadas exclusivamente ao emprego militar ou policial; e

XIII - os redutores de calibre de armas de fogo de emprego finalístico militar ou policial.

§ 3º Os PCE não relacionados nos § 1º e § 2º são considerados produtos de uso permitido.

CAPÍTULO IV
DAS ATIVIDADES COM PRODUTOS CONTROLADOS

SEÇÃO I
DA FABRICAÇÃO

ART. 17. A autorização para a fabricação de PCE será precedida da aprovação de protótipo por meio de avaliação técnica, ressalvados os protótipos dispensados da avaliação técnica na forma estabelecida pelo Comando do Exército.

§ 1º A atividade de fabricação incluirá o desenvolvimento e a fabricação de protótipos de PCE.

§ 2º A critério do Comando do Exército, testes, provas e ensaios da avaliação técnica poderão ser realizados por organismos acreditados pelo Inmetro ou por organismo de acreditação signatário de acordos de reconhecimento mútuo de cooperações regionais ou internacionais de acreditação dos quais o Inmetro seja signatário.

§ 3º Nos testes, nas provas e nos ensaios emitidos pelos órgãos a que se refere o § 2º, os resultados finais da avaliação técnica serão homologados pelo Comando do Exército.

§ 4º A avaliação técnica do protótipo de PCE homologada pelo Comando do Exército não terá prazo de validade.

ART. 18. Para fins do disposto neste Regulamento, considera-se protótipo o modelo ou a implementação preliminar de produto ou sistema utilizado para:

I - avaliar a arquitetura, o desenho, o desempenho, o potencial de produção ou a documentação de seus requisitos; ou

II - obter entendimento melhor sobre o produto.

ART. 19. É vedado ao fabricante alterar as características do PCE apostilado sem autorização do Comando do Exército.

Parágrafo único. A garantia de que as alterações do processo de fabricação não impliquem modificações nas características do PCE apostilado será de responsabilidade de seu fabricante.

ART. 20. A relação entre fabricante, prestador de serviço e importador de PCE e consumidor ocorrerá na forma estabelecida pelo Código de Defesa do Consumidor.

ART. 21. É proibida a fabricação de fogos de artifício ou de artifícios pirotécnicos compostos por altos explosivos, como iniciadores e explosivos de ruptura, ou por substâncias tóxicas.

Parágrafo único. As substâncias tóxicas referidas no *caput* poderão ser admitidas na composição de fogos de artifícios ou de artifícios pirotécnicos, desde que atendidas as tolerâncias especificadas nas normas técnicas editadas pelo Comando do Exército.

SEÇÃO II
DO COMÉRCIO

ART. 22. É vedada a exposição e a comercialização dos PCE de uso restrito no estabelecimento comercial, exceto quanto aos produtos relacionados nos incisos V e VII do § 2º do art. 16.

ART. 23. As pessoas que comercializarem PCE manterão à disposição da fiscalização militar os dados referentes aos estoques e a relação das vendas efetuadas, pelo prazo e na forma estabelecidos pelo Comando do Exército, sem prejuízo do disposto nos art. 20 e art. 21 do Decreto n. 5.123, de 1º de julho de 2004.

ART. 24. É vedada a comercialização de munição recarregada, exceto quanto à munição de salva.

SEÇÃO III
DA IMPORTAÇÃO

ART. 25. A importação de PCE ficará sujeita à autorização prévia do Comando do Exército.

§ 1º A importação de PCE classificado como Prode ficará sujeita também à autorização prévia do Ministério da Defesa, de acordo com as regras estabelecidas em ato do Ministro de Estado da Defesa, ressalvado o disposto no § 2º do art. 29.

§ 2º O Comando do Exército editará normas complementares para regulamentar os procedimentos administrativos para importação de PCE.

§ 3º As importações de PCE realizadas pelas Forças Armadas independerão de autorização prévia do Comando do Exército.

§ 4º (Revogado pelo Dec. 9.607/2018.)

ART. 26. O Certificado de Usuário Final relativo às autorizações de importação de PCE será expedido pelo Comando do Exército.

ART. 27. A entrada no País de PCE objeto de importação ocorrerá somente em locais onde haja fiscalização do Comando do Exército.

ART. 28. É vedada a importação, por meio de remessa postal ou expressa, dos PCE:

I - armas de fogo, seus acessórios e suas peças;

II - munição e seus componentes;

III - explosivos, iniciadores e acessórios; e

IV - agentes de guerra química.

ART. 29. A autorização para importação de PCE poderá ser concedida:

I - aos órgãos e às entidades da administração pública;

II - aos fabricantes de PCE, em quantidade necessária à realização de pesquisas, estudos ou testes;

III - aos representantes de empresas estrangeiras, em caráter temporário, para fins de exposições, testes ou demonstrações;

IV - aos colecionadores, aos atiradores desportivos e aos caçadores, quando se tratar de produtos pertinentes à atividade realizada, nas condições estabelecidas pelo Comando do Exército;

V - aos agentes de segurança de dignitários estrangeiros em visita oficial ao País;

VI - às representações diplomáticas;

VII - aos integrantes de Forças Armadas estrangeiras ou de órgãos de segurança estrangeiros, para:

a) participação em exercícios conjuntos; e

b) participação, como instrutor, em cursos profissionais das Forças Armadas e dos órgãos de segurança pública nacionais, desde que o PCE seja essencial ao curso ministrado;

VIII - aos atiradores desportivos estrangeiros para competições oficiais no País, quando se tratar de PCE pertinente à atividade realizada;

IX - aos caçadores estrangeiros para abate de espécies da fauna, com autorização das autoridades competentes, quando se tratar de PCE pertinente à atividade realizada; e

X - às pessoas jurídicas registradas no Comando do Exército não enquadradas nas hipóteses previstas nos incisos I a IX, nas condições estabelecidas pelo referido Comando.

§ 1º Nas hipóteses previstas nos incisos III, V, VII, VIII e IX do *caput*, a importação ficará limitada às quantidades necessárias ao evento, vedada a importação do produto para outros fins, e, após o término do evento que motivou a importação, os PCE deverão ser reexportados ou doados, mediante autorização do Comando do Exército.

§ 2º Na hipótese prevista no inciso IV do *caput*, a autorização para importação compete ao Comando do Exército, independentemente de o PCE ser enquadrado ou não como Prode.

§ 3º Para a concessão da autorização de importação de armas de fogo e seus acessórios e de munições, seus insumos e seus equipamentos, será considerada a finalidade da importação e observadas a conveniência e a oportunidade.

ART. 30. A importação de armas de fogo, suas peças e seus acessórios e de munições e seus insumos poderá ser autorizada para as pessoas físicas que possuam armas de fogo cujo registro seja de competência do Sigma, nas condições estabelecidas pelo Comando do Exército.

ART. 31. Os PCE importados serão marcados em observância às normas de marcação de PCE editadas pelo Comando do Exército para fins de rastreamento, sem prejuízo das marcações identificadoras do importador, observado o disposto nas demais normas do Comando do Exército e no Protocolo contra a Fabricação e o Tráfico Ilícito de Armas de Fogo, suas Peças, Componentes e Munições, promulgado pelo Decreto n. 5.941, de 26 de outubro de 2006.

SEÇÃO IV
DA EXPORTAÇÃO

ART. 32. A exportação de PCE ficará sujeita à autorização prévia do Comando do Exército.

§ 1º A exportação de PCE considerado Prode ficará sujeita também à autorização prévia do Ministério da Defesa.

§ 2º O Comando do Exército editará normas complementares para regulamentar os procedimentos administrativos para exportação de PCE.

§ 3º As exportações de PCE realizadas pelas Forças Armadas independerão de autorização prévia do Comando do Exército.

§ 4º A autorização prévia de que trata o *caput* considerará as restrições relativas à exportação de PCE, conforme as informações disponibilizadas pelo Ministério das Relações Exteriores.

ART. 33. A autorização para exportação de PCE em fase de avaliação técnica poderá ser concedida, em caráter excepcional, para as pessoas com registro no Comando do Exército.

ART. 34. Os exportadores nacionais apresentarão ao Comando do Exército o Certificado Internacional de Importação assinado e timbrado pelo governo do país importador para os seguintes produtos:

I - químicos - agente de guerra química e precursor de agente de guerra química;

II - armas de fogo;

III - armas de guerra;

IV - explosivos, exceto dispositivo gerador de gás instantâneo com explosivos ou mistura pirotécnica em sua composição, como *air bag* e cinto de segurança com pré-tensor; e

V - munições.

§ 1º O Certificado Internacional de Importação de que trata o *caput*, no caso de países com livre importação de PCE, poderá ser substituído por declaração da representação diplomática do país importador no País ou de repartição diplomática brasileira no país de destino, com prazo de validade estabelecido em norma editada pelo Comando do Exército.

§ 2º O exportador apresentará também o certificado de usuário final (end user), quando solicitado.

§ 3º O Certificado Internacional de Importação e o certificado de usuário final (end user) serão traduzidos para a língua portuguesa por tradutor juramentado, quando solicitado.

ART. 35. É vedada a exportação de armas de fogo, seus acessórios e suas peças, de munição e seus componentes, de explosivos e de agentes de guerra química por meio de remessa postal ou expressa.

ART. 36. Os PCE a serem exportados serão objeto de desembaraço alfandegário como condição para a anuência do registro de exportação ou de documento equivalente.

SEÇÃO V
DA UTILIZAÇÃO

ART. 37. A utilização de PCE compreende a aplicação, o uso industrial, a demonstração, a exposição, a pesquisa, o emprego na cenografia, o emprego em espetáculos pirotécnicos com fogos de artifício considerados de uso restrito, a apresentação de bacamarteiros, o emprego na segurança pública, o emprego na segurança de patrimônio público, o emprego na segurança privada, o emprego na segurança institucional e outra finalidade considerada excepcional.

Parágrafo único. Para os fins do disposto no *caput*, considera-se:

I - aplicação - emprego de PCE que pode resultar em outro produto, controlado ou não; e

II - uso industrial - emprego de PCE em processo produtivo com reação física ou química que resulte em outro produto, controlado ou não.

SEÇÃO VI
DA PRESTAÇÃO DE SERVIÇOS

ART. 38. A prestação de serviço compreende o transporte, a armazenagem, a manutenção, a reparação, a aplicação de blindagem balística, a capacitação para utilização de PCE, a detonação, a destruição de PCE, a locação, os serviços de correios, a representação comercial autônoma e o serviço de procurador legal de pessoas que exerçam atividade com PCE.

§ 1º A locação de que trata o *caput* refere-se a veículos automotores blindados e a PCE para emprego cenográfico.

§ 2º O armamento objeto de locação para emprego cenográfico não poderá possibilitar o uso de munição real.

§ 3º Quando os serviços elencados no *caput* forem realizados por meios próprios das pessoas jurídicas, serão considerados atividades orgânicas e serão apostilados ao registro.

§ 4º A representação comercial autônoma será regida pelo disposto na Lei n. 4.886, de 9 de dezembro de 1965.

§ 5º O transporte de PCE obedecerá às normas editadas pelo Comando do Exército, quanto à fiscalização de PCE, sem prejuízo ao disposto em legislação e disciplina peculiar a cada produto e ao meio de transporte empregado.

§ 6º A armazenagem compreende a prestação de serviço por meio de acondicionamento em depósitos, em local autorizado.

§ 7º Os depósitos a que se refere o § 6º são aqueles locais ou equipamentos destinados à armazenagem de PCE, conforme definido em norma técnica editada pelo Comando do Exército.

§ 8º O processo de blindagem compreende a aplicação de PCE em veículos automotores, embarcações e aeronaves ou em estruturas arquitetônicas.

§ 9º Para fins do disposto neste Regulamento, os serviços de correios estão enquadrados na prestação de serviços quando transportarem PCE no território nacional.

ART. 39. O Comando do Exército editará normas técnico-administrativas relativas à segurança do armazenamento de PCE e considerará, no que couber, as normas editadas por outros órgãos e entidades reguladoras.

SEÇÃO VII
DO COLECIONAMENTO

ART. 40. O colecionamento de PCE tem por finalidade preservar e divulgar o patrimônio material histórico, no que se refere a armas, munições, viaturas militares e outros PCE, e colaborar com a preservação do patrimônio cultural brasileiro, nos termos estabelecidos no art. 215 e no art. 216 da Constituição.

ART. 41. Para fins do disposto neste Regulamento, colecionador é a pessoa física ou jurídica registrada no Comando do Exército que tem a finalidade de adquirir, reunir, manter sob a sua guarda e conservar PCE e colaborar para a preservação e a valorização do patrimônio histórico nacional.

ART. 42. Para fins do disposto neste Regulamento, coleção é a reunião de PCE de mesma natureza, de valor histórico ou não, ou que guardem relação entre si.

ART. 43. A classificação de produto como PCE de valor histórico ficará condicionada ao atendimento de parâmetros de raridade, originalidade singularidade e de critérios de pertinência.

Parágrafo único. Para fins do disposto neste Regulamento, considera-se:

I - raridade - refere-se à quantidade das armas de fogo existentes, em circulação ou fora de circulação;

II - originalidade - refere-se aos atributos de autenticidade e de autoria do objeto;

III - singularidade - refere-se à ligação do PCE a acontecimento, fato ou personagem relevante da história brasileira; e

IV - critérios de pertinência - referem-se à:

a) sua ligação à história das Forças Armadas ou das Forças Auxiliares;

b) sua ligação com a história do País; ou

c) sua contribuição para a mudança de paradigma estratégico, tático ou operacional da doutrina militar brasileira.

ART. 44. As armas de fogo consideradas PCE de valor histórico e ainda não registradas poderão ter seu registro autorizado pelo Comando do Exército, desde que comprovada a sua origem lícita.

ART. 45. É vedado o colecionamento de armas:

I - de fogo:

1. automáticas de qualquer calibre;

2. longas semiautomáticas de calibre de uso restrito cujo primeiro lote de fabricação tenha menos de setenta anos; ou

3. com silenciador ou supressor de ruídos acoplados;

II - de fogo, de dotação das Forças Armadas de emprego finalístico;

III - químicas, biológicas e nucleares de qualquer tipo ou modalidade; e

IV - explosivas, exceto se descarregadas e inertes.

Parágrafo único. Os museus e as associações de ex-combatentes da Segunda Guerra Mundial cadastrados no Sistema Brasileiro de Museus e registrados no Comando do Exército poderão ter as armas de fogo de que trata o *caput* em seu acervo.

ART. 46. A utilização de PCE objeto de coleção em eventos públicos e o empréstimo para fins artísticos ou culturais ficarão condicionadas à autorização prévia do Comando do Exército.

ART. 47. É vedada a realização de tiro com arma de fogo de acervo de coleção, exceto para realização de testes eventualmente necessários à sua manutenção ou ao seu reparo.

ART. 48. Não é permitida a alteração das características originais de armamento objeto de coleção.

ART. 49. Reparos ou restaurações em armas de acervo de colecionador serão executados por pessoas registradas no Comando do Exército, mantidas as características originais do armamento.

ART. 50. Os museus serão registrados no Comando do Exército, para fins de cadastramento de PCE em seu acervo.

ART. 51. O Comando do Exército editará as normas complementares sobre o registro de armas de fogo de valor histórico.

SEÇÃO VIII
DO TIRO DESPORTIVO

ART. 52. Para fins de fiscalização de PCE, o tiro desportivo enquadra-se como esporte de prática formal e desporto de rendimento, nos termos da Lei n. 9.615, de 24 de março de 1998.

ART. 53. Para fins do disposto neste Regulamento, considera-se:

I - atirador desportivo - a pessoa física registrada no Comando do Exército e que pratica habitualmente o tiro como esporte; e

II - habitualidade - a prática frequente do tiro desportivo realizada em local autorizado, em treinamentos ou em competições.

Parágrafo único. Os critérios de habitualidade da prática do tiro desportivo serão estabelecidos em norma editada pelo Comando do Exército.

ART. 54. Para fins de controle de PCE, os atiradores desportivos serão caracterizados por níveis que representem a sua situação de prática efetiva do esporte.

ART. 55. As entidades de tiro desportivo, na forma estabelecida no art. 16 da Lei n. 9.615, de 1998, pessoas jurídicas registradas no Comando do Exército, são auxiliares da fiscalização de PCE quanto ao controle, em suas instalações, da aquisição, da utilização e da administração de PCE e têm como atribuições:

I - ministrar cursos sobre modalidades de tiro desportivo, armamentos, recarga de munições, segurança e legislação sobre armas para os seus associados;

II - promover o aperfeiçoamento técnico dos atiradores desportivos vinculados;

III - manter cadastro dos matriculados, com informações atualizadas do registro, da participação em treinamentos e das competições de tiro, com o controle de armas, calibres e quantidade de munição utilizada pelos atiradores desportivos, com responsabilidade pela salvaguarda desses dados;

IV - manter atualizado o ranking dos atiradores desportivos filiados;

V - não permitir o uso de arma não registrada pelos órgãos competentes em suas dependências;

VI - notificar imediatamente os órgãos de segurança pública quando ocorrer a hipótese prevista no inciso V;

VII - manter disponíveis os registros referentes à aquisição e ao consumo de munição pela entidade;

VIII - colaborar com o Comando do Exército durante as inspeções de competições de tiro ou de treinamentos que ocorram em suas instalações;

IX - enviar ao Comando do Exército, até 31 de dezembro de cada ano, a programação de competições para o ano seguinte e atualizá-la quando houver alteração;

X - informar, imediatamente, ao Comando do Exército o desligamento ou o afastamento de atirador desportivo vinculado à entidade;

XI - promover ou participar de reuniões temáticas, seminários ou simpósios, para atualização de informações, trocas de experiências ou propostas de sugestões sobre normas afetas às atividades de tiro desportivo;

XII - emitir certificados e declarações referentes aos atiradores vinculados; e

XIII - responsabilizar-se, na pessoa de seu presidente ou de seu substituto legal, observado o disposto no art. 299 do Decreto-Lei n. 2.848, de 7 de dezembro de 1940 - Código Penal, pelas informações prestadas ao Comando do Exército quanto aos atiradores vinculados e às irregularidades ocorridas em suas instalações ou em atividades esportivas sob seu patrocínio.

SEÇÃO IX
DA CAÇA

ART. 56. Para fins do disposto neste Regulamento, considera-se caçador a pessoa física registrada no Comando do Exército vinculada a entidade ligada à caça e que realiza o abate de espécies da fauna, em observância às normas de proteção ao meio ambiente.

Parágrafo único. São consideradas entidades de caça os clubes, as associações, as federações e as confederações de caça que se dedicam a essa atividade e que estejam registradas no Comando do Exército.

ART. 57. Para o exercício da atividade de abate de espécies da fauna, obedecida a competência dos órgãos responsáveis pela tutela do meio ambiente, compete ao Comando do Exército a expedição de guia de tráfego para a utilização de PCE.

ART. 58. São atribuições das entidades de caça:

I - ministrar cursos sobre modalidades de caça, armamentos, segurança e normas pertinentes a essa atividade aos seus associados;

II - manter cadastro dos caçadores matriculados, com informações atualizadas da participação em treinamentos, com o controle de armas, calibres e quantidade de munição utilizada, com responsabilidade pela salvaguarda desses dados;

III - não permitir o uso de arma não autorizada para a caça em suas dependências, por seus associados ou terceiros, hipótese em que deverá notificar imediatamente os órgãos de segurança pública quanto a essa tentativa;

IV - informar, imediatamente, ao Comando do Exército o desligamento ou o afastamento de caçador vinculado à entidade;

V - promover reuniões temáticas, seminários ou simpósios para atualização de informações, trocas de experiências ou propostas de sugestões para o aperfeiçoamento do controle da atividade de caça;

VI - manter disponíveis os registros referentes à aquisição e ao consumo de munição pela entidade;

VII - colaborar com o Comando do Exército durante as inspeções que ocorram em suas instalações; e

VIII - responsabilizar-se, na pessoa de seu presidente ou de seu substituto legal, observado o disposto no art. 299 do Decreto-Lei n. 2.848, de 1940 - Código Penal, pelas informações prestadas ao Comando do Exército quanto aos caçadores vinculados e às irregularidades ocorridas em suas instalações ou em atividades sob seu patrocínio.

TÍTULO II
DO CONTROLE E DA SEGURANÇA

CAPÍTULO I
DOS PROCESSOS DE CONTROLE

ART. 59. Os processos de controle de PCE são mecanismos operacionais, automatizados ou não, que têm a finalidade de:

I - verificar a conformidade normativa do PCE em relação ao disposto neste Regulamento;

II - produzir indicadores institucionais;

III - fornecer informações para subsidiar a tomada de decisão; e

IV - permitir a fiscalização efetiva de PCE pelo Comando do Exército.

§ 1º Os processos de controle compreendem o registro, a autorização para aquisição, a autorização para o tráfego, a autorização para importação e exportação, o desembaraço alfandegário, o rastreamento, o controle da destruição, a avaliação técnica e o destino final.

§ 2º O destino final de PCE de que trata o § 1º refere-se ao controle do Comando do Exército na fase final do ciclo de vida do produto, após o emprego de PCE nas atividades elencadas neste Regulamento.

ART. 60. A pessoa que exercer atividade com PCE estabelecerá mecanismos de controle próprios de entrada e saída de PCE, por meio de registros, que serão informados ou ficarão à disposição do Comando do Exército, conforme norma editada pelo Comando do Exército.

ART. 61. As informações pessoais e técnicas sobre pessoas que exerçam atividades com PCE serão consideradas de acesso restrito.

SEÇÃO I
DO REGISTRO

ART. 62. O registro terá prazo de validade definido pelo Comando do Exército e conterá os dados de identificação da pessoa, do PCE, da atividade autorizada ou de outra informação complementar considerada pertinente pelo Comando do Exército.

Parágrafo único. As alterações nos dados do registro, a alienação ou alteração de área perigosa e o arrendamento de estabelecimento empresarial, seja este fábrica ou comércio, e de equipamentos fixos ou móveis de bombeamento ficarão condicionados à autorização prévia do Comando do Exército.

ART. 63. Cada registro será vinculado a apenas um número de Cadastro da Pessoa Física - CPF ou de Cadastro Nacional da Pessoa Jurídica - CNPJ da Secretaria da Receita do Brasil do Ministério da Fazenda.

ART. 64. A concessão de registro é o processo que atesta o atendimento aos requisitos para o exercício de atividades com PCE.

ART. 65. Ressalvado o disposto no art. 130, à pessoa que houver sido punida com a penalidade de cassação de registro não será concedido novo registro.

Parágrafo único. O disposto no *caput* se aplica ao representante ou substituto legal da pessoa que houver sido punida com a penalidade de cassação de registro.

ART. 66. A revalidação de registro é o processo de renovação de sua validade, mediante o atendimento aos parâmetros preestabelecidos pelo Comando do Exército.

Parágrafo único. O registro permanecerá válido até decisão final sobre o processo de revalidação, desde que esta tenha sido solicitada no prazo estabelecido.

ART. 67. A expiração da validade do registro implicará o seu cancelamento, ressalvado o disposto no parágrafo único do art. 66.

ART. 68. O cancelamento do registro ou do apostilamento é uma medida administrativa que poderá ocorrer, a qualquer tempo, nas seguintes hipóteses:

I - por solicitação do interessado, do representante ou do responsável legal; e

II - *ex officio*, nos casos de:

a) decorrência de cassação do registro;

b) término de validade do registro e inércia do titular;

c) perda da capacidade técnica para a continuidade da atividade inicialmente autorizada; ou

d) perda de idoneidade da pessoa.

Parágrafo único. No caso de cancelamento do registro ou do apostilamento de armeiro ou de empresa que comercialize arma de fogo, o Departamento de Polícia Federal do Ministério Extraordinário da Segurança Pública será notificado para tomar as providências necessárias.

ART. 69. A pessoa física ou jurídica cujo registro seja cancelado e possua PCE terá o prazo de noventa dias, contado da data do cancelamento, para providenciar:

I - a destinação ao PCE; ou

II - a autorização para a concessão de novo registro.

§ 1º Os produtos de que trata o *caput* poderão ser transferidos para pessoa física ou jurídica autorizada ou destruídos.

§ 2º Na hipótese de a pessoa possuir arma de fogo ou munição e seus insumos, os produtos terão os seguintes destinos:

I - transferência para pessoa física ou jurídica autorizada;

II - entrega ao Comando do Exército para destruição; ou

III - entrega ao Departamento de Polícia Federal do Ministério Extraordinário da Segurança Pública, nos termos estabelecidos no art. 31 da Lei n. 10.826, de 2003.

§ 3º A entrega ao Departamento de Polícia Federal do Ministério Extraordinário da Segurança Pública será feita apenas quando o PCE for arma de fogo, hipótese em que o titular do registro oficiará o fato ao Comando do Exército, mediante documento expedido pelo referido órgão, do qual constarão os dados de identificação das armas.

§ 4º No caso da entrega prevista no § 3º, as pessoas jurídicas não serão indenizadas.

ART. 70. O prazo previsto no art. 69 poderá ser prorrogado, em caráter excepcional, por igual período, mediante solicitação fundamentada ao Comando do Exército.

ART. 71. A inobservância ao disposto nos art. 69 e art. 70 implicará a comunicação à autoridade policial judiciária de posse irregular de PCE, nas hipóteses de arma de fogo e munição, e ao Departamento de Polícia Federal do Ministério Extraordinário da Segurança Pública, quando se tratar de armeiro ou empresa que comercializa arma de fogo, para tomar as providências necessárias.

ART. 72. O apostilamento ao registro é o processo de alteração de dados, por meio de inclusão, exclusão ou modificação, da pessoa, do PCE, da atividade ou de informações complementares, mediante iniciativa do interessado.

Parágrafo único. O apostilamento de PCE poderá ser cancelado quando for alterada característica do produto sem autorização do Comando do Exército.

ART. 73. As vistorias têm por objetivo a verificação das condições de segurança do local e da capacidade técnica da pessoa com a finalidade de subsidiar os processos de concessão, de revalidação ou de apostilamento ao registro, ou como medida de controle de PCE nos processos de cancelamento de registro.

§ 1º É facultado ao vistoriado a presença de até três testemunhas de sua escolha para o acompanhamento da vistoria.

§ 2º A decisão quanto à conveniência, à oportunidade e aos critérios para a realização de vistoria serão estabelecidos em norma editada pelo Comando do Exército.

§ 3º A vistoria para verificação da capacidade técnica a que se refere o *caput* se aplica somente à atividade de fabricação, conforme norma editada pelo Comando do Exército.

ART. 74. A suspensão é a medida administrativa preventiva que interrompe temporariamente, a qualquer tempo, a autorização para o exercício de atividades com PCE, aplicada na hipótese de ser identificada atividade realizada em desconformidade com o registro concedido à pessoa física ou jurídica.

Parágrafo único. A suspensão da atividade deverá ser motivada e fundamentada, observado o disposto em lei, e deverá ser comunicada ao Departamento de Polícia Federal do Ministério Extraordinário da Segurança Pública quando se tratar de armeiro ou de empresa que comercializa armas de fogo.

ART. 75. O Comando do Exército editará normas complementares para dispor sobre os procedimentos necessários à concessão, à revalidação, ao apostilamento e ao cancelamento de registro.

ART. 76. A validade do registro será definida em norma editada pelo Comando do Exército.

SEÇÃO II
DA AQUISIÇÃO

ART. 77. A aquisição de PCE será precedida de autorização, nas condições estabelecidas em norma editada pelo Comando do Exército.

§ 1º A aquisição de que trata o *caput* refere-se a qualquer forma de aquisição que implique mudança de titularidade do PCE.

§ 2º O Comando do Exército poderá autorizar, previamente, à aquisição de que trata o *caput*.

§ 3º A aquisição de PCE será documentada, com identificação do alienante, do adquirente e do produto.

ART. 78. A autorização para aquisição de arma de fogo de uso permitido no comércio, a ser registrada e cadastrada no Sistema Nacional de Armas - Sinarm, compete ao Departamento de Polícia Federal do Ministério Extraordinário da Segurança Pública, observado o disposto na Lei n. 10.826, de 2003.

ART. 79. A aquisição de PCE pelas Forças Armadas para uso institucional prescinde da autorização do Comando do Exército, ressalvado o disposto no § 3º do art. 77.

ART. 80. Compete ao Comando do Exército autorizar a aquisição:

I - de PCE por órgãos e entidades da administração pública, cujos servidores sejam autorizados a portar arma de fogo para uso institucional, conforme as tabelas de dotação estabelecidas em norma editada pelo Comando do Exército;

II - de armas e munições de uso restrito por integrantes das categorias profissionais autorizadas a portar arma de fogo para uso pessoal;

III - de PCE pelas demais pessoas físicas e jurídicas, ressalvado o disposto no art. 78;

IV - de PCE na indústria nacional; e

V - de arma de fogo, no comércio, a qual deverá ser registrada no Comando do Exército e cadastrada no Sigma.

§ 1º A autorização para aquisição de PCE na indústria por empresa de segurança privada requer autorização prévia do Departamento de Polícia Federal do Ministério Extraordinário da Segurança Pública.

§ 2º Caberá ao Departamento de Polícia Federal do Ministério Extraordinário da Segurança Pública definir a dotação em PCE das empresas de segurança privada, justificadas a sua necessidade e a sua conveniência, e encaminhá-la ao Comando do Exército para aprovação.

ART. 81. Os órgãos e entidades da administração pública que procederem a licitações para aquisição de PCE farão constar do instrumento convocatório a exigência de registro válido no Comando do Exército, para habilitação jurídica, em observância ao disposto na Lei n. 8.666, de 21 de junho de 1993.

SEÇÃO III
DO TRÁFEGO

ART. 82. Para fins do disposto neste Regulamento, tráfego é a circulação de PCE no território nacional.

Parágrafo único. O porte de arma de fogo para defesa pessoal não é considerado tráfego de PCE.

ART. 83. A guia de tráfego é o documento que materializa a autorização para o tráfego de PCE no território nacional e corresponde ao porte de trânsito previsto no art. 24 da Lei n. 10.826, de 2003.

ART. 84. A pessoa que transportar PCE deverá portar a guia de tráfego correspondente aos produtos, desde a origem até o seu destino, e ficará sujeita à fiscalização em todo o trajeto.

Parágrafo único. O trânsito aduaneiro entre a unidade da Receita Federal do Brasil de entrada e a de despacho deverá estar coberto por guia de tráfego.

ART. 85. O tráfego de PCE no território nacional seguirá as normas editadas pelo Comando do Exército no que concerne ao controle de PCE.

Parágrafo único. O PCE importado por países fronteiriços em trânsito aduaneiro de passagem pelo território nacional ficará sujeito ao controle de tráfego.

SEÇÃO IV
DO DESEMBARAÇO ALFANDEGÁRIO

ART. 86. A autorização para o desembaraço alfandegário de PCE é o tratamento administrativo que antecede o deferimento da licença de importação, ou de documento equivalente, ou a efetivação do registro de exportação, ou de documento equivalente, e compreende o exame documental e a conferência física.

§ 1º Para efeitos de desembaraço alfandegário, os PCE são classificados em três faixas:

I - faixa verde - o desembaraço alfandegário será realizado apenas por meio de exame documental;

II - faixa amarela - o desembaraço alfandegário será realizado por meio de exame documental, em todos os casos, e de conferência física por amostragem; e

III - faixa vermelha - o desembaraço alfandegário exigirá, sempre, o exame documental e a conferência física.

§ 2º A autorização do desembaraço alfandegário é materializada com o deferimento da licença de importação, a efetivação do registro de exportação ou por meio de formulários.

ART. 87. As importações de países limítrofes, quando se tratar de PCE, serão desembaraçadas pela fiscalização de PCE para fins de trânsito aduaneiro de passagem.

Parágrafo único. A fiscalização de PCE observará as normas editadas pela autoridade aduaneira, a quem compete dispor sobre a matéria, de maneira indicar as mercadorias passíveis de trânsito aduaneiro de passagem.

ART. 88. O desembaraço alfandegário das armas de fogo e das munições trazidas por agentes de segurança de dignitários estrangeiros, em visita ao País, será feito pela Secretaria da Receita Federal do Brasil do Ministério da Fazenda, com posterior comunicação ao Comando do Exército.

SEÇÃO V
DA AUTORIZAÇÃO PARA IMPORTAÇÃO E EXPORTAÇÃO

ART. 89. A autorização para importação e para exportação de PCE poderá ser concedida por meio eletrônico, no sítio eletrônico do Portal de Comércio Exterior - Portal Siscomex, ou por meio de formulário, nas hipóteses exigidas em lei.

SEÇÃO VI
DO RASTREAMENTO

ART. 90. O rastreamento é a busca de registros relativos a PCE com a finalidade de proceder a diligências próprias ou em atendimento a órgãos policiais ou judiciais.

ART. 91. As medidas de controle que permitam o rastreamento do PCE por meio das embalagens ou dos próprios produtos serão aquelas previstas em norma editada pelo Comando do Exército.

SEÇÃO VII
DA DESTRUIÇÃO

ART. 92. Ressalvadas as disposições referentes às Forças Armadas e aos órgãos e às entidades da administração pública, a destruição de PCE ocorrerá em decorrência de:

I - decisão judicial transitada em julgado;

II - previsão legal;

III - perda de estabilidade química ou apresentação de indícios de decomposição;

IV - solução exarada em processo administrativo;

V - apreensão de PCE por motivo de cancelamento de registro do titular e de não cumprimento ao disposto no art. 69; ou

VI - término de validade, quando se tratar de explosivos, produtos químicos e outros PCE.

§ 1º A destruição é de responsabilidade do proprietário do PCE, que poderá realizá-la diretamente ou contratar serviço para esse fim.

§ 2º A destruição de armas de fogo e munições de que trata o art. 25 da Lei n. 10.826, de 2003, será realizada pelo Comando do Exército.

§ 3º Na hipótese de solução de processo administrativo de que trata o inciso IV do *caput*, os PCE serão destruídos quando:

I - forem considerados impróprios para o uso;

II - estiverem em mau estado de conservação ou sem estabilidade química;

III - for desaconselhável a recuperação ou o reaproveitamento, técnica ou economicamente; ou

IV - oferecerem risco ao meio ambiente.

§ 4º Os PCE que oferecerem risco iminente à segurança poderão, motivadamente, ser destruídos sem a prévia manifestação do interessado, independentemente de decisão administrativa proferida em sede de processo administrativo.

ART. 93. A destruição de PCE será documentada em termo de destruição do qual constarão os produtos destruídos, as quantidades, os responsáveis, as testemunhas, o local, a data e a identificação seriada do produto, quando for o caso.

Parágrafo único. O termo de destruição constará de registros permanentes do proprietário e será disponibilizado para a fiscalização de PCE, quando solicitado.

ART. 94. Na destruição de PCE, serão observadas as prescrições relativas à segurança e à saúde do trabalho e ao meio ambiente.

ART. 95. O Comando do Exército estabelecerá as normas técnico-administrativas sobre os procedimentos referentes à destruição ou a outra destinação de PCE.

SEÇÃO VIII
DA AVALIAÇÃO TÉCNICA

ART. 96. São princípios gerais do processo de avaliação técnica de PCE:

I - assegurar que os produtos fabricados no País estejam em conformidade com as normas técnicas vigentes ou com as normas adotadas pelo Comando do Exército;

II - assegurar o atendimento aos requisitos de segurança e desempenho;

III - facilitar a inserção do País em acordos internacionais de reconhecimento mútuo;

IV - promover a isonomia no tratamento dado aos interessados na avaliação técnica de PCE; e

V - dar tratamento de acesso restrito às informações técnicas, que assim o exijam, entre aquelas disponibilizadas pelas partes interessadas por força deste Regulamento.

ART. 97. Para fins do disposto neste Regulamento, o Comando do Exército é o único órgão autorizado a realizar testes com protótipos de PCE, ressalvado o disposto nos art. 17 e art. 98.

ART. 98. Na hipótese de destinação exclusiva às Forças Armadas, os PCE serão avaliados por organismo avaliador militar próprio ou por outras organizações militares, civis, nacionais ou estrangeiras, e não será obrigatória a homologação pelo Comando do Exército.

ART. 99. A conformidade do PCE apostilado com o produto fabricado poderá ser verificada por meio de avaliações técnicas complementares a qualquer tempo.

Parágrafo único. Na hipótese de não conformidade, serão determinados a correção da produção, a apreensão dos produtos estocados e o recolhimento dos produtos já vendidos, sem prejuízo da aplicação das medidas repressivas previstas neste Regulamento.

ART. 100. A aprovação de protótipo de PCE na avaliação técnica não exime o fabricante, o comerciante ou o importador da responsabilidade pela qualidade, pelo desempenho e pela garantia de seus produtos.

ART. 101. O fabricante, o comerciante ou o importador de PCE, por iniciativa própria ou por meio de suas associações representativas, buscarão as certificações do produto em organismos credenciados, a fim de assegurar a sua qualidade.

Parágrafo único. Os organismos credenciados de que trata o *caput* deverão atender a, no mínimo, um dos seguintes requisitos:

I - serem credenciados pelo Inmetro para certificação de produtos ou processos;

II - serem entidades estabelecidas no País, sem fins lucrativos, com capacidade técnica e administrativa necessárias à boa condução de processo de avaliação da conformidade de PCE; ou

III - serem organismos de certificação estrangeiros reconhecidos por meio de acordo de reconhecimento mútuo.

CAPÍTULO II
DA SEGURANÇA

ART. 102. Para fins do disposto neste Regulamento, a segurança refere-se à:

I - segurança de área; e

II - segurança de PCE.

§ 1º A segurança de área corresponde à observação das condições de segurança das instalações onde haja atividade com PCE, contra acidentes que possam colocar em risco a integridade de pessoas e de patrimônio.

§ 2º A segurança de PCE corresponde à adoção de medidas contra desvios, extravios, roubos e furtos de bens e aquisição ilícita do conhecimento relativo às atividades com PCE, a fim de evitar a sua utilização na prática de ilícitos.

ART. 103. O planejamento e a implementação das medidas de segurança previstas no art. 102 serão de responsabilidade da pessoa jurídica detentora de registro e serão consubstanciadas em um plano de segurança de PCE.

§ 1º O plano de segurança abordará os seguintes aspectos:

I - análise de risco das atividades relacionadas com PCE;

II - medidas de controle de acesso de pessoal;

III - medidas ativas e passivas de proteção ao patrimônio, às pessoas e ao conhecimento envolvidos em atividades relacionadas com PCE;

IV - medidas preventivas contra roubos e furtos de PCE durante os deslocamentos e as paradas, na hipótese de tráfego de PCE;

V - medidas de contingência, na hipótese de acidentes ou de detecção da prática de ilícitos com PCE, incluída a informação à fiscalização de PCE; e

VI - medidas de capacitação e treinamento do pessoal para a implementação do plano de segurança, com o registro adequado.

§ 2º A pessoa jurídica registrada designará responsável pelo plano de que trata o *caput* e a execução da segurança poderá ser terceirizada.

§ 3º O plano de segurança permanecerá na sede da empresa, atualizado e legível, disponível para a fiscalização de PCE, quando solicitado.

ART. 104. A pessoa, física ou jurídica, que detiver a posse ou a propriedade de PCE é a responsável pela guarda ou pelo armazenamento dos produtos e deverá seguir as medidas de segurança previstas neste Regulamento, nas normas complementares ou na legislação editada por órgão competente.

ART. 105. A perda, o furto, o roubo ou o extravio de PCE dos tipos arma de fogo, munição e explosivo será informada ao Comando do Exército, conforme legislação complementar específica.

ART. 106. O Comando do Exército editará normas técnico-administrativas sobre segurança de área e segurança de PCE de que trata este Capítulo.

CAPÍTULO III
DAS AÇÕES DE FISCALIZAÇÃO

ART. 107. As ações de fiscalização são medidas executadas pelo Comando do Exército com a finalidade de evitar o cometimento de irregularidade com PCE.

ART. 108. As ações de fiscalização de PCE compreendem:

I - auditoria física ou de sistemas; e

II - operações de fiscalização.

ART. 109. As ações de fiscalização não se estendem às Forças Armadas e aos órgãos de segurança pública na hipótese de emprego de PCE para utilização própria.

ART. 110. As pessoas físicas ou jurídicas que exercerem atividades com PCE sem autorização ficam sujeitas às ações de fiscalização e às penalidades previstas neste Regulamento e na legislação complementar.

ART. 111. Os órgãos e as entidades da administração pública poderão participar de operações de fiscalização de PCE juntamente ao Comando do Exército.

Parágrafo único. O planejamento e a coordenação das operações de fiscalização de que trata o *caput* são de competência do Comando do Exército.

ART. 112. As pessoas fiscalizadas garantirão o acesso às instalações e à documentação relativa a PCE durante as ações de fiscalização, inclusive por meio de acompanhamento de pessoal.

ART. 113. Na hipótese de risco iminente à segurança de pessoas ou de patrimônio, a fiscalização militar poderá, excepcional e motivadamente, adotar providências acauteladoras, sem a prévia manifestação do interessado, nos termos do art. 45 da Lei n. 9.784, de 29 de janeiro de 1999.

§ 1º A instauração de processo administrativo não é condição para a adoção de providências acauteladoras para a fiscalização de PCE.

§ 2º As providências acauteladoras não constituem a sanção administrativa de que trata este Regulamento e terão a extensão necessária, no tempo e no espaço, até a remoção do motivo de sua adoção ou até a decisão final do processo administrativo.

§ 3º As providências de que trata o *caput* referem-se à suspensão da atividade com PCE e à apreensão ou à destruição do PCE.

§ 4º Cessados os motivos da interdição administrativa, a fiscalização de PCE revogará a interdição cautelar por meio de auto de desinterdição.

ART. 114. O Comando do Exército editará normas complementares sobre as ações de fiscalização de PCE.

TÍTULO III
DAS MEDIDAS REPRESSIVAS

CAPÍTULO I
DAS INFRAÇÕES

ART. 115. As infrações administrativas às normas de fiscalização de PCE e as suas sanções administrativas são aquelas previstas neste Regulamento.

Parágrafo único. Para fins do disposto neste Regulamento, considera-se infração administrativa a ação ou a omissão de pessoas físicas ou jurídicas que violem norma jurídica referente a PCE.

ART. 116. São infrações administrativas às normas de fiscalização de PCE pelo Comando do Exército:

I - fabricar, comercializar, importar, exportar, prestar serviço, utilizar, colecionar ou praticar tiro desportivo com PCE sem autorização ou em desacordo com a autorização concedida;

II - utilizar PCE autorizado para a prática de caça em desacordo com a autorização concedida;

III - adquirir, trafegar, aplicar, transformar, usar industrialmente, demonstrar, expor, realizar pesquisa, empregar em cenografia, transportar, armazenar, realizar manutenção ou reparação, blindar, realizar detonação, locar, realizar espetáculo pirotécnico com fogos de artifício de uso restrito, representar comercialmente, embalar, vender, transferir, permutar, emprestar ou ceder, arrendar, doar, possuir, recarregar munição, com PCE, sem autorização ou em desacordo com a autorização concedida;

IV - desenvolver ou fabricar protótipo de PCE sem autorização ou em desacordo com a autorização concedida;

V - alterar documentos ou fazer uso de documentos falsos, ou que contenham declarações falsas;

VI - impedir ou dificultar a ação da fiscalização de PCE;

VII - deixar de cumprir normas de segurança ao lidar com PCE;

VIII - portar ou ceder arma de fogo constante de acervo de colecionador, atirador desportivo ou caçador para segurança pessoal;

IX - utilizar PCE que esteja sob a sua guarda, na condição de fiel depositário;

X - não comprovar a origem lícita de PCE;

XI - exercer atividade com PCE com prazo de validade expirado, sem estabilidade química ou que apresente sinal de decomposição, de maneira a colocar em risco a integridade de pessoas ou de patrimônio;

XII - vender ou comercializar munição recarregada;

XIII - extraviar arma de fogo ou munição pertencente a acervo de colecionador, atirador desportivo ou caçador, por dolo ou culpa; e

XIV - deixar de apresentar registros documentais de controle, quando solicitado pela fiscalização de PCE.

ART. 117. A infração administrativa é imputável a quem lhe deu causa ou a quem para ela concorreu.

Parágrafo único. Para fins do disposto neste Regulamento, considera-se causa a ação ou a omissão sem a qual a infração não teria ocorrido.

CAPÍTULO II
DAS PENALIDADES

ART. 118. Sem prejuízo das sanções de natureza civil ou penal, serão aplicadas as seguintes penalidades às pessoas físicas e jurídicas que cometerem as infrações administrativas de que trata o Capítulo I deste Título:

I - advertência;

II - multa simples;

III - multa pré-interditória;

IV - interdição; ou

V - cassação.

ART. 119. A penalidade de advertência corresponde à admoestação, por escrito, ao infrator.

ART. 120. As penalidades de multa correspondem ao pagamento de obrigação pecuniária pelo infrator.

ART. 121. A penalidade de interdição é a sanção administrativa que interrompe o exercício de atividade com PCE pelo período de até trinta dias consecutivos.

ART. 122. A penalidade de cassação implica o cancelamento do registro do infrator.

CAPÍTULO III
DA APLICAÇÃO DE PENALIDADE

ART. 123. A aplicação de penalidade será precedida da análise da infração cometida e do enquadramento correspondente à penalidade.

§ 1º A análise da infração a que se refere o *caput* compreende a apuração quanto à sua gravidade e às suas consequências para a fiscalização de PCE.

§ 2º O enquadramento a que se refere o *caput* corresponde à classificação da infração em uma das penalidades previstas no art. 118.

ART. 124. Na aplicação de penalidade, a pena será agravada se houver o concurso de reincidência.

§ 1º A reincidência será caracterizada pelo cometimento de qualquer outra infração administrativa no período de três anos, contado da data da decisão administrativa irrecorrível em processo administrativo.

§ 2º O agravamento da penalidade ocorrerá da seguinte forma:

I - a advertência será convertida em multa simples;

II - a multa simples será convertida em multa pré-interditória;

III - a multa pré-interditória será convertida em interdição; e

IV - a interdição será convertida em cassação.

ART. 125. As infrações administrativas cometidas com arma de fogo e suas peças, com munição e seus insumos ou com explosivos e seus acessórios ou aquelas previstas nos incisos I, V, VI e X do *caput* do art. 116 serão consideradas faltas graves.

ART. 126. A penalidade de advertência não será aplicada para as faltas consideradas graves.

ART. 127. Na aplicação de multa, serão observados os seguintes critérios:

I - a multa simples mínima será aplicada quando forem cometidas até duas infrações simultâneas;

II - a multa simples média será aplicada quando forem cometidas até três infrações simultâneas;

III - a multa simples máxima será aplicada quando forem cometidas até cinco infrações simultâneas ou quando a falta for grave; e

IV - a multa pré-interditória será aplicada quando forem cometidas mais de cinco infrações, no período de dois anos, ou mais de uma falta grave, simultaneamente.

ART. 128. A penalidade de interdição será aplicada quando houver cometimento de, no mínimo, três faltas graves, no período de dois anos.

Parágrafo único. A penalidade de interdição será aplicada pelo prazo mínimo de quinze e máximo de noventa dias corridos.

ART. 129. A penalidade de cassação será aplicada quando:

I - houver cometimento de, no mínimo, três faltas graves, no período de um ano; ou

II - a pessoa jurídica fizer uso do exercício de sua atividade para o cometimento de prática delituosa, respeitada a independência das esferas penal e administrativa.

ART. 130. A pessoa que sofrer a penalidade de cassação somente poderá exercer atividades com PCE após decorrido o prazo de cinco anos, contado da data da cassação.

CAPÍTULO IV
DA APREENSÃO DE PRODUTOS CONTROLADOS

ART. 131. São autoridades competentes para determinar a apreensão de PCE:

I - autoridades militares;

II - autoridades policiais;

III - autoridades fazendárias;

IV - autoridades ambientais; e

V - autoridades judiciárias.

ART. 132. O PCE ou o protótipo de PCE poderá ser apreendido quando:

I - for utilizado em atividades sem autorização ou em desacordo com normas legais;

II - não for comprovada a sua origem;

III - estiver em poder de pessoas não autorizadas;

IV - estiver em circulação no País sem autorização;

V - houver expirado o seu prazo de validade de registro;

VI - não estiver apostilado ao registro;

VII - apresentar risco iminente à segurança de pessoas e ao patrimônio, com motivação; ou

VIII - houver sido fabricado com especificações técnicas distintas da autorização apostilada.

ART. 133. A apreensão de PCE não isentará os infratores das penalidades previstas neste Regulamento e na legislação penal.

ART. 134. A autoridade que efetuou a apreensão de PCE comunicará imediatamente o fato ao Comando do Exército.

CAPÍTULO V
DO PROCESSO ADMINISTRATIVO

ART. 135. O processo administrativo é o instrumento para apuração e aplicação de penalidades administrativas como consequência da prática de ilícito administrativo por omissão ou ação, que terá por finalidade a repressão da conduta irregular com PCE e obedecerá às regras e aos princípios do devido processo legal.

ART. 136. Encerrado o processo administrativo e imputada a penalidade de multa administrativa, o sancionado será intimado para efetuar o pagamento no prazo de trinta dias, contado da data da intimação.

Parágrafo único. O não pagamento da multa administrativa no prazo estipulado no *caput* acarretará a cobrança judicial, mediante inscrição do devedor na Dívida Ativa da União.

ART. 137. Os processos administrativos poderão ser revistos, a qualquer tempo, a pedido ou de ofício, pela autoridade da qual emanou a sanção administrativa, quando surgirem fatos novos ou circunstâncias relevantes suscetíveis para justificar a inadequação da sanção aplicada.

Parágrafo único. Da revisão do processo não poderá resultar agravamento da sanção.

ART. 138. Os ritos do processo administrativo serão estabelecidos em norma editada pelo Comando do Exército.

ART. 139. Na hipótese da existência de indícios da prática de crimes por parte da pessoa, registrada ou não no Comando do Exército, o fato será levado ao conhecimento da autoridade policial ou do Ministério Público para a adoção das medidas julgadas cabíveis, conforme o disposto no art. 5º, §3º, e no art. 27 do Decreto-Lei n. 3.689, de 3 de outubro de 1941 - Código de Processo Penal.3.689

ART. 140. A prescrição da ação punitiva ocorrerá na forma estabelecida na Lei n. 9.873, de 23 de novembro de 1999.

TÍTULO IV
DISPOSIÇÕES GERAIS

ART. 141. Os estandes de tiro credenciados pelo Comando do Exército, nos termos estabelecidos no Decreto n. 5.123, de 2004, são aqueles apostilados às pessoas jurídicas registradas no Comando do Exército ou aqueles vinculados às Forças Armadas ou aos órgãos de segurança pública.

§ 1º Os estandes de tiro de pessoas jurídicas a que se refere o *caput* atenderão aos requisitos estabelecidos pelo Poder Público municipal quanto à sua localização.

§ 2º As condições de segurança operacional do estande poderão ser atestadas por engenheiro inscrito regularmente no Conselho Regional de Engenharia e Agronomia, mediante Anotação de Responsabilidade Técnica.

§ 3º As condições de segurança operacional dos estandes de tiro das Forças Armadas e dos órgãos de segurança pública poderão ser atestadas por profissional capacitado da própria organização.

ART. 142. A exposição e a demonstração dos seguintes PCE serão precedidas de autorização do Comando do Exército, exceto quando promovidas pelos órgãos referidos no art. 6º da Lei n. 10.826, de 2003:

I - as armas de fogo;

II - as munições;

III - as armas menos-letais; ou

IV - os explosivos, exceto quanto aos pirotécnicos.

ART. 143. As hipóteses e os valores das taxas e das multas referentes às atividades com PCE são definidas em lei instituidora própria.

ART. 144. A perda, o furto, o roubo e o extravio de produto controlado do tipo arma de fogo, munição e explosivo serão informados ao Comando do Exército, observado o disposto em legislação específica.

ART. 145. A edição de normas pelo Comando do Exército sobre a atividade de fiscalização de PCE poderá ser precedida de consulta pública, na forma estabelecida no Decreto n. 9.191, de 1º de novembro de 2017.

ART. 146. Compete ao Comando do Exército a edição de normas complementares sobre o exercício das atividades, os processos de controle de PCE e as proteções balísticas de que trata este Regulamento.

ART. 147. O registro e o cadastro de arma de fogo no Comando do Exército ocorrerá na forma prevista na Lei n. 10.826, de 2003, e no Decreto n. 5.123, de 2004.

ART. 148. A capacidade técnica para o manuseio de arma de fogo e para a obtenção de registro para colecionamento, tiro desportivo ou caça será atestada por instrutor de tiro, conforme estabelecido em norma editada pelo Comando do Exército.

TÍTULO V
DISPOSIÇÕES FINAIS E TRANSITÓRIAS

ART. 149. Os atos administrativos para o exercício das atividades com PCE em vigor que não contrariem o disposto neste Regulamento ficam mantidos.

ART. 150. O Ministério das Relações Exteriores consultará o Comando do Exército, por meio do Ministério da Defesa, previamente à assinatura de tratados internacionais que envolvam atividades com PCE.

ANEXO II
CLASSIFICAÇÃO DOS PRODUTOS CONTROLADOS PELO COMANDO DO EXÉRCITO

TIPO	GRUPO
ARMA DE FOGO	Arma de fogo
	Acessório
	Componente/peça
	Equipamento
ARMA DE PRESSÃO	Arma de pressão
	Acessório
EXPLOSIVO	Explosivos de ruptura
	Baixos explosivos (propelentes)
	Iniciador explosivo
	Acessório
	Equipamento de bombeamento
MENOS-LETAL	Arma
	Munição
	Equipamento
MUNIÇÃO	Munição
	Insumo
	Equipamento
PIROTÉCNICOS	Fogos de artifício
	Artifícios pirotécnicos
	Iniciador pirotécnico
PRODUTO QUÍMICO	Agente GQ
	Precursor AGQ
	PQIM
PROTEÇÃO BALÍSTICA	Blindagem balística
	Veículo
	Equipamento
OUTROS PRODUTOS	Outros

ANEXO III
GLOSSÁRIO

Acessório de arma de fogo: artefato que, acoplado a uma arma, possibilita a melhoria do desempenho do atirador, a modificação de um efeito secundário do tiro ou a modificação do aspecto visual da arma.

Acessório explosivo: engenho não muito sensível, de elevada energia de ativação, que tem por finalidade fornecer energia suficiente à continuidade de um trem explosivo e que necessita de um acessório iniciador para ser ativado.

Agente químico de guerra: substância em qualquer estado físico (sólido, líquido, gasoso ou estados físicos intermediários), com propriedades físico-químicas que a torna própria para emprego militar e que apresenta propriedades químicas causadoras de efeitos, permanentes ou provisórios, letais ou danosos a seres humanos, animais, vegetais e materiais, bem como provoca efeitos fumígenos ou incendiários.

Área perigosa: local de manejo de Produto Controlado pelo Exército (PCE) no qual são necessários procedimentos específicos para resguardar a segurança de pessoas e patrimônio.

Arma de fogo automática: arma em que o carregamento, o disparo e todas as operações de funcionamento ocorrem continuamente enquanto o gatilho estiver sendo acionado.

Arma de fogo de alma lisa: é aquela isenta de raiamentos, com superfície absolutamente polida, como, por exemplo, nas espingardas. As armas de alma lisa têm um sistema redutor, acoplado ao extremo do cano, que tem como finalidade controlar a dispersão dos bagos de chumbo.

Arma de fogo de alma raiada: quando o interior do cano tem sulcos helicoidais dispostos no eixo longitudinal, destinados a forçar o projétil a um movimento de rotação.

Arma de fogo de porte: arma de dimensões e peso reduzidos, podendo ser conduzida em um coldre e ser disparada pelo atirador com apenas uma das mãos. Enquadram-se nesta definição as pistolas, revólveres e garruchas.

Arma de fogo de repetição: arma em que a recarga exige a ação mecânica do atirador sobre um componente para a continuidade do tiro.

Arma de fogo portátil: arma que, devido às suas dimensões ou ao seu peso, pode ser transportada por uma única pessoa, tais como fuzil, carabina e espingarda.

Arma de fogo semiautomática: arma que realiza, automaticamente, todas as operações de funcionamento com exceção do disparo, exigindo, para isso, novo acionamento do gatilho.

Arma de fogo: arma que arremessa projéteis empregando a força expansiva dos gases, gerados pela combustão de um propelente confinado em uma câmara, normalmente solidária a um cano, que tem a função de dar continuidade à combustão do propelente, além de direção e estabilidade ao projétil.

Arma de pressão: arma cujo princípio de funcionamento é o emprego de gases comprimidos para impulsão de projétil, os quais podem estar previamente armazenados em uma câmara ou ser produzidos por ação de um mecanismo, tal como um êmbolo solidário a uma mola.

Artifício pirotécnico: qualquer artigo, que contenha substâncias explosivas ou uma mistura explosiva de substâncias, concebido para produzir um efeito calorífico, luminoso, sonoro, gasoso ou fumígeno, ou uma combinação destes efeitos; devido a reações químicas exotérmicas autossustentadas.

Bacamarteiros: grupo de pessoas que se apresentam em folguedos regionais dando salvas de tiros com bacamartes em homenagem a santos católicos reverenciados no mês de junho.

Bélico: termo usado para referir-se a produto de emprego militar de guerra.

Blaster: elemento encarregado de organizar e conectar a distribuição e disposição dos explosivos e acessórios empregados no desmonte de rochas.

Calibre: medida do diâmetro interno do cano de uma arma, medido entre os fundos do raiamento; medida do diâmetro externo de um projétil sem cinta; dimensão usada para definir ou caracterizar um tipo de munição ou de arma.

Canhão: armamento bélico que realiza tiro de trajetória tensa e cujo calibre é maior ou igual a vinte milímetros.

Carregador: acessório para armazenar cartuchos de munição para disparo de arma de fogo. Pode ser integrante ou independente da arma.

Ciclo de vida do produto: série de etapas que envolvem o desenvolvimento do produto, a obtenção de matérias-primas e insumos, o processo produtivo, o consumo e a disposição final.

Detonação: é o fenômeno no qual uma onda de choque autossustentada, de alta energia, percorre o corpo de um explosivo causando sua transformação em produtos mais estáveis com a liberação de grande quantidade de calor; ou prestação de serviço com utilização de explosivos.

Dignitário estrangeiro: pessoa que exerce alto cargo em representações diplomáticas de países estrangeiros.

Equipamento de bombeamento: equipamento utilizado para injetar material explosivo em receptáculos com fins de detonação, podendo ser móvel ou fixo.

Explosivo: tipo de matéria que, quando iniciada, sofre decomposição muito rápida, com grande liberação de calor e desenvolvimento súbito de pressão.

Explosivos de ruptura ou altos explosivos: são destinados à produção de um trabalho de destruição pela ação da força viva dos gases e da onda de choque produzidos em sua transformação.

Explosivos primários ou iniciadores: são os que se destinam a provocar a transformação (iniciação) de outros explosivos menos sensíveis. Decompõem-se, unicamente, pela detonação e o impulso inicial exigido é a chama (calor) ou choque.

Fogos de artifício: é um artigo pirotécnico destinado para ser utilizado em entretenimento.

Grupo de produtos controlados: é a classificação secundária referente à distinção dos produtos vinculados a um tipo de PCE.

Iniciação: fenômeno que consiste no desencadeamento de um processo ou série de processos explosivos.

Iniciador explosivo: engenho sensível, de pequena energia de ativação, cuja finalidade é proporcionar a energia necessária à iniciação de um explosivo.

Iniciador pirotécnico: engenho sensível, de pequena energia de ativação, cuja finalidade é proporcionar a energia necessária à iniciação de um produto pirotécnico.

Manuseio de produto controlado: trato com produto controlado por pessoa autorizada e com finalidade específica.

Menos-letais: produtos que causam fortes incômodos em pessoas, com a finalidade de interromper comportamentos agressivos e, em condições normais de utilização, não causam risco de morte.

Morteiro: armamento bélico pesado de carregamento antecarga (carregamento pela boca), que realiza tiro de trajetória curva.

Munição de salva: munição de pólvora seca de canhões e obuseiros, usada em cerimônias militares.

Munição: artefato completo, pronto para utilização e lançamento, cujo efeito desejado pode ser: destruição, iluminação e ocultamento do alvo; efeito moral sobre pessoal; exercício; manejo; ou efeitos especiais.

Obuseiro: armamento pesado, que realiza tanto o tiro de trajetória tensa quanto o de trajetória curva e dispara granadas de calibres acima de vinte milímetros, com velocidade inicial baixa.

PCE de uso permitido: é o produto controlado cujo acesso e utilização podem ser autorizados para as pessoas em geral, na forma estabelecida pelo Comando do Exército.

PCE de uso restrito: é o produto controlado que devido as suas particularidades técnicas e/ou táticas deve ter seu acesso e utilização restringidos na forma estabelecida pelo Comando do Exército.

Produto de interesse militar: produto que, mesmo não tendo aplicação militar finalística, apresenta características técnicas e/ou táticas que o torna passível de emprego bélico ou é utilizado no processo de fabricação de produto com aplicação militar.

Propelentes ou baixos explosivos: são os que têm por finalidade a produção de um efeito balístico. Sua transformação é a deflagração e o impulso inicial que exigem a chama (calor). Apresentam como característica importante uma velocidade de transformação que pode ser controlada.

Proteções balísticas: produto com a finalidade de deter o impacto ou modificar a trajetória de um projétil contra ele disparado.

Réplica ou Simulacro de arma de fogo: para fins do disposto no art. 26 do Estatuto do Desarmamento, é um objeto que, visualmente, pode ser confundido com uma arma de fogo, mas que não possui aptidão para a realização de tiro de qualquer natureza.

Tipo de produtos controlados: é a classificação primária dos produtos controlados pelo Exército que os distingue em função de características e efeitos.

Trem explosivo: nome dado ao arranjamento dos engenhos energéticos, cujas características de sensibilidade e potência determinam a sua disposição de maneira crescente com relação à potência e decrescente com relação à sensibilidade.

Uso industrial: quando um produto controlado pelo Exército é empregado em um processo industrial.

DECRETO N. 9.507, DE 21 DE SETEMBRO DE 2018

Dispõe sobre a execução indireta, mediante contratação, de serviços da administração pública federal direta, autárquica e fundacional e das empresas públicas e das sociedades de economia mista controladas pela União.

› *DOU*, 24.9.2018.

O Presidente da República, no uso das atribuições que lhe confere o art. 84, *caput*, inciso IV e VI, alínea "a", da Constituição, e tendo em vista o disposto no § 7º do art. 10 do Decreto-Lei n. 200, de 25 de fevereiro de 1967, e na Lei n. 8.666, de 21 de junho de 1993,

Decreta:

CAPÍTULO I DISPOSIÇÕES PRELIMINARES

Âmbito de aplicação e objeto

ART. 1º Este Decreto dispõe sobre a execução indireta, mediante contratação, de serviços da administração pública federal direta, autárquica e fundacional e das empresas públicas e das sociedades de economia mista controladas pela União.

ART. 2º Ato do Ministro de Estado do Planejamento, Desenvolvimento e Gestão estabelecerá os serviços que serão preferencialmente objeto de execução indireta mediante contratação.

CAPÍTULO II DAS VEDAÇÕES

Administração Pública federal direta, autárquica e fundacional

ART. 3º Não serão objeto de execução indireta na administração pública federal direta, autárquica e fundacional, os serviços:

I - que envolvam a tomada de decisão ou posicionamento institucional nas áreas de planejamento, coordenação, supervisão e controle;

II - que sejam considerados estratégicos para o órgão ou a entidade, cuja terceirização possa colocar em risco o controle de processos e de conhecimentos e tecnologias;

III - que estejam relacionados ao poder de polícia, de regulação, de outorga de serviços públicos e de aplicação de sanção; e

IV - que sejam inerentes às categorias funcionais abrangidas pelo plano de cargos do órgão ou da entidade, exceto disposição legal em contrário ou quando se tratar de cargo extinto, total ou parcialmente, no âmbito do quadro geral de pessoal.

§ 1º Os serviços auxiliares, instrumentais ou acessórios de que tratam os incisos do *caput* poderão ser executados de forma indireta, vedada a transferência de responsabilidade para a realização de atos administrativos ou a tomada de decisão para o contratado.

§ 2º Os serviços auxiliares, instrumentais ou acessórios de fiscalização e consentimento relacionados ao exercício do poder de polícia não serão objeto de execução indireta.

Empresas públicas e sociedades de economia mista controladas pela União

ART. 4º Nas empresas públicas e nas sociedades de economia mista controladas pela União, não serão objeto de execução indireta os serviços que demandem a utilização, pela contratada, de profissionais com atribuições inerentes às dos cargos integrantes de seus Planos de Cargos e Salários, exceto se contrariar os princípios administrativos da eficiência, da economicidade e da razoabilidade, tais como na ocorrência de, ao menos, uma das seguintes hipóteses:

I - caráter temporário do serviço;

II - incremento temporário do volume de serviços;

III - atualização de tecnologia ou especialização de serviço, quando for mais atual e segura, que reduzem o custo ou for menos prejudicial ao meio ambiente; ou

IV - impossibilidade de competir no mercado concorrencial em que se insere.

§ 1º As situações de exceção a que se referem os incisos I e II do *caput* poderão estar relacionadas às especificidades da localidade ou à necessidade de maior abrangência territorial.

§ 2º Os empregados da contratada com atribuições semelhantes ou não com as atribuições da contratante atuarão somente no desenvolvimento dos serviços contratados.

§ 3º Não se aplica a vedação do *caput* quando se tratar de cargo extinto ou em processo de extinção.

§ 4º O Conselho de Administração ou órgão equivalente das empresas públicas e das sociedades de economia mista controladas pela União estabelecerá o conjunto de atividades que serão passíveis de execução indireta, mediante contratação de serviços.

Vedação de caráter geral

ART. 5º É vedada a contratação, por órgão ou entidade de que trata o art. 1º, de pessoa jurídica na qual haja administrador ou sócio com poder de direção que tenham relação de parentesco com:

I - detentor de cargo em comissão ou função de confiança que atue na área responsável pela demanda ou pela contratação; ou

II - autoridade hierarquicamente superior no âmbito de cada órgão ou entidade.

CAPÍTULO III DO INSTRUMENTO CONVOCATÓRIO E DO CONTRATO

Regras gerais

ART. 6º Para a execução indireta de serviços, no âmbito dos órgãos e das entidades de que trata o art. 1º, as contratações deverão ser precedidas de planejamento e o objeto será definido de forma precisa no instrumento convocatório, no projeto básico ou no termo de referência e no contrato como exclusivamente de prestação de serviços.

Parágrafo único. Os instrumentos convocatórios e os contratos de que trata o *caput* poderão prever padrões de aceitabilidade e nível de desempenho para aferição da qualidade esperada na prestação dos serviços, com previsão de adequação de pagamento em decorrência do resultado.

ART. 7º É vedada a inclusão de disposições nos instrumentos convocatórios que permitam:

I - a indexação de preços por índices gerais, nas hipóteses de alocação de mão de obra;

II - a caracterização do objeto como fornecimento de mão de obra;

III - a previsão de reembolso de salários pela contratante; e

IV - a pessoalidade e a subordinação direta dos empregados da contratada aos gestores da contratante.

Disposições contratuais obrigatórias

ART. 8º Os contratos de que trata este decreto conterão cláusulas que:

I - exijam da contratada declaração de responsabilidade exclusiva sobre a quitação dos encargos trabalhistas e sociais decorrentes do contrato;

II - exijam a indicação de preposto da contratada para representá-la na execução do contrato;

III - estabeleçam que o pagamento mensal pela contratante ocorrerá após a comprovação do pagamento das obrigações trabalhistas, previdenciárias e para com o Fundo de Garantia do Tempo de Serviço - FGTS pela contratada relativas aos empregados que tenham participado da execução dos serviços contratados;

IV - estabeleçam a possibilidade de rescisão do contrato por ato unilateral e escrito do contratante e a aplicação das penalidades cabíveis, na hipótese de não pagamento dos salários e das verbas trabalhistas, e pelo não recolhimento das contribuições sociais, previdenciárias e para com o FGTS;

V - prevejam, com vistas à garantia do cumprimento das obrigações trabalhistas nas contratações de serviços continuados com dedicação exclusiva de mão de obra:

a) que os valores destinados ao pagamento de férias, décimo terceiro salário, ausências legais e verbas rescisórias dos empregados da contratada que participarem da execução dos serviços contratados serão efetuados pela contratante à contratada somente na ocorrência do fato gerador; ou

b) que os valores destinados ao pagamento das férias, décimo terceiro salário e verbas rescisórias dos empregados da contratada que participarem da execução dos serviços contratados serão depositados pela contratante em conta vinculada específica, aberta em nome da contratada, e com movimentação autorizada pela contratante;

VI - exijam a prestação de garantia, inclusive para pagamento de obrigações de natureza trabalhista, previdenciária e para com o FGTS, em valor correspondente a cinco por cento do valor do contrato, limitada ao equivalente a dois meses do custo da folha de pagamento dos empregados da contratada que venham a participar da execução dos serviços contratados, com prazo de validade de até noventa dias, contado da data de encerramento do contrato; e

VII - prevejam a verificação pela contratante, do cumprimento das obrigações trabalhistas, previdenciárias e para com o FGTS, em relação aos empregados da contratada que participarem da execução dos serviços contratados, em especial, quanto:

a) ao pagamento de salários, adicionais, horas extras, repouso semanal remunerado e décimo terceiro salário;

b) à concessão de férias remuneradas e ao pagamento do respectivo adicional;

c) à concessão do auxílio-transporte, auxílio-alimentação e auxílio-saúde, quando for devido;

d) aos depósitos do FGTS; e

e) ao pagamento de obrigações trabalhistas e previdenciárias dos empregados dispensados até a data da extinção do contrato.

§ 1º Na hipótese de não ser apresentada a documentação comprobatória do cumprimento das obrigações trabalhistas, previdenciárias e para com o FGTS de que trata o inciso VII do *caput* deste artigo, a contratante comunicará o fato à contratada e reterá o pagamento da fatura mensal, em valor proporcional ao inadimplemento, até que a situação esteja regularizada.

§ 2º Na hipótese prevista no § 1º e em não havendo quitação das obrigações por parte da contratada, no prazo de até quinze dias, a contratante poderá efetuar o pagamento das obrigações diretamente aos empregados da contratada que tenham participado da execução dos serviços contratados.

§ 3º O sindicato representante da categoria do trabalhador deve ser notificado pela contratante para acompanhar o pagamento das verbas referidas nos § 1º e § 2º.

§ 4º O pagamento das obrigações de que trata o § 2º, caso ocorra, não configura vínculo empregatício ou implica a assunção de responsabilidade por quaisquer obrigações dele decorrentes entre a contratante e os empregados da contratada.

ART. 9º Os contratos de prestação de serviços continuados que envolvam disponibilização de pessoal da contratada de forma prolongada ou contínua para consecução do objeto contratual exigirão:

I - apresentação pela contratada do quantitativo de empregados vinculados à execução do objeto do contrato de prestação de serviços, a lista de identificação destes empregados e respectivos salários;

II - o cumprimento das obrigações estabelecidas em acordo, convenção, dissídio coletivo de trabalho ou equivalentes das categorias abrangidas pelo contrato; e

III - a relação de benefícios a serem concedidos pela contratada a seus empregados, que conterá, no mínimo, o auxílio-transporte e o auxílio-alimentação, quando esses forem concedidos pela contratante.

Parágrafo único. A administração pública não se vincula às disposições estabelecidas em acordos, dissídios ou convenções coletivas de trabalho que tratem de:

I - pagamento de participação dos trabalhadores nos lucros ou nos resultados da empresa contratada;

II - matéria não trabalhista, ou que estabeleçam direitos não previstos em lei, tais como valores ou índices obrigatórios de encargos sociais ou previdenciários; e

III - preços para os insumos relacionados ao exercício da atividade.

Gestão e fiscalização da execução dos contratos

ART. 10. A gestão e a fiscalização da execução dos contratos compreendem o conjunto de ações que objetivam:

I - aferir o cumprimento dos resultados estabelecidos pela contratada;

II - verificar a regularidade das obrigações previdenciárias, fiscais e trabalhistas; e

III - prestar apoio à instrução processual e ao encaminhamento da documentação pertinente para a formalização dos procedimentos relativos a repactuação, reajuste, alteração, reequilíbrio, prorrogação, pagamento, aplicação de sanções, extinção dos contratos, entre outras, com vistas a assegurar o cumprimento das cláusulas do contrato a solução de problemas relacionados ao objeto.

ART. 11. A gestão e a fiscalização de que trata o art. 10 competem ao gestor da execução dos contratos, auxiliado pela fiscalização técnica, administrativa, setorial e pelo público usuário e, se necessário, poderá ter o auxílio de terceiro ou de empresa especializada, desde que justificada a necessidade de assistência especializada.

CAPÍTULO IV
DA REPACTUAÇÃO E REAJUSTE

Repactuação

ART. 12. Será admitida a repactuação de preços dos serviços continuados sob regime de mão de obra exclusiva, com vistas à adequação ao preço de mercado, desde que:

I - seja observado o interregno mínimo de um ano das datas dos orçamentos para os quais a proposta se referir; e

II - seja demonstrada de forma analítica a variação dos componentes dos custos do contrato, devidamente justificada.

Reajuste

ART. 13. O reajuste em sentido estrito, espécie de reajuste nos contratos de serviço continuado sem dedicação exclusiva de mão de obra, consiste na aplicação de índice de correção monetária estabelecido no contrato, que retratará a variação efetiva do custo de produção, admitida a adoção de índices específicos ou setoriais.

§ 1º É admitida a estipulação de reajuste em sentido estrito nos contratos de prazo de duração igual ou superior a um ano, desde que não haja regime de dedicação exclusiva de mão de obra.

§ 2º Nas hipóteses em que o valor dos contratos de serviços continuados seja preponderantemente formado pelos custos dos insumos, poderá ser adotado o reajuste de que trata este artigo.

CAPÍTULO V
DISPOSIÇÕES FINAIS

Orientações gerais

ART. 14. As empresas públicas e as sociedades de economia mista controladas pela União adotarão os mesmos parâmetros das sociedades privadas naquilo que não contrariar seu regime jurídico e o disposto neste Decreto.

ART. 15. O Ministério do Planejamento, Desenvolvimento e Gestão expedirá normas complementares ao cumprimento do disposto neste Decreto.

Disposições transitórias

ART. 16. Os contratos celebrados até a data de entrada em vigor deste Decreto, com fundamento no Decreto n. 2.271, de 7 de julho de 1997, ou os efetuados por empresas públicas, sociedades de economia mista controladas direta ou indiretamente pela União, poderão ser prorrogados, na forma do § 2º do art. 57 da Lei n. 8.666, de 21 de junho de 1993, e observada, no que couber, a Lei n. 13.303, de 30 de junho de 2016, desde que devidamente ajustados ao disposto neste Decreto.

Revogação

ART. 17. Fica revogado o Decreto n. 2.271, de 1997.

Vigência

ART. 18. Este Decreto entra em vigor cento e vinte dias após a data de sua publicação.

Brasília, 21 de setembro de 2018; 197º da Independência e 130º da República.

MICHEL TEMER

DECRETO N. 9.574, DE 22 DE NOVEMBRO DE 2018

Consolida atos normativos editados pelo Poder Executivo federal que dispõem sobre gestão coletiva de direitos autorais e fonogramas, de que trata a Lei n. 9.610, de 19 de fevereiro de 1998.

▸ *DOU*, 23.11.2018, republicado em 23.11.2018 - Edição extra.

O Presidente da República, no uso das atribuições que lhe conferem o art. 84, *caput*, incisos IV e VI, alínea "a", da Constituição, e tendo em vista o disposto na Lei n. 9.610, de 19 de fevereiro de 1998, e na Lei Complementar n. 95, de 26 de fevereiro de 1998,

Decreta:

CAPÍTULO I
DISPOSIÇÕES PRELIMINARES

ART. 1º Este Decreto consolida os atos normativos editados pelo Poder Executivo federal que dispõem sobre gestão coletiva de direitos autorais e fonogramas, em observância ao disposto na Lei Complementar n. 95, de 26 de fevereiro de 1998, e no Decreto n. 9.191, de 1º de novembro de 2017.

§ 1º Para fins do disposto neste Decreto, considera-se consolidação a reunião de atos normativos pertinentes a determinada matéria em um único diploma legal, com a revogação formal daqueles atos normativos incorporados à consolidação e sem a modificação do alcance nem da interrupção da força normativa dos dispositivos consolidados, nos termos do disposto no art. 13, § 1º, da Lei Complementar n. 95, de 1998, e no art. 45 do Decreto n. 9.191, de 2017.

§ 2º A consolidação de atos normativos tem por objetivo eliminar do ordenamento jurídico brasileiro normas de conteúdo idêntico ou divergente, observado o disposto no art. 46 do Decreto n. 9.191, de 2017.

CAPÍTULO II
DA GESTÃO COLETIVA DE DIREITOS AUTORAIS

SEÇÃO I
DA HABILITAÇÃO

ART. 2º O exercício da atividade de cobrança de direitos autorais a que se refere o art. 98 da Lei n. 9.610, de 1998, somente será lícito para as associações que obtiverem habilitação junto ao Ministério da Cultura, observado o disposto no art. 98-A da referida Lei e neste Decreto.

ART. 3º O requerimento para a habilitação das associações de gestão coletiva que desejarem realizar a atividade de cobrança a que se refere o art. 2º deverá ser protocolado junto ao Ministério da Cultura.

§ 1º O Ministério da Cultura disporá sobre o procedimento administrativo e a documentação de habilitação para a realização da atividade de cobrança, na forma prevista na legislação, observados os princípios do contraditório e da ampla defesa.

§ 2º Na hipótese de a associação desejar realizar atividade de cobrança relativa a obras intelectuais protegidas de diferentes categorias ou a várias modalidades de utilização, na forma prevista, respectivamente, no art. 7º e no art. 29 da Lei n. 9.610, de 1998, deverá requerer habilitação para cada uma das atividades de cobrança separadamente, que serão consideradas independentes para fins do disposto neste Decreto.

§ 3º Para o procedimento de que trata o § 1º, o Ministério da Cultura poderá conceder habilitação provisória para a atividade de cobrança, com condicionantes, pelo prazo de um ano, admitida uma prorrogação por igual período.

§ 4º O não cumprimento das condicionantes estabelecidas na decisão que conceder a habilitação provisória implicará a sua revogação.

§ 5º As associações habilitadas provisoriamente pelo Ministério da Cultura, nos termos do disposto no § 3º, não terão direito ao voto unitário previsto no § 1º do art. 99 da Lei n. 9.610, de 1998.

ART. 4º O pedido de habilitação de associação que desejar realizar atividade de cobrança da mesma natureza que a já executada por outras associações só será concedido se o número de seus associados ou de suas obras administradas corresponder ao percentual mínimo do total relativo às associações já habilitadas, na forma definida em ato do Ministro de Estado da Cultura, consideradas as diferentes categorias e modalidades de utilização das obras intelectuais administradas, conforme o disposto no art. 7º e no art. 29 da Lei n. 9.610, de 1998.

Parágrafo único. No caso das associações a que se refere o art. 99 da Lei n. 9.610, de 1998, que desejarem realizar a atividade de cobrança, o pedido de habilitação só será concedido àquela que possuir titulares de direitos e repertório de obras, de interpretações ou execuções e de fonogramas que gerem distribuição equivalente ao percentual mínimo da distribuição do Escritório Central, na forma estabelecida em ato do Ministro de Estado da Cultura, observado o disposto no § 4º do art. 99 da referida Lei.

ART. 5º As associações de gestão coletiva de direitos autorais que, na data da entrada em vigor da Lei n. 12.853, de 2013, estavam legalmente constituídas e arrecadavam e distribuíam os direitos autorais das obras, das interpretações ou execuções e dos fonogramas são habilitadas para exercerem a atividade econômica de cobrança até 25 de fevereiro de 2019, desde que apresentem a documentação a que se refere o § 1º do art. 3º ao Ministério da Cultura até 26 de fevereiro de 2018.

SEÇÃO II
DO EXERCÍCIO DA ATIVIDADE DE COBRANÇA

ART. 6º Os preços pela utilização de obras e fonogramas deverão ser estabelecidos pelas associações em assembleia geral, convocada em conformidade com as normas estatutárias e amplamente divulgada entre os associados, considerados a razoabilidade, a boa-fé e os usos do local de utilização das obras.

§ 1º No caso das associações referidas no art. 99 da Lei n. 9.610, de 1998, os preços serão estabelecidos e unificados em assembleia geral do Escritório Central, nos termos estabelecidos em seu estatuto, considerados os parâmetros e as diretrizes aprovados anualmente pelas assembleias gerais das associações que o compõem.

§ 2º Os preços a que se referem o *caput* e no § 1º servirão como referência para a cobrança dos usuários, observada a possibilidade de negociação quanto aos valores e de contratação de licenças de utilização de acordo com particularidades, observado o disposto nos art. 7º, art. 8º e art. 9º.

§ 3º Os critérios de cobrança para cada tipo de usuário serão considerados no estabelecimento dos critérios de distribuição dos valores cobrados do mesmo tipo de usuário, mantida a correlação entre ambos.

ART. 7º A cobrança terá como princípios a eficiência e a isonomia, e não deverá haver discriminação entre usuários que apresentem as mesmas características.

ART. 8º Será considerada proporcional ao grau de utilização das obras e dos fonogramas pelos usuários a cobrança que observe critérios como:

I - tempo de utilização de obras ou fonogramas protegidos;

II - número de utilizações de obras ou fonogramas protegidos; e

III - proporção de obras e fonogramas utilizados que não estejam em domínio público ou que não se encontrem licenciados mediante gestão individual de direitos ou sob outro regime de licenças que não o da gestão coletiva da associação licenciante.

ART. 9º A cobrança considerará a importância da utilização das obras e dos fonogramas no exercício das atividades dos usuários e as particularidades de cada segmento de usuários, observados critérios como:

I - importância ou relevância da utilização das obras e dos fonogramas para a atividade fim do usuário;

II - limitação do poder de escolha do usuário, no todo ou em parte, sobre o repertório a ser utilizado;

III - região da utilização das obras e dos fonogramas;

IV - utilização por entidades beneficentes de assistência social certificadas nos termos do disposto na Lei n. 12.101, de 27 de novembro de 2009; e

V - utilização por emissoras de televisão ou rádio públicas, estatais, comunitárias, educativas ou universitárias.

§ 1º Na hipótese prevista no inciso V do *caput*, os critérios de cobrança deverão considerar se a emissora explora comercialmente, em sua grade de programação, a publicidade de produtos ou serviços, vedada a utilização de critérios de cobrança que tenham como parâmetro percentual de orçamento público.

§ 2º O Escritório Central de que trata o art. 99 da Lei n. 9.610, de 1998, e as associações que o integram observarão os critérios dispostos nesta Seção e deverão classificar os usuários por segmentos, de acordo com as suas particularidades, de forma objetiva e fundamentada.

SEÇÃO III
DO CADASTRO

ART. 10. As associações de gestão coletiva de direitos autorais e dos que lhes são conexos deverão manter cadastro centralizado de todos os contratos, declarações ou documentos de qualquer natureza que comprovem a autoria e a titularidade das obras, das interpretações ou execuções e dos fonogramas, e das participações individuais em cada obra, interpretação ou execução e em cada fonograma.

§ 1º As associações a que se refere o art. 99 da Lei n. 9.610, de 1998, além do cadastro a que se refere o *caput*, deverão centralizar no Escritório Central, base de dados que contenha todas as informações referentes à autoria e à titularidade das obras, das interpretações ou execuções e dos fonogramas, e às participações individuais em cada obra, interpretação ou execução e em cada fonograma, contidas nos contratos, nas declarações ou em outros documentos de qualquer natureza, observado o disposto em ato do Ministro de Estado da Cultura.

§ 2º As associações deverão se prevenir contra o falseamento de dados e fraudes, e assumir, para todos os efeitos, a responsabilidade pelos dados que cadastrarem.

§ 3º As associações que mantiverem acordos de representação recíproca ou unilateral com entidades congêneres com sede no exterior deverão obter e transferir para o cadastro de que trata o *caput* as informações relativas à autoria, à titularidade e às participações individuais das obras, das interpretações ou execuções e dos fonogramas produzidos em seus países de origem, as fichas cadastrais que registrem a presença de interpretações ou execuções ou a inserção das obras musicais e dos fonogramas em obras audiovisuais ou em programas de televisão, e assumir, para todos os efeitos, a responsabilidade por tais informações.

ART. 11. As associações deverão, na forma estabelecida em ato do Ministro de Estado da Cultura, tornar disponíveis, gratuitamente:

I - ao público e aos seus associados informações, sobre autoria e titularidade das obras, das interpretações ou execuções e dos fonogramas; e

II - ao Ministério da Cultura, para fins de consulta, informações adicionais sobre os titulares das obras, das interpretações ou execuções e dos fonogramas.

Parágrafo único. No caso das associações a que se refere o art. 99 da Lei n. 9.610, de 1998, o cumprimento das obrigações previstas neste artigo poderá ser realizado por meio da disponibilização das informações pelo Escritório Central.

ART. 12. A retificação de informações e as medidas necessárias à regularização do cadastro de que tratam o § 6º e o § 8º do art. 99 da Lei n. 9.610, de 1998, serão objeto de ato do Ministro de Estado da Cultura.

SEÇÃO IV
DA GESTÃO INDIVIDUAL DE DIREITOS AUTORAIS OU CONEXOS

ART. 13. Os titulares de direitos autorais ou de direitos conexos poderão praticar pessoalmente os atos necessários à defesa judicial ou extrajudicial de seus direitos, cobrar e estabelecer o preço pela utilização de suas obras ou seus fonogramas, por meio de comunicação prévia à associação de gestão coletiva a que estiverem filiados, encaminhada com o prazo de até quarenta e oito horas de antecedência da prática dos atos, que será suspenso nos dias não úteis.

§ 1º Na hipótese de obras e fonogramas com titularidade compartilhada, a comunicação prévia deverá ser feita por todos os titulares às suas associações.

§ 2º Cabe às associações de gestão coletiva de que trata o art. 99 da Lei n. 9.610, de 1998, repassar imediatamente ao Escritório Central a decisão do seu associado relativa ao exercício dos direitos previstos no *caput*.

SEÇÃO V
DA TRANSPARÊNCIA

ART. 14. As associações e os entes arrecadadores habilitados para exercer a atividade de cobrança deverão dar publicidade e transparência às suas atividades, dentre outros, pelos seguintes meios:

I - apresentação anual, ao Ministério da Cultura, de documentos que permitam a verificação do cumprimento ao disposto na Lei n. 9.610, de 1998 e na legislação correlata;

II - divulgação, por meio de sítios eletrônicos próprios, das formas de cálculo e dos critérios de cobrança e de distribuição; e

III - disponibilização de sistema de informação para acompanhamento, pelos titulares de direitos, das informações sobre os valores arrecadados e distribuídos referentes às obras, às interpretações ou execuções ou aos fonogramas de sua titularidade.

Parágrafo único. Ato do Ministro de Estado da Cultura disporá sobre a forma de cumprimento ao disposto neste artigo.

ART. 15. Observado o disposto no § 10 e no § 11 do art. 98 da Lei n. 9.610, de 1998, as associações deverão disponibilizar aos seus associados, semestralmente, relação consolidada dos títulos das obras, das interpretações ou execuções e dos fonogramas que tiveram seu uso captado, mas cuja identificação não tenha sido possível em decorrência de:

I - inexistência de dados correspondentes no cadastro;

II - insuficiência das informações recebidas de usuários; ou

III - outras inconsistências.

§ 1º No caso das obras musicais, literomusicais e dos fonogramas que tiveram seu uso captado, mas cuja identificação não tenha sido possível nos termos do disposto no *caput*, o Escritório Central deverá disponibilizar às associações de titulares que o integram sistema de consulta permanente e em tempo real para a identificação dos créditos retidos e fornecer às referidas associações, semestralmente, relação consolidada contendo os títulos das obras, das interpretações ou execuções e dos fonogramas.

§ 2º Ato do Ministro de Estado da Cultura determinará as informações que deverão constar da relação a que se referem o *caput* e o § 1º.

§ 3º As associações deverão estabelecer regras para a solução célere e eficiente de casos de conflitos de informações cadastrais que resultem na retenção da distribuição de valores aos titulares das obras, das interpretações ou execuções e dos fonogramas.

ART. 16. Caberá às associações disponibilizar sistema de informação para comunicação periódica, pelo usuário, da totalidade das obras, das interpretações ou execuções e dos fonogramas utilizados.

§ 1º Caberá à associação responsável pela cobrança ou ao Escritório Central a aferição da veracidade das informações prestadas pelos usuários.

§ 2º Nas hipóteses em que determinado tipo de utilização tornar inviável ou impraticável a apuração exata das utilizações das obras, das interpretações ou execuções e dos fonogramas, as associações responsáveis pela cobrança poderão adotar critérios de amostragem baseados em informações estatísticas, inquéritos, pesquisas ou outros métodos de aferimento que permitam o conhecimento mais aproximado da realidade.

ART. 17. As associações de gestão coletiva de direitos autorais deverão prestar contas dos valores devidos aos seus associados na forma estabelecida em ato do Ministro de Estado da Cultura, observado o disposto na Lei n. 9.610, de 1998.

SEÇÃO VI
DAS ASSOCIAÇÕES E DO ESCRITÓRIO CENTRAL

ART. 18. As associações que realizem atividade de cobrança relativa a obras intelectuais protegidas de diferentes categorias ou a várias modalidades de utilização, na forma prevista, respectivamente, no art. 7º e no art. 29 da Lei n. 9.610, de 1998, deverão gerir e contabilizar separadamente os respectivos recursos.

ART. 19. Sem prejuízo do disposto no § 5º e no § 6º do art. 97 da Lei n. 9.610, de 1998, a associação poderá contratar administradores ou manter conselho de administração formado por seus associados para a gestão de seus negócios.

§ 1º Para fins do disposto no *caput*, os administradores contratados ou o conselho de administração não terão poder deliberativo.

§ 2º Toda forma e qualquer valor de remuneração ou ajuda de custo dos dirigentes das associações e do Escritório Central, dos administradores e dos membros do conselho de administração deverá ser homologada em assembleia geral, convocada em conformidade com as normas estatutárias e amplamente divulgada entre os associados.

ART. 20. As associações, por decisão do seu órgão máximo de deliberação e conforme previsto em seus estatutos, poderão destinar até vinte por cento da totalidade ou de parte dos recursos oriundos de suas atividades para ações de natureza cultural ou social que beneficiem seus associados de forma coletiva e com base em critérios não discriminatórios, tais como:

I - assistência social;

II - fomento à criação e à divulgação de obras; e

III - capacitação ou qualificação de associados.

ART. 21. A pessoa jurídica constituída como ente arrecadador de direitos de execução pública de obras musicais, literomusicais e fonogramas que desejar realizar a atividade de cobrança, nos termos do disposto no art. 98 da Lei n. 9.610, de 1998, deverá requerer habilitação e encaminhar ao Ministério da Cultura a documentação pertinente, no prazo máximo de trinta dias, contado da data de entrega do requerimento de reconhecimento, observado o disposto no art. 3º, no que couber.

Parágrafo único. O ente arrecadador cuja habilitação seja indeferida, revogada, anulada, inexistente, pendente de apreciação pela autoridade competente ou apresente qualquer outra forma de irregularidade não poderá utilizar tais fatos como impedimento para distribuição de eventuais valores já arrecadados, sob pena de responsabilização de seus dirigentes nos termos do disposto no art. 100-A da Lei n. 9.610, de 1998, sem prejuízo das sanções penais cabíveis.

SEÇÃO VII
DAS OBRIGAÇÕES DOS USUÁRIOS

ART. 22. O usuário entregará à entidade responsável pela arrecadação dos direitos autorais relativos à execução ou à exibição pública, imediatamente após o ato de comunicação ao público, relação completa das obras, dos seus autores e dos fonogramas utilizados, e a tornará pública e acessível, juntamente com os valores pagos, em seu sítio eletrônico ou, na inexistência deste, em local de comunicação ao público e em sua sede.

§ 1º Ato do Ministro de Estado da Cultura estabelecerá a forma de cumprimento do disposto no *caput* sempre que o usuário final fizer uso de obras e fonogramas a partir de ato de comunicação ao público realizado por terceiros.

§ 2º O usuário poderá cumprir o disposto no *caput* por meio da indicação do endereço eletrônico do Escritório Central, no qual deverá estar disponível a relação completa de obras musicais e fonogramas utilizados.

§ 3º Ato do Ministro de Estado da Cultura disporá sobre as obrigações dos usuários no que se refere à execução pública de obras e fonogramas inseridos em obras e outras produções audiovisuais, especialmente no que concerne ao fornecimento de informações que identifiquem as obras e os fonogramas e os seus titulares.

ART. 23. Quando o usuário deixar de prestar as informações devidas ou prestá-las de forma incompleta ou falsa, a entidade responsável pela cobrança poderá encaminhar representação ao Ministério da Cultura, a fim de que seja aplicada a multa prevista no art. 33.

ART. 24. Na hipótese de anulação, revogação ou indeferimento da habilitação, de ausência ou de dissolução de associação ou ente arrecadador, fica mantida a responsabilidade de o usuário quitar as suas obrigações até a habilitação de entidade sucessora, que ficará responsável pela fixação dos valores dos direitos autorais ou conexos em relação ao período em que não havia entidade habilitada para cobrança.

SEÇÃO VIII
DA MEDIAÇÃO E DA ARBITRAGEM

ART. 25. Sem prejuízo da apreciação pelo Poder Judiciário e, quando couber, pelos órgãos do Sistema Brasileiro de Defesa da Concorrência, o Ministério da Cultura poderá:

I - promover a mediação e a conciliação entre usuários e titulares de direitos autorais ou seus mandatários, em relação à falta de pagamento, aos critérios de cobrança, às formas de oferecimento de repertório e aos valores de arrecadação, e entre titulares e suas associações, em relação aos valores e aos critérios de distribuição, de acordo com o Regulamento de Mediação, Conciliação e Arbitragem; e

II - dirimir os litígios entre usuários e titulares de direitos autorais ou seus mandatários e entre titulares e suas associações, na forma prevista na Lei n. 9.307, de 23 de setembro de 1996, e de acordo com o Regulamento de Mediação, Conciliação e Arbitragem.

§ 1º Ato do Ministro de Estado da Cultura aprovará o Regulamento de Mediação, Conciliação e Arbitragem a que se referem os incisos I e II do *caput*.

§ 2º O Ministério da Cultura poderá, ainda, com o objetivo de estimular a resolução de controvérsias por meio de mediação e arbitragem, publicar edital para credenciamento de mediadores e árbitros com comprovada experiência e notório saber na área de direito autoral, que poderão ser escolhidos pelas partes na forma prevista na Lei n. 9.307, de 1996.

§ 3º É facultada a utilização de outros serviços de mediação e arbitragem além daqueles mencionados no *caput* e no § 2º.

SEÇÃO IX
DA COMISSÃO PERMANENTE PARA O APERFEIÇOAMENTO DA GESTÃO COLETIVA

ART. 26. O Ministério da Cultura constituirá a Comissão Permanente para o Aperfeiçoamento da Gestão Coletiva, de caráter consultivo, que terá como objetivo promover o aprimoramento contínuo da gestão coletiva de direitos autorais no País por meio da análise da atuação e dos resultados obtidos pelas entidades brasileiras e do exame das melhores práticas internacionais.

Parágrafo único. O ato de constituição da Comissão Permanente para o Aperfeiçoamento da Gestão Coletiva deverá dispor sobre os prazos e a forma de designação de seus membros e aprovar o seu regimento interno.

ART. 27. A Comissão Permanente para o Aperfeiçoamento da Gestão Coletiva terá as seguintes atribuições:

I - monitorar o cumprimento dos princípios e das regras estabelecidos na Lei n. 9.610, de 1998, e neste Decreto pelas associações de gestão coletiva, pelo Escritório Central e pelos usuários, além de poder solicitar ao Ministério da Cultura as informações e os documentos que julgar necessários;

II - recomendar ao Ministério da Cultura a adoção de medidas, tais como a representação ao Ministério Público ou ao Conselho Administrativo de Defesa Econômica - CADE, quando verificada irregularidade cometida pelas associações de gestão coletiva, pelo Escritório Central ou pelos usuários;

III - pronunciar-se, quando solicitado pelo Ministério da Cultura, sobre os processos administrativos referentes a sanções às associações de gestão coletiva, ao Escritório Central ou aos usuários;

IV - pronunciar-se, quando solicitado pelo Ministério da Cultura, sobre os regulamentos de cobrança e distribuição das associações de gestão coletiva e do Escritório Central;

V - subsidiar o Ministério da Cultura, quando por este solicitado, na elaboração de normas complementares necessárias à execução e ao cumprimento do disposto na Lei n. 9.610, de 1998, e neste Decreto;

VI - sugerir ao Ministério da Cultura a elaboração de estudos, pareceres, relatórios ou notas técnicas;

VII - monitorar os resultados da mediação e da arbitragem promovida nos termos do disposto no art. 25;

VIII - pronunciar-se, quando solicitado pelo Ministério da Cultura, sobre outros assuntos relativos à gestão coletiva de direitos autorais; e

IX - propor alterações ao seu regimento interno.

ART. 28. A Comissão Permanente para o Aperfeiçoamento da Gestão Coletiva será composta por membros, titulares e suplentes, dos seguintes órgãos e entidades:

I - três representantes do Ministério da Cultura, dentre os quais um exercerá a função de Coordenador;

II - um representante do Ministério da Justiça;

III - um representante do Ministério das Relações Exteriores;

IV - um representante do Ministério da Indústria, Comércio Exterior e Serviços;

V - um representante do Conselho Administrativo de Defesa Econômica - Cade;

VI - um representante da Agência Nacional do Cinema - Ancine;

VII - um representante do Ministério Público Federal;

VIII - um representante da Câmara dos Deputados;

IX - um representante do Senado Federal;

X - cinco representantes de associações representativas de titulares de direitos autorais; e

XI - cinco representantes de associações representativas de usuários.

§ 1º Os membros, titulares e suplentes, de que tratam o inciso I ao inciso IX do *caput* serão indicados pelos titulares dos órgãos e das entidades que representam e designados em ato do Ministro de Estado da Cultura.

§ 2º O regimento interno da Comissão Permanente para o Aperfeiçoamento da Gestão Coletiva disporá sobre a indicação e a designação dos representantes titulares e suplentes a que se referem os incisos X e XI do *caput*, que deverão ser pessoas de notório saber na área de direitos autorais e de direitos conexos.

§ 3º Os membros, titulares e suplentes, a que se referem os incisos X e XI do *caput* serão designados em ato do Ministro de Estado da Cultura para mandato de dois anos, admitida uma recondução.

§ 4º A Secretaria-Executiva será exercida pelo Ministério da Cultura, que prestará o apoio técnico e administrativo necessário ao funcionamento da Comissão Permanente para o Aperfeiçoamento da Gestão Coletiva.

§ 5º A participação na Comissão Permanente para o Aperfeiçoamento da Gestão Coletiva será considerada prestação de serviço público relevante, não remunerada.

SEÇÃO X
DAS SANÇÕES

ART. 29. O não cumprimento das normas previstas no Título VI da Lei n. 9.610, de 1998, sujeitará as associações e o Escritório Central às sanções previstas no § 2º e no § 3º do art. 98-A da referida Lei, sem prejuízo das sanções civis e penais cabíveis e da comunicação do fato ao Ministério Público.

ART. 30. Para fins do disposto na Lei n. 9.610, de 1998, e neste Decreto, considera-se infração administrativa:

I - descumprir, no processo de eleição ou no mandato dos dirigentes das associações, o disposto no § 5º e no § 6º do art. 97 e no § 13 e no § 14 do art. 98 da Lei n. 9.610, de 1998;

II - exercer a atividade de cobrança em desacordo com o disposto na Seção II deste Capítulo;

III - tratar os associados de forma desigual ou discriminatória ou oferecer valores, proveitos ou vantagens de forma individualizada, não estendidos ao conjunto de titulares de mesma categoria;

IV - distribuir valores de forma arbitrária e sem correlação com o que é cobrado do usuário;

V - inserir dados, informações ou documentos que saiba, ou tenha razões para saber, serem falsos no cadastro centralizado a que se refere o art. 10;

VI - dificultar ou impedir o acesso contínuo, para fins de consulta, do Ministério da Cultura ou dos interessados às informações e aos documentos sobre autoria e titularidade das obras, das interpretações ou execuções e dos fonogramas, incluídas as participações individuais, observado o disposto no art. 10 ao art. 12;

VII - deixar de prestar contas dos valores devidos aos associados ou prestá-las de forma incompleta ou fraudulenta, ou não disponibilizar sistema atualizado de informação para acompanhamento pelos titulares dos valores arrecadados e distribuídos e dos créditos retidos;

VIII - reter, retardar ou distribuir indevidamente valores arrecadados ou não distribuir créditos retidos que não tenham sido identificados após o período de cinco anos;

IX - cobrar taxa de administração abusiva ou desproporcional ao custo efetivo das atividades relacionadas à cobrança e à distribuição de direitos autorais, consideradas as peculiaridades de cada tipo de usuário e os limites estabelecidos no § 4º do art. 99 da Lei n. 9.610, de 1998, quando aplicáveis;

X - impedir, obstruir ou dificultar, de qualquer forma, a gestão individual de direitos autorais, observado o disposto no art. 13;

XI - utilizar recursos destinados a ações de natureza cultural ou social para outros fins, para ações que não beneficiem a coletividade dos associados ou em desconformidade com o estatuto da associação;

XII - impedir ou dificultar a transferência de informações necessárias ao processo de arrecadação e distribuição de direitos, no caso da perda da habilitação por parte de associação, nos termos do disposto no § 7º do art. 99 da Lei n. 9.610, de 1998;

XIII - impedir ou dificultar que sindicato ou associação profissional fiscalize, por intermédio de auditor independente, as contas prestadas pela associação de gestão coletiva aos seus associados, nos termos do disposto no art. 100 da Lei n. 9.610, de 1998;

XIV - deixar de apresentar ou apresentar de forma incompleta ou fraudulenta os documentos e as informações previstos neste Decreto ou em suas normas complementares ao Ministério da Cultura ou aos seus associados e impedir ou dificultar o seu acesso;

XV - não dar acesso ou publicidade, conforme o caso, aos relatórios, às informações e aos documentos atualizados de que trata o art. 98-B da Lei n. 9.610, de 1998; e

XVI - firmar contratos, convênios ou acordos com cláusula de confidencialidade.

Parágrafo único. São responsáveis pela prática das infrações administrativas previstas neste artigo as associações de gestão coletiva e, no que couber, o Escritório Central.

ART. 31. Para fins do disposto na Lei n. 9.610, de 1998, e neste Decreto, considera-se infração administrativa relativa à atuação do Escritório Central:

I - descumprir o disposto:

a) no § 1º do art. 99 da Lei n. 9.610, de 1998; e

b) no § 2º do art. 19 e no parágrafo único do art. 21 deste Decreto;

II - não disponibilizar sistema de informação para comunicação periódica, pelo usuário, da totalidade das obras, das interpretações ou execuções e dos fonogramas utilizados;

III - deixar de prestar contas dos valores devidos às associações, ou prestá-las de forma incompleta ou fraudulenta, ou não disponibilizar às associações a relação e a procedência dos créditos retidos;

IV - reter, retardar ou distribuir indevidamente às associações valores arrecadados ou não distribuir créditos retidos que não tenham sido identificados após o período de cinco anos;

V - permitir ou tolerar o recebimento por fiscais de valores de usuários, ou recolher ou permitir o recolhimento de valores por outros meios que não o depósito bancário;

VI - deixar de inabilitar fiscal que tenha recebido valores de usuário, ou contratar ou permitir a atuação de fiscal que tenha sido inabilitado;

VII - interromper a continuidade da cobrança, ou impedir ou dificultar a transição entre associações, na hipótese de perda da habilitação pela associação;

VIII - deixar de apresentar ou apresentar de forma incompleta ou fraudulenta os documentos e as informações previstos neste Decreto ou em suas normas complementares ao Ministério da Cultura ou às associações que o integram, ou impedir ou dificultar o seu acesso, observado o disposto no § 1º do art. 10 e no parágrafo único do art. 11;

IX - impedir ou dificultar o acesso dos usuários às informações referentes às utilizações por eles realizadas; e

X - impedir ou dificultar a admissão de associação de titulares de direitos autorais que tenha pertinência com sua área de atuação e esteja habilitada pelo Ministério da Cultura.

ART. 32. A prática de infração administrativa sujeitará as associações e o Escritório Central às seguintes penas:

I - advertência, para fins de atendimento às exigências do Ministério da Cultura no prazo máximo de cento e vinte dias; ou

II - anulação da habilitação para a atividade de cobrança.

§ 1º Para a imposição e a gradação das sanções, serão observados:

I - a gravidade e a relevância da infração, considerados os motivos para a sua prática e as suas consequências para usuários ou titulares de direitos autorais;

II - a reincidência da infração;

III - os antecedentes e a boa-fé do infrator; e

IV - o descumprimento de condição imposta na decisão que houver concedido a habilitação provisória.

§ 2º Considera-se reincidente o infrator que cometer nova infração administrativa depois que a decisão que o tenha condenado por qualquer infração administrativa nos cinco anos anteriores tiver transitado em julgado.

§ 3º Considera-se infração grave a que implique desvio de finalidade ou inadimplemento de obrigações para os associados, como aquelas previstas nos incisos III, IV, V, VII, VIII, IX e XI do *caput* do art. 30 e nos incisos III, IV, V, VII e X do *caput* do art. 31.

§ 4º A sanção de anulação da habilitação para a atividade de cobrança apenas poderá ser aplicada após a aplicação da pena de advertência e o não atendimento, no prazo a que se refere o inciso I do *caput*, das exigências estabelecidas pelo Ministério da Cultura.

§ 5º A associação que não cumprir os requisitos mínimos de representatividade estabelecidos no art. 4º poderá ter sua habilitação anulada, exceto enquanto não houver encerrado o prazo para o cumprimento do disposto no art. 5º.

ART. 33. Para os efeitos da aplicação da multa prevista no *caput* do art. 109-A da Lei n. 9.610, de 1998, considera-se infração administrativa os seguintes atos praticados por usuários de direitos autorais:

I - deixar de entregar ou entregar de forma incompleta à entidade responsável pela cobrança dos direitos relativos à execução ou à exibição pública, imediatamente após o ato de comunicação ao público, relação completa das obras e dos fonogramas utilizados, ressalvado o disposto no inciso II e no § 1º;

II - para as empresas cinematográficas e de radiodifusão, deixar de entregar ou entregar de forma incompleta à entidade responsável pela cobrança dos direitos relativos à execução ou à exibição pública, até o décimo dia útil de cada mês, relação completa das obras e dos fonogramas utilizados no mês anterior, ressalvado o disposto no § 1º;

III - não disponibilizar ou disponibilizar de forma incompleta ao público, em sítio eletrônico de livre acesso ou, na inexistência deste, em local da comunicação ao público e em sua sede, a relação completa das obras e dos fonogramas utilizados, juntamente com os valores pagos, ressalvado o disposto no § 1º; e

IV - prestar informações falsas à entidade responsável pela cobrança dos direitos relativos à execução ou à exibição pública ou disponibilizar informações falsas ao público sobre a utilização das obras e dos fonogramas e sobre os valores pagos.

§ 1º A aplicação do disposto no inciso I ao inciso III do *caput* estará sujeita ao disposto no § 1º e no § 3º do art. 22, na forma estabelecida em ato do Ministro de Estado da Cultura.

§ 2º O valor da multa ficará sujeito à atualização monetária desde a ciência pelo autuado da decisão que aplicou a penalidade até o seu efetivo pagamento, sem prejuízo da aplicação de juros de mora e dos demais encargos, conforme previsto em lei.

§ 3º Para a aplicação da multa, respeitados os limites impostos no *caput* do art. 109-A da Lei n. 9.610, de 1998, serão observados:

I - a gravidade do fato, considerados o valor envolvido, o motivo da infração e a sua consequência;

II - os antecedentes e a boa-fé do infrator e se este é ou não reincidente;

III - a existência de dolo;

IV - o grau de acesso e controle pelo usuário das obras por ele utilizadas; e

V - a situação econômica do infrator.

§ 4º A autoridade competente poderá isentar o usuário da aplicação a multa na hipótese de mero erro material que não cause prejuízo considerável a terceiros, observada a razoabilidade e a existência de reincidências.

§ 5º Considera-se reincidente o usuário que cometer nova infração administrativa, depois que a decisão que o tenha condenado pela prática de qualquer infração administrativa nos dois anos anteriores transitar em julgado.

§ 6º O valor da multa aplicada será recolhido ao Tesouro Nacional, na forma da legislação.

CAPÍTULO III
DOS FONOGRAMAS

SEÇÃO ÚNICA
DOS SINAIS DE IDENTIFICAÇÃO

ART. 34. Em cada exemplar do suporte material que contenha fonograma deverá constar, obrigatoriamente, os seguintes sinais de identificação:

I - na face do suporte material que permite a leitura ótica:

a) o número da matriz, em código de barras ou em código alfanumérico;

b) o nome da empresa responsável pelo processo industrial de reprodução, em código binário; e

c) o número de catálogo do produto, em código binário;

II - na face do suporte material que não permite a leitura ótica:

a) o nome, a marca registrada ou a logomarca do responsável pelo processo industrial de reprodução que a identifique;

b) o nome, a marca registrada, a logomarca, ou o número do Cadastro de Pessoas Físicas - CPF ou do Cadastro Nacional da Pessoa Jurídica - CNPJ do produtor;

c) o número de catálogo do produto; e

d) a identificação do lote e a quantidade de exemplares nele mandada reproduzir; e

III - na lombada, na capa ou no encarte de envoltório do suporte material, a identificação do lote e a quantidade nele mandada reproduzir.

§ 1º A aposição das informações em qualquer parte da embalagem não dispensa sua aposição no suporte material propriamente dito.

§ 2º O suporte material deverá conter o código digital International Standard Recording Code, no qual deverão ser identificados o fonograma e os seus autores, artistas intérpretes ou executantes, de forma permanente e individualizada, de acordo com as informações fornecidas pelo produtor.

§ 3º A identificação do lote e a quantidade de exemplares nele mandada reproduzir, de que tratam a alínea "d" do inciso II e o inciso III, serão estampadas por meio de código alfanumérico, constante de duas letras que indiquem a ordem sequencial das tiragens, além de numeral que indique a quantidade de exemplares daquela tiragem.

§ 4º O conjunto de duas letras que inicia o código alfanumérico será alterado a cada tiragem e seguirá a ordem alfabética, de forma que a primeira tiragem seja representada pelas letras AA, a segunda por AB, a terceira por AC, e assim sucessivamente.

ART. 35. Quando o fonograma for fixado em suporte distinto daquele previsto no art. 34, os sinais de identificação estabelecidos neste Decreto serão consignados na capa dos exemplares, nos encartes ou nos próprios suportes.

ART. 36. O responsável pelo processo industrial de reprodução deverá informar ao produtor a quantidade de exemplares efetivamente fabricados em cada tiragem e o responsável pelo processo industrial de reprodução e o produtor deverá manter os registros dessas informações em seus arquivos por um período mínimo de cinco anos, de maneira a viabilizar o controle do aproveitamento econômico da exploração pelo titular dos direitos autorais ou pela entidade representativa de classe.

ART. 37. O produtor deverá manter em seu arquivo registro de exemplares devolvidos por qualquer razão.

ART. 38. O autor e o artista intérprete ou executante terá acesso aos registros referidos no art. 36 e no art. 37, diretamente, ou por meio de sindicato ou de associação.

ART. 39. O produtor deverá comunicar ao autor, ao artista intérprete ou executante, e ao sindicato ou à associação a que se refere o art. 38, conforme estabelecido pelas partes interessadas, a destruição de exemplares, com a antecedência mínima de dez dias, possibilitado ao interessado enviar representante para presenciar o ato.

ART. 40. O disposto neste Decreto aplica-se aos fonogramas com ou sem imagens, assim entendidos aqueles que não se enquadrem na definição de obra audiovisual de que trata a Lei n. 9.610, de 1998.

ART. 41. As despesas necessárias para atender aos custos decorrentes da identificação, da numeração e da fiscalização previstas neste Decreto deverão ser objeto de instrumento particular a ser firmado entre as partes interessadas, sem ônus para o consumidor.

CAPÍTULO IV
DISPOSIÇÕES FINAIS E TRANSITÓRIAS

ART. 42. O Ministério da Cultura editará as normas complementares necessárias à execução e ao cumprimento do disposto neste Decreto, especialmente quanto:

I - às ações de fiscalização; e

II - aos procedimentos e aos processos de:

a) habilitação, retificação e regularização do cadastro;

b) prestação de contas aos associados;

c) apuração e correção de irregularidades; e

d) aplicação de sanções.

ART. 43. Em observância ao disposto no art. 31 da Lei n. 12.527, de 18 de novembro de 2011, as informações pessoais repassadas ao Ministério da Cultura terão seu acesso restrito.

ART. 44. Ficam revogados:

I - o Decreto n. 4.533, de 19 de dezembro de 2002;

II - o Decreto n. 8.469, de 22 de junho de 2015;

III - o Decreto n. 9.081, de 21 de junho de 2017; e

IV - o Decreto n. 9.145, de 23 de agosto de 2017.

ART. 45. Este Decreto entra em vigor na data de sua publicação.

Brasília, 22 de novembro de 2018;
197º da Independência e 130º da República.
MICHEL TEMER

DECRETO N. 9.579, DE 22 DE NOVEMBRO DE 2018

Consolida atos normativos editados pelo Poder Executivo federal que dispõem sobre a temática do lactente, da criança e do adolescente e do aprendiz, e sobre o Conselho Nacional dos Direitos da Criança e do Adolescente, o Fundo Nacional para a Criança e o Adolescente e os programas federais da criança e do adolescente, e dá outras providências.

› *DOU*, 23.11.2018.

O Presidente da República, no uso da atribuição que lhe confere o art. 84, *caput*, inciso IV, da Constituição, e tendo em vista o disposto na Lei Complementar n. 95, de 26 de fevereiro de 1998, e na Lei n. 8.069, de 13 de julho de 1990 - Estatuto da Criança e do Adolescente,

Decreta:

TÍTULO I
DISPOSIÇÕES PRELIMINARES

ART. 1º Este Decreto consolida os atos normativos editados pelo Poder Executivo federal que dispõem sobre a temática da criança e do adolescente, em observância ao disposto na Lei Complementar n. 95, de 26 de fevereiro de 1998, e no Decreto n. 9.191, de 1º de novembro de 2017.

§ 1º Para fins do disposto neste Decreto, considera-se consolidação a reunião de atos normativos pertinentes a determinada matéria em um único diploma legal, com a revogação formal daqueles atos normativos incorporados à consolidação e sem a modificação do alcance nem da interrupção da força normativa dos dispositivos consolidados, nos termos do disposto no art. 13, § 1º, da Lei Complementar n. 95, de 1998, e no art. 45 do Decreto n. 9.191, de 2017.

§ 2º A consolidação de atos normativos tem por objetivo eliminar do ordenamento jurídico brasileiro normas de conteúdo idêntico ou divergente, observado o disposto no art. 46 do Decreto n. 9.191, de 2017.

ART. 2º Para fins do disposto neste Decreto, considera-se criança a pessoa com até doze anos de idade incompletos e adolescente a pessoa entre doze e dezoito anos de idade, em observância ao disposto na Lei n. 8.069, de 13 de julho de 1990 - Estatuto da Criança e do Adolescente.

Parágrafo único. Nas hipóteses previstas em lei, o disposto neste Decreto se aplica, excepcionalmente, às pessoas entre dezoito e vinte e um anos.

TÍTULO II
DOS DIREITOS FUNDAMENTAIS DA CRIANÇA E DO ADOLESCENTE

CAPÍTULO I
DO DIREITO À ALIMENTAÇÃO

SEÇÃO I
DA COMERCIALIZAÇÃO DE ALIMENTOS PARA LACTANTES E CRIANÇAS NA PRIMEIRA INFÂNCIA

ART. 3º Este Capítulo regulamenta o disposto na Lei n. 11.265, de 3 de janeiro de 2006, que dispõe sobre a comercialização de alimentos para lactentes e crianças na primeira infância e de produtos de puericultura correlatos.

Parágrafo único. O disposto neste Capítulo se aplica à comercialização, à publicidade e às práticas correlatas, à qualidade e às informações de uso dos seguintes produtos, fabricados no País ou importados:

I - alimentos de transição e alimentos à base de cereais, indicados para lactentes ou crianças na primeira infância, e outros alimentos ou bebidas à base de leite ou não, quando comercializados ou apresentados como apropriados para a alimentação de lactentes e crianças na primeira infância;

II - fórmulas de nutrientes apresentadas ou indicadas para recém-nascidos de alto risco;

III - fórmulas infantis de seguimento para crianças na primeira infância;

IV - fórmulas infantis para lactentes e fórmulas infantis de seguimento para lactentes;

V - fórmulas infantis para necessidades dietoterápicas específicas;

VI - leites fluidos ou em pó, leites modificados e similares de origem vegetal; e

VII - mamadeiras, bicos e chupetas.

ART. 4º Para os fins do disposto neste Capítulo, considera-se:

I - alimento substituto do leite materno ou humano - alimento comercializado ou de alguma forma apresentado como substituto parcial ou total do leite materno ou humano;

II - alimento de transição para lactentes e crianças na primeira infância - alimento industrializado para uso direto ou empregado em preparado caseiro, utilizado como complemento do leite materno ou de fórmulas infantis, introduzido na alimentação de lactentes e crianças na primeira infância para promover a adaptação progressiva aos alimentos comuns e propiciar a alimentação balanceada e adequada às suas necessidades, respeitada sua maturidade fisiológica e seu desenvolvimento neuropsicomotor;

III - alimento à base de cereais para lactentes e crianças na primeira infância - alimento à base de cereais próprio para a alimentação de lactentes após o sexto mês e de crianças na primeira infância, respeitada sua maturidade fisiológica e seu desenvolvimento neuropsicomotor;

IV - amostra - uma unidade de produto fornecida uma vez de forma gratuita;

V - apresentação especial - forma de apresentação de produto relacionada com a promoção comercial para induzir a aquisição ou a venda, como embalagens promocionais, embalagens de fantasia ou conjuntos que agreguem outros produtos não abrangidos por este Capítulo;

VI - autoridade de saúde - pessoa investida em cargo ou função pública que exerça atividades relacionadas com a saúde;

VII - autoridade fiscalizadora - autoridade sanitária integrante do Sistema Nacional de Vigilância Sanitária ou de órgão de proteção e defesa do consumidor da administração pública, direta ou indireta, nas esferas federal, estadual, distrital ou municipal;

VIII - bico - objeto apresentado ou indicado para o processo de sucção nutritiva da criança, com a finalidade de administrar ou veicular alimentos ou líquidos em recipiente ou sobre a mama;

IX - kit ou conjunto - conjunto de produtos de marcas, formas ou tamanhos diferentes acondicionados na mesma embalagem;

X - criança - pessoa de até doze anos de idade incompletos, conforme o disposto no art. 1º;

XI - criança na primeira infância ou criança pequena - criança de até seis anos de idade completos;

XII - chupeta - produto destinado à sucção sem a finalidade de administrar alimentos, medicamentos ou líquidos;

XIII - destaque - mensagem gráfica ou sonora que ressalta determinada advertência, frase ou texto;

XIV - doação - fornecimento gratuito de produto em quantidade superior à caracterizada como amostra;

XV - distribuidor - pessoa física ou jurídica, do setor público ou privado, envolvida direta ou indiretamente na comercialização ou na importação, por atacado ou varejo, de um ou mais produtos abrangidos pelo disposto neste Capítulo;

XVI - exposição especial - qualquer forma de expor um produto para destacá-lo dos demais no estabelecimento comercial, como vitrine, ponta de gôndola, empilhamento de produtos em forma de pirâmide ou ilha, engradados, ornamentação de prateleiras ou formas estabelecidas em regulamentação da Agência Nacional de Vigilância Sanitária - Anvisa;

XVII - embalagem - recipiente, pacote ou envoltório destinado a garantir a conservação e a facilitar o transporte e o manuseio dos produtos;

XVIII - entidade associativa reconhecida nacionalmente - associação que congrega médicos ou nutricionistas que possua representação em todas as regiões brasileiras e em, no mínimo, cinquenta por cento dos Estados de cada região;

XIX - entidade científica de ensino e pesquisa - universidade, faculdade, faculdade integrada, escola superior ou centro de educação tecnológica, reconhecido pelo Ministério da Educação;

XX - fabricante - entidade pública ou privada envolvida na fabricação de produto abrangido pelo disposto neste Capítulo;

XXI - figura ou ilustração humanizada - fotografia, desenho ou representação de personagens infantis, seres vivos ou inanimados, de forma estilizada ou não, representados com características físicas ou comportamentais próprias dos seres humanos;

XXII - fórmula infantil para lactentes - produto em forma líquida ou em pó destinado à alimentação de lactentes até o sexto mês, sob prescrição, em substituição total ou parcial do leite materno ou humano, para satisfação de suas necessidades nutricionais;

XXIII - fórmula infantil para necessidades dietoterápicas específicas - produto cuja composição tenha sido alterada para atender às necessidades específicas decorrentes de alterações fisiológicas ou patológicas temporárias ou permanentes, não amparada pelo regulamento técnico específico de fórmulas infantis;

XXIV - fórmula infantil de seguimento para lactentes - produto em forma líquida ou em pó utilizado por indicação de profissional qualificado como substituto do leite materno ou humano a partir do sexto mês de idade do lactente;

XXV - fórmula infantil de seguimento para crianças na primeira infância - produto em forma líquida ou em pó utilizado como substituto do leite materno ou humano para crianças na primeira infância;

XXVI - fórmula de nutrientes para recém-nascidos de alto risco - composto de nutrientes apresentado ou indicado para a alimentação de recém-nascidos de alto risco;

XXVII - importador - pessoa jurídica que pratique a importação de produto abrangido pelo disposto neste Capítulo;

XXVIII - lactente - criança com idade de até onze meses e vinte e nove dias;

XXIX - leite - produto em forma líquida ou em pó, oriundo da ordenha completa, ininterrupta, em condições de higiene, de animais de todas as espécies, sadios, alimentados e descansados;

XXX - leite modificado - leite em forma líquida ou em pó, de composição modificada por meio de subtração ou adição de constituintes;

XXXI - mamadeira - objeto para administração de produto líquido ou pastoso para crianças, constituída de bico e recipiente, que pode possuir anel retentor para manter acoplados o bico e o recipiente;

XXXII - material educativo - material escrito ou audiovisual destinado ao público para orientar quanto à alimentação de lactentes e de crianças na primeira infância ou sobre a utilização adequada de produtos destinados a lactentes e crianças na primeira infância, tais como folhetos, livros, artigos em periódico leigo, sistema eletrônico de informações, entre outros;

XXXIII - material técnico-científico - material elaborado com informações comprovadas sobre produtos ou relacionadas com o domínio de conhecimento da nutrição e da pediatria, destinado aos profissionais e ao pessoal da área da saúde;

XXXIV - painel principal ou painel frontal - área mais facilmente visível em condições usuais de exposição, onde estão escritas, em sua forma mais relevante, a denominação de venda, a marca e, se houver, o logotipo do produto;

XXXV - patrocínio - custeio total ou parcial de materiais, de programa de rádio ou de televisão, de páginas e dos demais conteúdos da internet e de outros tipos de mídia, de evento, de projeto comunitário, de atividade cultural, artística, esportiva, de pesquisa ou de atualização científica, ou custeio direto ou indireto de profissionais da área da saúde para participação em atividades ou incentivo de qualquer espécie;

XXXVI - promoção comercial - conjunto de atividades informativas e de persuasão, procedente de empresas responsáveis pela produção, pela manipulação, pela distribuição ou pela comercialização dos produtos abrangidos pelo disposto neste Capítulo, incluída a divulgação, por meios audiovisuais, auditivos e visuais, com o objetivo de induzir a aquisição ou a venda de determinado produto;

XXXVII - recém-nascido de alto risco - a criança que:

a) nasce prematura, com menos de trinta e quatro semanas de idade gestacional;

b) nasce com peso inferior a mil e quinhentos gramas; ou

c) apresenta patologia que necessita de tratamento intensivo logo após o seu nascimento;

XXXVIII - representante comercial - vendedores, promotores, demonstradores, representantes de empresa e de vendas ou outros profissionais remunerados, direta ou indiretamente, por fabricantes, fornecedores ou importadores dos produtos abrangidos pelo disposto neste Capítulo;

XXXIX - rótulo - inscrição, legenda, imagem, matéria descritiva ou gráfica que esteja escrita, impressa, estampada, gravada, gravada em relevo, litografada, colada ou fundida sobre a superfície do recipiente, do produto ou de sua embalagem;

XL - similar de origem vegetal - alimento em forma líquida ou em pó que contenha proteína vegetal, comercializado ou apresentado como alternativa de consumo para o leite; e

XLI - similar de origem vegetal misto - similar de origem vegetal que apresenta em sua composição proteínas de origem não vegetal.

SEÇÃO II
DO COMÉRCIO E DA PUBLICIDADE DE ALIMENTOS PARA LACTANTES E CRIANÇAS NA PRIMEIRA INFÂNCIA

ART. 5º É vedada a promoção comercial dos produtos referidos nos incisos II, IV e VII do *caput* do art. 3º em quaisquer meios de comunicação, incluídas a publicidade indireta ou oculta e a divulgação por meios eletrônicos, escritos, auditivos e visuais.

Parágrafo único. A vedação à promoção comercial referida no *caput* aplica-se a estratégias promocionais, como exposições especiais e de descontos de preço, cupons de descontos, prêmios, brindes, vendas vinculadas a produtos não sujeitos ao disposto neste Capítulo, apresentações especiais ou outras estratégias estabelecidas em regulamentação da Anvisa.

ART. 6º A promoção comercial dos alimentos infantis referidos nos incisos I, III e VI do *caput* do art. 3º incluirá, com destaque visual ou auditivo, observado o correspondente meio de divulgação, os seguintes dizeres:

I - para produtos referidos nos incisos III e VI do *caput* do art. 3º - "O Ministério da Saúde informa: o aleitamento materno evita infecções e alergias e é recomendado até os 2 (dois) anos de idade ou mais"; e

II - para produtos referidos no inciso I do *caput* do art. 3º - "O Ministério da Saúde informa: após os 6 (seis) meses de idade, continue amamentando seu filho e ofereça novos alimentos".

§ 1º Os dizeres veiculados por escrito serão legíveis e apresentados em moldura, próximos aos produtos, no mesmo sentido espacial de outros textos informativos, quando presentes.

§ 2º Os caracteres de que trata o § 1º serão apresentados em caixa alta, em negrito e ter, no mínimo, vinte por cento do tamanho do maior caractere presente na promoção comercial, com tamanho mínimo de dois milímetros.

§ 3º Os destaques auditivos serão apresentados de forma pausada, clara e audível.

ART. 7º É vedada a atuação de representantes comerciais nas unidades de saúde, exceto para a comunicação de aspectos técnico-científicos dos produtos a médicos pediatras e nutricionistas.

Parágrafo único. É dever do fabricante, do distribuidor ou do importador informar os seus representantes comerciais e as agências de publicidade contratadas sobre o disposto neste Capítulo.

ART. 8º Os fabricantes, os distribuidores e os importadores somente poderão fornecer amostras dos produtos referidos nos incisos I, III, IV e VI do *caput* do art. 3º aos médicos pediatras e aos nutricionistas por ocasião do lançamento do produto, observado o disposto no art. 18.

§ 1º Para fins do disposto neste Capítulo, o lançamento em todo o território nacional deverá ser feito no prazo máximo de dezoito meses.

§ 2º O marco inicial para a contagem do prazo referido no § 1º será estabelecido em regulamentação da Anvisa.

§ 3º É vedada a distribuição de amostra por ocasião de relançamento do produto ou de mudança de marca do produto sem modificação significativa em sua composição nutricional.

§ 4º Para afastar a vedação prevista no § 3º, o fabricante, o distribuidor ou o importador comprovará a modificação significativa na composição nutricional à autoridade fiscalizadora competente.

§ 5º É vedada a distribuição de amostras de mamadeiras, bicos, chupetas e fórmula de nutrientes para recém-nascido de alto risco.

§ 6º A amostra de fórmula infantil para lactentes somente será ofertada com a solicitação prévia de médico pediatra ou de nutricionista e será acompanhada de protocolo de entrega da empresa, com cópia para o profissional da saúde solicitante.

ART. 9º Os fabricantes, os importadores e os distribuidores dos produtos abrangidos pelo disposto neste Capítulo somente poderão conceder patrocínios às entidades científicas de ensino e pesquisa ou às entidades associativas reconhecidas nacionalmente, vedado o patrocínio a pessoas físicas.

§ 1º As associações filiadas às entidades associativas reconhecidas nacionalmente poderão receber os patrocínios de que trata o *caput* somente após a aprovação prévia das entidades associativas reconhecidas nacionalmente.

§ 2º As entidades beneficiadas não permitirão que as empresas a que se refere o *caput* realizem promoção comercial de seus produtos em eventos patrocinados.

§ 3º As empresas patrocinadoras ficarão limitadas à distribuição de material técnico-científico durante o evento patrocinado.

§ 4º Os eventos patrocinados incluirão nos materiais de divulgação o seguinte destaque: "Este evento recebeu patrocínio de empresas privadas, em conformidade com o disposto na Lei n. 11.265, de 3 de janeiro de 2006".

ART. 10. São proibidas doações ou vendas a preços reduzidos dos produtos abrangidos pelo disposto neste Capítulo às maternidades e às instituições que prestem assistência a crianças.

§ 1º A proibição de que trata o *caput* não se aplica às doações ou às vendas a preços reduzidos em situações de necessidade excepcional, individual ou coletiva, a critério da autoridade fiscalizadora.

§ 2º Autorizada a doação ou a venda a preço reduzido, conforme previsto no § 1º, o fornecimento será mantido continuamente pelo período necessário ao lactente destinatário.

§ 3º Para fins do disposto no § 1º, será permitida a impressão do nome e do logotipo do doador ou do vendedor, vedada a publicidade dos produtos.

§ 4º A doação para fins de pesquisa somente será permitida com apresentação de protocolo aprovado pelo Comitê de Ética em Pesquisa da instituição a que o profissional responsável pela pesquisa estiver vinculado, observadas as normas editadas pelo Conselho Nacional de Saúde e pela Anvisa.

§ 5º O produto objeto de doação para pesquisa conterá, como identificação, no painel frontal e com destaque, a expressão "Doação para pesquisa, de acordo com o disposto na Lei n. 11.265, de 3 de janeiro de 2006".

§ 6º A expressão a que se refere o § 5º será legível, apresentada em moldura, no mesmo sentido espacial do texto informativo, com caracteres apresentados em caixa alta, em negrito, e ter, no mínimo, cinquenta por cento do tamanho da fonte do texto informativo de maior letra, excluída a marca comercial, desde que atendido o tamanho mínimo de dois milímetros.

SEÇÃO III
DA ROTULAGEM DE ALIMENTOS PARA LACTANTES E CRIANÇAS NA PRIMEIRA INFÂNCIA

ART. 11. Nas embalagens ou nos rótulos de fórmula infantil para lactentes e de fórmula infantil de seguimento para lactentes, é vedado:

I - utilizar fotos, desenhos ou representações gráficas que não sejam necessárias para ilustrar métodos de preparação ou de uso do produto, exceto o uso de marca ou de logomarca, desde que não utilize imagem de lactente, de criança pequena ou de outras figuras ou ilustrações humanizadas;

II - utilizar denominações ou frases com o intuito de sugerir forte semelhança do produto com o leite materno, como "leite humanizado", "leite maternizado", "substituto do leite materno" ou outras estabelecidas em regulamentação da Anvisa;

III - utilizar frases ou expressões que induzam dúvida quanto à capacidade das mães de amamentarem os seus filhos;

IV - utilizar expressões ou denominações que identifiquem o produto como mais adequado à alimentação infantil, como "baby", "kids", "ideal para o bebê", "primeiro crescimento" ou outras estabelecidas em regulamentação da Anvisa;

V - utilizar informações que possam induzir o uso dos produtos em decorrência de falso conceito de vantagem ou de segurança;

VI - utilizar frases ou expressões que indiquem as condições de saúde para as quais o produto seja adequado; e

VII - promover os produtos do fabricante ou de outros estabelecimentos.

§ 1º Os rótulos exibirão no painel principal, em moldura, de forma legível, horizontal, de fácil visualização, em cores contrastantes e em caracteres com tamanho mínimo de dois milímetros, o destaque: "AVISO IMPORTANTE: Este produto somente deve ser usado na alimentação de crianças menores de 1 (um) ano de idade com indicação expressa de médico ou nutricionista. O aleitamento materno evita infecções e alergias e fortalece o vínculo mãe-filho".

§ 2º Os rótulos exibirão destaque para advertir sobre os riscos do preparo inadequado, com instruções sobre a preparação correta do produto, sobre as medidas de higiene a serem observadas e sobre a dosagem para diluição, quando for o caso, nos termos estabelecidos em regulamentação da Anvisa.

ART. 12. Nas embalagens ou nos rótulos de fórmula infantil de seguimento para crianças na primeira infância, é vedado:

I - utilizar fotos, desenhos ou representações gráficas que não sejam necessárias para ilustrar métodos de preparação ou de uso do produto, exceto o uso de marca ou de logomarca, desde que não utilize imagem de lactente, de criança pequena ou de outras figuras ou ilustrações humanizadas;

II - utilizar denominações ou frases com o intuito de sugerir forte semelhança do produto com o leite materno, como "leite humanizado", "leite maternizado", "substituto do leite materno" ou outras estabelecidas em regulamentação da Anvisa;

III - utilizar frases ou expressões que induzam dúvida quanto à capacidade das mães de amamentarem os seus filhos;

IV - utilizar expressões ou denominações que identifiquem o produto como mais adequado à alimentação infantil, como "baby", "kids", "ideal para o bebê", "primeiro crescimento" ou outras estabelecidas em regulamentação da Anvisa;

V - utilizar informações que possam induzir o uso dos produtos em decorrência de falso conceito de vantagem ou de segurança;

VI - utilizar marcas sequenciais presentes nas fórmulas infantis de seguimento para lactentes; e

VII - promover os produtos do fabricante ou de outros estabelecimentos.

§ 1º Os rótulos exibirão no painel principal, em moldura, de forma legível, horizontal, de fácil visualização, em cores contrastantes e em caracteres com tamanho mínimo de dois milímetros, o destaque: "AVISO IMPORTANTE: Este produto não deve ser usado para alimentar crianças menores de 1 (um) ano de idade. O aleitamento materno evita infecções e alergias e é recomendado até os 2 (dois) anos de idade ou mais".

§ 2º Os rótulos exibirão destaque para advertir sobre os riscos do preparo inadequado, com instruções sobre a preparação correta do produto, sobre as medidas de higiene a serem observadas e sobre a dosagem para a diluição, quando for o caso, vedada a utilização de figuras de mamadeira, nos termos estabelecidos em regulamentação da Anvisa.

ART. 13. As embalagens ou os rótulos de fórmulas infantis para atender às necessidades dietoterápicas específicas exibirão informações sobre as características específicas do alimento, vedada a indicação de condições de saúde para as quais o produto possa ser utilizado.

Parágrafo único. O disposto no art. 11 aplica-se aos produtos a que se refere o *caput*.

ART. 14. Nas embalagens ou nos rótulos de leites fluidos ou em pó, leites modificados e similares de origem vegetal, é vedado:

I - utilizar fotos, desenhos ou representações gráficas que não sejam necessárias para ilustrar métodos de preparação ou de uso do produto, exceto o uso de marca ou de logomarca, desde que não utilize imagem de lactente, de criança pequena ou de outras figuras, ilustrações humanizadas ou que induzam ao uso do produto para essas faixas etárias;

II - utilizar denominações ou frases com o intuito de sugerir forte semelhança do produto com o leite materno, como "leite humanizado", "leite maternizado", "substituto do leite materno" ou outras estabelecidas em regulamentação da Anvisa;

III - utilizar frases ou expressões que induzam dúvida quanto à capacidade das mães de amamentarem os seus filhos;

IV - utilizar expressões ou denominações que identifiquem o produto como mais adequado à alimentação infantil, como "baby", "kids", "ideal para o bebê", "primeiro crescimento" ou outras estabelecidas em regulamentação da Anvisa;

V - utilizar informações que possam induzir o uso dos produtos em decorrência de falso conceito de vantagem ou de segurança; e

VI - promover os produtos do fabricante ou de outros estabelecimentos.

§ 1º Os rótulos exibirão no painel principal, em moldura, de forma legível, horizontal, de fácil visualização, em cores contrastantes e em caracteres com tamanho mínimo de dois milímetros, os seguintes destaques:

I - no caso de leite desnatado ou semidesnatado, com ou sem adição de nutrientes essenciais - "AVISO IMPORTANTE: Este produto não deve ser usado para alimentar crianças, exceto por indicação expressa de médico ou nutricionista. O aleitamento materno evita infecções e alergias e é recomendado até os 2 (dois) anos de idade ou mais";

II - no caso de leite integral ou similar de origem vegetal ou misto, enriquecido ou não - "AVISO IMPORTANTE: Este produto não deve ser usado para alimentar crianças menores de 1 (um) ano de idade, exceto por indicação expressa de médico ou nutricionista. O aleitamento materno evita infecções e alergias e é recomendado até os 2 (dois) anos de idade ou mais"; e

III - no caso de leite modificado - "AVISO IMPORTANTE: Este produto não deve ser usado para alimentar crianças menores de 1 (um) ano de idade. O aleitamento materno evita infecções e alergias e é recomendado até os 2 (dois) anos de idade ou mais".

§ 2º É vedada a indicação, por qualquer meio, de leites condensados e/ou aromatizados para a alimentação de lactentes e de crianças na primeira infância.

ART. 15. Nas embalagens ou nos rótulos de alimentos de transição, de alimentos à base de cereais indicados para lactentes e crianças na primeira infância e de alimentos ou bebidas à base de leite ou não, quando comercializados ou apresentados como apropriados para a alimentação de lactentes e crianças na primeira infância, é vedado:

I - utilizar ilustrações, fotos ou imagens de lactentes ou de crianças na primeira infância;

II - utilizar frases ou expressões que induzam dúvida quanto à capacidade das mães de amamentarem os seus filhos;

III - utilizar expressões ou denominações que identifiquem o produto como apropriado ou preferencial para a alimentação de lactente menor de seis meses de idade, como "baby", "kids", "ideal para o bebê", "primeiro crescimento" ou outras estabelecidas em regulamentação da Anvisa;

IV - utilizar informações que possam induzir o uso dos produtos em decorrência de falso conceito de vantagem ou de segurança; e

V - promover as fórmulas infantis, os leites, os produtos com base em leite e os cereais que possam ser administrados por mamadeira.

§ 1º A idade a partir da qual os produtos poderão ser utilizados constará do painel frontal dos rótulos.

§ 2º Os rótulos exibirão no painel principal, em moldura, de forma legível, horizontal, de fácil visualização, em cores contrastantes e em caracteres com tamanho mínimo de dois milímetros, o destaque: "O Ministério da Saúde adverte: Este produto não deve ser usado para crianças menores de 6 (seis) meses de idade, exceto por indicação expressa de médico ou nutricionista. O aleitamento materno evita infecções e alergias e é recomendado até os 2 (dois) anos de idade ou mais".

ART. 16. Nas embalagens ou nos rótulos de fórmula de nutrientes para recém-nascido de alto risco, é vedado:

I - utilizar fotos, desenhos ou representações gráficas que não sejam necessárias para ilustrar métodos de preparação ou de uso do produto, exceto o uso de marca ou de logomarca, desde que não utilize imagem de lactente, criança pequena ou de outras figuras ou ilustrações humanizadas;

II - utilizar denominações ou frases que sugiram a necessidade de complementos, suplementos ou de enriquecimento ao leite materno;

III - utilizar frases ou expressões que induzam dúvida quanto à capacidade das mães de amamentarem os seus filhos;

IV - utilizar expressões ou denominações que identifiquem o produto como mais adequado à alimentação infantil, como "baby", "kids", "ideal para o bebê", "primeiro crescimento" ou outras estabelecidas em regulamentação da Anvisa;

V - utilizar informações que possam induzir o uso dos produtos em decorrência de falso conceito de vantagem ou de segurança; e

VI - promover os produtos do fabricante ou de outros estabelecimentos.

§ 1º Os rótulos exibirão no painel frontal o destaque: "AVISO IMPORTANTE: Este produto somente deve ser usado para suplementar a alimentação do recém-nascido de alto risco com prescrição médica, de uso exclusivo em unidades hospitalares".

§ 2º Os rótulos exibirão no painel principal, em moldura, de forma legível, horizontal, de fácil visualização, em cores contrastantes e em caracteres com tamanho mínimo de dois milímetros, o destaque: "O Ministério da Saúde adverte: o leite materno possui os nutrientes essenciais para o crescimento e o desenvolvimento da criança nos primeiros anos de vida".

§ 3º Os rótulos exibirão destaque para advertir sobre os riscos do preparo inadequado, com instruções sobre a preparação correta do produto, sobre as medidas de higiene e sobre a dosagem para a diluição, quando for o caso, nos termos estabelecidos em regulamentação da Anvisa.

§ 4º O produto a que se refere este artigo é de uso hospitalar exclusivo, vedada sua comercialização fora do âmbito dos serviços de saúde.

ART. 17. Nas embalagens ou nos rótulos de mamadeiras, bicos e chupetas, é vedado:

I - utilizar fotos, imagens de crianças ou ilustrações humanizadas;

II - utilizar frases ou expressões que induzam dúvida quanto à capacidade das mães de amamentarem os seus filhos;

III - utilizar frases, expressões ou ilustrações que sugiram semelhança desses produtos com a mama ou o mamilo;

IV - utilizar expressões ou denominações que identifiquem o produto como apropriado para o uso infantil, como "baby", "kids", "ideal para o bebê", "ortodôntica" ou outras estabelecidas em regulamentação da Anvisa;

V - utilizar informações que possam induzir o uso dos produtos em decorrência de falso conceito de vantagem ou de segurança; e

VI - promover os produtos do fabricante ou de outros estabelecimentos.

§ 1º Os rótulos exibirão no painel principal, em moldura, de forma legível, horizontal, de fácil visualização, em cores contrastantes e em caracteres com tamanho mínimo de dois milímetros, o destaque: "O Ministério da Saúde adverte: a criança que mama no peito não necessita de mamadeira, bico ou chupeta. O uso de mamadeira, bico ou chupeta prejudica o aleitamento materno".

§ 2º É obrigatório o uso de embalagens e de rótulos em mamadeiras, bicos ou chupetas, com instruções de uso, nos termos estabelecidos em regulamentação da Anvisa.

ART. 18. Os rótulos de amostras dos produtos abrangidos pelo disposto neste Capítulo exibirão no painel principal, em moldura, de forma legível, horizontal, de fácil visualização, em cores contrastantes e em caracteres com tamanho mínimo de dois milímetros, o seguinte destaque: "Amostra grátis para avaliação profissional. Proibida a distribuição a mães, gestantes e familiares".

SEÇÃO IV
DA DIVULGAÇÃO AO PÚBLICO DAS INFORMAÇÕES SOBRE ALIMENTOS PARA LACTANTES E CRIANÇAS NA PRIMEIRA INFÂNCIA

ART. 19. Os órgãos públicos da área da saúde, da educação e de pesquisa e as entidades associativas de médicos pediatras e nutricionistas participarão do processo de divulgação das informações sobre a alimentação de lactentes e de crianças na primeira infância, inclusive quanto à formação e à capacitação de pessoas.

ART. 20. Os materiais educativos e técnico-científicos sobre alimentação de lactentes e de crianças na primeira infância e sobre os produtos referidos no art. 3º atenderão ao disposto neste Capítulo e incluirão informações explícitas, de forma clara, legível e compreensível sobre:

I - benefícios da amamentação e sua superioridade quando comparada aos seus substitutos;

II - orientação sobre a alimentação adequada da gestante e da nutriz, com ênfase no preparo para o início e a manutenção do aleitamento materno até dois anos de idade ou mais;

III - efeitos negativos do uso de mamadeira, bico ou chupeta sobre o aleitamento natural, em especial as dificuldades para o retorno à amamentação e os inconvenientes do preparo dos alimentos e da higienização desses produtos;

IV - implicações econômicas da opção pelos alimentos substitutivos do leite materno ou humano;

V - prejuízos causados à saúde do lactente pelo uso desnecessário ou inadequado de alimentos artificiais; e

VI - relevância do desenvolvimento de hábitos educativos e culturais reforçadores da utilização dos alimentos constitutivos da dieta familiar.

§ 1º Os materiais educativos e técnico-científicos, incluídos os de profissionais e de autoridades de saúde, não conterão imagens ou textos que recomendem ou possam induzir

DECRETOS

o uso de chupetas, bicos, mamadeiras ou o uso de alimentos substitutivos do leite materno.

§ 2º Os materiais educativos sobre alimentação de lactentes não poderão ser produzidos ou patrocinados por distribuidores, fornecedores, importadores ou fabricantes de produtos abrangidos pelo disposto neste Capítulo.

ART. 21. As instituições responsáveis pela formação e pela capacitação de profissionais da saúde incluirão a divulgação e as estratégias para o cumprimento do disposto neste Capítulo como parte do conteúdo programático das disciplinas que abordem a alimentação infantil.

ART. 22. Os profissionais de saúde deverão estimular e divulgar a prática do aleitamento materno exclusivo até os seis meses de idade e continuado até os dois anos de idade ou mais.

ART. 23. As instituições de ensino responsáveis pelos ensinos fundamental e médio promoverão a divulgação do disposto neste Capítulo.

ART. 24. Os alimentos para lactentes atenderão aos padrões de qualidade estabelecidos em Resolução editada pela Anvisa.

ART. 25. As mamadeiras, os bicos e as chupetas não conterão mais de dez partes por bilhão de qualquer N-nitrosamina, nem mais de vinte partes por bilhão dessas substâncias em conjunto.

§ 1º A Anvisa estabelecerá, sempre que necessário, a proibição ou a restrição de substâncias danosas à saúde de lactantes, lactentes e crianças na primeira infância.

§ 2º As disposições contidas neste artigo serão fiscalizadas por intermédio da rede de laboratórios de saúde pública instituída nos termos do disposto na alínea "b" do inciso III do *caput* do art. 16 da Lei n. 8.080, de 19 de setembro de 1990.

§ 3º Fica a Anvisa autorizada a credenciar laboratórios para atuar de maneira complementar à rede a que se refere o § 2º.

ART. 26. A Anvisa poderá estabelecer novas categorias de produtos e regulamentar sua produção, sua comercialização e sua promoção comercial, com a finalidade de cumprir o objetivo estabelecido no *caput* do art. 1º da Lei n. 11.265, de 2006.

ART. 27. A infração a dispositivo da Lei n. 11.265, de 2006, ou a dispositivo deste Capítulo sujeita o infrator às penalidades previstas na Lei n. 6.437, de 20 de agosto de 1977.

Parágrafo único. Ao disposto neste Capítulo aplicam-se, no que couber, as disposições da Lei n. 8.078, de 11 de setembro de 1990, do Decreto-Lei n. 986, de 21 de outubro de 1969, da Lei n. 8.069, de 1990 - Estatuto da Criança e do Adolescente, e dos demais regulamentos editados pelos órgãos e pelas entidades públicas competentes.

ART. 28. Competem aos órgãos e às entidades públicas federais, estaduais, distritais e municipais, em conjunto com as organizações da sociedade civil e sob a orientação do Ministério da Saúde e da Anvisa, a divulgação, a aplicação, a vigilância e a fiscalização do cumprimento do disposto neste Capítulo.

Parágrafo único. Os órgãos e as entidades públicas federais, estaduais, distritais e municipais trabalharão em conjunto com as organizações da sociedade civil, com vistas à divulgação e ao cumprimento do disposto neste Capítulo.

CAPÍTULO II
DO DIREITO À PUBLICIDADE ADEQUADA

SEÇÃO ÚNICA
DO CONTROLE DA PUBLICIDADE

ART. 29. A publicidade é considerada abusiva à criança quando se aproveitar da sua deficiência de julgamento ou inexperiência, e especialmente quando:

I - incitar qualquer forma de violência;

II - explorar o medo ou a superstição;

III - desrespeitar valores ambientais;

IV - for capaz de induzi-la a se comportar de forma prejudicial ou perigosa à sua saúde ou à sua segurança; ou

V - infringir o disposto em legislação específica de controle da publicidade.

Parágrafo único. Caso seja necessário comprovar a não abusividade da publicidade, o ônus da correção incumbe ao seu patrocinador.

CAPÍTULO III
DO DIREITO À SEGURANÇA

SEÇÃO I
DO COMPROMISSO PELA REDUÇÃO DA VIOLÊNCIA CONTRA CRIANÇAS E ADOLESCENTES

ART. 30. Fica estabelecido o Compromisso pela Redução da Violência contra Crianças e Adolescentes, com o objetivo de conjugar esforços da União, dos Estados, do Distrito Federal e dos Municípios para a promoção e a defesa dos direitos da criança e do adolescente.

Parágrafo único. Para cumprimento do disposto no *caput*, os entes federativos participantes do Compromisso atuarão em regime de colaboração com:

I - entidades, públicas ou privadas, nacionais ou estrangeiras;

II - organizações da sociedade civil, principalmente aquelas destinadas aos interesses da criança e do adolescente;

III - instituições religiosas;

IV - comunidades locais; e

V - famílias.

ART. 31. A União, diretamente ou em colaboração com os demais entes federativos e as entidades participantes do Compromisso, implementará projetos com vistas a prevenção e redução da violência contra crianças e adolescentes.

I - Bem-me-quer, que contempla crianças e adolescentes em situação de risco, com vistas a promover a articulação das políticas públicas em territórios de grave vulnerabilidade à violência, a favorecer a promoção de ações para o desenvolvimento integral de crianças e adolescentes e a fortalecer o Sistema de Garantia dos Direitos da Criança e do Adolescente;

II - Caminho "pra" casa, que contempla o reordenamento físico e a qualificação da rede de acolhimento e o apoio às famílias para propiciar o retorno ao lar dos filhos abrigados;

III - Na medida certa, que contempla o desenvolvimento de ações para implementação do Sistema Nacional de Atendimento Socioeducativo, com vistas a qualificar, prioritariamente, a execução de medidas socioeducativas, e garantir o pleno respeito aos direitos dos adolescentes em conflito com a lei; e

IV - Observatório Nacional de Direitos da Criança e do Adolescente, que contempla o monitoramento e a avaliação das ações do Compromisso, além de gerar informações com vistas a subsidiar o acompanhamento de violações dos direitos da criança e do adolescente.

ART. 32. A participação do Município, do Estado ou do Distrito Federal no Compromisso pela Redução da Violência contra Crianças e Adolescentes ocorrerá por meio de termo de adesão voluntária, que deverá observar o disposto nesta Seção quando da sua elaboração e da definição de seus objetivos.

Parágrafo único. A adesão voluntária do ente federativo ao Compromisso resultará na responsabilidade por priorizar medidas com vistas à garantia dos direitos da criança e do adolescente no âmbito de sua competência, observado o disposto no art. 31.

ART. 33. Poderão colaborar com o Compromisso, em caráter voluntário, outros entes, públicos e privados, tais como organizações da sociedade civil, fundações, entidades de classe empresariais, igrejas e entidades confessionais, famílias, pessoas físicas e jurídicas.

SEÇÃO II
DO COMITÊ GESTOR DE POLÍTICAS DE ENFRENTAMENTO À VIOLÊNCIA CONTRA CRIANÇA E ADOLESCENTE

ART. 34. Fica instituído o Comitê Gestor de Políticas de Enfrentamento à Violência contra Criança e Adolescente, com o objetivo de promover a articulação entre órgãos e entidades envolvidos na implementação das ações relacionadas com a promoção e a defesa dos direitos da criança e do adolescente, resultantes do Compromisso pela Redução da Violência contra Crianças e Adolescentes, de que trata o art. 30, e de monitorar e avaliar essas ações.

ART. 35. O Comitê Gestor de Políticas de Enfrentamento à Violência contra Criança e Adolescente será composto por membros, titular e suplente, dos seguintes órgãos:

I - um representante do Ministério dos Direitos Humanos, que o coordenará;

II - um representante do Ministério da Justiça;

III - um representante do Ministério da Educação;

IV - um representante do Ministério da Cultura;

V - um representante do Ministério do Trabalho;

VI - um representante do Ministério do Desenvolvimento Social;

VII - um representante do Ministério da Saúde;

VIII - um representante do Ministério do Planejamento, Desenvolvimento e Gestão;

IX - um representante do Ministério do Esporte;

X - um representante do Ministério das Cidades;

XI - um representante da Secretaria Nacional de Promoção da Igualdade Racial do Ministério dos Direitos Humanos;

XII - um representante da Secretaria Nacional de Política para Mulheres do Ministério dos Direitos Humanos; e

XIII - um representante da Secretaria Nacional da Juventude da Secretaria de Governo da Presidência da República.

§ 1º Os membros, titulares e suplentes, do Comitê Gestor de Políticas de Enfrentamento à Violência contra Criança e Adolescente serão indicados pelos titulares dos órgãos que representam, no prazo de sessenta dias, contado da data de publicação deste Decreto, e designados em ato do Ministro de Estado dos Direitos Humanos.

§ 2º A participação no Comitê Gestor de Políticas de Enfrentamento à Violência contra Criança e Adolescente será considerada prestação de serviço público relevante, não remunerada.

ART. 36. Competem ao Comitê Gestor de Políticas de Enfrentamento à Violência contra Criança e Adolescente a elaboração e a aprovação de seu regimento interno para dispor sobre sua organização e seu funcionamento.

ART. 37. O Comitê Gestor de Políticas de Enfrentamento à Violência contra Criança e Adolescente se reunirá por convocação de seu coordenador e poderá convidar representantes de outros órgãos e entidades, públicos ou privados, para participar de suas reuniões, sem direito a voto.

ART. 38. O Ministério dos Direitos Humanos prestará o apoio técnico e administrativo ao Comitê Gestor de Políticas de Enfrentamento à Violência contra Criança e Adolescente.

CAPÍTULO IV
DO DIREITO AO TRANSPORTE

ART. 39. É permitido transportar, sem pagamento, uma criança de até seis anos incompletos, por responsável, desde que não ocupe poltrona, observado o disposto na legislação aplicável ao transporte de menores de idade.

ART. 40. Os órgãos e as entidades da administração pública federal, as empresas prestadoras de serviços públicos e as instituições financeiras dispensarão atendimento prioritário às crianças e aos adolescentes com deficiência ou com mobilidade reduzida.

ART. 41. Crianças e adolescentes com dificuldade de locomoção, usuários dos serviços rodoviários interestadual e internacional de transporte coletivo de passageiros, têm o direito de serem auxiliados em seu embarque e em seu desembarque, sem prejuízo do disposto na Lei n. 8.078, de 1990.

CAPÍTULO V
DO DIREITO À PROFISSIONALIZAÇÃO

SEÇÃO I
DAS ATIVIDADES VOLUNTÁRIAS

ART. 42. Crianças e Adolescentes poderão participar de atividades voluntárias, desde que acompanhados ou expressamente autorizados pelos pais ou responsáveis, observado o disposto na legislação específica de proteção à criança e ao adolescente, conforme o disposto no art. 15 do Decreto n. 9.149, de 28 de agosto de 2017.

SEÇÃO II
DO APRENDIZ

ART. 43. Nas relações jurídicas pertinentes à contratação de aprendizes, será observado o disposto neste Capítulo.

ART. 44. Para fins do disposto neste Capítulo, considera-se aprendiz a pessoa maior de quatorze anos e menor de vinte e quatro anos que celebra contrato de aprendizagem, nos termos do disposto no art. 428 da Consolidação das Leis do Trabalho - CLT, aprovada pelo Decreto-Lei n. 5.452, de 1º de maio de 1943.

Parágrafo único. A idade máxima prevista no *caput* deste artigo não se aplica a aprendizes com deficiência.

SEÇÃO III
DO CONTRATO DE APRENDIZAGEM

ART. 45. Contrato de aprendizagem é o contrato de trabalho especial, ajustado por escrito e por prazo determinado não superior a dois anos, em que o empregador se compromete a assegurar ao aprendiz, inscrito em programa de aprendizagem, formação técnico-profissional metódica compatível com o seu desenvolvimento físico, moral e psicológico, e o aprendiz se compromete a executar, com zelo e diligência, as tarefas necessárias a essa formação.

Parágrafo único. A comprovação da escolaridade de aprendiz com deficiência psicossocial deverá considerar, sobretudo, as habilidades e as competências relacionadas com a profissionalização.

ART. 46. A validade do contrato de aprendizagem pressupõe anotação na Carteira de Trabalho e Previdência Social, matrícula e frequência do aprendiz à escola, caso não tenha concluído o ensino fundamental, e inscrição em programa de aprendizagem desenvolvido sob a orientação de entidade qualificada em formação técnico-profissional metódica.

ART. 47. O descumprimento das disposições legais e regulamentares importará a nulidade do contrato de aprendizagem, nos termos do disposto no art. 9º da CLT, aprovada pelo Decreto-Lei n. 5.452, de 1943, situação em que fica estabelecido o vínculo empregatício diretamente com o empregador responsável pelo cumprimento da cota de aprendizagem.

Parágrafo único. O disposto no *caput* não se aplica, quanto ao vínculo, a pessoa jurídica de direito público.

SEÇÃO IV
DA FORMAÇÃO TÉCNICO-PROFISSIONAL E DAS ENTIDADES QUALIFICADAS EM FORMAÇÃO TÉCNICO-PROFISSIONAL METÓDICA

SUBSEÇÃO I
DA FORMAÇÃO TÉCNICO-PROFISSIONAL

ART. 48. Para fins do disposto neste Capítulo, considera-se formação técnico-profissional metódica para os efeitos do contrato de aprendizagem as atividades teóricas e práticas, metodicamente organizadas em tarefas de complexidade progressiva desenvolvidas no ambiente de trabalho.

Parágrafo único. A formação técnico-profissional metódica de que trata o *caput* será realizada por meio de programas de aprendizagem organizados e desenvolvidos sob a orientação e a responsabilidade de entidades qualificadas em formação técnico-profissional metódica estabelecidas no art. 50.

ART. 49. A formação técnico-profissional do aprendiz obedecerá aos seguintes princípios:

I - garantia de acesso e frequência obrigatória no ensino fundamental;

II - horário especial para o exercício das atividades; e

III - capacitação profissional adequada ao mercado de trabalho.

Parágrafo único. Ao aprendiz com idade inferior a dezoito anos é assegurado o respeito à sua condição peculiar de pessoa em desenvolvimento.

SUBSEÇÃO II
DAS ENTIDADES QUALIFICADAS EM FORMAÇÃO TÉCNICO-PROFISSIONAL METÓDICA

ART. 50. Consideram-se entidades qualificadas em formação técnico-profissional metódica:

I - os serviços nacionais de aprendizagem, assim identificados:

a) Serviço Nacional de Aprendizagem Industrial - Senai;

b) Serviço Nacional de Aprendizagem Comercial - Senac;

c) Serviço Nacional de Aprendizagem Rural - Senar;

d) Serviço Nacional de Aprendizagem do Transporte - Senat; e

e) Serviço Nacional de Aprendizagem do Cooperativismo - Sescoop;

II - as escolas técnicas e agrotécnicas de educação; e

III - as entidades sem fins lucrativos que tenham por objetivos a assistência ao adolescente e à educação profissional, registradas no conselho municipal dos direitos da criança e do adolescente.

§ 1º As entidades mencionadas no *caput* deverão dispor de estrutura adequada ao desenvolvimento dos programas de aprendizagem, de forma a manter a qualidade do processo de ensino e a acompanhar e avaliar os resultados.

§ 2º O Ministério do Trabalho editará, ouvido o Ministério da Educação, normas complementares para dispor sobre a avaliação da competência das entidades a que se refere o inciso III do *caput*.

§ 3º Compete ao Ministério do Trabalho instituir e manter cadastro nacional das entidades qualificadas em formação técnico-profissional metódica e disciplinar a compatibilidade entre o conteúdo e a duração do programa de aprendizagem, com vistas a garantir a qualidade técnico-profissional.

SEÇÃO V
DA CONTRATAÇÃO DE APRENDIZ

SUBSEÇÃO I
DA OBRIGATORIEDADE DA CONTRATAÇÃO DE APRENDIZ

ART. 51. Estabelecimentos de qualquer natureza são obrigados a empregar e matricular nos cursos oferecidos pelos serviços nacionais de aprendizagem o número de aprendizes equivalente a cinco por cento, no mínimo, e quinze por cento, no máximo, dos trabalhadores existentes em cada estabelecimento cujas funções demandem formação profissional.

§ 1º Para o cálculo da porcentagem a que se refere o *caput*, as frações de unidade serão arredondadas para o número inteiro subsequente, hipótese que permite a admissão de aprendiz.

§ 2º Para fins do disposto neste Capítulo, considera-se estabelecimento todo complexo de bens organizado para o exercício de atividade econômica ou social do empregador, que se submeta ao regime da CLT, aprovada pelo Decreto-Lei n. 5.452, de 1943.

ART. 52. Para a definição das funções que demandem formação profissional, deverá ser considerada a Classificação Brasileira de Ocupações do Ministério do Trabalho.

§ 1º Ficam excluídas da definição a que se refere o *caput* as funções que demandem, para o seu exercício, habilitação profissional de nível técnico ou superior, ou, ainda, as funções que estejam caracterizadas como cargos de direção, de gerência ou de confiança, nos termos do disposto no inciso II do *caput* e no parágrafo único do art. 62 e no § 2º do art. 224 da CLT, aprovada pelo Decreto-Lei n. 5.452, de 1943.

§ 2º Deverão ser incluídas na base de cálculo todas as funções que demandem formação profissional, independentemente de serem proibidas para menores de dezoito anos.

ART. 53. A contratação de aprendizes deverá atender, prioritariamente, aos adolescentes entre quatorze e dezoito anos, exceto quando:

I - as atividades práticas da aprendizagem ocorrerem no interior do estabelecimento e sujeitarem os aprendizes à insalubridade ou à periculosidade, sem que se possa elidir o risco ou realizá-las integralmente em ambiente simulado;

II - a lei exigir, para o desempenho das atividades práticas, licença ou autorização vedada para pessoa com idade inferior a dezoito anos; e

III - a natureza das atividades práticas for incompatível com o desenvolvimento físico, psicológico e moral dos adolescentes aprendizes.

Parágrafo único. As atividades práticas da aprendizagem a que se refere o *caput* deverão ser designadas aos jovens de dezoito a vinte e quatro anos.

ART. 54. Ficam excluídos da base de cálculo de que trata o *caput* do art. 51 os empregados que executem os serviços prestados sob o regime de trabalho temporário, instituído pela Lei n. 6.019, de 3 de janeiro de 1973, e os aprendizes já contratados.

Parágrafo único. Na hipótese de empresas que prestem serviços especializados para terceiros, independentemente do local onde sejam executados, os empregados serão incluídos exclusivamente na base de cálculo da prestadora.

ART. 55. Na hipótese de os serviços nacionais de aprendizagem não oferecerem cursos ou vagas suficientes para atender à demanda dos estabelecimentos, esta poderá ser suprida por outras entidades qualificadas em formação técnico-profissional metódica, observado o disposto no art. 50.

Parágrafo único. A insuficiência de cursos ou vagas a que se refere o *caput* será verificada pela inspeção do trabalho.

ART. 56. Ficam dispensadas da contratação de aprendizes:

I - as microempresas e as empresas de pequeno porte; e

II - as entidades sem fins lucrativos que tenham por objetivo a educação profissional.

SUBSEÇÃO II
DAS ESPÉCIES DE CONTRATAÇÃO DO APRENDIZ

ART. 57. A contratação do aprendiz deverá ser efetivada diretamente pelo estabelecimento que se obrigue ao cumprimento da cota de aprendizagem ou, supletivamente, pelas entidades sem fins lucrativos a que se refere o inciso III do *caput* do art. 50.

§ 1º Na hipótese de contratação de aprendiz diretamente pelo estabelecimento que se obrigue ao cumprimento da cota de aprendizagem, este assumirá a condição de empregador, hipótese em que deverá inscrever o aprendiz em programa de aprendizagem a ser ministrado pelas entidades indicadas no art. 50.

§ 2º A contratação de aprendiz por intermédio de entidade sem fins lucrativos, para fins do cumprimento da obrigação prevista no *caput* do art. 51, somente deverá ser formalizada após a celebração de contrato entre o estabelecimento e a entidade sem fins lucrativos, no qual, entre outras obrigações recíprocas, serão estabelecidas as seguintes:

I - a entidade sem fins lucrativos, simultaneamente ao desenvolvimento do programa de aprendizagem, assumirá a condição de empregador, com todos os ônus dela decorrentes, e assinará a Carteira de Trabalho e Previdência Social do aprendiz, na qual anotará, no espaço destinado às anotações gerais, a informação de que o contrato de trabalho específico decorrerá de contrato firmado com determinado estabelecimento para fins do cumprimento de sua cota de aprendizagem; e

II - o estabelecimento assumirá a obrigação de proporcionar ao aprendiz a experiência prática da formação técnico-profissional metódica a que este será submetido.

ART. 58. A contratação do aprendiz por empresas públicas e sociedades de economia mista ocorrerá de forma direta, nos termos do disposto no § 1º do art. 57, hipótese em que será realizado processo seletivo por meio de edital, ou nos termos do disposto no § 2º do referido artigo.

Parágrafo único. A contratação do aprendiz por órgãos e entidades da administração pública direta, autárquica e fundacional observará regulamento específico, hipótese em que não se aplica o disposto neste Capítulo.

SEÇÃO VI
DOS DIREITOS TRABALHISTAS E DAS OBRIGAÇÕES ACESSÓRIAS

SUBSEÇÃO I
DA REMUNERAÇÃO

ART. 59. Ao aprendiz, exceto se houver condição mais favorável, será garantido o salário mínimo-hora.

Parágrafo único. Para fins do disposto neste Capítulo, entende-se por condição mais favorável aquela estabelecida no contrato de aprendizagem ou prevista em convenção ou acordo coletivo de trabalho, em que se especifique o salário mais favorável ao aprendiz e o piso regional de que trata a Lei Complementar n. 103, de 14 de julho de 2000.

SUBSEÇÃO II
DA JORNADA

ART. 60. A jornada de trabalho do aprendiz não excederá seis horas diárias.

§ 1º Para os aprendizes que já tenham concluído o ensino fundamental, a jornada de trabalho poderá ser de até oito horas diárias, desde que nessa carga horária sejam computadas as horas destinadas à aprendizagem teórica.

§ 2º A jornada semanal do aprendiz inferior a vinte e cinco horas não caracterizará trabalho em regime de tempo parcial, de que trata o art. 58-A da CLT, aprovada pelo Decreto-Lei n. 5.452, de 1943.

ART. 61. São vedadas a prorrogação e a compensação de jornada de trabalho.

ART. 62. A jornada de trabalho do aprendiz compreenderá as horas destinadas às atividades teóricas e práticas, simultâneas ou não, e caberá à entidade qualificada em formação técnico-profissional metódica estabelecê-las no plano do curso.

ART. 63. Na hipótese de o aprendiz menor de dezoito anos ser empregado em mais de um estabelecimento, as horas da jornada de trabalho em cada um dos estabelecimentos serão totalizadas.

Parágrafo único. Para estabelecer a jornada de trabalho do aprendiz menor de dezoito anos, a entidade qualificada em formação técnico-profissional metódica considerará os direitos assegurados pela Lei n. 8.069, de 1990 - Estatuto da Criança e do Adolescente.

SUBSEÇÃO III
DAS ATIVIDADES TEÓRICAS E PRÁTICAS

ART. 64. As aulas teóricas do programa de aprendizagem deverão ocorrer em ambiente físico adequado ao ensino e com meios didáticos apropriados.

§ 1º As aulas teóricas poderão ocorrer sob a forma de aulas demonstrativas no ambiente de trabalho, hipótese em que é vedada qualquer atividade laboral do aprendiz, ressalvado o manuseio de materiais, ferramentas, instrumentos e assemelhados.

§ 2º É vedado ao responsável pelo cumprimento da cota de aprendizagem cometer ao aprendiz atividades diversas daquelas previstas no programa de aprendizagem.

ART. 65. As aulas práticas poderão ocorrer na própria entidade qualificada em formação técnico-profissional metódica ou no estabelecimento contratante ou concedente da experiência prática do aprendiz.

§ 1º Na hipótese de o ensino prático ocorrer no estabelecimento, será formalmente designado pela empresa, ouvida a entidade qualificada em formação técnico-profissional metódica, um empregado monitor responsável pela coordenação de exercícios práticos e pelo acompanhamento das atividades do aprendiz no estabelecimento, em conformidade com o disposto no programa de aprendizagem.

§ 2º A entidade responsável pelo programa de aprendizagem fornecerá aos empregadores e ao Ministério do Trabalho, quando solicitado, cópia do projeto pedagógico do programa.

§ 3º Para fins da experiência prática de acordo com a organização curricular do programa de aprendizagem, o empregador que mantenha mais de um estabelecimento no mesmo Município poderá centralizar as atividades práticas correspondentes em um de seus estabelecimentos.

§ 4º Nenhuma atividade prática poderá ser desenvolvida no estabelecimento em desacordo com as disposições do programa de aprendizagem.

ART. 66. O estabelecimento contratante cujas peculiaridades da atividade ou dos locais de trabalho constituam embaraço à realização das aulas práticas, além de poder ministrá-las exclusivamente nas entidades qualificadas em formação técnico profissional, poderá requerer junto à unidade descentralizada do Ministério do Trabalho a assinatura de termo de compromisso para o cumprimento da cota em entidade concedente da experiência prática do aprendiz.

§ 1º Compete ao Ministério do Trabalho definir:

I - os setores da economia em que a aula prática poderá ser ministrada nas entidades concedentes; e

II - o processamento do pedido de assinatura de termo de compromisso.

§ 2º Para fins do disposto neste Capítulo, consideram-se entidades concedentes da experiência prática do aprendiz:

I - órgãos públicos;

II - organizações da sociedade civil, nos termos do disposto no art. 2º da Lei n. 13.019, de 31 de julho de 2014; e

III - unidades do sistema nacional de atendimento socioeducativo.

§ 3º Firmado o termo de compromisso com o Ministério do Trabalho, o estabelecimento contratante e a entidade qualificada por ele já contratada deverão firmar, conjuntamente, parceria com uma das entidades concedentes para a realização das aulas práticas.

§ 4º Compete à entidade qualificada o acompanhamento pedagógico das aulas práticas.

§ 5º A seleção dos aprendizes será realizada a partir do cadastro público de emprego, disponível no sítio eletrônico Emprega Brasil, do Ministério do Trabalho, e deverá priorizar a inclusão de jovens e adolescentes em situação de vulnerabilidade ou risco social, tais como:

I - adolescentes egressos do sistema socioeducativo ou em cumprimento de medidas socioeducativas;

II - jovens em cumprimento de pena no sistema prisional;

III - jovens e adolescentes cujas famílias sejam beneficiárias de programas de transferência de renda;

IV - jovens e adolescentes em situação de acolhimento institucional;

V - jovens e adolescentes egressos do trabalho infantil;

VI - jovens e adolescentes com deficiência;

VII - jovens e adolescentes matriculados em instituição de ensino da rede pública, em nível fundamental, médio regular ou médio técnico, incluída a modalidade de Educação de Jovens e Adultos; e

VIII - jovens desempregados e com ensino fundamental ou médio concluído em instituição de ensino da rede pública.

§ 6º Os percentuais a serem cumpridos na forma alternativa e no sistema regular deverão constar do termo de compromisso firmado com o Ministério do Trabalho, com vistas ao adimplemento integral da cota de aprendizagem, observados, em todos as hipóteses, os limites previstos na Seção IV do Capítulo IV do Título III da CLT, aprovada pelo Decreto-Lei n. 5.452, de 1943, e a contratação do percentual mínimo no sistema regular.

SUBSEÇÃO IV
DO FUNDO DE GARANTIA DO TEMPO DE SERVIÇO

ART. 67. O disposto no § 7º do art. 15 da Lei n. 8.036, de 11 de maio de 1990, se aplica à alíquota de contribuição ao Fundo de Garantia do Tempo de Serviço - FGTS para o contrato de aprendizagem.

Parágrafo único. A contribuição ao FGTS de que trata o *caput* corresponderá a dois por cento da remuneração paga ou devida, no mês anterior, ao aprendiz.

SUBSEÇÃO V
DAS FÉRIAS

ART. 68. As férias do aprendiz coincidirão, preferencialmente, com as férias escolares, vedado ao empregador estabelecer período diverso daquele definido no programa de aprendizagem.

SUBSEÇÃO VI
DOS EFEITOS DOS INSTRUMENTOS COLETIVOS DE TRABALHO

ART. 69. As convenções e os acordos coletivos apenas estenderão suas cláusulas sociais ao aprendiz quando expressamente previsto e desde que não excluam ou reduzam o alcance dos dispositivos tutelares que lhes são aplicáveis.

SUBSEÇÃO VII
DO VALE-TRANSPORTE

ART. 70. É assegurado ao aprendiz o direito ao benefício previsto na Lei n. 7.418, de 16 de dezembro de 1985, que institui o vale-transporte.

SUBSEÇÃO VIII
DAS HIPÓTESES DE EXTINÇÃO E RESCISÃO DE CONTRATO DE APRENDIZAGEM

ART. 71. O contrato de aprendizagem extinguir-se-á no seu termo ou quando o aprendiz completar vinte e quatro anos, exceto na hipótese de aprendiz com deficiência, ou, ainda antecipadamente, nas seguintes hipóteses:

I - desempenho insuficiente ou inadaptação do aprendiz;

II - falta disciplinar grave;

III - ausência injustificada à escola que implique perda do ano letivo; e

IV - a pedido do aprendiz.

Parágrafo único. Nas hipóteses de extinção ou rescisão do contrato de aprendizagem, o empregador deverá contratar novo aprendiz, nos termos do disposto neste Decreto, sob pena de infração ao disposto no art. 429 da CLT.

ART. 72. Para fins do disposto no art. 71, serão observadas as seguintes disposições:

I - o desempenho insuficiente ou inadaptação do aprendiz referente às atividades do programa de aprendizagem será caracterizado por meio de laudo de avaliação elaborado pela entidade qualificada em formação técnico-profissional metódica;

II - a falta disciplinar grave será caracterizada por quaisquer das hipóteses previstas no art. 482 da CLT, aprovada pelo Decreto-Lei n. 5.452, de 1943; e

III - a ausência injustificada às aulas que implique perda do ano letivo será caracterizada por meio de declaração da instituição de ensino.

ART. 73. O disposto nos art. 479 e art. 480 da CLT, aprovada pelo Decreto-Lei n. 5.452, de 1943, não se aplica às hipóteses de extinção do contrato a que se refere o art. 71.

SEÇÃO IV
DO CERTIFICADO DE QUALIFICAÇÃO PROFISSIONAL DE APRENDIZAGEM

ART. 74. Aos aprendizes que concluírem os programas de aprendizagem com aproveitamento será concedido pela entidade qualificada em formação técnico-profissional metódica o certificado de qualificação profissional.

ART. 75. O certificado de qualificação profissional a que se refere o art. 74 deverá enunciar o título e o perfil profissional para a ocupação em que o aprendiz tenha sido qualificado.

TÍTULO III
DO CONSELHO NACIONAL DOS DIREITOS DA CRIANÇA E DO ADOLESCENTE

ART. 76. O Conselho Nacional dos Direitos da Criança e do Adolescente - Conanda, órgão colegiado de caráter deliberativo, integrante da estrutura básica do Ministério dos Direitos Humanos, tem por finalidade elaborar normas gerais para a formulação e implementação da política nacional de atendimento dos direitos da criança e do adolescente, observadas as linhas de ação e as diretrizes estabelecidas na Lei n. 8.069, de 1990 - Estatuto da Criança e do Adolescente, além de acompanhar e avaliar a sua execução.

CAPÍTULO I
DAS ATRIBUIÇÕES DO CONSELHO NACIONAL DOS DIREITOS DA CRIANÇA E DO ADOLESCENTE

ART. 77. Ao Conanda compete:

I - elaborar normas gerais da política nacional de atendimento dos direitos da criança e do adolescente, além de controlar e fiscalizar as ações de execução em todos os níveis;

II - zelar pela aplicação do disposto na política nacional de atendimento dos direitos da criança e do adolescente;

III - apoiar os conselhos estaduais, distrital e municipais dos direitos da criança e do adolescente, os órgãos estaduais, distritais, municipais e entidades não governamentais, para tornar efetivos os princípios, as diretrizes e os direitos estabelecidos pela Lei n. 8.069, de 1990 - Estatuto da Criança e do Adolescente;

IV - avaliar a política estadual, distrital e municipal e a atuação dos conselhos estaduais, distrital e municipais da criança e do adolescente;

V - acompanhar o reordenamento institucional e propor, sempre que necessário, as modificações nas estruturas públicas e privadas destinadas ao atendimento da criança e do adolescente;

VI - apoiar a promoção de campanhas educativas sobre os direitos da criança e do adolescente, com a indicação das medidas a serem adotadas nas hipóteses de atentados ou violação desses direitos;

VII - acompanhar a elaboração e a execução da proposta orçamentária da União, além de indicar as modificações necessárias à consecução da política formulada para a promoção dos direitos da criança e do adolescente;

VIII - gerir o Fundo Nacional para a Criança e o Adolescente, de que trata o art. 6º da Lei n. 8.242, de 12 de outubro de 1991, e fixar os critérios para a sua utilização, nos termos do disposto no art. 260 da Lei n. 8.069, de 1990 - Estatuto da Criança e do Adolescente; e

IX - elaborar o seu regimento interno, que será aprovado pelo voto de, no mínimo, dois terços de seus membros, no qual será definida a forma de indicação de seu Presidente.

Parágrafo único. Ao Conanda compete, ainda:

I - acompanhar e avaliar a edição de orientações e recomendações sobre a aplicação do disposto na Lei n. 8.069, de 1990 - Estatuto da Criança e do Adolescente, e dos demais atos normativos relacionados com o atendimento à criança e ao adolescente;

II - promover a cooperação entre a União, os Estados, o Distrito Federal e os Municípios e a sociedade civil organizada, na formulação e na execução da política nacional de atendimento dos direitos da criança e do adolescente;

III - promover, em parceria com organismos governamentais e não governamentais, nacionais e internacionais, a identificação de sistemas de indicadores, para estabelecer metas e procedimentos com base nesses índices para monitorar a aplicação das atividades relacionadas com o atendimento à criança e ao adolescente;

IV - promover a realização de estudos, debates e pesquisas sobre a aplicação e os resultados estratégicos alcançados pelos programas e pelos projetos de atendimento à criança e ao adolescente desenvolvidos pelo Ministério dos Direitos Humanos; e

V - estimular a ampliação e o aperfeiçoamento dos mecanismos de participação e controle social, por intermédio de rede nacional de órgãos colegiados estaduais, distritais, regionais e municipais, com vistas a fortalecer o atendimento aos direitos da criança e do adolescente.

CAPÍTULO II
DA COMPOSIÇÃO DO CONSELHO NACIONAL DOS DIREITOS DA CRIANÇA E DO ADOLESCENTE

ART. 78. O Conanda, observada a paridade entre os representantes do Poder Executivo e da sociedade civil organizada, é composto por membros, titular e suplente, dos seguintes órgãos e entidades:

I - um representante:

a) da Casa Civil da Presidência da República;

b) do Ministério da Justiça;

c) do Ministério das Relações Exteriores;

d) do Ministério da Fazenda;

e) do Ministério da Educação;

f) do Ministério da Cultura;

g) do Ministério do Trabalho;

h) do Ministério do Desenvolvimento Social;

i) do Ministério da Saúde;

j) do Ministério do Planejamento, Desenvolvimento e Gestão;

k) do Ministério do Esporte;

l) da Secretaria Nacional dos Direitos da Criança e do Adolescente do Ministério dos Direitos Humanos;

m) da Secretaria Nacional de Promoção da Igualdade Racial do Ministério dos Direitos Humanos; e

n) da Secretaria da Previdência do Ministério da Fazenda; e

II - quatorze representantes de organizações da sociedade civil.

§ 1º Os membros, titulares e suplentes, a que se refere o inciso I do *caput* serão indicados pelos titulares dos órgãos que representam e designados em ato do Ministro de Estado dos Direitos Humanos.

§ 2º Os membros, titulares e suplentes, a que se refere o inciso II do *caput* serão indicados pelas entidades que representam e designados em ato do Ministro de Estado dos Direitos Humanos.

§ 3º O Conanda poderá convidar representantes de outros órgãos e entidades, públicos ou privados, para participar de suas reuniões, sem direito a voto.

CAPÍTULO III
DA ORGANIZAÇÃO E DO FUNCIONAMENTO DO CONSELHO NACIONAL DOS DIREITOS DA CRIANÇA E DO ADOLESCENTE

ART. 79. As organizações da sociedade civil de que trata o inciso II do *caput* do art. 78 serão eleitas em assembleia específica, convocada especialmente para essa finalidade.

§ 1º A eleição será convocada pelo Conanda, por meio de edital, publicado no Diário Oficial da União, no prazo de sessenta dias que antecedem o término do mandato de seus representantes.

§ 2º O regimento interno do Conanda disciplinará as normas e os procedimentos relativos à eleição das entidades da sociedade civil que comporão a sua estrutura.

§ 3º Dentre as vinte e oito entidades mais votadas, as quatorze primeiras serão eleitas como titulares, das quais as quatorze restantes serão as suplentes.

§ 4º Cada organização indicará o seu representante e terá mandato de dois anos, admitida recondução por meio de novo processo eleitoral.

§ 5º O Ministério Público Federal poderá acompanhar o processo de escolha dos representantes das organizações da sociedade civil.

ART. 80. A estrutura de funcionamento do Conanda é composta por:

I - Plenário;

II - Presidência;

III - Secretaria-Executiva; e

IV - comissões permanentes e grupos temáticos.

ART. 81. A eleição do Presidente do Conanda ocorrerá conforme estabelecido em seu regimento interno.

Parágrafo único. A designação do Presidente do Conanda será feita pelo Presidente da República.

ART. 82. São atribuições do Presidente do Conanda:

I - convocar e presidir as reuniões do Conanda;

II - solicitar informações e posicionamento sobre temas de relevante interesse público, além da elaboração de estudos;

III - firmar as atas das reuniões; e

IV - homologar as Resoluções do Conanda.

ART. 83. Caberá ao Ministério dos Direitos Humanos prestar o apoio técnico e administrativo e prover os meios necessários à execução das atividades do Conanda, das comissões permanentes e dos grupos temáticos, e exercer as atribuições de Secretaria-Executiva.

ART. 84. As comissões permanentes e grupos temáticos serão instituídos pelo Conanda com o fim de promover estudos e elaborar propostas sobre temas específicos, a serem submetidos ao Plenário do Conselho, que definirá, no ato da sua instituição os objetivos específicos, a composição e o prazo para conclusão dos trabalhos, para os quais poderão ser convidados a participar representantes de órgãos dos Poderes Executivo, Legislativo e Judiciário e de entidades privadas.

ART. 85. As deliberações do Conanda, inclusive para dispor sobre o seu regimento interno, serão aprovadas por meio de Resoluções.

ART. 86. As despesas com os deslocamentos dos membros do Conanda, das comissões permanentes e dos grupos temáticos poderão ocorrer à conta de dotações orçamentárias do Ministério dos Direitos Humanos.

ART. 87. Os recursos para a implementação das ações do Conanda correrão à conta das dotações orçamentárias consignadas anualmente ao Ministério dos Direitos Humanos, observados os limites de movimentação, empenho e pagamento da programação orçamentária e financeira anual.

ART. 88. A participação no Conanda, nas comissões permanentes e nos grupos temáticos será considerada prestação de serviço público relevante, não remunerada.

ART. 89. Os casos omissos nas disposições deste Título serão dirimidos pelo Presidente do Conanda, ad referendum do Plenário.

TÍTULO IV
DO FUNDO NACIONAL PARA A CRIANÇA E O ADOLESCENTE

ART. 90. O Fundo Nacional para a Criança e o Adolescente, instituído pelo art. 6º da Lei n. 8.242, de 1991, tem os seguintes princípios:

I - a participação de entidades públicas e privadas, desde o planejamento até o controle das políticas e programas destinados à criança e ao adolescente;

II - a descentralização político-administrativa das ações governamentais;

III - a coordenação com as ações obrigatórias e permanentes de responsabilidade do Poder Público; e

IV - a flexibilidade e a agilidade na movimentação dos recursos, sem prejuízo da plena visibilidade das respectivas ações.

CAPÍTULO ÚNICO
DOS RECURSOS DO FUNDO NACIONAL PARA A CRIANÇA E O ADOLESCENTE

ART. 91. O Fundo Nacional para a Criança e o Adolescente tem como receita:

I - doações de pessoas físicas e jurídicas, dedutíveis do imposto sobre a renda, nos termos do disposto no art. 260 da Lei n. 8.069, de 1990 - Estatuto da Criança e do Adolescente;

II - recursos destinados ao Fundo Nacional para a Criança e o Adolescente, consignados no Orçamento da União;

III - contribuições dos governos e organismos estrangeiros e internacionais;

IV - o resultado de aplicações do governo e organismos estrangeiros e internacionais;

V - o resultado de aplicações no mercado financeiro, observada a legislação pertinente; e

VI - outros recursos que lhe forem destinados.

ART. 92. Os recursos do Fundo Nacional para a Criança e o Adolescente serão prioritariamente aplicados:

I - no apoio ao desenvolvimento das ações priorizadas na Política Nacional de Atendimento aos Direitos da Criança e do Adolescente;

II - no apoio aos programas e aos projetos de pesquisas, de estudos e de capacitação de recursos humanos necessários à execução das ações de promoção, defesa e atendimento à criança e ao adolescente;

III - no apoio aos programas e aos projetos de comunicação e divulgação das ações de defesa dos direitos da criança e do adolescente;

IV - no apoio ao desenvolvimento e à implementação de sistemas de controle e avaliação de políticas públicas, programas governamentais e não governamentais em âmbito nacional, destinados à criança e ao adolescente; e

V - na promoção do intercâmbio de informações tecnológicas e experiências entre o Conanda e os conselhos estaduais, distrital e municipais dos direitos da criança e do adolescente.

ART. 93. É expressamente vedada a utilização de recursos do Fundo Nacional para a Criança e o Adolescente para a manutenção de outras atividades que não sejam aquelas destinadas unicamente aos programas a que se refere o art. 92, exceto as hipóteses excepcionais aprovadas em Plenário pelo Conanda.

ART. 94. O Fundo Nacional para a Criança e o Adolescente será gerido pelo Conanda, ao qual compete estabelecer as diretrizes, os critérios e as prioridades para a aplicação das disponibilidades financeiras existentes, observado o disposto no inciso X do *caput* do art. 2º da Lei n. 8.242, de 1991.

ART. 95. Os recursos do Fundo Nacional para a Criança e o Adolescente serão movimentados por meio de conta específica em instituições financeiras federais, admitida a sua aplicação no mercado financeiro, na forma prevista em lei.

TÍTULO V
DO PROGRAMA CRIANÇA FELIZ

ART. 96. Fica instituído o Programa Criança Feliz, de caráter intersetorial, com a finalidade de promover o desenvolvimento integral das crianças na primeira infância, considerando sua família e seu contexto de vida, em consonância com o disposto na Lei n. 13.257, de 8 de março de 2016.

ART. 97. Considera-se primeira infância, para os fins do disposto neste Título, o período que abrange os primeiros seis anos completos ou os setenta e dois meses de vida da criança.

ART. 98. O Programa Criança Feliz atenderá gestantes, crianças de até seis anos e suas famílias, e priorizará:

I - gestantes, crianças de até três anos e suas famílias beneficiárias do Programa Bolsa Família, instituído pela Lei n. 10.836, de 9 de janeiro de 2004;

II - crianças de até seis anos e suas famílias beneficiárias do Benefício de Prestação Continuada, instituído pela Lei n. 8.742, de 7 de dezembro de 1993; e

III - crianças de até seis anos afastadas do convívio familiar em razão da aplicação de medida de proteção prevista no art. 101, *caput*, incisos VII e VIII, da Lei n. 8.069, de 1990 - Estatuto da Criança e do Adolescente, e suas famílias.

ART. 99. O Programa Criança Feliz tem os seguintes objetivos:

I - promover o desenvolvimento humano a partir do apoio e do acompanhamento do desenvolvimento infantil integral na primeira infância;

II - apoiar a gestante e a família na preparação para o nascimento e nos cuidados perinatais;

III - colaborar no exercício da parentalidade, de modo a fortalecer os vínculos e o papel das famílias para o desempenho da função de cuidado, proteção e educação de crianças na faixa etária de até seis anos de idade;

IV - mediar o acesso da gestante, das crianças na primeira infância e das suas famílias a políticas e serviços públicos de que necessitem; e

V - integrar, ampliar e fortalecer ações de políticas públicas destinadas às gestantes, às crianças na primeira infância e às suas famílias.

ART. 100. Para cumprimento dos objetivos estabelecidos no art. 99, o Programa Criança Feliz tem como principais componentes:

I - a realização de visitas domiciliares periódicas, por profissional capacitado, e de ações complementares que apoiem gestantes e famílias e favoreçam o desenvolvimento da criança na primeira infância;

II - a capacitação e a formação continuada de profissionais que atuem junto às gestantes e às crianças na primeira infância, com vistas à qualificação do atendimento e ao fortalecimento da intersetorialidade;

III - o desenvolvimento de conteúdo e material de apoio para o atendimento intersetorial às gestantes, às crianças na primeira infância e às suas famílias;

IV - o apoio aos Estados, ao Distrito Federal e aos Municípios, com vistas à mobilização, à articulação intersetorial e à implementação do Programa; e

V - a promoção de estudos e pesquisas acerca do desenvolvimento infantil integral.

ART. 101. O Programa Criança Feliz será implementado a partir da articulação entre as políticas de assistência social, saúde, educação, cultura, direitos humanos, direitos das crianças e dos adolescentes, entre outras.

Parágrafo único. O Programa Criança Feliz será coordenado pelo Ministério do Desenvolvimento Social.

ART. 102. Fica instituído o Comitê Gestor do Programa Criança Feliz, no âmbito do Ministério do Desenvolvimento Social, com a atribuição de planejar e articular os componentes do Programa Criança Feliz.

§ 1º O Comitê Gestor será composto por membros, titular e suplente, dos seguintes órgãos:

I - Ministério do Desenvolvimento Social, que o coordenará;

II - Ministério da Justiça;

III - Ministério da Educação;

IV - Ministério da Cultura;

V - Ministério da Saúde; e

VI - Ministério dos Direitos Humanos.

§ 2º Os membros, titulares e suplentes, do Comitê Gestor do Programa Criança Feliz serão indicados pelos titulares dos órgãos que representam e designados em ato do Ministro de Estado do Desenvolvimento Social.

§ 3º O Comitê Gestor do Programa Criança Feliz poderá convidar representantes de outras instâncias, órgãos e entidades envolvidas com o tema para participar de suas atividades, sem direito a voto.

§ 4º A Secretaria-Executiva do Comitê Gestor do Programa Criança Feliz será exercida pelo Ministério do Desenvolvimento Social, que prestará o apoio técnico e administrativo e providenciará os meios necessários à execução de suas atividades.

§ 5º A participação dos representantes do Comitê Gestor será considerada prestação de serviço público relevante, não remunerada.

ART. 103. As ações do Programa Criança Feliz serão executadas de forma descentralizada e integrada, por meio da conjugação de esforços entre União, Estados, Distrito Federal e Municípios, observada a intersetorialidade, as especificidades das políticas públicas setoriais, a participação da sociedade civil e o controle social.

ART. 104. A participação dos Estados, do Distrito Federal e dos Municípios no Programa Criança Feliz ocorrerá por meio de procedimento de adesão ao Programa.

Parágrafo único. O apoio técnico e financeiro aos Estados, ao Distrito Federal e aos Municípios fica condicionado ao atendimento de critérios definidos pelo Ministério do Desenvolvimento Social, ouvido o Comitê Gestor.

ART. 105. Para a execução do Programa Criança Feliz, poderão ser firmadas parcerias com órgãos e entidades públicas ou privadas.

ART. 106. O Programa Criança Feliz contará com sistemática de monitoramento e avaliação, em observância ao disposto no art. 11 da Lei n. 13.257, de 2016.

ART. 107. Os recursos para a implementação das ações do Programa Criança Feliz correrão à conta das dotações orçamentárias consignadas anualmente aos órgãos e às entidades envolvidos, observados os limites de movimentação, empenho e pagamento da programação orçamentária e financeira anual.

ART. 108. A implementação do disposto neste Capítulo observará, no que couber, o disposto na Lei n. 9.504, de 30 de setembro de 1997.

TÍTULO VI
DO PROGRAMA DE PROTEÇÃO A CRIANÇAS E ADOLESCENTES AMEAÇADOS DE MORTE

ART. 109. Fica instituído o Programa de Proteção a Crianças e Adolescentes Ameaçados de Morte - PPCAAM.

ART. 110. O PPCAAM será coordenado pela Secretaria Nacional dos Direitos da Criança e do Adolescente do Ministério dos Direitos Humanos.

SEÇÃO I
DA FINALIDADE DO PROGRAMA DE PROTEÇÃO A CRIANÇAS E ADOLESCENTES AMEAÇADOS DE MORTE

ART. 111. O PPCAAM tem por finalidade proteger, em conformidade com o disposto na Lei n. 8.069, de 1990 - Estatuto da Criança e do Adolescente, crianças e adolescentes expostos a grave e iminente ameaça de morte, quando esgotados os meios convencionais, por meio da prevenção ou da repressão da ameaça.

§ 1º As ações do PPCAAM poderão ser estendidas a jovens com até vinte e um anos, se egressos do sistema socioeducativo.

§ 2º A proteção poderá ser estendida aos pais ou responsáveis, ao cônjuge ou companheiro, aos ascendentes, descendentes, dependentes, colaterais e aos que tenham, comprovadamente, convivência habitual com o ameaçado, a fim de preservar a convivência familiar.

§ 3º Não haverá necessidade do esgotamento dos meios convencionais referidos no *caput* na hipótese de ineficácia patente do emprego desses meios na prevenção ou na repressão da ameaça.

§ 4º Na hipótese de proteção estendida a que se refere o § 2º a familiares que sejam servidores públicos ou militares, fica assegurada, nos termos estabelecidos no inciso VI do *caput* do art. 7º da Lei n. 9.807, de 13 de julho de 1999, a suspensão temporária das atividades funcionais, sem prejuízo dos vencimentos ou das vantagens percebidos.

SEÇÃO II
DA EXECUÇÃO DO PROGRAMA DE PROTEÇÃO A CRIANÇAS E ADOLESCENTES AMEAÇADOS DE MORTE

ART. 112. O PPCAAM será executado, prioritariamente, por meio de acordos de cooperação firmados entre a União, os Estados e o Distrito Federal.

§ 1º Para a execução do PPCAAM, poderão ser celebrados acordos de cooperação técnica, convênios, ajustes, termos de fomento ou termos de colaboração ou outras formas de descentralização de recursos legalmente constituídas, entre a União, os Estados, o Distrito Federal, os órgãos da administração pública federal e as entidades públicas ou privadas, sob a supervisão da Secretaria Nacional dos Direitos da Criança e do Adolescente do Ministério dos Direitos Humanos.

§ 2º Os recursos para a implementação das ações do PPCAAM correrão à conta das dotações orçamentárias consignadas anualmente ao Ministério dos Direitos Humanos, observados os limites de movimentação, empenho e pagamento da programação orçamentária e financeira anual.

ART. 113. Para firmar o acordo de cooperação previsto no *caput* do art. 112, o Estado ou o Distrito Federal deverá constituir conselho gestor

DECRETOS

responsável por implementar, acompanhar, avaliar e zelar pela qualidade da execução do PPCAAM, que terá as suas reuniões coordenadas pela Secretaria de Estado ou do Distrito Federal executora do PPCAAM.

§ 1º Poderão compor o conselho gestor, entre outros, representantes da Defensoria Pública, do Ministério Público, do Poder Judiciário, dos órgãos de segurança pública, dos centros de defesa dos direitos da criança e do adolescente, dos conselhos estaduais ou distrital dos direitos da criança e do adolescente, dos conselhos tutelares e de entidades de promoção e defesa de direitos da criança e do adolescente.

§ 2º Cada membro, titular e suplente, será indicado pelo órgão ou pela entidade que representa e será designado pelo Chefe do Poder Executivo estadual ou distrital ou por autoridade por ele designada para esse fim.

§ 3º Compete aos conselhos gestores a elaboração de seu regimento interno e a eleição de seu presidente.

§ 4º Os conselhos gestores poderão convidar representantes das secretarias de educação, de saúde, de assistência social ou de outras que executem políticas públicas relevantes para a inserção social do protegido para participar de suas reuniões.

ART. 114. Os órgãos e as entidades públicas e as organizações da sociedade civil responsáveis pela execução do PPCAAM deverão, além dar cumprimento às ações inerentes ao Programa:

I - prestar contas dos recursos federais recebidos para execução do PPCAAM, nos termos estabelecidos pela legislação;

II - elaborar e manter plano próprio de proteção às crianças e aos adolescentes ameaçados, com objetivos, metas, estratégias, programas e ações para proceder à sua execução;

III - realizar o processo seletivo e a qualificação da equipe técnica; e

IV - informar, regularmente ou sempre que solicitado, a Secretaria Nacional dos Direitos da Criança e do Adolescente do Ministério dos Direitos Humanos e aos órgãos de controle, a respeito da execução dos programas e das ações de proteção às crianças e aos adolescentes sob a sua responsabilidade, mantido o sigilo inerente à proteção.

ART. 115. São atribuições dos conselhos gestores:

I - acompanhar, avaliar e zelar pela qualidade da execução do PPCAAM;

II - garantir a continuidade do PPCAAM;

III - propor ações de atendimento e de inclusão social aos protegidos, por intermédio da cooperação com instituições públicas e privadas responsáveis pela garantia dos direitos previstos na Lei n. 8.069, de 1990 - Estatuto da Criança e do Adolescente; e

IV - garantir o sigilo dos dados e das informações sobre os protegidos.

SEÇÃO III
DAS AÇÕES DO PROGRAMA DE PROTEÇÃO A CRIANÇAS E ADOLESCENTES AMEAÇADOS DE MORTE

ART. 116. O PPCAAM compreende as seguintes ações, aplicáveis isolada ou cumulativamente, em benefício do protegido e da sua família, quando necessário:

I - transferência de residência ou acomodação em ambiente compatível com a proteção, com a transferência da execução de medida socioeducativa em meio aberto para novo local de residência do adolescente, se necessário;

II - inserção dos protegidos em programas sociais com vistas à sua proteção integral;

III - apoio e assistência social, jurídica, psicológica, pedagógica e financeira, conforme a construção do Plano Individual de Acompanhamento - PIA;

IV - apoio ao protegido, quando necessário, para o cumprimento de obrigações civis e administrativas que exijam o seu comparecimento, garantida a sua segurança no deslocamento;

V - preservação da identidade e da imagem do protegido e manutenção do sigilo dos seus dados e das informações que, na forma prevista em lei, comprometam a sua segurança e a sua integridade física, mental e psicológica;

VI - garantia de acesso seguro a políticas públicas de saúde, educação, assistência social, previdência, trabalho, transporte, habitação, esporte, lazer, cultura e segurança, na forma prevista em lei; e

VII - manutenção no serviço de acolhimento institucional existente e disponível, nos termos do disposto no § 1º do art. 101 da Lei n. 8.069, de 1990 - Estatuto da Criança e do Adolescente.

§ 1º Na hipótese de adolescentes que estejam cumprindo medida socioeducativa aplicada com base no disposto na Lei n. 8.069, de 1990 - Estatuto da Criança e do Adolescente, poderá ser solicitado ao juiz competente as medidas adequadas para a sua proteção integral, incluída a sua transferência para cumprimento da medida socioeducativa em outro local.

§ 2º A proteção concedida pelo PPCAAM e as ações dela decorrentes serão proporcionais à gravidade da ameaça e à dificuldade de preveni-las ou reprimi-las por outros meios.

§ 3º Em casos excepcionais e consideradas as características e a gravidade da ameaça, os profissionais do órgão ou da entidade pública executora poderão requerer à autoridade judicial competente a alteração do nome completo da criança ou do adolescente protegido e de seus familiares, se necessário.

§ 4º Para fins do disposto neste Título, considera-se PIA o instrumento construído pelo protegido e por seus familiares, em conjunto com o profissional da equipe técnica do PPCAAM, que estabelece metas de curto e médio prazo para diversas áreas da vida do protegido e visa à consolidação da inserção social e à construção de projeto de vida fora do âmbito da proteção.

§ 5º Na hipótese de a criança ou o adolescente estar protegido em unidade de acolhimento institucional, a responsabilidade pela construção conjunta do PIA e pelas medidas referidas no inciso III do *caput* será conjunta do profissional da equipe técnica do PPCAAM e do profissional da instituição.

ART. 117. Poderão solicitar a inclusão de crianças e adolescentes ameaçados no PPCAAM:

I - o conselho tutelar;

II - a autoridade judicial competente;

III - o Ministério Público; e

IV - a Defensoria Pública.

§ 1º As solicitações para a inclusão no PPCAAM serão acompanhadas de qualificação do ameaçado e da ameaça e comunicadas ao conselho gestor.

§ 2º A equipe técnica do PPCAAM alimentará o módulo do Sistema de Informações para a Infância e a Adolescência do Programa de Proteção a Crianças e Adolescentes Ameaçados de Morte, ou outro sistema equivalente instituído pela Secretaria Nacional dos Direitos da Criança e do Adolescente do Ministério dos Direitos Humanos, com informações sobre os casos de proteção sob a sua responsabilidade.

ART. 118. A Secretaria Nacional dos Direitos da Criança e do Adolescente do Ministério dos Direitos Humanos, ao identificar situações de ameaça em Estado que não tenha o PPCAAM implementado, ou cuja implementação não garanta o direito à vida da criança ou do adolescente, poderá determinar a transferência do ameaçado para outro ente federativo que proporcione essa garantia.

ART. 119. A inclusão no PPCAAM dependerá da voluntariedade do ameaçado, da anuência de seu representante legal e, na ausência ou na impossibilidade dessa anuência, da autoridade judicial competente.

§ 1º Na hipótese de haver incompatibilidade de interesses entre o ameaçado e os seus pais ou responsáveis legais, a inclusão no PPCAAM será definida pela autoridade judicial competente.

§ 2º O ingresso no PPCAAM do ameaçado desacompanhado de seus pais ou responsáveis legais ocorrerá por meio de autorização judicial, expedida de ofício ou a requerimento dos órgãos e das autoridades a que se refere o art. 117, que designarão o responsável pela guarda provisória.

ART. 120. A inclusão no PPCAAM observará:

I - a urgência e a gravidade da ameaça;

II - o interesse do ameaçado;

III - outras formas de intervenção mais adequadas; e

IV - a preservação e o fortalecimento do vínculo familiar.

Parágrafo único. O ingresso no PPCAAM não poderá ficar condicionado à colaboração em processo judicial ou inquérito policial.

ART. 121. A proteção oferecida pelo PPCAAM terá a duração máxima de um ano e poderá ser prorrogada, em circunstâncias excepcionais, se perdurarem os motivos que justificaram o seu deferimento.

ART. 122. Após o ingresso no PPCAAM, os protegidos e os seus familiares ficarão obrigados a cumprir as regras nele prescritas, sob pena de desligamento.

Parágrafo único. As ações e as providências relacionadas com a execução do PPCAAM deverão ser mantidas em sigilo pelos protegidos, sob pena de desligamento.

ART. 123. As medidas e as providências relacionadas com a execução do PPCAAM serão adotadas, executadas e mantidas em sigilo pelos profissionais envolvidos.

ART. 124. O desligamento do protegido poderá ocorrer, a qualquer tempo, nas seguintes hipóteses:

I - por solicitação do protegido;

II - por relatório devidamente fundamentado elaborado por profissional do órgão ou da entidade pública executora do PPCAAM em consequência de:

a) consolidação da inserção social segura do protegido;

b) descumprimento das regras de proteção; ou

c) evasão comprovadamente intencional ou retorno ao local de risco pelo adolescente, de forma reiterada, após advertido pelo conselho gestor; e

III - por ordem judicial.

§ 1º O desligamento do protegido será comunicado às instituições notificadas quando do seu ingresso no PPCAAM.

§ 2º Na hipótese de desligamento em consequência de óbito, a equipe técnica do PPCAAM desenvolverá plano de acompanhamento e de auxílio financeiro aos familiares inseridos na proteção pelo prazo de três meses.

ART. 125. Ato do Ministro de Estado dos Direitos Humanos disciplinará a forma de execução dos instrumentos a que se refere o § 1º do art. 112 e os procedimentos necessários à implementação do PPCAAM, observados o disposto na legislação aplicável.

TÍTULO VII
DISPOSIÇÕES FINAIS

ART. 126. Ficam revogados:

I - o Decreto n. 794, de 5 de abril de 1993;

II - o Decreto n. 1.196, de 14 de julho de 1994;

III - o inciso XVII do *caput* do art. 29 do Decreto n. 2.521, de 20 de março de 1998;

IV - o Decreto n. 5.089, de 20 de maio de 2004;

V - o Decreto n. 5.598, de 1º de dezembro de 2005;

VI - o Decreto n. 6.230, de 11 de outubro de 2007;

VII - o Decreto n. 6.231, de 11 de outubro de 2007;

VIII - o Decreto n. 8.552, de 3 de novembro de 2015;

IX - o Decreto n. 8.619, de 29 de dezembro de 2015;

X - o Decreto n. 8.869, de 5 de outubro de 2016; e

XI - o Decreto n. 9.371, de 11 de maio de 2018.

ART. 127. Este Decreto entra em vigor na data de sua publicação.

Brasília, 22 de novembro de 2018; 197º da Independência e 130º da República.

MICHEL TEMER

DECRETO N. 9.589, DE 29 DE NOVEMBRO DE 2018

Dispõe sobre os procedimentos e os critérios aplicáveis ao processo de liquidação de empresas estatais federais controladas diretamente pela União.

▸ *DOU*, 30.11.2018.

O Presidente da República, no uso das atribuições que lhe confere o art. 84, *caput*, incisos IV e VI, alínea "a", da Constituição, e tendo em vista o disposto no art. 178 do Decreto-Lei n. 200, de 25 de fevereiro de 1967, no art. 4º, *caput*, inciso V, no art. 6º, *caput*, inciso I e no art. 24 da Lei n. 9.491, de 9 de setembro de 1997, no art. 7º, *caput*, inciso V, alínea "c", da Lei n. 13.334, de 13 de setembro de 2016, e nos art. 21 e art. 23 da Lei n. 8.029, de 12 de abril de 1990,

Decreta:

CAPÍTULO I
DA INCLUSÃO NO PROGRAMA NACIONAL DE DESESTATIZAÇÃO

ART. 1º Compete ao Ministério do Planejamento, Desenvolvimento e Gestão, ao Ministério da Fazenda e ao ministério setorial propor ao Conselho do Programa de Parcerias de Investimentos da Presidência da República - CPPI a inclusão de empresas estatais federais controladas diretamente pela União no Programa Nacional de Desestatização -PND, com vistas à sua dissolução.

§ 1º A proposição de que trata o *caput* será acompanhada dos estudos que a embasaram e da justificativa da dissolução ser a melhor alternativa.

§ 2º A Resolução do CPPI que deliberar sobre a proposta de que trata o *caput* será aprovada em conjunto pelos Ministros de Estado do Planejamento, Desenvolvimento e Gestão, da Fazenda e do ministério setorial que propuseram a dissolução.

§ 3º A inclusão da empresa no PND será aprovada em ato do Presidente da República.

ART. 2º Caberá ao Ministério do Planejamento, Desenvolvimento e Gestão o acompanhamento e a adoção das medidas necessárias à efetivação da liquidação de cada empresa, nos termos do § 2º do art. 4º da Lei n. 9.491, de 9 de setembro de 1997, e observadas as disposições da Lei n. 8.029, de 12 de abril de 1990, e da Lei n. 6.404, de 15 de dezembro de 1976.

CAPÍTULO II
DO PROCESSO DE LIQUIDAÇÃO

ART. 3º A Procuradoria-Geral da Fazenda Nacional convocará, no prazo de oito dias, contado da data de publicação da Resolução do CPPI que estabelecer a dissolução da empresa, respeitadas as especificidades do estatuto de cada empresa, assembleia geral com as seguintes finalidades:

I - nomear o liquidante, cuja indicação será feita pelo Ministério do Planejamento, Desenvolvimento e Gestão;

II - fixar o valor total da remuneração mensal do liquidante, equivalente à remuneração mensal do cargo de presidente da empresa;

III - declarar extintos os prazos de gestão e de atuação, com a consequente extinção da investidura dos membros da Diretoria-Executiva e dos Conselhos de Administração e Fiscal da empresa, sem prejuízo da responsabilidade pelos respectivos atos de gestão e de fiscalização;

IV - nomear os membros do Conselho Fiscal que funcionará durante a liquidação, composto por um representante titular e respectivo suplente, dos seguintes órgãos:

a) Tesouro Nacional;

b) Ministério do Planejamento, Desenvolvimento e Gestão; e

c) ministério setorial, caso a vaga não seja destinada a representante de outra categoria de acionista, nos termos do art. 240 da Lei n. 6.404, de 1976;

V - fixar o valor da remuneração mensal dos membros do Conselho Fiscal, limitado a dez por cento do valor definido para a remuneração do liquidante, nos termos do disposto no inciso II do *caput*, observado o disposto na Lei n. 9.292, de 12 de julho de 1996; e

VI - fixar o prazo para a conclusão do processo de liquidação.

§ 1º A convocação de que trata o *caput* será feita:

I - na hipótese de se tratar de sociedade de economia mista, por meio de publicação de edital, que conterá o local, a data, a hora e a ordem do dia, no Diário Oficial da União e em jornal de grande circulação na localidade em que a empresa tenha a sede, observado o disposto nos art. 124 e art. 289 da Lei n. 6.404, de 1976; ou

II - na hipótese de se tratar de empresa pública, por meio de comunicação encaminhada pela Procuradoria-Geral da Fazenda Nacional aos acionistas.

§ 2º O prazo de liquidação estabelecido na forma do inciso VI do *caput* poderá ser prorrogado por deliberação da assembleia geral, mediante manifestação do Ministério do Planejamento, Desenvolvimento e Gestão, observado o disposto no § 4º do art. 10.

ART. 4º As despesas decorrentes do processo de liquidação correrão à conta da empresa em liquidação, incluída a despesa referente à publicação do edital de convocação da assembleia geral de que trata o inciso I do § 1º do art. 3º.

ART. 5º O liquidante utilizará a razão social da companhia seguida da expressão "em liquidação" nos atos e nas operações.

ART. 6º O pagamento do passivo da empresa em liquidação observará o disposto no art. 21 da Lei n. 8.029, de 1990, e no art. 214 da Lei n. 6.404, de 1976.

ART. 7º A assembleia geral de acionistas da empresa em liquidação será realizada semestralmente para a prestação de contas do liquidante.

CAPÍTULO III
DAS ATRIBUIÇÕES DO LIQUIDANTE

ART. 8º Compete ao liquidante, além das atribuições previstas na Lei n. 6.404, de 197, e na legislação:

I - apresentar o plano de trabalho da liquidação ao Ministério do Planejamento, Desenvolvimento e Gestão, no prazo de trinta dias, contado da data de sua nomeação, que conterá:

a) o cronograma de atividades da liquidação;

b) o prazo de execução; e

c) a previsão de recursos financeiros e orçamentários para a realização das atividades previstas;

II - constituir equipe para assessorá-lo no desempenho de suas atribuições, por meio da contratação de profissionais que detenham conhecimentos específicos necessários à liquidação, após autorização do Ministério do Planejamento, Desenvolvimento e Gestão;

III - rescindir os contratos de trabalho dos empregados da sociedade em liquidação, com a imediata quitação dos direitos correspondentes, excetuados os contratos dos empregados que forem estritamente necessários para o processo de liquidação, que poderão ser mantidos mediante autorização do Ministério do Planejamento, Desenvolvimento e Gestão, observado o disposto no inciso VI do *caput* do art. 10;

IV - elaborar e encaminhar à Advocacia-Geral da União, por meio do ministério setorial, o inventário das ações judiciais nas quais a empresa seja autora, ré, assistente, opoente ou terceira interessada e dos processos extrajudiciais, para fins de representação da União, na condição de sucessora da empresa em seus direitos e obrigações, na forma do inciso I do *caput* do art. 12;

V - organizar e manter os arquivos e os acervos documentais da empresa em liquidação, incluídos aqueles relativos às ações judiciais e aos processos extrajudiciais, até a sua transferência ao ministério setorial, na forma do inciso IV do *caput* do art. 12;

VI - encaminhar à Advocacia-Geral da União as informações, os subsídios ou os documentos por ela solicitados, referentes às ações judiciais e aos processos extrajudiciais, cujos arquivos e acervos documentais ainda não tenham sido transferidos ao ministério setorial;

VII - apresentar ao Ministério do Planejamento, Desenvolvimento e Gestão o relatório de execução dos trabalhos, no mínimo, trimestralmente, ou quando solicitado;

VIII - divulgar e manter atualizadas, no sítio eletrônico da empresa, as informações necessárias ao acompanhamento do andamento do processo de liquidação pela sociedade, incluída a prestação de contas de que trata o art. 213 da Lei n. 6.404, de 1976, resguardadas as informações que tenham caráter sigiloso estabelecido por lei; e

IX - realizar os procedimentos necessários à formalização da sucessão pela União dos bens, direitos e obrigações restantes, na forma do art. 12.

Parágrafo único. Na hipótese de prorrogação do prazo de liquidação da empresa, na forma do § 2º do art. 3º, o liquidante apresentará novo plano de trabalho no prazo de dez dias úteis, contado da data da assembleia geral que autorizar a alteração do prazo.

CAPÍTULO IV
DAS ATRIBUIÇÕES DO MINISTÉRIO DO PLANEJAMENTO, DESENVOLVIMENTO E GESTÃO

ART. 9º Compete ao Ministério do Planejamento, Desenvolvimento e Gestão colocar à disposição do liquidante os recursos de dotações orçamentárias consignadas em lei, na hipótese de esgotamento dos recursos próprios da empresa em liquidação, com a finalidade de adimplir as despesas decorrentes do processo de liquidação, incluído o pagamento do pessoal responsável pelas atividades necessárias à liquidação, observada a responsabilidade de que trata o art. 4º.

ART. 10. Compete ao Ministério do Planejamento, Desenvolvimento e Gestão, por meio da Secretaria de Coordenação e Governança das Empresas Estatais, entre outras atribuições:

I - acompanhar e adotar as medidas necessárias à efetivação da liquidação, nos termos do § 2º do art. 4º da Lei n. 9.491, de 1997, e da legislação;

II - indicar o liquidante, para nomeação pela assembleia geral, observados os requisitos, as vedações e os procedimentos aplicáveis à indicação de administradores, de que trata a Lei n. 13.303, de 30 de junho de 2016, e o Decreto n. 8.945, de 27 de dezembro de 2016, considerado o porte da empresa e dispensada a análise e a manifestação de seu Comitê de Elegibilidade;

III - orientar o voto da União, nos termos do § 2º do art. 27 do Decreto n. 8.945, de 2016, na deliberação da assembleia geral a respeito da remuneração do liquidante e dos membros do Conselho Fiscal, observado o disposto no § 2º;

IV - manifestar-se sobre o plano de trabalho apresentado pelo liquidante e os pedidos de alteração, no prazo de trinta dias, contado da data de formalização do documento perante o Ministério do Planejamento, Desenvolvimento e Gestão;

V - autorizar o liquidante a contratar os profissionais da equipe de que trata o inciso II do *caput* do art. 8º;

VI - autorizar o liquidante a manter os contratos de trabalho dos empregados estritamente necessários para o processo de liquidação, na forma do inciso III do *caput* do art. 8º, limitado a cinco por cento do total de empregados lotados e em exercício na empresa na data de realização da assembleia geral de que trata o *caput* do art. 3º;

VII - orientar o liquidante no cumprimento de suas atribuições;

VIII - acompanhar, trimestralmente, a execução do plano de trabalho aprovado nos termos do inciso IV, o cronograma de atividades da liquidação e, se for o caso, autorizar o pagamento da parcela variável de que trata o inciso II do § 2º;

IX - acompanhar e avaliar a execução orçamentária e financeira da empresa em liquidação; e

X - manifestar-se sobre os pedidos de prorrogação de prazo para o encerramento da liquidação da empresa, observado o disposto no § 5º.

§ 1º Na hipótese de o plano de trabalho apresentado na forma do inciso IV do *caput* não ser aprovado, a Secretaria de Coordenação e Governança das Empresas Estatais do Ministério do Planejamento, Desenvolvimento e Gestão solicitará a sua reapresentação, estabelecerá o prazo para ser reapresentado e indicará as inclusões, exclusões ou alterações necessárias.

§ 2º A orientação de voto de que trata o inciso III do *caput* a respeito da remuneração do liquidante preverá duas parcelas:

I - uma parcela fixa; e

II - uma parcela variável, que corresponderá a, no mínimo, trinta por cento do valor total da remuneração e o seu pagamento estará condicionado ao cumprimento dos prazos e das atividades previstas no plano de trabalho.

§ 3º Em casos excepcionais, a Secretaria de Coordenação e Governança das Empresas Estatais do Ministério do Planejamento, Desenvolvimento e Gestão poderá autorizar a manutenção de empregados em percentual superior ao estabelecido no inciso VI do *caput*, por meio de solicitação expressa e justificada do liquidante.

§ 4º Para fins de análise e manifestação a respeito de solicitações de prorrogação de prazo para o encerramento do processo de liquidação, nos termos do inciso X do *caput*, poderão ser consideradas:

I - eventuais suspensões do processo de liquidação, ainda que temporárias, por ordens judiciais;

II - a indisponibilidade de recursos orçamentários para o cumprimento das obrigações financeiras necessárias à liquidação; e

III - outras situações ou ocorrências que não estejam sob a governabilidade do liquidante e que justifiquem o pedido de prorrogação.

CAPÍTULO V
DAS ATRIBUIÇÕES DO MINISTÉRIO SETORIAL

ART. 11. Compete ao ministério setorial, entre outras atribuições definidas na legislação:

I - prestar as informações necessárias ao processo de liquidação, ao liquidante e ao Ministério do Planejamento, Desenvolvimento e Gestão, sempre que solicitado;

II - receber e manter os arquivos e os acervos documentais, incluídos aqueles relativos às ações judiciais e aos processos extrajudiciais nos quais a empresa em liquidação seja autora, ré, assistente, opoente ou terceira interessada; e

III - encaminhar à Advocacia-Geral da União as informações, os subsídios ou os documentos por ela solicitados referentes às ações judiciais e aos processos extrajudiciais cujos arquivos e acervos documentais estejam sob sua responsabilidade, para fins de representação da União, na condição de sucessora da empresa em seus direitos e obrigações.

CAPÍTULO VI
DO ENCERRAMENTO DA LIQUIDAÇÃO

ART. 12. Declarada extinta ou dissolvida a empresa, os bens, os direitos e as obrigações restantes serão sucedidos pela União, nos termos do art. 23 da Lei n. 8.029, de 1990, e caberá:

I - à Advocacia-Geral da União, a representação nas ações judiciais nas quais a empresa em liquidação seja autora, ré, assistente, opoente ou terceira interessada e nos processos extrajudiciais, observado o disposto nos incisos IV e VI do *caput* do art. 8º e no inciso III do *caput* do art. 11;

II - à Secretaria do Patrimônio da União do Ministério do Planejamento, Desenvolvimento e Gestão manter a documentação e as informações sobre os bens imóveis oriundos da empresa extinta, transferidos à União;

III - à Secretaria do Tesouro Nacional do Ministério da Fazenda administrar os seguintes bens, direitos e obrigações da empresa extinta:

a) as participações societárias minoritárias detidas em sociedade empresária;

b) os haveres financeiros e os créditos perante terceiros; e

c) as obrigações financeiras decorrentes exclusivamente de operações de crédito contraídas pela empresa extinta com instituições nacionais e internacionais, com vencimento após o encerramento do processo de liquidação; e

IV - ao ministério setorial, administrar os bens móveis remanescentes da empresa extinta e manter os arquivos e acervos documentais, incluídos aqueles relativos às ações judiciais nas quais a empresa em liquidação seja autora, ré, assistente, opoente ou terceira interessada e aos processos extrajudiciais.

Parágrafo único. A transferência dos haveres financeiros e créditos de que trata a alínea "b" do inciso III do *caput* será acompanhada dos seguintes documentos:

I - quadro demonstrativo dos haveres e dos créditos inadimplidos e vincendos de responsabilidade da empresa;

II - instrumentos contratuais originais ou outros documentos comprobatórios, nos quais se estabeleçam de modo inequívoco os valores e as datas de posicionamento dos haveres e dos créditos;

III - declaração expressa do liquidante na qual reconhece a certeza, a liquidez e a exigibilidade dos montantes dos haveres e dos créditos, em especial quanto à inaplicabilidade da prescrição ou da decadência, previstas na Lei n. 10.406, de 10 de janeiro de 2002 - Código Civil; e

IV - outros documentos relacionados aos haveres e aos créditos, se houver.

ART. 13. Após o encerramento do processo de liquidação e a extinção da empresa, o liquidante promoverá o cancelamento da inscrição da empresa extinta nos registros competentes, na forma do § 3º do art. 51 da Lei n. 10.406, de 2002 - Código Civil.

CAPÍTULO VII
DISPOSIÇÕES FINAIS

ART. 14. No âmbito de sua competência, o Ministro de Estado do Planejamento, Desenvolvimento e Gestão poderá dispor sobre as normas complementares ao disposto neste Decreto.

ART. 15. Este Decreto se aplica, no que couber, aos processos de liquidação em curso, respeitadas as situações jurídicas consolidadas na data de sua publicação.

ART. 16. Este Decreto entra em vigor na data de sua publicação.

Brasília, 29 de novembro de 2018; 197º da Independência e 130º da República.

MICHEL TEMER

DECRETO N. 9.600, DE 5 DE DEZEMBRO DE 2018

Consolida as diretrizes sobre a Política Nuclear Brasileira.

▸ *DOU*, 06.12.2018.

O Presidente da República, no uso das atribuições que lhe confere o art. 84, *caput*, inciso VI, alínea "a", da Constituição,

Decreta:

CAPÍTULO I
DISPOSIÇÕES PRELIMINARES

Finalidade

ART. 1º A Política Nuclear Brasileira tem por finalidade orientar o planejamento, as ações e as atividades nucleares e radioativas no País, em observância à soberania nacional, com vistas ao desenvolvimento, à proteção da saúde humana e do meio ambiente.

Definições

ART. 2º Para fins do disposto neste Decreto, considera-se:

I - combustível nuclear - dispositivo capaz de produzir energia, por meio de processo autossustentado de fissão nuclear;

II - combustível nuclear usado - combustível nuclear utilizado no reator nuclear e removido do seu núcleo, que será armazenado em local apropriado para futura reutilização;

III - elemento nuclear - urânio, tório, plutônio ou qualquer elemento químico que possa ser utilizado na produção de energia em reatores nucleares;

IV - estoque estratégico de material nuclear - estoque constituído pelo volume de material nuclear necessário para atender, por determinado período, à demanda do Programa Nuclear Brasileiro;

V - material nuclear - compreende os elementos nucleares ou os seus subprodutos em qualquer forma de associação;

VI - material radioativo - material que emite, espontaneamente, radiação ionizante;

VII - mineral - substância sólida, de ocorrência natural, homogênea e com composição química e estrutura cristalina constantes e definidas;

VIII - mineral nuclear - mineral que contém em sua composição um ou mais elementos nucleares;

IX - minério nuclear - concentração natural de mineral nuclear, na qual o elemento ou elementos nucleares ocorrem em proporção e condições tais que permitam sua exploração econômica;

X - Programa Nuclear Brasileiro - conjunto de projetos e atividades relacionados com a utilização, para fins pacíficos, da energia nuclear sob a orientação, o controle e a supervisão do Governo federal;

XI - proteção física - conjunto de medidas destinadas a:

a) evitar atos de sabotagem contra materiais, equipamentos e instalações;

b) impedir a remoção não autorizada de material, em especial material nuclear;

c) estabelecer meios para localização e recuperação de material desviado; e

d) proteger o patrimônio e a integridade física do pessoal que integra a instalação nuclear.

XII - radiofármaco - substância radioativa agregada a um fármaco para uso em terapia ou diagnóstico médico;

XIII - radioisótopo - isótopo instável de um elemento que decai ou transmuta espontaneamente, emitindo radiação ionizante;

XIV - rejeito radioativo - qualquer material resultante de atividades humanas que contenham radionuclídeos em quantidades superiores aos limites de isenção estabelecidos pelo órgão regulador e cuja reutilização é considerada imprópria ou não prevista;

XV - recurso estratégico de minério nuclear - recurso mineral confirmado de minério nuclear localizado em região geográfica delimitada e destinado ao atendimento da demanda do Programa Nuclear Brasileiro; e

XVI - segurança nuclear - conjunto de atividades relacionadas à obtenção de condições operacionais, prevenção e controle de acidentes ou à mitigação dos impactos destes, que resulta em proteção de indivíduos expostos, do público e do meio ambiente contra os riscos indevidos da radiação, obtida por meio de um conjunto de medidas de caráter técnico e administrativo, incluídas no projeto, na construção, no comissionamento, na operação, na manutenção e no descomissionamento de uma instalação.

CAPÍTULO II
DOS PRINCÍPIOS, DAS DIRETRIZES E DOS OBJETIVOS

Princípios

ART. 3º São princípios da Política Nuclear Brasileira:

I - o uso da tecnologia nuclear, para fins pacíficos, conforme estabelecido na Constituição;

II - o respeito a convenções, acordos e tratados dos quais a República Federativa do Brasil seja signatária;

III - a segurança nuclear, a radioproteção e a proteção física;

IV - o domínio da tecnologia relativa ao ciclo do combustível nuclear; e

V - o emprego da tecnologia nuclear como ferramenta para o desenvolvimento nacional e o bem-estar da sociedade.

Diretrizes

ART. 4º São diretrizes da Política Nuclear Brasileira:

I - a busca da autonomia tecnológica nacional;

II - a cooperação internacional para o uso pacífico da tecnologia nuclear;

III - o incentivo à agregação de valor nas cadeias produtivas relacionadas ao setor, em especial, aos produtos destinados à exportação; e

IV - o estímulo à sustentabilidade econômica dos projetos no setor nuclear.

Objetivos

ART. 5º São objetivos da Política Nuclear Brasileira:

I - preservar o domínio da tecnologia nuclear no País;

II - atender às decisões futuras do setor energético quanto ao fornecimento de energia limpa e firme, por meio da geração nucleoelétrica;

III - garantir o uso seguro da tecnologia nuclear e fortalecer as atividades relacionadas com o planejamento, a resposta a situações de emergência e eventos relacionados com a segurança nuclear e a proteção física das instalações nucleares;

IV - promover a conscientização da sociedade brasileira, de forma transparente, a respeito dos benefícios do uso da tecnologia nuclear e das medidas que permitam o seu emprego de forma segura;

V - ampliar o uso médico da tecnologia nuclear como ferramenta para a melhoria da saúde da população;

VI - reforçar o posicionamento do País em favor do desarmamento e da não proliferação de artefatos nucleares;

VII - atualizar e manter a estrutura do setor nuclear, observadas as áreas de atuação de seus órgãos componentes, com vistas a garantir a sua integração, eficácia e eficiência, além de evitar a sobreposição de competências e o acúmulo de atribuições conflitantes;

VIII - fomentar a pesquisa, o desenvolvimento e a inovação da tecnologia nuclear;

IX - promover a cooperação entre as instituições científicas, tecnológicas e de inovação da área nuclear e os usuários dessa tecnologia;

X - fomentar a pesquisa e a prospecção de minérios nucleares no País;

XI - incentivar a produção nacional de minérios nucleares e de seus subprodutos, inclusive nas ocorrências associadas a outros bens minerais, com vistas ao atendimento da demanda interna e das exportações;

XII - assegurar o recurso geológico estratégico de minério nuclear e o estoque estratégico de material nuclear;

XIII - garantir a autonomia na produção do combustível nuclear, em escala industrial e em todas as etapas do seu ciclo, com vistas a assegurar o suprimento da demanda interna;

XIV - promover a autossuficiência nacional na produção e no fornecimento de radioisótopos e a sua exportação;

XV - incentivar a formação continuada de recursos humanos necessários ao desenvolvimento da tecnologia nuclear e a sua fixação nesse setor;

XVI - fomentar a formação inicial e continuada, a fixação e a otimização da gestão dos recursos humanos para o setor nuclear brasileiro, com vistas à preservação do conhecimento obtido e à manutenção da segurança e da capacidade operacional desse setor;

XVII - estimular a capacitação técnico-científica e industrial compatível com as necessidades do setor nuclear;

XVIII - incentivar o planejamento e a execução de projetos destinados ao setor nuclear, com vistas a garantir a fixação e a otimização do capital intelectual formado no País; e

XIX - garantir o gerenciamento seguro dos rejeitos radioativos.

ART. 6º São objetivos específicos do setor de mineração nuclear:

I - estimular o levantamento geológico, no País, destinado à identificação e à determinação das ocorrências de minerais nucleares;

II - garantir o atendimento integral da demanda interna de minério nuclear;

III - estabelecer o recurso estratégico de minério nuclear;

IV - incentivar o aproveitamento de resíduos gerados pela atividade de mineração que contenham elementos nucleares; e

V - promover o desenvolvimento de rotas tecnológicas que aumentem a eficiência da lavra e do beneficiamento do minério nuclear.

ART. 7º São objetivos específicos relativos à indústria do setor nuclear:

I - desenvolver e manter todas as etapas do ciclo do combustível nuclear em escala industrial;

II - atender, preferencialmente com a produção nacional, às demandas de material nuclear e de combustível do setor nuclear;

III - determinar e manter atualizado o estoque estratégico de material nuclear;

IV - promover o desenvolvimento da indústria nacional destinada à produção de radioisótopos e de radiofármacos;

V - ampliar a interação da indústria nuclear brasileira com as instituições científicas, tecnológicas e de inovação nacionais e internacionais;

VI - fomentar a competitividade das indústrias do setor nos mercados interno e externo; e

VII - estimular a transferência da tecnologia criada nas instituições científicas, tecnológicas e de inovação para a indústria nacional.

Parágrafo único. Os materiais nucleares importados que tenham a finalidade de serem beneficiados e exportados não serão submetidos aos critérios de estoque estratégico.

CAPÍTULO III
DISPOSIÇÕES GERAIS

Aspectos organizacionais do setor nuclear brasileiro

ART. 8º O Comitê de Desenvolvimento do Programa Nuclear Brasileiro - CDPNB tem as atribuições de fixar, por meio de Resolução, diretrizes e metas para o desenvolvimento do Programa Nuclear Brasileiro e supervisionar a sua execução.

ART. 9º O setor nuclear brasileiro terá estrutura regulatória com o objetivo de normatizar, licenciar, autorizar, controlar, regular e fiscalizar as suas atividades.

ART. 10. O Sistema de Proteção ao Programa Nuclear Brasileiro - Sipron tem as seguintes atribuições:

I - coordenar as ações para atender permanentemente as necessidades de proteção e segurança do Programa Nuclear Brasileiro;

II - coordenar as ações para proteger os conhecimentos e a tecnologia detidos por órgãos, entidades, empresas, instituições de pesquisa e demais organizações públicas ou privadas que executem atividades para o Programa Nuclear Brasileiro;

III - planejar e coordenar as ações, em situações de emergência nuclear, que tenham como objetivo proteger:

a) as pessoas envolvidas na operação das instalações nucleares e na guarda, no manuseio e no transporte dos materiais nucleares;

b) a população e o meio ambiente situados nas proximidades das instalações nucleares; e

c) as instalações e materiais nucleares.

Aspectos científicos, tecnológicos e de inovação

ART. 11. Os estudos e os projetos científicos e tecnológicos serão incentivados, a fim de estimular a capacitação, o desenvolvimento e a inovação, com vistas, em especial, à autonomia tecnológica nas seguintes áreas:

I - fusão e fissão nucleares;

II - ciclo do combustível, incluídas as etapas de reprocessamento e de gerenciamento de rejeitos;

III - reatores nucleares e seus sistemas;

IV - aplicações da radiação ionizante;

V - técnicas analíticas nucleares;

VI - física nuclear;

VII - salvaguardas, segurança nuclear, proteção física e emergência nuclear;

VIII - radioproteção; e

IX - outras tecnologias críticas para a área nuclear e as áreas correlatas.

ART. 12. O desenvolvimento da tecnologia nuclear será continuamente estimulado, por meio da manutenção e da ampliação das cooperações nos âmbitos interno e externo.

Rejeitos radioativos e combustível nuclear usado

ART. 13. A destinação dos rejeitos radioativos produzidos no País, incluídos a seleção de locais, a construção, o licenciamento, a operação, a fiscalização, os custos, a indenização, a responsabilidade civil e as garantias referentes aos depósitos radioativos, observará o disposto na Lei n. 10.308, de 20 de novembro de 2001.

ART. 14. O combustível nuclear usado será armazenado em local apropriado, com vistas ao aproveitamento futuro do material reutilizável.

CAPÍTULO IV
DISPOSIÇÕES FINAIS

Vigência

ART. 15. As iniciativas do Poder Executivo federal referentes às atividades nucleares observarão o disposto no inciso XIV do *caput* do art. 49 da Constituição.

ART. 16. Este Decreto entra em vigor na data de sua publicação.

Brasília, 5 de dezembro de 2018; 197º da Independência e 130º da República.

MICHEL TEMER

DECRETO N. 9.609, DE 12 DE DEZEMBRO DE 2018

Regulamenta a Lei n. 13.756, de 12 de dezembro de 2018, para dispor sobre o Conselho Gestor do Fundo Nacional de Segurança Pública e a gestão dos recursos do Fundo Nacional de Segurança Pública.

▸ *DOU*, 13.12.2018.

O Presidente da República, no uso das atribuições que lhe confere o art. 84, *caput*, incisos IV e VI, alínea "a", da Constituição, e tendo em vista o disposto na Lei n. 13.756, de 12 de dezembro de 2018,

Decreta:

CAPÍTULO I
DISPOSIÇÕES PRELIMINARES

ART. 1º O Fundo Nacional de Segurança Pública - FNSP, fundo especial de natureza contábil, instituído pela Lei n. 10.201, de 14 de fevereiro de 2001, e regulado pela Lei n. 13.756, de 12 de dezembro de 2018, tem por objetivo garantir recursos para apoiar projetos, atividades e ações nas áreas de segurança pública e de prevenção à violência, observadas as diretrizes do Plano Nacional de Segurança Pública e Defesa Social - PNSP.

▸ A Lei 10.201/2001 foi revogada pela Lei 13.756/2018.

CAPÍTULO II
DO CONSELHO GESTOR DO FUNDO NACIONAL DE SEGURANÇA PÚBLICA

SEÇÃO I
DA COMPOSIÇÃO DO CONSELHO GESTOR DO FUNDO NACIONAL DE SEGURANÇA PÚBLICA

ART. 2º O Conselho Gestor do FNSP será composto pelos seguintes representantes, titular e suplente:

I - três do Ministério da Segurança Pública, um dos quais o presidirá;

II - um da Casa Civil da Presidência da República;

III - um do Ministério do Planejamento, Desenvolvimento e Gestão;

IV - um do Ministério dos Direitos Humanos;

V - um do Gabinete de Segurança Institucional da Presidência da República; e

VI - dois do Colégio Nacional de Secretários de Segurança Pública - Consesp, de regiões geográficas distintas.

§ 1º Os representantes de que tratam os incisos I a V do *caput* serão indicados pelos titulares dos respectivos órgãos e designados em ato do Ministro de Estado da Segurança Pública.

§ 2º Os representantes de que trata o inciso VI do *caput* serão indicados pelo Consesp e designados em ato do Ministro de Estado da Segurança Pública.

§ 3º A participação no Conselho Gestor será considerada prestação de serviço público relevante, não remunerada.

SEÇÃO II
DO FUNCIONAMENTO DO CONSELHO GESTOR DO FUNDO NACIONAL DE SEGURANÇA PÚBLICA

ART. 3º O Ministro de Estado da Segurança Pública editará regimento interno, que estabelecerá a organização e o funcionamento do Conselho Gestor do FNSP.

ART. 4º O Conselho Gestor do FNSP se reunirá, ordinariamente, mensalmente, e, extraordinariamente, sempre que convocado pelo seu Presidente, pelo Ministro de Estado da Segurança Pública ou mediante requerimento de dois terços de seus membros, no mínimo.

§ 1º O quórum de reunião do Conselho Gestor do FNSP será o de maioria absoluta de seus representantes.

§ 2º O quórum de deliberação do Conselho Gestor do FNSP será o de maioria simples dos representantes presentes e, na hipótese de empate, caberá ao seu Presidente, além do voto ordinário, o voto de qualidade.

§ 3º As decisões do Conselho Gestor do FNSP serão homologadas pelo Ministro de Estado da Segurança Pública.

§ 4º O Conselho Gestor do FNSP poderá convidar representantes de outros órgãos e entidades, públicos ou privados, profissionais de segurança pública e especialistas, para participar de suas reuniões, sem direito a voto.

ART. 5º O Conselho Gestor do FNSP poderá instituir comissão para monitorar a prestação de contas e analisar o relatório de gestão dos recursos do FNSP apresentado pelos entes federativos, observado o disposto no regimento interno.

ART. 6º A Secretaria Nacional de Segurança Pública do Ministério da Segurança Pública fornecerá o suporte administrativo necessário ao Conselho Gestor do FNSP, nos termos do disposto no inciso IV do *caput* do art. 13 do Anexo III do Decreto n. 9.360, de 7 de maio de 2018.

SEÇÃO III
DAS COMPETÊNCIAS DO CONSELHO GESTOR DO FUNDO NACIONAL DE SEGURANÇA PÚBLICA

ART. 7º Ao Conselho Gestor do FNSP compete:

I - zelar pela aplicação dos recursos do FNSP em consonância com o disposto na PNSP, mediante:

a) aprovação da programação orçamentária e financeira dos recursos do FNSP, a cada exercício, observados os objetivos, as prioridades, os critérios e as metas estabelecidos no PNSP, ou na ausência do PNSP, aqueles estabelecidos para o Ministério da Segurança Pública no Plano Plurianual e na Lei Orçamentária Anual;

b) análise das prestações de contas, dos relatórios de gestão, dos balanços e dos demonstrativos da execução orçamentária e financeira do FNSP e recomendação de medidas aperfeiçoadoras para os exercícios seguintes e a disseminação de boas práticas, caso necessário;

c) avaliação da execução orçamentária e financeira do FNSP e recomendação dos procedimentos necessários à correção das eventuais imperfeições; e

d) monitoramento da execução e os resultados dos programas, das ações, dos projetos e das atividades beneficiários dos recursos do FNSP;

II - examinar e aprovar os projetos nas áreas de segurança pública e prevenção à violência que serão financiados com recursos do FNSP, observados os objetivos, as prioridades e os critérios do PNSP;

III - solicitar esclarecimentos e informações à Secretaria Nacional de Segurança Pública do Ministério da Segurança Pública e aos demais órgãos responsáveis pela gestão, pela execução e pelo acompanhamento dos resultados dos projetos e das ações financiados com recursos do FNSP; e

IV - formular consultas e dirimir dúvidas relacionadas com os projetos e as ações do FNSP junto aos órgãos e às unidades do Ministério da Segurança Pública.

§ 1º Para fins do disposto neste Decreto, considera-se programação orçamentária a distribuição dos recursos do FNSP, a cada exercício, observado o limite fixado pelo órgão central de orçamento, nas categorias de programação específicas definidas em lei.

§ 2º Após aprovação pelo Conselho Gestor do FNSP, a programação orçamentária dos recursos do FNSP integrará, a cada exercício, a proposta orçamentária do Ministério da Segurança Pública a ser encaminhada para o órgão central de orçamento para fins de elaboração do projeto de lei orçamentária anual.

§ 3º O Conselho Gestor do FNSP aprovará as reprogramações orçamentárias entre ações programáticas do FNSP.

CAPÍTULO III
DO FUNDO NACIONAL DE SEGURANÇA PÚBLICA

SEÇÃO I
DA GESTÃO DO FUNDO NACIONAL DE SEGURANÇA PÚBLICA

ART. 8º Caberá ao Ministério da Segurança Pública a gestão do FNSP, por meio da Secretaria Nacional de Segurança Pública, nos termos do disposto no inciso I do *caput* do art. 13 do Anexo III ao Decreto n. 9.360, de 2018.

ART. 9º Compete à Secretaria Nacional de Segurança Pública do Ministério da Segurança Pública, na qualidade de gestora do FNSP:

I - gerir os recursos, as transferências voluntárias e os instrumentos congêneres oriundos do FNSP;

II - submeter ao Conselho Gestor proposta de programação orçamentária e financeira dos recursos do Fundo, a cada exercício;

III - subsidiar o Conselho Gestor com informações relativas à execução orçamentária e financeira do FNSP;

IV - realizar, diretamente ou por meio de terceiros, estudos e pesquisas recomendados pelo Ministério da Segurança Pública e pelo Conselho Gestor;

V - deliberar sobre a aprovação de projetos, de atividades e de ações a serem beneficiadas com recursos do FNSP, observadas as proporções e as condições estabelecidas nos incisos I e II do *caput* do art. 7º da Lei n. 13.756, de 2018, e os objetivos, as prioridades e os critérios do PNSP;

VI - firmar contratos, convênios e acordos com vistas à realização de estudos, avaliações e projetos nas áreas de interesse da segurança pública e defesa social a serem beneficiados com recursos do FNSP;

VII - prestar contas da execução orçamentária e financeira dos recursos do FNSP ao Conselho Gestor anualmente e indicar os resultados alcançados, observados os objetivos e metas estabelecidos para o exercício e as medidas corretivas e aperfeiçoadoras necessárias para melhorar o desempenho e os resultados, quanto a sua eficiência e efetividade;

VIII - acompanhar e controlar a aplicação dos recursos pelos beneficiários finais;

IX - bloquear ou cancelar os repasses de recursos e adotar as medidas necessárias à recuperação dos recursos aplicados, acrescidos das penalidades legais, na hipótese de identificação de desvios ou outras irregularidades que possam comprometer a sua regular aplicação e os resultados esperados, com adoção das medidas necessárias para resguardar o erário, sob pena de responsabilidade solidária;

X - elaborar relatório anual de avaliação dos resultados alcançados em relação aos objetivos e às metas estabelecidos para o exercício e aos recursos executados do FNSP, a ser submetido ao Conselho Gestor do FNSP; e

XI - disponibilizar informações para a realização de avaliação periódica de impacto e efetividade das políticas empreendidas.

SEÇÃO II
DOS RECURSOS DO FUNDO NACIONAL DE SEGURANÇA PÚBLICA

ART. 10. Observados os objetivos, as prioridades e os critérios do PNSP, os recursos do FNSP serão destinados a:

I - construção, reforma, ampliação e modernização de unidades policiais, periciais, de corpos de bombeiros militares e de guardas municipais;

II - aquisição de materiais, equipamentos e veículos necessários ao funcionamento da segurança pública;

III - tecnologia e sistemas de informações e de estatísticas de segurança pública;

IV - inteligência, investigação, perícia e policiamento;

V - programas e projetos de prevenção ao delito e à violência;

VI - capacitação de profissionais da segurança pública e de perícia técnico-científica;

VII - integração de sistemas, base de dados, pesquisa, monitoramento e avaliação de programas de segurança pública;

VIII - atividades preventivas destinadas à redução dos índices de criminalidade;

IX - serviço de recebimento de denúncias, com garantia de sigilo para o usuário;

X - premiação, em dinheiro, para informações que levem à elucidação de crimes, a ser regulamentada em ato do Poder Executivo federal; e

XI - ações de custeio relacionadas com a cooperação federativa de que trata a Lei n. 11.473, de 10 de maio de 2007.

§ 1º É vedada a utilização de recursos do FNSP:

I - em despesas e encargos sociais, de qualquer natureza, relacionados com pessoal civil ou militar, ativo, inativo ou pensionista; e

II - em unidades de órgãos e de entidades destinadas, exclusivamente, à realização de atividades administrativas.

§ 2º A utilização dos recursos do FNSP nos termos do disposto no inciso I do *caput* do art. 7º da Lei n. 13.756, de 2018, observará os planos estaduais e distrital de que trata o § 5º do art. 22 da Lei n. 13.675, de 11 de junho de 2018, elaborados em consonância com os critérios, os parâmetros e as diretrizes do PNSP.

ART. 11. Na hipótese de os entes federativos terem instituído os respectivos conselhos de segurança pública e defesa social, nos termos do disposto na Lei n. 13.675, de 2018, e o respectivo fundo estadual ou distrital de segurança pública, os recursos do FNSP serão aplicados diretamente pela União ou transferidos aos Estados ou ao Distrito Federal, observado o mínimo previsto no inciso I do *caput* do art. 7º da Lei n. 13.756, de 2018.

§ 1º É admitida a transferência de recursos aos Estados, ao Distrito Federal ou aos Municípios, por meio de convênios, de contratos de repasse ou de instrumentos congêneres, nos termos do disposto no inciso II do *caput* do art. 7º da Lei n. 13.756, de 2018.

§ 2º A responsabilidade pela execução dos recursos e pelo alcance dos objetivos do FNSP é de competência comum da União e dos entes federativos.

§ 3º Os entes federativos zelarão pela consistência técnica e pela compatibilidade dos projetos, das atividades e das ações com o seu plano de segurança pública e defesa social e o PNSP e estabelecerão regime de acompanhamento da execução com vistas a viabilizar a prestação de contas aos órgãos competentes.

§ 4º Os entes federativos manterão os documentos relacionados à execução dos projetos, das atividades e das ações beneficiadas com recursos do FNSP pelo prazo mínimo de dez anos, contado da data de apresentação da prestação de contas ou do decurso do prazo para a apresentação da prestação de contas, sem prejuízo do previsto na Lei n. 12.527, 18 de novembro de 2011.

§ 5º Para a consecução dos projetos, das atividades e das ações a serem beneficiados com recursos do FNSP, os entes federativos encaminharão à Secretaria Nacional de Segurança Pública do Ministério da Segurança Pública, anualmente, plano de trabalho, com o respectivo projeto básico ou termo de referência, conforme o caso, com indicação:

I - dos objetivos e das metas a serem alcançados;

II - da estratégia de implementação;

III - dos indicadores para monitoramento da implementação;

IV - do cronograma físico-financeiro para sua implementação;

V - das fontes de recursos orçamentários, com especificação das ações orçamentárias e de seus respectivos planos orçamentários e com detalhamento dos produtos e dos serviços a serem entregues; e

VI - dos órgãos responsáveis pela execução e sua contribuição para o alcance do objetivo.

§ 6º Para a sua execução, os planos de trabalho relativos aos projetos, às atividades e às ações aprovados pela Secretaria Nacional de Segurança Pública do Ministério da Segurança Pública constarão da programação financeira e orçamentária submetida, anualmente, ao Conselho Gestor.

§ 7º As transferências de recursos de que trata o inciso I do *caput* do art. 7º da Lei n. 13.756, de 2018, serão realizadas de forma parcelada, observado o cronograma físico-financeiro constante do plano de trabalho e seu respectivo projeto básico ou termo de referência, encaminhados pelos entes federativos, aprovados pela Secretaria Nacional de Segurança Pública do Ministério da Segurança Pública e constantes da programação orçamentária e financeira aprovada pelo Conselho Gestor.

§ 8º O beneficiário dos recursos a que se refere o § 7º atestará o cumprimento de cada etapa do cronograma para recebimento dos recursos destinados à próxima etapa.

ART. 12. As vedações temporárias, de qualquer natureza, constantes de lei não incidirão na transferência voluntária de recursos da União aos Estados, ao Distrito Federal e aos Municípios e dos Estados aos Municípios destinados a garantir a segurança pública, a execução da lei penal e a preservação da ordem pública, da incolumidade das pessoas e do patrimônio.

Parágrafo único. O disposto no *caput* não se aplica às vedações de transferências decorrentes da não implementação ou do não fornecimento de informações ao Sistema Nacional de Informações de Segurança Pública, Prisionais e de Rastreabilidade de Armas e Munições, de Material Genético, de Digitais e de Drogas - Sinesp.

CAPÍTULO IV
DISPOSIÇÕES FINAIS

ART. 13. Até que seja instituído e aprovado o PNSP, bem como elaborados e implementados os planos estaduais, distrital e municipais, não será exigida dos entes federativos a comprovação da condicionante prevista na alínea "a" do inciso II do *caput* do art. 8º da Lei n. 13.756, de 2018.

ART. 14. Este Decreto entra em vigor na data de sua publicação.

Brasília, 12 de dezembro de 2018; 197º da Independência e 130º da República.

MICHEL TEMER

DECRETO N. 9.612, DE 17 DE DEZEMBRO DE 2018

Dispõe sobre políticas públicas de telecomunicações.

▸ *DOU*, 18.12.2018.

O Presidente da República, no uso das atribuições que lhe confere o art. 84, *caput*, incisos IV e VI, alínea "a", da Constituição, e tendo em vista o disposto nos art. 1º e art. 2º da Lei n. 9.472, de 16 de julho de 1997,

Decreta:

ART. 1º Este Decreto dispõe sobre as políticas públicas de telecomunicações, nos termos dos art. 1º e art. 2º da Lei n. 9.472, de 16 de julho de 1997.

ART. 2º São objetivos gerais das políticas públicas de telecomunicações:

I - promover:

a) o acesso às telecomunicações em condições econômicas que viabilizem o uso e a fruição dos serviços, especialmente para:

1. a expansão do acesso à internet em banda larga fixa e móvel, com qualidade e velocidade adequadas; e

2. a ampliação do acesso à internet em banda larga em áreas onde a oferta seja inadequada, tais como áreas urbanas desatendidas, rurais ou remotas;

b) a inclusão digital, para garantir à população o acesso às redes de telecomunicações, sistemas e serviços baseados em tecnologias da informação e comunicação - TIC, observadas as desigualdades sociais e regionais; e

c) um mercado de competição ampla, livre e justa;

II - proporcionar um ambiente favorável à expansão das redes de telecomunicações e à continuidade e à melhoria dos serviços prestados;

III - garantir os direitos dos usuários dos serviços de telecomunicações;

IV - estimular:

a) a pesquisa e o desenvolvimento tecnológico e produtivo; e

b) as medidas que promovam a integridade da infraestrutura de telecomunicações e a segurança dos serviços que nela se apoiam; e

V - incentivar a atualização tecnológica constante dos serviços de telecomunicações.

ART. 3º As políticas relativas à indústria de telecomunicações observarão ainda os objetivos de que trata o art. 1º da Lei n. 10.052, de 28 de novembro de 2000, com vistas a contribuir para o desenvolvimento tecnológico e para a competitividade da indústria nacional.

ART. 4º As políticas relativas ao desenvolvimento tecnológico das telecomunicações objetivam:

I - estimular a pesquisa, o desenvolvimento e a inovação de soluções tecnológicas destinadas ao atendimento das políticas públicas de telecomunicações e à melhoria das condições socioeconômicas da população;

II - aplicar prioritariamente os recursos do Fundo para o Desenvolvimento Tecnológico das Telecomunicações - Funttel e de outras fontes em projetos e programas que contemplem as soluções tecnológicas de que trata o inciso I;

III - aproveitar as oportunidades geradas pelas transições e pelo processo de convergência tecnológica para estimular o desenvolvimento e a competitividade da tecnologia nacional no setor de telecomunicações;

IV - incentivar o desenvolvimento de soluções tecnológicas de telecomunicações pelas instituições de pesquisa; e

V - promover a inserção de empresas, de instituições de pesquisa e inovação e de pesquisadores brasileiros em cadeias internacionais de pesquisa, inovação e desenvolvimento e em fóruns internacionais de discussão sobre padrões tecnológicos.

ART. 5º As políticas públicas relativas à inclusão digital objetivam ainda:

I - fomentar e implantar a infraestrutura, os serviços, os sistemas e as aplicações baseados em TIC, necessários para o acesso às redes de telecomunicações pela população:

a) de localidades remotas;

b) de localidades com prestação inadequada ou inexistente desses serviços; ou

c) em situação de vulnerabilidade social;

II - apoiar a implementação de serviços de governo eletrônico destinados à melhoria e à transparência da gestão pública e à ampliação da participação popular;

III - fomentar a gestão sustentável e compartilhada de bens de informática e outros dispositivos, no âmbito da política de desfazimento de bens eletrônicos do Governo federal; e

IV - estimular a formação e a capacitação dos servidores públicos e da população para utilização das TIC como ferramentas para melhoria dos serviços públicos.

Parágrafo único. A fim de garantir a implantação de serviços de que trata o inciso I do *caput*, o Ministério da Ciência, Tecnologia, Inovações e Comunicações poderá credenciar prestadores de serviços de telecomunicações, cujas atribuições e compromissos serão estabelecidos em instrumento próprio.

ART. 6º O Ministério da Ciência, Tecnologia, Inovações e Comunicações promoverá a implantação de infraestrutura e de serviços baseados em TIC destinadas ao desenvolvimento de cidades digitais e inteligentes, por meio das seguintes iniciativas:

I - implantação da infraestrutura e dos serviços baseados em TIC prioritariamente em cidades com inexistência de redes de acesso de alta capacidade, com vistas à promoção da melhoria da qualidade, à oferta de novos serviços aos cidadãos e ao aumento da eficiência dos serviços públicos;

II - conexão dos órgãos e dos equipamentos públicos locais entre si e com a internet, por meio de infraestrutura de rede de alta capacidade;

III - estímulo de parcerias entre o Poder Público local e entidades privadas para promover a sustentabilidade das redes de infraestrutura e de serviços baseados em TIC;

IV - oferta de pontos públicos de acesso à internet para uso livre e gratuito pela população;

V - estímulo ao compartilhamento de dados de acesso público por meio das TIC e seu uso de forma colaborativa entre o Poder Público e a sociedade, na busca de soluções inovadoras para desafios locais; e

VI - fomento ao desenvolvimento local por meio do estímulo à inovação e ao empreendedorismo social e digital, baseados no uso das TIC.

§ 1º A implantação de infraestrutura para cidades inteligentes sucederá o programa de Cidades Digitais, do Ministério da Ciência, Tecnologia, Inovações e Comunicações.

§ 2º A implantação das redes de acesso previstas no inciso I do *caput* ocorrerá por meio de contratos destinados ao compartilhamento da infraestrutura e à oferta de melhores produtos e serviços para conexão à internet em banda larga.

ART. 7º Compete ao Ministério da Ciência, Tecnologia, Inovações e Comunicações, em relação às políticas públicas de telecomunicações:

I - detalhar seus objetivos e suas diretrizes e divulgar seus resultados;

II - definir as diretrizes, as estratégias, as ações e os mecanismos de monitoramento e acompanhamento;

III - supervisionar o monitoramento e o acompanhamento das ações decorrentes dos objetivos e das diretrizes, a ser realizado pela Agência Nacional de Telecomunicações - Anatel;

IV - fomentar a participação da sociedade civil por meio de audiências e consultas públicas, além de outros instrumentos; e

V - estabelecer contratos, convênios, acordos, ajustes e outros instrumentos à consecução dos objetivos.

ART. 8º Observadas as competências estabelecidas na Lei n. 9.472, de 1997, a Anatel, implementará e executará a regulação do setor de telecomunicações, orientada pelas políticas estabelecidas pelo Ministério da Ciência, Tecnologia, Inovações e Comunicações e pelas seguintes diretrizes:

I - promoção:

a) da concorrência e da livre iniciativa;

b) da gestão eficiente de espectro de radiofrequência, de forma a ampliar a qualidade e expandir os serviços de telecomunicações, em especial a conectividade em banda larga;

c) da regulação assimétrica, com vistas, em especial, à expansão da oferta de serviços em áreas onde eles inexistem ou à promoção da competição no setor;

d) da simplificação normativa;

e) da qualidade dos serviços baseada na experiência do usuário, de forma a incentivar a transparência nas ofertas e os mecanismos de comparação entre prestadoras; e

f) da proteção física e lógica das infraestruturas críticas de telecomunicações;

II - estímulo:

a) aos negócios inovadores e que desenvolvam o uso de serviços convergentes;

b) à expansão e ao compartilhamento de infraestrutura; e

c) à redução sistemática dos riscos cibernéticos;

III - adoção de procedimentos céleres para a resolução de conflitos;

IV - regulação de preços de atacado conforme modelo que considere o incentivo ao investimento agregado setorial na modernização e na ampliação de redes de telecomunicações;

V - harmonização:

a) da regulamentação setorial às normas gerais sobre relações de consumo; e

b) dos procedimentos e das exigências referentes à exploração de satélite brasileiro e à execução do serviço de telecomunicações que utilize satélite às práticas internacionais;

VI - incentivo à autorregulação e mecanismos correlatos; e

VII - realização de levantamentos periódicos e sistematizados das infraestruturas de transporte e de acesso em operação.

ART. 9º Os compromissos de expansão dos serviços de telecomunicações fixados pela Anatel em função da celebração de termos de ajustamento de conduta, de outorga onerosa de autorização de uso de radiofrequência e de atos regulatórios em geral serão direcionados para as seguintes iniciativas:

I - expansão das redes de transporte de telecomunicações de alta capacidade, com prioridade para:

a) cidades, vilas, áreas urbanas isoladas e aglomerados rurais que ainda não disponham dessa infraestrutura; e

b) localidades com projetos aprovados de implantação de cidades inteligentes;

II - aumento da cobertura de redes de acesso móvel, em banda larga, priorizado o atendimento de cidades, vilas, áreas urbanas isoladas, aglomerados rurais e rodovias federais que não disponham desse tipo de infraestrutura; e

III - ampliação da abrangência de redes de acesso em banda larga fixa, com prioridade para setores censitários, conforme classificação do Instituto Brasileiro de Geografia e Estatística, sem oferta de acesso à internet por meio desse tipo de infraestrutura.

§ 1º O Ministério da Ciência, Tecnologia, Inovações e Comunicações estabelecerá metas para os compromissos de expansão dos serviços de telecomunicações de que trata o *caput* de forma a orientar as ações da Anatel e acompanhará a sua execução.

§ 2º Os compromissos de expansão dos serviços de telecomunicações priorizarão localidades com maior população potencialmente beneficiada, de acordo com critérios objetivos divulgados pela Anatel e observadas as metas fixadas pelo Ministério da Ciência, Tecnologia, Inovações e Comunicações, conforme o disposto no § 1º.

§ 3º Na fixação dos compromissos de que trata o *caput* a Anatel considerará localidades identificadas como relevantes por outras políticas públicas federais.

§ 4º A Anatel, na fixação dos compromissos relacionados ao inciso III do *caput*, priorizará a cobertura de setores censitários com escolas públicas.

§ 5º A Anatel poderá fixar compromissos de expansão dos serviços de telecomunicações em outras localidades, desde que se demonstre a conveniência e a relevância para a expansão do acesso à internet em banda larga.

§ 6º Os compromissos de expansão dos serviços de telecomunicações de que trata o *caput* não serão redundantes em relação a compromissos já assumidos em decorrência de outras ações regulatórias da Anatel ou de outras iniciativas federais, estaduais ou municipais.

§ 7º Os compromissos de expansão dos serviços de telecomunicações de que trata o *caput* serão fixados e atribuídos por meio de ferramentas técnicas e procedimentais que permitam a máxima aproximação dos custos estimados aos parâmetros de mercado.

§ 8º Os compromissos de expansão dos serviços de telecomunicações a que se refere o *caput* serão detalhados quando de sua atribuição e serão estabelecidos, entre outros aspectos, os níveis de serviço e o padrão tecnológico a ser adotado.

§ 9º A Anatel publicará informações sobre a implantação da infraestrutura decorrentes dos compromissos de expansão dos serviços de telecomunicações e sobre a sua operação, em seu relatório anual, nos termos do disposto no art. 19, *caput*, inciso XXVIII, da Lei n. 9.472, de1997.

ART. 10. As redes de transporte e as redes metropolitanas implantadas a partir dos compromissos de que trata o art. 9º estarão sujeitas a compartilhamento a partir da sua entrada em operação, conforme regulamentação da Anatel.

§ 1º As condições para o compartilhamento estarão plenamente estabelecidas na entrada em operação do segmento de rede a que se refere o *caput*.

§ 2º Observado o disposto no art. 8º, *caput*, inciso I, alínea "f", a Anatel divulgará aos interessados, para fins de compartilhamento, as informações sobre as redes e as demais infraestruturas implantadas.

§ 3º A regulamentação da Anatel poderá desobrigar o compartilhamento a que se refere o *caput*, se verificada a existência de competição adequada no respectivo mercado relevante.

ART. 11. A administração pública federal direta, autárquica e fundacional autorizará, por meio de cessão, sempre que tecnicamente possível e em condições isonômicas, o uso de edificações, terrenos e demais imóveis sob sua administração para facilitar a implantação de infraestrutura de telecomunicações, em conformidade com o disposto na Lei n. 9.636, de 15 de maio de 1998.

§ 1º A expedição de autorização de uso dos imóveis a que se refere o *caput* será condicionada à solicitação por:

I - empresa prestadora de serviço de telecomunicações de interesse coletivo;

II - entidade que atue no mercado de exploração de infraestrutura destinada ao uso por prestadoras de serviços de telecomunicações de interesse coletivo;

III - entidade de interesse público ou social que preste serviço de telecomunicações de interesse restrito; ou

IV - órgãos públicos.

§ 2º O uso dos imóveis a que se refere o *caput* não se dará em regime de exclusividade.

§ 3º Os agentes indicados no § 1º compartilharão o espaço ocupado e a infraestrutura instalada com outros operadores de telecomunicações, quando for requerido.

§ 4º Na hipótese de haver conflito referente às condições do compartilhamento da infraestrutura entre os interessados, a Anatel será responsável por dirimi-lo, nos termos do disposto no art. 19, *caput*, inciso XVII, da Lei n. 9.472, de 1997.

§ 5º Compete à unidade gestora responsável pelo imóvel analisar e realizar a cessão prevista no *caput*.

ART. 12. As políticas pública de telecomunicações de que trata este Decreto substituem, para todos os fins legais, o Programa Nacional de Banda Larga e o Programa Brasil Inteligente, mantidas as seguintes atribuições da Telecomunicações Brasileiras S.A. - Telebras:

I - implementação da rede privativa de comunicação da administração pública federal;

II - prestação de apoio e suporte às políticas públicas de conexão à internet em banda larga para universidades, centros de pesquisa, escolas, hospitais, postos de atendimento, tele centros comunitários e outros pontos de interesse público;

III - provisão de infraestrutura e de redes de suporte a serviços de telecomunicações prestados por empresas privadas, pelos Estados, pelo Distrito Federal, pelos Municípios e por entidades sem fins lucrativos; e

IV - prestação de serviço de conexão à internet em banda larga para usuários finais, apenas em localidades onde inexista oferta adequada daqueles serviços.

§ 1º A Telebras exercerá suas atividades nos termos da legislação.

§ 2º Os sistemas de tecnologia de informação e comunicação destinados às atividades de que tratam os incisos I e II do *caput* são considerados estratégicos para fins de contratação de bens e serviços relacionados à implantação, à manutenção e ao aperfeiçoamento.

§ 3º A implementação da rede privativa de comunicação da administração pública federal de que trata o inciso I do *caput* consistirá na provisão de serviços, infraestrutura e redes de suporte à comunicação e à transmissão de dados, na forma da legislação em vigor.

§ 4º O Ministério da Ciência, Tecnologia, Inovações e Comunicações definirá as localidades onde inexista a oferta adequada de serviços de conexão à internet em banda larga a que se refere o inciso IV do *caput*.

§ 5º A Telebras permanece autorizada a usar, fruir, operar e manter a infraestrutura e as redes de suporte de serviços de telecomunicações de propriedade ou posse da administração pública federal e a firmar o correspondente contrato de cessão, na hipótese de uso de infraestrutura detida por entidade da administração pública federal indireta.

§ 6º As ações executadas ou em execução com fundamento nos programas indicados no *caput* não serão prejudicadas pela entrada em vigor deste Decreto.

ART. 13. O Ministério da Ciência, Tecnologia, Inovações e Comunicações deverá apresentar proposta de revisão dos instrumentos legais existentes para permitir o financiamento de ações, planos, projetos e programas que visem à ampliação dos serviços de telecomunicações.

ART. 14. Ficam revogados:

I - o Decreto n. 4.733, de 10 de junho de 2003;

II - o Decreto n. 7.175, de 12 de maio de 2010; e

III - o Decreto n. 8.776, de 11 de maio de 2016.

ART. 15. Este Decreto entra em vigor na data de sua publicação.

Brasília, 17 de dezembro de 2018; 197º da Independência e 130º da República.

MICHEL TEMER

DECRETO N. 9.630, DE 26 DE DEZEMBRO DE 2018

Institui o Plano Nacional de Segurança Pública e Defesa Social e dá outras providências.

O Presidente da República, no uso das atribuições que lhe confere o art. 84, *caput*, incisos IV e VI, alínea "a", da Constituição, e tendo em vista o disposto no art. 22 da Lei n. 13.675, de 11 de junho de 2018,

Decreta:

CAPÍTULO I
DO PLANO NACIONAL DE SEGURANÇA PÚBLICA E DEFESA SOCIAL

SEÇÃO I
DA INSTITUIÇÃO

ART. 1º Fica instituído, nos termos do disposto no art. 22 da Lei n. 13.675, de 11 de junho de 2018, e no art. 4º do Decreto n. 9.489, de 30 de agosto de 2018, o Plano Nacional de Segurança Pública e Defesa Social - PNSP.

Parágrafo único. O PNSP terá prazo de duração de dez anos, contado da data de publicação deste Decreto e deverá ser estruturado em ciclos de implementação de dois anos.

SEÇÃO II
DOS OBJETIVOS

ART. 2º São objetivos do PNSP:

I - reduzir os homicídios e os demais crimes violentos letais;

II - reduzir todas as formas de violência contra a mulher, em especial as violências doméstica e sexual, prevenir e reprimir situações de exploração sexual, independentemente de gênero, e aprimorar o atendimento a cargo dos órgãos operacionais do Sistema Único de Segurança Pública - Susp nos casos envolvendo populações vulneráveis e minorias;

III - promover o enfrentamento às estruturas do crime organizado;

IV - aprimorar os mecanismos de prevenção e de repressão aos crimes violentos patrimoniais;

V - elevar o nível de percepção de segurança da população;

VI - fortalecer a atuação dos Municípios nas ações de prevenção ao crime e à violência, sobretudo por meio de ações de reorganização urbanística e de defesa social;

VII - aprimorar a gestão e as condições do sistema prisional, para eliminar a superlotação, garantir a separação dos detentos, nos termos do disposto na Lei n. 7.210, de 11 de julho de 1984, e as condições mínimas para ressocialização dos detentos, por meio da oferta de oportunidades educacionais, de qualificação profissional e de trabalho;

VIII - fortalecer o aparato de segurança e aumentar o controle de divisas, fronteiras, portos e aeroportos;

IX - ampliar o controle e o rastreamento de armas de fogo, munições e explosivos;

X - promover a revisão, a inovação e o aprimoramento, considerados os aspectos normativo, financeiro, material e humano, dos meios e dos mecanismos de combate aos crimes ambientais e aos crimes de lavagem ou ocultação de bens, direitos e valores e de corrupção que envolvam crimes ambientais como antecedentes;

XI - buscar fontes contínuas, previsíveis e suficientes de financiamento das ações de segurança pública e regular a sua utilização por meio de modelos científicos;

XII - implementar programa de reaparelhamento, aprimorar a governança e a gestão das políticas, dos programas e dos projetos de segurança pública e defesa social, com vistas à elevação da eficiência na atuação dos órgãos operacionais do Susp;

XIII - valorizar e assegurar condições de trabalho dignas aos profissionais de segurança pública e do sistema penitenciário;

XIV - aprimorar os mecanismos de controle e prestação de contas da atividade de segurança pública; e

XV - estabelecer política e programa de aparelhamento adequado à prevenção de situações de emergência e desastres e aprimorar os procedimentos destinados à referida prevenção.

Parágrafo único. As metas e as estratégias que serão implementadas para o cumprimento dos objetivos de que trata o *caput* serão publicadas pelo Conselho Nacional de Segurança Pública e Defesa Social, nos termos do disposto no art. 9º.

SEÇÃO III
DOS PROGRAMAS

ART. 3º Sem prejuízo de outros programas que venham a ser considerados prioritários ao longo de sua execução, o PNSP será implementado por meio de ações e de projetos dos seguintes programas:

I - de superação do déficit de dados e indicadores e de padronização do registro de eventos;

II - de garantia dos direitos das pessoas, de reorganização urbana e de ações de proteção ao meio ambiente;

III - de avaliação e reaparelhamento dos órgãos operacionais do Susp;

IV - de incremento à qualidade de preparação técnica dos profissionais de segurança pública e dos demais agentes do Susp em coordenação com os agentes do sistema de justiça;

V - de combate às facções e às organizações criminosas e medidas voltadas à reorganização do sistema prisional;

VI - de combate à corrupção e às fontes de financiamento da criminalidade e ao fluxo ilícito de capitais;

VII - de combate ao tráfico de armas, de munições e de drogas e ao contrabando nas fronteiras, nos portos e aeroportos, e na malha viária; e

VIII - de aperfeiçoamento da política penitenciária e do sistema prisional.

Parágrafo único. Os programas de que trata o caput serão subdivididos em ações complementares de mesma natureza, a serem definidas conforme o grau de importância, demanda de recurso, prazo de execução e diversidade regional.

SEÇÃO IV
DA GOVERNANÇA

ART. 4º A estrutura de governança do PNSP será composta das seguintes instâncias:

I - de caráter permanente:

a) Conselho Nacional de Segurança Pública e Defesa Social; e

b) Comitê Executivo de Governança do Plano; e

II - de caráter temporário, a serem instaladas por ato do Ministro de Estado da Segurança Pública, quando necessário:

a) Câmara de Articulação Federativa; e

b) Câmara de Coordenação entre Poderes e Órgãos de Estado.

§ 1º O Conselho Nacional de Segurança Pública e Defesa Social terá atribuição consultiva, sugestiva e de acompanhamento social, e poderá, quando cabível, formular recomendações sobre o conteúdo do PNSP.

§ 2º O Comitê Executivo de Governança do Plano será o responsável pela gestão estratégica da implementação do PNSP e será composto pelos seguintes representantes, titulares e suplentes:

I - Ministro de Estado da Segurança Pública, que o presidirá;

II - Secretário-Executivo do Ministério da Segurança Pública;

III - Secretário Nacional de Segurança Pública;

IV - Diretor do Departamento Penitenciário Nacional;

V - Diretor do Departamento de Polícia Federal; e

VI - Diretor do Departamento de Polícia Rodoviária Federal.

§ 3º Compete à Câmara de Articulação Federativa articular e pactuar ações entre a União, os Estados, o Distrito Federal e os Municípios.

§ 4º Compete à Câmara de Coordenação entre Poderes e Órgãos de Estado articular e pactuar ações entre os Poderes Executivo, Legislativo e Judiciário, o Ministério Público e a Defensoria Pública.

ART. 5º São mecanismos e instrumentos de governança do PNSP:

I - os objetivos e as estratégias do PNSP;

II - a programação orçamentária e as normas e critérios sobre repasse de recursos da União destinados à área da segurança pública e ao sistema penitenciário;

III - os planos de segurança pública dos Estados, do Distrito Federal e dos Municípios; e

IV - o Programa Nacional de Informações, Monitoramento e Avaliação em Segurança Pública - Pimasp.

ART. 6º São considerados sistemas operativos de interesse estratégico do PNSP:

I - o Sistema Nacional de Armas - Sinarm;

II - o Sistema de Gerenciamento Militar de Armas - Sigma;

III - o Sistema de Informações do Departamento Penitenciário Nacional - Sisdepen;

IV - o Sistema Nacional de Informações de Segurança Pública, Prisionais, de Rastreabilidade de Armas e Munições, de Material Genético, de Digitais e de Drogas - Sinesp; e

V - outros cadastros de interesse policial.

Parágrafo único. Os sistemas de que trata o *caput* poderão ser apoiados com recursos do Susp para seus aprimoramentos tecnológicos e de interoperabilidade.

ART. 7º Até o dia 31 de março de cada ano-calendário, o Ministério da Segurança Pública, em articulação com os órgãos competentes dos Estados, do Distrito Federal e dos Municípios, realizará avaliação sobre a implementação do PNSP, com o objetivo de verificar o cumprimento das metas estabelecidas e elaborar recomendações aos gestores e aos operadores de políticas públicas relacionadas com a segurança pública e a defesa social.

§ 1º A primeira avaliação do PNSP será realizada no segundo ano de vigência da Lei n. 13.675, de 2018.

§ 2º Após a avaliação de cada PNSP, será elaborado relatório com o histórico e a caracterização das atividades, as recomendações e os prazos de cumprimento, nos termos do disposto no art. 27 da Lei n. 13.675, de 2018.

§ 3º O relatório da avaliação deverá ser encaminhado aos conselhos estaduais, distrital e municipais de segurança pública e defesa social.

CAPÍTULO II
DISPOSIÇÕES FINAIS

ART. 8º Até que seja elaborado novo plano penitenciário nacional, os investimentos e a estrutura de governança das políticas e dos programas e projetos da área observarão o disposto neste Decreto.

ART. 9º O PNSP será publicado no sítio eletrônico do Ministério da Segurança Pública.

ART. 10. Este Decreto entra em vigor na data de sua publicação.

Brasília, 26 de dezembro de 2018; 197º da Independência e 130º da República.

MICHEL TEMER

DECRETO N. 9.637, DE 26 DE DEZEMBRO DE 2018

Institui a Política Nacional de Segurança da Informação, dispõe sobre a governança da segurança da informação, e altera o Decreto n. 2.295, de 4 de agosto de 1997, que regulamenta o disposto no art. 24, caput, inciso IX, da Lei n. 8.666, de 21 de junho de 1993, e dispõe sobre a dispensa de licitação nos casos que possam comprometer a segurança nacional.

O Presidente da República, no uso da atribuição que lhe confere o art. 84, *caput*, inciso VI, alínea "a", da Constituição,

Decreta:

CAPÍTULO I
DISPOSIÇÕES GERAIS

ART. 1º Fica instituída a Política Nacional de Segurança da Informação - PNSI, no âmbito da administração pública federal, com a finalidade de assegurar a disponibilidade, a integridade, a confidencialidade e a autenticidade da informação a nível nacional.

ART. 2º Para os fins do disposto neste Decreto, a segurança da informação abrange:

I - a segurança cibernética;

II - a defesa cibernética;

III - a segurança física e a proteção de dados organizacionais; e

IV - as ações destinadas a assegurar a disponibilidade, a integridade, a confidencialidade e a autenticidade da informação.

CAPÍTULO II
DOS PRINCÍPIOS

ART. 3º São princípios da PNSI:

I - soberania nacional;

II - respeito e promoção dos direitos humanos e das garantias fundamentais, em especial a liberdade de expressão, a proteção de dados pessoais, a proteção da privacidade e o acesso à informação;

III - visão abrangente e sistêmica da segurança da informação;

IV - responsabilidade do País na coordenação de esforços e no estabelecimento de políticas, estratégias e diretrizes relacionadas à segurança da informação;

V - intercâmbio científico e tecnológico relacionado à segurança da informação entre os órgãos e as entidades da administração pública federal;

VI - preservação do acervo histórico nacional;

VII - educação como alicerce fundamental para o fomento da cultura em segurança da informação;

VIII - orientação à gestão de riscos e à gestão da segurança da informação;

IX - prevenção e tratamento de incidentes de segurança da informação;

X - articulação entre as ações de segurança cibernética, de defesa cibernética e de proteção de dados e ativos da informação;

XI - dever dos órgãos, das entidades e dos agentes públicos de garantir o sigilo das informações imprescindíveis à segurança da sociedade e do Estado e a inviolabilidade da intimidade da vida privada, da honra e da imagem das pessoas;

XII - *need to know* para o acesso à informação sigilosa, nos termos da legislação;

XIII - consentimento do proprietário da informação sigilosa recebida de outros países, nos casos dos acordos internacionais;

XIV - cooperação entre os órgãos de investigação e os órgãos e as entidades públicos no processo de credenciamento de pessoas para acesso às informações sigilosas;

XV - integração e cooperação entre o Poder Público, o setor empresarial, a sociedade e as instituições acadêmicas; e

XVI - cooperação internacional, no campo da segurança da informação.

CAPÍTULO III
DOS OBJETIVOS

ART. 4º São objetivos da PNSI:

I - contribuir para a segurança do indivíduo, da sociedade e do Estado, por meio da orientação das ações de segurança da informação, observados os direitos e as garantias fundamentais;

II - fomentar as atividades de pesquisa científica, de desenvolvimento tecnológico e de inovação relacionadas à segurança da informação;

III - aprimorar continuamente o arcabouço legal e normativo relacionado à segurança da informação;

IV - fomentar a formação e a qualificação dos recursos humanos necessários à área de segurança da informação;

V - fortalecer a cultura da segurança da informação na sociedade;

VI - orientar ações relacionadas a:

a) segurança dos dados custodiados por entidades públicas;

b) segurança da informação das infraestruturas críticas;

c) proteção das informações das pessoas físicas que possam ter sua segurança ou a segurança das suas atividades afetada, observada a legislação específica; e

d) tratamento das informações com restrição de acesso; e

VII - contribuir para a preservação da memória cultural brasileira.

CAPÍTULO IV
DOS INSTRUMENTOS

ART. 5º São instrumentos da PNSI:

I - a Estratégia Nacional de Segurança da Informação; e

II - os planos nacionais.

ART. 6º A Estratégia Nacional de Segurança da Informação conterá as ações estratégicas e os objetivos relacionados à segurança da informação, em consonância com as políticas públicas e os programas do Governo federal, e será dividida nos seguintes módulos, entre outros, a serem definidos no momento de sua publicação:

I - segurança cibernética;

II - defesa cibernética;

III - segurança das infraestruturas críticas;

IV - segurança da informação sigilosa; e

V - proteção contra vazamento de dados.

Parágrafo único. A construção da Estratégia Nacional de Segurança da Informação terá a ampla participação da sociedade e dos órgãos e das entidades do Poder Público.

ART. 7º Os planos nacionais de que trata o inciso II do *caput* do art. 5º conterão:

I - o detalhamento da execução das ações estratégicas e dos objetivos da Estratégia Nacional de Segurança da Informação;

II - o planejamento, a organização, a coordenação das atividades e do uso de recursos para a execução das ações estratégicas e o alcance dos objetivos da Estratégia Nacional de Segurança da Informação; e

III - a atribuição de responsabilidades, a definição de cronogramas e a apresentação da análise de riscos e das ações de contingência que garantam o atingimento dos resultados esperados.

Parágrafo único. Os planos nacionais serão divididos em temas e designados a um órgão responsável, conforme estabelecido na Estratégia Nacional de Segurança da Informação.

CAPÍTULO V
DO COMITÊ GESTOR DA SEGURANÇA DA INFORMAÇÃO

ART. 8º Fica instituído o Comitê Gestor da Segurança da Informação, com atribuição de assessorar o Gabinete de Segurança Institucional da Presidência da República nas atividades relacionadas à segurança da informação.

ART. 9º O Comitê será composto por um representante titular e respectivo suplente indicados pelos seguintes órgãos:

I - Gabinete de Segurança Institucional da Presidência da República, que o coordenará;

II - Casa Civil da Presidência da República;

III - Ministério da Justiça;

IV - Ministério da Segurança Pública;

V - Ministério da Defesa;

VI - Ministério das Relações Exteriores;

VII - Ministério da Fazenda;

VIII - Ministério dos Transportes, Portos e Aviação Civil;

IX - Ministério da Agricultura, Pecuária e Abastecimento;

X - Ministério da Educação;

XI - Ministério da Cultura;

XII - Ministério do Trabalho;

XIII - Ministério do Desenvolvimento Social;

XIV - Ministério da Saúde;

XV - Ministério da Indústria, Comércio Exterior e Serviços;

XVI - Ministério de Minas e Energia;

XVII - Ministério do Planejamento, Desenvolvimento e Gestão;

XVIII - Ministério da Ciência, Tecnologia, Inovações e Comunicações;

XIX - Ministério do Meio Ambiente;

XX - Ministério do Esporte;

XXI - Ministério do Turismo;

XXII - Ministério da Integração Nacional;

XXIII - Ministério das Cidades;

XXIV - Ministério da Transparência e Controladoria-Geral da União;

XXV - Ministério dos Direitos Humanos;

XXVI - Secretaria-Geral da Presidência da República;

XXVII - Secretaria de Governo da Presidência da República;

XXVIII - Advocacia-Geral da União; e

XXIX - Banco Central do Brasil.

§ 1º Os membros do Comitê serão indicados pelos titulares dos órgãos mencionados no *caput*, no prazo de dez dias, contado da data de publicação deste Decreto, e serão designados em ato do Ministro de Estado Chefe do Gabinete de Segurança Institucional da Presidência da República, no prazo de vinte dias, contado da data de publicação deste Decreto.

§ 2º A indicação do membro titular dos órgãos mencionados no *caput* recairá no gestor de segurança da informação de que trata o inciso III do *caput* do art. 15, e o respectivo suplente deverá ocupar cargo em comissão do Grupo-Direção e Assessoramento Superiores, de nível 4 ou superior, ou equivalente.

§ 3º Os membros titulares do Comitê serão substituídos pelos respectivos suplentes, em suas ausências ou impedimentos.

§ 4º A participação no Comitê será considerada prestação de serviço público relevante, não remunerada.

§ 5º No prazo de noventa dias, contado da data de publicação deste Decreto, será aprovado regimento interno para dispor sobre a organização e o funcionamento do Comitê.

ART. 10. O Comitê se reunirá, em caráter ordinário, semestralmente e, em caráter extraordinário, por convocação de seu Coordenador.

§ 1º As reuniões do Comitê ocorrerão, em primeira convocação, com a presença da maioria simples de seus membros ou, quinze minutos após a hora estabelecida, em segunda convocação, com a presença de, no mínimo, um terço de seus membros.

§ 2º O Comitê poderá instituir grupos de trabalho ou câmaras técnicas para tratar de temas específicos relacionados à segurança da informação e poderá convidar representantes do setor público ou privado e especialistas com notório saber.

§ 3º A composição, o funcionamento e as competências dos grupos de trabalho ou câmaras técnicas serão estabelecidos pelo Comitê.

§ 4º As deliberações do Comitê serão aprovadas pela maioria simples dos membros presentes e o Coordenador, além do voto regular, terá o voto de desempate.

ART. 11. O Gabinete de Segurança Institucional da Presidência da República prestará o apoio técnico e administrativo necessário ao Comitê.

CAPÍTULO VI
DAS COMPETÊNCIAS

SEÇÃO I
DO GABINETE DE SEGURANÇA INSTITUCIONAL DA PRESIDÊNCIA DA REPÚBLICA

ART. 12. Compete ao Gabinete de Segurança Institucional da Presidência da República, nos temas relacionados à segurança da informação, assessorado pelo Comitê Gestor da Segurança da Informação:

I - estabelecer norma sobre a definição dos requisitos metodológicos para a implementação da gestão de risco dos ativos da informação pelos órgãos e pelas entidades da administração pública federal;

II - aprovar diretrizes, estratégias, normas e recomendações;

III - elaborar e implementar programas sobre segurança da informação destinados à conscientização e à capacitação dos servidores públicos federais e da sociedade;

IV - acompanhar a evolução doutrinária e tecnológica, em âmbito nacional e internacional;

V - elaborar e publicar a Estratégia Nacional de Segurança da Informação, em articulação com o Comitê Interministerial para a Transformação Digital, criado pelo Decreto n. 9.319, de 21 de março de 2018;

VI - apoiar a elaboração dos planos nacionais vinculados à Estratégia Nacional de Segurança da Informação;

VII - estabelecer critérios que permitam o monitoramento e a avaliação da execução da PNSI e de seus instrumentos;

VIII - propor a edição dos atos normativos necessários à execução da PNSI; e

IX - estabelecer os requisitos mínimos de segurança para o uso dos produtos que incorporem recursos de segurança da informação, de modo a assegurar a disponibilidade, a integridade, a confidencialidade e a autenticidade da informação e garantir a interoperabilidade entre os sistemas de segurança da informação, ressalvadas as competências específicas de outros órgãos.

Parágrafo único. Nas hipóteses de que trata o inciso IX do *caput*, quando se tratar de competência de outro órgão, caberá ao Gabinete de Segurança Institucional da Presidência da República propor as atualizações referentes à segurança da informação.

SEÇÃO II
DO MINISTÉRIO DA DEFESA

ART. 13. Ao Ministério da Defesa compete:

I - apoiar o Gabinete de Segurança Institucional da Presidência da República nas atividades relacionadas à segurança cibernética; e

II - elaborar as diretrizes, os dispositivos e os procedimentos de defesa que atuem nos sistemas relacionados à defesa nacional contra ataques cibernéticos.

SEÇÃO III
DO MINISTÉRIO DA TRANSPARÊNCIA E CONTROLADORIA-GERAL DA UNIÃO

ART. 14. Ao Ministério da Transparência e Controladoria-Geral da União compete auditar a execução das ações da Política Nacional de Segurança da Informação de responsabilidade dos órgãos e das entidades da administração pública federal.

SEÇÃO IV
DOS ÓRGÃOS E DAS ENTIDADES DA ADMINISTRAÇÃO PÚBLICA FEDERAL

ART. 15. Aos órgãos e às entidades da administração pública federal, em seu âmbito de atuação, compete:

I - implementar a PNSI;

II - elaborar sua política de segurança da informação e as normas internas de segurança da informação, observadas as normas de segurança da informação editadas pelo Gabinete de Segurança Institucional da Presidência da República;

III - designar um gestor de segurança da informação interno, indicado pela alta administração do órgão ou da entidade;

IV - instituir comitê de segurança da informação ou estrutura equivalente, para deliberar sobre os assuntos relativos à PNSI;

V - destinar recursos orçamentários para ações de segurança da informação;

VI - promover ações de capacitação e profissionalização dos recursos humanos em temas relacionados à segurança da informação;

VII - instituir e implementar equipe de tratamento e resposta a incidentes em redes computacionais, que comporá a rede de equipes formada pelos órgãos e entidades da administração pública federal, coordenada pelo Centro de Tratamento de Incidentes de Redes do Governo do Gabinete de Segurança Institucional da Presidência da República;

VIII - coordenar e executar as ações de segurança da informação no âmbito de sua atuação;

IX - consolidar e analisar os resultados dos trabalhos de auditoria sobre a gestão de segurança da informação; e

X - aplicar as ações corretivas e disciplinares cabíveis nos casos de violação da segurança da informação.

§ 1º O comitê de segurança da informação interno de que trata o inciso IV do *caput* será composto por:

I - o gestor da segurança da informação do órgão ou da entidade, de que trata o inciso III do *caput*, que o coordenará;

II - um representante da Secretaria-Executiva ou da unidade equivalente do órgão ou da entidade;

III - um representante de cada unidade finalística do órgão ou da entidade; e

IV - o titular da unidade de tecnologia da informação e comunicação do órgão ou da entidade.

§ 2º Os membros do comitê de segurança da informação interno de que tratam os incisos II e III do § 1º deverão ocupar cargo em comissão do Grupo-Direção e Assessoramento Superiores, de nível 5 ou superior, ou equivalente.

§ 3º O comitê de segurança da informação interno dos órgãos e das entidades da administração pública federal tem as seguintes atribuições:

I - assessorar na implementação das ações de segurança da informação;

II - constituir grupos de trabalho para tratar de temas e propor soluções específicas sobre segurança da informação;

III - propor alterações na política de segurança da informação interna; e

IV - propor normas internas relativas à segurança da informação.

ART. 16. Os órgãos e as entidades da administração pública federal editarão atos para definir a forma de funcionamento dos respectivos comitês de segurança da informação, observado o disposto neste Decreto e na legislação.

ART. 17. Compete à alta administração dos órgãos e das entidades da administração pública federal a governança da segurança da informação, e especialmente:

I - promover a simplificação administrativa, a modernização da gestão pública e a integração dos serviços públicos, especialmente aqueles prestados por meio eletrônico, com vistas à segurança da informação;

II - monitorar o desempenho e avaliar a concepção, a implementação e os resultados da sua política de segurança da informação e das normas internas de segurança da informação;

III - incorporar padrões elevados de conduta para a garantia da segurança da informação e orientar o comportamento dos agentes públicos, em consonância com as funções e as atribuições de seus órgãos e de suas entidades;

IV - planejar a execução de programas, de projetos e de processos relativos à segurança da informação;

V - estabelecer diretrizes para o processo de gestão de riscos de segurança da informação;

VI - observar as normas que estabelecem requisitos e procedimentos para a segurança da informação publicadas pelo Gabinete de Segurança Institucional da Presidência da República;

VII - implementar controles internos fundamentados na gestão de riscos da segurança da informação;

VIII - instituir um sistema de gestão de segurança da informação;

IX - implantar mecanismo de comunicação imediata sobre a existência de vulnerabilidades ou incidentes de segurança que impactem ou possam impactar os serviços prestados ou contratados pelos órgãos da administração pública federal; e

X - observar as normas e os procedimentos específicos aplicáveis, implementar e manter mecanismos, instâncias e práticas de governança da segurança da informação em consonância com os princípios e as diretrizes estabelecidos neste Decreto e na legislação.

§ 1º O planejamento e a execução de programas, de projetos e de processos relativos à segurança da informação de que trata o inciso IV do *caput* serão orientados para:

I - a utilização de recursos criptográficos adequados aos graus de sigilo exigidos no tratamento das informações e as restrições de acesso estabelecidas para o compartilhamento das informações, observada a legislação;

II - o aumento da resiliência dos ativos de tecnologia da informação e comunicação e dos serviços definidos como estratégicos pelo Governo federal;

III - a contínua cooperação entre as equipes de resposta e de tratamento de incidentes de segurança na administração pública federal direta, autárquica e fundacional e o Centro de Tratamento de Incidentes de Redes do Governo do Gabinete de Segurança Institucional da Presidência da República; e

IV - a priorização da interoperabilidade de tecnologias, processos, informações e dados, com a promoção:

a) da integração e do compartilhamento dos ativos de informação do Governo federal ou daqueles sob sua custódia;

b) da uniformização e da redução da fragmentação das bases de informação de interesse do Governo federal e da sociedade;

c) da integração e do compartilhamento das redes de telecomunicações da administração pública federal direta, autárquica e fundacional; e

d) da padronização da comunicação entre sistemas.

§ 2º O sistema de gestão de segurança da informação de que trata o inciso VIII do *caput* identificará as necessidades da organização quanto aos requisitos de segurança da informação e implementará o processo de gestão de riscos de segurança da informação.

ART. 18. Os órgãos e as entidades da administração pública federal direta, autárquica e fundacional, nos atos administrativos que envolvam ativos de tecnologia da informação, sem prejuízo dos demais dispositivos legais, incorporarão as normas de segurança da informação estabelecidas pelo Gabinete de Segurança Institucional da Presidência da República e os normativos de gestão de tecnologia da informação e comunicação e de segurança da informação do Ministério do Planejamento, Desenvolvimento e Gestão.

CAPÍTULO VII
DISPOSIÇÕES FINAIS

ART. 19. O Ministro de Estado Chefe do Gabinete de Segurança Institucional da Presidência da República editará, no prazo de noventa dias, contado da data de publicação deste Decreto, glossário com a definição dos termos técnicos e operacionais relativos à segurança da informação, que será utilizado como referência conceitual para as normas e os regulamentos relacionados à segurança da informação.

ART. 20. O Ministro de Estado Chefe do Gabinete de Segurança Institucional da Presidência da República poderá expedir atos complementares necessários à aplicação deste Decreto.

ART. 21. O Decreto n. 2.295, de 4 de agosto de 1997, passa a vigorar com as seguintes alterações:

"Art. 1º [...]

III - aquisição de equipamentos e contratação de serviços técnicos especializados para as áreas de inteligência, de segurança da informação, de segurança cibernética, de segurança das comunicações e de defesa cibernética.

[...]" (NR)

ART. 22. Ficam revogados:

I - o Decreto n. 3.505, de 13 de junho de 2000; e

II - o Decreto n. 8.135, de 4 de novembro de 2013.

ART. 23. Este Decreto entra em vigor na data de sua publicação.

Brasília, 26 de dezembro de 2018; 197º da Independência e 130º da República.

MICHEL TEMER

DECRETOS-LEIS

DECRETO-LEI N. 58, DE 10 DE DEZEMBRO DE 1937

Dispõe sobre o loteamento e a venda de terrenos para pagamento em prestações.

- *DOU*, 13.12.1937 e retificado no DOU, 17.12.1937.
- Dec. 3.079/1938 (Regulamento).
- Dec.-Lei 271/1967 (Dispõe sobre loteamento urbano, responsabilidade do loteador concessão de uso e espaço aéreo).

O Presidente da República dos Estados Unidos do Brasil, usando da atribuição que lhe confere o artigo 180 da Constituição:

considerando o crescente desenvolvimento da loteação de terrenos para venda mediante o pagamento do preço em prestações;

considerando que as transações assim realizadas não transferem o domínio ao comprador, uma vez que o art. 1.088 do Código Civil permite a qualquer das partes arrepender-se antes de assinada a escritura da compra e venda;

considerando que esse dispositivo deixa praticamente sem amparo numerosos compradores de lotes, que têm assim por exclusiva garantia a seriedade, a boa-fé e a solvabilidade das empresas vendedoras;

considerando que, para segurança das transações realizadas mediante contrato de compromisso de compra e venda de lotes, cumpre acautelar o compromissário contra futuras alienações ou onerações dos lotes comprometidos;

considerando ainda que a loteação e venda de terrenos urbanos e rurais se opera frequentemente sem que aos compradores seja possível a verificação dos títulos de propriedade dos vendedores;

Decreta:

ART. 1º Os proprietários ou coproprietários de terras rurais ou terrenos urbanos, que pretendam vendê-los, divididos em lotes e por oferta pública, mediante pagamento do preço a prazo em prestações sucessivas e periódicas, são obrigados, antes de anunciar a venda, a depositar no cartório do registo de imóveis da circunscrição respectiva:

I - um memorial por eles assinado ou por procuradores com poderes especiais, contendo:

a) denominação, área, limites, situação e outros característicos do imóvel;

b) relação cronológica dos títulos de domínio, desde 30 anos, com indicação da natureza e data de cada um, e do número e data das transcrições, ou cópia autêntica dos títulos e prova de que se acham devidamente transcritos;

c) plano de loteamento, de que conste o programa de desenvolvimento urbano, ou de aproveitamento industrial ou agrícola; nesta última hipótese, informações sobre a qualidade das terras, águas, servidões ativas e passivas, estradas e caminhos, distância de sede do município e das estações de transporte de acesso mais fácil;

II - planta do imóvel, assinada também pelo engenheiro que haja efetuado a mediação e o loteamento e com todos os requisitos técnicos e legais; indicadas a situação, as dimensões e a numeração dos lotes, as dimensões e a nomenclatura das vias de comunicação e espaços livres, as construções e benfeitorias, e as vias públicas de comunicação;

III - exemplar de caderneta ou do contrato-tipo de compromisso de venda dos lotes;

IV - certidão negativa de impostos e de onus reais;

V - certidão dos documentos referidos na letra *b* do n. I.

§ 1º Tratando-se de propriedade urbana, o plano e a planta de loteamento devem ser previamente aprovados pela Prefeitura Municipal, ouvidas, quanto ao que lhes disser respeito, as autoridades sanitárias, militares e, desde que se trata de área total ou parcialmente florestada as autoridades florestais. (Redação dada pela Lei 4.778/1965.)

§ 2º As certidões positivas da existência de ônus reais, de impostos e de qualquer ação real ou pessoal, bem como qualquer protesto de título de dívida civil ou comercial não impedir o registro.

§ 3º Se a propriedade estiver gravada de ônus real, o memorial será acompanhado da escritura pública em que o respectivo titular estipule as condições em que se obriga a liberar os lotes no ato do instrumento definitivo de compra e venda.

§ 4º O plano de loteamento poderá ser modificado quanto aos lotes não comprometidos e o de arruamento desde que a modificação não prejudique os lotes comprometidos ou definitivamente adquiridos, si a Prefeitura Municipal aprovar a modificação.

A planta e o memorial assim aprovados serão depositados no cartório do registo para nova inscrição, observando o disposto no art. 2º e parágrafos.

§ 5º O memorial, o plano de loteamento e os documentos depositados serão franqueados, pelo oficial do registo, ao exame de qualquer interessado, independentemente do pagamento de emolumentos, ainda que a título de busca.

O oficial, neste caso, receberá apenas as custas regimentais das certidões que fornecer.

§ 6º Sob pena de incorrerem em crime de fraude, os vendedores, se quiserem invocar, como argumento de propaganda, a proximidade do terreno com algum acidente geográfico, cidade, fonte hidromineral ou termal ou qualquer outro motivo de atração ou valorização, serão obrigados a declarar no memorial descritivo e a mencionar nas divulgações, anúncios e prospectos de propaganda, a distância métrica a que se situa o imóvel do ponto invocado ou tomado como referência. (Incluído pela Lei 5.532/1968.)

ART. 2º Recebidos o memorial e os documentos mencionados no art. 1º, o oficial do registo dará recibo ao depositante e, depois de autuá-los e verificar a sua conformidade com a lei, tornará público o depósito por edital afixado no lugar do costume e publicado três vezes, durante 10 dias, no jornal oficial do Estado e em jornal da sede da comarca, ou que nesta circule.

§ 1º Decorridos 30 dias da última publicação, e não havendo impugnação de terceiros, o oficial procederá ao registro se os documentos estiverem em ordem. Caso contrário, os autos serão desde logo conclusos ao Juiz competente para conhecer da dúvida ou impugnação, publicada a sentença em cartório pelo oficial, que dela dará ciência aos interessados. (Redação dada pela Lei 6.014/1973.)

§ 2º Da sentença que negar ou conceder o registro caberá apelação. (Redação dada pela Lei 6.014/1973.)

ART. 3º A inscrição torna inalienáveis, por qualquer título, as vias de comunicação e os espaços livres constantes do memorial e da planta.

ART. 4º Nos cartórios do registro imobiliatório haverá um livro auxiliar na forma da lei respectiva e de acordo com o modelo anexo. Nele se registrarão, resumidamente:

a) por inscrição, o memorial de propriedade loteada;

b) por averbação, os contratos de compromisso de venda e de financiamento, suas transferências e rescisões.

Parágrafo único. No livro de transcrição, e à margem do registo da propriedade loteada, averbar-se-á a inscrição assim que efetuada.

ART. 5º A averbação atribui ao compromissário direito real aponível a terceiros, quanto à alienação ou oneração posterior, e far-se-á à vista do instrumento de compromisso de venda, em que o oficial lançará a nota indicativa do livro, página e data do assentamento.

ART. 6º A inscrição não pode ser cancelada senão:

a) em cumprimento de sentença;

b) a requerimento do proprietário, enquanto nenhum lote for objeto de compromisso devidamente inscrito, ou mediante o consentimento de todos os compromissários ou seus cessionários, expresso em documento por eles assinado ou por procuradores com poderes especiais.

ART. 7º Cancela-se a averbação:

a) a requerimento das partes contratantes do compromisso de venda;

b) pela resolução do contrato;

c) pela transcrição do contrato definitivo de compra e venda;

d) por mandado judicial.

ART. 8º O registo instituído por esta Lei, tanto por inscrição quanto por averbação, não dispensa nem substitui o dos atos constitutivos ou translativos de direitos reais na forma e para os efeitos das leis e regulamentos dos registos públicos.

ART. 9º O adquirente por ato *inter vivos*, ainda que em hasta pública, ou por sucessão legítima ou testamentária, da propriedade loteada e inscrita, sub-roga-se nos direitos e obrigações dos alienantes, autores da herança ou testadores, sendo nula qualquer disposição em contrário.

ART. 10. Nos anúncios ou outras publicações de propaganda de venda de lotes a prestações, sempre se mencionará o número e data da inscrição do memorial e dos documentos no registo imobiliário.

ART. 11. Do compromisso de compra e venda a que se refere esta Lei, contratado por instrumento público ou particular, constarão sempre as seguintes especificações:

a) nome, nacionalidade, estado e domicílio dos contratantes;

b) denominação e situação da propriedade, número e data da inscrição;

c) descrição do lote ou dos lotes que forem objeto do compromisso, confrontações, áreas e outros característicos, bem como os números correspondentes na planta arquivada;

d) prazo, preço e forma de pagamento, e importância do sinal;

e) juros devidos sobre o débito em aberto e sobre as prestações vencidas e não pagas;

f) cláusula penal não superior a 10% do débito, e só exigível no caso de intervenção judicial;

g) declaração da existência ou inexistência de servidão ativa ou passiva e outros ônus reais ou quaisquer outras restrições ao direito de propriedade;

h) indicação do contratante a quem incumbe o pagamento das taxas e impostos.

§ 1º O contrato, que será manuscrito, datilografado ou impresso, com espaços em branco preenchíveis em cada caso, lavrar-se-á em duas vias, assinadas pelas partes e por duas testemunhas devidamente reconhecidas as firmas por tabelião.

Ambas as vias serão entregues dentro em 10 dias ao oficial do registo, para averbá-las e restituí-las devidamente anotadas a cada uma das partes.

§ 2º É indispensável a outorga uxória quantos seja casado o vendedor.

§ 3º As procurações dos contratantes que não tiverem sido arquivadas anteriormente sê-lo-ão no cartório do registo, junto aos respectivos autos.

ART. 12. Subentende-se no contrato a condição resolutiva da legitimidade e validade do título de domínio.

§ 1º Em caso de resolução, além de se devolverem as prestações recebidas, com juros convencionados ou os da lei, desde a data do pagamento, haverá, quando provada a má-fé, direito à indenização de perdas e danos.

§ 2º O falecimento dos contratantes não resolve o contrato, que se transmitirá aos herdeiros. Também não o resolve a sentença declaratória de falência; na dos proprietários, dar-lhe-ão cumprimento o síndico e o liquidatário; na dos compromissários, será ele arrecadado pelo síndico e vendido, em hasta pública, pelo liquidatário.

ART. 13. O contrato transfere-se por simples trespasse lançado no verso das duas vias, ou por instrumento separado, sempre com as formalidades dos parágrafos do art. 11.

§ 1º No primeiro caso, presume-se a anuência do proprietário. À falta do consentimento não impede a transferência, mas torna os adquirentes e os alienantes solidários nos direitos e obrigações contratuais.

§ 2º Averbando a transferência para a qual não conste o assentimento do proprietário, o oficial dela lhe dará, ciência por escrito.

ART. 14. Vencida e não paga a prestação, considera-se o contrato rescindido 30 dias depois de constituído em mora o devedor.

§ 1º Para este efeito será ele intimado a requerimento do compromitente, pelo oficial do registo a satisfazer as prestações vencidas e as que se vencerem até a data do pagamento, juros convencionados e custas da intimação.

§ 2º Purgada a mora, convalescerá o compromisso.

§ 3º Com a certidão de não haver sido feito pagamento em cartório, os compromitentes requererão ao oficial do registo o cancelamento da averbação.

ART. 15. Os compromissários têm o direito de, antecipando ou ultimando o pagamento integral do preço, e estando quites com os impostos e taxas, exigir a outorga da escritura de compra e venda.

ART. 16. Recusando-se os compromitentes a outorgar a escritura definitiva no caso do artigo 15, o compromissário poderá propor, para o cumprimento da obrigação, ação de adjudicação compulsória, que tomará o rito sumaríssimo. (Redação dada pela Lei 6.014/1973.)

§ 1º A ação não será acolhida se a parte, que a intentou, não cumprir a sua prestação nem a oferecer nos casos e formas legais. (Redação dada pela Lei 6.014/1973.)

§ 2º Julgada procedente a ação a sentença, uma vez transitada em julgado, adjudicará o imóvel ao compromissário, valendo como título para a transcrição. (Redação dada pela Lei 6.014/1973.)

§ 3º Das sentenças proferidas nos casos deste artigo, caberá apelação. (Redação dada pela Lei 6.014/1973.)

§ 4º Das sentenças proferidas nos casos deste artigo caberá o recurso de agravo de petição.

§ 5º Estando a propriedade hipotecada, cumprido o dispositivo do § 3º, do art. 1º, será o credor citado para, no caso deste artigo, autorizar o cancelamento parcial da inscrição, quanto aos lotes comprometidos.

ART. 17. Pagas todas as prestações do preço, é lícito ao compromitente requerer a intimação judicial do compromissário para, no prazo de trinta dias, que correrá em cartório, receber a escritura de compra e venda.

Parágrafo único. Não sendo assinada a escritura nesse prazo, depositar-se-á o lote comprometido por conta e risco do compromissário, respondendo este pelas despesas judiciais e custas do depósito.

ART. 18. Os proprietários ou coproprietários dos terrenos urbanos loteados a prestação, na forma desta Lei, que se dispuserem a fornecer aos compromissários, por empréstimo, recursos para a construção do prédio, nos lotes comprometidos, ou tomá-la por empreitada, por conta dos compromissários, depositarão no cartório do Registo Imobiliário um memorial indicando as condições gerais do empréstimo ou da empreitada e da amortização da dívida em prestações.

§ 1º O contrato, denominado de financiamento, será feito por instrumento público ou particular, com as especificações do art. 11 que lhe forem aplicáveis. Esse contrato será registrado, por averbação, no livro a que alude o art. 4º, fazendo-se-lhe resumida referência na coluna apropriada.

§ 2º Com o memorial também se depositará o contrato-tipo de financiamento, contendo as cláusulas gerais para todos os casos, com os claros a serem preenchidos em cada caso.

ART. 19. O contrato de compromisso não poderá ser transferido sem o de financiamento, nem este sem aquele. A rescisão do compromisso de venda acarretará a do contrato de financiamento e vice-versa, na forma do art. 14.

ART. 20. O adquirente, por qualquer título, do lote, fica solidariamente responsável, com, o compromissário, pelas obrigações constantes e decorrentes do contrato de financiamento, se devidamente averbado.

ART. 21. Em caso de falência, os contratos de compromisso de venda e de financiamento serão vencidos conjuntamente em hasta pública, anunciada dentro de 15 dias depois da primeira assembleia de credores, sob pena de destituição do liquidatário. Essa pena será aplicada pelo juiz a requerimento dos interessados, que poderão pedir designação de dia e hora para a hasta pública.

Disposições gerais

ART. 22. Os contratos, sem cláusula de arrependimento, de compromisso de compra e venda e cessão de direitos de imóveis não loteados, cujo preço tenha sido pago no ato de sua constituição ou deva sê-lo em uma, ou mais prestações, desde que, inscritos a qualquer tempo, atribuem aos compromissos direito real oponível a terceiros, e lhes conferem o direito de adjudicação compulsória nos termos dos artigos 16 desta Lei, 640 e 641 do Código de Processo Civil. (Redação dada pela Lei 6.014/1973.)

- Refere-se ao CPC/1973. V. arts. 733 e ss., NCPC.

ART. 23. Nenhuma ação ou defesa se admitirá, fundada vos dispositivos desta Lei, sem apresentação de documento comprobatório do registo por ela instituído.

ART. 24. Em todos os casos de procedimento judicial, o foro competente será o da situação do lote comprometido ou o a que se referir o contrato de financiamento, quando as partes não hajam contratado outro foro.

ART. 25. O oficial do registo perceberá:

a) pelo depósito e inscrição, a taxa fixa de 100$000, além das custas que forem devidas pelos demais atos;

b) pela averbação, a de 5$000 por via de compromisso de venda ou de financiamento;

c) pelo cancelamento de averbação, a de 5$000.

ART. 26. Todos os requerimentos e documentos atinentes ao registro se juntarão aos autos respectivos, independentemente do despacho judicial.

Disposições transitórias

ART. 1º Os proprietários de terras e terrenos loteados em curso de venda deverão, dentro de três meses, proceder ao depósito e registo, nos termos desta Lei, indicando no memorial os lotes já comprometidos cujas prestações estejam em dia. Se até 30 dias depois de esgotado esse prazo não houverem cumprido o disposto na lei, incorrerão os vendedores em multas de 10 a 20 contos de réis, aplicadas no dobro quando decorridos mais três meses.

Parágrafo único. Efetuada a inscrição da propriedade loteada, os compromissários apresentarão as suas cadernetas ou contratos para serem averbados, ainda que não tenham todos os requisitos do artigo 11, contanto que sejam anteriores a esta Lei.

ART. 2º As penhoras, arrestos e sequestros de imóveis, para os efeitos da apreciação da fraude de alienações posteriores, serão inscritos obrigatoriamente, dependendo da prova desse procedimento o curso da ação.

ART. 3º A mudança de numeração, a construção, a reconstrução, a demolição, a adjudicação, o desmembramento, a alteração do nome por casamento ou desquite serão obrigatoriamente averbados nas transcrições dos imóveis a que se referirem, mediante prova, a crédito do oficial do registo de imóveis.

ART. 4º Esta lei entrará em vigor na data da sua publicação, revogadas as disposições em contrário.

Rio de Janeiro, 10 de dezembro de 1937, 116º da Independência e 49º da República

GETÚLIO VARGAS

- Optamos, nesta edição, pela não publicação do Anexo.

DECRETO-LEI N. 341, DE 17 DE MARÇO DE 1938

Regula a apresentação de documentos, por estrangeiros, ao Registro de Comércio e dá outras providências.

- CLBR, 31.12.1938, 001 000461 1 Coleção de Leis do Brasil.

O Presidente da República, usando da atribuição que lhe confere o art. 180 da Constituição,

Decreta:

ART. 1º Os estrangeiros residentes no Brasil, que requererem matrícula, inscrição de firma individual, ou arquivamento de contratos e quaisquer outros documentos no Registro de Comércio, deverão provar que têm a sua entrada e permanência regularizadas no país, de acordo com a legislação em vigor.

ART. 2º O Departamento Nacional da Indústria e Comércio, do Ministério do Trabalho, Industrial Comércio, no Distrito Federal, e as Juntas Comerciais, nos Estados, ou as repartições e autoridades que as substituírem, exigirão dos requerentes de que trata o artigo anterior a apresentação dos documentos seguintes:

a) passaporte estrangeiro com a declaração constante do art. 4º;

b) carteira de identidade civil;

c) atestado do tempo de residência e de bom procedimento do estrangeiro no país, na forma prescrito pelo art. 7º.

Parágrafo único. Os documentos enumerados neste artigo serão exigidos dos estrangeiros que, nos contratos e papéis levados ao registro, figurarem como:

a) sócios de sociedades de pessoas (em nome coletivo, de capital e indústria e em comandita simples), inclusive os comanditários;

b) quotistas de sociedades por quotas, de responsabilidade limitada;

c) sócios solidários, gerentes e administradores das sociedades em comandita por ações e anônimas, compreendendo estas as de seguros e bancárias;

d) representantes responsáveis pela direção de estabelecimento filial, sucursal ou agência de sociedades comerciais estrangeiras, inclusive as anônimas autorizadas a funcionar no país.

ART. 3º Não poderão invocar a proteção do Código Comercial e de outras leis comerciais, bem como da legislação social, os prepostos estrangeiros de firmas ou empresas comerciais, sem que exibam os documentos a que se referem as alíneas *a*, *b* e *c*, do artigo anterior, ficando os respectivos proponentes sujeitos a multa estabelecida no art. 14.

Parágrafo único. Incorrerão na mesma multa as firmas ou empresas que tiverem a seu serviço técnicos estrangeiros que hajam entrado ou permaneçam no país com infração das leis em vigor.

ART. 4º O passaporte indicado na alínea *a* do art. 2º, conterá, datada e assinada pela autoridade imigratória competente, cuja firma será reconhecida, a declaração seguinte:

Está autorizado a trabalhar no Brasil (comercio e indústria).

Data ....

Nome, por extenso, do funcionário (firma reconhecida).

ART. 5º Fica dispensado da exibição da carteira exigida pela alínea *b* do art. 2º, o portador do passaporte nacional comum, dentro do prazo de dois anos de sua validade.

ART. 6º No caso de impossibilidade, devidamente comprovada, de exibir o passaporte, o interessado o poderá suprir, requerendo a autoridade a que se refere o art. 4º que ateste, por certidão, a regularidade de sua entrada no território nacional.

Parágrafo único. O requerimento, que, devidamente, selado, deverá ser assinalado pelo interessado e ter a firma reconhecida por tabelião, conterá a declaração do local da residência, nacionalidade, navio ou avião em que viajou, porto de embarque ou desembarque, ponto da fronteira por onde entrou, e data da chegada.

ART. 7º O atestado, referido na alínea c do art. 2º será passado pela autoridade que para esse fim for designada pelo chefe de Polícia do Distrito Federal, quando tiver de ser apresentado ao Departamento Nacional da Indústria e Comércio, e pelos chefes de Polícia, ou secretários de Segurança Pública dos Estados, quando tiver de ser apresentado as Juntas Comerciais.

§ 1º A designação da autoridade a que este artigo alude será logo comunicada ao diretor do Departamento Nacional da Indústria e Comércio ou ao presidente da Junta Comercial.

§ 2º O atestado só terá, valor si passado dentro dos 30 dias antecedentes á data da entrada, na competente repartição, do requerimento a que se refere o art. 1º.

ART. 8º Ficam dispensados da apresentação do passaporte os estrangeiros que provarem residir no Brasil ha mais de cinco anos ininterruptos, sem nota que os desabone, ou que sejam casados com brasileiras ou tenham filhos brasileiros.

§ 1º Gozarão da mesma dispensa os que tiverem firma inscrita ou contrato arquivado desde mais de dois anos, contados da data da publicação do presente decreto-lei.

§ 2º Os estrangeiros que se ausentarem do país por prazo menor de um ano, e tiverem os seus passaportes visados á entrada e á saída, não estão obrigados à exigência da declaração de que trata o art. 4º.

ART. 9º É proibido aos Estados e aos municípios conceder licença para o exercício de atividade comercial ou industrial a estrangeiros, sem a prova de que estes hajam cumprido as disposições do presente decreto-lei.

Parágrafo único. Os negociantes ambulantes, agentes de vendas, e quaisquer outros intermediários comerciais, para que lhes seja concedida licença, deverão, si estrangeiros, apresentar os documentos exigidos no art. 2º e declarar a sua residência à autoridade municipal competente.

ART. 10. Se o estrangeiro requerer inscrição ou arquivamento, ou fizer declarações, com um nome que não coincida com o lançado nos documentos apresentados, deverá provar que fez a retificação, alteração, ou mudança, pela forma prescrita na lei (Decreto n. 18.542, de 24 de dezembro de 1928).

‣ O Dec. 18.542/28 foi revogado pelo Dec. 11/1991.

‣ Dec. 9.360/2018 (Aprova as Estruturas Regimentais e os Quadros Demonstrativos dos Cargos em Comissão e das Funções de Confiança do Ministério da Justiça e do Ministério Extraordinário da Segurança Pública).

ART. 11. As certidões a que se refere o art. 6º deverão ser entregues aos interessados dentro do prazo de oito dias, contados da entrada do requerimento na repartição competente.

ART. 12. O funcionário que houver ordenado, ou feito o arquivamento de documentos de estrangeiros no Registro do Comércio com infração de dispositivos deste decreto-lei incorrerá na, pena de demissão se, apurada a sua responsabilidade, mediante inquérito, ficar provada a sua culpa.

ART. 13. Os estrangeiros que infringirem disposições do presente decreto-lei ficarão sujeitos à pena de expulsão, sem prejuízo daquelas em que incorrerem pelas leis penais.

ART. 14. As firmas ou empresas que cometerem a infração prevista no art. 3º e seu parágrafo único ficarão sujeitas à multa de 1:000$ (um conto de réis) a 10:000$ (dez contos de réis).

ART. 15. Nas publicações que fizerem o Departamento Nacional da Indústria e Comércio e as juntas Comerciais, será declarada a nacionalidade dos estrangeiros a que aludem os arts. 1º e 2º, omitindo-se apenas os nomes dos sócios comanditários quando o requeiram.

Parágrafo único. O Departamento e as Juntas remeterão semanalmente ao Departamento Nacional do Povoamento e as Chefaturas de Polícia do Distrito Federal e dos Estados uma relação das firmas e contratos em que figurem estrangeiros.

ART. 16. Das decisões que indeferirem os pedidos de matricula, inscrição, ou arquivamento, referidos no art. 1º, cabem os recursos indicados no regulamento anexo ao Decreto n. 93, de 20 de março de 1935, e nos regulamentos das Juntas Comerciais dos Estados, processando-se pela forma neles recomendada.

ART. 17. As exigências deste decreto-lei são extensivas aos estrangeiros que ingressarem no país por via aérea.

ART. 18. Os casos omissos e as dúvidas que porventura se suscitarem serão resolvidos pelo ministro do Trabalho, Indústria e Comércio.

ART. 19. O presente decreto-lei entrará em vigor na data de sua publicação.

ART. 20. Revogam-se as disposições em contrário.

Rio de Janeiro, 17 de março de 1938, 117º da Independência e 50º da República.

GETULIO VARGAS

DECRETO-LEI N. 2.612, DE 20 DE SETEMBRO DE 1940

Dispõe sobre o registo do penhor rural

‣ CLBR, de 1940.

O Presidente da República, usando da atribuição que lhe confere o art. 180, da Constituição,

Decreta:

ART. 1º O registo de instrumentos públicos ou particulares de contratos de penhor rural, de qualquer valor, e de cédula rural pignoratícia far-se-á na forma da Lei n. 492, de 30 de agosto de 1937.

ART. 2º As custas devidas pelo registo do penhor rural, expedição na cédula pignoratícia. averbação dos endossos e cancelamentos não excederão, em hipótese alguma, as importâncias fixadas pelo artigo 34 da Lei n. 492, de 30 de agosto de 1937; em se tratando de operações efetuadas pela Carteira de Crédito Agrícola e Industrial do Banco do Brasil, observar-se-á, além destas limitações, a redução determinada pelo art. 2º do Decreto-Lei n. 221, de 27 de janeiro de 1938 de 50% de todas as custas e emolumentos devidos a tabeliães, escrivães, oficiais de registos, hipotecas e protestos, que incidam ou venham a incidir sobre quaisquer documentos a elas relativos, ainda quando cobrados em selos.

§ 1º Os esclarecimentos solicitados pelas partes serão fornecidos em uma única certidão e cobrados como um só ato, em relação a cada operação.

§ 2º As custas percebidas em excesso serão restituídas em tresdobro sem prejuízo de outras penalidades.

§ 3º Em caso de omissão de lançamento de custas á margem das certidões ou dos atos mencionados neste artigo, a autoridade judiciária competente aplicará ao responsável a pena de suspensão por 30 (trinta) dias.

ART. 3º São considerados parte integrante dos contratos de penhor rural decorrentes de financiamentos da Carteira de Crédito Agrícola e Industrial do Banco do Brasil, e isentos de novos selos, os instrumentos de depósito, feito em mão de terceiros, de produtos gravados pelos ditos contratos.

ART. 4º Revogam-se as disposições em contrário.

Rio de Janeiro, 20 de setembro de 1940, 119º da Independência e 52º da República.

GETÚLIO VARGAS

DECRETO-LEI N. 3.200, DE 19 DE ABRIL DE 1941

Dispõe sobre a organização e proteção da família.

‣ *DOU*, 19.04.1941.

O Presidente da República, usando da atribuição que lhe confere o art. 180 da Constituição, decreta:

CAPÍTULO I
DO CASAMENTO DE COLATERAIS DO TERCEIRO GRAU

ART. 1º O casamento de colaterais, legítimos ou ilegítimos do terceiro grau, é permitido nos termos do presente decreto-lei.

ART. 2º Os colaterais do terceiro grau, que pretendam casar-se, ou seus representantes legais, se forem menores, requererão ao juiz competente para a habilitação que nomeie dois médicos de reconhecida capacidade, isentos de suspensão, para examiná-los e atestar-lhes a sanidade, afirmando não haver inconveniente, sob o ponto de vista da sanidade, afirmando não haver inconveniente, sob o ponto de vista da saúde de qualquer deles e da prole, na realização do matrimônio.

‣ Lei 5.891/1973 (Altera normas sobre exame médico na habilitação de casamento entre colaterais de terceiro grau).

§ 1º Se os dois médicos divergirem quanto a conveniência do matrimônio, poderão os nubentes, conjuntamente, requerer ao juiz que nomeie terceiro, como desempatador.

§ 2º Sempre que, a critério do juiz, não for possível a nomeação de dois médicos idôneos, poderá ele incumbir do exame um só médico, cujo parecer será conclusivo.

§ 3º O exame médico será feito extrajudicialmente, sem qualquer formalidade, mediante simples apresentação do requerimento despachado pelo juiz.

§ 4º Poderá o exame médico concluir não apenas pela declaração da possibilidade ou da irrestrita inconveniência do casamento, mas ainda pelo reconhecimento de sua viabilidade em época ulterior, uma vez feito, por um dos nubentes ou por ambos, o necessário tratamento de saúde. Nesta última hipótese, provando a realização do tratamento, poderão os interessados pedir ao juiz que determine novo exame médico, na forma do presente artigo.

§ 5º (Revogado pela Lei 5.891/1973).

§ 6º O atestado, constante de um só ou mais instrumentos, será entregue aos interessados, não podendo qualquer deles divulgar o que se refira ao outro, sob as penas do art. 153 do Código Penal.

§ 7º Quando o atestado dos dois médicos, havendo ou não desempatador, ou do único médico, no caso do par. 2º deste artigo, afirmar a inexistência de motivo que desaconselhe o matrimônio, poderão os interessados promover o processo de habilitação, apresentando, com o requerimento inicial, a prova de sanidade, devidamente autenticada. Se o atestado declarar a inconveniência do casamento, prevalecerá, em toda a plenitude, o impedimento matrimonial.

§ 8º Sempre que na localidade não se encontrar médico, que possa ser nomeado, o juiz designará profissional de localidade próxima, a que irão os nubentes.

§ 9º (Revogado pela Lei 5.891/1973).

ART. 3º Se algum dos nubentes, para frustrar os efeitos do exame médico desfavorável, pretender habilitar-se, ou habilitar-se para casamento, perante outro juiz, incorrerá na pena do art. 237 do Código Penal.

CAPÍTULO II
DO CASAMENTO RELIGIOSO COM EFEITOS CIVIS

ARTS. 4º e 5º (Revogados pela Lei 1.110/1950.)

CAPÍTULO III
DA GRATUIDADE DO CASAMENTO CIVIL

ART. 6º No Distrito Federal e no Território do Acre, serão inteiramente gratuitos, e isentos de selos e quaisquer emolumentos ou custas, para as pessoas reconhecidamente pobres, mediante atestado passado pelo prefeito, ou pelo funcionário que este designar, a habilitação para casamento, assim como a sua celebração, registro e primeira certidão.

§ 1º O oficial do registro civil, exibindo o atestado referido no artigo precedente e o recibo da certidão de casamento, firmado por um dos cônjuges, ou, se ambos não souberem escrever, por pessoa idônea, a rogo de qualquer deles, com duas testemunhas, poderá cobrar da municipalidade metade dos emolumentos ou custas que a ele e ao juiz couberem.

§ 2º Nos Estados, será a gratuidade do casamento civil assegurada nos termos deste artigo, na conformidade do disposto no art. 41 do preste decreto-lei.

CAPÍTULO IV
DAS PENSÕES ALIMENTÍCIAS

ART. 7º Sempre que o pagamento da pensão alimentícia, fixada por sentença judicial ou por acordo homologado em juízo, não estiver suficientemente assegurado ou não se fizer com inteira regularidade, será ela descontada, a requerimento do interessado e por ordem do juiz, das vantagens pecuniárias do cargo ou função pública ou do emprego em serviço ou empresa particular, que exerça o devedor, e paga diretamente ao beneficiário.

Parágrafo único. Quando não seja aplicável o preceito do presente artigo, ou se verifique a insuficiência das vantagens referidas, poderá ser a pensão cobrada de alugueres de prédios ou de quaisquer outros rendimentos do devedor, que o juiz destinará a esse efeito, ressalvados os encargos fiscais e de conservação, e que serão recebidos pelo alimentando diretamente, ou por depositário para isto designado.

CAPÍTULO V
DOS MÚTUOS PARA CASAMENTO

ART. 8º Ficam autorizados os institutos e caixas de previdência, assim como as caixas econômicas federais, a conceder, respectivamente, a seus associados, ou a trabalhadores de qualquer categoria de idade inferior a trinta anos e residente na localidade em que tenham sede, mútuos para casamento, nos termos do presente artigo.

§ 1º Serão os mútuos efetuados dentro do limite fixado, para cada instituição, pelo Presidente da República.

§ 2º Para obtenção do mútuo, apresentará o requerente declaração autêntica do propósito de casamento, feita pelo outro nubente, e submeter-se-ão ambos, sem qualquer dispêndio, a exame de sanidade pelo médico ou médicos que a instituição designar.

§ 3º Será dada, pelo médico ou pelos médicos que hajam feito o exame, comunicação confidencial do resultado aos nubentes. Somente na hipótese de ser a conclusão favorável à realização do casamento, poderá ser concedido o mútuo, juntando-se o atestado ao processo respectivo. São os nubentes obrigados a sigilo, na conformidade do disposto no par. 6º do art. 2º deste decreto-lei, sob as mesmas penas aí indicadas.

§ 4º O mútuo não excederá do montante, em um triênio, da retribuição que o nubente interessado ou os dois, caso ambos trabalhem já tenham vencido por dois anos contínuos, e será aplicado em imóvel, adquirido pela instituição mutuante, em nome do mutuário, por indicação deste. A assinatura da escritura de compra far-se-á, posteriormente ao matrimônio, no mesmo dia se possível.

§ 5º Será feita a transcrição do título de transferência da propriedade, em nome do mutuário, com a averbação de bem de família, e com as cláusulas de inalienabilidade e de impenhorabilidade, a não ser pelo crédito da instituição mutuante.

§ 6º O resgate do mútuo se fará no prazo máximo de vinte anos, mediante amortizações mensais, com os juros de cinco por cento ao ano, ressalvado o disposto nos dois parágrafos seguintes.

§ 7º Por motivo do nascimento de cada filho do casal, mediante apresentação da certidão do respectivo registro e atestado de saúde passado por médico designado pela instituição credora, depois do trigésimo dia de vida, se fará no mútuo dedução da importância correspondente a dez por cento da importância inicialmente devida, ou redução de dez por cento da amortização mensal, como preferir o mutuário. Quando cada filho completar dez anos de idade, o mutuário, provando que lhe presta a assistência devida, educando-o convenientemente, obterá nova redução de dez por cento da importância do mútuo, ou, se preferir, de dez por cento da amortização mensal a que se obrigou.

§ 8º Por motivo comprovado de doença ou de perda involuntária de emprego, a administração da instituição mutuante poderá conceder moratória para o pagamento das quotas mensais de amortização ou reduzir temporariamente a importância destas.

§ 9º A falta injustificada de pagamento pontual da amortização acarretará, de pleno direito, a rescisão da venda. A instituição mutuante terá direito a obter a adjudicação e a emissão na posse do imóvel, cumprindo-lhe devolver as prestações pagas, deduzidas as despesas e os juros vencidos.

§ 10. As quotas mensais de amortização serão pagas, mediante desconto das vantagens pecuniárias do empregado, diretamente pela pessoa natural ou jurídica que o tiver a seu serviço, desde que a instituição mutuante lhe comunique o mútuo realizado.

§ 11. O prédio adquirido na conformidade deste artigo, no distrito Federal e no Território do Acre, gozará de isenção de imposto predial, enquanto não pago o mútuo respectivo. A isenção do imposto predial nos Estados será estabelecida na conformidade do disposto no art. 41 deste decreto-lei.

§ 12. A instituição mutuante será pela União indenizada da importância da dívida que não possa receber do mutuário, excluídos os juros.

ART. 9º Ficam autorizados os institutos e caixas de previdência e bem assim as caixas econômicas federais a conceder, respectivamente, aos seus associados ou, em geral, a trabalhadores de qualquer condição, que, pretendendo casar-se, não hajam obtido empréstimos nos termos do art. 8º deste decreto-lei, mútuos de importância correspondentes de seis contos de réis, a juros de seis por cento anuais, para aquisição de enxoval e instalação de casa, amortizáveis em prestações mensais no prazo de cinco anos.

§ 1º Aplicam-se ao mútuo de que trata o presente artigo as disposições dos parágrafos 1., 2., 3., 8., 10 e 12 do artigo precedente.

§ 2º Só se iniciará o pagamento depois de decorridos doze meses do matrimônio e caso até não tenha o casal tido filho vivo ou não se tenha verificado a gravidez da mulher; ocorrendo uma destas hipóteses, será prorrogado por vinte e quatro meses o início do pagamento, o qual só entrará a ser exigível se, decorrido o prazo, não tenha tido o casal segundo filho vivo ou não esteja novamente grávida a mulher; verificando-se um ou outro caso, será novamente adiado por vinte e quatro meses o início do pagamento, e este só será exigível se até então não tiver nascido terceiro filho vivo ou não estiver de novo grávida a mulher; e sendo afirmativa uma destas hipóteses, novo adiantamento far-se-á por vinte e quatro meses, iniciando-se, depois deles, o pagamento, caso não tenha o casal tido quarto filho vivo ou não esteja mais uma vez grávida a mulher. Verificando-se as hipóteses de nascimento ou de gravidez, conforme os termos do presente parágrafo, será a importância do mútuo sucessivamente deduzida de vinte por cento, de mais vinte por cento e de mais trinta por cento e enfim extinta, como nascimento, com vida, do primeiro, do segundo, do terceiro e do quarto filho.

ART. 10. É proibida a acumulação de empréstimos para casamento, seja qual for a sua natureza, provenham de uma só ou mais instituições.

ART. 11. Em caso de morte do devedor, ficando sua família em condição precária, será concedida, a critério do Ministro a que esteja afeta a instituição credora, quitação do restante da dívida, correndo o ônus da indenização a conta dos cofres federais.

CAPÍTULO VI
DOS MÚTUOS A PESSOAS CASADAS

ART. 12. Quando concorrerem vários pretendentes aos mútuos dos instituto e caixas de previdência, serão preferidos os casados que tenham filho, e, dentre os casados, os de prole mais numerosa.

CAPÍTULO VII
DOS FILHOS NATURAIS

ART. 13. Os Atos de reconhecimento de filhos naturais são isentos, no Distrito Federal e no Território do Acre, de quaisquer selos, emolumentos ou custas. É assegurada a concessão dos mesmos favores nos Estados, na forma do art. 41 deste decreto-lei.

ART. 14. Nas certidões de registro civil, não se mencionará a circunstância de ser legítima, ou não, a filiação, salvo a requerimento do próprio interessado ou em virtude de determinação judicial.

ART. 15. Se um dos cônjuges negar consentimento para que resida no lar conjugal o filho natural reconhecido do outro, caberá ao pai ou à mãe, que o reconheceu, prestar-lhe, fora do seu lar, inteira assistência, assim como alimentos correspondentes à condição social em que viva, iguais aos que prestar ao filho legítimo se o tiver.

ART. 16. O filho natural enquanto menor ficará sob o poder do genitor que o reconheceu e, se ambos o reconheceram, sob o poder da mãe, salvo se de tal solução advier prejuízo ao menor. (Alterado pela Lei 5.582/1970.)

§ 1º Verificado que não deve o filho permanecer em poder da mãe ou do pai, deferirá o Juiz a sua guarda a pessoa notoriamente idônea, de preferência da família de qualquer dos genitores. (Alterado pela Lei 5.582/1970.)

§ 2º Havendo motivos graves, devidamente comprovados, poderá o Juiz, a qualquer tempo e caso, decidir de outro modo, no interesse do menor. (Alterado pela Lei 5.582/1970.)

CAPÍTULO VIII
DA SUCESSÃO EM CASO DE REGIME MATRIMONIAL EXCLUSIVO DA COMUNHÃO

ART. 17. À brasileira, casada com estrangeiro sob regime que, exclua a comunhão universal, caberá, por morte do marido, o usufruto vitalício de quarta parto dos bens deste, se houver filhos brasileiros do casal ou do marido, e de metade, se vão os houver. (Alterado pelo Dec.-Lei 5.187/1943.)

ART. 18. (Revogado pela Lei 2.514/1955)

CAPÍTULO IX
DO BEM DE FAMÍLIA

ART. 19. Não há limite de valor para o bem de família desde que o imóvel seja residência dos interessados por mais de dois anos. (Alterado pela Lei 6.742/1979.)

ART. 20. Por morte do instituidor, ou de seu cônjuge, o prédio instituído em bem de família não entrará em inventário, nem será partilhado, enquanto continuar a residir nele o cônjuge sobrevivente ou filho de menor idade. Num e outro caso, não sofrerá modificação a transcrição.

ART. 21. A cláusula de bem de família somente será eliminada, por mandado do juiz, e a requerimento do instituidor, ou , nos casos do art. 20, de qualquer interessado, se o prédio deixar de ser domicílio da família, ou por motivo relevante plenamente comprovado.

§ 1º Sempre que possível, o juiz determinará que a cláusula recaia em outro prédio, em que a família estabeleça domicílio.

§ 2º Eliminada a cláusula, caso se tenha verificado uma das hipóteses do art. 20, entrará o prédio logo em inventário para ser partilhado. Não se cobrará juro de mora sobre o imposto de transmissão relativamente ao período decorrido da abertura da sucessão ao cancelamento da cláusula.

ART. 22. Quando instituído em bem de família prédio de zona rural, poderão ficar incluídos na instituição a mobília e utensílios de uso doméstico, gado e instrumentos de trabalho, mencionados discriminadamente na escritura respectiva.

ART. 23. São isentos de qualquer imposto federal, inclusive selos, todos os atos relativos à aquisição de imóvel, de valor não superior a cinquenta contos de réis, que se institua em bem de família. Eliminada cláusula, será pago o imposto que tenha sido dispensado por ocasião da instituição.

§ 1º Os prédios urbanos e rurais, de valor superior a trinta contos de réis, instituídos em bem de família, gozarão de redução de cinquenta por cento dos impostos federais que neles recaiam ou em seus rendimentos.

§ 2º A isenção e redução de que trata o presente artigo são extensivas aos impostos pertencentes ao Distrito Federal, cabendo aos Estados e aos Municípios regular a matéria, no que lhes diz respeito, de acordo com o disposto no art. 41 deste decreto-lei.

CAPÍTULO X
DO ENSINO SECUNDÁRIO, NORMAL E PROFISSIONAL

ART. 24. As taxas de matrícula, de exame e quaisquer outras relativas ao ensino, nos estabelecimentos de educação secundária, normal e profissional, oficiais ou fiscalizados, e bem assim quaisquer impostos federais que recaiam em atos da vida escolar discente, nesses estabelecimentos, serão cobrados com as seguintes reduções, para as famílias com mais de um filho: para o segundo filho, redução de vinte por cento; para o terceiro, de quarenta por cento; para o quarto o seguintes, de sessenta por cento.

Parágrafo único. Para gozar dessas reduções, demonstrará o interessado que dois ou mais filhos seus estão sujeitos ao pagamento das citadas taxas, no mesmo estabelecimento.

ART. 25. Nos internatos oficiais de ensino secundário, normal e profissional, serão reservados, em cada ano, havendo candidatos, dez por cento dos lugares para matrícula de filhos de família com mais de dois filhos, e que preencham as condições pedagógicas exigidas.

ART. 26. (Revogado pelo Dec.-Lei 5.976/1943.)

ART. 27. A mulher de funcionário público, que também seja funcionária, sendo o marido mandado servir, independentemente de solicitação, em outra localidade, será, sempre que possível, sem prejuízo, aí aproveitada em serviço.

CAPÍTULO XII
DOS ABONOS FAMILIARES

ART. 28. A todo funcionário público, federal, estadual ou municipal, em comissão, em efetivo exercício, interino, em disponibilidade ou aposentado, ao extranumerário de qualquer modalidade, em qualquer esfera do serviço público, ou ao militar da ativa, da reserva ou reformado, mesmo, em qualquer dos casos, quando licenciado com o total de sua retribuição ou parte dela, sendo chefe de família numerosa e percebendo, por mês, menos de um conto de réis de vencimento, remuneração, gratificação, provento ou salário, conceder-se-á, mensalmente, o abono familiar de vinte mil réis por filho, se a retribuição mensal, que tenha, for de quinhentos mil réis ou menos, ou de dez mil réis, observada a disposição mensal for de mais de quinhentos mil réis, observada a disposição da alínea a do art. 37 deste decreto-lei.

§ 1º Ao inativo não será concedido o abono familiar a que, nesta qualidade, tenha direito, se entrar a exercer outro cargo ou função remunerada, a menos que desse exercício só provenha gratificação que a lei permita receber além do provento da inatividade.

§ 2º Quando também a mãe exercer, ou tiver exercido, emprego público, as vantagens pecuniárias, que a ela caibam, serão adicionadas à retribuição do chefe de família, para os efeitos deste artigo.

§ 3º Poderão a União, os Estados, o Distrito Federal e os Municípios, cada qual de acordo com as suas possibilidades financeiras, estabelecer, par aos seus servidores, abonos possibilidades financeiras, estabelecer, par aos seus servidores, abonos familiares mais amplos ou mais elevados do que os fixados no presente artigo.

ART. 29. (Revogado pela LC 11/1971.)

CAPÍTULO XIII
DAS FAMÍLIAS EM SITUAÇÃO DE MISÉRIA

ART. 30. As instituições assistenciais, já organizadas ou que se organizarem para dar proteção às famílias em situação de miséria, seja qual fora extensão da prole, mediante a prestação de alimentos, internamento dos filhos menores para fins de educação e outras providências de natureza semelhante, serão, de modo especial, subvencionadas pela União, pelos Estados, pelo Distrito Federal e pelos Municípios.

CAPÍTULO XIV
DA INSCRIÇÃO EM SOCIEDADES RECREATIVAS E DESPORTIVAS

ART. 31. Toda associação recreativa ou desportiva, que gozar de favor oficial, admitirá, gratuitamente, como seus associados, na proporção de um por vinte dos sócios inscritos por título oneroso, filhos de famílias numerosas e pobres, residentes na localidade.

§ 1º A designação caberá ao prefeito e recairá em jovens, até dezoito anos de idade, que preencham os requisitos dos estatutos da associação, preferindo-se, em equivalência de condições, os filhos das famílias de maior prole e de melhor educação.

§ 2º Se não houver, na localidade, filhos de famílias numerosas, nas condições do parágrafo precedente, em número suficiente para preencher todas as vagas, serão indicados filhos de famílias não consideradas numerosas, preferindo-se sempre os das que tenham maior prole.

§ 3º Em caso de exclusão de associado admitido na forma dos parágrafos anteriores, em observância dos estatutos da associação, designará o prefeito outro jovem que lhe preencha o lugar.

CAPÍTULO XV
DISPOSIÇÕES FISCAIS

ART. 32. Os contribuintes do imposto de renda, solteiros ou viúvos sem filho, maiores de vinte e cinco, pagarão o adicional de quinze por cento, e os casados, também maiores de vinte e cinco anos, sem filho, pagarão o adicional de dez por cento, sobre a importância, a que estiverem obrigados, do mesmo imposto.

ART. 33. Os contribuintes do imposto de renda, maiores de quarenta e cinco anos, que tenham um só filho, pagarão o adicional de cinco por cento sobre a importância do mesmo imposto, a que estiverem sujeitos.

ART. 34. Os impostos adicionais, a que se referem os arts. 32 e 33, serão mencionados nas declarações de rendimentos e pagos de uma só vez, juntamente com o total ou a primeira quota do imposto de renda, mas escriturados destacadamente pelas repartições arrecadadoras.

ART. 35. Para efeito do pagamento dos impostos de que trata o presente capítulo, ficam os contribuintes do imposto de renda obrigados a indicar, em suas declarações, a partir do exercício de 1941, a respectiva idade.

ART. 36. São extensivos aos impostos ora criados os dispositivos legais sobre o imposto de renda, que lhes forem aplicáveis

CAPÍTULO XVI
DISPOSIÇÕES GERAIS

ART. 37. Para efeitos do presente decreto-lei:

a) considerar-se-á família numerosa a que compreender oito ou mais filhos, brasileiros, até dezoito anos de idade, ou incapazes de trabalhar, vivendo em companhia e a expensas dos pais ou de quem os tenha sob sua guarda criando e educando-os à sua custa;

b) será equiparado ao pai quem tiver, permanentemente, sob sua guarda, criando-o e educando-o a suas expensas, menor de dezoito anos;

c) não se computarão os filhos que hajam atingido a maioridade, e ainda os casados e os que exerçam qualquer atividade remunerada.

ART. 38. Sempre que este decreto-lei se referir, de modo geral, a filhos, entender-se-á que só abrange os legítimos, os legitimados, os naturais reconhecidos e os adotivos.

ART. 39. Para obtenção sempre exigida do interessado prova de que tem feito ministrar a seus filhos educação não só física e intelectual senão também moral, respeitada a orientação religiosa paterna, e adequada á sua condição, coo permitam as circunstâncias. Esta prova será renovada anualmente.

ART. 40. A concessão dos favores estabelecidos por este decreto-lei se fará a requerimento do interessado, coma prova documental do alegado. O requerimento e todos os documentos serão isentos de selos.

ART. 41. Os Estados e os Municípios deverão expedir os atos necessários à concessão dos mesmos favores de que tratam os arts. 6º, 8º, § 11, 13 e 23 deste decreto-lei.

ART. 42. A execução do disposto nos arts. 28 e 29 deste decreto-lei terá início depois que a sua matéria for regulamentada. (Alterado pelo Dec.-Lei 3.747/1941.)

ART. 43. Revogam-se as disposições em contrário.

Rio de Janeiro, 19 de abril de 1944, 120º da Independência e 53º da República.

GETÚLIO VARGAS

DECRETO-LEI N. 3.240, DE 8 DE MAIO DE 1941

Sujeita a sequestro os bens de pessoas indiciadas por crimes de que resulta prejuízo para a fazenda pública, e outros.

‣ CLBR, 1941.

O Presidente da República, usando da atribuição que lhe confere o art. 180 da Constituição,

Decreta:

ART. 1º Ficam sujeitos a sequestro os bens de pessoa indiciada por crime de que resulta prejuízo para a fazenda pública, ou por crime definido no Livro II, Títulos V, VI e VII da Consolidação das Leis Penais desde que dele resulte locupletamento ilícito para o indiciado.

ART. 2º O sequestro é decretado pela autoridade judiciária, sem audiência da parte, a requerimento do ministério público fundado em representação da autoridade incumbida do processo administrativo ou do inquérito policial.

§ 1º A ação penal terá início dentro de noventa dias contados da decretação do sequestro.

§ 2º O sequestro só pode ser embargado por terceiros.

ART. 3º Para a decretação do sequestro é necessário que haja indícios veementes da responsabilidade, os quais serão comunicados ao juiz em segredo, por escrito ou por declarações orais reduzidas a termo, e com indicação dos bens que devam ser objeto da medida.

ART. 4º O sequestro pode recair sobre todos os bens do indiciado, e compreender os bens em poder de terceiros desde que estes os tenham adquirido dolosamente, ou com culpa grave. Os bens doados após a pratica do crime serão sempre compreendidos no sequestro.

§ 1º Quanto se tratar de bens moveis, a autoridade judiciária nomeará depositário, que assinará termo de compromisso de bem e fielmente desempenhar o cargo e de assumir todas as responsabilidades a este inerentes.

§ 2º Tratando-se de imóveis:

1) o juiz determinará, *ex officio*, a averbação do sequestro no registo de imóveis;

2) o ministério público promoverá a hipoteca legal em favor da fazenda pública.

ART. 5º Incumbe ao depositário, além dos demais atos relativo ao cargo:

1) informar à autoridade judiciária da existência de bens ainda não compreendidos no sequestro;

2) fornecer, à custa dos bens arrecadados, pensão módica, arbitrada pela autoridade judiciária, para a manutenção do indiciado e das pessoas que vivem a suas expensas;

3) prestar mensalmente contas da administração.

ART. 6º Cessa o sequestro, ou a hipoteca:

1) se a ação penal não é iniciada, ou reiniciada, no prazo do artigo 2º, parágrafo único;

2) se, por sentença, transitada em julgado, é julgada extinta a ação ou o réu absolvido.

ART. 7º A cessação do sequestro, ou da hipoteca, não exclui:

1) tratando-se de pessoa que exerça, ou tenha exercido função pública, à incorporação, à fazenda pública, dos bens que foram julgado de aquisição ilegítima;

2) o direito, para a fazenda pública, de pleitear a reparação do dano de acordo com a lei civil.

ART. 8º Transitada em julgado, a sentença condenatória importa a perda, em favor da fazenda pública, dos bens que forem produto, ou adquiridos com o produto do crime, ressalvado o direito de terceiro de boa-fé.

ART. 9º Se do crime resulta, para a fazenda pública, prejuízo que não seja coberto na forma do artigo anterior, promover-se-á, no juízo competente, a execução da sentença condenatória, a qual recairá sobre tantos bens quantos bastem para ressarci-lo.

ART. 10. Esta lei aplica-se aos processos criminais já iniciados na data da sua publicação.

Rio de Janeiro, em 8 de maio de 1941, 120º da Independência e 53º da República.

GETÚLIO VARGAS

DECRETO-LEI N. 5.384, DE 8 DE ABRIL DE 1943

Dispõe sobre os beneficiários do seguro de vida.

‣ *DOU*, 10.04.1943.

O Presidente da República, usando da atribuição que lhe confere o artigo 180 da Constituição, decreta:

ART. 1º Na falta de beneficiário nomeado, o seguro de vida será pago metade à mulher e metade aos herdeiros do segurado.

Parágrafo único. Na falta das pessoas acima indicadas, serão beneficiários os que dentro de seis meses reclamarem o pagamento do seguro e provarem que a morte do segurado os privou de meios para proverem sua subsistência. Fora desses casos, será beneficiária a União.

ART. 2º Esta lei entrará em vigor na data de sua publicação e se aplicará a todos os seguros ainda não pagos até essa data.

Rio de janeiro, 8 de abril de 1943, 122º da Independência e 55º da República.

GETÚLIO VARGAS

DECRETO-LEI N. 6.259, DE 10 DE FEVEREIRO DE 1944

Dispõe sobre o serviço de loterias, e dá outras providências.

‣ *DOU*, 18.02.1944

O Presidente da República, usando da atribuição que lhe confere o artigo 180 da Constituição,

Decreta:

ART. 1º O Serviço de loteria, federal ou estadual, executar-se-á, em todo o território do país, de acordo com as disposições do presente Decreto-lei.

ART. 2º Os Governos da União e dos Estados poderão atribuir a exploração do serviço de loteria a concessionários de comprovada idoneidade moral e financeira.

§ 1º A loteria federal terá livre circulação em todo o território do país, enquanto que as loterias estaduais ficarão adstritas aos limites do Estado respectivo.

§ 2º A circulação da loteria federal não poderá ser obstada ou embaraçada por quaisquer autoridades estaduais ou municipais.

ART. 3º A concessão ou exploração lotérica, como derrogação das normas do Direito Penal, que proíbem o jogo de azar, emanará sempre da União, por autorização direta quanto à loteria federal ou mediante decreto de ratificação quanto às loterias estaduais.

Parágrafo único. O Governo Federal decretará a nulidade de loteria ratificada, no caso de transgressão de qualquer das suas cláusulas.

Das concessões

ART. 4º Somente a União e os Estados poderão explorar ou conceder serviço de loteria, vedada àquela e a estes mais de uma exploração ou concessão lotérica.

ART. 5º As concessões serão precedidas de concorrência pública.

§ 1º As concorrências serão abertas, mediante edital publicado no órgão oficial da União, por prazo nunca inferior a trinta (30) dias ou noventa (90) no máximo.

§ 2º Quando se tratar de concorrência para o serviço de loteria estadual, o edital deverá ser também publicado no respectivo órgão oficial, ou, em sua falta, no de maior circulação no Estado.

§ 3º Cada concorrente (pessoa física, sociedade civil ou sociedade mercantil) apresentará, até dez (10) dias antes da data fixada para a abertura das propostas, as provas de sua idoneidade e capacidade financeira.

§ 4º Na concorrência para a loteria federal, o Ministro de Estado dos Negócios da Fazenda fixará a importância mínima a que se obrigará o concessionário anualmente, entre quota fixa e imposto de 5% sobre as emissões, condição essa que constará do edital, não podendo a referida importância ser inferior a paga durante o ano de maior arrecadação da vigência do último contato.

ART. 6º Entre as provas de idoneidade, os candidatos à concorrência apresentarão:

a) folha corrida e atestados de bons antecedentes, entendendo-se que quando se tratar de sociedade, essa prova será exigida de cada um dos sócios;

b) quitação de impostos federais, estaduais e municipais, mediante certidão negativa passada por autoridade competente.

§ 1º Provar-se-á a capacidade financeira pela propriedade de bens equivalentes ao triplo do prêmio maior a que se refere o art. 9º, n. 4, deste Decreto-lei.

§ 2º Os bens a que alude o presente artigo deverão ser constituídos: dois terços (2/3) de imóveis aceitos pelo valor relativo ao pagamento do imposto de transmissão de propriedade, ou na base do lançamento do imposto predial ou territorial, para cobrança no ano anterior, observadas as disposições do parágrafo único do art. 27 do Decreto-lei n. 3.365, de 21 de junho de 1941; e o restante em títulos da dívida pública, federal ou estadual, pela cotação em bolsa.

§ 3º Os bens imóveis indicados na forma do § 3º pelo concorrente vencedor, não poderão ser alienados nem gravados durante a vigência da concessão, procedendo-se a anotação nesse sentido no Registro de Imóveis.

ART. 7º A concessão só será outorgada a brasileiros ou a firma composta de sócios brasileiros, excluídas as sociedades anônimas cujas ações não sejam tôdas nominativas.

Parágrafo único. Pretendendo concorrer várias pessoas com uma só proposta, deverão as mesmas constituir-se previamente em sociedade regular.

ART. 8º É expressamente vedada a renovação ou prorrogação de contratos, bem como a preferência em igualdade de condições.

ART. 9º A loteria federal e as estaduais subordinar-se-ão às seguintes condições:

1) prazo máximo de cinco (5) anos para as concessões;

2) distribuição da percentagem mínima de setenta por cento (70%) em prêmios, sobre cada emissão;

3) impossibilidade de exploração, simultânea, direta ou indiretamente, de mais de um serviço lotérico pela mesma pessoa, física ou jurídica;

4) 2 (duas) extrações por semana, com prêmios maiores de Cr$ 100.000,00 (cem mil cruzeiros) a Cr$ 5.000.000,00 (cinco milhões de cruzeiros) para a loteria federal; (Redação dada pela Lei 4.161/1962)

1 (uma) extração semanal ou quinzenal, com prêmios maiores de Cr$ 100.000,00 (cem mil cruzeiros) a Cr$ 2.000.000,00 (dois milhões de cruzeiros), no caso de loterias estaduais: 1 (uma) extração semanal, com prêmios maiores de Cr$ 100.000,00 (cem mil cruzeiros) a Cr$ 5.000.000,00 (cinco milhões de cruzeiros) e ainda 2 (duas) extrações anuais nas semanas de São João e de Natal, com prêmios maiores até Cr$ 20.000.000,00 (vinte milhões de cruzeiros), no caso de loterias estaduais em exploração direta pelo Estado ou por autarquia estadual. (Redação dada pela Lei 4.161/1962)

5) emissão máxima, pela loteria federal, de quarenta mil (40.000) bilhetes para cada extração, e, pelas estaduais, de seis mil (6.000) por milhão de habitantes ou fração, fixado em qualquer caso o limite máximo de quarenta mil (40.000) bilhetes, salvo autorização especial para emissão em duas (2) séries, as quais, entretanto, obrigatoriamente, serão do mesmo plano e se decidirão por um único sorteio, no mesmo dia;

6) pagamento do imposto de 5% na forma do art. 13 e seus parágrafos.

7) Os Estados que executam o serviço de loteria, diretamente ou em regime de autarquia, poderão realizar, uma vez ao ano, extração especial, para fins de assistência social, hospitalar, educacional e cultural, a cargo do Poder Executivo, com a emissão máxima de 100.000 (cem mil) bilhetes, ao preço maior de Cr$ 500,00 (quinhentos cruzeiros) cada um e distribuição de prêmios e comissões, com as demais despesas, até Cr$ 20.000.000,00 (vinte milhões de cruzeiros) (Redação dada pela Lei 3.491/1958.)

ART. 10. É defeso ao concessionário modificar a sua firma ou transferir a concessão, sem prévio assentimento do poder concedeste, exigida sempre a inalterável idoneidade moral do responsável, e perfeita garantia financeira, pelo prazo restante do contrato.

Das cauções

ART. 11. O concessionário da loteria federal caucionará na Tesouraria Geral do Tesouro Nacional, até a véspera da assinatura do contrato a importância de três milhões de cruzeiros (Cr$ 3.000.000,00), em dinheiro ou em títulos da dívida pública federal, para garantia da execução do serviço.

§ 1º Aos Estados concedentes compete arbitrar a caução, indicando o lugar do seu recolhimento.

§ 2º Tratando-se da loteria federal, a caução em dinheiro poderá ser prestada em caderneta da Caixa Econômica ou do Banco do Brasil S.A.

§ 3º A caução reverterá em favor do poder concedente, se por culpa do concessionário for rescindido o contrato; e, findo este, somente será levantada seis (6) meses após a última extração, uma vez verificado que o concessionário cumpriu todas as obrigações contratuais.

ART. 12. Quando o prêmio maior ultrapassar o valor da caução, o concessionário fica obrigado a recolher, nas espécies previstas no art. 11, até oito (8) dias antes do sorteio, a diferença verificada entre a caução e o prêmio.

§ 1º O recolhimento da diferença a que alude este artigo será feito onde o poder concedente determinar, sob pena de imediata rescisão do contrato.

§ 2º O direito à restituição da diferença pleiteada pelo concessionário da loteria federal provar-se-á com o certificado expedido pelo Fiscal Geral de loterias.

§ 3º Na hipótese de que trata o parágrafo anterior, far-se-á a restituição da diferença, quando devida, por simples despacho exarado pelo Diretor das Rendas Internas, no verso do conhecimento do depósito e nesse documento, que constituirá o comprovante da despesa, o concessionário passará recibo na forma legal.

Das contribuições

ART. 13 (Extinto pela Lei 8.522/1992.)

§ 1º Nenhuma extração de loteria estadual será permitida sem que, até a véspera da data designada para o sorteio se efetue o pagamento do imposto de 5% sobre a mesma extração, exibido ao Fiscal o talão comprobatório do recolhimento.

§ 2º A loteria federal poderá recolher o imposto de que trata êste artigo relativo às loterias de um mês, até o décimo quinto (15º) dia do mês seguinte, desde que esteja intacta a sua caução.

ART. 14. O concessionário da loteria federal recolherá mensal e adiantadamente, até o décimo quinto (15º) dia útil de cada mês, o duodécimo da cota a que está obrigado, *ex-vi* do § 4º do art. 5º deste Decreto-Lei.

ART. 15 (Extinto pelo Dec.-Lei 34/1966.)

ART. 16. As contribuições previstas neste capítulo serão escrituradas como "Renda Ordinária da União", na rubrica própria da lei orçamentária, destinando-se as de que tratam os arts. 13 e 14, a indenizar as despesas custeadas pelo Governo Federal com as obras de caridade e instrução em todo país.

Dos planos, agências e licenças

ART. 17. Não serão postos em circulação bilhetes de loteria cujos planos não tenham sido previamente aprovados pelo Diretor das Rendas Internas do Tesouro Nacional, quando se tratar da loteria federal, ou pelo Delegado Fiscal no respectivo Estado, quando se tratar de loteria estadual.

Parágrafo único. A decisão será comunicada ao interessado dentro de quinze (15) dias da data da apresentação dos planos, considerando-se tacitamente aprovados se a autoridade não se houver manifestado dentro do referido prazo.

ART. 18. O concessionário da loteria federal poderá estabelecer agências em todos os Estados, no Distrito Federal e territórios, as quais funcionarão mediante licença expedida pela Diretoria das Rendas Internas.

§ 1º No edifício da sede da loteria federal haverá lugar apropriado para a venda direta de bilhetes ao público, sem ágio.

§ 2º A loteria federal comunicará à Fiscalização Geral de Loterias, antes de feita qualquer remessa de bilhetes, a nomeação dos seus agentes ou as alterações que com eles ocorram.
Multa de mil cruzeiros (Cr$ 1.000,00) a cinco mil cruzeiros (Cr$ 5.000,00) e o dobro na reincidência.

ART. 19. A loteria federal, bem assim as estaduais em regime de exploração direta pelo Estado ou por órgão autárquico, excetuadas as hipóteses das loterias de São João e Natal a que se refere o inciso 4º do artigo 9º, somente poderão apresentar plano com prêmio maior que o de Cr$ 5.000.000,00 (cinco milhões de cruzeiros), mediante prévia autorização do Ministro de Estado dos Negócios da Fazenda e prestadas as garantias que forem exigidas. (Redação dada pela Lei 4.161/1962.)

ART. 20. Ninguém poderá distribuir, vender ou expor à venda bilhetes de loteria federal ou estadual, sem ter sido previamente licenciado pela repartição federal competente, sob pena de multa igual ao valor da licença e o dobro na reincidência.

ART. 21. A licença será anual e paga em estampilhas do selo adesivo, na seguinte conformidade:

a) para agências em cidades de mais de 500.000 habitantes.... Cr$ 1.000,00

b) para agências, em cidades de mais de 50.000 habitantes até 500.000.... Cr$ 500,00

c) para agências, em cidades de menos de 50.000 habitantes.... Cr$ 250,00

d) para estabelecimentos fixos em cidades de mais de 50.000 habitantes....Cr$ 250,00

e) para estabelecimentos fixos em cidades de menos de 50.000 habitantes.... Cr$ 150,00

§ 1º Não obstante a concessão da licença federal, poderão os Estados sujeitar a colocação dos bilhetes das loterias, que concederem, a quaisquer outras licenças, taxas, impostos ou emolumentos.

§ 2º Os vendedores ambulantes pagarão, em estampilhas do selo adesivo, mediante guia expedida, no Distrito Federal pela Fiscalização Geral das Loterias e nos Estados pela repartição arrecadadora competente, a licença anual de dez cruzeiros (Cr$ 10,00), não estando sujeitos a quaisquer outros impostos, taxas ou emolumentos federais, estaduais ou municipais, pelo exercício dessa atividade, exceto o selo penitenciário e a taxa de educação.

ART. 22. Antes do fornecimento de bilhetes e revendedores, fixos ou ambulantes, as agências ou filiais lhes deverão exigir a prova de estarem devidamente registrados.

Dos bilhetes e dos prêmios

ART. 23. O bilhete de loteria, documento pelo qual alguém se habilita ao sorteio, é considerado, para todos os efeitos, título ao portador.

ART. 24. Os bilhetes ou serão inteiros ou divididos, mas sempre uniformemente, em meios, quintos, décimos, vigésimos e quadragésimos.

ART. 25. Cada bilhete ou fração consignará ao anverso, além de outras declarações que o Diretor das Rendas Internas determinar:

a) a denominação da loteria: "Loteria Federal do Brasil", e no caso de loteria estadual - "Loteria" seguida do nome do respectivo Estado;

b) o número com que concorrerá ao sorteio;

c) o preço de plano, do bilhete inteiro e o de cada fração, acrescidos do imposto de 5% previsto no art. 9º, n. 6;

d) a declaração de ser inteiro, meio, quinto, décimo, vigésimo ou quadragésimo e, sendo fração, o número de ordem desta.

ART. 26. Cada bilhete ou fração consignará no verso, além de outras declarações que o Diretor das Rendas Internas determinar:

a) a indicação da lei e do contrato que autorizem a loteria;

b) o plano da loteria;

c) a indicação do lugar, dia e hora do sorteio;

d) a firma impressa do concessionário.

ART. 27. Os modelos de bilhetes da loteria federal dependem de prévia aprovação do fiscal geral de loterias.

ART. 28. Far-se-á o pagamento do prêmio mediante apresentação e resgate do respectivo bilhete, desde que coincida exatamente com o canhoto do qual se destacou, e não ofereça vícios ou defeitos que prejudiquem a verificação de sua autenticidade.

ART. 29. Em hipótese alguma se admitirá a substituição de bilhetes postos em circulação, ainda que sob o pretexto de furto, destruição ou extravio.

ART. 30. O pagamento será imediato à apresentação do bilhete na sede da loteria e, dentro de quinze (15) dias, se em qualquer das agências sediadas nas capitais dos Estados.

Parágrafo único. O portador do bilhete que não for satisfeito no pagamento do prêmio apresentá-lo-á ao Diretor das Rendas Internas do Tesouro Nacional, se se tratar de loteria federal, ou ao diretor do Tesouro do Estado, se tratar de loteria estadual, os quais, ouvido o concessionário no prazo de cinco (5) dias, e verificada a ilegitimidade da recusa, fornecerão guia ao interessado para que receba no Tesouro Nacional ou no Estadual, conforme o caso, a importância devida.

ART. 31. No caso de ordem judicial para não se efetuar o pagamento de algum prêmio, será este depositado judicialmente, ficando assim ilidida a ação de cobrança.

ART. 32. Os canhotos grampeados em maços de cem (100) serão rubricados na primeira e última folha pelo fiscal geral de loterias, ou pessoa por ele designada, e ficarão guardados em cofre de segurança pelo concessionário.

Das explorações

ART. 33. As extrações serão feitas, em sala franqueada ao público, pelo sistema de urnas transparentes e esferas numeradas por inteiro.

ART. 34. A loteria federal e as loterias estaduais serão extraídas nos dias designados pelo Diretor das Rendas Internas.

ART. 35. Depois de postos os bilhetes em circulação, a extração só deixará de realizar-se ou será adiada, por deliberação do Diretor das Rendas Internas.

Parágrafo único. No primeiro caso serão recolhidos os bilhetes e restituídos os respectivos preços, e nos segundos avisar-se-á pela imprensa o novo dia designado para a extração.

ART. 36. Nenhuma loteria correrá em dia feriado no local de sua extração, mas ficará adiada para o primeiro dia útil seguinte.

ART. 37. As esferas referentes ao número e ao prêmio, saídas da urna, serão colocadas lado a lado no mesmo tabuleiro.

ART. 38. Durante a extração da loteria federal, o fiscal geral de loterias verificará, uma a uma, as esferas postas nos tabuleiros, para efeito de correção dos enganos porventura constatados em ata. A conferência relativa aos cinco (5) prêmios maiores será feita imediatamente após o pregão, submetendo-se as respectivas esferas, antes de colocadas no tabuleiro, ao exame das pessoas presentes.

Parágrafo único. Logo após a conferência definitiva feita pelo fiscal geral de loterias, serão os tabuleiros com as esferas de números e do prêmio expostos ao público.

ART. 39. A ata, manuscrita ou datilografada, será redigida durante a extração, consignando os números premiados à medida que saírem da urna. A lista impressa, entretanto, para maior facilidade de consulta, classificará os números premiados pela ordem numérica e em escala ascendente.

Parágrafo único. Somente a verificação feita em face da ata oficial servirá de fundamento a qualquer reclamação do pagamento do prêmio.

Das loterias proibidas

ART. 40. Constitui jogo de azar passível de repressão penal, a loteria de qualquer espécie não autorizada ou ratificada expressamente pelo Governo Federal.

Parágrafo único. Seja qual for a sua denominação e processo de sorteio adotado, considera-se loteria toda operação, jogo ou aposta para a obtenção de um prêmio em dinheiro ou em bens de outra natureza, mediante colocação de bilhetes, listas, cupões, vales, papéis, manuscritos, sinais, símbolos, ou qualquer outro meio de distribuição dos números e designação dos jogadores ou apostadores.

ART. 41. Não se compreendem na disposição do artigo anterior:

a) os sorteios realizados para simples resgate de ações ou debêntures, desde que não haja qualquer bonificação;

b) a venda de imóveis ou de artigos de comércio, mediante sorteio, na forma do respectivo regulamento, sendo defeso converter em dinheiro os prêmios sorteados ou concedê-los em proporção que desvirtue a operação de compra e venda;

c) os sorteios de apólices da dívida pública da União, dos Estados e dos Municípios, autorizados pelo Governo Federal;

d) os sorteios de apólices realizados pelas companhias de seguro de vida, que operem pelo sistema de prêmios fixos atuariais, desde que os respectivos regulamentos o permitam;

e) os sorteios das sociedades de capitalização, feitos exclusivamente para amortização do capital garantido;

f) os sorteios bianuais autorizados pelos Decretos-leis números 338, de 16 de março de 1938, e 2.870, de 13 de dezembro de 1940.

Parágrafo único. Para os sorteios de mercadorias e imóveis não se permitirá emissão de bilhetes, cupões, ou vales, ao portador, mas deverão constar do livro apropriado os nomes de todos os prestamistas, com indicação dos pagamentos feitos e por fazer.

ART. 42. Fica permitida a distribuição de títulos da Dívida Pública Federal, Estadual ou Municipal como prêmio de sorteio, competindo à fiscalização verificar a prévia aquisição dos títulos e sua efetiva distribuição aos contemplados.

Parágrafo único. Nenhum prêmio poderá ser constituído de mais de uma apólice federal, estadual ou municipal, englobadamente.

ART. 43. A título de propaganda poderão os estabelecimentos comerciais, quando autorizados por cartas-patente, distribuir brindes aos seus clientes, mediante coleção de bilhetes, vales ou cupões sorteáveis, desde que as respectivas cautelas sejam gratuitas e os prêmios de pequeno valor.

ART. 44. Compete ao Diretor Geral da Fazenda Nacional conceder cartas-patentes para funcionamento de clubes de mercadorias mediante sorteio.

Parágrafo único. Sempre que houver deturpação dos fins para que foi concedida, a carta-patente será cancelada pelo Diretor Geral da Fazenda Nacional.

Das contravenções

ART. 45. Extrair loteria sem concessão regular do poder competente ou sem a ratificação de que cogita o art. 3º Penas: de um (1) a quatro (4) anos de prisão simples, multa de cinco mil cruzeiros (Cr$ 5.000,00) a dez mil cruzeiros (Cr$ 10.000,00), além da perda para a Fazenda Nacional de todos os aparelhos de extração, mobiliário, utensílios e valores pertencentes à loteria.

ART. 46. Introduzir no país bilhetes de loterias, rifas ou tômbolas estrangeiras, ou em qualquer Estado, bilhetes de outra loteria estadual. Penas: de seis (6) meses a um (1) ano de prisão simples, multa de mil cruzeiros (Cr$ 1.000,00) a cinco mil cruzeiros (Cr$ 5.000,00), além da perda para a Fazenda Nacional de todos os bilhetes apreendidos.

ART. 47. Possuir, ter sob a sua guarda, procurar colocar, distribuir ou lançar em circulação bilhetes de loterias estrangeiras. Penas: de seis (6) meses e um (1) ano de prisão simples, multa de mil cruzeiros (Cr$ 1.000,00) a cinco mil cruzeiros (Cr$ 5.000,00), além de perda para a Fazenda Nacional de todos os bilhetes apreendidos.

ART. 48. Possuir, ter sob sua guarda, procurar colocar, distribuir ou lançar em circulação bilhetes de loteria estadual fora do território do Estado respectivo. Penas: de dois (2) a seis (6) meses de prisão simples, multa de quinhentos cruzeiros (Cr$ 500,00) a mil cruzeiros (Cr$ 1.000,00), além de perda para a Fazenda Nacional dos bilhetes apreendidos.

ART. 49. Exibir, ou ter sob sua guarda, listas de sorteios de loteria estrangeira ou de estadual fora do território do Estado respectivo. Penas: de em (1) a quatro (4) meses de prisão simples e multa de duzentos cruzeiros (Cr$ 200,00) a quinhentos cruzeiros (Cr$ 500,00).

ART. 50. Efetuar o pagamento de prêmio relativo a bilhete de loteria estrangeira ou estadual que não possa circular legalmente no lugar do pagamento. Penas: de dois (2) a seis (6) meses de prisão simples e multa de quinhentos cruzeiros (Cr$ 500,00) a mil cruzeiros (Cr$ 1.000,00).

ART. 51. Executar serviços de impressão ou acabamento de bilhetes, listas, avisos ou cartazes, relativos a loteria que não possa legalmente circular no lugar onde se executem tais serviços. Penas: de dois (2) a seis (6) meses de prisão simples, multa de quinhentos cruzeiros (Cr$ 500,00) a mil cruzeiros (Cr$ 1.000,00), e a inutilização dos bilhetes, listas, avisos e cartazes, além da pena de prisão aos proprietários e gerentes dos respectivos estabelecimentos.

ART. 52. Distribuir ou transportar cartazes, listas ou avisos de loterias onde os mesmos não possam legalmente circular. Penas: de um (1) a quatro (4) meses de prisão simples e multa de duzentos cruzeiros (Cr$ 200,00) a quinhentos cruzeiros (Cr$ 500,00).

ART. 53. Colocar, distribuir ou lançar em circulação bilhetes de loterias relativos a extrações já feitas. Penas: as do art. 171 do Código Penal.

ART. 54. Falsificar emendar ou adulterar bilhetes de loteria. Penas: as do art. 298 do Código Penal.

ART. 55. Divulgar por meio de jornal, revista, rádio, cinema ou por qualquer outra forma, clara ou disfarçadamente, anúncio, aviso ou resultado de extração de loteria que não possa legalmente circular no lugar em que funciona a empresa divulgadora. Penas: de multa de mil cruzeiros (Cr$ 1.000,00) a cinco mil cruzeiros (Cr$ 5.000,00) aplicável aos proprietários e gerentes das respectivas empresas, e o dobro na reincidência.

Parágrafo único. A Fiscalização Geral de Loterias deverá apreender os jornais, revistas ou impressos que inserirem reiteradamente anúncio ou aviso proibidos, e requisitar a cassação da licença para o funcionamento das empresas de rádio e cinema que, da mesma forma, infringirem a disposição deste artigo.

ART. 56. Transmitir pelo telégrafo ou por qualquer outro meio o resultado da extração da loteria que não possa circular no lugar para onde se fizer a transmissão. Penas: de multa de quinhentos cruzeiros (Cr$ 500,00) a mil cruzeiros (Cr$ 1.000,00).

Parágrafo único. Nas mesmas penas incorrerá a empresa telegráfica particular que efetuar a transmissão;

ART. 57. As repartições postais não farão a remessa de bilhetes, listas, avisos ou cartazes referentes a loterias consideradas ilegais ou os de loteria de determinado Estado, quando se destinem a outro Estado, ao Distrito Federal ou aos territórios.

§ 1º Serão apreendidos os bilhetes, listas, avisos ou cartazes encontrados em repartição situada em lugar onde a loteria não possa legalmente circular, devendo os funcionários efetuar, quando possível, a prisão em flagrante do contraventor.

§ 2º Efetuada a prisão do contraventor, a cousa apreendida será entregue à autoridade policial que lavrar o flagrante. No caso de simples apreensão, caberá aos funcionários lavrar o respectivo auto, para pronunciamento das Recebedorias Federais no Rio de Janeiro e em São Paulo, ou das Delegacias Fiscais nos demais Estados, às quais, se caracterizada e provada a infração, caberá impor as multas previstas neste capítulo.

§ 3º Aos funcionários apreendedores fica assegurada a vantagem prevista no parágrafo único do art. 62.

ART. 58. Realizar o denominado "jogo do bicho", em que um dos participantes, considerado comprador ou ponto, entrega certa quantia com a indicação de combinações de algarismos ou nome de animais, a que correspondem números, ao outro participante, considerado o vendedor ou banqueiro, que se obriga mediante qualquer sorteio ao pagamento de prêmios em dinheiro. Penas: de seis (6) meses a um (1) ano de prisão simples e multa de dez mil cruzeiros (Cr$ 10.000,00) a cinquenta mil cruzeiros (Cr$ 50.000,00) ao vendedor ou banqueiro, e de quarenta (40) a trinta (30) dias de prisão celular ou multa de duzentos cruzeiros (Cr$ 200,00) a quinhentos cruzeiros (Cr$ 500,00) ao comprador ou ponto.

- Lei 1.508/1951 (Regula o Processo das Contravenções definidas nos arts. 58 e 60 do Dec.-Lei 6.259/1944).

§ 1º Incorrerão nas penas estabelecidas para vendedores ou banqueiros:

- Lei 1.508/1951 (Regula o Processo das Contravenções definidas nos arts. 58 e 60 do Dec.-Lei 6.259/1944).

a) os que servirem de intermediários na efetuação do jogo;

b) os que transportarem, conduzirem, possuírem, tiverem sob sua guarda ou poder, fabricarern, darem, cederem, trocarem, guardarem em qualquer parte, listas com indicações do jogo ou material próprio para a contravenção, bem como de qualquer forma contribuírem para a sua confecção, utilização, curso ou emprego, seja qual for a sua espécie ou quantidade;

c) os que procederem à apuração de listas ou à organização de mapas relativos ao movimento do jogo;

d) os que por qualquer modo promoverem ou facilitarem a realização do jogo.

§ 2º Consideram-se idôneos para a prova do ato contravencional quaisquer listas com indicações claras ou disfarçadas, uma vez que a perícia revele se destinarem à perpetração do jogo do bicho.

- Lei 1.508/1951 (Regula o Processo das Contravenções definidas nos arts. 58 e 60 do Dec.-Lei 6.259/1944).

§ 3º (Revogado pela Lei 1.508/1951.)

ART. 59. Serão inafiançáveis as contravenções previstas nos arts. 45 a 49 e 58 e seus parágrafos.

ART. 60. Constituem contravenções, puníveis com as penas do art. 45, o jogo sobre corridas de cavalos, feito fora dos hipódromos, ou da sede e dependências das entidades autorizadas, e as apostas sobre quaisquer outras competições esportivas.

- Lei 1.508/1951 (Regula o Processo das Contravenções definidas nos arts. 58 e 60 do Dec.-Lei 6.259/1944).

Parágrafo único. Consideram-se competições esportivas, aquelas em que se classifiquem vencedores

a) pelo esforço físico, destreza ou habilidade do homem;

b) pela seleção ou adestramento de animais, postos em disputa, carreira ou luta de qualquer natureza.

Do processo fiscal

ART. 61. O processo fiscal das contravenções a que se refere este Decreto-lei, obedecerá as normas estabelecidas pelo Decreto-lei n. 739, de 24 de setembro de 1938.

ART. 62. Os bilhetes apreendidos em virtude de contravenção meramente administrativa serão conservados, no Distrito Federal, pela Fiscalização Geral de Loterias, e nos Estados pelas Delegacias Fiscais, em invólucro fechado e lacrado, com as declarações necessárias.

Parágrafo único. Na hipótese de ser premiado qualquer dos bilhetes apreendidos, efetuar-se-á a cobrança, ficando o produto em depósito no Tesouro Nacional ou suas Delegacias Fiscais, até decisão final do processo. Metade dos prêmios pertencerá aos apreensores que tiverem assinado o respectivo auto, e a outra metade será convertida em renda eventual da União.

ART. 63. Além das autoridades policiais, são competentes os Funcionários da Fiscalização Geral de Loterias, os Fiscais de loterias, os Delegados Fiscais do Tesouro, os Coletores federais, os Agentes fiscais do imposto de consumo, os Fiscais dos clubes de mercadorias, os funcionários postais, os empregados ferroviários e os Agentes do fisco estadual e municipal, para efetuar a prisão em flagrante quando ocorrerem as infrações deste Decreto-lei puníveis com pena de prisão, apreender bilhetes, aparelhos e utensílios, e inutilizar listas, cartazes ou quaisquer papéis relativos a loterias clandestinas ou jogos proibidos.

Parágrafo único. No desempenho das atribuições previstas neste artigo, poderão os funcionários e autoridades, quando necessário, proceder a revistas pessoais, bem como arrombar portas ou imóveis em estabelecimentos de comércio.

Da fiscalização geral de loterias

ART. 64. A Fiscalização Geral de Loterias, diretamente subordinada à Diretoria das Rendas Internas do Tesouro Nacional, será exercida por um Funcionário designado pelo Presidente da República para exercer a função gratificada de Fiscal Geral.

ART. 65. Nos Estados em que existir loteria, haverá um Fiscal Regional, subordinado à Fiscalização Geral e designado pelo Delegado Fiscal.

Parágrafo único. O funcionário designado na forma deste artigo será dispensado das funções de seu cargo efetivo nos dias de extração da loteria e nenhuma vantagem perceberá.

ART. 66. Para os fins do art. 63, é facultado ao concessionário da Loteria Federal manter auxiliares em todo o território do pais, os quais serão designados pelo Fiscal Geral de loterias.

ART. 67. Compete ao Fiscal Geral de loterias:

a) superintender todo o serviço da Fiscalização;

b) distribuí-lo pelos seus auxiliares;

c) abrir, rubricar e encerrar livros da Fiscalização e dar as necessárias instruções para a escrituração dos mesmos;

d) despachar os papéis dependentes de sua decisão e subscrever as certidões;

e) mandar arquivar os papéis findos;

f) assistir às extrações da loteria federal, examinando pessoalmente ou fazendo examinar por técnicos de sua confiança, os aparelhos empregados nas mesmas extrações;

g) velar pela estrita observância do contrato celebrado entre a União e os concessionários;

h) fazer apreender os bilhetes indevidamente em circulação, quer expostos à venda, quer ocultos, bem como os ultimatos ou em via de ultimação;

i) requisitar das autoridades policiais a forca necessária para tornar efetivas quaisquer diligências regulamentares;

j) lavrar as designações dos auxiliares mantidos pelos concessionários;

l) impedir, por todos os meios ao seu alcance, o curso de bilhetes de loterias estrangeiras, bem como o das estaduais fora dos limites dos Estados concedentes;

m) fornecer guias para o pagamento da cota fixa e do imposto proporcional de 5% sobre o montante de cada emissão, da Loteria Federal;

n) fornecer o certificado para levantamento da caução nos termos do § 3º do art. 11;

o) determinar nos livros especiais que as empresas lotéricas devem possuir;

p) aprovar os modelos de bilhetes na forma do art. 27; e

q) apresentar ao Diretor das Rendes Internas, no primeiro trimestre de cada ano, o relatório dos trabalhos e das mais importantes ocorrências concernentes ao ano anterior.

ART. 68. Compete aos fiscais regionais:

a) apreender ou fazer apreender os bilhetes indevidamente em circulação, quer expostos à venda, quer ocultos bem como os ultimados ou em via de ultimação;

b) requisitar das autoridades policiais a força necessária para tornar efetivas quaisquer diligências regulamentares;

c) impedir, por todos os meios ao seu alcance, o curso de bilhetes de loterias estrangeiras, bem como o das estaduais fora dos limites dos Estados respectivos;

d) fornecer guias para o pagamento do imposto proporcional de 5% sobre o montante de cada emissão da loteria estadual;

e) apresentar ao fiscal geral de loterias, até o dia 31 de janeiro de cada ano, o relatório dos trabalhos e das mais importantes ocorrências concernentes ao ano anterior;

f) exigir a prova do pagamento do imposto de 5 %, na forma do art. 13, § 1º, impedindo a extração da loteria caso não tenha sido preenchida essa formalidade; e

g) assistir às extrações da loteria.

ART. 69. São nulas de pleno direito quaisquer obrigações resultantes de loterias não autorizadas.

ART. 70. Os estrangeiros que contravierem as disposições dos arts. 45 a 54 e 58 deste decreto-lei serão expulsos do território nacional, após o cumprimento da pena.

ART. 71. Além dos ônus previstos neste Decreto-lei e do imposto de renda, nenhum outro imposto, contribuição ou taxa, federais, estaduais ou municipais, incidirá sobre os bilhetes da loteria federal e respectivos prêmios.

ART. 72. Os livros e papéis pertencentes a concessionários de serviços lotéricos e a quaisquer agências ou casas onde se vendam bilhetes, poderão em qualquer momento, ser examinados pelo fiscal geral de loterias ou pelos funcionários expressamente designados pela autoridade competente.

ART. 73. O presente Decreto-lei entrará em vigor na data de sua publicação.

ART. 74. Revogam-se as disposições em contrário.

Rio de Janeiro, 10 de fevereiro de 1944, 123º da Independência e 56º da República.

GETULIO VARGAS

DECRETO-LEI N. 7.485, DE 23 DE ABRIL DE 1945

Dispõe sobre a prova do casamento nas habilitações aos benefícios do seguro social, e dá outras providências.

‣ *DOU*, 25.04.1945.

O Presidente da República, usando da atribuição que lhe confere o artigo 180 da Constituição,

Decreta:

ART. 1º Nos processos de habilitação aos benefícios do seguro social, o casamento pode ser provado pela posse do estado de cônjuges, justificada em juízo, com a ciência do órgão do Ministério Público.

§ 1º A justificação pode ser ilidida mediante certidão do registro civil, de onde resulte que já era casado algum dos pretendidos cônjuges, ao contrair o matrimônio que se quis provar pela posse de estado.

§ 2º No caso deste artigo, bem como quando se tratar de benefício que deva ser atribuído na falta de declaração do segurado, somente será autorizado o pagamento após o decurso de 60 dias contados da data em que o Órgão Oficial publicar o despacho pelo qual for homologada a respectiva habilitação.

§ 3º Aos prejudicados pelo pagamento feito nos termos do parágrafo anterior cabe ação exclusivamente contra os que receberam os benefícios indevidos.

ART. 2º O presente Decreto-Lei entrará em vigor na data da sua publicação, aplicando-se o seu disposto aos processos findos nos quais os benefícios tenham sido denegados por falta de prova a que alude o artigo 1º e que os interessados requeiram a revisão destes processos no prazo ano dessa vigência.

ART. 3º Revogam-se as disposições em contrário.

Rio de Janeiro, 23 de abril de 1945, 123º da Independência e 57º da República.

GETÚLIO VARGAS

DECRETO-LEI N. 9.085, DE 25 DE MARÇO DE 1946

Dispõe sobre o registro civil das pessoas jurídicas.

‣ *DOU*, 27.03.1946.

O Presidente da República, usando da atribuição que lhe confere o artigo 180 da Constituição, Decreta:

ART. 1º No registro civil das pessoas jurídicas serão inscritos:

I - os contratos, os atos constitutivos, os estatutos ou compromissos, das sociedades civis, religiosas, pias, morais, científicas ou literárias, e os das associações de utilidade pública, e das fundações;

II - as sociedades civis que revestirem as formas estabelecidas nas leis comerciais.

ART. 2º Não poderão ser registrados os atos constitutivos de pessoas jurídicas, quando seu objeto ou circunstância relevante indique destino ou atividade ilícitos ou contrários, nocivos ou perigosos ao bem público, à segurança do Estado e da coletividade, à ordem pública ou social, à moral e aos bons costumes (Constituição, artigo 122, IX) .

ART. 3º Ocorrendo qualquer dos motivos previstos no artigo anterior, o Oficial do Registro, *ex officio*, ou por provocação de qualquer autoridade, sobrestará no processo de inscrição e suscitará dúvida, na forma dos artigos 215 a 219 do Decreto n. 4.857, de 9 de novembro de 1939, no que forem aplicáveis, competindo ao juiz, sob cuja jurisdição estiver o oficial, decidir a dúvida, concedendo ou negando o registro.

ART. 4º Também não poderão ser registrados os atos constitutivos de sociedades ou associações ausentes do pedido de inserção ou concomitantemente com este, tenham exercido atividades ou praticado atos contrários, nocivos ou perigosos ao bem público, à segurança do Estado ou da coletividade, à ordem pública ou social, à, moral e aos bons costumes.

No caso deste artigo, o Oficial, *ex officio*, ou por provocação de qualquer autoridade, deverá sobrestar no registro observando o disposto no artigo 3º.

ART. 5º A concessão do registro não obsta a propositura de ação de dissolução, fundada nos fatos referidos nos arts. 2º e 4º ou o procedimento referido no artigo seguinte.

ART. 6º As sociedades ou associações que houverem adquirido personalidade jurídica, mediante falsa declaração de seus fins, ou que, depois de registradas, passarem a exercer atividades das previstas no art. 2º, serão suspensas pelo Governo, por prazo não excedente de seis meses.

§ 1º. No caso deste artigo, os representantes judiciais da União deverão propor, no Juízo competente para as causas em que esta for parte, a ação judicial de dissolução (Lei n. 4.269, de 17.01.1921, artigo 12; Lei n. 38, de 04.04.1935, art. 29; Cód. Proc. Civ., art. 670). (Renumerado pelo Dec.-Lei 8/1966.)

§ 2º Quando for decretada por exercer a pessoa jurídica atividade contrária à ordem pública ou à segurança nacional e a ação se propuser no prazo fixado neste artigo, a suspensão do funcionamento perdurará até que a sentença transite em julgado. (Acrescentado pelo Dec.-Lei 8/1966.)

ART. 7º Esta Lei entra em vigor na data de sua publicação, revogadas as disposições em contrário.

Rio de Janeiro, 25 de março de 1946, 125º da Independência e 58º da República.

EURICO G. DUTRA

DECRETO-LEI N. 9.215, DE 30 DE ABRIL DE 1946

Proíbe a prática ou exploração de jogos de azar em todo o território nacional.

‣ *DOU*, 30.04.1946.

O Presidente da República, usando da atribuição que lhe confere o artigo 180 da Constituição, e

Considerando que a repressão aos jogos de azar é um imperativo da consciência universal;

Considerando que a legislação penal de todos os povos cultos contém preceitos tendentes a esse fim;

Considerando que a tradição moral jurídica e religiosa do povo brasileiro e contrária à prática e à exploração e jogos de azar;

Considerando que, das exceções abertas à lei geral, decorreram abusos nocivos à moral e aos bons costumes;

Considerando que as licenças e concessões para a prática e exploração de jogos de azar na Capital Federal e nas estâncias hidroterápicas, balneárias ou climáticas foram dadas a título precário, podendo ser cassadas a qualquer momento:

Decreta:

ART. 1º Fica restaurada em todo o território nacional a vigência do artigo 50 e seus parágrafos da Lei das Contravenções Penais (Decreto-Lei n. 3.688, de 2 de outubro de 1941).

ART. 2º Esta Lei revoga os Decretos-Leis n. 241, de 4 de fevereiro de 1938, n. 5.089, de 15 de dezembro de 1942 e n. 5.192, de 14 de Janeiro de 1943 e disposições em contrário.

ART. 3º Ficam declaradas nulas e sem efeito todas as licenças, concessões ou autorizações dadas pelas autoridades federais, estaduais ou municipais, com fundamento nas leis ora, revogadas, ou que, de qualquer forma, contenham autorização em contrário ao disposto no artigo 50 e seus Parágrafos da Lei das Contravenções penais.

ART. 4º Esta lei entra em vigor na data de sua publicação.

Rio de Janeiro, em 30 de abril de 1946, 125º da Independência e 58º da República.

EURICO G. DUTRA.

DECRETO-LEI N. 9.760, DE 5 DE SETEMBRO DE 1946

Dispõe sobre os bens imóveis da União e dá outras providências.

‣ *DOU*, 06.09.1946.

‣ Lei 9.636/1998 (Dispõe sobre a regularização, administração, aforamento e alienação de bens imóveis de domínio da União).

‣ Lei 5.972/1973 (Regula o procedimento para o registro da propriedade de bens imóveis discriminados administrativamente ou possuídos pela União).

‣ Dec. 99.672/1990 (Dispõe sobre o Cadastro Nacional de Bens Imóveis de propriedade da União).

O Presidente da República, usando da atribuição que lhe confere o artigo 180 da Constituição decreta:

TÍTULO I
DOS BENS IMÓVEIS DA UNIÃO

CAPÍTULO I
DA DECLARAÇÃO DOS BENS

SEÇÃO I
DA ENUNCIAÇÃO

ART. 1º Incluem-se entre os bens imóveis da União:

‣ Art. 20, CF.

a) os terrenos de marinha e seus acrescidos;

b) os terrenos marginais dos rios navegáveis, em Territórios Federais, se, por qualquer título legítimo, não pertencerem a particular;

c) os terrenos marginais de rios e as ilhas nestes situadas na faixa da fronteira do território nacional e nas zonas onde se faça sentir a influência das marés;

d) as ilhas situadas nos mares territoriais ou não, se por qualquer título legítimo não pertencerem aos Estados, Municípios ou particulares;

e) a porção de terras devolutas que for indispensável para a defesa da fronteira, fortificações, construções militares e estradas de ferro federais;

f) as terras devolutas situadas nos Territórios Federais;

g) as estradas de ferro, instalações portuárias, telégrafos, telefones, fábricas oficinas e fazendas nacionais;

h) os terrenos dos extintos aldeamentos de índios e das colônias militares, que não tenham passado, legalmente, para o domínio dos Estados, Municípios ou particulares;

i) os arsenais com todo o material de marinha, exército e aviação, as fortalezas, fortificações e construções militares, bem como os terrenos adjacentes, reservados por ato imperial;

j) os que foram do domínio da Coroa;

k) os bens perdidos pelo criminoso condenado por sentença proferida em processo judiciário federal;

‣ Art. 91, II, CP.

l) os que tenham sido a algum título, ou em virtude de lei, incorporados ao seu patrimônio.

SEÇÃO II
DA CONCEITUAÇÃO

ART. 2º São terrenos de marinha, em uma profundidade de 33 (trinta e três) metros, medidos horizontalmente, para a parte da terra, da posição da linha do preamar-médio de 1831:

a) os situados no continente, na costa marítima e nas margens dos rios e lagoas, até onde se faça sentir a influência das marés;

b) os que contornam as ilhas situadas em zona onde se faça sentir a influência das marés.

Parágrafo único. Para os efeitos deste artigo a influência das marés é caracterizada pela oscilação periódica de 5 (cinco) centímetros pelo menos, do nível das águas, que ocorra em qualquer época do ano.

ART. 3º São terrenos acrescidos de marinha os que se tiverem formado, natural ou artificialmente, para o lado do mar ou dos rios e lagoas, em seguimento aos terrenos de marinha.

ART. 4º São terrenos marginais os que banhados pelas correntes navegáveis, fora do alcance das marés, vão até a distância de 15 (quinze) metros, medidos horizontalmente para a parte da terra, contados desde a linha média das enchentes ordinárias.

ART. 5º São devolutas, na faixa da fronteira, nos Territórios Federais e no Distrito Federal, as terras que, não sendo próprios nem aplicadas a algum uso público federal, estadual territorial ou municipal, não se incorporaram ao domínio privado:

a) por força da Lei 601, de 18 de setembro de 1850, Decreto n. 1.318, de 30 de janeiro de 1854, e outras leis e decretos gerais, federais e estaduais;

b) em virtude de alienação, concessão ou reconhecimento por parte da União ou dos Estados;

c) em virtude de lei ou concessão emanada de governo estrangeiro e ratificada ou reconhecida, expressa ou implicitamente, pelo Brasil, em tratado ou convenção de limites;

d) em virtude de sentença judicial com força de coisa julgada;

e) por se acharem em posse contínua e incontestada com justo título e boa-fé, por termo superior a 20 (vinte) anos;

f) por se acharem em posse pacífica e ininterrupta, por 30 (trinta) anos, independentemente de justo título e boa-fé;

g) por força de sentença declaratória proferida nos termos do art. 148 da Constituição Federal, de 10 de Novembro de 1937.

Parágrafo único. A posse a que a União condiciona a sua liberalidade não pode constituir latifúndio e depende do efetivo aproveitamento e morada do possuidor ou do seu preposto, integralmente satisfeitas por estes, no caso de posse de terras situadas na faixa da fronteira, as condições especiais impostas na lei.

‣ Arts. 26, IV; 188; e 225, § 5º, CF.

CAPÍTULO II
DA IDENTIFICAÇÃO DOS BENS

SEÇÃO I
DISPOSIÇÕES GERAIS

ARTS. 6º a 8º (Revogados pela Lei 11.481/2007.)

SEÇÃO I
DA DEMARCAÇÃO DE TERRENOS PARA REGULARIZAÇÃO FUNDIÁRIA DE INTERESSE SOCIAL

‣ Sem eficácia, em função de a Med. Prov. 292/2006 não haver sido convertida em lei.

SEÇÃO II
DA DEMARCAÇÃO DOS TERRENOS DE MARINHA

ART. 9º É da competência do Serviço do Patrimônio da União (SPU) a determinação da posição das linhas do preamar médio do ano de 1831 e da média das enchentes ordinárias.

ART. 10. A determinação será feita à vista de documentos e plantas de autenticidade irrecusável, relativos àquele ano, ou, quando não obtidos, à época que do mesmo se aproxime.

ART. 11. Antes de dar início aos trabalhos demarcatórios e com o objetivo de contribuir para sua efetivação, a Secretaria do Patrimônio da União do Ministério do Planejamento, Orçamento e Gestão realizará audiência pública, preferencialmente, na Câmara de Vereadores do Município ou dos Municípios onde estiver situado o trecho a ser demarcado. (Alterado pela Lei 13.139/2015. Vigência: 120 dias após sua publicação oficial.)

§ 1º Na audiência pública, além de colher plantas, documentos e outros elementos relativos aos terrenos compreendidos no trecho a ser demarcado, a Secretaria do Patrimônio da União do Ministério do Planejamento, Orçamento e Gestão apresentará à população interessada informações e esclarecimentos sobre o procedimento demarcatório. (Acrescentado pela Lei 13.139/2015. Vigência: 120 dias após sua publicação oficial.)

DECRETOS-LEIS

§ 2º A Secretaria do Patrimônio da União do Ministério do Planejamento, Orçamento e Gestão fará o convite para a audiência pública, por meio de publicação em jornal de grande circulação nos Municípios abrangidos pelo trecho a ser demarcado e no Diário Oficial da União, com antecedência mínima de 30 (trinta) dias da data de sua realização. (Acrescentado pela Lei 13.139/2015. Vigência: 120 dias após sua publicação oficial.)

§ 3º A Secretaria do Patrimônio da União do Ministério do Planejamento, Orçamento e Gestão notificará o Município para que apresente os documentos e plantas que possuir relativos ao trecho a ser demarcado, com antecedência mínima de 30 (trinta) dias da data da realização da audiência pública a que se refere o *caput*. (Acrescentado pela Lei 13.139/2015. Vigência: 120 dias após sua publicação oficial.)

§ 4º Serão realizadas pelo menos 2 (duas) audiências públicas em cada Município situado no trecho a ser demarcado cuja população seja superior a 100.000 (cem mil) habitantes, de acordo com o último censo oficial. (Acrescentado pela Lei 13.139/2015. Vigência: 120 dias após sua publicação oficial.)

ART. 12. Após a realização dos trabalhos técnicos que se fizerem necessários, o Superintendente do Patrimônio da União no Estado determinará a posição da linha demarcatória por despacho. (Alterado pela Lei 13.139/2015. Vigência: 120 dias após sua publicação oficial.)

Parágrafo único. (Revogado pela Lei 13.139/2015.)

ART. 12-A. A Secretaria do Patrimônio da União do Ministério do Planejamento, Orçamento e Gestão fará notificação pessoal dos interessados certos alcançados pelo traçado da linha demarcatória para, no prazo de 60 (sessenta) dias, oferecerem quaisquer impugnações. (Acrescentado pela Lei 13.139/2015. Vigência: 120 dias após sua publicação oficial.)

§ 1º Na área urbana, considera-se interessado certo o responsável pelo imóvel alcançado pelo traçado da linha demarcatória até a linha limite de terreno marginal ou de terreno de marinha que esteja cadastrado na Secretaria do Patrimônio da União ou inscrito no cadastro do Imposto Predial e Territorial Urbano (IPTU) ou outro cadastro que vier a substituí-lo. (Acrescentado pela Lei 13.139/2015. Vigência: 120 dias após sua publicação oficial.)

§ 2º Na área rural, considera-se interessado certo o responsável pelo imóvel alcançado pelo traçado da linha demarcatória até a linha limite de terreno marginal que esteja cadastrado na Secretaria do Patrimônio da União e, subsidiariamente, esteja inscrito no Cadastro Nacional de Imóveis Rurais (CNIR) ou outro que vier a substituí-lo. (Acrescentado pela Lei 13.139/2015. Vigência: 120 dias após sua publicação oficial.)

§ 3º O Município e o Instituto Nacional de Colonização e Reforma Agrária (Incra), no prazo de 30 (trinta) dias contado da solicitação da Secretaria do Patrimônio da União, deverão fornecer a relação dos inscritos nos cadastros previstos nos §§ 1º e 2º. (Acrescentado pela Lei 13.139/2015. Vigência: 120 dias após sua publicação oficial.)

§ 4º A relação dos imóveis constantes dos cadastros referidos nos §§ 1º e 2º deverá ser fornecida pelo Município e pelo Incra no prazo de 30 (trinta) dias contado da solicitação da Secretaria do Patrimônio da União. (Acrescentado pela Lei 13.139/2015. Vigência: 120 dias após sua publicação oficial.)

§ 5º A atribuição da qualidade de interessado certo independe da existência de título registrado no Cartório de Registro de Imóveis. (Acrescentado pela Lei 13.139/2015. Vigência: 120 dias após sua publicação oficial.)

ART. 12-B. A Secretaria do Patrimônio da União do Ministério do Planejamento, Orçamento e Gestão fará notificação por edital, por meio de publicação em jornal de grande circulação no local do trecho demarcado e no Diário Oficial da União, dos interessados incertos alcançados pelo traçado da linha demarcatória para, no prazo de 60 (sessenta) dias, apresentarem quaisquer impugnações, que poderão ser dotadas de efeito suspensivo nos termos do parágrafo único do art. 61 da Lei n. 9.784, de 29 de janeiro de 1999. (Acrescentado pela Lei 13.139/2015. Vigência: 120 dias após sua publicação oficial.)

ART. 12-C. Fica a Secretaria do Patrimônio da União (SPU) autorizada a concluir até 31 de dezembro de 2025 a identificação dos terrenos marginais de rio federal navegável, dos terrenos de marinha e seus acrescidos, de que tratam os arts. 2º, 3º e 4º deste Decreto-Lei. (Acrescentado pela Lei 13.465/2017.)

Parágrafo único. A conclusão de que trata este artigo refere-se ao disposto no *caput* do art. 12 deste Decreto-Lei. (Acrescentado pela Lei 13.465/2017.)

ART. 13. Tomando conhecimento das impugnações eventualmente apresentadas, o Superintendente do Patrimônio da União no Estado reexaminará o assunto e, se confirmar sua decisão, notificará os recorrentes que, no prazo improrrogável de 20 (vinte) dias contado da data de sua ciência, poderão interpor recurso, que poderá ser dotado de efeito suspensivo, dirigido ao Secretário do Patrimônio da União do Ministério do Planejamento, Orçamento e Gestão. (Alterado pela Lei 13.139/2015. Vigência: 120 dias após sua publicação oficial.)

Parágrafo único. O efeito suspensivo de que tratam o *caput* e o art. 12-B aplicar-se-á apenas à demarcação do trecho impugnado, salvo se o fundamento alegado na impugnação ou no recurso for aplicável a trechos contíguos, hipótese em que o efeito suspensivo, se deferido, será estendido a todos eles. (Alterado pela Lei 13.139/2015. Vigência: 120 dias após sua publicação oficial.)

ART. 14. Da decisão proferida pelo Secretário do Patrimônio da União do Ministério do Planejamento, Orçamento e Gestão será dado conhecimento aos recorrentes que, no prazo de 20 (vinte) dias contado da data de sua ciência, poderão interpor recurso, não dotado de efeito suspensivo, dirigido ao Ministro de Estado do Planejamento, Orçamento e Gestão. (Alterado pela Lei 13.139/2015. Vigência: 120 dias após sua publicação oficial.)

SEÇÃO III
DA DEMARCAÇÃO DE TERRAS INTERIORES

ART. 15. Serão promovidas pelo SPU as demarcações e aviventações de rumos, desde que necessárias à exata individuação dos imóveis de domínio da União e sua perfeita discriminação da propriedade de terceiros.

ART. 16. Na eventualidade prevista, no artigo anterior, o órgão local do SPU convidará, por edital, sem prejuízo, sempre que possível, de convite por outro meio, os que se julgarem com direito aos imóveis confinantes a, dentro do prazo de 60 (sessenta) dias, oferecerem a exame os títulos, em que fundamentem seus direitos, e bem assim quaisquer documentos elucidativos, como plantas, memoriais, etc.

Parágrafo único. O edital será afirmado na repartição arrecadadora da Fazenda Nacional, na localidade da situação do imóvel, e publicado no órgão oficial do Estado ou Território, ou na folha que lhe publicar o expediente, e no Diário Oficial da União, em se tratando de imóvel situado no Distrito Federal.

ART. 17. Examinados os documentos exibidos pelos interessados e quaisquer outros de que possa dispor, o SPU, se entender aconselhável, proporá ao confinante a realização da diligência de demarcação administrativa, mediante prévia assinatura de termo em que as partes interessadas se comprometam a aceitar a decisão que for proferida em última instância pelo CTU, desde que seja o caso.

§ 1º Se não concordarem as partes na indicação de um só, os trabalhos demarcatórios serão efetuados por 2 (dois) peritos, obrigatoriamente engenheiros ou agrimensores, designados um pelo SPU, outro pelo confinante.

§ 2º Concluídas suas investigações preliminares os peritos apresentarão, conjuntamente ou não, laudo minucioso, concluindo pelo estabelecimento da linha divisória das propriedades demarcadas.

§ 3º Em face do laudo ou laudos apresentados, se houver acordo entre a União, representada pelo Procurador da Fazenda Pública, e o confinante, quanto ao estabelecimento da linha divisória, lavrar-se-á termo em livro próprio, do órgão local do SPU, efetuando o seu perito a cravação dos marcos, de acordo com o vencido;

§ 4º O termo a que se refere o parágrafo anterior, isento de selos ou quaisquer emolumentos, terá força de escritura pública e por meio de certidão de inteiro teor será devidamente averbado no Registro Geral da situação dos imóveis demarcados.

§ 5º Não chegando as partes ao acordo a que se refere o § 3º deste artigo, o processo será submetido ao exame do CTU, cuja decisão terá força de sentença definitiva para a averbação aludida no parágrafo anterior.

§ 6º As despesas com a diligência da demarcação serão rateadas entre o confinante e a União, indenizada esta da metade a cargo daquele.

ART. 18. Não sendo atendido pelo confinante o convite mencionado no art. 16, ou se ele se recusar a assinar o termo em que se comprometa a aceitar a demarcação administrativa, o SPU providenciará no sentido de se proceder à demarcação judicial, pelos meios ordinários.

SEÇÃO III-A

▸ (Incluída pela Lei 11.481/2007.)

DA DEMARCAÇÃO DE TERRENOS PARA REGULARIZAÇÃO FUNDIÁRIA DE INTERESSE SOCIAL

ART. 18-A. A União poderá lavrar auto de demarcação nos seus imóveis, nos casos de regularização fundiária de interesse social, com base no levantamento da situação da área a ser regularizada. (Incluído pela Lei 11.481/2007.)

§ 1º Considera-se regularização fundiária de interesse social aquela destinada a atender a famílias com renda familiar mensal não superior a 5 (cinco) salários-mínimos. (Incluído pela Lei 11.481/2007.)

§ 2º O auto de demarcação assinado pelo Secretário do Patrimônio da União deve ser instruído com: (Incluído pela Lei 11.481/2007.)

I - planta e memorial descritivo da área a ser regularizada, dos quais constem a sua descrição, com suas medidas perimetrais, área total, localização, confrontantes, coordenadas preferencialmente georreferenciadas dos vértices definidores de seus limites, bem como seu número de matrícula ou transcrição e o nome do pretenso proprietário, quando houver; (Incluído pela Lei 11.481/2007.)

II - planta de sobreposição da área demarcada com a sua situação constante do registro de imóveis e, quando houver, transcrição ou matrícula respectiva; (Incluído pela Lei 11.481/2007.)

III - certidão da matrícula ou transcrição relativa à área a ser regularizada, emitida pelo registro de imóveis competente e das circunscrições imobiliárias anteriormente competentes, quando houver; (Incluído pela Lei 11.481/2007.)

IV - certidão da Secretaria do Patrimônio da União de que a área pertence ao patrimônio da União, indicando o Registro Imobiliário Patrimonial - RIP e o responsável pelo imóvel, quando for o caso; (Incluído pela Lei 11.481/2007.)

V - planta de demarcação da Linha Preamar Média - LPM, quando se tratar de terrenos de marinha ou acrescidos; e (Incluído pela Lei 11.481/2007.)

VI - planta de demarcação da Linha Média das Enchentes Ordinárias - LMEO, quando se tratar de terrenos marginais de rios federais. (Incluído pela Lei 11.481/2007.)

§ 3º As plantas e memoriais mencionados nos incisos I e II do § 2º deste artigo devem ser assinados por profissional legalmente habilitado, com prova de anotação de responsabilidade técnica no competente Conselho Regional de Engenharia e Arquitetura - CREA. (Incluído pela Lei 11.481/2007.)

§ 4º Entende-se por responsável pelo imóvel o titular de direito outorgado pela União, devidamente identificado no RIP. (Incluído pela Lei 11.481/2007.)

ART. 18-B. Prenotado e autuado o pedido de registro da demarcação no registro de imóveis, o oficial, no prazo de 30 (trinta) dias, procederá às buscas para identificação de matrículas ou transcrições correspondentes à área a ser regularizada e examinará os documentos apresentados, comunicando ao apresentante, de 1 (uma) única vez, a existência de eventuais exigências para a efetivação do registro. (Incluído pela Lei 11.481/2007.)

ART. 18-C. Inexistindo matrícula ou transcrição anterior e estando a documentação em ordem, ou atendidas as exigências feitas no art. 18-B desta Lei, o oficial do registro de imóveis deve abrir matrícula do imóvel em nome da União e registrar o auto de demarcação. (Incluído pela Lei 11.481/2007.)

ART. 18-D. Havendo registro anterior, o oficial do registro de imóveis deve notificar pessoalmente o titular de domínio, no imóvel, no endereço que constar do registro imobiliário ou no endereço fornecido pela União, e, por meio de edital, os confrontantes, ocupantes e terceiros interessados. (Incluído pela Lei 11.481/2007.)

§ 1º Não sendo encontrado o titular de domínio, tal fato será certificado pelo oficial encarregado da diligência, que promoverá sua notificação mediante o edital referido no *caput* deste artigo. (Incluído pela Lei 11.481/2007.)

§ 2º O edital conterá resumo do pedido de registro da demarcação, com a descrição que permita a identificação da área demarcada, e deverá ser publicado por 2 (duas) vezes, dentro do prazo de 30 (trinta) dias, em um jornal de grande circulação local. (Incluído pela Lei 11.481/2007.)

§ 3º No prazo de 15 (quinze) dias, contado da última publicação, poderá ser apresentada impugnação do pedido de registro do auto de demarcação perante o registro de imóveis. (Incluído pela Lei 11.481/2007.)

§ 4º Presumir-se-á a anuência dos notificados que deixarem de apresentar impugnação no prazo previsto no § 3º deste artigo. (Incluído pela Lei 11.481/2007.)

§ 5º A publicação dos editais de que trata este artigo será feita pela União, que encaminhará ao oficial do registro de imóveis os exemplares dos jornais que os tenham publicado. (Incluído pela Lei 11.481/2007.)

ART. 18-E. Decorrido o prazo previsto no § 3º do art. 18-D desta Lei sem impugnação, o oficial do registro de imóveis deve abrir matrícula do imóvel em nome da União e registrar o auto de demarcação, procedendo às averbações necessárias nas matrículas ou transcrições anteriores, quando for o caso. (Incluído pela Lei 11.481/2007.)

Parágrafo único. Havendo registro de direito real sobre a área demarcada ou parte dela, o oficial deverá proceder ao cancelamento de seu registro em decorrência da abertura da nova matrícula em nome da União. (Incluído pela Lei 11.481/2007.)

ART. 18-F. Havendo impugnação, o oficial do registro de imóveis dará ciência de seus termos à União. (Incluído pela Lei 11.481/2007.)

§ 1º Não havendo acordo entre impugnante e a União, a questão deve ser encaminhada ao juízo competente, dando-se continuidade ao procedimento de registro relativo ao remanescente incontroverso. (Incluído pela Lei 11.481/2007.)

§ 2º Julgada improcedente a impugnação, os autos devem ser encaminhados ao registro de imóveis para que o oficial proceda na forma do art. 18-E desta Lei. (Incluído pela Lei 11.481/2007.)

§ 3º Sendo julgada procedente a impugnação, os autos devem ser restituídos ao registro de imóveis para as anotações necessárias e posterior devolução ao poder público. (Incluído pela Lei 11.481/2007.)

§ 4º A prenotação do requerimento de registro da demarcação ficará prorrogada até o cumprimento da decisão proferida pelo juiz ou até seu cancelamento a requerimento da União, não se aplicando às regularizações previstas nesta Seção o cancelamento por decurso de prazo. (Incluído pela Lei 11.481/2007.)

- Art. 1º, I, Lei 5.972/1973 (Regula o procedimento para o registro da propriedade de bens imóveis discriminados administrativamente ou possuídos pela União).
- Art. 32, Lei 6.383/1976 (Lei das Ações Discriminatórias).

SEÇÃO IV
DA DISCRIMINAÇÃO DE TERRAS DA UNIÃO

SUBSEÇÃO I *DISPOSIÇÕES PRELIMINARES*

ART. 19. Incumbe ao SPU promover, em nome da Fazenda Nacional, a discriminação administrativa das terras na faixa de fronteira e nos Territórios Federais, bem como de outras terras do domínio da União, a fim de descrevê-las, medi-las e extremá-las do domínio particular.

ART. 20. Aos bens imóveis da União, quando indevidamente ocupados, invadidos, turbados na posse, ameaçados de perigos ou confundidos em suas limitações, cabem os remédios de direito comum.

ART. 21. Desdobra-se em duas fases ou instâncias o processo discriminatório, uma administrativa ou amigável, outra judicial, recorrendo a Fazenda Nacional à segunda, relativamente àqueles contra quem não houve surtido ou não puder surtir efeitos a primeira.

Parágrafo único. Dispensar-se-á, todavia, a fase administrativa ou amigável, nas discriminatórias, em que a Fazenda Nacional verificar ser a mesma de todo ou em grande parte ineficaz pela incapacidade, ausência ou conhecida oposição da totalidade ou maioria dos interessados.

SUBSEÇÃO II *DA DISCRIMINAÇÃO ADMINISTRATIVA*

ART. 22. Precederá à abertura da instância administrativa o estudo e reconhecimento prévio da área discriminada, por engenheiro ou agrimensor com exercício no órgão local do SPU, que apresentará relatório ou memorial descritivo:

a) do perímetro com suas características e continência certa ou aproximada ;

b) das propriedades e posses nele localizadas ou a ele confinantes, com os nomes e residências dos respectivos proprietários e possuidores;

c) das criações, benfeitorias e culturas, encontradas, assim como de qualquer manifestação evidente de posse das terras;

d) de um *croquis* circunstanciado quanto possível;

e) de outras quaisquer informações interessantes.

ART. 23. Com o memorial e documentos que porventura o instruírem, o Procurador da Fazenda Pública iniciará o processo, convocando os interessados para em dia, hora e lugar indicados com prazo antecedente não menor de 60 (sessenta) dias se instalarem os trabalhos de discriminação e apresentarem as partes seus títulos documentos e informações que lhe possam interessar.

§ 1º O processo discriminatório correrá na sede da situação da área discriminada ou de sua maior parte;

§ 2º A convocação ou citação será feita aos proprietários, possuidores, confinantes, a todos os interessados em geral, inclusive as mulheres casadas, por editais, e, além disso, cautelarmente, por carta aqueles cujos nomes constarem do memorial do engenheiro ou agrimensor.

§ 3º Os editais serão afixado em lugares públicos nas sedes dos municípios e distritos de paz, publicados 3 (três) vezes do Diário Oficial da União, do Estado ou Território, consoante seja o caso, ou na folha que lhe dar publicidade ao expediente, e 2 (duas) vezes, na imprensa local, onde houver.

ART. 24. No dia, hora e lugar aprazados, o Procurador da Fazenda Pública, acompanhado do engenheiro ou agrimensor autor do memorial, do escrivão para isso designado pelo Chefe do órgão local do SPU, e dos servidores deste, que forem necessários, abrirá a diligência, dará por instalados os trabalhos e mandará fazer pelo escrivão a chamada dos interessados, procedendo-se a seguir ao recebimento, exame e conferência dos memoriais, requerimentos, informações, títulos e documentos apresentados pelos mesmos, bem como ao arrolamento das testemunhas informantes e indicação de 1 (um) ou 2 (dois) peritos que os citados porventura queiram eleger, por maioria de votos, para acompanhar e esclarecer o engenheiro ou agrimensor nos trabalhos topográficos.

§ 1º Com os documentos, pedidos e informações, deverão os interessados, sempre que lhes for possível e tanto quanto o for, prestar esclarecimentos, por escrito ou verbalmente, para serem reduzidos a termo pelo escrivão, acerca da origem e sequência de seus títulos ou posse, da localização, valor estimado e área certa ou aproximada das terras de que se julgarem legítimos senhores ou possuidores, de suas confrontações, dos nomes dos confrontantes, da natureza, qualidade, quantidades e valor das benfeitorias culturas e criações nelas existentes e o montante do imposto territorial porventura pago.

§ 2º As testemunhas oferecidas podem ser ouvidas desde logo e seus depoimentos tomados por escrito, como elementos instrutivos do direito dos interessados.

§ 3º A diligência se prolongará por tantos dias quantos necessários, lavrando-se diariamente auto do que se passar, com assinatura dos presentes.

§ 4º Ultimados os trabalhos desta diligência, serão designados dia e hora para a seguinte, ficando as partes, presentes e revéis, convocadas para ela sem mais intimação.

§ 5º Entre as duas diligências mediará intervalo de 30 (trinta) e 60 (sessenta) dias, durante o qual o Procurador da Fazenda Pública estudará os autos, habilitando-se a pronunciar sobre as alegações, documentos e direitos dos interessados.

ART. 25. A segunda diligência instalar-se-á com as formalidades da primeira, tendo por objeto a audiência dos interessados de lado a lado, o acordo que entre eles se firmar sobre a propriedade e posses que forem reconhecidas, o registro dos que são excluídos do processo, por não haverem chegado a acordo ou serem revéis, e a designação do ponto de partida dos trabalhos topográficos; o que tudo se assentará em autos circunstanciados, com assinatura dos interessados presentes.

ART. 26. Em seguida o engenheiro ou agrimensor acompanhado de tantos auxiliares quantos necessários, procederá aos trabalhos geodésicos e topográficos de levantamento da planta geral das terras, sua situação quanto à divisão administrativa e judiciária do Estado, Distrito ou Território, sua discriminação, medição e demarcação, separando as da Fazenda Nacional das dos particulares.

§ 1º O levantamento técnico se fará com instrumentos de precisão, orientada a planta segundo o meridiano do lugar e determinada e declinação da agulha magnética.

§ 2º A planta deve ser tão minuciosa quanto possível, assinalando as correntes de água com seu valor mecânico, e conformação orográfica aproximativa dos terrenos, as construções existentes, os quinhões de cada um, com as respectivas áreas e situação na divisão administrativa e judiciária do Estado, Distrito ou Território, valos, cercas, muros, tapumes, limites ou marcos divisórios, vias de comunicação e por meio de convenções, as culturas, campos, matas, capoeiras, cerrados, caatingas e brejos.

§ 3º A planta será acompanhada de relatório que descreverá circunstanciadamente as indicações daquela, as propriedades culturais, mineralógicas, pastoris e industriais do solo a qualidade e quantidade das várias áreas de vegetação diversa, a distância dos povoados, pontos de embarque e vias de comunicação.

§ 4º Os peritos nomeados e as partes que quiserem poderão acompanhar os trabalhos topográficos.

§ 5º Se durante estes surgirem dúvidas que interrompam ou embaracem as operações, o engenheiro ou agrimensor as submeterá ao Chefe do órgão local do SPU para que as resolva com a parte interessada, ouvindo os peritos e testemunhas, se preciso.

ART. 27. Tomar-se-á nos autos termo à parte para cada um dos interessados, assinado pelo representante do órgão local do SPU, contendo a descrição precisa, das linhas e marcos divisórios, culturas e outras especificações constantes da planta geral e relatório do engenheiro ou agrimensor.

ART. 28. Findos os trabalhos, de tudo se lavrará auto solene e circunstanciado, em que as partes de lado a lado reconheçam e aceitem, em todos os seus atos, dizeres e operações, a discriminação feita.

O auto fará menção expressa de cada um dos termos a que alude o artigo antecedente e será assinado por todos os interessados, fazendo-o em nome da União, o Procurador da Fazenda Pública.

ART. 29. A discriminação administrativa ou amigável não confere direito algum contra terceiros, senão contra a União e aqueles que forem partes no feito.

ART. 30. É lícito ao interessado tirar no SPU, para seu título, instrumento de discriminação, em forma de carta de sentença, contendo o termo e auto solene a que aludem os arts. 27 e 28. Tal carta, assinada pelo Diretor do SPU, terá força orgânica de instrumento público e conterá todos os requisitos necessários, para transcrições e averbações nos Registros Públicos.

Parágrafo único. Para a providência de que trata este artigo, subirão ao Diretor do SPU, em traslado todas as peças que interessem ao despacho do pedido, com o parecer do órgão local do mesmo Serviço.

ART. 31. Os particulares não pagam custas no processo discriminatório administrativo, salvo pelas diligências a seu exclusivo interesse e pela expedição das cartas de discriminação, para as quais as taxas serão as do Regimento de Custas.

Parágrafo único Serão fornecidas gratuitamente as certidões necessárias à instrução do processo e as cartas de discriminação requeridas pelos possuidores de áreas consideradas diminutas, cujo valor declarado não seja superior a Cr$ 5.000,00 (cinco mil cruzeiros), a critério do SPU

SUBSEÇÃO III

DA DISCRIMINAÇÃO JUDICIAL

ART. 32. Contra aqueles que discordarem em qualquer termo da instância administrativa ou por qualquer motivo não entrarem em composição amigável, abrirá a União, por seu representante em Juízo, a instância judicial contenciosa.

ART. 33. Correrá o processo judiciário de discriminação perante o Juízo competente, de acordo com a organização judiciária.

ART. 34. Na petição inicial, a União requererá a citação dos proprietários, possuidores, confinantes e em geral de todos os interessados, para acompanharem o processo de discriminação até o final, exibindo seus títulos de propriedade ou prestando minuciosas informações sobre suas posses ou ocupações, ainda que sem títulos documentários.

Parágrafo único. A petição será instruída com o relatório a que alude o artigo 22.

ART. 35. A citação inicial compreenderá todos os atos do processo discriminatório sendo de rigor a citação da mulher casada e do Ministério Público, quando houver menor interessado.

ART. 36. A forma e os prazos de citação obedecerão ao que dispõe o Código do Processo Civil.

ART. 37. Entregue em cartório o mandato de citação pessoal devidamente cumprido e findo o prazo da citação edital, terão os interessados o prazo comum de 30 (trinta) dias para as providências ao artigo seguinte.

ART. 38. Com os títulos, documentos e informações, deverão os interessados oferecer esclarecimentos por escrito, tão minuciosos quanto possível, especialmente acerca da origem e sequência de seus títulos, posses e ocupação.

ART. 39. Organizados os autos, tê-los-á com vista por 60 (sessenta) dias o representante da União em Juízo para manifestar-se em memorial minucioso sobre os documentos, informações e pretensões dos interessados, bem como sobre o direito da União às terras que não forem do domínio particular, nos termos do artigo 5º deste Decreto-lei.

Parágrafo único. O Juiz poderá prorrogar, mediante requerimento, o prazo de que trata este artigo no máximo por mais 60 (sessenta) dias.

ART. 40. No memorial, depois de requerer a exclusão das áreas que houver reconhecido como do domínio particular, na forma do artigo antecedente, pedirá, a Procuradoria da República a discriminação das remanescentes como de domínio da União, indicando todos os elementos indispensáveis para esclarecimento da causa e, especialmente, os característicos das áreas que devam ser declaradas do mesmo domínio.

ART. 41. No memorial pedir-se-á a produção das provas juntamente com as perícias necessárias à demonstração do alegado pela União.

ART. 42. Devolvidos os autos a cartório, dar-se-á por edital, com prazo de 30 (trinta) dias, conhecimento das conclusões do memorial aos interessados, para que possam, querendo, concordar com as conclusões da Fazenda Nacional, e requerer a regularização de sua posses ou sanar quaisquer omissões que hajam cometido na defesa de seus direitos. Este edital será publicado 1 (uma) vez no *Diário Oficial da União*, do Estado, ou do Território, consoante seja o caso, ou na folha que lhe publicar o expediente, bem como na imprensa local, onde houver.

ART. 43. Conclusos os autos, o Juiz tomando conhecimento do memorial da União excluirá as áreas por esta reconhecidas como do domínio particular e quanto ao pedido de discriminação das áreas restantes, nomeará para as operações discriminatórias o engenheiro ou agrimensor, 2 (dois) peritos da confiança dele Juiz e os suplentes daquele e destes.

§ 1º O engenheiro ou agrimensor e seu suplente, serão propostos pelo SPU dentre os servidores de que dispuser, ficando-lhe facultado o contratar auxiliares para os serviços de campo.

§ 2º Poderão as partes, por maioria de votos, indicar, ao Juiz, assistente técnico de sua confiança ao engenheiro ou agrimensor.

ART. 44. Em seguida, terão as partes o prazo comum de 20 (vinte) dias para contestação, a contar da publicação do despacho a que se refere o artigo precedente, e que se fará no Diário Oficial da União, do Estado ou do Território, consoante seja o caso, ou na folha que lhe editar o expediente, bem como na imprensa local, se houver.

ART. 45. Se nenhum interessado contestar o pedido, o Juiz julgará de plano procedente a ação.

Parágrafo único. Havendo contestação, a causa tomará o curso ordinário e o Juiz proferirá o despacho saneador.

ART. 46. No despacho saneador procederá o Juiz na forma do art. 294 do Código do Processo Civil.

- Refere-se ao CPC/1939. V. art. 331, § 2º, CPC vigente.
- Súm. 424, STF.

ART. 47. Se não houver sido requerida prova alguma ou findo o prazo para sua produção, mandará o Juiz que se proceda à audiência da instrução e julgamento na forma do Código de Processo Civil.

ART. 48. Proferida a sentença e dele intimados os interessados, iniciar-se-á, a despeito de qualquer recurso, o levantamento e demarcação do perímetro declarado devoluto, extremando-o das áreas declaradas particulares, contestes e incontestes; para o que requererá a Fazenda Nacional, ou qualquer dos interessados, designação de dia, hora e lugar para começo das operações técnicas da discriminação, notificadas as partes presentes ou representadas, o engenheiro ou agrimensor e os peritos.

§ 1º O recurso da sentença será o que determinar o Código do Processo Civil para decisões análogas;

§ 2º O recurso subirá ao Juízo ad quem nos autos suplementares, que se organizarão como no processo ordinário;

§ 3º Serão desde logo avaliadas, na forma do direito, as benfeitorias indenizáveis dos interessados que foram excluídos ou de terceiros, reconhecidos de boa-fé pela sentença (Código do Processo Civil, art. 996, parágrafo único).

- Refere-se ao CPC/1939.

ART. 49. Em seguida, o engenheiro ou agrimensor, acompanhado de seus auxiliares procederá aos trabalhos geodésicos e topográficos de levantamento da planta geral das terras, sua situação quanto à divisão administrativa e judiciária do Estado, Distrito ou Território, sua discriminação, medição e demarcação, separando-as das terras particulares.

Parágrafo único. Na demarcação do perímetro devoluto atenderá o engenheiro ou agrimensor à sentença, títulos, posses, marcos, rumos, vestígios encontrados, fama da vizinhança, informações de testemunhas e antigos conhecedores do lugar e a outros elementos que coligir.

ART. 50. A planta levantada com os requisitos do artigo antecedente, será instruída pelo engenheiro ou agrimensor com minucioso relatório ou memorial, donde conste necessariamente a descrição de todas as glebas devolutas abarcadas pelo perímetro geral. Para execução desses trabalhos o Juiz marcará prazo prorrogável a seu prudente arbítrio.

ART. 51. A planta, que será autenticada pelo Juiz, engenheiro ou agrimensor e peritos, deverá ser tão minuciosa quanto possível, assinalando as correntes d'água, a conformação orográfica aproximativa dos terrenos, as construções existentes, os quinhões de cada um, com as respectivas áreas e situação na divisão administrativa e judiciária do Estado, Distrito ou Território, valos, cercas, muros, tapumes, limites ou marcos divisórios, vias de comunicação e, por meio de convenções, as culturas, campos, matas, capoeiras, cerrados, caatingas e brejos.

ART. 52. O relatório ou memorial descreverá circunstanciadamente as indicações da planta, as propriedades culturais, mineralógicas, pastoris e industriais do solo, a qualidade e quantidade das várias áreas de vegetação diversa, a distância dos povoados, pontos de embarque e vias de comunicação.

ART. 53. Se durante os trabalhos técnicos da discriminação surgirem dúvidas que reclamem a deliberação do Juiz, a este as submeterá o engenheiro ou agrimensor a fim de que as resolva, ouvidos, se preciso, os peritos.

Parágrafo único. O Juiz ouvirá os peritos, quando qualquer interessado alegar falta que deva ser corrigida.

ART. 54. As plantas serão organizadas com observância das normas técnicas que lhes forem aplicáveis.

ART. 55. À planta anexar-se-ão o relatório ou memorial descritivo e as cadernetas das operações de campo, autenticadas pelo engenheiro ou agrimensor.

ART. 56. Concluídas as operações técnicas de discriminação, assinará o Juiz o prazo comum de 30 (trinta) dias aos interessados e outro igual à Fazenda Nacional, para sucessivamente falarem sobre o feito.

ART. 57. A seguir, subirão os autos à conclusão do Juiz para este homologar a discriminação e declarar judicialmente do domínio da União as terras devolutas apuradas no perímetro discriminado e incorporadas ao patrimônio dos particulares, respectivamente, as declaradas do domínio particular, ordenando antes as diligências ou retificações que lhe parecerem necessárias para sua sentença homologatória.

Parágrafo único. Será meramente devolutivo, o recurso que couber contra a sentença homologatória.

ART. 58. As custas do primeiro estádio da causa serão pagas pela parte vencida; as do estádio das operações executivas, topográficas e geodésicas, sê-lo-ão pela União e pelos particulares pro-rata, na proporção da área dos respectivos domínios.

ART. 59. Constituirá atentado, que o Juiz coibirá, mediante simples monitório, o ato da parte que no decurso do processo, dilatar a área de seus domínios ou ocupações, assim como o do terceiro que se intruzar no imóvel em discriminação.

ART. 60. As áreas disputadas pelos que houverem recorrido da sentença a que alude o art. 48, serão discriminadas com as demais, descritas no relatório ou memorial do engenheiro ou agrimensor e assinaladas na planta, em convenções específicas, a fim de que, julgados os recursos se atribuam à União ou aos particulares, conforme o caso, mediante simples juntada aos autos da decisão superior, despacho do Juiz mandando cumpri-la e anotação do engenheiro ou agrimensor na planta.

Parágrafo único. Terão os recorrentes direito de continuar a intervir nos atos discriminatórios e deverão ser para eles intimados até decisão final dos respectivos recursos.

SEÇÃO V
DA REGULARIZAÇÃO DA OCUPAÇÃO DE IMÓVEIS PRESUMIDAMENTE DE DOMÍNIO DA UNIÃO

ART. 61. O SPU exigirá de todo aquele que estiver ocupando imóvel presumidamente pertencente à União, que lhe apresente os documentos e títulos comprobatórios de seus direitos sobre o mesmo.

- Lei 2.185/1954 (Modifica a data de início de contagem do prazo para apresentação dos documentos e pedidos de regularização de posses de terrenos pertencentes ao domínio da União).

§ 1º Para cumprimento do disposto neste artigo, o órgão local do SPU, por edital, sem prejuízo de intimação por outro meio, dará aos interessados o prazo de 60 (sessenta) dias, prorrogáveis por igual termo, a seu prudente arbítrio.

- Lei 2.185/1954 (Modifica a data de início de contagem do prazo para apresentação dos documentos e pedidos de regularização de posses de terrenos pertencentes ao domínio da União).

§ 2º O edital será afixado na repartição arrecadadora da Fazenda Nacional, na localidade da situação do imóvel, e publicado no órgão oficial do Estado ou Território, ou na folha que lhe publicar o expediente, e no Diário Oficial da União, em se tratando de imóvel situado no Distrito Federal.

- Lei 2.185/1954 (Modifica a data de início de contagem do prazo para apresentação dos documentos e pedidos de regularização de posses de terrenos pertencentes ao domínio da União).

ART. 62. Apreciados os documentos exibidos pelos interessados e quaisquer outros que possa produzir o SPU, com seu parecer, submeterá ao CTU a apreciação do caso.

Parágrafo único. Examinado o estado de fato e declarado o direito que lhe é aplicável, o CTU restituirá o processo ao SPU para cumprimento da decisão, que então proferir.

ART. 63. Não exibidos os documentos na forma prevista no art. 61, o SPU declarará irregular a situação do ocupante, e, imediatamente, providenciará no sentido de recuperar a União a posse do imóvel esbulhado.

§ 1º Para advertência a eventuais interessados de boa-fé e imputação de responsabilidades civis e penais se for o caso, o SPU tornará pública, por edital, a decisão que declarar a irregularidade da detenção do imóvel esbulhado.

§ 2º A partir da publicação da decisão a que alude o § 1º, se do processo já não constar a prova do vício manifesto da ocupação anterior, considera-se constituída em má fé a detenção de imóvel do domínio presumido da União, obrigado o detentor a satisfazer plenamente as composições da lei.

TÍTULO II
DA UTILIZAÇÃO DOS BENS IMÓVEIS DA UNIÃO

CAPÍTULO I
DISPOSIÇÕES GERAIS

ART. 64. Os bens imóveis da União não utilizados em serviço público poderão, qualquer que seja a sua natureza, ser alugados, aforados ou cedidos.

§ 1º A locação se fará quando houver conveniência em tornar o imóvel produtivo, conservando porém, a União, sua plena propriedade, considerada arrendamento mediante condições especiais, quando objetivada a exploração de frutos ou prestação de serviços.

§ 2º O aforamento se dará quando coexistirem a conveniência de radicar-se o indivíduo ao solo e a de manter-se o vínculo da propriedade pública.

§ 3º A cessão se fará quando interessar à União concretizar, com a permissão da utilização gratuita de imóvel seu, auxílio ou colaboração que entenda prestar.

ARTS. 65 e 66. (Revogados pela Lei 9.636/1998.)

ART. 67. Cabe privativamente ao SPU a fixação do valor locativo e venal das imóveis de que trata este Decreto-lei.

ART. 68. Os foros, laudêmios, taxas, cotas, aluguéis e multas serão recolhidos na estação arrecadadora da Fazenda Nacional com jurisdição na localidade do imóvel.

Parágrafo único. Excetuam-se dessa disposição os pagamentos que, na forma deste Decreto-lei, devam ser efetuados mediante desconto em folha.

ART. 69. As repartições pagadoras da União remeterão mensalmente ao SPU relação nominal dos servidores que, a título de taxa ou aluguel, tenham sofrido desconto em folha de pagamento, com indicação das importâncias correspondentes.

Parágrafo único. O desconto a que se refere o presente artigo não se somará a outras consignações, para enfeiro de qualquer limite.

ART. 70. O ocupante do próprio nacional, sob qualquer das modalidades previstas neste Decreto-lei, é obrigado a zelar pela conservação do imóvel, sendo responsável pelos danos ou prejuízos que nele tenha causado.

ART. 71. O ocupante de imóvel da União sem assentimento desta, poderá ser sumariamente despejado e perderá, sem direito a qualquer indenização, tudo quanto haja incorporado ao solo, ficando ainda sujeito ao disposto nos arts. 513, 515 e 517 do Código Civil.

‣ Arts. 1.216; 1.218; e 1.220, CC/2002.

Parágrafo único. Excetuam-se dessa disposição os ocupantes de boa-fé, com cultura efetiva e moradia habitual, e os direitos assegurados por este Decreto-lei.

ART. 72. Os editais de convocação a concorrências serão obrigatoriamente afixados, pelo prazo mínimo de 15 dias, na estação arrecadadora da Fazenda Nacional com jurisdição na localidade do imóvel e, quando convier, em outras repartições federais, devendo, ainda, sempre que possível, ter ampla divulgação em órgão de imprensa oficial e por outros meios de publicidade.

Parágrafo único. A fixação do edital será sempre atestada pelo Chefe da repartição em que se tenha feito.

ART. 73. As concorrências serão realizadas na sede da repartição local do SPU

§ 1º Quando o Diretor do mesmo Serviço julgar conveniente, poderá qualquer concorrência ser realizada na sede do órgão central da repartição.

§ 2º Quando o objeto da concorrência for imóvel situado em lugar distante ou de difícil comunicação, poderá o Chefe da repartição local do SPU delegar competência ao Coletor Federal da localidade para realizá-la.

§ 3º As concorrências serão aprovadas pelo chefe da repartição local do SPU, *ad referendum* do Diretor do mesmo Serviço, salvo no caso previsto no § 1º deste artigo, era que compete ao Diretor do SPU aprová-las.

ART. 74. Os termos, ajustes ou contratos relativos a imóveis da União, serão lavrados na repartição local ao SPU e terão, para qualquer efeito, força de escritura pública. sendo isentos de publicação, para fins de seu registro pelo Tribunal de Contas.

§ 1º Quando as circunstâncias aconselharem, poderão os atos de que trata o presente artigo ser lavrados em repartição arrecadadora da Fazenda Nacional, situada na localidade do imóvel.

§ 2º Os termos de que trata o item I do art. 85 serão lavrados na sede da repartição a que tenha sido entregue o imóvel.

§ 3º São isentos de registro pelo Tribunal de Contas os termos e contratos celebrados para os fins previstos nos arts. 79 e 80 deste Decreto-lei.

ART. 75. Nos termos, ajustes e contratos relativos a imóveis, a União será representada por Procurador da Fazenda Pública que poderá, para esse fim delegar competência a outro servidor federal.

§ 1º Nos termos de que trata o artigo 79, representará o SPU o Chefe de sua repartição local, que, no interesse do serviço, poderá para isso delegar competência a outro funcionário do Ministério da Fazenda.

§ 2º Os termos a que se refere o art. 85 serão assinados perante o Chefe da repartição interessada.

CAPÍTULO II
DA UTILIZAÇÃO EM SERVIÇO PÚBLICO

SEÇÃO I
DISPOSIÇÕES GERAIS

ART. 76. São considerados como utilizados em serviço público os imóveis ocupados:

I - por serviço federal;

II - por servidor da União, como residência em caráter obrigatório.

‣ Arts. 86; 94; e 213 deste Decreto-Lei.

ART. 77. A administração dos próprios nacionais aplicados em serviço público compete às repartições que os tenham a seu cargo, enquanto durar a aplicação. Cessada esta, passarão esses imóveis, independentemente do ato especial, à administração do SPU.

ART. 78. O SPU velará para que não sejam mantidos em uso público ou administrativo imóveis da União que ao mesmo uso não sejam estritamente necessários, levando ao conhecimento da autoridade competente as ocorrências que a esse respeito se verifiquem.

SEÇÃO II
DA APLICAÇÃO EM SERVIÇO FEDERAL

ART. 79. A entrega de imóvel para uso da Administração Pública Federal direta compete privativamente à Secretaria do Patrimônio da União - SPU. (Redação dada pela Lei 9.636/1998.)

§ 1º A entrega, que se fará mediante termo, ficará sujeita a confirmação 2 (dois) anos após a assinatura do mesmo, cabendo ao SPU ratificá-la, desde que, nesse período tenha o imóvel sido devidamente utilizado no fim para que fora entregue.

§ 2º O chefe de repartição, estabelecimento ou serviço federal que tenha a seu cargo próprio nacional, não poderá permitir, sob pena de responsabilidade, sua invasão, cessão, locação ou utilização em fim diferente do que lhe tenha sido prescrito.

§ 3º Havendo necessidade de destinar imóvel ao uso de entidade da Administração Pública Federal indireta, a aplicação se fará sob o regime da cessão de uso. (Incluído pela Lei 9.636/1998.)

§ 4º Não subsistindo o interesse do órgão da administração pública federal direta na utilização de imóvel da União entregue para uso no serviço público, deverá ser formalizada a devolução mediante termo acompanhado de laudo de vistoria, recebido pela gerência regional da Secretaria do Patrimônio da União, no qual deverá ser informada a data da devolução. (Incluído pela Lei 11.481/2007.)

§ 5º Constatado o exercício de posse para fins de moradia em bens entregues a órgãos ou entidades da administração pública federal e havendo interesse público na utilização destes bens para fins de implantação de programa ou ações de regularização fundiária ou para titulação em áreas ocupadas por comunidades tradicionais, a Secretaria do Patrimônio da União fica autorizada a reaver o imóvel por meio de ato de cancelamento da entrega, destinando o imóvel para a finalidade que motivou a medida, ressalvados os bens imóveis da União que estejam sob a administração do Ministério da Defesa e dos Comandos da Marinha, do Exército e da Aeronáutica, e observado o disposto no inciso III do § 1º do art. 91 da Constituição Federal. (Incluído pela Lei 11.481/2007.)

§ 6º O disposto no § 5º deste artigo aplica-se, também, a imóveis não utilizados para a finalidade prevista no ato de entrega de que trata o *caput* deste artigo, quando verificada a necessidade de sua utilização em programas de provisão habitacional de interesse social. (Incluído pela Lei 11.481/2007.)

SEÇÃO III
DA RESIDÊNCIA OBRIGATÓRIA DE SERVIDOR DA UNIÃO

ART. 80. A residência de servidor da União em próprio nacional ou em outro imóvel utilizado em serviço publico federal, somente será considerada obrigatória quando for indispensável, por necessidade de vigilância ou assistência constante.

ART. 81. O ocupante, em caráter obrigatório, de próprio nacional ou de outro imóvel utilizado em serviço público federal, fica sujeito ao pagamento da taxa de 3% (três por cento) ao ano sobre o valor atualizado, do imóvel ou da parte nele ocupada, sem exceder a 20% (vinte por cento) do seu vencimento o salário.

§ 1º Em caso de ocupação de imóvel alugado pela União, a taxa será de 50% (cinquenta por cento) sobre o valor locativo da parte ocupada.

§ 2º A taxa de que trata o presente artigo será arrecadada mediante desconto mensal em folha de pagamento.

§ 3º É isento do pagamento da taxa o servidor da União que ocupar:

I - construção improvisada, junto à obra em que esteja trabalhando;

II - próprio nacional ou prédio utilizado por serviço público federal, em missão de caráter transitório, de guarda, plantão, proteção ou assistência; ou

III - Alojamentos militares ou instalações semelhantes.

§ 4º O servidor que ocupar próprio nacional ou outro imóvel utilizado em serviço público da União, situado na zona rural, pagará apenas a taxa anual de 0,50%, sobre o valor atualizado do imóvel, ou da parte nele ocupada. (Incluído pela Lei 225/1948.)

§ 5º A taxa de uso dos imóveis ocupados por servidores militares continuará a ser regida pela legislação específica que dispõe sobre a remuneração dos militares, resguardado o disposto no § 3º em se tratando de residência em alojamentos militares ou em instalações semelhantes. (Incluído pela Lei 9.636/1998.)

ART. 82. A obrigatoriedade da residência será determinada expressamente por ato do Ministro de Estado, sob a jurisdição de cujo Ministério se encontrar o imóvel, ouvido previamente o SPU. (Redação dada pela Lei 225/1948.)

Parágrafo único. Os imóveis residenciais administrados pelos órgãos militares e destinados a ocupação por servidor militar, enquanto utilizados nesta finalidade, serão considerados de caráter obrigatório, independentemente dos procedimentos previstos neste artigo. (Redação dada pela Lei 9.636/1998.)

ART. 83. O ocupante, em caráter obrigatório, de próprio nacional, não poderá no todo ou em parte, cedê-lo, alugá-lo ou dar-lhe destino diferente do residencial.

§ 1º A infração do disposto neste artigo constituirá falta grave, para o fim previsto no artigo 234 do Decreto-Lei 1.713, de 28 de outubro de 1939.

§ 2º Verificada a hipótese prevista no parágrafo anterior, o SPU, ouvida a repartição interessada, examinará a necessidade de ser mantida a condição de obrigatoriedade de residência no imóvel, e submeterá o assunto, com o seu parecer e pelos meios competentes, à deliberação do Presidente da República.

ART. 84. Baixado o ato a que se refere o art. 82 se o caso for de residência em próprio nacional, o Ministério o remeterá, por cópia, ao SPU. (Redação dada pela Lei 225/1948.)

Parágrafo único. A repartição federal que dispuser de imóvel que deva ser ocupado nas condições previstas no § 3º do art. 81 deste Decreto-lei, comunicá-lo-á ao SPU, justificando-o.

ART. 85. A repartição federal que tenha sob sua jurisdição imóvel utilizado como residência obrigatória de servidor da União deverá:

I - entregá-lo ou recebê-lo do respectivo ocupante, mediante termo de que constarão as condições prescritas pelo SPU;

II - remeter cópia do termo ao SPU;

III - comunicar à repartição pagadora competente a importância do desconto que deva ser feito em folha de pagamento, para o fim previsto no § 2º do artigo 81, remetendo ao SPU cópia desse expediente;

IV - comunicar ao SPU qualquer alteração havida no desconto a que se refere o item anterior, esclarecendo devidamente o motivo que a determinou; e

V - comunicar imediatamente ao SPU qualquer infração das disposições deste Decreto-lei, bem como a cessação da obrigatoriedade de residência, não podendo utilizar o imóvel em nenhum outro fim sem autorização do mesmo Serviço.

CAPÍTULO III
DA LOCAÇÃO

SEÇÃO I
DISPOSIÇÕES GERAIS

ART. 86. Os próprios nacionais não aplicados, total ou parcialmente, nos fins previstos no art. 76 deste Decreto-lei, poderão, a juízo do SPU, ser alugados:

I - para residência de autoridades federais ou de outros servidores da União, no interesse do serviço;

II - para residência de servidor da União, em caráter voluntário;

III - a quaisquer interessados.

ART. 87. A locação de imóveis da União se fará mediante contrato, não ficando sujeita a disposições de outras leis concernentes à locação.

ART. 88. É proibida a sublocação do imóvel, no todo ou em parte, bem como a transferência de locação.

ART. 89. O contrato de locação poderá ser rescindido:

I - quando ocorrer infração do disposto no artigo anterior;

II - quando os alugueis não forem pagos nos prazos estipulados;

III - quando o imóvel for necessário a serviço público, e desde que não tenha a locação sido feita em condições especiais, aprovadas pelo Ministro da Fazenda;

IV - quando ocorrer inadimplemento de cláusula contratual.

§ 1º Nos casos previstos nos itens I e II, a rescisão dar-se-á de pleno direito, imitindo-se a União sumariamente na posse da coisa locada.

§ 2º Na hipótese do item III, a rescisão poderá ser feita em qualquer tempo, por ato administrativo da União, sem que esta fique por isso obrigada a pagar ao locatário indenização de qualquer espécie, excetuada a que se refira a benfeitorias necessárias.

§ 3º A rescisão, no caso do parágrafo anterior, será feita por notificação, em que se consignará o prazo para restituição do imóvel, que será:

a) de 90 (noventa) dias, quando situado em zona urbana;

b) de 180 (cento e oitenta) dias, quando em zona rural.

§ 4º Os prazos fixados no parágrafo precedente poderão, a critério do SPU, ser prorrogados, se requerida a prorrogação em tempo hábil e justificadamente.

ART. 90. As benfeitorias necessárias só serão indenizáveis pela União, quando o SPU tiver sido notificado da realização das mesmas dentro de 120 (cento e vinte) dias contados da sua execução.

ART. 91. Os aluguéis serão pagos:

I - mediante desconto em folha de pagamento, quando a locação se fizer na forma do item I do art. 86;

II - mediante recolhimento à estação arrecadadora da Fazenda Nacional, nos casos previstos nos itens II e III do mesmo art. 86.

§ 1º O SPU comunicará às repartições competentes a importância dos descontos que devam ser feitos para os fins previstos neste artigo.

§ 2º O pagamento dos aluguéis de que trata o item II deste artigo será garantido por depósito em dinheiro, em importância correspondente a 3 (três) meses de aluguel.

SEÇÃO II
DA RESIDÊNCIA DE SERVIDOR DA UNIÃO, NO INTERESSE DO SERVIÇO

ART. 92. Poderão ser reservados pelo SPU próprios nacionais, no todo ou em parte, para moradia de servidores da União no exercício de cargo em comissão ou função gratificada, ou que, no interesse do serviço, convenha residam nas repartições respectivas ou nas suas proximidades.

Parágrafo único. A locação se fará sem concorrência e por aluguel correspondente à parte ocupada do imóvel.

ART. 93. As repartições que necessitem de imóveis para o fim previsto no artigo anterior, solicitarão sua reserva ao SPU, justificando a necessidade.

Parágrafo único. Reservado o imóvel e assinado o contrato de locação, o SPU fará sua entrega ao servidor que deverá, ocupá-lo.

SEÇÃO III
DA RESIDÊNCIA VOLUNTÁRIA DE SERVIDOR DA UNIÃO

ART. 94. Os próprios nacionais não aplicados nos fins previstos no artigo 76 ou no item I do art. 86 deste Decreto-lei, e que se prestem para moradia, poderão ser alugados para residência de servidor da União.

§ 1º A locação se fará, pelo aluguel que for fixado e mediante concorrência, que versará sobre as qualidades preferenciais dos candidatos, relativas ao número de dependentes, remuneração e tempo de serviço público.

§ 2º As qualidades preferenciais serão apuradas conforme tabela organizada pelo SPU e aprovada pelo Diretor Geral da Fazenda Nacional, tendo em vista o amparo dos mais necessitados.

SEÇÃO IV
DA LOCAÇÃO A QUAISQUER INTERESSADOS

ART. 95. Os imóveis da União não aplicados em serviço público e que não forem utilizados nos fins previstos nos itens I e II do art. 86, poderão ser alugados a quaisquer interessados.

Parágrafo único. A locação se fará, em concorrência pública e pelo maior preço oferecido, na base mínima do valor locativo fixado.

ART. 96. Em se tratando de exploração de frutos ou prestação de serviços, a locação se fará sob forma de arrendamento, mediante condições especiais, aprovadas pelo Ministro da Fazenda.

Parágrafo único. Salvo em casos especiais, expressamente determinados em lei, não se fará arrendamento por prazo superior a 20 (vinte) anos. (Redação dada pela Lei 11.314/2006.)

ART. 97. Terão preferência para a locação de próprio nacional os Estados e Municípios, que, porém, ficarão sujeitos ao pagamento da cota ou aluguel fixado e ao cumprimento das demais obrigações estipuladas em contrato.

ART. 98. Ao possuidor de benfeitorias, que estiver cultivando, por si e regularmente, terras compreendidas entre as de que trata o art. 65, fica assegurada a preferência para o seu arrendamento, se tal regime houver sido julgado aconselhável para a utilização das mesmas.

Parágrafo único. Não usando desse direito no prazo que for estipulada, será o possuidor das benfeitorias indenizado do valor das mesmas, arbitrado pelo SPU.

CAPÍTULO IV
DO AFORAMENTO

SEÇÃO I
DISPOSIÇÕES GERAIS

ART. 99. A utilização do terreno da União sob regime de aforamento dependerá de prévia autorização do Presidente da República, salvo se já permitida em expressa disposição legal.

Parágrafo único. Em se tratando de terreno beneficiado com construção constituída de unidades autônomas, ou, comprovadamente, para tal fim destinado, o aforamento poderá ter por objeto as partes ideais correspondentes às mesmas unidades.

ART. 100. A aplicação do regime de aforamento a terras da União, quando autorizada na forma deste Decreto-lei, compete ao SPU, sujeita, porém, a prévia audiência:

a) dos Ministérios da Guerra, por intermédio dos Comandos das Regiões Militares; da Marinha, por intermédio das Capitanias dos Portos; da Aeronáutica, por intermédio dos Comandos das Zonas Aéreas, quando se tratar de terrenos situados dentro da faixa de fronteiras, da faixa de 100 (cem) metros ao longo da costa marítima ou de uma circunferência de 1.320 (mil trezentos e vinte) metros de raio em torno das fortificações e estabelecimentos militares;

b) do Ministério da Agricultura, por intermédio dos seus órgãos locais interessados, quando se tratar de terras suscetíveis de aproveitamento agrícola ou pastoril;

c) do Ministério da Viação e Obras Públicas, por intermédio de seus órgãos próprios locais, quando se tratar de terrenos situados nas proximidades de obras portuárias, ferroviárias, rodoviárias, de saneamento ou de irrigação;

d) das Prefeituras Municipais, quando se tratar de terreno situado em zona que esteja sendo urbanizada.

§ 1º A consulta versará sobre zona determinada, devidamente caracterizada.

§ 2º Os órgãos consultados deverão se pronunciar dentro de 30 (trinta) dias do recebimento da consulta, prazo que poderá ser prorrogado por outros 30 (trinta) dias, quando solicitado, importando o silêncio em assentimento à aplicação do regime enfitêutico na zona caracterizada na consulta.

§ 3º As impugnações, que se poderão restringir a parte da zona sobre que haja versado a consulta, deverão ser devidamente fundamentadas.

§ 4º O aforamento, à vista de ponderações dos órgãos consultados, poderá subordinar-se a condições especiais.

§ 5º Considerando improcedente à impugnação, o SPU submeterá o fato a decisão do Ministro da Fazenda.

§ 6º Nos casos de aplicação do regime de aforamento gratuito com vistas na regularização fundiária de interesse social, ficam dispensadas as audiências previstas neste artigo, ressalvados os bens imóveis sob administração do Ministério da Defesa e dos Comandos do Exército, da Marinha e da Aeronáutica. (Incluído pela Lei 11.481/2007.)

§ 7º Quando se tratar de imóvel situado em áreas urbanas consolidadas e fora da faixa de segurança de que trata o § 3º do art. 49 do Ato das Disposições Constitucionais Transitórias, serão dispensadas as audiências previstas neste artigo e o procedimento será estabelecido em norma da Secretaria de Patrimônio da União. (Acrescentado pela Lei 13.240/2015.)

ART. 101. Os terrenos aforados pela União ficam sujeitos ao foro de 0,6% (seis décimos por cento) do valor do respectivo domínio pleno, que será anualmente atualizado. (Redação dada pela Lei 7.450/1985.)

§ 1º (Revogado pelo Dec.-Lei 2.398/1987.)

Parágrafo único. O não pagamento do foro durante três anos consecutivos, ou quatro anos intercalados, importará a caducidade do aforamento. (Redação dada pela Lei 9.636/1998.)

ART. 102. (Revogado pelo Dec.-Lei 2.398/1987.)

ART. 103. O aforamento extinguir-se-á: (Redação dada pela Lei 11.481/2007.)

I - por inadimplemento de cláusula contratual; (Incluído pela Lei 11.481/2007.)

II - por acordo entre as partes; (Incluído pela Lei 11.481/2007.)

III - pela remissão do foro, nas zonas onde não mais subsistam os motivos determinantes da aplicação do regime enfitêutico; (Incluído pela Lei 11.481/2007.)

IV - pelo abandono do imóvel, caracterizado pela ocupação, por mais de 5 (cinco) anos, sem contestação, de assentamentos informais de baixa renda, retornando o domínio útil à União; ou (Incluído pela Lei 11.481/2007.)

V - por interesse público, mediante prévia indenização. (Incluído pela Lei 11.481/2007.)

§ 1º Consistindo o inadimplemento de cláusula contratual no não pagamento do foro durante três anos consecutivos, ou quatro anos intercalados, é facultado ao foreiro, sem prejuízo do disposto no art. 120, revigorar o aforamento mediante as condições que lhe forem impostas. (Redação dada pela Lei 9.636/1998.)

§ 2º Na consolidação pela União do domínio pleno de terreno que haja concedido em aforamento, deduzir-se-á do valor do mesmo domínio a importância equivalente a 17% (dezessete por cento), correspondente ao valor do domínio direto. (Redação dada pela Lei 9.636/1998.)

SEÇÃO II
DA CONSTITUIÇÃO

ART. 104. Decidida a aplicação do regime enfitêutico a terrenos compreendidos em determinada zona, a SPU notificará os interessados com preferência ao aforamento nos termos dos arts. 105 e 215, para que o requeiram dentro do prazo de cento e oitenta dias, sob pena de perda dos direitos que porventura lhes assistam. (Redação dada pela Lei 9.636/1998.)

Parágrafo único. A notificação será feita por edital afixado na repartição arrecadadora da Fazenda Nacional com jurisdição na localidade do imóvel, e publicado no Diário Oficial da União, mediante aviso publicado três vezes, durante o período de convocação, nos dois jornais de maior veiculação local e, sempre que houver interessados conhecidos, por carta registrada. (Redação dada pela Lei 9.636/1998.)

ART. 105. Tem preferência ao aforamento:

1º - os que tiverem título de propriedade devidamente transcrito no Registo de Imóveis;

2º - os que estejam na posse dos terrenos, com fundamento em título outorgado pelos Estados ou Municípios;

3º - os que, necessariamente, utilizam os terrenos para acesso às suas propriedades;

4º - os ocupantes inscritos até o ano de 1940, e que estejam quites com o pagamento das devidas taxas, quanto aos terrenos de marinha e seus acrescidos;

5º - (Revogado pela Lei 9.636/1998.)

6º - os concessionários de terrenos de marinha, quanto aos seus acrescidos, desde que estes não possam constituir unidades autônomas;

7º - os que no terreno possuam benfeitorias, anteriores ao ano de 1940, de valor apreciável em relação ao daquele;

8º a 10 - (Revogados pela Lei 9.636/1998.)

§ 1º As divergências sobre propriedade, servidão ou posse devem ser decididas pelo Poder Judiciário. (Acrescentado pela Lei 13.139/2015. Vigência: 120 dias após sua publicação oficial.)

§ 2º A decisão da Secretaria do Patrimônio da União quanto ao pedido formulado com fundamento no direito de preferência previsto neste artigo constitui ato vinculado e somente poderá ser desfavorável, de forma fundamentada, caso haja algum impedimento, entre aqueles já previstos em lei, informado em consulta formulada entre aquelas previstas na legislação em vigor, ou nas hipóteses previstas no inciso II do art. 9º da Lei n. 9.636, de 15 de maio de 1998. (Acrescentado pela Lei 13.139/2015. Vigência: 120 dias após sua publicação oficial.)

ART. 106. Os pedidos de aforamento serão dirigidos ao Chefe do órgão local do SPU, acompanhados dos documentos comprobatórios dos direitos alegados pelo interessado e de planta ou croquis que identifique o terreno.

ART. 107. (Revogado pelo Dec.-Lei 2.398/1987.)

ART. 108. O Superintendente do Patrimônio da União no Estado apreciará a documentação e, deferindo o pedido, calculará o foro, com base no art. 101, e concederá o aforamento, devendo o foreiro comprovar sua regularidade fiscal perante a Fazenda Nacional até o ato da contratação. (Alterado pela Lei 13.139/2015. Vigência: 120 dias após sua publicação oficial.)

Parágrafo único. O Ministério do Planejamento, Orçamento e Gestão estabelecerá diretrizes e procedimentos simplificados para a concessão do aforamento de que trata o *caput*. (Acrescentado pela Lei 13.139/2015. Vigência: 120 dias após sua publicação oficial.)

ART. 109. Concedido o aforamento, será lavrado em livro próprio da Superintendência do Patrimônio da União o contrato enfitêutico de que constarão as condições estabelecidas e as características do terreno aforado. (Alterado pela Lei 13.139/2015. Vigência: 120 dias após sua publicação oficial.)

ART. 110. Expirado o prazo de que trata o art. 104 e não havendo interesse do serviço público na manutenção do imóvel no domínio pleno da União, a SPU promoverá a venda do domínio útil dos terrenos sem posse, ou daqueles que se encontrem na posse de quem não tenha atendido à notificação a que se refere o mesmo artigo ou de quem, tendo requerido, não tenha preenchido as condições necessárias para obter a concessão do aforamento. (Redação dada pela Lei 9.636/1998.)

ART. 111. (Revogado pelo Dec.-Lei 2.398/1987.)

SEÇÃO III
DA TRANSFERÊNCIA

ARTS. 112 a **115.** (Revogados pelo Dec.-Lei 2.398/1987.)

ART. 115-A. Efetuada a transação e transcrito o título no registro de imóveis, o antigo foreiro, exibindo os documentos comprobatórios, deverá comunicar a transferência à Superintendência do Patrimônio da União, no prazo de até sessenta dias, sob pena de permanecer responsável pelos débitos que vierem a incidir sobre o imóvel até a data da comunicação. (Acrescentado pela Lei 13.465/2017.)

ART. 116. Efetuada a transação e transcrito o título no Registro de Imóveis, o adquirente, exibindo os documentos comprobatórios, deverá requerer, no prazo de 60 (sessenta) dias, que para o seu nome se transfiram as obrigações enfitêuticas.

§ 1º A transferência das obrigações será feita mediante averbação, no órgão local do SPU, do título de aquisição devidamente transcrito no Registro de Imóveis, ou, em caso de transmissão parcial do terreno, mediante termo.

§ 2º O adquirente estará sujeito à multa de 0,50% (cinquenta centésimos por cento), por mês ou fração, sobre o valor do terreno, caso não requeira a transferência no prazo estabelecido no *caput* deste artigo. (Alterado pela Lei 13.465/2017.)

§ 3º Para fatos geradores anteriores a 22 de dezembro de 2016, a cobrança da multa de que trata o § 2º deste artigo será efetuada de forma proporcional, regulamentada por intermédio de ato específico da Secretaria do Patrimônio da União (SPU). (Acrescentado pela Lei 13.465/2017.)

ART. 117. (Revogado pelo Dec.-Lei 2.398/1987.)

SEÇÃO IV
DA CADUCIDADE E REVIGORAÇÃO

ART. 118. Caduco o aforamento na forma do parágrafo único do art. 101, o órgão local da SPU notificará o foreiro, por edital, ou quando possível por carta registrada, marchando-lhe o prazo de noventa dias para apresentar qualquer reclamação ou solicitar a revigoração do aforamento.(Redação dada pela Lei 9.636/1998.)

Parágrafo único. Em caso de apresentação de reclamação, o prazo para o pedido de revigoração será contado da data da notificação ao foreiro da decisão final proferida.

ART. 119. Reconhecido o direito do requerente e pagos os foros em atraso, o chefe do órgão local da Secretaria do Patrimônio da União concederá a revigoração do aforamento. (Redação dada pela Lei 11.481/2007.)

Parágrafo único. A Secretaria do Patrimônio da União disciplinará os procedimentos operacionais destinados à revigoração de que trata o *caput* deste artigo. (Incluído pela Lei 11.481/2007.)

ART. 120. A revigoração do aforamento poderá ser negada se a União necessitar do terreno para serviço público, ou, quanto às terras de que trata o art. 65, quando não estiverem as mesmas sendo utilizadas apropriadamente, obrigando-se, nesses casos, à indenização das benfeitorias porventura existentes.

ART. 121. Decorrido o prazo de que trata o art. 118, sem que haja sido solicitada a revigoração do aforamento, o Chefe do órgão local do SPU providenciará no sentido de ser cancelado o aforamento no Registro de Imóveis e procederá na forma do disposto no art. 110.

Parágrafo único. Nos casos de cancelamento do registro de aforamento, considera-se a certidão da Secretaria do Patrimônio da União de cancelamento de aforamento documento hábil para o cancelamento de registro nos termos do inciso III do *caput* do art. 250 da Lei 6.015, de 31 de dezembro de 1973. (Incluído pela Lei 11.481/2007.)

SEÇÃO V
DA REMISSÃO

ART. 122. Autorizada, na forma do disposto no art. 103, a remissão do aforamento dos terrenos compreendidos em determinada zona, o SPU notificará os foreiros, na forma do parágrafo único do art. 104, da autorização concedida.

Parágrafo único. A decisão da Secretaria do Patrimônio da União sobre os pedidos de remissão do aforamento de terreno de marinha e/ou acrescido de marinha localizado fora da faixa de segurança constitui ato vinculado. (Alterado pela Lei 13.139/2015. Vigência: 120 dias após sua publicação oficial.)

ART. 123. A remição do aforamento será feita pela importância correspondente a 17% (dezessete por cento) do valor do domínio pleno do terreno, excluídas as benfeitorias. (Acrescentado pela Lei 13.240/2015.)

ART. 124. Efetuado o resgate, o órgão local do SPU expedirá certificado de remissão, para averbação no Registro de Imóveis.

CAPÍTULO V
DA CESSÃO

ARTS. 125 e **126.** (Revogados pela Lei 9.636 /1998.)

CAPÍTULO VI
DA OCUPAÇÃO

▸ Art. 32, Lei 6.383/1976 (Lei das Ações Discriminatórias).

ART. 127. Os atuais ocupantes de terrenos da União, sem título outorgado por esta, ficam obrigados ao pagamento anual da taxa de ocupação.

§§ 1º e **2º** (Revogados pelo Dec.-Lei 2.398 /1987.)

ART. 128. O pagamento da taxa será devido a partir da inscrição de ocupação, efetivada de ofício ou a pedido do interessado, não se vinculando ao cadastramento do imóvel. (Alterado pela Lei 13.139/2015. Vigência: 120 dias após sua publicação oficial.)

§§ 1º a **3º** (Revogados pela Lei 13.139/2015.)

§ 4º Caso o imóvel objeto do pedido de inscrição de ocupação não se encontre cadastrado, a Secretaria do Patrimônio da União do Ministério do Planejamento, Orçamento e Gestão efetuará o cadastramento. (Acrescentado pela Lei 13.139/2015. Vigência: 120 dias após sua publicação oficial.)

ARTS. 129 e **130.** (Revogados pelo Dec.-Lei 2.398/1987.)

ART. 131. A inscrição e o pagamento da taxa de ocupação, não importam, em absoluto, no reconhecimento, pela União, de qualquer direito de propriedade do ocupante sobre o terreno ou ao seu aforamento, salvo no caso previsto no item 4 do artigo 105.

ART. 132. A União poderá, em qualquer tempo que necessitar do terreno, imitir-se na posse do mesmo, promovendo sumariamente a sua desocupação, observados os prazos fixados no § 3º do art. 89.

§ 1º As benfeitorias existentes no terreno somente serão indenizadas, pela importância arbitrada pelo SPU, se por este for julgada de boa-fé a ocupação.

§ 2º Do julgamento proferido na forma do parágrafo anterior, cabe recurso para o CTU, no prazo de 30 (trinta) dias da ciência dada ao ocupante.

§ 3º O preço das benfeitorias será depositado em Juízo pelo SPU, desde que a parte interessada não se proponha a recebê-lo.

ART. 132-A. Efetuada a transferência do direito de ocupação, o antigo ocupante, exibindo os documentos comprobatórios, deverá comunicar a transferência à Superintendência do Patrimônio da União, no prazo de até sessenta dias, sob pena de permanecer responsável pelos débitos que vierem a incidir sobre o imóvel até a data da comunicação. (Acrescentado pela Lei 13.465/2017.)

ART. 133. (Revogado pela Lei 9.636/1998.)

TÍTULO III
DA ALIENAÇÃO DOS BENS IMÓVEIS DA UNIÃO

CAPÍTULO I
DISPOSIÇÕES GERAIS

ARTS. 134 a **140.** (Revogados pelo Dec.-Lei 2.398/1987.)

CAPÍTULO II
DOS IMÓVEIS UTILIZÁVEIS EM FINS RESIDENCIAIS

ARTS. 141 a **144.** (Revogados pelo Dec.-Lei 2.398/1987.)

CAPÍTULO III
DOS IMÓVEIS UTILIZÁVEIS EM FINS COMERCIAIS OU INDUSTRIAIS

ARTS. 145 a **148.** (Revogados pelo Dec.-Lei 2.398/1987.)

CAPÍTULO IV
DOS TERRENOS DESTINADOS A FINS AGRÍCOLAS E DE COLONIZAÇÃO

ART. 149. Serão reservados em zonas rurais, mediante escolha do Ministério da Agricultura, na forma da lei, terrenos da União, para estabelecimento de núcleos coloniais.

§ 1º Os terrenos assim reservados, excluídas as áreas destinadas à sede, logradouros e outros serviços gerais do núcleo, serão loteadas para venda de acordo com plano organizado pelo Ministério da Agricultura.

§ 2º O Ministério da Agricultura remeterá ao SPU cópia do plano geral do núcleo, devidamente aprovado.

ART. 150. Os lotes de que trata o § 1º do artigo anterior serão vendidos a nacionais que queiram dedicar-se à agricultura e a estrangeiros agricultores, a critério, na forma da lei, do Ministério da Agricultura.

ART. 151. O preço de venda dos lotes será estabelecido por comissão de avaliação designada pelo Diretor da Divisão de Terras e Colonização (DTC) do Departamento Nacional da Produção Vegetal, do Ministério da Agricultura.

ART. 152. O preço da aquisição poderá ser pago em prestações anuais, até o máximo de 15 (quinze), compreendendo amortização e juros de 6 % (seis por cento) ao ano, em total constante e discriminável conforme o estado real da dívida.

§ 1º A primeira prestação vencer-se-á no último dia do terceiro ano e as demais no último dos anos restantes, sob pena de multa de mora de 5% (cinco por cento) ao ano sobre o valor da dívida.

§ 2º Em caso de atraso de pagamento superior a 2 (dois) anos proceder-se-á à cobrança executiva da dívida, salvo motivo justificado, a critério da DTC.

§ 3º O adquirente poderá, em qualquer tempo, antecipar o pagamento da dívida, bem como fazer amortizações em cotas parciais, não inferiores a Cr$ 1.000,00 (um mil cruzeiros), para o fim de reduzir a importância ou o número das prestações, ou ambos.

ART. 153. Ajustada a transação, lavrar-se-á contrato de promessa de compra e venda, de que constarão todas as condições que hajam sido estipuladas.

Parágrafo único. Para elaboração da minuta do contrato, a DTC remeterá ao SPU os elementos necessários, concernentes à qualificação do adquirente, à identificação do lote e às obrigações estabelecidas, quanto ao pagamento e à utilização do terreno.

ART. 154. Pago o preço total da aquisição, e cumpridas as demais obrigações assumidas, será lavrado o contrato definitivo de compra e venda.

Parágrafo único. Em caso de falecimento do adquirente que tenha pagado 3 (três) prestações, será dispensado o pagamento do restante da dívida aos seus herdeiros, aos quais será outorgado o título definitivo.

ART. 155. O promitente comprador e, quanto a núcleos coloniais não emancipados, o proprietário do lote, não poderão onerar nem por qualquer forma transferir o imóvel, sem prévia licença da DTC.

Parágrafo único. A DTC dará conhecimento ao SPU das licenças que tiver concedido para os fins de que trata o presente artigo.

ART. 156. As terras de que trata o art. 65 poderão ser alienadas sem concorrência, pelo SPU, com prévia audiência do Ministério da Agricultura, aos seus arrendatários, possuidores ou ocupantes.

Parágrafo único. A alienação poderá ser feita nas condições previstas nos arts. 152, 153 e 154, vencível, porém, a primeira prestação no último dia do primeiro ano, e excluída a dispensa de que trata, o parágrafo único do art. 154.

ART. 157. Os contratos de que tratam os artigos anteriores, são sujeitos às disposições deste Decreto-lei.

ART. 158. Cabe ao SPU fiscalizar o pagamento das prestações devidas e à DTC o cumprimento das demais obrigações contratuais.

CAPÍTULO V
DOS TERRENOS OCUPADOS

ARTS. 159 a 163. (Revogados pelo Dec.-Lei 2.398/1987.)

CAPÍTULO VI
DA LEGITIMAÇÃO DE POSSE DE TERRAS DEVOLUTAS

▸ Art. 32, Lei 6.383/1976 (Lei das Ações Discriminatórias).

ART. 164. Proferida a sentença homologatória a que se refere o art. 57, iniciará a Fazenda Nacional a execução, sem embargo de qualquer recurso, requerendo preliminarmente ao Juiz da causa a intimação dos possuidores de áreas reconhecidas ou julgadas devolutas a legitimarem suas posses, caso o queiram, a lei o permita e o Governo Federal consinta-lhes fazê-lo, mediante pagamento das custas que porventura estiverem devendo e recolhimento aos cofres da União, dentro de 60 (sessenta) dias, da taxa de legitimação.

Parágrafo único. O termo de 60 (sessenta) dias começará a correr da data em que entrar em cartório a avaliação da área possuída.

ART. 165. Declarar-se-ão no requerimento aqueles a quem o Governo Federal recusa legitimação.

Dentro de 20 (vinte) dias da intimação os possuidores que quiserem e puderem legitimar suas posses fá-lo-ão saber, mediante comunicação autêntica ao Juiz da causa ou ao SPU.

ART. 166. Consistirá a taxa de legitimação em porcentagem sobre a avaliação, que será feita por perito residente no *foro rei sitae*, nomeado pelo Juiz.

O perito não terá direito a emolumentos superiores aos cifrados no Regimento de Custas Judiciais.

ART. 167. A avaliação recairá exclusivamente sobre o valor do solo, excluído o das benfeitorias, culturas, animais, acessórios e pertences do legitimante.

ART. 168. A taxa será de 5% (cinco por cento) em relação às posses tituladas de menos de 20 (vinte) e mais de 10 (dez) anos, de 10% (dez por cento) às tituladas de menos de 10 (dez) anos: de 20% (vinte por cento) e 15% (quinze por cento) para as não tituladas respectivamente de menos de 15 (quinze) anos ou menos de 30 (trinta) e mais de 15 (quinze).

ART. 169. Recolhidas aos cofres públicos nacionais as custas porventura devidas, as da avaliação e a taxa de legitimação, expedirá o Diretor do SPU, a quem subirá o respectivo processo, o título de legitimação, pelo qual pagará o legitimante apenas o selo devido.

§ 1º O titulo será confeccionado em forma de carta de sentença, com todos os característicos e individuações da propriedade a que se refere, segundo modelo oficial.

§ 2º Deverá ser registrado em livro a isso destinado pelo SPU, averbando-se a o lado, em coluna própria, a publicação no Diário Oficial da União, do Estado ou do Território, consoante seja o caso, ou na folha que lhe publicar o expediente, bem como a transcrição que do respectivo título se fizer no Registro Geral de Imóveis da Comarca de situação das terras, segundo o artigo subsequente.

ART. 170. Será o título transcrito no competente Registro Geral de Imóveis, feita a necessária publicação no Diário Oficial da União, do Estado ou do Território, conforme o caso, ou na folha que lhe editar o expediente.

§ 1º O oficial do Registro de Imóveis remeterá ao SPU uma certidão em relatório da transcrição feita, a fim de ser junta aos autos.

§ 2º Incorrerá na multa de Cr$.. 200,00 (duzentos cruzeiros) a Cr$... 1.000,00 (um mil cruzeiros), aplicada pela autoridade judiciária local, a requerimento do SPU, o oficial que não fizer a transcrição ou remessa dentro de 30 (trinta) dias do recebimento do título.

ART. 171. Contra os que, sendo-lhes permitido fazer, não fizerem a legitimação no prazo legal, promoverá o SPU, a execução de sentença por mandado de imissão de posse.

ART. 172. Providenciará o SPU a transcrição, no competente Registro Geral de Imóveis, das terras sobre que versar a execução, assim como de todas declaradas de domínio da União e a ele incorporadas, para o que se habilitará com carta de sentença, aparelhada no estilo do direito comum.

ART. 173. Aos brasileiros natos ou naturalizados, possuidores de áreas consideradas diminutas, atendendo-se ás peculiaridades locais, com títulos extremamente perfeitos de aquisições de boa-fé, é licito requerer e ao SPU, conceder expedição de título de domínio, sem taxa ou com taxa inferior à fixada no presente Decreto-lei.

ART. 174. O Governo Federal negará legitimação, quando assim entender de justiça, de interesse público ou quando assim lhe ordenar a disposição da lei, cumprindo-lhe, se for o caso, indenizar as benfeitorias feitas de boa-fé.

TÍTULO IV
DA JUSTIFICAÇÃO DE POSSE DE TERRAS DEVOLUTAS

ART. 175. Aos interessados que se acharem nas condições das letras *e, f, g*, e parágrafo único do art. 5º será facultada a justificação administrativa de suas posses perante o órgão local do SPU, a fim de se forrarem a possíveis inquietações da parte da União e a incômodos de pleitos em tela judicial.

ART. 176. As justificações só têm eficácia nas relações dos justificantes com a Fazenda Nacional e não obstam, ainda em caso de malogro, ao uso dos remédios que porventura lhes caibam e a dedução de seus direitos em Juízo, na forma e medida da legislação civil.

ART. 177. O requerimento de justificação será dirigido ao Chefe do órgão local do SPU, indicando o nome, nacionalidade, estado civil e residência do requerente e de seu representante no local da posse, se o tiver; a data da posse e os documentos que possam determinar a época do seu início e continuidade; a situação das terras e indicação da área certa ou aproximada, assim como a natureza das benfeitorias, culturas e criações que houver, com o valor real ou aproximado de uma e outras, a descrição dos limites da posse com indicação de todos os confrontantes e suas residências, o rol de testemunhas e documentos que acaso corroborem o alegado.

ART. 178. Recebido, protocolado e autuado o requerimento com os documentos que o instruírem, serão os autos distribuídos ao Procurador da Fazenda Pública para tomar conhecimento do pedido e dirigir o processo.

Parágrafo único. Se o pedido não se achar em forma, ordenará o referido Procurador ao requerente que complete as omissões, que contiver; se se achar em forma ou for sanado das omissões, admiti-lo-á a processo.

ART. 179. Do pedido dar-se-á então conhecimento a terceiros, por aviso circunstanciado publicado 3 (três vezes dentro de 60) (sessenta) dias, no Diário Oficial da União, do Estado ou Território, consoante for o caso, ou na folha que lhe der publicidade ao expediente, e 2 (duas) vezes com intervalo de 20 (vinte) dias, no jornal da Comarca, ou Município, onde estiverem as terras, se houver, adiantadas as respectivas despesas pelo requerente.

ART. 180. Poderão contestar o pedido, terceiros por ele prejudicados, dentro de 30 (trinta) dias, depois de findo o prazo edital.

Parágrafo único. A contestação mencionará o nome e residência do contestante, motivos de sua oposição e provas em que se fundar. Apresentada a contestação ou findo o prazo para ela marcado, o Procurador da Fazenda Pública requisitará ao SPU um dos seus engenheiros ou agrimensores para, em face dos autos, proceder a uma vistoria sumária da área objeto da justificação e prestar todas as informações que interessem ao despacho do pedido.

ART. 181. Realizada a vistoria, serão as partes admitidas, uma após outra, a inquirir suas testemunhas, cujos depoimentos serão reduzidos a escrito em forma breve pelo escrivão ad hoc, que for designado para servir no processo.

ART. 182. Terminadas as inquirições serão os autos encaminhados, com parecer do Procurador da Fazenda Pública ao Chefe do órgão Local do SPU, para decidir o caso de acordo com as provas colhidas e com outras que possa determinar *ex officio*.

ART. 183. Da decisão proferida pelo Chefe do órgão local do SPU cabe ao Procurador da Fazenda Pública e às partes, recurso voluntário para o Conselho de Terras da União (CTU), dentro do prazo de 30 (trinta) dias da ciência dada aos interessados pessoalmente ou por carta registrada.

Parágrafo único. Antes de presente ao CTU subirão os autos do recurso ao Diretor do SPU para manifestar-se sobre o mesmo.

ART. 184. Julgada procedente a justificação e transitando em julgado a decisão administrativa, expedirá o Diretor do SPU, à vista do processo respectivo, título recognitivo do domínio do justificante, título que será devidamente formalizado como o de legitimação.

ART. 185. Carregar-se-ão às partes interessadas as custas e despesas feitas, salvo as de justificação com assento no art. 148 da Constituição Federal, que serão gratuitas, quando julgadas procedentes.

A contagem se fará pelo Regimento das Custas Judiciais.

TÍTULO V
DO CONSELHO DE TERRAS DA UNIÃO

ART. 186. Fica criado, no Ministério da Fazenda, o Conselho de Terras da União (CTU), órgão coletivo de julgamento e deliberação, na esfera administrativa, de questões concernentes a direitos de propriedade ou posse de imóveis entre a União e terceiros, e de consulta do Ministro da Fazenda.

Parágrafo único. O CTU terá, além disso, as atribuições especificas que lhe forem conferidas no presente Decreto-lei.

ART. 187. O CTU será constituído por 6 (seis) membros, nomeados pelo Presidente da República, e cujos mandatos, com a duração de 3 (três) anos, serão renovados pelo terço.

§ 1º As nomeações recairão em 3 (três) servidores da União, 2 (dois) dos quais Engenheiros e

1 (um) Bacharel em Direito, dentre nomes indicados pelo Ministro da Fazenda, e os restantes escolhidos de listas tríplices apresentadas pela Federação Brasileira de Engenheiros, pela Ordem dos Advogados do Brasil e pela Federação das Associações de Proprietários de Imóveis do Brasil ou, na falta destes, por entidades congêneres.

§ 2º Os Conselhos terão Suplentes, indicados e nomeados na mesma forma daqueles.

§ 3º Aos Suplentes cabe, quando convocados pelo Presidente do Conselho, substituir, nos impedimentos temporário, e nos casos de perda ou renúncia de mandato, os respectivos Conselheiros.

ART. 188. O CTU será presidido por um Conselheiro, eleito anualmente pelos seus pares na primeira reunião de cada ano.

Parágrafo único. Concomitantemente com a do Presidente, far-se-á a eleição do Vice-Presidente, que substituirá aquele em suas faltas e impedimentos.

ART. 189. O CTU funcionará com a maioria de seus membros e realizará no mínimo 8 (oito) sessões mensais, das quais será lavrada ata circunstanciada.

ART. 190. Os processos submetidos ao Conselho serão distribuídos, em sessão, ao Conselheiro relator, mediante sorteio.

§ 1º Os Conselheiros poderão reter, pelo prazo de 15 (quinze) dias, prorrogável, quando solicitado, a critério do Conselho, os processos que lhe tenham sido distribuídos para o relatório, ou conclusos, mediante pedido de vista.

§ 2º Ao Presidente do Conselho, além das que lhes forem cometidas pelo Regimento, compete as mesmas atribuições dos demais Conselheiros.

ART. 191. O CTU decidirá por maioria de votos dos membros presentes, cabendo ao seu Presidente, além do de qualidade, o voto de desempate.

ART. 192. Das decisões do Conselho caberá recurso para o próprio Conselho, no prazo de 20 (vinte) dias úteis, contados da data da decisão proferida.

Parágrafo único. Os recursos somente serão julgados com a presença de, no mínimo, igual número dos membros presentes á sessão em que haja sido proferida a decisão recorrida.

ART. 193. Junto ao Conselho serão admitidos procuradores das partes interessadas no julgamento, aos quais será permitido pronunciamento oral em sessão, constando do processo o instrumento do mandato.

§ 1º A Fazenda Nacional será representada por servidor da União, designado pelo Ministro da Fazenda, cabendo-lhe ter visto dos processos, pelo prazo improrrogável de 15 (quinze) dias, antes do julgamento e depois de estudados pelo Conselheiro relator.

§ 2º O Representante da Fazenda terá Suplente, pela mesma forma designado, que o substituíra em suas faltas e impedimentos.

ART. 194. O CTU, votará e aprovará seu Regimento.

Parágrafo único. Nenhuma alteração se fará no Regimento sem aprovação do Conselho em 2 (duas) sessões consecutivas, a que estejam presentes pelo menos 5 (cinco) Conselheiros.

ART. 195. O Conselho terá uma Secretaria, que será chefiada por um Secretário e terá os auxiliares necessários, todos designados pelo Diretor Geral da Fazenda Nacional.

Parágrafo único. Ao Secretário competirá, além das atribuições que lhe forem cometidas no Regimento, lavrar e assinar nas atas das sessões, que serão submetidas à aprovação do Conselho.

ART. 196. O Conselheiro, que sem causa justificada, a critério do próprio Conselho, faltar a 4 (quatro) sessões Consecutivas, perderá o mandato.

ART. 197. Serão considerados de efetivo exercício os dias em que o Conselheiro, servidor da União, ou o Representante da Fazenda estiver afastado do serviço público ordinário, em virtude de comparecimento a sessão do Conselho.

TÍTULO VI
DISPOSIÇÕES FINAIS E TRANSITÓRIAS

ART. 198. A União tem por insubsistentes e nulas quaisquer pretensões sobre o domínio pleno de terrenos de marinha e seus acrescidos, salvo quando originais em títulos por ela outorgadas na forma do presente Decreto-lei.

ART. 199. A partir da data da publicação do presente Decreto-lei, cessarão as atribuições cometidas a outros órgãos da administração federal, que não o CTU, concernentes ao exame e julgamento, na esfera administrativa, de questões entre a União e terceiros, relativas à propriedade ou posse de imóvel.

› Dec.-Lei 9.886/1946 (Dispõe sobre a comissão de desapropriação de terras no Galeão, e dá outras providências).

§ 1º Os órgãos a que se refere este artigo remeterão ao CTU, dentro de 30 (trinta) dias, os respectivos processos pendentes de decisão final.

§ 2º Poderá, a critério do Governo, ser concedido novo prazo para apresentação, ao CTU, dos títulos de que trata o art. 2º do Decreto-Lei 893, de 26 de novembro de 1938.

ART. 200. Os bens imóveis da União, seja qual for a sua natureza, não são sujeitos a usucapião.

› Súm. 340, STF.

ART. 201. São consideradas divida ativa da União, para efeito de cobrança executiva, as provenientes de aluguéis, taxas, foros, laudêmios e outras contribuições concernentes de utilização de bens imóveis da União.

ART. 202. Ficam confirmadas as demarcações de terrenos de marinha com fundamento em lei vigente na época em que tenham sido realizadas.

ART. 203. Fora dos casos expressos em lei, não poderão as terras devolutas da União serem alienadas ou concedidas senão a título oneroso.

Parágrafo único. Até que sejam regularmente instalados nos Territórios Federais os órgãos locais do SPU, continuarão os Governadores a exercer as atribuições que a lei lhes confere, no que respeita às concessões de terras.

ART. 204. Na faixa de fronteira observar-se-á rigorosamente, em matéria de concessão de terras, o que a respeito estatuir a lei especial, cujos dispositivos prevalecerão em qualquer circunstância.

› Lei 6.634/1979 (Dispõe sobre a faixa de fronteira).

ART. 205. A pessoa estrangeira, física ou jurídica, não serão alienadas, concedidos ou transferidos imóveis da União situados nas zonas de que trata a letra *a* do art. 100, exceto se houver autorização do Presidente da República.

§ 1º Fica dispensada a autorização quando se tratar de unidade autônoma de condomínios, regulados pela Lei 4.591, de 16 de dezembro de 1964, desde que o imóvel esteja situado em zona urbana, e as frações ideais pretendidas, em seu conjunto, não ultrapassem 1/3 (um terço) de sua área total. (Incluído pela Lei 7.450/1985.)

§ 2º A competência prevista neste artigo poderá ser delegada ao Ministro de Estado do Planejamento, Orçamento e Gestão, permitida a subdelegação ao Secretário do Patrimônio da União do Ministério do Planejamento, Orçamento e Gestão. (Alterado pela Lei 13.139/2015. Vigência: 120 dias após sua publicação oficial.)

§ 3º Exclusivamente para pessoas físicas, fica dispensada a autorização quando se tratar de transferência de titularidade de terrenos de até mil metros quadrados, situados dentro da faixa de cem metros ao longo da costa marítima. (Alterado pela Lei 13.465/2017.)

§ 4º A dispensa de que trata o § 3º deste artigo aplica-se, também, aos processos de transferência protocolados na Secretaria do Patrimônio da União (SPU) até 22 de dezembro de 2016. (Alterado pela Lei 13.465/2017.)

ART. 206. Os pedidos de aforamento de terrenos da União, já formulados ao SPU, deverão prosseguir em seu processamento, observadas, porém, as disposições deste Decreto-lei, no que for aplicável.

ART. 207. ADTC do Departamento Nacional da Produção Vegetal, do Ministério da Agricultura, remeterá ao SPU, no prazo de 180 (cento e oitenta) dias da publicação deste Decreto-lei, cópia das plantas dos núcleos coloniais, bem como dos termos, ajustes, contratos e títulos referentes à aquisição de lotes dos mesmos núcleos, e, ainda, relação dos adquirentes e dos pagamentos por eles efetuados.

ART. 208. Dentro de 90 (noventa) dias da publicação deste Decreto-lei, as repartições federais interessadas deverão remeter ao SPU relação dos imóveis de que necessitem, total ou parcialmente, para os fins previstos no artigo 76 e no item I do artigo 86, justificando o pedido.

Parágrafo único. Findo esse prazo, o SPU encaminhará dentro de 30 (trinta) dias ao Presidente da República as relações que dependam de sua aprovação, podendo dar aos demais imóveis da União a aplicação que julgar conveniente, na forma deste Decreto-lei.

ART. 209. As repartições federais deverão remeter ao SPU, no prazo de 60 (sessenta) dias da publicação deste Decreto-lei, relação dos imóveis que tenham a seu cargo, acompanhada da documentação respectiva, com indicação dos que estejam servindo de residência de servidor da União, em caráter obrigatório, e do ato determinante da obrigatoriedade.

ART. 210. Fica cancelada toda dívida existente, até à data da publicação deste Decreto-lei, oriunda de aluguel de imóvel ocupado por servidor da União como residência em caráter obrigatório, determinado em lei, regulamento, regimento ou outros atos do Governo.

ART. 211. Enquanto não forem aprovadas, na forma deste Decreto-lei, as relações de que trata o art. 208, os ocupantes de imóveis que devam constituir residência obrigatória de servidor da União, ficam sujeitos ao pagamento do aluguel comum, que for fixado.

ART. 212. Serão mantidas as locações, mediante contrato, de imóveis da União, existentes na data da publicação deste Decreto-lei.

Parágrafo único. Findo o prazo contratual, o SPU promoverá a conveniente utilização do imóvel.

ART. 213. Havendo, na data da publicação deste Decreto-lei, prédio residencial ocupado sem contrato e que não seja necessário aos fins previstos no artigo 76 e no item I do artigo 86, o SPU promoverá a realização de concorrência para sua regular locação.

§ 1º Enquanto não realizada a concorrência, poderá o ocupante permanecer no imóvel, pagando o aluguel for fixado.

§ 2º Será mantida a locação, independentemente de concorrência, de próprio nacional ocupado por servidor da União pelo tempo ininterrupto de 3 (três) ou mais anos, contados da data da publicação deste Decreto-lei, desde que durante esse período tenha o locatário pago com pontualidade os respectivos aluguéis e, a critério do SPU, conservado satisfatoriamente o imóvel.

§ 3º Na hipótese prevista no parágrafo precedente, o órgão local do SPU promoverá imediatamente a assinatura do respectivo contrato de locação, mediante o aluguel que for fixado.

§ 4º Nos demais casos, ao ocupante será assegurada, na concorrência, preferência à locação, em igualdade de condições.

§ 5º Ao mesmo ocupante far-se-á notificação, com antecedência de 30 (trinta) dias, da abertura da concorrência.

ART. 214. No caso do artigo anterior, sendo, porém, necessário o imóvel aos fins nele mencionados ou não convindo à União alugá-lo por prazo certo, poderá o ocupante nele permanecer, sem contrato, pagando o aluguel que for fixado enquanto não utilizar-se a União do imóvel ou não lhe der outra aplicação.

ART. 215. Os direitos peremptos por força do disposto nos arts. 20, 28 e 35 do Decreto-Lei 3.438, de 17 de Julho de 1941, e 7º do Decreto-Lei 5.666, de 15 da Julho de 1943, ficam revigorados correndo os prazos para o seu exercício da data da notificação de que trata o art. 104 deste Decreto-lei.

ART. 216. O Ministro da Fazenda, por proposta do Diretor do SPU, baixará as instruções e normas necessárias à execução das medidas previstas neste Decreto-lei.

ART. 217. O presente Decreto-lei entra em vigor na data de sua publicação.

ART. 218. Revogam-se as disposições em contrário.

EURICO G. DUTRA

DECRETO-LEI N. 37, DE 18 DE NOVEMBRO DE 1966

Dispõe sobre o imposto de importação, reorganiza os serviços aduaneiros e dá outras providências.

▸ *DOU*, 21.11.1966.

O Presidente da República, usando da atribuição que lhe confere o artigo 31, parágrafo único, do Ato Institucional n. 2, de 27 de outubro de 1965, decreta:

TÍTULO I
IMPOSTO DE IMPORTAÇÃO

CAPÍTULO I
INCIDÊNCIA

ART. 1º O Imposto sobre a Importação incide sobre mercadoria estrangeira e tem como fato gerador sua entrada no Território Nacional. (Redação dada pelo Decreto-Lei 2.472/1988.)

§ 1º Para fins de incidência do imposto, considerar-se-á também estrangeira a mercadoria nacional ou nacionalizada exportada, que retornar ao País, salvo se: (Incluído pelo Decreto-Lei 2.472/1988.)

a) enviada em consignação e não vendida no prazo autorizado; (Incluído pelo Decreto-Lei 2.472/1988.)

b) devolvida por motivo de defeito técnico, para reparo ou substituição; (Incluído pelo Decreto-Lei 2.472/1988.)

c) por motivo de modificações na sistemática de importação por parte do país importador; (Incluído pelo Decreto-Lei 2.472/1988.)

d) por motivo de guerra ou calamidade pública; (Incluído pelo Decreto-Lei 2.472/1988.)

e) por outros fatores alheios à vontade do exportador. (Incluído pelo Decreto-Lei 2.472 /1988.)

§ 2º Para efeito de ocorrência do fato gerador, considerar-se-á entrada no Território Nacional a mercadoria que constar como tendo sido importada e cuja falta venha a ser apurada pela autoridade aduaneira. (Parágrafo único renumerado para § 2º pelo Dec.-Lei 2.472/1988.)

§ 3º Para fins de aplicação do disposto no § 2º deste artigo, o regulamento poderá estabelecer percentuais de tolerância para a falta apurada na importação de granéis que, por sua natureza ou condições de manuseio na descarga, estejam sujeitos à quebra ou decréscimo de quantidade ou peso. (Incluído pelo Decreto-Lei 2.472/1988.)

§ 4º O imposto não incide sobre mercadoria estrangeira: (Incluído pela Lei 10.833/2003.)

I - destruída sob controle aduaneiro, sem ônus para a Fazenda Nacional, antes de desembaraçada; (Redação dada pela Lei 12.350/2010.)

II - em trânsito aduaneiro de passagem, acidentalmente destruída; ou (Incluído pela Lei 10.833/2003.)

III - que tenha sido objeto de pena de perdimento, exceto na hipótese em que não seja localizada, tenha sido consumida ou revendida. (Incluído pela Lei 10.833/2003.)

CAPÍTULO II
BASE DE CÁLCULO

ART. 2º A base de cálculo do imposto é: (Redação dada pelo Decreto-Lei 2.472/1988.)

I - quando a alíquota for específica, a quantidade de mercadoria, expressa na unidade de medida indicada na tarifa; (Redação dada pelo Decreto-Lei 2.472/1988.)

II - quando a alíquota for *ad valorem*, o valor aduaneiro apurado segundo as normas do art.7º do Acordo Geral sobre Tarifas Aduaneiras e Comércio - GATT. (Redação dada pelo Decreto-Lei 2.472/1988.)

ARTS. 3º a 7º (Revogados pelo Dec.-Lei 730/1969.).

CAPÍTULO III
ISENÇÕES E REDUÇÕES

SEÇÃO I
DISPOSIÇÕES GERAIS

ART. 8º O tratamento aduaneiro decorrente de ato internacional, aplica-se exclusivamente a mercadoria originária do país beneficiário.

ART. 9º Respeitados os critérios decorrentes do ato internacional de que o Brasil participe, entender-se-á por país de origem da mercadoria aquele onde houver sido produzida ou, no caso de mercadoria resultante de material ou mão-de-obra de mais de um país, aquele onde houver recebido transformação substancial.

ART. 10. Aos produtos isentos do imposto de importação, na forma prevista neste capítulo, poderá ser concedida isenção ou redução de imposto sobre produtos industrializados, nos termos, limites e condições previstos neste artigo e em regulamento a ser baixado pelo Poder Executivo. (Redação dada pela Lei 5.444/1968.)

§ 1º As importações destinadas à União, Estados, Municípios e Distrito Federal, bem como às Autarquias e demais entidades de direito público interno, ficam também sujeitas às normas previstas neste artigo. (Incluído pela Lei 5.444/1968.)

§ 2º O Poder Executivo, em relação a empresas produtoras de bens industriais, poderá condicionar a isenção ou redução a exportações compensatórias. (Incluído pela Lei 5.444/1968.)

§ 3º As disposições deste artigo aplicam-se aos casos previstos em leis específicas que autorizam a isenção do imposto sobre produtos industrializados nas importações de equipamento para setores de produção determinados, dependendo de lei prévia a ampliação de período e das condições e espécies das isenções. (Incluído pela Lei 5.444/1968.)

ART. 11. Quando a isenção ou redução for vinculada à qualidade do importador, a transferência de propriedade ou uso, a qualquer título, dos bens obriga, na forma do regulamento, ao prévio recolhimento dos tributos e gravames cambiais, inclusive quando tenham sido dispensados apenas estes gravames.

▸ Dec.-Lei 1.581/1977 (Exclui a aplicação do art. 11 do Dec.-Lei 37/1966, aos casos que especifica, extingue créditos tributários).

Parágrafo único. O disposto neste artigo não se aplica aos bens transferidos a qualquer título:

I - a pessoa ou entidades que gozem de igual tratamento fiscal, mediante prévia decisão da autoridade aduaneira;

II - após o decurso do prazo de 5 (cinco) anos da data da outorga da isenção ou redução.

ART. 12. A isenção ou redução, quando vinculada à destinação dos bens, ficará condicionada ao cumprimento das exigências regulamentares, e, quando for o caso, à comprovação posterior do seu efetivo emprego nas finalidades que motivarem a concessão.

SEÇÃO II
BAGAGEM

ART. 13. É concedida isenção do imposto de importação, nos termos e condições estabelecidos no regulamento, à bagagem constituída de: (Redação dada pelo Dec.-Lei 1.123/1970.)

I - roupas e objetos de uso ou consumo pessoal do passageiro, necessários a sua estada no exterior; (Redação dada pelo Dec.-Lei 1.123/1970.)

II - objetos de qualquer natureza, nos limites de quantidade e/ou valor estabelecidos por ato do Ministro da Fazenda; (Redação dada pelo Dec.-Lei 1.123/1970.)

III - outros bens de propriedade de: (Redação dada pelo Dec.-Lei 1.123/1970.)

a) funcionários da carreira diplomática, quando removidos para a Secretaria de Estado das Relações Exteriores, e os que a eles se assemelharem, pelas funções permanentes de caráter diplomático, ao serem dispensados de função exercida no exterior e cujo término importe em seu regresso ao país; (Redação dada pelo Dec.-Lei 1.123/1970.)

b) servidores públicos civis e militares, servidores de autarquias, empresas públicas e sociedades de economia mista, que regressarem ao país, quando dispensados de qualquer função oficial, de caráter permanente, exercida no exterior por mais de 2 (dois) anos ininterruptamente; (Redação dada pelo Dec.-Lei 1.123/1970.)

c) brasileiros que regressarem ao país, depois de servirem por mais de dois anos ininterruptos em organismo internacional, de que o

Brasil faça parte; (Redação dada pelo Dec.-Lei 1.123/1970.)

d) estrangeiros radicados no Brasil há mais de 5 (cinco) anos, nas mesmas condições da alínea anterior; (Redação dada pelo Dec.-Lei 1.123/1970.)

e) pessoas a que se referem as alíneas anteriores, falecidas no período do desempenho de suas funções no exterior; (Redação dada pelo Dec.-Lei 1.123/1970.)

f) brasileiros radicados no exterior por mais de 5 (cinco) anos ininterruptamente, que transfiram seu domicílio para o país; (Redação dada pelo Dec.-Lei 1.123/1970.)

g) estrangeiros que transfiram seu domicílio para o país. (Redação dada pelo Dec.-Lei 1.123/1970.)

h) cientistas, engenheiros e técnicos brasileiros e estrangeiros, radicados no exterior. (Redação dada pelo Dec.-Lei 1.123/1970.)

§ 1º O regulamento disporá sobre o tratamento fiscal a ser dispensado à bagagem do tripulante, aplicando-lhe, no que couber, o disposto neste artigo. (Redação dada pelo Dec.-Lei 1.123/1970.)

§ 2º A isenção a que aludem as alíneas "f" e "g" só se aplicará aos casos de primeira transferência de domicílio ou, em hipótese de outras transferências, se decorridos 5 (cinco) anos do retorno da pessoa ao exterior. (Redação dada pelo Dec.-Lei 1.123/1970.)

§ 3º Para os efeitos fiscais deste artigo, considera-se função oficial permanente, no exterior, a estabelecida regularmente, exercida em terra e que não se extinga com a dispensa do respectivo servidor. (Redação dada pelo Dec.-Lei 1.123/1970.)

§ 4º A isenção de que trata a alínea "h" só será reconhecida quando ocorrerem cumulativamente as seguintes condições: (Redação dada pelo Dec.-Lei 1.123/1970.)

I - que a especialização técnica do interessado esteja enquadrada em Resolução baixada pelo Conselho Nacional de Pesquisas, antes da sua chegada ao País; (Incluído pelo Dec.-Lei 1.123/1970.)

II - que o regresso tenha decorrido de convite do Conselho Nacional de Pesquisas; (Incluído pelo Dec.-Lei 1.123/1970.)

III - que o interessado se comprometa, perante o Conselho Nacional de Pesquisas a exercer sua profissão no Brasil durante o prazo mínimo de 5 (cinco) anos, a partir da data do desembaraço dos bens; (Incluído pelo Dec.-Lei 1.123/1970.)

§ 5º Os prazos referido nas alíneas "b" e "c" do inciso III deste artigo, poderão ser relevados, em caráter excepcional pelo Ministro da Fazenda, por proposta do Ministro a que o servidor estiver subordinado, atendidas as seguintes condições cumulativas; (Redação dada pelo Dec.-Lei 1.123/1970.)

I - designação para função permanente no exterior por prazo superior a 2 (dois) anos; (Incluído pelo Dec.-Lei 1.123/1970.)

II - regresso ao país antes de decorrido o prazo previsto na alínea anterior, por motivo de interesse nacional; (Incluído pelo Dec.-Lei 1.123/1970.)

III - que a interrupção da função tenha se dado, no mínimo, após 1 (ano) ano de permanência no exterior. (Incluído pelo Dec.-Lei 1.123/1970.)

SEÇÃO III
BENS DE INTERESSE PARA O DESENVOLVIMENTO ECONÔMICO

ART. 14. Poderá ser concedida isenção do imposto de importação, nos termos e condições estabelecidas no regulamento:

- Dec. 6.759/2009 (Regulamenta a administração das atividades aduaneiras, e a fiscalização, o controle e a tributação das operações de comércio exterior).

I - Aos bens de capital destinados à implantação, ampliação e reaparelhamento de empreendimentos de fundamental interesse para o desenvolvimento econômico do país;

II - aos bens importados para construção, execução, exploração, conservação e ampliação dos serviços públicos explorados diretamente pelo Poder Público, empresas públicas, sociedades de economia mista e empresas concessionárias ou permissionárias;

III - aos bens destinados a complementar equipamentos, veículos, embarcações, semelhantes fabricados no país, quando a importação for processada por fabricantes com plano de industrialização e programa de nacionalização, aproveitados pelos órgãos competentes;

IV - as máquinas, aparelhos, partes, peças complementares e semelhantes, destinados à fabricação de equipamentos no país por empresas que hajam vencido concorrência internacional referente a projeto de desenvolvimento de atividades básicas.

§ 1º Na concessão a que se refere o inciso I serão consideradas as peculiaridades regionais e observados os critérios de prioridade setorial estabelecidos por órgãos federais de investimento ou planejamento econômico.

§ 2º Compreendem-se, exclusivamente, na isenção do inciso I os bens indicados em projetos que forem analisados e aprovados por órgãos governamentais de investimento ou planejamento.

§ 3º Na concepção prevista no inciso II, exigir-se-á a apresentação de projetos e programas aprovados pelo órgão a que estiver técnica e normativamente subordinada a atividade correspondente.

§ 4º O direito à isenção prevista neste artigo será declarado em resolução do Conselho de Política Aduaneira, nos termos do artigo 27 da Lei n. 3.244, de 14 de agosto de 1957.

SEÇÃO IV
ISENÇÕES DIVERSAS

ART. 15. É concedida isenção do imposto de importação nos termos, limites e condições estabelecidos no regulamento:

I - à União, Estados, Distrito Federal e Municípios;

II - às autarquias e demais entidades de direito público interno;

III - às instituições científicas, educacionais e de assistência social;

IV - às missões diplomáticas e repartições consulares de caráter permanente, e a seus integrantes;

V - às representações de órgãos internacionais e regionais de caráter permanente, de que o Brasil seja membro, e a seus funcionários, peritos, técnicos e consultores estrangeiros, que gozarão do tratamento aduaneiro outorgado ao corpo diplomático quanto às suas bagagens, automóveis, móveis e bens de consumo, enquanto exercerem suas funções de caráter permanente;

VI - às amostras comerciais e às remessas postais internacionais, sem valor comercial;

VII - aos materiais de reposição e conserto para uso de embarcações ou aeronaves, estrangeiras;

VIII - às sementes, espécies vegetais para plantio e animais reprodutores;

IX - aos aparelhos, motores, reatores, peças e acessórios de aeronaves importados por estabelecimento com oficina especializada, comprovadamente destinados à manutenção, revisão e reparo de aeronaves ou de seus componentes, bem como aos equipamentos, aparelhos, instrumentos, máquinas, ferramentas e materiais específicos indispensáveis à execução dos respectivos serviços; (Redação dada pelo Dec.-Lei 1.639/1978.)

X - (Revogado pelo Dec.-Lei 2.433/1988.)

XI - às aeronaves, suas partes, peças e demais materiais de manutenção e reparo, aparelhos e materiais de radiocomunicação, equipamentos de terra e equipamentos para treinamento de pessoal e segurança de voo, materiais destinados às oficinas de manutenção e de reparo de aeronave nos aeroportos, bases e hangares, importados por empresas nacionais concessionárias de linhas regulares de transporte aéreo, por aeroclubes, considerados de utilidade pública, com funcionamento regular, e por empresas que explorem serviços de táxis-aéreos;

XII - às aeronaves, equipamentos e material técnico, destinados a operações de aerolevantamento e importados por empresas de capital exclusivamente nacional que explorem atividades pertinentes, conforme previstas na legislação específica sobre aerolevantamento. (Redação dada pelo Dec.-Lei 1.639/1978.)

ART. 16. Somente podem importar papel com isenção de tributos as pessoas naturais ou jurídicas responsáveis pela exploração da indústria de livro ou de jornal, ou de outra publicação periódica que não contenha, exclusivamente, matéria de propaganda comercial, na forma e mediante o preenchimento dos requisitos indicados no regulamento.

§ 1º As empresas estabelecido no país, como representantes de papel com sede no exterior, dependerão de autorização do Ministro da Fazenda, renovável em cada exercício e seu juízo, para também realizarem a importação, deste que o papel se destina ao uso exclusivo das pessoas a que se refere este artigo. (Redação dada pelo Dec.-Lei 751/1969.)

§ 2º As gráficas que imprimirem publicações das pessoas de que trata este artigo estão igualmente obrigadas ao cumprimento das exigências do regulamento.

§ 3º Não se incluem nas disposições deste artigo catálogos, listas de preços e publicações semelhantes, jornais ou revistas de propaganda de sociedades, comerciais ou não.

§ 4º Poderá ser autorizada a venda de aparas e de bobinas impróprias para impressão, quando destinadas à utilização como matéria-prima.

§ 5º A Secretaria da Receita Federal baixará as normas da escrituração especial a que ficam obrigadas as empresas mencionadas neste artigo, registrando quantidade, origem e destino do papel adquirido ou importado (Incluído pelo Dec.-Lei 751/1969.)

SEÇÃO V
SIMILARIDADE

- Dec. 6.759/2009 (Regulamenta a administração das atividades aduaneiras, e a fiscalização, o controle e a tributação das operações de comércio exterior).

ART. 17. A isenção do imposto de importação somente beneficia produto sem similar nacional, em condições de substituir o importado.

- Lei 12.767/2012 (Dispõe sobre a extinção das concessões de serviço público de energia elétrica e a prestação temporária do serviço e sobre a intervenção para adequação do serviço público de energia elétrica).

- Dec.-Lei 1.554/1977 (Concede isenção de impostos aos objetos integrantes de uma coleção representativa de desenho industrial, importados pela Federação das Indústrias do Estado de São Paulo).

Parágrafo único. Excluem-se do disposto neste artigo:

I - Os casos previstos no artigo 13 e nos incisos IV a VIII do artigo 15 deste decreto-lei e no artigo 4º da Lei n. 3.244, de 14 de agosto de 1957;

II - as partes, pecas, acessórios, ferramentas e utensílios:

a) que, em quantidade normal, acompanham o aparelho, instrumento, máquina ou equipamento;

b) destinados, exclusivamente, na forma do regulamento, ao reparo ou manutenção de aparelho, instrumento, máquina ou equipamento de procedência estrangeira, instalado ou em funcionamento no país.

III - Os casos de importações resultando de concorrência com financiamento internacional superior a 15 (quinze) anos, em que tiver sido assegurada a participação da indústria nacional com uma margem de proteção não inferior a 15% (quinze por cento) sobre o preço CIF, porto de desembarque brasileiro, de equipamento estrangeiro oferecido de acordo com as normas que regulam a matéria.

IV - (Revogado pelo Dec.-Lei 2.433/1988.)

V - bens doados, destinados a fins culturais, científicos e assistenciais, desde que os beneficiários sejam entidades sem fins lucrativos. (Incluído pela Lei 10.833/2003.)

ART. 18. O Conselho de Política Aduaneira formulará critérios, gerais ou específicos, para julgamento da similaridade, à vista das condições de oferta do produto nacional, e observadas as seguintes normas básicas:

- Lei 12.767/2012 (Dispõe sobre a extinção das concessões de serviço público de energia elétrica e a prestação temporária do serviço e sobre a intervenção para adequação do serviço público de energia elétrica).

I - Preço não superior ao custo de importação em cruzeiros do similar estrangeiro, calculado com base no preço normal, acrescido dos tributos que incidem sobre a importação, e de outros encargos de efetivo equivalente;

II - prazo de entrega normal ou corrente para o mesmo tipo de mercadoria;

III - qualidade equivalente e especificações adequadas.

§ 1º Ao formular critérios de similaridade, o Conselho de Política Aduaneira considerará a orientação de órgãos governamentais incumbidos da política relativa a produtos ou a setores de produção.

§ 2º Quando se tratar de projeto de interesse econômico fundamental, financiado por entidade internacional de crédito, poderão ser consideradas, para efeito de aplicação do disposto neste artigo, as condições especiais que regularem a participação da indústria nacional no fornecimento de bens.

§ 3º Não será aplicável o conceito de similaridade quando importar em fracionamento de peça ou máquina, com prejuízo da garantia de bom funcionamento ou com retardamento substancial no prazo de entrega ou montagem.

ART. 19. A apuração da similaridade deverá ser feita pelo Conselho de Política Aduaneira, diretamente ou em colaboração com outros órgãos governamentais ou entidades de classe, antes da importação.

Parágrafo único. Os critérios de similaridade fixados na forma estabelecida neste Decreto-Lei e seu regulamento serão observados pela Carteira de Comércio Exterior, quando do exame dos pedidos de importação.

ART. 20. Independem de apuração, para serem considerados similares, os produtos naturais ou com beneficiamento primário, as matérias-primas e os bens de consumo, de notória produção no país.

ART. 21. No caso das disposições da Tarifa Aduaneira que condicionam a incidência do imposto ou o nível de alíquota à exigência de similar registrado, o Conselho de Política Aduaneira publicará a relação dos produtos com similar nacional.

CAPÍTULO IV
CÁLCULO E RECOLHIMENTO DO IMPOSTO

ART. 22. O imposto será calculado pela aplicação, das alíquotas previstas na Tarifa Aduaneira, sobre a base de cálculo definida no Capítulo II deste título.

ART. 23. Quando se tratar de mercadoria despachada para consumo, considera-se ocorrido o fato gerador na data do registro, na repartição aduaneira, da declaração a que se refere o artigo 44.

Parágrafo único. A mercadoria ficará sujeita aos tributos vigorantes na data em que a autoridade aduaneira efetuar o correspondente lançamento de ofício no caso de: (Redação dada pela Lei 12.350/2010.)

I - falta, na hipótese a que se refere o § 2º do art. 1º; e (Incluído pela Lei 12.350/2010.)

II - introdução no País sem o registro de declaração de importação, a que se refere o inciso III do § 4º do art. 1º. (Incluído pela Lei 12.350/2010.)

ART. 24. Para efeito de cálculo do imposto, os valores expressos em moeda estrangeira serão convertidos em moeda nacional à taxa de câmbio vigente no momento da ocorrência do fato gerador.

Parágrafo único. A taxa a que se refere este artigo será a estabelecida para venda da moeda respectiva no último dia útil de cada semana, para vigência na semana subsequente. (Redação dada pela Lei 7.683/1988.)

ART. 25. Na ocorrência de dano casual ou de acidente, o valor aduaneiro da mercadoria será reduzido proporcionalmente ao prejuízo, para efeito de cálculo dos tributos devidos, observado o disposto no art. 60. (Redação dada pela Lei 12.350/2010.)

Parágrafo único. Quando a alíquota for específica, o montante do imposto será reduzido proporcionalmente ao valor do prejuízo apurado.

ART. 26. Na transferência de propriedade ou uso de bens prevista no art.11, os tributos e gravames cambiais dispensados quando da importação, serão reajustados pela aplicação dos índices de correção monetária fixados pelo Conselho Nacional de Economia e das taxas de depreciação estabelecidas no regulamento.

ART. 27. O recolhimento do imposto será realizado na forma e momento indicados no regulamento.

CAPÍTULO V
RESTITUIÇÃO

ART. 28. Conceder-se-á restituição do imposto, na forma do regulamento:

I - quando apurado excesso no pagamento, decorrente de erro de cálculo ou de aplicação de alíquota;

II - quando houver dano ou avaria, perda ou extravio.

§ 1º A restituição de tributos independe da iniciativa do contribuinte, podendo processar-se de ofício, como estabelecer o regulamento, sempre que se apurar excesso de pagamento na conformidade deste artigo.

§ 2º As reclamações do importador quanto a erro ou engano, nas declarações, sobre quantidade ou qualidade da mercadoria, ou no caso do inciso II deste artigo, deverão ser apresentadas antes de sua saída de recintos aduaneiros.

ART. 29. A restituição será efetuada, mediante anulação contábil da respectiva receita, pela autoridade incumbida de promover a cobrança originária, a qual, ao reconhecer o direito creditório contra a Fazenda Nacional, autorizará a entrega da importância considerada indevida.

§ 1º Quando a importância a ser restituída for superior a Cr$ 5.000.000 (cinco milhões de cruzeiros) o chefe da repartição aduaneira recorrerá de ofício para o Diretor do Departamento de Rendas Aduaneiras.

§ 2º Nos casos de que trata o parágrafo anterior, a importância da restituição será classificada em conta de responsáveis, a débito dos beneficiários, até que seja anotada a decisão do Diretor do Departamento de Rendas Aduaneiras.

ART. 30. Na restituição de depósitos, que também poderá processar-se de ofício, a importância da correção monetária, de que trata o art.7º, § 3º, da Lei n. 4.357, de 16 de julho de 1964, obedecerá igualmente ao que dispõe o artigo anterior.

CAPÍTULO VI
CONTRIBUINTES E RESPONSÁVEIS

ART. 31. É contribuinte do imposto: (Redação pelo Dec.-Lei 2.472/1988.)

I - o importador, assim considerada qualquer pessoa que promova a entrada de mercadoria estrangeira no Território Nacional; (Redação pelo Dec.-Lei 2.472/1988.)

II - o destinatário de remessa postal internacional indicado pelo respectivo remetente; (Redação pelo Dec.-Lei 2.472/1988.)

III - o adquirente de mercadoria entrepostada. (Incluído pelo Dec.-Lei 2.472/1988.)

ART. 32. É responsável pelo imposto: (Redação pelo Dec.-Lei 2.472/1988.)

I - o transportador, quando transportar mercadoria procedente do exterior ou sob controle aduaneiro, inclusive em percurso interno; (Incluído pelo Dec.-Lei 2.472/1988.)

II - o depositário, assim considerada qualquer pessoa incubida da custódia de mercadoria sob controle aduaneiro. (Incluído pelo Dec.-Lei 2.472/1988.)

Parágrafo único. É responsável solidário: (Redação dada pela Med. Prov. 2158-35/2001.)

I - o adquirente ou cessionário de mercadoria beneficiada com isenção ou redução do imposto; (Redação dada pela Med. Prov. 2158-35/2001.)

II - o representante, no País, do transportador estrangeiro; (Redação dada pela Med. Prov. 2158-35/2001.)

III - o adquirente de mercadoria de procedência estrangeira, no caso de importação realizada por sua conta e ordem, por intermédio de pessoa jurídica importadora. (Redação dada pela Med. Prov. 2158-35/2001.)

c) o adquirente de mercadoria de procedência estrangeira, no caso de importação realizada por sua conta e ordem, por intermédio de pessoa jurídica importadora; (Incluída pela Lei 11.281/2006.)

d) o encomendante predeterminado que adquire mercadoria de procedência estrangeira de pessoa jurídica importadora. (Incluída pela Lei 11.281/2006.)

▸ Transcrição deste parágrafo único conforme publicação oficial.

TÍTULO II
CONTROLE ADUANEIRO

CAPÍTULO I
JURISDIÇÃO DOS SERVIÇOS ADUANEIROS

ART. 33. A jurisdição dos serviços aduaneiros se estende por todo o território aduaneiro, e abrange:

I - zona primária - compreendendo as faixas internas de portos e aeroportos, recintos alfandegados e locais habilitados nas fronteiras terrestres, bem como outras áreas nos quais se efetuem operações de carga e descarga de mercadoria, ou embarque e desembarque de passageiros, procedentes do exterior ou a ele destinados;

II - zona secundária - compreendendo a parte restante do território nacional, nela incluídos as águas territoriais e o espaço aéreo correspondente.

Parágrafo único. Para efeito de adoção de medidas de controle fiscal, poderão ser demarcadas, na orla marítima e na faixa de fronteira, zonas de vigilância aduaneira, nas quais a existência e a circulação de mercadoria estarão sujeitas às cautelas fiscais, proibições e restrições que forem prescritas no regulamento.

ART. 34. O regulamento disporá sobre:

I - registro de pessoas que cruzem as fronteiras;

II - apresentação de mercadorias às autoridades aduaneiras da jurisdição dos portos, aeroportos e outros locais de entrada e saída do território aduaneiro;

III - controle de veículos, mercadorias, animais e pessoas, na zona primária e na zona de vigilância aduaneira;

IV - apuração de infrações por descumprimento de medidas de controle estabelecidas pela legislação aduaneira.

ART. 35. Em tudo o que interessar à fiscalização aduaneira, na zona primária, a autoridade aduaneira tem precedência sobre as demais que ali exercem suas atribuições.

ART. 36. A fiscalização aduaneira poderá ser ininterrupta, em horários determinados, ou eventual, nos portos, aeroportos, pontos de fronteira e recintos alfandegados. (Redação dada pela Lei 10.833/2003.)

§ 1º A administração aduaneira determinará os horários e as condições de realização dos serviços aduaneiros, nos locais referidos no *caput*.

§ 2º O atendimento em dias e horas fora do expediente normal da repartição aduaneira é considerado serviço extraordinário, caso em que os interessados deverão, na forma estabelecida em regulamento, ressarcir a Administração das despesas decorrentes dos serviços a eles efetivamente prestados, como tais também compreendida a remuneração dos funcionários. (Incluído pelo Dec.-Lei 2.472/1988.)

CAPÍTULO II
NORMAS GERAIS DO CONTROLE ADUANEIRO DOS VEÍCULOS

ART. 37. O transportador deve prestar à Secretaria da Receita Federal, na forma e no prazo por ela estabelecidos, as informações sobre as cargas transportadas, bem como sobre a chegada de veículo procedente do exterior ou a ele destinado. (Redação dada pela Lei 10.833/2003)

§ 1º O agente de carga, assim considerada qualquer pessoa que, em nome do importador ou do exportador, contrate o transporte de mercadoria, consolide ou desconsolide cargas e preste serviços conexos, e o operador portuário, também devem prestar as informações sobre as operações que executem e respectivas cargas. (Redação dada pela Lei 10.833/2003)

§ 2º Não poderá ser efetuada qualquer operação de carga ou descarga, em embarcações, enquanto não forem prestadas as informações referidas neste artigo. (Redação dada pela Lei 10.833/2003)

§ 3º A Secretaria da Receita Federal fica dispensada de participar da visita a embarcações prevista no art. 32 da Lei n. 5.025, de 10 de junho de 1966. (Redação dada pela Lei 10.833/2003)

§ 4º A autoridade aduaneira poderá proceder às buscas em veículos necessárias para prevenir e reprimir a ocorrência de infração à legislação, inclusive em momento anterior à prestação das informações referidas no *caput*. (Renumerado do parágrafo único pela Lei 10.833/2003)

ART. 38. O regulamento estabelecerá as normas de disciplina aduaneira a que ficam obrigados os veículos, seus tripulantes e passageiros na zona primária, ou quando sujeitos à fiscalização.

ART. 39. A mercadoria procedente do exterior e transportada por qualquer via será registrada em manifesto ou outras declarações de efeito equivalente, para apresentação à autoridade aduaneira, como dispuser o regulamento.

§ 1º O manifesto será submetido a conferência final para apuração de responsabilidade por eventuais diferenças quanto a falta ou acréscimo de mercadoria.

§ 2º O veículo responde pelos débitos fiscais, inclusive os decorrentes de multas aplicadas aos transportadores da carga ou a seus condutores.

§ 3º O veículo poderá ser liberado, antes da conferência final do manifesto, mediante termo de responsabilidade firmado pelo representante do transportador, no País, quanto aos tributos, multas e demais obrigações que venham a ser apuradas. (Redação dada pelo Dec.-Lei 2.472/1988.)

ART. 40. A autoridade aduaneira disciplinará o funcionamento de lojas, bares e semelhantes, instalados em embarcações, aeronaves e outros veículos empregados no transporte internacional, de modo a impedir a venda de produtos com descumprimento da legislação aduaneira.

ART. 41. Para efeitos fiscais, os transportadores respondem pelo conteúdo dos volumes, quando:

I - ficar apurado ter havido, após o embarque, substituição de mercadoria;

II - houver falta de mercadoria em volume descarregado com indícios de violação;

III - o volume for descarregado com peso ou dimensão inferior ao manifesto ou documento de efeito equivalente, ou ainda do conhecimento de carga.

ART. 42. A autoridade aduaneira poderá impedir a saída, da zona primária, de veículo que não haja satisfeito as exigências legais ou regulamentares.

ART. 43. O disposto neste Capítulo se aplica igualmente aos veículos militares utilizados no transporte de mercadoria.

SEÇÃO I
DESPACHO ADUANEIRO

▸ (Redação dada pelo Dec.-Lei 2.472/1988.)

ART. 44. Toda mercadoria procedente do exterior por qualquer via, destinada a consumo ou a outro regime, sujeita ou não ao pagamento do imposto, deverá ser submetida a despacho aduaneiro, que será processado com base em declaração apresentada à repartição aduaneira no prazo e na forma prescritos em regulamento. (Redação dada pelo Dec.-Lei 2.472/1988.)

ART. 45. As declarações do importador subsistem para quaisquer efeitos fiscais, ainda quando o despacho seja interrompido e a mercadoria abandonada. (Redação dada pelo Dec.-Lei 2.472/1988.)

ART. 46. Além da declaração de que trata o art.44 deste Decreto-Lei e de outros documentos previstos em leis ou regulamentos, serão exigidas, para o processamento do despacho aduaneiro, a prova de posse ou propriedade da mercadoria e a fatura comercial, com as exceções que estabelecer o regulamento. (Redação dada pelo Dec.-Lei 2.472/1988.)

§ 1º O conhecimento aéreo poderá equiparar-se à fatura comercial, se contiver as indicações de quantidade, espécie e valor das mercadorias que lhe correspondam. (Incluído pelo Dec.-Lei 2.472/1988.)

§ 2º O regulamento disporá sobre dispensa de visto consular na fatura. (Incluído pelo Dec.-Lei 2.472/1988.)

ART. 47. Quando exigível depósito ou pagamento de quaisquer ônus financeiros ou cambiais, a tramitação do despacho aduaneiro ficará sujeita à prévia satisfação da mencionada exigência. (Redação dada pelo Dec.-Lei 2.472/1988.)

ART. 48. Na hipótese de mercadoria, cuja importação esteja sujeita a restrições especiais distintas das de natureza cambial, que chegar ao País com inobservância das formalidades pertinentes, a autoridade aduaneira procederá de acordo com as leis e regulamentos que hajam estabelecido as referidas restrições. (Redação dada pelo Dec.-Lei 2.472/1988.)

ART. 49. O despacho aduaneiro poderá ser efetuado em zona primária ou em outros locais admitidos pela autoridade aduaneira. (Redação dada pelo Dec.-Lei 2.472/1988.)

ART. 50. A verificação de mercadoria, na conferência aduaneira ou em outra ocasião, será realizada por Auditor-Fiscal da Receita Federal do Brasil ou, sob a sua supervisão, por Analista-Tributário, na presença do viajante, do importador, do exportador ou de seus representantes, podendo ser adotados critérios de seleção e amostragem, de conformidade com o estabelecido pela Secretaria da Receita Federal do Brasil. (Redação dada pela Lei 12.350/2010.)

§ 1º Na hipótese de mercadoria depositada em recinto alfandegado, a verificação poderá ser realizada na presença do depositário ou de seus prepostos, dispensada a exigência da presença do importador ou do exportador. (Incluído pela Lei 10.833/2003.)

§ 2º A verificação de bagagem ou de outra mercadoria que esteja sob a responsabilidade do transportador poderá ser realizada na presença deste ou de seus prepostos, dispensada a exigência da presença do viajante, do importador ou do exportador. (Incluído pela Lei 10.833/2003.)

§ 3º Nas hipóteses dos §§ 1º e 2º, o depositário e o transportador, ou seus prepostos, representam o viajante, o importador ou o exportador,

DECRETOS-LEIS

para efeitos de identificação, quantificação e descrição da mercadoria verificada. (Incluído pela Lei 10.833/2003.)

ART. 51. Concluída a conferência aduaneira, sem exigência fiscal relativamente a valor aduaneiro, classificação ou outros elementos do despacho, a mercadoria será desembaraçada e posta à disposição do importador. (Redação dada pelo Dec.-Lei 2.472/1988.)

§ 1º Se, no curso da conferência aduaneira, houver exigência fiscal na forma deste artigo, a mercadoria poderá ser desembaraçada, desde que, na forma do regulamento, sejam adotadas as indispensáveis cautelas fiscais. (Incluído pelo Dec.-Lei 2.472/1988.)

§ 2º O regulamento disporá sobre os casos em que a mercadoria poderá ser posta à disposição do importador antecipadamente ao desembaraço. (Incluído pelo Dec.-Lei 2.472/1988.)

ART. 52. O regulamento poderá estabelecer procedimentos para simplificação do despacho aduaneiro. (Redação dada pelo Dec.-Lei 2.472/1988.)

Parágrafo único. A utilização dos procedimentos de que trata este artigo constituirá tratamento especial que poderá ser extinto, cassado ou suspenso, por conveniência administrativa ou por inobservância das regras estabelecidas. (Incluído pelo Dec.-Lei 2.472/1988.)

ART. 53. O Ministro da Fazenda poderá autorizar a adoção, em casos determinados, de procedimentos especiais com relação à mercadoria introduzida no País sob fundada suspeita de ilegalidade, com o fim específico de facilitar a identificação de eventuais responsáveis. (Redação dada pelo Dec.-Lei 2.472/1988.)

SEÇÃO II
CONCLUSÃO DO DESPACHO

ART. 54. A apuração da regularidade do pagamento do imposto e demais gravames devidos à Fazenda Nacional ou do benefício fiscal aplicado, e da exatidão das informações prestadas pelo importador será realizada na forma que estabelecer o regulamento e processada no prazo de 5 (cinco) anos, contado do registro da declaração de que trata o art.44 deste Decreto-Lei. (Redação dada pelo Dec.-Lei 2.472/1988.)

CAPÍTULO IV
NORMAS ESPECIAIS DE CONTROLE ADUANEIRO DAS MERCADORIAS

SEÇÃO I
MERCADORIA PROVENIENTE DE NAUFRÁGIO E OUTROS ACIDENTES

ART. 55. A mercadoria lançada às costas e praias interiores, por força de naufrágio das embarcações ou de medidas de segurança de sua navegação, e a que seja recolhida em águas territoriais, deverá ser encaminhada à repartição aduaneira mais próxima.

§ 1º Aplica-se a norma deste artigo, no que couber:

a) à mercadoria lançada ao solo ou às águas territoriais, por aeronaves, ou nestas recolhida, em virtude de sinistro ou pouso de emergência;

b) a eventos semelhantes, nos transportes terrestres.

§ 2º A disposição deste artigo alcança apenas o veículo em viagem internacional, salvo quanto à mercadoria estrangeira sob regime de trânsito aduaneiro.

ART. 56. A repartição aduaneira fará notificar o proprietário da mercadoria para despachá-la no prazo de 60 (sessenta) dias, sob pena de ser havida como abandonada.

Parágrafo único. A questão suscitada quanto à entrega dos salvados não modifica a figura de abandono em que incorrer a mercadoria, na forma deste artigo, salvo se proposta perante a autoridade judicial.

ART. 57. A pessoa que entregar mercadoria nas condições deste Capítulo fará jus a uma gratificação equivalente a 10% (dez por cento) do valor da venda em hasta pública.

SEÇÃO II
MERCADORIA ABANDONADA

ART. 58. Considera-se abandonada a mercadoria que permanecer nos recintos aduaneiros além dos prazos e nas condições a seguir indicadas:

I - 30 (trinta) dias após a descarga, ou a arrematação sem que tenha sido iniciado seu despacho;

II - 15 (quinze) dias da data da interrupção do despacho por ação ou omissão do importador ou seu representante;

III - 60 (sessenta) dias da data da notificação a que se refere o art.56, nos casos previstos no art.55;

IV - 30 (trinta) dias após esgotar-se o prazo fixado para permanência em entreposto aduaneiro.

§ 1º A mercadoria cujo despacho não for iniciado dentro dos prazos fixados neste artigo será obrigatoriamente indicada à repartição aduaneira pelo depositário.

§ 2º Não se aplica a disposição deste artigo às remessas postais internacionais e à mercadoria apreendida.

ART. 59. Aquele que abandonar mercadoria depois de haver iniciado seu despacho fica obrigado ao pagamento da diferença entre o valor da arrematação e o dos gravames que seriam devidos se a mercadoria fosse regularmente despachada para consumo.

SEÇÃO III
MERCADORIA AVARIADA E EXTRAVIADA

ART. 60. Considerar-se-á, para efeitos fiscais:

I - dano ou avaria - qualquer prejuízo que sofrer a mercadoria ou seu envoltório;

II - extravio - toda e qualquer falta de mercadoria, ressalvados os casos de erro inequívoco ou comprovado de expedição. (Redação dada pela Lei 12.350/2010.)

§ 1º Os créditos relativos aos tributos e direitos correspondentes às mercadorias extraviadas na importação serão exigidos do responsável mediante lançamento de ofício. (Incluído pela Lei 12.350/2010.)

§ 2º Para os efeitos do disposto no § 1º, considera-se responsável: (Incluído pela Lei 12.350/2010.)

I - o transportador, quando constatado o extravio até a conclusão da descarga da mercadoria no local ou recinto alfandegado, observado o disposto no art. 41; ou (Incluído pela Lei 12.350/2010.)

II - o depositário, quando o extravio for constatado em mercadoria sob sua custódia, em momento posterior ao referido no inciso I. (Incluído pela Lei 12.350/2010.)

§ 3º Fica dispensado o lançamento de ofício de que trata o § 1º na hipótese de o importador ou de o responsável assumir espontaneamente o pagamento dos tributos. (Incluído pela Lei 12.350/2010.)

SEÇÃO IV
REMESSAS POSTAIS INTERNACIONAIS

ART. 61. As normas deste Decreto-Lei aplicam-se, no que couber, às remessas postais internacionais sujeitas a controle aduaneiro, ressalvado o disposto nos atos internacionais pertinentes.

SEÇÃO V
CABOTAGEM

ART. 62. O regulamento disporá sobre as cautelas fiscais a serem adotadas no transporte por cabotagem, assim entendido o efetuado entre portos e aeroportos nacionais.

CAPÍTULO V
LEILÕES

ARTS. 63 a **70.** (Revogados pela Lei 12.350/2010.)

TÍTULO III
REGIMES ADUANEIROS ESPECIAIS

CAPÍTULO I
DISPOSIÇÕES GERAIS

ART. 71. Poderá ser concedida suspensão do imposto incidente na importação de mercadoria despachada sob regime aduaneiro especial, na forma e nas condições previstas em regulamento, por prazo não superior a 1 (um) ano, ressalvado o disposto no § 3º, deste artigo. (Redação dada pelo Dec.-Lei 2.472/1988.)

§ 1º O prazo estabelecido neste artigo poderá ser prorrogado, a juízo da autoridade aduaneira, por período não superior, no total, a 5 (cinco) anos. (Redação dada pelo Dec.-Lei 2.472/1988.)

§ 2º A título excepcional, em casos devidamente justificados, a critério do Ministro da Fazenda, o prazo de que trata este artigo poderá ser prorrogado por período superior a 5 (cinco) anos. (Redação dada pelo Dec.-Lei 2.472/1988.)

§ 3º Quando o regime aduaneiro especial for aplicado à mercadoria vinculada a contrato de prestação de serviços por prazo certo, de relevante interesse nacional, nos termos e condições previstos em regulamento, o prazo de que trata este artigo será o previsto no contrato, prorrogável na mesma medida deste. (Redação dada pelo Dec.-Lei 2.472/1988.)

§ 4º A autoridade aduaneira, na forma e nas condições prescritas em regulamento, poderá delimitar áreas destinadas a atividades econômicas vinculadas a regime aduaneiro especial, em que se suspendam os efeitos fiscais destas decorrentes, pendentes sobre as mercadorias de que forem objeto. (Redação dada pelo Dec.-Lei 2.472/1988.)

§ 5º O despacho aduaneiro de mercadoria sob regime aduaneiro especial obedecerá, no que couber, às disposições contidas nos artigos 44 a 53 deste Decreto-Lei. (Incluído pelo Dec.-Lei 2.472/1988.)

§ 6º Não será desembaraçada para reexportação a mercadoria sujeita à multa, enquanto não for efetuado o pagamento desta. (Incluído pelo Dec.-Lei 2.472/1988.)

ART. 72. Ressalvado o disposto no Capítulo V deste Título, as obrigações fiscais relativas à mercadoria sujeita a regime aduaneiro especial serão constituídas em termo de responsabilidade. (Redação dada pelo Dec.-Lei 2.472/1988.)

§ 1º No caso deste artigo, a autoridade aduaneira poderá exigir garantia real ou pessoal. (Incluído pelo Dec.-Lei 2.472/1988.)

§ 2º O termo de responsabilidade é título representativo de direito líquido e certo da Fazenda Nacional com relação às obrigações fiscais nele constituídas. (Incluído pelo Dec.-Lei 2.472/1988.)

§ 3º O termo de responsabilidade não formalizado por quantia certa será liquidado à vista dos elementos constantes do despacho aduaneiro a que estiver vinculado. (Incluído pelo Dec.-Lei 2.472/1988.)

§ 4º Aplicam-se as disposições deste artigo e seus parágrafos, no que couber, ao termo de responsabilidade para cumprimento de formalidade ou apresentação de documento. (Incluído pelo Dec.-Lei 2.472/1988.)

CAPÍTULO II
TRÂNSITO ADUANEIRO

ART. 73. O regime de trânsito é o que permite o transporte de mercadoria sob controle aduaneiro, de um ponto a outro do território aduaneiro, com suspensão de tributos.

Parágrafo único. Aplica-se, igualmente, o regime de trânsito ao transporte de mercadoria destinada ao exterior.

ART. 74. O termo de responsabilidade para garantia de transporte de mercadoria conterá os registros necessários a assegurar a eventual liquidação e cobrança de tributos e gravames cambiais.

§ 1º A mercadoria cuja chegada ao destino não for comprovada ficará sujeita aos tributos vigorantes na data da assinatura do termo de responsabilidade.

§ 2º Considerada a natureza do meio de transporte utilizado, o regulamento poderá estabelecer outras medidas de segurança julgadas úteis a permitir, no ponto de destino ou de saída do território aduaneiro, a identificação da mercadoria.

§ 3º É facultado à autoridade aduaneira exigir que o despacho de trânsito seja efetuado com os requisitos exigidos no despacho de importação para consumo.

CAPÍTULO III
IMPORTAÇÕES VINCULADAS À EXPORTAÇÃO

ART. 75. Poderá ser concedida, na forma e condições do regulamento, suspensão dos tributos que incidem sobre a importação de bens que devam permanecer no país durante prazo fixado.

§ 1º A aplicação do regime de admissão temporária ficará sujeita ao cumprimento das seguintes condições básicas:

I - garantia de tributos e gravames devidos, mediante depósito ou termo de responsabilidade;

II - utilização dos bens dentro do prazo da concessão e exclusivamente nos fins previstos;

III - identificação dos bens.

§ 2º A admissão temporária de automóveis, motocicletas e outros veículos será concedida na forma deste artigo ou de atos internacionais subscritos pelo Governo brasileiro e, no caso de aeronave, na conformidade, ainda, de normas fixadas pelo Ministério da Aeronáutica.

§ 3º A disposição do parágrafo anterior somente se aplica aos bens de pessoa que entrar no país em caráter temporário.

§ 4º A Secretaria da Receita Federal do Brasil disporá sobre os casos em que poderá ser dispensada a garantia a que se refere o inciso I do § 1º. (Incluído pela Lei 12.350/2010.)

ART. 76. O Departamento de Rendas Aduaneiras poderá disciplinar, com a adoção das cautelas que forem necessárias a entrada dos bens a que se refere o § 2º do artigo anterior, quando importados por brasileiro domiciliado ou residente no exterior, que entre no país em viagem temporária.

ART. 77. Os bens importados sob o regime de admissão temporária poderão ser despachados, posteriormente, para consumo, mediante cumprimento prévio das exigências legais e regulamentares.

ART. 78. Poderá ser concedida, nos termos e condições estabelecidas no regulamento:

I - restituição, total ou parcial, dos tributos que hajam incidido sobre a importação de mercadoria exportada após beneficiamento, ou utilizada na fabricação, complementação ou acondicionamento de outra exportada;

II - suspensão do pagamento dos tributos sobre a importação de mercadoria a ser exportada após beneficiamento, ou destinada à fabricação, complementação ou acondicionamento de outra a ser exportada;

III - isenção dos tributos que incidirem sobre importação de mercadoria, em quantidade e qualidade equivalentes à utilizada no beneficiamento, fabricação, complementação ou acondicionamento de produto exportado.

› Lei 8.402/1992 (Restabelece os incentivos fiscais que menciona).

§ 1º A restituição de que trata este artigo poderá ser feita mediante crédito da importância correspondente, a ser ressarcida em importação posterior.

§ 2º (Revogado pela Lei 12.350/2010.)

§ 3º Aplicam-se a este artigo, no que couber, as disposições do § 1º do art.75.

CAPÍTULO IV
ENTREPOSTO ADUANEIRO

ARTS. 79 a **88.** (Revogados pelo Dec.-Lei 1.455/1976.)

CAPÍTULO V
ENTREPOSTO INDUSTRIAL

ART. 89. O regime de entreposto industrial permite, a empresa que importe mercadoria na conformidade dos regimes previstos no art.78, transformá-la, sob controle aduaneiro, em produtos destinados a exportação e, se for o caso, também ao mercado interno.

ART. 90. A aplicação do regime de entreposto industrial será autorizada pelo Ministro da Fazenda, observadas as seguintes condições básicas, conforme dispuser o regulamento:

I - prazo da concessão;

II - quantidade máxima de mercadoria importada a ser depositada no entreposto e prazo de sua utilização;

III - percentagem mínima da produção total a ser obrigatoriamente exportada.

§ 1º O regime de entreposto industrial será aplicado a título precário, podendo ser cancelado a qualquer tempo, no caso de descumprimento das normas legais e regulamentares.

§ 2º Findo o prazo do regime de entreposto industrial, serão cobrados os tributos devidos por mercadoria ainda depositada.

§ 3º O regulamento disporá sobre as medidas de controle fiscal a serem adotadas pelo Departamento de Rendas Aduaneiras.

§ 4º Aplicam-se a este capítulo, no que couber, as disposições dos Capítulos III e IV.

ART. 91. No caso de despacho para consumo dos produtos resultantes de transformação ou elaboração, o imposto será cobrado segundo a espécie e quantidade das matérias-primas e componentes utilizados naqueles produtos.

CAPÍTULO VI
EXPORTAÇÃO TEMPORÁRIA

ART. 92. Poderá ser autorizada, nos termos do regulamento, a exportação de mercadoria que deva permanecer no exterior por prazo fixado, não superior a 1 (um) ano, ressalvado o disposto no § 3º deste artigo. (Redação dada pelo Dec.-Lei 2.472/1988.)

§ 1º O prazo estabelecido neste artigo poderá ser prorrogado, a juízo da autoridade aduaneira, por período não superior, no total, a 2 (dois) anos. (Redação dada pelo Dec.-Lei 2.472/1988.)

§ 2º A título excepcional, em casos devidamente justificados, a critério do Ministro da Fazenda, o prazo de que trata este artigo poderá ser prorrogado por período superior a 2 (dois) anos. (Redação dada pelo Dec.-Lei 2.472/1988.)

§ 3º Quando o regime aduaneiro especial for aplicado à mercadoria vinculada a contrato de prestação de serviços por prazo certo, nos termos e condições previstos em regulamento, o prazo de que trata este artigo será o previsto no contrato, prorrogável na mesma medida deste. (Redação dada pelo Dec.-Lei 2.472/1988.)

§ 4º A reimportação de mercadoria exportada na forma deste artigo não constitui fato gerador do imposto. (Parágrafo único renumerado para § 4º pelo Dec.-Lei 2.472/1988.)

CAPÍTULO VII
OUTROS REGIMES

› Redação dada pelo Dec.-Lei 2.472/1988.

ART. 93. O regulamento poderá instituir outros regimes aduaneiros especiais, além dos expressamente previstos neste Título, destinados a atender a situações econômicas peculiares, estabelecendo termos, prazos e condições para a sua aplicação. (Redação dada pelo Dec.-Lei 2.472/1988.)

TÍTULO IV
INFRAÇÕES E PENALIDADES

CAPÍTULO I
INFRAÇÕES

ART. 94. Constitui infração toda ação ou omissão, voluntária ou involuntária, que importe inobservância, por parte da pessoa natural ou jurídica, de norma estabelecida neste Decreto-Lei, no seu regulamento ou em ato administrativo de caráter normativo destinado a completá-los.

§ 1º O regulamento e demais atos administrativos não poderão estabelecer ou disciplinar obrigação, nem definir infração ou cominar penalidade que estejam autorizadas ou previstas em lei.

§ 2º Salvo disposição expressa em contrário, a responsabilidade por infração independe da intenção do agente ou do responsável e da efetividade, natureza e extensão dos efeitos do ato.

ART. 95. Respondem pela infração:

I - conjunta ou isoladamente, quem quer que, de qualquer forma, concorra para sua prática, ou dela se beneficie;

II - conjunta ou isoladamente, o proprietário e o consignatário do veículo, quanto à que decorrer do exercício de atividade própria do veículo, ou de ação ou omissão de seus tripulantes;

III - o comandante ou condutor de veículo nos casos do inciso anterior, quando o veículo proceder do exterior sem estar consignada a pessoa natural ou jurídica estabelecida no ponto de destino;

IV - a pessoa natural ou jurídica, em razão do despacho que promover, de qualquer mercadoria.

V - conjunta ou isoladamente, o adquirente de mercadoria de procedência estrangeira, no caso da importação realizada por sua conta e ordem, por intermédio de pessoa jurídica importadora. (Incluído pela Med. Prov. 2.158-35/2001.)

VI - conjunta ou isoladamente, o encomendante predeterminado que adquire mercadoria de procedência estrangeira de pessoa jurídica importadora. (Incluído pela Lei 11.281/2006.)

CAPÍTULO II
PENALIDADES

SEÇÃO I
ESPÉCIES DE PENALIDADES

ART. 96. As infrações estão sujeitas às seguintes penas, aplicáveis separada ou cumulativamente:

I - perda do veículo transportador;

II - perda da mercadoria;

III - multa;

IV - proibição de transacionar com repartição pública ou autárquica federal, empresa pública e sociedade de economia mista.

SEÇÃO II
APLICAÇÃO E GRADUAÇÃO DAS PENALIDADES

ART. 97. Compete à autoridade julgadora:

I - determinar a pena ou as penas aplicáveis ao infrator ou a quem deva responder pela infração, nos termos da lei;

II - fixar a quantidade da pena, respeitados os limites legais.

ART. 98. Quando a pena de multa for expressa em faixa variável de quantidade, o chefe da repartição aduaneira imporá a pena mínima prevista para a infração, só a majorando em razão de circunstância que demonstre a existência de artifício doloso na prática da infração, ou que importe agravar suas consequências ou retardar seu conhecimento pela autoridade fazendária.

ART. 99. Apurando-se, no mesmo processo, a prática de duas ou mais infrações pela mesma pessoa natural ou jurídica, aplicam-se cumulativamente, no grau correspondente, quando for o caso, as penas a elas cominadas, se as infrações não forem idênticas.

§ 1º Quando se tratar de infração continuada em relação à qual tenham sido lavrados diversos autos ou representações, serão eles reunidos em um só processo, para imposição da pena.

§ 2º Não se considera infração continuada a repetição de falta já arrolada em processo fiscal de cuja instauração o infrator tenha sido intimado.

ART. 100. Se do processo se apurar responsabilidade de duas ou mais pessoas, será imposta a cada uma delas a pena relativa à infração que houver cometido.

ART. 101. Não será aplicada penalidade - enquanto prevalecer o entendimento - a quem proceder ou pagar o imposto:

I - de acordo com interpretação fiscal constante de decisão irrecorrível de última instância administrativa, proferida em processo fiscal inclusive de consulta, seja o interessado parte ou não;

II - de acordo com interpretação fiscal constante de decisão de primeira instância proferida em processo fiscal, inclusive de consulta, em que o interessado for parte;

III - de acordo com interpretação fiscal constante de circular, instrução, portaria, ordem de serviço e outros atos interpretativos baixados pela autoridade fazendária competente.

ART. 102. A denúncia espontânea da infração, acompanhada, se for o caso, do pagamento do imposto e dos acréscimos, excluirá a imposição da correspondente penalidade. (Redação dada pelo Dec.-Lei 2.472/1988.)

§ 1º Não se considera espontânea a denúncia apresentada: (Incluído pelo Dec.-Lei 2.472/1988.)

a) no curso do despacho aduaneiro, até o desembaraço da mercadoria; (Incluído pelo Dec.-Lei 2.472/1988.)

b) após o início de qualquer outro procedimento fiscal, mediante ato de ofício, escrito, praticado por servidor competente, tendente a apurar a infração. (Incluído pelo Dec.-Lei 2.472/1988.)

§ 2º A denúncia espontânea exclui a aplicação de penalidades de natureza tributária ou administrativa, com exceção das penalidades aplicáveis na hipótese de mercadoria sujeita a pena de perdimento. (Redação dada pela Lei 12.350/2010.)

ART. 103. A aplicação da penalidade fiscal, e seu cumprimento, não elidem, em caso algum, o pagamento dos tributos devidos e a regularização cambial nem prejudicam a aplicação das penas cominadas para o mesmo fato pela legislação criminal e especial.

SEÇÃO III
PERDA DO VEÍCULO

ART. 104. Aplica-se a pena de perda do veículo nos seguintes casos:

I - quando o veículo transportador estiver em situação ilegal, quanto às normas que o habilitem a exercer a navegação ou o transporte internacional correspondente à sua espécie;

II - quando o veículo transportador efetuar operação de descarga de mercadoria estrangeira ou a carga de mercadoria nacional ou nacionalizada fora do porto, aeroporto ou outro local para isso habilitado;

III - quando a embarcação atracar a navio ou quando qualquer veículo, na zona primária, se colocar nas proximidades de outro, vindo um deles do exterior ou a eles destinado, de modo a tornar possível o transbordo de pessoa ou carga, sem observância das normas legais e regulamentares;

IV - quando a embarcação navegar dentro do porto, sem trazer escrito, em tipo destacado e em local visível do casco, seu nome de registro;

V - quando o veículo conduzir mercadoria sujeita à pena de perda, se pertencente ao responsável por infração punível com aquela sanção;

VI - quando o veículo terrestre utilizado no trânsito de mercadoria estrangeira desviar-se de sua rota legal, sem motivo justificado:

Parágrafo único. Aplicam-se cumulativamente: (Redação dada pela Lei 10.833/2003.)

I - no caso do inciso II do *caput*, a pena de perdimento da mercadoria;

II - no caso do inciso III do *caput*, a multa de R$ 200,00 (duzentos reais) por passageiro ou tripulante conduzido pelo veículo que efetuar a operação proibida, além do perdimento da mercadoria que transportar.

SEÇÃO IV
PERDA DA MERCADORIA

ART. 105. Aplica-se a pena de perda da mercadoria:

I - em operação de carga já carregada, em qualquer veículo ou dele descarregada ou em descarga, sem ordem, despacho ou licença, por escrito da autoridade aduaneira ou não cumprimento de outra formalidade especial estabelecida em texto normativo;

II - incluída em listas de sobressalentes e previsões de bordo quando em desacordo, quantitativo ou qualificativo, com as necessidades do serviço e do custeio do veículo e da manutenção de sua tripulação e passageiros;

III - oculta, a bordo do veículo ou na zona primária, qualquer que seja o processo utilizado;

IV - existente a bordo do veículo, sem registro um manifesto, em documento de efeito equivalente ou em outras declarações;

V - nacional ou nacionalizada em grande quantidade ou de vultoso valor, encontrada na zona de vigilância aduaneira, em circunstâncias que tornem evidente destinar-se a exportação clandestina;

VI - estrangeira ou nacional, na importação ou na exportação, se qualquer documento necessário ao seu embarque ou desembaraço tiver sido falsificado ou adulterado;

VII - nas condições do inciso anterior possuída a qualquer título ou para qualquer fim;

VIII - estrangeira que apresente característica essencial falsificada ou adulterada, que impeça ou dificulte sua identificação, ainda que a falsificação ou a adulteração não influa no seu tratamento tributário ou cambial;

IX - estrangeira, encontrada ao abandono, desacompanhada de prova de pagamento dos tributos aduaneiros, salvo as do Art. 58;

X - estrangeira, exposta à venda, depositada ou em circulação comercial no país, se não for feita prova de sua importação regular;

XI - estrangeira, já desembaraçada e cujos tributos aduaneiros tenham sido pagos apenas em parte, mediante artifício doloso;

XII - estrangeira, chegada ao país com falsa declaração de conteúdo;

XIII - transferida a terceiro, sem o pagamento dos tributos aduaneiros e outros gravames, quando desembaraçada nos termos do inciso III do Art. 13;

XIV - encontrada em poder de pessoa natural ou jurídica não habilitada, tratando-se de papel com linha ou marca d'água, inclusive aparas;

XV - constante de remessa postal internacional com falsa declaração de conteúdo;

XVI - fracionada em duas ou mais remessas postais ou encomendas aéreas internacionais visando a elidir, no todo ou em parte, o pagamento dos tributos aduaneiros ou quaisquer normas estabelecidas para o controle das importações ou, ainda, a beneficiar-se de regime de tributação simplificada; (Redação dada pelo Dec.-Lei 1.804/1980.)

XVII - estrangeira, em trânsito no território aduaneiro, quando o veículo terrestre que a conduzir, desviar-se de sua rota legal, sem motivo justificado;

XVIII - estrangeira, acondicionada sob fundo falso, ou de qualquer modo oculta;

XIX - estrangeira, atentatória à moral, aos bons costumes, à saúde ou ordem públicas.

SEÇÃO V
MULTAS

ART. 106. Aplicam-se as seguintes multas, proporcionais ao valor do imposto incidente sobre a importação da mercadoria ou o que incidiria se não houvesse isenção ou redução:

I - de 100% (cem por cento):

a) pelo não emprego dos bens de qualquer natureza nos fins ou atividades para que foram importados com isenção de tributos;

b) pelo desvio, por qualquer forma, dos bens importados com isenção ou redução de tributos;

c) pelo uso de falsidade nas provas exigidas para obtenção dos benefícios e estímulos previstos neste Decreto;

d) pela não apresentação de mercadoria depositada em entreposto aduaneiro;

II - de 50% (cinquenta por cento):

a) pela transferência, a terceiro, à qualquer título, dos bens importados com isenção de tributos, sem prévia autorização da repartição aduaneira, ressalvado o caso previsto no inciso XIII do Art. 105;

b) pelo não retorno ao exterior, no prazo fixado, dos bens importados sob regime de admissão temporária;

c) pela importação, como bagagem de mercadoria que, por sua quantidade e características, revele finalidade comercial;

d) pelo extravio ou falta de mercadoria, inclusive apurado em ato de vistoria aduaneira;

III - de 20% (vinte por cento):

a) (Revogada pela Lei 10.833/2003.)

b) pela chegada ao país de bagagem e bens de passageiro fora dos prazos regulamentares, quando se tratar de mercadoria sujeita a tributação;

IV - de 10% (dez por cento):

a) (Revogada pela Lei 10.833/2003.)

b) pela apresentação de fatura comercial sem o visto consular, quando exige essa formalidade;

c) pela comprovação, fora do prazo, da chegada da mercadoria no destino, nos casos de reexportação e trânsito;

V - (Revogado pela Lei 10.833/2003.)

§ 1º No caso de papel com linhas ou marcas d'água, as multas previstas nos incisos I e II serão de 150% e 75%, respectivamente, adotando-se, para calculá-las, a maior alíquota do imposto taxada para papel, similar, destinado a impressão, sem aquelas características. (Incluído pelo Dec.-Lei 751/1969.)

§ 2º Aplicam-se as multas, calculadas pela forma referida no parágrafo anterior, de 75% e 20%, respectivamente, também nos seguintes casos: (Incluído pelo Dec.-Lei 751/1969.)

a) venda não faturada de sobra de papel não impresso (mantas, aparas de bobinas e restos de bobinas); (Incluída pelo Dec.-Lei 751/1969.)

b) venda de sobra de papel não impresso, mantas, aparas de bobinas e restos de bobinas, salvo a editoras ou, como matéria-prima a fábricas. (Incluída pelo Dec.-Lei 751/1969.)

ART. 107. Aplicam-se ainda as seguintes multas: (Redação dada pela Lei 10.833/2003.)

I - de R$ 50.000,00 (cinquenta mil reais), por contêiner ou qualquer veículo contendo mercadoria, inclusive a granel, ingressado em local ou recinto sob controle aduaneiro, que não seja localizado; (Redação dada pela Lei 10.833/2003.)

II - de R$ 15.000,00 (quinze mil reais), por contêiner ou veículo contendo mercadoria, inclusive a granel, no regime de trânsito aduaneiro, que não seja localizado; (Redação dada pela Lei 10.833/2003.)

III - de R$ 10.000,00 (dez mil reais), por desacato à autoridade aduaneira; (Redação dada pela Lei 10.833/2003.)

IV - de R$ 5.000,00 (cinco mil reais): (Redação dada pela Lei 10.833/2003.)

a) por ponto percentual que ultrapasse a margem de 5% (cinco por cento), na diferença de peso apurada em relação ao manifesto de carga a granel apresentado pelo transportador marítimo, fluvial ou lacustre;

b) por mês-calendário, a quem não apresentar à fiscalização os documentos relativos à operação que realizar ou em que intervier, bem como outros documentos exigidos pela Secretaria da Receita Federal, ou não mantiver os correspondentes arquivos em boa guarda e ordem;

c) a quem, por qualquer meio ou forma, omissiva ou comissiva, embaraçar, dificultar ou impedir ação de fiscalização aduaneira, inclusive no caso de não apresentação de resposta, no prazo estipulado, a intimação em procedimento fiscal;

d) a quem promover a saída de veículo de local ou recinto sob controle aduaneiro, sem autorização prévia da autoridade aduaneira;

e) por deixar de prestar informação sobre veículo ou carga nele transportada, ou sobre as operações que execute, na forma e no prazo estabelecidos pela Secretaria da Receita Federal, aplicada à empresa de transporte internacional, inclusive a prestadora de serviços de transporte internacional expresso porta a porta, ou ao agente de carga; e

f) por deixar de prestar informação sobre carga armazenada, ou sob sua responsabilidade, ou sobre as operações que execute, na forma e no prazo estabelecidos pela Secretaria da Receita Federal, aplicada ao depositário ou ao operador portuário;

V - de R$ 3.000,00 (três mil reais), ao transportador de carga ou de passageiro, pelo descumprimento de exigência estabelecida para a circulação de veículos e mercadorias em zona de vigilância aduaneira; (Redação dada pela Lei 10.833/2003.)

VI - de R$ 2.000,00 (dois mil reais), no caso de violação de volume ou unidade de carga que contenha mercadoria sob controle aduaneiro, ou de dispositivo de segurança; (Redação dada pela Lei 10.833/2003.)

VII - de R$ 1.000,00 (mil reais): (Redação dada pela Lei 10.833/2003.)

a) por volume depositado em local ou recinto sob controle aduaneiro, que não seja localizado;

b) pela importação de mercadoria estrangeira atentatória à moral, aos bons costumes, à saúde ou à ordem pública, sem prejuízo da aplicação da pena prevista no inciso XIX do Art. 105;

c) pela substituição do veículo transportador, em operação de trânsito aduaneiro, sem autorização prévia da autoridade aduaneira;

d) por dia, pelo descumprimento de condição estabelecida pela administração aduaneira para a prestação de serviços relacionados com o despacho aduaneiro;

e) por dia, pelo descumprimento de requisito, condição ou norma operacional para habilitar-se ou utilizar regime aduaneiro especial ou aplicado em áreas especiais, ou para habilitar-se ou manter recintos nos quais tais regimes sejam aplicados;

f) por dia, pelo descumprimento de requisito, condição ou norma operacional para executar atividades de movimentação e armazenagem de mercadorias sob controle aduaneiro, e serviços conexos; e

g) por dia, pelo descumprimento de condição estabelecida para utilização de procedimento aduaneiro simplificado;

VIII - de R$ 500,00 (quinhentos reais): (Incluído pela Lei 10.833/2003.)

a) por ingresso de pessoa em local ou recinto sob controle aduaneiro sem a regular autorização, aplicada ao administrador do local ou recinto;

b) por tonelada de carga a granel depositada em local ou recinto sob controle aduaneiro, que não seja localizada;

c) por dia de atraso ou fração, no caso de veículo que, em operação de trânsito aduaneiro, chegar ao destino fora do prazo estabelecido, sem motivo justificado;

d) por erro ou omissão de informação em declaração relativa ao controle de papel imune; e

e) pela não apresentação do romaneio de carga (packing-list) nos documentos de instrução da declaração aduaneira;

IX - de R$ 300,00 (trezentos reais), por volume de mercadoria, em regime de trânsito aduaneiro, que não seja localizado no veículo transportador, limitada ao valor de R$ 15.000,00 (quinze mil reais); (Incluído pela Lei 10.833/2003.)

X - de R$ 200,00 (duzentos reais): (Incluído pela Lei 10.833/2003.)

a) por tonelada de carga a granel em regime de trânsito aduaneiro que não seja localizada no veículo transportador, limitada ao valor de R$ 15.000,00 (quinze mil reais);

b) para a pessoa que ingressar em local ou recinto sob controle aduaneiro sem a regular autorização; e

c) pela apresentação de fatura comercial em desacordo com uma ou mais de uma das indicações estabelecidas no regulamento; e

XI - de R$ 100,00 (cem reais): (Incluído pela Lei 10.833/2003.)

a) por volume de carga não manifestada pelo transportador, sem prejuízo da aplicação da pena prevista no inciso IV do Art. 105; e

b) por ponto percentual que ultrapasse a margem de 5% (cinco por cento), na diferença de peso apurada em relação ao manifesto de carga a granel apresentado pelo transportador rodoviário ou ferroviário.

§ 1º O recolhimento das multas previstas nas alíneas e, f e g do inciso VII não garante o direito a regular operação do regime ou do recinto, nem a execução da atividade, do serviço ou do procedimento concedidos a título precário. (Incluído pela Lei 10.833/2003.)

§ 2º As multas previstas neste artigo não prejudicam a exigência dos impostos incidentes, a aplicação de outras penalidades cabíveis e a representação fiscal para fins penais, quando for o caso. (Incluído pela Lei 10.833/2003.)

ART. 108. Aplica-se a multa de 50% (cinquenta por cento) da diferença de imposto apurada em razão de declaração indevida de mercadoria, ou atribuição de valor ou quantidade diferente do real, quando a diferença do imposto for superior a 10% (dez por cento) quanto ao preço e a 5% (cinco por cento) quanto a quantidade ou peso em relação ao declarado pelo importador.

Parágrafo único. Será de 100% (cem por cento) a multa relativa a falsa declaração correspondente ao valor, à natureza e à quantidade.

ART. 109. (Revogado pela Lei 10.833/2003.)

ART. 110. Todos os valores expressos em cruzeiros, nesta Lei, serão atualizados anualmente, segundo os índices de correção monetária fixados pelo Conselho Nacional de Economia.

ART. 111. Somente quando procedendo do exterior ou a ele se destinar, é alcançado pelas normas das Seções III, IV e V deste Capítulo, o veículo assim designado e suas operações ali indicadas.

Parágrafo único. Excluem-se da regra deste artigo os casos dos incisos V e VI do Art. 104.

ART. 112. No caso de extravio ou falta de mercadoria previsto na alínea "d" do inciso II do Art. 106, os tributos e multa serão calculados sobre o valor que constar do manifesto ou outros documentos ou sobre o valor da mercadoria contida em volume idêntico ao do manifesto, quando forem incompletas as declarações relativas ao não descarregado.

Parágrafo único. Se à declaração corresponder mais de uma alíquota da Tarifa Aduaneira, sendo impossível precisar a competente, por ser genérica a declaração, o cálculo se fará pela alíquota mais elevada.

ART. 113. No que couber, aplicam-se as disposições deste Capítulo a qualquer meio de transporte vindo do exterior ou a ele destinado, bem como a seu proprietário, condutor ou responsável, documentação, carga, tripulantes e passageiros.

ART. 114. No caso de o responsável pela infração conformar-se com o procedimento fiscal, poderão ser recolhidas, no prazo de 10 (dez) dias, independentemente do processo, as multas cominadas nos incisos III e V do Art. 106 bem como no Art. 108.

Parágrafo único. Não efetuado o pagamento do débito no prazo fixado, será instaurado processo fiscal, na forma do Art. 118.

ART. 115. Ao funcionário que houver apontado a infração serão adjudicados 40% (quarenta por cento) da multa aplicada, exceto nos casos dos incisos IV e V do Art. 106, quando o produto dela será integralmente recolhido ao Tesouro Nacional, observado o que dispõe o Art. 23 da Lei n. 4.863, de 29 de novembro de 1965.

§ 1º Quando a infração for apurada mediante denúncia, metade da quota-parte atribuída aos funcionários caberá ao denunciante.

§ 2º Exclui-se da regra deste artigo a infração prevista no inciso I do Art. 107.

SEÇÃO VI
PROIBIÇÃO DE TRANSACIONAR

ART. 116. O devedor, inclusive o fiador, declarado remisso, é proibido de transacionar, a qualquer título, com repartição pública ou autárquica federal, empresa pública e sociedade de economia mista.

§ 1º A declaração da remissão será feita pelo órgão aduaneiro local, após decorridos trinta dias da data em que se tornar irrecorrível, na esfera administrativa, a decisão condenatória, desde que o devedor não tenha feito prova de pagamento da dívida ou de ter iniciado, perante a autoridade judicial, ação anulatória de ato administrativo, com o depósito da importância em litígio, em dinheiro ou em títulos da dívida pública federal, na repartição competente de seu domicílio fiscal.

§ 2º No caso do parágrafo anterior, o chefe da repartição fará a declaração nos 15 (quinze) dias seguintes ao término do prazo ali marcado, publicando a decisão no órgão oficial, ou, na sua falta, comunicando-a, para o mesmo fim, ao Departamento de Rendas Aduaneiras, sem prejuízo da sua afixação em lugar visível do prédio da repartição.

ART. 117. No caso de reincidência na fraude punida no parágrafo único do Art. 108 e no inciso II do art. 60 da Lei n. 3.244, de 14 de agosto de 1957, com a redação que lhe dá o Art. 169 deste Decreto-Lei, o Diretor do Departamento de Rendas Aduaneiras:

I - suspenderá, pelo prazo de 1 (um) a 5 (cinco) anos, a aceitação, por repartição aduaneira, de declaração apresentada pelo infrator;

II - aplicará a proibição de transacionar à firma ou sociedade estrangeira que, de qualquer modo, concorrer para a prática do ato.

TÍTULO V
PROCESSO FISCAL

CAPÍTULO I
DISPOSIÇÕES GERAIS

ART. 118. A infração será apurada mediante processo fiscal, que terá por base a representação ou auto lavrado pelo Agente Fiscal do Imposto Aduaneiro ou Guarda Aduaneiro, observadas, quanto a este, as restrições do regulamento.

Parágrafo único. O regulamento definirá os casos em que o processo fiscal terá por base a representação.

ART. 119. São anuláveis:

I - o auto, a representação ou o termo:

a) que não contenha elementos suficientes para determinar a infração e o infrator, ressalvados, quanto à identificação deste, nos casos de abandono da mercadoria pelo próprio infrator;

b) lavrado por funcionário diferente do indicado no Art. 118;

II - a decisão ou o despacho proferido por autoridade incompetente, ou com preterição do direito de defesa.

Parágrafo único. A nulidade é sanável pela repetição do ato ou suprida pela sua retificação ou complementação, nos termos do regulamento.

ART. 120. A nulidade de qualquer ato não prejudicará senão os posteriores que dele dependam diretamente ou dele sejam consequência.

ART. 121. Nas fases de defesa, recurso e pedido de reconsideração, dar-se-á vista do processo ao sujeito passivo de procedimento fiscal.

ART. 122. Compete o preparo do processo fiscal à repartição aduaneira com jurisdição no local onde se formalizar o procedimento.

ART. 123. O responsável pela infração será intimado a apresentar defesa no prazo de 30 (trinta) dias da ciência do procedimento fiscal, prorrogável por mais 10 (dez) dias, por motivo imperioso, alegado pelo interessado.

Parágrafo único. Se o término do prazo cair em dia em que não haja expediente normal na repartição, considerar-se-á prorrogado o prazo até o primeiro dia útil seguinte.

ART. 124. A intimação a que se refere o artigo anterior ou para satisfazer qualquer exigência, obedecerá a uma das seguintes formas, como estabelecer o regulamento:

I - pessoalmente;

II - através do Correio, pelo sistema denominado "AR" (Aviso de Recebimento);

III - mediante publicação no "Diário Oficial" da União ou do Estado em que estiver localizada a repartição ou em jornal local de grande circulação;

IV - por edital afixado na portaria da repartição.

§ 1º Omitida a data no recibo "AR" a que se refere o inciso II deste artigo, dar-se-á por feita a intimação 15 (quinze) dias depois da entrada da carta de notificação no Correio.

§ 2º O regulamento estabelecerá os prazos, não afixados neste Decreto-Lei, para qualquer diligência.

ART. 125. A competência para julgamento do processo fiscal será estabelecida no regulamento.

ART. 126. As inexatidões materiais, devidas a lapso manifesto, e os erros de escrita ou cálculo, existentes na decisão, poderão ser corrigidos por despacho de ofício ou por provocação do interessado ou funcionário.

ART. 127. Proferida a decisão, dela serão cientificadas as partes, na forma do art. 124.

CAPÍTULO II
PEDIDO DE RECONSIDERAÇÃO E RECURSO

ART. 128. Da decisão caberá:

I - em primeira ou segunda instância, pedido de reconsideração apresentado no prazo de 30 (trinta) dias, que fluirá simultaneamente com o da interposição do recurso, quando for o caso;

II - recurso:

a) voluntário, em igual prazo, mediante prévio depósito do valor em litígio ou prestação de fiança idônea, para o Conselho Superior de Tarifa;

b) de ofício, na própria decisão ou posteriormente em novo despacho, quando o litígio, de valor superior a Cr$ 500.000 (quinhentos mil cruzeiros), for decidido a favor da parte, total ou parcialmente.

Parágrafo único. No caso de restituição de tributo, o recurso será interposto para o Diretor do Departamento de Rendas Aduaneiras, impondo-se o de ofício quando o litígio for de valor superior a Cr$ 5.000.000 (cinco milhões de cruzeiros).

ART. 129. O recurso terá efeito suspensivo se voluntário, ou sem ele no de ofício.

§ 1º No caso de apreensão julgada improcedente, a devolução da coisa de valor superior a Cr$ 500.000 (quinhentos mil cruzeiros), antes do julgamento do recurso de ofício, dependerá de prévia observância da norma prevista no § 2º do Art. 71.

§ 2º Não interposto o recurso do ofício cabível, cumpre ao funcionário autor do procedimento fiscal representar à autoridade prolatora da decisão, propondo a medida.

ART. 130. Ressalvados os casos de ausência de depósito ou fiança, compete à instância superior julgar da perempção do recurso.

CAPÍTULO III
DISPOSIÇÕES ESPECIAIS

ART. 131. Na ocorrência de fato punível com a perda do veículo ou da mercadoria, proceder-se-á, de pleno, à apreciação.

§ 1º A coisa apreendida será recolhida à repartição aduaneira, ou à ordem de sua chefia, a depósito alfandegado ou a outro local, onde permanecerá até que a decisão do processo fiscal lhe dê o destino competente.

§ 2º O regulamento disporá sobre as cautelas e providências que a autoridade aduaneira poderá adotar na ocorrência de apreensão, mencionando os casos em que se admite o depósito e quais as obrigações do depositário.

§ 3º A perícia que se impuser, para qualquer fim, em mercadoria apreendida, será feita no próprio depósito da repartição aduaneira, quando solicitada ou determinada pela autoridade competente.

ART. 132. Na apuração de infração verificada no serviço de remessas postais internacionais serão observadas, além das normas deste

Decreto-Lei e do seu regulamento, a legislação especial pertinente à espécie.

ART. 133. Será considerada inexistente a denúncia que não determine de modo preciso a infração e o infrator ou que não identifique o denunciante pelo nome e endereço.

ART. 134. A autoridade julgadora poderá, de pleno, em despacho fundamentado, sustar o prosseguimento do processo que se origine de representação ou auto lavrado com apoio em erro de fato.

§ 1º No caso deste artigo, a autoridade cientificará o autor do feito e relacionará os despachos proferidos, submetendo-os, trimestralmente, ao Departamento de Rendas Aduaneiras, que, se discordar da orientação adotada, determinará o prosseguimento do processo.

§ 2º Se não cumprido o disposto no parágrafo anterior, o funcionário que firmar o auto ou a representação requererá à autoridade para que proceda na forma ali determinada.

ART. 135. Considera-se findo o processo fiscal de que não caiba recurso na via administrativa.

ART. 136. Sem prejuízo do disposto no Art. 114, a apuração das infrações de que tratam as alíneas "a" e "b" do inciso IV e o inciso V do Art. 106, não interromperá o despacho da mercadoria, nem impedirá seu final desembaraço.

Parágrafo único. O regulamento estabelecerá as cautelas a serem observadas no caso de desembaraço previsto neste artigo.

TÍTULO VI
DECADÊNCIA E PRESCRIÇÃO

▸ Redação dada pelo Dec.-Lei 2.472/1988.

CAPÍTULO ÚNICO
DISPOSIÇÕES GERAIS

ART. 137. Revogado pela Lei 10.833/2003.

ART. 138. O direito de exigir o tributo extingue-se em 5 (cinco) anos, a contar do primeiro dia do exercício seguinte àquele em que poderia ter sido lançado. (Redação dada pelo Dec.-Lei 2.472/1988.)

Parágrafo único. Tratando-se de exigência de diferença de tributo, contar-se-á o prazo a partir do pagamento efetuado. (Redação dada pelo Dec.-Lei 2.472/1988.)

ART. 139. No mesmo prazo do artigo anterior se extingue o direito de impor penalidade, a contar da data da infração.

ART. 140. Prescreve em 5 (cinco) anos, a contar de sua constituição definitiva, a cobrança do crédito tributário. (Redação dada pelo Dec.-Lei 2.472/1988.)

ART. 141. O prazo a que se refere o artigo anterior não corre: (Redação dada pelo Dec.-Lei 2.472/1988.)

I - enquanto o processo de cobrança depender de exigência a ser satisfeita pelo contribuinte; (Redação dada pelo Dec.-Lei 2.472/1988.)

II - até que a autoridade aduaneira seja diretamente informada pelo Juízo de Direito, Tribunal ou órgão do Ministério Público, da revogação de ordem ou decisão judicial que haja suspenso, anulado ou modificado exigência, inclusive no caso de sobrestamento do processo. (Redação dada pelo Dec.-Lei 2.472/1988.)

TÍTULO VII
ORGANIZAÇÃO ADUANEIRA

CAPÍTULO I
DEPARTAMENTO DE RENDAS ADUANEIRAS

ART. 142. A Diretoria das Rendas Aduaneiras fica transformada no Departamento de Rendas Aduaneiras.

ART. 143. Ao Departamento de Rendas Aduaneiras compete:

I - dirigir, superintender, controlar, orientar e executar, em todo o território aduaneiro, os serviços de aplicação das leis fiscais relativas aos tributos federais que incidem sobre importação e exportação de mercadoria;

II - exercer, na esfera de sua competência, as demais atribuições que lhe forem outorgadas pela legislação de câmbio e comércio exterior;

III - promover o controle e a fiscalização da cobrança dos tributos incluídos no âmbito de sua competência;

IV - executar ou promover a execução dos serviços de análises, exames e pesquisas químicas e tecnológicas, indispensáveis à identificação e classificação de mercadorias, para efeitos fiscais;

V - dirigir, controlar, orientar e executar os serviços de prevenção e repressão das fraudes aduaneiras, elaborando os respectivos planos;

VI - interpretar as leis e regulamentos relacionados com a matéria de suas atribuições e decidir os casos omissos;

VII - instaurar e preparar processos relativos às infrações aduaneiras;

VIII - julgar os processos fiscais sobre matéria de suas atribuições, inclusive os de consulta quanto a tributos que incidam sobre mercadoria importada, os de restituição de tributos aduaneiros, os de reconhecimento de danos ou avarias ou extravio de mercadorias, os de infração de obrigações acessórias e sobre outras matérias que venham a ser incluídas na sua competência;

IX - expedir atos de designação e dispensa de chefes das repartições subordinadas, de despachantes aduaneiros e corretores de navios, seus ajudantes e prepostos;

X - rever e adotar modelos de formulários para uso das repartições aduaneiras;

XI - disciplinar o tratamento aduaneiro aplicando à navegação, inclusive área, e ao tráfego de veículo através da fronteira, bem como em relação à respectiva tripulação, carga e passageiros;

XII - estabelecer rota para o veículo terrestre utilizado no trânsito ou reexportação de mercadoria estrangeira destinada ao exterior;

XIII - dirigir, superintender, controlar, orientar e executar, em porto não organizado e em outras áreas em situação semelhante, o serviço de capatazia.

ART. 144. O Departamento de Rendas Aduaneiras contará, para o exercício de suas atribuições, com órgãos regionais de supervisão e controle e com órgãos locais de execução, vigilância e fiscalização.

ART. 145. Fica o Poder Executivo autorizado a instalar Alfândegas, Postos Aduaneiros e outras repartições nos locais onde essa medida se impuser, bem como a extinguir as repartições aduaneiras cuja manutenção não mais se justifique.

Parágrafo único. As atuais Mesas de Rendas, Agências Aduaneiras, Registros Fiscais e Postos Fiscais serão, se justificada sua manutenção, transformados em Alfândegas, Postos Aduaneiros ou outras repartições.

ART. 146. O Laboratório Nacional de Análises passa a integrar o Departamento de Rendas Aduaneiras.

ART. 147. A estrutura, competência, denominação, sede e jurisdição dos órgãos do Departamento de Rendas Aduaneiras serão fixados no Regimento a ser baixado pelo Poder Executivo.

CAPÍTULO II
CONSELHO DE POLÍTICA ADUANEIRA

ART. 148. São membros do Conselho de Política Aduaneira o Diretor do Departamento de Rendas Aduaneiras, do Ministério da Fazenda, e o Chefe da Divisão de Política Comercial, do Ministério das Relações Exteriores, ampliando-se para mais dois membros a representação governamental a que se refere a alínea "b" do Art. 24 da Lei n. 3.244, de 14 de agosto de 1957.

ART. 149. Fica ampliada para 2 (dois) membros efetivos a representação das Confederações Nacionais dos Trabalhadores.

ART. 150. O Art. 29 da Lei n. 3.244, de 14 de agosto de 1957, mantido seu parágrafo único, passa a vigorar com a seguinte redação:

"O Presidente, demais membros e o Secretário-Executivo, do Conselho de Política Aduaneira, perceberão, por sessão realizada, até o máximo de 12 (doze) por mês, gratificação correspondente a 30% (trinta por cento) da importância fixada para o Nível 1 da escala de vencimentos dos servidores públicos civis do Poder Executivo."

ART. 151. São restabelecidas as condições para o provimento do cargo em comissão de membro-presidente do Conselho de Política Aduaneira, de que tratam a alínea "a" do Art. 24, e seu § 1º, da Lei n. 3.244, de 14 de agosto de 1957, e restaurada a equivalência dos símbolos do cargo fixados no Art. 28 da mesma Lei.

ART. 152. Além do pessoal de sua lotação, o Conselho de Política Aduaneira poderá contar com outros servidores que forem postos à sua disposição pelo Ministro da Fazenda ou Diretor-Geral da Fazenda Nacional.

ART. 153. Aos servidores em exercício no Conselho de Política Aduaneira poderá ser concedida a gratificação prevista no inciso IV do Art. 145 da Lei n. 1.711, de 28 de outubro de 1952.

ART. 154. O Conselho de Política Aduaneira promoverá a conversão da nomenclatura da Tarifa Aduaneira à Nomenclatura Aduaneira de Bruxelas, podendo, para tal fim:

I - alterar a numeração das notas tarifárias, introduzir notas interpretativas e regras gerais de classificação;

II - reclassificar as posições entre os capítulos e reajustar a respectiva linguagem;

III - alterar o sistema de desdobramento das posições, a fim de melhor atender aos objetivos fiscais e estatísticos da nomenclatura.

Parágrafo único. As eventuais alterações de alíquota, decorrentes da adoção de nova nomenclatura, serão processadas pelo Conselho de Política Aduaneira, dentro dos limites máximo e mínimo previstos no Art. 3º da Lei n. 3.244, de 14 de agosto de 1957.

CAPÍTULO III
COMITÊ BRASILEIRO DE NOMENCLATURA

ART. 155. A nomenclatura a que se refere o artigo anterior passará a constituir a

Nomenclatura Brasileira de Mercadorias e será adotada:

I - nas operações de exportação e importação;

II - no comércio de cabotagem por vias internas;

III - na cobrança dos impostos de exportação, importação e sobre produtos industrializados;

IV - nos demais casos previstos em lei, decreto ou em resoluções da Junta Nacional de Estatística.

ART. 156. É criado o Comitê Brasileiro de Nomenclatura, com as seguintes atribuições:

I - manter a Nomenclatura Brasileira de Mercadorias permanentemente atualizada;

II - propor aos órgãos interessados na aplicação da Nomenclatura Brasileira de Mercadorias medidas relacionadas com a atualização, aperfeiçoamento e harmonização dos desdobramentos de suas posições, de modo a melhor ajustá-los às suas finalidades estatísticas ou de controle fiscal;

III - difundir o conhecimento da Nomenclatura Brasileira de Mercadorias, inclusive mediante a publicação de seu índice, e propor as medidas necessárias à sua aplicação uniforme;

IV - promover a divulgação das Notas Explicativas da Nomenclatura Aduaneira de Bruxelas e recomendar normas, critérios ou notas complementares de interpretação;

V - prestar assistência técnica aos órgãos diretamente interessados na aplicação da Nomenclatura Brasileira de Mercadorias;

VI - administrar o Fundo de Administração da Nomenclatura Brasileira de Mercadorias;

VII - estabelecer critérios e normas de classificação, para aplicação uniforme da Nomenclatura Brasileira de Mercadorias (NBM). (Incluído pelo Dec.-Lei 1.154/1971.)

ART. 157. O Comitê Brasileiro de Nomenclatura, funcionará sob a presidência do Secretário Executivo do Conselho de Política Aduaneira, e será integrado por 6 (seis) membros especializados em nomenclatura, designados pelo Ministro da Fazenda, dentre funcionários de órgãos diretamente ligados à aplicação da Nomenclatura Brasileira de Mercadorias (NBM). (Redação dada pelo Dec.-Lei 1.154/1971.)

§ 1º O Comitê disporá de uma Secretaria dirigida por um Secretário-Executivo e integrada por funcionários do Ministério da Fazenda, postos à sua disposição por solicitação do respectivo Presidente.

§ 2º O Comitê poderá dispor de um Corpo Consultivo constituído de técnicos indicados pelo Plenário e credenciado pelo Presidente, com a finalidade de prestar assistência especializada nos diferentes setores da nomenclatura.

ART. 158. O Fundo de Administração da Nomenclatura Brasileira de Mercadorias destina-se ao custeio dos trabalhos de documentação, divulgação, análises e pesquisas necessárias ao cumprimento das atribuições do Comitê Brasileiro de Nomenclatura e será constituído:

I - pelas dotações orçamentárias e créditos especiais que lhe forem destinados;

II - pelo produto da venda ou assinatura de publicações editadas pelo Comitê;

III - por dotações recebidas de instituições nacionais ou internacionais.

§ 1º O Fundo será utilizado de conformidade com o plano de aplicação aprovado pelo Ministro da Fazenda.

§ 2º O Presidente do Comitê poderá firmar, com órgãos da administração federal, órgãos e entidades internacionais, convênio para a execução dos seus serviços, inclusive publicação e divulgação de atos e trabalhos, mediante utilização dos recursos do Fundo.

§ 3º Até 28 (vinte e oito) de fevereiro de cada ano o Presidente encaminhará ao Ministério da Fazenda e ao Tribunal de Contas a prestação de contas relativas ao exercício anterior, acompanhada do pronunciamento do Comitê.

ART. 159. A organização e o funcionamento do Comitê serão estabelecidos em regimento a ser expedido pelo Poder Executivo.

TÍTULO VIII
DISPOSIÇÕES FINAIS E TRANSITÓRIAS

ART. 160. As entidades de direito público e as pessoas jurídicas de direito privado, que gozem de isenção de tributos, ficam obrigadas a dar preferência à compra do produto nacional, salvo prova de recusa ou incapacidade do fornecimento, em condições satisfatórias, conforme definido nos incisos I e II do Art. 18.

ART. 161. A isenção prevista nos incisos IV e V do Art. 15, para a importação de automóvel, poderá ser substituída pelo direito de aquisição, em idênticas condições, de veículo de produção nacional, com isenção do imposto sobre produtos industrializados, aplicando-se, quanto ao ressarcimento, pelo produtor, do tributo relativo às matérias-primas e produtos intermediários, a norma do § 1º do Art. 7º da Lei n. 4.502, de 30 de novembro de 1964.

Parágrafo único. O imposto sobre produtos industrializados será cobrado na forma do Art. 26, se a propriedade ou uso do automóvel for transferido, antes do prazo de 1 (um) ano, a pessoa que não goza do mesmo tratamento fiscal.

ART. 162. Serão destinados ao Conselho de Política Aduaneira 5% (cinco por cento) dos recursos correspondentes ao Fundo de Reaparelhamento das Repartições Aduaneiras previsto no § 1º do Art. 66 da Lei n. 3.244, de 14 de agosto de 1957, para atender a despesas de funcionamento e reaparelhamento, inclusive quanto a encargos de material e de prestação de serviços técnicos e administrativos, publicações de trabalhos e divulgação de seus atos, e diligências e estudos necessários ao exercício de suas atribuições.

ART. 163. A taxa de despacho aduaneiro a que se refere o Art. 66, da Lei n. 3.244, de 14 de agosto de 1957, será extinta a partir de 1º de janeiro de 1968, destinando-se, a contar daquela data, 25% (vinte e cinco por cento) da arrecadação do imposto de importação às aplicações previstas no § 1º daquele artigo.

▸ Dec.-Lei 615/1969 (Institui o Fundo Federal de Desenvolvimento Ferroviário).

ART. 164. A isenção do imposto de importação prevista neste Decreto-Lei implica na isenção da taxa de despacho aduaneiro.

Parágrafo único. Nos demais casos, somente haverá isenção da taxa quando expressamente prevista.

ART. 165. O eventual desembaraço de mercadoria objeto de apreensão anulada por decisão judicial não transitada em julgado ou cujo processo fiscal se interrompa por igual motivo, dependerá, sempre, de prévia fiança idônea ou depósito do valor das multas e das despesas de regularização cambial emitidas pela autoridade aduaneira, além do pagamento dos tributos devidos.

Parágrafo único. O depósito será convertido aos títulos próprios, de acordo com a solução final da lide, de que não caiba recurso com efeito suspensivo.

ART. 166. O cargo em comissão de Diretor do Departamento de Rendas Aduaneiras e as funções gratificadas de chefia e assessoramento das repartições aduaneiras serão exercidas, privativamente, por Agentes Fiscais de Imposto Aduaneiro, desde que sejam de natureza fiscal ou técnica e guardem correlação com as atribuições da série de classes.

ART. 167. A bagagem poderá ser classificada por capítulos, para aplicação de alíquota média, conforme dispuser o regulamento.

ART. 168. Reduzido o que couber ao preparador, ao escrivão do processo e classificadores, nos termos do Art. 124 da Lei n. 2.924, de 5 de janeiro de 1915, o saldo do produto da arrematação da mercadoria apreendida será adjudicado ao apreensor.

Parágrafo único. O denunciante participará do saldo a que se refere este artigo, em igualdade de condições com o apreensor.

ART. 169. Constituem infrações administrativas ao controle das importações: (Redação dada pela Lei 6.562/1978.)

I - importar mercadorias do exterior: (Redação dada pela Lei 6.562/1978.)

a) sem Guia de Importação ou documento equivalente, que implique a falta de depósito ou a falta de pagamento de quaisquer ônus financeiros ou cambiais: (Incluída pela Lei 6.562/1978.)

Pena: multa de 100% (cem por cento) do valor da mercadoria.

b) sem Guia de Importação ou documento equivalente, que não implique a falta de depósito ou a falta de pagamento de quaisquer ônus financeiros ou cambiais: (Incluída pela Lei 6.562/1978.)

Pena: multa de 30% (trinta por cento) do valor da mercadoria.

II - subfaturar ou superfaturar o preço ou valor da mercadoria: (Redação dada pela Lei 6.562/1978.)

Pena: multa de 100% (cem por cento) da diferença.

III - descumprir outros requisitos de controle da importação, constantes ou não de Guia de Importação ou de documento equivalente: (Incluído pela Lei n. 6.562, de 1978)

a) embarque da mercadoria após vencido o prazo de validade da Guia de Importação respectiva ou do documento equivalente: (Incluída pela Lei n. 6.562, de 1978)

1. até 20 (vinte) dias:

Pena: multa de 10% (dez por cento) do valor da mercadoria.

2. de mais de 20 (vinte) até 40 (quarenta) dias:

Pena: multa de 20% (vinte por cento) do valor da mercadoria.

b) embarque da mercadoria antes de emitida a Guia de Importação ou documento equivalente: (Incluída pela Lei n. 6.562, de 1978)

Pena: multa de 30% (trinta por cento) do valor da mercadoria.

c) não apresentação ao órgão competente de relação discriminatória do material importado ou fazê-la fora do prazo, no caso de Guia de Importação ou de documento equivalente expedidos sob tal cláusula: (Incluída pela Lei 6.562/1978.)

Pena: alternativamente, como abaixo indicado, consoante ocorra, respectivamente, uma das figuras do inciso I:

1. no caso da alínea "a": multa de 100% (cem por cento) do valor da mercadoria;

2. no caso da alínea "b": multa de 30% (trinta por cento) do valor da mercadoria.

d) não compreendidos nas alíneas anteriores: (Incluída pela Lei 6.562/1978.)

Pena: multa de 20% (vinte por cento) do valor da mercadoria.

§ 1º Após o vencimento dos prazos indicados no inciso III, alínea "a", do *"caput"* deste artigo, a importação será considerada como tendo sido realizada sem Guia de Importação ou documento equivalente. (Redação dada pela Lei 10.833/2003.)

§ 2º As multas previstas neste artigo não poderão ser: (Redação dada pela Lei 10.833/2003.)

I - inferiores a R$ 500,00 (quinhentos reais); (Redação dada pela Lei n. 10.833, de 29.12.2003)

II - superiores a R$ 5.000,00 (cinco mil reais) nas hipóteses previstas nas alíneas a, b e c, item 2, do inciso III do *caput* deste artigo. (Redação dada pela Lei n. 10.833, de 29.12.2003)

§ 3º Os limites de valor, a que se refere o parágrafo anterior, serão atualizados anualmente pelo Secretário da Receita Federal, de acordo com o índice de correção das Obrigações Reajustáveis do Tesouro Nacional, desprezadas, para o limite mínimo, as frações de Cr$ 100,00 (cem cruzeiros) e para o limite máximo as frações de Cr$ 1.000,00 (hum mil cruzeiros). (Redação dada pela Lei n. 6.562, de 1978)

§ 4º Salvo no caso do inciso II do *"caput"* deste artigo, na ocorrência simultânea de mais de uma infração, será punida apenas aquela a que for cominada a penalidade mais grave. (Incluído pela Lei n. 6.562, de 1978)

§ 5º A aplicação das penas previstas neste artigo: (Incluído pela Lei 6.562/1978.)

I - não exclui o pagamento dos tributos devidos, nem a imposição de outras penas, inclusive criminais, previstas em legislação específica; (Incluído pela Lei 6.562/1978.)

II - não prejudicada a imunidade e, salvo disposição expressa em contrário, a isenção de impostos, de que goze a importação, em virtude de lei ou de outro ato específico baixado pelo órgão competente;

III - não elide o depósito ou o pagamento de quaisquer ônus financeiros ou cambiais, quando a importação estiver sujeita ao cumprimento de tais requisitos. (Incluído pela Lei 6.562/1978.)

§ 6º Para efeito do disposto neste artigo, o valor da mercadoria será aquele obtido segundo a aplicação da legislação relativa à base de cálculo do Imposto sobre a Importação. (Incluído pela Lei 6.562/1978.)

§ 7º Não constituirão infrações: (Incluído pela Lei 6.562/1978.)

I - a diferença, para mais ou para menos, não superior a 10% (dez por cento) quanto ao preço, e a 5% (cinco por cento) quanto à quantidade ou ao peso, desde que não ocorram concomitantemente; (Incluído pela Lei 6.562/1978.)

II - nos casos do inciso III do *"caput"* deste artigo, se alterados pelo órgão competente os dados constantes da Guia de Importação ou de documento equivalente; (Incluído pela Lei n. 6.562, de 1978)

III - a importação de máquinas e equipamentos declaradamente originários de determinado país, constituindo um todo integrado, embora contenham partes ou componentes produzidos em outros países que não o indicado na Guia de Importação. (Incluído pela Lei n. 6.562, de 1978)

ART. 170. Constitui infração cambial, punível com a multa de 30% (trinta por cento) do valor, a inobservância dos prazos regulamentares para a chegada, ao ponto de destino, da bagagem e bens dos passageiros, salvo quanto a objetos e roupas de uso pessoal, usados.

ART. 171. A mercadoria estrangeira importada a título de bagagem, e que, por suas características e quantidades, não mereça tal conceito, fica sujeita ao regime da importação comum.

ART. 172. Independem de licença ou de cumprimento de qualquer outra exigência relativa a controle cambial:

I - a bagagem a que se apliquem as disposições constantes do artigo 13 e seus parágrafos;

II - a importação de que tratam os incisos IV, V e VII do Art. 15.

ART. 173. Serão reunidas num só documento a atual nota de importação, a guia de importação a que se refere o Decreto n. 42.914, de 27 de dezembro de 1957, e a guia de recolhimento do imposto sobre produtos industrializados.

ART. 174. Dentro de 2 (dois) anos, a partir da publicação deste Decreto-Lei, ficará revogada toda e qualquer isenção ou redução do imposto concedida por leis anteriores.

Parágrafo único. Não estão compreendidas na revogação prevista neste artigo as isenções ou reduções:

I - que beneficiem nominalmente entidades não industriais prestadoras de serviço público ou de assistência social, centros de pesquisas científicas e museus de arte;

II - que beneficiem nominalmente entidades por prazo fixado em lei, vedada a prorrogação;

III - prevista na legislação específica de órgãos federais incumbidos por lei da execução de programas regionais de desenvolvimento econômico, da execução da política e programas de energia nuclear, de energia elétrica, petróleo e carvão;

IV - previstas nas Leis n. 1.815, de 13 de fevereiro de 1953, 2.004, de 3 de outubro de 1953, 3.890-A, de 25 de abril de 1961, 4.287, de 3 de dezembro de 1963, e 5.174, de 27 de outubro de 1966; (Alterado pelo Dec.-Lei 164/1967.)

V - previstas na Lei n. 3.244, de 14 de agosto de 1957, não especificamente modificadas ou revogadas por este Decreto-Lei.

ART. 175. Fica o Poder Executivo autorizado a abrir um crédito especial de Cr$ 3.000.000.000 (três bilhões de cruzeiros) destinado a atender, nos exercícios de 1967 a 1969, às despesas indispensáveis ao reaparelhamento e à reestruturação do Conselho de Política Aduaneira e do Departamento de Rendas Aduaneiras, inclusive as decorrentes do provimento das funções gratificadas de chefia, assessoramento e de secretariado, a serem criadas.

Parágrafo único. O crédito especial de que trata este artigo será automaticamente registrado pelo Tribunal de Contas e distribuído ao Tesouro Nacional.

ART. 176. O Poder Executivo regulamentará as disposições deste Decreto-Lei dentro do prazo de 180 (cento e oitenta) dias, a contar da data de sua publicação.

ART. 177. Ficam revogadas, a partir de 30 (trinta) dias da publicação do regulamento a que se refere o artigo anterior, as seguintes disposições legais e regulamentares: Nova Consolidação das Leis das Alfândegas e Mesas de Rendas; Decretos n. 12.328, de 27 de dezembro de 1916, 19.909, de 23 de abril e 1931; artigos 96 a 101 do Decreto n. 24.036, de 26 de março de 1934; Decretos-Leis n. 300, de 24 de fevereiro de 1938, 8.644, de 11 de janeiro de 1946, 9.179, de 15 de abril de 1946, e 9.763, de 6 de setembro de 1946; Art. 7º da Lei n. 2.145, de 29 de dezembro de 1953; artigos 5º e seu parágrafo único, 6º e seus parágrafos 7º, 8º e seu parágrafo único, 9º, 10, 12, 13, 14, 17, 33, 34 e 35, da Lei n. 3.244, de 14 de agosto de 1957, e Art. 15 da Lei n. 4.131, de 3 de setembro e 1962.

Parágrafo único. O Art. 11 da Lei n. 3.244, de 14 de agosto de 1957 ficará revogado a partir da vigência da nomenclatura a que se refere o Art. 154 deste Decreto-Lei.

ART. 178. Este Decreto-Lei entrará em vigor em 1 de janeiro de 1967, salvo quanto às disposições que dependam de regulamentação, cuja vigência será fixada no regulamento.

Brasília, 18 de novembro de 1966; 145º da Independência e 78º da República.

H. CASTELLO BRANCO

DECRETO-LEI N. 41, DE 18 DE NOVEMBRO DE 1966

Dispõe sobre a dissolução de sociedades civis de fins assistenciais.

- *DOU*, 21.11.1966.

O Presidente da República, usando das atribuições que lhe confere o artigo 31, parágrafo único, do Ato Institucional n. 2, de 27 de outubro de 1965,

Decreta:

Art 1º Toda sociedade civil de fins assistenciais que receba auxílio ou subvenção do Poder Público ou que se mantenha, no todo ou em parte, com contribuições periódicas de populares, fica sujeita à dissolução nos casos e forma previstos neste decreto-lei.

Art 2º A sociedade será dissolvida se:

I - Deixar de desempenhar efetivamente as atividades assistenciais a que se destina;

II - Aplicar as importâncias representadas pelos auxílios, subvenções ou contribuições populares em fins diversos dos previstos nos seus atos constitutivos ou nos estatutos sociais;

III - Ficar sem efetiva administração, por abandono ou omissão continuada dos seus órgãos diretores.

Art 3º Verificada a ocorrência de alguma das hipóteses do artigo anterior, o Ministério Público, de ofício ou por provocação de qualquer interessado, requererá ao juízo competente a dissolução da sociedade.

Parágrafo único. O processo da dissolução e da liquidação reger-se-á pelos arts. 655 e seguintes do Código de Processo Civil.

Art 4º A sanção prevista neste Decreto-lei não exclui a aplicação de quaisquer outras, porventura cabíveis, contra os responsáveis pelas irregularidades ocorridas.

Art 5º Este Decreto-Lei entra em vigor na data de sua publicação, revogadas as disposições em contrário.

Brasília, 18 de novembro de 1966; 145º da Independência e 78º da República.

H. CASTELLO BRANCO

DECRETO-LEI N. 57, DE 18 DE NOVEMBRO DE 1966

Altera dispositivos sobre lançamento e cobrança do Imposto sobre a Propriedade Territorial Rural, institui normas sobre arrecadação da Dívida Ativa correspondente, e dá outras providências.

- *DOU*, 21.11.1966.
- Dec. 59.900/1966 (Regulamenta este decreto-lei).

O Presidente da República, no uso das atribuições que lhe são conferidas pelo artigo 31, parágrafo único, do Ato Institucional n. 2, de 27 de outubro de 1965, e pelo artigo 2º do Ato Complementar n. 23, de 20 de outubro 1996, Decreta:

ART. 1º Os débitos dos contribuintes, relativos ao Imposto sobre a Propriedade Territorial Rural (ITR), Taxas de Serviços Cadastrais e respectivas multas, não liquidadas em cada exercício, serão inscritos como dívida ativa, acrescidos da multa de 20% (vinte por cento).

ART. 2º A dívida ativa, de que trata o artigo anterior, enquanto não liquidada, estará sujeita à multa de 20% (por cento) por exercício, devido a partir de primeiro de janeiro de cada ano, sempre sobre o montante do débito de 31 de dezembro do ano anterior.

§ 1º Os débitos em dívida ativa, na data de primeiro de janeiro de cada exercício subsequente, estarão sujeitos aos juros de mora de 12% a.a. (doze por cento ao ano) e mais correção monetária, aplicados sobre o total da dívida em 31 de dezembro do exercício anterior.

§ 2º O Conselho Nacional de Economia fixará os índices de correção monetária, específicos para o previsto no parágrafo anterior.

ART. 3º Enquanto não for iniciada a cobrança judicial, os débitos inscritos em dívida ativa poderão ser incluídos na guia de arrecadação do ITR dos exercícios subsequentes, para sua liquidação conjunta.

Parágrafo único. Ressalvada a hipótese prevista neste artigo, não será permitido o pagamento dos tributos referentes a um exercício, sem que o contribuinte comprove a liquidação dos débitos do exercício anterior ou o competente depósito judicial das quantias devidas.

ART. 4º Do produto do ITR e seus acrescidos, cabe ao Instituto Brasileiro de Reforma Agrária (IBRA) a parcela de 20% (vinte por cento) para custeio do respectivo serviço de lançamento e arrecadação.

- Suspensa a execução pela Res. SF 337/1983.

ART. 5º A taxa de serviços cadastrais cobrada pelo IBRA, pela emissão do Certificado de Cadastro, incide sobre todos os imóveis rurais, ainda que isentos do ITR.

- Lei 6.747/1979 (Altera o disposto nos arts. 49 e 50 da Lei n. 4.504/1964 - Estatuto da Terra).
- Dec.-Lei 1.989/1982 (Dispõe sobre contribuição devida ao INCRA e cálculo referente à taxa prevista neste decreto-lei)
- Dec.-Lei 2.377/1987 (Cancela os débitos que menciona).

ART. 6º As isenções concedidas pelo art. 66 da Lei n. 4.504, de 30 de novembro de 1964, não se referem ao ITR e à Taxa de Serviços Cadastrais.

ART. 7º (Revogado pela Lei 5.868/1972.)

Parágrafo único. (Revogado pela Lei 5.868/1972.)

ART. 8º Para fins de cadastramento e do lançamento do ITR, a área destinada a exploração mineral, em um imóvel rural, será considerada como inaproveitável, desde que seja comprovado que a mencionada destinação impede a exploração da mesma em atividades agrícolas, pecuária ou agroindustrial e que sejam satisfeitas as exigências estabelecidas na regulamentação deste Decreto-Lei.

ART. 9º Para fins de cadastramento e lançamento do ITR, as empresas industriais situadas em imóvel rural poderão incluir como inaproveitáveis as áreas ocupadas por suas instalações e as não cultivadas necessárias ao seu funcionamento, desde que feita a comprovação, junto ao IBRA, na forma do disposto na regulamentação deste Decreto-Lei.

ART. 10. As notificações de lançamento e de cobrança do ITR e da Taxa de Cadastro considerar-se-ão feitas aos contribuintes, pela só publicação dos respectivos editais, no Diário Oficial da União e sua afixação na sede das Prefeituras em cujos municípios se localizam os imóveis, devendo os Prefeitos promoverem a mais ampla divulgação desses editais.

Parágrafo único. Até que sejam instalados os equipamentos próprios de computação do IBRA, que permitam a programação das emissões na forma estabelecida no inciso IV do artigo 48 da Lei 4.504, de 30 de novembro de 1964, o período de emissão de Guias será de 1º de abril a 31 de julho de cada exercício.

ART. 11. (Revogado pela Lei 5.868/1972.)

ART. 12. Os tabeliães e oficiais do Registro de Imóvel franquearão seus livros, registros e demais papéis ao IBRA, por seus representantes devidamente credenciados, para a obtenção de elementos necessários ao Cadastro de Imóveis Rurais.

ART. 13. As terras de empresas organizadas como pessoa jurídica, pública ou privada, somente poderão ser consideradas como terras racionalmente aproveitadas, para os fins de aplicação do § 7º do art. 50 da Lei 4.504, de 30 de novembro de 1964, quando satisfaçam, comprovadamente, junto ao IBRA, as exigências da referida lei e estejam classificadas como empresas de capital aberto, na forma do disposto no art. 59 da Lei 4.728 de 14 de julho de 1965.

ART. 14. (Revogado pela Lei 5.868/1972.)

ART. 15. O disposto no art. 32 da Lei n. 5.172, de 25 de outubro de 1966, não abrange o imóvel de que, comprovadamente, seja utilizado em exploração extrativa vegetal, agrícola, pecuária ou agroindustrial, incidindo assim, sobre o mesmo, o ITR e demais tributos com o mesmo cobrados.

- A revogação deste artigo foi suspensa pela Res. SF 9/2005.

ART. 16. Os loteamentos das áreas situadas fora da zona urbana, referidos no parágrafo 2º do art. 32 da Lei 5.172 de 25 de outubro de 1966, só serão permitidos quando atendido o disposto no art. 61 da Lei 4.504, de 30 de novembro de 1964.

ART. 17. O Poder Executivo baixará dentro do prazo de 30 dias, regulamento sobre a aplicação deste Decreto-Lei.

ART. 18. O presente Decreto-Lei entra em vigor, na data de sua publicação, revogadas as disposições em contrário.

Brasília, 18 de novembro de 1966;
145º da Independência e 78º da República.
H. CASTELLO BRANCO

DECRETO-LEI N. 70, DE 21 DE NOVEMBRO DE 1966

Autoriza o funcionamento de associações de poupança e empréstimo, institui a cédula hipotecária e dá outras providências.

- *DOU*, 22.11.1966.
- Sum. 327, STJ.

O Presidente da República, com base no disposto pelo artigo 31, parágrafo único, do Ato Institucional n. 2, de 27 de outubro de 1965, e tendo em vista o Ato Complementar n. 23, de 20 de outubro de 1966, Decreta:

CAPÍTULO I
DAS ASSOCIAÇÕES DE POUPANÇA E EMPRÉSTIMO

ART. 1º Dentro das normas gerais que forem estabelecidas pelo Conselho Monetário Nacional, poderão ser autorizadas a funcionar, nos termos deste decreto-lei, associações de poupança e empréstimo, que se constituirão obrigatoriamente sob a forma de sociedades civis, de âmbito regional restrito, tendo por objetivos fundamentais:

I - propiciar ou facilitar a aquisição de casa própria aos associados;

II - captar, incentivar e disseminar a poupança.

§ 1º As associações de poupança e empréstimo estarão compreendidas no Sistema Financeiro da Habitação no item IV do artigo 8º da Lei n. 4.380, de 21 de agosto de 1964, e legislação complementar, com todos os encargos e vantagens decorrentes.

§ 2º As associações de poupança e empréstimo e seus administradores ficam subordinados aos mesmos preceitos e normas atinentes às instituições financeiras, estabelecidos no capítulo V da Lei n. 4.595, de 31 de dezembro de 1964.

ART. 2º São características essenciais das associações de poupança e empréstimo:

I - a formação de vínculo societário, para todos os efeitos legais, através de depósitos em dinheiro efetuados por pessoas físicas interessadas em delas participar;

II - a distribuição aos associados, como dividendos, da totalidade dos resultados líquidos operacionais, uma vez deduzidas as importâncias destinadas à constituição dos fundos de reserva e de emergência e a participação da administração nos resultados das associações.

ART. 3º É assegurado aos Associados:

I - retirar ou movimentar seus depósitos, observadas as condições regulamentares;

II - tomar parte nas assembleias gerais, com plena autonomia deliberativa, em todos os assuntos da competência delas;

III - votar e ser votado.

ART. 4º Para o exercício de seus direitos societários, cada associado terá pelo menos um voto, qualquer que seja o volume de seus depósitos na Associação, e terá tantos votos quantas "Unidades-Padrão de Capital do Banco Nacional da Habitação" se contenham no respectivo depósito, nos termos do artigo 52 e seus parágrafos da Lei n. 4.380, de 21-8-64, e artigo 9º e seus parágrafos deste decreto-lei.

§ 1º Quando o associado dispuser de mais de um voto, a soma respectiva será apurada na forma prevista neste artigo, sendo desprezadas as frações inferiores a uma Unidade-Padrão de Capital.

§ 2º Poderá ser limitado, como norma geral, variável de região a região, o número máximo de votos correspondentes a cada depósito ou a cada depositante.

ART. 5º Será obrigatório, como despesa operacional das associações de poupança e empréstimo, o pagamento de prêmio para seguro dos depósitos.

ART. 6º O Banco Nacional da Habitação poderá determinar, deliberando inclusive quanto à maneira de fazê-lo, a reorganização, incorporação, fusão ou liquidação de associações de poupança e empréstimo, bem como intervir nas mesmas, através de interventor ou interventores especialmente nomeados, independentemente das respectivas assembleias gerais sempre que verificada uma ou mais das seguintes hipóteses:

a) insolvência;

b) violação das leis ou dos regulamentes;

c) negativa em exibir papéis e documentos ou tentativa de impedir inspeções;

d) realização de operações inseguras ou antieconômicas;

e) operação em regime de perda.

ART. 7º As Associações de poupança e empréstimo são isentas de imposto de renda; são também isentas de imposto de renda as correções monetárias que vierem a pagar a seus depositantes.

ART. 8º Aplicam-se às associações de poupança e empréstimo, no que este decreto-lei não contrariar, os artigos 1.363 e seguintes do Código Civil ou legislação substitutiva ou modificativa deles.

CAPÍTULO II
DA CÉDULA HIPOTECÁRIA

ART. 9º Os contratos de empréstimo com garantia hipotecária, com exceção das que consubstanciam operações de crédito rural, poderão prever o reajustamento das respectivas prestações de amortização e juros com a consequente correção monetária da dívida.

§ 1º Nas hipotecas não vinculadas ao Sistema Financeiro da Habitação, a correção monetária da dívida obedecerá ao que for disposto para o Sistema Financeiro da Habitação.

§ 2º A menção a Obrigações Reajustáveis do Tesouro Nacional nas operações mencionadas no § 2º do artigo 1º do Decreto-Lei n. 19, de 30 de agosto de 1966, e neste decreto-lei entende-se como equivalente a menção de Unidades-padrão de Capital do Banco Nacional da Habitação e o valor destas será sempre corrigido monetàriamente durante a vigência do contrato, segundo os critérios do art. 7º, 1º, da Lei n. 4.357-64.

§ 3º A cláusula de correção monetária utilizável nas operações do Sistema Financeiro da Habitação poderá ser aplicada em todas as operações mencionadas no § 2º do art. 1º do Decreto-Lei n. 19, de 30.08.66, que vierem a ser pactuadas por pessoas não integrantes daquele Sistema, desde que os atos jurídicos se refiram a operações imobiliárias.

ART. 10. É instituída a cédula hipotecária para hipotecas inscritas no Registro Geral de Imóveis, como instrumento hábil para a representação dos respectivos créditos hipotecários, a qual poderá ser emitida pelo credor hipotecário nos casos de:

I - operações compreendidas no Sistema Financeiro da Habitação;

▸ Súmulas 422 e 450, STJ.

II - hipotecas de que sejam credores instituições financeiras em geral, e companhias de seguro;

III - hipotecas entre outras partes, desde que a cédula hipotecária seja originàriamente emitida em favor das pessoas jurídicas a que se refere o inciso II supra.

§ 1º A cédula hipotecária poderá ser integral, quando representar a totalidade do crédito hipotecário, ou fracionária, quando representar parte dele, entendido que a soma do principal das cédulas hipotecárias fracionárias emitidas sobre uma determinada hipoteca e ainda em circulação não poderá exceder, em hipótese alguma, o valor total do respectivo crédito hipotecário em nenhum momento.

§ 2º Para os efeitos do valor total mencionado no parágrafo anterior, admite-se o cômputo das correções efetivamente realizadas, na forma do artigo 9º, do valor Monetário da dívida envolvida.

§ 3º As cédulas hipotecárias fracionárias poderão ser emitidas em conjunto ou isoladamente a critério do credor, a qualquer momento antes do vencimento da correspondente dívida hipotecária.

ART. 11. É admitida a emissão de cédula hipotecária sobre segunda hipoteca, desde que tal circunstância seja expressamente declarada com evidência, no seu anverso.

ART. 12. O valor nominal de cada cédula hipotecária vinculada ao Sistema Financeiro da Habitação poderá ser expresso pela sua equivalência em Obrigações Reajustáveis do Tesouro Nacional ou Unidades-padrão de Capital do Banco Nacional da Habitação e representado pelo quociente da divisão do valor inicial da divida ou da prestação, prestações ou frações de prestações de amortizações e juros da dívida originária pelo valor corrigido de uma Obrigação Reajustável do Tesouro Nacional ou Unidade-padrão de Capital do Banco Nacional da Habitação no trimestre de constituição da dívida.

§ 1º O valor real ou o valor corrigido de cada cédula hipotecária corresponderá ao produto de seu valor nominal, definido neste artigo, pelo valor corrigido de uma Obrigação Reajustável do Tesouro Nacional ou Unidade-padrão de Capital do Banco Nacional da Habitação no momento da apuração desse valor real.

§ 2º O valor nominal discriminará, na forma deste artigo, a parcela de amortização de capital e a parcela de juros representados pela cédula hipotecária, bem como o prêmio mensal dos seguros obrigatórios estipulados pelo Banco Nacional da Habitação.

ART. 13. A cédula hipotecária só poderá ser lançada à circulação depois de averbada à margem da inscrição da hipoteca a que disser respeito, no Registro-Geral de Imóveis, observando-se para essa averbação o disposto na legislação e regulamentação dos serviços concernentes aos registros públicos, no que couber.

Parágrafo único. Cada cédula hipotecária averbada será autenticada pelo Oficial do Registro-Geral de Imóveis competente, com indicação de seu número, série e data, bem como do livro, folhas e a data da inscrição da hipoteca a que corresponder a emissão e à margem da qual for averbada.

ART. 14. Não será permitida a averbação de cédula hipotecária, quando haja pré-notação, inscrição ou averbação de qualquer outro ônus real, ação, penhora ou procedimento judicial que afetem o imóvel, direta ou indiretamente, ou de cédula hipotecária anterior, salvo nos casos dos artigos 10, § 1º, e 11.

ART. 15. A cédula hipotecária conterá obrigatoriamente:

I - No anverso:

a) nome, qualificação e endereço do emitente, e do devedor;

b) número e série da cédula hipotecária, com indicação da parcela ou totalidade do crédito que represente;

c) número, data, livro e folhas do Registro-Geral de Imóveis em que foi inscrita a hipoteca, e averbada a cédula hipotecária;

d) individualização, do imóvel dado em garantia;

e) o valor da cédula, como previsto nos artigos 10 e 12, os juros convencionados e a multa estipulada para o caso de inadimplemento;

f) o número de ordem da prestação a que corresponder a cédula hipotecária, quando houver;

g) a data do vencimento da cédula hipotecária ou, quando representativa de várias prestações, os seus vencimentos de amortização e juros;

h) a autenticação feita pelo oficial do Registro-Geral de Imóveis;

i) a data da emissão, e as assinaturas do emitente, com a promessa de pagamento do devedor;

j) o lugar de pagamento do principal, juros, seguros e taxa.

II - No verso, a menção ou locais apropriados para o lançamento dos seguintes elementos:

a) data ou datas de transferência por endosso;

b) nome, assinatura e endereço do endossante;

c) nome, qualificação, endereço e assinatura do endossatário;

d) as condições do endosso;

e) a designação do agente recebedor e sua comissão.

Parágrafo único. A cédula hipotecária vinculada ao Sistema Financeiro da Habitação deverá conter ainda, no verso, a indicação dos seguros obrigatórios, estipulados pelo Banco Nacional da Habitação.

ART. 16. A cédula hipotecária é sempre nominativa, e de emissão do credor da hipoteca a que disser respeito, podendo ser transferida por endosso em preto lançado no seu verso, na forma do artigo 15, II, aplicando-se à espécie, no que este decreto-lei não contrarie, os artigos 1.065 e seguintes do Código Civil.

Parágrafo único. Emitida a cédula hipotecária, passa a hipoteca sobre a qual incidir e fazer parte integrante dela, acompanhando-a nos endossos subsequentes, sub-rogando-se automaticamente o favorecido ou o endossatário em todos os direitos creditícios respectivos, que serão exercidos pelo último deles, titular pelo endosso em preto.

ART. 17. Na emissão e no endosso da cédula hipotecária, o emitente e o endossante permanecem solidariamente responsáveis pela boa liquidação do crédito, a menos que avisem o devedor hipotecário e o segurador quando houver, de cada emissão ou endosso, até 30 (trinta) dias após sua realização através de carta (do emitente ou do endossante, conforme o caso), entregue mediante recibo ou enviada pelo registro de Títulos e Documentos, ou ainda por meio de notificação judicial, indicando-se, na carta ou na notificação, o nome, a qualificação e o endereço completo do beneficiário (se se tratar de emissão) ou do endossatário (se se tratar de endosso).

§ 1º O Conselho Monetário Nacional fixará as condições em que as companhias de seguro e as instituições financeiras poderão realizar endossos de cédulas hipotecárias, permanecendo solidàriamente responsáveis por sua boa liquidação, inclusive despesas judiciais, hipótese em que deverão indicar na própria cédula, obrigatoriamente, o custo de tais serviços.

§ 2º Na emissão e no endosso da cédula hipotecária é dispensável a outorga uxória.

ART. 18. A liquidação total ou parcial da hipoteca sobre a qual haja sido emitida cédula hipotecária prova-se pela restituição da mesma cédula hipotecária, quitada, ao devedor, ou, na falta dela, por outros meios admitidos em lei.

Parágrafo único. O emitente, endossante, ou endossatário de cédula hipotecária que receber seu pagamento sem restituí-la ao devedor, permanece responsável por todas as consequências de sua permanência em circulação.

ART. 19. Nenhuma cédula hipotecária poderá ter prazo de resgate diferente do prazo da dívida hipotecária a que disser respeito, cujo vencimento antecipado, por qualquer motivo, acarretará automaticamente o vencimento, identicamente antecipado, de todas as cédulas hipotecárias que sobre ela houverem sido emitidos.

ART. 20. É a cédula hipotecária resgatável antecipadamente, desde que o devedor efetue o pagamento correspondente ao seu valor, corrigido monetariamente até a data da liquidação antecipada; se o credor recusar infundadamente o recebimento, poderá o devedor consignar judicialmente as importâncias devidas, cabendo ao Juízo determinar a expedição de comunicação ao Registro-Geral de Imóveis para o cancelamento da correspondente averbação ou da inscrição hipotecária, quando se trate de liquidação integral desta.

ART. 21. É vedada a emissão de cédulas hipotecárias sobre hipotecas cujos contratos não prevejam a obrigação do devedor de:

I - conservar o imóvel hipotecado em condições normais de uso;

II - pagar nas épocas próprias todos os impostos, taxas, multas, ou quaisquer outras obrigações fiscais que recaiam ou venham a recair sobre o imóvel;

III - manter o imóvel segurado por quantia no mínimo correspondente ao do seu valor monetário corrigido.

Parágrafo único. O Conselho de Administração do Banco Nacional da Habitação poderá determinar a adoção de instrumentos-padrão, cujos termos fixará, para as hipotecas do Sistema Financeiro da Habitação.

ART. 22. As instituições financeiras em geral e as companhias do seguro poderão adquirir cédulas hipotecárias ou recebê-las em caução, nas condições que o Conselho Monetário Nacional estabelecer.

ART. 23. Na hipótese de penhora, aresto, sequestro ou outra medida judicial que venha a recair em imóvel objeto de hipoteca sobre a qual haja sido emitida cédula hipotecária, fica o devedor obrigado a denunciar ao Juízo da ação ou execução a existência do fato, comunicando-o incontinenti aos oficiais incumbidos da diligência, sob pena de responder pelos prejuízos que de sua omissão advierem para o credor.

ART. 24. O cancelamento da averbação da cédula hipotecária e da inscrição da hipoteca respectiva, quando se trate de liquidação integral desta, far-se-ão:

I - à vista das cédulas hipotecárias devidamente quitadas, exibidas pelo devedor ao Oficial do Registro Geral de Imóveis;

II - nos casos dos artigos 18 e 20, *in fine*;

III - por sentença judicial transitada em julgado.

Parágrafo único. Se o devedor não possuir a cédula hipotecária quitada, poderá suprir a falta com a apresentação de declaração de quitação do emitente ou endossante em documento à parte.

ART. 25. É proibida a emissão de cédulas hipotecárias sobre hipotecas convencionadas anteriormente à vigência deste decreto-lei, salvo novo acordo entre credor e devedor, ou quando tenha sido prevista a correção monetária nos termos dos artigos 9 e 11.

ART. 26. Todos os atos previstos neste decreto-lei, poderão ser feitos por instrumento particular, aplicando-se ao seu extravio, no que couber, o disposto no Título VII, do Livro IV, do Código de Processo Civil.

ART. 27. A emissão ou o endosso de cédula hipotecária com infrigência deste decreto-lei, constitui, para o emitente ou o endossante, crime de estelionato, sujeitando-o às sanções do artigo 171 do Código Penal.

ART. 28. Ficam isentos do imposto das operações financeiras os atos jurídicos e os instrumentos mencionados neste Capítulo, bem como todas as operações passivas de entidades integrantes do Sistema Financeiro da Habitação; não estarão sujeitos, outrossim, no imposto de renda;

I - durante o exercício financeiro de 1967, os juros das operações previstas no mesmo Capítulo, quando vinculados ao Sistema Financeiro da Habitação;

II - a correção monetária dessas operações, em todos os casos.

CAPÍTULO III

ART. 29. As hipotecas a que se referem os artigos 9º e 10 e seus incisos, quando não pagas no vencimento, poderão, à escolha do credor, ser objeto de execução na forma do Código de Processo Civil (artigos 298 e 301) ou deste Decreto-Lei (artigos 31 a 38).

‣ Refere-se ao CPC/1939. Ver atual art. 566, CPC.

Parágrafo único. A falta de pagamento do principal, no todo ou em parte, ou de qualquer parcela de juros, nas épocas próprias, bem como descumprimento das obrigações constantes do artigo 21, importará, automàticamente, salvo disposição diversa do contrato de hipoteca, em exigibilidade imediata de toda a dívida.

ART. 30. Para os efeitos de exercício da opção do artigo 29, será agente fiduciário, com as funções determinadas nos artigos 31 a 38:

I - nas hipotecas compreendidas no Sistema Financeiro da Habitação, o Banca Nacional da Habitação;

II - nas demais, as instituições financeiras inclusive sociedades de crédito imobiliário, credenciadas a tanto pelo Banco Central da República do Brasil, nas condições que o Conselho Monetário Nacional, venha a autorizar.

§ 1º O Conselho de Administração ao Banco Nacional da Habitação poderá determinar que este exerça as funções de agente fiduciário, conforme o inciso I, diretamente ou através das pessoas jurídicas mencionadas no inciso II, fixando os critérios de atuação delas.

§ 2º As pessoas jurídicas mencionadas no inciso II, a fim de poderem exercer as funções de agente fiduciário deste decreto-lei, deverão ter sido escolhidas para tanto, de comum acordo entre o credor e o devedor, no contrato originário de hipoteca ou em aditamento ao mesmo, salvo se estiverem agindo em nome do Banco Nacional da Habitação ou nas hipóteses do artigo 41.

§ 3º Os agentes fiduciários não poderão ter ou manter vínculos societários com os credores ou devedores das hipotecas em que sejam envolvidos.

§ 4º É lícito às partes, em qualquer tempo, substituir o agente fiduciário eleito, em aditamento ao contrato de hipoteca.

ART. 31. Vencida e não paga a dívida hipotecária, no todo ou em parte, o credor que houver preferido executá-la de acordo com este decreto-lei formalizará ao agente fiduciário a solicitação de execução da dívida, instruindo-a com os seguintes documentos: (Redação dada pela Lei 8.004/1990.)

I - o título da dívida devidamente registrado; (Inciso incluído pela Lei 8.004/1990.)

II - a indicação discriminada do valor das prestações e encargos não pagos; (Inciso incluído pela Lei 8.004/1990.)

III - o demonstrativo do saldo devedor discriminando as parcelas relativas a principal, juros, multa e outros encargos contratuais e legais; e (Inciso incluído pela Lei 8.004/1990.)

IV - cópia dos avisos reclamando pagamento da dívida, expedidos segundo instruções regulamentares relativas ao SFH. (Inciso incluído pela Lei 8.004/1990.)

§ 1º Recebida a solicitação da execução da dívida, o agente fiduciário, nos dez dias subsequentes, promoverá a notificação do devedor, por intermédio de Cartório de Títulos e Documentos, concedendo-lhe o prazo de vinte dias para a purgação da mora. (Redação dada pela Lei 8.004/1990.)

§ 2º Quando o devedor se encontrar em lugar incerto ou não sabido, o oficial certificará o fato, cabendo, então, ao agente fiduciário promover a notificação por edital, publicado por três dias, pelo menos, em um dos jornais de maior circulação local, ou noutro de comarca de fácil acesso, se no local não houver imprensa diária. (Redação dada pela Lei 8.004/1990.)

ART. 32. Não acudindo o devedor à purgação do débito, o agente fiduciário estará de pleno direito autorizado a publicar editais e a efetuar no decurso dos 15 (quinze) dias imediatos, o primeiro público leilão do imóvel hipotecado.

§ 1º Se, no primeiro público leilão, o maior lance obtido for inferior ao saldo devedor no momento, acrescido das despesas constantes do artigo 33, mais as do anúncio e contratação da praça, será realizado o segundo público leilão, nos 15 (quinze) dias seguintes, no qual será aceito o maior lance apurado, ainda que inferior à soma das aludidas quantias.

§ 2º Se o maior lance do segundo público leilão for inferior àquela soma, serão pagas inicialmente as despesas componentes da mesma soma, e a diferença entregue ao credor, que poderá cobrar do devedor, por via executiva, o valor remanescente de seu crédito, sem nenhum direito de retenção ou indenização sobre o imóvel alienado.

§ 3º Se o lance de alienação do imóvel, em qualquer dos dois públicos leilões, for superior ao total das importâncias referidas no *caput* deste artigo, a diferença afinal apurada será entregue ao devedor.

§ 4º A morte do devedor pessoa física, ou a falência, concordata ou dissolução do devedor pessoa jurídica, não impede a aplicação deste artigo.

ART. 33. Compreende-se no montante do débito hipotecado, para os efeitos do artigo 32, a qualquer momento de sua execução, as demais obrigações contratuais vencidas, especialmente em relação à fazenda pública, federal, estadual ou municipal, e a prêmios de seguro, que serão pagos com preferência sobre o credor hipotecário.

Parágrafo único. Na hipótese do segundo público leilão não cobrir sequer as despesas do artigo supra, o credor nada receberá, permanecendo íntegra a responsabilidade de adquirente do imóvel por este garantida, em relação aos créditos remanescentes da fazenda pública e das seguradoras.

ART. 34. É lícito ao devedor, a qualquer momento, até a assinatura do auto de arrematação, purgar o débito, totalizado de acordo com o artigo 33, e acrescido ainda dos seguintes encargos:

I - se a purgação se efetuar conforme o parágrafo primeiro do artigo 31, o débito será acrescido das penalidades previstas no contrato de hipoteca, até 10% (dez por cento) do valor do mesmo débito, e da remuneração do agente fiduciário;

II - daí em diante, o débito, para os efeitos de purgação, abrangerá ainda os juros de mora e a correção monetária incidente até o momento da purgação.

ART. 35. O agente fiduciário é autorizado, independentemente de mandato do credor ou do devedor, a receber as quantias que resultarem da purgação do débito ou do primeiro ou segundo públicos leilões, que deverá entregar ao credor ou ao devedor, conforme o caso, deduzidas de sua própria remuneração.

§ 1º A entrega em causa será feita até 5 (cinco) dias após o recebimento das quantias envolvidas, sob pena de cobrança, contra o agente fiduciário, pela parte que tiver direito às quantias, por ação executiva.

§ 2º Os créditos previstos neste artigo, contra agente fiduciário, são privilegiados, em caso de falência ou concordata.

ART. 36. Os públicos leilões regulados pelo artigo 32 serão anunciados e realizados, no que este decreto-lei não prever, de acordo com o que estabelecer o contrato de hipoteca, ou, quando se tratar do Sistema Financeiro da Habitação, o que o Conselho de Administração do Banco Nacional da Habitação estabelecer.

Parágrafo único. Considera-se não escrita a cláusula contratual que sob qualquer pretexto preveja condições que subtraiam ao devedor o conhecimento dos públicos leilões de imóvel hipotecado, ou que autorizem sua promoção e realização sem publicidade pelo menos igual à usualmente adotada pelos leiloeiros públicos em sua atividade corrente.

ART. 37. Uma vez efetivada a alienação do imóvel, de acordo com o artigo 32, será emitida a respectiva carta de arrematação, assinada pelo leiloeiro, pelo credor, pelo agente fiduciário, e por cinco pessoas físicas idôneas, absolutamente capazes, como testemunhas, documento que servirá como titulo para a transcrição no Registro Geral de Imóveis.

§ 1º O devedor, se estiver presente ao público leilão, deverá assinar a carta de arrematação que, em caso contrário, conterá necessàriamente a constatação de sua ausência ou de sua recusa em subscrevê-la.

§ 2º Uma vez transcrita no Registro Geral de Imóveis a carta de arrematação, poderá o adquirente requerer ao Juízo competente imissão de posse no imóvel, que lhe será concedida liminarmente, após decorridas as 48 horas mencionadas no parágrafo terceiro deste artigo, sem prejuízo de se prosseguir no feito, em rito ordinário, para o debate das alegações que o devedor porventura aduzir em contestação.

§ 3º A concessão da medida liminar do parágrafo anterior só será negada se o devedor, citado, comprovar, no prazo de 48 (quarenta e oito) horas, que resgatou ou consignou judicialmente o valor de seu débito, antes da realização do primeiro ou do segundo público leilão.

ART. 38. No período que medear entre a transcrição da carta de arremação no Registro Geral de Imóveis e a efetiva imissão do adquirente na posse do imóvel alienado em público leilão, o Juiz arbitrará uma taxa mensal de ocupação compatível com o rendimento que deveria proporcionar o investimento realizado na aquisição, cobrável por ação executiva.

ART. 39. O contrato de hipoteca deverá prever os honorários do agente fiduciário, que somente lhe serão devidos se se verificar sua intervenção na cobrança do crédito; tais honorários não poderão ultrapassar a 5% (cinco por cento) do mesmo crédito, no momento da intervenção.

Parágrafo único. Para as hipotecas do Sistema Financeiro da Habitação o Conselho de Administração do Banco Nacional da Habitação poderá fixar tabelas de remuneração no agente fiduciário, dentro dos limites fixados neste artigo.

ART. 40. O agente fiduciário que, mediante ato ilícito, fraude, simulação ou comprovada má-fé, alienar imóvel hipotecado em prejuízo do credor ou devedor envolvido, responderá por seus atos, perante as autoridades competentes, na forma do Capítulo V da Lei n. 4.595, de 31 de dezembro de 1964, e, perante a parte lesada, por perdas e danos, que levarão em conta os critérios de correção monetária adotados neste decreto-lei ou no contrato hipotecário.

ART. 41. Se, por qualquer motivo, o agente fiduciário eleito no contrato hipotecário não puder continuar no exercício da função, deverá comunicar o fato imediatamente ao credor e ao devedor, que, se não chegarem a acordo para eleger outro em aditamento ao mesmo contrato, poderão pedir ao Juízo competente, a nomeação de substituto.

§ 1º Se o credor ou o devedor, a qualquer tempo antes do início da execução conforme o artigo 31, tiverem fundadas razões para pôr em dúvida a imparcialidade ou idoneidade do agente fiduciário eleito no contrato hipotecário, e se não houver acordo entre eles para substituí-lo, qualquer dos dois poderá pedir ao Juízo competente sua destituição.

§ 2º Os pedidos a que se referem este artigo e o parágrafo anterior serão processados segundo o que determina o Código de Processo Civil para as ações declaratórias, com a citação das outras partes envolvidas no contrato hipotecário e do agente fiduciário.

§ 3º O pedido previsto no parágrafo segundo pode ser de iniciativa do agente fiduciário.

§ 4º Destituído o agente fiduciário, o Juiz nomeará outro em seu lugar, que assumirá imediatamente as funções, mediante termo lavrado nos autos, que será levado a averbação no Registro Geral de Imóveis e passará a constituir parte integrante do contrato hipotecário.

§ 5º Até a sentença destitutória transitar em julgado, o agente fiduciário destituído continuará no pleno exercício de suas funções, salvo nos casos do parágrafo seguinte.

§ 6º Sempre que o Juiz julgar necessário, poderá, nos casos deste artigo, nomear liminarmente o novo agente fiduciário, mantendo-o ou substituindo-o na decisão final do pedido.

§ 7º A destituição do agente fiduciário não exclui a aplicação de sanções cabíveis, em virtude de sua ação ou omissão dolosa.

CAPÍTULO IV
DAS DISPOSIÇÕES FINAIS

ART. 42. (Revogado pelo Dec.-Lei 1.494/1976.)

ART. 43. Os empréstimos destinados ao financiamento da construção ou da venda de unidades mobiliárias Poderão ser garantidos pela caução, cessão parcial ou cessão fiduciária dos direitos decorrentes de alienação de imóveis, aplicando-se, no que couber, o disposto nos parágrafos primeiro e segundo do artigo 22 da Lei n. 4.864, de 29 de novembro de 1965.

Parágrafo único. As garantias a que se refere este artigo constituem direitos reais sobre os respectivos imóveis.

ART. 44. São passíveis de inscrição, nos Cartórios do Registro de Imóveis, os contratos a que se refere o artigo 43, e os de hipoteca de unidades imobiliárias em construção ou já construídas mas ainda sem "habite-se" das autoridades públicas competentes e respectiva, averbação, desde que estejam devidamente registrados os lotes de terreno em que elas se situem.

ART. 45. Este decreto-lei entra em vigor na data de sua publicação.

ART. 46. Revogam-se as disposições em contrário.

Brasília, 21 de novembro de 1966; 145º da Independência e 78º da República.

H. CASTELO BRANCO

DECRETO-LEI N. 167, DE 14 DE FEVEREIRO DE 1967

Dispõe sobre títulos de crédito rural e dá outras providências.

▸ *DOU*, 15.2.1967.

O Presidente da República, usando da atribuição que lhe confere o § 2º do art. 9º do Ato Institucional n. 4, de 7 de dezembro de 1966,

Decreta:

CAPÍTULO I
DO FINANCIAMENTO RURAL

ART. 1º O financiamento rural concedido pelos órgãos integrantes do sistema nacional de crédito rural e pessoa física ou jurídica poderá efetivar-se por meio das células de crédito rural previstas neste Decreto-lei.

Parágrafo único. Faculta-se a utilização das cédulas para os financiamentos da mesma natureza concedidos pelas cooperativas rurais a seus associados ou às suas filiadas.

ART. 2º O emitente da cédula fica obrigado a aplicar o financiamento nos fins ajustados, devendo comprovar essa aplicação no prazo e na forma exigidos pela instituição financiadora.

Parágrafo único. Nos casos de pluralidade de emitentes e não constando da cédula qualquer designação em contrário, a utilização do crédito poderá ser feita por qualquer um dos financiados, sob a responsabilidade solidária dos demais.

ART. 3º A aplicação do financiamento poderá ajustar-se em orçamento assinado pelo financiado e autenticado pelo financiador dele devendo constar expressamente qualquer alteração que convencionarem.

Parágrafo único. Na hipótese, far-se-á, na cédula, menção no orçamento, que a ela ficará vinculado.

ART. 4º Quando for concedido financiamento para utilização parcelada, o financiador abrirá com o valor do financiamento contra vinculada à operação, que o financiado movimentará por meio de cheques, saques, recibos, ordens, cartas ou quaisquer outros documentos, na forma e tempo previstos na cédula ou no orçamento.

ART. 5º As importâncias fornecidas pelo financiador vencerão juros as taxas que o Conselho Monetário Nacional fixar e serão exigíveis em 30 de junho e 31 de dezembro ou no vencimento das prestações, se assim acordado entre as partes; no vencimento do título e na liquidação, por outra forma que vier a ser determinada por aquele Conselho, podendo o financiador, nas datas previstas, capitalizar tais encargos na conta vinculada a operação.

Parágrafo único. Em caso de mora, a taxa de juros constante da cédula será elevável de 1% (um por cento) ao ano.

ART. 6º O financiado facultará ao financiador a mais ampla fiscalização da aplicação da quantia financiada, exibindo, inclusive, os elementos que lhe forem exigidos.

ART. 7º O credor poderá, sempre que julgar conveniente e por pessoas de sua indicação, não só percorrer todas e quaisquer dependências dos imóveis referidos no título, como verificar o andamento dos serviços neles existentes.

ART. 8º Para ocorrer às despesas com os serviços de fiscalização poderá ser ajustada na cédula taxa de comissão de fiscalização exigível na forma do disposto no artigo 5º, a qual será calculada sobre os saldos devedores da conta vinculada a operação respondendo ainda o financiado pelo pagamento de quaisquer que se verificarem com vistorias frustradas ou que forem efetuadas em consequência de procedimento seu que possa prejudicar as condições legais e celulares.

CAPÍTULO II

SEÇÃO I
DAS CÉDULAS DE CRÉDITO RURAL

ART. 9º A cédula de crédito rural é promessa de pagamento em dinheiro, sem ou com garantia real cedularmente constituída, sob as seguintes denominações e modalidades:

I - Cédula Rural Pignoratícia.

II - Cédula Rural Hipotecária.

III - Cédula Rural Pignoratícia e Hipotecária.

IV - Nota de Crédito Rural.

ART. 10. A cédula de crédito rural é título civil, líquido e certo, exigível pela soma dela constante ou do endosso, além dos juros, da comissão de fiscalização, se houver, e demais despesas que o credor fizer para segurança, regularidade e realização de seu direito creditório.

§ 1º Se o emitente houver deixado de levantar qualquer parcela do crédito deferido ou tiver feito pagamentos parciais, o credor descenta-los-á da soma declarada na cédula, tornando-se exigível apenas o saldo.

§ 2º Não constando do endosso o valor pelo qual se transfere a cédula, prevalecerá o da soma declarada no título acrescido dos acessórios, na forma deste artigo, deduzido o valor das quitações parciais passadas no próprio título.

ART. 11. Importa vencimento de cédula de crédito rural independentemente de aviso ou interpelação judicial ou extrajudicial, a inadimplência de qualquer obrigação convencional ou legal do emitente do título ou, sendo o caso, do terceiro prestante da garantia real.

Parágrafo único. Verificado o inadimplemento, poderá ainda o credor considerar vencidos antecipadamente todos os financiamentos rurais concedidos ao emitente e dos quais seja credor.

ART. 12. A cédula de crédito rural poderá ser aditada, ratificada e retificada por meio de menções adicionais e de aditivos, datados e assinados pelo emitente e pelo credor.

Parágrafo único. Se não bastar o espaço existente, continuar-se-á em folha do mesmo formato, que fará parte integrante do documento cedular.

ART. 13. A cédula de crédito rural admite amortizações periódicas e prorrogações de vencimento que serão ajustadas mediante a inclusão de cláusula, na forma prevista neste Decreto-lei.

SEÇÃO II
DA CÉDULA RURAL PIGNORATÍCIA

ART. 14. A cédula rural pignoratícia conterá os seguintes requisitos, lançados no contexto:

I - Denominação "Cédula Rural Pignoratícia".

II - Data e condições de pagamento; havendo prestações periódicas ou prorrogações de vencimento, acrescentar: "nos termos da cláusula Forma de Pagamento abaixo» ou «nos termos da cláusula Ajuste de Prorrogação abaixo».

III - Nome do credor e a cláusula à ordem.

IV - Valor do crédito deferido, lançado em algarismos e por extenso, com indicação da finalidade ruralista a que se destina o financiamento concedido e a forma de sua utilização.

V - Descrição dos bens vinculados em penhor, que se indicarão pela espécie, qualidade, quantidade, marca ou período de produção, se for o caso, além do local ou depósito em que os mesmos bens se encontrarem.

VI - Taxa dos juros a pagar, e da comissão de fiscalização, se houver, e o tempo de seu pagamento.

VII - Praça do pagamento.

VIII - Data e lugar da emissão.

IX - Assinatura do próprio punho do emitente ou de representante com poderes especiais.

§ 1º As cláusulas «Forma de Pagamento» ou «Ajuste de Prorrogação», quando cabíveis, serão incluídas logo após a descrição da garantia, estabelecendo-se, na primeira, os valores e datas das prestações e na segunda, as prorrogações previstas e as condições a que está sujeita sua efetivação.

§ 2º A descrição dos bens vinculados à garantia poderá ser feita em documento à parte, em duas vias, assinadas pelo emitente e autenticadas pelo credor, fazendo-se, na cédula, menção a essa circunstância, logo após a indicação do grau do penhor e de seu valor global.

ART. 15. Podem ser objeto, do penhor cedular, nas condições deste Decreto-lei, os bens suscetíveis de penhor rural e de penhor mercantil.

ART. 16. (Revogado pelo Dec.-Lei 784/1969.)

ART. 17. Os bens apenhados continuam na posse imediata do emitente ou do terceiro prestante da garantia real, que responde por sua guarda e conservação como fiel depositário, seja pessoa física ou jurídica. Cuidando-se do penhor constituído por terceiro, o emitente da cédula responderá solidariamente com o empenhador pela guarda e conservação dos bens apenhados.

ART. 18. Antes da liquidação da cédula, não poderão os bens apenhados ser removidos das propriedades nela mencionadas, sob qualquer pretexto e para onde quer que seja, sem prévio consentimento escrito do credor.

ART. 19. Aplicam-se ao penhor constituído pela cédula rural pignoratícia as disposições dos Decretos-Leis n. 1.271, de 16 de maio de 1939, 1.625, de 23 de setembro de 1939, e 4.312, de 20 de maio de 1942 e das leis n. 492, de 30 de agosto de 1937, 2.666, de 6 de dezembro de 1955 e 2.931, de 27 de outubro de 1956, bem como os preceitos legais vigentes relativos a penhor rural e mercantil no que não colidirem com o presente Decreto-Lei.

SEÇÃO III
DA CÉDULA RURAL HIPOTECÁRIA

ART. 20. A cédula rural hipotecária conterá os seguintes requisitos, lançados no contexto:

I - Denominação "Cédula Rural Hipotecária".

II - Data e condições de pagamento; havendo prestações periódicas ou prorrogações de vencimento, acrescentar: "nos termos da cláusula Forma de Pagamento abaixa» ou «nos termos da cláusula Ajuste de Prorrogação abaixo».

III - Nome do credor e a cláusula à ordem.

IV - Valor do crédito deferido, lançado em algarismos e por extenso, com indicação da finalidade ruralista a que se destina o financiamento concedido e a forma de sua utilização.

V - Descrição do imóvel hipotecado com indicação do nome, se houver, dimensões, confrontações, benfeitorias, título e data de aquisição e anotações (número, livro e folha) do registro imobiliário.

VI - Taxa dos juros a pagar e a da comissão de fiscalização, se houver, e tempo de seu pagamento.

VII - Praça do pagamento.

VIII - Data e lugar da emissão.

IX - Assinatura do próprio punho do emitente ou de representante com poderes especiais.

§ 1º Aplicam-se a este artigo as disposições dos §§ 1º e 2º do artigo 14 deste Decreto-lei.

§ 2º Se a descrição do imóvel hipotecado se processar em documento à parte, deverão constar também da cédula todas as indicações mencionadas no item V deste artigo, exceto confrontações e benfeitorias.

§ 3º A especificação dos imóveis hipotecados, pela descrição pormenorizada, poderá ser substituída pela anexação à cédula de seus respectivos títulos de propriedade.

§ 4º Nos casos do parágrafo anterior, deverão constar da cédula, além das indicações referidas no § 2º deste artigo, menção expressa à anexação dos títulos de propriedade e a declaração de que eles farão parte integrante da cédula até sua final liquidação.

ART. 21. São abrangidos pela hipoteca constituída as construções, respectivos terrenos, maquinismos, instalações e benfeitorias.

Parágrafo único. Pratica crime de estelionato e fica sujeito às penas do art. 171 do Código Penal aquele que fizer declarações falsas ou inexatas acerca da área dos imóveis hipotecados, de suas características, instalações e acessórios, da pacificidade de sua posse, ou omitir, na cédula, a declaração de já estarem eles sujeitos a outros ônus ou responsabilidade de qualquer espécie, inclusive fiscais.

ART. 22. Incorporam-se na hipoteca constituída as máquinas, aparelhos, instalações e construções, adquiridos ou executados com o crédito, assim como quaisquer outras benfeitorias acrescidas aos imóveis na vigência da cédula, as quais, uma vez realizadas, não poderão ser retiradas, alteradas ou destruídas, sem o consentimento do credor, por escrito.

Parágrafo único - Faculta-se ao credor exigir que o emitente faça averbar, à margem da inscrição principal, a constituição de direito real sobre os bens e benfeitorias referidos neste artigo.

ART. 23. Podem ser objeto de hipoteca cedular imóveis rurais e urbanos.

ART. 24. Aplicam-se à hipoteca cedular os princípios da legislação ordinária sobre hipoteca no que não colidirem com o presente Decreto-lei.

SEÇÃO IV
DA CÉDULA RURAL PIGNORATÍCIA E HIPOTECÁRIA

ART. 25. A cédula rural pignoratícia e hipotecária conterá os seguintes requisitos, lançados no contexto:

I - Denominação "Cédula Rural Pignoratícia e Hipotecária".

II - Data e condições de pagamento havendo prestações periódicas ou prorrogações de vencimento, acrescentar: "nos termos da cláusula Forma de Pagamento abaixo" ou "nos termos da cláusula Ajuste de Prorrogação abaixo".

III - Nome do credor e a cláusula à ordem.

IV - Valor do crédito deferido, lançado em algarismos e por extenso, com indicação da finalidade ruralista a que se destina o financiamento concedido e a forma de sua utilização.

V - Descrição dos bens vinculados em penhor, os quais se indicarão pela espécie, qualidade, quantidade, marca ou período de produção se for o caso, além do local ou depósito dos mesmos bens.

VI - Descrição do imóvel hipotecado com indicação do nome, se houver, dimensões, confrontações, benfeitorias, título e data de aquisição e anotações (número, livro e folha) do registro imobiliário.

VII - Taxa dos juros a pagar e da comissão de fiscalização, se houver, e tempo de seu pagamento.

VIII - Praça do pagamento.

IX - Data e lugar da emissão.

X - Assinatura do próprio punho do emitente ou de representante com poderes especiais.

ART. 26. Aplica-se à hipoteca e ao penhor constituídos pela cédula rural pignoratícia e hipotecária o disposto nas Seções II e III do Capítulo II deste Decreto-lei.

SEÇÃO V
DA NOTA DE CRÉDITO RURAL

ART. 27. A nota de crédito rural conterá os seguintes requisitos, lançados no contexto:

I - Denominação Nota de Crédito Rural".

II - Data e condições de pagamento; havendo prestações periódicas ou prorrogações de vencimento, acrescentar: "nos termos da cláusula Forma de Pagamento abaixo» ou «nos termos da cláusula Ajuste de Prorrogação abaixo».

III - Nome do credor e a cláusula à ordem.

IV - Valor do crédito deferido, lançado em algarismos e por extenso, com indicação da finalidade ruralista a que se destina o financiamento concedido e a forma de sua utilização.

V - Taxa dos juros a pagar e da comissão de fiscalização se houver, e tempo de seu pagamento.

VI - Praça do pagamento.

VII - Data e lugar da emissão.

VIII - Assinatura do próprio punho do emitente ou de representante com poderes especiais.

ART. 28. O crédito pela nota de crédito rural tem privilégio especial sobre os bens discriminados no artigo 1.563 do Código Civil.

ART. 29. (Revogado pelo Dec.-Lei 784/1969.)

CAPÍTULO III

SEÇÃO I
DA INSCRIÇÃO E AVERBAÇÃO DA CÉDULA DE CRÉDITO RURAL

ART. 30. As cédulas de crédito rural, para terem eficácia contra terceiros, inscrevem-se no Cartório do Registro de Imóveis:

a) a cédula rural pignoratícia, no da circunscrição em que esteja situado o imóvel de localização dos bens apenhados;

b) a cédula rural hipotecária, no da circunscrição em que esteja situado o imóvel hipotecado;

c) a cédula rural pignoratícia e hipotecária, no da circunscrição em que esteja situado o imóvel de localização dos bens apenhados e no da circunscrição em que esteja situado o imóvel hipotecado;

d) a nota de crédito rural, no da circunscrição em que esteja situado o imóvel a cuja exploração se destina o financiamento cedular.

Parágrafo único. Sendo nota de crédito rural emitida por cooperativa, a inscrição far-se-á no Cartório do Registro de Imóveis de domicílio da emitente.

ART. 31. A Inscrição far-se-á na ordem de apresentação da cédula a registro em livro próprio denominado «Registro de Cédulas de Crédito Rural», observado o disposto nos artigos 183, 188, 190 e 202 do Decreto n. 4.857, de 9 de novembro de 1939.

§ 1º Os livros destinados ao registro das cédulas de crédito rural serão numerados em série crescente a começar de 1, e cada livro conterá termo de abertura e termo de encerramento assinados pelo Juiz de Direito da Comarca, que rubricará todas as folhas.

§ 2º As formalidades a que se refere o parágrafo anterior precederão à utilização do livro.

§ 3º Em cada Cartório, haverá, em uso, apenas um livro "Registro de Cédulas de Crédito Rural" utilizando-se o de número subsequente depois de findo o anterior.

ART. 32. A inscrição consistirá na anotação dos seguintes requisitos celulares:

a) Data do pagamento havendo prestações periódicas ou ajuste de prorrogação, consignar, conforme o caso, a data de cada uma delas ou as condições a que está sujeita sua efetivação.

b) O nome do emitente, do financiador e do endossatário, se houver.

c) Valor do crédito deferido e o de cada um dos pagamentos parcelados, se for o caso.

d) Praça do pagamento.

e) Data e lugar da emissão.

§ 1º Para a inscrição, o apresentante de título oferecerá, com o original da cédula, cópia tirada em impresso idêntico ao da cédula com a declaração impressa "Via não negociável", em linhas paralelas transversais.

§ 2º O Cartório conferirá a exatidão da cópia, autenticando-a.

§ 3º Cada grupo de duzentas (200) cópias será encadernado na ordem cronológica de seu arquivamento, em livro que o Cartório apresentará, no prazo de quinze dias da completação do grupo, ao Juiz de Direito da Comarca, para abri-lo e encerrá-lo, rubricando as respectivas folhas numeradas em série crescente a começar de 1 (um).

§ 4º Nos casos do § 3º do artigo 20 deste Decreto-lei, à via da cédula destinada ao Cartório será anexada cópia dos títulos de domínio, salvo se os imóveis hipotecados se acharem registrados no mesmo Cartório.

ART. 33. Ao efetuar a inscrição ou qualquer averbação, o Oficial do Registro Imobiliário mencionará, no respectivo ato, a existência de qualquer documento anexo à cédula e nele aporá sua rubrica, independentemente de outra qualquer formalidade.

ART. 34. O Cartório anotará a inscrição, com indicação do número de ordem, livro e folhas, bem como o valor dos emolumentos cobrados, no verso da cédula, além de mencionar, se for o caso, os anexos apresentados.

Parágrafo único. Pela inscrição da cédula, o oficial cobrará do interessado os seguintes emolumentos, dos quais 80% (oitenta por cento) caberão ao Oficial do Registro Imobiliário e 20% (vinte por cento) ao Juiz de Direito da Comarca, parcela que será recolhida ao Banco do Brasil S.A. e levantada quando das correições a que se refere o artigo 40:

a) até Cr$ 200.000 - 0,1%

b) de Cr$ 200.001 a Cr$ 500.000 - 0,2%

c) de Cr$ 500.001 a Cr$ 1.000.000 - 0,3%

d) de Cr$ 1.000.001 a Cr$ 1.500.000 - 0,4%

e) acima de Cr$ 1.500.000 - 0,5% máximo de 1/4 (um quarto) do salário-mínimo da região.

ART. 35. O oficial recusará efetuar a inscrição se já houver registro anterior no grau de prioridade declarado no texto da cédula, considerando-se nulo o ato que infringir este dispositivo.

ART. 36. Para os fins previstos no artigo 30 deste Decreto-lei, averbar-se-ão, à margem da inscrição da cédula, os endossos posteriores, à inscrição, as menções adicionais, aditivos, avisos de prorrogação e qualquer ato, que promova alteração na garantia ou nas condições pactuadas.

§ 1º Dispensa-se a averbação dos pagamentos parciais e do endosso das instituições financiadoras em operações de redesconto ou caução.

§ 2º Os emolumentos devidos pelos atos referidos neste artigo serão calculados na base de 10% (dez por cento) sobre os valores da tabela constante do parágrafo único do artigo 34 deste Decreto-lei, cabendo ao oficial e ao Juiz de Direito da Comarca as mesmas percentagens estabelecidas naquele dispositivo.

ART. 37. Os emolumentos devidos pela inscrição da cédula ou pela averbação de atos posteriores poderão ser pagos pelo credor, a débito da conta a que se refere o artigo 4º deste Decreto-lei.

ART. 38. As inscrições das cédulas e as averbações posteriores serão efetuadas no prazo de 3 (três) dias úteis a contar da apresentação do título, sob pena de responsabilidade funcional do oficial encarregado de promover os atos necessários.

§ 1º A transgressão do disposto neste artigo poderá ser comunicada ao Juiz de Direito da Comarca pelos interessados ou por qualquer pessoa que tenha conhecimento do fato.

§ 2º Recebida a comunicação, o Juiz instaurará imediatamente inquérito administrativo.

§ 3º Apurada a irregularidade, o oficial pagará multa de valor correspondente aos emolumentos que seriam cobrados, por dia de atraso, aplicada pelo Juiz de Direito da Comarca, devendo a respectiva importância ser recolhida, dentro de 15 (quinze) dias, a estabelecimento bancário que a transferirá ao Banco Central da República do Brasil, para crédito do Fundo Geral para Agricultura e Indústria - "FUNAGRI», criado pelo Decreto n. 56.835, de 3 de setembro de 1965.

SEÇÃO II
DO CANCELAMENTO DA INSCRIÇÃO DA CÉDULA DE CRÉDITO RURAL

ART. 39. Cancela-se a inscrição mediante a averbação, no livro próprio, da ordem judicial competente ou prova da quitação da cédula, lançada no próprio título ou passada em documento em separado com força probante.

§ 1º Da averbação do cancelamento da inscrição constarão as características do instrumento de quitação, ou a declaração, sendo o caso, de que a quitação foi passada na própria cédula, indicando-se, em qualquer hipótese, o nome do quitante e a data da quitação; a ordem judicial de cancelamento será também referida na averbação, pela indicação da data do mandado, Juízo de que procede, nome do Juiz que o subscreve e demais características ocorrentes.

§ 2º Arquivar-se-á no Cartório a ordem judicial de cancelamento da inscrição ou uma das vias do documento particular da quitação da cédula, procedendo-se como se dispõe no § 3º do artigo 32 deste Decreto-lei.

§ 3º Aplicam-se ao cancelamento da inscrição as disposições do § 2º, artigo 36, e as do artigo 38 e seus parágrafos.

SEÇÃO III
DA CORREIÇÃO DOS LIVROS DE INSCRIÇÃO DA CÉDULA DE CRÉDITO RURAL

ART. 40. O Juiz de Direito da Comarca procederá à correição no livro «Registro de Cédulas de Crédito Rural», uma vez por semestre, no mínimo.

CAPÍTULO IV
DA AÇÃO PARA COBRANÇAS DE CÉDULA DE CRÉDITO RURAL

ART. 41. Cabe ação executiva para a cobrança da cédula de crédito rural.

§ 1º Penhorados os bens constitutivos da garantia real, assistirá ao credor o direito de promover, a qualquer tempo, contestada ou não a ação, a venda daqueles bens, observado o disposto nos artigos 704 e 705 do Código de Processo Civil, podendo ainda levantar desde logo, mediante caução idônea, o produto líquido da venda, à conta e no limite de seu crédito, prosseguindo-se na ação.

§ 2º Decidida a ação por sentença passada em julgado, o credor restituirá a quantia ou o excesso levantado, conforme seja a ação julgada improcedente total ou parcialmente, sem prejuízo doutras cominações da lei processual.

§ 3º Da caução a que se refere o parágrafo primeiro dispensam-se as cooperativas rurais e as instituições financeiras públicas (artigo 22 da Lei número 4.595, de 31 de dezembro de 1964), inclusive o Banco do Brasil S.A.

CAPÍTULO V
DA NOTA PROMISSÓRIA RURAL

ART. 42. Nas vendas a prazo de bens de natureza agrícola, extrativa ou pastoril, quando efetuadas diretamente por produtores rurais ou por suas cooperativas; nos recebimentos, pelas cooperativas, de produtos da mesma natureza entregues pelos seus cooperados, e nas entregas de bens de produção ou de consumo, feitas pelas cooperativas aos seus associados poderá ser utilizada, como título de crédito, a nota promissória rural, nos termos deste Decreto-lei.

Parágrafo único. A nota promissória rural emitida pelas cooperativas a favor de seus cooperados, ao receberem produtos entregues por estes, constitui promessa de pagamento representativa de adiantamento por conta do preço dos produtos recebidos para venda.

ART. 43. A nota promissória rural conterá os seguintes requisitos, lançados no contexto:

I - Denominação "Nota Promissória Rural".

II - Data do pagamento.

III - Nome da pessoa ou entidade que vende ou entrega os bens e a qual deve ser paga, seguido da cláusula à ordem.

IV - Praça do pagamento.

V - Soma a pagar em dinheiro, lançada em algarismos e por extenso, que corresponderá ao preço dos produtos adquiridos ou recebidos ou no adiantamento por conta do preço dos produtos recebidos para venda.

VI - Indicação dos produtos objeto da compra e venda ou da entrega.

VII - Data e lugar da emissão.

VIII - Assinatura do próprio punho do emitente ou de representante com poderes especiais.

ART. 44. Cabe ação executiva para a cobrança da nota promissória rural.

Parágrafo único. Penhorados os bens indicados na nota promissória rural, ou, em sua vez, outros da mesma espécie, qualidade e quantidade pertencentes ao emitente, assistirá ao credor o direito de proceder nos termos do § 1º do artigo 41, observada o disposto nos demais parágrafos do mesmo artigo.

ART. 45. A nota promissória rural goza de privilégio especial sobre os bens enumerados no artigo 1.563 do Código Civil.

CAPÍTULO VI
DA DUPLICATA RURAL

ART. 46. Nas vendas a prazo de quaisquer bens de natureza agrícola, extrativa ou pastoril, quando efetuadas diretamente por produtores rurais ou por suas cooperativas, poderá ser utilizada também, como título do crédito, a duplicata rural, nos termos deste Decreto-lei.

ART. 47. Emitida a duplicata rural pelo vendedor, este ficará obrigado a entregá-la ou a remetê-la ao comprador, que a devolverá depois de assiná-la.

ART. 48. A duplicata rural conterá os seguintes requisitos, lançados no contexto:

I - Denominação "Duplicata Rural".

II - Data do pagamento, ou a declaração de dar-se a tantos dias da data da apresentação ou de ser à vista.

III - Nome e domicílio do vendedor.

IV - Nome e domicílio do comprador.

V - Soma a pagar em dinheiro, lançada em algarismos e por extenso, que corresponderá ao preço dos produtos adquiridos.

VI - Praça do pagamento.

VII - Indicação dos produtos objeto da compra e venda.

VIII - Data e lugar da emissão.

IX - Cláusula à ordem.

X - Reconhecimento de sua exatidão e a obrigação de pagá-la, para ser firmada do próprio punho do comprador ou de representante com poderes especiais.

XI - Assinatura do próprio punho do vendedor ou de representante com poderes especiais.

ART. 49. A perda ou extravio da duplicata rural obriga o vendedor a extrair novo documento que contenha a expressão «segunda via» em linha paralelas que cruzem o título.

ART. 50. A remessa da duplicata rural poderá ser feita diretamente pelo vendedor ou por seus representantes, por intermédio de instituições financiadoras, procuradores ou correspondentes, que se incumbem de apresentá-la ao comprador na praça ou no lugar de seu domicílio, podendo os intermediários devolvê-la depois de assinada ou conservá-la em seu poder até o momento do resgate, segundo as instruções de quem lhe cometeu o encargo.

ART. 51. Quando não for à vista, o comprador deverá devolver a duplicata rural ao apresentante dentro do prazo de 10 (dez) dias contados da data da apresentação, devidamente assinada ou acompanhada de declaração por escrito, contendo as razões da falta de aceite.

Parágrafo único. Na hipótese de não devolução do título dentro do prazo a que se refere este artigo, assiste ao vendedor o direito de protestá-lo por falta de aceite.

ART. 52. Cabe ação executiva para cobrança da duplicata rural.

ART. 53. A duplicata rural goza de privilégio especial sobre os bens enumerados no artigo 1.563 do Código Civil.

ART. 54. Incorrerá na pena de reclusão por um a quatro anos, além da multa de 10% (dez por cento) sobre o respectivo montante, o que expedir duplicata rural que não corresponda a uma venda efetiva de quaisquer dos bens a que se refere o artigo 46, entregues real ou simbolicamente.

CAPÍTULO VII
DISPOSIÇÕES ESPECIAIS

SEÇÃO I
DAS GARANTIAS DA CÉDULA DE CRÉDITO RURAL

ART. 55. Podem ser objeto de penhor cedular os gêneros oriundos da produção agrícola, extrativa ou pastoril, ainda que destinados a beneficiamento ou transformação.

ART. 56. Podem ainda ser objeto de penhor cedular os seguintes bens e respectivos acessórios, quando destinados aos serviços das atividades rurais:

I - caminhões, camionetas de carga, furgões, jipes e quaisquer veículos automotores ou de tração mecânica.

II - carretas, carroças, carros, carroções e quaisquer veículos não automotores;

III - canoas, barcas, balsas e embarcações fluviais, com ou sem motores;

IV - máquinas e utensílios destinados ao preparo de rações ou ao beneficiamento, armazenagem, industrialização, frigorificação, conservação, acondicionamento e transporte de produtos e subprodutos agropecuários ou extrativos, ou utilizados nas atividades rurais, bem como bombas, motores, canos e demais pertences de irrigação;

V - incubadoras, chocadeiras, criadeiras, pinteiros e galinheiros desmontáveis ou móveis, gaiolas, bebedouros, campânulas e quaisquer máquinas e utensílios usados nas explorações avícolas e agropastoris.

Parágrafo único. O penhor será anotado nos assentamentos próprios da repartição competente para expedição de licença dos veículos, quando for o caso.

ART. 57. Os bens apenhados poderão ser objeto de novo penhor cedular e o simples registro da respectiva cédula equivalerá à averbação, na anterior, do penhor constituído em grau subsequente.

ART. 58. Em caso de mais de um financiamento, sendo os mesmos o emitente da cédula, o credor e os bens apenhados, poderá estender-se aos financiamentos subsequentes o penhor originariamente constituído, mediante menção da extensão nas cédulas posteriores, reputando-se um só penhor com cédulas rurais distintas.

§ 1º A extensão será apenas averbada à margem da inscrição anterior e não impede que sejam vinculados outros bens à garantia.

§ 2º Havendo vinculação de novos bens, além da averbação, estará a cédula também sujeita a inscrição no Cartório do Registro de Imóveis.

§ 3º Não será possível a extensão da garantia se tiver havido endosso ou se os bens vinculados já houverem sido objeto de nova gravação para com terceiros.

ART. 59. A venda dos bens apenhados ou hipotecados pela cédula de crédito rural depende de prévia anuência do credor, por escrito.

ART. 60. Aplicam-se à cédula de crédito rural, à nota promissória rural e à duplicata rural, no que forem cabíveis, as normas de direito cambial, inclusive quanto a aval, dispensado porém o protesto para assegurar o direito de regresso contra endossantes e seus avalistas.

§ 1º O endossatário ou o portador de Nota Promissória Rural ou Duplicata Rural não tem direito de regresso contra o primeiro endossante e seus avalistas. (Acrescentado pela Lei 6.754/1979.)

§ 2º É nulo o aval dado em Nota Promissória Rural ou Duplicata Rural, salvo quando dado pelas pessoas físicas participantes da empresa emitente ou por outras pessoas jurídicas. (Acrescentado pela Lei 6.754/1979.)

§ 3º Também são nulas quaisquer outras garantias, reais ou pessoais, salvo quando prestadas pelas pessoas físicas participantes da empresa emitente, por esta ou por outras pessoas jurídicas. (Acrescentado pela Lei 6.754/1979.)

§ 4º Às transações realizadas entre produtores rurais e entre estes e suas cooperativas não se aplicam as disposições dos parágrafos anteriores. (Acrescentado pela Lei 6.754/1979.)

SEÇÃO II
DOS PRAZOS E PRORROGAÇÕES DA CÉDULA DE CRÉDITO RURAL

ART. 61. O prazo do penhor rural, agrícola ou pecuário não excederá o prazo da obrigação garantida e, embora vencido o prazo, permanece a garantia, enquanto subsistirem os bens que a constituem. (Redação dada pela Lei 12.873/2013.)

Parágrafo único. A prorrogação do penhor rural, inclusive decorrente de prorrogação da obrigação garantida prevista no *caput*, ocorre mediante a averbação à margem do registro respectivo, mediante requerimento do credor e do devedor. (Redação dada pela Lei 12.873/2013.)

ART. 62. As prorrogações de vencimento de que trata o artigo 13 deste Decreto-lei serão anotadas na cédula pelo próprio credor, devendo ser averbadas à margem das respectivas inscrições, e seu processamento, quando cumpridas regularmente todas as obrigações, celulares e legais, far-se-á por simples requerimento do credor ao oficial do Registro de Imóveis competente.

Parágrafo único. Somente exigirão lavratura de aditivo as prorrogações que tiverem de ser concedidas sem o cumprimento das condições a que se subordinarem ou após o término do período estabelecido na cédula.

CAPÍTULO VIII
DISPOSIÇÕES GERAIS

ART. 63. Dentro do prazo da cédula, o credor, se assim o entender poderá autorizar o emitente a dispor de parte ou de todos os bens da garantia, na forma e condições que convencionarem.

ART. 64. Os bens dados em garantia assegurarão o pagamento do principal, juros, comissões, pena convencional, despesas legais e convencionais com as preferências estabelecidas na legislação em vigor.

ART. 65. Se baixar no mercado o valor dos bens da garantia ou se verificar qualquer ocorrência que determine diminuição ou depreciação da garantia constituída, o emitente reforçará essa garantia dentro do prazo de quinze dias da notificação que o credor lhe fizer, por carta enviada pelo Correio, sob registro, ou pelo oficial do Registro de Títulos e Documentos da Comarca.

Parágrafo único. Nos casos de substituição de animais por morte ou inutilização, assiste ao credor o direito de exigir que os substitutos sejam da mesma espécie e categoria dos substituídos.

ART. 66. Quando o penhor for constituído por animais, o emitente da cédula fica, obrigado a manter todo o rebanho, inclusive os animais adquiridos com o financiamento, se for o caso, protegidos pelas medidas sanitárias e profiláticas recomendadas em cada caso, contra a incidência de zoonoses, moléstias infecciosas ou parasitárias de ocorrência frequente na região.

ART. 67. Nos financiamentos pecuários, poderá ser convencionado que o emitente se obriga a não vender, sem autorização por escrito do credor, durante a vigência do título, crias fêmeas ou vacas aptas à procriação, assistindo ao credor, na hipótese de não observância dessas condições, o direito de dar por vencida a cédula e exigir o total da dívida dela resultante, independentemente de aviso extrajudicial ou interpelação judicial.

ART. 68. Se os bens vinculados em penhor ou em hipoteca à cédula de crédito rural pertencerem a terceiros, estes subscreverão também o título, para que se constitua a garantia.

ART. 69. Os bens objeto de penhor ou de hipoteca constituídos pela cédula de crédito rural não serão penhorados, arrestados ou sequestrados por outras dívidas do emitente ou do terceiro empenhador ou hipotecante, cumprindo ao emitente ou ao terceiro empenhador ou hipotecante denunciar a existência da cédula às autoridades incumbidas da diligência ou a quem a determinou, sob pena de responderem pelos prejuízos resultantes de sua omissão.

ART. 70. O emitente da cédula de crédito rural, com ou sem garantia real, manterá em dia o pagamento dos tributos e encargos fiscais, previdenciários e trabalhistas de sua responsabilidade, inclusive a remuneração dos trabalhadores rurais, exibindo ao credor os respectivos comprovantes sempre que lhe forem exigidos.

ART. 71. Em caso de cobrança em processo contencioso ou não, judicial ou administrativo, o emitente da cédula de crédito rural, da nota promissória rural, ou o aceitante da duplicata rural responderá ainda pela multa de 10% (dez por cento) sobre o principal e acessórios em débito, devida a partir do primeiro despacho da autoridade competente na petição de cobrança ou de habilitação de crédito.

ART. 72. As cédulas de crédito rural, a nota promissória rural e a duplicata rural poderão ser redescontadas no Banco Central da República do Brasil, nas condições estabelecidas pelo Conselho Monetário Nacional.

ART. 73. É também da competência do Conselho Monetário Nacional a fixação das taxas de desconto da nota promissória rural e da duplicata rural, que poderão ser elevadas de 1% ao ano em caso de mora.

ART. 74. Dentro do prazo da nota promissória rural e da duplicata rural, poderão ser feitos pagamentos parciais.

Parágrafo único. Ocorrida a hipótese, o credor declarará, no verso do título, sobre sua assinatura, a importância recebida e a data do recebimento, tornando-se exigível apenas, o saldo.

ART. 75. Na hipótese de nomeação, por qualquer circunstância, de depositário para os bens apenhados, instituído judicial ou convencionalmente, entrará ele também na posse imediata das máquinas e de todas as instalações e pertences acaso necessários à transformação dos referidos bens nos produtos a que se tiver obrigado o emitente na respectiva cédula.

ART. 76. Serão segurados, até final resgate da cédula, os bens nela descritos e caracterizados, observada a vigente legislação de seguros obrigatórios.

ART. 77. As cédulas de crédito rural, a nota promissória rural e a duplicata rural obedecerão aos modelos anexos de números 1 a 6.

Parágrafo único. Sem caráter de requisito essencial, as cédulas de crédito rural poderão conter disposições que resultem das peculiaridades do financiamento rural.

ART. 78. A exigência constante do artigo 22 da Lei n. 4.947, de 6 de abril de 1966, não se aplica às operações de crédito rural proposta por produtores rurais e suas cooperativas, de conformidade com o disposto no artigo 37 da Lei n. 4.829, de 5 de novembro de 1965.

Parágrafo único. A comunicação do Instituto Brasileiro de Reforma Agrária, de ajuizamento da cobrança de dívida fiscal ou de multa impedirá a concessão de crédito rural ao devedor, a partir da data do recebimento da comunicação, pela instituição financiadora, salvo se, for depositado em juízo o valor do débito em litígio.

CAPÍTULO IX
DISPOSIÇÕES TRANSITÓRIAS

ART. 79. Este Decreto-lei entrará em vigor noventa (90) dias depois de publicado, revogando-se a Lei número 3.253, de 27 de agosto de 1957, e as disposições em contrário.

ART. 80. As folhas em branco dos livros de registro das «Cédulas de Crédito Rural» sob o império da Lei n. 3.253, de 27 de agosto de 1957, serão inutilizadas, na data da vigência do presente Decreto-lei, pelo Chefe da Repartição arrecadadora federal a que pertencem, e devidamente guardados os livros.

Brasília, 14 de fevereiro de 1967;
146º da Independência e 79º da República.
H. CASTELLO BRANCO

DECRETO-LEI N. 200, DE 25 DE FEVEREIRO DE 1967

Dispõe sobre a organização da Administração Federal, estabelece diretrizes para a Reforma Administrativa e dá outras providências.

▸ *DOU*, 27.02.1967, e retificado em 17.07.1967.

O Presidente da República, usando das atribuições que lhe confere o art. 9º, § 2º, do Ato Institucional n. 4, de 07 de dezembro de 1966, decreta:

TÍTULO I
DA ADMINISTRAÇÃO FEDERAL

ART. 1º O Poder Executivo é exercido pelo Presidente da República auxiliado pelos Ministros de Estado.

ART. 2º O Presidente da República e os Ministros de Estado exercem as atribuições de sua competência constitucional, legal e regulamentar com o auxílio dos órgãos que compõem a Administração Federal.

ART. 3º Respeitada a competência constitucional do Poder Legislativo estabelecida no artigo 46, inciso II e IV, da Constituição, o Poder Executivo regulará a estruturação, as atribuições e funcionamento do órgão da Administração Federal. (Redação dada pelo Dec.-Lei 900/1969.)

▸ Art. 48, XI, CF.

ART. 4º A Administração Federal compreende:

I - A Administração Direta, que se constitui dos serviços integrados na estrutura administrativa da Presidência da República e dos Ministérios.

II - A Administração Indireta, que compreende as seguintes categorias de entidades, dotadas de personalidade jurídica própria:

a) Autarquias;

b) Empresas Públicas;

c) Sociedades de Economia Mista.

d) fundações públicas. (Incluído pela Lei 7.596/1987.)

DECRETOS-LEIS

▸ Arts. 37, II, XXI; 52; e 165, § 5º, CF.

Parágrafo único. As entidades compreendidas na Administração Indireta vinculam-se ao Ministério em cuja área de competência estiver enquadrada sua principal atividade. (Renumerado pela Lei 7.596/1987.)

▸ Arts. 70; 71; 74, II; e 87, CF.

▸ Art. 49, Lei 10.683/2003 (Dispõe sobre a organização da Presidência da República e dos Ministérios).

§§ 2º e **3º** (Revogados pela Lei 7.596/1987.)

ART. 5º Para os fins desta lei, considera-se:

I - Autarquia - o serviço autônomo, criado por lei, com personalidade jurídica, patrimônio e receita próprios, para executar atividades típicas da Administração Pública, que requeiram, para seu melhor funcionamento, gestão administrativa e financeira descentralizada.

▸ Arts. 21, XI; e 177, § 2º, III, CF.

▸ Arts. 41, IV, CC.

II - Empresa Pública - a entidade dotada de personalidade jurídica de direito privado, com patrimônio próprio e capital exclusivo da União, criado por lei para a exploração de atividade econômica que o Governo seja levado a exercer por força de contingência ou de conveniência administrativa podendo revestir-se de qualquer das formas admitidas em direito. (Redação dada pelo Dec.-Lei 900/1969.)

▸ Art. 5º, Dec.-Lei 900/1969 (Altera disposições deste Decreto-Lei).

III - Sociedade de Economia Mista - a entidade dotada de personalidade jurídica de direito privado, criada por lei para a exploração de atividade econômica, sob a forma de sociedade anônima, cujas ações com direito a voto pertençam em sua maioria à União ou a entidade da Administração Indireta. (Redação dada pelo Dec.-Lei 900/1969.)

IV - Fundação Pública - a entidade dotada de personalidade jurídica de direito privado, sem fins lucrativos, criada em virtude de autorização legislativa, para o desenvolvimento de atividades que não exijam execução por órgãos ou entidades de direito público, com autonomia administrativa, patrimônio próprio gerido pelos respectivos órgãos de direção, e funcionamento custeado por recursos da União e de outras fontes. (Incluído pela Lei 7.596/1987.)

§ 1º No caso do inciso III, quando a atividade for submetida a regime de monopólio estatal, a maioria acionária caberá apenas à União, em caráter permanente.

§ 2º O Poder Executivo enquadrará as entidades da Administração Indireta existentes nas categorias constantes deste artigo.

§ 3º As entidades de que trata o inciso IV deste artigo adquirem personalidade jurídica com a inscrição da escritura pública de sua constituição no Registro Civil de Pessoas Jurídicas, não se lhes aplicando as demais disposições do Código Civil concernentes às fundações. (Incluído pela Lei 7.596/1987.)

TÍTULO II
DOS PRINCÍPIOS FUNDAMENTAIS

ART. 6º As atividades da Administração Federal obedecerão aos seguintes princípios fundamentais:

I - Planejamento;

II - Coordenação;

III - Descentralização;

IV - Delegação de Competência;

V - Controle.

▸ Art. 37, CF.

CAPÍTULO I
DO PLANEJAMENTO

ART. 7º A ação governamental obedecerá a planejamento que vise a promover o desenvolvimento econômico-social do País e a segurança nacional, norteando-se segundo planos e programas elaborados, na forma do Título III, e compreenderá a elaboração e atualização dos seguintes instrumentos básicos:

a) plano geral de governo;

b) programas gerais, setoriais e regionais, de duração plurianual;

c) orçamento-programa anual;

d) programação financeira de desembolso.

CAPÍTULO II
DA COORDENAÇÃO

ART. 8º As atividades da Administração Federal e, especialmente, a execução dos planos e programas de governo, serão objeto de permanente coordenação.

§ 1º A coordenação será exercida em todos os níveis da administração, mediante a atuação das chefias individuais, a realização sistemática de reuniões com a participação das chefias subordinadas e a instituição e funcionamento de comissões de coordenação em cada nível administrativo.

§ 2º No nível superior da Administração Federal, a coordenação será assegurada através de reuniões do Ministério, reuniões de Ministros de Estado responsáveis por áreas afins, atribuição de incumbência coordenadora a um dos Ministros de Estado (art. 36), funcionamento das Secretarias Gerais (art. 23, § 1º) e coordenação central dos sistemas de atividades auxiliares (art. 31).

§ 3º Quando submetidos ao Presidente da República, os assuntos deverão ter sido previamente coordenados com todos os setores neles interessados, inclusive no que respeita aos aspectos administrativos pertinentes, através de consultas e entendimentos, de modo a sempre compreenderem soluções integradas e que se harmonizem com a política geral e setorial do Governo. Idêntico procedimento será adotado nos demais níveis da Administração Federal, antes da submissão dos assuntos à decisão da autoridade competente.

ART. 9º Os órgãos que operam na mesma área geográfica serão submetidos à coordenação com o objetivo de assegurar a programação e execução integrada dos serviços federais.

Parágrafo único. Quando ficar demonstrada a inviabilidade de celebração de convênio (alínea *b* do § 1º do art. 10) com os órgãos estaduais e municipais que exerçam atividades idênticas, os órgãos federais buscarão com eles coordenar-se, para evitar dispersão de esforços e de investimentos na mesma área geográfica.

CAPÍTULO III
DA DESCENTRALIZAÇÃO

▸ Dec. 1.044/1994 (Institui o Programa Nacional de Descentralização e constitui Câmara Especial do Conselho de Governo).

ART. 10. A execução das atividades da Administração Federal deverá ser amplamente descentralizada.

§ 1º A descentralização será posta em prática em três planos principais:

a) dentro dos quadros da Administração Federal, distinguindo-se claramente o nível de direção do de execução;

b) da Administração Federal para a das unidades federadas, quando estejam devidamente aparelhadas e mediante convênio;

c) da Administração Federal para a órbita privada, mediante contratos ou concessões.

§ 2º Em cada órgão da Administração Federal, os serviços que compõem a estrutura central de direção devem permanecer liberados das rotinas de execução e das tarefas de mera formalização de atos administrativos, para que possam concentrar-se nas atividades de planejamento, supervisão, coordenação e controle.

§ 3º A Administração casuística, assim entendida a decisão de casos individuais, compete, em princípio, ao nível de execução, especialmente aos serviços de natureza local, que estão em contato com os fatos e com o público.

§ 4º Compete à estrutura central de direção o estabelecimento das normas, critérios, programas e princípios, que os serviços responsáveis pela execução são obrigados a respeitar na solução dos casos individuais e no desempenho de suas atribuições.

§ 5º Ressalvados os casos de manifesta impraticabilidade ou inconveniência, a execução de programas federais de caráter nitidamente local deverá ser delegada, no todo ou em parte, mediante convênio, aos órgãos estaduais ou municipais incumbidos de serviços correspondentes.

§ 6º Os órgãos federais responsáveis pelos programas conservarão a autoridade normativa e exercerão controle e fiscalização indispensáveis sobre a execução local, condicionando-se a liberação dos recursos ao fiel cumprimento dos programas e convênios.

§ 7º Para melhor desincumbir-se das tarefas de planejamento, coordenação, supervisão e controle e com o objetivo de impedir o crescimento desmesurado da máquina administrativa, a Administração procurará desobrigar-se da realização material de tarefas executivas, recorrendo, sempre que possível, à execução indireta, mediante contrato, desde que exista, na área, iniciativa privada suficientemente desenvolvida e capacitada a desempenhar os encargos de execução.

§ 8º A aplicação desse critério está condicionada, em qualquer caso, aos ditames do interesse público e às conveniências da segurança nacional.

CAPÍTULO IV
DA DELEGAÇÃO DE COMPETÊNCIA

▸ Dec. 83.937/1979 (Regulamenta este capítulo).

ART. 11. A delegação de competência será utilizada como instrumento de descentralização administrativa, com o objetivo de assegurar maior rapidez e objetividade às decisões, situando-as na proximidade dos fatos, pessoas ou problemas a atender.

ART. 12. É facultado ao Presidente da República, aos Ministros de Estado e, em geral, às autoridades da Administração Federal delegar competência para a prática de atos administrativos, conforme se dispuser em regulamento.

Parágrafo único. O ato de delegação indicará com precisão a autoridade delegante, a autoridade delegada e as atribuições objeto de delegação.

CAPÍTULO V
DO CONTROLE

ART. 13 O controle das atividades da Administração Federal deverá exercer-se em todos os níveis e em todos os órgãos, compreendendo, particularmente:

a) o controle, pela chefia competente, da execução dos programas e da observância das normas que governam a atividade específica do órgão controlado;

b) o controle, pelos órgãos próprios de cada sistema, da observância das normas gerais que regulam o exercício das atividades auxiliares;

c) o controle da aplicação dos dinheiros públicos e da guarda dos bens da União pelos órgãos próprios do sistema de contabilidade e auditoria.

ART. 14. O trabalho administrativo será racionalizado mediante simplificação de processos e supressão de controles que se evidenciarem como puramente formais ou cujo custo seja evidentemente superior ao risco.

TÍTULO III
DO PLANEJAMENTO, DO ORÇAMENTO-PROGRAMA E DA PROGRAMAÇÃO FINANCEIRA

ART. 15. A ação administrativa do Poder Executivo obedecerá a programas gerais, setoriais e regionais de duração plurianual, elaborados através dos órgãos de planejamento, sob a orientação e a coordenação superiores do Presidente da República.

§ 1º Cabe a cada Ministro de Estado orientar e dirigir a elaboração do programa setorial e regional correspondente a seu Ministério e ao Ministro de Estado, Chefe da Secretaria de Planejamento, auxiliar diretamente o Presidente da República na coordenação, revisão e consolidação dos programas setoriais e regionais e na elaboração da programação geral do Governo. (Redação dada pela Lei 6.036/1974.)

§ 2º Com relação à Administração Militar, observar-se-á a finalidade precípua que deve regê-la, tendo em vista a destinação constitucional das Forças Armadas, sob a responsabilidade dos respectivos Ministros, que são os seus Comandantes Superiores. (Redação dada pelo Dec.-Lei 900/1969.)

§ 3º A aprovação dos planos e programas gerais, setoriais e regionais é da competência do Presidente da República.

ART. 16. Em cada ano, será elaborado um orçamento-programa, que pormenorizará a etapa do programa plurianual a ser realizada no exercício seguinte e que servirá de roteiro à execução coordenada do programa anual.

Parágrafo único. Na elaboração do orçamento-programa serão considerados, além dos recursos consignados no Orçamento da União, os recursos extraorçamentários vinculados à execução do programa do Governo.

ART. 17. Para ajustar o ritmo de execução do orçamento-programa ao fluxo provável de recursos, o Ministério do Planejamento e Coordenação Geral e o Ministério da Fazenda elaborarão, em conjunto, a programação financeira de desembolso, de modo a assegurar a liberação automática e oportuna dos recursos necessários à execução dos programas anuais de trabalho.

ART. 18. Toda atividade deverá ajustar-se à programação governamental e ao orçamento-programa e os compromissos financeiros só poderão ser assumidos em consonância com a programação financeira de desembolso.

TÍTULO IV
DA SUPERVISÃO MINISTERIAL

▸ Lei 6.036/1974 (Dispõe sobre a criação, na Presidência da República, do conselho de desenvolvimento econômico e da secretaria de planejamento, sobre o desdobramento do Ministério do Trabalho e Previdência Social e dá outras providências).

ART. 19. Todo e qualquer órgão da Administração Federal, direta ou indireta, está sujeito à supervisão do Ministro de Estado competente, excetuados unicamente os órgãos mencionados no art. 32, que estão submetidos à supervisão direta do Presidente da República.

ART. 20. O Ministro de Estado é responsável, perante o Presidente da República, pela supervisão dos órgãos da Administração Federal enquadrados em sua área de competência.

Parágrafo único. A supervisão ministerial exercer-se-á através da orientação, coordenação e controle das atividades dos órgãos subordinados ou vinculados ao Ministério, nos termos desta lei.

ART. 21. O Ministro de Estado exercerá a supervisão de que trata este título com apoio nos Órgãos Centrais. (Redação dada pelo Dec.-Lei 900/1969.)

Parágrafo único. No caso dos Ministros Militares a supervisão ministerial terá, também, como objetivo, colocar a administração, dentro dos princípios gerais estabelecidos nesta lei, em coerência com a destinação constitucional precípua das Forças Armadas, que constitui a atividade afim dos respectivos Ministérios. (Incluído pelo Dec.-Lei 900/1969.)

ART. 22. Haverá na estrutura de cada Ministério Civil os seguintes Órgãos Centrais:

▸ Lei 6.228/1975 (Altera a denominação e a competência do DASP, cria cargos em comissão e dá outras providências).

I - Órgãos Centrais de planejamento, coordenação e controle financeiro.

II - Órgãos Centrais de direção superior.

ART. 23. Os órgãos a que se refere o item I do art. 22, têm a incumbência de assessorar diretamente o Ministro de Estado e, por força de suas atribuições, em nome e sob a direção do Ministro, realizar estudos para formulação de diretrizes e desempenhar funções de planejamento, orçamento, orientação, coordenação, inspeção e controle financeiro, desdobrando-se em:

▸ Lei 6.228/1975 (Altera a denominação e a competência do DASP, cria cargos em comissão e dá outras providências).

▸ Dec. 64.135/1969 (Aprova o regulamento das Inspetorias Gerais de Finanças e dá outras providências).

I - Uma Secretaria Geral.

II - Uma Inspetoria Geral de Finanças.

§ 1º A Secretaria Geral atua como órgão setorial de planejamento e orçamento, na forma do Título III, e será dirigida por um Secretário-Geral, o qual poderá exercer funções delegadas pelo Ministro de Estado.

§ 2º A Inspetoria Geral de Finanças, que será dirigida por um Inspetor-Geral, integra, como órgão setorial, os sistemas de administração financeiro, contabilidade e auditoria, superintendendo o exercício dessas funções no âmbito do Ministério e cooperação com a Secretaria Geral no acompanhamento da execução do programa e do orçamento.

§ 3º Além das funções previstas neste título, a Secretaria-Geral do Ministério do Planejamento e Coordenação Geral exercerá as atribuições de Órgão Central dos sistemas de planejamento e orçamento, e a Inspetoria-Geral de Finanças do Ministério da Fazenda, as de Órgãos Central do sistema de administração financeira, contabilidade e auditoria. (Redação dada pelo Dec.-Lei 900/1969.)

ART. 24. Os Órgãos Centrais de direção superior (art. 22, item II) executam funções de administração das atividades específicas e auxiliares do Ministério e serão, preferentemente, organizados em base departamental, observados os princípios estabelecidos nesta lei.

▸ Lei 6.228/1975 (Altera a denominação e a competência do DASP, cria cargos em comissão e dá outras providências).

ART. 25. A supervisão ministerial tem por principal objetivo, na área de competência do Ministro de Estado:

I - assegurar a observância da legislação federal;

II - promover a execução dos programas do Governo;

III - fazer observar os princípios fundamentais enunciados no Título II;

IV - coordenar as atividades dos órgãos supervisionados e harmonizar sua atuação com a dos demais Ministérios;

V - avaliar o comportamento administrativo dos órgãos supervisionados e diligenciar no sentido de que estejam confiados a dirigentes capacitados;

VI - proteger a administração dos órgãos supervisionados contra interferências e pressões ilegítimas;

VII - fortalecer o sistema do mérito;

VIII - fiscalizar a aplicação e utilização de dinheiros, valores e bens públicos;

IX - acompanhar os custos globais dos programas setoriais do Governo, a fim de alcançar uma prestação econômica de serviços;

X - fornecer ao órgão próprio do Ministério da Fazenda os elementos necessários à prestação de contas do exercício financeiro;

XI - transmitir ao Tribunal de Contas, sem prejuízo da fiscalização deste, informes relativos à administração financeira e patrimonial dos órgãos do Ministério.

ART. 26. No que se refere à Administração Indireta, a supervisão ministerial visará a assegurar, essencialmente:

I - a realização dos objetivos fixados nos atos de constituição da entidade;

II - a harmonia com a política e a programação do Governo no setor de atuação da entidade.

III - a eficiência administrativa;

IV - a autonomia administrativa, operacional e financeira da entidade.

Parágrafo único. A supervisão exercer-se-á mediante adoção das seguintes medidas, além de outras estabelecidas em regulamento:

a) indicação ou nomeação pelo Ministro ou, se for o caso, eleição dos dirigentes da entidade, conforme sua natureza jurídica;

b) designação, pelo Ministro dos representantes do Governo Federal nas Assembleias Gerais e órgãos de administração ou controle da entidade;

c) recebimento sistemático de relatórios, boletins, balancetes, balanços e informações que permitam ao Ministro acompanhar as atividades da entidade e a execução do orçamento-programa e da programação financeira aprovados pelo Governo;

d) aprovação anual da proposta de orçamento-programa e da programação financeira da entidade, no caso de autarquia;

e) aprovação de contas, relatórios e balanços, diretamente ou através dos representantes ministeriais nas Assembleias e órgãos de administração ou controle;

f) fixação, em níveis compatíveis com os critérios de operação econômica, das despesas de pessoal e de administração;

g) fixação de critérios para gastos de publicidade, divulgação e relações públicas;

h) realização de auditoria e avaliação periódica de rendimento e produtividade;

i) intervenção, por motivo de interesse público.

ART. 27. Assegurada a supervisão ministerial, o Poder Executivo outorgará aos órgãos da Administração Federal a autoridade executiva necessária ao eficiente desempenho de sua responsabilidade legal ou regulamentar.

Parágrafo único. Assegurar-se-á às empresas públicas e às sociedades de economia mista condições de funcionamento idênticas às do setor privado cabendo a essas entidades, sob a supervisão ministerial, ajustar-se ao plano geral do Governo.

ART. 28. A entidade da Administração Indireta deverá estar habilitada a:

I - Prestar contas da sua gestão, pela forma e nos prazos estipulados em cada caso.

II - Prestar a qualquer momento, por intermédio do Ministro de Estado, as informações solicitadas pelo Congresso Nacional.

III - Evidenciar os resultados positivos ou negativos de seus trabalhos, indicando suas causas e justificando as medidas postas em prática ou cuja adoção se impuser, no interesse do Serviço Público.

ART. 29. Em cada Ministério Civil, além dos órgãos Centrais de que trata o art. 22, o Ministro de Estado disporá da assistência direta e imediata de:

I - gabinete;

II - consultor Jurídico, exceto no Ministério da Fazenda;

III - divisão de Segurança e Informações.

§ 1º O Gabinete assiste o Ministro de Estado em sua representação política e social, e incumbe-se das relações públicas, encarregando-se do preparo e despacho do expediente pessoal do Ministro.

§ 2º O Consultor Jurídico incumbe-se do assessoramento jurídico do Ministro de Estado.

§ 3º A Divisão de Segurança e Informações colabora com a Secretaria Geral do Conselho de Segurança Nacional e com o Serviço Nacional de Informações.

§ 4º No Ministério da Fazenda, o serviço de consulta jurídica continua afeto à Procuradoria-Geral da Fazenda Nacional e aos seus órgãos integrantes, cabendo a função de Consultor Jurídico do Ministro de Estado ao Procurador-Geral, nomeado em comissão, pelo critério de confiança e livre escolha, entre bacharéis em Direito.

TÍTULO V
DOS SISTEMAS DE ATIVIDADES AUXILIARES

- Dec. 7.579/ 2011 (Dispõe sobre o Sistema de Administração dos Recursos de Tecnologia da Informação - SISP, do Poder Executivo federal).

ART. 30. Serão organizadas sob a forma de sistema as atividades de pessoal, orçamento, estatística, administração financeira, contabilidade e auditoria, e serviços gerais, além de outras atividades auxiliares comuns a todos os órgãos da Administração que, a critério do Poder Executivo, necessitem de coordenação central.

- Dec. 64.777/1969 (Institui a comissão de coordenação das Inspetorias Gerais de Finanças).
- Art. 3º, IV, Dec. 2.258/1997 (Institui o Programa da Racionalização das Unidades Descentralizadas do Governo Federal).

§ 1º Os serviços incumbidos do exercício das atividades de que trata este artigo consideram-se integrados no sistema respectivo e ficam, consequentemente, sujeitos à orientação normativa, à supervisão técnica e à fiscalização específica do órgão central do sistema, sem prejuízo da subordinação ao órgão em cuja estrutura administrativa estiverem integrados.

§ 2º O chefe do órgão central do sistema é responsável pelo fiel cumprimento das leis e regulamentos pertinentes e pelo funcionamento eficiente e coordenado do sistema.

§ 3º É dever dos responsáveis pelos diversos órgãos competentes dos sistemas atuar de modo a imprimir o máximo rendimento e a reduzir os custos operacionais da Administração.

§ 4º Junto ao órgão central de cada sistema poderá funcionar uma Comissão de Coordenação, cujas atribuições e composição serão definidas em decreto.

ART. 31. A estruturação dos sistemas de que trata o artigo 30 e a subordinação dos respectivos Órgãos Centrais serão estabelecidas em decreto. (Redação dada pelo Dec.-Lei 900/1969.)

Parágrafo único. (Revogado pelo Dec.-Lei 900/1968.)

TÍTULO VI
DA PRESIDÊNCIA DA REPÚBLICA

- Lei 12.462/2011 (Institui o Regime Diferenciado de Contratações Públicas - RDC).
- Lei 13.502/2017 (Estabelece a organização básica dos órgãos da Presidência da República e dos Ministérios).

ART. 32. A Presidência da República é constituída essencialmente pelo Gabinete Civil e pelo Gabinete Militar. Também dela fazem parte, como órgãos de assessoramento imediato ao Presidente da República: (Redação dada pela Lei 7.232/1984.)

I - o Conselho de Segurança Nacional; (Redação dada pela Lei 7.232/1984.)

II - o Conselho de Desenvolvimento Econômico; (Redação dada pela Lei 7.232/1984.)

III - o Conselho de Desenvolvimento Social; (Redação dada pela Lei 7.232/1984.)

IV - a Secretaria de Planejamento; (Redação dada pela Lei 7.232/1984.)

V - o Serviço Nacional de Informações; (Redação dada pela Lei 7.232/1984.)

VI - o Estado-Maior das Forças Armadas; (Redação dada pela Lei 7.232/1984.)

VII - o Departamento Administrativo do Serviço Público; (Redação dada pela Lei 7.232/1984.)

VIII - a Consultoria-Geral da República; (Redação dada pela Lei 7.232/1984.)

IX - o Alto Comando das Forças Armadas; (Redação dada pela Lei 7.232/1984.)

X - o Conselho Nacional de Informática e Automação. (Redação dada pela Lei 7.232/1984.)

Parágrafo único. O Chefe do Gabinete Civil, o Chefe do Gabinete Militar, o Chefe da Secretaria de Planejamento, o Chefe do Serviço Nacional de Informações e o Chefe do Estado-Maior das Forças Armadas são Ministros de Estado titulares dos respectivos órgãos. (Redação dada pela Lei 7.232/1984.)

ART. 33. Ao Gabinete Civil incumbe:

I - assistir, direta e imediatamente, o Presidente da República no desempenho de suas atribuições e, em especial, nos assuntos referentes à administração civil.

II - promover a divulgação de atos e atividades governamentais.

III - acompanhar a tramitação de projetos de lei no Congresso Nacional e coordenar a colaboração dos Ministérios e demais órgãos da administração, no que respeita aos projetos de lei submetidos à sanção presidencial.

ART. 34. Ao Gabinete Militar incumbe:

I - Assistir, direta e imediatamente, o Presidente da República no desempenho de suas atribuições e, em especial, nos assuntos referentes à Segurança Nacional e à Administração Militar.

II - Zelar pela segurança do Presidente da República e dos Palácios Presidenciais.

Parágrafo único. O Chefe do Gabinete Militar exerce as funções de Secretário-Geral do Conselho de Segurança Nacional.

TÍTULO VII
DOS MINISTÉRIOS E RESPECTIVAS ÁREAS DE COMPETÊNCIA

- Lei 12.462/2011 (Institui o Regime Diferenciado de Contratações Públicas - RDC).
- Lei 13.502/2017 (Estabelece a organização básica dos órgãos da Presidência da República e dos Ministérios).

ART. 35. Os Ministérios são os seguintes: (Redação dada pela Lei 6.036/1974.)

Ministério da Justiça (Redação dada pela Lei 6.036/1974.)

Ministério das Relações Exteriores (Redação dada pela Lei 6.036/1974.)

Ministério da Fazenda (Redação dada pela Lei 6.036/1974.)

Ministério dos Transportes (Redação dada pela Lei 6.036/1974.)

Ministério da Agricultura (Redação dada pela Lei 6.036/1974.)

Ministério da Indústria e do Comércio (Redação dada pela Lei 6.036/1974.)

Ministério das Minas e Energia (Redação dada pela Lei 6.036/1974.)

Ministério do Interior (Redação dada pela Lei 6.036/1974.)

Ministério da Educação e Cultura (Redação dada pela Lei 6.036/1974.)

Ministério do Trabalho (Redação dada pela Lei 6.036/1974.)

Ministério da Previdência e Assistência Social (Redação dada pela Lei 6.036/1974.)

Ministério da Saúde (Redação dada pela Lei 6.036/1974.)

Ministério das Comunicações (Redação dada pela Lei 6.036/1974.)

Ministério da Marinha (Redação dada pela Lei 6.036/1974.)

Ministério do Exército (Redação dada pela Lei 6.036/1974.)

Ministério da Aeronáutica (Redação dada pela Lei 6.036/1974.)

Parágrafo único. Os titulares dos Ministérios são Ministros de Estado (Art. 20). (Incluído pela Lei 6.036/1974.)

ART. 36. Para auxiliá-lo na coordenação de assuntos afins ou interdependentes, que interessem a mais de um Ministério, o Presidente da República poderá incumbir de missão coordenadora um dos Ministros de Estado, cabendo essa missão, na ausência de designação específica ao Ministro de Estado Chefe da Secretaria de Planejamento. (Redação dada pela Lei 6.036/1974.)

§ 1º O Ministro Coordenador, sem prejuízo das atribuições da Pasta ou órgão de que for titular atuará em harmonia com as instruções emanadas do Presidente da República, buscando os elementos necessários ao cumprimento de sua missão mediante cooperação dos Ministros de Estado em cuja área de competência estejam compreendidos os assuntos objeto de coordenação. (Redação dada pela Lei 6.036/1974.)

§ 2º O Ministro Coordenador formulará soluções para a decisão final do Presidente da República. (Redação dada pela Lei 6.036/1974.)

ART. 37. O Presidente da República poderá prover até 4 (quatro) cargos de Ministro Extraordinário para o desempenho de encargos temporários de natureza relevante. (Redação dada pelo Dec.-Lei 900/1969.)

Parágrafo único. (Revogado pelo Dec.-Lei 900/1968.)

ART. 38. O Ministro Extraordinário e o Ministro Coordenador disporão de assistência técnica e administrativa essencial para o desempenho das missões de que forem incumbidos pelo Presidente da República na forma por que se dispuser em decreto.

ART. 39. Os assuntos que constituem a área de competência de cada Ministério são, a seguir, especificados:

SETOR POLÍTICO (Suprimido pelo Dec.-Lei 900/1969.)

MINISTÉRIO DA JUSTIÇA

I - ordem jurídica, nacionalidade, cidadania, direitos políticos, garantias constitucionais;

II - segurança interna. Polícia Federal;

III - administração penitenciária;

IV - ministério Público;

V - documentação, publicação e arquivo dos atos oficiais.

MINISTÉRIO DAS RELAÇÕES EXTERIORES

I - política Internacional;

II - relações diplomáticas; serviços consulares;

III - participação nas negociações comerciais, econômicas, financeiras, técnicas e culturais com países e entidades estrangeiras;

IV - programas de cooperação internacional.

SETOR DE PLANEJAMENTO GOVERNAMENTAL (Suprimido pelo Dec.-Lei 900/1969.)

MINISTÉRIO DO PLANEJAMENTO E COORDENAÇÃO GERAL

I - plano geral do Governo, sua coordenação. Integração dos planos regionais;

II - estudos e pesquisas socioeconômicos, inclusive setoriais e regionais;

III - programação orçamentária; proposta orçamentária anual;

IV - coordenação da assistência técnica internacional;

V - sistemas estatístico e cartográfico nacionais;

VI - organização administrativa.

SETOR ECONÔMICO (Suprimido pelo Dec.-Lei 900/1969.)

MINISTÉRIO DA FAZENDA

I - assuntos monetários, creditícios, financeiros e fiscais; poupança popular;

II - administração tributária;

III - arrecadação;

IV - administração financeira;

V - contabilidade e auditoria;

VI - administração patrimonial. (Redação dada pela Lei 6.228/1975.)

MINISTÉRIO DOS TRANSPORTES

I - coordenação dos transportes;

II - transportes ferroviários e rodoviários;

III - transportes aquaviários. Marinha mercante; portos e vias navegáveis;

IV - participação na coordenação dos transportes aeroviários, na forma estabelecida no art. 162.

MINISTÉRIO DA AGRICULTURA

I - agricultura; pecuária; caça; pesca;

II - recursos naturais renováveis: flora, fauna e solo;

III - organização da vida rural; reforma agrária;

IV - estímulos financeiros e creditícios;

V - meteorologia; climatologia;

VI - pesquisa e experimentação;

VII - vigilância e defesa sanitária animal e vegetal;

VIII - padronização e inspeção de produtos vegetais e animais ou do consumo nas atividades agropecuárias.

MINISTÉRIO DA INDÚSTRIA E DO COMÉRCIO

I - desenvolvimento industrial e comercial;

II - comércio exterior;

III - seguros privados e capitalização;

IV - propriedade industrial; registro do comércio; legislação metrológica;

V - turismo;

VI - pesquisa e experimentação tecnológica;

MINISTÉRIO DAS MINAS E ENERGIA

I - geologia, recursos minerais e energéticos;

II - regime hidrológico e fontes de energia hidráulica;

III - mineração;

IV - indústria do petróleo;

V - indústria de energia elétrica, inclusive de natureza nuclear.

MINISTÉRIO DO INTERIOR

I - desenvolvimento regional;

II - radicação de populações, ocupação do território. Migrações internas;

III - territórios federais;

IV - saneamento básico;

V - beneficiamento de áreas e obras de proteção contra secas e inundações. Irrigação;

VI - assistência às populações atingidas pelas calamidades públicas;

VII - assistência ao índio;

VIII - assistência aos Municípios;

IX - programa nacional de habitação.

SETOR SOCIAL (Suprimido pelo Dec.-Lei 900/1969.)

MINISTÉRIO DA EDUCAÇÃO E CULTURA

I - educação; ensino (exceto o militar); magistério;

II - cultura - letras e artes;

III - patrimônio histórico, arqueológico, científico, cultural e artístico;

IV - desportos.

MINISTÉRIO DO TRABALHO E PREVIDÊNCIA SOCIAL

▸ Lei 6.036/1974 (Dispõe sobre a criação, na Presidência da República, do Conselho de Desenvolvimento Econômico e da Secretaria de Planejamento, sobre o desdobramento do Ministério do Trabalho e Previdência Social e dá outras providências).

I - trabalho; organização profissional e sindical; fiscalização;

II - mercado de trabalho; política de emprego;

III - política salarial;

IV - previdência e assistência social;

V - política de imigração;

VI - colaboração com o Ministério Público junto à Justiça do Trabalho.

MINISTÉRIO DA SAÚDE

I - política nacional de saúde;

II - atividades médicas e paramédicas;

III - ação preventiva em geral; vigilância sanitária de fronteiras e de portos marítimos, fluviais e aéreos;

IV - controle de drogas, medicamentos e alimentos;

V - pesquisas médico-sanitárias.

MINISTÉRIO DAS COMUNICAÇÕES

I - telecomunicações;

II - serviços postais.

SETOR MILITAR (Suprimido pelo Dec.-Lei 900/1969.)

MINISTÉRIO DA MARINHA

(Art. 54)

MINISTÉRIO DO EXÉRCITO

(Art. 59)

MINISTÉRIO DA AERONÁUTICA

(Art. 63)

TÍTULO VIII
DA SEGURANÇA NACIONAL

CAPÍTULO I
DO CONSELHO DE SEGURANÇA NACIONAL

ART. 40. O Conselho de Segurança Nacional é o órgão de mais alto nível no assessoramento direto do Presidente da República, na formulação e na execução da Política de Segurança Nacional. (Redação dada pelo Dec.-Lei 900/1969.)

§ 1º A formulação da Política de Segurança Nacional far-se-á, basicamente, mediante o estabelecimento do Conceito Estratégico Nacional.

§ 2º No que se refere a execução da Política de Segurança Nacional, o Conselho apreciará os problemas que lhe forem propostos no quadro da conjuntura nacional ou internacional. (Redação dada pelo Dec.-Lei 900/1969.)

ART. 41. Caberá, ainda, ao Conselho o cumprimento de outras tarefas específicas previstas na Constituição.

ART. 42. O Conselho de Segurança Nacional é convocado e presidido pelo Presidente da República, dele participando, no caráter de membros natos, o Vice-Presidente da República, todos os Ministros de Estado, inclusive os Extraordinários, os Chefes dos Gabinetes Civil e Militar da Presidência da República, o Chefe do Serviço Nacional de Informações, o Chefe do Estado-Maior das Forças Armadas e os Chefes dos Estados-Maiores da Armada, do Exército e da Aeronáutica.

§ 1º O Presidente da República poderá designar membros eventuais, conforme a matéria a ser apreciada.

§ 2º O Presidente da República pode ouvir o Conselho de Segurança Nacional, mediante consulta a cada um dos seus membros em expediente remetido por intermédio da Secretaria-Geral.

ART. 43. O Conselho dispõe de uma Secretaria-Geral, como órgão de estudo, planejamento e coordenação no campo da segurança nacional e poderá contar com a colaboração de órgãos complementares, necessários ao cumprimento de sua finalidade constitucional. (Redação dada pelo Dec.-Lei 1.093/1970.)

CAPÍTULO II
DO SERVIÇO NACIONAL DE INFORMAÇÕES

ART. 44. O Serviço Nacional de Informações tem por finalidade superintender e coordenar, em todo o território nacional, as atividades de informação e contrainformação, em particular as que interessem à segurança nacional.

TÍTULO IX
DAS FORÇAS ARMADAS

CAPÍTULO I
DISPOSIÇÕES PRELIMINARES

ART. 45. As Forças Armadas, constituídas pela Marinha de Guerra, pelo Exército e pela Aeronáutica Militar, são instituições nacionais, permanentes e regulares, organizadas com base na hierarquia e na disciplina, sob a autoridade suprema do Presidente da República e dentro dos limites da lei. As Forças Armadas, essenciais à execução da Política de Segurança Nacional, destinam-se à defesa da Pátria e à garantia dos Poderes constituídos, da Lei e da Ordem. (Redação dada pelo Dec.-Lei 900/1969.)

Parágrafo único. As Forças Armadas, nos casos de calamidade pública, colaborarão com os Ministérios Civis, sempre que solicitadas, na assistência às populações atingidas e no restabelecimento da normalidade. (Redação dada pelo Dec.-Lei 900/1969.)

ART. 46. O Poder Executivo fixará a organização pormenorizada das Forças Armadas singulares - Forças Navais, Forças Terrestres e Força Aérea Brasileira - e das Forças Combinadas ou Conjuntas, bem como dos demais órgãos integrantes dos Ministérios Militares, suas denominações, localizações e atribuições.

Parágrafo único. Caberá, também, ao Poder Executivo, nos limites fixados em lei, dispor sobre as Polícias Militares e Corpos de Bombeiros Militares, como forças auxiliares, reserva do Exército.

CAPÍTULO II
DOS ÓRGÃOS DE ASSESSORAMENTO DIRETO DO PRESIDENTE DA REPÚBLICA

SEÇÃO I
DO ALTO COMANDO DAS FORÇAS ARMADAS

▸ Lei 12.462/2011 (Institui o Regime Diferenciado de Contratações Públicas - RDC).

ART. 47. O Alto Comando das Forças Armadas é um órgão de assessoramento do Presidente da República, nas decisões relativas à política militar e à coordenação de assuntos pertinentes às Forças Armadas.

ART. 48. Integram o Alto Comando das Forças Armadas os Ministros Militares, o Chefe do Estado-Maior das Forças Armadas e os Chefes dos Estados-Maiores de cada uma das Forças singulares.

ART. 49. O Alto Comando das Forças Armadas reúne-se quando convocado pelo Presidente da República e é secretariado pelo Chefe do Gabinete Militar da Presidência da República.

SEÇÃO II
DO ESTADO-MAIOR DAS FORÇAS ARMADAS

ART. 50. O Estado-Maior das Forças Armadas, órgãos de assessoramento do Presidente da República tem por atribuições: (Redação dada pelo Dec.-Lei 900/1969.)

I - Proceder aos estudos para a fixação da Política, da Estratégia e da Doutrina Militares, bem como elaborar e coordenar os planos e programas decorrentes; (Redação dada pelo Dec.-Lei 900/1969.)

II - Estabelecer os planos para emprego das Forças Combinadas ou Conjuntas e de forças singulares destacadas para participar de operações militares no exterior, levando em consideração os estudos e as sugestões dos Ministros Militares competentes; (Redação dada pelo Dec.-Lei 900/1969.)

III - Coordenar as informações estratégicas no Campo Militar; (Redação dada pelo Dec.-Lei 900/1969.)

IV - Coordenar, no que transcenda os objetivos específicos e as disponibilidades previstas no Orçamento dos Ministérios Militares, os planos de pesquisas, de desenvolvimento e de mobilização das Forças Armadas e os programas de aplicação de recursos decorrentes. (Redação dada pelo Dec.-Lei 900/1969.)

V - Coordenar as representações das Forças Armadas no País e no exterior; (Redação dada pelo Dec.-Lei 900/1969.)

VI - Proceder aos estudos e preparar as decisões sobre assuntos que lhe forem submetidos pelo Presidente da República. (Redação dada pelo Dec.-Lei 900/1969.)

Parágrafo único. (Revogado pelo Dec.-Lei 900/1968.)

ART. 51. A Chefia do Estado-Maior das Forças Armadas é exercida por um oficial-general do mais alto posto nomeado pelo Presidente da República, obedecido, em princípio, o critério de rodízio entre as Forças Armadas. (Redação dada pelo Dec.-Lei 900/1969.)

ART. 52. As funções de Estado-Maior e Serviços no Estado-Maior das Forças Armadas são exercidas por oficiais das três Forças singulares.

ART. 53. O Conselho de Chefes de Estado-Maior, constituído do Chefe do Estado-Maior das Forças Armadas e dos Chefes do Estado-Maior das Forças singulares, reúne-se periodicamente, sob a presidência do primeiro, para apreciação de assuntos específicos do Estado-Maior das Forças Armadas e os de interesse comum a mais de uma das Forças singulares.

CAPÍTULO III
DOS MINISTÉRIOS MILITARES

SEÇÃO I
DO MINISTÉRIO DA MARINHA

ART. 54. O Ministério da Marinha administra os negócios da Marinha de Guerra e tem como atribuição principal a preparação desta para o cumprimento de sua destinação constitucional.

§ 1º Cabe ao Ministério da Marinha;

I - Propor a organização e providenciar o aparelhamento e adestramento das Forças Navais e Aeronavais e do Corpo de Fuzileiros Navais, inclusive para integrarem Forças Combinadas ou Conjuntas.

II - Orientar e realizar pesquisas e desenvolvimento de interesse da Marinha, obedecido o previsto no item V do art. 50 da presente Lei.

III - Estudar e propor diretrizes para a política marítima nacional.

§ 2º Ao Ministério da Marinha competem ainda as seguintes atribuições subsidiárias;

I - Orientar e controlar a Marinha Mercante Nacional e demais atividades correlatas no que interessa à segurança nacional e prover a segurança da navegação, seja ela marítima, fluvial ou lacustre.

II - Exercer a polícia naval.

ART. 55. O Ministro da Marinha exerce a direção geral do Ministério da Marinha e é o Comandante Superior da Marinha de Guerra. (Redação dada pelo Dec.-Lei 900/1969.)

ART. 56. A Marinha de Guerra compreende suas organizações próprias, pessoal em serviço ativo e sua reserva, inclusive as formações auxiliares conforme fixado em lei. (Redação dada pelo Dec.-Lei 900/1969.)

ART. 57. O Ministério da Marinha é constituído de:

I - Órgãos de Direção Geral.

- Almirantado (Alto Comando da Marinha de Guerra).

- Estado Maior da Armada.

II - Órgãos de Direção Setorial, organizados em base departamental (art. 24).

III - Órgãos de Assessoramento.

- Gabinete do Ministro.

- Consultoria Jurídica.

- Conselho de Almirantes.

- Outros Conselhos e Comissões.

IV - Órgãos de Apoio.

- Diretorias e outros órgãos.

V - Forças Navais e Aeronavais (elementos próprios - navios e helicópteros - e elementos destacados da Força Aérea Brasileira).

- Corpo de Fuzileiros Navais.

- Distritos Navais.

- Comando do Controle Naval do Tráfego Marítimo. (Incluído pelo Dec.-Lei 900/1969.)

ART. 58. (Revogado pela Lei 6.059/1974.)

SEÇÃO II
DO MINISTÉRIO DO EXÉRCITO

ART. 59. O Ministério do Exército administra os negócios do Exército e tem, como atribuição principal a preparação do Exército para o cumprimento da sua destinação constitucional.

§ 1º Cabe ao Ministério do Exército:

I - Propor a organização e providenciar o aparelhamento e o adestramento das Forças Terrestres, inclusive para integrarem Forças Combinadas ou Conjuntas.

II - Orientar e realizar pesquisas e desenvolvimento de interesse do Exército, obedecido o previsto no item V do art. 50 da presente lei.

§ 2º Ao Ministério do Exército compete ainda propor as medidas para a efetivação do disposto no Parágrafo único do art. 46 da presente lei.

ART. 60. O Ministro do Exército exerce a direção geral das atividades do Ministério e é o Comandante Superior do Exército.

ART. 61. O Exército é constituído do Exército ativo e sua Reserva.

§ 1º O Exército ativo é a parte do Exército organizada e aparelhada para o cumprimento de sua destinação constitucional e em pleno exercício de suas atividades.

§ 2º Constitui a Reserva do Exército todo o pessoal sujeito à incorporação no Exército ativo, mediante mobilização ou convocação, e as forças e organizações auxiliares, conforme fixado em lei.

ART. 62. O Ministério do Exército compreende:

I - Órgãos de Direção Geral

- Alto Comando do Exército.

- Estado-Maior do Exército.

- Conselho Superior de Economia e Finanças.

II - Órgãos de Direção Setorial, organizados em base departamental (art. 24)

III - Órgãos de Assessoramento

- Gabinete do Ministro.

- Consultoria Jurídica.

- Secretaria Geral.

- Outros Conselhos e Comissões.

IV - Órgãos de Apoio

- Diretorias e outros órgãos.

V - Forças Terrestres

- Órgãos Territoriais.

SEÇÃO III
DO MINISTÉRIO DA AERONÁUTICA

ART. 63. O Ministério da Aeronáutica administra os negócios da Aeronáutica e tem como atribuições principais a preparação da Aeronáutica para o cumprimento de sua destinação constitucional e a orientação, a coordenação e o controle das atividades da Aviação Civil. (Redação dada pelo Dec.-Lei 991/1969.)

Parágrafo único. Cabe ao Ministério da Aeronáutica: (Redação dada pelo Dec.-Lei 991/1969.)

I - Estudar e propor diretrizes para a Política Aeroespacial Nacional. (Redação dada pelo Dec.-Lei 991/1969.)

II - Propor a organização e providenciar o aparelhamento e o adestramento da Força Aérea Brasileira, inclusive de elementos para integrar as Forças Combinadas ou Conjuntas. (Redação dada pelo Dec.-Lei 991/1969.)

III - Orientar, coordenar e controlar as atividades da Aviação Civil, tanto comerciais como privadas e desportivas. (Redação dada pelo Dec.-Lei 991/1969.)

IV - Estabelecer, equipar e operar, diretamente ou mediante autorização ou concessão, a infraestrutura aeronáutica, inclusive os serviços de apoio necessárias à navegação aérea. (Redação dada pelo Dec.-Lei 991/1969.)

V - Orientar, incentivar e realizar pesquisas e desenvolvimento de interesse da Aeronáutica, obedecido, quanto às de interesse militar, ao prescrito no item IV do art. 50 da presente lei. (Redação dada pelo Dec.-Lei 991/1969.)

VI - Operar o Correio Aéreo Nacional. (Redação dada pelo Dec.-Lei 991/1969.)

ART. 64. O Ministro da Aeronáutica exerce a direção geral das atividades do Ministério e é o Comandante-em-Chefe da Força Aérea Brasileira. (Redação dada pelo Dec.-Lei 991/1969.)

ART. 65. A Força Aérea Brasileira é a parte da Aeronáutica organizada e aparelhada para o cumprimento de sua destinação constitucional. (Redação dada pelo Dec.-Lei 991/1969.)

Parágrafo único. Constitui a reserva da Aeronáutica todo o pessoal sujeito à incorporação na Força Aérea Brasileira, mediante mobilização ou convocação, e as organizações auxiliares, conforme fixado em lei. (Redação dada pelo Dec.-Lei 991/1969.)

ART. 66. O Ministério da Aeronáutica compreende: (Redação dada pelo Dec.-Lei 991/1969.)

I - Órgãos de Direção Geral: (Redação dada pelo Dec.-Lei 991/1969.)

- Alto Comando da Aeronáutica (Redação dada pelo Dec.-Lei 991/1969.)

- Estado-Maior da Aeronáutica (Redação dada pelo Dec.-Lei 991/1969.)

- Inspetoria Geral da Aeronáutica (Redação dada pelo Dec.-Lei 991/1969.)

II - Órgãos de Direção Setorial, organizados em base departamental (art. 24): (Redação dada pelo Dec.-Lei 991/1969.)

- Departamento de Aviação Civil (Redação dada pelo Dec.-Lei 991/1969.)

- Departamento de Pesquisas e Desenvolvimento (Redação dada pelo Dec.-Lei 991/1969.)

III - Órgãos de Assessoramento: (Redação dada pelo Dec.-Lei 991/1969.)

- Gabinete do Ministro (Redação dada pelo Dec.-Lei 991/1969.)

- Consultoria Jurídica (Redação dada pelo Dec.-Lei 991/1969.)

- Conselhos e Comissões (Redação dada pelo Dec.-Lei 991/1969.)

IV - Órgãos de Apoio: (Redação dada pelo Dec.-Lei 991/1969.)

- Comandos, Diretorias, Institutos, Serviços e outros órgãos (Redação dada pelo Dec.-Lei 991/1969.)

V - Força Aérea Brasileira: (Redação dada pelo Dec.-Lei 991/1969.)

- Comandos Aéreos (inclusive elementos para integrar Forças Combinadas ou Conjuntas) - Comandos Territoriais. (Redação dada pelo Dec.-Lei 991/1969.)

CAPÍTULO IV
DISPOSIÇÃO GERAL

ART. 67. O Almirantado (Alto Comando da Marinha de Guerra), o Alto Comando do Exército e o Alto Comando da Aeronáutica, a que se referem os arts 57, 62 e 66 são órgãos integrantes da Direção Geral do Ministério da Marinha, do Exército e da Aeronáutica cabendo-lhes assessorar os respectivos Ministros, principalmente:

a) nos assuntos relativos à política militar peculiar à Força singular;

b) nas matérias de relevância - em particular, de organização, administração e logística - dependentes de decisão ministerial;

c) na seleção do quadro de Oficiais Generais.

TÍTULO X
DAS NORMAS DE ADMINISTRAÇÃO FINANCEIRA E DE CONTABILIDADE

ART. 68. O Presidente da República prestará anualmente ao Congresso Nacional as contas relativas ao exercício anterior, sobre as quais dará parecer prévio o Tribunal de Contas.

ART. 69. Os órgãos da Administração Direta observarão um plano de contas único e as normas gerais de contabilidade e da auditoria que forem aprovados pelo Governo.

ART. 70. Publicados a lei orçamentária ou os decretos de abertura de créditos adicionais, as unidades orçamentárias, os órgãos administrativos, os de contabilização e os de fiscalização financeira ficam, desde logo, habilitados a tomar as providências cabíveis para o desempenho das suas tarefas.

ART. 71. A discriminação das dotações orçamentárias globais de despesas será feita:

I - no Poder Legislativo e órgãos auxiliares, pelas Mesas da Câmara dos Deputados e do Senado Federal e pelo Presidente do Tribunal de Contas;

II - no Poder Judiciário, pelos Presidentes dos Tribunais e demais órgãos competentes;

III - no Poder Executivo, pelos Ministros de Estado ou dirigentes de órgãos da Presidência da República.

ART. 72. Com base na lei orçamentária, créditos adicionais e seus atos complementares, o órgão central da programação financeira fixará as cotas e prazos de utilização de recursos pelos órgãos da Presidência da República, pelos Ministérios e pelas autoridades dos Poderes Legislativo e Judiciário para atender à movimentação dos créditos orçamentários ou adicionais.

§ 1º Os Ministros de Estado e os dirigentes de Órgãos da Presidência da República aprovarão a programação financeira setorial e autorizarão às unidades administrativas a movimentar os respectivos créditos, dando ciência ao Tribunal de Contas.

§ 2º O Ministro de Estado, por proposta do Inspetor Geral de Finanças, decidirá quanto aos limites de descentralização da administração dos créditos, tendo em conta as atividades peculiares de cada órgão.

ART. 73. Nenhuma despesa poderá ser realizada sem a existência de crédito que a comporte ou quando imputada a dotação imprópria, vedada expressamente qualquer atribuição de fornecimento ou prestação de serviços cujo custo exceda aos limites previamente fixados em lei.

Parágrafo único. Mediante representação do órgão contábil serão impugnados quaisquer atos referentes a despesas que incidam na proibição do presente artigo.

ART. 74. Na realização da receita e da despesa pública será utilizada a via bancária, de acordo com as normas estabelecidas em regulamento.

§ 1º Nos casos em que se torne indispensável a arrecadação de receita diretamente pelas unidades administrativas, o recolhimento à conta bancária far-se-á no prazo regulamentar.

§ 2º O pagamento de despesa, obedecidas as normas que regem a execução orçamentária (Lei 4.320, de 17 de março de 1964), far-se-á mediante ordem bancária ou cheque nominativo, contabilizado pelo órgão competente e obrigatóriamente assinado pelo ordenador da despesa e pelo encarregado do setor financeiro.

§ 3º Em casos excepcionais, quando houver despesa não atendível pela via bancária, as autoridades ordenadoras poderão autorizar suprimentos de fundos, de preferência a agentes afiançados, fazendo-se os lançamentos contábeis necessários e fixando-se prazo para comprovação dos gastos.

ART. 75. Os órgãos da Administração Federal prestarão ao Tribunal de Contas, ou suas delegações, os informes relativos à administração dos créditos orçamentários e facilitarão a realização das inspeções de controle externo dos órgãos de administração financeira, contabilidade e auditorias. (Redação dada pelo Dec.-Lei 900/1969.)

Parágrafo único. As informações previstas neste artigo são as imprescindíveis ao exercício da auditoria financeira e orçamentária, realizada com base nos documentos enumerados nos itens I e II do artigo 36 do Dec.-Lei 199, de 25 de fevereiro de 1967, vedada a requisição sistemática de documentos ou comprovantes arquivados nos órgãos da administração federal, cujo exame se possa realizar através das inspeções de controle externo. (Incluído pelo Dec.-Lei 900/1969.)

› Lei 8.443/1992 (Lei Orgânica do Tribunal de Contas da União - TCU).

ART. 76. Caberá ao Inspetor Geral de Finanças ou autoridade delegada autorizar a inscrição de despesas na conta "Restos a Pagar" (Lei 4.320, de 17 de março de 1964), obedecendo-se na liquidação respectiva as mesmas formalidades fixadas para a administração dos créditos orçamentários.

Parágrafo Único. As despesas inscritas na conta de "Restos a Pagar" serão liquidadas quando do recebimento do material, da execução da obra ou da prestação do serviço, ainda que ocorram depois do encerramento do exercício financeiro.

ART. 77. Todo ato de gestão financeira deve ser realizado por força do documento que comprove a operação e registrado na contabilidade, mediante classificação em conta adequada.

ART. 78. O acompanhamento da execução orçamentária será feito pelos órgãos de contabilização.

§ 1º Em cada unidade responsável pela administração de créditos proceder-se-á sempre à contabilização destes.

§ 2º A contabilidade sintética ministerial caberá à Inspetoria Geral de Finanças.

§ 3º A contabilidade geral caberá à Inspetoria Geral de Finanças do Ministério da Fazenda.

§ 4º Atendidas as conveniências do serviço, um único órgão de contabilidade analítica poderá encarregar-se da contabilização para várias unidades operacionais do mesmo ou de vários Ministérios.

§ 5º Os documentos relativos à escrituração dos atos da receita e despesa ficarão arquivados no órgão de contabilidade analítica e à disposição das autoridades responsáveis pelo acompanhamento administrativo e fiscalização financeira e, bem assim, dos agentes incumbidos do controle externo, de competência do Tribunal de Contas.

ART. 79. A contabilidade deverá apurar os custos dos serviços de forma a evidenciar os resultados da gestão.

ART. 80. Os órgãos de contabilidade inscreverão como responsável todo o ordenador da despesa, o qual só poderá ser exonerado de sua responsabilidade após julgadas regulares suas contas pelo Tribunal de Contas.

§ 1º Ordenador de despesas é toda e qualquer autoridade de cujos atos resultarem emissão de empenho, autorização de pagamento, suprimento ou dispêndio de recursos da União ou pela qual esta responda.

§ 2º O ordenador de despesa, salvo conivência, não é responsável por prejuízos causados à Fazenda Nacional decorrentes de atos praticados por agente subordinado que exorbitar das ordens recebidas.

§ 3º As despesas feitas por meio de suprimentos, desde que não impugnadas pelo ordenador, serão escrituradas e incluídas na sua tomada de contas, na forma prescrita; quando impugnadas, deverá o ordenador determinar imediatas providências administrativas para a apuração das responsabilidades e imposição das penalidades cabíveis, sem prejuízo do julgamento da regularidade das contas pelo Tribunal de Contas.

ART. 81. Todo ordenador de despesa ficará sujeito a tomada de contas realizada pelo órgão de contabilidade e verificada pelo órgão de auditoria interna, antes de ser encaminhada ao Tribunal de Contas (artigo 82).

Parágrafo único. O funcionário que receber suprimento de fundos, na forma do disposto no art. 74, § 3º, é obrigado a prestar contas de sua aplicação procedendo-se, automaticamente, a tomada de contas se não o fizer no prazo assinalado.

ART. 82. As tomadas de contas serão objeto de pronunciamento expresso do Ministro de Estado, dos dirigentes de órgãos da Presidência da República ou de autoridade a quem estes delegarem competência, antes de seu encaminhamento ao Tribunal de Contas para os fins constitucionais e legais.

▸ Dec. 99.626/1990 (Regulamenta este artigo).

§ 1º A tomada de contas dos ordenadores, agentes recebedores, tesoureiros ou pagadores será feita no prazo máximo de 180 (cento e oitenta) dias do encerramento do exercício financeiro pelos órgãos encarregados da contabilidade analítica e, antes de ser submetida a pronunciamento do Ministro de Estado, dos dirigentes de órgãos da Presidência da República ou da autoridade a quem estes delegarem competência, terá sua regularidade certificada pelo órgão de auditoria.

§ 2º Sem prejuízo do encaminhamento ao Tribunal de Contas, a autoridade a que se refere o parágrafo anterior no caso de irregularidade, determinará as providências que, a seu critério, se tornarem indispensáveis para resguardar o interesse público e a probidade na aplicação dos dinheiros públicos, dos quais dará ciência oportunamente ao Tribunal de Contas.

§ 3º Sempre que possível, desde que não retardem nem dificultem as tomadas de contas, estas poderão abranger conjuntamente a dos ordenadores e tesoureiros ou pagadores.

ART. 83. Cabe aos detentores de suprimentos de fundos fornecer indicação precisa dos saldos em seu poder em 31 de dezembro, para efeito de contabilização e reinscrição da respectiva responsabilidade pela sua aplicação em data posterior, observados os prazos assinalados pelo ordenador da despesa.

Parágrafo único. A importância aplicada até 31 de dezembro será comprovada até 15 de janeiro seguinte.

ART. 84. Quando se verificar que determinada conta não foi prestada, ou que ocorreu desfalque, desvio de bens ou outra irregularidade de que resulte prejuízo para a Fazenda Pública, as autoridades administrativas, sob pena de corresponsabilidade e sem embargo dos procedimentos disciplinares, deverão tomar imediatas providência para assegurar o respectivo ressarcimento e instaurar a tomada de contas, fazendo-se as comunicações a respeito ao Tribunal de Contas.

ART. 85. A Inspetoria Geral de Finanças, em cada Ministério, manterá atualizada relação de responsáveis por dinheiros, valores e bens públicos, cujo rol deverá ser transmitido anualmente ao Tribunal de Contas, comunicando-se trimestralmente as alterações.

ART. 86. A movimentação dos créditos destinados à realização de despesas reservadas ou confidenciais será feita sigilosamente e nesse caráter serão tomadas as contas dos responsáveis.

ART. 87. Os bens móveis, materiais e equipamentos em uso ficarão sob a responsabilidade dos chefes de serviço, procedendo-se periodicamente a verificações pelos competentes órgãos de controle.

ART. 88. Os estoques serão obrigatoriamente contabilizados, fazendo-se a tomada anual das contas dos responsáveis.

ART. 89. Todo aquele que, a qualquer título, tenha a seu cargo serviço de contabilidade da União é pessoalmente responsável pela exatidão das contas e oportuna apresentação dos balancetes, balanços e demonstrações contábeis dos atos relativos à administração financeira e patrimonial do setor sob sua jurisdição.

ART. 90. Responderão pelos prejuízos que causarem à Fazenda Pública o ordenador de despesas e o responsável pela guarda de dinheiros, valores e bens.

ART. 91. Sob a denominação de Reserva de Contingência, o orçamento anual poderá conter dotação global não especificamente destinada a determinado órgão, unidade orçamentária, programa ou categoria econômica, cujos recursos serão utilizados para abertura de créditos adicionais. (Redação dada pelo Dec.-Lei 1.763/1980.)

ART. 92. Com o objetivo de obter maior economia operacional e racionalizar a execução da programação financeira de desembolso, o Ministério da Fazenda promoverá a unificação de recursos movimentados pelo Tesouro Nacional através de sua Caixa junto ao agente financeiro da União.

▸ Dec.-Lei 4.529/2002 (Dispõe sobre a arrecadação de receitas diretamente pelo Tesouro Nacional).

Parágrafo único. Os saques contra a Caixa do Tesouro só poderão ser efetuados dentro dos limites autorizados pelo Ministro da Fazenda ou autoridade delegada.

ART. 93. Quem quer que utilize dinheiros públicos terá de justificar seu bom e regular emprego na conformidade das leis, regulamentos e normas emanadas das autoridades administrativas competentes.

TÍTULO XI
DAS DISPOSIÇÕES REFERENTES AO PESSOAL CIVIL

CAPÍTULO I
DAS NORMAS GERAIS

ART. 94. O Poder Executivo promoverá a revisão da legislação e das normas regulamentares relativas ao pessoal do Serviço Público Civil, com o objetivo de ajustá-las aos seguintes princípios:

I - Valorização e dignificação da função pública e ao servidor público.

II - Aumento da produtividade.

III - Profissionalização e aperfeiçoamento do servidor público; fortalecimento do Sistema do Mérito para ingresso na função pública, acesso a função superior e escolha do ocupante de funções de direção e assessoramento.

IV - Conduta funcional pautada por normas éticas cuja infração incompatibilize o servidor para a função.

V - Constituição de quadros dirigentes, mediante formação e aperfeiçoamento de administradores capacitados a garantir a qualidade, produtividade e continuidade da ação governamental, em consonância com critérios éticos especialmente estabelecidos.

VI - Retribuição baseada na classificação das funções a desempenhar, levando-se em conta o nível educacional exigido pelos deveres e responsabilidade do cargo, a experiência que o exercício deste requer, a satisfação de outros requisitos que se reputarem essenciais ao seu desempenho e às condições do mercado de trabalho.

VII - Organização dos quadros funcionais, levando-se em conta os interesses de recrutamento nacional para certas funções e a necessidade de relacionar ao mercado de trabalho local ou regional o recrutamento, a seleção e a remuneração das demais funções.

VIII - Concessão de maior autonomia aos dirigentes e chefes na administração de pessoal, visando a fortalecer a autoridade do comando, em seus diferentes graus, e a dar-lhes efetiva responsabilidade pela supervisão e rendimento dos serviços sob sua jurisdição.

IX - Fixação da quantidade de servidores, de acordo com as reais necessidades de funcionamento de cada órgão, efetivamente comprovadas e avaliadas na oportunidade da elaboração do orçamento-programa, e estreita observância dos quantitativos que forem considerados adequados pelo Poder Executivo no que se refere aos dispêndios de pessoal. Aprovação das lotações segundo critérios objetivos que relacionam a quantidade de servidores às atribuições e ao volume de trabalho do órgão.

X - Eliminação ou reabsorção do pessoal ocioso, mediante aproveitamento dos servidores excedentes, ou reaproveitamento aos desajustados em funções compatíveis com as suas comprovadas qualificações e aptidões vocacionais, impedindo-se novas admissões, enquanto houver servidores disponíveis para a função.

XI - Instituição, pelo Poder Executivo, de reconhecimento do mérito aos servidores que contribuam com sugestões, planos e projetos não elaborados em decorrência do exercício de suas funções e dos quais possam resultar aumento de produtividade e redução dos custos operacionais da administração.

XII - Estabelecimento de mecanismos adequados à apresentação por parte dos servidores, nos vários níveis organizacionais, de suas reclamações e reivindicações, bem como à rápida apreciação, pelos órgãos administrativos competentes, dos assuntos nelas contidos.

XIII - Estímulo ao associativismo dos servidores para fins sociais e culturais.

Parágrafo único. O Poder Executivo encaminhará ao Congresso Nacional mensagens que consubstanciem a revisão de que trata este artigo.

ART. 95. O Poder Executivo promoverá as medidas necessárias à verificação da produtividade do pessoal a ser empregado em quaisquer atividades da Administração Direta ou de autarquia, visando a colocá-lo em níveis de competição com a atividade privada ou a evitar custos injustificáveis de operação, podendo, por via de decreto executivo ou medidas administrativas, adotar as soluções adequadas, inclusive a eliminação de exigências de pessoal superiores às indicadas pelos critérios de produtividade e rentabilidade.

‣ Dec. 67.326/1970 (Dispõe sobre o Sistema de Pessoal Civil da Administração Federal e dá outras providências).

ART. 96. Nos termos da legislação trabalhista, poderão ser contratados especialistas para atender às exigências de trabalho técnico em institutos, órgãos de pesquisa e outras entidades especializadas da Administração Direta ou autarquia, segundo critérios que, para esse fim, serão estabelecidos em regulamento.

ART. 97. Os Ministros de Estado, mediante prévia e específica autorização do Presidente da República, poderão contratar os serviços de consultores técnicos e especialistas por determinado período, nos termos da legislação trabalhista. (Expressão "nas condições previstas neste artigo" substituída por "nos termos da legislação trabalhista" pelo Dec.-Lei 900/1969.)

CAPÍTULO II
DAS MEDIDAS DE APLICAÇÃO IMEDIATA

ART. 98. Cada unidade administrativa terá, no mais breve prazo, revista sua lotação, a fim de que passe a corresponder a suas estritas necessidades de pessoal e seja ajustada às dotações previstas no orçamento (art. 94 inciso IX).

ART. 99. O Poder Executivo adotará providências para a permanente verificação da existência de pessoal ocioso na Administração Federal, diligenciando para sua eliminação ou redistribuição imediata.

§ 1º Sem prejuízo da iniciativa do órgão de pessoal da repartição, todo responsável por setor de trabalho em que houver pessoal ocioso deverá apresentá-lo aos centros de redistribuição e aproveitamento de pessoal que deverão ser criados, em caráter temporário, sendo obrigatório o aproveitamento dos concursados.

§ 2º A redistribuição de pessoal ocorrerá sempre no interesse do Serviço Público, tanto na Administração Direta como em autarquia, assim como de uma para outra, respeitado o regime jurídico pessoal do servidor.

§ 3º O pessoal ocioso deverá ser aproveitado em outro setor, continuando o servidor a receber pela verba da repartição ou entidade de onde tiver sido deslocado, até que se tomem as providências necessárias à regularização da movimentação.

§ 4º Com relação ao pessoal ocioso que não puder ser utilizado na forma deste artigo, será observado o seguinte procedimento:

a) extinção dos cargos considerados desnecessários, ficando os seus ocupantes exonerados ou em disponibilidade, conforme gozem ou não de estabilidade, quando se tratar de pessoal regido pela legislação dos funcionários públicos;

b) dispensa, com a consequente indenização legal, dos empregados sujeitos ao regime da legislação trabalhista.

§ 5º Não se preencherá vaga nem se abrirá concurso na Administração Direta ou em autarquia, sem que se verifique, previamente, no competente centro de redistribuição de pessoal, a inexistência de servidor a aproveitar, possuidor da necessária qualificação.

§ 6º Não se exonerará, por força do disposto neste artigo, funcionário nomeado em virtude de concurso.

ART. 100. Instaurar-se-á processo administrativo para a demissão ou dispensa de servidor efetivo ou estável, comprovadamente ineficiente no desempenho dos encargos que lhe competem ou desidioso no cumprimento de seus deveres.

ART. 101. O provimento em cargos em comissão e funções gratificadas obedecerá a critérios a serem fixados por ato do Poder Executivo que: (Redação dada pelo Dec.-Lei 900/1969.)

a) definirá os cargos em comissão de livre escolha do Presidente da República; (Incluído pelo Dec.-Lei 900/1969.)

b) estabelecerá os processos de recrutamento com base no Sistema do Mérito; e (Incluído pelo Dec.-Lei 900/1969.)

c) fixará as demais condições necessárias ao seu exercício. (Incluído pelo Dec.-Lei 900/1969.)

ART. 102. É proibida a nomeação em caráter interino por incompatível com a exigência de prévia habilitação em concurso para provimento dos cargos públicos, revogadas todas as disposições em contrário.

ART. 103. Todo servidor que estiver percebendo vencimento, salário ou provento superior ao fixado para o cargo nos planos de classificação e remuneração, terá a diferença caracterizada como vantagem pessoal, nominalmente identificável, a qual em nenhuma hipótese será aumentada, sendo absorvida progressivamente pelos aumentos que vierem a ser realizados no vencimento, salário ou provento fixado para o cargo nos mencionados planos.

ART. 104. No que concerne ao regime de participação na arrecadação, inclusive cobrança da Dívida Ativa da União, fica estabelecido o seguinte:

I - Ressalvados os direitos dos denunciantes, a adjudicação de cota-parte de multas será feita exclusivamente aos Agentes Fiscais de Rendas Internas, Agentes Fiscais do Imposto de Renda, Agentes Fiscais do Imposto Aduaneiro, Fiscais Auxiliares de Impostos Internos e Guardas Aduaneiros e somente quando tenham os mesmos exercido ação direta, imediata e pessoal na obtenção de elementos destinados à instauração de autos de infração ou início de processos para cobrança dos débitos respectivos.

II - O regime de remuneração, previsto na Lei n. 1.711, de 28 de outubro de 1952, continuará a ser aplicado exclusivamente aos Agentes Fiscais de Rendas Internas, Agentes Fiscais do Imposto de Renda, Agentes Fiscais do Imposto Aduaneiro, Fiscais Auxiliares de Impostos Internos e Guardas Aduaneiros.

III - A partir da data da presente lei, fica extinto o regime de remuneração instituído a favor dos Exatores Federais, Auxiliares de Exatorias e Fiéis do Tesouro.

IV - (Revogado pela Lei 5.421/1968.)

V - A participação, através do Fundo de Estímulo, e bem assim as percentagens a que se referem o art. 64 da Lei n. 3.244, de 14 de agosto de 1957, o art. 109 da Lei 3.470, de 28 de novembro de 1958, os artigos 8º, § 2º e 9º da Lei 3.756, de 20 de abril de 1960, e o § 6º do art. 32 do Dec.-Lei 147, de 03 de fevereiro de 1967, ficam também extintas.

Parágrafo único. Comprovada a adjudicação da cota-parte de multas com desobediência ao que dispõe o inciso I deste artigo, serão passíveis de demissão, tanto o responsável pela prática desse ato, quanto os servidores que se beneficiarem com as vantagens dele decorrentes.

ART. 105. Aos servidores que, na data da presente lei estiverem no gonzo das vantagens previstas nos incisos III, IV e V do artigo anterior fica assegurado o direito de percebê-las, como diferença mensal, desde que esta não ultrapasse a média mensal que, àquele título, receberam durante o ano de 1966, e até que, por força dos reajustamentos de vencimentos do funcionalismo, o nível de vencimentos dos cargos que ocuparem alcance importâncias correspondente à soma do vencimento básico e da diferença de vencimento.

ART. 106. Fica extinta a Comissão de Classificação de Cargos transferindo-se ao DASP, seu acervo, documentação, recursos orçamentários e atribuições.

ART. 107. A fim de permitir a revisão da legislação e das normas regulamentares relativas ao pessoal do Serviço Público Civil, nos termos do disposto no art. 94, da presente lei, suspendem-se nesta data as readaptações de funcionários que ficam incluídas na competência do DASP.

ART. 108. O funcionário, em regime de tempo integral e dedicação exclusiva, prestará serviços em dois turnos de trabalho, quando sujeito a expediente diário.

Parágrafo único. Incorrerá em falta grave, punível com demissão, o funcionário que perceber a vantagem de que trata este artigo e não prestar serviços correspondentes e bem assim o chefe que atestar a prestação irregular dos serviços.

ART. 109. Fica revogada a legislação que permite a agregação de funcionários em cargos em comissão e em funções gratificadas, mantidos os direitos daqueles que, na data desta lei, hajam completado as condições estipuladas em lei para a agregação, e não manifestem, expressamente, o desejo de retornarem aos cargos de origem.

Parágrafo único. Todo agregado é obrigado a prestar serviços, sob pena de suspensão dos seus vencimentos.

ART. 110. Proceder-se-á à revisão dos cargos em comissão e das funções gratificadas da Administração Direta e das autarquias, para supressão daqueles que não corresponderem às estritas necessidades dos serviços, em razão de sua estrutura e funcionamento.

ART. 111. A colaboração de natureza eventual à Administração Pública Federal sob a forma de prestação de serviços, retribuída mediante recibo, não caracteriza, em hipótese alguma, vínculo empregatício com o Serviço Público Civil, e somente poderá ser atendida por dotação não classificada na rubrica "PESSOAL", e nos limites estabelecidos nos respectivos programas de trabalho.

‣ Dec. 66.715/1970 (Regulamenta este artigo).

ART. 112. O funcionário que houver atingido a idade máxima (setenta anos) prevista para aposentadoria compulsória não poderá exercer cargo em comissão ou função gratificada, nos quadros dos Ministérios, do DASP e das autarquias.

ART. 113. Revogam-se na data da publicação da presente lei, os arts. 62 e 63 da Lei 1.711, de 28 de outubro de 1952, e demais disposições legais e regulamentares que regulam as readmissões no serviço público federal.

ART. 114. O funcionário público ou autárquico que, por força de dispositivo legal, puder manifestar opção para integrar quadro de pessoal de qualquer outra entidade e por esta aceita, terá seu tempo de serviço anterior, devidamente comprovado, averbado na instituição de previdência, transferindo-se para o INPS as contribuições pagas ao IPASE.

CAPÍTULO III
DO DEPARTAMENTO ADMINISTRATIVO DO PESSOAL CIVIL

- Lei 6.228/1975 (Altera a denominação e a competência do DASP).

ART. 115. O Departamento Administrativo do Pessoal Civil (DASP) é o órgão central do sistema de pessoal, responsável pelo estudo, formulação de diretrizes, orientação, coordenação, supervisão e controle dos assuntos concernentes à administração do Pessoal Civil da União.

Parágrafo único. Haverá em cada Ministério um órgão de pessoal integrante do sistema de pessoal.

ART. 116. Ao Departamento Administrativo do Pessoal Civil (DASP) incumbe:

I - Cuidar dos assuntos referentes ao pessoal civil da União, adotando medidas visando ao seu aprimoramento e maior eficiência.

II - Submeter ao Presidente da República os projetos de regulamentos indispensáveis à execução das leis que dispõem sobre a função pública e os servidores civis da União.

III - Zelar pela observância dessas leis e regulamentos, orientando, coordenando e fiscalizando sua execução, e expedir normas gerais obrigatórias para todos os órgãos.

IV - Estudar e propor sistema de classificação e de retribuição para o serviço civil administrando sua aplicação.

V - Recrutar e selecionar candidatos para os órgãos da Administração Direta e autarquias, podendo delegar, sob sua orientação, fiscalização e controle a realização das provas o mais próximo possível das áreas de recrutamento.

VI - Manter estatísticas atualizadas sobre os servidores civis, inclusive os da Administração Indireta.

VII - Zelar pela criteriosa aplicação dos princípios de administração de pessoal com vistas ao tratamento justo dos servidores civis, onde quer que se encontrem.

VIII - Promover medidas visando ao bem-estar social dos servidores civis da União e ao aprimoramento das relações humanas no trabalho.

IX - Manter articulação com as entidades nacionais e estrangeiras que se dedicam a estudos de administração de pessoal.

X - Orientar, coordenar e superintender as medidas de aplicação imediata (Capítulo II, deste Título).

ART. 117. O Departamento Administrativo do Pessoal Civil prestará às Comissões Técnicas do Poder Legislativo toda cooperação que for solicitada.

Parágrafo único. O Departamento deverá colaborar com o Ministério Público Federal nas causas que envolvam a aplicação da legislação do pessoal.

ART. 118. Junto ao Departamento haverá o Conselho Federal de Administração de Pessoal, que funcionará como órgão de consulta e colaboração no concernente à política de pessoal do Governo e opinará na esfera administrativa, quando solicitado pelo Presidente da República ou pelo Diretor-Geral do DASP nos assuntos relativos à administração de pessoal civil, inclusive quando couber recurso de decisão dos Ministérios, na forma estabelecida em regulamento.

ART. 119. O Conselho Federal de Administração de Pessoal será presidido pelo Diretor-Geral do Departamento Administrativo do Pessoal Civil e constituído de quatro membros, com mandato de três anos, nomeados pelo Presidente da República, sendo: dois funcionários, um da Administração Direta e outro da Indireta, ambos com mais de vinte anos de Serviço Público da União, com experiência em administração e relevante folha de serviços; um especialista em direito administrativo; e um elemento de reconhecida experiência no setor de atividade privada.

§ 1º O Conselho reunir-se-á ordinariamente duas vezes por mês e, extraordinariamente, por convocação de seu presidente.

§ 2º O Conselho contará com o apoio do Departamento, ao qual ficarão afetos os estudos indispensáveis ao seu funcionamento e, bem assim, o desenvolvimento e a realização dos trabalhos compreendidos em sua área de competência.

§ 3º Ao Presidente e aos Membros do Conselho é vedada qualquer atividade político-partidária, sob pena de exoneração ou perda de mandato.

ART. 120. O Departamento prestará toda cooperação solicitada pelo Ministro responsável pela Reforma Administrativa.

ART. 121. As medidas relacionadas com o recrutamento, seleção, aperfeiçoamento e administração do assessoramento superior da Administração Civil, de aperfeiçoamento de pessoal para o desempenho dos cargos em comissão e funções gratificadas a que se referem o art. 101 e seu inciso II (Título XI, Capítulo II) e de outras funções de supervisão ou especializadas, constituirão encargo de um Centro de Aperfeiçoamento, órgão autônomo vinculado ao Departamento Administrativo do Pessoal Civil.

Parágrafo único. O Centro de Aperfeiçoamento promoverá direta ou indiretamente mediante convênio, acordo ou contrato, a execução das medidas de sua atribuição.

CAPÍTULO IV
DO ASSESSORAMENTO SUPERIOR DA ADMINISTRAÇÃO CIVIL

- Lei 12.462/2011 (Institui o Regime Diferenciado de Contratações Públicas - RDC).

ART. 122. O Assessoramento Superior da Administração Civil compreenderá determinadas funções de assessoramento aos Ministros de Estado, definidas por decreto e fixadas em número limitado para cada Ministério civil, observadas as respectivas peculiaridades de organização e funcionamento. (Redação dada pelo Dec.-Lei 900/1969.)

§ 1º As funções a que se refere este artigo, caracterizadas pelo alto nível de especificidade, complexidade e responsabilidade, serão objeto de rigorosa individualização e a designação para o seu exercício somente poderá recair em pessoas de comprovada idoneidade, cujas qualificações, capacidade e experiência específicas sejam examinadas, aferidas e certificadas por órgão próprio, na forma definida em regulamento. (Incluído pelo Dec.-Lei 900/1969.)

§ 2º O exercício das atividades de que trata este artigo revestirá a forma de locação de serviços regulada mediante contrato individual, em que se exigirá tempo integral e dedicação exclusiva, não se lhe aplicando o disposto no artigo 35 do Dec.-Lei número 81, de 21 de dezembro de 1966, na redação dada pelo artigo 1º do Dec.-Lei número 177, de 16 de fevereiro de 1967. (Incluído pelo Dec.-Lei 900/1969.)

§ 3º A prestação dos serviços a que alude este artigo será retribuída segundo critério fixado em regulamento, tendo em vista a avaliação de cada função em face das respectivas especificações, e as condições vigentes no mercado de trabalho. (Incluído pelo Dec.-Lei 900/1969.)

ART. 123. O servidor público designado para as funções de que trata o artigo anterior ficará afastado do respectivo cargo ou emprego enquanto perdurar a prestação de serviços, deixando de receber o vencimento ou salário correspondente ao cargo ou emprego público. (Redação dada pelo Dec.-Lei 900/1969.)

Parágrafo único. Poderá a designação para o exercício das funções referidas no artigo anterior recair em ocupante de função de confiança ou cargo em comissão diretamente subordinados ao Ministro de Estado, caso em que deixará de receber, durante o período de prestação das funções de assessoramento superior, o vencimento ou gratificação do cargo em comissão ou função de confiança. (Redação dada pelo Dec.-Lei 900/1969.)

ART. 124. O disposto no presente Capítulo poderá ser estendido, por decreto, a funções da mesma natureza vinculadas aos Ministérios Militares e órgãos integrantes da Presidência da República. (Redação dada pela Lei 6.720/1979.)

TÍTULO XII

- Revogado pelo Dec.-Lei 2.300/1986.

ARTS. 125 a 144. (Revogados pelo Dec.-Lei 2.300/1986.)

TÍTULO XIII
DA REFORMA ADMINISTRATIVA

- EC 19/1998 (Modifica o regime e dispõe sobre princípios e normas da Administração Pública, servidores e agentes políticos, controle de despesas e finanças públicas e custeio de atividades a cargo do Distrito Federal).

ART. 145. A Administração Federal será objeto de uma reforma de profundidade para ajustá-la às disposições da presente lei e, especialmente, às diretrizes e princípios fundamentais enunciados no Título II, tendo-se como revogadas, por força desta lei, e à medida que sejam expedidos os atos a que se refere o art. 146, parágrafo único, alínea *b*, as disposições legais que forem com ela colidentes ou incompatíveis.

Parágrafo único. A aplicação da presente lei deverá objetivar, prioritàriamente, a execução ordenada dos serviços da Administração Federal, segundo os princípios nela enunciados e com apoio na instrumentação básica adotada, não devendo haver solução de continuidade.

ART. 146. A Reforma Administrativa, iniciada com esta lei, será realizada por etapas, à medida que se forem ultimando as providências necessárias à sua execução.

Parágrafo único. Para os fins deste artigo, o Poder Executivo: (Redação dada pelo Dec.-Lei 900/1969.)

a) promoverá o levantamento das leis, decretos e atos regulamentares que disponham sobre a estruturação, funcionamento e competência dos órgãos da Administração Federal, com o propósito de ajustá-los às disposições desta Lei;

b) obedecidas as diretrizes, princípios fundamentais e demais disposições da presente lei expedirá progressivamente os atos de reorganização, reestruturação lotação, definição de competência, revisão de funcionamento e outros necessários a efetiva implantação da reforma. (Redação dada pelo Dec.-Lei 900/1969.)

c) (Revogado pelo Dec.-Lei 900/1968.)

ART. 147. A orientação, coordenação e supervisão das providências de que trata este Título ficarão a cargo do Ministério do Planejamento e Coordenação Geral, podendo, entretanto, ser atribuídas a um Ministro Extraordinário para a Reforma Administrativa, caso em que a este caberão os assuntos de organização administrativa.

ART. 148. Para atender às despesas decorrentes de execução da Reforma Administrativa, fica autorizada a abertura pelo Ministério da Fazenda do crédito especial de Ncr$20.000.000,00 (vinte milhões de cruzeiros novos), com vigência nos exercícios de 1967 a 1968.

§ 1º Os recursos do crédito aberto neste artigo incorporar-se-ão ao "Fundo de Reforma Administrativa", que poderá receber doações e contribuições destinadas ao aprimoramento da Administração Federal.

§ 2º O Fundo de Reforma Administrativa, cuja utilização será disciplinada em regulamento, será administrado por um órgão temporário de implantação da Reforma Administrativa, que funcionará junto ao Ministro responsável pela Reforma Administrativa.

ART. 149. Na implantação da reforma programada, inicialmente, a organização dos novos Ministérios e bem assim, prioritariamente, a instalação dos Órgãos Centrais, a começar pelos de planejamento, coordenação e de controle financeiro (art. 22, item I) e pelos órgãos centrais dos sistemas (art. 31).

ART. 150. Até que os quadros de funcionários sejam ajustados à Reforma Administrativa, o pessoal que os integra, sem prejuízo de sua situação funcional para os efeitos legais, continuará a servir nos órgãos em que estiver lotado, podendo passar a ter exercício, mediante requisição, nos órgãos resultantes de desdobramento ou criados em virtude da presente lei.

ART. 151. (Revogado pela Lei 5.843/1972.)

ART. 152. A finalidade e as atribuições dos órgãos da Administração Direta regularão o estabelecimento das respectivas estruturas e lotações de pessoal.

ART. 153. Para implantação da Reforma Administrativa poderão ser ajustados estudos e trabalhos técnicos a serem realizados por pessoas físicas ou jurídicas, nos termos das normas que se estabelecerem em decreto.

ART. 154. Os decretos e regulamentos expedidos para execução da presente lei disporão sobre a subordinação e vinculação de órgãos e entidades aos diversos Ministérios, em harmonia com a área de competência destes, disciplinando a transferência de repartições e órgãos.

TÍTULO XIV
DAS MEDIDAS ESPECIAIS DE COORDENAÇÃO

CAPÍTULO I
DA CIÊNCIA E TECNOLOGIA

ART. 155. As iniciativas e providências que contribuem para o estímulo e intensificação das atividades de ciência e tecnologia, serão objeto de coordenação com o propósito de acelerar o desenvolvimento nacional através da crescente participação do País no progresso científico e tecnológico. (Redação dada pelo Dec.-Lei 900/1969.)

§§ 1º e 2º (Revogados pelo Dec.-Lei 900/1969.)

CAPÍTULO II
DA POLÍTICA NACIONAL DE SAÚDE

ART. 156. A formulação e Coordenação da política nacional de saúde, em âmbito nacional e regional, caberá ao Ministério da Saúde.

§ 1º Com o objetivo de melhor aproveitar recursos e meios disponíveis e de obter maior produtividade, visando a proporcionar efetiva assistência médico-social à comunidade, promoverá o Ministério da Saúde a coordenação, no âmbito regional das atividades de assistência médico-social, de modo a entrosar as desempenhadas por órgãos federais, estaduais, municipais, do Distrito Federal, dos Territórios e das entidades do setor privado.

§ 2º Na prestação da assistência médica dar-se-á preferência à celebração de convênios com entidades públicas e privadas, existentes na comunidade.

§ 3º (Revogado pela Lei 6.118/1974.)

CAPÍTULO III
DO ABASTECIMENTO NACIONAL

ART. 157. As medidas relacionadas com a formulação e execução da política nacional do abastecimento serão objeto de coordenação na forma estabelecida em decreto. (Redação dada pelo Dec.-Lei 900/1969.)

ART. 158. Se não considerar oportunas as medidas consubstanciadas no artigo anterior, o Governo poderá atribuir a formulação e coordenação da política nacional do abastecimento a uma Comissão Nacional de Abastecimento, órgão interministerial, cuja composição, atribuições e funcionamento serão fixados por decreto e que contará com o apoio da Superintendência Nacional do Abastecimento.

ART. 159. Fica extinto o Conselho Deliberativo da Superintendência Nacional do Abastecimento, de que trata a Lei Delegada n. 5, de 26 de setembro de 1962.

ART. 160. A Superintendência Nacional do Abastecimento ultimará, no mais breve prazo, a assinatura de convênios com os Estados, Prefeitura do Distrito Federal e Territórios com o objetivo de transferir-lhes os encargos de fiscalização atribuídos àquela Superintendência.

CAPÍTULO IV
DA INTEGRAÇÃO DOS TRANSPORTES

ART. 161. Ficam extintos os Conselhos Setoriais de Transportes que atualmente funcionam junto às autarquias do Ministério da Viação e Obras Públicas, sendo as respectivas funções absorvidas pelo Conselho Nacional de Transportes, cujas atribuições, organização e funcionamento serão regulados em decreto. (Expressão substituída pelo Dec.-Lei 900/1969.)

ART. 162. Tendo em vista a integração em geral dos transportes, a coordenação entre os Ministérios da Aeronáutica e dos Transportes será assegurada pelo Conselho Nacional de Transportes que se pronunciará obrigatoriamente quanto aos assuntos econômico-financeiros da aviação comercial e, em particular, sobre:

a) concessão de linhas, tanto nacionais como no exterior;

b) tarifas;

c) subvenções;

d) salários (de acordo com a política salarial do Governo).

ART. 163. O Conselho será presidido pelo Ministro de Estado dos Transportes e dele participará, como representante do Ministério da Aeronáutica, o chefe do órgão encarregado dos assuntos da aeronáutica civil.

ART. 164. O Poder Executivo, se julgar conveniente, poderá formular a integração no Ministério dos Transportes, das atividades concernentes à aviação comercial, compreendendo linhas aéreas regulares, subvenções e tarifas, permanecendo sob a competência da Aeronáutica Militar as demais atribuições constantes do item IV e as do item V do Parágrafo único do art. 63 e as relativas ao controle de pessoal e das aeronaves.

§ 1º A integração poderá operar-se gradualmente, celebrando-se, quando necessário, convênios entre os dois Ministérios.

§ 2º Promover-se-á, em consequência, o ajuste das atribuições cometidas ao Conselho Nacional de Transportes nesse particular.

CAPÍTULO V
DAS COMUNICAÇÕES

ART. 165. O Conselho Nacional de Telecomunicações, cujas atribuições, organização e funcionamento serão objeto de regulamentação pelo Poder Executivo, passará a integrar, como órgão normativo, de consulta, orientação e elaboração da política nacional de telecomunicações, a estrutura do Ministério das Comunicações, logo que este se instale, e terá a seguinte composição:

I - Presidente, o Secretário-Geral do Ministério das Comunicações;

II - Representante do maior partido de oposição no CONGRESSO NACIONAL; (Redação dada pela Lei 5.396/1968.)

III - Representante do Ministério da Educação e Cultura;

IV - Representante do Ministério da Justiça;

V - Representante do maior partido que apoia o Governo no CONGRESSO NACIONAL; (Redação dada pela Lei 5.396/1968.)

VI - Representante do Ministério da Indústria e Comércio;

VII - Representante dos Correios e Telégrafos;

VIII - Representante do Departamento Nacional de Telecomunicações;

IX - Representante da Empresa Brasileira de Telecomunicações;

X - Representante das Empresas Concessionárias de Serviços de Telecomunicações;

XI - Representante do Ministério da Marinha; (Incluído pela Lei 5.396/1968.)

XII - Representante do Ministério do Exército; (Incluído pela Lei 5.396/1968.)

XIII - Representante do Ministério da Aeronáutica. (Incluído pela Lei 5.396/1968.)

Parágrafo único. O Departamento Nacional de Telecomunicações passa a integrar, como Órgão Central (art. 22, inciso II), o Ministério das Comunicações.

ART. 166. A exploração dos troncos interurbanos, a cargo da Empresa Brasileira de Telecomunicações, poderá, conforme as conveniências econômicas e técnicas do serviço, ser feita diretamente ou mediante contrato, delegação ou convênio.

Parágrafo único. A Empresa Brasileira de Telecomunicações poderá ser acionista de qualquer das empresas com que tiver tráfego-mútuo.

ART. 167. Fica o Poder Executivo autorizado a transformar o Departamento dos Correios e Telégrafos em entidade de Administração Indireta, vinculada ao Ministério das Comunicações.

‣ Art. 1º, Dec.-Lei 509/1969 (Dispõe sobre a transformação do Departamento dos Correios e Telégrafos em empresa pública).

CAPÍTULO VI DA INTEGRAÇÃO DAS FORÇAS ARMADAS

ARTS. 168 e **169.** (Revogados pelo Dec.-Lei 900/1968.)

TÍTULO XV DAS DISPOSIÇÕES GERAIS

CAPÍTULO I DAS DISPOSIÇÕES INICIAIS

ART. 170. O Presidente da República, por motivo relevante de interesse público, poderá avocar e decidir qualquer assunto na esfera da Administração Federal.

ART. 171. A Administração dos Territórios Federais, vinculados ao Ministério do Interior, exercer-se-á através de programas plurianuais, concordantes em objetivos e etapas com os planos gerais do Governo Federal.

ART. 172. O Poder Executivo assegurará autonomia administrativa e financeira, no grau conveniente aos serviços, institutos e estabelecimentos incumbidos da execução de atividades de pesquisa ou ensino ou de caráter industrial, comercial ou agrícola, que por suas peculiaridades de organização e funcionamento, exijam tratamento diverso do aplicável aos demais órgãos da administração direta, observada sempre a supervisão ministerial. (Redação dada pelo Dec.-Lei 900/1969.)

§ 1º Os órgãos a que se refere este artigo terão a denominação genérica de Órgãos Autônomos. (Renumerado do Parágrafo Único pelo Dec.-Lei 900/1969.)

§ 2º Nos casos de concessão de autonomia financeira, fica o Poder Executivo autorizado a instituir fundos especiais de natureza contábil, a cujo crédito se levarão todos os recursos vinculados às atividades do órgão autônomo, orçamentários e extraorçamentários, inclusive a receita própria. (Incluído pelo Dec.-Lei 900/1969.)

ART. 173. Os atos de provimento de cargos públicos ou que determinarem sua vacância assim como os referentes a pensões, aposentadorias e reformas, serão assinados pelo Presidente da República ou, mediante delegação deste, pelos Ministros de Estado, conforme se dispuser em regulamento.

ART. 174. Os atos expedidos pelo Presidente da República ou Ministros de Estado, quando se referirem a assuntos da mesma natureza, poderão ser objeto de um só instrumento, e o órgão administrativo competente expedirá os atos complementares ou apostilas.

ART. 175. Para cada órgão da Administração Federal, haverá prazo fixado em regulamento para as autoridades administrativas exigirem das partes o que se fizer necessário à instrução de seus pedidos.

§ 1º As partes serão obrigatoriamente notificadas das exigências, por via postal, sob registro, ou por outra forma de comunicação direta.

§ 2º Satisfeitas as exigências, a autoridade administrativa decidirá o assunto no prazo fixado pelo regulamento, sob pena de responsabilização funcional.

ART. 176. Ressalvados os assuntos de caráter sigiloso, os órgãos do Serviço Público estão obrigados a responder às consultas feitas por qualquer cidadão, desde que relacionadas com seus legítimos interesses e pertinentes a assuntos específicos da repartição.

Parágrafo único. Os chefes de serviço e os servidores serão solidariamente responsáveis pela efetivação de respostas em tempo oportuno.

ART. 177. Os conselhos, comissões e outros órgãos colegiados que contarem com a representação de grupos ou classes econômicas diretamente interessados nos assuntos de sua competência, terão funções exclusivamente de consulta, coordenação e assessoramento, sempre que àquela representação corresponda um número de votos superior a um terço do total.

Parágrafo único. Excetuam-se do disposto neste artigo os órgãos incumbidos do julgamento de litígios fiscais e os legalmente competentes para exercer atribuições normativas e decisórias relacionadas com os impostos de importação e exportação, e medidas cambiais correlatas.

ART. 178. As autarquias, as empresas públicas e as sociedades de economia mista, integrantes da Administração Federal Indireta, bem assim as fundações criadas pela União ou mantidas com recursos federais, sob supervisão ministerial, e as demais sociedades sob o controle direto ou indireto da União, que acusem a ocorrência de prejuízos, estejam inativas, desenvolvam atividades já atendidas satisfatoriamente pela iniciativa privada ou não previstas no objeto social, poderão ser dissolvidas ou incorporadas a outras entidades, a critério e por ato do Poder Executivo, resguardados os direitos assegurados, aos eventuais acionistas minoritários, nas leis e atos constitutivos de cada entidade. (Redação dada pelo Dec.-Lei 2.299/1986.)

ART. 179. Observado o disposto no art. 13 da Lei 4.320, de 17 de março de 1964, o Ministério do Planejamento e Coordenação Geral atualizará, sempre que se fizer necessário, o esquema de discriminação ou especificação dos elementos da despesa orçamentária.

ART. 180. As atribuições previstas nos arts. 111 a 113, da Lei 4.320, de 17 de março de 1964, passam para a competência do Ministério do Planejamento e Coordenação Geral.

ART. 181. Para os fins do Título XIII desta Lei, poderá o Poder Executivo:

I - alterar a denominação de cargos em comissão.

II - reclassificar cargos em comissão, respeitada a tabela de símbolos em vigor.

III - transformar funções gratificadas em cargos em comissão, na forma da lei.

IV - declarar extintos os cargos em comissão que não tiverem sido mantidos, alterados ou reclassificados até 31 de dezembro de 1968.

ART. 182. Nos casos dos incisos II e III do art. 5º e no do inciso I do mesmo artigo, quando se tratar de serviços industriais, o regime de pessoal será o da Consolidação das Leis do Trabalho; nos demais casos, o regime jurídico do pessoal será fixado pelo Poder Executivo.

ART. 183. As entidades e organizações em geral, dotadas de personalidade jurídica de direito privado, que recebem contribuições para fiscais e prestam serviços de interesse público ou social, estão sujeitas à fiscalização do Estado nos termos e condições estabelecidas na legislação pertinente a cada uma.

ART. 184. Não haverá, tanto em virtude da presente lei como em sua decorrência, aumento de pessoal nos quadros de funcionários civis e nos das Forças Armadas.

ART. 185. Incluem-se na responsabilidade do Ministério da Indústria e do Comércio a supervisão dos assuntos concernentes à indústria siderúrgica, à indústria petroquímica, à indústria automobilística, à indústria naval e à indústria aeronáutica.

ART. 186. A Taxa de Marinha Mercante, destinada a proporcionar à, frota mercante brasileira melhores condições de operação e expansão, será administrada pelo Órgão do Ministério dos Transportes, responsável pela navegação marítima e interior.

ART. 187. A Coordenação do Desenvolvimento de Brasília (CODEBRÁS) passa a vincular-se ao Ministro responsável pela Reforma Administrativa.

ART. 188. Toda pessoa natural ou jurídica - em particular, o detentor de qualquer cargo público - é responsável pela Segurança Nacional, nos limites definidos em lei. Em virtude de sua natureza ou da pessoa do detentor, não há cargo, civil ou militar, específico de segurança nacional, com exceção dos previstos em órgãos próprios do Conselho de Segurança Nacional.

§ 1º Na Administração Federal, os cargos públicos civis, de provimento em comissão ou em caráter efetivo, as funções de pessoal temporário, de obras e os demais empregos sujeitos à legislação trabalhista, podem ser exercidos por qualquer pessoa que satisfaça os requisitos legais.

§ 2º Cargo militar é aquele que, de conformidade com as disposições legais ou quadros de efetivos das Forças Armadas, só pode ser exercida por militar em serviço ativo.

CAPÍTULO II DOS BANCOS OFICIAIS DE CRÉDITO

ART. 189. Sem prejuízo de sua subordinação técnica à autoridade monetária nacional, os estabelecimentos oficiais de crédito manterão a seguinte vinculação:

I - Ministério da Fazenda

- Banco Central da República

‣ Art. 1º, Dec.-Lei 509/1969 (Dispõe sobre a transformação do Departamento dos Correios e Telégrafos em empresa pública).

- Banco do Brasil

- Caixas Econômicas Federais

II - Ministério da Agricultura

- Banco Nacional do Crédito Cooperativo

‣ Dec. 99.192/1990 (Dispõe sobre a extinção e dissolução de entidades da Administração Pública Federal e dá outras providências).

III - Ministério do Interior

- Banco de Crédito da Amazônia

- Banco do Nordeste do Brasil

- Banco Nacional da Habitação

‣ Art. 1º, Dec.-Lei 2.291/1986 (Extingue o Banco Nacional da Habitação - BNH).

IV - Ministério do Planejamento e Coordenação Geral

- Banco Nacional do Desenvolvimento Econômico.

CAPÍTULO III DA PESQUISA ECONÔMICO-SOCIAL APLICADA E DO FINANCIAMENTO DE PROJETOS

ART. 190. É o Poder Executivo autorizado a instituir, sob a forma de fundação, o Instituto de Pesquisa Econômica Aplicada (Ipea), com a finalidade de auxiliar o Ministro de Estado da Economia, Fazenda e Planejamento na elaboração e no acompanhamento da política econômica e promover atividade de pesquisa econômica aplicada nas áreas fiscal, financeira, externa e de desenvolvimento setorial. (Redação dada pela Lei 8.029/1990.)

Parágrafo único. O instituto vincular-se-á ao Ministério da Economia, Fazenda e Planejamento. (Redação dada pela Lei 8.029/1990.)

ART. 191. Fica o Ministério do Planejamento e Coordenação Geral autorizado, se o Governo julgar conveniente, a incorporar as funções de financiamento de estudo e elaboração de projetos e de programas do desenvolvimento econômico, presentemente afetos ao Fundo de Financiamento de Estudos e Projetos (FINEP), criado pelo Decreto n. 55.820, de 08 de março de 1965, constituindo para esse fim uma empresa pública, cujos estatutos serão aprovados por decreto, e que exercerá todas as atividades correlatadas de financiamento de projetos e programas e de prestação de assistência técnica essenciais ao planejamento econômico e social, podendo receber doações e contribuições e contrair empréstimos de fontes internas e externas.

CAPÍTULO IV
DOS SERVIÇOS GERAIS

ARTS. 192 a **197.** (Revogados pelo Dec.-Lei 900/1968.)

CAPÍTULO V
DO MINISTÉRIO DAS RELAÇÕES EXTERIORES

ART. 198. Levando em conta as peculiaridades do Ministério das Relações Exteriores, o Poder Executivo adotará a estrutura orgânica e funcional estabelecida pela presente Lei, e, no que couber, o disposto no seu Título XI.

CAPÍTULO VI
DOS NOVOS MINISTÉRIOS E DOS CARGOS

ART. 199. Ficam criados:

I - (Revogado pela Lei 6.036/1974.)

II - O Ministério do Interior, com absorção dos órgãos subordinados ao Ministro Extraordinário para Coordenação dos Organismos Regionais.

III - O Ministério das Comunicações, que absorverá o Conselho Nacional de Telecomunicações, o Departamento Nacional de Telecomunicações e o Departamento dos Correios e Telégrafos.

- Art. 1º, Dec.-Lei 509/1969 (Dispõe sobre a transformação do Departamento dos Correios e Telégrafos em empresa pública).

ART. 200. O Ministério da Justiça e Negócios Interiores passa a denominar-se Ministério da Justiça.

ART. 201. O Ministério da Viação e Obras Públicas passa a denominar-se Ministério dos Transportes.

ART. 202. O Ministério da Guerra passa a denominar-se Ministério do Exército.

ART. 203. O Poder Executivo expedirá os atos necessários à efetivação do disposto no artigo 199, observadas as normas da presente Lei.

ART. 204. Fica alterada a denominação dos cargos de Ministro de Estado da Justiça e Negócios Interiores, Ministro de Estado da Viação e Obras Públicas e Ministro de Estado da Guerra, para, respectivamente, Ministro de Estado da Justiça, Ministro de Estado dos Transportes e Ministro de Estado do Exército.

ART. 205. Ficam criados os seguintes cargos:

I - Ministros de Estado do Interior, das Comunicações e do Planejamento e Coordenação Geral.

II - Em comissão:

a) Em cada Ministério Civil, Secretário-Geral, e Inspetor-Geral de Finanças.

b) Consultor Jurídico, em cada um dos Ministérios seguintes: Interior, Comunicações, Minas e Energia, e Planejamento e Coordenação Geral.

c) Diretor do Centro de Aperfeiçoamento, no Departamento Administrativo do Pessoal Civil (DASP).

d) Diretor-Geral do Departamento dos Serviços Gerais, no Ministério da Fazenda.

Parágrafo único. À medida que se forem vagando, os cargos de Consultor Jurídico atualmente providos em caráter efetivo passarão a sê-lo em comissão.

ART. 206. Ficam fixados da seguinte forma os vencimentos dos cargos criados no art. 205:

I - Ministro de Estado: igual aos dos Ministros de Estado existentes.

II - Secretário-Geral e Inspetor-Geral de Finanças: Símbolo 1-C.

III - Consultor Jurídico: igual ao dos Consultores Jurídicos dos Ministérios existentes.

IV - Diretor do Centro de Aperfeiçoamento: Símbolo 2-C.

V - Diretor-Geral do Departamento de Serviços Gerais: Símbolo 1-C.

Parágrafo único. O cargo de Diretor-Geral do Departamento Administrativo do Serviço Público (DASP), Símbolo 1-C, passa a denominar-se Diretor-Geral do Departamento Administrativo do Pessoal Civil (DASP), Símbolo 1-C.

ART. 207. Os Ministros de Estado Extraordinários instituídos no artigo 37 desta Lei terão o mesmo vencimento, vantagens e prerrogativas dos demais Ministros de Estado.

ART. 208. Os Ministros de Estado, os Chefes dos Gabinetes Civil e Militar da Presidência da República e o Chefe do Serviço Nacional de Informações perceberão uma representação mensal correspondente a 50% (cinquenta por cento) dos vencimentos.

Parágrafo único. Os Secretários-Gerais perceberão idêntica representação mensal correspondente a 30% (trinta por cento) dos seus vencimentos.

TÍTULO XVI
DAS DISPOSIÇÕES TRANSITÓRIAS

ART. 209. Enquanto não forem expedidos os respectivos regulamentos e estruturados seus serviços, o Ministério do Interior, o Ministério do Planejamento e Coordenação Geral e o Ministério das Comunicações ficarão sujeitos ao regime de trabalho pertinente aos Ministérios Extraordinários que antecederam os dois primeiros daqueles Ministérios no que concerne ao pessoal, à execução de serviços e à movimentação de recursos financeiros.

Parágrafo único. O Poder Executivo expedirá decreto para consolidar as disposições regulamentares que em caráter transitório, deverão prevalecer.

ART. 210. O atual Departamento Federal de Segurança Pública passa a denominar-se Departamento de Polícia Federal, considerando-se automaticamente substituída por esta denominação a menção à anterior constante de quaisquer leis ou regulamentos.

ART. 211. O Poder Executivo introduzirá, nas normas que disciplinam a estruturação e funcionamento das entidades da Administração Indireta, as alterações que se fizerem necessárias à efetivação do disposto na presente Lei, considerando-se revogadas todas as disposições legais colidentes com as diretrizes nela expressamente consignadas.

ART. 212. O atual Departamento Administrativo do Serviço Público (DASP) é transformado em Departamento Administrativo do Pessoal Civil (DASP), com as atribuições que, em matéria de administração de pessoal, são atribuídas pela presente Lei ao novo órgão.

- A denominação deste órgão voltou a ser Departamento Administrativo do Serviço Público, por força da Lei 6.228/1975.

ART. 213. Fica o Poder Executivo autorizado, dentro dos limites dos respectivos créditos, a expedir decretos relativos às transferências que se fizerem necessárias de dotações do orçamento ou de créditos adicionais requeridos pela execução da presente Lei.

TÍTULO XVII
DAS DISPOSIÇÕES FINAIS

ART. 214. Esta Lei entrará em vigor em 15 de março de 1967, observado o disposto nos parágrafos do presente artigo e ressalvadas as disposições cuja vigência, na data da publicação, seja por ela expressamente determinada.

§ 1º Até a instalação dos órgãos centrais incumbidos da administração financeira, contabilidade e auditoria, em cada Ministério (art. 22), serão enviados ao Tribunal de Contas, para o exercício da auditoria financeira:

a) pela Comissão de Programação Financeira do Ministério da Fazenda, os atos relativos à programação financeira de desembolso;

b) pela Contadoria Geral da República e pelas Contadorias Seccionais, os balancetes de receita e despesa;

c) pelas repartições competentes, o rol de responsáveis pela guarda de bens, dinheiros e valores públicos e as respectivas tomadas de conta, nos termos da legislação anterior à presente lei.

§ 2º Nos Ministérios Militares, cabe aos órgãos que forem discriminados em decreto as atribuições indicadas neste artigo.

ART. 215 Revogam-se as disposições em contrário.

Brasília, em 25 de fevereiro de 1967; 146º da Independência e 79º da República.

H. CASTELLO BRANCO

DECRETO-LEI N. 221, DE 28 DE FEVEREIRO DE 1967

Dispõe sobre a proteção e estímulos à pesca e dá outras providências.

- *DOU*, 28.02.1967.
- Lei 11.959/2009 (Dispõe sobre a Política Nacional de Desenvolvimento Sustentável da Aquicultura e da Pesca, regula as atividades pesqueiras).
- Dec. 64.618/1969 (Aprova o Regulamento de Trabalho a Bordo de Embarcações Pesqueiras).

O Presidente da República, usando das prerrogativas que lhe confere o § 2º do art. 9º do Ato Institucional n. 4, de 7 de dezembro de 1966,

Decreta:

CAPÍTULO I
DA PESCA

ARTS. 1º a **4º** (Revogados pela Lei 11.959/2009.)

CAPÍTULO II
DA PESCA COMERCIAL

TÍTULO I
DAS EMBARCAÇÕES PESQUEIRAS

ART. 5º (Revogado pela Lei 11.959/2009.)

Parágrafo único. As embarcações de pesca, assim como as redes para pesca, comercial ou científica, são consideradas bens de produção.

ART. 6º Toda embarcação nacional ou estrangeira que se dedique à pesca, além do cumprimento das exigências das autoridades marítimas, deverá ser inscrita na Superintendência do Desenvolvimento da Pesca - SUDEPE, mediante pagamento anual de taxa, variável conforme o comprimento total da embarcação, no valor correspondente a: (Redação dada pelo Dec.-Lei 2.467/1988.)

I - até 8m - isento; (Incluído pelo Dec.-Lei 2.467/1988.)

II - acima de 8m até 12m - 5 OTNs; (Incluído pelo Dec.-Lei 2.467/1988.)

III - acima de 12m até 16m - 25 OTNs; (Incluído pelo Dec.-Lei 2.467/1988.)

IV - acima de 16m até 20m - 50 OTNs; (Incluído pelo Dec.-Lei 2.467/1988.)

V - acima de 20m até 24m - 80 OTNs; (Incluído pelo Dec.-Lei 2.467/1988.)

VI - acima de 24m até 28m - 105 OTNs; (Incluído pelo Dec.-Lei 2.467/1988.)

VII - acima de 28m até 32m - 125 OTNs; (Incluído pelo Dec.-Lei 2.467/1988.)

VIII - acima de 32m - 140 OTNs. (Incluído pelo Dec.-Lei 2.467/1988.)

§ 1º As taxas fixadas neste artigo serão acrescidas em cinquenta por cento quanto se tratar de embarcação licenciada para a pesca de crustáceos e em vinte por cento quando se tratar de embarcação licenciada para a pesca de sardinha (Sardinella brasiliensis), pargo (Lutjanus purpureus), piramutaba(Brachyplastystoma vaillantti) e de peixes demersais capturados em pesca de arrasto na Região Sudeste-Sul. (Incluído pelo Dec.-Lei 2.467/1988.)

§ 2º A inobservância deste artigo implicará na interdição do barco até a satisfação das exigências impostas pelas autoridades competentes. (Incluído pelo Dec.-Lei 2.467/1988.)

ARTS. 7º a **17.** (Revogados pela Lei 11.959/ 2009.)

TÍTULO II
DAS EMPRESAS PESQUEIRAS

ART. 18. (Revogado pela Lei 11.959/2009.)

Parágrafo único. As operações de captura e transformação de pescado são consideradas atividades agropecuárias para efeito dos dispositivos da Lei n. 4.829, de 5 de novembro de 1965 que institucionalizou o crédito rural e do Decreto-lei n. 167, de 14 de fevereiro de 1967, que dispõe sobre títulos de crédito rural.

ART. 19. Nenhuma indústria pesqueira poderá exercer suas atividades no território nacional, sem prévia inscrição no Registro Geral da Pesca, sob a responsabilidade da Superintendência do Desenvolvimento da Pesca - SUDEPE, mediante pagamento da taxa anual no valor correspondente a 50 OTNs. (Redação dada pelo Dec.-Lei 2.467/1988.)

Parágrafo único. Qualquer infração aos dispositivos deste artigo importará na interdição do funcionamento do estabelecimento respectivo sem prejuízo da multa que for aplicável.

ARTS. 20 e **21.** (Revogados pela Lei 11.959/2009.)

TÍTULO III
DA ORGANIZAÇÃO DO TRABALHO E BORDO DAS EMBARCAÇÕES DE PESCA

ARTS. 22 a **25.** (Revogados pela Lei 11.959 /2009.)

TÍTULO IV
DOS PESCADORES PROFISSIONAIS

ARTS. 26 a **28.** (Revogados pela Lei 11.959/2009.)

CAPÍTULO III
DAS LICENÇAS PARA AMADORES DE PESCA E PARA CIENTISTAS

ART. 29. Será concedida autorização para o exercício da pesca a amadores, nacionais ou estrangeiros, mediante licença anual.

§ 1º A concessão da licença ao pescador amador amador ficará sujeita ao pagamento de uma taxa anual nos valores correspondentes a: (Redação dada pelo Dec.-Lei 2.467/1988.)

a) 10 OTNs - para pescador embarcado; (Incluído pelo Dec.-Lei 2.467/1988.)

b) 3 OTNs - para pescador desembarcado (Incluído pelo Dec.-Lei 2.467/1988.)

§ 2º O amador de pesca só poderá utilizar embarcações arroladas na classe de recreio.

§ 3º Ficam dispensados da licença de que trata este artigo os pescadores amadores que utilizem linha na mão e que não sejam filiados aos clubes ou associações referidos no art. 31, desde que, em nenhuma hipótese, venha a importar em atividade comercial. (Incluído pela Lei 6.585/1978.)

§ 4º Ficam dispensados do pagamento da taxa de que trata o § 1º deste artigo, os aposentados e os maiores de sessenta e cinco anos, se do sexo masculino, e de sessenta anos, se do sexo feminino, que utilizem, para o exercício da pesca, linha de mão, caniço simples, caniço com molinete, empregados com anzóis simples ou múltiplos, e que não sejam filiados aos clubes ou associações referidos no art. 31, e desde que o exercício da pesca não importe em atividade comercial. (Incluído pela Lei 9.059/1995.)

ARTS. 30 a **32.** (Revogados pela Lei 11.959 /2009.)

CAPÍTULO IV
DAS PERMISSÕES, PROIBIÇÕES E CONCESSÕES

TÍTULO I
DAS NORMAS GERAIS

ARTS. 33 a **38.** (Revogados pela Lei 11.959 /2009.)

TÍTULO II
DOS APARELHOS DE PESCA E SUA UTILIZAÇÃO

ART. 39. (Revogado pela Lei 11.959/2009.)

TÍTULO III
DA PESCA SUBAQUÁTICA

ART. 40. (Revogado pela Lei 11.959/2009.)

TÍTULO IV
DA PESCA E INDUSTRIALIZAÇÃO DE CETÁCEOS

ARTS. 41 a **45.** (Revogados pela Lei 11.959 /2009.)

TÍTULO V
DOS INVERTEBRADOS AQUÁTICOS E ALGAS

ARTS. 46 a **49.** (Revogados pela Lei 11.959 /2009.)

TÍTULO VI
DA AQUICULTURA E SEU COMÉRCIO

ART. 50. (Revogado pela Lei 11.959/2009.)

ART. 51. Será mantido registro de aquicultores amadores e profissionais.

Parágrafo único. Os aquicultores pagarão uma taxa anual conforme a tabela anexa. (Redação dada pelo Dec.-Lei 2.467/1988.)

ART. 52. As empresas que comerciarem com animais aquáticos ficam sujeitas ao pagamento de taxa anual no valor equivalente a 10 OTNs. (Redação dada pelo Dec.-Lei 2.467/1988.)

CAPÍTULO V
DA FISCALIZAÇÃO

ARTS. 53 e **54.** (Revogados pela Lei 11.959/2009.)

CAPÍTULO VI
DAS INFRAÇÕES E DAS PENAS

ARTS. 55 a **64.** (Revogados pela Lei 11.959 /2009.)

CAPÍTULO VII
DAS MULTAS

ARTS. 65 a **72.** (Revogados pela Lei 11.959 /2009.)

CAPÍTULO VIII
DISPOSIÇÕES TRANSITÓRIAS E ESTIMULATIVAS

TÍTULO I
DAS ISENÇÕES EM GERAL

ARTS. 73 a **79.** (Revogados pela Lei 11.959 /2009.)

TÍTULO II
DAS DEDUÇÕES TRIBUTÁRIAS PARA INVESTIMENTOS

ARTS. 80 a **90.** (Revogados pela Lei 11.959 /2009.)

CAPÍTULO IX
DISPOSIÇÕES FINAIS

ARTS. 91 e **92.** (Revogados pela Lei 11.959/2009.)

ART. 93. Fica instituído o Registro Geral da Pesca, sob a responsabilidade da SUDEPE.

Parágrafo único. O registro dos armadores de pesca será feito mediante o pagamento de uma taxa anual correspondente a 20 OTNs. (Redação dada pelo Dec.-Lei 2.467/1988.)

ARTS. 94 a **99.** (Revogados pela Lei 11.959 /2009.)

Brasília, 28 de fevereiro de 1967; 146º da Independência e 79º da República.

H. CASTELLO BRANCO

DECRETO-LEI N. 227, DE 28 DE FEVEREIRO DE 1967

Dá nova redação ao Decreto-Lei n. 1.985, de 29 de janeiro de 1940 (Código de Minas).

- *DOU*, 28.02.1967.
- Lei 6.567/1978 (Dispõe sobre regime especial para exploração e aproveitamento das substâncias minerais que especifica).
- Lei 7.805/1989 (Altera o Dec.-Lei 227/1967 (Cria o regime de permissão de lavra garimpeira e extingue o regime de matrícula).

- Lei 7.886/1989 (Regulamenta o art. 43 do ADCT).
- Lei 9.055/1995 (Disciplina a extração, industrialização, utilização, comercialização e transporte do asbesto-amianto e dos produtos que o contenham, bem como das fibras naturais e artificiais, de qualquer origem, utilizadas para o mesmo fim).
- Dec. 9.406/2018 (Regulamenta este decreto-lei e as Leis 6.567/1978, 7.805/1989 e 13.575/2017.)

O Presidente da República, no uso da atribuição que lhe confere o artigo 9º, § 2º, do Ato Institucional n. 4, de 07 de dezembro de 1966 e (Redação dada pelo Dec.-Lei 318/1967.)

Considerando que da experiência de vinte e sete anos de aplicação do atual Código de Minas foram colhidos ensinamentos qual impende aproveitar; (Redação dada pelo Dec.-Lei 318/1967.)

Considerando que a notória evolução da ciência e da tecnologia, nos anos após a 2ª Guerra Mundial, introduziram alterações profundas na utilização das substâncias minerais; (Redação dada pelo Dec.-Lei 318/1967.)

Considerando que cumpre atualizar as disposições legais salvaguarda dos superiores interesses nacionais, que evoluem com o tempo; (Redação dada pelo Dec.-Lei 318/1967.)

Considerando que ao Estado incumbe adaptar as normas que regulam atividades especializadas à evolução da técnica, a fim de proteger a capacidade competitiva do País nos mercados internacionais; (Redação dada pelo Dec.-Lei 318/1967.)

Considerando que, na colimação desses objetivos, é oportuno adaptar o direito de mineração à conjuntura; (Redação dada pelo Dec.-Lei 318/1967.)

Considerando, mais, quanto consta da Exposição de Motivos número 6-67-GB, de 20 de fevereiro de 1967, dos Senhores Ministros das Minas e Energia, Fazenda e Planejamento e Coordenação Econômica. (Redação dada pelo Dec.-Lei 318/1967.)

Decreta:

CÓDIGO DE MINERAÇÃO

CAPÍTULO I
DAS DISPOSIÇÕES PRELIMINARES

ART. 1º Compete à União administrar os recursos minerais, a indústria de produção mineral e a distribuição, o comércio e o consumo de produtos minerais.

ART. 2º Os regimes de aproveitamento das substâncias minerais, para efeito deste Código, são: (Redação dada pela Lei 9.314/1996.)

I - regime de concessão, quando depender de portaria de concessão do Ministro de Estado de Minas e Energia; (Redação dada pela Lei 9.314/1996.)

II - regime de autorização, quando depender de expedição de alvará de autorização do Diretor-Geral do Departamento Nacional de Produção Mineral - DNPM; (Redação dada pela Lei 9.314/1996.)

III - regime de licenciamento, quando depender de licença expedida em obediência a regulamentos administrativos locais e de registro da licença no Departamento Nacional de Produção Mineral - DNPM; (Redação dada pela Lei 9.314/1996.)

- Art. 22, Lei 7.805/1989 (Extingue o regime de matrícula previsto neste inciso).

IV - regime de permissão de lavra garimpeira, quando depender de portaria de permissão do Diretor-Geral do Departamento Nacional de Produção Mineral - DNPM; (Redação dada pela Lei 9.314/1996.)

V - regime de monopolização, quando, em virtude de lei especial, depender de execução direta ou indireta do Governo Federal. (Incluído pela Lei 9.314/1996.)

Parágrafo único. O disposto neste artigo não se aplica aos órgãos da administração direta e autárquica da União, dos Estados, do Distrito Federal e dos Municípios, sendo-lhes permitida a extração de substâncias minerais de emprego imediato na construção civil, definidas em Portaria do Ministério de Minas e Energia, para uso exclusivo em obras públicas por eles executadas diretamente, respeitados os direitos minerários em vigor nas áreas onde devam ser executadas as obras e vedada a comercialização. (Redação dada pela Lei 9.827/1999.)

ART. 3º Este Código regula:

I - os direitos sobre as massas individualizadas de substâncias minerais ou fósseis, encontradas na superfície ou no interior da terra formando os recursos minerais do País;

II - o regime de seu aproveitamento; e

III - a fiscalização pelo Governo Federal, da pesquisa, da lavra e de outros aspectos da indústria mineral.

§ 1º Não estão sujeitos aos preceitos deste Código os trabalhos de movimentação de terras e de desmonte de materiais *in natura*, que se fizerem necessários à abertura de vias de transporte, obras gerais de terraplenagem e de edificações, desde que não haja comercialização das terras e dos materiais resultantes dos referidos trabalhos e ficando o seu aproveitamento restrito à utilização na própria obra. (Incluído pela Lei 9.314/1996.)

§ 2º Compete ao Departamento Nacional de Produção Mineral - DNPM a execução deste Código e dos diplomas legais complementares. (Renumerado do Parágrafo único para § 2º pela Lei 9.314/1996.)

ART. 4º Considera-se jazida toda massa individualizada de substância mineral ou fóssil, aflorando à superfície ou existente no interior da terra, e que tenha valor econômico; e mina a jazida em lavra, ainda que suspensa.

ART. 5º (Revogado pela Lei 9.314/1996.)

ART. 6º Classificam-se as minas, segundo a forma representativa do direito de lavra, em duas categorias: (Redação dada pela Lei 9.314/1996.)

I - mina manifestada, a em lavra, ainda que transitoriamente suspensa a 16 de julho de 1934 e que tenha sido manifestada na conformidade do art. 10 do Decreto n. 24.642, de 10 de julho de 1934, e da Lei n. 94, de 10 de dezembro de 1935; (Incluído pela Lei 9.314/1996.)

II - mina concedida, quando o direito de lavra é outorgado pelo Ministro de Estado de Minas e Energia. (Incluído pela Lei 9.314/1996.)

Parágrafo único. Consideram-se partes integrantes da mina:

a) edifícios, construções, máquinas, aparelhos e instrumentos destinados à mineração e ao beneficiamento do produto da lavra, desde que este seja realizado na área de concessão da mina:

b) servidões indispensáveis ao exercício da lavra;

c) animais e veículos empregados no serviço;

d) materiais necessários aos trabalhos da lavra, quando dentro da área concedida; e,

e) provisões necessárias aos trabalhos da lavra, para um período de 120 (cento e vinte) dias.

ART. 7º O aproveitamento das jazidas depende de alvará de autorização de pesquisa, do Diretor-Geral do DNPM e de concessão de lavra, outorgada pelo Ministro de Estado de Minas e Energia. (Redação dada pela Lei 9.314/1996.)

Parágrafo único. Independe de concessão do Governo Federal o aproveitamento de minas manifestadas e registradas, as quais, no entanto, são sujeitas às condições que este Código estabelece para a lavra, tributação e fiscalização das minas concedidas. (Redação dada pela Lei 9.314/1996.)

ART. 8º (Revogado pela Lei 6.567/1978.)

ART. 9º Far-se-á pelo regime de matrícula o aproveitamento definido e caracterizado como garimpagem, faiscação ou cata.

ART. 10. Reger-se-ão por Leis especiais:

I - as jazidas de substâncias minerais que constituem monopólio estatal;

II - as substâncias minerais ou fósseis de interesse arqueológico;

III - os espécimes minerais ou fósseis, destinados a museus, estabelecimentos de ensino e outros fins científicos;

IV - as águas minerais em fase de lavra; e

V - as jazidas de águas subterrâneas.

ART. 11. Serão respeitados na aplicação dos regimes de Autorização, Licenciamento e Concessão: (Redação dada pela Lei 6.403/1976.)

a) o direito de prioridade à obtenção da autorização de pesquisa ou de registro de licença, atribuído ao interessado cujo requerimento tenha por objeto área considerada livre, para a finalidade pretendida, à data da protocolização do pedido no Departamento Nacional da Produção Mineral (DNPM), atendidos os demais requisitos cabíveis, estabelecidos neste Código; e (Redação dada pela Lei 6.403/1976.)

b) o direito à participação do proprietário do solo nos resultados da lavra. (Redação dada pela Lei 8.901/1994.)

§ 1º A participação de que trata a alínea *b* do *caput* deste artigo será de cinquenta por cento do valor total devido aos Estados, Distrito Federal, Municípios e órgãos da administração direta da União, a título de compensação financeira pela exploração de recursos minerais, conforme previsto no *caput* do art. 6º da Lei n. 7.990, de 29.12.1989 e no art. 2º da Lei n. 8.001, de 13.03.1990. (Incluído pela Lei 8.901/1994.)

§ 2º O pagamento da participação do proprietário do solo nos resultados da lavra de recursos minerais será efetuado mensalmente, até o último dia útil do mês subsequente ao do fato gerador, devidamente corrigido pela taxa de juros de referência, ou outro parâmetro que venha a substituí-la. (Incluído pela Lei 8.901/1994.)

§ 3º O não cumprimento do prazo estabelecido no parágrafo anterior implicará correção do débito pela variação diária da taxa de juros de referência, ou outro parâmetro que venha a substituí-la, juros de mora de um por cento ao mês e multa de dez por cento aplicada sobre o montante apurado. (Incluído pela Lei 8.901/1994.)

ART. 12. O direito de participação de que trata o artigo anterior não poderá ser objeto de transferência ou caução separadamente do imóvel a que corresponder, mas o proprietário deste poderá:

I - transferir ou caucionar o direito ao recebimento de determinadas prestações futuras;

II - renunciar ao direito.

Parágrafo único. Os atos enumerados neste artigo somente valerão contra terceiros a partir da sua inscrição no Registro de Imóveis.

ART. 13 As pessoas naturais ou jurídicas que exerçam atividades de pesquisa, lavra, beneficiamento, distribuição, consumo ou industrialização de reservas minerais, são obrigadas a facilitar aos agentes do Departamento

Nacional da Produção Mineral a inspeção de instalações, equipamentos e trabalhos, bem como a fornecer-lhes informações sobre:

I - volume da produção e características qualitativas dos produtos;

II - condições técnicas e econômicas da execução dos serviços ou da exploração das atividades mencionadas no *caput* deste artigo;

III - mercados e preços de venda;

IV - quantidade e condições técnicas e econômicas do consumo de produtos minerais.

CAPÍTULO II
DA PESQUISA MINERAL

ART. 14. Entende-se por pesquisa mineral a execução dos trabalhos necessários à definição da jazida, sua avaliação e a determinação da exequibilidade do seu aproveitamento econômico.

§ 1º A pesquisa mineral compreende, entre outros, os seguintes trabalhos de campo e de laboratório: levantamentos geológicos pormenorizados da área a pesquisar, em escala conveniente, estudos dos afloramentos e suas correlações, levantamentos geofísicos e geoquímicos; aberturas de escavações visitáveis e execução de sondagens no corpo mineral; amostragens sistemáticas; análises físicas e químicas das amostras e dos testemunhos de sondagens; e ensaios de beneficiamento dos minérios ou das substâncias minerais úteis, para obtenção de concentrados de acordo com as especificações do mercado ou aproveitamento industrial.

§ 2º A definição da jazida resultará da coordenação, correlação e interpretação dos dados colhidos nos trabalhos executados, e conduzirá a uma medida das reservas e dos teores.

§ 3º A exequibilidade do aproveitamento econômico resultará da análise preliminar dos custos da produção, dos fretes e do mercado.

ART. 15. A autorização de pesquisa será outorgada pelo DNPM a brasileiros, pessoa natural, firma individual ou empresas legalmente habilitadas, mediante requerimento do interessado. (Redação dada pela Lei 9.314/1996.)

Parágrafo único. Os trabalhos necessários à pesquisa serão executados sob a responsabilidade profissional de engenheiro de minas, ou de geólogo, habilitado ao exercício da profissão. (Redação dada pela Lei 9.314/1996.)

ART. 16. A autorização de pesquisa será pleiteada em requerimento dirigido ao Diretor-Geral do DNPM, entregue mediante recibo no protocolo do DNPM, onde será mecanicamente numerado e registrado, devendo ser apresentado em duas vias e conter os seguintes elementos de instrução: (Redação dada pela Lei 9.314/1996.)

I - nome, indicação da nacionalidade, do estado civil, da profissão, do domicílio e do número de inscrição no Cadastro de Pessoas Físicas do Ministério da Fazenda, do requerente, pessoa natural. Em se tratando de pessoa jurídica, razão social, número do registro de seus atos constitutivos no Órgão de Registro de Comércio competente, endereço e número de inscrição no Cadastro Geral dos Contribuintes do Ministério da Fazenda; (Redação dada pela Lei 9.314/1996.)

II - prova de recolhimento dos respectivos emolumentos; (Redação dada pela Lei 9.314/1996.)

III - designação das substâncias a pesquisar; (Redação dada pela Lei 9.314/1996.)

IV - indicação da extensão superficial da área objetivada, em hectares, e do Município e Estado em que se situa; (Redação dada pela Lei 9.314/1996.)

V - memorial descritivo da área pretendida, nos termos a serem definidos em portaria do Diretor-Geral do DNPM; (Incluído pela Lei 9.314/1996.)

VI - planta de situação, cuja configuração e elementos de informação serão estabelecidos em portaria do Diretor-Geral do DNPM; (Incluído pela Lei 9.314/1996.)

VII - plano dos trabalhos de pesquisa, acompanhado do orçamento e cronograma previstos para sua execução. (Incluído pela Lei 9.314/1996.)

§ 1º O requerente e o profissional responsável poderão ser interpelados pelo DNPM para justificarem o plano de pesquisa e o orçamento correspondente referidos no inciso VII deste artigo, bem como a disponibilidade de recursos. (Incluído pela Lei 9.314/1996.)

§ 2º Os trabalhos descritos no plano de pesquisa servirão de base para a avaliação judicial da renda pela ocupação do solo e da indenização devida ao proprietário ou posseiro do solo, não guardando nenhuma relação com o valor do orçamento apresentado pelo interessado no referido plano de pesquisa. (Incluído pela Lei 9.314/1996.)

§ 3º Os documentos a que se referem os incisos V, VI e VII deste artigo deverão ser elaborados sob a responsabilidade técnica de profissional legalmente habilitado. (Incluído pela Lei 9.314/1996.)

ART. 17. Será indeferido de plano pelo Diretor-Geral do DNPM o requerimento desacompanhado de qualquer dos elementos de instrução referidos nos incisos I a VII do artigo anterior. (Redação dada pela Lei 9.314/1996.)

§ 1º Será de sessenta dias, a contar da data da publicação da respectiva intimação no Diário Oficial da União, o prazo para cumprimento de exigências formuladas pelo DNPM sobre dados complementares ou elementos necessários à melhor instrução do processo. (Redação dada pela Lei 9.314/1996.)

§ 2º Esgotado o prazo de que trata o parágrafo anterior, sem que haja o requerente cumprido a exigência, o requerimento será indeferido pelo Diretor-Geral do DNPM. (Redação dada pela Lei 9.314/1996.)

ART. 18. A área objetivada em requerimento de autorização e pesquisa ou de registro de licença será considerada livre, desde que não se enquadre em quaisquer das seguintes hipóteses: (Redação dada pela Lei 6.403/1976.)

I - se a área estiver vinculada a autorização de pesquisa, registro de licença, concessão da lavra, manifesto de mina ou permissão de reconhecimento geológico; (Redação dada pela Lei 6.403/1976.)

II - se a área for objeto de pedido anterior de autorização de pesquisa, salvo se este estiver sujeito a indeferimento, aos seguintes casos: (Redação dada pela Lei 6.403/1976.)

a) por enquadramento na situação prevista no *caput* do artigo anterior, e no § 1º deste artigo; e (Incluído pela Lei 6.403/1976.)

b) por ocorrência, na data da protocolização do pedido, de impedimento à obtenção do título pleiteado, decorrente das restrições impostas no parágrafo único do art. 23 e no art. 26 deste Código; (Incluído pela Lei 6.403/1976.)

III - se a área for objeto de requerimento anterior de registro de licença, ou estiver vinculada a licença, cujo registro venha a ser requerido dentro do prazo de 30 (trinta) dias de sua expedição; (Incluído pela Lei 6.403/1976.)

IV - se a área estiver vinculada à requerimento de renovação de autorização de pesquisa, tempestivamente apresentado, e pendente de decisão; (Incluído pela Lei 6.403/1976.)

V - se a área estiver vinculada à autorização de pesquisa, com relatório dos respectivos trabalhos tempestivamente apresentado, e pendente de decisão; (Incluído pela Lei 6.403/1976.)

VI - se a área estiver vinculada à autorização de pesquisa, com relatório dos respectivos trabalhos aprovado, e na vigência do direito de requerer a concessão da lavra, atribuído nos termos do art. 31 deste Código. (Incluído pela Lei 6.403/1976.)

§ 1º Não estando livre a área pretendida, o requerimento será indeferido por despacho do Diretor-Geral do Departamento Nacional da Produção Mineral (DNPM), assegurada ao interessado a restituição de uma das vias das peças apresentadas em duplicata, bem como dos documentos públicos, integrantes da respectiva instrução. (Renumerado do parágrafo único para § 1º com nova redação dada pela Lei 6.403/1976.)

§ 2º Ocorrendo interferência parcial da área objetivada no requerimento, como área onerada nas circunstâncias referidas nos itens I a VI deste artigo, e desde que a realização da pesquisa, ou a execução do aproveitamento mineral por licenciamento, na parte remanescente, seja considerada técnica e economicamente viável, a juízo do Departamento Nacional da Produção Mineral - DNPM - será facultada ao requerente a modificação do pedido para retificação da área originalmente definida, procedendo-se, neste caso, de conformidade com o disposto nos §§ 1º e 2º do artigo anterior. (Incluído pela Lei 6.403/1976.)

ART. 19. Do despacho que indeferir o pedido de autorização de pesquisa ou de sua renovação, caberá pedido de reconsideração, no prazo de 60 (sessenta) dias, contados da publicação do despacho no Diário Oficial da União. (Redação dada pela Lei 6.403/1976.)

§ 1º Do despacho que indeferir o pedido de reconsideração, caberá recurso ao Ministério das Minas e Energia, no prazo de 30 (trinta) dias, contados da publicação do despacho no Diário Oficial da União. (Incluído pela Lei 6.403/1976.)

§ 2º A interposição do pedido de reconsideração sustará a tramitação de requerimento de autorização de pesquisa que, objetivando área abrangida pelo requerimento concernente ao despacho recorrido, haja sido protocolizado após o indeferimento em causa, até que seja decidido o pedido de reconsideração ou o eventual recurso. (Incluído pela Lei 6.403/1976.)

§ 3º Provido o pedido de reconsideração ou o recurso, caberá o indeferimento do requerimento de autorização de pesquisa superveniente, de que trata o parágrafo anterior. (Incluído pela Lei 6.403/1976.)

ART. 20. A autorização de pesquisa importa nos seguintes pagamentos: (Redação dada pela Lei 9.314/1996.)

I - pelo interessado, quando do requerimento de autorização de pesquisa, de emolumentos em quantia equivalente a duzentas e setenta vezes a expressão monetária UFIR, instituída pelo art. 1º da Lei n. 8.383, de 30 de dezembro de 1991; (Redação dada pela Lei 9.314/1996.)

II - pelo titular de autorização de pesquisa, até a entrega do relatório final dos trabalhos ao DNPM, de taxa anual, por hectare, admitida a fixação em valores progressivos em função da substância mineral objetivada, extensão e localização da área e de outras condições, respeitado o valor máximo de duas vezes a expressão monetária UFIR, instituída pelo art. 1º da Lei n. 8.383, de 30 de dezembro de 1991. (Redação dada pela Lei 9.314/1996.)

§ 1º O Ministro de Estado de Minas e Energia, relativamente à taxa de que trata o inciso II do *caput* deste artigo, estabelecerá, mediante portaria, os valores, os prazos de recolhimento e demais critérios e condições de pagamento. (Redação dada pela Lei 9.314/1996.)

§ 2º Os emolumentos e a taxa referidos, respectivamente, nos incisos I e II do *caput* deste artigo, serão recolhidos ao Banco do Brasil S.A. e destinados ao DNPM, nos termos do inciso III do *caput* do art. 5º da Lei n. 8.876, de 02 de maio de 1994. (Redação dada pela Lei 9.314/1996.)

§ 3º O não pagamento dos emolumentos e da taxa de que tratam, respectivamente, os incisos I e II do *caput* deste artigo, ensejará, nas condições que vierem a ser estabelecidas em portaria do Ministro de Estado de Minas e Energia, a aplicação das seguintes sanções: (Redação dada pela Lei 9.314/1996.)

I - tratando-se de emolumentos, indeferimento de plano e consequente arquivamento do requerimento de autorização de pesquisa; (Incluído pela Lei 9.314/1996.)

II - tratando-se de taxa: (Incluído pela Lei 9.314/1996.)

a) multa, no valor máximo previsto no art. 64; (Incluído pela Lei 9.314/1996.)

b) nulidade *ex officio* do alvará de autorização de pesquisa, após imposição de multa. (Incluído pela Lei 9.314/1996.)

ART. 21. (Revogado pela Lei 9.314/1996.)

ART. 22. A autorização de pesquisa será conferida nas seguintes condições, além das demais constantes deste Código: (Redação dada pela Lei 9.314/1996.)

I - o título poderá ser objeto de cessão ou transferência, desde que o cessionário satisfaça os requisitos legais exigidos. Os atos de cessão e transferência só terão validade depois de devidamente averbados no DNPM; (Redação dada pela Lei 9.314/1996.)

II - é admitida a renúncia à autorização, sem prejuízo do cumprimento, pelo titular, das obrigações decorrentes deste Código, observado o disposto no inciso V deste artigo, parte final, tornando-se operante o efeito da extinção do título autorizativo na data da protocolização do instrumento de renúncia, com a desoneração da área, na forma do art. 26 deste Código; (Redação dada pela Lei 9.314/1996.)

III - o prazo de validade da autorização não será inferior a um ano, nem superior a três anos, a critério do DNPM, consideradas as características especiais da situação da área e da pesquisa mineral objetivada, admitida a sua prorrogação, sob as seguintes condições: (Redação dada pela Lei 9.314/1996.)

a) a prorrogação poderá ser concedida, tendo por base a avaliação do desenvolvimento dos trabalhos, conforme critérios estabelecidos em portaria do Diretor-Geral do DNPM; (Incluído pela Lei 9.314/1996.)

b) a prorrogação deverá ser requerida até sessenta dias antes de expirar-se o prazo da autorização vigente, devendo o competente requerimento ser instruído com um relatório dos trabalhos efetuados e justificativa do prosseguimento da pesquisa; (Incluído pela Lei 9.314/1996.)

c) a prorrogação independe da expedição de novo alvará, contando-se o respectivo prazo a partir da data da publicação, no Diário Oficial da União, do despacho que a deferir; (Incluído pela Lei 9.314/1996.)

IV - o titular da autorização responde, com exclusividade, pelos danos causados a terceiros, direta ou indiretamente decorrentes dos trabalhos de pesquisa; (Redação dada pela Lei 9.314/1996.)

V - o titular da autorização fica obrigado a realizar os respectivos trabalhos de pesquisa, devendo submeter à aprovação do DNPM, dentro do prazo de vigência do alvará, ou de sua renovação, relatório circunstanciado dos trabalhos, contendo os estudos geológicos e tecnológicos quantificativos da jazida e demonstrativos da exequibilidade técnico-econômica da lavra, elaborado sob a responsabilidade técnica de profissional legalmente habilitado. Excepcionalmente, poderá ser dispensada a apresentação do relatório, na hipótese de renúncia à autorização de que trata o inciso II deste artigo, conforme critérios fixados em portaria do Diretor-Geral do DNPM, caso em que não se aplicará o disposto no § 1º deste artigo. (Redação dada pela Lei 9.314/1996.)

§ 1º A não apresentação do relatório referido no inciso V deste artigo sujeita o titular à sanção de multa, calculada à razão de uma UFIR por hectare da área outorgada para pesquisa. (Redação dada pela Lei 9.314/1996.)

§ 2º É admitida, em caráter excepcional, a extração de substâncias minerais em área titulada, antes da outorga da concessão de lavra, mediante prévia autorização do DNPM, observada a legislação ambiental pertinente. (Redação dada pela Lei 9.314/1996.)

ART. 23. Os estudos referidos no inciso V do art. 22 concluirão pela: (Redação dada pela Lei 9.314/1996.)

I - exequibilidade técnico-econômica da lavra; (Incluído pela Lei 9.314/1996.)

II - inexistência de jazida; (Incluído pela Lei 9.314/1996.)

III - inexequibilidade técnico-econômica da lavra em face da presença de fatores conjunturais adversos, tais como: (Incluído pela Lei 9.314/1996.)

a) inexistência de tecnologia adequada ao aproveitamento econômico da substância mineral; (Incluído pela Lei 9.314/1996.)

b) inexistência de mercado interno ou externo para a substância mineral. (Incluído pela Lei 9.314/1996.)

ART. 24. A retificação de alvará de pesquisa, a ser efetivada mediante despacho publicado no Diário Oficial da União, não acarreta modificação no prazo original, salvo se, a juízo do DNPM, houver alteração significativa no polígono delimitador da área. (Redação dada pela Lei 9.314/1996.)

Parágrafo único. Na hipótese de que trata a parte final do *caput* deste artigo, será expedido alvará retificador, contando-se o prazo de validade da autorização a partir da data da publicação, no Diário Oficial da União, do novo título. (Incluído pela Lei 9.314/1996.)

ART. 25. As autorizações de pesquisa ficam adstritas às áreas máximas que forem fixadas em portaria do Diretor-Geral do DNPM. (Redação dada pela Lei 9.314/1996.)

ART. 26. A área desonerada por publicação de despacho no Diário Oficial da União ficará disponível pelo prazo de sessenta dias, para fins de pesquisa ou lavra, conforme dispuser portaria do Ministro de Estado de Minas e Energia. (Redação dada pela Lei 9.314/1996.)

§ 1º Salvo quando dispuser diversamente o despacho respectivo, a área desonerada na forma deste artigo ficará disponível para pesquisa. (Redação dada pela Lei 9.314/1996.)

§ 2º O Diretor-Geral do DNPM poderá estabelecer critérios e condições específicos a serem atendidos pelos interessados no processo de habilitação às áreas disponíveis nos termos deste artigo. (Redação dada pela Lei 9.314/1996.)

§ 3º Decorrido o prazo fixado neste artigo, sem que tenha havido pretendentes, a área estará livre para fins de aplicação do direito de prioridade de que trata a alínea *a* do art. 11. (Redação dada pela Lei 9.314/1996.).

§ 4º As vistorias realizadas pelo DNPM, no exercício da fiscalização dos trabalhos de pesquisa e lavra de que trata este Código, serão custeadas pelos respectivos interessados, na forma do que dispuser portaria do Diretor-Geral da referida autarquia. (Redação dada pela Lei 9.314/1996.)

ART. 27. O titular de autorização de pesquisa poderá realizar os trabalhos respectivos, e também as obras e serviços auxiliares necessários, em terrenos de domínio público ou particular, abrangidos pelas áreas a pesquisar, desde que pague aos respectivos proprietários ou posseiros uma renda pela ocupação dos terrenos e uma indenização pelos danos e prejuízos que possam ser causados pelos trabalhos de pesquisa, observadas as seguintes regras:

I - a renda não poderá exceder ao montante do rendimento líquido máximo da propriedade na extensão da área a ser realmente ocupada;

II - a indenização por danos causados não poderá exceder o valor venal da propriedade na extensão da área efetivamente ocupada pelos trabalhos de pesquisa, salvo no caso previsto no inciso seguinte;

III - quando os danos forem de molde a inutilizar para fins agrícolas e pastoris toda a propriedade em que estiver encravada a área necessária aos trabalhos de pesquisa, a indenização correspondente a tais danos poderá atingir o valor venal máximo de toda a propriedade;

IV - os valores venais a que se referem os incisos II e III serão obtidos por comparação com valores venais de propriedade da mesma espécie, na mesma região;

V - no caso de terrenos públicos, é dispensado o pagamento da renda, ficando o titular da pesquisa sujeito apenas ao pagamento relativo a danos e prejuízos;

VI - se o titular do Alvará de Pesquisa, até a data da transcrição do título de autorização, não juntar ao respectivo processo prova de acordo com os proprietários ou posseiros do solo acerca da renda e indenização de que trata este artigo, o Diretor-Geral do DNPM, dentro de 3 (três) dias dessa data, enviará ao Juiz de Direito da Comarca onde estiver situada a jazida, cópia do referido título;

VII - dentro de 15 (quinze) dias, a partir da data do recebimento dessa comunicação, o Juiz mandará proceder à avaliação da renda e dos danos e prejuízos a que se refere este artigo, na forma prescrita no Código de Processo Civil;

VIII - o Promotor de Justiça da Comarca será citado para os termos da ação, como representante da União;

IX - a avaliação será julgada pelo Juiz no prazo máximo de 30 (trinta) dias, contados da data do despacho a que se refere o inciso VII, não tendo efeito suspensivo os recursos que forem apresentados;

X - as despesas judiciais com o processo de avaliação serão pagas pelo titular da autorização de pesquisa;

XI - julgada a avaliação, o Juiz, dentro de 8 (oito) dias, intimará o titular a depositar quantia correspondente ao valor da renda de 2 (dois) anos e a caução para pagamento da indenização;

XII - feitos esses depósitos, o Juiz, dentro de 8 (oito) dias, intimará os proprietários ou posseiros do solo a permitirem os trabalhos de pesquisa, e comunicará seu despacho ao Diretor-Geral do DNPM e, mediante requerimento do titular da pesquisa, às autoridades policiais locais, para garantirem a execução dos trabalhos;

XIII - se o prazo da pesquisa for prorrogado, o Diretor-Geral do DNPM o comunicará ao Juiz, no prazo e condições indicadas no inciso VI deste artigo;

XIV - dentro de 8 (oito) dias do recebimento da comunicação a que se refere o inciso anterior, o Juiz intimará o titular da pesquisa a depositar nova quantia correspondente ao valor da renda relativa ao prazo de prorrogação

XV - feito esse depósito, o Juiz intimará os proprietários ou posseiros do solo, dentro de 8 (oito) dias, a permitirem a continuação dos trabalhos de pesquisa no prazo da prorrogação, e comunicará seu despacho ao Diretor-Geral do DNPM e às autoridades locais;

XVI - concluídos os trabalhos de pesquisa, o titular da respectiva autorização e o Diretor-Geral do DNPM Comunicarão o fato ao Juiz, a fim de ser encerrada a ação judicial referente ao pagamento das indenizações e da renda.

ART. 28. Antes de encerrada a ação prevista no artigo anterior, as partes que se julgarem lesadas poderão requerer ao Juiz que se lhes faça justiça.

ART. 29. O titular da autorização de pesquisa é obrigado, sob pena de sanções:

I - a iniciar os trabalhos de pesquisa:

a) dentro de 60 (sessenta) dias da publicação do Alvará de Pesquisa no Diário Oficial da União, se o titular for o proprietário do sol ou tiver ajustado com este o valor e a forma de pagamento das indenizações a que se refere o artigo 27 deste Código; ou,

b) dentro de 60 (sessenta) dias do ingresso judicial na área de pesquisa, quando a avaliação da indenização pela ocupação e danos causados processar-se em juízo.

II - a não interromper os trabalhos, sem justificativa, depois de iniciados, por mais de 3 (três) meses consecutivos, ou por 120 dias acumulados e não consecutivos. (Redação dada pelo Dec.-Lei 318/1967.)

Parágrafo único. O início ou reinício, bem como as interrupções de trabalho, deverão ser prontamente comunicados ao DNPM, bem como a ocorrência de outra substância mineral útil, não constante do Alvará de Autorização.

ART. 30. Realizada a pesquisa e apresentado o relatório exigido nos termos do inciso V do art. 22, o DNPM verificará sua exatidão e, à vista de parecer conclusivo, proferirá despacho de: (Redação dada pela Lei 9.314/1996.)

I - aprovação do relatório, quando ficar demonstrada a existência de jazida; (Redação dada pela Lei 9.314/1996.)

II - não aprovação do relatório, quando ficar constatada insuficiência dos trabalhos de pesquisa ou deficiência técnica na sua elaboração; (Redação dada pela Lei 9.314/1996.)

III - arquivamento do relatório, quando ficar demonstrada a inexistência de jazida, passando a área a ser livre para futuro requerimento, inclusive com acesso do interessado ao relatório que concluiu pela referida inexistência de jazida; (Redação dada pela Lei 9.314/1996.)

IV - sobrestamento da decisão sobre o relatório, quando ficar caracterizada a impossibilidade temporária da exequibilidade técnico-econômica da lavra, conforme previsto no inciso III do art. 23. (Incluído dada pela Lei 9.314/1996.)

§ 1º Na hipótese prevista no inciso IV deste artigo, o DNPM fixará prazo para o interessado apresentar novo estudo da exequibilidade técnico-econômica da lavra, sob pena de arquivamento do relatório. (Incluído dada pela Lei 9.314/1996.)

§ 2º Se, no novo estudo apresentado, não ficar demonstrada a exequibilidade técnico-econômica da lavra, o DNPM poderá conceder ao interessado, sucessivamente, novos prazos, ou colocar a área em disponibilidade, na forma do art. 32, se entender que terceiro poderá viabilizar a eventual lavra. (Incluído dada pela Lei 9.314/1996.)

§ 3º Comprovada a exequibilidade técnico-econômica da lavra, o DNPM proferirá, *ex officio* ou mediante provocação do interessado, despacho de aprovação do relatório. (Incluído dada pela Lei 9.314/1996.)

ART. 31. O titular, uma vez aprovado o Relatório, terá 1 (um) ano para requerer a concessão de lavra, e, dentro deste prazo, poderá negociar seu direito a essa concessão, na forma deste Código.

Parágrafo único. O DNPM poderá prorrogar o prazo referido no *caput*, por igual período, mediante solicitação justificada do titular, manifestada antes de findar-se o prazo inicial ou a prorrogação em curso. (Incluído dada pela Lei 9.314/1996.)

ART. 32. Findo o prazo do artigo anterior, sem que o titular ou seu sucessor haja requerido concessão de lavra, caducará seu direito, cabendo ao Diretor-Geral do Departamento Nacional da Produção Mineral - DNPM - mediante Edital publicado no Diário Oficial da União, declarar a disponibilidade da jazida pesquisada, para fins de requerimento da concessão de lavra. (Redação dada pela Lei 6.403/1976.)

§ 1º O Edital estabelecerá os requisitos especiais a serem atendidos pelos requerentes da concessão de lavra, consoante as peculiaridades de cada caso. (Incluído pela Lei 6.403/1976.)

§ 2º Para determinação da prioridade à outorga da concessão de lavra, serão, conjuntamente, apreciados os requerimentos protocolizados dentro do prazo que for convenientemente fixado no Edital, definindo-se, dentre estes, como prioritário, o pretendente que a juízo do Departamento Nacional da Produção Mineral - DNPM - melhor atender aos interesses específicos do setor minerário. (Incluído pela Lei 6.403/1976.)

ART. 33. Para um conjunto de autorizações de pesquisa da mesma substância mineral em áreas contíguas ou próximas, o titular ou titulares das autorizações poderão, a critério do DNPM, apresentar um plano único de pesquisa e também um só Relatório dos trabalhos executados, abrangendo todo o conjunto.

ART. 34. Sempre que o Governo cooperar com o titular da autorização nos trabalhos de pesquisa será reembolsado das despesas, de acordo com as condições estipuladas no ajuste de cooperação técnica celebrado entre o DNPM e o titular.

ART. 35. A importância correspondente às despesas reembolsadas a que se refere o artigo anterior será recolhida ao Banco do Brasil S. A., pelo titular, à conta do Fundo Nacional de Mineração - Parte Disponível.

CAPÍTULO III
DA LAVRA

ART. 36. Entende-se por lavra o conjunto de operações coordenadas objetivando o aproveitamento industrial da jazida, desde a extração das substâncias minerais úteis que contiver até o beneficiamento das mesmas.

ART. 37. Na outorga da lavra, serão observadas as seguintes condições:

I - a jazida deverá estar pesquisada, com o Relatório aprovado pelo DNPM;

II - a área de lavra será a adequada à condução técnico-econômica dos trabalhos de extração e beneficiamento, respeitados os limites da área de pesquisa.

Parágrafo único. Não haverá restrições quanto ao número de concessões outorgadas a uma mesma empresa. (Redação dada pela Lei 9.314/1996.)

ART. 38. O requerimento de autorização de lavra será dirigido ao Ministro das Minas e Energia pelo titular da autorização de pesquisa, ou seu sucessor, e deverá ser instruído com os seguintes elementos de informação e prova:

I - certidão de registro, no Departamento Nacional de Registro do Comércio, da entidade constituída; (Redação dada pela Lei 9.314/1996.)

II - designação das substâncias minerais a lavrar, com indicação do Alvará de Pesquisa outorgado, e de aprovação do respectivo Relatório;

III - denominação e descrição da localização do campo pretendido para a lavra, relacionando-o, com precisão e clareza, aos vales dos rios ou córregos, constantes de mapas ou plantas de notória autenticidade e precisão, e estradas de ferro e rodovias, ou ainda a marcos naturais ou acidentes topográficos de inconfundível determinação; suas confrontações com autorização de pesquisa e concessões de lavra vizinhas, se as houver, e indicação do Distrito, Município, Comarca e Estado, e, ainda, nome e residência dos proprietários do solo ou posseiros;

IV - definição gráfica da área pretendida, delimitada por figura geométrica formada, obrigatoriamente, por segmentos de retas com orientação Norte-Sul e Leste-Oeste verdadeiros, com 2 (dois) de seus vértices, ou excepcionalmente 1 (um), amarrados a ponto fixo e inconfundível do terreno, sendo os vetores de amarração definidos por seus comprimentos e rumos verdadeiros, e configuradas, ainda, as propriedades territoriais por ela interessadas, com os nomes dos respectivos superficiários, além de planta de situação;

V - servidões de que deverá gozar a mina;

VI - plano de aproveitamento econômico da jazida, com descrição das instalações de beneficiamento;

VII - prova de disponibilidade de fundos ou da existência de compromissos de financiamento, necessários para execução do plano de aproveitamento econômico e operação da mina.

Parágrafo único. Quando tiver por objeto área situada na faixa de fronteira, a concessão de lavra fica ainda sujeita aos critérios e condições estabelecidas em lei. (Redação dada pela Lei 9.314/1996.)

ART. 39. O plano de aproveitamento econômico da jazida será apresentado em duas vias e constará de:

I - memorial explicativo;

II - projetos ou anteprojetos referentes;

a) ao método de mineração a ser adotado, fazendo referência à escala de produção prevista inicialmente e à sua projeção;

b) à iluminação, ventilação, transporte, sinalização e segurança do trabalho, quando se tratar de lavra subterrânea;

c) ao transporte na superfície e ao beneficiamento e aglomeração do minério;

d) às instalações de energia, de abastecimento de água e condicionamento de ar;

e) à higiene da mina e dos respectivos trabalhos;

f) às moradias e suas condições de habitabilidade para todos os que residem no local da mineração;

g) às instalações de captação e proteção das fontes, adução, distribuição e utilização da água, para as jazidas da Classe VIII.

ART. 40. O dimensionamento das instalações e equipamentos previstos no plano de aproveitamento econômico da jazida deverá ser condizente com a produção justificada no memorial explicativo, e apresentar previsão das ampliações futuras.

ART. 41. O requerimento será numerado e registrado cronologicamente no DNPM, por processo mecânico, sendo juntado ao processo que autorizou a respectiva pesquisa.

§ 1º Ao interessado será fornecido recibo com as indicações do protocolo e menção dos documentos apresentados.

§ 2º Quando necessário cumprimento de exigência para menor instrução do processo, terá o requerente o prazo de 60 (sessenta) dias para satisfazê-las.

§ 3º Poderá esse prazo ser prorrogado, até igual período, a juízo do Diretor-Geral do DNPM, desde que requerido dentro do prazo concedido para cumprimento das exigências. (Redação dada pela Lei 9.314/1996.)

§ 4º Se o requerente deixar de atender, no prazo próprio, as exigências formuladas para melhor instrução do processo, o pedido será indeferido, devendo o DNPM declarar a disponibilidade da área, para fins de requerimento de concessão de lavra, na forma do art. 32. (Incluído pela Lei 9.314/1996.)

ART. 42. A autorização será recusada se a lavra for considerada prejudicial ao bem público ou comprometer interesses que superem a utilidade da exploração industrial, a juízo do Governo. Neste último caso, o pesquisador terá direito de receber do Governo a indenização das despesas feitas com os trabalhos de pesquisa, uma vez que haja sido aprovado o Relatório.

ART. 43. A concessão de lavra terá por título uma portaria assinada pelo Ministro de Estado de Minas e Energia. (Redação dada pela Lei 9.314/1996.)

ART. 44. O titular da concessão de lavra requererá ao DNPM a posse da jazida, dentro de noventa dias a contar da data da publicação da respectiva portaria no Diário Oficial da União. (Redação dada pela Lei 9.314/1996.)

Parágrafo único. O titular pagará uma taxa de emolumentos correspondente a quinhentas UFIR. (Incluído pela Lei 9.314/1996.)

ART. 45. A imissão de posse processar-se-á do modo seguinte:

I - serão intimados, por meio de ofício ou telegrama, os concessionários das minas limítrofes se as houver, com 8 (oito) dias de antecedência, para que, por si ou seus representantes possam presenciar o ato, e, em especial, assistir à demarcação; e,

II - no dia e hora determinados, serão fixados, definitivamente, os marcos dos limites da jazida que o concessionário terá para esse fim preparado, colocados precisamente nos pontos indicados no Decreto de Concessão, dando-se, em seguida, ao concessionário, a posse da jazida.

§ 1º Do que ocorrer, o representante do DNPM lavrará termo, que assinará com o titular da lavra, testemunhas e concessionários das minas limítrofes, presentes ao ato.

§ 2º Os marcos deverão ser conservados bem visíveis e só poderão ser mudados com autorização expressa do DNPM.

ART. 46 Caberá recurso ao Ministro das Minas e Energia contra a imissão de posse, dentro de 15 (quinze) dias, contados da data do ato de imissão.

Parágrafo único. O recurso, se provido, anulará a imissão de posse.

ART. 47. Ficará obrigado o titular da concessão, além das condições gerais que constam deste Código, ainda, às seguintes, sob pena de sanções previstas no Capítulo V:

I - iniciar os trabalhos previstos no plano de lavra, dentro do prazo de 6 (seis) meses, contados da data da publicação do Decreto de Concessão no Diário Oficial da União, salvo motivo de força maior, a juízo do DNPM.;

II - lavrar a jazida de acordo com o plano de lavra aprovado pelo DNPM, e cuja segunda via, devidamente autenticada, deverá ser mantida no local da mina;

III - extrair somente as substâncias minerais indicadas no Decreto de Concessão;

IV - comunicar imediatamente ao DNPM o descobrimento de qualquer outra substância mineral não incluída no Decreto de Concessão;

V - executar os trabalhos de mineração com observância das normas regulamentares;

VI - confiar, obrigatoriamente, a direção dos trabalhos de lavra a técnico legalmente habilitado ao exercício da profissão;

VII - não dificultar ou impossibilitar, por lavra ambiciosa, o aproveitamento ulterior da jazida;

VIII - responder pelos danos e prejuízos a terceiros, que resultarem, direta ou indiretamente, da lavra;

IX - promover a segurança e a salubridade das habitações existentes no local;

X - evitar o extravio das águas e drenar as que possam ocasionar danos e prejuízos aos vizinhos;

XI - evitar poluição do ar ou da água que possa resultar dos trabalhos de mineração;

XII - proteger e conservar as fontes, bem como utilizar as águas segundo os preceitos técnicos quando se tratar de lavra de jazida da Classe VIII;

XIII - tomar as providências indicadas pela fiscalização dos órgãos federais;

XIV - não suspender os trabalhos de lavra sem prévia comunicação ao DNPM;

XV - manter a mina em bom estado, no caso de suspensão temporária dos trabalhos de lavra, de modo a permitir a retomada das operações;

XVI - apresentar ao Departamento Nacional da Produção Mineral - DNPM - até o dia 15 (quinze) de março de cada ano, relatório das atividades realizadas no ano anterior. (Redação dada pela Lei 6.403/1976.)

Parágrafo único. Para o aproveitamento, pelo concessionário de lavra, de substâncias referidas no item IV, deste artigo, será necessário aditamento ao seu título de lavra.

ART. 48. Considera-se ambiciosa a lavra conduzida sem observância do plano preestabelecido, ou efetuada de modo a impossibilitar o ulterior aproveitamento econômico da jazida.

ART. 49. Os trabalhos de lavra, uma vez iniciados, não poderão ser interrompidos por mais de 6 (seis) meses consecutivos, salvo motivo comprovado de força maior.

ART. 50. O Relatório Anual das atividades realizadas no ano anterior deverá conter, entre outros, dados sobre os seguintes tópicos:

I - método de lavra, transporte e distribuição no mercado consumidor, das substâncias minerais extraídas;

II - modificações verificadas nas reservas, características das substâncias minerais produzidas, inclusive o teor mínimo economicamente compensador e a relação observada entre a substância útil e o estéril;

III - quadro mensal em que figurem, pelo menos, os elementos de: produção, estoque, preço médio de venda, destino do produto bruto e do beneficiado, recolhimento do Imposto Único e o pagamento do dízimo do proprietário;

IV - número de trabalhadores da mina e do beneficiamento;

V - investimentos feitos na mina e nos trabalhos de pesquisa;

VI - balanço anual da empresa.

ART. 51. Quando o melhor conhecimento da jazida obtido durante os trabalhos de lavra justificar mudanças no plano de aproveitamento econômico, ou as condições do mercado exigirem modificações na escala de produção, deverá o concessionário propor as necessárias alterações ao DNPM para exame e eventual aprovação do novo plano.

ART. 52. A lavra, praticada em desacordo com o plano aprovado pelo DNPM, sujeita o concessionário a sanções que podem ir gradativamente da advertência à caducidade.

ART. 53. A critério do DNPM, várias concessões de lavra de um mesmo titular e da mesma substância mineral, em áreas de um mesmo jazimento ou zona mineralizada, poderão ser reunidas em uma só unidade de mineração, sob a denominação de Grupamento Mineiro.

Parágrafo único. O concessionário de um Grupamento Mineiro, a juízo do DNPM, poderá concentrar as atividades da lavra em uma ou algumas das concessões agrupadas contanto que a intensidade da lavra seja compatível com a importância da reserva total das jazidas agrupadas.

ART. 54. Em zona que tenha sido declarada Reserva Nacional de determinada substância mineral, o Governo poderá autorizar a pesquisa ou lavra de outra substância mineral, sempre que os trabalhos relativos à autorização solicitada forem compatíveis e independentes dos referentes à substância da Reserva e mediante condições especiais, de conformidade com os interesses da União e da economia nacional.

Parágrafo único. As disposições deste artigo aplicam-se também a áreas específicas que estiverem sendo objeto de pesquisa ou de lavra sob regime de monopólio.

ART. 55. Subsistirá a concessão, quanto aos direitos, obrigações, limitações e efeitos dela decorrentes, quando o concessionário a alienar ou gravar, na forma da lei.

§ 1º Os atos de alienação ou oneração só terão validade depois de averbados no DNPM. (Redação dada pela Lei 9.314/1996.)

§ 2º A concessão de lavra somente é transmissível a quem for capaz de exercê-la de acordo com as disposições deste Código. (Redação dada pela Lei 7.085/1982.)

§ 3º As dívidas e gravames constituídos sobre a concessão resolvem-se com extinção desta, ressalvada a ação pessoal contra o devedor. (Incluído pela Lei 7.085/1982.)

§ 4º Os credores não têm ação alguma contra o novo titular da concessão extinta, salvo se esta, por qualquer motivo, voltar ao domínio do primitivo concessionário devedor. (Incluído pela Lei 7.085/1982.)

ART. 56. A concessão de lavra poderá ser desmembrada em duas ou mais concessões distintas, a juízo do Departamento Nacional da Produção Mineral - DNPM, se o fracionamento não comprometer o racional aproveitamento da jazida e desde que evidenciadas a viabilidade técnica, a economicidade do aproveitamento autônomo das unidades mineiras resultantes e o incremento da produção da jazida. (Redação dada pela Lei 7.085/1982.)

Parágrafo único. O desmembramento será pleiteado pelo concessionário, conjuntamente com os pretendentes às novas concessões, se for o caso, em requerimento dirigido ao Ministro das Minas e Energia, entregue mediante recibo no Protocolo do DNPM, onde será mecanicamente numerado e registrado, devendo conter, além de memorial justificativo, os elementos de instrução referidos no artigo 38 deste Código, relativamente a cada uma das concessões propostas. (Redação dada pela Lei 7.085/1982.)

ART. 57. No curso de qualquer medida judicial não poderá haver embargo ou sequestro que resulte em interrupção dos trabalhos de lavra.

ART. 58. Poderá o titular da portaria de concessão de lavra, mediante requerimento justificado ao Ministro de Estado de Minas e Energia, obter a suspensão temporária da lavra, ou comunicar a renúncia ao seu título. (Redação dada pela Lei 9.314/1996.)

§ 1º Em ambos os casos, o requerimento será acompanhados de um relatório dos trabalhos efetuados e do estado da mina, e suas possibilidades futuras.

§ 2º Somente após verificação *in loco* por um de seus técnicos, emitirá o DNPM parecer conclusivo para decisão do Ministro das Minas e Energia.

§ 3º Não aceitas as razões da suspensão dos trabalhos, ou efetivada a renúncia, caberá ao DNPM sugerir ao Ministro das Minas e Energia medidas que se fizerem necessárias à continuação dos trabalhos e a aplicação de sanções, se for o caso.

CAPÍTULO IV
DAS SERVIDÕES

ART. 59. Ficam sujeitas a servidões de solo e subsolo, para os fins de pesquisa ou lavra, não só a propriedade onde se localiza a jazida, como as limítrofes. (Renumerado do art. 60 para art. 59 pelo Dec.-Lei 318/1967.)

Parágrafo único. Instituem-se servidões para:

a) construção de oficinas, instalações, obras acessórias e moradias;

b) abertura de vias de transporte e linhas de comunicações;

c) captação e adução de água necessária aos serviços de mineração e ao pessoal;

d) transmissão de energia elétrica;

e) escoamento das águas da mina e do engenho de beneficiamento;

f) abertura de passagem de pessoal e material, de conduto de ventilação e de energia elétrica;

g) utilização das aguadas sem prejuízo das atividades preexistentes; e,

h) bota-fora do material desmontado e dos refugos do engenho.

ART. 60 Instituem-se as servidões mediante indenização prévia do valor do terreno ocupado e dos prejuízos resultantes dessa ocupação. (Renumerado do art. 61 para art. 60 pelo Dec.-Lei 318/1967.)

§ 1º Não havendo acordo entre as partes, o pagamento será feito mediante depósito judicial da importância fixada para indenização, através de vistoria ou perícia com arbitramento, inclusive da renda pela ocupação, seguindo-se o competente mandado de imissão de posse na área, se necessário.

§ 2º O cálculo da indenização e dos danos a serem pagos pelo titular da autorização de pesquisas ou concessão de lavra, ao proprietário do solo ou ao dono das benfeitorias, obedecerá às prescrições contidas no artigo 27 deste Código, e seguirá o rito estabelecido em Decreto do Governo Federal.

ART. 61. Se, por qualquer motivo independente da vontade do indenizado, a indenização tardar em lhe ser entregue, sofrerá a mesma a necessária correção monetária, cabendo ao titular da autorização de pesquisa ou concessão de lavra, a obrigação de completar a quantia arbitrada. (Renumerado do art. 62 para art. 61 pelo Dec.-Lei 318/1967.)

ART. 62. Não poderão ser iniciados os trabalhos de pesquisa ou lavra, antes de paga a importância à indenização e de fixada a renda pela ocupação do terreno. (Renumerado do art. 63 para art. 62 pelo Dec.-Lei 318/1967.)

CAPÍTULO V
DAS SANÇÕES E DAS NULIDADES

ART. 63. O não cumprimento das obrigações decorrentes das autorizações de pesquisa, das permissões de lavra garimpeira, das concessões de lavra e do licenciamento implica, dependendo da infração, em: (Redação dada pela Lei 9.314/1996.)

I - advertência; (Redação dada pela Lei 9.314/1996.)

II - multa; e (Redação dada pela Lei 9.314/1996.)

III - caducidade do título. (Redação dada pela Lei 9.314/1996.)

§ 1º As penalidades de advertência, multa e de caducidade de autorização de pesquisa serão de competência do DNPM. (Redação dada pela Lei 9.314/1996.)

§ 2º A caducidade da concessão de lavra será objeto de portaria do Ministro de Estado de Minas e Energia. (Redação dada pela Lei 9.314/1996.)

ART. 64. A multa inicial variará de 100 (cem) a 1.000 (um mil) UFIR, segundo a gravidade das infrações. (Redação dada pela Lei 9.314/1996.)

§ 1º Em caso de reincidência, a multa será cobrada em dobro;

§ 2º O regulamento deste Código definirá o critério de imposição de multas, segundo a gravidade das infrações.

§ 3º O valor das multas será recolhido ao Banco do Brasil S. A., em guia própria, à conta do Fundo Nacional de Mineração - Parte Disponível.

ART. 65. Será declarada a caducidade da autorização de pesquisa, ou da concessão de lavra, desde que verificada quaisquer das seguintes infrações: (Renumerado do art. 66 para art. 65 pelo Dec.-Lei 318/1967.)

a) caracterização formal do abandono da jazida ou mina;

b) não cumprimento dos prazos de início ou reinício dos trabalhos de pesquisa ou lavra, apesar de advertência e multa;

c) prática deliberada dos trabalhos de pesquisa em desacordo com as condições constantes do título de autorização, apesar de advertência ou multa;

d) prosseguimento de lavra ambiciosa ou de extração de substância não compreendida no Decreto de Lavra, apesar de advertência e multa; e,

e) não atendimento de repetidas observações da fiscalização, caracterizado pela terceira reincidência, no intervalo de 1 (um) ano, de infrações com multas.

§ 1º Extinta a concessão de lavra, caberá ao Diretor-Geral do Departamento Nacional da Produção Mineral - DNPM - mediante Edital publicado no Diário Oficial da União, declarar a disponibilidade da respectiva área, para fins de requerimento de autorização de pesquisa ou de concessão de lavra. (Incluído pela Lei 6.403/1976.)

§ 2º O Edital estabelecerá os requisitos especiais a serem atendidos pelo requerente, consoante as peculiaridades de cada caso. (Incluído pela Lei 6.403/1976.)

§ 3º Para determinação da prioridade à outorga da autorização de pesquisa, ou da concessão de lavra, conforme o caso, serão, conjuntamente, apreciados os requerimentos protocolizados, dentro do prazo que for conveniente fixado no Edital, definindo-se, dentre estes, como prioritário, o pretendente que, a juízo do Departamento Nacional da Produção Mineral - DNPM - melhor atender aos interesses específicos do setor minerário. (Incluído pela Lei 6.403/1976.)

ART. 66. São anuláveis os Alvarás de Pesquisa ou Decretos de Lavra quando outorgados com infringência de dispositivos deste Código. (Renumerado do art. 67 para art. 66 pelo Dec.-Lei 318/1967.)

§ 1º A anulação será promovia *ex officio* nos casos de:

a) imprecisão intencional da definição das áreas de pesquisa ou lavra; e,

b) inobservância do disposto no item I do art. 22.

§ 2º Nos demais casos, e sempre que possível, o DNPM procurará sanar a deficiência por via de atos de retificação.

§ 3º A nulidade poderá ser pleiteada judicialmente em ação proposta por qualquer interessado, no prazo de 1 (um) ano, a contar da publicação do Decreto de Lavra no Diário Oficial da União.

ART. 67. Verificada a causa de nulidade ou caducidade da autorização ou da concessão, salvo os casos de abandono, o titular não perde a propriedade dos bens que possam ser retirados sem prejudicar o conjunto da mina. (Renumerado do art. 68 para art. 67 pelo Dec.-Lei 318/1967.)

ART. 68. O Processo Administrativo pela declaração de nulidade ou de caducidade será instaurado *ex officio* ou mediante denúncia comprovada. (Renumerado do art. 69 para art. 68 pelo Dec.-Lei 318/1967.)

§ 1º O Diretor-Geral do DNPM promoverá a intimação do titular, mediante ofício e por edital, quando se encontrar em lugar incerto e ignorado, para apresentação de defesa, dentro de 60 (sessenta) dias contra os motivos arguidos na denuncia ou que deram margem à instauração do processo administrativo.

§ 2º Findo o prazo, com a juntada da defesa ou informação sobre a sua não apresentação pelo notificado, o processo será submetido à decisão do Ministro das Minas e Energia.

§ 3º Do despacho ministerial declaratório de nulidade ou caducidade da autorização de pesquisa, caberá:

a) pedido de reconsideração, no prazo de 15 (quinze) dias; ou

b) recurso voluntário ao Presidente da República, no prazo de 30 (trinta) dias, desde que o titular da autorização não tenha solicitado reconsideração do despacho, no prazo previsto na alínea anterior.

§ 4º O pedido de reconsideração não atendido, será encaminhado em grau de recurso, *ex officio*, ao presidente da República, no prazo de 30 (trinta) dias, a contar de seu recebimento, dando-se ciência antecipada ao interessado, que poderá aduzir novos elementos de defesa, inclusive prova documental, as quais, se apresentadas no prazo legal, serão recebidas em caráter de recurso.

§ 5º O titular de autorização declarada Nula ou Caduca, que se valer da faculdade conferida pela alínea *a* do § 3º deste artigo não poderá interpor recurso ao Presidente da República enquanto aguarda solução ministerial para o seu pedido de reconsideração.

§ 6º Somente será admitido 1 (um) pedido de reconsideração e 1 (um) recurso.

§ 7º Esgotada a instância administrativa, a execução das medidas determinadas em decisões superiores não será prejudicada por recursos extemporâneos, pedidos de revisão e outros expedientes protelatórios.

ART. 69. O processo administrativo para aplicação das sanções de anulação ou caducidade da concessão de lavra obedecerá ao disposto no § 1º do artigo anterior. (Renumerado do art. 70 para art. 69 pelo Dec.-Lei 318/1967.)

§ 1º Concluídas todas as diligências necessárias à regular instrução do processo, inclusive juntada de defesa ou informação de não haver a mesma sido apresentada, cópia do expediente de notificação e prova da sua entrega à parte interessada, o Diretor-Geral do DNPM encaminhará os autos ao Ministro das Minas e Energia.

§ 2º Examinadas as peças dos autos, especialmente as razões de defesa oferecidas pela empresa, o Ministro encaminhará o processo com relatório e parecer conclusivo ao Presidente da República.

§ 3º Da decisão da autoridade superior, poderá a interessada solicitar reconsideração, no prazo improrrogável de 10 (dez) dias, a contar da sua publicação no Diário Oficial da União, desde que seja instruído com elementos novos que justifiquem reexame da matéria.

CAPÍTULO VI
DA GARIMPAGEM, FAISCAÇÃO E CATA

ART. 70. Considera-se: (Renumerado do art. 71 para art. 70 pelo Decreto-Lei 318/1967.)

I - garimpagem o trabalho individual de quem utilize instrumentos rudimentares, aparelhos manuais ou máquinas simples e portáveis, na extração de pedras preciosas, semipreciosas e minerais metálicos ou não metálicos, valiosos, em depósitos de eluvião ou aluvião, nos álveos de cursos d'água ou nas margens reservadas, bem como nos depósitos secundários ou chapadas (grupiaras), vertentes e altos de morros; depósitos esses genericamente denominados garimpos.

II - faiscação o trabalho individual de quem utilize instrumentos rudimentares, aparelhos manuais ou máquinas simples e portáteis, na extração de metais nobres nativos em depósitos de eluvião ou aluvião, fluviais ou marinhos, depósitos esses genericamente denominados faisqueiras; e,

III - cata o trabalho individual de quem faça, por processos equiparáveis aos de garimpagem e faiscação, na parte decomposta dos afloramentos dos filões e veeiros, a extração de substâncias minerais úteis, sem o emprego de explosivos, e as apure por processos rudimentares.

ART. 71. Ao trabalhador que extrai substâncias minerais úteis, por processo rudimentar e individual de mineração, garimpagem, faiscação ou cata, denomina-se genericamente, garimpeiro. (Renumerado do art. 72 para art. 71 pelo Dec.-Lei 318/1967.)

ART. 72. Caracteriza-se a garimpagem, a faiscação e a cata: (Renumerado do art. 73 para art. 72 pelo Dec.-Lei 318/1967.)

I - pela forma rudimentar de mineração;

II - pela natureza dos depósitos trabalhados; e,

III - pelo caráter individual do trabalho, sempre por conta própria.

ART. 73. Dependem de permissão do Governo Federal a garimpagem, a faiscação ou a cata, não cabendo outro ônus ao garimpeiro, senão o pagamento da menor taxa remuneratória cobrada pelas Coletorias Federais a todo aquele que pretender executar esses trabalhos. (Renumerado do art. 74 para art. 73 pelo Dec.-Lei 318/1967.)

- Art. 22, Lei 7.805/1989 (Extingue o regime de matrícula previsto neste artigo).

§ 1º Essa permissão constará de matrícula do garimpeiro, renovada anualmente nas Coletorias Federais dos Municípios onde forem realizados esses trabalhos, e será válida somente para a região jurisdicionada pela respectiva exatoria que a concedeu.

§ 2º A matrícula, que é pessoal, será feita a requerimento verbal do interessado e registrada em livro próprio da Coletoria Federal, mediante a apresentação do comprovante de quitação do imposto sindical e o pagamento da mesma taxa remuneratória cobrada pela Coletoria. (Redação dada pelo Dec.-Lei 318/1967.)

§ 3º Ao garimpeiro matriculado será fornecido um Certificado de Matrícula, do qual constará seu retrato, nome, nacionalidade, endereço, e será o documento oficial para o exercício da atividade dentro da zona nele especificada.

§ 4º Será apreendido o material de garimpagem, faiscação ou cata quando o garimpeiro não possuir o necessário Certificado de Matrícula, sendo o produto vendido em hasta pública e recolhido ao Banco do Brasil S. A., à conta do Fundo Nacional de Mineração - Parte Disponível.

ART. 74. Dependem de consentimento prévio do proprietário do solo as permissões para garimpagem, faiscação ou cata, em terras ou águas de domínio privado. (Renumerado do art. 75 para art. 74 pelo Decreto-Lei 318/1967.)

Parágrafo único. A contribuição do garimpeiro ajustada com o proprietário do solo para fazer garimpagem, faiscação ou cata não poderá exceder a dízimo do valor do imposto único que for arrecadado pela Coletoria Federal da Jurisdição local, referente à substância encontrada.

ART. 75. É vedada a realização de trabalhos de garimpagem, faiscação ou cata, em área objeto de autorização de pesquisa ou concessão de lavra. (Redação dada pela Lei 6.403/1976.)

ART. 76. Atendendo aos interesses do setor minerário, poderão, a qualquer tempo, ser delimitadas determinadas áreas nas quais o aproveitamento de substâncias minerais far-se-á exclusivamente por trabalhos de garimpagem, faiscação ou cata, consoante for estabelecido em Portaria do Ministro das Minas e Energia, mediante proposta do Diretor-Geral do Departamento Nacional da Produção Mineral. (Redação dada pela Lei 6.403/1976.)

ART. 77. O imposto único referente às substâncias minerais oriundas de atividades de garimpagem, faiscação ou cata, será pago pelos compradores ou beneficiadores autorizados por Decreto do Governo Federal, de acordo com os dispositivos da lei específica. (Renumerado do art. 78 para art. 77 pelo Dec.-Lei 318/1967.)

ART. 78. Por motivo de ordem pública, ou em se verificando malbaratamento de determinada riqueza mineral, poderá o Ministro das Minas e Energia, por proposta do Diretor-Geral do DNPM, determinar o fechamento de certas áreas às atividades de garimpagem, faiscação ou cata, ou excluir destas a extração de determinados minerais. (Renumerado do art. 79 para art. 78 pelo Dec.-Lei 318/1967.)

CAPÍTULO VII
DA EMPRESA DE MINERAÇÃO

- Suprimido pela Lei 9.314/1996.

ARTS. 79 e 80. (Revogados pela Lei 9.314/1996.)

CAPÍTULO VII
DAS DISPOSIÇÕES FINAIS

- Renumerado do Capítulo VIII para Capítulo VII, com nova redação pela Lei 9.314/1996.

ART. 81. As empresas que pleitearem autorização para pesquisa ou lavra, ou que forem titulares de direitos minerários de pesquisa ou lavra, ficam obrigadas a arquivar no DNPM, mediante protocolo, os estatutos ou contratos sociais e acordos de acionistas em vigor, bem como as futuras alterações contratuais ou estatutárias, dispondo neste caso do prazo máximo de trinta dias após registro no Departamento Nacional de Registro de Comércio. (Redação dada pela Lei 9.314/1996.)

Parágrafo único. O não cumprimento do prazo estabelecido neste artigo ensejará as seguintes sanções: (Redação dada pela Lei 9.314/1996.)

I - advertência; (Incluído pela Lei 9.314/1996.)

II - multa, a qual será aplicada em dobro no caso de não atendimento das exigências objeto deste artigo, no prazo de trinta dias da imposição da multa inicial, e assim sucessivamente, a cada trinta dias subsequentes. (Incluído pela Lei 9.314/1996.)

ART. 82. (Revogado pela Lei 9.314/1996.)

CAPÍTULO VIII
DAS DISPOSIÇÕES FINAIS

- Renumerado para Capítulo VII pela Lei 9.314/1996.

ART. 83. Aplica-se à propriedade mineral o direito comum, salvo as restrições impostas neste Código. (Renumerado do art. 84 para art. 83 pelo Dec.-Lei 318/1967.)

ART. 84. A jazida é bem imóvel, distinto do solo onde se encontra, não abrangendo a propriedade deste o minério ou a substância mineral útil que a constitui. (Renumerado do art. 85 para art. 84 pelo Dec.-Lei 318/1967.)

ART. 85. O limite subterrâneo da jazida ou mina é o plano vertical coincidente com o perímetro definidor da área titulada, admitida, em caráter excepcional, a fixação de limites em profundidade por superfície horizontal. (Redação dada pela Lei 9.314/1996.)

§ 1º A iniciativa de propor a fixação de limites no plano horizontal da concessão poderá ser do titular dos direitos minerários preexistentes ou do DNPM, *ex officio*, cabendo sempre ao titular a apresentação do plano dos trabalhos de pesquisa, no prazo de noventa dias, contado da data de publicação da intimação no Diário Oficial da União, para fins de prioridade na obtenção do novo título. (Incluído pela Lei 9.314/1996.)

§ 2º Em caso de inobservância pelo titular de direitos minerários preexistentes no prazo a que se refere o parágrafo anterior, o DNPM poderá colocar em disponibilidade o título representativo do direito minerário decorrente do desmembramento. (Incluído pela Lei 9.314/1996.)

§ 3º Em caráter excepcional, *ex officio* ou por requerimento de parte interessada, poderá o DNPM, no interesse do setor mineral, efetuar a limitação de jazida por superfície horizontal, inclusive em áreas já tituladas. (Incluído pela Lei 9.314/1996.)

§ 4º O DNPM estabelecerá, em portaria, as condições mediante as quais os depósitos especificados no *caput* poderão ser aproveitados, bem como os procedimentos inerentes à outorga da respectiva titulação, respeitados os direitos preexistentes e as demais condições estabelecidas neste artigo. (Incluído pela Lei 9.314/1996.)

ART. 86. Os titulares de concessões e minas próximas ou vizinhas, abertas situadas sobre o mesmo jazimento ou zona mineralizada, poderão obter permissão para a formação de um Consórcio de Mineração, mediante Decreto do Governo Federal, objetivando incrementar a produtividade da extração ou a sua capacidade. (Renumerado do art. 87 para art. 86 pelo Dec.-Lei 318/1967.)

§ 1º Do requerimento pedindo a constituição do Consórcio de Mineração deverá constar:

I - memorial justificativo dos benefícios resultantes da formação do Consórcio, com indicação dos recursos econômicos e financeiros de que disporá a nova entidade;

II - minuta dos Estatutos do Consórcio, plano de trabalhos a realizar, enumeração das providências e favores que esperam merecer do Poder Público.

§ 2º A nova entidade, Consórcio de Mineração, ficará sujeita a condições fixadas em Caderno de Encargos, anexado ao ato institutivo da concessão e que será elaborado por Comissão especificamente nomeada.

ART. 87. Não se impedirá por ação judicial de quem quer que seja o prosseguimento da pesquisa ou lavra. (Renumerado do art. 88 para art. 87 pelo Dec.-Lei 318/1967.)

Parágrafo único. Após a decretação do litígio, será procedida a necessária vistoria *ad perpetuam rei memoriam* a fim de evitar-se solução de continuidade dos trabalhos.

ART. 88. Ficam sujeitas à fiscalização direta do DNPM todas as atividades concernentes à mineração, comércio e à industrialização de matérias-primas minerais, nos limites estabelecidos em Lei. (Renumerado do art. 89 para art. 88 pelo Dec.-Lei 318/1967.)

Parágrafo único. Exercer-se-á fiscalização para o cumprimento integral das disposições legais, regulamentares ou contratuais.

ART. 89. (Revogado pelo Dec.-Lei 1.038/1969.)

ART. 90. Quando se verificar em jazida em lavra a concorrência de minerais radioativos ou apropriados ao aproveitamento dos misteres da produção de energia nuclear, a concessão só será mantida caso o valor econômico da substância mineral, objeto do decreto de lavra, seja superior ao dos minerais nucleares que contiver. (Renumerado do art. 91 para art. 90 pelo Dec.-Lei 318/1967.)

§ 1º (Revogado pelo Dec.-Lei 330/1967.)

§ 2º Quando a inesperada ocorrência de minerais radioativos e nucleares associados suscetíveis de aproveitamento econômico predominar sobre a substância mineral constante do título de lavra, a mina poderá ser desapropriada.

§ 3º Os titulares de autorizações de pesquisa, ou de concessões de lavra, são obrigados a comunicar, ao Ministério das Minas e Energia, qualquer descoberta que tenham feito de minerais radioativos ou nucleares associados à substância mineral mencionada respectivo título, sob pena de sanções.

§§ 4º e 5º (Revogados pelo Dec.-Lei 330/1967.)

ART. 91. A Empresa de Mineração que, comprovadamente, dispuser do recurso dos métodos de prospecção aérea poderá pleitear permissão para realizar Reconhecimento Geológico por estes métodos, visando obter informações preliminares regionais necessárias à formulação de requerimento de autorização de pesquisa, na forma do que dispuser o Regulamento deste Código. (Renumerado do art. 92 para art. 91 pelo Dec.-Lei 318/1967.)

§ 1º As regiões assim permissionadas não se subordinam aos previstas no art. 25 deste Código.

§ 2º A permissão será dada por autorização expressa do Diretor-Geral do DNPM, com prévio assentimento do Conselho de Segurança Nacional.

§ 3º A permissão do Reconhecimento Geológico será outorgada pelo prazo máximo e improrrogável de 90 (noventa) dias, a contar da data da publicação no Diário Oficial.

§ 4º A permissão do Reconhecimento Geológico terá caráter precário, e atribui à Empresa tão somente o direito de prioridade para obter a autorização de pesquisa dentro da região permissionada, desde que requerida no prazo estipulado no parágrafo anterior, obedecidos os limites de áreas previstas no art. 25.

§ 5º A Empresa de Mineração fica obrigada a apresentar ao DNPM os resultados do Reconhecimento procedido, sob pena de sanções.

ART. 92. O DNPM manterá registros próprios dos títulos minerários. (Redação dada pela Lei 9.314/1996.)

ART. 93. Serão publicados no Diário Oficial da União os alvarás de pesquisa, as portarias de lavra e os demais atos administrativos deles decorrentes. (Redação dada pela Lei 9.314/1996.)

Parágrafo único. A publicação de editais em jornais particulares é também feita à custa dos requerentes e por eles próprios promovidos, devendo ser enviado prontamente um exemplar ao DNPM para anexação ao respectivo processo.

ART. 94. Será sempre ouvido o DNPM quando o Governo Federal tratar de qualquer assunto referente à matéria-prima mineral ou ao seu produto. (Renumerado do art. 95 para art. 94 pelo Dec.-Lei 318/1967.)

ART. 95. Continuam em vigor as autorizações de pesquisa e concessões de lavra outorgadas na vigência da legislação anterior, ficando, no entanto, sua execução sujeita a observância deste Código. (Renumerado do art. 96 para art. 95 pelo Dec.-Lei 318/1967.)

ART. 96. A lavra de jazida ser organizada e conduzida na forma da Constituição. (Acrescentado pelo Dec.-Lei 318/1967.)

ART. 97. O Governo Federal expedirá os Regulamentos necessários à execução deste Código, inclusive fixando os prazos de tramitação dos processos.

ART. 98. Esta Lei entrará em vigor no dia 15 de março de 1967, revogadas as disposições em contrário.

Brasília, 28 de fevereiro de 1967; 146º da Independência e 79º da República.

H. CASTELLO BRANCO

DECRETO-LEI N. 261, DE 28 DE FEVEREIRO DE 1967

Dispõe sobre as sociedades de capitalização e dá outras providências.

- *DOU*, 28.02.1967.
- Dec.-Lei 2.420/1988 (Dispõe sobre correção monetária nos casos de liquidação extrajudicial de sociedades seguradoras, de capitalização e de previdência privada).

O Presidente da República, usando das atribuições que lhe confere o artigo 9º, § 2º, do Ato Institucional número 4, de 7 de dezembro de 1966,

Decreta:

ART. 1º Todas as operações das sociedades de capitalização ficam subordinadas às disposições do presente Decreto-lei.

Parágrafo único. Consideram-se sociedades de capitalização as que tiverem por objetivo fornecer ao público de acordo com planos aprovados pelo Governo Federal, a constituição de um capital mínimo perfeitamente determinado em cada plano e pago moeda corrente em um prazo máximo indicado no mesmo plano, a pessoa que possuir um título, segundo cláusulas e regras aprovadas e mencionadas no próprio título.

ART. 2º O Controle do Estado se exercerá pelos órgãos referidos neste Decreto-Lei, no interesse dos portadores de títulos de capitalização, e objetivando:

I - Promover a expansão do mercado de capitalização e propiciar as condições operacionais necessárias à sua integração no progresso econômico e social do País.

II - Promover o aperfeiçoamento do sistema de capitalização e das sociedades que nele operam.

III - Preservar a liquidez e a solvência das sociedades de capitalização.

IV - Coordenar a política de capitalização com a política de investimentos do Governo Federal, observados os critérios estabelecidos para as políticas monetária, creditícia e fiscal, bem como as características a que devem obedecer as aplicações de cobertura das reservas técnicas.

ART. 3º Fica instituído o Sistema Nacional de Capitalização, regulado pelo presente Decreto-lei e constituído:

I - Do Conselho Nacional de Seguros Privados (CNSP).

II - Da Superintendência de Seguros Privados (Susep).

III - Das sociedades autorizadas a operar em capitalização.

§ 1º Compete privativamente ao Conselho Nacional de Seguros Privados (CNSP) fixar as diretrizes e normas da política de capitalização e regulamentar as operações das sociedades do ramo, relativamente às quais exercerá atribuições idênticas às estabelecidas para as sociedades de seguros, nos termos dos incisos I a VI, X a XII e XVII a XIX do art. 32 do Decreto-Lei n. 73, de 21 de novembro de 1966. (Redação dada pela LC 137/2010.)

§ 2º A Susep é o órgão executor da política de capitalização traçada pelo CNSP, cabendo-lhe fiscalizar a constituição, organização, funcionamento e operações das sociedades do ramo, relativamente às quais exercerá atribuições idênticas às estabelecidas para as sociedades de seguros, nos termos das alíneas a, b, c, g, h, i, k e l do art. 36 do Decreto-Lei n. 73, de 1966. (Redação dada pela LC 137/2010.)

ART. 4º As sociedades de capitalização estão sujeitas a disposições idênticas às estabelecidas nos seguintes artigos do Decreto-Lei n. 73, de 21 de novembro de 1966, e, quando for o caso, seus incisos, alíneas e parágrafos: 7º, 25 a 31, 74 a 77, 84, 87 a 111, 113, 114, 116 a 121.

ART. 5º O presente Decreto-Lei entra em vigor na data de sua publicação.

ART. 6º Revogam-se o Decreto n. 22.456, de 10 de fevereiro de 1933, os artigos 147 e 150 do Decreto-Lei n. 73, de 21 de novembro de 1966, e as demais disposições em contrário.

Brasília, 28 de fevereiro de 1967; 146º da Independência e 79º da República.

H. CASTELLO BRANCO

DECRETO-LEI N. 271, DE 28 DE FEVEREIRO DE 1967

Dispõe sobre loteamento urbano, responsabilidade do loteador, concessão de uso e espaço aéreo e dá outras providências.

▸ *DOU*, 28.02.1967.

O Presidente da República, usando da atribuição que lhe confere o art. 9º, § 2º, do Ato Institucional n. 4, de 7 de dezembro de 1966,

Decreta:

ART. 1º O loteamento urbano rege-se por este decreto-lei.

§ 1º Considera-se loteamento urbano a subdivisão de área em lotes destinados à edificação de qualquer natureza que não se enquadre no disposto no § 2º deste artigo.

§ 2º Considera-se desmembramento a subdivisão de área urbana em lotes para edificação na qual seja aproveitado o sistema viário oficial da cidade ou vila sem que se abram novas vias ou logradouros públicos e sem que se prolonguem ou se modifiquem os existentes.

§ 3º Considera-se zona urbana, para os fins deste decreto-lei, a da edificação contínua das povoações, as partes adjacentes e as áreas que, a critério dos Municípios, possivelmente venham a ser ocupadas por edificações contínuas dentro dos seguintes 10 (dez) anos.

ART. 2º Obedecidas as normas gerais de diretrizes, apresentação de projeto, especificações técnicas e dimensionais e aprovação a serem baixadas pelo Banco Nacional de Habitação dentro do prazo de 90 (noventa) dias, os Municípios poderão, quanto aos loteamentos:

I - obrigar a sua subordinação às necessidades locais, inclusive quanto à destinação e utilização das áreas, de modo a permitir o desenvolvimento local adequado;

II - recusar a sua aprovação ainda que seja apenas para evitar excessivo número de lotes com o consequente aumento de investimento subutilizado em obras de infraestrutura e custeio de serviços.

ART. 3º Aplica-se aos loteamentos a Lei n. 4.591, de 16 de dezembro de 1964, equiparando-se o loteador ao incorporador, os compradores de lote aos condôminos e as obras de infraestrutura à construção da edificação.

§ 1º O Poder Executivo, dentro de 180 dias regulamentará este decreto-lei, especialmente quanto à aplicação da Lei n. 4.591, de 16 de dezembro de 1964, aos loteamentos, fazendo inclusive as necessárias adaptações.

§ 2º O loteamento poderá ser dividido em etapas discriminadas, a critério do loteador, cada uma das quais constituirá um condomínio que poderá ser dissolvido quando da aceitação do loteamento pela Prefeitura.

ART. 4º Desde a data da inscrição do loteamento passam a integrar o domínio público de Município as vias e praças e as áreas destinadas a edifícios públicos e outros equipamentos urbanos, constantes do projeto e do memorial descritivo.

Parágrafo único. O proprietário ou loteador poderá requerer ao Juiz competente a reintegração em seu domínio das partes mencionadas no corpo deste artigo quando não se efetuarem vendas de lotes.

ART. 5º Nas desapropriações, não se indenizarão as benfeitorias ou construções realizadas em lotes ou loteamentos irregulares, nem se considerarão como terrenos loteados ou loteáveis, para fins de indenização, as glebas não inscritas ou irregularmente inscritas como loteamentos urbanos ou para fins urbanos.

ART. 6º O loteador ainda que já tenha vendido todos os lotes, ou os vizinhos são partes legítimas para promover ação destinada a impedir construção em desacordo com as restrições urbanísticas do loteamento ou contrárias a quaisquer outras normas de edificação ou de urbanização referentes aos lotes.

ART. 7º É instituída a concessão de uso de terrenos públicos ou particulares remunerada ou gratuita, por tempo certo ou indeterminado, como direito real resolúvel, para fins específicos de regularização fundiária de interesse social, urbanização, industrialização, edificação, cultivo da terra, aproveitamento sustentável das várzeas, preservação das comunidades tradicionais e seus meios de subsistência ou outras modalidades de interesse social em áreas urbanas. (Redação dada pela Lei 11.481/2007.)

§ 1º A concessão de uso poderá ser contratada, por instrumento público ou particular, ou por simples termo administrativo, e será inscrita e cancelada em livro especial.

§ 2º Desde a inscrição da concessão de uso, o concessionário fruirá plenamente do terreno para os fins estabelecidos no contrato e responderá por todos os encargos civis, administrativos e tributários que venham a incidir sobre o imóvel e suas rendas.

§ 3º Resolve-se a concessão antes de seu termo, desde que o concessionário dê ao imóvel destinação diversa da estabelecida no contrato ou termo, ou descumpra cláusula resolutória do ajuste, perdendo, neste caso, as benfeitorias de qualquer natureza.

§ 4º A concessão de uso, salvo disposição contratual em contrário, transfere-se por ato *inter vivos*, ou por sucessão legítima ou testamentária, como os demais direitos reais sobre coisas alheias, registrando-se a transferência.

§ 5º Para efeito de aplicação do disposto no *caput* deste artigo, deverá ser observada a anuência prévia: (Incluído pela Lei 11.481/2007.)

I - do Ministério da Defesa e dos Comandos da Marinha, do Exército ou da Aeronáutica, quando se tratar de imóveis que estejam sob sua administração; e (Incluído pela Lei 11.481/2007.)

II - do Gabinete de Segurança Institucional da Presidência de República, observados os termos do inciso III do § 1º do art. 91 da Constituição Federal. (Incluído pela Lei 11.481/2007.)

ART. 8º É permitida a concessão de uso do espaço aéreo sobre a superfície de terrenos públicos ou particulares, tomada em projeção vertical, nos termos e para os fins do artigo anterior e na forma que for regulamentada.

ART. 9º Este decreto-lei não se aplica aos loteamentos que na data da publicação deste decreto-lei já estiverem protocolados ou aprovados nas prefeituras municipais para os quais continua prevalecendo a legislação em vigor até essa data.

Parágrafo único. As alterações de loteamentos enquadrados no "*caput*" deste artigo estão, porém, sujeitas ao disposto neste decreto-lei.

ART. 10. Este decreto-lei entrará em vigor na data de sua publicação, mantidos o Decreto-Lei n. 58, de 10 de dezembro de 1937 e o Decreto número 3.079, de 15 de setembro de 1938, no que couber e não for revogado por dispositivo expresso deste decreto-lei, da Lei n. 4.591, de 16 de dezembro de 1964 e dos atos normativos mencionados no art. 2º deste decreto-lei.

Brasília, 28 de fevereiro de 1967; 146º da Independência e 79º da República.

H. CASTELLO BRANCO

DECRETO-LEI N. 288, DE 28 DE FEVEREIRO DE 1967

Altera as disposições da Lei n. 3.173 de 6 de junho de 1957 e regula a Zona Franca de Manaus.

▸ *DOU*, 28.02.1967, retificado em 10.03.1967.

▸ Dec. 92.560/1986 (Prorroga o prazo de vigência das isenções tributárias previstas neste decreto-lei).

▸ Dec. 1.489/1995 (Fixa, para o período de 1º.05.1995 a 30.04.1996, o limite global das importações beneficiadas com os incentivos de que tratam os Dec.-Leis 288/1967, e 356/1968, bem assim aos aplicáveis às Áreas de Livre Comércio).

▸ Lei 9.532/1997 (Altera a legislação tributária federal).

▸ ADIN n. 2.399-3

▸ Dec. 61.244/1967 (Regulamenta este decreto-lei).

O Presidente da República, usando da atribuição que lhe confere o art. 9º, parágrafo 2º do Ato Institucional n. 4, de 7 de dezembro de 1966,

Decreta:

CAPÍTULO I DAS FINALIDADES E LOCALIZAÇÃO DA ZONA FRANCA DE MANAUS

ART. 1º A Zona Franca de Manaus é uma área de livre comércio de importação e exportação e de incentivos fiscais especiais, estabelecida com a finalidade de criar no interior da Amazônia um centro industrial, comercial e agropecuário dotado de condições econômicas que permitam seu desenvolvimento, em face dos fatores locais e da grande distância, a que se encontram, os centros consumidores de seus produtos.

ART. 2º O Poder Executivo fará, demarcar, à margem esquerda dos rios Negro e Amazonas, uma área contínua com uma superfície mínima de dez mil quilômetros quadrados, incluindo a cidade de Manaus e seus arredores, na qual se instalará a Zona Franca.

§ 1º A área da Zona Franca terá um comprimento máximo contínuo nas margens esquerdas dos rios Negro e Amazonas, de cinquenta quilômetros a jusante de Manaus e de setenta quilômetros a montante desta cidade.

§ 2º A faixa da superfície dos rios adjacentes à Zona Franca, nas proximidades do porto ou portos desta, considera-se nela integrada, na extensão mínima de trezentos metros a contar da margem.

§ 3º O Poder Executivo, mediante decreto e por proposta da Superintendência da Zona Franca, aprovada pelo Ministério do Interior, poderá aumentar a área originalmente estabelecida ou alterar sua configuração dentro dos limites estabelecidos no parágrafo 1º deste artigo.

CAPÍTULO II DOS INCENTIVOS FISCAIS

ART. 3º A entrada de mercadorias estrangeiras na Zona Franca, destinadas a seu consumo interno, industrialização em qualquer grau, inclusive beneficiamento, agropecuária, pesca, instalação e operação de indústrias e serviços de qualquer natureza e a estocagem para reexportação, será isenta dos impostos de importação, e sôbre produtos industrializados.

- Dec.-Lei 340/1967 (Acrescenta disposições disciplinadoras a este decreto-lei).

§ 1º Excetuam-se da isenção fiscal prevista no *caput* deste artigo as seguintes mercadorias: armas e munições, fumo, bebidas alcoólicas, automóveis de passageiros e produtos de perfumaria ou de toucador, preparados e preparações cosméticas, salvo quanto a estes (posições 3303 a 3307 da Tarifa Aduaneira do Brasil - TAB), se destinados, exclusivamente, a consumo interno na Zona Franca de Manaus ou quando produzidos com utilização de matérias-primas da fauna e da flora regionais, em conformidade com processo produtivo básico. (Alterado pela Lei 8.387/1991)

§ 2º Com o objetivo de coibir práticas ilegais, ou antieconômicas, e por proposta justificada da Superintendência, aprovada pelos Ministérios do Interior, Fazenda e Planejamento, a lista de mercadorias constante do parágrafo 1º pode ser alterada por decreto.

§ 3º As mercadorias entradas na Zona Franca de Manaus nos termos do *caput* deste artigo poderão ser posteriormente destinadas à exportação para o exterior, ainda que usadas, com a manutenção da isenção dos tributos incidentes na importação. (Acrescentado pela Lei 11.196/2005.)

§ 4º O disposto no § 3º deste artigo aplica-se a procedimento idêntico que, eventualmente, tenha sido anteriormente adotado. (Acrescentado pela Lei 11.196/2005.)

ART. 4º A exportação de mercadorias de origem nacional para consumo ou industrialização na Zona Franca de Manaus, ou reexportação para o estrangeiro, será para todos os efeitos fiscais, constantes da legislação em vigor, equivalente a uma exportação brasileira para o estrangeiro.

- Dec.-Lei 340/1967 (Acrescenta disposições disciplinadoras a este decreto-lei).
- LC 4/1969 (Concede isenção do imposto sobre circulação de mercadorias).

ART. 5º A exportação de mercadorias da Zona Franca para o estrangeiro, qualquer que seja sua origem, está isenta do imposto de exportação.

ART. 6º As mercadorias de origem estrangeira estocadas na Zona Franca, quando saírem desta para comercialização em qualquer ponto do território nacional, ficam sujeitas ao pagamento de todos os impostos de uma importação do exterior, a não ser nos casos de isenção prevista em legislação específica.

ART. 7º Os produtos industrializados na Zona Franca de Manaus, salvo os bens de informática e os veículos automóveis, tratores e outros veículos terrestres, suas partes e peças, excluídos os das posições 8711 a 8714 da Tarifa Aduaneira do Brasil (TAB), e respectivas partes e peças, quando dela saírem para qualquer ponto do Território Nacional, estarão sujeitos à exigibilidade do Imposto sobre Importação relativo a matérias-primas, produtos intermediários, materiais secundários e de embalagem, componentes e outros insumos de origem estrangeira neles empregados, calculado o tributo mediante coeficiente de redução de sua alíquota *ad valorem*, na conformidade do § 1º deste artigo, desde que atendam nível de industrialização local compatível com processo produtivo básico para produtos compreendidos na mesma posição e subposição da Tarifa Aduaneira do Brasil (TAB). (Alterado pela Lei 8.387/1991)

§ 1º O coeficiente de redução do imposto será obtido mediante a aplicação da fórmula que tenha: (Acrescentado pela Lei 8.387/1991.)

I - no dividendo, a soma dos valores de matérias-primas, produtos intermediários, materiais secundários e de embalagem, componentes e outros insumos de produção nacional e da mão de obra empregada no processo produtivo; (Acrescentado pela Lei 8.387/1991.)

II - no divisor, a soma dos valores de matérias-primas, produtos intermediários, materiais secundários e de embalagem, componentes e outros insumos de produção nacional e de origem estrangeira, e da mão de obra empregada no processo produtivo. (Acrescentado pela Lei 8.387/1991.)

§ 2º No prazo de até doze meses, contado da data de vigência desta lei, o Poder Executivo enviará ao Congresso Nacional projeto de lei estabelecendo os coeficientes diferenciados de redução das alíquotas do Imposto sobre Importação, em substituição à fórmula de que trata o parágrafo anterior. (Acrescentado pela Lei 8.387/1991.)

§ 3º Os projetos para produção de bens sem similares ou congêneres na Zona Franca de Manaus, que vierem a ser aprovados entre o início da vigência desta lei e o da lei a que se refere o § 2º, poderão optar pela fórmula prevista no § 1º. (Acrescentado pela Lei 8.387/1991.)

§ 4º Para os produtos industrializados na Zona Franca de Manaus, salvo os bens de informática e os veículos automóveis, tratores e outros veículos terrestres, suas partes e peças, excluídos os das posições 8711 a 8714 da Tarifa Aduaneira do Brasil (TAB), cujos projetos tenham sido aprovados pelo Conselho de Administração da Suframa até 31 de março de 1991 ou para seus congêneres ou similares, compreendidos na mesma posição e subposição da Tarifa Aduaneira do Brasil (TAB), constantes de projetos que venham a ser aprovados, no prazo de que trata o art. 40 do Ato das Disposições Constitucionais Transitórias, a redução de que trata o *caput* deste artigo será de oitenta e oito por cento. (Acrescentado pela Lei 8.387/1991.)

§ 5º A exigibilidade do Imposto sobre Importação, de que trata o *caput* deste artigo, abrange as matérias-primas, produtos intermediários, materiais secundários e de embalagem empregados no processo produtivo industrial do produto final, exceto quando empregados por estabelecimento industrial localizado na Zona Franca de Manaus, de acordo com projeto aprovado com processo produtivo básico, na fabricação de produto que, por sua vez tenha sido utilizado como insumo por outra empresa, não coligada à empresa fornecedora do referido insumo, estabelecida na mencionada Região, na industrialização dos produtos de que trata o parágrafo anterior. (Acrescentado pela Lei 8.387/1991.)

§ 6º Os Ministros de Estado do Desenvolvimento, Indústria e Comércio Exterior e da Ciência e Tecnologia estabelecerão os processos produtivos básicos no prazo máximo de cento e vinte dias, contado da data da solicitação fundada da empresa interessada, devendo ser indicados em portaria interministerial os processos aprovados, bem como os motivos determinantes do indeferimento. (Alterado pela Lei 10.176/2001.)

- Dec. 6.008/2006 (Regulamenta este parágrafo).

§ 7º A redução do Imposto sobre Importação, de que trata este artigo, somente será deferida a produtos industrializados previstos em projeto aprovado pelo Conselho de Administração da Suframa que: (Acrescentado pela Lei 8.387/1991.)

- Dec. 6.008/2006 (Regulamenta este parágrafo).

I - se atenha aos limites anuais de importação de matérias-primas, produtos intermediários, materiais secundários e de embalagem, constantes da respectiva resolução aprobatória do projeto e suas alterações; (Acrescentado pela Lei 8.387/1991.)

II - objetive: (Acrescentado pela Lei 8.387/1991.)

a) o incremento de oferta de emprego na região; (Acrescentada pela Lei 8.387/1991.)

b) a concessão de benefícios sociais aos trabalhadores; (Acrescentada pela Lei 8.387/1991.)

c) a incorporação de tecnologias de produtos e de processos de produção compatíveis com o estado da arte e da técnica; (Acrescentada pela Lei 8.387/1991.)

d) níveis crescentes de produtividade e de competitividade; (Acrescentada pela Lei 8.387/1991.)

e) reinvestimento de lucros na região; e (Acrescentada pela Lei 8.387/1991.)

f) investimento na formação e capacitação de recursos humanos para o desenvolvimento científico e tecnológico. (Acrescentada pela Lei 8.387/1991.)

§ 8º Para os efeitos deste artigo, consideram-se: (Acrescentado pela Lei 8.387/1991.)

a) produtos industrializados os resultantes das operações de transformação, beneficiamento, montagem e recondicionamento, como definidas na legislação de regência do Imposto sobre Produtos Industrializados; (Alínea incluída pela Lei n. 8.387, de 30.12.91)

b) processo produtivo básico é o conjunto mínimo de operações, no estabelecimento fabril, que caracteriza a efetiva industrialização de determinado produto. (Acrescentada pela Lei 8.387/1991.)

§ 9º Os veículos automóveis, tratores e outros veículos terrestres, suas partes e peças, excluídos os das posições e subposições 8711 a 8714 da Tabela Aduaneira do Brasil (TAB) e respectivas partes e peças, industrializados na Zona Franca de Manaus, quando dela saírem para qualquer ponto do Território Nacional, estarão sujeitos à exigibilidade do Imposto sobre Importação relativo a matérias-primas, produtos intermediários, materiais secundários e de embalagem, componentes e outros insumos, de origem estrangeira e neles empregados, conforme coeficiente de redução estabelecido neste artigo, ao qual serão acrescidos cinco pontos percentuais. (Acrescentado pela Lei 8.387/1991.)

§ 10. Em nenhum caso o percentual previsto no parágrafo anterior poderá ser superior a cem. (Acrescentado pela Lei 8.387/1991.)

§ 11. A alíquota que serviu de base para a aplicação dos coeficientes de redução de que trata este artigo permanecerá aplicável, ainda que haja alteração na classificação dos produtos beneficiados na Nomenclatura Comum do Mercosul. (Acrescentado pela Lei 12.431/2011.)

§ 12. O disposto no § 11 não se aplica no caso de alteração da classificação fiscal do produto decorrente de incorreção na classificação adotada à época da aprovação do projeto respectivo. (Acrescentado pela Lei 12.431/2011.)

§ 13. O tratamento tributário estabelecido no *caput* e nos §§ 4º e 9º deste artigo, aplicáveis às posições 8711 a 8714, estende-se aos quadriciclos e triciclos e às respectivas partes e peças, independentemente do código da Nomenclatura Comum do Mercosul (NCM). (Acrescentado pela Lei 13.755/2018.)

§ 14. (Vetado). (Acrescentado pela Lei 13.755 /2018.)

ART. 8º As mercadorias de origem nacional destinadas à Zona Franca com a finalidade de serem reexportadas para outros pontos do território nacional serão estocadas em armazéns, ou embarcações, sob controle da Superintendência e pagarão todos os impostos em vigor para a produção e circulação de mercadorias no país.

ART. 9º Estão isentas do Imposto sobre Produtos Industrializados (IPI) todas as mercadorias produzidas na Zona Franca de Manaus, quer se destinem ao seu consumo interno, quer à comercialização em qualquer ponto do Território Nacional. (Alterado pela Lei 8.387/1991)

§ 1º A isenção de que trata este artigo, no que respeita aos produtos industrializados na Zona Franca de Manaus que devam ser internados em outras regiões do País, ficará condicionada à observância dos requisitos estabelecidos no art. 7º deste decreto-lei. (Acrescentado pela Lei 8.387/1991.)

§ 2º A isenção de que trata este artigo não se aplica às mercadorias referidas no § 1º do art. 3º deste Decreto-Lei, excetuados os quadriciclos e triciclos e as respectivas partes e peças. (Alterado pela Lei 13.755/2018.)

CAPÍTULO III
DA ADMINISTRAÇÃO DA ZONA FRANCA

ART. 10. A administração das instalações e serviços da Zona Franca será exercida pela Superintendência da Zona Franca de Manaus (Suframa) entidade autárquica, com personalidade jurídica e patrimônio próprio, autonomia administrativa e financeira, com sede e foro na cidade de Manaus, capital do Estado do Amazonas.

Parágrafo único. A Suframa vincula-se ao Ministério do Interior.

ART. 11. São atribuições da Suframa:

a) elaborar o Plano Diretor Plurienal da Zona Franca e coordenar ou promover a sua execução, diretamente ou mediante convênio com órgãos ou entidades públicas inclusive sociedades de economia mista, ou através de contrato com pessoas ou entidades privadas;

b) revisar, uma vez por ano, o Plano Diretor e avaliar, os resultados de sua execução;

c) promover a elaboração e a execução dos programas e projetos de interesse para o desenvolvimento da Zona Franca;

d) prestar assistência técnica a entidades públicas ou privadas, na elaboração ou execução de programas de interesse para o desenvolvimento da Zona Franca;

e) manter constante articulação com a Superintendência do Desenvolvimento da Amazônia (Sudam), com o Governo do Estado do Amazonas e autoridades dos municípios em que se encontra localizada a Zona Franca;

f) sugerir a Sudam e a outras entidades governamentais, estaduais ou municipais, providências julgadas necessárias ao desenvolvimento da Zona Franca;

g) promover e divulgar pesquisas, estudos e análises, visando ao reconhecimento sistemático das potencialidades econômicas da Zona Franca;

h) praticar todos os demais atos necessárias as suas funções de órgão de planejamento, promoção, coordenação e administração da Zona Franca.

ART. 12. A Superintendência da Zona Franca de Manaus dirigida por um Superintendente, é assim constituída:

a) Conselho Técnico;

b) Unidades Administrativas.

ART. 13. O Superintendente será nomeado pelo Presidente da República, por indicação do Ministro do Interior e demissível *ad nutum*.

Parágrafo único. O Superintendente será auxiliado por um Secretário Executivo nomeado pelo Presidente da República, por indicação daquele e demissível *ad nutum*.

ART. 14. Compete ao Superintendente:

a) praticar todos os atos necessários ao bom desempenho das atribuições estabelecidas para a Suframa;

b) elaborar o regulamento da entidade a ser aprovado pelo Poder Executivo;

c) elaborar o Regimento Interno;

d) submeter à apreciação do Conselho Técnico os planos e suas revisões anuais;

e) representar a autarquia ativa e passivamente, em juízo ou fora dêle.

Parágrafo único. O Secretário Executivo é o substituto eventual do Superintendente e desempenhará as funções que por este lhe forem cometidas.

ART. 15. Compete ao Conselho Técnico:

a) sugerir e apreciar as normas básicas da elaboração do Plano Diretor e suas revisões anuais;

b) aprovar o Regulamento e Regimento Interno da Zona Franca;

c) homologar a escolha de firma ou firmas auditores a que se refere o artigo 27 da presente lei;

d) aprovar as necessidades de pessoal e níveis salariais das diversas categorias ocupacionais da Suframa;

e) aprovar os critérios da contratação de serviços técnicos ou de natureza especializada, com terceiros;

f) aprovar relatórios periódicos apresentados pelo Superintendente;

g) aprovar o balanço anual da autarquia;

h) aprovar a Plano Diretor da Zona Franca e suas revisões anuais;

i) aprovar as propostas do Superintendente de Compra e alienação de bens imóveis e de bens móveis de capital;

j) aprovar o orçamento da Suframa e os programas de aplicação das dotações globais e de quaisquer outros recursos que lhe forem atribuídos;

k) aprovar convênios, contratos e acordos firmados pela Suframa, quando se referirem a execução de obras.

ART. 16. O Conselho Técnico é composto do Superintendente, que o presidirá, do Secretário Executivo, do Representante do Governo do Estado do Amazonas, do Representante da Superintendência do Desenvolvimento da Amazônia e de dois membros nomeados pelo Presidente da República, e indicados pelo Superintendente da Suframa, sendo um engenheiro e o outro especialista em assuntos fiscais.

Parágrafo único. Os membros do Conselho Técnico deverão ter reputação ilibada, larga experiência e notório conhecimento no campo de sua especialidade.

ART. 17. As unidades administrativas terão as atribuições definidas no Regimento Interno da Entidade.

ART. 18. A Suframa contará exclusivamente com pessoal sob o regime de legislação trabalhista, cujos níveis salariais serão fixados pelo Superintendente, com observância do mercado de trabalho, e aprovados pelo Conselho Técnico.

ART. 19. O Superintendente e Secretário Executivo perceberão, respectivamente, 20% (vinte por cento), 10% (dez por cento) a mais do maior salário pago pela Suframa aos seus servidores, de acordo com o estabelecido na presente lei.

CAPÍTULO IV
DOS RECURSOS E REGIME FINANCEIRO E CONTÁBIL

ART. 20. Constituem recurso da Suframa:

I - as dotações orçamentárias ou créditos adicionais que lhe sejam atribuídos;

II - o produto de juros de depósitos bancários, de multas, emolumentos e taxas devidas a Suframa;

III - os auxílios, subvenções, contribuições e doações de entidades públicas ou privadas, internacionais ou estrangeiras;

IV - as rendas provenientes de serviços prestados;

V - a sua renda patrimonial.

ART. 21. As dotações orçamentárias e os créditos adicionais destinados à Suframa serão distribuídos independentemente de prévio registro no Tribunal de Contas da União.

Parágrafo único. Os contratos, acordos ou convênios firmados pela Suframa independem de registro prévio no Tribunal de Contas da União.

ART. 22. Os recursos provenientes de dotações orçamentárias ou de créditos adicionais ou provenientes de outras fontes atribuídas à Suframa incorporar-se-ão ao seu patrimônio, podendo os saldos ter aplicação nos exercícios subsequentes.

Parágrafo único. Os saldos não entregues à Suframa até o fim do exercício serão escriturados como "Restos a Pagar".

ART. 23. A Suframa, por proposta do Superintendente, aprovada pelo Conselho Técnico da autarquia, poderá contrair empréstimos no país ou no Exterior para acelerar ou garantir a execução de programas ou projetos integrantes do Plano Diretor da Zona Franca.

§ 1º As operações em moedas estrangeiras dependerão de autorização do Chefe do Poder Executivo;

§ 2º As operações de que trata este artigo poderão ser garantidas com os próprios recursos da Suframa;

§ 3º Fica o Poder Executivo autorizado a dar a garantia do Tesouro Nacional para operações de crédito externo ou interno, destinadas a realização de obras e serviços básicos, previstos no orçamento do Plano Diretor;

§ 4º A garantia de que tratam os parágrafos anteriores será concedida às operações de crédito contratadas diretamente pela Suframa ou com sua interveniência, sempre mediante parecer fundamentado do Superintendente aprovado pelo Conselho Técnico;

§ 5º As operações de crédito mencionadas neste artigo serão isentas de todos os impostos e taxas federais;

§ 6º Considera-se aplicação legal dos recursos destinados à Suframa, a amortização e o pagamento de juros relativos a operações de crédito por ela contratadas, para aplicação em programas ou projetos atinentes às destinações dos mesmos recursos.

ART. 24. A Suframa poderá cobrar taxas por utilização de suas instalações e emolumentos por serviços prestados a particular.

Parágrafo único. As taxas e emolumentos de que tratam este artigo serão fixados pelo Superintendente depois de aprovadas pelo Conselho Técnico.

ART. 25. Os recursos da Suframa sem destinação prevista em lei e as dotações globais que lhe sejam atribuídas, serão empregados nos serviços e obras do Pano Diretor, de acordo com os programas de aplicação propostos pelo Superintendente aprovados pelo Conselho Técnico.

ART. 26. A Suframa autorizada a realizar despesas de pronto pagamento até cinco (5) vezes o valor do maior salário mínimo vigente no país.

ART. 27. No controle dos atos de gestão da Suframa será adotado, além da auditoria interna, o regime de auditoria externa independente a ser contratada com firma ou firmas brasileiras de reconhecida idoneidade moral e técnica.

ART. 28. A Suframa terá completo serviço de contabilidade patrimonial, financeira e orçamentária.

Parágrafo único. Até o dia 30 de junho de cada ano, a Suframa remeterá os balanços do exercício anterior ao Ministro do Interior e através deste ao Ministério da Fazenda.

ART. 29. A Suframa poderá alienar bens móveis e imóveis integrantes do seu patrimônio, mediante proposta de Superintendente aprovada pelo Conselho Técnico.

Parágrafo único. A compra e alienação de bens imóveis depende de autorização do Ministro do Interior.

ART. 30. Fica o Superintendente da Suframa autorizado a dispensar licitação e contrato formal para aquisição de material, prestação de serviços, execução de obras ou locação de imóveis até 500 (quinhentas) vezes o valor do maior salário-mínimo vigente no país.

ART. 31. O Superintendente da Suframa, na conformidade das disposições do parágrafo único do artigo 139, da Lei n. 830, de 23 de setembro de 1949, apresentará ao Tribunal de Contas da União, até o dia 30 de junho de cada ano, prestação de contas correspondentes à gestão administrativa do exercício anterior.

ART. 32. São extensivos à Suframa os privilégios da Fazenda Pública quanto à impenhorabilidade de bens, renda ou serviços, aos prazos, cobranças de crédito, uso de ações especiais, juros e custas.

ART. 33. A Suframa terá todas as isenções tributárias deferidas aos órgãos e serviços da União.

ART. 34. A Suframa desempenhará suas funções especializadas preferentemente através da contratação de serviços com pessoas físicas ou jurídicas habilitadas, segundo os critérios que forem aprovados pelo Conselho Técnico.

ART. 35. A Suframa apresentará relatórios periódicos de suas atividades, ao Ministro do Interior.

CAPÍTULO V
DAS DISPOSIÇÕES GERAIS E TRANSITÓRIAS

ART. 36. O Plano Diretor da Zona Franca e o orçamento-programa da Suframa serão aprovados pelo Ministro do Interior e considerado àquele como empreendimento prioritário na elaboração e execução do Plano de Valorização Econômica da Amazônia.

ART. 37. As disposições contidas no presente Decreto-lei não se aplicam ao estabelecido na legislação atual sôbre a importação, exportação e tributação de lubrificantes e combustíveis líquidos e gasosos de petróleo.

ART. 38. (Revogado pelo Dec.-Lei 1.455/1976.)

ART. 39. Será considerado contrabando a saída de mercadorias da Zona Franca sem a autorização legal expedida pelas autoridades competentes.

ART. 40. Compete ao Governo Federal a vigilância das áreas limites da Zona Franca e a repressão ao contrabando.

ART. 41. Na Zona Franca de Manaus poderão instalar-se depósitos e agências aduaneiras de outros países na forma de tratados ou notas complementares a tratados de comércio.

§ 1º Para os fins deste artigo, o Governo brasileiro, conforme haja sido ou venha a ser pactuado, proporcionará facilidades para a construção ou locação dos entrepostos de depósito franco e instalações conexas.

§ 2º Poderão estender-se àqueles países, quanto às mercadorias estocadas nos depósitos a que se refere este artigo, os privilégios e obrigações especificados no Regulamento da Zona Franca, segundo as condições estabelecidas em ajuste entre o Brasil e cada país.

ART. 42. As isenções previstas neste decreto-lei vigorarão pelo prazo de trinta anos, podendo ser prorrogadas por decreto do Poder Executivo, mediante aprovação prévia do Conselho de Segurança Nacional.

- Arts. 94 e 98. Dec. 7.212/2010 (Regulamenta a cobrança, fiscalização, arrecadação e administração do IPI).

ART. 43. O pessoal pertencente à antiga Zona Franca poderia ser aproveitado na Suframa, uma vez verificada, em cada caso, a necessidade desse aproveitamento e a habilitação do servidor para as funções que deverá exercer.

§ 1º O pessoal não aproveitado na Suframa, segundo o critério que esta estabelecer, será relotado em outro órgão da Administração Pública Federal, de acordo com as conveniências desta.

§ 2º Até 31 de julho de 1967, o pessoal não aproveitado continuará a ser pago pela Suframa, caso não tenha sido relotado em outros órgãos da Administração Federal, na forma do parágrafo.

ART. 44. O Servidor da antiga Zona Franca, ao ser admitido, pela Suframa, passa a reger-se pela Legislação Trabalhista e será considerado, em caráter excepcional, automaticamente licenciado de sua função pública, sem vencimentos, por esta, e em prazo não excedente a 2 (dois) anos.

ART. 45. Até quatro meses antes de se esgotar o prazo a que se refere o artigo anterior, o servidor da antiga Zona Franca deverá declarar, por escrito, ao Ministro do Interior, sua opção quanto a situação que preferir adotar.

§ 1º A opção pela permanência a serviço da Suframa implicará em perda imediata da condição de servidor.

§ 2º Esgotado o prazo de dois (2) anos a contar da data da publicação deste decreto-lei, a Suframa não poderá ter em sua lotação de servidores pessoa alguma no gozo da qualidade do funcionário público.

ART. 46. Fica a Suframa autorizada a reexaminar os acordos, contratos, ajustes e convênios firmados pela antiga Administração da Zona Franca, a fim de ratificá-los bem como promover a sua modificação ou seu cancelamento, em consonância com as normas deste decreto-lei.

ART. 47. O Poder Executivo baixará decreto regulamentando o presente decreto-lei, dentro do prazo de 90 (noventa) dias a contar da data de sua publicação.

ART. 48. Fica o Poder Executivo autorizado a abrir, pelo Ministério da Fazenda, o crédito especial de NCr$ 1.000.000,00 (hum milhão de cruzeiros novos) para atender as despesas de capital e custeio da Zona Franca, durante o ano de 1967.

§ 1º O crédito especial de que trata este artigo será registrado pelo Tribunal de Contas e distribuído automaticamente ao Tesouro Nacional.

§ 2º Fica revogada a Lei n. 3.173, de 6 de junho de 1957 e o Decreto n. 47.757, de 2 de fevereiro de 1960 que a regulamenta.

ART. 49. As isenções fiscais previstas neste decreto-lei somente entrarão em vigor na data em que for concedida:

I - pelo Estado do Amazonas, crédito do imposto de circulação de mercadorias nas operações comerciais dentro da Zona, igual ao montante que teria sido pago na origem em outros estados da União, se a remessa de mercadorias para a Zona Franca não fosse equivalente a uma exportação brasileira para o estrangeiro;

II - pelos Municípios do Estado do Amazonas, isenção do Imposto de Serviços na área em que estiver instalada a Zona Franca.

ART. 50. Este decreto-lei entrará em vigor na data de sua publicação, revogadas as disposições em contrário.

Brasília, 28 de fevereiro de 1967; 146º da Independência e 79º da República.

H. CASTELLO BRANCO

DECRETO-LEI N. 305, DE 28 DE FEVEREIRO DE 1967

Dispõe sobre a legalização dos livros de escrituração das operações mercantis.

- *DOU*, 28.02.1967, retificado em 10.03.1967 e 24.04.1967.

O Presidente da República, usando da atribuição que lhe confere o § 2º do Ato Institucional n. 4, de 7 de dezembro de 1966,

Decreta:

ART. 1º São obrigatórios para qualquer comerciante com firma em nome individual e para as sociedades mercantis em geral os livros "Diário" e "Copiador", além dos que forem exigidos em lei especial.

§ 1º Além dos livros a que se refere o artigo anterior, as sociedades por ações deverão possuir:

I - o livro de "Registro de Ações Nominativas";

II - o livro de "Transferência de Ações Nominativas";

III - o livro de "Registro de Partes Beneficiárias Nominativas";

IV - o livro de "Transferências de Partes Beneficiárias Nominativas";

V - o livro de "Atas de Assembleias-Gerais";

VI - o livro de "Presença dos Acionistas";

VII - o livro de "Atas das Reuniões da Diretoria";

VIII - o livro de "Atas e Pareceres do Conselho Fiscal".

§ 2º Os livros a que se referem os n. III e IV do parágrafo anterior só serão obrigatórios para as sociedades que emitirem partes beneficiárias nominativas.

§ 3º As sociedades por cotas de responsabilidade limitada poderão possuir facultativamente os livros a que se referem os n. V a VIII, do § 2º, deste artigo.

ART. 2º Efetuado o pagamento da taxa cobrada pelo órgão do Registro do Comércio local, pelo mesmo será procedida a legalização dos livros, onde receberá, na furação própria ao longo do dorso e no sentido vertical, um fio e selo metálicos, conforme figura anexa ficando suprimida a rubrica de folhas.

Parágrafo único. A furação de que trata este artigo será feita mecanicamente pelos respectivos fabricantes dos livros, entre as sobrecapas que ficam junto à primeira e a última folha útil do livro.

ART. 3º Os livros deverão ser encadernados e suas folhas numeradas, devendo conter na primeira e na última páginas úteis, respectivamente, termos de abertura e encerramento com indicação de firma individual ou do nome comercial da sociedade a que pertencem, do local da sede ou estabelecimento do número e data do registro da firma ou do arquivamento dos atos constitutivos da sociedade no Registro do Comércio, do fim a que se destinam os livros, dos respectivos números de ordem e do número de suas páginas.

§ 1º Os termos de abertura e do encerramento deverão ser datados e assinados pelo comerciante e pelo responsável por sua escrituração.

§ 2º Os termos de abertura e de encerramento serão ainda assinados pelo funcionário competente do Registro do Comércio.

§ 3º O mesmo funcionário aplicará o fio e selo metálicos de inviolabilidade.

§ 4º Fora do Distrito Federal e das sedes das Juntas Comerciais ou de suas Delegacias, as formalidades de que trata este artigo poderão ser preenchidas pelo Juiz de Direito, a cuja jurisdição estiver sujeito o comerciante ou sociedade mercantil.

ART. 4º Quando o comerciante adotar fichas, ao invés de livros, para os casos de escrituração mecânica, serão as mesmas numeradas seguidamente e autenticadas mecanicamente no Registro do Comércio, recebendo a de número um, no anverso, o termo de abertura e a última, no verso, o termo de encerramento a que se refere o artigo anterior.

Parágrafo único. A série de fichas abrange as fichas guias onde deverão ser anotadas as eventualmente inutilizadas em consequência de erro, bordadura ou qualquer outro motivo que deverá ser registrado na ficha guia.

ART. 5º É facultado a qualquer comerciante, em nome individual, ou sociedade, solicitar a legalização de livros não obrigatórios.

ART. 6º É facultado a qualquer comerciante, em nome individual, ou sociedade, solicitar a transferência de livros para seus sucessores, dede que conste expressamente do instrumento próprio, devidamente arquivado, que a sucessão foi realizada assumindo o sucessor a responsabilidade do ativo e passivo do sucedido.

ART. 7º Revogam-se as disposições em contrário.

Brasília, 28 de fevereiro de 1967;
146º da Independência e 79º da República.
H. CASTELLO BRANCO

DECRETO-LEI N. 368, DE 19 DE DEZEMBRO DE 1968

Dispõe sobre efeitos de débitos salariais e dá outras providências.

› *DOU*, 20.12.1968

O Presidente da República, usando da atribuição que lhe confere o § 1º do artigo 2º do Ato Institucional n. 5, de 13 de dezembro de 1968,

Decreta:

ART. 1º A empresa em débito salarial com seus empregados não poderá:

I - pagar honorário, gratificação, pro labore ou qualquer outro tipo de retribuição ou retirada a seus diretores, sócios, gerentes ou titulares da firma individual;

II - distribuir quaisquer lucros, bonificações, dividendos ou interesses a seus sócios, titulares, acionistas, ou membros de órgãos dirigentes, fiscais ou consultivos;

III - ser dissolvida.

Parágrafo único. Considera-se em débito salarial a empresa que não paga, no prazo e nas condições da lei ou do contrato, o salário devido a seus empregados.

ART. 2º A empresa em mora contumaz relativamente a salários não poderá, além do disposto no Art. 1, ser favorecida com qualquer benefício de natureza fiscal, tributária, ou financeira, por parte de órgãos da União, dos Estados ou dos Municípios, ou de que estes participem.

§ 1º Considera-se mora contumaz o atraso ou sonegação de salários devidos aos empregados, por período igual ou superior a 3 (três) meses, sem motivo grave e relevante, excluídas as causas pertinentes ao risco do empreendimento.

§ 2º Não se incluem na proibição do artigo as operações de crédito destinadas à liquidação dos débitos salariais existentes, o que deverá ser expressamente referido em documento firmado pelo responsável legal da empresa, como justificação do crédito.

ART. 3º A mora contumaz e a infração ao Art. 1º serão apuradas mediante denúncia de empregado da empresa ou entidade sindical da respectiva categoria profissional, pela Delegacia Regional do Trabalho, em processo sumário, assegurada ampla defesa ao interessado.

§ 1º Encerrado o processo, o Delegado Regional do Trabalho submeterá ao Ministro do Trabalho e Previdência Social parecer conclusivo para decisão.

§ 2º A decisão que concluir pela mora contumaz será comunicada às autoridades fazendárias locais pelo Delegado Regional do Trabalho, sem prejuízo da comunicação que deverá ser feita ao Ministro da Fazenda.

ART. 4º Os diretores, sócios, gerentes, membros de órgãos fiscais ou consultivos, titulares de firma individual ou quaisquer outros dirigentes de empresa responsável por infração do disposto no Art. 1, incisos I e II, estarão sujeitos à pena de detenção de um mês a um ano.

Parágrafo único. Apurada a infração prevista neste artigo, o Delegado Regional do Trabalho representará, sob pena de responsabilidade, ao Ministério Público, para a instauração da competente ação penal.

ART. 5º No caso do inciso III do Art. 1, a empresa requererá a expedição de Certidão Negativa de Débito Salarial, a ser passada pela Delegacia Regional do Trabalho mediante prova bastante do cumprimento, pela empresa, das obrigações salariais respectivas.

ART. 6º Considera-se salário devido, para os efeitos deste Decreto-lei, a retribuição de responsabilidade direta da empresa, inclusive comissões, percentagens, gratificações, diárias para viagens e abonos, quando a sua liquidez e certeza não sofram contestação nem estejam pendentes de decisão judicial.

ART. 7º As infrações descritas no Art. 1, incisos I e II, e seu parágrafo único, sujeitam a empresa infratora a multa variável de 10 (dez) a 50% (cinquenta por cento) do débito salarial, a ser aplicada pelo Delegado Regional do Trabalho, mediante o processo previsto nos artigos 626 e seguintes da Consolidação das Leis do Trabalho, sem prejuízo da responsabilidade criminal das pessoas implicadas.

ART. 8º O Ministério do Trabalho e Previdência Social expedirá as instruções necessárias à execução deste Decreto-lei.

ART. 9º Este Decreto-lei entrará em vigor na data de sua publicação, revogadas as disposições em contrário.

Brasília, 19 de dezembro de 1968; 147º da Independência e 80º da República.
A. COSTA E SILVA

DECRETO-LEI N. 406, DE 31 DE DEZEMBRO DE 1968

Estabelece normas gerais de direito financeiro, aplicáveis aos impostos sobre operações relativas à circulação de mercadorias e sobre serviços de qualquer natureza, e dá outras providências.

› *DOU*, 31.12.1968.

› LC 116/2003 (Dispõe sobre o Imposto Sobre Serviços de Qualquer Natureza, de competência dos Municípios e do Distrito Federal)

O Presidente da República, usando das atribuições que lhe confere o § 1º do artigo 2º do Ato Institucional n. 5, de 13 de dezembro de 1968, resolve baixar o seguinte Decreto-Lei:

ART. 1º O imposto sobre operações relativas à circulação de mercadorias tem como fato gerador:

I - a saída de mercadorias de estabelecimento comercial, industrial ou produtor;

II - a entrada, em estabelecimento comercial, industrial ou produtor, de mercadoria importada do exterior pelo titular do estabelecimento;

III - o fornecimento de alimentação, bebidas e outras mercadorias em restaurantes, bares, cafés e estabelecimentos similares.

§ 1º Equipara-se à saída a transmissão da propriedade de mercadoria quando esta não transitar pelo estabelecimento do transmitente.

§ 2º Quando a mercadoria for remetida para armazém geral ou para depósito fechado do próprio contribuinte, no mesmo Estado a saída considera-se ocorrida no lugar do estabelecimento remetente:

I - no momento da saída da mercadoria do armazém geral ou do depósito fechado, salvo se para retornar ao estabelecimento de origem;

II - no momento da transmissão de propriedade da mercadoria depositada em armazém geral ou em depósito fechado.

§ 3º O imposto não incide:

I - Sobre a saída de produtos industrializados destinados ao exterior;

II - Sobre a alienação fiduciária em garantia;

› Lei 5.589/1970 (Autoriza a Utilização de Chancela Mecânica para Autenticação de Títulos ou Certificados e Cautelas de Ações e Debêntures das Sociedades Anônimas de Capital Aberto).

III - Sobre a saída, de estabelecimento prestador dos serviços a que se refere o artigo 8º, de mercadorias a serem ou que tenham sido utilizadas na prestação de tais serviços, ressalvados os casos de incidência previstos na lista de serviços tributados. (Redação dada pelo Dec.-Lei 834/ 1969).

IV - A saída de estabelecimento de empresa de transporte ou de depósito por conta e ordem desta, de mercadorias de terceiros.

§ 4º São isentas do imposto:

I - As saídas de vasilhame, recipientes e embalagens, inclusive sacaria quando não cobrados do destinatário ou não computados no valor das mercadorias que acondicionem e desde que devam retornar ao estabelecimento remetente ou a outro do mesmo titular;

II - As saídas do vasilhame, recipientes e embalagens, inclusive sacaria, em retorno ao estabelecimento remetente ou a outro do mesmo titular ou a depósito em seu nome;

III - A saída de mercadorias destinadas ao mercado interno e produzidas em estabelecimentos industriais como resultado de concorrência internacional, com participação de indústrias do país contra pagamento com recursos oriundos de divisas conversíveis provenientes de financiamento a longo prazo de instituições financeiras internacionais ou entidades governamentais estrangeiras;

IV - As entradas de mercadorias em estabelecimento do importador, quando importadas do exterior e destinadas à fabricação de peças, máquinas e equipamentos para o mercado interno como resultado de concorrência internacional com participação da indústria do país, contra pagamento com recursos provenientes de divisas conversíveis provenientes de financiamento a longo prazo de instituições financeiras internacionais ou entidades governamentais estrangeiras;

V - A entrada de mercadorias importadas do exterior quando destinadas à utilização como matéria-prima em processos de industrialização, em estabelecimento do importador, desde que a saída dos produtos industrializados resultantes fique efetivamente sujeita ao pagamento do imposto;

VI - A entrada de mercadorias cuja importação estiver isenta do imposto, de competência da União, sobre a importação de produtos estrangeiros;

VII - A entrada, em estabelecimento do importador, de mercadorias importadas do exterior sob o regime de "draw back";

VIII - A saída, de estabelecimento de empreiteiro de construção civil, obras hidráulicas e outras obras semelhantes, inclusive serviços auxiliares ou complementares, de mercadorias adquiridas de terceiras e destinadas às construções, obras ou serviços referidos a cargo do remetente. (Redação dada pelo Dec.-Lei 834/1969.)

IX - As saídas de mercadorias de estabelecimento de produtor para estabelecimento de cooperativa de que faça parte, situado no mesmo Estados;

X - As saídas de mercadorias de estabelecimento de cooperativa de produtores para estabelecimento no mesmo Estado, da própria cooperativa, de cooperativas central, ou de federação de cooperativas de que a cooperativa remetente faça parte. (Inciso retificado no DOU de 4.2.1969.)

§ 5º O disposto no § 3º, inciso I, aplica-se também à saída de mercadorias de estabelecimentos industriais ou de seus depósitos com destino:

I - A empresas comerciais que operem exclusivamente no comércio de exportação;

II - A armazéns alfandegados e entrepostos aduaneiros.

§ 6º No caso do parágrafo 5º, a reintrodução da mercadoria no mercado interno tornará exigível o imposto devido pela saída com destino aos estabelecimentos ali referidos.

§ 7º Os Estados isentarão do imposto de circulação de mercadorias a venda a varejo, diretamente ao consumidor, dos gêneros de primeira necessidade que especificarem não podendo estabelecer diferença em função dos que participam da operação tributada

ART. 2º A base de cálculo do imposto é:

I - O valor da operação de que decorrer a saída da mercadoria;

II - Na falta do valor a que se refere o inciso anterior o preço corrente da mercadoria, ou sua similar, no mercado atacadista da praça do remetente;

III - Na falta do valor e na impossibilidade de determinar o preço aludido no inciso anterior:

a) se o remetente for industrial, o preço FOB estabelecimento industrial, à vista;

b) se o remetente for comerciante, o preço FOB estabelecimento comercial, à vista, em vendas a outros comerciantes ou industriais.

IV - No caso do inciso II do artigo 1º, a base de cálculo é o valor constante dos documentos de importação, convertido em cruzeiros à taxa cambial efetivamente aplicada em cada caso e acrescido do valor dos impostos de importação e sobre produtos industrializados e demais despesas aduaneiras efetivamente pagos.

§ 1º Nas saídas de mercadorias para estabelecimento em outro Estado, pertencente ao mesmo titular ou seu representante quando as mercadorias não devam sofrer, no estabelecimento de destino, alteração de qualquer espécie, salvo reacondicionamento e quando a remessa for feita por preço de venda a não contribuinte, uniforme em todo o país, a base de cálculo será equivalente a 75% deste preço.

§ 2º Na hipótese do inciso III, "b", deste artigo, se o estabelecimento comercial remetente não efetuar vendas a outros comerciantes ou a industriais, a base de cálculo será equivalente a 75% do preço de venda no estabelecimento remetente, observado o disposto no § 3º.

§ 3º Para aplicação do inciso III do *caput* deste artigo, adotar-se-á a média ponderada dos preços efetivamente cobrados pelo estabelecimento remetente, no segundo mês anterior ao da remessa.

§ 4º Nas operações interestaduais entre estabelecimentos de contribuintes diferentes quando houver reajuste do valor da operação depois da remessa a diferença ficará sujeita ao imposto no estabelecimento de origem.

§ 5º O montante do imposto sobre produtos industrializados não integra a base de cálculo definida neste artigo:

I - Quando a operação constitua fato gerador de ambos os tributos;

II - Em relação a mercadorias sujeitas ao imposto sobre produtos industrializados com base de cálculo relacionada com o preço máximo de venda no varejo marcado pelo fabricante.

§ 6º Nas saídas de mercadorias decorrentes de operações de venda aos encarregados da execução da política de preços mínimos, a base de cálculo é o preço mínimo fixado pela autoridade federal competente.

§ 7º O montante do imposto de circulação de mercadorias integra a base de cálculo a que se refere este artigo, constituindo o respectivo destaque mera indicação para fins de controle.

§ 8º Na saída de mercadorias para o exterior ou para os estabelecimentos a que se refere o § 5º do artigo 1º a base de cálculo será o valor líquido faturado, a êle não se adicionando frete auferido por terceiro seguro ou despesas decorrentes do serviço de embarque por via aérea ou marítima.

§ 9º Quando for atribuída a condição de responsável ao industrial, ao comerciante atacadista ou ao produtor, relativamente ao imposto devido pelo comerciante varejista, a base de cálculo do imposto será: (Incluído pela LC 44/1983.)

a) o valor da operação promovida pelo responsável, acrescido da margem estimada de lucro do comerciante varejista obtida mediante aplicação de percentual fixado em lei sobre aquele valor; (Incluído pela LC 44/1983.)

b) o valor da operação promovida pelo responsável, acrescido da margem de lucro atribuída ao revendedor, no caso de mercadorias com preço de venda, máximo ou único, marcado pelo fabricante ou fixado pela autoridade competente. (Incluído pela LC 44/1983.)

§ 10. Caso a margem de lucro efetiva seja normalmente superior à estimada na forma da alínea a do parágrafo anterior, o percentual ali estabelecido será substituído pelo que for determinado em convênio celebrado na forma do disposto no § 6º do art. 23 da Constituição federal. (Incluído pela LC 44/1983.)

ART. 3º O imposto sobre circulação de mercadorias é não cumulativo, abatendo-se, em cada operação o montante cobrado nas anteriores, pelo mesmo ou outro Estado.

§ 1º A lei estadual disporá de forma que o montante devido resulte da diferença a maior, em determinado período, entre o imposto referente às mercadorias saídas do estabelecimento e o pago relativamente às mercadorias nele entradas. O saldo verificado em determinado período a favor do contribuinte transfere-se para o período ou períodos seguintes.

§ 2º Os Estados poderão facultar aos produtores a opção pelo abatimento de uma percentagem fixa a título do montante do imposto pago relativamente às mercadorias entradas no respectivo estabelecimento.

§ 3º Não se exigirá o estorno do imposto relativo às mercadorias entradas para utilização, como matéria-prima ou material secundário, na fabricação e embalagem dos produtos de que tratam o § 3º, inciso I e o § 4º, e o inciso III, do artigo 1º. O disposto neste parágrafo não se aplica, salvo disposição da legislação estadual em contrário, às matérias-primas de origem animal ou vegetal que representem, individualmente, mais de 50% do valor do produto resultante de sua industrialização. (Parágrafo retificado no DOU de 4.2.1969.)

§ 4º As empresas produtoras de discos fonográficos e de outros materiais de gravação de som poderão abater do montante do imposto de circulação de mercadorias, o valor dos direitos autorais artísticos e conexo, comprovadamente pagos pela empresa, no mesmo período, aos autores e artistas, nacionais ou domiciliados no país assim com dos seus herdeiros e sucessores, mesmo através de entidades que os representem. (Parágrafo retificado no DOU de 9.1.1969.)

§ 5º Para efeito de cálculo a que se refere o § 1º deste artigo, os Estados podem determinar a exclusão de imposto referente a mercadorias entradas no estabelecimento quando este imposto tiver sido devolvido, no todo ou em parte, ao próprio ou a outros contribuintes, por qualquer entidade tributante mesmo sob forma de prêmio ou estímulo.

§ 6º O disposto no parágrafo anterior não se aplica a mercadorias cuja industrialização for objeto de incentivo fiscal, prêmio ou estímulo, resultante de reconhecimento ou concessão por ato administrativo anterior a 31 de dezembro de 1968 e baseada em Lei Estadual promulgada até a mesma data. (Incluído pelo Dec.-Lei 834/1969.)

▸ LC 24/1975 (Dispõe sobre os convênios para a concessão de isenções do imposto sobre operações relativas à circulação de mercadorias).

§ 7º A lei estadual poderá estabelecer que o montante devido pelo contribuinte, em determinado período, seja calculado com base em valor fixado por estimativa, garantida, ao final do período, a complementação ou a restituição em moeda ou sob a forma de utilização como crédito fiscal, em relação, respectivamente, às quantias pagas com insuficiência ou em excesso. (Incluído pela LC 44/1983.)

ART. 4º Em substituição ao sistema de que trata o artigo anterior, os Estados poderão dispor que o imposto devido resulte da diferença a maior entre o montante do imposto relativo à operação a tributar e o pago na incidência anterior sobre a mesma mercadoria, nas seguintes hipóteses:

I - Saída, de estabelecimentos comerciais atacadistas ou de cooperativas de beneficiamento e venda em comum, de produtos agrícolas *"in natura"* ou simplesmente beneficiados;

II - Operações de vendedores ambulantes e de estabelecimentos de existência transitória.

ART. 5º A alíquota do imposto de circulação de mercadorias será uniforme para todas as mercadorias; O Senado Federal, através de resolução adotada por iniciativa do Presidente da República, fixará as alíquotas máximas para as operações internas, para as operações interestaduais e para as operações de exportação para o estrangeiro.

Parágrafo único. O limite a que se refere este artigo substituirá a alíquota estadual, quando esta for superior. (Artigo retificado no DOU de 4.2.1969.)

ART. 6º Contribuinte do imposto é o comerciante, industrial ou produtor que promove a saída da mercadoria, o que a importa do exterior ou o que arremata em leilão ou adquire, em concorrência promovida pelo Poder Público, mercadoria importada e aprendida.

§ 1º Consideram-se também contribuintes:

I - As sociedades civis de fins econômicos, inclusive cooperativas que pratiquem com habitualidade operações relativas à circulação de mercadorias;

II - As sociedades civis de fins não econômicos que explorem estabelecimentos industriais ou que pratiquem, com habitualidade, venda de mercadorias que para êsse fim adquirirem;

III - Os órgãos da administração pública direta, as autarquias e emprêsas públicas, federais, estaduais ou municipais, que vendam, ainda que apenas a compradores de determinada categoria profissional ou funcional, mercadorias que, para êsse fim, adquirirem ou produzirem.

§ 2º Os Estados poderão considerar como contribuinte autônomo cada estabelecimento comercial, industrial ou produtor, permanente ou temporário do contribuinte, inclusive veículos utilizados por este no comércio ambulante.

§ 3º A lei estadual poderá atribuir a condição de responsável: (Incluído pela LC 44/1983.)

a) ao industrial, comerciante ou outra categoria de contribuinte, quanto ao imposto devido na operação ou operações anteriores promovidas com a mercadoria ou seus insumos; (Incluída pela LC 44/1983.)

b) ao produtor, industrial ou comerciante atacadista, quanto ao imposto devido pelo comerciante varejista; (Incluída pela LC 44/1983.)

c) ao produtor ou industrial, quanto ao imposto devido pelo comerciante atacadista e pelo comerciante varejista; (Incluída pela LC 44/1983.)

d) aos transportadores, depositários e demais encarregados da guarda ou comercialização de mercadorias. (Incluída pela LC 44/1983.)

§ 4º Caso o responsável e o contribuinte substituído estejam estabelecidos em Estados diversos, a substituição dependerá de convênio entre os Estados interessados. (Incluída pela LC 44/1983.)

ART. 7º Nas remessas de mercadoria para fora do Estado será obrigatória a emissão de documento fiscal segundo, modelo estabelecido em decreto do Poder Executivo federal.

ART. 8º (Revogado pela LC 116/2003.)

ART. 9º A base de cálculo do imposto é o preço do serviço.

§ 1º Quando se tratar de prestação de serviços sob a forma de trabalho pessoal do próprio contribuinte, o imposto será calculado, por meio de alíquotas fixas ou variáveis, em função da natureza do serviço ou de outros fatores pertinentes, nestes não compreendida a importância paga a título de remuneração do próprio trabalho.

§ 2º Na prestação dos serviços a que se referem os itens 19 e 20 da lista anexa o imposto será calculado sobre o preço deduzido das parcelas correspondentes: (Redação dada pelo Dec.-Lei 834/1969.)

a) ao valor dos materiais fornecidos pelo prestador dos serviços; (Redação dada pelo Dec.-Lei 834/1969.)

b) ao valor das subempreitadas já tributadas pelo imposto. (Redação dada pelo Dec.-Lei 834/1969.)

§ 3º Quando os serviços a que se referem os itens 1, 4, 8, 25, 52, 88, 89, 90, 91 e 92 da lista anexa forem prestados por sociedades, estas ficarão sujeitas ao imposto na forma do § 1º, calculado em relação a cada profissional habilitado, sócio, empregado ou não, que preste serviços em nome da sociedade, embora assumindo responsabilidade pessoal, nos termos da lei aplicável. (Redação dada pela LC 56/1987.)

§ 4º Na prestação do serviço a que se refere o item 101 da Lista Anexa, o imposto é calculado sobre a parcela do preço correspondente à proporção direta da parcela da extensão da rodovia explorada, no território do Município, ou da metade da extensão de ponte que una dois Municípios. (Incluído pela LC 100/1999.)

§ 5º A base de cálculo apurado nos termos do parágrafo anterior: (Incluído pela LC 100/1999.)

I - é reduzida, nos Municípios onde não haja posto de cobrança de pedágio, para sessenta por cento de seu valor; (Incluído pela LC 100/1999.)

II - é acrescida, nos Municípios onde haja posto de cobrança de pedágio, do complemento necessário à sua integralidade em relação à rodovia explorada. (Incluído pela LC 100/1999.)

§ 6º Para efeitos do disposto nos §§ 4º e 5º, considera-se rodovia explorada o trecho limitado pelos pontos equidistantes entre cada posto de cobrança de pedágio ou entre o mais próximo deles e o ponto inicial ou terminal da rodovia. (Incluído pela LC 100/1999.)

ARTS. 10 a **12.** (Revogados pela LC 116/2003.)

ART. 13. Revogam-se os artigos 52, 53, 54, 55, 56, 57, 58, 71, 72 e 73 da Lei n. 5.172, de 25 de outubro de 1966, com suas modificações posteriores, bem como todas as demais disposições em contrário.

ART. 14. Este Decreto-Lei entrará em vigor em 1º de janeiro de 1969.

Brasília, 31 de dezembro de 1968; 147º da Independência e 80º da República.

A. COSTA E SILVA

LISTA DE SERVIÇOS

› Redação dada pela LC 56/1987.

1. Médicos, inclusive análises clínicas, eletricidade médica, radioterapia, ultrassonografia, radiologia, tomografia e congêneres;
2. Hospitais, clínicas, sanatórios, laboratórios de análise, ambulatórios, prontos-socorros, manicômios, casas de saúde, de repouso, de recuperação e congêneres;
3. Bancos de sangue, leite, pele, olhos, sêmen e congêneres;
4. Enfermeiros, obstetras, ortópticos, fonoaudiólogos, protéticos (prótese dentária);
5. Assistência médica e congêneres, previstos nos itens 1, 2 e 3 desta lista, prestados através de planos de medicina de grupo, convênios, inclusive com empresas, para assistência a empregados;
6. Planos de saúde, prestados por empresa que não esteja incluída no inciso V desta lista e que se cumpram através de serviços prestados por terceiros, contratados pela empresa ou apenas pagos por esta, mediante indicação do beneficiário do plano;
7. (Vetado);
8. Médicos veterinários;
9. Hospitais veterinários, clínicas veterinárias e congêneres;
10. Guarda, tratamento, amestramento, adestramento, embelezamento, alojamento e congêneres, relativos a animais;
11. Barbeiros, cabeleireiros, manicuros, pedicuros, tratamento de pele, depilação e congêneres; 12. Banhos, duchas, sauna, massagens, ginásticas e congêneres;
13. Varrição, coleta, remoção e incineração de lixo;
14. Limpeza e dragagem de portos, rios e canais;
15. Limpeza, manutenção e conservação de imóveis, inclusive vias públicas, parques e jardins; 16. Desinfecção, imunização, higienização, desratização e congêneres;
17. Controle e tratamento de efluentes de qualquer natureza, e de agentes físicos e biológicos;
18. Incineração de resíduos quaisquer;
19. Limpeza de chaminés;
20. Saneamento ambiental e congêneres;
21. Assistência técnica . (Vetado);
22. Assessoria ou consultoria de qualquer natureza, não contida em outros incisos desta lista, organização, programação, planejamento, assessoria, processamento de dados, consultoria técnica, financeira ou administrativa . (Vetado);
23. Planejamento, coordenação, programação ou organização técnica, financeira ou administrativa . (Vetado);
24. Análises, inclusive de sistemas, exames, pesquisas e informações, coleta e processamento de dados de qualquer natureza;
25. Contabilidade, auditoria, guarda-livros, técnicos em contabilidade e congêneres;
26. Perícias, laudos, exames técnicos e análises técnicas;
27. Traduções e interpretações;
28. Avaliação de bens;
29. Datilografia, estenografia, expediente, secretaria em geral e congêneres;
30. Projetos, cálculos e desenhos técnicos de qualquer natureza;
31. Aerofotogrametria (inclusive interpretação), mapeamento e topografia;
32. Execução por administração, empreitada ou subempreitada, de construção civil, de obras hidráulicas e outras obras semelhantes e respectiva engenharia consultiva, inclusive serviços auxiliares ou complementares (exceto o fornecimento de mercadorias produzidas pelo prestador de serviços, fora do local da prestação dos serviços, que fica sujeito ao ICM);
33. Demolição;
34. Reparação, conservação e reforma de edifícios, estradas, pontes, portos e congêneres (exceto o fornecimento de mercadorias produzidas pelo prestador dos serviços fora do local da prestação dos serviços, que fica sujeito ao ICM);
35. Pesquisa, perfuração, cimentação, perfilagem, . (Vetado), estimulação e outros serviços relacionados com a exploração e explotação de petróleo e gás natural;
36. Florestamento e reflorestamento;
37. Escoramento e contenção de encostas e serviços congêneres;

38. Paisagismo, jardinagem e decoração (exceto o fornecimento de mercadorias, que fica sujeito ao ICM);
39. Raspagem, calafetação, polimento, lustração de pisos, paredes e divisórias;
40. Ensino, instrução, treinamento, avaliação de conhecimentos, de qualquer grau ou natureza; 41. Planejamento, organização e administração de feiras, exposições, congressos e congêneres;
42. Organização de festas e recepções: "buffet" (exceto o fornecimento de alimentação e bebidas, que fica sujeito ao ICM);
43. Administração de bens e negócios de terceiros e de consórcio. (Vetado);
44. Administração de fundos mútuos (exceto a realizada por instituições autorizadas a funcionar pelo Banco Central);
45. Agenciamento, corretagem ou intermediação de câmbio, de seguros e de planos de previdência privada;
46. Agenciamento, corretagem ou intermediação de títulos quaisquer (exceto os serviços executados por instituições autorizadas a funcionar pelo Banco Central);
47. Agenciamento, corretagem ou intermediação de direitos da propriedade industrial, artística ou literária;
48. Agenciamento, corretagem ou intermediação de contratos de franquia (franchise) e de faturação (factoring) (excetuam-se os serviços prestados por instituições autorizadas a funcionar pelo Banco Central);
49. Agenciamento, organização, promoção e execução de programas de turismo, passeios, excursões, guias de turismo e congêneres;
50. Agenciamento, corretagem, ou intermediação de bens móveis e imóveis não abrangidos nos itens 45, 46, 47 e 48;
51. Despachantes;
52. Agentes da propriedade industrial;
53. Agentes da propriedade artística ou literária;
54. Leilão;
55. Regulação de sinistros cobertos por contratos de seguros; inspeção e avaliação de riscos para cobertura de contratos de seguros; prevenção e gerência de riscos seguráveis, prestados por quem não seja o próprio segurado ou companhia de seguro;
56. Armazenamento, depósito, carga, descarga, arrumação e guarda de bens de qualquer espécie (exceto depósitos feitos em instituições financeiras autorizadas a funcionar pelo Banco Central);
57. Guarda e estacionamento de veículos automotores terrestres;
58. Vigilância ou segurança de pessoas e bens;
59. Transporte, coleta, remessa ou entrega de bens ou valores, dentro do território do município;
60. Diversões públicas:
a). (Vetado), cinemas, . (Vetado), taxi dancings e congêneres;
b) bilhares, boliches, corridas de animais e outros jogos;
c) exposições, com cobrança de ingresso;
d) bailes, shows, festivais, recitais e congêneres, inclusive espetáculos que sejam também transmitidos, mediante compra de direitos para tanto, pela televisão ou pelo rádio;
e) jogos eletrônicos;
f) competições esportivas ou de destreza física ou intelectual com ou sem a participação do espectador, inclusive a venda de direitos à transmissão pelo rádio ou pela televisão;
g) execução de música, individualmente ou por conjuntos . (Vetado);
61. Distribuição e venda de bilhete de loteria, cartões, pules ou cupões de apostas, sorteios ou prêmios;
62. Fornecimento de música, mediante transmissão por qualquer processo, para vias públicas ou ambientes fechados (exceto transmissões radiofônicas ou de televisão);
63. Gravação e distribuição de filmes e "videotapes";
64. Fonografia ou gravação de sons ou ruídos, inclusive trucagem, dublagem e mixagem sonora;
65. Fotografia e cinematografia, inclusive revelação, ampliação, cópia, reprodução e trucagem;
66. Produção, para terceiros, mediante ou sem encomenda prévia, de espetáculos, entrevistas e congêneres;
67. Colocação de tapetes e cortinas, com material fornecido pelo usuário final do serviço;
68. Lubrificação, limpeza e revisão de máquinas, veículos, aparelhos e equipamentos (exceto o fornecimento de peças e partes, que fica sujeito ao ICM);
69. Conserto, restauração, manutenção e conservação de máquinas, veículos, motores, elevadores ou de quaisquer objetos (exceto fornecimento de peças e partes, que fica sujeito ao ICM);
70. Recondicionamento de motores (o valor das peças fornecidas pelo prestador do serviço fica sujeito ao ICM);
71. Recauchutagem ou regeneração de pneus para o usuário final;
72. Recondicionamento, acondicionamento, pintura, beneficiamento, lavagem, secagem, tingimento, galvanoplastia, anodização, corte, recorte, polimento, plastificação e congêneres, de objetos não destinados à industrialização ou comercialização;
73. Lustração de bens móveis quando o serviço for prestado para usuário final do objeto lustrado;
74. Instalação e montagem de aparelhos, máquinas e equipamentos, prestados ao usuário final do serviço, exclusivamente com material por ele fornecido;
75. Montagem industrial, prestado ao usuário final do serviço, exclusivamente com material por ele fornecido;
76. Cópia ou reprodução, por quaisquer processos, de documentos e outros papéis, plantas ou desenhos;
77. Composição gráfica, fotocomposição, clicheria, zincografia, litografia e fotolitografia;
78. Colocação de molduras e afins, encadernação, gravação e douração de livros, revistas e congêneres;
79. Locação de bens móveis, inclusive arrendamento mercantil;
80. Funerais;
81. Alfaiataria e costura, quando o material for fornecido pelo usuário final, exceto aviamento;
82. Tinturaria e lavanderia;
83. Taxidermia;
84. Recrutamento, agenciamento, seleção, colocação ou fornecimento de mão-de-obra, mesmo em caráter temporário, inclusive por empregados do prestador do serviço ou por trabalhadores avulsos por ele contratados;
85. Propaganda e publicidade, inclusive promoção de vendas, planejamento de campanhas ou sistemas de publicidade, elaboração de desenhos, textos e demais materiais publicitários (exceto sua impressão, reprodução ou fabricação);
86. Veiculação e divulgação de textos, desenhos e outros materiais de publicidade, por qualquer meio (exceto em jornais, periódicos, rádio, e televisão);
87. Serviços portuários e aeroportuários; utilização de porto ou aeroporto; atracação; capatazia; armazenagem interna, externa e especial; suprimento de água, serviços acessórios; movimentação de mercadorias fora do cais;
88. Advogados;
89. Engenheiros, arquitetos, urbanistas, agrônomos;
90. Dentistas;
91. Economistas;
92. Psicólogos;
93. Assistentes sociais;
94. Relações públicas;
95. Cobranças e recebimentos por conta de terceiros, inclusive direitos autorais, protestos de títulos, sustação de protestos, devolução de títulos não pagos, manutenção de títulos vencidos, fornecimentos de posição de cobrança ou recebimento e outros serviços correlatos da cobrança ou recebimento (este item abrange também os serviços prestados por instituições autorizadas a funcionar pelo Banco Central);
96. Instituições financeiras autorizadas a funcionar pelo Banco Central: fornecimento de talão de cheques; emissão de cheques administrativos; transferência de fundos; devolução de cheques; sustação de pagamento de cheques; ordens de pagamento e de crédito, por qualquer meio; emissão e renovação de cartões magnéticos; consultas em terminais eletrônicos; pagamentos por conta de terceiros, inclusive os feitos fora do estabelecimento; elaboração de ficha cadastral; aluguel de cofres; fornecimento de segunda via de avisos de lançamento de extrato de contas; emissão de carnês (neste item não está abrangido o ressarcimento, a instituições financeiras, de gastos com portes do Correio, telegramas, telex e teleprocessamento, necessários à prestação dos serviços);
97. Transporte de natureza estritamente municipal;
98. Comunicações telefônicas de um para outro aparelho dentro do mesmo município;
99. Hospedagem em hotéis, motéis, pensões e congêneres (o valor da alimentação, quando incluído no preço da diária, fica sujeito ao Imposto sobre Serviços);
100. Distribuição de bens de terceiros em representação de qualquer natureza;
101. Exploração de rodovia mediante cobrança de preço dos usuários, envolvendo execução de serviços de conservação, manutenção, melhoramentos para adequação de capacidade e segurança de trânsito, operação, monitoração, assistência aos usuários e outros definidos em contratos, atos de concessão ou de permissão ou em normas oficiais. (Incluído pela LC 100/1999.)

DECRETO-LEI N. 413, DE 9 DE JANEIRO DE 1969

Dispõe sobre títulos de crédito industrial e dá outras providências.

▸ *DOU*, 10.01.1969, retificado em 10.02.1969.

O Presidente da República , no uso das atribuições que lhe confere o § 1º do Art. 2º do Ato Institucional n. 5, de 13 de dezembro de 1968,

Decreta:

CAPÍTULO I
DO FINANCIAMENTO INDUSTRIAL

Art 1º O financiamento concedido por instituições financeiras a pessoa física ou jurídica que se dedique à atividade industrial poderá efetuar-se por meio da cédula de crédito industrial prevista neste Decreto-lei.

Art 2º O emitente da cédula fica obrigado a aplicar o financiamento nos fins ajustados, devendo comprovar essa aplicação no prazo e na forma exigidos pela instituição financiadora.

Art 3º A aplicação do financiamento ajustar-se-á em orçamento, assinado, em duas vias, pelo emitente e pelo credor, dele devendo constar expressamente qualquer alteração que convencionarem.

Parágrafo único. Far-se-á, na cédula, menção do orçamento que a ela ficará vinculado.

Art 4º O financiador abrirá, com o valor do financiamento conta vinculada à operação, que o financiado movimentará por meio de cheques, saques, recibos, ordens, cartas ou quaisquer outros documentos, na forma e no tempo previstos na cédula ou no orçamento.

Art 5º As importâncias fornecidas pelo financiador vencerão juros e poderão sofrer correção monetária às taxas e aos índices que o Conselho Monetário Nacional fixar, calculados sobre os saldos devedores da conta vinculada à operação, e serão exigíveis em 30 de junho, 31 de dezembro, no vencimento, na liquidação da cédula ou, também, em outras datas convencionadas no título, ou admitidas pelo referido Conselho.

Parágrafo único. Em caso de mora, a taxa de juros constante da cédula será elevável de 1% (um por cento) ao ano.

Art 6º O devedor facultará ao credor a mais ampla fiscalização do emprego da quantia financiada, exibindo, inclusive os elementos que lhe forem exigidos.

Art 7º O financiador poderá, sempre que julgar conveniente e por pessoas de sua indicação, não só percorrer todas e quaisquer dependências dos estabelecimentos industriais referidos no título, como verificar o andamento dos serviços neles existentes.

Art 8º Para ocorrer às despesas cem a fiscalização, poderá ser ajustada, na cédula, comissão fixada e exigível na forma do art. 5º deste Decreto-lei, calculada sobre os saldos devedores da conta vinculada à operação, respondendo ainda o financiado pelo pagamento de quaisquer despesas que se verificarem com vistorias frustradas, ou que forem efetuadas em consequência de procedimento seu que possa prejudicar as condições legais e celulares.

CAPÍTULO II
DA CÉDULA DE CRÉDITO INDUSTRIAL

Art 9º A cédula de crédito industrial e promessa de pagamento em dinheiro, com garantia real, cedularmente constituída.

Art 10. A cédula de crédito industrial é título líquido e certo, exigível pela soma dela constante ou do endosso, além dos juros, da comissão de fiscalização, se houver, e demais despesas que o credor fizer para segurança, regularidade e realização de seu direito creditório.

§ 1º Se o emitente houver deixado de levantar qualquer parcela do credito deferido, ou tiver feito pagamentos parciais, o credor descontá-los-á da soma declarada na cédula, tornando-se exigível apenas o saldo.

§ 2º Não constando do endosso o valor pelo qual se transfere a cédula, prevalecerá o da soma declarada no título, acrescido dos acessórios, na forma deste artigo, deduzido o valor das quitações parciais passadas no próprio título.

Art 11. Importa em vencimento antecipado da dívida resultante da cédula, independentemente de aviso ou de interpelação judicial, a inadimplência de qualquer obrigação do eminente do título ou, sendo o caso, do terceiro prestante da garantia real.

§ 1º Verificado o inadimplemento, poderá, ainda, o financiador considerar vencidos antecipadamente todos os financiamentos concedidos ao emitente e dos quais seja credor.

§ 2º A inadimplência, além de acarretar o vencimento antecipado da dívida resultante da cédula e permitir igual procedimento em relação a todos os financiamentos concedidos pelo financiador ao emitente e dos quais seja credor, facultará ao financiador a capitalização dos juros e da comissão de fiscalização, ainda que se trate de crédito fixo.

Art 12. A cédula de crédito industrial poderá ser aditada, ratificada e retificada, por meio de menções adicionais e de aditivos, datados e assinados pelo emitente e pelo credor, lavrados em folha à parte do mesmo formato e que passarão a fazer parte integrante do documento cedular.

Art 13. A cédula de crédito industrial admite amortizações periódicas que serão ajustadas mediante a inclusão de cláusula, na forma prevista neste Decreto-lei.

Art 14. A cédula de crédito industrial conterá os seguintes requisitos, lançados no contexto:

I - Denominação "Cédula de Crédito Industrial".

II - Data do pagamento, se a cédula for emitida para pagamento parcelado, acrescentar-se-á cláusula discriminando valor e data de pagamento das prestações.

III - Nome do credor e cláusula à ordem.

IV - Valor do crédito deferido, lançado em algarismos por extenso, e a forma de sua utilização.

V - Descrição dos bens objeto do penhor, ou da alienação fiduciária, que se indicarão pela espécie, qualidade, quantidade e marca, se houver, além do local ou do depósito de sua situação, indicando-se, no caso de hipoteca, situação, dimensões, confrontações, benfeitorias, título e data de aquisição do imóvel e anotações (número, livro e folha) do registro imobiliário.

VI - Taxa de juros a pagar e comissão de fiscalização, se houver, e épocas em que serão exigíveis, podendo ser capitalizadas.

VII - Obrigatoriedade de seguro dos bens objeto da garantia.

VIII - Praça do pagamento.

IX - Data e lugar da emissão.

X - Assinatura do próprio punho do emitente ou de representante com poderes especiais.

§ 1º A cláusula discriminando os pagamentos parcelados, quando cabível, será incluída logo após a descrição das garantias.

§ 2º A descrição dos bens vinculados poderá ser feita em documento à parte, em duas vias, assinado pelo emitente e pelo credor, fazendo-se, na cédula, menção a essa circunstância, logo após a indicação do grau do penhor ou da hipoteca, da alienação fiduciária e de seu valor global.

§ 3º Da descrição a que se refere o inciso V deste artigo, dispensa-se qualquer alusão à data, forma e condições de aquisição dos bens empenhados. Dispensar-se-ão, também, para a caracterização do local ou do depósito dos bens empenhados ou alienados fiduciariamente, quaisquer referências a dimensões, confrontações, benfeitorias e a títulos de posse ou de domínio.

§ 4º Se a descrição do imóvel hipotecado se processar em documento à parte, deverão constar também da cédula todas as indicações mencionadas no item V deste artigo, exceto confrontações e benfeitorias.

§ 5º A especificação dos imóveis hipotecados, pela descrição pormenorizada, poderá ser substituída pela anexação à cédula de seus respectivos títulos de propriedade.

§ 6º Nos casos do parágrafo anterior, deverão constar da cédula, além das indicações referidas no § 4º deste artigo, menção expressa à anexação dos títulos de propriedade e a declaração de ou eles farão parte integrante da cédula até sua final liquidação.

CAPÍTULO III
DA NOTA DE CRÉDITO INDUSTRIAL

Art 15. A nota de crédito industrial é promessa de pagamento em dinheiro, sem garantia real.

Art 16. A nota de crédito industrial conterá os seguintes requisitos, lançados no contexto:

I - Denominação "Nota de Crédito Industrial".

II - Data do pagamento; se a nota for emitida para pagamento parcelado, acrescentar-se-á cláusula discriminando valor e data de pagamento das prestações.

III - Nome do credor e cláusula à ordem.

IV - Valor do crédito deferido, lançado em algarismos e por extenso, e a forma de sua utilização.

V - Taxa de juros a pagar e comissão de fiscalização, se houver, e épocas em que serão exigíveis, podendo ser capitalizadas.

VI - Praça de pagamento.

VII - Data e lugar da emissão.

VIII - Assinatura do próprio punho do emitente ou de representante com poderes especiais.

Art 17. O crédito pela nota de crédito industrial tem privilégio especial sobre os bens discriminados no artigo 1.563 do Código Civil.

‣ Refere-se ao CC/1916.

Art 18. Exceto no que se refere a garantias e a inscrição, aplicam-se à nota de crédito industrial as disposições deste Decreto-lei sobre cédula de crédito industrial.

CAPÍTULO IV
DAS GARANTIAS DA CÉDULA DE CRÉDITO INDUSTRIAL

Art 19. A cédula de crédito industrial pode ser garantida por:

I - Penhor cedular.

II - Alienação fiduciária.

III - Hipoteca cedular.

Art 20. Podem ser objeto de penhor cedular nas condições deste Decreto-lei:

I - Máquinas e aparelhos utilizados na indústria, com ou sem os respectivos pertences;

II - Matérias-primas, produtos industrializados e materiais empregados no processo produtivo, inclusive embalagens;

III - Animais destinados à industrialização de carnes, pescados, seus produtos e subprodutos, assim como os materiais empregados no processo produtivo, inclusive embalagens;

IV - Sal que ainda esteja na salina, bem assim as instalações, máquinas, instrumentos utensílios, animais de trabalho, veículos terrestres e embarcações, quando servirem à exploração salineira;

V - Veículos automotores e equipamentos para execução de terraplanagem, pavimentação, extração de minério e construção civil bem como quaisquer viaturas de tração mecânica, usadas nos transportes de passageiros e cargas e, anda, nos serviços dos estabelecimentos industriais;

VI - Dragas e implementos destinados à limpeza e à desobstrução de rios, portos e canais, ou à construção dos dois últimos, ou utilizados nos serviços dos estabelecimentos industriais;

VII - Toda construção utilizada como meio de transporte por água, e destinada à indústria da revelação ou da pesca, quaisquer que sejam as suas características e lugar de tráfego;

VIII - Todo aparelho manobrável em voo apto a se sustentar a circular no espaço aéreo mediante reações aerodinâmicas, e capaz de transportar pessoas ou coisas;

IX - Letra de câmbio, promissórias, duplicatas, conhecimentos de embarques, ou conhecimentos de depósitos, unidos aos respectivos "*warrants*";

X - Outros bens que o Conselho Monetário Nacional venha a admitir como lastro dos financiamentos industriais.

Art 21. Podem-se incluir na garantia os bens adquiridos ou pagos com o financiamento, feita a respectiva averbação nos termos deste Decreto-lei.

Art 22. Antes da liquidação da cédula, não poderão os bens empenhados ser removidos das propriedades nela mencionadas, sob qualquer pretexto e para onde quer que seja, sem prévio consentimento escrito do credor.

Parágrafo único. O disposto neste artigo não se aplica aos veículos referidos nos itens IV, V, VI, VII e VIII do artigo 20 deste Decreto-lei, que poderão ser retirados temporariamente de seu local e situação, se assim o exigir a atividade financiada.

Art 23. Aplicam-se ao penhor cedular os preceitos legais vigentes sobre penhor, no que não colidirem com o presente Decreto-lei.

Art 24. São abrangidos pela hipoteca constituída as construções, respectivos terrenos, instalações e benfeitorias.

Art 25. Incorporam-se na hipoteca constituída as instalações e construções, adquiridas ou executadas com o crédito, assim como quaisquer outras benfeitorias acrescidas aos imóveis na vigência da cédula, as quais, uma vez realizadas, não poderão ser retiradas ou destruídas sem o consentimento do credor, por escrito.

Parágrafo único. Faculta-se ao credor exigir que o emitente faça averbar, à margem da inscrição principal, a constituição de direto real sobre os bens e benfeitorias referidos neste artigo.

Art 26. Aplicam-se à hipoteca cedular os princípios da legislação ordinária sobre hipoteca, no que não colidirem com o presente Decreto-lei.

Art 27. Quando da garantia da cédula de crédito industrial fizer parte a alienação fiduciária, observar-se-ão as disposições constantes da Seção XIV da Lei n. 4.728, de 14 de julho de 1965, no que não colidirem com este Decreto-lei.

Art 28. Os bens vinculados à cédula de crédito industrial continuam na posse imediata do emitente, ou do terceiro prestante da garantia real, que responderá por sua guarda e conservação como fiel depositário, seja pessoa física ou jurídica. Cuidando-se de garantia constituída por terceiro, este e o emitente da cédula responderão solidariamente pela guarda e conservação dos bens gravados.

Parágrafo único. O disposto neste artigo não se aplica aos papéis mencionados no item IX, art. 20, deste Decreto-lei, inclusive em consequência do endosso.

CAPÍTULO V

SEÇÃO I
DA INSCRIÇÃO E AVERBAÇÃO DA CÉDULA DO CRÉDITO INDUSTRIAL

Art 29. A cédula de crédito industrial somente vale contra terceiros desde a data da inscrição. Antes da inscrição, a cédula obriga apenas seus signatários.

Art 30. De acordo com a natureza da garantia constituída, a cédula de crédito industrial inscreve-se no Cartório de Registro de Imóveis da circunscrição do local de situação dos bens objeto do penhor cedular, da alienação fiduciária, ou em que esteja localizado o imóvel hipotecado.

Art 31. A inscrição far-se-á na ordem de apresentação da cédula, em livro próprio denominada "Registro de Cédula de Crédito Industrial", observado o disposto nos artigos 183, 188, 190 e 202, do Decreto 4.857, de 9 de novembro de 1939.

§ 1º Os livros destinados à inscrição da cédula de crédito industrial serão numerados em série crescente a começar de 1 (um) e cada livro conterá termos de abertura e de encerramento, assinados pelo Juiz de Direito da Comarca, que rubricará todas as folhas.

§ 2º As formalidades a que se refere o parágrafo anterior precederão a utilização do livro.

§ 3º Em cada Cartório haverá, em uso, apenas um livro "Registro de Cédula de Crédito Industrial", utilizando-se o de número subsequente depois de findo o anterior.

Art 32. A inscrição consistirá na anotação dos seguintes requisitos cedulares:

a) Data e forma do pagamento.

b) Nome do emitente, do financiador e, quando houver, do terceiro prestante da garantia real e do endossatário.

c) Valor do crédito deferido e forma de sua utilização.

d) Praça do pagamento.

e) Data e lugar da emissão.

§ 1º Para a inscrição, o apresentante do título oferecerá, com o original da cédula, cópia em impresso idêntico, com a declaração "Via não negociável", em linhas paralelas transversais.

§ 2º O Cartório conferirá a exatidão da cópia, autenticando-a.

§ 3º Cada grupo de 200 (duzentas) cópias será encadernado na ordem cronológica de seu arquivamento, em livro que o Cartório apresentará no prazo de quinze dias depois de completado o grupo, ao Juiz de Direito da Comarca, para abri-lo e encerra-lo, rubricando as respectivas fôlhas numeradas em série crescente a começar de 1 (um).

§ 4º Nos casos do § 5º do art. 14 deste Decreto-lei, à via da cédula destinada ao Cartório será anexada cópia dos títulos de domínio, salvo se os imóveis hipotecados se acharem registrados no mesmo Cartório.

Art 33. Ao efetuar a inscrição ou qualquer averbação, o Oficial do Registro de Imóveis mencionará, no respectivo ato, a existência de qualquer documento anexo à cédula e nele aporá sua rubrica, independentemente de qualquer formalidade.

Art 34. O Cartório anotará a inscrição, com indicação do número de ordem, livro e folhas, bem como valor dos emolumentos cobrados no verso da cédula, além de mencionar, se for o caso, os anexos apresentados.

§ 1º Pela inscrição da cédula, serão cobrados do interessado, em todo o território nacional, o seguintes emolumentos, calculados sobre o valer do crédito deferido: (Extinto pela Lei 8.522/1992.)

a) até NCr$ 200,00 - 0,1%

b) de NCr$ 200,01 a NCr$ 500,00 - 0,2%

c) de NCr$ 500,01 a NCr$ 1.000,00 - 0,3%

d) de NCr$ 1.000,01 a NCr$ 1.500,00 - 4%

e) acima de NCr$ 1.500,00 - 0,5% - até o máximo de ¼ (um quarto) do salário-mínimo da região.

§ 2º Cinquenta por cento (50%) dos emolumentos referidos no parágrafo anterior caberão ao oficial do Registro de Imóveis e os restantes cinquenta por cento (50%) serão recolhidos ao Banco do Brasil S.A., a crédito do Tesouro Nacional. (Extinto pela Lei 8.522/1992.)

Art 35. O oficial recusará efetuar a inscrição, se já houver registro anterior no grau de prioridade declarado no texto da cédula, ou se os houverem sido objeto de alienação fiduciária considerando-se nulo o ato que infringir este dispositivo.

Art 36. Para os fins previstos no art. 29 deste Decreto-lei averbar-se-ão, à margem da inscrição da cédula, os endossos posteriores à inscrição, as menções adicionais, aditivos e qualquer outro ato que promova alteração na garantia ou noções pactuadas.

§ 1º Dispensa-se a averbação dos pagamentos parcial e do endosso das instituições financiadoras em operações de redesconto ou caução.

§ 2º Os emolumentos devidos pelos atos referidos neste artigo serão calculados na base de 10% (dez por cento) sobre os valores constante do parágrafo único do artigo 34 deste Decreto-lei, cabendo ao oficial do Registro de Imóveis e ao Juiz de Direito da Comarca as mesmas percentagens naquele dispositivo. (Extinto pela Lei 8.522/1992.)

Art 37. Os emolumentos devidos pela inscrição da cédula ou pela averbação de atos posteriores poderão ser pagos pelo credor, a débito da conta a que se refere o artigo 4º deste Decreto-lei.

Art 38. As inscrições das cédulas e as averbações posteriores serão efetuadas no prazo de 3 (três) dias úteis a contar da apresentação do título sob pena de responsabilidade funcional do oficial encarregado de promover os atos necessários.

§ 1º A transgressão do disposto neste artigo poderá ser comunicada ao Juiz de Direito da Comarca pelos interessados ou por qualquer pessoa que tenha conhecimento do fato.

§ 2º Recebida a comunicação, o Juiz instaurará imediatamente inquérito administrativo.

§ 3º Apurada a irregularidade, o oficial pagará multa de valor correspondente aos emolumentos que seriam cobrados, por dia de atraso, aplicada pelo Juiz de Direito da Comarca, devendo a respectiva importância ser recolhida, dentro de 15 (quinze) dias, a estabelecimento bancário que a transferirá ao Banco Central do Brasil, para crédito do Fundo Geral para Agricultura e Indústria - FUNAGRI, criado pelo Decreto n. 56.835, de 3 de setembro de 1965.

SEÇÃO II
DO CANCELAMENTO DA INSCRIÇÃO DA CÉDULA DE CRÉDITO INDUSTRIAL

Art 39. Cancela-se a inscrição mediante a averbação, no livro próprio:

I - da prova da quitação da cédula, lançada no próprio título ou passada em documento em separado com força probante;

II - da ordem judicial competente.

§ 1º No ato da averbação do cancelamento, o serventuário mencionará o nome daquele que recebeu, a data do pagamento e, em se tratando de quitação em separado, as características dêsse instrumento; no caso de cancelamento por ordem judicial, esta também será mencionada na averbação, pela indicação da data do mandato, Juízo de que precede, nome do Juiz que o subscreveu e demais características correntes.

§ 2º Arquivar-se-ão no Cartório a ordem judicial de cancelamento da inscrição ou uma das vias do documento da quitação da cédula, procedendo-se como se dispõem no § 3º do artigo 32 deste Decreto-lei.

SEÇÃO III
DA CORREIÇÃO DOS LIVROS DE INSCRIÇÃO DA CÉDULA DE CRÉDITO INDUSTRIAL

Art 40. O Juiz de Direito da Comarca precederá à correção do livro "Registro de Cédula de Crédito Industrial" uma vez por semestre, no mínimo.

CAPÍTULO VI
DA AÇÃO PARA COBRANÇA DA CÉDULA DE CRÉDITO INDUSTRIAL

Art 41. Independentemente da inscrição de que trata o art. 30 deste Decreto-lei, o processo judicial para cobrança da cédula de crédito industrial seguirá o procedimento seguinte:

1º) Despachada a petição, serão os réus, sem que haja preparo ou expedição de mandado, citados pela simples entrega de outra via do requerimento, para, dentro de 24 (vinte e quatro) horas, pagar a dívida;

2º) não depositado, naquele prazo, o montante do débito, proceder-se-á a penhora ou ao sequestro dos bens constitutivos da garantia ou, em se tratando de nota de crédito industrial, à daqueles enumerados no art. 1.563 do Código Civil (artigo 17 deste Decreto-lei);

▸ Refere-se ao CC/1916.

3º) no que não colidirem com este Decreto-lei, observar-se-ão, quanto à penhora, as disposições do Capítulo III, Título III, do Livro VIII, do Código de Processo Civil;

4º) feita a penhora, terão réus, dentro de 48 (quarenta e oito) horas, prazo para impugnar o pedido;

5º) findo o termo referido no item anterior, o Juiz, impugnado ou não o pedido, procederá a uma instrução sumária, facultando às partes a produção de provas, decidindo em seguida;

6º) a decisão será proferida dentro de 30 (trinta) dias, a contar da efetivação da penhora;

7º) não terão efeito suspensivo os recursos interpostos das decisões proferidas na ação de cobrança a que se refere este artigo;

8º) o foro competente será o da praça do pagamento da cédula de crédito industrial.

CAPÍTULO VI
DISPOSIÇÕES ESPECIAIS

Art 42. A concessão dos financiamentos previstos neste Decreto-lei bem como a constituição de suas garantias, pelas instituições de crédito, públicas e privadas, independe da exibição de comprovante de cumprimento de obrigações fiscais, da previdência social, ou de declaração de bens e certidão negativa de multas.

Parágrafo único. O ajuizamento da dívida fiscal ou previdenciária impedirá a concessão do financiamento industrial, desde que sua comunicação pela repartição competente às instituições de crédito seja por estas recebida antes da emissão da cédula, exceto se as garantias oferecidas assegurarem a solvabilidade do crédito em litígio e da operação proposta pelo interessado.

Art 43. Pratica crime de estelionato e fica sujeito às penas do art. 171 do Código Penal aquele que fizer declarações falsas ou inexatas acerca de bens oferecidos em garantia de cédula de crédito industrial, inclusive omitir declaração de já estarem eles sujeitos a outros ônus ou responsabilidade de qualquer espécie, até mesmo de natureza fiscal.

Art 44. Quando, do penhor cedular fizer parte matéria-prima, o emitente se obriga a manter em estoque, na vigência da cédula, uma quantidade desses mesmos bens ou dos produtos resultantes de sua transformação suficiente para a cobertura do saldo devedor por ela garantido.

Art 45. A transformação da matéria-prima oferecida em penhor cedular não extingue o vínculo real, que se transfere para os produtos e subprodutos.

Parágrafo único. O penhor dos bens resultantes da transformação, industrial poderá ser substituído pelos títulos de crédito representativos da comercialização daqueles produtos, a crédito do credor, mediante endosso pleno.

Art 46. O penhor cedular de máquinas e aparelhos utilizado na indústria tem preferência sobre o penhor legal do locador do imóvel de sua situação.

Parágrafo único. Para a constituição da garantia cedular a que, se refere este artigo, dispensa-se o consentimento do locador.

Art 47. Dentro do prazo estabelecido para utilização do crédito, poderá ser admitida a reutilização pelo devedor, para novas aplicações, das parcelas entregues para amortização ao débito.

Art 48. Quando, do penhor ou da alienação fiduciária, fizerem parte veículos automotores, embarcações ou aeronaves, o gravame será anotado nos assentamentos próprios da repartição competente para expedição de licença ou registro dos veículos.

Art 49. Os bens onerados poderão ser objeto de nova garantia cedular a simples inscrição da respectiva cédula equivalerá à averbação à margem da anterior, do vínculo constituído em grau subsequente.

Art 50. Em caso de mais de um financiamento, sendo os mesmos o credor e emitente da cédula, o credor e os bens onerados, poderá estender-se aos financiamentos subsequentes o vínculo originariamente constituído mediante referência à extensão nas cédulas posteriores, reputando-se uma só garantia com cédulas industriais distintas.

§ 1º A extensão será averbada à margem da inscrição anterior e não impede que sejam vinculados outros bens à garantia.

§ 2º Havendo vinculação de novos bens, além da averbação, estará a cédula sujeita à inscrição no Cartório do Registro de Imóveis.

§ 3º Não será possível a extensão se tiver havido endosso ou se os bens já houverem sido objeto de novo ônus em favor de terceiros.

Art 51. A venda dos bens vinculados à cédula de crédito industrial depende de prévia anuência do credor, por escrito.

Art 52. Aplicam-se à cédula de crédito industrial e à nota de crédito industrial, no que forem cabíveis, as normas do direito cambial, dispensado, porém, o protesto para garantir direito de regresso contra endossantes e avalistas.

CAPÍTULO VIII
DISPOSIÇÕES GERAIS

Art 53. Dentro do prazo da cédula, o credor, se assim o entender, poderá autorizar o emitente a dispor de parte ou de todos os bens da garantia, na forma e condições que convencionarem.

Art 54. Os bens dados em garantia assegurarão o pagamento do principal, juros, comissões, pena convencional, despesas legais e convencionais, com as preferências estabelecidas na legislação em vigor.

Art 55. Se baixar no mercado o valor dos bens onerados ou se se verificar qualquer ocorrência que determine sua diminuição ou depreciação, o emitente reforçará a garantia dentro do prazo de quinze dias da notificação que o credor lhe fizer, por carta enviada pelo Correio, ou pelo Oficial do Cartório de Títulos e Documentos da Comarca.

Art 56. Se os bens oferecidos em garantia de cédula de crédito industrial, pertencerem a terceiras, estes subscreverão também o título para que se constitua o vínculo.

Art 57. Os bens vinculados à cédula de crédito industrial não serão penhorados ou sequestrados por outras dívidas do emitente ou de terceiro prestante da garantia real, cumprindo a qualquer deles denunciar a existência da cédula as autoridades incumbidas da diligência, ou a quem a determinou, sob pena de responderem pelos prejuízos resultantes de sua omissão.

Art 58. Em caso de cobrança em processo contencioso ou não, judicial ou administrativo, o emitente da cédula de crédito industrial responderá ainda pela multa de 10% (dez por cento) sobre o principal e acessórios em débito, devida a partir do primeiro despacho da autoridade competente na petição de cobrança ou de habilitação do crédito.

Art 59. No caso de execução judicial, os bens adquiridos ou pagos com o crédito concedido pela célula de crédito industrial responderão primeiramente pela satisfação do título, não podendo ser vinculados ao pagamento de dívidas privilegiadas, enquanto não for liquidada a cédula.

Art 60. O emitente da cédula manterá em dia o pagamento dos tributos e encargos fiscais, previdenciários e trabalhistas de sua responsabilidade, inclusive a remuneração dos empregados, exibindo ao credor os respectivos comprovantes sempre que lhe forem exigidos.

Art 61. A cédula de crédito industrial e a nota de crédito industrial poderão ser redescontadas em condições estabelecidas pelo Conselho Monetário Nacional.

Art 62. Da cédula de crédito industrial poderão constar outras condições da dívida ou obrigações do emitente, desde que não contrariem o disposto neste Decreto-lei e a natureza do título.

Parágrafo único. O Conselho Monetário Nacional, observadas as condições do mercado de crédito, poderá fixar prazos de vencimento dos títulos do crédito industrial, bem como determinar inclusão de denominações que caracterizem a destinação dos bens e as condições da operação.

Art 63. Os bens apenhados poderão, se convier ao credor, ser entregues à guarda de terceiro fiel-depositário, que se sujeitará às obrigações e às responsabilidades legais e cedulares.

§ 1º Os direitos e as obrigações do terceiro fiel depositário, inclusive a imissão, na posse, do imóvel da situação dos bens apenhados,

DECRETOS-LEIS

independerão da lavratura de contrato de comodato e de prévio consentimento do locador, perdurando enquanto subsistir a dívida.

§ 2º Todas as despesas de guarda e conservação dos bens contratados ao terceiro fiel-depositário correrão, exclusivamente, por conta do devedor.

§ 3º Nenhuma responsabilidade terão credor e terceiro fiel-depositário pelos dispêndios que se tornarem precisos ou aconselháveis para a boa conservação do imóvel e dos bens apenhados.

§ 4º O devedor é obrigado a providenciar tudo o que for reclamado pelo credor para a pronta execução dos reparos ou obras de que, porventura, necessitar o imóvel, ou que forem exigidos para a perfeita armazenagem dos bens empenhados.

Art 64. Serão segurados, até final resgate da cédula, os bens nela descritos e caracterizados, observada à vigente legislação de seguros obrigatórios.

Art 65. A cédula de crédito industrial e a nota de crédito industrial obedecerão aos modelos anexos, quais poderão ser padronizados e alterados pelo Conselho Monetário Nacional, observado o disposto no artigo 62 deste Decreto-lei.

Art 66. Este Decreto-lei entrará em vigor 90 (noventa) dias depois de publicado, revogando-se os Decretos-Leis n. 265, de 28 de fevereiro de 1967, 320, de 29 de março de 1967 e 331, de 21 de setembro de 1967 na parte referente à cédula Industrial Pignoratícia, 1.271, de 16 de maio de 1939, 1.697, de 23 de outubro de 1939, 2.064, de 7 de março de 1940, 3.169, de 2 de abril de 1941, 4.191, de 18 de março de 1942, 4.312, de 20 de maio de 1942 e Leis n. 2.931, de 27 de outubro 1956, e 3.408, de 16 de junho de 1958, as demais disposições em contrário.

Brasília, 9 de janeiro de 1969; 148º da Independência e 81º da República.

A. COSTA E SILVA

NOTA DE CRÉDITO INDUSTRIAL

N......... Vencimento em .... de .... de 19....

NCr$____________________

A.........................de.......................de 19.............. pagar.................... por esta nota de crédito industrial a.................................. ou à sua ordem, a quantia de .... em moeda corrente, valor do crédito deferido para aplicação na forma do orçamento anexo a que será utilizado do seguinte modo: ....

....

Os juros são devido à taxa de .... ao ano exigíveis em trinta (30) de junho, trinta e um (31) de dezembro no vencimento e na liquidação da cédula.. sendo de .... a comissão de fiscalização, exigível juntamente com os juros.. O pagamento será efetuado na praça de ....

....

....

CÉDULA DE CRÉDITO INDUSTRIAL

N.........	Vencimento em.......... de..............de 19..........
	NCr$____________________

A .... de................. de 19............. pagar.............................. por esta cédula de crédito industrial a.. ou à sua ordem, a quantia de...................... em moeda corrente, valor do crédito deferido para aplicação na forma do orçamento anexo a que será utilizado do seguinte modo: ....

....

Os juros são devido à taxa de .... ao ano exigíveis em trinta (30) de junho, trinta e um (31) de dezembro, no vencimento e na liquidação da cédula... sendo de ....

a comissão de fiscalização, exigível juntamente com os juros....................................

O pagamento será efetuado na praça de .....

....

Os bens vinculados, obrigatoriamente segurados, são os seguintes: ....

....

DECRETO-LEI N. 486, DE 3 DE MARÇO DE 1969

Dispõe sobre escrituração e livros mercantis e dá outras providências.

- *DOU*, 04.03.1969.
- Lei 6.586/1978 (Classifica o comerciante ambulante para fins trabalhistas e previdenciários).
- Dec. 64.567/1968 (Regulamenta dispositivos deste decreto-lei.)

O Presidente da República, no uso das atribuições que lhe confere o parágrafo 1º do art. 2º do Ato Institucional n. 5, de 13 de dezembro de 1968,

Decreta:

ART. 1º Todo comerciante é obrigado a seguir ordem uniforme de escrituração, mecanizada ou não, utilizando os livros e papéis adequados, cujo número e espécie ficam a seu critério.

Parágrafo único. Fica dispensado desta obrigação o pequeno comerciante, tal como definido em regulamento, à vista dos seguintes elementos, considerados isoladamente ou em conjunto.

- Dec. 64.567/1968 (Regulamenta dispositivos deste decreto-lei.)

a) natureza artezanal da atividade;

b) predominância do trabalho próprio e de familiares, ainda que organizada a atividade;

e) capital efetivamente empregado;

d) renda bruta anual;

e) condições peculiares da atividade, reveladoras da exiguidade do comércio exercido.

ART. 2º A escrituração será completa, em idioma e moeda corrente nacionais, em forma mercantil, com individuação e clareza, por ordem cronológica de dia, mês e ano, sem intervalos em branco, nem entrelinhas, borraduras, rasuras, emendas e transportes para as margens.

- Dec. 64.567/1968 (Regulamenta dispositivos deste decreto-lei.)

§ 1º É permitido o uso do código de números ou de abreviaturas, desde que estes constem de livro próprio, revestido das formalidades estabelecidas neste Decreto-lei.

§ 2º Os erros cometidos serão corrigidos por meio de lançamentos de estorno.

ART. 3º A escrituração ficará sob a responsabilidade de profissional qualificado, nos termos da legislação específica, exceto nas localidades em que não haja elemento nessas condições.

ART. 4º O comerciante é ainda obrigado a conservar em ordem, enquanto não prescritas eventuais ações que lhes sejam pertinentes, a escrituração, correspondência e demais papéis relativos à atividade, ou que se refiram a atos ou operações que modifiquem ou possam vir a modificar sua situação patrimonial.

ART. 5º Sem prejuízo de exigências especiais da lei, é obrigatório o uso de livro Diário, encadernado com folhas numeradas seguidamente, em que serão lançados, dia a dia, diretamente ou por reprodução, os atos ou operações da atividade mercantil, ou que modifiquem ou possam vir a modificar a situação patrimonial do comerciante.

§ 1º O comerciante que empregar escrituração mecanizada, poderá substituir o Diário e os livros facultativos ou auxiliares por fichas seguidamente numeradas, mecânica ou tipograficamente.

§ 2º Os Livros ou fichas do Diário deverão conter termos de abertura e de encerramento, e ser submetidos à autenticação do órgão competente do Registro do Comércio.

§ 3º Admite-se a escrituração resumida do Diário, por totais que não excedam o período de um mês, relativamente a contas cujas operações sejam numerosas ou realizadas fora da sede do estabelecimento, desde que utilizados livros auxiliares para registro individuado e conservados os documentos que permitam sua perfeita verificação.

ART. 6º Os órgãos do Registro do Comércio, fora de suas sedes, atendidas as conveniências do serviço, poderão delegar competência a outra autoridade pública para o preenchimento das formalidades de autenticação previstas neste Decreto-lei.

ART. 7º Observadas as exigências relativas ao Diário, o comerciante poderá submeter à autenticação de que trata o artigo 5º, parágrafo 2º, qualquer livro de escrituração que julgue conveniente adotar, segundo a natureza e o volume de seus negócios.

ART. 8º Os livros e fichas de escrituração mercantil somente provam a favor do comerciante quando mantidos com observância das formalidades legais.

ART. 9º Nas hipóteses de sucessão, em que o ativo e o passivo do sucedido sejam assumidos pelo sucessor, poderá este ser autorizado a continuar a escriturar os livros e fichas do estabelecimento, observadas as devidas formalidades.

- Dec. 64.567/1968 (Regulamenta dispositivos deste decreto-lei.)

ART. 10. Ocorrendo extravio, deterioração ou destruição de livros fichas documentos ou papéis de interesse da escrituração o comerciante fará publicar em jornal de grande circulação do local de seu estabelecimento aviso concernente ao fato e deste dará minuciosa informação, dentro de quarenta e oito horas ao órgão competente do Registro do Comércio.

Parágrafo único. A legalização de novos livros ou fichas só será providenciada depois de observado o disposto neste artigo.

ART. 11. Fica abolido o uso obrigatório do copiador de cartas.

ART. 12. As disposições deste Decreto-lei não prejudicarão exigências específicas de escrituração e livros, a que estejam submetidas quaisquer instituições ou estabelecimentos.

ART. 13. Os órgãos do Registro do Comércio manterão livro de assinaturas e rubricas de autenticadores e organizarão o registro de livros e fichas autenticadas.

ART. 14. Compete ao Departamento Nacional de Registro do Comércio baixar as normas necessárias à perfeita aplicação deste Decreto-lei e de seu regulamento, podendo, quando for o caso, resguardadas a segurança e inviolabilidade da escrituração, estender a autenticação prevista no artigo 5º, parágrafo 2º, a impressos de escrituração mercantil que o aperfeiçoamento tecnológico venha a recomendar.

ART. 15. Os livros autenticados por qualquer processo anterior permanecerão em uso até que se esgotem.

ART. 16. Este Decreto-lei entrará em vigor, revogadas as disposições em contrário, na data da publicação do respectivo Regulamento, que será expedido dentro do prazo de 60 dias.

Brasília, 3 de março de 1969; 148º da Independência e 81º da República.

A. COSTA E SILVA

DECRETO-LEI N. 509, DE 20 DE MARÇO DE 1969

Dispõe sobre a transformação do Departamento dos Correios e Telégrafos em empresa pública, e dá outras providências.

› *DOU*, 21.3.1969, retificado em 25.3.1969.

O Presidente da República, no uso das atribuições que lhe confere o § 1º do artigo 2º do Ato Institucional n. 5, de 13 de dezembro de 1968,

Decreta:

ART. 1º O Departamento dos Correios e Telégrafos (DCT) fica transformado em empresa pública, vinculada ao Ministério das Comunicações, com a denominação de Empresa Brasileira de Correios e Telégrafos (ECT; nos termos do artigo 5º, item II, do Decreto lei n. 200, de 25 de fevereiro de 1967.

› V. Dec.-Lei 200/1967 (Dispõe sobre a organização da Administração Federal).

§ 1º A ECT tem sede e foro na cidade de Brasília, no Distrito Federal. (Acrescentado pela Lei 12.490/2011.)

§ 2º A ECT tem atuação no território nacional e no exterior. (Acrescentado pela Lei 12.490/2011.)

§ 3º Para a execução de atividades compreendidas em seu objeto, a ECT poderá: (Acrescentado pela Lei 12.490/2011.)

I - constituir subsidiárias; e (Acrescentado pela Lei 12.490/2011.)

II - adquirir o controle ou participação acionária em sociedades empresárias já estabelecidas. (Acrescentado pela Lei 12.490/2011.)

§ 4º É vedado às empresas constituídas ou adquiridas nos termos do § 3º atuar no serviço de entrega domiciliar de que trata o monopólio postal. (Acrescentado pela Lei 12.490/2011.)

§ 5º (Vetado). (Acrescentado pela Lei 12.490/2011.)

§ 6º A constituição de subsidiárias e a aquisição do controle ou participação acionária em sociedades empresárias já estabelecidas deverão ser comunicadas à Câmara dos Deputados e ao Senado Federal no prazo máximo de 30 (trinta) dias, contado da data da concretização do ato correspondente. (Acrescentado pela Lei 12.490/2011.)

ART. 2º À ECT compete:

I - executar e controlar, em regime de monopólio, os serviços postais em todo o território nacional;

II - exercer nas condições estabelecidas nos artigos 15 e 16, as atividades ali definidas.

III - explorar os seguintes serviços postais: (Acrescentado pela Lei 12.490/2011.)

a) logística integrada; (Acrescentada pela Lei 12.490/2011.)

b) financeiros; e (Acrescentada pela Lei 12.490 /2011.)

c) eletrônicos. (Acrescentado pela Lei 12.490 /2011.)

Parágrafo único. A ECT poderá, obedecida a regulamentação do Ministério das Comunicações, firmar parcerias comerciais que agreguem valor à sua marca e proporcionem maior eficiência de sua infraestrutura, especialmente de sua rede de atendimento. (Acrescentado pela Lei 12.490/2011.)

ART. 3º A ECT tem a seguinte estrutura: (Alterado pela Lei 12.490/2011.)

I - Assembleia Geral; (Acrescentado pela Lei 12.490/2011.)

II - Conselho de Administração; (Acrescentado pela Lei 12.490/2011.)

III - Diretoria Executiva; e (Acrescentado pela Lei 12.490/2011.)

IV - Conselho Fiscal. (Acrescentado pela Lei 12.490/2011.)

ART. 4º Os Estatutos da ECT, que serão expedidos por decreto, estabelecerão a organização, atribuições e funcionamento dos órgãos que compõem sua estrutura básica.

§§ 1º a 4º (Revogados pela Lei 12.490/2011.)

ART. 5º Caberá ao Presidente representar a ECT em Juízo ou fora dele, ativa ou passivamente, podendo constituir mandatários e delegar competência, permitindo, se for o caso, a subdelegação às autoridades subordinadas.

ART. 6º O Capital inicial da ECT será constituído integralmente pela União na forma deste Decreto-lei.

§ 1º O Capital inicial será constituído pelos bens móveis, imóveis, valores, direitos e ações que, pertencentes à União, estejam, na data deste Decreto lei, a serviço ou a disposição do DCT.

§ 2º Os bens e direitos de que trata este artigo serão incorporados ao ativo da ECT mediante inventário e levantamento a cargo de Comissão designada, em conjunto, pelos Ministros da Fazenda e das Comunicações.

§ 3º O capital inicial da ECT poderá ser aumentado por ato do poder Executivo, mediante a incorporação de recursos de origem orçamentária, por incorporação de reservas decorrentes de lucros líquidos de suas atividades, pela reavaliação do ativo e por depósito de capital feito pela União.

§ 4º Poderão vir a participar dos futuros aumentos do capital outras pessoas jurídicas de direito público interno, bem como entidades integrantes da Administração Federal Indireta.

ART. 7º A ECT poderá contrair empréstimos no país ou no Exterior que objetivem atender ao desenvolvimento e aperfeiçoamento de seus serviços, observadas a legislação e regulamentação em vigor.

ARTS. 8º a 10. (Revogados pela Lei 12.490/2011.)

ART. 11. O regime jurídico do pessoal da ECT será o da consolidação das Leis do Trabalho aprovada pelo Decreto-lei n. 5.452, de 1º de maio de 1943. (Alterado pelo Dec.-Lei 538/1969.)

ART. 12. A ECT gozará de isenção de direitos de importação de materiais e equipamentos destinados aos seus serviços, dos privilégios concedidos à Fazenda Pública, quer em relação a imunidade tributária, direta ou indireta, impenhorabilidade de seus bens, rendas e serviços, quer no concernente a foro, prazos e custas processuais.

ART. 13. Ressalvada a competência do Departamento de Polícia Federal, a ECT manterá serviços de vigilância para zelar, no âmbito das comunicações, pelo sigilo da correspondência, cumprimento das leis e regulamentos relacionados com a segurança nacional, e garantia do tráfego postal-telegráfico e dos bens e haveres da Empresa ou confiados a sua guarda.

ART. 14. Enquanto não se ultimar o processo de transferência a que se refere a Lei n. 5.363, de 30 de novembro de 1967, a ECT continuará tendo sede e foro no Estado da Guanabara.

ART. 15. Ressalvadas a competência e jurisdição da Empresa Brasileira de Telecomunicações (Embratel), a ECT, como sucessora ao DCT, poderá prosseguir na construção, conservação e exploração dos circuitos de telecomunicações, executando os serviços públicos de telegrafia e demais serviços públicos de telecomunicações, atualmente a seu cargo.

ART. 16. Enquanto não forem transferidos, para a EMBRATEL, os serviços de telecomunicações, que o Departamento dos Correios e Telégrafos hoje executa, a ECT, mediante cooperação e convênio com aquela empresa, poderá construir, conservar ou explorar, conjunta ou separadamente os circuitos-troncos que integram o Sistema Nacional de Telecomunicações.

ART. 17. Observada a programação financeira do Governo, serão transferidas para a ECT, nas épocas próprias, como parcela integrante ao seu capital, as dotações orçamentárias e os créditos abertos em favor do atual DCT, assim como quaisquer importâncias a este devidas, deduzida a parcela correspondente às receitas previstas no orçamento geral da União como receita do Tesouro o que, por força deste Decreto-lei, passam a constituir receita da Empresa.

ART. 18. A ECT procurará desobrigar-se da realização material de tarefas executivas recorrendo, sempre que possível, à execução indireta, mediante contratos e convênios, condicionado esse critério aos ditames de interesse público e às conveniências da segurança nacional.

ART. 19. Compete ao Ministro das Comunicações exercer supervisão das atividades da ECT, nos termos e na forma previstos no título IV ao Decreto-Lei n. 200, de 25 de fevereiro de 1967.

ART. 20. A ECT enviará ao Tribunal de Contas da União as suas contas gerais relativas a cada exercício, na forma da legislação em vigor.

ART. 21. Até que sejam expedidos os Estatutos, continuarão em vigor as normas regulamentares e regimentais que não contrariarem o disposto neste Decreto-lei.

ART. 21-A. Aplica-se subsidiariamente a este Decreto-Lei a Lei n. 6.404, de 15 de dezembro de 1976. (Acrescentado pela Lei 12.490/2011.)

ART. 21-B. As funções gerenciais e técnicas da ECT, em âmbito regional, serão exercidas exclusivamente por empregados do quadro de pessoal permanente da empresa. (Acrescentado pela Lei 12.490/2011.)

ART. 22. Este Decreto-Lei entrará em vigor na data de sua publicação revogadas as disposições em contrário.

Brasília, 20 de março de 1969; 148º da Independência e 81º da República.

A. COSTA E SILVA

DECRETO-LEI N. 552, DE 25 DE ABRIL DE 1969

Dispõe sobre a concessão de vista ao Ministério Público nos processos de habeas corpus.

› *DOU*, 28.04.1969.

O Presidente da República, usando da atribuição que lhe confere o § 1º do artigo 2º do Ato Institucional n. 5, de 13 de dezembro de 1968,

Decreta:

ART. 1º Ao Ministério Público será sempre concedida, nos Tribunais Federais ou Estaduais, vista dos autos relativos a processos de *habeas corpus* originários ou em grau de recurso pelo prazo de 2 (dois) dias.

§ 1º Findo o prazo, os autos, com ou sem parecer serão conclusos ao relator para julgamento, independentemente de pauta.

§ 2º A vista ao Ministério Público será concedida após a prestação das informações pela autoridade coatora salvo se o relator entender desnecessário solicitá-las, ou se solicitadas, não tiverem sido prestadas.

§ 3º No julgamento dos processos a que se refere este artigo será assegurada a intervenção oral do representante do Ministério Público.

ART. 2º Este Decreto-lei entrará em vigor na data de sua publicação, revogados o artigo 611 do Código de Processo Penal e demais disposições em contrário.

Brasília, 25 de abril de 1969; 148º da Independência e 81º da República.

A. COSTA E SILVA

DECRETO-LEI N. 691, DE 18 DE JULHO DE 1969

Dispõe sobre a não aplicação, aos contratos de técnicos estrangeiros, com estipulação de pagamento de salários em moeda estrangeira, de diversas disposições da legislação trabalhista, e dá outras providências.

▸ *DOU*, 21.07.1969.

O Presidente da República, no uso da atribuição que lhe confere o § 1º do artigo 2º do Ato Institucional n. 5, de 13 de dezembro de 1968,

Decreta:

ART. 1º Os contratos de técnicos estrangeiros domiciliados ou residentes no exterior, para execução, no Brasil, de serviços especializados, em caráter provisório, com estipulação de salários em moeda estrangeira, serão, obrigatoriamente, celebrados por prazo determinado e prorrogáveis sempre a termo certo, ficando excluídos da aplicação do disposto nos artigos n. 451, 452, 453, no Capítulo VII do Título IV da Consolidação das Leis do Trabalho e na Lei n. 5.107, de 13 de setembro de 1966, com as alterações do Decreto-lei n. 20, de 14 de setembro de 1966, e legislação subsequente.

Parágrafo único. A rescisão dos contratos de que trata este artigo reger-se-á pelas normas estabelecidas nos artigos n. 479, 480, e seu § 1º, e 481 da Consolidação das Leis do Trabalho.

ART. 2º Aos técnicos estrangeiros contratados nos termos deste Decreto-lei serão assegurados, além das vantagens previstas no contrato, apenas as garantias relativas a salário-mínimo, repouso semanal remunerado, férias anuais, duração, higiene e segurança do trabalho, seguro contra acidente do trabalho e previdência social deferidas ao trabalhador que perceba salário exclusivamente em moeda nacional.

Parágrafo único. É vedada a estipulação contratual de participação nos lucros da empresa.

ART. 3º A taxa de conversão da moeda estrangeira será, para todos os efeitos, a da data do vencimento da obrigação.

ART. 4º A competência para dirimir as controvérsias oriundas das relações estabelecidas sob o regime deste Decreto-lei será da Justiça do Trabalho.

ART. 5º O presente Decreto-lei entrará em vigor na data de sua publicação, aplicando-se às relações em curso.

ART. 6º Revogam-se as disposições em contrário.

Brasília, 18 de julho de 1968; 148º da Independência e 81º da República.

A. COSTA E SILVA

DECRETO-LEI N. 779, DE 21 DE AGOSTO DE 1969

Dispõe sobre a aplicação de normas processuais trabalhistas à União Federal, aos Estados, Municípios, Distrito Federal e Autarquias ou Fundações de direito público que não explorem atividade econômica.

▸ *DOU*, 25.08.1969.

O Presidente da República, usando das atribuições que lhe confere o § 1º do artigo 2º do Ato Institucional n. 5, de 13 de dezembro de 1968,

Decreta:

ART. 1º Nos processos perante a Justiça do Trabalho, constituem privilégio da União, dos Estados, do Distrito Federal, dos Municípios e das autarquias ou fundações de direito público federais, estaduais ou municipais que não explorem atividade econômica:

I - a presunção relativa de validade dos recibos de quitação ou pedidos de demissão de seus empregados ainda que não homologados nem submetidos à assistência mencionada nos parágrafos 1º, 2º e 3º do artigo 477 da Consolidação das Leis do Trabalho;

II - o quádruplo do prazo fixado no artigo 841, "in fine", da Consolidação das Leis do Trabalho;

III - o prazo em dobro para recurso;

IV - a dispensa de depósito para interposição de recurso;

V - o recurso ordinário ex officio das decisões que lhe sejam total ou parcialmente contrárias;

VI - o pagamento de custas a final salva quanto à União Federal, que não as pagará.

ART. 2º O disposto no artigo anterior aplica-se aos processos em curso mas não acarretará a restituição de depósitos ou custas pagas para efeito de recurso até decisão passada em julgado.

ART. 3º Este Decreto-lei entra em vigor na data de sua publicação, revogadas as disposições em contrário.

Brasília, 21 de agosto de 1969; 148º da Independência e 81º da República.

A. COSTA E SILVA

DECRETO-LEI N. 822, DE 5 DE SETEMBRO DE 1969

Extingue a garantia de instância nos recursos de decisão administrativa fiscal e dá outras providências.

▸ *DOU*, 08.09.1969.

Os Ministros da Marinha de Guerra, do Exército e da Aeronáutica Militar , usando das atribuições que lhes confere o artigo 1º do Ato Institucional número 12, de 31 de agosto de 1969, combinado com o parágrafo 1º do artigo 2º do Ato Institucional número 5, de 13 de dezembro de 1968,

Decretam:

ART. 1º Independe de garantia de instância a interposição de recurso no processo administrativo fiscal de determinação e exigência de créditos tributários federais.

§ 1º Nos processos não definitivamente decididos pela administração fica extinta a fiança e, a requerimento do interessado, será liberado o depósito.

§ 2º O depósito em dinheiro, no prazo de interposição do recurso, ou o não levantamento da importância depositada, evitará a correção monetária do crédito tributário.

ART. 2º O Poder Executivo regulará o processo administrativo de determinação e exigência de créditos tributários federais, penalidades, empréstimos compulsórios e o de consulta.

ART. 3º Ficará revogada, a partir da publicação do ato do Poder Executivo que regular o assunto, a legislação referente à matéria mencionada no artigo 2º, deste Decreto-Lei.

ART. 4º Revogadas as disposições em contrário, este Decreto-Lei entra em vigor na data de sua publicação.

Brasília, 5 de setembro de 1969; 148º da Independência e 81º da República.

AUGUSTO HAMANN RADEMAKER GRUNEWALD
AURÉLIO DE LYRA TAVARES
MÁRCIO DE SOUZA E MELLO
ANTÔNIO DELFIM NETTO

DECRETO-LEI N. 857, DE 11 DE SETEMBRO DE 1969

Consolida e altera a legislação sobre moeda de pagamento de obrigações exequíveis no Brasil.

▸ *DOU*, 12.09.1969.

Os Ministros da Marinha de Guerra, do Exército e da Aeronáutica Militar, usando das atribuições que lhes confere o artigo 1º do Ato Institucional n. 12, de 31 de agosto 1969 combinado com o § 1º do artigo 2º do Ato Institucional n. 5, de 13 de dezembro de 1968,

Decretam:

ART. 1º São nulos de pleno direito os contratos, títulos e quaisquer documentos, bem como as obrigações que exequíveis no Brasil, estipulem pagamento em ouro, em moeda estrangeira, ou, por alguma forma, restrinjam ou recusem, nos seus efeitos, o curso legal do cruzeiro.

ART. 2º Não se aplicam as disposições do artigo anterior:

▸ Lei 9.529/1997 (Dispõe sobre exportação indireta).

I - aos contratos e títulos referentes a importação ou exportação de mercadorias;

II - aos contratos de financiamento ou de prestação de garantias relativos às operações de exportação de bens e serviços vendidos a crédito para o exterior; (Alterado pela Lei 13.292/2016.)

III - aos contratos de compra e venda de câmbio em geral;

IV - aos empréstimos e quaisquer outras obrigações cujo credor ou devedor seja pessoa residente e domiciliada no exterior, excetuados os contratos de locação de imóveis situados no território nacional;

V - aos contratos que tenham por objeto a cessão, transferência, delegação, assunção ou modificação das obrigações referidas no item anterior, ainda que ambas as partes contratantes sejam pessoas residentes ou domiciliadas no país.

Parágrafo único. Os contratos de locação de bens móveis que estipulem pagamento em moeda estrangeira ficam sujeitos, para sua validade a registro prévio no Banco Central do Brasil.

ART. 3º No caso de rescisão judicial ou extrajudicial de contratos a que se refere o item I do artigo 2º deste Decreto-lei, os pagamentos decorrentes do acerto entre as partes, ou de execução de sentença judicial, subordinam-se aos postulados da legislação de câmbio vigente.

ART. 4º O presente Decreto-lei entrará em vigor na data de sua publicação, revogados o Decreto n. 23.501, de 27 de novembro de 1933, a Lei n. 28, de 15 de fevereiro de 1935, o Decreto-Lei n. 236, de 2 de fevereiro de 1938, o Decreto-Lei n. 1.079, de 27 de janeiro de 1939, o Decreto-Lei n. 6.650, de 29 de junho de 1944, o Decreto-lei n. 316, de 13 de março de 1967 e demais disposições em contrário mantida a suspensão do § 1º do art. 947 do Código Civil.

Brasília, 11 de setembro de 1969; 148º da Independência e 81º da República.

AUGUSTO HAMANN RADEMAKER GRUNEWALD
AURÉLIO DE LYRA TAVARES
MÁRCIO DE SOUZA E MELLO
ANTÔNIO DELFIM NETTO

DECRETO-LEI N. 858, DE 11 DE SETEMBRO DE 1969

Dispõe sobre a cobrança e a correção monetária dos débitos fiscais nos casos de falência e dá outras providências.

› *DOU*, 12.09.1969

Os Ministros da Marinha de Guerra, do Exército e da Aeronáutica Militar, usando das atribuições que lhes confere o artigo 1º do Ato Institucional n. 12, de 31 de agosto de 1969, combinado com o § 1º do artigo 2º do Ato Institucional n. 5, de 13 de dezembro de 1968,

Decretam:

ART. 1º A correção monetária dos débitos fiscais do falido será feita até a data da sentença declaratória da falência, ficando suspensa, por um ano, a partir dessa data.

§ 1º Se esses débitos não forem liquidados até 30 dias após o término do prazo previsto neste artigo, a correção monetária será calculada até a data do pagamento incluindo o período em que esteve suspensa.

§ 2º Nas falências decretadas há mais de 180 dias, o prazo para a liquidação dos débitos fiscais, com os benefícios de que trata este artigo será de 180 dias, a contar da data de publicação deste Decreto-Lei.

§ 3º O pedido de concordata suspensiva não interferirá na fluência dos prazos fixado neste artigo.

ART. 2º A concordata preventiva ou suspensiva, a divulgação judiciária ou a falência não suspenderão o curso dos executivos fiscais nem impedirão o ajuizamento de novos processos para a cobrança de créditos fiscais apurados posteriormente.

ART. 3º Não será distribuído requerimento de concordata preventiva ou liquidação judicial de sociedade sem a prova negativa de Executivo Fiscal Proposto pela Fazenda Pública, fornecida pelo competente ofício distribuidor.

Parágrafo único. Terá efeito de certidão negativa aquela que, mesmo acusando Executivo Fiscal proposto, vier acompanhada de prova da existência de penhora aceita, mediante certidão expedida pelo Cartório ou Secretaria do Juízo respectivo.

ART. 4º As normas deste Decreto-Lei aplicam-se aos processos em curso.

› O art. 5º não consta na publicação oficial.

ART. 6º Este Decreto-Lei entrará em vigor na data de sua publicação, revogadas as disposições em contrário.

Brasília, 11 de setembro de 1969; 148º da Independência e 81º da República.

AUGUSTO HAMANN RADEMAKER GRUNEWALD
AURÉLIO DE LYRA TAVARES
MÁRCIO DE SOUZA E MELLO
LUÍS ANTÔNIO DA GAMA E SILVA
ANTÔNIO DELFIM NETTO
HÉLIO BELTRÃO

DECRETO-LEI N. 900, DE 29 DE SETEMBRO DE 1969

Altera disposições do Decreto-Lei n. 200, de 25 de fevereiro de 1967, e dá outras providências.

› *DOU*, 30.09.1969.

Os Ministros da Marinha de Guerra, do Exército E Da Aeronáutica Militar, usando das atribuições que lhes confere o artigo 1º do Ato Institucional número 12, de 31 de agosto de 1969, combinado com o § 1º do artigo 2º do Ato Institucional número 5, de 13 de dezembro de 1968,

Decretam:

ART. 1º Os dispositivos do Decreto-Lei n. 200, de 25 de fevereiro de 1967, adiante indicados, passam a vigorar com a seguinte redação:

› Alterações promovidas no texto do referido decreto-lei.

ART. 2º (Revogado pela Lei 7.596/1987.)

a) a *d)* (Revogadas pela Lei 7.596/1987.)

ART. 3º (Revogado pelo Dec.-Lei 2.299/1986.)

ART. 4º A aprovação de quadros e tabelas de pessoal das autarquias federais e a fixação dos respectivos vencimentos e salários são da competência do Presidente da República, ficando revogadas quaisquer disposições que atribuam a Órgãos das próprias autarquias competência para a prática destes atos.

ART. 5º Desde que a maioria do capital votante permaneça de propriedade da União, será admitida, no capital da Empresa Pública (artigo 5º inciso II, do Decreto-Lei n. 200, de 25 de fevereiro de 1967), a participação de outras pessoas jurídicas de direito público interno bem como de entidades da Administração Indireta da União, dos Estados, Distrito Federal e Municípios.

ART. 6º (Revogado pela Lei 5.843/1972.)

ART. 7º Ficam substituídas:

I - no artigo 97 do Decreto-Lei n. 200, de 25 de fevereiro de 1967, as expressões "nas condições previstas neste artigo" por "nos termos da legislação trabalhista";

II - no artigo 161 do decreto-lei referido no item anterior a palavra "lei" por "decreto".

ART. 8º Ficam suprimidas, nos artigos 35 e 39 do Decreto-Lei n. 200, de 25 de fevereiro de 1967, as referências a setores e revogados o § 2º do artigo 4º, o parágrafo único do artigo 31, o parágrafo único do artigo 37, o parágrafo único do artigo 50, a alínea "c" do artigo 146, os §§ 1º e 2º do artigo 155, e os artigos 168, 169, 192, 193, 194, 196 e 197 do mesmo decreto-lei.

ART. 9º Este Decreto-lei entrará em vigor na data de sua publicação, revogadas as disposições em contrário.

Brasília, 29 de setembro de 1969; 148º da Independência e 81º da República.

AUGUSTO HAMANN
RADEMAKER GRUNEWALD

DECRETO-LEI N. 972, DE 17 DE OUTUBRO DE 1969

Dispõe sobre o exercício da profissão de jornalista.

› *DOU*, 21.10.1969.

› Dec. 83.284/1979 (Dá nova regulamentação ao Dec.-Lei 972/1969, que dispõe sobre o exercício da profissão de jornalista, em decorrência das alterações introduzidas pela Lei 6.612/ 1978).

Os Ministros da Marinha de Guerra, do Exército e da Aeronáutica Militar, usando das atribuições que lhes confere o artigo 3º do Ato Institucional n. 16, de 14 de outubro de 1969, combinado com o § 1º do artigo 2º do Ato Institucional n. 5, de 13 de dezembro de 1968,

Decretam:

ART. 1º O exercício da profissão de jornalista é livre, em todo o território nacional, aos que satisfizerem as condições estabelecidas neste Decreto-Lei.

ART. 2º A profissão de jornalista compreende, privativamente, o exercício habitual e remunerado de qualquer das seguintes atividades:

a) redação, condensação, titulação, interpretação, correção ou coordenação de matéria a ser divulgada, contenha ou não comentário;

b) comentário ou crônica, pelo rádio ou pela televisão;

c) entrevista, inquérito ou reportagem, escrita ou falada;

d) planejamento, organização, direção e eventual execução de serviços técnicos de jornalismo, como os de arquivo, ilustração ou distribuição gráfica de matéria a ser divulgada;

e) planejamento, organização e administração técnica dos serviços de que trata a alínea a;

f) ensino de técnicas de jornalismo;

g) coleta de notícias ou informações e seu preparo para divulgação;

h) revisão de originais de matéria jornalística, com vistas à correção redacional e a adequação da linguagem;

i) organização e conservação de arquivo jornalístico, e pesquisa dos respectivos dados para a elaboração de notícias;

j) execução da distribuição gráfica de texto, fotografia ou ilustração de caráter jornalístico, para fins de divulgação;

l) execução de desenhos artísticos ou técnicos de caráter jornalístico.

ART. 3º Considera-se empresa jornalística, para os efeitos deste Decreto-Lei, aquela que tenha como atividade a edição de jornal ou revista, ou a distribuição de noticiário, com funcionamento efetivo idoneidade financeira e registro legal.

§ 1º Equipara-se a empresa jornalística a seção ou serviço de empresa de radiodifusão, televisão ou divulgação cinematográfica, ou de agência de publicidade, onde sejam exercidas as atividades previstas no artigo 2º.

§ 2º (Revogado pela Lei 6.612/1978).

§ 3º A empresa não jornalística sob cuja responsabilidade se editar publicação destinada a circulação externa, promoverá o cumprimento desta lei relativamente aos jornalistas que contratar, observado, porém, o que determina o artigo 8º, § 4º.

ART. 4º O exercício da profissão de jornalista requer prévio registro no órgão regional competente do Ministério do Trabalho e Previdência Social que se fará mediante a apresentação de:

I - prova de nacionalidade brasileira;

II - folha corrida;

III - carteira profissional;

IV - (Revogado pela Lei 6.612/1978).

V - diploma de curso superior de jornalismo, oficial ou reconhecido registrado no Ministério da Educação e Cultura ou em instituição por este credenciada, para as funções relacionadas de "a" a "g" no artigo 6º.

§ 1º O regulamento disporá ainda sobre o registro especial de: (Renumerado pela Lei n. 7.360, de 1985)

a) colaborador, assim entendido aquele que, mediante remuneração e sem relação de emprego, produz trabalho de natureza técnica, científica ou cultural, relacionado com a sua especialização, para ser divulgado com o nome e qualificação do autor; (Redação dada pela Lei 6.612/1978.)

b) funcionário público titular de cargo cujas atribuições legais coincidam com as do artigo 2º;

c) provisionados na forma do art. 12, aos quais será assegurado o direito de transformar seu registro em profissional, desde que comprovem o exercício de atividade jornalística nos dois últimos anos anteriores à data do Regulamento. (Redação dada pela Lei 7.360/1985.)

§ 2º O registro de que tratam as alíneas "a" e "b" do parágrafo anterior não implica o reconhecimento de quaisquer direitos que decorram da condição de empregado, nem, no caso da alínea "b", os resultantes do exercício privado e autônomo da profissão. (Renumerado pela Lei 7.360/1985.)

ART. 5º Haverá, ainda, no mesmo órgão, a que se refere o artigo anterior, o registro dos diretores de empresas jornalísticas que, não sendo jornalistas, respondam pelas respectivas publicações.

§ 1º Para esse registro, serão exigidos:

I - prova de nacionalidade brasileira;

II - folha corrida;

III - prova de registro civil ou comercial da empresa jornalística, com o inteiro teor do seu ato constitutivo;

IV - prova do depósito do título da publicação ou da agência de notícias no órgão competente do Ministério da Indústria e do Comércio;

V - para empresa já existente na data deste Decreto-Lei, conforme o caso:

a) trinta exemplares do jornal;

b) doze exemplares da revista;

c) trinta recortes ou cópia de noticiário com datas diferentes e prova de sua divulgação.

§ 2º Tratando-se de empresa nova, o registro será provisório com validade por dois anos, tornando-se definitivo após o cumprimento do disposto no item V.

§ 3º Não será admitida a renovação de registro provisório nem a prorrogação do prazo de sua validade.

§ 4º Na hipótese do § 3º do artigo 3º, será obrigatório o registro especial do responsável pela publicação, na forma do presente artigo para efeitos do § 4º do artigo 8º.

ART. 6º As funções desempenhadas pelos jornalistas profissionais, como empregados, serão assim classificadas:

a) Redator: aquele que além das incumbências de redação comum, tem o encargo de redigir editoriais, crônicas ou comentários;

b) Noticiarista: aquele que tem o encargo de redigir matéria de caráter informativo, desprovida de apreciação ou comentários;

c) Repórter: aquele que cumpre a determinação de colher notícias ou informações, preparando-a para divulgação;

d) Repórter de Setor: aquele que tem o encargo de colher notícias ou informações sobre assuntos pré-determinados, preparando-as para divulgação;

e) Rádio-Repórter: aquele a quem cabe a difusão oral de acontecimento ou entrevista pelo rádio ou pela televisão, no instante ou no local em que ocorram, assim como o comentário ou crônica, pelos mesmos veículos;

f) Arquivista-Pesquisador: aquele que tem a incumbência de organizar e conservar cultural e tecnicamente, o arquivo redatorial, procedendo à pesquisa dos respectivos dados para a elaboração de notícias;

g) Revisor: aquele que tem o encargo de rever as provas tipográficas de matéria jornalística;

h) Ilustrador: aquele que tem a seu cargo criar ou executar desenhos artísticos ou técnicos de caráter jornalístico;

i) Repórter-Fotográfico: aquele a quem cabe registrar, fotograficamente, quaisquer fatos ou assuntos de interesse jornalístico;

j) Repórter-Cinematográfico: aquele a quem cabe registrar cinematograficamente, quaisquer fatos ou assuntos de interesse jornalístico;

l) Diagramador: aquele a quem compete planejar e executar a distribuição gráfica de matérias, fotografias ou ilustrações de caráter jornalístico, para fins de publicação.

Parágrafo único. Também serão privativas de jornalista profissional as funções de confiança pertinentes às atividades descritas no artigo 2º como editor, secretário, subsecretário, chefe de reportagem e chefe de revisão.

ART. 7º Não haverá incompatibilidade entre o exercício da profissão de jornalista e o de qualquer outra função remunerada, ainda que pública, respeitada a proibição de acumular cargos e as demais restrições de lei.

ART. 8º Será passível de trancamento, voluntário ou de ofício, o registro profissional do jornalista que, sem motivo legal deixar de exercer a profissão por mais de dois anos.

§ 1º Não incide na cominação deste artigo o afastamento decorrente de:

a) suspensão ou interrupção do contrato de trabalho;

b) aposentadoria como jornalista;

c) viagem ou bolsa de estudos, para aperfeiçoamento profissional;

d) desemprego, apurado na forma da Lei n. 4.923, de 23 de dezembro de 1965.

§ 2º O trancamento de ofício será da iniciativa do órgão referido no artigo 4º ou a requerimento da entidade sindical de jornalistas.

§ 3º Os órgãos do Ministério do Trabalho e Previdência Social prestarão aos sindicatos de jornalistas as informações que lhes forem solicitadas, especialmente quanto ao registro de admissões e dispensas nas empresas jornalísticas, realizando as inspeções que se tornarem necessárias para a verificação do exercício da profissão de jornalista.

§ 4º O exercício da atividade prevista no artigo 3º, § 3º, não constituirá prova suficiente de permanência na profissão se a publicação e seu responsável não tiverem registro legal.

§ 5º O registro trancado suspende a titularidade e o exercício das prerrogativas profissionais, mas pode ser revalidado mediante a apresentação dos documentos previstos nos incisos II e III do artigo 4º. (Redação dada pela Lei 5.696/1971.)

ART. 9º O salário de jornalista não poderá ser ajustado nos contratos individuais de trabalho, para a jornada normal de cinco horas, em base inferior à do salário estipulado, para a respectiva função em acordo ou convenção coletiva de trabalho, ou sentença normativa da Justiça do Trabalho.

Parágrafo único. Em negociação ou dissídio coletivos poderão os sindicatos de jornalistas reclamar o estabelecimento de critérios de remuneração adicional pela divulgação de trabalho produzido por jornalista em mais de um veículo de comunicação coletiva.

ART. 10. Até noventa dias após a publicação do regulamento deste Decreto-Lei, poderá obter registro de jornalista profissional quem comprovar o exercício atual da profissão, em qualquer das atividades descritas no artigo 2º, desde doze meses consecutivos ou vinte e quatro intercalados, mediante:

I - os documentos previstos nos item I, II e III do artigo 4º;

II - atestado de empresa jornalística, do qual conste a data de admissão, a função exercida e o salário ajustado;

III - prova de contribuição para o Instituto Nacional de Previdência Social, relativa à relação de emprego com a empresa jornalística atestante.

§ 1º Sobre o pedido, opinará, antes da decisão da autoridade regional competente, o Sindicato de Jornalistas da respectiva base territorial.

§ 2º Na instrução do processo relativo ao registro de que trata êste artigo a autoridade competente determinará verificação minuciosa dos assentamentos na emprêsa, em especial, as folhas de pagamento ao período considerado, registro de empregados, livros contábeis, relações anuais de empregados e comunicações mensais de admissão e dispensa, guias de recolhimento ao INPS e registro de ponto diário.

§ 3º Nos municípios com população inferior a cem mil habitantes, exceto se capitais de Estado, os diretores-proprietários de empresas jornalísticas que comprovadamente exerçam a atividade de jornalista há mais de cinco anos poderão, se requererem ao órgão regional competente do Ministério do Trabalho, dentro de noventa dias, contados da publicação desta Lei, obter também o registro de que trata o art. 4º, mediante apresentação de prova de nacionalidade brasileira e folha corrida. (Incluído pela Lei 6.727/1979.)

§ 4º O registro de que trata o parágrafo anterior terá validade exclusiva no município em que o interessado houver exercido a respectiva atividade. (Incluído pela Lei 6.727/1979.)

ART. 11. Dentro do primeiro ano de vigência deste Decreto-Lei, o Ministério do Trabalho e Previdência Social promoverá a revisão, de registro de jornalistas profissionais cancelando os viciados por irregularidade insanável.

§ 1º A revisão será disciplinada em regulamento, observadas as seguintes normas:

I - A verificação será feita em comissão de três membros, sendo um representante do Ministério, que a presidirá, outro da categoria econômica e outro da categoria profissional, indicados pelos respectivos sindicatos, ou, onde não os houver, pela correspondente federação;

II - O interessado será notificado por via postal, contra recibo ou, se ineficaz a notificação postal, por edital publicado três vezes em órgão oficial ou de grande circulação na localidade do registro;

III - A notificação ou edital fixará o prazo de quinze dias para regularização das falhas do processo de registro, se for o caso, ou para apresentação de defesa;

IV - Decorrido o prazo da notificação ou edital, a comissão diligenciará no sentido de instruir o processo e esclarecer as dúvidas existentes, emitindo a seguir seu parecer conclusivo;

V - Do despacho caberá recurso, inclusive por parte dos Sindicatos de Jornalistas Profissionais ou de Empresas Proprietárias de Jornais e Revistas, para o Ministro do Trabalho e Previdência Social, no prazo de quinze dias, tornando-se definitiva a decisão da autoridade regional após o decurso desse prazo sem a interposição de recurso ou se confirmada pelo Ministro.

§ 2º Decorrido o prazo estabelecido neste artigo, os registros de jornalista profissional e de diretor de empresa jornalística serão havidos como legítimos e definitivos, vedada a instauração ou renovação de quaisquer processos de revisão administrativa, salvo o disposto no artigo 8º.

§ 3º Responderá administrativa e criminalmente a autoridade que indevidamente autorizar o registro de jornalista profissional ou de diretor de empresa jornalística, ou que se omitir no processamento da revisão de que trata este artigo.

ART. 12. A admissão de jornalistas, nas funções relacionadas de " a " a " g " no artigo 6º, e com dispensa da exigência constante do item V do artigo 4º, será permitida enquanto o Poder Executivo não dispuser em contrário, até o limite de um terço das novas admissões a partir da vigência deste Decreto-Lei.

Parágrafo único. A fixação, em decreto, de limites diversos do estipulado neste artigo, assim como do prazo da autorização nele contida, será precedida de amplo estudo de sua viabilidade, a cargo do Departamento Nacional de Mão de Obra.

ART. 13. A fiscalização do cumprimento dos preceitos deste Decreto-Lei se fará na forma do artigo 626 e seguintes da Consolidação das Leis do Trabalho sendo aplicável aos infratores multa, variável de uma a dez vezes o maior salário-mínimo vigente no País.

Parágrafo único. Aos Sindicatos de Jornalistas incumbe representar as autoridades competentes acerca do exercício irregular da profissão.

ART. 14. O regulamento deste Decreto-Lei será expedido dentro de sessenta dias de sua publicação.

ART. 15. Este Decreto-Lei entrará em vigor na data de sua publicação, ressalvadas as disposições que dependem de regulamentação e revogadas as disposições em contrário, em especial os artigos 310 e 314 da Consolidação das Leis do Trabalho.

Brasília, 17 de outubro de 1969; 148º da Independência e 81º da República.

AUGUSTO HAMANN RADEMAKER GRÜNEWALD
AURÉLIO DE LYRA TAVARES
MÁRCIO DE SOUZA E MELLO
JARBAS G. PASSARINHO

DECRETO-LEI N. 1.269, DE 18 DE ABRIL DE 1973

Estabelece isenção do Imposto sobre Operações Financeiras, altera o Decreto-lei n. 37, de 18 de novembro de 1966, e dá outras providências.

› *DOU*, 18.9.1969.

› Dec. 6.306/2007 (Regulamenta o IOF).

O Presidente da República, no uso da atribuição que lhe confere o artigo 55, item II, da Constituição,

Decreta:

ART. 1º Ficam isentas do Imposto sobre Operações Financeiras, instituído pela Lei n. 5.143, de 20 de outubro de 1966, as operações de crédito mediante conhecimento de depósito e *warrant*, representativos de mercadorias depositadas, para exportação, em entrepostos aduaneiros.

› Lei 8.402/1992 (Restabelece incentivos fiscais).

ART. 2º O disposto no artigo 9º do Decreto-Lei n. 1.248, de 29 de novembro de 1972, aplica-se também às operações realizadas com as sociedades comerciais que tenham por objetivo social a criação, arrendamento, administração e manutenção de entrepostos aduaneiros.

Parágrafo único. As restrições constantes dos parágrafos 4º e 5º do artigo 8º do Decreto n. 1.102, de 21 de novembro de 1903, poderão ser suspensas pelo Conselho Monetário Nacional em relação as sociedades comerciais de que trata este artigo, sempre que o interesse da política econômico-financeira o determine.

ART. 3º É acrescentado um parágrafo único ao artigo 86 do Decreto-Lei n. 37, de 18 de novembro de 1966, e alterado o item III do mesmo artigo, que passa a vigorar com a seguinte redação:

› O Dec.-Lei 37/1966 dispõe sobre o imposto de importação e reorganiza os serviços aduaneiros.

› Alteração promovida no texto do referido decreto-lei.

ART. 4º O disposto no artigo 2º da Lei Delegada n. 3, de 26 de setembro de 1962, e no artigo 42 da Lei n. 5.025, de 10 de junho de 1966, estende-se às sociedades comerciais referidas no *caput* do artigo 2º deste Decreto-lei.

ART. 5º O Conselho Monetário Nacional poderá fixar o limite do valor declarado das mercadorias recebidas pelos entrepostos com emissão de conhecimentos de depósitos e *warrants*.

ART. 6º Este decreto-lei entrará em vigor na data de sua publicação, revogadas as disposições em contrário.

Brasília, 18 de abril de 1973; 152º da Independência e 85º da República.

EMÍLIO G. MÉDICI

DECRETO-LEI N. 1.413, DE 14 DE AGOSTO DE 1975

Dispõe sobre o controle da poluição do meio ambiente provocada por atividades industriais.

› *DOU*, 14.08.1975.

› Lei 8.723/1993 (Dispõe sobre a redução de emissão de poluentes por veículos automotores).

O Presidente da Republica. No uso da atribuição que lhe confere o artigo 55, item I, e tendo em vista o disposto no artigo 8º, item XVII, alínea *c*, da Constituição,

Decreta:

ART. 1º As indústrias instaladas ou a se instalarem em território nacional são obrigadas a promover as medidas necessárias a prevenir ou corrigir os inconvenientes e prejuízos da poluição e da contaminação do meio ambiente.

Parágrafo único. As medidas a que se refere este artigo serão definidas pelos órgãos federais competentes, no interesse do bem-estar, da saúde e da segurança das populações.

ART. 2º Compete exclusivamente ao Poder Executivo Federal, nos casos de inobservância do disposto no artigo 1º deste Decreto-Lei, determinar ou cancelar a suspensão do funcionamento de estabelecimento industrial cuja atividade seja considerada de alto interesse do desenvolvimento e da segurança nacional.

ART. 3º Dentro de uma política preventiva, os órgãos gestores de incentivos governamentais considerarão sempre a necessidade de não agravar a situação de áreas já críticas, nas decisões sobre localização industrial.

ART. 4º Nas áreas críticas, será adotado esquema de zoneamento urbano, objetivando, inclusive, para as situações existentes, viabilizar alternativa adequadas de nova localização, nos casos mais graves, assim como, em geral, estabelecer prazos razoáveis para a instalação dos equipamentos de controle da poluição.

Parágrafo único. Para efeito dos ajustamentos necessários, dar-se-á apoio de Governo, nos diferentes níveis, inclusive por financiamento especial para aquisição de dispositivos de controle.

ART. 5º Respeitado o disposto nos artigos anteriores, os Estados e Municípios poderão estabelecer, no limite das respectivas competências, condições para o funcionamento de empresas de acordo com as medidas previstas no parágrafo único do artigo 1º.

ART. 6º Este Decreto-lei entrara em vigor na data de sua publicação, revogadas as disposições em contrário.

Brasília, 14 de agosto de 1975; 154º da Independência e 87º da República.

ERNESTO GEISEL

DECRETO-LEI N. 1.422, DE 23 DE OUTUBRO DE 1975

Dispõe sobre o Salário-Educação.

› *DOU*, 24.10.1975.

› Dec.-Lei 1.805/1980 (Dispõe sobre a transferência aos Estados, Distrito Federal, Territórios e Municípios das parcelas ou quotas-partes dos recursos tributários arrecadados pela União).

O Presidente da República, no uso das atribuições que lhe confere o artigo 55, item II, da Constituição,

Decreta:

ART. 1º O salário-educação, previsto no Art.178 da Constituição, será calculado com base em alíquota incidente sobre a folha do salário de contribuição, como definido no Art. 76 da Lei número 3.807, de 26 de agosto de 1960, com as modificações introduzidas pelo Decreto-Lei número 66, de 21 de novembro de 1966, e pela Lei número 5.890, de 8 de junho de 1973, não se aplicando ao salário-educação o disposto no Art. 14, "in fine", dessa Lei, relativo à limitação da base de cálculo da contribuição.

§ 1º O salário-educação será estipulado pelo sistema de compensação do custo atuarial, cabendo a todas empresas recolher, para este fim, em relação aos seus titulares, sócios e diretores e aos empregados independentemente da idade, do estado civil e do número de filhos, a contribuição que for fixada em correspondência com o valor da quota respectiva.

§ 2º A alíquota prevista neste artigo será fixada por ato do Poder Executivo, que poderá alterá-la mediante demonstração, pelo Ministério da Educação e Cultura, da efetiva variação do custo real unitário do ensino de 1º Grau.

§ 3º A contribuição da empresa obedecerá aos mesmos prazos de recolhimento e estará sujeita às mesmas sanções administrativas, penais e demais normas relativas às contribuições destinadas à Previdência Social.

§ 4º O salário-educação não tem caráter remuneratório na relação de emprego e não se vincula, para nenhum efeito, ao salário ou à remuneração percebida pelos empregados das empresas compreendidas por este Decreto-Lei.

§ 5º Entende-se por empresa, para os fins deste Decreto-Lei, o empregador como tal definido no Art. 2º da Consolidação das Leis do Trabalho e no Art. 4º da Lei número 3.807, de 26 de agosto de 1960, com a redação dada pelo Art. 1º da Lei número 5.890, de 8 de junho de 1973, bem como as empresas e demais entidades públicas ou privadas, vinculadas à Previdência Social, ressalvadas as exceções previstas na legislação específica e excluídos os órgãos da Administração Direta.

ART. 2º O montante da arrecadação do salário-educação, em cada Estado e Território e no Distrito Federal, depois de feita a dedução prevista no § 3º, deste artigo, será creditado pelo Banco do Brasil S/A. em duas contas distintas:

a) 2/3 (dois terços) em favor dos programas de ensino de 1º Grau, regular e supletivo, no respectivo Estado, Território ou Distrito Federal;

b) 1/3 (um terço) em favor do Fundo Nacional de Desenvolvimento da Educação.

§ 1º Os recursos de que trata a alínea "a" deste artigo serão empregados nos Estados e no Distrito Federal, de acordo com planos de aplicação aprovados pelos respectivos Conselhos de Educação, e nos Territórios de conformidade com o Plano Setorial de Educação e Cultura.

§ 2º O terço destinado ao Fundo Nacional de Desenvolvimento da Educação será aplicado:

a) em programas de iniciativa própria do Ministério da Educação e Cultura, de pesquisa, planejamento, currículos, material escolar, formação e aperfeiçoamento de pessoal docente e outros programas especiais relacionados com o ensino de 1º Grau;

b) na concessão de auxílios, na forma do disposto nos artigos 42 e 54, e seus parágrafos, da Lei número 5.692, de 11 de agosto de 1971, sempre respeitando critérios que levem em conta o grau de desenvolvimento econômico e social relativo, tal como especificados em Regulamento e, especialmente, os "deficits" de escolarização da população na faixa etária entre os sete e os quatorze anos, em cada Estado e Território e no Distrito Federal, de modo a contemplar os mais necessitados.

§ 3º O INPS reterá, do montante recolhido, a título de taxa de administração, a importância equivalente a 1% (um por cento), depositando o restante no Banco do Brasil, para os fins previstos neste artigo.

ART. 3º Ficam isentas do recolhimento do salário-educação:

I - as empresas que, obedecidas as normas que forem estabelecidas em Regulamento, mantenham diretamente e às suas expensas, instituições de ensino de 1º Grau ou programas de bolsas para seus empregados e os filhos destes;

II - as instituições públicas de ensino de qualquer grau, e as particulares, devidamente registradas e reconhecidas pela Administração Estadual de ensino;

III - as organizações hospitalares e de assistência social, desde que comprovem enquadrar-se nos benefícios da Lei número 3.577, de 4 de julho de 1959;

IV - as organizações de fins culturais que, para este fim, vierem a ser definidas no Regulamento.

ART. 4º O Ministério da Educação e Cultura fiscalizará a aplicação de todos os recursos provenientes do salário-educação, na forma do Regulamento e das instruções que para esse fim, forem baixadas pelo Fundo Nacional de Desenvolvimento da Educação.

ART. 5º O Poder Executivo baixará decreto aprovando Regulamento deste Decreto-Lei, no prazo de 60 dias a contar de sua publicação.

ART. 6º Este Decreto-Lei entrará em vigor a 1º de janeiro de 1976, revogadas a Lei número 4.440, de 27 de outubro de 1964, e demais disposições em contrário.

Brasília, 23 de outubro de 1975; 154º da Independência e 87 da República.

ERNESTO GEISEL

DECRETO-LEI N. 1.578, DE 11 DE OUTUBRO DE 1977

Dispõe sobre o imposto sobre a exportação, e dá outras providências.

› *DOU*, 12.10.1977.

O Presidente da República, no uso das atribuições que lhe confere o artigo 55, item II, da Constituição, Decreta:

ART. 1º O Imposto sobre a Exportação, para o estrangeiro, de produto nacional ou nacionalizado tem como fato gerador a saída deste do território nacional.

§ 1º Considera-se ocorrido o fato gerador no momento da expedição da Guia de Exportação ou documento equivalente.

§ 2º (Revogado pela Lei 9.019/1995.)

§ 3º O Poder Executivo relacionará os produtos sujeitos ao imposto. (Parágrafo incluído pela Lei 9.716/1998.)

ART. 2º A base de cálculo do imposto é o preço normal que o produto, ou seu similar, alcançaria, ao tempo da exportação, em uma venda em condições de livre concorrência no mercado internacional, observadas as normas expedidas pelo Poder Executivo, mediante ato da CAMEX - Câmara de Comércio Exterior. (Redação dada pela Med. Prov. 2.158-35/2001.)

§ 1º O preço à vista do produto, FOB ou posto na fronteira, é indicativo do preço normal.

§ 2º Quando o preço do produto for de difícil apuração ou for susceptível de oscilações bruscas no mercado internacional, o Poder Executivo, mediante ato da CAMEX, fixará critérios específicos ou estabelecerá pauta de valor mínimo, para apuração de base de cálculo. (Redação dada pela Med. Prov. 2.158-35/2001.)

§ 3º Para efeito de determinação da base de cálculo do imposto, o preço de venda das mercadorias exportadas não poderá ser inferior ao seu custo de aquisição ou produção, acrescido dos impostos e das contribuições incidentes e de margem de lucro de quinze por cento sobre a soma dos custos, mais impostos e contribuições. (Incluído pela Lei 9.716/1998.)

ART. 3º A alíquota do imposto é de trinta por cento, facultado ao Poder Executivo reduzi-la ou aumentá-la, para atender aos objetivos da política cambial e do comércio exterior. (Redação dada pela Lei 9.716/1998.)

Parágrafo único. Em caso de elevação, a alíquota do imposto não poderá ser superior a cinco vezes o percentual fixado neste artigo. (Redação dada pela Lei 9.716/1998.)

ART. 4º O pagamento do imposto será realizado na forma e no momento fixados pelo Ministro da Fazenda, que poderá determinar sua exigibilidade antes da efetiva saída do produto a ser exportado.

Parágrafo único. Poderá ser dispensada a cobrança do imposto em função do destino da mercadoria exportada, observadas normas editadas pelo Ministro de Estado da Fazenda. (Incluído pela Lei 9.716/1998.)

ART. 5º O contribuinte do imposto é o exportador, assim considerado qualquer pessoa que promova a saída do produto do território nacional.

ART. 6º Não efetivada a exportação do produto ou ocorrendo o seu retorno na forma do artigo 11 do Decreto-Lei n. 491, de 05/03/1969, a quantia paga a título de imposto será restituída a requerimento do interessado acompanhado da respectiva documentação comprobatória.

ART. 7º (Revogado pela Lei n 10.833/2003.)

ART. 8º No que couber, aplicar-se-á, subsidiariamente, ao imposto de exportação a legislação relativa ao imposto de importação.

ART. 9º O produto da arrecadação do imposto de exportação constituirá reserva monetária, a crédito do Banco Central do Brasil, a qual só poderá ser aplicada na forma estabelecida pelo Conselho Monetário Nacional.

ART. 10. A CAMEX expedirá normas complementares a este Decreto-Lei, respeitado o disposto no § 2º do art. 1º, *caput* e § 2º do art. 2º, e arts. 3º e 9º. (Redação dada pela Med. Prov. 2.158-35/2001.)

ART. 11. Este Decreto-Lei entrará em vigor na data de sua publicação, revogadas a Lei n. 5.072, de 12.08.1966, e demais disposições em contrário.

Brasília, 11 de outubro de 1977; 156º da Independência e 89º da República.

ERNESTO GEISEL

DECRETO-LEI N. 1.593, DE 21 DE DEZEMBRO DE 1977

Altera a legislação do Imposto sobre Produtos Industrializados, em relação aos casos que especifica, e dá outras providências.

› *DOU*, 22.12.1977.

O Presidente da República, no uso das atribuições que lhe confere o art. 55, item II, da Constituição, Decreta:

ART. 1º A fabricação de cigarros classificados no código 2402.20.00 da Tabela de Incidência do Imposto sobre Produtos Industrializados - TIPI, aprovada pelo Decreto n. 2.092, de 10 de dezembro de 1996, será exercida exclusivamente pelas empresas que, dispondo de instalações industriais adequadas, mantiverem registro especial na Secretaria da Receita Federal do Ministério da Fazenda. (Alterado pela Med. Prov. 2158-35/2001.)

§ 1º As empresas fabricantes de cigarros estarão ainda obrigadas a constituir-se sob a forma de sociedade e com o capital mínimo estabelecido pelo Secretário da Receita Federal. (Alterado pela Med. Prov. 2158-35/2001.)

§ 2º A concessão do registro especial dar-se-á por estabelecimento industrial e estará, também, na hipótese de produção, condicionada à instalação de contadores automáticos da quantidade produzida e, nos termos e condições a serem estabelecidos pela Secretaria da Receita Federal, à comprovação da regularidade fiscal por parte: (Alterado pela Med. Prov. 2158-35/2001.)

I - da pessoa jurídica requerente ou detentora do registro especial; (Alterado pela Med. Prov. 2158-35/2001.)

II - de seus sócios, pessoas físicas, diretores, gerentes, administradores e procuradores; (Alterado pela Med. Prov. 2158-35/2001.)

III - das pessoas jurídicas controladoras da pessoa jurídica referida no inciso I, bem assim de seus respectivos sócios, diretores, gerentes, administradores e procuradores. (Alterado pela Med. Prov. 2158-35/2001.)

§ 3º O disposto neste artigo aplica-se também à importação de cigarros, exceto quando destinados à venda em loja franca, no País. (Alterado pela Med. Prov. 2158-35/2001.)

§ 4º O registro especial será concedido por autoridade designada pelo Secretário da Receita Federal. (Alterado pela Med. Prov. 2158-35/2001.)

§ 5º Do ato que indeferir o pedido de registro especial caberá recurso ao Secretário da Receita Federal, no prazo de trinta dias, contado da data em que o contribuinte tomar ciência do indeferimento, sendo definitiva a decisão na esfera administrativa. (Alterado pela Med. Prov. 2158-35/2001.)

§ 6º O registro especial poderá também ser exigido dos estabelecimentos que industrializarem ou importarem outros produtos, a serem especificados por meio de ato do Secretário da Receita Federal. (Alterado pela Med. Prov. 2158-35/2001.)

ART. 1º-A. (Revogado pela Lei 11.488/2007.)

ART. 2º O registro especial poderá ser cancelado, a qualquer tempo, pela autoridade concedente, se, após a sua concessão, ocorrer um dos seguintes fatos: (Alterado pela Med. Prov. 2158-35/2001.)

I - desatendimento dos requisitos que condicionaram a concessão do registro;

II - não cumprimento de obrigação tributária principal ou acessória, relativa a tributo ou contribuição administrado pela Secretaria da Receita Federal; (Alterado pela Lei 9.822/1999.)

III - prática de conluio ou fraude, como definidos na Lei n. 4.502, de 30 de novembro de 1964, ou de crime contra a ordem tributária previsto na Lei n. 8.137, de 27 de dezembro de 1990, ou de crime de falsificação de selos de controle tributário previsto no art. 293 do Decreto-Lei n. 2.848, de 7 de dezembro de 1940 - Código Penal, ou de qualquer outra infração cuja tipificação decorra do descumprimento de normas reguladoras da produção, importação e comercialização de cigarros e outros derivados de tabaco, após decisão transitada em julgado. (Alterado pela Lei 12.715/2012.)

§ 1º Para os fins de aplicação do disposto no inciso II do *caput*, deverão ser consideradas as seguintes práticas reiteradas por parte da pessoa jurídica detentora do registro especial: (Alterado pela Lei 12.715/2012.)

I - comercialização de cigarros sem a emissão de nota fiscal; (Acrescentado pela Lei 12.715/2012.)

II - não recolhimento ou recolhimento de tributos menor que o devido; (Acrescentado pela Lei 12.715/2012.)

III - omissão ou erro nas declarações de informações exigidas pela Secretaria da Receita Federal do Brasil. (Acrescentado pela Lei 12.715/2012.)

§ 2º Na ocorrência das hipóteses mencionadas nos incisos I e II do *caput* deste artigo, a empresa será intimada a regularizar sua situação fiscal ou a apresentar os esclarecimentos e provas cabíveis, no prazo de dez dias. (Alterado pela Med. Prov. 2158-35/2001.)

§ 3º A autoridade concedente do registro decidirá sobre a procedência dos esclarecimentos e das provas apresentadas, expedindo ato declaratório cancelando o registro especial, no caso de improcedência ou falta de regularização da situação fiscal, dando ciência de sua decisão à empresa. (Alterado pela Med. Prov. 2158-35/2001.)

§ 4º Será igualmente expedido ato declaratório cancelando o registro especial se decorrido o prazo previsto no § 2º sem qualquer manifestação da parte interessada. (Alterado pela Med. Prov. 2158-35/2001.)

§ 5º Do ato que cancelar o registro especial caberá recurso ao Secretário da Receita Federal, sem efeito suspensivo, dentro de trinta dias, contados da data de sua publicação, sendo definitiva a decisão na esfera administrativa. (Acrescentado pela Med. Prov. 2158-35/2001.)

§ 6º O cancelamento da autorização ou sua ausência implica, sem prejuízo da exigência dos impostos e das contribuições devidos e da imposição de sanções previstas na legislação tributária e penal, apreensão do estoque de matérias-primas, produtos em elaboração, produtos acabados e materiais de embalagem, existente no estabelecimento. (Acrescentado pela Med. Prov. 2158-35/2001.)

§ 7º O estoque apreendido na forma do § 6º poderá ser liberado se, no prazo de noventa dias, contado da data do cancelamento ou da constatação da falta de registro especial, for restabelecido ou concedido o registro, respectivamente. (Acrescentado pela Med. Prov. 2158-35/2001.)

§ 8º Serão destruídos em conformidade ao disposto no art. 14 deste Decreto-Lei, os produtos apreendidos que não tenham sido liberados, nos termos do § 7º. (Acrescentado pela Med. Prov. 2158-35/2001.)

§ 9º O disposto neste artigo aplica-se também aos demais produtos cujos estabelecimentos produtores ou importadores estejam sujeitos a registro especial. (Acrescentado pela Med. Prov. 2158-35/2001.)

§ 10. Para fins do disposto no § 1º, considera-se prática reiterada a reincidência das hipóteses ali elencadas, independentemente de ordem ou cumulatividade. (Acrescentado pela Lei 12.715/2012.)

ART. 2º-A. A caracterização das práticas descritas nos incisos II e III do art. 2º, para fins de cancelamento do registro especial, independe da prova de regularidade fiscal da pessoa jurídica perante a Fazenda Nacional. (Acrescentado pela Lei 12.715/2012.)

ART. 2º-B. Fica vedada a concessão de novo registro especial, pelo prazo de 5 (cinco) anos-calendário, à pessoa jurídica que teve registro especial cancelado conforme disposto no art. 2º. (Acrescentado pela Lei 12.715/2012.)

Parágrafo único. A vedação de que trata o *caput* também se aplica à concessão de registro especial a pessoas jurídicas que possuam em seu quadro societário: (Acrescentado pela Lei 12.715/2012.)

I - pessoa física que tenha participado, na qualidade de sócio, diretor, gerente ou administrador, de pessoa jurídica que teve registro especial cancelado conforme disposto no art. 2º; (Acrescentado pela Lei 12.715/2012.)

II - cônjuge, companheiro ou parente em linha reta ou colateral, por consanguinidade ou afinidade, até o terceiro grau, das pessoas físicas mencionadas no inciso I; (Acrescentado pela Lei 12.715/2012.)

III - pessoa jurídica que teve registro especial cancelado conforme disposto no art. 2º. (Acrescentado pela Lei 12.715/2012.)

ART. 2º-C. (Vetado). (Acrescentado pela Lei 12.715/2012.)

ART. 2º-D. É vedada a produção e importação de marcas de cigarros anteriormente comercializadas por fabricantes ou importadores que tiveram o registro especial cancelado conforme disposto no art. 2º. (Acrescentado pela Lei 12.715/2012.)

Parágrafo único. Aplicar-se-á a pena de perdimento aos cigarros produzidos ou importados em desacordo com o disposto no *caput*. (Acrescentado pela Lei 12.715/2012.)

ART. 3º Nas operações realizadas no mercado interno, o tabaco em folha total ou parcialmente destalado só poderá ser remetido a estabelecimento industrial de charutos, cigarros, cigarrilhas ou de fumo desfiado, picado, migado, em pó, em rolo ou em corda, admitida, ainda, a sua comercialização entre estabelecimentos que exerçam a atividade de beneficiamento e acondicionamento por enfardamento. (Alterado pela Lei 11.452/2007.)

Art 4º Serão observadas as seguintes normas quanto à base de cálculo do Imposto sobre Produtos Industrializados, relativamente aos produtos do código 24.02.02.99 da TIPI:

I - O valor tributável, na saída do estabelecimento industrial ou equiparado a industrial, será obtido mediante aplicação de uma percentagem, fixada pelo Poder Executivo, sobre o preço de venda no varejo;

II - O preço de venda no varejo será marcado, nos produtos, pelo fabricante ou importador, na forma estabelecida em regulamento;

III - No preço de venda do fabricante ou importador serão computadas as despesas acessórias, inclusive as de transporte, bem como o custo do selo de controle de que trata o artigo 46 da Lei n. 4.502, de 30 de novembro de 1964;

IV e V - (Revogados pela Lei 9.532/1997.)

Parágrafo único. Na fixação da percentagem referida no inciso I, o Poder Executivo poderá estabelecer ainda os índices de participação da indústria e do comércio no preço de venda no varejo.

ART. 5º (Revogado pela Lei 9.532/1997.)

ART. 6º (Revogado pela Lei 12.546/2011).

ART. 6º-A. Sem prejuízo das exigências determinadas pelos órgãos federais competentes, a embalagem comercial dos produtos referidos no art. 1º conterá as seguintes informações, em idioma nacional: (Acrescentado pela Lei 9.822/1999.)

I - identificação do importador, no caso de produto importado; e (Acrescentado pela Lei 9.822/1999.)

II - (Revogado pela Lei 12.402/2011.)

Parágrafo único. Quando se tratar de produto nacional, a embalagem conterá, ainda, código de barras, no padrão estabelecido pela Secretaria da Receita Federal, devendo conter, no mínimo, informações da marca comercial e do tipo de embalagem. (Acrescentado pela Med. Prov. 2158-35/2001.)

ART. 7º O Ministro da Fazenda poderá baixar instruções sobre a marcação dos volumes de tabaco em folha.

ART. 8º Os produtos classificados nos códigos 24.02.02.02 e 24.02.02.99 da TIPI, destinados à exportação, somente estarão isentos do Imposto sobre Produtos Industrializados quando a sua exportação for efetuada pelo respectivo estabelecimento industrial diretamente para o importador no exterior, ressalvados os seguintes casos: (Alterado pelo Dec.-Lei 1.988/1982.)

I - Saída diretamente para consumo a bordo de embarcações ou aeronaves de tráfego internacional, aportadas no Brasil, quando essa operação for considerada de exportação, na forma das instruções baixadas pelo Ministro da Fazenda;

II - Venda diretamente às lojas francas de que trata o artigo 15 do Decreto-Lei n. 1.455, de 7 de abril de 1976.

III - operações decorrentes de compra aos fabricantes, no mercado interno, realizada por empresa comercial exportadora para o fim específico de exportação, nos termos do artigo 1º do Decreto-Lei n. 1.248, de 29 dezembro de 1972, quando tais empresas adquirentes forem expressamente autorizadas, para este fim, pelo Ministério da Fazenda. (Acrescentado pelo Dec.-Lei 1.988/1982.)

Parágrafo único. O Secretário da Receita Federal poderá expedir normas complementares para o controle da exportação desses produtos, especialmente as relativas ao seu trânsito fora do estabelecimento industrial exportador.

Art 9º Ressalvadas as operações realizadas pelas empresas comerciais exportadoras, instituídas conforme o Decreto-Lei n. 1.248, de 29 de novembro de 1972, a exportação do tabaco em folha só poderá ser feita pelas empresas registradas, para a atividade de beneficiamento e acondicionamento por enfardamento, de acordo com o artigo 1º, atendidas ainda as instruções expedidas pelo Secretário da Receita Federal e pela Carteira de Comércio Exterior do Banco do Brasil S/A (CACEX).

ART. 10. (Revogado pela Lei 9.532/1997.)

ART. 11. (Revogado pela Lei 12.402/2011.)

ART. 12. Os cigarros destinados à exportação não poderão ser vendidos nem expostos à venda no País e deverão ser marcados, nas embalagens de cada maço ou carteira, pelos equipamentos de que trata o art. 27 da Lei n. 11.488, de 15 de junho de 2007, com códigos que possibilitem identificar sua legítima origem e reprimir a introdução clandestina desses produtos no território nacional. (Alterado pela Lei 13.670/2018.)

§ 1º As embalagens de apresentação dos cigarros destinados a países da América do Sul e América Central, inclusive Caribe, deverão conter, sem prejuízo da exigência de que trata o *caput*, a expressão "Somente para exportação - proibida a venda no Brasil", admitida sua substituição por dizeres com exata correspondência em outro idioma. (Acrescentado pela Med. Prov. 2158-35/2001.)

§ 2º O disposto no § 1º também se aplica às embalagens destinadas a venda, para consumo ou revenda, em embarcações ou aeronaves em tráfego internacional, inclusive por meio de ship's chandler. (Acrescentado pela Med. Prov. 2158-35/2001.)

§ 3º As disposições relativas à rotulagem ou marcação de produtos previstas nos arts. 43, 44 e 46, *caput*, da Lei n. 4.502, de 30 de novembro de 1964, com as alterações do art. 1º do Decreto-Lei n. 1.118, de 10 de agosto de 1970, e do art. 1º da Lei n. 6.137, de 7 de novembro de 1974, no art. 1º da Lei n. 4.557, de 10 de dezembro de 1964, com as alterações do art. 2º da Lei n. 6.137, de 1974, e no art. 6º-A deste Decreto-Lei não se aplicam aos cigarros destinados à exportação. (Acrescentado pela Med. Prov. 2158-35/2001.)

§ 4º O disposto neste artigo não exclui as exigências referentes a selo de controle. (Acrescentado pela Med. Prov. 2158-35/2001.)

§ 5º A Secretaria da Receita Federal do Brasil poderá, na forma, condições e prazos por ela estabelecidos, dispensar a aplicação do disposto nos §§ 1º e 4º, desde que: (Acrescentado pela Lei 12.402/2011.)

I - a dispensa seja necessária para atender as exigências do mercado estrangeiro importador; (Acrescentado pela Lei 12.402/2011.)

II - o importador no exterior seja pessoa jurídica vinculada ao estabelecimento industrial, de acordo com o disposto no art. 23 da Lei n. 9.430, de 27 de dezembro de 1996; e (Acrescentado pela Lei 12.402/2011.)

III - seja comprovada pelo estabelecimento industrial, mediante documentação hábil e idônea, a importação dos cigarros no país de destino. (Acrescentado pela Lei 12.402/2011.)

§ 6º As exportações de cigarros autorizadas pela Secretaria da Receita Federal do Brasil na forma do § 5º ficam isentas do Imposto de Exportação. (Acrescentado pela Lei 12.402/2011.)

ART. 13. É vedada aos fabricantes dos cigarros do código 24.02.02.99 da TIPI a coleta, para qualquer fim de carteiras de cigarros vazias, ou de selos de controle já utilizados.

ART. 14. Os cigarros e outros derivados do tabaco, apreendidos por infração fiscal sujeita a pena de perdimento, serão destruídos após a formalização do procedimento administrativo-fiscal pertinente, antes mesmo do término do prazo definido no § 1º do art. 27 do Decreto-Lei n. 1.455, de 7 de abril de 1976. (Alterado pela Lei 9.822/1999.)

§ 1º Julgado procedente o Recurso Administrativo ou Judicial, será o contribuinte indenizado pelo valor arbitrado no procedimento administrativo-fiscal, atualizado de acordo com os critérios aplicáveis para correção dos débitos fiscais. (Acrescentado pela Lei 9.822/1999.)

§ 2º A Secretaria da Receita Federal regulamentará as formas de destruição dos produtos de que trata este artigo, observando a legislação ambiental. (Acrescentado pela Lei 9.822/1999.)

ART. 15. Apuradas operações com cigarros, tabaco em folha ou papel para cigarros em bobinas, praticadas em desacordo com as exigências referidas neste Decreto-Lei ou nos atos administrativos destinados a complementá-lo, aplicar-se-ão aos infratores as seguintes penalidades:

I - Aos que derem saída ao produto sem estar previamente registrados, quando obrigados a isto, conforme o artigo 1º, ou aos que desatenderem o disposto no artigo 3º ou, ainda, aos que derem saída a papel para cigarros em bobinas para estabelecimentos não autorizados a adquiri-lo: multa igual ao valor comercial da mercadoria;

II - Aos que, nas condições do inciso precedente, adquirirem e tiverem em seu poder tabaco em folha ou papel para cigarros em bobinas: multa igual ao valor comercial da mercadoria;

III - Aos que, embora registrados, deixarem de marcar o produto ou a sua embalagem na forma prevista no inciso II do artigo 4º, no artigo 12 ou nas instruções baixadas pelo Ministro da Fazenda de acordo com o artigo 7º: multa igual ao valor comercial da mercadoria e, quando se tratar de cigarros, de Cr$ 10,00 (dez cruzeiros) por unidade tributada.

ART. 16. Apurada, em estabelecimento industrial de charutos, cigarros, cigarrilhas ou de fumo desfiado, picado, migado, em pó, ou em rolo e em corda, a falta da escrituração, nos assentamentos próprios, da aquisição do tabaco em folha ou do papel para cigarros em bobinas, aplicar-se-á ao estabelecimento infrator multa igual a 20% (vinte por cento) do valor comercial das quantidades não escrituradas.

ART. 17. Ressalvadas as quebras apuradas ou admitidas em regulamento, a diferença de estoque do tabaco em folha verificada à vista dos livros e documentos fiscais do estabelecimento do beneficiador registrado de acordo com o artigo 1º, será considerada, nas quantidades correspondentes:

I - falta, como saída de produto beneficiado pelo estabelecimento sem emissão de nota-fiscal;

II - excesso, como aquisição do tabaco em folha ao produtor sem comprovação da origem.

Parágrafo único. Em qualquer das hipóteses previstas nos incisos I e II, será aplicada ao estabelecimento beneficiador multa igual a 50% (cinquenta por cento) do valor comercial da quantidade em falta ou em excesso.

ART. 18. Consideram-se como produtos estrangeiros introduzidos clandestinamente no território nacional, para todos os efeitos legais, os cigarros nacionais destinados à exportação que forem encontrados no País, salvo se em trânsito, diretamente entre o estabelecimento industrial e os destinos referidos no art. 8º, desde que observadas as formalidades previstas para a operação. (Alterado pela Lei 10.833/2003.)

§ 1º Será exigido do proprietário do produto em infração deste artigo o imposto que deixou de ser pago, aplicando-se-lhe, independentemente de outras sanções cabíveis, a multa de 150% (cento e cinquenta por cento) do seu valor. (Alterado pela Lei 10.833/2003.)

§ 2º Se o proprietário não for identificado, considera-se como tal, para os efeitos do § 1º, o possuidor, transportador ou qualquer outro detentor do produto. (Alterado pela Lei 10.833/2003.)

§ 3º Na hipótese de cigarros de que trata o *caput*, cuja exportação tenha sido autorizada pela Secretaria da Receita Federal do Brasil de acordo com o disposto no § 5º do art. 12, os impostos devidos, bem como a multa de que trata o § 1º do presente artigo, serão exigidos do estabelecimento industrial exportador. (Acrescentado pela Lei 12.402/2011.)

§ 4º O disposto no § 3º aplica-se inclusive à hipótese de ausência de comprovação pelo estabelecimento industrial da importação dos cigarros no país de destino, de que trata o inciso III do § 5º do art. 12. (Acrescentado pela Lei 12.402/2011.)

ART. 19. Serão ainda aplicadas as seguintes penalidades, na ocorrência de infrações relativas aos cigarros do código 24.02.02.99 da TIPI:

I - Aos fabricantes que coletarem, para qualquer fim, carteiras vazias: multa de duas vezes o valor do imposto sôbre os cigarros correspondentes às quantidades de carteiras coletadas, calculado de acordo com a marca do produto, não inferior a Cr$ 10.000,00 (dez mil cruzeiros);

II e **III** - (Revogados pela Lei 9.532/1997.)

IV - Aos importadores que deixarem de fazer as indicações previstas no artigo 11: multa igual a 50% (cinquenta por cento) do valor comercial das unidades apreendidas, não inferior a Cr$ 20.000,00 (vinte mil cruzeiros);

V - Aos que expuserem à venda o produto sem a indicação do artigo 11: multa igual a 50% (cinquenta por cento) do valor das unidades apreendidas, não inferior a Cr$ 20.000,00 (vinte mil cruzeiros), além da pena de perdimento do produto;

VI - (Revogado pela Lei 9.532/1997.)

VII - Aos que derem saída ao produto sem o seu enquadramento na classe de preço de venda no varejo, na forma indicada pelo Ministro da Fazenda: pena de Cr$ 10,00 (dez cruzeiros) por unidade tributada saída do estabelecimento;

VIII - (Revogado pela Lei 9.532/1997.)

IX - Aos que derem saída a marca nova de cigarros sem prévia comunicação ao Secretário da Receita Federal de sua classe de preço de venda no varejo: multa de Cr$ 10,00 (dez cruzeiros) por unidade tributada saída do estabelecimento.

ARTS. 20. e 21. (Revogados pela Lei 7.798/1989.)

ART. 22. O Ministro da Fazenda poderá exigir das empresas industriais, ou equiparadas a industrial, de produtos do capítulo 22 da tabela de incidência do Imposto sobre Produtos Industrializados (TIPI) o registro especial a que se refere o artigo 1º, estabelecendo os seus requisitos, notadamente quanto à constituição em sociedade, ao capital mínimo e às instalações.

ART. 23. Equipara-se a estabelecimento industrial, para os eleitos do artigo 4º da Lei n. 4.502, de 30 de novembro de 1964, o comerciante de produtos do capítulo 22 da TIPI, cuja industrialização tenha encomendado a estabelecimento industrial, sob marca ou nome de fantasia de propriedade do encomendante, de terceiros ou do próprio executor da encomenda.

ART. 24. No caso do artigo precedente, o valor tributável do produto, na saída do estabelecimento executor da encomenda, será o preço da operação.

ART. 25. Aos que, cientificados pelo remetente do produto, deixarem de fazer a comunicação de que trata o § 2º do artigo 21 será aplicada a multa de Cr$ 20.000,00 (vinte mil cruzeiros).

ART. 26. São fixadas as seguintes alíquotas do Imposto sobre Produtos Industrializados para os produtos classificados nos códigos da Nomenclatura Brasileira de Mercadorias, a seguir relacionados:

87.02.01.00	- Automóveis de passageiros, inclusive os de esporte; camionetas de passageiros; camionetas de uso misto tipos "*Sedan*", utilitário, veraneio, furgão e outras camionetas de uso misto;	
87.02.01.01	- Com motor até 100 cv (cavalos vapor) de potência bruta (SAE)	24%

37.02.01.02	- Com motor de mais de 100 cv (cavalos vapor) de potência bruta (SAE)	28%
37.02.02.00	- Automóveis especiais para corrida	28%

ART. 27. É acrescentado ao art. 14 da Lei n. 4.502, de 30 de novembro de 1964, o seguinte parágrafo, transformado em § 2º o seu atual parágrafo único:

‣ Alterações promovidas no texto da referida lei.

ART. 28. São acrescentados ao artigo 15 da Lei n. 4.502, de 30 de novembro de 1964, os seguintes inciso e parágrafos.

‣ Alterações promovidas no texto da referida lei.

ART. 29. O art. 31 da Lei n. 4.864, de 29 de novembro de 1965, alterado pelo Decreto-Lei n. 400, de 30 de dezembro de 1968, passa a ter a seguinte redação:

‣ Alterações promovidas no texto da referida lei.

ART. 30. A expressão «Indústria Brasileira» exigida na forma do artigo 43 da Lei n. 4.502, de 30 de novembro de 1964, na rotulagem ou marcação dos produtos e dos volumes que os acondicionam, será feita em caracteres destacados e nas dimensões que o regulamento estabelecer.

ART. 31. A expressão «Indústria Brasileira» poderá ser dispensada da rotulagem ou marcação das bebidas alcoólicas do capítulo 22 da TIPI, importadas em recipientes de capacidade superior a 1 (um) litro e que sejam reacondicionadas no Brasil, no mesmo estado ou após redução do tear alcoólico, bem como de outros produtos importados a granel e reacondicionados no País, atendidas as condições estabelecidas pela Ministro da Fazenda, inclusive quanto à base de cálculo do Imposto sobre Produtos Industrializados.

ART. 32. Aos que descumprirem as exigências de rotularem ou marcação do artigo 30 ou das instruções baixadas pelo Ministro da Fazenda, na forma prevista no artigo 31, será aplicada a multa de Cr$ 20.000,00 (vinte mil cruzeiros).

ART. 33. Aplicam-se as seguintes penalidades, em relação ao selo de controle de que trata o art. 46 da Lei n. 4.502, de 30 de novembro de 1964, na ocorrência das seguintes infrações: (Alterado pela Lei 10.637/2002.)

I - venda ou exposição à venda de produto sem o selo ou com emprego de selo já utilizado: multa igual ao valor comercial do produto, não inferior a R$ 1.000,00 (mil reais); (Alterado pela Lei 10.637/2002.)

II - emprego ou posse de selo legítimo não adquirido pelo próprio estabelecimento diretamente da repartição fornecedora: multa de R$ 1,00 (um real) por unidade, não inferior a R$ 1.000,00 (mil reais); (Alterado pela Lei 10.637/2002.)

III - emprego de selo destinado a produto nacional, quando se tratar de produto estrangeiro, e vice-versa; emprego de selo destinado a produto diverso; emprego de selo não utilizado ou marcado como previsto em ato da Secretaria da Receita Federal; emprego de selo que não estiver em circulação: consideram-se os produtos como não selados, equiparando-se a infração à falta de pagamento do Imposto sobre Produtos Industrializados, que será exigível, além da multa igual a 75% (setenta e cinco por cento) do valor do imposto exigido; (Alterado pela Lei 10.637/2002.)

IV - fabricação, venda, compra, cessão, utilização ou posse, soltos ou aplicados, de selos de controle falsos: independentemente de sanção penal cabível, multa de R$ 5,00 (cinco reais) por unidade, não inferior a R$ 5.000,00 (cinco mil reais), além da apreensão dos selos não utilizados e da aplicação da pena de perdimento dos produtos em que tenham sido utilizados os selos; (Alterado pela Lei 10.637/2002.)

V - transporte de produto sem o selo ou com emprego de selo já utilizado: multa igual a 50% (cinquenta por cento) do valor comercial do produto, não inferior a R$ 1.000,00 (mil reais). (Acrescentado pela Lei 10.637/2002.)

§ 1º Aplicar-se-á a mesma pena cominada no inciso II àqueles que fornecerem a outro estabelecimento, da mesma pessoa jurídica ou de terceiros, selos de controle legítimos adquiridos diretamente da repartição fornecedora. (Acrescentado pela Lei 10.637/2002.)

§ 2º Aplicar-se-á ainda a pena de perdimento aos produtos do código 24.02.20.00 da Tabela de Incidência do Imposto sobre Produtos Industrializados (Tipi): (Acrescentado pela Lei 10.637/2002.)

I - na hipótese de que tratam os incisos I e V do *caput*; (Acrescentado pela Lei 10.637/2002.)

II - encontrados no estabelecimento industrial, acondicionados em embalagem destinada a comercialização, sem o selo de controle. (Acrescentado pela Lei 10.637/2002.)

§ 3º Para fins de aplicação das penalidades previstas neste artigo, havendo a constatação de produtos com selos de controle em desacordo com as normas estabelecidas pela Secretaria da Receita Federal, considerar-se-á irregular a totalidade do lote identificado onde os mesmos foram encontrados. (Acrescentado pela Lei 10.637/2002.)

ART. 34. São excluídos do benefício de que trata o artigo 6º do Decreto-Lei n. 1.435, de 16 de dezembro de 1975, os produtos constantes da TIPI a seguir relacionados:

I - o fumo, do capítulo 24;

II - as bebidas alcoólicas das posições 22.03, 22.05 a 22.07 e subposições 22.09.02.00 a 22.09.99.00.

ART. 35. O Poder Executivo, dentro de 120 (cento e vinte) dias, expedirá novo regulamento de Imposto sobre Produtos Industrializados.

ART. 36. Este Decreto-Lei entrará em vigor a partir de 1º de janeiro de 1978, revogados o artigo 3º do Decreto-Lei n. 1.133, de 6 de novembro de 1970, e as observações 1ª, 3ª, 5ª, 6ª, 7ª, 12ª, 13ª e 15ª do capítulo 24 da tabela anexa à Lei n. 4.502, de 30 de novembro de 1964, com a redação dada pela alteração 29ª do artigo 2º do Decreto-Lei n. 34, de 18 de novembro de 1966, e demais disposições em contrário.

Brasília, 21 de dezembro de 1977; 156º da Independência e 89º da República.

ERNESTO GEISEL

DECRETO-LEI N. 1.715, DE 22 DE NOVEMBRO DE 1979

Regula a expedição de certidão de quitação de tributos federais e extingue a declaração de devedor remisso.

‣ *DOU*, 23.11.1979.

O Presidente da República, usando da atribuição que lhe confere o inciso II, do art. 55, da Constituição e tendo em vista o disposto no Decreto n. 83.740, de 18 de julho de 1979, que instituiu o Programa Nacional de Desburocratização,

Decreta:

ART. 1º A prova de quitação de tributos, multas e outros encargos fiscais, cuja administração seja da competência do Ministério da Fazenda, será exigida nas seguintes hipóteses:

I - concessão de concordata e declaração de extinção das obrigações do falido;

II - celebração de contrato com quaisquer órgãos da Administração Federal Direta e Autarquias da União e participação em concorrência pública promovida por esses órgãos e entidades, observado, nesta última hipótese, o disposto no artigo 3º;

III - transferência de residência para o exterior;

IV - venda de estabelecimentos comerciais ou industriais por intermédio de leiloeiros;

V - registro ou arquivamento de distrato, alterações contratuais e outros atos perante o registro público competente, desde que importem na extinção de sociedade ou baixa de firma individual, ou na redução de capital das mesmas, exceto no caso de falência;

VI - outros casos que venham a ser estabelecidos pelo Poder Executivo.

§ 1º A prova de quitação prevista neste artigo será feita por meio de certidão ou outro documento hábil, na forma e prazo determinados pelo Ministro da Fazenda.

‣ Lei 12.453/2011 (Constitui fonte de recursos adicional ao Banco Nacional de Desenvolvimento Econômico e Social - BNDES).

‣ Lei 13.340/2016 (Autoriza a liquidação e a renegociação de dívidas de crédito rural).

§ 2º A certidão de quitação será eficaz, dentro do seu prazo de validade e para o fim a que se destina, perante qualquer órgão ou entidade da Administração Federal, Estadual e Municipal, Direta ou Indireta.

§ 3º Para efeito do julgamento de partilha ou de adjudicação, relativamente aos bens do espólio ou às suas rendas, o Ministério da Fazenda prestará ao Juízo, as informações que forem solicitadas.

ART. 2º É vedado aos órgãos e entidades da Administração Federal, Direta ou Indireta, exigir a prova de quitação de que trata este Decreto-Lei, salvo nas hipóteses previstas no artigo 1º.

ART. 3º O Poder Executivo estabelecerá as condições de dispensa de apresentação da prova de quitação, de que trata o artigo 1º, na habitação em licitações para compras, obras e serviços no âmbito da Administração Federal, Estadual ou Municipal.

ART. 4º É facultado às empresas públicas, sociedades de economia mista e fundações, criadas, instituídas ou mantidas pela União, deixarem de contratar com pessoas que se encontrem em débito com a Fazenda Nacional.

Parágrafo único. Para os efeitos previstos neste artigo, será divulgada, periodicamente, relação de devedores por créditos tributários devidos à Fazenda Nacional, na forma e condições estabelecidas pelo Ministro da Fazenda.

ART. 5º Fica extinta, para todos os efeitos legais, a declaração de devedor remisso à Fazenda Nacional.

ART. 6º Este Decreto-Lei entrará em vigor na data de sua publicação, revogadas as disposições em contrário.

Brasília, 22 de novembro de 1979; 158º da Independência e 91º da República.

JOÃO FIGUEIREDO

DECRETO-LEI N. 1.755, DE 31 DE DEZEMBRO DE 1979

Dispõe sobre a arrecadação e restituição das receitas federais, e dá outras providências.

‣ *DOU*, 31.12.1979.

O Presidente da República, no uso das atribuições conferidas pelo artigo 55, item II, da Constituição Federal

Decreta:

ART. 1º A arrecadação de todas as receitas da União far-se-á na forma estabelecida pelo Ministério da Fazenda, devendo o seu produto ser obrigatoriamente recolhido à conta do Tesouro Nacional.

ART. 2º (Revogado pelo Dec.-Lei 2.312/1986).

ART. 3º (Revogado pelo Dec.-Lei 1.805/1980).

ART. 4º Os órgãos autônomos da administração federal direta promoverão o recolhimento de suas receitas próprias ao Banco do Brasil S.A., à conta do Tesouro Nacional, observando-se o disposto no artigo 2º deste Decreto-Lei.

Parágrafo único. A receita própria de órgãos autônomos corresponde àquela gerada nas atividades de pesquisa ou ensino ou de caráter industrial, comercial ou agrícola, nos termos do Decreto-Lei n. 200, de 25 de fevereiro de 1967, com a redação dada pelo Decreto-Lei n. 900, de 29 de setembro de 1969, bem como nas relativas prestações de serviços de qualquer natureza.

ART. 5º A restituição de receitas federais e o ressarcimento em espécie, a título de incentivo ou benefício fiscal, dedutíveis da arrecadação, mediante anulação de receita, serão efetuados através de documento próprio a ser instituído pelo Ministério da Fazenda.

ART. 6º A Secretaria de Planejamento da Presidência da República e o Ministério da Fazenda baixarão as normas complementares necessárias à implementação do disposto neste Decreto-Lei.

ART. 7º Este Decreto-Lei entrará em vigor na data de sua publicação, ficando extintas todas as formas de arrecadação das receitas federais que não estejam de acordo com o disposto no presente Decreto-Lei, revogando-se ainda as demais disposições em contrário.

Brasília, 31 de dezembro de 1979; 158º da Independência e 91º da República.

JOÃO FIGUEIREDO

DECRETO-LEI N. 1.783, DE 18 DE ABRIL DE 1980

Dispõe sobre o Imposto sobre Operações de Crédito, Câmbio e Seguro, e sobre Operações relativas a Títulos e Valores Mobiliários.

- *DOU*, 22.04.1980.
- Dec. 6.306/2007 (Regulamenta o Imposto sobre Operações de Crédito, Câmbio e Seguro, ou relativas a Títulos ou Valores Mobiliários - IOF).
- Dec.-Lei 2.471/1988 (Modifica a legislação à contribuição de que tratam os Decretos-Leis n. 308, de 28.02.1967, e 1.712, de 14.11.1979, e do adicional de que trata o Decreto-Lei n. 1.952, de 15.07.1982)

O Presidente da República, no uso de suas atribuições, tendo em vista o artigo 55, item II, da Constituição e os artigos 63 a 67 do Código Tributário Nacional,

Decreta:

ART. 1º O imposto incidente, nos termos do art. 63 do Código Tributário Nacional, sobre operações de crédito, câmbio e seguro, e sobre operações relativas a títulos e valores mobiliários será cobrado às seguintes alíquotas:

I - empréstimos sob qualquer modalidade, aberturas de crédito e descontos de títulos: 0,5% ao mês sobre o valor da operação ou percentual proporcionalmente equivalente quando for cobrado de uma só vez;

II - seguros de vida e congêneres e de acidentes pessoais e do trabalho: 2% sobre o valor dos prêmios pagos;

III - seguros de bens, valores, coisas e outros não especificados: 4% sobre o valor dos prêmios pagos;

IV - operações de câmbio: 130% sobre o valor da operação. (Redação dada pelo Dec.-Lei 2.303/1986.)

V - operações relativas a títulos e valores mobiliários: 10% sobre o valor da operação.

ART. 2º São contribuintes do imposto os tomadores do crédito, os segurados, os compradores de moeda estrangeira e os adquirentes de títulos e valores mobiliários.

ART. 3º São responsáveis pela cobrança do imposto e pelo seu recolhimento ao Tesouro Nacional, nos prazos e condições fixados pela Secretaria da Receita Federal: (Redação dada pelo Dec.-Lei 2.471/1988.)

I - nas operações de crédito, as instituições financeiras;

II - nas operações de seguro, o segurador ou as instituições financeiras a quem este encarregar da cobrança do prêmio;

III - nas operações de câmbio, as instituições autorizadas a operar em câmbio;

IV - nas operações relativas a títulos ou valores mobiliários, as instituições autorizadas a operar na compra e venda de títulos e valores mobiliários e, nas operações de contratos derivativos, as entidades autorizadas a registrar os referidos contratos. (Redação dada pela Lei 12.543/2011.)

ART. 4º Este Decreto-Lei entrará em vigor na data de sua publicação, revogados o artigo 2º do Decreto-Lei n. 914, de 7 de outubro de 1969, e as disposições em contrário.

Brasília, em 18 de abril de 1980; 159º da Independência e 92º da República.

JOÃO FIGUEIREDO

DECRETO-LEI N. 1.804, DE 3 DE SETEMBRO DE 1980

Dispõe sobre tributação simplificada das remessas postais internacionais.

- *DOU*, 04.09.1980, retificado *DOU*, 05.09.1980.

O Presidente da República, no uso da atribuição que lhe confere o artigo 55, inciso II, da Constituição,

Decreta:

ART. 1º Fica instituído o regime de tributação simplificada para a cobrança do imposto de importação incidente sobre bens contidos em remessas postais internacionais, observado o disposto no artigo 2º deste Decreto-Lei.

§ 1º Os bens compreendidos no regime previsto neste artigo ficam isentos do imposto sobre produtos industrializados.

§ 2º A tributação simplificada poderá efetuar-se pela classificação genérica dos bens em um ou mais grupos, aplicando-se alíquotas constantes ou progressivas em função do valor das remessas, não superiores a 400% (quatrocentos por cento).

§ 3º (Revogado pela Lei 9.001/1995.)

§ 4º Poderão ser estabelecidos requisitos e condições para aplicação do disposto neste artigo.

ART. 2º O Ministério da Fazenda, relativamente ao regime de que trata o art. 1º deste Decreto-Lei, estabelecerá a classificação genérica e fixará as alíquotas especiais a que se refere o § 2º do artigo 1º, bem como poderá:

I - dispor sobre normas, métodos e padrões específicos de valoração aduaneira dos bens contidos em remessas postais internacionais;

II - dispor sobre a isenção do imposto de importação dos bens contidos em remessas de valor até cem dólares norte-americanos, ou o equivalente em outras moedas, quando destinados a pessoas físicas. (Redação dada pela Lei 8.383/1991.)

Parágrafo único. O Ministério da Fazenda poderá, também, estender a aplicação do regime às encomendas aéreas internacionais transportadas com a emissão de conhecimento aéreo.

ART. 3º O inciso XVI do artigo 105, do Decreto-Lei n. 37, de 18 de novembro de 1966, passa a vigorar com a seguinte redação:

"XVI - Fracionada em duas ou mais remessas postais ou encomendas aéreas internacionais visando a elidir, no todo ou em parte, o pagamento dos tributos aduaneiros ou quaisquer normas estabelecidas para o controle das importações ou, ainda, a beneficiar-se de regime de tributação simplificada".

ART. 4º Este Decreto-Lei entrará em vigor na data de sua publicação, revogadas as disposições em contrário.

Brasília, em 3 de setembro de 1980; 159º da Independência e 92º da República.

JOÃO FIGUEIREDO

DECRETO-LEI N. 1.852, DE 27 DE JANEIRO DE 1981

Regula a distribuição aos Municípios da parcela do imposto sobre transmissão de bens imóveis e de direitos a eles relativos.

- *DOU*, 29.01.1981.

O Presidente da República, no uso da atribuição que lhe confere o artigo 55, item II, da Constituição,

Decreta:

ART. 1º Do produto da arrecadação do imposto sobre a transmissão de bens imóveis e de direitos a eles relativos, cinquenta por cento constituem receita do Estado e cinquenta por cento do Município, inclusive dos Territórios, onde se situar o imóvel objeto da transmissão.

§ 1º O Estado depositará, até o último dia do mês seguinte ao do recolhimento do imposto, em conta especial aberta em estabelecimento oficial de crédito, em nome do Município, a parcela que lhe pertence.

§ 2º Caso o imóvel objeto da transmissão esteja situado em mais de um Município, o crédito de cada um será proporcional ao valor da parte do imóvel nele situada.

§ 3º A regra estabelecida no *caput* deste artigo aplica-se, também, aos casos de extinção do crédito tributário por compensação ou transação.

ART. 2º Ocorrendo restituição total ou parcial do imposto, poderá o Estado deduzir do crédito a efetuar, a parcela restituída e anteriormente creditada ao Município.

ART. 3º O Poder Executivo estadual escolherá o estabelecimento oficial de crédito em que devem ser efetuados os depósitos a que se refere o parágrafo primeiro do artigo 1º.

ART. 4º Este Decreto-Lei entrará em vigor na data de sua publicação.

Brasília, 27 de janeiro de 1981; 160º da Independência e 93º da República.

JOÃO FIGUEIREDO

DECRETO-LEI N. 1.881, DE 27 DE AGOSTO DE 1981

Altera a Lei n. 5.172, de 25 de outubro de 1966, cria a Reserva do Fundo de Participação dos Municípios - FPM e dá outras providências.

- *DOU*, 29.08.1981.

O Presidente da República, no uso da atribuição que lhe confere o artigo 55, item II, da Constituição,

Decreta:

ART. 1º Os §§ 2º e 4º do artigo 91 da Lei n. 5.172, de 25 de outubro de 1966, com a redação estabelecia pelo Ato Complementar n. 35, de 28 de fevereiro de 1967, passam a vigorar com a seguinte redação:

› Alterações promovidas no texto do CTN.

ART. 2º Fica criada a Reserva do Fundo de Participação dos Municípios FPM, destinada, exclusivamente, nos Municípios que se enquadrem no coeficiente individual de participação 4,0 (quatro), conforme definido no artigo 91 da Lei n. 5.172, de 25 de outubro de 1966, com a redação alterada pelo Ato Complementar n. 35, de 28 de fevereiro de 1967.

Parágrafo único. Os Municípios que participarem dos recursos da Reserva ora criada não sofrerão prejuízo quanto ao recebimento da parcela prevista no § 2º do artigo 91 da Lei n. 5.172, de 25 de outubro de 1966, com a redação dada pelo Ato Complementar n. 35, de 28 de fevereiro de 1967.

ART. 3º A Reserva referida no artigo anterior será constituída por 4,0% (quatro por cento) dos recursos resultantes do disposto no item II do artigo 91 da Lei n. 5.172, de 25 de outubro de 1966, com a redação dada pelo Ato Complementar n. 35, de 28 de fevereiro de 1967.

Parágrafo único A sua distribuição será proporcional a um coeficiente individual de participação, resultante do produto dos seguintes fatores:

a) fator representativo da população, assim estabelecido:

Percentual da População de cada Município beneficiário em relação à do conjunto	Fator
Até 2%	2
Mais de 2% até 5%	-
Pelos primeiros 2%	2
Cada 0,5% ou fração excedente, mais	0,5
Mais de 5%	5

b) fator representativo do inverso da renda *per capita* do respectivo Estado, de conformidade com o disposto no artigo 90 da Lei n. 5.172, de 25 de fevereiro de 1966.

ART. 4º Este Decreto-Lei entrará em vigor na data de sua publicação, com efeitos a partir de 1.982, revogadas as disposições em contrário.

Brasília, em 27 de agosto de 1981; 160º da Independência e 93º da República.

JOÃO FIGUEIREDO

DECRETO-LEI N. 1.940, DE 25 DE MAIO DE 1982

Institui contribuição social, cria o Fundo de Investimento Social (FINSOCIAL) e dá outras providências.

› *DOU*, 26.05.1982.

› Dec.-Lei 2.049/1983 (Dispõe sobre as contribuições para o FINSOCIAL, sua cobrança, fiscalização, processo administrativo e de consulta, e dá outras providências).

O Presidente da República, no uso da atribuição que lhe confere o inciso II do artigo 55, e tendo em vista o disposto no parágrafo 2º do artigo 21 da Constituição,

Decreta:

ART. 1º Fica instituída, na forma prevista neste decreto-lei, contribuição social, destinada a custear investimentos de caráter assistencial em alimentação, habitação popular, saúde, educação, justiça e amparo ao pequeno agricultor. (Redação dada pela Lei 7.611/1987.)

§ 1º A contribuição social de que trata este artigo será de 0,5% (meio por cento) e incidirá mensalmente sobre: (Redação dada pelo Dec.-Lei 2.397/1987.)

› Lei 7.787/1989 (Dispõe sobre alterações na legislação de custeio da Previdência Social).

› Lei 7.856/1989 (Altera a tributação de fundos de aplicação de curto prazo e dispõe sobre contribuições sociais, contribuições para o Finsocial e a destinação da renda de concursos de prognósticos).

› Lei 7.894/1989 (Dispõe sobre as contribuições para o Finsocial e PIS/Pasep)

› Lei 8.114/1990 (Dispõe sobre a organização e custeio da Seguridade Social e altera a legislação de benefícios da Previdência Social).

› Lei 8.147/1990 (Dispõe sobre a alíquota do Finsocial).

a) a receita bruta das vendas de mercadorias e de mercadorias e serviços, de qualquer natureza, das empresas públicas ou privadas definidas como pessoa jurídica ou a elas equiparadas pela legislação do Imposto de Renda; (Incluída pelo Dec.-Lei 2.397/1987.)

b) as rendas e receitas operacionais das instituições financeiras e entidades a elas equiparadas, permitidas as seguintes exclusões: encargos com obrigações por refinanciamentos e repasse de recursos de órgãos oficiais e do exterior; despesas de captação de títulos de renda fixa no mercado aberto, em valor limitado aos das rendas obtidas nessas operações; juros e correção monetária passiva decorrentes de empréstimos efetuados ao Sistema Financeiro de Habitação; variação monetária passiva dos recursos captados do público; despesas com recursos, em moeda estrangeira, de debêntures e de arrendamento; e despesas com cessão de créditos com coobrigação, em valor limitado ao das rendas obtidas nessas operações, somente no caso das instituições cedentes; (Incluída pelo Dec.-Lei 2.397/1987.)

› Dec.-Lei 2.413/1988 (Altera a legislação do imposto de renda).

c) as receitas operacionais e patrimoniais das sociedades seguradoras e entidades a elas equiparadas. (Incluída pelo Dec.-Lei 2.397/1987.)

§ 2º Para as empresas públicas e privadas que realizam exclusivamente venda de serviços, a contribuição será de 5% (cinco por cento) e incidirá sobre o valor do imposto de renda devido, ou como se devido fosse.

§ 3º A contribuição não incidirá sobre a venda de mercadorias ou serviços destinados ao exterior, nas condições estabelecidas em Portaria do Ministro da Fazenda.

§ 4º Não integra as rendas e receitas de que trata o § 1º deste artigo, para efeito de determinação da base de cálculo da contribuição, conforme o caso, o valor: (Incluído pelo Dec.-Lei 2.397/1987.)

a) do Imposto sobre Produtos Industrializados (IPI), do Imposto sobre Transportes (IST), do Imposto Único sobre Lubrificantes e Combustíveis Líquidos e Gasosos (IULCLG), do Imposto Único sobre Minerais (IUM), e do Imposto Único sobre Energia Elétrica (IUEE), quando destacados em separado no documento fiscal pelos respectivos contribuintes; (Incluída pelo Dec.-Lei 2.397/1987.)

b) dos empréstimos compulsórios: (Incluída pelo Dec.-Lei 2.397/1987.)

c) das vendas canceladas, das devolvidas e dos descontos a qualquer título concedidos incondicionalmente; (Incluída pelo Dec.-Lei 2.397/1987.)

d) das receitas de Certificados de Depósitos Interfinanceiros. (Incluída pelo Dec.-Lei 2.397/1987.)

§ 5º Em relação aos fatos geradores ocorridos no ano de 1988, a alíquota de que trata o § 1º deste artigo será acrescida de 0,1% (um décimo por cento). O acréscimo de receita correspondente à elevação da alíquota será destinado a fundo especial com a finalidade de fornecer recursos para financiamento da reforma agrária. (Incluída pelo Dec.-Lei 2.397/1987.)

› Dec.-Lei 2.413/1988 (Altera a legislação do imposto de renda).

ART. 2º A arrecadação da contribuição será feita pelo Banco do Brasil S.A. e pela Caixa Econômica Federal e seus agentes, na forma disciplinada em Portaria do Ministro da Fazenda.

ART. 3º (Revogado pelo Dec.-Lei 2.463/1988.)

ART. 4º Constituem recursos do FINSOCIAL:

I - o produto da arrecadação da contribuição instituída pelo artigo 1º deste Decreto-Lei;

II - recursos de dotações orçamentárias da União;

III - retornos de suas aplicações;

IV - outros recursos de origem interna ou externa, compreendendo repasses e financiamentos.

ART. 5º O Banco Nacional do Desenvolvimento Econômico (BNDE) passa a denominar-se, Banco Nacional de Desenvolvimento Econômico e Social (BNDES).

§ 1º Sem prejuízo de sua subordinação técnica à autoridade monetária, o Banco Nacional de Desenvolvimento Econômico e Social fica vinculado administrativamente à Secretaria de Planejamento da Presidência da República (SEPLAN).

§ 2º O Ministro-Chefe da Secretaria de Planejamento da Presidência da República e o Ministro da Indústria e do Comércio adotarão as providências necessárias ao cumprimento do disposto neste artigo, no prazo de 30 (trinta) dias.

ART. 6º O Fundo de Investimento Social (FINSOCIAL) será administrado pelo Banco Nacional de Desenvolvimento Econômico e Social (BNDES), que aplicará os recursos disponíveis em programas e projetos elaborados segundo diretrizes estabelecidas pelo Presidente da República.

Parágrafo único. A execução desses programas e projetos dependerá de aprovação do Presidente da República.

ART. 7º Este Decreto-Lei entrará em vigor na data de sua publicação e produzirá efeitos a partir de 1º de junho de 1982.

Brasília, em 25 de maio de 1982; 161º da Independência a 94º da República.

JOÃO FIGUEIREDO

DECRETO-LEI N. 2.108, DE 27 DE FEVEREIRO DE 1984

Concede isenção dos impostos de importação e sobre produtos industrializados nos casos que especifica.

› *DOU*, 28.02.1984.

O Presidente da República, no uso da atribuição que lhe confere o artigo 55, item II, da Constituição,

Decreta:

ART. 1º São isentos dos impostos de importação e sobre produtos industrializados os bens importados, sem cobertura cambial, por pessoa física residente no País, que os tenha ganho pelo seu desempenho em competição ou concurso internacional de cunho científico, cultural ou desportivo.

Parágrafo único. Independe de guia de importação o despacho aduaneiro dos bens a que se refere este artigo.

ART. 2º É requisito para o reconhecimento do benefício a comprovação, pelo interessado, de que os bens lhe foram doados a título de premiados.

§ 1º Dispensa-se a comprovação quando a premiação seja de conhecimento público e notório.

§ 2º Fica o Ministro da Fazenda autorizado a estabelecer outras condições ou requisitos para a fruição do benefício.

ART. 3º Este Decreto-Lei entra em vigor na data de sua publicação.

Brasília, 27 de fevereiro de 1984; 163º da Independência e 96º da República.

JOÃO FIGUEIREDO

DECRETO-LEI N. 2.120, DE 14 DE MAIO DE 1984

Dispõe sobre o tratamento tributário relativo à bagagem.

- *DOU*, 15.05.1984.
- Res. 400/2017, ANAC.

O Presidente da República, no uso da atribuição que lhe confere o artigo 55, item II, da Constituição,

Decreta:

ART. 1º O viajante que se destine ao exterior ou dele proceda está isento de tributos, relativamente a bens integrantes de sua bagagem, observados os termos, limites e condições, estabelecidos em ato normativo expedido pelo Ministro da Fazenda.

§ 1º Considera-se bagagem, para efeitos fiscais, o conjunto de bens de viajante que, pela quantidade ou qualidade, não revele destinação comercial.

§ 2º O disposto neste artigo se estende:

a) aos bens que o viajante adquira em lojas francas instaladas no País;

b) aos bens levados para o exterior ou dele trazidos, no movimento característico das cidades situadas nas fronteiras terrestres.

ART. 2º Os bens integrantes de bagagem procedente do exterior, que excederem os limites da isenção estabelecida nos termos do artigo anterior, até valor global a ser fixado em ato normativo pelo Ministro da Fazenda, poderão ser desembaraçados mediante tributação especial, ressalvados os produtos do Capítulo 24 da Tabela Aduaneira do Brasil e os veículos em geral.

Parágrafo único. Para efeito da tributação especial, os bens serão, por ato normativo do Ministro da Fazenda, submetidos a uma classificação genérica e sujeitos ao imposto de importação à alíquota máxima de 400% (quatrocentos por cento), assegurada nesse caso isenção, do imposto sobre produtos industrializados.

ART. 3º Aplicar-se-á ao regime comum de importação aos bens qualificáveis como bagagem que não satisfizerem os requisitos para a isenção ou a tributação especial, previstos nos artigos anteriores.

ART. 4º As repartições aduaneiras ficam autorizadas a proceder à baixa dos termos de responsabilidade, relativos aos bens conceituados como bagagem, desembaraçados anteriormente à data da publicação deste Decreto-Lei, salvo os referentes à aplicação do regime aduaneiro especial.

ART. 5º No caso de sucessão aberta no exterior, o herdeiro ou legatário residente no País poderá desembaraçar, com isenção, os bens pertencentes ao *de cujus* na data do óbito, relacionados em ato normativo expedido pelo Ministro da Fazenda.

ART. 6º O Ministro da Fazenda poderá, em ato normativo, dispor sobre:

I - relevação da pena de perdimento de bens de viajantes, mediante o pagamento dos tributos, acrescidos da multa de cem por cento do valor destes;

II - depreciação de bens isentos de imposto de importação, cuja alienação seja permitida mediante o pagamento dos tributos;

III - normas, métodos e padrões específicos de valoração aduaneira dos bens conceituados como bagagem;

IV - hipóteses de abandono de bens de viajante e respectiva destinação.

ART. 7º Este Decreto-Lei entrará em vigor na data de sua publicação, revogadas as disposições em contrário e mantidas as normas fiscais sobre à importação de automóveis previstas na legislação vigente.

Brasília, em 14 de maio de 1984; 163º da Independência e 96º da República.

JOÃO FIGUEIREDO

DECRETO-LEI N. 2.186, DE 20 DE DEZEMBRO DE 1984

Institui o imposto sobre serviços de comunicações, e dá outras providências.

- *DOU*, 21.12.1984.

O Presidente da República, no uso das atribuições que lhe confere o artigo 55, item II, da Constituição,

Decreta:

ART. 1º O imposto sobre serviços de comunicações tem com fato gerador a prestação de serviços de telecomunicações destinados ao uso do público (art. 6º, letras "a" e "b", da Lei n. 4.117, de 27 de agosto de 1962).

Parágrafo único. São isentos do imposto os serviços de telecomunicações nas seguintes modalidades:

I - telefonia quando prestados:

a) em chamadas locais originadas de telefones públicos e semipúblicos;

b) em localidades servidas unicamente por posto de serviço público ou por centrais locais de até 500 (quinhentos) terminais;

II - televisão e radiodifusão sonora.

ART. 2º A alíquota do imposto é de vinte e cinco por cento.

ART. 3º Contribuinte do imposto é o prestador do serviço.

ART. 4º A base de cálculo do imposto é o preço do serviço.

§ 1º O preço do serviço será representado pela quantia total paga pelo usuário ao prestador do serviço.

§ 2º O montante do imposto integra a base de cálculo a que se refere este artigo.

ART. 5º O imposto de que trata o artigo 1º, quando não recolhido nos prazos fixados, será monetariamente corrigido, nos termos do artigo 5º e seu § 1º do Decreto-Lei n. 1.704, de 23 de outubro de 1979, com a redação dada pelo artigo 23 do Decreto-Lei n. 1.967, de 23 de novembro de 1982, e acrescido de:

I - juros de mora, segundo o disposto no artigo 2º do Decreto-Lei n. 1.736, de 20 de dezembro de 1979;

II - multa de mora, na forma do parágrafo único do artigo 1º do Decreto-Lei n. 1.736, de 20 de dezembro de 1979.

§ 1º As demais infrações às disposições deste Decreto-Lei, de seu regulamento ou dos atos administrativos complementares que vierem a ser expedidos, serão punidas, no que couber, com as penalidades previstas na legislação do imposto sobre produtos industrializados.

§ 2º No caso de cobrança do crédito tributário como Dívida Ativa da União, ser-lhe-á acrescido o encargo legal de que tratam o artigo 1º do Decreto-Lei n. 1.025, de 21 de outubro de 1969, o artigo 3º do Decreto-Lei n. 1.569, de 8 de agosto de 1977, na redação dada pelo artigo 12 do Decreto-Lei n. 2.163, de 19 de setembro de 1984, e o artigo 3º do Decreto-Lei n. 1.645, de 11 de dezembro de 1978.

ART. 6º Os contribuintes do imposto sobre serviços de comunicações e do imposto sobre serviços de transporte rodoviário intermunicipal e interestadual de passageiros e cargas deverão declarar à Secretaria da Receita Federal, periodicamente, o valor do imposto a pagar, relativo a cada período de apuração, acompanhado do valor das operações correspondentes regularmente escrituradas nos livros fiscais próprios.

§ 1º O documento de arrecadação dos impostos será preenchido de acordo com os dados constantes da declaração.

§ 2º Não pagos os impostos nos prazos estabelecidos na legislação, a Secretaria da Receita Federal procederá ao lançamento de ofício com base nos elementos constantes da declaração, sem prejuízo da cobrança de eventual diferença e respectivos acréscimos legais, posteriormente apurados pela fiscalização, observado o disposto no artigo 5º deste Decreto-Lei e no artigo 3º do Decreto-Lei n. 1.680, de 28 de março de 1979.

§ 3º Não apresentada a declaração de que trata o *caput* deste artigo, nos prazos estabelecidos, será aplicada ao contribuinte multa equivalente ao valor de dez Obrigações Reajustáveis do Tesouro Nacional, em relação a cada falta, cobrada de ofício pela Secretaria da Receita Federal, mediante notificação para seu pagamento no prazo de trinta dias, sob pena de imediata inscrição do débito como Dívida Ativa da União.

§ 4º O Ministro da Fazenda expedirá instruções sobre prazo de apresentação, forma e conteúdo da declaração a que se refere este artigo, podendo determinar a prestação de informações adicionais de interesse da administração tributária.

ART. 7º O processo administrativo de determinação e exigência dos impostos referidos no artigo anterior, bem como o de consulta sobre a aplicação da respectiva legislação, será regido, no que couber, pelas normas expedidas nos termos do artigo 2º do Decreto-Lei n. 822, de 5 de setembro de 1969, respeitado o disposto no artigo 5º do Decreto-Lei n. 1.680, de 28 de março de 1979.

ART. 8º O Ministro da Fazenda expedirá as instruções necessárias ao cumprimento do disposto neste Decreto-Lei, especialmente no que se refere a forma, prazos e condições de pagamento do imposto sobre serviços de comunicações, podendo, em ato conjunto com o Ministro-Chefe da Secretaria de Planejamento da Presidência da República e o Ministro das Comunicações, reduzir a respectiva alíquota até zero por cento para atender às peculiaridades e ao desenvolvimento de cada modalidade de serviço.

ART. 9º O Poder Executivo fará consignar, nas Propostas de Orçamento da União relativas aos exercícios de 1986 a 1989, dotação anual equivalente ao valor dos encargos financeiros dos empréstimos, internos e externos, contraídos até 31 de dezembro de 1984 pela Telecomunicações Brasileiras S/A (TELEBRÁS) e suas controladas, para investimentos destinados à expansão e melhoramento dos serviços de telecomunicações.

Parágrafo único. Os valores que a União vier a despender, anualmente, em decorrência do disposto neste artigo, serão atualizados monetariamente com base no valor nominal das Obrigações Reajustáveis do Tesouro Nacional (ORTN) do mês de janeiro do exercício subsequente e contabilizados como adiantamentos à TELEBRÁS para futuros aumentos de capital.

ART. 10. Fica revogado o artigo 51 da Lei n. 4.117, de 27 de agosto de 1962, a Lei n. 6.127, de 6 de novembro de 1974, e as disposições em contrário.

ART. 11. Este Decreto-Lei entrará em vigor na data de sua publicação, observado o disposto no § 29 do artigo 153 da Constituição.

Brasília, em 20 de dezembro de 1984; 163º da Independência e 96º da República.

JOÃO FIGUEIREDO

DECRETO-LEI N. 2.321, DE 25 DE FEVEREIRO DE 1987

Institui, em defesa das finanças públicas, regime de administração especial temporária, nas instituições financeiras privadas e públicas não federais, e dá outras providências.

- *DOU*, 26.02.1987.
- Lei 6.024/1974 (Dispõe sobre a intervenção e a liquidação extrajudicial de instituições financeiras).
- Lei 9.447/1997 (Dispõe sobre a responsabilidade solidária de controladores de instituições submetidas à intervenção, liquidação extrajudicial e regime de administração especial temporária).

O Presidente da República, no uso das atribuições que lhe confere o artigo 55, item II, da Constituição, decreta:

ART. 1º O Banco Central do Brasil poderá decretar regime de administração especial temporária, na forma regulada por este decreto-lei, nas instituições financeiras privadas e públicas não federais, autorizadas a funcionar nos termos da Lei n. 4.595, de 31 de dezembro de 1964, quando nelas verificar:

a) prática reiterada de operações contrárias às diretrizes de política econômica ou financeira traçadas em lei federal;

b) existência de passivo a descoberto;

c) descumprimento das normas referentes à conta de Reservas Bancárias mantida no Banco Central do Brasil;

d) gestão temerária ou fraudulenta de seus administradores;

e) ocorrência de qualquer das situações descritas no artigo 2º da Lei n. 6.024, de 13 de março de 1974.

Parágrafo único. A duração da administração especial fixada no ato que a decretar, podendo ser prorrogada, se absolutamente necessário, por período não superior ao primeiro.

ART. 2º A decretação da administração especial temporária não afetará o curso regular dos negócios da entidade nem seu normal funcionamento e produzirá, de imediato, a perda do mandato dos administradores e membros do Conselho Fiscal da instituição.

ART. 3º A administração especial temporária será executada por um conselho diretor, nomeado pelo Banco Central do Brasil, com plenos poderes de gestão, constituído de tantos membros quantos julgados necessários para a condução dos negócios sociais.

§ 1º Ao conselho diretor competirá, com exclusividade, a convocação da assembleia geral.

§ 2º Os membros do conselho diretor poderão ser destituídos a qualquer tempo pelo Banco Central do Brasil.

§ 3º Dependerão de prévia e expressa autorização do Banco Central do Brasil os atos que, não caracterizados como de gestão ordinária, impliquem disposição ou oneração do patrimônio da sociedade.

ART. 4º Os membros do conselho diretor assumirão, de imediato, as respectivas funções, independentemente da publicação do ato de nomeação, mediante termo lavrado no livro de atas da Diretoria, com a transcrição do ato que houver decretado o regime de administração especial temporária e do que os tenha nomeado.

ART. 5º Ao assumir suas funções, incumbirá ao conselho diretor:

a) eleger, dentre seus membros, o Presidente;

b) estabelecer as atribuições e poderes de cada um de seus membros, bem como as matérias que serão objeto de deliberação colegiada; e

c) adotar as providências constantes dos artigos 9º, 10 e 11 da Lei n. 6.024, de 13 de março de 1974.

ART. 6º Das decisões do conselho diretor caberá recurso, sem efeito suspensivo, dentro de 10 (dez) dias da respectiva ciência, para o Banco Central do Brasil, em única instância.

Parágrafo único. O recurso, entregue mediante protocolo, será dirigido ao conselho diretor, que o informará e o encaminhará dentro de 5 (cinco) dias ao Banco Central do Brasil.

ART. 7º O conselho diretor prestará contas ao Banco Central do Brasil, independentemente de qualquer exigência, no momento em que cessar o regime especial, ou, a qualquer tempo, quando solicitado.

ART. 8º Poderá o Banco Central do Brasil atribuir, a pessoas jurídicas com especialização na área, a administração especial temporária de que trata este decreto-lei.

ART. 9º Uma vez decretado o regime de que trata este decreto-lei, fica o Banco Central do Brasil autorizado a utilizar recursos da Reserva Monetária visando ao saneamento econômico-financeiro da instituição.

Parágrafo único. Não havendo recursos suficientes na conta da Reserva Monetária, o Banco Central do Brasil os adiantará, devendo o valor de tais adiantamentos constar obrigatoriamente da proposta da lei orçamentária do exercício subsequente.

ART. 10. Os valores sacados à conta da Reserva Monetária serão aplicados no pagamento de obrigações das instituições submetidas ao regime deste decreto-lei, mediante cessão e transferência dos correspondentes créditos, direitos e ações, a serem efetivadas pelos respectivos titulares ao Banco Central do Brasil, e serão garantidos, nos termos de contrato a ser firmado, com a instituição beneficiária:

a) pela caução de notas promissórias, letras de câmbio, duplicatas, ações, debêntures, créditos hipotecários e pignoratícios, contratos de contas correntes devedoras com saldo devidamente reconhecido e títulos da dívida pública federal;

b) pela hipoteca legal, independentemente de especialização, que este decreto-lei concede ao Banco Central do Brasil, dos imóveis pertencentes às instituições beneficiárias e por elas destinados à instalação de suas sedes e filiais;

c) pela hipoteca convencional de outros imóveis pertencentes às instituições beneficiárias ou a terceiros.

§ 1º Os títulos, documentos e valores dados em caução considerar-se-ão transferidos, por tradição simbólica, à posse do Banco Central do Brasil, desde que estejam relacionados e descritos em termo de tradição lavrado em instrumento avulso assinado pelas partes e copiado em livro especial para esse fim aberto e rubricado pela autoridade competente do Banco Central do Brasil.

§ 2º O Banco Central do Brasil, quando entender necessário, poderá exigir a entrega dos títulos, documentos e valores caucionados e, quando recusada, mediante simples petição, acompanhada de certidão do termo de tradição, promover judicialmente a sua apreensão total ou parcial.

ART. 11. À vista de relatório ou de proposta do conselho diretor, o Banco Central do Brasil poderá:

a) autorizar a transformação, a incorporação, a fusão, a cisão ou a transferência do controle acionário da instituição, em face das condições de garantia apresentadas pelos interessados;

b) propor a desapropriação, por necessidade ou utilidade pública ou por interesse social, das ações do capital social da Instituição.

c) decretar a liquidação extrajudicial da instituição. (Incluída pelo Decreto-Lei 2.327/1987.)

ART. 12. Na hipótese da letra *b* do artigo anterior, fica o Poder Executivo autorizado a promover a desapropriação ali referida.

§ 1º A União Federal será, desde logo, imitida na posse das ações desapropriadas, mediante depósito de seu valor patrimonial, apurado em balanço levantado pelo conselho diretor, que terá por data base o dia da decretação da administração especial temporária.

§ 2º Na instituição em que o patrimônio líquido for negativo, o valor do depósito previsto no parágrafo anterior será simbólico e fixado no decreto expropriatório.

ART. 13. A União Federal, uma vez imitida na posse das ações, exercerá todos os direitos inerentes à condição de acionista, inclusive o de preferência, que poderá ceder, para subscrição de aumento de capital e o de votar, em assembleia geral, a redução ou elevação do capital social, o agrupamento ou o desdobramento de ações, a transformação, incorporação, fusão ou cisão da sociedade, e quaisquer outras medidas julgadas necessárias ao saneamento financeiro da sociedade e ao seu regular funcionamento.

ART. 14. O regime de que trata este decreto-lei cessará:

a) se a União Federal assumir o controle acionário da Instituição, na forma do artigo 11, letra *b*;

b) nos casos de transformação, incorporação, fusão, cisão ou de transferência do controle acionário da instituição;

c) quando, a critério do Banco Central do Brasil, a situação da instituição se houver normalizado.

d) pela decretação da liquidação extrajudicial da instituição. (Incluída pelo Decreto-Lei 2.327/1987.)

§ 1º Para os fins previstos neste decreto-lei, a União Federal será representada, nos atos que lhe competir, pelo Banco Central do Brasil.

§ 2º O Banco Central do Brasil adotará as medidas necessárias à recuperação integral dos recursos aplicados na instituição, com base no artigo 9º deste decreto-lei, e estabelecerá, se for o caso, a forma, prazo e demais condições para o seu resgate.

§ 3º Decretada a liquidação extrajudicial da instituição, tomar-se-á como data-base, para todos os efeitos, inclusive a apuração da responsabilidade dos ex-administradores, a data de decretação do regime de administração especial temporária. (Incluído pelo Decreto-Lei 2.327/1987.)

ART. 15. Decretado o regime de administração especial temporária, respondem solidariamente com os ex-administradores da instituição pelas obrigações por esta assumidas, as pessoas naturais ou jurídicas que com ela mantenham vínculo de controle, independentemente da apuração de dolo ou culpa.

§ 1º Há vínculo de controle quando, alternativa ou cumulativamente, a instituição e as pessoas jurídicas mencionadas neste artigo estão sob controle comum; quando sejam, entre si, controladoras ou controladas, ou quando qualquer delas, diretamente ou através de sociedades por ela controladas, é titular de direitos de sócio que lhe assegurem, de modo permanente, preponderância nas deliberações sociais e o poder de eleger a maioria dos administradores da instituição.

§ 2º A responsabilidade solidária decorrente do vínculo de controle se circunscreve ao montante do passivo a descoberto da instituição, apurado em balanço que terá por data base o dia da decretação do regime de que trata este decreto-lei.

ART. 16. O inciso IX, do artigo 10, da Lei n. 4.595, de 31 de dezembro de 1964, fica acrescido da alínea *g*, com a seguinte redação:

› Alterações promovidas no texto da referida lei.

ART. 17. O artigo 11 da Lei n. 4.595, de 31 de dezembro de 1964, fica acrescido de § 1º com a seguinte redação, renumerado para 2º o atual parágrafo único.

› Alterações promovidas no texto da referida lei.

ART. 18. O Banco Central promoverá a responsabilidade, com pena de demissão, do funcionário ou Diretor que permitir o descumprimento das normas referentes à conta de Reservas Bancárias.

ART. 19. Aplicam-se à administração especial temporária regulada por este decreto-lei as disposições da Lei n. 6.024, de 13 de março de 1974, que com ele não colidirem e, em especial, as medidas acautelatórias e promotoras da responsabilidade dos ex-administradores.

ART. 20. Este decreto-lei entra em vigor na data de sua publicação.

ART. 21 Revogam-se as disposições em contrário.

Brasília, 25 de fevereiro de 1987; 166º da Independência e 99º da República.

JOSÉ SARNEY

DECRETO-LEI N. 2.398, DE 21 DE DEZEMBRO DE 1987

Dispõe sobre foros, laudêmios e taxas de ocupação relativas a imóveis de propriedade da União, e dá outras providências.

› *DOU*, 22.12.1987.

› V. Lei 13.139/2015 (Dispõe sobre o parcelamento e a remissão de dívidas patrimoniais com a União).

O Presidente da República , no uso da atribuição que lhe confere o art. 55, item II, da Constituição, Decreta:

ART. 1º A taxa de ocupação de terrenos da União será de 2% (dois por cento) do valor do domínio pleno do terreno, excluídas as benfeitorias, anualmente atualizado pela Secretaria do Patrimônio da União. (Alterado pela Lei 13.240/2015.)

› Dec. 9.354/2018 (Regulamenta este artigo.)

I e II - (Revogados); (Alterado pela Lei 13.240 /2015.)

§ 1º O valor do domínio pleno do terreno da União, para efeitos de cobrança do foro, da taxa de ocupação, do laudêmio e de outras receitas extraordinárias, será determinado de acordo com: (Alterado pela Lei 13.465/2017.)

I - o valor venal do terreno fornecido pelos Municípios e pelo Distrito Federal, para as áreas urbanas; ou (Alterado pela Lei 13.465/2017.)

II - o valor da terra nua fornecido pelo Instituto Nacional de Colonização e Reforma Agrária (Incra), para as áreas rurais. (Alterado pela Lei 13.465/2017.)

§ 2º Para os imóveis localizados nos Municípios e no Distrito Federal que não disponibilizem as informações referidas no inciso I do § 1º deste artigo, o valor do terreno será o obtido pela planta de valores da Secretaria do Patrimônio da União (SPU), ou ainda por pesquisa mercadológica. (Alterado pela Lei 13.465/2017.)

§ 3º Caso o Incra não disponha do valor de terra nua referido no inciso II do § 1º deste artigo, a atualização anual do valor do domínio pleno dar-se-á pela adoção da média dos valores da região mais próxima à localidade do imóvel, na forma a ser regulamentada pela Secretaria do Patrimônio da União (SPU). (Alterado pela Lei 13.465/2017.)

§ 4º Para aplicação do disposto neste artigo, a Secretaria do Patrimônio da União (SPU) utilizará os dados fornecidos pelos Municípios, pelo Distrito Federal e pelo Incra. (Acrescentado pela Lei 13.465/2017.)

§ 5º Os Municípios e o Distrito Federal deverão fornecer à Secretaria do Patrimônio da União (SPU), até 30 de junho de cada ano, o valor venal dos terrenos localizados sob sua jurisdição, necessários para aplicação do disposto neste artigo. (Acrescentado pela Lei 13.465/2017.)

§ 6º Em caso de descumprimento do prazo estabelecido no § 5º deste artigo para encaminhamento do valor venal dos terrenos pelos Municípios e pelo Distrito Federal, o ente federativo perderá o direito, no exercício seguinte, ao repasse de 20% (vinte por cento) dos recursos arrecadados por meio da cobrança de taxa de ocupação, foro e laudêmio aos Municípios e ao Distrito Federal onde estão localizados os imóveis que deram origem à cobrança, previstos neste Decreto-Lei, e dos 20% (vinte por cento) da receita patrimonial decorrente da alienação desses imóveis, conforme o disposto na Lei n. 13.240, de 30 de dezembro de 2015. (Acrescentado pela Lei 13.465/2017.)

§ 7º Para o exercício de 2017, o valor de que trata o *caput* deste artigo será determinado de acordo com a planta de valores da Secretaria do Patrimônio da União (SPU), referente ao exercício de 2016 e atualizada pelo percentual de 7,17% (sete inteiros e dezessete centésimos por cento), ressalvada a correção de inconsistências cadastrais. (Acrescentado pela Lei 13.465/2017.)

ART. 2º O Ministro da Fazenda, mediante portaria estabelecerá os prazos para o recolhimento de foros e taxas de ocupação relativos a terrenos da União, podendo autorizar o parcelamento em até oito cotas mensais.

ART. 3º A transferência onerosa, entre vivos, do domínio útil e da inscrição de ocupação de terreno da União ou de cessão de direito a eles relativos dependerá do prévio recolhimento do laudêmio pelo vendedor, em quantia correspondente a 5% (cinco por cento) do valor atualizado do domínio pleno do terreno, excluídas as benfeitorias. (Alterado pela Lei 13.465/2017.)

§ 1º As transferências parciais de aforamento ficarão sujeitas a novo foro para a parte desmembrada.

§ 2º Os Cartórios de Notas e Registro de Imóveis, sob pena de responsabilidade dos seus respectivos titulares, não lavrarão nem registrarão escrituras relativas a bens imóveis de propriedade da União, ou que contenham, ainda que parcialmente, área de seu domínio: (Alterado pela Lei 9.636/1998.)

I - sem certidão da Secretaria do Patrimônio da União - SPU que declare: (Acrescentado pela Lei 9.636/1998.)

a) ter o interessado recolhido o laudêmio devido, nas transferências onerosas entre vivos; (Alterado pela Lei 9.636/1998.)

b) estar o transmitente em dia, perante o Patrimônio da União, com as obrigações relativas ao imóvel objeto da transferência; e (Alterado pela Lei 13.139/2015.)

c) estar autorizada a transferência do imóvel, em virtude de não se encontrar em área de interesse do serviço público; (Alterado pela Lei 9.636/1998.)

II - sem a observância das normas estabelecidas em regulamento. (Acrescentado pela Lei 9.636/1998.)

§ 3º A SPU procederá ao cálculo do valor do laudêmio, mediante solicitação do interessado. (Acrescentado pela Lei 9.636/1998.)

§ 4º Concluída a transmissão, o adquirente deverá requerer ao órgão local da SPU, no prazo máximo de sessenta dias, que providencie a transferência dos registros cadastrais para o seu nome, observando-se, no caso de imóvel aforado, o disposto no art. 116 do Decreto-Lei n. 9.760, de 1946. (Acrescentado pela Lei 9.636/1998.)

§ 5º A não observância do prazo estipulado no § 4º deste artigo sujeitará o adquirente à multa de 0,50% (cinquenta centésimos por cento), por mês ou fração, sobre o valor do terreno, excluídas as benfeitorias. (Alterado pela Lei 13.465/2017.)

§ 6º É vedado o loteamento ou o desmembramento de áreas objeto de ocupação sem preferência ao aforamento, nos termos dos arts. 105 e 215 do Decreto-Lei n. 9.760, de 1946, exceto quando: (Acrescentado pela Lei 9.636/1998.)

a) realizado pela própria União, em razão do interesse público; (Acrescentado pela Lei 9.636/1998.)

b) solicitado pelo próprio ocupante, comprovada a existência de benfeitoria suficiente para caracterizar, nos termos da legislação vigente, o aproveitamento efetivo e independente da parcela a ser desmembrada. (Acrescentado pela Lei 9.636/1998.)

§ 7º Para fatos geradores anteriores a 22 de dezembro de 2016, a cobrança da multa de que trata o § 5º deste artigo será efetuada de forma proporcional, regulamentada em ato específico da Secretaria do Patrimônio da União (SPU). (Acrescentado pela Lei 13.465/2017.)

ART. 3º-A. Os oficiais deverão informar as operações imobiliárias anotadas, averbadas, lavradas, matriculadas ou registradas nos cartórios de notas ou de registro de imóveis, títulos e documentos que envolvam terrenos da União sob sua responsabilidade, mediante a apresentação de Declaração sobre Operações Imobiliárias em Terrenos da União (Doitu) em meio magnético, nos termos que serão estabelecidos, até 31 de dezembro de 2020, pela Secretaria do Patrimônio da União (SPU). (Alterado pela Lei 13.465/2017.)

§ 1º A cada operação imobiliária corresponderá uma DOITU, que deverá ser apresentada até o último dia útil do mês subsequente ao da anotação, averbação, lavratura, matrícula ou registro da respectiva operação, sujeitando-se o responsável, no caso de falta de apresentação ou apresentação da declaração após o prazo fixado, à multa de 0,1% (zero vírgula um por cento) ao mês-calendário ou fração, sobre o valor da operação, limitada a 1% (um por cento), observado o disposto no inciso III do § 2º deste artigo. (Acrescentado pela Lei 11.481/2007.)

§ 2º A multa de que trata o § 1º deste artigo: (Acrescentado pela Lei 11.481/2007.)

I - terá como termo inicial o dia seguinte ao término do prazo originalmente fixado para a entrega da declaração e como termo final a data da efetiva entrega ou, no caso de não apresentação, da lavratura do auto de infração; (Acrescentado pela Lei 11.481/2007.)

II - será reduzida: (Acrescentado pela Lei 11.481/2007.)

a) à metade, caso a declaração seja apresentada antes de qualquer procedimento de ofício; (Acrescentado pela Lei 11.481/2007.)

b) a 75% (setenta e cinco por cento), caso a declaração seja apresentada no prazo fixado em intimação; (Acrescentado pela Lei 11.481/2007.)

III - será de, no mínimo, R$ 20,00 (vinte reais). (Acrescentado pela Lei 11.481/2007.)

§ 3º O responsável que apresentar DOITU com incorreções ou omissões será intimado a apresentar declaração retificadora, no prazo estabelecido pela Secretaria do Patrimônio da União, e sujeitar-se-á à multa de R$ 50,00 (cinquenta reais) por informação inexata, incompleta ou omitida, que será reduzida em 50% (cinquenta por cento) caso a retificadora seja apresentada no prazo fixado. (Acrescentado pela Lei 11.481/2007.)

ART. 4º (Revogado pela Lei 9.636/1998.)

ART. 5º Ressalvados os terrenos da União que, a critério do Poder Executivo, venham a ser considerados de interesse do serviço público, conceder-se-á o aforamento: (Alterado pela Lei 9.636/1998.)

I - independentemente do pagamento do preço correspondente ao valor do domínio útil, nos casos previstos nos arts. 105 e 215 do Decreto-Lei n. 9.760, de 1946; (Alterado pela Lei 9.636/1998.)

II - mediante leilão público ou concorrência, observado o disposto no art. 99 do Decreto-Lei n. 9.760, de 1946. (Alterado pela Lei 9.636/1998.)

Parágrafo único. Considera-se de interesse do serviço público todo imóvel necessário ao desenvolvimento de projetos públicos, sociais ou econômicos de interesse nacional, à preservação ambiental, à proteção dos ecossistemas naturais e à defesa nacional, independentemente de se encontrar situado em zona declarada de interesse do serviço público, mediante portaria do Secretário do Patrimônio da União. (Acrescentado pela Lei 9.636/1998.)

ART. 6º Considera-se infração administrativa contra o patrimônio da União toda ação ou omissão que viole o adequado uso, gozo, disposição, proteção, manutenção e conservação dos imóveis da União. (Alterado pela Lei 13.139/2015.)

I e II - (Revogados); (Alterado pela Lei 13.139/2015.)

§ 1º Incorre em infração administrativa aquele que realizar aterro, construção, obra, cercas ou outras benfeitorias, desmatar ou instalar equipamentos, sem prévia autorização ou em desacordo com aquela concedida, em bens de uso comum do povo, especiais ou dominiais, com destinação específica fixada por lei ou ato administrativo. (Acrescentado pela Lei 13.139/2015.)

§ 2º O responsável pelo imóvel deverá zelar pelo seu uso em conformidade com o ato que autorizou sua utilização ou com a natureza do bem, sob pena de incorrer em infração administrativa. (Acrescentado pela Lei 13.139/2015.)

§ 3º Será considerado infrator aquele que, diretamente ou por interposta pessoa, incorrer na prática das hipóteses previstas no *caput*. (Acrescentado pela Lei 13.139/2015.)

§ 4º Sem prejuízo da responsabilidade civil, as infrações previstas neste artigo serão punidas com as seguintes sanções: (Acrescentado pela Lei 13.139/2015.)

I - embargo de obra, serviço ou atividade, até a manifestação da União quanto à regularidade de ocupação; (Acrescentado pela Lei 13.139/2015.)

II - aplicação de multa; (Acrescentado pela Lei 13.139/2015.)

III - desocupação do imóvel; e (Acrescentado pela Lei 13.139/2015.)

IV - demolição e/ou remoção do aterro, construção, obra, cercas ou demais benfeitorias, bem como dos equipamentos instalados, à conta de quem os houver efetuado, caso não sejam passíveis de regularização. (Acrescentado pela Lei 13.139/2015.)

§ 5º A multa será no valor de R$ 73,94 (setenta e três reais e noventa e quatro centavos) para cada metro quadrado das áreas aterradas ou construídas ou em que forem realizadas obras, cercas ou instalados equipamentos. (Acrescentado pela Lei 13.139/2015.)

§ 6º O valor de que trata o § 5º será atualizado em 1º de janeiro de cada ano com base no Índice Nacional de Preços ao Consumidor (INPC), apurado pela Fundação Instituto Brasileiro de Geografia e Estatística (IBGE), e os novos valores serão divulgados em ato do Secretário de Patrimônio da União do Ministério do Planejamento, Orçamento e Gestão. (Acrescentado pela Lei 13.139/2015.)

§ 7º Verificada a ocorrência de infração, a Secretaria do Patrimônio da União do Ministério do Planejamento, Orçamento e Gestão aplicará multa e notificará o embargo da obra, quando cabível, intimando o responsável para, no prazo de 30 (trinta) dias, comprovar a regularidade da obra ou promover sua regularização. (Acrescentado pela Lei 13.139/2015.)

§ 8º (Vetado.) (Acrescentado pela Lei 13.139/2015.)

§ 9º A multa de que trata o inciso II do § 4º deste artigo será mensal, sendo automaticamente aplicada pela Superintendência do Patrimônio da União sempre que o cometimento da infração persistir. (Acrescentado pela Lei 13.139/2015.)

§ 10. A multa será cominada cumulativamente com o disposto no parágrafo único do art. 10 da Lei n. 9.636, de 15 de maio de 1998. (Acrescentado pela Lei 13.139/2015.)

§ 11. Após a notificação para desocupar o imóvel, a Superintendência do Patrimônio da União verificará o atendimento da notificação e, em caso de desatendimento, ingressará com pedido judicial de reintegração de posse no prazo de 60 (sessenta) dias. (Acrescentado pela Lei 13.139/2015.)

§ 12. Os custos em decorrência de demolição e remoção, bem como os respectivos encargos de qualquer natureza, serão suportados integralmente pelo infrator ou cobrados dele a posteriori, quando efetuados pela União. (Acrescentado pela Lei 13.139/2015.)

§ 13. Ato do Secretário do Patrimônio da União do Ministério do Planejamento, Orçamento e Gestão disciplinará a aplicação do disposto neste artigo, sendo a tramitação de eventual recurso administrativo limitada a 2 (duas) instâncias. (Acrescentado pela Lei 13.139/2015.)

ART. 6º-A. São dispensados de lançamento e cobrança as taxas de ocupação, os foros e os laudêmios referentes aos terrenos de marinha e seus acrescidos inscritos em regime de ocupação, quando localizados em ilhas oceânicas ou costeiras que contenham sede de Município, desde a data da publicação da Emenda Constitucional no 46, de 5 de maio de 2005, até a conclusão do processo de demarcação, sem cobrança retroativa por ocasião da conclusão dos procedimentos de demarcação. (Acrescentado pela Lei 13.240/2015.)

ART. 6º-B. A União repassará 20% (vinte por cento) dos recursos arrecadados por meio da cobrança de taxa de ocupação, foro e laudêmio aos Municípios e ao Distrito Federal onde estão localizados os imóveis que deram origem à cobrança. (Acrescentado pela Lei 13.240/2015.)

Parágrafo único. Os repasses de que trata o *caput* serão realizados até o dia 1º de fevereiro do ano subsequente ao recebimento dos recursos. (Acrescentado pela Lei 13.240/2015.)

ART. 6º-C. Os créditos relativos a receitas patrimoniais, passíveis de restituição ou reembolso, serão restituídos, reembolsados ou compensados com base nos critérios definidos em legislação específica referente aos tributos administrados pela Secretaria da Receita Federal do Brasil. (Acrescentado pela Lei 13.465/2017.)

ART. 6º-D. Quando liquidados no mesmo exercício, poderá ser concedido desconto de 10% (dez por cento) para pagamento à vista das taxas de ocupação e foro, na fase administrativa de cobrança, mediante os critérios e as condições a serem fixados em ato do Secretário de Patrimônio da União do Ministério do Planejamento, Desenvolvimento e Gestão. (Acrescentado pela Lei 13.465/2017.)

ART. 6º-E. Fica o Poder Executivo federal autorizado, por intermédio da Secretaria do Patrimônio da União (SPU), a contratar instituições financeiras oficiais ou a Empresa Gestora de Ativos (Emgea), empresa pública federal, independentemente de processo licitatório, para a realização de atos administrativos relacionados à prestação de serviços de cobrança administrativa e à arrecadação de receitas patrimoniais sob gestão da referida Secretaria, incluída a prestação de apoio operacional aos referidos processos, de forma a viabilizar a satisfação consensual dos valores devidos àquela Secretaria. (Acrescentado pela Lei 13.465/2017.)

§ 1º Ato da Secretaria do Patrimônio da União (SPU) regulamentará o disposto neste artigo, inclusive quanto às condições do contrato, à forma de atuação das instituições financeiras ou da EMGEA, aos mecanismos e aos parâmetros de remuneração. (Acrescentado pela Lei 13.465/2017.)

§ 2º Por ocasião da celebração do contrato com a instituição financeira oficial ou com a EMGEA, a Secretaria do Patrimônio da União (SPU) determinará os créditos que poderão ser enquadrados no disposto no *caput* deste artigo, inclusive estabelecer as alçadas de valor, observado o limite fixado para a dispensa de ajuizamento de execuções fiscais de débitos da Fazenda Nacional. (Acrescentado pela Lei 13.465/2017.)

ART. 7º O Poder Executivo expedirá o regulamento deste decreto-lei, que disporá sobre os procedimentos administrativos de medição, demarcação, identificação e avaliação de imóveis de propriedade da União, e promoverá a consolidação, mediante decreto, da legislação relativa a patrimônio imobiliário da União.

ART. 8º Este decreto-lei entra em vigor na data de sua publicação.

ART. 9º Ficam revogados o § 1º do art. 101, os arts 102, 107, 111, 112 a 115, 117, os §§ 1º e 2º do art. 127, o art. 129, os arts. 130, 134 a 148, 159 a 163 do Decreto-Lei n. 9.760, de 5 de setembro de 1946, o art. 3º do Decreto-lei n. 1.561, de 13 de julho de 1977, e demais disposições em contrário.

Brasília, 21 de dezembro de 1987; 166º da Independência e 99º da República.

JOSÉ SARNEY

DECRETO-LEI N. 2.407, DE 5 DE JANEIRO DE 1988

Dispõe sobre a isenção do Imposto sobre Operações de Crédito, Câmbio e Seguro, e sobre Operações relativas a Título de Valores Mobiliários (IOF) nas Operações de Financiamento relativas à habitação.

- *DOU*, 6.1.1988.
- Dec.-Lei 6.306/2007 (Regulamenta o IOF).

O Presidente da República, no uso da atribuição que lhe confere o art. 55, item II, da Constituição.

Decreta:

ART. 1º Ficam isentas do Imposto sobre Operações de Crédito, Câmbio e Seguro, e sobre Operações relativas a Títulos e Valores Mobiliários (IOF) as operações de Crédito de fins habitacionais, inclusive as destinadas a infraestrutura e saneamento básico relativos a programas ou projetos que tenham a mesma finalidade.

ART. 2º Este decreto-lei entrará em vigor na data de sua publicação, revogadas as disposições em contrário.

Brasília, 5 de janeiro de 1988; 167 da Independência e 100% da República.

JOSÉ SARNEY

DECRETO-LEI N. 2.434, DE 19 DE MAIO DE 1988

Dispõe sobre a isenção ou redução de impostos na importação de bens e dá outras providências.

- *DOU*, 20.05.1988.

O Presidente da República , no uso da atribuição que lhe confere o art. 55, item II, da Constituição,

Decreta:

ART. 1º As isenções e reduções do Imposto de Importação e do Imposto Sobre Produtos Industrializados, incidentes sobre bens de procedência estrangeira, somente poderão ser concedidas:

I - nas importações realizadas:

a) pelas missões diplomáticas e repartições consulares de caráter permanente e pelos respectivos integrantes;

b) pelas representações de organismos internacionais de caráter permanente, inclusive os de âmbito regional, dos quais o Brasil seja membro, e pelos seus integrantes; e

c) pelas instituições científicas;

II - nos casos de:

a) amostras e remessas postais internacionais, sem valor comercial;

b) remessas postais e encomendas aéreas, internacionais, destinadas a pessoa física;

c) bagagem de viajantes procedentes do exterior ou da Zona Franca de Manaus;

d) bens adquiridos em loja franca, no País;

e) bens trazidos do exterior, referidos na alínea *b* do § 2º do art. 1º do Decreto-Lei n. 2.120, de 14 de maio de 1984;

f) bens importados sob o regime aduaneiro especial de que trata o inciso III do art. 78 do Decreto-Lei n. 37, de 18 de novembro de 1966;

g) bens importados nos termos do Decreto-Lei n. 2.433, de 19 de maio de 1988;

h) bens importados ao amparo do Decreto-Lei n. 2.324, de 30 de março de 1987;

i) gêneros alimentícios de primeira necessidade; de fertilizantes e defensivos para aplicação na agricultura ou pecuária, bem assim das matérias-primas para sua produção no País, importados ao amparo do art. 4º da Lei n. 3.244, de 14 de agosto de 1957, com a redação dada pelo art. 7º do Decreto-Lei n. 63, de 21 de novembro de 1966;

j) bens importados ao amparo da Lei n. 7.232, de 29 de outubro de 1984; e

l) partes, peças e componentes destinados ao reparo, revisão e manutenção de aeronaves e embarcações.

1º As isenções e reduções referidas neste artigo serão concedidas com observância do disposto na legislação respectiva.

2º Os Impostos de Importação e sobre Produtos Industrializados não serão cobrados sobre as importações:

a) realizadas pela União, pelos Estados, pelo Distrito Federal, pelos Territórios, pelos Municípios e pelas respectivas autarquias, inexistindo similar nacional;

b) realizadas pelos partidos políticos e pelas instituições educacionais ou de assistência social, observado o disposto no final da alínea anterior;

c) de livro, jornal e periódicos, assim como do papel destinado à sua impressão.

ART. 2º É concedida redução do Imposto de Importação:

I - de oitenta por cento, nas importações de máquinas, equipamentos, aparelhos e instrumentos, a serem incorporados ao ativo fixo de empresas de geração, transmissão e distribuição de energia elétrica;

II - de oitenta por cento, nas importações de aeronaves, por empresas nacionais concessionárias de linhas regulares de transporte aéreo, por aeroclubes considerados de utilidade pública, com funcionamento regular, por empresas que explorem serviços de táxis aéreos ou de aerolevantamento;

III - de oitenta por cento, nas importações de máquinas, equipamentos, aparelhos e instrumentos para uso de importador, desde que se destinem a empresa de televisão e radiodifusão.

- Lei 7.988/1989 (Dispõe sobre a redução de incentivos fiscais).

ART. 3º A isenção ou redução do Imposto sobre Produtos Industrializados será concedida, desde que satisfeitos os requisitos e condições para a concessão de benefício análogo relativo ao Imposto de Importação de que trata este decreto-lei.

- Lei 7.988/1989 (Dispõe sobre a redução de incentivos fiscais).

Parágrafo único. Fica assegurada a isenção do Imposto sobre Produtos Industrializados nos casos de tributação especial de bagagem ou tributação simplificada de remessas postais e encomendas aéreas, internacionais.

ART. 4º Fica mantido o tratamento tributário previsto para as importações efetuadas para:

I - a Zona Franca de Manaus, nos termos dos arts. 3º e 7º do Decreto-Lei n. 288, de 28 de fevereiro de 1967, e alterações posteriores;

II - a Amazônia Ocidental, nos termos do art. 2º do Decreto-Lei n. 356, de 15 de agosto de 1968, com a redação dada pelo art. 3º do Decreto-Lei n. 1.435, de 16 de dezembro de 1975.

ART. 5º Os bens importados com alíquota zero do Imposto de Importação estão sujeitos aos demais tributos, nos termos das respectivas legislações.

ART. 6º Ficam isentas do Imposto sobre Operações de Crédito, Câmbio e Seguro e sobre Operações relativas a Títulos e Valores Mobiliários as operações de câmbio realizadas para o pagamento de bens importados, ao amparo de Guia de Importação ou documento assemelhado, emitida a partir de 1º de julho de 1988.

Parágrafo único. Quando se tratar de bens importados sem Guia de Importação ou documento assemelhado, ou dela dispensados, a isenção a que se refere este artigo abrangerá os bens com Declaração de Importação registrada a partir de 1º de julho de 1988.

ART. 7º Fica extinta, a partir de 1º de julho de 1988, a Taxa de Melhoramento dos Portos, de que trata o art. 3º da Lei n. 3.421, de 10 de julho de 1958, com a redação dada pelo art. 1º do Decreto-Lei n. 1.507, de 23 de dezembro de 1976.

ART. 8º Continua em vigor a competência da Comissão de Política Aduaneira prevista na alínea *b* do art. 22 da Lei n. 3.244, de 14 de agosto de 1957, para alterar alíquotas do Imposto de Importação, na forma do art. 3º da referida lei, modificado pelo art. 1º do Decreto-Lei n. 2.162, de 19 de setembro de 1984, e do art. 5º do Decreto-Lei n. 63, de 21 de novembro de 1966.

Parágrafo único. A competência da Comissão de Política Aduaneira prevista no Decreto-Lei n. 1.953, de 3 de agosto de 1982, fica limitada à redução de até oitenta por cento do Imposto de Importação.

ART. 9º O art. 2º e a alínea *a* do art. 22 da Lei n. 3.244, de 14 de agosto de 1957, passam a ter a seguinte redação:

- Alterações promovidas no texto da referida lei.

ART. 10. Ressalvado o disposto neste decreto-lei, ficam revogadas as isenções e reduções, de caráter geral ou especial, do Imposto de Importação e do Imposto sobre Produtos Industrializados incidente sobre bens de procedência estrangeira, exceto:

I - as comprovadamente concedidas, nos termos da legislação respectiva, até a data da publicação deste decreto-lei; e

II - as importações beneficiadas com isenção ou redução, na forma da legislação anterior, cujas Guias de Importação tenham sido emitidas até a data da publicação deste decreto-lei.

Parágrafo único. O disposto neste artigo inclui as importações efetuadas por entidades da administração pública indireta, federal, estadual ou municipal.

ART. 11. Este decreto-lei entra em vigor na data de sua publicação.

ART. 12. Ficam revogados o art. 12 do Decreto-Lei n. 491, de 5 de março de 1969; o Decreto-Lei n. 1.726, de 17 de dezembro de 1979; o Decreto-Lei n. 1.857, de 10 de fevereiro de 1981, e demais disposições em contrário.

Brasília, 19 de maio de 1988; 167º da Independência e 100º da República.

JOSÉ SARNEY

DECRETO-LEI N. 2.472, DE 1º DE SETEMBRO DE 1988

Altera disposições da legislação aduaneira, consubstanciada no Decreto-Lei n. 37, de 18 de novembro de 1966, e dá outras providências.

O Presidente da República, no uso da atribuição que lhe confere o artigo 55, item II, da Constituição,

- *DOU*, 02.09.1988.

Decreta:

ART. 1º Os artigos 1º; 2º; 25; 31; 32; 36; 39, § 3º; 71; 72; 92 e 102 do Decreto-Lei n. 37, de novembro de 1966, passam a vigorar com a seguinte redação:

▸ Alterações promovidas no texto do referido decreto-lei.

ART. 2° Os artigos 44 a 54 do Decreto-Lei n. 37, de 18 de novembro de 1966, passam a vigorar agrupados em duas Seções e, respectivamente, com as seguintes redação e intitulação.

▸ Alterações promovidas no texto do referido decreto-lei.

ART. 3° O artigo 93 do Decreto-Lei n. 37, de 18 de novembro de 1966, passa a integrar o Título III, Capítulo VII - Outros Regimes, com a seguinte redação:

▸ Alteração promovida no texto do referido decreto-lei.

ART. 4° O Título VI do Decreto-Lei n. 37, de 18 de novembro de 1966, passa a denominar-se DECADÊNCIA E PRESCRIÇÃO, dada aos artigos 137, 138, 140 e 141 a seguinte redação:

▸ Alterações promovidas no texto do referido decreto-lei.

ART. 5° A designação do representante do importador e do exportador poderá recair em despachante aduaneiro, relativamente ao despacho aduaneiro de mercadorias importadas e exportadas e em toda e qualquer outra operação de comércio exterior, realizada apor qualquer via, inclusive no despacho de bagagem de viajante.

§ 1° Nas operações a que se refere este artigo, o processamento em todos os trâmites, junto aos órgãos competentes, poderá ser feito:

a) se pessoa jurídica de direito privado, somente por intermédio de dirigente, ou empregado com vínculo empregatício exclusivo com o interessado, munido de mandato que lhe outorgue plenos poderes para o mister, sem cláusulas excedentes da responsabilidade do outorgante mediante ato ou omissão do outorgado, ou por despachante aduaneiro;

b) se pessoa física, somente por ela própria ou por despachante aduaneiro;

c) se órgão da administração pública direta ou autárquica, federal, estadual ou municipal, missão diplomática ou repartição consular de país estrangeiro ou representação de órgãos internacionais, por intermédio de funcionário ou servidor, especialmente designado, ou por despachante aduaneiro.

§ 2° Na execução dos serviços referidos neste artigo, o despachante aduaneiro poderá contratar livremente seus honorários profissionais, que serão recolhidos por intermédio da entidade de classe com jurisdição em sua região de trabalho, a qual processará o correspondente recolhimento do imposto de renda na fonte.

§ 3° Para a execução das atividades de que trata este artigo, o Poder Executivo disporá sobre a forma de investidura na função de Despachante Aduaneiro, mediante ingresso como Ajudante de Despachante Aduaneiro, e sobre os requisitos que serão exigidos das demais pessoas para serem admitidas como representantes das partes interessadas.

ART. 6° Considerar-se-á exportada para o exterior, para todos os efeitos fiscais creditícios e cambiais, a mercadoria em regime de depósitos alfandegado certificado, como previsto em regulamento.

ART. 7° Em local habilitado de fronteira terrestre, a autoridade aduaneira poderá determinar que o controle de vínculos e a verificação de mercadorias em despacho aduaneiro sejam efetuados em recinto por ela designado, localizado convenientemente em relação ao tráfego e ao controle aduaneiro, e para isso alfandegado.

§ 1° A tarifa referente aos serviços prestados no recinto alfandegado referido neste artigo será paga pelo usuário, na forma prescrita em regulamento, segundo tabela aprovada pelo Ministro da Fazenda.

§ 2° A administração do recinto alfandegado previsto neste artigo poderá ser concedida pela autoridade aduaneira a empresa devidamente habilitado na forma da legislação pertinente.

ART. 8° Os custos administrativos do despacho aduaneiro de mercadorias importadas serão ressarcidos, pelo importador, mediante contribuição ao Fundo Especial de Desenvolvimento e Aperfeiçoamento das atividades de Fiscalização (FUNDAF), criado pelo Decreto-Lei n. 1.437, de 17 de novembro de 1975, não superior a 0,5% (meio por cento) do valor aduaneiro da mercadoria, conforme dispuser o regulamento.

ART. 9° As despesas realizadas pelos órgãos aduaneiros da Secretaria da Receita Federal, com a aplicação de elementos de segurança em volumes, veículos e unidades de carga, deverão ser ressarcidas pelos interessados, na forma estabelecida em regulamento.

ART. 10. O regulamento fixará percentuais de tolerância para exclusão da responsabilidade tributária em casos de perda inevitável de mercadoria em operação, sob controle aduaneiro, de transporte, carga e descarga, armazenagem, industrialização ou qualquer manipulação.

ART. 11. É concedida isenção de imposto de importação às mercadorias destinadas a consumo, no recinto de feiras e exposições internacionais, a título de promoção ou degustação, de montagem, decoração ou conservação de stands , ou de demonstração de equipamentos em exposição.

§ 1° É condição, para gozo da isenção prevista, neste artigo, que nenhum pagamento seja feito ao exterior, a qualquer título.

§ 2° As mercadorias de que trata este artigo são dispensadas de guia de importação, sujeitando-se a limites de quantidade e valor, além de outros requisitos estabelecidos pelo Ministro da Fazenda.

ART. 12. Nos casos e na forma previstos em regulamento, o Ministro da Fazenda poderá autorizar o desembaraço aduaneiro, com suspensão de tributos, de mercadoria objeto de isenção ou de redução do imposto de importação concedida por órgão governamental ou decorrentes de acordo internacional, quando o benefício estiver pendente de aprovação ou de publicação dor respectivo ato.

ART. 13. Este Decreto-Lei entra em vigor na data de sua publicação.

ART. 14. Revogam-se as disposições em contrário, especialmente os artigos 3° a 6° de Decreto-Lei n. 37, de 18 de novembro de 1966, e o artigo 1° da Lei n. 6.562, de 18 de setembro de 1978.

Brasília, 1° de setembro de 1988; 167° da Independência e 100° da República.

JOSÉ SARNEY

MEDIDAS PROVISÓRIAS

MEDIDA PROVISÓRIA N. 2.158-35, DE 24 DE AGOSTO DE 2001

Altera a legislação das Contribuições para a Seguridade Social - COFINS, para os Programas de Integração Social e de Formação do Patrimônio do Servidor Público - PIS/PASEP e do Imposto sobre a Renda, e dá outras providências.

▸ *DOU*, 27.08.2001.

O Presidente da República, no uso da atribuição que lhe confere o art. 62 da Constituição, adota a seguinte Medida Provisória, com força de lei:

ART. 1º A alíquota da contribuição para os Programas de Integração Social e de Formação do Patrimônio do Servidor Público - PIS/PASEP, devida pelas pessoas jurídicas a que se refere o § 1º do art. 22 da Lei n. 8.212, de 24 de julho de 1991, fica reduzida para sessenta e cinco centésimos por cento em relação aos fatos geradores ocorridos a partir de 1º de fevereiro de 1999.

ART. 2º O art. 3º da Lei n. 9.718, de 27 de novembro de 1998, passa a vigorar com a seguinte redação:

▸ Alterações promovidas no texto da referida lei.

ART. 3º O § 1º do art. 1º da Lei n. 9.701, de 17 de novembro de 1998, passa a vigorar com a seguinte redação:

"§ 1º É vedada a dedução de qualquer despesa administrativa." (NR)

ART. 4º O disposto no art. 4º da Lei n. 9.718, de 1998, em sua versão original, aplica-se, exclusivamente, em relação às vendas de gasolinas, exceto gasolina de aviação, óleo diesel e gás liquefeito de petróleo - GLP.

Parágrafo único. Nas vendas de óleo diesel ocorridas a partir de 1º de fevereiro de 1999, o fator de multiplicação previsto no parágrafo único do art. 4º da Lei n. 9.718, de 1998, em sua versão original, fica reduzido de quatro para três inteiros e trinta e três centésimos.

ART. 5º As unidades de processamento de condensado e de gás natural e os importadores de combustíveis derivados de petróleo, relativamente às vendas de gasolina automotiva, óleo diesel e GLP que fizerem, ficam obrigados a cobrar e recolher, na condição de contribuintes substitutos, as contribuições para o PIS/PASEP e COFINS, devidas pelos distribuidores e comerciantes varejistas, observadas as mesmas normas aplicáveis às refinarias de petróleo.

ART. 6º A Contribuição Social sobre o Lucro Líquido - CSLL, instituída pela Lei n. 7.689, de 15 de dezembro de 1988, será cobrada com o adicional:

I - de quatro pontos percentuais, relativamente aos fatos geradores ocorridos de 1º de maio de 1999 a 31 de janeiro de 2000;

II - de um ponto percentual, relativamente aos fatos geradores ocorridos de 1º de fevereiro de 2000 a 31 de dezembro de 2002.

Parágrafo único. O adicional a que se refere este artigo aplica-se, inclusive, na hipótese do pagamento mensal por estimativa previsto no art. 30 da Lei n. 9.430, de 27 de dezembro de 1996, bem assim às pessoas jurídicas tributadas com base no lucro presumido ou arbitrado.

ART. 7º A alíquota da CSLL, devida pelas pessoas jurídicas referidas no art. 1º, fica reduzida para oito por cento em relação aos fatos geradores ocorridos a partir de 1º de janeiro de 1999, sem prejuízo da aplicação do disposto no art. 6º.

ART. 8º As pessoas jurídicas referidas no art. 1º, que tiverem base de cálculo negativa e valores adicionados, temporariamente, ao lucro líquido, para efeito de apuração da base de cálculo da CSLL, correspondentes a períodos de apuração encerrados até 31 de dezembro de 1998, poderão optar por escriturar, em seu ativo, como crédito compensável com débitos da mesma contribuição, o valor equivalente a dezoito por cento da soma daquelas parcelas.

§ 1º A pessoa jurídica que optar pela forma prevista neste artigo não poderá computar os valores que serviram de base de cálculo do referido crédito na determinação da base de cálculo da CSLL correspondente a qualquer período de apuração posterior a 31 de dezembro de 1998.

§ 2º A compensação do crédito a que se refere este artigo somente poderá ser efetuada com até trinta por cento do saldo da CSLL remanescente, em cada período de apuração, após a compensação de que trata o art. 8º da Lei n. 9.718, de 1998, não sendo admitida, em qualquer hipótese, a restituição de seu valor ou sua compensação com outros tributos ou contribuições, observadas as normas expedidas pela Secretaria da Receita Federal do Ministério da Fazenda.

§ 3º O direito à compensação de que trata o § 2º limita-se, exclusivamente, ao valor original do crédito, não sendo admitido o acréscimo de qualquer valor a título de atualização monetária ou de juros.

ART. 9º O imposto retido na fonte sobre rendimentos pagos ou creditados à filial, sucursal, controlada ou coligada de pessoa jurídica domiciliada no Brasil, não compensado em virtude de a beneficiária ser domiciliada em país enquadrado nas disposições do art. 24 da Lei n. 9.430, de 1996, poderá ser compensado com o imposto devido sobre o lucro real da matriz, controladora ou coligada no Brasil quando os resultados da filial, sucursal, controlada ou coligada, que contenham os referidos rendimentos, forem computados na determinação do lucro real da pessoa jurídica no Brasil.

Parágrafo único. Aplica-se à compensação do imposto a que se refere este artigo o disposto no art. 26 da Lei n. 9.249, de 26 de dezembro de 1995.

ART. 10. O art. 17 da Lei n. 9.779, de 19 de janeiro de 1999, passa a vigorar acrescido dos seguintes parágrafos:

▸ Alterações promovidas no texto da referida lei.

ART. 11. Estende-se o benefício da dispensa de acréscimos legais, de que trata o art. 17 da Lei n. 9.779, de 1999, com a redação dada pelo art. 10, aos pagamentos realizados até o último dia útil do mês de setembro de 1999, em quota única, de débitos de qualquer natureza, junto à Secretaria da Receita Federal ou à Procuradoria-Geral da Fazenda Nacional, inscritos ou não em Dívida Ativa da União, desde que até o dia 31 de dezembro de 1998 o contribuinte tenha ajuizado qualquer processo judicial onde o pedido abrangia a exoneração do débito, ainda que parcialmente e sob qualquer fundamento.

§ 1º A dispensa de acréscimos legais, de que trata o *caput* deste artigo, não envolve multas moratórias ou punitivas e os juros de mora devidos a partir do mês de fevereiro de 1999.

§ 2º O pedido de conversão em renda ao juiz do feito onde exista depósito com o objetivo de suspender a exigibilidade do crédito, ou garantir o juízo, equivale, para os fins do gozo do benefício, ao pagamento.

§ 3º O gozo do benefício e a correspondente baixa do débito envolvido pressupõe requerimento administrativo ao dirigente do órgão da Secretaria da Receita Federal ou da Procuradoria-Geral da Fazenda Nacional responsável pela sua administração, instruído com a prova do pagamento ou do pedido de conversão em renda.

§ 4º No caso do § 2º, a baixa do débito envolvido pressupõe, além do cumprimento do disposto no § 3º, a efetiva conversão em renda da União dos valores depositados.

§ 5º Se o débito estiver parcialmente solvido ou em regime de parcelamento, aplicar-se-á o benefício previsto neste artigo somente sobre o valor consolidado remanescente.

§ 6º O disposto neste artigo não implicará restituição de quantias pagas, nem compensação de dívidas.

§ 7º As execuções judiciais para cobrança de créditos da Fazenda Nacional não se suspendem, nem se interrompem, em virtude do disposto neste artigo.

§ 8º O prazo previsto no art. 17 da Lei n. 9.779, de 1999, fica prorrogado para o último dia útil do mês de fevereiro de 1999.

§ 9º Relativamente às contribuições arrecadadas pelo INSS, o prazo a que se refere o § 8º fica prorrogado para o último dia útil do mês de abril de 1999.

ART. 12. Fica suspensa, a partir de 1º de abril até 31 de dezembro de 1999, a aplicação da Lei n. 9.363, de 13 de dezembro de 1996, que instituiu o crédito presumido do Imposto sobre Produtos Industrializados - IPI, como ressarcimento das contribuições para o PIS/PASEP e COFINS, incidentes sobre o valor das matérias-primas, dos produtos intermediários e dos materiais de embalagem utilizados na fabricação de produtos destinados à exportação.

ART. 13. A contribuição para o PIS/PASEP será determinada com base na folha de salários, à alíquota de um por cento, pelas seguintes entidades:

I - templos de qualquer culto;

II - partidos políticos;

III - instituições de educação e de assistência social a que se refere o art. 12 da Lei n. 9.532, de 10 de dezembro de 1997;

IV - instituições de caráter filantrópico, recreativo, cultural, científico e as associações, a que se refere o art. 15 da Lei n. 9.532, de 1997;

V - sindicatos, federações e confederações;

VI - serviços sociais autônomos, criados ou autorizados por lei;

VII - conselhos de fiscalização de profissões regulamentadas;

VIII - fundações de direito privado e fundações públicas instituídas ou mantidas pelo Poder Público;

IX - condomínios de proprietários de imóveis residenciais ou comerciais; e

X - a Organização das Cooperativas Brasileiras - OCB e as Organizações Estaduais de Cooperativas previstas no art. 105 e seu § 1º da Lei n. 5.764, de 16 de dezembro de 1971.

ART. 13-A. São isentos da contribuição para o PIS/Pasep de que trata o art. 13 desta Medida Provisória a Academia Brasileira de Letras, a Associação Brasileira de Imprensa e o Instituto Histórico e Geográfico Brasileiro. (Acrescentado pela Lei 13.353/2016.)

ART. 14. Em relação aos fatos geradores ocorridos a partir de 1º de fevereiro de 1999, são isentas da COFINS as receitas:

I - dos recursos recebidos a título de repasse, oriundos do Orçamento Geral da União, dos Estados, do Distrito Federal e dos Municípios, pelas empresas públicas e sociedades de economia mista;

II - da exportação de mercadorias para o exterior;

III - dos serviços prestados a pessoa física ou jurídica residente ou domiciliada no exterior, cujo pagamento represente ingresso de divisas;

IV - do fornecimento de mercadorias ou serviços para uso ou consumo de bordo em embarcações e aeronaves em tráfego internacional, quando o pagamento for efetuado em moeda conversível;

V - do transporte internacional de cargas ou passageiros;

VI - auferidas pelos estaleiros navais brasileiros nas atividades de construção, conservação modernização, conversão e reparo de embarcações pré-registradas ou registradas no Registro Especial Brasileiro - REB, instituído pela Lei n. 9.432, de 8 de janeiro de 1997;

VII - de frete de mercadorias transportadas entre o País e o exterior pelas embarcações registradas no REB, de que trata o art. 11 da Lei n. 9.432, de 1997;

VIII - de vendas realizadas pelo produtor-vendedor às empresas comerciais exportadoras nos termos do Decreto-Lei n. 1.248, de 29 de novembro de 1972, e alterações posteriores, desde que destinadas ao fim específico de exportação para o exterior;

IX - de vendas, com fim específico de exportação para o exterior, a empresas exportadoras registradas na Secretaria de Comércio Exterior do Ministério do Desenvolvimento, Indústria e Comércio Exterior;

X - relativas às atividades próprias das entidades a que se refere o art. 13.

§ 1º São isentas da contribuição para o PIS/ PASEP as receitas referidas nos incisos I a IX do *caput*.

§ 2º As isenções previstas no *caput* e no § 1º não alcançam as receitas de vendas efetuadas:

I - a empresa estabelecida na Amazônia Ocidental ou em área de livre comércio;

II - (Revogado pela Lei 11.508/2007.)

III - a estabelecimento industrial, para industrialização de produtos destinados à exportação, ao amparo do art. 3º da Lei n. 8.402, de 8 de janeiro de 1992.

ART. 15. As sociedades cooperativas poderão, observado o disposto nos arts. 2º e 3º da Lei n. 9.718, de 1998, excluir da base de cálculo da COFINS e do PIS/PASEP:

I - os valores repassados aos associados, decorrentes da comercialização de produto por eles entregue à cooperativa;

II - as receitas de venda de bens e mercadorias a associados;

III - as receitas decorrentes da prestação, aos associados, de serviços especializados, aplicáveis na atividade rural, relativos a assistência técnica, extensão rural, formação profissional e assemelhadas;

IV - as receitas decorrentes do beneficiamento, armazenamento e industrialização de produção do associado;

V - as receitas financeiras decorrentes de repasse de empréstimos rurais contraídos junto a instituições financeiras, até o limite dos encargos a estas devidos.

§ 1º Para os fins do disposto no inciso II, a exclusão alcançará somente as receitas decorrentes da venda de bens e mercadorias vinculados diretamente à atividade econômica desenvolvida pelo associado e que seja objeto da cooperativa.

§ 2º Relativamente às operações referidas nos incisos I a V do *caput*:

I - a contribuição para o PIS/PASEP será determinada, também, de conformidade com o disposto no art. 13;

II - serão contabilizadas destacadamente, pela cooperativa, e comprovadas mediante documentação hábil e idônea, com a identificação do associado, do valor da operação, da espécie do bem ou mercadorias e quantidades vendidas.

ART. 16. As sociedades cooperativas que realizarem repasse de valores a pessoa jurídica associada, na hipótese prevista no inciso I do art. 15, deverão observar o disposto no art. 66 da Lei n. 9.430, de 1996.

ART. 17. Aplicam-se às entidades filantrópicas e beneficentes de assistência social, para efeito de pagamento da contribuição para o PIS/PASEP na forma do art. 13 e de gozo da isenção da COFINS, o disposto no art. 55 da Lei n. 8.212, de 1991.

ART. 18. O pagamento da Contribuição para o PIS/Pasep e da Contribuição para o Financiamento da Seguridade Social - COFINS deverá ser efetuado: (Redação dada pela Lei 11.933/2009.)

I - até o 20º (vigésimo) dia do mês subsequente ao mês de ocorrência dos fatos geradores, pelas pessoas jurídicas referidas no § 1º do art. 22 da Lei n. 8.212, de 24 de julho de 1991; e (Incluído pela Lei 11.933/2009.)

II - até o 25º (vigésimo quinto) dia do mês subsequente ao mês de ocorrência dos fatos geradores, pelas demais pessoas jurídicas. (Incluído pela Lei 11.933/2009.)

Parágrafo único. Se o dia do vencimento de que trata este artigo não for dia útil, considerar-se-á antecipado o prazo para o primeiro dia útil que o anteceder. (Incluído pela Lei 11.933/2009.)

ART. 19. O art. 2º da Lei n. 9.715, de 25 de novembro de 1998, passa a vigorar acrescido do seguinte § 6º:

"§ 6º A Secretaria do Tesouro Nacional efetuará a retenção da contribuição para o PIS/PASEP, devida sobre o valor das transferências de que trata o inciso III." (NR)

ART. 20. As pessoas jurídicas submetidas ao regime de tributação com base no lucro presumido somente poderão adotar o regime de caixa, para fins da incidência da contribuição para o PIS/PASEP e COFINS, na hipótese de adotar o mesmo critério em relação ao imposto de renda das pessoas jurídicas e da CSLL.

ART. 21. Os lucros, rendimentos e ganhos de capital auferidos no exterior sujeitam-se à incidência da CSLL, observadas as normas de tributação universal de que tratam os arts. 25 a 27 da Lei n. 9.249, de 1995, os arts. 15 a 17 da Lei n. 9.430, de 1996, e o art. 1º da Lei n. 9.532, de 1997.

Parágrafo único. O saldo do imposto de renda pago no exterior, que exceder o valor compensável com o imposto de renda devido no Brasil, poderá ser compensado com a CSLL devida em virtude da adição, à sua base de cálculo, dos lucros oriundos do exterior, até o limite acrescido em decorrência dessa adição.

ART. 22. Aplica-se à base de cálculo negativa da CSLL o disposto nos arts. 32 e 33 do Decreto-Lei n. 2.341, de 29 de junho de 1987.

ART. 23. Será adicionada ao lucro líquido, para efeito de determinação do lucro da exploração, a parcela da:

I - COFINS que houver sido compensada, nos termos do art. 8º da Lei n. 9.718, de 1998, com a CSLL;

II - CSLL devida, após a compensação de que trata o inciso I.

ART. 24. O ganho de capital decorrente da alienação de bens ou direitos e da liquidação ou resgate de aplicações financeiras, de propriedade de pessoa física, adquiridos, a qualquer título, em moeda estrangeira, será apurado de conformidade com o disposto neste artigo, mantidas as demais normas da legislação em vigor.

§ 1º O disposto neste artigo alcança, inclusive, a moeda estrangeira mantida em espécie.

§ 2º Na hipótese de alienação de moeda estrangeira mantida em espécie, o imposto será apurado na declaração de ajuste.

§ 3º A base de cálculo do imposto será a diferença positiva, em Reais, entre o valor de alienação, liquidação ou resgate e o custo de aquisição do bem ou direito, da moeda estrangeira mantida em espécie ou valor original da aplicação financeira.

§ 4º Para os fins do disposto neste artigo, o valor de alienação, liquidação ou resgate, quando expresso em moeda estrangeira, corresponderá à sua quantidade convertida em dólar dos Estados Unidos e, em seguida, para Reais, mediante a utilização do valor do dólar para compra, divulgado pelo Banco Central do Brasil para a data da alienação, liquidação ou resgate ou, no caso de operação a prazo ou a prestação, na data do recebimento de cada parcela.

§ 5º Na hipótese de aquisição ou aplicação, por residente no País, com rendimentos auferidos originariamente em moeda estrangeira, a base de cálculo do imposto será a diferença positiva, em dólares dos Estados Unidos, entre o valor de alienação, liquidação ou resgate e o custo de aquisição do bem ou do direito, convertida para Reais mediante a utilização do valor do dólar para compra, divulgado pelo Banco Central do Brasil para a data da alienação, liquidação ou resgate, ou, no caso de operação a prazo ou a prestação, na data do recebimento de cada parcela.

§ 6º Não incide o imposto de renda sobre o ganho auferido na alienação, liquidação ou resgate:

I - de bens localizados no exterior ou representativos de direitos no exterior, bem assim de aplicações financeiras, adquiridos, a qualquer título, na condição de não residente;

II - de moeda estrangeira mantida em espécie, cujo total de alienações, no ano-calendário, seja igual ou inferior ao equivalente a cinco mil dólares norte-americanos.

§ 7º Para efeito de apuração do ganho de capital de que trata este artigo, poderão ser utilizadas cotações médias do dólar, na forma estabelecida pela Secretaria da Receita Federal.

ART. 25. O valor recebido de pessoa jurídica de direito público a título de auxílio-moradia, não integrante da remuneração do beneficiário, em substituição ao direito de uso de imóvel funcional, considera-se como da mesma natureza deste direito, não se sujeitando à incidência do imposto de renda, na fonte ou na declaração de ajuste.

ART. 26. A base de cálculo do imposto de renda incidente na fonte sobre prêmios de resseguro cedidos ao exterior é de oito por cento do valor pago, creditado, entregue, empregado ou remetido.

ART. 27. As missões diplomáticas e repartições consulares de caráter permanente, bem assim as representações de caráter permanente de órgãos internacionais de que o Brasil faça parte poderão, mediante solicitação, ser ressarcidas do valor do IPI incidente sobre produtos adquiridos no mercado interno, destinados à manutenção, ampliação ou reforma de imóveis de seu uso.

§ 1º No caso de missão diplomática e repartição consular, o disposto neste artigo aplicar-se-á, apenas, na hipótese em que a legislação de seu país dispense, em relação aos impostos incidentes sobre o valor agregado ou sobre a venda a varejo, conforme o caso, tratamento recíproco para as missões ou repartições brasileiras localizadas, em caráter permanente, em seu território.

§ 2º O ressarcimento a que se refere este artigo será efetuado segundo normas estabelecidas pela Secretaria da Receita Federal.

ART. 28. Fica responsável pela retenção e pelo recolhimento dos impostos e das contribuições, decorrentes de aplicações em fundos de investimento, a pessoa jurídica que intermediar recursos, junto a clientes, para efetuar as referidas aplicações em fundos administrados por outra pessoa jurídica.

§ 1º A pessoa jurídica intermediadora de recursos deverá manter sistema de registro e controle, em meio magnético, que permita a identificação de cada cliente e dos elementos necessários à apuração dos impostos e das contribuições por ele devidos.

§ 2º O disposto neste artigo somente se aplica a modalidades de intermediação de recursos disciplinadas por normas do Conselho Monetário Nacional.

ART. 29. Aplica-se o regime tributário de que trata o art. 81 da Lei n. 8.981, de 20 de janeiro de 1995, aos investidores estrangeiros, pessoas físicas ou jurídicas, residentes ou domiciliados no exterior, que realizam operações em mercados de liquidação futura referenciados em produtos agropecuários, nas bolsas de futuros e de mercadorias.

§ 1º O disposto neste artigo não se aplica a investimento estrangeiro oriundo de país que não tribute a renda ou a tribute à alíquota inferior a vinte por cento, o qual sujeitar-se-á às mesmas regras estabelecidas para os residentes ou domiciliados no País.

§ 2º Fica responsável pelo cumprimento das obrigações tributárias decorrentes das operações previstas neste artigo a bolsa de futuros e de mercadorias encarregada do registro do investimento externo no País.

ART. 30. A partir de 1º de janeiro de 2000, as variações monetárias dos direitos de crédito e das obrigações do contribuinte, em função da taxa de câmbio, serão consideradas, para efeito de determinação da base de cálculo do imposto de renda, da contribuição social sobre o lucro líquido, da contribuição para o PIS/PASEP e COFINS, bem assim da determinação do lucro da exploração, quando da liquidação da correspondente operação.

§ 1º À opção da pessoa jurídica, as variações monetárias poderão ser consideradas na determinação da base de cálculo de todos os tributos e contribuições referidos no *caput* deste artigo, segundo o regime de competência.

§ 2º A opção prevista no § 1º aplicar-se-á a todo o ano-calendário.

§ 3º No caso de alteração do critério de reconhecimento das variações monetárias, em anos-calendário subsequentes, para efeito de determinação da base de cálculo dos tributos e das contribuições, serão observadas as normas expedidas pela Secretaria da Receita Federal.

§ 4º A partir do ano-calendário de 2011: (Incluído pela Lei 12.249/2010.)

I - o direito de efetuar a opção pelo regime de competência de que trata o § 1º somente poderá ser exercido no mês de janeiro; e (Incluído pela Lei 12.249/2010.)

II - o direito de alterar o regime adotado na forma do inciso I, no decorrer do ano-calendário, é restrito aos casos em que ocorra elevada oscilação da taxa de câmbio. (Incluído pela Lei 12.249/2010.)

§ 5º Considera-se elevada oscilação da taxa de câmbio, para efeito de aplicação do inciso II do § 4º, aquela superior a percentual determinado pelo Poder Executivo. (Incluído pela Lei 12.249/2010.)

- V. Dec. 8.451/2015 (Regulamenta este parágrafo para definir o que se considera elevada oscilação da taxa de câmbio.)

§ 6º A opção ou sua alteração, efetuada na forma do § 4º, deverá ser comunicada à Secretaria da Receita Federal do Brasil: (Incluído pela Lei 12.249/2010.)

I - no mês de janeiro de cada ano-calendário, no caso do inciso I do § 4º; ou (Incluído pela Lei 12.249/2010.)

II - no mês posterior ao de sua ocorrência, no caso do inciso II do § 4º. (Incluído pela Lei 12.249/2010.)

§ 7º A Secretaria da Receita Federal do Brasil disciplinará o disposto no § 6º. (Incluído pela Lei 12.249/2010.)

ART. 31. Na determinação da base de cálculo da contribuição para o PIS/PASEP e COFINS poderá ser excluída a parcela das receitas financeiras decorrentes da variação monetária dos direitos de crédito e das obrigações do contribuinte, em função da taxa de câmbio, submetida à tributação, segundo o regime de competência, relativa a períodos compreendidos no ano-calendário de 1999, excedente ao valor da variação monetária efetivamente realizada, ainda que a operação correspondente já tenha sido liquidada.

Parágrafo único. O disposto neste artigo aplica-se à determinação da base de cálculo do imposto de renda e da contribuição social sobre o lucro devidos pelas pessoas jurídicas submetidas ao regime de tributação com base no lucro presumido ou arbitrado.

ART. 32. Os arts. 1º, 2º, 6º-A e 12 do Decreto-Lei n. 1.593, de 21 de dezembro de 1977, alterados pela Lei n. 9.822, de 23 de agosto de 1999, passam a vigorar com as seguintes alterações:

- Alterações promovidas no texto do referido decreto-lei.

ART. 33. O art. 4º da Lei n. 7.798, de 10 de julho de 1989, passa a vigorar com a seguinte redação:

- Alteração promovida no texto da referida lei.

ART. 34. O § 3º do art. 1º da Lei n. 9.532, de 1997, alterado pela Lei n. 9.959, de 27 de janeiro de 2000, passa a vigorar com a seguinte redação:

- Alteração promovida no texto da referida lei.

ART. 35. No caso de operação de venda a empresa comercial exportadora, com o fim específico de exportação, o estabelecimento industrial de produtos classificados na subposição 2402.20.00 da Tabela de Incidência do IPI-TIPI responde solidariamente com a empresa comercial exportadora pelo pagamento dos impostos, contribuições e respectivos acréscimos legais, devidos em decorrência da não efetivação da exportação.

Parágrafo único. O disposto no *caput* aplica-se também aos produtos destinados a uso ou consumo de bordo em embarcações ou aeronaves em tráfego internacional, inclusive por meio de ship's chandler.

ART. 36. Os estabelecimentos industriais dos produtos classificados nas posições 2202 e 2203 da TIPI ficam sujeitos à instalação de equipamentos medidores de vazão e condutivímetros, bem assim de aparelhos para o controle, registro e gravação dos quantitativos medidos, na forma, condições e prazos estabelecidos pela Secretaria da Receita Federal.

- V. Lei 11.051/2004 (Dispõe sobre o desconto de crédito na apuração da Contribuição Social sobre o Lucro Líquido - CSLL e da Contribuição para o PIS/Pasep e Cofins não cumulativas).

§ 1º A Secretaria da Receita Federal poderá:

I - credenciar, mediante convênio, órgãos oficiais especializados e entidades de âmbito nacional representativas dos fabricantes de bebidas, que ficarão responsáveis pela contratação, supervisão e homologação dos serviços de instalação, aferição, manutenção e reparação dos equipamentos;

II - dispensar a instalação dos equipamentos previstos neste artigo, em função de limites de produção ou faturamento que fixar.

§ 2º No caso de inoperância de qualquer dos equipamentos previstos neste artigo, o contribuinte deverá comunicar a ocorrência à unidade da Secretaria da Receita Federal com jurisdição sobre seu domicílio fiscal, no prazo de vinte e quatro horas, devendo manter controle do volume de produção enquanto perdurar a interrupção.

ART. 37. O estabelecimento industrial das bebidas sujeitas ao regime de tributação pelo IPI de que trata a Lei n. 7.798, de 1989, deverá apresentar, em meio magnético, nos prazos, modelos e condições estabelecidos pela Secretaria da Receita Federal:

- V. Lei 11.051/2004 (Dispõe sobre o desconto de crédito na apuração da Contribuição Social sobre o Lucro Líquido - CSLL e da Contribuição para o PIS/Pasep e Cofins não cumulativas).

I - quadro resumo dos registros dos medidores de vazão e dos condutivímetros, a partir da data de entrada em operação dos equipamentos;

II - demonstrativo da apuração do IPI.

ART. 38. A cada período de apuração do imposto, poderão ser aplicadas as seguintes multas:

- V. Lei 11.051/2004 (Dispõe sobre o desconto de crédito na apuração da Contribuição Social sobre o Lucro Líquido - CSLL e da Contribuição para o PIS/Pasep e Cofins não cumulativas).

I - de cinquenta por cento do valor comercial da mercadoria produzida, não inferior a R$ 10.000,00 (dez mil reais):

a) se, a partir do décimo dia subsequente ao prazo fixado para a entrada em operação do sistema, os equipamentos referidos no art. 36 não tiverem sido instalados em razão de impedimento criado pelo contribuinte; e

b) se o contribuinte não cumprir qualquer das condições a que se refere o § 2º do art. 36;

II - no valor de R$ 10.000,00 (dez mil reais), na hipótese de descumprimento do disposto no art. 37.

ART. 39. Equiparam-se a estabelecimento industrial os estabelecimentos comerciais atacadistas que adquirirem de estabelecimentos importadores produtos de procedência estrangeira, classificados nas posições 3303 a 3307 da TIPI.

ART. 40. A Secretaria da Receita Federal poderá instituir obrigações acessórias para as pessoas jurídicas optantes pelo Sistema Integrado de Pagamento de Impostos e Contribuições das Microempresas e das Empresas de Pequeno Porte - SIMPLES, instituído pela Lei n. 9.317, de 5 de dezembro de 1996, que realizarem operações relativas a importação de produtos estrangeiros.

ART. 41. O limite máximo de redução do lucro líquido ajustado, previsto no art. 16 da Lei n.

9.065, de 20 de junho de 1995, não se aplica ao resultado decorrente da exploração de atividade rural, relativamente à compensação de base de cálculo negativa da CSLL.

ART. 42. Ficam reduzidas a zero as alíquotas da contribuição para o PIS/PASEP e COFINS incidentes sobre a receita bruta decorrente da venda de:

I - gasolinas, exceto gasolina de aviação, óleo diesel e GLP, auferida por distribuidores e comerciantes varejistas;

II e **III** - (Revogados pela Lei 11.727/2008.)

Parágrafo único. O disposto neste artigo não se aplica às hipóteses de venda de produtos importados, que se sujeita ao disposto no art. 6º da Lei n. 9.718, de 1998.

ART. 43. As pessoas jurídicas fabricantes e os importadores dos veículos classificados nas posições 8432, 8433, 8701, 8702, 8703 e 8711, e nas subposições 8704.2 e 8704.3, da TIPI, relativamente às vendas que fizerem, ficam obrigadas a cobrar e a recolher, na condição de contribuintes substitutos, a contribuição para o PIS/PASEP e COFINS, devidas pelos comerciantes varejistas.

› V. Lei 10.637/2002 (Dispõe sobre a não cumulatividade na cobrança da contribuição para os Programas de Integração Social (PIS) e de Formação do Patrimônio do Servidor Público (Pasep), nos casos que especifica; sobre o pagamento e o parcelamento de débitos tributários federais, a compensação de créditos fiscais, a declaração de inaptidão de inscrição de pessoas jurídicas, a legislação aduaneira.)

Parágrafo único. Na hipótese de que trata este artigo, as contribuições serão calculadas sobre o preço de venda da pessoa jurídica fabricante.

ART. 44. O valor correspondente à Contribuição Provisória sobre Movimentação ou Transmissão de Valores e de Créditos e Direitos de Natureza Financeira - CPMF, não retido e não recolhido pelas instituições especificadas na Lei n. 9.311, de 24 de outubro de 1996, por força de liminar em mandado de segurança ou em ação cautelar, de tutela antecipada em ação de outra natureza, ou de decisão de mérito, posteriormente revogadas, deverá ser retido e recolhido pelas referidas instituições, na forma estabelecida nesta Medida Provisória.

ART. 45. As instituições responsáveis pela retenção e pelo recolhimento da CPMF deverão:

I - apurar e registrar os valores devidos no período de vigência da decisão judicial impeditiva da retenção e do recolhimento da contribuição;

II - efetuar o débito em conta de seus clientes-contribuintes, a menos que haja expressa manifestação em contrário:

a) no dia 29 de setembro de 2000, relativamente às liminares, tutelas antecipadas ou decisões de mérito, revogadas até 31 de agosto de 2000;

b) no trigésimo dia subsequente ao da revogação da medida judicial ocorrida a partir de 1º de setembro de 2000;

III - recolher ao Tesouro Nacional, até o terceiro dia útil da semana subsequente à do débito em conta, o valor da contribuição, acrescido de juros de mora e de multa moratória, segundo normas a serem estabelecidas pela Secretaria da Receita Federal;

IV - encaminhar à Secretaria da Receita Federal, no prazo de trinta dias, contado da data estabelecida para o débito em conta, relativamente aos contribuintes que se manifestaram em sentido contrário à retenção, bem assim àqueles que, beneficiados por medida judicial revogada, tenham encerrado suas contas antes das datas referidas nas alíneas do inciso II, conforme o caso, relação contendo as seguintes informações:

a) nome ou razão social do contribuinte e respectivo número de inscrição no Cadastro de Pessoas Físicas - CPF ou no Cadastro Nacional da Pessoa Jurídica - CNPJ;

b) valor e data das operações que serviram de base de cálculo e o valor da contribuição devida.

Parágrafo único. Na hipótese do inciso IV deste artigo, a contribuição não se sujeita ao limite estabelecido no art. 68 da Lei n. 9.430, de 1996, e será exigida do contribuinte por meio de lançamento de ofício.

ART. 46. O não cumprimento das obrigações previstas nos arts. 11 e 19 da Lei n. 9.311, de 1996, sujeita as pessoas jurídicas referidas no art. 44 às multas de:

I - R$ 5,00 (cinco reais) por grupo de cinco informações inexatas, incompletas ou omitidas;

II - R$ 10.000,00 (dez mil reais) ao mês-calendário ou fração, independentemente da sanção prevista no inciso I, se o formulário ou outro meio de informação padronizado for apresentado fora do período determinado.

Parágrafo único. Apresentada a informação, fora de prazo, mas antes de qualquer procedimento de ofício, ou se, após a intimação, houver a apresentação dentro do prazo nesta fixado, as multas serão reduzidas à metade.

ART. 47. À entidade beneficente de assistência social que prestar informação falsa ou inexata que resulte no seu enquadramento indevido na hipótese prevista no inciso V do art. 3º da Lei n. 9.311, de 1996, será aplicada multa de trezentos por cento sobre o valor que deixou de ser retido, independentemente de outras penalidades administrativas ou criminais.

ART. 48. O art. 14 da Lei n. 9.311, de 1996, passa a vigorar com a seguinte redação:

"Art. 14. Nos casos de lançamento de ofício, aplicar-se-á o disposto nos arts. 44, 47 e 61 da Lei n. 9.430, de 27 de dezembro de 1996." (NR)

ART. 49. A Secretaria da Receita Federal baixará as normas complementares necessárias ao cumprimento do disposto nos arts. 44 a 48, podendo, inclusive, alterar os prazos previstos no art. 45.

ART. 50. Fica criada a Taxa de Fiscalização referente à autorização e fiscalização das atividades de que trata a Lei n. 5.768, de 20 de dezembro de 1971, devendo incidir sobre o valor do plano de operação, na forma e nas condições a serem estabelecidas em ato do Ministro de Estado da Fazenda.

§ 1º A Taxa de Fiscalização de que trata o *caput* deste artigo será cobrada na forma do Anexo I.

§ 2º Quando a autorização e fiscalização for feita nos termos fixados no § 1º do art. 18-B da Lei n. 9.649, de 27 de maio de 1998, a Caixa Econômica Federal receberá da União, a título de remuneração, os valores constantes da tabela do Anexo II.

§ 3º Nos casos de que trata o § 2º deste artigo, a diferença entre o valor da taxa cobrada e o valor pago a título de remuneração à Caixa Econômica Federal será repassada para a Secretaria de Acompanhamento Econômico do Ministério da Fazenda.

§ 4º Nos casos elencados no § 2º do art. 18-B da Lei n. 9.649, de 1998, o valor cobrado a título de Taxa de Fiscalização será repassado para a Secretaria de Acompanhamento Econômico.

ART. 51. Os arts. 2º e 10 do Decreto-Lei n. 1.578, de 11 de outubro de 1977, passam a vigorar com a seguinte redação:

› Alterações promovidas no texto da referida lei.

ART. 52. O parágrafo único do art. 1º da Lei n. 8.085, de 23 de outubro de 1990, passa a vigorar com a seguinte redação:

"Parágrafo único. O Presidente da República poderá outorgar competência à CAMEX para a prática dos atos previstos neste artigo." (NR)

ART. 53. Os dispositivos a seguir indicados da Lei n. 9.019, de 30 de março de 1995, passam a vigorar com as seguintes alterações:

› Alterações promovidas no texto da referida lei.

ART. 54. Os arts. 4º e 7º da Lei n. 10.147, de 21 de dezembro de 2000, passam a vigorar com a seguinte redação:

› Alterações promovidas no texto da referida lei.

ART. 55. O imposto de renda incidente na fonte como antecipação do devido na Declaração de Ajuste Anual da pessoa física ou em relação ao período de apuração da pessoa jurídica, não retido e não recolhido pelos responsáveis tributários por força de liminar em mandado de segurança ou em ação cautelar, de tutela antecipada em ação de outra natureza, ou de decisão de mérito, posteriormente revogadas, sujeitar-se-á ao disposto neste artigo.

§ 1º Na hipótese deste artigo, a pessoa física ou jurídica beneficiária do rendimento ficará sujeita ao pagamento:

I - de juros de mora, incorridos desde a data do vencimento originário da obrigação;

II - de multa, de mora ou de ofício, a partir do trigésimo dia subsequente ao da revogação da medida judicial.

§ 2º Os acréscimos referidos no § 1º incidirão sobre imposto não retido nas condições referidas no *caput*.

§ 3º O disposto neste artigo:

I - não exclui a incidência do imposto de renda sobre os respectivos rendimentos, na forma estabelecida pela legislação do referido imposto;

II - aplica-se em relação às ações impetradas a partir de 1º de maio de 2001.

ART. 56. Fica instituído regime especial de apuração do IPI, relativamente à parcela do frete cobrado pela prestação do serviço de transporte dos produtos classificados nos códigos 8433.53.00, 8433.59.1, 8701.10.00, 8701.30.00, 8701.90.00, 8702.10.00 Ex 01, 8702.90.90 Ex 01, 8703, 8704.2, 8704.3 e 87.06.00.20, da TIPI, nos termos e condições a serem estabelecidos pela Secretaria da Receita Federal.

§ 1º O regime especial:

I - consistirá de crédito presumido do IPI em montante equivalente a três por cento do valor do imposto destacado na nota fiscal;

II - será concedido mediante opção e sob condição de que os serviços de transporte, cumulativamente:

a) sejam executados ou contratados exclusivamente por estabelecimento industrial;

b) sejam cobrados juntamente com o preço dos produtos referidos no *caput* deste artigo, nas operações de saída do estabelecimento industrial; (Redação dada pela Lei n. 11.827, de 2008)

c) compreendam a totalidade do trajeto, no País, desde o estabelecimento industrial até o local de entrega do produto ao adquirente.

§ 2º O disposto neste artigo aplica-se, também, ao estabelecimento equiparado a industrial nos termos do § 5º do art. 17 da Medida Provisória n. 2.189-49, de 23 de agosto de 2001.

§ 3º Na hipótese do § 2º deste artigo, o disposto na alínea "c" do inciso II do § 1º alcança o trajeto, no País, desde o estabelecimento executor da encomenda até o local de entrega do produto ao adquirente.

§ 4º O regime especial de tributação de que trata este artigo, por não se configurar como benefício ou incentivo fiscal, não impede ou prejudica a fruição destes. (Incluído pela Lei 12.407/2011.)

ART. 57. O sujeito passivo que deixar de cumprir as obrigações acessórias exigidas nos termos do art. 16 da Lei n. 9.779, de 19 de janeiro de 1999, ou que as cumprir com incorreções ou omissões será intimado para cumpri-las ou para prestar esclarecimentos relativos a elas nos prazos estipulados pela Secretaria da Receita Federal do Brasil e sujeitar-se-á às seguintes multas: (Alterado pela Lei 12.873/2013.)

I - por apresentação extemporânea: (Redação dada pela Lei 12.766/ 2012.)

a) R$ 500,00 (quinhentos reais) por mês-calendário ou fração, relativamente às pessoas jurídicas que estiverem em início de atividade ou que sejam imunes ou isentas ou que, na última declaração apresentada, tenham apurado lucro presumido ou pelo Simples Nacional; (Alterada pela Lei 12.873/2013.)

b) R$ 1.500,00 (mil e quinhentos reais) por mês-calendário ou fração, relativamente às demais pessoas jurídicas; (Alterada pela Lei 12.873/2013.)

c) R$ 100,00 (cem reais) por mês-calendário ou fração, relativamente às pessoas físicas; (Acrescentada pela Lei 12.873/2013.)

II - por não cumprimento à intimação da Secretaria da Receita Federal do Brasil para cumprir obrigação acessória ou para prestar esclarecimentos nos prazos estipulados pela autoridade fiscal: R$ 500,00 (quinhentos reais) por mês-calendário; (Alterado pela Lei 12.873/2013.)

III - por cumprimento de obrigação acessória com informações inexatas, incompletas ou omitidas: (Alterado pela Lei 12.873/2013.)

a) 3% (três por cento), não inferior a R$ 100,00 (cem reais), do valor das transações comerciais ou das operações financeiras, próprias da pessoa jurídica ou de terceiros em relação aos quais seja responsável tributário, no caso de informação omitida, inexata ou incompleta; (Acrescentada pela Lei 12.873/2013.)

b) 1,5% (um inteiro e cinco décimos por cento), não inferior a R$ 50,00 (cinquenta reais), do valor das transações comerciais ou das operações financeiras, próprias da pessoa física ou de terceiros em relação aos quais seja responsável tributário, no caso de informação omitida, inexata ou incompleta. (Acrescentada pela Lei 12.873/2013.)

§ 1º Na hipótese de pessoa jurídica optante pelo Simples Nacional, os valores e o percentual referidos nos incisos II e III deste artigo serão reduzidos em 70% (setenta por cento). (Incluído pela Lei 12.766/2012.)

§ 2º Para fins do disposto no inciso I, em relação às pessoas jurídicas que, na última declaração, tenham utilizado mais de uma forma de apuração do lucro, ou tenham realizado algum evento de reorganização societária, deverá ser aplicada a multa de que trata a alínea b do inciso I do *caput*. (Incluído pela Lei 12.766/2012.)

§ 3º A multa prevista no inciso I do *caput* será reduzida à metade, quando a obrigação acessória for cumprida antes de qualquer procedimento de ofício. (Alterado pela Lei 12.873/2013.)

§ 4º Na hipótese de pessoa jurídica de direito público, serão aplicadas as multas previstas na alínea *a* do inciso I, no inciso II e na alínea *b* do inciso III. (Acrescentado pela Lei 12.873/2013.)

ART. 58. A importação de produtos do capítulo 22 da TIPI, relacionados em ato do Secretário da Receita Federal, quando sujeitos ao selo de controle de que trata o art. 46 da Lei n. 4.502, de 30 de novembro de 1964, será efetuada com observância ao disposto neste artigo, sem prejuízo de outras exigências, inclusive quanto à comercialização do produto, previstas em legislação específica.

§ 1º Para os fins do disposto neste artigo, a Secretaria da Receita Federal:

I - poderá exigir dos importadores dos produtos referidos no *caput* o Registro Especial a que se refere o art. 1º do Decreto-Lei n. 1.593, de 1977;

II - estabelecerá as hipóteses, condições e requisitos em que os selos de controle serão aplicados no momento do desembaraço aduaneiro ou remetidos pelo importador para selagem no exterior, pelo fabricante;

III - expedirá normas complementares relativas ao cumprimento do disposto neste artigo.

§ 2º Nos casos em que for autorizada a remessa de selos de controle para o exterior, aplicam-se, no que couber, as disposições contidas nos arts. 46 a 52 da Lei n. 9.532, de 1997.

ART. 59. Poderão, também, ser beneficiárias de doações, nos termos e condições estabelecidos pelo inciso III do § 2º do art. 13 da Lei n. 9.249, de 1995, as Organizações da Sociedade Civil de Interesse Público - OSCIP qualificadas segundo as normas estabelecidas na Lei n. 9.790, de 23 de março de 1999.

§ 1º O disposto neste artigo aplica-se em relação às doações efetuadas a partir do ano-calendário de 2001.

§ 2º Às entidades referidas neste artigo não se aplica a exigência estabelecida na Lei n. 9.249, de 1995, art. 13, § 2º, inciso III, alínea "c".

ART. 60. A dedutibilidade das doações a que se referem o inciso III do § 2º do art. 13 da Lei n. 9.249, de 1995, e o art. 59 fica condicionada a que a entidade beneficiária tenha sua condição de utilidade pública ou de OSCIP renovada anualmente pelo órgão competente da União, mediante ato formal.

§ 1º A renovação de que trata o *caput*:

I - somente será concedida a entidade que comprove, perante o órgão competente da União, haver cumprido, no ano-calendário anterior ao pedido, todas as exigências e condições estabelecidas;

II - produzirá efeitos para o ano-calendário subsequente ao de sua formalização.

§ 2º Os atos de reconhecimento emitidos até 31 de dezembro de 2000 produzirão efeitos em relação às doações recebidas até 31 de dezembro de 2001.

§ 3º Os órgãos competentes da União expedirão, no âmbito de suas respectivas competências, os atos necessários à renovação referida neste artigo.

ART. 61. A partir do ano-calendário de 2001, poderão ser deduzidas, observadas as condições e o limite global estabelecidos no art. 11 da Lei n. 9.532, de 1997, as contribuições para planos de previdência privada e para o Fundo de Aposentadoria Programada Individual - FAPI, cujo titular ou quotista seja dependente do declarante.

ART. 62. A opção pela liquidação antecipada do saldo do lucro inflacionário, na forma prevista no art. 9º da Lei n. 9.532, de 1997, deverá ser formalizada até 30 de junho de 2001.

§ 1º A liquidação de que trata o *caput* poderá ser efetuada em até seis parcelas mensais e sucessivas, vencendo-se a primeira em 30 de junho de 2001.

§ 2º O valor de cada parcela mensal, por ocasião do pagamento, será acrescido de juros equivalentes à Taxa Referencial do Sistema Especial de Liquidação e de Custódia (SELIC), para títulos federais, acumulada mensalmente, calculados a partir da data referida no § 1º até o mês anterior ao do pagamento, e de um por cento relativamente ao mês em que o pagamento estiver sendo efetuado.

§ 3º Na hipótese de pagamento parcelado, na forma do § 1º, a opção será manifestada mediante o pagamento da primeira parcela.

ART. 63. Na determinação da base de cálculo do imposto de renda incidente sobre valores recebidos em decorrência de cobertura por sobrevivência em apólices de seguros de vida, poderão ser deduzidos os valores dos respectivos prêmios pagos, observada a legislação aplicável à matéria, em especial quanto à sujeição do referido rendimento às alíquotas previstas na tabela progressiva mensal e à declaração de ajuste anual da pessoa física beneficiária, bem assim a indedutibilidade do prêmio pago.

§ 1º A partir de 1º de janeiro de 2002, os rendimentos auferidos no resgate de valores acumulados em provisões técnicas referentes a coberturas por sobrevivência de seguros de vida serão tributados de acordo com as alíquotas previstas na tabela progressiva mensal e incluídos na declaração de ajuste do beneficiário.

§ 2º A base de cálculo do imposto, nos termos do § 1º, será a diferença positiva entre o valor resgatado e o somatório dos respectivos prêmios pagos.

§ 3º No caso de recebimento parcelado, sob a forma de renda ou de resgate parcial, a dedução do prêmio será proporcional ao valor recebido.

ART. 64. O art. 25 do Decreto n. 70.235, de 6 de março de 1972, com a redação dada pela Lei n. 8.748, de 9 de dezembro de 1993, passa a vigorar com a seguinte redação:

‣ Alteração promovida no texto da referida lei.

ART. 65. A responsabilidade pela retenção e recolhimento do imposto de renda devido pelos trabalhadores portuários avulsos, inclusive os pertencentes à categoria dos "arrumadores", é do órgão gestor de mão-de-obra do trabalho portuário.

§ 1º O imposto deve ser apurado utilizando a tabela progressiva mensal, tendo como base de cálculo o total do valor pago ao trabalhador, independentemente da quantidade de empresas às quais o beneficiário prestou serviço.

§ 2º O órgão gestor de mão-de-obra fica responsável por fornecer aos beneficiários o "Comprovante de Rendimentos Pagos e de Retenção do Imposto de Renda Retido na Fonte" e apresentar à Secretaria da Receita Federal a Declaração de Imposto de Renda Retido na Fonte (Dirf), com as informações relativas aos rendimentos que pagar ou creditar, bem assim do imposto de renda retido na fonte.

ART. 66. A suspensão do IPI prevista no art. 5º da Lei n. 9.826, de 23 de agosto de 1999, aplica-se, também, às operações de importação dos produtos ali referidos por estabelecimento industrial fabricante de componentes, sistemas, partes ou peças destinados à montagem dos produtos classificados nas posições 8701 a 8705 e 8711 da TIPI.

§ 1º O estabelecimento industrial referido neste artigo ficará sujeito ao recolhimento do IPI suspenso caso não destine os produtos a fabricante dos veículos referidos no *caput*.

§ 2º O disposto nos §§ 2º e 3º do art. 5º da Lei n. 9.826, de 1999, aplica-se à hipótese de suspensão de que trata este artigo.

ART. 67. Aplica-se a multa correspondente a um por cento do valor aduaneiro da mercadoria, na hipótese de relevação de pena de perdimento decorrente de infração de que não tenha resultado falta ou insuficiência de recolhimento de tributos federais, com base no art. 4º do Decreto-Lei n. 1.042, de 21 de outubro de 1969.

Parágrafo único. A multa de que trata este artigo será devida pelo importador.

ART. 68. Quando houver indícios de infração punível com a pena de perdimento, a mercadoria importada será retida pela Secretaria da Receita Federal, até que seja concluído o correspondente procedimento de fiscalização.

Parágrafo único. O disposto neste artigo aplicar-se-á na forma a ser disciplinada pela Secretaria da Receita Federal, que disporá sobre o prazo máximo de retenção, bem assim as situações em que as mercadorias poderão ser entregues ao importador, antes da conclusão do procedimento de fiscalização, mediante a adoção das necessárias medidas de cautela fiscal.

ART. 69. Os arts. 9º, 10, 16, 18 e o *caput* do art. 19 do Decreto-Lei n. 1.455, de 7 de abril de 1976, passam vigor com as seguintes alterações:

› Alteração promovida no texto da referida lei.

ART. 70. O *caput* do art. 63 da Lei n. 9.430, de 1996, passa a vigorar com a seguinte redação:

› Alteração promovida no texto da referida lei.

ART. 71. O art. 19 da Lei n. 3.470, de 28 de novembro de 1958, passa a vigorar com as seguintes alterações:

› Alteração promovida no texto da referida lei.

ART. 72. Os arts. 11 e 12 da Lei n. 8.218, de 29 de agosto de 1991, passam a vigorar com a seguinte redação:

› Alteração promovida no texto da referida lei.

ART. 73. (Revogado pela Lei 11.196/2005.)

ART. 74. (Revogado pela Lei 12.973/2014.)

ART. 75. A Lei n. 9.532, de 10 de dezembro de 1997, passa a vigorar acrescido do seguinte art. 64-A:

› Alteração promovida no texto da referida lei.

ART. 76. As normas que estabeleçam a afetação ou a separação, a qualquer título, de patrimônio de pessoa física ou jurídica não produzem efeitos em relação aos débitos de natureza fiscal, previdenciária ou trabalhista, em especial quanto às garantias e aos privilégios que lhes são atribuídos.

Parágrafo único. Para os fins do disposto no *caput*, permanecem respondendo pelos débitos ali referidos a totalidade dos bens e das rendas do sujeito passivo, seu espólio ou sua massa falida, inclusive os que tenham sido objeto de separação ou afetação.

ART. 77. O parágrafo único do art. 32 do Decreto-Lei n. 37, de 18 de novembro de 1966, passa a vigorar com a seguinte redação:

› Alteração promovida no texto da referida lei.

ART. 78. O art. 95 do Decreto-Lei n. 37, de 1966, passa a vigorar acrescido do inciso V, com a seguinte redação:

› Alteração promovida no texto da referida lei.

ART. 79. Equiparam-se a estabelecimento industrial os estabelecimentos, atacadistas ou varejistas, que adquirirem produtos de procedência estrangeira, importados por sua conta e ordem, por intermédio de pessoa jurídica importadora.

ART. 80. A Secretaria da Receita Federal poderá:

I - estabelecer requisitos e condições para a atuação de pessoa jurídica importadora ou exportadora por conta e ordem de terceiro; e (Alterado pela Lei 12.995/2014.)

II - exigir prestação de garantia como condição para a entrega de mercadorias, quando o valor das importações for incompatível com o capital social ou o patrimônio líquido do importador ou do adquirente.

ART. 81. Aplicam-se à pessoa jurídica adquirente de mercadoria de procedência estrangeira, no caso da importação realizada por sua conta e ordem, por intermédio de pessoa jurídica importadora, as normas de incidência das contribuições para o PIS/PASEP e COFINS sobre a receita bruta do importador.

ART. 81-A. No caso de exportação por conta e ordem, considera-se, para efeitos fiscais, que a mercadoria foi exportada pelo produtor ou revendedor contratante da exportação por conta e ordem. (Acrescentado pela Lei 12.995 /2014.)

§ 1º A exportação da mercadoria deverá ocorrer no prazo de 30 (trinta) dias, contado da contratação da pessoa jurídica exportadora por conta e ordem. (Acrescentado pela Lei 12.995 /2014.)

§ 2º Considera-se data de exportação a data de apresentação da declaração de exportação pela pessoa jurídica exportadora por conta e ordem. (Acrescentado pela Lei 12.995 /2014.)

§ 3º A pessoa jurídica exportadora e o produtor ou revendedor contratante da exportação por conta e ordem são solidariamente responsáveis pelos tributos devidos e pelas penalidades aplicáveis caso não seja observado o prazo estabelecido no § 1º. (Acrescentado pela Lei 12.995 /2014.

§ 4º Não se considera exportação por conta e ordem de terceiro a operação de venda de mercadorias para pessoa jurídica exportadora. (Acrescentado pela Lei 12.995 /2014.)

ART. 82. Fica acrescentada ao § 1º do art. 29 da Lei n. 8.981, de 20 de janeiro de 1995, a alínea "d", com a seguinte redação:

› Alteração promovida no texto da referida lei.

ART. 83. Para efeito de apuração do lucro real e da base de cálculo da contribuição social sobre o lucro líquido, poderá ser deduzido o valor das provisões técnicas das operadoras de planos de assistência à saúde, cuja constituição é exigida pela legislação especial a elas aplicável.

ART. 84. Aplica-se a multa de um por cento sobre o valor aduaneiro da mercadoria:

I - classificada incorretamente na Nomenclatura Comum do Mercosul, nas nomenclaturas complementares ou em outros detalhamentos instituídos para a identificação da mercadoria; ou

II - quantificada incorretamente na unidade de medida estatística estabelecida pela Secretaria da Receita Federal.

§ 1º O valor da multa prevista neste artigo será de R$ 500,00 (quinhentos reais), quando do seu cálculo resultar valor inferior.

§ 2º A aplicação da multa prevista neste artigo não prejudica a exigência dos impostos, da multa por declaração inexata prevista no art. 44 da Lei n. 9.430, de 1996, e de outras penalidades administrativas, bem assim dos acréscimos legais cabíveis.

ART. 85. Aplicam-se as alíquotas do Imposto de Importação e do Imposto sobre Produtos Industrializados correspondentes ao código da Nomenclatura Comum do Mercosul, dentre aqueles tecnicamente possíveis de utilização, do qual resulte o maior crédito tributário, quando a informação prestada na declaração de importação for insuficiente para a conferência da classificação fiscal da mercadoria após sua entrega ao importador.

ART. 86. O valor aduaneiro será apurado com base em método substitutivo ao valor de transação, quando o importador ou o adquirente da mercadoria não apresentar à fiscalização, em perfeita ordem e conservação, os documentos comprobatórios das informações prestadas na declaração de importação, a correspondência comercial, bem assim os respectivos registros contábeis, se obrigado à escrituração.

ART. 87. Presume-se a vinculação entre as partes na transação comercial quando, em razão de legislação do país do vendedor ou da prática de artifício tendente a ocultar informações, não for possível:

I - conhecer ou confirmar a composição societária do vendedor, de seus responsáveis ou dirigentes; ou

II - verificar a existência de fato do vendedor.

ART. 88. No caso de fraude, sonegação ou conluio, em que não seja possível a apuração do preço efetivamente praticado na importação, a base de cálculo dos tributos e demais direitos incidentes será determinada mediante arbitramento do preço da mercadoria, em conformidade com um dos seguintes critérios, observada a ordem sequencial:

I - preço de exportação para o País, de mercadoria idêntica ou similar;

II - preço no mercado internacional, apurado:

a) em cotação de bolsa de mercadoria ou em publicação especializada;

b) de acordo com o método previsto no Artigo 7 do Acordo para Implementação do Artigo VII do GATT/1994, aprovado pelo Decreto Legislativo n. 30, de 15 de dezembro de 1994, e promulgado pelo Decreto n. 1.355, de 30 de dezembro de 1994, observados os dados disponíveis e o princípio da razoabilidade; ou

c) mediante laudo expedido por entidade ou técnico especializado.

Parágrafo único. Aplica-se a multa administrativa de cem por cento sobre a diferença entre o preço declarado e o preço efetivamente praticado na importação ou entre o preço declarado e o preço arbitrado, sem prejuízo da exigência dos impostos, da multa de ofício prevista no art. 44 da Lei n. 9.430, de 1996, e dos acréscimos legais cabíveis.

ART. 89. Compete à Secretaria da Receita Federal aplicar a penalidade de que trata o § 3º do art. 65 da Lei n. 9.069, de 29 de junho de 1995.

§ 1º O processo administrativo de apuração e aplicação da penalidade será instaurado com a lavratura do auto de infração, acompanhado do termo de apreensão e, se for o caso, do termo de guarda.

§ 2º Feita a intimação, pessoal ou por edital, a não apresentação de impugnação no prazo de vinte dias implica revelia.

§ 3º Apresentada a impugnação, a autoridade preparadora terá prazo de quinze dias para a remessa do processo a julgamento.

§ 4º O prazo mencionado no § 3º poderá ser prorrogado quando houver necessidade de diligências ou perícias.

§ 5º Da decisão proferida pela autoridade competente, no âmbito da Secretaria da Receita Federal, não caberá recurso.

§ 6º Relativamente às retenções realizadas antes de 27 de agosto de 2001:

I - aplicar-se-á o disposto neste artigo, na hipótese de apresentação de qualquer manifestação de inconformidade por parte do interessado;

II - os valores retidos serão convertidos em renda da União, nas demais hipóteses.

ART. 90. Serão objeto de lançamento de ofício as diferenças apuradas, em declaração prestada pelo sujeito passivo, decorrentes de pagamento, parcelamento, compensação ou suspensão de exigibilidade, indevidos ou não comprovados, relativamente aos tributos e às contribuições administrados pela Secretaria da Receita Federal.

ART. 91. Ficam convalidados os atos praticados com base na Medida Provisória n. 2.158-34, de 27 de julho de 2001.

ART. 92. Esta Medida Provisória entra em vigor na data de sua publicação, produzindo efeitos:

I - a partir de 1º de abril de 2000, relativamente à alteração do art. 12 do Decreto-Lei n. 1.593, de 1977, e ao disposto no art. 33 desta Medida Provisória;

II - no que se refere à nova redação dos arts. 4º a 6º da Lei n. 9.718, de 1998, e ao art. 42 desta Medida Provisória, em relação aos fatos geradores ocorridos a partir de 1º de julho de 2000, data em que cessam os efeitos das normas constantes dos arts. 4º a 6º da Lei n. 9.718, de 1998, em sua redação original, e dos arts. 4º e 5º desta Medida Provisória;

III - a partir de 1º de setembro de 2001, relativamente ao disposto no art. 64.

IV - relativamente aos fatos geradores ocorridos a partir de:

a) 1º de dezembro de 2001, relativamente ao disposto no § 9º do art. 3º da Lei n. 9.718, de 1998;

b) 1º de janeiro de 2002, relativamente ao disposto nos arts. 82 e 83.

ART. 93. Ficam revogados:

I - a partir de 28 de setembro de 1999, o inciso II do art. 2º da Lei n. 9.715, de 25 de novembro de 1998;

II - a partir de 30 de junho de 1999:

a) os incisos I e III do art. 6º da Lei Complementar n. 70, de 30 de dezembro de 1991;

b) o art. 7º da Lei Complementar n. 70, de 1991, e a Lei Complementar n. 85, de 15 de fevereiro de 1996;

c) o art. 5º da Lei n. 7.714, de 29 de dezembro de 1988, e a Lei n. 9.004, de 16 de março de 1995;

d) o § 3º do art. 11 da Lei n. 9.432, de 8 de janeiro de 1997;

e) o art. 9º da Lei n. 9.493, de 10 de setembro de 1997;

f) o inciso II e o § 2º do art. 1º da Lei n. 9.701, de 17 de novembro de 1998;

g) o § 4º do art. 2º e o art. 4º da Lei n. 9.715, de 25 de novembro de 1998; e

h) o art. 14 da Lei n. 9.779, de 19 de janeiro de 1999;

III - a partir de 1º de janeiro de 2000, os §§ 1º a 4º do art. 8º da Lei n. 9.718, de 27 de novembro de 1998;

IV - o inciso XI e a alínea "a" do inciso XII do art. 9º da Lei n. 9.317, de 5 de dezembro de 1996;

V - o inciso III do § 2º do art. 3º da Lei n. 9.718, de 1998;

VI - o art. 32 da Medida Provisória n. 2.037-24, de 23 de novembro de 2000; e

VII - os arts. 11, 12, 13, 17 e 21 do Decreto-Lei n. 1.455, de 7 de abril de 1976.

Brasília, 24 de agosto de 2001; 180º da Independência e 113º da República.

Fernando Henrique Cardoso

› Optamos, nesta edição, pela não publicação dos Anexos.

MEDIDA PROVISÓRIA N. 2.159-70, DE 24 DE AGOSTO DE 2001

Altera a legislação do imposto de renda e dá outras providências.

› *DOU*, 27.08.2001.

O Presidente da República, no uso da atribuição que lhe confere o art. 62 da Constituição, adota a seguinte Medida Provisória, com força de lei:

ART. 1º A pessoa jurídica, cujos créditos com pessoa jurídica de direito público ou com empresa sob seu controle, empresa pública, sociedade de economia mista ou sua subsidiária, decorrentes de construção por empreitada, de fornecimento de bens ou de prestação de serviços, forem quitados pelo Poder Público com títulos de sua emissão, inclusive com Certificados de Securitização, emitidos especificamente para essa finalidade, poderá computar a parcela do lucro, correspondente a esses créditos, que houver sido diferida na forma do disposto nos §§ 3º e 4º do art. 10 do Decreto-Lei n. 1.598, de 26 de dezembro de 1977, na determinação do lucro real do período-base do resgate dos títulos ou de sua alienação sob qualquer forma.

ART. 2º O disposto no art. 65 da Lei n. 8.383, de 30 de dezembro de 1991, aplica-se, também, nos casos de entrega, pelo licitante vencedor, de títulos da dívida pública do Estado, do Distrito Federal ou do Município, como contrapartida à aquisição de ações ou quotas de empresa sob controle direto ou indireto das referidas pessoas jurídicas de direito público, nos casos de desestatização por elas promovidas.

ART. 3º Fica reduzida para quinze por cento a alíquota do imposto de renda incidente na fonte sobre as importâncias pagas, creditadas, entregues, empregadas ou remetidas ao exterior a título de remuneração de serviços técnicos e de assistência técnica, e a título de *royalties*, de qualquer natureza, a partir do início da cobrança da contribuição instituída pela Lei n. 10.168, de 29 de dezembro de 2000.

ART. 4º É concedido crédito incidente sobre a Contribuição de Intervenção no Domínio Econômico, instituída pela Lei n. 10.168, de 2000, aplicável às importâncias pagas, creditadas, entregues, empregadas ou remetidas para o exterior a título de *royalties* referentes a contratos de exploração de patentes e de uso de marcas.

§ 1º O crédito referido no *caput*:

I - será determinado com base na contribuição devida, incidente sobre pagamentos, créditos, entregas, emprego ou remessa ao exterior a título de *royalties* de que trata o *caput* deste artigo, mediante utilização dos seguintes percentuais:

a) cem por cento, relativamente aos períodos de apuração encerrados a partir de 1º de janeiro de 2001 até 31 de dezembro de 2003;

b) setenta por cento, relativamente aos períodos de apuração encerrados a partir de 1º de janeiro de 2004 até 31 de dezembro de 2008;

c) trinta por cento, relativamente aos períodos de apuração encerrados a partir de 1º de janeiro de 2009 até 31 de dezembro de 2013;

II - será utilizado, exclusivamente, para fins de dedução da contribuição incidente em operações posteriores, relativas a *royalties* previstos no *caput* deste artigo.

§ 2º O Comitê Gestor definido no art. 5º da Lei n. 10.168, de 2000, será composto por representantes do Governo Federal, do setor industrial e do segmento acadêmico-científico.

ART. 5º Não incidirá o imposto de renda na fonte sobre os rendimentos pagos ou creditados a empresa domiciliada no exterior, pela contraprestação de serviços de telecomunicações, por empresa de telecomunicação que centralize, no Brasil, a prestação de serviços de rede corporativa de pessoas jurídicas.

Parágrafo único. Para efeitos deste artigo, considera-se rede corporativa a rede de telecomunicações privativa de uma empresa ou entidade, a qual interliga seus vários pontos de operações no Brasil e no exterior.

ART. 6º Os bens do ativo permanente imobilizado, exceto a terra nua, adquiridos por pessoa jurídica que explore a atividade rural, para uso nessa atividade, poderão ser depreciados integralmente no próprio ano da aquisição.

ART. 7º Exclui-se da incidência do imposto de renda na fonte e na declaração de rendimentos o valor do resgate de contribuições de previdência privada, cujo ônus tenha sido da pessoa física, recebido por ocasião de seu desligamento do plano de benefícios da entidade, que corresponder às parcelas de contribuições efetuadas no período de 1º de janeiro de 1989 a 31 de dezembro de 1995.

Art. 8º Serão admitidos como despesas com instrução, previstas no art. 8º, inciso II, alínea "b", da Lei n. 9.250, de 26 de dezembro de 1995, os pagamentos efetuados a creches.

Art. 9º Fica reduzida a zero, relativamente aos fatos geradores ocorridos a partir de 1º de janeiro de 2001, a alíquota do imposto de renda incidente sobre remessas, para o exterior, destinadas exclusivamente ao pagamento de despesas relacionadas com pesquisa de mercado para produtos brasileiros de exportação, bem como aquelas decorrentes de participação em exposições, feiras e eventos semelhantes, inclusive aluguéis e arrendamentos de estandes e locais de exposição, vinculadas à promoção de produtos brasileiros, bem assim de despesas com propaganda realizadas no âmbito desses eventos.

§ 1º O Poder Executivo estabelecerá as condições e as exigências para a aplicação do disposto neste artigo.

§ 2º Relativamente ao período de 1º de janeiro de 2001 a 31 de dezembro de 2003, a renúncia anual de receita decorrente da redução de alíquota referida no *caput* será apurada, pelo Poder Executivo, mediante projeção da renúncia efetiva verificada no primeiro semestre.

§ 3º Para os fins do disposto no art. 14 da Lei Complementar n. 101, de 4 de maio de 2000, o montante anual da renúncia, apurado na forma do § 2º, nos meses de setembro de cada ano, será custeado à conta de fontes financiadoras da reserva de contingência, salvo se verificado excesso de arrecadação, apurado também na forma do § 2º, em relação à previsão de receitas, para o mesmo período, deduzido o valor da renúncia.

§ 4º O excesso de arrecadação porventura apurado nos termos do § 3º, *in fine*, será utilizado para compensação do montante da renúncia.

§ 5º A alíquota referida no *caput*, na hipótese de pagamentos a residente ou domiciliados em países que não tribute a renda ou que a tribute à alíquota máxima inferior a vinte por cento, a que se refere o art. 24 da Lei n. 9.430, de 27 de dezembro de 1996, será de vinte e cinco por cento.

ART. 10. Ficam convalidados os atos praticados com base na Medida Provisória n. 2.159-69, de 27 de julho de 2001.

ART. 11. Esta Medida Provisória entra em vigor na data de sua publicação.

Brasília, 24 de agosto de 2001; 180º da Independência e 113º da República.

Fernando Henrique Cardoso

MEDIDA PROVISÓRIA N. 2.178-36, DE 24 DE AGOSTO DE 2001

Dispõe sobre o repasse de recursos financeiros do Programa Nacional de Alimentação Escolar, institui o Programa Dinheiro Direto na Escola, altera a Lei n. 9.533, de 10 de dezembro de 1997, que dispõe sobre programa de garantia de renda mínima, institui programas de apoio da União às ações dos Estados e Municípios, voltadas para o atendimento educacional, e dá outras providências.

› *DOU*, 25.08.2001 (Edição extra).

O Presidente da República, no uso da atribuição que lhe confere o art. 62 da Constituição, adota a seguinte Medida Provisória, com força de lei:

ARTS. 1º a 14. (Revogados pela Lei 11.947 /2009.)

ART. 15. Considera-se em andamento o serviço decorrente dos programas a que se refere a Lei n. 9.533, de 10 de dezembro de 1997, para efeito do disposto na alínea "a" do inciso VI do art. 73 da Lei n. 9.504, de 30 de setembro de 1997, desde que, no prazo ali previsto, tenha ocorrido a publicação do respectivo convênio com vigência plurianual ou o registro do empenho dos recursos destinados à participação da União junto ao Sistema Integrado de Administração Financeira - SIAFI, sem cancelamento posterior.

ART. 16. O art. 4º da Lei n. 9.533, de 10 de dezembro de 1997, passa a vigorar com a seguinte alteração:

› Alterações promovidas no texto da referida lei.

ART. 17. O disposto no art. 4º da Lei n. 9.533, de 1997, aplica-se, exclusivamente, aos exercícios de 1999 e 2000 e aos convênios firmados à conta dos programas a que se refere aquela Lei até 31 de dezembro de 2000, ficando a cargo do Conselho Deliberativo do FNDE a definição do prazo para apresentação das respectivas prestações de contas.

ART. 18. A União apoiará financeiramente os Estados e os Municípios com menor Índice de Desenvolvimento Humano - IDH nas ações voltadas para o atendimento educacional aos jovens e adultos, mediante a implementação dos Programas instituídos pelo art. 19.

Parágrafo único. Para os fins desta Medida Provisória, o IDH, calculado por instituição oficial, representa indicador do grau de desenvolvimento social da população, considerando os níveis de educação, longevidade e renda.

ART. 19. Sem prejuízo dos programas e projetos em andamento, ficam instituídos, no âmbito do Ministério da Educação:

I - o Programa de Apoio a Estados e Municípios para a Educação Fundamental de Jovens e Adultos;

II - o Programa de Apoio aos Estados para a Expansão e Melhoria da Rede Escolar do Ensino Médio.

§ 1º A destinação de recursos da União aos Programas de que trata este artigo compreenderá os exercícios de:

I - 2001 a 2003 no caso do inciso I;

II - 2000 a 2002 no caso do inciso II.

§ 2º Na hipótese de destinação de recursos aos Programas de que trata este artigo, nos termos da lei orçamentária, cuja arrecadação ou utilização esteja condicionada à aprovação de projetos em tramitação no Congresso Nacional, a execução das correspondentes ações terá início a partir da efetiva arrecadação e implementação das condições para utilização.

ART. 20. A assistência financeira da União para implementação do Programa de Apoio a Estados e Municípios para a Educação Fundamental de Jovens e Adultos será definida em função do número de alunos atendidos pelo respectivo sistema do ensino fundamental público, de acordo com as matrículas nos cursos da modalidade "supletivo presencial com avaliação no processo", extraídas do censo escolar realizado pelo Ministério da Educação no ano anterior.

§ 1º O Programa terá como beneficiários:

I - os Estados relacionados no Anexo IV e seus respectivos Municípios;

II - os Municípios dos demais Estados que estejam situados em microrregiões com IDH menor ou igual a 0,500 ou que, individualmente, estejam nesta mesma condição, segundo o Atlas do Desenvolvimento Humano (1998, PNUD).

§ 2º Para fins de alocação dos recursos disponíveis, o Programa será implementado nos Municípios selecionados na forma do § 1º, segundo a ordem crescente de IDH.

§ 3º Os repasses financeiros em favor dos governos beneficiários serão realizados pelo Fundo Nacional de Desenvolvimento da Educação - FNDE, sem a necessidade de convênio, acordo, contrato, ajuste ou instrumento congênere, mediante crédito automático do valor devido, em conta única e específica, aberta e mantida na mesma instituição financeira e agência depositária dos recursos do Fundo de Manutenção e Desenvolvimento do Ensino Fundamental e de Valorização do Magistério, de que trata a Lei n. 9.424, de 24 de dezembro de 1996.

§ 4º Os repasses a que se refere o § 3º serão realizados, mensalmente, à razão de um duodécimo do valor previsto para o exercício.

§ 5º Os valores financeiros transferidos, na forma prevista no *caput* deste artigo, não poderão ser considerados pelos Estados e pelos Municípios beneficiados no cômputo dos vinte e cinco por cento de impostos e transferências devidos à manutenção e ao desenvolvimento do ensino, por força do disposto no art. 212 da Constituição Federal.

ART. 21. Os conselhos a que se refere o art. 4º, inciso IV, da Lei n. 9.424, de 1996, deverão acompanhar a execução do Programa de que trata o inciso I do art. 19, podendo, para tanto, requisitar, junto aos Poderes Executivos dos Estados e dos Municípios, todos os dados, informações e documentos relacionados à utilização dos recursos transferidos.

ART. 22. Os Estados e os Municípios apresentarão prestação de contas do total dos recursos recebidos à conta do Programa a que se refere o inciso I do art. 19, que será constituída do Demonstrativo Sintético Anual da Execução Físico-Financeira, na forma do Anexo III desta Medida Provisória, acompanhado de cópia dos documentos que os conselhos referidos no art. 21 julgarem necessários à comprovação da execução desses recursos, no prazo estabelecido pelo Conselho Deliberativo do FNDE.

§ 1º No prazo estabelecido pelo Conselho Deliberativo do FNDE, os conselhos de que trata o art. 21 analisarão a prestação de contas e encaminharão ao FNDE apenas o Demonstrativo Sintético Anual da Execução Físico-Financeira dos recursos repassados à conta do programa, com parecer conclusivo acerca da aplicação dos recursos.

§ 2º Constatada alguma das situações previstas nos incisos I a III do art. 23, os conselhos a que se refere o art. 21, sob pena de responsabilidade solidária de seus membros, comunicarão o fato, mediante ofício, ao FNDE, que, no exercício da supervisão que lhe compete, adotará as medidas pertinentes, instaurando, se necessário, a respectiva tomada de contas especial.

ART. 23. Fica o FNDE autorizado a não proceder ao repasse de recursos financeiros às respectivas esferas de governo, comunicando o fato ao Poder Legislativo correspondente, nas seguintes hipóteses:

I - omissão na apresentação da prestação de contas de que trata o art. 22;

II - prestação de contas rejeitada; ou

III - utilização dos recursos em desacordo com os critérios estabelecidos para a sua execução, conforme constatado por análise documental ou auditoria.

ART. 24. O Programa de Apoio aos Estados para a Expansão e Melhoria da Rede Escolar do Ensino Médio consiste na transferência de recursos da União aos Estados relacionados no Anexo IV, destinados ao financiamento de projetos de expansão quantitativa e melhoria qualitativa das redes estaduais de ensino médio, inclusive mediante a absorção de alunos atualmente atendidos pelas redes municipais.

§ 1º Para os fins deste artigo, define-se Transferência Líquida dos Governos Estaduais - TLGE ao Fundo de Manutenção e Desenvolvimento do Ensino Fundamental e de Valorização do Magistério a diferença, se positiva, entre a contribuição desses entes àquele Fundo e a retirada que lhes couber no mesmo Fundo.

§ 2º Os recursos de que trata este artigo:

I - corresponderão a até cinquenta por cento da TLGE de cada Estado, limitado ao total de R$ 160.000.000,00 (cento e sessenta milhões de reais) no exercício de 2000, R$ 398.744.338,00 (trezentos e noventa e oito milhões, setecentos e quarenta e quatro mil, trezentos e trinta e oito reais) no exercício de 2001, e R$ 400.000.000,00 (quatrocentos milhões de reais) no exercício de 2002;

II - serão repassados na forma de convênios que preverão, obrigatoriamente, as metas de expansão da oferta de vagas, bem assim as ações voltadas à melhoria qualitativa das redes;

III - serão incluídos nos orçamentos dos Estados beneficiários e não poderão ser computados para fins de cumprimento do disposto no art. 212 da Constituição Federal;

IV - serão utilizados pelos Estados, exclusivamente, nos termos previstos nos respectivos convênios.

§ 3º Os recursos referidos no inciso I do § 2º serão distribuídos entre os Estados relacionados no Anexo IV:

I - conforme o disposto no Anexo da Lei n. 10.046, de 27 de outubro de 2000, para a Ação "Expansão e Melhoria da Rede Escolar" no exercício de 2000;

II - conforme o disposto no Anexo da Lei n. 10.171, de 5 de janeiro de 2001, para a Ação "Expansão e Melhoria da Rede Escolar" no exercício de 2001; e

III - de acordo com a TLGE, calculada com base na estimativa de composição do Fundo de Manutenção e Desenvolvimento do Ensino Fundamental e de Valorização do Magistério constante das propostas orçamentárias da União para o exercício de 2002.

§ 4º No exercício de 2000, os convênios de que trata o inciso II do § 2º poderão prever a cobertura de despesas preexistentes com a manutenção das redes estaduais de ensino médio, exclusivas ou compartilhadas com o ensino fundamental, de responsabilidade dos respectivos Governos estaduais, observado o disposto no art. 25 da Lei Complementar n. 101, de 4 de maio de 2000.

§ 5º Os Estados beneficiários apresentarão prestação de contas da utilização dos recursos recebidos à conta do Programa de que trata este artigo nos termos da legislação vigente.

§ 6º A omissão dos Estados no cumprimento das obrigações referidas nos incisos II, III e IV do § 2º, bem assim a rejeição das contas apresentadas, implicarão suspensão dos repasses financeiros à conta do Programa de que trata este artigo.

ART. 25. A autoridade responsável pela prestação de contas dos Programas referidos no art. 19, que nela inserir ou fizer inserir documentos ou declaração falsa, com o fim de alterar a verdade sobre o fato, será responsabilizada civil, penal e administrativamente.

ART. 26. Os Estados e os Municípios manterão em seus arquivos, em boa guarda e organização, pelo prazo de cinco anos, contados da data de aprovação da prestação de contas dos concedentes, os documentos relacionados com a execução dos Programas de que trata o art. 19, obrigando-se a disponibilizá-los, sempre que solicitado, ao Tribunal de Contas da União - TCU, aos órgãos repassadores dos recursos e ao Sistema de Controle Interno do Poder Executivo da União.

ART. 27. Os órgãos concedentes realizarão nas esferas de governo estadual e municipal, a cada exercício financeiro, auditagem da aplicação dos recursos relativos aos Programas de que trata o art. 19, por sistema de amostragem, podendo, para tanto, requisitar o encaminhamento de documentos e demais elementos que julgarem necessários, bem como realizar fiscalização in loco ou, ainda, delegar competência nesse sentido a outro órgão ou entidade estatal.

ART. 28. Qualquer pessoa física ou jurídica poderá denunciar aos órgãos concedentes, ao TCU, aos órgãos de controle interno do Poder Executivo da União, ao Ministério Público Federal e, quando couber, aos conselhos de que trata o art. 21 irregularidades identificadas na aplicação dos recursos destinados à execução dos Programas de que trata o art. 19.

ART. 29. Os recursos destinados às ações de que trata o art. 19, repassados aos Estados e aos Municípios, não estarão sujeitos às exigências estabelecidas no § 2º do art. 34 da Lei n. 9.811, de 28 de julho de 1999, no inciso III do art. 35 da Lei n. 9.995, de 25 de julho de 2000, e no inciso III do art. 34 da Lei n. 10.266, de 24 de julho de 2001.

ART. 30. Ficam convalidados os atos praticados com base na Medida Provisória n. 2.178-35, de 26 de julho de 2001.

ART. 31. Esta Medida Provisória entra em vigor na data de sua publicação.

ART. 32. Revoga-se a Lei n. 8.913, de 12 de julho de 1994.

Brasília, 24 de agosto de 2001;
180º da Independência e 113º da República.
Fernando Henrique Cardoso

MEDIDA PROVISÓRIA N. 2.197-43, DE 24 DE AGOSTO DE 2001

Dispõe sobre a adoção de medidas relacionadas com o Sistema Financeiro da Habitação - SFH, altera as Leis n. 4.380, de 21 de agosto de 1964, 8.036, de 11 de maio de 1990, e 8.692, de 28 de julho de 1993, e dá outras providências.

› *DOU*, 27.08.2001.

O Presidente da República, no uso da atribuição que lhe confere o art. 62 da Constituição, adota a seguinte Medida Provisória, com força de lei:

ART. 1º Será admitida, no âmbito do Sistema Financeiro da Habitação - SFH, a celebração de contratos de financiamento com planos de reajustamento do encargo mensal diferentes daqueles previstos na Lei n. 8.692, de 28 de julho de 1993.

Parágrafo único. Nas operações de financiamento habitacional realizadas com recursos do Fundo de Garantia do Tempo de Serviço - FGTS, o Conselho Curador do FGTS poderá definir os planos de reajustamento do encargo mensal a serem nelas aplicados.

ART. 2º (Revogado pela Lei 12.424/2011.)

ART. 3º O art. 25 da Lei n. 8.692, de 1993, passa a vigorar com a seguinte redação:

"Art. 25. Nos financiamentos celebrados no âmbito do Sistema Financeiro da Habitação, a taxa efetiva de juros será de, no máximo, doze por cento ao ano." (NR)

ART. 4º O inciso III do art. 18 da Lei n. 4.380, de 21 de agosto de 1964, passa a vigorar com a seguinte redação:

› Alteração promovida no texto da referida lei.

ART. 5º A Lei n. 8.036, de 11 de maio de 1990, passa a vigorar com as seguintes alterações:

› Alterações promovidas no texto da referida lei.

ART. 6º Ficam convalidados os atos praticados com base na Medida Provisória n. 2.197-42, de 27 de agosto de 2001.

ART. 7º Esta Medida Provisória entra em vigor na data de sua publicação.

ART. 8º Ficam revogados o § 1º do art. 9º e o art. 14 da Lei n. 4.380, de 21 de agosto de 1964, e o art. 23 da Lei n. 8.692, de 28 de julho de 1993.

Brasília, 24 de julho de 2001;
180º da Independência e 113º da República.
Fernando Henrique Cardoso

MEDIDA PROVISÓRIA N. 2.199-14, DE 24 DE AGOSTO DE 2001

Altera a legislação do imposto sobre a renda no que se refere aos incentivos fiscais de isenção e de redução, define diretrizes para os incentivos fiscais de aplicação de parcela do imposto sobre a renda nos Fundos de Investimentos Regionais, e dá outras providências.

› *DOU*, 27.08.2001.

O Presidente da República, no uso do da atribuição que lhe confere o art. 62 da Constituição, adota a seguinte Medida Provisória, com força de lei:

ART. 1º Sem prejuízo das demais normas em vigor aplicáveis à matéria, a partir do ano-calendário de 2000, as pessoas jurídicas que tenham projeto protocolizado e aprovado até 31 de dezembro de 2018 para instalação, ampliação, modernização ou diversificação enquadrado em setores da economia considerados, em ato do Poder Executivo, prioritários para o desenvolvimento regional, nas áreas de atuação da Superintendência de Desenvolvimento do Nordeste - Sudene e da Superintendência de Desenvolvimento da Amazônia - Sudam, terão direito à redução de 75% (setenta e cinco por cento) do imposto sobre a renda e adicionais calculados com base no lucro da exploração. (Redação dada pela Lei 12.715/2012.)

§ 1º A fruição do benefício fiscal referido no *caput* deste artigo dar-se-á a partir do ano-calendário subsequente àquele em que o projeto de instalação, ampliação, modernização ou diversificação entrar em operação, segundo laudo expedido pelo Ministério da Integração Nacional até o último dia útil do mês de março do ano-calendário subsequente ao do início da operação. (Redação dada pela Lei 11.196/2005.)

§ 1º-A. As pessoas jurídicas fabricantes de máquinas, equipamentos, instrumentos e dispositivos, baseados em tecnologia digital, voltados para o programa de inclusão digital com projeto aprovado nos termos do *caput* terão direito à isenção do imposto sobre a renda e do adicional, calculados com base no lucro da exploração. (Incluído pela Lei 12.546/2011.)

§ 2º Na hipótese de expedição de laudo constitutivo após a data referida no § 1º, a fruição do benefício dar-se-á a partir do ano-calendário da expedição do laudo.

§ 3º O prazo de fruição do benefício fiscal será de 10 (dez) anos, contado a partir do ano-calendário de início de sua fruição. (Alterado pela Lei 12.995/2014.)

§ 3º-A. No caso de projeto de que trata o § 1º-A que já esteja sendo utilizado para o benefício fiscal nos termos do *caput*, o prazo de fruição passa a ser de 10 (dez) anos contado a partir da data de publicação da Medida Provisória n. 540, de 2 de agosto de 2011. (Incluído pela Lei 12.546/2011.)

§ 4º Para os fins deste artigo, a diversificação e a modernização total de empreendimento existente serão consideradas implantação de nova unidade produtora, segundo critérios estabelecidos em regulamento.

§ 5º Nas hipóteses de ampliação e de modernização parcial do empreendimento, o benefício previsto neste artigo fica condicionado ao aumento da capacidade real instalada na linha de produção ampliada ou modernizada em, no mínimo:

I - vinte por cento, nos casos de empreendimentos de infraestrutura (Lei n. 9.808, de 20 de julho de 1999) ou estruturadores, nos termos e nas condições estabelecidos pelo Poder Executivo; e

II - cinquenta por cento, nos casos dos demais empreendimentos prioritários.

§ 6º O disposto no *caput* não se aplica aos pleitos aprovados ou protocolizados no órgão competente e na forma da legislação anterior, até 24 de agosto de 2000, para os quais continuará a prevalecer a disciplina introduzida pelo *caput* do art. 3º da Lei n. 9.532, de 10 de dezembro de 1997.

§ 7º As pessoas jurídicas titulares de projetos de implantação, modernização, ampliação ou diversificação protocolizados no órgão competente e na forma da legislação anterior a 24 de agosto de 2000, que venham a ser aprovados com base na disciplina introduzida pelo *caput* do art. 3º da Lei n. 9.532, de 1997, e cuja atividade se enquadre em setor econômico considerado prioritário, em ato do Poder Executivo, poderão pleitear a redução prevista neste artigo pelo prazo que remanescer para completar o período de dez anos.

§ 8º O laudo a que se referem os §§ 1º e 2º será expedido em conformidade com normas estabelecidas pelo Ministério da Integração Nacional.

§ 9º O laudo de que trata o § 1º poderá, exclusivamente no ano de 2001, ser expedido até o último dia útil do mês de outubro.

ART. 2º Fica extinto, relativamente ao período de apuração iniciado a partir de 1º de janeiro de 2001, o benefício fiscal de redução do imposto sobre a renda e adicionais não restituíveis, de que trata o art. 14 da Lei n. 4.239, de 27 de junho de 1963, e o art. 22 do Decreto-Lei n. 756, de 11 de agosto de 1969, exceto para aqueles empreendimentos dos setores da economia que venham a ser considerados, pelo Poder Executivo, prioritários para o desenvolvimento regional, e para os que têm sede na área de jurisdição da Zona Franca de Manaus.

ART. 3º Sem prejuízo das demais normas em vigor sobre a matéria, fica mantido, até 31 de dezembro de 2018, o percentual de 30% (trinta por cento) previsto no inciso I do art. 2º da Lei n. 9.532, de 10 de dezembro de 1997, para aqueles empreendimentos dos setores da economia que venham a ser considerados, em ato do Poder Executivo, prioritários para o desenvolvimento regional. (Redação dada pela Lei 12.715/2012.)

ART. 4º Os arts. 5º, 9º e 21 da Lei n. 8.167, de 16 de janeiro de 1991, passam a vigorar com as seguintes alterações:

▸ Alterações promovidas no texto da referida lei.

ART. 5º As empresas titulares de projeto aprovado pelas extintas Sudene e Sudam, que tenham obtido o Certificado de Empreendimento Implantado (CEI), a seu critério e com aprovação do Ministério da Integração Nacional, relativamente à parte ou à totalidade das debêntures vincendas, conversíveis e não conversíveis, subscritas em favor do Finor e do Finam, poderão:

I - efetuar o resgate das debêntures não conversíveis mediante operação de conversão desses papéis em debêntures conversíveis, atendidas as mesmas condições e limites estabelecidos nos §§ 1º e 2º do art. 5º da Lei n. 8.167, de 1991, no que couber;

II - autorizar o Ministério da Integração Nacional e o Banco Operador respectivo a promoverem distribuição secundária desses títulos ou incluí-los nos leilões especiais realizados em bolsas de valores, referidos no art. 8º da Lei n. 8.167, de 1991, atendidas as normas específicas a respeito da matéria;

III - quitar esses títulos mediante renegociação do débito, com base no seu valor atual, nas condições similares às do processo de securitização de crédito rural regulado pelo Conselho Monetário Nacional; ou

IV - renegociar esses títulos mediante prazos de carência e de vencimento mais adequados à capacidade de pagamento atualizada do projeto, com encargos financeiros equivalentes aos dos Fundos Constitucionais de Financiamento, exigidos nos casos de empreendimentos de médio porte.

§ 1º Para efeito desta Medida Provisória, consideram-se dívidas vencidas somente aquelas debêntures vencidas e não liquidadas na data fixada para o seu pagamento.

§ 2º Com relação às dívidas em debêntures conversíveis e não conversíveis em ações vencidas, de emissão das empresas referidas no *caput*, estas poderão quitar ou renegociar o saldo devedor, por seu valor atual, segundo os critérios estabelecidos nos incisos III e IV deste artigo.

§ 3º As empresas titulares dos projetos referidos neste artigo terão o prazo de noventa dias, contado a partir de 24 de agosto de 2000, para manifestarem suas preferências em relação às alternativas previstas neste artigo, findo o qual deverão cumprir as obrigações assumidas, na conformidade da legislação anterior.

ART. 6º As empresas com projetos em fase de implantação e que tenham registro de ocorrência de atraso nas liberações de recursos dos incentivos, relativamente ao cronograma original aprovado, sem que lhes possa ser imputada a responsabilidade por essa ocorrência, poderão solicitar a reavaliação e, eventualmente, a reestruturação do seu projeto pelo Ministério da Integração Nacional.

§ 1º As empresas que se enquadrarem na hipótese prevista neste artigo, de conformidade com parecer do Ministério da Integração Nacional, que fixará, inclusive, o prazo para conclusão do projeto, poderão ter o saldo de suas dívidas em debêntures conversíveis e não conversíveis, vencidas e vincendas, dispensado da incidência dos encargos financeiros previstos, inclusive os de mora, desde 24 de agosto de 2000 até que o projeto obtenha o respectivo CEI, quando, então, essas empresas passarão a ser enquadradas nas situações previstas no art. 5º.

§ 2º As debêntures vincendas objeto do § 1º terão seus prazos de amortização e vencimento automaticamente prorrogados a partir de 24 de agosto de 2000, mediante a concessão de novo prazo de carência, nos termos previstos no § 1º do art. 2º da Lei n. 9.126, de 10 de novembro de 1995.

ART. 7º Nos demais casos de projetos em fase de implantação, em que se verifique o recebimento tempestivo dos incentivos previstos no cronograma original, as respectivas empresas titulares, quando do recebimento do CEI, poderão, relativamente às suas dívidas em debêntures, vencidas e vincendas, optar pelas alternativas previstas no art. 5º, nas condições que vierem a ser fixadas em parecer do Ministério da Integração Nacional.

ART. 8º As empresas a que se referem os arts. 6º e 7º deverão requerer o que facultam os citados dispositivos ao Ministério da Integração Nacional, no prazo máximo de cento e oitenta dias, contado, no caso do art. 6º, a partir de 24 de agosto de 2000, e, no caso do art. 7º, a partir da data de recebimento do CEI, sob pena de perda do direito àquelas faculdades.

ART. 9º Caso o Ministério da Integração Nacional constate irregularidades nos projetos das empresas referidas nos arts. 6º e 7º, serão estes submetidos a procedimento de auditoria especial com vista à cobrança dos recursos até então liberados e à exclusão do sistema, em conformidade com as disposições regulamentares em vigor.

ART. 10. As remunerações previstas no art. 20 da Lei n. 8.167, de 1991, em favor dos órgãos gestores dos Fundos de Investimentos, vigorarão até 31 de dezembro de 2000.

§ 1º A partir de 1º de janeiro de 2001, e até 5 de maio de 2001, data da extinção da Sudene e da Sudam, a remuneração das Superintendências pela administração dos Fundos será de três por cento calculada com base no valor de cada liberação efetuada pelo respectivo Fundo, e destinada ao custeio das atividades de pesquisa e desenvolvimento, qualificação e aperfeiçoamento de recursos humanos, consideradas prioritárias em relação aos setores e empreendimentos beneficiários dos incentivos, bem como à promoção institucional dos Fundos.

§ 2º O valor da remuneração prevista no § 1º constituirá encargo direto a ser coberto com recursos dos Fundos, pelo que não haverá emissão de Certificados de Investimento relativamente ao valor da remuneração mencionada.

§ 3º A remuneração que cabe aos Bancos Operadores pela administração desses Fundos, a partir de janeiro de 2001, será estabelecida por iniciativa conjunta dos Ministérios da Integração Nacional e da Fazenda.

ART. 11. A administração da movimentação dos recursos financeiros destinados à execução de empreendimentos apoiados pelos Fundos de Investimentos Regionais obedecerá a regras específicas, a serem estabelecidas pelo Poder Executivo, por iniciativa conjunta dos Ministérios da Fazenda e da Integração Nacional.

ART. 12. Aplicam-se ao Funres e ao Grupo Executivo para Recuperação Econômica do Estado do Espírito Santo - Geres, no que couber, as disposições desta Medida Provisória.

ART. 13. (Revogado pela Lei 13.682/2018.)

ART. 14. Fica estendido até:

I - 30 de setembro de 2001, o prazo de que trata o § 2º do art. 3º da Lei n. 10.177, de 12 de janeiro de 2001, para manifestação dos mutuários;

II - 28 de dezembro de 2001, o prazo de que trata o § 3º do art. 3º da Lei n. 10.177, de 2001, para encerramento das negociações, prorrogações e composições de dívidas ali referenciadas.

ART. 15. As despesas operacionais, de planejamento, prospecção, acompanhamento, avaliação e divulgação de resultados, relativas à implementação de pesquisa científica e desenvolvimento tecnológico nos setores a serem beneficiados com recursos originários de categorias de programação específica criadas por lei no âmbito do Fundo Nacional de Desenvolvimento Científico e Tecnológico - FNDCT, não poderão ultrapassar o montante correspondente a cinco por cento dos recursos arrecadados anualmente para cada categoria de programação específica.

ART. 16. Ficam convalidados os atos praticados com base na Medida Provisória n. 2.199-13, de 27 de julho de 2001.

ART. 17. Esta Medida Provisória entra em vigor na data de sua publicação.

ART. 18. Revoga-se o art. 4º da Lei n. 9.532, de 10 de dezembro de 1997, ressalvado o disposto nos arts. 32, inciso XVIII, da Medida Provisória n. 2.156-5, e 32, inciso IV, da Medida Provisória n. 2.157-5, ambas de 24 de agosto de 2001.

Brasília, 24 de agosto de 2001; 180º da Independência e 113º da República.

Fernando Henrique Cardoso

MEDIDA PROVISÓRIA N. 2.200-2, DE 24 DE AGOSTO DE 2001

Institui a infraestrutura de Chaves Públicas Brasileira - ICP-Brasil, transforma o Instituto Nacional de Tecnologia da Informação em autarquia, e dá outras providências.

▸ *DOU*, 27.08.2001.

O Presidente da República, no uso da atribuição que lhe confere o art. 62 da Constituição, adota a seguinte Medida Provisória, com força de lei:

ART. 1º Fica instituída a Infraestrutura de Chaves Públicas Brasileira - ICP-Brasil, para garantir a autenticidade, a integridade e a validade jurídica de documentos em forma eletrônica, das aplicações de suporte e das aplicações habilitadas que utilizem certificados digitais, bem como a realização de transações eletrônicas seguras.

ART. 2º A ICP-Brasil, cuja organização será definida em regulamento, será composta por uma autoridade gestora de políticas e pela cadeia de autoridades certificadoras composta pela Autoridade Certificadora Raiz - AC Raiz, pelas Autoridades Certificadoras - AC e pelas Autoridades de Registro - AR.

ART. 3º A função de autoridade gestora de políticas será exercida pelo Comitê Gestor da ICP-Brasil, vinculado à Casa Civil da Presidência da República e composto por cinco representantes da sociedade civil, integrantes de setores interessados, designados pelo Presidente da República, e um representante de cada um dos seguintes órgãos, indicados por seus titulares:

I - Ministério da Justiça;

II - Ministério da Fazenda;

III - Ministério do Desenvolvimento, Indústria e Comércio Exterior;

IV - Ministério do Planejamento, Orçamento e Gestão;

V - Ministério da Ciência e Tecnologia;

VI - Casa Civil da Presidência da República; e

VII - Gabinete de Segurança Institucional da Presidência da República.

§ 1º A coordenação do Comitê Gestor da ICP--Brasil será exercida pelo representante da Casa Civil da Presidência da República.

§ 2º Os representantes da sociedade civil serão designados para períodos de dois anos, permitida a recondução.

§ 3º A participação no Comitê Gestor da ICP--Brasil é de relevante interesse público e não será remunerada.

§ 4º O Comitê Gestor da ICP-Brasil terá uma Secretaria-Executiva, na forma do regulamento.

ART. 4º Compete ao Comitê Gestor da ICP--Brasil:

I - adotar as medidas necessárias e coordenar a implantação e o funcionamento da ICP-Brasil;

II - estabelecer a política, os critérios e as normas técnicas para o credenciamento das AC, das AR e dos demais prestadores de serviço de suporte à ICP-Brasil, em todos os níveis da cadeia de certificação;

III - estabelecer a política de certificação e as regras operacionais da AC Raiz;

IV - homologar, auditar e fiscalizar a AC Raiz e os seus prestadores de serviço;

V - estabelecer diretrizes e normas técnicas para a formulação de políticas de certificados e regras operacionais das AC e das AR e definir níveis da cadeia de certificação;

VI - aprovar políticas de certificados, práticas de certificação e regras operacionais, credenciar e autorizar o funcionamento das AC e das AR, bem como autorizar a AC Raiz a emitir o correspondente certificado;

VII - identificar e avaliar as políticas de ICP externas, negociar e aprovar acordos de certificação bilateral, de certificação cruzada, regras de interoperabilidade e outras formas de cooperação internacional, certificar, quando for o caso, sua compatibilidade com a ICP-Brasil, observado o disposto em tratados, acordos ou atos internacionais; e

VIII - atualizar, ajustar e revisar os procedimentos e as práticas estabelecidas para a ICP-Brasil, garantir sua compatibilidade e promover a atualização tecnológica do sistema e a sua conformidade com as políticas de segurança.

Parágrafo único. O Comitê Gestor poderá delegar atribuições à AC Raiz.

ART. 5º À AC Raiz, primeira autoridade da cadeia de certificação, executora das Políticas de Certificados e normas técnicas e operacionais aprovadas pelo Comitê Gestor da ICP-Brasil, compete emitir, expedir, distribuir, revogar e gerenciar os certificados das AC de nível imediatamente subsequente ao seu, gerenciar a lista de certificados emitidos, revogados e vencidos, e executar atividades de fiscalização e auditoria das AC e das AR e dos prestadores de serviço habilitados na ICP, em conformidade com as diretrizes e normas técnicas estabelecidas pelo Comitê Gestor da ICP-Brasil, e exercer outras atribuições que lhe forem cometidas pela autoridade gestora de políticas.

Parágrafo único. É vedado à AC Raiz emitir certificados para o usuário final.

ART. 6º Às AC, entidades credenciadas a emitir certificados digitais vinculando pares de chaves criptográficas ao respectivo titular, compete emitir, expedir, distribuir, revogar e gerenciar os certificados, bem como colocar à disposição dos usuários listas de certificados revogados e outras informações pertinentes e manter registro de suas operações.

Parágrafo único. O par de chaves criptográficas será gerado sempre pelo próprio titular e sua chave privada de assinatura será de seu exclusivo controle, uso e conhecimento.

ART. 7º Às AR, entidades operacionalmente vinculadas a determinada AC, compete identificar e cadastrar usuários na presença destes, encaminhar solicitações de certificados às AC e manter registros de suas operações.

ART. 8º Observados os critérios a serem estabelecidos pelo Comitê Gestor da ICP-Brasil, poderão ser credenciados como AC e AR os órgãos e as entidades públicos e as pessoas jurídicas de direito privado.

ART. 9º É vedado a qualquer AC certificar nível diverso do imediatamente subsequente ao seu, exceto nos casos de acordos de certificação lateral ou cruzada, previamente aprovados pelo Comitê Gestor da ICP-Brasil.

ART. 10. Consideram-se documentos públicos ou particulares, para todos os fins legais, os documentos eletrônicos de que trata esta Medida Provisória.

§ 1º As declarações constantes dos documentos em forma eletrônica produzidos com a utilização de processo de certificação disponibilizado pela ICP-Brasil presumem-se verdadeiros em relação aos signatários, na forma do art. 131 da Lei n. 3.071, de 1º de janeiro de 1916 - Código Civil.

‣ Art. 219, CC/2002.

§ 2º O disposto nesta Medida Provisória não obsta a utilização de outro meio de comprovação da autoria e integridade de documentos em forma eletrônica, inclusive os que utilizem certificados não emitidos pela ICP-Brasil, desde que admitido pelas partes como válido ou aceito pela pessoa a quem for oposto o documento.

ART. 11. A utilização de documento eletrônico para fins tributários atenderá, ainda, ao disposto no art. 100 da Lei n. 5.172, de 25 de outubro de 1966 - Código Tributário Nacional.

ART. 12. Fica transformado em autarquia federal, vinculada ao Ministério da Ciência e Tecnologia, o Instituto Nacional de Tecnologia da Informação - ITI, com sede e foro no Distrito Federal.

ART. 13. O ITI é a Autoridade Certificadora Raiz da infraestrutura de Chaves Públicas Brasileira.

ART. 14. No exercício de suas atribuições, o ITI desempenhará atividade de fiscalização, podendo ainda aplicar sanções e penalidades, na forma da lei.

ART. 15. Integrarão a estrutura básica do ITI uma Presidência, uma Diretoria de Tecnologia da Informação, uma Diretoria de infraestrutura de Chaves Públicas e uma Procuradoria-Geral.

Parágrafo único. A Diretoria de Tecnologia da Informação poderá ser estabelecida na cidade de Campinas, no Estado de São Paulo.

ART. 16. Para a consecução dos seus objetivos, o ITI poderá, na forma da lei, contratar serviços de terceiros.

§ 1º O Diretor-Presidente do ITI poderá requisitar, para ter exercício exclusivo na Diretoria de infraestrutura de Chaves Públicas, por período não superior a um ano, servidores, civis ou militares, e empregados de órgãos e entidades integrantes da Administração Pública Federal direta ou indireta, quaisquer que sejam as funções a serem exercidas.

§ 2º Aos requisitados nos termos deste artigo serão assegurados todos os direitos e vantagens a que façam jus no órgão ou na entidade de origem, considerando-se o período de requisição para todos os efeitos da vida funcional, como efetivo exercício no cargo, posto, graduação ou emprego que ocupe no órgão ou na entidade de origem.

ART. 17. Fica o Poder Executivo autorizado a transferir para o ITI:

I - os acervos técnico e patrimonial, as obrigações e os direitos do Instituto Nacional de Tecnologia da Informação do Ministério da Ciência e Tecnologia;

II - remanejar, transpor, transferir, ou utilizar, as dotações orçamentárias aprovadas na Lei Orçamentária de 2001, consignadas ao Ministério da Ciência e Tecnologia, referentes às atribuições do órgão ora transformado, mantida a mesma classificação orçamentária, expressa por categoria de programação em seu menor nível, observado o disposto no § 2º do art. 3º da Lei n. 9.995, de 25 de julho de 2000, assim como o respectivo detalhamento por esfera orçamentária, grupos de despesa, fontes de recursos, modalidades de aplicação e identificadores de uso.

ART. 18. Enquanto não for implantada a sua Procuradoria-Geral, o ITI será representado em juízo pela Advocacia-Geral da União.

ART. 19. Ficam convalidados os atos praticados com base na Medida Provisória n. 2.200-1, de 27 de julho de 2001.

ART. 20. Esta Medida Provisória entra em vigor na data de sua publicação.

Brasília, 24 de agosto de 2001;
180º da Independência e 113º da República.
Fernando Henrique Cardoso

MEDIDA PROVISÓRIA N. 2.228-1, DE 6 DE SETEMBRO DE 2001

Estabelece princípios gerais da Política Nacional do Cinema, cria o Conselho Superior do Cinema e a Agência Nacional do Cinema - ANCINE, institui o Programa de Apoio ao Desenvolvimento do Cinema Nacional - PRODECINE, autoriza a criação de Fundos de Financiamento da Indústria Cinematográfica Nacional - FUNCINES, altera a legislação sobre a Contribuição para o Desenvolvimento da Indústria Cinematográfica Nacional e dá outras providências.

‣ *DOU*, 10.09.2001.

‣ V. Dec. 8.176/2013 (Dispõe sobre a obrigatoriedade de exibição de obras audiovisuais cinematográficas brasileiras).

O Presidente da República, no uso da atribuição que lhe confere o art. 62 da Constituição, adota a seguinte Medida Provisória, com força de lei:

CAPÍTULO I
DAS DEFINIÇÕES

ART. 1º Para fins desta Medida Provisória entende-se como:

I - obra audiovisual: produto da fixação ou transmissão de imagens, com ou sem som, que tenha a finalidade de criar a impressão de movimento, independentemente dos processos de captação, do suporte utilizado inicial ou posteriormente para fixá-las ou transmiti-las, ou dos meios utilizados para sua veiculação, reprodução, transmissão ou difusão;

II - obra cinematográfica: obra audiovisual cuja matriz original de captação é uma película com emulsão fotossensível ou matriz de captação digital, cuja destinação e exibição seja prioritariamente e inicialmente o mercado de salas de exibição;

III - obra videofonográfica: obra audiovisual cuja matriz original de captação é um meio magnético com capacidade de armazenamento de informações que se traduzem em imagens em movimento, com ou sem som;

IV - obra cinematográfica e videofonográfica de produção independente: aquela cuja empresa produtora, detentora majoritária dos direitos patrimoniais sobre a obra, não tenha qualquer associação ou vínculo, direto ou indireto, com empresas de serviços de radiodifusão de sons e imagens ou operadoras de comunicação eletrônica de massa por assinatura;

V - obra cinematográfica brasileira ou obra videofonográfica brasileira: aquela que atende a um dos seguintes requisitos: (Redação dada pela Lei 10.454/2002.)

a) ser produzida por empresa produtora brasileira, observado o disposto no § 1º, registrada na ANCINE, ser dirigida por diretor brasileiro ou estrangeiro residente no País há mais de 3 (três) anos, e utilizar para sua produção, no mínimo, 2/3 (dois terços) de artistas e técnicos brasileiros ou residentes no Brasil há mais de 5 (cinco) anos; (Redação dada pela Lei 10.454/2002.)

b) ser realizada por empresa produtora brasileira registrada na ANCINE, em associação com empresas de outros países com os quais o Brasil mantenha acordo de coprodução cinematográfica e em consonância com os mesmos.

c) ser realizada, em regime de coprodução, por empresa produtora brasileira registrada na ANCINE, em associação com empresas de outros países com os quais o Brasil não mantenha acordo de coprodução, assegurada a titularidade de, no mínimo, 40% (quarenta por cento) dos direitos patrimoniais da obra à empresa produtora brasileira e utilizar para sua produção, no mínimo, 2/3 (dois terços) de artistas e técnicos brasileiros ou residentes no Brasil há mais de 3 (três) anos. (Incluída pela Lei n. 10.454, de 13.5.2002)

VI - segmento de mercado: mercados de salas de exibição, vídeo doméstico em qualquer suporte, radiodifusão de sons e imagens, comunicação eletrônica de massa por assinatura, mercado publicitário audiovisual ou quaisquer outros mercados que veiculem obras cinematográficas e videofonográficas;

VII - obra cinematográfica ou videofonográfica de curta metragem: aquela cuja duração é igual ou inferior a quinze minutos;

VIII - obra cinematográfica ou videofonográfica de média metragem: aquela cuja duração é superior a quinze minutos e igual ou inferior a setenta minutos;

IX - obra cinematográfica ou videofonográfica de longa metragem: aquela cuja duração é superior a setenta minutos;

X - obra cinematográfica ou videofonográfica seriada: aquela que, sob o mesmo título, seja produzida em capítulos;

XI - telefilme: obra documental, ficcional ou de animação, com no mínimo cinquenta e no máximo cento e vinte minutos de duração, produzida para primeira exibição em meios eletrônicos.

XII - minissérie: obra documental, ficcional ou de animação produzida em película ou matriz de captação digital ou em meio magnético com, no mínimo, 3 (três) e no máximo 26 (vinte e seis) capítulos, com duração máxima de 1.300 (um mil e trezentos) minutos; (Incluído pela Lei 10.454/2002.)

XIII - programadora: empresa que oferece, desenvolve ou produz conteúdo, na forma de canais ou de programações isoladas, destinado às empresas de serviços de comunicação eletrônica de massa por assinatura ou de quaisquer outros serviços de comunicação, que transmitam sinais eletrônicos de som e imagem que sejam gerados e transmitidos por satélite ou por qualquer outro meio de transmissão ou veiculação; (Incluído pela Lei 10.454/2002.)

XIV - programação internacional: aquela gerada, disponibilizada e transmitida diretamente do exterior para o Brasil, por satélite ou por qualquer outro meio de transmissão ou veiculação, pelos canais, programadoras ou empresas estrangeiras, destinada às empresas de serviços de comunicação eletrônica de massa por assinatura ou de quaisquer outros serviços de comunicação que transmitam sinais eletrônicos de som e imagem; (Incluído pela Lei 10.454/2002.)

XV - programação nacional: aquela gerada e disponibilizada, no território brasileiro, pelos canais ou programadoras, incluindo obras audiovisuais brasileiras ou estrangeiras, destinada às empresas de serviços de comunicação eletrônica de massa por assinatura ou de quaisquer outros serviços de comunicação que transmitam sinais eletrônicos de som e imagem, que seja gerada e transmitida diretamente no Brasil por empresas sediadas no Brasil, por satélite ou por qualquer outro meio de transmissão ou veiculação; (Incluído pela Lei 10.454/2002.)

XVI - obra cinematográfica ou videofonográfica publicitária: aquela cuja matriz original de captação é uma película com emulsão fotossensível ou matriz de captação digital, cuja destinação é a publicidade e propaganda, exposição ou oferta de produtos, serviços, empresas, instituições públicas ou privadas, partidos políticos, associações, administração pública, assim como de bens materiais e imateriais de qualquer natureza; (Incluído pela Lei 10.454/2002.)

XVII - obra cinematográfica ou videofonográfica publicitária brasileira: aquela que seja produzida por empresa produtora brasileira registrada na ANCINE, observado o disposto no § 1º, realizada por diretor brasileiro ou estrangeiro residente no País há mais de 3 (três) anos, e que utilize para sua produção, no mínimo, 2/3 (dois terços) de artistas e técnicos brasileiros ou residentes no Brasil há mais de 5 (cinco) anos; (Incluído pela Lei 10.454/2002.)

XVIII - obra cinematográfica ou videofonográfica publicitária brasileira filmada no exterior: aquela, realizada no exterior, produzida por empresa produtora brasileira registrada na ANCINE, observado o disposto no § 1º, realizada por diretor brasileiro ou estrangeiro residente no Brasil há mais de 3 (três) anos, e que utilize para sua produção, no mínimo, 1/3 (um terço) de artistas e técnicos brasileiros ou residentes no Brasil há mais de 5 (cinco) anos; (Incluído pela Lei 10.454/2002.)

XIX - obra cinematográfica ou videofonográfica publicitária estrangeira: aquela que não atende o disposto nos incisos XVII e XVIII do *caput*; (Redação dada pela Lei 12.599/2012.)

XX - obra cinematográfica ou videofonográfica publicitária brasileira de pequena veiculação: aquela que seja produzida por empresa produtora brasileira registrada na ANCINE, observado o disposto no § 1º, realizada por diretor brasileiro ou estrangeiro residente no País há mais de 3 (três) anos, e que utilize para sua produção, no mínimo, 2/3 (dois terços) de artistas e técnicos brasileiros ou residentes no Brasil há mais de 3 (três) anos e cuja veiculação esteja restrita a Municípios que totalizem um número máximo de habitantes a ser definido em regulamento; (Incluído pela Lei 10.454/2002.)

XXI - claquete de identificação: imagem fixa ou em movimento inserida no início da obra cinematográfica ou videofonográfica contendo as informações necessárias à sua identificação, de acordo com o estabelecido em regulamento. (Incluído pela Lei 10.454/2002.)

§ 1º Para os fins do inciso V deste artigo, entende-se por empresa brasileira aquela constituída sob as leis brasileiras, com sede e administração no País, cuja maioria do capital total e votante seja de titularidade direta ou indireta, de brasileiros natos ou naturalizados há mais de 10 (dez) anos, os quais devem exercer de fato e de direito o poder decisório da empresa. (Redação dada pela Lei 10.454/2002.)

§ 2º Para os fins do disposto nos incisos XVII, XVIII e XX deste artigo, entende-se por empresa brasileira aquela constituída sob as leis brasileiras, com sede e administração no País, cuja maioria do capital seja de titularidade direta ou indireta de brasileiros natos ou naturalizados há mais de 5 (cinco) anos, os quais devem exercer de fato e de direito o poder decisório da empresa. (Incluído pela Lei 10.454/2002.)

§ 3º Considera-se versão de obra publicitária cinematográfica ou videofonográfica, a edição ampliada ou reduzida em seu tempo de duração, realizada a partir do conteúdo original de uma mesma obra cinematográfica ou videofonográfica publicitária, e realizada sob o mesmo contrato de produção. (Incluído pela Lei 10.454/2002.)

§ 4º Para os fins desta Medida Provisória, entende-se por: (Incluído pela Lei 12.485/2011.)

I - serviço de comunicação eletrônica de massa por assinatura: serviço de acesso condicionado de que trata a lei específica sobre a comunicação audiovisual de acesso condicionado; (Incluído pela Lei 12.485/2011.)

II - programadoras de obras audiovisuais para o segmento de mercado de serviços de comunicação eletrônica de massa por assinatura: empresas programadoras de que trata a lei específica sobre a comunicação audiovisual de acesso condicionado. (Incluído pela Lei 12.485/2011.)

CAPÍTULO II
DA POLÍTICA NACIONAL DO CINEMA

ART. 2º A política nacional do cinema terá por base os seguintes princípios gerais:

I - promoção da cultura nacional e da língua portuguesa mediante o estímulo ao desenvolvimento da indústria cinematográfica e audiovisual nacional;

II - garantia da presença de obras cinematográficas e videofonográficas nacionais nos diversos segmentos de mercado;

III - programação e distribuição de obras audiovisuais de qualquer origem nos meios eletrônicos de comunicação de massa sob obrigatória e exclusiva responsabilidade, inclusive editorial, de empresas brasileiras, qualificadas na forma do § 1º do art. 1º da Medida Provisória n. 2.228-1, de 6 de setembro de 2001, com a redação dada por esta Lei. (Redação dada pela Lei 10.454/2002.)

IV - respeito ao direito autoral sobre obras audiovisuais nacionais e estrangeiras.

CAPÍTULO III
DO CONSELHO SUPERIOR DO CINEMA

ART. 3º Fica criado o Conselho Superior do Cinema, órgão colegiado integrante da estrutura da Casa Civil da Presidência da República, a que compete:

I - definir a política nacional do cinema;

II - aprovar políticas e diretrizes gerais para o desenvolvimento da indústria cinematográfica nacional, com vistas a promover sua autossustentabilidade;

III - estimular a presença do conteúdo brasileiro nos diversos segmentos de mercado;

IV - acompanhar a execução das políticas referidas nos incisos I, II e III;

V - estabelecer a distribuição da Contribuição para o Desenvolvimento da Indústria Cinematográfica - CONDECINE para cada destinação prevista em lei.

ART. 4º O Conselho Superior do Cinema será integrado:

I - pelos Ministros de Estado:

a) da Justiça;

b) das Relações Exteriores;

c) da Fazenda;

d) da Cultura;

e) do Desenvolvimento, Indústria e Comércio Exterior;

f) das Comunicações; e

g) Chefe da Casa Civil da Presidência da República, que o presidirá.

II - por cinco representantes da indústria cinematográfica e videofonográfica nacional, que gozem de elevado conceito no seu campo de especialidade, a serem designados por decreto, para mandato de dois anos, permitida uma recondução.

§ 1º O regimento interno do Conselho Superior do Cinema será aprovado por resolução.

§ 2º O Conselho reunir-se-á sempre que for convocado por seu Presidente.

§ 3º O Conselho deliberará mediante resoluções, por maioria simples de votos, presentes, no mínimo, cinco membros referidos no inciso I deste artigo, dentre eles o seu Presidente, que exercerá voto de qualidade no caso de empate, e três membros referidos no inciso II deste artigo.

§ 4º Nos casos de urgência e relevante interesse, o Presidente poderá deliberar *ad referendum* dos demais membros.

§ 5º O Presidente do Conselho poderá convidar para participar das reuniões técnicos, personalidades e representantes de órgãos e entidades públicos e privados.

CAPÍTULO IV
DA AGÊNCIA NACIONAL DO CINEMA - ANCINE

SEÇÃO I
DOS OBJETIVOS E COMPETÊNCIAS

ART. 5º Fica criada a Agência Nacional do Cinema - ANCINE, autarquia especial, vinculada ao Ministério do Desenvolvimento, Indústria e Comércio Exterior, observado o disposto no art. 62 desta Medida Provisória, órgão de fomento, regulação e fiscalização da indústria cinematográfica e videofonográfica, dotada de autonomia administrativa e financeira.

§ 1º A Agência terá sede e foro no Distrito Federal e escritório central na cidade do Rio de Janeiro, podendo estabelecer escritórios regionais.

§ 2º O Ministério do Desenvolvimento, Indústria e Comércio Exterior supervisionará as atividades da ANCINE, podendo celebrar contrato de gestão, observado o disposto no art. 62.

ART. 6º A ANCINE terá por objetivos:

I - promover a cultura nacional e a língua portuguesa mediante o estímulo ao desenvolvimento da indústria cinematográfica e videofonográfica nacional em sua área de atuação;

II - promover a integração programática, econômica e financeira de atividades governamentais relacionadas à indústria cinematográfica e videofonográfica;

III - aumentar a competitividade da indústria cinematográfica e videofonográfica nacional por meio do fomento à produção, à distribuição e à exibição nos diversos segmentos de mercado;

IV - promover a autossustentabilidade da indústria cinematográfica nacional visando o aumento da produção e da exibição das obras cinematográficas brasileiras;

V - promover a articulação dos vários elos da cadeia produtiva da indústria cinematográfica nacional;

VI - estimular a diversificação da produção cinematográfica e videofonográfica nacional e o fortalecimento da produção independente e das produções regionais com vistas ao incremento de sua oferta e à melhoria permanente de seus padrões de qualidade;

VII - estimular a universalização do acesso às obras cinematográficas e videofonográficas, em especial as nacionais;

VIII - garantir a participação diversificada de obras cinematográficas e videofonográficas estrangeiras no mercado brasileiro;

IX - garantir a participação das obras cinematográficas e videofonográficas de produção nacional em todos os segmentos do mercado interno e estimulá-la no mercado externo;

X - estimular a capacitação dos recursos humanos e o desenvolvimento tecnológico da indústria cinematográfica e videofonográfica nacional;

XI - zelar pelo respeito ao direito autoral sobre obras audiovisuais nacionais e estrangeiras.

ART. 7º A ANCINE terá as seguintes competências:

I - executar a política nacional de fomento ao cinema, definida na forma do art. 3º;

II - fiscalizar o cumprimento da legislação referente à atividade cinematográfica e videofonográfica nacional e estrangeira nos diversos segmentos de mercados, na forma do regulamento;

III - promover o combate à pirataria de obras audiovisuais;

IV - aplicar multas e sanções, na forma da lei;

V - regular, na forma da lei, as atividades de fomento e proteção à indústria cinematográfica e videofonográfica nacional, resguardando a livre manifestação do pensamento, da criação, da expressão e da informação;

VI - coordenar as ações e atividades governamentais referentes à indústria cinematográfica e videofonográfica, ressalvadas as competências dos Ministérios da Cultura e das Comunicações;

VII - articular-se com os órgãos competentes dos entes federados com vistas a otimizar a consecução dos seus objetivos;

VIII - gerir programas e mecanismos de fomento à indústria cinematográfica e videofonográfica nacional;

IX - estabelecer critérios para a aplicação de recursos de fomento e financiamento à indústria cinematográfica e videofonográfica nacional;

X - promover a participação de obras cinematográficas e videofonográficas nacionais em festivais internacionais;

XI - aprovar e controlar a execução de projetos de coprodução, produção, distribuição, exibição e infraestrutura técnica a serem realizados com recursos públicos e incentivos fiscais, ressalvadas as competências dos Ministérios da Cultura e das Comunicações;

XII - fornecer os Certificados de Produto Brasileiro às obras cinematográficas e videofonográficas;

XIII - fornecer Certificados de Registro dos contratos de produção, coprodução, distribuição, licenciamento, cessão de direitos de exploração, veiculação e exibição de obras cinematográficas e videofonográficas;

XIV - gerir o sistema de informações para o monitoramento das atividades da indústria cinematográfica e videofonográfica nos seus diversos meios de produção, distribuição, exibição e difusão;

XV - articular-se com órgãos e entidades voltados ao fomento da produção, da programação e da distribuição de obras cinematográficas e videofonográficas dos Estados membros do Mercosul e demais membros da comunidade internacional;

XVI - prestar apoio técnico e administrativo ao Conselho Superior do Cinema;

XVII - atualizar, em consonância com a evolução tecnológica, as definições referidas no art. 1º desta Medida Provisória.

XVIII - regular e fiscalizar o cumprimento dos princípios da comunicação audiovisual de acesso condicionado, das obrigações de programação, empacotamento e publicidade e das restrições ao capital total e votante das produtoras e programadoras fixados pela lei que dispõe sobre a comunicação audiovisual de acesso condicionado;

XIX - elaborar e tornar público plano de trabalho como instrumento de avaliação da atuação administrativa do órgão e de seu desempenho, estabelecendo os parâmetros para sua administração, bem como os indicadores que permitam quantificar, objetivamente, a sua avaliação periódica, inclusive com relação aos recursos aplicados em fomento à produção de audiovisual; (Incluído pela Lei 12.485/2011.)

XX - enviar relatório anual de suas atividades ao Ministério da Cultura e, por intermédio da Presidência da República, ao Congresso Nacional; (Incluído pela Lei 12.485/2011.)

XXI - tomar dos interessados compromisso de ajustamento de sua conduta às exigências legais no âmbito de suas competências, nos termos do § 6º do art. 5º da Lei n. 7.347, de 24 de julho de 1985. (Incluído pela Lei 12.485/2011.)

XXII - promover interação com administrações do cinema e do audiovisual dos Estados membros do Mercosul e demais membros da comunidade internacional, com vistas na consecução de objetivos de interesse comum; e (Redação dada pela Lei 12.599/2012.)

XXIII - estabelecer critérios e procedimentos administrativos para a garantia do princípio da reciprocidade no território brasileiro em relação às condições de produção e exploração de obras audiovisuais brasileiras em territórios estrangeiros. (Redação dada pela Lei 12.599/2012.)

Parágrafo único. A organização básica e as competências das unidades da ANCINE serão estabelecidas em ato do Poder Executivo.

SEÇÃO II
DA ESTRUTURA

ART. 8º A ANCINE será dirigida em regime de colegiado por uma diretoria composta de um Diretor-Presidente e três Diretores, com mandatos não coincidentes de quatro anos.

§ 1º Os membros da Diretoria serão brasileiros, de reputação ilibada e elevado conceito no seu campo de especialidade, escolhidos pelo Presidente da República e por ele nomeados após aprovação pelo Senado Federal, nos termos da alínea "f" do inciso III do art. 52 da Constituição Federal.

§ 2º O Diretor-Presidente da ANCINE será escolhido pelo Presidente da República entre os membros da Diretoria Colegiada.

§ 3º Em caso de vaga no curso do mandato de membro da Diretoria Colegiada, este será completado por sucessor investido na forma prevista no § 1º deste artigo, que o exercerá pelo prazo remanescente.

§ 4º Integrarão a estrutura da ANCINE uma Procuradoria-Geral, que a representará em juízo, uma Ouvidoria-Geral e uma Auditoria.

§ 5º A substituição dos dirigentes em seus impedimentos será disciplinada em regulamento.

ART. 9º Compete à Diretoria Colegiada da ANCINE:

I - exercer sua administração;

II - editar normas sobre matérias de sua competência;

III - aprovar seu regimento interno;

IV - cumprir e fazer cumprir as políticas e diretrizes aprovadas pelo Conselho Superior de Cinema;

V - deliberar sobre sua proposta de orçamento;

VI - determinar a divulgação de relatórios semestrais sobre as atividades da Agência;

VII - decidir sobre a venda, cessão ou aluguel de bens integrantes do seu patrimônio;

VIII - notificar e aplicar as sanções previstas na legislação;

IX - julgar recursos interpostos contra decisões de membros da Diretoria;

X - autorizar a contratação de serviço de terceiros na forma da legislação vigente;

XI - autorizar a celebração de contratos, convênios e acordos;

Parágrafo único. A Diretoria Colegiada reunir-se-á com a presença de, pelo menos, três diretores, dentre eles o Diretor-Presidente, e deliberará por maioria simples de votos.

ART. 10. Compete ao Diretor-Presidente da ANCINE:

I - exercer a representação legal da agência;

II - presidir as reuniões da Diretoria Colegiada;

III - cumprir e fazer cumprir as decisões da Diretoria Colegiada;

IV - exercer o voto de qualidade, em caso de empate nas deliberações da Diretoria Colegiada;

V - nomear, exonerar e demitir servidores e empregados;

VI - prover os cargos em comissão e as funções de confiança;

VII - aprovar editais de licitação e homologar adjudicações;

VIII - encaminhar ao órgão supervisor a proposta de orçamento da ANCINE;

IX - assinar contratos, acordos e convênios, previamente aprovados pela Diretoria Colegiada;

X - ordenar despesas e praticar os atos de gestão necessários ao alcance dos objetivos da ANCINE;

XI - sugerir a propositura de ação civil pública pela ANCINE, nos casos previstos em lei;

XII - exercer a função de Secretário-Executivo do Conselho Superior do Cinema;

XIII - exercer outras atividades necessárias à gestão da ANCINE e à implementação das decisões do Conselho Superior do Cinema.

SEÇÃO III
DAS RECEITAS E DO PATRIMÔNIO

ART. 11. Constituem receitas da ANCINE:

I - (Revogado pela Lei 11.437/ 2006.)

II - (Revogado pela Lei 11.437/ 2006.)

III - o produto da arrecadação das multas resultantes do exercício de suas atribuições;

IV - (Revogado pela Lei 11.437/ 2006.)

V - o produto da execução da sua dívida ativa;

VI - as dotações consignadas no Orçamento-Geral da União, créditos especiais, créditos adicionais, transferências e repasses que lhe forem conferidos;

VII - as doações, legados, subvenções e outros recursos que lhe forem destinados;

VIII - os valores apurados na venda ou aluguel de bens móveis e imóveis de sua propriedade;

IX - os valores apurados em aplicações no mercado financeiro das receitas previstas neste artigo;

X - produto da cobrança de emolumentos por serviços prestados;

XI - recursos provenientes de acordos, convênios ou contratos celebrados com entidades, organismos ou empresas, públicos ou privados, nacionais e internacionais;

XII - produto da venda de publicações, material técnico, dados e informações, inclusive para fins de licitação pública;

XIII - (Revogado pela Lei 11.437/ 2006.)

ART. 12. Fica a ANCINE autorizada a alienar bens móveis ou imóveis do seu patrimônio que não se destinem ao desempenho das funções inerentes à sua missão institucional.

SEÇÃO IV
DOS RECURSOS HUMANOS

ART. 13. (Revogado pela Lei 10.871/2004.)

ART. 14. A ANCINE poderá contratar especialistas para a execução de trabalhos nas áreas técnica, administrativa, econômica e jurídica, por projetos ou prazos limitados, observando-se a legislação em vigor.

ART. 15. A ANCINE poderá requisitar, com ônus, servidores de órgãos e entidades integrantes da administração pública federal direta, autárquica e fundacional, quaisquer que sejam as atribuições a serem exercidas.

CAPÍTULO V
DO SISTEMA DE INFORMAÇÕES E MONITORAMENTO DA INDÚSTRIA CINEMATOGRÁFICA E VIDEOFONOGRÁFICA

ART. 16. Fica criado o Sistema de Informações e Monitoramento da Indústria Cinematográfica e Videofonográfica, de responsabilidade da ANCINE, podendo para sua elaboração e execução ser conveniada ou contratada entidade ou empresa legalmente constituída.

ART. 17. Toda sala ou espaço de exibição pública destinada à exploração de obra cinematográfica em qualquer suporte deverá utilizar o sistema de controle de receitas de bilheteria, conforme definido em regulamento pela ANCINE.

ART. 18. As empresas distribuidoras, as programadoras de obras audiovisuais para o segmento de mercado de serviços de comunicação eletrônica de massas por assinatura, as programadoras de obras audiovisuais para outros mercados, conforme assinalado na alínea e do Anexo I desta Medida Provisória, assim como as locadoras de vídeo doméstico e as empresas de exibição, devem fornecer relatórios periódicos sobre a oferta e o consumo de obras audiovisuais e as receitas auferidas pela exploração delas no período, conforme normas expedidas pela Ancine. (Redação dada pela Lei 11.437/ 2006.)

ART. 19. As empresa distribuidoras e locadoras de obras cinematográficas para vídeo, doméstico ou para venda direta ao consumidor, em qualquer suporte, deverão emitir semestralmente relatório enumerando as obras cinematográficas brasileiras distribuídas no período, número de obras estrangeiras e sua relação, número de cópias distribuídas por título, conforme definido em regulamento, devendo estas informações serem remetidas à ANCINE.

ART. 20. Poderá ser estabelecida, por lei, a obrigatoriedade de fornecimento periódico de informações sobre veiculação ou difusão de obras cinematográficas e videofonográficas para empresas operantes em outros segmentos de mercado além daqueles indicados nos arts. 18 e 19.

ART. 21. As cópias das obras cinematográficas e videofonográficas destinadas à venda, cessão, empréstimo, permuta, locação, exibição, com ou sem fins lucrativos, bem como as obras cinematográficas e videofonográficas publicitárias deverão conter em seu suporte marca indelével e irremovível com a identificação do detentor do direito autoral no Brasil, com todas as informações que o identifiquem, conforme modelo aprovado pela ANCINE e pela Secretaria da Receita Federal do Ministério da Fazenda, sem prejuízo do que trata a Lei n. 9.610, de 19 de fevereiro de 1998, e o Decreto n. 2.894, 22 de dezembro de 1998.

Parágrafo único. No caso de obras cinematográficas e videofonográficas publicitárias, a marca indelével e irremovível de que trata o *caput* e nas finalidades ali previstas deverá constar na claquete de identificação. (Redação dada pela Lei 10.454/2002.)

ART. 22. É obrigatório o registro das empresas de produção, distribuição, exibição de obras cinematográficas e videofonográficas nacionais ou estrangeiras na ANCINE, conforme disposto em regulamento.

Parágrafo único. Para se beneficiar de recursos públicos ou incentivos fiscais destinados à atividade cinematográfica ou videofonográfica a empresa deve estar registrada na ANCINE.

ART. 23. A produção no Brasil de obra cinematográfica ou videofonográfica estrangeira deverá ser comunicada à ANCINE.

Parágrafo único. A produção e a adaptação de obra cinematográfica ou videofonográfica estrangeira, no Brasil, deverão realizar-se mediante contrato com empresa produtora brasileira, que será a responsável pela produção perante as leis brasileiras.

ART. 24. Os serviços técnicos de cópia e reprodução de matrizes de obras cinematográficas e videofonográficas que se destinem à exploração comercial no mercado brasileiro deverão ser executados em laboratórios instalados no País.

Parágrafo único. As obras cinematográficas e videofonográficas estrangeiras estão dispensadas de copiagem obrigatória no País até o limite de 6 (seis) cópias, bem como seu material de promoção e divulgação nos limites estabelecidos em regulamento. (Redação dada pela Lei 10.454/2002.)

ART. 25. Toda e qualquer obra cinematográfica ou videofonográfica publicitária estrangeira só poderá ser veiculada ou transmitida no País, em qualquer segmento de mercado, devidamente adaptada ao idioma português e após pagamento da Condecine, de que trata o art. 32. (Redação dada pela Lei 12.599/2012.)

Parágrafo único. A adaptação de obra cinematográfica ou videofonográfica publicitária deverá ser realizada por empresa produtora brasileira registrada na Ancine, conforme normas por ela expedidas. (Redação dada pela Lei 12.599/2012.)

ART. 26. A empresa produtora de obra cinematográfica ou videofonográfica com recursos públicos ou provenientes de renúncia fiscal deverá depositar na Cinemateca Brasileira ou entidade credenciada pela ANCINE uma cópia de baixo contraste, interpositivo ou matriz digital da obra, para sua devida preservação.

ART. 27. As obras cinematográficas e videofonográficas produzidas com recursos públicos ou renúncia fiscal, após decorridos dez anos de sua primeira exibição comercial, poderão ser exibidas em canais educativos mantidos com recursos públicos nos serviços de radiodifusão de sons e imagens e nos canais referidos nas alíneas "b" a "g" do inciso I do art. 23 da Lei n. 8.977, de 6 de janeiro de 1995, e em estabelecimentos públicos de ensino, na forma definida em regulamento, respeitados os contratos existentes.

ART. 28. Toda obra cinematográfica e videofonográfica brasileira deverá, antes de sua exibição ou comercialização, requerer à ANCINE o registro do título e o Certificado de Produto Brasileiro - CPB. (Redação dada pela Lei 10.454/2002.)

§ 1º No caso de obra cinematográfica ou obra videofonográfica publicitária brasileira, após a solicitação do registro do título, a mesma poderá ser exibida ou comercializada, devendo ser retirada de exibição ou ser suspensa sua comercialização, caso seja constatado o não pagamento da CONDECINE ou o fornecimento de informações incorretas. (Incluído pela Lei 10.454/2002.)

§ 2º As versões, as adaptações, as vinhetas e as chamadas realizadas a partir da obra cinematográfica e videofonográfica publicitária original, brasileira ou estrangeira, até o limite máximo de 5 (cinco), devem ser consideradas um só título, juntamente com a obra original, para efeito do pagamento da Condecine. (Redação dada pela Lei 12.599/2012.)

§ 3º As versões, as adaptações, as vinhetas e as chamadas realizadas a partir da obra cinematográfica e videofonográfica publicitária original destinada à publicidade de varejo, até o limite máximo de 50 (cinquenta), devem ser consideradas um só título, juntamente com a obra original, para efeito do pagamento da Condecine. (Redação dada pela Lei 12.599/2012.)

§ 4º Ultrapassado o limite de que trata o § 2º ou o § 3º, deverá ser solicitado novo registro do título de obra cinematográfica e videofonográfica publicitária original. (Redação dada pela Lei 12.599/2012.)

ART. 29. A contratação de direitos de exploração comercial, de licenciamento, produção, coprodução, exibição, distribuição, comercialização, importação e exportação de obras cinematográficas e videofonográficas em qualquer suporte ou veículo no mercado brasileiro, deverá ser informada à ANCINE, previamente à comercialização, exibição ou veiculação da obra, com a comprovação do pagamento da CONDECINE para o segmento de mercado em que a obra venha a ser explorada comercialmente. (Redação dada pela Lei 10.454/2002.)

Parágrafo único. No caso de obra cinematográfica ou videofonográfica publicitária, deverá ser enviado à ANCINE, o resumo do contrato firmado entre as partes, conforme modelo a ser estabelecido em regulamento. (Incluído pela Lei 10.454/2002.)

ART. 30. Para concessão da classificação etária indicativa de obras cinematográficas e videofonográficas será exigida pelo órgão responsável a comprovação do pagamento da CONDECINE no segmento de mercado a que a classificação etária indicativa se referir.

ART. 31. (Revogado pela Lei 12.485/2011.)

Parágrafo único. (Revogado pela Lei 12.485/2011.)

CAPÍTULO VI
DA CONTRIBUIÇÃO PARA O DESENVOLVIMENTO DA INDÚSTRIA CINEMATOGRÁFICA NACIONAL - CONDECINE

ART. 32. A Contribuição para o Desenvolvimento da Indústria Cinematográfica Nacional - Condecine terá por fato gerador: (Redação dada pela Lei 12.485/2011.)

I - a veiculação, a produção, o licenciamento e a distribuição de obras cinematográficas e videofonográficas com fins comerciais, por segmento de mercado a que forem destinadas; (Redação dada pela Lei 12.485/2011.)

II - a prestação de serviços que se utilizem de meios que possam, efetiva ou potencialmente, distribuir conteúdos audiovisuais nos termos da lei que dispõe sobre a comunicação audiovisual de acesso condicionado, listados no Anexo I desta Medida Provisória; (incluído pela Lei 12.485/2011.)

III - a veiculação ou distribuição de obra audiovisual publicitária incluída em programação internacional, nos termos do inciso XIV do art. 1º desta Medida Provisória, nos casos em que existir participação direta de agência de publicidade nacional, sendo tributada nos mesmos valores atribuídos quando da veiculação incluída em programação nacional. (incluído pela Lei 12.485/2011.)

Parágrafo único. A CONDECINE também incidirá sobre o pagamento, o crédito, o emprego, a remessa ou a entrega, aos produtores, distribuidores ou intermediários no exterior, de importâncias relativas a rendimento decorrente da exploração de obras cinematográficas e videofonográficas ou por sua aquisição ou importação, a preço fixo.

ART. 33. A Condecine será devida para cada segmento de mercado, por: (Redação dada pela Lei 12.485/2011.)

I - título ou capítulo de obra cinematográfica ou videofonográfica destinada aos seguintes segmentos de mercado:

a) salas de exibição;

b) vídeo doméstico, em qualquer suporte;

c) serviço de radiodifusão de sons e imagens;

d) serviços de comunicação eletrônica de massa por assinatura;

e) outros mercados, conforme anexo.

II - título de obra publicitária cinematográfica ou videofonográfica, para cada segmento dos mercados previstos nas alíneas "a" a "e" do inciso I a que se destinar; (Redação dada pela Lei 12.485/2011.)

III - prestadores dos serviços constantes do Anexo I desta Medida Provisória, a que se refere o inciso II do art. 32 desta Medida Provisória. (Incluído pela Lei 12.485/2011.)

§ 1º A CONDECINE corresponderá aos valores das tabelas constantes do Anexo I a esta Medida Provisória.

§ 2º Na hipótese do parágrafo único do art. 32, a CONDECINE será determinada mediante a aplicação de alíquota de onze por cento sobre as importâncias ali referidas.

§ 3º A Condecine será devida: (Redação dada pela Lei 12.485/2011.)

I - uma única vez a cada 5 (cinco) anos, para as obras a que se refere o inciso I do *caput* deste artigo; (Incluído pela Lei 12.485/2011.)

II - a cada 12 (doze) meses, para cada segmento de mercado em que a obra seja efetivamente veiculada, para as obras a que se refere o inciso II do *caput* deste artigo; (Incluído pela Lei 12.485/2011.)

III - a cada ano, para os serviços a que se refere o inciso III do *caput* deste artigo. (Incluído pela Lei 12.485/2011.)

§ 4º Na ocorrência de modalidades de serviços qualificadas na forma do inciso II do art. 32 não presentes no Anexo I desta Medida Provisória, será devida pela prestadora a Contribuição referente ao item "a" do Anexo I, até que lei fixe seu valor. (Incluído pela Lei 12.485/2011.)

§ 5º Os valores da Condecine poderão ser atualizados monetariamente pelo Poder Executivo federal, na forma do regulamento (Acrescentado pela Lei 13.196/2015.)

ART. 34. O produto da arrecadação da Condecine será destinado ao Fundo Nacional da Cultura - FNC e alocado em categoria de programação específica denominada Fundo Setorial do Audiovisual, para aplicação nas atividades de fomento relativas aos Programas de que trata o art. 47 desta Medida Provisória. (Redação dada pela Lei 11.437/2006.)

I a III - (Revogados); (Redação dada pela Lei 11.437/2006.)

ART. 35. A CONDECINE será devida pelos seguintes sujeitos passivos:

I - detentor dos direitos de exploração comercial ou de licenciamento no País, conforme o caso, para os segmentos de mercado previstos nas alíneas "a" a "e" do inciso I do art. 33;

II - empresa produtora, no caso de obra nacional, ou detentor do licenciamento para exibição, no caso de obra estrangeira, na hipótese do inciso II do art. 33;

III - o responsável pelo pagamento, crédito, emprego, remessa ou entrega das importâncias referidas no parágrafo único do art. 32; (Redação dada pela Lei 12.485/2011.)

IV - as concessionárias, permissionárias e autorizadas de serviços de telecomunicações, relativamente ao disposto no inciso II do art. 32; (Incluído pela Lei 12.485/2011.)

V - o representante legal e obrigatório da programadora estrangeira no País, na hipótese do inciso III do art. 32. (Incluído pela Lei 12.485/2011.)

ART. 36. A CONDECINE deverá ser recolhida à ANCINE, na forma do regulamento: (Alterado pela Lei 10.454/2002.)

I - na data do registro do título para os mercados de salas de exibição e de vídeo doméstico em qualquer suporte, e serviços de comunicação eletrônica de massa por assinatura para as programadoras referidas no inciso XV do art. 1º da Medida Provisória n. 2.228-1, de 6 de setembro de 2001, em qualquer suporte, conforme Anexo I; (Alterado pela Lei 10.454/2002.)

II - na data do registro do título para o mercado de serviços de radiodifusão de sons e imagens e outros mercados, conforme Anexo I; (Alterado pela Lei 10.454/2002.)

III - na data do registro do título ou até o primeiro dia útil seguinte à sua solicitação, para obra cinematográfica ou videofonográfica publicitária brasileira, brasileira filmada no exterior ou estrangeira para cada segmento de mercado, conforme Anexo I; (Redação dada pela Lei 12.599/2012.)

IV - na data do registro do título, para o mercado de serviços de radiodifusão de sons e imagens e de comunicação eletrônica de massa por assinatura, para obra cinematográfica e videofonográfica nacional, conforme Anexo I; (Redação dada pela Lei 10.454/2002.)

V - na data do pagamento, crédito, emprego ou remessa das importâncias referidas no parágrafo único do art. 32; (Redação dada pela Lei 10.454/2002.)

VI - na data da concessão do certificado de classificação indicativa, nos demais casos, conforme Anexo I; (Redação dada pela Lei 10.454/2002.)

VII - anualmente, até o dia 31 de março, para os serviços de que trata o inciso II do art. 32 desta Medida Provisória. (Incluído pela Lei 12.485/2011.)

ART. 37. O não recolhimento da CONDECINE no prazo sujeitará o contribuinte às penalidades e acréscimos moratórios previstos nos arts. 44 e 61 da Lei n. 9.430, de 27 de dezembro de 1996.

§ 1º A pessoa física ou jurídica que promover a exibição, transmissão, difusão ou veiculação de obra cinematográfica ou videofonográfica que não tenha sido objeto do recolhimento da CONDECINE responde solidariamente por essa contribuição. (Redação dada pela Lei 10.454/2002.)

§ 2º A solidariedade de que trata o § 1º não se aplica à hipótese prevista no parágrafo único do art. 32. (Incluído pela Lei 10.454/2002.)

ART. 38. A administração da CONDECINE, inclusive as atividades de arrecadação, tributação e fiscalização, compete à: (Redação dada pela Lei 10.454/2002.)

I - Secretaria da Receita Federal, na hipótese do parágrafo único do art. 32; (Incluído pela Lei 10.454/2002.)

II - ANCINE, nos demais casos. (Incluído pela Lei 10.454/2002.)

§ 1º Aplicam-se à CONDECINE, na hipótese de que trata o inciso I do *caput*, as normas do Decreto n. 70.235, de 6 de março de 1972. (Redação dada pela Lei 10.454/2002.) (Renumerado do parágrafo único pela Lei 12.485/2011.)

§ 2º A Ancine e a Agência Nacional de Telecomunicações - Anatel exercerão as atividades de regulamentação e fiscalização no âmbito de suas competências e poderão definir o recolhimento conjunto da parcela da Condecine devida referente ao inciso III do *caput* do art. 33 e das taxas de fiscalização de que trata a Lei n. 5.070, de 7 de julho de 1966, que cria o Fundo de Fiscalização das Telecomunicações. (Incluído pela Lei 12.485/2011.)

ART. 39. São isentos da CONDECINE:

I - a obra cinematográfica e videofonográfica destinada à exibição exclusiva em festivais e mostras, desde que previamente autorizada pela ANCINE;

II - a obra cinematográfica e videofonográfica jornalística, bem assim os eventos esportivos;

III - as chamadas dos programas e a publicidade de obras cinematográficas e videofonográficas veiculadas nos serviços de radiodifusão de sons e imagens, nos serviços de comunicação eletrônica de massa por assinatura e nos segmentos de mercado de salas de exibição e de vídeo doméstico em qualquer suporte; (Redação dada pela Lei 12.599/2012.)

IV - as obras cinematográficas ou videofonográficas publicitárias veiculadas em Municípios que totalizem um número de habitantes a ser definido em regulamento; (Redação dada pela Lei 10.454/2002.)

V - a exportação de obras cinematográficas e videofonográficas brasileiras e a programação brasileira transmitida para o exterior;

VI - as obras audiovisuais brasileiras, produzidas pelas empresas de serviços de radiodifusão de sons e imagens e empresas de serviços de comunicação eletrônica de massa por assinatura, para exibição no seu próprio segmento de mercado ou quando transmitida por força de lei ou regulamento em outro segmento de mercado, observado o disposto no parágrafo único, exceto as obras audiovisuais publicitárias; (Redação dada pela Lei 10.454/2002.)

VII - o pagamento, o crédito, o emprego, a remessa ou a entrega aos produtores, distribuidores ou intermediários no exterior, das importâncias relativas a rendimentos decorrentes da exploração de obras cinematográficas ou videofonográficas ou por sua aquisição ou importação a preço fixo, bem como qualquer montante referente a aquisição ou licenciamento de qualquer forma de direitos, referentes à programação, conforme definição constante do inciso XV do art. 1º; (Incluído pela Lei 10.454/2002.)

VIII - obras cinematográficas e videofonográficas publicitárias brasileiras de caráter beneficente, filantrópico e de propaganda política; (Incluído pela Lei 10.454/2002.)

IX - as obras cinematográficas e videofonográficas incluídas na programação internacional de que trata o inciso XIV do art. 1º, quanto à CONDECINE prevista no inciso I, alínea d do art. 33; (Incluído pela Lei 10.454/2002.)

X - a CONDECINE de que trata o parágrafo único do art. 32, referente à programação internacional, de que trata o inciso XIV do art. 1º, desde que a programadora beneficiária desta isenção opte por aplicar o valor correspondente a 3% (três por cento) do valor do pagamento, do crédito, do emprego, da remessa ou da entrega aos produtores, distribuidores ou intermediários no exterior, das importâncias relativas a rendimentos ou remuneração decorrentes da exploração de obras cinematográficas ou videofonográficas ou por sua aquisição ou importação a preço fixo, bem como qualquer montante referente a aquisição ou licenciamento de qualquer forma de direitos, em projetos de produção de obras cinematográficas e videofonográficas brasileiras de longa, média e curta metragens de produção independente, de coprodução de obras cinematográficas e videofonográficas brasileiras de produção independente, de telefilmes, minisséries, documentais, ficcionais, animações e de programas de televisão de caráter educativo e cultural, brasileiros de produção independente, aprovados pela ANCINE. (Incluído pela Lei 10.454/2002.)

XI - a Anatel, as Forças Armadas, a Polícia Federal, as Polícias Militares, a Polícia Rodoviária Federal, as Polícias Civis e os Corpos de Bombeiros Militares. (Incluído pela Lei 12.485/2011.)

XII - as hipóteses previstas pelo inciso III do art. 32, quando ocorrer o fato gerador de que trata o inciso I do mesmo artigo, em relação à mesma obra audiovisual publicitária, para o segmento de mercado de comunicação eletrônica de massa por assinatura. (Incluído pela Lei 12.599/2012.)

§ 1º As obras audiovisuais brasileiras, produzidas pelas empresas de serviços de radiodifusão de sons e imagens e empresas de serviços de comunicação eletrônica de massa por assinatura, estarão sujeitas ao pagamento da CONDECINE se vierem a ser comercializadas em outros segmentos de mercado. (Renumerado pela Lei 10.454/2002.)

§ 2º Os valores correspondentes aos 3% (três por cento) previstos no inciso X do *caput* deste artigo deverão ser depositados na data do pagamento, do crédito, do emprego, da remessa ou da entrega aos produtores, distribuidores ou intermediários no exterior das importâncias relativas a rendimentos decorrentes da exploração de obras cinematográficas e videofonográficas ou por sua aquisição ou importação a preço fixo, em conta de aplicação financeira especial em instituição financeira pública, em nome do contribuinte. (Redação dada pela Lei 11.437/2006.)

§ 3º Os valores não aplicados na forma do inciso X do *caput* deste artigo, após 270 (duzentos e setenta) dias de seu depósito na conta de que trata o § 2º deste artigo, destinar-se-ão ao FNC e serão alocados em categoria de programação específica denominada Fundo Setorial do Audiovisual. (Redação dada pela Lei 11.437/2006.)

§ 4º Os valores previstos no inciso X do *caput* deste artigo não poderão ser aplicados em obras audiovisuais de natureza publicitária. (Redação dada pela Lei 11.437/2006.)

§ 5º A liberação dos valores depositados na conta de aplicação financeira especial fica condicionada à integralização de pelo menos 50% (cinquenta por cento) dos recursos aprovados para a realização do projeto. (Incluído pela Lei 10.454/2002.)

§ 6º Os projetos produzidos com os recursos de que trata o inciso X do *caput* deste artigo poderão utilizar-se dos incentivos previstos na Lei n. 8.685, de 20 de julho de 1993, e na Lei n. 8.313, de 23 de dezembro de 1991, limitados a 95% (noventa e cinco por cento) do total do orçamento aprovado pela Ancine para o projeto. (Redação dada pela Lei 11.437/2006.)

ART. 40. Os valores da CONDECINE ficam reduzidos a:

I - vinte por cento, quando se tratar de obra cinematográfica ou videofonográfica não publicitária brasileira;

II - vinte por cento, quando se tratar de: (Alterado pela Lei 13.196/2015.)

a) obras audiovisuais destinadas ao segmento de mercado de salas de exibição que sejam exploradas com até 6 (seis) cópias; (Redação dada pela Lei 10.454/2002.)

b) obras cinematográficas e videofonográficas destinadas à veiculação em serviços de radiodifusão de sons e imagens e cuja produção tenha sido realizada mais de vinte anos antes do registro do contrato no ANCINE;

c) obras cinematográficas destinadas à veiculação em serviços de radiodifusão de sons e imagens e de comunicação eletrônica de massa por assinatura, quando tenham sido previamente exploradas em salas de exibição com até 6 (seis) cópias ou quando tenham sido exibidas em festivais ou mostras, com autorização prévia da Ancine, e não tenham sido exploradas em salas de exibição com mais de 6 (seis) cópias; (Alterada pela Lei 13.196/2015.)

III - (Revogado.)

IV - 10% (dez por cento), quando se tratar de obra publicitária brasileira realizada por microempresa ou empresa de pequeno porte, segundo as definições do art. 3º da Lei Complementar n. 123, de 14 de dezembro de 2006, com custo não superior a R$ 10.000,00 (dez mil reais), conforme regulamento da Ancine. (Incluído pela Lei 12.599/2012.)

CAPÍTULO VII
DOS FUNDOS DE FINANCIAMENTO DA INDÚSTRIA CINEMATOGRÁFICA NACIONAL - FUNCINES

ART. 41. Os Fundos de Financiamento da Indústria Cinematográfica Nacional - FUNCINES serão constituídos sob a forma de condomínio fechado, sem personalidade jurídica, e administrados por instituição financeira autorizada a funcionar pelo Banco Central do Brasil ou por agências e bancos de desenvolvimento. (Redação dada pela Lei 11.437/2006.)

§ 1º O patrimônio dos FUNCINES será representado por quotas emitidas sob a forma escritural, alienadas ao público com a intermediação da instituição administradora do Fundo.

§ 2º A administradora será responsável por todas as obrigações do Fundo, inclusive as de caráter tributário.

ART. 42. Compete à Comissão de Valores Mobiliários autorizar, disciplinar e fiscalizar a constituição, o funcionamento e a administração dos FUNCINES, observadas as disposições desta Medida Provisória e as normas aplicáveis aos fundos de investimento.

Parágrafo único. A Comissão de Valores Mobiliários comunicará a constituição dos FUNCINES, bem como as respectivas administradoras à ANCINE.

ART. 43. Os recursos captados pelos FUNCINES serão aplicados, na forma do regulamento, em projetos e programas que, atendendo aos critérios e diretrizes estabelecidos pela ANCINE, sejam destinados a:

I - projetos de produção de obras audiovisuais brasileiras independentes realizadas por empresas produtoras brasileiras; (Redação dada pela Lei 11.437/2006.)

II - construção, reforma e recuperação das salas de exibição de propriedade de empresas brasileiras; (Redação dada pela Lei 11.437/2006.)

III - aquisição de ações de empresas brasileiras para produção, comercialização, distribuição e exibição de obras audiovisuais brasileiras de produção independente, bem como para prestação de serviços de infraestrutura cinematográficos e audiovisuais; (Redação dada pela Lei 11.437/2006.)

IV - projetos de comercialização e distribuição de obras audiovisuais cinematográficas brasileiras de produção independente realizados por empresas brasileiras; e (Redação dada pela Lei 11.437/2006.)

V - projetos de infraestrutura realizados por empresas brasileiras. (Incluído pela Lei 11.437/2006.)

VI - (Vetado.) (Acrescentado pela Lei 13.594 /2018.)

§ 1º Para efeito da aplicação dos recursos dos Funcines, as empresas de radiodifusão de sons e imagens e as prestadoras de serviços de telecomunicações não poderão deter o controle acionário das empresas referidas no inciso III do *caput* deste artigo. (Redação dada pela Lei 11.437/2006.)

§ 2º Os Funcines deverão manter, no mínimo, 90% (noventa por cento) do seu patrimônio aplicados em empreendimentos das espécies enumeradas neste artigo, observados, em relação a cada espécie de destinação, os percentuais mínimos a serem estabelecidos em regulamento. (Redação dada pela Lei 11.437/2006.)

§ 3º A parcela do patrimônio do Fundo não comprometida com as aplicações de que trata este artigo, será constituída por títulos emitidos pelo Tesouro Nacional ou pelo Banco Central do Brasil.

§ 4º É vedada a aplicação de recursos de FUNCINES em projetos que tenham participação majoritária de quotista do próprio Fundo.

§ 5º As obras audiovisuais de natureza publicitária, esportiva ou jornalística não podem se beneficiar de recursos dos Funcines ou do FNC alocados na categoria de programação específica Fundo Setorial do Audiovisual. (Redação dada pela Lei 11.437/2006.)

§ 6º As obras cinematográficas e videofonográficas produzidas com recursos dos FUNCINES terão seu corte e edição finais aprovados para exibição pelo seu diretor e produtor responsável principal.

§ 7º Nos casos do inciso I do *caput* deste artigo, o projeto deverá contemplar a garantia de distribuição ou difusão das obras. (Redação dada pela Lei 11.437/2006.)

§ 8º Para os fins deste artigo, aplica-se a definição de empresa brasileira constante no § 1º do art. 1º desta Medida Provisória. (Incluído pela Lei 11.437/2006.)

ART. 44. Até o período de apuração relativo ao ano-calendário de 2019, inclusive, as pessoas físicas e jurídicas tributadas pelo lucro real poderão deduzir do imposto de renda devido as quantias aplicadas na aquisição de cotas dos Funcines. (Alterado pela Lei 13.594/2018.)

§ 1º A dedução referida no *caput* deste artigo pode ser utilizada de forma alternativa ou conjunta com a referida nos arts. 1º e 1º-A da Lei n. 8.685, de 20 de julho de 1993. (Incluído pela Lei 11.437/2006.)

§ 2º No caso das pessoas físicas, a dedução prevista no *caput* deste artigo fica sujeita ao limite de 6% (seis por cento) conjuntamente com as deduções de que trata o art. 22 da Lei n. 9.532, de 10 de dezembro de 1997. (Incluído pela Lei 11.437/2006.)

§ 3º Somente são dedutíveis do imposto devido as quantias aplicadas na aquisição de cotas dos Funcines: (Incluído pela Lei 11.437/2006.)

I - pela pessoa física, no ano-calendário a que se referir a declaração de ajuste anual; (Incluído pela Lei 11.437/2006.)

II - pela pessoa jurídica, no respectivo período de apuração de imposto. (Incluído pela Lei 11.437/2006.)

ART. 45. A dedução de que trata o art. 44 incidirá sobre o imposto devido:

I - no trimestre a que se referirem os investimentos, para as pessoas jurídicas que apuram o lucro real trimestral;

II - no ano-calendário, para as pessoas jurídicas que, tendo optado pelo recolhimento do imposto por estimativa, apuram o lucro real anual.

III - no ano-calendário, conforme ajuste em declaração anual de rendimentos para a pessoa física. (Incluído pela Lei 11.437/2006.)

§ 1º Em qualquer hipótese, não será dedutível a perda apurada na alienação das cotas dos Funcines. (Redação dada pela Lei 11.437/2006.)

§ 2º A dedução prevista neste artigo está limitada a 3% (três por cento) do imposto devido pelas pessoas jurídicas e deverá observar o limite previsto no inciso II do *caput* do art. 6º da Lei n. 9.532, de 10 de dezembro de 1997. (Redação dada pela Lei 11.437/2006.)

§ 3º (Revogado pela Lei 11.437/2006.)

§ 4º A pessoa jurídica que alienar as cotas dos Funcines somente poderá considerar como custo de aquisição, na determinação do ganho de capital, os valores deduzidos na forma do *caput* deste artigo na hipótese em que a alienação ocorra após 5 (cinco) anos da data de sua aquisição. (Redação dada pela Lei 11.437/2006.)

§ 5º Em qualquer hipótese, não será dedutível a perda apurada na alienação das quotas dos FUNCINES.

§ 6º (Revogado pela Lei 11.437/2006.)

ART. 46. Os rendimentos e ganhos líquidos e de capital auferidos pela carteira de FUNCINES ficam isentos do imposto de renda.

§ 1º Os rendimentos, os ganhos de capital e os ganhos líquidos decorrentes de aplicação em FUNCINES sujeitam-se às normas tributárias aplicáveis aos demais valores mobiliários no mercado de capitais.

§ 2º Ocorrendo resgate de quotas de FUNCINES, em decorrência do término do prazo de duração ou da liquidação do fundo, sobre o rendimento do quotista, constituído pela diferença positiva entre o valor de resgate e o custo de aquisição das quotas, incidirá imposto de renda na fonte à alíquota de vinte por cento.

CAPÍTULO VIII
DOS DEMAIS INCENTIVOS

ART. 47. Como mecanismos de fomento de atividades audiovisuais, ficam instituídos, conforme normas a serem expedidas pela Ancine: (Redação dada pela Lei 11.437/2006.)

I - o Programa de Apoio ao Desenvolvimento do Cinema Brasileiro - PRODECINE, destinado ao fomento de projetos de produção independente, distribuição, comercialização e exibição por empresas brasileiras; (Incluído pela Lei 11.437/2006.)

II - o Programa de Apoio ao Desenvolvimento do Audiovisual Brasileiro - PRODAV, destinado ao fomento de projetos de produção, programação, distribuição, comercialização e exibição de obras audiovisuais brasileiras de produção independente; (Incluído pela Lei 11.437/2006.)

III - o Programa de Apoio ao Desenvolvimento da Infraestrutura do Cinema e do Audiovisual - PRÓ-INFRA, destinado ao fomento de projetos de infraestrutura técnica para a atividade cinematográfica e audiovisual e de desenvolvimento, ampliação e modernização dos serviços e bens de capital de empresas brasileiras e profissionais autônomos que atendam às necessidades tecnológicas das produções audiovisuais brasileiras. (Incluído pela Lei 11.437/2006.)

§ 1º Os recursos do PRODECINE poderão ser objeto de aplicação a fundo perdido, nos casos específicos previstos no regulamento.

§ 2º A Ancine estabelecerá critérios e diretrizes gerais para a aplicação e a fiscalização dos recursos dos Programas referidos no *caput* deste artigo. (Redação dada pela Lei 11.437/2006).

ART. 48. São fontes de recursos dos Programas de que trata o art. 47 desta Medida Provisória: (Redação dada pela Lei 11.437/2006).

I - percentual do produto da arrecadação da Contribuição para o Desenvolvimento da Indústria Cinematográfica Nacional - CONDECINE;

II - o produto da arrecadação de multas e juros, decorrentes do descumprimento das normas de financiamento pelos beneficiários dos recursos do PRODECINE;

III - a remuneração dos financiamentos concedidos;

IV - as doações e outros aportes não especificados;

V - as dotações consignadas nos orçamentos da União, dos Estados, do Distrito Federal e dos Municípios;

ART. 49. O abatimento do imposto de renda na fonte, de que o trata art. 3º da Lei n. 8.685, de 1993, aplicar-se-á, exclusivamente, a projetos previamente aprovados pela ANCINE, na forma do regulamento, observado o disposto no art. 67.

Parágrafo único. A opção pelo benefício previsto no *caput* afasta a incidência do disposto no § 2º do art. 33 desta Medida Provisória.

ART. 50. As deduções previstas no art. 1º da Lei n. 8.685, de 20 de julho de 1993, são prorrogadas até o exercício de 2017, inclusive, devendo os projetos que serão beneficiados por esses incentivos ser previamente aprovados pela Ancine. (Alterado pela Lei 13.196/2015.)

ART. 51. (Revogado pela Lei 11.437/2006.)

ART. 52. A partir de 1º de janeiro de 2007, a alínea "a" do inciso II do art. 3º da Lei n. 8.313, de 23 de dezembro de 1991, passará a vigorar com a seguinte redação:

‣ Alteração promovida na referida lei.

Parágrafo único. O Conselho Superior do Cinema poderá antecipar a entrada em vigor do disposto neste artigo.

ART. 53. O § 3º do art. 18 da Lei n. 8.313, de 1991, passa a vigorar com a seguinte redação:

‣ Alteração promovida na referida lei.

ART. 54. Fica instituído o Prêmio Adicional de Renda, calculado sobre as rendas de bilheterias auferidas pela obra cinematográfica de longa metragem brasileira de produção independente, que será concedido a produtores, distribuidores e exibidores, na forma que dispuser o regulamento.

ART. 55. Por um prazo de vinte anos, contados a partir de 5 de setembro de 2001, as empresas proprietárias, locatárias ou arrendatárias de salas, espaços ou locais de exibição pública comercial exibirão obras cinematográficas brasileiras de longa metragem, por um número de dias fixado, anualmente, por decreto, ouvidas as entidades representativas dos produtores, distribuidores e exibidores.

§ 1º A exibição de obras cinematográficas brasileiras far-se-á proporcionalmente, no semestre, podendo o exibidor antecipar a programação do semestre seguinte.

§ 2º A ANCINE aferirá, semestralmente, o cumprimento do disposto neste artigo.

§ 3º As obras cinematográficas e os telefilmes que forem exibidos em meios eletrônicos antes da exibição comercial em salas não serão computados para fins do cumprimento do disposto no *caput*.

ART. 56. Por um prazo de vinte anos, contados a partir de 5 de setembro de 2001, as empresas de distribuição de vídeo doméstico deverão ter um percentual anual de obras brasileiras cinematográficas e videofonográficas entre seus títulos, obrigando-se a lançá-las comercialmente.

Parágrafo único. O percentual de lançamentos e títulos a que se refere este artigo será fixado anualmente por decreto, ouvidas as entidades de caráter nacional representativas das atividades de produção, distribuição e comercialização de obras cinematográficas e videofonográficas.

ART. 57. Poderá ser estabelecido, por lei, a obrigatoriedade de veiculação de obras cinematográficas e videofonográficas brasileiras de produção independente em outros segmentos de mercado além daqueles indicados nos arts. 55 e 56.

CAPÍTULO IX
DAS PENALIDADES

ART. 58. As empresas exibidoras, as distribuidoras e locadoras de vídeo, deverão ser autuadas pela ANCINE nos casos de não cumprimento das disposições desta Medida Provisória.

Parágrafo único. Constitui embaraço à fiscalização, sujeitando o infrator à pena prevista no *caput* do art. 60: (Redação dada pela Lei 12.599/2012.)

I - imposição de obstáculos ao livre acesso dos agentes da Ancine às entidades fiscalizadas; e (Redação dada pela Lei 12.599/2012.)

II - o não atendimento da requisição de arquivos ou documentos comprobatórios do cumprimento das cotas legais de exibição e das obrigações tributárias relativas ao recolhimento da Condecine. (Redação dada pela Lei 12.599/2012.)

ART. 59. O descumprimento da obrigatoriedade de que trata o art. 55 sujeitará o infrator a multa correspondente a 5% (cinco por cento) da receita bruta média diária de bilheteria do complexo, apurada no ano da infração, multiplicada pelo número de dias do descumprimento. (Redação dada pela Lei 12.599/2012.)

§ 1º Se a receita bruta de bilheteria do complexo não puder ser apurada, será aplicado multa no valor de R$ 100,00 (cem reais) por dia de descumprimento multiplicado pelo número de salas do complexo. (Redação dada pela Lei 12.599/2012.)

§ 2º A multa prevista neste artigo deverá respeitar o limite máximo estabelecido no *caput* do art. 60. (Redação dada pela Lei 12.599/2012.)

ART. 60. O descumprimento ao disposto nos arts. 17 a 19, 21, 24 a 26, 28, 29, 31 e 56 desta Medida Provisória sujeita os infratores a multas de R$ 2.000,00 (dois mil reais) a R$ 2.000.000,00 (dois milhões de reais), na forma do regulamento.

§ 1º (Revogado pela Lei 11.437/2006.)

I a III - (Revogados pela Lei 11.437/2006.)

§ 2º Caso não seja possível apurar o valor da receita bruta referido no *caput* por falta de informações, a ANCINE arbitrá-lo-á na forma do regulamento, que observará, isolada ou conjuntamente, dentre outros, os seguintes critérios:

I - a receita bruta referente ao último período em que a pessoa jurídica manteve escrituração de acordo com as leis comerciais e fiscais, atualizado monetariamente;

II - a soma dos valores do ativo circulante, realizável a longo prazo e permanente, existentes no último balanço patrimonial conhecido, atualizado monetariamente;

III - o valor do capital constante do último balanço patrimonial conhecido ou registrado nos atos de constituição ou alteração da sociedade, atualizado monetariamente;

IV - o valor do patrimônio líquido constante do último balanço patrimonial conhecido, atualizado monetariamente;

V - o valor das compras de mercadorias efetuadas no mês;

VI - a soma, em cada mês, dos valores da folha de pagamento dos empregados e das compras de matérias-primas, produtos intermediários e materiais de embalagem;

VII - a soma dos valores devidos no mês a empregados; e

VIII - o valor mensal do aluguel devido.

§ 3º Aplica-se, subsidiariamente, ao disposto neste artigo, as normas de arbitramento de lucro previstas no âmbito da legislação tributária federal.

§ 4º Os veículos de comunicação que veicularem cópia ou original de obra cinematográfica ou obra videofonográfica publicitária, sem que conste na claquete de identificação o número do respectivo registro do título, pagarão multa correspondente a 3 (três) vezes o valor do contrato ou da veiculação. (Parágrafo incluído pela Lei 10.454/2002.)

ART. 61. O descumprimento dos projetos executados com recursos recebidos do FNC alocados na categoria de programação específica denominada Fundo Setorial do Audiovisual e dos Funcines, a não efetivação do investimento ou a sua realização em desacordo com o estatuído implica a devolução dos recursos acrescidos de: (Redação dada pela Lei 11.437/2006.)

I - juros moratórios equivalentes à taxa referencial do Sistema especial de Liquidação e Custódia - SELIC, para títulos federais, acumulados mensalmente, calculados a partir do primeiro dia do mês subsequente ao do recebimento dos recursos até o mês anterior ao do pagamento e de um por cento no mês do pagamento;

II - multa de vinte por cento calculada sobre o valor total dos recursos.

CAPÍTULO X
DISPOSIÇÕES TRANSITÓRIAS

ART. 62. Durante os primeiros doze meses, contados a partir de 5 de setembro de 2001, a ANCINE ficará vinculada à Casa Civil da Presidência da República, que responderá pela sua supervisão durante esse período.

ART. 63. A ANCINE constituirá, no prazo de vinte e quatro meses, a contar da data da sua implantação, o seu quadro próprio de pessoal, por meio da realização de concurso público de provas, ou de provas e títulos.

ART. 64. Durante os primeiros vinte e quatro meses subsequentes à sua instalação, a ANCINE poderá requisitar, com ônus, servidores e empregados de órgãos e entidades integrantes da administração pública.

§ 1º Transcorrido o prazo a que se refere o *caput*, somente serão cedidos para a ANCINE servidores por ela requisitados para o exercício de cargos em comissão.

§ 2º Durante os primeiros vinte e quatro meses subsequentes à sua instalação, a ANCINE poderá complementar a remuneração do servidor ou empregado público requisitado, até o limite da remuneração do cargo efetivo ou emprego permanente ocupado no órgão ou na entidade de origem, quando a requisição implicar em redução dessa remuneração.

ART. 65. A ANCINE poderá efetuar, nos termos do art. 37, IX, da Constituição, e observado o disposto na Lei n. 8.745, de 9 de dezembro de 1993, contratação por tempo determinado, pelo prazo de doze meses, do pessoal técnico imprescindível ao exercício de suas competências institucionais. (Redação dada pela Lei 10.682/2003.)

§ 1º As contratações referidas no *caput* poderão ser prorrogadas, desde que sua duração total não ultrapasse o prazo de vinte e quatro meses, ficando limitada sua vigência, em qualquer caso, a 5 de setembro de 2005. (Redação dada pela Lei 10.682/2003.)

§ 2º A remuneração do pessoal contratado temporariamente, terá como referência os valores definidos em ato conjunto da Agência e do órgão central do Sistema de Pessoal Civil da Administração Federal - SIPEC.

§ 3º Aplica-se ao pessoal contratado temporariamente pela Agência, o disposto nos arts. 5º e 6º, no parágrafo único do art. 7º, nos arts. 8º, 9º, 10, 11,12 e 16 da Lei n. 8.745, de 9 de dezembro de 1993.

ART. 66. Fica o Poder Executivo autorizado a:

‣ V. Dec. 4.456/2002 (Regulamenta o art. 67 desta Med. Prov.).

I - transferir para a ANCINE os acervos técnico e patrimonial, as obrigações e os direitos da Divisão de Registro da Secretaria para Desenvolvimento do Audiovisual do Ministério da Cultura, bem como aqueles correspondentes a outras atividades atribuídas à Agência por esta Medida Provisória;

II - remanejar, transpor, transferir, ou utilizar, a partir da instalação da ANCINE, as dotações orçamentárias aprovadas na Lei Orçamentária de 2001, consignadas ao Ministério da Cultura, referentes às atribuições transferidas para aquela autarquia, mantida a mesma classificação orçamentária, expressa por categoria de programação em seu menor nível, observado o disposto no § 2º do art. 3º da Lei n. 9.995, de 25 de julho de 2000, assim como o respectivo detalhamento por esfera orçamentária, grupos de despesa, fontes de recursos, modalidades de aplicação e identificadores de uso.

ART. 67. No prazo máximo de um ano, contado a partir de 5 de setembro de 2001, deverá ser editado regulamento dispondo sobre a forma de transferência para a ANCINE, dos processos relativos à aprovação de projetos com base nas Lei n. 8.685, de 1993, e Lei n. 8.313, de 1991, inclusive os já aprovados.

‣ V. Dec. 4.456/2002 (Regulamenta este artigo).

Parágrafo único. Até que os processos referidos no *caput* sejam transferidos para a ANCINE, a sua análise e acompanhamento permanecerão a cargo do Ministério da Cultura.

ART. 68. Na primeira gestão da ANCINE, um diretor terá mandato de dois anos, um de três anos, um de quatro anos e um de cinco anos, para implementar o sistema de mandatos não coincidentes.

ART. 69. Cabe à Advocacia-Geral da União a representação nos processos judiciais em que a ANCINE seja parte ou interessada, até a implantação da sua Procuradoria-Geral.

Parágrafo único. O Ministério da Cultura, por intermédio de sua Consultoria Jurídica, promoverá, no prazo de cento e oitenta dias, contados a partir de 5 de setembro de 2001, levantamento dos processos judiciais em curso envolvendo matéria cuja competência tenha sido transferida para a ANCINE, a qual o substituirá nos respectivos processos.

ART. 70. A instalação da ANCINE dar-se-á em até cento e vinte dias, a partir de 5 de setembro de 2001 e o início do exercício de suas competências a partir da publicação de sua estrutura regimental em ato do Presidente da República.

‣ V. Dec. 8.283/2014 (Aprova a Estrutura Regimental e o Quadro Demonstrativo dos Cargos Comissionados e dos Cargos Comissionados Técnicos da Agência Nacional do Cinema - ANCINE).

CAPÍTULO XI
DISPOSIÇÕES GERAIS E FINAIS

ART. 71. É vedado aos empregados, aos requisitados, aos ocupantes de cargos comissionados e aos dirigentes da ANCINE o exercício de outra atividade profissional, inclusive gestão operacional de empresa, ou direção políticopartidária, excetuados os casos admitidos em lei.

Parágrafo único. No caso de o dirigente da ANCINE ser sócio-controlador de empresa relacionada com a indústria cinematográfica e videofonográfica, fica a mesma impedida de utilizar-se de recursos públicos ou incentivos fiscais durante o período em que o dirigente estiver no exercício de suas funções.

ART. 72. Ficam criados para exercício na ANCINE os cargos comissionados dispostos no Anexo II desta Medida Provisória.

ART. 73 (Revogado pela Lei 11.314/2006.)

ART. 74. O Poder Executivo estimulará a associação de capitais nacionais e estrangeiros, inclusive por intermédio dos mecanismos de conversão da dívida externa, para o financiamento a empresas e a projetos voltados às atividades de que trata esta Medida Provisória, na forma do regulamento.

Parágrafo único. Os depósitos em nome de credores estrangeiros à ordem do Banco Central do Brasil serão liberados pelo seu valor de face, em montante a ser fixado por aquele Banco.

ART. 75. Esta Medida Provisória será regulamentada pelo Poder Executivo.

ART. 76. Ficam convalidados os atos praticados com base na Medida Provisória 2.219, de 4 de setembro de 2001.

ART. 77. Ficam revogados o inciso II do art. 11 do Decreto-Lei n. 43, de 18 de novembro de 1966, o Decreto-Lei n. 1.900, de 21 de dezembro de 1981, a Lei n. 8.401, de 8 de janeiro de 1992, e a Medida Provisória n. 2.219, de 4 de setembro de 2001.

ART. 78. Esta Medida Provisória entra em vigor na data de sua publicação.

Brasília, 6 de setembro de 2001; 180º da Independência e 113º da República.

Fernando Henrique Cardoso

‣ Optamos, nesta edição, pela não publicação do Anexo.

MEDIDA PROVISÓRIA N. 854, DE 3 DE OUTUBRO DE 2018

Dispõe sobre a antecipação do pagamento dos honorários periciais nas ações em que o Instituto Nacional do Seguro Social seja parte e que tramitem nos Juizados Especiais Federais.

‣ *DOU*, 04.10.2018.

O Presidente da República, no uso da atribuição que lhe confere o art. 62 da Constituição, adota a seguinte Medida Provisória, com força de lei:

ART. 1º O pagamento dos honorários do perito que realizar o exame médico-pericial nas ações judiciais em que o Instituto Nacional do Seguro Social - INSS seja parte e que tramitem nos Juizados Especiais Federais será antecipado pelo Poder Executivo federal ao respectivo tribunal.

ART. 2º O Conselho da Justiça Federal e o Ministério do Planejamento, Desenvolvimento e Gestão fixarão os valores dos honorários e os procedimentos necessários ao cumprimento do disposto nesta Medida Provisória, por meio de ato conjunto.

ART. 3º Esta Medida Provisória entra em vigor na data da sua publicação.

Brasília, 3 de outubro de 2018; 197º da Independência e 130º da República.

MICHEL TEMER

MEDIDA PROVISÓRIA N. 856, DE 13 DE NOVEMBRO DE 2018

Delega à Agência Nacional de Energia Elétrica - Aneel a responsabilidade pela contratação de prestador emergencial e temporário do serviço público de distribuição de energia elétrica.

‣ *DOU*, 14.11.2018.

O Presidente da República, no uso da atribuição que lhe confere o art. 62 da Constituição, adota a seguinte Medida Provisória, com força de lei:

ART. 1º Fica delegada à Agência Nacional de Energia Elétrica - Aneel, para garantir a continuidade da prestação do serviço, a responsabilidade pela contratação, sob regime de autorização e mediante processo competitivo simplificado, de prestador emergencial e temporário do serviço público de distribuição de energia elétrica para substituir pessoa jurídica, sob controle direto ou indireto da União, que, na data de publicação desta Medida Provisória, esteja designada para prestação do serviço de distribuição até 31 de dezembro de 2018, afastada a aplicação da Lei n. 8.987, de 13 de fevereiro de 1995, da Lei n. 8.666, de 21 de junho de 1993, e da Lei n. 9.074, de 7 de julho de 1995.

§ 1º O procedimento para a contratação do prestador emergencial e temporário de que trata o caput deverá ser iniciado a partir da data de entrada em vigor desta Medida Provisória.

§ 2º Os atos preparatórios a serem realizados pela Aneel para a contratação de que trata o caput:

I - poderão ser concomitantes aos processos licitatórios de que tratam o caput e o § 1º-A do art. 8º da Lei n. 12.783, de 11 de janeiro de 2013;

II - serão interrompidos imediatamente caso os processos licitatórios de que trata o § 1º-A do art. 8º da Lei n. 12.783, de 2013, tenham sucesso; e

III - poderão ser suspensos pela União, desde que haja concordância do prestador de serviço atual, caso seja iniciado novo processo licitatório de que trata o § 1º-A do art. 8º da Lei n. 12.783, de 2013, observada a data-limite de 31 de março de 2019.

§ 3º O critério de seleção do prestador emergencial e temporário será a menor proposta econômica, que considerará o maior deságio em relação aos empréstimos com recursos da Reserva Global de Reversão - RGR e da Tarifa de Uso do Sistema de Distribuição - TUSD Fio B, observadas as seguintes condições:

I - os empréstimos a serem concedidos com recursos da RGR serão calculados pela diferença entre as perdas de energia reais e as perdas regulatórias já flexibilizadas no último processo tarifário e as compensações pagas pela transgressão dos limites de continuidade, hipótese em que serão utilizadas as informações disponíveis nos doze meses anteriores à data da contratação;

II - a TUSD Fio B será calculada com base no valor do último processo tarifário aplicado à pessoa jurídica a ser substituída, atualizado pelo Índice de Preços ao Consumidor - IPCA até a data do processo competitivo simplificado, inclusas as flexibilizações de parâmetros regulatórios de PMSO e perdas não técnicas, conforme regulação da Aneel, e será destinada a cobrir os custos de prestação do serviço, incluída a remuneração dos investimentos a serem feitos no período de prestação emergencial e temporária;

III - a obrigação de pagamento dos empréstimos com recursos da RGR, recebidos no período de prestação emergencial e temporária do serviço, deverá ser transferida ao novo concessionário com o devido reconhecimento tarifário;

IV - o deságio deverá ser ofertado sobre os empréstimos com recursos da RGR e, na hipótese de deságio máximo, sobre a TUSD Fio B; e

V - o prestador emergencial e temporário deverá ser sociedade integrante de grupo econômico atuante no segmento de distribuição de energia elétrica nacional.

§ 4º O prazo de contratação será limitado a, no máximo, vinte e quatro meses.

§ 5º Os investimentos realizados pelo prestador emergencial e temporário serão integrados aos bens vinculados ao serviço, conforme regulação vigente, e serão adquiridos por meio de pagamento pelo vencedor da licitação de que trata o caput do art. 8º da Lei n. 12.783, de 2013.

§ 6º O prestador emergencial e temporário deverá prestar contas periodicamente à Aneel.

ART. 2º O regime de prestação emergencial e temporária deverá ser disciplinado em contrato de prestação direta emergencial e temporária que contenha, no mínimo, cláusulas relativas:

I - a não aplicação de glosas aos reembolsos da Conta de Consumo de Combustíveis - CCC originadas dos mecanismos de eficiência econômica e energética e do limite de nível eficiente de perdas de que tratam o § 12 e o § 16 do art. 3º da Lei n. 12.111, de 9 de dezembro de 2009;

II - à participação em leilões ou mecanismos centralizados de contratação ou descontratação de energia elétrica para atendimento ao mercado das áreas de concessão;

III - à adimplência com as obrigações intrassetoriais, a partir do início da prestação emergencial e temporária do serviço;

IV - à obrigação de compra de energia elétrica, de transmissão de energia elétrica e de pagamento de encargos setoriais a ser assumida pelo prestador emergencial e temporário, a partir da data de início da vigência do contrato;

V - ao acesso aos bens, às instalações e aos contratos, e ao seu uso, incluídos os sistemas computacionais necessários para dar continuidade à prestação do serviço; e

VI - à realização, mediante autorização da Aneel, de estudos, de investigações, de levantamentos e de projetos de utilidade para a superveniente licitação da concessão, cujos dispêndios correspondentes serão especificados no edital para ressarcimento pelo vencedor da licitação.

ART. 3º O prestador de serviço atual poderá ter a sua designação estendida até a assunção do serviço pelo prestador emergencial e temporário, observada a data-limite de 31 de março de 2019.

§ 1º O prestador atual fará jus à neutralidade econômica e financeira no período de designação que seja posterior a 1º de janeiro de 2019.

§ 2º A neutralidade econômico-financeira no período de que trata o § 1º será assegurada por meio:

I - da aplicação da tarifa homologada no processo tarifário de 2018;

II - do recebimento de empréstimos da RGR; e

III - dos reembolsos da CCC sem aplicação de glosas decorrentes dos mecanismos de eficiência econômica e energética e do limite de nível eficiente de perdas de que tratam o § 12 e o § 16 do art. 3º da Lei n. 12.111, de 2009.

§ 3º Na hipótese de a Aneel identificar que as receitas recebidas pelo prestador atual, no período de que trata o § 1º, não sejam suficientes para assegurar a neutralidade econômica e financeira de que trata o § 2º, poderá determinar a revisão do encargo tarifário da Conta de Desenvolvimento Energético, de que trata o § 1º do art. 13 da Lei n. 10.438, de 26 de abril de 2002, para prover recursos destinados a cobrir a insuficiência identificada.

§ 4º As despesas financeiras derivadas de passivos constituídos em período anterior a 1º de janeiro de 2019 não serão consideradas para fins de apuração da neutralidade econômica e financeira.

§ 5º Os empréstimos de que trata o inciso II do § 2º ficam limitados à disponibilidade de recursos da RGR e serão quitados pelo novo concessionário, a ser contratado nos termos do art. 8º da Lei n. 12.783, de 2013, cujo contrato de concessão deverá prever o reconhecimento tarifário.

ART. 4º Concomitantemente à contratação de que trata o art. 1º desta Medida Provisória, a Aneel iniciará o processo de licitação da concessão de distribuição de energia elétrica, de que trata o caput do art. 8º da Lei n. 12.783, de 2013, que será conferida por até trinta anos.

§ 1º Os estudos, as investigações, os levantamentos, os projetos, as obras e as despesas ou os investimentos já efetuados, vinculados à concessão, de utilidade para a licitação, realizados pela Aneel ou com a sua autorização, estarão à disposição dos interessados, hipótese em que o vencedor da licitação ressarcirá os dispêndios correspondentes, especificados no edital.

§ 2º A contratação nos termos do art. 1º não será considerada impedimento para a participação na licitação de que trata o caput do art. 8º da Lei n. 12.783, de 2013.

ART. 5º O Poder Concedente, o prestador emergencial e temporário contratado, nos termos do disposto no art. 1º, ou o novo concessionário contratado, nos termos do disposto no art. 4º, não serão responsabilizados por qualquer custo relativo ao processo de liquidação dos prestadores anteriores do serviço, compreendidos os passivos tributários, financeiros, trabalhistas ou as penalidades contratuais.

ART. 6º Na hipótese de inexistência de autorização legal ou judicial para utilização, pela União, da faculdade a que se refere o § 1º-C do art. 8º da Lei 12.783, de 2013, a Aneel iniciará o processo de licitação da concessão de distribuição de energia elétrica de que trata o caput do art. 8º da Lei n. 12.783, de 2013, que será conferida por até trinta anos.

Parágrafo único. Concomitantemente ao processo de que trata ao caput, a Aneel deverá realizar o procedimento de contratação simplificado previsto no art. 1º para substituir a pessoa jurídica sob controle direto ou indireto dos Estado, do Distrito Federal ou dos Município, que esteja designada para prestação do serviço de distribuição.

ART. 7º Esta Medida Provisória entra em vigor na data de sua publicação.

Brasília, 13 de novembro de 2018; 197º da Independência e 130º da República.

MICHEL TEMER

MEDIDA PROVISÓRIA N. 866, DE 20 DE DEZEMBRO DE 2018

Autoriza a criação da empresa pública NAV Brasil Serviços de Navegação Aérea S.A.

› *DOU*, 21.12.2018.

O Presidente da República, no uso da atribuição que lhe confere o art. 62 da Constituição, adota a seguinte Medida Provisória, com força de lei:

ART. 1º Fica o Poder Executivo federal autorizado a criar, em decorrência da cisão parcial da Empresa Brasileira de Infraestrutura Aeroportuária - INFRAERO, a NAV Brasil Serviços de Navegação Aérea S.A. - NAV Brasil, empresa pública sob a forma de sociedade anônima, com personalidade jurídica de direito privado e patrimônio próprio, vinculada ao Ministério da Defesa, por meio do Comando da Aeronáutica.

ART. 2º A cisão parcial da INFRAERO ocorrerá por meio de deliberação de sua Assembleia Geral, após manifestação de seu Conselho de Administração, ouvido o seu Conselho Fiscal, e observará o procedimento previsto na Lei n. 6.404, de 15 de dezembro de 1976.

ART. 3º Com a cisão parcial da INFRAERO, haverá a versão para a NAV Brasil dos elementos ativos e passivos relacionados com a prestação de serviços de navegação aérea, incluídos os empregados, o acervo técnico, o acervo bibliográfico e o acervo documental.

ART. 4º A NAV Brasil terá sede e foro no Município do Rio de Janeiro, Estado do Rio de Janeiro, e prazo de duração indeterminado, e poderá estabelecer escritórios, dependências e filiais em outras unidades federativas e no exterior.

ART. 5º A NAV Brasil será constituída pela Assembleia Geral de acionistas, que será convocada pela Procuradoria-Geral da Fazenda Nacional do Ministério da Fazenda.

§ 1º Caberá ao Comando da Aeronáutica apresentar à Assembleia Geral a que se refere o *caput* o cronograma de cessão e transferência dos bens e das benfeitorias necessários ao início das atividades da NAV Brasil.

§ 2º O Ministro de Estado dos Transportes, Portos e Aviação Civil e o Ministro de Estado da Defesa poderão designar peritos de cada Ministério ou contratar empresa especializada para a elaboração de laudo de avaliação da parcela do patrimônio da INFRAERO que será vertida, por meio de cisão parcial, para a NAV Brasil, nos termos do disposto no art. 8º e no art. 229 da Lei n. 6.404, de 1976.

ART. 6º O capital social inicial da NAV Brasil será formado pela versão do patrimônio cindido da INFRAERO.

§ 1º O capital social da NAV Brasil pertencerá integralmente à União.

§ 2º Ato do Poder Executivo federal poderá transformar a NAV Brasil em sociedade de economia mista.

§ 3º A integralização do capital social da NAV Brasil será realizada por meio de contribuições em moeda corrente ou pela incorporação de qualquer espécie de bens suscetíveis de avaliação em dinheiro.

ART. 7º Fica a União autorizada a transferir à NAV Brasil bens e benfeitorias da infraestrutura aeronáutica sob a responsabilidade do Comando da Aeronáutica destinados à prestação de serviços de navegação aérea.

§ 1º As transferências de que trata este artigo se efetivarão por meio de atos do Comandante da Aeronáutica.

§ 2º A autorização de que trata o *caput* será válida até que se realize o disposto no § 2º do art. 6º.

ART. 8º A NAV Brasil, em atendimento ao interesse coletivo, terá por objeto implementar, administrar, operar e explorar industrial e comercialmente a infraestrutura aeronáutica destinada à prestação de serviços de navegação aérea que lhe for atribuída pela autoridade aeronáutica.

§ 1º O Comandante da Aeronáutica atuará como autoridade aeronáutica, e terá asseguradas as prerrogativas necessárias ao cumprimento de suas atribuições.

§ 2º A atribuição prevista no *caput* poderá ser realizada por meio de ato administrativo ou de contratação direta da NAV Brasil pela União, observado o disposto no art. 20, hipótese em que será dispensável a licitação.

ART. 9º Compete à NAV Brasil:

I - gerenciar técnica, operacional, administrativa, comercial e industrialmente a infraestrutura e os serviços de navegação aérea que lhes sejam atribuídos pela autoridade aeronáutica, incluídos os bens imóveis e as atividades correlatas sob a sua responsabilidade;

II - implementar e modernizar órgãos, instalações ou estruturas de apoio à navegação aérea que lhe sejam atribuídos;

III - coordenar, executar, fiscalizar e administrar obras de infraestrutura aplicadas ao controle do espaço aéreo, aos serviços de navegação aérea e aos serviços correlatos;

IV - exercer atividades relacionadas com a área de telecomunicações, no âmbito de sua competência;

V - promover a formação, o treinamento e o aperfeiçoamento de pessoal especializado em suas áreas de atuação e explorar comercialmente essas atividades;

VI - contribuir para o planejamento e o desenvolvimento do controle do espaço aéreo e dos serviços de navegação aérea, por meio de seus quadros técnicos especializados;

VII - elaborar estudos, planos e projetos ou contratar obras e serviços relacionados com o seu objeto social;

VIII - desenvolver tecnologias de produção, produtos e processos e outras tecnologias de interesse direto ou correlato;

IX - exportar e importar produtos e serviços relacionados com a sua área de atuação;

X - contribuir para a implementação de ações necessárias à promoção, ao desenvolvimento, à absorção, à transferência e à manutenção de tecnologias críticas e conhecimentos técnico-científicos relacionados com a sua área de atuação;

XI - celebrar contratos, termos de parceria, ajustes, acordos, convênios e instrumentos congêneres considerados necessários ao cumprimento do seu objeto social;

XII - operacionalizar contratos de compensação tecnológica, industrial e comercial;

XIII - estimular e apoiar, técnica e financeiramente, as atividades de pesquisa e de desenvolvimento relacionadas com o seu objeto social;

XIV - captar financiamentos, nacionais ou internacionais;

XV - produzir conhecimento técnico-científico para o benefício da navegação aérea e prestar comercialmente consultoria e assessoramento em suas áreas de atuação, no País e no exterior; e

XVI - executar outras atividades relacionadas com o seu objeto social.

Parágrafo único. A NAV Brasil deverá assegurar a compatibilidade e a interoperabilidade de equipamentos, materiais e sistemas por ela utilizados na prestação dos serviços de navegação aérea com aqueles empregados pelo Comando da Aeronáutica no Sistema de Controle do Espaço Aéreo Brasileiro.

ART. 10. Constituem recursos da NAV Brasil:

I - tarifas de navegação aérea;

II - receitas decorrentes da exploração de direitos autorais e intelectuais;

III - recursos provenientes de desenvolvimento de suas atividades e de convênios, ajustes ou contratos;

IV - produtos de operações de crédito, comissões, juros e rendas patrimoniais, inclusive a venda de bens ou de materiais inservíveis;

V - doações, legados e receitas eventuais; e

VI - recursos provenientes de outras fontes.

Parágrafo único. Os recursos provenientes da arrecadação das tarifas de navegação aérea a que se refere o inciso I do *caput* referem-se à remuneração pelos serviços prestados pela NAV Brasil.

ART. 11. A NAV Brasil contará com uma Assembleia Geral, será administrada por um Conselho de Administração com funções deliberativas e por uma Diretoria-Executiva, e contará, ainda, com um Conselho Fiscal e um Comitê de Auditoria Estatutário.

§ 1º A NAV Brasil observará o disposto na Lei n. 6.404, de 1976, e na Lei n. 13.303, de 30 de junho de 2016, em especial quanto às normas referentes à governança corporativa.

§ 2º O estatuto social da NAV Brasil definirá a composição, as atribuições e o funcionamento dos órgãos societários da empresa.

ART. 12. O regime jurídico do pessoal da NAV Brasil será o da Consolidação das Leis do Trabalho - CLT, aprovada pelo Decreto-Lei n. 5.452, de 1º de maio de 1943, e de sua legislação complementar.

§ 1º A contratação de pessoal permanente da NAV Brasil será efetuada por meio de concurso público de provas ou de provas e títulos, observadas as normas específicas editadas pelo Conselho de Administração.

§ 2º O quadro inicial de pessoal da NAV Brasil será composto pelos empregados da INFRAERO que, em 1º de setembro de 2018, já exerciam atividades diretamente relacionadas com a prestação de serviços de navegação aérea, transferidos por sucessão trabalhista, sem caracterizar rescisão contratual.

§ 3º Para os fins do disposto no § 2º, considera-se no exercício de atividade diretamente relacionada com a prestação de serviços de navegação aérea o empregado da INFRAERO que atenda, alternativamente, a um dos seguintes requisitos:

I - formação e treinamento reconhecidos pelo Comando da Aeronáutica para a prestação de serviços de navegação aérea, com atuação efetiva no gerenciamento dos órgãos de navegação aérea ou na prestação de serviços de Controle de Tráfego Aéreo, Informação de Voo de Aeródromo, Telecomunicações Aeronáuticas, Meteorologia Aeronáutica ou de Informações Aeronáuticas;

II - graduação em Psicologia e certificação emitida pelo Comando da Aeronáutica na área de Fator Humano - Aspecto Psicológico - para a prevenção de acidentes aeronáuticos, com atuação exclusiva na prevenção de acidentes e incidentes de tráfego aéreo;

III - certificação de habilitação técnica válida emitida pelo Comando da Aeronáutica para a execução de serviços em equipamentos e sistemas de navegação aérea, com atuação exclusiva nos órgãos de navegação aérea;

IV - execução de serviços administrativos exclusivamente em órgãos de navegação aérea; ou

V - execução de serviços de conservação em localidades nas quais a INFRAERO disponha apenas de órgão de navegação aérea e que não haja a prestação de serviço de controle de tráfego aéreo.

§ 4º Os empregados transferidos da INFRAERO por sucessão trabalhista passam para o quadro de pessoal da NAV Brasil e rompem, por completo, o vínculo com a INFRAERO, situação em que:

I - as alterações posteriores no plano de cargos e salário ou concessão de benefícios supervenientes realizados pela INFRAERO não se aplicam aos empregados transferidos à NAV Brasil; e

II - as alterações posteriores no plano de cargos e salários ou concessão de benefícios supervenientes realizados pela NAV Brasil em favor de seus empregados não se estendem aos empregados não transferidos da INFRAERO.

ART. 13. Para fins de sua implementação, a NAV Brasil poderá, pelo período de quatro anos após a sua constituição, contratar pessoal técnico e administrativo por tempo determinado.

§ 1º A contratação de pessoal por tempo determinado de que trata o *caput*, imprescindível ao funcionamento inicial da NAV Brasil, será considerada como necessidade temporária de excepcional interesse público, conforme os critérios definidos pelo Conselho de Administração.

§ 2º A contratação a que se refere o *caput* observará os procedimentos estabelecidos no *caput* do art. 3º, no art. 6º, no inciso II do *caput* do art. 7º, no art. 9º e no art. 12 da Lei n. 8.745, de 9 de dezembro de 1993.

§ 3º O prazo de que trata o *caput* poderá ser prorrogado uma vez por um ano, por meio de ato do Ministro de Estado do Planejamento, Desenvolvimento e Gestão.

ART. 14. Sem prejuízo do disposto no art. 13 e observados os requisitos e as condições previstos na legislação trabalhista, a NAV Brasil poderá efetuar contratação de pessoal por tempo determinado, cujos instrumentos terão a duração máxima de dois anos, por meio de processo seletivo simplificado.

§ 1º A contratação por tempo determinado somente será admitida nas hipóteses:

I - de serviço cuja natureza ou transitoriedade justifique a predeterminação do prazo; e

II - de atividades empresariais de caráter transitório.

§ 2º O contrato de trabalho por prazo determinado poderá ser prorrogado apenas uma vez e desde que a soma dos períodos não ultrapasse dois anos.

§ 3º O processo seletivo referido no *caput* será estabelecido no regimento interno da NAV Brasil, conterá critérios objetivos e estará sujeito, em qualquer hipótese, à ampla divulgação.

§ 4º O pessoal contratado nos termos estabelecidos neste artigo não poderá:

I - receber atribuições, funções ou encargos não previstos em contrato;

II - ser nomeado ou designado, ainda que a título precário ou em substituição, para o exercício de cargo em comissão ou de função de confiança; e

III - ser novamente contratado pela NAV Brasil, com fundamento no disposto neste artigo, antes de decorrido o período de seis meses, contado da data de encerramento de seu contrato anterior.

§ 5º A inobservância ao disposto neste artigo importará na resolução do contrato, nas hipóteses previstas nos incisos I e II do § 4º, ou na sua nulidade, nas demais hipóteses, sem prejuízo da responsabilidade acometida aos administradores.

ART. 15. Fica autorizada a cessão de servidores e de empregados públicos e a colocação à disposição de militares à NAV Brasil, independentemente da ocupação de cargo em comissão ou de função de confiança.

§ 1º Os militares postos à disposição da NAV Brasil serão considerados, para todos os efeitos legais, no exercício de cargo de natureza militar.

§ 2º A NAV Brasil reembolsará os órgãos e as entidades de origem pelas despesas de pessoal com servidores e empregados cedidos ou com militares colocados à disposição na forma prevista neste artigo.

ART. 16. O Ministro de Estado do Planejamento, Desenvolvimento e Gestão estabelecerá o limite de quadro de pessoal de que tratam o art. 12 ao art. 15.

ART. 17. Fica a NAV Brasil autorizada a patrocinar entidade fechada de previdência complementar.

§ 1º O patrocínio de que trata o *caput* será feito por meio da adesão à entidade fechada de previdência complementar já existente.

§ 2º A NAV Brasil atuará como patrocinadora dos planos de benefícios de previdência complementar, na condição de sucessora trabalhista, dos empregados a que se refere o § 2º do art. 12.

ART. 18. A NAV Brasil sub-rogará, integral ou parcialmente, todos os contratos e convênios em vigor firmados pela INFRAERO e pelo Comando da Aeronáutica que digam respeito à prestação de serviços de navegação aérea transferidos à sua responsabilidade.

ART. 19. A INFRAERO poderá prestar apoio técnico e administrativo à NAV Brasil, nos termos estabelecidos em contrato.

§ 1º A autorização de que trata o *caput* terá validade pelo prazo de dois anos, contado da data de constituição da NAV Brasil.

§ 2º A prestação de apoio técnico e administrativo prevista neste artigo será remunerada de modo a suportar exclusivamente os custos envolvidos.

ART. 20. Ato do Comandante da Aeronáutica disciplinará a autorização para a exploração da infraestrutura aeronáutica destinada à prestação de serviços de navegação aérea pela NAV Brasil.

ART. 21. A Lei n. 7.783, de 28 de junho de 1989, passa a vigorar com as seguintes alterações:

"Art. 10. [...]

X - controle de tráfego aéreo e navegação aérea; e

[...]" (NR)

ART. 22. A Lei n. 6.009, de 26 de dezembro de 1973, passa a vigorar com as seguintes alterações:

"Art. 8º [...]

§ 4º Compete ao Comandante da Aeronáutica, nos termos do disposto no § 3º, reajustar as tarifas de que trata este artigo anualmente pelo Índice Nacional de Preços ao Consumidor Amplo - IPCA, ou por outro que vier a substituí-lo, e proceder, quando couber, à sua revisão." (NR)

"Art. 11. O produto da arrecadação das tarifas de navegação aérea relativas à utilização das instalações e dos serviços providos pelo Comando da Aeronáutica constituirá receita do Fundo Aeronáutico." (NR)

ART. 23. Esta Medida Provisória entra em vigor na data de sua publicação.

Brasília, 20 de dezembro de 2018; 197º da Independência e 130º da República.

MICHEL TEMER

ATOS NORMATIVOS

ATOS NORMATIVOS

PROVIMENTO CNJ N. 30, DE 16 DE ABRIL DE 2013

Disciplina a recepção e protesto de cheques, nas hipóteses que relaciona, visando coibir fraudes que possam acarretar prejuízos aos devedores ou a terceiros.

- Arts. 188 e 422, CC/2002.

O CORREGEDOR NACIONAL DE JUSTIÇA, Ministro Francisco Falcão, no uso de suas atribuições legais e constitucionais;

CONSIDERANDO as notícias de protestos de cheques antigos, com valores irrisórios, apresentados por terceiros, isoladamente ou em lote, sem a correta indicação dos endereços dos respectivos emitentes;

CONSIDERANDO que os apresentantes dos títulos, em observância da boa-fé, têm o dever de indicar os corretos endereços dos emitentes, para possibilitar que sejam notificados pessoalmente para pagar seus débitos, ou para que possam adotar as providências, judiciais ou extrajudiciais, eventualmente cabíveis para a tutela dos direitos que entenderem possuir;

CONSIDERANDO a existência de legislações estaduais que diferem o pagamento dos emolumentos para momento posterior à apresentação e lavratura do protesto, o que permite a aquisição por terceiros de cheques antigos, geralmente em lote e por baixos valores, e seu apontamento para protesto sem cautela quanto à indicação dos corretos endereços dos emitentes;

CONSIDERANDO a notícia de lavratura de protestos de cheques que tiveram os pagamentos sustados em razão de comunicação de furto, de roubo, ou em decorrência de extravio ou subtração no interior da instituição bancária ou durante a remessa, pela instituição bancária, aos titulares das contas bancárias;

CONSIDERANDO que o titular de um direito deve exercê-lo dentro dos limites impostos pelo seu fim econômico ou social, pela boa-fé ou pelos bons costumes (art. 188 do Código Civil), deve guardar nas relações contratuais o princípio da boa-fé (art. 422 do Código Civil), e que a boa-fé é princípio que norteia as relações de consumo;

CONSIDERANDO as medidas já adotadas por Corregedorias Gerais da Justiça, com sucesso, para coibir fraudes e práticas ditadas por má-fé que desvirtuam a finalidade do protesto de títulos e outros documentos de dívida;

RESOLVE;

ART. 1º O cheque poderá ser protestado no lugar do pagamento, ou no domicílio do emitente, e deverá conter a prova da apresentação ao banco sacado e o motivo da recusa de pagamento, salvo se o protesto tiver por finalidade instruir medidas contra o estabelecimento de crédito.

ART. 2º É vedado o protesto de cheques devolvidos pelo banco sacado por motivo de furto, roubo ou extravio de folhas ou talonários, ou por fraude, nos casos dos motivos números 20, 25, 28, 30 e 35, da Resolução 1.682, de 31.01.1990, da Circular 2.313, de 26.05.1993, da Circular 3.050, de 02.08.2001, e da Circular 3.535, de 16 de maio de 2011, do Banco Central do Brasil, desde que os títulos não tenham circulado por meio de endosso, nem estejam garantidos por aval.

§ 1º A pessoa que figurar como emitente de cheque referido no *caput* deste artigo, já protestado, poderá solicitar diretamente ao Tabelião, sem ônus, o cancelamento do protesto tirado por falta de pagamento, instruindo o requerimento com prova do motivo da devolução do cheque pelo Banco sacado. O Tabelião, sendo suficiente a prova apresentada, promoverá, em até 30 dias, o cancelamento do protesto e a comunicação dessa medida ao apresentante, pelo Correio ou outro meio hábil.

§ 2º Existindo nos cheques referidos no *caput* deste artigo endosso ou aval, não constarão nos assentamentos de serviços de protesto os nomes e números do CPF dos titulares da respectiva conta corrente bancária, anotando-se nos campos próprios que o emitente é desconhecido e elaborando-se, em separado, índice pelo nome do apresentante.

ART. 3º Quando o cheque for apresentado para protesto mais de um ano após sua emissão será obrigatória a comprovação, pelo apresentante, do endereço do emitente.

§ 1º Igual comprovação poderá ser exigida pelo Tabelião quando o lugar de pagamento do cheque for diverso da comarca em que apresentado (ou do município em que sediado o Tabelião), ou houver razão para suspeitar da veracidade do endereço fornecido.

§ 2º A comprovação do endereço do emitente, quando a devolução do cheque decorrer dos motivos correspondentes aos números 11, 12, 13, 14, 21, 22 e 31, previstos nos diplomas mencionados no art. 2º, será realizada mediante apresentação de declaração do Banco sacado, em papel timbrado e com identificação do signatário, fornecida nos termos do artigo 6º da Resolução n. 3.972, de 28 de abril de 2011, do Banco Central do Brasil. Certificando o Banco sacado que não pode fornecer a declaração, poderá o apresentante comprovar o endereço do emitente por outro meio hábil.

§ 3º Devolvido o cheque por outro motivo, a comprovação do endereço poderá ser feita por meio da declaração do apresentante, ou outras provas documentais idôneas.

ART. 4º Na hipótese prevista no art. 3º deste Provimento, o apresentante de título para protesto preencherá formulário de apresentação, a ser arquivado na serventia, em que informará, sob sua responsabilidade, as características essenciais do título e os dados do devedor.

§ 1º O formulário será assinado pelo apresentante ou seu representante legal, se for pessoa jurídica, ou, se não comparecer pessoalmente, pela pessoa que exibir o título ou o documento de dívida para ser protocolizado, devendo constar os nomes completos de ambos, os números de suas cédulas de identidade, e de seus endereços e telefones.

§ 2º Para a recepção do título será conferida a cédula de identidade do apresentante, visando a apuração de sua correspondência com os dados lançados no formulário de apresentação.

§ 3º Sendo o título exibido para recepção por pessoa distinta do apresentante ou de seu representante legal, além de conferida sua cédula de identidade será o formulário de apresentação instruído com cópia da cédula de identidade do apresentante, ou de seu representante legal se for pessoa jurídica, a ser arquivada na serventia.

§ 4º Onde houver mais de um Tabelião de Protesto, o formulário de apresentação será entregue ao distribuidor de títulos, ou ao serviço de distribuição de títulos.

§ 5º O formulário poderá ser preenchido em duas vias, uma para arquivamento e outra para servir como recibo a ser entregue ao apresentante, e poderá conter outras informações conforme dispuser norma da Corregedoria Geral da Justiça, ou do Juiz Corregedor Permanente ou Juiz competente na forma da organização local.

ART. 5º O Tabelião recusará o protesto de cheque quando tiver fundada suspeita de que o endereço indicado como sendo do devedor é incorreto.

Parágrafo único. O Tabelião de Protesto comunicará o fato à Autoridade Policial quando constatar que o apresentante, agindo de má-fé, declarou endereço incorreto do devedor.

ART. 6º Nos Estados em que o recolhimento dos emolumentos for diferido para data posterior à da apresentação e protesto, o protesto facultativo será recusado pelo Tabelião quando as circunstâncias da apresentação indicarem exercício abusivo de direito. Dentre outras, para tal finalidade, o Tabelião verificará as seguintes hipóteses:

I - cheques com datas antigas e valores irrisórios, apresentados, isoladamente ou em lote, por terceiros que não sejam seus beneficiários originais ou emitidos sem indicação do favorecido;

II - indicação de endereço onde o emitente não residir, feita de modo a inviabilizar a intimação pessoal.

Parágrafo único. Para apuração da legitimidade da pretensão, o Tabelião poderá exigir, de forma escrita e fundamentada, que o apresentante preste esclarecimentos sobre os motivos que justificam o protesto, assim como apresente provas complementares do endereço do emitente, arquivando na serventia a declaração e os documentos comprobatórios que lhe forem apresentados.

ART. 7º A recusa da lavratura do protesto deverá ser manifestada em nota devolutiva, por escrito, com exposição de seus fundamentos.

Parágrafo único. Não se conformando com a recusa, o apresentante poderá requerer, em procedimento administrativo, sua revisão pelo Juiz Corregedor Permanente, ou pelo Juiz competente na forma da organização local, que poderá mantê-la ou determinar a lavratura do instrumento de protesto.

ART. 8º As declarações e documentos comprobatórios de endereço previstos neste Provimento poderão ser arquivados em mídia eletrônica ou digital, inclusive com extração de imagem mediante uso de "scanner", fotografia ou outro meio hábil.

ART. 9º Este Provimento não revoga as normas editadas pelas Corregedorias Gerais da Justiça e pelos Juízes Corregedores, ou Juízes competentes na forma da organização local, para o protesto de cheque, no que forem compatíveis.

ART. 10. As Corregedorias Gerais da Justiça deverão dar ciência deste Provimento aos Juízes e aos responsáveis pelas unidades do serviço extrajudicial de protesto de títulos e documentos.

ART. 11. Este Provimento entrará em vigência na data de sua publicação.

Brasília, 16 de abril de 2013.

MINISTRO FRANCISCO FALCÃO

RESOLUÇÃO CNJ N. 213, DE 15 DE DEZEMBRO DE 2015

Dispõe sobre a apresentação de toda pessoa presa à autoridade judicial no prazo de 24 horas.

- Origem: Presidência
- DJe/CNJ 1, de 08.01.2016, p. 2-13.
- Lei 12.403/2011 (Altera dispositivos do CPP relativos à prisão processual, fiança, liberdade provisória, demais medidas cautelares).
- Pacto Internacional de Direitos Civis e Políticos das Nações Unidas - art. 9º, item 3.
- Convenção Americana sobre Direitos Humanos (Pacto de São José da Costa Rica) - art. 7º, item 5.

O PRESIDENTE DO CONSELHO NACIONAL DE JUSTIÇA (CNJ), no uso de suas atribuições legais e regimentais;

CONSIDERANDO o art. 9º, item 3, do Pacto Internacional de Direitos Civis e Políticos das Nações

Unidas, bem como o art. 7º, item 5, da Convenção Americana sobre Direitos Humanos (Pacto de São José da Costa Rica);

CONSIDERANDO a decisão nos autos da Arguição de Descumprimento de Preceito Fundamental 347 do Supremo Tribunal Federal, consignando a obrigatoriedade da apresentação da pessoa presa à autoridade judicial competente;

CONSIDERANDO o que dispõe a letra "a" do inciso I do art. 96 da Constituição Federal, que defere aos tribunais a possibilidade de tratarem da competência e do funcionamento dos seus serviços e órgãos jurisdicionais e administrativos;

CONSIDERANDO a decisão prolatada na Ação Direta de Inconstitucionalidade 5240 do Supremo Tribunal Federal, declarando a constitucionalidade da disciplina pelos Tribunais da apresentação da pessoa presa à autoridade judicial competente;

CONSIDERANDO o relatório produzido pelo Subcomitê de Prevenção à Tortura da ONU (CAT/OP/BRA/R.1, 2011), pelo Grupo de Trabalho sobre Detenção Arbitrária da ONU (A/HRC/27/48/Add.3, 2014) e o relatório sobre o uso da prisão provisória nas Américas da Organização dos Estados Americanos;

CONSIDERANDO o diagnóstico de pessoas presas apresentado pelo CNJ e o INFOPEN do Departamento Penitenciário Nacional do Ministério da Justiça (DEPEN/MJ), publicados, respectivamente, nos anos de 2014 e 2015, revelando o contingente desproporcional de pessoas presas provisoriamente;

CONSIDERANDO que a prisão, conforme previsão constitucional (CF, art. 5º, LXV, LXVI), é medida extrema que se aplica somente nos casos expressos em lei e quando a hipótese não comportar nenhuma das medidas cautelares alternativas;

CONSIDERANDO que as inovações introduzidas no Código de Processo Penal pela Lei 12.403, de 4 de maio de 2011, impuseram ao juiz a obrigação de converter em prisão preventiva a prisão em flagrante delito, somente quando apurada a impossibilidade de relaxamento ou concessão de liberdade provisória, com ou sem medida cautelar diversa da prisão;

CONSIDERANDO que a condução imediata da pessoa presa à autoridade judicial é o meio mais eficaz para prevenir e reprimir a prática de tortura no momento da prisão, assegurando, portanto, o direito à integridade física e psicológica das pessoas submetidas à custódia estatal, previsto no art. 5.2 da Convenção Americana de Direitos Humanos e no art. 2.1 da Convenção Contra a Tortura e Outros Tratamentos ou Penas Cruéis, Desumanos ou Degradantes;

CONSIDERANDO o disposto na Recomendação CNJ 49 de 1º de abril de 2014;

CONSIDERANDO a decisão plenária tomada no julgamento do Ato Normativo 0005913-65.2015.2.00.0000, na 223ª Sessão Ordinária, realizada em 15 de dezembro de 2015;

RESOLVE:

ART. 1º Determinar que toda pessoa presa em flagrante delito, independentemente da motivação ou natureza do ato, seja obrigatoriamente apresentada, em até 24 horas da comunicação do flagrante, à autoridade judicial competente, e ouvida sobre as circunstâncias em que se realizou sua prisão ou apreensão.

§ 1º A comunicação da prisão em flagrante à autoridade judicial, que se dará por meio do encaminhamento do auto de prisão em flagrante, de acordo com as rotinas previstas em cada Estado da Federação, não supre a apresentação pessoal determinada no *caput*.

§ 2º Entende-se por autoridade judicial competente aquela assim disposta pelas leis de organização judiciária locais, ou, salvo omissão, definida por ato normativo do Tribunal de Justiça, Tribunal de Justiça Militar, Tribunal Regional Federal, Tribunal Regional Eleitoral ou do Superior Tribunal Militar que instituir as audiências de apresentação, incluído o juiz plantonista. (Alterado pela Res. CNJ 268/2018.)

§ 3º No caso de prisão em flagrante delito da competência originária de Tribunal, a apresentação do preso poderá ser feita ao juiz que o Presidente do Tribunal ou Relator designar para esse fim.

§ 4º Estando a pessoa presa acometida de grave enfermidade, ou havendo circunstância comprovadamente excepcional que a impossibilite de ser apresentada ao juiz no prazo do *caput*, deverá ser assegurada a realização da audiência no local em que ela se encontre e, nos casos em que o deslocamento se mostre inviável, deverá ser providenciada a condução para a audiência de custódia imediatamente após restabelecida sua condição de saúde ou de apresentação.

§ 5º O CNJ, ouvidos os órgãos jurisdicionais locais, editará ato complementar a esta Resolução, regulamentando, em caráter excepcional, os prazos para apresentação à autoridade judicial da pessoa presa em Municípios ou sedes regionais a serem especificados, em que o juiz competente ou plantonista esteja impossibilitado de cumprir o prazo estabelecido no *caput*.

ART. 2º O deslocamento da pessoa presa em flagrante delito ao local da audiência e desse, eventualmente, para alguma unidade prisional específica, no caso de aplicação da prisão preventiva, será de responsabilidade da Secretaria de Administração Penitenciária ou da Secretaria de Segurança Pública, conforme os regramentos locais.

Parágrafo único. Os tribunais poderão celebrar convênios de modo a viabilizar a realização da audiência de custódia fora da unidade judiciária correspondente.

ART. 3º Se, por qualquer motivo, não houver juiz na comarca até o final do prazo do art. 1º, a pessoa presa será levada imediatamente ao substituto legal, observado, no que couber, o § 5º do art. 1º.

ART. 4º A audiência de custódia será realizada na presença do Ministério Público e da Defensoria Pública, caso a pessoa detida não possua defensor constituído no momento da lavratura do flagrante.

Parágrafo único. É vedada a presença dos agentes policiais responsáveis pela prisão ou pela investigação durante a audiência de custódia.

ART. 5º Se a pessoa presa em flagrante delito constituir advogado até o término da lavratura do auto de prisão em flagrante, o Delegado de polícia deverá notificá-lo, pelos meios mais comuns, tais como correio eletrônico, telefone ou mensagem de texto, para que compareça à audiência de custódia, consignando nos autos.

Parágrafo único. Não havendo defensor constituído, a pessoa presa será atendida pela Defensoria Pública.

ART. 6º Antes da apresentação da pessoa presa ao juiz, será assegurado seu atendimento prévio e reservado por advogado por ela constituído ou defensor público, sem a presença de agentes policiais, sendo esclarecidos por funcionário credenciado os motivos, fundamentos e ritos que versam a audiência de custódia.

Parágrafo único. Será reservado local apropriado visando a garantia da confidencialidade do atendimento prévio com advogado ou defensor público.

ART. 7º A apresentação da pessoa presa em flagrante delito à autoridade judicial competente será obrigatoriamente precedida de cadastro no Sistema de Audiência de Custódia (SISTAC).

§ 1º O SISTAC, sistema eletrônico de amplitude nacional, disponibilizado pelo CNJ, gratuitamente, para todas as unidades judiciais responsáveis pela realização da audiência de custódia, é destinado a facilitar a coleta dos dados produzidos na audiência e que decorram da apresentação de pessoa presa em flagrante delito a um juiz e tem por objetivos:

I - registrar formalmente o fluxo das audiências de custódia nos tribunais;

II - sistematizar os dados coletados durante a audiência de custódia, de forma a viabilizar o controle das informações produzidas, relativas às prisões em flagrante, às decisões judiciais e ao ingresso no sistema prisional;

III - produzir estatísticas sobre o número de pessoas presas em flagrante delito, de pessoas a quem foi concedida liberdade provisória, de medidas cautelares aplicadas com a indicação da respectiva modalidade, de denúncias relativas a tortura e maus tratos, entre outras;

IV - elaborar ata padronizada da audiência de custódia;

V - facilitar a consulta a assentamentos anteriores, com o objetivo de permitir a atualização do perfil das pessoas presas em flagrante delito a qualquer momento e a vinculação do cadastro de seus dados pessoais a novos atos processuais;

VI - permitir o registro de denúncias de torturas e maus tratos, para posterior encaminhamento para investigação;

VII - manter o registro dos encaminhamentos sociais, de caráter voluntário, recomendados pelo juiz ou indicados pela equipe técnica, bem como os de exame de corpo de delito, solicitados pelo juiz;

VIII - analisar os efeitos, impactos e resultados da implementação da audiência de custódia.

§ 2º A apresentação da pessoa presa em flagrante delito em juízo acontecerá após o protocolo e distribuição do auto de prisão em flagrante e respectiva nota de culpa perante a unidade judiciária correspondente, dela constando o motivo da prisão, o nome do condutor e das testemunhas do flagrante, perante a unidade responsável para operacionalizar o ato, de acordo com regramentos locais.

§ 3º O auto de prisão em flagrante subsidiará as informações a serem registradas no SISTAC, conjuntamente com aquelas obtidas a partir do relato do próprio autuado.

§ 4º Os dados extraídos dos relatórios mencionados no inciso III do § 1º serão disponibilizados no sítio eletrônico do CNJ, razão pela qual as autoridades judiciárias responsáveis devem assegurar a correta e contínua alimentação do SISTAC.

ART. 8º Na audiência de custódia, a autoridade judicial entrevistará a pessoa presa em flagrante, devendo:

I - esclarecer o que é a audiência de custódia, ressaltando as questões a serem analisadas pela autoridade judicial;

II - assegurar que a pessoa presa não esteja algemada, salvo em casos de resistência e de fundado receio de fuga ou de perigo à integridade física própria ou alheia, devendo a excepcionalidade ser justificada por escrito;

III - dar ciência sobre seu direito de permanecer em silêncio;

IV - questionar se lhe foi dada ciência e efetiva oportunidade de exercício dos direitos constitucionais inerentes à sua condição, particularmente o direito de consultar-se com advogado ou defensor público, o de ser atendido por médico e o de comunicar-se com seus familiares;

V - indagar sobre as circunstâncias de sua prisão ou apreensão;

VI - perguntar sobre o tratamento recebido em todos os locais por onde passou antes da apresentação à audiência, questionando sobre a ocorrência de tortura e maus tratos e adotando as providências cabíveis;

VII - verificar se houve a realização de exame de corpo de delito, determinando sua realização nos casos em que:

a) não tiver sido realizado;

b) os registros se mostrarem insuficientes;

c) a alegação de tortura e maus tratos referir-se a momento posterior ao exame realizado;

d) o exame tiver sido realizado na presença de agente policial, observando-se a Recomendação CNJ 49/2014 quanto à formulação de quesitos ao perito;

VIII - abster-se de formular perguntas com finalidade de produzir prova para a investigação ou ação penal relativas aos fatos objeto do auto de prisão em flagrante;

IX - adotar as providências a seu cargo para sanar possíveis irregularidades;

X - averiguar, por perguntas e visualmente, hipóteses de gravidez, existência de filhos ou dependentes sob cuidados da pessoa presa em flagrante delito, histórico de doença grave, incluídos os transtornos mentais e a dependência química, para analisar o cabimento de encaminhamento assistencial e da concessão da liberdade provisória, sem ou com a imposição de medida cautelar.

§ 1º Após a oitiva da pessoa presa em flagrante delito, o juiz deferirá ao Ministério Público e à defesa técnica, nesta ordem, reperguntas compatíveis com a natureza do ato, devendo indeferir as perguntas relativas ao mérito dos fatos que possam constituir eventual imputação, permitindo-lhes, em seguida, requerer:

I - o relaxamento da prisão em flagrante;

II - a concessão da liberdade provisória sem ou com aplicação de medida cautelar diversa da prisão;

III - a decretação de prisão preventiva;

IV - a adoção de outras medidas necessárias à preservação de direitos da pessoa presa.

§ 2º A oitiva da pessoa presa será registrada, preferencialmente, em mídia, dispensando-se a formalização de termo de manifestação da pessoa presa ou do conteúdo das postulações das partes, e ficará arquivada na unidade responsável pela audiência de custódia.

§ 3º A ata da audiência conterá, apenas e resumidamente, a deliberação fundamentada do magistrado quanto à legalidade e manutenção da prisão, cabimento de liberdade provisória sem ou com a imposição de medidas cautelares diversas da prisão, considerando-se o pedido de cada parte, como também as providências tomadas, em caso da constatação de indícios de tortura e maus tratos.

§ 4º Concluída a audiência de custódia, cópia da sua ata será entregue à pessoa presa em flagrante delito, ao Defensor e ao Ministério Público, tomando-se a ciência de todos, e apenas o auto de prisão em flagrante, com antecedentes e cópia da ata, seguirá para livre distribuição.

§ 5º Proferida a decisão que resultar no relaxamento da prisão em flagrante, na concessão da liberdade provisória sem ou com a imposição de medida cautelar alternativa à prisão, ou quando determinado o imediato arquivamento do inquérito, a pessoa presa em flagrante delito será prontamente colocada em liberdade, mediante a expedição de alvará de soltura, e será informada sobre seus direitos e obrigações, salvo se por outro motivo tenha que continuar presa.

§ 6º Na hipótese do § 5º, a autoridade policial será cientificada e se a vítima de violência doméstica e familiar contra a mulher não estiver presente na audiência, deverá, antes da expedição do alvará de soltura, ser notificada da decisão, sem prejuízo da intimação do seu advogado ou do seu defensor público. (Acrescentado pela Res. CNJ 254/2018.)

ART. 9º A aplicação de medidas cautelares diversas da prisão previstas no art. 319 do CPP deverá compreender a avaliação da real adequação e necessidade das medidas, com estipulação de prazos para seu cumprimento e para a reavaliação de sua manutenção, observando-se o Protocolo I desta Resolução.

§ 1º O acompanhamento das medidas cautelares diversas da prisão determinadas judicialmente ficará a cargo dos serviços de acompanhamento de alternativas penais, denominados Centrais Integradas de Alternativas Penais, estruturados preferencialmente no âmbito do Poder Executivo estadual, contando com equipes multidisciplinares, responsáveis, ainda, pela realização dos encaminhamentos necessários à Rede de Atenção à Saúde do Sistema Único de Saúde (SUS) e à rede de assistência social do Sistema Único de Assistência Social (SUAS), bem como a outras políticas e programas ofertados pelo Poder Público, sendo os resultados do atendimento e do acompanhamento comunicados regularmente ao juízo ao qual for distribuído o auto de prisão em flagrante após a realização da audiência de custódia.

§ 2º Identificadas demandas abrangidas por políticas de proteção ou de inclusão social implementadas pelo Poder Público, caberá ao juiz encaminhar a pessoa presa em flagrante delito ao serviço de acompanhamento de alternativas penais, ao qual cabe a articulação com a rede de proteção social e a identificação das políticas e dos programas adequados a cada caso ou, nas Comarcas em que inexistirem serviços de acompanhamento de alternativas penais, indicar o encaminhamento direto às políticas de proteção ou inclusão social existentes, sensibilizando a pessoa presa em flagrante delito para o comparecimento de forma não obrigatória.

§ 3º O juiz deve buscar garantir às pessoas presas em flagrante delito o direito à atenção médica e psicossocial eventualmente necessária, resguardada a natureza voluntária desses serviços, a partir do encaminhamento ao serviço de acompanhamento de alternativas penais, não sendo cabível a aplicação de medidas cautelares para tratamento ou internação compulsória de pessoas autuadas em flagrante que apresentem quadro de transtorno mental ou de dependência química, em desconformidade com o previsto no art. 4º da Lei 10.216, de 6 de abril de 2001, e no art. 319, inciso VII, do CPP.

ART. 10. A aplicação da medida cautelar diversa da prisão prevista no art. 319, inciso IX, do Código de Processo Penal, será excepcional e determinada apenas quando demonstrada a impossibilidade de concessão da liberdade provisória sem cautelar ou de aplicação de outra medida cautelar menos gravosa, sujeitando-se à reavaliação periódica quanto à necessidade e adequação de sua manutenção, sendo destinada exclusivamente a pessoas presas em flagrante delito por crimes dolosos puníveis com pena privativa de liberdade máxima superior a 4 (quatro) anos ou condenadas por outro crime doloso, em sentença transitada em julgado, ressalvado o disposto no inciso I do *caput* do art. 64 do Código Penal, bem como pessoas em cumprimento de medidas protetivas de urgência acusadas por crimes que envolvam violência doméstica e familiar contra a mulher, criança, adolescente, idoso, enfermo ou pessoa com deficiência, quando não couber outra medida menos gravosa.

Parágrafo único. Por abranger dados que pressupõem sigilo, a utilização de informações coletadas durante a monitoração eletrônica de pessoas dependerá de autorização judicial, em atenção ao art. 5º, XII, da Constituição Federal.

ART. 11. Havendo declaração da pessoa presa em flagrante delito de que foi vítima de tortura e maus tratos ou entendimento da autoridade judicial de que há indícios da prática de tortura, será determinado o registro das informações, adotadas as providências cabíveis para a investigação da denúncia e preservação da segurança física e psicológica da vítima, que será encaminhada para atendimento médico e psicossocial especializado.

§ 1º Com o objetivo de assegurar o efetivo combate à tortura e maus tratos, a autoridade jurídica e funcionários deverão observar o Protocolo II desta Resolução com vistas a garantir condições adequadas para a oitiva e coleta idônea de depoimento das pessoas presas em flagrante delito na audiência de custódia, a adoção de procedimentos durante o depoimento que permitam a apuração de indícios de práticas de tortura e de providências cabíveis em caso de identificação de práticas de tortura.

§ 2º O funcionário responsável pela coleta de dados da pessoa presa em flagrante delito deve cuidar para que sejam coletadas as seguintes informações, respeitando a vontade da vítima:

I - identificação dos agressores, indicando sua instituição e sua unidade de atuação;

II - locais, datas e horários aproximados dos fatos;

III - descrição dos fatos, inclusive dos métodos adotados pelo agressor e a indicação das lesões sofridas;

IV - identificação de testemunhas que possam colaborar para a averiguação dos fatos;

V - verificação de registros das lesões sofridas pela vítima;

VI - existência de registro que indique prática de tortura ou maus tratos no laudo elaborado pelos peritos do Instituto Médico Legal;

VII - registro dos encaminhamentos dados pela autoridade judicial para requisitar investigação dos relatos;

VIII - registro da aplicação de medida protetiva ao autuado pela autoridade judicial, caso a natureza ou gravidade dos fatos relatados coloque em risco a vida ou a segurança da pessoa presa em flagrante delito, de seus familiares ou de testemunhas.

§ 3º Os registros das lesões poderão ser feitos em modo fotográfico ou audiovisual, respeitando a intimidade e consignando o consentimento da vítima.

§ 4º Averiguada pela autoridade judicial a necessidade da imposição de alguma medida de proteção à pessoa presa em flagrante delito, em razão da comunicação ou denúncia da prática de tortura e maus tratos, será assegurada, primordialmente, a integridade pessoal do denunciante, das testemunhas, do funcionário que constatou a ocorrência da prática abusiva e de seus familiares, e, se pertinente, o sigilo das informações.

§ 5º Os encaminhamentos dados pela autoridade judicial e as informações deles resultantes deverão ser comunicadas ao juiz responsável pela instrução do processo.

ART. 12. O termo da audiência de custódia será apensado ao inquérito ou à ação penal.

ART. 13. A apresentação à autoridade judicial no prazo de 24 horas também será assegurada às pessoas presas em decorrência de cumprimento de mandados de prisão cautelar ou definitiva, aplicando-se, no que couber, os procedimentos previstos nesta Resolução.

Parágrafo único. Todos os mandados de prisão deverão conter, expressamente, a determinação para que, no momento de seu cumprimento, a pessoa presa seja imediatamente apresentada à autoridade judicial que determinou a expedição da ordem de custódia ou, nos casos em que forem cumpridos fora da jurisdição do juiz processante, à autoridade judicial competente, conforme lei de organização judiciária local.

ART. 14. Os tribunais expedirão os atos necessários e auxiliarão os juízes no cumprimento desta Resolução, em consideração à realidade local, podendo realizar os convênios e gestões necessárias ao seu pleno cumprimento.

ART. 15. Os Tribunais de Justiça e os Tribunais Regionais Federais terão o prazo de 90 dias, contados a partir da entrada em vigor desta Resolução, para implantar a audiência de custódia no âmbito de suas respectivas jurisdições.

Parágrafo único. No mesmo prazo será assegurado, às pessoas presas em flagrante antes da implantação da audiência de custódia que não tenham sido apresentadas em outra audiência no curso do processo de conhecimento, a apresentação à autoridade judicial, nos termos desta Resolução.

ART. 16. O acompanhamento do cumprimento da presente Resolução contará com o apoio técnico do Departamento de Monitoramento e Fiscalização do Sistema Carcerário e Execução das Medidas Socioeducativas.

ART. 17. Esta Resolução entra em vigor a partir de 1º de fevereiro de 2016.

MINISTRO RICARDO LEWANDOWSKI

PROTOCOLO I

PROCEDIMENTOS PARA A APLICAÇÃO E O ACOMPANHAMENTO DE MEDIDAS CAUTELARES DIVERSAS DA PRISÃO PARA CUSTODIADOS APRESENTADOS NAS AUDIÊNCIAS DE CUSTÓDIA

Este documento tem por objetivo apresentar orientações e diretrizes sobre a aplicação e o acompanhamento de medidas cautelares diversas da prisão para custodiados apresentados nas audiências de custódia.

1. Fundamentos legais e finalidade das medidas cautelares diversas da prisão

A Lei das Cautelares (Lei 12.403/2011) foi instituída com o objetivo de conter o uso excessivo da prisão provisória. Ao ampliar o leque de possibilidades das medidas cautelares, a Lei das Cautelares introduziu no ordenamento jurídico penal modalidades alternativas ao encarceramento provisório.

Com a disseminação das audiências de custódia no Brasil, e diante da apresentação do preso em flagrante a um juiz, é possível calibrar melhor a necessidade da conversão das prisões em flagrante em prisões provisórias, tal como já demonstram as estatísticas dessa prática em todas as Unidades da Federação. Quanto mais demorado é o processo criminal, menor é a chance de que a pessoa tenha garantido o seu direito a uma pena alternativa à prisão.

Também menores são os índices de reincidência quando os réus não são submetidos à experiência de prisionalização.

O cárcere reforça o ciclo da violência ao contribuir para a ruptura dos vínculos familiares e comunitários da pessoa privada de liberdade, que sofre ainda com a estigmatização e as consequentes dificuldades de acesso ao mercado de trabalho, ampliando a situação de marginalização e a chance de ocorrerem novos processos de criminalização.

Apesar desse cenário, o Levantamento Nacional de Informações Penitenciárias (2015), consolidado pelo Departamento Penitenciário Nacional, aponta que 41% da população prisional no país é composta por presos sem condenação, que aguardam privados de liberdade o julgamento de seu processo.

A esse respeito, pesquisa publicada pelo IPEA (2015), sobre a Aplicação de Penas e Medidas Alternativas, aponta que em 37,2% dos casos em que réus estiveram presos provisoriamente, não houve condenação à prisão ao final do processo, resultando em absolvição ou condenação a penas restritivas de direitos em sua maioria. A pesquisa confirma, no país, diagnósticos de observadores internacionais, quanto *"ao sistemático, abusivo e desproporcional uso da prisão provisória pelo sistema de justiça"*.

As medidas cautelares devem agregar novos paradigmas a sua imposição, de modo que a adequação da medida se traduza na responsabilização do autuado, assegurando-lhe, ao mesmo tempo, condições de cumprimento dessas modalidades autonomia e liberdade, sem prejuízo do encaminhamento a programas e políticas de proteção e inclusão social já instituídos e disponibilizados pelo poder público.

Nesse sentido, conforme previsto nos Acordos de Cooperação n. 05, n. 06 e n. 07, de 09 de abril de 2015, firmados entre o Conselho Nacional de Justiça e o Ministério da Justiça, as medidas cautelares diversas da prisão aplicadas no âmbito das audiências de custódia serão encaminhadas para acompanhamento em serviços instituídos preferencialmente no âmbito do Poder Executivo estadual, denominados Centrais Integradas de Alternativas Penais ou com outra nomenclatura, bem como às Centrais de Monitoração Eletrônica, em casos específicos. Caberá ao Departamento Penitenciário Nacional, órgão vinculado ao Ministério da Justiça, em parceria com o Conselho Nacional de Justiça, elaborar manuais de gestão dessas práticas, com indicação das metodologias de acompanhamento dessas medidas.

Ainda de acordo com os acordos de cooperação, as medidas cautelares diversas da prisão deverão atentar às seguintes finalidades:

I. a promoção da autonomia e da cidadania da pessoa submetida à medida;

II. o incentivo à participação da comunidade e da vítima na resolução dos conflitos;

III. a autorresponsabilização e a manutenção do vínculo da pessoa submetida à medida com a comunidade, com a garantia de seus direitos individuais e sociais; e

IV. a restauração das relações sociais.

2. Diretrizes para a aplicação e o acompanhamento das medidas cautelares diversas da prisão

De forma a assegurar os fundamentos legais e as finalidades para a aplicação e o acompanhamento das medidas cautelares diversas da prisão, o juiz deverá observar as seguintes diretrizes:

I. Reserva da lei ou da legalidade: A aplicação e o acompanhamento das medidas cautelares diversas da prisão devem se ater às hipóteses previstas na legislação, não sendo cabíveis aplicações de medidas restritivas que extrapolem a legalidade.

II. Subsidiariedade e intervenção penal mínima: É preciso limitar a intervenção penal ao mínimo e garantir que o uso da prisão seja recurso residual junto ao sistema penal, privilegiando outras respostas aos problemas e conflitos sociais. As intervenções penais devem se ater às mais graves violações aos direitos humanos e se restringir ao mínimo necessário para fazer cessar a violação, considerando os custos sociais envolvidos na aplicação da prisão provisória ou de medidas cautelares que imponham restrições à liberdade.

III. Presunção de inocência: A presunção da inocência deve garantir às pessoas o direito à liberdade, à defesa e ao devido processo legal, devendo a prisão preventiva, bem como a aplicação de medidas cautelares diversas da prisão serem aplicadas de forma residual. A concessão da liberdade provisória sem ou com cautelares diversas da prisão é direito e não benefício, devendo sempre ser considerada a presunção de inocência das pessoas acusadas. Dessa forma, a regra deve ser a concessão da liberdade provisória sem a aplicação de cautelares, resguardando este direito sobretudo em relação a segmentos da população mais vulneráveis a processos de criminalização e com menor acesso à justiça.

IV. Dignidade e liberdade: A aplicação e o acompanhamento das medidas cautelares diversas da prisão devem primar pela dignidade e liberdade das pessoas. Esta liberdade pressupõe participação ativa das partes na construção das medidas, garantindo a individualização, a reparação, a restauração das relações e a justa medida para todos os envolvidos.

V. Individuação, respeito às trajetórias individuais e reconhecimento das potencialidades: Na aplicação e no acompanhamento das medidas cautelares diversas da prisão, deve-se respeitar as trajetórias individuais, promovendo soluções que comprometam positivamente as partes, observando-se as potencialidades pessoais dos sujeitos, destituindo as medidas de um sentido de mera retribuição sobre atos do passado, incompatíveis com a presunção de inocência assegurada constitucionalmente. É necessário promover sentidos emancipatórios para as pessoas envolvidas, contribuindo para a construção da cultura da paz e para a redução das diversas formas de violência.

VI. Respeito e promoção das diversidades: Na aplicação e no acompanhamento das medidas cautelares diversas da prisão, o Poder Judiciário e os programas de apoio à execução deverão garantir o respeito às diversidades geracionais, sociais, étnico/raciais, de gênero/sexualidade, de origem e nacionalidade, renda e classe social, de religião, crença, entre outras.

VII. Responsabilização: As medidas cautelares diversas da prisão devem promover a responsabilização com autonomia e liberdade dos indivíduos nelas envolvidas. Nesse sentido, a aplicação e o acompanhamento das medidas cautelares diversas da prisão devem ser estabelecidos a partir e com o compromisso das partes, de forma que a adequação da medida e seu cumprimento se traduzam em viabilidade e sentido para os envolvidos.

VIII. Provisoriedade: A aplicação e o acompanhamento das medidas cautelares diversas da prisão devem se ater à provisoriedade das medidas, considerando o impacto dessocializador que as restrições implicam. A morosidade do processo penal poderá significar um tempo de medida indeterminado ou injustificadamente prolongado, o que fere a razoabilidade e o princípio do mínimo penal. Nesse sentido, as medidas cautelares diversas da prisão deverão ser aplicadas sempre com a determinação do término da medida, além de se assegurar a reavaliação periódica das medidas restritivas aplicadas.

IX. Normalidade: A aplicação e o acompanhamento das medidas cautelares diversas da prisão devem ser delineadas a partir de cada situação concreta, em sintonia com os direitos e as trajetórias individuais das pessoas a cumprir. Assim, tais medidas devem primar por não interferir ou fazê-lo de forma menos impactante nas rotinas e relações cotidianas das pessoas envolvidas, limitando-se ao mínimo necessário para a tutela pretendida pela medida, sob risco de aprofundar os processos de marginalização e de criminalização das pessoas submetidas às medidas.

X. Não penalização da pobreza: A situação de vulnerabilidade social das pessoas autuadas e conduzidas à audiência de custódia não pode ser critério de seletividade em seu desfavor na consideração sobre a conversão da prisão em flagrante em prisão preventiva. Especialmente no caso de moradores de rua, a conveniência para a instrução criminal ou a dificuldade de intimação para comparecimento a atos processuais não é circunstância apta a justificar a prisão processual ou medida cautelar, devendo-se garantir, ainda, os encaminhamentos sociais de forma não obrigatória, sempre que necessários, preservada a liberdade e a autonomia dos sujeitos.

3. Procedimentos para acompanhamento das medidas cautelares e inclusão social

As medidas cautelares, quando aplicadas, devem atender a procedimentos capazes de garantir a sua exequibilidade, considerando:

I. a adequação da medida à capacidade de se garantir o seu acompanhamento, sem que o ônus de dificuldades na gestão recaia sobre o autuado;

II. as condições e capacidade de cumprimento pelo autuado;

III. a necessidade de garantia de encaminhamentos às demandas sociais do autuado, de forma não obrigatória.

Para garantir a efetividade das medidas cautelares diversas da prisão, cada órgão ou instância deve se ater às suas competências e conhecimentos, de forma sistêmica e complementar.

Para além da aplicação da medida, é necessário garantir instâncias de execução das medidas cautelares, com metodologias e equipes qualificadas capazes de permitir um acompanhamento adequado ao cumprimento das medidas cautelares diversas da prisão.

Para tanto, caberá ao Ministério da Justiça, em parceria com o Conselho Nacional de Justiça, desenvolver manuais de gestão, com metodologias, procedimentos e fluxos de trabalho, além de fomentar técnica e financeiramente a criação de estruturas de acompanhamento das medidas, conforme previsto nos Acordos de Cooperação n. 05, n. 06 e n. 07, de 09 de abril de 2015.

Nesse sentido, as Centrais Integradas de Alternativas Penais ou órgãos equivalentes, bem como as Centrais de Monitoração Eletrônica, serão estruturados preferencialmente no âmbito do Poder Executivo estadual e contarão com equipes multidisciplinares regularmente capacitadas para atuarem no acompanhamento das medidas cautelares.

3.1. A atuação do Juiz deverá considerar os seguintes procedimentos:

I. A partir da apresentação de motivação para a sua decisão nos termos do art. 310 do CPP, resguardando o princípio da presunção de inocência, caberá ao juiz conceder a liberdade provisória ou impor, de forma fundamentada, a aplicação de medidas cautelares diversas da prisão, somente quando necessárias, justificando o porquê de sua não aplicação quando se entender pela decretação de prisão preventiva;

II. Garantir ao autuado o direito à atenção médica e psicossocial eventualmente necessária(s), resguardada a natureza voluntária desses serviços, a partir do encaminhamento às Centrais Integradas de Alternativas Penais ou órgãos similares, evitando a aplicação de medidas cautelares para tratamento ou internação compulsória de pessoas em conflito com a lei autuadas em flagrante com transtorno mental, incluída a dependência química, em desconformidade com o previsto no Art. 4º da Lei 10.216, de 2001 e no Art. 319, inciso VII, do Decreto-Lei 3.689, de 1941.

III. Articular, em nível local, os procedimentos adequados ao encaminhamento das pessoas em cumprimento de medidas cautelares diversas da prisão para as Centrais Integradas de Alternativas Penais ou órgãos similares, bem como os procedimentos de acolhimento dos cumpridores, acompanhamento das medidas aplicadas e encaminhamentos para políticas públicas de inclusão social;

i. Nas Comarcas onde não existam as Centrais mencionadas, a partir da equipe psicossocial da vara responsável pelas audiências de custódia buscar-se-á a integração do autuado em redes amplas junto aos governos do estado e município, buscando garantir-lhe a inclusão social de forma não obrigatória, a partir das especificidades de cada caso.

IV. Articular, em nível local, os procedimentos adequados ao encaminhamento das pessoas em cumprimento da medida cautelar diversa da prisão prevista no Art. 319, inciso IX, do Código de Processo Penal, para as Centrais de Monitoração Eletrônica de Pessoas, bem como os procedimentos de acolhimento das pessoas monitoradas, acompanhamento das medidas aplicadas e encaminhamentos para políticas públicas de inclusão social.

V. Garantir o respeito e cumprimento às seguintes diretrizes quando da aplicação da medida cautelar de monitoração eletrônica:

a) **Efetiva alternativa à prisão provisória:** A aplicação da monitoração eletrônica será excepcional, devendo ser utilizada como alternativa à prisão provisória e não como elemento adicional de controle para autuados que, pelas circunstâncias apuradas em juízo, já responderiam ao processo em liberdade. Assim, a monitoração eletrônica, enquanto medida cautelar diversa da prisão, deverá ser aplicada exclusivamente a pessoas acusadas por crimes dolosos puníveis com pena privativa de liberdade máxima superior a 04 (quatro) anos ou condenadas por outro crime doloso, em sentença transitada em julgado, ressalvado o disposto no inciso I do *caput* do art. 64 do Código Penal Brasileiro, bem como a pessoas em cumprimento de medidas protetivas de urgência acusadas por crime que envolva violência doméstica e familiar contra a mulher, criança, adolescente, idoso, enfermo ou pessoa com deficiência, sempre de forma excepcional, quando não couber outra medida cautelar menos gravosa.

b) **Necessidade e Adequação:** A medida cautelar da monitoração eletrônica somente poderá ser aplicada quando verificada e fundamentada a necessidade da vigilância eletrônica da pessoa processada ou investigada, após demonstrada a inaplicabilidade da concessão da liberdade provisória, com ou sem fiança, e a insuficiência ou inadequação das demais medidas cautelares diversas da prisão, considerando-se, sempre, a presunção de inocência. Da mesma forma, a monitoração somente deverá ser aplicada quando verificada a adequação da medida com a situação da pessoa processada ou investigada, bem como aspectos objetivos, relacionados ao processo-crime, sobretudo quanto à desproporcionalidade de aplicação da medida de monitoração eletrônica em casos nos quais não será aplicada pena privativa de liberdade ao final do processo, caso haja condenação.

c) **Provisoriedade:** Considerando a gravidade e a amplitude das restrições que a monitoração eletrônica impõe às pessoas submetidas à medida, sua aplicação deverá se atentar especialmente à provisoriedade, garantindo a reavaliação periódica de sua necessidade e adequação. Não são admitidas medidas de monitoração eletrônica aplicadas por prazo indeterminado ou por prazos demasiadamente elevados (exemplo: seis meses). O cumprimento regular das condições impostas judicialmente deve ser considerado como elemento para a revisão da monitoração eletrônica aplicada, revelando a desnecessidade do controle excessivo que impõe, que poderá ser substituída por medidas menos gravosas que favoreçam a autorresponsabilização do autuado no cumprimento das obrigações estabelecidas, bem como sua efetiva inclusão social.

d) **Menor dano:** A aplicação e o acompanhamento de medidas de monitoração eletrônica devem estar orientadas para a minimização de danos físicos e psicológicos causados às pessoas monitoradas eletronicamente. Deve-se buscar o fomento a adoção de fluxos, procedimentos, metodologias e tecnologias menos danosas à pessoa monitorada, minimizando-se a estigmatização e os constrangimentos causados pela utilização do aparelho.

e) **Normalidade:** A aplicação e o acompanhamento das medidas cautelares de monitoração eletrônica deverão buscar reduzir o impacto causado pelas restrições impostas e pelo uso do dispositivo, limitando-se ao mínimo necessário para a tutela pretendida pela medida, sob risco de aprofundar os processos de marginalização e de criminalização das pessoas submetidas às medidas. Deve-se buscar a aproximação ao máximo da rotina da pessoa monitorada em relação à rotina das pessoas não submetidas à monitoração eletrônica, favorecendo assim a inclusão social. Assim, é imprescindível que as áreas de inclusão e exclusão e demais restrições impostas, como eventuais limitações de horários, sejam determinadas de forma módica, atentando para as características individuais das pessoas monitoradas e suas necessidades de realização de atividades cotidianas das mais diversas dimensões (educação, trabalho, saúde, cultura, lazer, esporte, religião, convivência familiar e comunitária, entre outras).

3.2. A atuação das Centrais Integradas de Alternativas Penais ou órgãos similares deverá considerar os seguintes procedimentos:

I. Buscar integrar-se em redes amplas de atendimento e assistência social para a inclusão de forma não obrigatória dos autuados a partir

ATOS NORMATIVOS

das indicações do juiz, das especificidades de cada caso e das demandas sociais apresentadas diretamente pelos autuados, com destaque para as seguintes áreas ou outras que se mostrarem necessárias:

a) demandas emergenciais como alimentação, vestuário, moradia, transporte, dentre outras;

b) trabalho, renda e qualificação profissional;

c) assistência judiciária;

d) desenvolvimento, produção, formação e difusão cultural principalmente para o público jovem.

II. Realizar encaminhamentos necessários à Rede de Atenção à Saúde do Sistema Único de Saúde (SUS) e à rede de assistência social do Sistema Único de Assistência Social (SUAS), além de outras políticas e programas ofertadas pelo poder público, sendo os resultados do atendimento e do acompanhamento do autuado, assim indicados na decisão judicial, comunicados regularmente ao Juízo ao qual for distribuído o auto de prisão em flagrante após o encerramento da rotina da audiência de custódia;

III. Consolidar redes adequadas para a internação e tratamento dos autuados, assegurado o direito à atenção médica e psicossocial sempre que necessária, resguardada a natureza voluntária desses serviços, não sendo cabível o encaminhamento de pessoas em conflito com a lei autuadas em flagrante portadoras de transtorno mental, incluída a dependência química, para tratamento ou internação compulsória, em desconformidade com o previsto no Art. 4º da Lei 10.216, de 2001 e no Art. 319, inciso VII, do Decreto-Lei 3.689, de 1941.

IV. Executar ou construir parcerias com outras instituições especialistas para a execução de grupos temáticos ou de responsabilização dos autuados a partir do tipo de delito cometido, inclusive nos casos relativos à violência contra as mulheres no contexto da Lei Maria da Penha

i. Estes grupos serão executados somente a partir da determinação judicial e como modalidade da medida cautelar de comparecimento obrigatório em juízo, prevista no inciso I do Art. 319 do Código de Processo Penal.

3.3. A atuação das Centrais de Monitoração Eletrônica de Pessoas deverá considerar os seguintes procedimentos:

I. Assegurar o acolhimento e acompanhamento por equipes multidisciplinares, responsáveis pela articulação da rede de serviços de proteção e inclusão social disponibilizada pelo poder público e pelo acompanhamento do cumprimento das medidas estabelecidas judicialmente, a partir da interação individualizada com as pessoas monitoradas.

II. Assegurar a prioridade ao cumprimento, manutenção e restauração da medida em liberdade, inclusive em casos de incidentes de violação, adotando-se preferencialmente medidas de conscientização e atendimento por equipe psicossocial, devendo o acionamento da autoridade judicial ser subsidiário e excepcional, após esgotadas todas as medidas adotadas pela equipe técnica responsável pelo acompanhamento das pessoas em monitoração.

III. Primar pela adoção de padrões adequados de segurança, sigilo, proteção e uso dos dados das pessoas em monitoração, respeitado o tratamento dos dados em conformidade com a finalidade das coletas. Nesse sentido, deve-se considerar que os dados coletados durante a execução das medidas de monitoração eletrônica possuem finalidade específica, relacionada com o acompanhamento das condições estabelecidas judicialmente. As informações das pessoas monitoradas não poderão ser compartilhadas com terceiros estranhos ao processo de investigação ou de instrução criminal que justificou a aplicação da medida. O acesso aos dados, inclusive por instituições de segurança pública, somente poderá ser requisitado no âmbito de inquérito policial específico no qual a pessoa monitorada devidamente identificada já figure como suspeita, sendo submetido a autoridade judicial, que analisará o caso concreto e deferirá ou não o pedido.

IV. Buscar integra-se em redes amplas de atendimento e assistência social para a inclusão de forma não obrigatória dos autuados a partir das indicações do juiz, das especificidades de cada caso e das demandas sociais apresentadas diretamente pelos autuados, com destaque para as seguintes áreas ou outras que se mostrarem necessárias:

a) demandas emergenciais como alimentação, vestuário, moradia, transporte, dentre outras;

b) trabalho, renda e qualificação profissional;

c) assistência judiciária;

d) desenvolvimento, produção, formação e difusão cultural principalmente para o público jovem.

V. Realizar encaminhamentos necessários à Rede de Atenção à Saúde do Sistema Único de Saúde (SUS) e à rede de assistência social do Sistema Único de Assistência Social (SUAS), além de outras políticas e programas ofertadas pelo poder público, sendo os resultados do atendimento e do acompanhamento do autuado, assim indicados na decisão judicial, comunicados regularmente ao Juízo ao qual for distribuído o auto de prisão em flagrante após o encerramento da rotina da audiência de custódia.

PROTOCOLO II
PROCEDIMENTOS PARA OITIVA, REGISTRO E ENCAMINHAMENTO DE DENÚNCIAS DE TORTURA E OUTROS TRATAMENTOS CRUÉIS, DESUMANOS OU DEGRADANTES [1]

Este documento tem por objetivo orientar tribunais e magistrados sobre procedimentos para denúncias de tortura e tratamentos cruéis, desumanos ou degradantes.

Serão apresentados o conceito de tortura, as orientações quanto a condições adequadas para a oitiva do custodiado na audiência, os procedimentos relativos à apuração de indícios da práticas de tortura durante a oitiva da pessoa custodiada e as providências a serem adotadas em caso de identificação de práticas de tortura e tratamentos cruéis, desumanos ou degradantes.

1. DEFINIÇÃO DE TORTURA

Considerando a Convenção das Nações Unidas contra a Tortura e Outras Penas ou Tratamentos Cruéis, Desumanos e Degradantes, de 1984; a Convenção Interamericana para Prevenir e Punir a Tortura de 9 de dezembro de 1985, e a Lei 9.455/97 de 7 de abril de 1997, que define os crimes de tortura e dá outras providências, observa-se que a definição de tortura na legislação internacional e nacional apresenta dois elementos essenciais:

I. A finalidade do ato, voltada para a obtenção de informações ou confissões, aplicação de castigo, intimidação ou coação, ou qualquer outro motivo baseado em discriminação de qualquer natureza; e

II. A aflição deliberada de dor ou sofrimentos físicos e mentais.

Assim, recomenda-se à autoridade judicial atenção às condições de apresentação da pessoa mantida sob custódia a fim de averiguar a prática de tortura ou tratamento cruel, desumano ou degradante considerando duas premissas:

I. a prática da tortura constitui grave violação ao direito da pessoa custodiada;

II. a pessoa custodiada deve ser informada que a tortura é ilegal e injustificada, independentemente da acusação ou da condição de culpada de algum delito a si imputável.

Poderão ser consideradas como indícios quanto à ocorrência de práticas de tortura e outros tratamentos cruéis, desumanos ou degradantes:

I. Quando a pessoa custodiada tiver sido mantida em um local de detenção não oficial ou secreto;

II. Quando a pessoa custodiada tiver sido mantida incomunicável por qualquer período de tempo;

III. Quando a pessoa custodiada tiver sido mantida em veículos oficiais ou de escolta policial por um período maior do que o necessário para o seu transporte direto entre instituições;

IV. Quando os devidos registros de custódia não tiverem sido mantidos corretamente ou quando existirem discrepâncias significativas entre esses registros;

V. Quando a pessoa custodiada não tiver sido informada corretamente sobre seus direitos no momento da detenção;

VI. Quando houver informações de que o agente público ofereceu benefícios mediante favores ou pagamento de dinheiro por parte da pessoa custodiada;

VII. Quando tiver sido negado à pessoa custodiada pronto acesso a um advogado ou defensor público;

VIII. Quando tiver sido negado acesso consular a uma pessoa custodiada de nacionalidade estrangeira;

IX. Quando a pessoa custodiada não tiver passado por exame médico imediato após a detenção ou quando o exame constatar agressão ou lesão;

X. Quando os registros médicos não tiverem sido devidamente guardados ou tenha havido interferência inadequada ou falsificação;

XI. Quando o(s) depoimento(s) tiverem sido tomados por autoridades de investigação sem a presença de um advogado ou de um defensor público;

XII. Quando as circunstâncias nas quais os depoimentos foram tomados não tiverem sido devidamente registradas e os depoimentos em si não tiverem sido transcritos em sua totalidade na ocasião;

XIII. Quando os depoimentos tiverem sido indevidamente alterados posteriormente;

XIV. Quando a pessoa custodiada tiver sido vendada, encapuzada, amordaçada, algemada sem justificativa registrada por escrito ou sujeita a outro tipo de coibição física, ou tiver sido privada de suas próprias roupas, sem causa razoável, em qualquer momento durante a detenção;

XV. Quando inspeções ou visitas independentes ao local de detenção por parte de instituições competentes, organizações de direitos humanos, programas de visitas pré-estabelecidos ou especialistas tiverem sido impedidas, postergadas ou sofrido qualquer interferência;

XVI. Quando a pessoa tiver sido apresentada à autoridade judicial fora do prazo máximo estipulado para a realização da audiência de custódia ou sequer tiver sido apresentada;

XVII. Quando outros relatos de tortura e tratamentos cruéis, desumanos ou degradantes em circunstâncias similares ou pelos mesmos agentes indicarem a verossimilhança das alegações.

2. CONDIÇÕES ADEQUADAS PARA A OITIVA DO CUSTODIADO NA AUDIÊNCIA DE CUSTÓDIA

A audiência de custódia deve ocorrer em condições adequadas que tornem possível o depoimento por parte da pessoa custodiada, livre de ameaças ou intimidações em potencial que possam inibir o relato de práticas de tortura e outros tratamentos cruéis, desumanos ou degradantes a que tenha sido submetida.

Entre as condições necessárias para a oitiva adequada da pessoa custodiada, recomenda-se que:

I. A pessoa custodiada não deve estar algemada durante sua oitiva na audiência de apresentação, somente admitindo-se o uso de algumas "em casos de resistência e de fundado receio de fuga ou de perigo à integridade física própria ou alheia, por parte do preso ou de terceiros, justificada a excepcionalidade por escrito, sob pena de responsabilidade disciplinar, civil e penal do agente ou da autoridade e de nulidade da prisão ou do ator processual a que se refere, sem prejuízo da responsabilidade civil do Estado" (STF - Súmula Vinculante n. 11);

II. A pessoa custodiada deve estar sempre acompanhada de advogado ou defensor público, assegurando-lhes entrevista prévia sigilosa, sem a presença de agente policial e em local adequado/reservado, de modo a garantir-lhe a efetiva assistência judiciária;

III. A pessoa custodiada estrangeira deve ter assegurada a assistência de intérprete e a pessoa surda a assistência de intérprete de LIBRAS, requisito essencial para a plena compreensão dos questionamentos e para a coleta do depoimento, atentando-se para a necessidade de (i) a pessoa custodiada estar de acordo com o uso de intérprete, (ii) o intérprete ser informado da confidencialidade das informações e (iii) o entrevistador manter contato com o entrevistado, evitando se dirigir exclusivamente ao intérprete;

IV. Os agentes responsáveis pela segurança do tribunal e, quando necessário, pela audiência de custódia devem ser organizacionalmente separados e independentes dos agentes responsáveis pela prisão ou pela investigação dos crimes. A pessoa custodiada deve aguardar a audiência em local fisicamente separado dos agentes responsáveis pela sua prisão ou investigação do crime;

V. O agente responsável pela custódia, prisão ou investigação do crime não deve estar presente durante a oitiva da pessoa custodiada.

VI. Os agentes responsáveis pela segurança da audiência da custódia não devem portar armamento letal.

VII. Os agentes responsáveis pela segurança da audiência de custódia não devem participar ou emitir opinião sobre a pessoa custodiada no decorrer da audiência.

3. PROCEDIMENTOS RELATIVOS À COLETA DE INFORMAÇÕES SOBRE PRÁTICAS TORTURA DURANTE A OITIVA DA PESSOA CUSTODIADA

Observadas as condições adequadas para a apuração, durante a oitiva da pessoa custodiada, de práticas de tortura e outros tratamentos cruéis, desumanos ou degradantes a que possa ter sido submetida, é importante que o Juiz adote uma série de procedimentos visando assegurar a coleta idônea do depoimento da pessoa custodiada.

Sendo um dos objetivos da audiência de custódia a coleta de informações sobre práticas de tortura, o Juiz deverá sempre questionar sobre ocorrência de agressão, abuso, ameaça, entre outras formas de violência, adotando os seguintes procedimentos:

I. Informar à pessoa custodiada que a tortura é expressamente proibida, não sendo comportamento aceitável, de modo que as denúncias de tortura serão encaminhadas às autoridades competentes para a investigação;

II. Informar à pessoa custodiada sobre a finalidade da oitiva, destacando eventuais riscos de prestar as informações e as medidas protetivas que poderão ser adotadas para garantia de sua segurança e de terceiros, bem como as providências a serem adotadas quanto à investigação das práticas de tortura e outros tratamentos cruéis, desumanos ou degradantes que forem relatadas;

III. Assegurar a indicação de testemunhas ou outras fontes de informação que possam corroborar a veracidade do relato de tortura ou tratamentos cruéis, desumanos ou degradantes, com garantia de sigilo;

IV. Solicitar suporte de equipe psicossocial em casos de grave expressão de sofrimento, físico ou mental, ou dificuldades de orientação mental (memória, noção de espaço e tempo, linguagem, compreensão e expressão, fluxo do raciocínio) para acolher o indivíduo e orientar quanto a melhor abordagem ou encaminhamento imediato do caso.

V. Questionar a pessoa custodiada sobre o tratamento recebido desde a sua prisão, em todos os locais e órgãos por onde foi conduzido, mantendo-se atento a relatos e sinais que indiquem ocorrência de práticas de tortura e outros tratamentos cruéis, desumanos ou degradantes.

4. PROCEDIMENTOS PARA COLETA DO DEPOIMENTO DA VÍTIMA DE TORTURA

A oitiva realizada durante a audiência de custódia não tem o objetivo de comprovar a ocorrência de práticas de tortura, o que deverá ser apurado em procedimentos específicos com essa finalidade.

Sua finalidade é perceber e materializar indícios quanto à ocorrência de tortura e outros tratamentos cruéis, desumanos ou degradantes, considerando as graves consequências que podem decorrer da manutenção da custódia do preso sob responsabilidade de agentes supostamente responsáveis por práticas de tortura, sobretudo após o relato das práticas realizado pela pessoa custodiada perante a autoridade judicial.

Na coleta do depoimento, o Juiz deve considerar a situação particular de vulnerabilidade da pessoa submetida a práticas de tortura ou tratamentos cruéis, desumanos ou degradantes, adotando as seguintes práticas na oitiva, sempre que necessário:

I. Repetir as perguntas. Questões terão que ser repetidas ou reformuladas uma vez que algumas pessoas podem demorar mais tempo para absorver, compreender e recordar informações.

II. Manter as perguntas simples. As perguntas devem ser simples, pois algumas pessoas podem ter dificuldade em entender e respondê-las. Elas também podem ter um vocabulário limitado e encontrar dificuldade em explicar coisas de uma forma que os outros achem fácil de seguir.

III. Manter as perguntas abertas e não ameaçadoras. As perguntas não devem ser ameaçadoras uma vez que as pessoas podem responder a uma inquirição áspera de forma excessivamente agressiva ou tentando agradar o interrogador. As questões também devem ser abertas já que algumas pessoas são propensas a repetir as informações fornecidas ou sugeridas pelo entrevistador.

IV. Priorizar a escuta. É comum a imprecisão ou mesmo confusão mental no relato de casos de tortura, assim, eventuais incoerências não indicam invalidade dos relatos. Em casos de difícil entendimento do relato, orienta-se que a pergunta seja refeita de forma diferente. É importante respeitar a decisão das vítimas de não querer comentar as violações sofridas.

V. Adotar uma postura respeitosa ao gênero da pessoa custodiada. Mulheres e pessoas LGBT podem se sentir especialmente desencorajadas a prestar informações sobre violências sofridas, sobretudo assédios e violência sexual, na presença de homens. Homens também podem sentir constrangimento ao relatar abusos de natureza sexual que tenham sofrido. A adequação da linguagem e do tom do entrevistador, bem como a presença de mulheres, podem ser necessários nesse contexto.

VI. Respeitar os limites da vítima de tortura, já que a pessoa pode não se sentir a vontade para comentar as violações sofridas por ela, assegurando, inclusive, o tempo necessário para os relatos.

5. QUESTIONÁRIO PARA AUXILIAR NA IDENTIFICAÇÃO E REGISTRO DA TORTURA DURANTE OITIVA DA VÍTIMA

Um breve questionário pode subsidiar a autoridade judicial quanto à identificação da prática de tortura, na ocasião das audiências de custódia, permitindo-lhe desencadear, caso identificada, os procedimentos de investigação do suposto crime de tortura.

I. Qual foi o tratamento recebido desde a sua detenção?

Comentário: Pretende-se com esta questão que o custodiado relate o histórico, desde a abordagem policial até o momento da audiência, da relação ocorrida entre ele e os agentes públicos encarregados de sua custódia.

II. O que aconteceu?

Comentário: Havendo o custodiado relatado a prática de ato violento por parte de agente público responsável pela abordagem e custódia, é necessário que seja pormenorizado o relato sobre a conduta dos agentes, para identificação de suposta desmedida do uso da força, ou violência que se possa configurar como a prática de tortura.

III. Onde aconteceu?

Comentário: O relato sobre o local onde ocorreu a violência relatada pode ajudar a monitorar a possibilidade de retaliação por parte do agente que praticou a violência relatada, e pode fornecer à autoridade judicial informações sobre a frequência de atos com pessoas custodiadas em delegacias, batalhões, entre outros.

IV. Qual a data e hora aproximada da ocorrência da atitude violenta por parte do agente público, incluindo a mais recente?

Comentário: A informação sobre horário e data é importante para identificar possíveis contradições entre informações constantes no boletim de ocorrência, autorizando alcançar informações úteis sobre as reais circunstâncias da prisão do custodiado.

V. Qual o conteúdo de quaisquer conversas mantidas com a pessoa (torturadora)? O que lhe foi dito ou perguntado?

Comentário: Esta pergunta visa identificar qualquer ameaça realizada pelo agente público, assim como métodos ilegais para se obter a delação de outrem. Todas as formas ilegais de extrair informação do preso são necessariamente possibilitadas pela prática da tortura.

VI. Houve a comunicação do ocorrido para mais alguém? Quem? O que foi dito em resposta a esse relato?

Comentário: Esta pergunta visa averiguar possíveis pessoas que possam ter sofrido ameaças de agentes públicos, autorizando, caso a autoridade judicial assim decida, a indicação de pessoas ameaçadas para participação em programas de proteção de vítimas.

6. PROVIDÊNCIAS EM CASO DE APURAÇÃO DE INDÍCIOS DE TORTURA E OUTROS TRATAMENTOS CRUÉIS, DESUMANOS OU DEGRADANTES

Constada a existência de indícios de tortura e outros tratamentos cruéis, desumanos ou degradantes, o Juiz deverá adotar as providências cabíveis para garantia da segurança da pessoa custodiada, tomando as medidas necessárias para que ela não seja exposta aos agentes supostamente responsáveis pelas práticas de tortura.

Abaixo estão listadas possíveis medidas a serem adotadas pela autoridade judicial que se deparar com a situação, conforme as circunstâncias e particularidades de cada caso, sem prejuízo de outras que o Juiz reputar necessárias para a imediata interrupção das práticas de tortura ou tratamentos cruéis, desumanos ou degradantes, para a garantia da saúde e segurança da pessoa custodiada e para subsidiar futura apuração de responsabilidade dos agentes:

I. Registrar o depoimento detalhado da pessoa custodiada em relação às práticas de tortura e outros tratamentos cruéis, desumanos ou degradantes a que alega ter sido submetida, com descrição minuciosa da situação e dos envolvidos;

II. Questionar se as práticas foram relatadas quando da lavratura do auto de prisão em flagrante, verificando se houve o devido registro documental;

III. Realizar registro fotográfico e/ou audiovisual sempre que a pessoa custodiada apresentar relatos ou sinais de tortura ou tratamentos cruéis, desumanos ou degradantes, considerando se tratar de prova, muitas vezes, irrepetível;

IV. Aplicar, de ofício, medidas protetivas para a garantia da segurança e integridade da pessoa custodiada, de seus familiares e de eventuais testemunhas, entre elas a transferência imediata da custódia, com substituição de sua responsabilidade para outro órgão ou para outros agentes; a imposição de liberdade provisória, independente da existência dos requisitos que autorizem a conversão em prisão preventiva, sempre que não for possível garantir a segurança e a integridade da pessoa custodiada; e outras medidas necessárias à garantia da segurança e integridade da pessoa custodiada.

V. Determinar a realização de exame corpo de delito:

(i) quando não houver sido realizado;

(ii) quando os registros se mostrarem insuficientes,

(iii) quando a possível prática de tortura e outros tratamentos cruéis, desumanos ou degradantes tiver sido realizada em momento posterior à realização do exame realizado;

(iv) quando o exame tiver sido realizado na presença de agente de segurança.

VI. Ainda sobre o exame de corpo de delito, observar:

a) as medidas protetivas aplicadas durante a condução da pessoa custodiada para a garantia de sua segurança e integridade,

b) a Recomendação n. 49/2014 do Conselho Nacional de Justiça quanto à formulação de quesitos ao perito em casos de identificação de práticas de tortura e outros tratamentos cruéis, desumanos ou degradantes,

c) a presença de advogado ou defensor público durante a realização do exame.

VII. Assegurar o necessário e imediato atendimento de saúde integral da pessoa vítima de tortura e outros tratamentos cruéis, desumanos ou degradantes, visando reduzir os danos e o sofrimento físico e mental e a possibilidade de elaborar e ressignificar a experiência vivida;

VIII. Enviar cópia do depoimento e demais documentos pertinentes para órgãos responsáveis pela apuração de responsabilidades, especialmente Ministério Público e Corregedoria e/ou Ouvidoria do órgão a que o agente responsável pela prática de tortura ou tratamentos cruéis, desumanos ou degradantes esteja vinculado;

IX. Notificar o juiz de conhecimento do processo penal sobre os encaminhamentos dados pela autoridade judicial e as informações advindas desse procedimento.

X. Recomendar ao Ministério Público a inclusão da pessoa em programas de proteção a vítimas ou testemunha, bem como familiares ou testemunhas, quando aplicável o encaminhamento.

---

[1] Na elaboração do protocolo foram consideradas orientações presentes em manuais e guias sobre prevenção e combate à tortura, especialmente o "Protocolo de Istambul - Manual para a investigação e documentação eficazes da tortura e outras penas ou tratamentos cruéis, desumanos ou degradantes, "The torture reporting handbook" (1ª edição de Camille Giffard - 2000, e 2ª edição de Polona Tepina - 2015), e "Protegendo os brasileiros conta a tortura: Um Manual para Juízes, Promotores, Defensores Públicos e Advogados" (Conor Foley, 2013), além da experiência acumulada com as práticas de audiências de custódia e do desenvolvimento de ações de prevenção à tortura no país.

RESOLUÇÃO CNJ N. 230, DE 22 DE JUNHO DE 2016

Orienta a adequação das atividades dos órgãos do Poder Judiciário e de seus serviços auxiliares às determinações exaradas pela Convenção Internacional sobre os Direitos das Pessoas com Deficiência e seu Protocolo Facultativo e pela Lei Brasileira de Inclusão da Pessoa com Deficiência por meio – entre outras medidas – da convolação em resolução a Recomendação CNJ 27, de 16.12.2009, bem como da instituição de Comissões Permanentes de Acessibilidade e Inclusão.

- Recomendação CNJ 27, de 16.12.2009.
- art. 5º, CF.
- Dec. Leg. 186/2008.
- Dec. 6.949/2009.
- Lei 7.853/1989.
- Dec. 3.298/1999.
- Lei 10.048/2000.
- Lei 10.098/2000.
- Dec. 5.296/2004.

O PRESIDENTE DO CONSELHO NACIONAL DE JUSTIÇA, no uso de suas atribuições,

CONSIDERANDO que, conforme o art. 5º, *caput*, da Constituição de 1988, todos são iguais perante a lei, sem distinção de qualquer natureza, garantindo-se a inviolabilidade do direito à igualdade;

CONSIDERANDO os princípios gerais estabelecidos pelo art. 3º da aludida Convenção Internacional sobre os Direitos das Pessoas com Deficiência, quais sejam: a) o respeito pela dignidade inerente, a autonomia individual, inclusive a liberdade de fazer as próprias escolhas, e a independência das pessoas; b) a não discriminação; c) a plena e efetiva participação e inclusão na sociedade; d) o respeito pela diferença e pela aceitação das pessoas com deficiência como parte da diversidade humana e da humanidade; e) a igualdade de oportunidades; f) a acessibilidade; g) a igualdade entre o homem e a mulher; e h) o respeito pelo desenvolvimento das capacidades das crianças com deficiência e pelo direito das crianças com deficiência de preservar sua identidade;

CONSIDERANDO a Convenção sobre os Direitos das Pessoas com Deficiência e seu Protocolo Facultativo, adotada em 13 de dezembro de 2006, por meio da Resolução 61/106, durante a 61ª sessão da Assembleia Geral da Organização das Nações Unidas (ONU);

CONSIDERANDO a ratificação pelo Estado Brasileiro da Convenção sobre os Direitos das Pessoas com Deficiência e de seu Protocolo Facultativo com equivalência de emenda constitucional, por meio do Decreto Legislativo n. 186, de 9 de julho de 2008, com a devida promulgação pelo Decreto n. 6.949, de 25 de agosto de 2009;

CONSIDERANDO que nos termos desse novo tratado de direitos humanos a deficiência é um conceito em evolução, que resulta da interação entre pessoas com deficiência e as barreiras relativas às atitudes e ao ambiente que impedem a sua plena e efetiva participação na sociedade em igualdade de oportunidades com as demais pessoas;

CONSIDERANDO que a acessibilidade foi reconhecida na Convenção como princípio e como direito, sendo também considerada garantia para o pleno e efetivo exercício de demais direitos;

CONSIDERANDO que a Convenção determina que os Estados Partes devem reafirmar que as pessoas com deficiência têm o direito de ser reconhecidas em qualquer lugar como pessoas perante a lei e que gozam de capacidade legal em igualdade de condições com as demais pessoas em todos os aspectos da vida, sendo que deverão ser tomadas medidas apropriadas para prover o acesso de pessoas com deficiência ao apoio que necessitarem no exercício de sua capacidade legal;

CONSIDERANDO que os artigos 3º e 5º da Constituição Federal de 1988 têm a igualdade como princípio e a promoção do bem de todos, sem preconceitos de origem, raça, sexo, cor, idade e quaisquer outras formas de discriminação, como um objetivo fundamental da República Federativa do Brasil, do que decorre a necessidade de promoção e proteção dos direitos humanos de todas as pessoas, com e sem deficiência, em igualdade de condições;

CONSIDERANDO o disposto na Lei n. 7.853, de 24 de outubro de 1989, Decreto n. 3.298, de 21 de dezembro de 1999, Lei n. 10.048, de 08 de novembro de 2000, Lei n. 10.098, de 19 de dezembro de 2000, e no Decreto n. 5.296, de 2 de dezembro de 2004, que estabelecem normas gerais e critérios básicos para a promoção da acessibilidade das pessoas com deficiência ou mobilidade reduzida, mediante a supressão de barreiras e de obstáculos nas vias, espaços e serviços públicos, no mobiliário urbano, na construção e reforma de edifícios e nos meios de transporte e de comunicação, com prazos determinados para seu cumprimento e implementação;

CONSIDERANDO que ao Poder Público e seus órgãos cabe assegurar às pessoas com deficiência o pleno exercício de seus direitos, inclusive o direito ao trabalho, e de outros que, decorrentes da Constituição e das leis, propiciem seu bem-estar pessoal, social e econômico, cabendo aos órgãos e entidades da administração direta e indireta dispensar, no âmbito de sua competência e finalidade, aos assuntos objetos desta Resolução, tratamento prioritário e adequado, tendente a viabilizar, sem prejuízo de outras, medidas que visem garantir o acesso aos serviços concernentes, o empenho quanto ao surgimento e à manutenção de empregos e a promoção de ações eficazes que propiciem a inclusão e a adequada ambientação, nos locais de trabalho, de pessoas com deficiência;

CONSIDERANDO que a efetiva prestação de serviços públicos e de interesse público depende, no caso das pessoas com deficiência, da implementação de medidas que assegurem a ampla e irrestrita acessibilidade física, arquitetônica, comunicacional e atitudinal;

CONSIDERANDO que a Administração Pública tem papel preponderante na criação de novos padrões de consumo e produção e na construção de uma sociedade mais inclusiva, razão pela qual detém a capacidade e o dever de potencializar, estimular e multiplicar a utilização de recursos e tecnologias assistivas com vistas à garantia plena da acessibilidade e a inclusão das pessoas com deficiência;

CONSIDERANDO a necessidade de aperfeiçoamento da Recomendação CNJ 27/2009 pelo advento da Lei 13.146/2015 (Lei Brasileira de Inclusão);

CONSIDERANDO a ratificação unânime da medida liminar concedida nos autos dos Pedidos de Providências 0004258-58.2015.2.00.0000 e 0004756-57.2015.2.00.0000, pelo Plenário do Conselho Nacional de Justiça;

CONSIDERANDO a deliberação do Plenário do CNJ no Procedimento de Comissão 006029-71.2015.2.00.0000, na 232ª Sessão Ordinária, realizada em 31 de maio de 2016;

RESOLVE:

CAPÍTULO I DAS DISPOSIÇÕES PRELIMINARES

ART. 1º Esta Resolução orienta a adequação das atividades dos órgãos do Poder Judiciário e de seus serviços auxiliares em relação às determinações exaradas pela Convenção Internacional sobre os Direitos das Pessoas com Deficiência e seu Protocolo Facultativo (promulgada por meio do Decreto n. 6.949/2009) e pela Lei Brasileira de Inclusão da Pessoa com Deficiência (Lei n. 13.146/2015).

Parágrafo único. Para tanto, entre outras medidas, convola-se, em resolução, a Recomendação CNJ 27, de 16.12.2009, bem como institui-se as Comissões Permanentes de Acessibilidade e Inclusão.

ART. 2º Para fins de aplicação desta Resolução, consideram-se:

I - "discriminação por motivo de deficiência" significa qualquer diferenciação, exclusão ou restrição, por ação ou omissão, baseada em deficiência, com o propósito ou efeito de impedir ou impossibilitar o reconhecimento, o desfrute ou o exercício, em igualdade de oportunidades com as demais pessoas, de direitos humanos e liberdades fundamentais nos âmbitos político, econômico, social, cultural, civil ou qualquer outro, incluindo a recusa de adaptações razoáveis e de fornecimento de tecnologias assistivas;

II - "acessibilidade" significa possibilidade e condição de alcance para utilização, com segurança e autonomia, de espaços, mobiliários, equipamentos urbanos, edificações, transportes, informação e comunicação, inclusive seus sistemas e tecnologias, bem como de outros serviços e instalações abertos ao público, de uso público ou privados de uso coletivo, tanto na zona urbana como na rural, por pessoa com deficiência ou com mobilidade reduzida;

III - "barreiras" significa qualquer entrave, obstáculo, atitude ou comportamento que limite ou impeça a participação social da pessoa, bem como o gozo, a fruição e o exercício de seus direitos à acessibilidade, à liberdade de movimento e de expressão, à comunicação, ao acesso à informação, à compreensão, à circulação com segurança, entre outros, classificadas em:

a) "barreiras urbanísticas": as existentes nas vias e nos espaços públicos e privados abertos ao público ou de uso coletivo;

b) "barreiras arquitetônicas": as existentes nos edifícios públicos e privados;

c) "barreiras nos transportes": as existentes nos sistemas e meios de transportes;

d) "barreiras nas comunicações e na informação": qualquer entrave, obstáculo, atitude ou comportamento que dificulte ou impossibilite a expressão ou o recebimento de mensagens e de informações por intermédio de sistemas de comunicação e de tecnologia da informação;

e) "barreiras atitudinais": atitudes ou comportamentos que impeçam ou prejudiquem a participação social da pessoa com deficiência em igualdade de condições e oportunidades com as demais pessoas; e

f) "barreiras tecnológicas": as que dificultam ou impedem o acesso da pessoa com deficiência às tecnologias.

IV - "adaptação razoável" significa as modificações e os ajustes necessários e adequados que não acarretem ônus desproporcional ou indevido, quando requeridos em cada caso, a fim de assegurar que as pessoas com deficiência possam gozar ou exercer, em igualdade de oportunidades com as demais pessoas, todos os direitos humanos e liberdades fundamentais;

V - "desenho universal" significa a concepção de produtos, ambientes, programas e serviços a serem usados, na maior medida possível, por todas as pessoas, sem necessidade de adaptação ou projeto específico. O "desenho universal" não excluirá as ajudas técnicas para grupos específicos de pessoas com deficiência, quando necessárias;

VI - "tecnologia assistiva" (ou "ajuda técnica") significa produtos, equipamentos, dispositivos, recursos, metodologias, estratégias, práticas e serviços que objetivem promover a funcionalidade, relacionada à atividade e à participação da pessoa com deficiência ou com mobilidade reduzida, visando à sua autonomia, independência, qualidade de vida e inclusão social;

VII - "comunicação" significa forma de interação dos cidadãos que abrange, entre outras opções, as línguas, inclusive a Língua Brasileira de Sinais (Libras), a visualização de textos, o Braille, o sistema de sinalização ou de comunicação tátil, os caracteres ampliados, os dispositivos multimídia, assim como a linguagem simples, escrita e oral, os sistemas auditivos e os meios de voz digitalizados e os modos, meios e formatos aumentativos e alternativos de comunicação, incluindo as tecnologias da informação e das comunicações;

VIII - "atendente pessoal" significa pessoa, membro ou não da família, que, com ou sem remuneração, assiste ou presta cuidados básicos e essenciais à pessoa com deficiência no exercício de suas atividades diárias, excluídas as técnicas ou os procedimentos identificados com profissões legalmente estabelecidas; e

IX - "acompanhante" significa aquele que acompanha a pessoa com deficiência, podendo ou não desempenhar as funções de atendente pessoal.

CAPÍTULO II DAS DISPOSIÇÕES RELACIONADAS A TODAS AS PESSOAS COM DEFICIÊNCIA

SEÇÃO I DA IGUALDADE E SUAS IMPLICAÇÕES

SUBSEÇÃO I DA IGUALDADE E DA INCLUSÃO

ART. 3º A fim de promover a igualdade, adotar-se-ão, com urgência, medidas apropriadas para eliminar e prevenir quaisquer barreiras urbanísticas, arquitetônicas, nos transportes, nas comunicações e na informação, atitudinais ou tecnológicas, devendo-se garantir às pessoas com deficiência – servidores, serventuários extrajudiciais, terceirizados ou não – quantas adaptações razoáveis ou mesmo tecnologias assistivas sejam necessárias para assegurar acessibilidade plena, coibindo qualquer forma de discriminação por motivo de deficiência.

SUBSEÇÃO II DA ACESSIBILIDADE COM SEGURANÇA E AUTONOMIA

ART. 4º Para promover a acessibilidade dos usuários do Poder Judiciário e dos seus serviços auxiliares que tenham deficiência, a qual não ocorre sem segurança ou sem autonomia, dever-se-á, entre outras atividades, promover:

I - atendimento ao público – pessoal, por telefone ou por qualquer meio eletrônico – que seja adequado a esses usuários, inclusive aceitando e facilitando, em trâmites oficiais, o uso de línguas de sinais, braille, comunicação aumentativa e alternativa, e de todos os demais meios, modos e formatos acessíveis de comunicação, à escolha das pessoas com deficiência;

II - adaptações arquitetônicas que permitam a livre e autônoma movimentação desses usuários, tais como rampas, elevadores e vagas de estacionamento próximas aos locais de atendimento; e

III - acesso facilitado para a circulação de transporte público nos locais mais próximos possíveis aos postos de atendimento.

§ 1º A fim de garantir a atuação da pessoa com deficiência em todo o processo judicial, o poder público deve capacitar os membros, os servidores e terceirizados que atuam no Poder Judiciário quanto aos direitos da pessoa com deficiência.

§ 2º Cada órgão do Poder Judiciário deverá dispor de, pelo menos, cinco por cento de servidores, funcionários e terceirizados capacitados para o uso e interpretação da Libras.

§ 3º As edificações públicas já existentes devem garantir acessibilidade à pessoa com deficiência em todas as suas dependências e serviços, tendo como referência as normas de acessibilidade vigentes.

§ 4º A construção, a reforma, a ampliação ou a mudança de uso de edificações deverão ser executadas de modo a serem acessíveis.

§ 5º A formulação, a implementação e a manutenção das ações de acessibilidade atenderão às seguintes premissas básicas:

I - eleição de prioridades, elaboração de cronograma e reserva de recursos para implementação das ações; e

II - planejamento contínuo e articulado entre os setores envolvidos.

§ 6º Para atender aos usuários externos que tenham deficiência, dever-se-á reservar, nas áreas de estacionamento abertas ao público, vagas próximas aos acessos de circulação de pedestres, devidamente sinalizadas, para veículos que transportem pessoas com deficiência e com comprometimento de mobilidade, desde que devidamente identificados, em percentual equivalente a 2% (dois por cento) do total, garantida, no mínimo, 1 (uma) vaga.

§ 7º Mesmo se todas as vagas disponíveis estiverem ocupadas, a Administração deverá agir com o máximo de empenho para, na medida do possível, facilitar o acesso do usuário com deficiência às suas dependências, ainda que, para tanto, seja necessário dar acesso a vaga destinada ao público interno do órgão.

ART. 5º É proibido ao Poder Judiciário e seus serviços auxiliares impor ao usuário com deficiência custo anormal, direto ou indireto, para o amplo acesso a serviço público oferecido.

ART. 6º Todos os procedimentos licitatórios do Poder Judiciário deverão se ater para produtos acessíveis às pessoas com deficiência, sejam servidores ou não.

§ 1º O desenho universal sera# sempre tomado como regra de caráter geral.

§ 2º Nas hipóteses em que comprovadamente o desenho universal não possa ser empreendido, deve ser adotada adaptação razoável.

ART. 7º Os órgãos do Poder Judiciário deverão, com urgência, proporcionar aos seus usuários processo eletrônico adequado e acessível a todos os tipos de deficiência, inclusive às pessoas que tenham deficiência visual, auditiva ou da fala.

§ 1º Devem ser oferecidos todos os recursos de tecnologia assistiva disponíveis para que a pessoa com deficiência tenha garantido o acesso à justiça, sempre que figure em um dos polos da ação ou atue como testemunha, partícipe da lide posta em juízo, advogado, defensor público, magistrado ou membro do Ministério Público.

§ 2º A pessoa com deficiência tem garantido o acesso ao conteúdo de todos os atos processuais de seu interesse, inclusive no exercício da advocacia.

ART. 8º Os serviços notariais e de registro não podem negar ou criar óbices ou condições diferenciadas à prestação de seus serviços em razão de deficiência do solicitante, devendo reconhecer sua capacidade legal plena, garantida a acessibilidade.

Parágrafo único. O descumprimento do disposto no *caput* deste artigo constitui discriminação em razão de deficiência.

ART. 9º Os Tribunais relacionados nos incisos II a VII do art. 92 da Constituição Federal de 1988 e os serviços auxiliares do Poder Judiciário devem adotar medidas para a remoção de barreiras físicas, tecnológicas, arquitetônicas, de comunicação e atitudinais para promover o amplo e irrestrito acesso de pessoas com deficiência às suas respectivas carreiras e dependências e o efetivo gozo dos serviços que prestam, promovendo a conscientização de servidores e jurisdicionados sobre a importância da acessibilidade para garantir o pleno exercício de direitos.

SUBSEÇÃO III
DAS COMISSÕES PERMANENTES DE ACESSIBILIDADE E INCLUSÃO

ART. 10. Serão instituídas por cada Tribunal, no prazo máximo de 45 (quarenta e cinco) dias, Comissões Permanentes de Acessibilidade e Inclusão, com caráter multidisciplinar, com participação de magistrados e servidores, com e sem deficiência, objetivando que essas Comissões fiscalizem, planejem, elaborem e acompanhem os projetos arquitetônicos de acessibilidade e projetos "pedagógicos" de treinamento e capacitação dos profissionais e funcionários que trabalhem com as pessoas com deficiência, com fixação de metas anuais, direcionados à promoção da acessibilidade para pessoas com deficiência, tais quais as descritas a seguir:

I – construção e/ou reforma para garantir acessibilidade para pessoas com termos da normativa técnica em vigor (ABNT 9050), inclusive construção de rampas, adequação de sanitários, instalação de elevadores, reserva de vagas em estacionamento, instalação de piso tátil direcional e de alerta, sinalização sonora para pessoas com deficiência visual, bem como sinalizações visuais acessíveis a pessoas com deficiência auditiva, pessoas com baixa visão e pessoas com deficiência intelectual, adaptação de mobiliário (incluindo púlpitos), portas e corredores em todas as dependências e em toda a extensão (Tribunais, Fóruns, Juizados Especiais etc);

II – locação de imóveis, aquisição ou construções novas somente deverão ser feitas se com acessibilidade;

III – permissão de entrada e permanência de cães-guias em todas as dependências dos edifícios e sua extensão;

IV – habilitação de servidores em cursos oficiais de Linguagem Brasileira de Sinais, custeados pela Administração, formados por professores oriundos de instituições oficialmente reconhecidas no ensino de Linguagem Brasileira de Sinais para ministrar os cursos internos, a fim de assegurar que as secretarias e cartórios das Varas e Tribunais disponibilizem pessoal capacitado a atender surdos, prestando-lhes informações em Linguagem Brasileira de Sinais;

V – nomeação de tradutor e intérprete de Linguagem Brasileira de Sinais, sempre que figurar no processo pessoa com deficiência auditiva, escolhido dentre aqueles devidamente habilitados e aprovados em curso oficial de tradução e interpretação de Linguagem Brasileira de Sinais ou detentores do certificado de proficiência em Linguagem Brasileira de Sinais – PROLIBRAS, nos termos do art. 19 do Decreto 5.626/2005, o qual deverá prestar compromisso e, em qualquer hipótese, será custeado pela administração dos órgãos do Judiciário;

VI – sendo a pessoa com deficiência auditiva partícipe do processo oralizado e se assim o preferir, o Juiz deverá com ela se comunicar por anotações escritas ou por meios eletrônicos, o que inclui a legenda em tempo real, bem como adotar medidas que viabilizem a leitura labial;

VII – nomeação ou permissão de utilização de guia-intérprete, sempre que figurar no processo pessoa com deficiência auditiva e visual, o qual deverá prestar compromisso e, em qualquer hipótese, será custeado pela administração dos órgãos do Judiciário;

VIII – registro da audiência, caso o Juiz entenda necessário, por filmagem de todos os atos nela praticados, sempre que presente pessoa com deficiência auditiva;

IX – aquisição de impressora em Braille, produção e manutenção do material de comunicação acessível, especialmente o website, que deverá ser compatível com a maioria dos softwares livres e gratuitos de leitura de tela das pessoas com deficiência visual;

X – inclusão, em todos os editais de concursos públicos, da previsão constitucional de reserva de cargos para pessoas com deficiência, inclusive nos que tratam do ingresso na magistratura (CF, art. 37, VIII);

XI – anotação na capa dos autos da prioridade concedida à tramitação de processos administrativos cuja parte seja uma pessoa com deficiência e de processos judiciais se tiver idade igual ou superior a 60 (sessenta) anos ou portadora de doença grave, nos termos da Lei n. 12.008, de 06 de agosto de 2009;

XII – realização de oficinas de conscientização de servidores e magistrados sobre os direitos das pessoas com deficiência;

XIII – utilização de intérprete de Linguagem Brasileira de Sinais, legenda, audiodescrição e comunicação em linguagem acessível em todas as manifestações públicas, dentre elas propagandas, pronunciamentos oficiais, vídeos educativos, eventos e reuniões;

XIV – disponibilização de equipamentos de autoatendimento para consulta processual acessíveis, com sistema de voz ou de leitura de tela para pessoas com deficiência visual, bem como, com altura compatível para usuários de cadeira de rodas.

ART. 11. Os órgãos do Poder Judiciário relacionados nos incisos II a VII do art. 92 da Constituição Federal de 1988 devem criar unidades administrativas específicas, diretamente vinculadas à Presidência de cada órgão, responsáveis pela implementação das ações da respectiva Comissão Permanente de Acessibilidade e Inclusão.

ART. 12. É indispensável parecer da Comissão Permanente de Acessibilidade e Inclusão em questões relacionadas aos direitos das pessoas com deficiência e nos demais assuntos conexos à acessibilidade e inclusão no âmbito dos Tribunais.

ART. 13. Os prazos e as eventuais despesas decorrentes da implementação desta Resolução serão definidos pelos tribunais, ouvida a respectiva Comissão Permanente de Acessibilidade e o órgão interno responsável pela elaboração do Planejamento Estratégico, com vistas à sua efetiva implementação.

SEÇÃO II
DA NÃO DISCRIMINAÇÃO

ART. 14. É proibida qualquer forma de discriminação por motivo de deficiência, devendo-se garantir às pessoas com deficiência – servidores, serventuários extrajudiciais, terceirizados ou não – igual e efetiva proteção legal contra a discriminação por qualquer motivo.

SEÇÃO III
DA PROTEÇÃO DA INTEGRIDADE FÍSICA E PSÍQUICA

ART. 15. Toda pessoa com deficiência – servidor, serventuário extrajudicial, terceirizado ou não – tem o direito a que sua integridade física e mental seja respeitada, em igualdade de condições com as demais pessoas.

ART. 16. A pessoa com deficiência tem direito a receber atendimento prioritário, sobretudo com a finalidade de:

I - proteção e socorro em quaisquer circunstâncias;

II - atendimento em todos os serviços de atendimento ao público;

III - disponibilização de recursos, tanto humanos quanto tecnológicos, que garantam atendimento em igualdade de condições com as demais pessoas;

IV - acesso a informações e disponibilização de recursos de comunicação acessíveis;

V - tramitação processual e procedimentos judiciais e administrativos em que for parte ou interessada, em todos os atos e diligências.

Parágrafo único. Os direitos previstos neste artigo são extensivos ao acompanhante da pessoa com deficiência ou ao seu atendente pessoal, exceto quanto ao disposto no inciso V deste artigo.

CAPÍTULO III
DAS DISPOSIÇÕES RELACIONADAS AOS SERVIDORES COM DEFICIÊNCIA

SEÇÃO I
DA APLICABILIDADE DOS CAPÍTULOS ANTERIORES

ART. 17. Aplicam-se aos servidores, aos serventuários extrajudiciais e aos terceirizados com deficiência, no que couber, todas as disposições previstas nos Capítulos anteriores desta Resolução.

SEÇÃO II
DA AVALIAÇÃO

ART. 18. A avaliação da deficiência, quando necessária, será biopsicossocial, realizada por equipe multiprofissional e interdisciplinar e considerará:

I - os impedimentos nas funções e nas estruturas do corpo;

II - os fatores socioambientais, psicológicos e pessoais;

III - a limitação no desempenho de atividades; e

IV - a restrição de participação.

SEÇÃO III
DA INCLUSÃO DE PESSOA COM DEFICIÊNCIA NO SERVIÇO PÚBLICO

ART. 19. Os editais de concursos públicos para ingresso nos quadros do Poder Judiciário e de seus serviços auxiliares deverão prever, nos objetos de avaliação, disciplina que abarque os direitos das pessoas com deficiência.

ART. 20. Imediatamente após a posse de servidor, serventuário extrajudicial ou contratação de terceirizado com deficiência, dever-se-á informar a ele de forma detalhada sobre seus direitos e sobre a existência desta Resolução.

ART. 21. Cada órgão do Poder Judiciário deverá manter um cadastro dos servidores, serventuários extrajudiciais e terceirizados com deficiência que trabalham no seu quadro.

§ 1º Esse cadastro deve especificar as deficiências e as necessidades particulares de cada servidor, terceirizado ou serventuário extrajudicial.

§ 2º A atualização do cadastro deve ser permanente, devendo ocorrer uma revisão detalhada uma vez por ano.

§ 3º Na revisão anual, cada um dos servidores, serventuários extrajudiciais ou terceirizado com deficiência deverá ser pessoalmente questionado sobre a existência de possíveis sugestões ou adaptações referentes à sua plena inclusão no ambiente de trabalho.

§ 4º Para cada sugestão dada, deverá haver uma resposta formal do Poder Judiciário em prazo razoável.

ART. 22. Constitui modo de inclusão da pessoa com deficiência no trabalho a colocação competitiva, em igualdade de oportunidades com as demais pessoas, nos termos da legislação trabalhista e previdenciária, na qual devem ser atendidas as regras de acessibilidade, o fornecimento de recursos de tecnologia assistiva e a adaptação razoável no ambiente de trabalho.

Parágrafo único. A colocação competitiva da pessoa com deficiência pode ocorrer por meio de trabalho com apoio, observadas as seguintes diretrizes:

I - prioridade no atendimento à pessoa com deficiência com maior dificuldade de inserção no campo de trabalho;

II - provisão de suportes individualizados que atendam a necessidades específicas da pessoa com deficiência, inclusive a disponibilização de recursos de tecnologia assistiva, de agente facilitador e de apoio no ambiente de trabalho;

III - respeito ao perfil vocacional e ao interesse da pessoa com deficiência apoiada;

IV - oferta de aconselhamento e de apoio aos empregadores, com vistas à definição de estratégias de inclusão e de superação de barreiras, inclusive atitudinais;

V - realização de avaliações periódicas;

VI - articulação intersetorial das políticas públicas; e

VII - possibilidade de participação de organizações da sociedade civil.

ART. 23. A pessoa com deficiência tem direito ao trabalho de sua livre escolha e aceitação, em ambiente acessível e inclusivo, em igualdade de oportunidades com as demais pessoas.

§ 1º Os órgãos do Poder Judiciário são obrigados a garantir ambientes de trabalho acessíveis e inclusivos.

§ 2º A pessoa com deficiência tem direito, em igualdade de oportunidades com as demais pessoas, a condições justas e favoráveis de trabalho, incluindo igual remuneração por trabalho de igual valor.

§ 3º É vedada restrição ao trabalho da pessoa com deficiência e qualquer discriminação em razão de sua condição, inclusive nas etapas de recrutamento, seleção, contratação, admissão, exames admissional e periódico, permanência no emprego, ascensão profissional e reabilitação profissional, bem como exigência de aptidão plena.

§ 4º A pessoa com deficiência tem direito à participação e ao acesso a cursos, treinamentos, educação continuada, planos de carreira, promoções, bonificações e incentivos profissionais oferecidos pelo empregador, em igualdade de oportunidades com os demais empregados.

§ 5º É garantida aos trabalhadores com deficiência acessibilidade em cursos de formação e de capacitação.

ART. 24. É garantido à pessoa com deficiência acesso a produtos, recursos, estratégias, práticas, processos, métodos e serviços de tecnologia assistiva que maximizem sua autonomia, mobilidade pessoal e qualidade de vida.

ART. 25. Se houver qualquer tipo de estacionamento interno, será garantido ao servidor com deficiência que possua comprometimento de mobilidade vaga no local mais próximo ao seu local de trabalho.

§ 1º O percentual aplicável aos estacionamentos externos a que se referem o art. 4º, § 6º, desta Resolução e o art. 47 da Lei 13.146/2015 não é aplicável ao estacionamento interno do órgão, devendo-se garantir vaga no estacionamento interno a cada servidor com mobilidade comprometida.

§ 2º O caminho existente entre a vaga do estacionamento interno e o local de trabalho do servidor com mobilidade comprometida não deve conter qualquer tipo de barreira que impossibilite ou mesmo dificulte o seu acesso.

ART. 26. Se o órgão possibilitar aos seus servidores a realização de trabalho por meio do sistema "home office", dever-se-á dar prioridade aos servidores com mobilidade comprometida que manifestem interesse na utilização desse sistema.

§ 1º A Administração não poderá obrigar o servidor com mobilidade comprometida a utilizar o sistema "home office", mesmo diante da existência de muitos custos para a promoção da acessibilidade do servidor em seu local de trabalho.

§ 2º Os custos inerentes à adaptação do servidor com deficiência ao sistema "home office" deverão ser suportados exclusivamente pela Administração.

ART. 27. Ao servidor ou terceirizado com deficiência é garantida adaptação ergonômica da sua estação de trabalho.

ART. 28. Se houver serviço de saúde no órgão, aos servidores com deficiência será garantido atendimento compatível com as suas deficiências.

SEÇÃO IV
DO HORÁRIO ESPECIAL

ART. 29. A concessão de horário especial conforme o art. 98, § 2º, da Lei 8.112/1990 a servidor com deficiência não justifica qualquer atitude discriminatória.

§ 1º Admitindo-se a possibilidade de acumulação de banco de horas pelos demais servidores do órgão, também deverá ser admitida a mesma possibilidade em relação ao servidor com horário especial, mas de modo proporcional.

§ 2º Ao servidor a quem se tenha concedido horário especial não poderá ser negado ou dificultado, colocando-o em situação de desigualdade com os demais servidores, o exercício de função de confiança ou de cargo em comissão.

§ 3º O servidor com horário especial não será obrigado a realizar, conforme o interesse da Administração, horas extras, se essa extensão da sua jornada de trabalho puder ocasionar qualquer dano à sua saúde.

§ 4º Se o órgão, por sua liberalidade, determinar a diminuição da jornada de trabalho dos seus servidores, ainda que por curto período, esse mesmo benefício deverá ser aproveitado de forma proporcional pelo servidor a quem tenha sido concedido horário especial.

CAPÍTULO IV
DAS DISPOSIÇÕES RELACIONADAS AOS SERVIDORES QUE TENHAM CÔNJUGE, FILHO OU DEPENDENTE COM DEFICIÊNCIA

SEÇÃO I
DA FACILITAÇÃO DOS CUIDADOS

ART. 30. Se o órgão possibilitar aos seus servidores a realização de trabalho por meio do sistema "home office", dever-se-á dar prioridade aos servidores que tenham cônjuge, filho ou dependente com deficiência e que manifestem interesse na utilização desse sistema.

ART. 31. Se houver serviço de saúde no órgão, ao cônjuge, filho ou dependente com deficiência de servidor será garantido atendimento compatível com as suas deficiências.

SEÇÃO II
DO HORÁRIO ESPECIAL

ART. 32. A concessão de horário especial conforme o art. 98, § 3º, da Lei 8.112/1990 a servidor que tenha cônjuge, filho ou dependente com deficiência não justifica qualquer atitude discriminatória.

§ 1º Admitindo-se a possibilidade de acumulação de banco de horas pelos demais servidores do órgão, também deverá ser admitida a mesma possibilidade em relação ao servidor com horário especial, em igualdade de condições com os demais.

§ 2º Ao servidor a quem se tenha concedido horário especial não poderá ser negado ou dificultado, colocando-o em situação de desigualdade com os demais servidores, o exercício de função de confiança ou de cargo em comissão.

§ 3º O servidor com horário especial não será obrigado a realizar, conforme o interesse da Administração, horas extras, se essa extensão da sua jornada de trabalho puder ocasionar qualquer dano relacionado ao seu cônjuge, filho ou dependente com deficiência.

§ 4º Se o órgão, por sua liberalidade, determinar a diminuição da jornada de trabalho dos seus servidores, ainda que por curto período, esse mesmo benefício deverá ser aproveitado pelo servidor a quem tenha sido concedido horário especial.

CAPÍTULO V
DISPOSIÇÕES FINAIS

ART. 33. Incorre em pena de advertência o servidor, terceirizado ou o serventuário extrajudicial que:

I - conquanto possua atribuições relacionadas a possível eliminação e prevenção de quaisquer barreiras urbanísticas, arquitetônicas, nos transportes, nas comunicações e na informação, atitudinais ou tecnológicas, não se empenhe, com a máxima celeridade possível, para a supressão e prevenção dessas barreiras;

II - embora possua atribuições relacionadas à promoção de adaptações razoáveis ou ao oferecimento de tecnologias assistivas necessárias à acessibilidade de pessoa com deficiência – servidor, serventuário extrajudicial ou não –, não se empenhe, com a máxima celeridade possível, para estabelecer a condição de acessibilidade;

III - no exercício das suas atribuições, tenha qualquer outra espécie de atitude discriminatória por motivo de deficiência ou descumpra qualquer dos termos desta Resolução.

§ 1º Também incorrerá em pena de advertência o servidor ou o serventuário extrajudicial que, tendo conhecimento do descumprimento de um dos incisos do *caput* deste artigo, deixar de comunicá-lo à autoridade competente, para que esta promova a apuração do fato.

§ 2º O fato de a conduta ter ocorrido em face de usuário ou contra servidor do mesmo quadro, terceirizado ou serventuário extrajudicial é indiferente para fins de aplicação da advertência.

§ 3º Em razão da prioridade na tramitação dos processos administrativos destinados à inclusão e à não discriminação de pessoa com deficiência, a grande quantidade de processos a serem concluídos não justifica o afastamento de advertência pelo descumprimento dos deveres descritos neste artigo.

§ 4º As práticas anteriores da Administração Pública não justificam o afastamento de advertência pelo descumprimento dos deveres descritos neste artigo.

ART. 34. Esta Resolução entra em vigor na data da sua publicação.

MINISTRO RICARDO LEWANDOWSKI

RESOLUÇÃO CJF N. 458, DE 4 DE OUTUBRO DE 2017

Dispõe sobre a regulamentação, no âmbito da Justiça Federal de primeiro e segundo graus, dos procedimentos relativos à expedição de ofícios requisitórios, ao cumprimento da ordem cronológica dos pagamentos, às compensações, ao saque e ao levantamento dos depósitos.

‣ DOU, 09.10.2017.

A PRESIDENTE DO CONSELHO DA JUSTIÇA FEDERAL, no uso das atribuições legais, e

CONSIDERANDO a expressa determinação na decisão liminar proferida na Ação Cautelar STF n. 3.764/DF, em 24 de março de 2015, nos autos da ADI n. 4.357/DF, quanto aos efeitos da medida liminar deferida nas ADIs n. 2.356/DF e n. 2.362/DF, relativas à eficácia da Emenda Constitucional n. 30, de 13 de setembro de 2000,que inseriu o art. 78 no Ato das Disposições Constitucionais Transitórias.

CONSIDERANDO a decisão do Supremo Tribunal Federal, em 25 de março de 2015, relativa à Questão de Ordem na ADI n.4.357/DF, com vistas à modulação temporal dos efeitos da decisão declaratória de inconstitucionalidade da Emenda Constitucional n. 62,de 9 de dezembro de 2009, especialmente o item 2 do correspondente acórdão, conferindo eficácia prospectiva à declaração de inconstitucionalidade, fixando como marco inicial a data de conclusão desse julgamento.

CONSIDERANDO a redação dada ao § 2º do art. 100 da Constituição Federal pelo art. 1º da Emenda Constitucional n. 94, de15 de dezembro de 2016.

CONSIDERANDO a decisão do Supremo Tribunal Federal, em sede de repercussão geral, exarada no Recurso Extraordinário n.579.431/RS, em 19 de abril de 2017, resultando na aprovação do Enunciado n. 96.

CONSIDERANDO a sistemática prevista na Lei n. 13.463,de 6 de julho de 2017, para recolhimento, ao Tesouro Nacional, dos saldos das contas de precatórios e requisições de pequeno valor sem movimentação há mais de dois anos.

CONSIDERANDO o decidido nos Processos n. CJF-PPN-2017/00017e CJF-PPN-2015/00043, na sessão realizada em 18 de setembro de 2017, resolve:

TÍTULO I
DAS DISPOSIÇÕES GERAIS

ART. 1º O pagamento de quantia certa decorrente de condenação da Fazenda Pública, nos processos judiciais de competência da Justiça Federal e no exercício da competência federal delegada, será feito nos termos desta resolução.

ART. 2º Compete ao presidente do respectivo tribunal receber e aferir a regularidade formal dos ofícios requisitórios, apresentados pelos juízos vinculados à sua jurisdição, bem como assegurar a obediência à ordem cronológica e de preferência e autorizar o pagamento dos créditos, nos termos preconizados na Constituição Federal e nesta resolução.

ART. 3º Considera-se Requisição de Pequeno Valor – RPV aquela relativa a crédito cujo valor atualizado, por beneficiário, seja igual ou inferior a:

I - sessenta salários mínimos, se a devedora for a Fazenda federal (art. 17, § 1º, da Lei n. 10.259, de 12 de julho de 2001);

II - quarenta salários mínimos ou o valor estipulado pela legislação local, se a devedora for a Fazenda estadual ou a Fazenda distrital, não podendo a lei fixar valor inferior ao do maior benefício do regime geral de previdência social;

III - trinta salários mínimos ou o valor estipulado pela legislação local, se a devedora for a Fazenda municipal, não podendo alei fixar valor inferior ao do maior benefício do regime geral de previdência social.

§ 1º Tratando-se de obrigação de pagar quantia certa de pequeno valor após o trânsito em julgado da sentença ou do acórdão, quando a devedora for a União e suas autarquias e fundações, o juiz expedirá ofício requisitório ao presidente do tribunal correspondente, que tomará as providências estabelecidas no art. 6º desta resolução e,no que couber, na lei que disciplina a matéria.

§ 2º No caso de créditos de pequeno valor de responsabilidade da Fazenda estadual, da distrital, da municipal e de suas respectivas autarquias e fundações, bem assim da Empresa Brasileira de Correios e Telégrafos - ECT (Decreto-lei n. 509, de 20 de março de 1969, art. 12), as RPVs serão encaminhadas pelo juízo da execução ao próprio devedor, fixando-se o prazo de 60 dias para o respectivo depósito diretamente na vara de origem, respeitados os limites previstos nos incisos I, II e III deste artigo.

§ 3º Desatendido o prazo fixado no parágrafo anterior, o sequestro de verba necessária à quitação do valor requisitado será determinado pelo juízo da execução.

ART. 4º O pagamento de valores superiores aos limites previstos no artigo anterior será requisitado mediante precatório, exceto em caso de expressa renúncia ao valor excedente daqueles limites no juízo da execução.

Parágrafo único. Serão também requisitados por meio deprecatório os pagamentos parciais, complementares ou suplementares de qualquer valor, quando a importância total do crédito executado, por beneficiário, for superior aos limites estabelecidos no artigo anterior.

ART. 5º Em caso de litisconsórcio, para a definição da modalidade do requisitório, será considerado o valor devido a cada litisconsorte, expedindo-se, individualmente, conforme o caso, RPV se requisições mediante precatório, excetuando-se a cessão parcial de créditos, que deverá ser somada ao valor devido ao beneficiário original.

Parágrafo único. Quando o beneficiário for titular de créditos de naturezas distintas comum e alimentar, mas originários de um só processo judicial, deverão ser emitidas duas requisições de pagamento, uma para o crédito comum e outra para o crédito de natureza alimentar.

ART. 6º Em se tratando de crédito de pequeno valor de responsabilidade da União e de suas autarquias ou fundações de direito público, o tribunal organizará mensalmente a relação das requisições em ordem cronológica, com os valores por beneficiário, encaminhando-a à Secretaria de Planejamento, Orçamento e Finanças do Conselho da Justiça Federal e ao representante legal da entidade devedora.

ART. 7º Para a atualização monetária dos precatórios e RPVs tributários e não tributários, serão utilizados, da data-base informada pelo juízo da execução até o efetivo depósito, os índices estabelecidos na lei de diretrizes orçamentárias, ressalvado o disposto nos arts. 50e 55 desta resolução.

§ 1º Incidem os juros da mora nos precatórios e RPVs não tributários no período compreendido entre a data-base informada pelo juízo da execução e a da requisição ou do precatório, assim entendido o mês de autuação no tribunal para RPVs e 1º de julho para precatórios.

§ 2º Não haverá incidência de juros de mora na forma prevista pelo § 12 do art. 100 da Constituição Federal quando o pagamento das requisições (precatórios) ocorrer até o final do exercício seguinte à expedição pelo tribunal em 1º de julho.

§ 3º Haverá incidência de juros de mora quando o pagamento ocorrer após o final do exercício seguinte à expedição no que se refere a precatórios e após o prazo previsto na Lei n. 10.259/2001para RPVs.

CAPÍTULO I
DO OFÍCIO REQUISITÓRIO

ART. 8º O juiz da execução informará, no ofício requisitório, os seguintes dados constantes do processo:

I - número do processo de execução e data do ajuizamento do processo de conhecimento;

II - natureza da obrigação (assunto) a que se refere o pagamento e, caso seja relativo à indenização por desapropriação de imóvel residencial, indicação de se tratar de imóvel único na época da imissão na posse;

III - nome das partes e do procurador da parte autora, bem como o respectivo número de inscrição no CPF ou no CNPJ;

IV - nome dos beneficiários e respectivos números de inscrição no CPF ou no CNPJ, inclusive quando forem advogados, peritos, incapazes, espólios, massas falidas, menores e outros;

V - natureza do crédito (comum ou alimentar) e espécie da requisição (RPV ou precatório);

VI - nas requisições não tributárias, valor do principal corrigido e dos juros, individualizado por beneficiário, valor total da requisição, bem como o percentual dos juros de mora estabelecido no título executivo;

VII - nas requisições tributárias, valor do principal, juntamente com as demais verbas tributárias, valor SELIC, individualizado por beneficiário, e valor total da requisição;

VIII - órgão a que estiver vinculado o servidor público civil ou militar da administração direta, quando se tratar de ação de natureza salarial, com a indicação da condição de ativo, inativo ou pensionista;

IX - valor da contribuição do Plano de Seguridade Social do Servidor Público Civil - PSS, quando couber;

X - data-base considerada para a atualização monetária dos valores;

XI - data do trânsito em julgado da sentença ou do acórdão no processo de conhecimento;

XII - data do trânsito em julgado dos embargos à execução ou da impugnação, se houver, ou data do decurso de prazo para sua oposição;

XIII - em se tratando de requisição de pagamento parcial, complementar, suplementar ou correspondente à cessão parcial de crédito, o valor total, por beneficiário, do crédito executado;

XIV - nas requisições destinadas ao pagamento de honorários contratuais, deverão ser informados o nome e o CPF ou o CNPJ do beneficiário principal e, na requisição do beneficiário principal, deverá constar a referência aos honorários contratuais;

XV - caso seja precatório de natureza alimentícia, a data de nascimento do beneficiário e a informação sobre eventual doença grave, bem assim a indicação de pessoa com deficiência, na forma da lei;

XVI - caso seja precatório cujos valores estejam submetidos à tributação na forma de rendimentos recebidos acumuladamente (RRA), prevista no art. 12-A da Lei n. 7.713, de 22 de dezembro de1988:

a) número de meses (NM);

b) valor das deduções da base de cálculo (art. 27, § 3º, desta resolução).

XVII - em se tratando de requisição de pequeno valor (RPV) cujos valores estejam submetidos à tributação na forma de rendimentos recebidos acumuladamente (RRA), prevista no art. 12-A da Lei n. 7.713/1988:

a) número de meses (NM) do exercício corrente;

b) número de meses (NM) de exercícios anteriores;

c) valor das deduções da base de cálculo (art. 27, § 3º, desta resolução);

d) valor do exercício corrente;

e) valor de exercícios anteriores.

Parágrafo único. No caso de requisição reincluída, nos termos do art. 46, deverá também informar o número da requisição cancelada (precatório ou RPV).

ART. 9º Tratando-se de requisição de pagamento de juizado especial federal, o juiz, após o trânsito em julgado da sentença, expedirá o ofício requisitório, que indicará os seguintes dados:

I - número do processo e data do ajuizamento da ação;

II - natureza da obrigação (assunto) a que se refere o pagamento;

III - nome das partes e do procurador da parte autora, bem como números de inscrição no CPF ou no CNPJ;

IV - nome dos beneficiários e respectivos números de inscrição no CPF ou no CNPJ, inclusive quando forem advogados, peritos, incapazes, espólios, massas falidas, menores e outros;

V - natureza do crédito (comum ou alimentar) e espécie da requisição (RPV ou precatório);

VI - nas requisições não tributárias, valor do principal corrigido e dos juros, individualizado por beneficiário, e valor total da requisição, bem como o percentual dos juros de mora estabelecido no título executivo;

VII - nas requisições tributárias, valor do principal, juntamente com as demais verbas tributárias, valor SELIC, individualizado por beneficiário, e valor total da requisição;

VIII - órgão a que estiver vinculado o servidor público civil ou militar da administração direta, quando se tratar de ação de natureza salarial, com a indicação da condição de ativo, inativo ou pensionista;

IX - valor da contribuição do Plano de Seguridade Social do Servidor Público Civil - PSS, quando couber;

X - data-base considerada para efeito de atualização monetária dos valores;

XI - data do trânsito em julgado da sentença ou acórdão;

XII - caso seja precatório de natureza alimentícia, indicação da data de nascimento do beneficiário e informação sobre eventual doença grave, bem assim a indicação de pessoa com deficiência, na forma da lei;

XIII - em se tratando de requisição de pagamento parcial, complementar, suplementar ou correspondente a cessão parcial de crédito, o valor total, por beneficiário, do crédito executado;

XIV - nas requisições destinadas ao pagamento de honorários contratuais, deverão ser informados o nome e o CPF ou o CNPJ do beneficiário principal e na requisição do beneficiário principal deverá constar a referência aos honorários contratuais.

XV - caso seja precatório cujos valores estejam submetidos à tributação na forma de rendimentos recebidos acumuladamente(RRA), prevista no art. 12-A da Lei n. 7.713/1988:

a) número de meses (NM);

b) valor das deduções da base de cálculo (art. 27, § 3º, desta resolução).

XVI - caso seja requisição de pequeno valor (RPV) cujos valores estejam submetidos à tributação na forma de rendimentos recebidos acumuladamente (RRA), prevista no art. 12-A da Lei n.7.713, de 22 de dezembro de 1988:

a) número de meses (NM) do exercício corrente;

b) número de meses (NM) de exercícios anteriores;

c) valor das deduções da base de cálculo (art. 27, § 3º, desta resolução);

d) valor do exercício corrente;

e) valor de exercícios anteriores.

Parágrafo único. No caso de requisição reincluída, nos termos do art. 46, deverá também informar o número da requisição cancelada (precatório ou RPV).

ART. 10. Havendo, no cálculo judicial, verba tributária e não tributária, o juízo deverá expedir requisições de pagamento distintas, que serão somadas para definição da modalidade do requisitório (precatório ou RPV).

ART. 11. Tratando-se de precatórios ou RPVs, o juiz da execução, antes do encaminhamento ao tribunal, intimará as partes para manifestação acerca do inteiro teor do ofício requisitório.

ART. 12. Ausentes quaisquer dos dados especificados, o ofício requisitório não será considerado para efeito algum, cabendo ao tribunal restituí-lo à origem.

CAPÍTULO II
DAS PREFERÊNCIAS NO PAGAMENTO

ART. 13. Os débitos de natureza alimentícia serão pagos com preferência sobre os demais, respeitando-se a prioridade devida aos portadores de doença grave, em seguida, às pessoas com deficiência e, posteriormente aos idosos com 60 anos completos na data do pagamento.

Parágrafo único. São considerados débitos de natureza alimentícia aqueles decorrentes de salários, vencimentos, proventos, pensões e suas complementações, benefícios previdenciários e indenizações por morte ou por invalidez fundadas em responsabilidade civil, em virtude de sentença judicial transitada em julgado.

ART. 14. Portadores de doença grave são os beneficiários acometidos das moléstias indicadas no inciso XIV do art. 6º da Lei n.7.713/1988, com a redação dada pela Lei n. 11.052, de 29 de dezembro de 2004, bem como as doenças consideradas graves pelo juízo da execução, com base na conclusão da medicina especializada, mesmo que a doença tenha sido contraída após o início da ação.

Parágrafo único. O portador de doença grave beneficiário deprecatório de natureza alimentícia poderá requerer a prioridade no pagamento a qualquer tempo, cabendo a decisão ao juízo da execução, que comunicará ao presidente do tribunal eventual deferimento da prioridade constitucional, com a finalidade de alterar a ordem de pagamento quando já expedido o ofício requisitório.

ART. 15. Apenas em favor do cônjuge supérstite ou do companheiro em união estável não cessará, com a morte do beneficiário, a prioridade concedida aos portadores de doença grave, às pessoas com deficiência e aos idosos.

Parágrafo único. Os demais sucessores terão direito à preferência quando, pessoalmente, preencherem os requisitos para sua obtenção, na forma prevista no art. 100, § 2º, da Constituição Federal.

ART.16. A idade do beneficiário, para os efeitos da prioridade de que trata o art. 100, § 2º, da Constituição Federal, será aferida com base na informação da data de nascimento prestada pelo juiz no ofício requisitório independentemente de requerimento expresso.

ART.17. A prioridade dos créditos dos portadores de doenças graves, das pessoas com deficiência e das maiores de 60 anos será limitada ao triplo do valor estipulado para as requisições de pequeno valor, não importando ordem de pagamento imediato, mas apenas em ordem de preferência.

CAPÍTULO III
DOS HONORÁRIOS ADVOCATÍCIOS

ART. 18. Ao advogado será atribuída a qualidade de beneficiário quando se tratar de honorários sucumbenciais, de natureza alimentar.

Parágrafo único. Havendo decisão judicial nesse sentido, o pagamento dos honorários sucumbenciais pode ser realizado em requisitório autônomo, não devendo ser considerado, nesse caso, como parcela integrante do valor devido a cada credor para fins de classificação do requisitório como de pequeno valor.

CAPÍTULO IV
DA CESSÃO DE CRÉDITOS

ART. 19. O credor poderá ceder a terceiros, total ou parcialmente, seus créditos em requisições de pagamento, independentemente da concordância do devedor, não se aplicando ao cessionário o disposto nos §§ 2º e 3º do art. 100 da Constituição Federal.

§ 1º A cessão de créditos em requisição de pagamento somente alcança o valor disponível, entendido este como o valor líquido após incidência de contribuição para o PSS, penhora, destaque de honorários contratuais, compensação deferida até 25 de março de2015 e cessão anterior, se houver.

§ 2º No caso de cessão total do valor líquido, o valor do PSS deverá ser requisitado em favor do beneficiário original.

ART. 20. Havendo cessão de crédito, a mudança de beneficiário na requisição somente ocorrerá se o cessionário juntar aos autos da execução o respectivo contrato antes da elaboração do requisitório pelo juízo da execução.

ART. 21. Havendo cessão total ou parcial de crédito após a apresentação do ofício requisitório, o juiz da execução comunicará o fato ao tribunal para que, quando do depósito, coloque os valores integralmente requisitados à sua disposição com o objetivo de liberaro crédito cedido diretamente ao cessionário mediante alvará ou meio equivalente.

ART. 22. A cessão de crédito não transforma em alimentar um crédito comum nem altera a modalidade de precatório para requisição de pequeno valor.

ART. 23. Os valores do cedente e do cessionário, em caso de cessão parcial, deverão ser solicitados no mesmo ofício requisitório, em campo próprio ou por outro meio que permita a vinculação.

ART. 24. Quando se tratar de precatório com contribuição para o PSS, a cessão de crédito será sempre parcial e se limitará ao valor líquido da requisição, considerado como tal o valor bruto dela, descontada a contribuição para o PSS.

CAPÍTULO V
DO IMPOSTO DE RENDA

ART. 25. O imposto de renda incidente sobre os valores de requisição de pagamento devidos aos beneficiários será retido na fonte pela instituição financeira responsável pelo pagamento, por ocasião do saque efetuado pelo beneficiário, nos termos da lei.

Parágrafo único. No caso da cessão de crédito, a retenção na fonte do imposto de renda ocorrerá em nome do cessionário.

ART. 26. Observado o enquadramento das requisições nas situações previstas nos artigos seguintes, a retenção do imposto de renda de que trata o art. 27 da Lei n. 10.833, de 29 de dezembro de2003, será efetuada à alíquota de 3% sobre o montante pago, sem nenhuma dedução, no momento do pagamento do requisitório ao beneficiário ou a seu representante legal.

§ 1º A retenção do imposto fica dispensada quando o beneficiário declarar, à instituição financeira responsável pelo pagamento, que os rendimentos recebidos são isentos ou não tributáveis, ou que, em se tratando de pessoa jurídica, está inscrito no Regime Especial Unificado de Arrecadação de Tributos e Contribuições devidos pelas Microempresas e Empresas de Pequeno Porte – Simples Nacional.

§ 2º O imposto retido na fonte de acordo com o *caput* será:

I - considerado antecipação do imposto apurado na declaração de ajuste anual das pessoas físicas; ou

II - deduzido do apurado no encerramento do período de apuração ou na data da extinção, no caso de beneficiário pessoa jurídica.

ART.27. A retenção do imposto de renda sobre os rendimentos recebidos acumuladamente (RRA) relativos aos anos-calendário anteriores ao do momento do saque, de que trata o art. 12-A da Lei n. 7.713/1988, será efetuada quando do pagamento do requisitório ao beneficiário ou a seu representante legal.

§ 1º São considerados rendimentos recebidos acumuladamente (RRA) aqueles decorrentes de precatórios e RPVs referentes:

I - à aposentadoria, à pensão, à transferência para reserva remunerada ou à reforma pagos pela previdência social da União, dos Estados, do Distrito Federal e dos Municípios;

II - aos rendimentos do trabalho.

§ 2º Para a apuração do valor devido do imposto de renda sobre RRA, deverá ser utilizada, pela instituição financeira responsável pelo pagamento do requisitório, a tabela progressiva instituída pela Receita Federal do Brasil, resultante da multiplicação de seus valores pelo número correspondente à quantidade de meses (NM) a que se referem os respectivos rendimentos.

§ 3º Poderão ser excluídas da base de cálculo do imposto devido as despesas relativas ao montante dos rendimentos tributáveis, com ação judicial necessária ao seu recebimento, inclusive de advogados, se tiverem sido pagas pelo contribuinte, sem indenização, informadas no campo das deduções de RRA, bem como as importâncias pagas em dinheiro, comprovadamente, a título de pensão alimentícia decorrente das normas do Direito de Família, quando em cumprimento de decisão judicial, de acordo homologado judicialmente ou de separação ou divórcio consensual realizado por escritura pública.

§ 4º Será deduzida da base de cálculo do imposto devido, pela instituição financeira, a contribuição para a Previdência Social da União, informada pelo juízo em campo próprio (PSS), bem como as contribuições para a previdência social dos estados, do Distrito Federal e dos municípios.

§ 5º A retenção do imposto fica dispensada quando o beneficiário declarar, à instituição financeira responsável pelo pagamento, que os rendimentos recebidos são isentos ou não tributáveis.

ART. 28. Tratando-se de requisição de pequeno valor (RPV) relativa aos RRA, deverão ser adotados os seguintes procedimentos:

I - sobre os valores referentes ao ano-calendário da própria requisição, a retenção do imposto de renda deverá ser feita à alíquota de 3% (art. 27 da Lei n. 10.833/2003);

II - sobre os valores relativos aos anos-calendário anteriores ao da requisição, a retenção do imposto de renda deverá ser feita pela tabela progressiva da Receita Federal (art. 12-A da Lei n.7.713/1988).

Parágrafo único. Sendo o saque efetuado posteriormente ao ano de competência da expedição da requisição, a apuração do imposto de renda pela instituição financeira responsável pelo pagamento deverá ser feita pela tabela progressiva da Receita Federal (art. 12-Ada Lei n. 7.713/1988), somando-se os números de meses e valores das hipóteses dos incisos I e II.

ART. 29. As requisições expedidas em favor do advogado para pagamento dos honorários sucumbenciais e os destaques de honorários contratuais, bem como as cessões de crédito, estarão sujeitas à incidência do imposto de renda nos termos previstos na Lei n. 10.833/2003,ainda que o valor principal seja classificado como RRA.

CAPÍTULO VI
DA CONTRIBUIÇÃO DO PLANO DE SEGURIDADE SOCIALDO SERVIDOR PÚBLICO CIVIL - CPSS

ART. 30. A contribuição do PSS incidente sobre os valores de requisições de pagamento devidos aos beneficiários servidores públicos civis da União e suas autarquias e fundações será retida na fonte pela instituição financeira pagadora por ocasião do saque efetuado pelo beneficiário, com base no valor informado pelo juízo da execução em campo próprio.

§ 1º O valor informado a título de contribuição do PSS no ofício requisitório não deverá ser deduzido do valor da requisição nem a ele acrescido.

§ 2º Não existindo crédito a ser sacado pelo beneficiário em decorrência de o valor ser idêntico ao do PSS, o recolhimento da referida contribuição pela instituição financeira ocorrerá no momento da disponibilização do depósito.

ART. 31. A contribuição patronal da União, de que trata o art.8º da Lei n. 10.887, de 18 de junho de 2004, será calculada com base nas informações prestadas ao tribunal pela instituição financeira oficial, responsável pela retenção na fonte da parcela da contribuição do plano de seguridade social do servidor público civil ativo, devida em decorrência de saque dos valores relativos às RPVs e aos precatórios, ocorrido no mês anterior.

§ 1º As instituições financeiras responsáveis pela retenção deverão informar aos tribunais, até o segundo dia útil de cada mês, os valores recolhidos no mês anterior a título de contribuição do plano de seguridade social do servidor público civil.

§ 2º O tribunal recolherá a contribuição a que se refere o *caput* até o décimo dia útil do mês em que recebeu a informação deque trata o parágrafo anterior.

CAPÍTULO VII DA REVISÃO DOS CÁLCULOS, DAS RETIFICAÇÕES EDOS CANCELAMENTOS

ART. 32. Sem prejuízo da revisão de ofício pelo presidente do tribunal, o pedido de revisão dos cálculos da requisição de pagamento, após a expedição do ofício requisitório, conforme previsto no art. 1º-E da Lei n. 9.494, de 10 de setembro de 1997, será apresentado:

I - ao presidente do tribunal quando o questionamento se referir aos critérios de atualização monetária aplicados no tribunal;

II - ao juízo da execução quando o questionamento se referira critério de cálculo judicial, devendo o pedido de revisão atender, cumulativamente, os seguintes requisitos:

a) o requerente deverá apontar e especificar claramente quais são as incorreções existentes nos cálculos, discriminando o montante que seria correto;

b) o defeito nos cálculos deverá estar ligado à incorreção material ou à utilização de critério em descompasso com a lei ou como título executivo judicial;

c) o critério legal aplicável ao débito não deverá ter sido objeto de debate nem na fase de conhecimento nem na de execução.

ART. 33. A retificação de erro material ocorrido no tribunal dependerá de decisão do presidente, que adotará as providências necessárias para a regularização, condicionada à disponibilidade orçamentária.

ART. 34. Decidida definitivamente a revisão dos cálculos pelo juízo da execução e havendo aumento dos valores originalmente apresentados, poderá ser expedido ofício requisitório suplementar relativo às diferenças apuradas.

ART. 35. No caso de decisão definitiva do juízo da execução que importe a diminuição dos valores originalmente apresentados, o ofício requisitório deverá ser retificado, sem cancelamento, e mantido na ordem cronológica em que se encontrava.

ART. 36. No tribunal, a requisição não poderá sofrer alteração que implique aumento da despesa prevista no orçamento ou que modifique a natureza do crédito; num caso e noutro, a requisição deverá ser cancelada e novamente expedida.

Parágrafo único. Após a expedição da requisição, o cancelamento ou a retificação de valor para menor se fará por solicitação imediata do juízo da execução ao presidente do tribunal.

ART. 37. Realizado o depósito em instituição financeira oficial(Caixa Econômica Federal ou Banco do Brasil S.A.) e tendo sido a requisição cancelada ou retificada para menor, os recursos correspondentes serão devolvidos ao tribunal.

TÍTULO II DA ORDEM DOS PAGAMENTOS

ART. 38. O pagamento das requisições obedecerá estritamente à ordem prevista no art. 100 da Constituição Federal.

Parágrafo único. Na hipótese da inexistência de créditos orçamentários descentralizados ao tribunal, obedecer-se-á à ordem cronológica por entidade, em cada tribunal.

ART. 39. As requisições de natureza alimentar serão pagas em precedência às demais, ainda que existam requisições de natureza comum recebidas anteriormente nos tribunais.

Parágrafo único. A precedência prevista no *caput* deste artigo fica condicionada à existência dos créditos respectivos, observando-se as prioridades previstas no art. 100, § 2º, da Constituição Federal.

TÍTULO III DO SAQUE E LEVANTAMENTO DOS DEPÓSITOS

ART. 40. Os valores destinados aos pagamentos decorrentes de precatórios e de requisições de pequeno valor serão depositados pelos tribunais regionais federais em instituição financeira oficial, abrindo-se conta remunerada e individualizada para cada beneficiário.

§ 1º Os saques correspondentes a precatórios e a RPVs serão feitos independentemente de alvará e reger-se-ão pelas normas aplicáveis aos depósitos bancários, com o prazo de até 24 horas para a agência efetuar o pagamento, a contar da apresentação dos documentos de identificação ao gerente.

§ 2º Poderão ser expedidas requisições, a critério do juízo, com indicação de levantamento mediante expedição de alvará ou meio equivalente.

§ 3º Os precatórios e os RPVs expedidos pelas varas estaduais com competência delegada serão levantados mediante expedição de alvará ou meio equivalente.

§ 4º Os valores sacados, com ou sem expedição de alvará, estarão sujeitos à retenção da contribuição para o PSS, se houver, bem como do imposto de renda, nos termos da lei.

ART. 41. O tribunal comunicará a efetivação do depósito ao juízo da execução, e este cientificará as partes.

ART. 42. No caso de penhora, arresto, sequestro, cessão de crédito posterior à apresentação do ofício requisitório e sucessão causa mortis, os valores requisitados ou depositados serão convertidos em depósito judicial, indisponível, à ordem do juízo da execução, até ulterior deliberação deste sobre a destinação do crédito.

ART. 43. Qualquer fato anterior ao depósito que impeça o saque será imediatamente comunicado pelo juízo da execução ao presidente do tribunal, que determinará o bloqueio até decisão final.

Parágrafo único. Após o depósito, o bloqueio deverá ser determinado pelo juízo da execução ou pelo presidente do tribunal diretamente à instituição financeira, conforme dispuser regulamentação do tribunal.

ART. 44. No caso de requisições cujos valores estejam depositados há mais de um ano, o presidente do tribunal comunicará ao juízo da execução para que os credores sejam intimados.

Parágrafo único. A instituição financeira depositária deverá fornecer periodicamente, por solicitação do tribunal, as informações necessárias ao cumprimento do *caput.*

ART. 45. Com base nas informações fornecidas pelo tribunal, o juízo da execução adotará as providências que entender cabíveis para a ocorrência do saque, respeitada a modalidade de levantamento prevista para a respectiva conta.

TÍTULO IV DAS REQUISIÇÕES DE PAGAMENTO CANCELADAS EM DECORRÊNCIA DA LEI N. 13.463/2017

ART. 46. Informado ao presidente do Tribunal, pela instituição financeira, o cancelamento da requisição de pagamento, por força da Lei 13.463/2017, e comunicado ao juízo da execução, este notificará o credor.

Parágrafo único. Havendo requerimento do credor para a expedição de nova requisição de pagamento, será observada a ordem cronológica originária.

TÍTULO V DOS PRECATÓRIOS NÃO INTEGRANTES DO ORÇAMENTOFISCAL E DA SEGURIDADE SOCIAL DA UNIÃO

ART. 47. Os precatórios expedidos em face das Fazendas Públicas Estaduais, Distrital e Municipais, bem como das entidades federais não integrantes do orçamento fiscal e da seguridade social da União terão seus valores repassados pela entidade devedora diretamente ao tribunal requisitante.

§ 1º O tribunal deverá comunicar, até 20 de julho, à entidade devedora não integrante do orçamento fiscal e da seguridade social da União, os precatórios requisitados em 1º de julho, a fim de que sejam incluídos na proposta orçamentária do exercício subsequente.

§ 2º Havendo adesão a parcelamento administrativo do crédito requisitado, o juízo da execução será instado, pelo tribunal, a manifestar-se acerca da possibilidade ou não do cancelamento do precatório.

ART. 48. Para efetivação do sequestro, na forma prevista no art. 100 da Constituição Federal, o presidente do tribunal intimará o devedor, na pessoa de seu representante legal, para, no prazo de 30dias, proceder à regularização do pagamento.

§ 1º Decorrido o prazo sem manifestação ou realização do pagamento, intimará o(s) beneficiário(s), para, no prazo de 10 dias, requerer(em) o que entender(em) de direito.

§ 2º Sendo requerido o sequestro, os autos serão encaminhados ao Ministério Público para apresentar parecer em 10 dias.

§ 3º Após a manifestação do Ministério Público, ou transcurso do prazo sem manifestação, o presidente do tribunal proferirá a decisão.

§ 4º Das decisões do presidente do tribunal caberá recurso conforme previsto no Regimento Interno do Tribunal.

§ 5º Havendo necessidade de sequestro de recursos financeiros, este procedimento será realizado pelo presidente do tribunal, por meio do convênio "BacenJud".

§ 6º O processamento do sequestro poderá ser efetivado nos próprios autos do precatório.

ART. 49. Nos precatórios estaduais, distritais e municipais de entidades optantes pelo regime especial de parcelamento de precatórios, previstos no art. 97 do Ato das Disposições Constitucionais Transitórias, deverão ser observados os seguintes critérios:

I - a ordem cronológica dos precatórios obedecerá à data de apresentação do ofício requisitório no tribunal;

II - o tribunal deverá informar, até 20 de julho, ao tribunal de justiça com jurisdição na sede da entidade devedora optante pelo regime especial de parcelamento, a relação dos precatórios requisitados em 1º de julho, que estão submetidos ao regime especial de parcelamento.

ART. 50. Os valores requisitados em face dos entes devedores estaduais, distritais e municipais não integrantes do orçamento fiscal e da seguridade social da União serão atualizados monetariamente, desde a data-base, informada pelo juízo da execução, até a data do efetivo pagamento realizado pelo tribunal, com base nos seguintes índices:

a) ORTN - de 1964 a fevereiro de 1986;

b) OTN - de março de 1986 a janeiro de 1989;

c) IPC/IBGE de 42,72% - em janeiro de 1989;

d) IPC/IBGE de 10,14% - em fevereiro de 1989;

e) BTN - de março de 1989 a março de 1990;

f) IPC/IBGE - de março de 1990 a fevereiro de 1991;

g) INPC - de março de 1991 a novembro de 1991;

h) IPCA-E/IBGE - em dezembro de 1991;

i) UFIR - de janeiro de 1992 a dezembro de 2000;

j) IPCA-E/IBGE - de janeiro de 2001 a dezembro de2009;

k) Taxa Referencial (TR) - de janeiro de 2010 a 25 de março de 2015;

l) IPCA-E/IBGE - de 26 de março de 2015 em diante.

§ 1º Na atualização dos precatórios tributários, no período posterior à data base, devem ser utilizados os mesmos índices e critérios de atualização dos créditos tributários adotados pela fazenda pública tributante.

§ 2º Dos valores repassados ao tribunal pelos tribunais de justiça, deverão ser consignados nos sistemas próprios aqueles referentes ao principal, à correção monetária e aos juros.

ART. 51. São devidos juros de mora quando o pagamento do precatório ocorrer após o final do exercício seguinte à expedição.

TÍTULO VI
DAS DISPOSIÇÕES FINAIS E TRANSITÓRIAS

ART. 52. Nos casos de deferimento da compensação até 25 de março de 2015, na forma prevista no art. 100, §§ 9º e 10, da Constituição Federal, os precatórios serão expedidos com determinação de levantamento à ordem do juízo da execução para que, no ato do depósito, seja efetuada a compensação pelo próprio juízo da execução.

ART. 53. O saque sem expedição de alvará (art. 40, § 1º) é permitido em relação às RPVs requisitadas pelas varas federais e juizados especiais federais a partir de 1º de janeiro de 2005, aos precatórios de natureza alimentícia autuados nos tribunais após 1º de julho de 2004, bem como aos precatórios de natureza comum inscritos a partir da proposta orçamentária de 2013, remetidos aos tribunais a partir de 2 de julho de 2011.

ART. 54. O parcelamento dos precatórios expedidos até o exercício de 2011 subsistirá, conforme estabelecido nas respectivas leis de diretrizes orçamentárias, até que o Supremo Tribunal Federal decida os embargos de declaração opostos pela União na Ação Direta de Inconstitucionalidade - ADI n. 2.356/DF, nos termos do Ofício n.526/GP, encaminhado pelo Presidente do Conselho Nacional de Justiça, Ministro Cézar Peluso, ao Conselho da Justiça Federal.

ART. 55. Os precatórios parcelados continuarão a ser atualizados nos tribunais, acrescidos de juros legais, em prestações anuais e sucessivas, no prazo máximo de dez anos, nos termos do art. 78 do ADCT.

§ 1º Na atualização monetária dos precatórios parcelados, serão observados os seguintes critérios:

I - nos precatórios das propostas orçamentárias até 2010, será observada a variação do Índice Nacional de Preços ao Consumidor Amplo - Especial - IPCA-E, divulgado pelo IBGE;

II - nos precatórios da proposta orçamentária de 2011, incidirá, até dezembro de 2013, o índice oficial de remuneração básica da caderneta de poupança, divulgado pelo Banco Central do Brasil(TR - Taxa Referencial) e, a partir de janeiro de 2014, incidirá a variação do Índice Nacional de Preços ao Consumidor Amplo - Especial - IPCA-E, divulgado pelo IBGE.

§ 2º Os juros legais, à taxa de 6% a.a., serão acrescidos aos precatórios objeto de parcelamento a partir da segunda parcela, tendo como termo inicial o mês de janeiro do ano em que é devida a segunda parcela.

ART. 56. A atualização prevista para precatórios e RPVs tributários aplica-se aos precatórios expedidos a partir de 2 de julho de2015, bem como às RPVs autuadas a partir de janeiro de 2017.

ART. 57. Fica facultada a utilização de meio eletrônico para o pagamento de quantia certa decorrente de condenação da Fazenda Pública nos processos judiciais de competência da Justiça Federal.

ART. 58. O ofício requisitório, com a inclusão de juros entre a data base e a data da requisição ou do precatório, será adotado na via administrativa para as RPVs autuadas no segundo mês subsequente à publicação desta resolução e para os precatórios, a partir da proposta orçamentária de 2019.

ART. 59. Revogam-se a Resolução n. CJF-RES-2016/00405,de 9 de junho de 2016, e demais disposições em contrário.

ART. 60. Esta resolução entra em vigor na data de sua publicação.

MIN. LAURITA VAZ

RESOLUÇÃO CJF N. 459, DE 5 DE OUTUBRO DE 2017

Dispõe sobre a regulamentação dos procedimentos relativos à expedição de ofícios requisitórios pelos Centros Judiciais de Solução de Conflitos e Cidadania - CEJUSCONs e pelas demais unidades de conciliação, em procedimentos pré-processuais, no âmbito da Justiça Federal de primeiro e segundo graus.

A PRESIDENTE DO CONSELHO DA JUSTIÇA FEDERAL, no uso das atribuições legais, e

CONSIDERANDO as diretrizes da Política Judiciária Nacional de tratamento adequado dos conflitos de interesses, estabelecidas pelo Conselho Nacional de Justiça por meio da Resolução CNJ n. 125, de 29 de novembro de 2010;

CONSIDERANDO as atribuições conferidas às unidades de conciliação e mediação para expedição de requisições de pagamento, nos termos do § 4º do art. 7º da Resolução n. CJF-RES-2016/00398, que define a política judiciária de solução consensual dos conflitos de interesses no âmbito da Justiça Federal;

CONSIDERANDO o reconhecimento da natureza de título executivo judicial das decisões homologatórias judiciais ou extrajudiciais em casos de autocomposição, previsto nos incisos II e III, respectivamente, do caput do art. 515 da Lei n. 13.105, de 16 de março de 2015 (Código de Processo Civil - CPC);

CONSIDERANDO os procedimentos administrativos em uso nos tribunais regionais federais para a realização de pagamentos de quantia certa decorrente de condenação da Fazenda Pública, consolidados na Resolução n. CJF-RES-2017/00458;

CONSIDERANDO o decidido no Processo n. CJF-PPN2013/00069, na sessão realizada no dia 18 de setembro de 2017, resolve:

ART. 1º A expedição de ofício requisitório ao tribunal regional federal decorrente de homologação de autocomposição realizada em procedimentos pré-processuais de responsabilidade dos Centros Judiciários de Solução de Conflitos e Cidadania - CEJUSCONs ou de unidade de conciliação equivalente, no âmbito da Justiça Federal de primeiro e segundo graus, deve observar os procedimentos estabelecidos nesta resolução.

ART. 2º Após formalizada a autocomposição em procedimento pré-processual, o juízo da conciliação deverá providenciar a alteração da classe Pré-Processual para Processual com a adoção do código da Classe da Tabela de Assuntos do Conselho Nacional de Justiça relativa à homologação de transação extrajudicial.

ART. 3º Exarada a decisão de homologação da autocomposição, no processo judicial resultante da alteração de classe, o juízo da conciliação expedirá o ofício requisitório dos valores devidos pela Fazenda Pública, observando:

I - se as partes expressamente tiverem renunciado ao prazo recursal, será considerada como data do trânsito em julgado a data da decisão homologatória da autocomposição;

II - se a Fazenda Pública tiver expressamente renunciado à oposição da impugnação, será considerada a data da decisão homologatória da autocomposição como do decurso de prazo para impugnação à execução;

III - nos casos de inexistência de renúncia expressa ao prazo recursal ou de inexistência de renúncia expressa à oposição da impugnação, deverá ser observado o transcurso dos prazos processuais previstos em lei.

ART. 4º Para expedição de ofício requisitório em processo decorrente de procedimentos pré-processuais, a autocomposição homologada pelo juízo da conciliação deverá conter as seguintes informações:

I - nome das partes e do procurador da parte autora (se houver), bem como o respectivo número de inscrição no CPF ou no CNPJ;

II - nome dos beneficiários do ofício requisitório e respectivos números de inscrição no CPF ou no CNPJ, inclusive quando forem advogados, incapazes, espólios, massas falidas, menores e outros;

III - natureza do crédito (comum ou alimentar);

IV - sendo o crédito de natureza alimentar, a data de nascimento do beneficiário e a informação sobre eventual doença grave, na forma da lei;

V - nas autocomposições de natureza não tributária, o valor total a ser requisitado e, se for o caso, o valor do principal corrigido e dos juros, individualizado por beneficiário;

VI - nas autocomposições de natureza tributária, o valor total a ser requisitado e, se for o caso, o valor do principal, juntamente com as demais verbas tributárias, e o valor SELIC, individualizado por beneficiário;

VII - data-base considerada para a atualização monetária dos valores;

VIII - caso seja necessário expedir precatório cujos valores estejam submetidos à tributação na forma de rendimentos recebidos acumuladamente (RRA), prevista no art. 12-A da Lei n. 7.713, de 22 de dezembro de 1988:

a) Número de meses (NM);

b) Valor das deduções da base de cálculo.

IX - em se tratando de RPV cujos valores estejam submetidos à tributação na forma de rendimentos recebidos acumuladamente (RRA), prevista no art. 12-A da Lei n. 7.713/1988:

a) Número de meses (NM) do exercício corrente;

b) Número de meses (NM) de exercícios anteriores;

c) Valor das deduções da base de cálculo;

d) Valor do exercício corrente;

e) Valor de exercícios anteriores.

X - órgão a que estiver vinculado o servidor público civil ou militar da administração direta, quando se tratar de procedimento de natureza salarial, com a indicação da condição de ativo, inativo ou pensionista;

XI - valor da contribuição para o Plano de Seguridade Social do Servidor Público Civil - PSS, quando couber.

ART. 5º Havendo verba de natureza tributária e não tributária em uma mesma autocomposição homologada pelo juízo da conciliação, deverão ser expedidas requisições de pagamento distintas, que serão somadas para definição da modalidade do requisitório (precatório ou RPV).

ART. 6º O juízo da conciliação deverá disponibilizar o teor do ofício requisitório às partes antes do encaminhamento ao tribunal. Parágrafo único. Até que haja a comunicação pela entidade financeira responsável sobre o depósito correspondente, o processo ficará suspenso.

ART. 7º Havendo incidentes processuais após a expedição do ofício requisitório, o juízo da conciliação deverá encaminhar o processo judicial de homologação da transação extrajudicial à livre distribuição.

§ 1º Distribuído o processo, o juízo competente processará e decidirá os incidentes apresentados.

§ 2º É também considerado incidente processual, a justificar a remessa do processo à livre distribuição, qualquer ocorrência que gere a necessidade de bloqueio da requisição de pagamento e posterior expedição de alvará.

ART. 8º Havendo acordo homologado pelo juízo da conciliação, em processo judicial remetido por vara federal à unidade de conciliação, o tribunal poderá estabelecer a competência para expedição do ofício requisitório à vara de origem.

Parágrafo único. No caso de expedição de ofício requisitório pelo juízo da conciliação, após a realização deste ato processual, o processo será devolvido à vara de origem, que decidirá qualquer incidente processual.

ART. 9º Para os fins desta resolução, os Centros Judiciários de Solução de Conflitos e Cidadania - CEJUSCONs e demais unidades de conciliação ou de autocomposição equivalentes são considerados juízos da conciliação e equiparados a vara federal para efeito de cadastro junto ao Sistema Integrado de Administração Financeira do Governo Federal - SIAFI.

ART. 10. Comunicada, pela instituição financeira, a realização do depósito dos valores requisitados, o processo será arquivado.

ART. 11. Os ofícios requisitórios expedidos com base nesta resolução seguem as regras estabelecidas na Resolução n. CJF-RES2017/00458.

ART. 12. Esta resolução entra em vigor na data de sua publicação.

MIN. LAURITA VAZ

INSTRUÇÃO NORMATIVA N. 45, DE 7 DE MARÇO DE 2018

Dispõe sobre os efeitos da revogação do art. 72 da Lei Complementar n. 123, de 14 de dezembro de 2006, no nome empresarial das microempresas e empresas de pequeno porte, e revoga o art. 5º, III, "e" e "f", e o art. 14 da Instrução Normativa DREI n. 15, de 5 de dezembro de 2013; e o art. 2º e parágrafo único da Instrução Normativa DREI n. 36, de 3 de março de 2017.

O DIRETOR DO DEPARTAMENTO DE REGISTRO EMPRESARIAL E INTEGRAÇÃO - DREI, no uso das atribuições que lhe confere o art. 4º da Lei n. 8.934, de 18 de novembro de 1994, o art. 4º do Decreto n. 1.800, de 30 de janeiro de 1996, e o art. 33 do Decreto n. 9.260, de 29 de dezembro de 2017;

Considerando o disposto no art. 10, V, da Lei Complementar n. 155, de 27 de outubro de 2016; e

Considerando o disposto no Capítulo II, do Título IV, do Livro II, da Parte Especial do Código Civil, resolve:

ART. 1º Para efeitos desta Instrução Normativa:

I - designações de porte são as expressões "Microempresa" ou "Empresa de Pequeno Porte", ou suas respectivas abreviações, "ME" ou "EPP", constantes do final do nome empresarial;

II - legado é o conjunto de empresários e de sociedades empresárias inscritos no Registro Público de Empresas Mercantis durante a vigência do art. 72 da Lei Complementar n. 123, de 14 de dezembro de 2006, e que trazem em seu nome empresarial a designação de porte em conformidade com este dispositivo legal.

Parágrafo único. Observar-se-á o art. 36 da Lei n. 8.934, de 18 de novembro de 1994, para verificação da data de inscrição no Registro Público de Empresas Mercantis.

ART. 2º A partir de 1º de janeiro de 2018, não é passível de registro o nome empresarial que traga designação de porte ao seu final.

ART. 3º Para o legado, somente é admissível a formulação de exigência para exclusão da designação de porte quando o ato a ser arquivado contemplar qualquer alteração do nome empresarial.

Parágrafo único. As Juntas Comerciais poderão sugerir, preferencialmente por divulgação em seus sítios eletrônicos, que a designação de porte seja excluída do nome empresarial.

ART. 4º Revogam-se:

I - o art. 5º, III, "e" e "f", da Instrução Normativa DREI n. 15, de 5 de dezembro de 2013;

II - o art. 14 da Instrução Normativa DREI n. 15, de 5 de dezembro de 2013;

III - o art. 2º da Instrução Normativa DREI n. 36, de 3 de março de 2017.

ART. 5º Esta Instrução entra em vigor na data de sua publicação.

CONRADO VITOR LOPES FERNANDES

PROVIMENTO CNJ N. 67 , DE 26 DE MARÇO DE 2018

Dispõe sobre os procedimentos de conciliação e de mediação nos serviços notariais e de registro do Brasil.

▸ DJe/CNJ n. 51, de 27.03.2018.

O CORREGEDOR NACIONAL DA JUSTIÇA, usando de suas atribuições constitucionais, legais e regimentais e

CONSIDERANDO o poder de fiscalização e de normatização do Poder Judiciário dos atos praticados por seus órgãos (art. 103-B, § 4º, I, II e III, da Constituição Federal de 1988);

CONSIDERANDO a competência do Poder Judiciário de fiscalizar os serviços notariais e de registro (arts. 103-B, § 4º, I e III, e 236, § 1º, da Constituição Federal);

CONSIDERANDO a competência da Corregedoria Nacional de Justiça de expedir provimentos e outros atos normativos destinados ao aperfeiçoamento das atividades dos serviços notariais e de registro (art. 8º, X, do Regimento Interno do Conselho Nacional de Justiça);

CONSIDERANDO a obrigação dos notários e registradores de cumprir as normas técnicas estabelecidas pelo Poder Judiciário (arts. 37 e 38 da Lei n. 8.935, de 18 de novembro de 1994);

CONSIDERANDO a incumbência do Conselho Nacional de Justiça de consolidar uma política pública permanente de incentivo e aperfeiçoamento dos mecanismos consensuais de solução de litígios (Resolução CNJ n. 125, de 29 de novembro de 2010);

CONSIDERANDO a efetividade da conciliação e da mediação como instrumentos de pacificação social, solução e prevenção de litígios;

CONSIDERANDO a necessidade de organização e uniformização de normas e procedimentos afetos aos serviços de conciliação, mediação e a outros métodos consensuais de solução de conflitos, a serem prestados, de forma facultativa, pelos serviços notariais e de registro;

CONSIDERANDO as disposições do Código de Processo Civil, da Lei n. 13.140, de 26 de junho de 2015, as sugestões e aquiescência da Comissão de Acesso à Justiça e Cidadania (CAJC), do Conselho Nacional de Justiça, bem como a decisão proferida nos autos do Pedido de Providências n. 0005163-92.2017.2.00.0000,

RESOLVE:

SEÇÃO I
DAS REGRAS GERAIS

ART. 1º Dispor sobre os procedimentos de conciliação e de mediação nos serviços notariais e de registro do Brasil.

ART. 2º Os procedimentos de conciliação e de mediação nos serviços notariais e de registro serão facultativos e deverão observar os requisitos previstos neste provimento, sem prejuízo do disposto na Lei n. 13.140/2015.

ART. 3º As corregedorias-gerais de justiça dos Estados e do Distrito Federal e dos Territórios manterão em seu *site* listagem pública dos serviços notariais e de registro autorizados para os procedimentos de conciliação e de mediação, indicando os nomes dos conciliadores e mediadores, de livre escolha das partes.

ART. 4º O processo de autorização dos serviços notariais e de registro para a realização de conciliação e de mediação deverá ser regulamentado pelos Núcleos Permanentes de Métodos Consensuais de Solução de Conflitos (NUPEMEC) e pelas corregedorias-gerais de justiça (CGJ) dos Estados e do Distrito Federal e dos Territórios.

Parágrafo único. Os serviços notariais e de registro poderão solicitar autorização específica para que o serviço seja prestado, sob supervisão do delegatário, por no máximo cinco escreventes habilitados.

ART. 5º Os procedimentos de conciliação e de mediação serão fiscalizados pela CGJ e pelo juiz coordenador do Centro Judiciário de Solução de Conflitos e Cidadania (CEJUSC) da jurisdição a que estejam vinculados os serviços notariais e de registro.

§ 1º O NUPEMEC manterá cadastro de conciliadores e mediadores habilitados, do qual deverão constar dados relevantes de atuação, tais como o número de causas de que participou, o sucesso ou insucesso da atividade, a matéria sobre a qual versou a controvérsia, além de outras informações que julgar relevantes.

§ 2º Os dados colhidos na forma do parágrafo anterior serão classificados sistematicamente pelo NUPEMEC, que os publicará, ao menos anualmente, para conhecimento da população e para fins estatísticos e de avaliação da conciliação e da mediação pelos serviços notariais e de registro e de seus conciliadores e mediadores.

ART. 6º Somente poderão atuar como conciliadores ou mediadores aqueles que forem formados em curso para o desempenho das funções, observadas as diretrizes curriculares estabelecidas no Anexo I da Resolução CNJ n. 125/2010, com a redação dada pela Emenda n. 2, de 8 de março de 2016.

§ 1º O curso de formação mencionado no *caput* deste artigo será custeado pelos serviços notariais e de registro e será ofertado pelas escolas judiciais ou por instituição formadora de mediadores judiciais, nos termos do art. 11 da Lei n. 13.140/2015, regulamentada pela Resolução ENFAM n. 6 de 21 de novembro de 2016.

§ 2º Os tribunais de justiça dos Estados e do Distrito Federal e dos Territórios poderão credenciar associações, escolas e institutos vinculados aos serviços notariais e de registro não integrantes do Poder Judiciário para que realizem, sob supervisão, o curso de formação mencionado no *caput* deste artigo, desde que respeitados os parâmetros estabelecidos pela Resolução ENFAM n. 6/2016.

§ 3º Os conciliadores e mediadores autorizados a prestar o serviço deverão, a cada 2 (dois) anos, contados da autorização, comprovar à CGJ e ao NUPEMEC a que estão vinculados a realização de curso de aperfeiçoamento em conciliação e em mediação.

§ 4º A admissão, como conciliadores ou mediadores, daqueles que comprovarem a realização do curso de formação mencionado no *caput* deste artigo promovido por entidade não integrante do Poder Judiciário e anterior à edição deste provimento será condicionada a prévio treinamento e aperfeiçoamento (art. 12, § 1º, da Resolução CNJ n. 125/2010).

ART. 7º O conciliador e o mediador observarão os princípios e regras previstos na Lei n. 13.140/2015, no art. 166 do CPC e no Código de Ética de Conciliadores e Mediadores (Anexo III da Resolução CNJ n. 125/2010).

ART. 8º Toda e qualquer informação revelada na sessão de conciliação ou mediação será confidencial, salvo as hipóteses do art. 30 da Lei n. 13.140/2015.

§ 1º O dever de confidencialidade aplica-se ao conciliador, ao mediador, às partes, a seus prepostos, advogados, assessores técnicos e a outras pessoas que tenham, direta ou indiretamente, participado dos procedimentos.

§ 2º Não será protegida pela regra de confidencialidade a informação relativa à ocorrência de crime de ação pública.

§ 3º A confidencialidade não afastará o dever de prestar informações à administração tributária.

§ 4º Serão vedados para fim diverso daquele expressamente deliberado pelas partes o registro, a divulgação e a utilização das informações apresentadas no curso do procedimento.

ART. 9º Aos que atuarem como conciliadores e mediadores aplicar-se-ão as regras de impedimento e suspeição, nos termos do disposto nos arts. 148, II, 167, § 5º, 172 e 173 do CPC e 5º a 8º da Lei n. 11.340/2015, devendo, quando constatadas essas circunstâncias, ser informadas aos envolvidos, interrompendo-se a sessão.

Parágrafo único. Notários e registradores poderão prestar serviços profissionais relacionados com suas atribuições às partes envolvidas em sessão de conciliação ou de mediação de sua responsabilidade.

SEÇÃO II
DAS PARTES

ART. 10. Podem participar da conciliação e da mediação como requerente ou requerido a pessoa natural absolutamente capaz, a pessoa jurídica e os entes despersonalizados a que a lei confere capacidade postulatória.

§ 1º A pessoa natural poderá ser representada por procurador devidamente constituído, mediante instrumento público ou particular com poderes para transigir e com firma reconhecida.

§ 2º A pessoa jurídica e o empresário individual poderão ser representados por preposto, munido de carta de preposição com poderes para transigir e com firma reconhecida, sem necessidade da existência de vínculo empregatício.

§ 3º Deverá ser exigida da pessoa jurídica a prova de representação mediante a exibição dos seus atos constitutivos.

§ 4º Os entes despersonalizados poderão ser representados conforme previsto em lei.

ART. 11. As partes poderão ser assistidas por advogados ou defensores públicos munidos de instrumento de mandato com poderes especiais para o ato.

Parágrafo único. Comparecendo uma das partes desacompanhada de advogado ou de defensor público, o conciliador ou mediador suspenderá o procedimento até que todas estejam devidamente assistidas.

SEÇÃO III
DO OBJETO

ART. 12. Os direitos disponíveis e os indisponíveis que admitam transação poderão ser objeto de conciliação e de mediação, o qual poderá versar sobre todo o conflito ou parte dele.

§ 1º A conciliação e a mediação que envolvam direitos indisponíveis, mas transigíveis, deverão ser homologadas em juízo, na forma do art. 725, VIII, do CPC e do art. 3º, § 2º, da Lei n. 13.140/2015.

§ 2º Na hipótese do parágrafo anterior, o cartório encaminhará ao juízo competente o termo de conciliação ou de mediação e os documentos que instruíram o procedimento e, posteriormente, em caso de homologação, entregará o termo homologado diretamente às partes.

SEÇÃO IV
DO REQUERIMENTO

ART. 13. O requerimento de conciliação ou de mediação poderá ser dirigido a qualquer serviço notarial ou de registro de acordo com as respectivas competências (art. 42 da Lei n. 13.140/2015).

Parágrafo único. Admitir-se-á a formulação de requerimento conjunto firmado pelos interessados.

ART. 14. São requisitos mínimos do requerimento de realização de conciliação ou de mediação:

I – qualificação do requerente, em especial, o nome ou denominação social, endereço, telefone e *e-mail* de contato, número da carteira de identidade e do cadastro de pessoas físicas (CPF) ou do cadastro nacional de pessoa jurídica (CNPJ) na Secretaria da Receita Federal, conforme o caso;

II – dados suficientes da outra parte para que seja possível sua identificação e convite;

III – a indicação de meio idôneo de notificação da outra parte;

IV – narrativa sucinta do conflito e, se houver, proposta de acordo;

V – outras informações relevantes, a critério do requerente.

§ 1º Para os fins do *caput* deste artigo, os serviços notariais e de registro poderão disponibilizar aos usuários, por intermédio da rede mundial de computadores ou presencialmente, um formulário-padrão.

§ 2º Caberá ao requerente oferecer tantas cópias do requerimento quantas forem as partes interessadas, caso não opte pelo meio eletrônico como forma de notificação.

§ 3º Serão de inteira responsabilidade do requerente a veracidade e correção dos dados fornecidos relacionados nos incisos I a V deste artigo.

ART. 15. Após o recebimento e protocolo do requerimento, se, em exame formal, for considerado não preenchido algum dos requisitos previstos no art. 14 deste provimento, o requerente será notificado, preferencialmente por meio eletrônico, para sanar o vício no prazo de 10 (dez) dias, marcando-se nova data para audiência, se necessário.

§ 1º Persistindo o não cumprimento de qualquer dos requisitos, o conciliador ou o mediador rejeitará o pedido.

§ 2º A inércia do requerente acarretará o arquivamento do pedido por ausência de interesse.

ART. 16. No ato do requerimento, o requerente pagará emolumentos referentes a uma sessão de mediação de até 60 (sessenta) minutos.

ART. 17. A distribuição do requerimento será anotada no livro de protocolo de conciliação e de mediação conforme a ordem cronológica de apresentação.

ART. 18. Ao receber o requerimento, o serviço notarial ou de registro designará, de imediato, data e hora para a realização da sessão de conciliação ou de mediação e dará ciência dessas informações ao apresentante do pedido, dispensando-se a notificação do requerente.

§ 1º A ciência a que se refere o *caput* deste artigo recairá na pessoa do apresentante do requerimento, ainda que não seja ele o requerente.

§ 2º Ao apresentante do requerimento será dado recibo do protocolo e de todos os valores recebidos a título de depósito prévio.

ART. 19. A notificação da parte requerida será realizada por qualquer meio idôneo de comunicação, devendo ocorrer preferencialmente por meio eletrônico, por carta com AR ou notificação por oficial de registro de títulos e documentos do domicílio de quem deva recebê-la.

§ 1º O serviço notarial ou de registro informará ao requerente os meios idôneos de comunicação permitidos e respectivos custos.

§ 2º O requerente arcará com o custo da notificação; no entanto, se for feita por meio eletrônico, não será cobrada.

§ 3º O custo do envio da carta com AR não poderá ser superior ao praticado pela Empresa Brasileira de Correios e Telégrafos e o custo da notificação por oficial de registro de títulos e documentos será o previsto na tabela de emolumentos.

ART. 20. O serviço notarial ou de registro remeterá, com notificação, cópia do requerimento à parte requerida, esclarecendo, desde logo, que sua participação na sessão de conciliação ou de mediação será facultativa e concederá prazo de 10 (dez) dias para que, querendo, indique, por escrito, nova data e horário, caso não possa comparecer à sessão designada.

Parágrafo único. Para a conveniência dos trabalhos, o serviço notarial ou de registro poderá manter contato com as partes no intuito de designar data de comum acordo para a sessão de conciliação ou de mediação.

SEÇÃO V
DAS SESSÕES

ART. 21. Os serviços notariais e de registro manterão espaço reservado em suas dependências para a realização das sessões de conciliação e de mediação durante o horário de atendimento ao público.

§ 1º Na data e hora designados para a realização da sessão de conciliação ou de mediação, realizado o chamamento nominal das partes e constatado o não comparecimento de qualquer delas, o requerimento será arquivado.

§ 2º Não se aplicará o disposto no parágrafo anterior se estiverem preenchidos, cumulativamente, os seguintes requisitos:

I – pluralidade de requerentes ou de requeridos;

II – comparecimento de ao menos duas partes contrárias com o intuito de transigir;

III – identificação formal da viabilidade de eventual acordo.

§ 3º A sessão de conciliação ou de mediação terá eficácia apenas entre as partes presentes.

ART. 22. Obtido o acordo, será lavrado termo de conciliação ou de mediação e as partes presentes assinarão a última folha do termo, rubricando as demais. Finalizado o procedimento, o termo será arquivado no livro de conciliação e de mediação.

Parágrafo único. Será fornecida via do termo de conciliação ou de mediação a cada uma das partes presentes à sessão, que será considerado documento público com força de título executivo extrajudicial, nos termos do art. 784, IV, do CPC.

ART. 23. A não obtenção de acordo não impedirá a realização de novas sessões de conciliação ou de mediação até que finalizadas as tratativas.

ART. 24. O pedido será arquivado, independentemente de anuência da parte contrária, se o requerente solicitar, a qualquer tempo e por escrito, a desistência do pedido.

§ 1º Solicitada a desistência, o requerimento será arquivado em pasta própria, não subsistindo a obrigatoriedade de sua conservação quando for microfilmado ou gravado por processo eletrônico de imagens.

§ 2º Presumir-se-á a desistência do requerimento se o requerente, após notificado, não se manifestar no prazo de 30 (trinta) dias.

ART. 25. Em caso de não obtenção do acordo ou de desistência do requerimento antes da sessão de conciliação ou de mediação, o procedimento será arquivado pelo serviço notarial ou de registro, que anotará essa circunstância no livro de conciliação e de mediação.

SEÇÃO VI
DOS LIVROS

ART. 26. Os serviços notariais e de registro optantes pela prestação do serviço criarão livro de protocolo específico para recebimento de requerimentos de conciliação e de mediação.

§ 1º O livro de protocolo, com trezentas folhas, será aberto, numerado, autenticado e encerrado pelo oficial do serviço notarial e de registro, podendo ser utilizado, para tal fim, processo mecânico de autenticação previamente aprovado pela autoridade judiciária competente.

§ 2º Do livro de protocolo deverão constar os seguintes dados:

I – o número de ordem, que seguirá indefinidamente nos livros da mesma espécie;

II – a data da apresentação do requerimento;

III – o nome do requerente;

IV – a natureza da mediação.

ART. 27. Os serviços notariais e de registro que optarem por prestar o serviço deverão instituir livro de conciliação e de mediação, cuja abertura atenderá às normas estabelecidas pelas corregedorias-gerais de justiça dos Estados e do Distrito Federal e dos Territórios.

§ 1º Os termos de audiência de conciliação ou de mediação serão lavrados em livro exclusivo, vedada sua utilização para outros fins.

§ 2º Os livros obedecerão aos modelos de uso corrente, aprovados pelo juízo da vara de registros públicos.

§ 3º Os números de ordem dos termos de conciliação e de mediação não serão interrompidos ao final de cada livro, mas continuarão indefinidamente nos seguintes da mesma espécie.

§ 4º Poderá ser adotado simultaneamente mais de um livro de conciliação e de mediação para lavratura de audiências por meio eletrônico.

§ 5º Deverá ser adotado pelos serviços notariais e de registro livro de carga físico, no qual serão correlacionados os escreventes e os livros quando o serviço utilizar, concomitantemente, mais de um livro de conciliação e de mediação.

§ 6º O livro sob a responsabilidade de um escrevente é de seu uso exclusivo, permitida a utilização por outro escrevente apenas com autorização prévia do notário e do registrador, lançada e datada no livro de carga.

ART. 28. O livro de conciliação e de mediação terá trezentas folhas, permitido o acréscimo apenas para evitar a inconveniência de cisão do ato.

§ 1º Além do timbre do serviço notarial e de registro, todas as folhas conterão o número do livro e do termo de conciliação ou de mediação correspondentes, numeradas em ordem crescente por sistema mecânico ou eletrônico.

§ 2º Eventual erro material na numeração das folhas poderá ser corrigido pelo notário ou registrador, devendo constar do termo de encerramento.

§ 3º O livro eletrônico somente poderá ser adotado por sistema que garanta a verificação da existência e conteúdo do ato, subordinando-se às mesmas regras de lavratura atinentes ao livro físico.

ART. 29. Nos termos de audiências de conciliação e de mediação lavradas em livro de folhas soltas, as partes lançarão a assinatura no final da última, rubricando as demais.

Parágrafo único. Se os declarantes ou participantes não puderem, por alguma circunstância, assinar, far-se-á declaração no termo, assinando a rogo outra pessoa e apondo-se à margem do ato a impressão datiloscópica da que não assinar.

ART. 30. As folhas soltas utilizadas serão acondicionadas em pasta própria, correspondente ao livro a que pertençam, até a encadernação, que ocorrerá no período de até 60 (sessenta) dias subsequentes à data do encerramento.

Parágrafo único. O encerramento será feito imediatamente após a lavratura do último termo de audiência, ainda que pendente o decurso do prazo previsto no *caput* deste artigo para ultimação do ato previamente praticado e não subscrito.

ART. 31. O livro de conciliação e de mediação conterá índice alfabético com a indicação dos nomes das partes interessadas presentes à sessão, devendo constar o número do CPF/CNPJ – ou, na sua falta, o número de documento de identidade – e a referência ao livro e folha em que foi lavrado o termo de conciliação ou de mediação.

Parágrafo único. Os índices poderão ser elaborados pelo sistema de fichas, microfichas ou eletrônico, em que serão anotados os dados das partes envolvidas nos procedimentos de mediação ou de conciliação.

ART. 32. O livro e qualquer documento oriundo de conciliação ou de mediação extrajudicial deverão permanecer no ofício e quaisquer diligências judiciais ou extrajudiciais que exigirem sua apresentação serão realizadas, sempre que possível, no próprio ofício, salvo por determinação judicial, caso em que o documento ou o livro poderá deixar o serviço extrajudicial.

ART. 33. Os serviços notariais e de registro deverão manter em segurança permanente os livros e documentos de conciliação e de mediação, respondendo pela ordem, guarda e conservação.

Parágrafo único. O livro de conciliação e de mediação poderá ser escriturado em meio eletrônico e o traslado do termo respectivo poderá ser disponibilizado na rede mundial de computadores para acesso restrito, mediante a utilização de código específico fornecido às partes.

ART. 34. Os documentos eventualmente apresentados pelas partes para a instrução da conciliação ou da mediação serão examinados e devolvidos a seus titulares durante a sessão, devendo os serviços notariais e de registro manter em arquivo próprio, além do requerimento firmado pelas partes, todos os documentos que julgar pertinentes.

ART. 35. Os serviços notariais e de registro observarão o prazo mínimo de 5 (cinco) anos para arquivamento dos documentos relativos a conciliação e mediação.

Parágrafo único. Não subsistirá a obrigatoriedade de conservação dos documentos microfilmados ou gravados por processo eletrônico de imagens.

SEÇÃO VII
DOS EMOLUMENTOS

ART. 36. Enquanto não editadas, no âmbito dos Estados e do Distrito Federal, normas específicas relativas aos emolumentos, observadas as diretrizes previstas pela Lei n. 10.169, de 29 de dezembro de 2000, aplicar-se-á às conciliações e às mediações extrajudiciais a tabela referente ao menor valor cobrado na lavratura de escritura pública sem valor econômico.

§ 1º Os emolumentos previstos no *caput* deste artigo referem-se a uma sessão de até 60 (sessenta) minutos e neles será incluído o valor de uma via do termo de conciliação e de mediação para cada uma das partes.

§ 2º Se excedidos os 60 (sessenta) minutos mencionados no parágrafo anterior ou se forem necessárias sessões extraordinárias para a obtenção de acordo, serão cobrados emolumentos proporcionais ao tempo excedido, na primeira hipótese, e relativos a cada nova sessão de conciliação ou de mediação, na segunda hipótese, mas, em todo caso, poderá o custo ser repartido *pro rata* entre as partes, salvo se transigirem de forma diversa.

§ 3º Será considerada sessão extraordinária aquela não prevista no agendamento.

ART. 37. É vedado aos serviços notariais e de registro receber das partes qualquer vantagem referente à sessão de conciliação ou de mediação, exceto os valores relativos aos emolumentos e despesas de notificação.

ART. 38. Na hipótese de o arquivamento do requerimento ocorrer antes da sessão de conciliação ou de mediação, 75% (setenta e cinco por cento) do valor recebido a título emolumentos será restituído ao requerente.

Parágrafo único. As despesas de notificação não serão restituídas, salvo se ocorrer desistência do pedido antes da realização do ato.

ART. 39. Com base no art. 169, § 2º, do CPC, os serviços notariais e de registro realizarão sessões não remuneradas de conciliação e de mediação para atender demandas de gratuidade, como contrapartida da autorização para prestar o serviço.

Parágrafo único. Os tribunais determinarão o percentual de audiências não remuneradas, que não poderá ser inferior a 10% da média semestral das sessões realizadas pelo serviço extrajudicial nem inferior ao percentual fixado para as câmaras privadas.

SEÇÃO VIII
DAS DISPOSIÇÕES FINAIS

ART. 40. Será vedado aos serviços notariais e de registro estabelecer, em documentos por eles expedidos, cláusula compromissória de conciliação ou de mediação extrajudicial.

ART. 41. Aplica-se o disposto no art. 132, *caput* e § 1º, do Código Civil brasileiro à contagem dos prazos.

ART. 42. Este provimento entra em vigor na data da sua publicação, permanecendo válidos os provimentos editados pelas corregedorias de justiça no que forem compatíveis.

Ministro JOÃO OTÁVIO DE NORONHA

RESOLUÇÃO CGSN N. 140, DE 22 DE MAIO DE 2018

› DOU, 24.5.2018.

Dispõe sobre o Regime Especial Unificado de Arrecadação de Tributos e Contribuições devidos pelas Microempresas e Empresas de Pequeno Porte (Simples Nacional).

O Comitê Gestor do Simples Nacional, no exercício das competências que lhe conferem a Lei Complementar n. 123, de 14 de dezembro de 2006, o Decreto n. 6.038, de 7 de fevereiro de 2007, e o Regimento Interno aprovado pela Resolução CGSN n. 1, de 19 de março de 2007, resolve:

ART. 1º Esta Resolução dispõe sobre o Regime Especial Unificado de Arrecadação de Tributos e Contribuições devidos pelas Microempresas e Empresas de Pequeno porte (Simples Nacional), e dá outras providências. (Lei Complementar n. 123, de 2006, art. 2º, inciso I e § 6º)

TÍTULO I
DA PARTE GERAL

CAPÍTULO I
DAS DISPOSIÇÕES PRELIMINARES

SEÇÃO I
DAS DEFINIÇÕES

ART. 2º Para fins desta Resolução, considera-se:

I - microempresa (ME) ou empresa de pequeno porte (EPP) a sociedade empresária, a sociedade simples, a empresa individual de responsabilidade limitada ou o empresário a que se refere o art. 966 da Lei n. 10.406, de 10 de janeiro de 2002 - Código Civil, devidamente registrados no Registro de Empresas Mercantis ou no Registro Civil de Pessoas Jurídicas, conforme o caso, e a sociedade de advogados registrada na forma prevista no art. 15 da Lei n. 8.906, de 4 de julho de 1994, desde que: (Lei Complementar n. 123, de 2006, art. 3º, *caput*; art. 18, § 5º-C, VII)

a) no caso da ME, aufira, em cada ano-calendário, receita bruta igual ou inferior a R$ 360.000,00 (trezentos e sessenta mil reais); (Lei Complementar n. 123, de 2006, art. 3º, inciso I)

b) no caso da EPP, aufira, em cada ano calendário, receita bruta superior a R$ 360.000,00 (trezentos e sessenta mil reais) e igual ou inferior a R$ 4.800.000,00 (quatro milhões e oitocentos mil reais); (Lei Complementar n. 123, de 2006, art. 3º, inciso II)

II - receita bruta (RB) o produto da venda de bens e serviços nas operações de conta própria, o preço dos serviços prestados e o resultado nas operações em conta alheia, excluídas as vendas canceladas e os descontos incondicionais concedidos. (Lei Complementar n. 123, de 2006, art. 3º, *caput* e § 1º)

III - período de apuração (PA) o mês-calendário considerado como base para apuração da receita bruta; (Lei Complementar n. 123, de 2006, art. 18, *caput* e § 3º; art. 21, inciso III)

IV - empresa em início de atividade aquela que se encontra no período de 180 (cento e oitenta) dias a partir da data de abertura constante do Cadastro Nacional da Pessoa Jurídica (CNPJ); (Lei Complementar n. 123, de 2006, art. 2º, inciso I e § 6º)

V - data de início de atividade a data de abertura constante do CNPJ. (Lei Complementar n. 123, de 2006, art. 2º, inciso I e § 6º)

§ 1º Para fins de opção e permanência no Simples Nacional, a ME ou a EPP poderá auferir em cada ano-calendário receitas no mercado interno até o limite de R$ 4.800.000,00 (quatro milhões e oitocentos mil reais) e, adicionalmente, receitas decorrentes da exportação de mercadorias ou serviços para o exterior, inclusive quando realizada por meio de empresa comercial exportadora ou de sociedade de propósito específico prevista no art. 56 da Lei Complementar n. 123, de 2006, desde que as receitas de exportação também não excedam R$ 4.800.000,00 (quatro milhões e oitocentos mil reais). (Lei Complementar n. 123, de 2006, art. 3º, §§ 10 e 14)

§ 2º A empresa que, no ano-calendário, exceder o limite de receita bruta anual ou o limite adicional para exportação previstos no § 1º fica excluída do Simples Nacional, ressalvado o disposto no § 3º. (Lei Complementar n. 123, de 2006, art. 3º, §§ 9º e 14)

§ 3º Os efeitos da exclusão prevista no § 2º ocorrerão a partir do: (Lei Complementar n. 123, de 2006, art. 3º, §§ 9º-A e 14)

I - mês subsequente àquele em que o excesso da receita bruta acumulada no ano for superior a 20% (vinte por cento) de cada um dos limites previstos no § 1º; ou

II - ano-calendário subsequente àquele em que o excesso da receita bruta acumulada no ano não for superior a 20% (vinte por cento) de cada um dos limites previstos no § 1º.

§ 4º Também compõem a receita bruta de que trata este artigo: (Lei Complementar n. 123, de 2006, art. 2º, inciso I e § 6º, e art. 3º, § 1º)

I - o custo do financiamento nas vendas a prazo, contido no valor dos bens ou serviços ou destacado no documento fiscal;

II - as gorjetas, sejam elas compulsórias ou não;

III - os *royalties*, aluguéis e demais receitas decorrentes de cessão de direito de uso ou gozo; e

IV - as verbas de patrocínio.

§ 5º Não compõem a receita bruta de que trata este artigo: (Lei Complementar n. 123, de 2006, art. 2º, inciso I e § 6º, e art. 3º, § 1º)

I - a venda de bens do ativo imobilizado;

II - os juros moratórios, as multas e quaisquer outros encargos auferidos em decorrência do atraso no pagamento de operações ou prestações;

III - a remessa de mercadorias a título de bonificação, doação ou brinde, desde que seja incondicional e não haja contraprestação por parte do destinatário;

IV - a remessa de amostra grátis;

V - os valores recebidos a título de multa ou indenização por rescisão contratual, desde que não corresponda à parte executada do contrato;

VI - para o salão-parceiro de que trata a Lei n. 12.592, de 18 de janeiro de 2012, os valores repassados ao profissional-parceiro, desde que este esteja devidamente inscrito no CNPJ;

VII - os rendimentos ou ganhos líquidos auferidos em aplicações de renda fixa ou variável.

§ 6º Consideram-se bens do ativo imobilizado, ativos tangíveis: (Lei Complementar n. 123, de 2006, art. 2º, inciso I e § 6º; Convênio ICMS n. 64, de 7 de julho de 2006; Resolução CFC n. 1.285, de 18 de junho de 2010)

I - que sejam disponibilizados para uso na produção ou fornecimento de bens ou serviços, ou para locação por outros, para investimento, ou para fins administrativos; e

II - cuja desincorporação ocorra a partir do décimo terceiro mês contado da respectiva entrada.

§ 7º O adimplemento das obrigações comerciais por meio de troca de mercadorias, prestação de serviços, compensação de créditos ou qualquer outra forma de contraprestação é considerado receita bruta para as partes envolvidas. (Lei Complementar n. 123, de 2006, art. 2º, inciso I e § 6º, e art. 3º, § 1º, Lei n. 10.406, de 10 de janeiro de 2002, art. 533, *caput*)

§ 8º As receitas decorrentes da venda de bens ou direitos ou da prestação de serviços devem ser reconhecidas quando do faturamento, da entrega do bem ou do direito ou à proporção em que os serviços forem efetivamente prestados, o que primeiro ocorrer. (Lei Complementar n. 123, de 2006, art. 2º, inciso I e § 6º e art. 18, § 3º)

§ 9º Aplica-se o disposto no § 8º também na hipótese de valores recebidos adiantadamente, ainda que no regime de caixa, e às vendas para entrega futura. (Lei Complementar n. 123, de 2006, art. 2º, inciso I e § 6º, e art. 18, § 3º)

SEÇÃO II
DAS EMPRESAS EM INÍCIO DE ATIVIDADE

ART. 3º No ano-calendário de início de atividade, cada um dos limites previstos no § 1º do art. 2º será de R$ 400.000,00 (quatrocentos mil reais), multiplicados pelo número de meses compreendidos entre o início de atividade e o final do respectivo ano calendário, considerada a fração de mês como mês completo. (Lei Complementar n. 123, de 2006, art. 3º, § 2º)

§ 1º Se a receita bruta acumulada no ano-calendário de início de atividade, no mercado interno ou em exportação para o exterior, for superior a qualquer um dos limites a que se refere o *caput*, a empresa estará excluída do Simples Nacional e deverá pagar a totalidade ou a diferença dos respectivos tributos devidos em conformidade com as normas gerais de incidência. (Lei Complementar n. 123, de 2006, art. 3º, § 10)

§ 2º Os efeitos da exclusão prevista no § 1º: (Lei Complementar n. 123, de 2006, art. 3º, §§ 10 e 12)

I - serão retroativos ao início de atividade se o excesso verificado em relação à receita bruta acumulada for superior a 20% (vinte por cento) dos limites previstos no *caput*;

II - ocorrerão a partir do ano-calendário subsequente se o excesso verificado em relação à receita bruta acumulada não for superior a 20% (vinte por cento) dos limites previstos no *caput*.

§ 3º Na hipótese de início de atividade no ano-calendário imediatamente anterior ao da opção, os limites de receita bruta: (Lei Complementar n. 123, de 2006, art. 2º, inciso I e § 6º; art. 3º, § 2º)

I - para fins de opção, serão os previstos no *caput* deste artigo; e

II - para fins de permanência no Regime, serão os previstos no § 1º do art. 2º.

CAPÍTULO II
DO SIMPLES NACIONAL

SEÇÃO I
DA ABRANGÊNCIA DO REGIME

SUBSEÇÃO I
DOS TRIBUTOS ABRANGIDOS

ART. 4º A opção pelo Simples Nacional implica o recolhimento mensal, mediante documento único de arrecadação, no montante apurado na forma prevista nesta Resolução, em substituição aos valores devidos segundo a legislação específica de cada tributo, dos seguintes impostos e contribuições, ressalvado o disposto no art. 5º: (Lei Complementar n. 123, de 2006, art. 13, incisos I a VIII)

I - Imposto sobre a Renda da Pessoa Jurídica (IRPJ);

II - Imposto sobre Produtos Industrializados (IPI);

III - Contribuição Social sobre o Lucro Líquido (CSLL);

IV - Contribuição para o Financiamento da Seguridade Social (Cofins);

V - Contribuição para o PIS/Pasep;

VI - Contribuição Patronal Previdenciária (CPP) para a Seguridade Social, a cargo da pessoa jurídica, de que trata o art. 22 da Lei n. 8.212, de 24 de julho de 1991;

VII - Imposto sobre Operações Relativas à Circulação de Mercadorias e sobre Prestações de Serviços de Transporte Interestadual e Intermunicipal e de Comunicação (ICMS);

VIII - Imposto sobre Serviços de Qualquer Natureza (ISS).

SUBSEÇÃO II
DOS TRIBUTOS NÃO ABRANGIDOS

ART. 5º O recolhimento na forma prevista no art. 4º não exclui a incidência dos seguintes impostos ou contribuições, devidos pela ME ou EPP na qualidade de contribuinte ou responsável, em relação aos quais será observada a legislação aplicável às demais pessoas jurídicas: (Lei Complementar n. 123, de 2006, art. 13, inciso VI, § 1º, incisos I a XV; art. 18, § 5º-C; art. 18-A, § 3º, inciso VI e art. 18-C)

I - Imposto sobre Operações de Crédito, Câmbio e Seguro, ou relativas a Títulos ou Valores Mobiliários (IOF);

II - Imposto sobre a Importação de Produtos Estrangeiros (II);

III - Imposto sobre Exportação, para o Exterior, de Produtos Nacionais ou Nacionalizados (IE);

IV - Imposto sobre a Propriedade Territorial Rural (ITR);

V - Imposto sobre a Renda relativo:

a) aos rendimentos ou ganhos líquidos auferidos em aplicações de renda fixa ou variável;

b) aos ganhos de capital auferidos na alienação de bens do ativo permanente;

c) aos pagamentos ou créditos efetuados pela pessoa jurídica a pessoas físicas;

VI - Contribuição para o Fundo de Garantia do Tempo de Serviço (FGTS);

VII - Contribuição previdenciária devida pelo trabalhador;

VIII - Contribuição previdenciária devida pelo empresário, na qualidade de contribuinte individual;

IX - Contribuição para o PIS/Pasep, Cofins e IPI incidentes na importação de bens e serviços;

X - Contribuição para o PIS/Pasep e Cofins em regime de tributação concentrada ou substituição tributária, nos termos do § 7º do art. 25;

XI - CPP para a Seguridade Social, a cargo da pessoa jurídica, de que trata o art. 22 da Lei n. 8.212, de 24 de julho de 1991, no caso de:

a) construção de imóveis e obras de engenharia em geral, inclusive sob a forma de subempreitada, execução de projetos e serviços de paisagismo e decoração de interiores;

b) serviço de vigilância, limpeza ou conservação;

c) serviços advocatícios; e

d) contratação de empregado pelo Microempreendedor Individual (MEI), nos termos do art. 105;

XII - ICMS devido:

a) nas operações sujeitas ao regime de substituição tributária, tributação concentrada em uma única etapa (monofásica) e sujeitas ao regime de antecipação do recolhimento do imposto com encerramento de tributação, envolvendo combustíveis e lubrificantes; energia elétrica; cigarros e outros produtos derivados do fumo; bebidas; óleos e azeites vegetais comestíveis; farinha de trigo e misturas de farinha de trigo; massas alimentícias; açúcares; produtos lácteos; carnes e suas preparações; preparações à base de cereais; chocolates; produtos de padaria e da indústria de bolachas e biscoitos; sorvetes e preparados para fabricação de sorvetes em máquinas; cafés e mates, seus extratos, essências e concentrados; preparações para molhos e molhos preparados; preparações de produtos vegetais; rações para animais domésticos; veículos automotivos e automotores, suas peças, componentes e acessórios; pneumáticos; câmaras de ar e protetores de borracha; medicamentos e outros produtos farmacêuticos para uso humano ou veterinário; cosméticos; produtos de perfumaria e de higiene pessoal; papéis; plásticos; canetas e malas; cimentos; cal e argamassas; produtos cerâmicos; vidros; obras de metal e plástico para construção; telhas e caixas d'água; tintas e vernizes; produtos eletrônicos, eletroeletrônicos e eletrodomésticos; fios; cabos e outros condutores; transformadores elétricos e reatores; disjuntores; interruptores e tomadas; isoladores; para-raios e lâmpadas; máquinas e aparelhos de ar-condicionado; centrifugadores de uso doméstico; aparelhos e instrumentos de pesagem de uso doméstico; extintores; aparelhos ou máquinas de barbear; máquinas de cortar o cabelo ou de tosquiar; aparelhos de depilar, com motor elétrico incorporado; aquecedores elétricos de água para uso doméstico e termômetros; ferramentas; álcool etílico; sabões em pó e líquidos para roupas; detergentes; alvejantes; esponjas; palhas de aço e amaciantes de roupas; venda de mercadorias pelo sistema porta a porta; nas operações sujeitas ao regime de substituição tributária pelas operações anteriores; e nas prestações de serviços sujeitas aos regimes de substituição tributária e de antecipação de recolhimento do imposto com encerramento de tributação;

b) por terceiro, a que o contribuinte se ache obrigado, por força da legislação estadual ou distrital vigente;

c) na entrada, no território do Estado ou do Distrito Federal, de petróleo, inclusive lubrificantes e combustíveis líquidos e gasosos dele derivados e energia elétrica, quando não destinados a comercialização ou a industrialização;

d) por ocasião do desembaraço aduaneiro;

e) na aquisição ou manutenção em estoque de mercadoria sem o documento fiscal correspondente;

f) na operação ou prestação realizada sem emissão do documento fiscal correspondente;

g) nas operações com bens ou mercadorias sujeitas ao regime de antecipação do recolhimento do imposto, nas aquisições em outros Estados ou no Distrito Federal sem encerramento da tributação, hipótese em que será cobrada a diferença entre a alíquota interna e a interestadual e ficará vedada a agregação de qualquer valor;

h) nas aquisições realizadas em outros Estados ou no Distrito Federal de bens ou mercadorias não sujeitas ao regime de antecipação do recolhimento do imposto, relativo à diferença entre a alíquota interna e a interestadual; e

i) nas hipóteses de impedimento a que se refere o art. 12;

XIII - ISS devido:

a) em relação aos serviços sujeitos a substituição tributária ou retenção na fonte;

b) na importação de serviços;

c) em valor fixo pelos escritórios de serviços contábeis, quando previsto pela legislação municipal; e

d) nas hipóteses de impedimento a que se refere o art. 12;

XIV - tributos devidos pela pessoa jurídica na condição de substituto ou responsável tributário; e

XV - demais tributos de competência da União, dos Estados, do Distrito Federal ou dos Municípios, não relacionados neste artigo e no art. 4º.

§ 1º Em relação a bebidas não alcoólicas, massas alimentícias, produtos lácteos, carnes e suas preparações, preparações à base de cereais, chocolates, produtos de padaria e da indústria de bolachas e biscoitos, preparações para molhos e molhos preparados, preparações de produtos vegetais, telhas e outros produtos cerâmicos para construção, e detergentes, aplica-se o disposto na alínea "a" do inciso XII aos fabricados em escala industrial relevante em cada segmento, observado o disposto em convênio celebrado pelos Estados e pelo Distrito Federal. (Lei Complementar n. 123, de 2006, art. 13, § 8º)

§ 2º A diferença entre a alíquota interna e a interestadual do ICMS de que tratam as alíneas «g» e «h» do inciso XII do *caput* será calculada tomando-se por base as alíquotas aplicáveis às pessoas jurídicas não optantes pelo Simples Nacional. (Lei Complementar n. 123, de 2006, art. 13, § 5º)

§ 3º A ME ou a EPP optante pelo Simples Nacional fica dispensada do pagamento: (Lei Complementar n. 123, de 2006, art. 13, § 3º)

I - das contribuições instituídas pela União, não abrangidas pela Lei Complementar n. 123, de 2006;

II - das contribuições para as entidades privadas de serviço social e de formação profissional vinculadas ao sistema sindical, de que trata o art. 240 da Constituição Federal, e demais entidades de serviço social autônomo.

SEÇÃO II
DA OPÇÃO PELO REGIME

SUBSEÇÃO I
DOS PROCEDIMENTOS

ART. 6º A opção pelo Simples Nacional deverá ser formalizada por meio do Portal do Simples Nacional na internet, e será irretratável para todo o ano-calendário. (Lei Complementar n. 123, de 2006, art. 16, *caput*)

§ 1º A opção de que trata o *caput* será formalizada até o último dia útil do mês de janeiro e produzirá efeitos a partir do primeiro dia do ano-calendário da opção, ressalvado o disposto no § 5º. (Lei Complementar n. 123, de 2006, art. 16, § 2º)

§ 2º Enquanto não vencido o prazo para formalização da opção o contribuinte poderá: (Lei Complementar n. 123, de 2006, art. 16, *caput*)

I - regularizar eventuais pendências impeditivas do ingresso no Simples Nacional, e, caso não o faça até o término do prazo a que se refere o § 1º, o ingresso no Regime será indeferido;

II - cancelar o pedido de formalização da opção, salvo se este já houver sido deferido.

§ 3º O disposto no § 2º não se aplica às empresas em início de atividade. (Lei Complementar n. 123, de 2006, art. 16, *caput*)

§ 4º No momento da opção, o contribuinte deverá declarar expressamente que não se enquadra nas vedações previstas no art. 15, independentemente das verificações realizadas pelos entes federados. (Lei Complementar n. 123, de 2006, art. 16, *caput*)

§ 5º No caso de opção pelo Simples Nacional feita por ME ou EPP no início de atividade, deverá ser observado o seguinte: (Lei Complementar n. 123, de 2006, art. 16, § 3º)

I - depois de efetuar a inscrição no CNPJ, a inscrição municipal e, caso exigível, a estadual, a ME ou a EPP terá um prazo de até 30 (trinta) dias, contado do último deferimento de inscrição, para formalizar a opção pelo Simples Nacional;

II - depois de formalizada a opção pela ME ou pela EPP, a Secretaria da Receita Federal do Brasil (RFB) disponibilizará aos Estados, Distrito Federal e Municípios a relação de empresas optantes para verificação da regularidade da inscrição municipal e, quando exigível, da estadual;

III - os entes federados deverão prestar informações à RFB sobre a regularidade da inscrição municipal ou, quando exigível, da estadual:

a) até o dia 5 (cinco) de cada mês, relativamente às informações disponibilizadas pela RFB do dia 20 (vinte) ao dia 31 (trinta e um) do mês anterior;

b) até o dia 15 (quinze) de cada mês, relativamente às informações disponibilizadas pela RFB do dia 1º (primeiro) ao dia 9 (nove) do mesmo mês; e

c) até o dia 25 (vinte e cinco) de cada mês, relativamente às informações disponibilizadas pela RFB do dia 10 (dez) ao dia 19 (dezenove) do mesmo mês;

IV - confirmada a regularidade da inscrição municipal e, quando exigível, da estadual, ou ultrapassado o prazo a que se refere o inciso III sem manifestação por parte do ente federado, a opção será deferida, observadas as demais disposições relativas à vedação para ingresso no Simples Nacional e o disposto no § 7º; e

V - a opção produzirá efeitos a partir da data de abertura constante do CNPJ, salvo se o ente federado considerar inválidas as informações prestadas pela ME ou EPP nos cadastros estadual e municipal, hipótese em que a opção será indeferida.

§ 6º A RFB disponibilizará aos Estados, Distrito Federal e Municípios relação dos contribuintes referidos neste artigo para verificação quanto à regularidade para a opção pelo Simples Nacional e, posteriormente, a relação dos contribuintes que tiveram a sua opção deferida. (Lei Complementar n. 123, de 2006, art. 16, *caput*)

§ 7º A ME ou a EPP não poderá formalizar a opção pelo Simples Nacional na condição de empresa em início de atividade depois de decorridos 180 (cento e oitenta) dias da data de abertura constante do CNPJ, observados os demais requisitos previstos no inciso I do § 5º. (Lei Complementar n. 123, de 2006, art. 16, § 3º)

§ 8º A opção pelo Simples Nacional formalizada por escritório de serviços contábeis implica o dever deste, individualmente ou por meio de suas entidades representativas de classe: (Lei Complementar n. 123, de 2006, art. 18, § 22-B)

I - de promover atendimento gratuito relativo à inscrição, à opção de que trata o art. 102 e à primeira declaração anual simplificada do Microempreendedor Individual (MEI), o qual poderá, por meio de suas entidades representativas de classe, firmar convênios e acordos com a União, Estados, o Distrito Federal e Municípios, por intermédio dos seus órgãos vinculados;

II - de fornecer, por solicitação do Comitê Gestor do Simples Nacional (CGSN), resultados de pesquisas quantitativas e qualitativas relativas às ME e EPP optantes pelo Simples Nacional e atendidas pelo escritório ou por entidade representativa de classe; e

III - de promover eventos de orientação fiscal, contábil e tributária para as ME e EPP optantes pelo Simples Nacional atendidas pelo escritório ou por entidade representativa de classe.

ART. 7º A ME ou a EPP poderá agendar a formalização da opção de que trata o § 1º do art. 6º, observadas as seguintes disposições: (Lei Complementar n. 123, de 2006, art. 16, *caput*)

I - aplicativo específico para o agendamento da opção estará disponível no Portal do Simples Nacional, entre o primeiro dia útil de novembro e o penúltimo dia útil de dezembro do ano anterior ao da opção;

II - a formalização da opção agendada ficará sujeita ao disposto nos §§ 4º e 6º do art. 6º;

III - na hipótese de serem identificadas pendências impeditivas do ingresso no Simples Nacional, o agendamento será rejeitado, e a empresa poderá:

a) solicitar novo agendamento após a regularização das pendências, observado o prazo previsto no inciso I; ou

b) realizar a opção no prazo e nas condições previstos no § 1º do art. 6º;

IV - se não houver pendências impeditivas do ingresso da ME ou da EPP no Simples Nacional, o agendamento será confirmado e a opção será considerada válida, com efeitos a partir do primeiro dia do ano-calendário subsequente; e

V - o agendamento:

a) não se aplica a opção pelo Simples Nacional formalizada por ME ou EPP em início de atividade; e

b) poderá ser cancelado até o final do prazo previsto no inciso I.

§ 1º A confirmação do agendamento não dispensa a formalização da opção pelo Sistema de Recolhimento em Valores Fixos Mensais dos Tributos Abrangidos pelo Simples Nacional (Simei), a qual deverá ser efetivada no prazo previsto no inciso II do art. 102. (Lei Complementar n. 123, de 2006, art. 16, *caput*; art. 18-A, § 14)

§ 2º Não caberá recurso contra a rejeição do agendamento de que trata este artigo. (Lei Complementar n. 123, de 2006, art. 16, *caput*)

§ 3º O agendamento confirmado poderá ser cancelado até o final do prazo previsto no inciso I do *caput*, caso tenha ocorrido erro no processamento das informações tempestivamente transmitidas pelos entes federados nos termos do § 6º do art. 6º. (Lei Complementar n. 123, de 2006, art. 16, *caput*)

§ 4º O cancelamento a que se refere o § 3º será comunicado ao sujeito passivo por meio do sistema de comunicação eletrônica a que se refere o art. 122, hipótese em que a empresa poderá solicitar novo agendamento de opção ou formalizar a opção no prazo e nas condições previstos no § 1º do art. 6º. (Lei Complementar n. 123, de 2006, art. 16, *caput* e § 1º-B)

ART. 8º Para fins de identificação de atividade cuja natureza impede o ingresso no Simples Nacional, serão utilizados os códigos de atividades econômicas previstos na Classificação Nacional de Atividades Econômicas (CNAE) informados pela ME ou pela EPP no CNPJ. (Lei Complementar n. 123, de 2006, art. 16, *caput*)

§ 1º O Anexo VI relaciona códigos da CNAE correspondentes a atividades impeditivas do ingresso no Simples Nacional. (Lei Complementar n. 123, de 2006, art. 16, *caput*)

§ 2º O Anexo VII relaciona códigos ambíguos da CNAE, ou seja, os que abrangem concomitantemente atividade impeditiva e permitida ao ingresso no Simples Nacional. (Lei Complementar n. 123, de 2006, art. 16, *caput*)

§ 3º A ME ou a EPP que exerça atividade econômica cujo código da CNAE seja considerado ambíguo poderá formalizar a opção de acordo com o art. 6º, desde que: (Lei Complementar n. 123, de 2006, art. 16, *caput*)

I - exerça apenas atividade cuja opção seja permitida no Simples Nacional; e

II - declare expressamente que não se enquadra nas vedações previstas no art. 15, nos termos do § 4º do art. 6º.

§ 4º Na hipótese de alteração da relação de códigos da CNAE correspondentes a atividades impeditivas do ingresso no Simples Nacional e da relação de códigos ambíguos, serão observadas as seguintes regras: (Lei Complementar n. 123, de 2006, art. 16, *caput*)

I - se determinada atividade econômica deixar de ser considerada impeditiva do ingresso no Simples Nacional, a ME ou a EPP que a exerce poderá optar pelo Simples Nacional a partir do ano calendário subsequente ao da alteração que afastou o impedimento, desde que não incorra em nenhuma das vedações previstas no art. 15; e (Alterado pela Res. 142/2018.)

II - se determinada atividade econômica passar a ser considerada impeditiva do ingresso no Simples Nacional, a ME ou a EPP que a exerce deverá comunicar o fato à RFB e providenciar sua exclusão do Simples Nacional, cujos efeitos terão início no ano calendário subsequente ao da alteração que determinou o impedimento.

SUBSEÇÃO II
DOS SUBLIMITES DE RECEITA BRUTA

ART. 9º O Distrito Federal e os Estados cuja participação no Produto Interno Bruto (PIB) brasileiro seja de até 1% (um por cento) poderão optar pela aplicação de sublimite de receita bruta anual de R$ 1.800.000,00 (um milhão e oitocentos mil reais) no mercado interno e, adicionalmente, igual sublimite para exportação de mercadorias ou serviços para o exterior, para efeito de recolhimento do ICMS e do ISS relativos aos estabelecimentos localizados em seus respectivos territórios. (Lei Complementar n. 123, de 2006, art. 19, *caput*; art. 20, *caput*)

§ 1º Para o Distrito Federal e os Estados que não tenham adotado sublimites na forma prevista no *caput* e para aqueles cuja participação no PIB brasileiro seja superior a 1% (um por cento), deverá ser observado, para fins de recolhimento do ICMS e do ISS, o sublimite no valor de R$ 3.600.000,00 (três milhões e seiscentos mil reais) no mercado interno e, adicionalmente, igual sublimite para exportação de mercadorias ou serviços para o exterior. (Lei Complementar n. 123, de 2006, art. 13-A; art. 19, § 4º)

§ 2º Para fins do disposto no *caput* e no § 1º, a participação do ente federado no PIB brasileiro será apurada levando-se em conta o último resultado anual divulgado pelo Instituto Brasileiro de Geografia e Estatística (IBGE) até o último dia útil de setembro de cada ano calendário. (Lei Complementar n. 123, de 2006, art. 19, § 1º)

§ 3º A opção prevista no *caput* e a obrigatoriedade do sublimite previsto no § 1º produzirão efeitos a partir do ano calendário subsequente, salvo se outro termo inicial for determinado mediante deliberação do CGSN. (Lei Complementar n. 123, de 2006, art. 19, § 2º)

ART. 10. O sublimite em vigor no Estado ou no Distrito Federal aplicado na forma prevista no art. 9º implicará a vigência do mesmo sublimite de receita bruta acumulada para efeito de recolhimento do ISS devido por estabelecimentos localizados em seu respectivo território. (Lei Complementar n. 123, de 2006, art. 20, *caput*)

ART. 11. Os Estados e o Distrito Federal deverão manifestar-se mediante Decreto do respectivo Poder Executivo, sobre a adoção de sublimite de receita bruta acumulada para efeito de recolhimento do ICMS em seus territórios, na forma prevista no *caput* do art. 9º, até o último dia útil do mês de outubro do ano em que a adoção do sublimite se efetivar. (Lei Complementar n. 123, de 2006, art. 20, § 4º)

§ 1º Os Estados e o Distrito Federal informarão ao CGSN a opção de adotar o sublimite a que se refere o *caput* até o último dia útil do mês de novembro do ano em que a adoção do sublimite se efetivar. (Lei Complementar n. 123, de 2006, art. 20, § 4º)

§ 2º O CGSN divulgará, mediante Resolução, a opção dos Estados e do Distrito Federal de adotar o sublimite a que se refere o *caput*, durante o mês de dezembro do ano em que a adoção do sublimite for publicada, com validade para o ano-calendário subsequente. (Lei Complementar n. 123, de 2006, art. 20, § 4º)

ART. 12. Caso a receita bruta acumulada pela empresa no ano-calendário ultrapasse quaisquer dos sublimites previstos no *caput* e § 1º do art. 9º, o estabelecimento da EPP localizado na unidade da federação cujo sublimite for ultrapassado estará impedido de recolher o ICMS e o ISS pelo Simples Nacional, ressalvado o disposto nos §§ 2º a 4º. (Lei Complementar n. 123, de 2006, art. 3º, § 15, e art. 20, § 1º)

§ 1º Os efeitos do impedimento previsto no *caput* ocorrerão: (Lei Complementar n. 123, de 2006, art. 20, §§ 1º e 1º-A)

I - a partir do mês subsequente àquele em que o excesso da receita bruta acumulada no ano for superior a 20% (vinte por cento) dos sublimites previstos no art. 9º;

II - a partir do ano-calendário subsequente àquele em que o excesso da receita bruta acumulada não for superior a 20% (vinte por cento) dos sublimites previstos no art. 9º.

§ 2º No ano-calendário de início de atividade, cada um dos sublimites previstos no *caput* e § 1º do art. 9º será de R$ 150.000,00 (cento e cinquenta mil reais) ou R$ 300.000,00 (trezentos mil reais), conforme o caso, multiplicados pelo número de meses compreendidos entre o início de atividade e o final do respectivo ano-calendário, considerada a fração de mês como mês completo. (Lei Complementar n. 123, de 2006, art. 3º, § 11)

§ 3º Caso a receita bruta acumulada pela empresa no ano calendário de início de atividade ultrapasse quaisquer dos sublimites previstos no § 2º, o estabelecimento da EPP localizado na unidade da federação cujo sublimite for ultrapassado estará impedido de recolher o ICMS e o ISS pelo Simples Nacional. (Lei Complementar n. 123, de 2006, art. 3º, § 11)

§ 4º Os efeitos do impedimento previsto no § 3º: (Lei Complementar n. 123, de 2006, art. 3º, §§ 11 e 13)

I - serão retroativos ao início de atividade se o excesso verificado em relação à receita bruta acumulada for superior a 20% (vinte por cento) dos sublimites previstos no § 2º;

II - ocorrerão a partir do ano-calendário subsequente se o excesso verificado em relação à receita bruta acumulada não for superior a 20% (vinte por cento) dos sublimites previstos no § 2º.

§ 5º O ICMS e o ISS voltarão a ser recolhidos pelo Simples Nacional no ano subsequente, caso no Estado ou no Distrito Federal passe a vigorar sublimite de receita bruta superior ao que vinha sendo utilizado no ano-calendário em que ocorreu o excesso da receita bruta, exceto se o novo sublimite também houver sido ultrapassado. (Lei Complementar n. 123, de 2006, art. 20, § 2º)

§ 6º Na hipótese de início de atividade no ano-calendário imediatamente anterior ao da opção, caso a receita bruta acumulada pela empresa no ano-calendário de início de atividade ultrapasse quaisquer dos sublimites do § 2º, o estabelecimento da EPP localizado na unidade da federação cujo sublimite for ultrapassado estará impedido de recolher o ICMS e o ISS pelo Simples Nacional já no ano de ingresso no Regime. (Lei Complementar n. 123, de 2006, art. 3º, § 11)

§ 7º Na hipótese prevista no § 3º, a EPP impedida de recolher o ICMS e o ISS pelo Simples Nacional ficará sujeita ao pagamento da totalidade ou diferença dos respectivos tributos, devidos em conformidade com as normas gerais de incidência, acrescidos, apenas, de juros de mora, quando o pagamento for efetuado antes do início de procedimento de ofício, ressalvada a hipótese prevista no § 4º. (Lei Complementar n. 123, de 2006, art. 32, §§ 1º e 3º)

§ 8º Nas hipóteses previstas neste artigo, ficarão sujeitos às normas gerais de incidência do ICMS e do ISS, conforme o caso: (Lei Complementar n. 123, de 2006,)

I - quando excederem o sublimite previsto no *caput* do art. 9º, os estabelecimentos localizados nas unidades da Federação que o adotarem;

II - quando excederem o sublimite previsto no § 1º do art. 9º, todos os estabelecimentos da empresa, independentemente de sua localização.

§ 9º Para fins do disposto neste artigo, serão consideradas, separadamente, as receitas brutas auferidas no mercado interno e aquelas decorrentes de exportação para o exterior. (Lei Complementar n. 123, de 2006, art. 3º, § 15)

SUBSEÇÃO III
DO RESULTADO DO PEDIDO DE FORMALIZAÇÃO DA OPÇÃO PELO SIMPLES NACIONAL

ART. 13. O resultado do pedido de formalização da opção pelo Simples Nacional poderá ser consultado no Portal do Simples Nacional. (Lei Complementar n. 123, de 2006, art. 16, *caput*)

ART. 14. Na hipótese de ser indeferido o pedido de formalização da opção a que se refere o art. 6º, será expedido termo de indeferimento por autoridade fiscal integrante da estrutura administrativa do respectivo ente federado que decidiu pelo indeferimento, inclusive na hipótese de existência de débitos tributários. (Lei Complementar n. 123, de 2006, art. 16, § 6º)

Parágrafo único. Será dada ciência do termo a que se refere o *caput* à ME ou à EPP pelo ente federado que tenha indeferido o pedido de formalização da sua opção, segundo a sua legislação, observado o disposto no art. 122. (Lei Complementar n. 123, de 2006, art. 16, §§ 1º-A e 6º; art. 29, § 8º)

SEÇÃO III
DAS VEDAÇÕES AO INGRESSO

ART. 15. Não poderá recolher os tributos pelo Simples Nacional a pessoa jurídica ou entidade equiparada: (Lei Complementar n. 123, de 2006, art. 17, *caput*)

I - que tenha auferido, no ano-calendário imediatamente anterior ou no ano-calendário em curso, receita bruta superior a R$ 4.800.000,00 (quatro milhões e oitocentos mil reais) no mercado interno ou superior ao mesmo limite em exportação para o exterior, observado o disposto no art. 3º; (Lei Complementar n. 123, de 2006, art. 3º, inciso II e §§ 2º, 9º, 9º-A, 10, 12 e 14)

II - de cujo capital participe outra pessoa jurídica ou sociedade em conta de participação; (Lei Complementar n. 123, de 2006, art. 3º, § 4º, inciso I)

III - que seja filial, sucursal, agência ou representação, no País, de pessoa jurídica com sede no exterior; (Lei Complementar n. 123, de 2006, art. 3º, § 4º, inciso II)

IV - de cujo capital participe pessoa física que seja inscrita como empresário ou seja sócia de outra empresa que receba tratamento jurídico diferenciado nos termos da Lei Complementar n. 123, de 2006, desde que a receita bruta global ultrapasse um dos limites máximos de que trata o inciso I do *caput*; (Lei Complementar n. 123, de 2006, art. 3º, § 4º, inciso III, § 14)

V - cujo titular ou sócio participe com mais de 10% (dez por cento) do capital de outra empresa não beneficiada pela Lei Complementar n. 123, de 2006, desde que a receita bruta global ultrapasse um dos limites máximos de que trata o inciso I do *caput*; (Lei Complementar n. 123, de 2006, art. 3º, § 4º, inciso IV, § 14)

VI - cujo sócio ou titular exerça cargo de administrador ou equivalente em outra pessoa jurídica com fins lucrativos, desde que a receita bruta global ultrapasse um dos limites máximos de que trata o inciso I do *caput*; (Lei Complementar n. 123, de 2006, art. 3º, § 4º, inciso V, § 14)

VII - constituída sob a forma de cooperativa, salvo cooperativa de consumo; (Lei Complementar n. 123, de 2006, art. 3º, § 4º, inciso VI)

VIII - que participe do capital de outra pessoa jurídica ou de sociedade em conta de participação; (Lei Complementar n. 123, de 2006, art. 3º, § 4º, inciso VII)

IX - que exerça atividade de banco comercial, de investimentos e de desenvolvimento, de caixa econômica, de sociedade de crédito, financiamento e investimento ou de crédito imobiliário, de corretora ou de distribuidora de títulos, valores mobiliários e câmbio, de empresa de arrendamento mercantil, de seguros privados e de capitalização ou de previdência complementar; (Lei Complementar n. 123, de 2006, art. 3º, § 4º, inciso VIII)

X - resultante ou remanescente de cisão ou qualquer outra forma de desmembramento de pessoa jurídica ocorrido em um dos 5 (cinco) anos-calendário anteriores; (Lei Complementar n. 123, de 2006, art. 3º, § 4º, inciso IX)

XI - constituída sob a forma de sociedade por ações; (Lei Complementar n. 123, de 2006, art. 3º, § 4º, X)

XII - que explore atividade de prestação cumulativa e contínua de serviços de assessoria creditícia, gestão de crédito, seleção e riscos, administração de contas a pagar e a receber, gerenciamento de ativos (*asset management*), compras de direitos creditórios resultantes de vendas mercantis a prazo ou de prestação de serviços (*factoring*); (Lei Complementar n. 123, de 2006, art. 17, inciso I)

XIII - que tenha sócio domiciliado no exterior; (Lei Complementar n. 123, de 2006, art. 17, inciso II)

XIV - de cujo capital participe entidade da administração pública, direta ou indireta, federal, estadual ou municipal; (Lei Complementar n. 123, de 2006, art. 17, inciso III)

XV - em débito perante o Instituto Nacional do Seguro Social (INSS), ou perante as Fazendas Públicas Federal, Estadual ou Municipal, cuja exigibilidade não esteja suspensa; (Lei Complementar n. 123, de 2006, art. 17, inciso V)

XVI - que preste serviço de transporte intermunicipal e interestadual de passageiros, exceto: (Lei Complementar n. 123, de 2006, art. 17, inciso VI)

a) na modalidade fluvial; ou

b) nas demais modalidades, quando:

1. o serviço caracterizar transporte urbano ou metropolitano; ou

2. o serviço realizar-se na modalidade de fretamento contínuo em área metropolitana para o transporte de estudantes ou trabalhadores;

XVII - que seja geradora, transmissora, distribuidora ou comercializadora de energia elétrica; (Lei Complementar n. 123, de 2006, art. 17, inciso VII)

XVIII - que exerça atividade de importação ou fabricação de automóveis e motocicletas; (Lei Complementar n. 123, de 2006, art. 17, inciso VIII)

XIX - que exerça atividade de importação de combustíveis; (Lei Complementar n. 123, de 2006, art. 17, inciso IX)

XX - que exerça atividade de produção ou venda no atacado de: (Lei Complementar n. 123, de 2006, art. 17, inciso X, § 5º)

a) cigarros, cigarrilhas, charutos, filtros para cigarros, armas de fogo, munições e pólvoras, explosivos e detonantes;

b) cervejas sem álcool; e

c) bebidas alcoólicas, exceto aquelas produzidas ou vendidas no atacado por ME ou por EPP registrada no Ministério da Agricultura, Pecuária e Abastecimento, e que obedeça à regulamentação da Agência Nacional de Vigilância Sanitária e da RFB quanto à produção e à comercialização de bebidas alcoólicas, nas seguintes atividades:

1. micro e pequenas cervejarias;

2. micro e pequenas vinícolas;

3. produtores de licores; e

4. micro e pequenas destilarias;

XXI - que realize cessão ou locação de mão de obra; (Lei Complementar n. 123, de 2006, art. 17, inciso XII)

XXII - que se dedique a atividades de loteamento e incorporação de imóveis; (Lei Complementar n. 123, de 2006, art. 17, inciso XIV)

XXIII - que realize atividade de locação de imóveis próprios, exceto quando se referir a prestação de serviços tributados pelo ISS; (Lei Complementar n. 123, de 2006, art. 17, inciso XV)

XXIV - que não tenha feito inscrição em cadastro fiscal federal, municipal ou estadual, quando exigível, ou cujo cadastro esteja em situação irregular, observadas as disposições específicas relativas ao MEI; (Lei Complementar n. 123, de 2006, art. 17, inciso XVI e § 4º)

XXV - cujos titulares ou sócios mantenham com o contratante do serviço relação de pessoalidade, subordinação e habitualidade, cumulativamente; e (Lei Complementar n. 123, de 2006, art. 3º, § 4º, inciso XI)

XXVI - constituída sob a forma de sociedade em conta de participação. (Lei Complementar n. 123, de 2006, art. 3º, *caput*, e art. 30, § 3º, inciso I)

§ 1º O disposto nos incisos V e VIII do *caput* não se aplica a participações em capital de cooperativas de crédito, em centrais de compras, em bolsas de subcontratação, no consórcio e na sociedade de propósito específico a que se referem, respectivamente, os arts. 50 e 56 da Lei Complementar n. 123, de 2006, e em associações assemelhadas, sociedades de interesse econômico, sociedades de garantia solidária e outros tipos de sociedades que tenham como objetivo social a defesa exclusiva dos interesses econômicos das ME e EPP. (Lei Complementar n. 123, de 2006, art. 3º, § 5º)

§ 2º As vedações de que trata este artigo não se aplicam às pessoas jurídicas que se dedicam: (Lei Complementar n. 123, de 2006, art. 17, §§ 1º e 2º)

I - exclusivamente a atividade cuja forma de tributação esteja prevista no art. 25, ou que exerça essa atividade em conjunto com atividade não vedada pelo Regime; e

II - a prestação de outros serviços que não tenham sido objeto de vedação expressa neste artigo, desde que a pessoa jurídica não incorra em nenhuma das hipóteses de vedação previstas nesta Resolução.

§ 3º Para fins do disposto no inciso XXI: (Lei Complementar n. 123, de 2006, art. 18, § 5º-H)

I - considera-se cessão ou locação de mão de obra a atividade descrita no § 1º do art. 112; e

II - a vedação não se aplica às atividades referidas nas alíneas "a" a "c" do inciso XI do art. 5º.

§ 4º Enquadra-se na situação prevista no item 1 da alínea «b» do inciso XVI do *caput* o transporte intermunicipal ou interestadual que, cumulativamente: (Lei Complementar n. 123, de 2006, art. 2º, inciso I e § 6º; art. 17, inciso VI)

I - for realizado entre Municípios limítrofes, ainda que de diferentes Estados, ou obedeça a trajetos que compreendam regiões metropolitanas, aglomerações urbanas e microrregiões, constituídas por agrupamentos de Municípios, instituídas por legislação estadual, podendo, no caso de transporte metropolitano, ser intercalado por áreas rurais; e

II - caracterizar serviço público de transporte coletivo de passageiros entre Municípios, assim considerado aquele realizado por veículo com especificações apropriadas, acessível a toda a população mediante pagamento individualizado, com itinerários e horários previamente estabelecidos, viagens intermitentes e preços fixados pelo Poder Público.

§ 5º Enquadra-se na situação prevista no item 2 da alínea «b» do inciso XVI do *caput* o transporte intermunicipal ou interestadual de estudantes ou trabalhadores que, cumulativamente: (Lei Complementar n. 123, de 2006, art. 2º, inciso I e § 6º; art. 17, inciso VI)

I - for realizado sob a forma de fretamento contínuo, assim considerado aquele prestado a pessoa física ou jurídica, mediante contrato escrito e emissão de documento fiscal, para a realização de um número determinado de viagens, com destino único e usuários definidos; e

II - obedecer a trajetos que compreendam regiões metropolitanas, aglomerações urbanas e microrregiões, constituídas por agrupamentos de Municípios limítrofes, instituídas por legislação estadual.

§ 6º Não compõem a receita bruta do ano-calendário imediatamente anterior ao da opção pelo Simples Nacional, para efeitos do disposto no inciso I do *caput* deste artigo, os valores: (Lei Complementar n. 123, de 2006, art. 2º, inciso I e § 6º; art. 3º, §§ 1º e 16)

I - destacados a título de IPI; e

II - devidos a título de ICMS retido por substituição tributária, pelo contribuinte que se encontra na condição de substituto tributário.

SEÇÃO IV
DO CÁLCULO DOS TRIBUTOS DEVIDOS

SUBSEÇÃO I
DA BASE DE CÁLCULO

ART. 16. A base de cálculo para a determinação do valor devido mensalmente pela ME ou pela EPP optante pelo Simples Nacional será a receita bruta total mensal auferida (Regime de Competência) ou recebida (Regime de Caixa), conforme opção feita pelo contribuinte. (Lei Complementar n. 123, de 2006, art. 18, *caput* e § 3º)

§ 1º O regime de reconhecimento da receita bruta será irretratável para todo o ano-calendário. (Lei Complementar n. 123, de 2006, art. 18, § 3º)

§ 2º Na hipótese de a ME ou a EPP ter estabelecimentos filiais, deverá ser considerado o somatório das receitas brutas de todos os estabelecimentos. (Lei Complementar n. 123, de 2006, art. 18, *caput*)

§ 3º Para os efeitos do disposto neste artigo:

I - a receita bruta auferida ou recebida será segregada na forma prevista no art. 25; e (Lei Complementar n. 123, de 2006, art. 18, §§ 4º e 4º-A)

II - considera-se separadamente, em bases distintas, as receitas brutas auferidas ou recebidas no mercado interno e aquelas decorrentes de exportação para o exterior. (Lei Complementar n. 123, de 2006, art. 3º, § 15)

ART. 17. Na hipótese de devolução de mercadoria vendida por ME ou por EPP optante pelo Simples Nacional, em período de apuração posterior ao da venda, deverá ser observado o seguinte: (Lei Complementar n. 123, de 2006, art. 2º, inciso I e § 6º; art. 3º, § 1º)

I - o valor da mercadoria devolvida deve ser deduzido da receita bruta total, no período de apuração do mês da devolução, segregada pelas regras vigentes no Simples Nacional nesse mês; e

II - caso o valor da mercadoria devolvida seja superior ao da receita bruta total ou das receitas segregadas relativas ao mês da devolução, o saldo remanescente deverá ser deduzido nos meses subsequentes, até ser integralmente deduzido.

Parágrafo único. Para a optante pelo Simples Nacional tributada com base no critério de apuração de receitas pelo Regime de Caixa, o valor a ser deduzido limita-se ao valor efetivamente devolvido ao adquirente. (Lei Complementar n. 123, de 2006, art. 2º, inciso I e § 6º; art. 3º, § 1º)

ART. 18. Na hipótese de cancelamento de documento fiscal, nas situações autorizadas pelo respectivo ente federado, o valor do documento cancelado deverá ser deduzido no período de apuração no qual tenha havido a tributação originária, quando o cancelamento se der em período posterior.

§ 1º Para a optante pelo Simples Nacional tributada com base no critério de apuração de receitas pelo Regime de Caixa, o valor a ser deduzido limita-se ao valor efetivamente devolvido ao adquirente ou tomador. (Lei Complementar n. 123, de 2006, art. 2º, inciso I e § 6º; art. 3º, § 1º)

§ 2º Na hipótese de nova emissão de documento fiscal em substituição ao cancelado, o valor correspondente deve ser oferecido à tributação no período de apuração relativo ao da operação ou prestação originária. (Lei Complementar n. 123, de 2006, art. 2º, inciso I e § 6º; art. 3º, § 1º)

ART. 19. A opção pelo regime de reconhecimento de receita bruta a que se refere o § 1º do art. 16 deverá ser registrada em aplicativo disponibilizado no Portal do Simples Nacional no momento da apuração dos valores devidos: (Lei Complementar n. 123, de 2006, art. 18, § 3º)

I - relativos ao mês de novembro de cada ano-calendário, com efeitos para o ano-calendário subsequente, na hipótese de ME ou EPP já optante pelo Simples Nacional;

II - relativos ao mês de dezembro, com efeitos para o ano calendário subsequente, na hipótese de ME ou EPP em início de atividade, com efeitos da opção pelo Simples Nacional no mês de dezembro; e

III - relativos ao mês de início dos efeitos da opção pelo Simples Nacional, nas demais hipóteses, com efeitos para o próprio ano calendário.

Parágrafo único. A opção pelo Regime de Caixa servirá exclusivamente para a apuração da base de cálculo mensal, e o Regime de Competência deve ser aplicado para as demais finalidades, especialmente, para determinação dos limites e sublimites e da alíquota a ser aplicada sobre a receita bruta recebida no mês. (Lei Complementar n. 123, de 2006, art. 18, § 3º)

ART. 20. Para a ME ou a EPP optante pelo Regime de Caixa: (Lei Complementar n. 123, de 2006, art. 18, § 3º)

I - na prestação de serviços ou nas operações com mercadorias com valores a receber a prazo, a parcela não vencida deverá obrigatoriamente integrar a base de cálculo dos tributos abrangidos pelo Simples Nacional até o último mês do ano calendário subsequente àquele em que tenha ocorrido a respectiva prestação de serviço ou operação com mercadorias;

II - a receita auferida e ainda não recebida deverá integrar a base de cálculo dos tributos abrangidos pelo Simples Nacional, na hipótese de:

a) encerramento de atividade, no mês em que ocorrer o evento;

b) retorno ao Regime de Competência, no último mês de vigência do Regime de Caixa; e

c) exclusão do Simples Nacional, no mês anterior ao dos efeitos da exclusão;

III - o registro dos valores a receber deverá ser mantido nos termos do art. 77; e

IV - na hipótese do impedimento de que trata o art. 12, e havendo a continuidade do Regime de Caixa, a receita auferida e ainda não recebida deverá integrar a base de cálculo do ICMS e do ISS do mês anterior ao dos efeitos do impedimento e seu recolhimento deve ser feito diretamente ao respectivo ente federado, na forma por ele estabelecida, observados os arts. 21 a 24. (Alterado pela Res. 142/2018.)

SUBSEÇÃO II

DAS ALÍQUOTAS

ART. 21. Para fins do disposto nesta Resolução, considera-se: (Lei Complementar n. 123, de 2006, art. 18, *caput*)

I - alíquota nominal a constante dos Anexos I a V desta Resolução;

II - alíquota efetiva o resultado de: (RBT12 × Aliq - PD) / RBT12, em que:

a) RBT12: receita bruta acumulada nos doze meses anteriores ao período de apuração;

b) Aliq: alíquota nominal constante dos Anexos I a V desta Resolução; e

c) PD: parcela a deduzir constante dos Anexos I a V desta Resolução; e

III - percentual efetivo de cada tributo o calculado mediante multiplicação da alíquota efetiva pelo percentual de repartição constante dos Anexos I a V desta Resolução, observando-se que:

a) o percentual efetivo máximo destinado ao ISS será de 5% (cinco por cento), e que eventual diferença será transferida, de forma proporcional, aos tributos federais da mesma faixa de receita bruta anual; e

b) o valor da RBT12, quando for superior ao limite da 5ª faixa de receita bruta anual prevista nos Anexos I a V desta Resolução, nas situações em que o sublimite de que trata o § 1º do art. 9º não for excedido, o percentual efetivo do ICMS e do ISS será calculado mediante aplicação da fórmula {[(RBT12 × alíquota nominal da 5ª faixa) - (menos) a Parcela a Deduzir da 5ª Faixa]/RBT12} × o Percentual de Distribuição do ICMS e do ISS da 5ª faixa.

Parágrafo único. Apenas para efeito de determinação das alíquotas efetivas, quando a RBT12 de que trata o inciso II do *caput* for igual a zero, considerar-se-á R$ 1,00 (um real). (Lei Complementar n. 123, de 2006, art. 2º, inciso I e § 6º; art. 3º, § 1º)

ART. 22. O valor devido mensalmente pela ME ou pela EPP optante pelo Simples Nacional será determinado mediante a aplicação das alíquotas efetivas calculadas na forma prevista no art. 21, sobre a receita bruta total mensal, observado o disposto nos arts. 16 a 20, 24 a 26, 33 a 36 e 149. (Lei Complementar n. 123, de 2006, art. 3º, § 15, art. 18, *caput* e §§ 1º e 4º a 5º-I)

§ 1º Para efeito de determinação da alíquota, o sujeito passivo utilizará a receita bruta total acumulada auferida nos 12 (doze) meses anteriores ao do período de apuração. (Lei Complementar n. 123, de 2006, art. 18, § 1º)

§ 2º No caso de início de atividade no próprio ano calendário da opção pelo Simples Nacional, para efeito de determinação da alíquota no 1º (primeiro) mês de atividade, o sujeito passivo utilizará, como receita bruta total acumulada, a receita auferida no próprio mês de apuração multiplicada por 12 (doze). (Lei Complementar n. 123, de 2006, art. 18, § 2º)

§ 3º Na hipótese prevista no § 2º, para efeito de determinação da alíquota nos 11 (onze) meses posteriores ao do início de atividade, o sujeito passivo utilizará a média aritmética da receita bruta total auferida nos meses anteriores ao do período de apuração, multiplicada por 12 (doze). (Lei Complementar n. 123, de 2006, art. 18, § 2º)

§ 4º Na hipótese de início de atividade em ano-calendário imediatamente anterior ao da opção pelo Simples Nacional, o sujeito passivo utilizará: (Lei Complementar n. 123, de 2006, art. 2º, inciso I e § 6º; art. 18, § 2º)

I - a regra prevista no § 3º até completar 12 (doze) meses de atividade; e

II - a regra prevista no § 1º a partir do décimo terceiro mês de atividade.

§ 5º Serão adotadas as alíquotas correspondentes às últimas faixas de receita bruta das tabelas dos Anexos I a V desta Resolução, quando, cumulativamente, a receita bruta acumulada: (Lei Complementar n. 123, de 2006, art. 2º, inciso I e § 6º)

I - nos 12 (doze) meses anteriores ao do período de apuração for superior a qualquer um dos limites previstos no § 1º do art. 2º, observado o disposto nos §§ 2º a 4º do *caput*; e

II - no ano-calendário em curso for igual ou inferior aos limites previstos no § 1º do art. 2º.

ART. 23. As receitas brutas auferidas no mercado interno e as decorrentes de exportação para o exterior serão consideradas, separadamente, para fins de determinação da alíquota de que trata o art. 22. (Lei Complementar n. 123, de 2006, art. 3º, § 15)

SUBSEÇÃO III

DA ULTRAPASSAGEM DE LIMITE OU SUBLIMITES

ART. 24. Na hipótese de a receita bruta acumulada no ano calendário em curso ultrapassar pelo menos um dos sublimites previstos no *caput* e no § 1º do art. 9º, a parcela da receita bruta total mensal que: (Lei Complementar n. 123, de 2006, art. 2º, inciso I e § 6º; art. 3º, § 15; art. 18, §§ 16, 16-A, 17 e 17-A)

I - exceder o sublimite, mas não exceder o limite de R$ 4.800.000,00 (quatro milhões e oitocentos mil reais) estará sujeita, até o mês anterior aos efeitos da exclusão ou do impedimento de recolher ICMS ou ISS pelo Simples Nacional:

a) quanto aos tributos federais, aos percentuais efetivos calculados na forma prevista no art. 21; e

b) quanto ao ICMS ou ISS, ao percentual efetivo calculado da seguinte forma:

1. quando estiver vigente o sublimite de R$ 1.800.000,00: {[(1.800.000,00 × alíquota nominal da 4ª faixa) - (menos) a parcela a deduzir da 4ª faixa]/1.800.000,00} × percentual de distribuição do ICMS/ISS da 4ª faixa; ou

2. quando estiver vigente o sublimite de R$ 3.600.000,00: {[(3.600.000,00 × alíquota nominal da 5ª faixa) - (menos) a parcela a deduzir da 5ª faixa]/3.600.000,00} × percentual de distribuição do ICMS/ISS da 5ª faixa; ou

II - exceder o limite de R$ 4.800.000,00 (quatro milhões e oitocentos mil reais) estará sujeita, até o mês anterior aos efeitos da exclusão ou do impedimento de recolher ICMS ou ISS pelo Simples Nacional:

a) quanto aos tributos federais, aos percentuais efetivos calculados da seguinte forma: {[(4.800.000,00 × alíquota nominal da 6ª faixa) - (menos) a parcela a deduzir da 6ª faixa]/4.800.000,00} × percentual de distribuição dos tributos federais da 6ª faixa; e

b) quanto ao ICMS ou ISS, ao percentual efetivo calculado na forma prevista na alínea "b" do inciso I do *caput*.

§ 1º Na hipótese de início de atividade: (Lei Complementar n. 123, de 2006, art. 2º, inciso I e § 6º; art. 3º, § 15; art. 18, §§ 16, 16-A, 17 e 17-A)

I - caso a ME ou a EPP ultrapasse o sublimite de R$ 150.000,00 (cento e cinquenta mil reais) ou de R$ 300.000,00 (trezentos mil reais), conforme o caso, multiplicados pelo número de meses compreendido entre o início de atividade e o final do respectivo ano-calendário, considerada a fração de mês como mês completo, aplica-se o disposto na alínea "b" do inciso I do *caput*; ou

II - caso a ME ou a EPP ultrapasse o limite de R$ 400.000,00 (quatrocentos mil reais) multiplicados pelo número de meses compreendido entre o início de atividade e o final do respectivo ano-calendário, considerada a fração de mês como mês completo, aplica-se o disposto no inciso II do *caput*.

§ 2º Deverá ser calculada a razão entre a parcela da receita bruta total mensal que exceder o sublimite previsto no *caput* e no § 1º do art. 9º, ou no § 2º do art. 12, e a receita bruta total mensal, nos termos dos arts. 16 a 20, no que couber. (Lei Complementar n. 123, de 2006, art. 2º, inciso I e § 6º; art. 3º, § 15; art. 18, §§ 16, 16-A, 17 e 17-A)

§ 3º Na hipótese de a ME ou a EPP optante pelo Simples Nacional ter estabelecimentos em unidades da federação nas quais vigoram sublimites distintos, a razão a que se refere o § 2º deve ser calculada para cada um dos sublimites. (Lei Complementar n. 123, de 2006, art. 2º, inciso I e § 6º; art. 3º, § 15; art. 18, §§ 16, 16-A, 17 e 17-A)

§ 4º Deverá ser calculada a razão entre a parcela da receita bruta total mensal que exceder o limite de que trata o § 1º do art. 2º, ou o *caput* do art. 3º, e a receita bruta total mensal, nos termos dos arts. 16 a 20, no que couber. (Lei Complementar n. 123, de 2006, art. 2º, inciso I e § 6º; art. 3º, § 15; art. 18, §§ 16, 16-A, 17 e 17-A)

§ 5º O valor devido em relação à parcela da receita bruta mensal que não exceder sublimite, observado o disposto no inciso I do § 1º deste artigo, será obtido mediante o somatório das expressões formadas pela multiplicação de 1 (um) inteiro menos a razão a que se refere o § 2º pela receita de cada estabelecimento, segregada na forma prevista no art. 25 e, ainda, pela respectiva alíquota obtida na forma prevista no art. 21, observado o seguinte: (Lei Complementar n. 123, de 2006, art. 2º, inciso I e § 6º; art. 3º, § 15; art. 18, §§ 16, 16-A, 17 e 17-A)

I - na hipótese de o contribuinte auferir apenas um tipo de receita prevista no art. 25, mediante a multiplicação de 1 (um) inteiro menos a razão a que se refere o § 2º pela respectiva receita bruta mensal e, ainda, pela alíquota obtida na forma prevista nos arts. 25 e 26; e

II - na hipótese de o contribuinte auferir mais de um tipo de receita prevista no art. 25, mediante o somatório das expressões formadas pela multiplicação de 1 (um) inteiro menos a razão a que se refere o § 2º pela receita correspondente e, ainda, pela respectiva alíquota obtida na forma prevista nos arts. 25 e 26.

§ 6º O valor devido em relação à parcela da receita bruta mensal que exceder sublimite, mas não o limite de que trata o § 1º do art. 2º, observado o disposto nos incisos I e II do § 1º deste artigo, será o somatório das expressões formadas pela multiplicação da diferença entre as relações a que se referem os §§ 2º e 4º pela receita de cada estabelecimento segregada na forma prevista no art. 25 e, ainda, pela respectiva alíquota obtida na forma prevista no inciso I do *caput* deste artigo, observado o seguinte: (Lei Complementar n. 123, de 2006, art. 2º, inciso I e § 6º; art. 3º, § 15; art. 18, §§ 16, 16-A, 17 e 17-A)

I - na hipótese de o contribuinte auferir apenas um tipo de receita prevista no art. 25, mediante a multiplicação da diferença entre as relações a que se referem os §§ 2º e 4º pela respectiva receita bruta mensal e, ainda, pela alíquota obtida na forma prevista no inciso I do *caput*; e

II - na hipótese de o contribuinte auferir mais de um tipo de receita prevista no art. 25, mediante o somatório das expressões formadas pela multiplicação da diferença entre as relações a que se referem os §§ 2º e 4º pela receita correspondente e, ainda, pela respectiva alíquota obtida na forma prevista no inciso I do *caput*.

§ 7º O valor devido em relação à parcela da receita bruta mensal que exceder o limite de que trata o § 1º do art. 2º, observado o disposto no inciso II do § 1º deste artigo, será obtido mediante o somatório das expressões formadas pela multiplicação da razão a que se refere o § 4º pela receita de cada estabelecimento, segregada na forma prevista no art. 25 e, ainda, pela respectiva alíquota obtida na forma prevista no inciso II do *caput* deste artigo. (Lei Complementar n. 123, de 2006, art. 2º, inciso I e § 6º; art. 3º, § 15; art. 18, §§ 16, 16-A, 17 e 17-A)

§ 8º Para fins do disposto neste artigo, serão consideradas, separadamente, as receitas brutas auferidas no mercado interno e aquelas decorrentes da exportação para o exterior. (Lei Complementar n. 123, de 2006, art. 3º, § 15)

SUBSEÇÃO IV
DA SEGREGAÇÃO DE RECEITAS

ART. 25. O valor devido mensalmente pela ME ou EPP optante pelo Simples Nacional será determinado mediante aplicação das alíquotas efetivas calculadas na forma prevista nos arts. 21, 22 e 24 sobre a base de cálculo de que tratam os arts. 16 a 19. (Lei Complementar n. 123, de 2006, art. 3º, § 15, art. 18)

§ 1º O contribuinte deverá considerar, destacadamente, para fim de cálculo e pagamento, as receitas decorrentes da:

I - revenda de mercadorias, que serão tributadas na forma prevista no Anexo I; (Lei Complementar n. 123, de 2006, art. 18, § 4º, inciso I)

II - venda de mercadorias industrializadas pelo contribuinte, que serão tributadas na forma do Anexo II; (Lei Complementar n. 123, de 2006, art. 18, § 4º, inciso II)

III - prestação dos seguintes serviços tributados na forma prevista no Anexo III:

a) creche, pré-escola e estabelecimento de ensino fundamental, escolas técnicas, profissionais e de ensino médio, de línguas estrangeiras, de artes, cursos técnicos de pilotagem, preparatórios para concursos, gerenciais e escolas livres, exceto as previstas nas alíneas "b" e "c" do inciso V; (Lei Complementar n. 123, de 2006, art. 18, § 5º-B, inciso I)

b) agência terceirizada de correios; (Lei Complementar n. 123, de 2006, art. 18, § 5º-B, inciso II)

c) agência de viagem e turismo; (Lei Complementar n. 123, de 2006, art. 18, § 5º-B, inciso III)

d) transporte municipal de passageiros e de cargas em qualquer modalidade; (Lei Complementar n. 123, de 2006, art. 18, § 5º-B, inciso XIII)

e) centro de formação de condutores de veículos automotores de transporte terrestre de passageiros e de carga; (Lei Complementar n. 123, de 2006, art. 18, § 5º-B, inciso IV)

f) agência lotérica; (Lei Complementar n. 123, de 2006, art. 18, § 5º-B, inciso V)

g) serviços de instalação, de reparos e de manutenção em geral, bem como de usinagem, solda, tratamento e revestimento em metais; (Lei Complementar n. 123, de 2006, art. 18, § 5º-B, inciso IX)

h) produções cinematográficas, audiovisuais, artísticas e culturais, sua exibição ou apresentação, inclusive no caso de música, literatura, artes cênicas, artes visuais, cinematográficas e audiovisuais; (Lei Complementar n. 123, de 2006, art. 18, § 5º-B, inciso XV)

i) corretagem de seguros; (Lei Complementar n. 123, de 2006, art. 18, § 5º-B, inciso XVII)

j) corretagem de imóveis de terceiros, assim entendida a intermediação na compra, venda, permuta e locação de imóveis; (Lei Complementar n. 123, de 2006, art. 17, inciso XV; art. 18, § 4º, inciso III; Lei n. 6.530, de 12 de maio de 1978, art. 3º)

k) serviços vinculados à locação de bens imóveis, assim entendidos o assessoramento locatício e a avaliação de imóveis para fins de locação; (Lei Complementar n. 123, de 2006, art. 17, inciso XV; art. 18, § 4º, inciso III)

l) locação, cessão de uso e congêneres, de bens imóveis próprios com a finalidade de exploração de salões de festas, centro de convenções, escritórios virtuais, stands, quadras esportivas, estádios, ginásios, auditórios, casas de espetáculos, parques de diversões, canchas e congêneres, para realização de eventos ou negócios de qualquer natureza; e (Lei Complementar n. 123, de 2006, art. 17, inciso XV; art. 18, § 4º, inciso III)

m) outros serviços que, cumulativamente: (Lei Complementar n. 123, de 2006, art. 17, § 2º; art. 18, §§ 5º-F e 5º- I, inciso XII)

1. não tenham por finalidade a prestação de serviços decorrentes do exercício de atividade intelectual, de natureza técnica, científica, desportiva, artística ou cultural, que constitua profissão regulamentada ou não; e

2. não estejam relacionados nos incisos IV a IX;

IV - prestação dos seguintes serviços tributados na forma prevista no Anexo IV:

a) construção de imóveis e obras de engenharia em geral, inclusive sob a forma de subempreitada, execução de projetos e serviços de paisagismo, bem como decoração de interiores; (Lei Complementar n. 123, de 2006, art. 18, § 5º-C, inciso I)

b) serviço de vigilância, limpeza ou conservação; e (Lei Complementar n. 123, de 2006, art. 18, § 5º-C, inciso VI)

c) serviços advocatícios; (Lei Complementar n. 123, de 2006, art. 18, § 5º-C, inciso VII);

V - prestação de serviços tributados na forma prevista no Anexo III desta Resolução, quando o fator "r" de que trata o art. 26 for igual ou superior a 0,28 (vinte e oito centésimos), ou na forma prevista no Anexo V desta Resolução, quando o fator "r" for inferior a 0,28 (vinte e oito centésimos): (Lei Complementar n. 123, de 2006, art. 18, §§ 5º-J, 5º-K e 5º-M)

a) administração e locação de imóveis de terceiros, assim entendidas a gestão e administração de imóveis de terceiros para qualquer finalidade, incluída a cobrança de aluguéis de imóveis de terceiros; (Lei Complementar n. 123, de 2006, art. 18, § 5º-D, inciso I; Lei n. 6.530, de 12 de maio de 1978, art. 3º) *b)* academias de dança, de capoeira, de ioga e de artes marciais; (Lei Complementar n. 123, de 2006, art. 18, § 5º-D, inciso II)

c) academias de atividades físicas, desportivas, de natação e escolas de esportes; (Lei Complementar n. 123, de 2006, art. 18, § 5º-D, inciso III)

d) elaboração de programas de computadores, inclusive jogos eletrônicos, desde que desenvolvidos em estabelecimento da optante; (Lei Complementar n. 123, de 2006, art. 18, § 5º-D, inciso IV)

e) licenciamento ou cessão de direito de uso de programas de computação; (Lei Complementar n. 123, de 2006, art. 18, § 5º-D, inciso V)

f) planejamento, confecção, manutenção e atualização de páginas eletrônicas, desde que realizados em estabelecimento da optante; (Lei Complementar n. 123, de 2006, art. 18, § 5º-D, inciso VI)

g) empresas montadoras de estandes para feiras; (Lei Complementar n. 123, de 2006, art. 18, § 5º-D, inciso IX)

h) laboratórios de análises clínicas ou de patologia clínica; (Lei Complementar n. 123, de 2006, art. 18, § 5º-D, inciso XII)

i) serviços de tomografia, diagnósticos médicos por imagem, registros gráficos e métodos óticos, bem como ressonância magnética; (Lei Complementar n. 123, de 2006, art. 18, § 5º-D, inciso XIII)

j) serviços de prótese em geral; (Lei Complementar n. 123, de 2006, art. 18, § 5º-D, inciso XIV)

k) fisioterapia; (Lei Complementar n. 123, de 2006, art. 18, § 5º-B, inciso XVI)

l) medicina, inclusive laboratorial, e enfermagem; (Lei Complementar n. 123, de 2006, art. 18, § 5º-B, inciso XIX)

m) medicina veterinária; (Lei Complementar n. 123, de 2006, art. 18, § 5º-I, inciso II)

n) odontologia e prótese dentária; (Lei Complementar n. 123, de 2006, art. 18, § 5º-B, inciso XX)

o) psicologia, psicanálise, terapia ocupacional, acupuntura, podologia, fonoaudiologia, clínicas de nutrição e de vacinação e bancos de leite; (Lei Complementar n. 123, de 2006, art. 18, § 5º-B, inciso XXI)

p) serviços de comissaria, de despachantes, de tradução e de interpretação; (Lei Complementar n. 123, de 2006, art. 18, § 5º-I, inciso V)

q) arquitetura e urbanismo; (Lei Complementar n. 123, de 2006, art. 18, § 5º-B, inciso XVIII)

r) engenharia, medição, cartografia, topografia, geologia, geodésia, testes, suporte e análises técnicas e tecnológicas, pesquisa, design, desenho e agronomia; (Lei Complementar n. 123, de 2006, art. 18, § 5º-B, inciso XVIII, § 5º-I, inciso VI)

s) representação comercial e demais atividades de intermediação de negócios e serviços de terceiros; (Lei Complementar n. 123, de 2006, art. 18, § 5º-I, inciso VII)

t) perícia, leilão e avaliação; (Lei Complementar n. 123, de 2006, art. 18, § 5º-I, inciso VIII)

u) auditoria, economia, consultoria, gestão, organização, controle e administração; (Lei Complementar n. 123, de 2006, art. 18, § 5º-I, inciso IX)

v) jornalismo e publicidade; (Lei Complementar n. 123, de 2006, art. 18, § 5º-I, inciso X)

w) agenciamento; e (Lei Complementar n. 123, de 2006, art. 18, § 5º-I, incisos VII e XI)

x) outras atividades do setor de serviços que, cumulativamente: (Lei Complementar n. 123, de 2006, art. 18, § 5º-I, inciso XII)

1. tenham por finalidade a prestação de serviços decorrentes do exercício de atividade intelectual, de natureza técnica, científica, desportiva, artística ou cultural, que constitua profissão regulamentada ou não; e

2. não estejam relacionadas nos incisos III, IV, VIII e no § 2º;

VI - locação de bens móveis, que serão tributadas na forma prevista no Anexo III, deduzida a parcela correspondente ao ISS; (Lei Complementar n. 123, de 2006, art. 18, § 4º, inciso V)

VII - atividade com incidência simultânea de IPI e de ISS, que será tributada na forma prevista no Anexo II, deduzida a parcela correspondente ao ICMS e acrescida a parcela correspondente ao ISS prevista no Anexo III; (Lei Complementar n. 123, de 2006, art. 18, § 4º, inciso VI)

VIII - prestação do serviço de escritórios de serviços contábeis, que serão tributados na forma do Anexo III, desconsiderando-se o percentual relativo ao ISS, quando o imposto for fixado pela legislação municipal e recolhido diretamente ao Município em valor fixo nos termos do art. 34, observado o disposto no § 8º do art. 6º e no § 11 deste artigo; e (Lei Complementar n. 123, de 2006, art. 18, § 5º-B, inciso XIV, § 22-A)

IX - prestação dos seguintes serviços tributados com base no Anexo III, desconsiderando-se o percentual relativo ao ISS e adicionando-se o percentual relativo ao ICMS previsto na tabela do Anexo I: (Lei Complementar n. 123, de 2006, art. 18, § 5º-E)

a) transportes intermunicipais e interestaduais de cargas;

b) transportes intermunicipais e interestaduais de passageiros, nas situações permitidas no inciso XVI e §§ 4º e 5º do art. 15; e

c) de comunicação.

§ 2º A comercialização de medicamentos e produtos magistrais produzidos por manipulação de fórmulas será tributada: (Lei Complementar n. 123, de 2006, art. 18, § 4º, inciso VII)

I - na forma prevista no Anexo III, quando sob encomenda para entrega posterior ao adquirente, em caráter pessoal, mediante prescrições de profissionais habilitados ou indicação pelo farmacêutico, produzidos no próprio estabelecimento após o atendimento inicial; ou

II - na forma prevista no Anexo I, nos demais casos.

§ 3º A ME ou EPP deverá segregar as receitas decorrentes de exportação para o exterior, inclusive as vendas realizadas por meio de comercial exportadora ou sociedade de propósito específico, observado o disposto no § 7º do art. 18 e no art. 56 da Lei Complementar n. 123, de 2006, quando então serão desconsiderados, no cálculo do valor devido no âmbito do Simples Nacional, conforme o caso, os percentuais relativos à Cofins, à Contribuição para o PIS/Pasep, ao IPI, ao ICMS e ao ISS constantes dos Anexos I a V desta Resolução. (Lei Complementar n. 123, de 2006, art. 18, § 14)

§ 4º Considera-se exportação de serviços para o exterior a prestação de serviços para pessoa física ou jurídica residente ou domiciliada no exterior, cujo pagamento represente ingresso de divisas, exceto quanto aos serviços desenvolvidos no Brasil cujo resultado aqui se verifique. (Lei Complementar n. 116, de 31 de julho de 2003, art. 2º, parágrafo único; Lei Complementar n. 123, de 2006, art. 2º, inciso I e § 6º, art. 18, § 14)

§ 5º A receita decorrente da locação de bens móveis, referida no inciso VI do § 1º, é tão-somente aquela oriunda da exploração de atividade não definida na lista de serviços anexa à Lei Complementar n. 116, de 2003. (Lei Complementar n. 123, de 2006, art. 2º, inciso I e § 6º)

§ 6º A ME ou EPP que proceda à importação, à industrialização ou à comercialização de produto sujeito à tributação concentrada ou à substituição tributária para efeitos de incidência da Contribuição para o PIS/Pasep e da Cofins deve segregar a receita decorrente de sua venda e indicar a existência de tributação concentrada ou substituição tributária para as referidas contribuições, de forma que serão desconsiderados, no cálculo do valor devido no âmbito do Simples Nacional, os percentuais a elas correspondentes. (Lei Complementar n. 123, de 2006, art. 2º, inciso I e § 6º; art. 18, § 4º-A, inciso I, § 12)

§ 7º Na hipótese prevista no § 6º:

I - a incidência da Contribuição para o PIS/Pasep e da Cofins deverá ocorrer com observância do disposto na legislação específica da União, na forma estabelecida pela RFB; (Lei Complementar n. 123, de 2006, art. 2º, inciso I e § 6º; art. 18, § 4º-A, inciso I)

II - os valores relativos aos demais tributos abrangidos pelo Simples Nacional serão calculados tendo como base de cálculo a receita total decorrente da venda do produto sujeito à tributação concentrada ou à substituição tributária das mencionadas contribuições. (Lei Complementar n. 123, de 2006, art. 2º, inciso I e § 6º; art. 18, § 4º-A, inciso I e § 12).

§ 8º Em relação ao ICMS: (Lei Complementar n. 123, de 2006, art. 2º, inciso I e § 6º; art. 13, § 6º, inciso I; art. 18, § 4º-A, inciso I)

I - o substituído tributário, assim entendido o contribuinte que teve o imposto retido, e o contribuinte obrigado à antecipação com encerramento de tributação deverão segregar a receita correspondente como "sujeita à substituição tributária ou ao recolhimento antecipado do ICMS", quando então será desconsiderado, no cálculo do valor devido no âmbito do Simples Nacional, o percentual do ICMS;

II - o substituto tributário deverá:

a) recolher o imposto sobre a operação própria pelo Simples Nacional e segregar a receita correspondente como "não sujeita à substituição tributária e não sujeita ao recolhimento antecipado do ICMS"; e

b) recolher o imposto sobre a substituição tributária, retido do substituído tributário, na forma prevista nos §§ 1º a 3º do art. 28.

§ 9º A ME ou EPP que tenha prestado serviços sujeitos ao ISS deverá informar: (Lei Complementar n. 123, de 2006, art. 2º, inciso I e § 6º)

I - a qual Município é devido o imposto;

II - se houve retenção do imposto, quando então será desconsiderado, no cálculo do valor devido no âmbito do Simples Nacional, o percentual do ISS; e

III - se o valor é devido em valor fixo diretamente ao Município, na hipótese prevista no inciso VIII do § 1º, quando então será desconsiderado, no cálculo do valor devido no âmbito do Simples Nacional, o percentual do ISS, ressalvado o disposto no § 11.

§ 10. Com relação às segregações de receitas sujeitas ou com ocorrência de imunidade, isenção, redução ou valor fixo do ICMS ou ISS, deverá ser observado o disposto nos arts. 30 a 35. (Lei Complementar n. 123, de 2006, art. 2º, inciso I e § 6º)

§ 11. Na hipótese de o escritório de serviços contábeis não estar autorizado pela legislação municipal a efetuar o recolhimento do ISS em valor fixo diretamente ao Município, o imposto deverá ser recolhido pelo Simples Nacional na forma prevista no inciso III do

§ 1º. (Lei Complementar n. 123, de 2006, art. 2º, inciso I e § 6º)

§ 12. A base de cálculo para determinação do valor devido mensalmente pela ME ou EPP a título de ISS, na condição de optante pelo Simples Nacional, será a receita bruta total mensal, e não se aplica as disposições relativas ao recolhimento do referido imposto em valor fixo diretamente ao Município pela empresa enquanto não optante pelo Simples Nacional, ressalvado o disposto no art. 34 e observado o disposto no art. 33. (Lei Complementar n. 123, de 2006, art. 18, §§ 5º-B a 5º-D, 5º-I e 22-A)

§ 13. As receitas obtidas por agência de viagem e turismo optante pelo Simples Nacional, relativas a transporte turístico com frota própria, nos termos da Lei n. 11.771, de 2008, quando ocorrer dentro do Município, entre Municípios ou entre Estados, serão tributadas na forma prevista no Anexo III. (Lei Complementar n. 123, de 2006, art. 18, § 5º-B, inciso III)

§ 14. Não se aplica o disposto no § 13 quando caracterizado o transporte de passageiros, em qualquer modalidade, mesmo que de forma eventual ou por fretamento, quando então as receitas decorrentes do transporte:

I - municipal serão tributadas na forma prevista no Anexo III; e (Lei Complementar n. 123, de 2006, art. 18, § 5º-B, inciso XIII)

II - intermunicipal e interestadual observarão o disposto na alínea "b" do inciso IX do § 1º deste artigo. (Lei Complementar n. 123, de 2006, art. 18, § 5º-E)

§ 15. A receita auferida por agência de viagem e turismo: (Lei Complementar n. 123, de 2006, art. 2º, inciso I e § 6º, art. 3º, § 1º)

I - corresponderá à comissão ou ao adicional percebido, quando houver somente a intermediação de serviços turísticos prestados por conta e em nome de terceiros; e

II - incluirá a totalidade dos valores auferidos, nos demais casos.

§ 16. A receita auferida na venda de veículos em consignação: (Lei Complementar n. 123, de 2006, art. 2º, inciso I e § 6º, art. 3º, § 1º)

I - mediante contrato de comissão previsto nos arts. 693 a 709 do Código Civil corresponderá à comissão e será tributada na forma prevista no Anexo III;

II - mediante contrato estimatório previsto nos arts. 534 a 537 do Código Civil corresponderá ao produto da venda e será tributada na forma prevista no Anexo I.

§ 17. No caso de prestação dos serviços previstos nos itens 7.02 e 7.05 da lista de serviços anexa à Lei Complementar n. 116, de 2003, o valor: (Lei Complementar n. 123, de 2006, art. 18, § 23; Lei Complementar n. 116, de 2003, art. 7º, § 2º, inciso I, e Lista de Serviços, itens 7.02 e 7.05)

I - dos serviços será tributado de acordo com o Anexo III ou Anexo IV desta Resolução, conforme o caso, permitida a dedução, na base de cálculo do ISS, do valor dos materiais fornecidos pelo prestador do serviço, observada a legislação do respectivo ente federado;

II - dos materiais produzidos pelo prestador dos serviços no local da prestação de serviços será tributado de acordo com o Anexo III ou Anexo IV desta Resolução, conforme o caso; e

III - das mercadorias produzidas pelo prestador dos serviços fora do local da prestação dos serviços será tributado de acordo com o Anexo II desta Resolução.

§ 18. A receita obtida pelo salão-parceiro e pelo profissional-parceiro de que trata a Lei n. 12.592, de 2012, deverá ser tributada: (Lei Complementar n. 123, de 2006, art. 3º, §§ 1º e 16; art. 18, § 4º)

I - na forma prevista no Anexo III desta Resolução, quanto aos serviços e produtos neles empregados; e

II - na forma prevista no Anexo I desta Resolução, quanto aos produtos e mercadorias comercializados.

ART. 26. Na hipótese de a ME ou EPP optante pelo Simples Nacional obter receitas decorrentes da prestação de serviços previstas no inciso V do § 1º do art. 25, deverá apurar o fator "r", que é a razão entre a: (Lei Complementar n. 123, de 2006, art. 18, §§ 5º-J, 5º-K e 5º-M)

I - folha de salários, incluídos encargos, nos 12 (doze) meses anteriores ao período de apuração; e

II - receita bruta total acumulada auferida nos mercados interno e externo nos 12 (doze) meses anteriores ao período de apuração.

§ 1º Para efeito do disposto no inciso I do *caput*, considera-se folha de salários, incluídos encargos, o montante pago nos 12 (doze) meses anteriores ao do período de apuração, a título de salários, retiradas de pró-labore, acrescidos do montante efetivamente recolhido a título de contribuição patronal previdenciária e para o Fundo de Garantia do Tempo de Serviço. (Lei Complementar n. 123, de 2006, art. 18, § 24)

§ 2º Para efeito do disposto no § 1º:

I - deverão ser considerados os salários informados na forma prevista no inciso IV do art. 32 da Lei n. 8.212, de 1991; e (Lei Complementar n. 123, de 2006, art. 18, § 25)

II - consideram-se salários o valor da base de cálculo da contribuição prevista nos incisos I e III do art. 22 da Lei n. 8.212, de 1991, agregando-se o valor do décimo terceiro salário na competência da incidência da referida contribuição, na forma prevista no *caput* e nos §§ 1º e 2º do art. 7º da Lei n. 8.620, de 5 de janeiro de 1993. (Lei Complementar n. 123, de 2006, art. 18, § 24)

§ 3º Não são considerados para efeito do disposto no inciso II do § 2º valores pagos a título de aluguéis e de distribuição de lucros. (Lei Complementar n. 123, de 2006, art. 18, § 26)

§ 4º Na hipótese de a ME ou EPP ter menos de 13 (treze) meses de atividade, adotar-se-ão, para a determinação da folha de salários anualizada, incluídos encargos, os mesmos critérios para a determinação da receita bruta total acumulada, estabelecidos no art. 22, no que couber. (Lei Complementar n. 123, de 2006, art. 2º, inciso I e § 6º). (Alterado pela Res. 142/2018.)

§ 5º Para fins de determinação do fator «r», considera-se: (Lei Complementar n. 123, de 2006, art. 2º, inciso I e § 6º)

I - PA, o período de apuração relativo ao cálculo;

II - FSPA, a folha de salários do PA;

III - RPA, a receita bruta total do PA;

IV - FS12, a folha de salários dos 12 (doze) meses anteriores ao PA; e

V - RBT12r, a receita bruta acumulada dos 12 (doze) meses anteriores ao PA, considerando conjuntamente as receitas brutas auferidas no mercado interno e aquelas decorrentes da exportação.

§ 6º Para o cálculo do fator «r» referente a período de apuração do mês de início de atividades: (Lei Complementar n. 123, de 2006, art. 2º, inciso I e § 6º)

I - se a FSPA for maior do que 0 (zero) e a RPA for igual a 0 (zero), o fator "r" será igual a 0,28 (vinte e oito centésimos);

II - se a FSPA for igual a 0 (zero) e a RPA for maior do que 0 (zero), o fator "r" será igual a 0,01 (um centésimo); e

III - se a FSPA e a RPA forem maiores do que 0 (zero), o fator "r" corresponderá à divisão entre a FS12 e a RBT12r.

§ 7º Para o cálculo do fator «r» referente a período de apuração posterior ao mês de início de atividades: (Lei Complementar n. 123, de 2006, art. 2º, inciso I e § 6º)

I - se FS12 e RBT12r forem iguais a 0 (zero), o fator "r" será igual a 0,01 (um centésimo);

II - se a FS12 for maior do que 0 (zero), e a RBT12r for igual a 0 (zero), o fator "r" será igual a 0,28 (vinte e oito centésimos);

III - se a FS12 e a RBT12r forem maiores do que 0 (zero), o fator "r" corresponderá à divisão entre a FS12 e a RBT12r; e

IV - se a FS12 for igual a 0 (zero) e a RBT12 for maior do que 0 (zero), o fator "r" corresponderá a 0,01 (um centésimo).

SUBSEÇÃO V
DA RETENÇÃO NA FONTE E DA SUBSTITUIÇÃO TRIBUTÁRIA

ART. 27. A retenção na fonte de ISS da ME ou EPP optante pelo Simples Nacional, somente será permitida nas hipóteses previstas no art. 3º da Lei Complementar n. 116, de 2003, observado cumulativamente o seguinte: (Lei Complementar n. 123, de 2006, art. 21, § 4º)

I - a alíquota aplicável na retenção na fonte deverá ser informada no documento fiscal e corresponderá ao percentual efetivo de ISS decorrente da aplicação das tabelas dos Anexos III, IV ou V desta Resolução para a faixa de receita bruta a que a ME ou EPP estiver sujeita no mês anterior ao da prestação, assim considerada:

a) a receita bruta acumulada nos 12 (doze) meses que antecederem o mês anterior ao da prestação; ou

b) a média aritmética da receita bruta total dos meses que antecederem o mês anterior ao da prestação, multiplicada por 12 (doze), na hipótese de a empresa ter iniciado suas atividades há menos de 13 (treze) meses da prestação;

II - na hipótese de o serviço sujeito à retenção ser prestado no mês de início de atividade da ME ou EPP, a alíquota aplicável será de 2% (dois por cento);

III - na hipótese prevista no inciso II, constatando-se que houve diferença entre a alíquota utilizada e a efetivamente apurada, caberá à ME ou à EPP prestadora dos serviços efetuar o recolhimento da diferença no mês subsequente ao do início de atividade em guia própria do Município;

IV - na hipótese de a ME ou a EPP estar sujeita à tributação do ISS pelo Simples Nacional por valores fixos mensais, não caberá a retenção a que se refere o *caput*, salvo quando o ISS for devido a outro Município;

V - na hipótese de a ME ou EPP não informar no documento fiscal a alíquota de que tratam os incisos I e II, aplicar-se-á a alíquota de 5% (cinco por cento);

VI - não será eximida a responsabilidade do prestador de serviços quando a alíquota do ISS informada no documento fiscal for inferior à devida, hipótese em que o recolhimento da diferença será realizado em guia própria do Município; e

VII - o valor retido, devidamente recolhido, será definitivo, não sendo objeto de partilha com os Municípios, e sobre a receita de prestação de serviços que sofreu a retenção não haverá incidência de ISS a ser recolhido pelo Simples Nacional.

§ 1º Na hipótese prevista no *caput*, caso a prestadora de serviços esteja abrangida por isenção ou redução do ISS em face de legislação municipal ou distrital que tenha instituído benefícios à ME ou à EPP optante pelo Simples Nacional, na forma prevista no art. 31, caberá a ela informar no documento fiscal a alíquota aplicável na retenção na fonte, bem como a legislação concessiva do respectivo benefício. (Lei Complementar n. 123, de 2006, art. 2º, inciso I e § 6º)

§ 2º Para fins do disposto no inciso I do *caput*, respeitado o disposto no art. 21, o Município ou o Distrito Federal poderá estabelecer critérios de informação da alíquota efetiva de ISS a constar do documento fiscal, de acordo com a respectiva legislação. (Lei Complementar n. 123, de 2006, art. 2º, inciso I e § 6º)

§ 3º Nas hipóteses de que tratam os incisos I e II do *caput*, a falsidade na prestação dessas informações sujeitará o responsável, o titular, os sócios ou os administradores da ME ou da EPP, juntamente com as demais pessoas que concorrerem para sua prática, às penalidades previstas na legislação criminal e tributária. (Lei Complementar n. 123, de 2006, art. 21, § 4º-A)

ART. 28. Na hipótese de a ME ou a EPP optante pelo Simples Nacional se encontrar na condição de: (Lei Complementar n. 123, de 2006, art. 2º, inciso I e § 6º; art. 13, § 6º, inciso I; art. 18, § 4º, inciso IV, § 4º-A, inciso I, §§ 12, 13 e 14)

I - substituta tributária do ICMS, as receitas relativas à operação própria deverão ser segregadas na forma prevista na alínea "a" do inciso II do § 8º do art. 25; e

II - substituída tributária do ICMS, as receitas decorrentes deverão ser segregadas na forma prevista no inciso I do § 8º do art. 25.

§ 1º Na hipótese prevista no inciso I do *caput*, a ME ou EPP optante pelo Simples Nacional deverá recolher a parcela dos tributos devidos por responsabilidade tributária diretamente ao ente detentor da respectiva competência tributária. (Lei Complementar n. 123, de 2006, art. 13, § 6º, inciso I)

§ 2º Em relação ao ICMS, no que tange ao disposto no § 1º, o valor do imposto devido por substituição tributária corresponderá à diferença entre: (Lei Complementar n. 123, de 2006, art. 13, § 6º, inciso I)

I - o valor resultante da aplicação da alíquota interna do ente a que se refere o § 1º sobre o preço máximo de venda a varejo fixado pela autoridade competente ou sugerido pelo fabricante, ou sobre o preço a consumidor usualmente praticado; e

II - o valor resultante da aplicação da alíquota interna ou interestadual sobre o valor da operação ou prestação própria do substituto tributário.

§ 3º Na hipótese de inexistência dos preços mencionados no inciso I do § 2º, o valor do ICMS devido por substituição tributária será calculado da seguinte forma: imposto devido = [base de cálculo × (1,00 + MVA) × alíquota interna] - dedução, onde: (Lei Complementar n. 123, de 2006, art. 13, § 6º, inciso I)

I - "base de cálculo" é o valor da operação própria realizada pela ME ou EPP substituta tributária;

II - "MVA" é a margem de valor agregado divulgada pelo ente a que se refere o § 1º;

III - "alíquota interna" é a do ente a que se refere o § 1º; e

IV - "dedução" é o valor mencionado no inciso II do § 2º.

§ 4º Para fins do inciso I do *caput*, no cálculo dos tributos devidos no âmbito do Simples Nacional não será considerado receita de venda ou revenda de mercadorias o valor do tributo devido a título de substituição tributária, calculado na forma prevista no § 2º. (Lei Complementar n. 123, de 2006, art. 13, § 6º, inciso I)

ART. 29. Os Estados e o Distrito Federal deverão observar o prazo mínimo de 60 (sessenta) dias, contado a partir do primeiro dia do mês do fato gerador da obrigação tributária, para estabelecer a data de vencimento do ICMS devido por substituição tributária, por tributação concentrada em uma única etapa (monofásica) e por antecipação tributária com ou sem encerramento de tributação, nas hipóteses em que a responsabilidade recair sobre operações ou prestações subsequentes. (Lei Complementar n. 123, de 2006, art. 21-B)

Parágrafo único. O disposto no *caput*: (Lei Complementar n. 123, de 2006, art. 2º, inciso I e § 6º; e art. 21-B)

I - aplica-se na hipótese de a ME ou EPP optante estar obrigada ao recolhimento do imposto diretamente ao Estado ou ao Distrito Federal, na forma prevista na respectiva legislação, observado o disposto no inciso V do art. 103; e

II - não se aplica:

a) no caso de a ME ou a EPP estar impedida de recolher o ICMS no âmbito do Simples Nacional nos termos do art. 12; e

b) quando a optante se encontrar em situação irregular, conforme definido na legislação da respectiva unidade federada.

SUBSEÇÃO VI
DA IMUNIDADE

ART. 30. Na apuração dos valores devidos no âmbito do Simples Nacional, a imunidade constitucional sobre alguns tributos não afeta a incidência quanto aos demais, caso em que a alíquota aplicável corresponderá ao somatório dos percentuais dos tributos não alcançados pela imunidade. (Lei Complementar n. 123, de 2006, art. 2º, inciso I e § 6º)

SUBSEÇÃO VII
DA ISENÇÃO, REDUÇÃO OU VALOR FIXO DO ICMS OU ISS E DOS BENEFÍCIOS E INCENTIVOS FISCAIS

ART. 31. O Estado, o Distrito Federal ou o Município tem competência para, com relação à ME ou à EPP optante pelo Simples Nacional, na forma prevista nesta Resolução: (Lei Complementar n. 123, de 2006, art. 18, §§ 18, 20 e 20-A)

I - conceder isenção ou redução do ICMS ou do ISS; e

II - estabelecer valores fixos para recolhimento do ICMS ou do ISS.

Parágrafo único. Quanto ao ISS, os benefícios de que tratam os incisos I e II do *caput* não poderão resultar em percentual menor do que 2% (dois por cento), exceto para os serviços a que se referem os subitens 7.02, 7.05 e 16.01 da lista anexa à Lei Complementar n. 116, de 2003. (Lei Complementar n. 116, de 31 de julho de 2003, art. 8º-A, § 1º)

ART. 32. A concessão dos benefícios previstos no art. 31 poderá ser realizada: (Lei Complementar n. 123, de 2006, art. 18, § 20-A)

I - mediante deliberação exclusiva e unilateral do Estado, do Distrito Federal ou do Município concedente; e

II - de modo diferenciado para cada ramo de atividade.

§ 1º Na hipótese de o Estado, o Distrito Federal ou o Município conceder isenção ou redução do ICMS ou do ISS, à ME ou à EPP optante pelo Simples Nacional, o benefício deve ser concedido na forma de redução do percentual efetivo do ICMS ou do ISS decorrente da aplicação das tabelas constantes dos Anexos I a V desta Resolução. (Lei Complementar n. 123, de 2006, art. 2º, inciso I e § 6º)

§ 2º Caso o Estado, o Distrito Federal ou o Município opte por aplicar percentuais de redução diferenciados para cada faixa de receita bruta, estes devem constar da respectiva legislação, de forma a facilitar o processo de geração do Documento de Arrecadação do Simples Nacional (DAS) pelo contribuinte. (Lei Complementar n. 123, de 2006, art. 2º, inciso I e § 6º)

§ 3º Deverão constar da legislação veiculadora da isenção ou redução da base de cálculo todas as condições a serem observadas pela ME ou EPP, inclusive o percentual de redução aplicável a cada faixa de receita bruta anual ou a todas as faixas. (Lei Complementar n. 123, de 2006, art. 2º, inciso I e § 6º)

§ 4º Salvo disposição em contrário do respectivo ente federado, para fins de concessão dos benefícios previstos no art. 31, será considerada a receita bruta total acumulada auferida nos mercados interno e externo. (Lei Complementar n. 123, de 2006, art. 2º, inciso I e § 6º; art. 18, § 20-A)

ART. 33. Os Estados, o Distrito Federal e os Municípios, no âmbito de suas respectivas competências, independentemente da receita bruta auferida no mês pelo contribuinte, poderão adotar valores fixos mensais, inclusive por meio de regime de estimativa fiscal ou arbitramento, para o recolhimento do ICMS e do ISS devido por ME que tenha auferido receita bruta total acumulada, nos mercados interno e externo, conjuntamente, no ano-calendário anterior, de até R$ 360.000,00 (trezentos e sessenta mil reais), observado o disposto neste artigo. (Lei Complementar n. 123, de 2006, art. 18, § 18)

§ 1º Os valores fixos estabelecidos pelos Estados, pelo Distrito Federal e pelos Municípios em determinado ano-calendário: (Lei Complementar n. 123, de 2006, art. 2º, inciso I e § 6º; art. 18, §§ 18 e 20-A)

I - só serão aplicados a partir do ano-calendário seguinte;

II - deverão abranger todas as empresas ou apenas aquelas que se situem em determinado ramo de atividade, que tenham, em qualquer caso, auferido receita bruta no ano-calendário anterior até o limite previsto no *caput*, ressalvado o disposto no § 3º; e

III - deverão ser estabelecidos obrigatória e individualmente para cada faixa de receita prevista nos incisos I e II do § 2º.

§ 2º Observado o disposto no parágrafo único do art. 31 e no § 4º deste artigo, os valores fixos mensais estabelecidos no *caput* não poderão exceder a: (Lei Complementar n. 123, de 2006, art. 18, § 19)

I - para a ME que no ano-calendário anterior tenha auferido receita bruta de até R$ 180.000,00 (cento e oitenta mil reais):

a) R$ 108,00 (cento e oito reais), no caso de ICMS; e

b) R$ 162,75 (cento e sessenta e dois reais e setenta e cinco centavos), no caso de ISS; e

II - para a ME que no ano-calendário anterior tenha auferido receita bruta entre R$ 180.000,00 (cento e oitenta mil reais) e R$ 360.000,00 (trezentos e sessenta mil reais):

a) R$ 295,50 (duzentos e noventa e cinco reais e cinquenta centavos), no caso de ICMS; e

b) R$ 427,50 (quatrocentos e vinte e sete reais e cinquenta centavos), no caso de ISS.

§ 3º Fica impedida de adotar os valores fixos mensais de que trata este artigo a ME que (Lei Complementar n. 123, de 2006, art. 2º, inciso I e § 6º):

I - possua mais de um estabelecimento;

II - esteja no ano-calendário de início de atividade;

III - exerça mais de um ramo de atividade:

a) com valores fixos distintos, para o mesmo imposto, estabelecidos pelo respectivo ente federado; ou

b) quando pelo menos um dos ramos de atividade exercido não esteja sujeito ao valor fixo, para o mesmo imposto, estabelecido pelo respectivo ente federado.

§ 4º O limite de que trata o *caput* deverá ser proporcionalizado na hipótese de a ME ter iniciado suas atividades no ano-calendário anterior, utilizando-se da média aritmética da receita bruta total dos meses desse ano-calendário, multiplicada por 12 (doze). (Lei Complementar n. 123, de 2006, art. 2º, inciso I e § 6º)

§ 5º O valor fixo apurado na forma prevista neste artigo será devido ainda que tenha ocorrido retenção ou substituição tributária dos impostos a que se refere o *caput*, observado o disposto no inciso IV do art. 27. (Lei Complementar n. 123, de 2006, art. 2º, inciso I e § 6º)

§ 6º Na hipótese de ISS devido a outro Município, o imposto deverá ser recolhido nos termos dos arts. 21 a 26 e 148, sem prejuízo do recolhimento do valor fixo devido ao Município de localização do estabelecimento. (Lei Complementar n. 123, de 2006, art. 2º, inciso I e § 6º)

§ 7º O valor fixo de que trata o *caput* deverá ser incluído no valor devido pela ME relativamente ao Simples Nacional. (Lei Complementar n. 123, de 2006, art. 18, § 18)

§ 8º A empresa sujeita a valor fixo na forma prevista no inciso I do § 2º que, no ano-calendário, auferir receita bruta acima de R$ 180.000,00 (cento e oitenta mil reais) continuará a recolher o valor fixo previsto naquele dispositivo, ressalvado o disposto no § 9º. (Lei Complementar n. 123, de 2006, art. 2º, inciso I e § 6º; art. 18, § 18)

§ 9º A empresa que, no ano-calendário, exceder o limite de receita bruta previsto no *caput* fica impedida de recolher o ICMS ou o ISS pela sistemática de valor fixo, a partir do mês subsequente à ocorrência do excesso, sujeitando-se à apuração desses tributos pela sistemática aplicável às demais empresas optantes pelo Simples Nacional. (Lei Complementar n. 123, de 2006, art. 18, § 18-A)

ART. 34. Os escritórios de serviços contábeis recolherão o ISS em valor fixo, na forma prevista na legislação municipal, observado o disposto no § 11 do art. 25. (Lei Complementar n. 123, de 2006, art. 18, § 22-A)

ART. 35. Na hipótese em que o Estado, o Município ou o Distrito Federal concedam isenção ou redução específica para as ME ou EPP, em relação ao ICMS ou ao ISS, será realizada a redução proporcional, relativamente à receita do estabelecimento localizado no ente federado que concedeu a isenção ou redução, da seguinte forma: (Lei Complementar n. 123, de 2006, art. 18, §§ 20 e 21)

I - sobre a parcela das receitas sujeitas a isenção, serão desconsiderados os percentuais do ICMS ou do ISS, conforme o caso;

II - sobre a parcela das receitas sujeitas a redução, será realizada a redução proporcional dos percentuais do ICMS ou do ISS, conforme o caso.

ART. 36. Na hipótese em que a União, o Estado ou o Distrito Federal, em lei específica destinada à ME ou EPP optante pelo Simples Nacional, concedam isenção ou redução de Cofins, Contribuição para o PIS/Pasep e ICMS para produtos da cesta básica, será realizada a redução proporcional, relativamente à receita objeto da isenção ou redução concedida, da seguinte forma: (Lei Complementar n. 123, de 2006, art. 18, § 20-B)

I - sobre a parcela das receitas sujeitas a isenção, serão desconsiderados os percentuais da Cofins, da Contribuição para o PIS/Pasep ou do ICMS, conforme o caso; e

II - sobre a parcela das receitas sujeitas a redução, será realizada a redução proporcional dos percentuais da Cofins, da Contribuição para o PIS/Pasep ou do ICMS, conforme o caso.

ART. 37. A ME ou a EPP optante pelo Simples Nacional não poderá utilizar ou destinar qualquer valor a título de incentivo fiscal. (Lei Complementar n. 123, de 2006, art. 24)

Parágrafo único. Não serão consideradas quaisquer alterações em bases de cálculo, alíquotas e percentuais ou outros fatores que alterem o valor de imposto ou contribuição apurado na forma prevista no Simples Nacional, estabelecidas pela União, Estado, Distrito Federal ou Município, exceto as previstas ou autorizadas na Lei Complementar n. 123, de 2006. (Lei Complementar n. 123, de 2006, art. 24, § 1º).

SUBSEÇÃO VIII
DOS APLICATIVOS DE CÁLCULO

ART. 38. O cálculo do valor devido na forma prevista no Simples Nacional deverá ser efetuado por meio da declaração gerada pelo "Programa Gerador do Documento de Arrecadação do Simples Nacional - Declaratório (PGDAS-D)", disponível no Portal do Simples Nacional na Internet. (Lei Complementar n. 123, de 2006, art. 18, § 15)

§ 1º A ME ou EPP optante pelo Simples Nacional deverá, para cálculo dos tributos devidos mensalmente e geração do DAS, informar os valores relativos à totalidade das receitas correspondentes às suas operações e prestações realizadas no período, no aplicativo a que se refere o *caput*, observadas as demais disposições estabelecidas nesta Resolução. (Lei Complementar n. 123, de 2006, art. 18, § 15)

§ 2º As informações prestadas no PGDAS-D: (Lei Complementar n. 123, de 2006, art. 18, § 15-A)

I - têm caráter declaratório, constituindo confissão de dívida e instrumento hábil e suficiente para a exigência dos tributos e contribuições que não tenham sido recolhidos resultantes das informações nele prestadas; e (Lei Complementar n. 123, de 2006, art. 18, § 15-A, inciso I)

II - deverão ser fornecidas à RFB mensalmente até o vencimento do prazo para pagamento dos tributos devidos no âmbito do Simples Nacional em cada mês, previsto no art. 40, relativamente aos fatos geradores ocorridos no mês anterior. (Lei Complementar n. 123, de 2006, art. 18, § 15-A, inciso II)

§ 3º O cálculo de que trata o *caput*, relativamente aos períodos de apuração até dezembro de 2011, deverá ser efetuado por meio do Programa Gerador do Documento de Arrecadação do Simples Nacional (PGDAS), disponível no Portal do Simples Nacional na Internet. (Lei Complementar n. 123, de 2006, art. 18, § 15)

§ 4º Aplica-se ao PGDAS o disposto no § 1º. (Lei Complementar n. 123, de 2006, art. 18, § 15)

ART. 39. A alteração das informações prestadas no PGDASD será efetuada por meio de retificação relativa ao respectivo período de apuração. (Lei Complementar n. 123, de 2006, art. 2º, inciso I e § 6º)

§ 1º A retificação terá a mesma natureza da declaração originariamente apresentada, substituindo-a integralmente, e servirá para declarar novos débitos, e aumentar ou reduzir os valores de débitos já informados. (Lei Complementar n. 123, de 2006, art. 2º, inciso I e § 6º)

§ 2º A retificação não produzirá efeitos quando tiver por objeto reduzir débitos relativos aos períodos de apuração: (Lei Complementar n. 123, de 2006, art. 2º, inciso I e § 6º)

I - cujos saldos a pagar tenham sido objeto de pedido de parcelamento deferido ou já tenham sido enviados à Procuradoria-Geral da Fazenda Nacional (PGFN) para inscrição em Dívida Ativa da União (DAU), ou, com relação ao ICMS ou ao ISS, transferidos ao Estado ou Município que tenha efetuado o convênio previsto no art. 139; ou

II - em relação aos quais a ME ou EPP tenha sido intimada sobre o início de procedimento fiscal.

§ 3º Na hipótese prevista no inciso I do § 2º, o ajuste dos valores dos débitos decorrentes da retificação no PGDAS-D, nos sistemas de cobrança pertinentes, poderá ser efetuado: (Lei Complementar n. 123, de 2006, art. 2º, inciso I e § 6º)

I - pelo Estado ou Município, com relação ao ICMS ou ISS, quando firmado o convênio previsto no art. 139 e os débitos já tiverem sido transferidos;

II - pela RFB, nos demais casos.

§ 4º O ajuste a que se refere o § 3º dependerá de prova inequívoca da ocorrência de erro de fato no preenchimento da declaração. (Lei Complementar n. 123, de 2006, art. 2º, inciso I e § 6º; Lei n. 5.172, de 1966, art. 147, § 1º)

§ 5º O direito de a ME ou EPP retificar as informações prestadas no PGDAS-D extingue-se em 5 (cinco) anos contados a partir do 1º (primeiro) dia do exercício seguinte àquele ao qual se refere a declaração. (Lei Complementar n. 123, de 2006, art. 2º, inciso I e § 6º)

SUBSEÇÃO IX
DOS PRAZOS DE RECOLHIMENTO DOS TRIBUTOS DEVIDOS

ART. 40. Os tributos devidos, apurados na forma prevista nesta Resolução, deverão ser pagos até o dia 20 (vinte) do mês subsequente àquele em que houver sido auferida a receita bruta. (Lei Complementar n. 123, de 2006, art. 21, inciso III)

§ 1º Na hipótese de a ME ou EPP possuir filiais, o recolhimento dos tributos devidos no âmbito do Simples Nacional dar-se-á por intermédio da matriz. (Lei Complementar n. 123, de 2006, art. 21, § 1º)

§ 2º O valor não pago no prazo estabelecido no *caput* sujeitar-se-á à incidência de encargos legais na forma prevista na legislação do imposto sobre a renda. (Lei Complementar n. 123, de 2006, art. 21, § 3º)

§ 3º Quando não houver expediente bancário no prazo estabelecido no *caput*, os tributos deverão ser pagos até o dia útil imediatamente posterior. (Lei Complementar n. 123, de 2006, art. 21, inciso III)

SEÇÃO V

DA ARRECADAÇÃO

ART. 41. A ME ou a EPP recolherá os tributos devidos no âmbito do Simples Nacional por meio do DAS, que deverá conter as informações definidas nos termos do art. 43. (Lei Complementar n. 123, de 2006, art. 21, inciso I)

ART. 42. O DAS será gerado exclusivamente: (Lei Complementar n. 123, de 2006, art. 21, inciso I)

I - para o MEI, por meio do Programa Gerador do DAS para o MEI (PGMEI), inclusive na hipótese prevista no § 3º; e

II - para as demais ME e para as EPP:

a) até o período de apuração relativo a dezembro de 2011, por meio do PGDAS;

b) a partir do período de apuração relativo a janeiro de 2012, por meio do PGDAS-D.

§ 1º O DAS relativo a rotinas de cobrança, parcelamento, autuação fiscal ou dívida ativa poderá ser gerado por aplicativos próprios disponíveis no Portal do Simples Nacional ou na página da RFB ou da PGFN na Internet. (Lei Complementar n. 123, de 2006, art. 21, inciso I)

§ 2º É inválido o DAS emitido em desacordo com o disposto neste artigo, e é vedada a impressão de modelo do DAS com as informações definidas nos termos do art. 43, para fins de comercialização. (Lei Complementar n. 123, de 2006, art. 21, inciso I)

§ 3º O DAS gerado para o MEI poderá ser: (Lei Complementar n. 123, de 2006, art. 21, inciso I)

I - enviado por via postal para o domicílio do contribuinte, caso em que poderá conter, em uma mesma folha de impressão, guias para pagamento de mais de uma competência, com identificação dos respectivos vencimentos e do valor devido em cada mês;

II - emitido em terminais de autoatendimento disponibilizados por parceiros institucionais e pelo Serviço Brasileiro de Apoio à Micro e Pequena Empresa (Sebrae), e conterá os dados previstos no art. 43; e

III - emitido por meio de aplicativo para dispositivos móveis, disponibilizado pela RFB.

ART. 43. O DAS conterá: (Lei Complementar n. 123, de 2006, art. 21, inciso I)

I - a identificação do contribuinte (nome empresarial e CNPJ);

II - o mês de competência;

III - a data do vencimento original da obrigação tributária;

IV - o valor do principal, da multa e dos juros e/ou encargos;

V - o valor total;

VI - o número único de identificação do DAS, atribuído pelo aplicativo de cálculo;

VII - a data limite para acolhimento do DAS pela rede arrecadadora;

VIII - o código de barras e sua representação numérica;

IX - o perfil da arrecadação, assim considerado a partilha discriminada de cada um dos tributos abrangidos pelo Simples Nacional, bem como os valores destinados a cada ente federado; e

X - o campo observações, para inserção de informações de interesse das administrações tributárias.

Parágrafo único. Os dados de que trata o inciso IX do *caput*, quando não disponíveis no DAS, deverão constar do respectivo extrato emitido no Portal do Simples Nacional. (Lei Complementar n. 123, de 2006, art. 2º, inciso I e § 6º; art. 21, inciso I)

ART. 44. Fica vedada a emissão de DAS com valor total inferior a R$ 10,00 (dez reais). (Lei Complementar n. 123, de 2006, art. 2º, inciso I e § 6º; art. 21, inciso I)

Parágrafo único. No caso de o valor dos tributos devidos no âmbito do Simples Nacional resultar em valor inferior a R$ 10,00 (dez reais), seu pagamento deverá ser diferido para os períodos subsequentes, até que o total seja igual ou superior a R$ 10,00 (dez reais). (Lei Complementar n. 123, de 2006, art. 2º, inciso I e § 6º; art. 21, inciso I)

ART. 45. O DAS somente será acolhido por instituição financeira credenciada para tal finalidade, denominada, para os fins desta Resolução e da Resolução CGSN n. 11, de 23 de julho de 2007, agente arrecadador. (Lei Complementar n. 123, de 2006, art. 21, inciso IV)

§ 1º No DAS acolhido em guichê de caixa, após validação dos seus dados, será aposta chancela de recebimento, denominada autenticação, que compreende a impressão, de forma legível, no espaço apropriado, dos seguintes caracteres: (Lei Complementar n. 123, de 2006, art. 21, inciso IV)

I - sigla, símbolo ou logotipo do agente arrecadador;

II - número da autenticação;

III - data do pagamento;

IV - valor; e

V - identificação da máquina autenticadora.

§ 2º É vedada a reprodução de autenticação por meio de decalque a carbono ou por qualquer outra forma. (Lei Complementar n. 123, de 2006, art. 21, inciso IV)

§ 3º Em substituição à autenticação prevista no § 1º, o agente arrecadador poderá emitir cupom bancário como comprovante de pagamento efetuado pelo contribuinte, conforme modelo constante no Anexo VIII. (Lei Complementar n. 123, de 2006, art. 21, inciso IV)

SEÇÃO VI

DO PARCELAMENTO DOS DÉBITOS TRIBUTÁRIOS APURADOS NO SIMPLES NACIONAL

SUBSEÇÃO I

DISPOSIÇÕES GERAIS

ART. 46. Os débitos apurados na forma prevista no Simples Nacional poderão ser parcelados, desde que respeitadas as disposições constantes desta Seção, observadas as seguintes condições:

I - o prazo máximo será de até 60 (sessenta) parcelas mensais e sucessivas; (Lei Complementar n. 123, de 2006, art. 21, § 16)

II - o valor de cada parcela mensal, por ocasião do pagamento, será acrescido de juros equivalentes à taxa referencial do Sistema Especial de Liquidação e de Custódia (Selic) para títulos federais, acumulada mensalmente, calculados a partir do mês subsequente ao da consolidação até o mês anterior ao do pagamento, e de 1% (um por cento) relativamente ao mês em que o pagamento estiver sendo efetuado; (Lei Complementar n. 123, de 2006, art. 21, § 17)

III - o pedido de parcelamento deferido importa confissão irretratável do débito e configura confissão extrajudicial; (Lei Complementar n. 123, de 2006, art. 21, § 20)

IV - serão aplicadas na consolidação as reduções das multas de lançamento de ofício previstas nos incisos II e IV do art. 6º da Lei n. 8.218, de 29 de agosto de 1991, nos seguintes percentuais: (Lei Complementar n. 123, de 2006, art. 21, § 21)

a) 40% (quarenta por cento), se o sujeito passivo requerer o parcelamento no prazo de trinta dias, contado da data em que foi notificado do lançamento; ou

b) 20% (vinte por cento), se o sujeito passivo requerer o parcelamento no prazo de trinta dias, contado da data em que foi notificado da decisão administrativa de primeira instância; e

V - no caso de parcelamento de débito inscrito em dívida ativa, o devedor pagará custas, emolumentos e demais encargos legais. (Lei Complementar n. 123, de 2006, art. 21, § 23)

§ 1º Somente serão parcelados débitos já vencidos e constituídos na data do pedido de parcelamento, excetuadas as multas de ofício vinculadas a débitos já vencidos, que poderão ser parceladas antes da data de vencimento. (Lei Complementar n. 123, de 2006, art. 21, § 15)

§ 2º Somente poderão ser parcelados débitos que não se encontrem com exigibilidade suspensa na forma prevista no art. 151 da Lei n. 5.172, de 25 de outubro de 1966 - Código Tributário Nacional (CTN). (Lei Complementar n. 123, de 2006, art. 21, § 15)

§ 3º Os débitos constituídos por meio de Auto de Infração e Notificação Fiscal (AINF) de que trata o art. 87 poderão ser parcelados desde a sua lavratura, observado o disposto no § 2º. (Lei Complementar n. 123, de 2006, art. 21, § 15)

§ 4º É vedada a concessão de parcelamento para sujeitos passivos com falência decretada. (Lei Complementar n. 123, de 2006, art. 21, § 15)

SUBSEÇÃO II

DOS DÉBITOS OBJETO DO PARCELAMENTO

ART. 47. O parcelamento dos tributos apurados na forma prevista no Simples Nacional não se aplica:

I - às multas por descumprimento de obrigação acessória; (Lei Complementar n. 123, de 2006, art. 21, § 15; art. 41, § 5º, inciso IV)

II - à CPP para a Seguridade Social para a empresa optante tributada com base: (Lei Complementar n. 123, de 2006, art. 13, inciso VI)

a) nos Anexos IV e V, até 31 de dezembro de 2008; e

b) no Anexo IV, a partir de 1º de janeiro de 2009; e

III - aos demais tributos ou fatos geradores não abrangidos pelo Simples Nacional, previstos no art. 5º, inclusive aqueles passíveis de retenção na fonte, de desconto de terceiros ou de sub-rogação. (Lei Complementar n. 123, de 2006, art. 21, § 15)

SUBSEÇÃO III

DA CONCESSÃO E ADMINISTRAÇÃO

ART. 48. A concessão e a administração do parcelamento serão de responsabilidade: (Lei Complementar n. 123, de 2006, art. 21, § 15, art. 41, § 5º, inciso V)

I - da RFB, exceto nas hipóteses dos incisos II e III;

II - da PGFN, relativamente aos débitos inscritos em DAU; ou

III - do Estado, Distrito Federal ou Município em relação aos débitos de ICMS ou de ISS:

a) transferidos para inscrição em dívida ativa, em face do convênio previsto no art. 139; (Lei Complementar n. 123, de 2006, art. 21, §§ 15 e 19)

b) lançados pelo ente federado nos termos do art. 142; (Lei Complementar n. 123, de 2006, art. 21, § 19)

c) transferidos para inscrição em dívida ativa, independentemente do convênio previsto no art. 139, com relação aos débitos devidos pelo MEI e apurados no Simei. (Lei Complementar n. 123, de 2006, art. 21, § 15; art. 41, § 5º, inciso V)

§ 1º Até o dia 15 de cada mês, a PGFN informará à Secretaria-Executiva do CGSN, para publicação no Portal do Simples Nacional, a relação de entes federados que firmaram até o mês anterior o convênio a que se refere a alínea "a" do inciso III do *caput*. (Lei Complementar n. 123, de 2006, art. 21, § 15)

§ 2º O parcelamento dos débitos a que se refere a alínea «b» do inciso III do *caput* deste artigo será concedido e administrado de acordo com a legislação do ente federado responsável pelo lançamento. (Lei Complementar n. 123, de 2006, art. 21, § 19)

§ 3º No âmbito do Estado, Distrito Federal ou Município, o(s) órgão(s) concessor(es) serão indicados com base na legislação do respectivo ente federado. (Lei Complementar n. 123, de 2006, art. 21, § 15)

SUBSEÇÃO IV
DO PEDIDO

ART. 49. Poderá ser realizada, a pedido ou de ofício, revisão dos valores objeto do parcelamento para eventuais correções, ainda que já concedido o parcelamento. (Lei Complementar n. 123, de 2006, art. 21, § 15)

ART. 50. O pedido de parcelamento implica adesão aos termos e condições estabelecidos nesta Seção. (Lei Complementar n. 123, de 2006, art. 21, § 15)

ART. 51. O parcelamento de débitos da empresa, cujos atos constitutivos estejam baixados, será requerido em nome do titular ou de um dos sócios. (Lei Complementar n. 123, de 2006, art. 21, § 15)

Parágrafo único. O disposto no *caput* aplica-se também aos parcelamentos de débitos cuja execução tenha sido redirecionada para o titular ou para os sócios. (Lei Complementar n. 123, de 2006, art. 21, § 15)

SUBSEÇÃO V
DO DEFERIMENTO

ART. 52. O órgão concessor definido no art. 48 poderá, em disciplinamento próprio: (Lei Complementar n. 123, de 2006, art. 21, § 15)

I - condicionar o deferimento do parcelamento à confirmação do pagamento tempestivo da primeira parcela;

II - considerar o pedido deferido automaticamente após decorrido determinado período da data do pedido sem manifestação da autoridade; e

III - estabelecer condições complementares, observadas as disposições desta Resolução.

§ 1º Caso a decisão do pedido de parcelamento não esteja condicionada à confirmação do pagamento da primeira parcela, o deferimento do parcelamento se dará sob condição resolutória, tornando-se sem efeito caso não seja efetuado o respectivo pagamento no prazo estipulado pelo órgão concessor. (Lei Complementar n. 123, de 2006, art. 21, § 15)

§ 2º Na hipótese prevista no § 1º, tornando-se sem efeito o deferimento, o contribuinte será excluído do Simples Nacional, com efeitos retroativos, caso o parcelamento tenha sido solicitado para possibilitar o deferimento do pedido de opção ou a permanência da ME ou da EPP como optante pelo Simples Nacional, na hipótese prevista no § 1º do art. 84. (Lei Complementar n. 123, de 2006, art. 2º, inciso I e § 6º, e art. 21, § 15)

§ 3º É vedada a concessão de parcelamento enquanto não integralmente pago o parcelamento anterior, salvo nas hipóteses de reparcelamento de que trata o art. 55 desta Resolução e do parcelamento previsto no art. 9º da Lei Complementar n. 155, de 27 de outubro de 2016. (Lei Complementar n. 123, de 2006, art. 21, § 15)

SUBSEÇÃO VI
DA CONSOLIDAÇÃO

ART. 53. Atendidos os requisitos para a concessão do parcelamento, será feita a consolidação da dívida, considerando-se como data de consolidação a data do pedido. (Lei Complementar n. 123, de 2006, art. 21, § 15)

§ 1º Compreende-se por dívida consolidada o somatório dos débitos parcelados, acrescidos dos encargos, custas, emolumentos e acréscimos legais, devidos até a data do pedido de parcelamento. (Lei Complementar n. 123, de 2006, art. 21, § 15)

§ 2º A multa de mora será aplicada no valor máximo fixado pela legislação do imposto sobre a renda. (Lei Complementar n. 123, de 2006, art. 21, § 15, e art. 35)

SUBSEÇÃO VII
DAS PRESTAÇÕES E DE SEU PAGAMENTO

ART. 54. Quanto aos parcelamentos de competência da RFB e da PGFN:

I - o valor de cada parcela será obtido mediante a divisão do valor da dívida consolidada pelo número de parcelas solicitadas, observado o limite mínimo de R$ 300,00 (trezentos reais), exceto quanto aos débitos de responsabilidade do MEI, quando o valor mínimo será estipulado em ato do órgão concessor; (Lei Complementar n. 123, de 2006, art. 21, § 15)

II - as prestações do parcelamento vencerão no último dia útil de cada mês; e (Lei Complementar n. 123, de 2006, art. 21, § 15)

III - o repasse para os entes federados dos valores pagos e a amortização dos débitos parcelados será efetuado proporcionalmente ao valor de cada tributo na composição da dívida consolidada. (Lei Complementar n. 123, de 2006, art. 21, § 22)

§ 1º O Estado, Distrito Federal ou Município, quando na condição de órgão concessor, conforme definido no art. 48, poderá estabelecer a seu critério o valor mínimo e a data de vencimento das parcelas de que tratam os incisos I e II do *caput*. (Lei Complementar n. 123, de 2006, art. 21, § 15)

§ 2º O valor de cada parcela, inclusive do valor mínimo previsto no inciso I do *caput*, estará sujeito ao disposto no inciso II do art. 46. (Lei Complementar n. 123, de 2006, art. 21, § 15)

SUBSEÇÃO VIII
DO REPARCELAMENTO

ART. 55. No âmbito de cada órgão concessor, serão admitidos reparcelamentos de débitos no âmbito do Simples Nacional constantes de parcelamento em curso ou que tenha sido rescindido, podendo ser incluídos novos débitos, concedendo-se novo prazo observado o limite de que trata o inciso I do art. 46. (Lei Complementar n. 123, de 2006, art. 21, § 18) (Alterado pela Res. 142/2018.)

§ 1º A formalização de reparcelamento de débitos fica condicionada ao recolhimento da primeira parcela em valor correspondente a: (Lei Complementar n. 123, de 2006, art. 21, §§ 15 e 18)

I - 10% (dez por cento) do total dos débitos consolidados; ou

II - 20% (vinte por cento) do total dos débitos consolidados, caso haja débito com histórico de reparcelamento anterior.

§ 2º Para os débitos inscritos em DAU será verificado o histórico de parcelamento no âmbito da RFB e da PGFN. (Lei Complementar n. 123, de 2006, art. 21, §§ 15 e 18)

§ 3º Para os débitos administrados pelo Estado, Distrito Federal ou Município, na forma prevista no art. 48, será verificado o histórico de parcelamentos por ele concedidos. (Lei Complementar n. 123, de 2006, art. 21, §§ 15 e 18)

§ 4º A desistência de parcelamento cujos débitos foram objeto do benefício previsto no inciso IV do art. 46, com a finalidade de reparcelamento do saldo devedor, implica restabelecimento do montante da multa proporcionalmente ao valor da receita não satisfeita e o benefício da redução será aplicado ao reparcelamento caso a negociação deste ocorra nos prazos previstos nas alíneas "a" e "b" do mesmo inciso. (Lei Complementar n. 123, de 2006, art. 21, §§ 15 e 18)

SUBSEÇÃO IX
DA RESCISÃO

ART. 56. Implicará rescisão do parcelamento: (Lei Complementar n. 123, de 2006, art. 21, § 24)

I - a falta de pagamento de 3 (três) parcelas, consecutivas ou não; ou

II - a existência de saldo devedor, após a data de vencimento da última parcela do parcelamento.

§ 1º É considerada inadimplente a parcela parcialmente paga. (Lei Complementar n. 123, de 2006, art. 21, § 15)

§ 2º Rescindido o parcelamento, apurar-se-á o saldo devedor, providenciando-se, conforme o caso, o encaminhamento do débito para inscrição em dívida ativa ou o prosseguimento da cobrança, se já realizada aquela, inclusive quando em execução fiscal. (Lei Complementar n. 123, de 2006, art. 21, § 15)

§ 3º A rescisão do parcelamento motivada pelo descumprimento das normas que o regulam implicará restabelecimento do montante das multas de que trata o inciso IV do art. 46 proporcionalmente ao valor da receita não satisfeita. (Lei Complementar n. 123, de 2006, art. 21, § 15)

SUBSEÇÃO X
DISPOSIÇÕES FINAIS

ART. 57. A RFB, a PGFN, os Estados, o Distrito Federal e os Municípios poderão editar normas complementares relativas ao parcelamento, observadas as disposições desta Seção. (Lei Complementar n. 123, de 2006, art. 21, § 15)

SEÇÃO VII
DOS CRÉDITOS

ART. 58. A ME ou EPP optante pelo Simples Nacional não fará jus à apropriação nem transferirá créditos relativos a impostos ou contribuições abrangidos pelo Simples Nacional. (Lei Complementar n. 123, de 2006, art. 23)

§ 1º As pessoas jurídicas e aquelas a elas equiparadas pela legislação tributária, não optantes pelo Simples Nacional, terão direito ao crédito correspondente ao ICMS incidente sobre as suas aquisições de mercadorias de ME ou EPP optante pelo Simples Nacional, desde que destinadas à comercialização ou à industrialização e observado, como limite, o ICMS efetivamente devido pelas optantes pelo Simples Nacional em relação a essas aquisições, aplicando-se o disposto nos arts. 60 a 62. (Lei Complementar n. 123, de 2006, art. 23, §§ 1º e 6º)

§ 2º Mediante deliberação exclusiva e unilateral dos Estados e do Distrito Federal, poderá ser concedido às pessoas jurídicas e àquelas a elas equiparadas pela legislação tributária, não optantes pelo Simples Nacional, crédito correspondente ao ICMS incidente sobre os insumos utilizados nas mercadorias adquiridas de indústria optante pelo Simples Nacional, sendo vedado o estabelecimento de diferenciação no valor do crédito em razão da procedência dessas mercadorias. (Lei Complementar n. 123, de 2006, art. 23, § 5º)

§ 3º As pessoas jurídicas sujeitas ao regime de apuração não cumulativa da Contribuição para o PIS/Pasep e da Cofins, observadas as vedações previstas e demais disposições da legislação aplicável, podem descontar créditos calculados em relação às aquisições de bens e serviços de pessoa jurídica optante pelo Simples Nacional. (Lei Complementar n. 123, de 2006, art. 23, § 6º; Lei n. 10.637, de 30 de dezembro de 2002, art. 3º; Lei n. 10.833, de 29 de dezembro de 2003, art. 3º)

SEÇÃO VIII
DAS OBRIGAÇÕES ACESSÓRIAS

SUBSEÇÃO I
DOS DOCUMENTOS E LIVROS FISCAIS E CONTÁBEIS

ART. 59. A ME ou EPP optante pelo Simples Nacional utilizará, conforme as operações e prestações que realizar, os documentos fiscais: (Lei Complementar n. 123, de 2006, art. 18-A, § 20; art. 26, inciso I e § 8º)

I - autorizados pelos entes federados onde a empresa tiver estabelecimento, inclusive os emitidos por meio eletrônico;

II - emitidos diretamente por sistema nacional informatizado, com autorização eletrônica, sem custos para a ME ou EPP, quando houver sua disponibilização no Portal do Simples Nacional.

§ 1º Relativamente à prestação de serviços sujeita ao ISS, a ME ou EPP optante pelo Simples Nacional utilizará a Nota Fiscal de Serviços, conforme modelo aprovado e autorizado pelo Município, ou Distrito Federal, ou outro documento fiscal autorizado conjuntamente pelo Estado e pelo Município da sua circunscrição fiscal. (Lei Complementar n. 123, de 2006, art. 26, inciso I e § 4º)

§ 2º O salão-parceiro de que trata a Lei n. 12.592, de 2012 deverá emitir documento fiscal para o consumidor com a indicação do total das receitas de serviços e produtos neles empregados e a discriminação das cotas-parte do salão-parceiro e do profissional parceiro, bem como o CNPJ deste. (Lei Complementar n. 123, de 2006, art. 26, inciso I)

§ 3º O profissional-parceiro emitirá documento fiscal destinado ao salão-parceiro relativamente ao valor das cotas-parte recebidas. (Lei Complementar n. 123, de 2006, art. 26, inciso I)

§ 4º A utilização dos documentos fiscais fica condicionada: (Lei Complementar n. 123, de 2006, art. 26, inciso I e § 4º)

I - à inutilização dos campos destinados à base de cálculo e ao imposto destacado, de obrigação própria, sem prejuízo do disposto no art. 58; e

II - à indicação, no campo destinado às informações complementares ou, em sua falta, no corpo do documento, por qualquer meio gráfico indelével, das expressões:

a) "DOCUMENTO EMITIDO POR ME OU EPP OPTANTE PELO SIMPLES NACIONAL"; e

b) "NÃO GERA DIREITO A CRÉDITO FISCAL DE IPI".

§ 5º Na hipótese de o estabelecimento da ME ou EPP estar impedido de recolher o ICMS e o ISS pelo Simples Nacional, em decorrência de haver excedido o sublimite vigente, em face do disposto no art. 12: (Lei Complementar n. 123, de 2006, art. 26, inciso I e § 4º)

I - não se aplica a inutilização dos campos prevista no inciso I do § 4º; e (Alterado pela Res. 142/2018.)

II - o contribuinte deverá consignar, no campo destinado às informações complementares ou, em sua falta, no corpo do documento, por qualquer meio gráfico indelével, as expressões:

a) "ESTABELECIMENTO IMPEDIDO DE RECOLHER O ICMS/ISS PELO SIMPLES NACIONAL, NOS TERMOS DO § 1º DO ART. 20 DA LEI COMPLEMENTAR N. 123, DE 2006";

b) "NÃO GERA DIREITO A CRÉDITO FISCAL DE IPI".

§ 6º Quando a ME ou EPP revestir-se da condição de responsável, inclusive de substituto tributário, fará a indicação alusiva à base de cálculo e ao imposto retido no campo próprio ou, em sua falta, no corpo do documento fiscal utilizado na operação ou prestação. (Lei Complementar n. 123, de 2006, art. 26, inciso I e § 4º)

§ 7º Na hipótese de devolução de mercadoria a contribuinte não optante pelo Simples Nacional, a ME ou EPP fará a indicação no campo «Informações Complementares", ou no corpo da Nota Fiscal Modelo 1, 1-A, ou Avulsa, da base de cálculo, do imposto destacado, e do número da nota fiscal de compra da mercadoria devolvida, observado o disposto no art. 67. (Lei Complementar n. 123, de 2006, art. 26, inciso I e § 4º)

§ 8º Ressalvado o disposto no § 4º, na hipótese de emissão de documento fiscal de entrada relativo à operação ou prestação prevista no inciso XII do art. 5º, a ME ou a EPP fará a indicação da base de cálculo e do ICMS porventura devido no campo «Informações Complementares» ou, em sua falta, no corpo do documento, observado o disposto no art. 67. (Lei Complementar n. 123, de 2006, art. 26, inciso I e § 4º)

§ 9º Na hipótese de emissão de Nota Fiscal Eletrônica (NFe), modelo 55, não se aplicará o disposto nos §§ 5º a 8º, e a base de cálculo e o ICMS porventura devido devem ser indicados nos campos próprios, conforme estabelecido em manual de especificações e critérios técnicos da NF-e, baixado nos termos do Ajuste SINIEF que instituiu o referido documento eletrônico. (Lei Complementar n. 123, de 2006, art. 26, inciso I e § 4º) (Alterado pela Res. 142/2018.)

§ 10. Na prestação de serviço sujeito ao ISS, cujo imposto for de responsabilidade do tomador, o emitente fará a indicação alusiva à base de cálculo e ao imposto devido no campo próprio ou, em sua falta, no corpo do documento fiscal utilizado na prestação, observado o art. 27, no que couber. (Lei Complementar n. 123, de 2006, art. 26, inciso I e § 4º)

§ 11. Relativamente ao equipamento Emissor de Cupom Fiscal (ECF), deverão ser observadas as normas estabelecidas nas legislações dos entes federados. (Lei Complementar n. 123, de 2006, art. 26, inciso I e § 4º)

§ 12. Os documentos fiscais autorizados anteriormente à opção poderão ser utilizados até o limite do prazo previsto para o seu uso, desde que observadas as condições previstas nesta Resolução. (Lei Complementar n. 123, de 2006, art. 26, inciso I e § 4º)

ART. 60. A ME ou a EPP optante pelo Simples Nacional que emitir nota fiscal com direito ao crédito estabelecido no § 1º do art. 58, consignará no campo destinado às informações complementares ou, em sua falta, no corpo da nota fiscal, a expressão: "PERMITE O APROVEITAMENTO DO CRÉDITO DE ICMS NO VALOR DE R$...; CORRESPONDENTE À ALÍQUOTA DE...%, NOS TERMOS DO ART. 23 DA LEI COMPLEMENTAR N. 123, DE 2006". (Lei Complementar n. 123, de 2006, art. 23, §§ 1º, 2º e 6º; art. 26, inciso I e § 4º)

§ 1º A alíquota aplicável ao cálculo do crédito a que se refere o *caput*, corresponderá ao percentual efetivo calculado com base na faixa de receita bruta no mercado interno a que a ME ou a EPP estiver sujeita no mês anterior ao da operação, mediante aplicação das alíquotas nominais constantes dos Anexos I ou II desta Resolução, da seguinte forma: {[(RBT12 × alíquota nominal) - (menos) Parcela a Deduzir]/RBT12} × Percentual de Distribuição do ICMS. (Lei Complementar n. 123, de 2006, art. 23, §§ 1º, 2º, 3º e 6º; art. 26, inciso I e § 4º)

§ 2º Será considerada a média aritmética da receita bruta total dos meses que antecederem o mês anterior ao da operação, multiplicada por 12 (doze), na hipótese de a empresa ter iniciado suas atividades há menos de 13 (treze) meses da operação. (Lei Complementar n. 123, de 2006, art. 23, §§ 1º, 2º, 3º e 6º; art. 26, inciso I e § 4º)

§ 3º O percentual de crédito de ICMS corresponderá a 1,36% (um inteiro e trinta e seis centésimos por cento) para revenda de mercadorias e 1,44% (um inteiro e quarenta e quatro centésimos por cento) para venda de produtos industrializados pelo contribuinte, na hipótese de a operação ocorrer nos 2 (dois) primeiros meses de início de atividade da ME ou da EPP optante pelo Simples Nacional. (Lei Complementar n. 123, de 2006, art. 23, §§ 1º, 2º, 3º e 6º; art. 26, inciso I e § 4º)

§ 4º No caso de redução de ICMS concedida pelo Estado ou Distrito Federal nos termos do art. 35, esta será considerada no cálculo do percentual de crédito de que tratam os §§ 1º e 3º, conforme critério de concessão disposto na legislação do ente. (Lei Complementar n. 123, de 2006, art. 23, §§ 1º, 2º, 3º e 6º; art. 26, inciso I e § 4º)

§ 5º Na hipótese de emissão de NF-e, o valor correspondente ao crédito e a alíquota referida no *caput* deste artigo deverão ser informados nos campos próprios do documento fiscal, conforme estabelecido em manual de especificações e critérios técnicos da NF-e, nos termos do Ajuste SINIEF que instituiu o referido documento eletrônico. (Lei Complementar n. 123, de 2006, art. 23, § 6º; art. 26, inciso I e § 4º)

ART. 61. A ME ou a EPP optante pelo Simples Nacional não poderá consignar no documento fiscal a expressão mencionada no *caput* do art. 60, ou caso já consignada, deverá inutilizá-la, quando: (Lei Complementar n. 123, de 2006, art. 23, §§ 1º, 2º e 4º; art. 26, inciso I e § 4º)

I - estiver sujeita à tributação do ICMS no Simples Nacional por valores fixos mensais;

II - tratar-se de operação de venda ou revenda de mercadorias em que o ICMS não é devido na forma do Simples Nacional;

III - houver isenção estabelecida pelo Estado ou Distrito Federal, nos termos do art. 38, que abranja a faixa de receita bruta a que a ME ou EPP estiver sujeita no mês da operação;

IV - a operação for imune ao ICMS;

V - considerar, por opção, que a base de cálculo sobre a qual serão calculados os valores devidos na forma do Simples Nacional será representada pela receita recebida no mês (Regime de Caixa); ou

VI - tratar-se de prestação de serviço de comunicação, de transporte interestadual ou de transporte intermunicipal.

ART. 62. O adquirente da mercadoria não poderá se creditar do ICMS consignado em nota fiscal emitida por ME ou EPP optante pelo Simples Nacional, a que se refere o art. 60, quando: (Lei Complementar n. 123, de 2006, art. 23, §§ 1º, 2º, 3º, 4º e 6º)

I - a alíquota estabelecida no § 1º do art. 60 não for informada na nota fiscal;

II - a mercadoria adquirida não se destinar à comercialização ou à industrialização; ou

III - a operação enquadrar-se nas situações previstas nos incisos I a VI do art. 61.

Parágrafo único. Na hipótese de utilização de crédito a que se refere o § 1º do art. 58, de forma indevida ou a maior, o destinatário da operação estornará o crédito respectivo conforme a legislação de cada ente, sem prejuízo de eventuais sanções ao emitente, nos termos da legislação do Simples Nacional. (Lei Complementar n. 123, de 2006, art. 23, §§ 1º, 2º, 4º e 6º)

ART. 63. Observado o disposto no art. 64, a ME ou EPP optante pelo Simples Nacional deverá adotar para os registros e controles das operações e prestações por ela realizadas: (Lei Complementar n. 123, de 2006, art. 26, §§ 2º, 4º, 4º-A, 4º-B, 4º-C, 10 e 11)

I - Livro Caixa, no qual deverá estar escriturada toda a sua movimentação financeira e bancária;

II - Livro Registro de Inventário, no qual deverão constar registrados os estoques existentes no término de cada ano calendário, caso seja contribuinte do ICMS;

III - Livro Registro de Entradas, modelo 1 ou 1-A, destinado à escrituração dos documentos fiscais relativos às entradas de mercadorias ou bens e às aquisições de serviços de transporte e de comunicação efetuadas a qualquer título pelo estabelecimento, caso seja contribuinte do ICMS;

IV - Livro Registro dos Serviços Prestados, destinado ao registro dos documentos fiscais relativos aos serviços prestados sujeitos ao ISS, caso seja contribuinte do ISS;

V - Livro Registro de Serviços Tomados, destinado ao registro dos documentos fiscais relativos aos serviços tomados sujeitos ao ISS; e

VI - Livro de Registro de Entrada e Saída de Selo de Controle, caso seja exigível pela legislação do IPI.

§ 1º Os livros discriminados neste artigo poderão ser dispensados, no todo ou em parte, pelo ente tributante da circunscrição fiscal do estabelecimento do contribuinte, respeitados os limites de suas respectivas competências. (Lei Complementar n. 123, de 2006, art. 26, § 4º)

§ 2º Além dos livros previstos no *caput*, serão utilizados, observado o disposto no art. 64: (Lei Complementar n. 123, de 2006, art. 26, §§ 4º, 4º-A, 4º-B, 4º-C, 10 e 11)

I - Livro Registro de Impressão de Documentos Fiscais, pelo estabelecimento gráfico para registro dos impressos que confeccionar para terceiros ou para uso próprio;

II - livros específicos pelos contribuintes que comercializem combustíveis; e

III - Livro Registro de Veículos, por todas as pessoas que interfiram habitualmente no processo de intermediação de veículos, inclusive como simples depositários ou expositores.

§ 3º A apresentação da escrituração contábil, em especial do Livro Diário e do Livro Razão, dispensa a apresentação do Livro Caixa. (Lei Complementar n. 123, de 2006, art. 2º, inciso I e § 6º)

§ 4º A ME ou a EPP que receber aporte de capital na forma prevista nos arts. 61-A a 61-D da Lei Complementar n. 123, de 2006, deverá manter Escrituração Contábil Digital (ECD) e ficará desobrigada de cumprir o disposto no inciso I do *caput* e no § 3º. (Lei Complementar n. 123, de 2006, art. 2º, inciso I e § 6º; art. 26, § 15; art. 27)

§ 5º O ente tributante que adote sistema eletrônico de emissão de documentos fiscais ou recepção eletrônica de informações poderá exigi-los de seus contribuintes optantes pelo Simples Nacional, observados os prazos e formas previstos nas respectivas legislações, ressalvado o disposto no art. 64. (Lei Complementar n. 123, de 2006, art. 2º, inciso I e § 6º; art. 26, §§ 4º, 4º-A, 4º-B, 4º-C, 10 e 11)

§ 6º A ME ou a EPP optante pelo Simples Nacional fica obrigada ao cumprimento das obrigações acessórias previstas nos regimes especiais de controle fiscal, quando exigíveis pelo respectivo ente tributante, observado o disposto no art. 64. (Lei Complementar n. 123, de 2006, art. 2º, inciso I e § 6º; art. 26, §§ 4º, 4º-A, 4º-B, 4º-C, 10 e 11)

§ 7º O Livro Caixa deverá: (Lei Complementar n. 123, de 2006, art. 26, § 2º; Lei n. 10.406, de 10 de janeiro de 2002, art. 1.182)

I - conter termos de abertura e de encerramento e ser assinado pelo representante legal da empresa e, se houver na localidade, pelo responsável contábil legalmente habilitado; e

II - ser escriturado por estabelecimento.

ART. 64. A RFB, os Estados, o Distrito Federal e os Municípios não poderão instituir obrigações tributárias acessórias ou estabelecer exigências adicionais e unilaterais, relativamente à prestação de informações e apresentação de declarações referentes aos tributos apurados na forma prevista no Simples Nacional, além das estipuladas ou previstas nesta Resolução e atendidas por meio do Portal do Simples Nacional. (Lei Complementar n. 123, de 2006, art. 26, §§ 4º e 15)

§ 1º O disposto no *caput* não se aplica às obrigações e exigências decorrentes de:

I - programas de cidadania fiscal; (Lei Complementar n. 123, de 2006, art. 26, §§ 4º e 15)

II - norma publicada até 31 de março de 2014 que tenha veiculado exigência vigente até aquela data, observado o disposto no § 2º; (Lei Complementar n. 123, de 2006, art. 26, § 15)

III - procedimento administrativo fiscal, tais como a exibição de livros, documentos ou arquivos eletrônicos e o fornecimento de informações fiscais, econômicas ou financeiras, previstos ou autorizados nesta Resolução, bem como aqueles necessários à fundamentação dos atos administrativos oriundos do procedimento; (Lei Complementar n. 123, de 2006, art. 2º, inciso I e § 6º; Lei n. 5.172, de 1966, art. 195, *caput*)

IV - informações apresentadas por meio do Sistema de Captação e Auditoria dos Anexos de Combustíveis (SCANC), aprovado pelo Conselho Nacional de Política Fazendária (Confaz); ou (Lei Complementar n. 123, de 2006, art. 26, § 15)

V - informações relativas ao Fundo de Combate à Pobreza constante do § 1º do art. 82 do Ato das Disposições Constitucionais Transitórias (ADCT). (Lei Complementar n. 123, de 2006, art. 26, § 15)

§ 2º As obrigações a que se refere o inciso II do § 1º e as que vierem a ser instituídas na forma prevista no *caput*, serão cumpridas por meio do Portal do Simples Nacional com base em resolução do CGSN. (Lei Complementar n. 123, de 2006, art. 26, § 15)

§ 3º A exigência de apresentação de livros fiscais em meio eletrônico será aplicada somente na hipótese de substituição da entrega em meio convencional, cuja obrigatoriedade tenha sido prévia e especificamente estabelecida em resolução do CGSN. (Lei Complementar n. 123, de 2006, art. 26, §§ 4º-B e 15)

§ 4º Na hipótese prevista no inciso II do § 1º: (Lei Complementar n. 123, de 2006, art. 26, §§ 4º, 4º-A, inciso I, e 15)

I - a prestação de informações por meio do Sistema Público de Escrituração Digital (Sped) somente pode ser exigida:

a) nos casos em que se referir a estabelecimento de EPP que tenha ultrapassado o sublimite vigente no Estado ou no Distrito Federal; e

b) em perfil específico que não exija a apuração de tributos;

II - o Município que tenha adotado Nota Fiscal Eletrônica de Serviços deverá adotar medidas que visem à revogação das declarações eletrônicas de serviços prestados, em face do disposto no art. 69.

ART. 65. Os Estados, o Distrito Federal e os Municípios poderão exigir a escrituração fiscal digital ou obrigação equivalente para a ME ou EPP optante pelo Simples Nacional, desde que: (Lei Complementar n. 123, de 2006, art. 26, § 15)

I - as informações eletrônicas sejam pré-escrituradas pelo ente federado, a fim de que o contribuinte complemente a escrituração com as seguintes informações:

a) relativas a documentos fiscais não eletrônicos;

b) sobre classificação fiscal de documentos fiscais eletrônicos de entrada; e

c) que confirmem os serviços tomados; e

II - a obrigação seja cumprida:

a) mediante aplicativo gratuito, com link disponível no Portal do Simples Nacional; e

b) com dispensa do uso de certificação digital, salvo nas hipóteses previstas no art. 79, nos casos em que poderá ser exigido.

§ 1º A exigência prevista no *caput* não se aplicará às informações relativas a documentos fiscais: (Lei Complementar n. 123, de 2006, art. 26, §§ 4º e 15)

I - não eletrônicos a que se refere o inciso I do *caput*, cujos dados sejam transmitidos à administração tributária do ente federado de localização do emitente em face de programas de cidadania fiscal;

II - de entrada e de serviços tomados, quando a classificação ou a confirmação a que se referem as alíneas "b" e "c" do inciso I do *caput* forem efetuadas em sistema que possibilite a recepção eletrônica do documento, na forma estabelecida pela administração tributária do ente federado de localização do adquirente ou tomador.

§ 2º A carga ou confirmação de documentos fiscais eletrônicos de saída ou de prestação de serviços não poderá ser solicitada, salvo quando em caráter facultativo. (Lei Complementar n. 123, de 2006, art. 26, § 15)

§ 3º O disposto neste artigo abrange qualquer modalidade de escrituração fiscal digital, livros eletrônicos de entrada e saída, bem como declaração eletrônica de prestação ou tomada de serviços. (Lei Complementar n. 123, de 2006, art. 26, §§ 4º-A, 5º e 15)

§ 4º A exigência de prestação de dados por meio de escrituração fiscal digital em qualquer modalidade que não atenda ao disposto neste artigo não poderá ter caráter obrigatório para a ME ou EPP optante pelo Simples Nacional, exceto quando ultrapassado o sublimite vigente no Estado ou Distrito Federal. (Lei Complementar n. 123, de 2006, art. 26, § 15)

§ 5º O disposto neste artigo aplica-se às obrigações exigíveis a partir de 1º de abril de 2014. (Lei Complementar n. 123, de 2006, art. 26, § 15)

ART. 66. Os documentos fiscais relativos a operações ou prestações realizadas ou recebidas, bem como os livros fiscais e contábeis, deverão ser mantidos em boa guarda, ordem e conservação enquanto não decorrido o prazo decadencial e não prescritas eventuais ações que lhes sejam pertinentes. (Lei Complementar n. 123, de 2006, art. 26, inciso II)

ART. 67. Os livros e documentos fiscais previstos nesta Resolução serão emitidos e escriturados nos termos da legislação do ente tributante da circunscrição do contribuinte, com observância do disposto nos Convênios e Ajustes SINIEF que tratam da matéria, especialmente os Convênios SINIEF s/n, de 15 de dezembro de 1970, n. 6, de 21 de fevereiro de 1989, bem como o Ajuste SINIEF n. 7, de 30 de setembro de 2005 (NF-e), observado o disposto no art. 64. (Lei Complementar n. 123, de 2006, art. 26, inciso I; art. 26, §§ 4º, 4º-A, 4º-B, 4º-C, 10 e 11)

Parágrafo único. O disposto no *caput* não se aplica aos livros e documentos fiscais relativos ao ISS. (Lei Complementar n. 123, de 2006, art. 26, inciso I)

ART. 68. Será considerado inidôneo o documento fiscal utilizado pela ME ou EPP optante pelo Simples Nacional em desacordo com o disposto nesta Resolução. (Lei Complementar n. 123, de 2006, art. 26, inciso I)

ART. 69. O ato de emissão ou de recepção de documento fiscal por meio eletrônico estabelecido pelas administrações tributárias, em qualquer modalidade, de entrada, de saída ou de prestação, representa sua própria escrituração fiscal e elemento suficiente para a fundamentação e a constituição do crédito tributário, ressalvado o disposto no inciso II do § 1º do art. 64. (Lei Complementar n. 123, de 2006, art. 26, §§ 10 e 15)

Parágrafo único. Considera-se recepção de documento fiscal o ato de validação ou confirmação eletrônica praticado pelo contribuinte na forma estipulada pela respectiva legislação tributária. (Lei Complementar n. 123, de 2006, art. 26, §§ 10 e 15)

ART. 70. Os dados dos documentos fiscais de qualquer espécie podem ser compartilhados entre as administrações tributárias da União, dos Estados, do Distrito Federal e dos Municípios e, quando emitidos por meio eletrônico, a ME ou a EPP optante pelo Simples Nacional fica desobrigada de transmitir seus dados às referidas administrações tributárias, ressalvado o disposto no inciso II do § 1º do art. 64. (Lei Complementar n. 123, de 2006, art. 26, §§ 11 e 15)

ART. 71. A ME ou a EPP optante pelo Simples Nacional poderá, opcionalmente, adotar contabilidade simplificada para os registros e controles das operações realizadas, observadas as disposições previstas no Código Civil e nas Normas Brasileiras de Contabilidade editadas pelo Conselho Federal de Contabilidade. (Lei Complementar n. 123, de 2006, art. 27)

Parágrafo único. Aplica-se a dispensa prevista no § 2º do art. 1.179 do Código Civil ao empresário individual com receita bruta anual de até R$ 81.000,00 (oitenta e um mil reais). (Lei Complementar n. 123, de 2006, art. 68)

SUBSEÇÃO II
DAS DECLARAÇÕES

ART. 72. A ME ou a EPP optante pelo Simples Nacional apresentará a Declaração de Informações Socioeconômicas e Fiscais (Defis). (Lei Complementar n. 123, de 2006, art. 25, *caput*)

§ 1º A Defis será entregue à RFB por meio de módulo do aplicativo PGDAS-D, até 31 de março do ano-calendário subsequente ao da ocorrência dos fatos geradores dos tributos previstos no Simples Nacional. (Lei Complementar n. 123, de 2006, art. 18, § 15-A; art. 25, *caput*)

§ 2º Nas hipóteses em que a ME ou a EPP tenha sido incorporada, cindida, total ou parcialmente, extinta ou fundida, a Defis relativa à situação especial deverá ser entregue até: (Lei Complementar n. 123, de 2006, art. 25, *caput*)

I - o último dia do mês de junho, quando o evento ocorrer no primeiro quadrimestre do ano-calendário; ou

II - o último dia do mês subsequente ao do evento, nos demais casos.

§ 3º Em relação ao ano-calendário de exclusão da ME ou da EPP do Simples Nacional, esta deverá entregar a Defis abrangendo os fatos geradores ocorridos no período em que esteve na condição de optante, no prazo estabelecido no § 1º. (Lei Complementar n. 123, de 2006, art. 25, *caput*)

§ 4º A Defis poderá ser retificada independentemente de prévia autorização da administração tributária e terá a mesma natureza da declaração originariamente apresentada, observado o disposto no parágrafo único do art. 138 do CTN. (Lei Complementar n. 123, de 2006, art. 25, *caput*)

§ 5º As informações prestadas pelo contribuinte na Defis serão compartilhadas entre a RFB e os órgãos de fiscalização tributária dos Estados, do Distrito Federal e dos Municípios. (Lei Complementar n. 123, de 2006, art. 25, *caput*)

§ 6º A exigência da Defis não desobriga a prestação de informações relativas a terceiros. (Lei Complementar n. 123, de 2006, art. 26, § 3º)

§ 7º Na hipótese de a ME ou a EPP permanecer inativa durante todo o ano-calendário, deverá informar esta condição na Defis. (Lei Complementar n. 123, de 2006, art. 25, § 2º)

§ 8º Para efeito do disposto no § 7º, considera-se em situação de inatividade a ME ou a EPP que não apresente mutação patrimonial e atividade operacional durante todo o ano-calendário. (Lei Complementar n. 123, de 2006, art. 25, § 3º)

§ 9º O direito de a ME ou a EPP retificar as informações prestadas na Defis e na Declaração Única e Simplificada de Informações Socioeconômicas e Fiscais (DASN) extingue-se em 5 (cinco) anos contados a partir do 1º (primeiro) dia do exercício seguinte àquele ao qual se refere a declaração. (Lei Complementar n. 123, de 2006, art. 25, *caput*)

ART. 73. Relativamente aos tributos devidos, não abrangidos pelo Simples Nacional, nos termos do art. 5º, a ME ou a EPP optante pelo Simples Nacional deverá observar a legislação dos respectivos entes federados quanto à prestação de informações e entrega de declarações. (Lei Complementar n. 123, de 2006, art. 13, § 1º)

ART. 74. A ME ou a EPP optante pelo Simples Nacional fica obrigada à entrega da Declaração Eletrônica de Serviços, quando exigida pelo Município ou pelo Distrito Federal, que servirá para a escrituração mensal de todos os documentos fiscais emitidos e documentos recebidos referentes aos serviços prestados, tomados ou intermediados de terceiros, observado o disposto no inciso II do § 4º do art. 64. (Lei Complementar n. 123, de 2006, art. 26, § 5º)

ART. 75. A declaração a que se refere o art. 74 substitui os livros referidos nos incisos IV e V do art. 63, e será apresentada ao Município ou ao Distrito Federal pelo prestador, pelo tomador, ou por ambos, observado o disposto na legislação de sua circunscrição fiscal. (Lei Complementar n. 123, de 2006, art. 26, § 5º)

ART. 76. O Estado ou o Distrito Federal poderá obrigar a ME ou a EPP optante pelo Simples Nacional, quando responsável pelo recolhimento do ICMS de que tratam as alíneas "a", "g" e "h" do inciso XII do art. 5º, a entregar, para os fatos geradores ocorridos a partir de 1º de janeiro de 2016, declaração eletrônica para prestação de informações relativas ao ICMS devido por substituição tributária, recolhimento antecipado e diferencial de alíquotas, por meio de aplicativo único, gratuito e acessível por link disponível no Portal do Simples Nacional, na forma disciplinada pelo Confaz, observado o disposto no inciso III do art. 79. (Lei Complementar n. 123, de 2006, art. 26, §§ 4º, 12 e 15)

§ 1º A declaração de que trata o *caput* substituirá, para os fatos geradores ocorridos a partir de 1º de janeiro de 2016, as exigidas pelos Estados e pelo Distrito Federal. (Lei Complementar n. 123, de 2006, art. 26, §§ 4º, 12 e 15)

§ 2º Os fatos geradores ocorridos até 31 de dezembro de 2015 continuarão a ser declarados com observância da disciplina estabelecida pelos entes a que se refere o *caput*. (Lei Complementar n. 123, de 2006, art. 26, §§ 4º, 12 e 15)

SUBSEÇÃO III
DO REGISTRO DOS VALORES A RECEBER NO REGIME DE CAIXA

ART. 77. A optante pelo regime de caixa deverá manter registro dos valores a receber, no modelo constante do Anexo IX, no qual constarão, no mínimo, as seguintes informações, relativas a cada prestação de serviço ou operação com mercadorias a prazo: (Lei Complementar n. 123, de 2006, art. 2º, inciso I e § 6º; art. 18, § 3º; art. 26, § 4º)

I - número e data de emissão de cada documento fiscal;

II - valor da operação ou prestação;

III - quantidade e valor de cada parcela, bem como a data dos respectivos vencimentos;

IV - data de recebimento e valor recebido;

V - saldo a receber; e

VI - créditos considerados não mais cobráveis.

§ 1º Na hipótese de haver mais de um documento fiscal referente a uma mesma prestação de serviço ou operação com mercadoria, estes deverão ser registrados conjuntamente. (Lei Complementar n. 123, de 2006, art. 2º, inciso I e § 6º; art. 18, § 3º; art. 26, § 4º)

§ 2º A adoção do regime de caixa pela ME ou EPP não a desobriga de manter em boa ordem e guarda os documentos e livros previstos nesta Resolução, inclusive com a discriminação completa de toda a sua movimentação financeira e bancária, constante do Livro Caixa, observado o disposto no § 3º do art. 63. (Lei Complementar n. 123, de 2006, art. 2º, inciso I e § 6º; art. 18, § 3º; art. 26, inciso II e § 4º)

§ 3º Fica dispensado o registro na forma prevista neste artigo em relação às prestações e operações realizadas por meio de administradoras de cartões, inclusive de crédito, desde que a ME ou a EPP anexe ao respectivo registro os extratos emitidos pelas administradoras relativos às vendas e aos créditos respectivos. (Lei Complementar n. 123, de 2006, art. 2º, inciso I e § 6º; art. 18, § 3º; art. 26, § 4º)

§ 4º Aplica-se o disposto neste artigo para os valores decorrentes das prestações e operações realizadas por meio de cheques: (Lei Complementar n. 123, de 2006, art. 2º, inciso I e § 6º; art. 18, § 3º; art. 26, § 4º)

I - quando emitidos para apresentação futura, mesmo quando houver parcela à vista;

II - quando emitidos para quitação da venda total, na ocorrência de cheques não honrados;

III - não liquidados no próprio mês.

§ 5º A ME ou a EPP deverá apresentar à administração tributária, quando solicitados, os documentos que comprovem a efetiva cobrança dos créditos considerados não mais cobráveis. (Lei Complementar n. 123, de 2006, art. 2º, inciso I e § 6º; art. 18, § 3º; art. 26, § 4º)

§ 6º São considerados meios de cobrança: (Lei Complementar n. 123, de 2006, art. 18, § 3º; art. 26, § 4º)

I - notificação extrajudicial;

II - protesto;

III - cobrança judicial; e

IV - registro do débito em cadastro de proteção ao crédito.

ART. 78. Na hipótese de descumprimento do disposto no art. 77, será desconsiderada, de ofício, a opção pelo regime de caixa, para os anos-calendário correspondentes ao período em que tenha ocorrido o descumprimento. (Lei Complementar n. 123, de 2006, art. 2º, inciso I e § 6º; art. 18, § 3º; art. 26, § 4º)

Parágrafo único. Na hipótese prevista no *caput*, os tributos abrangidos pelo Simples Nacional deverão ser recalculados pelo regime de competência, sem prejuízo dos acréscimos legais correspondentes. (Lei Complementar n. 123, de 2006, art. 2º, inciso I e § 6º; art. 18, § 3º; art. 26, § 4º)

SUBSEÇÃO IV
DA CERTIFICAÇÃO DIGITAL PARA A ME E A EPP

ART. 79. A ME ou a EPP optante pelo Simples Nacional poderá ser obrigada ao uso de certificação digital para cumprimento das seguintes obrigações: (Lei Complementar n. 123, de 2006, art. 26, § 7º)

I - entrega da Guia de Recolhimento do Fundo de Garantia do Tempo de Serviço e Informações à Previdência Social (GFIP), bem como o recolhimento do FGTS, ou de declarações relativas ao Sistema de Escrituração Digital das Obrigações Fiscais, Previdenciárias e Trabalhistas (eSocial), para empresas com empregado;

II - emissão de documento fiscal eletrônico, quando a obrigatoriedade estiver prevista em norma do Confaz ou na legislação municipal;

III - prestação de informações relativas ao ICMS a que se refere o *caput* do art. 76, desde que a ME ou a EPP esteja obrigada ao uso de documento fiscal eletrônico na forma prevista no inciso II; e

IV - prestação de informações à RFB relativas à manutenção de recursos no exterior na forma prevista no art. 1º da Lei n. 11.371, de 28 de novembro de 2006.

§ 1º Poderá ser exigida a utilização de códigos de acesso para cumprimento das obrigações não previstas nos incisos do *caput*. (Lei Complementar n. 123, de 2006, art. 2º, inciso I e § 6º; art. 26, § 7º)

§ 2º A empresa poderá cumprir as obrigações relativas ao eSocial com utilização de código de acesso apenas na modalidade online e desde que tenha até 1 (um) empregado. (Lei Complementar n. 123, de 2006, art. 2º, inciso I e § 6º; art. 26, § 7º)

SUBSEÇÃO V
DOS EQUIPAMENTOS CONTADORES DE PRODUÇÃO

ART. 80. A ME ou a EPP envasadora de bebidas optante pelo Simples Nacional deverá observar as normas da RFB referentes a instalação de equipamentos de contadores de produção, que possibilitem, ainda, a identificação do tipo de produto, de embalagem e sua marca comercial, além de outros instrumentos de controle. (Lei Complementar n. 123, de 2006, art. 17, § 5º; art. 26, §§ 4º e 15)

SEÇÃO IX
DA EXCLUSÃO

SUBSEÇÃO I
DA EXCLUSÃO POR COMUNICAÇÃO

ART. 81. A exclusão do Simples Nacional, mediante comunicação da ME ou da EPP à RFB, em aplicativo disponibilizado no Portal do Simples Nacional, dar-se-á:

I - por opção, a qualquer tempo, produzindo efeitos: (Lei Complementar n. 123, de 2006, art. 30, inciso I e art. 31, inciso I e § 4º)

a) a partir de 1º de janeiro do ano-calendário, se comunicada no próprio mês de janeiro; ou

b) a partir de 1º de janeiro do ano-calendário subsequente, se comunicada nos demais meses; ou

II - obrigatoriamente, quando:

a) a receita bruta acumulada ultrapassar um dos limites previstos no § 1º do art. 2º, hipótese em que a exclusão deverá ser comunicada:

1. até o último dia útil do mês subsequente à ultrapassagem em mais de 20% (vinte por cento) de um desses limites, produzindo efeitos a partir do mês subsequente ao do excesso; ou (Lei Complementar n. 123, de 2006, art. 30, inciso IV, § 1º, inciso IV; art. 31, inciso V, alínea "a")

2. até o último dia útil do mês de janeiro do ano-calendário subsequente, na hipótese de não ter ultrapassado em mais de 20% (vinte por cento) um desses limites, produzindo efeitos a partir do ano-calendário subsequente ao do excesso; (Lei Complementar n. 123, de 2006, art. 30, inciso IV, § 1º, inciso IV; art. 31, inciso V, alínea "b")

b) a receita bruta acumulada, no ano-calendário de início de atividade, ultrapassar um dos limites previstos no *caput* do art. 3º, hipótese em que a exclusão deverá ser comunicada:

1. até o último dia útil do mês subsequente à ultrapassagem em mais de 20% (vinte por cento) de um desses limites, produzindo efeitos retroativamente ao início de atividades; ou (Lei Complementar n. 123, de 2006, art. 30, inciso III, § 1º, inciso III, alínea "a"; art. 31, inciso III, alínea "a")

2. até o último dia útil do mês de janeiro do ano-calendário subsequente, na hipótese de não ter ultrapassado em mais de 20% (vinte por cento) um desses limites, produzindo efeitos a partir de 1º de janeiro do ano-calendário subsequente; (Lei Complementar n. 123, de 2006, art. 30, inciso III, § 1º, inciso III, alínea "b"; art. 31, inciso III, alínea "b")

c) incorrer nas hipóteses de vedação previstas nos incisos II a XIV e XVI a XXV do art. 15, hipótese em que a exclusão: (Lei Complementar n. 123, de 2006, art. 30, inciso II)

1. deverá ser comunicada até o último dia útil do mês subsequente ao da ocorrência da situação de vedação; e (Lei Complementar n. 123, de 2006, art. 30, § 1º, inciso II)

2. produzirá efeitos a partir do primeiro dia do mês seguinte ao da ocorrência da situação de vedação; (Lei Complementar n. 123, de 2006, art. 31, inciso II)

d) possuir débito com o Instituto Nacional do Seguro Social (INSS), ou com as Fazendas Públicas Federal, Estadual ou Municipal, cuja exigibilidade não esteja suspensa, hipótese em que a exclusão: (Lei Complementar n. 123, de 2006, art. 17, inciso V; art. 30, inciso II)

1. deverá ser comunicada até o último dia útil do mês subsequente ao da situação de vedação; e (Lei Complementar n. 123, de 2006, art. 30, § 1º, inciso II)

2. produzirá efeitos a partir do ano-calendário subsequente ao da comunicação; ou (Lei Complementar n. 123, de 2006, art. 31, inciso IV)

e) for constatado que, quando do ingresso no Simples Nacional, a ME ou a EPP incorria em alguma das vedações previstas no art. 15, hipótese em que a exclusão produzirá efeitos desde a data da opção. (Lei Complementar n. 123, de 2006, art. 2º, inciso I e § 6º; art. 16, *caput*)

Parágrafo único. Na hipótese prevista na alínea "c" do inciso II do *caput*, deverão ser consideradas as disposições específicas relativas ao MEI, quando se tratar de ausência de inscrição ou de irregularidade em cadastro fiscal federal, municipal ou estadual, quando exigível. (Lei Complementar n. 123, de 2006, art. 17, § 4º)

ART. 82. A alteração de dados no CNPJ, informada pela ME ou EPP à RFB, equivalerá à comunicação obrigatória de exclusão do Simples Nacional nas seguintes hipóteses: (Lei Complementar n. 123, de 2006, art. 30, § 3º)

I - alteração de natureza jurídica para sociedade anônima, sociedade empresária em comandita por ações, sociedade em conta de participação ou estabelecimento, no Brasil, de sociedade estrangeira;

II - inclusão de atividade econômica vedada à opção pelo Simples Nacional;

III - inclusão de sócio pessoa jurídica;

IV - inclusão de sócio domiciliado no exterior;

V - cisão parcial; ou

VI - extinção da empresa.

Parágrafo único. A exclusão de que trata o *caput* produzirá efeitos:

I - a partir do primeiro dia do mês seguinte ao da ocorrência da situação de vedação, nas hipóteses previstas nos incisos I a V do *caput*; e (Lei Complementar n. 123, de 2006, art. 31, inciso II); e

II - a partir da data da extinção da empresa, na hipótese prevista no inciso VI do *caput*. (Lei Complementar n. 123, de 2006, art. 2º, inciso I e § 6º)

SUBSEÇÃO II
DA EXCLUSÃO DE OFÍCIO

ART. 83. A competência para excluir de ofício a ME ou a EPP do Simples Nacional é: (Lei Complementar n. 123, de 2006, art. 29, § 5º; art. 33)

I - da RFB;

II - das secretarias de fazenda, de tributação ou de finanças do Estado ou do Distrito Federal, segundo a localização do estabelecimento; e

III - dos Municípios, tratando-se de prestação de serviços incluídos na sua competência tributária.

§ 1º Será expedido termo de exclusão do Simples Nacional pelo ente federado que iniciar o processo de exclusão de ofício. (Lei Complementar n. 123, de 2006, art. 29, § 3º)

§ 2º Será dada ciência do termo de exclusão à ME ou à EPP pelo ente federado que tenha iniciado o processo de exclusão, segundo a sua respectiva legislação, observado o disposto no art. 122. (Lei Complementar n. 123, de 2006, art. 16, § 1º-A a 1º-D; art. 29, §§ 3º e 6º)

§ 3º Na hipótese de a ME ou a EPP, dentro do prazo estabelecido pela legislação do ente federado que iniciou o processo, impugnar o termo de exclusão, este se tornará efetivo quando a decisão definitiva for desfavorável ao contribuinte, com observância, quanto aos efeitos da exclusão, do disposto no art. 84. (Lei Complementar n. 123, de 2006, art. 39, § 6º)

§ 4º Se não houver, dentro do prazo estabelecido pela legislação do ente federado que iniciou o processo, impugnação do termo de exclusão, este se tornará efetivo depois de vencido o respectivo prazo, com observância, quanto aos efeitos da exclusão, do disposto no art. 84. (Lei Complementar n. 123, de 2006, art. 29, § 3º; art. 39, § 6º)

§ 5º A exclusão de ofício será registrada no Portal do Simples Nacional na internet, pelo ente federado que a promoveu, após vencido o prazo de impugnação estabelecido pela legislação do ente federado que iniciou o processo, sem sua interposição tempestiva, ou, caso interposto tempestivamente, após a decisão administrativa definitiva desfavorável à empresa, condicionados os efeitos dessa exclusão a esse registro, observado o disposto no art. 84. (Lei Complementar n. 123, de 2006, art. 29, § 3º; art. 39, § 6º)

§ 6º Fica dispensado o registro previsto no § 5º para a exclusão retroativa de ofício efetuada após a baixa no CNPJ, condicionados os efeitos dessa exclusão à efetividade do termo de exclusão na forma prevista nos §§ 3º e 4º. (Lei Complementar n. 123, de 2006, art. 29, § 3º)

§ 7º Ainda que a ME ou a EPP exerça exclusivamente atividade não incluída na competência tributária municipal, se tiver débitos perante a Fazenda Pública Municipal, ausência de inscrição ou irregularidade no cadastro fiscal, o Município poderá proceder à sua exclusão do Simples Nacional por esses motivos, observado o disposto nos incisos V e VI do *caput* e no § 1º, todos do art. 84. (Lei Complementar n. 123, art. 29, §§ 3º e 5º; art. 33, § 4º)

§ 8º Ainda que a ME ou a EPP não tenha estabelecimento em sua circunscrição o Estado poderá excluí-la do Simples Nacional se ela estiver em débito perante a Fazenda Pública Estadual ou se não tiver inscrita no cadastro fiscal, quando exigível, ou se o cadastro estiver em situação irregular, observado o disposto nos incisos V e VI do *caput* e no § 1º, todos do art. 84. (Lei Complementar n. 123, art. 29, §§ 3º e 5º; art. 33, § 4º)

SUBSEÇÃO III
DOS EFEITOS DA EXCLUSÃO DE OFÍCIO

ART. 84. A exclusão de ofício da ME ou da EPP do Simples Nacional produzirá efeitos:

I - a partir das datas de efeitos previstas no inciso II do art. 81, quando verificada a falta de comunicação de exclusão obrigatória; (Lei Complementar n. 123, de 2006, art. 29, inciso I; art. 31, incisos II, III, IV, V e § 2º)

II - a partir do mês subsequente ao do descumprimento das obrigações a que se refere o § 8º do art. 6º, quando se tratar de escritórios de serviços contábeis; (Lei Complementar n. 123, de 2006, art. 18, § 22-C; art. 31, inciso II)

III - a partir da data dos efeitos da opção pelo Simples Nacional, nas hipóteses em que:

a) for constatado que, quando do ingresso no Simples Nacional, a ME ou a EPP incorria em alguma das hipóteses de vedação previstas no art. 15; ou (Lei Complementar n. 123, de 2006, art. 2º, inciso I e § 6º; art. 16, *caput*)

b) for constatada declaração inverídica prestada nas hipóteses do § 4º do art. 6º e do inciso II do § 3º do art. 8º; (Lei Complementar n. 123, de 2006, art. 2º, inciso I e § 6º; art. 16, *caput*)

IV - a partir do próprio mês em que incorridas, hipótese em que a empresa ficará impedida de fazer nova opção pelo Simples Nacional nos 3 (três) anos-calendário subsequentes, nas seguintes hipóteses: (Lei Complementar n. 123, de 2006, art. 29, incisos II a XII e § 1º)

a) ter a empresa causado embaraço à fiscalização, caracterizado pela negativa não justificada de exibição de livros e documentos a que estiver obrigada, e não ter fornecido informações sobre bens, movimentação financeira, negócio ou atividade que estiver intimada a apresentar, e nas demais hipóteses que autorizam a requisição de auxílio da força pública;

b) ter a empresa resistido à fiscalização, caracterizada pela negativa de acesso ao estabelecimento, ao domicílio fiscal ou a qualquer outro local onde desenvolva suas atividades ou se encontrem bens de sua propriedade;

c) ter sido a empresa constituída por interpostas pessoas;

d) ter a empresa incorrido em práticas reiteradas de infração ao disposto na Lei Complementar n. 123, de 2006;

e) ter sido a empresa declarada inapta, na forma prevista na Lei n. 9.430, de 27 de dezembro de 1996, e alterações posteriores;

f) se a empresa comercializar mercadorias objeto de contrabando ou descaminho;

g) se for constatada:

1. a falta de ECD para a ME e a EPP que receber aporte de capital na forma prevista nos arts. 61-A a 61-D da Lei Complementar n. 123, de 2006; ou

2. a falta de escrituração do Livro Caixa ou a existência de escrituração do Livro Caixa que não permita a identificação da movimentação financeira, inclusive bancária, para a ME e a EPP que não receber o aporte de capital a que se refere o item 1;

h) se for constatado que durante o ano-calendário o valor das despesas pagas supera em 20% (vinte por cento) o valor de ingressos de recursos no mesmo período, excluído o ano de início de atividade;

i) se for constatado que durante o ano-calendário o valor das aquisições de mercadorias para comercialização ou industrialização, ressalvadas hipóteses justificadas de aumento de estoque, foi superior a 80% (oitenta por cento) dos ingressos de recursos no mesmo período, excluído o ano de início de atividade;

j) se for constatado que a empresa, de forma reiterada, não emite documento fiscal de venda ou prestação de serviço, observado o disposto nos arts. 59 a 61 e ressalvadas as prerrogativas do MEI nos termos da alínea "a" do inciso II do art. 106; e

k) se for constatado que a empresa, de forma reiterada, deixa de incluir na folha de pagamento ou em documento de informações exigido pela legislação previdenciária, trabalhista ou tributária, informações sobre o segurado empregado, o trabalhador avulso ou o contribuinte individual que lhe presta serviço;

V - a partir do primeiro dia do mês seguinte ao da ocorrência, na hipótese de ausência ou irregularidade no cadastro fiscal federal, municipal ou, quando exigível, estadual; e (Lei Complementar n. 123, de 2006, art. 17, inciso XVI; art. 31, inciso II)

VI - a partir do ano-calendário subsequente ao da ciência do termo de exclusão, se a empresa estiver em débito com o Instituto Nacional do Seguro Social (INSS), ou com as Fazendas Públicas Federal, Estadual ou Municipal, cuja exigibilidade não esteja suspensa. (Lei Complementar n. 123, de 2006, art. 17, inciso V; art. 31, inciso IV)

§ 1º Na hipótese prevista nos incisos V e VI do *caput*, a comprovação da regularização do débito ou do cadastro fiscal, no prazo de até 30 (trinta) dias, contado da ciência da exclusão de ofício, possibilitará a permanência da ME ou da EPP como optante pelo Simples Nacional. (Lei Complementar n. 123, de 2006, art. 31, § 2º)

§ 2º O prazo a que se refere o inciso IV do *caput* será elevado para 10 (dez) anos caso seja constatada a utilização de artifício, ardil ou qualquer outro meio fraudulento que induza ou mantenha a fiscalização em erro, com o fim de suprimir ou reduzir o pagamento de tributo apurável na forma do Simples Nacional. (Lei Complementar n. 123, de 2006, art. 29, incisos II a XII e § 2º)

§ 3º A ME ou a EPP excluída do Simples Nacional sujeitar-se- á, a partir do período em que se processarem os efeitos da exclusão, às normas de tributação aplicáveis às demais pessoas jurídicas. (Lei Complementar n. 123, de 2006, art. 32, *caput*)

§ 4º Para efeito do disposto no § 3º, nas hipóteses do inciso I do § 2º do art. 3º, a ME ou a EPP excluída do Simples Nacional ficará sujeita ao pagamento da totalidade ou diferença dos respectivos tributos, devidos em conformidade com as normas gerais de incidência, acrescidos apenas de juros de mora, quando efetuado antes do início de procedimento de ofício. (Lei Complementar n. 123, de 2006, art. 32, § 1º)

§ 5º Na hipótese das vedações de que tratam os incisos II a XIV, XVI a XXIII e XXV do art. 15, uma vez que o motivo da exclusão deixe de existir, se houver a exclusão retroativa de ofício no caso do inciso I do *caput*, o efeito desta dar-se-á a partir do mês seguinte ao da ocorrência da situação impeditiva, limitado, porém, ao último dia do ano-calendário em que a referida situação deixou de existir. (Lei Complementar n. 123, de 2006, art. 31, § 5º)

§ 6º Considera-se prática reiterada, para fins do disposto nas alíneas «d», «j» e «k» do inciso IV do *caput*: (Lei Complementar n. 123, de 2006, art. 29, § 9º)

I - a ocorrência, em 2 (dois) ou mais períodos de apuração, consecutivos ou alternados, de idênticas infrações, inclusive de natureza acessória, verificada em relação aos últimos 5 (cinco) anos calendário, formalizadas por intermédio de auto de infração ou notificação de lançamento, em um ou mais procedimentos fiscais; ou

II - a segunda ocorrência de idênticas infrações, caso seja constatada a utilização de artifício, ardil ou qualquer outro meio fraudulento que induza ou mantenha a fiscalização em erro, com o fim de suprimir ou reduzir o pagamento de tributo.

§ 7º Para fins do disposto na alínea «h» do inciso IV do *caput*, consideram-se despesas pagas as decorrentes de desembolsos financeiros relativos ao curso das atividades da empresa, e inclui custos, salários e demais despesas operacionais e não operacionais. (Lei Complementar n. 123, de 2006, art. 2º, inciso I e § 6º)

§ 8º Na hipótese prevista no inciso I do § 6º deste artigo, quando constatada omissão de receitas ou sua segregação indevida, sem a verificação de outras hipóteses de exclusão, a administração tributária poderá, a seu critério, caracterizar a prática reiterada em procedimentos fiscais distintos. (Lei Complementar n. 123, de 2006, art. 28, parágrafo único; art. 29, § 9º)

§ 9º Na hipótese da vedação de que trata o inciso XXV do art. 15, o titular ou sócio será considerado empregado ou empregado doméstico, ficando a contratante sujeita a todas as obrigações dessa relação, inclusive as tributárias e previdenciárias. (Lei Complementar n. 123, de 2006, art. 2º, inciso I e § 6º; art. 3º, § 4º, XI; art. 18-A, § 24, art. 18-B, § 2º; Lei n. 8.212, de 1991, art. 24, parágrafo único)

SEÇÃO X
DA FISCALIZAÇÃO E DAS INFRAÇÕES E PENALIDADES DO SIMPLES NACIONAL

SUBSEÇÃO I
DA COMPETÊNCIA PARA FISCALIZAR

ART. 85. A competência para fiscalizar o cumprimento das obrigações principais e acessórias relativas ao Simples Nacional é do órgão de administração tributária: (Lei Complementar n. 123, de 2006, art. 33, *caput*)

I - do Município, desde que o contribuinte do ISS tenha estabelecimento em seu território ou quando se tratar das exceções de competência previstas no art. 3º da Lei Complementar n. 116, de 2003;

II - dos Estados ou do Distrito Federal, desde que a pessoa jurídica tenha estabelecimento em seu território; ou

III - da União, em qualquer hipótese.

§ 1º No exercício da competência de que trata o *caput*: (Lei Complementar n. 123, de 2006, art. 33, §§ 1º-B e 1º-C)

I - a ação fiscal, após iniciada, poderá abranger todos os estabelecimentos da ME e da EPP, independentemente das atividades por eles exercidas, observado o disposto no § 2º; e

II - as autoridades fiscais não ficarão limitadas à fiscalização dos tributos instituídos pelo próprio ente federado fiscalizador, estendendo-se sua competência a todos os tributos abrangidos pelo Simples Nacional.

§ 2º Na hipótese de o órgão da administração tributária do Estado, do Distrito Federal ou do Município realizar ação fiscal em contribuinte com estabelecimento fora do âmbito de competência do respectivo ente federado, o órgão deverá comunicar o fato à administração tributária do outro ente federado para que, se houver interesse, se integre à ação fiscal. (Lei Complementar n. 123, de 2006, art. 33, § 4º)

§ 3º A comunicação a que se refere o § 2º dar-se-á por meio do sistema eletrônico de que trata o art. 86, no prazo mínimo de 10 (dez) dias antes do início da ação fiscal. (Lei Complementar n. 123, de 2006, art. 33, § 4º)

§ 4º As administrações tributárias estaduais poderão celebrar convênio com os Municípios de sua jurisdição para atribuir a estes a fiscalização a que se refere o *caput*. (Lei Complementar n. 123, de 2006, art. 33, § 1º)

§ 5º Fica dispensado o convênio a que se refere o § 4º na hipótese de ocorrência de prestação de serviços sujeita ao ISS por estabelecimento localizado no Município. (Lei Complementar n. 123, de 2006, art. 33, § 1º-A)

§ 6º A competência para fiscalizar de que trata este artigo poderá ser plenamente exercida pelos entes federados, de forma individual ou simultânea, inclusive de forma integrada, mesmo para períodos já fiscalizados. (Lei Complementar n. 123, de 2006, art. 33, §§ 1º-B e 4º)

§ 7º Na hipótese de ação fiscal simultânea, a autoridade fiscal deverá tomar conhecimento das ações fiscais em andamento, a fim de evitar duplicidade de lançamentos referentes ao mesmo período e fato gerador. (Lei Complementar n. 123, de 2006, art. 33, §§ 1º-B e 4º)

§ 8º Na hipótese prevista no § 4º e de ação fiscal relativa a períodos já fiscalizados, a autoridade fiscal deverá tomar conhecimento das ações já realizadas, dos valores já lançados e das informações contidas no sistema eletrônico a que se refere o art. 86, observadas as limitações práticas e legais dos procedimentos fiscalizatórios. (Lei Complementar n. 123, de 2006, art. 33, §§ 1º-B e 4º)

§ 9º A seleção, o preparo e a programação da ação fiscal serão realizadas de acordo com os critérios e diretrizes das administrações tributárias de cada ente federado, no âmbito de suas respectivas competências. (Lei Complementar n. 123, de 2006, art. 33, § 4º)

§ 10. É permitida a prestação de assistência mútua e a permuta de informações entre a RFB e as Fazendas Públicas dos Estados, do Distrito Federal e dos Municípios, relativas às ME e às EPP, para fins de planejamento ou de execução de procedimentos fiscais ou preparatórios. (Lei Complementar n. 123, de 2006, art. 34, § 1º)

§ 11. Sem prejuízo de ação fiscal individual, as administrações tributárias poderão utilizar procedimento de notificação prévia com o objetivo de incentivar a autor regularização, que, neste caso, não constituirá início de procedimento fiscal. (Lei Complementar n. 123, de 2006, art. 34, § 3º)

§ 12. As notificações para regularização prévia poderão ser feitas por meio do Portal do Simples Nacional, facultada a utilização do Domicílio Tributário Eletrônico do Simples Nacional (DTE-SN) de que trata o art. 122, e deverão estabelecer prazo de regularização de até 90 (noventa) dias. (Lei Complementar n. 123, de 2006, art. 34, § 3º)

SUBSEÇÃO II
DO SISTEMA ELETRÔNICO ÚNICO DE FISCALIZAÇÃO

ART. 86. As ações fiscais serão registradas no Sistema Único de Fiscalização, Lançamento e Contencioso (Sefisc), disponibilizado no Portal do Simples Nacional, com acesso pelos entes federados, e deverão conter, no mínimo: (Lei Complementar n. 123, de 2006, art. 33, § 4º)

I - data de início da fiscalização;

II - abrangência do período fiscalizado;

III - os estabelecimentos fiscalizados;

IV - informações sobre:

a) planejamento da ação fiscal, a critério de cada ente federado;

b) fato que caracterize embaraço ou resistência à fiscalização;

c) indício de que o contribuinte esteja praticando, em tese, crime contra a ordem tributária; e

d) fato que implique hipótese de exclusão de ofício do Simples Nacional, nos termos do art. 83;

V - prazo de duração e eventuais prorrogações;

VI - resultado, inclusive com indicação do valor do crédito tributário apurado, quando houver;

VII - data de encerramento.

§ 1º A autoridade fiscal deverá registrar o início da ação fiscal no prazo de até 7 (sete) dias. (Lei Complementar n. 123, de 2006, art. 33, § 4º)

§ 2º O Sefisc conterá relatório gerencial com informações das ações fiscais em determinado período. (Lei Complementar n. 123, de 2006, art. 33, § 4º)

§ 3º O mesmo ente federado que abrir a ação fiscal deverá encerrá-la, observado o prazo previsto em sua respectiva legislação. (Lei Complementar n. 123, de 2006, art. 33, § 4º)

SUBSEÇÃO III
DO AUTO DE INFRAÇÃO E NOTIFICAÇÃO FISCAL

ART. 87. Verificada infração à legislação tributária por ME ou EPP optante pelo Simples Nacional, deverá ser lavrado Auto de Infração e Notificação Fiscal (AINF), emitido por meio do Sefisc. (Lei Complementar n. 123, de 2006, art. 33, §§ 3º e 4º)

§ 1º O AINF é o documento único de autuação, a ser utilizado por todos os entes federados, nos casos de inadimplemento da obrigação principal previstas na legislação do Simples Nacional. (Lei Complementar n. 123, de 2006, art. 33, §§ 3º e 4º)

§ 2º No caso de descumprimento de obrigações acessórias, deverão ser utilizados os documentos de autuação e lançamento fiscal específicos de cada ente federado, observado o disposto no § 5º. (Lei Complementar n. 123, de 2006, art. 33, §§ 1º-D e 4º)

§ 3º A ação fiscal relativa ao Simples Nacional poderá ser realizada por estabelecimento, porém o AINF deverá ser lavrado sempre com o CNPJ da matriz, observado o disposto no art. 85. (Lei Complementar n. 123, de 2006, art. 33, § 4º)

§ 4º Para a apuração do crédito tributário, deverão ser consideradas as receitas de todos os estabelecimentos da ME ou da EPP, ainda que a ação fiscal seja realizada por estabelecimento. (Lei Complementar n. 123, de 2006, art. 33, § 4º)

§ 5º A competência para autuação por descumprimento de obrigação acessória é privativa da administração tributária perante a qual a obrigação deveria ter sido cumprida. (Lei Complementar n. 123, de 2006, art. 33, § 1º-D)

§ 6º A receita decorrente das autuações por descumprimento de obrigação acessória será destinada ao ente federado responsável pela autuação a que se refere o § 5º, caso em que deverá ser utilizado o documento de arrecadação específico do referido ente que promover a autuação e lançamento fiscal, sujeitando-se o pagamento às normas previstas em sua respectiva legislação. (Lei Complementar n. 123, de 2006, art. 33, § 1º-D; art. 41, § 5º, inciso IV)

§ 7º Não será exigido o registro no Sefisc de lançamento fiscal que trate exclusivamente do disposto no § 5º.

§ 7º Não se exigirá o registro no Sefisc de lançamento fiscal que trate exclusivamente do disposto no § 5º. (Lei Complementar n. 123, de 2006, art. 33, §§ 1º-D e 4º)

› Numeração conforme publicação oficial.

§ 8º Estarão devidamente constituídos os débitos relativos aos impostos e contribuições resultantes das informações prestadas na DASN ou no PGDAS-D, caso em que será vedado lançamento de ofício por parte das administrações tributárias federal, estaduais ou municipais. (Lei Complementar n. 123, de 2006, art. 18, § 15-A, inciso I; art. 25, § 1º; art. 41, § 4º)

ART. 88. O AINF será lavrado em 2 (duas) vias e deverá conter as seguintes informações: (Lei Complementar n. 123, de 2006, art. 33, § 4º)

I - data, hora e local da lavratura;

II - identificação do autuado;

III - identificação do responsável solidário, quando cabível;

IV - período autuado;

V - descrição do fato;

VI - o dispositivo legal infringido e a penalidade aplicável;

VII - a determinação da exigência e a intimação para cumpri-la ou impugná-la, no prazo fixado na legislação do ente federado;

VIII - demonstrativo de cálculo dos tributos e multas devidos;

IX - identificação do autuante; e

X - hipóteses de redução de penalidades.

Parágrafo único. O documento de que trata o *caput* deverá contemplar todos os tributos abrangidos pelo Simples Nacional. (Lei Complementar n. 123, de 2006, art. 33, §§ 1º-C e 4º)

ART. 89. Os documentos emitidos em procedimento fiscal podem ser entregues ao sujeito passivo: (Lei Complementar n. 123, de 2006, art. 33, § 4º)

I - somente em meio impresso;

II - mediante utilização do sistema de comunicação eletrônica previsto no art. 122, observado o disposto em seus §§ 3º e 4º; ou

III - em arquivos digitais e, neste caso, deverão ser entregues também em meio impresso:

a) os termos, as intimações, o relatório fiscal e a folha de rosto do AINF; ou

b) somente os termos e as intimações, desde que o relatório fiscal e a folha de rosto do AINF sejam assinados com certificado digital emitido no âmbito da Infraestrutura de Chaves Públicas Brasileira (ICP-Brasil) e possam ser validados em endereço eletrônico informado pelo autuante.

Parágrafo único. Nas hipóteses previstas no inciso III do *caput*: (Lei Complementar n. 123, de 2006, art. 33, § 4º)

I - os documentos serão entregues ao sujeito passivo por meio de mídia não regravável; e

II - a entrega dos documentos será feita com o respectivo termo de encerramento e ciência do lançamento, no qual devem constar a descrição do conteúdo da mídia digital, o resumo do crédito tributário lançado e demais informações pertinentes ao encerramento.

ART. 90. O valor apurado no AINF deverá ser pago por meio do DAS, gerado por meio de aplicativo disponível no Portal do Simples Nacional. (Lei Complementar n. 123, de 2006, art. 21, inciso I; art. 33, § 4º)

SUBSEÇÃO IV
DA OMISSÃO DE RECEITA

ART. 91. Aplicam-se à ME e à EPP optantes pelo Simples Nacional todas as presunções de omissão de receita existentes nas legislações de regência dos tributos incluídos no Simples Nacional. (Lei Complementar n. 123, de 2006, art. 34)

Parágrafo único. A existência de tributação prévia por estimativa, estabelecida em legislação do ente federado não desobrigará:

I - da apuração da base de cálculo real efetuada pelo contribuinte ou pelas administrações tributárias; e (Lei Complementar n. 123, de 2006, art. 18, *caput* e § 3º)

II - da emissão de documento fiscal previsto no art. 59, ressalvadas as prerrogativas do MEI, nos termos do inciso II do art. 106. (Lei Complementar n. 123, de 2006, art. 26, inciso I e § 1º)

ART. 92. No caso em que a ME ou a EPP optante pelo Simples Nacional exerça atividades incluídas no campo de incidência do ICMS e do ISS e seja apurada omissão de receita de origem não identificável, a autuação será feita com utilização da maior das alíquotas relativas à faixa de receita bruta de enquadramento do contribuinte, dentre as tabelas aplicáveis às respectivas atividades. (Lei Complementar n. 123, de 2006, art. 39, § 2º)

§ 1º Na hipótese de as alíquotas das tabelas aplicáveis serem iguais, será utilizada a tabela que tiver a maior alíquota na última faixa, para definir a alíquota a que se refere o *caput*. (Lei Complementar n. 123, de 2006, art. 2º, inciso I e § 6º; art. 39, § 2º)

§ 2º A parcela autuada que não seja correspondente aos tributos federais será rateada entre Estados, Distrito Federal e Municípios na proporção dos percentuais de ICMS e ISS relativos à faixa de receita bruta de enquadramento do contribuinte, dentre as tabelas aplicáveis. (Lei Complementar n. 123, de 2006, art. 2º, inciso I e § 6º; art. 39, § 2º)

SUBSEÇÃO V
DAS INFRAÇÕES E PENALIDADES

ART. 93. Constitui infração, para os fins desta Resolução, toda ação ou omissão, voluntária ou involuntária, da ME ou da EPP optante que importe em inobservância das normas do Simples Nacional. (Lei Complementar n. 123, de 2006, art. 2º, inciso I e § 6º; art. 33, § 4º)

ART. 94. Considera-se também ocorrida infração quando constatada: (Lei Complementar n. 123, de 2006, art. 2º, inciso I e § 6º; art. 33, § 4º)

I - omissão de receitas;

II - diferença de base de cálculo; ou

III - insuficiência de recolhimento dos tributos do Simples Nacional.

ART. 95. Aplicam-se aos tributos devidos pela ME e pela EPP, optantes pelo Simples Nacional, as normas relativas aos juros e multa de mora e de ofício previstas para o imposto sobre a renda, inclusive, quando for o caso, em relação ao ICMS e ao ISS. (Lei Complementar n. 123, de 2006, art. 35)

ART. 96. O descumprimento de obrigação principal devida no âmbito do Simples Nacional sujeita o infrator às seguintes multas: (Lei Complementar n. 123, de 2006, art. 35)

I - 75% (setenta e cinco por cento) sobre a totalidade ou diferença do tributo, no caso de falta de pagamento ou recolhimento; (Lei n. 9.430, de 1996, art. 44, inciso I)

II - 150% (cento e cinquenta por cento) sobre a totalidade ou diferença do tributo, no caso de falta de pagamento ou recolhimento, nas hipóteses previstas nos arts. 71 (sonegação), 72 (fraude) e 73 (conluio) da Lei n. 4.502, de 30 de novembro de 1964, independentemente de outras penalidades administrativas ou criminais cabíveis; (Lei n. 9.430, de 1996, art. 44, inciso I e § 1º)

III - 112,50% (cento e doze e meio por cento) sobre a totalidade ou diferença do tributo, no caso de falta de pagamento ou recolhimento, nas hipóteses de não atendimento pelo sujeito passivo, no prazo fixado, de intimação para prestar esclarecimentos ou para apresentar arquivos ou documentação técnica referentes aos sistemas eletrônicos de processamento de dados utilizados para registrar negócios e atividades econômicas ou financeiras, escriturar livros ou elaborar documentos de natureza contábil ou fiscal; ou (Lei n. 9.430, de 1996, art. 44, inciso I e § 2º)

IV - 225% (duzentos e vinte e cinco por cento) sobre a totalidade ou diferença do tributo, nos casos de falta de pagamento ou recolhimento, nas hipóteses previstas nos arts. 71 (sonegação), 72 (fraude) e 73 (conluio) da Lei n. 4.502, de 1964, e caso se trate ainda de não atendimento pelo sujeito passivo, no prazo fixado, de intimação para prestar esclarecimentos ou para apresentar arquivos ou documentação técnica referentes aos sistemas eletrônicos de processamento de dados utilizados para registrar negócios e atividades econômicas ou financeiras, escriturar livros ou elaborar documentos de natureza contábil ou fiscal, independentemente de outras penalidades administrativas ou criminais cabíveis. (Lei n. 9.430, de 1996, art. 44, inciso I e §§ 1º e 2º)

Parágrafo único. Aplicam-se às multas de que tratam os incisos do *caput* deste artigo as seguintes reduções:

I - 50% (cinquenta por cento), na hipótese de o contribuinte efetuar o pagamento do débito no prazo de 30 (trinta) dias, contado da data em que tiver sido notificado do lançamento; ou (Lei n. 9.430, de 1996, art. 44, § 3º; Lei n. 8.218, de 29 de agosto de 1991, art. 6º, inciso I)

II - 30% (trinta por cento), na hipótese de o contribuinte efetuar o pagamento do débito no prazo de 30 (trinta) dias, contado da data em que tiver sido notificado:

a) da decisão administrativa de primeira instância à impugnação tempestiva; ou (Lei n. 9.430, de 1996, art. 44, § 3º; Lei n. 8.218, de 1991, art. 6º, inciso III)

b) da decisão do recurso de ofício interposto por autoridade julgadora de primeira instância. (art. 44, § 3º, da Lei n. 9.430, de 1996, art. 44, § 3º; Lei n. 8.218, de 1991, art. 6º, § 1º)

ART. 97. A ME ou EPP que deixar de apresentar a DASN ou que a apresentar com incorreções ou omissões ou, ainda, que a apresentar fora do prazo fixado, será intimada a apresentá-la ou a prestar esclarecimentos, conforme o caso, no prazo estipulado pela autoridade fiscal, e sujeitar-se-á a multa: (Lei Complementar n. 123, de 2006, art. 38)

I - de 2% (dois por cento) ao mês-calendário ou fração, incidentes sobre o montante dos tributos informados na DASN, ainda que integralmente pago, no caso de falta de entrega da declaração ou entrega após o prazo, limitada a 20% (vinte por cento), observado o disposto no § 3º deste artigo; ou

II - de R$ 100,00 (cem reais) para cada grupo de 10 (dez) informações incorretas ou omitidas.

§ 1º Para efeito de aplicação da multa prevista no inciso I do *caput*, será considerado como termo inicial o dia seguinte ao término do prazo fixado para a entrega da declaração e como termo final a data da efetiva entrega ou, no caso de não apresentação, da lavratura do auto de infração. (Lei Complementar n. 123, de 2006, art. 38, § 1º)

§ 2º Observado o disposto no § 3º deste artigo, as multas serão reduzidas: (Lei Complementar n. 123, de 2006, art. 38, § 2º)

I - à metade, quando a declaração for apresentada após o prazo, mas antes de qualquer procedimento de ofício;

II - a 75% (setenta e cinco por cento), se houver a apresentação da declaração no prazo fixado em intimação.

§ 3º A multa mínima a ser aplicada será de R$ 200,00 (duzentos reais). (Lei Complementar n. 123, de 2006, art. 38, § 3º)

§ 4º Será considerada não entregue a declaração que não atender às especificações técnicas estabelecidas pelo CGSN, observado que a ME ou a EPP: (Lei Complementar n. 123, de 2006, art. 38, §§ 4º e 5º)

I - será intimada a apresentar nova declaração, no prazo de 10 (dez) dias, contado da ciência da intimação; e

II - sujeitar-se-á à multa prevista no inciso I do *caput* deste artigo, observado o disposto nos §§ 1º a 3º.

ART. 98. A ME ou a EPP que deixar de prestar mensalmente à RFB as informações no PGDAS-D, no prazo previsto no inciso II do § 2º do art. 38, ou que as prestar com incorreções ou omissões, será intimada a fazê-lo, no caso de não apresentação, ou a prestar esclarecimentos, nos demais casos, no prazo estipulado pela autoridade fiscal, e sujeitar-se-á às seguintes multas, para cada mês de referência: (Lei Complementar n. 123, de 2006, art. 38-A)

I - de 2% (dois por cento) ao mês-calendário ou fração, a partir do primeiro dia do quarto mês do ano subsequente à ocorrência dos fatos geradores, incidentes sobre o montante dos impostos e contribuições decorrentes das informações prestadas no PGDAS-D, ainda que integralmente pago, no caso de ausência de prestação de informações ou sua efetuação após o prazo, limitada a 20% (vinte por cento), observado o disposto no § 2º deste artigo; ou (Lei Complementar n. 123, de 2006, art. 38-A, inciso I)

II - de R$ 20,00 (vinte reais) para cada grupo de dez informações incorretas ou omitidas. (Lei Complementar n. 123, de 2006, art. 38-A, inciso II)

§ 1º Para efeito de aplicação da multa prevista no inciso I do *caput*, será considerado como termo inicial o primeiro dia do quarto mês do ano subsequente à ocorrência dos fatos geradores e como termo final a data da efetiva prestação ou, no caso de não prestação, da lavratura do auto de infração. (Lei Complementar n. 123, de 2006, art. 38-A, § 1º)

§ 2º A multa mínima a ser aplicada será de R$ 50,00 (cinquenta reais) para cada mês de referência. (Lei Complementar n. 123, de 2006, art. 38-A, § 2º)

§ 3º Observado o disposto no § 2º deste artigo, as multas serão reduzidas: (Lei Complementar n. 123, de 2006, art. 38, § 2º; art. 38-A, § 3º)

I - à metade, quando a declaração for apresentada após o prazo, mas antes de qualquer procedimento de ofício; ou

II - a 75% (setenta e cinco por cento), se houver a apresentação da declaração no prazo fixado em intimação.

§ 4º Serão consideradas não prestadas as informações que não atenderem às especificações técnicas estabelecidas pelo CGSN, observado que a ME ou a EPP: (Lei Complementar n. 123, de 2006, art. 38, §§ 4º e 5º; art. 38-A, § 3º)

I - será intimada a prestar novas informações, no prazo de 10 (dez) dias, contado da ciência da intimação;

II - estará sujeita à multa prevista no inciso I do *caput* deste artigo, observado o disposto nos §§ 1º a 3º.

ART. 99. A falta de comunicação, quando obrigatória, da exclusão da ME ou EPP do Simples Nacional, nos termos do art. 81, sujeitará a multa correspondente a 10% (dez por cento) do total dos tributos devidos em conformidade com o Simples Nacional no mês que anteceder o início dos efeitos da exclusão, não inferior a R$ 200,00 (duzentos reais), insusceptível de redução. (Lei Complementar n. 123, de 2006, art. 36)

TÍTULO II
DO MICROEMPREENDEDOR INDIVIDUAL (MEI)

CAPÍTULO I
DA DEFINIÇÃO

ART. 100. Considera-se MEI o empresário a que se refere o art. 966 do Código Civil ou o empreendedor que exerça as atividades de industrialização, comercialização e prestação de serviços no âmbito rural, optante pelo Simples Nacional, que tenha auferido receita bruta acumulada nos anos-calendário anteriores e em curso de até R$ 81.000,00 (oitenta e um mil reais) e que: (Lei Complementar n. 123, de 2006, art. 18-A, § 1º e § 7º, inciso III)

I - exerça, de forma independente, apenas as ocupações constantes do Anexo XI desta Resolução; (Lei Complementar n. 123, de 2006, art. 18-A, §§ 4º-B e 17)

II - possua um único estabelecimento; (Lei Complementar n. 123, de 2006, art. 18-A, § 4º, inciso II)

III - não participe de outra empresa como titular, sócio ou administrador; e (Lei Complementar n. 123, de 2006, art. 18-A, § 4º, inciso III)

IV - não contrate mais de um empregado, observado o disposto no art. 105. (Lei Complementar n. 123, de 2006, art. 18-C)

§ 1º No caso de início de atividade, o limite de que trata o *caput* será de R$ 6.750,00 (seis mil setecentos e cinquenta reais) multiplicados pelo número de meses compreendidos entre o mês de início de atividade e o final do respectivo ano-calendário, considerada a fração de mês como mês completo. (Lei Complementar n. 123, de 2006, art. 18-A, § 2º)

§ 2º Observadas as demais condições deste artigo, e para efeito do disposto no inciso I do *caput*, poderá enquadrar-se como MEI o empresário individual que exerça atividade de comercialização e processamento de produtos de natureza extrativista. (Lei Complementar n. 123, de 2006, art. 18-A, § 4º-A)

§ 3º Para fins do disposto neste Título, o tratamento diferenciado e favorecido previsto para o MEI aplica-se exclusivamente na vigência do período de enquadramento no sistema de recolhimento de que trata o art. 101, exceto na hipótese prevista no inciso II do parágrafo único do art. 116. (Lei Complementar n. 123, de 2006, art. 18-A, § 14)

§ 4º O MEI não pode guardar, cumulativamente, com o contratante do serviço, relação de pessoalidade, subordinação e habitualidade, sob pena de exclusão do Simples Nacional. (Lei Complementar n. 123, de 2006, art. 3º, § 4º, inciso XI; art. 18-A, § 24; art. 30, inciso II)

§ 5º O MEI é modalidade de microempresa (Lei Complementar n. 123, de 2006, art. 3º, inciso I; art. 18-E, § 3º)

§ 6º Será considerada como receita auferida pelo MEI que atue como profissional-parceiro de que trata a Lei n. 12.592, de 2012, a totalidade da cota-parte recebida do salão-parceiro. (Lei Complementar n. 123, de 2006, art. 18-A, § 14)

§ 7º O salão-parceiro de que trata a Lei n. 12.592, de 2012, não poderá ser MEI. (Lei Complementar n. 123, de 2006, art. 18-A, § 14; art. 25, § 4º; art. 26, §§ 1º e 2º)

§ 8º Entende-se como independente a ocupação exercida pelo titular do empreendimento, desde que este não guarde, cumulativamente, com o contratante do serviço, relação de pessoalidade, subordinação e habitualidade. (Lei Complementar n. 123, de 2006, art. 18-A, §§ 4º-B e 24)

§ 9º Considera-se a soma das respectivas receitas brutas, para fins do disposto no *caput*, caso um mesmo empresário tenha mais de uma inscrição cadastral no mesmo ano-calendário, como empresário individual ou MEI, ou atue também como pessoa física, caracterizada, para fins previdenciários, como contribuinte individual ou segurado especial. (Lei Complementar n. 123, de 2006, art. 18-A, §§ 1º, 4º, inciso III, e § 14)

CAPÍTULO II
DO SISTEMA DE RECOLHIMENTO EM VALORES FIXOS MENSAIS DOS TRIBUTOS ABRANGIDOS PELO SIMPLES NACIONAL (SIMEI)

SEÇÃO I
DA DEFINIÇÃO

ART. 101. O Sistema de Recolhimento em Valores Fixos Mensais dos Tributos abrangidos pelo Simples Nacional (Simei) é a forma pela qual o MEI pagará, por meio do DAS, independentemente da receita bruta por ele auferida no mês, observados os limites previstos no art. 100, valor fixo mensal correspondente à soma das seguintes parcelas: (Lei Complementar n. 123, de 2006, art. 18-A, § 3º, inciso V)

I - contribuição para a Seguridade Social relativa à pessoa do empresário, na qualidade de contribuinte individual, na forma prevista no § 2º do art. 21 da Lei n. 8.212, correspondente a:

a) até a competência abril de 2011: 11% (onze por cento) do limite mínimo mensal do salário de contribuição; (Lei Complementar n. 123, de 2006, art. 18-A, § 3º, inciso V, alínea "a", e § 11)

b) a partir da competência maio de 2011: 5% (cinco por cento) do limite mínimo mensal do salário de contribuição; (Lei n. 8.212, de 24 de julho de 1991, art. 21, § 2º, inciso II, alínea "a"; Lei n. 12.470, de 31 de agosto de 2011, arts. 1º e 5º)

II - R$ 1,00 (um real), a título de ICMS, caso seja contribuinte desse imposto;

III - R$ 5,00 (cinco reais), a título de ISS, caso seja contribuinte desse imposto.

§ 1º A definição da parcela a ser paga a título de ICMS ou de ISS e sua destinação serão determinadas de acordo com os dados registrados no CNPJ, observando-se: (Lei Complementar n. 123, de 2006, art. 18-A, § 4º-B)

I - o enquadramento previsto no Anexo XI;

II - os códigos CNAE e o endereço da empresa constantes do CNPJ na 1ª (primeira) geração do DAS relativo ao mês de início do enquadramento no Simei ou ao 1º (primeiro) mês de cada ano calendário.

§ 2º A tabela constante do Anexo XI aplica-se apenas no âmbito do Simei. (Lei Complementar n. 123, de 2006, art. 18-A, § 4º-B)

§ 3º As alterações feitas no Anexo XI produzirão efeitos a partir do ano-calendário subsequente, observadas as seguintes regras: (Lei Complementar n. 123, de 2006, art. 18-A, §§ 4º-B e 14)

I - se determinada ocupação passar a ser considerada permitida ao Simei, o contribuinte que a exerça poderá optar por esse sistema de recolhimento a partir do ano-calendário seguinte ao da alteração, desde que não incorra em nenhuma das vedações previstas neste Capítulo;

II - se determinada ocupação deixar de ser considerada permitida ao Simei, o contribuinte optante que a exerça efetuará o seu desenquadramento do referido sistema, com efeitos para o ano calendário subsequente, observado o disposto no § 4º.

§ 4º O desenquadramento de ofício pelo exercício de ocupação não permitida poderá ser realizado com efeitos a partir do segundo exercício subsequente à supressão da referida ocupação do Anexo XI. (Lei Complementar n. 123, de 2006, art. 18-A, § 14)

§ 5º Na hipótese prevista no § 4º, o valor a ser pago a título de ICMS ou de ISS será determinado de acordo com a última tabela de ocupações permitidas na qual ela conste. (Lei Complementar n. 123, de 2006, art. 18-A, § 14)

SEÇÃO II
DA OPÇÃO PELO SIMEI

ART. 102. A opção pelo Simei: (Lei Complementar n. 123, de 2006, art. 18-A, *caput* e §§ 5º e 14)

I - será irretratável para todo o ano-calendário;

II - para o empresário individual já inscrito no CNPJ, deverá ser realizada no mês de janeiro, até seu último dia útil, e produzirá efeitos a partir do primeiro dia do ano-calendário da opção, por meio de aplicativo disponibilizado no Portal do Simples Nacional, ressalvado o disposto no § 1º.

§ 1º Para o empresário individual em início de atividade, a realização da opção pelo Simples Nacional e enquadramento no Simei será simultânea à inscrição no CNPJ, observadas as condições previstas neste Capítulo, quando utilizado o registro simplificado de que trata o § 1º do art. 4º da Lei Complementar n. 123, de 2006, caso em que não se aplica o disposto no art. 6º. (Lei Complementar n. 123, de 2006, art. 18-A, *caput* e §§ 5º e 14)

§ 2º No momento da opção pelo Simei, o MEI deverá declarar: (Lei Complementar n. 123, de 2006, art. 18-A, § 14)

I - que não se enquadra nas vedações para ingresso no Simei;

II - que se enquadra nos limites previstos no art. 100.

§ 3º Enquanto não vencido o prazo para solicitação da opção pelo Simei de que trata o inciso II do *caput*, o contribuinte poderá: (Lei Complementar n. 123, de 2006, art. 18-A, § 14)

I - regularizar eventuais pendências impeditivas do ingresso no Simei, sujeitando-se à rejeição da solicitação de opção caso não as regularize até o término desse prazo;

II - efetuar o cancelamento da solicitação de opção, salvo se já houver sido confirmada.

ART. 103. Durante a vigência da opção pelo Simei, não se aplicam ao MEI:

I - valores fixos estabelecidos por Estado, Município ou pelo Distrito Federal na forma prevista no art. 33; (Lei Complementar n. 123, de 2006, art. 18-A, § 3º, inciso I)

II - as reduções previstas no art. 35, ou qualquer dedução na base de cálculo; (Lei Complementar n. 123, de 2006, art. 18-A, § 3º, inciso II)

III - isenções específicas para as ME e as EPP concedidas pelo Estado, Município ou pelo Distrito Federal que abranjam integralmente a faixa de receita bruta acumulada de até R$ 81.000,00 (oitenta e um mil reais); (Lei Complementar n. 123, de 2006, art. 18-A, § 3º, inciso III)

IV - retenções de ISS sobre os serviços prestados; (Lei Complementar n. 123, de 2006, art. 21, § 4º, inciso IV)

V - atribuições da qualidade de substituto tributário; e (Lei Complementar n. 123, de 2006, art. 18-A, § 14)

VI - reduções ou isenções de ICMS para produtos da cesta básica, estabelecidos por Estado ou pelo Distrito Federal, em lei específica destinada às ME ou EPP optantes pelo Simples Nacional, na forma prevista no no art. 36. (Lei Complementar n. 123, de 2006, art. 18-A, § 3º, incisos II e III)

§ 1º A opção pelo Simei importa opção simultânea pelo recolhimento da contribuição para a Seguridade Social relativa à pessoa do empresário, na qualidade de contribuinte individual, na forma prevista no inciso II do § 2º do art. 21 da Lei n. 8.212, de 1991. (Lei Complementar n. 123, de 2006, art. 18-A, § 3º, inciso IV)

§ 2º O MEI terá isenção dos tributos referidos nos incisos I a V do art. 4º, observadas as disposições do art. 5º e, quanto à contribuição patronal previdenciária, o disposto no art. 105. (Lei Complementar n. 123, de 2006, art. 18-A, § 3º, inciso VI e art. 18-C)

§ 3º Aplica-se ao MEI o disposto no § 4º do art. 55 e no § 2º do art. 94, ambos da Lei n. 8.213, de 1991, exceto se optar pela complementação da contribuição previdenciária a que se refere o § 3º do art. 21 da Lei n. 8.212, de 1991. (Lei Complementar n. 123, de 2006, art. 18-A, § 12)

§ 4º O recolhimento da complementação prevista no § 3º será disciplinado pela RFB. (Lei Complementar n. 123, de 2006, art. 18-A, §§ 12 e 14)

§ 5º A inadimplência do recolhimento da contribuição para a Seguridade Social relativa à pessoa do empresário, na qualidade de contribuinte individual, prevista no inciso I do art. 101, tem como consequência a não contagem da competência em atraso para fins de carência para obtenção dos benefícios previdenciários respectivos. (Lei Complementar n. 123, de 2006, art. 18-A, § 15)

SEÇÃO III
DO DOCUMENTO DE ARRECADAÇÃO (DAS)

ART. 104. Para o contribuinte optante pelo Simei, o Programa Gerador do DAS para o MEI (PGMEI) possibilitará a emissão simultânea dos DAS, para todos os meses do ano calendário. (Lei Complementar n. 123, de 2006, art. 18-A, § 14; art. 21, inciso I)

§ 1º A Impressão de que trata o *caput* estará disponível a partir do início do ano-calendário ou do início de atividade do MEI. (Lei Complementar n. 123, de 2006, art. 18-A, § 14; art. 21, inciso I)

§ 2º O pagamento mensal deverá ser efetuado no prazo definido no art. 40, observado o disposto no *caput* do art. 101. (Lei Complementar n. 123, de 2006, art. 18-A, § 14; art. 21, inciso III)

SEÇÃO IV
DA CONTRATAÇÃO DE EMPREGADO

ART. 105. O MEI poderá contratar um único empregado que receba exclusivamente 1 (um) salário mínimo previsto em lei federal ou estadual ou o piso salarial da categoria profissional, definido em lei federal ou por convenção coletiva da categoria. (Lei Complementar n. 123, de 2006, art. 18-C)

§ 1º Na hipótese referida no *caput*, o MEI: (Lei Complementar n. 123, de 2006, art. 18-C, § 1º)

I - deverá reter e recolher a contribuição previdenciária devida pelo segurado a seu serviço, na forma estabelecida pela lei, observados prazo e condições estabelecidos pela RFB;

II - ficará obrigado a prestar informações relativas ao segurado a seu serviço, e deve cumprir o disposto no inciso IV do art. 32 da Lei n. 8.212, de 1991;

III - estará sujeito ao recolhimento da CPP para a Seguridade Social, a cargo da pessoa jurídica, de que trata o art. 22 da Lei n. 8.212, de 1991, calculada à alíquota de 3% (três por cento) sobre o salário de contribuição previsto no *caput*.

§ 2º Nos casos de afastamento legal do único empregado do MEI, será permitida a contratação de outro empregado, inclusive por prazo determinado, até que cessem as condições do afastamento, na forma estabelecida pelo Ministério do Trabalho e Emprego. (Lei Complementar n. 123, de 2006. art. 18-C, § 2º)

§ 3º Não se incluem no limite de que trata o *caput* valores recebidos a título de horas extras e adicionais de insalubridade, periculosidade e por trabalho noturno, bem como os relacionados aos demais direitos constitucionais do trabalhador decorrentes da atividade laboral, inerentes à jornada ou condições do trabalho, e que incidem sobre o salário. (Lei Complementar n. 123, de 2006, art. 18-C)

§ 4º A percepção, pelo empregado, de valores a título de gratificações, gorjetas, percentagens, abonos e demais remunerações de caráter variável é considerada hipótese de descumprimento do limite de que trata o *caput*. (Lei Complementar n. 123, de 2006, art. 18-C)

CAPÍTULO III
DAS OBRIGAÇÕES ACESSÓRIAS

SEÇÃO I
DA DISPENSA DE OBRIGAÇÕES ACESSÓRIAS

ART. 106. O MEI: (Lei Complementar n. 123, de 2006, art. 26, §§ 1º e 6º, inciso II)

I - deverá comprovar a receita bruta mediante apresentação do Relatório Mensal de Receitas Brutas de que trata o Anexo X, que deverá ser preenchido até o dia 20 (vinte) do mês subsequente àquele em que houver sido auferida a receita bruta;

II - em relação ao documento fiscal previsto no art. 59:

a) ficará dispensado da emissão:

1. nas operações com venda de mercadorias ou prestações de serviços para consumidor final pessoa física; e

2. nas operações com mercadorias para destinatário inscrito no CNPJ, quando o destinatário emitir nota fiscal de entrada; e

b) ficará obrigado à sua emissão:

1. nas prestações de serviços para tomador inscrito no CNPJ; e

2. nas operações com mercadorias para destinatário inscrito no CNPJ, quando o destinatário não emitir nota fiscal de entrada.

§ 1º O MEI fica dispensado:

I - da escrituração dos livros fiscais e contábeis;

II - da Declaração Eletrônica de Serviços; e

III - da emissão de documento fiscal eletrônico, exceto se exigida pelo respectivo ente federado e disponibilizado sistema gratuito de emissão, respeitado o disposto no art. 110. (Lei Complementar n. 123, de 2006, art. 2º, inciso I e § 6º; art. 26, § 2º)

§ 2º Nas hipóteses previstas nos incisos do *caput*:

I - deverão ser anexados ao Relatório Mensal de Receitas Brutas os documentos fiscais comprobatórios das entradas de mercadorias e serviços tomados referentes ao período, bem como os documentos fiscais relativos às operações ou prestações realizadas eventualmente emitidos; (Lei Complementar n. 123, de 2006, art. 26, § 6º, inciso I)

II - o documento fiscal a que se refere o inciso II do *caput* deverá atender aos requisitos: (Lei Complementar n. 123, de 2006, art. 2º, inciso I e § 6º; art. 26, §§ 1º e 8º)

a) do documento fiscal avulso, quando previsto na legislação do ente federado;

b) da autorização para impressão de documentos fiscais do ente federado da circunscrição do contribuinte; e

c) do documento fiscal emitido diretamente por sistema nacional informatizado, com autorização eletrônica, sem custos para o MEI, quando houver sua disponibilização no Portal do Simples Nacional.

ART. 107. A simplificação da exigência referente ao cadastro fiscal estadual ou municipal do MEI não dispensa a emissão de documentos fiscais de compra, venda ou prestação de serviços, e é vedada, em qualquer hipótese, a imposição de custos pela autorização para emissão, inclusive na modalidade avulsa. (Lei Complementar n. 123, de 2006, art. 4º, § 3º)

ART. 108. O MEI que não contratar empregado na forma prevista no art. 105 fica dispensado:

I - de prestar a informação prevista no inciso IV do art. 32 da Lei n. 8.212, de 1991, no que se refere à remuneração paga ou creditada decorrente do seu trabalho, salvo se presentes outras hipóteses de obrigatoriedade de prestação de informações, na forma estabelecida pela RFB; (Lei Complementar n. 123, de 2006, art. 18-A, § 13, inciso I)

II - de apresentar a Relação Anual de Informações Sociais - RAIS; (Lei Complementar n. 123, de 2006, art. 18-A, § 13, inciso II)

III - de declarar à Caixa Econômica Federal a ausência de fato gerador para fins de emissão da Certidão de Regularidade Fiscal perante o FGTS. (Lei Complementar n. 123, de 2006, art. 18-A, § 13, inciso III)

SEÇÃO II
DA DECLARAÇÃO ANUAL SIMPLIFICADA PARA O MEI (DASNSIMEI)

ART. 109. Na hipótese de o empresário individual ter optado pelo Simei no ano-calendário anterior, ele deverá apresentar, até o último dia de maio de cada ano, à RFB, a Declaração Anual Simplificada para o Microempreendedor Individual (DASN-Simei), que conterá apenas: (Lei Complementar n. 123, de 2006, art. 25, *caput* e § 4º)

I - a receita bruta total auferida relativa ao ano-calendário anterior;

II - a receita bruta total auferida relativa ao ano-calendário anterior, referente às atividades sujeitas ao ICMS; e

III - informação referente à contratação de empregado, quando houver.

§ 1º Na hipótese de a inscrição do MEI ter sido baixada, a DASN-Simei relativa à situação especial deverá ser entregue: (Lei Complementar n. 123, de 2006, art. 25, *caput*)

I - até o último dia do mês de junho, quando o evento ocorrer no primeiro quadrimestre do ano-calendário; e

II - até o último dia do mês subsequente ao do evento, nos demais casos.

§ 2º Em relação ao ano-calendário de desenquadramento do empresário individual para fins do Simei, inclusive em decorrência de sua exclusão do Simples Nacional, este deverá entregar a DASNSimei com inclusão dos fatos geradores ocorridos no período em que vigorou o enquadramento, no prazo estabelecido no *caput*. (Lei Complementar n. 123, de 2006, art. 25, *caput*)

§ 3º A DASN-Simei poderá ser retificada independentemente de prévia autorização da administração tributária, e a retificadora terá a mesma natureza da declaração originariamente apresentada, observado o disposto no parágrafo único do art. 138 do CTN. (Lei Complementar n. 123, de 2006, art. 25, *caput*)

§ 4º As informações prestadas pelo contribuinte na DASNSimei serão compartilhadas entre a RFB e os órgãos de fiscalização tributária dos Estados, Distrito Federal e Municípios. (Lei Complementar n. 123, de 2006, art. 25, *caput*)

§ 5º A apresentação da DASN-Simei não exonera o contribuinte de prestar informações relativas a terceiros. (Lei Complementar n. 123, de 2006, art. 26, § 3º)

§ 6º Os dados informados na DASN-Simei relativos ao inciso III do *caput* poderão ser encaminhados pelo Serviço Federal de Processamento de Dados (Serpro) ao Ministério do Trabalho e Emprego, observados os procedimentos estabelecidos entre as partes, com vistas à exoneração da obrigação da apresentação da Relação Anual de Informações Sociais (RAIS) por parte do MEI. (Lei Complementar n. 123, de 2006, art. 18-A, § 14; art. 25, *caput* e § 4º)

§ 7º A DASN-Simei constitui confissão de dívida e instrumento hábil e suficiente para a exigência dos tributos que não tenham sido recolhidos, apurados com base nas informações nela prestadas. (Lei Complementar n. 123, de 2006, art. 25, §§ 1º e 4º)

§ 8º O direito de o MEI retificar as informações prestadas na DASN-Simei extingue-se no prazo de 5 (cinco) anos, contado a partir do 1º (primeiro) dia do exercício seguinte àquele ao qual se refere a declaração. (Lei Complementar n. 123, de 2006, art. 25, *caput* e § 4º)

SEÇÃO III
DA CERTIFICAÇÃO DIGITAL PARA O MEI

ART. 110. O MEI fica dispensado de utilizar certificação digital para cumprimento de obrigações principais ou acessórias ou para recolhimento do FGTS. (Lei Complementar n. 123, de 2006, art. 26, § 7º)

ART. 111. Independentemente do disposto no art. 110, poderá ser exigida a utilização de códigos de acesso para cumprimento das referidas obrigações. (Lei Complementar n. 123, de 2006, art. 2º, inciso I e § 6º; art. 26, § 7º)

CAPÍTULO IV
DA PRESTAÇÃO DE SERVIÇOS

ART. 112. O MEI não poderá realizar cessão ou locação de mão de obra, sob pena de exclusão do Simples Nacional. (Lei Complementar n. 123, de 2006, art. 2º, inciso I e § 6º; art. 17, XII; art. 18-B)

§ 1º Para os fins desta Resolução, considera-se cessão ou locação de mão de obra a colocação à disposição da empresa contratante, em suas dependências ou nas de terceiros, de trabalhadores, inclusive o MEI, para realização de serviços contínuos, relacionados ou não com sua atividade fim, independentemente da natureza e da forma de contratação. (Lei Complementar n. 123, de 2006, art. 2º, inciso I e § 6º; Lei n. 8.212, de 1991, art. 31, § 3º)

§ 2º As dependências de terceiros a que se refere o § 1º são as indicadas pela empresa contratante, que não sejam as suas próprias e que não pertençam ao MEI prestador dos serviços. (Lei Complementar n. 123, de 2006, art. 2º, inciso I e § 6º)

§ 3º Os serviços contínuos a que se refere o § 1º são os que constituem necessidade permanente da contratante, que se repetem periódica ou sistematicamente, ligados ou não a sua atividade fim, ainda que sua execução seja realizada de forma intermitente ou por trabalhadores contratados sob diferentes vínculos. (Lei Complementar n. 123, de 2006, art. 2º, inciso I e § 6º)

§ 4º Considera-se colocação de trabalhadores, inclusive o MEI, à disposição da empresa contratante a cessão do trabalhador, em caráter não eventual, respeitados os limites do contrato. (Lei Complementar n. 123, de 2006, art. 2º, inciso I e § 6º)

ART. 113. A empresa contratante de serviços de hidráulica, eletricidade, pintura, alvenaria, carpintaria e de manutenção ou reparo de veículos executados por intermédio do MEI fica obrigada, em relação a essa contratação, ao recolhimento da CPP calculada na forma prevista no inciso III do *caput* e no § 1º do art. 22 da Lei n. 8.212, de 1991, e ao cumprimento das obrigações acessórias relativas à contratação de contribuinte individual, na forma disciplinada pela RFB. (Lei Complementar n. 123, de 2006, art. 18-B, *caput* e § 1º)

ART. 114. Na hipótese de o MEI prestar serviços como empregado ou em cuja contratação forem identificados elementos que configurem relação de emprego ou de emprego doméstico: (Lei Complementar n. 123, de 2006, art. 2º, inciso I e § 6º; art. 3º, § 4º, XI; art. 18-A, § 24, art. 18-B, § 2º; Lei n. 8.212, de 1991, art. 24, parágrafo único)

I - o MEI será considerado empregado ou empregado doméstico e o contratante ficará sujeito às obrigações decorrentes da relação, inclusive às obrigações tributárias e previdenciárias; e

II - o MEI ficará sujeito à exclusão do Simples Nacional.

CAPÍTULO V
DO DESENQUADRAMENTO

ART. 115. O desenquadramento do Simei será realizado de ofício pela autoridade administrativa ou mediante comunicação do contribuinte. (Lei Complementar n. 123, de 2006, art. 18-A, § 6º)

§ 1º O desenquadramento do Simei não implica a exclusão do contribuinte do Simples Nacional. (Lei Complementar n. 123, de 2006, art. 18-A, § 14)

§ 2º O desenquadramento do Simei mediante comunicação do contribuinte à RFB, em aplicativo disponibilizado no Portal do Simples Nacional, dar-se-á:

I - por opção do contribuinte, caso em que o desenquadramento produzirá efeitos: (Lei Complementar n. 123, de 2006, art. 18-A, § 7º, inciso I)

a) a partir de 1º de janeiro do ano-calendário, se a comunicação for feita no mês de janeiro; ou

b) a partir de 1º de janeiro do ano-calendário subsequente, se a comunicação for feita nos demais meses;

II - obrigatoriamente, quando o contribuinte:

a) auferir receita que exceda, no ano-calendário, o limite de receita bruta previsto no *caput* ou no § 1º do art. 100, caso em que a comunicação deverá ser feita até o último dia útil do mês subsequente àquele em que o excesso se verificou, e o desenquadramento produzirá efeitos: (Lei Complementar n. 123, de 2006, art. 18-A, § 7º, incisos III e IV)

1. a partir de 1º de janeiro do ano-calendário subsequente àquele em que o excesso se verificou, desde que este não tenha sido superior a 20% (vinte por cento) do limite previsto no *caput* ou no § 1º do art. 100;

2. retroativamente a 1º de janeiro do ano calendário em que o excesso se verificou, se este foi superior a 20% (vinte por cento) do limite previsto no *caput* do art. 100; e

3. retroativamente ao início de atividade, se o excesso verificado tiver sido superior a 20% (vinte por cento) do limite previsto no § 1º do art. 100;

b) deixar de atender a qualquer das condições previstas no art. 100, caso em que a comunicação deverá ser feita até o último dia útil do mês subsequente àquele em que descumprida a condição, hipótese em que o desenquadramento produzirá efeitos a partir do mês subsequente ao da ocorrência do fato. (Lei Complementar n. 123, de 2006, art. 18-A, § 7º, inciso II)

§ 3º A alteração de dados no CNPJ informada pelo empresário à RFB equivalerá à comunicação obrigatória de desenquadramento da condição de MEI, nas seguintes hipóteses: (Lei Complementar n. 123, de 2006, art. 18-A, § 17)

I - se houver alteração para natureza jurídica distinta do empresário a que se refere o art. 966 do Código Civil; (Lei Complementar n. 123, de 2006, art. 18-A, §§ 1º e 17)

II - se for incluída no CNPJ atividade não constante do Anexo XI desta Resolução; ou (Lei Complementar n. 123, de 2006, art. 18-A, §§ 4º-B e 17)

III - se a alteração tiver por objeto abertura de filial. (Lei Complementar n. 123, de 2006, art. 18-A, § 4º, inciso II)

§ 4º O desenquadramento de ofício dar-se-á quando, ressalvado o disposto no § 4º do art. 101: (Lei Complementar n. 123, de 2008, art. 18-A, § 8º):

I - for constatada falta da comunicação a que se refere o § 2º, com efeitos a partir da data prevista nas alíneas "a" ou "b" do inciso II, conforme o caso;

II - for constatado que o empresário não atendia às condições para ingresso no Simei, previstas no art. 100, ou que ele tenha prestado declaração inverídica no momento da opção pelo Simei, nos termos do § 2º do art. 102, hipótese em que os efeitos do desenquadramento retroagirão à data de ingresso no Regime.

§ 5º Na hipótese de exclusão do Simples Nacional, o desenquadramento do Simei: (Lei Complementar n. 123, de 2008, art. 18-A, §§ 1º, 14 e 16)

I - ocorrerá automaticamente no momento da apresentação, pelo contribuinte, da comunicação obrigatória de exclusão do Simples Nacional ou do registro da exclusão de ofício, no sistema, pelo ente federado;

II - produzirá efeitos a partir da data de início da produção de efeitos relativa a sua exclusão do Simples Nacional.

§ 6º O contribuinte desenquadrado do Simei passará a recolher os tributos devidos pela regra geral do Simples Nacional a partir da data de início da produção dos efeitos relativos ao desenquadramento, observado o disposto nos §§ 7º a 9º. (Lei Complementar n. 123, de 2006, art. 18-A, § 9º)

§ 7º O contribuinte desenquadrado do Simei e excluído do Simples Nacional ficará obrigado a recolher os tributos devidos de acordo com a legislação aplicável aos demais contribuintes. (Lei Complementar n. 123, de 2006, art. 18-A, § 14)

§ 8º Na hipótese de a receita bruta auferida no ano calendário não exceder em mais de 20% (vinte por cento) os limites previstos no art. 100, conforme o caso, o contribuinte deverá recolher a diferença, sem acréscimos, na data do vencimento estipulado para o pagamento dos tributos abrangidos pelo Simples Nacional relativos ao mês de janeiro do ano-calendário subsequente, calculada mediante aplicação das alíquotas previstas nas tabelas dos Anexos I a V desta Resolução, observado, para inclusão dos percentuais relativos ao ICMS e ao ISS, a tabela constante do Anexo XI desta Resolução. (Lei Complementar n. 123, de 2006, art. 18-A, § 10)

§ 9º Na hipótese de a receita bruta auferida no ano calendário exceder em mais de 20% (vinte por cento) os limites previstos no art. 100, conforme o caso, o contribuinte deverá informar no PGDAS-D as receitas efetivas mensais, e recolher as diferenças relativas aos tributos com os acréscimos legais na forma prevista na legislação do Imposto sobre a Renda, sem prejuízo do disposto no § 7º. (Lei Complementar n. 123, de 2006, art. 18-A, § 7º, inciso IV, "b", e § 14)

ART. 116. O empresário perderá a condição de MEI nas hipóteses previstas no art. 115, e deixará de ter direito ao tratamento diferenciado e se submeterá ao cumprimento das obrigações acessórias previstas para os demais optantes pelo Simples Nacional, caso permaneça nesse Regime, ressalvado o disposto no parágrafo único. (Lei Complementar n. 123, de 2006, art. 18-A, § 9º)

Parágrafo único. Na hipótese de o empresário exceder a receita bruta anual de que trata o art. 100, a perda do tratamento diferenciado relativo à emissão de documentos fiscais previsto no art. 106 ocorrerá: (Lei Complementar n. 123, de 2006, art. 18-A, § 16)

I - a partir de 1º de janeiro do ano-calendário subsequente ao da ocorrência do excesso, na hipótese de não ter excedido o referido limite em mais de 20% (vinte por cento);

II - a partir do mês subsequente ao da ocorrência do excesso, na hipótese de ter excedido o referido limite em mais de 20% (vinte por cento).

CAPÍTULO VI
DAS INFRAÇÕES E PENALIDADES

ART. 117. A falta de comunicação pelo MEI, quando obrigatória, do desenquadramento do Simei nos prazos previstos no inciso II do § 2º do art. 115 sujeitará o contribuinte à multa no valor de R$ 50,00 (cinquenta reais), insusceptível de redução. (Lei Complementar n. 123, de 2006, art. 36-A)

ART. 118. O MEI que deixar de apresentar a DASN-Simei ou que a apresentar com incorreções ou omissões ou, ainda, que a apresentar fora do prazo fixado será intimado a apresentá-la ou a prestar esclarecimentos, conforme o caso, no prazo estipulado pela autoridade fiscal, e sujeitar-se-á à multa: (Lei Complementar n. 123, de 2006, art. 38)

I - de 2% (dois por cento) ao mês-calendário ou fração, incidente sobre o montante dos tributos decorrentes das informações prestadas na DASN-Simei, ainda que integralmente pago, no caso de falta de entrega da declaração ou entrega após o prazo, limitada a 20% (vinte por cento), observado o disposto no § 3º deste artigo; ou

II - de R$ 100,00 (cem reais) para cada grupo de 10 (dez) informações incorretas ou omitidas.

§ 1º Para efeitos da aplicação da multa prevista no inciso I do *caput*, será considerado como termo inicial o dia seguinte ao término do prazo fixado para a entrega da declaração e como termo final a data da efetiva entrega ou, no caso de não apresentação, da lavratura do auto de infração. (Lei Complementar n. 123, de 2006, art. 38, § 1º)

§ 2º Observado o disposto no § 3º deste artigo, as multas serão reduzidas: (Lei Complementar n. 123, de 2006, art. 38, § 2º)

I - à metade, quando a declaração for apresentada após o prazo, mas antes de qualquer procedimento de ofício; ou

II - a 75% (setenta e cinco por cento), se houver a apresentação da declaração no prazo fixado em intimação.

§ 3º A multa mínima a ser aplicada será de R$ 50,00 (cinquenta reais). (Lei Complementar n. 123, de 2006, art. 38, § 6º)

§ 4º Considerar-se-á não entregue a declaração que não atender às especificações técnicas estabelecidas pelo CGSN, caso em que o MEI: (Lei Complementar n. 123, de 2006, art. 38, §§ 4º e 5º)

I - será intimado a apresentar nova declaração, no prazo de 10 (dez) dias, contado da ciência da intimação;

II - sujeitar-se-á à multa prevista no inciso I do *caput* deste artigo, observado o disposto nos §§ 1º a 3º.

CAPÍTULO VII
DISPOSIÇÕES FINAIS

ART. 119. Aplicam-se subsidiariamente ao MEI as demais regras previstas para o Simples Nacional. (Lei Complementar n. 123, de 2006, art. 18-A, §§ 1º e 14)

ART. 120. Os Estados, o Distrito Federal e os Municípios poderão conceder remissão de débitos decorrentes do não recolhimento das parcelas em valores fixos previstas nos incisos II e III do *caput* do art. 101, relativas a ICMS e ISS, respectivamente. (Lei Complementar n. 123, de 2006, art. 18-A, § 15-A)

TÍTULO III
DOS PROCESSOS ADMINISTRATIVOS E JUDICIAIS

CAPÍTULO I
DO PROCESSO ADMINISTRATIVO FISCAL

SEÇÃO I
DO CONTENCIOSO ADMINISTRATIVO

ART. 121. O contencioso administrativo relativo ao Simples Nacional será de competência do órgão julgador integrante da estrutura administrativa do ente federado que efetuar o lançamento do crédito tributário, o indeferimento da opção ou a exclusão de ofício, observados os dispositivos legais atinentes aos processos administrativos fiscais desse ente. (Lei Complementar n. 123, de 2006, art. 39, *caput*)

§ 1º A impugnação relativa ao indeferimento da opção ou à exclusão poderá ser decidida em órgão diverso do previsto no *caput*, na forma estabelecida pela respectiva administração tributária. (Lei Complementar n. 123, de 2006, art. 39, § 5º)

§ 2º O Município poderá, mediante convênio, transferir a atribuição de julgamento exclusivamente ao respectivo Estado em que se localiza. (Lei Complementar n. 123, de 2006, art. 39, § 1º)

§ 3º No caso de o contribuinte do Simples Nacional exercer atividades sujeitas à incidência do ICMS e do ISS e ser apurada omissão de receita cuja origem não se consiga identificar, o julgamento caberá ao Estado do Município autuante, salvo na hipótese de o lançamento ter sido efetuado pela RFB, caso em que o julgamento caberá à União. (Lei Complementar n. 123, de 2006, art. 39, *caput* e §§ 2º e 3º)

§ 4º O ente federado que considerar procedente recurso administrativo do contribuinte contra o indeferimento de sua opção deverá registrar a liberação da respectiva pendência em aplicativo próprio, disponível no Portal do Simples Nacional. (Lei Complementar n. 123, de 2006, art. 16, *caput* e § 6º; art. 39, §§ 5º e 6º)

§ 5º Na hipótese do § 4º, o deferimento da opção será efetuado automaticamente pelo sistema do Simples Nacional caso não haja pendências perante outros entes federados, ou, se houver, após a liberação da última pendência que tenha motivado o indeferimento. (Lei Complementar n. 123, de 2006, art. 16, *caput* e § 6º; art. 39, §§ 5º e 6º)

§ 6º Na hipótese de provimento de recurso administrativo relativo à solicitação de opção efetuada antes da implantação do aplicativo a que se referem os §§ 4º e 5º, o ente federado deverá promover a inclusão do contribuinte no Simples Nacional pelo aplicativo de registro de eventos, desde que não restem pendências perante outros entes federados. (Lei Complementar n. 123, de 2006, art. 16, *caput* e § 6º; art. 39, §§ 5º e 6º)

§ 7º O ente federado, independentemente de registro em seus sistemas próprios, deverá registrar, no sistema de controle do contencioso em nível nacional, as fases e os resultados do processo administrativo fiscal relativo ao lançamento por meio do AINF, bem como qualquer outra situação que altere a exigibilidade do crédito tributário por ele cobrado. (Lei Complementar n. 123, de 2006, art. 2º, inciso I e § 6º)

SEÇÃO II
DA INTIMAÇÃO ELETRÔNICA

ART. 122. A opção pelo Simples Nacional implica aceitação do sistema de comunicação eletrônica, denominado Domicílio Tributário Eletrônico do Simples Nacional (DTE-SN), destinado a: (Lei Complementar n. 123, de 2006, art. 16, §§ 1º-A a 1º-D)

I - cientificar o sujeito passivo de quaisquer tipos de atos administrativos, incluídos os relativos ao indeferimento de opção, à exclusão do Regime e a ações fiscais;

II - encaminhar notificações e intimações; e

III - expedir avisos em geral.

§ 1º Relativamente ao DTE-SN, será observado o seguinte: (Lei Complementar n. 123, de 2006, art. 16, § 1º-B)

I - as comunicações serão feitas, por meio eletrônico, no Portal do Simples Nacional, e será dispensada a sua publicação no Diário Oficial e o envio por via postal;

II - a comunicação será considerada pessoal para todos os efeitos legais;

III - terá validade a ciência com utilização de certificação digital ou de código de acesso;

IV - considerar-se-á realizada a comunicação no dia em que o sujeito passivo efetuar a consulta eletrônica ao seu teor; e

V - na hipótese prevista no inciso IV, nos casos em que a consulta se dê em dia não útil, a comunicação será considerada como realizada no primeiro dia útil seguinte.

§ 2º O sujeito passivo deverá efetuar a consulta referida nos incisos IV e V do § 1º no prazo de até 45 (quarenta e cinco) dias, contado da data da disponibilização da comunicação no Portal a que se refere o inciso I do § 1º, sob pena de ser considerada automaticamente realizada na data do término desse prazo. (Lei Complementar n. 123, de 2006, art. 16, § 1º-C)

§ 3º A contagem do prazo de que trata o § 2º inicia-se no 1º (primeiro) dia subsequente ao da disponibilização da comunicação no Portal. (Lei Complementar n. 123, de 2006, art. 16, § 1º-B)

§ 4º Na hipótese de o prazo de que trata o § 2º vencer em dia não útil, esse fica prorrogado para o dia útil imediatamente posterior. (Lei Complementar n. 123, de 2006, art. 16, § 1º-B)

§ 5º O DTE-SN será utilizado pelos entes federados para as finalidades relativas ao cumprimento das obrigações principais e acessórias dos tributos apurados na forma do Simples Nacional e demais atos administrativos inerentes à aplicação do respectivo regime. (Lei Complementar n. 123, de 2006, art. 2º, § 6º, art. 33)

§ 6º O DTE-SN: (Lei Complementar n. 123, de 2006, art. 16, § 1º-B)

I - não exclui outras formas de notificação, intimação ou avisos previstos nas legislações dos entes federados, incluídas as eletrônicas;

II - não se aplica ao MEI.

§ 7º Na hipótese de exclusão em lote, a postagem das comunicações no DTE-SN dispensa a assinatura individualizada dos documentos, devendo ser observada, subsidiariamente, a legislação processual vigente no âmbito do respectivo ente federado. (Lei Complementar n. 123, de 2006, art. 16, § 1º-B)

§ 8º O DTE-SN será utilizado para comunicação ao sujeito passivo que: (Lei Complementar n. 123, de 2006, art. 16, § 1º-B)

I - no momento da inserção da notificação, intimação ou aviso, seja optante pelo Simples Nacional; ou

II - tenha solicitado opção pelo Simples Nacional, exclusivamente para dar ciência de atos relativos ao processo referente à opção.

SEÇÃO III
DO PROCESSO DE CONSULTA

SUBSEÇÃO I
DA LEGITIMIDADE PARA CONSULTAR

ART. 123. A consulta poderá ser formulada por sujeito passivo de obrigação tributária principal ou acessória. (Lei Complementar n. 123, de 2006, art. 40)

Parágrafo único. A consulta poderá ser formulada também por entidade representativa de categoria econômica ou profissional, caso haja previsão na legislação do ente federado competente. (Lei Complementar n. 123, de 2006, art. 40)

ART. 124. No caso de a ME ou a EPP possuir mais de um estabelecimento, a consulta será formulada pelo estabelecimento matriz, o qual deverá comunicar o fato aos demais estabelecimentos. (Lei Complementar n. 123, de 2006, art. 40)

Parágrafo único. Não se aplica o disposto no *caput* quando a consulta se referir ao ICMS ou ao ISS. (Lei Complementar n. 123, de 2006, art. 40)

SUBSEÇÃO II
DA COMPETÊNCIA PARA SOLUCIONAR CONSULTA

ART. 125. É competente para solucionar a consulta: (Lei Complementar n. 123, de 2006, art. 40)

I - o Estado ou o Distrito Federal, quando se tratar de consulta relativa ao ICMS;

II - o Município ou o Distrito Federal, quando se tratar de consulta relativa ao ISS;

III - o Estado de Pernambuco, quando se tratar de consulta relativa ao ISS exigido no âmbito do Distrito Estadual de Fernando de Noronha;

IV - a RFB, nos demais casos.

§ 1º A consulta formalizada perante ente não competente para solucioná-la será declarada ineficaz. (Lei Complementar n. 123, de 2006, art. 40)

§ 2º Na hipótese de a consulta abranger assuntos de competência de mais de um ente federado, a ME ou a EPP deverá formular consultas em separado para cada administração tributária. (Lei Complementar n. 123, de 2006, art. 40)

§ 3º No caso de descumprimento do disposto no § 2º, a administração tributária que receber a consulta declarará a ineficácia relativamente à matéria sobre a qual não exerça competência. (Lei Complementar n. 123, de 2006, art. 40)

§ 4º Será observada a legislação de cada ente competente quanto ao processo de consulta, no que não colidir com esta Resolução. (Lei Complementar n. 123, de 2006, art. 40)

§ 5º Os entes federados terão acesso ao conteúdo das soluções de consultas relativas ao Simples Nacional. (Lei Complementar n. 123, de 2006, art. 40)

ART. 126. A consulta será solucionada em instância única, e não caberá recurso nem pedido de reconsideração, ressalvado o recurso de divergência, caso previsto na legislação de cada ente federado. (Lei Complementar n. 123, de 2006, art. 40)

SUBSEÇÃO III
DOS EFEITOS DA CONSULTA

ART. 127. Os efeitos da consulta eficaz, formulada antes do prazo legal para recolhimento de tributo, dar-se-ão de acordo com o estabelecido pela legislação dos respectivos entes federados. (Lei Complementar n. 123, de 2006, art. 40)

CAPÍTULO II
DA RESTITUIÇÃO E DA COMPENSAÇÃO

ART. 128. A restituição e a compensação de tributos arrecadados no âmbito do Simples Nacional serão realizadas de acordo com o disposto neste Capítulo. (Lei Complementar n. 123, de 2006, art. 21, §§ 5º a 14)

§ 1º Entende-se como restituição, a repetição de indébito decorrente de valores pagos indevidamente ou a maior pelo contribuinte, por meio do DAS. (Lei Complementar n. 123, de 2006, art. 21, § 5º).

§ 2º Entende-se como compensação, a utilização dos valores passíveis de restituição para pagamento de débitos no âmbito do Simples Nacional.

SEÇÃO I
DA RESTITUIÇÃO

ART. 129. Em caso de apuração de crédito decorrente de pagamento indevido ou em valor maior que o devido, a ME ou a EPP poderá requerer sua restituição. (Lei Complementar n. 123, de 2006, art. 21, §§ 5º a 14)

ART. 130. O pedido de restituição de tributos abrangidos pelo Simples Nacional deverá ser apresentado pela ME ou pela EPP optante diretamente ao ente federado responsável pelo tributo do qual originou o crédito. (Lei Complementar n. 123, de 2006, art. 21, § 5º)

§ 1º Ao receber o pedido a que se refere o *caput* o ente federado: (Lei Complementar n. 123, de 2006, art. 21, § 5º)

I - verificará a existência do crédito a ser restituído, mediante consulta às informações constantes nos aplicativos disponíveis no Portal do Simples Nacional; e

II - registrará os dados referentes ao pedido de restituição processada no aplicativo específico do Simples Nacional, a fim de impedir o registro de novos pedidos de restituição ou de compensação do mesmo valor.

§ 2º A restituição será realizada em conformidade com o disposto nas normas estabelecidas pela legislação de cada ente federado, observados os prazos de decadência e prescrição previstos no CTN. (Lei Complementar n. 123, de 2006, art. 21, §§ 12 e 14)

§ 3º Os créditos a serem restituídos no âmbito do Simples Nacional poderão ser objeto de compensação de ofício com débitos perante a Fazenda Pública do próprio ente. (Lei Complementar n. 123, de 2006, art. 21, § 10)

SEÇÃO II
DA COMPENSAÇÃO

ART. 131. A compensação de valores apurados no âmbito do Simples Nacional, recolhidos indevidamente ou em montante superior ao devido, será realizada por meio de aplicativo disponibilizado no Portal do Simples Nacional, observadas as disposições desta Seção. (Lei Complementar n. 123, de 2006, art. 21, §§ 5º a 14)

§ 1º Para fins do disposto no *caput*:

I - é permitida a compensação de créditos apenas para extinção de débitos perante o mesmo ente federado e relativos ao mesmo tributo; e (Lei Complementar n. 123, de 2006, art. 21, § 11)

II - os créditos a serem compensados na forma prevista no inciso I devem se referir a período para o qual já tenha sido apropriada a respectiva DASN apresentada pelo contribuinte até o ano-calendário de 2011, ou já tenha sido validada a apuração por meio do PGDAS-D, a partir do ano-calendário de 2012. (Lei Complementar n. 123, de 2006, art. 21, § 5º)

§ 2º Os valores compensados indevidamente serão exigidos com os acréscimos moratórios previstos na legislação do imposto sobre a renda ou na legislação do ICMS ou do ISS do respectivo ente federado, conforme o caso. (Lei Complementar n. 123, de 2006, art. 21, § 7º)

§ 3º Na hipótese prevista no § 2º, caso se comprove falsidade de declaração apresentada pelo sujeito passivo, este estará sujeito à multa isolada calculada mediante aplicação, em dobro, do percentual previsto no inciso I do *caput* do art. 44 da Lei n. 9.430, de 1996, e terá como base de cálculo o valor total do débito indevidamente compensado. (Lei Complementar n. 123, de 2006, art. 21, § 8º)

§ 4º É vedado o aproveitamento de crédito de natureza não tributária e de crédito não apurado no âmbito do Simples Nacional para extinção de débitos no âmbito do Simples Nacional. (Lei Complementar n. 123, de 2006, art. 21, § 9º)

§ 5º Os créditos apurados no âmbito do Simples Nacional não poderão ser utilizados para extinção de outros débitos perante as Fazendas Públicas, salvo no caso da compensação de ofício decorrente de deferimento em processo de restituição ou após a exclusão da empresa do Simples Nacional. (Lei Complementar n. 123, de 2006, art. 21, § 10)

§ 6º É vedada a cessão de créditos para extinção de débitos no âmbito do Simples Nacional. (Lei Complementar n. 123, de 2006, art. 21, § 13)

§ 7º Nas hipóteses previstas no § 5º, o ente federado registrará os dados referentes à compensação processada por meio do aplicativo específico do Simples Nacional, a fim de impedir a realização de novas compensações ou restituições do mesmo valor. (Lei Complementar n. 123, de 2006, art. 21, § 5º)

SEÇÃO III
DISPOSIÇÕES FINAIS

ART. 132. Serão observadas na restituição e na compensação as seguintes regras:

I - o crédito a ser restituído ou compensado será acrescido de juros, obtidos pela aplicação da taxa referencial do Sistema Especial de Liquidação e de Custódia (Selic) para títulos federais, acumulada mensalmente, a partir do mês subsequente ao do pagamento indevido ou a maior que o devido até o mês anterior ao da compensação ou restituição, e de 1% (um por cento), relativamente ao mês em que for efetuada. (Lei Complementar n. 123, de 2006, art. 21, § 6º)

II - observar-se-ão os prazos de decadência e prescrição previstos no CTN. (Lei Complementar n. 123, de 2006, art. 21, § 12)

CAPÍTULO III
DOS PROCESSOS JUDICIAIS

SEÇÃO I
DA LEGITIMIDADE PASSIVA

ART. 133. Serão propostas em face da União, que será representada em juízo pela Procuradoria-Geral da Fazenda Nacional (PGFN), as ações judiciais que tenham por objeto: (Lei Complementar n. 123, de 2006, art. 41, *caput*)

I - ato do CGSN e o Simples Nacional; e

II - tributos abrangidos pelo Simples Nacional.

§ 1º Os Estados, o Distrito Federal e Municípios prestarão auxílio à PGFN, em relação aos tributos de sua competência, nos termos dos arts. 136 e 137. (Lei Complementar n. 123, de 2006, art. 41, § 1º)

§ 2º Os Estados, o Distrito Federal e os Municípios poderão atuar em conjunto com a União na defesa dos processos em que houver impugnação relativa ao Simples Nacional, caso o eventual provimento da ação gere impacto no recolhimento de seus respectivos tributos. (Lei Complementar n. 123, de 2006, art. 41, § 1º)

ART. 134. Excetuam-se ao disposto no art. 133:

I - informações em mandados de segurança impugnando atos de autoridade coatora pertencente a Estado, ao Distrito Federal ou Município; (Lei Complementar n. 123, de 2006, art. 41, § 5º, inciso I)

II - ações que tratem exclusivamente de tributos dos Estados, do Distrito Federal ou dos Municípios, as quais serão propostas perante esses entes federados, cujas defesas incumbirão às suas respectivas representações judiciais; (Lei Complementar n. 123, de 2006, art. 41, § 5º, inciso II)

III - ações promovidas na hipótese de celebração do convênio previsto no art. 139; (Lei Complementar n. 123, de 2006, art. 41, § 5º, inciso III)

IV - ações que tenham por objeto o crédito tributário decorrente de auto de infração lavrado exclusivamente em face de descumprimento de obrigação acessória; (Lei Complementar n. 123, de 2006, art. 41, § 5º, inciso IV)

V - ações que tenham por objeto o crédito tributário relativo ao ICMS e ao ISS de responsabilidade do MEI. (Lei Complementar n. 123, de 2006, art. 41, § 5º, inciso V)

Parágrafo único. O disposto no inciso III alcança todas as ações conexas com a cobrança da dívida, desde que versem exclusivamente sobre tributos estaduais ou municipais. (Lei Complementar n. 123, de 2006, art. 41, § 3º e § 5º, inciso III)

ART. 135. Na hipótese de ter sido celebrado o convênio previsto no art. 139 e ter sido proposta ação contra a União, com a finalidade de discutir tributo da competência do outro ente federado conveniado, deverá a PGFN, na qualidade de representante da União, requerer a citação do Estado, do Distrito Federal ou Município conveniado, para que integre a lide. (Lei Complementar n. 123, de 2006, art. 41, § 3º)

SEÇÃO II
DA PRESTAÇÃO DE AUXÍLIO À PROCURADORIA-GERAL DA FAZENDA NACIONAL (PGFN)

ART. 136. Os Estados, o Distrito Federal e os Municípios, por meio de suas administrações tributárias ou outros órgãos de sua estrutura interna, quando assim determinado por ato competente, prestarão auxílio à PGFN em relação aos tributos de suas respectivas competências, independentemente da celebração de convênio, em prazo não inferior à terça parte do prazo judicial em curso. (Lei Complementar n. 123, de 2006, art. 41, § 1º)

§ 1º O requerimento feito pela PGFN e as informações a lhe serem prestadas pelo respectivo ente federado serão, enviados, preferencialmente, por meio eletrônico ao órgão de representação judicial do respectivo Estado, do Distrito Federal ou Município. (Lei Complementar n. 123, de 2006, art. 41, § 1º)

§ 2º A resposta será dirigida diretamente ao chefe da unidade solicitante seccional, estadual, regional ou geral da PGFN. (Lei Complementar n. 123, de 2006, art. 41, § 1º)

§ 3º Transcorrido o prazo estabelecido sem que tenha sido prestado o auxílio solicitado pela PGFN aos Estados, ao Distrito Federal ou Municípios, tal fato será informado ao ente federado competente. (Lei Complementar n. 123, de 2006, art. 41, § 1º)

ART. 137. As informações prestadas pelos Estados, pelo Distrito Federal e pelos Municípios em cumprimento ao § 1º do art. 136 deverão conter: (Lei Complementar n. 123, de 2006, art. 41, § 1º)

I - descrição detalhada dos fundamentos fáticos que ensejaram o ato de lançamento, que poderá ser representada por cópia do relatório fiscal relativo ao lançamento, desde que os contenha;

II - cópia da legislação e resoluções pertinentes, incluindo eventuais consultas e pareceres existentes sobre a matéria, e indicação de sítio na Internet em que porventura esteja disponibilizada a legislação;

III - cópia de documentos relacionados ao ato de fiscalização;

IV - data em que foi prestada a informação, o nome do informante, sua assinatura, e seu endereço eletrônico e telefone para contato.

SEÇÃO III
DA INSCRIÇÃO EM DÍVIDA ATIVA E SUA COBRANÇA JUDICIAL

ART. 138. O créditos tributário gerado no âmbito do Simples Nacional será apurado, inscrito em DAU e cobrado judicialmente pela PGFN, exceto: (Lei Complementar n. 123, de 2006, art. 41, § 2º)

I - a hipótese de convênio; (Lei Complementar n. 123, de 2006, art. 41, § 3º)

II - o crédito tributário decorrente de auto de infração lavrado exclusivamente em face de descumprimento de obrigação acessória; (Lei Complementar n. 123, de 2006, art. 41, § 5º, inciso IV)

III - o crédito tributário relativo ao ICMS e ao ISS apurado no âmbito do Simei. (Lei Complementar n. 123, de 2006, art. 41, § 5º, inciso V)

IV - crédito tributário relativo a ICMS ou ISS constituído por Estado, pelo Distrito Federal ou Município, na forma prevista no art. 142. (Lei Complementar n. 123, de 2006, art. 21, § 19; art. 41, §§ 1º e 5º, inciso II)

§ 1º O encaminhamento de crédito tributário para inscrição na DAU pelos Estados, pelo Distrito Federal e Municípios será realizado com a observância dos requisitos previstos no art. 202 do CTN, no art. 2º da Lei n. 6.830, de 22 de setembro de 1980, e, preferencialmente, por meio eletrônico. (Lei Complementar n. 123, de 2006, art. 41, §§ 1º e 2º)

§ 2º A movimentação e o encaminhamento serão realizados via processo administrativo em meio convencional, em caso de impossibilidade de sua realização por meio eletrônico. (Lei Complementar n. 123, de 2006, art. 41, §§ 1º e 2º)

§ 3º A PGFN proporá a forma padronizada de encaminhamento eletrônico ou convencional de crédito para inscrição na DAU, a ser aprovada em ato do CGSN. (Lei Complementar n. 123, de 2006, art. 41, §§ 1º e 2º)

§ 4º A notificação ao ente federado da inscrição em DAU dos créditos relativos aos tributos de sua competência dar-se-á por meio de aplicativo, a ser disponibilizado no Portal do Simples Nacional. (Lei Complementar n. 123, de 2006, art. 41, §§ 1º e 2º)

§ 5º O pagamento dos tributos abrangidos pelo Simples Nacional inscritos em DAU deverá ser efetuado por meio do DAS. (Lei Complementar n. 123, de 2006, art. 21, inciso I)

§ 6º Os valores arrecadados a título de pagamento dos créditos tributários inscritos em dívida ativa serão apropriados diretamente pela União, Estados, pelo Distrito Federal e Municípios, na exata medida de suas respectivas quotas-partes, acrescidos dos consectários legais correspondentes. (Lei Complementar n. 123, de 2006, art. 22, incisos I e II)

SEÇÃO IV
DO CONVÊNIO

ART. 139. Os Estados, o Distrito Federal e os Municípios deverão manifestar seu interesse na celebração de convênio com a PGFN para que efetuem a inscrição em dívida ativa e a cobrança dos tributos de suas respectivas competências. (Lei Complementar n. 123, de 2006, art. 41, § 3º)

ART. 140. A existência do convênio implica a delegação pela União da competência para inscrição, cobrança e defesa relativa ao ICMS ou ao ISS, caso esses tributos estejam incluídos no Simples Nacional. (Lei Complementar n. 123, de 2006, art. 41, § 3º)

§ 1º A delegação prevista no *caput* dar-se-á sem prejuízo da possibilidade de a União, representada pela PGFN, integrar a demanda na qualidade de interessada. (Lei Complementar n. 123, de 2006, art. 41, § 3º)

§ 2º Na hipótese prevista neste artigo, não se aplica o disposto no § 5º do art. 138. (Lei Complementar n. 123, de 2006, art. 41, § 3º)

§ 3º Depois da transferência dos dados relativos a crédito de ICMS ou de ISS ao Estado, ao Distrito Federal ou Município que tenha firmado o convênio de que trata o *caput*, a responsabilidade pela sua administração fica transferida ao respectivo ente federado, observados os termos do citado convênio. (Lei Complementar n. 123, de 2006, art. 41, § 3º)

SEÇÃO V
DA LEGITIMIDADE ATIVA

ART. 141. À exceção da execução fiscal, os Estados, o Distrito Federal e os Municípios possuem legitimidade ativa para ingressar com as ações que entenderem cabíveis contra a ME ou a EPP optante pelo Simples Nacional, independentemente da celebração do convênio previsto no art. 139. (Lei Complementar n. 123, de 2006, art. 2º, inciso I e § 6º)

TÍTULO IV
DISPOSIÇÕES FINAIS E TRANSITÓRIAS

CAPÍTULO I
DISPOSIÇÕES TRANSITÓRIAS

ART. 142. Observado o disposto neste artigo, depois da disponibilização do Sefisc, poderão ser utilizados alternativamente os procedimentos administrativos fiscais previstos na legislação de cada ente federado: (Lei Complementar n. 123, de 2006, art. 33, § 4º)

I - para fatos geradores ocorridos:

a) de 1º de janeiro de 2012 a 31 de dezembro 2014, até 31 de dezembro de 2019; e

b) a partir de 1º de janeiro de 2015, até 31 de dezembro de 2019;

II - para todos os fatos geradores, até 31 de dezembro de 2019, nas seguintes situações:

a) declaração incorreta de valor fixo pelo contribuinte;

b) ações fiscais relativas ao Simei;

c) desconsideração, de ofício, da opção pelo Regime de Caixa, na forma prevista no art. 78; e

d) apuração de omissão de receita prevista no art. 92.

§ 1º As ações fiscais abertas pelos entes federados em seus respectivos sistemas de controle deverão ser registradas no Sefisc. (Lei Complementar n. 123, de 2006, art. 33, § 4º)

§ 2º A ação fiscal e o lançamento serão realizados apenas em relação aos tributos de competência de cada ente federado. (Lei Complementar n. 123, de 2006, art. 33, § 4º)

§ 3º Na hipótese prevista no § 2º, deve-se observar, na apuração do crédito tributário, as disposições da Seção IV do Capítulo II do Título I desta Resolução, relativas ao cálculo dos tributos devidos. (Lei Complementar n. 123, de 2006, art. 18, *caput* e §§ 5º a 5º-G; art. 33, § 4º)

§ 4º Deverão ser utilizados os documentos de autuação e lançamento fiscal específicos de cada ente federado. (Lei Complementar n. 123, de 2006, art. 33, § 4º)

§ 5º O valor apurado na ação fiscal deverá ser pago por meio de documento de arrecadação de cada ente federado. (Lei Complementar n. 123, de 2006, art. 33, § 4º)

§ 6º O documento de autuação e lançamento fiscal poderá ser lavrado também somente em relação ao estabelecimento objeto da ação fiscal. (Lei Complementar n. 123, de 2006, art. 33, § 4º)

§ 7º Aplica-se a este artigo o disposto nos arts. 95 e 96. (Lei Complementar n. 123, de 2006, art. 35)

ART. 143. Os débitos do contribuinte apurados no âmbito do Simples Nacional até o ano-calendário de 2018 inscritos em DAU poderão ser parcelados conforme regramento diverso do estabelecido na Seção VI do Capítulo II, Título I desta Resolução. (Lei Complementar n. 123, de 2006, art. 21, § 15)

Parágrafo único. As regras aplicáveis ao parcelamento dos débitos referidos no *caput* serão definidas em ato da PGFN. (Lei Complementar n. 123, de 2006, art. 21, § 15)

ART. 144. Fica a RFB autorizada a, em relação ao parcelamento de débitos apurados no âmbito do Simples Nacional, incluídos os relativos ao Simei, solicitado no período de 1º de novembro de 2014 a 31 de dezembro de 2019: (Lei Complementar n. 123, de 2006, art. 21, § 15) (Alterado pela Res. CGSN 143/2018.)

I - fazer a consolidação na data do pedido;

II - disponibilizar a primeira parcela para emissão e pagamento;

III - não aplicar o disposto no § 1º do art. 55;

IV - permitir 1 (um) pedido de parcelamento por ano calendário, desde que o contribuinte desista previamente de eventual parcelamento em vigor.

Parágrafo único. O limite de que trata o inciso IV do *caput* fica alterado para 2 (dois) durante o período previsto para a opção pelo parcelamento de que trata a Lei Complementar n. 162, de 6 de abril de 2018. (Lei Complementar n. 123, de 2006, art. 21, § 15)

CAPÍTULO II
DISPOSIÇÕES FINAIS

SEÇÃO I
DA ISENÇÃO DO IMPOSTO SOBRE A RENDA SOBRE VALORES PAGOS A TITULAR OU SÓCIO

ART. 145. Consideram-se isentos do imposto sobre a renda na fonte e na declaração de ajuste do beneficiário os valores efetivamente pagos ou distribuídos ao titular ou sócio da ME ou da EPP optante pelo Simples Nacional, salvo os que corresponderem a pró-labore, aluguéis ou serviços prestados. (Lei Complementar n. 123, de 2006, art. 14, *caput*)

§ 1º A isenção de que trata o *caput* fica limitada ao valor resultante da aplicação dos percentuais de que trata o art. 15 da Lei n. 9.249, de 26 de dezembro de 1995, sobre a receita bruta mensal, no caso de antecipação de fonte, ou sobre a receita bruta total anual, no caso de declaração de ajuste, subtraído do valor devido no âmbito do Simples Nacional no período, relativo ao IRPJ. (Lei Complementar n. 123, de 2006, art. 14, § 1º)

§ 2º O disposto no § 1º não se aplica na hipótese de a ME ou a EPP manter escrituração contábil e evidenciar lucro superior àquele limite. (Lei Complementar n. 123, de 2006, art. 14, § 2º)

§ 3º O disposto neste artigo aplica-se ao MEI. (Lei Complementar n. 123, de 2006, art. 3º, inciso I; art. 18-A, § 1º)

SEÇÃO II
DA TRIBUTAÇÃO DOS VALORES DIFERIDOS

ART. 146. O pagamento dos tributos relativos a períodos anteriores à opção pelo Simples Nacional, cuja tributação tenha sido diferida, deverá ser efetuado no prazo estabelecido na legislação do ente federado detentor da respectiva competência tributária. (Lei Complementar n. 123, de 2006, art. 2º, inciso I e § 6º)

SEÇÃO III
DAS NORMAS ESPECÍFICAS APLICÁVEIS A TRIBUTOS NÃO ABRANGIDOS PELO SIMPLES NACIONAL

SUBSEÇÃO I
DO CÁLCULO DA CPP NÃO INCLUÍDA NO SIMPLES NACIONAL

ART. 147. A apuração do valor relativo à Contribuição para a Seguridade Social destinada à Previdência Social a cargo da pessoa jurídica, não incluído no âmbito do Simples Nacional, deverá ser realizada na forma prevista em norma específica da RFB. (Lei Complementar n. 123, de 2006, art. 13, inciso IV; art. 33, § 2º)

Parágrafo único. Aplica-se o disposto no *caput* na hipótese de a ME ou a EPP auferir receitas sujeitas ao Anexo IV desta Resolução, de forma isolada ou concomitantemente com receitas sujeitas aos Anexos I, II, III ou V desta Resolução. (Lei Complementar n. 123, de 2006, art. 13, inciso IV; art. 33, § 2º)

SEÇÃO IV
DO ROUBO, FURTO, EXTRAVIO, DETERIORAÇÃO, DESTRUIÇÃO OU INUTILIZAÇÃO

ART. 148. Em caso de roubo, furto, extravio, deterioração, destruição ou inutilização de mercadorias, bens do ativo permanente imobilizado, livros contábeis ou fiscais, documentos fiscais, equipamentos emissores de cupons fiscais e de quaisquer papéis ligados à escrituração, a ME ou a EPP optante pelo Simples Nacional deverá adotar as providências previstas na legislação dos entes federados que jurisdicionarem o estabelecimento. (Lei Complementar n. 123, de 2006, art. 2º, inciso I e § 6º)

SEÇÃO V
DO PORTAL

ART. 149. O Portal do Simples Nacional na Internet contém as informações e os aplicativos relacionados ao Simples Nacional e pode ser acessado por meio do endereço eletrônico <http://www8.receita.fazenda.gov.br/SimplesNacional/>. (Lei Complementar n. 123, de 2006, art. 2º, inciso I e § 6º). (Alterado pela Res. 142/2018.)

Parágrafo único. É facultada a disponibilização das informações e dos aplicativos a que se refere o *caput* por meio de links nos endereços eletrônicos vinculados à União, Estados, Distrito Federal, Municípios, ao Confaz, à Associação Brasileira das Secretarias de Finanças das Capitais (Abrasf) e à Confederação Nacional dos Municípios (CNM). (Lei Complementar n. 123, de 2006, art. 2º, inciso I e § 6º)

SEÇÃO VI
DA CERTIFICAÇÃO DIGITAL DOS ENTES FEDERADOS

ART. 150. Os servidores da União, dos Estados, do Distrito Federal e dos Municípios deverão dispor de certificação digital para ter acesso à base de dados do Simples Nacional, no âmbito de suas respectivas competências, em especial para: (Lei Complementar n. 123, de 2006, art. 2º, inciso I e § 6º)

I - deferimento ou indeferimento de opções;

II - cadastramento de fiscalizações, lançamentos e contencioso administrativo;

III - inclusão, exclusão, alteração e consulta de informações; e

IV - importação e exportação de arquivos de dados.

ART. 151. A especificação dos perfis de acesso aos aplicativos e à base de dados do Simples Nacional será estabelecida por meio de portaria da Secretaria-Executiva do CGSN. (Lei Complementar n. 123, de 2006, art. 2º, inciso I e § 6º)

ART. 152. O processo de cadastramento dos usuários dos entes federados para acesso ao Simples Nacional dar-se-á da seguinte forma: (Lei Complementar n. 123, de 2006, art. 2º, inciso I e § 6º)

I - o cadastramento do usuário-mestre será realizado por meio de aplicativo, disponível na página de acesso para os entes federados, no Portal do Simples Nacional, observado o disposto nos §§ 3º e 4º;

II - o usuário-mestre poderá cadastrar diretamente outros usuários ou, se preferir, cadastrar usuários-cadastradores; e

III - os demais usuários serão cadastrados pelos usuários-cadastradores.

§ 1º A atribuição de perfis de acesso a cada tipo de usuário caberá: (Lei Complementar n. 123, de 2006, art. 2º, inciso I e § 6º)

I - ao usuário-mestre, em relação aos usuários-cadastradores e outros usuários; e

II - aos usuários-cadastradores, em relação aos outros usuários.

§ 2º Todos os níveis de usuários, no âmbito da União, Estados, do Distrito Federal e Municípios, deverão possuir certificação digital. (Lei Complementar n. 123, de 2006, art. 2º, inciso I e § 6º)

§ 3º Inicialmente, o usuário-mestre será o representante do ente federado no cadastro do Fundo de Participação dos Estados (FPE) ou do Fundo de Participação dos Municípios (FPM), denominado «responsável pelo FPEM». (Lei Complementar n. 123, de 2006, art. 2º, inciso I e § 6º)

§ 4º São aptos a alterar o usuário-mestre, por meio do aplicativo previsto no inciso I do *caput*: (Lei Complementar n. 123, de 2006, art. 2º, inciso I e § 6º)

I - o "responsável pelo FPEM"; e

II - o usuário-mestre que se encontrar cadastrado, para designar um novo usuário-mestre.

§ 5º Quando, por questões circunstanciais, não for possível a utilização do aplicativo referido no inciso I do *caput*, a substituição do usuário-mestre poderá ser oficiada diretamente ao Presidente do CGSN: (Lei Complementar n. 123, de 2006, art. 2º, inciso I e § 6º)

I - pelo titular do ente federado; ou

II - pelo titular do órgão de administração tributária, hipótese em que deverá ser anexada cópia do ato designatório.

§ 6º No ofício a que se refere o § 5º deverá constar o nome completo, o cargo e o respectivo número de inscrição no Cadastro de Pessoas Físicas (CPF) do usuário-mestre designado. (Lei Complementar n. 123, de 2006, art. 2º, inciso I e § 6º)

SEÇÃO VIII
DA VIGÊNCIA E DA REVOGAÇÃO

ART. 153. Ficam revogados, a partir de 1º de agosto de 2018:

I - a Resolução CGSN n. 94, de 29 de novembro de 2011;

II - o art. 2º da Resolução CGSN n. 96, de 01 de fevereiro de 2012;

III - a Resolução CGSN n. 98, de 13 de março de 2012;

IV - a Resolução CGSN n. 99, de 16 de abril de 2012;

V - os arts. 1º, 3º e 6 da Resolução CGSN n. 100, de 27 de junho de 2012;

VI - a Resolução CGSN n. 101, de 19 de setembro de 2012;

VII - a Resolução CGSN n. 104, de 12 de dezembro de 2012;

VIII - a Resolução CGSN n. 105, de 21 de dezembro de 2012;

IX - a Resolução CGSN n. 106, de 02 de abril de 2013;

X - a Resolução CGSN n. 107, de 09 de maio de 2013;

XI - a Resolução CGSN n. 108, de 12 de julho de 2013;

XII - a Resolução CGSN n. 109, de 20 de agosto de 2013;

XIII - a Resolução CGSN n. 111, de 11 de dezembro de 2013;

XIV - a Resolução CGSN n. 112, de 12 de março de 2014;

XV - a Resolução CGSN n. 113, de 27 de março de 2014;

XVI - a Resolução CGSN n. 115, de 04 de setembro de 2014;

XVII - a Resolução CGSN n. 116, de 24 de outubro de 2014;

XVIII - a Resolução CGSN n. 117, de 02 de dezembro de 2014;

XIX - a Resolução CGSN n. 119, de 19 de dezembro de 2014;

XX - a Resolução CGSN n. 120, de 10 de março de 2015;

XXI - a Resolução CGSN n. 121, de 08 de abril de 2015;

XXII - a Resolução CGSN n. 122, de 27 de agosto de 2015;

XXIII - a Resolução CGSN n. 123, de 14 de outubro de 2015;

XXIV - a Resolução CGSN n. 125, de 08 de dezembro de 2015;

XXV - a Resolução CGSN n. 126, de 17 de março de 2016;

XXVI - a Resolução CGSN n. 127, de 05 de maio de 2016;

XXVII - a Resolução CGSN n. 128, de 16 de maio de 2016;

XXVIII - a Resolução CGSN n. 129, de 15 de setembro de 2016;

XXIX - a Resolução CGSN n. 131, de 06 de dezembro de 2016;

XXX - a Resolução CGSN n. 133, de 13 de junho de 2017;

XXXI - a Resolução CGSN n. 135, de 22 de agosto de 2017;

XXXII - a Resolução CGSN n. 137, de 04 de dezembro de 2017.

ART. 154. Esta Resolução entra em vigor na data de sua publicação no Diário Oficial da União e produz efeitos:

I - em relação ao art. 144, a partir da data de sua publicação; e

II - em relação aos demais dispositivos, a partir de 1º de agosto de 2018.

JORGE ANTONIO DEHER RACHID

REGIMENTOS INTERNOS

TRIBUNAL SUPERIOR ELEITORAL

RESOLUÇÃO N. 4.510, DE 29 DE SETEMBRO DE 1952

Regimento Interno do Tribunal Superior Eleitoral.

- DJ, 14.11.1952.

O TRIBUNAL SUPERIOR ELEITORAL, usando da atribuição que lhe conferem os arts. 97, II, da Constituição Federal, e 12, a, do Código Eleitoral, resolve adotar o seguinte regimento interno:

- Refere-se à CF/1946. CF, art. 96, I, a.
- Refere-se ao CE/1950. CE/1965, art. 23, I.

TÍTULO I
DO TRIBUNAL

CAPÍTULO I
DA ORGANIZAÇÃO DO TRIBUNAL

ART. 1º O Tribunal Superior Eleitoral, com sede na capital da República e jurisdição em todo o país, compõe-se:

- CF, art. 92, § 2º, e CE/1965, art. 12, I.

I - mediante eleição em escrutínio secreto:

a) de dois juízes escolhidos pelo Supremo Tribunal Federal dentre os seus ministros;

- CF, art. 119, I, a, e CE/1965, art. 16, I, a.
- RISTF, arts. 7º, II, e 143, p.u.

Súm. STF 72.

b) de dois juízes escolhidos pelo Tribunal Federal de Recursos dentre os seus ministros;

CF, art. 119, I, b: eleição dentre os ministros do Superior Tribunal de Justiça.

c) de um juiz escolhido pelo Tribunal de Justiça do Distrito Federal dentre os seus desembargadores;

Dispositivo sem correspondente na legislação vigente.

II - por nomeação do presidente da República, de dois dentre seis cidadãos de notável saber jurídico e reputação ilibada, que não sejam incompatíveis por lei, indicados pelo Supremo Tribunal Federal.

- CF, art. 119, II.
- RISTF, art. 7º, II.
- ADIn 1.127.

Parágrafo único. Haverá sete substitutos dos membros efetivos, escolhidos na mesma ocasião e pelo mesmo processo, em número igual para cada categoria.

- CF, art. 121, § 2º, e CE/1965, art. 15.
- Res. TSE 20.958/2001.

ART. 2º Os juízes, e seus substitutos, salvo motivo justificado, servirão obrigatoriamente por dois anos, e nunca por mais de dois biênios consecutivos.

- CF, art. 121, § 2º, 1ª parte, e CE/1965, art. 14.

§ 1º No caso de recondução para o segundo biênio, observar-se-ão as mesmas formalidades indispensáveis à primeira investidura.

- CE/1965, art. 14, § 4º.
- Res. TSE 20.958/2001.

§ 2º Para o efeito do preenchimento do cargo, o presidente do Tribunal fará a devida comunicação aos presidentes dos tribunais referidos no art. 1º, quinze dias antes do término do mandato de cada um dos juízes.

- Res. TSE 20.958/2001, art. 11.

§ 3º Não serão computados para a contagem do primeiro biênio os períodos de afastamento por motivo de licença.

- Art. 14, §§ 1º e 3º, CE/1965.
- Res. TSE 20.958/2001, art. 1º, § 1º.

§ 4º Não podem fazer parte do Tribunal pessoas que tenham entre si parentesco, ainda que por afinidade, até o 4º grau, excluindo-se, neste caso, a que tiver sido escolhida por último.

- CE/1965, art. 16, § 1º.

§ 5º Os juízes efetivos tomarão posse perante o Tribunal, e os substitutos perante o presidente, obrigando-se uns e outros, por compromisso formal, a bem cumprir os deveres do cargo, de conformidade com a Constituição e as leis da República.

- Res. TSE 20.958/2001, art. 5º, § 1º.

ART. 3º O Tribunal elegerá seu presidente um dos ministros do Supremo Tribunal Federal, para servir por dois anos, contados da posse, cabendo ao outro a vice-presidência.

- CF, art. 119, p.u. CE/1965, art. 17, §§ 1º e 2º e Res. TSE 7.651/1965.
- CE/1965, art. 17.

ART. 4º No caso de impedimento de algum dos seus membros e não havendo *quorum*, será convocado o respectivo substituto, segundo a ordem de antiguidade no Tribunal.

- CE/1965, art. 19, p.u., e Res. TSE 20.958/2001, art. 7º.

Parágrafo único. Regula a antiguidade no Tribunal: 1º, a posse; 2º, a nomeação ou eleição; 3º, a idade.

ART. 5º Enquanto servirem, os membros do Tribunal gozarão, no que lhes for aplicável, das garantias estabelecidas no art. 95, nos I e II, da Constituição, e, como tais, não terão outras incompatibilidades senão as declaradas por lei.

- Refere-se à CF/1946. CF, arts. 95 e 121, § 1º.

ART. 6º O Tribunal funciona em sessão pública, com a presença mínima de quatro dos seus membros, além do presidente.

- CE/1965, art. 19.
- Res. TSE 20.593/2000, art. 1º; CF, art. 93, X.

Parágrafo único. As decisões que importarem na interpretação do Código Eleitoral em face da Constituição, cassação de registro de partidos políticos, anulação geral de eleições ou perda de diplomas, só poderão ser tomadas com a presença de todos os membros do Tribunal.

- art. 97 da CF e art. 19, p.u., CE/1965.

ART. 7º Os juízes do Tribunal gozarão férias no período estabelecido no § 2º do art. 19.

- Art. 7º (Alterada pela Res. TSE 23.172/2009). pela Res. TSE 7399/1963.
- LC 35/1979 (Loman), art. 66, §§ 1º e 2º; arts. 67 e 68; CF, art. 93, XII.

CAPÍTULO II
DAS ATRIBUIÇÕES DO TRIBUNAL

ART. 8º São atribuições do Tribunal:

a) elaborar seu regimento interno;

- CF, art. 96, I, a, e CE/1965, art. 23, I.

b) organizar sua Secretaria, cartórios e demais serviços, propondo ao Congresso Nacional a criação ou a extinção dos cargos administrativos e a fixação dos respectivos vencimentos;

- CF, art. 96, I, b, e CE/1965, art. 23, II.

c) adotar ou sugerir ao governo providências convenientes à execução do serviço eleitoral, especialmente para que as eleições se realizem nas datas fixadas em lei e de acordo com esta se processem;

d) fixar as datas para as eleições de presidente e vice-presidente da República, senadores e deputados federais, quando não o tiverem sido por lei;

- CF, art. 77, e Lei 9.604/1997, art. 1º.
- CE/1965, art. 23, VII.

e) requisitar a força federal necessária ao cumprimento da lei e das suas próprias decisões, ou das decisões dos tribunais regionais que a solicitarem;

- CE/1965, art. 23, XIV.
- Res. TSE 21.843/2004.

f) ordenar o registro e a cassação de registro de partidos políticos;

- CE/1965, art. 22, I, a.

g) ordenar o registro de candidatos aos cargos de presidente e vice-presidente da República, conhecendo e decidindo, em única instância, das arguições de inelegibilidade para esses cargos;

- CE/1965, art. 22, I, a, e LC 64/1990, art. 2º, p.u.

h) apurar, pelos resultados parciais, o resultado geral da eleição para os cargos de presidente e vice-presidente da República, proclamar os eleitos e expedir-lhes os diplomas;

- CE/1965, arts. 22, I, g, e 205.

i) elaborar a proposta orçamentária da Justiça Eleitoral e apreciar os pedidos de créditos adicionais (art. 199, e parágrafo *único* do Código Eleitoral), autorizar os destaques à conta de créditos globais e julgar as contas devidas pelos funcionários de sua Secretaria;

- Refere-se ao CE/1950. CE/1965, art. 376 e p.u.
- CF, art. 99, §§ 1º e 2º, I.

j) responder, sobre matéria eleitoral, às consultas que lhe forem feitas pelos tribunais regionais, por autoridade pública ou partido político registrado, este por seu diretório nacional ou delegado credenciado junto ao Tribunal;

- CE/1965, art. 23, XII.

k) decidir os conflitos de jurisdição entre tribunais regionais e juízes eleitorais de estados diferentes;

- CF, art. 105, I, d, e CE/1965, art. 22, I, b.

l) decidir os recursos interpostos das decisões dos tribunais regionais, nos termos do art. 121 da Constituição Federal;

- Refere-se à CF/1946. CF, art. 121, § 4º.

m) decidir originariamente de *Habeas Corpus*, ou de mandado de segurança, em matéria eleitoral, relativos aos atos do presidente da República, dos ministros de estado e dos tribunais regionais;

- Arts. 102, I, d, e 105, I, c, CF e art. 21, IV, LC 35/1979.
- CE/1965, art. 22, I, e.

n) processar e julgar os crimes eleitorais e os comuns que lhes forem conexos, cometidos pelos juízes dos tribunais regionais, excluídos os desembargadores;

- CF, art. 105, I, a; CE/1965, art. 22, I, d.

o) julgar o agravo a que se refere o art. 48, § 2º;

p) processar e julgar a suspeição dos seus membros, do procurador-geral e dos funcionários de sua Secretaria;

- CE/1965, art. 22, I, c.

q) conhecer das reclamações relativas a obrigações impostas por lei aos partidos políticos;

- CE/1965, art. 22, I, f; Lei 9.096/1995, art. 35.

r) propor ao Poder Legislativo o aumento do número dos juízes de qualquer Tribunal Eleitoral, indicando a forma desse aumento;

- CF, art. 96, II, a, e CE/1965, art. 23, VI.

s) propor a criação de um tribunal regional na sede de qualquer dos territórios;

- CF, art. 96, II, c, e CE/1965, art. 23, V.

t) conceder aos seus membros licença, e, por motivo justificado, dispensa das funções (Constituição, art. 114), e o afastamento do exercício dos cargos efetivos;

- Refere-se à CF/1946. CF, art. 121, § 2º.
- CF, art. 96, I, f, e CE/1965, art. 23, III.
- Res. TSE 21.842/2004.

u) conhecer da representação sobre o afastamento dos membros dos tribunais regionais, nos termos do art. 194, § 1º, letra b, do Código Eleitoral;

- Refere-se ao CE/1950.CE/1965, art. 23, IV.
- CF, art. 96, I, f, e CE/1965, arts. 23, III, e 30, III.
- Res. TSE 21.842/2004.

v) expedir as instruções que julgar convenientes à execução do Código Eleitoral e à regularidade do serviço eleitoral em geral;

- CE/1965, art. 23, IX.
- Res. TSE 23.268/2010.

x) publicar um boletim eleitoral.

‣ O Boletim Eleitoral foi substituído, em jul./1990, pela *Revista de Jurisprudência do Tribunal Superior Eleitoral* (Res. TSE 16.584/1990).

CAPÍTULO III
DAS ATRIBUIÇÕES DO PRESIDENTE

ART. 9º Compete ao presidente do Tribunal:

a) dirigir os trabalhos, presidir as sessões, propor as questões, apurar o vencido e proclamar o resultado;

b) convocar sessões extraordinárias;

c) tomar parte na discussão, e proferir voto de qualidade nas decisões do Plenário, para as quais o regimento interno não preveja solução diversa, quando o empate na votação decorra de ausência de ministro em virtude de impedimento, suspeição, vaga ou licença médica, e não sendo possível a convocação de suplente, e desde que urgente a matéria e não se possa convocar o ministro licenciado, excepcionado o julgamento de *Habeas Corpus* onde proclamar-se-á, na hipótese de empate, a decisão mais favorável ao paciente; (Alterada pela Res. TSE 23.226/2009.)

‣ Art. 25, § 1º, desta resolução.

d) dar posse aos membros substitutos;

‣ Res. TSE 20.958/2001, art. 5º, § 1º.

e) distribuir os processos aos membros do Tribunal, e cumprir e fazer cumprir as suas decisões;

‣ Art. 14 desta resolução.

‣ Port. TSE n. 416/2010.

f) representar o Tribunal nas solenidades e atos oficiais, e corresponder-se, em nome dele, com o presidente da República, o Poder Legislativo, os órgãos do Poder Judiciário, e demais autoridades;

g) determinar a remessa de material eleitoral às autoridades competentes, e, bem assim, delegar aos presidentes dos tribunais regionais a faculdade de providenciar sobre os meios necessários à realização das eleições;

h) nomear, promover, exonerar, demitir e aposentar, nos termos da Constituição e das leis, os funcionários da Secretaria; (Alterada pela Res. TSE 8.129/1967.)

‣ Res. TSE 20.323/1998, arts. 137 e 138.

i) dar posse ao diretor-geral e aos diretores de serviço da Secretaria;

‣ Res. TSE 20.323/1998, art. 116, XIV.

j) conceder licença e férias aos funcionários do quadro e aos requisitados;

‣ Res. TSE 22.569/2007.

k) designar o seu secretário, o substituto do diretor-geral e os chefes de seção;

‣ Res. TSE 20.323/1998, art. 116, XV.

‣ Res. TSE 20.323/1998, art. 140.

l) requisitar funcionários da administração pública quando o exigir o acúmulo ocasional ou a necessidade do serviço da Secretaria, e dispensá-los;

‣ CE/1965, art. 23, XVI; Lei 6.999/1982 e Res. 23.523/2017.

‣ Lei 9.504/1997, art. 94-A, II.

m) superintender a Secretaria, determinando a instauração de processo administrativo, impondo penas disciplinares superiores a oito dias de suspensão, conhecendo e decidindo dos recursos interpostos das que foram aplicadas pelo diretor-geral, e relevando faltas de comparecimento;

‣ Res. TSE 20.323/1998, art. 116.

n) rubricar todos os livros necessários ao expediente;

o) ordenar os pagamentos, dentro dos créditos distribuídos, e providenciar sobre as transferências de créditos, dentro dos limites fixados pelo Tribunal.

CAPÍTULO IV
DAS ATRIBUIÇÕES DO VICE-PRESIDENTE

ART. 10. Ao vice-presidente compete substituir o presidente em seus impedimentos ou faltas ocasionais.

‣ Art. 17 desta resolução e LC 35/1979, art. 114.

ART. 11. Ausente por mais de dez dias, o vice-presidente será substituído de acordo com o art. 4º e p.u.

‣ LC 35/1979, art. 114.

CAPÍTULO V
DO PROCURADOR-GERAL

‣ LC 75/1993

‣ CE/1965, arts. 18 e 24.

ART. 12. Exercerá as funções de procurador-geral junto ao Tribunal o procurador-geral da República.

‣ CE/1965, art 18, e LC 75/1993, art. 74.

§ 1º O procurador-geral será substituído em suas faltas ou impedimentos, pelo subprocurador-geral da República e, na falta deste, pelos respectivos substitutos legais.

‣ art. 73, p.u., LC 75/1993.

§ 2º O procurador-geral poderá designar outros membros do Ministério Público da União com exercício no Distrito Federal, e sem prejuízo das respectivas funções, para auxiliá-lo no Tribunal, onde, porém, não poderão ter assento.

‣ art. 74, p.u., LC 75/1993.

‣ CE/1965, art. 18, p.u.

ART. 13. Compete ao procurador-geral:

a) assistir às sessões do Tribunal e tomar parte nas discussões; (Alterada pela Res. TSE 23.172/2009).

‣ CE/1965, art. 24, I.

‣ Art. 25, § 1º, desta resolução.

b) exercer a ação pública e promovê-la, até final, em todos os feitos de competência originária do Tribunal;

‣ CE/1965, art. 24, II.

c) oficiar, no prazo de cinco dias, em todos os recursos encaminhados ao Tribunal, e nos pedidos de mandado de segurança;

‣ CE/1965, art. 24, III.

d) manifestar-se, por escrito ou oralmente, sobre todos os assuntos submetidos à deliberação do Tribunal, quando solicitada a sua audiência por qualquer dos juízes, ou, por iniciativa própria, se entender necessário;

‣ CE/1965, art. 24, IV.

e) defender a jurisdição do Tribunal;

‣ CE/1965, art. 24, V.

f) representar ao Tribunal sobre a fiel observância das leis eleitorais, especialmente quanto à sua aplicação uniforme em todo o país;

‣ CE/1965, art. 24, VI.

g) requisitar diligências, certidões e esclarecimentos necessários ao desempenho de suas atribuições;

‣ CE/1965, art. 24, VII.

h) expedir instruções aos órgãos do Ministério Público junto aos tribunais regionais;

‣ CE/1965, art. 24, VIII.

i) representar ao Tribunal: a) contra a omissão de providência, por parte de Tribunal Regional, para a realização de nova eleição em uma circunscrição, município ou distrito; b) sobre a conveniência de ser examinada a escrituração dos partidos políticos, ou de ser apurado ato que viole preceitos de seus estatutos referentes à matéria eleitoral; c) sobre o cancelamento do registro de partidos políticos, nos casos do art. 148 e parágrafo *único* do Código Eleitoral.

‣ Refere-se ao Código Eleitoral de 1950 (Lei 1.164). Não tem correspondente no CE/1965.

‣ Lei 9.096/1995, art. 35.

TÍTULO II
DA ORDEM DO SERVIÇO DO TRIBUNAL

CAPÍTULO I
DO SERVIÇO EM GERAL

ART. 14. Os processos e as petições serão registrados no mesmo dia do recebimento, na seção própria, distribuídos por classes (art. 15), mediante sorteio, por meio do sistema de computação de dados e conclusos, dentro em 24 horas, por intermédio do secretário judiciário, ao presidente do Tribunal. (Alterado pela Res. TSE 19.305/1995).

‣ Port.-TSE n. 396/2015.

ART. 15. O registro far-se-á em numeração contínua e seriada adotando-se, também, a numeração geral em cada uma das classes seguintes: (Alterado pela Res. TSE 19.632/1996).

‣ Res. TSE 22.676/2007

CLASSES PROCESSUAIS NO ÂMBITO DA JUSTIÇA ELEITORAL

DENOMINAÇÃO DA CLASSE	SIGLA	CÓDIGO
Ação Cautelar	AC	1
Ação de Impugnação de Mandato Eletivo	AIME	2
Ação de Investigação Judicial Eleitoral	AIJE	3
Ação Penal	AP	4
Ação Rescisória	AR	5
Agravo de Instrumento	AI	6
Apuração de Eleição	AE	7
Cancelamento de Registro de Partido Político	CRPP	8
Conflito de Competência	CC	9
Consulta	Cta	10
Correição	Cor	11
Criação de Zona Eleitoral ou Remanejamento	CZER	12
Embargos à Execução	EE	13
Exceção	Exc	14
Execução Fiscal	EF	15
Habeas Corpus	HC	16
Habeas Data	HD	17
Inquérito	Inq	18
Instrução	Inst	19
Lista Tríplice	LT	20
Mandado de Injunção	MI	21
Mandado de Segurança	MS	22
Pedido de Desaforamento	PD	23
Petição	Pet	24
Prestação de Contas	PC	25
Processo Administrativo	PA	26

Propaganda Partidária	PP	27
Reclamação	Rcl	28
Recurso Contra Expedição de Diploma	RCED	29
Recurso Eleitoral	RE	30
Recurso Criminal	RC	31
Recurso Especial Eleitoral	REspe	32
Recurso em *Habeas Corpus*	RHC	33
Recurso em *Habeas Data*	RHD	34
Recurso em Mandado de Injunção	RMI	35
Recurso em Mandado de Segurança	RMS	36
Recurso Ordinário	RO	37
Registro de Candidatura	RCand	38
Registro de Comitê Financeiro	RCF	39
Registro de Órgão de Partido Político em Formação	ROPPF	40
Registro de Partido Político	RPP	41
Representação	Rp	42
Revisão Criminal	RvC	43
Revisão de Eleitorado	RvE	44
Suspensão de Segurança/Liminar	SS	45

Parágrafo único. O presidente resolverá, mediante instrução normativa, as dúvidas que se suscitarem na classificação dos feitos; observando-se as seguintes normas: (Alterado pela Res. TSE 19.305/1995).

I - na classe Recurso Especial Eleitoral (REspe), inclui-se o recurso de registro de candidatos, quando se tratar de eleições municipais (art. 12, parágrafo único da LC 64/1990);

- Art. 121, § 4º, I e II, da CF e art. 276, I, a e b, CE/1965.
- Art. 3º, XVI, Res. TSE 22.676/2007.

II - a classe Recurso Ordinário, relativo às eleições federais e estaduais, compreende os recursos que versam sobre elegibilidade, expedição de diploma e anulação ou perda de mandato eletivo (art. 121, III e IV, da CF);

- Art. 121, § 4º, III e IV, da CF e art. 276, II, a, CE/1965.
- Art. 3º, XVIII, Res. TSE 22.676/2007.

III - as classes Recurso em *Habeas Corpus* (RHC), Recurso em *Habeas Data* (RHD), Recurso em Mandado de Segurança (RMS), Recurso em Mandado de Injunção (RMI), compreendem os recursos ordinários interpostos na forma do disposto no art. 121, § 4º, V, da Constituição Federal;

- Art. 121, § 4º, V, da CF e art. 276, II, b, CE/1965.
- Art. 3º, XVII, Res. TSE 22.676/2007.

IV - na classe Processo Administrativo (PA) estão compreendidos os procedimentos que versam sobre requisições de funcionários, pedidos de créditos e outras matérias administrativas;

- Art. 3º, XIII, Res. TSE 22.676/2007.

V - a Reclamação é cabível para preservar a competência do Tribunal ou garantir a autoridade das suas decisões;

- RISTF, art. 156.
- Art. 3º, XV, Res. TSE 22.676/2007.

VI - os procedimentos não indicados nas classes referidas nos números 1 a 31, serão registrados como Petição (Pet);

VII - não se altera a classe do processo:

a) pela interposição de Embargos de Declaração (EDcl) e Agravo Regimental (AgRg);

- Res. TSE 22.676/2007, art. 6º: siglas atualizadas - ED e AgR, respectivamente.

b) pelos pedidos incidentes ou acessórios, inclusive pela interposição de exceções de impedimento e de suspeição.

- Incisos I a VII acrescidos pela Res. TSE 19.305/1995.

ART. 16. A distribuição será feita entre todos os ministros. (Alterado pela Res. TSE 19.305/1995)

§ 1º Não será compensada a distribuição, por prevenção, nos casos previstos no art. 260 do Código Eleitoral.

§ 2º Haverá compensação quando o processo for distribuído por dependência.

§ 3º Em caso de impedimento do relator, será feito novo sorteio, compensando-se a distribuição.

§ 4º Não será compensada a distribuição que deixar de ser feita ao vice-presidente quando substituir o presidente.

§ 5º Nos processos considerados de natureza urgente, estando ausente o ministro a quem couber a distribuição, o processo será encaminhado ao substituto, observada a ordem de antiguidade, para as providências que se fizerem necessárias, retornando ao ministro relator assim que cessar o motivo do encaminhamento. Ausentes os substitutos, considerada a classe, o processo será encaminhado ao integrante do Tribunal, titular, que se seguir ao ausente em antiguidade. (Alterado pela Res. TSE 22.189/2006.)

§ 6º O julgamento de recurso anterior, no mesmo processo, ou de mandado de segurança, medida cautelar, *Habeas Corpus*, reclamação ou representação, a ele relativos, torna prevento o relator do primeiro, independentemente da natureza da questão nele decidida, para os recursos ou feitos posteriores. (Alterado pela Res. TSE 22.189/2006.)

§ 7º O ministro sucessor funcionará como relator dos feitos distribuídos ao seu antecessor, ficando prevento para as questões relacionadas com os feitos relatados pelo sucedido. (Alterado pela Res. TSE 22.189/2006.)

- Port.-TSE 416/2010.

§ 8º Enquanto perdurar a vaga de ministro efetivo, os feitos serão distribuídos ao ministro substituto, observada a ordem de antiguidade e a classe. Provida a vaga, os feitos serão redistribuídos ao titular, salvo se o relator houver lançado visto. (Alterado pela Res. TSE 22.189/2006.)

§ 9º Os feitos de natureza específica do período eleitoral poderão ser distribuídos aos ministros substitutos, conforme dispuser a lei e resolução do Tribunal. (Acrescentado pela Res. TSE 22.189/2006.)

- Art. 96, § 3º, da Lei 9.504/1997.

ART. 17. Durante o período de férias forenses, compete ao presidente e, em sua ausência ou impedimento, ao vice-presidente, decidir os processos que reclamam solução urgente; na ausência de ambos, observar-se-á a ordem de antiguidade. (Alterado pela Res. TSE 19.305/1995)

Parágrafo único. Independentemente do período, os ministros efetivos e substitutos comunicarão à Presidência do Tribunal as suas ausências ou impedimentos eventuais. (Acrescentado pela Res. TSE 22.189/2006.)

ART. 18. Os processos serão vistos pelo relator, sem revisão, podendo qualquer dos juízes, na sessão do julgamento, pedir vista dos autos.

CAPÍTULO II
DAS SESSÕES

- Res. TSE 23.172/2009.

ART. 19. Reunir-se-á o Tribunal: ordinariamente, duas vezes por semana, em dias que serão fixados na última sessão de cada ano, e extraordinariamente tantas vezes quantas necessárias, mediante convocação do presidente, ou do próprio Tribunal.

- Res. TSE 20.593/2000.

§ 1º As sessões serão públicas e durarão o tempo necessário para se tratar dos assuntos que, exceto em casos de urgência, a juízo do presidente, forem anunciados com a antecipação de vinte e quatro horas.

- Art. 93, X, CF.

§ 2º As férias coletivas dos membros do Tribunal coincidirão com as do Supremo Tribunal Federal. (Alterado pela Res. TSE 7.399/1963.)

- LC 35/1979 (Loman), art. 66; CF, art. 93, XII.

ART. 20. Nas sessões, o presidente tem assento no topo da mesa, tendo à sua direita o procurador-geral, e à esquerda o diretor-geral da Secretaria, que servirá como secretário.

- Res. TSE 20.323/1998.

Parágrafo único. Seguir-se-ão nas bancadas, a começar pela primeira cadeira da direita, os dois juízes eleitos pelo Supremo Tribunal Federal, os dois juízes eleitos pelo Tribunal Federal de Recursos, e os dois juízes recrutados dentre os advogados e nomeados pelo presidente da República, obedecida em relação a cada categoria a ordem de antiguidade no Tribunal. (Alterado pela ER aprovada na 78ª sessão de 5.11.1969).

- Art. 119, I, b, CF.

ART. 21. Observar-se-á nas sessões a seguinte ordem dos trabalhos:

1. Verificação do número de juízes presentes;
2. Leitura, discussão e aprovação da ata da sessão anterior;
3. Leitura do expediente;
4. Discussão e decisão dos feitos em pauta;
5. Publicação de decisões.

- LC 64/1990, art. 11, § 2º.
- Art. 36, § 10, desta resolução.

ART. 22. No conhecimento e julgamento dos feitos, observar-se-á a seguinte ordem, ressalvado o disposto no art. 80:

- O artigo destacado foi numerado como 89 em razão da introdução, pela Res. TSE 4.578/1953, do Capítulo "Das Exceções de Suspeição", sob n. VIII, no Título III desta resolução, com a consequente renumeração do então existente para Capítulo IX.

1. *Habeas Corpus* originários e recursos de sua denegação;
2. Mandados de segurança originários e recursos de denegação dos impetrados aos tribunais regionais;
3. Recursos interpostos nos termos do art. 121, I, II e III, da Constituição Federal;

Refere-se à CF/1946. CF, art. 121, § 4º, I a III e IV.

4. Qualquer outra matéria submetida ao conhecimento do Tribunal.

ART. 23. Feito o relatório, cada uma das partes poderá, no prazo improrrogável de dez minutos, salvo o disposto nos arts. 40, 64, 70, § 7º, e 80, sustentar oralmente as suas conclusões.

Nos embargos de declaração não é permitida a sustentação oral.

- Os artigos foram renumerados como 73, 79 e 89, respectivamente, em razão da introdução do Capítulo VIII do Título III desta resolução (Das Exceções de Suspeição) pela Res. TSE 4.578/1953.
- LC 64/1990, arts. 11 e 14.
- CE/1965, arts. 272 e 280.

§ 1º A cada juiz do Tribunal e ao procurador-geral será facultado, concedida a palavra pelo presidente, falar duas vezes sobre o assunto em discussão.

§ 2º Em nome dos partidos políticos, como recorrentes ou recorridos, somente poderão usar da palavra, independentemente de mandato especial, os respectivos delegados credenciados perante o Tribunal, até o número de cinco, em caráter permanente.

- Lei 9.096/1995, art. 11.

ART. 24. Encerrada a discussão, o presidente tomará os votos, em primeiro lugar do relator e, a seguir, dos demais membros do Tribunal, na ordem da precedência regimental, a partir do relator, votando em último lugar em todas as matérias. (Alterado pela Res. TSE 23.226/2009.)

ART. 25. As decisões serão tomadas por maioria de votos e redigidas pelo relator, salvo se for vencido, caso em que o presidente designará, para lavrá-las, um dos juízes cujo voto tiver sido vencedor; conterão uma síntese das questões debatidas e decididas, e serão apresentadas, o mais tardar, dentro em cinco dias.

- CE/1965, art. 19.

§ 1º Os acórdãos e as resoluções de caráter administrativo e contencioso-administrativo serão assinados pelo relator ou pelo ministro efetivo ou substituto a quem couber a sua lavratura, registrando-se o nome do presidente da sessão; as resoluções normativas serão assinadas por todos os ministros que participaram da sessão de julgamento. (Alterado pela Res. TSE 23.172/2009.)

§ 2º Não estando em exercício o relator a decisão será lavrada pelo primeiro juiz vencedor, ou, no seu impedimento, por outro designado pelo presidente.

§ 3º Os feitos serão numerados, e as decisões serão lavradas sob o título de acórdão, reservando-se o termo resolução àquelas decisões decorrentes do poder regulamentar do Tribunal e nas hipóteses em que o Plenário assim o determinar, por proposta do relator. (Alterado pela Res. TSE 23.172/2009.)

§ 4º As deliberações do Tribunal, em casos determinados, que não tenham caráter normativo, constarão da respectiva ata da sessão, sendo cumpridas mediante comunicação aos tribunais regionais e aos interessados, se for o caso. Ao presidente cumpre baixar ato disciplinando as matérias que não serão objeto de resolução. (Acrescentado pela Res. TSE 19.102/1993.)

§ 5º O relator poderá decidir monocraticamente os seguintes feitos administrativos a ele submetidos: (Acrescentado pela Res. TSE 21.918/2004.)

I - Petição (Classe 18ª) - prestação de contas, com informação da Comissão de Exame de Contas Eleitorais e Partidárias (Coep) pela aprovação das contas ou pela aprovação com ressalvas das contas; (Acrescentado pela Res. TSE 21.918/2004.)

- Art. 15 desta resolução - Prestação de Contas - PC (Classe 25ª).

II - Petição (Classe 18ª) - programa partidário, com informação da unidade técnica responsável; (Alterada pela Res. TSE 23.102/2009.)

- Lei 13.487/2017, art. 5º.

III - Petição (Classe 18ª) - juiz eleitoral (afastamento do exercício do cargo efetivo da Justiça Comum), com informação do diretor-geral sobre o preenchimento dos requisitos legais; (Acrescentado pela Res. TSE 21.918/2004.)

IV - Processo Administrativo (Classe 19ª) - requisição de servidor, com informação da Secretaria de Recursos Humanos (SRH) sobre o preenchimento dos requisitos legais, confirmada pelo diretor-geral; (Acrescentado pela Res. TSE 21.918/2004.)

V - Processo Administrativo (Classe 19ª) - transferência de jurisdição eleitoral, com informação da Corregedoria-Geral Eleitoral, confirmada pelo diretor-geral; (Acrescentado pela Res. TSE 21.918/2004.)

VI - Consulta (Classe 5ª), com informação da Assessoria Especial da Presidência (Aesp), quando a consulta for formulada por parte ilegítima ou versar sobre caso concreto; (Acrescentado pela Res. TSE 21.918/2004.)

VII - Revisão de Eleitorado (Classe 33ª) - com informação da Corregedoria-Geral Eleitoral favorável à realização da revisão, confirmada pelo diretor-geral. (Acrescentado pela Res. TSE 21.918/2004.)

ART. 26. Salvo os recursos para o Supremo Tribunal Federal, o acórdão só poderá ser atacado por embargos de declaração oferecidos nas 48 horas seguintes à publicação e somente quando houver omissão, obscuridade ou contradição nos seus termos ou quando não corresponder à decisão.

- CE/1965, art. 275, § 1º.

§ 1º Os embargos serão opostos em petição fundamentada dirigida ao relator, que os apresentará em mesa na primeira sessão.

- CE/1965, art. 275, § 4º.

§ 2º O prazo para os recursos para o Supremo Tribunal e embargos de declaração contar-se-á da data da publicação das conclusões da decisão no Diário da Justiça.

- LC 64/1990, art. 11, § 2º.

ART. 27. A execução de qualquer acórdão só poderá ser feita após o seu trânsito em julgado.

- LC 64/1990, art. 15.
- CE/1965, arts. 216 e 257.

Parágrafo único. Publicado o acórdão, em casos excepcionais, a critério do presidente, será dado imediato conhecimento da respectiva decisão, por via telegráfica, ao presidente do Tribunal Regional.

- CE/1965, art. 257, § 1º.

ART. 28. As atas das sessões, nas quais se resumirá com clareza tudo quanto nelas houver ocorrido, serão datilografadas em folhas soltas para sua encadernação oportuna e, após assinadas pelo presidente, serão publicadas no Diário da Justiça. (Alterado pela Res. TSE 14.090/1988.)

TÍTULO III
DO PROCESSO NO TRIBUNAL

CAPÍTULO I
DA DECLARAÇÃO DE INVALIDADE DE LEI OU ATO CONTRÁRIO À CONSTITUIÇÃO

ART. 29. O Tribunal, ao conhecer de qualquer feito, se verificar que é imprescindível decidir-se sobre a validade, ou não, de lei ou ato em face da Constituição, suspenderá a decisão para deliberar, na sessão seguinte, preliminarmente, sobre a arguida invalidade.

Parágrafo único. Na sessão seguinte será a questionada invalidade submetida a julgamento, como preliminar, e, em seguida, consoante a solução adotada, decidir-se-á o caso concreto que haja dado lugar àquela questão.

ART. 30. Somente pela maioria absoluta dos juízes do Tribunal poderá ser declarada a invalidade de lei ou ato contrário à Constituição.

- Art. 97, CF.

CAPÍTULO II
DO *HABEAS CORPUS*

ART. 31. Dar-se-á *Habeas Corpus* sempre que, por ilegalidade ou abuso de poder, alguém sofrer ou se achar ameaçado de sofrer violência ou coação em sua liberdade de locomoção, de que dependa o exercício de direitos ou deveres eleitorais.

- CE/1965, art. 22, I, e.
- CF, art. 5º, LXVIII.

ART. 32. No processo e julgamento, quer dos pedidos de competência originária do Tribunal (art. 8º, letra l), quer dos recursos das decisões dos tribunais regionais, denegatórias da ordem, observar-se-ão, no que lhes forem aplicáveis, o disposto no Código de Processo Penal (Liv. VI, Cap. X) e as regras complementares estabelecidas no Regimento Interno do Supremo Tribunal Federal.

- Art. 8º, m, desta resolução.
- CPP, arts. 647 a 667.
- RISTF, arts. 188 a 199.

CAPÍTULO III
DO MANDADO DE SEGURANÇA

- Lei 12.016/2009.

ART. 33. Para proteger direito líquido e certo fundado na legislação eleitoral, e não amparado por *Habeas Corpus*, conceder-se-á mandado de segurança.

- CF, art. 5º, LXIX e LXX.
- CE/1965, art. 22, I, e.

ART. 34. No processo e julgamento do mandado de segurança, quer nos pedidos de competência do Tribunal, (art. 8º, letra l), quer nos recursos das decisões denegatórias dos tribunais regionais, observar-se-ão, no que forem aplicáveis, as disposições da Lei 1.533, de 31 de dezembro de 1951, e o Regimento Interno do Supremo Tribunal Federal.

- Art. 8º, m, desta resolução.
- Art. 16 da Lei 12.016/2009.
- RISTF, arts. 200 a 206.

CAPÍTULO IV
DOS RECURSOS ELEITORAIS

A) DOS RECURSOS EM GERAL

ART. 35. O Tribunal conhecerá dos recursos interpostos das decisões dos tribunais regionais:

a) quando proferidas com ofensa a letra expressa da lei;

b) quando derem à mesma lei interpretação diversa da que tiver sido adotada por outro Tribunal Eleitoral;

c) quando versarem sobre expedição de diplomas nas eleições federais e estaduais (Constituição Federal, art. 121, I, II e III).

- Refere-se à CF/1946. CF, art. 121, § 4º.
- Arts. 121, CF; 276, CE/1965 e 3º, XVIII, Res. TSE 22.676/2007.

§ 1º É de três dias o prazo para a interposição do recurso a que se refere o artigo, contado, nos casos das alíneas a e b, da publicação da decisão no órgão oficial e, no caso da alínea c, da data da sessão do Tribunal Regional convocada para expedição dos diplomas dos eleitos, observado o disposto no § 2º do art. 167 do Código Eleitoral.

- Refere-se ao CE/1950. CE/1965, arts. 258, 264 e 276, § 1º.
- LC 64/1990, art. 11, § 2º.

§ 2º Os recursos, independentemente de termo, serão interpostos por petição fundamentada, acompanhados, se o entender o recorrente, de novos documentos.

ART. 36. O presidente do Tribunal Regional proferirá despacho fundamentado, admitindo, ou não, o recurso. (Alterado pela Res. TSE 18.426/1992.)

- CE/1965, art. 278, § 1º.
- LC 64/1990, art. 12, p.u.

§ 1º No caso de admissão, será dada vista dos autos ao recorrido, pelo prazo de três dias, para apresentar contrarrazões, e, a seguir, ao procurador regional para oficiar, subindo o processo ao Tribunal Superior, dentro dos três dias seguintes, por despacho do presidente.

- CE/1965, art. 278, §§ 2º e 3º.

§ 2º No caso de indeferimento, caberá recurso de agravo de instrumento para o Tribunal Superior, no prazo de três dias contados da intimação, processados em autos apartados, formados com as peças indicadas pelo recorrente, sendo obrigatório o traslado da decisão recorrida e da certidão de intimação.

- Lei 12.322/2010.
- CE/1965, art. 279; Res. TSE 21.477/2003 e Port. TSE 129/1996.

§ 3º Conclusos os autos ao presidente, este fará subir o recurso se mantiver o despacho recorrido, ou mandará apensá-los aos autos principais se o reformar. (Alterado pela Res. TSE 18.426/1992.)

§ 4º O Tribunal Superior, dando provimento ao agravo de instrumento, estando o mesmo suficientemente instruído, poderá, desde logo, julgar o mérito do recurso denegado; no caso de determinar apenas a sua subida, será relator o mesmo do agravo provido. (Acrescentado pela Res. TSE 18.426/1992.)

§ 5º Se o agravo for provido e o Tribunal Superior passar ao exame do recurso, feito o relatório, será facultado às partes pelo prazo de dez minutos cada a sustentação oral. (Acrescentado pela Res. TSE 18.426/1992.)

§ 6º O relator negará seguimento a pedido ou recurso intempestivo, manifestamente inadmissível, improcedente, prejudicado ou em confronto com súmula ou com jurisprudência dominante do Tribunal, do Supremo Tribunal Federal ou de Tribunal Superior. (Alterado pela Res. TSE 20.595/2000.)

- LC 64/1990, art. 22, I, c.

§ 7º Poderá o relator dar provimento ao recurso, se a decisão recorrida estiver em manifesto confronto com súmula ou com jurisprudência dominante do Supremo Tribunal Federal ou de Tribunal Superior. (Alterado pela Res. TSE 20.595/2000.)

§ 8º Da decisão do relator caberá agravo regimental, no prazo de três dias e processado nos próprios autos. (Acrescentado pela Res. TSE 18.426/1992.)

- Res. TSE 22.215/2006.

§ 9º A petição de agravo regimental conterá, sob pena de rejeição liminar, as razões do pedido de reforma da decisão agravada, sendo submetida ao relator, que poderá reconsiderar o seu ato ou submeter o agravo ao julgamento do Tribunal, independentemente de inclusão em pauta, computando-se o seu voto. (Acrescentado pela Res. TSE 18.426/1992.)

§ 10. Nos processos relativos a registro de candidatos, a publicação das decisões do relator far-se-á na sessão subsequente a sua prolação (Lei Complementar n. 64, de 18.5.1990, art. 11, § 2º). (Acrescentado pela Res. TSE 18.426/1992.)

ART. 37. O recurso será processado nos próprios autos em que tiver sido proferida a decisão recorrida.

§ 1º Quando a decisão não tiver sido tomada em autos, a petição de recurso será autuada, determinando o presidente a juntada de cópia autenticada da mesma decisão.

§ 2º Quando se tratar de processo que por sua natureza, ou em virtude de lei, deva permanecer no Tribunal Regional, com a petição do recurso iniciar-se-á a formação dos autos respectivos, nos quais figurarão, obrigatoriamente, além da decisão recorrida, os votos vencidos, se os houver, e o parecer do procurador regional que tenha sido emitido, além de outras peças indicadas pelo recorrente ou determinadas pelo presidente.

B) DOS RECURSOS CONTRA EXPEDIÇÃO DE DIPLOMA

ART. 38. O recurso contra expedição de diploma caberá somente nos seguintes casos:

a) inelegibilidade do candidato;

b) errônea interpretação da lei quanto à aplicação do sistema de representação proporcional;

c) erro de direito ou de fato na apuração final, quanto à determinação do quociente eleitoral ou partidário, contagem de votos e classificação do candidato, ou a sua contemplação sob determinada legenda;

d) pendência de recurso anterior, cuja decisão possa influir na determinação do quociente eleitoral ou partidário, inelegibilidade ou classificação do candidato.

- Art. 262 CE/1965.

ART. 39. Os recursos parciais aguardarão, em mão do relator, o que for interposto contra a expedição do diploma, para, formando um processo *único*, serem julgados conjuntamente.

§ 1º A distribuição do primeiro recurso que chegar ao Tribunal prevenirá a competência do relator para todos os demais casos da mesma circunscrição e no mesmo pleito.

- CE/1965, art. 260.

§ 2º Se não for interposto recurso contra a expedição de diploma, ficarão prejudicados os recursos parciais.

- Art. 261, § 5º, CE/1965.

ART. 40. Na sessão de julgamento após o relatório, cada parte terá 15 minutos para a sustentação oral do recurso de diplomação e 5 minutos para a de cada recurso parcial; inexistindo recurso parcial, aquele prazo será de 20 minutos. (Alterado pela Res. TSE 4.958/1955.)

- Arts. 272, p.u., e 280, CE/1965.

ART. 41. Nas decisões proferidas nos recursos interpostos contra a expedição de diplomas, o Tribunal tornará, desde logo, extensivos ao resultado geral da eleição respectiva os efeitos do julgado, com audiência dos candidatos interessados.

ART. 42. Passado em julgado o acórdão, serão os autos imediatamente devolvidos por via aérea ao Tribunal Regional.

Parágrafo único. Em casos especiais, poderá a execução da decisão passada em julgado ser feita mediante comunicação telegráfica.

- CE/1965, art. 257, § 1º.

C) DOS RECURSOS PARA O SUPREMO TRIBUNAL FEDERAL

ART. 43. Os recursos das decisões do Tribunal para o Supremo Tribunal Federal serão interpostos dentro do prazo de dez dias contados da publicação da decisão, e processados na conformidade das normas traçadas no Código de Processo Civil.

- Súm. STF 728/2003.
- CF, art. 102, II, a, e III e art. 121, § 3º.
- Art. 281, CE/1965.

Parágrafo único. Os agravos dos despachos do presidente, denegatórios dos recursos referidos no artigo, serão interpostos no prazo de 5 dias e processados, igualmente, na conformidade do Código de Processo Civil.

- Lei 12.322/2010.
- Refere-se ao CPC/1939. Art. 1.042 e ss., NCPC.
- CE/1965, art. 282.

ART. 44. Quando a decisão recorrida importar em alteração do resultado das eleições apuradas, a remessa dos autos será feita após a extração, pela Secretaria, de traslado rubricado pelo relator e encaminhado, para execução, mediante ofício, ao Tribunal de origem.

Parágrafo único. O traslado conterá:

a) a autuação;

b) a decisão do Tribunal Regional;

c) a decisão exequenda do Tribunal Superior;

d) o despacho do recebimento do recurso.

CAPÍTULO V
DO PROCESSO CRIME DA COMPETÊNCIA ORIGINÁRIA DO TRIBUNAL

- Leis n. 8.038/1990 e 8.658/1993.

ART. 45. A denúncia por crimes da competência originária do Tribunal cabe ao procurador-geral, e será dirigida ao mesmo Tribunal e apresentada ao presidente para designação de relator.

- CE/1965, art. 24, II.
- Art. 13, b, desta resolução.

Parágrafo único. Deverá conter a narrativa da infração com as indicações precisas para caracterizá-la, os documentos que a comprovem ou o rol das testemunhas que dela tenham conhecimento, a classificação do crime e o pedido da respectiva sanção.

ART. 46. Distribuída a denúncia, se não estiver nos termos do artigo antecedente, o relator, por seu despacho, mandará preenchê-los; se em termos, determinará a notificação do acusado para que, no prazo de quinze dias, apresente resposta escrita.

Parágrafo único. A notificação, acompanhada de cópias da denúncia e dos documentos que a instruírem, será encaminhada ao acusado, sob registro postal.

ART. 47. Se a resposta prévia convencer da improcedência da acusação, o relator proporá ao Tribunal o arquivamento do processo.

ART. 48. Não sendo vencedora a opinião do relator, ou se ele não se utilizar da faculdade que lhe confere o artigo antecedente, proceder-se-á à instrução do processo, na forma dos capítulos I e III, Título I, Livro II, do Código de Processo Penal.

§ 1º O relator será o juiz da instrução do processo, podendo delegar poderes a membro do Tribunal Regional para proceder a inquirições e outras diligências.

§ 2º Caberá agravo, sem efeito suspensivo, para o Tribunal, do despacho do relator que receber ou rejeitar a denúncia, e do que recusar a produção de qualquer prova ou a realização de qualquer diligência.

ART. 49. Finda a instrução, o Tribunal procederá ao julgamento do processo, observando-se o que dispõe o Capítulo II, Título III, Livro II, do Código de Processo Penal.

- Título III do Livro II do DL n. 3.689/1941 (CPP) revogado pelo art. 3º da Lei 8.658/1993.

ART. 50. (Revogado pela Res. TSE 23.172/2009.)

CAPÍTULO VI
DOS CONFLITOS DE JURISDIÇÃO

ART. 51. Os conflitos de jurisdição entre tribunais regionais e juízes singulares de estados diferentes poderão ser suscitados

REGIMENTOS INTERNOS

pelos mesmos tribunais e juízes ou qualquer interessado, especificando os fatos que os caracterizarem.

‣ CE/1965, art. 22, I, b, e art. 8º, k, desta resolução; CF, art. 105, I, d.

ART. 52. Distribuído o feito, o relator:

a) ordenará imediatamente que sejam sobrestados os respectivos processos, se positivo o conflito;

b) mandará ouvir, no prazo de cinco dias, os presidentes dos tribunais regionais, ou os juízes em conflito, se não tiverem dado os motivos por que se julgaram competentes, ou não, ou se forem insuficientes os esclarecimentos apresentados.

ART. 53. Instruído o processo, ou findo o prazo sem que hajam sido prestadas as informações solicitadas, o relator mandará ouvir o procurador-geral, dentro do prazo de cinco dias.

ART. 54. Emitido o parecer pelo procurador-geral, os autos serão conclusos ao relator, que, no prazo de cinco dias, os apresentará em mesa para julgamento.

CAPÍTULO VII
DAS CONSULTAS, REPRESENTAÇÕES E INSTRUÇÕES

ART. 55. As consultas, representações ou qualquer outro assunto submetido à apreciação do Tribunal, serão distribuídos a um relator.

‣ LC 64/1990, art. 22; Lei 9.504/1997, arts. 30-A, 58, 81, 96 e 97.

§ 1º O relator, se entender necessário, mandará proceder a diligências para melhor esclarecimento do caso, determinando ainda que a Secretaria preste a respeito informações, se não o tiver feito anteriormente à distribuição do processo.

§ 2º Na primeira sessão que se seguir ao prazo de cinco dias do recebimento do processo, o relator o apresentará em mesa para decisão, a qual poderá ser logo transmitida por via telegráfica, lavrando-se após a resolução.

ART. 56. Tratando-se de "instruções" a expedir, a Secretaria providenciará, antes da discussão do assunto e deliberação do Tribunal, sobre a entrega de uma cópia das mesmas a cada um dos juízes.

CAPÍTULO VIII
DAS EXCEÇÕES DE SUSPEIÇÃO

‣ Capítulo introduzido pela Res. TSE 4.578/1953, renumerando-se o existente.

ART. 57. Qualquer interessado poderá arguir a suspeição dos juízes do Tribunal, do procurador-geral ou dos funcionários da Secretaria nos casos previstos na lei processual civile por motivo de parcialidade partidária. Será ilegítima a suspeição quando o excipiente a provocar ou depois de manifestada a sua causa, praticar qualquer ato que importe na aceitação do recusado.

‣ Arts. 20 e 22, I, c, CE/1965.

ART. 58. A exceção de suspeição de qualquer dos juízes ou do procurador-geral e do diretor-geral da Secretaria deverá ser oposta dentro de 48 horas da data em que, distribuído o feito pelo presidente, baixar à Secretaria. Quanto aos demais funcionários, o prazo acima se contará da data de sua intervenção no feito.

‣ NCPC, art. 146.

Parágrafo único. Invocando o motivo superveniente, o interessado poderá opor a exceção depois dos prazos fixados neste artigo.

ART. 59. A suspeição deverá ser deduzida em petição fundamentada, dirigida ao presidente, contendo os fatos que a motivaram e acompanhada de documentos e rol de testemunhas.

‣ Art. 64 desta resolução.

ART. 60. O presidente determinará a autuação e a conclusão da petição ao relator do processo, salvo se este for o recusado, caso em que será sorteado um relator para o incidente.

ART. 61. Logo que receber os autos da suspeição, o relator do incidente determinará, por ofício protocolado, que, em três dias, se pronuncie o recusado.

ART. 62. Reconhecendo o recusado, na resposta, a sua suspeição, o relator determinará que os autos sejam conclusos ao presidente.

§ 1º Se o juiz recusado for o relator do feito, o presidente o redistribuirá mediante compensação e no caso de ter sido outro juiz o recusado, convocará o substituto respectivo em se tratando de processo para cujo julgamento deva o Tribunal deliberar com a presença de todos os seus membros.

§ 2º Se o recusado tiver sido o procurador-geral ou funcionário da Secretaria, o presidente designará, para servir no feito, o respectivo substituto legal.

ART. 63. Deixando o recusado de responder ou respondendo sem reconhecer a sua suspeição, o relator ordenará o processo, inquirindo as testemunhas arroladas e mandará os autos à Mesa para julgamento na primeira sessão, nele não tomando parte o juiz recusado.

ART. 64. Se o juiz recusado for o presidente, a petição de exceção será dirigida ao vice-presidente, o qual procederá na conformidade do que ficou disposto em relação ao presidente.

ART. 65. Salvo quando o recusado for funcionário da Secretaria, o julgamento do feito ficará sobrestado até a decisão da exceção.

CAPÍTULO IX
DISPOSIÇÕES COMUNS AOS PROCESSOS

‣ Os arts. 66 a 69 deste capítulo correspondem aos primitivos arts. 57 a 60, renumerados pela Res. TSE 4.578/1953 em razão da introdução do Capítulo "Das Exceções de Suspeição", sob n. VIII, no Título III desta resolução, com a consequente renumeração do então existente para Capítulo IX.

ART. 66. A Secretaria lavrará o termo do recebimento dos autos, em seguida ao último que houver sido exarado no Tribunal Regional, conferindo e retificando, quando for o caso, a numeração das respectivas folhas.

Parágrafo único. Os termos serão subscritos pelo diretor-geral ou por outro funcionário da Secretaria, por delegação sua. (Alterado pela Res. TSE 18.822/1992.)

‣ Res. TSE 20.323/1998, arts. 26 e 27.

ART. 67. Proferida a decisão, o diretor-geral certificará o resultado do julgamento, consoante os termos da minuta, e fará os autos conclusos ao relator. Lavrado o acórdão ou resolução, será publicado na primeira sessão que se seguir, arquivando-se uma cópia na pasta respectiva.

‣ Res. TSE 20.323/1998, art. 117, § 1º, I a IV.

‣ LC 64/1990, arts. 11, § 2º, e 14

‣ Port.-TSE 218/2008: "Institui o Diário da Justiça Eletrônico do TSE".

§ 1º Transitada em julgado a decisão, serão os autos conclusos ao presidente, para os fins de direito.

§ 2º Ao relator cabe a redação da "ementa" do julgado, que deverá preceder à decisão por ele lavrada.

ART. 68. A desistência de qualquer recurso ou reclamação deve ser feita por petição ao relator, a quem compete homologá-la, ainda que o feito se ache em mesa para julgamento. (Alterado pela Res. TSE 22.962/2008.)

Parágrafo único. O pedido de desistência formulado em sessão será apreciado pelo Plenário, antes de iniciada a votação. (Acrescentado pela Res. TSE 22.962/2008.)

ART. 69. (Revogado pela Res. TSE 23.172/2009.)

TÍTULO IV
DO REGISTRO DOS PARTIDOS POLÍTICOS E DO SEU CANCELAMENTO

CAPÍTULO I
DO REGISTRO

‣ Os arts. 70 a 77 deste capítulo correspondem aos primitivos arts. 61 a 68, renumerados pela Res. TSE 4.578/1953 em razão da introdução do Capítulo "Das Exceções de Suspeição", sob n. VIII, no Título III desta resolução, com a consequente renumeração do então existente para Capítulo IX.

‣ Lei 9.096/1995.

‣ Res. TSE 23.465/2015 (Regulamento).

ART. 70. O registro dos partidos políticos far-se-á mediante requerimento subscrito pelos seus fundadores, com firmas reconhecidas, e instruído:

‣ Lei 9.096/1995.

‣ Res. TSE 23.465/2015 (Regulamento).

a) da prova de contar, como seus aderentes, pelo menos 50.000 eleitores, distribuídos por cinco ou mais circunscrições eleitorais, com o mínimo de mil eleitores em cada uma delas;

‣ Lei 9.096/1995.

‣ Res. TSE 23.465/2015 (Regulamento).

b) de cópia do seu programa e dos seus estatutos, de sentido e alcance nacionais.

‣ Lei 9.096/1995.

‣ Res. TSE 23.465/2015 (Regulamento).

§ 1º O requerimento indicará os nomes dos dirigentes provisórios do partido e, bem assim, o endereço da sua sede principal.

‣ Lei 9.096/1995.

‣ Res. TSE 23.465/2015 (Regulamento).

§ 2º A prova do número básico de eleitores aderentes será feita por meio de suas assinaturas, com menção do número do respectivo título eleitoral, em listas organizadas em cada zona, sendo a veracidade das assinaturas e dos números dos títulos atestada pelo escrivão eleitoral, com firma reconhecida.

‣ Lei 10.842/2004, art. 4º.

‣ Lei 9.096/1995, art. 9º, § 1º, e Res. TSE 23.465/2015, art. 12.

‣ Res. TSE 22.553/2007.

‣ Res. TSE 22.510/2007.

‣ Res. TSE 21.966/2004.

‣ Res. TSE 21.853/2004.

§ 3º As assinaturas de eleitores que já figurarem em listas de outros partidos, serão canceladas, salvo se acompanhadas de declaração do eleitor de haver abandonado aqueles partidos.

ART. 71. Será vedado o registro de partido cujo programa ou ação contrarie o regime democrático, baseado na pluralidade dos partidos e na garantia dos direitos fundamentais do homem, e indeferido o daquele cujo programa seja coincidente com o de outro anteriormente registrado.

‣ Lei 9.096/1995, arts. 1º e 2º, e Res. TSE 23.465/2015, arts. 1º e 2º.

ART. 72. Recebido o requerimento instruído na forma do artigo anterior, e devidamente autuado, o presidente do Tribunal sorteará o relator, que o mandará com vista ao procurador-geral.

§ 1º Oferecido parecer pelo procurador geral, dentro no prazo de dez dias, poderá o relator determinar as diligências e solicitar os esclarecimentos que entender necessários.

‣ Lei 9.096/1995, art. 9º, §§ 3º e 4º, e Res. TSE 23.465/2015, art. 31.

§ 2º Satisfeitas as exigências, ou se desnecessários os esclarecimentos, fará o relator seu relatório escrito, com pedido de dia para o julgamento.

- Lei 9.096/1995, art. 9º, § 3º, e Res. TSE 23.465/2015, art. 31, § 1º.

ART. 73. Na sessão do julgamento, lido o relatório, poderá o requerente usar da palavra, pelo prazo de 15 minutos, assim como o procurador-geral.

- Res. TSE 23.465/2015, art. 31, § 2º.

§ 1º Faltando ao requerimento do registro qualquer dos requisitos do art. 61, poderá o Tribunal determinar o seu preenchimento, se não entender decidi-lo desde logo.

- O artigo foi renumerado como 70 em razão da introdução, pela Res. TSE 4.578/1953, do Capítulo "Das Exceções de Suspeição", sob número VIII, no Título III desta resolução, com a consequente renumeração do então existente para Capítulo IX.

§ 2º Deferido o registro, a decisão será comunicada aos tribunais regionais, dentro em 48 horas, por via telegráfica, e publicada no Diário da Justiça.

- Port.-TSE n º 218/2008 (Institui o Diário da Justiça Eletrônico do TSE).
- Res. TSE 23.465/2015, art. 32.

ART. 74. O registro será feito em livro próprio na Secretaria, mencionando-se nele:

a) data da fundação e do registro, número e data da resolução, e endereço da sede;

b) relação dos fundadores;

c) programa;

d) convenção nacional (composição, forma de escolha, competência e funcionamento);

e) diretório nacional (composição, forma de escolha, competência e funcionamento).

- Res. TSE 20.323/1998, art. 29, IV.

ART. 75. A reforma do programa ou dos estatutos será igualmente apreciada pelo Tribunal, condicionando-se à sua aprovação a entrada em vigor da mesma reforma.

- Res. TSE 23.465/2015, art. 49.

Parágrafo único. Nos processos de reforma, o Tribunal restringirá sua apreciação aos pontos sobre que ela versar.

ART. 76. O registro de partido resultante da fusão de outros já registrados obedecerá às normas estabelecidas no art. 61, dispensada, porém, a prova do número básico de eleitores desde que a soma dos seus aderentes perfaça o limite legal, deduzido o número dos que se tenham oposto à fusão.

- O artigo foi renumerado como 70 em razão da introdução, pela Res. TSE 4578/1953, do Capítulo "Das Exceções de Suspeição", sob número VIII, no Título III desta resolução, com a consequente renumeração do então existente para Capítulo IX.
- Lei 9.096/1995, art. 27 a 29, e Res. TSE 23.465/2015, arts. 50 a 54.

Parágrafo único. A existência legal do novo partido começará com o seu registro no Tribunal.

- Lei 9.096/1995, art. 29, § 4º, e Res. TSE 23.465/2015, art. 52, § 6º.

ART. 77. As atas das reuniões dos partidos políticos deverão ser conferidas com o original pela Secretaria de Coordenação Eleitoral. (Alterado pela Res. TSE 18.822/1992.)

§ 1º A decisão que conceder ou denegar o registro será publicada no Diário da Justiça, e, no caso de concessão, com os nomes dos membros componentes do diretório.

§ 2º De sua decisão dará o Tribunal, em 48 horas, comunicação, por via telegráfica ou postal, aos tribunais regionais.

- Res. TSE 23.465/2015, art. 32.

CAPÍTULO II
DO CANCELAMENTO DO REGISTRO

- Os arts. 78 e 79 deste capítulo correspondem aos primitivos arts. 69 a 82, renumerados pela Res. TSE 4578/1953 em razão da introdução do Capítulo "Das Exceções de Suspeição", sob número VIII, no Título III desta resolução, com a consequente renumeração do então existente para Capítulo IX.
- Lei 9.096/1995.
- Res. TSE 23.465/2015 (Disciplina a criação, organização, fusão, incorporação e extinção de partidos políticos).

ART. 78. Será cancelado o registro do partido:

- Lei 9.096/1995, arts. 27 e 28; Res. TSE 23.465/2015, arts. 51 e 54.

I - que o requerer, na forma dos seus estatutos, por não pretender mais subsistir, ou por ter deliberado fundir-se com outro ou outros, num novo partido político;

- Res. TSE 23.465/2015.

II - que no seu programa ou ação vier a contrariar o regime democrático baseada na pluralidade dos partidos e na garantia dos direitos fundamentais do homem;

- Dispositivo sem correspondente na legislação vigente. Lei 9.096/1995, arts. 1º e 2º; Res. TSE 23.465/2015.

III - que em eleições gerais não satisfizer a uma destas duas condições: eleger, pelo menos, um representante no Congresso Nacional, ou alcançar, em todo o país, cinquenta mil votos sob legenda.

- Dispositivo sem correspondente na legislação vigente. Lei 9.096/1995, arts. 1º e 2º; Res. TSE 23.465/2015, arts. 50 e 51.

ART. 79. O processo de cancelamento terá por base representação de eleitor, delegado de partido ou do procurador-geral, dirigida ao Tribunal, com a firma reconhecida nos dois primeiros casos, contendo especificamente o motivo em que se fundar.

- Lei 9.096/1995, art. 28, § 2º, e Res. TSE 23.465/2015, art. 51, § 2º.

§ 1º Recebida a representação, autuada e apensado o processo do registro do partido, o presidente do Tribunal lhe sorteará relator, que mandará ouvir o partido, facultando-lhe vista do processo, por quinze dias, para apresentar defesa.

§ 2º Decorrido esse prazo, com a defesa ou sem ela, irão os autos ao procurador-geral que, em igual prazo, oferecerá seu parecer.

§ 3º Conclusos os autos ao relator, poderá ele determinar, *ex officio*, ou atendendo a requerimento das partes interessadas, as diligências necessárias, inclusive ordenar aos tribunais regionais que procedam a investigações para apurar a procedência de fatos arguidos, marcando o prazo dentro no qual estas devem estar concluídas.

§ 4º O partido poderá acompanhar, por seu delegado, as diligências e investigações a que se refere o parágrafo anterior.

§ 5º Recebidas pelo relator as diligências e investigações procedidas, mandará ouvir sobre elas o autor da representação, o partido interessado e o procurador-geral, abrindo-se a cada qual vista por cinco dias.

§ 6º A seguir, fará o relator o seu relatório escrito, com o pedido de dia para julgamento.

§ 7º Por ocasião do julgamento, os interessados referidos no § 5º poderão usar da palavra, por vinte minutos cada um, na mesma ordem das vistas.

§ 8º Se o Tribunal julgar procedente a representação, mandará cancelar o registro do partido, sem prejuízo do processo criminal contra os responsáveis pelos crimes que acaso hajam cometido.

- Lei 9.096/1995, art. 28, e Res. TSE 23.465/2015, art. 51.

§ 9º Da decisão será dada, por via telegráfica, imediata comunicação aos tribunais regionais.

- Res. TSE 23.465/2015, art. 32.

TÍTULO V
DO REGISTRO DE CANDIDATOS À PRESIDÊNCIA E VICE-PRESIDÊNCIA DA REPÚBLICA E DA APURAÇÃO DA RESPECTIVA ELEIÇÃO

- Os arts. 80 a 91 deste título correspondem aos primitivos arts. 71 a 82, renumerados pela Res. TSE 4578/1953 em razão da introdução do Capítulo "Das Exceções de Suspeição", sob número VIII, no Título III desta resolução, com a consequente renumeração do então existente para Capítulo IX.

CAPÍTULO I
DO REGISTRO DOS CANDIDATOS

- LC 64/1990, art. 3º e ss.
- CE/1965, arts. 87 a 102.
- Lei 9.504/1997, arts. 6º, § 3º, II, e 10 a 16.

ART. 80. O registro dos candidatos a presidente e a vice-presidente da República far-se-á até 15 dias antes da eleição, devendo o pedido ser formulado com a antecedência necessária para a observância desse prazo.

- Lei 9.504/1997, art. 11.

ART. 81. O registro será promovido mediante pedido dos diretórios centrais dos partidos políticos, subscrito pela maioria dos seus componentes, com firma reconhecida, ou, em se tratando de alianças de partidos, nos termos do art. 140, § 3º, do Código Eleitoral.

- Refere-se ao CE/1950. Não tem dispositivo correspondente no CE/1965.
- Lei 9.504/1997, art. 6º, § 3º, II e III, e CE/1965, art. 94.

§ 1º O pedido será instruído com:

a) cópia da ata da convenção nacional do partido para escolha dos candidatos;

b) prova de serem os candidatos brasileiros natos, maiores de 35 anos e estarem no gozo dos direitos políticos;

c) autorização dos candidatos, com as firmas reconhecidas.

- CE/1965, art. 94, § 1º, e Lei 9.504/1997, art. 11, § 1º.

§ 2º A autorização do candidato poderá ser dirigida diretamente ao Tribunal.

- CE/1965, art. 94, § 2º.

ART. 82. Sorteado o relator, na primeira sessão imediata ao seu recebimento pelo mesmo, deverá o pedido ser submetido à apreciação do Tribunal.

- LC 64/1990, art. 3º e ss.

ART. 83. Ordenado o registro pelo Tribunal será dada, em 48 horas, comunicação aos tribunais regionais, para os devidos fins.

- CE/1965, art. 102.

ART. 84. Pode o candidato, até 10 dias antes do pleito, requerer, em petição com firma reconhecida, o cancelamento de seu nome do registro, dando o presidente do Tribunal ciência imediata ao partido, ou aliança de partidos, que tenha feito a inscrição, para os fins do art. 49, § 1º, in fine, do Código Eleitoral.

- Refere-se ao CE/1950. CE/1965, art. 101 e § 1º.

CAPÍTULO II
DA APURAÇÃO DA ELEIÇÃO

- Lei 9.504/1997, arts. 59 a 62.

ART. 85. O Tribunal fará a apuração geral da eleição para presidente e vice-presidente da República pelos resultados de cada circunscrição eleitoral, verificados pelos tribunais regionais.

- CE/1965, art. 205.

REGIMENTOS INTERNOS

ART. 86. Na sessão imediatamente anterior à data da eleição, o presidente do Tribunal sorteará, dentre os seus juízes, o relator de cada um dos seguintes grupos, ao qual serão distribuídos todos os recursos e documentos da eleição nas respectivas circunscrições:

1º Amazonas, Alagoas e São Paulo;

2º Minas Gerais, Mato Grosso e Espírito Santo;

3º Ceará, Sergipe, Maranhão e Goiás;

4º Rio de Janeiro, Paraná, Pará e Piauí;

5º Bahia, Pernambuco, Paraíba e Santa Catarina;

6º Distrito Federal, Rio Grande do Sul, Rio Grande do Norte e territórios.

- CE/1965, art. 206.
- Considerando os Estados hoje existentes, houve as seguintes alterações nos grupos: grupo I, acrescido o Estado do Tocantins; grupo II, acrescido o Estado de Mato Grosso do Sul; grupo VI, acrescidos os Estados do Acre, do Amapá, de Roraima e de Rondônia.

Parágrafo único. Antes de iniciar a apuração, o Tribunal decidirá os recursos interpostos das decisões dos tribunais regionais.

ART. 87. O relator terá o prazo de cinco dias para apresentar seu relatório, com as conclusões seguintes:

a) os totais dos votos válidos e nulos da circunscrição;

b) os votos apurados pelo Tribunal Regional que devam ser anulados;

c) os votos anulados pelo Tribunal que devam ser apurados;

d) os votos válidos computados para cada candidato;

e) os candidatos que se tenham tornado inelegíveis;

f) o resumo das decisões do Tribunal Regional sobre as dúvidas e impugnações, bem como o relatório dos recursos que hajam sido interpostos para o Tribunal Superior.

- CE/1965, art. 207.

ART. 88. Apresentados os autos com o relatório, será, no mesmo dia, publicado na Secretaria.

- art. 208, CE/1965.

§ 1º Dentro em 48 horas dessa publicação, os candidatos, por si ou por procurador, bem como os delegados de partidos, poderão ter vista dos autos na Secretaria, sob os cuidados de um funcionário, e apresentar alegações ou documentos sobre o relatório

- art. 208, CE/1965.

§ 2º Findo esse prazo, serão os autos conclusos ao relator, que, dentro em dois dias, os apresentará a julgamento, que será previamente anunciado.

- art. 208, CE/1965.

ART. 89. Na sessão designada, será o feito chamado a julgamento, de preferência a qualquer outro processo. Feito o relatório, será dada a palavra, se pedida, a qualquer dos contestantes ou candidatos, ou a seus procuradores, pelo prazo improrrogável de 15 minutos para cada um.

- art. 209, CE/1965.

§ 1º Findos os debates, proferirá o relator seu voto, votando, a seguir, os demais juízes na ordem regimental.

- art. 24 desta resolução.

§ 2º Se do julgamento resultarem alterações na apuração efetuada pelo Tribunal Regional, o acórdão determinará que a Secretaria, dentro em 5 dias, levante as folhas de apuração parcial das seções cujos resultados tiverem sido alterados, bem como o mapa geral da respectiva circunscrição, de acordo com as alterações decorrentes do julgado, devendo o mapa ser publicado no Diário da Justiça. (Alterado pela Res. TSE 5.139/1955.)

- CE/1965, art. 209, § 2º.

§ 3º A esse mapa admitir-se-á, dentro em 48 horas de sua publicação, impugnação fundada em erro de conta ou de cálculo, decorrente da própria sentença.

- CE/1965, art. 209, § 3º.

§ 4º À medida que forem sendo publicados os mapas gerais de cada circunscrição a Secretaria irá fazendo a apuração final do pleito, lançando seus resultados em folha apropriada.

- Lei 9.504/1997, arts. 59 a 62.

ART. 90. Os mapas gerais de todas as circunscrições, com as impugnações, se houver, e a folha da apuração final levantada pela Secretaria, serão autuados e distribuídos a um relator geral, designado pelo presidente.

Parágrafo único. Recebidos os autos, após a audiência do procurador-geral, o relator, dentro em 48 horas, resolverá as impugnações relativas aos erros de conta ou de cálculo, mandando fazer as correções, se for caso, e apresentará, a seguir, o relatório final, com os nomes dos candidatos que deverão ser proclamados eleitos e os dos demais candidatos, na ordem decrescente das votações.

- CE/1965, art. 210.

ART. 91. Aprovada em sessão especial a apuração geral, o presidente anunciará, na ordem decrescente da votação, os nomes dos votados, proclamando solenemente, a seguir, eleitos presidente e vice-presidente da República os candidatos que tiverem obtido maioria de votos.

- CF, art. 77, § 1º; Lei 9.504/1997, art. 2º, § 4º; e CE/1965, art. 211, § 1º.
- CF, art. 77, §§ 2º e 3º; CE/1965, art. 211; e Lei 9.504/1997, art. 2º e § 1º.

§ 1º O extrato da ata geral servirá de diploma do presidente da República, e será acompanhado da seguinte declaração:

"O Tribunal Superior Eleitoral declara eleito presidente da República, para o [...] período presidencial, a começar aos [...] dias do mês de [...] do ano de mil novecentos e cinquenta e [...] o cidadão [...], de acordo com a ata anexa".

- CE/1965, art. 215 e p.u.

§ 2º Proceder-se-á por igual com referência ao vice-presidente da República.

§ 3º As declarações referidas nos parágrafos anteriores serão assinadas por todos os juízes do Tribunal e pelo procurador-geral, e entregues aos eleitos em sessão especialmente convocada para esse fim.

- CE/1965, art. 215, *caput*.

TÍTULO VI
DISPOSIÇÕES GERAIS

- Os arts. 92 e 93 deste título correspondem aos primitivos arts. 83 e 84, renumerados pela Res. TSE 4578/1953 em razão da introdução do Capítulo "Das Exceções de Suspeição", sob número VIII, no Título III desta resolução, com a consequente renumeração do então existente para Capítulo IX.

ART. 92. No cômputo dos prazos referidos neste regimento observar-se-ão as regras de direito comum, iniciando-se o seu curso da publicação no Diário da Justiça, salvo disposição em contrário. (Alterado pela Res. TSE 14.006/1993.)

- LC 64/1990, arts. 11, § 2º, e 14.

§ 1º Não poderá ser nomeado assessor ou auxiliar de ministro, cônjuge, companheiro, ou parente até o terceiro grau civil, inclusive, de qualquer dos ministros, efetivos ou substitutos. (Acrescentado pela Res. TSE 14.006/1993.)

- Art. 6º, Lei 11.416/2006; art. 12, Lei 8.868/1994; Res. CNJ 7/2005 e Súm. STF 13.

§ 2º Salvo se servidor efetivo do Tribunal, não poderá ser nomeado ou designado para cargo ou função de confiança, cônjuge, companheiro, ou parente até o terceiro grau civil, inclusive, de qualquer dos ministros, efetivos ou substitutos. (Acrescentado pela Res. TSE 14.006/1993.)

ART. 93. Qualquer dos juízes do Tribunal poderá propor, por escrito, alterações deste regimento, as quais, depois de examinadas por uma comissão nomeada pelo presidente, serão votadas em sessão com a presença de todos os membros do Tribunal.

ART. 94. Nos casos omissos deste regimento, aplicar-se-á, subsidiariamente, o Regimento Interno do Supremo Tribunal Federal.

DISPOSIÇÃO TRANSITÓRIA

Artigo único. A partir de 1º de janeiro de 1953, os processos distribuídos receberão nova numeração de acordo com o art. 25, § 3º. (Alterado pela Res. TSE 4.699/1954.)

- Res. TSE 23.184/2009; Res. TSE 23.185/2009.

Sala das sessões do Tribunal Superior Eleitoral.

Rio de Janeiro/DF, 29 de setembro de 1952.

EDGARD COSTA, Presidente e Relator - HAHNEMANN GUIMARÃES - PLÍNIO PINHEIRO GUIMARÃES - PEDRO PAULO PENNA E COSTA - VASCO HENRIQUE D'AVILA - FREDERICO SUSSEKIND - AFRÂNIO ANTÔNIO DA COSTA - PLÍNIO DE FREITAS TRAVASSOS, Procurador-Geral.

TRIBUNAL SUPERIOR DO TRABALHO

TRIBUNAL PLENO

RESOLUÇÃO ADMINISTRATIVA N. 1.937, DE 20 DE NOVEMBRO DE 2017

Aprova o Regimento Interno do Tribunal Superior do Trabalho.

▸ DJEJT 2.360, 24.11.2017. Republicado no DJEJT 2.364, 30.11. 2017, por erro material.

O EGRÉGIO PLENO DO TRIBUNAL SUPERIOR DO TRABALHO, em sessão ordinária hoje realizada, sob a Presidência do Excelentíssimo Senhor Ministro Ives Gandra da Silva Martins Filho, Presidente do Tribunal, presentes os Excelentíssimos Senhores Ministros Emmanoel Pereira, Vice-Presidente do Tribunal, Renato de Lacerda Paiva, Corregedor-Geral da Justiça do Trabalho, João Batista Brito Pereira, Maria Cristina Irigoyen Peduzzi, Aloysio Corrêa da Veiga, Luiz Philippe Vieira de Mello Filho, Alberto Luiz Bresciani de Fontan Pereira, Maria de Assis Calsing, Dora Maria da Costa, Fernando Eizo Ono, Guilherme Augusto Caputo Bastos, Márcio Eurico Vitral Amaro, Walmir Oliveira da Costa, Maurício Godinho Delgado, Kátia Magalhães Arruda, Augusto César Leite de Carvalho, José Roberto Freire Pimenta, Delaíde Alves Miranda Arantes, Hugo Carlos Scheuermann, Alexandre de Souza Agra Belmonte, Cláudio Mascarenhas Brandão, Douglas Alencar Rodrigues, Maria Helena Mallmann, Breno Medeiros e o Excelentíssimo Vice-Procurador-Geral do Trabalho, Dr. Luiz Eduardo Guimarães,

RESOLVE Aprovar o novo texto do Regimento Interno do Tribunal Superior do Trabalho, nos termos a seguir transcritos:

LIVRO I
DO TRIBUNAL

TÍTULO I
DO TRIBUNAL, DA SUA COMPOSIÇÃO, DOS SEUS MINISTROS

CAPÍTULO I
DO TRIBUNAL

ART. 1º O Tribunal Superior do Trabalho tem sede na Capital Federal e jurisdição em todo o território nacional.

ART. 2º A bandeira do Tribunal, instituída pela Portaria n. 291, de 16 de outubro de 1981, publicada no Diário da Justiça de 3 de novembro de 1981, simboliza a Justiça do Trabalho como órgão do Poder Judiciário, sua jurisdição e a importância social do exercício jurisdicional, trazendo o dístico *Opus Justitiae Pax*.

CAPÍTULO II
DA COMPOSIÇÃO E DA INVESTIDURA

ART. 3º O Tribunal compõe-se de 27 (vinte e sete) Ministros, escolhidos dentre brasileiros com mais de 35 (trinta e cinco) e menos de 65 (sessenta e cinco) anos, de notável saber jurídico e reputação ilibada, nomeados pelo Presidente da República após aprovação pela maioria absoluta do Senado Federal.

§ 1º A indicação, pelo Tribunal Superior do Trabalho, de Desembargadores do Trabalho, membros do Ministério Público do Trabalho e advogados, para comporem o Tribunal, far-se-á em lista tríplice.

§ 2º O ofício de encaminhamento da lista ao Poder Executivo conterá informação acerca do número de votos obtidos pelos candidatos e será instruído com cópia da ata da sessão extraordinária em que se realizou a escolha dos indicados.

ART. 4º Para provimento de vaga de Ministro, destinada aos Desembargadores do Trabalho da carreira da Magistratura do Trabalho, o Presidente do Tribunal convocará o Tribunal Pleno para, em sessão pública, escolher, pelo voto secreto e em escrutínios sucessivos, dentre os Desembargadores do Trabalho da carreira integrantes dos Tribunais Regionais do Trabalho, os nomes para a formação da lista tríplice a ser encaminhada ao Presidente da República.

§ 1º Para fim de elaboração da lista tríplice a que se refere o *caput* deste artigo, o Presidente do Tribunal fará publicar edital no sítio deste Tribunal na rede mundial de computadores no qual fixará prazo de 15 (quinze) dias para inscrição dos Desembargadores do Trabalho interessados, findo o qual será publicada a relação com os nomes dos inscritos.

§ 2º Na hipótese de haver mais de uma vaga a ser provida, a lista conterá o número de Magistrados igual ao de vagas mais 2 (dois).

§ 3º Na votação para escolha dos nomes dos Desembargadores do Trabalho que integrarão a lista, serão observados os seguintes critérios:

I - os nomes serão escolhidos em voto secreto e em escrutínios sucessivos, para o primeiro, o segundo, o terceiro e, eventualmente, o quarto nome integrante da lista, e, assim, sucessivamente, sendo escolhido em cada escrutínio aquele que obtiver votos da maioria absoluta;

II - a maioria absoluta necessária para a escolha do nome corresponde ao número inteiro imediatamente superior à metade do total de Ministros integrantes do Tribunal no momento da votação;

III - não alcançada, no primeiro escrutínio, a maioria absoluta, proceder-se-á à nova votação, na qual concorrerão os 2 (dois) Desembargadores do Trabalho mais votados:

a) em caso de empate, será realizada nova votação. A persistir o resultado, o desempate dar-se-á pelo tempo de investidura no Tribunal Regional do Trabalho e, sucessivamente, pelo tempo de investidura na Magistratura do Trabalho;

b) se houver empate entre 2 (dois) Desembargadores que tenham obtido, individualmente, número de votos inferior ao alcançado por outro Desembargador, far-se-á, primeiramente, a votação para o desempate e, a seguir, para a escolha do nome que integrará a lista.

IV - escolhido um nome, fica excluído dos escrutínios subsequentes Desembargador da mesma Região.

ART. 5º O Presidente do Tribunal, ocorrendo vaga destinada a membro do Ministério Público do Trabalho e a advogado, dará imediata ciência à Procuradoria-Geral do Trabalho e ao Conselho Federal da Ordem dos Advogados do Brasil, respectivamente, para formação e encaminhamento de lista sêxtupla ao Tribunal, que escolherá, dentre os nomes que a compõem, os que integrarão a lista tríplice a ser encaminhada ao Presidente da República.

ART. 6º O Tribunal Pleno, para o provimento das vagas aludidas no artigo anterior, em sessão pública, pelo voto secreto da maioria absoluta de seus membros, escolherá, em escrutínios secretos e sucessivos, os nomes que integrarão a lista tríplice a ser encaminhada ao Presidente da República.

§ 1º Quando houver mais de uma vaga a ser provida por membro do Ministério Público do Trabalho ou por advogado, para cada lista sêxtupla recebida será elaborada uma lista tríplice.

§ 2º Se, para o provimento das vagas destinadas ao quinto constitucional, o Tribunal receber lista única, formará uma só lista com o número de candidatos igual ao de vagas mais 2 (dois).

§ 3º Aplica-se, no que couber, à votação para escolha dos integrantes da lista tríplice, o estabelecido nos incisos do § 3º do art. 4º.

CAPÍTULO III
DOS MINISTROS

SEÇÃO I
DA POSSE E DAS PRERROGATIVAS

ART. 7º O Ministro tomará posse no prazo de 30 (trinta) dias a contar da nomeação, em sessão solene do Tribunal Pleno ou, durante o recesso forense e as férias coletivas dos Ministros, perante o Presidente do Tribunal. Neste último caso, o ato deverá ser ratificado pelo Tribunal Pleno.

§ 1º No ato da posse, o Ministro prestará compromisso de bem desempenhar os deveres do cargo e de bem cumprir e fazer cumprir a Constituição da República e as Leis do País.

§ 2º O Secretário-Geral Judiciário lavrará, em livro especial, o termo de compromisso e posse, que será assinado pelo Presidente e pelo Ministro empossado.

§ 3º Somente tomará posse o Ministro que comprovar:

I - ser brasileiro;

II - contar mais de 35 (trinta e cinco) e menos de 65 (sessenta e cinco) anos de idade;

III - satisfazer aos demais requisitos previstos em lei.

ART. 8º Os Ministros têm jurisdição em todo o território nacional e domicílio no Distrito Federal.

ART. 9º A antiguidade dos Ministros, para efeitos legais e regimentais, é regulada:

I - pela posse;

II - pela nomeação;

III - pelo tempo de investidura na Magistratura da Justiça do Trabalho;

IV - pelo tempo de serviço público federal;

V - pela idade, quando houver empate pelos demais critérios.

ART. 10. Os Ministros do Tribunal receberão o tratamento de Excelência e usarão nas sessões as vestes correspondentes ao modelo aprovado.

Parágrafo único. Após a concessão da aposentadoria, o Tribunal velará pela preservação dos direitos, interesses e prerrogativas que os Ministros conservarão, em relação ao título e às honras correspondentes ao cargo, salvo no exercício de atividade profissional.

SEÇÃO II
DAS FÉRIAS, DAS LICENÇAS, DAS SUBSTITUIÇÕES E DAS CONVOCAÇÕES

ART. 11. Os Ministros gozarão férias nos meses de janeiro e julho, na forma da lei.

Parágrafo único. Os Ministros informarão à Presidência seu endereço, para eventual convocação durante as férias e feriados.

ART. 12. O Presidente, o Vice-Presidente e o Corregedor-Geral da Justiça do Trabalho, se a necessidade do serviço judiciário lhes exigir a contínua presença no Tribunal, poderão acumular férias para fruição oportuna, facultado o fracionamento dos períodos.

Parágrafo único. A acumulação de férias somente ocorrerá mediante prévia autorização do Órgão Especial e deverá ser registrada nos assentamentos funcionais do Ministro, para que lhe seja reconhecido o direito de posterior fruição.

ART. 13. A licença é requerida pelo Ministro com a indicação do prazo e do dia do início.

§ 1º Salvo contraindicação médica, o Ministro licenciado poderá proferir decisões em processos de que, antes da licença, haja pedido vista, ou que tenham recebido o seu visto como relator ou revisor.

§ 2º O Ministro licenciado pode reassumir o cargo, entendendo-se que desistiu do restante do prazo, mediante prévia comunicação formal ao Presidente do Tribunal.

§ 3º Se a licença for para tratamento da própria saúde, o Ministro somente poderá reassumir o cargo, antes do término do prazo, se não houver contraindicação médica.

ART. 14. A critério do Órgão Especial, poderá ser concedido afastamento ao Ministro, sem prejuízo de seus direitos, vencimentos e vantagens, para:

I - frequência a cursos ou seminários de aperfeiçoamento e estudos, pelo prazo máximo de 2 (dois) anos;

II - realização de missão ou serviços relevantes à administração da justiça.

ART. 15. Nas ausências ou impedimentos eventuais ou temporários, a substituição no Tribunal far-se-á da seguinte maneira:

I - o Presidente do Tribunal, pelo Vice-Presidente, seguindo-se, na ausência de ambos, pelo Corregedor-Geral da Justiça do Trabalho e pelos demais Ministros, em ordem decrescente de antiguidade;

II - o Vice-Presidente, pelo Presidente, ou, na ausência deste, pelo Corregedor-Geral da Justiça do Trabalho, e, em sequência, pelos demais Ministros, em ordem decrescente de antiguidade;

III - o Corregedor-Geral da Justiça do Trabalho, pelo Vice-Presidente, ou, na ausência deste, pelo Presidente, e, em sequência, pelos demais Ministros, em ordem decrescente de antiguidade.

IV - o Presidente da Turma, pelo Ministro mais antigo presente na sessão;

V - o Presidente da Comissão, preferencialmente pelo mais antigo dentre os seus membros;

VI - qualquer dos membros das Comissões, pelo respectivo suplente.

ART. 16. O relator é substituído nas hipóteses e formas previstas na Seção I do Capítulo II do Título I do Livro II, deste Regimento.

ART. 17. Nas ausências temporárias, por período superior a 30 (trinta) dias, e nos afastamentos definitivos, os Ministros serão substituídos por Desembargador do Trabalho, escolhido pelo Órgão Especial, mediante escrutínio secreto e pelo voto da maioria absoluta dos seus membros.

Parágrafo único. O Desembargador do Trabalho convocado atuará exclusivamente em Turma da Corte.

ART. 18. O Presidente do Tribunal poderá, em caso de urgência, e quando inviável a imediata reunião do Órgão Especial, *ad referendum* deste, convocar Desembargador do Trabalho, para a substituição de Ministro afastado.

ART. 19. Excepcionalmente, poderá o Tribunal Superior do Trabalho convocar Desembargadores do Trabalho para atuarem, temporariamente, em suas Turmas e Juízes do Trabalho para auxiliarem, no curso dos respectivos mandatos, a Presidência, a Vice-Presidência e a Corregedoria-Geral da Justiça do Trabalho.

Parágrafo único. A convocação será limitada ao número de 2 (dois) Juízes do Trabalho para auxílio em cada um dos referidos órgãos e atenderá as determinações previstas na Resolução do Conselho Nacional de Justiça n. 209/2015.

ART. 20. Na sessão do Órgão Especial que decidir a convocação, os Ministros deverão ter cópias das nominatas dos Desembargadores que compõem os Tribunais Regionais do Trabalho, para se orientarem na escolha.

SEÇÃO III
DA CONVOCAÇÃO EXTRAORDINÁRIA

ART. 21. Durante o período de férias, o Presidente do Tribunal, ou seu substituto, poderá convocar, com antecedência de 48 (quarenta e oito) horas, sessão extraordinária para julgamento de dissídio coletivo, mandado de segurança e ação declaratória alusiva a greve e que requeiram apreciação urgente.

SEÇÃO IV
DA APOSENTADORIA

ART. 22. O processo administrativo de aposentadoria compulsória de Ministro da Corte deverá ser iniciado 30 (trinta) dias antes que complete os 75 (setenta e cinco) anos, para que a publicação possa ocorrer na data da jubilação.

ART. 23. Na aposentadoria por invalidez, o processo respectivo terá início:

I - a requerimento do Ministro

II - por ato de ofício do Presidente do Tribunal;

III - em cumprimento a deliberação do Tribunal. Parágrafo único. Em se tratando de incapacidade mental, o Presidente do Tribunal, ou quem o substitua, nomeará curador ao paciente, sem prejuízo da defesa que esse queira apresentar, pessoalmente ou por procurador constituído.

ART. 24. O paciente, na hipótese do parágrafo único do artigo anterior, deverá ser afastado imediatamente do exercício do cargo, até decisão final, devendo ficar concluído o processo no prazo de 60 (sessenta) dias, justificadas as faltas do Ministro no referido período.

ART. 25. A recusa do paciente a submeter-se à perícia médica permitirá o julgamento baseado em quaisquer outras provas.

ART. 26. O Ministro que, por 2 (dois) anos consecutivos, afastar-se, ao todo, por 6 (seis) meses ou mais, para tratamento de saúde, ao requerer nova licença para igual fim, dentro de 2 (dois) anos, deverá submeter-se a exame por junta médica para verificação de sua invalidez, pela Secretaria de Saúde do Tribunal.

ART. 27. A junta médica competente para o exame a que se referem os arts. 25 e 26 deste Regimento será indicada pelo Órgão Especial e formada por 3 (três) médicos, dos quais 2 (dois), no mínimo, integrem o Quadro de Pessoal do Tribunal.

ART. 28. Concluindo o Órgão Especial pela incapacidade do Magistrado, o Presidente do Tribunal comunicará imediatamente a decisão ao Poder Executivo, para os devidos fins.

SEÇÃO V
DA DISPONIBILIDADE E DA APOSENTADORIA POR INTERESSE PÚBLICO

ART. 29. O Tribunal Pleno poderá determinar, por motivo de interesse público, em sessão pública, em escrutínio secreto e pelo voto da maioria absoluta dos seus membros, a disponibilidade ou a aposentadoria de Ministro do Tribunal, assegurada a ampla defesa.

Parágrafo único. Aplicam-se ao processo de disponibilidade ou aposentadoria, no que couber, as normas e os procedimentos previstos na Lei Orgânica da Magistratura Nacional, referentes à perda do cargo, as Resoluções editadas pelo Conselho Nacional de Justiça, e, subsidiariamente, desde que não haja conflito com o Estatuto da Magistratura, as normas e princípios relativos ao processo administrativo disciplinar das Leis n. 8.112/90 e 9.784/99.

TÍTULO II
DA DIREÇÃO

CAPÍTULO I
DOS CARGOS DE DIREÇÃO, DA ELEIÇÃO, DA POSSE E DA VACÂNCIA

ART. 30. A Presidência, a Vice-Presidência e a Corregedoria-Geral da Justiça do Trabalho são cargos de direção do Tribunal, preenchidos mediante eleição em que concorrem os Ministros mais antigos da Corte, em número correspondente ao total dos cargos de direção, separadamente e também nessa ordem, sendo vedada a reeleição a qualquer dos cargos.

§ 1º Vinte e cinco dias antes da data prevista para a eleição, será aberto o prazo de 10 (dez) dias, para renúncia expressa dos candidatos elegíveis.

§ 2º Convocar-se-ão os Ministros para eleição, por ofício da Presidência do Tribunal, oportunidade em que, se for o caso, serão informados os nomes dos Ministros que renunciaram a concorrer.

§ 3º Não havendo inscrição a qualquer dos cargos dentre os elegíveis, o rol de concorrentes será completado pela ordem de antiguidade.

ART. 31. O Ministro que houver ocupado cargos de direção por 4 (quatro) anos, ou o de Presidente, não mais figurará entre os elegíveis, até que se esgotem todos os nomes na ordem de antiguidade. É obrigatória a aceitação do cargo, salvo recusa manifestada e aceita antes da eleição.

ART. 32. A eleição do Presidente precederá à do Vice-Presidente e, a deste, à do Corregedor-Geral da Justiça do Trabalho.

ART. 33. O Presidente, o Vice-Presidente e o Corregedor-Geral da Justiça do Trabalho serão eleitos por 2 (dois) anos, mediante escrutínio secreto e pelo voto da maioria absoluta, em sessão extraordinária do Tribunal Pleno, a realizar-se nos 60 (sessenta) dias antecedentes ao término dos mandatos anteriores, e tomarão posse em sessão solene, na data marcada pelo Tribunal Pleno.

§ 1º Considerar-se-á eleito, em primeiro escrutínio, o Ministro que obtiver a maioria absoluta de votos.

§ 2º Em segundo escrutínio, concorrerão somente os 2 (dois) Ministros mais votados no primeiro.

§ 3º Não alcançada, no segundo escrutínio, a maioria a que se refere o § 1º, proclamar-se-á eleito, dentre os 2 (dois), o mais antigo.

§ 4º Se a vacância do cargo de Presidente ocorrer antes do término do respectivo mandato, a eleição será para todos os cargos e realizada nos 30 (trinta) dias seguintes ao da vacância, e os eleitos tomarão posse em sessão solene na data marcada pelo Tribunal Pleno. Nessa hipótese, caberá ao Vice-Presidente a regência provisória do Tribunal e a convocação da sessão extraordinária a que se referem o *caput* e este parágrafo.

§ 5º Os remanescentes mandatos dos demais exercentes de cargos de direção extinguir-se-ão na data da posse dos novos eleitos.

ART. 34. Na impossibilidade da posse de qualquer dos eleitos na data estabelecida, por fato superveniente à eleição, observar-se-á o seguinte:

I - se a impossibilidade for de caráter temporário, dar-se-á posse, na data marcada, aos demais eleitos, e, ao remanescente, em data oportuna;

II - se a impossibilidade for de natureza definitiva e do eleito Presidente, proceder-se-á nova eleição para todos os cargos de direção; se do eleito Vice-Presidente, a eleição será para esse cargo e para o de Corregedor-Geral da Justiça do Trabalho; se do eleito para a Corregedoria, a eleição será somente para Corregedor-Geral.

ART. 35. Faculta-se ao Ministro impossibilitado de comparecer à sessão em que serão eleitos os novos exercentes de cargos de direção do Tribunal o envio de carta ao Presidente do Tribunal, acompanhada dos votos para Presidente, Vice-Presidente e Corregedor-Geral da Justiça do Trabalho, em invólucros lacrados e rubricados, individualizados por cargo de direção, para posterior depósito na urna na presença dos demais Ministros do Tribunal.

ART. 36. O Presidente, o Vice-Presidente e o Corregedor-Geral, ao concluírem seus mandatos, retornarão a uma das Turmas do Tribunal, observados os seguintes critérios, salvo ajuste entre os interessados:

I - o Presidente e o Corregedor-Geral deverão integrar as Turmas das quais saírem o novo Presidente do Tribunal e o novo Corregedor-Geral. Se o novo Presidente for o Vice-Presidente ou o Corregedor-Geral, o Presidente que deixar o cargo deverá compor a Turma da qual provier o novo Vice-Presidente ou o novo Corregedor-Geral;

II - o Vice-Presidente, ao deixar o cargo, se não for ocupar o de Presidente do Tribunal, passará a integrar a Turma da qual sair o novo Vice-Presidente.

ART. 37. O Ministro que exerceu cargo de Presidente do Tribunal Superior do Trabalho não poderá desempenhar outro cargo ou função administrativa no âmbito do Tribunal ou da Escola Nacional de Formação e Aperfeiçoamento de Magistrados do Trabalho (ENAMAT), salvo na Ouvidoria ou na Presidência de Turma.

ART. 38. Os Ministros não poderão exercer mais de um cargo de direção cumulativamente, exceto nas hipóteses previstas no art. 15 deste Regimento e nos casos previstos em lei.

CAPÍTULO II
DA PRESIDÊNCIA E DA VICE-PRESIDÊNCIA

SEÇÃO I
DAS DISPOSIÇÕES GERAIS

ART. 39. O Presidente do Tribunal desempenhará as atribuições do cargo com a colaboração do Vice-Presidente.

ART. 40. O Núcleo de Gerenciamento de Precedentes (NUGEP) funcionará subordinado administrativamente à Presidência como unidade permanente, dividindo-se em:

I - Seção de Gerenciamento de Recursos Repetitivos, coordenada pela Presidência do Tribunal Superior do Trabalho (NUGEP-SP);

II - Seção de Gerenciamento de Recursos Extraordinários Trabalhistas em Repercussão Geral, coordenada pela Vice-Presidência do Tribunal Superior do Trabalho (NUGEP-SVP).

Parágrafo único. A competência, a composição e o funcionamento do Núcleo de Gerenciamento de Precedentes (NUGEP) serão disciplinados em Resolução Administrativa, editada nos termos deste Regimento.

SEÇÃO III
DAS ATRIBUIÇÕES DO PRESIDENTE

ART. 41. Compete ao Presidente do Tribunal, além de outras atribuições previstas na Constituição da República, em lei ou neste Regimento:

I - representar o Tribunal perante os Poderes Públicos e demais autoridades, incumbindo-lhe, no exercício da representação, observar fielmente as diretrizes estabelecidas pelo Órgão Especial;

II - corresponder-se, em nome do Tribunal, com quaisquer autoridades, observada a hierarquia de funções;

III - encaminhar ao Presidente da República as listas para provimento de vaga de Ministro do Tribunal;

IV - enviar ao Congresso Nacional, após aprovação pelo Órgão Especial, projetos de lei de interesse da Justiça do Trabalho em matéria de sua competência constitucional;

V - submeter ao Tribunal de Contas da União, na forma da lei, a tomada de contas do Tribunal Superior do Trabalho;

VI - solicitar aos órgãos fazendários a liberação do numerário correspondente às dotações orçamentárias da Justiça do Trabalho;

VII - editar, no início das atividades judiciárias de cada ano, o ato de composição do Tribunal e dos órgãos judicantes, cabendo-lhe, ainda, dar-lhe publicidade, quando renovada a direção da Corte ou alterada sua composição;

VIII - apresentar ao Órgão Especial, anualmente, na segunda quinzena do mês seguinte ao término de cada ano de seu mandato, a resenha dos trabalhos realizados no ano anterior e, até 30 de junho, o Relatório Geral da Justiça do Trabalho;

IX - dar publicidade, mensalmente, no órgão oficial, dos dados estatísticos relativos às atividades jurisdicionais do Tribunal e dos Ministros;

X - zelar pelas prerrogativas e pela imagem pública do Tribunal e dos Ministros e pelo bom funcionamento da Corte e dos órgãos da Justiça do Trabalho, expedindo atos, portarias, ordens e instruções, adotando as providências necessárias ao seu cumprimento;

XI - praticar, *ad referendum* do Tribunal Pleno ou do Órgão Especial, os atos reputados urgentes;

XII - editar os atos indispensáveis à disciplina dos serviços e à polícia do Tribunal, determinando as providências atinentes ao resguardo da disciplina, da ordem e da integridade universal da Corte, na sede ou nas dependências, requisitando, quando necessário, o auxílio de outras autoridades;

XIII - manter a ordem nas sessões, podendo mandar retirar os que a perturbarem e os que faltarem com o devido respeito, e mandar prender os desobedientes, fazendo lavrar o respectivo auto;

XIV - instaurar inquérito quando caracterizada infração de lei penal na sede ou nas dependências do Tribunal;

XV - comunicar ao órgão competente do Ministério Público a ocorrência de desobediência a ordem emanada do Tribunal ou de seus Ministros, encaminhando os elementos de que dispuser para a propositura de ação penal;

XVI - impor aos servidores penas disciplinares de demissão, cassação de aposentadoria ou disponibilidade e decidir os recursos interpostos das penalidades que forem aplicadas pelo Diretor-Geral da Secretaria do Tribunal Superior do Trabalho;

XVII - dar posse a Ministro durante as férias coletivas e feriado forense;

XVIII - dar posse ao Diretor-Geral da Secretaria do Tribunal Superior do Trabalho, ao Secretário-Geral Judiciário e ao Secretário-Geral da Presidência e designar seus respectivos substitutos;

XIX - nomear os servidores para os cargos em comissão e designar os servidores para o exercício de funções comissionadas nos gabinetes de Ministro;

XX - conceder licença e férias ao Diretor-Geral da Secretaria do Tribunal Superior do Trabalho, ao Secretário-Geral da Presidência, ao Secretário-Geral Judiciário e aos servidores de seu gabinete;

XXI - expedir atos concernentes às relações jurídico-funcionais dos Ministros e servidores e decidir seus requerimentos sobre assuntos de natureza administrativa, nos termos deste Regimento;

XXII - movimentar os recursos orçamentários e financeiros à disposição do Tribunal, autorizar despesas e expedir ordens de pagamento, observadas as normas legais específicas;

XXIII - autorizar e homologar as licitações e ratificar as contratações por dispensa ou inexigibilidade de licitação de valor superior ao limite estipulado para o convite;

XXIV - conceder diárias e ajuda de custo, observados os critérios estabelecidos pelo Órgão Especial;

XXV - determinar a distribuição dos processos, segundo as regras regimentais e resoluções administrativas, aos Ministros do Tribunal, e dirimir as controvérsias referentes à distribuição;

XXVI - despachar as desistências dos recursos e das ações, quando se referirem a processo pendente de distribuição na Corte, bem como os demais incidentes processuais suscitados;

XXVII - designar as sessões ordinárias e extraordinárias do Tribunal Pleno, do Órgão Especial e das Seções Especializadas, podendo convocar, durante as férias coletivas, com antecedência de 48 (quarenta e oito) horas, sessões extraordinárias para julgamento de dissídio coletivo, mandado de segurança e ação declaratória alusiva a greve ou a situação de relevante interesse público que requeiram apreciação urgente;

XXVIII - dirigir os trabalhos do Tribunal e presidir as sessões do Tribunal Pleno, do Órgão Especial e das Seções Especializadas;

XXIX - decidir sobre pedidos de efeito suspensivo, de suspensão de segurança e de suspensão de decisão proferida em tutelas provisórias, de que tratam os arts. 309 e 311 deste Regimento, bem assim expedir as cartas previstas em lei;

XXX - decidir, durante o recesso forense, as férias coletivas e os feriados, os pedidos de liminar em mandado de segurança, em tutelas provisórias de urgência e outras medidas que reclamem urgência;

XXXI - delegar ao Vice-Presidente, ao Corregedor-Geral da Justiça do Trabalho ou a Ministros da Corte atribuições as quais esteja impossibilitado de cumprir ou que a conveniência administrativa recomende a delegação;

XXXII - delegar ao Secretário-Geral da Presidência, ao Diretor-Geral da Secretaria e ao Secretário-Geral Judiciário, respeitado o disposto no inciso anterior, atribuições para a prática de atos judiciários e administrativos, quando a conveniência administrativa recomendar;

XXXIII - praticar os demais atos de gestão necessários ao funcionamento dos serviços, encaminhando ao Órgão Especial as questões de caráter relevante, que poderão ser relatadas pelo Presidente ou distribuídas por sorteio para relatoria de integrante do órgão colegiado;

XXXIV - nomear, promover, demitir, exonerar e conceder aposentadoria a servidores do Tribunal, bem como pensão aos beneficiários de Ministro ou servidor;

XXXV - decidir sobre cessão de servidores do Tribunal, observado o disposto em ato normativo do Órgão Especial, bem como sobre requisição de servidores de outros órgãos;

XXXVI - excepcionalmente, convocar audiência pública, de ofício ou a requerimento de cada uma das Seções Especializadas ou de suas Subseções, pela maioria de seus integrantes, para ouvir o depoimento de pessoas com experiência e autoridade em determinada matéria, sempre que entender necessário o esclarecimento de questões ou circunstâncias de fato, subjacentes a dissídio de grande repercussão social ou econômica, pendente de julgamento no âmbito do Tribunal;

XXXVII - decidir, de forma irrecorrível, sobre a manifestação de terceiros, subscrita por procurador habilitado, em audiências públicas, quando as convocar;

XXXVIII - submeter proposta de afetação de recurso de revista e de embargos repetitivos à Subseção I da Seção Especializada em Dissídios Individuais;

XXXIX - oficiar aos Presidentes dos Tribunais Regionais do Trabalho para que suspendam os recursos interpostos em casos idênticos aos afetados como recursos repetitivos, até o pronunciamento definitivo do Tribunal Superior do Trabalho, quando houver determinação do relator nesse sentido;

XL - realizar a admissibilidade prévia dos recursos de revista e agravos de instrumento, podendo denegar-lhes seguimento quando não impugnados especificamente os fundamentos da decisão recorrida e quando se tratar de hipóteses de intempestividade, deserção, falta de alçada, irregularidade da representação e descumprimento dos incisos do § 1º-A do art. 896 da CLT, enquanto não implantada em definitivo a distribuição pelo PJe.

XLI - determinar a devolução ao tribunal de origem dos recursos fundados em controvérsia idêntica àquela já submetida ao rito de julgamento de casos repetitivos para que o órgão que proferiu a decisão recorrida exerça o juízo de retratação. Se não houver a retratação, os autos serão remetidos, se for o caso, ao Tribunal Superior do Trabalho para a sua regular tramitação.

Parágrafo único. Para fim do que dispõe o inciso XXXIII, qualquer matéria deverá ser submetida ao exame do Órgão Especial, desde que o requeiram 10 (dez) dos Ministros que integram o Tribunal.

SEÇÃO IV
DA VICE-PRESIDÊNCIA

ART. 42. Compete ao Vice-Presidente:

I - substituir o Presidente e o Corregedor-Geral da Justiça do Trabalho nas férias, ausências e impedimentos;

II - cumprir as delegações do Presidente;

III - designar e presidir audiências de conciliação e instrução de dissídio coletivo de competência originária do Tribunal;

IV - exercer o juízo de admissibilidade dos recursos extraordinários;

V - examinar os incidentes surgidos após a interposição de recurso extraordinário;

VI – apreciar pedido de tutela provisória incidental a recurso extraordinário;

VII - julgar os agravos internos interpostos contra decisões que denegam seguimento a recurso extraordinário por ausência de repercussão geral da questão constitucional debatida.

ART. 43. O Vice-Presidente participa das sessões dos órgãos judicantes do Tribunal, exceto de Turma, e não concorre à distribuição de processos.

CAPÍTULO III
DA CORREGEDORIA-GERAL DA JUSTIÇA DO TRABALHO

SEÇÃO I
DAS DISPOSIÇÕES GERAIS

ART. 44. O Corregedor-Geral da Justiça do Trabalho não concorre à distribuição de processos, participando, quando não estiver ausente em função corregedora, das sessões dos órgãos judicantes da Corte, exceto de Turmas, com direito a voto.

SEÇÃO II
DAS ATRIBUIÇÕES DO CORREGEDOR-GERAL DA JUSTIÇA DO TRABALHO

ART. 45. A competência do Corregedor-Geral da Justiça do Trabalho será definida no Regimento Interno da Corregedoria-Geral da Justiça do Trabalho.

ART. 46. Das decisões proferidas pelo Corregedor-Geral da Justiça do Trabalho caberá agravo interno para o Órgão Especial, incumbindo-lhe determinar sua inclusão em pauta.

ART. 47. O Corregedor-Geral da Justiça do Trabalho apresentará ao Órgão Especial, na última sessão do mês seguinte ao do término de cada ano de sua gestão, relatório circunstanciado das atividades da Corregedoria-Geral durante o ano findo.

CAPÍTULO IV
DA POLÍCIA DO TRIBUNAL

ART. 48. O Presidente, no exercício das atribuições referentes à Polícia do Tribunal, determinará as providências atinentes ao resguardo da disciplina, da ordem e da integridade universal da Corte, na sede ou nas dependências.

Parágrafo único. No desempenho dessa atribuição, o Presidente poderá implantar sistema informatizado de controle de acesso às dependências do Tribunal e requisitar, quando necessário, o auxílio de outras autoridades.

ART. 49. Ocorrendo infração de lei penal na sede, ou nas dependências do Tribunal, o Presidente instaurará inquérito, podendo delegar essa atribuição a Ministro da Corte.

Parágrafo único. Nos demais casos, o Presidente poderá proceder na forma deste artigo ou requisitar a instauração de inquérito à autoridade competente.

ART. 50. A polícia das sessões e das audiências compete ao seu Presidente.

CAPÍTULO V
DA REPRESENTAÇÃO POR DESOBEDIÊNCIA OU DESACATO

ART. 51. Na hipótese de desobediência a ordem emanada do Tribunal ou de seus Ministros, no exercício da função, ou desacato ao Tribunal ou a seus Ministros, o Presidente comunicará o fato ao órgão competente do Ministério Público, provendo-o dos elementos de que dispuser para a propositura da ação penal.

Parágrafo único. Decorrido o prazo de 30 (trinta) dias, sem que tenha sido instaurada a ação penal, o Presidente dará ciência ao Tribunal, em segredo de justiça, para as providências que julgar necessárias.

CAPÍTULO VI
DA ORDEM DO MÉRITO JUDICIÁRIO DO TRABALHO

ART. 52. A Ordem do Mérito Judiciário do Trabalho, administrada por seu respectivo Conselho, é regida por regulamento próprio, aprovado pelo Órgão Especial, no qual é definida a sua organização, administração e composição.

CAPÍTULO VII
DAS COMISSÕES

SEÇÃO I
DAS DISPOSIÇÕES GERAIS

ART. 53. As comissões permanentes colaboram no desempenho dos encargos do Tribunal e são compostas por Ministros eleitos pelo Órgão Especial na primeira sessão subsequente à posse dos membros da direção.

§ 1º Não integram comissões permanentes os Ministros exercentes dos cargos de direção do Tribunal, o Diretor e o Vice-Diretor da Escola Nacional de Formação e Aperfeiçoamento de Magistrados do Trabalho - ENAMAT.

§ 2º A Presidência das comissões permanentes caberá ao Ministro mais antigo que as compuser.

§ 3º Observado o disposto no § 1° deste artigo, cada Ministro poderá ser eleito membro titular da mesma comissão permanente para um período, admitida sua reeleição para o mandato imediatamente seguinte.

ART. 54. Para atender a finalidades específicas, poderão ser instituídas pelo Órgão Especial comissões temporárias, que serão extintas quando cumprido o fim a que se destinavam.

ART. 55. São comissões permanentes:

I - Comissão de Regimento Interno;

II - Comissão de Jurisprudência e de Precedentes Normativos;

III - Comissão de Documentação.

ART. 56. As comissões, permanentes ou temporárias, poderão:

I - sugerir ao Presidente do Tribunal normas de serviço relativas à matéria de sua competência;

II - manter entendimento com outras autoridades ou instituições, relativamente a assuntos de sua competência, mediante delegação do Presidente do Tribunal.

SEÇÃO II
DA COMISSÃO DE REGIMENTO INTERNO

ART. 57. A Comissão de Regimento Interno é formada por 3 (três) Ministros titulares e um suplente, designados pelo Órgão Especial, recaindo a escolha, preferencialmente, sobre os membros mais antigos da Corte, excluídos os que exercem cargo de direção do Tribunal, o Diretor e o Vice-Diretor da Escola Nacional de Formação e Aperfeiçoamento de Magistrados do Trabalho - ENAMAT.

ART. 58. À Comissão de Regimento Interno cabe:

I - zelar pela atualização do Regimento, propondo emendas ao texto em vigor, bem assim emitir parecer sobre as propostas de iniciativa dos membros da Corte para alteração, criação ou cancelamento de artigos;

II - opinar em processo administrativo que envolva matéria regimental, por solicitação do Presidente do Tribunal, do Tribunal Pleno ou do Órgão Especial;

III - opinar sobre propostas de edição de resoluções, instruções normativas e resoluções administrativas.

Parágrafo único. O parecer sobre propostas de alteração, criação ou cancelamento de artigos do Regimento Interno e dos atos normativos a que se referem os incisos I e III deste artigo deverá ser encaminhado pela Comissão no prazo de 30 (trinta) dias ao Presidente, o qual a submeterá ao Tribunal Pleno.

SEÇÃO III
DA COMISSÃO DE JURISPRUDÊNCIA E DE PRECEDENTES NORMATIVOS

ART. 59. A Comissão de Jurisprudência e de Precedentes Normativos é composta por 3 (três) Ministros titulares e um suplente, designados pelo Órgão Especial, excluídos os titulares que integram outras comissões permanentes, os membros de direção do Tribunal, o Diretor e o Vice-Diretor da Escola Nacional de Formação e Aperfeiçoamento de Magistrados do Trabalho - ENAMAT.

ART. 60. À Comissão de Jurisprudência e de Precedentes Normativos cabe:

I - zelar pela expansão, atualização e publicação da jurisprudência do Tribunal;

II - supervisionar o serviço de sistematização da jurisprudência do Tribunal, determinando medidas atinentes à seleção e ao registro dos temas para fim de pesquisa, bem como administrar a base de dados informatizada de jurisprudência, sugerindo ao Presidente as medidas necessárias ao seu aperfeiçoamento;

III - propor a edição, a revisão ou o cancelamento de súmula, de orientação jurisprudencial e de precedente normativo;

IV - inserir as orientações jurisprudenciais das seções do Tribunal que retratem a jurisprudência pacificada da Corte, indicando os precedentes que a espelham;

V - manter a seleção dos repertórios idôneos de divulgação dos julgados da Justiça do Trabalho;

VI - organizar os registros do Banco Nacional de Jurisprudência Uniformizada (BANJUR);

VII - nos termos do art. 171 deste Regimento, receber as propostas de edição, revisão ou cancelamento de súmula, de orientação jurisprudencial e de precedente normativo do Tribunal Superior do Trabalho e sobre elas emitir parecer no prazo de 30 (trinta) dias.

ART. 61. A Comissão de Jurisprudência e de Precedentes Normativos realizará reunião quinzenal ordinária, e extraordinária, quando necessário, para deliberar sobre propostas de edição, revisão ou cancelamento de súmula, de orientação jurisprudencial e de precedente normativo.

SEÇÃO IV
DA COMISSÃO DE DOCUMENTAÇÃO

ART. 62. A Comissão de Documentação é constituída de 3 (três) Ministros titulares e um suplente, designados pelo Órgão Especial, excluídos os titulares das demais comissões, os membros de direção do Tribunal, o Diretor e o Vice-Diretor da Escola Nacional de Formação e Aperfeiçoamento de Magistrados do Trabalho - ENAMAT.

ART. 63. À Comissão de Documentação cabe:

I - publicar a Revista do Tribunal, destinada à divulgação de trabalhos doutrinários e jurisprudenciais e ao registro de atos públicos de interesse da Justiça do Trabalho;

II - supervisionar a administração da biblioteca do Tribunal, sugerindo ao Presidente as medidas necessárias ao seu aperfeiçoamento, bem como opinar sobre a aquisição de livros;

III - supervisionar o "Memorial da Justiça do Trabalho e do TST" existente no Tribunal, sugerindo ao Presidente as medidas necessárias ao seu aperfeiçoamento e manutenção, com inserção de documentos, peças e objetos reputados de especial valor histórico;

IV - propor a política de gestão documental do Tribunal, opinando sobre a manutenção do acervo, modernização e automatização da Coordenadoria de Gestão Documental e Memória;

V - propor alterações na Tabela de Temporalidade e no Plano de Classificação dos processos judiciais e documentos;

VI - manifestar-se, anualmente, sobre o Termo de Eliminação dos processos judiciais encaminhado pela Coordenadoria de Gestão Documental e Memória, determinando a publicação do documento na Imprensa Oficial, caso aprovado;

VII - acompanhar os procedimentos de eliminação dos documentos constantes do Termo aludido no inciso VI deste artigo;

VIII - manter, na Coordenadoria de Gestão Documental e Memória, serviço de documentação para recolher elementos que sirvam de subsídio à história do Tribunal e da Justiça do Trabalho e organizar e disponibilizar dados biográficos dos Ministros do TST;

IX - orientar a biblioteca na divulgação, para os Ministros e seus gabinetes, do acervo bibliográfico, e na atualização legislativa e jurisprudencial de interesse da Justiça do Trabalho;

X - efetivar o registro e o controle dos repositórios autorizados à publicação da jurisprudência da Corte, previstos no parágrafo único do art. 183;

XI - supervisionar a documentação publicada pelo Tribunal na rede mundial de computadores e providenciar a renovação dos conteúdos do sítio do Tribunal;

XII - selecionar os acórdãos a serem encaminhados para publicação nas revistas do Tribunal e demais periódicos autorizados, inclusive entre aqueles eventualmente encaminhados pelos gabinetes;

XIII - manter na biblioteca pastas individuais contendo dados da produção bibliográfica dos Ministros do TST.

TÍTULO III
DA ORGANIZAÇÃO E DA COMPETÊNCIA

CAPÍTULO I
DA ORGANIZAÇÃO

ART. 64. O Tribunal funciona em sua composição plena ou dividido em Órgão Especial, Seções, Subseções Especializadas e Turmas.

Art. 65. São órgãos do Tribunal Superior do Trabalho:

I - Tribunal Pleno;

II - Órgão Especial;

III - Seção Especializada em Dissídios Coletivos;

IV - Seção Especializada em Dissídios Individuais, dividida em duas subseções;

V - Turmas.

Parágrafo único. São órgãos que funcionam junto ao Tribunal Superior do Trabalho:

I - Escola Nacional de Formação e Aperfeiçoamento de Magistrados do Trabalho (ENAMAT);

II - Conselho Superior da Justiça do Trabalho (CSJT);

III - Centro de Formação e Aperfeiçoamento de Assessores e Servidores do Tribunal Superior do Trabalho (CEFAST);

IV - Ouvidoria.

ART. 66. Para a composição dos órgãos judicantes do Tribunal, respeitados os critérios de antiguidade e os estabelecidos neste capítulo, os Ministros poderão escolher a Seção Especializada e a Turma que desejarem integrar, podendo exercer o direito de permuta, salvo os Presidentes de Turma, que, para fazê-lo, deverão previamente renunciar à Presidência do órgão colegiado.

Parágrafo único. Cada Ministro comporá apenas uma Seção Especializada.

ART. 67. O Ministro empossado integrará os órgãos do Tribunal onde ocorreu a vaga ou ocupará aquela resultante da transferência de Ministro, autorizada pelo art. 66 deste Regimento.

ART. 68. O Tribunal Pleno é constituído pela totalidade dos Ministros que integram a Corte.

§ 1º Para o funcionamento do Tribunal Pleno é exigida a presença de, no mínimo, 14 (quatorze) Ministros, sendo necessária a maioria absoluta para deliberar sobre:

I - escolha dos nomes que integrarão a lista tríplice destinada à vaga de Ministro do Tribunal, observado o disposto no art. 4º, § 2º, II, deste Regimento;

II - aprovação de Emenda Regimental;

III - eleição dos Ministros para os cargos de direção do Tribunal;

IV - edição, revisão ou cancelamento de súmula, de orientação jurisprudencial e de precedente normativo;

V - declaração de inconstitucionalidade de lei ou de ato normativo do Poder Público.

§ 2º Será tomada por 2/3 (dois terços) dos votos dos Ministros que compõem o Tribunal Pleno a deliberação preliminar referente à existência de relevante interesse público que fundamenta a proposta de edição, revisão ou cancelamento de súmula, orientação jurisprudencial e precedente normativo, observado o § 3º do art. 702 da CLT.

ART. 69. O Órgão Especial é composto por 14 (quatorze) membros, sendo 7 (sete) por antiguidade e 7 (sete) por eleição, e 3 (três) suplentes.

§ 1º Integram o Órgão Especial o Presidente e o Vice-Presidente do Tribunal, o Corregedor-Geral da Justiça do Trabalho, juntamente com os demais Ministros mais antigos e eleitos.

§ 2º Caso seja eleito para cargo de direção do Tribunal Ministro que não figure dentre os 7 (sete) mais antigos aptos a integrar o Órgão Especial, será ele considerado eleito para integrá-lo, promovendo-se a eleição prevista no *caput* deste artigo, por escrutínio secreto, apenas para os cargos remanescentes.

§ 3º O *quorum* para funcionamento do Órgão Especial é de 8 (oito) Ministros, mas, para deliberar sobre disponibilidade ou aposentadoria de Magistrado, exige-se a presença e votação convergente da maioria absoluta.

§ 4º Para recompor o *quorum* em virtude da ausência de Ministro integrante da metade mais antiga, será convocado o Ministro que o suceder na ordem de antiguidade. No caso de não comparecimento de Ministro que compõe a metade eleita, a convocação recairá sobre qualquer dos suplentes.

ART. 70. Integram a Seção Especializada em Dissídios Coletivos o Presidente e o

Vice-Presidente do Tribunal, o Corregedor-Geral da Justiça do Trabalho e mais 6 (seis) Ministros.

Parágrafo único. O *quorum* para o funcionamento da Seção Especializada em Dissídios Coletivos é de 5 (cinco) Ministros, sendo que, na falta de *quorum*, deve ser convocado Ministro para substituir o ausente, preferencialmente da sua mesma Turma.

ART. 71. A Seção Especializada em Dissídios Individuais é composta de 21 (vinte e um) Ministros, sendo o Presidente e o Vice-Presidente do Tribunal, o Corregedor-Geral da Justiça do Trabalho e mais 18 (dezoito) Ministros, e funciona em composição plena ou dividida em duas subseções para julgamento dos processos de sua competência.

§ 1º O *quorum* exigido para o funcionamento da Seção Especializada em Dissídios Individuais plena é de 11 (onze) Ministros, mas as deliberações só poderão ocorrer pelo voto da maioria absoluta dos integrantes da Seção.

§ 2º Integram a Subseção I da Seção Especializada em Dissídios Individuais 14 (quatorze) Ministros, sendo o Presidente e o Vice-Presidente do Tribunal, o Corregedor-Geral da Justiça do Trabalho e mais 11 (onze) Ministros, preferencialmente os Presidentes de Turma, exigida a presença de, no mínimo, 8 (oito) Ministros para o seu funcionamento, sendo que, na falta de *quorum*, deve ser convocado Ministro para substituir o ausente, preferencialmente da sua mesma Turma.

§ 3º Haverá pelo menos 1 (um) e no máximo 2 (dois) integrantes de cada Turma na composição da Subseção I da Seção Especializada em Dissídios Individuais.

§ 4º Integram a Subseção II da Seção Especializada em Dissídios Individuais 10 (dez) Ministros, sendo o Presidente e o Vice-Presidente do Tribunal, o Corregedor-Geral da Justiça do Trabalho e mais 7 (sete) Ministros, exigida a presença de, no mínimo, 6 (seis) Ministros para o seu funcionamento, sendo que, na falta de *quorum*, deve ser convocado Ministro para substituir o ausente, preferencialmente da sua mesma Turma.

ART. 72. As decisões do Órgão Especial, das Seções e Subseções Especializadas que se inclinarem por contrariar súmula, orientação jurisprudencial e precedente normativo ou decisões reiteradas de 5 (cinco) ou mais Turmas do Tribunal sobre tema de natureza material ou processual serão suspensas, sem proclamação do resultado, e os autos encaminhados ao Tribunal Pleno, para deliberação sobre a questão controvertida, mantido o relator de sorteio no órgão fracionário.

ART. 73. As Turmas são constituídas, cada uma, por 3 (três) Ministros, sendo presididas de acordo com os critérios estabelecidos pelos arts. 91 e 92 deste Regimento.

Parágrafo único. Para os julgamentos nas Turmas é necessária a presença de 3 (três) Magistrados.

CAPÍTULO II
DA COMPETÊNCIA

SEÇÃO I
DAS DISPOSIÇÕES GERAIS

ART. 74. Compete ao Tribunal Superior do Trabalho processar, conciliar e julgar, na forma da lei, em grau originário ou recursal ordinário ou extraordinário, as demandas individuais e os dissídios coletivos que excedam a jurisdição dos Tribunais Regionais, os conflitos de direito sindical, assim como outras controvérsias decorrentes de relação de trabalho, e os litígios relativos ao cumprimento de suas próprias decisões, de laudos arbitrais e de convenções e acordos coletivos.

SEÇÃO II
DA COMPETÊNCIA DO TRIBUNAL PLENO

ART. 75. Compete ao Tribunal Pleno:

I - eleger, por escrutínio secreto, o Presidente e o Vice-Presidente do Tribunal Superior do Trabalho, o Corregedor-Geral da Justiça do Trabalho, os 7 (sete) Ministros para integrar o Órgão Especial, o Diretor, o Vice-Diretor e os membros do Conselho Consultivo da Escola Nacional de Formação e Aperfeiçoamento de Magistrados do Trabalho (ENAMAT), o diretor e os membros do Centro de Formação e Aperfeiçoamento de Assessores e Servidores do Tribunal Superior do Trabalho (CEFAST); os Ministros membros do Conselho Superior da Justiça do Trabalho (CSJT) e respectivos suplentes, os membros do Conselho Nacional de Justiça (CNJ) e o Ministro Ouvidor e seu substituto;

II - dar posse aos membros eleitos para os cargos de direção do Tribunal Superior do Trabalho, aos Ministros nomeados para o Tribunal, aos membros da direção e do Conselho Consultivo da Escola Nacional de Formação e Aperfeiçoamento de Magistrados do Trabalho (ENAMAT) e do Centro de Formação e Aperfeiçoamento de Assessores e Servidores do Tribunal Superior do Trabalho (CEFAST);

III - escolher os integrantes das listas para provimento das vagas de Ministro do Tribunal;

IV - deliberar sobre prorrogação do prazo para a posse no cargo de Ministro do Tribunal Superior do Trabalho e o início do exercício;

V - determinar a disponibilidade ou a aposentadoria de Ministro do Tribunal;

VI - opinar sobre propostas de alterações da legislação trabalhista, inclusive processual, quando entender que deve manifestar-se oficialmente;

VII - estabelecer ou alterar súmulas e outros enunciados de jurisprudência uniforme, pelo voto de pelo menos 2/3 (dois terços) de seus membros, caso a mesma matéria já tenha sido decidida de forma idêntica por unanimidade em, no mínimo, 2/3 (dois terços) das turmas, em pelo menos 10 (dez) sessões diferentes em cada uma delas, podendo, ainda, por maioria de 2/3 (dois terços) de seus membros, restringir os efeitos daquela declaração ou decidir que ela só tenha eficácia a partir de sua publicação no Diário Oficial;

VIII - julgar os incidentes de assunção de competência e os incidentes de recursos repetitivos, afetados ao órgão;

IX - decidir sobre a declaração de inconstitucionalidade de lei ou ato normativo do Poder Público, quando aprovada a arguição pelas Seções Especializadas ou Turmas;

X - aprovar e emendar o Regimento Interno do Tribunal Superior do Trabalho;

XI - processar e julgar as reclamações destinadas à preservação de sua competência e à garantia da autoridade de suas decisões e à observância obrigatória de tese jurídica firmada em decisão com eficácia de precedente judicial de cumprimento obrigatório, por ele proferida.

SEÇÃO III
DA COMPETÊNCIA DO ÓRGÃO ESPECIAL

ART. 76. Compete ao Órgão Especial:

I - em matéria judiciária:

a) processar e julgar as reclamações destinadas à preservação de sua competência, à garantia da autoridade de suas decisões e à observância obrigatória de tese jurídica firmada em decisão com eficácia de precedente judicial de cumprimento obrigatório, por ele proferida;

b) julgar mandado de segurança impetrado contra atos do Presidente ou de qualquer Ministro do Tribunal, ressalvada a competência das Seções Especializadas;

c) julgar os recursos interpostos contra decisões dos Tribunais Regionais do Trabalho em mandado de segurança de interesse de magistrados e servidores da Justiça do Trabalho;

d) julgar os recursos interpostos contra decisão em matéria de concurso para a Magistratura do Trabalho;

e) julgar os recursos ordinários em agravos internos interpostos contra decisões proferidas em reclamações correicionais ou em pedidos de providências que envolvam impugnação de cálculos de precatórios;

f) julgar os recursos ordinários interpostos contra decisões proferidas em mandado de segurança impetrado contra ato do Presidente de Tribunal Regional em precatório;

g) julgar os recursos ordinários interpostos contra decisões proferidas em reclamações quando a competência para julgamento do recurso do processo principal for a ele atribuída;

h) julgar os agravos internos interpostos contra decisões proferidas pelo Corregedor-Geral da Justiça do Trabalho;

i) julgar os agravos internos interpostos contra decisões que denegam seguimento a recurso extraordinário por ausência de repercussão geral da questão constitucional debatida;

j) deliberar sobre as demais matérias jurisdicionais não incluídas na competência dos outros órgãos do Tribunal.

II - em matéria administrativa:

a) proceder à abertura e ao encerramento do semestre judiciário;

b) eleger os membros do Conselho da Ordem do Mérito Judiciário do Trabalho e os das Comissões previstas neste Regimento, com observância, neste último caso, do disposto nos §§ 1º e 3º de seu art. 53;

c) aprovar e emendar o Regulamento Geral da Secretaria do Tribunal Superior do Trabalho, o Regimento da Corregedoria-Geral da Justiça do Trabalho, o Regulamento da Ordem do Mérito Judiciário do Trabalho, os Estatutos da Escola Nacional de Formação e Aperfeiçoamento de Magistrados do Trabalho (ENAMAT) e do Centro de Formação e Aperfeiçoamento de Assessores e Servidores do Tribunal Superior do Trabalho (CEFAST), e o Regimento Interno do Conselho Superior da Justiça do Trabalho (CSJT);

d) propor ao Poder Legislativo, após a deliberação do Conselho Superior da Justiça do Trabalho (CSJT), a criação, extinção ou modificação de Tribunais Regionais do Trabalho e Varas do Trabalho, assim como a alteração de jurisdição e de sede destes;

e) propor ao Poder Legislativo a criação, a extinção e a transformação de cargos e funções públicas e a fixação dos respectivos vencimentos ou gratificações;

f) escolher, mediante escrutínio secreto e pelo voto da maioria absoluta dos seus membros, Desembargador de Tribunal Regional do Trabalho para substituir temporariamente Ministro do Tribunal Superior do Trabalho;

g) aprovar a lista dos admitidos na Ordem do Mérito Judiciário do Trabalho;

h) aprovar a lotação das funções comissionadas do Quadro de Pessoal do Tribunal;

i) conceder licença, férias e outros afastamentos aos membros do Tribunal;

j) fixar e rever as diárias e as ajudas de custo do Presidente, dos Ministros e servidores do Tribunal;

l) designar as comissões temporárias para exame e elaboração de estudo sobre matéria relevante, respeitada a competência das comissões permanentes;

m) aprovar as instruções de concurso para provimento dos cargos de Juiz do Trabalho Substituto;

n) aprovar as instruções dos concursos para provimento dos cargos do Quadro de Pessoal do Tribunal e homologar seu resultado final;

o) julgar os recursos de decisões ou atos do Presidente do Tribunal em matéria administrativa;

p) julgar os recursos interpostos contra decisões dos Tribunais Regionais do Trabalho em processo administrativo disciplinar envolvendo Magistrado, estritamente para controle da legalidade;

q) examinar as matérias encaminhadas pelo Conselho Superior da Justiça do Trabalho (CSJT);

r) aprovar a proposta orçamentária da Justiça do Trabalho;

s) julgar os recursos ordinários interpostos contra agravos internos em que tenha sido apreciada decisão de Presidente de Tribunal Regional em precatório;

t) deliberar sobre as questões relevantes e atos normativos a que alude o art. 41, XXXIII e parágrafo único, deste Regimento.

SEÇÃO IV
DA COMPETÊNCIA DA SEÇÃO ESPECIALIZADA EM DISSÍDIOS COLETIVOS (SDC)

ART. 77. À Seção Especializada em Dissídios Coletivos compete:

I - originariamente:

a) julgar os dissídios coletivos de natureza econômica e jurídica, de sua competência, ou rever suas próprias sentenças normativas, nos casos previstos em lei;

b) homologar as conciliações firmadas nos dissídios coletivos;

c) julgar as ações anulatórias de acordos e convenções coletivas;

d) julgar as ações rescisórias propostas contra suas sentenças normativas;

e) julgar os agravos internos contra decisões não definitivas, proferidas pelo Presidente do Tribunal, ou por qualquer dos Ministros integrantes da Seção Especializada em Dissídios Coletivos;

f) julgar os conflitos de competência entre Tribunais Regionais do Trabalho em processos de dissídio coletivo;

g) processar e julgar as tutelas provisórias antecedentes ou incidentes nos processos de dissídio coletivo;

h) processar e julgar as ações em matéria de greve, quando o conflito exceder a jurisdição de Tribunal Regional do Trabalho;

i) processar e julgar as reclamações destinadas à preservação de sua competência e à garantia da autoridade de suas decisões.

II - em última instância, julgar:

a) os recursos ordinários interpostos contra as decisões proferidas pelos Tribunais Regionais do Trabalho em dissídios coletivos de natureza econômica ou jurídica;

b) os recursos ordinários interpostos contra decisões proferidas pelos Tribunais Regionais do Trabalho em ações rescisórias, reclamações e mandados de segurança pertinentes a dissídios coletivos e em ações anulatórias de acordos e convenções coletivas;

c) os embargos infringentes interpostos contra decisão não unânime proferida em processo de dissídio coletivo de sua competência originária, salvo se a decisão embargada estiver em consonância com precedente normativo do Tribunal Superior do Trabalho ou com súmula de sua jurisprudência predominante;

d) os agravos de instrumento interpostos contra decisão denegatória de recurso ordinário nos processos de sua competência.

SEÇÃO V
DA COMPETÊNCIA DA SEÇÃO ESPECIALIZADA EM DISSÍDIOS INDIVIDUAIS

ART. 78. À Seção Especializada em Dissídios Individuais, em composição plena ou dividida em duas Subseções, compete:

I – em composição plena:

a) julgar, em caráter de urgência e com preferência na pauta, os processos nos quais tenha sido estabelecida, na votação, divergência entre as Subseções I e II da Seção Especializada em Dissídios Individuais, quanto à aplicação de dispositivo de lei federal ou da Constituição da República;

b) processar e julgar as reclamações destinadas à preservação de sua competência, à garantia da autoridade de suas decisões e à observância obrigatória de tese jurídica firmada em decisão com eficácia de precedente judicial de cumprimento obrigatório, por ela proferida.

II - à Subseção I:

a) julgar os embargos interpostos contra decisões divergentes das Turmas, ou destas que divirjam de decisão da Seção de Dissídios Individuais, de súmula ou de orientação jurisprudencial;

b) processar e julgar as reclamações destinadas à preservação de sua competência, à garantia da autoridade de suas decisões e à observância obrigatória de tese jurídica firmada em decisão com eficácia de precedente judicial de cumprimento obrigatório, por ela proferida;

c) julgar os agravos internos interpostos contra decisão monocrática exarada em processos de sua competência ou decorrentes do juízo de admissibilidade da Presidência de Turmas do Tribunal;

d) processar e julgar os incidentes de recursos repetitivos que lhe forem afetados;

III - à Subseção II:

a) originariamente:

I - julgar as ações rescisórias propostas contra suas decisões, as da Subseção I e as das Turmas do Tribunal;

II - julgar os mandados de segurança contra os atos praticados pelo Presidente do Tribunal, ou por qualquer dos Ministros integrantes da Seção Especializada em Dissídios Individuais, nos processos de sua competência;

III - julgar os pedidos de concessão de tutelas provisórias e demais medidas de urgência;

IV - julgar os *habeas corpus*;

V - processar e julgar os Incidentes de Resolução de Demandas Repetitivas suscitados nos processos de sua competência originária;

VI - processar e julgar as reclamações destinadas à preservação de sua competência, à garantia da autoridade de suas decisões e à observância obrigatória de tese jurídica firmada em decisão com eficácia de precedente judicial de cumprimento obrigatório, por ela proferida.

b) em única instância:

I - julgar os agravos internos interpostos contra decisão monocrática exarada em processos de sua competência;

II - julgar os conflitos de competência entre Tribunais Regionais e os que envolvam Desembargadores dos Tribunais de Justiça, quando investidos da jurisdição trabalhista, e Juízes do Trabalho em processos de dissídios individuais.

c) em última instância:

I - julgar os recursos ordinários interpostos contra decisões dos Tribunais Regionais em processos de dissídio individual de sua competência originária;

II - julgar os agravos de instrumento interpostos contra decisão denegatória de recurso ordinário em processos de sua competência.

SEÇÃO VI
DA COMPETÊNCIA DAS TURMAS

ART. 79. Compete a cada uma das Turmas julgar:

I - as reclamações destinadas à preservação da sua competência e à garantia da autoridade de suas decisões;

II - os recursos de revista interpostos contra decisão dos Tribunais Regionais do Trabalho, nos casos previstos em lei;

III - os agravos de instrumento das decisões de Presidente de Tribunal Regional que denegarem seguimento a recurso de revista;

IV - os agravos internos interpostos contra decisão monocrática exarada em processos de sua competência;

V - os recursos ordinários em tutelas provisórias e as reclamações, quando a competência para julgamento do recurso do processo principal for atribuída à Turma, bem como a tutela provisória requerida em procedimento antecedente de que trata o art. 114 deste Regimento.

SEÇÃO VII
DA ESCOLA NACIONAL DE FORMAÇÃO E APERFEIÇOAMENTO DE MAGISTRADOS DO TRABALHO – ENAMAT

ART. 80. A Escola Nacional de Formação e Aperfeiçoamento de Magistrados do Trabalho (ENAMAT) é órgão que funciona junto ao Tribunal Superior do Trabalho, com autonomia administrativa e financeira, cabendo-lhe, dentre outras funções, regulamentar os cursos oficiais para o ingresso e promoção na carreira e formação continuada dos Magistrados, na forma dos seus estatutos, bem assim promover o Concurso Público Nacional para ingresso na Magistratura do Trabalho.

ART. 81. O Diretor, o Vice-Diretor e os membros do Conselho Consultivo da Escola Nacional de Formação e Aperfeiçoamento de Magistrados do Trabalho (ENAMAT) serão eleitos pelo Tribunal Pleno, em escrutínio secreto, para mandato de 2 (dois) anos, permitida uma recondução.

§ 1º Os membros eleitos para os cargos de direção da Escola e os do Conselho Consultivo tomarão posse perante o Tribunal Pleno.

§ 2º O Diretor da Escola Nacional de Formação e Aperfeiçoamento de Magistrados do Trabalho (ENAMAT) receberá 15% (quinze por cento) a menos de processos distribuídos, respeitada a proporção quanto às classes processuais de competência da Turma.

SEÇÃO VIII
DO CENTRO DE FORMAÇÃO E APERFEIÇOAMENTO DE ASSESSORES E SERVIDORES DO TST - CEFAST

ART. 82. O Centro de Formação e Aperfeiçoamento de Assessores e Servidores do

Tribunal Superior do Trabalho (CEFAST) é órgão que funciona junto ao Tribunal Superior do Trabalho, com autonomia administrativa, cabendo-lhe, dentre outras funções, capacitar e aperfeiçoar os servidores que desenvolvem atividades jurídicas no TST.

ART. 83. O Diretor e os membros do Centro de Formação e Aperfeiçoamento de Assessores e Servidores do Tribunal Superior do Trabalho (CEFAST) serão eleitos pelo Tribunal Pleno, em escrutínio secreto, para mandato de 2 (dois) anos, permitida uma recondução.

Parágrafo único. Os membros eleitos para os cargos de direção do Centro de Formação e Aperfeiçoamento de Assessores e Servidores do Tribunal Superior do Trabalho (CEFAST) tomarão posse perante o Tribunal Pleno.

SEÇÃO IX
DO CONSELHO SUPERIOR
DA JUSTIÇA DO TRABALHO - CSJT

ART. 84. O Conselho Superior da Justiça do Trabalho (CSJT) é órgão que funciona junto ao Tribunal Superior do Trabalho, com autonomia administrativa, cabendo-lhe exercer a supervisão administrativa, orçamentária, financeira e patrimonial da Justiça do Trabalho, de primeiro e segundo graus, como órgão central do sistema.

SEÇÃO X
DA OUVIDORIA

ART. 85. A Ouvidoria do Tribunal Superior do Trabalho tem por missão assegurar um canal de comunicação eficiente, ágil e transparente entre o cidadão, os servidores e a administração do Tribunal, visando orientar, transmitir informações e colaborar para o aperfeiçoamento dos serviços prestados à sociedade, bem assim promover a interlocução com as Ouvidorias dos Tribunais Regionais do Trabalho para o eficaz atendimento das demandas acerca dos serviços prestados pelos órgãos da Justiça do Trabalho.

ART. 86. O Ministro Ouvidor e seu substituto serão eleitos pelo Tribunal Pleno dentre os Ministros do Tribunal, excluídos o Presidente, o Vice-Presidente, o Corregedor-Geral da Justiça do Trabalho e os Presidentes das Turmas, permitida uma recondução.

Parágrafo único. A eleição do Ministro Ouvidor e de seu substituto dar-seá na primeira sessão subsequente à posse dos membros da direção do Tribunal, sempre que possível.

ART. 87. O Presidente do Tribunal, em conjunto com o Ministro Ouvidor, poderá baixar normas complementares acerca dos procedimentos internos da Ouvidoria, *ad referendum* do Órgão Especial.

SEÇÃO XI
DAS DISPOSIÇÕES GERAIS

ART. 88. Ao Tribunal Pleno, ao Órgão Especial, às Seções Especializadas e às Turmas cabe, ainda, nos processos de sua competência:

I - julgar:

a) os embargos de declaração interpostos contra suas decisões;

b) os pedidos de concessão de tutela provisória e demais medidas de urgência;

c) os incidentes que lhes forem submetidos;

d) a restauração de autos, em se tratando de processo de sua competência.

II - homologar as desistências dos recursos, decidir sobre pedido de desistência de ação quanto aos processos incluídos em pauta para julgamento e homologar os acordos em processos de competência originária do Tribunal;

III - representar à autoridade competente, quando, em autos ou documentos de que conhecer, houver indício de crime de ação pública.

ART. 89. A proclamação do resultado da votação será suspensa:

I - pelo Órgão Especial, pelas Seções Especializadas e pelas Turmas, para remessa do processo ao Tribunal Pleno, quando se verificar que a maioria respectiva se inclina pelo acolhimento da arguição de inconstitucionalidade de norma em matéria que ainda não tenha sido decidida pelo Tribunal Pleno ou pelo Supremo Tribunal Federal;

II - pelas Seções Especializadas, quando convier o pronunciamento do Tribunal Pleno, em razão da relevância da questão jurídica, do interesse público ou da necessidade de prevenir divergência de julgados, nos termos do art. 72 deste Regimento.

CAPÍTULO III
DA PRESIDÊNCIA DAS SEÇÕES

SEÇÃO I
DA PRESIDÊNCIA DO TRIBUNAL PLENO, DO ÓRGÃO ESPECIAL E DAS SEÇÕES ESPECIALIZADAS

ART. 90. O Ministro Presidente do Tribunal presidirá o Tribunal Pleno, o Órgão Especial e as Seções Especializadas, podendo ser substituído, sucessivamente, pelo Vice-Presidente, pelo Corregedor-Geral da Justiça do Trabalho ou pelo Ministro mais antigo presente à sessão.

SEÇÃO II
DA PRESIDÊNCIA DAS TURMAS

ART. 91. O Presidente da Turma será o mais antigo dentre os Ministros que a compõem, por um período de 2 (dois) anos, vedada a recondução, até que todos os seus integrantes hajam exercido a Presidência, observada a ordem decrescente de antiguidade.

Parágrafo único. É facultado aos demais Ministros recusarem a Presidência, desde que o façam antes da proclamação de sua escolha.

ART. 92. Na hipótese de vacância do cargo de Presidente de Turma, assumirá o Ministro mais antigo do respectivo órgão colegiado.

§ 1º Nas ausências eventuais ou afastamentos temporários, o Presidente da Turma será substituído pelo Ministro mais antigo do órgão colegiado.

§ 2º A escolha do Presidente da Turma, observado o critério estabelecido no art. 91 deste Regimento, dar-se-á na primeira sessão ordinária da Turma que suceder à posse da nova direção do Tribunal, ressalvada a situação prevista no parágrafo seguinte.

§ 3º Se houver vacância da Presidência da Turma, a escolha do novo Presidente dar-se-á na sessão ordinária imediatamente posterior à ocorrência da vaga, hipótese em que o ministro eleito completará o mandato do sucedido pelo prazo remanescente.

§ 4º Considera-se empossado o sucessor, em qualquer das situações a que se referem os §§ 2º e 3º deste artigo, na mesma data de sua escolha para a Presidência da Turma.

SEÇÃO III
DAS ATRIBUIÇÕES DO PRESIDENTE DE TURMA

ART. 93. Compete ao Presidente de Turma:

I - indicar o Secretário da Turma para nomeação pelo Presidente do Tribunal;

II - convocar sessões ordinárias e extraordinárias;

III - dirigir os trabalhos e presidir as sessões da Turma, propor e submeter as questões, apurar os votos e proclamar as decisões;

IV - manter a ordem nas sessões, podendo mandar retirar os que as perturbarem e os que faltarem com o devido respeito e prender os desobedientes, fazendo lavrar o respectivo auto;

V - despachar os expedientes da Turma que excederem à competência dos relatores, inclusive os pedidos manifestados após a publicação dos acórdãos;

VI - supervisionar os serviços da Secretaria;

VII - convidar, mediante prévio entendimento, Ministro ou Desembargador convocado para compor o *quorum*;

VIII - exercer o juízo de admissibilidade dos embargos à Subseção I da Seção Especializada em Dissídios Individuais e julgar os embargos de declaração interpostos dessas decisões;

IX - submeter ao Presidente da Subseção I da Seção Especializada em Dissídios Individuais a proposta de afetação dos recursos de revista para os efeitos dos arts. 896-B e 896-C da CLT e deste Regimento.

Parágrafo único. Em face da atribuição contida no inciso VIII deste artigo, o Presidente de Turma receberá 10% (dez por cento) a menos de processos distribuídos, respeitada a proporção quanto às classes processuais de competência da Turma.

TÍTULO IV
DO MINISTÉRIO PÚBLICO DO TRABALHO

ART. 94. O Ministério Público do Trabalho atuará nas sessões do Tribunal representado pelo Procurador-Geral ou, mediante sua delegação, por Subprocuradores-Gerais e por Procuradores Regionais, na forma da lei.

ART. 95. À Procuradoria-Geral do Trabalho serão remetidos processos para parecer, nas seguintes hipóteses:

I - obrigatoriamente, quando for parte pessoa jurídica de direito público, Estado estrangeiro ou organismo internacional e quando houver interesse de incapaz;

II - facultativamente, por iniciativa do relator, quando a matéria, por sua relevância, recomendar a prévia manifestação do Ministério Público;

III - por iniciativa do Ministério Público, quando entender existente interesse público que justifique a sua intervenção;

IV - por determinação legal, os mandados de segurança em grau originário ou recursal, as ações civis públicas em que o Ministério Público não for autor, os dissídios coletivos originários, caso não exarado parecer na instrução, e os processos em que forem parte índio, comunidades e organizações indígenas, além de outros processos em que a lei impuser a intervenção do Ministério Público.

§ 1º À Procuradoria-Geral do Trabalho serão encaminhados de imediato, após autuação e distribuição, os processos nos quais figuram como parte pessoa jurídica de direito público, Estado estrangeiro ou organismo internacional, e os recursos ordinários em mandado de segurança.

§ 2º Não serão remetidos à Procuradoria-Geral do Trabalho:

I - processos oriundos de ações originárias propostas pelo Ministério Público do Trabalho;

II - processos de remessa facultativa que exijam urgência no julgamento ou que versem sobre tema pacificado na jurisprudência.

ART. 96. O Ministério Público, observadas as regras legais especiais e a tramitação preferencial de demandas, emitirá parecer no prazo legal, restituindo imediatamente os autos ao Tribunal.

ART. 97. O Ministério Público, após publicado o acórdão e vencido o prazo para as partes, será intimado pessoalmente nas causas em que tenha intervindo ou emitido parecer.

LIVRO II
DOS PROCESSOS E DA JURISPRUDÊNCIA

TÍTULO I
DOS PROCESSOS

CAPÍTULO I
DO REGISTRO E DA CLASSIFICAÇÃO

ART. 98. As petições recebidas serão registradas no dia de seu ingresso no Tribunal e, após a conferência das folhas, juntadas ou encaminhadas para análise, respeitada a competência dos órgãos judicantes.

Parágrafo único. O Presidente do Tribunal e os Presidentes de Turmas poderão delegar à Secretaria a prática de atos ordinatórios nos termos dos arts. 93, XIV, da Constituição da República e 203, § 4º, do CPC, mediante ato interno.

ART. 99. Os processos serão registrados após a conferência das folhas, classificados e autuados, de acordo com a tabela aprovada pelo Conselho Nacional de Justiça (CNJ).

ART. 100. A classificação das ações de competência originária será feita nos termos do requerido pela parte, desde que prevista a classe processual na tabela unificada aprovada pelo Conselho Nacional de Justiça (CNJ).

Parágrafo único. Incumbe às Secretarias do Tribunal as providências necessárias à intimação das partes para o fim de correção e atualização dos registros de CNPJ e CPF constantes na base de dados da Secretaria da Receita Federal do Brasil.

ART. 101. Na hipótese de ajuizamento de ação ou de interposição de recurso não previsto na tabela processual unificada, o processo será classificado e autuado na classe processual "Petição – Pet".

CAPÍTULO II
DA DISTRIBUIÇÃO

SEÇÃO I
DAS DISPOSIÇÕES GERAIS

ART. 102. Os processos de competência do Tribunal serão distribuídos por classe, de acordo com a competência e composição dos órgãos judicantes e com a ordem cronológica do seu ingresso na Corte, observando-se a alternatividade, o sorteio eletrônico e a publicidade, concorrendo ao sorteio todos os Ministros, excetuados os membros da direção.

§ 1º Ressalvados os casos de comprovada urgência, a distribuição será efetivada, com encaminhamento do processo ao Ministro sorteado, nos dias úteis e durante o horário de funcionamento do Tribunal Superior do Trabalho.

§ 2º A regra do parágrafo anterior se aplica aos processos que retornarem, com manifestação, da Procuradoria-Geral do Trabalho.

ART. 103. Nos períodos correspondentes ao recesso forense e às férias dos Ministros, não haverá distribuição de processos.

Parágrafo único. No caso de fruição de férias, o Ministro não receberá distribuição de processos no respectivo período nem haverá compensação posterior.

ART. 104. Todos os processos recebidos no Tribunal, independentemente da classe a que pertencerem, serão distribuídos, nos termos desta Seção, após os registros e as formalidades necessárias à sua identificação.

Parágrafo único. Será fornecido a cada Ministro, por ocasião da distribuição, documento escrito ou transmissão computadorizada contendo todos os dados da distribuição que lhe coube.

ART. 105. As redistribuições autorizadas expressamente neste Regimento serão feitas no âmbito da Secretaria do órgão colegiado em que tramita o processo, pelo respectivo Presidente, observadas a compensação e a publicidade.

ART. 106. O Ministro recém-empossado receberá os processos vinculados à cadeira que ocupará, inclusive os agravos internos e embargos de declaração.

§ 1º Haverá compensação, na Turma, na hipótese em que o montante de processos recebidos na cadeira seja inferior, na data da posse do novo Ministro, à média de processos dos 5 (cinco) Ministros com maior acervo, considerada a competência das Turmas do Tribunal.

§ 2º Na composição do saldo total de processos que caberá ao Ministro recém-empossado, observar-se-á, sempre que possível, a proporção de 2/5 (dois quintos) de recursos de revistas e 3/5 (três quintos) de agravos de instrumento.

§ 3º Se houver processos, na cadeira, nas classes processuais "agravo de instrumento" ou "recurso de revista", cujo montante seja superior à proporção mencionada no § 2º, a totalidade da compensação recairá sobre a classe processual que não atingiu a aludida proporcionalidade.

§ 4º A compensação de processos será progressiva, cabendo ao Presidente do Tribunal definir o acréscimo percentual à distribuição normal diária do Ministro recém-empossado.

ART. 107. Os Ministros permanecerão vinculados aos processos recebidos em distribuição, ainda que ocorram afastamentos temporários menores que 30 (trinta) dias, ressalvadas as hipóteses de mandado de segurança, *habeas corpus*, reclamações, dissídio coletivo, tutela provisória e de outras medidas que reclamem solução inadiável. Nesses casos, ausente o relator por mais de 3 (três) dias, o processo poderá ser redistribuído, a critério do Presidente do Tribunal, mediante posterior compensação, desde que expressamente requerida a medida pelo interessado em petição fundamentada.

§ 1º Os processos de competência das Turmas, na hipótese de o relator afastar-se temporariamente do Tribunal por período superior a 30 (trinta) dias ou definitivamente, serão atribuídos ao Desembargador convocado para substituí-lo. Cessada a convocação, o relator ou o novo Ministro titular da cadeira receberá os processos não solucionados, atribuídos ou distribuídos ao Desembargador convocado.

§ 2º Os processos de competência das Seções Especializadas serão redistribuídos no âmbito dos respectivos órgãos fracionários, desde que não haja remoção de Ministro para a cadeira vaga. O Ministro que vier a ocupar a cadeira vaga receberá, em igual número, mediante compensação, o montante de processos redistribuídos por ocasião da vacância da cadeira.

§ 3º Os processos de competência do Órgão Especial, em caso de afastamento definitivo do relator, serão atribuídos ao Ministro que o suceder. Na hipótese de afastamento temporário, o relator permanecerá vinculado a tais processos, observada, porém, a regra prevista no *caput* deste artigo.

ART. 108. O relator que se afastar definitivamente da Turma ou da Seção Especializada, por motivo de remoção, receberá no órgão para o qual se removeu os processos vinculados ao antecessor em que este ainda não após o visto.

Parágrafo único. Na hipótese de remoção de Turma, o Ministro que se removeu receberá no novo órgão, em compensação, a diferença entre o acervo processual deixado na Turma de origem, ao se remover, e o que recebeu na nova cadeira, observadas as classes processuais.

ART. 109. Se o afastamento do relator for definitivo, em decorrência de haver assumido cargo de direção do Tribunal, todos os seus processos serão atribuídos, conforme o caso, ao Desembargador ou ao Titular da cadeira que, em lugar do afastado, vier a integrar a Turma, inclusive em relação aos agravos internos e aos embargos de declaração.

Parágrafo único. Todos os processos de competência das Seções Especializadas serão atribuídos ao Titular da cadeira que, em lugar do afastado, vier a integrar a Seção Especializada, inclusive em relação aos agravos internos e aos embargos de declaração.

ART. 110. O Ministro afastado definitivamente de qualquer órgão julgador retornará ao órgão colegiado para relatar os processos em que, até a data do seu afastamento, após o visto.

SEÇÃO II
DAS DISPOSIÇÕES ESPECIAIS

ART. 111. O órgão colegiado que conhecer do processo terá jurisdição preventa para o julgamento dos recursos posteriores interpostos no mesmo processo, observada a competência.

§ 1º O processo que tramita na fase de execução será distribuído ao Ministro a quem coube a relatoria na fase de conhecimento, ou a quem o tenha substituído ou sucedido, devendo os processos tramitar conjuntamente, sempre que possível.

§ 2º Os embargos de terceiro serão distribuídos, por prevenção, ao relator do processo principal.

ART. 112. O processo já apreciado pelo Órgão Especial ou por uma das Seções Especializadas, retornando a novo exame, será distribuído ao mesmo órgão colegiado e ao mesmo relator ou redator do acórdão. Na ausência definitiva do relator ou do redator do acórdão anterior, o processo será distribuído ao novo titular que vier a integrar o órgão prevento.

Parágrafo único. O processo já apreciado por uma das Turmas será distribuído ao mesmo órgão colegiado e ao mesmo relator ou redator do acórdão. Na ausência definitiva do relator ou do redator do acórdão anterior, o processo será distribuído ao Desembargador convocado para a vaga ou ao novo titular que vier a integrar o órgão prevento.

ART. 113. Aplica-se a regra do artigo anterior à hipótese de processo no qual haja recurso submetido à apreciação do Tribunal em razão de provimento de agravo.

ART. 114. A tutela provisória será distribuída ao relator do processo principal, salvo se a medida for requerida em procedimento antecedente, hipótese em que será sorteado relator dentre os integrantes do órgão colegiado competente para o julgamento da matéria, o qual fica prevento para a ação principal.

Parágrafo único. Observar-se-á a mesma regra na hipótese de recurso em tutela provisória.

ART. 115. À distribuição dos embargos previstos no art. 262 deste Regimento não concorrerá o Ministro que já tenha atuado no processo como relator ou redigido o acórdão embargado.

ART. 116. Os embargos interpostos contra decisão de Turma serão distribuídos entre os Ministros não integrantes do colegiado prolator da decisão embargada.

ART. 117. Da distribuição da ação rescisória originária será excluído como relator, sempre que possível, Ministro que haja participado do julgamento rescindendo.

CAPÍTULO III
DO RELATOR E DO REVISOR

ART. 118. Compete ao relator:

I - submeter pedido de liminar ao órgão competente, antes de decidi-lo, desde que repute de alta relevância a matéria nele tratada. Caracterizada a urgência, concederá ou denegará a liminar, que será submetida ao referendo do órgão colegiado na primeira sessão que se seguir;

II - promover as diligências necessárias à perfeita instrução dos processos, fixando prazo para o seu cumprimento;

III - solicitar audiência do Ministério Público do Trabalho nas hipóteses previstas em lei, ou quando entender necessário;

IV - processar os incidentes de falsidade, de suspeição, de impedimento e de desconsideração da personalidade jurídica, arguidos pelos litigantes;

V - despachar os pedidos de desistência de ação ou de recurso, suscitados em processo que lhe tenha sido distribuído, salvo quando incluídos em pauta ou quando formulados após a publicação do acórdão;

VI - lavrar os acórdãos referentes às decisões proferidas nos processos em que seu voto tenha prevalecido;

VII - requisitar autos originais, quando necessário;

VIII - determinar a prática de atos processuais às autoridades judiciárias de instância inferior, nos casos previstos em lei ou neste Regimento;

IX - decidir sobre os pedidos constantes das petições vinculadas a processos de sua competência, que não se incluam nas atribuições do Presidente do Tribunal, do órgão julgador ou da respectiva Presidência;

X - decidir monocraticamente ou denegar seguimento a recurso, na forma da lei, inclusive na hipótese contemplada no § 2º do art. 896-A da CLT;

XI - indeferir liminarmente ações originárias, na forma da lei;

XII - submeter ao órgão julgador competente questão de ordem para o bom andamento dos processos;

XIII - determinar, de ofício ou a requerimento das partes, a suspensão do recurso de revista ou de embargos que tenha como objeto controvérsia idêntica à do recurso afetado como repetitivo;

XIV - encaminhar ao revisor os autos do incidente de recursos repetitivos;

XV - encaminhar a lista de impedimentos ao órgão administrativo competente, nos termos do art. 144 do CPC.

CAPÍTULO IV
DAS PAUTAS

ART. 119. A pauta de julgamento de cada órgão colegiado será organizada pelo Secretário e aprovada pelo Presidente.

§ 1º Nenhum processo poderá ser incluído em pauta sem que dele conste o visto do relator e do revisor, se houver.

§ 2º Não haverá julgamento de processo sem prévia inclusão em pauta, exceto:

I - daquele cujo julgamento for expressamente adiado para a primeira sessão seguinte;

II - quando os embargos de declaração forem apresentados em mesa pelo relator na sessão subsequente à sua conclusão;

III - do pedido de homologação de acordo formulado em processo de dissídio coletivo originário ou em grau recursal;

IV - dos incidentes de impedimento e de suspeição apresentados em mesa pelo relator.

§ 3º Os processos que versem sobre matéria idêntica ou semelhante poderão ser ordenados em pauta específica para julgamento conjunto.

ART. 120. Os processos serão incluídos em pauta, considerada a data de sua remessa à Secretaria, ressalvadas as seguintes preferências:

I - futuro afastamento temporário ou definitivo do relator, bem como posse em cargo de direção;

II - processos submetidos ao rito sumaríssimo e aqueles que tenham como parte ou terceiro juridicamente interessado pessoa com prioridade de tramitação assegurada por lei;

III - incidentes de assunção de competência e incidentes de resolução de demandas repetitivas e de julgamento de recursos repetitivos;

IV - solicitação do Ministro relator ou das partes, se devidamente justificada;

V - quando a natureza do processo exigir tramitação urgente, especificamente os dissídios coletivos, mandados de segurança, tutelas provisórias, reclamações, conflitos de competência e declaração de inconstitucionalidade de lei ou de ato do Poder Público;

VI - remoção do relator para outro órgão colegiado.

ART. 121. Para a ordenação dos processos na pauta, observar-se-á a numeração correspondente a cada classe, preferindo no lançamento o elenco do inciso III do art. 120 deste Regimento e, ainda, aqueles em que é permitida a sustentação oral.

ART. 122. A pauta de julgamento será publicada no órgão oficial com antecedência mínima de 5 (cinco) dias úteis.

§ 1º Quando o exigirem a urgência e a natureza do processo, por iniciativa do Presidente do órgão colegiado competente, e em havendo expressa concordância das partes, poderá ser dispensada a sua inclusão em pauta.

§ 2º Os processos não julgados na sessão, cujo julgamento for expressamente adiado para a primeira seguinte, permanecerão em pauta, independentemente de nova publicação, conservada a mesma ordem, com preferência sobre os demais, nas hipóteses previstas no art. 120 deste Regimento.

ART. 123. As matérias administrativas sujeitas à deliberação do Órgão Especial constarão de pauta comunicada aos Ministros, com a antecedência mínima de 5 (cinco) dias, sendo vedada a deliberação sobre outras que não aquelas reputadas urgentes ou inadiáveis.

Parágrafo único. Para deliberar sobre matérias não constantes da pauta, é necessária a autorização de pelo menos 2/3 (dois terços) dos Ministros, em votação preliminar.

ART. 124. Os processos não julgados até a última sessão de cada semestre serão retirados de pauta.

CAPÍTULO V
DAS SESSÕES

SEÇÃO I
DO FUNCIONAMENTO DOS ÓRGÃOS

ART. 125. As sessões do Tribunal Pleno, do Órgão Especial, das Seções Especializadas e das Turmas realizar-se-ão, ordinária e extraordinariamente, por convocação do Presidente do Tribunal ou das Turmas, com a presença de todos os Ministros, ressalvadas as hipóteses excepcionais de férias, licenças ou afastamentos, previamente comunicados à Presidência do respectivo colegiado e à Secretaria, para os procedimentos cabíveis.

§ 1º As sessões extraordinárias do Tribunal Pleno e do Órgão Especial serão convocadas, quando requeridas justificadamente por 10 (dez) Ministros, pelo menos, para deliberação sobre matérias relevantes, observadas as competências de cada órgão.

§ 2º As sessões de julgamento sobre estabelecimento ou alteração de súmulas e outros enunciados de jurisprudência deverão ser públicas, divulgadas com, no mínimo, 30 (trinta) dias úteis de antecedência, e deverão possibilitar a sustentação oral pelo Procurador-Geral do Trabalho, pelo Conselho Federal da Ordem dos Advogados do Brasil, pelo Advogado-Geral da União e por confederações sindicais ou entidades de classe de âmbito nacional.

§ 3º Os Ministros comparecerão na hora designada para o início da sessão e não se ausentarão antes do seu término, salvo quando autorizados.

ART. 126. As sessões do Tribunal Pleno e dos demais órgãos colegiados são públicas, salvo nos casos de segredo de justiça.

ART. 127. Nas sessões do Tribunal Pleno, do Órgão Especial e das Seções Especializadas, o Presidente terá assento ao centro da mesa, o Vice-Presidente ocupará a primeira cadeira do plenário, à direita do Presidente, o Ministro mais antigo, a da esquerda, e o Corregedor-Geral da Justiça do Trabalho, a segunda da direita, seguindo-se assim, sucessivamente, observada a ordem de antiguidade.

ART. 128. Nas sessões das Turmas, o Presidente terá assento ao centro da mesa e os demais integrantes do colegiado ocuparão os lugares na bancada pela ordem de antiguidade.

ART. 129. O Desembargador do Trabalho convocado, nas sessões das Turmas, terá assento no lugar seguinte ao do Ministro mais moderno.

ART. 130. O representante do Ministério Público do Trabalho participará das sessões, tendo assento à mesa ao lado direito do Presidente.

ART. 131. Para a complementação do *quorum* de julgamento do Órgão Especial, das Seções Especializadas e das Turmas, serão observadas as regras dos arts. 69, § 4º, 70, parágrafo único, 71, §§ 1º, 2º e 4º, e 93, VII, deste Regimento.

Parágrafo único. Se não houver número para o funcionamento do órgão, aguardar-se-á por 30 (trinta) minutos a formação do *quorum*. Decorrido esse prazo e persistindo as ausências, será encerrada a sessão, com registro em ata.

SEÇÃO II
DO PLENÁRIO ELETRÔNICO

ART. 132. Os processos de competência jurisdicional do Tribunal poderão ser, a critério do Ministro relator, submetidos a julgamento em ambiente eletrônico não presencial, por meio de sessões realizadas em Plenário Eletrônico, observadas as respectivas competências dos órgãos judicantes.

§ 1º O Presidente de cada órgão judicante poderá indicar à respectiva Secretaria Judiciária as classes processuais em que, preferencialmente, o julgamento ocorrerá em ambiente de Plenário Eletrônico, determinando que os processos sejam distribuídos com esse marcador, excetuados aqueles que, a critério do Ministro relator, serão encaminhados à pauta presencial.

§ 2º Ficam excluídos do Plenário Eletrônico os processos a serem apreciados pela Seção de Dissídios Coletivos.

ART. 133. As sessões presenciais e virtuais dos órgãos judicantes poderão ser publicadas na mesma pauta, respeitado o prazo de, no mínimo, 5 (cinco) dias úteis entre a data da sua publicação no Diário Eletrônico da Justiça do Trabalho e o início do julgamento.

§ 1º Na publicação da pauta no Diário Eletrônico da Justiça do Trabalho haverá a distinção dos processos que serão julgados em meio eletrônico daqueles que serão julgados na sessão presencial.

§ 2º Ainda que publicados os processos em pauta única, as sessões virtuais terão encerramento à 0 (zero) hora do dia útil anterior ao da sessão presencial correspondente.

§ 3º Quando a pauta for composta apenas por processos indicados a julgamento em sessão virtual, as partes serão cientificadas no Diário Eletrônico da Justiça do Trabalho sobre a data e o horário de início e de encerramento da sessão.

§ 4º As sessões virtuais serão disponibilizadas para consulta em portal específico no sítio eletrônico do Tribunal, no qual será registrada a eventual remessa do processo para julgamento presencial ou o resultado final da votação.

ART. 134. Em ambiente eletrônico próprio, denominado Plenário Eletrônico, serão lançados os votos do relator e dos demais Ministros.

§ 1º O sistema liberará automaticamente os votos dos processos encaminhados para julgamento em ambiente virtual, assegurando-se aos demais Ministros componentes do órgão judicante, no Plenário Eletrônico, o período de 7 (sete) dias corridos anteriores ao encerramento da votação previsto no art. 133, § 2º, deste Regimento, para análise e manifestação até o encerramento da sessão virtual.

§ 2º O início da sessão de julgamento definirá a composição do órgão judicante. Em caso de impedimento, suspeição ou afastamento temporário de um dos seus componentes, os processos pautados, em havendo prejuízo ao *quorum* de votação, serão remetidos automaticamente para a sessão presencial, na qual, a critério do Presidente, poderão ser retirados de pauta para eventual redistribuição na forma regimental.

§ 3º As opções de voto serão as seguintes:

I - convergente com o Ministro relator;

II - convergente com o Ministro relator, com ressalva de entendimento;

III - divergente do Ministro relator.

§ 4º Eleita qualquer das opções do parágrafo anterior, o Ministro poderá inserir em campo próprio do Plenário Eletrônico destaque pela relevância do tema, razões de divergência ou de ressalva de entendimento, quando o sistema emitirá aviso automático aos demais gabinetes componentes do órgão judicante.

§ 5º Serão automaticamente excluídos do ambiente eletrônico e remetidos à sessão presencial:

I - os processos com destaque ou pedido de vista por um ou mais integrantes do colegiado para julgamento presencial;

II - os processos com registro de voto divergente ao do Ministro relator;

III - os destacados pelo membro do Ministério Público do Trabalho até o fim do julgamento virtual;

IV - os processos pautados que tiverem pedido de sustentação oral ou preferência, desde que requerido em até 24 (vinte e quatro) horas antes do início da sessão virtual.

§ 6º Considerar-se-á que acompanhou o Ministro relator o componente que não se pronunciar no prazo previsto no § 1º, hipótese em que a decisão proferida será considerada unânime, independentemente de eventual ressalva de entendimento.

§ 7º O Ministro relator e os demais componentes poderão, a qualquer tempo, mesmo com a votação iniciada, independentemente de terem votado em meio eletrônico, remeter o processo para julgamento presencial.

§ 8º O Ministério Público, na condição de *custos legis*, terá assegurado o direito de acesso aos autos dos processos encaminhados para julgamento em meio eletrônico.

ART. 135. Na hipótese de conversão de processo publicado para julgamento em pauta virtual para julgamento presencial, os Ministros poderão renovar ou modificar seus votos.

ART. 136. O portal de acompanhamento dos julgamentos em meio eletrônico não disponibilizará os votos do relator ou razões de divergência ou convergência, exceto para o Ministério Público do Trabalho, nos processos em que não figurar como parte. Os votos somente serão tornados públicos depois de concluído seu julgamento, com a publicação do acórdão.

Parágrafo único. O sistema registrará os dados referentes ao acesso, dentre os quais o nome do Procurador do Trabalho, data e horário, que constarão da cópia que for disponibilizada.

SEÇÃO III
DAS DISPOSIÇÕES GERAIS

ART. 137. Nas sessões dos órgãos judicantes do Tribunal, os trabalhos obedecerão à seguinte ordem:

I - verificação do número de Ministros presentes;

II - exame de propostas;

III - julgamento dos processos.

ART. 138. Os processos serão submetidos a julgamento na seguinte ordem:

I - os *habeas corpus*;

II - aqueles em que houver pedido de preferência formulado por advogado até a hora prevista para o início da sessão, condicionando-se a ordem de julgamento do processo à presença, na sala de sessões, do advogado que solicitou a preferência ou de outro advogado constituído;

III - os mandados de segurança, as tutelas provisórias e as reclamações;

IV - os remanescentes de sessões anteriores;

V - os suspensos em sessão anterior em razão de vista regimental;

VI - os demais processos constantes da pauta do dia.

ART. 139. As decisões serão tomadas pela maioria simples de votos, ressalvadas as hipóteses previstas neste Regimento.

ART. 140. Na ocorrência de empate nas votações do Tribunal Pleno, do Órgão Especial e das Seções Especializadas, prevalecerá, apenas nas situações de urgência, nos termos da lei, o voto proferido pelo Presidente do Tribunal ou pelo Ministro que o estiver substituindo na Presidência da sessão.

§ 1º No caso de empate na votação, não havendo urgência, considerar-se-á julgada a questão, proclamando-se mantida a decisão recorrida.

§ 2º No julgamento de *habeas corpus* e de recursos ordinários em *habeas corpus*, proclamar-se-á, na hipótese de empate, a decisão mais favorável ao paciente.

§ 3º Se houver empate no julgamento por ausência, falta, impedimento ou suspeição de qualquer Ministro, recompor-se-á o *quorum*, nos termos deste Regimento. A persistir o empate, os autos serão remetidos ao Tribunal Pleno para novo julgamento.

ART. 141. Proclamada a decisão, não poderá ser feita apreciação ou crítica sobre a conclusão adotada.

ART. 142. A votação será iniciada com o voto do relator. Não havendo divergência, o Presidente proclamará o resultado. Se houver divergência, os votos serão colhidos, a partir do relator, em ordem decrescente de antiguidade. Esgotada essa ordem, prosseguirá a tomada de votos, a partir do mais antigo.

§ 1º O Presidente ou o Ministro que o estiver substituindo votará por último, salvo se for o relator do processo.

§ 2º Nenhum Ministro poderá se eximir de votar, salvo nas hipóteses de impedimento, de suspeição, de não ter assistido ao relatório ou participado dos debates ou, ainda, na situação, prevista no § 3º do art. 147 deste Regimento, em que o Ministro vistor não estiver habilitado a proferir voto.

ART. 143. Ao relator poderão ser solicitados esclarecimentos, sendo facultado aos advogados, mediante autorização, apresentar questão de fato relativa à controvérsia.

ART. 144. O Ministro usará o tempo que se fizer necessário para proferir seu voto, podendo retomar a palavra para retificá-lo antes da proclamação, prestar esclarecimentos ou se for nominalmente referido, sendo vedadas as interrupções e pronunciamentos sem prévia autorização do Presidente.

ART. 145. O julgamento, uma vez iniciado, será ultimado na mesma sessão, salvo se houver pedido de vista regimental, motivo relevante ou conversão do julgamento em diligência, quando necessária à decisão da causa.

§ 1º Na hipótese de conversão do julgamento em diligência, o processo será retirado da pauta, devendo, após ultimada, ser reincluído, com preferência.

§ 2º Nenhum processo poderá ficar suspenso por tempo indeterminado, salvo:

I - quando pender de decisão incidente de julgamento, relativo à matéria discutida no processo, com vista à aprovação, modificação ou revogação de súmula, de orientação jurisprudencial e de precedente normativo;

II - quando penderem de decisão as ações a que se referem as alíneas a e b do inciso I do art. 76 deste Regimento e os incidentes de recursos repetitivos, de assunção de competência, de

REGIMENTOS INTERNOS

resolução de demandas repetitivas e de superação e revisão de tese vinculante;

III - enquanto não decidida arguição sobre declaração de inconstitucionalidade de lei ou de ato normativo do Poder Público.

ART. 146. O representante do Ministério Público do Trabalho poderá usar da palavra, em sequência ao relatório, quando solicitado por algum dos Ministros ou quando entender necessária a intervenção, em cada caso, mediante autorização do Presidente.

ART. 147. Na oportunidade em que lhe caiba votar, o Ministro poderá pedir vista regimental dos autos ou vista em mesa. Sendo em mesa, o julgamento dar-se-á na mesma sessão, tão logo o Ministro que a requereu se declare habilitado a votar; em sendo regimental, ficará adiado o julgamento, salvo anterior habilitação do Ministro que a requereu, para a primeira sessão subsequente ao término do prazo de 10 (dez) dias, prorrogável por igual período, mediante pedido devidamente justificado, podendo os demais Ministros adiantar seus votos.

§ 1º O adiamento do julgamento em razão de vista regimental será registrado em certidão, bem como a data do seu prosseguimento e os votos proferidos.

§ 2º Se o processo não for devolvido tempestivamente, ou se o vistor deixar de solicitar prorrogação de prazo, o Presidente do órgão correspondente fará a requisição para julgamento na sessão subsequente, com publicação na pauta em que houver a inclusão.

§ 3º Na hipótese do § 2º, apregoado o julgamento do processo, na data aprazada, não estando o Ministro que pediu vista habilitado a votar, o Presidente do órgão correspondente convocará substituto para proferir voto, observadas as regras do art. 131 deste Regimento para a complementação do *quorum*.

§ 4º Na hipótese de mais de um pedido de vista, será concedido aos Ministros, sucessivamente, o prazo de 10 (dez) dias, prorrogável na forma estabelecida no *caput*.

§ 5º Prosseguindo o julgamento, a votação iniciará com o voto do Ministro que requereu a vista regimental ou daquele convocado para o substituir, hipótese em que, salvo quando o Ministro substituto se declarar esclarecido, observar-se-á o procedimento previsto no § 11.

§ 6º Os pedidos de vista regimental formulados por Ministros que se afastaram definitivamente do Tribunal serão desconsiderados e o julgamento prosseguirá com a repetição do voto do relator.

§ 7º O julgamento dos processos com vista regimental poderá prosseguir sem vinculação à Presidência e na ausência do relator, se este já houver votado sobre toda a matéria.

§ 8º Na ocorrência de afastamento definitivo do relator, sem que tenha sido concluído o julgamento, este continuará da fase em que se encontrar, considerados os votos já proferidos e sob a competência do Ministro que primeiro requereu a vista ou daquele convocado para o substituir.

§ 9º Não participará do julgamento já iniciado ou em prosseguimento o Ministro que não tenha assistido ao relatório ou aos debates, salvo quando se declarar esclarecido.

§ 10. Ao reiniciar o julgamento, serão computados os votos já proferidos pelos Ministros, ainda que não compareçam ou que não mais componham o órgão.

§ 11. Se, para efeito de *quorum*, for imprescindível o voto de Ministro nas condições do § 9.º, serão renovados o relatório e a sustentação oral, computando-se os votos anteriormente proferidos.

§ 12. Em caso de pedido de vista, o prazo de restituição dos autos ficará suspenso nos períodos de recesso forense e de férias coletivas.

ART. 148. No julgamento dos recursos, o mérito será examinado após ultrapassada a fase de conhecimento.

Parágrafo único. Na hipótese de mais de um recurso com preliminares distintas, a apreciação far-se-á sucessivamente na ordem de preferência ditada pela prejudicialidade, considerado cada recurso isoladamente, esgotando-se com o exame do mérito.

ART. 149. O exame das preliminares prefere ao do mérito, observando-se nos julgamentos os seguintes critérios:

I - rejeitada a preliminar, ou se a decisão quanto a ela for compatível com a apreciação do mérito, seguir-se-á o julgamento da matéria principal, pronunciando-se todos os Ministros, inclusive os vencidos na preliminar;

II - o acolhimento da preliminar, se incompatível com o exame da matéria principal, impedirá a análise do mérito;

III - vencido o relator quanto aos pressupostos extrínsecos de admissibilidade do recurso, preliminar ou prejudicial de mérito, havendo necessidade de prosseguir no julgamento das questões subsequentes, os autos lhe serão conclusos para elaboração do voto correspondente, a ser proferido em sessão subsequente.

ART. 150. Para apuração da votação, havendo várias conclusões parcialmente divergentes, os votos deverão ser somados no que coincidirem. Permanecendo a divergência, sem possibilidade de nenhuma soma, serão as questões submetidas à apreciação, duas a duas, eliminando-se, sucessivamente, as que tiverem menor votação e prevalecendo a que reunir, por último, a maioria de votos.

ART. 151. Findo o julgamento, o Presidente proclamará a decisão e, se vencido o relator, designará redator do acórdão o Ministro prolator do primeiro voto vencedor.

Parágrafo único. Considera-se vencido o voto que, não obstante tenha apontado o mesmo resultado do voto vencedor, divergiu do seu fundamento determinante, reputando-se vencedor o voto que inaugurou o fundamento prevalecente.

ART. 152. As decisões proclamadas serão consignadas em certidão, que será juntada aos autos, na qual constarão:

I - a identificação, o número do processo e o nome das partes e dos advogados que sustentaram oralmente;

II - o nome do Ministro que presidiu a sessão de julgamento;

III - o nome do representante do Ministério Público do Trabalho presente na sessão;

IV - o nome do advogado constituído presente na sessão, quando assim o requerer, ainda que não seja caso de sustentação oral;

V - o nome do relator e dos Ministros que participaram do julgamento;

VI - a suspensão do julgamento em razão de pedido de vista regimental, com registro dos votos já proferidos e designação da data prevista para o seu prosseguimento;

VII - a conclusão do julgamento com a indicação dos votos vencidos, se houver;

VIII - a designação do Ministro redator do acórdão, nos casos previstos no art. 151 deste Regimento;

IX - os impedimentos e suspeições dos Ministros para o julgamento;

X - a data da sessão.

ART. 153. Concluídos os julgamentos, o Presidente encerrará a sessão, devendo ser lavrada a respectiva ata.

Parágrafo único. Na hipótese de remanescer sem julgamento número significativo de processos, a critério do órgão julgador, deverá o seu Presidente designar outro dia para o prosseguimento da sessão, com nova publicação da pauta quando não verificadas as exceções previstas nos arts. 119, § 2º, e 122, § 2º, deste Regimento.

ART. 154. Na ata, serão consignados, resumidamente, os assuntos tratados na sessão, devendo constar:

I - dia, mês, ano e hora da abertura da sessão;

II - nome do Ministro que presidiu a sessão;

III - nomes dos Ministros presentes;

IV - nome do representante do Ministério Público do Trabalho;

V - sumária notícia dos expedientes, das propostas e das deliberações;

VI - identificação dos processos julgados, com o resultado da decisão e os votos vencidos, nomes das partes e dos advogados, se tiver havido sustentação oral.

ART. 155. A ata será assinada pelo Presidente do colegiado e arquivada na Secretaria.

SEÇÃO IV
DA PARTICIPAÇÃO DOS ADVOGADOS

ART. 156. Nas sessões de julgamento do Tribunal, os advogados, no momento em que houverem de intervir, terão acesso à tribuna.

Parágrafo único. Na sustentação oral, ou para dirigir-se ao colegiado, vestirão beca, que lhes será posta à disposição.

ART. 157. Os pedidos de preferência para os julgamentos de processos na sessão presencial deverão ser formulados pelos advogados até a hora prevista para o seu início e serão concedidos com observância da ordem de registro.

§ 1º O pregão do processo em preferência vincula-se à presença, na sala de sessões, do advogado que a requereu ou de outro advogado constituído.

§ 2º Em qualquer sessão, ainda que em prosseguimento ou não sendo o caso de sustentação oral, mas desde que munido de procuração, o advogado que acompanhar o julgamento de seu processo poderá requerer o registro de sua presença em ata.

ART. 158. Os requerimentos de preferência formulados por um mesmo advogado ou por advogados integrantes de uma mesma sociedade, nos termos do art. 272, § 1º, do CPC, em relação a mais de 3 (três) processos, poderá ser deferido de forma alternada, considerados os pedidos formulados pelos demais advogados.

ART. 159. Os pedidos de adiamento de julgamento, se dirigidos à Presidência no início da sessão, somente serão admitidos se devidamente justificados, com a concordância do relator e da parte contrária, se presente.

ART. 160. O advogado sem mandato nos autos, ou que não o apresentar no ato, não poderá proferir sustentação oral.

ART. 161. Ressalvado o disposto no art. 147, § 11, deste Regimento, a sustentação oral será feita de uma só vez, ainda que arguida matéria preliminar ou prejudicial.

§ 1º Ao proferir seu voto, o relator fará um resumo da matéria em discussão e antecipará sua conclusão, hipótese em que poderá ocorrer a desistência da sustentação, ante a antecipação do resultado. Havendo, porém, qualquer voto divergente daquele anunciado pelo relator, o Presidente voltará a facultar a palavra ao advogado desistente. Não desistindo os advogados da sustentação, o Presidente concederá a palavra a cada um dos representantes das partes, por 10 (dez) minutos, sucessivamente.

§ 2º Usará da palavra, em primeiro lugar, o advogado do recorrente; se ambas as partes o forem, o do reclamante.

§ 3º Aos litisconsortes representados por mais de um advogado, o tempo lhes será proporcionalmente distribuído, podendo haver prorrogação até o máximo de 20 (vinte) minutos, ante a relevância da matéria.

§ 4º Quando for parte o Ministério Público, seu representante poderá proferir sustentação oral após as demais partes, sendo-lhe concedido prazo igual.

§ 5º Não haverá sustentação oral em:

I - embargos de declaração;

II - conflito de competência;

III - agravo de instrumento;

IV - agravos internos previstos neste Regimento, salvo se interpostos contra decisão do relator que extinga a ação rescisória, o mandado de segurança e a reclamação ou que denegue seguimento ao recurso de revista que não demonstrar transcendência;

V - arguição de suspeição ou de impedimento;

VI - tutelas provisórias;

VII - incidentes de desconsideração da personalidade jurídica.

§ 6º O Presidente do órgão julgador cassará a palavra do advogado que, em sustentação oral, conduzir-se de maneira desrespeitosa ou, por qualquer motivo, inadequada.

SEÇÃO V
DAS DISPOSIÇÕES ESPECIAIS

ART. 162. A Subseção I da Seção Especializada em Dissídios Individuais julgará desde logo a matéria objeto de recurso de revista não conhecida pela Turma, caso conclua, no julgamento dos embargos interpostos, que aquele recurso estava corretamente fundamentado em contrariedade a súmula, a orientação jurisprudencial, a precedente normativo, a acórdão proferido pelo Supremo Tribunal Federal ou pelo Tribunal Superior do Trabalho em julgamento de recursos repetitivos, a entendimento firmado em incidente de resolução de demandas repetitivas ou de assunção de competência, a decisão do Supremo Tribunal Federal em controle concentrado de constitucionalidade e a decisão do Tribunal Pleno, do Órgão Especial ou da própria Subseção Especializada mencionada.

SEÇÃO VI
DAS SESSÕES SOLENES

ART. 163. O Tribunal Pleno reunir-se-á em sessão solene para:

I - dar posse ao Presidente, Vice-Presidente e Corregedor-Geral da Justiça do Trabalho;

II - dar posse aos Ministros do Tribunal;

III - celebrar acontecimento de alta relevância.

ART. 164. O cerimonial das sessões solenes será regulado por ato do Presidente do Tribunal.

SEÇÃO VII
DAS DECISÕES E DA SUA PUBLICAÇÃO

ART. 165. Os acórdãos serão assinados pelo relator do processo ou pelo redator designado.

Parágrafo único. Na ausência do relator ou do redator designado, assinará o acórdão o Presidente do órgão.

ART. 166. Os acórdãos da Seção Especializada em Dissídios Coletivos serão publicados na íntegra, no órgão oficial; os dos demais colegiados terão publicadas apenas a ementa e a parte dispositiva.

Parágrafo único. A republicação de acórdão somente será feita quando autorizada pelo Presidente do Tribunal ou pelo Presidente do órgão prolator da decisão.

ART. 167. Publicado o acórdão, vencido o prazo de recurso para as partes, a Secretaria encaminhará os autos à Procuradoria-Geral do Trabalho, quando for parte o Ministério Público, pessoa jurídica de direito público, Estado estrangeiro ou organismo internacional.

ART. 168. São elementos essenciais do acórdão:

I - a ementa, que, resumidamente, consignará as teses jurídicas prevalecentes no julgamento, para cada tema recursal;

II - o relatório, que conterá os nomes das partes, a identificação do caso com suma das questões controvertidas e o registro das principais ocorrências havidas no andamento do processo;

III - a fundamentação vencedora e, igualmente, o voto vencido, sendo ambos necessariamente declarados;

IV - o dispositivo.

Parágrafo único. Nos incidentes de recursos repetitivos, de assunção de competência e de resolução de demandas repetitivas, o acórdão abrangerá a análise de todos os fundamentos suscitados concernentes à tese jurídica discutida, sejam favoráveis ou contrários.

TÍTULO II
DA JURISPRUDÊNCIA

CAPÍTULO I
DA UNIFORMIZAÇÃO DA JURISPRUDÊNCIA

ART. 169. A uniformização da jurisprudência reger-se-á pelos arts. 702, I, f, 896-B e 896-C da CLT, pelos preceitos deste Regimento e, no que couber, pelos arts. 926 a 928, 947, 976 a 987 e 1.036 a 1.041 do CPC.

ART. 170. O procedimento de revisão da jurisprudência uniformizada do Tribunal, objeto de súmula, orientação jurisprudencial, precedente normativo e teses jurídicas firmadas nos incidentes de recursos repetitivos, de assunção de competência e de resolução de demandas repetitivas, observará, no que couber, o disposto no artigo anterior.

ART. 171. A revisão ou cancelamento de súmula, orientação jurisprudencial, precedente normativo e teses jurídicas firmadas nos incidentes de recursos repetitivos, de assunção de competência e de resolução de demandas repetitivas será suscitada pela Seção Especializada, ao constatar que a decisão se inclina contrariamente a:

I - súmula, orientação jurisprudencial ou precedente normativo;

II - entendimento firmado em incidentes de assunção de competência, de resolução de demandas repetitivas ou de julgamento de incidentes de recursos repetitivos.

§ 1º A revisão ou cancelamento de que cuida o *caput* também poderá ser objeto de proposta firmada por, pelo menos, 10 (dez) Ministros, ou de projeto da Comissão de Jurisprudência e Precedentes Normativos.

§ 2º Na hipótese prevista no *caput*, o Presidente deixará de proclamar o resultado e encaminhará a questão controvertida à Comissão de Jurisprudência e Precedentes Normativos para as providências de que trata o art. 60, VII, deste Regimento, após o que os autos serão remetidos ao relator para que prepare o voto e aponha o visto.

§ 3º Quando provocada, a Comissão de Jurisprudência e Precedentes Normativos emitirá parecer no prazo de 30 (trinta) dias.

§ 4º No caso da apresentação de proposta de revisão ou cancelamento de súmula, orientação jurisprudencial e precedente normativo, de que trata o § 1º, a Comissão de Jurisprudência e Precedentes Normativos emitirá parecer dentro de 30 (trinta) dias, após o que o Presidente do Tribunal determinará a inclusão da matéria em pauta para deliberação do Tribunal Pleno em igual prazo, contado da aposição do visto do relator ou recebimento do parecer ou da proposta da Comissão de Jurisprudência e Precedentes Normativos.

§ 5º A determinação de remessa à Comissão de Jurisprudência e Precedentes Normativos e ao Tribunal Pleno de que trata este artigo é irrecorrível, assegurada às partes a faculdade de sustentação oral por ocasião do julgamento.

§ 6º Será relator no Tribunal Pleno o Ministro originariamente sorteado para relatar o feito em que se processa a revisão ou o cancelamento da súmula, da orientação jurisprudencial, do precedente normativo ou da tese jurídica firmada nos incidentes de recursos repetitivos, de assunção de competência e de resolução de demandas repetitivas. Se vencido, será redator o Ministro que primeiro proferiu o voto prevalecente. Em caso de afastamento definitivo ou superior a 30 (trinta) dias, o feito será redistribuído a qualquer dos membros desse colegiado.

§ 7º As cópias da certidão referente à revisão ou cancelamento de súmula, de orientação jurisprudencial, de precedente normativo, da tese jurídica firmada nos incidentes de recursos repetitivos, de assunção de competência e de resolução de demandas repetitivas e do parecer ou do projeto da Comissão de Jurisprudência e Precedentes Normativos serão remetidas aos Ministros da Corte, tão logo incluído em pauta o processo.

§ 8º Nos casos de que trata o *caput*, como matéria preliminar, o Tribunal Pleno decidirá sobre a configuração da contrariedade, passando, caso admitida, a deliberar sobre as teses em conflito.

§ 9º Ressalvados os embargos de declaração, nas hipóteses de que trata o *caput*, a decisão do Tribunal Pleno sobre o tema é irrecorrível, cabendo à Seção Especializada, na qual foi suscitada a questão, quando do prosseguimento do julgamento, aplicar a interpretação fixada.

§ 10. A decisão do Tribunal Pleno constará de certidão, juntando-se o voto prevalecente aos autos. As cópias da certidão e do acórdão deverão ser juntadas às propostas dos Ministros ou ao projeto formulado pela Comissão de Jurisprudência e Precedentes Normativos para redação final da súmula, da orientação jurisprudencial, do precedente normativo ou da tese jurídica firmada nos incidentes de recursos repetitivos, de assunção de competência e de resolução de demandas repetitivas.

CAPÍTULO II
DAS SÚMULAS

ART. 172. Para efeito do disposto nos arts. 702, I, f, 894, II, e 896, a e b e §§ 7º e 9º, da CLT, a jurisprudência predominante do Tribunal Superior do Trabalho será consolidada em súmula ou em tese jurídica firmada nos incidentes de recursos repetitivos, de assunção de competência e de resolução de demandas repetitivas.

ART. 173. Quando se tratar de exame de constitucionalidade de lei ou de ato normativo do poder público, a edição de súmula independe da observância dos dispositivos regimentais que regem a matéria, salvo quanto à exigência relativa à tomada de decisão por maioria absoluta.

ART. 174. Da proposta de edição de súmula formulada pela Comissão de Jurisprudência e Precedentes Normativos resultará um projeto, devidamente instruído, que será encaminhado ao Presidente do Tribunal para ser submetido à apreciação do Tribunal Pleno, no prazo previsto no art. 171, § 4º, deste Regimento.

ART. 175. A proposta de edição, de revisão ou de cancelamento de súmula ou da tese jurídica firmada nos incidentes de recursos repetitivos, de assunção de competência e de resolução de demandas repetitivas firmada, por pelo menos 10 (dez) Ministros, deverá ser encaminhada à Comissão de Jurisprudência e Precedentes Normativos.

Parágrafo único. A proposta será encaminhada ao Presidente do Tribunal, que a enviará à Comissão de Jurisprudência e Precedentes Normativos para, no prazo de 30 (trinta) dias, emitir parecer fundamentado e conclusivo, que será submetido à apreciação do Tribunal Pleno, nos termos do art. 171, § 4º, deste Regimento.

ART. 176. O parecer da Comissão de Jurisprudência e Precedentes Normativos deverá conter opinião fundamentada acerca da proposta de edição, revisão ou cancelamento de súmula ou da tese jurídica firmada nos incidentes de recursos repetitivos, de assunção de competência e de resolução de demandas repetitivas. Na hipótese de acolhimento da proposta, quando for o caso, deverá sugerir o texto a ser editado, instruído com as cópias dos precedentes e da legislação pertinente.

ART. 177. O projeto de edição de súmula deverá atender ao disposto no art. 702, I, f, da CLT.

Parágrafo único. Na hipótese de matéria de relevante interesse público e já decidida por colegiado do Tribunal, qualquer dos órgãos judicantes, a Comissão de Jurisprudência e Precedentes Normativos, a Procuradoria-Geral do Trabalho, o Conselho Federal da Ordem dos Advogados do Brasil ou confederação sindical de âmbito nacional, poderão suscitar ou requerer ao Presidente do Tribunal apreciação, pelo Tribunal Pleno, de proposta de edição, revisão ou cancelamento de súmula.

CAPÍTULO III
DAS ORIENTAÇÕES JURISPRUDENCIAIS E DOS PRECEDENTES NORMATIVOS

ART. 178. Da proposta de edição, revisão ou cancelamento de orientação jurisprudencial e de precedentes normativos do Tribunal resultará projeto, que será devidamente instruído com a sugestão do texto, quando for o caso, a exposição dos motivos que o justificarem, a relação dos acórdãos que originaram os precedentes e a indicação da legislação pertinente à hipótese.

ART. 179. A proposta de edição, revisão ou cancelamento de orientação jurisprudencial e de precedente normativo segue o procedimento e os prazos dos arts. 172 a 177 deste Regimento.

ART. 180. A proposta de edição de nova orientação jurisprudencial do Órgão Especial e da Seção Especializada em Dissídios Individuais, bem como de precedentes normativos do Tribunal, deverá atender aos requisitos previstos no art. 702, I, f, da CLT.

ART. 181. Aprovada a proposta, passará a denominar-se orientação jurisprudencial ou precedente normativo, conforme o caso, com numeração própria.

ART. 182. As orientações jurisprudenciais e os precedentes normativos expressarão a jurisprudência prevalecente das respectivas Subseções, quer para os efeitos do que contém a Súmula 333 do TST, quer para o que dispõe o art. 251 deste Regimento.

CAPÍTULO IV
DA DIVULGAÇÃO DA JURISPRUDÊNCIA DO TRIBUNAL

ART. 183. A jurisprudência do Tribunal será divulgada pelas seguintes publicações:

I - Diário Eletrônico da Justiça do Trabalho;

II - Revista do Tribunal Superior do Trabalho;

III - periódicos autorizados, mediante registro;

IV - sítio do Tribunal Superior do Trabalho na rede mundial de computadores.

Parágrafo único. São repositórios autorizados para indicação de julgados perante o Tribunal os repertórios, revistas e periódicos registrados de conformidade com o ato normativo editado pela Presidência, além do sítio do Tribunal Superior do Trabalho na rede mundial de computadores.

ART. 184. As súmulas, as orientações jurisprudenciais, os precedentes normativos e as teses jurídicas firmadas nos incidentes de recursos repetitivos, de assunção de competência e de resolução de demandas repetitivas, datados e numerados, serão publicados por 3 (três) vezes consecutivas no Diário Eletrônico da Justiça do Trabalho, com a indicação dos respectivos precedentes, observado o mesmo procedimento na revisão e no cancelamento.

Parágrafo único. As súmulas, as orientações jurisprudenciais, os precedentes normativos e as teses jurídicas firmadas nos incidentes de recursos repetitivos, de assunção de competência e de resolução de demandas repetitivas cancelados ou alterados manterão a respectiva numeração, com a nota correspondente, tomando novos números as que forem editadas.

TÍTULO III
DOS ATOS PROCESSUAIS

CAPÍTULO I
DOS ATOS E FORMALIDADES

SEÇÃO I
DAS DISPOSIÇÕES GERAIS

ART. 185. Os atos processuais serão autenticados, conforme o caso, mediante a assinatura ou rubrica do Presidente, dos Ministros ou dos servidores para tal fim qualificados.

Parágrafo único. É exigida a assinatura usual nos acórdãos, na correspondência oficial e nas certidões, ressalvada a hipótese de chancela mecânica e dos procedimentos permitidos pela Lei n. 11.419/2006.

SEÇÃO II
DAS NOTIFICAÇÕES E DOS EDITAIS

ART. 186. A critério do Presidente do Tribunal, dos Presidentes das Turmas ou do relator, conforme o caso, a notificação de ordens ou decisões será feita:

I - por publicação no Diário Eletrônico da Justiça do Trabalho;

II - por servidor credenciado;

III - por via postal ou por qualquer modo eficaz de telecomunicação, com as cautelas necessárias à autenticação da mensagem e do recebimento.

Parágrafo único. Poder-se-á admitir a resposta pela forma indicada no inciso III deste artigo.

ART. 187. Da publicação do expediente de cada processo constará, além do nome das partes, o de seu advogado, com o respectivo número de inscrição na Ordem dos Advogados do Brasil - OAB, ou, se assim requerido, da sociedade de advogados registrada na OAB, nos termos do art. 272, §§ 1º e 2º, do CPC.

ART. 188. É suficiente a indicação do nome de um dos advogados, quando a parte houver constituído mais de um, ou o constituído substabelecer a outro com reserva de poderes.

Parágrafo único. As comunicações dos atos processuais serão realizadas em nome dos advogados indicados, se houver pedido expresso da parte interessada.

ART. 189. A retificação de publicação no Diário Eletrônico da Justiça do Trabalho, com efeito de intimação, decorrente de incorreções ou omissões, será providenciada pela Secretaria do órgão responsável pela publicação, mediante despacho do Presidente do Tribunal ou do Presidente de Turma, ou por deliberação do órgão julgador, conforme o caso.

ART. 190. Os editais destinados à divulgação de ato poderão conter apenas o essencial à defesa ou à resposta, observadas as normas previstas na lei processual.

ART. 191. Nas férias dos Ministros, não se interromperá a publicação de acórdãos, decisões e despachos no órgão oficial.

CAPÍTULO II
DOS PRAZOS

ART. 192. A contagem dos prazos no Tribunal será feita segundo as normas estabelecidas na lei processual, ainda que se trate de procedimento administrativo.

§ 1º O recesso forense e as férias coletivas dos Ministros suspendem os prazos recursais.

§ 2º Nos casos deste artigo, os prazos começam ou continuam a fluir no dia de reabertura do expediente forense.

ART. 193. Os prazos para os Ministros, salvo acúmulo de serviço, são os seguintes:

I - 10 (dez) dias para despachos e atos administrativos;

II - 30 (trinta) dias para as decisões interlocutórias e para o visto do relator;

III - 20 (vinte) dias para o visto do revisor;

IV - 15 (quinze) dias para lavratura de acórdão, exceto o referente às decisões normativas, em que o prazo é de 10 (dez) dias;

V - 15 (quinze) dias para justificativa de voto;

VI - 10 (dez) dias para vista regimental, nos termos do art. 147 deste Regimento.

Parágrafo único. Por deliberação do Órgão Especial, os prazos fixados neste artigo poderão ser suspensos, caracterizada situação excepcional que justifique a medida.

CAPÍTULO III
DOS DADOS ESTATÍSTICOS

ART. 194. Os dados estatísticos relativos às atividades jurisdicionais dos órgãos do Tribunal e dos Ministros serão publicados, mensalmente, no órgão oficial.

ART. 195. Da publicação da estatística deverá constar o nome dos julgadores, o número de feitos que lhes foram distribuídos ou conclusos no mês, as decisões proferidas, os processos julgados, os acórdãos lavrados, os pedidos de vista, bem como os processos pendentes de exame e de inclusão em pauta, e os processos com vista à Procuradoria-Geral do Trabalho.

CAPÍTULO IV
DAS AUDIÊNCIAS

ART. 196. As audiências para instrução de processo da competência originária do Tribunal serão públicas e realizadas nos dias e horários marcados pelo Presidente, pelo Vice-Presidente ou pelo Ministro por eles designado, ou pelo relator, presentes o Secretário-Geral Judiciário, no caso de processo de competência originária da Seção Especializada em Dissídios Coletivos, ou os Secretários das Subseções Especializadas em Dissídios Individuais, conforme o caso.

Parágrafo único. O Ministro que presidir a audiência deliberará sobre o que lhe for requerido.

ART. 197. Ninguém se retirará da sala de audiência a que haja comparecido para dela participar sem permissão do Ministro que a presidir.

ART. 198. Será lavrada ata da audiência de instrução e conciliação.

ART. 199. As audiências públicas serão realizadas nos dias e horários marcados pelo Presidente ou pelo relator, de ofício ou a requerimento, para colher informações de terceiros potencialmente atingidos pela decisão ou de especialistas na tese jurídica discutida, presente o Secretário do órgão competente, e atenderão ao seguinte procedimento:

§ 1º A audiência pública será convocada por edital, publicado na página do Tribunal na rede mundial de computadores, no Diário Eletrônico da Justiça do Trabalho, tendo, ainda, ampla divulgação em veículos de comunicação apropriados às características do público destinatário.

§ 2º O edital de convocação deverá conter o assunto da audiência, a indicação da questão específica objeto de discussão, a descrição do público destinatário do ato, a data, o local e o horário da sua realização e os critérios de inscrição e manifestação.

§ 3º A convocação deverá ocorrer com antecedência mínima de 30 (trinta) dias, salvo em situações de urgência.

§ 4º Será garantida a participação das diversas correntes de opinião em torno da questão discutida.

§ 5º O Ministério Público do Trabalho será intimado para participar da audiência.

§ 6º A audiência pública será presidida pelo Ministro relator, a quem cabe selecionar previamente as pessoas que serão ouvidas, divulgar a lista de habilitados, determinar a ordem dos trabalhos e fixar o tempo de manifestação de cada um, que deve se restringir à questão discutida, sob pena de lhe ser cassada a palavra.

§ 7º Todos os membros do órgão colegiado competente para o julgamento da causa podem participar da audiência e formular perguntas aos participantes, devendo a Secretaria respectiva dar-lhes ciência dos termos do edital de convocação por ofício específico encaminhado ao gabinete com a mesma antecedência da publicação do edital.

§ 8º A audiência pública será registrada em ata e mediante gravação de áudio e vídeo, bem como transmitida por meio da rede mundial de computadores e redes de televisão estatais, sempre que possível.

§ 9º As questões levantadas durante a audiência pública, desde que relevantes para o julgamento da causa, deverão ser examinadas pelo órgão julgador, na forma do art. 489, § 1º, do CPC.

TÍTULO IV
DOS PROCESSOS EM ESPÉCIE

CAPÍTULO I
DOS PROCESSOS SOBRE COMPETÊNCIA

Dos Conflitos de Competência e de Atribuições

ART. 200. O conflito de competência poderá ocorrer entre autoridades judiciárias; o de atribuições, entre autoridades judiciárias e administrativas.

ART. 201. Dar-se-á conflito quando:

I - 2 (duas) ou mais autoridades se declaram competentes;

II - 2 (duas) ou mais autoridades se consideram incompetentes, atribuindo uma à outra a competência;

III - houver controvérsia entre 2 (duas) ou mais autoridades sobre a reunião ou separação de processos.

Parágrafo único. A autoridade que não acolher a competência declinada deverá suscitar o conflito, salvo se a atribuir a uma outra autoridade.

ART. 202. O conflito poderá ser suscitado ao Tribunal:

I - por qualquer das autoridades conflitantes, por ofício;

II - pela parte interessada ou seus representantes legais e pelo Ministério Público do Trabalho, por petição.

Parágrafo único. O ofício e a petição serão instruídos com os documentos necessários à prova do conflito.

ART. 203. O processo de conflito será autuado e distribuído, observada a competência dos órgãos judicantes do Tribunal.

ART. 204. O relator, de ofício ou a requerimento de qualquer das partes, poderá determinar, quando positivo o conflito, o sobrestamento do processo, e, nesse caso, bem como no de conflito negativo, designará um dos órgãos para resolver, em caráter provisório, as medidas urgentes.

Parágrafo único. O relator poderá julgar de plano o conflito de competência quando sua decisão se fundar em:

I - súmula do Supremo Tribunal Federal ou do Tribunal Superior do Trabalho;

II - tese firmada em julgamento de casos repetitivos ou em incidente de assunção de competência.

ART. 205. Após a distribuição e sempre que necessário, o relator determinará a oitiva das autoridades em conflito, no prazo de 10 (dez) dias.

ART. 206. Prestadas ou não as informações, o relator, se for o caso, dará vista do processo ao Ministério Público do Trabalho e, após, apresentá-lo-á em mesa para julgamento.

ART. 207. Proferida, a decisão será comunicada, imediatamente, às autoridades em conflito, devendo prosseguir o feito no Juízo, Tribunal ou órgão competente.

Parágrafo único. No caso de conflito positivo, o Presidente do órgão fracionário ou do Tribunal que o julgar poderá determinar o cumprimento, de imediato, da decisão, lavrando-se o acórdão posteriormente.

ART. 208. Salvo embargos de declaração, da decisão que resolver o conflito não caberá recurso, nem poderá a matéria ser renovada na discussão da causa principal.

ART. 209. Nos casos de conflito que envolva órgãos fracionários dos tribunais, Desembargadores e Juízes, bem como nos casos de conflito de atribuições entre autoridade judiciária e autoridade administrativa, proceder-se-á, no que couber, na forma estabelecida neste Capítulo.

CAPÍTULO II
DAS AÇÕES ORIGINÁRIAS

SEÇÃO I
DA RECLAMAÇÃO

ART. 210. Caberá reclamação para:

I - preservar a competência do Tribunal;

II - garantir a autoridade das decisões do Tribunal;

III - garantir a observância de acórdão proferido em incidentes de assunção de competência, de resolução de demandas repetitivas e de julgamento de recursos repetitivos.

§ 1º Estão legitimados para a reclamação a parte interessada ou o Ministério Público do Trabalho.

§ 2º A reclamação será processada e julgada pelo órgão colegiado cuja competência se busca preservar ou cuja autoridade se pretende garantir.

§ 3º Oficiará no feito o Ministério Público do Trabalho, como custos legis, salvo se figurar como reclamante.

ART. 211. A reclamação, dirigida ao Presidente do Tribunal e instruída com prova documental, será autuada e distribuída, sempre que possível, ao relator da causa principal, observando-se, no que couber, as disposições deste Regimento.

ART. 212. É inadmissível a reclamação proposta:

I – após o trânsito em julgado da decisão reclamada;

II – em face de decisão monocrática de Ministro ou colegiada do Tribunal, pelo seu Pleno ou órgão fracionário.

ART. 213. Ao despachar a inicial, incumbe ao relator:

I - requisitar informações da autoridade a quem for atribuída a prática do ato impugnado, para que as apresente no prazo de 10 (dez) dias úteis;

II - ordenar liminarmente, se houver risco de dano irreparável, a suspensão do processo ou do ato impugnado;

III - determinar a citação do beneficiário da decisão impugnada, que terá prazo de 15 (quinze) dias úteis para apresentar contestação.

Parágrafo único. Decorridos os prazos para informações e oferecimento de contestação pelo beneficiário do ato impugnado, o Ministério Público terá vista dos autos por 5 (cinco) dias, salvo se figurar como reclamante.

ART. 214. À reclamação poderá opor-se, fundamentadamente, qualquer interessado.

§ 1º É obrigatória a intimação da parte interessada da decisão de indeferimento liminar da reclamação.

§ 2º O relator arbitrará o valor das custas, bem como os ônus da sucumbência.

§ 3º Os valores decorrentes da sucumbência serão processados nos autos da reclamação.

ART. 215. Julgada procedente a reclamação, o Tribunal cassará a decisão exorbitante de seu julgado ou determinará medida adequada à preservação da sua competência.

ART. 216. O Presidente do órgão julgador competente determinará o cumprimento imediato da decisão, lavrando-se o acórdão posteriormente.

Parágrafo único. Caberá ao Ministro relator determinar a adoção das medidas indutivas, coercitivas, mandamentais ou sub-rogatórias necessárias para assegurar o cumprimento da decisão.

ART. 217. Dos acórdãos proferidos pelos Tribunais Regionais do Trabalho, em reclamação, caberá recurso ordinário, a ser distribuído no âmbito do órgão fracionário competente para o julgamento do recurso cabível para o Tribunal Superior do Trabalho no processo principal.

SEÇÃO II
DO *HABEAS CORPUS*

ART. 218. Impetrado o *habeas corpus*, o relator requisitará informações do apontado coator, no prazo que fixar, podendo, ainda:

I - nomear advogado para acompanhar e defender oralmente o pedido, se o impetrante não for bacharel em Direito;

II - ordenar diligências necessárias à instrução do pedido;

III - se convier ouvir o paciente, determinar sua apresentação à sessão de julgamento;

IV - no *habeas corpus* preventivo, expedir salvo-conduto em favor do paciente, até decisão do feito, se houver grave risco de se consumar a violência.

ART. 219. Instruído o processo e ouvido o Ministério Público, o relator o submeterá a julgamento na primeira sessão da Subseção II da Seção Especializada em Dissídios Individuais, independentemente de pauta.

Parágrafo único. Opondo-se o paciente, não se conhecerá do pedido.

ART. 220. A decisão concessiva de *habeas corpus* será imediatamente comunicada às autoridades a quem couber cumpri-la, sem prejuízo da remessa de cópia do acórdão.

Parágrafo único. A comunicação, mediante ofício ou qualquer outro meio idôneo, bem como o salvo-conduto, em caso de ameaça de violência ou coação, serão firmados pelo relator.

ART. 221. A autoridade administrativa prisional, o escrivão, o oficial de justiça ou a autoridade judiciária, policial ou militar que embaraçar ou procrastinar o encaminhamento do pedido de *habeas corpus*, ou as informações sobre a causa da violência, coação ou ameaça, serão multados na forma da legislação processual vigente, sem prejuízo de outras sanções penais ou administrativas.

ART. 222. O Presidente do Tribunal expedirá mandado contra a autoridade administrativa prisional e oficiará ao Ministério Público, para que promova a ação penal, no caso de desobediência ou retardamento abusivo no cumprimento da ordem de *habeas corpus*.

Parágrafo único. Na hipótese deste artigo, o Presidente do Tribunal adotará as providências necessárias ao cumprimento da decisão, com emprego dos meios legais cabíveis.

ART. 223. Quando o pedido for incabível, ou for manifesta a incompetência do Tribunal para dele conhecer originariamente, ou for reiteração de outro com os mesmos fundamentos, o relator o indeferirá liminarmente.

SEÇÃO III
DO MANDADO DE SEGURANÇA

ART. 224. Cabe mandado de segurança contra ato do Presidente ou de qualquer dos membros ou órgãos da Corte, observadas para o julgamento as regras referentes à competência dos órgãos judicantes do Tribunal.

ART. 225. O mandado de segurança coletivo pode ser impetrado por organização sindical, entidade de classe ou associação legalmente constituída e em funcionamento há, pelo menos, 1 (um) ano, em defesa de direitos líquidos e certos da totalidade ou de parte dos seus membros ou associados, na forma dos seus estatutos e desde que pertinentes às suas finalidades, dispensada, para tanto, autorização especial.

Parágrafo único. Os direitos protegidos pelo mandado de segurança coletivo podem ser:

I - coletivos, assim entendidos os transindividuais, de natureza indivisível, de que seja titular grupo ou categoria de pessoas ligadas entre si ou com a parte contrária por uma relação jurídica básica;

II - individuais homogêneos, assim entendidos os decorrentes de origem comum e da atividade ou situação específica da totalidade ou de parte dos membros ou associados do impetrante.

ART. 226. No mandado de segurança coletivo, a decisão fará coisa julgada limitadamente aos membros do grupo ou categoria substituídos pelo impetrante.

§ 1º O mandado de segurança coletivo não induz litispendência para as ações individuais, mas os efeitos da coisa julgada não beneficiarão o impetrante a título individual se não requerer a desistência de seu mandado de segurança no prazo de 30 (trinta) dias a contar da ciência comprovada da impetração da segurança coletiva.

§ 2º No mandado de segurança coletivo, a liminar só poderá ser concedida após a audiência do representante judicial da pessoa jurídica de direito público, que deverá se pronunciar no prazo de 72 (setenta e duas) horas, salvo em casos de manifesta urgência.

ART. 227. O mandado de segurança, de competência originária do Tribunal, terá seu processo iniciado por petição, que preencherá os requisitos legais, inclusive a necessidade de autenticação dos documentos que instruem a ação mandamental, sendo facultada ao advogado a declaração de autenticidade dos referidos documentos, sob sua responsabilidade pessoal, na forma do art. 830 da CLT, devendo conter, ainda, a indicação precisa da autoridade a quem se atribua o ato impugnado.

§ 1º Afirmado pelo requerente que o documento necessário à prova de suas alegações se encontra em órgão ou estabelecimento público ou em poder de autoridade que lhe recuse certidão, ele solicitará ao relator que seja requisitada, por ofício, a exibição do documento, em original ou cópia autenticada, no prazo de 5 (cinco) dias úteis. Se a autoridade indicada pelo requerente for a coatora, far-se-á a requisição no próprio instrumento da intimação.

§ 2º Para os fins deste artigo, em se tratando de documento eletrônico, serão observadas as regras que disciplinam o processo eletrônico na Justiça do Trabalho.

ART. 228. Em caso de urgência, é permitido, observados os requisitos legais, impetrar mandado de segurança por telegrama, radiograma, fax ou outro meio eletrônico de autenticidade comprovada.

§ 1º Poderá o juiz, em caso de urgência, notificar a autoridade por telegrama, radiograma ou outro meio que assegure a autenticidade do documento e a imediata ciência pela autoridade.

§ 2º O texto original da petição deverá ser apresentado nos 5 (cinco) dias úteis seguintes.

§ 3º Para os fins deste artigo, em se tratando de documento eletrônico, serão observadas as regras que disciplinam o processo eletrônico na Justiça do Trabalho.

ART. 229. Distribuído o feito na forma regimental, o relator mandará ouvir a autoridade dita coatora, mediante ofício acompanhado da segunda via da petição, instruída com as cópias dos documentos, a fim de que preste informações no prazo legal.

§ 1º A petição inicial poderá, de plano, ser indeferida pelo relator, quando não for a hipótese de mandado de segurança, ou quando não atendidos os requisitos do art. 227 deste Regimento, devendo os autos ser remetidos ao Juízo competente, se manifesta a incompetência do Tribunal, dispensadas as informações da autoridade dita coatora.

§ 2º Salvo nos casos vedados em lei, o relator poderá ordenar a suspensão liminar do ato que deu motivo ao pedido, quando for relevante o fundamento e do ato impugnado puder resultar a ineficácia da medida, caso seja deferida.

§ 3º Deferida a medida liminar, o processo terá prioridade para julgamento.

§ 4º Da decisão do relator que conceder ou denegar a medida liminar caberá agravo interno ao órgão colegiado competente do Tribunal do qual o magistrado seja integrante.

§ 5º Se, por ação ou omissão, o beneficiário da liminar der causa à procrastinação do julgamento do pedido, poderá o relator revogar a medida.

ART. 230. Transcorrido o prazo legal para as informações, o relator determinará a remessa dos autos à Procuradoria-Geral do Trabalho, que opinará, dentro do prazo improrrogável de 10 (dez) dias.

Parágrafo único. Com ou sem o parecer do Ministério Público, os autos serão conclusos ao relator para a instrução do processo, se necessária, e para que este o encaminhe para inclusão na próxima pauta de julgamento ou, quando a matéria for objeto de jurisprudência consolidada do Tribunal, julgue monocraticamente o pedido.

ART. 231. A concessão ou a denegação da segurança, na vigência da medida liminar, será imediatamente comunicada, por intermédio da Secretaria do órgão julgador, à autoridade apontada como coatora e à pessoa jurídica interessada, mediante ofício ou pelo correio, através de correspondência com aviso de recebimento.

Parágrafo único. Em caso de urgência, poderá ser observado o disposto no art. 228 deste Regimento.

SEÇÃO IV
DO MANDADO DE INJUNÇÃO E DO *HABEAS DATA*

ART. 232. No mandado de injunção e no *habeas data*, serão observadas as normas da legislação de regência e, de forma supletiva e subsidiária, a Lei n. 12.016/ 2009 e o Código de Processo Civil.

SEÇÃO V
DA AÇÃO RESCISÓRIA

ART. 233. Caberá ação rescisória dos acórdãos prolatados pelo Tribunal, no prazo e nas hipóteses previstas na legislação processual aplicável, observadas, para o julgamento, as regras alusivas à competência dos órgãos judicantes da Corte.

§ 1º A ação rescisória está sujeita ao depósito prévio equivalente a 20% (vinte por cento) do valor da causa, importância que se converterá em multa em favor do réu, caso a ação seja, por unanimidade de votos, declarada inadmissível ou improcedente.

§ 2º Não se aplica o disposto no parágrafo anterior ao autor que tenha feito prova de miserabilidade jurídica e à União, aos Estados, ao Distrito Federal, aos Municípios, às suas respectivas autarquias e fundações de direito público, ao Ministério Público e à Defensoria Pública.

ART. 234. A ação rescisória terá início por petição, preenchidos os requisitos da legislação processual compatíveis com o processo do trabalho.

Parágrafo único. Registrada e autuada, a ação rescisória será distribuída, mediante sorteio, a um relator, dentre os Ministros integrantes do órgão julgador competente.

ART. 235. A petição inicial será indeferida pelo relator, se não preenchidas as exigências legais e não suprida a irregularidade.

ART. 236. Nas ações rescisórias que dispensem a fase instrutória, o relator também poderá, independentemente da citação do réu, julgar liminarmente improcedente o pedido se verificar, desde logo, a ocorrência de decadência ou se concluir configurada contrariedade a:

I - enunciado de súmula do Supremo Tribunal Federal ou do Tribunal Superior do Trabalho (art. 927, IV, do CPC);

II - acórdão proferido pelo Supremo Tribunal Federal ou pelo Tribunal Superior do Trabalho em julgamento de recursos repetitivos (art. 896-B da CLT e art. 927, III, do CPC);

III - entendimento firmado em incidentes de assunção de competência, de resolução de demandas repetitivas e de recursos repetitivos;

IV - enunciado de súmula de Tribunal Regional do Trabalho sobre direito local, convenção coletiva de trabalho, acordo coletivo de trabalho, sentença normativa ou regulamento empresarial de observância obrigatória em área territorial que não exceda à jurisdição do respectivo Tribunal.

ART. 237. Compete ao relator, se a petição preencher os requisitos legais:

I - ordenar as citações e intimações requeridas;

II - receber ou rejeitar, in limine, a petição inicial e as exceções opostas e designar audiência especial para produção de provas, se requeridas ou se lhe parecerem necessárias, ou delegar a competência para a colheita de provas ao órgão que proferiu a decisão rescindenda ou a juiz ou a membro de outro tribunal do local onde estas devam ser produzidas, fixando prazo de 1 (um) a 3 (três) meses para a devolução dos autos;

III - submeter a julgamento em mesa as questões incidentes e as exceções opostas, quando regularmente processadas;

IV - dar vista ao Ministério Público do Trabalho, sempre que couber, depois das alegações finais das partes.

Parágrafo único. Reconhecida a incompetência do Tribunal para julgar a ação rescisória, o autor será intimado para emendar a petição inicial, a fim de adequar o objeto da ação, nos casos previstos nos incisos I e II do § 5º do art. 968 do CPC, com a complementação, pelo réu, dos fundamentos de defesa e a remessa dos autos ao Tribunal competente, nos termos do § 6º do art. 968 do CPC.

ART. 238. Feita a citação, o réu, no prazo assinalado pelo relator, que não poderá ser inferior a 15 (quinze) nem superior a 30 (trinta) dias, apresentará a contestação.

ART. 239. Ultimada a fase probatória, permanecerão os autos na Secretaria, para apresentação de razões finais, tendo as partes, sucessivamente, o prazo de 10 (dez) dias úteis.

Parágrafo único. Findo esse prazo e oficiado, quando cabível, o Ministério Público do Trabalho, serão os autos conclusos ao relator.

SEÇÃO VI
DOS DISSÍDIOS COLETIVOS

ART. 240. Frustrada, total ou parcialmente, a autocomposição dos interesses coletivos em negociação promovida diretamente pelos interessados ou mediante intermediação administrativa do órgão competente do Ministério do Trabalho, poderá ser ajuizada a ação de dissídio coletivo ou solicitada a mediação do Tribunal Superior do Trabalho.

§ 1º Na impossibilidade real de encerramento da negociação coletiva em curso antes do termo final a que se refere o art. 616, § 3º, da CLT, a entidade interessada poderá formular protesto judicial em petição escrita, dirigida ao Presidente do Tribunal, a fim de preservar a data-base da categoria.

§ 2º Deferida a medida prevista no item anterior, a representação coletiva será ajuizada no prazo máximo de 30 (trinta) dias úteis, contados da intimação, sob pena de perda da eficácia do protesto.

§ 3º O pedido de mediação do Tribunal, formulado antes da instauração do dissídio coletivo, será dirigido à Vice-Presidência, que marcará audiência para composição voluntária do conflito.

ART. 241. Os dissídios coletivos podem ser:

I - de natureza econômica, para a instituição de normas e condições de trabalho;

II - de natureza jurídica, para interpretação de cláusulas de sentenças normativas, de instrumentos de negociação coletiva, acordos e convenções coletivas, de disposições legais particulares de categoria profissional ou econômica e de atos normativos;

III - originários, quando inexistentes ou em vigor normas e condições especiais de trabalho, decretadas em sentença normativa;

IV - de revisão, quando destinados a reavaliar normas e condições coletivas de trabalho preexistentes que se tornarem injustas ou ineficazes pela modificação das circunstâncias que as ditaram;

V - de declaração sobre a paralisação do trabalho decorrente de greve.

ART. 242. Para julgamento, o processo será incluído em pauta preferencial, se for caso de urgência, sobretudo na ocorrência ou iminência de paralisação do trabalho.

Parágrafo único. Na hipótese de greve em serviços ou atividades essenciais, poderá o Presidente do Tribunal, justificando a urgência, dispensar a inclusão do processo em pauta, convocar sessão para julgamento do dissídio coletivo, notificando as partes, por meio de seus patronos, e cientificando o Ministério Público, tudo com antecedência de, pelo menos, 12 (doze) horas.

ART. 243. Requerida a homologação de acordo em processo de dissídio coletivo, antes ou depois do julgamento, da apresentação de recursos ou da publicação do acórdão, adotar-se-á o seguinte procedimento:

I - o pedido de homologação de acordo será apreciado pelo relator originário ou pelo redator designado para lavrar o acórdão do julgamento já realizado, se for o caso;

II - o processo será redistribuído a um dos membros do colegiado, se ausente, por qualquer motivo, o relator;

III - o pedido de homologação de acordo será apreciado, independentemente de publicação de pauta, cabendo ao relator apresentar os autos em mesa, na primeira sessão ordinária subsequente à formulação do pedido, ou em sessão extraordinária designada para esse fim, sendo de igual modo dispensada a prévia inclusão em pauta, quando o pedido ingressar antes do julgamento do recurso ordinário.

ART. 244. O acordo judicial homologado no processo de dissídio coletivo, abrangendo a totalidade ou parte das pretensões, tem força de decisão irrecorrível para as partes.

CAPÍTULO III
DOS RECURSOS

SEÇÃO I
DO RECURSO ORDINÁRIO

ART. 245. Cabe recurso ordinário para o Tribunal das decisões definitivas proferidas pelos Tribunais Regionais do Trabalho em processos de sua competência originária, no prazo legal, contado da publicação do acórdão ou de sua conclusão no órgão oficial.

Parágrafo único. O recurso é cabível em:

I - Ação anulatória;

II - Ação para obtenção de tutela provisória em caráter antecedente;

III - Ação declaratória;

IV - Agravo interno;

V - Ação rescisória;

VI - Dissídio coletivo;

VII - *Habeas corpus*;

VIII - *Habeas data*;

IX - Mandado de segurança;

X - Reclamação.

SEÇÃO II
DA TRANSCENDÊNCIA

ART. 246. As normas relativas ao exame da transcendência dos recursos de revista, previstas no art. 896-A da CLT, somente incidirão naqueles interpostos contra decisões proferidas pelos Tribunais Regionais do Trabalho publicadas a partir de 11.11.2017, data da vigência da Lei n. 13.467/2017.

ART. 247. A aplicação do art. 896-A da CLT, que trata da transcendência do recurso de revista, observará o disposto neste Regimento, devendo o Tribunal Superior do Trabalho, no recurso de revista, examinar previamente de ofício, se a causa oferece transcendência com relação aos reflexos gerais de natureza econômica, política, social ou jurídica.

§ 1º São indicadores de transcendência, entre outros:

I - econômica, o elevado valor da causa;

II - política, o desrespeito da instância recorrida à jurisprudência sumulada do Tribunal Superior do Trabalho ou do Supremo Tribunal Federal;

III - social, a postulação, por reclamante-recorrente, de direito social constitucionalmente assegurado;

IV - jurídica, a existência de questão nova em torno da interpretação da legislação trabalhista.

§ 2º Poderá o relator, monocraticamente, denegar seguimento ao recurso de revista que não demonstrar transcendência.

§ 3º Caberá agravo apenas das decisões em que não reconhecida a transcendência pelo relator, sendo facultada a sustentação oral ao recorrente, durante 5 (cinco) minutos em sessão, e ao recorrido, apenas no caso de divergência entre os componentes da Turma quanto à transcendência da matéria.

§ 4º Mantido o voto do relator quanto ao não reconhecimento da transcendência do recurso, será lavrado acórdão com fundamentação sucinta, que constituirá decisão irrecorrível no âmbito do Tribunal.

§ 5º O juízo de admissibilidade do recurso de revista exercido pela Presidência dos Tribunais Regionais do Trabalho limita-se à análise dos pressupostos intrínsecos e extrínsecos do apelo, não abrangendo o critério da transcendência das questões nele veiculadas.

ART. 248. É irrecorrível a decisão monocrática do relator que, em agravo de instrumento em recurso de revista, considerar ausente a transcendência da matéria.

ART. 249. O Tribunal Superior do Trabalho organizará banco de dados em que constarão os temas a respeito dos quais houver sido reconhecida a transcendência.

SEÇÃO III
DO RECURSO DE REVISTA

ART. 250. O recurso de revista, interposto na forma da lei, é apresentado no Tribunal Regional do Trabalho e tem seu cabimento examinado em decisão fundamentada pelo Presidente do Tribunal de origem, ou pelo Desembargador designado para esse fim, conforme o Regimento Interno do Tribunal Regional do Trabalho.

Parágrafo único. São fontes oficiais de publicação dos julgados o Diário Eletrônico da Justiça do Trabalho, a Revista do Tribunal Superior do Trabalho, as revistas publicadas pelos Tribunais Regionais do Trabalho, os sítios do Tribunal Superior do Trabalho e dos Tribunais Regionais do Trabalho na rede mundial de computadores e os repositórios autorizados a publicar a jurisprudência trabalhista.

ART. 251. Distribuído o recurso ou provido o respectivo agravo de instrumento, o relator poderá:

I - não conhecer do recurso de revista inadmissível, prejudicado ou daquele que não tiver impugnado especificamente todos os fundamentos da decisão recorrida, inclusive nas hipóteses do art. 896, §§ 1º-A e 14, da CLT;

II - negar provimento ao recurso de revista que for contrário a tese fixada em julgamento de recurso repetitivo ou de repercussão geral, a entendimento firmado em incidente de assunção de competência ou de resolução de demandas repetitivas, a súmula vinculante do Supremo Tribunal Federal, a súmula ou orientação jurisprudencial do Tribunal Superior do Trabalho ou, ainda, a jurisprudência dominante sobre o tema;

III - dar provimento ao recurso de revista se o acórdão recorrido for contrário a tese fixada em julgamento de recursos repetitivos ou de repercussão geral, a entendimento firmado em incidente de assunção de competência ou de resolução de demandas repetitivas, a súmula vinculante do Supremo Tribunal Federal, a súmula ou orientação jurisprudencial do Tribunal Superior do Trabalho ou, ainda, a jurisprudência dominante sobre o tema.

SEÇÃO IV
DO AGRAVO DE INSTRUMENTO

ART. 252. O agravo de instrumento interposto contra decisão denegatória de recurso de competência desta Corte será autuado e distribuído, observada a competência dos órgãos do Tribunal, aplicando-se, quanto à tramitação e julgamento, as disposições inscritas nesta Seção.

ART. 253. A dispensa de depósito recursal a que se refere o § 8º do art. 899 da CLT não será aplicável aos casos em que o agravo de instrumento se refira a uma parcela da condenação, pelo menos, que não seja objeto de arguição de contrariedade a súmula ou a orientação jurisprudencial do Tribunal Superior do Trabalho.

ART. 254. Admitido apenas parcialmente o recurso de revista, constitui ônus da parte impugnar, mediante agravo de instrumento em recurso de revista, o capítulo denegatório da decisão, sob pena de preclusão.

§ 1º Se houver omissão no juízo de admissibilidade do recurso de revista quanto a um ou mais temas, é ônus da parte interpor embargos de declaração para o órgão prolator da decisão embargada supri-la (art. 1.024, § 2º, do CPC), sob pena de preclusão.

§ 2º Incorre em nulidade a decisão regional que se abstiver de exercer controle de admissibilidade sobre qualquer tema objeto de recurso de revista, não obstante interpostos embargos de declaração (art. 93, inciso IX, da Constituição da República/88 e art. 489, § 1º, do CPC).

§ 3º No caso do parágrafo anterior, sem prejuízo da nulidade, a recusa do Presidente do Tribunal Regional do Trabalho a emitir juízo de admissibilidade sobre qualquer tema equivale a decisão denegatória. É ônus da parte, assim, após a intimação da decisão dos embargos de declaração, impugná-la mediante agravo de instrumento em recurso de revista (art. 896, § 12, da CLT), sob pena de preclusão.

ART. 255. Distribuído o agravo de instrumento, o relator poderá:

I - nos casos de que trata o artigo anterior e se constatar a existência de omissão não suprida pelo Presidente do Tribunal Regional do Trabalho de origem, apesar da interposição, pelo agravante, dos embargos de declaração, determinar, por decisão irrecorrível, a restituição do agravo de instrumento em recurso de revista ao órgão judicante de origem para que este complemente o juízo de admissibilidade;

II - não conhecer do agravo de instrumento inadmissível, prejudicado ou daquele que não tenha impugnado especificamente todos os fundamentos da decisão recorrida;

III - conhecer do agravo de instrumento para:

a) negar-lhe provimento em caso de recurso de revista inadmissível, prejudicado ou em que não tenha havido impugnação específica de todos os fundamentos da decisão recorrida, inclusive nas hipóteses do art. 896, § 1º-A, da CLT;

b) negar-lhe provimento nos casos em que o recurso for contrário a tese fixada em julgamento de recursos repetitivos ou de repercussão geral, a entendimento firmado em incidente de assunção de competência ou de demandas repetitivas, a súmula vinculante do Supremo Tribunal Federal ou a súmula ou orientação jurisprudencial do Tribunal Superior do Trabalho ou, ainda, a jurisprudência dominante acerca do tema;

c) dar-lhe provimento nos casos em que o recurso impugnar acórdão contrário a tese fixada em julgamento de casos repetitivos ou de repercussão geral, a entendimento firmado em incidente de assunção de competência ou de demandas repetitivas, a súmula vinculante do Supremo Tribunal Federal ou a súmula ou orientação jurisprudencial do Tribunal Superior do Trabalho ou, ainda, a jurisprudência dominante acerca do tema, determinando a sua autuação como recurso ordinário ou recurso de revista, observando-se, daí em diante, os procedimentos respectivos.

Parágrafo único. No caso de ser provido o agravo de instrumento, mas ficando vencido o relator, será designado redator do acórdão e relator do recurso de revista o Ministro prolator do primeiro voto vencedor no julgamento do agravo de instrumento.

ART. 256. Se o agravo de instrumento que tramita conjuntamente com recurso de revista for provido, a Secretaria providenciará a publicação da respectiva certidão de julgamento, para efeito de intimação das partes, em que constará que os recursos de revista serão apreciados na primeira sessão ordinária subsequente à data da publicação, após a devida reautuação.

Parágrafo único. Ultimado o julgamento, o relator ou o redator designado lavrará um único acórdão, que também contemplará os fundamentos que ensejaram o provimento do agravo de instrumento em recurso de revista, fluindo o prazo recursal a partir da publicação da aludida decisão.

ART. 257. Interposto apenas agravo de instrumento, se lhe for dado provimento, observar-se-á o procedimento do artigo anterior e seu parágrafo único.

§ 1º O processo, nesta hipótese, será reautuado como recurso de revista ou recurso ordinário, mantida a numeração dada ao agravo de instrumento.

§ 2º Não sendo conhecido ou desprovido o agravo de instrumento, será lavrado o respectivo acórdão.

CAPÍTULO IV
DOS RECURSOS DAS DECISÕES PROFERIDAS NO TRIBUNAL

SEÇÃO I
DOS EMBARGOS PARA A SUBSEÇÃO I DA SEÇÃO ESPECIALIZADA EM DISSÍDIOS INDIVIDUAIS

ART. 258. Cabem embargos das decisões das Turmas do Tribunal que divergirem entre si ou das decisões proferidas pela Subseção I da Seção Especializada em Dissídios Individuais, ou contrárias a súmula, a orientação jurisprudencial ou a precedente normativo do Tribunal Superior do Trabalho ou súmula vinculante do Supremo Tribunal Federal, no prazo de 8 (oito) dias úteis, contados de sua publicação, na forma da lei.

Parágrafo único. Além dos casos já previstos na jurisprudência sumulada do Tribunal, também cabem embargos das decisões de suas Turmas proferidas em agravos internos e agravos de instrumento que contrariarem precedentes obrigatórios firmados em julgamento de incidentes de assunção de competência ou de incidentes de recursos repetitivos.

ART. 259. O recorrente provará a divergência com certidão, cópia ou citação de repositório oficial ou credenciado de jurisprudência, inclusive em mídia eletrônica, em que foi publicado o acórdão divergente, ou com a reprodução de julgado disponível na rede mundial de computadores, indicando a respectiva fonte, e mencionará as circunstâncias que identificam ou assemelham os casos confrontados.

Parágrafo único. A divergência apta a ensejar os embargos deve ser atual, não se considerando tal a ultrapassada por súmula, orientação jurisprudencial ou precedente normativo do Tribunal Superior do Trabalho ou por súmula do Supremo Tribunal Federal, ou superada por iterativa e notória jurisprudência do Tribunal Superior do Trabalho.

ART. 260. Compete ao Presidente da Turma exercer o juízo de admissibilidade dos embargos à Subseção I da Seção Especializada em Dissídios Individuais previsto no art. 93, VIII, deste Regimento.

ART. 261. Incumbe ao Ministro relator:

I - denegar seguimento aos embargos:

a) se a decisão recorrida estiver em consonância com tese fixada em julgamento de casos repetitivos ou de repercussão geral, com entendimento firmado em incidente de assunção de competência, súmula, orientação jurisprudencial ou precedente normativo do Tribunal Superior do Trabalho ou súmula do Supremo Tribunal Federal, ou com iterativa, notória e atual jurisprudência do Tribunal Superior do Trabalho, cumprindo-lhe indicá-la;

b) nas hipóteses de intempestividade, deserção, irregularidade de representação ou de ausência de qualquer outro pressuposto extrínseco de admissibilidade, se o recorrente, após ser intimado para sanar o vício ou complementar a documentação exigível, na forma da legislação aplicável, não o fizer no prazo concedido para tanto.

II - dar provimento aos embargos, se a decisão recorrida estiver contrária à tese fixada em julgamento de casos repetitivos ou de repercussão geral, com entendimento firmado em incidente de assunção de competência, súmula, orientação jurisprudencial ou precedente normativo do Tribunal Superior do Trabalho ou súmula vinculante do Supremo Tribunal Federal, ou com iterativa, notória e atual jurisprudência do Tribunal Superior do Trabalho, cumprindo-lhe indicá-la.

Parágrafo único. Da decisão denegatória dos embargos caberá agravo interno, no prazo de 8 (oito) dias úteis.

SEÇÃO II
DOS EMBARGOS INFRINGENTES

ART. 262. Cabem embargos infringentes das decisões não unânimes proferidas pela Seção Especializada em Dissídios Coletivos, no prazo de 8 (oito) dias úteis, contados da publicação do acórdão no Órgão Oficial, nos processos de Dissídios Coletivos de competência originária do Tribunal.

Parágrafo único. Os embargos infringentes serão restritos à cláusula em que há divergência, e, se esta for parcial, ao objeto da divergência.

ART. 263. Registrado o protocolo na petição a ser encaminhada à Secretaria do órgão julgador competente, esta juntará o recurso aos autos respectivos e abrirá vista à parte contrária, para impugnação, no prazo legal. Transcorrido o prazo, o processo será remetido à unidade competente, para ser imediatamente distribuído.

ART. 264. Não atendidas as exigências legais relativas ao cabimento dos embargos infringentes, o relator denegará seguimento ao recurso, facultada à parte a interposição de agravo interno.

SEÇÃO III
DO AGRAVO INTERNO

ART. 265. Cabe agravo interno contra decisão dos Presidentes do Tribunal e das Turmas, do Vice-Presidente, do Corregedor-Geral da Justiça do Trabalho ou de relator, nos termos da legislação processual, no prazo de 8 (oito) dias úteis, pela parte que se considerar prejudicada.

Parágrafo único. Ressalvam-se os casos em que haja recurso próprio ou decisão de caráter irrecorrível, nos termos do Regimento ou da lei.

ART. 266. O agravo interno será concluso ao prolator da decisão monocrática, que, após intimar o agravado para manifestar-se sobre o recurso no prazo de 8 (oito) dias úteis, poderá reconsiderá-lo ou determinar sua inclusão em pauta visando apreciação do Colegiado competente para o julgamento da ação ou do recurso em que exarada a decisão, com exceção daquele interposto contra a decisão do Presidente de Turma que denegar seguimento a embargos à Subseção I da Seção Especializada em Dissídios Individuais, que será diretamente distribuído entre os demais integrantes desta Subseção.

§ 1º Os agravos internos contra ato ou decisão do Presidente do Tribunal, do Vice-Presidente e do Corregedor-Geral da Justiça do Trabalho, desde que interpostos no período do respectivo mandato, serão por eles relatados. Os agravos internos interpostos após o término da investidura no cargo do prolator do ato ou decisão serão conclusos ao Ministro sucessor.

§ 2º Os agravos internos interpostos contra decisão monocrática do relator, na hipótese de seu afastamento temporário ou definitivo, serão conclusos, em relação aos processos de Turmas, ao Desembargador convocado ou ao Ministro nomeado para a vaga, conforme o caso, e, nos processos das Seções Especializadas, ao Ministro que ocupar a vaga, ou redistribuídos na forma dos §§ 1º e 2º do art. 107 deste Regimento.

§ 3º Os agravos internos interpostos contra decisão monocrática do Presidente do Tribunal, proferida durante o período de recesso forense e férias coletivas, serão julgados pelo relator do processo principal, salvo nos casos de competência específica da Presidência da Corte.

§ 4º Se o Ministro relator for vencido no resultado do agravo interno ou quanto ao fundamento determinante da decisão, mesmo que prevalecente o resultado, será designado redator do acórdão o Ministro prolator do primeiro voto vencedor, a quem devem ser redistribuídos os embargos, promovendo-se a compensação.

§ 5º Quando o agravo interno for declarado manifestamente inadmissível ou improcedente em votação unânime, o órgão colegiado, em decisão fundamentada, condenará o agravante a pagar ao agravado multa fixada entre 1 e 5% (um e cinco por cento) do valor atualizado da causa.

§ 6º A interposição de qualquer outro recurso está condicionada ao depósito prévio do valor da multa prevista no parágrafo anterior, à exceção da Fazenda Pública e do beneficiário da gratuidade da justiça, que farão o pagamento ao final.

SEÇÃO IV
DO PEDIDO DE CONCESSÃO DE EFEITO SUSPENSIVO

ART. 267. O recurso interposto de decisão normativa da Justiça do Trabalho terá efeito suspensivo, na medida e extensão conferidas em decisão do Presidente do Tribunal Superior do Trabalho.

ART. 268. O pedido de concessão de efeito suspensivo a recurso em matéria normativa deverá ser instruído com as seguintes peças: decisão normativa recorrida; petição de recurso ordinário, prova de sua tempestividade e respectiva decisão de admissibilidade; guia de recolhimento de custas, se houver; procuração conferindo poderes ao subscritor da medida e outras que o requerente reputar úteis para o exame da solicitação.

SEÇÃO V
DOS EMBARGOS DE DECLARAÇÃO

ART. 269. Contra quaisquer decisões judiciais proferidas no âmbito do Tribunal, monocráticas ou colegiadas, poderão ser interpostos embargos de declaração, no prazo de 5 (cinco) dias úteis, contados da sua publicação, nos casos previstos na legislação processual.

Parágrafo único. Em se tratando de embargos de declaração interpostos contra decisão monocrática, caberá ao prolator da decisão ou ao Ministro competente para o exame do feito apreciá-los também monocraticamente, ou recebê-los como agravo, se entender pertinente, conforme o caso.

ART. 270. Registrado o protocolo na petição e após sua juntada, os autos serão conclusos ao julgador que proferiu a decisão monocrática ou ao redator do acórdão embargado, ressalvadas as situações previstas nos arts. 106 a 109 deste Regimento.

Parágrafo único. Não sendo possível a aplicação de nenhuma das regras previstas nos arts. 106 a 109 deste Regimento, adotar-se-á critério de competência para a distribuição dos embargos de declaração ao Desembargador convocado, na hipótese dos processos das Turmas, ou ao Ministro que tenha ocupado a vaga do antigo relator, nas Turmas e nas Subseções, e, como último critério, distribuir-se-á o processo entre os integrantes do órgão.

ART. 271. Nos embargos de declaração, eventual efeito modificativo somente poderá ocorrer em virtude da correção de vício na decisão embargada e desde que ouvida previamente a parte contrária, no prazo de 5 (cinco) dias úteis.

ART. 272. Os embargos de declaração interpostos contra decisão colegiada serão incluídos em pauta, ressalvada a hipótese prevista no art. 119, § 2º, II, deste Regimento.

ART. 273. Os embargos de declaração interrompem o prazo para interposição de outros recursos, por qualquer das partes, salvo quando intempestivos, irregular a representação da parte ou ausente a sua assinatura.

Parágrafo único. Nos casos de irregularidade de representação da parte em procuração ou substabelecimento já constante dos autos, ou de total ausência de assinatura da petição dos embargos de declaração, o órgão julgador ou relator, antes de considerar inadmissível ou não conhecer do recurso, concederá prazo de 5 (cinco) dias úteis para que seja sanado o vício.

TÍTULO V
DAS OUTRAS ESPÉCIES DE PROCESSOS

CAPÍTULO I
DO INCIDENTE DE ARGUIÇÃO DE INCONSTITUCIONALIDADE DE LEI OU DE ATO NORMATIVO DO PODER PÚBLICO

ART. 274. A arguição de inconstitucionalidade de lei ou de ato do Poder Público, em controle difuso, poderá ser suscitada pelo relator, por qualquer Ministro ou a requerimento do Ministério Público, no curso do julgamento do processo nos órgãos judicantes da Corte, após concluído o relatório.

ART. 275. Suscitada a inconstitucionalidade e ouvidos o Ministério Público do Trabalho e as partes, será submetida à apreciação do colegiado em que tramita o feito, salvo quando já houver pronunciamento do Tribunal Pleno ou do próprio Supremo Tribunal Federal sobre a questão.

§ 1º Rejeitada a arguição, prosseguirá o julgamento.

§ 2º Acolhida a arguição suscitada perante o Tribunal Pleno, a matéria será submetida de imediato à apreciação.

§ 3º Acolhida a arguição suscitada nos demais órgãos judicantes da Corte, os autos serão remetidos ao Tribunal Pleno.

ART. 276. A decisão que declara imprescindível o pronunciamento do Tribunal Pleno sobre a inconstitucionalidade de lei, de disposição nela contida ou de ato normativo do Poder Público é irrecorrível.

ART. 277. O incidente será distribuído por prevenção ao mesmo relator originário, devendo os autos ser oportunamente encaminhados ao Presidente do Tribunal para designar a sessão de julgamento.

§ 1º O relator mandará ouvir o Procurador-Geral do Trabalho, no prazo de 15 (quinze) dias úteis, bem como, se for o caso, determinará a notificação da pessoa jurídica de direito público responsável pela edição do ato questionado para que se manifeste, em igual prazo.

§ 2º O Tribunal Superior do Trabalho dará publicidade à instauração do incidente de arguição de inconstitucionalidade, a fim de permitir eventual intervenção dos legitimados referidos no art. 103 da Constituição da República, ou de outros órgãos ou entidades, na condição de amicus curiae, mediante sua inclusão no Banco Nacional de Jurisprudência Uniformizada (BANJUR), disponível na rede mundial de computadores.

§ 3º As intervenções previstas no § 2º serão permitidas dentro do período de 30 (trinta) dias úteis, contados da publicação da decisão de que trata o artigo anterior, a qual deverá indicar a lei ou o ato normativo objeto do incidente e a possibilidade de intervenção.

§ 4º A manifestação dos outros órgãos e entidades de que tratam os parágrafos anteriores poderá ser admitida pelo relator, considerando a relevância da matéria e a representatividade dos postulantes, por decisão irrecorrível.

ART. 278. Os procedimentos relativos à remessa do processo ao Tribunal Pleno, à distribuição e ao julgamento da arguição de inconstitucionalidade são regulados pelas normas gerais estabelecidas a respeito neste Regimento.

ART. 279. A decisão declaratória de inconstitucionalidade de lei ou de ato do Poder Público, observadas as exigências regimentais, motivará a edição de súmula e será observada tanto no acórdão do órgão julgador originário que julgar o processo no qual o incidente foi suscitado quanto em todos os demais feitos em trâmite no Tribunal que envolvam a mesma questão de direito, nos termos do art. 927, V, do CPC.

CAPÍTULO II
DO INCIDENTE DE RECURSOS REPETITIVOS

ART. 280. As normas do Código de Processo Civil relativas ao julgamento dos recursos extraordinário e especial repetitivos aplicam-se, no que couber, aos recursos repetitivos (arts. 894, II, e 896 da CLT).

ART. 281. Havendo multiplicidade de recursos de revista ou de embargos para a Subseção I da Seção Especializada em Dissídios Individuais fundados em idêntica questão de direito, a questão poderá ser afetada a essa Subseção ou ao Tribunal Pleno, por decisão da maioria simples de seus membros, mediante requerimento de um dos Ministros que a compõem, considerando a relevância da matéria ou a existência de entendimentos divergentes entre os Ministros dessa Subseção ou das Turmas do Tribunal.

§ 1º O requerimento fundamentado de um dos Ministros da Subseção I da Seção Especializada em Dissídios Individuais de afetação da questão a ser julgada em incidente de recursos repetitivos deverá indicar um ou mais recursos de revista ou de embargos representativos da controvérsia e ser formulado por escrito diretamente ao Presidente da Subseção I da Seção Especializada em Dissídios Individuais ou, oralmente, em questão preliminar suscitada quando do julgamento de processo incluído na pauta de julgamentos da Subseção.

§ 2º De forma concorrente, quando a Turma do Tribunal Superior do Trabalho entender necessária a adoção do procedimento de julgamento de recursos repetitivos, seu Presidente deverá submeter ao Presidente da Subseção I da Seção Especializada em Dissídios Individuais a proposta de afetação do recurso de revista, para os efeitos dos arts. 896-B e 896-C da CLT e deste Regimento.

§ 3º O Presidente da Subseção submeterá a proposta de afetação ao colegiado, se formulada por escrito, no prazo máximo de 30 (trinta) dias de seu recebimento, ou de imediato, se suscitada em questão preliminar quando do julgamento de determinado processo pela Subseção I da Seção Especializada em Dissídios Individuais, após o que:

I - acolhida a proposta, por maioria simples, o colegiado decidirá em seguida se a questão será analisada pela própria Subseção I da Seção Especializada em Dissídios Individuais ou pelo Tribunal Pleno, salvo quando se tratar de matéria disciplinada em súmula ou orientação jurisprudencial, caso em que o incidente será necessariamente afetado ao Tribunal Pleno;

II - acolhida a proposta, a desistência da ação ou do recurso não impedirá a análise da questão objeto de julgamento de recursos repetitivos;

III - na hipótese do inciso I, o processo será autuado e distribuído a relator e a revisor do órgão jurisdicional correspondente, para sua tramitação nos termos do art. 896-C da CLT, não concorrendo a sorteio, quando possível, os Ministros que, previamente, tenham recebido processo da mesma classe;

IV - rejeitada a proposta, se for o caso, os autos serão devolvidos ao órgão julgador respectivo, para que o julgamento do recurso prossiga regularmente.

§ 4º Não será admitida sustentação oral versando, de forma específica, sobre a proposta de afetação.

§ 5º A critério do Presidente da Subseção, as propostas de afetação formuladas por escrito por um dos Ministros da Subseção I da Seção Especializada em Dissídios Individuais ou pelo Presidente de Turma do Tribunal Superior do Trabalho poderão ser apreciadas pela Subseção I da Seção Especializada em Dissídios Individuais por meio eletrônico, nos termos e para os efeitos do § 3º, I, deste artigo, do que serão as partes cientificadas pelo Diário da Justiça.

§ 6º Caso surja alguma divergência entre os integrantes do colegiado durante o julgamento eletrônico, este ficará imediatamente suspenso, devendo a proposta de afetação ser apreciada em sessão presencial.

ART. 282. O Presidente da Subseção de Dissídios Individuais I, ao afetar processo para julgamento sob o rito dos recursos repetitivos, deverá expedir comunicação aos demais Presidentes de Turma, que poderão afetar outros processos sobre a questão para julgamento conjunto, a fim de conferir ao órgão julgador visão global da questão.

ART. 283. Somente poderão ser afetados recursos representativos da controvérsia que sejam admissíveis e que, a critério do relator do incidente de julgamento dos recursos repetitivos, contenham abrangente argumentação e discussão a respeito da questão a ser decidida.

Parágrafo único. O relator desse incidente não fica vinculado às propostas de afetação de que trata o artigo anterior, podendo recusá-las por desatenderem aos requisitos previstos no *caput* e, ainda, selecionar outros recursos representativos da controvérsia.

ART. 284. Selecionados os recursos, o relator, na Subseção Especializada em Dissídios Individuais ou no Tribunal Pleno, constatada a presença do pressuposto do *caput* do art. 896-C da CLT, proferirá decisão de afetação, sempre fundamentada, na qual:

I - identificará com precisão a questão a ser submetida a julgamento;

II - poderá determinar a suspensão dos recursos de revista ou de embargos de que trata o § 5º do art. 896-C da CLT;

III - poderá solicitar aos Tribunais Regionais do Trabalho informações a respeito da controvérsia, a serem prestadas no prazo de 15 (quinze) dias, e requisitar aos Presidentes ou Vice-Presidentes dos Tribunais Regionais do Trabalho a remessa de até 2 (dois) recursos de revista representativos da controvérsia;

IV - concederá o prazo de 15 (quinze) dias para a manifestação escrita das pessoas, órgãos ou entidades interessados na controvérsia, que poderão ser admitidos como amici curiae;

V - informará aos demais Ministros sobre a decisão de afetação;

VI - poderá conceder vista ao Ministério Público e às partes, nos termos e para os efeitos do § 9º do art. 896-C da CLT.

ART. 285. O Presidente do Tribunal Superior do Trabalho oficiará os Presidentes dos Tribunais Regionais do Trabalho, com cópia da decisão de afetação, para que suspendam os recursos de revista interpostos em casos idênticos aos afetados como recursos repetitivos e ainda não encaminhados a este Tribunal, bem como os recursos ordinários interpostos contra as sentenças proferidas em casos idênticos aos afetados como recursos repetitivos, até o pronunciamento definitivo do Tribunal Superior do Trabalho.

ART. 286. Caberá ainda ao Presidente do Tribunal de origem, caso receba a requisição de que trata o inciso III do art. 284 deste Regimento, admitir até 2 (dois) recursos representativos da controvérsia, os quais serão encaminhados ao Tribunal Superior do Trabalho.

ART. 287. Se, após receber os recursos de revista selecionados pelo Presidente ou Vice-Presidente do Tribunal Regional do Trabalho, não se proceder à sua afetação, o relator, no Tribunal Superior do Trabalho, comunicará o fato ao Presidente ou Vice-Presidente que os houver enviado, para que seja revogada a decisão de suspensão referida no art. 896-C, § 4º, da CLT.

ART. 288. As partes deverão ser intimadas da decisão de suspensão de seu processo, a ser proferida pelo respectivo relator.

§ 1º A parte poderá requerer o prosseguimento de seu processo se demonstrar a intempestividade do recurso nele interposto ou a existência de distinção entre a questão de direito a ser decidida no seu processo e aquela a ser julgada sob o rito dos recursos repetitivos.

§ 2º O requerimento a que se refere o § 1º será dirigido:

I - ao juiz, se o processo sobrestado estiver em primeiro grau;

II - ao relator, se o processo sobrestado estiver no tribunal de origem;

III - ao relator do acórdão recorrido, se for sobrestado recurso de revista no tribunal de origem;

IV - ao relator do recurso de revista ou de embargos cujo processamento houver sido sobrestado no Tribunal Superior do Trabalho.

§ 3º A outra parte deverá ser ouvida sobre o requerimento, no prazo de 5 (cinco) dias.

§ 4º Reconhecida a distinção no caso:

I - dos incisos I, II e IV do § 2º, o próprio juiz ou relator dará prosseguimento ao processo;

II - do inciso III do § 2º, o relator comunicará a decisão ao Presidente ou ao Vice-Presidente do Tribunal Regional do Trabalho que houver determinado o sobrestamento, para que este dê normal prosseguimento ao processo.

§ 5º A decisão que resolver o requerimento a que se refere o § 1º é irrecorrível de imediato, nos termos do art. 893, § 1º, da CLT.

ART. 289. Para instruir o procedimento, pode o relator fixar data para, em audiência pública, ouvir depoimentos de pessoas com experiência e conhecimento na matéria, sempre que entender necessário o esclarecimento de questões ou circunstâncias de fato subjacentes à controvérsia objeto do incidente de recursos repetitivos.

§ 1º O relator poderá também admitir, tanto na audiência pública quanto no curso do procedimento, a manifestação, como amici curiae, de pessoas, órgãos ou entidades com interesse na controvérsia, considerando a relevância da matéria e assegurando o contraditório e a isonomia de tratamento.

§ 2º A manifestação de que trata o § 1º somente será admitida até a inclusão do processo em pauta.

ART. 290. Os recursos afetados deverão ser julgados no prazo de 1 (um) ano e terão preferência sobre os demais feitos.

§ 1º Na hipótese de não ocorrer o julgamento no prazo de 1 (um) ano a contar da publicação da decisão de que trata o art. 284 deste Regimento, cessam automaticamente, em todo o território nacional, a afetação e a suspensão dos processos, que retomarão seu curso normal.

§ 2º Ocorrendo a hipótese do § 1º, é permitida, nos termos e para os efeitos do art. 281 deste Regimento e do art. 896-C da CLT, a formulação de outra proposta de afetação de processos representativos da controvérsia para instauração e julgamento de recursos repetitivos, a ser apreciada e decidida pela Subseção I da Seção Especializada em Dissídios Individuais deste Tribunal.

ART. 291. O conteúdo do acórdão paradigma abrangerá a análise de todos os fundamentos da tese jurídica discutida, favoráveis ou contrários.

§ 1º É vedado ao órgão colegiado decidir, para os fins do art. 896-C da CLT, questão não delimitada na decisão de afetação.

§ 2º Quando os recursos afetados em processos já distribuídos no âmbito deste Tribunal contiverem outras questões além daquela que é objeto da afetação, caberá ao órgão jurisdicional competente para julgamento do incidente decidir esta, após o que o processo deverá retornar ao órgão de origem para apreciação das demais matérias.

ART. 292. Decidido o recurso representativo da controvérsia, os órgãos jurisdicionais respectivos declararão prejudicados os demais recursos versando sobre idêntica controvérsia ou os decidirão, aplicando a tese firmada.

Parágrafo único. Quando os recursos requisitados do Tribunal Regional do Trabalho contiverem outras questões além daquela que é objeto da afetação, caberá ao órgão jurisdicional competente para julgamento do incidente decidir esta, após o que o processo deverá ser distribuído na forma regimental, para julgamento das demais matérias pela Turma.

ART. 293. Publicado o acórdão proferido em incidente de recurso repetitivo:

I - o Presidente ou Vice-Presidente do Tribunal de origem negará seguimento aos recursos de revista sobrestados na origem, se o acórdão recorrido coincidir com a orientação do Tribunal Superior do Trabalho;

II - o órgão que proferiu o acórdão recorrido, na origem, reexaminará o processo de sua competência originária ou o recurso anteriormente julgado, na hipótese de o acórdão recorrido contrariar a orientação do Tribunal Superior do Trabalho;

III - os processos porventura suspensos em primeiro e segundo graus de jurisdição retomarão o curso para julgamento e aplicação da tese firmada pelo Tribunal Superior do Trabalho.

ART. 294. Para fundamentar a decisão de manutenção do entendimento, o órgão que proferiu o acórdão recorrido deverá demonstrar a existência de distinção, por se tratar de caso particularizado por hipótese fática distinta ou questão jurídica não examinada, a impor solução diversa.

§ 1º Na hipótese de que trata o *caput*, o recurso de revista será submetido a novo exame de sua admissibilidade pelo Presidente ou Vice-Presidente do Tribunal Regional, retomando o processo o seu curso normal.

§ 2º Realizado o juízo de retratação, com alteração do acórdão divergente, o tribunal de origem, se for o caso, decidirá as demais questões ainda não decididas, cujo exame se tornou necessário em decorrência da alteração.

§ 3º Quando for alterado o acórdão divergente na forma do § 1º e o recurso anteriormente interposto versar sobre outras questões, o Presidente ou Vice-Presidente do Tribunal Regional, independentemente de ratificação do recurso, procederá a novo juízo de admissibilidade, retomando o processo o seu curso normal.

ART. 295. A parte poderá desistir da ação em curso no primeiro grau de jurisdição, antes de proferida a sentença, se a questão nela discutida for idêntica à resolvida pelo recurso representativo da controvérsia.

§ 1º Se a desistência ocorrer antes de oferecida a defesa, a parte, se for o caso, ficará dispensada do pagamento de custas e de honorários de advogado.

§ 2º A desistência apresentada nos termos do *caput* independe de consentimento da parte contrária, ainda que apresentada defesa.

ART. 296. Caberá revisão da decisão firmada em julgamento de recursos repetitivos quando se alterar a situação econômica, social ou jurídica, caso em que será respeitada a segurança jurídica das relações firmadas sob a égide da decisão anterior, podendo o Tribunal Superior do Trabalho modular os efeitos da decisão que a tenha alterado.

ART. 297. Caso a questão afetada e julgada sob o rito dos recursos repetitivos também contenha questão constitucional, a decisão proferida pelo Tribunal Pleno não obstará o conhecimento de eventuais recursos extraordinários sobre a questão constitucional.

CAPÍTULO III
DO INCIDENTE DE ASSUNÇÃO DE COMPETÊNCIA

ART. 298. Quando o julgamento dos embargos à Subseção I da Seção Especializada em Dissídios Individuais envolver relevante questão de direito, com grande repercussão social, sem repetição em múltiplos processos, mas a respeito da qual seja conveniente a prevenção ou a composição de divergência entre as turmas ou os demais órgãos fracionários do Tribunal Superior do Trabalho, poderá a Subseção I da Seção Especializada em Dissídios Individuais, por iniciativa de um de seus membros e após a aprovação da maioria de seus integrantes, afetar o seu julgamento ao Tribunal Pleno.

§ 1º Aplica-se a este incidente, no que couber, o que este Regimento e os arts. 896-B e 896-C da CLT dispõem sobre o incidente de julgamento de recursos repetitivos.

§ 2º O Tribunal Pleno julgará os embargos se reconhecer interesse público na assunção de competência.

§ 3º O acórdão proferido em assunção de competência vinculará todos os juízes e tribunais, exceto se houver revisão de tese.

CAPÍTULO IV
DO INCIDENTE DE SUPERAÇÃO E REVISÃO DOS PRECEDENTES FIRMADOS EM JULGAMENTO DE RECURSOS REPETITIVOS, DE ASSUNÇÃO DE COMPETÊNCIA E DE DEMANDAS REPETITIVAS

ART. 299. O incidente de superação e revisão dos precedentes firmados por meio da sistemática de recursos repetitivos, de assunção de competência e de resolução de demandas repetitivas terá lugar sempre que os Ministros da Corte entenderem que a tese vinculante já não reflete mais a adequada compreensão do fenômeno jurídico subjacente, tendo em vista razões de ordem social, econômica e política, bem como por alteração do parâmetro constitucional ou legal em vigor na data de sua instauração.

ART. 300. O incidente de que trata este capítulo não poderá ser instaurado em prazo inferior a 1 (um) ano, a contar da publicação da decisão que firmou o precedente vinculante, salvo

REGIMENTOS INTERNOS

alteração na Constituição da República ou na lei que torne inadequado o entendimento firmado pelo Tribunal Superior do Trabalho.

ART. 301. A instauração do incidente de superação ou de revisão de precedentes vinculantes no âmbito do Tribunal Superior do Trabalho poderá ser suscitada, de forma escrita, por qualquer de seus Ministros, ou por provocação do Procurador-Geral do Trabalho, do Conselho Federal da OAB ou do Defensor Público-Geral da União, em requerimento dirigido ao Presidente do Tribunal, que o submeterá à deliberação na Subseção I da Seção Especializada em Dissídios Individuais no prazo de 30 (trinta) dias, a contar do seu recebimento.

§ 1º Instaurado o incidente, pelo voto de 2/3 (dois terços) dos membros da Subseção I da Seção Especializada em Dissídios Individuais, o colegiado deliberará, na mesma sessão, por maioria simples, acerca do deslocamento da competência para apreciação do feito no Tribunal Pleno ou de sua manutenção naquela Subseção.

§ 2º É obrigatório o deslocamento do feito ao Tribunal Pleno, por aplicação analógica do art. 72 deste Regimento, quando a tese a ser apreciada tiver sido firmada em Plenário ou quando a proposta de mudança do entendimento vinculante tiver por consequência a alteração, a revogação ou a criação de súmula de jurisprudência uniforme do Tribunal Superior do Trabalho.

ART. 302. Inclinando-se qualquer das Turmas a decidir em sentido contrário ao entendimento firmado por meio da sistemática de recursos repetitivos, de assunção de competência e de resolução de demandas repetitivas, o seu Presidente suspenderá a proclamação do resultado do julgamento e encaminhará o processo à Subseção I da Seção Especializada em Dissídios Individuais para deliberação acerca da instauração do incidente de que trata este capítulo.

§ 1º O Presidente da Subseção I da Seção Especializada em Dissídios Individuais submeterá à deliberação daquele colegiado a proposta de instauração do incidente no prazo de que trata o art. 301 deste Regimento.

§ 2º Instaurado o incidente, pelo voto de 2/3 (dois terços) dos membros da Subseção I da Seção Especializada em Dissídios Individuais, o colegiado deliberará, na mesma sessão, por maioria simples, acerca do deslocamento da competência para apreciação do feito no Tribunal Pleno ou de sua manutenção naquela Subseção, observado o disposto no § 2º do art. 301 deste Regimento.

§ 3º Não cabe a instauração do procedimento previsto neste capítulo na hipótese de distinção entre o precedente vinculante e o caso concreto, hipótese na qual o relator deverá declinar os fundamentos de fato e de direito que tornam o precedente inaplicável, sendo a questão apreciada pelo próprio colegiado competente, como preliminar de mérito, por ocasião do julgamento do processo.

§ 4º Rejeitado o fundamento da distinção, mas mantido o voto do relator, adotar-se-á o procedimento previsto no *caput*, caso o colegiado se incline no sentido da tese dissidente.

§ 5º Na hipótese do § 4º, não tendo transcorrido o prazo de que tratam os arts. 300 e 304 deste Regimento, o Presidente do colegiado não suspenderá o julgamento do feito, proclamando o resultado com a tese dissidente, seguindo-se o curso normal de tramitação do processo pela via recursal.

ART. 303. Deliberada a instauração do incidente e definido o órgão competente para sua apreciação, observar-se-á o rito previsto nos Capítulos II, III e IV do Título V do Livro II deste Regimento, naquilo que for cabível.

ART. 304. A negativa de instauração do incidente de superação e revisão de tese vinculante ou a reafirmação da tese jurídica firmada pela Subseção I da Seção Especializada em Dissídios Individuais ou pelo Tribunal Pleno vincula os órgãos julgadores à aplicação do precedente ao caso paradigma e aos demais processos eventualmente afetados por ocasião de sua instauração, bem como inibe a deflagração de novo incidente sobre o mesmo tema, nos termos e pelo prazo contido no art. 300 deste Regimento.

CAPÍTULO V
DO INCIDENTE DE RESOLUÇÃO DE DEMANDAS REPETITIVAS

ART. 305. Será cabível o incidente de resolução de demandas repetitivas, nos termos da legislação processual aplicável, com relação às causas de sua competência originária e recursal ordinária.

§ 1º Aplicam-se ao Processo do Trabalho as normas dos arts. 976 a 986 do CPC que regem o incidente de resolução de demandas repetitivas e, no que couber, o que dispõem este Regimento e os arts. 896-B e 896-C da CLT sobre o incidente de julgamento de recursos repetitivos.

§ 2º O incidente será distribuído por prevenção ao Ministro relator do processo de competência originária do Tribunal do qual se originou ou, caso não integre o órgão competente para julgamento do incidente, por sorteio entre os seus membros efetivos.

§ 3º Admitido o incidente, o relator poderá suspender o julgamento dos processos pendentes, individuais ou coletivos que tramitam, no tocante ao tema objeto de incidente de resolução de demandas repetitivas, sem prejuízo da instrução integral das causas e do julgamento dos eventuais pedidos distintos e cumulativos igualmente deduzidos em tais processos, inclusive, se for o caso, do julgamento antecipado parcial do mérito.

§ 4º Apreciado o mérito do recurso, a tese jurídica adotada pelo Tribunal Superior do Trabalho será aplicada no território nacional a todos os processos, individuais ou coletivos, que versem sobre idêntica questão de direito.

ART. 306. Poderá o Presidente do Tribunal Superior do Trabalho, a requerimento do Ministério Público do Trabalho ou das partes de incidente de resolução de demandas repetitivas instaurado em determinada Região, considerando razões de segurança jurídica ou de excepcional interesse social, suspender, em decisão fundamentada, todos os processos individuais ou coletivos em curso no território nacional que versem sobre a questão objeto do incidente.

§ 1º A parte de processo em curso em localidade de competência territorial diversa daquela em que tramita o incidente de resolução de demandas repetitivas deverá comprovar a inadmissão do incidente no Tribunal com jurisdição sobre o estado ou região em que tramite a sua demanda.

§ 2º O Presidente poderá ouvir, no prazo de 5 (cinco) dias, o relator do incidente no Tribunal de origem e o Ministério Público do Trabalho.

§ 3º Nos casos de existência de multiplicidade de incidentes de resolução de demandas repetitivas sobre a mesma questão de direito controvertida, o Presidente do Tribunal Superior do Trabalho, em decisão fundamentada, na qual indicará qual deles é o mais representativo da controvérsia, determinará a suspensão dos demais até a decisão definitiva do incidente que tiver prosseguimento.

§ 4º A suspensão vigorará até o trânsito em julgado da decisão proferida no incidente de resolução de demandas repetitivas.

§ 5º Da decisão que conceder ou denegar a suspensão, caberá agravo interno sem efeito suspensivo, no prazo de 8 (oito) dias úteis, que será relatado pelo Presidente, na primeira sessão do Órgão Especial seguinte à sua interposição.

ART. 307. É cabível a instauração de incidente de superação e revisão de precedentes firmados em julgamento de demandas repetitivas, ocasião em que a deliberação para a instauração do feito será tomada pelo voto de 2/3 (dois terços) dos membros do colegiado do Tribunal Superior do Trabalho em que o precedente vinculante tiver sido firmado, após o que é obrigatório o deslocamento da competência para a apreciação do seu mérito pelo Tribunal Pleno, seguindo-se os trâmites dispostos neste capítulo e, supletivamente, nos Capítulos II, III e IV do Título V do Livro II deste Regimento, naquilo que for cabível.

CAPÍTULO VI
DOS DEMAIS PROCESSOS INCIDENTES

SEÇÃO I
DA SUSPENSÃO DE SEGURANÇA

ART. 308. O Presidente do Tribunal, na forma da lei, a requerimento do Ministério Público do Trabalho ou da pessoa jurídica de direito público interessada, e para evitar grave lesão à ordem, à saúde, à segurança e à economia públicas, pode suspender, por decisão fundamentada, a execução de liminar ou de decisão concessiva de mandado de segurança, proferida em última instância pelos Tribunais Regionais do Trabalho.

§ 1º O Presidente, se necessário, poderá ouvir o impetrante, em 5 (cinco) dias úteis, e o Ministério Público do Trabalho, quando não for o requerente, em igual prazo.

§ 2º Da decisão que conceder ou denegar a suspensão, caberá agravo interno sem efeito suspensivo, no prazo de 8 (oito) dias úteis, que será relatado pelo Presidente, na primeira sessão do Órgão Especial seguinte à sua interposição.

§ 3º A suspensão de segurança, nos casos de ações movidas contra o Poder Público, vigorará enquanto pender o recurso, ficando sem efeito se a decisão concessiva for mantida pelo Tribunal ou se transitar em julgado.

SEÇÃO II
DA SUSPENSÃO DE LIMINAR E DE TUTELA PROVISÓRIA

ART. 309. O Presidente, nos termos da lei, a requerimento do Ministério Público do Trabalho ou da pessoa jurídica de direito público interessada, em caso de manifesto interesse público ou de flagrante ilegitimidade, e para evitar grave lesão à ordem, à saúde, à segurança e à economia públicas, poderá, por decisão fundamentada, suspender a execução de liminar ou a efetivação de tutela provisória de urgência ou da evidência concedida ou mantida pelos Tribunais Regionais do Trabalho nas ações movidas contra o Poder Público ou seus agentes.

§ 1º Aplica-se o disposto neste artigo aos casos em que a decisão final proferida contra o

Poder Público ou seus agentes produzir efeitos imediatos, quando impugnável por recurso desprovido de efeito suspensivo.

§ 2º O Presidente, se necessário, poderá ouvir o autor da ação e o Ministério Público do Trabalho, em 5 (cinco) dias.

§ 3º Da decisão que conceder ou denegar a suspensão, caberá agravo interno sem efeito suspensivo, no prazo de 8 (oito) dias úteis, que será relatado pelo Presidente na primeira sessão do Órgão Especial seguinte à sua interposição.

§ 4º A suspensão dos efeitos de liminar ou de tutela provisória concedidas em decisões interlocutórias vigorará até a decisão final proferida no mesmo grau de jurisdição e, se concedidas em sentença ou acórdão, até o julgamento do recurso, ficando sem efeito se a decisão concessiva da medida for mantida pelo órgão julgador, ou se transitar em julgado.

SEÇÃO III
DA TUTELA PROVISÓRIA

ART. 310. A tutela de urgência e a tutela da evidência poderão ser requeridas antes ou no curso do processo principal e deste são sempre dependentes, aplicando-se-lhes o disposto nos arts. 294 a 311 do CPC.

ART. 311. O pedido de tutela provisória será apresentado ao Presidente do Tribunal e distribuído ao relator do processo principal, salvo se a medida for requerida em procedimento preparatório, caso em que será sorteado, dentre os integrantes do colegiado competente, o relator do feito, o qual ficará prevento para a ação principal.

§ 1º A tutela provisória poderá ser requerida por petição autônoma, a ser juntada oportunamente ao processo a que se refere, dirigida ao:

I - Presidente do Tribunal, quando se tratar de tutela antecipada ou cautelar antecedente à ação de competência originária do Tribunal Superior do Trabalho ou quando requerida no período compreendido entre a publicação da decisão de admissão do recurso de revista e sua distribuição, ficando prevento para o julgamento da ação ou do recurso o relator sorteado para o exame do requerimento, dentre os integrantes do colegiado competente;

II - relator, se já distribuído o recurso.

§ 2º O relator poderá apreciar a liminar e a própria tutela provisória requeridas, ou submetê-las ao órgão julgador competente.

ART. 312. A tramitação do processo no Tribunal observará as disposições da lei processual civil, no que aplicáveis.

SEÇÃO IV
DA HABILITAÇÃO INCIDENTE

ART. 313. A habilitação incidente, ocorrendo o falecimento de uma das partes, será processada na forma da lei.

ART. 314. A citação far-se-á na pessoa do procurador constituído nos autos, mediante publicação no órgão oficial, ou à parte, pessoalmente, se não estiver representada no processo.

ART. 315. Quando incertos os sucessores, a citação far-se-á por edital.

ART. 316. O relator, se contestado o pedido, facultará às partes sumária produção de provas, em 5 (cinco) dias úteis, e decidirá, em seguida, a habilitação.

ART. 317. A habilitação requerida em processo incluído em pauta para julgamento será decidida pelo colegiado.

SEÇÃO V
DOS IMPEDIMENTOS E DAS SUSPEIÇÕES

ART. 318. Os Ministros declarar-se-ão impedidos ou suspeitos nos casos previstos em lei.

Parágrafo único. Havendo, dentre os Ministros do Tribunal, cônjuges, parentes consanguíneos ou afins, em linha reta ou no terceiro grau da linha colateral, integrarão seções diferentes, e o primeiro que conhecer da causa impede que o outro participe do julgamento quando da competência do Órgão Especial.

ART. 319. A suspeição ou o impedimento do relator ou revisor serão declarados por despacho nos autos. Se feita na sessão de julgamento, a declaração poderá ser verbal ou eletrônica, conforme o caso, devendo constar da ata e da certidão.

Parágrafo único. Na suspeição ou no impedimento do relator, o processo será redistribuído pelo Presidente do órgão julgador entre os demais Ministros que o compõem, com sua compensação.

ART. 320. A arguição de suspeição ou impedimento do relator e do revisor deverá ser suscitada até 15 (quinze) dias úteis após a distribuição, quando fundada em motivo preexistente; no caso de motivo superveniente, o prazo de 15 (quinze) dias úteis será contado do fato que a ocasionou. A dos demais Ministros, até o início do julgamento.

§ 1º Essa arguição deverá ser deduzida em petição específica assinada pela parte ou por procurador com poderes especiais, dirigida ao relator do processo, indicando os fatos que a motivaram, e acompanhada de prova documental e rol de testemunhas, se houver.

§ 2º A arguição será sempre individual, não ficando os demais Ministros impedidos de apreciá-la, ainda que também recusados.

§ 3º Recebida a exceção, será ouvido o Ministro recusado no prazo de 5 (cinco) dias seguindo-se dilação probatória de 10 (dez) dias úteis e, após, o julgamento.

§ 4º Poderá o Presidente propor a rejeição da exceção liminarmente.

ART. 321. O relator, reconhecendo a suspeição ou o impedimento, determinará a juntada da petição aos autos, e, por despacho, submeterá o processo à Presidência do colegiado competente, para redistribuição na forma regimental.

§ 1º O Ministro, não aceitando a suspeição ou o impedimento, continuará vinculado ao processo, ficando sua apreciação suspensa até a solução do incidente, que será autuado em separado, com designação de relator dentre os demais Ministros integrantes do colegiado competente para o julgamento do processo.

§ 2º No curso do julgamento do incidente, havendo necessidade de deliberação sobre medida urgente relativa ao processo principal, o Presidente do órgão julgador a encaminhará à apreciação do Ministro que o seguir na antiguidade dentre os seus integrantes não recusados.

§ 3º Excepcionalmente, no caso de arguição de impedimento ou de suspeição de todos os integrantes do órgão julgador, o exame da medida urgente caberá ao Presidente do Tribunal.

ART. 322. Conclusos os autos, o relator mandará ouvir o Ministro recusado no prazo de 5 (cinco) dias.

Parágrafo único. Vencido o prazo, com ou sem resposta, o relator ordenará o processo, colhendo as provas requeridas.

ART. 323. Reconhecida a suspeição ou o impedimento do relator, o colegiado, ao julgar o incidente, fixará o momento a partir do qual o Ministro não poderia ter atuado e declarará a nulidade dos seus atos, se praticados quando já presente o motivo de impedimento ou de suspeição, e o processo será redistribuído, na forma regimental.

CAPÍTULO VII
DOS RECURSOS PARA O SUPREMO TRIBUNAL FEDERAL

SEÇÃO I
DO RECURSO EXTRAORDINÁRIO

ART. 324. Cabe recurso extraordinário das decisões do Tribunal proferidas em única ou última instância, nos termos da Constituição da República.

§ 1º O recurso será interposto em petição fundamentada, no prazo de 15 (quinze) dias úteis da publicação do acórdão ou de suas conclusões no órgão oficial.

§ 2º A petição do recurso extraordinário será juntada aos autos após transcorrido o prazo legal sem a interposição de recurso de competência do Tribunal Superior do Trabalho, abrindo-se, de imediato, vista dos autos à parte contrária para apresentação de contrarrazões no prazo de 15 (quinze) dias úteis.

ART. 325. Findo o prazo das contrarrazões, os autos serão conclusos ao Vice-Presidente do Tribunal para exame da admissibilidade do recurso.

ART. 326. Os processos julgados pelo Tribunal Superior do Trabalho só serão restituídos à instância originária quando findo o prazo de interposição do recurso extraordinário para o Supremo Tribunal Federal.

ART. 327. Aos recursos extraordinários interpostos perante o Tribunal Superior do Trabalho será aplicado o procedimento previsto no Código de Processo Civil para o julgamento dos recursos extraordinário e especial repetitivos, cabendo ao Presidente do Tribunal Superior do Trabalho selecionar um ou mais recursos representativos da controvérsia e encaminhá-los ao Supremo Tribunal Federal, sobrestando os demais até o pronunciamento definitivo da Corte, na forma ali prevista.

SEÇÃO II
DO AGRAVO EM RECURSO EXTRAORDINÁRIO

ART. 328. Cabe agravo contra decisão denegatória do recurso extraordinário, no prazo de 15 (quinze) dias úteis, contados de sua publicação no órgão oficial, salvo quando fundada na aplicação de entendimento firmado em regime de repercussão geral ou em julgamento de recursos repetitivos.

Parágrafo único. A petição do agravo será dirigida ao Vice-Presidente do Tribunal e independe do pagamento de custas e despesas postais, aplicando-se a ela o regime de repercussão geral e de recursos repetitivos, inclusive quanto à possibilidade de sobrestamento e do juízo de retratação.

ART. 329. A petição de agravo será juntada aos autos, após o que, de imediato, abrir-se-á vista ao agravado, por igual prazo, para apresentação de contraminuta. Após, os autos serão conclusos ao Vice-Presidente do Tribunal, que se retratará ou manterá a decisão agravada.

ART. 330. O agravante e o agravado poderão, com documentos novos, instruir, respectivamente, as razões e as contrarrazões.

Parágrafo único. Apresentado documento novo pelo agravado, será aberta vista ao agravante, no prazo de 5 (cinco) dias úteis.

CAPÍTULO VIII
DA RESTAURAÇÃO DOS AUTOS

ART. 331. A restauração de autos far-se-á de ofício ou a requerimento de qualquer das partes ou do Ministério Público do Trabalho.

ART. 332. O pedido de restauração de autos será apresentado ao Presidente do Tribunal e distribuído ao relator do processo desaparecido ou ao seu substituto.

Parágrafo único. Aplicam-se à restauração de autos, no Tribunal, as normas do Código de Processo Civil.

ART. 333. O relator determinará as diligências necessárias, solicitando, se preciso for, informações e cópias autenticadas a outros juízos e tribunais.

ART. 334. O julgamento de restauração caberá ao colegiado no qual tramitava o processo desaparecido.

ART. 335. Julgada a restauração, será lavrado acórdão e, após publicado no órgão oficial, o processo seguirá os trâmites normais. Reencontrado o original, a ele reunir-se-ão os autos reconstituídos.

CAPÍTULO IX
DA EXECUÇÃO

SEÇÃO I
DAS DISPOSIÇÕES GERAIS

ART. 336. A execução competirá ao Presidente:

I - quanto às suas decisões e ordens;

II - quanto às decisões dos órgãos do Tribunal, quando excederem à competência do Corregedor-Geral da Justiça do Trabalho ou dos Presidentes de Turma, ou se referirem a matéria administrativa.

ART. 337. Os atos de execução poderão ser requisitados, determinados, notificados ou delegados a quem os deva praticar.

ART. 338. A execução atenderá, no que couber, à legislação processual.

SEÇÃO II
DA EXECUÇÃO CONTRA A FAZENDA PÚBLICA

ART. 339. Na execução por quantia certa, fundada em decisão proferida contra a Fazenda Pública, observar-se-á o disposto no art. 100 da Constituição da República e na legislação processual, adotando-se, no que couber, o procedimento fixado em Instrução Normativa do Tribunal.

§ 1º A Fazenda Pública será intimada na pessoa de seu representante judicial, por carga ou por meio eletrônico, para, querendo, no prazo de 30 (trinta) dias úteis e nos próprios autos, impugnar o cumprimento da decisão.

§ 2º Se não houver impugnação no prazo regimental ou se forem rejeitadas as arguições da executada, observar-se-á o disposto na lei processual.

ART. 340. Nas execuções processadas nas Varas do Trabalho, o precatório será encaminhado ao Presidente do Tribunal Regional do Trabalho da jurisdição, que o dirigirá, mediante ofício, à autoridade competente ou entidade requisitada ou, se for o caso de pagamento de obrigação de pequeno valor, a execução será promovida por meio de ordem do juiz dirigida à autoridade na pessoa de quem o ente público foi citado para o processo, na forma da legislação processual.

ART. 341. No âmbito do Tribunal, o procedimento alusivo ao precatório constará de Instrução Normativa.

LIVRO III
DOS SERVIÇOS ADMINISTRATIVOS E DAS DISPOSIÇÕES FINAIS

TÍTULO I
DOS SERVIÇOS ADMINISTRATIVOS

CAPÍTULO I
DA SECRETARIA DO TRIBUNAL

ART. 342. A Secretaria do Tribunal é dirigida pelo Diretor-Geral, bacharel em Direito, nomeado em comissão pelo Presidente, incumbindo-lhe a direção dos serviços administrativos do Tribunal.

Parágrafo único. Incumbe ao Secretário-Geral Judiciário, bacharel em Direito, nomeado em comissão pelo Presidente, a direção dos serviços judiciários do Tribunal.

ART. 343. A organização da Secretaria do Tribunal, seu funcionamento e as atribuições do Diretor-Geral, do Secretário-Geral Judiciário, dos Secretários e dos Coordenadores, bem como das Unidades Administrativas, constarão do Regulamento Geral.

ART. 344. Não poderá ser nomeado para cargo em comissão ou designado para função gratificada, cônjuge, companheiro ou parente, até o terceiro grau, inclusive, de qualquer dos Ministros do Tribunal em atividade, salvo se servidor ocupante de cargo de provimento efetivo das carreiras judiciárias, caso em que a vedação é restrita à nomeação ou designação para servir junto ao Ministro determinante da incompatibilidade.

ART. 345. Ressalvada a existência de regulação legal especial, aplica-se no Tribunal, o Regime Jurídico dos Servidores Públicos Civis da União.

ART. 346. O horário de expediente no Tribunal Superior do Trabalho será estabelecido por Resolução Administrativa, aprovada pelo Órgão Especial, por iniciativa do seu Presidente.

ART. 347. Os servidores do Tribunal cumprirão a duração semanal de trabalho prevista na legislação aplicável, com controle de frequência e horário, de conformidade com as escalas estabelecidas, observado o intervalo entre os turnos de trabalho.

§ 1º Os servidores ocupantes de cargo em comissão e submetidos ao regime de integral dedicação ao serviço estão excepcionados da regra deste artigo, podendo ser convocados sempre que houver interesse da Administração.

§ 2º Os agentes de segurança dos Ministros permanecem à disposição, estando sujeitos a controle de frequência.

ART. 348. Durante as férias dos Ministros e no período de recesso, ficam suspensas as atividades judicantes do Tribunal, prosseguindo, no entanto, os serviços administrativos e judiciários nas secretarias e nos gabinetes, devendo a escala de férias dos servidores ser organizada de modo a atender ao respectivo funcionamento.

Parágrafo único. Os servidores devem gozar férias no mesmo período dos Ministros, sempre que possível.

CAPÍTULO II
DO GABINETE DO PRESIDENTE

ART. 349. O gabinete do Presidente será chefiado pelo Secretário-Geral da Presidência, bacharel em Direito, nomeado em comissão, para o exercício das funções de direção e assessoramento jurídico.

Parágrafo único. As atribuições do Secretário-Geral, dos Secretários, do Chefe de Gabinete, dos Assessores e das assessorias diretamente subordinadas ao gabinete da Presidência constarão do Regulamento Geral.

CAPÍTULO III
DO GABINETE DOS MINISTROS

ART. 350. Compõem os gabinetes dos Ministros:

I - um Chefe de Gabinete, bacharel em Direito, nomeado em comissão, nos termos da lei e deste Regimento;

II - assessores, bacharéis em Direito, nomeados em comissão, nos termos da lei e deste Regimento;

III - auxiliares da confiança do Ministro, que poderão exercer função comissionada, observada a lotação numérica, fixada em Resolução Administrativa aprovada pelo Órgão Especial.

Parágrafo único. As atribuições do Chefe de Gabinete dos Ministros e dos assessores constam do Regulamento Geral.

ART. 351. O horário do pessoal do gabinete, observadas a duração legal e as peculiaridades do serviço, será determinado pelo Ministro, bem como a fruição das férias, atendida a exigência do controle de frequência e o horário, comum a todos os servidores da Corte.

TÍTULO II
DAS DISPOSIÇÕES FINAIS

CAPÍTULO I
DAS EMENDAS AO REGIMENTO

ART. 352. Os atos de competência do Tribunal Pleno, de natureza regimental, obedecem à seguinte nomenclatura:

I - Emenda Regimental, que introduz modificações no texto;

II - Ato Regimental, que suprime ou acrescenta dispositivo.

ART. 353. Os atos mencionados no artigo anterior serão numerados em séries próprias, seguida e ininterruptamente.

CAPÍTULO II
DAS RESOLUÇÕES DO TRIBUNAL

ART. 354. Os atos de competência do Tribunal, normativos ou individuais, obedecem à seguinte nomenclatura:

I - Resolução Administrativa;

II - Resolução.

ART. 355. Na classe de Resolução Administrativa, enquadram-se as regulamentações sobre pessoal (Magistrados e servidores), organização e administração dos órgãos da Justiça do Trabalho, funcionamento e atribuições das unidades do Tribunal e de seus servidores, e, na classe de Resolução, as deliberações referentes à aprovação de instrução normativa, súmula, orientação jurisprudencial e precedente normativo.

ART. 356. As Resoluções Administrativas e as Resoluções serão numeradas em séries próprias, de acordo com a matéria disciplinada, seguida e ininterruptamente, independentemente do ano de sua edição.

CAPÍTULO III
DAS DISPOSIÇÕES FINAIS E TRANSITÓRIAS

ART. 357. Quando o agravo de instrumento tramitar nos autos principais em que haja recurso de revista da outra parte, o processo será autuado como agravo de instrumento em recurso de revista e recurso de revista - AIRR e RR e receberá um único número.

§ 1º Diante da interposição de agravo de instrumento e recurso de revista pela mesma parte, nos termos da Instrução Normativa n. 40/2016, apenas haverá julgamento na sessão subsequente à do agravo provido, ficando sobrestado o recurso de revista no tema conhecido para julgamento na mesma sessão.

§ 2º Processado o recurso de revista em razão de um tema, os demais temas cuja decisão agravada é mantida não farão parte da decisão do recurso de revista.

ART. 358. Na hipótese do art. 256 deste Regimento, se não for conhecido ou provido o agravo de instrumento, será de imediato julgado o recurso de revista, com lavratura de acórdãos distintos.

ART. 359. Quando o agravo de instrumento for processado nos autos principais, nos quais se encontra sobrestado julgamento de recurso de revista da outra parte, na autuação do processo, será considerado o número originário do recurso de revista sobrestado e observada a classe de agravo de instrumento em recurso de revista e recurso de revista (AIRR e RR).

Parágrafo único. O processo será distribuído ao relator do recurso de revista sobrestado. Se o relator não se encontrar em exercício no órgão prevento, haverá a redistribuição no âmbito do colegiado a um dos seus integrantes.

ART. 360. Em quaisquer situações previstas nos arts. 357 e 359 deste Regimento, se não for conhecido ou provido o agravo de instrumento, será de imediato julgado o recurso de revista, com lavratura de um único acórdão.

ART. 361. A Subseção I da Seção Especializada em Dissídios Individuais julgará desde logo a matéria objeto do recurso de revista não conhecido pela Turma, caso conclua, no julgamento do recurso de embargos interposto em data anterior à vigência da Lei n. 11.496/2007, que aquele recurso estava corretamente fundamentado em violação de dispositivos de lei federal ou da Constituição da República ou em contrariedade a súmula.

ART. 362. Fazem parte integrante deste Regimento, no que lhes for aplicável, as normas de lei complementar alusiva à Magistratura Nacional, as estabelecidas pela Consolidação das Leis do Trabalho e legislação complementar e, supletiva e subsidiariamente, as do Direito Processual Civil, em caso de omissão e desde que haja compatibilidade com as normas e princípios do Direito Processual do Trabalho, na forma dos arts. 769 e 889 da CLT e do art. 15 do CPC.

ART. 363. O Regulamento Geral da Secretaria do Tribunal constitui parte deste Regimento, bem assim as Resoluções, Instruções Normativas, Resoluções Administrativas e Emendas Regimentais.

ART. 364. Este Regimento entrará em vigor na data de sua publicação, revogadas as disposições em contrário.

Ministro
IVES GANDRA DA SILVA MARTINS FILHO
Presidente do Tribunal Superior do Trabalho

LEGISLAÇÃO INTERNACIONAL

DECRETO N. 18.871, DE 13 DE AGOSTO DE 1929

Promulga a Convenção de direito internacional privado, de Havana. (Código de Bustamante)

CONVENÇÃO DE DIREITO INTERNACIONAL PRIVADO (CÓDIGO DE BUSTAMANTE)

- Adotada na Sexta Conferência Internacional Americana, reunida em Havana, Cuba e assinada em 20.02.1928.
- Aprovada, no Brasil, pelo Dec. 5.647/1929 e promulgada pelo Dec. 18.871, 1929.

Os Presidentes das Repúblicas do Peru, Uruguai, Panamá, Equador, México, Salvador, Guatemala, Nicarágua, Bolívia, Venezuela, Colômbia, Honduras, Costa Rica, Chile, Brasil, Argentina, Paraguai, Haiti, República Dominicana, Estados Unidos da América e Cuba,

Desejando que os respectivos países se representassem na Sexta Conferência Internacional Americana, a ela enviaram, devidamente autorizados, para aprovar as recomendações, resoluções, convenções e tratados que julgassem úteis aos interesses da América, os seguintes senhores delegados:

PERU:

Jesús Melquiades Salazar, Victor Maúrtua, Enrique Castro Oyanguren, Luis Ernesto Denegri.

URUGUAI:

Jacobo Varela Acevedo, Juan José Amézaga, Leenel Aguirre, Pedro Erasmo Callorda.

PANAMÁ:

Ricardo J. Alfaro, Eduardo Chiari.

EQUADOR:

Gonzalo Zaldumbique, Victor Zevalos, Colón Eloy Alfaro.

MÉXICO:

Julio Garcia, Fernando González Roa, Salvador Urbina, Aquiles Elorduy.

SALVADOR:

Gustavo Guerrero, Héctor David Castro, Eduardo Alvarez.

GUATEMALA:

Carlos Salazar, Bernardo Alvarado Tello, Luis Beltranema, José Azurdia.

NICARÁGUA:

Carlos Cuadra Pazos, Joaquín Gómez, Máximo H. Zepeda.

BOLÍVIA:

José Antezana, Adolfo Costa du Rels.

VENEZUELA:

Santiago Key Ayala, Francisco Geraldo Yanes, Rafael Angel Arraiz.

COLÔMBIA:

Enrique Olaya Herrera, Jesús M. Yepes, Roberto Urdaneta Arbeláez, Ricardo Gutiéirrez Lee.

HONDURAS:

Fausto Dávila, Mariano Vásquez.

COSTA RICA:

Ricardo Castro Beeche, J. Rafael Oreamuno, Arturo Tinoco.

CHILE:

Alejandro Lira, Alejandro Alvarez, Carlos Silva Vidósola, Manuel Bianchi.

BRASIL:

Raul Fernandes, Lindolfo Collor, Alarico da Silveira, Sampaio Corrêa, Eduardo Espinola.

ARGENTINA:

Honorio Pueyrredón, Laurentino Olascoaga, Felipe A. Espil.

PARAGUAI:

Lisandro Diaz León.

HAITI:

Fernando Dennis, Charles Riboul.

REPÚBLICA DOMINICANA:

Francisco J. Peynado, Gustavo A. Diaz, Elias Brache, Angel Morales, Tulio M. Cesteros, Ricardo Pérez Alfonseca,

Jacinto R. de Castro, Federico C. Alvarez.

ESTADOS UNIDOS DA AMÉRICA:

Charles Evans Hughes, Noble Brandon Judah, Henry P. Flecther, Oscar W. Underwood, Morgan J. O'Brien, Dwight W. Morrow, James Brown Scott, Ray Lyman Wilbur, Leo S. Rowe.

CUBA:

Antonio S. de Bustamante, Orestes Ferrara, Enrique Hernández Cartaya, José Manuel Cortina, Aristides Aguero, José B. Alemán, Manuel Márquez Sterling, Fernando Ortiz, Néstor Carbonell, Jesús Maria Barraqué.

Os quais, depois de se haverem comunicado os seus plenos poderes, achados em boa e devida forma, convieram no seguinte:

ART. 1º As Repúblicas contratantes aceitam e põem em vigor o Código de Direito Internacional Privado, anexo à presente convenção.

ART. 2º As disposições deste Código não serão aplicáveis senão às Repúblicas contratantes e aos demais Estados que a ele aderirem, na forma que mais adiante se consigna.

ART. 3º Cada uma das Repúblicas contratantes, ao ratificar a presente convenção, poderá declarar que faz reserva quanto à aceitação de um ou vários artigos do Código anexo e que não a obrigarão as disposições a que a reserva se referir.

ART. 4º O Código entrará em vigor, para as Repúblicas que o ratifiquem, trinta dias depois do depósito da respectiva ratificação e desde que tenha sido ratificado, pelo menos, por dois países.

ART. 5º As ratificações serão depositadas na Secretaria da União Pan-Americana, que transmitirá cópia delas a cada uma das Repúblicas contratantes.

ART. 6º Os Estados ou pessoas jurídicas internacionais não contratantes, que desejam aderir a esta convenção e, no todo ou em parte, ao Código anexo, notificarão isso à Secretaria da União Pan-Americana, que, por sua vez, o comunicará a todos os Estados até então contratantes ou aderentes. Passados seis meses desde essa comunicação, o Estado ou pessoa jurídica internacional interessado poderá depositar, na Secretaria da União Pan-Americana, o instrumento de adesão e ficará ligado por esta convenção com caráter recíproco, trinta dias depois da adesão, em relação a todos os regidos pela mesma e que não tiverem feito reserva alguma total ou parcial quanto à adesão solicitada.

ART. 7º Qualquer República americana ligada a esta convenção e que desejar modificar, no todo ou em parte, o Código anexo, apresentará a proposta correspondente à Conferência Internacional Americana seguinte, para a resolução que for procedente.

ART. 8º Se alguma das pessoas jurídicas internacionais contratantes ou aderentes quiser denunciar a presente Convenção, notificará a denúncia, por escrito, à União Pan-Americana, a qual transmitirá imediatamente às demais uma cópia literal autentica da notificação, dando-lhes a conhecer a data em que a tiver recebido.

A denúncia não produzirá efeito senão no que respeita ao contratante que a tiver notificado e depois de um ano de recebida na Secretaria da União Pan-Americana.

ART. 9º A Secretaria da União Pan-Americana manterá um registro das datas de depósito das ratificações e recebimento de adesões e denúncias, e expedirá cópias autenticadas do dito registro a todo contratante que o solicitar.

Em fé do que, os plenipotenciários assinam a presente convenção e põem nela o selo da Sexta Conferência Internacional Americana.

Dado na cidade de Havana, no dia vinte de fevereiro de mil novecentos e vinte e oito, em quatro exemplares, escritos respectivamente em espanhol, francês, inglês e português e que se depositarão na Secretaria da União Pan-Americana, com o fim de serem enviadas cópias autenticadas de todos a cada uma das Repúblicas signatárias.

CÓDIGO DE DIREITO INTERNACIONAL PRIVADO

TÍTULO PRELIMINAR
REGRAS GERAIS

ART. 1º Os estrangeiros que pertençam a qualquer dos Estados contratantes gozam, no território dos demais, dos mesmos direitos civis que se concedam aos nacionais. Cada Estado contratante pode, por motivo de ordem pública, recusar ou sujeitar a condições especiais o exercício de determinados direitos civis aos nacionais dos outros, e qualquer desses Estados pode, em casos idênticos, recusar ou sujeitar a condições especiais o mesmo exercício aos nacionais do primeiro.

ART. 2º Os estrangeiros que pertençam a qualquer dos Estados contratantes gozarão também, no território dos demais, de garantias individuais idênticas às dos nacionais, salvo as restrições que em cada um estabeleçam a Constituição e as leis. As garantias individuais idênticas não se estendem ao desempenho de funções públicas, ao direito de sufrágio e a outros direitos políticos, salvo disposição especial da legislação interna.

ART. 3º Para o exercício dos direitos civis e para o gozo das garantias individuais idênticas, as leis e regras vigentes em cada Estado contratante consideram-se divididas nas três categorias seguintes:

I - As que se aplicam às pessoas em virtude do seu domicílio ou da sua nacionalidade e as seguem, ainda que se mudem para outro país - denominadas pessoais ou de ordem pública interna;

II - As que obrigam por igual a todos os que residem no território, sejam ou não nacionais - denominadas territoriais, locais ou de ordem pública internacional;

III - As que se aplicam somente mediante a expressão, a interpretação ou a presunção da vontade das partes ou de alguma delas - denominadas voluntárias, supletórias ou de ordem privada.

ART. 4º Os preceitos constitucionais são de ordem pública internacional.

ART. 5º Todas as regras de proteção individual e coletiva, estabelecida pelo direito político e pelo administrativo são também de ordem pública internacional, salvo o caso de que nelas expressamente se disponha o contrário.

ART. 6º Em todos os casos não previstos por este Código, cada um dos Estados contratantes aplicará a sua própria definição às instituições ou relações jurídicas que tiverem de corresponder aos grupos de leis mencionadas no art. 3º.

ART. 7º Cada Estado contratante aplicará como leis pessoais as do domicílio, as da nacionalidade ou as que tenha adotado ou adote no futuro a sua legislação interna.

ART. 8º Os direitos adquiridos segundo as regras deste Código têm plena eficácia extraterritorial nos Estados contratantes, salvo se se opuser a algum dos seus efeitos ou consequências uma regra de ordem pública internacional.

LIVRO I
DIREITO CIVIL INTERNACIONAL

TÍTULO I
DAS PESSOAS

CAPÍTULO I
DA NACIONALIDADE E NATURALIZAÇÃO

ART. 9º Cada Estado contratante aplicará o seu direito próprio à determinação da nacionalidade de origem de toda pessoa individual ou jurídica e à sua aquisição, perda ou recuperação posterior, realizadas dentro ou fora do seu território, quando uma das nacionalidades sujeitas à controvérsia seja a do dito Estado. Os demais casos serão regidos pelas disposições que se acham estabelecidas nos restantes artigos deste capítulo.

ART. 10. Às questões sobre nacionalidade de origem em que não esteja interessado o Estado em que elas se debatem, aplicar-se-á a lei daquela das nacionalidades discutidas em que tiver domicílio a pessoa de que se trate.

ART. 11. Na falta desse domicílio, aplica-se ao caso previsto no artigo anterior os princípios aceitos pela lei do julgador.

ART. 12. As questões sobre aquisição individual de uma nova nacionalidade serão resolvidas de acordo com a lei da nacionalidade que se supuser adquirida.

ART. 13. Às naturalizações coletivas, no caso de independência de um Estado, aplicar-se-á à lei do Estado novo, se tiver sido reconhecido pelo Estado julgador, e, na sua falta, a do antigo, tudo sem prejuízo das estipulações contratuais entre os dois Estados interessados, as quais terão sempre preferência.

ART. 14. À perda de nacionalidade deve aplicar-se a lei da nacionalidade perdida.

ART. 15. A recuperação da nacionalidade submete-se à lei da nacionalidade que se readquire.

ART. 16. A nacionalidade de origem das corporações e das fundações será determinada pela lei do Estado que as autorize ou as aprove.

ART. 17. A nacionalidade de origem das associações será a do país em que se constituam, e nele devem ser registradas ou inscritas, se a legislação local exigir esse requisito.

ART. 18. As sociedades civis, mercantis ou industriais, que não sejam anônimas, terão a nacionalidade estipulada na escritura social e, em sua falta, a do lugar onde tenha sede habitualmente a sua gerência ou direção principal.

ART. 19. A nacionalidade das sociedades anônimas será determinada pelo contrato social e, eventualmente, pela lei do lugar em que normalmente se reúne a junta geral de acionistas ou, em sua falta, pela do lugar onde funcione o seu principal Conselho administrativo ou Junta diretiva.

ART. 20. A mudança de nacionalidade das corporações, fundações, associações e sociedades, salvo casos de variação da soberania territorial, terá que se sujeitar às condições exigidas pela sua lei antiga e pela nova. Se se mudar a soberania territorial, no caso de independência, aplicar-se-á a regra estabelecida no art. 13 para as naturalizações coletivas.

ART. 21. As disposições do art. 9º, no que se referem a pessoas jurídicas, e as dos arts. 16 a 20 não serão aplicadas nos Estados contratantes, que não atribuam nacionalidade às ditas pessoas jurídicas.

CAPÍTULO II
DO DOMICÍLIO

ART. 22. O conceito, aquisição, perda e reaquisição do domicílio geral e especial das pessoas naturais ou jurídicas reger-se-ão pela lei territorial.

ART. 23. O domicílio dos funcionários diplomáticos e o dos indivíduos que residam temporariamente no estrangeiro, por emprego ou comissão de seu governo ou para estudos científicos ou artísticos, será o último que hajam tido em território nacional.

ART. 24. O domicílio legal do chefe da família estende-se à mulher e aos filhos, não emancipados, e o do tutor ou curador, aos menores ou incapazes sob a sua guarda se não se achar disposto o contrário na legislação pessoal, daqueles a quem se atribui o domicílio de outrem.

ART. 25. As questões sobre a mudança de domicílio das pessoas naturais ou jurídicas serão resolvidas de acordo com a lei do tribunal, se este for um dos Estados interessados e, se não, pela do lugar em que se pretenda ter adquirido o último domicílio.

ART. 26. Para as pessoas que não tenham domicílio, entender-se-á como tal o lugar de sua residência, ou aquele em que se encontrem.

CAPÍTULO III
NASCIMENTO, EXTINÇÃO E CONSEQUÊNCIAS DA PERSONALIDADE CIVIL

SEÇÃO I
DAS PESSOAS INDIVIDUAIS

ART. 27. A capacidade das pessoas individuais rege-se pela sua lei pessoal, salvo as restrições fixadas para seu exercício, por este Código ou pelo direito local.

ART. 28. Aplicar-se-á a lei pessoal para decidir se o nascimento determina a personalidade e se o nascituro se tem por nascido, para tudo o que lhe seja favorável, assim como para a viabilidade e os efeitos da prioridade do nascimento, no caso de partos duplos ou múltiplos.

ART. 29. As presunções de sobrevivência ou de morte simultânea, na falta de prova, serão reguladas pela lei pessoal de cada um dos falecidos em relação à sua respectiva sucessão.

ART. 30. Cada Estado aplica a sua própria legislação, para declarar extinta a personalidade civil pela morte natural das pessoas individuais e o desaparecimento ou dissolução oficial das pessoas jurídicas, assim como para decidir se a menoridade, a demência ou imbecilidade, a surdo-mudez, a prodigalidade e a interdição civil são unicamente restrições da personalidade, que permitem direitos e também certas obrigações.

SEÇÃO II
DAS PESSOAS JURÍDICAS

ART. 31. Cada Estado contratante, no seu caráter de pessoa jurídica, tem capacidade para adquirir e exercer direitos civis e contrair obrigações da mesma natureza no território dos demais, sem outras restrições, senão as estabelecidas expressamente pelo direito local.

ART. 32. O conceito e reconhecimento das pessoas jurídicas serão regidos pela lei territorial.

ART. 33. Salvo as restrições estabelecidas nos dois artigos precedentes, a capacidade civil das corporações é regida pela lei que as tiver criado ou reconhecido; a das fundações, pelas regras da sua instituição, aprovadas pela autoridade correspondente, se o exigir o seu direito nacional; e a das associações, pelos seus estatutos, em iguais condições.

ART. 34. Com as mesmas restrições, a capacidade civil das sociedades civis, comerciais ou industriais é regida pelas disposições relativas ao contrato de sociedade.

ART. 35. A lei local aplicar-se-á aos bens das pessoas jurídicas que deixem de existir, a menos que o caso esteja previsto de outro modo, nos seus estatutos, nas suas cláusulas básicas ou no direito em vigor referente às sociedades.

CAPÍTULO IV
DO MATRIMÔNIO E DO DIVÓRCIO

SEÇÃO I
CONDIÇÕES JURÍDICAS QUE DEVEM PRECEDER A CELEBRAÇÃO DO MATRIMÔNIO

ART. 36. Os nubentes estarão sujeitos à sua lei pessoal, em tudo quanto se refira à capacidade para celebrar o matrimônio, ao consentimento ou conselhos paternos, aos impedimentos e à sua dispensa.

ART. 37. Os estrangeiros devem provar, antes de casar, que preencheram as condições exigidas pelas suas leis pessoais, no que se refere ao artigo precedente. Podem fazê-lo mediante certidão dos respectivos funcionários diplomáticos ou agentes consulares ou por outros meios julgados suficientes pela autoridade local, que terá em todo caso completa liberdade de apreciação.

ART. 38. A legislação local é aplicável aos estrangeiros, quanto aos impedimentos que, por sua parte, estabelecer e que não sejam dispensáveis, à forma do consentimento, á força obrigatória ou não dos esponsais, à oposição ao matrimônio ou obrigação de denunciar os impedimentos e às consequências civis da denúncia falsa, à forma das diligências preliminares e à autoridade competente para celebrá-lo.

ART. 39. Rege-se pela lei pessoal comum das partes e, na sua falta, pelo direito local, a obrigação, ou não, de indenização em consequência de promessa de casamento não executada ou de publicação de proclamas, em igual caso.

ART. 40. Os Estados contratantes não são obrigados a reconhecer o casamento celebrado em qualquer deles, pelos seus nacionais ou por estrangeiros, que infrinjam as suas disposições relativas à necessidade da, dissolução de um casamento anterior, aos graus de consanguinidade ou afinidade em relação aos quais exista estorvo absoluto, à proibição de se casar estabelecida em relação aos culpados de adultério que tenha sido motivo de dissolução do casamento de um deles e à própria proibição, referente ao responsável de atentado contra a vida de um dos cônjuges, para se casar com o sobrevivente, ou a qualquer outra causa de nulidade que se não possa remediar.

SEÇÃO II
DA FORMA DO MATRIMÔNIO

ART. 41. Ter-se-á em toda parte como válido, quanto à forma, o matrimônio celebrado na que estabeleçam como eficaz as leis do país em que se efetue. Contudo, os Estados, cuja legislação exigir uma cerimônia religiosa, poderão negar validade aos matrimônios contraídos por seus nacionais no estrangeiro sem a observância dessa formalidade.

ART. 42. Nos países em que as leis o permitam, os casamentos contraídos ante os funcionários diplomáticos ou consulares dos dois contraentes ajustar-se-ão à sua lei pessoal, sem prejuízo de que lhes sejam aplicáveis as disposições do art. 40.

SEÇÃO III
DOS EFEITOS DO MATRIMÔNIO QUANTO ÀS PESSOAS DOS CÔNJUGES

ART. 43. Aplicar-se-á o direito pessoal de ambos os cônjuges, e, se for diverso, o do marido, no que toque aos deveres respectivos de proteção e de obediência, à obrigação ou não da mulher de seguir o marido quando mudar de residência, à disposição e administração dos bens comuns e aos demais efeitos especiais do matrimônio.

ART. 44. A lei pessoal da mulher regerá a disposição e administração de seus próprios bens e seu comparecimento em juízo.

ART. 45. Fica sujeita ao direito territorial a obrigação dos cônjuges de viver juntos, guardar fidelidade e socorrer-se mutuamente.

ART. 46. Também se aplica imperativamente o direito local que prive de efeitos civis o matrimônio do bígamo.

SEÇÃO IV
DA NULIDADE DO MATRIMÔNIO E SEUS EFEITOS

ART. 47. A nulidade do matrimônio deve regular-se pela mesma lei a que estiver submetida a condição intrínseca ou extrínseca que a tiver motivado.

ART. 48. A coação, o medo e o rapto, como causas de nulidade do matrimônio, são regulados pela lei do lugar da celebração.

ART. 49. Aplicar-se-á a lei pessoal de ambos os cônjuges, se for comum; na sua falta, a do cônjuge que tiver procedido de boa-fé, e, na falta de ambas, a do varão, às regras sobre o cuidado dos filhos de matrimônios nulos, nos casos em que os pais não possam ou não queiram estipular nada sobre o assunto.

ART. 50. Essa mesma lei pessoal deve aplicar-se aos demais efeitos civis do matrimônio nulo, exceto os que se referem aos bens dos cônjuges, que seguirão a lei do regime econômico matrimonial.

ART. 51. São de ordem pública internacional as regras que estabelecem os efeitos judiciais do pedido de nulidade.

SEÇÃO V
DA SEPARAÇÃO DE CORPOS E DO DIVÓRCIO

ART. 52. O direito à separação de corpos e ao divórcio regula-se pela lei do domicílio conjugal, mas não se pode fundar em causas anteriores à aquisição do dito domicílio, se as não autorizar, com iguais efeitos, a lei pessoal de ambos os cônjuges.

ART. 53. Cada Estado contratante tem o direito de permitir ou reconhecer, ou não, o divórcio ou o novo casamento de pessoas divorciadas no estrangeiro, em casos, com efeitos ou por causas que não admita o seu direito pessoal.

ART. 54. As causas do divórcio e da separação de corpos submeter-se-ão à lei do lugar em que forem solicitados, desde que nele estejam domiciliados os cônjuges.

ART. 55. A lei do juiz perante quem se litiga determina as consequências judiciais da demanda e as disposições da sentença a respeito dos cônjuges e dos filhos.

ART. 56. A separação de corpos e o divórcio, obtidos conforme os artigos que precedem, produzem efeitos civis, de acordo com a legislação do tribunal que os outorga, nos demais Estados contratantes, salvo o disposto no art. 53.

CAPÍTULO V
DA PATERNIDADE E FILIAÇÃO

ART. 57. São regras de ordem pública interna, devendo aplicar-se a lei pessoal do filho, se for distinta da do pai, as referentes à presunção de legitimidade e suas condições, as que conferem o direito ao apelido e as que determinam as provas de filiação e regulam a sucessão do filho.

ART. 58. Têm o mesmo caráter, mas se lhes aplica a lei pessoal do pai, as regras que outorguem aos filhos legitimados direitos de sucessão.

ART. 59. É de ordem pública internacional a regra que dá ao filho o direito a alimentos.

ART. 60. A capacidade para legitimar rege-se pela lei pessoal do pai e a capacidade para ser legitimado pela lei pessoal do filho, requerendo a legitimação a concorrência das condições exigidas em ambas.

ART. 61. A proibição de legitimar filhos não simplesmente naturais é de ordem pública internacional.

ART. 62. As consequências da legitimação e a ação para a impugnar submetem-se à lei pessoal do filho.

ART. 63. A investigação da paternidade e da maternidade e a sua proibição regulam-se pelo direito territorial.

ART. 64. Dependem da lei pessoal do filho as regras que indicam as condições do reconhecimento, obrigam a fazê-lo em certos casos, estabelecem as ações para esse efeito, concedem ou negam o nome e indicam as causas de nulidade.

ART. 65. Subordinam-se à lei pessoal do pai os direitos de sucessão dos filhos ilegítimos e à pessoal do filho os dos pais ilegítimos.

ART. 66. A forma e circunstâncias do reconhecimento dos filhos ilegítimos subordinam-se ao direito territorial.

CAPÍTULO VI
DOS ALIMENTOS ENTRE PARENTES

ART. 67. Sujeitar-se-ão à lei pessoal do alimentado o conceito legal dos alimentos, a ordem da sua prestação, a maneira de os subministrar e a extensão desse direito.

ART. 68. São de ordem pública internacional as disposições que estabelecem o dever de prestar alimentos, seu montante, redução e aumento, a oportunidade em que são devidos e a forma do seu pagamento, assim como as que proíbem renunciar e ceder esse direito.

CAPÍTULO VII
DO PÁTRIO PODER

ART. 69. Estão submetidas à lei pessoal do filho a existência e o alcance geral do pátrio poder a respeito da pessoa e bens, assim como as causas da sua extinção e recuperação, e a limitação, por motivo de novas núpcias, do direito de castigar.

ART. 70. A existência do direito de usufruto e as demais regras aplicáveis às diferentes classes de pecúlio submetam-se também à lei pessoal do filho, seja qual for a natureza dos bens e o lugar em que se encontrem.

ART. 71. O disposto no artigo anterior é aplicável em território estrangeiro, sem prejuízo dos direitos de terceiro que a lei local outorgue e das disposições locais sobre publicidade e especialização de garantias hipotecárias.

ART. 72. São de ordem pública internacional as disposições que determinem a natureza e os limites da faculdade do pai de corrigir e castigar e o seu recurso às autoridades, assim como os que o privam do pátrio poder por incapacidade, ausência ou sentença.

CAPÍTULO VIII
DA ADOÇÃO

ART. 73. A capacidade para adotar e ser adotado e as condições e limitações para adotar ficam sujeitas à lei pessoal de cada um dos interessados.

ART. 74. Pela lei pessoal do adotante, regulam-se seus efeitos, no que se refere à sucessão deste; e, pela lei pessoal do adotado, tudo quanto se refira ao nome, direitos e deveres que conserve em relação à sua família natural, assim como à sua sucessão com respeito ao adotante.

ART. 75. Cada um dos interessados poderá impugnar a adoção, de acordo com as prescrições da sua lei pessoal.

ART. 76. São de ordem pública internacional as disposições que, nesta matéria, regulam o direito a alimentos e as que estabelecem para a adoção formas solenes.

ART. 77. As disposições dos quatro artigos precedentes não se aplicarão aos Estados cujas legislações não reconheçam a adoção.

CAPÍTULO IX
DA AUSÊNCIA

ART. 78. As medidas provisórias em caso de ausência são de ordem pública internacional.

ART. 79. Não obstante o disposto no artigo anterior, designar-se-á a representação do presumido ausente de acordo com a sua lei pessoal.

ART. 80. A lei pessoal do ausente determina a quem compete o direito de pedir a declaração da ausência e rege a curadoria respectiva.

ART. 81. Compete ao direito local decidir quando se faz e surte efeito a declaração de ausência e quando e como deve cessar a administração dos bens do ausente, assim como a obrigação e forma de prestar contas.

ART. 82. Tudo o que se refira à presunção de morte do ausente e a seus direitos eventuais será regulado pela sua lei pessoal.

ART. 83. A declaração de ausência ou de sua presunção, assim como a sua terminação, e a de presunção da morte de ausente têm eficácia extraterritorial, inclusive no que se refere à nomeação e faculdades dos administradores.

CAPÍTULO X
DA TUTELA

ART. 84. Aplicar-se-á a lei pessoal do menor ou incapaz no que se refere ao objeto da tutela ou curatela, sua organização e suas espécies.

ART. 85. Deve observar-se a mesma lei quanto à instituição do protutor.

ART. 86. As incapacidades e excusas para a tutela, curatela e protutela devem aplicar-se, simultaneamente, as leis pessoais do tutor ou curador e as do menor ou incapaz.

ART. 87. A fiança da tutela ou curatela e as regras para o seu exercício ficam submetidas à lei pessoal do menor ou incapaz. Se a fiança for hipotecária ou pignoratícia, deverá constituir-se na forma prevista pela lei local.

ART. 88. Regem-se também pela lei pessoal do menor ou incapaz as obrigações relativas às contas, salvo as responsabilidades de ordem penal, que são territoriais.

ART. 89. Quanto ao registro de tutelas, aplicar-se-ão simultaneamente a lei local e as pessoais do tutor ou curador e do menor ou incapaz.

ART. 90. São de ordem pública internacional os preceitos que obrigam o Ministério Público ou qualquer funcionário local a solicitar a declaração de incapacidade de dementes e surdos-mudos e os que fixam os trâmites dessa declaração.

ART. 91. São também de ordem pública internacional as regras que estabelecem as consequências da interdição.

ART. 92. A declaração de incapacidade e a interdição civil produzem efeitos extraterritoriais.

ART. 93. Aplicar-se-á a lei local à obrigação do tutor ou curador alimentar o menor ou incapaz e à faculdade de os corrigir só moderadamente.

ART. 94. A capacidade para ser membro de um conselho de família regula-se pela lei pessoal do interessado.

ART. 95. As incapacidades especiais e a organização, funcionamento, direitos e deveres do conselho de família submetem-se à lei pessoal do tutelado.

ART. 96. Em todo caso, as atas e deliberações do conselho de família deverão ajustar-se às formas e solenidades prescritas pela lei do lugar em que se reunir.

ART. 97. Os Estados contratantes que tenham por lei pessoal a do domicílio poderão exigir, no caso de mudança do domicílio dos incapazes de um país para outro, que se ratifique a tutela ou curatela ou se outorgue outra.

CAPÍTULO XI
DA PRODIGALIDADE

ART. 98. A declaração de prodigalidade e seus efeitos subordinam-se à lei pessoal do pródigo.

ART. 99. Apesar do disposto no artigo anterior, a lei do domicílio pessoal não terá aplicação à declaração de prodigalidade das pessoas cujo direito pessoal desconheça esta instituição.

ART. 100. A declaração de prodigalidade, feita num dos Estados contratantes, tem eficácia extraterritorial em relação aos demais, sempre que o permita o direito local.

CAPÍTULO XII
DA EMANCIPAÇÃO E MAIORIDADE

ART. 101. As regras aplicáveis à emancipação e à maioridade são as estabelecidas pela legislação pessoal do interessado.

ART. 102. Contudo, a legislação local pode ser declarada aplicável à maioridade como requisito para se optar pela nacionalidade da dita legislação.

CAPÍTULO XIII
DO REGISTRO CIVIL

ART. 103. As disposições relativas ao registro civil são territoriais, salvo no que se refere ao registro mantido pelos agentes consulares ou funcionários diplomáticos. Essa prescrição não prejudica os direitos de outro Estado, quanto às relações jurídicas submetidas ao direito internacional público.

ART. 104. De toda inscrição relativa a um nacional de qualquer dos Estados contratantes, que se fizer no registro civil de outro, deve enviar-se, gratuitamente, por via diplomática, certidão literal e oficial, ao país do interessado.

TÍTULO II
DOS BENS

CAPÍTULO I
DA CLASSIFICAÇÃO DOS BENS

ART. 105. Os bens, seja qual for a sua classe, ficam submetidos à lei do lugar.

ART. 106. Para os efeitos do artigo anterior, ter-se-á em conta, quanto aos bens móveis corpóreos e Títulos representativos de créditos de qualquer classe, o lugar da sua situação ordinária ou normal.

ART. 107. A situação dos créditos determina-se pelo lugar onde se devem tornar efetivos, e, no caso de não estar fixado, pelo domicílio do devedor.

ART. 108. A propriedade industrial e intelectual e os demais direitos análogos, de natureza econômica, que autorizam o exercício de certas atividades concedidas pela lei, consideram-se situados onde se tiverem registrado oficialmente.

ART. 109. As concessões reputam-se situadas onde houverem sido legalmente obtidas.

ART. 110. Em falta de toda e qualquer outra regra e, além disto, para os casos não previstos neste Código, entender-se-á que os bens móveis de toda classe estão situados no domicílio do seu proprietário, ou, na falta deste, no do possuidor.

ART. 111. Excetuam-se do disposto no artigo anterior as coisas dadas em penhor, que se consideram situadas no domicílio da pessoa em cuja posse tenham sido colocadas.

ART. 112. Aplicar-se-á sempre a lei territorial para se distinguir entre os bens móveis e imóveis, sem prejuízo dos direitos adquiridos por terceiros.

ART. 113. À mesma lei territorial, sujeitam-se as demais classificações e qualificações jurídicas dos bens.

CAPÍTULO II
DA PROPRIEDADE

ART. 114. O bem de família, inalienável e isento de gravames e embargos, regula-se pela lei da situação.

Contudo, os nacionais de um Estado contratante em que se não admita ou regule essa espécie de propriedade, não a poderão ter ou constituir em outro, a não ser que, com isso, não prejudiquem seus herdeiros forçados.

ART. 115. A propriedade intelectual e a industrial regular-se-ão pelo estabelecido nos convênios internacionais especiais, ora existentes, ou que no futuro se venham a celebrar.

Na falta deles, sua obtenção, registro e gozo ficarão submetidos ao direito local que as outorgue.

ART. 116. Cada Estado contratante tem a faculdade de submeter a regras especiais, em relação aos estrangeiros, a propriedade mineira, a dos navios de pesca e de cabotagem, as indústrias no mar territorial e na zona marítima e a obtenção e gozo de concessões e obras de utilidade pública e de serviço público.

ART. 117. As regras gerais sobre propriedade e o modo de a adquirir ou alienar entre vivos, inclusive as aplicáveis a tesouro oculto, assim como as que regem as águas do domínio público e privado e seu aproveitamento, são de ordem pública internacional.

CAPÍTULO III
DA COMUNHÃO DE BENS

ART. 118. A comunhão de bens rege-se, em geral, pelo acordo ou vontade das partes e, na sua falta, pela lei do lugar.

Ter-se-á, este último como domicílio da comunhão, na falta do acordo em contrário.

ART. 119. Aplicar-se-á sempre a lei local, com caráter exclusivo, ao direito de pedir a divisão de objeto comum e às formas e condições do seu exercício.

ART. 120. São de ordem pública internacional as disposições sobre demarcação e balizamento, sobre o direito de fechar as propriedades rústicas e as relativas a edifícios em ruína e árvores que ameacem cair.

CAPÍTULO IV
DA POSSE

ART. 121. A posse e os seus efeitos regulam-se pela lei local.

ART. 122. Os modos de adquirir a posse regulam-se pela lei aplicável a cada um deles, segundo a sua natureza.

ART. 123. Determinam-se pela lei do tribunal os meios e os trâmites utilizáveis para se manter a posse do possuidor inquietado, perturbado ou despojado, em virtude de medidas ou decisões judiciais ou em consequência delas.

CAPÍTULO V
DO USUFRUTO, DO USO E DA HABITAÇÃO

ART. 124. Quando o usufruto se constituir por determinação da lei de um Estado contratante, a dita lei regulá-lo-á obrigatoriamente.

ART. 125. Se o usufruto se houver constituído pela vontade dos particulares, manifestada em atos *inter vivos* ou *mortis causa*, aplicar-se-á, respectivamente, a lei do ato ou a da sucessão.

ART. 126. Se o usufruto surgir por prescrição, sujeitar-se-á à lei local que a tiver estabelecido.

ART. 127. Depende da lei pessoal do filho o preceito que dispensa, ou não, da fiança o pai usufrutuário.

ART. 128. Subordinam-se à lei da sucessão a necessidade de prestar fiança o cônjuge sobrevivente, pelo usufruto hereditário, e a obrigação do usufrutuário de pagar certos legados ou dívidas hereditárias.

ART. 129. São de ordem pública internacional as regras que definem o usufruto e as formas da sua constituição, as que fixam as causas legais, pelas quais ele se extingue, e as que o limitam a certo número de anos para as comunidades, corporações ou sociedades.

ART. 130. O uso e a habitação regem-se pela vontade da parte ou das partes que os estabelecerem.

CAPÍTULO VI
DAS SERVIDÕES

ART. 131. Aplicar-se-á o direito local ao conceito e classificação das servidões, aos modos não convencionais de as adquirir e de se extinguirem e aos direitos e obrigações, neste caso, dos proprietários dos prédios dominante e serviente.

ART. 132. As servidões de origem contratual ou voluntária submetem-se à lei do ato ou relação jurídica que as origina.

ART. 133. Excetuam-se do que se dispõe no artigo anterior e estão sujeitos à lei territorial a comunidade de pastos em terrenos públicos e o resgate do aproveitamento de lenhas e demais produtos dos montes de propriedade particular.

ART. 134. São de ordem privada as regras aplicáveis às servidões legais que se impõem no interesse ou por utilidade particular.

ART. 135. Deve aplicar-se o direito territorial ao conceito e enumeração das servidões legais, bem como à regulamentação não convencional das águas, passagens, meações, luz e vista, escoamento de águas de edifícios e distâncias e obras intermédias para construções e plantações.

CAPÍTULO VII
DOS REGISTROS DA PROPRIEDADE

ART. 136. São de ordem pública internacional as disposições que estabelecem e regulam os registros da propriedade e impõem a sua necessidade em relação a terceiros.

ART. 137. Inscrever-se-ão nos registros de propriedade de cada um dos Estados contratantes os documentos ou Títulos, suscetíveis de inscrição, outorgados em outro, que tenham força no primeiro, de acordo com este Código, e os julgamentos executórios a que, de acordo com o mesmo, se dê cumprimento no Estado a que o registro corresponda ou tenha nele força de coisa julgada.

ART. 138. As disposições sobre hipoteca legal, a favor do Estado, das províncias ou dos municípios, são de ordem pública internacional.

ART. 139. A hipoteca legal que algumas leis concedem em benefício de certas pessoas individuais somente será exigível quando a lei pessoal concorde com a lei do lugar em que estejam situados os bens atingidos por ela.

TÍTULO III
DE VÁRIOS MODOS DE ADQUIRIR

CAPÍTULO I
REGRA GERAL

ART. 140. Aplica-se o direito local aos modos de adquirir em relação aos quais não haja neste Código disposições em contrário.

CAPÍTULO II
DAS DOAÇÕES

ART. 141. As doações, quando forem de origem contratual, ficarão submetidas, para sua perfeição e efeitos, *inter vivos*, às regras gerais dos contratos.

ART. 142. Sujeitar-se-á às leis pessoais respectivas, do doador e do donatário, a capacidade de cada um deles.

ART. 143. As doações que devam produzir efeito por morte do doador participarão da natureza das disposições de última vontade e se regerão pelas regras internacionais estabelecidas, neste Código, para a sucessão testamentária.

CAPÍTULO III
DAS SUCESSÕES EM GERAL

ART. 144. As sucessões legítimas e as testamentárias, inclusive a ordem de sucessão, a quota dos direitos sucessórios e a validade intrínseca das disposições, reger-se-ão, salvo as exceções adiante estabelecidas, pela lei pessoal do de cujus, qualquer que seja a natureza dos bens e o lugar em que se encontrem.

ART. 145. É de ordem pública internacional o preceito em virtude do qual os direitos à sucessão de uma pessoa se transmitem no momento da sua morte.

CAPÍTULO IV
DOS TESTAMENTOS

ART. 146. A capacidade para dispor por testamento regula-se pela lei pessoal do testador.

ART. 147. Aplicar-se-á a lei territorial às regras estabelecidas por cada Estado para prova de que o testador demente está em intervalo lúcido.

ART. 148. São de ordem pública internacional as disposições que não admitem o testamento mancomunado, o ológrafo ou o verbal, e as que o declarem ato personalíssimo.

ART. 149. Também são de ordem pública internacional as regras sobre a forma de papéis privados relativos ao testamento e sobre nulidade do testamento outorgado com violência, dolo ou fraude.

ART. 150. Os preceitos sobre a forma dos testamentos são de ordem pública internacional, com exceção dos relativos ao testamento outorgado no estrangeiro e ao militar e ao marítimo, nos casos em que se outorguem fora do país.

ART. 151. Subordinam-se à lei pessoal do testador a procedência, condições e efeitos da revogação de um testamento, mas a presunção de o haver revogado é determinada pela lei local.

CAPÍTULO V
DA HERANÇA

ART. 152. A capacidade para suceder por testamento ou sem ele regula-se pela lei pessoal do herdeiro ou legatário.

ART. 153. Não obstante o disposto no artigo precedente, são de ordem pública internacional as incapacidades para suceder que os Estados contratantes considerem como tais.

ART. 154. A instituição e a substituição de herdeiros ajustar-se-ão à lei pessoal do testador.

ART. 155. Aplicar-se-á, todavia, o direito local à proibição ou substituições fideicomissárias que passem do segundo grau ou que se façam a favor de pessoas que não vivam por ocasião do falecimento do testador e as que envolvam proibição perpétua de alienar.

ART. 156. A nomeação e as faculdades dos testamenteiros ou executores testamentários dependem da lei pessoal do defunto e devem ser reconhecidas em cada um dos Estados contratantes, de acordo com essa lei.

ART. 157. Na sucessão intestada, quando a lei chamar o Estado a Título de herdeiro, na falta de outros, aplicar-se-á a lei pessoal do de cujus, mas se o chamar como ocupante de res nullius aplicar-se-á o direito local.

ART. 158. As precauções que se devem adotar quando a viúva estiver grávida ajustar-se-ão ao disposto na legislação do lugar em que ela se encontrar.

ART. 159. As formalidades requeridas para aceitação da herança a benefício de inventário, ou para se fazer uso do direito de deliberar, são as estabelecidas na lei do lugar em que a sucessão for aberta, bastando isso para os seus efeitos extraterritoriais.

ART. 160. O preceito que se refira à pro indivisão ilimitada da herança ou estabeleça a partilha provisória é de ordem pública internacional.

ART. 161. A capacidade para pedir e levar a cabo a divisão subordina-se à lei pessoal do herdeiro.

ART. 162. A nomeação e as faculdades do contador ou perito partidor dependem da lei pessoal do de cujus.

ART. 163. Subordina-se a essa mesma lei o pagamento das dívidas hereditárias. Contudo, os credores que tiverem garantia de caráter real poderão torná-la efetiva, de acordo com a lei que reja essa garantia.

TÍTULO IV
DAS OBRIGAÇÕES E CONTRATOS

CAPÍTULO I
DAS OBRIGAÇÕES EM GERAL

ART. 164. O conceito e a classificação das obrigações subordinam-se à lei territorial.

ART. 165. As obrigações derivadas da lei regem-se pelo direito que as tiver estabelecido.

ART. 166. As obrigações que nascem dos contratos têm força da lei entre as partes contratantes e devem cumprir-se segundo o teor dos mesmos, salvo as limitações estabelecidas neste Código.

ART. 167. As obrigações originadas por delitos ou faltas estão sujeitas ao mesmo direito que o delito ou falta de que procedem.

ART. 168. As obrigações que derivem de atos ou omissões, em que intervenha culpa ou negligência não punida pela lei, reger-se-ão pelo direito do lugar em que tiver ocorrido a negligência ou culpa que as origine.

ART. 169. A natureza e os efeitos das diversas categorias de obrigações, assim como a sua extinção, regem-se pela lei da obrigação de que se trate.

ART. 170. Não obstante o disposto no artigo anterior, a lei local regula as condições do pagamento e a moeda em que se deve fazer.

ART. 171. Também se submete à lei do lugar a determinação de quem deve satisfazer às despesas judiciais que o pagamento originar, assim como a sua regulamentação.

ART. 172. A prova das obrigações subordina-se, quanto à sua admissão e eficácia, à lei que reger a mesma obrigação.

ART. 173. A impugnação da certeza do lugar da outorga de um documento particular, se influir na sua eficácia, poderá ser feita sempre pelo terceiro a quem prejudicar, e a prova ficará a cargo de quem a apresentar.

ART. 174. A presunção de coisa julgada por sentença estrangeira será admissível, sempre que a sentença reunir as condições necessárias para a sua execução no território, conforme o presente Código.

CAPÍTULO II
DOS CONTRATOS EM GERAL

ART. 175. São regras de ordem pública internacional as que vedam o estabelecimento de pactos, cláusulas e condições contrárias às leis, à moral e à ordem pública e as que proíbem o juramento e o consideram sem valor.

ART. 176. Dependem da lei pessoal de cada contratante as regras que determinam a capacidade ou a incapacidade para prestar o consentimento.

ART. 177. Aplicar-se-á a lei territorial ao erro, à violência, à intimidação e ao dolo, em relação ao consentimento.

ART. 178. É também territorial toda regra que proíbe sejam objeto de contrato serviços contrários às leis e aos bons costumes e coisas que estejam fora do comércio.

ART. 179. São de ordem pública internacional as disposições que se referem à causa ilícita nos contratos.

ART. 180. Aplicar-se-ão simultaneamente a lei do lugar do contrato e a da sua execução, à necessidade de outorgar escritura ou documento público para a eficácia de determinados convênios e a de os fazer constar por escrito.

ART. 181. A rescisão dos contratos, por incapacidade ou ausência, determina-se pela lei pessoal do ausente ou incapaz.

ART. 182. As demais causas de rescisão e sua forma e efeitos subordinam-se à lei territorial.

ART. 183. As disposições sobre nulidade dos contratos são submetidas à lei de que dependa a causa da nulidade.

ART. 184. A interpretação dos contratos deve efetuar-se, como regra geral, de acordo com a lei que os rege.

Contudo, quando essa lei for discutida e deva resultar da vontade tácita das partes, aplicar-se-á, por presunção, a legislação que para esse caso se determina nos arts. 185 e 186, ainda que isso leve a aplicar ao contrato uma lei distinta, como resultado da interpretação da vontade.

ART. 185. Fora das regras já estabelecidas e das que no futuro se consignem para os casos especiais, nos contratos de adesão presume-se aceita, na falta de vontade expressa ou tácita, a lei de quem os oferece ou prepara.

ART. 186. Nos demais contratos, e para o caso previsto no artigo anterior, aplicar-se-á em primeiro lugar a lei pessoal comum aos contratantes e, na sua falta, a do lugar da celebração.

CAPÍTULO III
DOS CONTRATOS MATRIMONIAIS EM RELAÇÃO AOS BENS

ART. 187. Os contratos matrimoniais regem-se pela lei pessoal comum aos contratantes e, na sua falta, pela do primeiro domicílio matrimonial.

Essas mesmas leis determinam, nessa ordem, o regime legal supletivo, na falta de estipulação.

ART. 188. É de ordem pública internacional o preceito que veda celebrar ou modificar contratos nupciais na constância do matrimônio, ou que se altere o regime de bens por mudanças de nacionalidade ou de domicílio posteriores ao mesmo.

ART. 189. Têm igual caráter os preceitos que se referem à rigorosa aplicação das leis e dos bons costumes, aos efeitos dos contratos nupciais em relação a terceiros e à sua forma solene.

ART. 190. A vontade das partes regula o direito aplicável às doações por motivo de matrimônio, exceto no que se refere à capacidade dos contratantes, à salvaguarda de direitos dos herdeiros legítimos e à sua nulidade, enquanto o matrimônio subsistir, subordinando-se tudo à lei geral que o regular e desde que a ordem pública internacional não seja atingida.

ART. 191. As disposições relativas ao dote e aos bens parafernais dependem da lei pessoal da mulher.

ART. 192. É de ordem pública internacional o preceito que repudia a inalienabilidade do dote.

ART. 193. É de ordem pública internacional a proibição de renunciar à comunhão de bens adquiridos durante o matrimônio.

CAPÍTULO IV
DA COMPRA E VENDA, CESSÃO DE CRÉDITO E PERMUTA

ART. 194. São de ordem pública internacional as disposições relativas à alienação forçada por utilidade pública.

ART. 195. O mesmo sucede com as disposições que fixam os efeitos da posse e do registro entre vários adquirentes e as referentes à remissão legal.

CAPÍTULO V
DO ARRENDAMENTO

ART. 196. No arrendamento de coisas, deve aplicar-se a lei territorial às medidas para salvaguarda do interesse de terceiros e aos direitos e deveres do comprador de imóvel arrendado.

ART. 197. É de ordem pública internacional, na locação de serviços, a regra que impede contratá-los por toda a vida ou por mais de certo tempo.

ART. 198. Também é territorial a legislação sobre acidentes do trabalho e proteção social do trabalhador.

ART. 199. São territoriais, quanto aos transportes por água, terra e ar, as leis e regulamentos locais e especiais.

CAPÍTULO VI
DOS FOROS

ART. 200. Aplica-se a lei territorial à determinação do conceito e categorias dos foros, seu caráter remissível, sua prescrição e à ação real que deles deriva.

ART. 201. Para o foro enfitêutico, são igualmente territoriais as disposições que fixam as duas condições e formalidades, que lhe impõem um reconhecimento ao fim de certo número de anos e que proíbem a subenfiteuse.

ART. 202. No foro consignativo, é de ordem pública internacional a regra que proíbe que o pagamento em frutos possa consistir em uma parte alíquota do que produza a propriedade aforada.

ART. 203. Tem o mesmo caráter, no foro reservativo, a exigência de que se valorize a propriedade aforada.

CAPÍTULO VII
DA SOCIEDADE

ART. 204. São leis territoriais as que exigem, na sociedade, um objeto licito, formas solenes, e inventários, quando haja imóveis.

CAPÍTULO VIII
DO EMPRÉSTIMO

ART. 205. Aplica-se a lei local à necessidade do pacto expresso de juros e sua taxa.

CAPÍTULO IX
DO DEPÓSITO

ART. 206. São territoriais as disposições referentes ao depósito necessário e ao sequestro.

CAPÍTULO X
DOS CONTRATOS ALEATÓRIOS

ART. 207. Os efeitos das capacidades, em ações nascidas do contrato de jogo, determinam-se pela lei pessoal do interessado.

ART. 208. A lei local define os contratos dependentes de sorte e determina o jogo e a aposta permitidos ou proibidos.

ART. 209. É territorial a disposição que declara nula a renda vitalícia sobre a vida de uma pessoa, morta na data da outorga, ou dentro de certo prazo, se estiver padecendo de doença incurável.

CAPÍTULO XI
DAS TRANSAÇÕES E COMPROMISSOS

ART. 210. São territoriais as disposições que proíbem transigir ou sujeitar a compromissos determinadas matérias.

ART. 211. A extensão e efeitos do compromisso e a autoridade de coisa julgada da transação dependem também da lei territorial.

CAPÍTULO XII
DA FIANÇA

ART. 212. É de ordem pública internacional a regra que proíbe ao fiador obrigar-se por mais do que o devedor principal.

ART. 213. Correspondem à mesma categoria as disposições relativas à fiança legal ou judicial.

CAPÍTULO XIII
DO PENHOR, DA HIPOTECA E DA ANTICRESE

ART. 214. É territorial a disposição que proíbe ao credor apropriar-se das coisas recebidas como penhor ou hipoteca.

ART. 215. Também o são os preceitos que determinam os requisitos essenciais do contrato de penhor, e eles devem vigorar quando o objeto penhorado se transfira a outro lugar onde as regras sejam diferentes das exigidas ao celebrar-se o contrato.

ART. 216. São igualmente territoriais as prescrições em virtude das quais o penhor deva ficar em poder do credor ou de um terceiro, as que exijam, para valer contra terceiros, que conste, por instrumento público, a data certa e as que fixem o processo para a sua alienação.

ART. 217. Os regulamentos especiais de montes de socorro e estabelecimentos públicos análogos são obrigatórios territorialmente para todas as operações que com eles se realizem.

ART. 218. São territoriais as disposições que fixam o objeto, as condições, os requisitos, o alcance e a inscrição do contrato de hipoteca.

ART. 219. É igualmente territorial a proibição de que o credor adquira a propriedade do imóvel em anticrese, por falta do pagamento da dívida.

CAPÍTULO XIV
DOS QUASE CONTRATOS

ART. 220. A gestão de negócios alheios é regulada pela lei do lugar em que se efetuar.

ART. 221. A cobrança do indébito submete-se à lei pessoal comum das partes e, na sua falta, à do lugar em que se fizer o pagamento.

ART. 222. Os demais quase contratos subordinam-se à lei que regule a instituição jurídica que os origine.

CAPÍTULO XV
DO CONCURSO E PREFERÊNCIA DE CRÉDITOS

ART. 223. Se as obrigações concorrentes não têm caráter real e estão submetidas a uma lei comum, a dita lei regulará também a sua preferência.

ART. 224. Às obrigações garantidas com ação real, aplicar-se-á a lei da situação da garantia.

ART. 225. Fora dos casos previstos nos artigos anteriores, deve aplicar-se à preferência de créditos a lei do tribunal que tiver que a decidir.

ART. 226. Se a questão for apresentada, simultaneamente em mais de um tribunal de Estados diversos, resolver-se-á de acordo com a lei daquele que tiver realmente sob a sua jurisdição os bens ou numerário em que se deva fazer efetiva a preferência.

CAPÍTULO XVI
DA PRESCRIÇÃO

ART. 227. A prescrição aquisitiva de bens móveis ou imóveis é regulada pela lei do lugar em que estiverem situados.

ART. 228. Se as coisas móveis mudarem de situação, estando a caminho de prescrever, será regulada a prescrição pela lei do lugar em que se encontrarem ao completar-se o tempo requerido.

ART. 229. A prescrição extintiva de ações pessoais é regulada pela lei a que estiver sujeita a obrigação que se vai extinguir.

ART. 230. A prescrição extintiva de ações reais é regulada pela lei do lugar em que esteja situada a coisa a que se refira.

ART. 231. Se, no caso previsto no artigo anterior, se tratar de coisas móveis que tiverem mudado de lugar durante o prazo da prescrição, aplicar-se-á a lei do lugar em que se encontrarem ao completar-se o período ali marcado para a prescrição.

LIVRO II
DIREITO COMERCIAL INTERNACIONAL

TÍTULO I
DOS COMERCIANTES E DO COMÉRCIO EM GERAL

CAPÍTULO I
DOS COMERCIANTES

ART. 232. A capacidade para exercer o comércio e para intervir em atos e contratos comerciais é regulada pela lei pessoal de cada interessado.

ART. 233. A essa mesma lei pessoal se subordinam as incapacidades e a sua habilitação.

ART. 234. A lei do lugar em que o comércio se exerce deve aplicar-se às medidas de publicidade necessárias para que se possam dedicar a ele, por meio de seus representantes, os incapazes, ou, por si mesmas, as mulheres casadas.

ART. 235. A lei local deve aplicar-se à incompatibilidade para o exercício do comércio pelos empregados públicos e pelos agentes de comércio e corretores.

ART. 236. Toda incompatibilidade para o comércio, que resultar de leis ou disposições especiais em determinado território, será regida pelo direito desse território.

ART. 237. A dita incompatibilidade, quanto a funcionários diplomáticos e agentes consulares, será regulada pela lei do Estado que os nomear. O país onde residirem tem igualmente o direito de lhes proibir o exercício do comércio.

ART. 238. O contrato social ou a lei a que o mesmo fique sujeito aplica-se à proibição de que os sócios coletivos ou comanditários realizem, por conta própria ou alheia, operações mercantis ou determinada classe destas.

CAPÍTULO II
DA QUALIDADE DE COMERCIANTE E DOS ATOS DE COMÉRCIO

ART. 239. Para todos os efeitos de caráter publico, a qualidade do comerciante é determinada pela lei do lugar em que se tenha realizado o ato ou exercido a indústria de que se trate.

ART. 240. A forma dos contratos e atos comerciais é subordinada à lei territorial.

CAPÍTULO III
DO REGISTRO MERCANTIL

ART. 241. São territoriais as disposições relativas à inscrição, no registro mercantil, dos comerciantes e sociedades estrangeiras.

ART. 242. Têm o mesmo caráter as regras que estabelecem o efeito da inscrição, no dito registro, de créditos ou direitos de terceiros.

CAPÍTULO IV
DOS LUGARES E CASAS DE BOLSA E COTAÇÃO OFICIAL DE TÍTULOS PÚBLICOS E DOCUMENTOS DE CRÉDITO AO PORTADOR

ART. 243. As disposições relativas aos lugares e casas de bolsa e cotação oficial de Títulos públicos e documentos de crédito ao portador são de ordem pública internacional.

CAPÍTULO V
DISPOSIÇÕES GERAIS SOBRE OS CONTRATOS DE COMÉRCIO

ART. 244. Aplicar-se-ão aos contratos de comércio as regras gerais estabelecidas para os contratos civis no capítulo segundo, Título quarto, livro primeiro deste Código.

ART. 245. Os contratos por correspondência só ficarão perfeitos mediante o cumprimento das condições que para esse efeito indicar a legislação de todos os contratantes.

ART. 246. São de ordem pública internacional as disposições relativas a contratos ilícitos e a prazos de graça, cortesia e outros análogos.

TÍTULO II - DOS CONTRATOS ESPECIAIS DE COMÉRCIO

CAPÍTULO I
DAS COMPANHIAS COMERCIAIS

ART. 247. O caráter comercial de uma sociedade coletiva ou comanditária determina-se pela lei a que estiver submetido o contrato social e, na sua falta, pela do lugar em que tiver o seu domicílio comercial.

Se essas leis não distinguirem entre sociedades comerciais e civis, aplicar-se-á o direito do país em que a questão for submetida a juízo.

ART. 248. O caráter mercantil de uma sociedade anônima depende da lei do contrato social, na falta deste, da do lugar em que se efetuem as assembleias gerais de acionistas, e em sua falta da do em que normalmente resida o seu Conselho ou Junta diretiva.

Se essas leis não distinguirem entre sociedades comerciais e civis, terá um ou outro caráter, conforme esteja ou não inscrita no registro comercial do país onde a questão deva ser julgada. Em falta de registro mercantil, aplicar-se-á o direito local deste último país.

ART. 249. Tudo quanto se relacione com a constituição e maneira de funcionar das sociedades mercantis e com a responsabilidade dos seus órgãos está sujeito ao contrato social, e, eventualmente, à lei que o reja.

ART. 250. A emissão de ações e obrigações em um Estado contratante, as formas e garantias de publicidade e a responsabilidade dos gerentes de agências e sucursais, a respeito de terceiros, submetem-se à lei territorial.

ART. 251. São também territoriais as leis que subordinam a sociedade a um regime especial, em vista das suas operações.

ART. 252. As sociedades mercantis, devidamente constituídas em um Estado contratante, gozarão da mesma personalidade jurídica nos demais, salvas as limitações do direito territorial.

ART. 253. São territoriais as disposições que se referem à criação, funcionamento e privilégios dos bancos de emissão e desconto, companhias de armazéns gerais de depósitos, e outras análogas.

CAPÍTULO II
DA COMISSÃO MERCANTIL

ART. 254. São de ordem pública internacional as prescrições relativas à forma da venda urgente pelo comissário, para salvar, na medida do possível, o valor das coisas em que a comissão consista.

ART. 255. As obrigações do preposto estão sujeitas à lei do domicílio mercantil do mandante.

CAPÍTULO III
DO DEPÓSITO E EMPRÉSTIMO MERCANTIS

ART. 256. As responsabilidades não civis do depositário, regem-se pela lei do lugar do depósito.

ART. 257. A taxa legal e a liberdade dos juros mercantis são de ordem pública internacional.

ART. 258. São territoriais as disposições referentes ao empréstimo com garantia de Títulos cotizáveis, negociado em bolsa, com intervenção de agente competente ou funcionário oficial.

CAPÍTULO IV
DO TRANSPORTE TERRESTRE

ART. 259. Nos casos de transporte internacional, há somente um contrato, regido pela lei que lhe corresponda, segundo a sua natureza.

ART. 260. Os prazos e formalidades para o exercício de ações surgidas desse contrato, e não previstas no mesmo, regem-se pela lei do lugar em que se produzam os fatos que as originem.

CAPÍTULO V
DOS CONTRATOS DE SEGURO

ART. 261. O contrato de seguro contra incêndios rege-se pela lei do lugar onde, ao ser efetuado, se ache a coisa segurada.

ART. 262. Os demais contratos de seguros seguem a regra geral, regulando-se pela lei pessoal comum das partes ou, na sua falta, pela do lugar da celebração; mas, as formalidades externas para comprovação de fatos ou omissões, necessárias ao exercício ou conservação de ações ou direitos, ficam sujeitas à lei do lugar em que se produzir o fato ou omissão que as originar.

CAPÍTULO VI
DO CONTRATO E LETRA DE CÂMBIO E EFEITOS MERCANTIS ANÁLOGOS

ART. 263. A forma do saque, endosso, fiança, intervenção, aceite e protesto de uma letra de câmbio submete-se à lei do lugar em que cada um dos ditos atos se realizar.

ART. 264. Na falta de convênio expresso ou tácito, as relações jurídicas entre o sacador e o tomador serão reguladas pela lei do lugar em que a letra se saca.

ART. 265. Em igual caso, as obrigações e direitos entre o aceitante e o portador regulam-se pela lei do lugar em que se tiver efetuado o aceite.

ART. 266. Na mesma hipótese, os efeitos jurídicos que o endosso produz, entre o endossante e o endossado, dependem da lei do lugar em que a letra for endossada.

ART. 267. A maior ou menor extensão das obrigações de cada endossante não altera os direitos e deveres originários do sacador e do tomador.

ART. 268. O aval, nas mesmas condições, é regulado pela lei do lugar em que se presta.

ART. 269. Os efeitos jurídicos da aceitação por intervenção regulam-se, em falta de convenção, pela lei do lugar em que o terceiro intervier.

ART. 270. Os prazos e formalidades para o aceite, pagamento e protesto submetem-se à lei local.

ART. 271. As regras deste capítulo são aplicáveis às notas promissórias, vales e cheques.

CAPÍTULO VII
DA FALSIFICAÇÃO, ROUBO, FURTO OU EXTRAVIO DE DOCUMENTOS DE CRÉDITO E TÍTULOS AO PORTADOR

ART. 272. As disposições relativas à falsificação, roubo, furto ou extravio de documentos de crédito e Títulos ao portador são de ordem pública internacional.

ART. 273. A adoção das medidas que estabeleça a lei do lugar em que o ato se produz não dispensa os interessados de tomar quaisquer outras determinadas pela lei do lugar em que esses documentos e efeitos tenham cotação e pela do lugar do seu pagamento.

TÍTULO III
DO COMÉRCIO MARÍTIMO E AÉREO

CAPÍTULO I
DOS NAVIOS E AERONAVES

ART. 274. A nacionalidade dos navios prova-se pela patente de navegação e a certidão do registro, e tem a bandeira como sinal distintivo aparente.

ART. 275. A lei do pavilhão regula as formas de publicidade requeridas para a transmissão da propriedade de um navio.

ART. 276. À lei da situação deve submeter-se a faculdade de embargar e vender judicialmente um navio, esteja ou não carregado e despachado.

ART. 277. Regulam-se pela lei do pavilhão os direitos dos credores, depois da venda do navio, e a extinção dos mesmos.

ART. 278. A hipoteca marítima e os privilégios e garantias de caráter real, constituídos de acordo com a lei do pavilhão, têm efeitos extraterritoriais, até nos países cuja legislação não conheça ou não regule essa hipoteca ou esses privilégios.

ART. 279. Sujeitam-se também à lei do pavilhão os poderes e obrigações do capitão e a responsabilidade dos proprietários e armadores pelos seus atos.

ART. 280. O reconhecimento do navio, o pedido de prático e a polícia sanitária dependem da lei territorial.

ART. 281. As obrigações dos oficiais e gente do mar e a ordem interna do navio subordinam-se à lei do pavilhão.

ART. 282. As precedentes disposições deste capítulo aplicam-se também às aeronaves.

ART. 283. São de ordem pública internacional as regras sobre a nacionalidade dos proprietários de navios e aeronaves e dos armadores, assim como dos oficiais e da tripulação.

ART. 284. Também são de ordem pública internacional as disposições sobre nacionalidade de navios e aeronaves para o comércio fluvial, lacustre e de cabotagem e entre determinados lugares do território dos Estados contratantes, assim como para a pesca e outras indústrias submarinas no mar territorial.

CAPÍTULO II
DOS CONTRATOS ESPECIAIS DE COMÉRCIO MARÍTIMO E AÉREO

ART. 285. O fretamento, caso não seja um contrato de adesão, reger-se-á pela lei do lugar de saída das mercadorias.
Os atos de execução do contrato ajustar-se-ão à lei do lugar em que se efetuarem.

ART. 286. As faculdades do capitão para o empréstimo de risco marítimo determinam-se pela lei do pavilhão.

ART. 287. O contrato de empréstimo de risco marítimo, salvo convenção em contrário, subordina-se à lei do lugar em que o empréstimo se efetue.

ART. 288. Para determinar se a avaria é simples ou grossa e a proporção em que devem contribuir para suportar o navio e a carga, aplica-se a lei do pavilhão.

ART. 289. O abalroamento fortuito, em águas territoriais ou no espaço aéreo nacional, submete-se à lei do pavilhão, se este for comum.

ART. 290. No mesmo caso, se os pavilhões diferem, aplica-se a lei do lugar.

ART. 291. Aplica-se essa mesma lei local a todo caso de abalroamento culpável, em águas territoriais ou no espaço aéreo nacional.

ART. 292. A lei do pavilhão aplicar-se-á nos casos de abalroamento fortuito ou culpável, em alto mar ou no livre espaço, se os navios ou aeronaves tiverem o mesmo pavilhão.

ART. 293. Em caso contrário, regular-se-á pelo pavilhão do navio ou aeronave abalroado, se o abalroamento for culpável.

ART. 294. Nos casos de abalroamento fortuito, no alto mar ou no espaço aéreo livre, entre navios ou aeronaves de diferentes pavilhões, cada um suportará a metade da soma total do dano, dividido segundo a lei de um deles, e a metade restante dividida segundo a lei do outro.

TÍTULO IV
DA PRESCRIÇÃO

ART. 295. A prescrição das ações originadas em contratos e atos comerciais ajustar-se-á às regras estabelecidas neste Código, a respeito das ações cíveis.

LIVRO III
DIREITO PENAL INTERNACIONAL

CAPÍTULO I
DAS LEIS PENAIS

ART. 296. As leis penais obrigam a todos os que residem no território, sem mais exceções do que as estabelecidas neste capítulo.

ART. 297. Estão isentos das leis penais de cada Estado contratante os chefes de outros Estados que se encontrem no seu território.

ART. 298. Gozam de igual isenção os representantes diplomáticos dos Estados contratantes, em cada um dos demais, assim como os seus empregados estrangeiros, e as pessoas da família dos primeiros, que vivam em sua companhia.

ART. 299. As leis penais de um Estado não são, tão pouco, aplicáveis aos delitos cometidos no perímetro das operações militares, quando esse Estado haja autorizado a passagem, pelo seu território, de um exército de outro Estado contratante, contanto que tais delitos não tenham relação legal com o dito exército.

ART. 300. Aplica-se a mesma isenção aos delitos cometidos em águas territoriais ou no espaço aéreo nacional, a bordo de navios ou aeronaves estrangeiros de guerra.

ART. 301. O mesmo sucede com os delitos cometidos em águas territoriais ou espaço aéreo nacional, em navios ou aeronaves mercantes estrangeiros, se não têm relação alguma com o país e seus habitantes, nem perturbam a sua tranquilidade.

ART. 302. Quando os atos de que se componha um delito se realizem em Estados contratantes diversos, cada Estado pode castigar o ato realizado em seu país, se ele constitui, por si só, um fato punível.
Em caso contrário, dar-se-á preferência ao direito da soberania local em que o delito se tiver consumado.

ART. 303. Se se trata de delitos conexos em territórios de mais de um Estado contratante, só ficará subordinado à lei penal de cada um o que for cometido no seu território.

ART. 304. Nenhum Estado contratante aplicará em seu território as leis penais dos outros.

CAPÍTULO II
DOS DELITOS COMETIDOS EM UM ESTADO ESTRANGEIRO CONTRATANTE

ART. 305. Estão sujeitos, no estrangeiro, às leis penais de cada Estado contratante, os que cometerem um delito contra a segurança interna ou externa do mesmo Estado ou contra o seu crédito público, seja qual for a nacionalidade ou o domicílio do delinquente.

ART. 306. Todo nacional de um Estado contratante ou todo estrangeiro nele domiciliado, que cometa em país estrangeiro um delito contra a independência desse Estado, fica sujeito às suas leis penais.

ART. 307. Também estarão sujeitos às leis penais do Estado estrangeiro em que possam ser detidos e julgados aqueles que cometam fora do território um delito, como o tráfico de mulheres brancas, que esse Estado contratante se tenha obrigado a reprimir por acordo internacional.

CAPÍTULO III
DOS DELITOS COMETIDOS FORA DO TERRITÓRIO NACIONAL

ART. 308. A pirataria, o tráfico de negros e o comércio de escravos, o tráfico de mulheres brancas, a destruição ou deterioração de cabos submarinos e os demais delitos da mesma índole, contra o direito internacional, cometidos no alto-mar, no ar livre e em territórios não organizados ainda em Estado, serão punidos pelo captor, de acordo com as suas leis penais.

ART. 309. Nos casos de abalroamento culpável, no alto-mar ou no espaço aéreo, entre navios ou aeronaves de pavilhões diversos, aplicar-se-á a lei penal da vítima.

CAPÍTULO IV
QUESTÕES VÁRIAS

ART. 310. Para o conceito legal da reiteração ou da reincidência, será levada em conta a sentença pronunciada num Estado estrangeiro contratante, salvo os casos em que a isso se opuser a legislação local.

ART. 311. A pena de interdição civil terá efeito nos outros Estados, mediante o prévio cumprimento das formalidades de registro ou publicação que a legislação de cada um deles exija.

ART. 312. A prescrição do delito subordina-se à lei do Estado a que corresponda o seu conhecimento.

ART. 313. A prescrição da pena regula-se pela lei do Estado que a tenha imposto.

LIVRO IV
DIREITO PROCESSUAL INTERNACIONAL

TÍTULO I
PRINCÍPIOS GERAIS

ART. 314. A lei de cada Estado contratante determina a competência dos tribunais, assim como a sua organização, as formas de processo e a execução das sentenças e os recursos contra suas decisões.

ART. 315. Nenhum Estado contratante organizará ou manterá no seu território tribunais especiais para os membros dos demais Estados contratantes.

ART. 316. A competência ratione loci subordina-se, na ordem das relações internacionais, à lei do Estado contratante que a estabelece.

ART. 317. A competência ratione materiae e ratione personae, na ordem das relações internacionais, não se deve basear, por parte dos Estados contratantes, na condição de nacionais ou estrangeiros das pessoas interessadas, em prejuízo destas.

TÍTULO II
DA COMPETÊNCIA

CAPÍTULO I
DAS REGRAS GERAIS DE COMPETÊNCIA NO CÍVEL E NO COMERCIAL

ART. 318. O juiz competente, em primeira instância, para conhecer dos pleitos a que dê origem o exercício das ações cíveis e mercantis de qualquer espécie, será aquele a quem os litigantes se submetam expressa ou tacitamente, sempre que um deles, pelo menos, seja nacional do Estado contratante a que o juiz pertença ou tenha nele o seu domicílio e salvo o direito local, em contrário. A submissão não será possível para as ações reais ou mistas sobre bens imóveis, se a proibir a lei da sua situação.

ART. 319. A submissão só se poderá fazer ao juiz que exerça jurisdição ordinária e que a tenha para conhecer de igual classe de negócios no mesmo grau.

ART. 320. Em caso algum poderão as partes recorrer, expressa ou tacitamente, para juiz ou tribunal diferente daquele ao qual, segundo as leis locais, estiver subordinado o que tiver conhecido do caso, na primeira instância.

ART. 321. Entender-se-á por submissão expressa a que for feita pelos interessados com renúncia clara e terminante do seu foro próprio e a designação precisa do juiz a quem se submetem.

ART. 322. Entender-se-á que existe a submissão tácita do autor quando este comparece em juízo para propor a demanda, e a do réu quando este pratica, depois de chamado a juízo, qualquer ato que não seja a apresentação formal de declinatório. Não se entenderá que há submissão tácita se o processo correr à revelia.

ART. 323. Fora dos casos de submissão expressa ou tácita, e salvo o direito local, em contrário, será juiz competente, para o exercício de ações pessoais, o do lugar do cumprimento da obrigação, e, na sua falta, o do domicílio dos réus ou, subsidiariamente, o da sua residência.

ART. 324. Para o exercício de ações reais sobre bens móveis, será competente o juiz da situação, e, se esta não for conhecida do autor, o do domicílio, e, na sua falta, o da residência do réu.

ART. 325. Para o exercício de ações reais sobre bens imóveis e para o das ações mistas de limites e divisão de bens comuns, será juiz competente o da situação dos bens.

ART. 326. Se, nos casos a que se referem os dois artigos anteriores, houver bens situados em mais de um Estado contratante, poderá recorrer-se aos juízes de qualquer deles, salvo se a lei da situação, no referente a imóveis, o proibir.

ART. 327. Nos juízos de testamentos ou ab intestato, será juiz competente o do lugar em que o finado tiver tido o seu último domicílio.

ART. 328. Nos concursos de credores e no de falência, quando for voluntária a confissão desse estado pelo devedor, será juiz competente o do seu domicílio.

ART. 329. Nas concordatas ou falências promovidas pelos credores, será juiz competente o de qualquer dos lugares que conheça da reclamação que as motiva, preferindo-se, caso esteja entre eles, o do domicílio do devedor, se este ou a maioria dos credores o reclamarem.

ART. 330. Para os atos de jurisdição voluntária, salvo também o caso de submissão e respeitado o direito local, será competente o juiz do lugar em que a pessoa que os motivar tenha ou haja tido o seu domicílio, ou, na falta deste, a residência.

ART. 331. Nos atos de jurisdição voluntária em matéria de comércio, fora do caso de submissão, e salvo o direito local, será competente o juiz do lugar em que a obrigação se deva cumprir ou, na sua falta, o do lugar do fato que os origine.

ART. 332. Dentro de cada Estado contratante, a competência preferente dos diversos juízes será regulada pelo seu direito nacional.

CAPÍTULO II
DAS EXCEÇÕES ÀS REGRAS GERAIS DE COMPETÊNCIA NO CÍVEL E NO COMERCIAL

ART. 333. Os juízes e tribunais de cada Estado contratante serão incompetentes para conhecer dos assuntos cíveis ou comerciais em que sejam parte demandada os demais Estados contratantes ou seus chefes, se se trata de uma ação pessoal, salvo o caso de submissão expressa ou de pedido de reconvenção.

ART. 334. Em caso idêntico e com a mesma exceção, eles serão incompetentes quando se exercitem ações reais, se o Estado contratante ou o seu chefe têm atuado no assunto como tais e no seu caráter público, devendo aplicar-se, nessa hipótese, o disposto na última alínea do art. 318.

ART. 335. Se o Estado estrangeiro contratante ou o seu chefe tiverem atuado como particulares ou como pessoas privadas, serão competentes os juízes ou tribunais para conhecer dos assuntos em que se exercitem ações reais ou mistas, se essa competência lhes corresponder em relação a indivíduos estrangeiros, de acordo com este Código.

ART. 336. A regra do artigo anterior será aplicável aos juízos universais, seja qual for o caráter com que neles atue o Estado estrangeiro contratante ou o seu chefe.

ART. 337. As disposições estabelecidas nos artigos anteriores aplicar-se-ão aos funcionários diplomáticos estrangeiros e aos comandantes de navios ou aeronaves de guerra.

ART. 338. Os cônsules estrangeiros não estarão isentos da competência dos juízes e tribunais civis do país em que funcionem, exceto quanto aos seus atos oficiais.

ART. 339. Em nenhum caso poderão os juízes ou tribunais ordenar medidas coercitivas ou de outra natureza que devam ser executadas no interior das legações ou consulados ou em seus arquivos, nem a respeito da correspondência diplomática ou consular, sem o consentimento dos respectivos funcionários diplomáticos ou consulares.

CAPÍTULO III
REGRAS GERAIS DE COMPETÊNCIA EM MATÉRIA PENAL

ART. 340. Para conhecer dos delitos e faltas e os julgar, são competentes os juízes e tribunais do Estado contratante em que tenham sido cometidos.

ART. 341. A competência estende-se a todos os demais delitos e faltas a que se deva aplicar a lei penal do Estado, conforme as disposições deste Código.

ART. 342. Compreende, além disso, os delitos ou faltas cometidos no estrangeiro por funcionários nacionais que gozem do benefício da imunidade.

CAPÍTULO IV
DAS EXCEÇÕES ÀS REGRAS GERAIS DE COMPETÊNCIA EM MATÉRIA PENAL

ART. 343. Não estão sujeitos, em matéria penal, à competência de juízes e tribunais dos Estados contratantes, as pessoas e os delitos ou infrações que não são atingidos pela lei penal do respectivo Estado.

TÍTULO III
DA EXTRADIÇÃO

ART. 344. Para se tornar efetiva a competência judicial internacional em matéria penal, cada um dos Estados contratantes acederá ao pedido de qualquer dos outros, para a entrega de indivíduos condenados ou processados por delitos que se ajustem às disposições deste Título, sem prejuízo das disposições dos tratados ou convenções internacionais que contenham listas de infrações penais que autorizem a extradição.

ART. 345. Os Estados contratantes não estão obrigados a entregar os seus nacionais. A nação que se negue a entregar um de seus cidadãos fica obrigada a julgá-lo.

ART. 346. Quando, anteriormente ao recebimento do pedido, um indivíduo processado ou condenado tiver delinquido no país a que se pede a sua entrega, pode adiar-se essa entrega até que seja ele julgado e cumprida a pena.

ART. 347. Se vários Estados contratantes solicitam a extradição de um delinquente pelo mesmo delito, deve ser ele entregue àquele Estado em cujo território o delito se tenha cometido.

ART. 348. Caso a extradição se solicite por atos diversos, terá preferência o Estado contratante em cujo território se tenha cometido o delito mais grave segundo a legislação do Estado requerido.

ART. 349. Se todos os atos imputados tiverem igual gravidade será preferido o Estado contratante que primeiro houver apresentado o pedido de extradição. Sendo simultânea a apresentação, o Estado requerido decidirá, mas deve conceder preferência ao Estado de origem ou, na sua falta, ao do domicílio do delinquente, se for um dos solicitantes.

ART. 350. As regras anteriores sobre preferência não serão aplicáveis, se o Estado contratante estiver obrigado para com um terceiro, em virtude de tratados vigentes, anteriores a este Código, a estabelecê-la de modo diferente.

ART. 351. Para conceder a extradição, é necessário que o delito tenha sido cometido no território do Estado que a peça ou que lhe sejam aplicáveis suas leis penais, de acordo com o livro terceiro deste Código.

ART. 352. A extradição alcança os processados ou condenados como autores, cúmplices ou encobridores do delito.

ART. 353. Para que a extradição possa ser pedida, é necessário que o fato que a motive tenha caráter de delito, na legislação do Estado requerente e na do requerido.

ART. 354. Será igualmente exigido que a pena estabelecida para os fatos incriminados, conforme a sua qualificação provisória ou definitiva, pelo juiz ou tribunal competente do Estado que solicita a extradição, não seja menor de um ano de privação de liberdade e que esteja autorizada ou decidida a prisão ou detenção preventiva do acusado, se não houver ainda sentença final. Esta deve ser de privação de liberdade.

ART. 355. Estão excluídos da extradição os delitos políticos e os com eles relacionados, segundo a definição do Estado requerido.

ART. 356. A extradição também não será concedida, se se provar que a petição de entrega foi formulada, de fato, com o fim de se julgar e castigar o acusado por um delito de caráter político, segundo a mesma definição.

ART. 357. Não será reputado delito político, nem fato conexo, o homicídio ou assassínio do chefe de um Estado contratante, ou de qualquer pessoa que nele exerça autoridade.

ART. 358. Não será concedida a extradição, se a pessoa reclamada já tiver sido julgada e posta em liberdade ou cumprido a pena ou estiver submetida a processo no território do Estado requerido, pelo mesmo delito que motiva o pedido.

ART. 359. Não se deve, tão pouco, aceder ao pedido de extradição, se estiver prescrito o delito ou a pena, segundo as leis do Estado requerente ou as do requerido.

ART. 360. A legislação do Estado requerido posterior ao delito não poderá impedir a extradição.

ART. 361. Os cônsules-gerais, cônsules, vice-cônsules ou agentes consulares podem pedir que se prendam e entreguem, a bordo de um navio ou aeronave de seu país, oficiais, marinheiros ou tripulantes de seus navios ou aeronaves de guerra ou mercantes, que tiverem desertado de uns ou de outras.

ART. 362. Para os efeitos do artigo anterior, eles apresentarão à autoridade local correspondente, deixando-lhe, além disso, cópia autêntica, os registros do navio ou aeronave, rol da tripulação ou qualquer outro documento oficial em que o pedido se basear.

ART. 363. Nos países limítrofes, poderão estabelecer-se regras especiais para a extradição, nas regiões ou localidades da fronteira.

ART. 364. O pedido de extradição deve fazer-se por intermédio dos funcionários devidamente autorizados para esse fim, pelas leis do Estado requerente.

ART. 365. Com o pedido definitivo de extradição, devem apresentar-se:

I - Uma sentença condenatória ou um mandado ou auto de captura ou um documento de igual força, ou que obrigue o interessado a comparecer periodicamente ante a jurisdição repressiva, acompanhado das peças do processo que subministrem provas ou, pelo menos, indícios razoáveis da culpabilidade da pessoa de que se trate;

II - A filiação do indivíduo reclamado ou os sinais ou circunstâncias que possam servir para o identificar;

III - A cópia autêntica das disposições que estabeleçam a qualificação legal do fato que motiva o pedido de entrega, definam a participação nele atribuída ao culpado e precisem a pena aplicável.

ART. 366. A extradição pode solicitar-se telegraficamente e, nesse caso, os documentos mencionados no artigo anterior serão apresentados ao país requerido ou à sua legação ou consulado geral no país requerente, dentro nos dois meses seguintes à detenção do indigitado. Na sua falta, este será posto em liberdade.

ART. 367. Se o Estado requerente não dispõe da pessoa reclamada dentro nos três meses seguintes ao momento em que foi colocada à sua disposição, ela será posta, igualmente, em liberdade.

ART. 368. O detido poderá usar, no Estado ao qual se fizer o pedido de extradição, de todos os meios legais concedidos aos nacionais para recuperar a liberdade, baseando-se para isto nas disposições deste Código.

ART. 369. O detido poderá igualmente, depois disso, utilizar os recursos legais que procedam, no Estado que pedir a extradição, contra as qualificações e resoluções em que esta se funda.

ART. 370. A entrega deve ser feita com todos os objetos que se encontrarem em poder da pessoa reclamada, quer sejam produto do delito imputado, quer peças que possam servir para a prova do mesmo, tanto quanto for praticável, de acordo com as leis do Estado que a efetue e respeitando-se devidamente os direitos de terceiros.

ART. 371. A entrega dos objetos, a que se refere o artigo anterior, poderá ser feita, se a pedir o Estado requerente da extradição, ainda que o detido morra ou se evada antes de efetuada esta.

ART. 372. As despesas com a detenção ou entrega serão por conta do Estado requerente, mas este não terá que despender importância alguma com os serviços que prestarem os empregados públicos pagos pelo Governo ao qual se peça a extradição.

ART. 373. A importância dos serviços prestados por empregados públicos ou outros serventuários, que só recebam direitos ou emolumentos, não excederá àquela que habitualmente percebam por essas diligências ou serviços, segundo as leis do país em que residam.

ART. 374. A responsabilidade, que se possa originar do fato da detenção provisória, caberá ao Estado que a solicitar.

ART. 375. O trânsito da pessoa extraditada e de seus guardas pelo território dum terceiro Estado contratante será permitido mediante apresentação do exemplar original ou de uma cópia autêntica do documento que conceda a extradição.

ART. 376. O Estado que obtiver a extradição de um acusado que for logo absolvido ficará obrigado a comunicar ao que a concedeu uma cópia autêntica da sentença.

ART. 377. A pessoa entregue não poderá ser detida em prisão, nem julgada pelo Estado contratante a que seja entregue, por um delito diferente daquele que houver motivado a extradição e cometido antes desta, salvo se nisso consentir o Estado requerido, ou se o extraditado permanecer em liberdade no primeiro, três meses depois de ter sido julgado e absolvido pelo delito que foi origem da extradição, ou de haver cumprido a pena de privação de liberdade que lhe tenha sido imposta.

ART. 378. Em caso algum se imporá ou se executará a pena de morte, por delito que tiver sido causa da extradição.

ART. 379. Sempre que se deva levar em conta o tempo da prisão preventiva, contar-se-á como tal o tempo decorrido desde a detenção do extraditado, no Estado ao qual tenha sido pedida.

ART. 380. O detido será posto em liberdade, se o Estado requerente não apresentar o pedido de extradição em prazo razoável e no menor espaço de tempo possível, depois da prisão provisória, levando-se em conta a distância e as facilidades de comunicações postais entre os dois países.

ART. 381. Negada a extradição de uma pessoa, não se pode voltar a pedi-la pelo mesmo delito.

TÍTULO IV
DO DIREITO DE COMPARECER EM JUÍZO E SUAS MODALIDADES

ART. 382. Os nacionais de cada Estado contratante gozarão, em cada um dos outros, do benefício de assistência judiciária, nas mesmas condições dos naturais.

ART. 383. Não se fará distinção entre nacionais e estrangeiros, nos Estados contratantes, quanto à prestação de fiança para o comparecimento em juízo.

ART. 384. Os estrangeiros pertencentes a um Estado contratante poderão solicitar, nos demais, a ação pública em matéria penal, nas mesmas condições que os nacionais.

ART. 385. Não se exigirá tão pouco a esses estrangeiros que prestem fiança para o exercício de ação privada, nos casos em que se não faça tal exigência aos nacionais.

ART. 386. Nenhum dos Estados contratantes imporá aos nacionais de outro a caução judicio ou o *onus probandi*, nos casos em que não exija uma ou outra aos próprios nacionais.

ART. 387. Não se autorizarão embargos preventivos, nem fianças, nem outras medidas processuais de índole análoga, a respeito de nacionais dos Estados contratantes, só pelo fato da sua condição de estrangeiros.

TÍTULO V
CARTAS ROGATÓRIAS E COMISSÕES ROGATÓRIAS

ART. 388. Toda diligência judicial que um Estado contratante necessite praticar em outro será efetuada mediante carta rogatória ou comissão rogatória, transmitida por via diplomática. Contudo, os Estados contratantes poderão convencionar ou aceitar entre si, em matéria cível ou comercial, qualquer outra forma de transmissão.

ART. 389. Cabe ao juiz deprecante decidir a respeito da sua competência e da legalidade e oportunidade do ato ou prova, sem prejuízo da jurisdição do juiz deprecado.

ART. 390. O juiz deprecado resolverá sobre a sua própria competência ratione materiae, para o ato que lhe é cometido.

ART. 391. Aquele que recebe a carta ou comissão rogatória se deve sujeitar, quanto ao seu objeto, à lei do deprecante e, quanto à forma de a cumprir, à sua própria lei.

ART. 392. A rogatória será redigida na língua do Estado deprecante e acompanhada de uma tradução na língua do Estado deprecado, devidamente certificada por intérprete juramentado.

ART. 393. Os interessados no cumprimento das cartas rogatórias de natureza privada deverão constituir procuradores, correndo por sua conta as despesas que esses procuradores e as diligências ocasionem.

TÍTULO VI
EXECUÇÕES QUE TÊM CARÁTER INTERNACIONAL

ART. 394. A litispendência, por motivo de pleito em outro Estado contratante poderá ser alegada em matéria cível, quando a sentença, proferida em um deles, deva produzir no outro os efeitos de coisa julgada.

ART. 395. Em matéria penal, não se poderá alegar a exceção de litispendência por causa pendente em outro Estado contratante.

ART. 396. A exceção de coisa julgada, que se fundar em sentença de outro Estado contratante, só poderá ser alegada quando a sentença tiver sido pronunciada com o comparecimento das partes ou de seus representantes legítimos, sem que se haja suscitado questão de competência do tribunal estrangeiro baseada em disposições deste Código.

ART. 397. Em todos os casos de relações jurídicas submetidas a este Código, poderão suscitar-se questões de competência por declinatória fundada em seus preceitos.

TÍTULO VII
DA PROVA

CAPÍTULO I
DISPOSIÇÕES GERAIS SOBRE A PROVA

ART. 398. A lei que rege o delito ou a relação de direito, objeto de ação cível ou comercial, determina a quem incumbe a prova.

ART. 399. Para decidir os meios de prova que se podem utilizar em cada caso, é competente a lei do lugar em que se realizar o ato ou fato que se trate de provar, excetuando-se os não autorizados pela lei do lugar em que corra a ação.

ART. 400. A forma por que se há de produzir qualquer prova regula-se pela lei vigente no lugar em que for feita.

ART. 401. A apreciação da prova depende da lei do julgador.

ART. 402. Os documentos lavrados em cada um dos Estados contratantes terão nos outros o mesmo valor em juízo que os lavrados neles próprios, se reunirem os requisitos seguintes:

I - Que o assunto ou matéria do ato ou contrato seja lícito e permitido pelas leis do país onde foi lavrado e daquele em que o documento deve produzir efeitos;

II - Que os litigantes tenham aptidão e capacidade legal para se obrigar conforme sua lei pessoal;

III - Que ao se lavrar o documento se observem as formas e solenidades estabelecidas no país onde se tenham verificado os atos ou contratos;

IV - Que o documento esteja legalizado e preencha os demais requisitos necessários para a sua autenticidade no lugar onde dele se faça uso.

ART. 403. A força executória de um documento subordina-se ao direito local.

ART. 404. A capacidade das testemunhas e a sua recusa dependem da lei a que se submeta a relação de direito, objeto da ação.

ART. 405. A forma de juramento ajustar-se-á à lei do juiz ou tribunal perante o qual se preste e a sua eficácia à que regula o fato sobre o qual se jura.

ART. 406. As presunções derivadas de um fato subordinam-se à lei do lugar em que se realiza o fato de que nascem.

ART. 407. A prova indiciária depende da lei do juiz ou tribunal.

CAPÍTULO II
REGRAS ESPECIAIS SOBRE A PROVA DE LEIS ESTRANGEIRAS

ART. 408. Os juízes e tribunais de cada Estado contratante aplicarão de ofício, quando for o caso, as leis dos demais, sem prejuízo dos meios probatórios a que este capítulo se refere.

ART. 409. A parte que invoque a aplicação do direito de qualquer Estado contratante em um dos outros, ou dela divirja, poderá justificar o texto legal, sua vigência e sentido mediante certidão, devidamente legalizada, de dois advogados em exercício no país de cuja legislação se trate.

ART. 410. Na falta de prova ou se, por qualquer motivo, o juiz ou o tribunal a julgar insuficiente, um ou outro poderá solicitar de ofício pela via diplomática, antes de decidir, que o Estado, de cuja legislação se trate, forneça um relatório sobre o texto, vigência e sentido do direito aplicável.

ART. 411. Cada Estado contratante se obriga a ministrar aos outros, no mais breve prazo possível, a informação a que o artigo anterior se refere e que deverá proceder de seu mais alto tribunal, ou de qualquer de suas câmaras ou seções, ou da procuradoria-geral ou da Secretaria ou Ministério da Justiça.

TÍTULO VIII
DO RECURSO DE CASSAÇÃO

ART. 412. Em todo Estado contratante onde existir o recurso de cassação, ou instituição correspondente poderá ele interpor-se, por infração, interpretação errônea ou aplicação indevida de uma lei de outro Estado contratante, nas mesmas condições e casos em que o possa quanto ao direito nacional.

ART. 413. Serão aplicáveis ao recurso de cassação as regras estabelecidas no capítulo segundo do Título anterior, ainda que o juiz ou tribunal inferior já tenha feito uso delas.

TÍTULO IX
DA FALÊNCIA OU CONCORDATA

CAPÍTULO I
DA UNIDADE DA FALÊNCIA OU CONCORDATA

ART. 414. Se o devedor concordatário ou falido tem apenas um domicílio civil ou mercantil, não pode haver mais do que um juízo de processos preventivos, de concordata ou falência, ou uma suspensão de pagamentos, ou quitação e moratória para todos os seus bens e obrigações nos Estados contratantes.

ART. 415. Se uma mesma pessoa ou sociedade tiver em mais de um Estado contratante vários estabelecimentos mercantis, inteiramente separados economicamente, pode haver tantos juízos de processos preventivos e falência quantos estabelecimentos mercantis.

CAPÍTULO II
DA UNIVERSALIDADE DA FALÊNCIA OU CONCORDATA E DOS SEUS EFEITOS

ART. 416. A declaração de incapacidade do falido ou concordatário tem efeitos extraterritoriais nos Estados contratantes, mediante prévio cumprimento das formalidades de registro ou publicação, que a legislação de cada um deles exija.

ART. 417. A sentença declaratória da falência ou concordata, proferida em um dos Estados contratantes, executar-se-á nos outros Estados, nos casos e forma estabelecidos neste Código para as resoluções judiciais; mas, produzirá, desde que seja definitiva e para as pessoas a respeito das quais o seja, os efeitos de coisa julgada.

ART. 418. As faculdades e funções dos síndicos, nomeados em um dos Estados contratantes, de acordo com as disposições deste Código, terão efeito extraterritorial nos demais, sem necessidade de trâmite algum local.

ART. 419. O efeito retroativo da declaração de falência ou concordata e a anulação de certos atos, em consequência dessas decisões, determinar-se-ão pela lei dos mesmos e serão aplicáveis ao território dos demais Estados contratantes.

ART. 420. As ações reais e os direitos da mesma índole continuarão subordinados, não obstante a declaração de falência ou concordata, à lei da situação das coisas por eles atingidas e à competência dos juízes no lugar em que estas se encontrarem.

CAPÍTULO III
DA CONCORDATA E DA REABILITAÇÃO

ART. 421. A concordata entre os credores e o falido terá efeitos extraterritoriais nos demais Estados contratantes, salvo o direito dos credores por ação real que a não houverem aceitado.

ART. 422. A reabilitação do falido tem também eficácia extraterritorial nos demais Estados contratantes, desde que se torne definitiva a resolução judicial que a determina e de acordo com os seus termos.

TÍTULO X
DA EXECUÇÃO DE SENTENÇAS PROFERIDAS POR TRIBUNAIS ESTRANGEIROS

CAPÍTULO
MATÉRIA CÍVEL

ART. 423. Toda sentença civil ou contencioso-administrativa, proferida em um dos Estados contratantes, terá força e poderá executar-se nos demais, se reunir as seguintes condições:

1. Que o juiz ou tribunal que a tiver pronunciado tenha competência para conhecer do assunto e julgá-lo, de acordo com as regras deste Código;

2. Que as partes tenham sido citadas pessoalmente ou por seu representante legal, para a ação;

3. Que a sentença não ofenda a ordem pública ou o direito público do país onde deva ser executada;

4. Que seja executória no Estado em que tiver sido proferida;

5. Que seja traduzida autorizadamente por um funcionário ou intérprete oficial do Estado em que se há de executar, se aí for diferente o idioma empregado;

6. Que o documento que a contém reúna os requisitos para ser considerado como autêntico no Estado de que proceda, e os exigidos, para que faça fé, pela legislação do Estado onde se pretende que a sentença seja cumprida.

ART. 424. A execução da sentença deverá ser solicitada ao juiz do tribunal competente para levar a efeito, depois de satisfeitas as formalidades requeridas pela legislação interna.

ART. 425. Contra a resolução judicial, no caso a que o artigo anterior se refere, serão admitidos todos os recursos que as leis do Estado concedam a respeito das sentenças definitivas proferidas em ação declaratória de maior quantia.

ART. 426. O juiz ou tribunal, ao qual se peça a execução, ouvirá, antes de a decretar ou denegar, e dentro no prazo de vinte dias, a parte contra quem ela seja solicitada e o procurador ou Ministério Público.

ART. 427. A citação da parte, que deve ser ouvida, será feita por meio de carta ou comissão rogatória, segundo o disposto neste Código, se tiver o seu domicílio no estrangeiro e não tiver, no país, procurador bastante, ou, na forma estabelecida pelo direito local, se tiver domicílio no Estado deprecado.

ART. 428. Passado o prazo que o juiz ou tribunal indicar para o comparecimento, prosseguirá o feito, haja ou não comparecido o citado.

ART. 429. Se o cumprimento é denegado, a carta de sentença será devolvida a quem a tiver apresentado.

ART. 430. Quando se acorde cumprir a sentença, a sua execução será submetida aos tramites determinados pela lei do juiz ou tribunal para as suas próprias sentenças.

ART. 431. As sentenças definitivas, proferidas por um Estado contratante, e cujas disposições não sejam exequíveis, produzirão, nos demais, os efeitos de coisa julgada, caso reúnam as condições que para esse fim determina este Código, salvo as relativas à sua execução.

ART. 432. O processo e os efeitos regulados nos artigos anteriores serão aplicados nos Estados contratantes às sentenças proferidas em qualquer deles por árbitros ou compositores amigáveis, sempre que o assunto que as motiva possa ser objeto de compromisso, nos termos da legislação do país em que a execução se solicite.

ART. 433. Aplicar-se-á também esse mesmo processo às sentenças cíveis, pronunciadas em qualquer dos Estados contratantes, por um tribunal internacional, e que se refiram a pessoas ou interesses privados.

CAPÍTULO II DOS ATOS DE JURISDIÇÃO VOLUNTÁRIA

ART. 434. As disposições adotadas em ações de jurisdição voluntária, em matéria de comércio, por juízes ou tribunais de um Estado contratante, ou por seus agentes consulares, serão executadas nos demais Estados segundo os trâmites e na forma indicados no capítulo anterior.

ART. 435. As resoluções em atos de jurisdição voluntária, em matéria cível, procedentes de um Estado contratante, serão aceitas pelos demais, se reunirem as condições exigidas por este Código, para as eficácia dos documentos outorgados em país estrangeiro, e procederem de juiz ou tribunal competente, e terão por conseguinte eficácia extraterritorial.

CAPÍTULO III MATÉRIA PENAL

ART. 436. Nenhum Estado contratante executará as sentenças proferidas em qualquer dos outros em matéria penal, relativamente às sanções dessa natureza que elas imponham.

ART. 437. Poderão, entretanto, executar-se as ditas sentenças, no que toca à responsabilidade civil e a seus efeitos sobre os bens do condenado, se forem proferidas pelo juiz ou tribunal competente, segundo este Código, e com audiência do interessado e se se cumprirem as demais condições formais e processuais que o capítulo primeiro deste Título estabelece.

DECLARAÇÕES E RESERVAS

RESERVAS DA DELEGAÇÃO ARGENTINA

A Delegação Argentina faz constar as seguintes reservas, que formula ao Projeto de Convenção de Direito Internacional Privado, submetido ao estudo da Sexta Conferência Internacional Americana:

I - Entende que a codificação do Direito Internacional Privado deve ser "gradual e progressiva", especialmente no que se refere a instituições que, nos Estados americanos, apresentam identidade ou analogia de caracteres fundamentais.

II - Mantém em vigor os Tratados de Direito Civil Internacional, Direito Penal Internacional, Direito Comercial Internacional e Direito Processual Internacional, adotados em Montevidéu no ano de 1889, com os seus convênios e Protocolos respectivos.

III - Não aceita princípios que modifiquem o sistema da "lei do domicílio", especialmente em tudo o que se oponha ao texto e espírito da legislação civil Argentina.

IV - Não aprova disposições que atinjam, direta ou indiretamente, o princípio sustentado pelas legislações civil e comercial da República Argentina, de que "as pessoas jurídicas devem exclusivamente a sua existência à lei do Estado que as autorize e por consequência não são nacionais nem estrangeiras; suas funções se determinam pela dita lei, de conformidade com os preceitos derivados do domicílio que ela lhes reconhece".

V - Não aceita princípios que admitam ou tendam a sancionar o divórcio *ad vinculum*.

VI - Aceita o sistema da "unidade das sucessões", com a limitação derivada da *lex rei sitx*, em matéria de bens imóveis.

VII - Admite todo princípio que tenda a reconhecer, em favor da mulher, os mesmos direitos civis conferidos ao homem de maior idade.

VIII - Não aprova os princípio que modifiquem o sistema do *jus soli*, como meio de adquirir a nacionalidade.

IX - Não admite preceitos que resolvam conflitos relativos à "dupla nacionalidade" com prejuízo da aplicação exclusiva do *jus soli*.

X - Não aceita normas que permitam a intervenção de agentes diplomáticos e consulares, nos juízos e sucessão que interessem a estrangeiros, salvo os preceitos já estabelecidos na República Argentina e que regulam essa intervenção.

XI - No regime da Letra de Câmbio e Cheques em geral, não admite disposições que modifiquem critérios aceitos nas conferências universais, como as da Haia de 1910 e 1912.

XII - Faz reserva expressa da aplicação da "lei do pavilhão" nas questões relativas ao Direito Marítimo, especialmente no que se refere ao contrato de fretamento e suas consequências jurídicas, por considerar que se devem submeter à lei e jurisdição do país do porto de destino. Este princípio foi sustentado com êxito pela seção Argentina de International Law Association, na 31ª sessão desta e atualmente é uma das chamadas "regras de Buenos Aires".

XIII - Reafirma o conceito de que todos os delitos cometidos em aeronaves, dentro do espaço aéreo nacional ou em navios mercantes estrangeiros, se deverão julgar e punir pelas autoridades e leis do Estado em que se encontrem.

XIV - Ratifica a tese aprovada pelo Instituto Americano de Direito Internacional, na sua sessão de Montevidéu de 1927, cujo conteúdo é o seguinte: "A nacionalidade do réu não poderá ser invocada como causa para se denegar a sua extradição".

XV - Não admite princípios que regulamentem as questões internacionais do trabalho e situação jurídica dos operários, pelas razões expostas, quando se discutiu o artigo 198 do Projeto de Convenção de Direito Civil Internacional, na Junta Internacional de Jurisconsultos do Rio de Janeiro, em 1927.

A Delegação Argentina lembra que, como já o manifestou na ilustre Comissão número 3, ratifica, na Sexta Conferência Internacional Americana, os votos emitidos e a atitude assumida pela Delegação Argentina na reunião da Junta Internacional de Jurisconsultos, celebrada na cidade do Rio de Janeiro, nos meses de abril e maio de 1927.

DECLARAÇÃO DA DELEGAÇÃO DOS ESTADOS UNIDOS DA AMÉRICA

Sente muito não poder dar a sua aprovação, deste agora, ao Código Bustamante, por isto que, em face da Constituição dos Estados Unidos da América, das relações entre os Estados-Membros da União Federal e das atribuições e poderes do Governo Federal, acha muito difícil fazê-lo. O Governo dos Estados Unidos da América mantém firme o propósito de não se desligar da América Latina, e, por isto, de acordo com o artigo 6º da Convenção, que permite a cada Governo a ela aderir mais tarde, fará uso do privilégio desse artigo 6º, afim de que, depois de examinar cuidadosamente o Código em todas as suas cláusulas, possa aderir pelo menos a uma grande parte do mesmo. Por estas razões, a Delegação dos Estados Unidos da América reserva o seu voto, na esperança de poder aderir, como disse, a uma parte ou a considerável número de disposições do Código.

DECLARAÇÃO DA DELEGAÇÃO DO URUGUAI

A Delegação do Uruguai faz reservas tendentes a que o critério dessa Delegação seja coerente com o que sustentou na Junta de Jurisconsultos do Rio de Janeiro o Dr. Pedro Varela, catedrático da Faculdade de Direito do seu país. Mantém tais reservas, declarando que o Uruguai dá a sua aprovação ao Código em geral.

RESERVAS DA DELEGAÇÃO DO PARAGUAI

1. Declara que o Paraguai mantém a sua adesão ao Tratados de Direito Civil Internacional, Direito Comercial Internacional, Direito Penal Internacional e Direito Processual Internacional, que foram adotados em Montevidéu, em 1888 e 1889, com os convênios e Protocolos que os acompanham.
2. Não está de acordo em que se modifique o sistema da "lei do domicílio", consagrado pela legislação civil da República.
3. Mantém a sua adesão ao princípio da sua legislação de que as pessoas jurídicas devem exclusivamente sua existência à lei do Estado que as autoriza e que, por consequência, não são nacionais, nem estrangeiras; as suas funções estão assinaladas pela lei especial, de acordo com os princípios derivados do domicílio.

4. Admite o sistema da unidade das sucessões, com a limitação derivada da *lex rei sitx*, em matéria de bens imóveis.

5. Está de acordo com todo princípio que tende a reconhecer em favor da mulher os mesmos direitos civis concedidos ao homem de maior idade.

6. Não aceita os princípios que modifiquem o sistema do *jus soli* como meio de adquirir a nacionalidade.

7. Não está de acordo com os preceitos que resolverem o problema da "dupla nacionalidade" com prejuízo da aplicação exclusiva do *jus soli*.

8. Adere ao critério aceito nas conferências universais sobre o regime da Letra de Câmbio e Cheque.

9. Faz reserva da aplicação da "lei do pavilhão", em questões relativas ao Direito Marítimo.

10. Está de acordo em que os delitos cometidos em aeronaves dentro do espaço aéreo nacional, ou em navios mercantes, estrangeiros, devem ser julgados pelos tribunais do Estado em que se encontrem.

RESERVA DA DELEGAÇÃO DO BRASIL

Impugnada a emenda substitutiva que propôs para o artigo 53, a Delegação do Brasil nega a sua aprovação ao artigo 52, que estabelece a competência da lei do domicílio conjugal para regular a separação de corpos e o divórcio, assim como também ao artigo 54.

DECLARAÇÕES QUE FAZEM AS DELEGAÇÕES DA COLÔMBIA E COSTA RICA

As Delegações da Colômbia e Costa Rica subscrevem o Código de Direito Internacional Privado em conjunto, com a reserva expressa de tudo quanto possa estar em contradição com a legislação colombiana e a costarriquense.

No tocante a pessoas jurídicas, a nossa opinião é que elas devem estar submetidas à lei local para tudo o que se refira ao "seu conceito e reconhecimento", como sabiamente dispõe o artigo 32 do Código, em contradição (pelo menos aparente) com as outras disposições do mesmo, como os artigos 16 e 21. Para as legislações das duas delegações, as pessoas jurídicas não podem ter nacionalidade, nem de acordo com os princípios científicos, nem em relação com as mais altas e permanentes conveniências da América. Teria sido preferível que, no Código, que vamos aprovar, se tivesse omitido tudo quanto possa servir pra afirmar que as pessoas jurídicas, particularmente as sociedades de capitães, têm nacionalidade. As delegações abaixo-assinadas, ao aceitarem o compromisso consignado no artigo 7º entre as doutrinas europeias da personalidade do direito e genuinamente americana do domicílio para reger o estado civil e a capacidade das pessoas em direito internacional privado, declaram que aceitam esse compromisso para não retardar a aprovação do Código, que todas as nações da América esperam hoje, como uma das obras mais transcendentais desta Conferência, mas afirmam, enfaticamente, que esse compromisso deve ser transitório, porque a unidade jurídica do Continente se há de verificar em torno da lei do domicílio, única que salvaguarda eficazmente a soberania e independência dos povos da América. Povos imigração, como são ou deverão ser todas estas repúblicas, não podem eles ver, sem grande inquietação, que os imigrantes europeus tragam a pretensão de invocar na América as suas próprias leis de origem, afim de, com elas, determinarem, aqui o seu estado civil de capacidade para contratar. Admitir esta possibilidade (que consagra o princípio da lei nacional, reconhecido parcialmente pelo Código) é criar na América um Estado dentro de Estado e por-nos quase sob o regime das capitulações, que a Europa impôs durante séculos às nações da Ásia, por ela consideradas como inferiores nas suas relações internacionais. As Delegações abaixo-assinadas fazem votos por que muito breve desapareçam de todas as legislações americanas todos os vestígios das teorias (mais políticas do que jurídicas) preconizadas pela Europa para conservar aqui a jurisdição sobre os seus nacionais estabelecidos nas terras livres da América e esperam que a legislação do Continente se unifique de acordo com os princípios que submetem o estrangeiro imigrante ao império, sem restrições, das leis locais. Com a esperança, pois, de que, em, breve a lei do domicílio seja a que reja na América o estado civil e a capacidade das pessoas e na certeza de que ela será um dos aspectos mais característico de pan-americanismo jurídico que todos aspiramos a criar, as delegações signatárias votam o Código de Direito Internacional Privado e aceitam o compromisso doutrinário em que o mesmo se inspira. Referindo-se às disposições sobre o divórcio, a delegação colombiana formula a sua reserva absoluta, relativamente a ser o divórcio regulado pela lei do domicílio conjugal, porque considera que para tais efeitos, e dado o caráter excepcionalmente transcendental o sagrado do matrimônio (base da sociedade e até do Estado), a Colômbia não pode aceitar, dentro do seu território, a aplicação de legislações estranhas.

As Delegações desejam, além disso, manifestar a sua admiração entusiástica pela obra fecunda do Dr. Sánchez de Bustamante, consubstanciadas neste Código, nos seus 500 artigos formulados em cláusulas lapidares, que bem poderiam servir como exemplo para os legisladores de todos os povos. Doravante, o Dr. Sánchez de Bustamante será, não somente um dos filhos mais esclarecidos de Cuba, senão também um dos mais exímios cidadãos da grande pátria americana, que pode, com justiça, ufanar-se de produzir homens de ciência e estadistas tão egrégios, como o autor do Código do Direito Internacional Privado, que estudamos o que a Sexta Conferência Internacional Americana vai adotar em nome de toda a América.

RESERVAS DA DELEGAÇÃO DE SALVADOR

Reserva primeira: especialmente aplicável aos artigos 44, 146, 176, 232 e 233: No que se refere às incapacidades que, segundo a sua lei pessoal, podem ter os estrangeiros, para testar, contratar, comparecer em juízo, exercer o comércio ou intervir em atos ou contratos mercantis, faz a reserva de que, no Salvador, tais incapacidades não serão reconhecidas nos casos em que os atos ou contratos tenham celebrados no Salvador, sem infração da lei salvadorense e para terem efeitos no seu território nacional.

Reserva segunda: aplicável ao artigo 187, parágrafo último:

No caso de comunidade de bens imposta aos casados como lei pessoal por um Estado estrangeiro, ela só será reconhecida no Salvador, se se confirmar por contrato entre as partes interessadas, cumprindo-se todos os requisitos que a lei salvadorense determina, ou venha a determinar no futuro, relativamente a bens situados no Salvador.

Reserva terceira: especialmente aplicável nos artigos 327, 328 e 329:

Faz-se a reserva de que não será admissível, relativamente ao Salvador, a jurisdição de juízes ou tribunais estrangeiros nos juízos ou diligências de sucessões e nas concordatas e falências, sempre que atinjam bens imóveis, situados no Salvador.

RESERVAS DA DELEGAÇÃO DA REPÚBLICA DOMINICANA

1. A Delegação da República Dominicana deseja manter o predomínio da lei nacional, nas questões que se referem ao estado e capacidade dos Dominicanos, onde quer que estes se encontrem. Por este motivo, não pode aceitar, senão com reservas, as disposições do Projeto de Codificação em que se dá preeminência à lei "do domicílio", ou à lei local; tudo isto, não obstante o princípio conciliador enunciado no artigo 7º do Projeto, do qual é uma aplicação o artigo 53 do mesmo.

2. No que se refere à nacionalidade, Título 1º, livro 1º, artigo 9º e seguintes, estabelecemos uma reserva, relativamente, primeiro, à nacionalidade das sociedades, e segundo, muito especialmente, ao princípio geral da nossa Constituição política, pela qual a nenhum Dominicano se reconhecerá outra nacionalidade que não seja a dominicana, enquanto resida em território da República.

3. Quanto ao domicílio das sociedades estrangeiras, quaisquer que sejam os estatutos e o lugar no qual o tenham fixado, ou em que tenham o seu principal estabelecimento etc., reservamos este princípio de ordem pública na República Dominicana: qualquer pessoa que, física ou moralmente, exerça atos da vida jurídica no seu território, terá por domicílio o lugar onde possua um estabelecimento, uma agência ou um representante qualquer. Esse domicílio é atributivo de jurisdição para os tribunais nacionais nas relações jurídicas que se referem a atos ocorridos no país, qualquer que seja a natureza dos mesmos.

DECLARAÇÃO DA DELEGAÇÃO DO EQUADOR

A Delegação do Equador tem a honra de subscrever, na íntegra, a Convenção do Código de Direito Internacional Privado, em homenagem ao Dr. Bustamante. Não crê necessário particularizar reserva alguma, excetuando, somente, a faculdade geral contida na mesma Convenção, que deixa aos Governos a liberdade de a ratificar.

DECLARAÇÃO DA DELEGAÇÃO DE NICARÁGUA

Nicarágua, em assuntos que agora ou no futuro considere de algum modo sujeitos ao Direito Canônico, não poderá aplicar as disposições do Código de Direito Internacional Privado, que estejam em conflito com aquele direito.

Declara que, como manifestou verbalmente em vários casos, durante a discussão, algumas das disposições do Código aprovado estão em desacordo com disposições expressas da legislação de Nicarágua ou com princípios que são básicos nessa legislação; mas, como uma homenagem à obra insigne do ilustre autor daquele Código, prefere, em vez de discriminar reservas, fazer esta declaração e deixar que os poderes públicos de Nicarágua formulem tais reservas ou reformem, até onde seja possível, a legislação nacional, nos casos de incompatibilidade.

DECLARAÇÃO DA DELEGAÇÃO DO CHILE

A Delegação do Chile compraz-se em apresentar as suas mais calorosas felicitações ao eminente sábio jurisconsulto americano, Sr. Antonio Sánchez de Bustamante, pela magna obra que realizou, redigindo um projeto de Código de Direito Internacional Privado, destinado a reger as relações entre os Estados da América. Esse trabalho é uma contribuição poderosa para o desenvolvimento do pan-americanismo jurídico, que todos os países do Novo Mundo desejam ver fortalecido e desenvolvido. Ainda que esta grandiosa obra de codificação não se possa realizar em breve espaço de tempo, porque precisa da madureza e da reflexão dos Estados que na mesma devem participar, a Delegação de Chile não será um obstáculo para que esta Conferência Pan-americana aprove um Código de Direito Internacional Privado; mas ressalvará o seu voto nas matérias e nos pontos que julgue conveniente, em especial, nos pontos referentes à sua política tradicional ou à sua legislação nacional.

DECLARAÇÃO DA DELEGAÇÃO DO PANAMÁ

Ao emitir o seu voto a favor do projeto de Código de Direito Internacional Privado, na sessão celebrada por esta Comissão, no dia 27 de janeiro último, a Delegação da República do Panamá declarou que, oportunamente, apresentaria as reservas que julgasse necessárias, se esse fosse o caso. Essa atitude da Delegação do Panamá obedeceu a certas dúvidas que tinha sobre o alcance e extensão de algumas disposições contidas no Projeto, especialmente no que se refere à aplicação da lei nacional do estrangeiro residente no país, o que teria dado lugar a um verdadeiro conflito, visto que, na República do Panamá, impera o sistema da lei territorial, desde o momento preciso em que se constituiu como Estado independente. Apesar disto, a Delegação panamense crê que todas as dificuldades que se pudessem apresentar nesta delicada matéria foram previstas e ficaram sabiamente resolvidas por meio do artigo sétimo do Projeto, segundo o qual "cada Estado contratante aplicará como leis pessoais as do domicílio ou as da nacionalidade, segundo o sistema que tenha adotado ou no futuro adote a legislação interna". Como todos os outros Estados que subscrevam e ratifiquem a Convenção respectiva, o Panamá ficará, pois, com plena liberdade de aplicar a sua própria lei, que é a territorial.

Entendidas, assim, as coisas, à Delegação do Panamá é grão declarar, como realmente o faz, que à a sua aprovação, sem a menor reserva, no Projeto de Código do Direito Internacional Privado, ou Código Bustamante, que é como se deveria chamar, em homenagem ao seu autor.

DECLARAÇÃO DA DELEGAÇÃO DE GUATEMALA

Guatemala adotou na sua legislação civil o sistema do domicílio, mas, ainda que assim não fosse, os artigos conciliatórios do Código fazem harmonizar perfeitamente qualquer conflito que se possa suscitar entre os diferentes Estados, segundo as escolas diversas a que tenham sido filiados.

Por consequência, a Delegação de Guatemala está de perfeito acordo com o método que, com tanta ilustração, prudência, genialidade e critério científico, se ostenta no Projeto de Código do Direito Internacional Privado e deseja deixar expressa a sua aceitação absoluta e sem reservas de espécie alguma. (13 de fevereiro de 1928.)

DECRETO N. 18.956, DE 22 DE OUTUBRO DE 1929

Promulga seis convenções de direito internacional publico, aprovadas pela Sexta Conferência internacional americana.

CONVENÇÃO DE HAVANA SOBRE TRATADOS

‣ Promulgada pelo Dec. 18.956/1929.

ARTIGO 1º

Os tratados serão celebrados pelos poderes competentes dos Estados ou pelos seus representantes, segundo o seu direito interno respectivo.

ARTIGO 2º

É condição essencial nos tratados a forma escrita. A confirmação, prorrogação, renovação ou recondução serão igualmente feitas por escrito, salvo estipulação em contrário.

ARTIGO 3º

A interpretação autêntica dos tratados, quando as partes contratantes a julgarem necessária, será, também, formulada por escrito.

ARTIGO 4º

Os tratados serão publicados imediatamente depois da troca das ratificações. A omissão, no cumprimento desta obrigação internacional, não prejudicará a vigência dos tratados, nem a exigibilidade das obrigações neles contidas.

ARTIGO 5º

Os tratados não são obrigatórios senão depois de ratificados pelos Estados contratantes, ainda que esta cláusula não conste nos plenos poderes dos negociadores, nem figure no próprio tratado.

ARTIGO 6º

A ratificação deve ser dada sem condições e abranger todo o tratado. Será feita por escrito, de conformidade com a legislação do Estado.

Se o Estado que ratifica faz reservas ao tratado, este entrará em vigor, desde que, informada dessas reservas, a outra parte contratante as aceite expressamente, ou, não as havendo rejeitado formalmente, execute atos que impliquem a sua aceitação.

Nos tratados internacionais celebrados entre diversos Estados, a reserva feita por um deles, no ato da ratificação, só atinge a aplicação da cláusula respectiva, nas relações dos demais Estados contratantes com o Estado que faz a reserva.

ARTIGO 7º

A falta da ratificação ou a reserva são atos inerentes à soberania nacional e, como tais, constituem o exercício de um direito, que não viola nenhuma disposição ou norma internacional. Em caso de negativa, esta será comunicada aos outros contratantes.

ARTIGO 8º

Os tratados vigorarão desde a troca ou depósito das ratificações, salvo se, por cláusula expressa, outra data tiver sido convencionada.

ARTIGO 9º

A aceitação ou não aceitação das cláusulas de um tratado, em favor de um terceiro Estado, que não foi parte contratante, depende exclusivamente da decisão deste.

ARTIGO 10

Nenhum Estado se pode eximir das obrigações do tratado ou modificar as suas estipulações, senão com o acordo, pacificamente obtido, dos outros contratantes.

ARTIGO 11

Os tratados continuarão a produzir os seus efeitos, ainda que se modifique a constituição interna dos Estados contratantes.

Se a organização do Estado mudar, de maneira que a execução seja impossível, por divisão de território ou por outros motivos análogos, os tratados serão adaptados às novas condições.

ARTIGO 12

Quando o tratado se torna inexequível, por culpa da parte que se obrigou, ou por circunstâncias que, no momento da celebração, dependiam dessa parte e eram ignoradas pela outra parte, aquela é responsável pelos prejuízos resultantes da sua inexecução.

ARTIGO 13

A execução do tratado pode, por cláusula expressa ou em virtude de convênio especial, ser posta, no todo ou em parte, sob a garantia de um ou mais Estados.

O Estado garante não poderá intervir na execução do tratado, senão em virtude de requerimento de uma das partes interessadas e quando se realizarem as condições sob as quais foi estipulada a intervenção, e ao fazê-lo, só lhe será, lícito empregar meios autorizados pelo direito internacional e sem outras exigências de maior alcance do que as do próprio Estado garantido.

ARTIGO 14

Os tratados cessam de vigorar:

a) cumprida a obrigação estipulada;

b) decorrido o prazo pelo qual foi celebrado;

c) verificada a condição resolutiva;

d) por acordo entre as partes;

e) com a renúncia da parte a quem aproveita o tratado de modo exclusivo;

f) pela denúncia, total ou parcial, quando proceda;

g) quando se torna inexequível.

ARTIGO 15

Poderá igualmente declarar-se a caducidade de um tratado, quando este seja permanente e de aplicação não contínua, sempre que as causas que lhe deram origem hajam desaparecido e se possa logicamente deduzir que se não apresentarão no futuro.

A parte contratante que alegar essa caducidade, caso não obtenha o assentimento da outra ou das outras, poderá apelar para a arbitragem, sem cuja decisão favorável e enquanto esta não for pronunciada, continuarão em vigor as obrigações contraídas.

ARTIGO 16

As obrigações contraídas nos tratados serão sancionadas, nos casos de não cumprimento, e depois de esgotadas sem êxito as negociações diplomáticas, por decisão de uma corte de justiça internacional ou de um tribunal arbitral, dentro dos limites e com os trâmites que estiverem vigentes no momento em que a infração se alegar.

ARTIGO 17

Os tratados cuja denúncia haja sido convencionada e os que estabelecem regras de Direito Internacional não podem ser denunciados, senão de acordo com o processo por eles estabelecidos. Em falta de estipulação, o tratado pode ser denunciado por qualquer Estado contratante, o qual notificará aos outros essa decisão, uma vez que haja cumprido todas as obrigações estabelecidas no mesmo. Neste caso, o tratado ficará sem efeito, em relação ao denunciante, um ano depois da última notificação, e continuará subsistente para os demais signatários, se os houver.

ARTIGO 18

Dois ou mais Estados podem convir em que as suas relações se rejam por outras regras que não as estabelecidas em convenções gerais celebradas por eles mesmos com outros Estados. Este preceito é aplicável não somente aos tratados futuros, senão também aos que estejam em vigor ao tempo desta Convenção.

ARTIGO 19

Um Estado que não haja tomado parte na celebração de um tratado poderá aderir ao mesmo, se a isso se não opuser alguma das partes contratantes, a todas as quais deve o fato ser comunicado. A adesão será considerada como definitiva, a menos que seja feita com reserva expressa de ratificação.

ARTIGO 20

A presente Convenção não atinge os compromissos tomados anteriormente pelas partes contratantes, em virtude de acordos internacionais.

ARTIGO 21

A presente Convenção, depois de firmada, será submetida às ratificações dos Estados signatários. O Governo de Cuba fica encarregado de enviar cópias devidamente autenticadas aos governos, para o referido fim da ratificação. O instrumento de ratificação será depositado nos arquivos da União Pan-Americana, em Washington, que notificará esse depósito aos Governos signatários; tal notificação equivalerá a uma troca de ratificações. Esta Convenção ficará aberta à adesão dos Estados não signatários.

Em fé do que, os plenipotenciários mencionados assinam a presente Convenção, em espanhol, inglês, francês e português, na cidade de Havana, em 20 de fevereiro de 1928.

RESERVA DA DELEGAÇÃO DO MÉXICO

A delegação mexicana, sem levar em conta os votos que deseja emitir contra vários artigos, firmará as diversas convenções de Direito internacional público aprovadas, fazendo como única reserva a relativa ao artigo treze, que não aceita, da Convenção sobre tratados.

RESERVA DA DELEGAÇÃO DO SALVADOR

A delegação do Salvador não só opõe o seu voto negativo ao artigo treze, mas também vota negativamente a Convenção, e não a subscreve.

RESERVA DA DELEGAÇÃO DA BOLÍVIA

No conceito da Delegação da Bolívia, a inexecução a que se refere a alínea *g*, do artigo 14, ocorre, entre outros, nos seguintes casos:

I. Quando os fatos e circunstâncias que lhe deram origem ou lhe serviram de base, se modificaram fundamentalmente;

II. Quando sua execução se torna contrária à natureza das coisas;

III. Quando se torna incompatível com a existência dum Estado, com sua independência ou dignidade;

IV. Quando se torna ruinoso para sua riqueza ou o seu comércio.

A reserva da Bolívia, sobre o art. 15, tem em vista que sejam suscetíveis de caducidade não só os tratados de aplicação não contínua, como estabelece, o dito artigo, mas também toda espécie de tratados, qualquer que seja o seu caráter ou denominação, inclusive os chamados definitivos, que como toda convenção humana, são suscetíveis de erro, já que nada há que seja imutável e eterno.

DECRETO N. 42.628, DE 13 DE NOVEMBRO DE 1957

Promulga a Convenção sobre Asilo Diplomático, assinada em Caracas a 28 de março de 1954.

CONVENÇÃO SOBRE ASILO DIPLOMÁTICO

- Assinada em Caracas, em 28.03.1954.
- Ratificada pelo Brasil por carta de 25.06.1957.
- Depósito em 17.09.1957, junto à União Pan-americana, em Washington, do instrumento brasileiro de ratificação da referida Convenção.
- Aprovada pelo Dec. Leg. 13/1957.
- Promulgada pelo Dec. 42.628/1957.

Os Governos dos Estados-Membros da Organização dos Estados Americanos, desejosos de estabelecer uma Convenção sobre Asilo Diplomático, convieram nos seguintes artigos:

ARTIGO I

O asilo outorgado em legações, navios de guerra e acampamentos ou aeronaves militares, a pessoas perseguidas por motivos ou delitos políticos, será respeitado pelo Estado territorial, de acordo com as disposições desta Convenção.

Para os fins desta Convenção, legação é a sede de toda missão diplomática ordinária, a residência dos chefes de missão, e os locais por eles destinados para esse efeito, quando o número de asilados exceder a capacidade normal dos edifícios.

Os navios de guerra ou aeronaves militares, que se encontrarem provisoriamente em estaleiros, arsenais ou oficinas para serem reparados, não podem constituir recinto de asilo.

ARTIGO II

Todo Estado tem o direito de conceder asilo, mas não se acha obrigado a concedê-lo, nem a declarar por que o nega.

ARTIGO III

Não é lícito conceder asilo a pessoas que, na ocasião em que o solicitem, tenham sido acusadas de delitos comuns, processadas ou condenadas por esse motivo pelos tribunais ordinários competentes, sem haverem cumprido as penas respectivas; nem a desertores das forças de terra, mar e ar, salvo quando os fatos que motivarem o pedido de asilo, seja qual for o caso, apresentem claramente caráter político.

As pessoas mencionadas no parágrafo precedente, que se refugiarem em lugar apropriado para servir de asilo, deverão ser convidados a retirar-se, ou, conforme o caso, ser entregues ao governo local, o qual não poderá julgá-las por delitos políticos anteriores ao momento da entrega.

ARTIGO IV

Compete ao Estado asilante a classificação da natureza do delito ou dos motivos da perseguição.

ARTIGO V

O asilo só poderá ser concedido em casos de urgência e pelo tempo estritamente indispensável para que o asilado deixe o país com as garantias concedidas pelo governo do Estado territorial, a fim de não correrem perigo sua vida, sua liberdade ou sua integridade pessoal, ou para que de outra maneira o asilado seja posto em segurança.

ARTIGO VI

Entendera-se por casos de urgência, entre outros, aqueles em que o indivíduo é perseguido por pessoas ou multidões que não possam ser contidas pelas autoridades, ou pelas próprias autoridades, bem como quando se encontre em perigo de ser privado de sua vida ou de sua liberdade por motivos de perseguição política e não possa, sem risco, pôr-se de outro modo em segurança.

ARTIGO VII

Compete ao Estado asilante julgar se se trata de caso de urgência.

ARTIGO VIII

O agente diplomático, comandante de navio de guerra, acampamento ou aeronave militar, depois de concedido o asilo, comunicá-lo-á com a maior brevidade possível ao Ministro das Relações Exteriores do Estado territorial ou à autoridade administrativa do lugar, se o fato houver ocorrido fora da Capital.

ARTIGO IX

A autoridade asilante tomará em conta as informações que o governo territorial lhe oferecer para formar seu critério sobre a natureza do delito ou a existência de delitos comuns conexos; porém será respeitada sua determinação de continuar a conceder asilo ou exigir salvo-conduto para o perseguido.

ARTIGO X

O fato de não estar o governo do Estado territorial reconhecido pelo Estado asilante não impedirá a observância desta Convenção e nenhum ato executado em virtude da mesma implicará o reconhecimento.

ARTIGO XI

O governo do Estado territorial pode, em qualquer momento, exigir que o asilado seja retirado do país, para o que deverá conceder salvo-conduto e as garantias estipuladas no Artigo V.

ARTIGO XII

Concedido o asilo, o Estado asilante pode pedir a saída do asilado para território estrangeiro, sendo o Estado territorial obrigado a conceder imediatamente, salvo caso de força maior, as garantias necessárias a que se refere o Artigo V e o correspondente salvo-conduto.

ARTIGO XIII

Nos casos referidos nos artigos anteriores, o Estado asilante pode exigir que as garantias sejam dadas por escrito e tomar em consideração, para a rapidez da viagem, as condições reais de perigo apresentadas para a saída do asilado.

Ao Estado asilante cabe o direito de conduzir o asilado para fora do país. O Estado territorial pode escolher o itinerário preferido para a saída do asilado, sem que isso implique determinar o país de destino.

Se o asilo se verificar a bordo de navio de guerra ou aeronave militar, a saída pode se efetuar nos mesmos, devendo, porém, ser previamente preenchido o requisito da obtenção do salvo-conduto.

ARTIGO XIV

Não se pode culpar o Estado asilante do prolongamento do asilo, decorrente da necessidade de coligir informações indispensáveis para julgar da procedência do mesmo, ou de fatos circunstanciais que ponham em perigo a segurança do asilado durante o trajeto para um país estrangeiro.

ARTIGO XV

Quando para a transferencia de um asilado para outro país for necessário atravessar o território de um Estado-Parte nesta Convenção, o trânsito será autorizado por este sem outro requisito além da apresentação, por via diplomática, do respectivo salvo-conduto visado e com a declaração, por parte da missão diplomática asilante, da qualidade de asilado. Durante o mencionado trânsito o asilado ficará sob a proteção do Estado que concede o asilo.

ARTIGO XVI

Os asilados não poderão ser desembarcados em ponto algum do Estado territorial, nem em lugar que dele esteja próximo, salvo por necessidade de transporte.

ARTIGO XVII

Efetuada a saída do asilado, o Estado asilante não é obrigado a conceder-lhe permanência no seu território; mas não o poderá mandar de volta ao seu país de origem, salvo por vontade expressa do asilado.

O fato de o Estado territorial comunicar à autoridade asilante a intenção de solicitar a extradição posterior do asilado não prejudicará a aplicação de qualquer dispositivo desta Convenção. Nesse caso, o asilado permanecerá residindo no território do Estado asilante até que se receba o pedido formal de extradição, segundo as normas jurídicas que regem essa instituição no Estado asilante. A vigilância sobre o asilado não poderá exceder de trinta dias.

As despesas desse transporte e as da permanência preventiva cabem ao Estado do suplicante.

ARTIGO XVIII

A autoridade asilante não permitirá aos asilados praticar atos contrários à tranquilidade pública, nem intervir na política interna do Estado territorial.

ARTIGO XIX

Se, por motivo de ruptura de relações, o representante diplomático que concedeu o asilo tiver de abandonar o Estado territorial, sairá com os asilados.

Se o estabelecido no parágrafo anterior não for possível por causas independentes da vontade dos mesmos ou do agente diplomático, deverá entregá-los à representação diplomática de um terceiro Estado, com as garantias estabelecidas nesta Convenção.

Se isto também não for possível, poderá entregá-los a um Estado que não faca parte desta Convenção e concorde em manter o asilo. O Estado territorial deverá respeitar esse asilo.

ARTIGO XX

O asilo diplomático não estará sujeito à reciprocidade. Toda pessoa, seja qual for sua nacionalidade, pode estar sob proteção.

ARTIGO XXI

A presente Convenção fica aberta à assinatura dos Estados-Membros da Organização dos Estados Americanos e será ratificada pêlos Estados signatários, de acordo com as respectivas normas constitucionais.

ARTIGO XXII

O instrumento original, cujos textos em português, espanhol, francês e inglês são igualmente autênticos, será depositado na União Pan-Americana, que enviará cópias autenticadas aos Governos, para fins de ratificação. Os instrumentos de ratificação serão depositados na União Pan-Americana, que notificará os Governos signatários do referido deposito.

ARTIGO XXIII

A presente Convenção entrará em vigor entre os Estados que a ratificarem, na ordem em que depositem as respectivas ratificações.

ARTIGO XXIV

A presente Convenção vigorará indefinidamente, podendo ser denunciada por qualquer dos Estados signatários, mediante aviso prévio de um ano, decorrido o qual cessarão seus efeitos para o denunciante, subsistindo para os demais. A denúncia será enviada à União Pan-Americana, que a comunicará aos demais Estados signatários.

RESERVAS
GUATEMALA

Fazemos reserva expressa ao Artigo II na parte que declara não serem os Estados obrigados a conceder asilo, porque mantemos o conceito amplo e firme do direito de asilo.

URUGUAI

O Governo do Uruguai faz reserva ao Artigo II na parte que estabelece:

A autoridade asilante, não está, em nenhum caso, obrigada a conceder asilo nem a declarar por que o nega. Faz, outrossim, reserva ao Artigo XV na parte que estabelece: ".. sem outro requisito além da apresentação, por via diplomática, do respectivo salvo-conduto visado e com a declaração, por parte da missão diplomática asilante, da qualidade de asilado. Durante o mencionado transito o asilado ficará sob a proteção do Estado que concede o Asilo". Finalmente, faz reserva à segunda alínea do Artigo XX, pois o Governo do Uruguai entende que todas as pessoas, qualquer que seja seu sexo, nacionalidade, opinião ou religião, gozam do direito de asilo.

REPÚBLICA DOMINICANA

A Republica Dominicana assina a Convenção anterior com as reservas seguintes :

Primeira: A República Dominicana não aceita as disposições contidas nos Artigos VII e seguintes no que concerne à classificação unilateral da urgência pelo Estado asilante; e,

Segunda: As disposições desta Convenção não são aplicáveis, por conseguinte, no que concerne à República Dominicana, às controvérsias que possam surgir entre o Estado territorial e o Estado asilante, e que se refiram concretamente à falta de seriedade ou Inexistência de uma ação de verdadeira perseguição contra o asilado da parte das autoridades locais.

HONDURAS

A Delegação de Honduras assina a Convenção sobre Asilo Diplomático com as reservas pertinentes aos artigos que se oponham à Constituição e às leis vigentes da República de Honduras.

EM FÉ DO QUE, os Plenipotenciários abaixo assinados, apresentados seus plenos poderes que foram achados em boa e devida forma, firmam a presente Convenção em nome de seus governos, na cidade de Caracas, aos vinte e oito dias de marco de mil novecentos e cinquenta e quatro.

DECRETO N. 98.386, DE 9 DE DEZEMBRO DE 1989

Promulga a Convenção Interamericana para Prevenir e Punir a Tortura.

CONVENÇÃO INTERAMERICANA PARA PREVENIR E PUNIR A TORTURA

- Adotada e aberta à assinatura no XV Período Ordinário de Sessões da Assembleia Geral da Organização dos Estados Americanos, em Cartagena das Índias (Colômbia), em 09.12.1985.
- Ratificada pelo Brasil em 20.07.1989.
- Promulgada pelo Dec. 98.386/1989.
- Dec. 8.154/2013 (Regulamenta o funcionamento do Sistema Nacional de Prevenção e Combate à Tortura, a composição e o funcionamento do Comitê Nacional de Prevenção e Combate à Tortura e dispõe sobre o Mecanismo Nacional de Prevenção e Combate à Tortura).

Os Estados Americanos signatários da presente Convenção,

Conscientes do disposto na Convenção Americana sobre Direitos Humanos, no sentido de que ninguém deve ser submetido a torturas, nem a penas ou tratamentos cruéis, desumanos ou degradantes;

Reafirmando que todo ato de tortura ou outros tratamentos ou penas cruéis, desumanos ou degradantes constituem uma ofensa à dignidade humana e uma negação dos princípios consagrados na Carta da Organização dos Estados Americanos e na Carta das Nações Unidas, e são violatórios dos direitos humanos e liberdades fundamentais proclamados na Declaração Americana dos Direitos e Deveres do Homem e na Declaração Universal dos Direitos do Homem;

Assinalando que, para tornar efetivas as normas pertinentes contidas nos instrumentos universais e regionais aludidos, é necessário elaborar uma convenção interamericana que previna e puna a tortura;

Reiterando seu propósito de consolidar neste Continente as condições que permitam o reconhecimento e o respeito da dignidade inerente à pessoa humana e assegurem o exercício pleno de suas liberdades e direitos fundamentais;

Convieram no seguinte:

ARTIGO 1

Os Estados-Partes obrigam-se a prevenir e a punir a tortura, nos termos desta Convenção.

ARTIGO 2

Para os efeitos desta Convenção, entender-se-á por tortura todo ato pelo qual são infligidos intencionalmente a uma pessoa penas ou sofrimentos físicos ou mentais, com fins de investigação criminal, como meio de intimidação, como castigo pessoal, como medida preventiva, como pena ou qualquer outro fim. Entender-se-á também como tortura a aplicação, sobre uma pessoa, de métodos tendentes a anular a personalidade da vítima, ou a diminuir sua capacidade física ou mental, embora não causem dor física ou angústia psíquica.

Não estarão compreendidas no conceito de tortura as penas ou sofrimentos físicos ou mentais que sejam unicamente consequência de medidas legais ou inerentes a elas, contanto que não incluam a realização dos atos ou a aplicação dos métodos a que se refere este artigo.

ARTIGO 3

Serão responsáveis pelo delito de tortura:

a) os empregados ou funcionários públicos que, atuando nesse caráter, ordenem sua execução ou instiguem ou induzam a ela, cometam-no diretamente ou, podendo impedi-lo, não o façam.

b) as pessoas que, por instigação dos funcionários ou empregados públicos a que se refere a alínea *a*, ordenem sua execução, instiguem ou induzam a ela, cometam-no diretamente ou nele sejam cúmplices.

ARTIGO 4

O fato de haver agido por ordens superiores não eximirá da responsabilidade penal correspondente.

ARTIGO 5

Não se invocará nem admitirá como justificativa do delito de tortura a existência de circunstâncias tais como o estado de guerra, a ameaça de guerra, o estado de sítio ou de emergência, a comoção ou conflito interno, a suspensão das garantias constitucionais, a instabilidade política interna, ou outras emergências ou calamidades públicas.

Nem a periculosidade do detido ou condenado, nem a insegurança do estabelecimento carcerário ou penitenciário podem justificar a tortura.

ARTIGO 6

Em conformidade com o disposto no artigo 1, os Estados-Partes tomarão medidas efetivas a fim de prevenir e punir a tortura no âmbito de sua jurisdição.

Os Estados-Partes assegurar-se-ão de que todos os atos de tortura e as tentativas de praticar atos dessa natureza sejam considerados delitos em seu Direito Penal, estabelecendo penas severas para sua punição, que levem em conta sua gravidade.

Os Estados-Partes obrigam-se também a tomar medidas efetivas para prevenir e punir outros tratamentos ou penas cruéis, desumanos ou degradantes, no âmbito de sua jurisdição.

ARTIGO 7

Os Estados-Partes tomarão medidas para que, no treinamento de agentes de polícia e de outros funcionários públicos responsáveis pela custódia de pessoas privadas de liberdade, provisória ou definitivamente, e nos interrogatórios, detenções ou prisões, se ressalte de maneira especial a proibição do emprego de tortura.

Os Estados-Partes tomarão também medidas semelhantes para evitar outros tratamentos ou penas cruéis, desumanos ou degradantes.

ARTIGO 8

Os Estados-Partes assegurarão a qualquer pessoa que denunciar haver sido submetida a tortura, no âmbito de sua jurisdição, o direito de que o caso seja examinado de maneira imparcial.

Quando houver denúncia ou razão fundada para supor que haja sido cometido ato de tortura no âmbito de sua jurisdição, os Estados-Partes garantirão que suas autoridades procederão de ofício e imediatamente à realização de uma investigação sobre o caso e iniciarão, se for cabível, o respectivo processo penal.

Uma vez esgotado o procedimento jurídico interno do Estado e os recursos que este prevê, o caso poderá ser submetido a instâncias internacionais, cuja competência tenha sido aceita por esse Estado.

ARTIGO 9

Os Estados-Partes comprometem-se a estabelecer, em suas legislações nacionais, normas que garantam compensação adequada para as vítimas de delito de tortura.

Nada do disposto neste artigo afetará o direito que possa ter a vítima de outras pessoas de receber compensação em virtude da legislação nacional existente.

ARTIGO 10

Nenhuma declaração que se comprove haver sido obtida mediante tortura poderá ser admitida como prova em um processo, salvo em processo instaurado contra a pessoa ou pessoas acusadas de havê-la obtido mediante atos de tortura e unicamente como prova de que, o acusado obteve tal declaração.

ARTIGO 11

Os Estados-Partes tomarão as medidas necessárias para conceder a extradição de toda pessoa acusada de delito de tortura ou condenada por esse delito, de conformidade com suas legislações nacionais sobre extradição e suas obrigações internacionais nessa matéria.

ARTIGO 12

Todo Estado-Parte tomará as medidas necessárias para estabelecer sua jurisdição sobre o delito descrito nesta Convenção, nos seguintes casos:

a) quando a tortura houver sido cometida no âmbito de sua jurisdição;

b) quando o suspeito for nacional do Estado-Parte de que se trate;

c) quando a vítima for nacional do Estado-Parte de que se trate e este o considerar apropriado.

Todo Estado-Parte tomará também as medidas necessárias para estabelecer sua jurisdição sobre o delito descrito nesta Convenção, quando o suspeito se encontrar no âmbito de sua jurisdição e o Estado não o extraditar, de conformidade com o artigo 11.

Esta Convenção não exclui a jurisdição penal exercida de conformidade com o direito interno.

ARTIGO 13

O delito a que se refere o artigo 2 será considerado incluído entre os delitos que são motivo de extradição em todo tratado de extradição celebrado entre Estados-Partes. Os Estados-Partes comprometem-se a incluir o delito de tortura como caso de extradição em todo tratado de extradição que celebrarem entre si no futuro.

Todo Estado-Parte que sujeitar a extradição à existência de um tratado poderá, se receber de outro Estado-Parte, com o qual não tiver tratado, uma solicitação de extradição, considerar esta Convenção como a base jurídica necessária para a extradição referente ao delito de tortura. A extradição estará sujeita às demais condições exigíveis pelo direito do Estado requerido.

Os Estados-Partes que não sujeitarem a extradição à existência de um tratado reconhecerão esses delitos como casos de extradição entre eles, respeitando as condições exigidas pelo direito do Estado requerido.

Não se concederá a extradição nem se procederá à devolução da pessoa requerida quando houver suspeita fundada de que corre perigo sua vida, de que será submetida à tortura, tratamento cruel, desumano ou degradante, ou de que será julgada por tribunais de exceção ou *ad hoc*, no Estado requerente.

ARTIGO 14

Quando um Estado-Parte não conceder a extradição, submeterá o caso às suas autoridades competentes, como se o delito houvesse sido cometido no âmbito de sua jurisdição, para fins de investigação e, quando for cabível, de ação penal, de conformidade com sua legislação nacional. A decisão tomada por essas autoridades será comunicada ao Estado que houver solicitado a extradição.

ARTIGO 15

Nada do disposto nesta Convenção poderá ser interpretado como limitação do direito de asilo, quando for cabível, nem como modificação das obrigações dos Estados-Partes em matéria de extradição.

ARTIGO 16

Esta Convenção deixa a salvo o disposto pela Convenção Americana dobre Direitos Humanos, por outras convenções sobre a matéria e pelo Estatuto da Comissão Interamericana de Direitos Humanos com relação ao delito de tortura.

ARTIGO 17

Os Estados-Partes comprometem-se a informar a Comissão Interamericana de Direitos Humanos sobre as medidas legislativas, judiciais, administrativas e de outra natureza que adotarem em aplicação desta Convenção.

De conformidade com suas atribuições, a Comissão Interamericana de Direitos Humanos procurará analisar, em seu relatório anual, a situação prevalecente nos Estados-Membros da Organização dos Estados Americanos, no que diz respeito à prevenção e supressão da tortura.

ARTIGO 18

Esta Convenção estará aberta à assinatura dos Estados-Membros da Organização dos Estados Americanos.

ARTIGO 19

Esta Convenção estará sujeita à ratificação. Os instrumentos de ratificação serão depositados na Secretaria-Geral da Organização dos Estados Americanos.

ARTIGO 20

Esta Convenção ficará aberta à adesão de qualquer outro Estado Americano. Os instrumentos de adesão serão depositados na Secretaria-Geral da Organização dos Estados Americanos.

ARTIGO 21

Os Estados-Partes poderão formular reservas a esta Convenção no momento de aprová-la, ratificá-la ou de a ela aderir, contanto que não sejam incompatíveis com o objeto e o fim da Convenção e versem sobre uma ou mais disposições específicas.

ARTIGO 22

Esta Convenção entrará em vigor no trigésimo dia a partir da data em que tenha sido depositado o segundo instrumento de ratificação. Para cada Estado que ratificar a Convenção ou a ela aderir depois de haver sido depositado o segundo instrumento de ratificação, a Convenção entrará em vigor no trigésimo dia a partir da data em que esse Estado tenha depositado seu instrumento de ratificação ou adesão.

ARTIGO 23

Esta Convenção vigorará indefinidamente, mas qualquer dos Estados-Partes poderá denunciá-la. O instrumento de denúncia será depositado na Secretaria-Geral da Organização dos Estados Americanos. Transcorrido um ano, contado a partir da data de depósito do instrumento de denúncia, a Convenção cessará em seus efeitos para o Estado denunciante, ficando subsistente para os demais Estados-Partes.

ARTIGO 24

O instrumento original desta Convenção, cujos textos em português, espanhol, francês e inglês são igualmente autênticos, será depositado na Secretaria-Geral da Organização dos Estados Americanos, que enviará cópia autenticada do seu texto para registro e publicação à Secretaria da Nações Unidas, de conformidade com o artigo 102 da Carta das Nações Unidas. A Secretaria-Geral da Organização dos Estados Americanos comunicará aos Estados-Membros da referida Organização e aos Estados que tenham aderido à Convenção as assinaturas e os depósitos de instrumentos de ratificação, adesão e denúncia, bem como as reservas que houver.

DECRETO N. 99.710, DE 21 DE NOVEMBRO DE 1990

Promulga a Convenção sobre os Direitos da Criança.

CONVENÇÃO SOBRE OS DIREITOS DA CRIANÇA

- Aprovada pela Res. 44 (XLIV) da Assembleia Geral das Nações Unidas, em 20.11.1989.
- Aprovada, no Brasil, pelo Dec. Leg. 28/1990.
- Promulgada pelo Dec. 99.710/1990.
- Ratificada pelo Brasil em 24.09.1990.
- V. Lei 8.069/1990 (Estatuto da Criança e do Adolescente).

PREÂMBULO

Os Estados-Partes da presente Convenção,

Considerando que, de acordo com os princípios proclamados na Carta das Nações Unidas, a liberdade, a justiça e a paz no mundo se fundamentam no reconhecimento da dignidade inerente e dos direitos iguais e inalienáveis de todos os membros da família humana;

Tendo em conta que os povos das Nações Unidas reafirmaram na carta sua fé nos direitos fundamentais do homem e na dignidade e no valor da pessoa humana e que decidiram promover o progresso social e a elevação do nível de vida com mais liberdade;

Reconhecendo que as Nações Unidas proclamaram e acordaram na Declaração Universal dos Direitos Humanos e nos Pactos Internacionais de Direitos Humanos que toda pessoa possui todos os direitos e liberdades neles enunciados, sem distinção de qualquer natureza, seja de raça, cor, sexo, idioma, crença, opinião política ou de outra índole, origem nacional ou social, posição econômica, nascimento ou qualquer outra condição;

Recordando que na Declaração Universal dos Direitos Humanos as Nações Unidas proclamaram que a infância tem direito a cuidados e assistência especiais;

Convencidos de que a família, como grupo fundamental da sociedade e ambiente natural para o crescimento e bem-estar de todos os seus membros, e em particular das crianças, deve receber a proteção e assistência necessárias a fim de poder assumir plenamente suas responsabilidades dentro da comunidade;

Reconhecendo que a criança, para o pleno e harmonioso desenvolvimento de sua personalidade, deve crescer no seio da família, em um ambiente de felicidade, amor e compreensão;

Considerando que a criança deve estar plenamente preparada para uma vida independente na sociedade e deve ser educada de acordo com os ideais proclamados na Cartas das Nações Unidas, especialmente com espírito de paz, dignidade, tolerância, liberdade, igualdade e solidariedade;

Tendo em conta que a necessidade de proporcionar à criança uma proteção especial foi enunciada na Declaração de Genebra de 1924 sobre os Direitos da Criança e na Declaração dos Direitos da Criança adotada pela Assembleia Geral em 20 de novembro de 1959, e reconhecida na Declaração Universal dos Direitos Humanos, no Pacto Internacional de Direitos Civis e Políticos (em particular nos Artigos 23 e 24), no Pacto Internacional de Direitos Econômicos, Sociais e Culturais (em particular no Artigo 10) e nos estatutos e instrumentos pertinentes das Agências Especializadas e das organizações internacionais que se interessam pelo bem-estar da criança;

Tendo em conta que, conforme assinalado na Declaração dos Direitos da Criança, "a criança, em virtude de sua falta de maturidade física e mental, necessita proteção e cuidados especiais, inclusive a devida proteção legal, tanto antes quanto após seu nascimento";

Lembrado o estabelecido na Declaração sobre os Princípios Sociais e Jurídicos Relativos à Proteção e ao Bem-Estar das Crianças, especialmente com Referência à Adoção e à Colocação em Lares de Adoção, nos Planos Nacional e Internacional; as Regras Mínimas das Nações Unidas para a Administração da Justiça Juvenil (Regras de Pequim); e a Declaração sobre a Proteção da Mulher e da Criança em Situações de Emergência ou de Conflito Armado;

Reconhecendo que em todos os países do mundo existem crianças vivendo sob condições excepcionalmente difíceis e que essas crianças necessitam consideração especial;

Tomando em devida conta a importância das tradições e dos valores culturais de cada povo para a proteção e o desenvolvimento harmonioso da criança;

Reconhecendo a importância da cooperação internacional para a melhoria das condições de vida das crianças em todos os países, especialmente nos países em desenvolvimento;

Acordam o seguinte:

PARTE I

ARTIGO 1

Para efeitos da presente Convenção considera-se como criança todo ser humano com menos de dezoito anos de idade, a não ser que, em conformidade com a lei aplicável à criança, a maioridade seja alcançada antes.

ARTIGO 2

1. Os Estados-Partes respeitarão os direitos enunciados na presente Convenção e assegurarão sua aplicação a cada criança sujeita à sua jurisdição, sem distinção alguma, independentemente de raça, cor, sexo, idioma, crença, opinião política ou de outra índole, origem nacional, étnica ou social, posição econômica, deficiências físicas, nascimento ou qualquer outra condição da criança, de seus pais ou de seus representantes legais.

2. Os Estados-Partes tomarão todas as medidas apropriadas para assegurar a proteção da criança contra toda forma de discriminação ou castigo por causa da condição, das atividades, das opiniões manifestadas ou das crenças de seus pais, representantes legais ou familiares.

ARTIGO 3

1. Todas as ações relativas às crianças, levadas a efeito por autoridades administrativas ou órgãos legislativos, devem considerar, primordialmente, o interesse maior da criança.

2. Os Estados-Partes se comprometem a assegurar à criança a proteção e o cuidado que sejam necessários para seu bem-estar, levando em consideração os direitos e deveres de seus pais, tutores ou outras pessoas responsáveis por ela perante a lei e, com essa finalidade, tomarão todas as medidas legislativas e administrativas adequadas.

3. Os Estados-Partes se certificarão de que as instituições, os serviços e os estabelecimentos encarregados do cuidado ou da proteção das crianças cumpram com os padrões estabelecidos pelas autoridades competentes, especialmente no que diz respeito à segurança e à saúde das crianças, ao número e à competência de seu pessoal e à existência de supervisão adequada.

ARTIGO 4

Os Estados-Partes adotarão todas as medidas administrativas, legislativas e de outra índole com vistas à implementação dos direitos reconhecidos na presente Convenção. Com relação aos direitos econômicos, sociais e culturais, os Estados-Partes adotarão essas medidas utilizando ao máximo os recursos disponíveis e, quando necessário, dentro de um quadro de cooperação internacional.

ARTIGO 5

Os Estados-Partes respeitarão as responsabilidades, os direitos e os deveres dos pais ou, onde for o caso, dos membros da família ampliada ou da comunidade, conforme determinem os costumes locais, dos tutores ou de outras pessoas legalmente responsáveis, de proporcionar à criança instrução e orientação adequadas e acordes com a evolução de sua capacidade no exercício dos direitos reconhecidos na presente Convenção.

ARTIGO 6

1. Os Estados-Partes reconhecem que toda criança tem o direito inerente à vida.

2. Os Estados-Partes assegurarão ao máximo a sobrevivência e o desenvolvimento da criança.

ARTIGO 7

1. A criança será registrada imediatamente após seu nascimento e terá direito, desde o momento em que nasce, a um nome, a uma nacionalidade e, na medida do possível, a conhecer seus pais e a ser cuidada por eles.

2. Os Estados-Partes zelarão pela aplicação desses direitos de acordo com sua legislação nacional e com as obrigações que tenham assumido em virtude dos instrumentos internacionais pertinentes, sobretudo se, de outro modo, a criança se tornaria apátrida.

ARTIGO 8

1. Os Estados-Partes se comprometem a respeitar o direito da criança de preservar sua identidade, inclusive a nacionalidade, o nome e as relações familiares, de acordo com a lei, sem interferências ilícitas.

2. Quando uma criança se vir privada ilegalmente de algum ou de todos os elementos que configuram sua identidade, os Estados-Partes deverão prestar assistência e proteção adequadas com vistas a restabelecer rapidamente sua identidade.

ARTIGO 9

1. Os Estados-Partes deverão zelar para que a criança não seja separada dos pais contra a vontade dos mesmos, exceto quando, sujeita à revisão judicial, as autoridades competentes determinarem, em conformidade com a lei e os procedimentos legais cabíveis, que tal separação é necessária ao interesse maior da criança. Tal determinação pode ser necessária em casos específicos, por exemplo, nos casos em que a criança sofre maus tratos ou descuido por parte de seus pais ou quando estes vivem separados e uma decisão deve ser tomada a respeito do local da residência da criança.

2. Caso seja adotado qualquer procedimento em conformidade com o estipulado no parágrafo 1 do presente Artigo, todas as Partes interessadas terão a oportunidade de participar e de manifestar suas opiniões.

3. Os Estados-Partes respeitarão o direito da criança que esteja separada de um ou de ambos os pais de manter regularmente relações pessoais e contato direto com ambos, a menos que isso seja contrário ao interesse maior da criança.

4. Quando essa separação ocorrer em virtude de uma medida adotada por um Estado-Parte, tal como detenção, prisão, exílio, deportação ou morte (inclusive falecimento decorrente de qualquer causa enquanto a pessoa estiver sob a custódia do Estado) de um dos pais da criança, ou de ambos, ou da própria criança, o Estado-Parte, quando solicitado, proporcionará aos pais, à criança ou, se for o caso, a outro familiar, informações básicas a respeito do paradeiro do familiar ou familiares ausentes, a

não ser que tal procedimento seja prejudicial ao bem-estar da criança. Os Estados-Partes se certificarão, além disso, de que a apresentação de tal petição não acarrete, por si só, consequências adversas para a pessoa ou pessoas interessadas.

ARTIGO 10

2. A criança cujos pais residam em Estados diferentes terá o direito de manter, periodicamente, relações pessoais e contato direto com ambos, exceto em circunstâncias especiais. Para tanto, e de acordo com a obrigação assumida pelos Estados-Partes em virtude do parágrafo 2 do Artigo 9, os Estados-Partes respeitarão o direito da criança e de seus pais de sair de qualquer país, inclusive do próprio, e de ingressar no seu próprio país. O direito de sair de qualquer país estará sujeito, apenas, às restrições determinadas pela lei que sejam necessárias para proteger a segurança nacional, a ordem pública, a saúde ou a moral públicas ou os direitos e as liberdades de outras pessoas e que estejam acordes com os demais direitos reconhecidos pela presente Convenção.

ARTIGO 11

1. Os Estados-Partes adotarão medidas a fim de lutar contra a transferência ilegal de crianças para o exterior e a retenção ilícita das mesmas fora do país.

2. Para tanto, aos Estados-Partes promoverão a conclusão de acordos bilaterais ou multilaterais ou a adesão a acordos já existentes.

ARTIGO 12

1. Os Estados-Partes assegurarão à criança que estiver capacitada a formular seus próprios juízos o direito de expressar suas opiniões livremente sobre todos os assuntos relacionados com a criança, levando-se devidamente em consideração essas opiniões, em função da idade e maturidade da criança.

2. Com tal propósito, se proporcionará à criança, em particular, a oportunidade de ser ouvida em todo processo judicial ou administrativo que afete a mesma, quer diretamente quer por intermédio de um representante ou órgão apropriado, em conformidade com as regras processuais da legislação nacional.

ARTIGO 13

1. A criança terá direito à liberdade de expressão. Esse direito incluirá a liberdade de procurar, receber e divulgar informações e ideias de todo tipo, independentemente de fronteiras, de forma oral, escrita ou impressa, por meio das artes ou por qualquer outro meio escolhido pela criança.

2. O exercício de tal direito poderá estar sujeito a determinadas restrições, que serão unicamente as previstas pela lei e consideradas necessárias:

a) para o respeito dos direitos ou da reputação dos demais, ou

b) para a proteção da segurança nacional ou da ordem pública, ou para proteger a saúde e a moral públicas.

ARTIGO 14

1. Os Estados-Partes respeitarão o direito da criança à liberdade de pensamento, de consciência e de crença.

2. Os Estados-Partes respeitarão os direitos e deveres dos pais e, se for o caso, dos representantes legais, de orientar a criança com relação ao exercício de seus direitos de maneira acorde com a evolução de sua capacidade.

3. A liberdade de professar a própria religião ou as próprias crenças estará sujeita, unicamente, às limitações prescritas pela lei e necessárias para proteger a segurança, a ordem, a moral, a saúde pública ou os direitos e liberdades fundamentais dos demais.

ARTIGO 15

1. Os Estados-Partes reconhecem os direitos da criança à liberdade de associação e à liberdade de realizar reuniões pacíficas.

2. Não serão impostas restrições ao exercício desses direitos, a não ser as estabelecidas em conformidade com a lei e que sejam necessárias numa sociedade democrática, no interesse da segurança nacional ou pública, da ordem pública, da proteção à saúde e à moral públicas ou da proteção aos direitos e liberdades dos demais.

ARTIGO 16

1. Nenhuma criança será objeto de interferências arbitrárias ou ilegais em sua vida particular, sua família, seu domicílio ou sua correspondência, nem de atentados ilegais a sua honra e a sua reputação.

2. A criança tem direito à proteção da lei contra essas interferências ou atentados.

ARTIGO 17

Os Estados-Partes reconhecem a função importante desempenhada pelos meios de comunicação e zelarão para que a criança tenha acesso a informações e materiais procedentes de diversas fontes nacionais e internacionais, especialmente informações e materiais que visem a promover seu bem-estar social, espiritual e moral e sua saúde física e mental. Para tanto, os Estados-Partes:

a) incentivarão os meios de comunicação a difundir informações e materiais de interesse social e cultural para a criança, de acordo com o espírito do Artigo 29;

b) promoverão a cooperação internacional na produção, no intercâmbio e na divulgação dessas informações e desses materiais procedentes de diversas fontes culturais, nacionais e internacionais;

c) incentivarão a produção e difusão de livros para crianças;

d) incentivarão os meios de comunicação no sentido de, particularmente, considerar as necessidades linguísticas da criança que pertença a um grupo minoritário ou que seja indígena;

e) promoverão a elaboração de diretrizes apropriadas a fim de proteger a criança contra toda informação e material prejudiciais ao seu bem-estar, tendo em conta as disposições dos Artigos 13 e 18.

ARTIGO 18

1. Os Estados-Partes envidarão os seus melhores esforços a fim de assegurar o reconhecimento do princípio de que ambos os pais têm obrigações comuns com relação à educação e ao desenvolvimento da criança. Caberá aos pais ou, quando for o caso, aos representantes legais, a responsabilidade primordial pela educação e pelo desenvolvimento da criança. Sua preocupação fundamental visará ao interesse maior da criança.

2. A fim de garantir e promover os direitos enunciados na presente Convenção, os Estados-Partes prestarão assistência adequada aos pais e aos representantes legais para o desempenho de suas funções no que tange à educação da criança e assegurarão a criação de instituições, instalações e serviços para o cuidado das crianças.

3. Os Estados-Partes adotarão todas as medidas apropriadas a fim de que as crianças cujos pais trabalhem tenham direito a beneficiar-se dos serviços de assistência social e creches a que fazem jus.

ARTIGO 19

1. Os Estados-Partes adotarão todas as medidas legislativas, administrativas, sociais e educacionais apropriadas para proteger a criança contra todas as formas de violência física ou mental, abuso ou tratamento negligente, maus tratos ou exploração, inclusive abuso sexual, enquanto a criança estiver sob a custódia dos pais, do representante legal ou de qualquer outra pessoa responsável por ela.

2. Essas medidas de proteção deveriam incluir, conforme apropriado, procedimentos eficazes para a elaboração de programas sociais capazes de proporcionar uma assistência adequada à criança e às pessoas encarregadas de seu cuidado, bem como para outras formas de prevenção, para a identificação, notificação, transferência a uma instituição, investigação, tratamento e acompanhamento posterior dos casos acima mencionados de maus tratos à criança e, conforme o caso, para a intervenção judiciária.

ARTIGO 20

1. As crianças privadas temporária ou permanentemente do seu meio familiar, ou cujo interesse maior exija que não permaneçam nesse meio, terão direito à proteção e assistência especiais do Estado.

2. Os Estados-Partes garantirão, de acordo com suas leis nacionais, cuidados alternativos para essas crianças.

3. Esses cuidados poderiam incluir, *inter alia*, a colocação em lares de adoção, a *kafalah* do direito islâmico, a adoção ou, caso necessário, a colocação em instituições adequadas de proteção para as crianças. Ao serem consideradas as soluções, deve-se dar especial atenção à origem étnica, religiosa, cultural e linguística da criança, bem como à conveniência da continuidade de sua educação.

ARTIGO 21

Os Estados-Partes que reconhecem ou permitem o sistema de adoção atentarão para o fato de que a consideração primordial seja o interesse maior da criança. Dessa forma, atentarão para que:

a) a adoção da criança seja autorizada apenas pelas autoridades competentes, as quais determinarão, consoante as leis e os procedimentos cabíveis e com base em todas as informações pertinentes e fidedignas, que a adoção é admissível em vista da situação jurídica da criança com relação a seus pais, parentes e representantes legais e que, caso solicitado, as pessoas interessadas tenham dado, com conhecimento de causa, seu consentimento à adoção, com base no assessoramento que possa ser necessário;

b) a adoção efetuada em outro país possa ser considerada como outro meio de cuidar da criança, no caso em que a mesma não possa ser colocada em um lar de adoção ou entregue a uma família adotiva ou não logre atendimento adequado em seu país de origem;

c) a criança adotada em outro país goze de salvaguardas e normas equivalentes às existentes em seu país de origem com relação à adoção;

d) todas as medidas apropriadas sejam adotadas, a fim de garantir que, em caso de adoção em outro país, a colocação não permita benefícios financeiros indevidos aos que dela participarem;

e) quando necessário, promover os objetivos do presente Artigo mediante ajustes ou acordos bilaterais ou multilaterais, e envidarão esforços, nesse contexto, com vistas a assegurar que a colocação da criança em outro país seja levada a cabo por intermédio das autoridades ou organismos competentes.

ARTIGO 22

1. Os Estados-Partes adotarão medidas pertinentes para assegurar que a criança que tente obter a condição de refugiada, ou que seja considerada como refugiada de acordo com o direito e os procedimentos internacionais ou internos aplicáveis, receba, tanto no caso de estar sozinha como acompanhada por seus pais ou por qualquer outra pessoa, a proteção e a assistência humanitária adequadas a fim de que possa usufruir dos direitos enunciados na presente Convenção e em outros instrumentos internacionais de direitos humanos ou de caráter humanitário dos quais os citados Estados sejam parte.

2. Para tanto, os Estados-Partes cooperarão, da maneira como julgarem apropriada, com todos os esforços das Nações Unidas e demais organizações intergovernamentais competentes, ou organizações não governamentais que cooperem com as Nações Unidas, no sentido de proteger e ajudar a criança refugiada, e de localizar seus pais ou outros membros de sua família a fim de obter informações necessárias que permitam sua reunião com a família. Quando não for possível localizar nenhum dos pais ou membros da família, será concedida à criança a mesma proteção outorgada a qualquer outra criança privada permanente ou temporariamente de seu ambiente familiar, seja qual for o motivo, conforme o estabelecido na presente Convenção.

ARTIGO 23

1. Os Estados-Partes reconhecem que a criança portadora de deficiências físicas ou mentais deverá desfrutar de uma vida plena e decente em condições que garantam sua dignidade, favoreçam sua autonomia e facilitem sua participação ativa na comunidade.

2. Os Estados-Partes reconhecem o direito da criança deficiente de receber cuidados especiais e, de acordo com os recursos disponíveis e sempre que a criança ou seus responsáveis reúnam as condições requeridas, estimularão e assegurarão a prestação da assistência solicitada, que seja adequada ao estado da criança e às circunstâncias de seus pais ou das pessoas encarregadas de seus cuidados.

3. Atendendo às necessidades especiais da criança deficiente, a assistência prestada, conforme disposto no parágrafo 2 do presente Artigo, será gratuita sempre que possível, levando-se em consideração a situação econômica dos pais ou das pessoas que cuidem da criança, e visará a assegurar à criança deficiente o acesso efetivo à educação, à capacitação, aos serviços de saúde, aos serviços de reabilitação, à preparação para o emprego e às oportunidades de lazer, de maneira que a criança atinja a mais completa integração social possível e o maior desenvolvimento individual factível, inclusive seu desenvolvimento cultural e espiritual.

4. Os Estados-Partes promoverão, com espírito de cooperação internacional, um intercâmbio adequado de informações nos campos da assistência médica preventiva e do tratamento médico, psicológico e funcional das crianças deficientes, inclusive a divulgação de informações a respeito dos métodos de reabilitação e dos serviços de ensino e formação profissional, bem como o acesso a essa informação, a fim de que os Estados-Partes possam aprimorar sua capacidade e seus conhecimentos e ampliar sua experiência nesses campos. Nesse sentido, serão levadas especialmente em conta as necessidades dos países em desenvolvimento.

ARTIGO 24

1. Os Estados-Partes reconhecem o direito da criança de gozar do melhor padrão possível de saúde e dos serviços destinados ao tratamento das doenças e à recuperação da saúde. Os Estados-Partes envidarão esforços no sentido de assegurar que nenhuma criança se veja privada de seu direito de usufruir desses serviços sanitários.

2. Os Estados-Partes garantirão a plena aplicação desse direito e, em especial, adotarão as medidas apropriadas com vistas a:

a) reduzir a mortalidade infantil;

b) assegurar a prestação de assistência médica e cuidados sanitários necessários a todas as crianças, dando ênfase aos cuidados básicos de saúde;

c) combater as doenças e a desnutrição dentro do contexto dos cuidados básicos de saúde mediante, *inter alia*, a aplicação de tecnologia disponível e o fornecimento de alimentos nutritivos e de água potável, tendo em vista os perigos e riscos da poluição ambiental;

d) assegurar às mães adequada assistência pré-natal e pós-natal;

e) assegurar que todos os setores da sociedade, e em especial os pais e as crianças, conheçam os princípios básicos de saúde e nutrição das crianças, as vantagens da amamentação, da higiene e do saneamento ambiental e das medidas de prevenção de acidentes, e tenham acesso à educação pertinente e recebam apoio para a aplicação desses conhecimentos;

f) desenvolver a assistência médica preventiva, a orientação aos pais e a educação e serviços de planejamento familiar.

3. Os Estados-Partes adotarão todas as medidas eficazes e adequadas para abolir práticas tradicionais que sejam prejudiciais à saúde da criança.

4. Os Estados-Partes se comprometem a promover e incentivar a cooperação internacional com vistas a lograr, progressivamente, a plena efetivação do direito reconhecido no presente Artigo. Nesse sentido, será dada atenção especial às necessidades dos países em desenvolvimento.

ARTIGO 25

Os Estados-Partes reconhecem o direito de uma criança que tenha sido internada em um estabelecimento pelas autoridades competentes para fins de atendimento, proteção ou tratamento de saúde física ou mental a um exame periódico de avaliação do tratamento ao qual está sendo submetida e de todos os demais aspectos relativos à sua internação.

ARTIGO 26

1. Os Estados-Partes reconhecerão a todas as crianças o direito de usufruir da previdência social, inclusive do seguro social, e adotarão as medidas necessárias para lograr a plena consecução desse direito, em conformidade com sua legislação nacional.

2. Os benefícios deverão ser concedidos, quando pertinentes, levando-se em consideração os recursos e a situação da criança e das pessoas responsáveis pelo seu sustento, bem como qualquer outra consideração cabível no caso de uma solicitação de benefícios feita pela criança ou em seu nome.

ARTIGO 27

1. Os Estados-Partes reconhecem o direito de toda criança a um nível de vida adequado ao seu desenvolvimento físico, mental, espiritual, moral e social.

2. Cabe aos pais, ou a outras pessoas encarregadas, a responsabilidade primordial de propiciar, de acordo com suas possibilidades e meios financeiros, as condições de vida necessárias ao desenvolvimento da criança.

3. Os Estados-Partes, de acordo com as condições nacionais e dentro de suas possibilidades, adotarão medidas apropriadas a fim de ajudar os pais e outras pessoas responsáveis pela criança a tornar efetivo esse direito e, caso necessário, proporcionarão assistência material e programas de apoio, especialmente no que diz respeito à nutrição, ao vestuário e à habitação.

4. Os Estados-Partes tomarão todas as medidas adequadas para assegurar o pagamento da pensão alimentícia por parte dos pais ou de outras pessoas financeiramente responsáveis pela criança, quer residam no Estado-Parte quer no exterior. Nesse sentido, quando a pessoa que detém a responsabilidade financeira pela criança residir em Estado diferente daquele onde mora a criança, os Estados-Partes promoverão a adesão a acordos internacionais ou a conclusão de tais acordos, bem como a adoção de outras medidas apropriadas.

ARTIGO 28

1. Os Estados-Partes reconhecem o direito da criança à educação e, a fim de que ela possa exercer progressivamente e em igualdade de condições esse direito, deverão especialmente:

a) tornar o ensino primário obrigatório e disponível gratuitamente para todos;

b) estimular o desenvolvimento do ensino secundário em suas diferentes formas, inclusive o ensino geral e profissionalizante, tornando-o disponível e acessível a todas as crianças, e adotar medidas apropriadas tais como a implantação do ensino gratuito e a concessão de assistência financeira em caso de necessidade;

c) tornar o ensino superior acessível a todos com base na capacidade e por todos os meios adequados;

d) tornar a informação e a orientação educacionais e profissionais disponíveis e accessíveis a todas as crianças;

e) adotar medidas para estimular a frequência regular às escolas e a redução do índice de evasão escolar.

2. Os Estados-Partes adotarão todas as medidas necessárias para assegurar que a disciplina escolar seja ministrada de maneira compatível com a dignidade humana da criança e em conformidade com a presente Convenção.

3. Os Estados-Partes promoverão e estimularão a cooperação internacional em questões relativas à educação, especialmente visando a contribuir para a eliminação da ignorância e do analfabetismo no mundo e facilitar o acesso aos conhecimentos científicos e técnicos e aos métodos modernos de ensino. A esse respeito, será dada atenção especial às necessidades dos países em desenvolvimento.

ARTIGO 29

1. Os Estados-Partes reconhecem que a educação da criança deverá estar orientada no sentido de:

a) desenvolver a personalidade, as aptidões e a capacidade mental e física da criança em todo o seu potencial;

b) imbuir na criança o respeito aos direitos humanos e às liberdades fundamentais, bem como aos princípios consagrados na Carta das Nações Unidas;

c) imbuir na criança o respeito aos seus pais, à sua própria identidade cultural, ao seu idioma e seus valores, aos valores nacionais do país em que reside, aos do eventual país de origem, e aos das civilizações diferentes da sua;

d) preparar a criança para assumir uma vida responsável numa sociedade livre, com espírito de compreensão, paz, tolerância, igualdade de sexos e amizade entre todos os povos, grupos étnicos, nacionais e religiosos e pessoas de origem indígena;

e) imbuir na criança o respeito ao meio ambiente.

2. Nada do disposto no presente Artigo ou no Artigo 28 será interpretado de modo a restringir a liberdade dos indivíduos ou das entidades de criar e dirigir instituições de ensino, desde que sejam respeitados os princípios enunciados no parágrafo 1 do presente Artigo e que a educação ministrada em tais instituições esteja acorde com os padrões mínimos estabelecidos pelo Estado.

ARTIGO 30

Nos Estados-Partes onde existam minorias étnicas, religiosas ou linguísticas, ou pessoas de origem indígena, não será negado a uma criança que pertença a tais minorias ou que seja indígena o direito de, em comunidade com os demais membros de seu grupo, ter sua própria cultura, professar e praticar sua própria religião ou utilizar seu próprio idioma.

ARTIGO 31

1. Os Estados-Partes reconhecem o direito da criança ao descanso e ao lazer, ao divertimento e às atividades recreativas próprias da idade, bem como à livre participação na vida cultural e artística.

2. Os Estados-Partes respeitarão e promoverão o direito da criança de participar plenamente da vida cultural e artística e encorajarão a criação de oportunidades adequadas, em condições de igualdade, para que participem da vida cultural, artística, recreativa e de lazer.

ARTIGO 32

1. Os Estados-Partes reconhecem o direito da criança de estar protegida contra a exploração econômica e contra o desempenho de qualquer trabalho que possa ser perigoso ou interferir em sua educação, ou que seja nocivo para sua saúde ou para seu desenvolvimento físico, mental, espiritual, moral ou social.

2. Os Estados-Partes adotarão medidas legislativas, administrativas, sociais e educacionais com vistas a assegurar a aplicação do presente Artigo. Com tal propósito, e levando em consideração as disposições pertinentes de outros instrumentos internacionais, os Estados-Partes, deverão, em particular:

a) estabelecer uma idade ou idades mínimas para a admissão em empregos;

b) estabelecer regulamentação apropriada relativa a horários e condições de emprego;

c) estabelecer penalidades ou outras sanções apropriadas a fim de assegurar o cumprimento efetivo do presente Artigo.

ARTIGO 33

Os Estados-Partes adotarão todas as medidas apropriadas, inclusive medidas legislativas, administrativas, sociais e educacionais, para proteger a criança contra o uso ilícito de drogas e substâncias psicotrópicas descritas nos tratados internacionais pertinentes e para impedir que crianças sejam utilizadas na produção e no tráfico ilícito dessas substâncias.

ARTIGO 34

Os Estados-Partes se comprometem a proteger a criança contra todas as formas de exploração e abuso sexual. Nesse sentido, os Estados-Partes tomarão, em especial, todas as medidas de caráter nacional, bilateral e multilateral que sejam necessárias para impedir:

a) o incentivo ou a coação para que uma criança se dedique a qualquer atividade sexual ilegal;

b) a exploração da criança na prostituição ou outras práticas sexuais ilegais;

c) a exploração da criança em espetáculos ou materiais pornográficos.

ARTIGO 35

Os Estados-Partes tomarão todas as medidas de caráter nacional, bilateral e multilateral que sejam necessárias para impedir o sequestro, a venda ou o tráfico de crianças para qualquer fim ou sob qualquer forma.

ARTIGO 36

Os Estados-Partes protegerão a criança contra todas as demais formas de exploração que sejam prejudiciais para qualquer aspecto de seu bem-estar.

ARTIGO 37

Os Estados-Partes zelarão para que:

a) nenhuma criança seja submetida a tortura nem a outros tratamentos ou penas cruéis, desumanos ou degradantes. Não será imposta a pena de morte nem a prisão perpétua sem possibilidade de livramento por delitos cometidos por menores de dezoito anos de idade;

b) nenhuma criança seja privada de sua liberdade de forma ilegal ou arbitrária. A detenção, a reclusão ou a prisão de uma criança será efetuada em conformidade com a lei e apenas como último recurso, e durante o mais breve período de tempo que for apropriado;

c) toda criança privada da liberdade seja tratada com a humanidade e o respeito que merece a dignidade inerente à pessoa humana, e levando-se em consideração as necessidades de uma pessoa de sua idade. Em especial, toda criança privada de sua liberdade ficará separada dos adultos, a não ser que tal fato seja considerado contrário aos melhores interesses da criança, e terá direito a manter contato com sua família por meio de correspondência ou de visitas, salvo em circunstâncias excepcionais;

d) toda criança privada de sua liberdade tenha direito a rápido acesso a assistência jurídica e a qualquer outra assistência adequada, bem como direito a impugnar a legalidade da privação de sua liberdade perante um tribunal ou outra autoridade competente, independente e imparcial e a uma rápida decisão a respeito de tal ação.

ARTIGO 38

1. Os Estados-Partes se comprometem a respeitar e a fazer com que sejam respeitadas as normas do direito humanitário internacional aplicáveis em casos de conflito armado no que digam respeito às crianças.

2. Os Estados-Partes adotarão todas as medidas possíveis a fim de assegurar que todas as pessoas que ainda não tenham completado quinze anos de idade não participem diretamente de hostilidades.

3. Os Estados-Partes abster-se-ão de recrutar pessoas que não tenham completado quinze anos de idade para servir em suas forças armadas. Caso recrutem pessoas que tenham completado quinze anos mas que tenham menos de dezoito anos, deverão procurar dar prioridade aos de mais idade.

4. Em conformidade com suas obrigações de acordo com o direito humanitário internacional para proteção da população civil durante os conflitos armados, os Estados-Partes adotarão todas as medidas necessárias a fim de assegurar a proteção e o cuidado das crianças afetadas por um conflito armado.

ARTIGO 39

Os Estados-Partes adotarão todas as medidas apropriadas para estimular a recuperação física e psicológica e a reintegração social de toda criança vítima de qualquer forma de abandono, exploração ou abuso; tortura ou outros tratamentos ou penas cruéis, desumanos ou degradantes; ou conflitos armados. Essa recuperação e reintegração serão efetuadas em ambiente que estimule a saúde, o respeito próprio e a dignidade da criança.

ARTIGO 40

1. Os Estados-Partes reconhecem o direito de toda criança a quem se alegue ter infringido as leis penais ou a quem se acuse ou declare culpada de ter infringido as leis penais de ser tratada de modo a promover e estimular seu sentido de dignidade e de valor e a fortalecer o respeito da criança pelos direitos humanos e pelas liberdades fundamentais de terceiros, levando em consideração a idade da criança e a importância de se estimular sua reintegração e seu desempenho construtivo na sociedade.

2. Nesse sentido, e de acordo com as disposições pertinentes dos instrumentos internacionais, os Estados-Partes assegurarão, em particular:

a) que não se alegue que nenhuma criança tenha infringido as leis penais, nem se acuse ou declare culpada nenhuma criança de ter infringido essas leis, por atos ou omissões que não eram proibidos pela legislação nacional ou pelo direito internacional no momento em que foram cometidos;

b) que toda criança de quem se alegue ter infringido as leis penais ou a quem se acuse de ter infringido essas leis goze, pelo menos, das seguintes garantias:

i) ser considerada inocente enquanto não for comprovada sua culpabilidade conforme a lei;

ii) ser informada sem demora e diretamente ou, quando for o caso, por intermédio de seus pais ou de seus representantes legais, das acusações que pesam contra ela, e dispor de assistência jurídica ou outro tipo de assistência apropriada para a preparação e apresentação de sua defesa;

iii) ter a causa decidida sem demora por autoridade ou órgão judicial competente, independente e imparcial, em audiência justa conforme a lei, com assistência jurídica ou outra assistência e, a não ser que seja considerado contrário aos melhores interesses da criança, levando em consideração especialmente sua idade ou situação e a de seus pais ou representantes legais;

iv) não ser obrigada a testemunhar ou a se declarar culpada, e poder interrogar ou fazer com que sejam interrogadas as testemunhas de acusação bem como poder obter a participação e o interrogatório de testemunhas em sua defesa, em igualdade de condições;

v) se for decidido que infringiu as leis penais, ter essa decisão e qualquer medida imposta em decorrência da mesma submetidas a revisão por autoridade ou órgão judicial superior competente, independente e imparcial, de acordo com a lei;

vi) contar com a assistência gratuita de um intérprete caso a criança não compreenda ou fale o idioma utilizado;

vii) ter plenamente respeitada sua vida privada durante todas as fases do processo.

3. Os Estados-Partes buscarão promover o estabelecimento de leis, procedimentos, autoridades e instituições específicas para as crianças de quem se alegue ter infringido as leis penais ou que sejam acusadas ou declaradas culpadas de tê-las infringido, e em particular:

a) o estabelecimento de uma idade mínima antes da qual se presumirá que a criança não tem capacidade para infringir as leis penais;

b) a adoção sempre que conveniente e desejável, de medidas para tratar dessas crianças sem recorrer a procedimentos judiciais, contando que sejam respeitados plenamente os direitos humanos e as garantias legais.

4. Diversas medidas, tais como ordens de guarda, orientação e supervisão, aconselhamento, liberdade vigiada, colocação em lares de adoção, programas de educação e formação profissional, bem como outras alternativas à internação em instituições, deverão estar disponíveis para garantir que as crianças sejam tratadas de modo apropriado ao seu bem-estar e de forma proporcional às circunstâncias e ao tipo do delito.

ARTIGO 41

Nada do estipulado na presente Convenção afetará disposições que sejam mais convenientes para a realização dos direitos da criança e que podem constar:

a) das leis de um Estado-Parte;

b) das normas de direito internacional vigentes para esse Estado.

PARTE II

ARTIGO 42

Os Estados-Partes se comprometem a dar aos adultos e às crianças amplo conhecimento dos princípios e disposições da Convenção, mediante a utilização de meios apropriados e eficazes.

ARTIGO 43

1. A fim de examinar os progressos realizados no cumprimento das obrigações contraídas pelos Estados-Partes na presente Convenção, deverá ser estabelecido um Comitê para os Direitos da Criança que desempenhará as funções a seguir determinadas.

2. O comitê estará integrado por dez especialistas de reconhecida integridade moral e competência nas áreas cobertas pela presente Convenção. Os membros do comitê serão eleitos pelos Estados-Partes dentre seus nacionais e exercerão suas funções a título pessoal, tomando-se em devida conta a distribuição geográfica equitativa bem como os principais sistemas jurídicos.

3. Os membros do Comitê serão escolhidos, em votação secreta, de uma lista de pessoas indicadas pelos Estados-Partes. Cada Estado-Parte poderá indicar uma pessoa dentre os cidadãos de seu país.

4. A eleição inicial para o Comitê será realizada, no mais tardar, seis meses após a entrada em vigor da presente Convenção e, posteriormente, a cada dois anos. No mínimo quatro meses antes da data marcada para cada eleição, o Secretário-Geral das Nações Unidas enviará uma carta aos Estados-Partes convidando-os a apresentar suas candidaturas num prazo de dois meses. O Secretário-Geral elaborará posteriormente uma lista da qual farão parte, em ordem alfabética, todos os candidatos indicados e os Estados-Partes que os designaram, e submeterá a mesma aos Estados-Partes presentes à Convenção.

5. As eleições serão realizadas em reuniões dos Estados-Partes convocadas pelo Secretário-Geral na Sede das Nações Unidas. Nessas reuniões, para as quais o quórum será de dois terços dos Estados-Partes, os candidatos eleitos para o Comitê serão aqueles que obtiverem o maior número de votos e a maioria absoluta de votos dos representantes dos Estados-Partes presentes e votantes.

6. Os membros do Comitê serão eleitos para um mandato de quatro anos. Poderão ser reeleitos caso sejam apresentadas novamente suas candidaturas. O mandato de cinco dos membros eleitos na primeira eleição expirará ao término de dois anos; imediatamente após ter sido realizada a primeira eleição, o Presidente da reunião na qual a mesma se efetuou escolherá por sorteio os nomes desses cinco membros.

7. Caso um membro do Comitê venha a falecer ou renuncie ou declare que por qualquer outro motivo não poderá continuar desempenhando suas funções, o Estado-Parte que indicou esse membro designará outro especialista, dentre seus cidadãos, para que exerça o mandato até seu término, sujeito à aprovação do Comitê.

8. O Comitê estabelecerá suas próprias regras de procedimento.

9. O Comitê elegerá a Mesa para um período de dois anos.

10. As reuniões do Comitê serão celebradas normalmente na Sede das Nações Unidas ou em qualquer outro lugar que o Comitê julgar conveniente. O Comitê se reunirá normalmente todos os anos. A duração das reuniões do Comitê será determinada e revista, se for o caso, em uma reunião dos Estados-Partes da presente Convenção, sujeita à aprovação da Assembleia Geral.

11. O Secretário-Geral das Nações Unidas fornecerá o pessoal e os serviços necessários para o desempenho eficaz das funções do Comitê de acordo com a presente Convenção.

12. Com prévia aprovação da Assembleia Geral, os membros do Comitê estabelecido de acordo com a presente Convenção receberão emolumentos provenientes dos recursos das Nações Unidas, segundo os termos e condições determinados pela assembleia.

ARTIGO 44

1. Os Estados-Partes se comprometem a apresentar ao Comitê, por intermédio do Secretário-Geral das Nações Unidas, relatórios sobre as medidas que tenham adotado com vistas a tornar efetivos os direitos reconhecidos na Convenção e sobre os progressos alcançados no desempenho desses direitos:

a) num prazo de dois anos a partir da data em que entrou em vigor para cada Estado-Parte a presente Convenção;

b) a partir de então, a cada cinco anos.

2. Os relatórios preparados em função do presente Artigo deverão indicar as circunstâncias e as dificuldades, caso existam, que afetam o grau de cumprimento das obrigações derivadas da presente Convenção. Deverão, também, conter informações suficientes para que o Comitê compreenda, com exatidão, a implementação da Convenção no país em questão.

3. Um Estado-Parte que tenha apresentado um relatório inicial ao Comitê não precisará repetir, nos relatórios posteriores a serem apresentados conforme o estipulado no sub-item *b)* do parágrafo 1 do presente Artigo, a informação básica fornecida anteriormente.

4. O Comitê poderá solicitar aos Estados-Partes maiores informações sobre a implementação da Convenção.

5. A cada dois anos, o Comitê submeterá relatórios sobre suas atividades à Assembleia Geral das Nações Unidas, por intermédio do Conselho Econômico e Social.

6. Os Estados-Partes tornarão seus relatórios amplamente disponíveis ao público em seus respectivos países.

ARTIGO 45

A fim de incentivar a efetiva implementação da Convenção e estimular a cooperação internacional nas esferas regulamentadas pela Convenção:

a) os organismos especializados, o Fundo das Nações Unidas para a Infância e outros órgãos das Nações Unidas terão o direito de estar representados quando for analisada a implementação das disposições da presente Convenção que estejam compreendidas no âmbito de seus mandatos. O Comitê poderá convidar as agências especializadas, o Fundo das Nações Unidas para a Infância e outros órgãos competentes que considere apropriados a fornecer assessoramento especializado sobre a implementação da Convenção em matérias correspondentes a seus respectivos mandatos. O Comitê poderá convidar as agências especializadas, o Fundo das Nações Unidas para Infância e outros órgãos das Nações Unidas a apresentarem relatórios sobre a implementação das disposições da presente Convenção compreendidas no âmbito de suas atividades;

b) conforme julgar conveniente, o Comitê transmitirá às agências especializadas, ao Fundo das Nações Unidas para a Infância e a outros órgãos competentes quaisquer relatórios dos Estados-Partes que contenham um pedido de assessoramento ou de assistência técnica, ou nos quais se indique essa necessidade, juntamente com as observações e sugestões do Comitê, se as houver, sobre esses pedidos ou indicações;

c) o Comitê poderá recomendar à Assembleia Geral que solicite ao Secretário-Geral que efetue, em seu nome, estudos sobre questões concretas relativas aos direitos da criança;

d) o Comitê poderá formular sugestões e recomendações gerais com base nas informações recebidas nos termos dos Artigos 44 e 45 da presente Convenção. Essas sugestões e recomendações gerais deverão ser transmitidas aos Estados-Partes e encaminhadas à Assembleia geral, juntamente com os comentários eventualmente apresentados pelos Estados-Partes.

PARTE III

ARTIGO 46

A presente Convenção está aberta à assinatura de todos os Estados.

ARTIGO 47

A presente Convenção está sujeita à ratificação. Os instrumentos de ratificação serão depositados junto ao Secretário-Geral das Nações Unidas.

ARTIGO 48

A presente convenção permanecerá aberta à adesão de qualquer Estado. Os instrumentos de adesão serão depositados junto ao Secretário-Geral das Nações Unidas.

ARTIGO 49

1. A presente Convenção entrará em vigor no trigésimo dia após a data em que tenha sido depositado o vigésimo instrumento de ratificação ou de adesão junto ao Secretário-Geral das Nações Unidas.

2. Para cada Estado que venha a ratificar a Convenção ou a aderir a ela após ter sido depositado o vigésimo instrumento de ratificação ou de adesão, a Convenção entrará em vigor no trigésimo dia após o depósito, por parte do Estado, de seu instrumento de ratificação ou de adesão.

ARTIGO 50

1. Qualquer Estado-Parte poderá propor uma emenda e registrá-la com o Secretário-Geral das Nações Unidas. O Secretário-Geral comunicará a emenda proposta aos Estados-Partes, com a solicitação de que estes o notifiquem caso apoiem a convocação de uma Conferência de Estados-Partes com o propósito de analisar as propostas e submetê-las à votação. Se, num prazo de quatro meses a partir da data dessa notificação, pelo menos um terço dos Estados-Partes se declarar favorável a tal Conferência, o Secretário-Geral convocará Conferência, sob os auspícios das Nações Unidas. Qualquer emenda adotada pela maioria de Estados-Partes presentes e votantes na Conferência será submetida pelo Secretário-Geral à Assembleia Geral para sua aprovação.

2. Uma emenda adotada em conformidade com o parágrafo 1 do presente Artigo entrará em vigor quando aprovada pela Assembleia Geral das Nações Unidas e aceita por uma maioria de dois terços de Estados-Partes.

3. Quando uma emenda entrar em vigor, ela será obrigatória para os Estados-Partes que as tenham aceito, enquanto os demais Estados-Partes permanecerão obrigados pelas disposições da presente Convenção e pelas emendas anteriormente aceitas por eles.

ARTIGO 51

1. O Secretário-Geral das Nações Unidas receberá e comunicará a todos os Estados-Partes o texto das reservas feitas pelos Estados no momento da ratificação ou da adesão.

2. Não será permitida nenhuma reserva incompatível com o objetivo e o propósito da presente Convenção.

3. Quaisquer reservas poderão ser retiradas a qualquer momento mediante uma notificação nesse sentido dirigida ao Secretário-Geral das Nações Unidas, que informará a todos os Estados. Essa notificação entrará em vigor a partir da data de recebimento da mesma pelo Secretário-Geral.

ARTIGO 52

Um Estado-Parte poderá denunciar a presente Convenção mediante notificação feita por escrito ao Secretário-Geral das Nações Unidas. A denúncia entrará em vigor um ano após a data em que a notificação tenha sido recebida pelo Secretário-Geral.

ARTIGO 53

Designa-se para depositário da presente Convenção o Secretário-Geral das Nações Unidas.

ARTIGO 54

O original da presente Convenção, cujos textos em árabe chinês, espanhol, francês, inglês e russo são igualmente autênticos, será depositado em poder do Secretário-Geral das Nações Unidas.

Em fé do que, os plenipotenciários abaixo assinados, devidamente autorizados por seus respectivos Governos, assinaram a presente Convenção.

DECRETO N. 1.925, DE 10 DE JUNHO DE 1996

Promulga a Convenção Interamericana sobre Prova e Informação acerca do Direito Estrangeiro, concluída em Montevidéu, Uruguai, em 8 de maio de 1979.

CONVENÇÃO INTERAMERICANA SOBRE PROVA E INFORMAÇÃO ACERCA DO DIREITO ESTRANGEIRO

- Concluída em Montevidéu, Uruguai, em 08.05.1979.
- Promulgada pelo Dec. 1.925/1996.

Os Governos dos Estados-Membros da Organização dos Estados Americanos, desejosos de concluir uma convenção sobre prova e informação acerca do direito estrangeiro, convieram no seguinte:

ARTIGO 1

Esta Convenção tem por objeto estabelecer normas sobre a cooperação internacional entre os Estados-Partes para a obtenção de elementos de prova e informação a respeito do direito de cada um deles.

ARTIGO 2

De acordo com as disposições desta Convenção, as autoridades de cada um dos Estados-Partes proporcionarão as autoridades dos demais Estados que o solicitarem os elementos de prova ou informação sobre o texto, vigência, sentido e alcance legal do seu direito.

ARTIGO 3

A cooperação internacional na matéria de que trata esta Convenção será prestada por qualquer dos meios de prova idôneos previstos tanto na lei do Estado requerente como na do Estado requerido. Serão considerados meios idôneos para os efeitos desta Convenção, entre outros, os seguintes:

a) a prova documental, consistente em cópias autenticadas de textos legais com indicação de sua vigência, ou precedentes judiciais;

b) a prova pericial, consistente em pareceres de advogados ou de técnicos na matéria;

c) as informações do Estado requerido sobre o texto, vigência, sentido e alcance legal do seu direito acerca de aspectos determinados.

ARTIGO 4

As autoridades jurisdicionais dos Estados-Partes nesta Convenção poderão solicitar as informações a que se refere a alínea *c* do artigo 3.

Os Estados-Partes poderão estender a aplicação desta Convenção aos pedidos de informações de outras autoridades.

Sem prejuízo do acima estipulado, poder-se-á atender às solicitações de outras autoridades que se refiram aos elementos de prova indicados nas alíneas *a* e *b* do artigo 3.

ARTIGO 5

Das solicitações a que se refere esta Convenção deverá constar o seguinte:

a) autoridade da qual provêm e a natureza do assunto;

b) indicação precisa dos elementos de prova que são solicitados;

c) determinação de cada um dos pontos a que se referir a consulta, com indicação do seu sentido e do seu alcance, acompanhada de uma exposição dos fatos pertinentes para sua devida compreensão.

A autoridade requerida deverá responder a cada um dos pontos que forem objeto da consulta, de conformidade com o que for solicitado e na forma mais completa possível.

As solicitações serão redigidas no idioma oficial do Estado requerido ou serão acompanhadas de tradução para o referido idioma. A resposta será redigida no idioma do Estado requerido.

ARTIGO 6

Cada Estado-Parte ficará obrigado a responder às consultas dos demais Estados-Partes de acordo com esta Convenção, por intermédio de sua autoridade central, a qual poderá transmitir as referidas consultas a outros órgãos do mesmo Estado.

O Estado que prestar as informações a que se refere o artigo 3, *c*, não será responsável pelas opiniões emitidas nem ficará obrigado a aplicar ou fazer aplicar o direito segundo o conteúdo da resposta dada.

O Estado que receber as informações a que se refere o artigo 3, *c*, não ficará obrigado a aplicar ou fazer aplicar o direito segundo o conteúdo da resposta recebida.

ARTIGO 7

As solicitações a que se refere esta Convenção poderão ser dirigidas diretamente pelas autoridades jurisdicionais ou por intermédio da autoridade central do Estado requerente à correspondente autoridade central do Estado requerido, sem necessidade de legalização.

A autoridade central de cada Estado-Parte recebera as consultas formuladas pelas autoridades do seu Estado e as transmitirá à autoridade central do Estado requerido.

ARTIGO 8

Esta Convenção não restringirá as disposições de convenções que nesta matéria tenham sido subscritas ou que venham a ser subscritas no futuro em caráter bilateral ou multilateral pelos Estados-Partes, nem as práticas mais favoráveis que os referidos Estados possam observar.

ARTIGO 9

Para os fins desta Convenção, cada Estado-Parte designará uma autoridade central.

A designação deverá ser comunicada à Secretaria-Geral da Organização dos Estados Americanos no momento do depósito do instrumento de ratificação ou de adesão para que seja comunicada aos demais Estados-Partes.

Os Estados-Partes poderão modificar a qualquer momento a designação de sua autoridade central.

ARTIGO 10

Os Estados-Partes não ficarão obrigados a responder às consultas de outro Estado-Parte quando os interesses dos referidos Estados estiverem afetados pela questão que der origem ao pedido de informação ou quando a resposta puder afetar a sua segurança ou soberania.

ARTIGO 11

Esta Convenção ficará aberta à assinatura dos Estados-Membros da Organização dos Estados Americanos.

ARTIGO 12

Esta Convenção está sujeita a ratificação. Os instrumentos de ratificação serão depositados na Secretaria-Geral da Organização dos Estados Americanos.

ARTIGO 13

Esta Convenção ficará aberta a adesão de qualquer outro Estado. Os instrumentos de adesão serão depositados na Secretaria-Geral da Organização dos Estados Americanos.

ARTIGO 14

Cada Estado poderá formular reservas a esta Convenção no momento de assiná-la, ratificá-la ou a ela aderir, desde que a reserva verse sobre uma ou mais disposições específicas e que não seja incompatível com o objeto e fim da Convenção.

ARTIGO 15

Esta Convenção entrará em vigor no trigésimo dia a partir da data em que haja sido depositado o segundo instrumento de ratificação.

Para cada Estado que ratificar a Convenção ou a ela aderir depois de haver sido depositado o segundo instrumento de ratificação, a Convenção entrará em vigor no trigésimo dia a partir da data em que tal Estado haja depositado seu instrumento de ratificação ou de adesão.

ARTIGO 16

Os Estados-Partes que tenham duas ou mais unidades territoriais em que vigorem sistemas jurídicos diferentes com relação a questões de que trata esta Convenção poderão declarar, no momento da assinatura, ratificação ou adesão, que a Convenção se aplicará a todas as suas unidades territoriais ou somente a uma ou mais delas.

Tais declarações poderão ser modificadas mediante declarações ulteriores que especificarão expressamente à ou às unidades territoriais a que se aplicará esta Convenção. Tais declarações ulteriores serão transmitidas a Secretaria- Geral da Organização dos Estados Americanos e surtirão efeito trinta dias depois de recebidas.

ARTIGO 17

Esta Convenção vigorará por prazo indefinido, mas qualquer dos Estados-Partes poderá denunciá-la. O instrumento de denúncia será depositado na Secretaria-Geral da Organização dos Estados Americanos.

Transcorrido um ano, contado a partir da data do depósito do instrumento de denúncia, cessarão os efeitos da Convenção para o Estado denunciante, continuando ela subsistente para os demais Estados-Partes.

ARTIGO 18

O instrumento original desta Convenção, cujos textos em português, espanhol, francês e inglês são igualmente autênticos, será depositado na Secretaria-Geral da Organização dos Estados Americanos, que enviará cópia autenticada do seu texto para o respectivo registro e publicação à Secretaria das Nações Unidas, de conformidade com o artigo 102 da sua Carta constitutiva. A Secretaria-Geral da Organização dos Estados Americanos notificará aos Estados-Membros da referida Organização, e aos Estados que houverem aderido a Convenção, as assinaturas e os depósitos de instrumentos de ratificação, de adesão e de denúncia, bem como as reservas que houver. Outrossim, transmitirá aos mesmos a informação a que se refere o artigo 9 e as declarações previstas no artigo 16 desta Convenção.

Em fé do que os plenipotenciários infra-assinados, devidamente autorizados por seus respectivos Governos, firmam esta Convenção.

Feita na Cidade de Montevidéu, República Oriental do Uruguai, no dia oito de maio de mil novecentos e setenta e nove.

DECRETO N. 40, DE 15 DE FEVEREIRO DE 1991

Promulga a Convenção Contra a Tortura e Outros Tratamentos ou Penas Cruéis, Desumanos ou Degradantes.

CONVENÇÃO CONTRA A TORTURA E OUTROS TRATAMENTOS OU PENAS CRUÉIS, DESUMANAS OU DEGRADANTES

- Adotada pela Res. 39/1946, Assembleia Geral das Nações Unidas, em 10.12.1984.
- Aprovada no Brasil pelo Dec. Leg. 4/1989.
- Promulgada pelo Dec. 40/1991.
- Dec. 8.154/2013 (Regulamenta o funcionamento do Sistema Nacional de Prevenção e Combate à Tortura, a composição e o funcionamento do Comitê Nacional de Prevenção e Combate à Tortura e dispõe sobre o Mecanismo Nacional de Prevenção e Combate à Tortura).

ANEXO AO DECRETO QUE PROMULGA A CONVENÇÃO CONTRA A TORTURA E OUTROS TRATAMENTOS OU PENAS CRUÉIS, DESUMANOS OU DEGRADANTES.

Ministério das Relações Exteriores.

Os Estados-Partes da presente Convenção,

Considerando que, de acordo com os princípios proclamados pela Carta das Nações unidas, e reconhecimento dos direitos iguais e inalienáveis de todos os membros da família humana é o fundamento da liberdade, da justiça e da paz no mundo,

Reconhecendo que estes direitos emanam da dignidade inerente à pessoa humana,

Considerando a obrigação que incumbe aos Estados, em virtude da carta, em particular do artigo 55, de promover o respeito universal e a observância dos direitos humanos e liberdade fundamentais,

Levando em conta o Artigo 5º, da declaração universal dos Direitos do homem e o Artigo 7º do Pacto Internacional sobre a tortura ou a pena ou tratamento cruel, desumano ou degradante,

Levando também em conta a Declaração sobre a Proteção de Todas as Pessoas contra a Tortura e outros Tratamentos ou penas Cruéis, Desumanos ou Degradantes, aprovada pela Assembleia Geral em 09 de dezembro de 1975,

Desejosos de tornar mais eficaz a luta contra a tortura e outros tratamentos ou penas Cruéis, desumanos ou degradantes em todo o mundo,

Acordam o seguinte:

PARTE I

ARTIGO 1º

1. Para os fins da presente Convenção, o termo "tortura" designa qualquer ato pelo qual dores ou sofrimentos agudos, físicos ou mentais, são infligidos intencionalmente a uma pessoa a fim de obter, dela ou de uma terceira pessoa, informações ou confissões; de castigá-la por ato cometido; de intimidar ou coagir esta pessoa ou outras pessoas; ou por qualquer motivo baseado em discriminação de qualquer natureza; quando tais dores ou sofrimento são infligidos por um funcionário público ou outra pessoa no exercício de funções públicas, ou por sua instigação, ou com o seu consentimento ou aquiescência. Não se considerará como tortura as dores ou sofrimentos consequência unicamente de sanções legítimas, ou que sejam inerentes a tais sanções ou delas decorram.

2. O presente Artigo não será interpretado de maneira a restringir qualquer instrumento internacional ou legislação nacional que contenha ou possa conter dispositivos de alcance mais amplo.

ARTIGO 2º

1. Cada Estado-Parte tomará medidas eficazes de caráter legislativo, administrativo, judicial ou de outra natureza, a fim de impedir a prática de atos de tortura em qualquer território sob sua jurisdição.

2. Em nenhum caso poderão invocar-se circunstâncias excepcionais tais como ameaça ou estado de guerra, instabilidade política interna ou qualquer outra emergência como justificação para tortura.

3. A ordem de um funcionário superior ou de uma autoridade pública não poderá ser invocada como justificação para a tortura.

ARTIGO 3º

1. Nenhum Estado-Parte procederá à expulsão, devolução ou extradição de uma pessoa para outro Estado quando houver razões substanciais para crer que a mesma corre perigo de ali ser submetida a tortura.

2. A fim de determinar a existência de tais razões, as autoridades competentes levarão em conta todas as considerações pertinentes, inclusive, quando for o caso, a existência, no Estado em questão, de um quadro de violência sistemáticas, graves e maciças de direitos humanos.

ARTIGO 4º

1. Cada Estado-Parte assegurará que todos os atos de tortura sejam considerados crimes segundo a sua legislação penal. O mesmo aplica-se-á à tentativa de tortura e a todo ato de qualquer pessoa que constitua cumplicidade ou participação na tortura.

2. Cada Estado-Parte punirá estes crimes com penas adequadas que levem conta a sua gravidade.

ARTIGO 5º

1. Cada Estado-Parte tomará as medidas necessárias para estabelecer sua jurisdição sobre os crimes previstos no Artigo 4º nos seguintes casos:

a) quando os crimes tenham sido cometidos em qualquer território sob sua jurisdição ou a bordo de navio ou aeronave registrada no Estado em questão;

b) quando o suposto autor for nacional do Estado em questão;

c) quando a vítima for nacional do Estado em questão e este o considerar apropriado.

2. Cada Estado-Parte tomará também as medidas necessárias para estabelecer sua jurisdição sobre tais crimes nos casos em que o suposto autor se encontre em qualquer território sob sua jurisdição e o Estado não extradite de acordo com o Artigo 8º para qualquer dos Estados mencionados no parágrafo 1 do presente Artigo.

3. Esta Convenção não exclui qualquer jurisdição criminal exercida de acordo com o direito interno.

ARTIGO 6º

1. Todo Estado-Parte em cujo território se encontre uma pessoa suspeita de ter cometido qualquer dos crimes mencionados no Artigo 4º, se considerar, após o exame das informações de que dispõe, que as circunstâncias o justificam, procederá à detenção de tal pessoa ou tomará outras medidas legais para assegurar sua presença. A detenção e outras medidas legais serão tomadas de acordo com a lei do Estado mas vigorarão apenas pelo tempo necessário ao início do processo penal ou de extradição.

2. O Estado em questão procederá imediatamente a uma investigação preliminar dos fatos.

3. Qualquer pessoa detida de acordo com o parágrafo 1 terá assegurada facilidades para comunicar-se imediatamente com o representante mais próximo do Estado de que é nacional ou, se for apátrida, com o representante do Estado de residência habitual.

4. Quando o Estado, em virtude deste Artigo, houver detido uma pessoa, notificará imediatamente os Estados mencionados no Artigo 5º, parágrafo 1, sobre detenção e sobre as circunstâncias que a justificam. O Estado que proceder à investigação preliminar a que se refere o parágrafo 2 do presente Artigo comunicará sem demora seus resultados aos Estados antes mencionados e indicará se pretende exercer sua jurisdição.

ARTIGO 7º

1. O Estado-Parte no território sob a jurisdição do qual o suposto autor de qualquer dos crimes mencionados no Artigo 4º for encontrado, se não o extraditar, obrigar-se-á, nos casos contemplados no Artigo 5º, a submeter o caso ás suas autoridades competentes para o fim de ser o mesmo processado.

2. As referidas autoridades tomarão sua decisão de acordo com as mesmas normas aplicáveis a qualquer crime de natureza grave, conforme a legislação do referido Estado. Nos casos previstos no parágrafo 2 do Artigo 5º, as regras sobre prova para fins do processo e condenação não poderão de modo algum ser menos rigorosos do que as que se aplicarem aos casos previstos no parágrafo 1 do Artigo 5º.

3. Qualquer pessoa processada por qualquer dos crimes previstos no artigo 4º receberá garantias de tratamento justo em todas as fases do processo.

ARTIGO 8º

1. Os crimes a que se refere o artigo 4º serão considerados como extraditáveis em qualquer tratado de extradição existente entre os Estados-Partes. Os Estados-Partes obrigar-se-ão a incluir tais crimes como extraditáveis em todo tratado de extradição que vierem a concluir entre si.

2. Se um Estado-Parte que condiciona a extradição à existência de tratado receber um pedido de extradição por parte de outro Estado-Parte com o qual mantém tratado de extradição, poderá considerar a presente Convenção com base legal para a extradição com respeito a tais crimes. A extradição sujeitar-se-á às outras condições estabelecidas pela lei do Estado que receber a solicitação.

3. Os Estados-Partes que não condicionam a extradição à existência de um tratado reconhecerão, entre si, tais crimes como extraditáveis, dentro das condições estabelecidas pela lei do Estado que receber a solicitação.

4. O crime será considerado, para o fim de extradição entre os Estados-Partes, como se tivesse ocorrido não apenas no lugar em que ocorreu, mas também nos territórios dos Estados chamados a estabelecerem sua jurisdição, de acordo com o parágrafo 1 do Artigo 5º.

ARTIGO 9º

1. Os Estados-Partes prestarão entre si a maior assistência possível em relação aos procedimentos criminais instaurados relativamente a qualquer dos delitos mencionados no Artigo 4º, inclusive no que diz respeito ao fornecimento de todos os elementos de prova necessários para o processo que estejam em seu poder.

2. Os Estados-Partes cumprirão as obrigações decorrentes do parágrafo 1 do presente Artigo conforme quaisquer tratados de assistência judiciária recíproca existente entre si.

ARTIGO 10

1. Cada Estado assegurará que o ensino e a informação sobre a proibição de tortura sejam plenamente incorporados no treinamento do pessoal civil ou militar encarregado da aplicação da lei, do pessoal médico, dos funcionários públicos e de quaisquer outras pessoas que possam participar da custódia, interrogatório ou tratamento de qualquer pessoa submetida a qualquer forma de prisão, detenção ou reclusão.

2. Cada Estado-Parte incluirá a referida proibição nas normas ou instruções relativas aos deveres e funções de tais pessoas.

ARTIGO 11

Cada Estado-Parte manterá sistematicamente sob exame as normas, instruções, métodos e práticas de interrogatório, bem como as disposições sobre a custódia e o tratamento das pessoas submetidas, em qualquer território sob sua jurisdição, a qualquer forma de prisão, detenção ou reclusão, com vistas a evitar qualquer caso de tortura.

ARTIGO 12

Cada Estado-Parte assegurará que suas autoridades competentes procederão imediatamente a uma investigação imparcial sempre que houver motivos razoáveis para crer que um ato de tortura tenha sido cometido em qualquer território sob sua jurisdição.

ARTIGO 13

Cada Estado assegurará a qualquer pessoa que alegue ter sido submetido a tortura em qualquer território sob sua jurisdição o direito de apresentar queixa perante as autoridades competentes do referido Estado, que procederão imediatamente e com imparcialidade ao exame de seu caso. Serão tomadas medidas para assegurar a proteção do queixoso e das testemunhas contra qualquer mau tratamento ou intimidação em consequência da queixa apresentada ou depoimento prestado.

ARTIGO 14

1. Cada Estado-Parte assegurará, em seu sistema jurídico, à vítima de um ato de tortura, o direito à reparação e a uma indenização justa e adequada, incluídos os meios necessários para a mais completa reabilitação possível. Em caso de morte da vítima como resultado de um ato de tortura, seus dependentes terão direito a indenização.

2. O disposto no presente Artigo não afetará direito a indenização que a vítima ou outra pessoa tem em decorrência das leis nacionais.

ARTIGO 15

Cada Estado-Parte assegurará que nenhuma declaração que se demonstre ter sido prestada como resultado de tortura possa ser invocada como prova em processo, salvo contra uma pessoa acusada de tortura como prova de que a declaração foi prestada.

ARTIGO 16

1. Cada Estado-Parte se comprometerá a proibir em qualquer território sob sua jurisdição outros atos que constituam tratamento ou penas Cruéis, desumanos ou degradantes que não constituam tortura tal como definida no Artigo 1, quando tais atos forem cometidos por funcionário público ou outra pessoa no exercício de funções públicas, ou por sua instigação, ou com o seu consentimento ou aquiescência. Aplicar-se-ão, em particular, as obrigações mencionadas nos Artigos 10, 11, 12, 13, com a substituição das referências a tortura por referências a outras formas de tratamentos ou pena Cruéis, desumanos ou degradantes.

2. Os dispositivos da presente convenção não serão interpretados de maneira a restringir os dispositivos de qualquer outro instrumento internacional ou lei nacional que proíba os tratamentos ou penas Cruéis, desumanos ou degradantes ou que se refira à extradição ou expulsão.

PARTE II

ARTIGO 17

1. Constituir-se-á um Comitê contra a Tortura (doravante denominado o Comitê) que desempenhará as funções descritas adiante. O Comitê será composto por dez peritos de elevada reputação moral e reconhecida competência em matéria de direitos humanos, os quais exerceram suas funções a título pessoal. Os peritos serão eleitos pelos Estados-Partes, levando em conta uma distribuição geográfica equitativa e a utilidade da participação de algumas pessoas com experiência jurídicas.

2. Os membros do comitê serão eleitos em votação secreta dentre uma lista de pessoas indicadas pelos Estados. Cada Estado-Parte pode indicar uma pessoa dentre os seus nacionais. Os Estados-Partes terão presente a utilidade da indicação de pessoas que sejam também membros do comitê de Direitos Humanos estabelecidos de acordo com o Pacto Internacional de Direitos Civis e políticos e que estejam dispostos a servir no Comitê contra a Tortura.

3. Os membros do Comitê serão eleitos em reunião bienais dos Estados-Partes convocadas pelo Secretário-Geral das Nações Unidas. Nestas reuniões, nas quais o quórum será estabelecido por dois terços dos Estados-Partes, serão eleitos membros do Comitê que obtiverem o maior número de votos e a maioria absoluta dos votos dos representantes dos Estados-Partes presentes e votantes.

4. A primeira eleição se realizará no máximo seis meses após a data de entrada em vigor da presente convenção. Ao menos quatro meses antes da data de cada eleição, o Secretário-Geral das Nações Unidas enviará uma carta aos Estados-Partes para convidá-los a apresentar suas candidaturas no prazo de três meses. O Secretário-Geral organizará uma lista por ordem alfabética de todos os candidatos assim designados, com indicações dos Estados-Partes que os tiverem designados, e a comunicará aos Estados-Partes.

5. Os membros do comitê serão eleitos para um mandato de quatro anos. Poderão, caso suas candidaturas sejam apresentadas novamente, ser reeleitos. No entanto, o mandato de cinco dos membros eleitos na primeira eleição expirará ao final de dois anos; imediatamente após a primeira eleição, o presidente da reunião a que se refere o parágrafo 3 do presente Artigo indicará, por sorteio, os nomes desses cinco membros.

6. Se um membro do Comitê vier a falecer, a demitir-se de suas funções ou, por motivo de qualquer, não puder cumprir com suas obrigações no Comitê, o Estado-Parte que apresentou sua candidatura indicará, entre seus nacionais, outro perito para cumprir o restante de seu mandato, sendo que a referida indicação estará sujeita à aprovação da maioria dos Estados-Partes. Considerar-se-á como concedida a referida aprovação, a menos que a metade ou mais dos Estados-Partes venham a responder negativamente dentro de um prazo de seis semanas, a contar do momento em que o Secretário-Geral das Nações Unidas lhes houver comunicado a candidatura proposta.

7. Correrão por conta dos Estados-Partes as despesas em que vierem a incorrer os membros do comitê no desempenho de suas funções no referido órgão.

ARTIGO 18

1. O Comitê elegerá sua mesa para um período de dois anos. Os membros da mesa poderão ser reeleitos.

2. O Próprio Comitê estabelecerá suas regras e procedimento; estas, contudo, deverão conter, entre outras, as seguintes disposições:

a) o quórum será de seis membros;

b) as declarações do Comitê serão tomadas por maioria de votos dos membros presentes.

3. O Secretário-Geral das nações unidas colocará à disposição do Comitê o pessoal e os serviços necessários ao desempenho eficaz das funções que lhe são atribuídas em virtude da presente Convenção.

4. O Secretário-Geral das Nações Unidas convocará a primeira reunião do comitê. Após a primeira reunião, o Comitê reunir-se em todas as ocasiões previstas em suas regras de procedimento.

5. Os Estados-Partes serão responsáveis pelos gastos vinculados à realização das reuniões dos Estados-Partes e do Comitê, inclusive o reembolso de qualquer gastos, tais como os de pessoal e de serviço, em que incorrerem as Nações Unidas em conformidade com o parágrafo 3 do presente Artigo.

ARTIGO 19

1. Os Estados-Partes submeterão ao Comitê, por intermédio do Secretário-Geral das Nações Unidas, relatórios sobre as medidas por eles adotadas no cumprimento das obrigações assumidas em virtude da presente Convenção, dentro do prazo de um ano, a contar do inicio da vigência da presente Convenção no Estado-Parte interessado, A partir de então, os Estados-Partes deverão apresentar relatórios suplementares a cada quatro anos sobre todas as novas disposições que houverem adotado, bem como outros relatórios que o Comitê vier a solicitar.

2. O Secretário-Geral das Nações Unidas transmitirá os relatórios a todos os Estados-Partes.

3. Cada relatório será examinado pelo Comitê, que poderá fazer os comentários gerais que julgar oportunos e os transmitirá ao Estado-Parte interessado. Este poderá, em resposta ao Comitê, comunicar-lhe toda as observações que deseje formular.

4. O Comitê poderá, a seu critério, tomar a decisão de incluir qualquer comentário que houver feito de acordo com o que estipular o parágrafo 3 do presente Artigo, junto com as observações conexas recebidas do Estado-Parte interessado, em seu relatório anual que apresentará em conformidade com o Artigo 24. Se assim o solicitar o Estado-Parte interessado, o Comitê poderá também incluir cópia do relatório apresentado em virtude do parágrafo 1 do presente Artigo.

ARTIGO 20

1. O Comitê, no caso de vir a receber informações fidedignas que lhe pareçam indicar, de forma fundamentada, que a tortura é praticada sistematicamente no território de um Estado-Parte, convidará o Estado-Parte em Questão a cooperar no exame das informações e, nesse sentido, a transmitir ao observações que julgar pertinentes.

2. Levando em consideração todas as observações que houver apresentado o Estado-Parte interessado, bem como quaisquer outras informações pertinentes de que dispuser, o Comitê poderá, se lhe parecer justificável, designar um ou vários de seus membros para que procedam a uma investigação confidencial e informem urgentemente o Comitê.

3. No caso de realizar-se uma investigação nos termos do parágrafo 2 do presente Artigo, o Comitê procurará obter a colaboração do Estado-Parte interessado. Com a concordância do Estado-Parte em questão, a investigação poderá incluir uma visita a seu território.

4. Depois de haver examinado as conclusões apresentadas por um ou vários de seus membros, nos termos do parágrafo 2 do presente Artigo, o Comitê as transmitirá ao Estado-Parte interessado, junto com as observações ou sugestões que considerar pertinentes em vista da situação.

5. Todos os trabalhos do Comitê a que se faz referência nos parágrafos 1 ao 4 do presente Artigo serão confidenciais e, em todas as etapas dos referidos trabalhos, procurar-se-á obter a cooperação do Estado-Parte. Quando estiverem concluídos os trabalhos relacionados com uma investigação realizada de acordo com o parágrafo 2, o Comitê poderá, após celebrar consultas com o Estado-Parte interessado, tomar a decisão de incluir um resumo dos resultados da investigação em seu relatório anual, que apresentará em conformidade com o Artigo 24.

ARTIGO 21

1. Com base no presente Artigo, todo Estado-Parte da presente Convenção poderá declarar, a qualquer momento, que reconhece a competência do Comitê para receber e examinar as comunicações em que um Estado-Parte alegue que outro Estado-Parte não vem cumprindo as obrigações que lhe impõe a Convenção. As referidas comunicações só serão recebidas e examinadas nos termos do presente Artigo no caso de serem apresentadas por um Estado-Parte que houver feito uma declaração em que reconheça, com relação a si próprio, a competência do Comitê. O Comitê não receberá comunicação alguma relativa a um Estado-Parte que não houver feito uma declaração dessa natureza. As comunicações recebidas em virtude do presente Artigo estarão sujeitas ao procedimento que se segue:

a) se um Estado-Parte considerar que outro Estado-Parte não vem cumprindo as disposições da presente Convenção poderá, mediante comunicação escrita, levar a questão ao conhecimento deste Estado-Parte. Dentro de um prazo de três meses, a contar da data do recebimento da comunicação, o Estado destinatário fornecerá ao Estado que enviou a comunicação explicações ou quaisquer outras declarações por escrito que esclareçam a questão, as quais deverão fazer referência, até onde seja possível e pertinente, aos procedimentos, nacionais e aos recursos jurídicos adotados, em trâmite ou disponíveis sobre a questão;

b) se, dentro de um prazo de seis meses, a contar da data do recebimento da comunicação original pelo Estado destinatário, a questão não estiver dirimida satisfatoriamente para ambos os Estados-Partes interessados, tanto um como o outro terão o direito de submetê-lo ao comitê, mediante notificação endereçada ao Comitê ou outro Estado interessado;

c) o comitê tratará de todas as questões que se lhe submetam em virtude do presente Artigo somente após ter-se assegurado de que todos os recursos jurídicos internos disponíveis tenham sido utilizados e esgotados, em consonância com os princípios do Direito internacional geralmente reconhecido. Não se aplicará esta regra quando a aplicação dos mencionados recursos se prolongar injustificadamente ou quando não for provável que a aplicação de tais recursos venham a melhorar realmente a situação da pessoa que seja vítima de violação da presente convenção;

d) o comitê realizará reuniões confidenciais quando estiver examinando as comunicações previstas no presente Artigo;

e) sem prejuízo das disposições da alínea *c*), o Comitê colocará seus bons ofícios à disposição dos Estados-Partes interessados no intuito de se alcançar uma solução amistosa para a questão, baseada no respeito às obrigações estabelecidas na presente Convenção. Com vistas a atingir esse objetivo, o comitê poderá constituir, se julgar conveniente, uma comissão de conciliação *ad hoc;*

f) em todas as questões que se lhe submetem em virtude do presente Artigo, o Comitê poderá solicitar aos Estados-Partes interessados, a que se referência na alínea *b*), que lhe forneçam quaisquer informação pertinentes;

g) os Estados-Partes interessados, a que se faz referência na alínea *b*), terão o direito de fazer-se representar quando as questões forem examinadas no Comitê e de apresentar suas observações verbalmente e/ou por escrito;

h) o Comitê, dentro dos doze meses seguintes à data de recebimento da notificação mencionada na *b*), apresentará relatório em que:

i) se houver sido alcançada uma solução nos termos da alínea *e*), o comitê restringir-se-á, em seu relatório, a uma breve exposição dos fatos e da solução alcançada;

ii) se não houver sido alcançada solução alguma nos termos alínea *e*), o comitê restringir-se-á, em seu relatório, a uma breve exposição dos fatos; serão anexados ao relatório o texto das observações escritas e as atas das observações orais apresentadas pelos Estados-Partes interessados. Para cada questão, o relatório será encaminhado aos Estados-Partes interessados.

2. As disposições do presente Artigo entrarão em vigor a partir do momento em que cinco Estados-Partes da presente convenção houverem feito as declarações mencionadas no parágrafo 1 deste Artigo. As referidas declarações serão depositadas pelos Estados-Partes junto ao Secretário Geral das Nações Unidas, que enviará cópia das mesmas aos demais Estados-Partes. Toda declaração poderá ser retirada, a qualquer momento, mediante notificação endereçada ao Secretário-Geral. Far-se-á essa retirada sem prejuízo do exame de quaisquer questões que constituam objeto de uma comunicação já transmitida nos termos deste Artigo; em virtude do presente Artigo, não se receberá qualquer nova comunicação de um Estado-Parte uma vez que o Secretário-Geral haja recebido a notificação sobre a retirada da declaração, a menos que o Estado-Parte interessado haja feito uma nova declaração.

ARTIGO 22

1. Todo Estado-Parte da presente Convenção poderá, em virtude do presente Artigo, declarar, a qualquer momento, que reconhece a competência do Comitê para receber e examinar as comunicações enviadas por pessoas sob sua jurisdição, ou em nome delas, que aleguem ser vítimas de violação, por um Estado-Parte, das disposições da Convenção. O Comitê não receberá comunicação alguma relativa a um Estado-Parte que não houver feito declaração dessa natureza.

2. O Comitê considerará inadmissível qualquer comunicação recebida em conformidade com o presente Artigo que seja anônima, ou seu juízo, constitua abuso de direito de apresentar as referidas comunicações, ou que seja incompatível com as disposições da presente Convenção.

3. Sem prejuízo do disposto no parágrafo 2, o Comitê levará todas as comunicações apresentadas em conformidade com este Artigo ao conhecimento do Estado-Parte da presente Convenção que houver feito uma declaração nos termos do parágrafo 1 e sobre o qual ter violado qualquer disposição da Convenção. Dentro dos seis meses seguintes, o Estado destinatário submeterá ao Comitê as explicações ou declarações por escrito que elucidem a questão e, se for o caso, indiquem o recurso jurídico adotado pelo Estado em questão.

4. O Comitê examinará as comunicações recebidas em conformidade com o presente Artigo à luz de todas as informações a ele submetidas pela pessoa interessada, ou em nome dela, e pelo Estado-Parte interessado.

5. O Comitê não examinará comunicação alguma de uma pessoa, nos termos do presente Artigo, sem que se haja assegurado de que:

a) a mesma questão não foi, nem está sendo, examinada perante uma outra instância internacional de investigação ou solução;

b) a pessoa em questão esgotou todos os recursos jurídicos internos disponíveis; não se aplicará esta regra quando a aplicação dos mencionados recursos se prolongar injustificadamente ou quando não for provável que a aplicação de tais recursos venha a melhorar realmente a situação da pessoa que seja vítima de violação da presente Convenção.

6. O Comitê realizará reuniões confidenciais quando estiver examinando as comunicações previstas no presente Artigo.

7. O Comitê comunicará seu parecer ao Estado-Parte e à pessoa em questão.

8. As disposições do presente Artigo entrarão em vigor a partir do momento em que cinco Estado-Partes da presente Convenção houverem feito as declarações mencionadas no parágrafo 1 deste Artigo. As referidas declarações serão depositadas pelos Estados-Partes junto ao Secretário-Geral das Nações Unidas, que enviará cópia das mesmas aos demais Estados-Partes. Toda declaração poderá ser retirada, a qualquer momento, mediante notificação endereçada ao Secretário-Geral. Far-se-á essa retirada sem prejuízo do exame de quaisquer questões que constituam objeto de uma comunicação já transmitida nos termos deste Artigo; em virtude do presente Artigo, não se receberá nova comunicação de uma pessoa, ou em nome dela, uma vez que o Secretário-Geral haja recebido a notificação sobre retirada da declaração, a menos que o Estado-Parte interessado haja feito uma nova declaração.

ARTIGO 23

Os membros do Comitê e os membros das Comissões de Conciliação *ad hoc* designados nos termos da alínea e) do parágrafo 1 do Artigo 21 terão direito às facilidades, privilégios e imunidade que se concedem aos peritos no desempenho de missões para a Organização das Nações Unidas, em conformidade com as seções pertinentes da Convenção sobre Privilégios e Imunidades das Nações Unidas.

ARTIGO 24

O Comitê apresentará, em virtude da presente Convenção, um relatório anual sobre suas atividades aos Estados-Partes e à Assembleia Geral das Nações Unidas.

PARTE III

ARTIGO 25

1. A presente Convenção está aberta à assinatura de todos os Estados.

2. A presente Convenção está sujeita a ratificação. Os instrumentos de ratificação serão depositados junto ao Secretário-Geral das Nações Unidas.

ARTIGO 26

A presente Convenção está aberta à Adesão de todos os Estados. Far-se-á a Adesão mediante depósito do Instrumento de Adesão junto ao Secretário-Geral das Nações Unidas.

ARTIGO 27

1. A presente Convenção entrará em vigor no trigésimo dia a contar da data em que o vigésimo instrumento de ratificação ou adesão houver sido depositado junto ao Secretário-Geral das Nações Unidas.

2. Para os Estados que vierem a ratificar a presente Convenção ou aderir após o depósito do vigésimo instrumento de ratificação ou adesão, a Convenção entrará em vigor no trigésimo dia a contar da data em que o Estado em questão houver depositado seu instrumento de ratificação ou adesão.

ARTIGO 28

1. Cada Estado-Parte poderá declarar, por ocasião da assinatura ou da ratificação presente Convenção ou da adesão a ela, que não reconheça a competência do Comitê quando ao disposto no Artigo 20.

2. Todo Estado-Parte da presente Convenção que houver formulado uma reserva em conformidade com o parágrafo 1 do presente Artigo poderá, a qualquer momento, tornar sem efeito essa reserva, mediante notificação endereçada ao Secretário-Geral das Nações Unidas.

ARTIGO 29

1. Todo Estado-Parte da presente Convenção poderá propor uma emenda e depositá-la junto ao Secretário-Geral das Nações unidas. O Secretário-Geral comunicará a proposta de emenda aos Estados-Partes, pedindo-lhes que o notifiquem se desejam que se convoque uma conferência dos Estados-Partes destinada a examinar a proposta e submetê-la a votação. Se, dentro dos quatro meses seguintes á data da referida comunicação, pelo menos um terço dos Estados-Partes se manifestar a favor da referida convocação, o Secretário-Geral convocará uma conferência sob os auspícios das nações Unidas. Toda emenda adotada pela maioria dos Estados-Partes presentes e votantes na conferência será submetida pelo Secretário-Geral à aceitação de todos os Estados-Partes.

2. Toda emenda adotada nos termos das disposições do parágrafo 1 da presente Artigo entrará em vigor assim que dois terços dos Estados-Partes da presente Convenção houverem notificado o Secretário-Geral das Nações Unidas de que a aceitaram em consonância com os procedimentos previstos por suas respectivas constituições.

3. Quando entrarem em vigor, as emendas serão obrigatórias para todos os Estados-Partes que as tenham aceito, ao passo que os demais Estados-Partes permanecem obrigados pelas disposições da Convenção e pelas emendas anteriores por eles aceitas.

ARTIGO 30

1. As controvérsias entre dois ou mais Estados-Partes com relação à interpretação ou à aplicação da presente Convenção que não puderem ser dirimidas por meio de negociações serão, a pedido de um deles, submetida a arbitragem. Se, durante os seis meses seguintes à data do pedido de arbitragem, as Partes não lograrem pôr-se de acordo quando aos termos do compromisso de arbitragem, qualquer das Partes poderá submeter a controvérsia à Corte Internacional de justiça, mediante solicitação feita em conformidade com o Estatuto da Corte.

2. Cada Estado poderá, por ocasião da assinatura ou da ratificação da presente Convenção, por declarar que não se considera obrigado pelo parágrafo 1 deste Artigo. Os demais Estados-Partes não estarão obrigados pelo referido parágrafo com relação a qualquer Estado-Parte que houver formulado dessa natureza.

3. Todo Estado-Parte que houver formulado reserva nos termos do parágrafo 2 do presente Artigo poderá retirá-la, a qualquer momento, mediante notificação endereçada ao Secretário-geral das Nações unidas.

ARTIGO 31

1. Todo Estado-Parte poderá denunciar a presente Convençaõ mediante notificação por escrito endereçada ao Secretário-Geral das Nações Unidas. A denúncia produzirá efeito um ano depois da data de recebimento da notificação pelo Secretário-Geral.

2. A referida denúncia não eximirá o Estado-Parte das obrigações que lhe impõe a presente Convenção relativamente a qualquer ação ou omissão ocorrida antes da data em que a denúncia venha a produzir efeitos; a denúncia não acarretará, tampouco, a suspensão do exame de quaisquer questões que o Comitê já começara a examinar antes da data em que a denúncia veio a produzir efeitos.

3. A partir da data em que vier a produzir efeitos a denúncia de um Estado-Parte, o Comitê não

dará início ao exame de qualquer nova questão referente ao Estado em apreço.

ARTIGO 32

O secretário-Geral das Nações Unidas comunicará a todos os Estados-Membros das Nações Unidas e a todos os Estados que assinaram a presente Convenção ou a ela aderiram:

a) as assinaturas, ratificações e adesões recebidas em conformidade com os Artigos 25 e 26;

b) a data de entrada em vigor da Convenção, nos termos do Artigo 27, e a data de entrada em vigor de quaisquer emendas, nos termos do Artigo 29;

c) as denúncias recebidas em conformidade com o Artigo 31.

ARTIGO 33

1. A presente convenção cujos textos em árabe, chinês, espanhol, francês e russo, são igualmente autênticos, será depositada junto ao Secretário-Geral das Nações Unidas.

2. O Secretário-Geral das Nações Unidas encaminhará cópias autenticadas da presente Convenção a todos os estados.

DECRETO N. 591, DE 6 DE JULHO DE 1992

Atos Internacionais. Pacto Internacional sobre Direitos Econômicos, Sociais e Culturais. Promulgação.

PACTO INTERNACIONAL SOBRE DIREITOS ECONÔMICOS, SOCIAIS E CULTURAIS

- Adotado pela XXI Sessão da Assembleia Geral das Nações Unidas, em 19 de dezembro de 1966.
- Aprovado pelo Dec. Leg. 226(1)/1991.
- Promulgado pelo Dec. 591/1992.

PREÂMBULO

Os Estados-Partes do presente pacto,

Considerando que, em conformidade com os princípios proclamados na Carta das Nações Unidas, o reconhecimento da dignidade inerente a todos os membros da família humana e de seus direitos iguais e inalienáveis constitui o fundamento da liberdade, da justiça e da paz no mundo,

Reconhecendo que esses direitos decorrem da dignidade inerente à pessoa humana,

Reconhecendo que, em conformidade com a Declaração Universal dos Direitos do Homem, o ideal do ser humano livre, liberto do temor e da miséria, não pode ser realizado a menos que se criem condições que permitam a cada um gozar de seus direitos econômicos, sociais e culturais, assim como de seus direitos civis e políticos,

Considerando que a Carta das nações Unidas impõe aos Estados a obrigação de promover o respeito universal e efetivo dos direitos e das liberdades do homem,

Compreendendo que o indivíduo por ter deveres para com seus semelhantes e para com a coletividade a que pertence, tem a obrigação de lutar pela promoção e observância dos direitos reconhecidos no presente Pacto,

Acordam o seguinte:

PARTE I

ARTIGO 1º

1. Todos os povos têm direito à autodeterminação. Em virtude desse direito, determinam livremente seu estatuto político e asseguram livremente seu desenvolvimento econômico, social e cultural.

2. Para a consecução de seus objetivos, todos os povos podem dispor livremente de suas riquezas e de seus recursos naturais, sem prejuízo das obrigações decorrentes da cooperação econômica internacional, baseada no princípio do proveito mútuo, e do Direito internacional. Em caso algum, poderá um povo ser privado de seus meios de subsistência.

3. Os Estados-Partes do presente pacto, inclusive aqueles que tenham a responsabilidade de administrar territórios não autônomos e territórios sob tutela, deverão promover o exercício do direito à autodeterminação e respeitar esse direito, em conformidade com as disposições da Carta das nações unidas.

PARTE II

ARTIGO 2º

1. Cada Estados-Partes do presente Pacto comprometem-se a adotar medidas, tanto por esforço próprio como pela assistência e cooperação internacionais, principalmente nos planos econômico e técnico, até o máximo de seus recursos disponíveis, que visem assegura, progressivamente, por todos os meios apropriados, o, pleno exercício e dos direitos reconhecidos no presente Pacto, incluindo, em particular, a adoção de medidas legislativa.

2. Os Estados-Partes do presente pacto comprometem-se a garantir que os direitos nele enunciados se exercerão sem discriminação alguma por motivo de raça, cor, sexo, língua, religião, opinião política ou de outra natureza, origem nacional ou social, situação econômica, nascimento ou qualquer outra situação.

3. Os países em desenvolvimento, levando devidamente em consideração os direitos humanos e a situação econômica nacional, poderão determinar em que medida garantirão os direitos econômicos reconhecidos no presente Pacto àqueles que não sejam seus nacionais.

ARTIGO 3º

Os Estados-Partes do presente pacto comprometem-se a assegurar a homens e mulheres igualdade no gozo de todos os direitos econômicos, sociais e culturais enunciados no presente pacto.

ARTIGO 4º

Os Estados-Partes do presente Pacto reconhecem que, no exercício dos direitos assegurados em conformidade com o presente Pacto pelo Estado, este poderá submeter tais direitos unicamente às limitações estabelecidas em lei, somente na medida compatível com a natureza desses direitos e exclusivamente com o objetivo de favorecer o bem-estar geral em uma sociedade democrática.

ARTIGO 5º

1. Nenhuma das disposição do presente Pacto poderá ser interpretada no sentido de reconhecer a um Estado, grupo ou indivíduo qualquer direito de dedicar-se a quaisquer atividades ou de praticar quaisquer atos que tenham por objetivo destruir os direitos ou liberdades reconhecidos no presente Pacto ou impor-lhes limitações mais amplas do que aquelas nele prevista.

2. Não se admitirá qualquer restrição ou suspensão dos direitos humanos fundamentais reconhecidos ou vigentes em qualquer País em virtude de leis, convenções, regulamentos ou costumes, sob pretexto de que o presente Pacto não os reconheça ou os reconheça em menor grau.

PARTE III

ARTIGO 6º

1. Os Estados-Partes do Presente Pacto reconhecem o direito ao trabalho, que compreende o direito de toda pessoa de ter a possibilidade de ganhar a vida mediante um trabalho livremente escolhido ou aceito, e tomarão medidas apropriadas para salvaguarda esse direito.

2. As medidas que cada Estado-Parte do presente pacto tomará a fim de assegurar o pleno exercício desse direito deverão incluir a orientação e a formação técnica e profissional, a elaboração de programas, normas e técnicas apropriadas para assegurar um desenvolvimento econômico, social e cultural constante e o pleno emprego produtivo em condições que salvaguardem aos indivíduos o gozo das liberdades políticas e econômicas fundamentais.

ARTIGO 7º

Os Estados-Partes do presente pacto o reconhecem o direito de toda pessoa de gozar de condições de trabalho justas e favoráveis, que assegurem especialmente:

a) uma remuneração que proporcione, no mínimo, a todos os trabalhadores:

i) um salário equitativo e uma remuneração igual por um trabalho de igual valor, sem qualquer distinção; em particular, as mulheres deverão ter a garantia de condições de trabalho não inferiores às dos homens e receber a mesma remuneração que ele por trabalho igual;

ii) uma existência decente para eles e suas famílias, em conformidade com as disposições do presente Pacto.

b) a segurança e a higiene no trabalho;

c) igual oportunidade para todos de serem promovidos, em seu trabalho, á categoria superior que lhes corresponda, sem outras considerações que as de tempo de trabalho e capacidade;

d) o descanso, o lazer, a limitação razoável das horas de trabalho e férias periódicas remuneradas, assim como a remuneração dos feriados.

ARTIGO 8º

1. Os Estados-Partes do presente pacto comprometem-se a garantir:

a) o direito de toda pessoa de fundar com outras sindicatos e de filiar-se ao sindicato de sua escolha, sujeitando-se unicamente aos organização interessada, com o objetivo de promover e de proteger seus interesses econômicos e sociais. O exercício desse direito só poderá ser objeto das restrições previstas em lei e que sejam necessárias, em uma sociedade democrática, no interesse da segurança nacional ou da ordem pública, ou para proteger os direitos e as liberdades alheias;

b) o direito dos sindicatos de formar federações ou confederações nacionais e o direito desta de formar organizações sindicais internacionais ou de filiar-se às mesmas;

c) o direito dos sindicatos de exercer livremente suas atividades, sem quaisquer limitações além daquelas previstas em lei e que sejam necessárias, em uma sociedade democrática, no interesse da segurança nacional ou da ordem p ública, ou para proteger os direitos e as liberdades das demais pessoas;

d) o direito de greve, exercido de conformidade com as leis de cada país.

2. O presente artigo não impedirá que se submeta a restrições legais o exercício desses

direitos pelos membros das forças armadas, da política ou da administração pública.

3. nenhuma das disposições do presente artigo permitirá que os Estados-Partes da Convenção de 1948 da Organização Internacional do Trabalho, relativa à liberdade sindical e à proteção do direito sindical, venha a adotar medidas legislativas que restrinjam - ou a aplicar a lei de maneira a restringir - as garantias previstas na referida Convenção.

ARTIGO 9º

Os Estados-Partes do presente Pacto de toda pessoa à previdência social, inclusive ao seguro social.

ARTIGO 10

Os Estados-Partes do presente Pacto reconhecem que:

1. Deve-se conceder à família, que é o elemento natural e fundamental da sociedade, as mais amplas proteção e assistência possíveis, especialmente para a sua constituição e enquanto ela for responsável pela criação e educação dos filhos. O matrimônio deve ser contraído com livre consentimento dos futuros cônjuges.

2. Deve-se conceder proteção às mães por um período de tempo razoável antes e depois do parto. Durante esse período, deve-se conceder às mães que trabalhem licença remunerada ou licença acompanhada de benefícios previdenciários adequados.

3. Devem-se adotar medidas especiais de proteção e de assistência em prol de todas as crianças e adolescentes, sem distinção por motivo de filiação ou qualquer outra condição. Devem-se proteger as crianças e adolescentes contra a exploração econômica e social. O emprego de crianças e adolescentes em trabalhos que lhes sejam nocivos à saúde ou que lhes façam correr perigo de vida, ou ainda que lhes venham a prejudicar o desenvolvimento normal, será punido por lei.

Os Estados devem também estabelecer limites de idade sob os quais fique proibido e punido por lei o emprego assalariado da mão de obra infantil.

ARTIGO 11

1. Os Estados-Partes do presente Pacto reconhecem o direito de toda pessoa a nível de vida adequado para si próprio e sua família, inclusive à alimentação, vestimenta e moradia adequadas, assim como a uma melhoria contínua de suas condições de vida. Os Estados-Partes tomarão medidas apropriadas para assegurar a consecução desse direito, reconhecendo, nesse sentido, a importância essencial da cooperação internacional fundada no livre consentimento.

2. Os Estados-Partes do presente pacto, reconhecendo o direito fundamental de toda pessoa de estar protegida contra a fome, adotarão, individualmente e mediante cooperação internacional, as medidas, inclusive programas concretos, que se façam necessárias para:

a) melhorar os métodos de produção, conservação e distribuição de gêneros alimentícios pela plena utilização dos conhecimentos técnicos e científicos, pela difusão de princípios de educação nutricional e pelo aperfeiçoamento ou reforma dos regimes agrários, de maneira que se assegurem a exploração e a utilização mais eficazes dos recursos naturais;

b) Assegurar uma repartição equitativa dos recursos alimentícios mundiais em relação às necessidades, levando-se em conta os problemas tanto dos países importadores quanto dos exportadores de gêneros alimentícios.

ARTIGO 12

1. Os Estados-Partes do presente Pacto reconhecem o direito de toda pessoa desfrutar o mais elevado nível possível de saúde física e mental.

2. As medidas que os Estados-Partes do presente Pacto deverão adotar com o fim de assegurar o pleno exercício desse direito incluirão as medidas que se façam necessárias para assegurar:

a) a diminuição da mortalidade infantil, bem como o desenvolvimento são das crianças;

b) a melhoria de todos os aspectos de higiene do trabalho e do meio ambiente;

c) a prevenção e tratamento das doenças epidêmicas, endêmicas, profissionais e outras, bem como a luta contra essas doenças;

d) a criação de condições que assegurem a todos assistência médica e serviços médicos em caso de enfermidade.

ARTIGO 13

1. Os Estados-Partes do presente Pacto reconhecem o direito de toda pessoa à educação . Concordam em que a educação deverá visar o pleno desenvolvimento da personalidade humana e do sentido de sua dignidade e fortalecer o respeito pelos direitos humanos e liberdades fundamentais. Concordam ainda em que a educação deverá capacitar todas as pessoas a participar efetivamente de uma sociedade livre, favorecer a compreensão, a tolerância e a amizade entre todas as nações e entre todos os grupos raciais, étnicos ou religiosos e promover as atividades das Nações Unidas em prol da manutenção da paz.

2. Os Estados-Partes do Presente Pacto reconhecem que, com o objetivo de assegurar o pleno exercício desse direito:

a) a educação primária deverá ser obrigatória e acessível gratuitamente a todos;

b) a educação secundária em suas diferentes formas, inclusive a educação secundária técnica e profissional, deverá ser generalizada e tornar-se acessível a todos, por todos os meios apropriados e, principalmente, pela implementação progressiva do ensino gratuito;

c) a educação de nível superior deverá igualmente tronar-se acessível a todos, com base na capacidade de cada um, por todos os meios apropriados e, principalmente, pela implementação progressiva do ensino gratuito;

d) dever-se-á fomentar e intensificar, na medida do possível, a educação de base para aquelas que não receberam educação primária ou não concluíram o ciclo completo de educação primária;

e) será preciso prosseguir ativamente o desenvolvimento de uma rede escolar em todos os níveis de ensino, implementar-se um sistema de bolsas estudo e melhorar continuamente as condições materiais do corpo docente.

3. Os Estados-Partes do presente Pacto comprometem-se a respeitar a liberdade dos pais - e, quando for o caso, dos tutores legais - de escolher para seus filhos escolas distintas daquelas criadas pelas autoridades públicas, sempre que atendam aos padrões mínimos de ensino prescritos ou aprovados pelo Estado, e de fazer com que seus filhos venham a receber educação religiosa ou moral que seja de acordo com suas próprias convicções.

4. Nenhuma das disposições do presente artigo poderá ser interpretada no sentido de restringir a liberdade de indivíduos e de entidades de criar e dirigir instituições de ensino, desde que respeitados os princípios enunciados no § 1º do presente artigo e que essas instituições observem os padrões mínimos prescritos pelo Estado.

ARTIGO 14

Todo Estado-Parte do presente Pacto que, no momento em que se tornar Parte, ainda não tenha garantido em seu próprio território ou territórios sob sua jurisdição a obrigatoriedade e a gratuidade da educação primária, se comprometе a elaborar e a adotar, dentro de um prazo de dois anos, um plano de ação detalhados destinado à implementação progressiva, dentro de um número razoável de anos estabelecidos no próprio plano, do princípio da educação primária obrigatória e gratuita para todos.

ARTIGO 15

1. Os Estados-Partes do presente Pacto reconhecem a cada indivíduo o direito de:

a) Participar da vida cultural;

b) Desfrutar o progresso científico e suas aplicações;

c) Beneficiar-se da proteção dos interesses morais e materiais decorrentes de toda a produção científica, literária ou artística de que seja autor.

2. As medidas que os Estados-Partes do presente Pacto deverão adotar com a finalidade de assegurar o pleno exercício desse direito aquelas necessárias à conservação, ao desenvolvimento e à difusão da ciência e da cultura.

3. Os Estados-Partes do presente Pacto comprometem-se a respeitar a liberdade indispensável à pesquisa científica e à atividade criadora.

4. Os Estados-Partes do presente Pacto reconhecem os benefícios que derivam do fomento e do desenvolvimento da cooperação e das ralações internacionais no domínio da ciência e da cultura.

PARTE IV

ARTIGO 16

1. Os Estados-Partes do presente Pacto comprometem-se a apresentar, de acordo com as disposições da presente parte do Pacto, relatórios sobre as medidas que tenham adotado e sobre o progresso realizado com o objetivo de assegurar a observância dos direitos reconhecidos no Pacto.

2.

a) todos os relatórios deverão ser encaminhados ao Secretário-geral da Organização das Nações Unidas, o qual enviará cópias dos mesmos ao Conselho Econômico e social, para exame, de acordo com as disposições do presente Pacto;

b) o Secretário-Geral da Organização das Nações Unidas encaminhará também às agências especializadas cópias dos relatórios - ou de todas as partes pertinentes dos mesmos - enviados pelos Estados-Partes do presente Pacto que sejam igualmente membros das referidas agências especializadas, na medida em que os relatórios, ou partes deles, guardem relação com questões que sejam da competência de tais agências, nos termos de seus respectivos instrumentos constitutivos.

ARTIGO 17

1. Os Estados-Partes do presente Pacto apresentarão seus relatórios por etapas, segundo um programa a ser estabelecido pelo Conselho Econômico e social no prazo de um ano a contar da data da entrada em vigor do presente Pacto, após consulta aos Estados-Partes e às agências especializadas interessadas.

2. Os relatórios poderão indicar os fatores e as dificuldades que prejudiquem o pleno cumprimento das obrigações previstas no presente Pacto.

3. Caso as informações pertinentes já tenham sido encaminhadas à Organização das Nações Unidas ou a uma agência especializada por um Estado-Parte, não será necessário reproduzir as informações, sendo suficiente uma referência precisa às mesmas.

ARTIGO 18

Em virtude das responsabilidades que lhes são conferidas pela Carta das Nações Unidas no domínio dos direitos humanos e das liberdades fundamentais, o Conselho Econômico e social poderá concluir acordos com as agências especializadas sobre a apresentação, por estas, de relatórios relativos aos progressos realizados quanto ao cumprimento das disposições do, presente Pacto que correspondam ao seu campo de atividades. Os relatórios poderão incluir dados sobre as decisões e recomendações referentes ao cumprimento das disposições do presente Pacto adotadas pelos órgãos competentes das agências especializadas.

ARTIGO 19

Conselho Econômico e social poderá encaminhar à Comissão de Direitos Humanos, para fins de estudo e de recomendação de ordem geral, ou para informação, caso julgue apropriado, os relatórios concernentes aos direitos humanos que apresentarem os Estados nos termos dos artigos 16 e 17 e aqueles concernentes aos direitos humanos que apresentarem as agências especializadas nos termos do artigo 18.

ARTIGO 20

Os Estados-Partes do presente Pacto e as agências especializadas interessadas poderão encaminhar ao Conselho Econômico e Social comentários sobre qualquer recomendação de ordem geral feita em virtude do artigo 19 ou sobre qualquer referência a uma recomendação de ordem geral que venha a constar de relatório da Comissão de Direitos Humanos ou de qualquer documento mencionado no referido relatório.

ARTIGO 21

Conselho Econômico e social poderá apresentar ocasionalmente à Assembleia Geral relatórios que contenham recomendações de caráter geral bem como resumo das informações recebidas dos Estados-Partes do presente Pacto e das agências especializadas sobre as medidas adotadas e o progresso realizado com a finalidade de assegurar a observância geral dos direitos reconhecidos no presente Pacto.

ARTIGO 22

Conselho Econômico e Social Poderá levar ao conhecimento de outros órgãos da Organização das Nações Unidas, de seus órgãos subsidiários e das agências especializadas interessadas, às quais incumba a prestação técnica, quaisquer questões suscitadas nos relatórios mencionados nesta parte do presente Pacto que se possam ajudar essas entidades a pronunciar-se, cada um adentro de sua esfera de competência, sobre a conveniência de medidas internacionais que possam contribuir para a implementação efetiva e progressiva do presente Pacto.

ARTIGO 23

Os Estados-Partes do presente Pacto concordam em que as medidas de ordem internacional destinadas a tornar efetivos os direitos reconhecidos no referido Pacto, incluem, sobretudo, a conclusão de convenções, a adoção de recomendações, a prestação de assistência técnica e a organização, em conjunto com os governos interessados, e no intuito de efetuar consultas e realizar estudos, de reuniões regionais e de reuniões técnicas.

ARTIGO 24

Nenhuma das disposições do presente Pacto poderá ser interpretada em detrimento das disposições da Carta das Nações Unidas ou das constituições das agências especializadas, as quais definem as responsabilidades respectivas dos diversos órgãos da Organização das Nações Unidas e agências especializadas relativamente às matérias tratadas no presente Pacto.

ARTIGO 25

Nenhuma das disposições do presente Pacto poderá ser interpretada em detrimento do direito inerente a todos os povos de desfrutar e utilizar pela e livremente suas riquezas e seus recursos naturais.

PARTE V

ARTIGO 26

1. O presente Pacto está aberto à assinatura de todos os Estados-Membros da Organização das Nações Unidas ou membros de qualquer de suas agências especializadas, de todo Estado-Parte do Estatuto da Corte Internacional de Justice, bem como de qualquer outro Estado convidado pela Assembleia Geral das Nações Unidas a tornar-se Parte do Presente Pacto.

2. O presente Pacto está sujeito à ratificação. Os instrumentos de ratificação serão depositados junto ao Secretário-Geral da Organização das Nações Unidas.

3. O presente Pacto está aberto à adesão de qualquer dos Estados mencionados no § 1º do presente artigo.

4. Far-se-á a adesão mediante depósito do instrumento de adesão junto ao Secretário-Geral da Organização das Nações Unidas.

5. O Secretário-Geral da Organização das Nações Unidas informará todos os Estados que hajam assinado o presente Pacto ou a ele aderido, do depósito de cada instrumento de ratificação ou de adesão.

ARTIGO 27

1. O presente Pacto entrará em vigor três meses após a data do depósito, junto ao Secretário-Geral da Organização das Nações Unidas, do trigésimo-quinto instrumento de ratificação ou adesão.

2. Para os Estados que vierem a ratificar o presente Pacto ou a ele aderir após o depósito do trigésimo-quinto instrumento de ratificação ou adesão, o presente Pacto entrará em vigor três meses após a data do depósito, pelo Estado em questão, de seu instrumento de ratificação ou adesão.

ARTIGO 28

Aplicar-se-á as disposições do, presente Pacto, sem qualquer limitação ou exceção, a todas unidades constitutivas dos Estados federativos.

ARTIGO 29

1. Qualquer Estado-Parte do presente Pacto poderá propor emendas e depositá-las junto ao Secretário-Geral da Organização das Nações Unidas. O Secretário-Geral comunicará todas as propostas de emendas aos Estados-Partes do presente Pacto, pedindo-lhes que o notifiquem se desejam que se convoque uma conferência dos Estados-Partes destinada a examinar as propostas e submetê-las a votação. Se pelo menos um terço dos Estados-Partes se manifestar a favor da referida convocação, o Secretário-Geral convocará a conferência sob os auspícios da Organização das Nações Unidas. Qualquer emenda adotada pela maioria dos Estados-Partes presentes e votantes na conferência será submetida à aprovação da Assembleia Geral das Nações Unidas.

2. Tais emendas entrarão em vigor quando aprovadas pela Assembleia Geral das Nações Unidas e aceitas em conformidade com seus respectivos procedimentos constitucionais, por uma maioria de dois terços dos Estados-Partes no presente Pacto.

3. Ao entrarem em vigor, tais emendas serão obrigatórias para os Estados-Partes que as aceitaram, ao passo que os demais Estados-Partes permanecem obrigados pelas disposições do presente Pacto e pelas emendas anteriores por eles aceitas.

ARTIGO 30

Independentemente das notificações prevista no § 5º do artigo 26, o Secretário-Geral da Organização das Nações Unidas comunicará a todos os Estados referidos no § 1º do referido artigo:

a) as assinaturas, ratificações e adesões recebidas em conformidade com o artigo 26;

b) a data de entrada em vigor do pacto, nos termos do artigo 49, e a data de entrada em vigor de quaisquer emendas, nos termos do artigo 51.

ARTIGO 31

1. O presente Pacto, cujos textos em chinês, espanhol, francês, inglês e russo são igualmente autênticos, será depositado nos arquivos da Organização das Nações Unidas.

2. O Secretário-Geral da Organização das Nações Unidas encaminhará cópias autênticas do presente Pacto a todos os Estados mencionados no artigo 48.

Em fé que, os abaixo-assinados, devidamente autorizados por seus respectivos Governos, assinaram o presente Pacto, aberto à assinatura em Nova York, aos 19 dias do mês de dezembro do ano mil novecentos e sessenta e seis.

DECRETO N. 592, DE 6 DE JULHO DE 1992

Atos Internacionais. Pacto Internacional sobre Direitos Civis e Políticos. Promulgação.

PACTO INTERNACIONAL SOBRE DIREITOS CIVIS E POLÍTICOS

- Aprovado pelo Dec. Leg. 226/1991.
- Promulgado pelo Dec. 592/1992.
- O texto foi adotado pela XXI Sessão da Assembleia Geral das Nações Unidas, em 16.12.1966.
- Depósito da Carta de Adesão em 24.01.1992.
- Entrou em vigor para o Brasil em 24.04.1992.

PREÂMBULO

Os Estados-Partes do presente Pacto,

Considerando que, em conformidade com os princípios proclamados na Carta das Nações Unidas, o reconhecimento da dignidade inerente a todos os membros da família humana e de seus direitos iguais e inalienáveis constitui o fundamento da liberdade, da justiça e da paz no mundo,

Reconhecendo que esses direitos decorrem da dignidade inerente à pessoa humana,

Reconhecendo que, em conformidade com a Declaração Universal dos Direitos do Homem, o ideal do ser humano livre, no gozo das liberdades civis e políticas e liberto do temor e da miséria, não pode ser realizado a menos que se criem condições que permitam a cada um gozar de seus direitos civis e políticos, assim como de seus direitos econômicos, sociais e culturais,

Considerando que a Carta das nações Unidas impõe aos Estados a obrigação de promover o respeito universal e efetivo dos direitos e das liberdades do homem,

Compreendendo que o indivíduo por ter deveres para com seus semelhantes e para com a coletividade a que pertence, tem a obrigação de lutar pela promoção e observância dos direitos reconhecidos no presente Pacto,

Acordam o seguinte:

PARTE I

ARTIGO 1º

1. Todos os povos têm direito à autodeterminação. Em virtude desse direito, determinam livremente seu estatuto político e asseguram livremente seu desenvolvimento econômico, social e cultural.

2. Para a consecução de seus objetivos, todos os povos podem dispor livremente de suas riquezas e de seus recursos naturais, sem prejuízo das obrigações decorrentes da cooperação econômica internacional, baseada no princípio do proveito mútuo, e do Direito internacional. Em caso algum, poderá um povo ser privado de seus meios de subsistência.

3. Os Estados-Partes do presente pacto, inclusive aqueles que tenham a responsabilidade de administrar territórios não autônomos e territórios sob tutela, deverão promover o exercício do direito à autodeterminação e respeitar esse direito, em conformidade com as disposições da Carta das nações Unidas.

PARTE II

ARTIGO 2º

1. Os Estados-Partes do presente Pacto comprometem-se a respeitar e a garantir a todos os indivíduos que se achem em seu território e que estejam sujeito a sua jurisdição os direitos reconhecidos no presente Pacto, sem discriminação alguma por motivo de raça, cor, sexo, religião, opinião política ou outra natureza, origem nacional ou social, situação econômica, nascimento ou qualquer outra condição.

2. Na ausência de medidas legislativas ou de outra natureza destinadas a tornar efetivos os direitos reconhecidos no presente Pacto, os Estados do presente Pacto comprometem-se a tomar as providências necessárias com vistas a adotá-las, levando em consideração seus respectivos procedimentos constitucionais e as disposições do presente Pacto.

3. Os Estados-Partes do presente pacto comprometem-se a:

a) garantir que toda pessoa, cujos direitos e liberdades reconhecidos no presente pacto tenham sido violados, possa dispor de um recurso efetivo, mesmo que a violência tenha sido perpetrada por pessoa que agiam no exercício de funções oficiais;

b) garantir que toda pessoa que interpuser tal recurso terá seu direito determinado pela competente autoridade judicial, administrativa ou legislativa ou por qualquer outra autoridade competente prevista no ordenamento jurídico do Estado em questão; e a desenvolver as possibilidades de recurso judicial;

c) garantir o cumprimento, pelas autoridades competentes, de qualquer decisão que julgar procedente tal recurso.

ARTIGO 3º

Os Estados-Partes do presente pacto comprometem-se a assegurar a homens e mulheres igualdade no gozo de todos os direitos civis e políticos enunciados no presente pacto.

ARTIGO 4º

1. Quando situações excepcionais ameacem a existência da nação e sejam proclamadas oficialmente, os Estados-Partes do presente Pacto podem adotar, na estrita medida exigida pela situação, medidas que suspendam as obrigações decorrentes do presente Pacto, desde que tais medidas não sejam incompatíveis com as demais obrigações que lhes sejam impostas pelo Direito Internacional e não acarretem discriminação alguma apenas por motivo de raça, cor, sexo, língua, religião ou origem social.

2. A disposição precedente não autoriza qualquer suspensão dos artigos 6º, 7º, 8º (§§1º e 2º), 11, 15, 16 e 18.

3. Os Estados-Partes do presente pacto que fizerem uso do direito de suspensão devem comunicar imediatamente aos outros Estados-Partes do Presente Pacto, por intermédio do Secretário-Geral das Nações Unidas, as disposições que tenham suspenso, bem como os motivos de tal suspensão. Os Estados-Partes deverão fazer uma nova comunicação, igualmente por intermédio do Secretário-Geral da Organização das Nações Unidas, na data em que terminar tal suspensão.

ARTIGO 5º

1. nenhuma disposição do presente pacto poderá ser interpretada no sentido de reconhecer a um Estado, grupo ou indivíduo qualquer direito de dedicar-se a quaisquer atos que tenham por objetivo destruir os direitos ou liberdades reconhecidos no presente Pacto ou impor-lhes limitações mais amplas do que aquelas nele prevista.

2. Não se admitirá qualquer restrição ou suspensão dos direitos humanos fundamentais reconhecidos ou vigentes em qualquer Estado-Parte do presente pacto em virtude de leis, convenções, regulamentos ou costumes, sob pretexto de que o presente pacto não os reconheça ou os reconheça em menor grau.

PARTE III

ARTIGO 6º

1. O direito à vida é inerente à pessoa humana. Este direito deverá ser protegido pela lei. Ninguém poderá ser arbitrariamente privado de sua vida.

2. Nos Países em que a pena de morte não tenha sido abolida, esta poderá ser imposta apenas nos casos de crimes mais graves, em conformidade com legislação vigente na época em que o crime foi cometido e que não esteja em conflito com as disposições do presente pacto, nem com a Convenção sobre a Prevenção e a Punição do Crime de Genocídio. Poder-se-á aplicar essa pena apenas em decorrência de uma sentença transitada em julgado e proferida por tribunal competente.

3. Quando a privação da vida constituir um crime de genocídio, entende-se que nenhuma disposição do presente artigo autorizará qualquer Estado-Parte do presente pacto a eximir-se, de modo algum, do cumprimento de quaisquer das obrigações que tenham assumido em virtude das disposições da Convenção sobre a Prevenção e a Punição do Crime de Genocídio.

4. Qualquer condenado à morte terá o direito de pedir indulto ou comutação da pena. A anistia, o indulto ou a comutação de pena poderão ser concedidos em todos os casos.

5. A pena de morte não deverá ser imposta em casos de crimes cometidos por pessoas menores de 18 anos, nem aplicada a mulheres em estado de gravidez.

6. Não se poderá invocar disposição alguma do presente artigo para retardar ou impedir a abolição da pena de morte por um Estado-Parte do presente pacto.

ARTIGO 7º

Ninguém poderá ser submetido à tortura, nem a penas ou tratamentos cruéis, desumanos ou degradantes. Será proibido, sobretudo, submeter uma pessoa, sem seu livre consentimento, a experiências médicas ou científicas.

ARTIGO 8º

1. Ninguém poderá ser submetido à escravidão; a escravidão e o tráfico de escravos, em todos as suas formas, ficam proibidos.

2. Ninguém poderá ser submetido à servidão.

3.

a) Ninguém poderá ser obrigado a executar trabalhos forçados ou obrigatórios;

b) A alínea *a* do presente parágrafo não poderá ser interpretada no sentido de proibir, nos países em que certos crimes sejam punidos com prisão e trabalhos forçados, o cumprimento de uma penas de trabalhos forçados, imposta por um tribunal competente;

c) Para os efeitos do presente parágrafo, não serão considerados "trabalhos forçados ou obrigatórios":

i) qualquer trabalho ou serviço, não previsto na alínea *b*, normalmente exigido de um indivíduo que tenha sido encerrado em cumprimento de decisão judicial ou que, tendo sido objeto de tal decisão, ache-se em liberdade condicional;

ii) qualquer serviço de caráter militar e, nos países em que se admite a isenção por motivo de consciência, qualquer serviço nacional que a lei venha a exigir daqueles que se oponha ao serviço militar por motivo de consciência;

iii) qualquer serviço exigido em casos de emergência ou de calamidade que ameacem o bem-estar da comunidade;

iv) qualquer trabalho ou serviço que faça parte das obrigações cívicas normais.

ARTIGO 9º

1. Toda pessoa tem à liberdade e a segurança pessoais. Ninguém poderá ser preso ou encarcerado arbitrariamente. Ninguém poderá ser privado de sua liberdade, salvo pelos motivos previstos em lei e em conformidade com os procedimentos.

2. Qualquer pessoa, ao ser presa, deverá ser informada das razões da prisão e notificada, sem demora, das acusações formuladas contra ela.

3. Qualquer pessoa presa ou encerrada em virtude de infração penal deverá ser conduzida, sem demora, à presença do juiz ou de outra autoridade habilitada por lei a exercer funções e terá o direito de ser julgada em prazo razoável ou de ser posta em liberdade. A prisão preventiva de pessoas que aguardam julgamento não deverá constituir a regra geral, mas a soltura poderá estar condicionada a garantias que assegurem o comparecimento da pessoa em questão à audiência, a todos os atos do processo e, se necessário for, para a execução da sentença.

4. Qualquer pessoa que seja privada de sua liberdade por prisão ou encarceramento terá

de recorrer a um tribunal para que este decida sobre a legalidade de seu encarceramento e ordene sua soltura, caso a prisão tenha sido ilegal.

5. Qualquer pessoa vítima de prisão ou encarceramento ilegais terá direito à reparação.

ARTIGO 10

1. Toda pessoa privada de sua liberdade deverá ser tratada com humanidade e respeito à dignidade inerente à pessoa humana.

2.

a) As pessoas processadas deverão ser separadas, salvo em circunstância excepcionais, das pessoa condenadas e receber tratamento distinto, condizente com sua condição de pessoa não condenada.

b) As pessoas processadas, jovens, deverão ser separadas das adultas e julgadas o mais rápido possível.

3. O regime penitenciário num tratamento cujo objetivo principal seja a reforma e a reabilitação moral dos prisioneiros. Os delinquentes juvenis deverão ser separados dos adultos e receber tratamento condizente com sua idade e condição jurídica.

ARTIGO 11

Ninguém poderá ser preso apenas por não poder cumprir com uma obrigação contratual.

ARTIGO 12

1. Toda pessoa que se ache legalmente no território de um Estado terá o direito de nele livremente circular e escolher sua residência.

2. Toda pessoa terá o direito de sair livremente de qualquer país, inclusive de seu próprio país.

3. Os direito supracitados não poderão constituir objeto de restrição, a menos que estejam previstas em lei e no intuito de proteger a segurança nacional e a ordem, a saúde ou a moral pública, bem como os direitos e liberdades das demais pessoas, e que sejam compatíveis com os outros direitos reconhecidos no presente pacto.

4. Ninguém poderá ser privado do direito de entrar em seu próprio país.

ARTIGO 13

Um estrangeiro que se ache legalmente no território de um Estado-Parte do presente pacto só poderá dele ser expulso em decorrência de decisão adotada em conformidade com a lei e, a menos que razões imperativas de segurança nacional a isso se oponham, terá a possibilidade de expor as razões que militem contra sua expulsão e de ter seu caso reexaminado pelas autoridades competentes, ou por uma ou várias pessoas especialmente designadas pelas referidas autoridades, e de fazer-se representar com esse objetivo.

ARTIGO 14

1. Todas as pessoas são iguais perante os tribunais e as cortes de justiça. Toda pessoa terá o direito de ser ouvida publicamente e com as devidas garantias por um tribunal competente, independente e imparcial, estabelecido por lei, na apuração de qualquer acusação de caráter penal formulada contra ela ou na determinação de seus direitos e obrigações de caráter civil. A imprensa e o público poderão ser excluídos de parte ou da totalidade de um julgamento, que por motivo de moral pública, de ordem pública ou de segurança nacional em uma sociedade democrática, quer quando o interesse da vida privada das partes o exija, quer na medida em que isso seja estritamente necessário na opinião da justiça, em circunstâncias específicas, nas quais a publicidade venha a prejudicar os interesses da justiça; entretanto, qualquer sentença proferida em matéria penal ou civil deverá tornar-se pública, a menos que o interesse de menores exija procedimento oposto, ou o processo diga respeito a controvérsia matrimoniais ou á tutela de menores.

2. Toda pessoa acusada de um delito terá direito a que se presuma sua inocência enquanto não for legalmente comprovada sua culpa.

3. Toda pessoa acusada de um delito terá direito, em plena igualdade, a, pelo menos, as seguintes garantias:

a) de ser informado, sem demora, numa língua que compreenda e de forma minuciosa, da natureza e dos motivos da acusação contra ela formulada;

b) de dispor do tempo e do meios necessários à preparação de sua defesa e a comunicar-se com defensor de sua escolha;

c) de ser julgado sem dilações indevidas;

d) de estar presente no julgamento e de defender-se pessoalmente ou por intermédio de defender de sua escolha; de ser informado, caso não tenha defensor, do direito que lhe assiste de tê-lo e, sempre que o interesse da justiça assim exija, de ter um defensor designado *ex officio* gratuitamente, se não tiver meios para remunerá-lo;

e) de interrogar ou fazer interrogar as testemunhas da acusação e de obter o comparecimento e o interrogatório das testemunhas de defesa nas mesmas condições de que dispõe as de acusação;

f) de ser assistida gratuitamente por um intérprete, caso não compreenda ou não fale a língua empregada durante o julgamento;

g) de não ser obrigada a depor contra si mesma, nem a confessar-se culpada.

4. O processo aplicável a jovens que não sejam maiores nos termos da legislação penal levará em conta a idade dos menores e a importância de promover sua reintegração social.

5. Toda pessoa declarada culpada por um delito terá o direito de recorrer da sentença condenatória e da pena a uma instância, em conformidade com a lei.

6. Se uma sentença condenatória passada em julgado for posteriormente anulada ou se indulto for concedido, pela ocorrência ou descoberta de fatos novos que provem cabalmente a existência de erro judicial, a pessoa que sofreu a pena decorrente dessa condenação deverá ser indenizada, de acordo com a lei, a menos que fique provado que se lhe pode imputar, total ou parcialmente, não revelação dos fatos desconhecidos em tempo útil.

7. Ninguém poderá ser processado ou punido por um delito pelo qual já foi absolvido ou condenado por sentença passada em julgado, em conformidade com a lei e os procedimentos penais de cada país.

ARTIGO 15

1. Ninguém poderá ser condenado por atos ou omissões que não constituam delito de acordo com direito nacional ou internacional, no momento em que foram cometidos. Tampouco poder-se-á impor pena mais grave do que a aplicável no momento da ocorrência do delito. Se, depois de perpetrado o delito, a lei estipular a imposição de pena mais leve, o delinquente deverá beneficiar-se.

2. Nenhuma disposição do presente Pacto impedirá o julgamento ou a condenação de qualquer indivíduo por atos ou omissões que, no momento em que foram cometidos, eram considerados delituosos de acordo com os princípios gerais de direito reconhecidos pela comunidade das nações.

ARTIGO 16

Toda pessoa terá direito, em qualquer lugar, ao reconhecimento de sua personalidade jurídica.

ARTIGO 17

1. Ninguém poderá ser objeto de ingerência arbitrárias ou ilegais em sua vida privada, em sua família, em seu domicílio ou em sua correspondência, nem de ofensas ilegais às suas honra e reputação.

2. Toda pessoa terá direito à proteção da lei contra essas ingerências ou ofensas

ARTIGO 18

1. Toda pessoa terá direito à liberdade de pensamento, de consciência e de religião. Esse direito implicará a liberdade de ter ou adotar uma religião ou uma crença de sua escolha e a liberdade de professar sua religião ou crença, individual ou coletivamente, tanto pública como privadamente, por meio do culto, da celebração de ritos, de práticas e do ensino.

2. Ninguém poderá ser submetido a medidas coercitivas que possam restringir sua liberdade de ter ou de adotar uma religião ou crença de sua escolha.

3. A liberdade de manifestar a própria religião ou crenca estará sujeita apenas a limitações previstas em lei e que se façam necessárias para proteger a segurança, a ordem, a saúde ou a moral públicas ou os direitos e as liberdades das demais pessoas.

4. Os Estados-Partes do presente Pacto comprometem-se a respeitar a liberdade dos pais - e, quando for o caso, dos tutores legais - de assegurar a educação religiosa e moral dos filhos que esteja de acordo com suas próprias convicções.

ARTIGO 19

1. Ninguém poderá ser molestado por suas opiniões.

2. Toda pessoa terá direito à liberdade de expressão; esse direito incluirá a liberdade de procurar, receber e difundir informações e idéias de qualquer natureza, independentemente de considerações de fronteiras, verbalmente ou por escrito, em 0forma impressa ou artística, ou qualquer outro meio de sua escolha.

3. O exercício do direito previsto no § 2º do presente artigo implicará deveres e responsabilidades especiais.

Consequentemente, poderá estar sujeito a certas restrições, que devem, entretanto, ser expressamente previstas em lei e que se façam necessárias para:

a) assegurar o respeito dos direitos e da reputação das demais pessoas;

b) proteger a segurança nacional, a ordem, a saúde ou a moral pública.

ARTIGO 20

1. Será proibido por lei qualquer propaganda em favor de guerra.

2. Será proibida por lei qualquer apologia do ódio nacional, radical, racial ou religioso que constitua incitamento à discriminação, à hostilidade ou à violência.

ARTIGO 21

O direito de reunião pacífica será reconhecido. O exercício desse direito estará sujeito apenas às restrições previstas em lei e que se façam necessárias, em um sociedade democrática, no interesse da segurança nacional, da segurança ou da ordem públicas, ou para proteger a saúde públicas ou os direitos e as liberdades das pessoas.

ARTIGO 22

1. Toda pessoa terá o direito de associar-se livremente a outras, inclusive o direito de

construir sindicatos e de a eles filiar-se, para a proteção de seus interesses.

2. O exercício desse direito estará sujeito apenas às restrições previstas em lei e que se façam necessárias, em um sociedade democrática, no interesse da segurança nacional, da segurança e da ordem públicas, ou para proteger a saúde ou a moral públicas ou os direitos a liberdades das demais pessoas. O presente artigo não impedirá que se submeta a restrições legais o exercício desse direito por membros das forças armadas e da polícia.

3. Nenhuma das disposições do presente artigo permitirá que Estados-Partes da Convenção de 1948 da Organização do Trabalho, relativa à liberdade sindical e à proteção do direito sindical, venham a adotar medidas legislativas que restrinjam - ou aplicar a lei de maneira a restringir - as garantias previstas na referida Convenção.

ARTIGO 23

1. A família é o elemento natural e fundamental da sociedade e terá o direito de ser protegida pela sociedade e pelo Estado.

2. Será reconhecido o direito do homem e da mulher de, em idade núbil, contrair casamento e construir família.

3. Casamento algum será sem o consentimento livre e pleno dos futuros esposos.

4. Os Estados-Partes do presente Pacto deverão adota as medidas apropriadas para assegurar a igualdade de direitos e responsabilidades dos esposos quanto ao casamento, durante o mesmo e o por ocasião de sua dissolução. Em caso de dissolução, deverão adotar-se disposições que assegurem a proteção necessária para os filhos.

ARTIGO 24

1. Toda criança, terá direito, sem discriminação alguma por motivo de cor, sexo, religião, origem nacional ou social, situação econômica ou nascimento, às medidas de proteção que a sua condição de menor requerer por parte de sua família, da sociedade e do Estado.

2. Toda criança deverá ser registrada imediatamente após seu nascimento e deverá receber um nome.

3. Toda criança terá o direito de adquirir uma nacionalidade.

ARTIGO 25

Todo cidadão terá o direito e a possibilidade, sem qualquer das formas de discriminação mencionadas no artigo 2º e sem restrições infundadas:

a) de participar da condução dos assuntos públicos, diretamente ou por meio de representantes livremente escolhidos;

b) de votar e de ser eleito em eleições periódicas, autênticas, realizadas por sufrágio universal e igualitário e por voto secreto, que garantam a manifestação da vontade dos eleitores;

c) de ter acesso em condições gerais de igualdade, às funções públicas de seu país.

ARTIGO 26

Todas as pessoas são iguais perante a lei e têm direito, sem discriminação alguma, a igual proteção da lei. A este respeito, a lei deverá proibir qualquer forma de discriminação e garantir a todas as pessoas proteção igual e eficaz contra qualquer discriminação por motivo de raça, cor, sexo, língua, religião, opinião política ou de outra natureza, origem nacional ou social, situação econômica, nascimento ou qualquer outra situação.

ARTIGO 27

No caso em que haja minorias étnicas, religiosas ou linguísticas, as pessoas pertencentes a essas minorias não poderão ser privadas do direito de ter, conjuntamente com outras membros de seu grupo, sua própria vida cultural, de professar e praticar sua própria religião e usar sua própria língua.

PARTE IV

ARTIGO 28

1. Constituir-se-á um comitê de Direitos Humanos (doravante denominado o "Comitê" no presente pacto). O Comitê será composto de dezoito membros e desempenhará as funções descritas adiante.

2. O Comitê será integrado por nacionais dos Estados-Partes do presente Pacto, os quais deverão ser pessoas de elevada reputação moral e reconhecida competência em matéria de direitos humanos, levando-se em consideração a utilidade da participação de algumas pessoas com experiência jurídica.

3. Os membros do Comitê serão eleitos e exercerão suas funções a título pessoal.

ARTIGO 29

1. Os membros do Comitê serão eleitos em votação secreta dentre uma lista de pessoas que preencham os requisitos previstos no artigo 28 e indicadas, com esse objetivo, pelos Estados-Partes do presente Pacto.

2. Cada Estado-Parte no presente Pacto poderá indicar duas pessoas. Essas pessoas deverão ser nacionais do Estado que as indicou.

3. A mesma pessoa poderá ser indicada mais de uma vez.

ARTIGO 30

1. A primeira eleição realizar-se-á no máximo seis meses após a data da entrada em vigor do presente Pacto.

2. Ao menos quatro meses antes da data de cada eleição do Comitê, e desde que não seja uma eleição para preencher uma vaga declarada nos termos do artigo 34, o Secretário-Geral da Organização das Nações Unidas convidará, por escrito, os Estados-Partes do Presente Protocolo a indicar, no prazo de três meses, os candidatos a membro do Comitê.

3. O Secretário-Geral da Organização das Nações Unidas organizará uma lista por ordem alfabética de todos os candidatos assim designados, mencionando os Estados-Partes que os tiverem indicado, e a comunicará aos Estados-Partes do presente Pacto, no máximo um mês antes da data de cada eleição.

4. Os membros do Comitê serão eleitos em reuniões dos Estados-Partes convocadas pelo Secretário-Geral da Organização das Nações Unidas na sede da Organização. Nessas reuniões, em que o quórum será estabelecido por dois terços dos Estados-Partes do presente Pacto, serão eleitos membros do Comitê os candidatos que obtiverem o maior número de votos e a maioria absoluta dos votos dos representantes dos Estados-Partes presentes e votantes.

ARTIGO 31

1. O Comitê não poderá ter mais de um nacional de um mesmo Estado.

2. Nas eleições do Comitê, levar-se-ão em consideração uma distribuição geográfica equitativa e uma representação das diversas formas de civilização, bem como dos principais sistemas jurídicos.

ARTIGO 32

1. Os membros do Comitê serão eleitos par um mandato de quatro anos. Poderão, caso suas candidaturas sejam apresentadas novamente, ser reeleitos. Entretanto, o mandato de nove dos membros eleitos na primeira eleição expirará ao final de dois anos; imediatamente após a primeira eleição, o presidente da reunião a que se refere o § 4º do artigo 30 indicará, por sorteio, os nomes desses nove membros.

2. Ao expirar o mandato dos membros, as eleições se realizarão de acordo com o disposto nos artigos precedentes desta Parte do presente pacto.

ARTIGO 33

1. Se, na opinião unânime dos demais membro do Comitê deixar de desempenhar suas funções por motivos distintos de uma ausência temporária, o Presidente comunicará tal fato ao Secretário-Geral da Organização das Nações Unidas, que declarará vago o lugar que o referido membro ocupava.

2. Em caso de morte ou renúncia de um membro do Comitê, o Presidente comunicará imediatamente tal fato ao Secretário-Geral da Organização das Nações Unidas, que declarará vago o lugar desde a data da morte ou daquela em que a renúncia passe a produzir efeitos.

ARTIGO 34

1. Quando uma vaga for declarada nos termos do artigo 33 e o mandato do membro a ser substituído não expiar no prazo de seis meses a contar da data em que tenha sido declarada a vaga, o Secratário-Geral das Nações Unidas comunicará tal fato aos Estados-Partes do presente pacto, que poderão, no prazo de dois meses, indicar candidatos, em conformidade com o artigo 29, para preencher a vaga.

2. O Secretário-Geral da organização das Nações unidas organizará uma lista por ordem alfabética dos candidatos assim designados e a comunicará aos Estados-Partes do presente pacto. A eleição destinada a preencher tal vaga será realizada nos termos das disposições pertinentes desta parte do presente Pacto.

3. Qualquer membro do Comitê eleito para preencher uma vaga em conformidade com o artigo 33 fará parte do Comitê durante o restante do mandato do membro que deixar vago o lugar do Comitê, nos termos do referido artigo.

ARTIGO 35

Os membros do Comitê receberão, com a aprovação da Assembleia Geral da Organização das Nações Unidas, honorários provenientes de recursos da Organização das Nações Unidas, nas condições fixadas, considerando-se a importância das funções do Comitê, pela Assembleia Geral.

ARTIGO 36

O Secretário-Geral da Organização das nações Unidas colocará à disposição do Comitê o pessoal e os serviços necessários ao desempenho eficaz das funções que lhe são atribuídas em virtude do presente Pacto.

ARTIGO 37

1. Secretário-Geral da Organização das nações Unidas convocará os Membros do comitê para a primeira reunião, a realizar-se na sede da Organização.

2. Após a primeira reunião, o Comitê deverá reunir-se em todas as ocasiões previstas em suas regras de procedimento.

3. As reuniões do Comitê serão realizadas normalmente na sede da Organização da Nações Unidas ou no Escritório das Nações Unidas em Genebra.

ARTIGO 38

Todo membro do comitê deverá, antes de iniciar suas funções, assumir, em sessão pública, o compromisso solene de que desempenhará suas funções imparcial e conscientemente.

ARTIGO 39

1. O Comitê elegerá sua mesa para um período de dois anos. Os membros da mesa poderão ser reeleitos.

2. O próprio Comitê estabelecerá suas regras de procedimento; esta, contudo, deverão conter, entre outras, as seguintes disposições:

a) o quórum será de doze membros;

b) as mesas do Comitê tomadas por maioria de votos dos membros presentes.

ARTIGO 40

1. Os Estados-Partes do presente Pacto comprometem-se a submeter relatórios sobre as medidas por eles adotadas para tornar efetivos os direitos reconhecidos no presente Pacto e sobre o progresso alcançado no gozo desses direitos:

a) dentro do prazo de um ano, a contar do início da vigência do presente Pacto nos Estados-Partes interessados;

b) a partir de então, sempre que o Comitê vier a solicitar.

2. Todos relatórios serão submetidos ao Secretário-Geral da Organização das nações Unidas, que os encaminhará. Para exame, ao Comitê. Os relatórios deverão sublinhar, caso existam, os fatores e as dificuldades que prejudiquem a implementação do presente pacto.

3. O Secretário-Geral da Organização das Nações Unidas poderá, após consulta ao Comitê, encaminhar às agências especializadas cópias das partes dos relatórios que digam respeito à sua esfera de competência.

4. O Comitê estudará os relatórios apresentados pelos Estados-Partes do presente pacto e transmitirá aos Estados-Partes seu próprio relatório, bem como os comentários gerais que julgar oportunos. O Comitê poderá igualmente transmitir ao Conselho Econômico e social os referidos comentários, bem como cópias dos relatórios que houver recebido dos Estados-Partes do Presente Pacto.

5. Os Estados-Partes no presente pacto poderão submeter ao Comitê as observações que desejarem formular relativamente aos comentários feitos nos termos do § 4º do presente artigo.

ARTIGO 41

1. Com base no presente Artigo, todo Estado-Parte do presente pacto poderá declarar, a qualquer momento, que reconhece a competência do Comitê para receber e examinar as comunicações em que um Estado-Parte alegue que outro Estado-Parte não vem cumprindo as obrigações que lhe impõe a Pacto. As referidas comunicações só serão recebidas e examinadas nos termos do presente Artigo no caso de serem apresentadas por um Estado-Parte que houver feito uma declaração em que reconheça, com relação a si próprio, a competência do Comitê. O Comitê não receberá comunicação alguma relativa a um Estado-Parte que não houver feito uma declaração dessa natureza. As comunicações recebidas em virtude do presente Artigo estarão sujeitas ao procedimento que se segue:

a) Se um Estado-Parte do presente Pacto considerar que outro Estado-Parte não vem cumprindo as disposições da presente Convenção poderá, mediante comunicação escrita, levar a questão ao conhecimento deste Estado-Parte. Dentro de um prazo de três meses, a contar da data do recebimento da comunicação, o Estado destinatário fornecerá ao Estado que enviou a comunicação explicações ou quaisquer outras declarações por escrito que esclareçam a questão, as quais deverão fazer referência, até onde seja possível e pertinente, aos procedimentos, nacionais e aos recursos jurídicos adotados, em trâmite ou disponíveis sobre a questão;

b) Se, dentro de um prazo de seis meses, a contar da data do recebimento da comunicação original pelo Estado destinatário, a questão não estiver dirimida satisfatoriamente para ambos os Estados-Partes interessados, tanto um como o outro terão o direito de submetê-lo ao comitê, mediante notificação endereçada ao Comitê ou outro Estado interessado;

c) O comitê tratará de todas as questões que se lhe submetam em virtude do presente Artigo somente após ter-se assegurado de que todos os recursos jurídicos internos disponíveis tenham sido utilizados e esgotados, em consonância com os princípios do Direito internacional geralmente reconhecido. Não se aplicará esta regra quando a aplicação dos mencionados recursos se prolongar injustificadamente.

d) O comitê realizará reuniões confidenciais quando estiver examinando as comunicações previstas no presente Artigo;

e) Sem prejuízo das disposições da alínea *c*, o Comitê colocará seus bons ofícios à disposição dos Estados-Partes interessados no intuito de se alcançar uma solução amistosa para a questão, baseada no respeito aos direitos humanos e a liberdades fundamentais reconhecidos no presente Pacto.

f) Em todas as questões que se lhe submetem em virtude do presente artigo, o Comitê poderá solicitar aos Estados-Partes interessados, a que se faz referência na alínea *b*, que lhe forneçam quaisquer informação pertinentes;

g) os Estados-Partes interessados, a que se faz referência na alínea *b*, terão o direito de fazer-se representar quando as questões forem examinadas no Comitê e de apresentar suas observações verbalmente e/ou por escrito;

h) O Comitê, dentro dos doze meses seguintes à data de recebimento da notificação mencionada na *b*), apresentará relatório em que:

i) se houver sido alcançada uma solução nos termos da alínea *e*), o comitê restringir-se-á, em seu relatório, a uma breve exposição dos fatos e da solução alcançada;

ii) se não houver sido alcançada solução alguma nos termos alínea *e*, o comitê restringir-se-á, em seu relatório, a uma breve exposição dos fatos; serão anexados ao relatório o texto das observações escritas e as atas das observações orais apresentadas pelos Estados-Partes interessados.

Para cada questão, o relatório será encaminhado aos Estados-Partes interessados.

1. As disposições do presente Artigo entrarão em vigor a partir do momento em que dez Estados-Partes do presente Pacto houverem feito as declarações mencionadas no § 1º deste Artigo. As referidas declarações serão depositadas pelos Estados-Partes junto ao Secretário-Geral da Organização Nações Unidas, que enviará cópia das mesmas aos demais Estados-Partes. Toda declaração poderá ser retirada, a qualquer momento, mediante notificação endereçada ao Secretário-Geral. Far-se-á essa retirada sem prejuízo do exame de quaisquer questões que constituam objeto de uma comunicação já transmitida nos termos deste artigo; em virtude do presente artigo, não se receberá qualquer nova comunicação de um Estado-Parte uma vez que o Secretário-Geral tenha recebido a notificação sobre a retirada da declaração, a menos que o Estado-Parte interessado haja feito uma nova declaração.

ARTIGO 42

1.

a) Se uma questão submetida ao Comitê, nos termos do artigo 41, não estiver dirimida satisfatoriamente para os Estado-Partes interessados, o Comitê poderá, com consentimento prévio dos Estados-Partes interessados, constituir uma comissão *ad hoc* (doravante denominada a Comissão). A Comissão colocará seus bons ofícios à disposição dos Estados-Partes interessados no intuito de se alcançar uma solução amistosa para a questão baseada no respeito ao presente Pacto;

b) A comissão será composta de cinco membros designados com o consentimento dos Estados-Partes interessados. Se os Estados-Partes interessados não chegarem a um acordo a respeito da totalidade ou de parte da composição da comissão dentro do prazo de três meses, os membros da Comissão em relação aos quais não se chegou a acordo serão eleitos pelo Comitê, entre os seus próprios membros, em votação secreta e por maioria de dois terços dos membros do comitê.

2. Os membros da Comissão exercerão suas funções a título pessoal. Não poderão ser nacionais dos Estados interessados, nem de Estados que não seja Parte do presente Pacto, nem de um Estado-Parte que não tenha feito a declaração prevista no artigo 41.

3. A própria Comissão elegerá seu presidente e estabelecerá suas regras de procedimento.

4. As reuniões da Comissão, serão normalmente na sede da Organização das Nações Unidas ou no Escritório das Nações Unidas em Genebra. Entretanto, poderão realizar-se em qualquer outro lugar apropriado que a Comissão determinar, após consulta ao Secretário-Geral da Organização das Nações Unidas e aos Estados-Partes interessados.

5. O secretariado referido no artigo 36 também prestará serviços às comissões designadas em virtude do presente artigo.

6. As informações obtidas e coligidas pelo Comitê serão colocadas à disposição da Comissão, a qual poderá solicitar aos Estados-Partes interessados que lhe forneçam qualquer outra informação pertinente.

7. Após haver estudado a questão sob todos os seus aspectos, mas, em qualquer caso, no prazo de doze meses após dela ter tomado conhecimento, a Comissão apresentará um relatório ao Presidente do Comitê, que o encaminhará aos Estados-Partes interessados:

a) se a Comissão não puder terminar o exame da questão, restringir-se-á, em seu, a uma breve exposição sobre o estágio em que se encontra o exame da questão;

b) se houver sido alcançado uma solução amistosa para a questão, baseada no respeito dos direitos humanos reconhecidos no presente pacto, a Comissão restringir-se-á, em seu relatório, a uma breve exposição dos fatos e da solução alcançada;

c) se não houver sido alcançada solução nos termos da alínea *b*, a Comissão incluirá no relatório suas conclusões sobre os fatos relativos à questão debatida entre os Estados-Partes interessados assim como sua opinião sobre a possibilidade de solução amistoso para a questão, o relatório incluirá as observações escritas e as atas das observações orais feitas pelos Estados-Partes interessados;

d) se o relatório da comissão for apresentado nos termos da alínea *c*, os Estados-Partes interessados comunicarão, no prazo de três meses a contar da data do recebimento do relatório, ao presidente do comitê se aceitam ou não os termos do relatório da Comissão.

8. As disposições do presente artigo não prejudicarão as atribuições do Comitê previstas no artigo 41.

9. Todas as despesas dos membros da Comissão serão repartidas equitativamente entre os Estados-Partes interessados, com base em estimativas a serem estabelecidas pelo Secretário-Geral da Organização das Nações Unidas.

10. Secretário-Geral da Organização das Nações Unidas poderá, caso seja necessário, pagar as despesas dos membros da Comissão antes que sejam reembolsadas pelos Estados-Partes interessados, em conformidade com o § 9º do presente artigo.

ARTIGO 43

Os membros do Comitê e os membros da Comissão de Conciliação *ad hoc* que forem designados nos termos do artigo 42 terão direitos às facilidades, privilégios e imunidades que se concedem aos peritos no desempenho de missões para a Organização das Nações Unidas, em conformidade com as seções pertinentes da Convenção sobre Privilégios e Imunidades das Nações Unidas.

ARTIGO 44

As disposições relativas à implementação do presente pacto aplicar-se-ão sem prejuízo dos procedimentos instituídos em matéria de direitos humanos, pelos - ou em virtude dos membros - instrumentos constitutivos e pelas Convenções da Organização das Nações Unidas e das agências especializadas e não impedirão que os Estados-Partes a recorrer a outros procedimentos para a solução de controvérsias em conformidade com os acordos internacionais gerais ou especiais vigentes entre eles.

ARTIGO 45

Comitê submeterá à Assembleia Geral, por intermédio do Conselho Econômico e social, um relatório sobre suas atividades.

PARTE V

ARTIGO 46

Nenhuma disposição do presente Pacto poderá ser interpretada em detrimento das disposições da Carta das Nações unidas e das constituições das agências especializadas, as quais definem as responsabilidades respectivas dos diversos órgãos da Organização das Nações Unidas e das agências especializadas relativamente às questões tratadas no presente pacto.

ARTIGO 47

Nenhuma disposição do presente Pacto poderá ser interpretada em detrimento do direito inerente a todos os povos de desfrutar e utilizar plena e livremente suas riquezas e seus recursos naturais.

PARTE VI

ARTIGO 48

1. O presente Pacto está aberto à assinatura de todos os Estados-Membros da Organização das nações Unidas ou membros de qualquer de suas agências especializadas, de todo Estado-Parte do estatuto da Corte Internacional de Justiça, bem como de qualquer outro Estado convidado pela Assembleia Geral a tornar-se Parte do presente Pacto.

2. O presente Pacto está sujeito à ratificação. Os instrumentos de ratificação serão depositados junto ao Secretário-Geral da Organização das Nações Unidas.

3. O presente Pacto está aberto à adesão de quaisquer dos Estados mencionados no § 1º do presente artigo.

4. Far-se-á adesão mediante depósito do instrumento de adesão junto ao Secretário-Geral da Organização das Nações Unidas.

5. O Secretário-Geral da Organização das Nações Unidas informará todos os Estados que hajam assinado o presente Pacto ou ele aderido do depósito de cada instrumento de ratificação ou adesão.

ARTIGO 49

1. O presente Pacto entrará em vigor três meses após a data do depósito, junto ao Secretário-Geral da Organização das Nações Unidas, do trigésimo-quinto instrumento de ratificação ou adesão.

2. Para os Estados que vierem a ratificar o presente Pacto ou a ele aderir após o depósito do trigésimo-quinto instrumento de ratificação ou adesão, o presente Pacto entrará em vigor três meses após a data do depósito, pelo Estado em questão, de seu instrumento de ratificação ou adesão.

ARTIGO 50

Aplicar-se-á as disposições do, presente Pacto, sem qualquer limitação ou exceção, a todas unidades constitutivas dos Estados federativos.

ARTIGO 51

1. Qualquer Estado-Parte do presente Pacto poderá propor emendas e depositá-las junto ao Secretário-Geral da Organização das Nações Unidas. O Secretário-Geral comunicará todas as propostas de emendas aos Estados-Partes do presente Pacto, pedindo-lhes que o notifiquem se desejam que se convoque uma conferência dos Estados-Partes destinada a examinar as propostas e submetê-las a votação. Se pelo menos um terço dos Estados-Partes se manifestar a favor da referida convocação, o Secretário-Geral convocará a conferência sob os auspícios da Organização das Nações Unidas. Qualquer emenda adotada pela maioria dos Estados-Partes presentes e votantes na conferência será submetida à aprovação da Assembleia Geral das Nações Unidas.

2. Tais emendas entrarão em vigor quando aprovadas pela Assembleia Geral das Nações Unidas e aceitas em conformidade com seus respectivos procedimentos constitucionais, por uma maioria de dois terços dos Estados-Partes no presente Pacto.

3. Ao entrarem em vigor, tais emendas serão obrigatórias para os Estados-Partes que as aceitaram, ao passo que os demais Estados-Partes permanecem obrigados pelas disposições do presente Pacto e pelas emendas anteriores por eles aceitas.

ARTIGO 52

Independentemente das notificações prevista no § 5º do artigo 48, o Secretário-Geral da Organização das Nações Unidas comunicará a todos os Estados referidos no § 1º do referido artigo:

a) as assinaturas, ratificações e adesões recebidas em conformidade com o artigo 48;

b) a data de entrada em vigor do pacto, nos termos do artigo 49, e a data de entrada em vigor de quaisquer emendas, nos termos do artigo 51.

ARTIGO 53

1. O presente Pacto, cujos textos em chinês, espanhol, francês, inglês e russo são igualmente autênticos, será depositado nos arquivos da Organização das Nações Unidas.

2. O Secretário-Geral da Organização das Nações Unidas encaminhará cópias autênticas do presente Pacto a todos os Estados mencionados no artigo 48.

Em fé que os abaixo-assinados, devidamente autorizados por seus respectivos Governos, assinaram o presente Pacto, aberto à assinatura em Nova York, aos 19 dias do mês de dezembro do ano mil novecentos e sessenta e seis.

DECRETO N. 1.355, DE 30 DE DEZEMBRO DE 1994

Promulgo a Ata Final que Incorpora os Resultados da Rodada Uruguai de Negociações Comerciais Multilaterais do GATT.

- Aprovado pelo Dec. Leg. 30/1994.
- Promulgado pelo Dec. 1.355/1994.
- Assinado em Marrakesh em 12.04.1994
- Entrou em vigor em 1º.01.1995.

ACORDO CONSTITUTIVO DA ORGANIZAÇÃO MUNDIAL DE COMÉRCIO

As partes do presente Acordo, reconhecendo que as suas relações na esfera da atividade comercial e econômica devem objetivar a elevação dos níveis de vida, o pleno emprego e um volume considerável e em constante elevação de receitas reais e demanda efetiva, o aumento da produção e do Comércio de bens e de serviços, permitindo ao mesmo tempo a utilização ótima dos recursos mundiais em conformidade com o objetivo de um desenvolvimento sustentável e buscando proteger e preservar o meio ambiente e incrementar os meios para fazê-lo, de maneira compatível com suas respectivas necessidades e interesses segundo os diferentes níveis de desenvolvimento econômico;

Reconhecendo ademais que é necessário realizar esforços positivos para que os países em desenvolvimento, especialmente os de menor desenvolvimento relativo, obtenham uma parte do incremento do Comércio internacional que corresponda as necessidades de seu desenvolvimento econômico;

Desejosas de contribuir para a consecução desses objetivos mediante a celebração de acordos destinados a obter, na base da reciprocidade e de vantagens mutuas, a redução substancial das tarifas aduaneiras e dos demais obstáculos ao Comércio, assim como a eliminação do tratamento discriminatório nas relações comerciais internacionais;

Resolvidas, por conseguinte, a desenvolver um sistema multilateral de Comércio integrado, mais viável e duradouro que compreenda o Acordo Geral sobre Tarifas Aduaneiras e

Comércio, os resultados de esforços anteriores de liberalização do Comércio e os resultados integrais das Negociações Comerciais Multilaterais da Rodada Uruguai;

Decididas a preservar os princípios fundamentais e a favorecer a consecução dos objetivos que informam este sistema multilateral de Comércio, acordam o seguinte:

ARTIGO I
ESTABELECIMENTO DA ORGANIZAÇÃO

Constitui-se pelo presente Acordo a Organização Mundial de Comércio (a seguir denominada "OMC").

ARTIGO II
ESCOPO DA OMC

1. A OMC constituirá o quadro institucional comum para a condução das relações comerciais entre seus Membros nos assuntos relacionados com os acordos e instrumentos legais conexos incluídos nos anexos ao presente Acordo.

2. Os acordos e os instrumentos legais conexos incluídos nos Anexos 1, 2 e 3 (denominados a seguir "Acordos Comerciais Multilaterais") formam parte integrante do presente Acordo e obrigam a todos os Membros.

3. Os acordos e os instrumentos legais conexos incluídos no Anexo 4 (denominados a seguir "Acordos Comerciais Plurilaterais") também formam parte do presente Acordo para os Membros que os tenham aceito e são obrigatórios para estes. Os Acordos Comerciais Plurilaterais não criam obrigações nem direitos para os Membros que não os tenham aceitado.

4. O Acordo Geral sobre Tarifas Aduaneiras e Comércio de 1994, conforme se estipula no Anexo 1A (denominado a seguir "GATT 1994") é juridicamente distinto do Acordo Geral sobre Tarifas Aduaneiras e Comércio com data de 30 de outubro de 1947, anexo a Ata Final adotada por ocasião do encerramento do segundo período de sessões da Comissão Preparatória da Conferência das Nações Unidas sobre Comércio e Emprego, posteriormente retificado, emendado ou modificado (denominado a seguir "GATT 1947").

ARTIGO III
FUNÇÕES DA OMC

1. A OMC facilitará a aplicação, administração e funcionamento do presente Acordo e dos Acordos Comerciais Multilaterais e promoverá a consecução de seus objetivos, e constituirá também o quadro jurídico para a aplicação, administração e funcionamento dos Acordos Comerciais Plurilaterais.

2. A OMC será o foro para as Negociações entre seus Membros acerca de suas relações comerciais multilaterais em assuntos tratados no quadro dos acordos incluídos nos Anexos ao presente Acordo. A OMC poderá também servir de foro para ulteriores Negociações entre seus Membros acerca de suas relações comerciais multilaterais, e de quadro jurídico para a aplicação dos resultados dessas Negociações, segundo decida a Conferência Ministerial.

3. A OMC administrará o Entendimento relativo as normas e procedimentos que regem a solução de controvérsias (denominado a seguir "Entendimento sobre Solução de Controvérsias" ou "ESC") que figura no Anexo 2 do presente Acordo.

4. A OMC administrará o Mecanismo de Exame das Políticas Comerciais (denominado a seguir "TPRM") estabelecido no Anexo 3 do presente Acordo.

5. Com o objetivo de alcançar uma maior coerência na formulação das Políticas econômicas em escala mundial, a OMC cooperara, no que couber, com o Fundo Monetário Internacional e com o Banco Internacional de Reconstrução e Desenvolvimento e com os órgãos a eles afiliados.

ARTIGO IV
ESTRUTURA DA OMC

1. Estabelecer-se-á uma Conferência Ministerial, composta por representantes de todos os Membros, que se reunirá ao menos uma vez cada dois anos. A Conferência Ministerial desempenhara as funções da OMC e adotará as disposições necessárias para tais fins. A Conferência Ministerial terá a faculdade de adotar decisões sobre todos os assuntos compreendidos no âmbito de qualquer dos Acordos Comerciais Multilaterais, caso assim o solicite um Membro, em conformidade com o estipulado especificamente em matéria de adoção de decisões no presente Acordo e no Acordo Comercial Multilateral relevante.

2. Estabelecer-se-á um Conselho Geral, composto por representantes de todos os Membros, que se reunirá quando cabível. Nos intervalos entre reuniões da Conferência Ministerial, o Conselho Geral desempenhara as funções da Conferência. O Conselho Geral cumprira igualmente as funções que se lhe atribuam no presente Acordo. O Conselho Geral estabelecerá suas regras de procedimento e aprovara as dos Comitês previstos no parágrafo 7.

3. O Conselho Geral se reunirá quando couber para desempenhar as funções do órgão de Solução de Controvérsias estabelecido no Entendimento sobre Solução de Controvérsias. O órgão de Solução de Controvérsias poderá ter seu próprio presidente, e estabelecerá as regras de procedimento que considere necessárias para o cumprimento de tais funções.

4. O Conselho Geral se reunirá quando couber para desempenhar as funções do órgão de Exame das Políticas Comerciais estabelecido no TPRM. O órgão de Exame das Políticas Comerciais poderá ter seu próprio presidente, e estabelecerá as regras de procedimento que considere necessárias para o cumprimento de tais funções.

5. Estabelecer-se-ão um Conselho para o Comércio de Bens, um Conselho para o Comércio de Serviços e um Conselho para os Aspectos dos Direitos de Propriedade intelectual relacionadas com o Comércio (denominado a seguir "Conselho de TPIPS"), que funcionará sob a orientação geral do Conselho Geral. O Conselho para o Comércio de Bens supervisará o funcionamento dos Acordos Comerciais Multilaterais do Anexo 1A. O Conselho para o Comércio de Serviços supervisará o funcionamento do Acordo Geral sobre o Comércio de Serviços (denominado a seguir "GATS"). O Conselho para TRIPS supervisará o funcionamento do Acordo sobre os Aspectos dos Direitos de Propriedade Intelectual relacionados com o Comércio (denominado a seguir "Acordo sobre TRIPS"). Esses Conselhos desempenharão as funções a eles atribuídas nos respectivos Acordos e pelo Conselho Geral. Estabelecerão suas respectivas regras de procedimento, sujeitas a aprovação pelo Conselho Geral. Poderão participar desses Conselhos representantes de todos os Membros. Esses Conselhos se reunirão conforme necessário para desempenhar suas funções.

6. O Conselho para o Comércio de Bens, o Conselho para o Comércio de Serviços e o Conselho para TRIPS estabelecerão os órgãos subsidiários que sejam necessários. Tais órgãos subsidiários fixarão suas respectivas regras de procedimento, sujeitas a aprovação pelos Conselhos correspondentes.

7. A Conferência Ministerial estabelecerá um Comitê de Comércio e Desenvolvimento, um Comitê de Restrições por Motivo de Balanço de Pagamentos e um Comitê de Assuntos Orçamentários, Financeiros e Administrativos, que desempenharão as funções a eles atribuídas no presente Acordo e nos Acordos Comerciais Multilaterais, assim como as funções adicionais que lhes atribua o Conselho Geral, e poderá estabelecer Comitês adicionais com as funções que considere apropriadas. O Comitê de Comércio e Desenvolvimento examinará periodicamente, como parte de suas funções, as disposições especiais em favor dos países de menor desenvolvimento relativo Membros contidas nos Acordos Comerciais Multilaterais e apresentará relatório ao Conselho Geral para adoção de disposições apropriadas. Poderão participar desses Comitês representantes de todos os Membros.

8. Os órgãos estabelecidos em virtude dos Acordos Comerciais Plurilaterais desempenharão as funções a eles atribuídas em consequência de tais Acordos e funcionarão dentro do marco institucional da OMC. Tais órgãos informarão regularmente o Conselho Geral sobre suas respectivas atividades.

ARTIGO V
RELAÇÕES COM OUTRAS ORGANIZAÇÕES

1. O Conselho Geral tomará as providências necessárias para estabelecer cooperação efetiva com outras organizações intergovernamentais que tenham áreas de atuação relacionadas com a da OMC.

2. O Conselho Geral poderá tomar as providências necessárias para manter consultas e cooperação com organizações não governamentais dedicadas a assuntos relacionados com os da OMC.

ARTIGO VI
A SECRETARIA

1. Fica estabelecida uma Secretaria da OMC (doravante denominada Secretaria), chefiada por um Diretor-Geral.

2. A Conferência Ministerial indicara o Diretor-Geral e adotará os regulamentos que estabelecem seus poderes, deveres, condições de trabalho e mandato.

3. O Diretor-Geral indicara os integrantes do pessoal da Secretaria e definira seus deveres e condições de trabalho, de acordo com os regulamentos adotados pela Conferência Ministerial.

4. As competências do Diretor-Geral e do pessoal da Secretaria terão natureza exclusivamente internacional. No desempenho de suas funções, o Diretor-Geral e o pessoal da Secretaria não buscarão nem aceitarão instruções de qualquer governo ou de qualquer outra autoridade externa a OMC. Além disso, eles se absterão de toda ação que possa afetar negativamente sua condição de funcionários internacionais. Os Membros da OMC respeitarão a natureza internacional das funções do Diretor-Geral e do pessoal da Secretaria e não buscarão influenciá-los no desempenho dessas funções.

ARTIGO VII
ORÇAMENTO E CONTRIBUIÇÕES

1. O Diretor-Geral apresentará a proposta orçamentária anual e o relatório financeiro ao Comitê de Orçamento, Finanças e Administra-

ção. Este examinará a proposta orçamentária anual e o relatório financeiro apresentados pelo Diretor-Geral e sobre ambos fará recomendações ao Conselho Geral. A proposta orçamentária anual será sujeita à aprovação do Conselho Geral.

2. O Comitê de Orçamento, Finanças e Administração proporá normas financeiras ao Conselho Geral, que incluirão disciplinas sobre:

a) a escala de contribuições a OMC, divididas proporcionalmente entre os Membros; e

b) as medidas que serão tomadas com relação aos Membros em atraso.

As normas financeiras serão baseadas, na medida do possível, nos regulamentos e nas praticas do GATT 1947.

3. O Conselho Geral adotará as normas financeiras e a proposta orçamentária anual por maioria de dois terços computados sobre quórum de mais da metade dos Membros da OMC.

4. Cada Membro aportara prontamente sua quota as despesas da OMC, de acordo com as normas financeiras adotadas pelo Conselho Geral.

ARTIGO VIII
STATUS DA OMC

1. A OMC terá personalidade legal e receberá de cada um de seus Membros a capacidade legal necessária para exercer suas funções.

2. Cada um dos Membros da OMC lhe acordara os privilégios e imunidades necessárias para o exercício de suas funções.

3. Cada um dos Membros acordara a OMC e a seus funcionários, assim como aos representantes dos demais Membros, as imunidades e privilégios necessárias para o exercício independente de suas funções, em relação a OMC.

4. Os privilégios e imunidades acordados por um Membro a OMC, seus funcionários e representantes dos Membros serão similares aos privilégios e imunidades estabelecidos na Convenção sobre Privilégios e Imunidades das Agências Especializadas, aprovado pela Assembleia Geral das Nações Unidas em 21 de novembro de 1947.

5. A OMC poderá concluir acordo de sede.

ARTIGO IX
PROCESSO DECISÓRIO

1. A OMC continuara a pratica de processo decisório de consenso seguida pelo GATT 1947.1 Salvo disposição em contrário, quando não for possível adotar uma decisão por consenso, a matéria em questão será decidida por votação.

▸ Entende-se que o órgão pertinente decidiu por consenso matéria submetida a sua consideração quando nenhum dos Membros presentes à reunião na qual uma decisão for adotada objetar formalmente a proposta de decisão.

Nas reuniões da Conferência Ministerial e do Conselho Geral, cada Membro da OMC terá um voto. Quando as Comunidades Europeias exercerem seu direito de voto, terão o número de votos correspondente ao número de seus Estados-Membros que são Membros da OMC. As decisões da Conferência Ministerial e do Conselho Geral serão tomadas por maioria de votos, salvo disposição em contrário do presente Acordo ou do Acordo Multilateral de Comércio pertinentes.

▸ O número de votos das Comunidades Europeias e de seus Estados-Membros não excederá jamais o número de Estados-Membros das Comunidades Europeias.

▸ As decisões do Conselho Geral, quando reunido na qualidade de órgão de Solução de Controvérsias, serão tomadas de acordo com o disposto no parágrafo 4 do Artigo 2 do Entendimento Relativo a Normas e Procedimentos de Solução de Controvérsias.

2. Conferência Ministerial e o Conselho Geral terão autoridade exclusiva para adotar interpretações do presente Acordo e dos Acordos Multilaterais de Comércio. No caso de uma interpretação de um Acordo Multilateral de Comércio do Anexo 1, a Conferência Ministerial e o Conselho Geral exercerão sua autoridade com base em uma recomendação do Conselho responsável pelo funcionamento do Acordo em questão. A decisão de adotar uma interpretação será tomada por maioria de três quartos dos Membros. O presente parágrafo não será utilizado de maneira a prejudicar as disposições de alteração do Artigo X.

3. Em circunstâncias excepcionais, a Conferência Ministerial poderá decidir a derrogação de uma obrigação de um Membro em virtude do presente Acordo ou de quaisquer dos Acordos Multilaterais de Comércio, desde que tal decisão seja tomada por três quartos dos Membros, salvo disposição em contrário no presente parágrafo.

▸ Deverá ser adotada por consenso a decisão de acordar postergação de qualquer obrigação sujeita a período de transição ou período de implementação por etapas que o Membro não tenha cumprido ao final do período pertinente.

a) Um pedido de derrogação com respeito ao presente Acordo será submetido à Conferência Ministerial para consideração de acordo com a pratica de processo decisório por consenso. A Conferência Ministerial estabelecerá um período de tempo, que não deverá exceder a 90 dias, para considerar o pedido. Caso não seja possível alcançar consenso durante o período do tempo estabelecido, qualquer decisão de conceder derrogação será tomada por maioria de três quartos dos Membros.

b) Um pedido de derrogação com respeito aos Acordos Multilaterais de Comércio dos Anexos 1A, 1B ou 1C e seus anexos será submetido inicialmente ao Conselho para o Comércio de Bens, ao Conselho para o Comércio de Serviços ou ao Conselho para TRIPS, respectivamente, para consideração durante um período de tempo que não excedera a 90 dias. Ao final desse período de tempo, o Conselho pertinente submetera a um relatório a Conferência Ministerial.

4. Uma decisão da Conferência Ministerial de conceder derrogação deverá relatar as circunstâncias excepcionais que regulamentam a aplicação da derrogação e a data em que a derrogação deverá terminar. Qualquer derrogação concedida por período superior a um ano será revista pela Conferência Ministerial em prazo não superior a um ano após a concessão, e subsequentemente a cada ano, até o termino da derrogação. Em cada revisão, a Conferência Ministerial examinar se as circunstâncias excepcionais que justificam a derrogação ainda existem e se os termos e condições relacionadas a derrogação foram cumpridos. A Conferência Ministerial, com base na revisão anual, poderá estender, modificar ou terminar a derrogação.

5. As decisões relativas ao um Acordo de Comércio Plurilateral, incluindo as decisões sobre interpretações e derrogações, serão reguladas pelas disposições daquele Acordo.

ARTIGO X
ALTERAÇÕES

1. Qualquer Membro da OMC poderá propor a alteração das disposições do presente Acordo ou dos Acordos Multilaterais de Comércio no Anexo 1 mediante apresentação de tal proposta a Conferência Ministerial. Os Conselhos listados no parágrafo 5 do Artigo IV poderão também apresentar a Conferência Ministerial propostas de alteração de disposições dos Acordos Multilaterais de Comércio do Anexo 1 cujo funcionamento supervisionam. Exceto se a Conferência Ministerial decidir por período mais longo, no período de 90 dias após a apresentação formal de proposta a Conferência Ministerial, qualquer decisão da Conferência Ministerial de apresentar proposta de alteração aos Membros para sua aceitação deverá ser adotada por consenso. Salvo aplicação do disposto aos parágrafos 2, 5 ou 6, tal decisão da Conferência Ministerial deverá especificar-se se aplicam as disposições dos parágrafos 3 ou 4. Caso se alcance o consenso, a Conferência Ministerial apresentara prontamente a proposta de alteração aos Membros para aceitação. Caso não se alcance consenso na reunião da Conferência Ministerial dentro do período estabelecido, a Conferência Ministerial decidira por maioria de dois terços dos Membros quanto a apresentação da proposta aos Membros para aceitação. Exceto disposto nos parágrafos 2, 5 e 6, as disposições do parágrafo 3 se aplicarão a alteração proposta, a menos que a Conferência Ministerial decida por maioria de três quartos dos Membros que o disposto no parágrafo 4 será aplicado.

2. As alterações das disposições do presente Artigo e das disposições dos seguintes Artigos somente serão efetuadas com a aceitação de todos os Membros:

Artigo IX do presente Acordo;

Artigos I e II do GATT 1994;

Artigo II: 1 do GATS;

Artigo 4 do Acordo sobre TRIPS.

3. As alterações das disposições do presente Acordo, ou dos Acordos Multilaterais de Comércio dos Anexos 1A e 1C, com exceção das listadas nos parágrafos 2 e 6, cuja natureza poderia alterar os direitos e obrigações dos Membros, serão aplicáveis aos Membros que as aceitaram quando da aceitação por dois terços dos Membros e, posteriormente, aos outros Membros que as aceitarem quando de sua aceitação. A Conferência Ministerial poderá decidir por maioria de três quartos dos Membros que qualquer alteração que vigore de acordo com o presente parágrafo e de tal natureza que qualquer Membro que não a tenha aceitado dentro do período especificado pela Conferência Ministerial terá, em todo caso, a liberdade de retirar-se da OMC ou permanecer seu Membro com o consentimento da Conferência Ministerial.

4. Alterações as disposições deste Acordo ou dos Acordos Multilaterais de Comércio dos Anexos 1A e 1C, exceto os listados nos parágrafos 2 e 6, cuja natureza poderia alterar os direitos e obrigações dos Membros, vigorarão para todos os Membros quando de sua aceitação por dois terços dos Membros.

5. Exceto pelo disposto no parágrafo 2 acima, alterações as Partes I, II e III do GATS e dos respectivos anexos vigorarão para os Membros que as aceitaram a partir da aceitação por dois terços dos Membros e, posteriormente, para outros Membros quando de sua aceitação. A Conferência Ministerial poderá decidir por maioria de três quartos dos Membros que qualquer alteração que vigore de acordo com a disposição precedente e de tal natureza que qualquer Membro que não a tenha aceitado dentro do período especificado pela Conferência Ministerial poderá em todo caso retirar-se

da OMC ou permanecer seu Membro com o consentimento da Conferência Ministerial. Alterações das Partes IV, V e VI do GATS e dos respectivos anexos vigorarão para todos os Membros quando de sua aceitação por dois terços dos Membros.

6. A despeito das demais disposições do presente Artigo, alterações ao Acordo de TRIPS que cumpram os requisitos do parágrafo 2 do Artigo 71 daquele Acordo Poderão ser adotadas pela Conferência Ministerial sem outro processo formal de aceitação.

7. Qualquer Membro que aceite uma alteração ao presente Acordo ou a um Acordo Multilateral de Comércio do Anexo 1 deverá depositar um instrumento de aceitação com o Diretor-Geral da OMC dentro do período de aceitação determinado pela Conferência Ministerial.

8. Qualquer Membro da OMC poderá propor a alteração das disposições dos Acordos Multilaterais de Comércio contidos nos Anexos 2 e 3 mediante apresentação de proposta nesse sentido a Conferência Ministerial. A decisão de aprovar as alterações ao Acordo Multilateral de Comércio contido no Anexo 2 deverá ser tomada por consenso e tais alterações vigorarão para todos os Membros quando da aprovação pela Conferência Ministerial. As decisões de aprovar alterações no Anexo 3 vigorarão para todos os Membros quando de sua aprovação pela Conferência Ministerial.

9. A pedido dos Membros partes de um acordo comercial, a Conferência Ministerial poderá decidir exclusivamente por consenso incluir o referido acordo no Anexo 4. A Conferência Ministerial, a pedido dos Membros partes de um Acordo Plurilateral de Comércio, poderá decidir retira-lo do Anexo 4.

10. Alterações de um Acordo Plurilateral de Comércio serão regidas pelas disposições do Acordo em questão.

ARTIGO XI
MEMBRO ORIGINÁRIO

1. Tornar-se-ão Membros originários da OMC as partes contratantes do GATT 1947 na data de entrada em vigor deste Acordo, e as Comunidades Europeias, que aceitam este Acordo e os Acordos Comerciais Multilaterais, cujas Listas de Concessões e Compromissos estejam anexadas ao GATT 1994 e cujas Listas de Compromissos Específicos estejam anexadas ao GATS.

2. Dos países de menor desenvolvimento relativo, assim reconhecidos pelas Nações Unidas, serão requeridos compromissos e concessões apenas na proporção adequada a suas necessidades de desenvolvimento, financeiras e comerciais ou a sua capacidade administrativa e institucional.

ARTIGO XII
ACESSÃO

1. Poderá aceder a este Acordo, nos termos que convencionar com a OMC, qualquer Estado ou território aduaneiro separado que tenha completa autonomia na condução de suas relações comerciais externas e de outros assuntos contemplados neste Acordo e nos Acordos Comerciais Multilaterais. Essa acessão aplica-se a este Acordo e aos Acordos Comerciais Multilaterais a este anexados.

2. A Conferência Ministerial tomará as decisões relativas a acessão. A aprovação pela Conferência Ministerial do acordo sobre os termos de acessão far-se-á por maioria de dois terços dos Membros da OMC.

3. A acessão a um Acordo Comercial Plurilateral reger-se-á pelas disposições daquele referido acordo.

ARTIGO XIII
NÃO APLICAÇÃO DE ACORDOS COMERCIAIS MULTILATERAIS ENTRE MEMBROS ESPECÍFICOS

1. Este Acordo e os Acordos Comerciais Multilaterais dos Anexos 1 e 2 não se aplicarão entre dois Membros quaisquer se qualquer um deles, no momento em que se torna Membro, não aceita sua aplicação.

2. O parágrafo 1 só poderá ser invocado entre Membros originários da OMC que tenham sido partes contratantes do GATT 1947, quando o Artigo XXXV daquele acordo tiver sido invocado anteriormente e tenha estado em vigor entre aquelas partes contratantes no momento da entrada em vigor deste Acordo para elas.

3. O parágrafo 1 só será aplicado entre um Membro e outro que tenha acedido ao amparo do Artigo XII se o Membro que não aceita a aplicação tiver notificado a Conferência Ministerial desse fato antes da aprovação pela Conferência Ministerial do acordo sobre os termos de acessão.

4. A Conferência Ministerial poderá rever a aplicação deste artigo em casos específicos, a pedido de qualquer Membro, e fazer as recomendações apropriadas.

5. A não aplicação de um Acordo Comercial Plurilateral entre partes daquele acordo será disciplinada pelas disposições do acordo.

ARTIGO XIV
ACEITAÇÃO, ENTRADA EM VIGOR E DEPÓSITO

1. Este Acordo estará aberto a aceitação, por assinatura ou outro meio, das partes contratantes do GATT 1947, e das Comunidades Europeias, que sejam elegíveis a se tornarem Membros originais da OMC de acordo com o Artigo XI do mesmo. Tal aceitação se aplicará a este Acordo e aos Acordos Comerciais Multilaterais anexos. Este Acordo e os Acordos Comerciais Multilaterais anexos entrarão em vigor na data determinada pelos Ministros em conformidade com o parágrafo 3 da Ata Final em que se Incorporam os Resultados da Rodada Uruguai de Negociações Comerciais Multilaterais e permanecerão abertos a aceitação por um período de dois anos subsequentes a essa data salvo decisão diferente dos Ministros. Uma aceitação após a entrada em vigor deste Acordo entrara em vigor 30 dias após a data de tal aceitação.

2. Um Membro que aceite este Acordo após sua entrada em vigor implementara as concessões e obrigações contidas nos Acordos Comerciais Multilaterais a serem implementados dentro de um prazo que se inicia com a entrada em vigor do presente Acordo como se tivesse aceitado este Acordo na data de sua entrada em vigor.

3. Até a entrada em vigor deste Acordo, o texto deste Acordo e dos Acordos Comerciais Multilaterais deverão ser depositados com o Diretor-Geral das Partes Contratantes do GATT 1947. O Diretor-Geral deverá fornecer prontamente uma cópia certificada deste Acordo e dos Acordos Comerciais Multilaterais, e uma notificação de cada aceitação dos mesmos, a cada governo e as Comunidades Europeias, que tenham aceito este Acordo. Este Acordo e os Acordos Comerciais Multilaterais, e quaisquer emendas aos mesmos, serão, quando da entrada em vigor da OMC, depositadas junto ao Diretor-Geral da OMC.

4. A aceitação e entrada em vigor de um Acordo Comercial Plurilateral será governado pelas disposições daquele acordo. Tais acordos serão depositados junto ao Diretor-Geral das Partes Contratantes do GATT 1947. Na entrada em vigor deste Acordo, tais acordos serão depositados com o Diretor-Geral da OMC.

ARTIGO XV
RETIRADA

1. Qualquer Membro poderá retirar-se deste Acordo. Tal retirada aplicar-se-a tanto a este Acordo quanto aos Acordos Comerciais Multilaterais e terá efeito ao fim de seis meses contados da data em que for recebida pelo Diretor-Geral da OMC comunicação escrita da retirada.

2. A retirada de um Acordo Comercial Plurilateral será governada pelas disposições daquele acordo.

Outras Disposições:

1. Exceto disposição em contrário no presente Acordo ou nos Acordos Multilaterais de Comércio, a OMC será regulada pelas decisões, procedimentos e praticas costumeiras seguidas pelas Partes Contratantes do GATT 1947 e pelos órgãos estabelecidos no âmbito do GATT 1947.

2. Na medida do praticável, o Secretariado do GATT 1947 tornar-se-á o Secretariado da OMC e o Diretor-Geral das Partes Contratantes do GATT 1947 exercera o cargo de Diretor-Geral da OMC até que a Conferência Ministerial nomeie Diretor-Geral de acordo com o parágrafo 2 do Artigo VI do presente Acordo.

3. Na eventualidade de haver conflito entre uma disposição do presente Acordo e uma disposição de qualquer dos Acordos Multilaterais de Comércio, as disposições do presente Acordo prevalecerão no tocante ao conflito.

4. Todo Membro deverá assegurar a conformidade de suas leis, regulamentos e procedimentos administrativos com as obrigações constantes dos acordos anexos.

5. Não serão feitas reservas em relação a qualquer disposição do presente Acordo. Reservas com relação a qualquer disposição dos Acordos Multilaterais de Comércio somente Poderão ser feitas na medida em que admitidas nos referidos acordos. Reservas com relação a disposições de um Acordo Plurilateral de Comércio serão regidas pelas disposições do acordo pertinente.

6. O presente Acordo será registrado de acordo com o disposto no Artigo 102 da Carta das Nações Unidas.

Feito em Marraqueche no décimo quinto dia do mês de abril de mil novecentos e noventa e quatro, em uma única cópia, nas línguas inglesa, francesa e espanhola, cada texto sendo autêntico.

Notas Explicativas:

Entende-se que os termos "país" e "países", tais como utilizados no presente Acordo e nos Acordos Multilaterais de Comércio, incluem quaisquer territórios aduaneiros autônomos dos Membros da OMC.

No caso de um território aduaneiro autônomo de um Membro da OMC, quando uma expressão no presente Acordo ou nos Acordos Multilaterais de Comércio for qualificada pelo termo "nacional", tal expressão será entendida como pertencente aquele território aduaneiro, salvo especificação em contrário.

LISTA DE ANEXOS

ANEXO 1

ANEXO 1A

Acordos Multilaterais de Comércio de Bens;
Acordo Geral de Tarifas e Comércio de 1994;
Acordo sobre Agricultura;
Acordo sobre Aplicação de Medidas Sanitárias e Fitossanitárias;
Acordo sobre Têxteis e Vestuário;
Acordo sobre Barreiras Técnicas ao Comércio;
Acordo sobre Medidas de Investimento Relacionadas com o Comércio:
Acordo sobre a Implementação do Artigo VI do GATT 1994;
Acordo sobre a Implementação do Artigo VII do GATT 1994;
Acordo sobre Inspeção Pré-Embarque;
Acordo sobre Regras de Origem;
Acordo sobre Procedimentos para o Licenciamento de Importações;
Acordo sobre Subsídios e Medidas Compensatórias;
Acordo sobre Salvaguarda.

ANEXO 1B

Acordo Geral sobre Comércio de Serviços e Anexos.

ANEXO 1C

Acordo sobre Aspectos dos Direitos de Propriedade Intelectual Relacionados ao Comércio.

ANEXO 2

Entendimento Relativo as Normas e Procedimentos sobre Solução de Controvérsias.

ANEXO 3

Mecanismo de Exame de Políticas Comerciais.

ANEXO 4

Acordos de Comércio Plurilaterais;
Acordo sobre Comércio de Aeronaves Civis;
Acordo sobre Compras Governamentais;
Acordo Internacional sobre Produtos Lácteos;
Acordo Internacional sobre Carne Bovina.

ANEXO 2
ENTENDIMENTO RELATIVO AS NORMAS E PROCEDIMENTOS SOBRE SOLUÇÃO DE CONTROVÉRSIAS

Os Membros pelo presente acordam o seguinte:

ARTIGO 1
ÂMBITO E APLICAÇÃO

1. As regras e procedimentos do presente Entendimento se aplicam as controvérsias pleiteadas conforme as disposições sobre consultas e solução de controvérsias dos acordos enumerados no Apêndice 1 do presente Entendimento (denominados no presente Entendimento "acordos abrangidos"). As regras e procedimentos deste Entendimento se aplicam igualmente as consultas e solução de controvérsias entre Membros relativas a seus direitos ou obrigações ao amparo do Acordo Constitutivo da Organização Mundial de Comércio (denominada no presente Entendimento "Acordo Constitutivo da OMC") e do presente Entendimento, considerados isoladamente ou em conjunto com quaisquer dos outros acordos abrangidos.

2. As regras e procedimentos do presente Entendimento se aplicam sem prejuízo das regras e procedimentos especiais ou adicionais sobre solução de controvérsias contidos nos acordos abrangidos, conforme identificadas no Apêndice 2 do presente Entendimento. Havendo discrepância entre as regras e procedimentos do presente Entendimento e as regras e procedimentos especiais ou adicionais constantes do Apêndice 2, prevalecerão as regras e procedimentos especiais ou adicionais constantes do Apêndice 2. Nas controvérsias relativas a normas e procedimentos de mais de um acordo abrangido, caso haja conflito entre as regras e procedimentos especiais ou adicionais dos acordos em questão, e se as partes em controvérsia não chegarem a acordo sobre as normas e procedimentos dentro dos 20 dias seguintes ao estabelecimento do grupo especial, o Presidente do órgão de Solução de Controvérsias previsto no parágrafo 1 do artigo 2 (denominado no presente Entendimento "OSC"), em consulta com as partes envolvidas na controvérsia, determinara, no prazo de 10 dias contados da solicitação de um dos Membros, as normas e os procedimentos a serem aplicados. O Presidente seguira o princípio de que normas e procedimentos especiais ou adicionais devem ser aplicados quando possível, e de que normas e procedimentos definidos neste Entendimento devem ser aplicados na medida necessária para evitar conflito de normas.

ARTIGO 2
ADMINISTRAÇÃO

1. Pelo presente Entendimento estabelece-se o órgão de Solução de Controvérsias para aplicar as presentes normas e procedimentos e as disposições em matéria de consultas e solução de controvérsias dos acordos abrangidos, salvo disposição em contrário de um desses acordos. Consequentemente, o OSC tem competência para estabelecer grupos especiais, acatar relatórios dos grupos especiais e do Órgão de Apelação, supervisionar a aplicação das decisões e recomendações e autorizar a suspensão de concessões e de outras obrigações determinadas pelos acordos abrangidos. Com relação as controvérsias que surjam no âmbito de um acordo dentre os Acordos Comerciais Plurilaterais, entender-se-á que o termo "Membro" utilizado no presente Entendimento se refere apenas aos Membros integrantes do Acordo Comercial Plurilateral em questão. Quando o OSC aplicar as disposições sobre solução de controvérsias de um Acordo Comercial Plurilateral, somente Poderão participar das decisões ou medidas adotadas pelo OSC aqueles Membros que sejam partes do Acordo em questão.

2. O OSC deverá informar os pertinentes Conselhos e Comitês da OMC do andamento das controvérsias relacionadas com disposições de seus respectivos acordos.

3. O OSC se reunirá com a frequência necessária para o desempenho de suas funções dentro dos prazos estabelecidos pelo presente Entendimento.

4. Nos casos em que as normas e procedimentos do presente Entendimento estabeleçam que o OSC deve tomar uma decisão tal procedimento será por consenso.

‣ Considerar-se-á que o OSC decidiu por consenso matéria submetida a sua consideração quando nenhum Membro presente a reunião do OSC na qual a decisão foi adotada a ela se opuser formalmente.

ARTIGO 3
DISPOSIÇÕES GERAIS

1. Os Membros afirmam sua adesão aos princípios de solução de controvérsias aplicados até o momento com base nos artigos XXII e XXIII do GATT 1947 e ao procedimento elaborado e modificado pelo presente instrumento.

2. O sistema de solução de controvérsias da OMC e elemento essencial para trazer segurança e previsibilidade ao sistema multilateral de Comércio. Os Membros reconhecem que esse sistema e útil para preservar direitos e obrigações dos Membros dentro dos parâmetros dos acordos abrangidos e para esclarecer as disposições vigentes dos referidos acordos em conformidade com as normas correntes de interpretação do direito internacional público. As recomendações e decisões do OSC não Poderão promover o aumento ou a diminuição dos direitos e obrigações definidos nos acordos abrangidos.

3. E essencial para o funcionamento eficaz da OMC e para a manutenção de equilíbrio adequado entre os direitos e as obrigações dos Membros a pronta solução das situações em que um Membro considere que quaisquer benefícios resultantes, direta ou indiretamente, dos acordos abrangidos tenham sofrido restrições por medidas adotadas por outro Membro.

4. As recomendações ou decisões formuladas pelo OSC terão por objetivo encontrar solução satisfatória para a matéria em questão, de acordo com os direitos e obrigações emanados pelo presente Entendimento e pelos acordos abrangidos.

5. Todas as soluções das questões formalmente pleiteadas ao amparo das disposições sobre consultas e solução de controvérsias, incluindo os laudos arbitrais, deverão ser compatíveis com aqueles acordos e não deverão anular ou prejudicar os benefícios de qualquer Membro em virtude daqueles acordos, nem impedir a consecução de qualquer objetivo daqueles acordos.

6. As soluções mutuamente acordadas das questões formalmente pleiteadas ao amparo das disposições sobre consultas e solução de controvérsias dos acordos abrangidos serão notificadas ao OSC e aos Conselhos e Comitês correspondentes, onde qualquer Membro poderá levantar tópicos a elas relacionadas.

7. Antes de apresentar uma reclamação, os Membros avaliarão a utilidade de atuar com base nos presentes procedimentos.

O objetivo do mecanismo de solução de controvérsias e garantir uma solução positiva para as controvérsias.

Deverá ser sempre dada preferência a solução mutuamente aceitável para as partes em controvérsia e que esteja em conformidade com os acordos abrangidos. Na impossibilidade de uma solução mutuamente acordada, o primeiro objetivo do mecanismo de solução de controvérsias será geralmente o de conseguir a supressão das medidas de que se trata, caso se verifique que estas são incompatíveis com as disposições de qualquer dos acordos abrangidos. Não se deverá recorrer a compensação a não ser nos casos em que não seja factível a supressão imediata das medidas incompatíveis com o acordo abrangido e como solução provisória até a supressão dessas medidas. O último recurso previsto no presente Entendimento para o Membro que invoque os procedimentos de solução de controvérsias e a possibilidade de suspender, de maneira discriminatória contra o outro Membro, a aplicação de concessões ou o cumprimento de outras obrigações no âmbito dos acordos abrangidos, caso o OSC autorize a adoção de tais medidas.

8. Nos casos de não cumprimento de obrigações contraídas em virtude de um acordo abrangido, presume-se que a medida constitua um caso de anulação ou de restrição. Isso significa que normalmente existe a presunção de que toda transgressão das normas produz efeitos desfavoráveis para outros Membros que sejam partes do acordo abrangido, e

em tais casos a prova em contrário caberá ao Membro contra o qual foi apresentada a reclamação.

9. As disposições do presente Entendimento não prejudicarão o direito dos Membros de buscar interpretação autorizada das disposições de um acordo abrangido através das decisões adotadas em conformidade com o Acordo Constitutivo da OMC ou um acordo abrangido que seja um Acordo Comercial Plurilateral.

10. Fica entendido que as solicitações de conciliação e a utilização dos procedimentos de solução de controvérsias não deverão ser intentados nem considerados como ações contenciosas e que, ao surgir uma controvérsia, todos os Membros participarão do processo com boa-fé e esforçando-se para resolvê-la. Fica ainda entendido que não deverá haver vinculação entre reclamações e contrarreclamações relativas a assuntos diferentes.

11. O presente Entendimento se aplicará unicamente as novas solicitações de consultas apresentadas conforme as disposições sobre consulta dos acordos abrangidos na data da entrada em vigor do Acordo Constitutivo da OMC ou posteriormente a essa data. Com relação as controvérsias cujas solicitações de consultas tenham sido feitas baseadas no GATT 1947 ou em qualquer outro acordo anterior aos acordos abrangidos antes da data de entrada em vigor do Acordo Constitutivo da OMC, continuarão sendo aplicadas as normas e procedimentos de solução de controvérsias vigentes imediatamente antes da data de entrada em vigor do Acordo Constitutivo da OMC.

▸ Este parágrafo será igualmente aplicado as controvérsias cujos relatórios dos grupos especiais não tenham sido adotados ou aplicados plenamente.

12. Sem prejuízo das disposições do parágrafo 11, se um pais em desenvolvimento Membro apresenta contra um país desenvolvido Membro uma reclamação baseada em qualquer dos acordos abrangidos, a parte reclamante terá o direito de se valer das disposições correspondentes da Decisão de 05 de abril de 1966 (BISD 14S/20), como alternativa às disposições contidos nos Artigos 4, 5, 6 e 12 do presente Entendimento, com a exceção de que, quando o Grupo Especial julgar que o prazo previsto no parágrafo 7 da referida Decisão for insuficiente para elaboração de seu relatório e com aprovação da parte reclamante, esse prazo poderá ser prorrogado. Quando houver diferenças entre normas e procedimentos dos Artigos 4, 5, 6 e 12 e as normas e procedimentos correspondentes da Decisão, prevalecerão estes últimos.

ARTIGO 4
CONSULTAS

1. Os Membros afirmam sua determinação de fortalecer e aperfeiçoar a eficácia dos procedimentos de consulta utilizados pelos Membros.

2. Cada Membro se compromete a examinar com compreensão a argumentação apresentada por outro Membro e a conceder oportunidade adequada para consulta com relação a medidas adotadas dentro de seu território que afetem o funcionamento de qualquer acordo abrangido.

▸ Quando as disposições de qualquer outro acordo abrangido relativos a medidas adotadas por governos ou autoridades regionais ou locais dentro do território de um Membro forem diferentes dos previstos neste parágrafo, prevalecerão as disposições do acordo abrangido.

3. Quando a solicitação de consultas for formulada com base em um acordo abrangido, o Membro ao qual a solicitação for dirigida deverá respondê-la, salvo se mutuamente acordado de outro modo, dentro de um prazo de 10 dias contados a partir da data de recebimento da solicitação, e deverá de boa-fé proceder a consultas dentro de um prazo não superior a 30 dias contados a partir da data de recebimento da solicitação, com o objetivo de chegar a uma solução mutuamente satisfatória. Se o Membro não responder dentro do prazo de 10 dias contados a partir da data de recebimento da solicitação, ou não proceder as consultas dentro de prazo não superior a 30 dias, ou dentro de outro prazo mutuamente acordado contado a partir da data de recebimento da solicitação, o Membro que houver solicitado as consultas poderá proceder diretamente a solicitação de estabelecimento de um grupo especial.

4. Todas as solicitações de consultas deverão ser notificadas ao OSC e aos Conselhos e Comitês pertinentes pelo Membro que as solicite. Todas as solicitações de consultas deverão ser apresentadas por escrito e deverão conter as razões que as fundamentam, incluindo indicação das medidas controversas e do embasamento legal em que se fundamenta a reclamação.

5. Durante as consultas realizadas em conformidade com as disposições de um acordo abrangido, os Membros procurarão obter uma solução satisfatória da questão antes de recorrer a outras medidas previstas no presente Entendimento.

6. As consultas deverão ser confidenciais e sem prejuízo dos direitos de qualquer Membro em quaisquer procedimentos posteriores.

7. Se as consultas não produzirem a solução de uma controvérsia no prazo de 60 dias contados a partir da data de recebimento da solicitação, a parte reclamante poderá requerer o estabelecimento de um grupo especial. A parte reclamante poderá requerer o estabelecimento de um grupo especial dentro do referido prazo de 60 dias se as partes envolvidas na consulta considerarem conjuntamente que as consultas não produziram solução da controvérsia.

8. Nos casos de urgência, incluindo aqueles que envolvem bens perecíveis, os Membros iniciarão as consultas dentro de prazo não superior a 10 dias contados da data de recebimento da solicitação. Se as consultas não produzirem solução da controvérsia dentro de prazo não superior a 20 dias contados da data de recebimento da solicitação, a parte reclamante poderá requerer o estabelecimento de um grupo especial.

9. Em casos de urgência, incluindo aqueles que envolvem bens perecíveis, as partes em controvérsia, os grupos especiais e o Órgão de Apelação deverão envidar todos os esforços possíveis para acelerar ao máximo os procedimentos.

10. Durante as consultas os Membros deverão dar atenção especial aos problemas e interesses específicos dos países em desenvolvimento Membros.

11. Quando um Membro não participante das consultas considerar que tem interesse comercial substancial nas consultas baseadas no parágrafo 1 do Artigo XXII do GATT 1994, parágrafo 1 do Artigo XXII do GATS, ou nas disposições pertinentes de outros acordos abrangidos, tal Membro poderá notificar os Membros participantes da consulta e o OSC, dentro de um prazo de 10 dias contados da data da distribuição da solicitação de consultas baseadas em tal Artigo, de seu desejo de integrar-se as mesmas. Tal Membro deverá associar-se as consultas desde que o Membro ao qual a solicitação de consultas foi encaminhada entenda que a pretensão de interesse substancial tenha fundamento. Nesse caso, o OSC deverá ser devidamente informado. Se a requisição para participação das consultas não for aceita, o Membro requerente poderá solicitar consultas com base no parágrafo 1 do Artigo XXII ou parágrafo 1 do Artigo XXIII do GATT 1994, parágrafo 1 do Artigo XXII ou parágrafo 1 do Artigo XXIII do GATS, ou nas disposições pertinentes dos acordos abrangidos.

▸ Enumeram-se, a seguir, as disposições pertinentes em matéria de consultas de acordos abrangidos: Acordo sobre Agricultura, Artigo 19; Acordo sobre Aplicação de Medidas, parágrafo 1 do Artigo 11; Acordo sobre Têxteis e Vestuário, parágrafo 4 do Artigo 8; Acordo sobre Barreiras Técnicas ao Comércio, parágrafo 1 do Artigo 14; Acordo sobre Medidas de Investimento Relacionadas com o Comércio, Artigo 8; Acordo sobre a Implementação do Artigo VI do GATT 1994, parágrafo 2 do Artigo 17; Acordo sobre a Implementação do Artigo VII do GATT 1994, parágrafo 2 do Artigo 19; Acordo sobre Inspeção Pré-Embarque, Artigo 7; Acordo sobre Regras de Origem, Artigo 7; Acordo sobre Licenças de Importação, Artigo 6; Acordo sobre Subsídios e Medidas Compensatórias, Artigo 30; Acordo sobre Salvaguardas, Artigo 14; Acordo sobre Aspectos de Direito de Propriedade Intelectual Relacionados com o Comércio, parágrafo 1 do Artigo 64; e as disposições pertinentes em matéria de consultas dos Acordos Comerciais Plurilaterais que os órgãos pertinentes de cada acordo determinem e notifiquem ao OSC.

ARTIGO 5
BONS OFÍCIOS, CONCILIAÇÃO E MEDIAÇÃO

1. Bons ofícios, conciliação e mediação são procedimentos adotados voluntariamente se as partes na controvérsia assim acordarem.

2. As diligencias relativas aos bons ofícios, a conciliação e a mediação, e em especial as posições adotadas durante as mesmas pelas partes envolvidas nas controvérsias, deverão ser confidenciais e sem prejuízo dos direitos de quaisquer das partes em diligencias posteriores baseadas nestes procedimentos.

3. Bons ofícios, conciliação ou mediação Poderão ser solicitados a qualquer tempo por qualquer das partes envolvidas na controvérsia. Poderão iniciar-se ou encerrar-se a qualquer tempo. Uma vez terminados os procedimentos de bons ofícios, conciliação ou mediação, a parte reclamante poderá requerer o estabelecimento de um grupo especial.

4. Quando bons ofícios, conciliação ou mediação se iniciarem dentro de 60 dias contados da data de recebimento da solicitação, a parte reclamante não poderá requerer o estabelecimento de um grupo especial antes de transcorrido o prazo de 60 dias a partir da data de recebimento da solicitação de consultas. A parte reclamante poderá solicitar o estabelecimento de um grupo especial no correr do prazo de 60 dias se as partes envolvidas na controvérsia considerarem de comum acordo que os bons ofícios, a conciliação e a mediação não foram suficientes para solucionar a controvérsia.

5. Se as partes envolvidas na controvérsia concordarem, os procedimentos para bons ofícios, conciliação e mediação poderão continuar enquanto prosseguirem os procedimentos do grupo especial.

6. O Diretor-Geral, atuando ex officio, poderá oferecer seus bons ofícios, conciliação ou mediação com o objetivo de auxiliar os Membros a resolver uma controvérsia.

ARTIGO 6
ESTABELECIMENTO
DE GRUPOS ESPECIAIS

1. Se a parte reclamante assim o solicitar, um grupo especial será estabelecido no mais tardar na reunião do OSC seguinte aquela em que a solicitação aparece pela primeira vez como item da agenda do OSC, a menos que nessa reunião o OSC decida por consenso não estabelecer o grupo especial.

- Se a parte reclamante assim solicitar, uma reunião do OSC será convocada com tal objetivo dentro dos quinze dias seguintes ao pedido, sempre que se de aviso com antecedência mínima de 10 dias.

2. Os pedidos de estabelecimento de grupo especial deverão ser formulados por escrito. Deverão indicar se foram realizadas consultas, identificar as medidas em controvérsia e fornecer uma breve exposição do embasamento legal da reclamação, suficiente para apresentar o problema com clareza. Caso a parte reclamante solicite o estabelecimento do grupo especial com termos de referência diferentes dos termos padrão, o pedido escrito deverá incluir sugestão de texto para os termos de referência especiais.

ARTIGO 7
TERMOS DE REFERÊNCIA DOS
GRUPOS ESPECIAIS

1. Os termos de referência dos grupos especiais serão os seguintes, a menos que as partes envolvidas na controvérsia acordem diferentemente dentro do prazo de 20 dias a partir da data de estabelecimento do grupo especial:
"Examinar, à luz das disposições pertinentes no (indicar o(s) acordo(s) abrangido(s) citado(s) pelas partes em controvérsia), a questão submetida ao OSC por (nome da parte) no documento ... e estabelecer conclusões que auxiliem o OSC a fazer recomendações ou emitir decisões previstas naquele(s) acordo(s)."

2. Os grupos especiais deverão considerar as disposições relevantes de todo acordo ou acordos abrangidos invocados pelas partes envolvidas na controvérsia.

3. Ao estabelecer um grupo especial, o OSC poderá autorizar seu Presidente a redigir os termos de referência do grupo especial com a colaboração das partes envolvidas na controvérsia, de acordo com as disposições do parágrafo 1. Os termos de referência assim redigidos serão distribuídos a todos os Membros. Caso os termos de referência sejam diferentes do padrão, qualquer Membro poderá levantar qualquer ponto a ele relativo no OSC.

ARTIGO 8
COMPOSIÇÃO DOS
GRUPOS ESPECIAIS

1. Os grupos especiais serão compostos por pessoas qualificadas, funcionários governamentais ou não, incluindo aquelas que tenham integrado um grupo especial ou a ele apresentado uma argumentação, que tenham atuado como representantes de um Membro ou de uma parte contratante do GATT 1947 ou como representante no Conselho ou Comitê de qualquer acordo abrangido ou do respectivo acordo precedente, ou que tenha atuado no Secretariado, exercido atividade docente ou publicado trabalhos sobre direito ou Política comercial internacional, ou que tenha sido alto funcionário na área de Política comercial de um dos Membros.

2. Os membros dos grupos especiais deverão ser escolhidos de modo a assegurar a independência dos membros, suficiente diversidade de formações e largo espectro de experiências.

3. Os nacionais de Membros cujos governos sejam parte na controvérsia ou terceiras partes, conforme definido no parágrafo 2 do Artigo 10, não atuarão no grupo especial que trate dessa controvérsia, a menos que as partes acordem diferentemente.

- Caso uma união aduaneira ou um mercado comum seja parte em uma controvérsia, esta disposição se aplicará aos nacionais de todos os países-membros da união aduaneira ou do mercado comum.

4. Para auxiliar na escolha dos integrantes dos grupos especiais, o Secretariado manterá uma lista indicativa de pessoas, funcionários governamentais ou não, que reúnem as condições indicadas no parágrafo 1, da qual os integrantes dos grupos especiais Poderão ser selecionados adequadamente. Esta lista incluirá a relação de peritos não governamentais elaborada em 30 de novembro de 1984 (BISD 31S/9), e outras relações ou listas indicativas elaboradas em virtude de qualquer acordo abrangido, e manterá os nomes dos peritos que figurem naquelas relações e listas indicativas na data de entrada em vigor do Acordo Constitutivo da OMC. Os Membros Poderão periodicamente sugerir nomes de pessoas, funcionários governamentais ou não, a serem incluídos na lista indicativa, fornecendo informação substantiva sobre seu conhecimento de Comércio internacional e dos setores ou temas dos acordos abrangidos, e tais nomes serão acrescentados a lista após aprovação pelo OSC. Para cada pessoa que figure na lista, serão indicadas suas áreas especificas de experiência ou competência técnica nos setores ou temas dos acordos abrangidos.

5. Os grupos especiais serão compostos por três integrantes a menos que, dentro do prazo de 10 dias a partir de seu estabelecimento, as partes em controvérsia concordem em compor um grupo especial com cinco integrantes. Os Membros deverão ser prontamente informados da composição do grupo especial.

6. O Secretariado proporá as partes em controvérsia candidatos a integrantes do grupo especial. As partes não deverão se opor a tais candidaturas a não ser por motivos imperiosos.

7. Se não houver acordo quanto aos integrantes do grupo especial dentro de 20 dias após seu estabelecimento, o Diretor-Geral, a pedido de qualquer das partes, em consulta com o Presidente do OSC e o Presidente do Conselho ou Comitê pertinente, determinará a composição do grupo especial, e nomeará os integrantes mais apropriados segundo as normas e procedimentos especiais ou adicionais do acordo abrangido ou dos acordos abrangidos de que trate a controvérsia, após consulta com as partes em controvérsia.

8. Os Membros deverão comprometer-se, como regra geral, a permitir que seus funcionários integrem os grupos especiais.

9. Os integrantes dos grupos especiais deverão atuar a título pessoal e não como representantes de governos ou de uma organização. Assim sendo, os Membros não lhes fornecerão instruções nem procurarão influenciá-los com relação aos assuntos submetidos ao grupo especial.

10. Quando a controvérsia envolver um pais em desenvolvimento Membro e um pais desenvolvido Membro, o grupo especial deverá, se o pais em desenvolvimento Membro solicitar, incluir ao menos um integrante de um pais em desenvolvimento Membro.

11. As despesas dos integrantes dos grupos especiais, incluindo viagens e diárias, serão cobertas pelo orçamento da OMC, de acordo com critérios a serem adotados pelo Conselho Geral, baseados nas recomendações do Comitê de Orçamento, Finanças e Administração.

ARTIGO 9
PROCEDIMENTO PARA PLURALIDADE
DE PARTES RECLAMANTES

1. Quando mais de um Membro solicitar o estabelecimento de um grupo especial com relação a uma mesma questão, um único grupo especial deverá ser estabelecido para examinar as reclamações, levando em conta os direitos de todos os Membros interessados. Sempre que possível, um único grupo especial deverá ser estabelecido para examinar tais reclamações.

2. O grupo especial único deverá proceder a seus exames da questão e apresentar suas conclusões ao OSC de maneira a não prejudicar os direitos que caberiam as partes em controvérsia se as reclamações tivessem sido examinadas por vários grupos especiais. Se houver solicitação de uma das partes, o grupo especial deverá apresentar relatórios separados sobre a controvérsia examinada. As comunicações escritas de cada parte reclamante deverão estar a disposição das outras partes, e cada parte reclamante deverá ter direito de estar presente quando qualquer outra parte apresentar sua argumentação ao grupo especial.

3. No caso de ser estabelecido mais de um grupo especial para examinar reclamações relativas ao mesmo tema, na medida do possível as mesmas pessoas integrarão cada um dos grupos especiais e os calendários dos trabalhos dos grupos especiais que tratam dessas controvérsias deverão ser harmonizados.

ARTIGO 10
TERCEIROS

1. Os interesses das partes em controvérsia e os dos demais Membros decorrentes do acordo abrangido ao qual se refira a controvérsia deverão ser integralmente levados em consideração no correr dos trabalhos dos grupos especiais.

2. Todo Membro que tenha interesse concreto em um assunto submetido a um grupo especial e que tenha notificado esse interesse ao OSC (denominado no presente Entendimento "terceiro") terá oportunidade de ser ouvido pelo grupo especial e de apresentar-lhe comunicações escritas. Estas comunicações serão também fornecidas as partes em controvérsia e constarão do relatório do grupo especial.

3. Os terceiros receberão as comunicações das partes em controvérsia apresentadas ao grupo especial em sua primeira reunião.

4. Se um terceiro considerar que uma medida já tratada por um grupo especial anula ou prejudica benefícios a ele advindos de qualquer acordo abrangido, o referido Membro poderá recorrer aos procedimentos normais de solução de controvérsias definidos no presente Entendimento. Tal controvérsia deverá, onde possível, ser submetida ao grupo especial que tenha inicialmente tratado do assunto.

ARTIGO 11
FUNÇÃO DOS GRUPOS ESPECIAIS

A função de um grupo especial e auxiliar o OSC a desempenhar as obrigações que lhe são atribuídas por este Entendimento e pelos acordos abrangidos. Consequentemente, um grupo especial deverá fazer uma avaliação objetiva do assunto que lhe seja submetido, incluindo uma avaliação objetiva dos fatos, da aplicabilidade e concordância com os acordos abrangidos pertinentes, e formular conclusões que auxiliem o OSC a fazer recomendações ou emitir decisões previstas nos acordos abrangidos. Os grupos especiais deverão regularmente realizar consultas com as partes envolvidas na controvérsia e propiciar-lhes oportunidade para encontrar solução mutuamente satisfatória.

ARTIGO 12
PROCEDIMENTO DOS GRUPOS ESPECIAIS

1. Os grupos especiais seguirão os Procedimentos de Trabalho do Apêndice 3, salvo decisão em contrário do grupo especial após consulta com as partes em controvérsia.

2. Os procedimentos do grupo especial deverão ser suficientemente flexíveis para assegurar a qualidade de seus relatórios, sem atrasar indevidamente os trabalhos do grupo especial.

3. Os integrantes do grupo especial deverão, após consultar as partes em controvérsia, o quanto antes e se possível dentro da semana seguinte em que sejam acordados a composição e os termos de referência do grupo especial, estabelecer um calendário para seus trabalhos, considerando as disposições do parágrafo 9 do Artigo 4, se pertinente.

4. Ao determinar o calendário para seus trabalhos, o grupo especial deverá estipular prazos suficientes para que as partes em controvérsia preparem suas argumentações escritas.

5. Os grupos especiais deverão definir prazos exatos para que as partes apresentem suas argumentações escritas e as partes deverão respeitar tais prazos.

6. Cada parte em controvérsia deverá consignar suas argumentações escritas ao Secretariado para transmissão imediata ao grupo especial e a outra parte ou as outras partes em controvérsia. A parte reclamante deverá apresentar sua primeira argumentação antes da primeira argumentação da parte demandada, salvo se o grupo especial decidir, ao estabelecer o calendário previsto no parágrafo 3 e após consultar as partes em controvérsia, que as partes deverão apresentar suas argumentações simultaneamente. Quando se houver decidido pela consignação sucessiva das primeiras argumentações, o grupo especial deverá fixar um prazo rígido para recebimento das argumentações da parte demandada. Quaisquer argumentações escritas posteriores deverão ser apresentadas simultaneamente.

7. Nos casos em que as partes envolvidas na controvérsia não consigam encontrar uma solução mutuamente satisfatória, o grupo especial deverá apresentar suas conclusões em forma de relatório escrito ao OSC. Em tais casos, o relatório do grupo especial deverá expor as verificações de fatos, a aplicabilidade de disposições pertinentes e o arrazoado em que se baseiam suas decisões e recomendações. Quando se chegar a uma solução da questão controversa entre as partes, o relatório do grupo especial se limitara a uma breve descrição do caso, com indicação de que a solução foi encontrada.

8. Com o objetivo de tornar o procedimento mais eficaz, o prazo para o trabalho do grupo especial, desde a data na qual seu estabelecimento e termos de referência tenham sido acordados até a data em que seu relatório final tenha sido divulgado para as partes em controvérsia, não deverá, como regra geral, exceder a seis meses. Em casos de urgência, incluídos aqueles que tratem de bens perecíveis, o grupo especial deverá procurar divulgar seu relatório para as partes em controvérsia dentro de três meses.

9. Quando o grupo especial considerar que não poderá divulgar seu relatório dentro de seis meses, ou dentro de três meses em casos de urgência, deverá informar por escrito ao OSC as razões do atraso juntamente com uma estimativa do prazo em que procedera a divulgação do relatório. O período de tempo entre o estabelecimento do grupo especial e a divulgação do relatório para os Membros não poderá, em caso algum, exceder a nove meses.

10. No âmbito de consultas envolvendo medidas tomadas por um pais em desenvolvimento Membro, as partes poderão acordar a extensão dos prazos definidos nos parágrafos 7 e 8 do Artigo 4. Se, após expiração do prazo concernente, as partes em consulta não acordarem com a sua conclusão, o Presidente do OSC deverá decidir, após consultar as partes, se o prazo concernente será prorrogado e, em caso positivo, por quanto tempo. Ademais, ao examinar uma reclamação contra um pais em desenvolvimento Membro, o grupo especial deverá proporcionar tempo bastante para que o pais em desenvolvimento Membro prepare e apresente sua argumentação. As disposições do parágrafo 1 do Artigo 20 e parágrafo 4 do Artigo 21 não serão afetadas por nenhuma ação decorrente deste parágrafo.

11. Quando uma ou mais das partes for um pais em desenvolvimento Membro, o relatório do grupo especial indicara explicitamente a maneira pela qual foram levadas em conta as disposições pertinentes ao tratamento diferenciado e mais favorável para países em desenvolvimento Membros que façam parte dos acordos abrangidos invocados pelo pais em desenvolvimento Membros no curso dos trabalhos de solução de controvérsias.

12. O grupo especial poderá suspender seu trabalho a qualquer tempo a pedido da parte reclamante por período não superior a doze meses. Ocorrendo tal suspensão, os prazos fixados nos parágrafos 8 e 9 deste Artigo, parágrafo 1 do Artigo 20, e parágrafo 4 do Artigo 21 deverão ser prorrogados pela mesma extensão de tempo em que forem suspensos os trabalhos. Se o trabalho do grupo especial tiver sido suspenso por mais de 12 meses, a autoridade para estabelecer o grupo especial caducara.

ARTIGO 13
DIREITO À BUSCA DE INFORMAÇÃO

1. Todo grupo especial terá direito de recorrer a informação e ao assessoramento técnico de qualquer pessoa ou entidade que considere conveniente. Contudo, antes de procurar informação ou assessoramento técnico de pessoa ou entidade submetida a jurisdição de um Membro o grupo especial deverá informar as autoridades de tal Membro. O Membro deverá dar resposta rápida e completa a toda solicitação de informação que um grupo especial considere necessária e pertinente. A informação confidencial fornecida não será divulgada sem autorização formal da pessoa, entidade ou autoridade que a proporcionou.

2. Os grupos especiais Poderão buscar informação em qualquer fonte relevante e Poderão consultar peritos para obter sua opinião sobre determinados aspectos de uma questão. Com relação a um aspecto concreto de uma questão de caráter científico ou técnico trazido a controvérsia por uma parte, o grupo especial poderá requerer um relatório escrito a um grupo consultivo de peritos. As normas para estabelecimento de tal grupo e seus procedimentos constam do Apêndice 4.

ARTIGO 14
CONFIDENCIALIDADE

1. As deliberações do grupo especial serão confidenciais.

2. Os relatórios dos grupos especiais serão redigidos sem a presença das partes em controvérsia, a luz das informações fornecidas e das argumentações apresentadas.

3. As opiniões individuais dos integrantes do grupo especial consignadas em seu relatório serão anônimas.

ARTIGO 15
ETAPA INTERMEDIÁRIA DE EXAME

1. Após consideração das réplicas e apresentações orais, o grupo especial distribuirá os capítulos expositivos (fatos e argumentações) de esboço de seu relatório para as partes em controvérsia. Dentro de um prazo fixado pelo grupo especial, as partes apresentarão seus comentários por escrito.

2. Expirado o prazo estabelecido para recebimento dos comentários das partes, o grupo especial distribuirá as partes um relatório provisório, nele incluindo tanto os capítulos descritivos quanto as determinações e conclusões do grupo especial. Dentro de um prazo fixado pelo grupo especial, qualquer das partes poderá apresentar por escrito solicitação para que o grupo especial reveja aspectos específicos do relatório provisório antes da distribuição do relatório definitivo aos Membros. A pedido de uma parte, o grupo especial poderá reunir-se novamente com as partes para tratar de itens apontados nos comentários escritos. No caso de não serem recebidos comentários de nenhuma das partes dentro do prazo previsto para tal fim, o relatório provisório será considerado relatório final e será prontamente distribuído aos Membros.

3. As conclusões do relatório final do grupo especial incluirão uma analise dos argumentos apresentados na etapa intermediária de exame. Esta etapa deverá ocorrer dentro do prazo estabelecido no parágrafo 8 do Artigo 12.

ARTIGO 16
ADOÇÃO DE RELATÓRIOS DOS GRUPOS ESPECIAIS

1. A fim de que os Membros disponham de tempo suficiente para examinar os relatórios dos grupos especiais, tais relatórios não serão examinados para efeito de aceitação pelo OSC até 20 dias após a data de distribuição aos Membros.

2. Os Membros que opuserem alguma objeção ao relatório do grupo especial deverão apresentar por escrito razões explicativas de suas objeções para serem distribuídas ao menos 10 dias antes da reunião do OSC na qual o relatório do grupo especial será examinado.

3. As partes em controvérsia deverão ter direito de participar plenamente do exame do relatório do grupo especial feito pelo OSC, e suas opiniões serão integralmente registradas.

4. Dentro dos 60 dias seguintes a data de distribuição de um relatório de um grupo especial a seus Membros, o relatório será adotado em uma reunião do OSC a menos que uma das partes na controvérsia notifique formalmente ao OSC de sua decisão de apelar ou que o OSC decida por consenso não adotar o relatório. Se uma parte notificar sua decisão de apelar, o relatório do grupo especial não deverá ser considerado para efeito de adoção pelo OSC até que seja concluído o processo de apelação. O referido procedimento de adoção não prejudicara o direito dos Membros de

expressar suas opiniões sobre o relatório do grupo especial.

‣ Se não houver uma reunião do OSC prevista dentro desse período em data que permita cumprimento das disposições dos parágrafos 1 e 4 do Artigo 16, será realizada uma reunião do OSC para tal fim.

ARTIGO 17
APELAÇÃO ÓRGÃO PERMANENTE DE APELAÇÃO

1. O OSC constituirá um Órgão Permanente de Apelação, que receberá as apelações das decisões dos grupos especiais. Será composto por sete pessoas, três das quais atuarão em cada caso. Os integrantes do Órgão de Apelação atuarão em alternância. Tal alternância deverá ser determinada pelos procedimentos do Órgão de Apelação.

2. O OSC nomeara os integrantes do Órgão de Apelação para períodos de quatro anos, e poderá renovar por uma vez o mandato de cada um dos integrantes. Contudo, os mandatos de três das sete pessoas nomeadas imediatamente após a entrada em vigor do Acordo Constitutivo da OMC, que serão escolhidas por sorteio, expirara ao final de dois anos. As vagas serão preenchidas a medida que forem sendo abertas. A pessoa nomeada para substituir outra cujo mandato não tenha expirado exercera o cargo durante o período que reste até a conclusão do referido mandato.

3. O Órgão de Apelação será composto de pessoas de reconhecida competência, com experiência comprovada em direito, Comércio internacional e nos assuntos tratados pelos acordos abrangidos em geral. Tais pessoas não deverão ter vínculos com nenhum governo. A composição do Órgão de Apelação deverá ser largamente representativa da composição da OMC. Todas as pessoas integrantes do Órgão de Apelação deverão estar disponíveis permanentemente e em breve espaço de tempo, e deverão manter-se a par das atividades de solução de controvérsias e das demais atividades pertinentes da OMC. Não deverão participar do exame de quaisquer controvérsias que possam gerar conflito de interesses direto ou indireto.

4. Apenas as partes em controvérsia, excluindo-se terceiros interessados, Poderão recorrer do relatório do grupo especial. Terceiros interessados que tenham notificado o OSC sobre interesse substancial consoante o parágrafo 2 do Artigo 10 Poderão apresentar comunicações escritas ao Órgão de Apelação e Poderão ser por ele ouvidos.

5. Como regra geral, o procedimento não deverá exceder 60 dias contados a partir da data em que uma parte em controvérsia notifique formalmente sua decisão de apelar até a data em que o Órgão de Apelação distribua seu relatório. Ao determinar seu calendário, o Órgão de Apelação deverá levar em conta as disposições do parágrafo 9 do Artigo 4, se pertinente. Quando o Órgão de Apelação entender que não poderá apresentar seu relatório em 60 dias, deverá informar por escrito ao OSC das razões do atraso, juntamente com uma estimativa do prazo dentro do qual poderá concluir o relatório. Em caso algum o procedimento poderá exceder a 90 dias.

6. A apelação deverá limitar-se as questões de direito tratadas pelo relatório do grupo especial e as interpretações jurídicas por ele formuladas.

7. O Órgão de Apelação deverá receber a necessária assistência administrativa e legal.

8. As despesas dos integrantes do Órgão de Apelação, incluindo gastos de viagem e diárias, serão cobertas pelo orçamento da OMC de acordo com critérios a serem adotados pelo Conselho Geral, baseado em recomendações do Comitê de Orçamento, Finanças e Administração.

Procedimentos de Apelação

9. O Órgão de Apelação, em consulta com o Presidente do OSC e com o Diretor-Geral, fixara seus procedimentos de trabalho e os comunicara aos Membros para informação.

10. Os trabalhos do Órgão de Apelação serão confidenciais. Os relatórios do Órgão de Apelação serão redigidos sem a presença das partes em controvérsia e a luz das informações recebidas e das declarações apresentadas.

11. As opiniões expressas no relatório do Órgão de Apelação por seus integrantes serão anônimas.

12. O Órgão de Apelação examinará cada uma das questões pleiteadas em conformidade com o parágrafo 6 durante o procedimento de apelação.

13. O Órgão de Apelação poderá confirmar, modificar ou revogar as conclusões e decisões jurídicas do grupo especial.

Adoção do Relatório do Órgão de Apelação

14. Os relatórios do Órgão de Apelação serão adotados pelo OSC e aceitos sem restrições pelas partes em controvérsia a menos que o OSC decida por consenso não adotar o relatório do Órgão de Apelação dentro do prazo de 30 dias contados a partir da sua distribuição aos Membros. Este procedimento de adoção não prejudicara o direito dos Membros de expor suas opiniões sobre o relatório do Órgão de Apelação.

‣ Caso não esteja prevista reunião do OSC durante esse período, será realizada uma reunião do OSC para tal fim.

ARTIGO 18
COMUNICAÇÕES COM O GRUPO ESPECIAL OU O ÓRGÃO DE APELAÇÃO

1. Não haverá comunicação ex parte com o grupo especial ou com o Órgão de Apelação com relação a assuntos submetidos a consideração do grupo especial ou do Órgão de Apelação.

2. As comunicações escritas com o grupo especial ou com o Órgão de Apelação deverão ser tratadas com confidencialidade, mas deverão estar a disposição das partes em controvérsia. Nenhuma das disposições do presente Entendimento deverá impedir uma das partes em controvérsia de públicar suas próprias posições. Os Membros deverão considerar confidenciais as informações fornecidas por outro Membro ao grupo especial ou ao Órgão de Apelação para as quais o referido Membro tenha dado a classificação de confidencial. Uma parte em controvérsia deverá, a pedido de um Membro, fornecer um resumo não confidencial das informações contidas em sua comunicação escrita que possa ser tornado público.

ARTIGO 19
RECOMENDAÇÕES DOS GRUPOS ESPECIAIS E DO ÓRGÃO DE APELAÇÃO

1. Quando um grupo especial ou o Órgão de Apelação concluir que uma medida e incompatível com um acordo abrangido, deverá recomendar que o Membro interessado torne a medida compatível com o acordo. Além de suas recomendações, o grupo especial ou o Órgão de Apelação poderá sugerir a maneira pela qual o Membro interessado poderá implementar as recomendações.

‣ O "Membro interessado" e a parte em controvérsia a qual serão dirigidas as recomendações do grupo especial ou do Órgão de Apelação.

‣ Com relação as recomendações nos casos em que não haja infração das disposições do GATT 1994 nem de nenhum outro acordo abrangido, v. Artigo 26.

2. De acordo com o parágrafo 2 do Artigo 3, as conclusões e recomendações do grupo especial e do Órgão de Apelação não Poderão ampliar ou diminuir os direitos e obrigações derivados dos acordos abrangidos.

ARTIGO 20
CALENDÁRIO DAS DECISÕES DO OSC

Salvo acordado diferentemente pelas partes em controvérsia, o período compreendido entre a data de estabelecimento do grupo especial pelo OSC e a data em que o OSC examinar a adoção do relatório do grupo especial ou do órgão de apelação não deverá, como regra geral, exceder nove meses quando o relatório do grupo especial não sofrer apelação ou 12 meses quando houver apelação. Se o grupo especial ou o Órgão de Apelação, com base no parágrafo 9 do Artigo 12 ou parágrafo 5 do Artigo 17, decidirem pela prorrogação do prazo de entrega de seus relatórios, o prazo adicional será acrescentado aos períodos acima mencionados.

ARTIGO 21
SUPERVISÃO DA APLICAÇÃO DAS RECOMENDAÇÕES E DECISÕES

1. O pronto cumprimento das recomendações e decisões do OSC e fundamental para assegurar a efetiva solução das controvérsias, em beneficio de todos os Membros.

2. As questões que envolvam interesses de países em desenvolvimento Membros deverão receber atenção especial no que tange as medidas que tenham sido objeto da solução de controvérsias.

3. Em reunião do OSC celebrada dentro de 30 dias após a data de adoção do relatório do grupo especial ou do Órgão de Apelação, o membro interessado deverá informar ao OSC suas intenções com relação a implementação das decisões e recomendações do OSC. Se for impossível a aplicação imediata das recomendações e decisões, o Membro interessado deverá para tanto dispor de prazo razoável. O prazo razoável deverá ser:

‣ Caso não esteja prevista reunião do OSC durante esse período, será realizada uma reunião do OSC para tal fim.

(a) o prazo proposto pelo Membro interessado, desde que tal prazo seja aprovado pelo OSC; ou, não havendo tal aprovação;

(b) um prazo mutuamente acordado pelas partes em controvérsia dentro de 45 dias a partir da data de adoção das recomendações e decisões ; ou, não havendo tal acordo;

(c) um prazo determinado mediante arbitragem compulsória dentro de 90 dias após a data de adoção das recomendações e decisões. Em tal arbitragem, uma diretriz para o árbitro será a de que o prazo razoável para implementar as recomendações do grupo especial ou do órgão de Apelação não deverá exceder a 15 meses da data de adoção do relatório do grupo especial ou do Órgão de Apelação. Contudo, tal prazo poderá ser maior ou menor, dependendo das circunstâncias particulares.

‣ Caso as partes não cheguem a consenso para indicação de um árbitro nos 10 dias seguintes a submissão da questão a arbitragem, o árbitro será designado pelo Diretor-Geral em prazo de 10 dias, após consulta com as partes.

‣ Entende-se pela expressão "árbitro" tanto uma pessoa quanto um grupo de pessoas.

4. A não ser nos casos em que o grupo especial ou o Órgão de Apelação tenham prorrogado o prazo de entrega de seu relatório com base no parágrafo 9 do Artigo 12 ou no parágrafo 5 do Artigo 17, o período compreendido entre a data da estabelecimento do grupo especial pelo OSC e a data de determinação do prazo razoável não deverá exceder a 15 meses, salvo se as partes acordarem diferentemente. Quando um grupo especial ou o Órgão de Apelação prorrogarem o prazo de entrega de seu relatório, o prazo adicional deverá ser acrescentado ao período de 15 meses; desde que o prazo total não seja superior a 18 meses, a menos que as partes em controvérsia convenham em considerar as circunstâncias excepcionais.

5. Em caso de desacordo quanto a existência de medidas destinadas a cumprir as recomendações e decisões ou quanto à compatibilidade de tais medidas com um acordo abrangido, tal desacordo se resolvera conforme os presentes procedimentos de solução de controvérsias, com intervenção, sempre que possível, do grupo especial que tenha atuado inicialmente na questão. O grupo especial deverá distribuir seu relatório dentro de 90 dias após a data em que a questão lhe for submetida. Quando o grupo especial considerar que não poderá cumprir tal prazo, deverá informar por escrito ao OSC as razões para o atraso e fornecer uma nova estimativa de prazo para entrega de seu relatório.

6. O OSC deverá manter sob vigilância a aplicação das recomendações e decisões. A questão da implementação das recomendações e decisões poderá ser arguida por qualquer Membro junto ao OSC em qualquer momento após sua adoção. Salvo decisão em contrário do OSC, a questão da implementação das recomendações e decisões deverá ser incluída na agenda da reunião do OSC seis meses após a data da definição do prazo razoável conforme o parágrafo 3 e deverá permanecer na agenda do OSC até que seja resolvida. Ao menos 10 dias antes de cada reunião, o Membro interessado deverá fornecer ao OSC relatório escrito do andamento da implementação das recomendações e decisões .

7. Se a questão tiver sido levantada por pais em desenvolvimento Membro, o OSC deverá considerar quais as outras providências que seriam adequadas as circunstâncias.

8. Se o caso tiver sido submetido por pais em desenvolvimento Membro, ao considerar a providência adequada a ser tomada o OSC deverá levar em consideração não apenas o alcance comercial das medidas em discussão mas também seu impacto na economia dos países em desenvolvimento Membros interessados.

ARTIGO 22
COMPENSAÇÃO E SUSPENSÃO DE CONCESSÕES

1. A compensação e a suspensão de concessões ou de outras obrigações são medidas temporárias disponíveis no caso de as recomendações e decisões não serem implementadas dentro de prazo razoável. No entanto, nem a compensação nem a suspensão de concessões ou de outras obrigações é preferível à total implementação de uma recomendação com o objetivo de adaptar uma medida a um acordo abrangido. A compensação e voluntaria e, se concedida, deverá ser compatível com os acordos abrangidos.

2. Se o Membro afetado não adaptar a um acordo abrangido a medida considerada incompatível ou não cumprir de outro modo as recomendações e decisões adotadas dentro do prazo razoável determinado conforme o parágrafo 3 do Artigo 21, tal Membro deverá, se assim for solicitado, e em período não superior a expiração do prazo razoável, entabular Negociações com quaisquer das partes que hajam recorrido ao procedimento de solução de controvérsias, tendo em vista a fixação de compensações mutuamente satisfatórias. Se dentro dos 20 dias seguintes a data de expiração do prazo razoável não se houver acordado uma compensação satisfatória, quaisquer das partes que hajam recorrido ao procedimento de solução de controvérsias poderá solicitar autorização do OSC para suspender a aplicação de concessões ou de outras obrigações decorrentes dos acordos abrangidos ao Membro interessado.

3. Ao considerar quais concessões ou outras obrigações serão suspensas, a parte reclamante aplicará os seguintes princípios e procedimentos:

(a) o princípio geral e o de que a parte reclamante deverá procurar primeiramente suspender concessões ou outras obrigações relativas ao(s) mesmo(s) setor(es) em que o grupo especial ou Órgão de Apelação haja constatado uma infração ou outra anulação ou prejuízo;

(b) se a parte considera impraticável ou ineficaz a suspensão de concessões ou outras obrigações relativas ao(s) mesmo(s) setor(es), poderá procurar suspender concessões ou outras obrigações em outros setores abarcados pelo mesmo acordo abrangido;

(c) se a parte considera que e impraticável ou ineficaz suspender concessões ou outras obrigações relativas a outros setores abarcados pelo mesmo acordo abrangido, e que as circunstâncias são suficientemente graves, poderá procurar suspender concessões ou outras obrigações abarcadas por outro acordo abrangido;

(d) ao aplicar os princípios acima, a parte deverá levar em consideração:

(i) o Comércio no setor ou regido pelo acordo em que o grupo especial ou Órgão de Apelação tenha constatado uma violação ou outra anulação ou prejuízo, e a importância que tal Comércio tenha para a parte;

(ii) os elementos econômicos mais gerais relacionados com a anulação ou prejuízo e as consequências econômicas mais gerais da suspensão de concessões ou outras obrigações;

(e) se a parte decidir solicitar autorização para suspender concessões ou outras obrigações em virtude do disposto nos subparágrafos (b) ou (c), deverá indicar em seu pedido as razões que a fundamentam. O pedido deverá ser enviado simultaneamente ao OSC e aos Conselhos correspondentes e também aos órgãos setoriais correspondentes, em caso de pedido baseado no subparágrafo (b);

(f) para efeito do presente parágrafo, entende-se por "setor":

(i) no que se refere a bens, todos os bens;

(ii) no que se refere a serviços, um setor principal dentre os que figuram na versão atual da "Lista de Classificação Setorial dos Serviços" que identifica tais setores;

‣ Na lista integrante do documento MTN. GNG/W/120 são identificados onze setores.

(iii) no que concerne a direitos de propriedade intelectual relacionados com o Comércio, quaisquer das categorias de direito de propriedade intelectual compreendidas nas seções 1, 2, 3, 4, 5, 6 ou 7 da Parte II, ou as obrigações da Parte III ou da Parte IV do Acordo sobre TRIPS;

(g) para efeito do presente parágrafo, entende-se por "acordo":

(i) no que se refere a bens, os acordos enumerados no Anexo 1A do Acordo Constitutivo da OMC, tomados em conjunto, bem como os Acordos Comerciais Plurilaterais na medida em que as partes em controvérsia sejam partes nesses acordos;

(ii) no que concerne a serviços, o GATS;

(iii) no que concerne a direitos de propriedade intelectual, o Acordo sobre TRIPS.

4. O grau da suspensão de concessões ou outras obrigações autorizado pelo OSC deverá ser equivalente ao grau de anulação ou prejuízo.

5. O OSC não deverá autorizar a suspensão de concessões ou outras obrigações se o acordo abrangido proíbe tal suspensão.

6. Quando ocorrer a situação descrita no parágrafo 2, o OSC, a pedido, poderá conceder autorização para suspender concessões ou outras obrigações dentro de 30 dias seguintes a expiração do prazo razoável, salvo se o OSC decidir por consenso rejeitar o pedido. No entanto, se o Membro afetado impugnar o grau da suspensão proposto, ou sustentar que não foram observados os princípios e procedimentos estabelecidos no parágrafo 3, no caso de uma parte reclamante haver solicitado autorização para suspender concessões ou outras obrigações com base no disposto nos parágrafos 3 (b) ou 3 (c), a questão será submetida a arbitragem. A arbitragem deverá ser efetuada pelo grupo especial que inicialmente tratou do assunto, se os membros estiverem disponíveis, ou por um árbitro designado pelo Diretor-Geral, e deverá ser completada dentro de 60 dias após a data de expiração do prazo razoável. As concessões e outras obrigações não deverão ser suspensas durante o curso da arbitragem.

‣ Entende-se pela expressão "árbitro" indistintamente uma pessoa ou um grupo de pessoas.

7. O árbitro que atuar conforme o parágrafo 6 não deverá examinar a natureza das concessões ou das outras obrigações a serem suspensas, mas deverá determinar se o grau de tal suspensão e equivalente ao grau de anulação ou prejuízo. O árbitro poderá ainda determinar se a proposta de suspensão de concessões ou outras obrigações e autorizada pelo acordo abrangido. No entanto, se a questão submetida a arbitragem inclui a reclamação de que não foram observados os princípios e procedimentos definidos pelo parágrafo 3, o árbitro deverá examinar a reclamação. No caso de o árbitro determinar que aqueles princípios e procedimentos não foram observados, a parte reclamante os aplicará conforme o disposto no parágrafo 3. As partes deverão aceitar a decisão do árbitro como definitiva e as partes envolvidas não deverão procurar

uma segunda arbitragem. O OSC deverá ser prontamente informado da decisão do árbitro e deverá, se solicitado, outorgar autorização para a suspensão de concessões ou outras obrigações quando a solicitação estiver conforme a decisão do árbitro, salvo se o OSC decidir por consenso rejeitar a solicitação.

› Entende-se pela expressão "árbitro" indistintamente uma pessoa, um grupo de pessoas ou os membros do grupo especial que inicialmente tratou do assunto, se atuarem na qualidade de árbitros.

8. A suspensão de concessões ou outras obrigações deverá ser temporária e vigorar até que a medida considerada incompatível com um acordo abrangido tenha sido suprimida, ou até que o Membro que deva implementar as recomendações e decisões forneça uma solução para a anulação ou prejuízo dos benefícios, ou até que uma solução mutuamente satisfatória seja encontrada. De acordo com o estabelecido no parágrafo 6 do Artigo 21, o OSC deverá manter sob supervisão a implementação das recomendações e decisões adotadas, incluindo os casos nos quais compensações foram efetuadas ou concessões ou outras obrigações tenham sido suspensas mas não tenham sido aplicadas as recomendações de adaptar uma medida aos acordos abrangidos.

9. As disposições de solução de controvérsias dos acordos abrangidos Poderão ser invocadas com respeito as medidas que afetem sua observância, tomadas por governos locais ou regionais ou por autoridades dentro do território de um Membro. Quando o OSC tiver decidido que uma disposição de um acordo abrangido não foi observada, o Membro responsável deverá tomar as medidas necessárias que estejam a seu alcance para garantir sua observância. Nos casos em que tal observância não tenha sido assegurada, serão aplicadas as disposições dos acordos abrangidos e do presente Entendimento relativas a compensação e a suspensão de concessões e outras obrigações.

› Quando as disposições de qualquer acordo abrangido relativas as medidas adotadas pelos governos ou autoridades regionais ou locais dentro do território de um Membro forem diferentes das enunciadas no presente parágrafo, prevalecerão as disposições do acordo abrangido.

ARTIGO 23
FORTALECIMENTO DO SISTEMA MULTILATERAL

1. Ao procurar reparar o não cumprimento de obrigações ou outro tipo de anulação ou prejuízo de benefícios resultantes de acordos abrangidos ou um impedimento a obtenção de quaisquer dos objetivos de um acordo abrangido, os Membros deverão recorrer e acatar as normas e procedimentos do presente Entendimento.

2. Em tais casos, os Membros deverão:

(a) não fazer determinação de que tenha ocorrido infração, de que benefícios tenham sido anulados ou prejudicados ou de que o cumprimento de quaisquer dos objetivos de um acordo abrangido tenha sido dificultado, salvo através do exercício da solução de controvérsias segundo as normas e procedimentos do presente Entendimento, e deverão fazer tal determinação consoante as conclusões contidas no relatório do grupo especial ou do Órgão de Apelação adotado pelo OSC ou em um laudo arbitral elaborado segundo este Entendimento;

(b) seguir os procedimentos definidos no Artigo 21 para determinar o prazo razoável para que o Membro interessado implemente as recomendações e decisões ; e

(c) observar os procedimentos definidos no Artigo 22 para determinar o grau de suspensão de concessões ou outras obrigações e obter autorização do OSC, conforme aqueles procedimentos, antes de suspender concessões ou outras obrigações resultantes dos acordos abrangidos como resposta a não implementação, por parte do Membro interessado, das recomendações e decisões dentro daquele prazo razoável.

ARTIGO 24
PROCEDIMENTO ESPECIAL PARA CASOS ENVOLVENDO PAÍSES DE MENOR DESENVOLVIMENTO RELATIVO MEMBROS

1. Em todas as etapas da determinação das causas de uma controvérsia ou dos procedimentos de uma solução de controvérsias de casos que envolvam um pais de menor desenvolvimento relativo Membro, deverá ser dada atenção especial a situação particular do pais de menor desenvolvimento relativo Membro. Neste sentido, os Membros exercerão a devida moderação ao submeter a estes procedimentos matérias envolvendo um pais de menor desenvolvimento relativo Membro. Se for verificada anulação ou prejuízo em consequência de medida adotada por país de menor desenvolvimento relativo Membro, as partes reclamantes deverão exercer a devida moderação ao pleitear compensações ou solicitar autorização para suspensão da aplicação de concessões ou outras obrigações nos termos destes procedimentos.

2. Quando, nos casos de solução de controvérsias que envolvam um pais de menor desenvolvimento relativo Membro, não for encontrada solução satisfatória no correr das consultas realizadas, o Diretor-Geral ou o Presidente do OSC deverão, a pedido do pais de menor desenvolvimento Membro, oferecer seus bons ofícios, conciliação ou mediação com o objetivo de auxiliar as partes a solucionar a controvérsia antes do estabelecimento de um grupo especial. Para prestar a assistência mencionada, o Diretor-Geral ou o Presidente do OSC Poderão consultar qualquer fonte que considerem apropriada.

ARTIGO 25
ARBITRAGEM

1. Um procedimento rápido de arbitragem na OMC como meio alternativo de solução de controvérsias pode facilitar a resolução de algumas controvérsias que tenham por objeto questões claramente definidas por ambas as partes.

2. Salvo disposição em contrário deste Entendimento, o recurso a arbitragem estará sujeito a acordo mútuo entre as partes, que acordarão quanto ao procedimento a ser seguido. Os acordos de recurso a arbitragem deverão ser notificados a todos os Membros com suficiente antecedência ao efetivo inicio do processo de arbitragem.

3. Outros Membros Poderão ser parte no procedimento de arbitragem somente com o consentimento das partes que tenham convencionado recorrer a arbitragem. As partes acordarão submeter-se ao laudo arbitral. Os laudos arbitrais serão comunicados ao OSC e ao Conselho ou Comitê dos acordos pertinentes, onde qualquer Membro poderá questionar qualquer assunto a eles relacionados.

4. Os Artigos 21 e 22 do presente Entendimento serão aplicados mutatis mutantis aos laudos arbitrais.

ARTIGO 26
RECLAMAÇÕES DE NÃO VIOLAÇÃO DO TIPO DESCRITO NO PARÁGRAFO 1(B) DO ARTIGO XXIII DO GATT 1994

1. Quando as disposições do parágrafo 1(b) do Artigo XXIII do GATT 1994 forem aplicáveis a um acordo abrangido, os grupos especiais ou o Órgão de Apelação somente Poderão decidir ou fazer recomendações se uma das partes em controvérsia considera que um beneficio resultante direta ou indiretamente do acordo abrangido pertinente está sendo anulado ou prejudicado ou que o cumprimento de um dos objetivos do Acordo esta sendo dificultado em consequência da aplicação de alguma medida por um Membro, ocorrendo ou não conflito com as disposições daquele Acordo. Quando e na medida em que tal parte considere, e um grupo especial ou Órgão de Apelação determine, que um caso trate de medida que não seja contraditória com as disposições de um acordo abrangido ao qual as disposições do parágrafo 1(b) do Artigo XXIII do GATT 1994 sejam aplicáveis, deverão ser aplicados os procedimentos previstos no presente Entendimento, observando-se o seguinte:

(a) a parte reclamante deverá apresentar justificativa detalhada em apoio a qualquer reclamação relativa a medida que não seja conflitante com o acordo abrangido relevante;

(b) quando se considerar que uma medida anula ou restringe benefícios resultantes do acordo abrangido pertinente, ou que compromete a realização dos objetivos de tal acordo, sem infração de suas disposições, não haverá obrigação de revogar essa medida. No entanto, em tais casos, o grupo especial ou Órgão de Apelação deverá recomendar que o Membro interessado faca um ajuste mutuamente satisfatório;

(c) não obstante o disposto no Artigo 21, a arbitragem prevista no parágrafo 3 do Artigo 21 poderá incluir, a pedido de qualquer das partes, a determinação do grau dos benefícios anulados ou prejudicados e poderá também sugerir meios e maneiras de se atingir um ajuste mutuamente satisfatório; tais sugestões não deverão ser compulsórias para as parte em controvérsia;

(d) não obstante o disposto no parágrafo 1 do Artigo 22, a compensação poderá fazer parte de um ajuste mutuamente satisfatório como solução final para a controvérsia.

2. Reclamações do Tipo Descrito no Parágrafo 1(c) do Artigo XXIII do GATT 1994

Quando as disposições do parágrafo 1(c) do Artigo XXIII do GATT 1994 forem aplicáveis a um acordo abrangido, o grupo especial apenas poderá formular recomendações e decisões quando uma parte considerar que um beneficio resultante direta ou indiretamente do acordo abrangido pertinente tenha sido anulado ou prejudicado ou que o cumprimento de um dos objetivos de tal acordo tenha sido comprometido em consequência de uma situação diferente daquelas as quais são aplicáveis as disposições dos parágrafos 1(a) e 1(b) do Artigo XXIII do GATT 1994.

Quando e na medida em que essa parte considere, e um grupo especial determine, que a questão inclui-se neste parágrafo, os procedimentos deste Entendimento serão aplicados unicamente até o momento do processo em que o relatório do grupo especial seja distribuído aos Membros. Serão aplicáveis as normas e procedimentos de solução de controvérsias contidos na Decisão de 12 de abril de 1989 (BISD 36S/61-67) quando da consideração para adoção e supervisão e implementação de recomendações e decisões . Será também aplicável o seguinte:

(a) a parte reclamante deverá apresentar justificativa detalhada como base de qualquer argumentação a respeito de questões tratadas no presente parágrafo;

(b) nos casos que envolvam questões tratadas pelo presente parágrafo, se um grupo especial decidir que tais casos também se referem a outras questões relativas a solução de controvérsias Além daquelas previstas neste parágrafo, o grupo especial deverá fornecer ao OSC um relatório encaminhando tais questões e um relatório separado sobre os assuntos compreendidos no âmbito de aplicação do presente parágrafo.

ARTIGO 27
RESPONSABILIDADES DO SECRETARIADO

1. O Secretariado terá a responsabilidade de prestar assistência aos grupos especiais, em especial nos aspectos jurídicos, históricos e de procedimento dos assuntos tratados, e de fornecer apoio técnico e de secretaria.

2. Ainda que o Secretariado preste assistência com relação a solução de controvérsias aos Membros que assim o solicitem, poderá ser também necessário fornecer assessoria e assistência jurídicas adicionais com relação a solução de controvérsias aos países em desenvolvimento Membros. Para tal fim, o Secretariado colocara a disposição de qualquer pais em desenvolvimento Membro que assim o solicitar um perito legal qualificado dos serviços de cooperação técnica da OMC. Este perito deverá auxiliar o pais em desenvolvimento Membro de maneira a garantir a constante imparcialidade do Secretariado.

3. O Secretariado deverá organizar, para os Membros interessados, cursos especiais de treinamento sobre estes procedimentos e praticas de solução de controvérsias a fim de que os especialistas dos Membros estejam melhor informados sobre o assunto.

APÊNDICE 1
ACORDOS ABRANGIDOS PELO ENTENDIMENTO

A) Acordo Constitutivo da Organização Mundial do Comércio

B) Acordos Comerciais Multilaterais

Anexo 1A: Acordos Multilaterais sobre o Comércio de Mercadorias

Anexo 1B: Acordo geral sobre o Comércio de Serviços

Anexo 1C: Acordo sobre Aspectos de Direito de Propriedade Intelectual Relacionados com o Comércio

Anexo 2: Entendimento Relativo as Normas e Procedimentos sobre Solução de Controvérsias

C) Acordos Comerciais Plurilaterais

Anexo 4: Acordo sobre o Comércio de Aeronaves Civis

Acordo sobre Compras Governamentais

Acordo Internacional de Produtos Lácteos

Acordo Internacional de Carne Bovina

A aplicação do presente Entendimento aos Acordos Comerciais Plurilaterais dependera da adoção, pelas partes do acordo em questão, de uma decisão na qual se estabeleçam as condições de aplicação do Entendimento ao referido acordo, com inclusão das possíveis normas ou procedimentos especiais ou adicionais para fins de sua inclusão no Apêndice 2, conforme notificado ao OSC.

APÊNDICE 2
NORMAS E PROCEDIMENTOS ESPECIAIS OU ADICIONAIS CONTIDOS NOS ACORDOS ABRANGIDOS

Acordo Normas e Procedimentos

Acordo sobre a Aplicação de Medidas Sanitárias e Fitossanitárias 11.2

Acordo sobre Têxteis e Vestuário 2.14, 2.21, 4.4, 5.2, 5.4, 5.6, 6.9, 6.11, 8.1 a 8.12

Acordo sobre Barreiras Técnicas ao Comércio 14.2 a 14.4, Anexo 2

Acordo sobre a Implementação do Artigo VI do GATT 1994 17.4 a 17.7

Acordo sobre a Implementação do Artigo VII do GATT 1994 19.3 a 19.5, Anexo II.2(f) 3, 9, 21

Acordo sobre Subsídios e Medidas Compensatórias 4.2 a 4.12, 6.6, 7.2 a 7.10, 8.5, nota 35, 24.4, 27.7,

ANEXO V

Acordo Geral sobre o Comércio de Serviços XXII:3, XXIII:3

Anexo sobre Serviços Financeiros 4

Anexo sobre Serviços de Transporte Aéreo 4

Decisão Relativa a Certos Procedimentos de Solução de Controvérsias para o GATS 1 a 5

A lista de normas e procedimentos deste Apêndice inclui disposições das quais apenas uma parte pode ser pertinente a este contexto.

Quaisquer regras ou procedimentos especiais ou adicionais dos Acordos Comerciais Plurilaterais conforme determinado pelos órgãos competentes de cada acordo e notificado ao OSC.

APÊNDICE 3
PROCEDIMENTOS DE TRABALHO

1. Em seus procedimentos os grupos especiais deverão observar as disposições pertinentes do presente Entendimento. Ademais, deverão ser aplicados os seguintes procedimentos.

2. O grupo especial deverá deliberar em reuniões fechadas. As partes em controvérsia e as partes interessadas deverão estar presentes as reuniões apenas quando convidadas a comparecer pelo grupo especial.

3. As deliberações do grupo especial e os documentos submetidos a sua consideração deverão ter caráter confidencial. Nenhuma das disposições do presente Entendimento deverá impedir a uma parte em controvérsia de tornar públicas as suas posições. Os Membros deverão considerar confidencial a informação fornecida ao grupo especial por outro Membro quando este a houver considerado como tal. Quando uma parte em controvérsia fornecer uma versão confidencial de suas argumentações escritas ao grupo especial, também deverá fornecer, a pedido de um Membro, um resumo não confidencial da informação contida nessas argumentações que possa ser tornado público.

4. Antes da primeira reunião substantiva do grupo especial com as partes, estas deverão apresentar ao grupo especial argumentações escritas nas quais relatem os fatos em questão e seus respectivos argumentos.

5. Na primeira reunião substantiva com as partes, o grupo especial deverá solicitar a parte que interpôs a reclamação que apresente suas argumentações. Em seguida, ainda na mesma reunião, a parte contraria deverá expor suas posições.

6. Todas as terceiras partes interessadas que tenham notificado ao OSC seu interesse na controvérsia deverão ser convidadas por escrito a apresentar suas opiniões durante a primeira reunião substantiva em sessão especial destinada a essa finalidade. Todas as terceiras partes Poderão estar presentes a totalidade desta sessão.

7. As réplicas formais deverão ser apresentadas em uma segunda reunião substantiva do grupo especial. A parte demandada deverá ter direito a palavra em primeiro lugar, sendo seguida pela parte reclamante. Antes da reunião, as partes deverão fornecer ao grupo especial suas réplicas por escrito.

8. O grupo especial poderá a todo momento formular perguntas as partes e pedir-lhes explicações, seja durante um reunião com elas, seja por escrito.

9. As partes em controvérsia e qualquer terceira parte convidada a expor suas opiniões de acordo com o Artigo 10 deverá colocar a disposição do grupo especial uma versão escrita de suas argumentações orais.

10. No interesse de total transparência, as exposições, réplicas e argumentações citadas nos parágrafos 5 a 9 deverão ser feitas em presença das partes. Além disso, cada comunicação escrita das partes, inclusive quaisquer comentários sobre aspectos expositivos do relatório e as respostas as questões do grupo especial, deverão ser colocadas a disposição da outra parte ou partes.

11. Quaisquer procedimentos adicionais específicos do grupo especial.

12. Proposta de calendário para os trabalhos do grupo especial:

(a) Recebimento das primeiras argumentações escritas das partes:

(1) da parte reclamante 3 a 6 semanas

(2) da parte demandada 2 a 3 semanas

(b) Data, hora e local da primeira reunião substantiva com as partes; sessão destinada a terceiras partes:

1 a 2 semanas

(c) Recebimento das réplicas escritas: 2 a 3 semanas

(d) Data, hora e local da segunda reunião substantiva com as partes: 1 a 2 semanas

(e) Distribuição da parte expositiva do relatório as partes: 2 a 4 semanas

(f) Recebimento de comentários das partes sobre a parte expositiva do relatório: 2 semanas

(g) Distribuição as partes de relatório provisório, inclusive verificações e decisões : 2 a 4 semanas

(h) Prazo final para a parte solicitar exame de parte(s) do relatório: 1 semana

(i) Período de revisão pelo grupo especial, inclusive possível nova reunião com as partes: 2 semanas

(j) Distribuição do relatório definitivo as partes em controvérsia: 2 semanas

(k) Distribuição do relatório definitivo aos Membros: 3 semanas

O calendário acima poderá ser alterado a luz de acontecimentos imprevistos. Se necessário, deverão ser programadas reuniões adicionais com as partes.

APÊNDICE 4
GRUPO CONSULTIVO DE PERITOS

As regras e procedimentos seguintes serão aplicados aos grupos consultivos de peritos estabelecidos consoante as disposições do parágrafo 2 do Artigo 13.

1. Os grupos consultivos de peritos estão sob a autoridade de um grupo especial, ao qual deverão se reportar. Os termos de referência e os pormenores do procedimento de trabalho dos grupos consultivos serão decididos pelo grupo especial.

2. A participação nos grupos consultivos de peritos deverá ser exclusiva das pessoas de destaque profissional e experiência no assunto tratado.

3. Cidadãos dos países partes em uma controvérsia não deverão integrar um grupo consultivo de peritos sem a anuência conjunta das partes em controvérsia, salvo em situações excepcionais em que o grupo especial considere impossível atender de outro modo a necessidade de conhecimentos científicos especializados. Não Poderão integrar um grupo consultivo de peritos os funcionários governamentais das partes em controvérsia. Os membros de um grupo consultivo de peritos deverão atuar a titulo de suas capacidades individuais e não como representantes de governo ou de qualquer organização. Portanto, governos e organizações não deverão dar-lhes instruções com relação aos assuntos submetidos ao grupo consultivo de peritos.

4. Os grupos consultivos de peritos Poderão fazer consultas e buscar informações e assessoramento técnico em qualquer fonte que considerem apropriada. Antes de buscar informação ou assessoria de fonte submetida a jurisdição de um Membro, deverão informar ao governo de tal Membro. Todo Membro deverá atender imediata e completamente a qualquer solicitação de informação que um grupo consultivo de peritos considere necessária e apropriada.

5. As partes em controvérsia deverão ter acesso a toda informação pertinente fornecida a um grupo consultivo de peritos, a menos que tenha caráter confidencial. Informação confidencial fornecida ao grupo consultivo de peritos não deverá ser divulgada sem autorização do governo, organização ou pessoa que a forneceu. Quando tal informação for solicitada pelo grupo consultivo de peritos e este não seja autorizado a divulgá-la, um resumo não confidencial da informação será fornecido pelo governo, organização ou pessoa que a forneceu.

6. O grupo consultivo de peritos fornecera um relatório provisório as partes em controvérsia, com vistas a recolher seus comentários e a leva-los em consideração, se pertinentes, no relatório final, que deverá ser divulgado as partes em controvérsia quando for apresentado ao grupo especial. O relatório final do grupo consultivo de peritos deverá ter caráter meramente consultivo.

▸ Optamos, nesta edição, pela não publicação dos Anexos 1, 3 e 4.

DECRETO N. 1.899, DE 9 DE MAIO DE 1996

Promulga a Convenção Interamericana sobre Cartas Rogatórias, de 30 de janeiro de 1975.

CONVENÇÃO INTERAMERICANA SOBRE CARTAS ROGATÓRIAS

▸ Realizada na Cidade do Panamá, República do Panamá, no dia 30.01.1975.

Os Governos dos Estados-Membros da Organização dos Estados Americanos desejosos de concluir uma convenção sobre cartas rogatórias, convieram no seguinte:

I - EMPREGO DE EXPRESSÕES

ARTIGO 1

Para os efeitos desta Convenção as expressões "exhortos" ou "cartas rogatorias" são empregadas como sinônimos no texto em espanhol. As expressões "cartas rogatórias", *commissions rogatoires* e *letters rogatory*, empregadas nos textos em português, francês e inglês, respectivamente, compreendem tanto os "exhortos" como as "cartas rogatórias".

II - ALCANCE DA CONVENÇÃO

ARTIGO 2

Esta Convenção aplicar-se-á às cartas rogatórias expedidas em processos relativos a matéria civil ou comercial pelas autoridades judiciárias de um dos Estados-Partes nesta Convenção e que tenham por objeto:

a) a realização de atos processuais de mera tramitação, tais como notificações, citações ou emprazamentos no exterior;

b) o recebimento e obtenção de provas e informações no exterior, salvo reserva expressa a tal respeito.

ARTIGO 3

Esta Convenção não se aplicará a nenhuma carta rogatória relativa a atos processuais outros que não os mencionados no artigo anterior; em especial, não se aplicará àqueles que impliquem execução coativa.

III - TRANSMISSÃO DE CARTAS ROGATÓRIAS

ARTIGO 4

As cartas rogatórias poderão ser transmitidas às autoridades requeridas pé las próprias partes interessadas, por via judicial, por intermédio dos funcionário consulares ou agentes diplomáticos ou pela autoridade central do Estado requerente ou requerido, conforme o caso.

Cada Estado-Parte informará a Secretaria-Geral da Organização dos Estado Americanos sobre qual é a autoridade central competente para receber e distribuir cartas rogatórias.

IV - REQUISITOS PARA O CUMPRIMENTO

ARTIGO 5

As cartas rogatórias serão cumpridas nos Estados-Partes desde que reunam os seguintes requisitos:

a) que a carta rogatória esteja legalizada, salvo o disposto nos artigos 6 e 7 desta Convenção. Presumir-se-á que a carta rogatória está devidamente legalizada no Estado requerente quando o houver sido por funcionário consular ou agente diplomático competente;

b) que a carta rogatória e a documentação anexa estejam devidamente traduzidas para o idioma oficial do Estado requerido.

ARTIGO 6

Quando as cartas rogatórias forem transmitidas por via consular ou diplomática, ou por intermédio da autoridade central, será desnecessário o requisito da legalização.

ARTIGO 7

As autoridades judiciárias das zonas fronteiriças dos Estados-Partes poderão dar cumprimento, de forma direta, sem necessidade de legalização, às cartas rogatórias previstas nesta Convenção.

ARTIGO 8

As cartas rogatórias deverão ser acompanhadas dos documentos a serem entregues ao citado, notificado ou emprazado e que serão:

a) cópia autenticada da petição inicial e seus anexos e dos documentos ou decisões que sirvam de fundamento à diligencia solicitada;

b) informação escrita sobre qual é a autoridade judiciária requerente, os prazos de que dispõe para agir a pessoa afetada e as advertências que lhe faça a referida autoridade sobre as consequências que adviriam de sua inércia;

c) quando for o caso, informação sobre a existência e domicílio de defensor de ofício ou de sociedade de assistência jurídica competente no Estado requerente.

ARTIGO 9

O cumprimento de cartas rogatórias não implicará em caráter definitivo o reconhecimento da competência da autoridade judiciária requerente nem o compromisso de reconhecer a validade ou de proceder à execução da sentença que por ela venha a ser proferida.

V - TRAMITAÇÃO

ARTIGO 10

A tramitação das cartas rogatórias far-se-á de acordo com as leis e normas processuais do Estado requerido.

A pedido da autoridade judiciária requerente poder-se-á dar a carta rogatória tramitação especial, ou aceitar a observância de formalidades adicionais no cumprimento da diligencia solicitada, desde que aquela tramitação especial ou estas formalidades adicionais não sejam contrárias à legislação do Estado requerido.

ARTIGO 11

A autoridade judiciária requerida terá competência para conhecer das questões que forem suscitadas por motivo do cumprimento da diligencia solicitada.

Caso a autoridade judiciária requerida se declare incompetente para proceder a tramitação da carta rogatória, transmitirá de ofício os documentos e antecedentes do caso à autoridade judiciária competente do seu Estado.

ARTIGO 12

Na tramitação e cumprimento de cartas rogatórias, as custas e demais despesas correrão por conta dos interessados.

Será facultativo para o Estado requerido dar tramitação a carta rogatória que careça de indicação do interessado que seja responsável pelas despesas e custas que houver. Nas cartas rogatórias, ou por ocasião de sua tramitação, poder-se-á indicar a identidade do procurador do interessado para os fins legais.

O benefício de justiça gratuita será regulado pela lei do Estado requerido.

ARTIGO 13

Os funcionários consulares ou agentes diplomáticos dos Estados-Partes nesta Convenção poderão praticar os atos a que se refere o artigo 2, no Estado em que se achem acreditados, desde que tal prática não seja contrária às leis do mesmo. Na prática dos referidos atos não poderão empregar meios que impliquem coerção.

VI - DISPOSIÇÕES GERAIS

ARTIGO 14

Os Estados-Partes que pertençam a sistemas de integração econômica poderão acordar diretamente entre si processos e tramites particulares mais expeditos do que os previstos nesta Convenção. Esses acordos poderão ser estendidos a terceiros Estados na forma em que as partes decidirem.

ARTIGO 15

Esta Convenção não restringirá as disposições de convenções que em matéria de cartas rogatórias tenham sido subscritas ou que venham a ser subscritas no futuro em caráter bilateral ou multilateral pelos Estados-Partes, nem as práticas mais favoráveis que os referidos Estados possam observar na matéria.

ARTIGO 16

Os Estados-Partes nesta Convenção poderão declarar que estendem as normas da mesma à tramitação de cartas rogatórias que se refiram a matéria criminal, trabalhista, contencioso-administrativa, juízos arbitrais ou outras matérias objeto de jurisdição especial. Tais declarações serão comunicadas à Secretaria-Geral da Organização dos Estados Americanos.

ARTIGO 17

O Estado requerido poderá recusar o cumprimento de uma carta rogatória quando ele for manifestamente contrário à sua ordem pública.

ARTIGO 18

Os Estados-Partes informarão a Secretaria-Geral da Organização dos Estados Americanos sobre os requisitos exigidos por suas leis para a legalização e para a tradução de cartas rogatórias.

VII - DISPOSIÇÕES FINAIS

ARTIGO 19

Esta Convenção ficará aberta à assinatura dos Estados-Membros da Organização dos Estados Americanos.

ARTIGO 20

Esta Convenção está sujeita a ratificação. Os instrumentos de ratificação serão depositados na Secretaria-Geral da Organização dos Estados Americanos.

ARTIGO 21

Esta Convenção ficará aberta à adesão de qualquer outro Estado. Os instrumentos de adesão serão depositados na Secretaria-Geral da Organização dos Estados Americanos.

ARTIGO 22

Esta Convenção entrará em vigor no trigésimo dia a partir da data em que haja sido depositado o segundo instrumento de ratificação.

Para cada Estado que ratificar a Convenção ou a ela aderir depois de haver sido depositado o segundo instrumento de ratificação, a Convenção entrará em vigor no trigésimo dia a partir da data em que tal Estado haja depositado seu instrumento de ratificação ou de adesão.

ARTIGO 23

Os Estados-Partes que tenham duas ou mais unidades territoriais em que vigorem sistemas jurídicos diferentes com relação a questões de que trata esta Convenção poderão declarar, no momento da assinatura, ratificação ou adesão, que a Convenção se aplicará a todas as suas unidades territoriais ou somente a uma ou mais delas.

Tais declarações poderão ser modificadas mediante declarações ulteriores, que especificarão expressamente a ou as unidades territoriais a que se aplicará esta Convenção. Tais declarações ulteriores serão transmitidas à Secretaria-Geral da Organização dos Estados Americanos e surtirão efeito trinta dias depois de recebidas.

ARTIGO 24

Esta Convenção vigorará por prazo indefinido, mas qualquer dos Estados-Partes poderá denunciá-la. O instrumento de denúncia será depositado na Secretaria-Geral da Organização dos Estados Americanos. Transcorrido um ano, contado a partir da data do depósito do instrumento de denúncia, cessarão os efeitos da Convenção para o Estado denunciante, continuando ela subsistente para os demais Estados-Partes.

- O artigo 25 não consta no original

ARTIGO 26

O instrumento original desta Convenção, cujos textos em português, espanhola francês e inglês são igualmente autênticos, será depositado na Secretaria-Geral da Organização dos Estados Americanos. A referida Secretaria notificará aos Estados-Membros da Organização dos Estados Americanos, e aos Estados que houverem aderido à Convenção, as assinaturas e os depósitos de instrumentos de ratificação, de adesão e de denúncia, bem como as reservas que houver. Outrossim, transmitirá aos mesmos a informação a que se referem o segundo parágrafo do artigo 4 e o artigo 18, bem como as declarações previstas nos artigos 16 e 23 desta Convenção.

Em fé do que, os plenipotenciários infra-assinados, devidamente autorizados por seus respectivos Governos, firmam esta Convenção.

DECRETO N. 1.902, DE 9 DE MAIO DE 1996

Promulga a Convenção Interamericana sobre Arbitragem Comercial Internacional, de 30 de janeiro de 1975.

CONVENÇÃO INTERAMERICANA SOBRE ARBITRAGEM COMERCIAL INTERNACIONAL

Os Governos dos Estados-Membros da Organização dos Estados Americanos, desejosos de concluir uma Convenção sobre Arbitragens Comercial Internacional, convieram no seguinte:

ARTIGO 1º

É válido acordo das partes em virtude do qual se obrigam a submeter a decisão arbitral as divergências que possam surgir ou que hajam surgido entre elas com relação a um negócio de natureza mercantil. O respectivo acordo constará do documento assinado pelas partes, ou de troca de cartas, telegramas ou comunicações por telex.

ARTIGO 2º

A nomeação dos árbitros será feita na forma em que convierem as partes. Sua designação poderá se delegada a um terceiro, seja esta pessoa física ou jurídica.

Os árbitros poderão ser nacionais ou estrangeiros.

ARTIGO 3º

Na falta de acordo expresso entre as Partes, a arbitragem será efetuada de acordo com as normas de procedimento da Comissão Interamericana de Arbitragem Comercial.

ARTIGO 4º

As sentenças ou laudos arbitrais não impugnáveis segundo a lei ou as normas processuais aplicáveis terão força de sentença judicial definitiva. Sua execução ou reconhecimento poderá ser exigido da mesma maneira que a das sentenças proferidas por tribunais ordinários nacionais ou estrangeiros, segundo as leis processuais do país onde forem executadas e o que for estabelecido a tal respeito por tratados internacionais.

ARTIGO 5º

1. Somente poderão ser denegados o reconhecimento e a execução da sentença por solicitação da parte contra a qual for invocada, se esta provar perante a autoridade competente do Estado em que forem pedidos o reconhecimento e a execução:

a) que as partes no acordo estavam sujeitas a alguma incapacidade em virtude da lei que lhes é aplicável, ou que tal acordo não é válido perante a lei a que as partes o tenham submetido, ou se nada tiver sido indicado a esse respeito, em virtude da lei do país em que tenha sido proferida a sentença; ou

b) que a parte contra a qual se invocar a sentença arbitral não foi devidamente notificada a designação do árbitro ou do processo de arbitragem ou não pôde, por qualquer outra razão, fazer valer seus meios de defesa; ou

c) que a sentença se refere a uma divergência não prevista no acordo das partes de submissão ao processo arbitral; não obstante, se as disposições da sentença que se referem às questões submetidas à arbitragem puderem ser isoladas das que não foram submetidas à arbitragem, poder-se-á dar reconhecimento e execução às primeiras; ou

d) que a constituição do tribunal arbitral ou o processo arbitral não se ajustaram ao acordo celebrado entre as partes ou, na falta de tal acordo, que a constituição do tribunal arbitral ou o processo arbitral não se ajustaram à lei do Estado onde se efetuou a arbitragem; ou

e) que a sentença não é ainda obrigatória para as partes ou foi anulada ou suspensa por uma autoridade competente do Estado em que, ou de conformidade com cuja lei, foi proferida essa sentença.

2. Poder-se-á também denegar o reconhecimento e a execução de uma sentença arbitral, se a autoridade competente do Estado em que se pedir o reconhecimento e a execução comprovar:

a) que, segundo a lei desse Estado, o objeto da divergência não é suscetível de solução por meio de arbitragem; ou

b) que o reconhecimento ou a execução da sentença seriam contrárias à ordem pública do mesmo Estado.

ARTIGO 6º

Se se houver pedido à autoridade competente mencionada no art. 5º, parágrafo 1º, e, a anulação ou a suspensão da sentença, a autoridade perante a qual se invocar a referida sentença poderá, se o considerar procedente, adiar a decisão sobre a execução da sentença e, a instância da parte que pedir a execução, poderá também ordenar à outra parte que dê garantias apropriadas.

ARTIGO 7º

Esta Convenção ficará aberta à assinatura dos Estados-Membros da Organização dos Estados Americanos.

ARTIGO 8º

Esta Convenção está sujeita à ratificação. Os instrumentos de ratificação serão depositados na Secretaria-Geral da Organização dos Estados Americanos.

ARTIGO 9º

Esta Convenção ficará aberta à adesão de qualquer outro Estado. Os instrumentos de adesão serão depositados na Secretaria-Geral da Organização dos Estados Americanos.

ARTIGO 10

1. Esta convenção entrará em vigor no 30º (trigésimo) dia a partir da data em que haja sido depositado o segundo instrumento de ratificação.

2. Para cada Estado que ratificar a Convenção ou a ela aderir depois de haver sido depositado o segundo instrumento de ratificação, a Convenção entrará em vigor no 30º (trigésimo) dia a partir da data em que tal Estado haja depositado seu instrumento de ratificação ou de adesão.

ARTIGO 11

1. Os Estados-Partes que tenham duas ou mais unidades territoriais em que vigorem sistemas jurídicos diferentes com relação a questões de que trata esta Convenção poderão declarar, no momento da assinatura, ratificação ou adesão, que a Convenção se aplicará a todas as suas unidades territoriais ou somente a uma ou mais delas.

2. Tais declarações poderão ser modificadas mediante declarações ulteriores, que especificarão expressamente a ou as unidades territoriais a que se aplicará esta Convenção. Tais declarações ulteriores serão transmitidas à Secretaria-Geral da Organização dos Estados Americanos e surtirão efeito 30 (trinta) dias depois de recebidas.

ARTIGO 12

Esta Convenção vigorará por prazo indefinido, mas qualquer dos Estados-Partes poderá denunciá-la. O instrumento de denúncia será depositado na Secretaria-Geral da Organização dos Estados Americanos. Transcorrido um ano, contado a partir da data do depósito do instrumento de denúncia, cessarão os efeitos da Convenção para o Estado denunciante, continuando ela subsistente para os demais Estados-Partes.

ARTIGO 13

O instrumento original desta Convenção, cujos textos em português, espanhol, francês e inglês são igualmente autênticos, será depositado na Secretaria-Geral da Organização dos Estados Americanos. A referida Secretaria notificará aos Estados-Membros da Organização dos Estados Americanos, e aos Estados que houverem aderido à Convenção, as assinaturas e os depósitos de instrumentos de ratificação, de adesão e de denúncia, bem como as reservas que houver. Outrossim, transmitirá aos mesmos as declarações previstas no art. 11 desta Convenção.

Em fé do que, os plenipotenciários infra-assinados, devidamente autorizados por seus respectivos Governos, firmam esta Convenção.

Feita na Cidade do Panamá, República do Panamá, no dia trinta de janeiro de mil novecentos e setenta e cinco

DECRETO N. 2.427, DE 17 DE DEZEMBRO DE 1997

Promulga a Convenção Interamericana sobre Personalidade e Capacidade de Pessoas Jurídicas no Direito Internacional Privado, concluída em La Paz, em 24 de maio de 1984.

CONVENÇÃO INTERAMERICANA SOBRE PERSONALIDADE E CAPACIDADE DE PESSOAS JURÍDICAS NO DIREITO INTERNACIONAL PRIVADO

Os governos dos Estados membros da Organização dos Estados Americanos, desejosos de concluir uma convenção sobre personalidade e capacidade de pessoas jurídicas no direito internacional privado, convieram no seguinte:

Artigo 1

Esta Convenção aplicar-se-á às pessoas jurídicas constituídas em qualquer dos Estados Partes, entendendo-se por pessoa jurídica toda entidade que tenha existência e responsabilidade próprias, distintas das dos seus membros ou fundadores e que seja qualificada como pessoa jurídica segundo a lei do lugar de sua constituição.

Esta Convenção será aplicada sem prejuízo de convenções específicas que tenham por objetivo categorias especiais de pessoas jurídicas.

Artigo 2

A existência, a capacidade de ser titular de direitos e obrigações, o funcionamento, a dissolução e a fusão das pessoas jurídicas de caráter privado serão regidos pela lei do lugar de sua constituição.

Entender-se-á por "lei do lugar de sua constituição" a do Estado Parte em que forem cumpridos os requisitos de forma e fundo necessários à criação das referidas pessoas.

Artigo 3

As pessoas jurídicas privadas devidamente constituídas num Estado Parte serão reconhecidas de pleno direito nos demais Estados Partes. O reconhecimento de pleno direito não exclui a faculdade do Estado Parte de exigir comprovação de que a pessoa jurídica existe conforme a lei do lugar de sua constituição.

Em caso algum a capacidade reconhecida às pessoas jurídicas privadas constituídas num Estado Parte poderá ser maior do que a capacidade que a lei do Estado Parte que as reconheça outorgue às pessoas jurídicas constituídas neste último.

Artigo 4

A realização de atos compreendidos no objeto social das pessoas jurídicas privadas aplicar-se-á a lei do Estado Parte em que se realizem tais atos.

Artigo 5

As pessoas jurídicas privadas constituídas num Estado Parte que pretendam estabelecer a sede efetiva de sua administração em outro Estado Parte poderão ser obrigadas a cumprir os requisitos estabelecidos na legislação deste último.

Artigo 6

Quando uma pessoa jurídica privada atuar por intermédio de representante em Estado Parte que não seja o de sua constituição entender-se-á que esse representante, ou quem o substituir, poderá responder, de pleno direito, às reclamações e demandas que contra a referida pessoa se intentem por motivo dos atos de que se trate.

Artigo 7

Cada Estado Parte e demais pessoas jurídicas de direito público organizadas de acordo com sua lei gozarão de personalidade jurídica privada de pleno direito e poderão adquirir direitos e contrair obrigações no território dos demais Estados Partes, com as restrições estabelecidas por essa lei e pelas leis destes últimos, especialmente no que se refere aos atos jurídicos relativos a direitos reais e sem prejuízo de invocar, quando for o caso, imunidade de jurisdição.

Artigo 8

As pessoas jurídicas internacionais criadas por um acordo internacional entre Estados Partes ou por uma resolução de organização internacional reger-se-ão pelas disposições do acordo ou resolução de sua criação e serão reconhecidas de pleno direito como sujeitos de direito privado em todos os Estados Partes da mesma forma que as pessoas jurídicas privadas e sem prejuízo de invocar, quando for o caso, imunidade de jurisdição.

Artigo 9

A lei declarada aplicável por esta Convenção poderá não ser aplicada no território do Estado Parte que a considerar manifestamente contrária à sua ordem pública.

Artigo 10

Esta Convenção ficará aberta à assinatura dos Estados membros da Organização dos Estados Americanos.

Artigo 11

Esta Convenção está sujeita a ratificação. Os instrumentos de ratificação serão depositados na Secretaria-Geral da Organização dos Estados Americanos.

Artigo 12

Esta Convenção ficará aberta à adesão de qualquer outro Estado. Os instrumentos de adesão serão depositados na Secretaria-Geral da Organização dos Estados Americanos.

Artigo 13

Cada Estado poderá formular reservas a esta Convenção no momento de assiná-la, ratificá-la ou a ela aderir, desde que a reserva se refira a uma ou mais disposições específicas.

Artigo 14

Esta Convenção entrará em vigor no trigésimo dia a partir da data em que haja sido depositado o segundo instrumento de ratificação.

Para cada Estado que ratificar a Convenção ou a ela aderir depois de haver sido depositado o segundo instrumento de ratificação, a Convenção entrará em vigor no trigésimo dia a partir da data em que tal Estado haja depositado seu instrumento de ratificação ou de adesão.

Artigo 15

Os Estados Partes que tenham duas ou mais unidades territoriais em que vigorem sistemas jurídicos diferentes com relação a questões de que trata esta Convenção poderão declarar, no momento da assinatura, ratificação ou adesão, que a Convenção se aplicará a todas as suas unidades territoriais ou somente a uma ou mais delas.

Tais declarações poderão ser modificadas mediante declarações ulteriores, que especificarão expressamente a unidade ou as unidades territoriais a que se aplicará esta Convenção. Tais declarações ulteriores serão transmitidas à Secretaria-Geral da Organização dos Estados Americanos e surtirão efeito trinta dias depois de recebidas.

Artigo 16

Esta Convenção vigorará por prazo indefinido, mas qualquer dos Estados Partes poderá denunciá-la. O instrumento de denúncia será depositado na Secretaria-Geral da Organização dos Estados Americanos. Transcorrido um ano da data do depósito do instrumento de denúncia, os efeitos da Convenção cessarão para o Estado denunciante, mas subsistirão para os demais Estados Partes.

Artigo 17

O instrumento original desta Convenção, cujos textos em português, espanhol, francês e inglês são igualmente autênticos, será depositado na Secretaria-Geral da Organização dos Estados Americanos, que enviará cópia autenticada do seu texto à Secretaria das Nações Unidas, para seu registro e publicação, de conformidade com o artigo 102 da sua Carta constitutiva. A Secretaria-Geral da Organização dos Estados Americanos notificará aos Estados membros da referida Organização e aos Estados que houverem aderido à Convenção as assinaturas e os depósitos de instrumentos de ratificação, adesão e denúncia, bem como as reservas que houver.

Outrossim, transmitir-lhes-á as declarações previstas no artigo 15 desta Convenção.

EM FÉ DO QUE, os plenipotenciários infra-assinados, devidamente autorizados por seus respectivos governos, firmam esta Convenção.

FEITA NA CIDADE DE LA PAZ, BOLÍVIA, no dia vinte e quatro de maio de mil novecentos e oitenta e quatro.

DECRETO N. 2.519, DE 16 DE MARÇO DE 1998

Promulga a Convenção sobre Diversidade Biológica, assinada no Rio de Janeiro, em 05 de junho de 1992.

- Assinada pelo Governo brasileiro no Rio de Janeiro, em 05.06.1992.
- Entrou em vigor internacional em 29.12.1993.
- Aprovada pelo Dec. Leg. 2/1994.
- Promulgada pelo Dec. 2.519/1998.

CONVENÇÃO SOBRE DIVERSIDADE BIOLÓGICA - CDB

PREÂMBULO

As Partes Contratantes, Conscientes do valor intrínseco da diversidade biológica e dos valores ecológico, genético, social, econômico, científico, educacional, cultural, recreativo e estético da diversidade biológica e de seus componentes;

Conscientes, também, da importância da diversidade biológica para a evolução e para a manutenção dos sistemas necessários à vida da biosfera,

Afirmando que a conservação da diversidade biológica é uma preocupação comum à humanidade,

Reafirmando que os Estados têm direitos soberanos sobre os seus próprios recursos biológicos,

Reafirmando, igualmente, que os Estados são responsáveis pela conservação de sua diversidade biológica e pela utilização sustentável de seus recursos biológicos,

Preocupados com a sensível redução da diversidade biológica causada por determinadas atividades humanas, Conscientes da falta geral de informação e de conhecimento sobre a diversidade biológica e da necessidade urgente de desenvolver capacitação científica, técnica e institucional que proporcione o conhecimento fundamental necessário ao planejamento e implementação de medidas adequadas,

Observando que é vital prever, prevenir e combater na origem as causas da sensível redução ou perda da diversidade biológica,

Observando também que quando exista ameaça de sensível redução ou perda de diversidade biológica, a falta de plena certeza científica não deve ser usada como razão para postergar medidas para evitar ou minimizar essa ameaça,

Observando igualmente que a exigência fundamental para a conservação da diversidade biológica é a conservação in situ dos ecossistemas e dos hábitats naturais e a manutenção e recuperação de populações viáveis de espécies no seu meio natural,

Observando ainda que medidas ex situ, preferivelmente no país de origem, desempenham igualmente um importante papel,

Reconhecendo a estreita e tradicional dependência de recursos biológicos de muitas comunidades locais e populações indígenas com estilos de vida tradicionais, e que é desejável repartir equitativamente os benefícios derivados da utilização do conhecimento tradicional, de inovações e de práticas relevantes à conservação da diversidade biológica e à utilização sustentável de seus componentes,

Reconhecendo, igualmente, o papel fundamental da mulher na conservação e na utilização sustentável da diversidade biológica e afirmando a necessidade da plena participação da mulher em todos os níveis de formulação e execução de políticas para a conservação da diversidade biológica,

Enfatizando a importância e a necessidade de promover a cooperação internacional, regional e mundial entre os Estados e as organizações intergovernamentais e o setor não governamental para a conservação da diversidade biológica e a utilização sustentável de seus componentes,

Reconhecendo que cabe esperar que o aporte de recursos financeiros novos e adicionais e o acesso adequado às tecnologias pertinentes possam modificar sensivelmente a capacidade mundial de enfrentar a perda da diversidade biológica,

Reconhecendo, ademais, que medidas especiais são necessárias para atender as necessidades dos países em desenvolvimento, inclusive o aporte de recursos financeiros novos e adicionais e o acesso adequado às tecnologias pertinentes,

Observando, nesse sentido, as condições especiais dos países de menor desenvolvimento relativo e dos pequenos Estados insulares,

Reconhecendo que investimentos substanciais são necessários para conservar a diversidade biológica e que há expectativa de um amplo escopo de benefícios ambientais, econômicos e sociais resultantes desses investimentos,

Reconhecendo que o desenvolvimento econômico e social e a erradicação da pobreza são as prioridades primordiais e absolutas dos países em desenvolvimento,

Conscientes de que a conservação e a utilização sustentável da diversidade biológica é de importância absoluta para atender as necessidades de alimentação, de saúde e de outra natureza da crescente população mundial, para o que são essenciais o acesso e a repartição de recursos genéticos e tecnologia,

Observando, enfim, que a conservação e a utilização sustentável da diversidade biológica fortalecerão as relações de amizade entre os Estados e contribuirão para a paz da humanidade,

Desejosas de fortalecer e complementar instrumentos internacionais existentes para a conservação da diversidade biológica e a utilização sustentável de seus componentes, e

Determinadas a conservar e utilizar de forma sustentável a diversidade biológica para benefício das gerações presentes e futuras.

Convieram no seguinte:

ARTIGO 1

- V. Lei 13.123/2015 (Regulamenta este artigo e dispõe sobre o acesso ao patrimônio genético, sobre a proteção e o acesso ao conhecimento tradicional associado e sobre a repartição de benefícios para conservação e uso sustentável da biodiversidade).

Objetivos

Os objetivos desta Convenção, a serem cumpridos de acordo com as disposições pertinentes, são a conservação da diversidade biológica, a utilização sustentável de seus componentes e a repartição justa e equitativa dos benefícios derivados da utilização dos recursos genéticos, mediante, inclusive, o acesso adequado aos recursos genéticos e a transferência adequada de tecnologias pertinentes, levando em conta todos os direitos sobre tais recursos e tecnologias, e mediante financiamento adequado.

ARTIGO 2

Utilização de termos para os propósitos desta Convenção:

Área protegida significa uma área definida geograficamente que é destinada, ou regulamentada, e administrada para alcançar objetivos específicos de conservação.

Biotecnologia significa qualquer aplicação tecnológica que utilize sistemas biológicos, organismos vivos, ou seus derivados, para fabricar ou modificar produtos ou processos para utilização específica.

Condições in situ significa as condições em que recursos genéticos existem em ecossistemas e hábitats naturais e, no caso de espécies domesticadas ou cultivadas, nos meios onde tenham desenvolvido suas propriedades características.

Conservação ex situ significa a conservação de componentes da diversidade biológica fora de seus hábitats naturais.

Conservação in situ significa a conservação de ecossistemas e hábitats naturais e a manutenção e recuperação de populações viáveis de espécies em seus meios naturais e, no caso de espécies domesticadas ou cultivadas, nos meios onde tenham desenvolvido suas propriedades características.

Diversidade biológica significa a variabilidade de organismos vivos de todas as origens, compreendendo, dentre outros, os ecossistemas terrestres, marinhos e outros ecossistemas aquáticos e os complexos ecológicos de que fazem parte; compreendendo ainda a diversidade dentro de espécies, entre espécies e de ecossistemas.

Ecossistema significa um complexo dinâmico de comunidades vegetais, animais e de micro organismos e o seu meio inorgânico que interagem como uma unidade funcional.

Espécie domesticada ou cultivada significa espécie em cujo processo de evolução influiu o ser humano para atender suas necessidades.

Hábitat significa o lugar ou tipo de local onde um organismo ou população ocorre naturalmente.

Material genético significa todo material de origem vegetal, animal, microbiana ou outra que contenha unidades funcionais de hereditariedade.

Organização regional de integração econômica significa uma organização constituída de Estados soberanos de uma determinada região, a que os Estados-Membros transferiram competência em relação a assuntos regidos por esta Convenção, e que foi devidamente autorizada, conforme seus procedimentos internos, a assinar, ratificar, aceitar, aprovar a mesma e a ela aderir.

País de origem de recursos genéticos significa o país que possui esses recursos genéticos em condições in situ.

País provedor de recursos genéticos significa o país que provê recursos genéticos coletados de fontes in situ, incluindo populações de espécies domesticadas e silvestres, ou obtidas de fontes ex situ, que possam ou não ter sido originados nesse país.

Recursos biológicos compreende recursos genéticos, organismos ou partes destes, populações, ou qualquer outro componente biótico de ecossistemas, de real ou potencial utilidade ou valor para a humanidade.

Recursos genéticos significa material genético de valor real ou potencial.

Tecnologia inclui biotecnologia.

Utilização sustentável significa a utilização de componentes da diversidade biológica de modo e em ritmo tais que não levem, no longo prazo, à diminuição da diversidade biológica, mantendo assim seu potencial para atender as necessidades e aspirações das gerações presentes e futuras.

ARTIGO 3
Princípio

Os Estados, em conformidade com a Carta das Nações Unidas e com os princípios de Direito internacional, têm o direito soberano de explorar seus próprios recursos segundo suas políticas ambientais, e a responsabilidade de assegurar que atividades sob sua jurisdição ou controle não causem dano ao meio ambiente de outros Estados ou de áreas além dos limites da jurisdição nacional.

ARTIGO 4
Âmbito Jurisdicional

Sujeito aos direitos de outros Estados, e a não ser que de outro modo expressamente determinado nesta Convenção, as disposições desta Convenção aplicam-se em relação a cada Parte Contratante:

a) No caso de componentes da diversidade biológica, nas áreas dentro dos limites de sua jurisdição nacional; e

b) No caso de processos e atividades realizadas sob sua jurisdição ou controle, independentemente de onde ocorram seus efeitos, dentro da área de sua jurisdição nacional ou além dos limites da jurisdição nacional.

ARTIGO 5
Cooperação

Cada Parte Contratante deve, na medida do possível e conforme o caso, cooperar com outras Partes Contratantes, diretamente ou, quando apropriado, mediante organizações internacionais competentes, no que respeita a áreas além da jurisdição nacional e em outros assuntos de mútuo interesse, para a conservação e a utilização sustentável da diversidade biológica.

ARTIGO 6
Medidas Gerais para a Conservação e a Utilização Sustentável

Cada Parte Contratante deve, de acordo com suas próprias condições e capacidades:

a) Desenvolver estratégias, planos ou programas para a conservação e a utilização sustentável da diversidade biológica ou adaptar para esse fim estratégias, planos ou programas existentes que devem refletir, entre outros aspectos, as medidas estabelecidas nesta Convenção concernentes à Parte interessada; e

b) integrar, na medida do possível e conforme o caso, a conservação e a utilização sustentável da diversidade biológica em planos, programas e políticas setoriais ou intersetoriais pertinentes.

ARTIGO 7
Identificação e Monitoramento

Cada Parte Contratante deve, na medida do possível e conforme o caso, em especial para os propósitos dos arts. 8 a 10:

a) Identificar componentes da diversidade biológica importantes para sua conservação e sua utilização sustentável, levando em conta a lista indicativa de categorias constante no anexo I;

b) Monitorar, por meio de levantamento de amostras e outras técnicas, os componentes da diversidade biológica identificados em conformidade com a alínea (a) acima, prestando especial atenção aos que requeiram urgentemente medidas de conservação e aos que ofereçam o maior potencial de utilização sustentável;

c) Identificar processos e categorias de atividades que tenham ou possam ter sensíveis efeitos negativos na conservação e na utilização sustentável da diversidade biológica, e monitorar seus efeitos por meio de levantamento de amostras e outras técnicas; e

d) Manter e organizar, por qualquer sistema, dados derivados de atividades de identificação e monitoramento em conformidade com as alíneas a, b e c acima.

ARTIGO 8
Conservação *in situ*

Cada Parte Contratante deve, na medida do possível e conforme o caso:

a) Estabelecer um sistema de áreas protegidas ou áreas onde medidas especiais precisem ser tomadas para conservar a diversidade biológica;

b) Desenvolver, se necessário, diretrizes para a seleção, estabelecimento e administração de áreas protegidas ou áreas onde medidas especiais precisem ser tomadas para conservar a diversidade biológica;

c) Regulamentar ou administrar recursos biológicos importantes para a conservação da diversidade biológica, dentro ou fora de áreas protegidas, a fim de assegurar sua conservação e utilização sustentável;

d) Promover a proteção de ecossistemas, hábitats naturais e manutenção de populações viáveis de espécies em seu meio natural;

e) Promover o desenvolvimento sustentável e ambientalmente sadio em áreas adjacentes às áreas protegidas a fim de reforçar a proteção dessas áreas;

f) Recuperar e restaurar ecossistemas degradados e promover a recuperação de espécies ameaçadas, mediante, entre outros meios, a elaboração e implementação de planos e outras estratégias de gestão;

g) Estabelecer ou manter meios para regulamentar, administrar ou controlar os riscos associados à utilização e liberação de organismos vivos modificados resultantes da biotecnologia que provavelmente provoquem impacto ambiental negativo que possa afetar a conservação e a utilização sustentável da diversidade biológica, levando também em conta os riscos para a saúde humana;

h) Impedir que se introduzam, controlar ou erradicar espécies exóticas que ameacem os ecossistemas, hábitats ou espécies;

i) Procurar proporcionar as condições necessárias para compatibilizar as utilizações atuais com a conservação da diversidade biológica e a utilização sustentável de seus componentes;

j) Em conformidade com sua legislação nacional, respeitar, preservar e manter o conhecimento, inovações e práticas das comunidades locais e populações indígenas com estilo de vida tradicionais relevantes à conservação e à utilização sustentável da diversidade biológica e incentivar sua mais ampla aplicação com a aprovação e a participação dos detentores desse conhecimento, inovações e práticas; e encorajar a repartição equitativa dos benefícios oriundos da utilização desse conhecimento, inovações e práticas;

▸ V. Lei 13.123/2015 (Regulamenta esta alínea).

k) Elaborar ou manter em vigor a legislação necessária e/ou outras disposições regulamentares para a proteção de espécies e populações ameaçadas;

l) Quando se verifique um sensível efeito negativo à diversidade biológica, em conformidade com o art. 7, regulamentar ou administrar os processos e as categorias de atividades em causa; e

m) Cooperar com o aporte de apoio financeiro e de outra natureza para a conservação in situ a que se referem as alíneas a a l acima, particularmente aos países em desenvolvimento.

ARTIGO 9
Conservação *ex situ*

Cada Parte Contratante deve, na medida do possível e conforme o caso, e principalmente a fim de complementar medidas de conservação *in situ*:

a) Adotar medidas para a conservação *ex situ* de componentes da diversidade biológica, de preferência no país de origem desses componentes;

b) Estabelecer e manter instalações para a conservação ex situ e pesquisa de vegetais, animais e micro-organismos, de preferência no país de origem dos recursos genéticos;

c) Adotar medidas para a recuperação e regeneração de espécies ameaçadas e para sua reintrodução em seu hábitat natural em condições adequadas;

d) Regulamentar e administrar a coleta de recursos biológicos de hábitats naturais com a finalidade de conservação ex situ de maneira a não ameaçar ecossistemas e populações in situ de espécies, exceto quando forem necessárias medidas temporárias especiais ex situ de acordo com a alínea (c) acima; e

e) Cooperar com o aporte de apoio financeiro e de outra natureza para a conservação ex situ a que se referem as alíneas a a d acima; e com o estabelecimento e a manutenção de instalações de conservação ex situ em países em desenvolvimento.

ARTIGO 10
Utilização Sustentável de Componentes da Diversidade Biológica

Cada Parte Contratante deve, na medida do possível e conforme o caso:

a) Incorporar o exame da conservação e utilização sustentável de recursos biológicos no processo decisório nacional;

b) Adotar medidas relacionadas à utilização de recursos biológicos para evitar ou minimizar impactos negativos na diversidade biológica;

c) Proteger e encorajar a utilização costumeira de recursos biológicos de acordo com práticas culturais tradicionais compatíveis com as exigências de conservação ou utilização sustentável;

▸ V. Lei 13.123/2015 (Regulamenta esta alínea e dispõe sobre o acesso ao patrimônio genético, sobre a proteção e o acesso ao conhecimento tradicional associado e sobre a repartição de benefícios para conservação e uso sustentável da biodiversidade).

d) Apoiar populações locais na elaboração e aplicação de medidas corretivas em áreas degradadas onde a diversidade biológica tenha sido reduzida; e *e)* Estimular a cooperação entre suas autoridades governamentais e seu setor privado na elaboração de métodos de utilização sustentável de recursos biológicos.

ARTIGO 11

Incentivos

Cada Parte Contratante deve, na medida do possível e conforme o caso, adotar medidas econômica e socialmente racionais que sirvam de incentivo à conservação e utilização sustentável de componentes da diversidade biológica.

ARTIGO 12

Pesquisa e Treinamento

As Partes Contratantes, levando em conta as necessidades especiais dos países em desenvolvimento, devem:

a) Estabelecer e manter programas de educação e treinamento científico e técnico sobre medidas para a identificação, conservação e utilização sustentável da diversidade biológica e seus componentes, e proporcionar apoio a esses programas de educação e treinamento destinados às necessidades específicas dos países em desenvolvimento;

b) Promover e estimular pesquisas que contribuam para a conservação e a utilização sustentável da diversidade biológica, especialmente nos países em desenvolvimento, conforme, entre outras, as decisões da Conferência das Partes tomadas em consequência das recomendações do Órgão Subsidiário de Assessoramento Científico, Técnico e Tecnológico; e

c) Em conformidade com as disposições dos arts. 16, 18 e 20, promover e cooperar na utilização de avanços científicos da pesquisa sobre diversidade biológica para elaborar métodos de conservação e utilização sustentável de recursos biológicos.

ARTIGO 13

Educação e Conscientização Pública

As Partes Contratantes devem:

a) Promover e estimular a compreensão da importância da conservação da diversidade biológica e das medidas necessárias a esse fim, sua divulgação pelos meios de comunicação, e a inclusão desses temas nos programas educacionais; e

b) Cooperar, conforme o caso, com outros Estados e organizações internacionais na elaboração de programas educacionais de conscientização pública no que concerne à conservação e à utilização sustentável da diversidade biológica.

ARTIGO 14

Avaliação de Impacto e Minimização de Impactos Negativos

1. Cada Parte Contratante, na medida do possível e conforme o caso, deve:

a) Estabelecer procedimentos adequados que exijam a avaliação de impacto ambiental de seus projetos propostos que possam ter sensíveis efeitos negativos na diversidade biológica, a fim de evitar ou minimizar tais efeitos e, conforme o caso, permitir a participação pública nesses procedimentos;

b) Tomar providências adequadas para assegurar que sejam devidamente levadas em conta as consequências ambientais de seus programas e políticas que possam ter sensíveis efeitos negativos na diversidade biológica;

c) Promover, com base em reciprocidade, notificação, intercâmbio de informação e consulta sobre atividades sob sua jurisdição ou controle que possam ter sensíveis efeitos negativos na diversidade biológica de outros Estados ou áreas além dos limites da jurisdição nacional, estimulando-se a adoção de acordos bilaterais, regionais ou multilaterais, conforme o caso;

d) Notificar imediatamente, no caso em que se originem sob sua jurisdição ou controle, perigo ou dano iminente ou grave à diversidade biológica em área sob jurisdição de outros Estados ou em áreas além dos limites da jurisdição nacional, os Estados que possam ser afetados por esse perigo ou dano, assim como tomar medidas para prevenir ou minimizar esse perigo ou dano; e

e) Estimular providências nacionais sobre medidas de emergência para o caso de atividades ou acontecimentos de origem natural ou outra que representem perigo grave e iminente à diversidade biológica e promover a cooperação internacional para complementar tais esforços nacionais e, conforme o caso e em acordo com os Estados ou organizações regionais de integração econômica interessados, estabelecer planos conjuntos de contingência.

2. A Conferência das Partes deve examinar, com base em estudos a serem efetuados, as questões da responsabilidade e reparação, inclusive restauração e indenização, por danos causados à diversidade biológica, exceto quando essa responsabilidade for de ordem estritamente interna.

ARTIGO 15

- V. Lei 13.123/2015 (Regulamenta este artigo e dispõe sobre o acesso ao patrimônio genético, sobre a proteção e o acesso ao conhecimento tradicional associado e sobre a repartição de benefícios para conservação e uso sustentável da biodiversidade).

Acesso a Recursos Genéticos

1. Em reconhecimento dos direitos soberanos dos Estados sobre seus recursos naturais, a autoridade para determinar o acesso a recursos genéticos pertence aos governos nacionais e está sujeita à legislação nacional.

2. Cada Parte Contratante deve procurar criar condições para permitir o acesso a recursos genéticos para utilização ambientalmente saudável por outras Partes Contratantes e não impor restrições contrárias aos objetivos desta Convenção.

3. Para os propósitos desta Convenção, os recursos genéticos providos por uma Parte Contratante, a que se referem este artigo e os artigos 16 e 19, são apenas aqueles providos por Partes Contratantes que sejam países de origem desses recursos ou por Partes que os tenham adquirido em conformidade com esta Convenção.

4. O acesso, quando concedido, deverá sê-lo de comum acordo e sujeito ao disposto no presente artigo.

5. O acesso aos recursos genéticos deve estar sujeito ao consentimento prévio fundamentado da Parte Contratante provedora desses recursos, a menos que de outra forma determinado por essa Parte.

6. Cada Parte Contratante deve procurar conceber e realizar pesquisas científicas baseadas em recursos genéticos providos por outras Partes Contratantes com sua plena participação e, na medica do possível, no território dessas Partes Contratantes.

7. Cada Parte Contratante deve adotar medidas legislativas, administrativas ou políticas, conforme o caso e em conformidade com os arts. 16 e 19 e, quando necessário, mediante o mecanismo financeiro estabelecido pelos arts. 20 e 21, para compartilhar de forma justa e equitativa os resultados da pesquisa e do desenvolvimento de recursos genéticos e os benefícios derivados de sua utilização comercial e de outra natureza com a Parte Contratante provedora desses recursos. Essa partilha deve dar-se de comum acordo.

ARTIGO 16

Acesso à Tecnologia e Transferência de Tecnologia

1. Cada Parte Contratante, reconhecendo que a tecnologia inclui biotecnologia, e que tanto o acesso à tecnologia quanto sua transferência entre Partes Contratantes são elementos essenciais para a realização dos objetivos desta Convenção, compromete-se, sujeito ao disposto neste artigo, a permitir e/ou facilitar a outras Partes Contratantes acesso a tecnologias que sejam pertinentes à conservação e utilização sustentável da diversidade biológica ou que utilizem recursos genéticos e não causem dano sensível ao meio ambiente, assim como a transferência dessas tecnologias.

2. O acesso a tecnologia e sua transferência a países em desenvolvimento, a que se refere o § 1 acima, devem ser permitidos e/ou facilitados em condições justas e as mais favoráveis, inclusive em condições concessionais e preferenciais quando de comum acordo, e, caso necessário, em conformidade com o mecanismo financeiro estabelecido nos arts. 20 e 21. No caso de tecnologia sujeita a patentes e outros direitos de propriedade intelectual, o acesso à tecnologia e sua transferência devem ser permitidos em condições que reconheçam e sejam compatíveis com a adequada e efetiva proteção dos direitos de propriedade intelectual. A aplicação deste parágrafo deve ser compatível com os §§ 3, 4 e 5 abaixo.

3. Cada Parte Contratante deve adotar medidas legislativas, administrativas ou políticas, conforme o caso, para que as Partes Contratantes, em particular as que são países em desenvolvimento, que proveem recursos genéticos, tenham garantido o acesso à tecnologia que utilize esses recursos e sua transferência, de comum acordo, incluindo tecnologia protegida por patentes e outros direitos de propriedade intelectual, quando necessário, mediante as disposições dos arts. 20 e 21, de acordo com o direito internacional e conforme os §§ 4 e 5 abaixo.

- V. Lei 13.123/2015 (Regulamenta este parágrafo e dispõe sobre o acesso ao patrimônio genético, sobre a proteção e o acesso ao conhecimento tradicional associado e sobre a repartição de benefícios para conservação e uso sustentável da biodiversidade).

4. Cada Parte Contratante deve adotar medidas legislativas, administrativas ou políticas, conforme o caso, para que o setor privado permita o acesso à tecnologia a que se refere o § 1 acima, seu desenvolvimento conjunto e sua transferência em benefício das instituições governamentais e do setor privado de países em desenvolvimento, e a esse respeito deve observar as obrigações constantes dos §§ 1, 2 e 3 acima.

- V. Lei 13.123/2015 (Regulamenta este parágrafo e dispõe sobre o acesso ao patrimônio genético, sobre a proteção e o acesso ao conhecimento tradicional associado e sobre a repartição de benefícios para conservação e uso sustentável da biodiversidade).

5. As Partes Contratantes, reconhecendo que patentes e outros direitos de propriedade intelectual podem influir na implementação desta Convenção, devem cooperar a esse respeito em conformidade com a legislação nacional e o direito internacional para garantir que esses direitos apoiem e não se oponham aos objetivos desta Convenção.

ARTIGO 17

Intercâmbio de Informações

1. As Partes Contratantes devem proporcionar o intercâmbio de Informações, de todas as fontes disponíveis do público, pertinentes à conservação e à utilização sustentável da diversidade biológica, levando em conta as necessidades especiais dos países em desenvolvimento.

2. Esse intercâmbio de Informações deve incluir o intercâmbio dos resultados de pesquisas técnicas, científicas, e socioeconômicas, como também Informações sobre programas de treinamento e de pesquisa, conhecimento especializado, conhecimento indígena e tradicional como tais e associados às tecnologias a que se refere o § 1 do art. 16. Deve também, quando possível, incluir a repatriação das Informações.

ARTIGO 18

Cooperação Técnica e Científica

1. As Partes Contratantes devem promover a cooperação técnica e científica internacional no campo da conservação e utilização sustentável da diversidade biológica, caso necessário, por meio de instituições nacionais e internacionais competentes.

2. Cada Parte Contratante deve, ao implementar esta Convenção, promover a cooperação técnica e científica com outras Partes Contratantes, em particular países em desenvolvimento, por meio, entre outros, da elaboração e implementação de políticas nacionais. Ao promover essa cooperação, deve ser dada especial atenção ao desenvolvimento e fortalecimento dos meios nacionais mediante a capacitação de recursos humanos e fortalecimento institucional.

3. A Conferência das Partes, em sua primeira sessão, deve determinar a forma de estabelecer um mecanismo de intermediação para promover e facilitar a cooperação técnica e científica.

4. As Partes Contratantes devem, em conformidade com sua legislação e suas políticas nacionais, elaborar e estimular modalidades de cooperação para o desenvolvimento e utilização de tecnologias, inclusive tecnologias indígenas e tradicionais, para alcançar os objetivos desta Convenção. Com esse fim, as Partes Contratantes devem também promover a cooperação para a capacitação de pessoal e o intercâmbio de técnicos.

5. As Partes Contratantes devem, no caso de comum acordo, promover o estabelecimento de programas de pesquisa conjuntos e empresas conjuntas para o desenvolvimento de tecnologias relevantes aos objetivos desta Convenção.

ARTIGO 19

Gestão da Biotecnologia e Distribuição de seus Benefícios

1. Cada Parte Contratante deve adotar medidas legislativas, administrativas ou políticas, conforme o caso, para permitir a participação efetiva, em atividades de pesquisa biotecnológica, das Partes Contratantes, especialmente países em desenvolvimento, que proveem os recursos genéticos para essa pesquisa, e se possível nessas Partes Contratantes.

2. Cada Parte Contratante deve adotar todas as medidas possíveis para promover e antecipar acesso prioritário, em base justa e equitativa das Partes Contratantes, especialmente países em desenvolvimento, aos resultados e benefícios derivados de biotecnologias baseadas em recursos genéticos providos por essas Partes Contratantes. Esse acesso deve ser de comum acordo.

3. As Partes devem examinar a necessidade e as modalidades de um protocolo que estabeleça procedimentos adequados, inclusive, em especial, a concordância prévia fundamentada, no que respeita a transferência, manipulação e utilização seguras de todo organismo vivo modificado pela biotecnologia, que possa ter efeito negativo para a conservação e utilização sustentável da diversidade biológica.

4. Cada Parte Contratante deve proporcionar, diretamente ou por solicitação, a qualquer pessoa física ou jurídica sob sua jurisdição provedora dos organismos a que se refere o § 3 acima, à Parte Contratante em que esses organismos devam ser introduzidos, todas as Informações disponíveis sobre a utilização e as normas de segurança exigidas por essa Parte Contratante para a manipulação desses organismos, bem como todas as Informações disponíveis sobre os potenciais efeitos negativos desses organismos específicos.

ARTIGO 20

Recursos Financeiros

1. Cada Parte Contratante compromete-se a proporcionar, de acordo com a sua capacidade, apoio financeiro e incentivos respectivos às atividades nacionais destinadas a alcançar os objetivos desta Convenção em conformidade com seus planos, prioridades e programas nacionais.

2. As Partes países desenvolvidos devem prover recursos financeiros novos e adicionais para que as Partes países em desenvolvimento possam cobrir integralmente os custos adicionais por elas concordados decorrentes da implementação de medidas em cumprimento das obrigações desta Convenção, bem como para que se beneficiem de seus dispositivos. Estes custos devem ser determinados de comum acordo entre cada Parte país em desenvolvimento e o mecanismo institucional previsto no art. 21, de acordo com políticas, estratégias, prioridades programáticas e critérios de aceitabilidade, segundo uma lista indicativa de custos adicionais estabelecida pela Conferência das Partes. Outras Partes, inclusive países em transição para uma economia de mercado, podem assumir voluntariamente as obrigações das Partes países desenvolvidos. Para os fins deste artigo, a Conferência das Partes deve estabelecer, em sua primeira sessão, uma lista de Partes países desenvolvidos e outras Partes que voluntariamente assumam as obrigações das Partes países desenvolvidos. A Conferência das Partes deve periodicamente revisar e, se necessário, alterar a lista. Contribuições voluntárias de outros países e fontes podem ser também estimuladas. Para o cumprimento desses compromissos deve ser levada em conta a necessidade de que o fluxo de recursos seja adequado, previsível e oportuno, e a importância de distribuir os custos entre as Partes contribuintes incluídas na citada lista.

3. As Partes países desenvolvidos podem também prover recursos financeiros relativos à implementação desta Convenção por canais bilaterais, regionais e outros multilaterais.

4. O grau de efetivo cumprimento dos compromissos assumidos sob esta Convenção das Partes países em desenvolvimento dependerá do cumprimento efetivo dos compromissos assumidos sob esta Convenção pelas Partes países desenvolvidos, no que se refere a recursos financeiros e transferência de tecnologia, e levará plenamente em conta o fato de que o desenvolvimento econômico e social e a erradicação da pobreza são as prioridades primordiais e absolutas das Partes países em desenvolvimento.

5. As Partes devem levar plenamente em conta as necessidades específicas e a situação especial dos países de menor desenvolvimento relativo em suas medidas relativas a financiamento e transferência de tecnologia.

6. As Partes Contratantes devem também levar em conta as condições especiais decorrentes da dependência da diversidade biológica, sua distribuição e localização nas Partes países em desenvolvimento, em particular os pequenos estados insulares.

7. Deve-se também levar em consideração a situação especial dos países em desenvolvimento, inclusive os que são ecologicamente mais vulneráveis, como os que possuem regiões áridas e semiáridas, zonas costeiras e montanhosas.

ARTIGO 21

Mecanismos Financeiros

1. Deve ser estabelecido um mecanismo para prover, por meio de doação ou em bases concessionais, recursos financeiros para os fins desta Convenção, às Partes países em desenvolvimento, cujos elementos essenciais são descritos neste artigo. O mecanismo deve operar, para os fins desta Convenção, sob a autoridade e a orientação da Conferência das Partes, e a ela responder. As operações do mecanismo devem ser realizadas por estrutura institucional a ser decidida pela Conferência das Partes em sua primeira sessão. A Conferência das Partes deve determinar, para os fins desta Convenção, políticas, estratégicas, prioridades programáticas e critérios de aceitabilidade relativos ao acesso e à utilização desses recursos. As Contribuições devem levar em conta a necessidade mencionada no Artigo 20 de que o fluxo de recursos seja previsível, adequado e oportuno, de acordo com o montante de recursos necessários, a ser decidido periodicamente pela Conferência das Partes, bem como a importância da distribuição de custos entre as partes contribuintes incluídas na lista a que se refere o parágrafo 2 do Artigo 20. Contribuições voluntárias podem também ser feitas pelas Partes países desenvolvidos e por outros países e fontes. O mecanismo deve operar sob um sistema de administração democrático e transparente.

2. Em conformidade com os objetivos desta Convenção, a Conferência das partes deve determinar, em usa primeira sessão, políticas, estratégias e prioridades programáticas, bem como diretrizes e critérios detalhados de aceitabilidade para acesso e utilização dos recursos financeiros, inclusive o acompanhamento e a avaliação periódica de sua utilização. A Conferência das Partes deve decidir sobre as providências para a implementação do parágrafo 1 acima após consulta à estrutura institucional encarregada da operação do mecanismo financeiro.

3. A Conferência das Partes deve examinar a eficácia do mecanismo estabelecido neste Artigo, inclusive os critérios e as diretrizes referidas no Parágrafo 2 acima, em não menos que dois anos da entrada em vigor desta Convenção, e a partir de então periodicamente. Com base nesse exame, deve, se necessário, tomar medidas adequadas para melhorar a eficácia do mecanismo.

4. As Partes Contratantes devem estudar a possibilidade de fortalecer as instituições financeiras existentes para prover recursos financeiros para a conservação e a utilização sustentável da diversidade biológica.

ARTIGO 22

Relação com Outras Convenções Internacionais

1. As disposições desta Convenção não devem afetar os direitos e obrigações de qualquer Parte Contratante decorrentes de qualquer acordo internacional existente, salvo se o exercício desses direitos e o cumprimento dessas obrigações cause grave dano ou ameaça à diversidade biológica.

2. As Partes Contratantes devem implementar esta Convenção, no que se refere e ao meio ambiente marinho, em conformidade com os direitos e obrigações dos Estados decorrentes do Direito do mar.

ARTIGO 23

Conferência das Partes

1. Uma Conferência das Partes é estabelecida por esta Convenção. A primeira sessão da Conferência das Partes deve ser convocada pelo Diretor Executivo do Programa das Nações Unidas para o Meio Ambiente no mais tardar dentro de um ano da entrada em vigor desta Convenção. Subsequentemente, sessões ordinárias da Conferência das Partes devem ser realizadas em intervalos a serem determinados pela Conferência em sua primeira sessão.

2. Sessões extraordinárias da Conferência das Partes devem ser realizadas quando for considerado necessário pela Conferência, ou por solicitação escrita de qualquer Parte, desde que, dentro de seis meses após a solicitação ter sido comunicada às Partes pelo Secretariado, seja apoiada por pelo menos um terço das Partes.

3. A Conferência das Partes deve aprovar e adotar por consenso suas regras de procedimento e as de qualquer organismo subsidiário que estabeleça, bem como as normas de administração financeira do Secretariado. Em cada sessão ordinária, a Conferência das Partes deve adotar um orçamento para o exercício até a seguinte sessão ordinária.

4. A Conferência das partes deve manter sob exame a implementação desta Convenção, e, com esse fim, deve:

a) Estabelecer a foram e a periodicidade da comunicação das Informações a serem apresentadas em conformidade com o Artigo 26, e examinar essas Informações, bem como os relatórios apresentados por qualquer órgão subsidiário;

b) Examinar os pareceres científicos, técnicos e tecnológicos apresentados de acordo com o Artigo 25;

c) Examinar e adotar protocolos, caso necessário, em conformidade com o Artigo 28;

d) Examinar e adotar, caso necessário, emendas a esta Convenção e a seus anexos, em conformidade com os Artigos 29 e 30;

e) Examinar emendas a qualquer protocolo, bem como a quaisquer de seus anexos e, se assim decidir, recomendar sua adoção às partes desses protocolos;

f) Examinar e adotar caso necessário, anexos adicionais a esta Convenção, em conformidade com o Artigo 30;

g) Estabelecer os órgãos subsidiários, especialmente de consultoria científica e técnica, considerados necessários à implementação desta Convenção;

h) Entrar em contato, por meio do Secretariado, com os órgãos executivos de Convenções que tratem de assuntos objeto desta Convenção, para com eles estabelecer formas adequadas de cooperação; e

i) Examinar e tomar todas as demais medidas que possam ser necessárias para alcançar os fins desta Convenção, à luz da experiência adquirida na sua implementação.

5. As Nações Unidas, seus organismos especializados e a Agência Internacional de Energia Atômica, bem como qualquer Estado que não seja Parte desta Convenção, podem se fazer representar como observadores nas sessões da Conferência das Partes. Qualquer outro órgão ou organismo, governamental ou não governamental, competente no campo da conservação e da utilização sustentável da diversidade biológica, que informe ao Secretariado do seu desejo de se fazer representar como observador numa sessão da Conferência das Partes, pode ser admitido, a menos que um terço das Partes apresente objeção. A admissão e a participação de observadores deve sujeitar-se às regras de procedimento adotadas pela Conferência das Partes.

ARTIGO 24

Secretariado

1. Fica estabelecido um Secretariado com as seguintes funções:

a) Organizar as sessões da Conferência das Partes prevista no Artigo 23 e prestar-lhes serviço;

b) Desempenhar as funções que lhe atribuam os protocolos;

c) Preparar relatórios sobre o desempenho de suas funções sob esta convenção e apresentá-los à Conferência das Partes;

d) Assegurar a coordenação com outros organismos internacionais pertinentes e, em particular, tomar as providências administrativas e contratuais necessárias para o desempenho eficaz de suas funções; e

e) Desempenhar as demais funções que lhe forem atribuídas pela Conferência das Partes.

2. Em sua primeira sessão ordinária, a Conferência das Partes deve designar o Secretariado dentre as organizações internacionais competentes que se tenham demonstrado dispostas a desempenhar as funções de secretariado previstas nesta Convenção.

ARTIGO 25

Órgão Subsidiário de Assessoramento Científico, Técnico e Tecnológico

1. Fica estabelecido um órgão subsidiário de assessoramento científico, técnico e tecnológico para prestar, em tempo oportuno, à Conferência das Partes e, conforme o caso, aos seus demais órgãos subsidiários, assessoramento sobre a implementação desta Convenção. Este órgão deve estar aberto à participação de todas as Partes e deve ser multidisciplinar. Deve ser composto por representantes governamentais com competências nos campos de especialização pertinentes. Deve apresentar relatórios regularmente à Conferência das Partes sobre todos os aspectos de seu trabalho.

2. Sob a autoridade da Conferência das Partes e de acordo com as diretrizes por ela estabelecidas, e a seu pedido, o órgão deve:

a) Apresentar avaliações científicas e técnicas da situação da diversidade biológica;

b) Preparar avaliações científicas e técnicas dos efeitos dos tipos de medidas adotadas, em conformidade com o previsto nesta Convenção;

c) Identificar tecnologias e conhecimentos técnicos inovadores, eficientes e avançados relacionados à conservação e à utilização sustentável da diversidade biológica e prestar assessoramento sobre as formas e meios de promover o desenvolvimento e/ou a transferência dessas tecnologias;

d) Prestar assessoramento sobre programas científicos e cooperação internacional em pesquisa e desenvolvimento, relativos à conservação e à utilização sustentável da diversidade biológica; e

e) Responder a questões científicas, técnicas, tecnológicas e metodológicas que lhe formulem a Conferência das Partes e seus órgãos subsidiários.

3. As funções, mandato, organização e funcionamento deste órgão podem ser posteriormente melhor definidos pela Conferência das Partes.

ARTIGO 26

Relatórios

Cada Parte Contratante deve, com a periodicidade a ser estabelecida pela Conferência das Partes, apresentar-lhe relatórios sobre medidas que tenha adotado para a implementação dos dispositivos desta Convenção e sobre sua eficácia para alcançar os seus objetivos.

ARTIGO 27

Solução de Controvérsias

1. No caso de controvérsia entre Partes Contratantes no que respeita à interpretação ou aplicação desta Convenção, as Partes envolvidas devem procurar resolvê-la por meio de negociação.

2. Se as Partes envolvidas não conseguirem chegar a um acordo por meio de negociação, podem conjuntamente solicitar os bons ofícios ou a mediação de uma terceira Parte.

3. Ao ratificar, aceitar, ou aprovar esta Convenção ou a ela aderir, ou em qualquer momento posterior, um Estado ou organização de integração econômica regional pode declarar por escrito ao Depositário que, no caso de controvérsia não resolvida de acordo com o § 1º ou o § 2_ acima, aceita como compulsórios um ou ambos dos seguintes meios de solução de controvérsias:

a) arbitragem de acordo com o procedimento estabelecido na Parte 1 do Anexo II;

b) submissão da controvérsia à Corte Internacional de Justiça.

4. Se as Partes na controvérsia não tiverem aceito, de acordo com o parágrafo 3º acima, aquele ou qualquer outro procedimento, a controvérsia deve ser submetida à conciliação de acordo com a Parte 2 do Anexo II, a menos que as Partes concordem de outra maneira.

5. O disposto neste artigo aplica-se a qualquer protocolo salvo se de outra maneira disposto nesse protocolo.

ARTIGO 28

Adoção dos Protocolos

1. As Partes Contratantes devem cooperar na formulação e adoção de protocolos desta Convenção.

2. Os protocolos devem ser adotados em sessão da Conferência das Partes.

3. O texto de qualquer protocolo proposto deve ser comunicado pelo Secretariado às Partes Contratantes pelo menos seis meses antes dessa sessão.

ARTIGO 29

Emendas à Convenção ou Protocolos

1. Qualquer Parte Contratante pode propor emendas a esta Convenção. Emendas a qualquer protocolo podem ser propostas por quaisquer Partes dos mesmos.

2. Emendas a esta Convenção devem ser adotadas em sessão da Conferência das Partes. Emendas a qualquer protocolo devem ser adotadas em sessão das Partes dos protocolos pertinentes. O texto de qualquer emenda proposta a esta Convenção ou a qualquer protocolo, salvo se de outro modo disposto no protocolo, deve ser comunicado às Partes do instrumento pertinente pelo Secretariado pelo menos seis meses antes da sessão na

qual será proposta sua adoção. Propostas de emenda devem também ser comunicadas pelo Secretariado aos signatários desta Convenção, para informação.

3. As Partes devem fazer todo o possível para chegar a acordo por consenso sobre as emendas propostas a esta Convenção ou a qualquer protocolo. Uma vez exauridos todos os esforços para chegar a um consenso sem que se tenha chegado a um acordo a emenda deve ser adotada, em última instância, por maioria de dois terços das Partes do instrumento pertinente presentes e votantes nessa sessão, e deve ser submetida pelo Depositário a todas as Partes para ratificação, aceitação ou aprovação.

4. A ratificação, aceitação ou aprovação de emendas deve ser notificada por escrito ao Depositário. As emendas adotadas em, conformidade com o parágrafo 3º acima devem entrar em vigor entre as Partes que as tenham aceito no nonagésimo dia após o depósito dos instrumentos de ratificação, aceitação ou aprovação de pelo menos dois terços das Partes Contratantes desta Convenção ou das Partes do protocolo pertinente, salvo se de outro modo disposto nesse protocolo. A partir de então, as emendas devem entrar em vigor para qualquer outra Parte no nonagésimo dia após a Parte ter depositado seu instrumento de ratificação, aceitação ou aprovação das emendas.

5. Para os fins deste artigo, "Partes presentes e votantes" significa Partes presentes e que emitam voto afirmativo ou negativo.

ARTIGO 30

Adoção de Anexos e Emendas a Anexos

1. Os anexos a esta Convenção ou a seus protocolos constituem parte integral da Convenção ou do protocolo pertinente, conforme o caso, e, salvo se expressamente disposto de outro modo, qualquer referência a esta Convenção e a seus protocolos constitui ao mesmo tempo referência a quaisquer de seus anexos. Esses anexos devem restringir-se a assuntos processuais, científicos, técnicos e administrativos.

2. Salvo se disposto de outro modo em qualquer protocolo no que se refere a seus anexos, para a proposta, adoção e entrada em vigor de anexos suplementares a esta Convenção ou de anexos a quaisquer de seus protocolos, deve-se obedecer o seguinte procedimento:

a) os anexos a esta Convenção ou a qualquer protocolo devem ser propostos e adotados de acordo com o procedimento estabelecido no artigo. 29;

b) qualquer Parte que não possa aceitar um anexo suplementar a esta Convenção ou um anexo a qualquer protocolo do qual é Parte o deve notificar, por escrito, ao Depositário, dentro de um ano da data da comunicação de sua adoção pelo Depositário. O Depositário deve comunicar sem demora a todas as Partes qualquer notificação desse tipo recebida. Uma Parte pode a qualquer momento retirar uma declaração anterior de objeção, e, assim, os anexos devem entrar em vigor para aquela Parte de acordo com o disposto na alínea c abaixo;

c) um ano após a data da comunicação pelo Depositário de sua adoção, o anexo deve entrar em vigor para todas as Partes desta Convenção ou de qualquer protocolo pertinente que não tenham apresentado uma notificação de acordo com o disposto na alínea b acima.

3. A proposta, adoção e entrada em vigor de emendas aos anexos a esta Convenção ou a qualquer protocolo devem estar sujeitas ao procedimento obedecido no caso da proposta, adoção e entrada em vigor de anexos a esta Convenção ou anexos a qualquer protocolo.

4. Se qualquer anexo suplementar ou uma emenda a um anexo for relacionada a uma emenda a esta Convenção ou qualquer protocolo, este anexo suplementar ou esta emenda somente deve entrar em vigor quando a referida emenda à Convenção ou protocolo estiver em vigor.

ARTIGO 31

Direito de Voto

1. Salvo o disposto no parágrafo 2º abaixo, cada Parte Contratante desta Convenção ou de qualquer protocolo deve ter um voto.

2. Em assuntos de sua competência, organizações de integração econômica regional devem exercer seu direito ao voto com um número de votos igual ao número de seus Estados-Membros que sejam Partes Contratantes desta Convenção ou de protocolo pertinente. Essas organizações não devem exercer seu direito de voto se seus Estados-Membros exercerem os seus, e vice-versa.

ARTIGO 32

Relações entre esta Convenção e seus Protocolos

1. Um Estado ou uma organização de integração econômica regional não pode ser Parte de um protocolo salvo se for, ou se tornar simultaneamente, Parte Contratante desta Convenção.

2. Decisões decorrentes de qualquer protocolo devem ser tomadas somente pelas Partes do protocolo pertinente. Qualquer Parte Contratante que não tenha ratificado, aceito ou aprovado um protocolo pode participar como observadora em qualquer sessão das Partes daquele protocolo.

ARTIGO 33

Assinatura

Esta Convenção está aberta a assinatura por todos os Estados e qualquer organização de integração econômica regional na cidade do Rio de Janeiro de 5 de junho de 1992 a 14 de junho de 1992, e na sede das Nações Unidas em Nova Iorque, de 15 de junho de 1992 a 4 de junho de 1993.

ARTIGO 34

Ratificação, Aceitação ou Aprovação

1. Esta Convenção e seus protocolos estão sujeitos a ratificação, aceitação ou aprovação, pelos Estados e por organizações de integração econômica regional. Os Instrumentos de ratificação, aceitação ou aprovação devem ser depositados junto ao Depositário.

2. Qualquer organização mencionada no parágrafo 1º acima que se torne Parte Contratante desta Convenção ou de quaisquer de seus protocolos, sem que seja Parte contratante nenhum de seus Estados-Membros, deve ficar sujeita a todas as obrigações da Convenção ou do protocolo, conforme o caso. No caso dessas organizações, se um ou mais de seus Estados-Membros for uma Parte Contratante desta Convenção ou de protocolo pertinente, a organização e seus Estados-Membros devem decidir sobre suas respectivas responsabilidades para o cumprimento de suas obrigações previstas nesta Convenção ou no protocolo, conforme o caso. Nesses casos, a organização e os Estados Membros não devem exercer simultaneamente direitos estabelecidos por esta Convenção ou pelo protocolo pertinente.

3. Em seus instrumentos de ratificação, aceitação ou aprovação, as organizações mencionadas no parágrafo 1º acima devem declarar o âmbito de sua competência no que respeita a assuntos regidos por esta Convenção ou por protocolo pertinente. Essas organizações devem também informar ao Depositário de qualquer modificação pertinente no âmbito de sua competência.

ARTIGO 35

Adesão

1. Esta Convenção e quaisquer de seus protocolos estão abertas à adesão de Estados e organizações de integração econômica regional a partir da data em que expire o prazo para a assinatura da Convenção ou do protocolo pertinente. Os instrumentos de adesão devem ser depositados junto ao Depositário.

2. Em seus instrumentos de adesão, as organizações mencionadas no § 1º acima devem declarar o âmbito de suas competências no que respeita aos assuntos regidos por esta Convenção ou pelos protocolos. Essas organizações devem também informar ao Depositário qualquer modificação pertinente no âmbito de suas competências.

3. O disposto no artigo 34, parágrafo 2º, deve aplicar-se a organizações de integração econômica regional que adiram a esta Convenção ou a quaisquer de seus protocolos.

ARTIGO 36

Entrada em Vigor

1. Esta Convenção entra em vigor no nonagésimo dia após a data de depósito do trigésimo instrumento de ratificação, aceitação, aprovação ou adesão.

2. Um protocolo deve entrar em vigor no nonagésimo dia após a data do depósito do número de instrumentos de ratificação, aceitação, aprovação ou adesão estipulada nesse protocolo.

3. Para cada Parte Contratante que ratifique, aceite ou aprove esta Convenção ou a ela adira após o depósito do trigésimo instrumento de ratificação, aceitação, aprovação ou adesão, esta Convenção entra em vigor no nonagésimo dia após a data de depósito pela Parte Contratante do seu instrumento de ratificação, aceitação, aprovação ou adesão.

4. Um protocolo, salvo se disposto de outro modo nesse protocolo, deve entrar em vigor para uma Parte Contratante que o ratifique, aceite ou aprove ou a ele adira após sua entrada em vigor de acordo com o parágrafo 2º acima, no nonagésimo dia após a data do depósito do instrumento de ratificação, aceitação, aprovação ou adesão por essa Parte Contratante, ou na data em que esta Convenção entre em vigor para essa Parte Contratante, a que for posterior.

5. Para os fins dos parágrafos 1 e 2 acima, os instrumentos depositados por uma organização de integração econômica regional não devem ser contados como adicionais àqueles depositados por Estados-Membros dessa organização.

ARTIGO 37

Reservas

Nenhuma reserva pode ser feita a esta Convenção.

ARTIGO 38

Denúncias

1. Após dois anos da entrada em vigor desta Convenção para uma Parte Contratante, essa Parte Contratante pode a qualquer momento denunciá-la por meio de notificação escrita ao Depositário.

2. Essa denúncia tem efeito um ano após a data de seu recebimento pelo Depositário, ou em data posterior se assim for estipulado na notificação de denúncia.

3. Deve ser considerado que qualquer Parte Contratante que denuncie esta Convenção denuncia também os protocolos de que é Parte.

ARTIGO 39

Disposições Financeiras Provisórias

Desde que completamente reestruturado, em conformidade com o disposto no Artigo 21, o Fundo para o Meio Ambiente Mundial, do Programa das Nações Unidas para o Desenvolvimento, do Programa das Nações Unidas para o Meio Ambiente, e do Banco Internacional para a Reconstrução e o Desenvolvimento, deve ser a estrutura institucional provisória a que se refere o Artigo 21, no período entre a entrada em vigor desta Convenção e a primeira sessão da Conferência das Partes ou até que a Conferência das Partes designe uma estrutura institucional em conformidade com o Artigo 21.

ARTIGO 40

Disposições Transitórias para o Secretariado

O Secretariado a ser provido pelo Diretor Executivo do Programa das Nações Unidas para o Meio Ambiente deve ser o Secretariado a que se refere o Artigo 24, parágrafo 2, provisoriamente pelo período entre a entrada em vigor desta Convenção e a primeira sessão da conferência das Partes.

ARTIGO 41

Depositário

O Secretário-Geral das Nações Unidas deve assumir as funções de Depositário desta Convenção e de seus protocolos.

ARTIGO 42

Textos Autênticos

O original desta Convenção, cujos textos em árabe, chinês, espanhol, francês, inglês e russo são igualmente autênticos, deve ser depositado junto ao Secretário-Geral das Nações Unidas.

Em fé do que, os abaixo assinados, devidamente autorizados para esse fim, firmam esta Convenção.

Feita no Rio de Janeiro, aos 5 dias de junho de mil novecentos e noventa e dois.

ANEXO I

IDENTIFICAÇÃO E MONITORAMENTO

1. Ecossistemas e hábitats: compreendendo grande diversidade, grande número de espécies endêmicas ou ameaçadas, ou vida silvestre; os necessários às espécies migratórias; de importância social, econômica, cultural ou científica; ou que sejam representantivos, únicos ou associados a processos evolutivos ou outros processos biológicos essenciais;

2. Espécies e imunidades que: estejam ameaçadas; sejam espécies silvestres aparentadas de espécies domesticadas ou cultivadas; tenham valor medicinal, agrícola ou qualquer outro valor econômico; sejam de importância social, científica ou cultural; ou sejam de importância para a pesquisa sobre a conservação e a utilização sustentável da diversidade biológica, como as espécies de referência; e

3. Genomas e genes descritos como tendo importância social, científica ou econômica.

ANEXO II

PARTE 1 - ARBITRAGEM

Artigo 1

A Parte demandante deve notificar o Secretariado de que as Partes estão submetendo uma controvérsia a arbitragem em conformidade com o Artigo 27. A notificação deve expor o objeto em questão a ser arbitrado, e incluir, em particular, os artigos da Convenção ou do Protocolo de cuja interpretação ou aplicação se tratar a questão. Se as Partes não concordarem no que respeita o objeto da controvérsia, antes de ser o Presidente do tribunal designado, o tribunal de arbitragem deve definir o objeto em questão. O Secretariado deve comunicar a informação assim recebida a todas as Partes Contratantes desta Convenção ou do protocolo pertinente.

Artigo 2

1. Em controvérsias entre duas Partes, o tribunal de arbitragem deve ser composto e três membros. Cada uma das Partes da controvérsia deve nomear um árbitro e os dois árbitros assim nomeados devem designar de comum acordo um terceiro árbitro que deve presidir o tribunal. Este último não pode ser da mesma nacionalidade das Partes em controvérsia, nem ter residência fixa em território de uma das Partes; tampouco deve estar a serviço de nenhuma delas, nem ter tratado do caso a qualquer título.

2. Em controvérsias entre mais de duas Partes, as Partes que tenham o mesmo interesse devem nomear um árbitro de comum acordo.

3. Qualquer vaga no tribunal deve ser preenchida de acordo com o procedimento previsto para a nomeação inicial.

Artigo 3

1. Se o Presidente do tribunal de arbitragem não for designado dentro de dois meses após a nomeação do segundo árbitro, o Secretário-Geral das Nações Unidas, a pedido de uma das partes, deve designar o Presidente no prazo adicional de dois meses.

2. Se uma das Partes em controvérsia não nomear um árbitro no prazo de dois meses após o recebimento da demanda, a outra parte pode disso informar o Secretário- Geral, que deve designá-lo no prazo adicional de dois meses.

Artigo 4

O tribunal de arbitragem deve proferir suas decisões de acordo com o disposto nesta Convenção, em qualquer protocolo pertinente, e com o direito internacional.

Artigo 5

Salvo se as Partes em controvérsia de outro modo concordarem, o tribunal de arbitragem deve adotar suas próprias regras de procedimento.

Artigo 6

O tribunal de arbitragem pode, a pedido de uma das Partes, recomendar medidas provisórias indispensáveis de proteção.

Artigo 7

As Partes em controvérsia devem facilitar os trabalhos do tribunal de arbitragem e, em particular, utilizando todos os meios a sua disposição:

a) Apresentar-lhe todos os documentos, informações e meios pertinentes; e

b) Permitir-lhe, se necessário, convocar testemunhas ou especialistas e ouvir seus depoimentos.

Artigo 8

As Partes e os árbitros são obrigados a proteger a confidencialidade de qualquer informação recebida com esse caráter durante os trabalhos do tribunal de arbitragem.

Artigo 9

Salvo se decidido de outro modo pelo tribunal de arbitragem devido a circunstâncias particulares do caso, os custos do tribunal devem ser cobertos em proporções iguais pelas Partes em controvérsia. O tribunal deve manter um registro de todos os seus gastos, e deve apresentar uma prestação de contas final às Partes.

Artigo 10

Qualquer Parte Contratante que tenha interesse de natureza jurídica no objeto em questão da controvérsia, que possa ser afetado pela decisão sobre o caso, pode intervir no processo com o consentimento do tribunal.

Artigo 11

O tribunal pode ouvir e decidir sobre contra-argumentações diretamente relacionadas ao objeto em questão da controvérsia.

Artigo 12

As decisões do tribunal de arbitragem tanto em matéria processual quanto sobre o fundo da questão devem ser tomadas por maioria de seus membros.

Artigo 13

Se uma das Partes em controvérsia não comparecer perante o tribunal de arbitragem ou não apresentar defesa de sua causa, a outra Parte pode solicitar ao tribunal que continue o processo e profira seu laudo. A ausência de uma das Partes ou a abstenção de uma parte de apresentar defesa de sua causa não constitui impedimento ao processo. Antes de proferir sua decisão final, o tribunal de arbitragem deve certificar-se de que a demanda está bem fundamentada de fato e de direito.

Artigo 14

O tribunal deve proferir sua decisão final em cinco meses a partir da data em que for plenamente constituindo, salvo se considerar necessário prorrogar esse prazo por um período não superior a cinco meses.

Artigo 15

A decisão final do tribunal de arbitragem deve se restringir ao objeto da questão em controvérsia e deve ser fundamentada. Nela devem constar os nomes dos membros que a adotaram e na data. Qualquer membro do tribunal pode anexar à decisão final um parecer em separado ou um parecer divergente.

Artigo 16 A decisão é obrigatória para as Partes em controvérsia. Dela não há recurso, salvo se as Partes em controvérsia houverem concordado com antecedência sobre um procedimento de apelação.

Artigo 17

As controvérsias que surjam entre as partes em controvérsia no que respeita a interpretação ou execução da decisão final pode ser submetida por qualquer uma das Partes à decisão do tribunal que a proferiu.

PARTE 2 - CONCILIAÇÃO

Artigo 1

Uma Comissão de conciliação deve ser criada a pedido de uma das Partes em controvérsia. Essa comissão, salvo se as Partes concordarem de outro modo, deve ser composta de cinco membros, dois nomeados por cada Parte envolvida e um Presidente escolhido conjuntamente pelos membros.

Artigo 2

Em controvérsias entre mais de duas Partes, as Partes com o mesmo interesse devem nomear, de comum acordo, seus membros na comissão. Quando duas ou mais Partes tiverem interesses independentes ou houver discordância sobre o fato de terem ou não o mesmo interesse, as Partes devem nomear seus membros separadamente.

Artigo 3

Se no prazo de dois meses a partir da data do pedido de criação de uma comissão de conciliação, as Partes não houverem nomeado os membros da comissão, o Secretário- Geral das Nações Unidas, por solicitação da Parte que formulou o pedido, deve nomeá-los no prazo adicional de dois meses.

Artigo 4

Se o Presidente da comissão de conciliação não for escolhido nos dois meses seguintes à nomeação do último membro da comissão, o Secretário-Geral das Nações Unidas, por solicitação de uma das Partes, deve designá-lo no prazo adicional de dois meses.

Artigo 5

A comissão de conciliação deverá tomar decisões por maioria de seus membros. Salvo se as Partes em controvérsia concordarem de outro modo, deve definir seus próprios procedimentos. A comissão deve apresentar uma proposta de solução da controvérsia, que as Partes devem examinar em boa fé.

Artigo 6

Uma divergência quanto à competência da comissão de conciliação deve ser decidida pela comissão.

DECRETO N. 2.652, DE 1º DE JULHO DE 1998

Promulga a Convenção-Quadro das Nações Unidas sobre Mudança do Clima, assinada em Nova York, em 9 de maio de 1992.

PROTOCOLO DE QUIOTO À CONVENÇÃO-QUADRO DAS NAÇÕES UNIDAS SOBRE MUDANÇA DO CLIMA

ANEXO AO DECRETO QUE PROMULGA A CONVENÇÃO-QUADRO DAS NAÇÕES UNIDAS SOBRE MUDANÇA DO CLIMA / MRE

As Partes desta Convenção,

Reconhecendo que a mudança do clima da Terra e seus efeitos negativos são uma preocupação comum da humanidade,

Preocupadas com que atividades humanas estão aumentando substancialmente as concentrações atmosféricas de gases de efeito estufa, com que esse aumento de concentrações está intensificando o efeito estufa natural e com que disso resulte, em média, aquecimento adicional da superfície e da atmosfera da Terra e com que isso possa afetar negativamente os ecossistemas naturais e a humanidade,

Observando que a maior parcela das emissões globais, históricas e atuais, de gases de efeito estufa é originária dos países desenvolvidos, que as emissões *per capita* dos países em desenvolvimento ainda são relativamente baixas e que a parcela de emissões globais originárias dos países em desenvolvimento crescerá para que eles possam satisfazer suas necessidades sociais e de desenvolvimento,

Cientes do papel e da importância dos sumidouros e reservatórios de gases de efeito estufa nos ecossistemas terrestres e marinhos,

Observando que as previsões relativas à mudança do clima caracterizam-se por muitas incertezas, particularmente no que se refere a sua evolução no tempo, magnitude e padrões regionais,

Reconhecendo que a natureza global da mudança do clima requer a maior cooperação possível de todos os países e sua participação em uma resposta internacional efetiva e apropriada, conforme suas responsabilidades comuns mas diferenciadas e respectivas capacidades e condições sociais e econômicas,

Lembrando as disposições pertinentes da Declaração da Conferência das Nações Unidas sobre o Meio Ambiente Humano, adotada em Estocolmo em 16 de junho de 1972,

Lembrando também que os Estados, em conformidade com a Carta das Nações Unidas e com os princípios do Direito Internacional, têm o direito soberano de explorar seus próprios recursos segundo suas políticas ambientais e de desenvolvimento e a responsabilidade de assegurar que atividades sob sua jurisdição ou controle não causem dano ao meio ambiente de outros Estados ou de áreas além dos limites da jurisdição nacional,

Reafirmando o princípio da soberania dos Estados na cooperação internacional para enfrentar a mudança do clima,

Reconhecendo que os Estados devem elaborar legislação ambiental eficaz, que as normas ambientais, objetivos administrativos e prioridades devem refletir o contexto ambiental e de desenvolvimento aos quais se aplicam e que as normas aplicadas por alguns países podem ser inadequadas e implicar custos econômicos e sociais injustificados para outros países, particularmente para os países em desenvolvimento,

Lembrando os dispositivos da resolução 44/228 da Assembleia Geral, de 22 de dezembro de 1989, sobre a Conferência das Nações Unidas Sobre Meio Ambiente e Desenvolvimento, e as resoluções 43/53 de 6 de dezembro de 1988, 44/207 de 22 de dezembro de 1989, 45/212 de 21 de dezembro de 1990 e 46/169 de 19 de dezembro de 1991 sobre a proteção do clima mundial para as gerações presentes e futuras da humanidade,

Lembrando também as disposições da resolução 44/206 da Assembleia Geral, de 22 de dezembro de 1989, sobre os possíveis efeitos negativos da elevação do nível do mar sobre ilhas e zonas costeiras, especialmente zonas costeiras de baixa altitude, e as disposições pertinentes da resolução 44/172 da Assembleia Geral, de 19 de dezembro de 1989, sobre a execução do Plano de Ação de Combate à Desertificação,

Lembrando ainda a Convenção de Viena sobre a Proteção da Camada de Ozônio, de 1985, e o Protocolo de Montreal sobre Substâncias que Destroem a Camada de Ozônio, de 1987, conforme ajustado e emendado em 29 de junho de 1990,

Tomando nota da Declaração Ministerial da Segunda Conferência Mundial sobre o Clima, adotada em 7 de novembro de 1990,

Conscientes do valioso trabalho analítico sobre mudança do clima desenvolvido por muitos Estados, das importantes contribuições da Organização Meteorológica Mundial, do Programa das Nações Unidas para o Meio Ambiente e de outros órgãos, organizações e organismos do sistema das Nações Unidas, bem como de outros organismos internacionais e intergovernamentais, para o intercâmbio de resultados de pesquisas científicas e para a coordenação dessas pesquisas,

Reconhecendo que as medidas necessárias à compreensão e à solução da questão da mudança do clima serão ambiental, social e economicamente mais eficazes se fundamentadas em relevantes considerações científicas, técnicas e econômicas e continuamente reavaliadas à luz de novas descobertas nessas áreas,

Reconhecendo que diversas medidas para enfrentar a mudança do clima são, por natureza, economicamente justificáveis, e também podem ajudar a solucionar outros problemas ambientais,

Reconhecendo também a necessidade de os países desenvolvidos adotarem medidas imediatas, de maneira flexível, com base em prioridades bem definidas, como primeiro passo visando a estratégias de resposta abrangentes em níveis global, nacional e, caso assim concordado, regional que levem em conta todos os gases de efeito estufa, com devida consideração a suas contribuições relativas para o aumento do efeito estufa,

Reconhecendo ainda que países de baixa altitude e outros pequenos países insulares, os países com zonas costeiras de baixa altitude, regiões áridas e semiáridas ou regiões sujeitas a inundações, seca e desertificação, bem como os países em desenvolvimento com ecossistemas montanhosos frágeis são particularmente vulneráveis aos efeitos negativos da mudança do clima,

Reconhecendo as dificuldades especiais desses países, especialmente os países em desenvolvimento, cujas economias são particularmente dependentes da produção, utilização e exportação de combustíveis fósseis, decorrentes de medidas para a limitação de emissões de gases de efeito estufa,

Afirmando que as medidas para enfrentar a mudança do clima devem ser coordenadas, de forma integrada, com o desenvolvimento social e econômico, de maneira a evitar efeitos negativos neste último, levando plenamente em conta as legítimas necessidades prioritárias dos países em desenvolvimento para alcançar um crescimento econômico sustentável e erradicar a pobreza,

Reconhecendo que todos os países, especialmente os países em desenvolvimento, precisam ter acesso aos recursos necessários para alcançar um desenvolvimento social e econômico sustentável e que, para que os países em desenvolvimento progridam em direção a essa meta, seus consumos de energia necessitarão aumentar, levando em conta as possibilidades de alcançar maior eficiência energética e de controlar as emissões de gases de efeito estufa em geral, inclusive mediante a aplicação de novas tecnologias em condições que tornem essa aplicação econômica e socialmente benéfica,

Determinadas a proteger o sistema climático para gerações presentes e futuras,

Convieram no seguinte:

ARTIGO 1

Para os propósitos desta Convenção:

1. "Efeitos negativos da mudança do clima" significa as mudanças no meio ambiente físico ou biota resultantes da mudança do clima que tenham efeitos deletérios significativos sobre a composição, resiliência ou produtividade de ecossistemas naturais e administrados, sobre o funcionamento de sistemas socioeconômicos ou sobre a saúde e o bem-estar humanos.

2. "Mudança do clima" significa uma mudança de clima que possa ser direta ou indiretamente atribuída à atividade humana que altere a composição da atmosfera mundial e que se some àquela provocada pela variabilidade climática natural observada ao longo de períodos comparáveis.

3. "Sistema climático" significa a totalidade da atmosfera, hidrosfera, biosfera e geosfera e suas interações.

4. "Emissões" significa a liberação de gases de efeito estufa e/ou seus precursores na atmosfera numa área específica e num período determinado.

5. "Gases de efeito estufa" significa os constituintes gasosos da atmosfera, naturais e antrópicos, que absorvem e reemitem radiação infravermelha.

6. "Organização regional de integração econômica" significa uma organização constituída de Estados soberanos de uma determinada região que tem competência em relação a assuntos regidos por esta Convenção ou seus protocolos, e que foi devidamente autorizada, em conformidade com seus procedimentos internos, a assinar, ratificar, aceitar, aprovar os mesmos ou a eles aderir.

7. "Reservatórios" significa um componente ou componentes do sistema climático no qual fica

armazenado um gás de efeito estufa ou um precursor de um gás de efeito estufa.

8. "Sumidouro" significa qualquer processo, atividade ou mecanismo que remova um gás de efeito estufa, um aerossol ou um precursor de um gás de efeito estufa da atmosfera.

9. "Fonte" significa qualquer processo ou atividade que libere um gás de efeito estufa, um aerossol ou um precursor de gás de efeito estufa na atmosfera.

ARTIGO 2

O objetivo final desta Convenção e de quaisquer instrumentos jurídicos com ela relacionados que adote a Conferência das Partes é o de alcançar, em conformidade com as disposições pertinentes desta Convenção, a estabilização das concentrações de gases de efeito estufa na atmosfera num nível que impeça uma interferência antrópica perigosa no sistema climático. Esse nível deverá ser alcançado num prazo suficiente que permita aos ecossistemas adaptarem-se naturalmente à mudança do clima, que assegure que a produção de alimentos não seja ameaçada e que permita ao desenvolvimento econômico prosseguir de maneira sustentável.

ARTIGO 3

Em suas ações para alcançar o objetivo desta Convenção e implementar suas disposições, as Partes devem orientar-se, inter alia, pelo seguinte:

1. As Partes devem proteger o sistema climático em benefício das gerações presentes e futuras da humanidade com base na equidade e em conformidade com suas responsabilidades comuns mas diferenciadas e respectivas capacidades. Em decorrência, as Partes países desenvolvidos devem tomar a iniciativa no combate à mudança do clima e a seus efeitos.

2. Devem ser levadas em plena consideração as necessidades específicas e circunstâncias especiais das Partes países em desenvolvimento, em especial aqueles particularmente mais vulneráveis aos efeitos negativos da mudança do clima, e das Partes, em especial Partes países em desenvolvimento, que tenham que assumir encargos desproporcionais e anormais sob esta Convenção.

3. As Partes devem adotar medidas de precaução para prever, evitar ou minimizar as causas da mudança do clima e mitigar seus efeitos negativos. Quando surgirem ameaças de danos sérios ou irreversíveis, a falta de plena certeza científica não deve ser usada como razão para postergar essas medidas, levando em conta que as políticas e medidas adotadas para enfrentar a mudança do clima devem ser eficazes em função dos custos, de modo a assegurar benefícios mundiais ao menor custo possível. Para esse fim, essas políticas e medidas devem levar em conta os diferentes contextos socioeconômicos, ser abrangentes, cobrir todas as fontes, sumidouros e reservatórios significativos de gases de efeito estufa e adaptações, e abranger todos os setores econômicos. As Partes interessadas podem realizar esforços, em cooperação, para enfrentar a mudança do clima.

4. As Partes têm o direito ao desenvolvimento sustentável e devem promovê-lo. As políticas e medidas para proteger o sistema climático contra mudanças induzidas pelo homem devem ser adequadas às condições específicas de cada Parte e devem ser integradas aos programas nacionais de desenvolvimento, levando em conta que o desenvolvimento econômico é essencial à adoção de medidas para enfrentar a mudança do clima.

5. As Partes devem cooperar para promover um sistema econômico internacional favorável e aberto conducente ao crescimento e ao desenvolvimento econômico sustentáveis de todas as Partes, em especial das Partes países em desenvolvimento, possibilitando-lhes, assim, melhor enfrentar os problemas da mudança do clima. As medidas adotadas para combater a mudança do clima, inclusive as unilaterais, não devem constituir meio de discriminação arbitrária ou injustificável ou restrição velada ao comércio internacional.

ARTIGO 4
OBRIGAÇÕES

1. Todas as Partes, levando em conta suas responsabilidades comuns mas diferenciadas e suas prioridades de desenvolvimento, objetivos e circunstâncias específicos, nacionais e regionais, devem:

a) Elaborar, atualizar periodicamente, publicar e por à disposição da Conferência das Partes, em conformidade com o Artigo 12, inventários nacionais de emissões antrópicas por fontes e das remoções por sumidouros de todos os gases de efeito estufa não controlados pelo Protocolo de Montreal, empregando metodologias comparáveis a serem acordadas pela Conferência das Partes;

b) Formular, implementar, publicar e atualizar regularmente programas nacionais e, conforme o caso, regionais, que incluam medidas para mitigar a mudança do clima, enfrentando as emissões antrópicas por fontes e remoções por sumidouros de todos os gases de efeito estufa não controlados pelo Protocolo de Montreal, bem como medidas para permitir adaptação adequada à mudança do clima;

c) Promover e cooperar para o desenvolvimento, aplicação e difusão, inclusive transferência, de tecnologias, práticas e processos que controlem, reduzam ou previnam as emissões antrópicas de gases de efeito estufa não controlados pelo Protocolo de Montreal em todos os setores pertinentes, inclusive nos setores de energia, transportes, indústria, agricultura, silvicultura e administração de resíduos;

d) Promover a gestão sustentável, bem como promover e cooperar na conservação e fortalecimento, conforme o caso, de sumidouros e reservatórios de todos os gases de efeito estufa não controlados pelo Protocolo de Montreal, incluindo a biomassa, as florestas e os oceanos como também outros ecossistemas terrestres, costeiros e marinhos;

e) Cooperar nos preparativos para a adaptação aos impactos da mudança do clima; desenvolver e elaborar planos adequados e integrados para a gestão de zonas costeiras, recursos hídricos e agricultura, e para a proteção e recuperação de regiões, particularmente na África, afetadas pela seca e desertificação, bem como por inundações;

f) Levar em conta, na medida do possível, os fatores relacionados com a mudança do clima em suas políticas e medidas sociais, econômicas e ambientais pertinentes, bem como empregar métodos adequados, tais como avaliações de impactos, formulados e definidos nacionalmente, com vistas a minimizar os efeitos negativos na economia, na saúde pública e na qualidade do meio ambiente, provocados por projetos ou medidas aplicadas pelas Partes para mitigarem a mudança do clima ou a ela se adaptarem;

g) Promover e cooperar em pesquisas científicas, tecnológicas, técnicas, socioeconômicas e outras, em observações sistemáticas e no desenvolvimento de bancos de dados relativos ao sistema climático, cuja finalidade seja esclarecer e reduzir ou eliminar as incertezas ainda existentes em relação às causas, efeitos, magnitude e evolução no tempo da mudança do clima e as consequências econômicas e sociais de diversas estratégicas de resposta;

h) Promover e cooperar no intercâmbio pleno, aberto e imediato de informações científicas, tecnológicas, técnicas, socioeconômicas e jurídicas relativas ao sistema climático e à mudança do clima, bem como às consequências econômicas e sociais de diversas estratégias de resposta;

i) Promover e cooperar na educação, treinamento e conscientização pública em relação à mudança do clima, e estimular a mais ampla participação nesse processo, inclusive a participação de organizações não governamentais; e

j) Transmitir à Conferência das Partes informações relativas à implementação, em conformidade com o Artigo 12.

2. As Partes países desenvolvidos e demais Partes constantes do Anexo I se comprometem especificamente com o seguinte:

a) Cada uma dessas Partes deve adotar políticas nacionais 1/ e medidas correspondentes para mitigar a mudança do clima, limitando sua emissões antrópicas de gases de efeito estufa e protegendo e aumentando seus sumidouros e reservatórios de gases de efeito estufa. Essas políticas e medidas demonstrarão que os países desenvolvidos estão tomando a iniciativa no que se refere a modificar as tendências de mais longo prazo das emissões antrópicas em conformidade com o objetivo desta Convenção, reconhecendo que contribuiria para tal modificação a volta, até o final da presente década, a níveis anteriores das emissões antrópicas de dióxido de carbono e de outros gases de efeito estufa não controlados pelo Protocolo de Montreal; e levando em conta as diferentes situações iniciais e enfoques, estruturas econômicas e fontes de recursos dessas Partes, a necessidade de manter um crescimento econômico vigoroso e sustentável, as tecnologias disponíveis e outras circunstâncias individuais, bem como a necessidade de que cada uma dessas Partes contribua equitativa e adequadamente ao esforço mundial voltado para esse objetivo. Essas Partes podem implementar tais políticas e medidas juntamente com outras Partes e podem auxiliar essas outras Partes a contribuírem para que se alcance o objetivo desta Convenção e, particularmente, desta alínea;

b) A fim de promover avanço nesse sentido, cada uma dessas Partes deve apresentar, em conformidade com o Artigo 12, dentro de seis meses da entrada em vigor para si desta Convenção, e periodicamente a partir de então, informações pormenorizadas sobre as políticas e medidas a que se refere a alínea (a) acima, bem como sobre a projeção de suas emissões antrópicas residuais por fontes e de remoções por sumidouros de gases de efeito estufa não controlados pelo Protocolo de Montreal no período a que se refere a alínea (a) acima, com a finalidade de que essas emissões antrópicas de dióxido de carbono e de outros gases de efeito estufa não controlados pelo Protocolo de Montreal voltem, individual ou conjuntamente, a seus níveis de 1990. Essas informações serão examinadas pela Conferência das Partes em sua primeira sessão e periodicamente a partir de então, em conformidade com o Artigo 7;

c) Os cálculos de emissões por fontes e de remoções por sumidouros de gases de efeito estufa para os fins da alínea (b) acima devem levar em conta o melhor conhecimento científico disponível, inclusive o da efetiva capacidade dos sumidouros e as respectivas contribuições de tais gases para a mudança do clima. Em sua primeira sessão e periodicamente a partir de então, a Conferência das Partes deve examinar e definir metodologias a serem empregadas nesses cálculos;

d) Em sua primeira sessão, a Conferência das Partes deve examinar a adequação das alíneas (a) e (b) acima. Esse exame deve ser feito à luz das melhores informações e avaliações científicas disponíveis sobre a mudança do clima e seus efeitos, bem como de informações técnicas, sociais e econômicas pertinentes. Com base nesse exame, a Conferência das Partes deve adotar medidas adequadas, que podem contemplar a adoção de emendas aos compromissos previstos nas alíneas (a) e (b) acima. Em sua primeira sessão, a Conferência das Partes deve também adotar decisões sobre critérios para implementação conjunta indicada na alínea (a) acima. Um segundo exame das alíneas (a) e (b) deve ser feito no mais tardar até 31 de dezembro de 1998 e posteriormente em intervalos regulares determinados pela Conferência das Partes, até que o objetivo desta Convenção seja alcançado;

e) Cada uma dessas Partes deve:

i) coordenar-se, conforme o caso, com as demais Partes indicadas a respeito de instrumentos econômicos e administrativos pertinentes visando a alcançar o objetivo desta Convenção; e

ii) identificar e examinar periodicamente suas próprias políticas e práticas que possam estimular atividades que levem a níveis de emissões antrópicas de gases de efeito estufa não controlados pelo Protocolo de Montreal mais elevados do que normalmente ocorreriam;

f) A Conferência das Partes deve examinar, no mais tardar até 31 dezembro de 1998, informações disponíveis com vistas a adoção de decisões, caso necessário, sobre as emendas às listas dos Anexos I e II, com a aprovação da Parte interessada;

g) Qualquer Parte não incluída no Anexo I pode, em seu instrumento de ratificação, aceitação, aprovação ou adesão, ou posteriormente, notificar o Depositário de sua intenção de assumir as obrigações previstas nas alíneas (a) e (b) acima. O Depositário deve informar os demais signatários e Partes de tais notificações.

3. As Partes países desenvolvidos e demais Partes desenvolvidas incluídas no Anexo II devem prover recursos financeiros novos e adicionais para cobrir integralmente os custos por elas concordados incorridos por Partes países em desenvolvimento no cumprimento de suas obrigações previstas no Artigo 12, parágrafo 1. Também devem prover os recursos financeiros, inclusive para fins de transferência de tecnologias, de que necessitam as Partes países em desenvolvimento para cobrir integralmente os custos adicionais por elas concordados decorrentes da implementação de medidas previstas no parágrafo 1 deste Artigo e que sejam concordados entre uma Parte país em desenvolvimento e a entidade ou entidades internacionais a que se refere o Artigo 11, em conformidade com esse Artigo. Para o cumprimento desses compromissos deve ser levada em conta a necessidade de que o fluxo de recursos seja adequado e previsível e a importância de distribuir os custos entre as Partes países desenvolvidos.

4. As Partes países desenvolvidos e demais Partes desenvolvidas incluídas no Anexo II devem também auxiliar as Partes países em desenvolvimento, particularmente vulneráveis aos efeitos negativos da mudança do clima, a cobrirem os custos de sua adaptação a esses efeitos negativos.

5. As Partes países desenvolvidos e outras Partes desenvolvidas incluídas no Anexo II devem adotar todas as medidas possíveis para promover, facilitar e financiar, conforme o caso, a transferência de tecnologias e de conhecimentos técnicos ambientalmente saudáveis, ou o acesso aos mesmos, a outras Partes, particularmente às Partes países em desenvolvimento, a fim de capacitá-las a implementar as disposições desta Convenção. Nesse processo, as Partes países desenvolvidos devem apoiar o desenvolvimento e a melhoria das capacidades e tecnologias endógenas das Partes países em desenvolvimento. Outras Partes e organizações que estejam em condições de fazê-lo podem também auxiliar a facilitar a transferência dessas tecnologias.

6. No cumprimento de seus compromissos previstos no parágrafo 2 acima, a Conferência das Partes concederá certa flexibilidade às Partes em processo de transição para uma economia de mercado incluídas no Anexo I, a fim de aumentar a capacidade dessas Partes de enfrentar a mudança do clima, inclusive no que se refere ao nível histórico, tomado como referência, de emissões antrópicas de gases de efeito estufa não controlados pelo Protocolo de Montreal.

7. O grau de efetivo cumprimento dos compromissos assumidos sob esta Convenção das Partes países em desenvolvimento dependerá do cumprimento efetivo dos compromissos assumidos sob esta Convenção pelas Partes países desenvolvidos, no que se refere a recursos financeiros e transferência de tecnologia, e levará plenamente em conta o fato de que o desenvolvimento econômico e social e a erradicação da pobreza são as prioridades primordiais e absolutas das Partes países em desenvolvimento.

8. No cumprimento dos compromissos previstos neste Artigo, as Partes devem examinar plenamente que medidas são necessárias tomar sob esta Convenção, inclusive medidas relacionadas a financiamento, seguro e transferência de tecnologias, para atender as necessidades e preocupações específicas das Partes países em desenvolvimento resultantes dos efeitos negativos da mudança do clima e/ou do impacto da implementação de medidas de resposta, em especial:

a) nos pequenos países insulares;

b) nos países com zonas costeiras de baixa altitude;

c) nos países com regiões áridas e semiáridas, áreas de florestas e áreas sujeitas à degradação de florestas;

d) nos países com regiões propensas a desastres naturais;

e) nos países com regiões sujeitas à seca e desertificação;

f) nos países com regiões de alta poluição atmosférica urbana;

g) nos países com regiões de ecossistemas frágeis, inclusive ecossistemas montanhosos;

h) nos países cujas economias dependem fortemente da renda gerada pela produção, processamento, exportação e/ou consumo de combustíveis fósseis e de produtos afins com elevado coeficiente energético; e

i) nos países mediterrâneos e países de trânsito.

Ademais, a Conferência das Partes pode adotar as medidas, conforme o caso, no que se refere a este parágrafo.

9. As Partes devem levar plenamente em conta as necessidades específicas e a situação especial dos países de menor desenvolvimento relativo em suas medidas relativas a financiamentos e transferência de tecnologia.

10. Em conformidade com o Artigo 10, as Partes devem levar em conta, no cumprimento das obrigações assumidas sob esta Convenção, a situação das Partes países em desenvolvimento, cujas economias sejam vulneráveis aos efeitos negativos das medidas de resposta à mudança do clima. Isto aplica-se em especial às Partes cujas economias sejam altamente dependentes da renda gerada pela produção, processamento, exportação e/ou do consumo de combustíveis fósseis e de produtos afins com elevado coeficiente energético e/ou da utilização de combustíveis fósseis cuja substituição lhes acarrete sérias dificuldades.

ARTIGO 5

Pesquisa e observação sistemática

Ao cumprirem as obrigações previstas no Artigo 4, parágrafo 1, alínea (g), as partes devem:

a) Apoiar e promover o desenvolvimento adicional, conforme o caso, de programas e redes ou organizações internacionais e intergovernamentais que visem a definir, conduzir, avaliar e financiar pesquisas, coletas de dados e observação sistemática, levando em conta a necessidade de minimizar a duplicação de esforços;

b) Apoiar os esforços internacionais e intergovernamentais para fortalecer a observação sistemática, as capacidades e recursos nacionais de pesquisa científica e técnica, particularmente nos países em desenvolvimento, e promover o acesso e o intercâmbio de dados e análises obtidas em áreas além dos limites da jurisdição nacional; e

c) Levar em conta as preocupações e necessidades particulares dos países em desenvolvimento e cooperar no aperfeiçoamento de suas capacidades e recursos endógenos para que eles possam participar dos esforços a que se referem as alíneas (a) e (b) acima.

ARTIGO 6

Educação, treinamento e conscientização pública

Ao cumprirem suas obrigações previstas no Artigo 4, parágrafo 1, alínea (i), as Partes devem:

a) Promover e facilitar, em níveis nacional e, conforme o caso, subregional e regional, em conformidade com sua legislação e regulamentos nacionais e conforme suas respectivas capacidades:

i) a elaboração e a execução de programas educacionais e de conscientização pública sobre a mudança do clima e seus efeitos;

ii) o acesso público a informações sobre a mudança do clima e seus efeitos;

iii) a participação pública no tratamento da mudança do clima e de seus efeitos e na concepção de medidas de resposta adequadas; e

iv) o treinamento de pessoal científico, técnico e de direção.

b) Cooperar, em nível internacional e, conforme o caso, por meio de organismos existentes, nas seguintes atividades, e promovê-las:

i) a elaboração e o intercâmbio de materiais educacionais e de conscientização pública sobre a mudança do clima e seus efeitos; e

ii) a elaboração e a execução de programas educacionais e de treinamento, inclusive o fortalecimento de instituições nacionais e o intercâmbio ou recrutamento de pessoal para treinar especialistas nessa área, em particular para os países em desenvolvimento.

ARTIGO 7

Conferência das partes

1. Uma Conferência das Partes é estabelecida por esta Convenção.

2. Como órgão supremo desta Convenção, a Conferência das Partes manterá regularmente sob exame a implementação desta Convenção e de quaisquer de seus instrumentos jurídicos que a Conferência das Partes possa adotar, além de tomar, conforme seu mandato, as decisões necessárias para promover a efetiva implementação desta Convenção. Para tal fim, deve:

a) Examinar periodicamente as obrigações das Partes e os mecanismos institucionais estabelecidos por esta Convenção à luz de seus objetivos, da experiência adquirida em sua implementação e da evolução dos conhecimentos científicos e tecnológicos;

b) Promover e facilitar o intercâmbio de informações sobre medidas adotadas pelas Partes para enfrentar a mudança do clima e seus efeitos, levando em conta as diferentes circunstâncias, responsabilidades e capacidades das Partes e suas respectivas obrigações assumidas sob esta Convenção;

c) Facilitar, mediante solicitação de duas ou mais Partes, a coordenação de medidas por elas adotadas para enfrentar a mudança do clima e seus efeitos, levando em conta as diferentes circunstâncias, responsabilidades e capacidades das Partes e suas respectivas obrigações assumidas sob esta Convenção;

d) Promover e orientar, de acordo com os objetivos e disposições desta Convenção, o desenvolvimento e aperfeiçoamento periódico de metodologias comparáveis, a serem definidas pela Conferência das Partes para, entre outras coisas, elaborar inventários de emissões de gases de efeito estufa por fontes e de remoções por sumidouros e avaliar a eficácia de medidas para limitar as emissões e aumentar as remoções desses gases;

e) Avaliar, com base em todas as informações tornadas disponíveis em conformidade com as disposições desta Convenção, sua implementação pelas Partes; os efeitos gerais das medidas adotadas em conformidade com esta Convenção, em particular os efeitos ambientais, econômicos e sociais; assim como seus impactos cumulativos e o grau de avanço alcançado na consecução do objetivo desta Convenção;

f) Examinar e adotar relatórios periódicos sobre a implementação desta Convenção, e garantir sua publicação;

g) Fazer recomendações sobre quaisquer assuntos necessários à implementação desta Convenção;

h) Procurar mobilizar recursos financeiros em conformidade com o Artigo 4, parágrafos 3, 4 e 5 e com o Artigo 11;

i) Estabelecer os órgãos subsidiários considerados necessários à implementação desta Convenção;

j) Examinar relatórios apresentados por seus órgãos subsidiários e dar-lhes orientação;

k) Definir e adotar, por consenso, suas regras de procedimento e regulamento financeiro, bem como os de seus órgãos subsidiários;

l) Solicitar e utilizar, conforme o caso, os serviços e a cooperação de organizações internacionais e de organismos intergovernamentais e não governamentais competentes, bem como as informações por elas fornecidas; e

m) Desempenhar as demais funções necessárias à consecução do objetivo desta Convenção, bem como todas as demais funções a ela atribuídas por esta Convenção.

3. Em sua primeira sessão, a Conferência das Partes deve adotar suas regras de procedimento e as dos órgãos subsidiários estabelecidos por esta Convenção, que devem incluir procedimentos para a tomada de decisão em assuntos não abrangidos pelos procedimentos decisórios previstos nesta Convenção. Esses procedimentos poderão especificar maiorias necessárias à adoção de certas decisões.

4. A primeira sessão da Conferência das Partes deve ser convocada pelo Secretariado interino mencionado no Artigo 21, e deverá realizar-se no mais tardar dentro de um ano da entrada em vigor desta Convenção. Subsequentemente, sessões ordinárias da Conferência das Partes devem ser realizadas anualmente, a menos que de outra forma decidido pela Conferência das Partes.

5. Sessões extraordinárias da Conferência das Partes devem ser realizadas quando for considerado pela Conferência, ou por solicitação escrita de qualquer Parte, desde que, dentro de seis meses após a solicitação ter sido comunicada às Partes pelo Secretariado, seja apoiada por pelo menos um terço das Partes.

6. As Nações Unidas, seus organismos especializados e a Agência Internacional de Energia Atômica, bem como qualquer Estado-Membro ou observador junto às mesmas que não seja Parte desta Convenção podem se fazer representar como observadores nas sessões da Conferência das Partes. Qualquer outro órgão ou organismo, nacional ou internacional, governamental ou não governamental, competente em assuntos abrangidos por esta Convenção, que informe ao Secretariado do seu desejo de se fazer representar como observador numa sessão da Conferência das Partes, pode ser admitido, a menos que um terço das partes apresente objeção. A admissão e participação de observadores deve sujeitar-se às regras de procedimento adotadas pela Conferência das Partes.

ARTIGO 8

Secretariado

1. Fica estabelecido um Secretariado.

2. As funções do Secretariado são:

a) Organizar as sessões da Conferência das Partes e dos órgãos subsidiários estabelecidos por esta Convenção, e prestar-lhes os serviços necessários;

b) Reunir e transmitir os relatórios a ele apresentados;

c) Prestar assistência às Partes, em particular às Partes países em desenvolvimento, mediante solicitação, na compilação e transmissão de informações necessárias em conformidade com as disposições desta Convenção;

d) Elaborar relatórios sobre suas atividades e apresentá-los à Conferência das Partes;

e) Garantir a necessária coordenação com os secretariados de outros organismos internacionais pertinentes;

f) Estabelecer, sob a orientação geral da Conferência das Partes, mecanismos administrativos e contratuais necessários ao desempenho eficaz de suas funções; e

g) Desempenhar as demais funções de secretariado definidas nesta Convenção e em quaisquer de seus protocolos e todas as demais funções definidas pela Conferência das Partes.

3. Em sua primeira sessão, a Conferência das Partes deve designar um Secretariado permanente e tomar as providências para seu funcionamento.

ARTIGO 9

Órgão subsidiário de assessoramento científico e tecnológico

1. Fica estabelecido um órgão subsidiário de assessoramento científico e tecnológico para prestar, em tempo oportuno, à Conferência das Partes e, conforme o caso, a seus órgãos subsidiários, informações e assessoramento sobre assuntos científicos e tecnológicos relativos a esta Convenção. Esse órgão deve estar aberto à participação de todas as Partes e deve ser multidisciplinar. Deve ser composto por representantes governamentais com competência nos campos de especialização pertinentes. Deve apresentar relatórios regularmente à Conferência das Partes sobre todos os aspectos de seu trabalho.

2. Sob a orientação da Conferência das Partes e recorrendo a organismos internacionais competentes existentes, este órgão deve:

a) Apresentar avaliações do estado do conhecimento científico relativo à mudança do clima e a seus efeitos;

b) Preparar avaliações científicas dos efeitos de medidas adotadas na implementação desta Convenção;

c) Identificar tecnologias e conhecimentos técnicos inovadores, eficientes e mais avançados, bem como prestar assessoramento sobre as formas e meios de promover o desenvolvimento e/ou a transferência dessas tecnologias;

d) Prestar assessoramento sobre programas científicos e cooperação internacional em pesquisa e desenvolvimento, relativos à mudança do clima, bem como sobre formas e meios de apoiar a capacitação endógena em países em desenvolvimento; e

e) Responder a questões científicas, tecnológicas e metodológicas que lhe formulem a Conferência das Partes e seus órgãos subsidiários.

3. As funções e o mandato deste órgão podem ser posteriormente melhor definidos pela Conferência das Partes.

ARTIGO 10

Órgão subsidiário de implementação

1. Fica estabelecido um órgão subsidiário de implementação para auxiliar a Conferência das Partes na avaliação e exame do cumprimento efetivo desta Convenção. Esse órgão deve estar aberto à participação de todas as Partes, e deve ser composto por representantes governamentais especializados em questões relativas à mudança do clima. Deve apresentar regularmente relatórios à Conferência das Partes sobre todos os aspectos de seu trabalho.

2. Sob a orientação da Conferência das Partes, esse órgão deve:

a) Examinar as informações transmitidas em conformidade com o Artigo 12, parágrafo 1, no sentido de avaliar o efeito agregado geral das medidas tomadas pelas Partes à luz das avaliações científicas mais recentes sobre a mudança do clima;

b) Examinar as informações transmitidas em conformidade com o Artigo 12, parágrafo 2, no sentido de auxiliar a Conferência das Partes a realizar os exames requeridos no Artigo 4, parágrafo 2, alínea (d); e

c) Auxiliar a Conferência das Partes, conforme o caso, na preparação e implementação de suas decisões.

ARTIGO 11

Mecanismo financeiro

1. Fica definido um mecanismo para a provisão de recursos financeiros a título de doação ou em base concessional, inclusive para fins de transferência de tecnologia. Esse mecanismo deve funcionar sob a orientação da Conferência das Partes e prestar contas à mesma, a qual deve decidir sobre suas políticas, prioridades programáticas e critérios de aceitabilidade relativos a esta Convenção. Seu funcionamento deve ser confiado a uma ou mais entidades internacionais existentes.

2. O mecanismo financeiro deve ter uma representação equitativa e equilibrada de todas as Partes, num sistema transparente de administração.

3. A Conferência das Partes e a entidade ou entidades encarregadas do funcionamento do mecanismo financeiro devem aprovar os meios para operar os parágrafos precedentes, que devem incluir o seguinte:

a) Modalidades para garantir que os projetos financiados para enfrentar a mudança do clima estejam de acordo com as políticas, prioridades programáticas e critérios de aceitabilidade estabelecidos pela Conferência das Partes;

b) Modalidades pelas quais uma determinada decisão de financiamento possa ser reconsiderada à luz dessas políticas, prioridades programáticas e critérios de aceitabilidade;

c) Apresentação à Conferência das Partes de relatórios periódicos da entidade ou entidades sobre suas operações de financiamento, de forma compatível com a exigência de prestação de contas prevista no parágrafo 1 deste Artigo; e

d) Determinação, de maneira previsível e identificável, do valor dos financiamentos necessários e disponíveis para a implementação desta Convenção e das condições sob as quais esse valor deve ser periodicamente reexaminado.

4. Em sua primeira sessão, a Conferência das Partes deve definir os meios para implementar as disposições precedentes, reexaminando e levando em conta os dispositivos provisórios mencionados no Artigo 21, parágrafo 3, e deve decidir se esses dispositivos provisórios devem ser mantidos. Subsequentemente, dentro de quatro anos, a Conferência das Partes deve reexaminar o mecanismo financeiro e tomar medidas adequadas.

5. As Partes países desenvolvidos podem também prover recursos financeiros relacionados com a implementação desta Convenção mediante canais bilaterais, regionais e multilaterais e as Partes países em desenvolvimento podem deles beneficiar-se.

ARTIGO 12

Transmissão de informações relativas à implementação

1. Em conformidade com o Artigo 4, parágrafo 1, cada Parte deve transmitir à Conferência das Partes, por meio do Secretariado, as seguintes informações:

a) Inventário nacional de emissões antrópicas por fontes e de remoções por sumidouros de todos os gases de efeito estufa não controlados pelo Protocolo de Montreal, dentro de suas possibilidades, usando metodologias comparáveis desenvolvidas e aprovadas pela Conferência das Partes;

b) Descrição geral das medidas tomadas ou previstas pela Parte para implementar esta Convenção; e

c) Qualquer outra informação que a Parte considere relevante para a realização do objetivo desta Convenção e apta a ser incluída em sua comunicação, inclusive, se possível, dados pertinentes para cálculos das tendências das emissões mundiais.

2. Cada Parte país desenvolvido e cada uma das demais Partes citadas no Anexo I deve incluir as seguintes informações em sua comunicação:

a) Descrição pormenorizada das políticas e medidas por ela adotadas para implementar suas obrigações assumidas sob o Artigo 4, parágrafo 2, alíneas (a) e (b); e

b) Estimativa específica dos efeitos que as políticas e medidas mencionadas na alínea (a) acima terão sobre as emissões antrópicas por fontes e remoções por sumidouros de gases de efeito estufa durante o período a que se refere o Artigo 4, parágrafo 2, alínea (a).

3. Ademais, cada Parte país desenvolvido e cada uma das demais Partes desenvolvidas citadas no Anexo II deve incluir pormenores de medidas tomadas em conformidade com o Artigo 4, parágrafos 3, 4 e 5.

4. As Partes países em desenvolvimento podem, voluntariamente, propor projetos para financiamento, inclusive especificando tecnologias, materiais, equipamentos, técnicas ou práticas necessários à execução desses projetos, juntamente, se possível, com estimativa de todos os custos adicionais, de reduções de emissões e aumento de remoções de gases de efeito estufa, bem como estimativas dos benefícios resultantes.

5. Cada Parte país desenvolvido e cada uma das demais Partes incluídas no Anexo I deve apresentar sua comunicação inicial dentro de seis meses da entrada em vigor desta Convenção para essa Parte. Cada Parte não incluída deve apresentar sua comunicação inicial dentro de três anos da entrada em vigor desta Convenção para essa Parte ou a partir da disponibilidade de recursos financeiros de acordo com o Artigo 4, parágrafo 3. As Partes que forem países de menor desenvolvimento relativo podem apresentar sua comunicação inicial quando o desejarem. A frequência das comunicações subsequentes de todas as Partes deve ser determinada pela Conferência das Partes, levando em conta o cronograma diferenciado previsto neste parágrafo.

6. As informações relativas a este Artigo apresentadas pelas Partes devem ser transmitidas pelo Secretariado, tão logo possível, à Conferência das Partes e a quaisquer órgãos subsidiários interessados. Se necessário, a Conferência das Partes pode reexaminar os procedimentos para a transmissão de informações.

7. A partir de sua primeira sessão, a Conferência das Partes deve tomar providências, mediante solicitação, no sentido de apoiar técnica e financeiramente as Partes países em desenvolvimento na compilação e apresentação de informações relativas a este Artigo, bem como de identificar necessidades técnicas e financeiras relativas a projetos propostos e medidas de resposta previstas no Artigo 4. Esse apoio pode ser concedido por outras Partes, por organizações internacionais competentes e pelo Secretariado, conforme o caso.

8. Qualquer grupo de Partes pode, sujeito às diretrizes adotadas pela Conferência das Partes e mediante notificação prévia à Conferência das Partes, apresentar comunicação conjunta no cumprimento de suas obrigações assumidas sob este Artigo, desde que essa comunicação inclua informações sobre o cumprimento, por cada uma dessas Partes, de suas obrigações individuais no âmbito desta Convenção.

9. As informações recebidas pelo Secretariado, que sejam classificadas como confidenciais por uma Parte, em conformidade com critérios a serem estabelecidos pela Conferência das Partes, devem ser compiladas pelo Secretariado de modo a proteger seu caráter confidencial antes de serem colocadas à disposição de quaisquer dos órgãos envolvidos na transmissão e no exame de informações.

10. De acordo com o parágrafo 9 acima, e sem prejuízo da capacidade de qualquer Parte de, a qualquer momento, tornar pública sua comunicação, o Secretariado deve tornar públicas as comunicações feitas pelas Partes em conformidade com este Artigo no momento em que forem submetidas à Conferência das Partes.

ARTIGO 13

Solução de questões relativas à implementação da convenção

Em sua primeira sessão, a Conferência das Partes deve considerar o estabelecimento de um mecanismo de consultas multilaterais, ao qual poderão recorrer as Partes mediante solicitação, para a solução de questões relativas à implementação desta Convenção.

ARTIGO 14

Solução de controvérsias

1. No caso de controvérsia entre duas ou mais Partes no que respeita à interpretação ou aplicação desta Convenção, as Partes envolvidas devem procurar resolvê-las por meio de negociação ou qualquer outro meio pacífico de sua própria escolha.

2. Ao ratificar, aceitar, ou aprovar esta Convenção ou a ela aderir, ou em qualquer momento posterior, qualquer Parte que não seja uma organização de integração econômica regional pode declarar, por escrito ao Depositário, que reconhece como compulsório ipso facto, e sem acordo especial, com respeito a qualquer controvérsia relativa à interpretação ou aplicação desta Convenção e em relação a qualquer Parte que aceite a mesma obrigação:

a) Submissão da controvérsia à Corte Internacional de Justiça e/ou

b) Arbitragem, de acordo com os procedimentos a serem estabelecidos pela Conferência das Partes, o mais breve possível, em anexo sobre arbitragem. Uma Parte que seja uma organização de integração econômica regional pode fazer uma declaração com efeito similar em relação à arbitragem em conformidade com os procedimentos mencionados na alínea (b) acima.

3. Toda declaração feita de acordo com o parágrafo 2 acima permanecerá em vigor até a data de expiração nela prevista ou, no máximo, durante três meses após o depósito, junto ao Depositário, de um aviso por escrito de sua revogação.

4. Toda nova declaração, todo aviso de revogação ou a expiração da declaração não devem afetar, de forma alguma, processos pendentes na Corte Internacional de Justiça ou no tribunal de arbitragem, a menos que as Partes na controvérsia concordem de outra maneira.

5. De acordo com a aplicação do parágrafo 2 acima, se, doze meses após a notificação de uma Parte por outra de que existe uma controvérsia entre elas, as Partes envolvidas não conseguirem solucionar a controvérsia, recorrendo aos meios a que se refere o parágrafo 1 acima, a controvérsia deve ser submetida à conciliação mediante solicitação de qualquer das Partes na controvérsia.

6. Mediante solicitação de uma das Partes na controvérsia, deve ser criada uma comissão de conciliação, composta por um número igual de membros designados por cada Parte interessada e um presidente escolhido conjuntamente pelos membros designados por cada Parte. A comissão deve emitir decisão recomendatória, que deve ser considerada pelas Partes em boa fé.

7. A Conferência das Partes deve estabelecer, o mais breve possível, procedimentos adicionais em relação à conciliação, em anexo sobre conciliação.

8. As disposições deste Artigo aplicam-se a quaisquer instrumentos jurídicos pertinentes que a Conferência das Partes possa adotar, salvo se de outra maneira disposto nesse instrumento.

ARTIGO 15

Emendas à convenção

1. Qualquer Parte pode propor emendas a esta Convenção.

2. As emendas a esta Convenção devem ser adotadas em sessão ordinária da Conferência das Partes. O texto de qualquer emenda proposta a esta Convenção deve ser comunicado às Partes pelo Secretariado pelo menos seis meses antes da sessão na qual será proposta sua adoção. Propostas de emenda devem também ser comunicadas pelo Secretariado aos signatários desta Convenção e ao Depositário, para informação.

3. As Partes devem fazer todo o possível para chegar a acordo por consenso sobre as emendas propostas a esta Convenção. Uma vez exauridos todos os esforços para chegar a um consenso sem que se tenha chegado a um acordo, a emenda deve ser adotada, em última instância, por maioria de três quartos das Partes presentes e votantes nessa sessão. As emendas adotadas devem ser comunicadas pelo Secretariado ao Depositário, que deve comunicá-las a todas as Partes para aceitação.

4. Os instrumentos de aceitação de emendas devem ser depositados junto ao Depositário. As emendas adotadas em conformidade com o parágrafo 3 acima devem entrar em vigor para as Partes que a tenham aceito no nonagésimo dia após o recebimento, pelo Depositário, de instrumentos de aceitação de pelo menos três quartos das Partes desta Convenção.

5. As emendas devem entrar em vigor para qualquer outra Parte no nonagésimo dia após a Parte ter depositado seu instrumento de aceitação das emendas.

6. Para os fins deste Artigo, "Partes presentes e votantes" significa as Partes presentes e que emitam voto afirmativo ou negativo.

ARTIGO 16

Adoção de anexos e emendas aos anexos da convenção

1. Os anexos desta Convenção constituem parte integrante da mesma e, salvo se expressamente disposto de outro modo, qualquer referência a esta Convenção constitui ao mesmo tempo referência a qualquer de seus anexos. Sem prejuízo do disposto no Artigo 14, parágrafo 2, alínea (b) e parágrafo 7, esses anexos devem conter apenas listas, formulários e qualquer outro material descritivo que trate de assuntos científicos, técnicos, processuais ou administrativos.

2. Os anexos desta Convenção devem ser propostos e adotados de acordo com o procedimento estabelecido no Artigo 15, parágrafos 2, 3 e 4.

3. Qualquer anexo adotado em conformidade com o parágrafo 2 acima deve entrar em vigor para todas as Partes desta Convenção seis meses após a comunicação a essas Partes, pelo Depositário, da adoção do anexo, à exceção das Partes que notificarem o Depositário, por escrito e no mesmo prazo, de sua não aceitação do anexo. O anexo deve entrar em vigor para as Partes que tenham retirado sua notificação de não aceitação no nonagésimo dia após o recebimento, pelo Depositário, da retirada dessa notificação.

4. A proposta, adoção e entrada em vigor de emendas aos anexos desta Convenção devem estar sujeitas ao mesmo procedimento obedecido no caso de proposta, adoção e entrada em vigor de anexos desta Convenção, em conformidade com os parágrafos 2 e 3 acima.

5. Se a adoção de um anexo ou de uma emenda a um anexo envolver uma emenda a esta Convenção, esse anexo ou emenda a um anexo somente deve entrar em vigor quando a emenda à Convenção estiver em vigor.

ARTIGO 17

Protocolos

1. Em qualquer de suas sessões ordinárias, a Conferência das Partes pode adotar protocolos a esta Convenção.

2. O texto de qualquer proposta de protocolo deve ser comunicado às Partes pelo Secretariado pelo menos seis meses antes dessa sessão da Conferência das Partes.

3. As exigências para a entrada em vigor de qualquer protocolo devem ser estabelecidas por esse instrumento.

4. Somente Partes desta Convenção podem ser Partes de um protocolo.

5. As decisões no âmbito de qualquer protocolo devem ser exclusivamente tomadas pelas Partes desse protocolo.

ARTIGO 18

Direito de voto

1. Cada Parte desta Convenção tem direito a um voto, à exceção do disposto no parágrafo 2 abaixo.

2. As organizações de integração econômica regional devem exercer, em assuntos de sua competência, seu direito de voto com um número de votos igual ao número de seus Estados- Membros Partes desta Convenção. Essas organizações não devem exercer seu direito de voto se qualquer de seus Estados-Membros exercer esse direito e vice-versa.

ARTIGO 19

Depositário

O Secretário-Geral das Nações Unidas será o Depositário desta Convenção e de protocolos adotados em conformidade com o Artigo 17.

ARTIGO 20

Assinatura

Esta Convenção estará aberta, no Rio de Janeiro, à assinatura de Estados-Membros das Nações Unidas ou de quaisquer de seus organismos especializados, ou que sejam Partes do Estatuto da Corte Internacional de Justiça, e de organizações de integração econômica regional, durante a realização da Conferência das Nações Unidas sobre o Meio Ambiente e Desenvolvimento, e posteriormente na sede das Nações Unidas em Nova York de 20 de junho de 1992 a 19 de junho de 1993.

ARTIGO 21

Disposições transitórias

1. As funções do Secretariado, a que se refere o Artigo 8, devem ser desempenhadas provisoriamente pelo Secretariado estabelecido pela Assembleia Geral das Nações Unidas em sua resolução 45/212 de 21 de dezembro de 1990, até que a Conferência das Partes conclua sua primeira sessão.

2. O chefe do Secretariado provisório, a que se refere o parágrafo 1 acima, deve cooperar estreitamente com o Painel Intergovernamental sobre Mudança do Clima, a fim de assegurar que esse Painel preste assessoramento científico e técnico objetivo. Outras instituições científicas pertinentes também podem ser consultadas.

3. O Fundo para o Meio Ambiente Mundial, do Programa das Nações Unidas para o Desenvolvimento, do Programa das Nações Unidas para o Meio Ambiente e do Banco Internacional para a Reconstrução e o Desenvolvimento, será a entidade internacional encarregada provisoriamente do funcionamento do mecanismo financeiro a que se refere o Artigo 11. Nesse contexto, o Fundo para o Meio Ambiente Mundial deve ser adequadamente reestruturado e sua composição universalizada para permitir-lhe cumprir os requisitos do Artigo 11.

ARTIGO 22

Ratificação, aceitação, aprovação ou adesão

1. Esta Convenção está sujeita a ratificação, aceitação, aprovação ou adesão de Estados e organizações de integração econômica regional. Estará aberta a adesões a partir do dia seguinte à data em que a Convenção não mais esteja aberta a assinaturas. Os instrumentos de ratificação, aceitação, aprovação ou adesão devem ser depositados junto ao Depositário.

2. Qualquer organização de integração econômica regional que se torne parte desta Convenção, sem que seja Parte nenhum de seus Estados-Membros, deve ficar sujeita a todas as obrigações previstas nesta Convenção. No caso de um ou mais Estados-Membros dessas organizações serem Parte desta Convenção, a organização e seus Estados-Membros devem decidir sobre suas respectivas responsabilidades para o cumprimento de suas obrigações previstas nesta Convenção. Nesses casos, as organizações e os Estados-Membros não podem exercer simultaneamente direitos estabelecidos pela Convenção.

3. Em seus instrumentos de ratificação, aceitação, aprovação ou adesão, as organizações de integração econômica regional devem declarar o âmbito de suas competências no que respeita a assuntos regidos por esta Convenção. Essas organizações devem também informar ao Depositário de qualquer modificação substancial no âmbito de suas competências, o qual, por sua vez, deve transmitir essas informações às Partes.

ARTIGO 23

Entrada em vigor

1. Esta Convenção entra em vigor no nonagésimo dia após a data de depósito do quinquagésimo instrumento de ratificação, aceitação, aprovação ou adesão.

2. Para cada Estado ou organização de integração econômica regional que ratifique, aceite ou aprove esta Convenção ou a ela adira após o depósito do quinquagésimo instrumento de ratificação, aceitação, aprovação ou adesão, esta Convenção entra em vigor no nonagésimo dia após a data de depósito do instrumento de ratificação, aceitação, aprovação ou adesão desse Estado ou organização de integração econômica regional.

3. Para os fins dos parágrafos 1 e 2 deste Artigo, o instrumento depositado por uma organização de integração econômica regional não deve ser considerado como adicional àqueles depositados por Estados-Membros dessa organização.

ARTIGO 24

Reservas

Nenhuma reserva pode ser feita a esta Convenção.

ARTIGO 25

Denúncia

1. Após três anos da entrada em vigor da Convenção para uma Parte, essa Parte pode, a qualquer momento, denunciá-la por meio de notificação escrita ao Depositário.

2. Essa denúncia tem efeito um ano após à data de seu recebimento pelo Depositário, ou em data posterior se assim for estipulado na notificação de denúncia.

3. Deve ser considerado que qualquer Parte que denuncie esta Convenção denuncia também os protocolos de que é Parte.

ARTIGO 26

Textos autênticos

O original desta Convenção, cujos textos em árabe, chinês, espanhol, francês, inglês e russo são igualmente autênticos, deve ser depositado junto ao Secretário-Geral das Nações Unidas.

EM FÉ DO QUE, os abaixo assinados, devidamente autorizados para esse fim, firmam esta Convenção.

FEITA em Nova York aos nove dias de maio de mil novecentos e noventa e dois.

ANEXO I

Alemanha
Austrália
Áustria
Belarus a/
Bélgica
Bulgária a/
Canadá
Comunidade Europeia
Croácia a/
Dinamarca
Eslovaquia a/
Eslovênia
Espanha
Estados Unidos da América
Estônia a/
Federação Russa a/
Finlândia
França
Grécia
Hungria a/
Irlanda
Islândia
Itália
Japão
Letônia a/
Liechtenstein
Lituânia a/
Luxemburgo
Mônaco
Noruega
Nova Zelândia
Países Baixos
Polônia a/
Portugal
Reino Unido da Grã-Bretanha e Irlanda do Norte
República Tcheca a/
Romênia a/
Suécia
Suíça
Turquia
Ucrânia a/

DECRETO N. 3.167, DE 14 DE SETEMBRO DE 1999

Promulga a Convenção sobre a Prevenção e Punição de Crimes Contra Pessoas que Gozam de Proteção Internacional, inclusive Agentes Diplomáticos, concluída em Nova York, em 14 de dezembro de 1973, com a reserva prevista no parágrafo 2º do art. 13 da Convenção.

CONVENÇÃO SOBRE A PREVENÇÃO E PUNIÇÃO DE CRIMES CONTRA PESSOAS QUE GOZAM DE PROTEÇÃO INTERNACIONAL, INCLUSIVE AGENTES DIPLOMÁTICOS

A Assembleia Geral,

Considerando que a codificação e o desenvolvimento progressivo do direito internacional contribuem para a realização dos propósitos e princípios estabelecidos nos Artigos 1 e 2 da Carta das Nações Unidas,

Lembrando que, em resposta à solicitação formulada na resolução 2780 (XXVI) da Assembleia Geral, em 3 de dezembro de 1971, a Comissão de Direito Internacional, em sua vigésima-quarta sessão, estudou a questão da proteção e da inviolabilidade de agentes diplomáticos e outras pessoas com direito a gozar de proteção especial por parte do direito internacional, e elaborou um projeto de Artigos sobre a prevenção e a punição de crimes contra tais pessoas,

Tendo examinado o projeto de Artigos, bem como os comentários e observações pertinentes apresentados pelos Estados, organismos especializados e outras organizações intergovernamentais, em resposta ao convite formulado pela Assembleia Geral em sua resolução 2926 (XXVII), de 28 de novembro de 1972,

Convencida da importância de chegar-se a um acordo internacional quanto às medidas apropriadas e eficazes para a prevenção e a punição de crimes contra agentes diplomáticos e outras pessoas que gozam de proteção internacional, tendo em vista a grave ameaça a manutenção e à promoção do desenvolvimento de relações amistosas e de cooperação entre os Estados, criada pela perpetração de tais crimes,

Tendo elaborado, para esse fim, os dispositivos contidos na Convenção anexada à presente resolução,

1. Adota a Convenção sobre a Prevenção e Punição de Crimes contra Pessoas que Gozam de Proteção Internacional, inclusive Agentes Diplomáticos, anexada à presente resolução;
2. Torna a salientar a grande importância das normas de direito internacional, no que se refere à inviolabilidade e proteção especial que hão de gozar as pessoas protegidas por legislação internacional, e às obrigações concomitantes dos Estados;
3. Considera que a Convenção anexada à presente resolução possibilitará aos Estados dar cumprimento a suas obrigações de modo mais eficiente;
4. Reconhece, igualmente, que os dispositivos da Convenção anexada à presente resolução não poderão, de forma alguma, prejudicar o exercício do legítimo direito à autodeterminação e independência, em conformidade com os propósitos e princípios da Carta das Nações Unidas e da Declaração sobre os Princípios de Direito Internacional, que dizem respeito às Relações Amistosas e a Cooperação entre os Estados, em conformidade com a Carta das Nações Unidas, por parte dos povos que lutam contra o colonialismo, a dominação estrangeira, a ocupação estrangeira, a discriminação racial e o «apartheid»;
5. Convida os Estados a tornarem-se partes da Convenção anexada;
6. Decide que a presente resolução, cujos dispositivos referem-se à Convenção anexada, será publicada sempre junto com esta 2.202ª sessão plenária 14 de dezembro de 1973.

ANEXO
CONVENÇÃO SOBRE A PREVENÇÃO E A PUNIÇÃO DE CRIMES CONTRA PESSOAS QUE GOZAM DE PROTEÇÃO INTERNACIONAL, INCLUSIVE AGENTES DIPLOMÁTICOS

Os Estados Partes da presente Convenção,

Conscientes dos propósitos e princípios da Carta das Nações Unidas, no que se refere à manutenção da paz internacional e à promoção das relações amistosas e da cooperação entre os Estados,

Considerando que os crimes contra agentes diplomáticos e outras pessoas que gozam de proteção internacional, ao pôr em risco a segurança das mesmas, representam uma séria ameaça para a manutenção de relações internacionais normais, necessárias à cooperação entre os Estados,

Julgando que a perpetração de tais crimes constitui motivo de grave preocupação para a comunidade Internacional,

Convencidos de que urge adotar medidas apropriadas e eficazes visando à prevenção e a punição de tais crimes,

Acordaram o seguinte:

Artigo 1

Para as finalidades da presente Convenção:

1. A expressão «pessoa que goza de proteção internacional», aplicar-se-á:

a) a todo Chefe de Estado, inclusive a todo membro de um órgão colegiado que, por delegação da constituição do respectivo Estado, possa desempenhar as funções de Chefe de Estado, a todo Chefe de Governo, ou a todo Ministro das Relações Exteriores, sempre que tal pessoa encontre-se em um Estado estrangeiro, assim como aos membros de sua família que o acompanham;

b) a todo representante ou funcionário de um Estado, inclusive a todo agente oficial ou outro de uma organização intergovernamental, que, na ocasião e no local em que se comete um crime contra a sua pessoa, contra o seu local oficial de trabalho, contra a sua residência particular ou contra o seu meio de transporte, tenha direito, em conformidade com a legislação internacional, a proteção especial contra qualquer atentado à sua pessoa, liberdade ou dignidade, ou aos membros de sua família que constituem o seu lar;

2. A expressão «autor presumido do crime» aplicar-se-á a toda pessoa sobre a qual existem elementos de prova suficientes para determinar *prima facie* que a mesma cometeu um ou mais dos crimes estipulados no Artigo 2, ou deles participou.

Artigo 2

A perpetração intencional de:

a) assassinato, seqüestro ou outro tipo de atentado contra a pessoa ou a liberdade de uma pessoa que goza de proteção internacional;

b) atentado violento contra as dependências oficiais, contra a residência particular ou contra os meios de transporte de uma pessoa que goza de proteção internacional, tal que possa constituir ameaça para a sua pessoa ou para a liberdade desta pessoa;

c) ameaça de perpetrar semelhante atentado;

d) tentativa de perpetrar semelhante atentado; e

e) ato que implique em participação como cúmplice em semelhante atentado, será enquadrada como crime por todo Estado, parte da presente Convenção, em sua respectiva legislação.

2. Todo Estado Parte fará com que tais crimes sejam passíveis de punição mediante penas apropriadas, as quais levem em conta a natureza grave dos mesmos.

3. Os parágrafos 1 e 2 do presente Artigo não serão, de forma alguma, interpretados em detrimento da obrigação dos Estados Partes, em conformidade com o direito internacional, de tomar todas as medidas apropriadas para impedir outros tipos de atentado à pessoa, à liberdade ou à dignidade de uma pessoa que goza de proteção internacional.

Artigo 3

1. Todo Estado Parte tomará as medidas que forem necessárias para estabelecer a sua jurisdição sobre os crimes estipulados no Artigo 2, nos seguintes casos:

a) quando o crime for cometido no território do referido Estado ou a bordo de navio ou aeronave nele registrado;

b) quando o autor presumido do crime for nacional daquele Estado;

c) quando o crime for cometido contra pessoa que goza de proteção internacional, tal como definida no Artigo 1, a qual usufrui dessa condição em virtude das funções que exerce em nome do dito Estado.

2. Todo Estado Parte deverá, igualmente, tomar as medidas que forem necessárias para o estabelecimento de sua jurisdição sobre tais crimes, caso o autor presumido do crime encontre-se em seu território, e o referido Estado não proceder à sua extradição, em conformidade com o Artigo 8, para nenhum dos Estados mencionados no parágrafo 1 do presente Artigo.

3. A presente Convenção não exclui nenhuma jurisdição penal exercida em conformidade com a legislação interna.

Artigo 4

Os Estados Partes deverão cooperar para a prevenção dos crimes estipulados no Artigo 2, em particular:

a) tomar todas as medidas ao seu alcance para impedir que, em seus respectivos territórios, realizem-se preparativos para a execução de tais crimes, dentro ou fora de seus territórios;

b) trocar informações e coordenar a adoção de medidas administrativas e outras, conforme proceda, para impedir a perpetração de tais crimes.

Artigo 5

1. O Estado Parte em cujo território for cometido um ou mais dos crimes estipulados no Artigo 2, caso tenha razões bem fundadas para crer que o autor presumido do crime fugiu de seu território, deverá dar conhecimento aos demais Estados interessados, diretamente ou por intermédio do Secretário-Geral das Nações Unidas, de todos os fatos pertinentes ao crime cometido e de todas as informações de que disponha sobre a identidade do autor presumido do crime.

2. Quando um ou mais dos crimes estipulados no Artigo 2 for cometido contra pessoa que goza de proteção internacional, todo Estado Parte que dispuser de informações relativas à vítima e às circunstâncias do crime, deverá envidar todos os esforços para transmiti-las, em conformidade com o disposto na respectiva legislação, de forma integral e em tempo hábil, ao Estado Parte em do qual a mesma exercia as suas funções.

Artigo 6

1. Se entender que as circunstâncias assim o justificam, o Estado Parte, em cujo território o autor presumido do crime encontra-se, adotará as medidas apropriadas, em conformidade com o disposto na respectiva legislação, para garantir a presença do mesmo para fins de instauração de processo penal ou de extradição. Tais medidas deverão ser comunicadas sem dilação diretamente ou por intermédio do Secretário-Geral das Nações Unidas:

a) ao Estado em que o crime foi cometido;

b) ao Estado ou aos Estados dos quais o autor presumido do crime é nacional, ou, se se tratar de apátrida, em cujo território o mesmo tenha residência permanente;

c) ao Estado ou aos Estados dos quais a pessoa que goza de proteção internacional é nacional, ou em nome dos quais esteja exercendo as suas funções;

d) a todos os demais Estados interessados; e

e) à organização internacional da qual a pessoa que goza de proteção internacional é funcionário ou agente.

2. Toda pessoa contra a qual sejam adotadas as medidas previstas no parágrafo 1 deste Artigo terá direito a:

a) comunicar-se sem dilação, com o representante competente mais próximo do Estado de que é nacional, ou do Estado a que, por outras razões, compete proteger os seus direitos, ou, se se tratar de pessoa apátrida, do Estado que se dispuser, mediante solicitação da mesma, a proteger os seus direitos;

b) receber a visita de um representante desse Estado.

Artigo 7

O Estado Parte em cujo território encontra-se o autor presumido do crime, caso não proceder à extradição do mesmo, deverá, sem nenhuma exceção e sem dilação injustificada, submeter o assunto às autoridades competentes, para fins de instauração de processo penal, em conformidade com o disposto na respectiva legislação.

Artigo 8

1 Na medida em que os crimes estipulados no Artigo 2 não constem como crimes passíveis de extradição em nenhum dos tratados celebrados entre os Estados Partes, tais crimes, não obstante, serão assim considerados em decorrência da presente Convenção. Os Estados Partes comprometem-se a incluir tais crimes entre aqueles passíveis de extradição em todo tratado de extradição que venham a celebrar no futuro.

2. Se um Estado Parte, o qual condiciona a extradição à existência de um tratado, receber um pedido de extradição de outro Estado Parte, com o qual não mantém tratado de extradição, o Estado Parte solicitado poderá, a seu juízo, tomar a presente Convenção como fundamento legal para a extradição, no que diz respeito aos referidos crimes. A extradição estará sujeita aos trâmites processuais e demais condições previstas na legislação do Estado solicitado.

3. Os Estados Partes que não condicionam a extradição à existência de um tratado, reconhecerão os crimes previstos no Artigo 1 como passíveis de extradição entre eles, estando a mesma sujeita aos trâmites processuais e demais condições previstas na legislação do Estado solicitado.

4. Os crimes ora referidos serão considerados, para fins de extradição entre os Estados Partes, como tendo sido cometidos não somente no lugar onde ocorreram, mas também nos territórios dos Estados Partes obrigados a estabelecer a sua jurisdição, em conformidade com o parágrafo 1 do Artigo 3.

Artigo 9

Toda pessoa contra a qual seja instaurada ação penal relativa a um ou mais crimes estipulados no Artigo 2, deverá receber garantias de tratamento eqüitativo em todas as etapas do processo.

Artigo 10

1. Os Estados Partes prestar-se-ão a maior ajuda possível, no que diz respeito aos processos penais relativos aos crimes estipulados no Artigo 2 inclusive a apresentação de todas as provas necessárias ao processo de que disponham.

2. Os dispositivos do parágrafo 1 do presente Artigo não atingirão as obrigações relativas à cooperação judicial estipuladas em qualquer outro tratado.

Artigo 11

O Estado Parte, onde o autor presumido do crime responde a ação penal deverá comunicar o resultado final do processo ao Secretário-Geral das Nações Unidas, que transmitirá a informação aos demais Estados Partes.

Artigo 12

Os dispositivos da presente Convenção não atingirão a aplicação dos tratados de asilo, vigentes na data de adoção da presente Convenção, no que diz respeito aos Estados Partes dos referidos tratados; entretanto, um Estado Parte da presente Convenção não poderá invocar tais tratados com relação a outro Estado Parte da presente Convenção que não seja parte daqueles.

Artigo 13

1. Toda controvérsia entre dois ou mais Estados Partes, relativa à interpretação ou aplicação da presente Convenção, caso não seja resolvida pela via de negociação, deverá, por solicitação de uma das Partes, ser submetida à arbitragem. Se, dentro de seis meses a partir da data de solicitação da arbitragem, as Partes não chegarem a um acordo quanto à forma da arbitragem, qualquer das Partes poderá submeter a controvérsia à Corte Internacional de Justiça, mediante solicitação, em conformidade com o Estatuto da Corte.

2. Todo Estado Parte poderá, por ocasião da assinatura ou ratificação da presente Convenção, ou de sua adesão a ela, declarar que não se considera obrigado pelos dispositivos do parágrafo 1 do presente Artigo. Os demais Estados Partes não estarão obrigados pelos referidos dispositivos com respeito a qualquer Estado Parte que tenha formulado semelhante reserva.

3. Todo Estado Parte que tiver formulado a reserva prevista no parágrafo 2 do presente Artigo, poderá suspendê-la, a qualquer momento, mediante notificação dirigida ao Secretário-Geral das Nações Unidas.

Artigo 14

A presente Convenção estará aberta à assinatura de todos os Estados até o dia 31 de dezembro de 1974, na Sede das Nações Unidas, em Nova York.

Artigo 15

A presente Convenção deverá ser ratificada. Os instrumentos para ratificação serão depositados junto ao Secretário-Geral das Nações Unidas.

Artigo 16

A presente Convenção estará aberta à adesão de qualquer Estado. Os instrumentos de adesão serão depositados junto ao Secretário-Geral das Nações Unidas.

Artigo 17

1. A presente Convenção entrará em vigor no trigésimo dia após a data do depósito do vigésimo-segundo instrumento de ratificação ou adesão junto ao Secretário-Geral das Nações Unidas.

2. Para todo Estado que ratificar a Convenção, ou a ela aderir, depois do depósito do vigésimo-segundo instrumento de ratificação ou adesão, a presente Convenção entrará em vigor depois do trigésimo dia da data do depósito dos instrumentos de ratificação ou adesão pelos respectivos Estados.

Artigo 18

1. Todo Estado Parte poderá denunciar a presente Convenção, mediante notificação por escrito dirigida ao Secretário-Geral das Nações Unidas.

2. A denúncia entrará em vigor seis meses após a data do recebimento da notificação pelo Secretário-Geral das Nações Unidas.

Artigo 19

O Secretário-Geral das Nações Unidas deverá dar conhecimento a todos os Estados, *inter alia*:

a) das assinaturas à presente Convenção, do depósito dos instrumentos de ratificação ou adesão, em conformidade com o disposto nos

Artigos 14, 15 e 16, e das notificações, dirigidas em conformidade com o disposto no Artigo 18;
b) da data da entrada em vigor da presente Convenção, em conformidade com o disposto no Artigo 17.

Artigo 20

A presente Convenção, cujos textos em árabe, chinês, inglês, francês, russo e espanhol fazem igualmente fé, será depositada junto ao Secretário-Geral das Nações Unidas. Cópias da mesma, devidamente autenticadas, serão transmitidas por este último a todos os Estados signatários.

Em fé do que, os abaixo-assinados, devidamente autorizados a isso por seus respectivos Governos, firmaram a presente Convenção, aberta para assinatura em Nova York, no dia 14 de dezembro de 1973.

DECRETO N. 4.210, DE 24 DE ABRIL DE 2002

Promulga o Protocolo de Ushuaia sobre Compromisso Democrático no Mercosul, Bolívia e Chile.

PROTOCOLO DE USHUAIA SOBRE COMPROMISSO DEMOCRÁTICO NO MERCOSUL, BOLÍVIA E CHILE

Feito na Cidade de Ushuaia, República Argentina, em 24.07.1998

A República Argentina, a República Federativa do Brasil, a República do Paraguai e a República Oriental do Uruguai, Estados-Partes do Mercosul, assim como a República da Bolívia e a República de Chile, doravante denominados Estados-Partes do presente Protocolo,

Reafirmando os princípios e objetivos do Tratado de Assunção e seus Protocolos, assim como os dos Acordos de Integração celebrados entre o Mercosul e a República da Bolívia e entre o Mercosul e a República do Chile,

Reiterando o que expressa a Declaração Presidencial de Las Leñas, de 27 de junho de 1992, no sentido de que a plena vigência das instituições democráticas é condição indispensável para a existência e o desenvolvimento do Mercosul.

Ratificando a Declaração Presidencial sobre Compromisso Democrático no Mercosul e o Protocolo de Adesão àquela Declaração por parte da República da Bolívia e da República do Chile,

Acordam o seguinte:

ARTIGO 1

A plena vigência das instituições democráticas é condição essencial para o desenvolvimento dos processos de integração entre os Estados-Partes do presente Protocolo.

ARTIGO 2

O presente Protocolo se aplicará às relações que decorram dos respectivos Acordos de Integração vigentes entre os Estados-Partes do presente protocolo, no caso de ruptura da ordem democrática em algum deles.

ARTIGO 3

Toda ruptura da ordem democrática em um dos Estados-Partes do presente Protocolo implicará a aplicação dos procedimentos previstos nos artigos seguintes.

ARTIGO 4

No caso de ruptura da ordem democrática em um Estado-Parte do presente Protocolo, os demais Estados-Partes promoverão as consultas pertinentes entre si e com o Estado afetado.

ARTIGO 5

Quando as consultas mencionadas no artigo anterior resultarem infrutíferas, os demais Estados-Partes do presente Protocolo, no âmbito específico dos Acordos de Integração vigentes entre eles, considerarão a natureza e o alcance das medidas a serem aplicadas, levando em conta a gravidade da situação existente.

Tais medidas compreenderão desde a suspensão do direito de participar nos diferentes órgãos dos respectivos processos de integração até a suspensão dos direitos e obrigações resultantes destes processos.

ARTIGO 6

As medidas previstas no artigo 5 precedente serão adotadas por consenso pelos Estados-Partes do presente Protocolo, conforme o caso e em conformidade com os Acordos de Integração vigentes entre eles, e comunicadas ao Estado afetado, que não participará do processo decisório pertinente. Tais medidas entrarão em vigor na data em que se faça a comunicação respectiva.

ARTIGO 7

As medidas a que se refere o artigo 5 aplicadas ao Estado-Parte afetado cessarão a partir da data da comunicação a tal Estado da concordância dos Estados que adotaram tais medidas de que se verificou o pleno restabelecimento da ordem democrática, que deverá ocorrer tão logo o restabelecimento seja efetivo.

ARTIGO 8

O presente Protocolo é parte integrante do Tratado de Assunção e dos respectivos Acordos de Integração celebrados entre o Mercosul e a República da Bolívia e entre o Mercosul e a República do Chile.

ARTIGO 9

O presente Protocolo se aplicará aos Acordos de Integração que venham a ser no futuro celebrados entre o Mercosul e a Bolívia, o Mercosul e o Chile e entre os seis Estados-Partes deste Protocolo, do que se deverá fazer menção expressa em tais instrumentos.

ARTIGO 10

O presente Protocolo entrará em vigor para os Estados-Partes do Mercosul trinta dias depois da data do depósito do quarto instrumento de ratificação junto ao Governo da República do Paraguai.

O presente Protocolo entrará em vigor para os Estados-Partes do Mercosul e a República da Bolívia ou a República do Chile, conforme, o caso, trinta dias depois que a Secretaria Geral da ALADI tenha informado às cinco Partes Signatárias correspondentes que nelas se cumpriram os procedimentos internos para sua incorporação aos respectivos ordenamentos jurídicos nacionais. Feito na Cidade de Ushuaia, República Argentina, no dia vinte e quatro do mês de julho do ano de mil novecentos e noventa e oito, em três originais nos idiomas Espanhol e Português, sendo ambos os textos igualmente autênticos.

PELA REPÚBLICA ARGENTINA
CARLOS SAUL MENEM
GUIDO DI TELLA
PELA REPÚBLICA FEDERATIVA DO BRASIL
FERNANDO HENRIQUE CARDOSO
LUIZ FELIPE LAMPREIA
PELA REPÚBLICA DO PARAGUAI
JUAN CARLOS WASMOSY
RUBEN MELGAREJO LANZONI
PELA REPÚBLICA ORIENTAL DO URUGUAI
JULIO MARIA SANGUINETTI
DIDIER OPERTTI BADAN
PELA REPÚBLICA DA BOLÍVIA
HUGO BANZER JAVIER
MURILLO DE LA ROCHA
PELA REPÚBLICA DO CHILE
EDUARDO FREI RUIZ-TAGLE
JOSE MIGUEL INSULZA

DECRETO N. 4.410, DE 7 DE OUTUBRO DE 2002

Promulga a Convenção Interamericana contra a Corrupção, de 29 de março de 1996, com reserva para o art. XI, parágrafo 1º, inciso "c".

▸ *DOU*, 08.10.2002.

CONVENÇÃO INTERAMERICANA CONTRA A CORRUPÇÃO

Preâmbulo

OS ESTADOS MEMBROS DA ORGANIZAÇÃO DOS ESTADOS AMERICANOS,

CONVENCIDOS de que a corrupção solapa a legitimidade das instituições públicas e atenta contra a sociedade, a ordem moral e a justiça, bem como contra o desenvolvimento integral dos povos;

CONSIDERANDO que a democracia representativa, condição indispensável para a estabilidade, a paz e o desenvolvimento da região, exige, por sua própria natureza, o combate a toda forma de corrupção no exercício das funções públicas e aos atos de corrupção especificamente vinculados a seu exercício;

PERSUADIDOS de que o combate à corrupção reforça as instituições democráticas e evita distorções na economia, vícios na gestão pública e deterioração da moral social;

RECONHECENDO que, muitas vezes, a corrupção é um dos instrumentos de que se serve o crime organizado para concretizar os seus fins;

CONVENCIDOS da importância de gerar entre a população dos países da região uma consciência em relação à existência e à gravidade desse problema e da necessidade de reforçar a participação da sociedade civil na prevenção e na luta contra a corrupção;

RECONHECENDO que a corrupção, em alguns casos, se reveste de transcendência internacional, o que exige por parte dos Estados uma ação coordenada para combatê-la eficazmente;

CONVENCIDOS da necessidade de adotar o quanto antes um instrumento internacional que promova e facilite a cooperação internacional para combater a corrupção e, de modo especial, para tomar as medidas adequadas contra as pessoas que cometam atos de corrupção no exercício das funções públicas ou especificamente vinculados a esse exercício, bem como a respeito dos bens que sejam fruto desses atos;

PROFUNDAMENTE PREOCUPADOS com os vínculos cada vez mais estreitos entre a corrupção e as receitas do tráfico ilícito de entorpecentes, que ameaçam e corroem as atividades comerciais e financeiras legítimas e a sociedade, em todos os níveis;

TENDO PRESENTE que, para combater a corrupção, é responsabilidade dos Estados erradicar a impunidade e que a cooperação entre eles é necessária para que sua ação neste campo seja efetiva; e

DECIDIDOS a envidar todos os esforços para prevenir, detectar, punir e erradicar a corrupção no exercício das funções públicas e nos atos de corrupção especificamente vinculados a seu exercício,

CONVIERAM em assinar a seguinte

CONVENÇÃO INTERAMERICANA CONTRA A CORRUPÇÃO

Artigo I

Definições

Para os fins desta Convenção, entende-se por:

"Função pública" toda atividade, temporária ou permanente, remunerada ou honorária realizada por uma pessoa física em nome do Estado ou a serviço do Estado ou de suas entidades, em qualquer de seus níveis hierárquicos.

"Funcionário público", "funcionário de governo" ou "servidor público" qualquer funcionário ou empregado de um Estado ou de suas entidades, inclusive os que tenham sido selecionados, nomeados ou eleitos para desempenhar atividades ou funções em nome do Estado ou a serviço do Estado em qualquer de seus níveis hierárquicos.

"Bens" os ativos de qualquer tipo, quer sejam móveis ou imóveis, tangíveis ou intangíveis, e os documentos e instrumentos legais que comprovem ou pretendam comprovar a propriedade ou outros direitos sobre estes ativos, ou que se refiram à propriedade ou outros direitos.

Artigo II

Propósitos

Os propósitos desta Convenção são:

I. promover e fortalecer o desenvolvimento, por cada um dos Estados Partes, dos mecanismos necessários para prevenir, detectar, punir e erradicar a corrupção; e

2. promover, facilitar e regular a cooperação entre os Estados Partes a fim de assegurar a eficácia das medidas e ações adotadas para prevenir, detectar, punir e erradicar a corrupção no exercício das funções públicas, bem como os atos de corrupção especificamente vinculados a seu exercício.

Artigo III

Medidas preventivas

Para os fins estabelecidos no artigo II desta Convenção, os Estados Partes convêm em considerar a aplicabilidade de medidas, em seus próprios sistemas institucionais destinadas a criar, manter e fortalecer:

1. Normas de conduta para o desempenho correto, honrado e adequado das funções públicas. Estas normas deverão ter por finalidade prevenir conflitos de interesses, assegurar a guarda e uso adequado dos recursos confiados aos funcionários públicos no desempenho de suas funções e estabelecer medidas e sistemas para exigir dos funcionários públicos que informem as autoridades competentes dos atos de corrupção nas funções públicas de que tenham conhecimento. Tais medidas ajudarão a preservar a confiança na integridade dos funcionários públicos e na gestão pública.

2. Mecanismos para tornar efetivo o cumprimento dessas normas de conduta.

3. Instruções ao pessoal dos órgãos públicos a fim de garantir o adequado entendimento de suas responsabilidades e das normas éticas que regem as suas atividades.

4. Sistemas para a declaração das receitas, ativos e passivos por parte das pessoas que desempenhem funções públicas em determinados cargos estabelecidos em lei e, quando for o caso, para a divulgação dessas declarações.

5. Sistemas de recrutamento de funcionários públicos e de aquisição de bens e serviços por parte do Estado de forma a assegurar sua transparência, equidade e eficiência.

6. Sistemas para arrecadação e controle da renda do Estado que impeçam a prática da corrupção.

7. Leis que vedem tratamento tributário favorável a qualquer pessoa física ou jurídica em relação a despesas efetuadas com violação dos dispositivos legais dos Estados Partes contra a corrupção.

8. Sistemas para proteger funcionários públicos e cidadãos particulares que denunciarem de boa-fé atos de corrupção, inclusive a proteção de sua identidade, sem prejuízo da Constituição do Estado e dos princípios fundamentais de seu ordenamento jurídico interno.

9. Órgãos de controle superior, a fim de desenvolver mecanismos modernos para prevenir, detectar, punir e erradicar as práticas corruptas.

10. Medidas que impeçam o suborno de funcionários públicos nacionais e estrangeiros, tais como mecanismos para garantir que as sociedades mercantis e outros tipos de associações mantenham registros que, com razoável nível de detalhe, reflitam com exatidão a aquisição e alienação de ativos e mantenham controles contábeis internos que permitam aos funcionários da empresa detectarem a ocorrência de atos de corrupção.

11. Mecanismos para estimular a participação da sociedade civil e de organizações não governamentais nos esforços para prevenir a corrupção.

12. O estudo de novas medidas de prevenção, que levem em conta a relação entre uma remuneração equitativa e a probidade no serviço público.

Artigo IV

Âmbito

Esta Convenção é aplicável sempre que o presumido ato de corrupção seja cometido ou produza seus efeitos em um Estado Parte.

Artigo V

Jurisdição

1. Cada Estado Parte adotará as medidas que forem necessárias para estabelecer sua jurisdição sobre os delitos que tiver tipificado nos termos desta Convenção, quando o delito for cometido em seu território.

2. Cada Estado Parte poderá adotar as medidas que sejam necessárias para estabelecer sua jurisdição em relação aos delitos que haja tipificado, nos termos desta Convenção, quando o delito for cometido por um de seus cidadãos ou por uma pessoa que tenha sua residência habitual em seu território.

3. Cada Estado Parte adotará as medidas que sejam necessárias para estabelecer sua jurisdição em relação aos delitos que haja tipificado, nos termos desta Convenção, quando o suspeito se encontrar em seu território e a referida parte não o extraditar para outro país por motivo da nacionalidade do suspeito.

4. Esta Convenção não exclui a aplicação de qualquer outra regra de jurisdição penal estabelecida por uma parte em virtude de sua legislação nacional.

Artigo VI

Atos de corrupção

I. Esta Convenção é aplicável aos seguintes atos de corrupção:

a. a solicitação ou a aceitação, direta ou indiretamente, por um funcionário público ou pessoa que exerça funções públicas, de qualquer objeto de valor pecuniário ou de outros benefícios como dádivas, favores, promessas ou vantagens para si mesmo ou para outra pessoa ou entidade em troca da realização ou omissão de qualquer ato no exercício de suas funções públicas;

b. a oferta ou outorga, direta ou indiretamente, a um funcionário público ou pessoa que exerça funções públicas, de qualquer objeto de valor pecuniário ou de outros benefícios como dádivas, favores, promessas ou vantagens a esse funcionário público ou outra pessoa ou entidade em troca da realização ou omissão de qualquer ato no exercício de suas funções públicas;

c. a realização, por parte de um funcionário público ou pessoa que exerça funções públicas, de qualquer ato ou omissão no exercício de suas funções, a fim de obter ilicitamente benefícios para si mesmo ou para um terceiro;

d. o aproveitamento doloso ou a ocultação de bens provenientes de qualquer dos atos a que se refere este artigo; e

e. a participação, como autor, coautor, instigador, cúmplice, acobertador ou mediante qualquer outro modo na perpetração, na tentativa de perpetração ou na associação ou confabulação para perpetrar qualquer dos atos a que se refere este artigo.

2. Esta Convenção também é aplicável por acordo mútuo entre dois ou mais Estados Partes com referência a quaisquer outros atos de corrupção que a própria Convenção não defina.

Artigo VII

Legislação interna

Os Estados Partes que ainda não o tenham feito adotarão as medidas legislativas ou de outra natureza que forem necessárias para tipificar como delitos em seu direito interno os atos de corrupção descritos no artigo VI, parágrafo I, e para facilitar a cooperação entre eles nos termos desta Convenção.

Artigo VIII

Suborno transnacional

Sem prejuízo de sua Constituição e dos princípios fundamentais de seu ordenamento jurídico, cada Estado Parte proibirá e punirá o oferecimento ou outorga, por parte de seus cidadãos, pessoas que tenham residência habitual em seu território e empresas domiciliadas no mesmo, a um funcionário público de outro Estado, direta ou indiretamente, de qualquer objeto de valor pecuniário ou outros benefícios, como dádivas, favores, promessas ou vantagens em troca da realização ou omissão, por esse funcionário, de qualquer ato no exercício de suas funções públicas relacionado com uma transação de natureza econômica ou comercial.

Entre os Estados Partes que tenham tipificado o delito de suborno transnacional, este será considerado um ato de corrupção para os propósitos desta Convenção.

O Estado Parte que não tenha tipificado o suborno transnacional prestará a assistência e cooperação previstas nesta Convenção relativamente a este delito, na medida em que o permitirem as suas leis.

Artigo IX

Enriquecimento ilícito

Sem prejuízo de sua Constituição e dos princípios fundamentais de seu ordenamento jurídico, os Estados Partes que ainda não o tenham feito adotarão as medidas necessárias para tipificar como delito em sua legislação o aumento do patrimônio de um funcionário público que exceda de modo significativo sua renda legítima durante o exercício de suas funções e que não possa justificar razoavelmente.

Entre os Estados Partes que tenham tipificado o delito de enriquecimento ilícito, este será considerado um ato de corrupção para os propósitos desta Convenção.

O Estado Parte que não tenha tipificado o enriquecimento ilícito prestará a assistência e cooperação previstas nesta Convenção relativamente a este delito, na medida em que o permitirem as suas leis.

Artigo X

Notificação

Quando um Estado Parte adotar a legislação a que se refere o parágrafo I dos artigos VIII e IX, notificará o Secretário-Geral da Organização dos Estados Americanos, que, por sua vez, notificará os demais Estados Partes. Os delitos de suborno transnacional e de enriquecimento ilícito, no que se refere a este Estado Parte, serão considerados atos de corrupção para os propósitos desta Convenção a partir de 30 dias, contados da data da referida notificação.

Artigo XI

Desenvolvimento Progressivo

l. A fim de impulsionar o desenvolvimento e a harmonização das legislações nacionais e a consecução dos objetivos desta Convenção, os Estados Partes julgam conveniente considerar a tipificação das seguintes condutas em suas legislações e a tanto se comprometem:

a. o aproveitamento indevido, em benefício próprio ou de terceiros, por parte do funcionário público ou pessoa no exercício de funções públicas de qualquer tipo de informação reservada ou privilegiada da qual tenha tomado conhecimento em razão ou por ocasião do desempenho da função pública;

b. o uso ou aproveitamento indevido, em benefício próprio ou de terceiros por parte de funcionário público ou pessoa que exerça funções públicas de qualquer tipo de bens do Estado ou de empresas ou instituições em que este tenha parte aos quais tenha tido acesso em razão ou por ocasião do desempenho da função;

c. toda ação ou omissão realizada por qualquer pessoa que, por si mesma ou por interposta pessoa, ou atuando como intermediária, procure a adoção, por parte da autoridade pública, de uma decisão em virtude da qual obtenha ilicitamente, para si ou para outrem, qualquer benefício ou proveito, haja ou não prejuízo para o patrimônio do Estado; e

d. o desvio de bens móveis ou imóveis, dinheiro ou valores pertencentes ao Estado para fins não relacionados com aqueles aos quais se destinavam a um organismo descentralizado ou a um particular, praticado, em benefício próprio ou de terceiros, por funcionários públicos que os tiverem recebido em razão de seu cargo, para administração, guarda ou por outro motivo.

2. Entre os Estados Partes que os tenham tipificado, estes delitos serão considerados atos de corrupção para os propósitos desta Convenção.

3. O Estado Parte que não tiver tipificado qualquer dos delitos definidos neste artigo prestará a assistência e cooperação previstas nesta Convenção relativamente a esses delitos, na medida em que o permitirem as suas leis.

Artigo XII

Efeitos sobre o patrimônio do Estado

Para os fins desta Convenção, não será exigível que os atos de corrupção nela descritos produzam prejuízo patrimonial para o Estado.

Artigo XIII

Extradição

1. Este artigo será aplicado aos delitos tipificados pelos Estados Partes de conformidade com esta Convenção.

2. Cada um dos delitos a que se aplica este artigo será considerado como incluído entre os delitos que dão lugar a extradição em todo tratado de extradição vigente entre os Estados Partes. Os Estados Partes comprometem-se a incluir esses delitos como base para a concessão da extradição em todo tratado de extradição que celebrarem entre si.

3. Se um Estado Parte que subordinar a extradição à existência de um tratado receber uma solicitação de extradição de outro Estado Parte com o qual não estiver vinculado por nenhum tratado de extradição, poderá considerar esta Convenção como a base jurídica da extradição em relação aos delitos a que se aplica este artigo.

4. Os Estados Partes que não subordinarem a extradição à existência de um tratado reconhecerão os delitos a que se aplica este artigo como delitos suscetíveis de extradição entre si.

5. A extradição estará sujeita às condições previstas pela legislação do Estado Parte requerido ou pelos tratados de extradição aplicáveis, incluídos os motivos pelos quais o Estado Parte requerido pode recusar a extradição.

6. Se a extradição solicitada em razão de um delito a que se aplique este artigo foi recusada baseando-se exclusivamente na nacionalidade da pessoa reclamada, ou por o Estado Parte requerido considerar-se competente, o Estado Parte requerido submeterá o caso a suas autoridades competentes para julgá-lo, a menos que tenha sido acordado em contrário com o Estado Parte requerente, e o informará oportunamente do seu resultado final.

7. Sem prejuízo do disposto em seu direito interno e em seus tratados de extradição, o Estado Parte requerido, por solicitação do Estado Parte requerente, poderá depois de certificar-se de que as circunstâncias o justificam e têm caráter urgente proceder à detenção da pessoa cuja extradição se solicitar e que se encontrar em seu território, ou adotar outras medidas adequadas para assegurar seu comparecimento nos trâmites de extradição.

Artigo XIV

Assistência e cooperação

1. Os Estados Partes prestarão a mais ampla assistência recíproca, em conformidade com suas leis e com os tratados aplicáveis, dando curso às solicitações emanadas de suas autoridades que, de acordo com seu direito interno, tenham faculdades para investigar ou processar atos de corrupção definidos nesta Convenção, com vistas à obtenção de provas e à realização de outros atos necessários para facilitar os processos e as diligências ligadas à investigação ou processo penal por atos de corrupção.

2. Além disso, os Estados Partes prestarão igualmente a mais ampla cooperação técnica recíproca sobre as formas e métodos mais efetivos para prevenir, detectar, investigar e punir os atos de corrupção. Com esta finalidade, facilitarão o intercâmbio de experiências por meio de acordos e reuniões entre os órgãos e instituições competentes e dispensarão atenção especial às formas e métodos de participação civil na luta contra a corrupção.

Artigo XV

Medidas sobre bens

1. Em conformidade com as legislações nacionais aplicáveis e os tratados pertinentes ou outros acordos que estejam em vigor entre eles, os Estados Partes prestarão mutuamente a mais ampla assistência possível para identificar, localizar, bloquear, apreender e confiscar bens obtidos ou provenientes da prática dos delitos tipificados de acordo com esta Convenção, ou os bens usados para essa prática, ou o respectivo produto.

2. O Estado Parte que executar suas próprias sentenças de confisco, ou as sentenças de outro Estado Parte, a respeito dos bens ou produtos mencionados no parágrafo anterior deste artigo, disporá desses bens ou produtos segundo sua própria legislação. Na medida em que o permitirem suas leis e nas condições que considere adequadas, esse Estado Parte poderá transferir esses bens ou produtos, total ou parcialmente, para outro Estado Parte que tenha prestado assistência na investigação ou nas diligências judiciais conexas.

Artigo XVI

Sigilo bancário

l. O Estado Parte requerido não poderá negar-se a proporcionar a assistência solicitada pelo Estado Parte requerente alegando sigilo bancário. Este artigo será aplicado pelo Estado Parte requerido em conformidade com seu direito interno, com suas disposições processuais e com os acordos bilaterais ou multilaterais que o vinculem ao Estado Parte requerente.

2. O Estado Parte requerente compromete-se a não usar informações protegidas por sigilo bancário que receba para propósito algum que não o do processo que motivou a solicitação, salvo com autorização do Estado Parte requerido.

Artigo XVII

Natureza do Ato

Para os fins previstos nos artigos XIII, XIV, XV e XVI desta Convenção, o fato de os bens provenientes do ato de corrupção terem sido destinados a finalidades políticas ou a alegação de que um ato de corrupção foi cometido por motivações ou finalidades políticas não serão suficientes, por si sós, para considerá-lo como delito político ou como delito comum vinculado a um delito político.

Artigo XVIII

Autoridades centrais

1. Para os propósitos da assistência e cooperação internacionais previstas nesta Convenção, cada Estado Parte poderá designar uma autoridade central ou utilizar as autoridades centrais previstas nos tratados pertinentes ou outros acordos.

2. As autoridades centrais estarão encarregadas de formular e receber as solicitações de assistência e cooperação a que se refere esta Convenção.

3. As autoridades centrais comunicar-se-ão de forma direta para os efeitos desta Convenção.

Artigo XIX

Aplicação no Tempo

Sem prejuízo dos princípios constitucionais, do ordenamento jurídico interno de cada Estado e dos tratados vigentes entre os Estados Partes, o fato de o presumido ato de corrupção ter sido cometido antes desta Convenção entrar em vigor não impedirá a cooperação processual em assuntos criminais, entre os Estados Partes. Esta disposição não afetará em caso algum o princípio da não retroatividade da lei penal nem sus aplicação interromperá os prazos de prescrição que estejam correndo em relação aos delitos anteriores à data da entrada em vigor desta Convenção.

Artigo XX

Outros acordos ou práticas

Nenhuma das normas desta Convenção será interpretada no sentido de impedir que os Estados Partes prestem, reciprocamente, cooperação com base no previsto em outros acordos internacionais, bilaterais ou multilaterais, vigentes ou que forem celebrados no futuro entre eles, ou em qualquer outro acordo ou prática aplicável.

Artigo XXI

Assinatura

Esta Convenção ficará aberta à assinatura dos Estados membros da Organização dos Estados Americanos.

Artigo XXII

Ratificação

Esta Convenção está sujeita a ratificação. Os instrumentos de ratificação serão depositados na Secretaria-Geral da Organização dos Estados Americanos.

Artigo XXIII

Adesão

Esta Convenção ficará aberta à adesão de qualquer outro Estado. Os instrumentos de adesão serão depositados na Secretaria-Geral da Organização dos Estados Americanos.

Artigo XXIV

Reserva

Os Estados Partes poderão formular reservas a esta Convenção no momento de aprová-la, assiná-la, ratificá-la ou a ela aderir, desde que sejam compatíveis com o objeto e propósitos da Convenção e versem sobre uma ou mais disposições específicas.

Artigo XXV

Entrada em vigor

Esta Convenção entrará em vigor no trigésimo dia a partir da data em que haja sido depositado o segundo instrumento de ratificação. Para cada Estado que ratificar a Convenção ou a ela aderir depois de haver sido depositado o segundo instrumento de ratificação, a Convenção entrará em vigor no trigésimo dia a partir da data em que esse Estado haja depositado seu instrumento de ratificação ou de adesão.

Artigo XXVI

Denúncia

Esta Convenção vigorará por prazo indefinido, mas qualquer dos Estados Partes poderá denunciá-la. O instrumento de denúncia será depositado na Secretaria-Geral da Organização dos Estados Americanos. Transcorrido um ano da data do depósito do instrumento de denúncia, os efeitos da Convenção cessarão para o Estado denunciante, mas subsistirão para os demais Estados Partes.

Artigo XXVII

Protocolos adicionais

Qualquer Estado Parte poderá submeter à consideração dos outros Estados Partes, por ocasião de um período de sessões da Assembleia Geral da Organização dos Estados Americanos, projetos de protocolos adicionais a esta Convenção, com a finalidade de contribuir para a consecução dos propósitos relacionados no artigo II.

Cada protocolo adicional estabelecerá as modalidades de sua entrada em vigor e será aplicado somente entre os Estados Partes nesse protocolo.

Artigo XXVIII

Depósito do instrumento original

O instrumento original desta Convenção, cujos textos em português, espanhol, francês e inglês são igualmente autênticos, será depositado na Secretaria-Geral da Organização dos Estados Americanos, que enviará cópia autenticada do seu texto ao Secretariado das Nações Unidas, para seu registro de publicação, de conformidade com o artigo 102 da Carta das Nações Unidas. A Secretaria-Geral da Organização dos Estados Americanos notificará aos Estados membros da referida Organização e aos Estados que houverem aderido à Convenção as assinaturas e os depósitos de instrumentos de ratificação, adesão e denúncia, bem como as reservas eventualmente formuladas.

DECRETO N. 4.463, DE 8 DE NOVEMBRO DE 2002

Promulga a Declaração de Reconhecimento da Competência Obrigatória da Corte Interamericana de Direitos Humanos, sob reserva de reciprocidade, em consonância com o art. 62 da Convenção Americana sobre Direitos Humanos (Pacto de São José), de 22 de novembro de 1969.

- *DOU*, 11.11.2002.

O Presidente da República, no uso da atribuição que lhe confere o art. 84, inciso IV, da Constituição, e

Considerando que pelo Decreto n. 678, de 6 de novembro de 1992, foi promulgada a Convenção Americana sobre Direitos Humanos (Pacto de São José), de 22 de novembro de 1969;

Considerando que o Congresso Nacional aprovou, pelo Decreto Legislativo n. 89, de 3 de dezembro de 1998, solicitação de reconhecimento da competência obrigatória da Corte Interamericana de Direitos Humanos, em todos os casos relativos à interpretação ou aplicação da Convenção, de acordo com o previsto no art. 62 daquele instrumento;

Considerando que a Declaração de aceitação da competência obrigatória da Corte Interamericana de Direitos Humanos foi depositada junto à Secretaria-Geral da Organização dos Estados Americanos em 10 de dezembro de 1998,

Decreta:

ART. 1º É reconhecida como obrigatória, de pleno direito e por prazo indeterminado, a competência da Corte Interamericana de Direitos Humanos em todos os casos relativos à interpretação ou aplicação da Convenção Americana de Direitos Humanos (Pacto de São José), de 22 de novembro de 1969, de acordo com art. 62 da citada Convenção, sob reserva de reciprocidade e para fatos posteriores a 10 de dezembro de 1998.

ART. 2º Este Decreto entra em vigor na data de sua publicação.

Brasília, 8 de novembro de 2002; 181º da Independência e 114º da República.

FERNANDO HENRIQUE CARDOSO

DECRETO N. 4.982, DE 9 DE FEVEREIRO DE 2004

Promulga o Protocolo de Olivos para a Solução de Controvérsias no Mercosul.

PROTOCOLO DE OLIVOS PARA A SOLUÇÃO DE CONTROVÉRSIAS NO MERCOSUL

- Aprovado no Brasil pelo Dec. Leg. 712/2003.
- Substitui o Protocolo de Brasília para a Solução de Controvérsias

A República Argentina, a República Federativa do Brasil, a República do Paraguai e a República Oriental do Uruguai, doravante denominados "Estados-Partes";

Tendo em conta o Tratado de Assunção, o Protocolo de Brasília e o Protocolo de Ouro Preto;

Reconhecendo que a evolução do processo de integração no âmbito do Mercosul requer o aperfeiçoamento do sistema de solução de controvérsias;

Considerando a necessidade de garantir a correta interpretação, aplicação e cumprimento dos instrumentos fundamentais do processo de integração e do conjunto normativo do Mercosul, de forma consistente e sistemática;

Convencidos da conveniência de efetuar modificações específicas no sistema de solução de controvérsias de maneira a consolidar a segurança jurídica no âmbito do Mercosul;

Acordaram o seguinte:

CAPÍTULO I
CONTROVÉRSIAS ENTRE ESTADOS-PARTES

ARTIGO 1

Âmbito de aplicação

1. As controvérsias que surjam entre os Estados-Partes sobre a interpretação, a aplicação ou o não cumprimento do Tratado de Assunção, do Protocolo de Ouro Preto, dos protocolos e acordos celebrados no marco do Tratado de Assunção, das Decisões do Conselho do Mercado Comum, das Resoluções do Grupo Mercado Comum e das Diretrizes da Comissão de Comércio do Mercosul serão submetidas aos procedimentos estabelecidos no presente Protocolo.

2. As controvérsias compreendidas no âmbito de aplicação do presente Protocolo que possam também ser submetidas ao sistema de solução de controvérsias da Organização Mundial do Comércio ou de outros esquemas preferenciais de comércio de que sejam parte individualmente os Estados-Partes do Mercosul poderão submeter-se a um ou outro foro, à escolha da parte demandante. Sem prejuízo disso, as partes na controvérsia poderão, de comum acordo, definir o foro.

Uma vez iniciado um procedimento de solução de controvérsias de acordo com o parágrafo anterior, nenhuma das partes poderá recorrer a mecanismos de solução de controvérsias estabelecidos nos outros foros com relação a um mesmo objeto, definido nos termos do artigo 14 deste Protocolo.

Não obstante, no marco do estabelecido neste numeral, o Conselho do Mercado Comum regulamentará os aspectos relativos à opção de foro.

CAPÍTULO II
MECANISMOS RELATIVOS A ASPECTOS TÉCNICOS

ARTIGO 2

Estabelecimento dos mecanismos

1. Quando se considere necessário, poderão ser estabelecidos mecanismos expeditos para resolver divergências entre Estados-Partes sobre aspectos técnicos regulados em instrumentos de políticas comerciais comuns.

2. As regras de funcionamento, o alcance desses mecanismos e a natureza dos pronunciamentos a serem emitidos nos mesmos serão definidos e aprovados por Decisão do Conselho do Mercado Comum.

CAPÍTULO III
OPINIÕES CONSULTIVAS

ARTIGO 3

Regime de solicitação

O Conselho do Mercado Comum poderá estabelecer mecanismos relativos à solicitação de opiniões consultivas ao Tribunal Permanente de Revisão definindo seu alcance e seus procedimentos.

CAPÍTULO IV
NEGOCIAÇÕES DIRETAS

ARTIGO 4

Negociações

Os Estados-Partes numa controvérsia procurarão resolvê-la, antes de tudo, mediante negociações diretas.

ARTIGO 5

Procedimento e prazo

1. As negociações diretas não poderão, salvo acordo entre as partes na controvérsia, exceder um prazo de quinze (15) dias a partir da data em que uma delas comunicou à outra a decisão de iniciar a controvérsia.

2. Os Estados-Partes em uma controvérsia informarão ao Grupo Mercado Comum, por intermédio da Secretaria Administrativa do Mercosul, sobre as gestões que se realizarem durante as negociações e os resultados das mesmas.

CAPÍTULO V
INTERVENÇÃO DO GRUPO MERCADO COMUM

ARTIGO 6

Procedimento opcional ante o GMC

1. Se mediante as negociações diretas não se alcançar um acordo ou se a controvérsia for solucionada apenas parcialmente, qualquer dos Estados-Partes na controvérsia poderá

iniciar diretamente o procedimento arbitral previsto no Capítulo VI.

2. Sem prejuízo do estabelecido no numeral anterior, os Estados-Partes na controvérsia poderão, de comum acordo, submetê-la à consideração do Grupo Mercado Comum.

i) Nesse caso, o Grupo Mercado Comum avaliará a situação, dando oportunidade às partes na controvérsia para que exponham suas respectivas posições, requerendo, quando considere necessário, o assessoramento de especialistas selecionados da lista referida no artigo 43 do presente Protocolo.

ii) Os gastos relativos a esse assessoramento serão custeados em montantes iguais pelos Estados-Partes na controvérsia ou na proporção que determine o Grupo Mercado Comum.

3. A controvérsia também poderá ser levada à consideração do Grupo Mercado Comum se outro Estado, que não seja parte na controvérsia, solicitar, justificadamente, tal procedimento ao término das negociações diretas. Nesse caso, o procedimento arbitral iniciado pelo Estado-Parte demandante não será interrompido, salvo acordo entre os Estados-Partes na controvérsia.

ARTIGO 7

Atribuições do GMC

1. Se a controvérsia for submetida ao Grupo Mercado Comum pelos Estados-Partes na controvérsia, este formulará recomendações que, se possível, deverão ser expressas e detalhadas, visando à solução da divergência.

2. Se a controvérsia for levada à consideração do Grupo Mercado Comum a pedido de um Estado que dela não é parte, o Grupo Mercado Comum poderá formular comentários ou recomendações a respeito.

ARTIGO 8

Prazo para intervenção e pronunciamento do GMC

O procedimento descrito no presente Capítulo não poderá estender-se por um prazo superior a trinta (30), dias a partir da data da reunião em que a controvérsia foi submetida à consideração do Grupo Mercado Comum.

CAPÍTULO VI
PROCEDIMENTO ARBITRAL
AD HOC

ARTIGO 9

Início da etapa arbitral

1. Quando não tiver sido possível solucionar a controvérsia mediante a aplicação dos procedimentos referidos nos Capítulos IV e V, qualquer dos Estados-Partes na controvérsia poderá comunicar à Secretaria Administrativa do Mercosul sua decisão de recorrer ao procedimento arbitral estabelecido no presente Capítulo.

2. A Secretaria Administrativa do Mercosul notificará, de imediato, a comunicação ao outro ou aos outros Estados envolvidos na controvérsia e ao Grupo Mercado Comum.

3. A Secretaria Administrativa do Mercosul se encarregará das gestões administrativas que lhe sejam requeridas para a tramitação dos procedimentos.

ARTIGO 10

Composição do Tribunal Arbitral *Ad Hoc*

1. O procedimento arbitral tramitará ante um Tribunal *Ad Hoc* composto de três (3) árbitros.

2. Os árbitros serão designados da seguinte maneira:

i) Cada Estado-Parte na controvérsia designará um (1) árbitro titular da lista prevista no artigo 11.1, no prazo de quinze (15) dias, contado a partir da data em que a Secretaria Administrativa do Mercosul tenha comunicado aos Estados-Partes na controvérsia a decisão de um deles de recorrer à arbitragem.

Simultaneamente, designará da mesma lista, um (1) árbitro suplente para substituir o árbitro titular em caso de incapacidade ou excusa deste em qualquer etapa do procedimento arbitral.

ii) Se um dos Estados-Partes na controvérsia não tiver nomeado seus árbitros no prazo indicado no numeral 2 (*i*), eles serão designados por sorteio pela Secretaria Administrativa do Mercosul em um prazo de dois (2) dias, contado a partir do vencimento daquele prazo, dentre os árbitros desse Estado da lista prevista no artigo 11.1.

3. O árbitro Presidente será designado da seguinte forma:

i) Os Estados-Partes na controvérsia designarão, de comum acordo, o terceiro árbitro, que presidirá o Tribunal Arbitral *Ad Hoc*, da lista prevista no artigo 11.2 (*iii*), em um prazo de quinze (15) dias, contado a partir da data em que a Secretaria Administrativa do Mercosul tenha comunicado aos Estados-Partes na controvérsia a decisão de um deles de recorrer à arbitragem.

Simultaneamente, designarão da mesma lista, um árbitro suplente para substituir o árbitro titular em caso de incapacidade ou excusa deste em qualquer etapa do procedimento arbitral.

O Presidente e seu suplente não poderão ser nacionais dos Estados-Partes na controvérsia.

ii) Se não houver acordo entre os Estados-Partes na controvérsia para escolher o terceiro árbitro dentro do prazo indicado, a Secretaria Administrativa do Mercosul, a pedido de qualquer um deles, procederá a sua designação por sorteio da lista do artigo 11.2 (*iii*), excluindo do mesmo os nacionais dos Estados-Partes na controvérsia.

iii) Os designados para atuar como terceiros árbitros deverão responder, em um prazo máximo de três (3) dias, contado a partir da notificação de sua designação, sobre sua aceitação para atuar em uma controvérsia.

4. A Secretaria Administrativa do Mercosul notificará os árbitros de sua designação.

ARTIGO 11

Listas de árbitros

1. Cada Estado-Parte designará doze (12) árbitros, que integrarão uma lista que ficará registrada na Secretaria Administrativa do Mercosul. A designação dos árbitros, juntamente com o curriculum vitae detalhado de cada um deles, será notificada simultaneamente aos demais Estados-Partes e à Secretaria Administrativa do Mercosul.

i) Cada Estado-Parte poderá solicitar esclarecimentos sobre as pessoas designadas pelos outros Estados-Partes para integrar a lista referida no parágrafo anterior, dentro do prazo de trinta (30) dias, contado a partir de tal notificação.

ii) A Secretaria Administrativa do Mercosul notificará aos Estados-Partes a lista consolidada de árbitros do Mercosul, bem como suas sucessivas modificações.

2. Cada Estado-Parte proporá, ademais, quatro (4) candidatos para integrar a lista de terceiros árbitros. Pelo menos um dos árbitros indicados por cada Estado-Parte para esta lista não será nacional de nenhum dos Estados-Partes do Mercosul.

i) A lista deverá ser notificada aos demais Estados-Partes, por intermédio da Presidência *Pro Tempore*, acompanhada pelo *curriculum vitae* de cada um dos candidatos propostos.

ii) Cada Estado-Parte poderá solicitar esclarecimentos sobre as pessoas propostas pelos demais Estados-Partes ou apresentar objeções justificadas aos candidatos indicados, conforme os critérios estabelecidos no artigo 35, dentro do prazo de trinta (30) dias, contado a partir da notificação dessas propostas.

As objeções deverão ser comunicadas por intermédio da Presidência *Pro Tempore* ao Estado-Parte proponente. Se, em um prazo que não poderá exceder a trinta (30) dias contado da notificação, não se chegar a uma solução, prevalecerá a objeção.

iii) A lista consolidada de terceiros árbitros, bem como suas sucessivas modificações, acompanhadas do *curriculum vitae* dos árbitros, será comunicada pela Presidência *Pro Tempore* à Secretaria Administrativa do Mercosul, que a registrará e notificará aos Estados-Partes.

ARTIGO 12

Representantes e assessores

Os Estados-Partes na controvérsia designarão seus representantes ante o Tribunal Arbitral *Ad Hoc* e poderão ainda designar assessores para a defesa de seus direitos.

ARTIGO 13

Unificação de representação

Se dois ou mais Estados-Partes sustentarem a mesma posição na controvérsia, poderão unificar sua representação ante o Tribunal Arbitral e designarão um árbitro de comum acordo, no prazo estabelecido no artigo 10.2(*i*).

ARTIGO 14

Objeto da controvérsia

1. O objeto das controvérsias ficará determinado pelos textos de apresentação e de resposta apresentados ante o Tribunal Arbitral *Ad Hoc*, não podendo ser ampliado posteriormente.

2. As alegações que as partes apresentem nos textos mencionados no numeral anterior se basearão nas questões que foram consideradas nas etapas prévias, contempladas no presente Protocolo e no Anexo ao Protocolo de Ouro Preto.

3. Os Estados-Partes na controvérsia informarão ao Tribunal Arbitral *Ad Hoc*, nos textos mencionados no numeral 1 do presente artigo, sobre as instâncias cumpridas com anterioridade ao procedimento arbitral e farão uma exposição dos fundamentos de fato e de direito de suas respectivas posições.

ARTIGO 15

Medidas provisórias

1. O Tribunal Arbitral *Ad Hoc* poderá, por solicitação da parte interessada, e na medida

em que existam presunções fundamentadas de que a manutenção da situação poderá ocasionar danos graves e irreparáveis a uma das partes na controvérsia, ditar as medidas provisórias que considere apropriadas para prevenir tais danos.

2. O Tribunal poderá, a qualquer momento, tornar sem efeito tais medidas.

3. Caso o laudo seja objeto de recurso de revisão, as medidas provisórias que não tenham sido deixadas sem efeito antes da emissão do mesmo se manterão até o tratamento do tema na primeira reunião do Tribunal Permanente de Revisão, que deverá resolver sobre sua manutenção ou extinção.

ARTIGO 16

Laudo arbitral

O Tribunal Arbitral *Ad Hoc* emitirá o laudo num prazo de sessenta (60) dias, prorrogáveis por decisão do Tribunal por um prazo máximo de trinta (30) dias, contado a partir da comunicação efetuada pela Secretaria Administrativa do Mercosul às partes e aos demais árbitros, informando a aceitação pelo árbitro Presidente de sua designação.

CAPÍTULO VII
PROCEDIMENTO DE REVISÃO

ARTIGO 17

Recurso de revisão

1. Qualquer das partes na controvérsia poderá apresenta um recurso de revisão do laudo do Tribunal Arbitral *Ad Hoc* ao Tribunal Permanente de Revisão, em prazo não superior a quinze (15) dias a partir da notificação do mesmo.

2. O recurso estará limitado a questões de direito tratadas na controvérsia e às interpretações jurídicas desenvolvidas no laudo do Tribunal Arbitral *Ad Hoc*.

3. Os laudos dos Tribunais *Ad Hoc* emitidos com base nos princípios *ex aequo et bono* não serão suscetíveis de recurso de revisão.

4. A Secretaria Administrativa do Mercosul estará encarregada das gestões administrativas que lhe sejam encomendadas para o trâmite dos procedimentos e manterá informados os Estados-Partes na controvérsia e o Grupo Mercado Comum.

ARTIGO 18

Composição do Tribunal Permanente de Revisão

▸ V. Art 1º, Protocolo Modificativo do Protocolo de Olivos

1. O Tribunal Permanente de Revisão será integrado por cinco (5) árbitros.

2. Cada Estado-Parte do Mercosul designará um (1) árbitro e seu suplente por um período de dois (2) anos, renovável por no máximo dois períodos consecutivos.

3. O quinto árbitro, que será designado por um período de três (3) anos não renovável, salvo acordo em contrário dos Estados-Partes, será escolhido, por unanimidade dos Estados-Partes, da lista referida neste numeral, pelo menos três (3) meses antes da expiração do mandato do quinto árbitro em exercício. Este árbitro terá a nacionalidade de algum dos Estados-Partes do Mercosul, sem prejuízo do disposto no numeral 4 deste Artigo.

Não havendo unanimidade, a designação se fará por sorteio que realizará a Secretaria Administrativa do Mercosul, dentre os integrantes dessa lista, dentro dos dois (2) dias seguintes ao vencimento do referido prazo.

A lista para a designação do quinto árbitro conformar-se-á com oito (8) integrantes. Cada Estado-Parte proporá dois (2) integrantes que deverão ser nacionais dos países do Mercosul.

4. Os Estados-Partes, de comum acordo, poderão definir outros critérios para a designação do quinto árbitro.

5. Pelo menos três (3) meses antes do término do mandato dos árbitros, os Estados-Partes deverão manifestar-se a respeito de sua renovação ou propor novos candidatos.

6. Caso expire o mandato de um árbitro que esteja atuando em uma controvérsia, este deverá permanecer em função até sua conclusão.

7. Aplica-se, no que couber, aos procedimentos descritos neste artigo o disposto no artigo 11.2.

ARTIGO 19

Disponibilidade permanente

Os integrantes do Tribunal Permanente de Revisão, uma vez que aceitem sua designação, deverão estar disponíveis permanentemente para atuar quando convocados.

ARTIGO 20

Funcionamento do Tribunal

▸ V. art 2º, Protocolo Modificativo do Protocolo de Olivos

1. Quando a controvérsia envolver dois Estados-Partes, o Tribunal estará integrado por três (3) árbitros. Dois (2) árbitros serão nacionais de cada Estado-Parte na controvérsia e o terceiro, que exercerá a Presidência, será designado mediante sorteio a ser realizado pelo Diretor da Secretaria Administrativa do Mercosul, entre os árbitros restantes que não sejam nacionais dos Estados-Partes na controvérsia. A designação do Presidente dar-se-á no dia seguinte à interposição do recurso de revisão, data a partir da qual estará constituído o Tribunal para todos os efeitos.

2. Quando a controvérsia envolver mais de dois Estados-Partes, o Tribunal Permanente de Revisão estará integrado pelos cinco (5) árbitros.

3. Os Estados-Partes, de comum acordo, poderão definir outros critérios para o funcionamento do Tribunal estabelecido neste artigo.

ARTIGO 21

Contestação do recurso de revisão e prazo para o laudo

1. A outra parte na controvérsia terá direito a contestar o recurso de revisão interposto, dentro do prazo de quinze (15) dias de notificada a apresentação de tal recurso.

2. O Tribunal Permanente de Revisão pronunciar-se-á sobre o recurso em um prazo máximo de trinta (30) dias, contado a partir da apresentação da contestação a que faz referência o numeral anterior ou do vencimento do prazo para a referida apresentação, conforme o caso. Por decisão do Tribunal, o prazo de trinta (30) dias poderá ser prorrogado por mais quinze (15) dias.

ARTIGO 22

Alcance do pronunciamento

1. O Tribunal Permanente de Revisão poderá confirmar, modificar ou revogar a fundamentação jurídica e as decisões do Tribunal Arbitral *Ad Hoc*.

2. O laudo do Tribunal Permanente de Revisão será definitivo e prevalecerá sobre o laudo do Tribunal Arbitral *Ad Hoc*.

ARTIGO 23

Acesso direto ao Tribunal Permanente de Revisão

1. As partes na controvérsia, culminado o procedimento estabelecido nos artigos 4 e 5 deste Protocolo, poderão acordar expressamente submeter-se diretamente e em única instância ao Tribunal Permanente de Revisão, caso em que este terá as mesmas competências que um Tribunal Arbitral *Ad Hoc*, aplicando-se, no que corresponda, os Artigos 9, 12, 13, 14, 15 e 16 do presente Protocolo.

2. Nessas condições, os laudos do Tribunal Permanente de Revisão serão obrigatórios para os Estados-Partes na controvérsia a partir do recebimento da respectiva notificação, não estarão sujeitos a recursos de revisão e terão, com relação às partes, força de coisa julgada.

ARTIGO 24

Medidas excepcionais e de urgência

O Conselho do Mercado Comum poderá estabelecer procedimentos especiais para atender casos excepcionais de urgência que possam ocasionar danos irreparáveis às Partes.

CAPÍTULOS VIII
LAUDOS ARBITRAIS

ARTIGO 25

Adoção dos laudos

Os laudos do Tribunal Arbitral *Ad Hoc* e os do Tribunal Permanente de Revisão serão adotados por maioria, serão fundamentados e assinados pelo Presidente e pelos demais árbitros. Os árbitros não poderão fundamentar votos em dissidência e deverão manter a confidencialidade da votação. As deliberações também serão confidenciais e assim permanecerão em todo o momento.

ARTIGO 26

Obrigatoriedade dos laudos

1. Os laudos dos Tribunais Arbitrais *Ad Hoc* são obrigatórios para os Estados-Partes na controvérsia a partir de sua notificação e terão, em relação a eles, força de coisa julgada se, transcorrido o prazo previsto no artigo 17.1 para interpor recurso de revisão, este não tenha sido interposto.

2. Os laudos do Tribunal Permanente de Revisão são inapeláveis, obrigatórios para os Estados-Partes na controvérsia a partir de sua notificação e terão, com relação a eles, força de coisa julgada.

ARTIGO 27

Obrigatoriedade do cumprimento dos laudos

Os laudos deverão ser cumpridos na forma e com o alcance com que foram emitidos. A adoção de medidas compensatórias nos termos deste Protocolo não exime o Estado-Parte de sua obrigação de cumprir o laudo.

ARTIGO 28

Recurso de esclarecimento

1. Qualquer dos Estados-Partes na controvérsia poderá solicitar um esclarecimento do laudo do Tribunal Arbitral *Ad Hoc* ou do Tribunal Permanente de Revisão e sobre a forma com que deverá cumprir-se o laudo, dentro de quinze (15) dias subsequentes à sua notificação.

2. O Tribunal respectivo se expedirá sobre o recurso nos quinze (15) dias subsequentes à apresentação da referida solicitação e poderá outorgar um prazo adicional para o cumprimento do laudo.

ARTIGO 29

Prazo e modalidade de cumprimento

1. Os laudos do Tribunal *Ad Hoc* ou os do Tribunal Permanente de Revisão, conforme o caso, deverão ser cumpridos no prazo que os respectivos Tribunais estabelecerem. Se não for estabelecido um prazo, os laudos deverão ser cumpridos no prazo de trinta (30) dias seguintes à data de sua notificação.

2. Caso um Estado-Parte interponha recurso de revisão, o cumprimento do laudo do Tribunal Arbitral *Ad Hoc* será suspenso durante o trâmite do mesmo

3. O Estado-Parte obrigado a cumprir o laudo informará à outra parte na controvérsia, assim como ao Grupo Mercado Comum, por intermédio da Secretaria Administrativa do Mercosul,

sobre as medidas que adotará para cumprir o laudo, dentro dos quinze (15) dia contados desde sua notificação.

ARTIGO 30

Divergências sobre o cumprimento do laudo

1. Caso o Estado beneficiado pelo laudo entenda que as medidas adotadas não dão cumprimendo ao mesmo, terá um prazo de trinta (30) dias, a partir da adoção das mesmas, para levar a situação à consideração do Tribunal Arbitral *Ad Hoc* ou do Tribunal Permanente de Revisão, conforme o caso.

2. O Tribunal respectivo terá um prazo de trinta (30) dias a partir da data que tomou conhecimento da situação para dirimir as questões referidas no numeral anterior.

3. Caso não seja possível a convocação do Tribunal Arbitral *Ad Hoc* que conheceu do caso, outro será conformado com o ou os suplentes necessários mencionados nos artigos 10.2 e 10.3.

CAPÍTULO IX
MEDIDAS COMPENSATÓRIAS

ARTIGO 31

Faculdade de aplicar medidas compensatórias

1. Se um Estado-Parte na controvérsia não cumprir total ou parcialmente o laudo do Tribunal Arbitral, a outra parte na controvérsia terá a faculdade, dentro do prazo de um (1) ano, contado a partir do dia seguinte ao término do prazo referido no artigo 29.1, e independentemente de recorrer aos procedimentos do artigo 30, de iniciar a aplicação de medidas compensatórias temporárias, tais como a suspensão de concessões ou outras obrigações equivalentes, com vistas a obter o cumprimento do laudo.

2. O Estado-Parte beneficiado pelo laudo procurará, em primeiro lugar, suspender as concessões ou obrigações equivalentes no mesmo setor ou setores afetados. Caso considere impraticável ou ineficaz a suspensão no mesmo setor, poderá suspender concessões ou obrigações em outro setor, devendo indicar as razões que fundamentam essa decisão.

3. As medidas compensatórias a serem tomadas deverão ser informadas formalmente pelo Estado-Parte que as aplicará, com uma antecedência mínima de quinze (15) dias, ao Estado-Parte que deve cumprir o laudo.

ARTIGO 32

Faculdade de questionar medidas compensatórias

1. Caso o Estado-Parte beneficiado pelo laudo aplique medidas compensatórias por considerar insuficiente o cumprimento do mesmo, mas o Estado-Parte obrigado a cumprir o laudo considerar que as medidas adotadas são satisfatórias, este último terá um prazo de quinze (15) dias, contado a partir da notificação prevista no artigo 31.3, para levar esta situação à consideração do Tribunal Arbitral *Ad Hoc* ou do Tribunal Permanente de Revisão, conforme o caso, o qual terá um prazo de trinta (30) dias desde a sua constituição para se pronunciar sobre o assunto.

2. Caso o Estado-Parte obrigado a cumprir o laudo considere excessivas as medidas compensatórias aplicadas, poderá solicitar, até quinze (15) dias depois da aplicação dessas medidas, que o Tribunal *Ad Hoc* ou o Tribunal Permanente de Revisão, conforme corresponda, se pronuncie a respeito, em um prazo não superior a (trinta) 30 dias, contado a partir da sua constituição.

i) O Tribunal pronunciar-se-á sobre as medidas compensatórias adotadas. Avaliará, conforme o caso, a fundamentação apresentada para aplicá-las em um setor distinto daquele afetado, assim como sua proporcionalidade com relação às consequências derivadas do não cumprimento do laudo.

ii) Ao analisar a proporcionalidade, o Tribunal deverá levar em consideração, entre outros elementos, o volume e/ou o valor de comércio no setor afetado, bem como qualquer outro prejuízo ou fator que tenha incidido na determinação do nível ou montante das medidas compensatórias.

3. O Estado-Parte que aplicou as medidas deverá adequá-las à decisão do Tribunal em um prazo máximo de dez (10) dias, salvo se o Tribunal estabelecer outro prazo.

CAPÍTULO X
DISPOSIÇÕES COMUNS AOS CAPÍTULOS VI E VII

ARTIGO 33

Jurisdição dos tribunais

Os Estados-Partes declaram reconhecer como obrigatória, ipso facto e sem necessidade de acordo especial, a jurisdição dos Tribunais Arbitrais *Ad Hoc* que em cada caso se constituam para conhecer e resolver as controvérsias a que se refere o presente Protocolo, bem como a jurisdição do Tribunal Permanente de Revisão para conhecer e resolver as controvérsias conforme as competências que lhe confere o presente Protocolo.

ARTIGO 34

Direito aplicável

1. Os Tribunais Arbitrais *Ad Hoc* e o Tribunal Permanente de Revisão decidirão a controvérsia com base no Tratado de Assunção, no Protocolo de Ouro Preto, nos protocolos e acordos celebrados no marco do Tratado de Assunção, nas Decisões do Conselho do Mercado Comum, nas Resoluções do Grupo Mercado Comum e nas Diretrizes da Comissão de Comércio do Mercosul, bem como nos princípios e disposições de Direito Internacional aplicáveis à matéria.

2. A presente disposição não restringe a faculdade dos Tribunais Arbitrais *Ad Hoc* ou a do Tribunal Permanente de Revisão, quando atue como instância direta e única conforme o disposto no artigo 23, de decidir a controvérsia ex aequo et bono, se as partes assim acordarem.

ARTIGO 35

Qualificação dos árbitros

1. Os árbitros dos Tribunais Arbitrais *Ad Hoc* e os do Tribunal Permanente de Revisão deverão ser juristas de reconhecida competência nas matérias que possam ser objeto das controvérsias e ter conhecimento do conjunto normativo do Mercosul.

2. Os árbitros deverão observar a necessária imparcialidade e independência funcional da Administração Pública Central ou direta dos Estados-Partes e não ter interesses de índole alguma na controvérsia. Serão designados em função de sua objetividade, confiabilidade e bom senso.

ARTIGO 36

Custos

1. Os gastos e honorários ocasionados pela atividade dos árbitros serão custeados pelo país que os designe e os gastos e honorários do Presidente do Tribunal Arbitral *Ad Hoc* serão custeados em partes iguais pelos Estados-Partes na controvérsia, a menos que o Tribunal decida distribuí-los em proporção distinta.

2. Os gastos e honorários ocasionados pela atividade dos árbitros do Tribunal Permanente de Revisão serão custeados em partes iguais pelos Estados-Partes na controvérsia, a menos que o Tribunal decida distribuí-los em proporção distinta.

3. Os gastos a que se referem os incisos anteriores poderão ser pagos por intermédio da Secretaria Administrativa do Mercosul. Os pagamentos poderão ser realizados por intermédio de um Fundo Especial que poderá ser criado pelos Estados-Partes ao depositar as contribuições relativas ao orçamento da Secretaria Administrativa do Mercosul, conforme o artigo 45 do Protocolo de Ouro Preto, ou no momento de iniciar os procedimentos previstos nos Capítulos VI ou VII do presente Protocolo. O Fundo será administrado pela Secretaria Administrativa do Mercosul, a qual deverá anualmente prestar contas aos Estados-Partes sobre sua utilização.

ARTIGO 37

Honorários e demais gastos

Os honorários, gastos de transporte, hospedagem, diárias e outros gastos dos árbitros serão determinados pelo Grupo Mercado Comum.

ARTIGO 38

Sede

A sede do Tribunal Arbitral Permanente de Revisão será a cidade de Assunção. Não obstante, por razões fundamentadas, o Tribunal poderá reunir-se, excepcionalmente, em outras cidades do Mercosul. Os Tribunais Arbitrais *Ad Hoc* poderão reunir-se em qualquer cidade dos Estados-Partes do Mercosul.

CAPÍTULO XI
RECLAMAÇÕES DE PARTICULARES

ARTIGO 39

Âmbito de aplicação

O procedimento estabelecido no presente Capítulo aplicar-se-á às reclamações efetuadas por particulares (pessoas físicas ou jurídicas) em razão da sanção ou aplicação, por qualquer dos Estados-Partes, de medidas legais ou administrativas de efeito restritivo, discriminatórias ou de concorrência desleal, em violação do Tratado de Assunção, do Protocolo de Ouro Preto, dos protocolos e acordos celebrados no marco do Tratado de Assunção, das Decisões do Conselho do Mercado Comum, das Resoluções do Grupo Mercado Comum e das Diretrizes da Comissão de Comércio do Mercosul.

ARTIGO 40

Início do trâmite

1. Os particulares afetados formalizarão as reclamações ante a Seção Nacional do Grupo Mercado Comum do Estado-Parte onde tenham sua residência habitual ou asede de seus negócios.

2. Os particulares deverão fornecer elementos que permitam determinar a veracidade da violação e a existência ou ameaça de um prejuízo, para que a reclamação seja admitida pela Seção Nacional e para que seja avaliada pelo Grupo Mercado Comum e pelo grupo de especialistas, se for convocado.

ARTIGO 41

Procedimento

1. A menos que a reclamação se refira a uma questão que tenha motivado o início de um procedimento de Solução de Controvérsias de acordo com os Capítulos IV a VII deste Protocolo, a Seção Nacional do Grupo Mercado Comum que tenha admitido a reclamação conforme o artigo 40 do presente Capítulo deverá entabular consultas com a Seção Nacional

do Grupo Mercado Comum do Estado-Parte a que se atribui a violação, a fim de buscar, mediante as consultas, uma solução imediata à questão levantada. Tais consultas se darão por concluídas automaticamente e sem mais trâmites se a questão não tiver sido resolvida em um prazo de quinze (15) dias contado a partir da comunicação da reclamação ao Estado-Parte a que se atribui a violação, salvo se as partes decidirem outro prazo.

2. Finalizadas as consultas, sem que se tenha alcançado uma solução, a Seção Nacional do Grupo Mercado Comum elevará a reclamação sem mais trâmite ao Grupo Mercado Comum.

ARTIGO 42

Intervenção do Grupo Mercado Comum

1. Recebida a reclamação, o Grupo Mercado Comum avaliará os requisitos estabelecidos no artigo 40.2, sobre os quais se baseou sua admissão pela Seção Nacional, na primeira reunião subsequente ao seu recebimento. Se concluir que não estão reunidos os requisitos necessários para dar-lhe curso, rejeitará a reclamação sem mais trâmite, devendo pronunciar-se por consenso.

2. Se o Grupo Mercado Comum não rejeitar a reclamação, esta considerar-se-á admitida. Neste caso, o Grupo Mercado Comum procederá de imediato à convocação de um grupo de especialistas que deverá emitir um parecer sobre sua procedência, no prazo improrrogável de trinta (30) dias contado a partir da sua designação.

3. Nesse prazo, o grupo de especialistas dará oportunidade ao particular reclamante e aos Estados envolvidos na reclamação de serem ouvidos e de apresentarem seus argumentos, em audiência conjunta.

ARTIGO 43

Grupo de especialistas

▸ V. art 3º, Protocolo Modificativo do Protocolo de Olivos

1. O grupo de especialistas a que faz referência o artigo 42.2 será composto de três (3) membros designados pelo Grupo Mercado Comum ou, na falta de acordo sobre um ou mais especialistas, estes serão escolhidos por votação que os Estados-Partes realizarão dentre os integrantes de uma lista de vinte e quatro (24) especialistas. A Secretaria Administrativa do Mercosul comunicará ao Grupo Mercado Comum o nome do especialista ou dos especialistas que tiverem recebido o maior número de votos. Neste último caso, e salvo se o Grupo Mercado Comum decidir de outra maneira, um (1) dos especialistas designados não poderá ser nacional do Estado contra o qual foi formulada a reclamação, nem do Estado no qual o particular formalizou sua reclamação, nos termos do artigo 40.

2. Com o fim de constituir a lista dos especialistas, cada um dos Estados-Partes designará seis (6) pessoas de reconhecida competência nas questões que possam ser objeto de reclamação. Esta lista ficará registrada na Secretaria Administrativa do Mercosul.

3. Os gastos derivados da atuação do grupo de especialistas serão custeados na proporção que determinar o Grupo Mercado Comum ou, na falta de acordo, em montantes iguais pelas partes diretamente envolvidas na reclamação.

ARTIGO 44

Parecer do grupo de especialistas

1. O grupo de especialistas elevará seu parecer ao Grupo Mercado Comum.

i) Se, em parecer unânime, se verificar a procedência da reclamação formulada contra um Estado-Parte, qualquer outro Estado-Parte poderá requerer-lhe a adoção de medidas corretivas ou a anulação das medidas questionadas. Se o requerimento não prosperar num prazo de quinze (15) dias, o Estado-Parte que o efetuou poderá recorrer diretamente ao procedimento arbitral, nas condições estabelecidas no Capítulo VI do presente Protocolo.

ii) Recebido um parecer que considere improcedente a reclamação por unanimidade, o Grupo Mercado Comum imediatamente dará por concluída a mesma no âmbito do presente Capítulo.

iii) Caso o grupo de especialistas não alcance unanimidade para emitir um parecer, elevará suas distintas conclusões ao Grupo Mercado Comum que, imediatamente, dará por concluída a reclamação no âmbito do presente Capítulo.

2. A conclusão da reclamação por parte do Grupo Mercado Comum, nos termos das alíneas (*ii*) e (*iii*) do numeral anterior, não impedirá que o Estado-Parte reclamante dê início aos procedimentos previstos nos Capítulos IV a VI do presente Protocolo.

CAPÍTULO XII
DISPOSIÇÕES GERAIS

ARTIGO 45

Acordo ou desistência

▸ V. art 5º, Protocolo Modificativo do Protocolo de Olivos

Em qualquer fase dos procedimentos, a parte que apresentou a controvérsia ou a reclamação poderá desistir das mesmas, ou as partes envolvidas no caso poderão chegar a um acordo dando-se por concluída a controvérsia ou a reclamação, em ambos os casos. As desistências e acordos deverão ser comunicados por intermédio da Secretaria Administrativa do Mercosul ao Grupo Mercado Comum, ou ao Tribunal que corresponda, conforme o caso.

ARTIGO 46

Confidencialidade

1. Todos os documentos apresentados no âmbito dos procedimentos previstos neste Protocolo são de caráter reservado às partes na controvérsia, à exceção dos laudos arbitrais.

2. A critério da Seção Nacional do Grupo Mercado Comum de cada Estado-Parte e quando isso seja necessário para a elaboração das posições a serem apresentadas ante o Tribunal, esses documentos poderão ser dados a conhecer, exclusivamente, aos setores com interesse na questão.

3. Não obstante o estabelecido no numeral 1, o Conselho do Mercado Comum regulamentará a modalidade de divulgação dos textos e apresentações relativos a controvérsias já concluídas.

ARTIGO 47

Regulamentação

O Conselho do Mercado Comum aprovará a regulamentação do presente Protocolo no prazo de sessenta (60) dias a partir de sua entrada em vigência.

ARTIGO 48

Prazos

1. Todos os prazos estabelecidos no presente Protocolo são peremptórios e serão contados por dias corridos a partir do dia seguinte ao ato ou fato a que se referem. Não obstante, se o vencimento do prazo para apresentar um texto ou cumprir uma diligência não ocorrer em dia útil na sede da Secretaria Administrativa do Mercosul, a apresentação do texto ou cumprimento da diligência poderão ser feitos no primeiro dia útil imediatamente posterior a essa data.

2. Não obstante o estabelecido no numeral anterior, todos os prazos previstos no presente Protocolo poderão ser modificados de comum acordo pelas partes na controvérsia. Os prazos previstos para os procedimentos tramitados ante os Tribunais Arbitrais *Ad Hoc* e ante o Tribunal Permanente de Revisão poderão ser modificados quando as partes na controvérsia o solicitem ao respectivo Tribunal e este o conceda.

▸ V. Art 4º, Protocolo Modificativo do Protocolo de Olivos

CAPÍTULO XIII
DISPOSIÇÕES TRANSITÓRIAS

ARTIGO 49

Notificações iniciais

Os Estados-Partes realizarão as primeiras designações e notificações previstas nos artigos 11, 18 e 43.2 em um prazo de trinta (30) dias, contado a partir da entrada em vigor do presente Protocolo.

ARTIGO 50

Controvérsias em trâmite

As controvérsias em trâmite iniciadas de acordo com o regime do Protocolo de Brasília continuarão a ser regidas exclusivamente pelo mesmo até sua total conclusão.

ARTIGO 51

Regras de procedimento

1. O Tribunal Permanente de Revisão adotará suas próprias regras de procedimento no prazo de trinta (30) dias, contado a partir de sua constituição, as quais deverão ser aprovadas pelo Conselho do Mercado Comum.

2. Os Tribunais Arbitrais *Ad Hoc* adotarão suas próprias regras de procedimento, tomando como referência as Regras Modelos a serem aprovadas pelo Conselho do Mercado Comum

3. As regras mencionadas nos numerais precedentes deste artigo garantirão que cada uma das partes na controvérsia tenha plena oportunidade de ser ouvida e de apresentar seus argumentos e assegurarão que os processos se realizem de forma expedita.

CAPÍTULO XIV
DISPOSIÇÕES FINAIS

ARTIGO 52

Vigência e depósito

1. O presente Protocolo, parte integrante do Tratado de Assunção, entrará em vigor no trigésimo dia a partir da data em que tenha sido depositado o quarto instrumento de ratificação.

2. A República do Paraguai será depositária do presente Protocolo e dos instrumentos de ratificação e notificará aos demais Estados-Partes a data de depósito desses instrumentos, enviando cópia devidamente autenticada deste Protocolo ao demais Estados-Partes.

ARTIGO 53

Revisão do sistema

Antes de culminar o processo de convergência da tarifa externa comum, os Estados-Partes efetuarão uma revisão do atual sistema de solução de controvérsias, com vistas à adoção do Sistema Permanente de Solução de Controvérsias para o Mercado Comum a que se refere o numeral 3 do Anexo III do Tratado de Assunção.

ARTIGO 54

Adesão ou denúncia ipso jure

A adesão ao Tratado de Assunção significará ipso jure a adesão ao presente Protocolo.

A denúncia do presente Protocolo significará ipso jure a denúncia do Tratado de Assunção.

ARTIGO 55

Derrogação

1. O presente Protocolo derroga, a partir de sua entrada em vigência, o Protocolo de Brasília para a Solução de Controvérsias, adotado em 17 de dezembro de 1991 e o Regulamento do Protocolo de Brasília, aprovado pela Decisão CMC 17/98.

2. Não obstante, enquanto as controvérsias iniciadas sob o regime do Protocolo de Brasília não estejam concluídas totalmente e até se completarem os procedimentos previstos no artigo 49, continuará sendo aplicado, no que corresponda, o Protocolo de Brasília e seu Regulamento.

3. As referências ao Protocolo de Brasília que figuram no Protocolo de Ouro Preto e seu Anexo, entendem-se remetidas, no que corresponda, ao presente Protocolo.

ARTIGO 56

Idiomas

Serão idiomas oficiais em todos os procedimentos previstos no presente Protocolo o português e o espanhol.

Feito na cidade de Olivos, Província de Buenos Aires, República Argentina aos dezoito dias do mês de fevereiro de dois mil e dois, em um original, nos idiomas português e espanhol, sendo ambos os textos igualmente autênticos.

PELA REPÚBLICA ARGENTINA
EDUARDO DUHALDE
CARLOS RUCKAUF
PELA REPÚBLICA FEDERATIVA DO BRASIL
FERNANDO HENRIQUE CARDOSO
CELSO LAFER
PELA REPÚBLICA DO PARAGUAI
LUIS GONZALEZ MACCHI
JOSÉ ANTONIO MORENO RUFFINELLI
PELA REPÚBLICA ORIENTAL DO URUGUAI
JORGE BATLLE IBAÑEZ
DIDIER OPERTTI

PROTOCOLO MODIFICATIVO DO PROTOCOLO DE OLIVOS

A República da Argentina, a República Federativa do Brasil, a República do Paraguai e a República Oriental do Uruguai, doravante denominados "Estados-Partes";

Tendo em vista o Tratado de Assunção, o Protocolo de Olivos para a Solução de Controvérsias no Mercosul e a Decisão CMC n. 37/03 "Regulamento do Protocolo de Olivos para a Solução de Controvérsias no Mercosul";

Considerando que são necessárias modificações ao Protocolo de Olivos para a Solução de Controvérsias no Mercosul, de modo a torná-lo adequado a futuras alterações no número de Estados-Partes do Mercosul;

Que, de modo a atingir o objetivo mencionado, deverão ser modificados os artigos 18, 20 e 43 do Protocolo de Olivos e ajustar o Regulamento do Protocolo de Olivos (Decisão CMC n. 37/03);

Que, com o início do funcionamento da Secretaria do Tribunal Permanente de Revisão (ST), é necessário efetuar a transferência à ST das tarefas referentes a solução de controvérsias no âmbito do Mercosul, atribuídas à Secretaria Administrativa do Mercosul pelo Protocolo de Olivos;

Acordam o seguinte:

ARTIGO 1º

A partir da entrada em vigor deste Protocolo, o artigo 18 do Protocolo de Olivos "Composição do Tribunal Permanente de Revisão" passará a viger com a seguinte redação:

"1. O Tribunal Permanente de Revisão será integrado por um (1) árbitro titular designado por cada Estado-Parte do Mercosul.

2. Cada Estado-Parte designará um (1) árbitro titular e seu suplente por um período de dois (2) anos, renovável por no máximo dois períodos consecutivos.

3. Na eventualidade de que o Tribunal Permanente de Revisão passe a estar integrado por um número par de árbitros titulares, de acordo com o disposto no parágrafo 1º deste artigo, serão designados um árbitro titular adicional e seu suplente, que terão a nacionalidade de algum dos Estados-Partes do Mercosul, sem prejuízo do disposto no parágrafo 4º deste artigo.

O árbitro adicional titular e seu suplente serão escolhidos por unanimidade dos Estados-Partes, de uma lista a ser conformada por dois (2) nomes indicados por cada Estado-Parte, no prazo de trinta (30) dias a partir da entrada em vigor do Protocolo de Olivos para o novo membro ou a partir do desligamento de um Estado-Parte, de acordo com o disposto no artigo 49 do Protocolo de Olivos.

Não havendo unanimidade, a designação se fará por sorteio que realizará o Secretário da Secretaria do Tribunal Permanente de Revisão, dentre os integrantes dessa lista, dentro dos dois (2) dias seguintes ao vencimento do prazo mencionado no parágrafo anterior.

O árbitro titular adicional e seu suplente serão designados por um período de dois (2) anos, renovável por no máximo 2 (dois) períodos consecutivos, à exceção do primeiro período, cuja duração será igual à duração restante do período dos demais árbitros que integram o Tribunal.

Quando o Tribunal Permanente de Revisão contar com a participação de um árbitro adicional e houver a adesão de um novo Estado-Parte ao Mercosul ou a denúncia de um Estado-Parte, o árbitro adicional e seu suplente, sem prejuízo do disposto no parágrafo 6º deste artigo, exercerão seus mandatos até que seja designado o árbitro do novo Estado-Parte ou até que seja formalizada a denúncia do Estado-Parte que se retira, de acordo com o disposto no Capítulo V do Tratado de Assunção.

4. Os Estados-Partes, de comum acordo, poderão definir outros critérios para a designação do árbitro adicional e de seu suplente.

5. Pelo menos três (3) meses antes do término do mandato dos árbitros, os Estados-Partes deverão manifestar-se a respeito de sua renovação ou propor novos candidatos.

6. Caso expire o período de atuação de um árbitro que esteja atuando em uma controvérsia, este deverá permanecer em função até sua conclusão.

7. Aplica-se, no que couber, aos procedimentos descritos neste artigo o disposto no artigo 11.2."

ARTIGO 2º

A partir da entrada em vigor deste Protocolo, o artigo 20 do Protocolo de Olivos "Funcionamento do Tribunal" passará a viger com a seguinte redação:

1. Quando a controvérsia envolver dois (2) Estados-Partes, o Tribunal estará integrado por três (3) árbitros. Dois (2) árbitros serão nacionais de cada Estado-Parte na controvérsia e o terceiro, que exercerá a Presidência, será designado mediante sorteio a ser realizado pelo Secretário da Secretaria do Tribunal Permanente de Revisão, entre os árbitros restantes que não sejam nacionais dos Estados-Partes na controvérsia, excluído o árbitro adicional eventualmente em exercício. A designação do Presidente dar-se-á no dia seguinte à interposição do recurso de revisão, data a partir da qual estará constituído o Tribunal para todos os efeitos.

2. Quando a controvérsia envolver mais de dois (2) Estados-Partes, o Tribunal Permanente de Revisão estará constituído por todos os seus árbitros, nos termos do artigo 18.

3. Os Estados-Partes, de comum acordo, poderão definir outros critérios para o funcionamento do Tribunal estabelecido neste artigo."

ARTIGO 3º

A partir da entrada em vigor deste Protocolo, o artigo 43 do Protocolo de Olivos "Grupo de especialistas" passará a viger com a seguinte redação:

1. O grupo de especialistas a que faz referência o artigo 42.2 será composto de três (3) membros designados pelo Grupo Mercado Comum ou, na falta de acordo sobre um ou mais especialistas, estes serão escolhidos por votação que os Estados-Partes realizarão dentre os integrantes da lista de especialistas a que se refere o numeral 2º deste artigo. A Secretaria Administrativa do Mercosul comunicará ao Grupo Mercado Comum o nome do especialista ou dos especialistas que tiverem recebido o maior número de votos. Neste último caso, e salvo se o Grupo Mercado Comum decidir de outra maneira, um (1) dos especialistas designados não poderá ser nacional do Estado contra o qual foi formulada a reclamação, nem do Estado no qual o particular formalizou sua reclamação, nos termos do artigo 40.

2. Com o fim de constituir a lista dos especialistas, cada um dos Estados-Partes designará seis (6) pessoas de reconhecida competência nas questões que possam ser objeto de reclamação. Esta lista ficará registrada na Secretaria Administrativa do Mercosul.

3. Os gastos derivados da atuação do grupo de especialistas serão custeados na proporção que determinar o Grupo Mercado Comum ou, na falta de acordo, em montantes iguais pelas partes diretamente envolvidas na reclamação."

ARTIGO 4º

A partir da entrada em vigor deste Protocolo, incorporar-se-á ao Protocolo de Olivos o seguinte texto como artigo 48 bis "Secretaria do Tribunal Permanente de Revisão":

"O TPR contará com uma secretaria, denominada Secretaria do Tribunal Permanente de Revisão (ST), que estará a cargo de um Secretário, que deverá ser nacional de qualquer dos Estados-Partes do Mercosul.

As funções da ST serão regulamentadas pelo Conselho do Mercado Comum."

ARTIGO 5º

As funções atribuídas à Secretaria Administrativa do Mercosul pelo Protocolo de Olivos nos Capítulos VI a IX e XII, com exceção da comunicação ao Grupo Mercado Comum a que se refere o artigo 45, passarão a ser cumpridas pela Secretaria do Tribunal Permanente de Revisão.

ARTIGO 6º

O Conselho do Mercado Comum aprovará a adequação do Regulamento do Protocolo de Olivos, no prazo de sessenta (60) dias da entrada em vigência do presente Protocolo Modificativo.

ARTIGO 7º

O presente Protocolo entrará em vigor no trigésimo dia a partir da data em que tenha sido depositado o quarto instrumento de ratificação.

A República do Paraguai será depositária do presente Protocolo e dos instrumentos de ratificação e notificará aos demais Estados-Partes a data de depósito desses instrumentos, enviando cópia devidamente autenticada deste Protocolo aos demais Estados-Partes.

A partir da entrada em vigor deste Protocolo Modificativo, seu conteúdo passará a ser parte integrante do Protocolo de Olivos. Os Estados que doravante aderirem ao Tratado de Assunção aderirão ipso jure ao Protocolo de Olivos modificado por este instrumento.

ARTIGO 8º Disposição Transitória

As controvérsias iniciadas antes da entrada em vigor do presente Protocolo Modificativo continuarão a ser regidas até sua conclusão pelo disposto na versão original do Protocolo de Olivos, firmada em 18 de fevereiro de 2002.

Feito na cidade do Rio de Janeiro, República Federativa do Brasil, aos dezenove dias do mês de janeiro de dois mil e sete, em um original, nos idiomas português e espanhol, sendo ambos os textos igualmente autênticos.

PELA REPÚBLICA ARGENTINA
NÉSTOR KIRCHNER
JORGE TAIANA
PELA REPÚBLICA FEDERATIVA DO BRASIL
LUIZ INÁCIO LULA DA SILVA
CELSO AMORIM
PELA REPÚBLICA DO PARAGUAI
NICANOR DUARTE FRUTOS
RUBÉN RAMÍREZ LEZCANO
PELA REPÚBLICA ORIENTAL DO URUGUAI
TABARÉ VÁZQUEZ
REINALDO GARGANO

DECRETO N. 5.017, DE 12 DE MARÇO DE 2004

Promulga o Protocolo Adicional à Convenção das Nações Unidas contra o Crime Organizado Transnacional Relativo à Prevenção, Repressão e Punição do Tráfico de Pessoas, em Especial Mulheres e Crianças.

‣ DOU, 15.03.2004.

PROTOCOLO ADICIONAL À CONVENÇÃO DAS NAÇÕES UNIDAS CONTRA O CRIME ORGANIZADO TRANSNACIONAL RELATIVO À PREVENÇÃO, REPRESSÃO E PUNIÇÃO DO TRÁFICO DE PESSOAS, EM ESPECIAL MULHERES E CRIANÇAS

PREÂMBULO

Os Estados Partes deste Protocolo,

Declarando que uma ação eficaz para prevenir e combater o tráfico de pessoas, em especial mulheres e crianças, exige por parte dos países de origem, de trânsito e de destino uma abordagem global e internacional, que inclua medidas destinadas a prevenir esse tráfico, punir os traficantes e proteger as vítimas desse tráfico, designadamente protegendo os seus direitos fundamentais, internacionalmente reconhecidos,

Tendo em conta que, apesar da existência de uma variedade de instrumentos internacionais que contêm normas e medidas práticas para combater a exploração de pessoas, especialmente mulheres e crianças, não existe nenhum instrumento universal que trate de todos os aspectos relativos ao tráfico de pessoas,

Preocupados com o fato de na ausência desse instrumento, as pessoas vulneráveis ao tráfico não estarem suficientemente protegidas,

Recordando a Resolução 53/111 da Assembleia Geral, de 9 de Dezembro de 1998, na qual a Assembleia decidiu criar um comitê intergovernamental especial, de composição aberta, para elaborar uma convenção internacional global contra o crime organizado transnacional e examinar a possibilidade de elaborar, designadamente, um instrumento internacional de luta contra o tráfico de mulheres e de crianças.

Convencidos de que para prevenir e combater esse tipo de criminalidade será útil completar a Convenção das Nações Unidas contra o Crime Organizado Transnacional com um instrumento internacional destinado a prevenir, reprimir e punir o tráfico de pessoas, em especial mulheres e crianças,

Acordaram o seguinte:

I. Disposições Gerais

Artigo 1

Relação com a Convenção das Nações Unidas contra o Crime Organizado Transnacional

1. O presente Protocolo completa a Convenção das Nações Unidas contra o Crime Organizado Transnacional e será interpretado em conjunto com a Convenção.

2. As disposições da Convenção aplicar-se-ão *mutatis mutandis* ao presente Protocolo, salvo se no mesmo se dispuser o contrário.

3. As infrações estabelecidas em conformidade com o Artigo 5 do presente Protocolo serão consideradas como infrações estabelecidas em conformidade com a Convenção.

Artigo 2

Objetivo

Os objetivos do presente Protocolo são os seguintes:

a) Prevenir e combater o tráfico de pessoas, prestando uma atenção especial às mulheres e às crianças;

b) Proteger e ajudar as vítimas desse tráfico, respeitando plenamente os seus direitos humanos; e

c) Promover a cooperação entre os Estados Partes de forma a atingir esses objetivos.

Artigo 3

Definições

Para efeitos do presente Protocolo:

a) A expressão "tráfico de pessoas" significa o recrutamento, o transporte, a transferência, o alojamento ou o acolhimento de pessoas, recorrendo à ameaça ou uso da força ou a outras formas de coação, ao rapto, à fraude, ao engano, ao abuso de autoridade ou à situação de vulnerabilidade ou à entrega ou aceitação de pagamentos ou benefícios para obter o consentimento de uma pessoa que tenha autoridade sobre outra para fins de exploração. A exploração incluirá, no mínimo, a exploração da prostituição de outrem ou outras formas de exploração sexual, o trabalho ou serviços forçados, escravatura ou práticas similares à escravatura, a servidão ou a remoção de órgãos;

b) O consentimento dado pela vítima de tráfico de pessoas tendo em vista qualquer tipo de exploração descrito na alínea a) do presente Artigo será considerado irrelevante se tiver sido utilizado qualquer um dos meios referidos na alínea a);

c) O recrutamento, o transporte, a transferência, o alojamento ou o acolhimento de uma criança para fins de exploração serão considerados "tráfico de pessoas" mesmo que não envolvam nenhum dos meios referidos da alínea a) do presente Artigo;

d) O termo "criança" significa qualquer pessoa com idade inferior a dezoito anos.

Artigo 4

Âmbito de aplicação

O presente Protocolo aplicar-se-á, salvo disposição em contrário, à prevenção, investigação e repressão das infrações estabelecidas em conformidade com o Artigo 5 do presente Protocolo, quando essas infrações forem de natureza transnacional e envolverem grupo criminoso organizado, bem como à proteção das vítimas dessas infrações.

Artigo5

Criminalização

1. Cada Estado Parte adotará as medidas legislativas e outras que considere necessárias de forma a estabelecer como infrações penais os atos descritos no Artigo 3 do presente Protocolo, quando tenham sido praticados intencionalmente.

2. Cada Estado Parte adotará igualmente as medidas legislativas e outras que considere necessárias para estabelecer como infrações penais:

a) Sem prejuízo dos conceitos fundamentais do seu sistema jurídico, a tentativa de cometer uma infração estabelecida em conformidade com o parágrafo 1 do presente Artigo;

b) A participação como cúmplice numa infração estabelecida em conformidade com o parágrafo 1 do presente Artigo; e

c) Organizar a prática de uma infração estabelecida em conformidade com o parágrafo 1 do presente Artigo ou dar instruções a outras pessoas para que a pratiquem.

II. Proteção de vítimas de tráfico de pessoas

Artigo 6

Assistência e proteção às vítimas de tráfico de pessoas

1. Nos casos em que se considere apropriado e na medida em que seja permitido pelo seu direito interno, cada Estado Parte protegerá a privacidade e a identidade das vítimas de tráfico de pessoas, incluindo, entre outras (ou inter alia), a confidencialidade dos procedimentos judiciais relativos a esse tráfico.

2. Cada Estado Parte assegurará que o seu sistema jurídico ou administrativo contenha medidas que forneçam às vítimas de tráfico de pessoas, quando necessário:

a) Informação sobre procedimentos judiciais e administrativos aplicáveis;

b) Assistência para permitir que as suas opiniões e preocupações sejam apresentadas e tomadas em conta em fases adequadas do processo penal instaurado contra os autores das infrações, sem prejuízo dos direitos da defesa.

3. Cada Estado Parte terá em consideração a aplicação de medidas que permitam a recuperação física, psicológica e social das vítimas de tráfico de pessoas, incluindo, se for caso disso, em cooperação com organizações não governamentais, outras organizações competentes e outros elementos de sociedade civil e, em especial, o fornecimento de:

a) Alojamento adequado;

b) Aconselhamento e informação, especialmente quanto aos direitos que a lei lhes reconhece, numa língua que compreendam;

c) Assistência médica, psicológica e material; e

d) Oportunidades de emprego, educação e formação.

4. Cada Estado Parte terá em conta, ao aplicar as disposições do presente Artigo, a idade, o sexo e as necessidades específicas das vítimas de tráfico de pessoas, designadamente as necessidades específicas das crianças, incluindo o alojamento, a educação e cuidados adequados.

5. Cada Estado Parte envidará esforços para garantir a segurança física das vítimas de tráfico de pessoas enquanto estas se encontrarem no seu território.

6. Cada Estado Parte assegurará que o seu sistema jurídico contenha medidas que ofereçam às vítimas de tráfico de pessoas a possibilidade de obterem indenização pelos danos sofridos.

Artigo 7

Estatuto das vítimas de tráfico de pessoas nos Estados de acolhimento

1. Além de adotar as medidas em conformidade com o Artigo 6 do presente Protocolo, cada Estado Parte considerará a possibilidade de adotar medidas legislativas ou outras medidas adequadas que permitam às vítimas de tráfico de pessoas permanecerem no seu território a título temporário ou permanente, se for caso disso.

2. Ao executar o disposto no parágrafo 1 do presente Artigo, cada Estado Parte terá devidamente em conta fatores humanitários e pessoais.

Artigo 8

Repatriamento das vítimas de tráfico de pessoas

1. O Estado Parte do qual a vítima de tráfico de pessoas é nacional ou no qual a pessoa tinha direito de residência permanente, no momento de entrada no território do Estado Parte de acolhimento, facilitará e aceitará, sem demora indevida ou injustificada, o regresso dessa pessoa, tendo devidamente em conta a segurança da mesma.

2. Quando um Estado Parte retornar uma vítima de tráfico de pessoas a um Estado Parte do qual essa pessoa seja nacional ou no qual tinha direito de residência permanente no momento de entrada no território do Estado Parte de acolhimento, esse regresso levará devidamente em conta a segurança da pessoa bem como a situação de qualquer processo judicial relacionado ao fato de tal pessoa ser uma vítima de tráfico, preferencialmente de forma voluntária.

3. A pedido do Estado Parte de acolhimento, um Estado Parte requerido verificará, sem demora indevida ou injustificada, se uma vítima de tráfico de pessoas é sua nacional ou se tinha direito de residência permanente no seu território no momento de entrada no território do Estado Parte de acolhimento.

4. De forma a facilitar o regresso de uma vítima de tráfico de pessoas que não possua os documentos devidos, o Estado Parte do qual essa pessoa é nacional ou no qual tinha direito de residência permanente no momento de entrada no território do Estado Parte de acolhimento aceitará emitir, a pedido do Estado Parte de acolhimento, os documentos de viagem ou outro tipo de autorização necessária que permita à pessoa viajar e ser readmitida no seu território.

5. O presente Artigo não prejudica os direitos reconhecidos às vítimas de tráfico de pessoas por força de qualquer disposição do direito interno do Estado Parte de acolhimento.

6.O presente Artigo não prejudica qualquer acordo ou compromisso bilateral ou multilateral aplicável que regule, no todo ou em parte, o regresso de vítimas de tráfico de pessoas.

III. Prevenção, cooperação e outras medidas

Artigo 9

Prevenção do tráfico de pessoas

1. Os Estados Partes estabelecerão políticas abrangentes, programas e outras medidas para:

a) Prevenir e combater o tráfico de pessoas; e

b) Proteger as vítimas de tráfico de pessoas, especialmente as mulheres e as crianças, de nova vitimação.

2. Os Estados Partes envidarão esforços para tomarem medidas tais como pesquisas, campanhas de informação e de difusão através dos órgãos de comunicação, bem como iniciativas sociais e econômicas de forma a prevenir e combater o tráfico de pessoas.

3. As políticas, programas e outras medidas estabelecidas em conformidade com o presente Artigo incluirão, se necessário, a cooperação com organizações não governamentais, outras organizações relevantes e outros elementos da sociedade civil.

4. Os Estados Partes tomarão ou reforçarão as medidas, inclusive mediante a cooperação bilateral ou multilateral, para reduzir os fatores como a pobreza, o subdesenvolvimento e a desigualdade de oportunidades que tornam as pessoas, especialmente as mulheres e as crianças, vulneráveis ao tráfico.

5. Os Estados Partes adotarão ou reforçarão as medidas legislativas ou outras, tais como medidas educacionais, sociais ou culturais, inclusive mediante a cooperação bilateral ou multilateral, a fim de desencorajar a procura que fomenta todo o tipo de exploração de pessoas, especialmente de mulheres e crianças, conducentes ao tráfico.

Artigo 10

Intercâmbio de informações e formação

1. As autoridades competentes para a aplicação da lei, os serviços de imigração ou outros serviços competentes dos Estados Partes, cooperarão entre si, na medida do possível, mediante troca de informações em conformidade com o respectivo direito interno, com vistas a determinar:

a) Se as pessoas que atravessam ou tentam atravessar uma fronteira internacional com documentos de viagem pertencentes a terceiros ou sem documentos de viagem são autores ou vítimas de tráfico de pessoas;

b) Os tipos de documentos de viagem que as pessoas têm utilizado ou tentado utilizar para atravessar uma fronteira internacional com o objetivo de tráfico de pessoas; e

c) Os meios e métodos utilizados por grupos criminosos organizados com o objetivo de tráfico de pessoas, incluindo o recrutamento e o transporte de vítimas, os itinerários e as ligações entre as pessoas e os grupos envolvidos no referido tráfico, bem como as medidas adequadas à sua detecção.

2. Os Estados Partes assegurarão ou reforçarão a formação dos agentes dos serviços competentes para a aplicação da lei, dos serviços de imigração ou de outros serviços competentes na prevenção do tráfico de pessoas. A formação deve incidir sobre os métodos utilizados na prevenção do referido tráfico, na ação penal contra os traficantes e na proteção das vítimas, inclusive protegendo-as dos traficantes. A formação deverá também ter em conta a necessidade de considerar os direitos humanos e os problemas específicos das mulheres e das crianças bem como encorajar a cooperação com organizações não governamentais, outras organizações relevantes e outros elementos da sociedade civil.

3. Um Estado Parte que receba informações respeitará qualquer pedido do Estado Parte que transmitiu essas informações, no sentido de restringir sua utilização.

Artigo 11

Medidas nas fronteiras

1. Sem prejuízo dos compromissos internacionais relativos à livre circulação de pessoas, os Estados Partes reforçarão, na medida do possível, os controles fronteiriços necessários para prevenir e detectar o tráfico de pessoas.

2. Cada Estado Parte adotará medidas legislativas ou outras medidas apropriadas para prevenir, na medida do possível, a utilização de meios de transporte explorados por transportadores comerciais na prática de infrações estabelecidas em conformidade com o Artigo 5 do presente Protocolo.

3. Quando se considere apropriado, e sem prejuízo das convenções internacionais aplicáveis, tais medidas incluirão o estabelecimento da obrigação para os transportadores comerciais, incluindo qualquer empresa de transporte, proprietário ou operador de qualquer meio de transporte, de certificar-se de que todos os passageiros sejam portadores dos documentos de viagem exigidos para a entrada no Estado de acolhimento.

4. Cada Estado Parte tomará as medidas necessárias, em conformidade com o seu direito interno, para aplicar sanções em caso de descumprimento da obrigação constante do parágrafo 3 do presente Artigo.

5. Cada Estado Parte considerará a possibilidade de tomar medidas que permitam, em conformidade com o direito interno, recusar a entrada ou anular os vistos de pessoas envolvidas na prática de infrações estabelecidas em conformidade com o presente Protocolo.

6. Sem prejuízo do disposto no Artigo 27 da Convenção, os Estados Partes procurarão intensificar a cooperação entre os serviços de controle de fronteiras, mediante, entre outros, o estabelecimento e a manutenção de canais de comunicação diretos.

Artigo 12

Segurança e controle dos documentos

Cada Estado Parte adotará as medidas necessárias, de acordo com os meios disponíveis para:

a) Assegurar a qualidade dos documentos de viagem ou de identidade que emitir, para que não sejam indevidamente utilizados nem facilmente falsificados ou modificados, reproduzidos ou emitidos de forma ilícita; e

b) Assegurar a integridade e a segurança dos documentos de viagem ou de identidade por si ou em seu nome emitidos e impedir a sua criação, emissão e utilização ilícitas.

Artigo 13

Legitimidade e validade dos documentos

A pedido de outro Estado Parte, um Estado Parte verificará, em conformidade com o seu direito interno e dentro de um prazo razoável, a legitimidade e validade dos documentos de viagem ou de identidade emitidos ou supostamente emitidos em seu nome e de que se suspeita terem sido utilizados para o tráfico de pessoas.

IV. Disposições finais

Artigo 14

Cláusula de salvaguarda

1. Nenhuma disposição do presente Protocolo prejudicará os direitos, obrigações e responsabilidades dos Estados e das pessoas por força do direito internacional, incluindo o direito internacional humanitário e o direito internacional relativo aos direitos humanos e, especificamente, na medida em que sejam aplicáveis, a Convenção de 1951 e o Protocolo de 1967 relativos ao Estatuto dos Refugiados e ao princípio do *non-refoulement* neles enunciado.

2. As medidas constantes do presente Protocolo serão interpretadas e aplicadas de forma a que as pessoas que foram vítimas de tráfico não sejam discriminadas. A interpretação e aplicação das referidas medidas estarão em conformidade com os princípios de não discriminação internacionalmente reconhecidos.

Artigo 15

Solução de controvérsias

1. Os Estados Partes envidarão esforços para resolver as controvérsias relativas à interpretação ou aplicação do presente Protocolo por negociação direta.

2. As controvérsias entre dois ou mais Estados Partes com respeito à aplicação ou à interpretação do presente Protocolo que não possam ser resolvidas por negociação, dentro de um prazo razoável, serão submetidas, a pedido de um desses Estados Partes, a arbitragem. Se, no prazo de seis meses após a data do pedido de arbitragem, esses Estados Partes não chegarem a um acordo sobre a organização da arbitragem, qualquer desses Estados Partes poderá submeter o diferendo ao Tribunal Internacional de Justiça mediante requerimento, em conformidade com o Estatuto do Tribunal.

3. Cada Estado Parte pode, no momento da assinatura, da ratificação, da aceitação ou da aprovação do presente Protocolo ou da adesão ao mesmo, declarar que não se considera vinculado ao parágrafo 2 do presente Artigo. Os demais Estados Partes não ficarão vinculados ao parágrafo 2 do presente Artigo em relação a qualquer outro Estado Parte que tenha feito essa reserva.

4. Qualquer Estado Parte que tenha feito uma reserva em conformidade com o parágrafo 3 do presente Artigo pode, a qualquer momento, retirar essa reserva através de notificação ao Secretário-Geral das Nações Unidas.

Artigo 16

Assinatura, ratificação, aceitação, aprovação e adesão

1. O presente Protocolo será aberto à assinatura de todos os Estados de 12 a 15 de Dezembro de 2000 em Palermo, Itália, e, em seguida, na sede da Organização das Nações Unidas em Nova Iorque até 12 de Dezembro de 2002.

2. O presente Protocolo será igualmente aberto à assinatura de organizações regionais de integração econômica na condição de que pelo menos um Estado membro dessa organização tenha assinado o presente Protocolo em conformidade com o parágrafo 1 do presente Artigo.

3. O presente Protocolo está sujeito a ratificação, aceitação ou aprovação. Os instrumentos de ratificação, de aceitação ou de aprovação serão depositados junto ao Secretário-Geral da Organização das Nações Unidas. Uma organização regional de integração econômica pode depositar o seu instrumento de ratificação, de aceitação ou de aprovação se pelo menos um dos seus Estados membros o tiver feito. Nesse instrumento de ratificação, de aceitação e de aprovação essa organização declarará o âmbito da sua competência relativamente às matérias reguladas pelo presente Protocolo. Informará igualmente o depositário de qualquer modificação relevante do âmbito da sua competência.

4. O presente Protocolo está aberto à adesão de qualquer Estado ou de qualquer organização regional de integração econômica da qual pelo menos um Estado membro seja Parte do presente Protocolo. Os instrumentos de adesão serão depositados junto do Secretário-Geral das Nações Unidas. No momento da sua adesão, uma organização regional de integração econômica declarará o âmbito da sua competência relativamente às matérias reguladas pelo presente Protocolo. Informará igualmente o depositário de qualquer modificação relevante do âmbito da sua competência.

Artigo 17

Entrada em vigor

1. O presente Protocolo entrará em vigor no nonagésimo dia seguinte à data do depósito do quadragésimo instrumento de ratificação, de aceitação, de aprovação ou de adesão mas não antes da entrada em vigor da Convenção. Para efeitos do presente número, nenhum instrumento depositado por uma organização regional de integração econômica será somado aos instrumentos depositados por Estados membros dessa organização.

2. Para cada Estado ou organização regional de integração econômica que ratifique, aceite, aprove ou adira ao presente Protocolo após o depósito do quadragésimo instrumento pertinente, o presente Protocolo entrará em vigor no trigésimo dia seguinte à data de depósito desse instrumento por parte do Estado ou organização ou na data de entrada em vigor do presente Protocolo, em conformidade com o parágrafo 1 do presente Artigo, se esta for posterior.

Artigo 18

Emendas

1. Cinco anos após a entrada em vigor do presente Protocolo, um Estado Parte no Protocolo pode propor emenda e depositar o texto junto do Secretário-Geral das Nações Unidas, que em seguida comunicará a proposta de emenda aos Estados Partes e à Conferência das Partes na Convenção para analisar a proposta e tomar uma decisão. Os Estados Partes no presente Protocolo reunidos na Conferência das Partes farão todos os esforços para chegar a um consenso sobre qualquer emenda. Se todos os esforços para chegar a um consenso forem esgotados e não se chegar a um acordo, será necessário, em último caso, para que a alteração seja aprovada, uma maioria de dois terços dos Estados Partes no presente Protocolo, que estejam presentes e expressem o seu voto na Conferência das Partes.

2. As organizações regionais de integração econômica, em matérias da sua competência, exercerão o seu direito de voto nos termos do presente Artigo com um número de votos igual ao número dos seus Estados membros que sejam Partes no presente Protocolo. Essas organizações não exercerão seu direito de voto se seus Estados membros exercerem o seu e vice-versa.

3. Uma emenda adotada em conformidade com o parágrafo 1 do presente Artigo estará sujeita a ratificação, aceitação ou aprovação dos Estados Partes.

4. Uma emenda adotada em conformidade com o parágrafo 1 do presente Protocolo entrará em vigor para um Estado Parte noventa dias após a data do depósito do instrumento de ratificação, de aceitação ou de aprovação da referida emenda junto ao Secretário-Geral das Nações Unidas.

5. A entrada em vigor de uma emenda vincula as Partes que manifestaram o seu consentimento em obrigar-se por essa alteração. Os outros Estados Partes permanecerão vinculados pelas disposições do presente Protocolo, bem como por qualquer alteração anterior que tenham ratificado, aceito ou aprovado.

Artigo 19

Denúncia

1. Um Estado Parte pode denunciar o presente Protocolo mediante notificação por escrito dirigida ao Secretário-Geral das Nações Unidas. A denúncia tornar-se-á efetiva um ano após a data de recepção da notificação pelo Secretário-Geral.

2. Uma organização regional de integração econômica deixará de ser Parte no presente Protocolo quando todos os seus Estados membros o tiverem denunciado.

Artigo 20

Depositário e idiomas

1. O Secretário-Geral das Nações Unidas é o depositário do presente Protocolo.

2. O original do presente Protocolo, cujos textos em árabe, chinês, espanhol, francês, inglês e russo são igualmente autênticos, será depositado junto ao Secretário-Geral das Nações Unidas.

EM FÉ DO QUE, os plenipotenciários abaixo assinados, devidamente autorizados pelos seus respectivos Governos, assinaram o presente Protocolo.

DECRETO N. 5.639, DE 26 DE DEZEMBRO DE 2005

Promulga a Convenção Interamericana contra o Terrorismo, assinada em Barbados, em 3 de junho de 2002.

CONVENÇÃO INTERAMERICANA CONTRA O TERRORISMO

- Assinada em Barbados, em 03.06.2002.
- Ratificada pelo governo brasileiro em 25.10.2005.
- Vigência internacional em 10.07.2003 e, para o Brasil, em 24.11.2005.
- Aprovada pelo Dec. Leg. 890/2005.
- Promulgada pelo Dec. 5.639/2005.

Os Estados-Partes nesta Convenção,

Tendo presente os propósitos e princípios da Carta da Organização dos Estados Americanos e da Carta das Nações Unidas;

Considerando que o terrorismo constitui uma grave ameaça para os valores democráticos e para a paz e a segurança internacionais e é causa de profunda preocupação para todos os Estados-Membros;

Reafirmando a necessidade de adotar no Sistema Interamericano medidas eficazes para prevenir, punir e eliminar o terrorismo mediante a mais ampla cooperação;

Reconhecendo que os graves danos econômicos aos Estados que podem resultar de atos terroristas são um dos fatores que reforçam a necessidade da cooperação e a urgência dos esforços para erradicar o terrorismo;

Reafirmando o compromisso dos Estados de prevenir, combater, punir e eliminar o terrorismo; e

Levando em conta a resolução RC.23/RES. 1/01 rev. 1 corr. 1, "Fortalecimento da cooperação hemisférica para prevenir, combater e eliminar o terrorismo", adotada na Vigésima Terceira Reunião de Consulta dos Ministros das Relações Exteriores,

Convieram no seguinte:

ARTIGO 1

Objeto e fins

Esta Convenção tem por objeto prevenir, punir e eliminar o terrorismo. Para esses fins, os Estados-Partes assumem o compromisso de adotar as medidas necessárias e fortalecer a cooperação entre eles, de acordo com o estabelecido nesta Convenção.

ARTIGO 2

Instrumentos internacionais aplicáveis

1. Para os propósitos desta Convenção, entende-se por "delito" aqueles estabelecidos nos instrumentos internacionais a seguir indicados:

a. Convenção para a Repressão do Apoderamento Ilícito de Aeronaves, assinada na Haia em 16 de dezembro de 1970.

b. Convenção para a Repressão de Atos Ilícitos contra a Segurança da Aviação Civil, assinada em Montreal em 23 de dezembro de 1971.

c. Convenção sobre a Prevenção e Punição de Crimes contra Pessoas que Gozam de Proteção Internacional, Inclusive Agentes Diplomáticos, adotada pela Assembleia Geral das Nações Unidas em 14 de dezembro de 1973.

d. Convenção Internacional contra a Tomada de Reféns, adotada pela Assembleia Geral das Nações Unidas em 17 de dezembro de 1979.

e. Convenção sobre a Proteção Física dos Materiais Nucleares, assinada em Viena em 03 de dezembro de 1980.

f. Protocolo para a Repressão de Atos Ilícitos de Violência nos Aeroportos que Prestem Serviços à Aviação Civil Internacional, complementar à Convenção para a Repressão de Atos Ilícitos contra a Segurança da Aviação Civil, assinado em Montreal em 24 de dezembro de 1988.

g. Convenção para a Supressão de Atos Ilegais contra a Segurança da Navegação Marítima, feita em Roma em 10 de dezembro de 1988.

h. Protocolo para a Supressão de Atos Ilícitos contra a Segurança das Plataformas Fixas Situadas na Plataforma Continental, feito em Roma em 10 de dezembro de 1988.

i. Convenção Internacional para a Supressão de Atentados Terroristas a Bomba, adotada pela Assembleia Geral das Nações Unidas em 15 de dezembro de 1997.

j. Convenção Internacional para a Supressão do Financiamento do Terrorismo, adotada pela Assembleia Geral das Nações Unidas em 09 de dezembro de 1999.

2. Ao depositar seu instrumento de ratificação desta Convenção, o Estado que não for parte de um ou mais dos instrumentos internacionais enumerados no parágrafo 1 deste artigo poderá declarar que, na aplicação desta Convenção a esse Estado-Parte, aquele instrumento não se considerará incluído no referido parágrafo. A declaração cessará em seus efeitos quando aquele instrumento entrar em vigor para o Estado-Parte, o qual notificará o depositário desse fato.

3. Quando deixe de ser parte de um dos instrumentos internacionais enumerados no parágrafo 1 deste artigo, um Estado-Parte poderá fazer uma declaração relativa àquele instrumento, em conformidade com o disposto no parágrafo 2 deste artigo.

ARTIGO 3

Medidas internas

Cada Estado-Parte, em conformidade com suas disposições constitucionais, esforçar-se-á para ser parte dos instrumentos internacionais enumerados no Artigo 2, dos quais ainda não seja parte e para adotar as medidas necessárias à sua efetiva aplicação, incluindo o estabelecimento em sua legislação interna de penas aos delitos aí contemplados.

ARTIGO 4

Medidas para prevenir, combater e erradicar o financiamento do terrorismo

1. Cada Estado-Parte, na medida em que não o tiver feito, deverá estabelecer um regime jurídico e administrativo para prevenir, combater e erradicar o financiamento do terrorismo e lograr uma cooperação internacional eficaz a respeito, a qual deverá incluir:

a) Um amplo regime interno normativo e de supervisão de bancos, outras instituições financeiras e outras entidades consideradas particularmente suscetíveis de ser utilizadas para financiar atividades terroristas. Este regime destacará os requisitos relativos à identificação de clientes, conservação de registros e comunicação de transações suspeitas ou incomuns.

b) Medidas de detecção e vigilância de movimentos transfronteiriços de dinheiro em efetivo, instrumentos negociáveis ao portador e outros movimentos relevantes de valores. Estas medidas estarão sujeitas a salvaguardas para garantir o devido uso da informação e não deverão impedir o movimento legítimo de capitais.

c) Medidas que assegurem que as autoridades competentes dedicadas ao combate dos delitos estabelecidos nos instrumentos internacionais enumerados no Artigo 2 tenham a capacidade de cooperar e intercambiar informações nos planos nacional e internacional, em conformidade com as condições prescritas no direito interno. Com essa finalidade, cada Estado-Parte deverá estabelecer e manter uma unidade de inteligência financeira que seja o centro nacional para coleta, análise e divulgação de informações relevantes sobre lavagem de dinheiro e financiamento do terrorismo. Cada Estado-Parte deverá informar o Secretário-Geral da Organização dos Estados Americanos sobre a autoridade designada como sua unidade de inteligência financeira.

2. Para a aplicação do parágrafo 1 deste artigo, os Estados-Partes utilizarão como diretrizes as recomendações desenvolvidas por entidades regionais ou internacionais especializadas, em particular, o Grupo de Ação Financeira (GAFI) e, quando for cabível, a Comissão Interamericana para o Controle do Abuso de Drogas (CICAD), o Grupo de Ação Financeira do Caribe (GAFIC) e o Grupo de Ação Financeira da América do Sul (GAFISUD).

ARTIGO 5

Embargo e confisco de fundos ou outros bens

1. Cada Estado-Parte, em conformidade com os procedimentos estabelecidos em sua legislação interna, adotará as medidas necessárias para identificar, congelar, embargar e, se for o caso, confiscar fundos ou outros bens que sejam produto da comissão ou tenham como propósito financiar ou tenham facilitado ou financiado a comissão de qualquer dos delitos estabelecidos nos instrumentos internacionais enumerados no Artigo 2 desta Convenção.

2. As medidas a que se refere o parágrafo 1 serão aplicáveis aos delitos cometidos tanto dentro como fora da jurisdição do Estado-Parte.

ARTIGO 6

Delitos prévios da lavagem de dinheiro

1. Cada Estado-Parte tomará as medidas necessárias para assegurar que sua legislação penal relativa ao delito da lavagem de dinheiro inclua como delitos prévios da lavagem de dinheiro os delitos estabelecidos nos instrumentos internacionais enumerados no Artigo 2 desta Convenção.

2. Os delitos prévios da lavagem de dinheiro a que se refere o parágrafo 1 incluirão aqueles cometidos tanto dentro como fora da jurisdição do Estado-Parte.

ARTIGO 7

Cooperação no âmbito fronteiriço

1. Os Estados-Partes, em conformidade com seus respectivos regimes jurídicos e administrativos internos, promoverão a cooperação e o intercâmbio de informações com o objetivo de aperfeiçoar as medidas de controle fronteiriço e aduaneiro para detectar e prevenir a circulação internacional de terroristas e o tráfico de armas ou outros materiais destinados a apoiar atividades terroristas.

2. Neste sentido, promoverão a cooperação e o intercâmbio de informações para aperfeiçoar seus controles de emissão dos documentos de viagem e identidade e evitar sua falsificação, adulteração ou utilização fraudulenta.

3. Essas medidas serão levadas a cabo sem prejuízo dos compromissos internacionais aplicáveis ao livre movimento de pessoas e à facilitação do comércio.

ARTIGO 8

Cooperação entre autoridades competentes para aplicação da lei

Os Estados-Partes colaborarão estreitamente, de acordo com seus respectivos ordenamentos legais e administrativos internos, a fim de fortalecer a efetiva aplicação da lei e combater os delitos estabelecidos nos instrumentos internacionais enumerados no Artigo 2. Neste sentido, estabelecerão e aperfeiçoarão, se necessário, os canais de comunicação entre suas autoridades competentes, a fim de facilitar o intercâmbio seguro e rápido de informações sobre todos os aspectos dos delitos estabelecidos nos instrumentos internacionais enumerados no Artigo 2 desta Convenção.

ARTIGO 9

Assistência judiciária mútua

Os Estados-Partes prestar-se-ão mutuamente a mais ampla e expedita assistência judiciária possível com relação à prevenção, investigação e processo dos delitos estabelecidos nos instrumentos internacionais enumerados no Artigo 2 e dos processos a eles relativos, em conformidade com os acordos internacionais aplicáveis em vigor. Na ausência de tais acordos, os Estados-Partes prestar-se-ão essa assistência de maneira expedita em conformidade com sua legislação interna.

ARTIGO 10

Translado de pessoas sob custódia

1. A pessoa que se encontrar detida ou cumprindo pena em um Estado-Parte e cuja presença seja solicitada em outro Estado-Parte para fins de prestar testemunho, ou de identificação, ou para ajudar na obtenção de provas necessárias para a investigação ou o processo de delitos estabelecidos nos instrumentos internacionais enumerados no Artigo 2, poderá ser translada se forem atendidas as seguintes condições:

a) A pessoa dê livremente seu consentimento, uma vez informada; e

b) Ambos os Estados estejam de acordo, segundo as condições que considerem apropriadas.

2. Para os efeitos deste artigo:

a) O Estado a que a pessoa for transladada estará autorizado e obrigado a mantê-la sob detenção, a não ser que o Estado do qual foi transladada solicite ou autorize outra medida.

b) O Estado a que a pessoa for transladada cumprirá sem delonga sua obrigação de devolvê-la à custódia do Estado do qual foi transladada, em conformidade com o que as autoridades competentes de ambos os Estados tiverem acordado de antemão ou de outro modo.

c) O Estado a que a pessoa for transladada não poderá exigir do Estado do qual foi transladada que inicie procedimentos de extradição para sua devolução.

d) O tempo que a pessoa permanecer detida no Estado a que foi transladada será computado para fins de dedução da pena que está obrigada a cumprir no Estado do qual tiver sido transladada.

3. A menos que o Estado-Parte do qual uma pessoa vier a ser transladada em conformidade com este artigo esteja de acordo, esta pessoa, qualquer que seja sua nacionalidade, não será processada, detida ou submetida a qualquer outra restrição de sua liberdade pessoal no território do Estado a que seja transladada, por atos ou condenações anteriores à sua saída do território do Estado do qual foi transladada.

ARTIGO 11

Inaplicabilidade da exceção por delito político

Para os propósitos de extradição ou assistência judiciária mútua, nenhum dos delitos estabelecidos nos instrumentos internacionais enumerados no Artigo 2 será considerado delito político ou delito conexo com um delito político ou um delito inspirado por motivos políticos. Por conseguinte, não se poderá negar um pedido de extradição ou de assistência judiciária mútua pela única razão de que se relaciona com um delito político ou com um delito conexo com um delito político ou um delito inspirado por motivos políticos.

ARTIGO 12

Denegação da condição de refugiado

Cada Estado-Parte adotará as medidas cabíveis, em conformidade com as disposições pertinentes do direito interno e internacional, para assegurar que não se reconheça a condição de refugiado a pessoas com relação às quais haja motivos fundados para considerar que cometeram um delito estabelecido nos instrumentos internacionais enumerados no Artigo 2 desta Convenção.

ARTIGO 13

Denegação de asilo

Cada Estado-Parte adotará as medidas cabíveis, em conformidade com as disposições pertinentes do direito interno e internacional, a fim de assegurar que não se conceda asilo a pessoas com relação às quais existam motivos fundados para se considerar que cometeram um delito estabelecido nos instrumentos internacionais enumerados no Artigo 2 desta Convenção.

ARTIGO 14

Não discriminação

Nenhuma das disposições desta Convenção será interpretada como imposição da obrigação de prestar assistência judiciária mútua se o Estado-Parte requerido tiver razões fundadas para crer que o pedido foi feito com o fim de processar ou punir uma pessoa por motivos de raça, religião, nacionalidade, origem étnica ou opinião política, ou se o cumprimento do pedido for prejudicial à situação dessa pessoa por qualquer destas razões.

ARTIGO 15

Direitos humanos

1. As medidas adotadas pelos Estados-Partes em decorrência desta Convenção serão levadas a cabo com pleno respeito ao Estado de Direito, aos direitos humanos e às liberdades fundamentais.

2. Nada do disposto nesta Convenção será interpretado no sentido de desconsiderar outros direitos e obrigações dos Estados e das pessoas, nos termos do direito internacional, em particular a Carta das Nações Unidas, a Carta da Organização dos Estados Americanos, o direito internacional humanitário, o direito internacional dos direitos humanos e o direito internacional dos refugiados.

3. A toda pessoa que estiver detida ou com relação à qual se adote quaisquer medidas ou que estiver sendo processada nos termos desta Convenção será garantido um tratamento justo, inclusive o gozo de todos os direitos e garantias em conformidade com a legislação do Estado em cujo território se encontre e com as disposições pertinentes do direito internacional.

ARTIGO 16

Treinamento

1. Os Estados-Partes promoverão programas de cooperação técnica e treinamento em nível nacional, bilateral, sub-regional e regional e no âmbito da Organização dos Estados Americanos, para fortalecer as instituições nacionais encarregadas do cumprimento das obrigações emanadas desta Convenção.

2. Os Estados-Partes também promoverão, quando for o caso, programas de cooperação técnica e treinamento com outras organizações regionais e internacionais que realizem atividades vinculadas com os propósitos desta Convenção.

ARTIGO 17

Cooperação por meio da Organização dos Estados Americanos

Os Estados-Partes propiciarão a mais ampla cooperação no âmbito dos órgãos pertinentes da Organização dos Estados Americanos, inclusive o Comitê Interamericano contra o Terrorismo (CICTE), em matérias relacionadas com o objeto e os fins desta Convenção.

ARTIGO 18

Consulta entre as Partes

1. Os Estados-Partes realizarão reuniões periódicas de consulta, quando as considerarem oportunas, com vistas a facilitar:

a) a plena implementação desta Convenção, incluindo a consideração de assuntos de interesse a ela relativos identificados pelos Estados-Partes; e

b) o intercâmbio de informações e experiências sobre formas e métodos eficazes para prevenir, detectar, investigar e punir o terrorismo.

2. O Secretário-Geral convocará uma reunião de consulta dos Estados-Partes depois de receber o décimo instrumento de ratificação. Sem prejuízo disso, os Estados-Partes poderão realizar as consultas que considerarem apropriadas.

3. Os Estados-Partes poderão solicitar aos órgãos pertinentes da Organização dos Estados Americanos, inclusive ao CICTE, que facilitem as consultas mencionadas nos parágrafos anteriores e proporcionem outras formas de assistência no tocante à aplicação desta Convenção.

ARTIGO 19

Exercício de jurisdição

Nada do disposto nesta Convenção facultará um Estado-Parte a exercer jurisdição no território de outro Estado-Parte nem a nele exercer funções reservadas exclusivamente às autoridades desse outro Estado-Parte por seu direito interno.

ARTIGO 20

Depositário

O instrumento original desta Convenção, cujos textos em espanhol, francês, inglês e português são igualmente autênticos, será depositado na Secretaria-Geral da Organização dos Estados Americanos.

ARTIGO 21

Assinatura e ratificação

1. Esta Convenção está aberta à assinatura de todos os Estados-Membros da Organização dos Estados Americanos.

2. Esta Convenção está sujeita a ratificação por parte dos Estados signatários, de acordo com seus respectivos procedimentos constitucionais. Os instrumentos de ratificação serão depositados na Secretaria-Geral da Organização dos Estados Americanos.

ARTIGO 22

Entrada em vigor

1. Esta Convenção entrará em vigor no trigésimo dia a contar da data em que tiver sido depositado o sexto instrumento de ratificação da Convenção na Secretaria-Geral da Organização dos Estados Americanos.

2. Para cada Estado que ratificar a Convenção após ter sido depositado o sexto instrumento de ratificação, a Convenção entrará em vigor no trigésimo dia a contar da data em que esse Estado tiver depositado o instrumento correspondente.

ARTIGO 23

Denúncia

1. Qualquer Estado-Parte poderá denunciar esta Convenção mediante notificação escrita dirigida ao Secretário-Geral da Organização dos Estados Americanos. A denúncia surtirá efeito um ano após a data em que a notificação tiver sido recebida pelo Secretário-Geral da Organização.

2. Essa denúncia não afetará nenhum pedido de informação ou de assistência feito no período de vigência da Convenção para o Estado denunciante.

DECRETO N. 5.919, DE 3 DE OUTUBRO DE 2006

Promulga a Convenção Interamericana sobre o Cumprimento de Sentenças Penais no Exterior, concluída em Manágua, em 9 de junho de 1993, com reserva à primeira parte do parágrafo 2º do Artigo VII, relativa à redução dos períodos de prisão ou de cumprimento alternativo da pena.

- *DOU*, 04.10.2006.

CONVENÇÃO INTERAMERICANA SOBRE O CUMPRIMENTO DE SENTENÇAS PENAIS NO EXTERIOR

Os Estados Membros da Organização dos Estados Americanos,

Considerando que um dos propósitos essenciais da Organização dos Estados Americanos é, de conformidade com o artigo 2, alínea e, da Carta da OEA, "procurar a solução dos problemas políticos, jurídicos e econômicos que surgirem entre os Estados Membros";

Animados do desejo de cooperar a fim de assegurar melhor administração da justiça mediante a reabilitação social da pessoa sentenciada;

Persuadidos de que, para o cumprimento desses objetivos, é conveniente que se possa conceder à pessoa sentenciada a oportunidade de cumprir a sua pena no país do qual é nacional; e

Convencidos de que a melhor maneira de obter esses resultados é mediante a transferência da pessoa sentenciada,

Resolvem aprovar a seguinte Convenção Interamericana sobre o Cumprimento de Sentenças Penais no Exterior:

ARTIGO I

Definições

Para os efeitos desta Convenção, entender-se-á por:

1. Estado sentenciador: o Estado Parte do qual a pessoa sentenciada tenha de ser transferida.

2. Estado receptor: o Estado Parte para o qual a pessoa sentenciada tenha de ser transferida.

3. Sentença: a decisão judicial definitiva mediante a qual se imponha a uma pessoa, como pena pela prática de um delito, a privação da liberdade ou a restrição da mesma, em regime de liberdade vigiada, pena de execução condicional ou outras formas de supervisão sem detenção. Entende-se que uma sentença é definitiva se não estiver pendente apelação ordinária contra a condenação ou sentença no Estado Sentenciador, e se o prazo previsto para a apelação estiver expirado.

4. Pessoa sentenciada: a pessoa que, no território de um dos Estados Partes, venha a cumprir ou esteja cumprindo uma sentença.

ARTIGO II

Princípios Gerais

De conformidade com as disposições desta Convenção:

a) as sentenças impostas em um dos Estados Partes a nacionais de outro Estado Parte poderão ser cumpridas pela pessoa sentenciada no Estado do qual seja nacional; e

b) os Estados Partes comprometem-se a prestar a mais ampla cooperação no tocante à transferência de pessoas sentenciadas.

ARTIGO III

Condições para a Aplicação da Convenção

Esta Convenção aplicar-se-á unicamente nas seguintes condições:

1. Que exista sentença firme e definitiva na forma como foi definida no artigo I, parágrafo 3 desta Convenção.

2. Que a pessoa sentenciada concorde expressamente com a transferência, tendo sido previamente informada a respeito das consequências jurídicas da mesma.

3. Que o ato pelo qual a pessoa tenha sido condenada configure delito também no Estado receptor. Para esse efeito, não se levarão em conta as diferenças de denominação ou as que não afetem a natureza do delito.

4. Que a pessoa sentenciada seja nacional do Estado receptor.

5. Que a pena a ser cumprida não seja pena de morte.

6. Que a duração da pena ainda a ser cumprida seja, no momento da solicitação, de pelo menos seis meses.

7. Que a aplicação da sentença não seja contraditória com o ordenamento jurídico interno do Estado receptor.

ARTIGO IV

Prestação de Informação

1. Cada Estado Parte informará a respeito do conteúdo desta Convenção qualquer pessoa sentenciada que esteja compreendida nas disposições da mesma.

2. Os Estados Partes manterão informada a pessoa sentenciada a respeito do trâmite de sua transferência.

ARTIGO V

Procedimento para a Transferência

A transferência da pessoa sentenciada de um Estado para outro estará sujeita ao seguinte procedimento:

1. O trâmite poderá ser promovido pelo Estado sentenciador ou pelo Estado receptor. Em ambos os casos, requer-se que a pessoa sentenciada haja expressado seu consentimento ou, quando cabível, formulado a solicitação.

2. A solicitação de transferência será tramitada por intermédio das autoridades centrais indicadas conforme o artigo XI desta Convenção ou, na falta desta pela via diplomática ou consular. De conformidade com seu direito interno, cada Estado Parte informará as autoridades que considerar necessária a respeito do conteúdo desta Convenção. Além disso, procurará criar mecanismos de cooperação entre a autoridade central e as demais autoridades que devam intervir na transferência da pessoa sentenciada.

3. Se a sentença tiver sido proferida por um Estado ou província com jurisdição penal independente do Governo Federal, requerer-se-á para a aplicação deste procedimento de transferência a aprovação do respectivo Estado ou província.

4. Na solicitação de transferência, deverá ser proporcionada a informação que acredite o cumprimento das condições dispostas no artigo III.

5. Antes de efetuar-se a transferência, o Estado sentenciador permitirá ao Estado receptor verificar, se assim o desejar e por meio de um funcionário por este designado, se a pessoa sentenciada deu seu consentimento com pleno conhecimento das consequências jurídicas da mesma.

6. Ao decidir quanto à transferência de uma pessoa sentenciada, os Estados Partes poderão considerar, entre outros fatores, a possibilidade de contribuir para a sua reabilitação social; a gravidade do delito; conforme o caso, os antecedentes penais da pessoa sentenciada; seu estado de saúde; e os vínculos familiares, sociais ou de outra natureza com o Estado sentenciador e o Estado receptor.

7. O Estado sentenciador proporcionará ao Estado receptor cópia certificada da sentença, inclusive informação sobre o tempo já cumprido pela pessoa sentenciada e o que lhe deva ser creditado por motivos tais como trabalho, boa conduta ou prisão preventiva. O Estado receptor poderá solicitar qualquer informação adicional que considerar pertinente.

8. A entrega da pessoa sentenciada pelo Estado sentenciador ao Estado receptor será efetuada em local acordado pelas autoridades centrais. O Estado receptor será responsável pela custódia da pessoa sentenciada desde o momento em que esta lhe for entregue.

9. Todas as despesas relacionadas com a transferência da pessoa sentenciada até a entrega para sua custódia ao Estado receptor correrão por conta do Estado sentenciador.

10. O Estado receptor será responsável por todas as despesas em que se incorra na transferência da pessoa sentenciada desde o momento em que esta ficar sob sua custódia.

ARTIGO VI

Denegação de Transferência

Quando um Estado não aprovar a transferência de uma pessoa sentenciada, comunicará imediatamente sua decisão ao Estado solicitante e explicará o motivo de sua denegação, quando isto for possível e conveniente.

ARTIGO VII

Direito da Pessoa Sentenciada Transferida e Forma de Cumprimento da Sentença

1. A pessoa sentenciada que for transferida conforme previsto nesta Convenção não poderá ser detida, processada ou condenada novamente no Estado receptor pelo mesmo delito que motivou a sentença imposta pelo Estado sentenciador.

2. Salvo o disposto no artigo VIII desta Convenção, a pena de uma pessoa sentenciada transferida será cumprida de acordo com as leis e procedimentos do Estado receptor, inclusive a aplicação de quaisquer disposições relativas à redução de períodos de prisão ou do cumprimento alternativo da pena. Nenhuma sentença será executada pelo Estado receptor de modo a prolongar a duração da pena para além da data em que expiraria, de acordo com os termos da sentença do tribunal do Estado sentenciador.

3. As autoridades do Estado Sentenciador poderão solicitar, por meio das autoridades centrais, informações sobre a situação corrente do cumprimento da pena de qualquer pessoa sentenciada transferida ao Estado receptor, de acordo com esta Convenção.

ARTIGO VIII

Revisão de Sentença e Efeitos no Estado Receptor

O Estado sentenciador conservará sua plena jurisdição para a revisão das sentenças proferidas por seus tribunais. Além disso, conservará a faculdade de conceder indulto, anistia ou perdão à pessoa sentenciada. O Estado receptor, ao receber notificação de qualquer decisão a respeito, deverá adotar imediatamente as medidas pertinentes.

ARTIGO IX

Aplicação da Convenção em Casos Especiais

Esta Convenção também poderá ser aplicada a pessoas sujeitas à vigilância ou a outras medidas de acordo com as leis de um Estado Parte relacionadas com infratores menores de idade. Para a transferência, obter-se-á o consentimento de um representante legalmente autorizado.

Se o acordarem as Partes e para efeitos de seu tratamento no Estado receptor, poderá aplicar-se esta Convenção a pessoas que a autoridade competente houver declarado inimputáveis. As partes acordarão, de conformidade com o seu direito interno, o tipo de tratamento a ser dispensado às pessoas transferidas. Para a transferência deverá obter-se o consentimento de quem estiver legalmente facultado a concedê-lo.

ARTIGO X

Trânsito

Se a pessoa sentenciada, ao ser transferida, tiver que atravessar o território de um terceiro Estado Parte nesta Convenção, este deverá ser notificado, mediante o envio da decisão que concedeu a transferência pelo Estado sob cuja custódia se efetuará a citada transferência. Em tais casos, o Estado Parte de trânsito poderá ou não consentir no trânsito da pessoa sentenciada por seu território.

A mencionada notificação não será necessária quando se utilizarem os meios de transporte aéreo e não estiver prevista qualquer aterrissagem de escala no território do Estado Parte a ser sobrevoado.

ARTIGO XI

Autoridade Central

Os Estados Partes, ao assinar ou ratificar esta Convenção ou ao aderir a ela, notificarão à Secretaria-Geral da Organização dos Estados Americanos a designação da autoridade central encarregada de exercer as funções previstas nesta Convenção. A Secretaria-Geral distribuirá aos Estados Partes nesta Convenção uma lista das designações que tiver recebido.

ARTIGO XII

Alcance da Convenção

Nada do previsto nesta Convenção será interpretado no sentido de restringir outros tratados bilaterais ou multilaterais ou outros acordos assinados entre as Partes.

ARTIGO XIII

Cláusulas Finais

Esta Convenção estará aberta à assinatura dos Estados Membros da Organização dos Estados Americanos.

ARTIGO XIV

Esta Convenção estará sujeita a ratificação. Os instrumentos de ratificação serão depositados na Secretaria Geral da Organização dos Estados Americanos.

ARTIGO XV

Esta Convenção permanecerá aberta à adesão de qualquer outro Estado. Os instrumentos de adesão serão depositados na Secretaria Geral da Organização dos Estados Americanos.

ARTIGO XVI

Os Estados Partes poderão formular reservas a esta Convenção ao aprová-la, assiná-la, ratificá-la ou a ela aderir, desde que não sejam incompatíveis com o objetivo e propósito da Convenção e se refiram a uma ou mais disposições específicas.

ARTIGO XVII

Esta Convenção entrará em vigor para os Estados ratificantes no trigésimo dia contado a partir da data em que tiver sido depositado o segundo instrumento de ratificação.

Para o Estado que ratificar a Convenção ou a ela aderir depois de haver sido depositado o segundo instrumento de ratificação, a Convenção entrará em vigor no trigésimo dia contado a partir da data em que houver o Estado depositado seu instrumento de ratificação ou adesão.

ARTIGO XVIII

Esta Convenção vigorará indefinidamente, mas qualquer dos Estados Partes poderá denunciá-lo em qualquer momento. A denúncia será comunicada à Secretaria Geral da Organização dos Estados Americanos. Transcorrido um ano a partir da data da denúncia, a convenção cessará em seus efeitos para o Estado denunciante.

Não obstante, suas disposições permanecerão em vigor para o Estado denunciante em relação às pessoas condenadas que, ao amparo das mesmas, houverem sido transferidas, até o término das respectivas penas.

Os pedidos de traslado que se encontrem em trâmite no momento da denúncia desta Convenção serão complementados até sua completa execução, a menos que as Partes decidam o contrário.

ARTIGO XIX

O instrumento original desta Convenção, cujos textos em espanhol, francês, inglês e português são igualmente autênticos, será depositado na Secretaria Geral da Organização dos Estados Americanos, que enviará cópia autenticada do seu texto, para o respectivo registro e publicação, ao Secretariado das Nações Unidas, de conformidade com o artigo 102 da Carta das Nações Unidas. A Secretaria Geral da Organização dos Estados Americanos notificará aos Estados membros da referida Organização e aos Estados que houverem aderido à Convenção as assinaturas e os depósitos de instrumento de ratificação, de adesão e de denúncia, bem como as reservas que houver.

Em fé do que, os plenipotenciários abaixo assinados, devidamente autorizados por seus respectivos governos, assinam esta Convenção, que se denominará "Convenção Interamericana sobre o Cumprimento de Sentenças Penais no Exterior".

Feito na cidade de Manágua, Nicarágua, em nove de junho de mil novecentos e noventa e três.

DECRETO N. 6.105, DE 30 DE ABRIL DE 2007

Promulga o Protocolo Constitutivo do Parlamento do Mercosul, aprovado pela Decisão n. 23/05, do Conselho do Mercado Comum, assinado pelos Governos da República Federativa do Brasil, da República Argentina, da República do Paraguai e da República Oriental do Uruguai, em Montevidéu.

PROTOCOLO CONSTITUTIVO DO PARLAMENTO DO MERCOSUL

A República Argentina, a República Fede rativa do Brasil, a República do Paraguai e a República Oriental do Uruguai, doravante Estados-Partes;

Tendo em vista o Tratado de Assunção, de 26 de março de 1991 e o Protocolo de Ouro Preto, de 17 de dezembro de 1994 que estabeleceram a Comissão Parlamentar Conjunta e a Decisão CMC n. 49/04, "Parlamento do Mercosul";

Recordando o Acordo Interinstitucional entre o Conselho do Mercado Comum e a Comissão Parlamentar Conjunta, assinado em 06 de outubro de 2003;

Considerando sua firme vontade política de fortalecer e de aprofundar o processo de integração do Mercosul, contemplando os interesses de todos os Estados-Partes e contribuindo, dessa forma, ao desenvolvimento simultâneo da integração do espaço sul-americano;

Convencidos de que o alcance dos objetivos comuns que foram definidos pelos Estados-Partes, requer um âmbito institucional equilibrado e eficaz, que permita criar normas que sejam efetivas e que garantam um ambiente de segurança jurídica e de previsibilidade no desenvolvimento do processo de integração, a fim de promover a transformação produtiva, a equidade social, o desenvolvimento científico e tecnológico, os investimentos e a criação de emprego, em todos os Estados-Partes em benefício de seus cidadãos;

Conscientes de que a instalação do Parlamento do Mercosul, com uma adequada representação dos interesses dos cidadãos dos Estados-Partes, significará uma contribuição à qualidade e equilíbrio institucional do Mercosul, criando um espaço comum que reflita o pluralismo e as diversidades da região, e que contribua para a democracia, a participação, a representatividade, a transparência e a legitimidade social no desenvolvimento do processo de integração e de suas normas;

Atentos à importância de fortalecer o âmbito institucional de cooperação inter-parlamentar, para avançar nos objetivos previstos de harmonização das legislações nacionais nas áreas pertinentes e agilizar a incorporação aos respectivos ordenamentos jurídicos internos da normativa do Mercosul, que requeira aprovação legislativa;

Reconhecendo a valiosa experiência acumulada pela Comissão Parlamentar Conjunta desde sua criação;

Reafirmando os princípios e objetivos do Protocolo de Ushuaia sobre Compromisso Democrático no Mercosul, a República da Bolívia e a República do Chile, de 24 de julho de 1998 e a Declaração Presidencial sobre Compromisso Democrático no Mercosul, de 25 de junho de 1996.

Acordam:

ARTIGO 1

Constituição

Constituir o Parlamento do Mercosul, doravante o Parlamento, como órgão de representação de seus povos, independente e autônomo, que integrará a estrutura institucional do Mercosul.

O Parlamento substituirá à Comissão Parlamentar Conjunta.

O Parlamento estará integrado por representantes eleitos por sufrágio universal, direto e secreto, conforme a legislação interna de cada Estado-Parte e as disposições do presente Protocolo.

O Parlamento será um órgão unicameral e seus princípios, competências e integração se regem de acordo com o disposto neste Protocolo.

A efetiva instalação do Parlamento realizar-se-á até 31 de dezembro de 2006.

A constituição do Parlamento realizar-se-á através das etapas previstas nas Disposições Transitórias do presente Protocolo.

ARTIGO 2

Propósitos

São propósitos do Parlamento:

1. Representar os povos do Mercosul, respeitando sua pluralidade ideológica e política.
2. Assumir a promoção e defesa permanente da democracia, da liberdade e da paz.
3. Promover o desenvolvimento sustentável da região com justiça social e respeito à diversidade cultural de suas populações.
4. Garantir a participação dos atores da sociedade civil no processo de integração.
5. Estimular a formação de uma consciência coletiva de valores cidadãos e comunitários para a integração.
6. Contribuir para consolidar a integração latino-americana mediante o aprofundamento e ampliação do Mercosul.
7. Promover a solidariedade e a cooperação regional e internacional.

ARTIGO 3

Princípios

São princípios do Parlamento:

1. O pluralismo e a tolerância como garantias da diversidade de expressões políticas, sociais e culturais dos povos da região.
2. A transparência da informação e das decisões para criar confiança e facilitar a participação dos cidadãos.
3. A cooperação com os demais órgãos do Mercosul e com os âmbitos regionais de representação cidadã.
4. O respeito aos direitos humanos em todas as suas expressões.
5. O repúdio a todas as formas de discriminação, especialmente às relativas a gênero, cor, etnia, religião, nacionalidade, idade e condição socioeconômica.
6. A promoção do patrimônio cultural, institucional e de cooperação latino-americana nos processos de integração.
7. A promoção do desenvolvimento sustentável no Mercosul e o trato especial e diferenciado para os países de economias

menores e para as regiões com menor grau de desenvolvimento.

8. A equidade e a justiça nos assuntos regionais e internacionais, e a solução pacífica das controvérsias.

ARTIGO 4

Competências

O Parlamento terá as seguintes competências:

1. Velar, no âmbito de sua competência, pela observância das normas do Mercosul.

2. Velar pela preservação do regime democrático nos Estados-Partes, de acordo com as normas do Mercosul, e em particular com o Protocolo de Ushuaia sobre Compromisso Democrático no Mercosul, na República da Bolívia e República do Chile.

3. Elaborar e publicar anualmente um relatório sobre a situação dos direitos humanos nos Estados-Partes, levando em conta os princípios e as normas do Mercosul.

4. Efetuar pedidos de informações ou opiniões por escrito aos órgãos decisórios e consultivos do Mercosul estabelecidos no Protocolo de Ouro Preto sobre questões vinculadas ao desenvolvimento do processo de integração. Os pedidos de informações deverão ser respondidos no prazo máximo de 180 dias.

5. Convidar, por intermédio da Presidência *Pro Tempore* do CMC, representantes dos órgãos do Mercosul, para informar e/ou avaliar o desenvolvimento do processo de integração, intercambiar opiniões e tratar aspectos relacionados com as atividades em curso ou assuntos em consideração.

6. Receber, ao final de cada semestre a Presidência *Pro Tempore* do Mercosul, para que apresente um relatório sobre as atividades realizadas durante dito período.

7. Receber, ao início de cada semestre, a Presidência *Pro Tempore* do Mercosul, para que apresente o programa de trabalho acordado, com os objetivos e prioridades previstos para o semestre.

8. Realizar reuniões semestrais com o Foro Consultivo Econômico-Social a fim de intercambiar informações e opiniões sobre o desenvolvimento do Mercosul.

9. Organizar reuniões públicas, sobre questões vinculadas ao desenvolvimento do processo de integração, com entidades da sociedade civil e os setores produtivos.

10. Receber, examinar e se for o caso encaminhar aos órgãos decisórios petições de qualquer particular, sejam pessoas físicas ou jurídicas, dos Estados-Partes, relacionadas com atos ou omissões dos órgãos do Mercosul.

11. Emitir declarações, recomendações e relatórios sobre questões vinculadas ao desenvolvimento do processo de integração, por iniciativa própria ou por solicitação de outros órgãos do Mercosul.

12. Com o objetivo de acelerar os correspondentes procedimentos internos para a entrada em vigor das normas nos Estados-Partes, o Parlamento elaborará pareceres sobre todos os projetos de normas do Mercosul que requeiram aprovação legislativa em um ou vários Estados-Partes, em um prazo de noventa dias (90) a contar da data da consulta. Tais projetos deverão ser encaminhados ao Parlamento pelo órgão decisório do Mercosul, antes de sua aprovação.

Se o projeto de norma do Mercosul for aprovado pelo órgão decisório, de acordo com os termos do parecer do Parlamento, a norma deverá ser enviada pelo Poder Executivo nacional ao seu respectivo Parlamento, dentro do prazo de quarenta e cinco (45) dias, contados a partir da sua aprovação.

Nos casos em que a norma aprovada não estiver em de acordo com o parecer do Parlamento, ou se este não tiver se manifestado no prazo mencionado no primeiro parágrafo do presente inciso a mesma seguirá o trâmite ordinário de incorporação.

Os Parlamentos nacionais, segundo os procedimentos internos correspondentes, deverão adotar as medidas necessárias para a instrumentalização ou criação de um procedimento preferencial para a consideração das normas do Mercosul que tenham sido adotadas de acordo com os termos do parecer do Parlamento mencionado no parágrafo anterior.

O prazo máximo de duração do procedimento previsto no parágrafo precedente, não excederá cento oitenta (180) dias corridos, contados a partir do ingresso da norma no respectivo Parlamento nacional.

Se dentro do prazo desse procedimento preferencial o Parlamento do Estado-Parte não aprovar a norma, esta deverá ser reenviada ao Poder Executivo para que a encaminhe à reconsideração do órgão correspondente do Mercosul.

13. Propor projetos de normas do Mercosul para consideração pelo Conselho do Mercado Comum, que deverá informar semestralmente sobre seu tratamento.

14. Elaborar estudos e anteprojetos de normas nacionais, orientados à harmonização das legislações nacionais dos Estados-Partes, os quais serão comunicados aos Parlamentos nacionais com vistas a sua eventual consideração.

15. Desenvolver ações e trabalhos conjuntos com os Parlamentos nacionais, a fim de assegurar o cumprimento dos objetivos do Mercosul, em particular aqueles relacionados com a atividade legislativa.

16. Manter relações institucionais com os Parlamentos de terceiros Estados e outras instituições legislativas.

17. Celebrar, no âmbito de suas atribuições, com o assessoramento do órgão competente do Mercosul, convênios de cooperação ou de assistência técnica com organismos públicos e privados, de caráter nacional ou internacional.

18. Fomentar o desenvolvimento de instrumentos de democracia representativa e participativa no Mercosul.

19. Receber dentro do primeiro semestre de cada ano um relatório sobre a execução do orçamento da Secretaria do Mercosul do ano anterior.

20. Elaborar e aprovar seu orçamento e informar sobre sua execução ao Conselho do Mercado Comum no primeiro semestre do ano, posterior ao exercício.

21. Aprovar e modificar seu Regimento interno.

21. Realizar todas as ações pertinentes ao exercício de suas competências.

ARTIGO 5

Integração

1. O Parlamento integrar-se-á de acordo com o critério de representação cidadã.

2. Os integrantes do Parlamento, doravante denominados Parlamentares, terão a qualidade de Parlamentares do Mercosul.

ARTIGO 6

Eleição

1. Os Parlamentares serão eleitos pelos cidadãos dos respectivos Estados-Partes, por meio de sufrágio direto, universal e secreto.

2. O mecanismo de eleição dos Parlamentares e seus suplentes reger-se-á pelo previsto na legislação de cada Estado-Parte, e que procurará assegurar uma adequada representação por gênero, etnias e regiões conforme as realidades de cada Estado.

3. Os Parlamentares serão eleitos conjuntamente com seus suplentes, que os substituirão, de acordo com a legislação eleitoral do Estado-Parte respectivo, nos casos de ausência definitiva ou transitória. Os suplentes serão eleitos na mesma data e forma que os Parlamentares titulares, para idênticos períodos.

4. Por proposta do Parlamento, o Conselho do Mercado Comum estabelecerá o "Dia do Mercosul Cidadão", para a eleição dos parlamentares, de forma simultânea em todos os Estados-Partes, por meio de sufrágio direto, universal e secreto dos cidadãos.

ARTIGO 7

Participação dos Estados Associados

O Parlamento poderá convidar os Estados Associados do Mercosul a participar de suas sessões públicas, através de membros de seus Parlamentos nacionais, os que participarão com direito a voz e sem direito a voto.

ARTIGO 8

Incorporação de novos membros

1. O Parlamento nos termos do artigo 4, literal 12, pronunciar-se-á sobre a adesão de novos Estados-Partes ao Mercosul.

2. O instrumento jurídico que formalize a adesão determinará as condições da incorporação dos Parlamentares do Estado aderente ao Parlamento.

ARTIGO 9

Independência

Os membros do Parlamento não estarão sujeitos a mandato imperativo e atuarão com independência no exercício de suas funções.

ARTIGO 10

Mandato

Os Parlamentares terão um mandato comum de quatro (4) anos, contados a partir da data de assunção no cargo, e poderão ser reeleitos.

ARTIGO 11

Requisitos e incompatibilidades

1. Os candidatos a Parlamentares deverão cumprir com os requisitos exigidos para ser deputado nacional, pelo direito do respectivo Estado-Parte.

2. O exercício do cargo de Parlamentar é incompatível com o desempenho de mandato ou cargo legislativo ou executivo nos Estados-Partes, assim como com o desempenho de cargos nos demais órgãos do Mercosul.

3. Serão aplicadas, além disso, as demais incompatibilidades para ser legislador, estabelecidas na legislação nacional do Estado-Parte correspondente.

ARTIGO 12

Prerrogativas e imunidades

1. O regime de prerrogativas e imunidades reger-se-á pelo estabelecido no Acordo Sede mencionado no artigo 21.

2. Os Parlamentares não poderão ser processados civil ou penalmente, em nenhum momento, pelas opiniões e votos emitidos no exercício de suas funções durante ou depois de seu mandato.

3. Os deslocamentos dos membros do Parlamento, para comparecer ao local de reunião

e depois de regressar, não serão limitados por restrições legais nem administrativas.

ARTIGO 13

Opiniões Consultivas

O Parlamento poderá solicitar opiniões consultivas ao Tribunal Permanente de Revisão.

ARTIGO 14

Aprovação do Regimento Interno

O Parlamento aprovará e modificará seu Regulamento Interno por maioria qualificada.

ARTIGO 15

Sistema de adoção de decisões

1. O Parlamento adotará suas decisões e atos por maioria simples, absoluta, especial ou qualificada.

2. Para a maioria simples requerer-se-á o voto de mais da metade dos Parlamentares presentes.

3. Para a maioria absoluta requerer-se-á o voto de mais da metade do total dos membros do Parlamento.

4. Para a maioria especial requerer-se-á o voto de dois terços do total dos membros do Parlamento, que inclua também a Parlamentares de todos os Estados-Partes.

5. Para a maioria qualificada requerer-se-á o voto afirmativo da maioria absoluta de integrantes da representação parlamentar de cada Estado-Parte.

6. O Parlamento estabelecerá no seu Regimento Interno as maiorias requeridas para a aprovação dos distintos assuntos.

ARTIGO 16

Organização

1. O Parlamento contará com uma Mesa Diretora, que se encarregará da condução dos trabalhos legislativos e dos serviços administrativos. Será composta por um Presidente, e um Vice-presidente de cada um dos demais Estados-Partes, de acordo ao estabelecido pelo Regimento Interno.

Será assistida por um Secretário Parlamentar e um Secretário Administrativo.

2. O mandato dos membros da Mesa Diretora será de 2 (dois) anos, podendo seus membros ser reeleitos por uma só vez.

3. No caso de ausência ou impedimento temporário, o Presidente será substituído por um dos Vice-presidentes, de acordo com o estabelecido no Regimento Interno.

4. O Parlamento contará com uma Secretaria Parlamentar e uma Secretaria Administrativa, que funcionarão em caráter permanente na sede do Parlamento.

5. O Parlamento constituirá comissões, permanentes e temporárias, que contemplem a representação dos Estados-Partes, cuja organização e funcionamento serão estabelecidos no Regimento Interno.

6. O pessoal técnico e administrativo do Parlamento será integrado por cidadãos dos Estados-Partes. Será designado por concurso público internacional e terá estatuto próprio, com um regime jurídico equivalente ao do pessoal da Secretaria do Mercosul.

7. Os conflitos em matéria laboral que surjam entre o Parlamento e seus funcionários serão resolvidos pelo Tribunal Administrativo Trabalhista do Mercosul.

ARTIGO 17

Reuniões

1. O Parlamento reunir-se-á em sessão ordinária ao menos uma vez por mês.

A pedido do Conselho do Mercado Comum ou por requerimento de Parlamentares, poderá ser convocado para sessões extraordinárias de acordo com o estabelecido no Regimento Interno.

2. Todas as reuniões do Parlamento e de suas Comissões serão públicas, salvo aquelas que sejam declaradas de caráter reservado.

ARTIGO 18

Deliberações

1. As reuniões do Parlamento e de suas Comissões poderão iniciar-se com a presença de pelo menos um terço de seus membros, sendo que, todos os Estados-Partes devem estar representados.

2. Cada Parlamentar terá direito a um voto.

3. O Regimento Interno estabelecerá a possibilidade de que o Parlamento, em circunstâncias excepcionais, possa realizar sessão e adotar suas decisões e atos através de meios tecnológicos que permitam reuniões à distância.

ARTIGO 19

Atos do Parlamento

São atos do Parlamento:

1. Pareceres;
2. Projetos de normas;
3. Anteprojetos de normas;
4. Declarações;
5. Recomendações;
6. Relatórios; e
7. Disposições.

ARTIGO 20

Orçamento

1. O Parlamento elaborará e aprovará seu orçamento, que será financiado por contribuições dos Estados-Partes, em função do Produto Bruto Interno e do orçamento nacional de cada Estado-Parte.

2. Os critérios de contribuição mencionados no inciso anterior, serão estabelecidos por Decisão do Conselho do Mercado Comum, considerando proposta do Parlamento.

ARTIGO 21

Sede

1. A sede do Parlamento será a cidade de Montevidéu, República Oriental do Uruguai.

2. O Mercosul celebrará com a República Oriental do Uruguai um Acordo Sede que definirá as normas relativas aos privilégios, às imunidades e às isenções do Parlamento, dos parlamentares e demais funcionários, de acordo com as normas de direito internacional vigentes.

ARTIGO 22

Adesão e denúncia

1. Em matéria de adesão ou denúncia, reger-se-ão como um todo, para o presente Protocolo, as normas estabelecidas no Tratado de Assunção.

2. A adesão ou denúncia ao Tratado de Assunção significa, ipso jure, a adesão ou denúncia ao presente Protocolo. A denúncia ao presente Protocolo significa ipso jure a denúncia ao Tratado de Assunção.

ARTIGO 23

Vigência e depósito

1. O presente Protocolo, parte integrante do Tratado de Assunção, entrará em vigor no trigésimo dia contado a partir da data em que o quarto Estado-Parte tenha depositado seu instrumento de ratificação.

2. A República do Paraguai será depositária do presente Protocolo e dos instrumentos de ratificação e notificará aos demais Estados-Partes a data dos depósitos desses instrumentos, enviando cópia devidamente autenticada deste Protocolo aos demais Estados-Partes.

ARTIGO 24

Cláusula revogatória

Ficam revogadas todas as disposições de caráter institucional do Protocolo de Ouro Preto relacionadas com a Constituição e funcionamento do Parlamento que resultem incompatíveis com os termos do presente Protocolo, com expressa exceção do sistema de tomada de decisão dos demais órgãos do Mercosul estabelecido no Art. 37 do Protocolo de Ouro Preto.

DISPOSIÇÕES TRANSITÓRIAS

PRIMEIRA ETAPA

Para os fins do previsto no Artigo 1º do presente Protocolo, entender-se-á por:

- "primeira etapa da transição": o período compreendido entre 31 de dezembro de 2006 e 31 de dezembro de 2010.
- "segunda etapa da transição": o período compreendido entre 1º de janeiro de 2011 e 31 de dezembro de 2014.

SEGUNDA

Integração

Na primeira etapa da transição, o Parlamento será integrado por dezoito (18) Parlamentares por cada Estado-Parte.

O previsto no artigo 5, inciso 1, relativo à integração do Parlamento de acordo o critério de representação cidadã aplicável a partir da segunda etapa da transição, será estabelecido por Decisão do Conselho do Mercado Comum, por proposta do Parlamento adotada por maioria qualificada. Tal Decisão deverá ser aprovada até 31 de dezembro de 2007.

TERCEIRA

Eleição

Para a primeira etapa da transição, os Parlamentos nacionais estabelecerão as modalidades de designação de seus respectivos parlamentares, entre os legisladores dos Parlamentos nacionais de cada Estado-Parte, designando os titulares e igual número de suplentes.

Para fins de realizar a eleição direta dos Parlamentares, mencionada no artigo 6, inciso 1, os Estados-Partes, antes da conclusão da primeira etapa da transição, deverão efetuar eleições por sufrágio direto, universal e secreto de Parlamentares, cuja realização dar-se-á de acordo com a agenda eleitoral nacional de cada Estado-Parte.

A primeira eleição prevista no artigo 6, inciso 4, realizar-se-á durante o ano 2014.

A partir da segunda etapa da transição, todos os Parlamentares deverão ter sido eleitos de acordo com o artigo 6, inciso 1.

QUARTA

Dia do Mercosul Cidadão

O "Dia do Mercosul Cidadão", previsto no artigo 6, inciso 4, será estabelecido pelo Conselho do Mercado Comum, por proposta do Parlamento, antes do final do ano 2012.

QUINTA

Mandato e incompatibilidades

Na primeira etapa da transição, os Parlamentares designados de forma indireta, cessarão em suas funções: por caducidade ou perda de seu mandato nacional; ao assumir seus sucessores eleitos diretamente ou, no mais tardar, até finalizar essa primeira etapa.

Todos os Parlamentares em exercício de funções no Parlamento durante a segunda etapa da transição, deverão ser eleitos diretamente antes do início da mesma, podendo seus mandatos ter uma duração diferente à estabelecida no artigo 10, por uma única vez.

O previsto no artigo 11, incisos 2 e 3, é aplicável a partir da segunda etapa da transição.

SEXTA

Sistema de adoção de decisões

Durante a primeira etapa da transição, as decisões do Parlamento, nos casos mencionados no artigo 4, inciso 12, serão adotadas por maioria especial.

SÉTIMA

Orçamento

Durante a primeira etapa de transição, o orçamento do Parlamento será financiado pelos Estados-Partes mediantes contribuições iguais.

FEITO na cidade de Montevidéu, aos nove dias do mês de dezembro do ano dois mil e cinco, em um original nos idiomas espanhol e português, sendo ambos os textos igualmente autênticos.

PELO GOVERNO DA REPÚBLICA ARGENTINA
NÉSTOR KIRCHNER
JORGE TAIANA
PELO GOVERNO DA REPÚBLICA FEDERATIVA DO BRASIL
LUIZ INÁCIO LULA DA SILVA
CELSO LUIZ NUNES AMORIM
PELO GOVERNO DA REPÚBLICA DO PARAGUAI
NICANOR DUARTE FRUTOS
LEILA RACHID
PELO GOVERNO DA REPÚBLICA ORIENTAL DO URUGUAI
TABARÉ VÁZQUEZ
REINALDO GARGANO

DECRETO N. 6.949, DE 25 DE AGOSTO DE 2009

Promulga a Convenção Internacional sobre os Direitos das Pessoas com Deficiência e seu Protocolo Facultativo, assinados em Nova York, em 30 de março de 2007.

- *DOU*, 26.08.2009.
- Aprovada pelo Dec. Leg. 186/2008.
- Arts. 24, XIV; 37, VIII; 203, IV; 208, III; 227, § 1º; II, e 244, CF.

CONVENÇÃO SOBRE OS DIREITOS DAS PESSOAS COM DEFICIÊNCIA

PREÂMBULO

Os Estados Partes da presente Convenção,

a) Relembrando os princípios consagrados na Carta das Nações Unidas, que reconhecem a dignidade e o valor inerentes e os direitos iguais e inalienáveis de todos os membros da família humana como o fundamento da liberdade, da justiça e da paz no mundo,

b) Reconhecendo que as Nações Unidas, na Declaração Universal dos Direitos Humanos e nos Pactos Internacionais sobre Direitos Humanos, proclamaram e concordaram que toda pessoa faz jus a todos os direitos e liberdades ali estabelecidos, sem distinção de qualquer espécie,

c) Reafirmando a universalidade, a indivisibilidade, a interdependência e a inter-relação de todos os direitos humanos e liberdades fundamentais, bem como a necessidade de garantir que todas as pessoas com deficiência os exerçam plenamente, sem discriminação,

d) Relembrando o Pacto Internacional dos Direitos Econômicos, Sociais e Culturais, o Pacto Internacional dos Direitos Civis e Políticos, a Convenção Internacional sobre a Eliminação de Todas as Formas de Discriminação Racial, a Convenção sobre a Eliminação de todas as Formas de Discriminação contra a Mulher, a Convenção contra a Tortura e Outros Tratamentos ou Penas Cruéis, Desumanos ou Degradantes, a Convenção sobre os Direitos da Criança e a Convenção Internacional sobre a Proteção dos Direitos de Todos os Trabalhadores Migrantes e Membros de suas Famílias,

e) Reconhecendo que a deficiência é um conceito em evolução e que a deficiência resulta da interação entre pessoas com deficiência e as barreiras devidas às atitudes e ao ambiente que impedem a plena e efetiva participação dessas pessoas na sociedade em igualdade de oportunidades com as demais pessoas,

f) Reconhecendo a importância dos princípios e das diretrizes de política, contidos no Programa de Ação Mundial para as Pessoas Deficientes e nas Normas sobre a Equiparação de Oportunidades para Pessoas com Deficiência, para influenciar a promoção, a formulação e a avaliação de políticas, planos, programas e ações em níveis nacional, regional e internacional para possibilitar maior igualdade de oportunidades para pessoas com deficiência,

g) Ressaltando a importância de trazer questões relativas à deficiência ao centro das preocupações da sociedade como parte integrante das estratégias relevantes de desenvolvimento sustentável,

- V. Dec. 8.892/2016 (Cria a Comissão Nacional para os Objetivos de Desenvolvimento Sustentável).

h) Reconhecendo também que a discriminação contra qualquer pessoa, por motivo de deficiência, configura violação da dignidade e do valor inerentes ao ser humano,

i) Reconhecendo ainda a diversidade das pessoas com deficiência,

j) Reconhecendo a necessidade de promover e proteger os direitos humanos de todas as pessoas com deficiência, inclusive daquelas que requerem maior apoio,

k) Preocupados com o fato de que, não obstante esses diversos instrumentos e compromissos, as pessoas com deficiência continuam a enfrentar barreiras contra sua participação como membros iguais da sociedade e violações de seus direitos humanos em todas as partes do mundo,

l) Reconhecendo a importância da cooperação internacional para melhorar as condições de vida das pessoas com deficiência em todos os países, particularmente naqueles em desenvolvimento,

m) Reconhecendo as valiosas contribuições existentes e potenciais das pessoas com deficiência ao bem-estar comum e à diversidade de suas comunidades, e que a promoção do pleno exercício, pelas pessoas com deficiência, de seus direitos humanos e liberdades fundamentais e de sua plena participação na sociedade resultará no fortalecimento de seu senso de pertencimento à sociedade e no significativo avanço do desenvolvimento humano, social e econômico da sociedade, bem como na erradicação da pobreza,

n) Reconhecendo a importância, para as pessoas com deficiência, de sua autonomia e independência individuais, inclusive da liberdade para fazer as próprias escolhas,

o) Considerando que as pessoas com deficiência devem ter a oportunidade de participar ativamente das decisões relativas a programas e políticas, inclusive aos que lhes dizem respeito diretamente,

p) Preocupados com as difíceis situações enfrentadas por pessoas com deficiência que estão sujeitas a formas múltiplas ou agravadas de discriminação por causa de raça, cor, sexo, idioma, religião, opiniões políticas ou de outra natureza, origem nacional, étnica, nativa ou social, propriedade, nascimento, idade ou outra condição,

q) Reconhecendo que mulheres e meninas com deficiência estão frequentemente expostas a maiores riscos, tanto no lar como fora dele, de sofrer violência, lesões ou abuso, descaso ou tratamento negligente, maus-tratos ou exploração,

r) Reconhecendo que as crianças com deficiência devem gozar plenamente de todos os direitos humanos e liberdades fundamentais em igualdade de oportunidades com as outras crianças e relembrando as obrigações assumidas com esse fim pelos Estados Partes na Convenção sobre os Direitos da Criança,

s) Ressaltando a necessidade de incorporar a perspectiva de gênero aos esforços para promover o pleno exercício dos direitos humanos e liberdades fundamentais por parte das pessoas com deficiência,

t) Salientando o fato de que a maioria das pessoas com deficiência vive em condições de pobreza e, nesse sentido, reconhecendo a necessidade crítica de lidar com o impacto negativo da pobreza sobre pessoas com deficiência,

u) Tendo em mente que as condições de paz e segurança baseadas no pleno respeito aos propósitos e princípios consagrados na Carta das Nações Unidas e a observância dos instrumentos de direitos humanos são indispensáveis para a total proteção das pessoas com deficiência, particularmente durante conflitos armados e ocupação estrangeira,

v) Reconhecendo a importância da acessibilidade aos meios físico, social, econômico e cultural, à saúde, à educação e à informação e comunicação, para possibilitar às pessoas com deficiência o pleno gozo de todos os direitos humanos e liberdades fundamentais,

w) Conscientes de que a pessoa tem deveres para com outras pessoas e para com a comunidade a que pertence e que, portanto, tem a responsabilidade de esforçar-se para a promoção e a observância dos direitos reconhecidos na Carta Internacional dos Direitos Humanos,

x) Convencidos de que a família é o núcleo natural e fundamental da sociedade e tem o direito de receber a proteção da sociedade e do Estado e de que as pessoas com deficiência e seus familiares devem receber a proteção e a assistência necessárias para tornar as famílias capazes de contribuir para o exercício pleno e equitativo dos direitos das pessoas com deficiência,

y) Convencidos de que uma convenção internacional geral e integral para promover e proteger os direitos e a dignidade das pessoas com deficiência prestará significativa contribuição para corrigir as profundas desvantagens sociais das pessoas com deficiência e para promover sua participação na vida econômica, social e cultural, em igualdade de oportunidades, tanto nos países em desenvolvimento como nos desenvolvidos,

Acordaram o seguinte:

ARTIGO 1

Propósito

O propósito da presente Convenção é promover, proteger e assegurar o exercício pleno e equitativo de todos os direitos humanos e liberdades fundamentais por todas as pessoas com deficiência e promover o respeito pela sua dignidade inerente.

Pessoas com deficiência são aquelas que têm impedimentos de longo prazo de natureza física, mental, intelectual ou sensorial, os quais, em interação com diversas barreiras, podem obstruir sua participação plena e efetiva na sociedade em igualdades de condições com as demais pessoas.

ARTIGO 2

Definições

Para os propósitos da presente Convenção:

"Comunicação" abrange as línguas, a visualização de textos, o braille, a comunicação tátil, os caracteres ampliados, os dispositivos de multimídia acessível, assim como a linguagem simples, escrita e oral, os sistemas auditivos e os meios de voz digitalizada e os modos, meios e formatos aumentativos e alternativos de comunicação, inclusive a tecnologia da informação e comunicação acessíveis;

"Língua" abrange as línguas faladas e de sinais e outras formas de comunicação não falada;

"Discriminação por motivo de deficiência" significa qualquer diferenciação, exclusão ou restrição baseada em deficiência, com o propósito ou efeito de impedir ou impossibilitar o reconhecimento, o desfrute ou o exercício, em igualdade de oportunidades com as demais pessoas, de todos os direitos humanos e liberdades fundamentais nos âmbitos político, econômico, social, cultural, civil ou qualquer outro. Abrange todas as formas de discriminação, inclusive a recusa de adaptação razoável;

"Adaptação razoável" significa as modificações e os ajustes necessários e adequados que não acarretem ônus desproporcional ou indevido, quando requeridos em cada caso, a fim de assegurar que as pessoas com deficiência possam gozar ou exercer, em igualdade de oportunidades com as demais pessoas, todos os direitos humanos e liberdades fundamentais;

"Desenho universal" significa a concepção de produtos, ambientes, programas e serviços a serem usados, na maior medida possível, por todas as pessoas, sem necessidade de adaptação ou projeto específico. O "desenho universal" não excluirá as ajudas técnicas para grupos específicos de pessoas com deficiência, quando necessárias.

ARTIGO 3

Princípios gerais

Os princípios da presente Convenção são:

a) O respeito pela dignidade inerente, a autonomia individual, inclusive a liberdade de fazer as próprias escolhas, e a independência das pessoas;

b) A não discriminação;

c) A plena e efetiva participação e inclusão na sociedade;

d) O respeito pela diferença e pela aceitação das pessoas com deficiência como parte da diversidade humana e da humanidade;

e) A igualdade de oportunidades;

f) A acessibilidade;

g) A igualdade entre o homem e a mulher;

h) O respeito pelo desenvolvimento das capacidades das crianças com deficiência e pelo direito das crianças com deficiência de preservar sua identidade.

ARTIGO 4

Obrigações gerais

1. Os Estados Partes se comprometem a assegurar e promover o pleno exercício de todos os direitos humanos e liberdades fundamentais por todas as pessoas com deficiência, sem qualquer tipo de discriminação por causa de sua deficiência. Para tanto, os Estados Partes se comprometem a:

a) Adotar todas as medidas legislativas, administrativas e de qualquer outra natureza, necessárias para a realização dos direitos reconhecidos na presente Convenção;

b) Adotar todas as medidas necessárias, inclusive legislativas, para modificar ou revogar leis, regulamentos, costumes e práticas vigentes, que constituírem discriminação contra pessoas com deficiência;

c) Levar em conta, em todos os programas e políticas, a proteção e a promoção dos direitos humanos das pessoas com deficiência;

d) Abster-se de participar em qualquer ato ou prática incompatível com a presente Convenção e assegurar que as autoridades públicas e instituições atuem em conformidade com a presente Convenção;

e) Tomar todas as medidas apropriadas para eliminar a discriminação baseada em deficiência, por parte de qualquer pessoa, organização ou empresa privada;

f) Realizar ou promover a pesquisa e o desenvolvimento de produtos, serviços, equipamentos e instalações com desenho universal, conforme definidos no Artigo 2 da presente Convenção, que exijam o mínimo possível de adaptação e cujo custo seja o mínimo possível, destinados a atender às necessidades específicas de pessoas com deficiência, a promover sua disponibilidade e seu uso e a promover o desenho universal quando da elaboração de normas e diretrizes;

g) Realizar ou promover a pesquisa e o desenvolvimento, bem como a disponibilidade e o emprego de novas tecnologias, inclusive as tecnologias da informação e comunicação, ajudas técnicas para locomoção, dispositivos e tecnologias assistivas, adequados a pessoas com deficiência, dando prioridade a tecnologias de custo acessível;

h) Propiciar informação acessível para as pessoas com deficiência a respeito de ajudas técnicas para locomoção, dispositivos e tecnologias assistivas, incluindo novas tecnologias bem como outras formas de assistência, serviços de apoio e instalações;

i) Promover a capacitação em relação aos direitos reconhecidos pela presente Convenção dos profissionais e equipes que trabalham com pessoas com deficiência, de forma a melhorar a prestação de assistência e serviços garantidos por esses direitos.

2. Em relação aos direitos econômicos, sociais e culturais, cada Estado Parte se compromete a tomar medidas, tanto quanto permitirem os recursos disponíveis e, quando necessário, no âmbito da cooperação internacional, a fim de assegurar progressivamente o pleno exercício desses direitos, sem prejuízo das obrigações contidas na presente Convenção que forem imediatamente aplicáveis de acordo com o direito internacional.

3. Na elaboração e implementação de legislação e políticas para aplicar a presente Convenção e em outros processos de tomada de decisão relativos às pessoas com deficiência, os Estados Partes realizarão consultas estreitas e envolverão ativamente pessoas com deficiência, inclusive crianças com deficiência, por intermédio de suas organizações representativas.

4. Nenhum dispositivo da presente Convenção afetará quaisquer disposições mais propícias à realização dos direitos das pessoas com deficiência, as quais possam estar contidas na legislação do Estado Parte ou no direito internacional em vigor para esse Estado. Não haverá nenhuma restrição ou derrogação de qualquer dos direitos humanos e liberdades fundamentais reconhecidos ou vigentes em qualquer Estado Parte da presente Convenção, em conformidade com leis, convenções, regulamentos ou costumes, sob a alegação de que a presente Convenção não reconhece tais direitos e liberdades ou que os reconhece em menor grau.

5. As disposições da presente Convenção se aplicam, sem limitação ou exceção, a todas as unidades constitutivas dos Estados federativos.

ARTIGO 5

Igualdade e não discriminação

1. Os Estados Partes reconhecem que todas as pessoas são iguais perante e sob a lei e que fazem jus, sem qualquer discriminação, a igual proteção e igual benefício da lei.

2. Os Estados Partes proibirão qualquer discriminação baseada na deficiência e garantirão às pessoas com deficiência igual e efetiva proteção legal contra a discriminação por qualquer motivo.

3. A fim de promover a igualdade e eliminar a discriminação, os Estados Partes adotarão todas as medidas apropriadas para garantir que a adaptação razoável seja oferecida.

4. Nos termos da presente Convenção, as medidas específicas que forem necessárias para acelerar ou alcançar a efetiva igualdade das pessoas com deficiência não serão consideradas discriminatórias.

ARTIGO 6

Mulheres com deficiência

1. Os Estados Partes reconhecem que as mulheres e meninas com deficiência estão sujeitas a múltiplas formas de discriminação e, portanto, tomarão medidas para assegurar às mulheres e meninas com deficiência o pleno e igual exercício de todos os direitos humanos e liberdades fundamentais.

2. Os Estados Partes tomarão todas as medidas apropriadas para assegurar o pleno desenvolvimento, o avanço e o empoderamento das mulheres, a fim de garantir-lhes o exercício e o gozo dos direitos humanos e liberdades fundamentais estabelecidos na presente Convenção.

ARTIGO 7

Crianças com deficiência

1. Os Estados Partes tomarão todas as medidas necessárias para assegurar às crianças com deficiência o pleno exercício de todos os direitos humanos e liberdades fundamentais, em igualdade de oportunidades com as demais crianças.

2. Em todas as ações relativas às crianças com deficiência, o superior interesse da criança receberá consideração primordial.

3. Os Estados Partes assegurarão que as crianças com deficiência tenham o direito de expressar livremente sua opinião sobre todos os assuntos que lhes disserem respeito, tenham a sua opinião devidamente valorizada de acordo com sua idade e maturidade, em igualdade de oportunidades com as demais crianças, e recebam atendimento adequado à sua deficiência e idade, para que possam exercer tal direito.

ARTIGO 8

Conscientização

1. Os Estados Partes se comprometem a adotar medidas imediatas, efetivas e apropriadas para:

a) Conscientizar toda a sociedade, inclusive as famílias, sobre as condições das pessoas com deficiência e fomentar o respeito pelos direitos e pela dignidade das pessoas com deficiência;

b) Combater estereótipos, preconceitos e práticas nocivas em relação a pessoas com deficiência, inclusive aqueles relacionados a sexo e idade, em todas as áreas da vida;

c) Promover a conscientização sobre as capacidades e contribuições das pessoas com deficiência.

2. As medidas para esse fim incluem:

a) Lançar e dar continuidade a efetivas campanhas de conscientização públicas, destinadas a:

i) Favorecer atitude receptiva em relação aos direitos das pessoas com deficiência;

ii) Promover percepção positiva e maior consciência social em relação às pessoas com deficiência;

iii) Promover o reconhecimento das habilidades, dos méritos e das capacidades das pessoas com deficiência e de sua contribuição ao local de trabalho e ao mercado laboral;

b) Fomentar em todos os níveis do sistema educacional, incluindo neles todas as crianças desde tenra idade, uma atitude de respeito para com os direitos das pessoas com deficiência;

c) Incentivar todos os órgãos da mídia a retratar as pessoas com deficiência de maneira compatível com o propósito da presente Convenção;

d) Promover programas de formação sobre sensibilização a respeito das pessoas com deficiência e sobre os direitos das pessoas com deficiência.

ARTIGO 9

Acessibilidade

1. A fim de possibilitar às pessoas com deficiência viver de forma independente e participar plenamente de todos os aspectos da vida, os Estados Partes tomarão as medidas apropriadas para assegurar às pessoas com deficiência o acesso, em igualdade de oportunidades com as demais pessoas, ao meio físico, ao transporte, à informação e comunicação, inclusive aos sistemas e tecnologias da informação e comunicação, bem como a outros serviços e instalações abertos ao público ou de uso público, tanto na zona urbana como na rural. Essas medidas, que incluirão a identificação e a eliminação de obstáculos e barreiras à acessibilidade, serão aplicadas, entre outros, a:

a) Edifícios, rodovias, meios de transporte e outras instalações internas e externas, inclusive escolas, residências, instalações médicas e local de trabalho;

b) Informações, comunicações e outros serviços, inclusive serviços eletrônicos e serviços de emergência.

2. Os Estados Partes também tomarão medidas apropriadas para:

a) Desenvolver, promulgar e monitorar a implementação de normas e diretrizes mínimas para a acessibilidade das instalações e dos serviços abertos ao público ou de uso público;

b) Assegurar que as entidades privadas que oferecem instalações e serviços abertos ao público ou de uso público levem em consideração todos os aspectos relativos à acessibilidade para pessoas com deficiência;

c) Proporcionar, a todos os atores envolvidos, formação em relação às questões de acessibilidade com as quais as pessoas com deficiência se confrontam;

d) Dotar os edifícios e outras instalações abertas ao público ou de uso público de sinalização em braille e em formatos de fácil leitura e compreensão;

e) Oferecer formas de assistência humana ou animal e serviços de mediadores, incluindo guias, ledores e intérpretes profissionais da língua de sinais, para facilitar o acesso aos edifícios e outras instalações abertas ao público ou de uso público;

f) Promover outras formas apropriadas de assistência e apoio a pessoas com deficiência, a fim de assegurar a essas pessoas o acesso a informações;

g) Promover o acesso de pessoas com deficiência a novos sistemas e tecnologias da informação e comunicação, inclusive à Internet;

h) Promover, desde a fase inicial, a concepção, o desenvolvimento, a produção e a disseminação de sistemas e tecnologias de informação e comunicação, a fim de que esses sistemas e tecnologias se tornem acessíveis a custo mínimo.

ARTIGO 10

Direito à vida

Os Estados Partes reafirmam que todo ser humano tem o inerente direito à vida e tomarão todas as medidas necessárias para assegurar o efetivo exercício desse direito pelas pessoas com deficiência, em igualdade de oportunidades com as demais pessoas.

ARTIGO 11

Situações de risco e emergências humanitárias

Em conformidade com suas obrigações decorrentes do direito internacional, inclusive do direito humanitário internacional e do direito internacional dos direitos humanos, os Estados Partes tomarão todas as medidas necessárias para assegurar a proteção e a segurança das pessoas com deficiência que se encontrarem em situações de risco, inclusive situações de conflito armado, emergências humanitárias e ocorrência de desastres naturais.

ARTIGO 12

Reconhecimento igual perante a lei

1. Os Estados Partes reafirmam que as pessoas com deficiência têm o direito de ser reconhecidas em qualquer lugar como pessoas perante a lei.

2. Os Estados Partes reconhecerão que as pessoas com deficiência gozam de capacidade legal em igualdade de condições com as demais pessoas em todos os aspectos da vida.

3. Os Estados Partes tomarão medidas apropriadas para prover o acesso de pessoas com deficiência ao apoio que necessitarem no exercício de sua capacidade legal.

4. Os Estados Partes assegurarão que todas as medidas relativas ao exercício da capacidade legal incluam salvaguardas apropriadas e efetivas para prevenir abusos, em conformidade com o direito internacional dos direitos humanos. Essas salvaguardas assegurarão que as medidas relativas ao exercício da capacidade legal respeitem os direitos, a vontade e as preferências da pessoa, sejam isentas de conflito de interesses e de influência indevida, sejam proporcionais e apropriadas às circunstâncias da pessoa, se apliquem pelo período mais curto possível e sejam submetidas à revisão regular por uma autoridade ou órgão judiciário competente, independente e imparcial. As salvaguardas serão proporcionais ao grau em que tais medidas afetarem os direitos e interesses da pessoa.

5. Os Estados Partes, sujeitos ao disposto neste Artigo, tomarão todas as medidas apropriadas e efetivas para assegurar às pessoas com deficiência o igual direito de possuir ou herdar bens, de controlar as próprias finanças e de ter igual acesso a empréstimos bancários, hipotecas e outras formas de crédito financeiro, e assegurarão que as pessoas com deficiência não sejam arbitrariamente destituídas de seus bens.

ARTIGO 13

Acesso à justiça

1. Os Estados Partes assegurarão o efetivo acesso das pessoas com deficiência à justiça, em igualdade de condições com as demais pessoas, inclusive mediante a provisão de adaptações processuais adequadas à idade, a fim de facilitar o efetivo papel das pessoas com deficiência como participantes diretos ou indiretos, inclusive como testemunhas, em todos os procedimentos jurídicos, tais como investigações e outras etapas preliminares.

2. A fim de assegurar às pessoas com deficiência o efetivo acesso à justiça, os Estados Partes promoverão a capacitação apropriada daqueles que trabalham na área de administração da justiça, inclusive a polícia e os funcionários do sistema penitenciário.

ARTIGO 14

Liberdade e segurança da pessoa

1. Os Estados Partes assegurarão que as pessoas com deficiência, em igualdade de oportunidades com as demais pessoas:

a) Gozem do direito à liberdade e à segurança da pessoa; e

b) Não sejam privadas ilegal ou arbitrariamente de sua liberdade e que toda privação de liberdade esteja em conformidade com a lei, e que a existência de deficiência não justifique a privação de liberdade.

2. Os Estados Partes assegurarão que, se pessoas com deficiência forem privadas de liberdade mediante algum processo, elas, em igualdade de oportunidades com as demais pessoas, façam jus a garantias de acordo com o direito internacional dos direitos humanos e sejam tratadas em conformidade com os objetivos e princípios da presente Convenção, inclusive mediante a provisão de adaptação razoável.

ARTIGO 15

Prevenção contra tortura ou tratamentos ou penas cruéis, desumanos ou degradantes

1. Nenhuma pessoa será submetida à tortura ou a tratamentos ou penas cruéis, desumanos ou degradantes. Em especial, nenhuma pessoa deverá ser sujeita a experimentos médicos ou científicos sem seu livre consentimento.

2. Os Estados Partes tomarão todas as medidas efetivas de natureza legislativa, administrativa, judicial ou outra para evitar que pessoas com deficiência, do mesmo modo que as demais pessoas, sejam submetidas à tortura ou a tratamentos ou penas cruéis, desumanos ou degradantes.

ARTIGO 16

Prevenção contra a exploração, a violência e o abuso

1. Os Estados Partes tomarão todas as medidas apropriadas de natureza legislativa, administrativa, social, educacional e outras para proteger as pessoas com deficiência, tanto dentro como fora do lar, contra todas as formas de exploração, violência e abuso, incluindo aspectos relacionados a gênero.

2. Os Estados Partes também tomarão todas as medidas apropriadas para prevenir todas as formas de exploração, violência e abuso, assegurando, entre outras coisas, formas apropriadas de atendimento e apoio que levem em conta o gênero e a idade das pessoas com deficiência e de seus familiares e atendentes, inclusive mediante a provisão de informação e educação sobre a maneira de evitar, reconhecer e denunciar casos de exploração, violência e abuso. Os Estados Partes assegurarão que os

serviços de proteção levem em conta a idade, o gênero e a deficiência das pessoas.

3. A fim de prevenir a ocorrência de quaisquer formas de exploração, violência e abuso, os Estados Partes assegurarão que todos os programas e instalações destinados a atender pessoas com deficiência sejam efetivamente monitorados por autoridades independentes.

4. Os Estados Partes tomarão todas as medidas apropriadas para promover a recuperação física, cognitiva e psicológica, inclusive mediante a provisão de serviços de proteção, a reabilitação e a reinserção social de pessoas com deficiência que forem vítimas de qualquer forma de exploração, violência ou abuso. Tais recuperação e reinserção ocorrerão em ambientes que promovam a saúde, o bem-estar, o autorrespeito, a dignidade e a autonomia da pessoa e levem em consideração as necessidades de gênero e idade.

5. Os Estados Partes adotarão leis e políticas efetivas, inclusive legislação e políticas voltadas para mulheres e crianças, a fim de assegurar que os casos de exploração, violência e abuso contra pessoas com deficiência sejam identificados, investigados e, caso necessário, julgados.

ARTIGO 17

Proteção da integridade da pessoa

Toda pessoa com deficiência tem o direito a que sua integridade física e mental seja respeitada, em igualdade de condições com as demais pessoas.

ARTIGO 18

Liberdade de movimentação e nacionalidade

1. Os Estados Partes reconhecerão os direitos das pessoas com deficiência à liberdade de movimentação, à liberdade de escolher sua residência e à nacionalidade, em igualdade de oportunidades com as demais pessoas, inclusive assegurando que as pessoas com deficiência:

a) Tenham o direito de adquirir nacionalidade e mudar de nacionalidade e não sejam privadas arbitrariamente de sua nacionalidade em razão de sua deficiência.

b) Não sejam privadas, por causa de sua deficiência, da competência de obter, possuir e utilizar documento comprovante de sua nacionalidade ou outro documento de identidade, ou de recorrer a processos relevantes, tais como procedimentos relativos à imigração, que forem necessários para facilitar o exercício de seu direito à liberdade de movimentação.

c) Tenham liberdade de sair de qualquer país, inclusive do seu; e

d) Não sejam privadas, arbitrariamente ou por causa de sua deficiência, do direito de entrar no próprio país.

2. As crianças com deficiência serão registradas imediatamente após o nascimento e terão, desde o nascimento, o direito a um nome, o direito de adquirir nacionalidade e, tanto quanto possível, o direito de conhecer seus pais e de ser cuidadas por eles.

ARTIGO 19

Vida independente e inclusão na comunidade

Os Estados Partes desta Convenção reconhecem o igual direito de todas as pessoas com deficiência de viver na comunidade, com a mesma liberdade de escolha que as demais pessoas, e tomarão medidas efetivas e apropriadas para facilitar às pessoas com deficiência o pleno gozo desse direito e sua plena inclusão e participação na comunidade, inclusive assegurando que:

a) As pessoas com deficiência possam escolher seu local de residência e onde e com quem morar, em igualdade de oportunidades com as demais pessoas, e que não sejam obrigadas a viver em determinado tipo de moradia;

b) As pessoas com deficiência tenham acesso a uma variedade de serviços de apoio em domicílio ou em instituições residenciais ou a outros serviços comunitários de apoio, inclusive os serviços de atendentes pessoais que forem necessários como apoio para que as pessoas com deficiência vivam e sejam incluídas na comunidade e para evitar que fiquem isoladas ou segregadas da comunidade;

c) Os serviços e instalações da comunidade para a população em geral estejam disponíveis às pessoas com deficiência, em igualdade de oportunidades, e atendam às suas necessidades.

ARTIGO 20

Mobilidade pessoal

Os Estados Partes tomarão medidas efetivas para assegurar às pessoas com deficiência sua mobilidade pessoal com a máxima independência possível:

a) Facilitando a mobilidade pessoal das pessoas com deficiência, na forma e no momento em que elas quiserem, e a custo acessível;

b) Facilitando às pessoas com deficiência o acesso a tecnologias assistivas, dispositivos e ajudas técnicas de qualidade, e formas de assistência humana ou animal e de mediadores, inclusive tornando-os disponíveis a custo acessível;

c) Propiciando às pessoas com deficiência e ao pessoal especializado uma capacitação em técnicas de mobilidade;

d) Incentivando entidades que produzem ajudas técnicas de mobilidade, dispositivos e tecnologias assistivas a levarem em conta todos os aspectos relativos à mobilidade de pessoas com deficiência.

ARTIGO 21

Liberdade de expressão e de opinião e acesso à informação

Os Estados Partes tomarão todas as medidas apropriadas para assegurar que as pessoas com deficiência possam exercer seu direito à liberdade de expressão e opinião, inclusive à liberdade de buscar, receber e compartilhar informações e ideias, em igualdade de oportunidades com as demais pessoas e por intermédio de todas as formas de comunicação de sua escolha, conforme o disposto no Artigo 2 da presente Convenção, entre as quais:

a) Fornecer, prontamente e sem custo adicional, às pessoas com deficiência, todas as informações destinadas ao público em geral, em formatos acessíveis e tecnologias apropriadas aos diferentes tipos de deficiência;

b) Aceitar e facilitar, em trâmites oficiais, o uso de línguas de sinais, braille, comunicação aumentativa e alternativa, e de todos os demais meios, modos e formatos acessíveis de comunicação, à escolha das pessoas com deficiência;

c) Urgir as entidades privadas que oferecem serviços ao público em geral, inclusive por meio da Internet, a fornecer informações e serviços em formatos acessíveis, que possam ser usados por pessoas com deficiência;

d) Incentivar a mídia, inclusive os provedores de informação pela Internet, a tornar seus serviços acessíveis a pessoas com deficiência;

e) Reconhecer e promover o uso de línguas de sinais.

ARTIGO 22

Respeito à privacidade

1. Nenhuma pessoa com deficiência, qualquer que seja seu local de residência ou tipo de moradia, estará sujeita a interferência arbitrária ou ilegal em sua privacidade, família, lar, correspondência ou outros tipos de comunicação, nem a ataques ilícitos à sua honra e reputação. As pessoas com deficiência têm o direito à proteção da lei contra tais interferências ou ataques.

2. Os Estados Partes protegerão a privacidade dos dados pessoais e dados relativos à saúde e à reabilitação de pessoas com deficiência, em igualdade de condições com as demais pessoas.

ARTIGO 23

Respeito pelo lar e pela família

1. Os Estados Partes tomarão medidas efetivas e apropriadas para eliminar a discriminação contra pessoas com deficiência, em todos os aspectos relativos a casamento, família, paternidade e relacionamentos, em igualdade de condições com as demais pessoas, de modo a assegurar que:

a) Seja reconhecido o direito das pessoas com deficiência, em idade de contrair matrimônio, de casar-se e estabelecer família, com base no livre e pleno consentimento dos pretendentes;

b) Sejam reconhecidos os direitos das pessoas com deficiência de decidir livre e responsavelmente sobre o número de filhos e o espaçamento entre esses filhos e de ter acesso a informações adequadas à idade e a educação em matéria de reprodução e de planejamento familiar, bem como os meios necessários para exercer esses direitos.

c) As pessoas com deficiência, inclusive crianças, conservem sua fertilidade, em igualdade de condições com as demais pessoas.

2. Os Estados Partes assegurarão os direitos e responsabilidades das pessoas com deficiência, relativos à guarda, custódia, curatela e adoção de crianças ou instituições semelhantes, caso esses conceitos constem na legislação nacional. Em todos os casos, prevalecerá o superior interesse da criança. Os Estados Partes prestarão a devida assistência às pessoas com deficiência para que essas pessoas possam exercer suas responsabilidades na criação dos filhos.

3. Os Estados Partes assegurarão que as crianças com deficiência terão iguais direitos em relação à vida familiar. Para a realização desses direitos e para evitar ocultação, abandono, negligência e segregação de crianças com deficiência, os Estados Partes fornecerão prontamente informações abrangentes sobre serviços e apoios a crianças com deficiência e suas famílias.

4. Os Estados Partes assegurarão que uma criança não será separada de seus pais contra a vontade destes, exceto quando autoridades competentes, sujeitas a controle jurisdicional, determinarem, em conformidade com as leis e procedimentos aplicáveis, que a separação é necessária, no superior interesse da criança. Em nenhum caso, uma criança será separada dos pais sob alegação de deficiência da criança ou de um ou ambos os pais.

5. Os Estados Partes, no caso em que a família imediata de uma criança com deficiência não tenha condições de cuidar da criança, farão todo esforço para que cuidados alternativos sejam oferecidos por outros parentes e, se isso

não for possível, dentro de ambiente familiar, na comunidade.

ARTIGO 24

Educação

1. Os Estados Partes reconhecem o direito das pessoas com deficiência à educação. Para efetivar esse direito sem discriminação e com base na igualdade de oportunidades, os Estados Partes assegurarão sistema educacional inclusivo em todos os níveis, bem como o aprendizado ao longo de toda a vida, com os seguintes objetivos:

a) O pleno desenvolvimento do potencial humano e do senso de dignidade e autoestima, além do fortalecimento do respeito pelos direitos humanos, pelas liberdades fundamentais e pela diversidade humana;

b) O máximo desenvolvimento possível da personalidade e dos talentos e da criatividade das pessoas com deficiência, assim como de suas habilidades físicas e intelectuais;

c) A participação efetiva das pessoas com deficiência em uma sociedade livre.

2. Para a realização desse direito, os Estados Partes assegurarão que:

a) As pessoas com deficiência não sejam excluídas do sistema educacional geral sob alegação de deficiência e que as crianças com deficiência não sejam excluídas do ensino primário gratuito e compulsório ou do ensino secundário, sob alegação de deficiência;

b) As pessoas com deficiência possam ter acesso ao ensino primário inclusivo, de qualidade e gratuito, e ao ensino secundário, em igualdade de condições com as demais pessoas na comunidade em que vivem;

c) Adaptações razoáveis de acordo com as necessidades individuais sejam providenciadas;

d) As pessoas com deficiência recebam o apoio necessário, no âmbito do sistema educacional geral, com vistas a facilitar sua efetiva educação;

e) Medidas de apoio individualizadas e efetivas sejam adotadas em ambientes que maximizem o desenvolvimento acadêmico e social, de acordo com a meta de inclusão plena.

3. Os Estados Partes assegurarão às pessoas com deficiência a possibilidade de adquirir as competências práticas e sociais necessárias de modo a facilitar às pessoas com deficiência sua plena e igual participação no sistema de ensino e na vida em comunidade. Para tanto, os Estados Partes tomarão medidas apropriadas, incluindo:

a) Facilitação do aprendizado do braille, escrita alternativa, modos, meios e formatos de comunicação aumentativa e alternativa, e habilidades de orientação e mobilidade, além de facilitação do apoio e aconselhamento de pares;

b) Facilitação do aprendizado da língua de sinais e promoção da identidade linguística da comunidade surda;

c) Garantia de que a educação de pessoas, em particular crianças cegas, surdocegas e surdas, seja ministrada nas línguas e nos modos e meios de comunicação mais adequados ao indivíduo e em ambientes que favoreçam ao máximo seu desenvolvimento acadêmico e social.

4. A fim de contribuir para o exercício desse direito, os Estados Partes tomarão medidas apropriadas para empregar professores, inclusive professores com deficiência, habilitados para o ensino da língua de sinais e/ou do braille, e para capacitar profissionais e equipes atuantes em todos os níveis de ensino. Essa capacitação incorporará a conscientização da deficiência e a utilização de modos, meios e formatos apropriados de comunicação aumentativa e alternativa, e técnicas e materiais pedagógicos, como apoios para pessoas com deficiência.

5. Os Estados Partes assegurarão que as pessoas com deficiência possam ter acesso ao ensino superior em geral, treinamento profissional de acordo com sua vocação, educação para adultos e formação continuada, sem discriminação e em igualdade de condições. Para tanto, os Estados Partes assegurarão a provisão de adaptações razoáveis para pessoas com deficiência.

ARTIGO 25

Saúde

Os Estados Partes reconhecem que as pessoas com deficiência têm o direito de gozar do estado de saúde mais elevado possível, sem discriminação baseada na deficiência. Os Estados Partes tomarão todas as medidas apropriadas para assegurar às pessoas com deficiência o acesso a serviços de saúde, incluindo os serviços de reabilitação, que levarão em conta as especificidades de gênero. Em especial, os Estados Partes:

a) Oferecerão às pessoas com deficiência programas e atenção à saúde gratuitos ou a custos acessíveis da mesma variedade, qualidade e padrão que são oferecidos às demais pessoas, inclusive na área de saúde sexual e reprodutiva e de programas de saúde pública destinados à população em geral;

b) Propiciarão serviços de saúde que as pessoas com deficiência necessitam especificamente por causa de sua deficiência, inclusive diagnóstico e intervenção precoces, bem como serviços projetados para reduzir ao máximo e prevenir deficiências adicionais, inclusive entre crianças e idosos;

c) Propiciarão esses serviços de saúde às pessoas com deficiência, o mais próximo possível de suas comunidades, inclusive na zona rural;

d) Exigirão dos profissionais de saúde que dispensem às pessoas com deficiência a mesma qualidade de serviços dispensada às demais pessoas e, principalmente, que obtenham o consentimento livre e esclarecido das pessoas com deficiência concernentes. Para esse fim, os Estados Partes realizarão atividades de formação e definirão regras éticas para os setores de saúde público e privado, de modo a conscientizar os profissionais de saúde acerca dos direitos humanos, da dignidade, autonomia e das necessidades das pessoas com deficiência;

e) Proibirão a discriminação contra pessoas com deficiência na provisão de seguro de saúde e seguro de vida, caso tais seguros sejam permitidos pela legislação nacional, os quais deverão ser providos de maneira razoável e justa;

f) Prevenirão que se negue, de maneira discriminatória, os serviços de saúde ou de atenção à saúde ou a administração de alimentos sólidos ou líquidos por motivo de deficiência.

ARTIGO 26

Habilitação e reabilitação

1. Os Estados Partes tomarão medidas efetivas e apropriadas, inclusive mediante apoio dos pares, para possibilitar que as pessoas com deficiência conquistem e conservem o máximo de autonomia e plena capacidade física, mental, social e profissional, bem como plena inclusão e participação em todos os aspectos da vida. Para tanto, os Estados Partes organizarão, fortalecerão e ampliarão serviços e programas completos de habilitação e reabilitação, particularmente nas áreas de saúde, emprego, educação e serviços sociais, de modo que esses serviços e programas:

a) Comecem no estágio mais precoce possível e sejam baseados em avaliação multidisciplinar das necessidades e pontos fortes de cada pessoa;

b) Apoiem a participação e a inclusão na comunidade e em todos os aspectos da vida social, sejam oferecidos voluntariamente e estejam disponíveis às pessoas com deficiência o mais próximo possível de suas comunidades, inclusive na zona rural.

2. Os Estados Partes promoverão o desenvolvimento da capacitação inicial e continuada de profissionais e de equipes que atuam nos serviços de habilitação e reabilitação.

3. Os Estados Partes promoverão a disponibilidade, o conhecimento e o uso de dispositivos e tecnologias assistivas, projetados para pessoas com deficiência e relacionados com a habilitação e a reabilitação.

ARTIGO 27

Trabalho e emprego

1. Os Estados Partes reconhecem o direito das pessoas com deficiência ao trabalho, em igualdade de oportunidades com as demais pessoas. Esse direito abrange o direito à oportunidade de se manter com um trabalho de sua livre escolha ou aceitação no mercado laboral, em ambiente de trabalho que seja aberto, inclusivo e acessível a pessoas com deficiência. Os Estados Partes salvaguardarão e promoverão a realização do direito ao trabalho, inclusive daqueles que tiverem adquirido uma deficiência no emprego, adotando medidas apropriadas, incluídas na legislação, com o fim de, entre outros:

a) Proibir a discriminação baseada na deficiência com respeito a todas as questões relacionadas com as formas de emprego, inclusive condições de recrutamento, contratação e admissão, permanência no emprego, ascensão profissional e condições seguras e salubres de trabalho;

b) Proteger os direitos das pessoas com deficiência, em condições de igualdade com as demais pessoas, às condições justas e favoráveis de trabalho, incluindo iguais oportunidades e igual remuneração por trabalho de igual valor, condições seguras e salubres de trabalho, além de reparação de injustiças e proteção contra o assédio no trabalho;

c) Assegurar que as pessoas com deficiência possam exercer seus direitos trabalhistas e sindicais, em condições de igualdade com as demais pessoas;

d) Possibilitar às pessoas com deficiência o acesso efetivo a programas de orientação técnica e profissional e a serviços de colocação no trabalho e de treinamento profissional e continuado;

e) Promover oportunidades de emprego e ascensão profissional para pessoas com deficiência no mercado de trabalho, bem como assistência na procura, obtenção e manutenção do emprego e no retorno ao emprego;

f) Promover oportunidades de trabalho autônomo, empreendedorismo, desenvolvimento de cooperativas e estabelecimento de negócio próprio;

g) Empregar pessoas com deficiência no setor público;

h) Promover o emprego de pessoas com deficiência no setor privado, mediante políticas e medidas apropriadas, que poderão incluir programas de ação afirmativa, incentivos e outras medidas;

i) Assegurar que adaptações razoáveis sejam feitas para pessoas com deficiência no local de trabalho;

j) Promover a aquisição de experiência de trabalho por pessoas com deficiência no mercado aberto de trabalho;

k) Promover reabilitação profissional, manutenção do emprego e programas de retorno ao trabalho para pessoas com deficiência.

2. Os Estados Partes assegurarão que as pessoas com deficiência não serão mantidas em escravidão ou servidão e que serão protegidas, em igualdade de condições com as demais pessoas, contra o trabalho forçado ou compulsório.

ARTIGO 28

Padrão de vida e proteção social adequados

1. Os Estados Partes reconhecem o direito das pessoas com deficiência a um padrão adequado de vida para si e para suas famílias, inclusive alimentação, vestuário e moradia adequados, bem como à melhoria contínua de suas condições de vida, e tomarão as providências necessárias para salvaguardar e promover a realização desse direito sem discriminação baseada na deficiência.

2. Os Estados Partes reconhecem o direito das pessoas com deficiência à proteção social e ao exercício desse direito sem discriminação baseada na deficiência, e tomarão as medidas apropriadas para salvaguardar e promover a realização desse direito, tais como:

a) Assegurar igual acesso de pessoas com deficiência a serviços de saneamento básico e assegurar o acesso aos serviços, dispositivos e outros atendimentos apropriados para as necessidades relacionadas com a deficiência;

b) Assegurar o acesso de pessoas com deficiência, particularmente mulheres, crianças e idosos com deficiência, a programas de proteção social e de redução da pobreza;

c) Assegurar o acesso de pessoas com deficiência e suas famílias em situação de pobreza à assistência do Estado em relação a seus gastos ocasionados pela deficiência, inclusive treinamento adequado, aconselhamento, ajuda financeira e cuidados de repouso;

d) Assegurar o acesso de pessoas com deficiência a programas habitacionais públicos;

e) Assegurar igual acesso de pessoas com deficiência a programas e benefícios de aposentadoria.

ARTIGO 29

Participação na vida política e pública

Os Estados Partes garantirão às pessoas com deficiência direitos políticos e oportunidade de exercê-los em condições de igualdade com as demais pessoas, e deverão:

a) Assegurar que as pessoas com deficiência possam participar efetiva e plenamente na vida política e pública, em igualdade de oportunidades com as demais pessoas, diretamente ou por meio de representantes livremente escolhidos, incluindo o direito e a oportunidade de votarem e serem votadas, mediante, entre outros:

i) Garantia de que os procedimentos, instalações e materiais e equipamentos para votação serão apropriados, acessíveis e de fácil compreensão e uso;

ii) Proteção do direito das pessoas com deficiência ao voto secreto em eleições e plebiscitos, sem intimidação, e a candidatar-se nas eleições, efetivamente ocupar cargos eletivos e desempenhar quaisquer funções públicas em todos os níveis de governo, usando novas tecnologias assistivas, quando apropriado;

iii) Garantia da livre expressão de vontade das pessoas com deficiência como eleitores e, para tanto, sempre que necessário e a seu pedido, permissão para que elas sejam auxiliadas na votação por uma pessoa de sua escolha;

b) Promover ativamente um ambiente em que as pessoas com deficiência possam participar efetiva e plenamente na condução das questões públicas, sem discriminação e em igualdade de oportunidades com as demais pessoas, e encorajar sua participação nas questões públicas, mediante:

i) Participação em organizações não governamentais relacionadas com a vida pública e política do país, bem como em atividades e administração de partidos políticos;

ii) Formação de organizações para representar pessoas com deficiência em níveis internacional, regional, nacional e local, bem como a filiação de pessoas com deficiência a tais organizações.

ARTIGO 30

Participação na vida cultural e em recreação, lazer e esporte

1. Os Estados Partes reconhecem o direito das pessoas com deficiência de participar na vida cultural, em igualdade de oportunidades com as demais pessoas, e tomarão todas as medidas apropriadas para que as pessoas com deficiência possam:

a) Ter acesso a bens culturais em formatos acessíveis;

b) Ter acesso a programas de televisão, cinema, teatro e outras atividades culturais, em formatos acessíveis; e

c) Ter acesso a locais que ofereçam serviços ou eventos culturais, tais como teatros, museus, cinemas, bibliotecas e serviços turísticos, bem como, tanto quanto possível, ter acesso a monumentos e locais de importância cultural nacional.

2. Os Estados Partes tomarão medidas apropriadas para que as pessoas com deficiência tenham a oportunidade de desenvolver e utilizar seu potencial criativo, artístico e intelectual, não somente em benefício próprio, mas também para o enriquecimento da sociedade.

3. Os Estados Partes deverão tomar todas as providências, em conformidade com o direito internacional, para assegurar que a legislação de proteção dos direitos de propriedade intelectual não constitua barreira excessiva ou discriminatória ao acesso de pessoas com deficiência a bens culturais.

4. As pessoas com deficiência farão jus, em igualdade de oportunidades com as demais pessoas, a que sua identidade cultural e linguística específica seja reconhecida e apoiada, incluindo as línguas de sinais e a cultura surda.

5. Para que as pessoas com deficiência participem, em igualdade de oportunidades com as demais pessoas, de atividades recreativas, esportivas e de lazer, os Estados Partes tomarão medidas apropriadas para:

a) Incentivar e promover a maior participação possível das pessoas com deficiência nas atividades esportivas comuns em todos os níveis;

b) Assegurar que as pessoas com deficiência tenham a oportunidade de organizar, desenvolver e participar em atividades esportivas e recreativas específicas às deficiências e, para tanto, incentivar a provisão de instrução, treinamento e recursos adequados, em igualdade de oportunidades com as demais pessoas;

c) Assegurar que as pessoas com deficiência tenham acesso a locais de eventos esportivos, recreativos e turísticos;

d) Assegurar que as crianças com deficiência possam, em igualdade de condições com as demais crianças, participar de jogos e atividades recreativas, esportivas e de lazer, inclusive no sistema escolar;

e) Assegurar que as pessoas com deficiência tenham acesso aos serviços prestados por pessoas ou entidades envolvidas na organização de atividades recreativas, turísticas, esportivas e de lazer.

ARTIGO 31

Estatísticas e coleta de dados

1. Os Estados Partes coletarão dados apropriados, inclusive estatísticos e de pesquisas, para que possam formular e implementar políticas destinadas a por em prática a presente Convenção. O processo de coleta e manutenção de tais dados deverá:

a) Observar as salvaguardas estabelecidas por lei, inclusive pelas leis relativas à proteção de dados, a fim de assegurar a confidencialidade e o respeito pela privacidade das pessoas com deficiência;

b) Observar as normas internacionalmente aceitas para proteger os direitos humanos, as liberdades fundamentais e os princípios éticos na coleta de dados e utilização de estatísticas.

2. As informações coletadas de acordo com o disposto neste Artigo serão desagregadas, de maneira apropriada, e utilizadas para avaliar o cumprimento, por parte dos Estados Partes, de suas obrigações na presente Convenção e para identificar e enfrentar as barreiras com as quais as pessoas com deficiência se deparam no exercício de seus direitos.

3. Os Estados Partes assumirão responsabilidade pela disseminação das referidas estatísticas e assegurarão que elas sejam acessíveis às pessoas com deficiência e a outros.

ARTIGO 32

Cooperação internacional

1. Os Estados Partes reconhecem a importância da cooperação internacional e de sua promoção, em apoio aos esforços nacionais para a consecução do propósito e dos objetivos da presente Convenção e, sob este aspecto, adotarão medidas apropriadas e efetivas entre os Estados e, de maneira adequada, em parceria com organizações internacionais e regionais relevantes e com a sociedade civil e, em particular, com organizações de pessoas com deficiência. Estas medidas poderão incluir, entre outras:

a) Assegurar que a cooperação internacional, incluindo os programas internacionais de desenvolvimento, sejam inclusivos e acessíveis para pessoas com deficiência;

b) Facilitar e apoiar a capacitação, inclusive por meio do intercâmbio e compartilhamento de informações, experiências, programas de treinamento e melhores práticas;

c) Facilitar a cooperação em pesquisa e o acesso a conhecimentos científicos e técnicos;

d) Propiciar, de maneira apropriada, assistência técnica e financeira, inclusive mediante facilitação do acesso a tecnologias assistivas e acessíveis e seu compartilhamento, bem como por meio de transferência de tecnologias.

2. O disposto neste Artigo se aplica sem prejuízo das obrigações que cabem a cada Estado Parte em decorrência da presente Convenção.

ARTIGO 33

Implementação e monitoramento nacionais

1. Os Estados Partes, de acordo com seu sistema organizacional, designarão um ou mais de um ponto focal no âmbito do Governo para assuntos relacionados com a implementação da presente Convenção e darão a devida consideração ao estabelecimento ou designação de um mecanismo de coordenação no âmbito do Governo, a fim de facilitar ações correlatas nos diferentes setores e níveis.

2. Os Estados Partes, em conformidade com seus sistemas jurídico e administrativo, manterão, fortalecerão, designarão ou estabelecerão estrutura, incluindo um ou mais de

um mecanismo independente, de maneira apropriada, para promover, proteger e monitorar a implementação da presente Convenção. Ao designar ou estabelecer tal mecanismo, os Estados Partes levarão em conta os princípios relativos ao status e funcionamento das instituições nacionais de proteção e promoção dos direitos humanos.

3. A sociedade civil e, particularmente, as pessoas com deficiência e suas organizações representativas serão envolvidas e participarão plenamente no processo de monitoramento.

ARTIGO 34

Comitê sobre os Direitos das Pessoas com Deficiência

1. Um Comitê sobre os Direitos das Pessoas com Deficiência (doravante denominado "Comitê") será estabelecido, para desempenhar as funções aqui definidas.

2. O Comitê será constituído, quando da entrada em vigor da presente Convenção, de 12 peritos. Quando a presente Convenção alcançar 60 ratificações ou adesões, o Comitê será acrescido em seis membros, perfazendo o total de 18 membros.

3. Os membros do Comitê atuarão a título pessoal e apresentarão elevada postura moral, competência e experiência reconhecidas no campo abrangido pela presente Convenção. Ao designar seus candidatos, os Estados Partes são instados a dar a devida consideração ao disposto no Artigo 4.3 da presente Convenção.

4. Os membros do Comitê serão eleitos pelos Estados Partes, observando-se uma distribuição geográfica equitativa, representação de diferentes formas de civilização e dos principais sistemas jurídicos, representação equilibrada de gênero e participação de peritos com deficiência.

5. Os membros do Comitê serão eleitos por votação secreta em sessões da Conferência dos Estados Partes, a partir de uma lista de pessoas designadas pelos Estados Partes entre seus nacionais. Nessas sessões, cujo quórum será de dois terços dos Estados Partes, os candidatos eleitos para o Comitê serão aqueles que obtiverem o maior número de votos e a maioria absoluta dos votos dos representantes dos Estados Partes presentes e votantes.

6. A primeira eleição será realizada, o mais tardar, até seis meses após a data de entrada em vigor da presente Convenção. Pelo menos quatro meses antes de cada eleição, o Secretário-Geral das Nações Unidas dirigirá carta aos Estados Partes, convidando-os a submeter os nomes de seus candidatos no prazo de dois meses. O Secretário-Geral, subsequentemente, preparará lista em ordem alfabética de todos os candidatos apresentados, indicando que foram designados pelos Estados Partes, e submeterá essa lista aos Estados Partes da presente Convenção.

7. Os membros do Comitê serão eleitos para mandato de quatro anos, podendo ser candidatos à reeleição uma única vez. Contudo, o mandato de seis dos membros eleitos na primeira eleição expirará ao fim de dois anos; imediatamente após a primeira eleição, os nomes desses seis membros serão selecionados por sorteio pelo presidente da sessão a que se refere o parágrafo 5 deste Artigo.

8. A eleição dos seis membros adicionais do Comitê será realizada por ocasião das eleições regulares, de acordo com as disposições pertinentes deste Artigo.

9. Em caso de morte, demissão ou declaração de um membro de que, por algum motivo, não poderá continuar a exercer suas funções, o Estado Parte que o tiver indicado designará um outro perito que tenha as qualificações e satisfaça aos requisitos estabelecidos pelos dispositivos pertinentes deste Artigo, para concluir o mandato em questão.

10. O Comitê estabelecerá suas próprias normas de procedimento.

11. O Secretário-Geral das Nações Unidas proverá o pessoal e as instalações necessários para o efetivo desempenho das funções do Comitê segundo a presente Convenção e convocará sua primeira reunião.

12. Com a aprovação da Assembleia Geral, os membros do Comitê estabelecido sob a presente Convenção receberão emolumentos dos recursos das Nações Unidas, sob termos e condições que a Assembleia possa decidir, tendo em vista a importância das responsabilidades do Comitê.

13. Os membros do Comitê terão direito aos privilégios, facilidades e imunidades dos peritos em missões das Nações Unidas, em conformidade com as disposições pertinentes da Convenção sobre Privilégios e Imunidades das Nações Unidas.

ARTIGO 35

Relatórios dos Estados Partes

1. Cada Estado Parte, por intermédio do Secretário-Geral das Nações Unidas, submeterá relatório abrangente sobre as medidas adotadas em cumprimento de suas obrigações estabelecidas pela presente Convenção e sobre o progresso alcançado nesse aspecto, dentro do período de dois anos após a entrada em vigor da presente Convenção para o Estado Parte concernente.

2. Depois disso, os Estados Partes submeterão relatórios subsequentes, ao menos a cada quatro anos, ou quando o Comitê o solicitar.

3. O Comitê determinará as diretrizes aplicáveis ao teor dos relatórios.

4. Um Estado Parte que tiver submetido ao Comitê um relatório inicial abrangente não precisará, em relatórios subsequentes, repetir informações já apresentadas. Ao elaborar os relatórios ao Comitê, os Estados Partes são instados a fazê-lo de maneira franca e transparente e a levar em consideração o disposto no Artigo 4.3 da presente Convenção.

5. Os relatórios poderão apontar os fatores e as dificuldades que tiverem afetado o cumprimento das obrigações decorrentes da presente Convenção.

ARTIGO 36

Consideração dos relatórios

1. Os relatórios serão considerados pelo Comitê, que fará as sugestões e recomendações gerais que julgar pertinentes e as transmitirá aos respectivos Estados Partes. O Estado Parte poderá responder ao Comitê com as informações que julgar pertinentes. O Comitê poderá pedir informações adicionais ao Estados Partes, referentes à implementação da presente Convenção.

2. Se um Estado Parte atrasar consideravelmente a entrega de seu relatório, o Comitê poderá notificar esse Estado de que examinará a aplicação da presente Convenção com base em informações confiáveis de que disponha, a menos que o relatório devido seja apresentado pelo Estado dentro do período de três meses após a notificação. O Comitê convidará o Estado Parte interessado a participar desse exame. Se o Estado Parte responder entregando seu relatório, aplicar-se-á o disposto no parágrafo 1 do presente artigo.

3. O Secretário-Geral das Nações Unidas colocará os relatórios à disposição de todos os Estados Partes.

4. Os Estados Partes tornarão seus relatórios amplamente disponíveis ao público em seus países e facilitarão o acesso à possibilidade de sugestões e de recomendações gerais a respeito desses relatórios.

5. O Comitê transmitirá às agências, fundos e programas especializados das Nações Unidas e a outras organizações competentes, da maneira que julgar apropriada, os relatórios dos Estados Partes que contenham demandas ou indicações de necessidade de consultoria ou de assistência técnica, acompanhados de eventuais observações e sugestões do Comitê em relação às referidas demandas ou indicações, a fim de que possam ser consideradas.

ARTIGO 37

Cooperação entre os Estados Partes e o Comitê

1. Cada Estado Parte cooperará com o Comitê e auxiliará seus membros no desempenho de seu mandato.

2. Em suas relações com os Estados Partes, o Comitê dará a devida consideração aos meios e modos de aprimorar a capacidade de cada Estado Parte para a implementação da presente Convenção, inclusive mediante cooperação internacional.

ARTIGO 38

Relações do Comitê com outros órgãos

A fim de promover a efetiva implementação da presente Convenção e de incentivar a cooperação internacional na esfera abrangida pela presente Convenção:

a) As agências especializadas e outros órgãos das Nações Unidas terão o direito de se fazer representar quando da consideração da implementação de disposições da presente Convenção que disserem respeito aos seus respectivos mandatos. O Comitê poderá convidar as agências especializadas e outros órgãos competentes, segundo julgar apropriado, a oferecer consultoria de peritos sobre a implementação da Convenção em áreas pertinentes a seus respectivos mandatos. O Comitê poderá convidar agências especializadas e outros órgãos das Nações Unidas a apresentar relatórios sobre a implementação da Convenção em áreas pertinentes às suas respectivas atividades;

b) No desempenho de seu mandato, o Comitê consultará, de maneira apropriada, outros órgãos pertinentes instituídos ao amparo de tratados internacionais de direitos humanos, a fim de assegurar a consistência de suas respectivas diretrizes para a elaboração de relatórios, sugestões e recomendações gerais e de evitar duplicação e superposição no desempenho de suas funções.

ARTIGO 39

Relatório do Comitê

A cada dois anos, o Comitê submeterá à Assembleia Geral e ao Conselho Econômico e Social um relatório de suas atividades e poderá fazer sugestões e recomendações gerais baseadas no exame dos relatórios e nas informações recebidas dos Estados Partes. Estas sugestões e recomendações gerais serão incluídas no relatório do Comitê, acompanhadas, se houver, de comentários dos Estados Partes.

ARTIGO 40

Conferência dos Estados Partes

1. Os Estados Partes reunir-se-ão regularmente em Conferência dos Estados Partes a fim de considerar matérias relativas à implementação da presente Convenção.

2. O Secretário-Geral das Nações Unidas convocará, dentro do período de seis meses após a entrada em vigor da presente Convenção, a Conferência dos Estados Partes. As reuniões subsequentes serão convocadas pelo Secretário-Geral das Nações Unidas a cada dois anos ou conforme a decisão da Conferência dos Estados Partes.

ARTIGO 41

Depositário

O Secretário-Geral das Nações Unidas será o depositário da presente Convenção.

ARTIGO 42

Assinatura

A presente Convenção será aberta à assinatura de todos os Estados e organizações de integração regional na sede das Nações Unidas em Nova York, a partir de 30 de março de 2007.

ARTIGO 43

Consentimento em comprometer-se

A presente Convenção será submetida à ratificação pelos Estados signatários e à confirmação formal por organizações de integração regional signatárias. Ela estará aberta à adesão de qualquer Estado ou organização de integração regional que não a houver assinado.

Artigo 44

Organizações de integração regional

1. "Organização de integração regional" será entendida como organização constituída por Estados soberanos de determinada região, à qual seus Estados membros tenham delegado competência sobre matéria abrangida pela presente Convenção. Essas organizações declararão, em seus documentos de confirmação formal ou adesão, o alcance de sua competência em relação à matéria abrangida pela presente Convenção. Subsequentemente, as organizações informarão ao depositário qualquer alteração substancial no âmbito de sua competência.

2. As referências a "Estados Partes" na presente Convenção serão aplicáveis a essas organizações, nos limites da competência destas.

3. Para os fins do parágrafo 1 do Artigo 45 e dos parágrafos 2 e 3 do Artigo 47, nenhum instrumento depositado por organização de integração regional será computado.

4. As organizações de integração regional, em matérias de sua competência, poderão exercer o direito de voto na Conferência dos Estados Partes, tendo direito ao mesmo número de votos quanto for o número de seus Estados membros que forem Partes da presente Convenção. Essas organizações não exercerão seu direito de voto, se qualquer de seus Estados membros exercer seu direito de voto, e vice-versa.

ARTIGO 45

Entrada em vigor

1. A presente Convenção entrará em vigor no trigésimo dia após o depósito do vigésimo instrumento de ratificação ou adesão.

2. Para cada Estado ou organização de integração regional que ratificar ou formalmente confirmar a presente Convenção ou a ela aderir após o depósito do referido vigésimo instrumento, a Convenção entrará em vigor no trigésimo dia a partir da data em que esse Estado ou organização tenha depositado seu instrumento de ratificação, confirmação formal ou adesão.

ARTIGO 46

Reservas

1. Não serão permitidas reservas incompatíveis com o objeto e o propósito da presente Convenção.

2. As reservas poderão ser retiradas a qualquer momento.

ARTIGO 47

Emendas

1. Qualquer Estado Parte poderá propor emendas à presente Convenção e submetê-las ao Secretário-Geral das Nações Unidas. O Secretário-Geral comunicará aos Estados Partes quaisquer emendas propostas, solicitando-lhes que o notifiquem se são favoráveis a uma Conferência dos Estados Partes para considerar as propostas e tomar decisão a respeito delas. Se, até quatro meses após a data da referida comunicação, pelo menos um terço dos Estados Partes se manifestar favorável a essa Conferência, o Secretário-Geral das Nações Unidas convocará a Conferência, sob os auspícios das Nações Unidas. Qualquer emenda adotada por maioria de dois terços dos Estados Partes presentes e votantes será submetida pelo Secretário-Geral à aprovação da Assembleia Geral das Nações Unidas e, posteriormente, à aceitação de todos os Estados Partes.

2. Qualquer emenda adotada e aprovada conforme o disposto no parágrafo 1 do presente artigo entrará em vigor no trigésimo dia após a data na qual o número de instrumentos de aceitação tenha atingido dois terços do número de Estados Partes na data de adoção da emenda. Posteriormente, a emenda entrará em vigor para todo Estado Parte no trigésimo dia após o depósito por esse Estado do seu instrumento de aceitação. A emenda será vinculante somente para os Estados Partes que a tiverem aceitado.

3. Se a Conferência dos Estados Partes assim o decidir por consenso, qualquer emenda adotada e aprovada em conformidade com o disposto no parágrafo 1 deste Artigo, relacionada exclusivamente com os artigos 34, 38, 39 e 40, entrará em vigor para todos os Estados Partes no trigésimo dia a partir da data em que o número de instrumentos de aceitação depositados tiver atingido dois terços do número de Estados Partes na data de adoção da emenda.

ARTIGO 48

Denúncia

Qualquer Estado Parte poderá denunciar a presente Convenção mediante notificação por escrito ao Secretário-Geral das Nações Unidas. A denúncia tornar-se-á efetiva um ano após a data de recebimento da notificação pelo Secretário-Geral.

ARTIGO 49

Formatos acessíveis

O texto da presente Convenção será colocado à disposição em formatos acessíveis.

ARTIGO 50

Textos autênticos

Os textos em árabe, chinês, espanhol, francês, inglês e russo da presente Convenção serão igualmente autênticos.

EM FÉ DO QUE os plenipotenciários abaixo assinados, devidamente autorizados para tanto por seus respectivos Governos, firmaram a presente Convenção.

PROTOCOLO FACULTATIVO À CONVENÇÃO SOBRE OS DIREITOS DAS PESSOAS COM DEFICIÊNCIA

Os Estados Partes do presente Protocolo acordaram o seguinte:

Artigo 1

1. Qualquer Estado Parte do presente Protocolo ("Estado Parte") reconhece a competência do Comitê sobre os Direitos das Pessoas com Deficiência ("Comitê") para receber e considerar comunicações submetidas por pessoas ou grupos de pessoas, ou em nome deles, sujeitos à sua jurisdição, alegando serem vítimas de violação das disposições da Convenção pelo referido Estado Parte.

2. O Comitê não receberá comunicação referente a qualquer Estado Parte que não seja signatário do presente Protocolo.

Artigo 2

O Comitê considerará inadmissível a comunicação quando:

a) A comunicação for anônima;

b) A comunicação constituir abuso do direito de submeter tais comunicações ou for incompatível com as disposições da Convenção;

c) A mesma matéria já tenha sido examinada pelo Comitê ou tenha sido ou estiver sendo examinada sob outro procedimento de investigação ou resolução internacional;

d) Não tenham sido esgotados todos os recursos internos disponíveis, salvo no caso em que a tramitação desses recursos se prolongue injustificadamente, ou seja improvável que se obtenha com eles solução efetiva;

e) A comunicação estiver precariamente fundamentada ou não for suficientemente substanciada; ou

f) Os fatos que motivaram a comunicação tenham ocorrido antes da entrada em vigor do presente Protocolo para o Estado Parte em apreço, salvo se os fatos continuaram ocorrendo após aquela data.

Artigo 3

Sujeito ao disposto no Artigo 2 do presente Protocolo, o Comitê levará confidencialmente ao conhecimento do Estado Parte concernente qualquer comunicação submetida ao Comitê. Dentro do período de seis meses, o Estado concernente submeterá ao Comitê explicações ou declarações por escrito, esclarecendo a matéria e a eventual solução adotada pelo referido Estado.

Artigo 4

1. A qualquer momento após receber uma comunicação e antes de decidir o mérito dessa comunicação, o Comitê poderá transmitir ao Estado Parte concernente, para sua urgente consideração, um pedido para que o Estado Parte tome as medidas de natureza cautelar que forem necessárias para evitar possíveis danos irreparáveis à vítima ou às vítimas da violação alegada.

2. O exercício pelo Comitê de suas faculdades discricionárias em virtude do parágrafo 1 do presente Artigo não implicará prejuízo algum sobre a admissibilidade ou sobre o mérito da comunicação.

Artigo 5

O Comitê realizará sessões fechadas para examinar comunicações a ele submetidas em conformidade com o presente Protocolo. Depois de examinar uma comunicação, o Comitê enviará suas sugestões e recomendações, se houver, ao Estado Parte concernente e ao requerente.

Artigo 6

1. Se receber informação confiável indicando que um Estado Parte está cometendo violação grave ou sistemática de direitos estabelecidos na Convenção, o Comitê convidará o referido Estado Parte a colaborar com a verificação da informação e, para tanto, a submeter suas observações a respeito da informação em pauta.

2. Levando em conta quaisquer observações que tenham sido submetidas pelo Estado Parte concernente, bem como quaisquer outras informações confiáveis em poder do Comitê, este poderá designar um ou mais de

seus membros para realizar investigação e apresentar, em caráter de urgência, relatório ao Comitê. Caso se justifique e o Estado Parte o consinta, a investigação poderá incluir uma visita ao território desse Estado.

3. Após examinar os resultados da investigação, o Comitê os comunicará ao Estado Parte concernente, acompanhados de eventuais comentários e recomendações.

4. Dentro do período de seis meses após o recebimento dos resultados, comentários e recomendações transmitidos pelo Comitê, o Estado Parte concernente submeterá suas observações ao Comitê.

5. A referida investigação será realizada confidencialmente e a cooperação do Estado Parte será solicitada em todas as fases do processo.

Artigo 7

1. O Comitê poderá convidar o Estado Parte concernente a incluir em seu relatório, submetido em conformidade com o disposto no Artigo 35 da Convenção, pormenores a respeito das medidas tomadas em consequência da investigação realizada em conformidade com o Artigo 6 do presente Protocolo.

2. Caso necessário, o Comitê poderá, encerrado o período de seis meses a que se refere o parágrafo 4 do Artigo 6, convidar o Estado Parte concernente a informar o Comitê a respeito das medidas tomadas em consequência da referida investigação.

Artigo 8

Qualquer Estado Parte poderá, quando da assinatura ou ratificação do presente Protocolo ou de sua adesão a ele, declarar que não reconhece a competência do Comitê, a que se referem os Artigos 6 e 7.

Artigo 9

O Secretário-Geral das Nações Unidas será o depositário do presente Protocolo.

Artigo 10

O presente Protocolo será aberto à assinatura dos Estados e organizações de integração regional signatários da Convenção, na sede das Nações Unidas em Nova York, a partir de 30 de março de 2007.

Artigo 11

O presente Protocolo estará sujeito à ratificação pelos Estados signatários do presente Protocolo que tiverem ratificado a Convenção ou aderido a ela. Ele estará sujeito à confirmação formal por organizações de integração regional signatárias do presente Protocolo que tiverem formalmente confirmado a Convenção ou a ela aderido. O Protocolo ficará aberto à adesão de qualquer Estado ou organização de integração regional que tiver ratificado ou formalmente confirmado a Convenção ou a ela aderido e que não tiver assinado o Protocolo.

Artigo 12

1. "Organização de integração regional" será entendida como organização constituída por Estados soberanos de determinada região, à qual seus Estados membros tenham delegado competência sobre matéria abrangida pela Convenção e pelo presente Protocolo. Essas organizações declararão, em seus documentos de confirmação formal ou adesão, o alcance de sua competência em relação à matéria abrangida pela Convenção e pelo presente Protocolo. Subsequentemente, as organizações informarão ao depositário qualquer alteração substancial no alcance de sua competência.

2. As referências a "Estados Partes" no presente Protocolo serão aplicáveis a essas organizações, nos limites da competência de tais organizações.

3. Para os fins do parágrafo 1 do Artigo 13 e do parágrafo 2 do Artigo 15, nenhum instrumento depositado por organização de integração regional será computado.

4. As organizações de integração regional, em matérias de sua competência, poderão exercer o direito de voto na Conferência dos Estados Partes, tendo direito ao mesmo número de votos que seus Estados membros que forem Partes do presente Protocolo. Essas organizações não exercerão seu direito de voto se qualquer de seus Estados membros exercer seu direito de voto, e vice-versa.

Artigo 13

1. Sujeito à entrada em vigor da Convenção, o presente Protocolo entrará em vigor no trigésimo dia após o depósito do décimo instrumento de ratificação ou adesão.

2. Para cada Estado ou organização de integração regional que ratificar ou formalmente confirmar o presente Protocolo ou a ele aderir depois do depósito do décimo instrumento dessa natureza, o Protocolo entrará em vigor no trigésimo dia a partir da data em que esse Estado ou organização tenha depositado seu instrumento de ratificação, confirmação formal ou adesão.

Artigo 14

1. Não serão permitidas reservas incompatíveis com o objeto e o propósito do presente Protocolo.

2. As reservas poderão ser retiradas a qualquer momento.

Artigo 15

1. Qualquer Estado Parte poderá propor emendas ao presente Protocolo e submetê-las ao Secretário-Geral das Nações Unidas. O Secretário-Geral comunicará aos Estados Partes quaisquer emendas propostas, solicitando-lhes que o notifiquem se são favoráveis a uma Conferência dos Estados Partes para considerar as propostas e tomar decisão a respeito delas. Se, até quatro meses após a data da referida comunicação, pelo menos um terço dos Estados Partes se manifestar favorável a essa Conferência, o Secretário-Geral das Nações Unidas convocará a Conferência, sob os auspícios das Nações Unidas. Qualquer emenda adotada por maioria de dois terços dos Estados Partes presentes e votantes será submetida pelo Secretário-Geral à aprovação da Assembleia Geral das Nações Unidas e, posteriormente, à aceitação de todos os Estados Partes.

2. Qualquer emenda adotada e aprovada conforme o disposto no parágrafo 1 do presente artigo entrará em vigor no trigésimo dia após a data na qual o número de instrumentos de aceitação tenha atingido dois terços do número de Estados Partes na data de adoção da emenda. Posteriormente, a emenda entrará em vigor para todo Estado Parte no trigésimo dia após o depósito por esse Estado do seu instrumento de aceitação. A emenda será vinculante somente para os Estados Partes que a tiverem aceitado.

Artigo 16

Qualquer Estado Parte poderá denunciar o presente Protocolo mediante notificação por escrito ao Secretário-Geral das Nações Unidas. A denúncia tornar-se-á efetiva um ano após a data de recebimento da notificação pelo Secretário-Geral.

Artigo 17

O texto do presente Protocolo será colocado à disposição em formatos acessíveis.

Artigo 18

Os textos em árabe, chinês, espanhol, francês, inglês e russo e do presente Protocolo serão igualmente autênticos.

Em fé do que os plenipotenciários abaixo assinados, devidamente autorizados para tanto por seus respectivos governos, firmaram o presente Protocolo.

DECRETO N. 7.940, DE 20 DE FEVEREIRO DE 2013

Promulga o Protocolo Adicional ao Acordo-Quadro sobre Meio Ambiente do MERCOSUL em Matéria de Cooperação e Assistência frente a Emergências Ambientais, adotado pela Decisão 14/04 do Conselho do Mercado Comum, em 7 de julho de 2004.

PROTOCOLO ADICIONAL AO ACORDO QUADRO SOBRE MEIO AMBIENTE DO MERCOSUL EM MATÉRIA DE COOPERAÇÃO E ASSISTÊNCIA FRENTE A EMERGÊNCIAS AMBIENTAIS, ADOTADO PELA DECISÃO 14/04 DO CONSELHO DO MERCADO COMUM, EM 7 DE JULHO DE 2004.

A República Argentina, a República Federativa do Brasil, a República do Paraguai e a República Oriental do Uruguai, a seguir os Estados Partes;

CONSIDERANDO a importância de promover a cooperação mútua frente a emergências ambientais no território de um Estado Parte, que por suas características possam provocar danos ao meio ambiente e às populações;

RECONHECENDO a necessidade de proteger de maneira especial os setores pobres, que são os mais afetados pela degradação ambiental e os mais prejudicados em casos de emergências ambientais;

CONSIDERANDO a necessidade de contar com um instrumento jurídico de cooperação para prevenir, mitigar, responder imediatamente e recuperar em casos de emergências ambientais;

CONVENCIDOS de que a cooperação e assistência mútua, o intercâmbio de informações e a definição de riscos comuns entre os Estados Parte são de vital importância para a segurança regional e que as ações operativas neste âmbito devem realizar-se de forma coordenada e conjunta na ocorrência de emergências ambientais;

NA CERTEZA de que a solidariedade e a boa vizinhança são manifestadas especialmente frente a emergências ambientais e que para isso é preciso estabelecer procedimentos que permitam atuar com maior eficácia, rapidez e previsibilidade;

Acordam:

ARTIGO 1º

Definições de Termos

Para os efeitos do presente Protocolo, se entenderá por:

a) Emergência ambiental: situação resultante de um fenômeno de origem natural ou antrópica que seja susceptível de provocar graves danos ao meio ambiente ou aos ecossistemas e que, por suas características, requeira assistência imediata.

b) Ponto Focal: o(s) organismo(s) competente(s) que cada Estado Parte identifique como tal, para intervir em caso de emergências ambientais.

ARTIGO 2º

Objeto

Os Estados Partes, por meio de seus Pontos Focais, prestarão cooperação recíproca e assistência quando ocorrer uma emergência que tenha consequências efetivas ou potenciais no meio ambiente ou na população de seu próprio território ou de outro Estado Parte, de acordo com as disposições gerais e particulares do presente Protocolo.

ARTIGO 3º

Alcance

Os Estados Partes desenvolverão ações com vistas a harmonizar procedimentos compatíveis para atuar em caso de emergências ambientais. Para isso, a cooperação nessa matéria será implementada por meio de:

a) intercâmbio prévio de informações sobre situações que requeiram medidas comuns de prevenção e sobre aquelas que possam resultar em emergência ambiental;

b) intercâmbio de informações e experiências em matéria de prevenção, mitigação, alerta, resposta, reconstrução e recuperação;

c) intercâmbio de informações em matéria de tecnologias aplicáveis;

d) planejamento conjunto para redução de riscos;

e) elaboração de planos, programas e projetos de contingência, para atuação conjunta;

f) incorporação de estatísticas sobre situações de emergências ambientais produzidas na região ao Sistema de Informações Ambientais do MERCOSUL (SIAM);

g) criação de um banco de especialistas em emergências ambientais, para sua inclusão no SIAM;

h) utilização de pessoal e meios de um Estado Parte por solicitação de outro;

i) prestação de apoio técnico e logístico para atender às emergências ambientais por solicitação de um dos Estados Partes; e

j) capacitação de recursos humanos.

ARTIGO 4º

Procedimento de Notificação de Emergências Ambientais

1. Na ocorrência efetiva ou potencial de um evento, a informação deverá ser transmitida com o emprego do formulário, que consta como Anexo ao presente Protocolo.

2. O Ponto Focal do Estado Parte em cujo território tenha ocorrido uma emergência ambiental comunicará ao Ponto Focal do Estado ou dos Estados Partes em cujo território tal emergência ambiental possa ter consequências efetivas ou potenciais, imediatamente após ter tomado conhecimento do evento.

3. O Estado Parte que origina a notificação convidará os Pontos Focais dos Estados Partes, efetiva ou potencialmente afetados, a designar especialistas para conformar uma Comissão de Especialistas, que terá por objetivo avaliar a situação inicial, seu desenvolvimento e recomendar soluções técnicas destinadas a minimizar os efeitos danosos.

4. O Estado onde a emergência ocorreu enviará aos demais Estados Partes um informe final, que contemple os detalhes do ocorrido e as recomendações que considere pertinentes em matéria de prevenção.

ARTIGO 5º

Procedimento de Assistência

1. Os Pontos Focais que recebam notificação e solicitação de assistência no caso de uma emergência ambiental poderão enviar ao local do evento, para efeito de conhecer o fenômeno "in situ", uma missão de avaliação de danos e análise de necessidades.

2. Quando a capacidade local de resposta à emergência, com os meios e recursos locais existentes no próprio território, seja excedida, as autoridades competentes de tal território, mediante o uso do formulário que consta no Anexo do presente Protocolo, comunicará, por meio do Ponto Focal, as outras e solicitará, quando for o caso, o tipo de assistência que resulte necessária.

3. Quando a urgência do ocorrido não admita demora, as autoridades de nível operativo local do território afetado poderão efetuar a comunicação diretamente às autoridades de nível operativo do país vizinho, sem prejuízo da solicitação de assistência enviada simultaneamente ao respectivo Ponto Focal nacional. As autoridades locais requeridas somente atuarão mediante a autorização prévia de seu Ponto Focal.

4. Os funcionários do Estado Parte requerido somente poderão exercer tarefas de colaboração vinculadas às ações que a emergência requeira, mantendo em todo momento sua estrutura operacional, relação de comando e regime disciplinar, conforme estabelecido por suas leis e regulamentos, ficando proibido seu emprego em tarefas de manutenção da ordem pública, bem como sua participação na execução de medidas extraordinárias de caráter administrativo que suponham a suspensão ou restrição de direitos garantidos constitucionalmente pelos Estados Partes.

ARTIGO 6º

Informação sobre a Missão

Os Estados Partes que enviem uma missão de assistência ou avaliação de danos e análise de necessidades, anteciparão aos Pontos Focais que cooperam na emergência ambiental: nome(s) do(s) funcionário(s) responsável(is); seu pessoal; equipamento; organismo(s) a que pertence(m); cargo(s); seu(s) documento(s) de identidade; meio de transporte; lugar, data e hora estimada de chegada.

ARTIGO 7º

Entrada da Missão

O Estado Parte que fez a notificação e pedido de assistência facilitará a entrada da missão de avaliação ou assistência, bem como dos materiais e equipamentos a serem empregados. Os materiais e equipamentos estarão sujeitos à legislação vigente no âmbito do MERCOSUL.

ARTIGO 8º

Financiamento da Assistência

Os gastos resultantes da missão de assistência serão de responsabilidade do Estado Parte que a solicite, a menos que se acorde outra modalidade.

ARTIGO 9º

Intercâmbio de Informações e Experiências

1. Os Estados Partes intercambiarão informações sobre o quadro normativo, tecnologias disponíveis aplicáveis às ações, experiências em matéria de prevenção, mitigação, alerta, resposta e recuperação, bem como a organização existente em suas respectivas jurisdições em matéria de emergências ambientais.

2. Sobre a base da cooperação recíproca que anima o presente Protocolo, os Estados Partes poderão implementar um programa de estágios, destinado ao treinamento, capacitação e atualização profissional dos funcionários das áreas competentes.

ARTIGO 10

Pontos Focais

1. Cada Estado Parte comunicará aos demais e à Secretaria do MERCOSUL, dentro de trinta (30) dias da entrada em vigor do presente Protocolo, o(s) Ponto(s) Focal(is) que deverá(ão) efetuar ou receber as notificações e comunicações em caso de emergências ambientais.

2. Para o caso dos mecanismos de exceção previstos na presente Decisão, cada Estado Parte poderá informar quais são os organismos nacionais, provinciais/estaduais e municipais/departamentais competentes.

ARTIGO 11

Disposições Gerais

O presente Protocolo terá duração indefinida e entrará em vigor 30 (trinta) dias depois da data do depósito do quarto instrumento de ratificação.

O Governo da República do Paraguai será o depositário do presente Protocolo e de seus respectivos instrumentos de ratificação.

O Governo da República do Paraguai notificará aos Governos dos demais Estados Partes e a Secretaria do MERCOSUL a data de depósito dos instrumentos de ratificação e a data de entrada em vigor do presente Protocolo.

Assinado em Porto Iguaçú aos sete dias do mês de julho de dois mil e quatro, em um original nos idiomas espanhol e português, sendo ambos textos igualmente autênticos.

▸ Optamos, nesta edição, pela não publicação dos Anexos.

DECRETO N. 7.944, DE 6 DE MARÇO DE 2013

Promulga a Convenção n. 151 e a Recomendação n. 159 da Organização Internacional do Trabalho sobre as Relações de Trabalho na Administração Pública, firmadas em 1978.

CONVENÇÃO N. 151 SOBRE AS RELAÇÕES DE TRABALHO NA ADMINISTRAÇÃO PÚBLICA, 1978

▸ *DOU*, 07.03.2013.

A Conferência Geral da Organização Internacional do Trabalho,

Convocada em Genebra pelo Conselho de Administração da Repartição Internacional do Trabalho, reunida em 7 de junho de 1978, na sua 64ª sessão;

Considerando as disposições da Convenção Relativa à Liberdade Sindical e à Proteção do Direito de Sindicalização, 1948, da Convenção Relativa ao Direito de Organização e Negociação Coletiva, 1949, e da Convenção e da Recomendação Relativas aos Representantes dos Trabalhadores, 1971;

Recordando que a Convenção Relativa ao Direito de Organização e Negociação Coletiva, 1949, não abrange determinadas categorias de trabalhadores da Administração Pública e que a Convenção e a Recomendação sobre os Representantes dos Trabalhadores, 1971, se aplicam aos representantes dos trabalhadores no ambiente de trabalho;

Considerando a notável expansão das atividades da Administração Pública em muitos países e a necessidade de relações de trabalho harmoniosas entre as autoridades públicas e as organizações de trabalhadores da Administração Pública;

Verificando a grande diversidade dos sistemas políticos, sociais e econômicos dos Estados Membros, assim como a das respectivas práticas (por exemplo, no que se refere às funções respectivas dos governos centrais e locais, às das autoridades federais, estaduais e provinciais, bem como às das empresas que são propriedade pública e dos diversos tipos de organismos públicos autônomos ou semiautônomos, ou ainda no que diz respeito à natureza das relações de trabalho);

Considerando os problemas específicos levantados pela delimitação da esfera de aplicação de um instrumento internacional e pela adoção de definições para efeitos deste instrumento, em virtude das diferenças existentes em numerosos países entre o trabalho no setor público e no setor privado, assim como as dificuldades de interpretação que surgiram a respeito da aplicação aos funcionários públicos das pertinentes disposições da Convenção Relativa ao Direito de Organização e Negociação Coletiva, 1949, e as observações através das quais os órgãos de controle da OIT chamaram repetidas vezes a atenção para o fato de certos Governos aplicarem essas disposições de modo a excluir grandes grupos de trabalhadores da Administração Pública da esfera de aplicação daquela Convenção;

Após ter decidido adotar diversas propostas relativas à liberdade sindical e aos processos de fixação das condições de trabalho na Administração Pública, questão que constitui o quinto ponto da ordem do dia da sessão;

Após ter decidido que essas propostas tomariam a forma de uma convenção internacional;

Adota, no dia 27 de junho de 1978, a seguinte Convenção, que será denominada Convenção sobre as Relações de Trabalho na Administração Pública, 1978:

PARTE I - ÂMBITO DE APLICAÇÃO E DEFINIÇÕES

ARTIGO 1

1. A presente Convenção aplica-se a todas as pessoas empregadas pelas autoridades públicas, na medida em que não lhes sejam aplicáveis disposições mais favoráveis de outras convenções internacionais do trabalho.

2. A legislação nacional determinará o modo pelo qual as garantias previstas pela presente Convenção se aplicarão aos trabalhadores da Administração Pública de alto nível, cujas funções são normalmente consideradas de formulação de políticas ou de direção ou aos trabalhadores da Administração Pública cujas responsabilidades tenham um caráter altamente confidencial.

3. A legislação nacional determinará o modo pelo qual as garantias previstas pela presente Convenção se aplicarão às forças armadas e à polícia.

ARTIGO 2

Para os efeitos da presente Convenção, a expressão "trabalhadores da Administração Pública" designa toda e qualquer pessoa a que se aplique esta Convenção, nos termos do seu Artigo 1.

ARTIGO 3

Para os efeitos da presente Convenção, a expressão "organização de trabalhadores da Administração Pública" designa toda a organização, qualquer que seja a sua composição, que tenha por fim promover e defender os interesses dos trabalhadores da Administração Pública.

PARTE II - PROTEÇÃO DO DIREITO DE ORGANIZAÇÃO

ARTIGO 4

1. Os trabalhadores da Administração Pública devem usufruir de uma proteção adequada contra todos os atos de discriminação que acarretem violação da liberdade sindical em matéria de trabalho.

2. Essa proteção deve aplicar-se, particularmente, em relação aos atos que tenham por fim:

a) Subordinar o emprego de um trabalhador da Administração Pública à condição de este não se filiar a uma organização de trabalhadores da Administração Pública ou deixar de fazer parte dessa organização;

b) Demitir um trabalhador da Administração Pública ou prejudicá-lo por quaisquer outros meios, devido à sua filiação a uma organização de trabalhadores da Administração Pública ou à sua participação nas atividades normais dessa organização.

ARTIGO 5

1. As organizações de trabalhadores da Administração Pública devem usufruir de completa independência das autoridades públicas.

2. As organizações de trabalhadores da Administração Pública devem usufruir de uma proteção adequada contra todos os atos de ingerência das autoridades públicas em sua formação, funcionamento e administração.

3. São particularmente considerados atos de ingerência, no sentido do presente Artigo, todas as medidas tendentes a promover a criação de organizações de trabalhadores da Administração Pública dominadas por uma autoridade pública ou a apoiar organizações de trabalhadores da Administração Pública por meios financeiros ou quaisquer outros, com o objetivo de submeter essas organizações ao controle de uma autoridade pública.

PARTE III - GARANTIAS A SEREM CONCEDIDAS ÀS ORGANIZAÇÕES DE TRABALHADORES DA ADMINISTRAÇÃO PÚBLICA

ARTIGO 6

1. Devem ser concedidas garantias aos representantes das organizações reconhecidas de trabalhadores da Administração Pública, de modo a permitir-lhes cumprir rápida e eficientemente as suas funções, quer durante as suas horas de trabalho, quer fora delas.

2. A concessão dessas garantias não deve prejudicar o funcionamento eficiente da Administração ou do serviço interessado.

3. A natureza e a amplitude dessas garantias devem ser fixadas de acordo com os métodos mencionados no Artigo 7 da presente Convenção ou por quaisquer outros meios adequados.

PARTE IV - PROCEDIMENTOS PARA FIXAÇÃO DAS CONDIÇÕES DE TRABALHO

ARTIGO 7

Devem ser tomadas, quando necessário, medidas adequadas às condições nacionais para encorajar e promover o desenvolvimento e utilização plenos de mecanismos que permitam a negociação das condições de trabalho entre as autoridades públicas interessadas e as organizações de trabalhadores da Administração Pública ou de qualquer outro meio que permita aos representantes dos trabalhadores da Administração Pública participarem na fixação das referidas condições.

PARTE V - SOLUÇÃO DE CONFLITOS

ARTIGO 8

A solução de conflitos surgidos em razão da fixação das condições de trabalho será buscada de maneira adequada às condições nacionais, por meio da negociação entre as partes interessadas ou por mecanismos que deem garantias de independência e imparcialidade, tais como a mediação, a conciliação ou a arbitragem, instituídos de modo que inspirem confiança às partes interessadas.

PARTE VI - DIREITOS CIVIS E POLÍTICOS

ARTIGO 9

Os trabalhadores da Administração Pública devem usufruir, como os outros trabalhadores, dos direitos civis e políticos que são essenciais ao exercício normal da liberdade sindical, com a única reserva das obrigações referentes ao seu estatuto e à natureza das funções que exercem.

PARTE VII - DISPOSIÇÕES FINAIS

ARTIGO 10

As ratificações formais da presente Convenção serão comunicadas ao Diretor-Geral da Repartição Internacional do Trabalho para registro.

ARTIGO 11

1. A presente Convenção obriga apenas os membros da Organização Internacional do Trabalho cuja ratificação tiver sido registrada junto ao Diretor-Geral.

2. A Convenção entrará em vigor doze meses após a data em que as ratificações de dois membros forem registradas junto ao Diretor-Geral.

3. Em seguida, esta Convenção entrará em vigor para cada membro doze meses após a data em que a sua ratificação tiver sido registrada.

ARTIGO 12

1. Qualquer membro que tiver ratificado a presente Convenção pode denunciá-la, decorrido um período de dez anos após a data inicial de entrada em vigor da Convenção, por comunicação, para seu registro, ao Diretor-Geral da Repartição Internacional do Trabalho. A denúncia apenas produzirá efeito um ano depois de ter sido registrada.

2. Qualquer membro que tiver ratificado a presente Convenção e que, no prazo de um ano após ter expirado o período de dez anos mencionado no Parágrafo anterior, não fizer uso da faculdade de denúncia prevista pelo presente Artigo ficará obrigado por um novo período de dez anos e, posteriormente, poderá denunciar a presente Convenção ao final de cada período de dez anos, nas condições previstas no presente Artigo.

ARTIGO 13

1. O Diretor-Geral da Repartição Internacional do Trabalho notificará todos os membros da Organização Internacional do Trabalho do registro de todas as ratificações e denúncias que lhe forem comunicadas pelos membros da Organização.

2. Ao notificar os membros da Organização do registro da segunda ratificação que lhe tiver sido comunicada, o Diretor-Geral chamará a atenção dos membros da Organização para a data em que a presente Convenção entrará em vigor.

ARTIGO 14

O Diretor-Geral da Repartição Internacional do Trabalho comunicará ao Secretário-Geral das Nações Unidas, para efeitos de registro, de acordo com o Artigo 102 da Carta das Nações Unidas, informações completas sobre todas as ratificações e atos de denúncia que tiver registrado de acordo com os Artigos anteriores.

ARTIGO 15

Sempre que o considere necessário, o Conselho de Administração da Repartição Internacional do Trabalho apresentará à Conferência Geral um relatório sobre a aplicação da presente Convenção e examinará a oportunidade de inscrever na ordem do dia da Conferência a questão da sua revisão total ou parcial.

ARTIGO 16

1. No caso de a Conferência adotar uma nova convenção que reveja total ou parcialmente a presente Convenção, e salvo disposição em contrário da nova Convenção:

a) A ratificação, por um membro, da nova Convenção revista acarretará, de pleno direito, não obstante o disposto no Artigo 12, a denúncia imediata da presente Convenção, desde que a nova convenção revista tenha entrado em vigor;

b) A partir da data da entrada em vigor da nova convenção revista a presente Convenção deixará de estar aberta à ratificação dos Membros.

2. A presente Convenção permanecerá em todo o caso em vigor, na sua forma e conteúdo, para os membros que a tiverem ratificado e que não ratificarem a Convenção revista.

ARTIGO 17

As versões francesa e inglesa do texto da presente Convenção são igualmente autênticas.

RECOMENDAÇÃO N. 159 SOBRE AS RELAÇÕES DE TRABALHO NA ADMINISTRAÇÃO PÚBLICA, 1978

A Conferência Geral da Organização Internacional do Trabalho,

Convocada em Genebra pelo Conselho de Administração da Repartição Internacional do Trabalho, reunida naquela cidade em 7 de junho de 1978 em sua sexagésima quarta reunião;

Após ter decidido adotar diversas proposições relativas à liberdade sindical e procedimentos para determinar a liberdade sindical e procedimentos para determinar as condições de emprego na Administração Pública, questão que constitui o quinto ponto da ordem do dia da reunião, e

Após ter decidido que tais proposições se revistam da forma de uma recomendação que complete a Convenção sobre as relações de trabalho na administração pública, 1978, adota, com data vinte e sete de junho de mil e novecentos e setenta e oito, a presente Recomendação, que poderá ser citada como a Recomendação sobre as Relações de Trabalho na Administração Pública, 1978:

1.

1. Nos países em que existam procedimentos para o reconhecimento das organizações de trabalhadores da Administração Pública com vistas a determinar as organizações às quais são atribuídos direitos preferenciais ou exclusivos aos efeitos previstos nas Partes III, IV e V da Convenção sobre as Relações de Trabalho na Administração Pública, 1978, tal determinação deveria basear-se em critérios objetivos e pré-estabelecidos respeito do caráter representativo dessas organizações.

2. Os procedimentos referidos na alínea 1) do presente Parágrafo deveriam ser de tal natureza que não estimulem a proliferação de organizações que cubram as mesmas categorias de trabalhadores da Administração Pública.

2.

1. Em caso de negociação das condições de trabalho de conformidade com a Parte IV da Convenção sobre as Relações de Trabalho na Administração Pública, 1978, os indivíduos ou órgãos competentes para negociar em nome da autoridade pública, e os procedimentos para pôr em prática as condições de trabalho estabelecidas, deveriam ser previstos pela legislação nacional ou por outros meios apropriados.

2. No caso em que outros mecanismos que não a negociação forem utilizados para permitir aos representantes dos trabalhadores da Administração Pública participar na fixação das condições de trabalho, o procedimento para assegurar essa participação e para determinar de maneira definitiva tais condições deveria ser previsto pela legislação nacional ou por outros meios apropriados.

3. Ao se concluir um acordo entre a autoridade pública e uma organização de trabalhadores da Administração Pública, em conformidade com o Parágrafo 2, alínea 1), da presente Recomendação, seu período de vigência e/ou seu procedimento de término, renovação ou revisão deve ser especificado.

4. Ao determinar a natureza e alcance das garantias que deveriam ser concedidas aos representantes das organizações de trabalhadores da Administração Pública, em conformidade com o Artigo 6, Parágrafo 3, da Convenção sobre as Relações de Trabalho na Administração Pública, 1978, deveria considerar-se a Recomendação sobre os Representantes dos Trabalhadores, 1971.

DECRETO N. 8.343, DE 13 DE NOVEMBRO DE 2014

Promulga a Convenção sobre o Acesso Internacional à Justiça, firmada pela República Federativa do Brasil, em Haia, em 25 de outubro de 1980.

CONVENÇÃO SOBRE O ACESSO INTERNACIONAL À JUSTIÇA

‣ (Firmada em 25 de outubro de 1980)
‣ (Em vigor desde 1º de maio de 1988)

Os Estados Signatários da presente Convenção, Desejando facilitar o acesso internacional à justiça, Decidiram firmar uma Convenção com esse propósito e concordaram com as seguintes disposições:

CAPÍTULO I ASSISTÊNCIA JUDICIÁRIA

Artigo 1º

Os nacionais e os habitualmente residentes em qualquer Estado Contratante terão o direito de receber assistência judiciária para procedimentos judiciais referentes a matéria civil e comercial em outro Estado Contratante, nas mesmas condições que receberiam caso fossem nacionais ou residentes habituais daquele Estado.

Aqueles aos quais o primeiro parágrafo deste artigo não se aplica, mas que foram anteriormente residentes habituais de um Estado Contratante no qual os procedimentos judiciais serão ou já foram instaurados, terão, nada obstante, o direito a assistência judiciária conforme previsto no primeiro parágrafo deste artigo, se o motivo da ação teve origem em sua residência habitual anterior naquele Estado.

Em Estados onde a assistência judiciária é fornecida em matéria administrativa, social e tributária, as disposições deste artigo aplicar-se-ão a processos instaurados em juízos competentes nessas matérias.

Artigo 2º

O artigo 1º deve abranger consultoria jurídica, desde que o solicitante esteja presente no Estado no qual a consultoria é solicitada.

Artigo 3º

Cada Estado Contratante designará uma Autoridade Central para receber e executar as solicitações de assistência judiciária apresentadas segundo as disposições da presente Convenção.

Os Estados Federais e os Estados que possuam mais de um sistema jurídico poderão designar mais de uma Autoridade Central. Caso a solicitação seja enviada para uma Autoridade Central que não tenha competência para transmiti-la, será encaminhada a qualquer outra Autoridade Central, no mesmo Estado Contratante, competente para tanto.

Artigo 4º

Cada Estado Contratante designará uma ou mais autoridades transmissoras para fins de encaminhamento de solicitações de assistência judiciária à Autoridade Central adequada no Estado requerido.

As solicitações de assistência judiciária serão transmitidas, sem a interferência de qualquer outra autoridade, de acordo com o modelo anexo à presente Convenção.

Nada neste artigo impedirá que o envio de uma solicitação seja feito pelas vias diplomáticas.

Artigo 5º

Quando o solicitante de assistência judiciária não estiver presente no Estado requerido, poderá enviar sua solicitação a uma autoridade transmissora no Estado Contratante do qual é residente habitual, sem prejuízo de qualquer outro meio a que tenha direito para o envio de sua solicitação à autoridade competente no Estado requerido.

A solicitação terá o formato do modelo anexo à presente Convenção e será acompanhada de quaisquer documentos necessários, sem prejuízo ao direito do Estado requerido de solicitar informações ou documentos adicionais quando cabível.

Qualquer Estado Contratante pode declarar que sua Autoridade Central receptora aceitará solicitações enviadas por outras vias ou métodos.

Artigo 6º

A autoridade transmissora auxiliará o solicitante, garantindo que a solicitação seja acompanhada de todas as informações e documentação que saiba serem necessários para o exame da solicitação. A autoridade transmissora garantirá que os requisitos formais sejam atendidos.

Caso a autoridade transmissora julgue que a solicitação é manifestamente infundada, poderá recusar-se a transmiti-la.

A autoridade transmissora auxiliará o solicitante a obter, sem custo, a tradução dos documentos nos casos em que tal assistência seja cabível.

A autoridade transmissora responderá a pedidos de informações adicionais enviados pela Autoridade Central receptora no Estado requerido.

Artigo 7º

A solicitação, os documentos que a fundamentam e quaisquer respostas a pedidos de informações adicionais serão redigidos no idioma oficial ou em um dos idiomas oficiais do Estado requerido ou serão acompanhados de tradução para um desses idiomas.

Entretanto, quando não for possível obter, no Estado requerente, a tradução para o idioma do Estado requerido, este aceitará os documentos em inglês ou em francês, ou os documentos acompanhados de tradução para um destes idiomas.

As comunicações provenientes da Autoridade Central receptora podem ser redigidas no idioma oficial ou em um dos idiomas oficiais do Estado requerido ou em inglês ou em francês. Entretanto, quando a solicitação encaminhada pela autoridade transmissora estiver em inglês ou em francês ou estiver acompanhada de tradução para um desses idiomas, as comunicações provenientes da Autoridade Central receptora também deverão estar em um desses idiomas.

As despesas de tradução resultantes da aplicação dos parágrafos precedentes serão incorridas pelo Estado requerente, salvo as traduções feitas no Estado requerido, que não darão origem a qualquer reivindicação de reembolso por parte deste Estado.

Artigo 8º

A Autoridade Central receptora decidirá sobre a solicitação ou tomará as providências necessárias para obter tal decisão por uma autoridade competente no Estado requerido.

A Autoridade Central receptora transmitirá pedidos de informações adicionais à autoridade transmissora e a informará a respeito de qualquer dificuldade relacionada à análise da solicitação e sobre decisão tomada.

Artigo 9º

Quando o solicitante de assistência judiciária não residir em um Estado Contratante, poderá enviar sua solicitação por vias consulares, sem prejuízo de qualquer outro meio a que tenha direito para o envio da solicitação à autoridade competente no Estado requerido.

Qualquer Estado Contratante pode declarar que sua Autoridade Central receptora aceitará solicitações enviadas por outras vias ou métodos.

Artigo 10

Todos os documentos encaminhados nos termos do presente capítulo estarão isentos de legalização ou de qualquer outra formalidade análoga.

Artigo 11

Nenhuma cobrança será efetuada pela transmissão, recepção ou decisão a respeito das solicitações de assistência judiciária nos termos do presente Capítulo.

Artigo 12

As solicitações de assistência judiciária serão tratadas de modo célere.

Artigo 13

Quando for concedida assistência judiciária nos termos do artigo 1º, a citação, intimação ou notificação em qualquer outro Estado Contratante relativas ao processo do beneficiário da assistência judiciária não originará qualquer reembolso, independentemente da forma pela qual a citação, intimação ou notificação seja realizada. O mesmo se aplica a Cartas Rogatórias e relatórios de pesquisa social, salvo honorários pagos a peritos e intérpretes.

Quando uma pessoa for beneficiária de assistência judiciária em um processo em um Estado Contratante, nos termos do artigo 1º, e uma decisão for proferida nesse processo, terá direito a ser beneficiária, sem que haja nova análise de sua situação, de assistência judiciária em qualquer outro Estado Contratante no qual solicite o reconhecimento ou a execução de tal decisão.

CAPÍTULO II
DEPÓSITO JUDICIAL PARA GARANTIA DE CUSTAS E DESPESAS E EXECUÇÃO DE CONDENAÇÕES AO PAGAMENTO DE CUSTAS E DESPESAS

Artigo 14

Não será exigido nenhum tipo de garantia, caução ou depósito judicial de pessoas (inclusive pessoas jurídicas) habitualmente residentes em um Estado Contratante que sejam autores ou partes intervenientes de um processo perante juízos de outro Estado Contratante, exclusivamente pelo fato de serem estrangeiras ou de não serem domiciliadas ou residentes no Estado onde o processo foi instaurado.

A mesma regra aplicar-se-á a qualquer pagamento exigido do autor ou das partes intervenientes como garantia das custas processuais.

Artigo 15

As condenações ao pagamento de custas e despesas processuais proferidas em um dos Estados Contratantes em desfavor de qualquer pessoa isenta de obrigações como garantia, caução, depósito judicial ou pagamento decorrentes do artigo 14 ou da legislação do Estado onde o processo foi instaurado, serão, mediante solicitação do beneficiário da decisão, considerada exequível gratuitamente em qualquer outro Estado Contratante.

Artigo 16

Cada Estado Contratante designará uma ou mais autoridades transmissoras para fins do encaminhamento, à Autoridade Central competente do Estado requerido, das solicitações de execução previstas no artigo 15.

Cada Estado Contratante designará uma Autoridade Central para receber tais solicitações e tomar as providências necessárias para garantir que se chegue a uma decisão final a seu respeito.

Os Estados Federais e os Estados que possuem mais de um sistema jurídico podem designar mais de uma Autoridade Central. Caso a Autoridade Central à qual uma solicitação for encaminhada não for competente para tramitá-la, encaminhá-la-á a outra Autoridade Central competente no Estado requerido.

As solicitações mencionadas no presente artigo serão transmitidas sem intervenção de qualquer outra autoridade, sem prejuízo da possibilidade de transmissão pelas vias diplomáticas.

Nada neste artigo impedirá que solicitações sejam realizadas diretamente pelo beneficiário da decisão, salvo se o Estado requerido tiver declarado que não aceitará solicitações realizadas dessa forma.

Artigo 17

Todos as solicitações previstas pelo artigo 15 serão acompanhadas de:

a) uma cópia fiel da parte pertinente da decisão, contendo os nomes e funções das partes e a condenação a custas ou despesas;

b) qualquer documento probatório de que a decisão não é mais objeto das formas ordinárias de recurso no Estado de origem e que é exequível neste Estado;

c) uma tradução certificada dos documentos supracitados no idioma do Estado requerido, se não tiverem sido redigidos neste idioma.

A autoridade competente do Estado requerido decidirá sobre a solicitação sem ouvir as partes, limitando-se a verificar se os documentos exigidos foram apresentados. Quando solicitado pelo requerente, tal autoridade fixará o montante das custas de autenticação, tradução e certificação, que serão consideradas como custas e despesas processuais. Não poderá ser exigida a legalização ou qualquer outra formalidade análoga.

As partes não poderão interpor recursos contra a decisão proferida pela autoridade competente, exceto aqueles previstos pela legislação do Estado requerido.

CAPÍTULO III
CÓPIAS DE ATOS E DECISÕES JUDICIAIS

Artigo 18

Nacionais de qualquer Estado Contratante e residentes habituais de qualquer Estado Contratante podem obter em qualquer outro Estado Contratante, nos mesmos termos e condições que os nacionais deste Estado, cópia ou extrato, se necessário legalizados, de atos ou decisão relacionada às matérias civil e comercial.

CAPÍTULO IV
DETENÇÃO E SALVO-CONDUTO

Artigo 19

Quer como meio de execução de sentença ou simplesmente como medida cautelar, prisão e detenção não serão empregadas, em matéria civil ou comercial, contra nacionais de um Estado Contratante ou residentes habituais de um Estado Contratante, quando não puderem ser empregadas contra nacionais do Estado que está prendendo ou detendo. Todos os fatos que possam ser invocados por um nacional que tenha residência habitual no referido Estado para obter soltura de prisão ou detenção podem ser invocados com o mesmo efeito por um nacional de um Estado Contratante ou por um residente habitual de um Estado Contratante, mesmo que o fato tenha ocorrido no estrangeiro.

Artigo 20

Um nacional ou um residente habitual de um Estado Contratante que seja intimado nominalmente, por um juízo em outro Estado Contratante ou por uma parte com permissão de um juízo, a comparecer como testemunha ou perito em processos naquele Estado, não será passível de acusação, detenção, ou sujeição a outra restrição de sua liberdade pessoal no território daquele Estado, no que diz respeito a atos ou condenação ocorridos antes de sua chegada àquele Estado.

A imunidade prevista no parágrafo anterior terá início sete dias antes da data estabelecida para a oitiva da testemunha ou do perito e terminará quando a testemunha ou perito, por um período de sete dias consecutivos a contar da data em que foi informado pelas autoridades judiciais de que sua presença não é mais necessária, tiver tido a oportunidade de partir mas apesar disso tiver permanecido no território ou, tendo deixado tal território, tiver retornado voluntariamente.

CAPÍTULO V
DISPOSIÇÕES GERAIS

Artigo 21

Sem prejuízo das disposições do artigo 22, nada nesta Convenção será interpretado como limitador de qualquer direito referente a matérias regidas pela presente Convenção que possa ser outorgado a uma pessoa segundo a legislação de um Estado Contratante ou nos termos de qualquer outra convenção da qual seja, ou venha a se tornar, parte.

Artigo 22

Entre as Partes da presente Convenção que também sejam Partes de uma ou de ambas as Convenções relativas ao Processo Civil, firmadas na Haia em 17 de julho de 1905 e em 1º de março de 1954, a presente Convenção substituirá os artigos 17 a 24 da Convenção de 1905 ou os artigos 17 a 26 da Convenção de 1954, mesmo que tenha sido feita a reserva prevista na alínea "c" do segundo parágrafo do artigo 28 da presente Convenção.

Artigo 23

Os acordos suplementares firmados pelos Estados Partes das Convenções de 1905 e 1954 serão considerados igualmente aplicáveis à presente Convenção, na medida em que com esta sejam compatíveis, a menos que as Partes convenham de outro modo.

Artigo 24

Um Estado Contratante poderá, por meio de declaração, especificar idioma ou idiomas, distintos dos previstos nos artigos 7º e 17, nos quais os documentos enviados à sua Autoridade Central possam ser redigidos ou traduzidos.

Artigo 25

Um Estado Contratante que tenha mais de um idioma oficial e não possa, segundo sua legislação nacional, aceitar, com relação a todo o seu território, que os documentos previstos nos artigos 7º e 17 sejam redigidos em um daqueles idiomas especificará, por meio de declaração, o idioma no qual os documentos ou suas traduções serão redigidos para apresentação a determinadas partes de seu território.

Artigo 26

Caso um Estado Contratante possua duas ou mais unidades territoriais nas quais sistemas jurídicos distintos sejam aplicados em relação a matérias tratadas nesta Convenção, no momento da assinatura, ratificação, aceitação, aprovação ou adesão, poderá declarar que a presente Convenção abrangerá todas as suas unidades territoriais ou apenas uma ou mais unidades e poderá modificar a declaração, remetendo outra declaração a qualquer momento.

Todas as declarações dessa natureza serão notificadas ao Ministério dos Negócios Estrangeiros do Reino dos Países Baixos e especificarão expressamente as unidades territoriais às quais a presente Convenção se aplica.

Artigo 27

Quando um Estado Contratante possuir um sistema de governo no qual os poderes executivo, judiciário e legislativo estiverem distribuídos entre autoridade central e outras autoridades internas do Estado, sua assinatura, ratificação, aceitação, aprovação ou adesão à presente Convenção, ou qualquer declaração feita de acordo com o artigo 26, não terá implicações em relação à distribuição interna de poderes no âmbito desse Estado.

Artigo 28

Qualquer Estado Contratante pode, no momento da assinatura, ratificação, aceitação, aprovação ou adesão, reservar-se o direito de excluir a aplicação do artigo 1º no caso de pessoas que não sejam nacionais de um Estado Contratante, mas que possuam residência habitual em um Estado Contratante diverso do que faz a reserva ou que tenham possuído residência habitual no Estado que fez a reserva, se não houver reciprocidade de tratamento entre o Estado que fez a reserva e o Estado do qual os solicitantes de assistência judiciária são nacionais.

Qualquer Estado Contratante pode, no momento da assinatura, ratificação, aceitação, aprovação ou adesão, reservar-se o direito de abster-se de:

a) fazer uso dos idiomas inglês ou francês, ou ambos, nos termos do segundo parágrafo do artigo 7º;

b) aplicar o segundo parágrafo do artigo 13;

c) aplicar o Capítulo II;

d) aplicar o artigo 20.

Caso um Estado apresente reserva:

e) de acordo com os termos da alínea "a" do segundo parágrafo deste artigo, excluindo o emprego dos idiomas inglês e francês, qualquer outro Estado afetado por essa exclusão pode aplicar a mesma regra contra o Estado que fez a reserva;

f) de acordo com os termos da alínea "b" do segundo parágrafo deste artigo, qualquer outro Estado pode recusar-se a aplicar o segundo parágrafo do artigo 13 a nacionais ou residentes habituais do Estado que fez a reserva;

g) de acordo com os termos da alínea "c" do segundo parágrafo deste artigo, qualquer outro Estado pode recusar-se a aplicar o Capítulo II a nacionais ou residentes habituais do Estado que fez a reserva.

Nenhuma outra reserva será permitida.

Qualquer Estado Contratante pode, a qualquer momento, retirar reserva que tenha feito. A retirada será notificada ao Ministério dos Negócios Estrangeiros do Reino dos Países Baixos. A reserva perderá efeito no primeiro dia do terceiro mês-calendário após a notificação.

Artigo 29

Todos os Estados Contratantes indicarão ao Ministério dos Negócios Estrangeiros do Reino dos Países Baixos, quer no momento do depósito de seu instrumento de ratificação ou adesão, quer posteriormente, a designação das autoridades previstas nos artigos 3º, 4º e 16.

Notificarão, caso necessário e nas mesmas condições supracitadas, o que se segue:

a) declarações referentes aos artigos 5º, 9º, 16, 24, 25, 26 e 33;

b) qualquer retirada ou modificação das designações e declarações acima mencionadas;

c) retirada de qualquer reserva.

Artigo 30

Os modelos de formulários anexos à presente Convenção podem ser alterados por decisão de uma Comissão Especial convocada pelo Secretário-geral da Conferência da Haia à qual todos os Estados Contratantes e todos os Estados Membros serão convidados. A notificação da proposta de alteração dos formulários será incluída na agenda da reunião.

As emendas adotadas pela maioria dos Estados Contratantes presentes e votantes na Comissão Especial entrarão em vigor para todos os Estados Contratantes no primeiro dia do sétimo mês-calendário após a data de sua comunicação pelo Secretário-Geral a todos os Estados Contratantes.

Durante o período mencionado no segundo parágrafo deste artigo, qualquer Estado Contratante poderá, mediante notificação escrita enviada ao Ministério dos Negócios Estrangeiros do Reino dos Países Baixos, fazer reserva acerca da emenda. A Parte que fizer tal reserva será, até que a reserva seja retirada, tratada como um Estado e não como uma Parte da presente Convenção no que se refere à emenda.

CAPÍTULO VI
DISPOSIÇÕES FINAIS

Artigo 31

A presente Convenção fica aberta à assinatura dos Estados Membros da Conferência da Haia de Direito Internacional Privado à época de sua 14ª Sessão e dos Estados não Membros convidados a participar na sua preparação.

Será ratificada, aceita ou aprovada e os instrumentos de ratificação, aceitação ou aprovação serão depositados junto ao Ministério dos Negócios Estrangeiros do Reino dos Países Baixos.

Artigo 32

Qualquer outro Estado pode aderir à Convenção.

O instrumento de adesão será depositado junto ao Ministério dos Negócios Estrangeiros do Reino dos Países Baixos.

Essa adesão será válida apenas no que se refere às relações entre o Estado que adere e os Estados Contratantes que não apresentem objeção à sua adesão nos doze meses posteriores ao recebimento da notificação prevista no numeral 2 do artigo 36. A objeção também pode ser feita por Estados Membros no momento de sua ratificação, aceitação ou aprovação da Convenção após uma adesão. Toda objeção será notificada ao Ministério dos Negócios Estrangeiros do Reino dos Países Baixos.

Artigo 33

Os Estados, no momento da assinatura, da ratificação, da aceitação, da aprovação ou da adesão poderão declarar que a presente Convenção se aplicará a todos os territórios por si representados no plano internacional, ou a um ou mais deles. Essa declaração produzirá efeitos no momento em que a Convenção entrar em vigor para aqueles Estados.

A declaração, bem como qualquer extensão posterior, será notificada ao Ministério dos Negócios Estrangeiros do Reino dos Países Baixos.

Artigo 34

A Convenção entrará em vigor no primeiro dia do terceiro mês-calendário após o depósito do terceiro instrumento de ratificação, aceitação, aprovação ou adesão mencionado nos artigos 31 e 32.

A partir de então, a Convenção entrará em vigor:

(1) para cada Estado que ratifique, aceite, aprove ou adira a ela posteriormente, no primeiro dia do terceiro mês-calendário após o depósito de seu instrumento de ratificação, aceitação, aprovação ou adesão;

(2) para cada território ou unidade territorial para os quais a Convenção tenha sido estendida, nos termos do artigo 26 ou 33, no primeiro dia do terceiro mês-calendário após a notificação mencionada naquele artigo.

Artigo 35

A presente Convenção permanecerá em vigor por cinco anos, a partir da data de sua entrada em vigor, nos termos do primeiro parágrafo do artigo 34, mesmo para Estados que ratificarem, aceitarem, aprovarem ou aderirem a ela posteriormente.

A Convenção será tacitamente renovada de cinco em cinco anos, salvo denúncia.

Toda denúncia será notificada ao Ministério dos Negócios Estrangeiros do Reino dos Países Baixos, pelo menos seis meses antes de expirar o período de cinco anos. A denúncia poderá se limitar a certos territórios ou unidades territoriais aos quais a Convenção se aplica.

A denúncia só produzirá efeito relativamente ao Estado que a tiver notificado. A Convenção permanecerá em vigor para os outros Estados Contratantes.

Artigo 36

O Ministério dos Negócios Estrangeiros do Reino dos Países Baixos notificará aos Estados Membros da Conferência e aos Estados que tiverem aderido nos termos do artigo 32:

(1) das assinaturas, ratificações, aceitações e aprovações mencionadas no artigo 31;

(2) das adesões e objeções feitas a adesões mencionadas no artigo 32;

(3) da data na qual a Convenção entra em vigor, conforme o artigo 34;

(4) das declarações mencionadas nos artigos 26 e 33;

(5) das reservas e retiradas de reservas mencionadas nos artigos 28 e 30;

(6) das informações transmitidas segundo o artigo 29;

(7) das denúncias mencionadas no artigo 35.

Em fé do que, os abaixo assinados, devidamente autorizados para tanto, firmaram a presente Convenção.

Concluída na Haia, em 25 de outubro de 1980, em inglês e francês, tendo os dois textos igual fé, em um único exemplar que será depositado nos arquivos do Governo do Reino dos Países Baixos e do qual será remetida, por via diplomática, uma cópia certificada, a cada um dos Estados Membros da Conferência da Haia de Direito Internacional Privado na data de sua 14ª Sessão e a cada Estado participante na preparação da presente Convenção nessa sessão.

▸ Optamos, nesta edição, pela não publicação do Anexo (Formulário para transmissão de solicitação de assistência judiciária).

DECRETO N. 8.501, DE 18 DE AGOSTO DE 2015

Promulga a Convenção para a Redução dos Casos de Apatridia, firmada em Nova Iorque, em 30 de agosto de 1961.

▸ *DOU*, 19.8.2015.

CONVENÇÃO PARA A REDUÇÃO DOS CASOS DE APATRIDIA

Feita em Nova York, em 30 de agosto de 1961

Os Estados Contratantes,

Agindo em conformidade com a Resolução 896 (IX), adotada pela Assembleia Geral das Nações Unidas em 4 de dezembro de 1954,

Considerando conveniente reduzir os casos de apatridia por meio de um acordo internacional,

Convêm no seguinte:

Artigo 1

1. Todo Estado Contratante concederá sua nacionalidade a uma pessoa nascida em seu território e que de outro modo seria apátrida. A nacionalidade será concedida:

(a) de pleno direito, no momento do nascimento; ou

(b) mediante requerimento apresentado à autoridade competente pelo interessado ou em seu nome, conforme prescrito pela legislação do Estado em questão. Nos termos do disposto no parágrafo 2 deste Artigo, nenhum requerimento poderá ser indeferido.

Todo Estado Contratante cuja legislação preveja a concessão de sua nacionalidade mediante requerimento, segundo a alínea (b) deste parágrafo, poderá também conceder sua nacionalidade de pleno direito na idade e sob as condições prescritas em sua legislação nacional.

2. Todo Estado Contratante poderá subordinar a concessão de sua nacionalidade segundo a alínea (b) do parágrafo 1 deste Artigo a uma ou mais das seguintes condições:

(a) que o requerimento seja apresentado dentro de um período fixado pelo Estado Contratante, que deverá começar não depois da idade de dezoito anos e terminar não antes da idade de vinte e um anos, de modo que o interessado disponha de um ano, no mínimo, durante o qual possa apresentar o requerimento sem ter de obter autorização judicial para fazê-lo;

(b) que o interessado tenha residido habitualmente no território do Estado Contratante por período, fixado por este Estado, não superior a cinco anos imediatamente anteriores à apresentação do requerimento nem a dez anos ao todo;

(c) que o interessado não tenha sido condenado por crime contra a segurança nacional nem tenha sido condenado, em virtude de processo criminal, a cinco anos ou mais de prisão;

(d) que o interessado sempre tenha sido apátrida.

3. Não obstante o disposto nos parágrafos 1 (b) e 2 do presente Artigo, todo filho legítimo nascido no território de um Estado Contratante e cuja mãe seja nacional daquele Estado, adquirirá essa nacionalidade no momento do nascimento se, do contrário, viesse a ser apátrida.

4. Todo Estado Contratante concederá sua nacionalidade a qualquer pessoa que do contrário seja apátrida e que não pôde adquirir a nacionalidade do Estado Contratante em cujo território tiver nascido por ter passado da idade estabelecida para a apresentação de seu requerimento ou por não preencher os requisitos de residência exigidos se no momento do nascimento do interessado um de seus pais possuía a nacionalidade do Estado Contratante inicialmente mencionado. Se seus pais não possuíam a mesma nacionalidade no momento de seu nascimento, a legislação do Estado Contratante cuja nacionalidade estiver sendo solicitada determinará se prevalecerá a condição do pai ou da mãe. Caso seja necessário requerimento para tal nacionalidade, tal requerimento deverá ser apresentado à autoridade competente pelo interessado ou em seu nome, conforme prescrito pela legislação do Estado Contratante. Nos termos do disposto no parágrafo 5 do presente Artigo, nenhum requerimento poderá ser indeferido.

5. Todo Estado Contratante poderá subordinar a concessão de sua nacionalidade, segundo o parágrafo 4 do presente Artigo, a uma ou mais das seguintes condições:

(a) que o requerimento seja apresentado antes de o interessado atingir a idade determinada pelo Estado Contratante, a qual não poderá ser inferior a 23 anos;

(b) que o interessado tenha residido habitualmente no território do Estado Contratante por período, fixado por este Estado, não superior a três anos;

(c) que o interessado sempre tenha sido apátrida.

Artigo 2

Salvo prova em contrário, presume-se que um menor abandonado que tenha sido encontrado no território de um Estado Contratante tenha nascido nesse território, de pais que possuem a nacionalidade daquele Estado.

Artigo 3

Para o fim de se determinarem as obrigações dos Estados Contratantes nos termos da presente Convenção, o nascimento a bordo de um navio ou uma aeronave será considerado como ocorrido no território do Estado de cuja bandeira for o navio ou no território do Estado em que a aeronave estiver matriculada, conforme o caso.

Artigo 4

1 Todo Estado Contratante concederá sua nacionalidade a qualquer pessoa que não tenha nascido no território de um Estado Contratante e que do contrário seria apátrida se no momento de seu nascimento um de seus pais possuía a nacionalidade do primeiro destes Estados. Se seus pais não possuíam a mesma nacionalidade no momento de seu nascimento, a legislação daquele Estado Contratante determinará se prevalecerá a condição do pai ou da mãe. A nacionalidade a que se refere este Artigo será concedida:

(a) de pleno direito, no momento do nascimento; ou

(b) mediante requerimento apresentado à autoridade competente pelo interessado ou em seu nome, conforme prescrito pela legislação do Estado em questão. Nos termos do disposto do parágrafo 2 deste Artigo, nenhum requerimento poderá se indeferido.

2. Todo Estado Contratante poderá subordinar a concessão de sua nacionalidade, segundo o parágrafo 4 do presente Artigo, a uma ou mais das seguintes condições:

(a) que o requerimento seja apresentado antes de o interessado atingir a idade determinada pelo Estado Contratante, a qual não poderá ser inferior a 23 anos;

(b) que o interessado tenha residido habitualmente no território do Estado Contratante por período, fixado por este Estado, não superior a três anos;

(c) que o interessado não tenha sido condenado por crime contra a segurança nacional;

(d) que o interessado sempre tenha sido apátrida.

Artigo 5

1. Caso a legislação de um Estado Contratante imponha a perda de nacionalidade em decorrência da mudança do estado civil de uma pessoa, tal como casamento, dissolução da sociedade conjugal, legitimação, reconhecimento ou adoção, tal perda será condicionada à titularidade ou aquisição de outra nacionalidade.

2. Se, de acordo com a legislação de um Estado Contratante, um filho natural perder a nacionalidade daquele Estado como consequência de um reconhecimento de filiação, ser-lhe-á oferecida a oportunidade de recuperá-la mediante requerimento apresentado perante a autoridade competente, requerimento este que não poderá ser objeto de condições mais rigorosas do que aquelas determinadas no parágrafo 2 do Artigo 1 da presente Convenção.

Artigo 6

A mudança ou a perda da nacionalidade de um dos cônjuges, do pai ou da mãe não acarretará perda da nacionalidade do outro cônjuge nem a dos filhos, a menos que já possuam ou tenha adquirido outra nacionalidade.

Artigo 7

1. (a) Se a legislação de um Estado Contratante permitir a renúncia à nacionalidade, tal renúncia só será válida se o interessado tiver ou adquirir outra nacionalidade.

(b) A disposição da alínea (a) deste parágrafo não prevalecerá quando sua aplicação for incompatível com os princípios enunciados nos Artigos 13 e 14 da Declaração Universal dos Direitos Humanos, aprovada em 10 de dezembro de 1948 pela Assembleia Geral das Nações Unidas.

2. A pessoa que solicitar a naturalização em um país estrangeiro, ou tenha obtido uma permissão de expatriação com esse fim, só perderá sua nacionalidade se adquirir a nacionalidade desse país estrangeiro.

3. Salvo o disposto nos parágrafos 4 e 5 deste Artigo, o nacional de um Estado Contratante não poderá perder sua nacionalidade pelo fato de abandonar o país, residir no exterior ou deixar de inscrever-se no registro correspondente, ou por qualquer outra razão semelhante, se tal perda implicar sua apatridia.

4. Os naturalizados podem perder sua nacionalidade pelo fato de residirem em seu país de origem por um período que exceda o autorizado pela legislação do Estado Contratante, que não poderá ser inferior a sete anos consecutivos, se não declararem perante as autoridades competentes sua intenção de conservar sua nacionalidade.

5. Em caso de nacionais de um Estado Contratante nascidos fora de seu território, a legislação desse Estado poderá subordinar a conservação da nacionalidade, a partir do ano seguinte à data em que o interessado alcançar a maioridade, ao cumprimento do requisito de residência, naquele momento, no território do Estado ou de inscrição no registro correspondente.

6. Salvo nos casos aos quais se refere esse Artigo, uma pessoa não perderá a nacionalidade de um Estado Contratante se tal perda puder convertê-la em apátrida, ainda que tal perda não esteja expressamente proibida por nenhuma das outras disposições da presente Convenção.

Artigo 8

1. Os Estados Contratantes não privarão uma pessoa de sua nacionalidade se essa privação vier a convertê-la em apátrida.

2. Não obstante o disposto no parágrafo 1 deste Artigo, uma pessoa poderá ser privada da nacionalidade de um Estado Contratante:

(a) nos casos em que, de acordo com os parágrafos 4 e 5 do Artigo 7, uma pessoa seja passível de perder sua nacionalidade;

(b) nos casos em que a nacionalidade tenha sido obtida por declaração falsa ou fraude.

3. Não obstante o disposto no parágrafo 1 deste Artigo, os Estados Contratantes poderão conservar o direito de privar uma pessoa de sua nacionalidade se, no momento da assinatura, ratificação ou adesão, especificarem que se reservam tal direito por um ou mais dos seguintes motivos, sempre que estes estejam previstos em sua legislação nacional naquele momento:

a) quando, em condições incompatíveis com o dever de lealdade ao Estado Contratante, a pessoa:

i) apesar de proibição expressa do Estado Contratante, tiver prestado ou continuar prestando serviços a outro Estado, tiver recebido ou continuar recebendo dinheiro de outro Estado; ou

ii) tiver se conduzido de maneira gravemente prejudicial aos interesses vitais do Estado;

b) quando a pessoa tiver prestado juramento de lealdade ou tiver feito uma declaração formal de lealdade a outro Estado, ou dado provas decisivas de sua determinação de repudiar a lealdade que deve ao Estado Contratante.

4. Os Estados Contratantes só exercerão o direito de privar uma pessoa de sua nacionalidade, nas condições definidas nos parágrafos 2 ou 3 do presente Artigo, de acordo com a lei, que assegurará ao interessado o direto à ampla defesa perante um tribunal ou outro órgão independente.

Artigo 9

Os Estados Contratantes não poderão privar qualquer pessoa ou grupo de pessoas de sua nacionalidade por motivos raciais, étnicos, religiosos ou políticos.

Artigo 10

1. Todo tratado entre os Estados Contratantes que dispuser sobre a transferência de território deverá incluir disposições para assegurar que os habitantes do referido território não se converterão em apátridas como resultado de tal transferência. Os Estados Contratantes se empenharão em assegurar que tais disposições figurem em todo tratado desse gênero realizado com um Estado que não seja Parte na presente Convenção.

2. Na ausência de tais disposições, o Estado Contratante ao qual tenha sido cedido um território ou que de outro modo haja adquirido um território atribuirá sua nacionalidade aos habitantes do referido território que de outro modo se tornariam apátridas como resultado da transferência ou aquisição de tal território.

Artigo 11

Os Estados Contratantes comprometem-se a criar, dentro da estrutura das Nações Unidas, tão logo possível, depois do depósito do sexto instrumento de ratificação ou de adesão, um órgão ao qual uma pessoa que reivindique o benefício da presente Convenção possa solicitar o exame de sua reivindicação, bem como assistência em sua apresentação à autoridade competente.

Artigo 12

1. O Estado Contratante que não conceda sua nacionalidade de pleno direito, no momento do nascimento da pessoa, nos termos do parágrafo 1 do Artigo 1 ou do Artigo 4 da presente Convenção, deverá aplicar uma ou outra dessas disposições, segundo o caso, as pessoas nascidas tanto antes como depois da data de entrada em vigor da presente Convenção.

2. O disposto no parágrafo 4 do Artigo 1 da presente Convenção aplicar-se-á tanto às pessoas nascidas antes quanto às pessoas nascidas depois da entrada em vigor da presente Convenção.

3. O disposto no Artigo 2 da presente Convenção aplicar-se-á somente aos menores abandonados encontrados no território de um Estado Contratante depois da data da entrada em vigor da presente Convenção para aquele Estado.

Artigo 13

Nenhuma disposição da presente Convenção será interpretada de modo a restringir a aplicação de disposições mais favoráveis relativas à redução da apatridia por ventura existentes na legislação nacional que esteja em vigor ou que entre em vigor em qualquer Estado Contratante, ou que constem de qualquer outra convenção, tratado ou acordo que esteja em vigor ou que entre em vigor entre dois ou mais Estados Contratantes.

Artigo 14

Toda controvérsia que surja entre Estados Contratantes referente à interpretação ou à aplicação da presente Convenção que não possa ser solucionada por outros meios poderá ser submetida à Corte Internacional de Justiça por iniciativa de qualquer das partes da controvérsia.

Artigo 15

1. A presente Convenção se aplicará a todos os territórios não autônomos, sob tutela, coloniais e outros territórios não metropolitanos cujas relações internacionais estejam a cargo de qualquer Estado Contratante; o Estado Contratante em questão deverá, sem prejuízo das disposições do parágrafo 2 deste Artigo, declarar, no momento da assinatura, ratificação ou adesão, a qual território ou territórios não metropolitanos a presente Convenção se aplicará ipso facto, como resultado de tal assinatura, ratificação ou adesão.

2. Nos casos em que, para efeitos de nacionalidade, um território não metropolitano não seja considerado parte integrante do território metropolitano, ou nos casos que requeiram o consentimento prévio de um território não metropolitano, em virtude das leis ou práticas constitucionais do Estado Contratante ou do território não metropolitano, para que a presente Convenção se aplique a tal território, o Estado Contratante envidará esforços para obter o consentimento necessário do território não metropolitano dentro do prazo de 12 meses a partir da data da assinatura da presente Convenção por aquele Estado Contratante. Quando tiver obtido tal consentimento, o Estado Contratante notificará o Secretário-Geral das Nações Unidas. A presente Convenção se aplicará ao território ou territórios mencionados em tal notificação a partir da data em que seja recebida pelo Secretário-Geral.

3. Decorrido o prazo de 12 meses mencionado no parágrafo 2 desse Artigo, os Estados Contratantes interessados informarão ao Secretário-Geral os resultados das gestões junto àqueles territórios não metropolitanos cujas relações internacionais estiverem a seu cargo e cujo consentimento para a aplicação da presente Convenção tenha ficado pendente.

Artigo 16

1. A presente Convenção ficará aberta à assinatura na Sede das Nações Unidas de 30 de agosto de 1961 a 31 de maio de 1962.

2. A presente Convenção ficará aberta à assinatura:

(a) de todos os Estados Membros das Nações Unidas;

(b) de qualquer outro Estado convidado para a Conferência das Nações Unidas sobre a Eliminação ou Redução da Apatridia Futura;

(c) de todo Estado ao qual a Assembleia Geral das Nações Unidas possa vir a dirigir convite para assinatura ou adesão.

3. A presente Convenção será ratificada e os instrumentos de ratificação serão depositados junto ao Secretário-Geral das Nações Unidas.

4. Os Estados aos quais se refere o parágrafo 2 deste Artigo poderão aderir à presente Convenção. A adesão se efetuará mediante o depósito de instrumento de adesão junto ao Secretário-Geral das Nações Unidas.

Artigo 17

1. No momento da assinatura, ratificação ou adesão, todo Estado pode formular reservas aos Artigos 11, 14 e 15.

2. Nenhuma outra reserva poderá ser feita à presente Convenção.

Artigo 18

1. A presente Convenção entrará em vigor dois anos após a data do depósito do sexto instrumento de ratificação ou de adesão.

2. Para todo Estado que ratificar ou aderir à presente Convenção após o depósito do sexto instrumento de ratificação ou de adesão, a presente Convenção entrará em vigor no nonagésimo dia após a data do depósito por aquele Estado de seu instrumento de ratificação ou de adesão ou na data de entrada em vigor da presente Convenção nos termos do parágrafo 1 deste Artigo, se esta última data for posterior.

Artigo 19

1. Todo Estado Contratante poderá denunciar a presente Convenção em qualquer momento, mediante notificação por escrito dirigida ao Secretário-Geral das Nações Unidas. A denúncia terá efeito para o Estado em questão um ano após a data de seu recebimento pelo Secretário-Geral.

2. Nos casos em que, de acordo com o disposto no Artigo 15, a presente Convenção se tenha tornado aplicável a um território não metropolitano de um Estado Contratante, aquele Estado poderá, a partir daquele momento, com o consentimento do território em questão, notificar o Secretário-Geral das Nações Unidas que denuncia a presente Convenção no tocante àquele território. A denúncia terá efeito um ano após a data do recebimento da notificação pelo Secretário-Geral, que informará os demais Estados Contratantes sobre tal notificação e a data de seu recebimento.

Artigo 20

1. O Secretário-Geral das Nações Unidas notificará todos os Estados Membros das Nações Unidas e os Estados não membros mencionados no Artigo 16 sobre:

(a) assinaturas, ratificações e adesões previstas no Artigo 16;

(b) reservas amparadas pelo Artigo 17;

(c) a data em que a presente Convenção entrará em vigor nos termos do Artigo 18;

(d) denúncias amparadas pelo Artigo 19.

2. O Secretário-Geral das Nações Unidas levará à atenção da Assembleia Geral, no mais tardar após o depósito do sexto instrumento de ratificação ou de adesão, a questão da criação do organismo mencionado no Artigo 11.

Artigo 21

A presente Convenção será registrada pelo Secretário-Geral das Nações Unidas na data de sua entrada em vigor.

EM TESTEMUNHO DO QUE os Plenipotenciários abaixo-assinados firmam a presente Convenção.

FEITA em Nova York, no dia trinta de agosto de mil novecentos e sessenta e um, em exemplar único, cujos textos em chinês, espanhol, francês, inglês e russo são igualmente autênticos, que será depositado nos arquivos das Nações Unidas e do qual o Secretário-Geral das Nações Unidas entregará cópias devidamente autenticadas a todos os Estados Membros das Nações Unidas e a todos os Estados não membros referidos no Artigo 16 da presente Convenção.

DECRETO N. 8.660, DE 29 DE JANEIRO DE 2016

Promulga a Convenção sobre a Eliminação da Exigência de Legalização de Documentos Públicos Estrangeiros, firmada pela República Federativa do Brasil, em Haia, em 5 de outubro de 1961.

▸ *DOU*, 1º.2.2016.

CONVENÇÃO SOBRE A ELIMINAÇÃO DA EXIGÊNCIA DE LEGALIZAÇÃO DE DOCUMENTOS PÚBLICOS ESTRANGEIROS

(Celebrada em 5 de outubro de 1961)

Os Estados Signatários da presente Convenção,

Desejando eliminar a exigência de legalização diplomática ou consular de documentos públicos estrangeiros,

Decidiram celebrar uma Convenção com essa finalidade e concordaram com as seguintes disposições:

Artigo 1º

A presente Convenção aplica-se a documentos públicos feitos no território de um dos Estados Contratantes e que devam produzir efeitos no território de outro Estado Contratante.

No âmbito da presente Convenção, são considerados documentos públicos:

a) Os documentos provenientes de uma autoridade ou de um agente público vinculados a qualquer jurisdição do Estado, inclusive os documentos provenientes do Ministério Público, de escrivão judiciário ou de oficial de justiça;

b) Os documentos administrativos;

c) Os atos notariais;

d) As declarações oficiais apostas em documentos de natureza privada, tais como certidões que comprovem o registro de um documento ou a sua existência em determinada data, e reconhecimentos de assinatura.

Entretanto, a presente Convenção não se aplica:

a) Aos documentos emitidos por agentes diplomáticos ou consulares;

b) Aos documentos administrativos diretamente relacionados a operações comerciais ou aduaneiras.

Artigo 2º

Cada Estado Contratante dispensará a legalização dos documentos aos quais se aplica a presente Convenção e que devam produzir efeitos em seu território. No âmbito da presente Convenção, legalização significa apenas a formalidade pela qual os agentes diplomáticos ou consulares do país no qual o documento deve produzir efeitos atestam a autenticidade da assinatura, a função ou o cargo exercidos pelo signatário do documento e, quando cabível, a autenticidade do selo ou carimbo aposto no documento.

Artigo 3º

A única formalidade que poderá ser exigida para atestar a autenticidade da assinatura, a função ou cargo exercido pelo signatário do documento e, quando cabível, a autenticidade do selo ou carimbo aposto no documento, consiste na aposição da apostila definida no Artigo 4º, emitida pela autoridade competente do Estado no qual o documento é originado.

Contudo, a formalidade prevista no parágrafo anterior não pode ser exigida se as leis, os regulamentos ou os costumes em vigor no Estado onde o documento deva produzir efeitos - ou um acordo entre dois ou mais Estados contratantes - a afastem ou simplifiquem, ou dispensem o ato de legalização.

Artigo 4º

A apostila prevista no primeiro parágrafo do Artigo 3º será aposta no próprio documento ou em uma folha a ele apensa e deverá estar em conformidade com o modelo anexo à presente Convenção.

A apostila poderá, contudo, ser redigida no idioma oficial da autoridade que a emite. Os termos padronizados nela inscritos também poderão ser redigidos em um segundo idioma. O título "Apostille (Convention de La Haye du 5 octobre 1961)" deverá ser escrito em francês.

Artigo 5º

A apostila será emitida mediante solicitação do signatário do documento ou de qualquer portador. Quando preenchida adequadamente, a apostila atesta a autenticidade da assinatura, a função ou o cargo exercido pelo signatário do documento e, quando cabível, a autenticidade do selo ou carimbo nele aposto. A assinatura, selo ou carimbo contidos na apostila serão isentos de qualquer certificação.

Artigo 6º

Cada Estado Contratante designará as autoridades às quais, em razão do cargo ou função que exercem, será atribuída a competência para emitir a apostila prevista no primeiro parágrafo do Artigo 3º.

Esta designação deverá ser notificada pelo Estado Contratante ao Ministério das Relações Exteriores dos Países Baixos, no momento do depósito do respectivo instrumento de ratificação, adesão ou da respectiva declaração de extensão. Todas as modificações que ocorrerem na designação daquelas autoridades também deverão ser notificadas ao referido Ministério.

Artigo 7º

Cada uma das autoridades designadas nos termos do Artigo 6º manterá registro ou arquivo no qual serão anotadas as apostilas emitidas, especificando:

a) O número e a data da apostila;

b) O nome do signatário do documento público e o cargo ou função por ele exercida ou, no caso de documentos não assinados, a indicação da autoridade que apôs o selo ou carimbo.

Mediante solicitação de qualquer interessado, a autoridade emissora da apostila verificará se os dados nela inscritos correspondem àqueles contidos no registro ou no arquivo.

Artigo 8º

Sempre que um tratado, convenção ou acordo entre dois ou mais Estados Contratantes contiver disposições que sujeitem o reconhecimento de uma assinatura, selo ou carimbo a certas formalidades, a presente Convenção apenas derrogará as referidas disposições se tais formalidades forem mais rigorosas do que a formalidade prevista nos Artigos 3º e 4º.

Artigo 9º

Cada Estado Contratante tomará as providências necessárias para evitar que seus agentes diplomáticos ou consulares realizem legalizações nos casos em que esse procedimento seja dispensado pela presente Convenção.

Artigo 10

A presente Convenção fica aberta à assinatura pelos Estados representados na 9ª Sessão da Conferência da Haia sobre Direito Internacional Privado, bem como por Irlanda, Islândia, Liechtenstein e Turquia.

A Convenção será ratificada e os instrumentos de ratificação serão depositados junto ao Ministério das Relações Exteriores dos Países Baixos.

Artigo 11

A presente Convenção entrará em vigor no sexagésimo dia após o depósito do terceiro instrumento de ratificação previsto no segundo parágrafo do Artigo 10.

A Convenção entrará em vigor, para cada Estado signatário que a ratifique posteriormente, no sexagésimo dia após o depósito do respectivo instrumento de ratificação.

Artigo 12

Qualquer Estado que não esteja mencionado no Artigo 10 poderá aderir à presente Convenção depois da sua entrada em vigor, de acordo com o primeiro parágrafo do Artigo 11. O instrumento de adesão será depositado junto ao Ministério das Relações Exteriores dos Países Baixos.

A adesão somente produzirá efeitos no âmbito das relações entre o Estado aderente e os Estados Contratantes que não apresentem objeção à adesão nos seis meses posteriores ao recebimento da notificação prevista no Artigo 15, alínea "d". Qualquer objeção será informada ao Ministério das Relações Exteriores dos Países Baixos.

A Convenção entrará em vigor entre o Estado aderente e os Estados que não tiverem apresentado objeção à adesão no sexagésimo dia após a expiração do prazo de seis meses previsto no parágrafo anterior.

Artigo 13

Qualquer Estado, no momento da assinatura, da ratificação ou da adesão, poderá declarar que a aplicação da presente Convenção se estenderá ao conjunto dos territórios que ele representa no plano internacional, ou a um ou a alguns dentre eles. Essa declaração terá efeito na data da entrada em vigor da Convenção para o Estado em questão.

Posteriormente, tais extensões serão notificadas ao Ministério das Relações Exteriores dos Países Baixos.

Quando um Estado que tenha assinado e ratificado a presente Convenção apresentar declaração de extensão, esta entrará em vigor nos territórios em questão conforme o Artigo 11. Quando a declaração de extensão for feita por um Estado que tenha aderido à Convenção, esta entrará em vigor nos territórios em questão conforme o Artigo 12.

Artigo 14

A presente Convenção terá vigência de cinco anos a partir da data da sua entrada em vigor, nos termos do primeiro parágrafo do Artigo 11, inclusive para os Estados que a ratificaram ou a ela aderiram posteriormente.

Caso não haja denúncia, a Convenção será renovada tacitamente a cada cinco anos.

A denúncia será notificada ao Ministério das Relações Exteriores dos Países Baixos, pelo menos seis meses antes do final do período de cinco anos.

A denúncia poderá limitar-se a alguns dos territórios aos quais a Convenção se aplica.

A denúncia produzirá efeitos apenas em relação ao Estado que tenha feito a respectiva notificação.

A Convenção permanecerá em vigor para os outros Estados Contratantes.

Artigo 15

O Ministério das Relações Exteriores dos Países Baixos deverá notificar os Estados mencionados no Artigo 10 e os Estados que tenham aderido nos termos do Artigo 12 sobre o seguinte:

a) As notificações previstas no segundo parágrafo do Artigo 6º;

b) As assinaturas e ratificações previstas no Artigo 10;

c) A data em que a presente Convenção entrará em vigor nos termos do primeiro parágrafo do Artigo 11;

d) As adesões e objeções previstas no Artigo 12 e a data em que as adesões entrarão em vigor;

e) As extensões previstas no Artigo 13 e a data em que entrarão em vigor; e

f) As denúncias previstas no terceiro parágrafo do Artigo 14.

Em fé do que, os abaixo assinados, devidamente autorizados, firmaram a presente Convenção.

Concluída na Haia, em 5 de outubro de 1961, em francês e inglês, sendo que o texto em francês prevalecerá em caso de divergência entre os dois textos, em uma única cópia que será depositada nos arquivos do Governo dos Países Baixos e da qual será remetida uma cópia autenticada, por via diplomática, para cada Estado representado na 9ª Sessão da Conferência da Haia sobre Direito Internacional Privado, bem como para Irlanda, Islândia, Liechtenstein e Turquia.

Anexo à Convenção

Modelo de apostila

APOSTILLE
(Convention de La Haye du 5 octobre 1961)
1. 1. País: ....
Este documento público
2. 2. foi assinado por ....
....
3
4. 3. agindo na qualidade de ....
....
5
6. 4. e tem o selo ou carimbo do ....
....
Reconhecido
5. em .... 6. em.................
7. pelo ....
....
8. sob o N. ....
7.
8. 9. Selo/carimbo: 10. Assinatura:
....
....

A apostila terá a forma de um quadrado com lados medindo no mínimo 9 centímetros

DECRETO N. 9.289, DE 21 DE FEVEREIRO DE 2018

Promulga o Protocolo de Emenda ao Acordo sobre Aspectos dos Direitos de Propriedade Intelectual Relacionados ao Comércio, adotado pelo Conselho-Geral da Organização Mundial do Comércio, em 6 de dezembro de 2005.

▸ *DOU*, 22.2.2018.

O Presidente da República, no uso da atribuição que lhe confere o art. 84, caput, inciso IV, da Constituição, e

Considerando que o Protocolo de Emenda ao Acordo sobre Aspectos dos Direitos de Propriedade Intelectual Relacionados ao Comércio foi adotado pelo Conselho-Geral da Organização Mundial do Comércio, em 6 de dezembro de 2005;

Considerando que o Congresso Nacional aprovou o Protocolo de Emenda ao Acordo por meio do Decreto Legislativo n. 262, de 18 de setembro de 2008;

Considerando que o Governo brasileiro depositou, junto ao Diretor-Geral da Organização Mundial do Comércio, o instrumento de ratificação do Protocolo de Emenda ao Acordo, em 13 de novembro de 2008; e

Considerando que o Protocolo de Emenda ao Acordo entrou em vigor para a República Federativa do Brasil, no plano jurídico externo, em 23 de janeiro de 2017;

Decreta:

ART. 1º Fica promulgado o Protocolo de Emenda ao Acordo sobre Aspectos dos Direitos de Propriedade Intelectual Relacionados ao Comércio, adotado pelo Conselho-Geral da Organização Mundial do Comércio, em 6 de dezembro de 2005, anexo a este Decreto.

ART. 2º São sujeitos à aprovação do Congresso Nacional atos que possam resultar em revisão do Protocolo de Emenda ao Acordo e ajustes complementares que acarretem encargos ou compromissos gravosos ao patrimônio nacional, nos termos do inciso I do caput do art. 49 da Constituição.

ART. 3º Este Decreto entra em vigor na data de sua publicação.

Brasília, 21 de fevereiro de 2018; 197º da Independência e 130º da República.

MICHEL TEMER

PROTOCOLO DE EMENDA AO ACORDO TRIPS

Os Membros da Organização Mundial do Comércio;

Tendo em consideração a Decisão do Conselho-Geral no documento WT/L/641, adotado de acordo com o parágrafo 1° do Artigo X do Acordo de Marraqueche que constitui a Organização Mundial do Comércio ("o Acordo da OMC");

Acordam o que segue:

1. Na entrada em vigor do Protocolo, nos termos do parágrafo 4º, o Acordo sobre Aspectos dos Direitos de Propriedade Intelectual Relacionados ao Comércio (o "Acordo TRIPS") será emendado como estabelecido pelo Anexo a este Protocolo, por meio da inclusão do Artigo 31*bis* após o Artigo 31 e pela inclusão do Anexo ao Acordo TRIPS após o Artigo 73.

2. Não poderão ser feitas reservas sobre quaisquer dos dispositivos deste Protocolo sem o consentimento dos outros Membros.

3. Este Protocolo estará aberto para aceitação dos Membros até o dia 1° de dezembro de 2007 ou data posterior, conforme seja decidido pela Conferência Ministerial.

4. Este Protocolo entrará em vigor de acordo com o parágrafo 3° do Artigo X do Acordo da OMC.

5. Este Protocolo será depositado com o Diretor-Geral da Organização Mundial do Comércio, que prontamente fornecerá a cada Membro uma cópia certificada do mesmo e uma notificação de cada aceitação do mesmo, de acordo com o parágrafo 3°.

6. Este Protocolo será registrado de acordo com as disposições do Artigo 102 da Carta das Nações Unidas.

Feito em Genebra no sexto dia de dezembro de dois mil e cinco, em uma única cópia nos idiomas inglês, francês e espanhol, cada texto sendo autêntico.

ANEXO AO PROTOCOLO DE EMENDA AO ACORDO TRIPS

Artigo 31*bis*

1. As obrigações de um Membro exportador sob o Artigo31(f) não serão aplicáveis quando este conceder licença compulsória na extensão necessária para a fabricação de produto(s) farmacêutico(s) e sua respectiva exportação para um Membro importador elegível, conforme os termos estabelecidos no parágrafo 2 do Anexo deste Acordo.

2. Quando uma licença compulsória for concedida por um Membro exportador sob o sistema estabelecido neste Artigo e no Anexo a este Acordo, é devido o pagamento de remuneração adequada neste Membro, de acordo com o Artigo31(h), levando em conta o valor econômico para o Membro importador do uso que foi autorizado pelo Membro exportador. Quando uma licença compulsória for concedida para os mesmos produtos no Membro importador elegível, a obrigação deste Membro sob o Artigo 31(h) não se aplicará àqueles produtos para os quais a remuneração, de acordo com a primeira frase desse parágrafo, tiver sido paga no Membro exportador.

3. A fim de explorar economias de escala com o propósito de aumentar o poder aquisitivo sobre produtos farmacêuticos, além de facilitar a sua produção local: quando um país em desenvolvimento, ou de menor desenvolvimento relativo, Membro da OMC, for parte de um acordo comercial regional, nos termos do Artigo XXIV do GATT 1994 e da decisão de 28 de novembro de 1979 sobre Tratamento Diferenciado e mais Favorável, Reciprocidade e Maior Participação de Países em Desenvolvimento (L/4903), e do qual pelo menos metade dos atuais membros estão na lista de países de menor desenvolvimento relativo das Nações Unidas, a obrigação desse Membro sob o Artigo 31(f) não se aplicará, na medida necessária para permitir que um produto farmacêutico produzido ou importado sob uma licença compulsória naquele Membro seja exportado para os mercados daqueles países em desenvolvimento, ou de menor desenvolvimento relativo, que sejam parte do acordo comercial regional e que igualmente enfrentam o problema de saúde em questão. Entende-se que o disposto anteriormente não prejudicará a natureza territorial dos direitos de patente em questão.

4. Os Membros não contestarão quaisquer medidas adotadas em conformidade com os dispositivos deste Artigo e do Anexo a esse Acordo com base no disposto pelos subparágrafos1(b) e 1(c) do Artigo XXIII do GATT 1994.

5. O presente Artigo e o Anexo a este Acordo não prejudicam os direitos, obrigações e flexibilidades de que gozam os Membros a partir de dispositivos que não os parágrafos (f) e (h) do Artigo 31 deste Acordo, inclusive aqueles reafirmados pela Declaração sobre o Acordo TRIPS e Saúde Pública (WT/MIN(01)/DEC/2), bem como sua interpretação. Também não há prejuízo à extensão na qual produtos farmacêuticos fabricados sob licença compulsória podem ser exportados, nos termos do Artigo 31 (f).

ANEXO AO ACORDO TRIPS

1. Para os propósitos do Artigo 31*bis* e deste anexo:

(a) "produto farmacêutico" significa qualquer produto patenteado, ou produto manufaturado por meio de um processo patenteado, do setor farmacêutico, necessário para tratar de problemas de saúde pública, conforme reconhecido no parágrafo 1º da Declaração sobre o Acordo TRIPS e Saúde Pública (WT/MIN(01)/DEC/2). Entende-se que ingredientes ativos necessários para sua fabricação e "kits" de diagnóstico necessários para seu uso estariam incluídos[1];

(b) "Membro importador elegível" significa qualquer País-Membro de menor desenvolvimento relativo, bem como qualquer outro Membro que houver feito uma notificação[2] ao Conselho para TRIPS de sua intenção de usar o sistema estabelecido no Artigo 31*bis* e neste Anexo ("sistema") como importador, ficando entendido que um Membro pode notificar a qualquer momento que usará o sistema inteira ou parcialmente, como, por exemplo, apenas no caso de emergência nacional ou outras circunstâncias de extrema emergência ou em casos de uso público não comercial. Observa-se que alguns Membros não usarão o sistema como Membros importadores[3], enquanto alguns outros Membros declararam que, se usarem o sistema, o fariam apenas em situações de emergência nacional ou outras circunstâncias de extrema urgência;

(c) "Membro exportador" significa um Membro que utilizar o sistema para produzir produtos farmacêuticos e exportá-los para um Membro importador elegível.

2. Os termos referidos no parágrafo 1º do Artigo *31bis* são os seguintes:

(a) O(s) Membro(s) importador(es)[4] elegível(is) apresentou(aram) notificação[2] ao Conselho para TRIPS, que:

(i) especifica os nomes e quantidades esperadas do(s) produto(s) que são necessários[5];

(ii) confirma que o Membro importador elegível em questão, que não seja um País-Membro de menor desenvolvimento relativo, estabeleceu que tem insuficiente ou nenhuma capacidade de fabricação no setor farmacêutico para o(s) produto(s) em questão, em alguma das formas estabelecidas no Apêndice deste Anexo; e

(iii) confirma que, quando um produto farmacêutico for patenteado em seu território, concedeu ou pretende conceder uma licença compulsória de acordo com os Artigos 31 e 31*bis* desse Acordo, bem como os dispositivos deste Anexo[6];

(b) a licença compulsória concedida pelo Membro exportador sob o sistema conterá as seguintes condições:

(i) somente a quantidade necessária para atender as necessidades do(s) Membro(s) importador(es) elegível(eis) pode ser fabricada sob o amparo da licença e a totalidade dessa produção deverá ser exportada para o(s) Membro(s) que notificou(aram) sua demanda ao Conselho para TRIPS;

(ii) produtos fabricados sob o amparo da licença deverão ser claramente identificados como tendo sido produzidos sob o sistema, por meio de rótulo ou marca específicos. Fornecedores deverão distinguir tais produtos por meio de embalagem especial e/ou cor/forma especial dos próprios produtos, contanto que tal distinção seja factível e não tenha impacto significativo sobre o preço; e

(iii) antes do início do embarque, o licenciado deverá divulgar em sítio na Internet[7] as seguintes informações:

- as quantidades fornecidas a cada destino, como referidas no subitem (i) acima; e
- as características distintivas do(s) produto(s) referidas no subitem (ii) acima;

(c) O Membro exportador deverá notificar[8] o Conselho para TRIPS sobre a concessão da licença, incluindo as condições que tenham sido estabelecidas com a adoção da medida[9]. A informação fornecida incluirá o nome e endereço do licenciado, o(s) produto(s) para o(s) qual(is) a licença foi concedida, a(s) quantidade(s) para a(s) qual(is) foi(ram) concedida(s), o(s) país(es) ao(s) qual(is) o(s) produto(s) será(ão) fornecido(s) e a duração da licença. A notificação indicará também o sítio na Internet referido no subparágrafo (b)(iii) acima.

3. Para assegurar que os produtos importados sob o sistema sejam usados para os fins de saúde pública que motivaram sua importação, os Membros importadores elegíveis tomarão medidas razoáveis, na medida de suas possibilidades, proporcionais às suas capacidades administrativas e ao risco de desvio de comércio, com vistas a prevenir a reexportação dos produtos que foram efetivamente importados para seus territórios sob o sistema. No caso em que um Membro importador elegível, que seja um País-Membro em desenvolvimento ou um País-Membro de menor desenvolvimento relativo, enfrente dificuldades em implementar o presente dispositivo, Países-Membros desenvolvidos fornecerão cooperação técnica e financeira para facilitar a sua implementação, se requisitados e em termos e condições de comum acordo.

4. Os Membros assegurarão a disponibilidade de meios legais efetivos para prevenir a importação e venda em seus territórios de produtos produzidos segundo o sistema e desviados para seus mercados em desacordo com o estabelecido em seus dispositivos, usando os meios cuja disponibilidade já é requerida pelo presente Acordo. Se qualquer Membro considerar que tais medidas são insuficientes para esse propósito, a matéria poderá ser revista no Conselho para TRIPS a pedido do referido Membro.

5. A fim de explorar economias de escala com o propósito de aumentar o poder aquisitivo sobre produtos farmacêuticos e facilitar a sua produção local, reconhece-se que deve ser promovido o desenvolvimento de sistemas de concessão de patentes regionais, para ser aplicável aos Membros descritos no parágrafo 3º do Artigo 31*bis*. Para esse fim, Países-Membros desenvolvidos comprometem-se a fornecer cooperação técnica de acordo com o Artigo 67 deste Acordo, inclusive em conjunto com outras organizações intergovernamentais relevantes.

6. Os Membros reconhecem ser desejável promover a transferência de tecnologia e o desenvolvimento de capacidades no setor farmacêutico com vistas a superar o problema enfrentado por Membros com insuficiente ou nenhuma capacidade de fabricação no setor farmacêutico. Para esse fim, Membros importadores elegíveis e Membros exportadores são encorajados a usar o sistema de maneiras que promoveriam este objetivo. Os Membros comprometem-se a cooperar prestando especial atenção à transferência de tecnologia e ao desenvolvimento de capacidades no setor farmacêutico, nas atividades a serem empreendidas em conformidade com o Artigo 66.2 desse Acordo, com o parágrafo 7º da Declaração sobre o Acordo TRIPS e Saúde Pública, bem como em qualquer outra atividade relevante do Conselho para TRIPS.

7. O Conselho para TRIPS revisará anualmente o funcionamento do sistema com vistas a assegurar sua operação efetiva e deverá relatar anualmente a respeito ao Conselho-Geral.

[1] Este subparágrafo não prejudica o disposto no subparágrafo 1(b).

[2] Entende-se que esta notificação não necessita de aprovação de órgão da OMC para que o sistema seja utilizado.

[3] Austrália, Canadá, Comunidades Europeias - juntamente, para os efeitos do Artigo 31*bis* e do presente Anexo, de seus Estados-Membros -, Estados Unidos, Islândia, Japão, Nova Zelândia, Noruega e Suíça.

[4] Notificações conjuntas que forneçam as informações requeridas por este subparágrafo poderão ser feitas pelas organizações regionais mencionadas no parágrafo 3º do Artigo 31bis, em nome dos Membros importadores elegíveis que utilizarem o sistema e que delas sejam partes, com o consentimento das referidas Partes.

[5] A notificação deverá ser tornada disponível ao público pelo Secretariado da OMC em página dedicada ao sistema, no sítio da OMC na Internet.

[6] Este subparágrafo não prejudica o disposto no Artigo 66.1 deste Acordo.

[7] O licenciado poderá utilizar, para este propósito, seu próprio sítio na Internet ou, com a assistência do Secretariado da OMC, a página dedicada ao sistema, no sítio da OMC na Internet.

[8] Entende-se que esta notificação não necessita de aprovação por órgão da OMC para que o sistema seja utilizado.

[9] A notificação deverá ser tornada disponível ao público pelo Secretariado da OMC em página dedicada ao sistema, no sítio da OMC na Internet.

APÊNDICE AO ANEXO AO ACORDO TRIPS

Avaliação de Capacidades Manufatureiras no Setor Farmacêutico

Considera-se que Países-Membros de menor desenvolvimento relativo possuem insuficiente ou nenhuma capacidade manufatureira no setor farmacêutico.

Para os outros Membros importadores elegíveis, a insuficiência ou inexistência da capacidade de fabricação do(s) produto(s) em questão pode ser estabelecida por uma das seguintes formas:

(i) o Membro em questão estabeleceu que não tem capacidade de fabricação no setor farmacêutico;

(ii) nos casos em que o Membro possui alguma capacidade de fabricação nesse setor, examinou essa capacidade e constatou que, excluindo qualquer capacidade detida ou controlada pelo titular de patente, ela é correntemente insuficiente para atender suas necessidades. Quando for estabelecido que tal capacidade se tenha tornado suficiente para atender as necessidades do Membro, o sistema não mais se aplicará.

CARTA DA TERRA

PREÂMBULO

Estamos diante de um momento crítico na história da Terra, numa época em que a humanidade deve escolher o seu futuro. À medida que o mundo torna-se cada vez mais interdependente e frágil, o futuro reserva, ao mesmo tempo, grande perigo e grande esperança. Para seguir adiante, devemos reconhecer que, no meio de uma magnífica diversidade de culturas e formas de vida, somos uma família humana e uma comunidade terrestre com um destino comum. Devemos nos juntar para gerar uma sociedade sustentável global fundada no respeito pela natureza, nos direitos humanos universais, na justiça econômica e numa cultura da paz. Para chegar a este propósito, é imperativo que nós, os povos da Terra, declaremos nossa responsabilidade uns para com os outros, com a grande comunidade de vida e com as futuras gerações.

TERRA, NOSSO LAR

A humanidade é parte de um vasto universo em evolução. A Terra, nosso lar, é viva como uma comunidade de vida incomparável. As forças da natureza fazem da existência uma aventura exigente e incerta, mas a Terra providenciou as condições essenciais para a evolução da vida. A capacidade de recuperação da comunidade de vida e o bem-estar da humanidade dependem da preservação de uma biosfera saudável com todos seus sistemas ecológicos, uma rica variedade de plantas e animais, solos férteis, águas puras e ar limpo. O meio ambiente global com seus recursos finitos é uma preocupação comum de todos os povos. A proteção da vitalidade, diversidade e beleza da Terra é um dever sagrado.

A SITUAÇÃO GLOBAL

Os padrões dominantes de produção e consumo estão causando devastação ambiental, esgotamento dos recursos e uma massiva extinção de espécies. Comunidades estão sendo arruinadas. Os benefícios do desenvolvimento não estão sendo divididos equitativamente e a diferença entre ricos e pobres está aumentando. A injustiça, a pobreza, a ignorância e os conflitos violentos têm aumentado e são causas de grande sofrimento. O crescimento sem precedentes da população humana tem sobrecarregado os sistemas ecológico e social. As bases da segurança global estão ameaçadas. Essas tendências são perigosas, mas não inevitáveis.

DESAFIOS FUTUROS

A escolha é nossa: formar uma aliança global para cuidar da Terra e uns dos outros ou arriscar a nossa destruição e a da diversidade da vida. São necessárias mudanças fundamentais em nossos valores, instituições e modos de vida. Devemos entender que, quando as necessidades básicas forem supridas, o desenvolvimento humano será primariamente voltado a ser mais e não a ter mais. Temos o conhecimento e a tecnologia necessários para abastecer a todos e reduzir nossos impactos no meio ambiente. O surgimento de uma sociedade civil global está criando novas oportunidades para construir um mundo democrático e humano. Nossos desafios ambientais, econômicos, políticos, sociais e espirituais estão interligados e juntos podemos forjar soluções inclusivas.

RESPONSABILIDADE UNIVERSAL

Para realizar estas aspirações, devemos decidir viver com um sentido de responsabilidade universal, identificando-nos com a comunidade terrestre como um todo, bem como com nossas comunidades locais. Somos, ao mesmo tempo, cidadãos de nações diferentes e de um mundo no qual as dimensões local e global estão ligadas. Cada um compartilha responsabilidade pelo presente e pelo futuro bem-estar da família humana e de todo o mundo dos seres vivos. O espírito de solidariedade humana e de parentesco com toda a vida é fortalecido quando vivemos com reverência o mistério da existência, com gratidão pelo dom da vida e com humildade em relação ao lugar que o ser humano ocupa na natureza.

Necessitamos com urgência de uma visão compartilhada de valores básicos para proporcionar um fundamento ético à comunidade mundial emergente. Portanto, juntos na esperança, afirmamos os seguintes princípios, interdependentes, visando a um modo de vida sustentável como padrão comum, através dos quais a conduta de todos os indivíduos, organizações, empresas, governos e instituições transnacionais será dirigida e avaliada.

PRINCÍPIOS

I. RESPEITAR E CUIDAR DA COMUNIDADE DE VIDA

1. Respeitar a Terra e a vida em toda sua diversidade.

Reconhecer que todos os seres são interdependentes e cada forma de vida tem valor, independentemente de sua utilidade para os seres humanos.

Afirmar a fé na dignidade inerente de todos os seres humanos e no potencial intelectual, artístico, ético e espiritual da humanidade.

2. Cuidar da comunidade da vida com compreensão, compaixão e amor.

Aceitar que, com o direito de possuir, administrar e usar os recursos naturais, vem o dever de prevenir os danos ao meio ambiente e de proteger os direitos das pessoas.

Assumir que, com o aumento da liberdade, dos conhecimentos e do poder, vem a maior responsabilidade de promover o bem comum.

3. Construir sociedades democráticas que sejam justas, participativas, sustentáveis e pacíficas.

a) Assegurar que as comunidades em todos os níveis garantam os direitos humanos e as liberdades fundamentais e proporcionem a cada pessoa a oportunidade de realizar seu pleno potencial.

b) Promover a justiça econômica e social, propiciando a todos a obtenção de uma condição de vida significativa e segura, que seja ecologicamente responsável.

4. Assegurar a generosidade e a beleza da Terra para as atuais e às futuras gerações.

a) Reconhecer que a liberdade de ação de cada geração é condicionada pelas necessidades das gerações futuras.

b) Transmitir às futuras gerações valores, tradições e instituições que apoiem a prosperidade das comunidades humanas e ecológicas da Terra a longo prazo.

II. INTEGRIDADE ECOLÓGICA

5. Proteger e restaurar a integridade dos sistemas ecológicos da Terra, com especial atenção à diversidade biológica e aos processos naturais que sustentam a vida.

a) Adotar, em todos os níveis, planos e regulamentações de desenvolvimento sustentável que façam com que a conservação e a reabilitação ambiental sejam parte integral de todas as iniciativas de desenvolvimento.

b) Estabelecer e proteger reservas naturais e da biosfera viáveis, incluindo terras selvagens e áreas marinhas, para proteger os sistemas de sustento à vida da Terra, manter a biodiversidade e preservar nossa herança natural.

c) Promover a recuperação de espécies e ecossistemas ameaçados.

d) Controlar e erradicar organismos não nativos ou modificados geneticamente que causem dano às espécies nativas e ao meio ambiente e impedir a introdução desses organismos prejudiciais.

e) Administrar o uso de recursos renováveis como água, solo, produtos florestais e vida marinha de forma que não excedam às taxas de regeneração e que protejam a saúde dos ecossistemas.

f) Administrar a extração e o uso de recursos não renováveis, como minerais e combustíveis fósseis de forma que minimizem o esgotamento e não causem dano ambiental grave.

6. Prevenir o dano ao ambiente como o melhor método de proteção ambiental e, quando o conhecimento for limitado, assumir uma postura de precaução.

a) Agir para evitar a possibilidade de danos ambientais sérios ou irreversíveis, mesmo quando o conhecimento científico for incompleto ou não conclusivo.

b) Impor o ônus da prova naqueles que afirmarem que a atividade proposta não causará dano significativo e fazer com que as partes interessadas sejam responsabilizadas pelo dano ambiental.

c) Assegurar que as tomadas de decisão considerem as consequências cumulativas, a longo prazo, indiretas, de longo alcance e globais das atividades humanas.

d) Impedir a poluição de qualquer parte do meio ambiente e não permitir o aumento de substâncias radioativas, tóxicas ou outras substâncias perigosas.

e) Evitar atividades militares que causem dano ao meio ambiente.

7. Adotar padrões de produção, consumo e reprodução que protejam as capacidades regenerativas da Terra, os direitos humanos e o bem-estar comunitário.

a) Reduzir, reutilizar e reciclar materiais usados nos sistemas de produção e consumo e garantir que os resíduos possam ser assimilados pelos sistemas ecológicos.

b) Atuar com moderação e eficiência no uso de energia e contar cada vez mais com fontes energéticas renováveis, como a energia solar e do vento.

c) Promover o desenvolvimento, a adoção e a transferência equitativa de tecnologias ambientais seguras.

d) Incluir totalmente os custos ambientais e sociais de bens e serviços no preço de venda e habilitar os consumidores a identificar produtos que satisfaçam às mais altas normas sociais e ambientais.

e) Garantir acesso universal à assistência de saúde que fomente a saúde reprodutiva e a reprodução responsável.

f) Adotar estilos de vida que acentuem a qualidade de vida e subsistência material num mundo finito.

8. Avançar o estudo da sustentabilidade ecológica e promover o intercâmbio aberto e aplicação ampla do conhecimento adquirido.

a) Apoiar a cooperação científica e técnica internacional relacionada à sustentabilidade, com especial atenção às necessidades das nações em desenvolvimento.

b) Reconhecer e preservar os conhecimentos tradicionais e a sabedoria espiritual em todas as culturas que contribuem para a proteção ambiental e o bem-estar humano.

c) Garantir que informações de vital importância para a saúde humana e para a proteção ambiental, incluindo informação genética, permaneçam disponíveis ao domínio público.

III. JUSTIÇA SOCIAL E ECONÔMICA

9. Erradicar a pobreza como um imperativo ético, social e ambiental.

a) Garantir o direito à água potável, ao ar puro, à segurança alimentar, aos solos não contaminados, ao abrigo e saneamento seguro, alocando os recursos nacionais e internacionais demandados.

b) Prover cada ser humano de educação e recursos para assegurar uma condição de vida sustentável e proporcionar seguro social e segurança coletiva aos que não são capazes de se manter por conta própria.

c) Reconhecer os ignorados, proteger os vulneráveis, servir àqueles que sofrem e habilitá-los a desenvolverem suas capacidades e alcançarem suas aspirações.

10. Garantir que as atividades e instituições econômicas em todos os níveis promovam o desenvolvimento humano de forma equitativa e sustentável.

a) Promover a distribuição equitativa da riqueza dentro das e entre as nações.

b) Incrementar os recursos intelectuais, financeiros, técnicos e sociais das nações em desenvolvimento e liberá-las de dívidas internacionais onerosas.

c) Assegurar que todas as transações comerciais apoiem o uso de recursos sustentáveis, a proteção ambiental e normas trabalhistas progressistas.

d) Exigir que corporações multinacionais e organizações financeiras internacionais atuem com transparência em benefício do bem comum e responsabilizá-las pelas consequências de suas atividades.

11. Afirmar a igualdade e a equidade dos gêneros como pré-requisitos para o desenvolvimento sustentável e assegurar o acesso universal à educação, assistência de saúde e às oportunidades econômicas.

Assegurar os direitos humanos das mulheres e das meninas e acabar com toda violência contra elas.

Promover a participação ativa das mulheres em todos os aspectos da vida econômica, política, civil, social e cultural como parceiras plenas e paritárias, tomadoras de decisão, líderes e beneficiárias.

Fortalecer as famílias e garantir a segurança e o carinho de todos os membros da família.

12. Defender, sem discriminação, os direitos de todas as pessoas a um ambiente natural e social capaz de assegurar a dignidade humana, a saúde corporal e o bem-estar espiritual, com especial atenção aos direitos dos povos indígenas e minorias.

Eliminar a discriminação em todas as suas formas, como as baseadas em raça, cor, gênero, orientação sexual, religião, idioma e origem nacional, étnica ou social.

Afirmar o direito dos povos indígenas à sua espiritualidade, conhecimentos, terras e recursos, assim como às suas práticas relacionadas com condições de vida sustentáveis.

Honrar e apoiar os jovens das nossas comunidades, habilitando-os a cumprir seu papel essencial na criação de sociedades sustentáveis.

Proteger e restaurar lugares notáveis pelo significado cultural e espiritual.

IV. DEMOCRACIA, NÃO VIOLÊNCIA E PAZ

13. Fortalecer as instituições democráticas em todos os níveis e prover transparência e responsabilização no exercício do governo, participação inclusiva na tomada de decisões e acesso à justiça.

a) Defender o direito de todas as pessoas receberem informação clara e oportuna sobre assuntos ambientais e todos os planos de desenvolvimento e atividades que possam afetá-las ou nos quais tenham interesse.

b) Apoiar sociedades civis locais, regionais e globais e promover a participação significativa de todos os indivíduos e organizações interessados na tomada de decisões.

c) Proteger os direitos à liberdade de opinião, de expressão, de reunião pacífica, de associação e de oposição.

d) Instituir o acesso efetivo e eficiente a procedimentos judiciais administrativos e independentes, incluindo retificação e compensação por danos ambientais e pela ameaça de tais danos.

e) Eliminar a corrupção em todas as instituições públicas e privadas.

f) Fortalecer as comunidades locais, habilitando-as a cuidar dos seus próprios ambientes, e atribuir responsabilidades ambientais aos níveis governamentais onde possam ser cumpridas mais efetivamente.

14. Integrar, na educação formal e na aprendizagem ao longo da vida, os conhecimentos, valores e habilidades necessárias para um modo de vida sustentável.

a) Prover a todos, especialmente a crianças e jovens, oportunidades educativas que lhes permitam contribuir ativamente para o desenvolvimento sustentável.

b) Promover a contribuição das artes e humanidades, assim como das ciências, na educação para sustentabilidade.

c) Intensificar o papel dos meios de comunicação de massa no aumento da conscientização sobre os desafios ecológicos e sociais.

d) Reconhecer a importância da educação moral e espiritual para uma condição de vida sustentável.

15. Tratar todos os seres vivos com respeito e consideração.

Impedir crueldades aos animais mantidos em sociedades humanas e protegê-los de sofrimento.

Proteger animais selvagens de métodos de caça, armadilhas e pesca que causem sofrimento extremo, prolongado ou evitável.

Evitar ou eliminar ao máximo possível a captura ou destruição de espécies não visadas.

16. Promover uma cultura de tolerância, não violência e paz.

Estimular e apoiar o entendimento mútuo, a solidariedade e a cooperação entre todas as pessoas, dentro das e entre as nações.

Implementar estratégias amplas para prevenir conflitos violentos e usar a colaboração na resolução de problemas para administrar e resolver conflitos ambientais e outras disputas.

Desmilitarizar os sistemas de segurança nacional até o nível de uma postura defensiva não provocativa e converter os recursos militares para propósitos pacíficos, incluindo restauração ecológica.

Eliminar armas nucleares, biológicas e tóxicas e outras armas de destruição em massa.

Assegurar que o uso do espaço orbital e cósmico ajude a proteção ambiental e a paz.

Reconhecer que a paz é a plenitude criada por relações corretas consigo mesmo, com outras pessoas, outras culturas, outras vidas, com a Terra e com a totalidade maior da qual somos parte.

O CAMINHO ADIANTE

Como nunca antes na História, o destino comum nos conclama a buscar um novo começo. Tal renovação é a promessa destes princípios da Carta da Terra. Para cumprir esta promessa, temos que nos comprometer a adotar e promover os valores e objetivos da Carta.

Isto requer uma mudança na mente e no coração. Requer um novo sentido de interdependência global e de responsabilidade universal. Devemos desenvolver e aplicar com imaginação a visão de um modo de vida sustentável nos níveis local, nacional, regional e global. Nossa diversidade cultural é uma herança preciosa e diferentes culturas encontrarão suas próprias e distintas formas de realizar esta visão. Devemos aprofundar e expandir o diálogo global que gerou a Carta da Terra, porque temos muito que aprender a partir da busca conjunta em andamento por verdade e sabedoria.

A vida muitas vezes envolve tensões entre valores importantes. Isto pode significar escolhas difíceis. Entretanto, necessitamos encontrar caminhos para harmonizar a diversidade com a unidade, o exercício da liberdade com o bem comum, objetivos de curto prazo com metas de longo prazo. Todo indivíduo, família, organização e comunidade tem um papel vital a desempenhar. As artes, as ciências, as religiões, as instituições educativas, os meios de comunicação, as empresas, as organizações não governamentais e os governos são todos chamados a oferecer uma liderança criativa. A parceria entre governo, sociedade civil e empresas é essencial para uma governabilidade efetiva.

Para construir uma comunidade global sustentável, as nações do mundo devem renovar seu compromisso com as Nações Unidas, cumprir com suas obrigações respeitando os acordos internacionais existentes e apoiar a implementação dos princípios da Carta da Terra com um instrumento internacionalmente legalizado e contratual sobre o ambiente e o desenvolvimento.

Que o nosso tempo seja lembrado pelo despertar de uma nova reverência face à vida, pelo compromisso firme de alcançar a sustentabilidade, a intensificação dos esforços pela justiça e pela paz e a alegre celebração da vida.

DECLARAÇÃO DO RIO SOBRE MEIO AMBIENTE E DESENVOLVIMENTO

A Conferência das Nações Unidas sobre Meio Ambiente e Desenvolvimento, tendo se reunido no Rio de Janeiro, de 3 a 14 de junho de 1992, reafirmando a Declaração da Conferência das Nações Unidas sobre o Meio Ambiente Humano, adotada em Estocolmo em 16 de junho de 1972, e buscando avançar a partir dela, com o objetivo de estabelecer uma nova e justa parceria global mediante a criação de novos níveis de cooperação entre os Estados, os setores-chaves da sociedade e os indivíduos, trabalhando com vistas à conclusão de acordos internacionais que respeitem os interesses de todos e protejam a integridade do sistema global de meio ambiente e desenvolvimento, reconhecendo a natureza integral e interdependente da Terra, nosso lar, proclama que:

PRINCÍPIO 1

Os seres humanos estão no centro das preocupações com o desenvolvimento sustentável. Têm direito a uma vida saudável e produtiva, em harmonia com a natureza.

PRINCÍPIO 2

Os Estados, de acordo com a Carta das Nações Unidas e com os princípios do direito internacional, têm o direito soberano de explorar seus próprios recursos segundo suas próprias políticas de meio ambiente e de desenvolvimento, e a responsabilidade de assegurar que atividades sob sus jurisdição ou seu controle não causem danos ao meio ambiente de outros Estados ou de áreas além dos limites da jurisdição nacional.

PRINCÍPIO 3

O direito ao desenvolvimento deve ser exercido de modo a permitir que sejam atendidas equitativamente as necessidades de desenvolvimento e de meio ambiente das gerações presentes e futuras.

PRINCÍPIO 4

Para alcançar o desenvolvimento sustentável, a proteção ambiental constituirá parte integrante do processo de desenvolvimento e não pode ser considerada isoladamente deste.

PRINCÍPIO 5

Para todos os Estados e todos os indivíduos, como requisito indispensável para o desenvolvimento sustentável, irão cooperar na tarefa essencial de erradicar a pobreza, a fim de reduzir as disparidades de padrões de vida e melhor atender às necessidades da maioria da população do mundo.

PRINCÍPIO 6

Será dada prioridade especial à situação e às necessidades especiais dos países em desenvolvimento, especialmente dos países menos desenvolvidos e daqueles ecologicamente mais vulneráveis. As ações internacionais na área do meio ambiente e do desenvolvimento devem também atender aos interesses e às necessidades de todos os países.

PRINCÍPIO 7

Os Estados irão cooperar, em espírito de parceria global, para a conservação, proteção e restauração da saúde e da integridade do ecossistema terrestre. Considerando as diversas contribuições para a degradação do meio ambiente global, os Estados têm responsabilidades comuns, porém diferenciadas. Os países desenvolvidos reconhecem a responsabilidade que lhes cabe na busca internacional do desenvolvimento sustentável, tendo em vista as pressões exercidas por suas sociedades sobre o meio ambiente global e as tecnologias e recursos financeiros que controlam.

PRINCÍPIO 8

Para alcançar o desenvolvimento sustentável e uma qualidade de vida mais elevada para todos, os Estados devem reduzir e eliminar os padrões insustentáveis de produção e consumo, e promover políticas demográficas adequadas.

PRINCÍPIO 9

Os Estados devem cooperar no fortalecimento da capacitação endógena para o desenvolvimento sustentável, mediante o aprimoramento da compreensão científica por meio do intercâmbio de conhecimentos científicos e tecnológicos, e mediante a intensificação do desenvolvimento, da adaptação, da difusão e da transferência de tecnologias, incluindo as tecnologias novas e inovadoras.

PRINCÍPIO 10

A melhor maneira de tratar as questões ambientais é assegurar a participação, no nível apropriado, de todos os cidadãos interessados. No nível nacional, cada indivíduo terá acesso adequado às informações relativas ao meio ambiente de que disponham as autoridades públicas, inclusive informações acerca de materiais e atividades perigosas em suas comunidades, bem como a oportunidade de participar dos processos decisórios. Os Estados irão facilitar e estimular a conscientização e a participação popular, colocando as informações à disposição de todos. Será proporcionado o acesso efetivo a mecanismos judiciais e administrativos, inclusive no que se refere à compensação e reparação de danos.

PRINCÍPIO 11

Os Estados adotarão legislação ambiental eficaz. As normas ambientais, e os objetivos e as prioridades de gerenciamento deverão refletir o contexto ambiental e de meio ambiente a que se aplicam. As normas aplicadas por alguns países poderão ser inadequadas para outros, em particular para os países em desenvolvimento, acarretando custos econômicos e sociais injustificados.

PRINCÍPIO 12

Os Estados devem cooperar na promoção de um sistema econômico internacional aberto e favorável, propício ao crescimento econômico e ao desenvolvimento sustentável em todos os países, de forma a possibilitar o tratamento mais adequado dos problemas da degradação ambiental. As medidas de política comercial para fins ambientais não devem constituir um meio de discriminação arbitrária ou injustificável, ou uma restrição disfarçada ao comércio internacional. Devem ser evitadas ações unilaterais para o tratamento dos desafios internacionais fora da jurisdição do país importador. As medidas internacionais relativas a problemas ambientais transfronteiriços ou globais deve, na medida do possível, basear-se no consenso internacional.

PRINCÍPIO 13

Os Estados irão desenvolver legislação nacional relativa à responsabilidade e à indenização das vítimas de poluição e de outros danos ambientais. Os Estados irão também cooperar, de maneira expedita e mais determinada, no desenvolvimento do direito internacional no que se refere à responsabilidade e à indenização por efeitos adversos dos danos ambientais causados, em áreas fora de sua jurisdição, por atividades dentro de sua jurisdição ou sob seu controle.

PRINCÍPIO 14

Os Estados devem cooperar de forma efetiva para desestimular ou prevenir a realocação e transferência, para outros Estados, de atividades e substâncias que causem degradação ambiental grave ou que sejam prejudiciais à saúde humana.

PRINCÍPIO 15

Com o fim de proteger o meio ambiente, o princípio da precaução deverá ser amplamente observado pelos Estados, de acordo com suas capacidades. Quando houver ameaça de danos graves ou irreversíveis, a ausência de certeza científica absoluta não será utilizada como razão para o adiamento de medidas economicamente viáveis para prevenir a degradação ambiental.

PRINCÍPIO 16

As autoridades nacionais devem procurar promover a internacionalização dos custos ambientais e o uso de instrumentos econômicos, tendo em vista a abordagem segundo a qual o poluidor deve, em princípio, arcar com o custo da poluição, com a devida atenção ao interesse público e sem provocar distorções no comércio e nos investimentos internacionais.

PRINCÍPIO 17

A avaliação do impacto ambiental, como instrumento nacional, será efetuada para as atividades planejadas que possam vir a ter um impacto adverso significativo sobre o meio ambiente e estejam sujeitas à decisão de uma autoridade nacional competente.

PRINCÍPIO 18

Os Estados notificarão imediatamente outros Estados acerca de desastres naturais ou outras situações de emergência que possam vir a provocar súbitos efeitos prejudiciais sobre o meio ambiente destes últimos. Todos os esforços serão envidados pela comunidade internacional para ajudar os Estados afetados.

PRINCÍPIO 19

Os Estados fornecerão, oportunamente, aos Estados potencialmente afetados, notificação prévia e informações relevantes acerca de atividades que possam vir a ter considerável impacto transfronteiriço negativo sobre o meio ambiente, e se consultarão com estes tão logo seja possível e de boa fé.

PRINCÍPIO 20

As mulheres têm um papel vital no gerenciamento do meio ambiente e no desenvolvimento. Sua participação plena é, portanto, essencial para se alcançar o desenvolvimento sustentável.

PRINCÍPIO 21

A criatividade, os ideais e a coragem dos jovens do mundo devem ser mobilizados para criar uma parceria global com vistas a alcançar o desenvolvimento sustentável e assegurar um futuro melhor para todos.

PRINCÍPIO 22

Os povos indígenas e suas comunidades, bem como outras comunidades locais, têm um papel vital no gerenciamento ambiental e no desenvolvimento, em virtude de seus conhecimentos e de suas práticas tradicionais. Os Estados devem reconhecer e apoiar adequadamente sua identidade, cultura e interesses, e oferecer condições para sua efetiva participação no atingimento do desenvolvimento sustentável.

PRINCÍPIO 23

O meio ambiente e os recursos naturais dos povos submetidos a opressão, dominação e ocupação serão protegidos.

PRINCÍPIO 24

A guerra é, por definição, prejudicial ao desenvolvimento sustentável. Os Estados irão, por conseguinte, respeitar o direito internacional aplicável à proteção do meio ambiente em tempos de conflitos armados e irão cooperar para seu desenvolvimento progressivo, quando necessário.

PRINCÍPIO 25

A paz, o desenvolvimento e a proteção ambiental são interdependentes e indivisíveis.

PRINCÍPIO 26

Os Estados solucionarão todas as suas controvérsias ambientais de forma pacífica, utilizando-se dos meios apropriados, de conformidade com a Carta das Nações Unidas.

PRINCÍPIO 27

Os Estados e os povos irão cooperar de boa fé e imbuídos de um espírito de parceria para a realização dos princípios consubstanciados nesta Declaração, e para o desenvolvimento progressivo do direito internacional no campo do desenvolvimento sustentável.

ESTATUTOS

ESTATUTO DA COMISSÃO INTERAMERICANA DE DIREITOS HUMANOS

- Aprovado pela Resolução AG/RES. 447 (IX-O/79), adotada pela Assembleia Geral da OEA, em seu Nono Período Ordinário de Sessões, realizado em La Paz, Bolívia, em outubro de 1979.

I. NATUREZA E PROPÓSITOS

ARTIGO 1º

§ 1. A Comissão Interamericana de Direitos Humanos é um órgão da Organização dos Estados Americanos criado para promover a observância e a defesa dos direitos humanos e para servir como órgão consultivo da Organização nesta matéria.

§ 2. Para os fins deste Estatuto, entende-se por direitos humanos:

a) Os direitos definidos na Convenção Americana sobre Direitos Humanos com relação aos Estados-Membros da mesma.

b) Os direitos consagrados na Declaração Americana de Direitos e Deveres do Homem, com relação aos demais Estados-Membros.

II. COMPOSIÇÃO E ESTRUTURA

ARTIGO 2º

§ 1. A Comissão compõe-se de sete membros, que devem ser pessoas de alta autoridade moral e de reconhecido saber em matéria de Direitos Humanos.

§ 2. A Comissão representa todos os Estados-Membros da Organização.

ARTIGO 3º

§ 1. Os membros da Comissão serão eleitos a título pessoal, pela Assembleia Geral da Organização, de uma lista de candidatos propostos pelos Governos dos Estados-Membros.

§ 2. Cada Governo pode propor até três candidatos, nacionais do Estado que os proponha ou de qualquer outro Estado-Membro da Organização. Quando for proposta uma lista tríplice de candidatos, pelo menos um deles deverá ser nacional de Estado diferente do proponente.

ARTIGO 4º

§ 1. Seis meses antes da realização do período ordinário de sessões da Assembleia Geral da OEA, antes da expiração do mandato para o qual houverem sido eleitos os membros da Comissão, o Secretário Geral da OEA pedirá, por escrito, a cada Estado-Membro da Organização que apresente, dentro do prazo de 90 dias, seus candidatos.

§ 2. O Secretário Geral preparará uma lista em ordem alfabética dos candidatos que forem apresentados e a encaminhará aos Estados-Membros da Organização pelo menos 30 dias antes da Assembleia Geral seguinte.

ARTIGO 5º

A eleição dos membros da Comissão será feita dentre os candidatos que figurem na lista a que se refere o, § 2, artigo 3º, pela Assembleia Geral, em votação secreta, e serão declarados eleitos os candidatos que obtiverem maior número de votos e a maioria absoluta dos votos dos Estados-Membros. Se, para eleger todos os membros da Comissão for necessário efetuar vários escrutínios, serão eliminados sucessivamente, na forma que a Assembleia Geral determinar, os candidatos que receberam menor número de votos.

ARTIGO 6º

Os membros da Comissão serão eleitos por quatro anos e só poderão ser reeleitos uma vez. Os mandatos serão contados a partir de 1º de janeiro do ano seguinte ao da eleição.

ARTIGO 7º

Não pode fazer parte da Comissão mais de um nacional de um mesmo Estado.

ARTIGO 8º

§ 1. A condição de membro da Comissão Interamericana de Direitos Humanos é incompatível com o exercício de atividades que possam afetar sua independência e sua imparcialidade, ou a dignidade ou o prestígio do cargo na Comissão.

§ 2. A Comissão considerará qualquer caso em que seja suscitada incompatibilidade nos termos estabelecidos no primeiro parágrafo deste artigo e de acordo com o procedimento previsto no seu Regulamento. Se, com o voto afirmativo de pelo menos cinco de seus membros, a Comissão determinar que existe incompatibilidade, o caso será submetido, com seus antecedentes, à Assembleia Geral, que decidirá a respeito.

§ 3. A declaração de incompatibilidade pela Assembleia Geral será adotada pela maioria de dois terços dos Estados-Membros da Organização e resultará na imediata separação do cargo de membro da Comissão sem invalidar, porém, as atuações de que este membro houver participado.

ARTIGO 9º

São deveres dos membros da Comissão:

§ 1. Assistir, salvo impedimento justificado, às reuniões ordinárias e extraordinárias da Comissão, que se realizarem em sua sede permanente ou na sede à qual houver acordado trasladar-se provisoriamente.

§ 2. Fazer parte, salvo impedimento justificado, das comissões especiais que a Comissão decidir constituir para a realização de observações *in loco* ou para cumprir quaisquer outros deveres de que forem incumbidos.

§ 3. Guardar absoluta reserva sobre os assuntos que a Comissão considerar confidenciais.

§ 4. Manter, nas atividades de sua vida pública e privada, comportamento acorde com a elevada autoridade moral de seu cargo e a importância da missão confiada à Comissão Interamericana de Direitos Humanos.

ARTIGO 10

§ 1. Se algum membro violar gravemente algum dos deveres a que se refere o artigo nove, a Comissão, com o voto favorável de cinco dos seus membros, submeterá o caso à Assembleia Geral da Organização, a qual decidirá se procede afastá-lo do seu cargo.

§ 2. A Comissão, antes de tomar sua decisão, ouvirá o membro de que se trata.

ARTIGO 11

§ 1. Ao verificar-se uma vaga que não se deva à expiração normal de mandato, o Presidente da Comissão notificará imediatamente ao Secretário Geral da Organização, que, por sua vez, levará a ocorrência ao conhecimento dos Estados-Membros da Organização.

§ 2. Para preencher as vagas, cada Governo poderá apresentar um candidato, dentro do prazo de 30 dias, a contar da data de recebimento da comunicação do Secretário Geral na qual informe da ocorrência de vaga.

§ 3. O Secretário Geral preparará uma lista, em ordem alfabética, dos candidatos e a encaminhará ao Conselho Permanente da Organização, o qual preencherá a vaga.

§ 4. Quando o mandato expirar dentro dos seis meses seguintes á data em que ocorrer uma vaga, esta não será preenchida.

ARTIGO 12

§ 1. Nos Estados-Membros da Organização que são Partes da Convenção Americana sobre Direitos Humanos, os membros da Comissão gozam, a partir do momento de sua eleição e enquanto durar seu mandato, das imunidades reconhecidas pelo direito internacional aos agentes diplomáticos. Gozam também, no exercício de seus cargos, dos privilégios diplomáticos necessários ao desempenho de suas funções.

§ 2. Nos Estados-Membros da Organização que não são Partes da Convenção Americana sobre Direitos Humanos, os membros da Comissão gozarão dos privilégios e imunidades pertinentes aos seus cargos, necessários para desempenhar suas funções com independência.

§ 3. O regime de imunidades e privilégios dos membros da Comissão poderá ser regulamentado ou complementado mediante convênios multilaterais ou bilaterais entre a Organização e os Estados-Membros.

ARTIGO 13

Os membros da Comissão receberão pagamento de despesas de viagens, diárias e honorários, conforme o caso, para participação nas sessões da Comissão ou em outras funções que a Comissão lhes atribua, individual ou coletivamente, de acordo com seu Regulamento. Esses pagamentos de despesas de viagem, diárias e honorários serão incluídos no orçamento da Organização e seu montante e condições serão determinados pela Assembleia Geral.

ARTIGO 14

§ 1. A Comissão terá um Presidente, um Primeiro Vice-Presidente e um Segundo Vice-Presidente, que serão eleitos por maioria absoluta dos seus membros por um ano e poderão ser reeleitos somente uma vez em cada período de quatro anos.

§ 2. O Presidente e os Vice-Presidentes constituirão a Diretoria da Comissão, cujas funções serão determinadas pelo Regulamento.

ARTIGO 15

O Presidente da Comissão poderá trasladar-se à sede da Comissão e nela permanecer o tempo necessário para o cumprimento de suas funções.

III. SEDE E REUNIÕES

ARTIGO 16

§ 1. A Comissão terá sua sede em Washington, D.C.

§ 2. A Comissão poderá trasladar-se e reunir-se em qualquer Estado americano, quando o decidir por maioria absoluta de votos e com a anuência ou a convite do Governo respectivo.

§ 3. A Comissão reunir-se-á em sessões ordinárias e extraordinárias, de conformidade com seu Regulamento.

ARTIGO 17

§ 1. A maioria absoluta dos membros da Comissão constitui quórum.

§ 2. Com relação aos Estados que são Partes da Convenção, as decisões serão tomadas por maioria absoluta de votos dos membros da Comissão nos casos que estabelecerem a Convenção Americana sobre Direitos Humanos e este Estatuto. Nos demais casos exigir-se-á a maioria absoluta dos membros presentes.

§ 3. Com relação aos Estados que não são Partes da Convenção, as decisões serão tomadas por maioria absoluta de votos dos membros da Comissão, salvo quando se tratar de assuntos de procedimento, caso em que as decisões serão tomadas por maioria simples.

IV. FUNÇÕES E ATRIBUIÇÕES

ARTIGO 18

A Comissão tem as seguintes atribuições com relação aos Estados-Membros da Organização:

a) Estimular a consciência dos direitos humanos nos povos da América.

b) Formular recomendações aos Governos dos Estados no sentido de que adotem medidas progressivas em prol dos direitos humanos, no âmbito de sua legislação, de seus preceitos constitucionais e de seus compromissos internacionais, bem como disposições apropriadas para promover o respeito a esses direitos.

c) Preparar os estudos ou relatórios que considerar convenientes para o desempenho de suas funções.

d) Solicitar aos Governos dos Estados que lhe proporcionem informações sobre as medidas que adotarem em matéria de direitos humanos.

e) Atender às consultas que, por meio da Secretaria Geral da Organização, lhe formularem os Estados-Membros sobre questões relacionadas com os direitos humanos e, dentro de suas possibilidades, prestar assessoramento que eles lhe solicitarem;

f) apresentar um relatório anual à Assembleia Geral da Organização no qual se levará na devida conta o regime jurídico aplicável aos Estados-Membros da Convenção Americana sobre Direitos Humanos e aos Estados que não o são.

g) Fazer observações *in loco* em um Estado, com a anuência ou a convite do Governo respectivo.

h) Apresentar ao Secretário Geral o orçamento - programa da Comissão, para que o submeta à Assembleia Geral.

ARTIGO 19

Com relação aos Estados-Membros da Convenção Americana sobre Direitos Humanos, a Comissão exercerá suas funções de conformidade com as atribuições previstas na Convenção e neste Estatuto e, além das atribuições estipuladas no "artigo 18", terá as seguintes:

a) Atuar com respeito às petições e outras comunicações de conformidade com os "artigos 44 a 51" da Convenção.

b) Comparecer perante a Corte Interamericana de Direitos Humanos nos casos previstos na Convenção.

c) Solicitar à Corte Interamericana de Direitos Humanos que tome as medidas provisórias que considerar pertinente sobre assuntos graves e urgentes que ainda não tenham sido submetidos a seu conhecimento, quando se tornar necessário a fim de evitar danos irreparáveis às pessoas.

d) Consultar a Corte a respeito da interpretação da Convenção Americana sobre Direitos Humanos ou de outros tratados concernentes à proteção dos Direitos Humanos dos Estados americanos.

e) Submeter à Assembleia Geral projetos de protocolos adicionais à Convenção Americana sobre Direitos Humanos, com a finalidade de incluir progressivamente no regime de proteção da referida Convenção outros direitos e liberdades.

f) Submeter à Assembleia Geral para o que considerar conveniente, por intermédio do Secretário Geral, propostas de emenda à Convenção Americana sobre Direitos Humanos.

ARTIGO 20

Com relação aos Estados-Membros da Organização que não são Partes da Convenção Americana sobre Direitos Humanos, a Comissão terá, além das atribuições assinaladas no "artigo 18", as seguintes:

a) Dispensar especial atenção à tarefa da observância dos Direitos Humanos mencionados nos "artigos 1, 2, 3, 4, 8, 25 e 26" da Declaração Americana dos Direitos e Deveres do Homem.

b) Examinar as comunicações que lhe forem dirigidas e qualquer informação disponível; dirigir-se ao Governo de qualquer dos Estados-Membros não Partes da Convenção a fim de obter as informações que considerar pertinentes; e formular-lhes recomendações, quando julgar apropriado, a fim de tornar mais efetiva a observância dos Direitos Humanos fundamentais.

c) Verificar, como medida prévia ao exercício da atribuição da alínea *b*, anterior, se os processos e recursos internos de cada Estado-Membro não Parte da Convenção foram devidamente aplicados e esgotados.

V. SECRETARIA

ARTIGO 21

§ 1. Os serviços de Secretaria da Comissão serão desempenhados por uma unidade administrativa especializada a cargo de um Secretário Executivo. A referida unidade disporá dos recursos e do pessoal necessários para cumprir as tarefas que lhe forem confiadas pela Comissão.

§ 2. O Secretário Executivo, que deverá ser pessoa de alta autoridade moral e reconhecido saber em matéria de Direitos Humanos, será responsável pela atividade da Secretaria e assistirá à Comissão no exercício de suas funções, de conformidade com o Regulamento.

§ 3. O Secretário Executivo será designado pelo Secretário Geral da Organização em consulta com a Comissão. Além disso, para que o Secretário Geral possa dar por terminados os serviços do Secretário Executivo, deverá consultar a Comissão a respeito e comunicar-lhe os motivos que fundamentam sua decisão.

VI. ESTATUTO E REGULAMENTO

ARTIGO 22

§ 1. Este Estatuto poderá ser modificado pela Assembleia Geral.

§ 2. A Comissão formulará e adotará seu próprio Regulamento, de acordo com as disposições deste Estatuto.

ARTIGO 23

§ 1. O Regulamento da Comissão regerá, de acordo com os artigos 44 a 51 da Convenção Americana sobre Direitos Humanos, o procedimento a ser observado nos casos de petições ou comunicações nas quais se alegue a violação de qualquer dos direitos que consagra a mencionada Convenção e nas quais se faça imputação a algum Estado-Parte na mesma.

§ 2. Se não se chegar à solução amistosa referida nos artigos 44 a 51 da Convenção, a Comissão redigirá, dentro do prazo de 180 dias, o relatório requerido pelo artigo 50 da Convenção.

ARTIGO 24

§ 1. O Regulamento estabelecerá o procedimento a ser observado nos casos de comunicações que contenham denúncias ou queixas de violações de direitos humanos imputáveis a Estados que não são Partes da Convenção Americana sobre Direitos Humanos.

§ 2. Para tal fim, o Regulamento conterá as normas pertinentes estabelecidas no Estatuto da Comissão aprovado pelo Conselho da Organização nas sessões de 25 de maio e 08 de junho de 1960, com as modificações e emendas introduzidas pela Resolução XXII da Segunda Conferência Interamericana Extraordinária e pelo Conselho da Organização na sessão de 24 de abril de 1968, levando em consideração a Resolução CP/RES. 253 (343/78) Transição entre a atual Comissão Interamericana de Direitos Humanos e a Comissão prevista na Convenção Americana sobre Direitos humanos, aprovada pelo Conselho Permanente da Organização em 20 de setembro de 1978.

VII. DISPOSIÇÕES TRANSITÓRIAS

ARTIGO 25

Enquanto a Comissão não adotar seu novo Regulamento, será aplicado com relação a todos os Estados-Membros da Organização o Regulamento atual (OEA/Ser.L/VII.17 doc. 26, de 02 de maio de 1967).

ARTIGO 26

§ 1. Este Estatuto entrará em vigor 30 dias depois de sua aprovação pela Assembleia Geral.

§ 2. O Secretário Geral determinará a publicação imediata do Estatuto e lhe dará a mais ampla divulgação possível.

ESTATUTO DA CORTE INTERAMERICANA DE DIREITOS HUMANOS

- Aprovado pela Res. AG/RES. N. 448 (IX-O/79).
- Adotada pela Assembleia Geral da OEA, em seu Nono Período Ordinário de Sessões, realizado em La Paz, Bolívia, outubro de 1979.

CAPÍTULO I DISPOSIÇÕES GERAIS

ARTIGO 1º

Natureza e regime jurídico

A Corte Interamericana de Direitos Humanos é uma instituição judiciária autônoma cujo objetivo é a aplicação e a interpretação da Convenção Americana sobre Direitos Humanos. A Corte exerce suas funções em conformidade com as disposições da citada Convenção e deste Estatuto.

ARTIGO 2º

Competência e funções

A Corte exerce função jurisdicional e consultiva.

§ 1. Sua função jurisdicional se rege pelas disposições dos "artigos 61, 62 e 63" da Convenção.

§ 2. Sua função consultiva se rege pelas disposições do "artigo 64" da Convenção.

ARTIGO 3º

Sede

§ 1. A Corte terá sua sede em San José, Costa Rica; poderá, entretanto, realizar reuniões em qualquer Estado-Membro da Organização dos Estados Americanos - OEA, quando a maioria dos seus membros considerar conveniente, e mediante aquiescência prévia do Estado respectivo.

§ 2. A sede da corte pode ser mudada pelo voto de dois terços dos Estados-Membros da Convenção na Assembleia Geral da OEA.

CAPÍTULO II COMPOSIÇÃO DA CORTE

ARTIGO 4º

Composição

§ 1. A Corte é composta de sete juízes, nacionais dos Estados-Membros da OEA, eleitos a título pessoal dentre juristas da mais alta autoridade moral, de reconhecida competência em matéria de direitos humanos, que reúnam as condições requeridas para o exercício das mais elevadas funções judiciais, de acordo com a lei do Estado do qual sejam nacionais, ou do Estado que os propuser como candidatos.

§ 2. Não deve haver mais de um juiz da mesma nacionalidade.

ARTIGO 5º

Mandato dos juízes

§ 1. Os juízes da Corte serão eleitos para um mandato de seis anos e só poderão ser reeleitos uma vez. O juiz eleito para substituir outro cujo mandato não haja expirado, completará o mandato deste.

§ 2. Os mandatos dos juízes serão contados a partir de 1º de janeiro do ano seguinte ao de sua eleição e estender-se-ão até 31 de dezembro do ano de sua conclusão.

§ 3. Os juízes permanecerão em exercício até a conclusão de seu mandato. Não obstante, continuarão conhecendo dos casos a que se tiverem dedicado e que se encontrarem em fase de sentença, para cujo efeito não serão substituídos pelos novos juízes eleitos.

ARTIGO 6º

Data de eleição dos juízes

§ 1. A eleição dos juízes far-se-á, se possível, no decorrer do período de sessões da Assembleia Geral da OEA, imediatamente anterior à expiração do mandato dos juízes cessantes.

§ 2. As vagas da Corte decorrentes de morte, incapacidade permanente, renúncia ou remoção dos juízes serão preenchidas, se possível, no próximo período de sessões da Assembleia Geral da OEA. Entretanto, a eleição não será necessária quando a vaga ocorrer nos últimos seis meses do mandato do juiz que lhe der origem.

§ 3. Se for necessário, para preservar o Quórum da Corte, os Estados-Membros da Convenção, em sessão do Conselho Permanente da OEA, por solicitação do Presidente da Corte, nomearão um ou mais juízes interinos, que servirão até que sejam substituídos pelos juízes eleitos.

ARTIGO 7º

Candidatos

§ 1. Os juízes são eleitos pelos Estados-Membros da Convenção, na Assembleia Geral da OEA, de uma lista de candidatos propostos pelos mesmos Estados.

§ 2. Cada Estado-Membro pode propor até três candidatos, nacionais do Estado que os propõe ou de qualquer outro Estado-Membro da OEA.

§ 3. Quando for proposta uma lista tríplice, pelo menos um dos candidatos deve ser nacional de um Estado diferente do proponente.

ARTIGO 8º

Eleição: Procedimento prévio

§ 1. Seis meses antes da realização do período ordinário de sessões da Assembleia Geral da OEA, antes da expiração do mandato para o qual houverem sido eleitos os juízes da Corte, o Secretário Geral da OEA solicitará, por escrito, a cada Estado-Membro da Convenção, que apresente seus candidatos dentro do prazo de noventa dias.

§ 2. O Secretário Geral da OEA preparará uma lista em ordem alfabética dos candidatos apresentados e a levará ao conhecimento dos Estados-Membros, se for possível, pelo menos trinta dias antes do próximo período de sessões da Assembleia Geral da OEA.

§ 3. Quando se tratar de vagas da Corte, bem como nos casos de morte ou de incapacidade permanente de um candidato, os prazos anteriores serão reduzidos de maneira razoável a juízo do Secretário Geral da OEA.

ARTIGO 9º

Votação

§ 1. A eleição dos juízes é feita por votação secreta e pela maioria absoluta dos Estados-Membros da Convenção, dentre os candidatos a que se refere o "artigo 7" deste Estatuto.

§ 2. Entre os candidatos que obtiverem a citada maioria absoluta, serão considerados eleitos os que receberem o maior número de votos. Se forem necessárias várias votações, serão eliminados sucessivamente os candidatos que receberem menor número de votos, segundo o determinem os Estados-Membros.

ARTIGO 10º

Juízes *ad hoc*

§ 1. O juiz que for nacional de um dos Estados-Membros num caso submetido à Corte, conservará seu direito de conhecer do caso.

§ 2. Se um dos juízes chamados a conhecer de um caso for da nacionalidade de um dos Estados-Membros no caso, outro Estado-Membro no mesmo caso poderá designar uma pessoa para fazer parte da Corte na qualidade de juiz *ad hoc*.

§ 3. Se dentre os juízes chamados a conhecer do caso, nenhum for da nacionalidade dos Estados-Membros no mesmo, cada um destes poderá designar um juiz *ad hoc*. Se vários Estados tiverem o mesmo interesse no caso, serão considerados como uma única parte para os fins das disposições precedentes.Em caso de dúvida, a Corte decidirá.

§ 4. Se o Estado com direito a designar um juiz *ad hoc* não o fizer dentro dos trinta dias seguintes ao convite escrito do Presidente da Corte, considerar-se-á que tal Estado renuncia ao exercício desse direito.

§ 5. As disposições dos "artigos 4, 11, 15, 16, 18, 19 e 20" deste Estatuto serão aplicáveis aos juízes *ad hoc*.

ARTIGO 11

Juramento

§ 1. Ao tomar posse de seus cargos, os juízes prestarão o seguinte juramento ou declaração solene: "Juro" - ou - "declaro solenemente que exercerei minhas funções de juiz com honradez, independência e imparcialidade, e que guardarei segredo de todas as deliberações".

§ 2. O juramento será feito perante o Presidente da Corte, se possível na presença de outros juízes.

CAPÍTULO III
ESTRUTURA DA CORTE

ARTIGO 12

Presidência

§ 1. A Corte elege, dentre seus membros, o Presidente e Vice-Presidente, por dois anos, os quais poderão ser reeleitos.

§ 2. O Presidente dirige o trabalho da Corte, a representa, ordena a tramitação dos assuntos que forem submetidos à Corte e preside suas sessões.

§ 3. O Vice-Presidente substitui o Presidente em suas ausências temporárias e ocupa seu lugar em caso de vaga. Nesse último caso, a Corte elegerá um Vice-Presidente para substituir o anterior pelo resto do seu mandato.

§ 4. No caso de ausência do Presidente e do Vice-Presidente, suas funções serão desempenhadas por outros juízes, na ordem de precedência estabelecida no "artigo 13" deste Estatuto.

ARTIGO 13

Precedência

§ 1. Os juízes titulares terão precedência, depois do Presidente e do Vice - Presidente, de acordo com sua antiguidade no cargo.

§ 2. Quando houver dois ou mais juízes com a mesma antiguidade, a precedência será determinada pela maior idade.

§ 3. Os juízes *ad hoc* e interinos terão precedência depois dos titulares, por ordem de idade. Entretanto, se um juiz *ad hoc* ou interino houver servido previamente como juiz titular, terá precedência sobre os outros juízes *ad hoc* ou interinos.

ARTIGO 14

Secretaria

§ 1. A Secretaria da Corte funcionará sob a imediata autoridade do Secretário, de acordo com as normas administrativas da Secretaria Geral da OEA no que não for incompatível com a independência da Corte.

§ 2. O Secretário será nomeado pela Corte. Será funcionário de confiança da Corte, com dedicação exclusiva, terá seu escritório na sede e deverá assistir às reuniões que a Corte realizar fora dela.

§ 3. Haverá um Secretário Adjunto que auxiliará o Secretário em seus trabalhos e o substituirá em suas ausências temporárias.

§ 4. O pessoal da Secretaria será nomeado pelo Secretário Geral da OEA em consulta com o Secretário da Corte.

CAPÍTULO IV
DIREITOS, DEVERES E RESPONSABILIDADES

ARTIGO 15

Imunidades e privilégios

§ 1. Os juízes gozam, desde o momento de sua eleição e enquanto durarem os seus mandatos, das imunidades reconhecidas aos agentes diplomáticos pelo direito internacional. No exercício de suas funções gozam também dos privilégios diplomáticos necessários ao desempenho de seus cargos.

§ 2. Não se poderá exigir aos juízes responsabilidades em tempo algum por votos e opiniões emitidos ou por atos desempenhados no exercício de suas funções.

§ 3. A Corte em si e seu pessoal gozam das imunidades e privilégios previstos no Acordo sobre Privilégios e Imunidades da Organização dos Estados Americanos, de 15 de maio de 1949, com as equivalências respectivas, tendo em conta a importância e independência da Corte.

§ 4. As disposições dos "§ 1, § 2 e § 3 deste artigo" serão aplicadas aos Estados-Membros da Convenção. Serão também aplicadas aos outros Estados-Membros da OEA que as aceitarem expressamente, em geral ou para cada caso.

§ 5. O regime de imunidades e privilégios dos juízes da Corte e do seu pessoal poderá ser regulamentado ou complementado mediante convênios multilaterais ou bilaterais entre a Corte, a OEA e seus Estados-Membros.

ARTIGO 16

Disponibilidade

§ 1. Os juízes estarão à disposição da Corte e deverão trasladar-se à sede desta ou ao lugar em que realizar suas sessões, quantas vezes e pelo tempo que for necessário, conforme o Regulamento.

§ 2. O Presidente deverá prestar permanentemente seus serviços.

ARTIGO 17

Honorários

§ 1. Os honorários do Presidente e dos juízes da Corte serão fixados de acordo com as obrigações e incompatibilidades que lhes impõem os "artigos 16 e 18", respectivamente e levando em conta a importância e independência de suas funções.

§ 2. Os juízes *ad hoc* receberão os honorários que forem estabelecidos regularmente, de acordo com as disponibilidades orçamentárias da Corte.

§ 3. Os juízes perceberão, além disso, diárias e despesas de viagem, quando for cabível.

ARTIGO 18

Incompatibilidades

§ 1. O exercício do cargo de Juiz da Corte Interamericana de Direitos Humanos é incompatível com o exercício dos seguintes cargos e atividades:

a) Membros ou altos funcionários do Poder Executivo, com exceção dos cargos que não impliquem subordinação hierárquica ordinária, bem como agentes diplomáticos que não sejam Chefes de Missão junto à OEA ou junto a qualquer dos seus Estados-Membros.

b) Funcionários de organismos internacionais.

c) Quaisquer outros cargos ou atividades que impeçam os juízes de cumprir suas obrigações ou que afetem sua independência ou imparcialidade, ou a dignidade ou o prestígio do seu cargo.

§ 2. A Corte decidirá os casos de dúvida sobre incompatibilidade. Se a incompatibilidade não for eliminada serão aplicáveis as disposições do "artigo 73" da Convenção e 20.2 deste Estatuto.

§ 3. As incompatibilidades unicamente causarão a cessação do cargo e das responsabilidades correspondentes, mas não invalidarão os atos e as resoluções em que o juiz em questão houver interferido.

ARTIGO 19

Impedimentos, escusas e inabilitação

§ 1. Os juízes estarão impedidos de participar em assuntos nos quais eles ou seus parentes tiverem interesse direto ou em que houverem intervindo anteriormente como agentes, conselheiros ou advogados, ou como membros de um tribunal nacional ou internacional ou de uma comissão investigadora, ou em qualquer outra qualidade, a juízo da Corte.

§ 2. Se algum dos juízes estiver impedido de conhecer, ou por qualquer outro motivo justificado, considerar que não deve participar em determinado assunto, apresentará sua escusa ao Presidente. Se este não a acolher, a Corte decidirá.

§ 3. Se o Presidente considerar que qualquer dos juízes tem motivo de impedimento ou por algum outro motivo justificado não deva participar em determinado assunto, assim o fará saber. Se o juiz em questão estiver em desacordo, a Corte decidirá.

§ 4. Quando um ou mais juízes estiverem inabilitados, em conformidade com este artigo, o Presidente poderá solicitar aos Estados-Membros da Convenção que em sessão do Conselho Permanente da OEA designem juízes interinos para substituí-los.

ARTIGO 20

Responsabilidades e competência disciplinar

§ 1. Os juízes e o pessoal da Corte deverão manter, no exercício de suas funções e fora delas, uma conduta acorde com a investidura dos que participam da função jurisdicional internacional da Corte. Responderão perante a Corte por essa conduta, bem como por qualquer falta de cumprimento, negligência ou omissão no exercício de suas funções.

§ 2. A competência disciplinar com respeito aos juízes caberá à Assembleia Geral da OEA, somente por solicitação justificada da Corte, constituída para esse efeito pelos demais juízes.

§ 3. A competência disciplinar com respeito ao Secretário cabe à Corte, e com respeito ao resto do pessoal, ao Secretário, com a aprovação do Presidente.

§ 4. O regime disciplinar será regulamentado pela Corte, sem prejuízo das normas administrativas da Secretaria Geral da OEA, na medida em que forem aplicáveis à Corte em conformidade com o "artigo 59" da Convenção.

ARTIGO 21

Renúncia e incapacidade

§ 1. A renúncia de um juiz deverá ser apresentada por escrito ao Presidente da Corte. A renúncia não se tornará efetiva senão após sua aceitação pela Corte.

§ 2. A incapacidade de um juiz de exercer suas funções será determinada pela Corte.

§ 3. O Presidente da Corte notificará a aceitação da renúncia ou a declaração de incapacidade ao Secretário Geral da OEA, para os devidos efeitos.

CAPÍTULO V
FUNCIONAMENTO DA CORTE

ARTIGO 22

Sessões

§ 1. A Corte realizará sessões ordinárias e extraordinárias.

§ 2. Os períodos ordinários de sessões serão determinados regulamentalmente pela Corte.

§ 3. Os períodos extraordinários de sessões serão convocados pelo Presidente ou por solicitação da maioria dos juízes.

ARTIGO 23

Quórum

§ 1. O Quórum para as deliberações da Corte é constituído por cinco juízes.

§ 2. As decisões da Corte serão tomadas pela maioria dos juízes presentes.

§ 3. Em caso de empate, o Presidente terá o voto de qualidade.

ARTIGO 24

Audiências. deliberações e decisões

§ 1. As audiências serão públicas, a menos que a Corte, em casos excepcionais, decidir de outra forma.

§ 2. A Corte deliberará em privado. Suas deliberações permanecerão secretas, a menos que a Corte decida de outra forma.

§ 3. As decisões, juízos e opiniões da Corte serão comunicados em sessões públicas e serão notificados por escrito às partes. Além disso, serão publicados, juntamente com os votos e opiniões separados dos juízes e com quaisquer outros dados ou antecedentes que a Corte considerar conveniente.

ARTIGO 25

Regulamentos e normas de procedimento

§ 1. A Corte elaborará suas normas de procedimento.

§ 2. As normas de procedimento poderão delegar ao Presidente ou a comissões da própria Corte determinadas partes da tramitação processual, com exceção das sentenças definitivas e dos pareceres consultivos. Os despachos ou resoluções que não forem de simples tramitação, exarados pelo Presidente ou por comissões da Corte, poderão sempre ser apelados ao plenário da Corte.

§ 3. A Corte elaborará também seu Regulamento.

ARTIGO 26

Orçamento e regime financeiro

§ 1. A Corte elaborará seu próprio projeto de orçamento e submetê-lo-á à aprovação da Assembleia Geral da OEA, por intermédio da Secretaria Geral. Esta última não lhe poderá introduzir modificações.

§ 2. A Corte administrará seu orçamento.

CAPÍTULO VI
RELAÇÕES COM ESTADOS E ORGANISMOS

ARTIGO 27

Relações com o país sede, Estados e Organismos

§ 1. As relações da Corte com o país sede serão regulamentadas mediante um convênio de sede. A sede da Corte terá caráter Internacional.

§ 2. As relações da Corte com os Estados, com a OEA e seus organismos, e com outros organismos internacionais de caráter governamental relacionados com a promoção e defesa dos Direitos Humanos serão regulamentadas mediante convênios especiais.

ARTIGO 28

Relações com a Comissão Interamericana de Direitos Humanos

A Comissão Interamericana de Direitos Humanos comparecerá e será tida como parte perante a Corte, em todos os casos relativos à função jurisdicional desta, em conformidade com o "§ 1, artigo 2", deste Estatuto.

ARTIGO 29

Convênios de cooperação

§ 1. A Corte poderá celebrar convênios de cooperação com instituições que não tenham fins lucrativos, tais como faculdades de direito, associações e corporações de advogados, tribunais, academias e instituições educacionais ou de pesquisa em disciplinas conexas, a fim de obter sua colaboração e de fortalecer e promover os princípios jurídicos e institucionais da Convenção em geral, e da Corte em especial.

§ 2. A Corte incluirá em seu relatório anual à Assembleia Geral da OEA uma relação dos referidos convênios, bem como de seus resultados.

ARTIGO 30

Relatório à Assembleia Geral da OEA

A Corte submeterá à Assembleia Geral da OEA, em cada período ordinário de sessões, um relatório sobre suas atividades no ano anterior. Indicará os casos em que um Estado não houver dado cumprimento a suas sentenças. Poderá submeter à Assembleia Geral da OEA proposições ou recomendações para o melhoramento do sistema interamericano de Direitos Humanos, no que diz respeito ao trabalho da Corte.

CAPÍTULO VII
DISPOSIÇÕES FINAIS

ARTIGO 31

Reforma do Estatuto

Este Estatuto poderá ser modificado pela Assembleia Geral da OEA por iniciativa de qualquer Estado-Membro ou da própria Corte.

ARTIGO 32

Vigência

Este Estatuto entrará em vigor em 1º de janeiro de 1980.

SÚMULAS

TURMA NACIONAL DE UNIFORMIZAÇÃO DA JURISPRUDÊNCIA DOS JUIZADOS ESPECIAIS FEDERAIS

SÚMULAS

1. A conversão dos benefícios previdenciários em URV, em março/1994, obedece às disposições do art. 20, incisos I e II, da Lei 8.880/94 (MP n. 434/1994).

2. Os benefícios previdenciários, em maio de 1996, deverão ser reajustados na forma da Medida Provisória 1.415, de 29 de abril de 1996, convertida na Lei 9.711, de 20 de novembro de 1998.

3. Os benefícios de prestação continuada, no regime geral da Previdência Social, devem ser reajustados com base no IGP-DI nos anos de 1997, 1999, 2000 e 2001. (Cancelada em 09.05.2003. DOU, 30.09.2003.)

4. Não há direito adquirido à condição de dependente de pessoa designada, quando o falecimento do segurado deu-se após o advento da Lei 9.032/1995.

5. A prestação de serviço rural por menor de 12 a 14 anos, até o advento da Lei 8.213, de 24 de julho de 1991, devidamente comprovada, pode ser reconhecida para fins previdenciários.

6. A certidão de casamento ou outro documento idôneo que evidencie a condição de trabalhador rural do cônjuge constitui início razoável de prova material da atividade rurícola.

7. Descabe incidente de uniformização versando sobre honorários advocatícios por se tratar de questão de direito processual.

8. Os benefícios de prestação continuada, no regime geral da Previdência Social, não serão reajustados com base no IGP-DI nos anos de 1997, 1999, 2000 e 2001.

9. O uso de Equipamento de Proteção Individual (EPI), ainda que elimine a insalubridade, no caso de exposição a ruído, não descaracteriza o tempo de serviço especial prestado.

10. O tempo de serviço rural anterior à vigência da Lei n. 8.213/91 pode ser utilizado para fins de contagem recíproca, assim entendida aquela que soma tempo de atividade privada, rural ou urbana, ao de serviço público estatutário, desde que sejam recolhidas as respectivas contribuições previdenciárias.

11. A renda mensal, *per capita*, familiar, superior a ¼ (um quarto) do salário-mínimo não impede a concessão do benefício assistencial previsto no art. 20, § 3º, da Lei n. 8.742 de 1993, desde que comprovada, por outros meios, a miserabilidade do postulante. (Cancelada em 24.04.2006. DOU, 12.05.2006).

12. Os juros moratórios são devidos pelo gestor do FGTS e incidem a partir da citação nas ações em que se reclamam diferenças de correção monetária, tenha havido ou não levantamento do saldo, parcial ou integralmente.

13. O reajuste concedido pelas Leis n. 8.622/1993 e 8.627/1993 (28,86%) constituiu revisão geral dos vencimentos e, por isso, é devido também aos militares que não o receberam em sua integralidade, compensado o índice então concedido, sendo limite temporal desse reajuste o advento da MP n. 2.131 de 28.12.2000.

14. Para a concessão de aposentadoria rural por idade, não se exige que o início de prova material, corresponda a todo o período equivalente à carência do benefício.

15. O valor mensal da pensão por morte concedida antes da Lei n. 9.032, de 28 de abril de 1995, deve ser revisado de acordo com a nova redação dada ao art. 75 da Lei n. 8.213, de 24 de julho de 1991. (Cancelada em 26.03.2007. DOU, 08.05.2007).

16. A conversão em tempo de serviço comum, do período trabalhado em condições especiais, somente é possível relativamente à atividade exercida até 28 de maio de 1998 (art. 28 da Lei n. 9.711/1998). (Cancelada em 27.03.2009. DOU, 24.04.2009).

17. Não há renúncia tácita no Juizado Especial Federal, para fins de competência.

18. Provado que o aluno aprendiz de Escola Técnica Federal recebia remuneração, mesmo que indireta, à conta do orçamento da União, o respectivo tempo de serviço pode ser computado para fins de aposentadoria previdenciária.

19. Para o cálculo da renda mensal inicial do benefício previdenciário, deve ser considerada, na atualização dos salários de contribuição anteriores a março de 1994, a variação integral do IRSM de fevereiro de 1994, na ordem de 39,67% (art. 21, § 1º, da Lei n. 8.880/1994).

20. A Lei n. 8.112, de 11 de dezembro de 1990, não modificou a situação do servidor celetista anteriormente aposentado pela Previdência Social Urbana.

21. Não há direito adquirido a reajuste de benefícios previdenciários com base na variação do IPC (Índice de Preço ao Consumidor), de janeiro de 1989 (42,72%) e abril de 1990 (44,80%).

22. Se a prova pericial realizada em juízo dá conta de que a incapacidade já existia na data do requerimento administrativo, esta é o termo inicial do benefício assistencial.

23. As substituições de cargos ou funções de direção ou chefia ou de cargo de natureza especial ocorridas a partir da vigência da Medida Provisória n. 1.522, de 11.10.1996, e até o advento da Lei n. 9.527, de 10.12.1997, quando iguais ou inferiores a trinta dias, não geram direito à remuneração correspondente ao cargo ou função substituída.

24. O tempo de serviço do segurado trabalhador rural anterior ao advento da Lei n. 8.213/91, sem o recolhimento de contribuições previdenciárias, pode ser considerado para a concessão de benefício previdenciário do Regime Geral de Previdência Social (RGPS), exceto para efeito de carência, conforme a regra do art. 55, § 2º, da Lei n. 8.213/1991.

25. A revisão dos valores dos benefícios previdenciários, prevista no art. 58 do ADCT, deve ser feita com base no número de salários mínimos apurado na data da concessão, e não no mês de recolhimento da última contribuição.

26. A atividade de vigilante enquadra-se como especial, equiparando-se à de guarda, elencada no item 2.5.7. do Anexo III do Decreto n. 53.831/1964.

27. A ausência de registro em órgão do Ministério do Trabalho não impede a comprovação do desemprego por outros meios admitidos em Direito.

28. Encontra-se prescrita a pretensão de ressarcimento de perdas sofridas na atualização monetária da conta do Plano de Integração Social - PIS -, em virtude de expurgos ocorridos por ocasião dos Planos Econômicos Verão e Collor I.

29. Para os efeitos do art. 20, § 2º, da Lei n. 8.742, de 1993, incapacidade para a vida independente não é só aquela que impede as atividades mais elementares da pessoa, mas também a impossibilita de prover ao próprio sustento.

30. Tratando-se de demanda previdenciária, o fato de o imóvel ser superior ao módulo rural não afasta, por si só, a qualificação de seu proprietário como segurado especial, desde que comprovada, nos autos, a sua exploração em regime de economia familiar.

31. A anotação na CTPS decorrente de sentença trabalhista homologatória constitui início de prova material para fins previdenciários.

32. O tempo de trabalho laborado com exposição a ruído é considerado especial, para fins de conversão em comum, nos seguintes níveis: superior a 80 decibéis, na vigência do Decreto n. 53.831/64 e, a contar de 5 de março de 1997, superior a 85 decibéis, por força da edição do Decreto n. 4.882, de 18 de novembro de 2003, quando a Administração Pública reconheceu e declarou a nocividade à saúde de tal índice de ruído. (Cancelada em 09.05.2003. DOU, 30.09.2003.)

33. Quando o segurado houver preenchido os requisitos legais para concessão da aposentadoria por tempo de serviço na data do requerimento administrativo, esta data será o termo inicial da concessão do benefício.

34. Para fins de comprovação do tempo de labor rural, o início de prova material deve ser contemporâneo à época dos fatos a provar.

35. A Taxa Selic, composta por juros de mora e correção monetária, incide nas repetições de indébito tributário.

36. Não há vedação legal à cumulação da pensão por morte de trabalhador rural com o benefício da aposentadoria por invalidez, por apresentarem pressupostos fáticos e fatos geradores distintos.

37. A pensão por morte, devida ao filho até os 21 anos de idade, não se prorroga pela pendência do curso universitário.

38. Aplica-se subsidiariamente a Tabela de Cálculos de Santa Catarina aos pedidos de revisão de RMI - OTN/ORTN, na atualização dos salários de contribuição.

39. Nas ações contra a Fazenda Pública, que versem sobre pagamento de diferenças decorrentes de reajuste nos vencimentos de servidores públicos, ajuizadas após 24.08.2001, os juros de mora devem ser fixados em 6% (seis por cento) ao ano (art. 1º-F da Lei 9.494/97).

40. Nenhuma diferença é devida a título de correção monetária dos depósitos do FGTS relativos ao mês de fevereiro de 1989.

41. A circunstância de um dos integrantes do núcleo familiar desempenhar atividade urbana não implica, por si só, a descaracterização do trabalhador rural como segurado especial, condição que deve ser analisada no caso concreto.

42. Não se conhece de incidente de uniformização que implique reexame de matéria de fato.

43. Não cabe incidente de uniformização que verse sobre matéria processual.

44. Para efeito de aposentadoria urbana por idade, a tabela progressiva de carência prevista no art. 142 da Lei n. 8.213/1991 deve ser aplicada em função do ano em que o segurado completa a idade mínima para concessão do benefício, ainda que o período de carência só seja preenchido posteriormente.

45. Incide correção monetária sobre o salário-maternidade desde a época do parto, independentemente da data do requerimento administrativo.

46. O exercício de atividade urbana intercalada não impede a concessão de benefício previdenciário de trabalhador rural, condição que deve ser analisada no caso concreto.

47. Uma vez reconhecida a incapacidade parcial para o trabalho, o juiz deve analisar as condições pessoais e sociais do segurado para a concessão de aposentadoria por invalidez.

48. A incapacidade não precisa ser permanente para fins de concessão do benefício assistencial de prestação continuada.

49. Para reconhecimento de condição especial de trabalho antes de 29.04.1995, a exposição a agentes nocivos à saúde ou à integridade física não precisa ocorrer de forma permanente.

50. É possível a conversão do tempo de serviço especial em comum do trabalho prestado em qualquer período.

51. Os valores recebidos por força de antecipação dos efeitos de tutela, posteriormente revogada em demanda previdenciária, são irrepetíveis em razão da natureza alimentar e da boa-fé no seu recebimento. (Cancelada em 30.08.2017.)

52. Para fins de concessão de pensão por morte, é incabível a regularização do recolhimento de contribuições de segurado contribuinte individual posteriormente a seu óbito, exceto quando as contribuições devam ser arrecadadas por empresa tomadora de serviços.

53. Não há direito a auxílio-doença ou a aposentadoria por invalidez quando a incapacidade para o trabalho é preexistente ao reingresso do segurado no Regime Geral de Previdência Social.

54. Para a concessão de aposentadoria por idade de trabalhador rural, o tempo de exercício de atividade equivalente à carência deve ser aferido no período imediatamente anterior ao requerimento administrativo ou à data do implemento da idade mínima.

55. A conversão do tempo de atividade especial em comum deve ocorrer com aplicação do fator multiplicativo em vigor na data da concessão da aposentadoria.

56. O prazo de trinta anos para prescrição da pretensão à cobrança de juros progressivos sobre saldo de conta vinculada ao FGTS tem início na data em que deixou de ser feito o crédito e incide sobre cada prestação mensal.

57. O auxílio-doença e a aposentadoria por invalidez não precedida de auxílio-doença, quando concedidos na vigência da Lei n. 9.876/1999, devem ter o salário de benefício apurado com base na média aritmética simples dos maiores salários de contribuição correspondentes a 80% do período contributivo, independentemente da data de filiação do segurado ou do número de contribuições mensais no período contributivo.

58. Não é devido o reajuste na indenização de campo por força da alteração trazida pelo Decreto n. 5.554/2005.

59. A ausência de declaração do objeto postado não impede a condenação da ECT a indenizar danos decorrentes do extravio, desde que o conteúdo da postagem seja demonstrado por outros meios de prova admitidos em direito.

60. O décimo terceiro salário não integra o salário de contribuição para fins de cálculo do salário de benefício, independentemente da data da concessão do benefício previdenciário. (cancelada em 16.03.2016.)

61. As alterações promovidas pela Lei n. 11.960/2009 têm aplicação imediata na regulação dos juros de mora em condenações contra a Fazenda Pública, inclusive em matéria previdenciária, independentemente da data do ajuizamento da ação ou do trânsito em julgado. (Cancelada em 11.10.2013. DOU, 11.10.2013.)

62. O segurado contribuinte individual pode obter reconhecimento de atividade especial para fins previdenciários, desde que consiga comprovar exposição a agentes nocivos à saúde ou à integridade física.

63. A comprovação de união estável para efeito de concessão de pensão por morte prescinde de início de prova material (*DOU* 23.08.2012).

64. O direito à revisão do ato de indeferimento de benefício previdenciário ou assistencial sujeita-se ao prazo decadencial de dez anos (*DOU*, 23.08.2012). (Cancelada em 18.06.2015. DOU, 24.06.2015.)

65. Os benefícios de auxílio-doença, auxílio-acidente e aposentadoria por invalidez concedidos no período de 28.03.2005 a 20.07.2005 devem ser calculados nos termos da Lei n. 8.213/1991, em sua redação anterior à vigência da Medida Provisória n. 242/2005.

66. O servidor público ex-celetista que trabalhava sob condições especiais antes de migrar para o regime estatutário tem direito adquirido à conversão do tempo de atividade especial em tempo comum com o devido acréscimo legal, para efeito de contagem recíproca no regime previdenciário próprio dos servidores públicos.

67. O auxílio-alimentação recebido em pecúnia por segurado filiado ao Regime Geral da Previdência Social integra o salário de contribuição e sujeita-se à incidência de contribuição previdenciária.

68. O laudo pericial não contemporâneo ao período trabalhado é apto à comprovação da atividade especial do segurado.

69. O tempo de serviço prestado em empresa pública ou em sociedade de economia mista por servidor público federal somente pode ser contado para efeitos de aposentadoria e disponibilidade. (*DOU*, 13.03.2013.)

- Lei 13.303/2016 (Dispõe sobre o estatuto jurídico da empresa pública, da sociedade de economia mista e de suas subsidiárias, no âmbito da União, dos Estados, do Distrito Federal e dos Municípios).

70. A atividade de tratorista pode ser equiparada à de motorista de caminhão para fins de reconhecimento de atividade especial mediante enquadramento por categoria profissional. (*DOU*, 13.03.2013.)

71. O mero contato do pedreiro com o cimento não caracteriza condição especial de trabalho para fins previdenciários. (*DOU*, 13.03.2013.)

72. É possível o recebimento de benefício por incapacidade durante período em que houve exercício de atividade remunerada quando comprovado que o segurado estava incapaz para as atividades habituais na época em que trabalhou. (*DOU*, 13.03.2013.)

73. O tempo de gozo de auxílio-doença ou de aposentadoria por invalidez não decorrentes de acidente de trabalho só pode ser computado como tempo de contribuição ou para fins de carência quando intercalado entre períodos nos quais houve recolhimento de contribuições para a previdência social. (*DOU*, 13.03.2013.)

74. O prazo de prescrição fica suspenso pela formulação de requerimento administrativo e volta a correr pelo saldo remanescente após a ciência da decisão administrativa final. (*DOU*, 22.05.2013.)

75. A Carteira de Trabalho e Previdência Social (CTPS) em relação à qual não se aponta defeito formal que lhe comprometa a fidedignidade goza de presunção relativa de veracidade, formando prova suficiente de tempo de serviço para fins previdenciários, ainda que a anotação de vínculo de emprego não conste no Cadastro Nacional de Informações Sociais (CNIS). (*DOU*, 13.06.2013).

76. A averbação de tempo de serviço rural não contributivo não permite majorar o coeficiente de cálculo da renda mensal inicial de aposentadoria por idade previsto no art. 50 da Lei n. 8.213/91 (*DOU*, 14.08.2013).

77. O julgador não é obrigado a analisar as condições pessoais e sociais quando não reconhecer a incapacidade do requerente para a sua atividade habitual (*DOU*, 06.09.2013).

78. Comprovado que o requerente de benefício é portador do vírus HIV, cabe ao julgador verificar as condições pessoais, sociais, econômicas e culturais, de forma a analisar a incapacidade em sentido amplo, em face da elevada estigmatização social da doença. (DOU, 17.09.2014.)

- Enunciado 141, FONAJEF.

79. Nas ações em que se postula benefício assistencial, é necessária a comprovação das condições socioeconômicas do autor por laudo de assistente social, por auto de constatação lavrado por oficial de justiça ou, sendo inviabilizados os referidos meios, por prova testemunhal. (DOU, 24.04.2015.)

80. Nos pedidos de benefício de prestação continuada (LOAS), tendo em vista o advento da Lei 12.470/11, para adequada valoração dos fatores ambientais, sociais, econômicos e pessoais que impactam na participação da pessoa com deficiência na sociedade, é necessária a realização de avaliação social por assistente social ou outras providências aptas a revelar a efetiva condição vivida no meio social pelo requerente. (DOU, 24.04.2015.)

81. Não incide o prazo decadencial previsto no art. 103, *caput*, da Lei n. 8.213/91, nos casos de indeferimento e cessação de benefícios, bem como em relação às questões não apreciadas pela Administração no ato da concessão. (DOU, 24.06.2015.)

82. O código 1.3.2 do quadro anexo ao Decreto n. 53.831/64, além dos profissionais da área da saúde, contempla os trabalhadores que exercem atividades de serviços gerais em limpeza e higienização de ambientes hospitalares. (*DOU*, 30.11.2015.)

83. A partir da entrada em vigor da Lei n. 8.870/94, o décimo terceiro salário não integra o salário-de-contribuição para fins de cálculo do salário-de-benefício. (DOU, 21.03.2016.)

84. Comprovada a situação de desemprego por mais de 3 anos, o trabalhador tem direito ao saque dos valores depositados em sua conta individual do PIS (DOU, 14.06.2017).

85. É possível a conversão de tempo comum em especial de período(s) anterior(es) ao advento da Lei n. 9.032/95 (que alterou a redação do § 3º do art. 57 da Lei n. 8.213/91), desde que todas as condições legais para a concessão do benefício pleiteado tenham sido atendidas antes da publicação da referida lei, independentemente da data de entrada do requerimento (DER). (DOU, 29.08.2018.)

86. Não cabe incidente de uniformização que tenha como objeto principal questão controvertida de natureza constitucional que ainda não tenha sido definida pelo Supremo Tribunal Federal em sua jurisprudência dominante. (DOU 18.12.2018.)

FONAJE - FÓRUM NACIONAL DOS JUIZADOS ESPECIAIS

ENUNCIADOS ATUALIZADOS ATÉ O 44º FORÚM NACIONAL DE JUIZADOS ESPECIAIS - 21 A 23 DE NOVEMBRO DE 2018 - RIO DE JANEIRO - RJ

ENUNCIADOS CÍVEIS

1. O exercício do direito de ação no Juizado Especial Cível é facultativo para o autor.

2. Substituído pelo Enunciado 58.

3. Lei local não poderá ampliar a competência do Juizado Especial.

4. Nos Juizados Especiais só se admite a ação de despejo prevista no art. 47, inciso III, da Lei 8.245/1991.

5. A correspondência ou contrafé recebida no endereço da parte é eficaz para efeito de citação, desde que identificado o seu recebedor.

6. Não é necessária a presença do juiz togado ou leigo na Sessão de Conciliação, nem a do juiz togado na audiência de instrução conduzida por juiz leigo. (nova redação - XXXVII Encontro Florianópolis/SC).

7. A sentença que homologa o laudo arbitral é irrecorrível.

8. As ações cíveis sujeitas aos procedimentos especiais não são admissíveis nos Juizados Especiais.

9. O condomínio residencial poderá propor ação no Juizado Especial, nas hipóteses do art. 275, inciso II, item *b*, do Código de Processo Civil.

› Refere-se ao CPC/1973.

10. A contestação poderá ser apresentada até a audiência de Instrução e Julgamento.

11. Nas causas de valor superior a vinte salários-mínimos, a ausência de contestação, escrita ou oral, ainda que presente o réu, implica revelia.

12. A perícia informal é admissível na hipótese do art. 35 da Lei 9.099/1995.

13. Nos Juizados Especiais Cíveis, os prazos processuais contam-se da data da intimação ou da ciência do ato respectivo, e não da juntada do comprovante da intimação (nova redação - XXXIX Encontro - Maceió-AL).

14. Os bens que guarnecem a residência do devedor, desde que não essenciais a habitabilidade, são penhoráveis.

15. Nos Juizados Especiais não é cabível o recurso de agravo, exceto nas hipóteses dos artigos 544 e 557 do CPC. (Modificado no XXI Encontro - Vitória/ ES).

16. Cancelado.

17. É vedada a acumulação das condições de preposto e advogado, na mesma pessoa (arts. 35, I e 36, II, da Lei 8.906/1994, c/c art. 23 do Código de Ética e disciplina da OAB) (Substituído pelo Enunciado 98 no XIX Encontro - Aracaju/SE).

18. Cancelado.

19. (Cancelado no XXI Encontro Vitória/ES).

20. O comparecimento pessoal da parte às audiências é obrigatório. A pessoa jurídica poderá ser representada por preposto.

21. (Cancelado no XXI Encontro - Vitória/ ES)

22. A multa cominatória é cabível desde o descumprimento da tutela antecipada, nos casos dos incisos V e VI do art. 52 da Lei 9.099/1995.

23. (Cancelado no XXI Encontro -Vitória/ ES)

24. (Cancelado no XXI Encontro - Vitória/ ES)

25. (Substituído pelo Enunciado 144, no XXVIII FONAJE - BA, 24 a 26 de novembro de 2010).

26. São cabíveis a tutela acautelatória e a antecipatória nos Juizados Especiais Cíveis (nova redação no FONAJE Florianópolis/SC).

27. Na hipótese de pedido de valor até 20 salários-mínimos, é admitido pedido contraposto no valor superior ao da inicial, até o limite de 40 salários-mínimos, sendo obrigatória à assistência de advogados às partes.

28. Havendo extinção do processo com base no inciso I do art. 5 da Lei 9.099/1995, é necessária a condenação em custas.

29. Cancelado.

30. É taxativo o elenco das causas previstas na o art. 3º da Lei 9.099/1995.

31. É admissível pedido contraposto no caso de ser a parte ré pessoa jurídica.

32. (Substituído pelo Enunciado 139 no XXVIII FONAJE - BA).

33. É dispensável a expedição de carta precatória nos Juizados Especiais Cíveis, cumprindo-se os atos nas demais comarcas, mediante via postal, por ofício do Juiz, fax, telefone ou qualquer outro meio idôneo de comunicação.

34. Cancelado.

35. Finda a instrução, não são obrigatórios os debates orais.

36. A assistência obrigatória prevista no art. 9º da Lei 9.099/1995 tem lugar a partir da fase instrutória, não se aplicando para a formulação do pedido e a sessão de conciliação.

37. Em exegese ao art. 53, § 4º, da Lei 9.099/1995, não se aplica ao processo de execução o disposto no art. 18, § 2º, da referida lei, sendo autorizados o arresto e a citação editalícia quando não encontrado o devedor, observados, no que couber, os arts. 653 e 654 do Código de Processo Civil (nova redação aprovada no XXI Encontro Vitória/ES).

› Refere-se ao CPC/1973. V. art. 830, NCPC.

38. A análise do art. 52, IV, da Lei 9.099/1995, determina que, desde logo, expeça-se o mandado de penhora, depósito, avaliação e intimação, inclusive da eventual audiência de conciliação designada, considerando-se o executado intimado com a simples entrega de cópia do referido mandado em seu endereço, devendo, nesse caso, ser certificado circunstanciadamente.

39. Em observância ao art. 2º da Lei 9.099/1995, o valor da causa corresponderá à pretensão econômica objeto do pedido.

40. O conciliador ou juiz leigo não está incompatibilizado nem impedido de exercer a advocacia, exceto perante o próprio Juizado Especial em que atue ou se pertencer aos quadros do Poder Judiciário.

41. A correspondência ou contrafé recebida no endereço do advogado é eficaz para efeito de intimação, desde que identificado o seu recebedor (nova redação aprovada no XXI Encontro Vitória/ES).

42. (Substituído pelo Enunciado 99 no XIX Encontro - Aracaju/SE).

43. Na execução do título judicial definitivo, ainda que não localizado o executado, admite-se a penhora de seus bens, dispensado o arresto. A intimação de penhora observará ao disposto no artigo 19, § 2º, da Lei 9.099/1995.

44. No âmbito dos Juizados Especiais, não são devidas despesas para efeito do cumprimento de diligências, inclusive, quando da expedição de cartas precatórias.

45. Substituído pelo Enunciado 75.

46. A fundamentação da sentença ou do acórdão poderá ser feita oralmente, com gravação por qualquer meio, eletrônico ou digital, consignando-se apenas o dispositivo na ata. (Redação Alterada no XIV Encontro São Luis/MA).

47. Substituído pelo Enunciado 135. (Aprovado no XXVII FONAJE - Palmas/TO - 26 a 28 de maio de 2010).

48. O disposto no § 1º do art. 9º da Lei 9.099/1995 é aplicável às microempresas e às empresas de pequeno porte (nova redação aprovada no XXI Encontro Vitória/ES).

49. (Cancelado no XXI Encontro Vitória/ES).

50. Para efeito de alçada, em sede de Juizados Especiais, tomar-se-á como base o salário-mínimo nacional.

51. Os processos de conhecimento contra empresas sob liquidação extrajudicial, concordata ou recuperação judicial devem prosseguir até a sentença de mérito, para constituição do título executivo judicial, possibilitando a parte habilitar o seu crédito, no momento oportuno, pela via própria (nova redação no XXI Encontro Vitória/ES).

52. Os embargos à execução poderão ser decididos pelo juiz leigo, observado o art. 40 da Lei n. 9.099/1995.

53. Deverá constar da citação a advertência, em termos claros, da possibilidade de inversão do ônus da prova.

54. A menor complexidade da causa para a fixação da competência é aferida pelo objeto da prova e não em face do direito material.

55. Substituído pelo Enunciado 76.

56. Cancelado.

57. Cancelado.

58. (Substitui o Enunciado 2). As causas cíveis enumeradas no art. 275, II, do CPC admitem condenação superior a 40 salários-mínimos e sua respectiva execução, no próprio Juizado.

59. Admite-se o pagamento do débito por meio de desconto em folha de pagamento, após anuência expressa do devedor e em percentual que reconheça não afetar sua subsistência e a de sua família, atendendo sua comodidade e conveniência pessoal.

60. É cabível a aplicação da desconsideração da personalidade jurídica, inclusive na fase de execução. (Redação alterada no XIII Encontro - Campo Grande/MS).

61. (Cancelado em razão da redação do Enunciado 76 - XIII Encontro/MS).

62. Cabe exclusivamente às Turmas Recursais conhecer e julgar o mandado de segurança e o *habeas corpus* impetrados em face de atos judiciais oriundos dos Juizados Especiais.

63. Contra decisões das Turmas Recursais são cabíveis somente os embargos declaratórios e o Recurso Extraordinário.

64. (Cancelado no XVI Encontro - Rio de Janeiro/RJ).

65. (Cancelado no XVI Encontro - Rio de Janeiro/RJ).

66. (Cancelado no XXI Encontro - Vitória/ES em razão do artigo 685-A do CPC e pela revogação dos arts. 714 e 715 do CPC).

67. (Substituído pelo Enunciado 91 aprovado no XVI Encontro - Rio de Janeiro/RJ).

68. Somente se admite conexão em Juizado Especial Cível quando as ações puderem submeter-se à sistemática da Lei 9.099/1995.

69. As ações envolvendo danos morais não constituem, por si só, matéria complexa.

70. As ações nas quais se discute a ilegalidade de juros não são complexas para o fim de fixação da competência dos Juizados Especiais, exceto quando exigirem perícia contábil (Nova Redação. Aprovada no XXX FONAJE - SP 16 a 18 de novembro de 2011).

71. É cabível a designação de audiência de conciliação em execução de título judicial.

72. Substituído pelo Enunciado 148 (XXIX Encontro - Bonito/MS).

73. As causas de competência dos Juizados Especiais em que forem comuns o objeto ou a causa de pedir poderão ser reunidas para efeito de instrução, se necessária, e julgamento.

74. A prerrogativa de foro na esfera penal não afasta a competência dos Juizados Especiais Cíveis.

75. (Substitui o Enunciado 45.) A hipótese do § 4º, do 53, da Lei 9.099/1995, também se aplica às execuções de título judicial, entregando-se ao exequente, no caso, certidão do seu crédito, como título para futura execução, sem prejuízo da manutenção do nome do executado no Cartório Distribuidor (nova redação aprovada no XXI Encontro - Vitória/ES)

76. (Substitui o Enunciado 55.) No processo de execução, esgotados os meios de defesa e inexistindo bens para a garantia do débito, expede-se a pedido do exequente certidão de dívida para fins de inscrição no serviço de Proteção ao Crédito. SPC e SERASA, sob pena de responsabilidade.

77. O advogado cujo nome constar do termo de audiência estará habilitado para todos os atos do processo, inclusive para o recurso (Aprovado no XI Encontro - em Brasília-DF).

78. O oferecimento de resposta, oral ou escrita, não dispensa o comparecimento pessoal da parte, ensejando, pois, os efeitos da revelia (Aprovado no XI Encontro - em Brasília-DF).

79. Designar-se-á hasta pública única, se o bem penhorado não atingir valor superior a sessenta salários-mínimos (Aprovado no XI Encontro - em Brasília-DF. Alteração aprovada no XXI Encontro - Vitória/ES).

80. O recurso Inominado será julgado deserto quando não houver o recolhimento integral do preparo e sua respectiva comprovação pela parte, no prazo de 48 horas, não admitida a complementação intempestiva (art. 42, § 1º, da Lei 9.099/1995). (Aprovado no XI Encontro - em Brasília-DF - Alteração aprovada no XII Encontro - Maceió-AL).

81. A arrematação e a adjudicação podem ser impugnadas, no prazo de cinco dias do ato, por simples pedido. (Aprovado no XII Encontro - Maceió-AL- Alteração aprovada no XXI Encontro - Vitória/ES).

82. Nas ações derivadas de acidentes de trânsito a demanda poderá ser ajuizada contra a seguradora, isolada ou conjuntamente com os demais coobrigados. (Aprovado no XIII Encontro - Campo Grande/MS).

83. (Cancelado no XIX Encontro - Aracaju/SE)

84. (nova redação). Compete ao Presidente da Turma Recursal o juízo de admissibilidade do Recurso Extraordinário, salvo disposição em contrário. (Aprovado no XIV Encontro - São Luis/MA, nova redação aprovada no XXII Encontro - Manaus/AM).

85. O prazo para recorrer da decisão de Turma Recursal fluirá da data do julgamento. (Aprovado no XIV Encontro - São Luis/MA).

86. Os prazos processuais nos procedimentos sujeitos ao rito especial dos Juizados Especiais não se suspendem e nem se interrompem. (Aprovado no XV Encontro - Florianópolis/SC. Nova redação aprovada no XXI Encontro - Vitória/ES).

87. A Lei 10.259/2001 não altera o limite da alçada previsto no artigo 3º, inciso I, da Lei 9.099/1995 (Aprovado no XV Encontro - Florianópolis/SC).

88. Não cabe recurso adesivo em sede de Juizado Especial, por falta de expressa previsão legal (Aprovado no XV Encontro - Florianópolis/SC).

89. A incompetência territorial pode ser reconhecida de ofício no sistema de Juizados Especiais Cíveis (Aprovado no XVI Encontro - Rio de Janeiro/RJ).

90. A desistência da ação, mesmo sem a anuência do réu já citado, implicará a extinção do processo sem resolução do mérito, ainda que tal ato se dê em audiência de instrução e julgamento, salvo quando houver indícios de litigância de má-fé ou lide temerária. (Alterado no XXXVIII FONAGE.)

91. (Substitui o Enunciado 67) O conflito de competência entre juízes de Juizados Especiais vinculados à mesma Turma Recursal será decidido por esta. Inexistindo tal vinculação, será decidido pela Turma Recursal para a qual for distribuído (Aprovado no XVI Encontro - Rio de Janeiro/RJ, nova redação aprovado no XXII Encontro - Manaus/ AM).

92. Nos termos do art. 46 da Lei n. 9.099/1995, é dispensável o relatório nos julgamentos proferidos pelas Turmas Recursais (Aprovado no XVI Encontro - Rio de Janeiro/RJ).

93. (Substituído pelo Enunciado 140 no XXVIII FONAJE-BA).

94. É cabível, em Juizados Especiais Cíveis, a propositura de ação de revisão de contrato, inclusive quando o autor pretenda o parcelamento de dívida, observado o valor de alçada, exceto quando exigir perícia contábil (Aprovado no XVIII Encontro - Goiânia/GO. Nova Redação. Aprovada no XXX FONAJE - SP 16 a 18 de novembro de 2011).

95. Finda a audiência de instrução, conduzida por Juiz Leigo, deverá ser apresentada a proposta de sentença ao Juiz Togado em até dez dias, intimadas as partes no próprio termo da audiência para a data da leitura da sentença. (Aprovado no XVIII Encontro - Goiânia/GO).

96. A condenação do recorrente vencido, em honorários advocatícios, independe da apresentação de contrarrazões. (Aprovado no XVIII Encontro - Goiânia/GO).

97. A multa prevista no art. 523, § 1º, do CPC/2015 aplica-se aos Juizados Especiais Cíveis, ainda que o valor desta, somado ao da execução, ultrapasse o limite de alçada; a segunda parte do referido dispositivo não é aplicável, sendo, portanto, indevidos honorários advocatícios de dez por cento. (Alterado no XXXVIII FONAGE.)

98. (Substitui o Enunciado 17.) É vedada a acumulação simultânea das condições de preposto e advogado na mesma pessoa (art. 35, I e 36, II da Lei 8.906/1994 combinado com o art. 23 do Código de Ética e Disciplina da OAB) (aprovado no XIX Encontro - Aracaju/SE).

99. (Substitui o Enunciado 42.) O preposto que comparece sem carta de preposição, obriga-se a apresentá-la no prazo que for assinado, para validade de eventual acordo, sob as penas dos artigos 20 e 51, I, da Lei n. 9.099/1995, conforme o caso (aprovado no XIX Encontro - Aracaju/SE).

100. A penhora de valores depositados em banco poderá ser feita independentemente de a agência situar-se no Juízo da execução (aprovado no XIX Encontro - Aracaju/SE).

101. O art. 332 do CPC/2015 aplica-se ao Sistema dos Juizados Especiais; e o disposto no respectivo inc. IV também abrange os enunciados e súmulas de seus órgãos colegiados. (Alterado no XXXVIII FONAGE.)

102. O relator, nas Turmas Recursais Cíveis, em decisão monocrática, poderá negar seguimento a recurso manifestamente inadmissível, improcedente, prejudicado ou em desacordo com Súmula ou jurisprudência dominante das Turmas Recursais ou da Turma de Uniformização ou ainda de Tribunal Superior, cabendo recurso interno para a Turma Recursal, no prazo de cinco dias (Alterado no XXXVI Encontro - Belém/PA)

103. O relator, nas Turmas Recursais Cíveis, em decisão monocrática, poderá dar provimento a recurso se a decisão estiver em manifesto confronto com Súmula do Tribunal Superior ou Jurisprudência dominante do próprio juizado, cabendo recurso interno para a Turma Recursal, no prazo de 5 dias. (Alterado no XXXVI Encontro - Belém/PA).

104. (Substituído pelo Enunciado 142 no XXVIII Encontro - Bahia).

105. Cancelado (XXXIII Encontro - Cuiabá/MT)

106. Havendo dificuldade de pagamento direto ao credor, ou resistência deste, o devedor, a fim de evitar a multa de 10%, deverá efetuar depósito perante o juízo singular de origem, ainda que os autos estejam na instância recursal (aprovado no XIX Encontro - Aracaju/SE).

107. (Nova redação): Nos acidentes ocorridos antes da MP 340/06, convertida na Lei n. 11.482/07, o valor devido do seguro obrigatório é de 40 (quarenta) salários-mínimos, não sendo possível modificá-lo por Resolução do CNSP e/ou Susep (aprovado no XXVI Encontro - Fortaleza/CE - 25 a 27 de novembro de 2009).

108. A mera recusa ao pagamento de indenização decorrente de seguro obrigatório não configura dano moral (aprovado no XIX Encontro - Aracaju/SE).

109. (Cancelado no XXIX FONAJE - MS, 25 a 27 de maio de 2011).

110. (Substituído pelo Enunciado 141 no XXVIII FONAJE-BA).

111. O condomínio, se admitido como autor, deve ser representado em audiência pelo síndico, ressalvado o disposto no § 2º do art. 1.348 do Código Civil. (Aprovado no XIX Encontro - São Paulo/SP. Nova redação aprovada no XXI Encontro - Vitória/ES).

112. A intimação da penhora e avaliação realizada na pessoa do executado dispensa a intimação do advogado. Sempre que possível o oficial de Justiça deve proceder a intimação do executado no mesmo momento da constrição judicial (art. 475, § 1º, CPC). (Aprovado no XX Encontro - São Paulo/SP).

113. As Turmas Recursais reunidas poderão, mediante decisão de dois terços dos seus membros, salvo disposição regimental em contrário, aprovar súmulas. (Aprovado no XIX Encontro - São Paulo/SP).

114. A gratuidade da justiça não abrange o valor devido em condenação por litigância de má-fé. (Aprovado no XX Encontro - São Paulo/SP).

115. Indeferida a concessão do benefício da gratuidade da justiça requerido em sede de recurso, conceder-se-á o prazo de 48 horas para o preparo. (Aprovado no XX Encontro - São Paulo/SP).

116. O Juiz poderá, de ofício, exigir que a parte comprove a insuficiência de recursos para obter a concessão do benefício da gratuidade da justiça (art. 5º, LXXIV, da CF), uma vez que a afirmação da pobreza goza apenas de presunção relativa de veracidade. (Aprovado no XX Encontro - São Paulo/SP).

117. É obrigatória a segurança do Juízo pela penhora para apresentação de embargos à execução de título judicial ou extrajudicial perante o Juizado Especial. (Aprovado no XXI Encontro - Vitória/ES).

118. Quando manifestamente inadmissível ou infundado o recurso interposto, a turma recursal ou o relator em decisão monocrática condenará o recorrente a pagar multa de 1% e indenizar o recorrido no percentual de até 20% do valor da causa, ficando a interposição de qualquer outro recurso condicionada ao depósito do respectivo valor. (Aprovado no XXI Encontro - Vitória/ES).

119. (Substituído pelo Enunciado 147, por maioria, no XXIX FONAJE - MS 25 a 27 de maio de 2011).

120. A multa derivada de descumprimento de antecipação de tutela é passível de execução mesmo antes do trânsito em julgado da sentença. (Aprovado no XXI Encontro - Vitória/ES).

121. Os fundamentos admitidos para embargar a execução da sentença estão disciplinados no art. 52, inciso IX, da Lei 9.099/95 e não no artigo 475-L do CPC, introduzido pela Lei 11.232/05. (Aprovado no XXI Encontro - Vitória/ES).

122. É cabível a condenação em custas e honorários advocatícios na hipótese de não conhecimento do recurso inominado. (Aprovado no XXI Encontro - Vitória/ES).

123. O art. 191 do CPC não se aplica aos processos cíveis que tramitam perante o Juizado Especial. (Aprovado no XXI Encontro - Vitória/ES).

124. Das decisões proferidas pelas Turmas Recursais em mandado de segurança não cabe recurso ordinário. (Aprovado no XXI Encontro - Vitória/ES).

125. Nos Juizados Especiais, não são cabíveis embargos declaratórios contra acórdão ou súmula na hipótese do art. 46 da Lei n. 9.099/1995, com finalidade exclusiva de prequestionamento, para fins de interposição de recurso extraordinário (Aprovado no XXI Encontro - Vitória/ES).

126. Em execução eletrônica de título extrajudicial, o título de crédito será digitalizado e o original apresentado até a sessão de conciliação ou prazo assinado, a fim de ser carimbado ou retido pela secretaria (Aprovado no FONAJE Florianópolis/SC).

127. O cadastro de que trata o art. 1º, § 2º, III, *"b"*, da Lei 11.419/2006 deverá ser presencial e não poderá se dar mediante procuração, ainda que por instrumento público e com poderes especiais (Aprovado no FONAJE Florianópolis/SC).

128. Além dos casos de segredo de justiça e sigilo judicial, os documentos digitalizados em processo eletrônico somente serão disponibilizados aos sujeitos processuais, vedado o acesso a consulta pública fora da secretaria do juizado (Aprovado no FONAJE Florianópolis/SC).

129. Nos juizados especiais que atuem com processo eletrônico, ultimado o processo de conhecimento em meio físico, a execução dar-se-á de forma eletrônica, digitalizando as peças necessárias (Aprovado no FONAJE Florianópolis/SC).

130. Os documentos digitais que impliquem efeitos no meio não digital, uma vez materializados, terão a autenticidade certificada pelo Diretor de Secretaria ou Escrivão (Aprovado FONAJE Florianópolis/SC).

131. As empresas públicas e sociedades de economia mista dos Estados, do Distrito Federal e dos Municípios podem ser demandadas nos Juizados Especiais. (Incluído no XXV no FONAJE - São Luís).

132. (Substituído pelo Enunciado 144, no XXVIII FONAJE - BA, 24 a 26 de novembro de 2010).

133. O valor de alçada de 60 salários-mínimos previsto no artigo 2º da Lei 12.153/09, não se aplica aos Juizados Especiais Cíveis, cujo limite permanece em 40 salários-mínimos. (Aprovado no XXVII FONAJE - Palmas/TO - 26 a 28 de maio de 2010).

134. As inovações introduzidas pelo artigo 5º da Lei 12.153/09 não são aplicáveis aos Juizados Especiais Cíveis (Lei 9.099/95). (Aprovado no XXVII FONAJE - Palmas/TO - 26 a 28 de maio de 2010).

135. (Substitui o Enunciado 47) O acesso da micro-empresa ou empresa de pequeno porte no sistema dos Juizados Especiais depende da comprovação de sua qualificação tributária atualizada e documento fiscal referente ao negócio jurídico objeto da demanda. (Aprovado no XXVII FONAJE - Palmas/TO - 26 a 28 de maio de 2010).

136. O reconhecimento da litigância de má-fé poderá implicar em condenação ao pagamento de custas, honorários de advogado, multa e indenização nos termos dos artigos 55, *caput*, da Lei 9.099/95 e 18 do Código de Processo Civil". (Aprovado no XXVII FONAJE - Palmas/TO - 26 a 28 de maio de 2010).

▸ Refere-se ao CPC/1973. V. art. 81, NCPC.

137. Enunciado renumerado como n. 8 da Fazenda Pública. (Renumeração aprovada no XXXII FONAJE - RJ - 5 a 7 de dezembro de 2012).

138. Enunciado renumerado como n. 9 da Fazenda Pública. (Renumeração aprovada no XXXII FONAJE - RJ - 5 a 7 de dezembro de 2012).

139. (Substitui o Enunciado 32) A exclusão da competência do Sistema dos Juizados Especiais quanto às demandas sobre direitos ou interesses difusos ou coletivos, dentre eles os individuais homogêneos, aplica-se tanto para as demandas individuais de natureza multitudinária quanto para as ações coletivas. Se, no exercício de suas funções, os juízes e tribunais tiverem conhecimento de fatos que possam ensejar a propositura da ação civil coletiva, remeterão peças ao Ministério Público e/ou à Defensoria Pública para as providências cabíveis (Alterado no XXXVI Encontro - Belém/PA).

140. (Substitui o Enunciado 93.) O bloqueio *on-line* de numerário será considerado para todos os efeitos como penhora, dispensando-se a lavratura do termo e intimando-se o devedor da constrição. (Aprovado no XXVIII FONAJE - BA - 24 a 26 de novembro de 2010).

141. (Substitui o Enunciado 110). A microempresa e a empresa de pequeno porte, quando autoras, devem ser representadas, inclusive em audiência, pelo empresário individual ou pelo sócio dirigente. (Aprovado no XXVIII FONAJE - BA - 24 a 26 de novembro de 2010).

142. (Substitui o Enunciado 104): Na execução por título judicial o prazo para oferecimento de embargos será de quinze dias e fluirá da intimação da penhora. (Aprovado no XXVIII FONAJE - BA - 24 a 26 de novembro de 2010).

143. A decisão que põe fim aos embargos à execução de título judicial ou extrajudicial é sentença, contra a qual cabe apenas recurso inominado. (Aprovado no XXVIII FONAJE - BA, 24 a 26 de novembro de 2010).

144. (Substitui o Enunciado 132): A multa cominatória não fica limitada ao valor de 40 salários-mínimos, embora deva ser razoavelmente fixada pelo Juiz, obedecendo ao valor da obrigação principal, mais perdas e danos, atendidas as condições econômicas do devedor. (Aprovado no XXVIII FONAJE - BA, 24 a 26 de novembro de 2010).

145. A penhora não é requisito para a designação de audiência de conciliação na execução fundada em título extrajudicial. (Aprovado no XXIX FONAJE - MS 25 a 27 de maio de 2011).

146. A pessoa jurídica que exerça atividade de *factoring* e de gestão de créditos e ativos financeiros, excetuando as entidades descritas no art. 8º, § 1º, inciso IV, da Lei n. 9.099/95, não será admitida a propor ação perante o Sistema dos Juizados Especiais (art. 3º, § 4º, VIII, da Lei Complementar n. 123, de 14 de dezembro de 2006). (Aprovado no XXIX FONAJE - MS 25 a 27 de maio de 2011).

147. (Substitui o Enunciado 119.) A constrição eletrônica de bens e valores poderá ser determinada de ofício pelo juiz. (Aprovado no XXIX FONAJE - MS 25 a 27 de maio de 2011).

148. (Substitui o Enunciado 72.) Inexistindo interesse de incapazes, o Espólio pode ser parte nos Juizados Especiais Cíveis. (Aprovado no XXIX FONAJE - MS 25 a 27 de maio de 2011).

149. Aprovado e transformado em 02, da Fazenda Pública. (Aprovado no XXIX FONAJE. MS 25 a 27 de maio de 2011).

150. Aprovado e transformado em 03, da Fazenda Pública. (Aprovado no XXIX FONAJE. MS 25 a 27 de maio de 2011).

151. Cancelado no XXIX FONAJE. MS 25 a 27 de maio de 2011).

152. Aprovado e transformado em 05, da Fazenda Pública. (Aprovado no XXIX FONAJE. MS 25 a 27 de maio de 2011).

153. Aprovado e transformado em 06, da Fazenda Pública. (Aprovado no XXIX FONAJE. MS 25 a 27 de maio de 2011).

154. Aprovado e transformado em 01, da Fazenda Pública. (Aprovado no XXIX FONAJE. MS 25 a 27 de maio de 2011).

155. Admitem-se embargos de terceiro, no sistema dos juizados, mesmo pelas pessoas excluídas pelo § 1º do art. 8º da Lei 9.099/95. (Aprovado no XXIX FONAJE. MS 25 a 27 de maio de 2011).

156. Na execução de título judicial, o prazo para oposição de embargos flui da data do depósito espontâneo, valendo este como termo inicial, ficando dispensada a lavratura de termo de penhora (Aprovado no XXX FONAJE - SP 16 a 18 de novembro de 2011).

157. Nos Juizados Especiais Cíveis, o autor poderá aditar o pedido até o momento da audiência de instrução e julgamento, ou até a fase instrutória, resguardado ao réu o respectivo direito de defesa (nova redação - XXXIX Encontro - Maceió-AL).

158. Cancelado (XXXIII Encontro - Cuiabá/MT).

159. Não existe omissão a sanar por meio de embargos de declaração quando o acórdão não enfrenta todas as questões arguidas pelas partes, desde que uma delas tenha sido suficiente para o julgamento do recurso (Aprovado no XXX FONAJE - SP 16 a 18 de novembro de 2011).

160. Nas hipóteses do artigo 515, § 3º, do CPC, e quando reconhecida a prescrição na sentença, a turma recursal, dando provimento ao recurso, poderá julgar de imediato o mérito, independentemente de requerimento expresso do recorrente. (Aprovado no XXXIV FONAJE - Recife.)

161. Considerado o princípio da especialidade, o CPC/2015 somente terá aplicação ao Sistema dos Juizados Especiais nos casos de expressa e específica remissão ou na hipótese de compatibilidade com os critérios previstos no art. 2º da Lei 9.099/95. (Aprovado no XXXVIII FONAGE.)

162. Não se aplica ao Sistema dos Juizados Especiais a regra do art. 489 do CPC/2015 diante da expressa previsão contida no art. 38, *caput*, da Lei 9.099/95. (Aprovado no XXXVIII FONAGE.)

163. Os procedimentos de tutela de urgência requeridos em caráter antecedente, na forma prevista nos arts. 303 a 310 do CPC/2015, são incompatíveis com o Sistema dos Juizados Especiais. (Aprovado no XXXVIII FONAGE.)

164. O art. 229, *caput*, do CPC/2015 não se aplica ao Sistema de Juizados Especiais. (Aprovado no XXXVIII FONAGE.)

165. Nos Juizados Especiais Cíveis, todos os prazos serão contados de forma contínua (XXXIX Encontro - Maceió-AL).

166. Nos Juizados Especiais Cíveis, o juízo prévio de admissibilidade do recurso será feito em primeiro grau (XXXIX Encontro - Maceió-AL).

167. Não se aplica aos Juizados Especiais a necessidade de publicação no Diário Eletrônico quando o réu for revel - art. 346 do CPC (XL Encontro - Brasília-DF).

168. Não se aplica aos recursos dos Juizados Especiais o disposto no artigo 1.007 do CPC 2015 (XL Encontro - Brasília-DF).

169. O disposto nos §§ 1º e 5º do art. 272 do CPC/2015 não se aplica aos Juizados Especiais (XLI Encontro - Porto Velho/RO).

170. No Sistema dos Juizados Especiais, não se aplica o disposto no inc. V do art. 292 do CPC/2015 especificamente quanto ao pedido de dano moral; caso o autor opte por atribuir um valor específico, este deverá ser computado conjuntamente com o valor da pretensão do dano material para efeito de alçada e pagamento de custas (XLI Encontro - Porto Velho-RO).

171. Na Justiça Itinerante podem ser flexibilizadas as regras procedimentais, ante as contingências fáticas da região atendida, observando-se sempre as garantias do contraditório e do devido processo legal (43º Encontro - Macapá - AP).

ENUNCIADOS DA FAZENDA PÚBLICA

1. Aplicam-se aos Juizados Especiais da Fazenda Pública, no que couber, os enunciados dos Juizados Especiais Cíveis. (Aprovado no XXIX FONAJE - MS 25 a 27 de maio de 2011).

2. É cabível, nos Juizados Especiais da Fazenda Pública, o litisconsórcio ativo, ficando definido, para fins de fixação da competência, o valor individualmente considerado de até 60 salários-mínimos. (Aprovado no XXIX FONAJE - MS 25 a 27 de maio de 2011).

3. Não há prazo diferenciado para a Defensoria Pública no âmbito dos Juizados Especiais da Fazenda Pública. (Aprovado no XXIX FONAJE - MS 25 a 27 de maio de 2011).

4. (Cancelado pela aprovação do 01 no XXIX FONAJE - MS 25 a 27 de maio de 2011).

5. É de 10 dias o prazo de recurso contra decisão que deferir tutela antecipada em face da Fazenda Pública (Aprovado no XXIX FONAJE - MS 25 a 27 de maio de 2011. Nova Redação. Aprovada no XXX FONAJE - SP 16 a 18 de novembro de 2011).

6. Vencida a Fazenda Pública, quando recorrente, a fixação de honorários advocatícios deve ser estabelecida de acordo com o § 4º, do art. 20, do Código de Processo Civil, de forma equitativa pelo juiz. (Aprovado no XXIX FONAJE - MS 25 a 27 de maio de 2011).

▸ Refere-se ao CPC/1973. V. art. 85, NCPC.

7. O sequestro previsto no § 1º do artigo 13 da Lei n. 12.153/09 também poderá ser feito por meio do Bacenjud, ressalvada a hipótese de precatório (Aprovado no XXX FONAJE - SP 16 a 18 de novembro de 2011).

8. De acordo com a decisão proferida pela 3ª Seção do Superior Tribunal de Justiça no Conflito de Competência 35.420, e considerando que o inciso II do art. 5º da Lei 12.153/09 é taxativo e não inclui ente da Administração Federal entre os legitimados passivos, não cabe, no Juizado Especial da Fazenda Pública ou no Juizado Estadual Cível, ação contra a União, suas empresas públicas e autarquias, nem contra o INSS. (Aprovado no XXVIII FONAJE - BA - 24 a 26 de novembro de 2010) (Renumeração aprovada no XXXII FONAJE - RJ - 5 a 7 de dezembro de 2012)

9. Nas comarcas onde não houver Juizado Especial da Fazenda Pública ou juizados adjuntos instalados, as ações serão propostas perante as Varas comuns que detêm competência para processar os feitos de interesse da Fazenda Pública ou perante aquelas designadas pelo Tribunal de Justiça, observando-se o procedimento previsto na Lei 12.153/09. (Aprovado no XXVIII FONAJE - BA - 24 a 26 de novembro de 2010) (Renumeração aprovada no XXXII FONAJE - RJ - 5 a 7 de dezembro de 2012)

10. É admitido no Juizado da Fazenda Pública o julgamento em lote/lista, quando a material for exclusivamente de direito e repetitivo. (Aprovado no XXXII FONAJE - RJ - 5 a 7 de dezembro de 2012)

11. As causas de maior complexidade probatória, por imporem dificuldades para assegurar o contraditório e a ampla defesa, afastam a competência do Juizado da Fazenda Pública. (Aprovado no XXXII FONAJE - RJ - 5 a 7 de dezembro de 2012).

12. Na hipótese de realização de exame técnico previsto no art. 10 da Lei 12.153/2009, em persistindo dúvida técnica, poderá o juiz extinguir o processo pela complexidade da causa. (Aprovado no XXXVIII FONAGE.)

13. A contagem dos prazos processuais nos Juizados da Fazenda Pública será feita de forma contínua, observando-se, inclusive, a regra especial de que não há prazo diferenciado para a Fazenda Pública - art. 7º da Lei 12.153/09 (XXXIX Encontro - Maceió-AL).

14. A obrigação de assistência por advogado, nas causas de valor superior a vinte salários mínimos, nos termos do art. 9°, *caput*, da Lei 9.099/1995, aplica-se ao Juizado Especial da Fazenda Pública (44° Encontro - Rio de Janeiro - RJ).

ENUNCIADOS CRIMINAIS

1. A ausência injustificada do autor do fato à audiência preliminar implicará em vista dos autos ao Ministério Público para o procedimento cabível.

2. O Ministério Público, oferecida a representação em Juízo, poderá propor diretamente a transação penal, independentemente do comparecimento da vítima à audiência preliminar (Nova redação aprovada no XXI Encontro - Vitória/ES).

3. (Cancelado no XXI Encontro Vitória/ES. disposição temporária).

4. (Substituído pelo Enunciado 38).

5. (Substituído pelo Enunciado 46).

6. (Substituído no XXI Encontro Vitória/ES pelo Enunciado 86).

7. Cancelado.

8. A multa deve ser fixada em dias-multa, tendo em vista o art. 92 da Lei 9.099/95, que determina a aplicação subsidiária dos Códigos Penal e de Processo Penal.

9. A intimação do autor do fato para a audiência preliminar deve conter a advertência da necessidade de acompanhamento de advogado e de que, na sua falta, ser-lhe-á nomeado Defensor Público.

10. Havendo conexão entre crimes da competência do Juizado Especial e do Juízo Penal Comum, prevalece a competência deste.

11. (Substituído no XIX Encontro - Aracaju/SE pelo Enunciado 80).

12. (Substituído no XV Encontro - Florianópolis/SC pelo Enunciado 64).

13. É cabível o encaminhamento de proposta de transação por carta precatória (Nova redação aprovada no XXI Encontro - Vitória/ES).

14. (Substituído no XIX Encontro - Aracaju/SE, pelo Enunciado 79)

15. (Substituído no XXI Encontro Vitória/ES pelo Enunciado 87).

16. Nas hipóteses em que a condenação anterior não gera reincidência, é cabível a suspensão condicional do processo.

17. É cabível, quando necessário, interrogatório por carta precatória, por não ferir os princípios que regem a Lei 9.099/95 (Nova redação aprovada no XXI Encontro Vitória/ES).

18. Na hipótese de fato complexo, as peças de informação deverão ser encaminhadas à Delegacia Policial para as diligências necessárias. Retornando ao Juizado e sendo o caso do artigo 77, § 2º, da Lei n. 9.099/95, as peças serão encaminhadas ao Juízo Comum.

19. (Substituído no XII Encontro - Maceió/AL pelo Enunciado 48).

20. A proposta de transação de pena restritiva de direitos é cabível, mesmo quando o tipo em abstrato só comporta pena de multa.

21. Cancelado.

22. Na vigência do *sursis*, decorrente de condenação por contravenção penal, não perderá o autor do fato o direito à suspensão condicional do processo por prática de crime posterior.

23. Cancelado.

24. (Substituído pelo Enunciado 54).

25. O início do prazo para o exercício da representação do ofendido começa a contar do dia do conhecimento da autoria do fato, observado o disposto no Código de Processo Penal ou legislação específica. Qualquer manifestação da vítima que denote intenção de representar vale como tal para os fins do art. 88 da Lei 9.099/95.

26. Cancelado.

27. Em regra não devem ser expedidos ofícios para órgãos públicos, objetivando a localização de partes e testemunhas nos Juizados Criminais.

28. (Cancelado - XVII Encontro - Curitiba/PR)

29. (Substituído no XXI Encontro Vitória/ES pelo Enunciado 88).

30. (Cancelado - Incorporado pela Lei n. 10.455/02)

31. O conciliador ou juiz leigo não está incompatibilizado nem impedido de exercer a advocacia, exceto perante o próprio Juizado Especial em que atue ou se pertencer aos quadros do Poder Judiciário.

32. O Juiz ordenará a intimação da vítima para a audiência de suspensão do processo como forma de facilitar a reparação do dano, nos termos do art. 89, § 1º, da Lei 9.099/95.

33. Aplica-se, por analogia, o artigo 49 do Código de Processo Penal no caso da vítima não representar contra um dos autores do fato.

34. Atendidas as peculiaridades locais, o termo circunstanciado poderá ser lavrado pela Polícia Civil ou Militar.

35. (Substituído pelo Enunciado 113 no XXVIII Encontro Bahia).

36. (Substituído pelo Enunciado 89 no XXI Encontro Vitória/ES).

37. O acordo civil de que trata o art. 74 da Lei n. 9.099/1995 poderá versar sobre qualquer valor ou matéria (Nova Redação aprovada no XXI Encontro - Vitória/ES).

38 Cancelado (XXXIII Encontro - Cuiabá/MT).

39. Cancelado (XXXIII Encontro - Cuiabá/MT).

40. Cancelado (XXXIII Encontro - Cuiabá/MT).

41. Cancelado.

42. A oitiva informal dos envolvidos e de testemunhas, colhida no âmbito do Juizado Especial Criminal, poderá ser utilizada como peça de informação para o procedimento.

43. O acordo em que o objeto for obrigação de fazer ou não fazer deverá conter cláusula penal em valor certo, para facilitar a execução cível.

44. No caso de transação penal homologada e não cumprida, o decurso do prazo prescricional provoca a declaração de extinção de punibilidade pela prescrição da pretensão executória.

45. Cancelado.

46. (Cancelado. Incorporado pela Lei n. 11.313/06).

47. (Substituído pelo Enunciado 71 no XV Encontro - Florianópolis/SC).

48. O recurso em sentido estrito é incabível em sede de Juizados Especiais Criminais.

49. (Substituído pelo Enunciado 90 no XXI Encontro Vitória/ES)

50. (Cancelado no XI Encontro Brasília-DF).

51. A remessa dos autos ao juízo comum, na hipótese do art. 66, parágrafo único, da Lei 9.099/95 (64), exaure a competência do Juizado Especial Criminal, que não se restabelecerá com localização do acusado (Nova Redação aprovada no XXI Encontro Vitória/ES).

52. A remessa dos autos ao juízo comum, na hipótese do art. 77, § 2º, da Lei 9.099/95 (18), exaure a competência do Juizado Especial Criminal, que não se restabelecerá ainda que afastada a complexidade.

53. No Juizado Especial Criminal, o recebimento da denúncia, na hipótese de suspensão condicional do processo, deve ser precedido da resposta prevista no art. 81 da Lei 9.099/95.

54. Cancelado (43° Encontro - Macapá-AP).

55. (Cancelado no XI Encontro - em Brasília-DF).

56. Cancelado (XXXVI Encontro - Belém/PA).

57. (Substituído pelo Enunciado 79 no XIX Encontro - Aracaju/SE).

58. A transação penal poderá conter cláusula de renúncia á propriedade do objeto apreendido. (Aprovado no XIII Encontro - Campo Grande/MS).

59. O juiz decidirá sobre a destinação dos objetos apreendidos e não reclamados no prazo do art. 123 do CPP. (Aprovado no XIII Encontro - Campo Grande/MS).

60. Exceção da verdade e questões incidentais não afastam a competência dos Juizados Especiais, se a hipótese não for complexa. (Aprovado no XIII Encontro - Campo Grande/MS).

61. Substituído pelo Enunciado 122 (XXXIII Encontro - Cuiabá/MT)

62. O Conselho da Comunidade poderá ser beneficiário da prestação pecuniária e deverá aplicá-la em prol da execução penal e de programas sociais, em especial daqueles que visem a prevenção da criminalidade. (Aprovado no XIV Encontro - São Luis/MA).

63. As entidades beneficiárias de prestação pecuniária, em contrapartida, deverão dar suporte à execução de penas e medidas alternativas. (Aprovado no XIV Encontro - São Luis/MA).

64. Verificada a impossibilidade de citação pessoal, ainda que a certidão do Oficial de Justiça seja anterior à denúncia, os autos serão remetidos ao juízo comum após o oferecimento desta (Nova redação aprovada no XXI Encontro - Vitória/ES).

65. Alterado pelo Enunciado 109 (Aprovado no XXV FONAJE - São Luís, 27 a 29 de maio de 2009).

66. É direito do réu assistir à inquirição das testemunhas, antes de seu interrogatório, ressalvado o disposto no artigo 217 do Código de Processo Penal. No caso excepcional de o interrogatório ser realizado por precatória, ela deverá ser instruída com cópia de todos os depoimentos, de que terá ciência o réu (Aprovado no XV Encontro - Florianópolis/SC).

67. A possibilidade de aplicação de suspensão ou proibição de se obter a permissão ou a habilitação para dirigir veículos automotores por até cinco anos (art. 293 da Lei n. 9.503/97), perda do cargo, inabilitação para exercício de cargo, função pública ou mandato eletivo ou outra sanção diversa da privação da liberdade, não afasta a competência do Juizado Especial Criminal (Aprovado no XV Encontro - Florianópolis/SC).

68. É cabível a substituição de uma modalidade de pena restritiva de direitos por outra, aplicada em sede de transação penal, pelo juízo do conhecimento, a requerimento do interessado, ouvido o Ministério Público (Aprovado no XV Encontro - Florianópolis/SC).

69. (Substituído no XVI Encontro - Rio de Janeiro/RJ pelo Enunciado 74).

70. O conciliador ou o juiz leigo podem presidir audiências preliminares nos Juizados Especiais Criminais, propondo conciliação e encaminhamento da proposta de transação (Aprovado no XV Encontro - Florianópolis/SC).

71. A expressão conciliação prevista no artigo 73 da Lei 9.099/95 abrange o acordo civil e a transação penal, podendo a proposta do Ministério Público ser encaminhada pelo conciliador ou pelo juiz leigo, nos termos do artigo 76, § 3º, da mesma Lei (Substitui o Enunciado 47. Aprovado no XV Encontro - Florianópolis/SC).

72. A proposta de transação penal e a sentença homologatória devem conter obrigatoriamente o tipo infracional imputado ao autor do fato, independentemente da capitulação ofertada no termo circunstanciado (Aprovado no XVI Encontro - Rio de Janeiro/RJ)

73. O juiz pode deixar de homologar transação penal em razão de atipicidade, ocorrência de prescrição ou falta de justa causa para a ação penal, equivalendo tal decisão à rejeição da denúncia ou queixa (Aprovado no XVI Encontro - Rio de Janeiro/RJ).

74 (Substitui o Enunciado 69). A prescrição e a decadência não impedem a homologação da composição civil (Aprovado no XVI Encontro - Rio de Janeiro/RJ).

75. É possível o reconhecimento da prescrição da pretensão punitiva do Estado pela projeção da pena a ser aplicada ao caso concreto (Aprovado no XVII Encontro - Curitiba/PR).

76. A ação penal relativa à contravenção de vias de fato dependerá de representação (Aprovado no XVII Encontro - Curitiba/PR).

77. O juiz pode alterar a destinação das medidas penais indicadas na proposta de transação penal (Aprovado no XVIII Encontro - Goiânia/GO).

78. (Substituído pelo Enunciado 80 no XIX Encontro - Aracaju/SE).

79. Cancelado (XXXVI Encontro - Belém/PA).

80. (Cancelado no XXIV Encontro - Florianópolis/SC)

81. O relator, nas Turmas Recursais Criminais, em decisão monocrática, poderá negar seguimento a recurso manifestamente inadmissível, prejudicado, ou julgar extinta a punibilidade, cabendo recurso interno para a Turma Recursal, no prazo de cinco dias (Aprovado no XIX Encontro - Aracaju/SE)

82. O autor do fato previsto no art. 28 da Lei n. 11.343/06 deverá ser encaminhado à autoridade policial para as providências do art. 48, § 2º, da mesma Lei (Aprovado no XX Encontro - São Paulo/SP).

83. Ao ser aplicada a pena de advertência, prevista no art. 28, I, da Lei n. 11.343/06, sempre que possível deverá o juiz se fazer acompanhar de profissional habilitado na questão sobre drogas (Aprovado no XX Encontro - São Paulo/SP).

84. Cancelado (XXXVII Encontro - Florianópolis/SC).

85. Aceita a transação penal, o autor do fato previsto no art. 28 da Lei n. 11.343/06 deve ser advertido expressamente para os efeitos previstos no § 6º do referido dispositivo legal (Aprovado no XX Encontro - São Paulo/SP).

86. (Substitui o Enunciado 6). Em caso de não oferecimento de proposta de transação penal ou de suspensão condicional do processo pelo Ministério Público, aplica-se, por analogia, o disposto no art. 28 do CPP (Aprovado no XXI Encontro Vitória/ES).

87. (Substitui o Enunciado 15). O Juizado Especial Criminal é competente para a execução das penas ou medidas aplicadas em transação penal, salvo quando houver central ou vara de penas e medidas alternativas com competência específica (Aprovado no XXI Encontro Vitória/ES).

88. Cancelado (XXXIII Encontro - Cuiabá/MT).

89. (Substitui o Enunciado 36). Havendo possibilidade de solução de litígio de qualquer valor ou matéria subjacente à questão penal, o acordo poderá ser reduzido a termo no Juizado Especial Criminal e encaminhado ao juízo competente (Aprovado no XXI Encontro Vitória/ES).

90. (Substituído pelo Enunciado 112 no XXVII Encontro - Palmas/TO).

91. É possível a redução da medida proposta, autorizada no art. 76, § 1º, da Lei n. 9.099/1995, pelo juiz deprecado (Aprovado no XXI Encontro Vitória/ES).

92. É possível a adequação da proposta de transação penal ou das condições da suspensão do processo no juízo deprecado ou no juízo da execução, observadas as circunstâncias pessoais do beneficiário. (Nova redação, aprovada no XXII Encontro Manaus/AM)

93. É cabível a expedição de precatória para citação, apresentação de defesa preliminar e proposta de suspensão do processo no juízo deprecado. Aceitas as condições, o juízo deprecado comunicará ao deprecante o qual, recebendo a denúncia, deferirá a suspensão, a ser cumprida no juízo deprecado (Aprovado no XXI Encontro Vitória/ES).

94. A Lei n. 11.343/2006 não descriminalizou a conduta de posse ilegal de drogas para uso próprio (Aprovado no XXI Encontro Vitória/ES).

95. A abordagem individualizada multidisciplinar deve orientar a escolha da pena ou medida dentre as previstas no art. 28 da Lei n. 11.343/2006, não havendo gradação no rol (Aprovado no XXI Encontro Vitória/ES).

96. O prazo prescricional previsto no art. 30 da Lei n. 11.343/2006 aplica-se retroativamente aos crimes praticados na vigência da lei anterior (Aprovado no XXI Encontro Vitória/ES).

97. É possível a decretação, como efeito secundário da sentença condenatória, da perda dos veículos utilizados na prática de crime ambiental da competência dos Juizados Especiais Criminais (Aprovado no XXI Encontro Vitória/ES).

98. Revogação aprovada, por unanimidade, no XLI Encontro - Porto Velho - RO, em razão da Súmula 575 do STJ.

99. Nas infrações penais em que haja vítima determinada, em caso de desinteresse desta ou de composição civil, deixa de existir justa causa para ação penal (Nova redação, aprovada no XXIII Encontro - Boa Vista/RR).

100. A procuração que instrui a ação penal privada, no Juizado Especial Criminal, deve atender aos requisitos do art. 44 do CPP (Aprovado no XXII Encontro Manaus/AM).

101. É irrecorrível a decisão que defere o arquivamento de termo circunstanciado a requerimento do Ministério Público, devendo o relator proceder na forma do 81 (Aprovado no XXII Encontro Manaus/AM).

102. As penas restritivas de direito aplicadas em transação penal são fungíveis entre si (Aprovado no XXIII Encontro - Boa Vista/RR).

103. A execução administrativa da pena de multa aplicada na sentença condenatória poderá ser feita de ofício pela Secretaria do Juizado ou Central de Penas. (Aprovado no XXIV Encontro Florianópolis/SC)

104. A intimação da vítima é dispensável quando a sentença de extinção da punibilidade se embasar na declaração prévia de desinteresse na persecução penal. (Aprovado no XXIV Encontro Florianópolis/SC)

105. É dispensável a intimação do autor do fato ou do réu das sentenças que extinguem sua punibilidade. (Aprovado no XXIV Encontro Florianópolis/SC)

106. A audiência preliminar será sempre individual (Aprovado no XXIV Encontro Florianópolis/SC)

107. A advertência de que trata o art. 28, I, da Lei n. 11.343/06, uma vez aceita em transação penal pode ser ministrada a mais de um autor do fato ao mesmo tempo, por profissional habilitado, em ato designado para data posterior à audiência preliminar. (Aprovado no XXIV Encontro Florianópolis/SC)

108. O art. 396 do CPP não se aplica no Juizado Especial Criminal regido por lei especial (Lei n. 9.099/95) que estabelece regra própria. (Aprovado no XXV FONAJE - São Luís/MA).

109. (Substitui o Enunciado 65.) Nas hipóteses do artigo 363, § 1º e § 4º, do Código de Processo Penal, aplica-se o parágrafo único do artigo 66 da Lei n. 9.099/95 (Aprovado no XXV FONAJE - São Luís/MA).

110. No Juizado Especial Criminal é cabível a citação com hora certa (Aprovado no XXV FONAJE - São Luís/MA).

‣ arts. 252 a 254, NCPC.

111. O princípio da ampla defesa deve ser assegurado também na fase da transação penal (Aprovado no XXVII FONAJE - Palmas/TO).

112. (Substitui o Enunciado 90). Na ação penal de iniciativa privada, cabem transação penal e a suspensão condicional do processo, mediante proposta do Ministério Público (Aprovado no XXVII FONAJE - Palmas/TO).

113. (Substitui o Enunciado 35.) Até a prolação da sentença é possível declarar a extinção da punibilidade do autor do fato pela renúncia expressa da vítima ao direito de representação ou pela conciliação (Aprovado no XXVIII FONAJE - BA, 24 a 26 de novembro de 2010).

114. A Transação Penal poderá ser proposta até o final da instrução processual (Aprovado no XXVIII FONAJE - BA, 24 a 26 de novembro de 2010).

115. A restrição de nova transação do art. 76, § 4º, da Lei 9.099/95, não se aplica ao crime do art. 28 da Lei 11.343/2006 (Aprovado no XXVIII FONAJE - BA, 24 a 26 de novembro de 2010).

116. Na transação penal deverão ser observados os princípios da justiça restaurativa, da proporcionalidade, da dignidade, visando a efetividade e adequação (Aprovado no XXVIII FONAJE - BA, 24 a 26 de novembro de 2010).

117. A ausência da vítima na audiência, quando intimada ou não localizada, importará renúncia tácita à representação (Aprovado no XXVIII FONAJE - BA, 24 a 26 de novembro de 2010).

118. Somente a reincidência especifica autoriza a exasperação da pena de que trata o § 4º do artigo 28 da Lei 11.343/2006 (Aprovado no XXIX FONAJE - MS 25 a 27 de maio de 2011).

119. É possível a mediação no âmbito do Juizado Especial Criminal (Aprovado no XXIX FONAJE - MS 25 a 27 de maio de 2011).

120. O concurso de infrações de menor potencial ofensivo não afasta a competência do Juizado Especial Criminal, ainda que o somatório das penas, em abstrato, ultrapasse dois anos (Aprovado no XXIX FONAJE - MS 25 a 27 de maio de 2011). Cancelado à unanimidade (44° Encontro - Rio de Janeiro RJ.)

121. As medidas cautelares previstas no art. 319 do CPP e suas consequências, à exceção da fiança, são aplicáveis às infrações penais de menor potencial ofensivo para as quais a lei cominar em tese pena privativa da liberdade (Aprovado no XXX FONAJE - SP 16 a 18 de novembro de 2011).

122. (Substitui o Enunciado 61). O processamento de medidas despenalizadoras previstas no artigo 94 da Lei 10.741/03, relativamente aos crimes cuja pena máxima não supere 02 anos, compete ao Juizado Especial Criminal (XXXIII Encontro - Cuiabá/MT).

123. O mero decurso do prazo da suspensão condicional do processo sem o cumprimento integral das condições impostas em juízo não redundará em extinção automática da punibilidade do agente (XXXIII Encontro - Cuiabá/MT).

124. A reincidência decorrente de sentença condenatória e a existência de transação penal anterior, ainda que por crime de outra natureza ou contravenção, não impedem a aplicação das medidas despenalizadoras do artigo 28 da Lei 11.343/06 em sede de transação penal (XXXIII Encontro - Cuiabá/MT).

125. É cabível, no Juizado Especial Criminal, a intimação por edital da sentença penal condenatória, quando não localizado o réu (XXXVI Encontro - Belém/PA).

126. A condenação por infração ao artigo 28 da Lei 11.343/06 não enseja registro para efeitos de antecedentes criminais e reincidência. (XXXVII Encontro - Florianópolis/SC).

127. A fundamentação da sentença ou do acórdão criminal poderá ser feita oralmente, em sessão, audiência ou gabinete, com gravação por qualquer meio eletrônico ou digital, consignando-se por escrito apenas a dosimetria da pena e o dispositivo (XL Encontro - Brasília-DF).

128. Em se tratando de contravenção penal, o prazo de suspensão condicional do processo, na forma do art. 11 do Decreto-Lei 3.688/1941, será de 1 a 3 anos (XLII Encontro - Curitiba-PR).

129. Serão válidas as intimações por telefone, e-mail, whatsapp ou outro aplicativo de envio de mensagens eletrônicas, sem prejuízo das formas convencionais estabelecidas em lei, sempre quando precedida de adesão expressa ao sistema por parte do interessado, em qualquer fase da investigação ou mesmo do procedimento (43° Encontro - Macapá-AP).

FONAJEF - FÓRUM NACIONAL DOS JUIZADOS ESPECIAIS FEDERAIS

ENUNCIADOS CONSOLIDADOS ATÉ XV FONAJEF FOZ DO IGUAÇU/PR - OUTUBRO/2018

1. O julgamento liminar de mérito não viola o princípio do contraditório e deve ser empregado na hipótese de decisões reiteradas de improcedência pelo juízo, bem como nos casos que dispensem a fase instrutória, quando o pedido contrariar frontalmente norma jurídica. (Revisão do Enunciado n. 1 no XI FONAJEF).

2. Nos casos de julgamentos de procedência de matérias repetitivas, é recomendável a utilização de contestações depositadas na Secretaria, a fim de possibilitar a imediata prolação de sentença de mérito.

3. A autointimação eletrônica atende aos requisitos das Leis n. 10.259/2001 e 11.419/2006 e é preferencial à intimação por e-mail. (redação dada pelo 4º FONAJEF)

4. Na propositura de ações repetitivas ou de massa, sem advogado, não havendo viabilidade material de opção pela autointimação eletrônica, a parte firmará compromisso de comparecimento, em prazo predeterminado em formulário próprio, para ciência dos atos processuais praticados.

5. As sentenças e antecipações de tutela devem ser registradas tão somente em meio eletrônico.

6. Havendo foco expressivo de demandas em massa, os juizados especiais federais solicitarão às Turmas Recursais e de Uniformização Regional e Nacional o julgamento prioritário da matéria repetitiva, a fim de uniformizar a jurisprudência a respeito e de possibilitar o planejamento do serviço judiciário (Aprovado no II Fonajef) (Transformado em Recomendação no XIV Fonajef)

7. Nos Juizados Especiais Federais o procurador federal não tem a prerrogativa de intimação pessoal.

8. É válida a intimação do procurador federal para cumprimento da obrigação de fazer, independentemente de ofício, com base no artigo 461 do Código de Processo Civil.

‣ Refere-se ao CPC/1973. V. arts. 497 e ss., NCPC.

9. Além das exceções constantes do § 1º do artigo 3º da Lei n. 10.259, não se incluem na competência dos Juizados Especiais Federais, os procedimentos especiais previstos no Código de Processo Civil, salvo quando possível a adequação ao rito da Lei n. 10.259/2001.

10. O incapaz pode ser parte autora nos Juizados Especiais Federais, dando-se-lhe curador especial, se ele não tiver representante constituído.

11. No ajuizamento de ações no JEF, a microempresa e a empresa de pequeno porte deverão comprovar essa condição mediante documentação hábil.

12. No Juizado Especial Federal, não é cabível o pedido contraposto formulado pela União Federal, autarquia, fundação ou empresa pública federal.

▸ Lei 13.303/2016 (Dispõe sobre o estatuto jurídico da empresa pública, da sociedade de economia mista e de suas subsidiárias, no âmbito da União, dos Estados, do Distrito Federal e dos Municípios).

13. Não são admissíveis embargos de execução nos JEFs, devendo as impugnações do devedor ser examinadas independentemente de qualquer incidente.

14. Nos Juizados Especiais Federais, não é cabível a intervenção de terceiros ou a assistência.

15. Na aferição do valor da causa, deve-se levar em conta o valor do salário-mínimo em vigor na data da propositura de ação.

16. Não há renúncia tácita nos Juizados Especiais Federais para fins de fixação de competência.

17. Não cabe renúncia sobre parcelas vincendas para fins de fixação de competência nos Juizados Especiais Federais.

18. No caso de litisconsorte ativo, o valor da causa, para fins de fixação de competência deve ser calculado por autor.

19. Aplicam-se os §§ 1º e 2º do art. 113 do CPC/2015 em sede de Juizados Especiais Federais (Aprovado no II Fonajef) (Redação atualizada pelo XIV Fonajef).

20. Não se admite, para firmar competência dos juizados especiais federais, o fracionamento de parcelas vencidas, ou de vencidas e vincendas, decorrentes da mesma relação jurídica material (Revisado no XIII FONAJEF).

21. As pessoas físicas, jurídicas, de direito privado ou de direito público estadual ou municipal podem figurar no polo passivo, no caso de litisconsórcio necessário.

22. A exclusão da competência dos Juizados Especiais Federais quanto às demandas sobre direitos ou interesses difusos, coletivos ou individuais homogêneos somente se aplica quanto a ações coletivas.

23. (cancelado pelo 5º FONAJEF)

24. Reconhecida a incompetência do Juizado Especial Federal, é cabível a extinção de processo, sem julgamento de mérito, nos termos do art. 1 da Lei n. 10.259/2001 e do art. 51, III, da Lei n. 9.099/95, não havendo nisso afronta ao art. 12, parágrafo 2º, da Lei 11.419/06. (redação dada pelo 5º FONAJEF)

25. No ato do cadastramento eletrônico, as partes se comprometem, mediante adesão, a cumprir as normas referentes ao acesso.

26. Nos Juizados Virtuais, considera-se efetivada a comunicação eletrônica do ato processual, inclusive citação, pelo decurso do prazo fixado, ainda que o acesso não seja realizado pela parte interessada.

27. Não deve ser exigido o protocolo físico da petição encaminhada via internet ou correio eletrônico ao Juizado Virtual, não se aplicando as disposições da Lei n. 9.800/99.

28. É inadmissível a avocação, por Tribunal Regional Federal, de processos ou matéria de competência de Turma Recursal, por flagrante violação ao art. 98 da Constituição Federal.

29. Cabe ao Relator, monocraticamente, atribuir efeito suspensivo a recurso, não conhecê-lo, bem assim lhe negar ou dar provimento nas hipóteses tratadas no artigo 932, IV, 'c', do CPC, e quando a matéria estiver pacificada em súmula da Turma Nacional de Uniformização, enunciado de Turma Regional ou da própria Turma Recursal (Revisado no XIII FONAJEF).

30. A decisão monocrática referendada pela Turma Recursal, por se tratar de manifestação do colegiado, não é passível de impugnação por intermédio de agravo interno (Revisado no XIII FONAJEF).

31. (Cancelado no V FONAJEF.)

32. A decisão que contenha os parâmetros de liquidação atende ao disposto no art. 38, parágrafo único, da Lei n. 9.099/95.

33. (Cancelado no IV FONAJEF.)

34. (Cancelado no XII FONAJEF.)

35. A execução provisória para pagar quantia certa é inviável em sede de juizado, considerando outros meios jurídicos para assegurar o direito da parte.

36. (Cancelado no XIII FONAJEF).

37. (Cancelada no IV FONAJEF)

38. A qualquer momento poderá ser feito o exame de pedido de gratuidade com os critérios dos artigos 98 e seguintes do CPC/2015. Presume-se necessitada a parte que perceber renda até o valor do limite de isenção do imposto de renda (Redação atualizada no XIV Fonajef).

39. Não sendo caso de justiça gratuita, o recolhimento das custas para recorrer deverá ser feito de forma integral nos termos da Resolução do Conselho da Justiça Federal, no prazo da Lei n. 9.099/95.

40. (Cancelado no V FONAJEF.)

41. (Cancelado no V FONAJEF.)

42. Em caso de embargos de declaração protelatórios, cabe a condenação em litigância de má-fé (princípio da lealdade processual) (Aprovado no II FONAJEF).

43. É adequada a limitação dos incidentes de uniformização às questões de direito material.

44. Não cabe ação rescisória no JEF. O artigo 59 da Lei n. 9.099/95 está em consonância com os princípios do sistema processual dos Juizados Especiais, aplicando-se também aos Juizados Especiais Federais.

45. Havendo contínua e permanente fiscalização do juiz togado, conciliadores criteriosamente escolhidos pelo Juiz, poderão para certas matérias, realizar atos instrutórios previamente determinados, como redução a termo de depoimentos, não se admitindo contudo, prolação de sentença a ser homologada.

46. A litispendência deverá ser alegada e provada, nos termos do CPC/2015 (art. 337, VI), pelo réu, sem prejuízo dos mecanismos de controle desenvolvidos pela Justiça Federal (Aprovado no I Fonajef) (Redação atualizada no XIV Fonajef).

47. Eventual pagamento realizado pelos entes públicos demandados deverá ser comunicado ao Juízo para efeito de compensação quando da expedição da Requisição de Pequeno Valor.

48. Havendo prestação vencida, o conceito de valor da causa para fins de competência do Juizado Especial Federal é estabelecido pelo art. 292 do CPC/2015 (Aprovado no I Fonajef) (Redação atualizada no XIV Fonajef).

49. O controle do valor da causa, para fins de competência do Juizado Especial Federal, pode ser feito pelo juiz a qualquer tempo.

50. Sem prejuízo de outros meios, a comprovação da condição socioeconômica do autor pode ser feita por laudo técnico confeccionado por assistente social, por auto de constatação lavrado por oficial de justiça ou através de oitiva de testemunha. (redação dada pelo 4ª FONAJEF)

51. O art. 20, parágrafo primeiro, da Lei 8.742/93 não é exauriente para delimitar o conceito de unidade familiar.

52. É obrigatória a expedição de Requisição de Pequeno Valor - RPV em desfavor do ente público para ressarcimento de despesas periciais quando este for vencido.

53. Não há prazo em dobro para a Defensoria Pública no âmbito dos Juizados Especiais Federais.

54. O artigo 1.013 e parágrafos do CPC interpretam-se ampliativamente no âmbito das Turmas Recursais, em face dos princípios que orientam o microssistema dos Juizados Especiais Federais (Aprovado no III Fonajef) (Redação atualizada no XIV Fonajef).

55. A nulidade do processo por ausência de citação do réu ou litisconsorte necessário pode ser declarada de ofício pelo juiz nos próprios autos do processo, em qualquer fase, ou mediante provocação das partes, por simples petição.

56. Aplica-se analogicamente nos Juizados Especiais Federais a inexigibilidade do título executivo judicial, nos termos do disposto nos arts. 525, §§ 12, 14, 15; 535, §§ 7º, 8º; 1.057, todos do CPC/2015 (Aprovado no III Fonajef) (Redação atualizada no XIV Fonajef).

57. Nos Juizados Especiais Federais, somente o recorrente vencido arcará com honorários advocatícios.

58. Excetuando-se os embargos de declaração, cujo prazo de oposição é de cinco dias, os prazos recursais contra decisões de primeiro grau no âmbito dos Juizados Especiais Federais são sempre de dez dias, independentemente da natureza da decisão recorrida.

59. Não cabe recurso adesivo nos Juizados Especiais Federais.

60. A matéria não apreciada na sentença, mas veiculada na inicial, pode ser conhecida no recurso inominado, mesmo não havendo a oposição de embargos de declaração.

61. O recurso será recebido no duplo efeito, salvo em caso de antecipação de tutela ou medida cautelar de urgência.

62. A aplicação de penalidade por litigância de má-fé, na forma do art. 55 da Lei n. 9.099/95, não importa na revogação automática da gratuidade judiciária. (redação dada pelo 4ª FONAJEF)

63. Cabe multa ao ente público pelo atraso ou não cumprimento de decisões judiciais com base no artigo 461 do CPC, acompanhada de determinação para a tomada de medidas administrativas para a apuração de responsabilidade funcional e/ou por dano ao erário. Havendo contumácia no descumprimento, caberá remessa de ofício ao Ministério Público Federal para análise de eventual improbidade administrativa.

64. Não cabe multa pessoal ao procurador ad judicia do ente público, seja com base no art. 77, seja nos arts. 497 ou 536, todos do CPC/2015 (Aprovado no III Fonajef) (Redação atualizada no XIV Fonajef).

65. Não cabe a prévia limitação do valor da multa coercitiva (astreintes), que também não se sujeita ao limite de alçada dos Juizados Especiais Federais, ficando sempre assegurada a possibilidade de reavaliação do montante final a ser exigido na forma do parágrafo 1º do artigo 537 do CPC/2015 (Aprovado no III Fonajef) (Redação atualizada no XIV Fonajef).

66. Os Juizados Especiais Federais somente processarão as cartas precatórias oriundas de outros Juizados Especiais Federais de igual competência.

67. O *caput* do artigo 9º da Lei n. 9.099/1995 não se aplica subsidiariamente no âmbito dos Juizados Especiais Federais, visto que o artigo

10 da Lei n. 10.259/2001 disciplinou a questão de forma exaustiva.

68. O estagiário de advocacia, nos termos do Estatuto da OAB, tão só pode praticar, no âmbito dos Juizados Especiais Federais, atos em conjunto com advogado e sob responsabilidade deste.

69. O levantamento de valores e Precatórios, no âmbito dos Juizados Especiais Federais, pode ser condicionado à apresentação, pelo mandatário, de procuração especifica com firma reconhecida, da qual conste, ao menos, o numero de registro do Precatório ou RPV ou o número da conta de depósito, com respectivo valor (Revisado no V Fonajef) (Cancelado no XIV Fonajef).

70. É compatível com o rito dos juizados Especiais Federais a aplicação do art. 112 da Lei n. 8.213/1991, para fins de habilitação processual e pagamento. (redação dada pelo 5º FONAJEF)

71. A parte autora deverá ser instada, na fase da execução, a renunciar ao excedente à alçada do Juizado Especial Federal, para fins de pagamento por Requisições de Pequeno Valor, não se aproveitando, para tanto, a renúncia inicial, de definição de competência.

72. As parcelas vencidas após a data do cálculo judicial podem ser pagas administrativamente, por meio de complemento positivo.

73. A intimação telefônica, desde que realizada diretamente com a parte e devidamente certificada pelo servidor responsável, atende plenamente aos princípios constitucionais aplicáveis à comunicação dos atos processuais.

74. A intimação por carta com aviso de recebimento, mesmo que o comprovante não seja subscrito pela própria parte, é válida desde que entregue no endereço declarado pela parte.

75. É lícita a exigência de apresentação de CPF para o ajuizamento de ação no Juizado Especial Federal.

76. A apresentação de proposta de conciliação pelo réu não induz a confissão.

77. O ajuizamento da ação de concessão de benefício da seguridade social reclama prévio requerimento administrativo.

78. O ajuizamento da ação revisional de benefício da seguridade social que não envolva matéria de fato dispensa o prévio requerimento administrativo, salvo quando houver ato oficial da Previdência reconhecendo administrativamente o direito postulado. (redação dada pelo 9º FONAJEF)

79. A comprovação de denúncia da negativa de protocolo de pedido de concessão de benefício, feita perante a ouvidoria da Previdência Social, supre a exigência de comprovação de prévio requerimento administrativo nas ações de benefícios da seguridade social.

80. Em juizados itinerantes, pode ser flexibilizada a exigência de prévio requerimento administrativo, consideradas as peculiaridades da região atendida.

81. Cabe conciliação nos processos relativos a pessoa incapaz, desde que presente o representante legal e intimado o Ministério Público.

82. O espólio pode ser parte autora nos juizados especiais cíveis federais.

83. O art. 10, *caput*, da Lei n. 10.259/2001 não autoriza a representação das partes por não advogados de forma habitual e com fins econômicos.

84. Não é causa de nulidade nos juizados especiais federais a mera falta de intimação das partes da entrega do laudo pericial (Cancelado no XIII FONAJEF).

85. Não é obrigatória a degravação, tampouco a elaboração de resumo, para apreciação de recurso, de audiência gravada por meio magnético ou equivalente, desde que acessível ao órgão recursal.

86. A tutela de urgência em sede de turmas recursais pode ser deferida de ofício.

87. A decisão monocrática proferida por Relator é passível de Agravo Interno.

88. Não se admite Mandado de Segurança para Turma Recursal, exceto na hipótese de ato jurisdicional teratológico contra o qual não caiba mais recurso. (redação alterada pelo 10º FONAJEF).

89. Não cabe processo cautelar autônomo, preventivo ou incidental, no âmbito do JEF.

90. Os honorários advocatícios impostos pelas decisões do Juizado Especial Federal serão executadas no próprio JEF, por quaisquer das partes. (redação dada pelo 5º FONAJEF)

91. Os Juizados Especiais Federais são incompetentes para julgar causas que demandem perícias complexas ou onerosas que não se enquadrem no conceito de exame técnico (art. 12 da Lei 10.259/2001).

92. Para a propositura de ação relativa a expurgos inflacionários sobre saldos de poupança, deverá a parte autora providenciar documento que mencione o número da conta bancária ou prova de relação contratual com a instituição financeira.

93. Para a propositura de demandas referentes a contas de FGTS anteriores à centralização deverá a parte comprovar que diligenciou ou solicitou os extratos junto à CEF ou à instituição mantenedora das contas vinculadas anteriormente ao período de migração.

94. O artigo 51, inc. I, da Lei 9.099/95 aplica-se aos JEFs, ainda que a parte esteja representada na forma do artigo 10, *caput*, da Lei 10.259/01.

95. Nas ações visando a correção do saldo das cadernetas de poupança, pode o juiz, havendo prova inequívoca de titularidade da conta à época, suprir a inexistência de extratos por meio de arbitramento.

96. A concessão administrativa do benefício no curso do processo acarreta a extinção do feito sem resolução de mérito por perda do objeto, desde que corresponda ao pedido formulado na inicial.

97. Cabe incidente de uniformização de jurisprudência quando a questão deduzida nos autos tiver reflexo sobre a competência do juizado especial federal.

98. É inadmissível o reexame de matéria fática em pedido de uniformização de jurisprudência.

99. O provimento, ainda que parcial, de recurso inominado afasta a possibilidade de condenação do recorrente ao pagamento de honorários de sucumbência.

100. No âmbito dos Juizados Especiais Federais, a Turma Recursal poderá conhecer diretamente das questões não examinadas na sentença que acolheu prescrição ou decadência, estando o processo em condições de imediato julgamento.

101. A Turma Recursal tem poder para complementar os atos de instrução já realizados pelo juiz do Juizado Especial Federal, de forma a evitar a anulação da sentença.

102. Convencendo-se da necessidade de produção de prova documental complementar, a Turma Recursal produzirá ou determinará que seja produzida, sem retorno do processo para o juiz do Juizado Especial Federal.

103. Sempre que julgar indispensável, a Turma Recursal, sem anular a sentença, baixará o processo em diligências para fins de produção de prova testemunhal, pericial ou elaboração de cálculos.

104. Cabe à Turma de Uniformização reformar os acórdãos que forem contrários à sua jurisprudência pacífica, ressalvada a hipótese de supressão de instância, em que será cabível a remessa dos autos à Turma de origem para fim de adequação do julgado (Aprovado no VI Fonajef) (Cancelado no XIV Fonajef).

105. A Turma de Uniformização, ao externar juízo acerca da admissibilidade do pedido de uniformização, deve considerar a presença de similitude de questões de fato e de direito nos acórdãos confrontados.

106. Cabe à Turma Recursal conhecer e julgar os conflitos de competência apenas entre Juizados Especiais Federais sujeitos a sua jurisdição.

107. Fora das hipóteses do artigo 4º da Lei 10.259/2001, a impugnação de decisões interlocutórias proferidas antes da sentença deverá ser feita no recurso desta (art. 41 da Lei n. 9.099/95).

108. Não cabe recurso para impugnar decisões que apreciem questões ocorridas após o trânsito em julgado.

109. A tempestividade do recurso pode ser comprovada por qualquer meio idôneo, inclusive Eletrônico.

110. A competência das turmas recursais reunidas, onde houver, deve ser limitada à deliberação acerca de enunciados das turmas recursais das respectivas seções judiciárias.

111. (Cancelado no XI Fonajef.)

112. Não se exige médico especialista para a realização de perícias judiciais, salvo casos excepcionais, a critério do juiz.

113. O disposto no art. 11 da lei 10.259/2001, não desobriga a parte autora de instruir seu pedido com a documentação que lhe seja acessível junto às entidades públicas rés.

114. Havendo cumulação de pedidos, é ônus da parte autora a identificação expressa do valor pretendido a título de indenização por danos morais, a ser considerado no valor da causa para fins de definição da competência dos Juizados Especiais Federais.

115. Para a reunião de processos, a competência funcional dentro dos Juizados Especiais Federais se define em virtude da natureza do pedido do qual decorra a pretensão de indenização por danos morais.

116. O dever processual, previsto no art. 11 da Lei 10.259/2001, não implica automaticamente a inversão do ônus da prova.

117. A perícia unificada, realizada em audiência, é válida e consentânea com os princípios informadores dos juizados especiais.

118. É válida a realização de prova pericial antes da citação, desde que viabilizada a participação das partes.

119. Além dos casos de segredo de justiça e de sigilo judicial, os documentos digitalizados em processo eletrônico somente serão disponibilizados aos sujeitos processuais, vedado o acesso à consulta pública fora da secretaria do juizado.

120. Não é obrigatória a degravação de julgamentos proferidos oralmente, desde que o arquivo de áudio esteja anexado ao processo, recomendando-se o registro, por escrito, do dispositivo ou acórdão.

121. Os entes públicos, suas autarquias e empresas públicas não têm legitimidade ativa nos Juizados Especiais Federais.

122. É legítima a designação do oficial de justiça, na qualidade de *longa manus* do juízo, para realizar diligência de constatação de situação socioeconômica.

123. O critério de fixação do valor da causa necessariamente deve ser aquele especificado no artigo 292, §§ 1º e 2º, do CPC/2015, pois este é o elemento que delimita as competências dos JEFs e das Varas (a exemplo do que foi feito pelo art. 2º, § 2º, da Lei 12.153/2009) (Redação atualizada no XIV Fonajef).

124. É correta a aplicação do art. 46 da Lei 9.099/95 nos Juizados Especiais Federais, com preservação integral dos fundamentos da sentença.

125. É possível realizar a limitação do destaque dos honorários em RPV ou precatório.

126. Não cabe a presença de advogado em perícia médica, por ser um ato médico, no qual só podem estar presentes o próprio perito e eventuais assistentes técnicos.

127. Para fins de cumprimento do disposto no art. 12, § 2º, da Lei n. 10.259/01, é suficiente intimar o INSS dos horários preestabelecidos para as perícias do JEF.

128. O condomínio edilício, por interpretação extensiva do art. 6º, I, da Lei n. 10.259/01, pode ser autor no JEF.

129. Nos Juizados Especiais Federais, é possível que o juiz determine que o executado apresente os cálculos de liquidação.

130. O estabelecimento pelo Juízo de critérios e exigências para análise da petição inicial, visando a evitar o trâmite de ações temerárias, não constitui restrição do acesso aos JEFs.

131. A Turma Recursal, analisadas as peculiaridades do caso concreto, pode conhecer documentos juntados na fase recursal, desde que não implique apreciação de tese jurídica não questionada no primeiro grau. (Revisão do Enunciado n. 131 no XI FONAJEF).

132. Em conformidade com o art. 14, § 9º, da Lei n. 10.259/2001, cabe ao colegiado da Turma Recursal rejulgar o feito após a decisão de adequação de Tribunal Superior ou da TNU.

133. Quando o perito médico judicial não conseguir fixar a data de início da incapacidade, de forma fundamentada, deve-se considerar para tanto a data de realização da perícia, salvo a existência de outros elementos de convicção.

134. O cumprimento das ordens judiciais que determinam concessão de medicamentos deve ser feito prioritariamente pela parte ré, evitando-se o depósito de valores para aquisição direta pela parte.

135. A despeito da solidariedade dos entes da federação no âmbito do direito à saúde, a decisão judicial que conceder medicamentos deve indicar, preferencialmente, aquele responsável pelo atendimento imediato da ordem.

136. O cumprimento da decisão judicial que conceder medicamentos deve ser feito prioritariamente pelo Estado ou Município (aquele que detenha a maior capacidade operacional) ainda que o ônus de financiamento caiba à União.

137. Nas ações de saúde, a apresentação pelas partes de formulário padronizado de resposta a quesitos mínimos previamente aprovados por acordo entre o judiciário e entidades afetadas pode dispensar a realização de perícia.

138. A despeito da solidariedade, as decisões judiciais podem indicar a qual da federação incumbe o dispêndio financeiro para atendimento do direito reconhecido, nos termos da Portaria 1.554, de 30 de julho de 2013 do Ministério da Saúde ou outro ato que vier a substituí-la.

139. Não serão redistribuídas a Juizado Especial Federal (JEF) recém-criado as demandas ajuizadas até a data de sua instalação, salvo se as varas de JEFs estiverem na mesma sede jurisdicional.

140. A fixação do valor do dano moral deve representar quantia necessária e suficiente para compensar os danos sofridos pelo autor da demanda, como também para desestimular futuras violações de mesma natureza.

141. A Súmula 78 da TNU, que determina a análise das condições pessoais do segurado em caso de ser portador de HIV, é extensível a outras doenças igualmente estigmatizantes.

142. A natureza substitutiva do benefício previdenciário por incapacidade não autoriza o desconto das prestações devidas no período em que houve exercício de atividade remunerada (Aprovado no XI FONAJEF).

143. (Nova Redação): Não importa em julgamento "extra petita" a concessão de benefício previdenciário por incapacidade diverso daquele requerido na inicial inclusive o auxílio-acidente. (Aprovado no XV FONAJEF.)

144. É cabível recurso inominado contra sentença terminativa se a extinção do processo obstar que o autor intente de novo a ação ou quando importe negativa de jurisdição (Aprovado no XI FONAJEF).

145. O valor dos honorários de sucumbência será fixado nos termos do artigo 55, da Lei n 9.099/95, podendo ser estipulado em valor fixo quando for inestimável ou irrisório o proveito econômico ou, ainda, quando o valor da causa for muito baixo, observados os critérios do artigo 85, § 2º, CPC/2015 (Aprovado no XI Fonajef) (Redação atualizada no XIV Fonajef).

146. A Súmula 421 do STJ aplica-se não só à União como também a todos os entes que compõem a Fazenda Pública (Aprovado no XI FONAJEF).

147. A mera alegação genérica de contrariedade às informações sobre atividade especial fornecida pelo empregador, não enseja a realização de novo exame técnico (Aprovado no XI FONAJEF).

148. Nas ações revisionais em que se se postula aplicação da tese de direito adquirido ao melhor benefício, é requisito da petição inicial que seja apontada a data em que verificada tal situação (Aprovado no XI FONAJEF).

149. É cabível, com fundamento no art. 77, IV, §§ 1º a 5º, do CPC/2015, a aplicação de multa pessoal à autoridade administrativa responsável pela implementação da decisão judicial (Aprovado no XI Fonajef) (Redação atualizada no XIV Fonajef).

150. A multa derivada de descumprimento de antecipação de tutela com base nos artigos 301, 536 e 537, do CPC/2015, aplicados subsidiariamente, é passível de execução mesmo antes do trânsito em julgado da sentença (Aprovado no XI Fonajef) (Redação atualizada no XIV Fonajef).

151. O CPC/2015 só é aplicável nos Juizados Especiais naquilo que não contrariar os seus princípios norteadores e a sua legislação específica (Aprovado no XII FONAJEF).

152. A conciliação e a mediação nos juizados especiais federais permanecem regidas pelas Leis 10.259/2001 e 9.099/1995, mesmo após o advento do novo Código de Processo Civil (Revisado no XIII FONAJEF).

153. A regra do art. 489, parágrafo primeiro, do NCPC deve ser mitigada nos juizados por força da primazia dos princípios da simplicidade e informalidade que regem o JEF (Aprovado no XII FONAJEF).

154. O art. 46 da Lei 9.099/1995, não foi revogado pelo novo CPC (Aprovado no XII FONAJEF).

155. As disposições do CPC/2015 referentes às provas não revogam as disposições específicas da Lei 10.259/2001, sobre perícias (art. 12), e nem as disposições gerais da Lei 9.099/1995 (Aprovado no XII FONAJEF).

156. Não se aplica aos juizados especiais a técnica de julgamento não unânime (art. 942, CPC/2015) (Aprovado no XII FONAJEF).

157. Aplica-se o art. 1030, parágrafo único, do CPC/2015 aos recursos extraordinários interpostos nas Turmas Recursais do JEF (Aprovado no XII FONAJEF).

158. Conta-se em dias corridos o prazo para confirmação das intimações eletrônicas (art. 5º, § 3º, Lei 11.419/2006) (Aprovado no XII FONAJEF).

159. Nos termos do enunciado n. 1 do FONAJEF e à luz dos princípios da celeridade e da informalidade que norteiam o processo no JEF, vocacionado a receber demandas em grande volume e repetitivas, interpreta-se o rol do art. 332 como exemplificativo (Aprovado no XII FONAJEF).

160. Não causa nulidade a não-aplicação do art. 10 do NCPC e do art. 487, parágrafo único, do NCPC nos juizados, tendo em vista os princípios da celeridade e informalidade (Aprovado no XII FONAJEF).

161. Nos casos de pedido de concessão de benefício por segurado facultativo de baixa renda, a comprovação da inscrição da família no CadÚnico é documento indispensável para propositura da ação, sob pena de extinção sem exame do mérito (Aprovado no XII FONAJEF).

162. Em caso de incapacidade intermitente, o pagamento de parcelas anteriores à perícia depende da efetiva comprovação dos períodos em que o autor esteve incapacitado (Aprovado no XII FONAJEF).

163. Não havendo pedido expresso na petição inicial de aposentadoria proporcional, o juiz deve se limitar a determinar a averbar os períodos reconhecidos em sentença, na hipótese do segurado não possuir tempo de contribuição para concessão de aposentadoria integral (Aprovado no XII FONAJEF).

164. Julgado improcedente pedido de benefício por incapacidade, no ajuizamento de nova ação, com base na mesma doença, deve o segurado apresentar novo requerimento administrativo, demonstrando, na petição inicial, o agravamento da doença, juntando documentos médicos novos (Aprovado no XII FONAJEF).

165. Ausência de pedido de prorrogação de auxílio-doença configura a falta de interesse processual equivalente à inexistência de requerimento administrativo (Aprovado no XII FONAJEF).

166. A conclusão do processo administrativo por não comparecimento injustificado à perícia ou à entrevista rural equivale à falta de requerimento administrativo (Aprovado no XII FONAJEF)

167. Nas ações de benefício assistencial, não há nulidade na dispensa de perícia socioeconômica quando não identificado indício de deficiência, a partir de seu conceito multidisciplinar (Aprovado no XIII FONAJEF).

168. A produção de auto de constatação por oficial de justiça, determinada pelo Juízo, não requer prévia intimação das partes, sob pena de frustrar a eficácia do ato, caso em que haverá o contraditório diferido (Aprovado no XIII FONAJEF).

169. A solução de controvérsias pela via consensual, pré-processual, pressupõe a não distribuição da ação (Aprovado no XIII FONAJEF).

170. Aos conciliadores que atuarem na fase pré-processual não se aplicam as exigências previstas no art. 11 da Lei 13.140/2015 (Aprovado no XIII FONAJEF).

171. Sempre que possível, as sessões de mediação/conciliação serão realizadas por videoconferência, a ser efetivada por sistema de livre escolha (Aprovado no XIII FONAJEF).

172. Apenas a prescrição médica não é suficiente para o fornecimento de medicamentos e/ou insumos não incluídos nas listas do SUS (Aprovado no XIII FONAJEF).

173. Nas demandas individuais de saúde, a decisão judicial acerca da pretensão de fornecimento de medicamentos, insumos ou procedimentos não fornecidos pelo SUS deve ser fundamentada, sempre que possível, na medicina baseada em evidências (Aprovado no XIII FONAJEF).

174. Nas demandas individuais de saúde veiculando pretensão de fornecimento de medicamentos, insumos ou procedimentos não fornecidos pelo SUS pode o juiz exigir que a parte instrua a demanda com elementos mínimos oriundos da medicina baseada em evidências (Aprovado no XIII FONAJEF).

175. Por falta de previsão legal específica nas leis que tratam dos juizados especiais, aplica-se, nestes, a previsão da contagem dos prazos em dias úteis (CPC/2015, art. 219) (Aprovado no XIII FONAJEF)

176. A previsão contida no art. 51, § 1º, da Lei 9.099/1995 afasta a aplicação do art. 317 do CPC/2015 no âmbito dos juizados especiais (Aprovado no XIII FONAJEF).

177. É medida contrária à boa-fé e ao dever de cooperação, previstos nos arts. 5º e 6º do CPC/2015, a impugnação genérica a cálculos, sem a indicação concreta dos argumentos que justifiquem a divergência (Aprovado no XIII FONAJEF).

178. A tutela provisória em caráter antecedente não se aplica ao rito dos juizados especiais federais, porque a sistemática de revisão da decisão estabilizada (art. 304 do CPC/2015) é incompatível com os arts. 4º e 6º da Lei n. 10.259/2001 (Aprovado no XIII FONAJEF).

179. Cumpre os requisitos do contraditório e da ampla defesa a concessão de vista do laudo pericial pelo prazo de cinco dias, por analogia ao *caput* do art. 12 da Lei 10.259/2001 (Aprovado no XIII FONAJEF).

180. O intervalo entre audiências de instrução (CPC/2015, art. 357, § 9º) é incompatível com o procedimento sumaríssimo (CF, art. 98, I) e com os critérios de celeridade, informalidade, simplicidade e economia processual dos juizados (Lei 9.099/1995, art. 2º) (Aprovado no XIII FONAJEF).

181. Admite-se o IRDR nos juizados especiais federais, que deverá ser julgado por órgão colegiado de uniformização do próprio sistema (Aprovado no XIV Fonajef).

182. O juízo de admissibilidade do recurso inominado deve ser feito na turma recursal, aplicando-se subsidiariamente o art. 1.010, §3º, do CPC/2015. (Aprovado no XIV Fonajef).

183. O magistrado, ao aplicar ao caso concreto a ratio decidendi contida no precedente vinculante, não precisa enfrentar novamente toda a argumentação jurídica que já fora apreciada no momento de formação do precedente, sendo suficiente que demonstre a correlação fática e jurídica entre o caso concreto e aquele já apreciado (Aprovado no XIV Fonajef).

184. Durante a suspensão processual decorrente do IRDR e de recursos repetitivos pode haver produção de provas no juízo onde tramita o processo suspenso, em caso de urgência, com base no art. 982, § 2º, do CPC. (Aprovado no XIV Fonajef).

185. Os mecanismos processuais de suspensão de processos não impedem a realização de atos processuais necessários para o exame ou efetivação da tutela de urgência. (Aprovado no XIV Fonajef).

186. É requisito de admissibilidade da petição inicial a indicação precisa dos períodos e locais de efetivo exercício de atividade rural que se pretende reconhecer, sob pena de indeferimento (Aprovado no XIV Fonajef).

187. São da competência da Justiça Federal os pedidos de benefícios ajuizados por segurados especiais e seus dependentes em virtude de acidentes ocorridos nessa condição (Aprovado no XIV Fonajef).

188. O benefício concedido ao segurado especial, administrativamente ou judicialmente, configura início de prova material válida para posterior concessão aos demais integrantes do núcleo familiar, assim como ao próprio beneficiário (Aprovado no XIV Fonajef).

189. A percepção do seguro desemprego gera a presunção de desemprego involuntário para fins de extensão do período de graça nos termos do art. 15, § 2°, da Lei 8.213/91 (Aprovado no XIV Fonajef).

190. Nos casos em que o pedido em ação judicial seja de medicamento, produto ou procedimento já previsto nas listas oficiais do SUS ou em Protocolos Clínicos e Diretrizes Terapêuticas (PDCT) para tratamento particular, dever ser determinada a inclusão do demandante em serviço ou programa já existentes no Sistema Único de Saúde (SUS), para fins de acompanhamento e controle clínico (Aprovado no XIV Fonajef).

191. Nas demandas que visam o acesso a ações e serviços da saúde diferenciada daquelas oferecidas pelo Sistema Único de Saúde, o autor deve apresentar prova da evidência científica, a inexistência, inefetividade ou impropriedade dos procedimentos ou medicamentos constantes dos protocolos clínicos do SUS (Aprovado no XIV Fonajef).

192. Sempre que possível, as decisões liminares sobre saúde devem ser precedidas de notas de evidência científica emitidas por Núcleos de Apoio Técnico em Saúde - NATS - ou similares (Aprovado no XIV Fonajef).

193. Para a validade das intimações por WhatsApp ou congêneres, caso não haja prévia anuência da parte ou advogado, faz-se necessário certificar nos autos a visualização da mensagem pelo destinatário, sendo suficiente o recibo de leitura, ou recebimento de resposta à mensagem enviada (Aprovado no XIV Fonajef).

194. Existindo prévio termo de adesão, o prazo da intimação por WhatsApp ou congênere conta-se do envio da mensagem, cuja data deve ser certificada nos autos; em não havendo prévio termo de adesão, o termo inicial corresponde à data da leitura da mensagem ou do recebimento da resposta, que deve ser certificada nos autos (Aprovado no XIV Fonajef).

195. Existindo prévio termo de adesão à intimação por WhatsApp ou congêneres, cabe à parte comunicar eventuais mudanças de número de telefone, sob pena de se considerarem válidas as intimações enviadas para o número constante dos autos (Aprovado no XIV Fonajef).

196. O termo de adesão a intimação por WhatsApp ou congêneres subscrito pela parte ou seu advogado pode ser geral, para todos os processos em tramitação no Juízo, que será arquivado em Secretaria (Aprovado no XIV Fonajef).

197. Por deter requisitos legais diferentes, o requerimento administrativo de benefício por incapacidade previdenciária não configura pretensão resistida para postular benefício assistencial na esfera judicial. (Aprovado no XV FONAJEF.)

198. A suspensão de prazos processuais dos dias 20 de dezembro a 20 de janeiro é aplicável aos Juizados Especiais Federais. (Aprovado no XV FONAJEF.)

199. Constatada fraude de condições socioeconômicas desfavoráveis, conclui-se que a parte autora não preencheu o requisito de miserabilidade, julgando-se improcedente de plano. (Aprovado no XV FONAJEF.)

200. Alterar Enunciado 143, para incluir "inclusive o auxílio-acidente". [Enunciado 143 (Nova Redação): "Não importa em julgamento "extra petita" a concessão de benefício previdenciário por incapacidade diverso daquele requerido na inicial inclusive o auxílio-acidente"]. (Aprovado no XV FONAJEF.)

201. Na hipótese de aposentadoria por invalidez, é possível a concessão de ofício do adicional de 25%, no caso de necessidade de assistência permanente de terceiro. (Aprovado no XV FONAJEF.)

ORDEM DOS ADVOGADOS DO BRASIL

SÚMULAS

CONSELHO PLENO

1. Prescrição.

I - O termo inicial para contagem do prazo prescricional, na hipótese de processo disciplinar decorrente de representação, a que se refere o *caput* do art. 43 do EAOAB, é a data da constatação oficial do fato pela OAB, considerada a data do protocolo da representação ou a data das declarações do interessado tomadas por termo perante órgão da OAB, a partir de quando começa a fluir o prazo de cinco (5) anos, o qual será interrompido nas hipóteses dos incisos I e II do § 2º do art. 43 do EAOAB, voltando a correr por inteiro a partir do fato interruptivo.

II - Quando a instauração do processo disciplinar se der *ex officio*, o termo *a quo* coincidirá com a data em que o órgão competente da OAB tomar conhecimento do fato, seja por documento constante dos autos, seja pela sua notoriedade.

III - A prescrição intercorrente de que trata o § 1º do art. 43 do EAOAB, verificada pela paralisação do processo por mais de três (3) anos sem qualquer despacho ou julgamento, é interrompida e recomeça a fluir pelo mesmo prazo, a cada despacho de movimentação do processo.

2. Advocacia. Concorrência. Consumidor.

1) A Lei da advocacia é especial e exauriente, afastando a aplicação, às relações entre clientes e advogados, do sistema normativo da defesa da concorrência.

2) O cliente de serviços de advocacia não se identifica com o consumidor do Código de Defesa do Consumidor - CDC. Os pressupostos filosóficos do CDC e do EAOAB são antípodas

e a Lei 8.906/94 esgota toda a matéria, descabendo a aplicação subsidiária do CDC.

3. Advogado. OAB. Pagamento de anuidades. Obrigatoriedade. Suspensão. Licença.

I - É obrigatório o pagamento de anuidades pelo advogado suspenso temporariamente de suas atividades profissionais.

II - O advogado regularmente licenciado do exercício profissional não está sujeito ao pagamento das anuidades, sendo, contudo, obrigatória sua manifestação expressa de opção nesse sentido, presumindo-se, com a ausência de requerimento correspondente, que pretende fazer jus aos benefícios proporcionados pela OAB, com a manutenção da obrigatoriedade do respectivo recolhimento.

4. Advogado. Contratação. Administração Pública. Inexigibilidade de licitação.

Atendidos os requisitos do inciso II do art. 25 da Lei n. 8.666/93, é inexigível procedimento licitatório para contratação de serviços advocatícios pela Administração Pública, dada a singularidade da atividade, a notória especialização e a inviabilização objetiva de competição, sendo inaplicável à espécie o disposto no art. 89 (*in totum*) do referido diploma legal.

5. Advogado. Dispensa ou inexigibilidade de licitação. Contratação. Poder Público.

Não poderá ser responsabilizado, civil ou criminalmente, o advogado que, no regular exercício do seu mister, emite parecer técnico opinando sobre dispensa ou inexigibilidade de licitação para contratação pelo Poder Público, porquanto inviolável nos seus atos e manifestações no exercício profissional, nos termos do art. 2º, § 3º, da Lei n. 8.906/94 (Estatuto da Advocacia e da OAB).

6. Inscrição. Idoneidade.

Nos processos de inscrição, o Conselho competente poderá suscitar incidente de apuração de idoneidade, quando se tratar de pessoa que de forma grave ou reiterada tenha ofendido as prerrogativas da advocacia, assegurando-se o contraditório e a ampla defesa. (DOU, 07.06.2018.)

7. Desagravo público.

Art. 7º, XVII e § 5º, da Lei n. 8.906/94 (Estatuto da Advocacia e da OAB). Arts. 18 e 19 do Regulamento Geral do EAOAB. Ato político interno. Ausência de legitimação da pessoa ou autoridade ofensora para interpor recurso em face de decisão que deferiu o desagravo público. (DOU, 07.06.2018.)

ÓRGÃO ESPECIAL

1. Nulidade. Matéria ético-disciplinar. Órgão julgador.

Inexiste nulidade no julgamento de recurso em matéria ético-disciplinar realizado por órgão composto por advogado não-Conselheiro, designado nos termos do Regimento Interno do Conselho Seccional.

2. Exercício da advocacia por servidores do ministério público. Impossibilidade. Inteligência do art. 28, inc. II, do EAOAB.

A expressão "membros" designa toda pessoa que pertence ou faz parte de uma corporação, sociedade ou agremiação (De Plácido e Silva, *Vocabulário Jurídico*, Forense, 15. ed.). Dessa forma, todos os servidores vinculados aos órgãos e instituições mencionados no art. 28, inc. II, do Estatuto da AOAB são incompatíveis para o exercício da advocacia. Cada uma das três categorias - Magistratura, Advocacia e Ministério Público - embora atuem, todas, no sentido de dar concretude ao ideal de Justiça, tem, cada qual, um campo definido de atribuições, em cuja distinção se verifica, justamente, o equilíbrio necessário para que esse ideal seja atingido, não devendo, pois, serem misturadas ou confundidas, deixando a cargo de uma só pessoa o exercício simultâneo de tais incumbências. São incompatíveis, portanto, para o exercício da advocacia, quaisquer servidores vinculados ao Ministério Público.

3. O exercício da atividade de despachante de trânsito é compatível com a advocacia, não incidindo a hipótese do art. 28, V, do Estatuto da Advocacia e da OAB.

4. Agravo. Falta de previsão legal. Não cabimento no âmbito dos processos administrativos da Ordem dos Advogados do Brasil. Os recursos são apenas os previstos no art. 75 do Estatuto e no art. 85 do Regulamento Geral.

5. Incompatibilidade. Exercício de cargo na OAB.

Os casos de incompatibilidade dispostos no art. 28 do EAOAB ensejam a perda do cargo de Conselheiro ou Diretor em todos os órgãos da OAB, nos termos do inciso I do art. 66 do referido diploma.

6. Prescrição de anuidades.

I - O prazo prescricional para cobrança de anuidades devidas à OAB é de 05 (cinco) anos, nos termos do § 5º do art. 206 do Código Civil.

II - O termo *a quo* para a contagem do prazo prescricional é o primeiro dia útil posterior ao vencimento da cota única fixada pela Seccional no correspondente exercício.

7. Processo de exclusão - instrução e julgamento.

Compete exclusivamente ao Conselho Seccional a instrução e julgamento dos processos de exclusão, mediante a necessária manifestação favorável de dois terços dos seus membros (art. 38, parágrafo único, Lei n. 8.906/94).

8. Processo disciplinar. Decisão condenatória irrecorrível. Execução da sanção disciplinar. Competência. Comunicação de que trata o art. 70, § 2º da Lei n. 8.906/94.

A competência para a execução de sanção ético-disciplinar é do Tribunal de Ética e Disciplina do Conselho Seccional em cuja base territorial tenha ocorrido a infração e tramitado o processo disciplinar, exceto nos casos de competência originária do Conselho Federal, devendo a decisão condenatória irrecorrível ser imediatamente comunicada ao Conselho Seccional no qual o advogado tenha inscrição principal, para controle e registro nos respectivos assentamentos.

9. Pauta de julgamentos. Publicação. Notificação.

I - As pautas de julgamentos dos órgãos colegiados no âmbito do Conselho Federal da OAB serão publicadas na imprensa oficial, de acordo com o art. 69, *caput*, da Lei 8.906/94 (EAOAB) e os arts. 97 e 139 do Regulamento Geral.

II - Os processos administrativos que não forem julgados na sessão para a qual foram inicialmente pautados permanecerão na pauta de julgamentos das próximas sessões, independentemente de nova notificação ou publicação.

III - As pautas de julgamentos serão disponibilizadas para acompanhamento na página eletrônica da Instituição. (DOU 06.11.2017.)

CONSELHO ADMINISTRATIVO DE RECURSOS FISCAIS

SÚMULAS

1

Importa renúncia às instâncias administrativas a propositura pelo sujeito passivo de ação judicial por qualquer modalidade processual, antes ou depois do lançamento de ofício, com o mesmo objeto do processo administrativo, sendo cabível apenas a apreciação, pelo órgão de julgamento administrativo, de matéria distinta da constante do processo judicial. (**Vinculante** - Port. MF 277, de 7.6.2018, DOU 8.6.2018).

2

O CARF não é competente para se pronunciar sobre a inconstitucionalidade de lei tributária.

3

Para a determinação da base de cálculo do Imposto de Renda das Pessoas Jurídicas e da Contribuição Social sobre o Lucro, a partir do ano-calendário de 1995, o lucro líquido ajustado poderá ser reduzido em, no máximo, trinta por cento, tanto em razão da compensação de prejuízo, como em razão da compensação da base de cálculo negativa. (**Vinculante** - Port. MF 277, de 7.6.2018, DOU 8.6.2018).

4

A partir de 1º de abril de 1995, os juros moratórios incidentes sobre débitos tributários administrados pela Secretaria da Receita Federal são devidos, no período de inadimplência, à taxa referencial do Sistema Especial de Liquidação e Custódia - SELIC para títulos federais. (**Vinculante** - Port. MF 277, de 7.6.2018, DOU 8.6.2018).

5

São devidos juros de mora sobre o crédito tributário não integralmente pago no vencimento, ainda que suspensa sua exigibilidade, salvo quando existir depósito no montante integral. (**Vinculante** - Port. MF 277, de 7.6.2018, DOU 8.6.2018).

6

É legítima a lavratura de auto de infração no local em que foi constatada a infração, ainda que fora do estabelecimento do contribuinte. (**Vinculante** - Port. MF 277, de 7.6.2018, DOU 8.6.2018).

7

A ausência da indicação da data e da hora de lavratura do auto de infração não invalida o lançamento de ofício quando suprida pela data da ciência. (**Vinculante** - Port. MF 277, de 7.6.2018, DOU 8.6.2018).

8

O Auditor Fiscal da Receita Federal é competente para proceder ao exame da escrita fiscal da pessoa jurídica, não lhe sendo exigida a habilitação profissional de contador. (**Vinculante** - Port. MF 277, de 7.6.2018, DOU 8.6.2018).

9

É válida a ciência da notificação por via postal realizada no domicílio fiscal eleito pelo contribuinte, confirmada com a assinatura do recebedor da correspondência, ainda que este não seja o representante legal do destinatário. (**Vinculante** - Port. MF 277, de 7.6.2018, DOU 8.6.2018).

10

Para fins de contagem do prazo decadencial para a constituição de crédito tributário relativo a lucro inflacionário diferido, deve-se levar em conta o período de apuração de sua efetiva realização ou o período em que, em face da legislação, deveria ter sido realizado, ainda que em percentuais mínimos. (Súmula revisada conforme Ata da Sessão Extraordinária de 3.9.2018, DOU 11.9.2018).

11

Não se aplica a prescrição intercorrente no processo administrativo fiscal. (**Vinculante** - Port. MF 277, de 7.6.2018, DOU 8.6.2018).

12

Constatada a omissão de rendimentos sujeitos à incidência do imposto de renda na declaração de ajuste anual, é legítima a constituição do crédito tributário na pessoa física do beneficiário, ainda que a fonte pagadora não tenha procedido à respectiva retenção. (**Vinculante** - Port. MF 277, de 7.6.2018, DOU 8.6.2018).

13

Menor pobre que o sujeito passivo crie e eduque pode ser considerado dependente na Declaração do Imposto de Renda da Pessoa Física, desde que o declarante detenha a guarda judicial. (**Vinculante** - Port. MF 277, de 7.6.2018, DOU 8.6.2018).

14

A simples apuração de omissão de receita ou de rendimentos, por si só, não autoriza a qualificação da multa de ofício, sendo necessária a comprovação do evidente intuito de fraude do sujeito passivo.

15

A base de cálculo do PIS, prevista no artigo 6º da Lei Complementar n. 7, de 1970, é o faturamento do sexto mês anterior, sem correção monetária. (**Vinculante** - Port. MF 383, de 12.7.2010, DOU 14.7.2010).

16

O direito ao aproveitamento dos créditos de IPI decorrentes da aquisição de matérias-primas, produtos intermediários e material de embalagem utilizados na fabricação de produtos cuja saída seja com isenção ou alíquota zero, nos termos do art. 11 da Lei n. 9.779, de 1999, alcança, exclusivamente, os insumos recebidos pelo estabelecimento do contribuinte a partir de 1º de janeiro de 1999. (**Vinculante** - Port. MF 277, de 7.6.2018, DOU 8.6.2018).

17

Não cabe a exigência de multa de ofício nos lançamentos efetuados para prevenir a decadência, quando a exigibilidade estiver suspensa na forma dos incisos IV ou V do art. 151 do CTN e a suspensão do débito tenha ocorrido antes do início de qualquer procedimento de ofício a ele relativo. (**Vinculante** - Port. MF 383, de 12.7.2010, DOU 14.7.2010).

18

A aquisição de matérias-primas, produtos intermediários e material de embalagem tributados à alíquota zero não gera crédito de IPI. (**Vinculante** - Port. MF 277, de 7.6.2018, DOU 8.6.2018).

19

Não integram a base de cálculo do crédito presumido da Lei n. 9.363, de 1996, as aquisições de combustíveis e energia elétrica uma vez que não são consumidos em contato direto com o produto, não se enquadrando nos conceitos de matéria-prima ou produto intermediário. (**Vinculante** - Port. MF 277, de 7.6.2018, DOU 8.6.2018).

20

Não há direito aos créditos de IPI em relação às aquisições de insumos aplicados na fabricação de produtos classificados na TIPI como NT. (**Vinculante** - Port. MF 277, de 7.6.2018, DOU 8.6.2018).

21

É nula, por vício formal, a notificação de lançamento que não contenha a identificação da autoridade que a expediu. (**Vinculante** - Port. MF 383, de 12.7.2010, DOU 14.7.2010).

22

É nulo o ato declaratório de exclusão do Simples Federal, instituído pela Lei n. 9.317, de 1996, que se limite a consignar a existência de pendências perante a Dívida Ativa da União ou do INSS, sem a indicação dos débitos inscritos cuja exigibilidade não esteja suspensa. (Súmula revisada conforme Ata da Sessão Extraordinária de 3.9.2018, DOU 11.9.2018).

23

A autoridade administrativa pode rever o Valor da Terra Nua mínimo (VTNm) que vier a ser questionado pelo contribuinte do imposto sobre a propriedade territorial rural (ITR) relativo aos exercícios de 1994 a 1996, mediante a apresentação de laudo técnico de avaliação do imóvel, emitido por entidade de reconhecida capacidade técnica ou por profissional devidamente habilitado, que se reporte à época do fato gerador e demonstre, de forma inequívoca, a legitimidade da alteração pretendida, inclusive com a indicação das fontes pesquisadas. (**Vinculante** - Port. MF 277, de 7.6.2018, DOU 8.6.2018).

24

Não compete à Secretaria da Receita Federal do Brasil promover a restituição de obrigações da Eletrobrás nem sua compensação com débitos tributários. (**Vinculante** - Port. MF 277, de 7.6.2018, DOU 8.6.2018).

25

A presunção legal de omissão de receita ou de rendimentos, por si só, não autoriza a qualificação da multa de ofício, sendo necessária a comprovação de uma das hipóteses dos arts. 71, 72 e 73 da Lei n. 4.502/64. (**Vinculante** - Port. MF 383, de 12.7.2010, DOU 14.7.2010).

26

A presunção estabelecida no art. 42 da Lei n. 9.430/96 dispensa o Fisco de comprovar o consumo da renda representada pelos depósitos bancários sem origem comprovada. (**Vinculante** - Port. MF 277, de 7.6.2018, DOU 8.6.2018).

27

É valido o lançamento formalizado por Auditor-Fiscal da Receita Federal do Brasil de jurisdição diversa da do domicílio tributário do sujeito passivo. (**Vinculante** - Port. MF 277, de 7.6.2018, DOU 8.6.2018).

28

O CARF não é competente para se pronunciar sobre controvérsias referentes a Processo Administrativo de Representação Fiscal para Fins Penais. (Vinculante - Port. MF 383, de 12.7.2010, DOU 14.7.2010).

29

Os cotitulares da conta bancária que apresentem declaração de rendimentos em separado devem ser intimados para comprovar a origem dos depósitos nela efetuados, na fase que precede à lavratura do auto de infração com base na presunção legal de omissão de receitas ou rendimentos, sob pena de exclusão, da base de cálculo do lançamento, dos valores referentes às contas conjuntas em relação às quais não se intimou todos os cotitulares. (Súmula revisada conforme Ata da Sessão Extraordinária de 3.9.2018, DOU 11.9.2018).

30

Na tributação da omissão de rendimentos ou receitas caracterizada por depósitos bancários com origem não comprovada, os depósitos de um mês não servem para comprovar a origem de depósitos havidos em meses subsequentes. (**Vinculante** - Port. MF 277, de 7.6.2018, DOU 8.6.2018).

31

Descabe a cobrança de multa de ofício isolada exigida sobre os valores de tributos recolhidos extemporaneamente, sem o acréscimo da multa de mora, antes do início do procedimento fiscal. (Súmula revisada conforme Ata da Sessão Extraordinária de 3.9.2018, DOU 11.9.2018).

32

A titularidade dos depósitos bancários pertence às pessoas indicadas nos dados cadastrais, salvo quando comprovado com documentação hábil e idônea o uso da conta por terceiros. (**Vinculante** - Port. MF 277, de 7.6.2018, DOU 8.6.2018).

33

A declaração entregue após o início do procedimento fiscal não produz quaisquer efeitos sobre o lançamento de ofício. (**Vinculante** - Port. MF 277, de 7.6.2018, DOU 8.6.2018).

34

Nos lançamentos em que se apura omissão de receita ou rendimentos, decorrente de depósitos bancários de origem não comprovada, é cabível a qualificação da multa de ofício, quando constatada a movimentação de recursos em contas bancárias de interpostas pessoas. (**Vinculante** - Port. MF 383, de 12.7.2010, DOU 14.7.2010).

35

O art. 11, § 3º, da Lei n. 9.311/96, com a redação dada pela Lei n. 10.174/2001, que autoriza o uso de informações da CPMF para a constituição do crédito tributário de outros tributos, aplica-se retroativamente. (**Vinculante** - Port. MF 383, de 12.7.2010, DOU 14.7.2010).

36

A inobservância do limite legal de trinta por cento para compensação de prejuízos fiscais ou bases negativas da CSLL, quando comprovado pelo sujeito passivo que o tributo que deixou de ser pago em razão dessas compensações o foi em período posterior, caracteriza postergação do pagamento do IRPJ ou da CSLL, o que implica em excluir da exigência a parcela paga posteriormente. (**Vinculante** - Port. MF 383, de 12.7.2010, DOU 14.7.2010).

37

Para fins de deferimento do Pedido de Revisão de Ordem de Incentivos Fiscais (PERC), a exigência de comprovação de regularidade fiscal deve se ater aos débitos existentes até a data de entrega da declaração de Rendimentos da Pessoa Jurídica na qual se deu a opção pelo incentivo, admitindo-se a prova da regularidade em qualquer momento do processo administrativo, independentemente da época em que tenha ocorrido a regularização, e inclusive mediante apresentação de certidão de regularidade posterior à data da opção. (Súmula revisada conforme Ata da Sessão Extraordinária de 3.9.2018, DOU 11.9.2018).

38

O fato gerador do Imposto sobre a Renda da Pessoa Física, relativo à omissão de rendimentos apurada a partir de depósitos bancários de origem não comprovada, ocorre no dia 31 de dezembro do ano-calendário. (**Vinculante** - Port. MF 383, de 12.7.2010, DOU 14.7.2010).

39

Os valores recebidos pelos técnicos residentes no Brasil a serviço da ONU e suas Agências Especializadas, com vínculo contratual, não são isentos do Imposto sobre a Renda da Pessoa Física. (Vinculante, conforme Portaria MF n. 383, de 12.7.2010, DOU 14.7.2010) (Caráter vinculante revogado pela Portaria MF n. 578, de 27.12.2017, DOU 29.12.2017) (Súmula revogada pela Portaria CARF n. 3, de 9.1.2018).

40

A apresentação de recibo emitido por profissional para o qual haja Súmula Administrativa de Documentação Tributariamente Ineficaz, desacompanhado de elementos de prova da efetividade dos serviços e do correspondente pagamento, impede a dedução a título de despesas médicas e enseja a qualificação da multa de ofício. (**Vinculante** - Port. MF 277, de 7.6.2018, DOU 8.6.2018).

41

A não apresentação do Ato Declaratório Ambiental (ADA) emitido pelo IBAMA, ou órgão conveniado, não pode motivar o lançamento de ofício relativo a fatos geradores ocorridos até o exercício de 2000. (**Vinculante** - Port. MF 277, de 7.6.2018, DOU 8.6.2018).

42

Não incide o imposto sobre a renda das pessoas físicas sobre os valores recebidos a título de indenização por desapropriação. (**Vinculante** - Port. MF 277, de 7.6.2018, DOU 8.6.2018).

43

Os proventos de aposentadoria, reforma ou reserva remunerada, motivadas por acidente em serviço e os percebidos por portador de moléstia profissional ou grave, ainda que contraída após a aposentadoria, reforma ou reserva remunerada, são isentos do imposto de renda.

44

Descabe a aplicação da multa por falta ou atraso na entrega da Declaração de Ajuste Anual do Imposto de Renda das Pessoas Físicas, quando o sócio ou titular de pessoa jurídica inapta não se enquadre nas demais hipóteses de obrigatoriedade de apresentação dessa declaração. (**Vinculante** - Port. MF 383, de 12.7.2010, DOU 14.7.2010).

45

O Imposto sobre a Propriedade Territorial Rural não incide sobre áreas alagadas para fins de constituição de reservatório de usinas hidroelétricas.

46

O lançamento de ofício pode ser realizado sem prévia intimação ao sujeito passivo, nos casos em que o Fisco dispuser de elementos suficientes à constituição do crédito tributário. (**Vinculante** - Port. MF 277, de 7.6.2018, DOU 8.6.2018).

47

Cabível a imputação da multa de ofício à sucessora, por infração cometida pela sucedida, quando provado que as sociedades estavam sob controle comum ou pertenciam ao mesmo grupo econômico. (Súmula revogada pela Portaria CARF n. 72, de 17.10.2017).

48

A suspensão da exigibilidade do crédito tributário por força de medida judicial não impede a lavratura de auto de infração. (**Vinculante** - Port. MF 277, de 7.6.2018, DOU 8.6.2018).

49

A denúncia espontânea (art. 138 do Código Tributário Nacional) não alcança a penalidade decorrente do atraso na entrega de declaração. (**Vinculante** - Port. MF 277, de 7.6.2018, DOU 8.6.2018).

50

É cabível a exigência de multa de ofício se a decisão judicial que suspendia a exigibilidade do crédito tributário perdeu os efeitos antes da lavratura do auto de infração. (**Vinculante** - Port. MF 277, de 7.6.2018, DOU 8.6.2018).

51

As multas previstas no Código de Defesa do Consumidor não se aplicam às relações de natureza tributária. (**Vinculante** - Port. MF 277, de 7.6.2018, DOU 8.6.2018).

52

Os tributos objeto de compensação indevida formalizada em Pedido de Compensação ou Declaração de Compensação apresentada até 31/10/2003, quando não exigíveis a partir de DCTF, ensejam o lançamento de ofício.

53

Não se aplica ao resultado decorrente da exploração de atividade rural o limite de 30% do lucro líquido ajustado, relativamente à compensação da base de cálculo negativa de CSLL, mesmo para os fatos ocorridos antes da vigência do art. 42 da Medida Provisória n. 1991-15, de 10 de março de 2000.

54

A constatação de existência de "passivo não comprovado" autoriza o lançamento com base em presunção legal de omissão de receitas somente a partir do ano-calendário de 1997.

55

O saldo devedor da correção monetária complementar, correspondente à diferença verificada em 1990 entre o IPC e o BTNF, não pode ser deduzido na apuração da base de Cálculo da Contribuição Social sobre o Lucro Líquido (CSLL). (**Vinculante** - Port. MF 277, de 7.6.2018, DOU 8.6.2018).

56

No caso de contribuintes que fizeram a opção pelo SIMPLES Federal até 27 de julho de 2001, constatada uma das hipóteses de que tratam os incisos III a XIV, XVII e XVIII do art. 9º da Lei n. 9.317, de 1996, os efeitos da exclusão dar-se-ão a partir de 1º de janeiro de 2002, quando a situação excludente tiver ocorrido até 31 de dezembro de 2001 e a exclusão for efetuada a partir de 2002. (**Vinculante** - Port. MF 277, de 7.6.2018, DOU 8.6.2018).

57

A prestação de serviços de manutenção, assistência técnica, instalação ou reparos em máquinas e equipamentos, bem como os serviços de usinagem, solda, tratamento e revestimento de metais, não se equiparam a serviços profissionais prestados por engenheiros e não impedem o ingresso ou a permanência da pessoa jurídica no SIMPLES Federal. (**Vinculante** - Port. MF 277, de 7.6.2018, DOU 8.6.2018).

58

No regime do Lucro Real, as variações monetárias ativas decorrentes de depósitos judiciais com a finalidade de suspender a exigibilidade do crédito tributário devem compor o resultado do exercício, segundo o regime de competência, salvo se demonstrado que as variações monetárias passivas incidentes sobre o tributo objeto dos depósitos não foram computadas na apuração desse resultado. (Súmula revisada conforme Ata da Sessão Extraordinária de 3.9.2018, DOU 11.9.2018).

59

A tributação do lucro na sistemática do lucro arbitrado não é invalidada pela apresentação, posterior ao lançamento, de livros e documentos imprescindíveis para a apuração do crédito tributário que, após regular intimação, deixaram de ser exibidos durante o procedimento fiscal. (**Vinculante** - Port. MF 277, de 7.6.2018, DOU 8.6.2018).

60

Os juros aplicados na restituição de valores indevidamente retidos na fonte, quando do recebimento de verbas indenizatórias decorrentes da adesão a programas de demissão voluntária, devem ser calculados a partir da data do recebimento dos rendimentos, se ocorrido entre 1º de janeiro de 1996 e 31 de dezembro de 1997, ou a partir do mês subsequente, se posterior. (**Vinculante** - Port. MF 277, de 7.6.2018, DOU 8.6.2018).

61

Os depósitos bancários iguais ou inferiores a R$ 12.000,00 (doze mil reais), cujo somatório não ultrapasse R$ 80.000,00 (oitenta mil reais) no ano-calendário, não podem ser considerados na presunção da omissão de rendimentos caracterizada por depósitos bancários de origem não comprovada, no caso de pessoa física. (**Vinculante** - Port. MF 277, de 7.6.2018, DOU 8.6.2018).

62

A base de cálculo das contribuições previdenciárias será o valor total fixado na sentença ou acordo trabalhista homologado, quando as parcelas legais de incidência não estiverem discriminadas. (**Vinculante** - Port. MF 277, de 7.6.2018, DOU 8.6.2018).

63

Para gozo da isenção do imposto de renda da pessoa física pelos portadores de moléstia grave, os rendimentos devem ser provenientes de aposentadoria, reforma, reserva remunerada ou pensão e a moléstia deve ser devidamente comprovada por laudo pericial emitido por serviço médico oficial da União, dos Estados, do Distrito Federal ou dos Municípios.

64

Não incidem contribuições previdenciárias sobre as verbas concedidas aos segurados empregados a título de auxílio-creche, na forma do artigo 7º, inciso XXV, da Constituição Federal, em face de sua natureza indenizatória.

65

Inaplicável a responsabilidade pessoal do dirigente de órgão público pelo descumprimento de obrigações acessórias, no âmbito previdenciário, constatadas na pessoa jurídica de direito público que dirige.

66

Os Órgãos da Administração Pública não respondem solidariamente por créditos previdenciários das empresas contratadas para prestação de serviços de construção civil, reforma e acréscimo, desde que a empresa construtora tenha assumido a responsabilidade direta e total pela obra ou repasse o contrato integralmente. (**Vinculante** - Port. MF 277, de 7.6.2018, DOU 8.6.2018).

67

Em apuração de acréscimo patrimonial a descoberto a partir de fluxo de caixa que confronta origens e aplicações de recursos, os saques ou transferências bancárias, registrados em extratos bancários, quando não comprovada a destinação, efetividade da despesa, aplicação ou consumo, não podem lastrear lançamento fiscal. (Súmula revisada conforme Ata da Sessão Extraordinária de 3.9.2018, DOU 11.9.2018).

68

A Lei n. 8.852, de 1994, não outorga isenção nem enumera hipóteses de não incidência de Imposto sobre a Renda da Pessoa Física. (**Vinculante** - Port. MF 277, de 7.6.2018, DOU 8.6.2018).

69

A falta de apresentação da declaração de rendimentos ou a sua apresentação fora do prazo fixado sujeitará a pessoa física à multa de um por cento ao mês ou fração, limitada a vinte por cento, sobre o Imposto de Renda devido, ainda que integralmente pago, respeitado o valor mínimo. (**Vinculante** - Port. MF 277, de 7.6.2018, DOU 8.6.2018).

70

É imune ao ITR o imóvel pertencente às entidades indicadas no artigo 150, VI, c, da Constituição, que se encontra arrendado, desde que a receita assim obtida seja aplicada nas atividades essenciais da entidade. (**Vinculante** - Port. MF 277, de 7.6.2018, DOU 8.6.2018).

71

Todos os arrolados como responsáveis tributários na autuação são parte legítima para impugnar e recorrer acerca da exigência do crédito tributário e do respectivo vínculo de responsabilidade. (**Vinculante** - Port. MF 277, de 7.6.2018, DOU 8.6.2018).

72

Caracterizada a ocorrência de dolo, fraude ou simulação, a contagem do prazo decadencial rege-se pelo art. 173, inciso I, do CTN. (**Vinculante** - Port. MF 277, de 7.6.2018, DOU 8.6.2018).

73

Erro no preenchimento da declaração de ajuste do imposto de renda, causado por informações erradas, prestadas pela fonte pagadora, não autoriza o lançamento de multa de ofício.

74

Aplica-se retroativamente o art. 14 da Lei n. 11.488, de 2007, que revogou a multa de ofício isolada por falta de acréscimo da multa de mora ao pagamento de tributo em atraso, antes prevista no art. 44, § 1º, II, da Lei n. 9.430/96. (**Vinculante** - Port. MF 277, de 7.6.2018, DOU 8.6.2018).

75

A recuperação da espontaneidade do sujeito passivo em razão da inoperância da autoridade fiscal por prazo superior a sessenta dias aplica-se retroativamente, alcançando os atos por ele praticados no decurso desse prazo. (**Vinculante** - Port. MF 277, de 7.6.2018, DOU 8.6.2018).

76

Na determinação dos valores a serem lançados de ofício para cada tributo, após a exclusão do Simples, devem ser deduzidos eventuais recolhimentos da mesma natureza efetuados nessa sistemática, observando-se os percentuais previstos em lei sobre o montante pago de forma unificada. (**Vinculante** - Port. MF 277, de 7.6.2018, DOU 8.6.2018).

77

A possibilidade de discussão administrativa do Ato Declaratório Executivo (ADE) de exclusão do Simples não impede o lançamento de ofício dos créditos tributários devidos em face da exclusão. (**Vinculante** - Port. MF 277, de 7.6.2018, DOU 8.6.2018).

78

A fixação do termo inicial da contagem do prazo decadencial, na hipótese de lançamento sobre lucros disponibilizados no exterior, deve levar em consideração a data em que se considera ocorrida a disponibilização, e não a data do auferimento dos lucros pela empresa sediada no exterior. (Súmula revisada conforme Ata da Sessão Extraordinária de 3.9.2018, DOU 11.9.2018).

79

A partir da vigência da Lei n. 9.249, de 1995, a dedução de contraprestações de arrendamento mercantil exige a comprovação da necessidade de utilização dos bens arrendados para produção ou comercialização de bens e serviços. (**Vinculante** - Port. MF 277, de 7.6.2018, DOU 8.6.2018).

80

Na apuração do IRPJ, a pessoa jurídica poderá deduzir do imposto devido o valor do imposto de renda retido na fonte, desde que comprovada a retenção e o cômputo das receitas correspondentes na base de cálculo do imposto.

81

É vedada a aplicação retroativa de lei que admite atividade anteriormente impeditiva ao ingresso na sistemática do Simples. (**Vinculante** - Port. MF 277, de 7.6.2018, DOU 8.6.2018).

82

Após o encerramento do ano-calendário, é incabível lançamento de ofício de IRPJ ou CSLL para exigir estimativas não recolhidas. (**Vinculante** - Port. MF 277, de 7.6.2018, DOU 8.6.2018).

83

O resultado positivo obtido pelas sociedades cooperativas nas operações realizadas com seus cooperados não integra a base de cálculo da Contribuição Social sobre o Lucro Líquido - CSLL, mesmo antes da vigência do art. 39 da Lei n. 10.865, de 2004.

84

É possível a caracterização de indébito, para fins de restituição ou compensação, na data do recolhimento de estimativa. (Súmula revisada conforme Ata da Sessão Extraordinária de 3.9.2018, DOU 11.9.2018).

85

Na revenda de veículos automotores usados, de que trata o art. 5º da Lei n. 9.716, de 26 de novembro de 1998, aplica-se o coeficiente de determinação do lucro presumido de 32% (trinta e dois por cento) sobre a receita bruta, correspondente à diferença entre o valor de aquisição e o de revenda desses veículos.

86

É vedada a retificação da Declaração de Ajuste Anual do Imposto sobre a Renda da Pessoa Física que tenha por objeto a troca de forma de tributação dos rendimentos após o prazo previsto para a sua entrega. (**Vinculante** - Port. MF 277, de 7.6.2018, DOU 8.6.2018).

87

O imposto de renda não incide sobre as verbas recebidas regularmente por parlamentares a título de auxílio de gabinete e hospedagem, exceto quando a fiscalização apurar a utilização dos recursos em benefício próprio não relacionado à atividade legislativa. (**Vinculante** - Port. MF 277, de 7.6.2018, DOU 8.6.2018).

88

A Relação de Corresponsáveis - CORESP", o "Relatório de Representantes Legais - RepLeg" e a "Relação de Vínculos - VÍNCULOS", anexos a auto de infração previdenciário lavrado unicamente contra pessoa jurídica, não atribuem responsabilidade tributária às pessoas ali indicadas nem comportam discussão no âmbito do contencioso administrativo fiscal federal, tendo finalidade meramente informativa. (**Vinculante** - Port. MF 277, de 7.6.2018, DOU 8.6.2018).

89

A contribuição social previdenciária não incide sobre valores pagos a título de vale-transporte, mesmo que em pecúnia.

90

Caracteriza infração às medidas de controle fiscal a posse e circulação de fumo, charuto, cigarrilha e cigarro de procedência estrangeira, sem documentação comprobatória da importação regular, sendo irrelevante, para tipificar a infração, a propriedade da mercadoria. (**Vinculante** - Port. MF 277, de 7.6.2018, DOU 8.6.2018).

91

Ao pedido de restituição pleiteado administrativamente antes de 9 de junho de 2005, no caso de tributo sujeito a lançamento por homologação, aplica-se o prazo prescricional de 10 (dez) anos, contado do fato gerador. (**Vinculante** - Port. MF 277, de 7.6.2018, DOU 8.6.2018).

92

A DIPJ, desde a sua instituição, não constitui confissão de dívida, nem instrumento hábil e suficiente para a exigência de crédito tributário nela informado.

93

A falta de transcrição dos balanços ou balancetes de suspensão ou redução no Livro Diário não justifica a cobrança da multa isolada prevista no art. 44 da Lei n. 9.430, de 27 de dezembro de 1996, quando o sujeito passivo apresenta escrituração contábil e fiscal suficiente para comprovar a suspensão ou redução da estimativa. (**Vinculante** - Port. MF 277, de 7.6.2018, DOU 8.6.2018).

94

Os lucros auferidos no exterior por filial, sucursal, controlada ou coligada serão convertidos em reais pela taxa de câmbio, para venda, do dia das demonstrações financeiras em que tenham sido apurados tais lucros, inclusive a partir da vigência da MP n. 2.158-35, de 2001. (**Vinculante** - Port. MF 277, de 7.6.2018, DOU 8.6.2018).

95

A presunção de omissão de receitas caracterizada pelo fornecimento de recursos de caixa à sociedade por administradores, sócios de sociedades de pessoas, ou pelo administrador da companhia, somente é elidida com a demonstração cumulativa da origem e da efetividade da entrega dos recursos. (**Vinculante** - Port. MF 277, de 7.6.2018, DOU 8.6.2018).

96

A falta de apresentação de livros e documentos da escrituração não justifica, por si só, o agravamento da multa de ofício, quando essa omissão motivou o arbitramento dos lucros.

97

O arbitramento do lucro em procedimento de ofício pode ser efetuado mediante a utilização de qualquer uma das alternativas de cálculo enumeradas no art. 51 da Lei n. 8.981, de 20 de janeiro de 1995, quando não conhecida a receita bruta. (**Vinculante** - Port. MF 277, de 7.6.2018, DOU 8.6.2018).

98

A dedução de pensão alimentícia da base de cálculo do Imposto de Renda Pessoa Física é permitida, em face das normas do Direito de Família, quando comprovado o seu efetivo pagamento e a obrigação decorra de decisão judicial, de acordo homologado judicialmente, bem como, a partir de 28 de março de 2008, de escritura pública que especifique o valor da obrigação ou discrimine os deveres em prol do beneficiário. (Súmula revogada conforme Ata da Sessão Extraordinária de 3.9.2018, DOU 11.9.2018).

99

Para fins de aplicação da regra decadencial prevista no art. 150, § 4º, do CTN, para as contribuições previdenciárias, caracteriza pagamento antecipado o recolhimento, ainda que parcial, do valor considerado como devido pelo contribuinte na competência do fato gerador a que se referir a autuação, mesmo que não tenha sido incluída, na base de cálculo deste recolhimento, parcela relativa a rubrica especificamente exigida no auto de infração.

100

O Auditor-Fiscal da Receita Federal do Brasil tem competência para fiscalizar o cumprimento dos requisitos do regime de drawback na modalidade suspensão, aí compreendidos o lançamento do crédito tributário, sua exclusão em razão do reconhecimento de benefício, e a verificação, a qualquer tempo, da regular observação, pela importadora, das condições fixadas na legislação pertinente. (**Vinculante** - Port. MF 277, de 7.6.2018, DOU 8.6.2018).

101

Na hipótese de aplicação do art. 173, inciso I, do CTN, o termo inicial do prazo decadencial é o primeiro dia do exercício seguinte àquele em que o lançamento poderia ter sido efetuado. (**Vinculante** - Port. MF 277, de 7.6.2018, DOU 8.6.2018).

102

É válida a decisão proferida por Delegacia da Receita Federal de Julgamento - DRJ de localidade diversa do domicílio fiscal do sujeito passivo. (**Vinculante** - Port. MF 277, de 7.6.2018, DOU 8.6.2018).

103

Para fins de conhecimento de recurso de ofício, aplica-se o limite de alçada vigente na data de sua apreciação em segunda instância.

104

Lançamento de multa isolada por falta ou insuficiência de recolhimento de estimativa de IRPJ ou de CSLL submete-se ao prazo decadencial previsto no art. 173, inciso I, do CTN. (**Vinculante** - Port. MF 277, de 7.6.2018, DOU 8.6.2018).

105

A multa isolada por falta de recolhimento de estimativas, lançada com fundamento no art. 44 § 1º, inciso IV da Lei n. 9.430, de 1996, não pode ser exigida ao mesmo tempo da multa de ofício por falta de pagamento de IRPJ e CSLL apurado no ajuste anual, devendo subsistir a multa de ofício.

106

Caracterizada a ocorrência de apropriação indébita de contribuições previdenciárias descontadas de segurados empregados e/ou contribuintes individuais, a contagem do prazo decadencial rege-se pelo art. 173, inciso I, do CTN. (**Vinculante** - Port. MF 277, de 7.6.2018, DOU 8.6.2018).

107

A receita da atividade própria, objeto da isenção da Cofins prevista no art. 14, X, c/c art. 13, III, da MP n. 2.158-35, de 2001, alcança as receitas obtidas em contraprestação de serviços educacionais prestados pelas entidades de educação sem fins lucrativos a que se refere o art. 12 da Lei n. 9.532, de 1997. (**Vinculante** - Port. MF 277, de 7.6.2018, DOU 8.6.2018).

108

Incidem juros moratórios, calculados à taxa referencial do Sistema Especial de Liquidação e Custódia - SELIC, sobre o valor correspondente à multa de ofício.

109

O órgão julgador administrativo não é competente para se pronunciar sobre controvérsias referentes a arrolamento de bens.

110

No processo administrativo fiscal, é incabível a intimação dirigida ao endereço de advogado do sujeito passivo.

111

O Mandado de Procedimento Fiscal supre a autorização, prevista no art. 906 do Decreto n. 3.000, de 1999, para reexame de período anteriormente fiscalizado.

- O Dec. 3.000/1999 foi revogado pelo Dec. 9.580/2018.

112

É nulo, por erro na identificação do sujeito passivo, o lançamento formalizado contra pessoa jurídica extinta por liquidação voluntária ocorrida e comunicada ao Fisco Federal antes da lavratura do auto de infração.

113

A responsabilidade tributária do sucessor abrange, além dos tributos devidos pelo sucedido, as multas moratórias ou punitivas, desde que seu fato gerador tenha ocorrido até a data da sucessão, independentemente de esse crédito ser formalizado, por meio de lançamento de ofício, antes ou depois do evento sucessório.

114

O Imposto de Renda incidente na fonte sobre pagamento a beneficiário não identificado, ou sem comprovação da operação ou da causa, submete-se ao prazo decadencial previsto no art. 173, I, do CTN.

115

A sistemática de cálculo do "Método do Preço de Revenda menos Lucro com margem de lucro de sessenta por cento (PRL 60)" prevista na Instrução Normativa SRF n. 243, de 2002, não afronta o disposto no art. 18, inciso II, da Lei n. 9.430, de 1996, com a redação dada pela Lei n. 9.959, de 2000.

116

Para fins de contagem do prazo decadencial para a constituição de crédito tributário relativo à glosa de amortização de ágio na forma dos arts. 7º e 8º da Lei n. 9.532, de 1997, deve-se levar em conta o período de sua repercussão na apuração do tributo em cobrança.

117

A indedutibilidade de despesas com "royalties" prevista no art. 71, parágrafo único, alínea "d", da Lei n. 4.506, de 1964, não é aplicável à apuração da CSLL.

118

Caracteriza ganho tributável por pessoa jurídica domiciliada no país a diferença positiva entre o valor das ações ou quotas de capital recebidas em razão da transferência do patrimônio de entidade sem fins lucrativos para entidade empresarial e o valor despendido na aquisição de título patrimonial.

119

No caso de multas por descumprimento de obrigação principal e por descumprimento de obrigação acessória pela falta de declaração em GFIP, associadas e exigidas em lançamentos de ofício referentes a fatos geradores anteriores à vigência da Medida Provisória n. 449, de 2008, convertida na Lei n. 11.941, de 2009, a retroatividade benigna deve ser aferida mediante a comparação entre a soma das penalidades pelo descumprimento das obrigações principal e acessória, aplicáveis à época dos fatos geradores, com a multa de ofício de 75%, prevista no art. 44 da Lei n. 9.430, de 1996.

120

Não é válida a intimação para comprovar a origem de depósitos bancários em cumprimento ao art. 42 da Lei n. 9.430, de 1996, quando dirigida ao espólio, relativamente aos fatos geradores ocorridos antes do falecimento do titular da conta bancária.

121

A isenção do imposto de renda prevista no art. 6º, inciso XIV, da Lei n. 7.713, de 1988, referente à cegueira, inclui a cegueira monocular.

122

A averbação da Área de Reserva Legal (ARL) na matrícula do imóvel em data anterior ao fato gerador supre a eventual falta de apresentação do Ato declaratório Ambiental (ADA).

123

Imposto de renda retido na fonte relativo a rendimentos sujeitos a ajuste anual caracteriza pagamento apto a atrair a aplicação da regra decadencial prevista no art. 150, § 4º, do Código Tributário Nacional.

124

A produção e a exportação de produtos classificados na Tabela de Incidência do IPI (TIPI) como "não tributados" não geram direito ao crédito presumido de IPI de que trata o art. 1º da Lei n. 9.363, de 1996.

125

No ressarcimento da COFINS e da Contribuição para o PIS não cumulativas não incide correção monetária ou juros, nos termos dos artigos 13 e 15, VI, da Lei n. 10.833, de 2003.

126

A denúncia espontânea não alcança as penalidades infligidas pelo descumprimento dos deveres instrumentais decorrentes da inobservância dos prazos fixados pela Secretaria da Receita Federal do Brasil para prestação de informações à administração aduaneira, mesmo após o advento da nova redação do art. 102 do Decreto-Lei n. 37, de 1966, dada pelo art. 40 da Lei n. 12.350, de 2010.

127

A incidência da Contribuição de Intervenção no Domínio Econômico (CIDE) na contratação de serviços técnicos prestados por residentes ou domiciliados no exterior prescinde da ocorrência de transferência de tecnologia.

128

No cálculo do crédito presumido de IPI, de que tratam a Lei n. 9.363, de 1996 e a Portaria MF n. 38, de 1997, as receitas de exportação de produtos não industrializados pelo contribuinte incluem-se na composição tanto da Receita de Exportação - RE, quanto da Receita Operacional Bruta - ROB, refletindo nos dois lados do coeficiente de exportação - numerador e denominador.

ANEXO

LEI N. 13.785, DE 27 DE DEZEMBRO DE 2018

Determina o registro de veículo pelo guia de turismo que for adquirente de veículo ou que utilizar veículo próprio, de cônjuge ou de dependente, no desempenho de suas atividades profissionais e estabelece regras a serem observadas pelo guia-motorista na execução dos serviços de transporte turístico.

‣ *DOU*, 28.12.2018.

O Presidente da República. Faço saber que o Congresso Nacional decreta e eu sanciono a seguinte Lei:

ART. 1º Esta Lei determina o registro de veículo pelo guia de turismo que for adquirente de veículo ou que utilizar veículo próprio, de cônjuge ou de dependente, no desempenho de suas atividades profissionais.

ART. 2º O guia de turismo que guiar seu próprio automóvel ou utilitário no desempenho de suas atividades profissionais, conjugando-as à prestação de serviços de transportes turísticos, deverá registrar seu veículo.

§ 1º Para cada guia de turismo, apenas um veículo poderá ser registrado, podendo sê-lo o de seu cônjuge ou o de seu dependente ou, ainda, o veículo em relação ao qual o guia se encontra na condição de adquirente mediante alienação fiduciária.

§ 2º O veículo do guia de turismo deverá ser registrado nos órgãos de turismo de cada Município, se houver tal exigência, e no do Estado de circulação, bem como no Cadastro dos Prestadores de Serviços Turísticos (Cadastur).

§ 3º Para os efeitos desta Lei, é vedado o registro de veículos de menos de três portas, excetuada aquela de acesso ao porta-malas, e de veículos que ultrapassem o prazo de cinco anos da data de sua fabricação.

ART. 3º Independentemente da vistoria ordinária do veículo, poderá a entidade competente para o registro, a qualquer tempo, inspecioná-lo e vistoriá-lo, determinando, se for o caso, a baixa definitiva do seu registro ou a baixa temporária para reformas, até que o veículo seja aprovado em nova vistoria.

ART. 4º Em caso de venda de veículo cadastrado na categoria veículo de guia, deverá o seu proprietário providenciar requerimento de baixa do registro nas entidades cadastradoras no prazo de quinze dias da data da venda.

ART. 5º O guia-motorista observará as regras técnicas de sua função previstas na Lei n. 9.503, de 23 de setembro de 1997 (Código de Trânsito Brasileiro), e em outros diplomas pertinentes.

Parágrafo único. O guia-motorista, na execução dos serviços de transporte turístico, deverá atender, ainda, às seguintes disposições:

I - zelar pela segurança e pelo conforto dos passageiros;

II - apresentar-se, quando em serviço, devidamente identificado com crachá;

III - diligenciar a obtenção de transporte para os passageiros no caso de interrupção de viagens;

IV - prestar à fiscalização os esclarecimentos que lhe forem solicitados;

V - fornecer à fiscalização os documentos que lhe forem regularmente exigidos.

ART. 6º Esta Lei entra em vigor na data de sua publicação.

Brasília, 27 de dezembro de 2018; 197º da Independência e 130º da República.

MICHEL TEMER

LEI N. 13.787, DE 27 DE DEZEMBRO DE 2018

Dispõe sobre a digitalização e a utilização de sistemas informatizados para a guarda, o armazenamento e o manuseio de prontuário de paciente.

O Presidente da República. Faço saber que o Congresso Nacional decreta e eu sanciono a seguinte Lei:

ART. 1º A digitalização e a utilização de sistemas informatizados para a guarda, o armazenamento e o manuseio de prontuário de paciente são regidas por esta Lei e pela Lei n. 13.709, de 14 de agosto de 2018.

ART. 2º O processo de digitalização de prontuário de paciente será realizado de forma a assegurar a integridade, a autenticidade e a confidencialidade do documento digital.

§ 1º Os métodos de digitalização devem reproduzir todas as informações contidas nos documentos originais.

§ 2º No processo de digitalização será utilizado certificado digital emitido no âmbito da Infraestrutura de Chaves Públicas Brasileira (ICP-Brasil) ou outro padrão legalmente aceito.

§ 3º O processo de digitalização deve obedecer a requisitos dispostos em regulamento.

ART. 3º Os documentos originais poderão ser destruídos após a sua digitalização, observados os requisitos constantes do art. 2º desta Lei, e após análise obrigatória de comissão permanente de revisão de prontuários e avaliação de documentos, especificamente criada para essa finalidade.

§ 1º A comissão a que se refere o *caput* deste artigo constatará a integridade dos documentos digitais e avalizará a eliminação dos documentos que os originaram.

§ 2º Os documentos de valor histórico, assim identificados pela comissão a que se refere o *caput* deste artigo, serão preservados de acordo com o disposto na legislação arquivística.

ART. 4º Os meios de armazenamento de documentos digitais deverão protegê-los do acesso, do uso, da alteração, da reprodução e da destruição não autorizados.

Parágrafo único. Os documentos oriundos da digitalização de prontuários de pacientes serão controlados por meio de sistema especializado de gerenciamento eletrônico de documentos, cujas características e requisitos serão especificados em regulamento.

ART. 5º O documento digitalizado em conformidade com as normas estabelecidas nesta Lei e nos respectivos regulamentos terá o mesmo valor probatório do documento original para todos os fins de direito.

§ 1º Para fins do disposto no *caput* deste artigo é mandatório que a guarda, o armazenamento e o manuseio dos documentos digitalizados também estejam em conformidade com as normas estabelecidas nesta Lei e nos respectivos regulamentos.

§ 2º Poderão ser implementados sistemas de certificação para a verificação da conformidade normativa dos processos referida no *caput* deste artigo.

ART. 6º Decorrido o prazo mínimo de 20 (vinte) anos a partir do último registro, os prontuários em suporte de papel e os digitalizados poderão ser eliminados.

§ 1º Prazos diferenciados para a guarda de prontuário de paciente, em papel ou digitalizado, poderão ser fixados em regulamento, de acordo com o potencial de uso em estudos e pesquisas nas áreas das ciências da saúde, humanas e sociais, bem como para fins legais e probatórios.

§ 2º Alternativamente à eliminação, o prontuário poderá ser devolvido ao paciente.

§ 3º O processo de eliminação deverá resguardar a intimidade do paciente e o sigilo e a confidencialidade das informações.

§ 4º A destinação final de todos os prontuários e a sua eliminação serão registradas na forma de regulamento.

§ 5º As disposições deste artigo aplicam-se a todos os prontuários de paciente, independentemente de sua forma de armazenamento, inclusive aos microfilmados e aos arquivados eletronicamente em meio óptico, bem como aos constituídos por documentos gerados e mantidos originalmente de forma eletrônica.

ART. 7º Esta Lei entra em vigor na data de sua publicação.

Brasília, 27 de dezembro de 2018; 197º da Independência e 130º da República.

MICHEL TEMER

DECRETO N. 9.640, DE 27 DE DEZEMBRO DE 2018

Regulamenta a Cota de Reserva Ambiental, instituída pelo art. 44 da Lei n. 12.651, de 25 de maio de 2012.

‣ *DOU*, 28.12.2018.

O Presidente da República, no uso das atribuições que lhe confere o art. 84, *caput*, incisos IV e VI, alínea "a", da Constituição, e tendo em vista o disposto no art. 44 ao art. 50 da Lei n. 12.651, de 25 de maio de 2012,

Decreta:

CAPÍTULO I
DISPOSIÇÕES GERAIS

ART. 1º Este Decreto regulamenta os procedimentos de emissão, registro, transferência, utilização e cancelamento da Cota de Reserva Ambiental - CRA, instituída pelo art. 44 da Lei n. 12.651, de 25 de maio de 2012.

ART. 2º Compete ao Serviço Florestal Brasileiro - SFB, órgão integrante da estrutura organizacional do Ministério do Meio Ambiente, a emissão da CRA, nos termos do art. 45 da Lei n. 12.651, de 2012.

ART. 3º Para fins do disposto neste Decreto, considera-se:

I - CRA - título nominativo representativo de área com vegetação nativa existente ou em processo de recuperação e emitido nas hipóteses previstas no inciso I ao inciso IV do *caput* e no § 4º do art. 44 da Lei n. 12.651, de 2012;

II - requerente - pessoa física ou pessoa jurídica de direito privado proprietária do imóvel rural onde se situa a área de vegetação nativa vinculada à CRA;

III - titular - pessoa física ou pessoa jurídica de direito público ou privado que detém os direitos de utilização da CRA;

IV - adquirente - pessoa física ou pessoa jurídica de direito público ou privado que adquire os direitos de utilização da CRA;

V - termo de transferência - documento que formaliza a transferência da CRA e que estabelece o prazo e as condições pactuadas entre o titular e o adquirente;

VI - sistema único de controle da CRA - sistema gerenciador da emissão, da transferência e do cancelamento da CRA e que integra os dados a ela relacionados;

VII - número de identificação única da CRA - número da CRA gerado pelo sistema único de controle no ato de sua emissão;

VIII - Sistema de Cadastro Ambiental Rural - Sicar - sistema eletrônico nacional destinado ao gerenciamento de informações ambientais dos imóveis rurais;

IX - módulo CRA do Sicar - sistema eletrônico componente do Sicar destinado à integração, ao gerenciamento e ao monitoramento de dados e informações relativos à CRA, em âmbito nacional; e

X - registro da CRA - transcrição da CRA em bolsas de mercadorias de âmbito nacional ou em sistemas de registro e de liquidação financeira de ativos autorizados pelo Banco Central do Brasil.

§ 1º O módulo CRA do Sicar é o sistema único de controle previsto no inciso VI do *caput* deste artigo e no art. 45 e no § 1º do art. 48 da Lei n. 12.651, de 2012.

§ 2º Na hipótese de que trata o inciso IV do *caput* do art. 44 da Lei n. 12.651, de 2012, a emissão da CRA será objeto de regulamentação própria.

ART. 4º O proprietário de imóvel rural com reserva legal registrada e aprovada no Cadastro Ambiental Rural - CAR, de que trata o art. 29 da Lei n. 12.651, de 2012, e que tenha excedente de remanescente de vegetação nativa ou de área em processo de recuperação na propriedade, nas hipóteses previstas no inciso I ao inciso III do *caput* do art. 44 da referida Lei poderá utilizar a área excedente à reserva legal para emissão da CRA.

§ 1º Poderá ser emitida CRA sobre o excedente de remanescente de vegetação nativa à área de reserva legal existente em percentuais superiores aos definidos em Zoneamento Ecológico-Econômico - ZEE estadual, elaborado conforme metodologia unificada, cujos limites da reserva legal tenham sido alterados pelo Poder Público federal, nos termos do disposto no art. 13 da Lei n. 12.651, de 2012.

§ 2º Os proprietários de imóveis rurais localizados na área da Amazônia Legal que possuam índice de reserva legal maior que cinquenta por cento de cobertura florestal e não tenham realizado a supressão da vegetação nos percentuais previstos pela legislação em vigor à época poderão utilizar a área excedente de reserva legal para fins de emissão da CRA, nos termos do disposto no § 2º do art. 68 da Lei n. 12.651, de 2012.

ART. 5º Na hipótese prevista no inciso V do *caput* do art. 3º da Lei n. 12.651, de 2012, poderá ser instituída CRA do remanescente de vegetação nativa existente que integre a reserva legal, nos termos do disposto no § 4º do art. 44 da referida Lei.

ART. 6º Poderá ser emitida CRA nas áreas de preservação permanente, com vegetação nativa ou em processo de recomposição ou regeneração, na hipótese de inclusão das áreas no cômputo de reserva Legal, nos termos do disposto no art. 15 da Lei n. 12.651 de 2012.

ART. 7º Cada CRA corresponde a um hectare:

I - de área com vegetação nativa primária ou com vegetação secundária em qualquer estágio de regeneração ou recomposição; ou

II - de área de recomposição com reflorestamento com espécies nativas.

§ 1º O estágio sucessional ou o tempo de recomposição ou regeneração da vegetação nativa será avaliado pelo órgão estadual ou distrital competente, de acordo com a declaração do proprietário e a vistoria de campo.

§ 2º A vistoria de campo prevista no § 1º poderá ser substituída pela aplicação de tecnologias de sensoriamento remoto ou de outros meios tecnológicos disponíveis para essa finalidade.

§ 3º A CRA não será emitida quando a regeneração ou a recomposição da área for considerada improvável ou inviável pelo órgão estadual ou distrital competente.

§ 4º A regeneração ou a recomposição da vegetação nativa da área poderá ser considerada improvável ou inviável nas seguintes hipóteses, sem prejuízo de outras:

I - ausência de remanescentes de vegetação nativa em áreas vizinhas que seja impeditiva para os processos de sucessão ecológica e para a formação de um banco de sementes que possibilite atividades de recuperação;

II - ambiente demasiadamente degradado ou alterado devido ao histórico de uso e ocupação da área;

III - isolamento do fator de degradação inviável devido ao histórico de uso e ocupação da área;

IV - características de solo, clima e relevo impeditivas à execução das atividades de recuperação; ou

V - métodos de plantio e custos financeiros associados elevados e que inviabilizam economicamente a sua execução.

CAPÍTULO II
DA EMISSÃO E DO REGISTRO DA COTA DE RESERVA AMBIENTAL

ART. 8º O direito de emissão de CRA será assegurado ao proprietário somente quando cumpridos os seguintes requisitos:

I - inclusão do imóvel no CAR;

II - requerimento formalizado pelo proprietário por meio do Sicar;

III - laudo comprobatório emitido pelo órgão estadual ou distrital competente ou por entidade credenciada, por meio do Sicar, de modo a assegurar o controle e a supervisão do SFB; e

IV - aprovação da localização da reserva legal nos termos do disposto no § 1º do art. 14 da Lei n. 12.651, de 2012, identificada no demonstrativo da situação das informações declaradas no CAR previsto no art. 20 do Decreto n. 8.235, de 5 de maio de 2014.

ART. 9º O proprietário interessado na emissão da CRA apresentará junto ao órgão estadual ou distrital competente, por meio do módulo CRA do Sicar ou por sistema próprio e integrado ao Sicar, proposta acompanhada de:

I - certidão atualizada da matrícula do imóvel expedida pelo registro de imóveis competente;

II - cédula de identidade do proprietário, na hipótese de pessoa física;

III - ato de designação de responsável e sua cédula de identidade, na hipótese de pessoa jurídica;

IV - certidão negativa de débitos do Imposto sobre a Propriedade Territorial Rural - ITR;

V - polígonos com informações geográficas do imóvel e da área vinculada ao título, inscrito e em conformidade com os critérios estabelecidos no Sicar, sem prejuízo da correção de dados já contidos no CAR;

VI - áreas vetorizadas das matrículas e de eventuais posses existentes no imóvel;

VII - documento que comprove a instituição e a vigência de servidão ambiental, na hipótese de emissão de CRA nos termos do disposto no inciso I do *caput* do art. 44 da Lei n. 12.651, de 2012;

VIII - documento que comprove a instituição de Reserva Particular do Patrimônio Natural, na hipótese de emissão de CRA nos termos do disposto no inciso III do *caput* do art. 44 da Lei n. 12.651, de 2012; e

IX - número de inscrição do imóvel no CAR constante do recibo de inscrição emitido pelo Sicar, nos termos do disposto no § 1º do art. 3º do Decreto n. 8.235, de 2014.

ART. 10. Não poderá haver emissão de CRA nas seguintes hipóteses:

I - se houver cancelamento do CAR do imóvel rural no Sicar;

II - enquanto houver sobreposição do CAR do imóvel rural a terras indígenas, projetos de assentamentos da reforma agrária ou outros imóveis rurais;

III - se a vegetação nativa estiver localizada em área de RPPN instituída em sobreposição à reserva legal do imóvel.

ART. 11. A Cota de Reserva Florestal - CRF, emitida nos termos do disposto no art. 44-B da Lei n. 4.771, de 15 de setembro de 1965, passa a ser considerada CRA após a validação pelo órgão estadual ou distrital competente, desde que cumpridos os requisitos estabelecidos na Lei n. 12.651, de 2012.

Parágrafo único. Após a validação da conversão de que trata o *caput*, a emissão da CRA pelo Sicar ficará condicionada ao cumprimento dos requisitos estabelecidos neste Capítulo.

ART. 12. Comprovados os requisitos e as condições estabelecidos nos art. 8º e art. 9º e verificada a não ocorrência das hipóteses previstas no art. 10, o órgão estadual ou distrital competente emitirá laudo comprobatório de que as cotas requeridas podem ser emitidas pelo SFB.

ART. 13. Observado o disposto neste Capítulo, deverão constar da CRA:

I - o número do CAR do imóvel rural constante do recibo de inscrição emitido pelo Sicar;

II - o número de identificação única da CRA gerado por meio do módulo CRA do Sicar;

III - o nome do requerente e do titular da CRA;

IV - o polígono com informações geográficas do imóvel e da área vinculada ao título, inscrito e em conformidade com os critérios estabelecidos no Sicar;

V - o Estado onde se localiza a área;

VI - o bioma correspondente à área vinculada ao título;

VII - a classificação da área em uma das condições previstas no art. 46 da Lei n. 12.651, de 2012;

VIII - o enquadramento da área como prioritária, conforme o disposto no § 7º do art. 66 da Lei n. 12.651, de 2012, quando necessário; e

IX - a destinação de uso da CRA na forma prevista no art. 29.

ART. 14. O SFB levará o título a registro em bolsas de mercadorias de âmbito nacional ou em sistemas de registro e de liquidação financeira de ativos autorizados pelo Banco Central do Brasil, no prazo de trinta dias, contado da data de emissão da CRA.

Parágrafo único. Os custos de registro de que trata o *caput* serão arcados integralmente pelo requerente.

ART. 15. A transmissão *inter vivos* ou *causa mortis* do proprietário de imóvel rural não eliminará nem alterará o vínculo da área contida no imóvel à CRA.

Parágrafo único. Na hipótese prevista no *caput*, será obrigatória a alteração do requerente no Sicar, com indicação do novo proprietário do imóvel, que se comprometerá com o cumprimento integral dos deveres e das obrigações estabelecidas quando da emissão e da transferência da CRA, conforme o caso.

ART. 16. Qualquer atualização ou alteração dos dados do requerente ou do imóvel deverá ser inserida no Sicar pelo proprietário para manutenção da validade da CRA.

CAPÍTULO III
DA TRANSFERÊNCIA DA COTA DE RESERVA AMBIENTAL

ART. 17. A CRA pode ser transferida, onerosa ou gratuitamente, à pessoa física ou jurídica de direito público ou privado, por meio de termo de transferência assinado pelo requerente ou pelo titular da CRA e pelo adquirente.

§ 1º O termo de transferência poderá contemplar mais de uma CRA e conterá, no mínimo, as seguintes informações:

I - a identificação das partes;

II - o número de identificação única de cada CRA, gerado por meio do módulo CRA do Sicar, integrado ao sistema de registro em bolsas de mercadorias de âmbito nacional ou ao sistema de registro e liquidação financeira de ativos autorizados pelo Banco Central do Brasil;

III - as cláusulas relativas aos direitos e às obrigações das partes;

IV - o prazo do termo de transferência da CRA;

V - o valor e a forma de pagamento; e

VI - a cláusula de reversão e as condições de reversão do título ao requerente, pactuadas entre as partes, quando necessário.

§ 2º A declaração do requerente de que manterá o lastro da CRA constará do primeiro termo de transferência, hipótese em que subsistirá a obrigação pelo prazo estabelecido pelo requerente.

§ 3º A transferência da CRA só produzirá efeito uma vez, registrado o termo de transferência no sistema único de controle da CRA e após o registro no sistema de registro em bolsas de mercadorias de âmbito nacional ou no sistema de registro e liquidação financeira de ativos autorizados pelo Banco Central do Brasil vinculado ao Sicar.

§ 4º Os dados e as informações a que se refere o inciso V do §1º não poderão ser divulgados de forma a identificar as partes, exceto com a sua autorização.

ART. 18. O prazo estabelecido no primeiro termo de transferência da CRA será definido pelo requerente.

§ 1º As subsequentes transferências da CRA ficam limitadas ao prazo estabelecido no *caput*.

§ 2º Encerrado o prazo estabelecido no *caput* e atendidos os requisitos previstos no inciso VI do § 1º do art. 17, a titularidade da CRA poderá ser revertida ao requerente, que, nesse caso, a seu critério, emitirá novo termo de transferência nos termos do disposto no *caput* ou solicitará o cancelamento da CRA.

§ 3º Na hipótese prevista no § 1º, o titular poderá estabelecer cláusula de reversão e condições de reversão da CRA em prazo inferior ao estabelecido no *caput*.

CAPÍTULO IV
DA UTILIZAÇÃO DA COTA DE RESERVA AMBIENTAL

ART. 19. Os proprietários de imóveis rurais que, até 22 de julho de 2008, detinham áreas de reserva legal em extensão inferior àquela estabelecida no art. 12 da Lei 12.651, de 2012, poderão compensar déficit de reserva legal por meio da aquisição da CRA.

§ 1º A compensação de área de reserva legal por meio da CRA poderá ser adotada isolada ou conjuntamente com as demais alternativas de regularização previstas no art. 66 da Lei n. 12.651, de 2012, observados os seguintes requisitos:

I - inscrição prévia do imóvel rural no CAR;

II - comprovação da quantidade de hectares em montante equivalente à área de reserva legal a ser compensada, observado o disposto no § 6º do art. 66 da Lei n. 12.651 de 2012;

III - informação do número de identificação única de cada CRA utilizada para a compensação de reserva legal, por meio do Sicar;

IV - área vinculada à CRA localizada em área de reserva legal a ser compensada, observado o disposto no § 2º do art. 48 da Lei n. 12.651, de 2012, e, se fora do Estado, também localizada em área considerada prioritária, nos termos do disposto no inciso III do § 6º do art. 66 da Lei n. 12.651, de 2012.

§ 2º A compensação de reserva legal prevista neste artigo não poderá ser utilizada como forma de viabilizar a conversão de novas áreas para uso alternativo do solo, vedada a autorização de supressão de remanescente de vegetação nativa na propriedade onde ocorrerá a compensação do déficit da reserva legal.

§ 3º Na hipótese de utilização da CRA para compensação de déficit de reserva legal, o titular e beneficiário da compensação registrará no Sicar as informações necessárias para a vinculação da CRA ao CAR do imóvel, com vistas à regularização do passivo ambiental de sua propriedade.

§ 4º Na hipótese de compensação de reserva legal por meio da aquisição de CRA em montante inferior à área mínima de reserva legal a ser regularizada, caberá ao proprietário do imóvel a obrigação de apresentar proposta adicional de compensação ou recomposição com vistas à regularização, nos termos do disposto na Lei n. 12.651, de 2012.

§ 5º A compensação de que trata o *caput* produzirá efeito somente uma vez, após registrados os números de identificação única das CRA no Sicar, aprovada a reserva legal pelo órgão ambiental estadual ou distrital competente e assinado o termo de compromisso correspondente.

§ 6º O encerramento do prazo estabelecido no *caput* do art. 18 implicará a perda da condição de regularidade ambiental de acordo com os requisitos previstos na Lei n. 12.651, de 2012, hipótese que ensejará a aplicação das sanções administrativas, cíveis e penais cabíveis, exceto se verificada outra hipótese que caracterize a regularidade ambiental do imóvel.

§ 7º O CAR do imóvel beneficiário da compensação de reserva legal retornará à situação de regularidade somente após a informação no Sicar de novo termo de transferência de CRA ou de outra forma de regularização entre aquelas previstas no art. 66 da Lei n. 12.651, de 2012.

§ 8º A utilização da CRA para fins de compensação de reserva legal será informada pelo Sicar ao sistema de registro em bolsa de mercadorias de âmbito nacional ou ao sistema de registro e de liquidação financeira de ativos autorizados pelo Banco Central do Brasil.

§ 9º A aquisição onerosa de CRA para compensar déficit de reserva legal não constitui pagamento pela adicionalidade ambiental decorrente das atividades de manutenção das áreas vinculadas à CRA e não afeta a elegibilidade dessas áreas para outros pagamentos ou incentivos devidos por serviços ambientais.

§ 10. Nas hipóteses em que a reserva legal esteja registrada no Sicar em conformidade com o disposto no § 4º do art. 18 da Lei n. 12.651, de 2012, o registro da emissão e da transferência da CRA no Sicar substituirá a averbação no Cartório de Registro de Imóveis.

§ 11. As condições pactuadas entre o titular e o adquirente constantes do termo de transferência de que trata o inciso V do *caput* do art. 3º possuem natureza privada e isentam o Poder Público de responsabilidade.

ART. 20. É vedada a emissão de mais de uma CRA com o mesmo uso relativamente à mesma área vinculada e durante a vigência do título.

CAPÍTULO V
DA VIGÊNCIA E DO CANCELAMENTO DA COTA DE RESERVA AMBIENTAL

ART. 21. A vigência da CRA remanescerá enquanto o título não for cancelado.

§ 1º A vigência da CRA emitida em área de servidão ambiental, conforme o disposto no inciso I do *caput* do art. 44 da Lei 12.651, de 2012, não poderá ser superior à da própria servidão.

§ 2º A CRA emitida sobre área em recuperação ou em regeneração natural de vegetação nativa, conforme o disposto no inciso I do *caput* do art. 46 da Lei 12.651, de 2012, terá prazo mínimo de vigência equivalente ao estabelecido no projeto técnico aprovado pelo órgão estadual ou distrital competente.

ART. 22. A CRA somente poderá ser cancelada nas seguintes hipóteses:

I - solicitação do requerente, em caso de desistência de manter áreas nas hipóteses previstas nos incisos I e II do *caput* do art. 44 da Lei n. 12.651, de 2012;

II - automaticamente, em razão de término do prazo da servidão ambiental;

III - degradação da vegetação nativa da área vinculada à CRA cujos custos e cujo prazo de recuperação ambiental inviabilizem a continuidade do vínculo entre a área e o título;

IV - não cumprimento da manutenção das condições de conservação da vegetação nativa da área que deu origem ao título; e

V - cancelamento da matrícula do imóvel.

§ 1º O cancelamento da CRA será efetivado por decisão do SFB, por meio do Sicar.

§ 2º O requerimento de cancelamento com base no disposto no inciso I do *caput* será formalizado por meio do Sicar ao órgão estadual ou distrital competente responsável pelo laudo comprobatório que deu causa à emissão da CRA.

§ 3º Nas hipóteses de cancelamento com base no disposto no inciso I do *caput*, em que o requerente não detenha a titularidade da CRA, serão aplicadas as condições para reversão do título ao requerente, observados os termos pactuados.

§ 4º Na hipótese prevista no §2º, o requerimento será encaminhado ao SFB para decisão final acerca do cancelamento, após manifestação do órgão estadual ou distrital competente.

§ 5º Verificada a ausência do cancelamento previsto no inciso II do *caput* ou a ocorrência das hipóteses previstas nos incisos III a V do *caput*, o órgão estadual ou distrital competente informará a situação ao SFB e proporá o cancelamento da CRA, sem prejuízo das providências já adotadas pelo SFB.

§ 6º O cancelamento da CRA nas hipóteses previstas nos incisos III a V do *caput* será feito de ofício ou por meio de requerimento da parte interessada, após processo administrativo regular instaurado no âmbito do órgão estadual ou distrital competente pelo laudo comprobatório que deu causa à emissão da CRA, assegurado o direito aos princípios da ampla defesa e do contraditório.

§ 7º O SFB poderá instaurar, de ofício, o processo de que trata o § 6º.

§ 8º As decisões de cancelamento de CRA serão registradas no Sicar e comunicadas pelo SFB ao requerente, ao titular, ao órgão estadual ou distrital competente e ao sistema de registro em bolsa de mercadorias de âmbito nacional ou no sistema de registro e de liquidação financeira de ativos autorizados pelo Banco Central do Brasil para que se proceda à retirada de circulação.

§ 9º O cancelamento da CRA utilizada para fins de compensação de reserva legal poderá ser efetivado somente se o requerente assegurar a reserva legal para o imóvel no qual a compensação foi aplicada, em conformidade com o disposto no § 1º do art. 50 da Lei n. 12.651, de 2012.

§ 10. O cancelamento da CRA nos termos do disposto nos incisos III a V do *caput* não afastará a incidência das sanções administrativas e penais previstas na Lei n. 9.605, de 12 de fevereiro de 1998.

CAPÍTULO VI
DAS RESPONSABILIDADES

ART. 23. Caberá ao proprietário do imóvel rural em que se localiza a área vinculada à CRA a responsabilidade plena pela manutenção das condições de conservação da vegetação nativa da área que deu origem ao título.

§ 1º A área vinculada à emissão da CRA poderá ser utilizada em Plano de Manejo Florestal Sustentável, aprovado pelo órgão ambiental competente.

§ 2º Nas infrações administrativas a que se refere o § 10 do art. 22, ficará suspensa a emissão da CRA após decisão condenatória transitada em julgado proferida em processo administrativo regular, até que seja verificado o cumprimento integral das sanções eventualmente cominadas.

ART. 24. A ocorrência de rescisão do termo de transferência de CRA caracterizará a perda da condição de regularidade ambiental no Sicar, hipótese que sujeitará o titular e beneficiário às sanções administrativas, cíveis e penais cabíveis, exceto se verificada outra hipótese que caracterize a regularidade do imóvel.

Parágrafo único. O CAR do imóvel beneficiário da compensação de reserva legal retornará à situação de regularidade somente após o registro de novo termo de transferência de CRA ou de outra forma de regularização dentre aquelas previstas no art. 66 da Lei n. 12.651, de 2012.

ART. 25. A utilização do módulo CRA do Sicar para emissão da CRA implicará a adoção dos seguintes procedimentos pelo órgão estadual ou distrital competente:

I - recepcionar os requerimentos de emissão da CRA;

II - verificar o atendimento dos requisitos e das condições estabelecidos neste Decreto por meio do laudo comprobatório, nos termos do disposto no § 1º do art. 44 da Lei n. 12.651, de 2012;

III - propor a emissão da CRA ao SFB, por meio do Sicar, ou de sistema informatizado próprio, previamente compatibilizado e integrado ao Sicar;

IV - avaliar o estágio sucessional ou o tempo de recomposição ou regeneração da vegetação nativa para fins de emissão de CRA, conforme o disposto no § 1º do art. 46 da Lei n. 12.651, de 2012;

V - verificar o cumprimento dos requisitos para compensação de reserva legal por meio de CRA, com consequente autorização, efetivação, controle e monitoramento da compensação da reserva legal;

VI - recepcionar e opinar sobre os requerimentos de cancelamento da CRA previstos no inciso I do *caput* do art. 22 e encaminhá-los ao SFB para decisão;

VII - informar e propor ao SFB o cancelamento de CRA, nas hipóteses previstas nos incisos II, III, IV e V do *caput* do art. 22;

VIII - atualizar as informações sobre as alterações das características do imóvel rural onde se localiza a área vinculada à CRA no Sicar;

IX - validar as CRF para fins de sua conversão em CRA; e

X - monitorar a conservação da vegetação nativa das áreas vinculadas à CRA, a fim de atestar a situação de regularidade da respectiva CRA.

§ 1º O monitoramento de que trata o inciso X do *caput* poderá ser feito *in loco* ou com utilização de ferramentas de sensoriamento remoto, desde que se disponha de meios tecnológicos para esse fim.

§ 2º Os resultados do monitoramento de que tratam os incisos IV e X do *caput* serão inseridos no Sicar.

ART. 26. Compete ao SFB:

I - emitir, gerenciar e cancelar a CRA;

II - regulamentar, por ato próprio, monitorar e fiscalizar os procedimentos relativos à CRA;

III - desenvolver, manter e gerenciar o módulo CRA do Sicar;

IV - apoiar os órgãos estaduais e distrital competentes pela CRA na utilização do módulo CRA do Sicar; e

V - articular e coordenar as ações com vistas à implementação e ao monitoramento da CRA.

ART. 27. O módulo CRA do Sicar deverá:

I - assegurar o controle da emissão de CRA, nos termos do disposto no § 1º do art. 44 da Lei n. 12.651, de 2012, por meio da uniformização e da padronização de procedimentos, além da consolidação de dados e da numeração única das CRA;

II - integrar os dados dos requerimentos de emissão de CRA recepcionados pelos órgãos estaduais e distrital competentes; e

III - gerir e monitorar os dados relacionados às CRA em âmbito nacional.

Parágrafo único. Para solicitação da emissão da CRA, os sistemas informatizados desenvolvidos pelos Estados e pelo Distrito Federal estarão compatibilizados e integrados ao módulo CRA do Sicar.

ART. 28. Os dados e as informações constantes no módulo CRA do Sicar serão disponibilizados ao público em geral, exceto se classificados como sigilosos ou pessoais, em cumprimento ao disposto na Lei n. 12.527, de 18 de novembro de 2011.

ART. 29. Além da compensação de reserva legal, a CRA poderá ser emitida e utilizada para outros usos, tais como a retribuição pela manutenção e a conservação da vegetação nativa existente ou em processo de recuperação nas áreas vinculadas ao título.

Parágrafo único. Ato do Presidente da República regulamentará o disposto no *caput*.

ART. 30. Fica o SFB autorizado a disciplinar o cumprimento do disposto neste Decreto, em especial quanto à implementação das disposições previstas no art. 9º.

ART. 31. Este Decreto entra em vigor na data de sua publicação.

Brasília, 27 de dezembro de 2018; 197º da Independência e 130º da República.

MICHEL TEMER

DECRETO N. 9.660, DE 1º DE JANEIRO DE 2019

Dispõe sobre a vinculação das entidades da administração pública federal indireta.

› *DOU*, 1º.1.2019 - Edição especial.

O Presidente da República, no uso da atribuição que lhe confere o art. 84, *caput*, inciso VI, alínea "a", da Constituição,

Decreta:

ART. 1º A vinculação das entidades da administração pública federal indireta fica estabelecida na forma do Anexo.

ART. 2º Fica revogado o Decreto n. 8.872, de 10 de outubro de 2016.

ART. 3º Este Decreto entra em vigor na data de sua publicação.

Brasília, 1º de janeiro de 2019; 198º da Independência e 131º da República.

JAIR MESSIAS BOLSONARO

ANEXO

Artigo único. A vinculação das entidades da administração pública federal indireta é a seguinte:

I - à Casa Civil da Presidência da República: Instituto Nacional de Tecnologia da Informação - ITI;

II - à Secretaria de Governo da Presidência da República: Empresa Brasil de Comunicação - EBC, por meio da Secretaria Especial de Comunicação Social;

III - ao Ministério da Agricultura, Pecuária e Abastecimento:

a) Instituto Nacional de Colonização e Reforma Agrária - INCRA;

b) Centrais de Abastecimento de Minas Gerais S.A. - Ceasa/MG;

c) Companhia de Armazéns e Silos do Estado de Minas Gerais S.A. - Casemg;

d) Companhia de Entrepostos e Armazéns Gerais de São Paulo - Ceagesp;

e) Companhia Nacional de Abastecimento - Conab; e

f) Empresa Brasileira de Pesquisa Agropecuária - Embrapa;

IV - ao Ministério da Cidadania:

a) Autoridade de Governança do Legado Olímpico - Aglo;

b) Agência Nacional do Cinema - ANCINE;

c) Instituto do Patrimônio Histórico e Artístico Nacional - Iphan;

d) Instituto Brasileiro de Museus - IBRAM;

e) Fundação Biblioteca Nacional - FBN;

f) Fundação Casa de Rui Barbosa - FCRB;

g) Fundação Cultural Palmares - FCP; e

h) Fundação Nacional de Artes - FUNARTE;

V - ao Ministério da Ciência, Tecnologia, Inovações e Comunicações:

a) Agência Espacial Brasileira - AEB;

b) Conselho Nacional de Desenvolvimento Científico e Tecnológico - CNPq;

c) Financiadora de Estudos e Projetos - Finep;

d) Centro Nacional de Tecnologia Eletrônica Avançada S.A. - Ceitec;

e) Agência Nacional de Telecomunicações - Anatel;

f) Empresa Brasileira de Correios e Telégrafos - ECT;

g) Telecomunicações Brasileiras S.A. - Telebrás; e

h) Comissão Nacional de Energia Nuclear - CNEN;

VI - ao Ministério da Defesa:

a) por meio do Comando da Marinha:
1. Caixa de Construções de Casas para o Pessoal da Marinha - CCCPM;
2. Empresa Gerencial de Projetos Navais - Emgepron; e
3. Amazônia Azul Tecnologias de Defesa S. A. - Amazul;
b) por meio do Comando do Exército:
1. Fundação Habitacional do Exército - FHE;
2. Fundação Osório; e
3. Indústria de Material Bélico do Brasil - Imbel; e
c) por meio do Comando da Aeronáutica:
1. Caixa de Financiamento Imobiliário da Aeronáutica - CFIAe; e
2. NAV Brasil Serviços de Navegação Aérea S.A. - NAV Brasil;
VII - ao Ministério da Economia:
a) Agência Brasileira Gestora de Fundos Garantidores e Garantias S.A. - ABGF;
b) Banco Central do Brasil;
c) Banco da Amazônia S.A. - Basa;
d) Banco do Brasil S.A.;
e) Banco do Nordeste do Brasil S.A. - BNB;
f) Banco Nacional de Desenvolvimento Econômico e Social - BNDES;
g) Caixa Econômica Federal - CEF;
h) Casa da Moeda do Brasil - CMB;
i) Comissão de Valores Mobiliários - CVM;
j) Empresa Gestora de Ativos - Emgea;
k) Empresa de Tecnologia e Informações da Previdência - Dataprev;
l) Fundação Escola Nacional de Administração Pública - Enap;
m) Fundação Instituto de Pesquisa Econômica Aplicada - Ipea;
n) Fundação Instituto Brasileiro de Geografia e Estatística - IBGE;
o) Fundação Jorge Duprat Figueiredo, de Segurança e Medicina do Trabalho - Fundacentro;
p) Fundação de Previdência Complementar do Servidor Público Federal do Poder Executivo - Funpresp-Exe;
q) Instituto Nacional do Seguro Social - INSS;
r) Instituto Nacional de Metrologia, Qualidade e Tecnologia - Inmetro;
s) Instituto Nacional da Propriedade Industrial - INPI;
t) Serviço Federal de Processamento de Dados - Serpro;
u) Superintendência de Seguros Privados - Susep;
v) Superintendência Nacional de Previdência Complementar - Previc; e
w) Superintendência da Zona Franca de Manaus - Suframa;
VIII - ao Ministério da Educação:
a) Centros Federais de Educação Tecnológica:
1. Celso Suckow da Fonseca - Cefet-RJ; e
2. de Minas Gerais;
b) Colégio Pedro II;
c) Fundação Coordenação de Aperfeiçoamento de Pessoal de Nível Superior - Capes;
d) Fundação Universidade Federal de Ciências da Saúde de Porto Alegre;
e) Fundação Joaquim Nabuco;
f) Fundações Universidades:
1. do Amazonas; e
2. de Brasília;
g) Fundações Universidades Federais:
1. do ABC;
2. do Acre;
3. do Amapá;
4. da Grande Dourados;
5. do Maranhão;
6. de Mato Grosso;
7. de Mato Grosso do Sul;
8. de Ouro Preto;
9. de Pelotas;
10. do Piauí;
11. do Rio Grande;
12. de Rondônia;
13. de Roraima;
14. de São Carlos;
15. de São João del-Rei;
16. de Sergipe;
17. do Tocantins;
18. do Vale do São Francisco;
19. de Viçosa;
20. do Pampa;
21. do Estado do Rio de Janeiro; e
22. de Uberlândia;
h) Fundo Nacional de Desenvolvimento da Educação - FNDE;
i) Hospital de Clínicas de Porto Alegre - HCPA;
j) Empresa Brasileira de Serviços Hospitalares - EBSERH;
k) Instituto Nacional de Estudos e Pesquisas Educacionais Anísio Teixeira - INEP;
l) Institutos Federais:
1. do Acre;
2. de Alagoas;
3. do Amapá;
4. do Amazonas;
5. da Bahia;
6. Baiano;
7. de Brasília;
8. do Ceará;
9. do Espírito Santo;
10. de Goiás;
11. Goiano;
12. do Maranhão;
13. de Minas Gerais;
14. do Norte de Minas Gerais;
15. do Sudeste de Minas Gerais;
16. do Sul de Minas Gerais;
17. do Triângulo Mineiro;
18. de Mato Grosso;
19. de Mato Grosso do Sul;
20. do Pará;
21. da Paraíba;
22. de Pernambuco;
23. do Sertão Pernambucano;
24. do Piauí;
25. do Paraná;
26. do Rio de Janeiro;
27. Fluminense;
28. do Rio Grande do Norte;
29. do Rio Grande do Sul;
30. Farroupilha;
31. Sul-rio-grandense;
32. de Rondônia;
33. de Roraima;
34. de Santa Catarina;
35. Catarinense;
36. de São Paulo;
37. de Sergipe; e
38. de Tocantins;
m) Universidades Federais:
1. de Alagoas;
2. de Alfenas;
3. da Bahia;
4. de Campina Grande;
5. do Ceará;
6. do Espírito Santo;
7. Fluminense;
8. de Goiás;
9. de Itajubá;
10. de Juiz de Fora;
11. de Lavras;
12. de Minas Gerais;
13. de Pernambuco;
14. de Santa Catarina;
15. de Santa Maria;
16. de São Paulo;
17. do Pará;
18. da Paraíba;
19. do Paraná;
20. do Recôncavo da Bahia;
21. do Rio Grande do Norte;
22. do Rio Grande do Sul;
23. do Rio de Janeiro;
24. Rural da Amazônia;
25. Rural de Pernambuco;
26. Rural do Rio de Janeiro;
27. Rural do Semiárido;
28. do Triângulo Mineiro;
29. dos Vales do Jequitinhonha e Mucuri;
30. da Fronteira Sul;
31. da Integração Latino-Americana;
32. do Oeste do Pará;
33. do Cariri;
34. do Sul e Sudeste do Pará;
35. do Oeste da Bahia;
36. do Sul da Bahia;
37. do Agreste de Pernambuco;
38. do Delta do Parnaíba;
39. de Catalão;
40. de Jataí; e
41. de Rondonópolis;
n) Universidade Tecnológica Federal do Paraná; e
o) Universidade da Integração Internacional da Lusofonia Afro-Brasileira;
IX - ao Ministério da Infraestrutura:
a) Agência Nacional de Transportes Aquaviários - ANTAQ;
b) Agência Nacional de Transportes Terrestres - ANTT;
c) Agência Nacional de Aviação Civil - ANAC;
d) Departamento Nacional de Infraestrutura de Transportes - DNIT;
e) VALEC - Engenharia, Construções e Ferrovias S.A.;
f) Companhia Docas do Maranhão - Codomar;
g) Companhia Docas do Ceará - CDC;
h) Companhia Docas do Espírito Santo - Codesa;
i) Companhia das Docas do Estado da Bahia - Codeba;
j) Companhia Docas do Estado de São Paulo - Codesp;
k) Companhia Docas do Pará - CDP;
l) Companhia Docas do Rio Grande do Norte - Codern;
m) Companhia Docas do Rio de Janeiro - CDRJ;
n) Empresa Brasileira de Infraestrutura Aeroportuária - Infraero; e
o) Empresa de Planejamento e Logística - EPL;
X - ao Ministério do Desenvolvimento Regional:
a) Agência Nacional de Águas - ANA;
b) Companhia de Desenvolvimento dos Vales do São Francisco e do Parnaíba - Codevasf;
c) Companhia Brasileira de Trens Urbanos - CBTU;
d) Departamento Nacional de Obras Contra as Secas - Dnocs;
e) Empresa de Trens Urbanos de Porto Alegre S.A. - Trensurb;
f) Superintendência do Desenvolvimento da Amazônia - SUDAM;

g) Superintendência do Desenvolvimento do Nordeste - SUDENE; e

h) Superintendência do Desenvolvimento do Centro-Oeste - SUDECO;

XI - ao Ministério da Justiça e Segurança Pública: Conselho Administrativo de Defesa Econômica - Cade;

XII - ao Ministério do Meio Ambiente:

a) Instituto Brasileiro do Meio Ambiente e dos Recursos Naturais Renováveis - IBAMA;

b) Instituto Chico Mendes de Conservação da Biodiversidade - Instituto Chico Mendes; e

c) Instituto de Pesquisas Jardim Botânico do Rio de Janeiro - JBRJ;

XIII - ao Ministério de Minas e Energia:

a) Agência Nacional de Energia Elétrica - ANEEL;

b) Agência Nacional do Petróleo, Gás Natural e Biocombustíveis - ANP;

c) Agência Nacional de Mineração - ANM;

d) Centrais Elétricas Brasileiras S.A. - Eletrobrás;

e) Companhia de Pesquisa de Recursos Minerais - CPRM;

f) Empresa de Pesquisa Energética - EPE;

g) Petróleo Brasileiro S.A. - Petrobras;

h) Empresa Brasileira de Administração de Petróleo e Gás Natural S.A. - Pré-Sal Petróleo S.A. - PPSA;

i) Indústrias Nucleares do Brasil - INB; e

j) Nuclebrás Equipamentos Pesados - Nuclep;

XIV - ao Ministério da Mulher, da Família e dos Direitos Humanos: Fundação Nacional do Índio - Funai;

XV - ao Ministério do Turismo: Instituto Brasileiro de Turismo - Embratur;

XVI - ao Ministério das Relações Exteriores: Fundação Alexandre de Gusmão; e

XVII - ao Ministério da Saúde:

a) Agência Nacional de Saúde Suplementar - ANS;

b) Agência Nacional de Vigilância Sanitária - ANVISA;

c) Empresa Brasileira de Hemoderivados e Biotecnologia - HEMOBRÁS;

d) Fundação Nacional de Saúde - FUNASA;

e) Fundação Oswaldo Cruz - FIOCRUZ; e

f) Hospital Nossa Senhora da Conceição S.A.

DECRETO N. 9.661, DE 1º DE JANEIRO DE 2019

Regulamenta a Lei n. 13.152, de 29 de julho de 2015, que dispõe sobre o valor do salário mínimo e a sua política de valorização de longo prazo.

▸ *DOU*, 1º.1.2019 - Edição especial.

O Presidente da República, no uso da atribuição que lhe confere o art. 84, *caput*, inciso IV, da Constituição, e tendo em vista o disposto na Lei n. 13.152, de 29 de julho de 2015,

Decreta:

ART. 1º A partir de 1º de janeiro de 2019, o salário mínimo será de R$ 998,00 (novecentos e noventa e oito reais).

Parágrafo único. Em decorrência do disposto no *caput*, o valor diário do salário mínimo corresponderá a R$ 33,27 (trinta e três reais e vinte e sete centavos) e o valor horário, a R$ 4,54 (quatro reais e cinquenta e quatro centavos).

ART. 2º Este Decreto entra em vigor a partir de 1º de janeiro de 2019.

Brasília, 1º de janeiro de 2019; 198º da Independência e 131º da República.

JAIR MESSIAS BOLSONARO

DECRETO N. 9.662, DE 1º DE JANEIRO DE 2019

Aprova a Estrutura Regimental e o Quadro Demonstrativo dos Cargos em Comissão e das Funções de Confiança do Ministério da Justiça e Segurança Pública, remaneja cargos em comissão e funções de confiança e transforma cargos em comissão do Grupo-Direção e Assessoramento Superiores - DAS.

▸ *DOU*, 2.1.2019 - Edição extra.

O Presidente da República, no uso da atribuição que lhe confere o art. 84, *caput*, inciso VI, alínea "a", da Constituição,

Decreta:

ART. 1º Ficam aprovados a Estrutura Regimental e o Quadro Demonstrativo dos Cargos em Comissão e das Funções de Confiança do Ministério da Justiça e Segurança Pública, na forma dos Anexos I e II.

ART. 2º Ficam remanejados, na forma do Anexo III, os seguintes cargos em comissão do Grupo-Direção e Assessoramento Superiores - DAS e as seguintes Funções Comissionadas do Poder Executivo - FCPE e Funções Gratificadas - FG:

I - do extinto Ministério da Justiça para a Secretaria de Gestão da Secretaria Especial de Desburocratização, Gestão e Governo Digital do Ministério da Economia:

a) quatro DAS 101.6;

b) treze DAS 101.5;

c) vinte e oito DAS 101.4;

d) trinta DAS 101.3;

e) trinta e seis DAS 101.2;

f) dezenove DAS 101.1;

g) quatro DAS 102.5;

h) seis DAS 102.4;

i) oito DAS 102.3;

j) três DAS 102.2;

k) vinte DAS 102.1;

l) dezoito FCPE 101.4;

m) trinta e quatro FCPE 101.3;

n) vinte e duas FCPE 101.2;

o) quatorze FCPE 101.1;

p) quatro FCPE 102.4;

q) uma FCPE 102.3;

r) uma FCPE 102.2;

s) quatro FCPE 102.1;

t) trinta e duas FG-1;

u) vinte e duas FG-2; e

v) vinte e duas FG-3;

II - do extinto Ministério da Segurança Pública para a Secretaria de Gestão da Secretaria Especial de Desburocratização, Gestão e Governo Digital do Ministério da Economia:

a) cinco DAS 101.6;

b) vinte e oito DAS 101.5;

c) sessenta e oito DAS 101.4;

d) noventa e sete DAS 101.3;

e) oitenta e dois DAS 101.2;

f) cento e setenta e um DAS 101.1;

g) quatro DAS 102.5;

h) sete DAS 102.4;

i) seis DAS 102.3;

j) sete DAS 102.2;

k) treze DAS 102.1;

l) doze FCPE 101.4;

m) quarenta e duas FCPE 101.3;

n) quarenta FCPE 101.2;

o) treze FCPE 101.1;

p) duas FCPE 102.2;

q) quatro FCPE 102.1;

r) noventa e cinco FG-1;

s) trezentos e setenta e cinco FG-2; e

t) mil e setenta e duas FG-3;

III - do extinto Ministério do Trabalho para a Secretaria de Gestão da Secretaria Especial de Desburocratização, Gestão e Governo Digital do Ministério da Economia:

a) dois DAS 101.4;

b) um DAS 101.3;

c) quatro DAS 101.2;

d) uma FCPE 101.3;

e) uma FCPE 101.2; e

f) uma FCPE 101.1;

IV - do extinto Ministério da Fazenda para Secretaria de Gestão da Secretaria Especial de Desburocratização, Gestão e Governo Digital do Ministério da Economia:

a) um DAS 101.6;

b) dois DAS 101.5;

c) dez DAS 101.4;

d) quatro DAS 101.3;

e) dois DAS 101.2;

f) dois DAS 101.1;

g) um DAS 102.4;

h) dois DAS 102.3;

i) um DAS 102.2;

j) cinco FG-1; e

k) uma FG-2; e

V - da Secretaria de Gestão da Secretaria Especial de Desburocratização, Gestão e Governo Digital do Ministério da Economia para o Ministério da Justiça e Segurança Pública:

a) dez DAS 101.6;

b) quarenta e quatro DAS 101.5;

c) cento e dezessete DAS 101.4;

d) cento e setenta e três DAS 101.3;

e) cento e oitenta e nove DAS 101.2;

f) cento e noventa e sete DAS 101.1;

g) seis DAS 102.5;

h) treze DAS 102.4;

i) quatorze DAS 102.3;

j) dez DAS 102.2;

k) trinta e seis DAS 102.1;

l) trinta FCPE 101.4;

m) setenta e sete FCPE 101.3;

n) sessenta e três FCPE 101.2;

o) vinte e oito FCPE 101.1;

p) quatro FCPE 102.4;

q) uma FCPE 102.3;

r) três FCPE 102.2;

s) oito FCPE 102.1;

t) cento e trinta e duas FG-1;

u) trezentos e noventa e oito FG-2; e

v) mil e noventa e quatro FG-3.

ART. 3º Ficam transformados, na forma do Anexo IV, nos termos do disposto no art. 8º da Lei n. 13.346, de 10 de outubro de 2016, os seguintes cargos em comissão do Grupo-DAS: quatro DAS 5 e vinte e nove DAS 4 em vinte e quatro DAS 3, sessenta e dois DAS 2 e dois DAS 1.

ART. 4º Os ocupantes dos cargos em comissão e das funções de confiança que deixam de existir na Estrutura Regimental dos extintos Ministérios da Justiça e da Segurança Pública por força deste Decreto ficam automaticamente exonerados ou dispensados.

ART. 5º Os apostilamentos decorrentes da nova Estrutura Regimental deverão ocorrer até 13 de fevereiro de 2019.

Parágrafo único. O Ministro de Estado da Justiça e Segurança Pública publicará, no Diário Oficial da União, até 13 de fevereiro de 2019, relação nominal dos titulares dos cargos em comissão e das funções de confiança a que se refere o Anexo II, que indicará, inclusive, o número de cargos e funções vagos, suas denominações e seus níveis.

ART. 6º O Ministro de Estado da Justiça e Segurança Pública poderá editar regimento interno abrangendo todas as unidades administrativas integrantes de sua estrutura regimental, ou regimentos internos específicos abrangendo uma ou mais unidades ou subunidades administrativas, detalhando as unidades administrativas integrantes da Estrutura Regimental do Ministério da Justiça e Segurança Pública, as suas competências e as atribuições de seus dirigentes.

Parágrafo único. Os registros referentes ao regimento interno serão realizados no sistema informatizado do Sistema de Organização e Inovação Institucional do Governo Federal - Siorg até a data de entrada em vigor do regimento interno ou de suas alterações.

ART. 7º O Ministro de Estado da Justiça e Segurança Pública poderá, mediante alteração do regimento interno, permutar cargos em comissão do Grupo-DAS com FCPE, desde que não sejam alteradas as unidades das estruturas organizacionais, as categorias e os níveis dos cargos e das funções especificados nas Tabelas "a" dos Anexos II e sejam mantidos as categorias, os níveis e os quantitativos previstos nas Tabelas "b" dos Anexos II, conforme o disposto no art. 9º do Decreto n. 6.944, de 21 de agosto de 2009.

ART. 8º O Ministério da Justiça e Segurança Pública será responsável pelas seguintes medidas em relação à Coordenação-Geral de Imigração e ao Conselho Nacional de Imigração do extinto Ministério do Trabalho, ao Conselho de Controle de Atividades Financeiras do extinto Ministério da Fazenda e aos extintos Ministérios da Justiça e da Segurança Pública:

I - elaboração dos relatórios de gestão, de acordo com orientações da Controladoria-Geral da União;

II - remanejamento dos recursos orçamentários e financeiros e das transferências de bens patrimoniais; e

III - atos decorrentes de contratos, convênios e instrumentos congêneres.

ART. 9º As Funções Comissionadas Técnicas alocadas na Estrutura Regimental do Ministério da Justiça e Segurança Pública são aquelas constantes do Anexo V.

ART. 10. A atual estrutura de cargos em comissão e de Funções Comissionadas Técnicas constantes, respectivamente, dos Anexos VI e VII, ficam mantidas na Defensoria Pública da União.

§ 1º O disposto no art. 4º e no art. 5º não se aplica aos cargos em comissão alocados atualmente na Defensoria Pública da União.

§ 2º Os cargos em comissão e as Funções Comissionadas Técnicas a que se refere o *caput* serão geridos de acordo com as normas da Defensoria Pública da União.

§ 3º Os cargos em comissão e as Funções Comissionadas Técnicas a que se refere o *caput* serão remanejados para a Secretaria de Gestão da Secretaria Especial de Desburocratização, Gestão e Governo Digital do Ministério da Economia na data de entrada em vigor da Estrutura Regimental da Defensoria Pública da União e os seus ocupantes ficarão automaticamente exonerados ou dispensados.

ART. 11. Ficam revogados:

I - o Decreto n. 9.360, de 7 de maio de 2018, exceto quanto ao art. 4º;

II - o Decreto n. 9.378, de 21 de maio de 2018; e

III - o Decreto n. 9.426, de 27 de junho de 2018.

ART. 12. Este Decreto entra em vigor na data de sua publicação.

Brasília, 1º de janeiro de 2019; 198º da Independência e 131º da República.

JAIR MESSIAS BOLSONARO

ANEXO I
ESTRUTURA REGIMENTAL DO MINISTÉRIO DA JUSTIÇA E SEGURANÇA PÚBLICA

CAPÍTULO I
DA NATUREZA E DA COMPETÊNCIA

ART. 1º O Ministério da Justiça e Segurança Pública, órgão da administração pública federal direta, tem como área de competência os seguintes assuntos:

I - defesa da ordem jurídica, dos direitos políticos e das garantias constitucionais;

II - política judiciária;

III - políticas sobre drogas, quanto a:

a) difusão de conhecimento sobre crimes, delitos e infrações relacionados às drogas lícitas e ilícitas; e

b) combate ao tráfico de drogas e crimes conexos, inclusive por meio da recuperação de ativos que financiem ou sejam resultado dessas atividades criminosas;

IV - defesa da ordem econômica nacional e dos direitos do consumidor;

V - nacionalidade, imigração e estrangeiros;

VI - registro sindical;

VII - ouvidoria-geral do consumidor e das polícias federais;

VIII - prevenção e combate à corrupção, à lavagem de dinheiro e ao financiamento ao terrorismo e cooperação jurídica internacional;

IX - coordenação de ações para combate a infrações penais em geral, com ênfase em corrupção, crime organizado e crimes violentos;

X - política nacional de arquivos;

XI - coordenação e promoção da integração da segurança pública no território nacional, em cooperação com os entes federativos;

XII - aquelas previstas no § 1º do art. 144 da Constituição, por meio da Polícia Federal;

XIII - aquela prevista no § 2º do art. 144 da Constituição, por meio da Polícia Rodoviária Federal;

XIV - política de organização e manutenção da polícia civil, da polícia militar e do corpo de bombeiros militar do Distrito Federal, nos termos do disposto no inciso XIV do *caput* do art. 21 da Constituição;

XV - defesa dos bens e dos próprios da União e das entidades integrantes da administração pública federal indireta;

XVI - coordenação do Sistema Único de Segurança Pública;

XVII - planejamento, coordenação e administração da política penitenciária nacional;

XVIII - coordenação, em articulação com os órgãos e as entidades competentes da administração pública federal, a instituição de escola superior de altos estudos ou congêneres, ou de programas, enquanto não instalada a escola superior, em matérias de segurança pública, em instituição existente;

XIX - promoção da integração e da cooperação entre os órgãos federais, estaduais, distritais e municipais e articulação com os órgãos e as entidades de coordenação e supervisão das atividades de segurança pública;

XX - estímulo e propositura aos órgãos federais, estaduais, distritais e municipais de elaboração de planos e programas integrados de segurança pública, com o objetivo de prevenir e reprimir a violência e a criminalidade;

XXI - desenvolvimento de estratégia comum baseada em modelos de gestão e de tecnologia que permitam a integração e a interoperabilidade dos sistemas de tecnologia da informação dos entes federativos;

XXII - política de imigração laboral; e

XXIII - assistência ao Presidente da República em matérias não afetas a outro Ministério.

CAPÍTULO II
DA ESTRUTURA ORGANIZACIONAL

ART. 2º O Ministério da Justiça e Segurança Pública tem a seguinte estrutura organizacional:

I - órgãos de assistência direta e imediata ao Ministro de Estado da Justiça e Segurança Pública:

a) Assessoria Especial de Controle Interno;

b) Assessoria Especial de Assuntos Federativos e Parlamentares;

c) Assessoria Especial de Assuntos Legislativos;

d) Assessoria Especial Internacional;

e) Gabinete;

f) Secretaria-Executiva:

1. Subsecretaria de Administração;
2. Subsecretaria de Planejamento e Orçamento; e
3. Diretoria de Tecnologia da Informação e Comunicações; e

g) Consultoria Jurídica;

II - órgãos específicos singulares:

a) Secretaria Nacional de Justiça:

1. Departamento de Recuperação de Ativos e Cooperação Jurídica Internacional;
2. Departamento de Migrações; e
3. Departamento de Promoção de Políticas de Justiça;

b) Secretaria Nacional do Consumidor:

1. Departamento de Proteção e Defesa do Consumidor; e
2. Departamento de Administração;

c) Secretaria Nacional de Políticas sobre Drogas:

1. Diretoria de Gestão de Ativos; e
2. Diretoria de Políticas Públicas e Articulação Institucional;

d) Secretaria Nacional de Segurança Pública:

1. Diretoria de Políticas de Segurança Pública;
2. Diretoria de Gestão e Integração de Informações;
3. Diretoria de Administração;
4. Diretoria de Ensino e Estatística; e
5. Diretoria da Força Nacional de Segurança Pública;

e) Secretaria de Operações Integradas:

1. Diretoria de Operações; e
2. Diretoria de Inteligência;

f) Departamento Penitenciário Nacional:

1. Diretoria-Executiva;
2. Diretoria de Políticas Penitenciárias;
3. Diretoria do Sistema Penitenciário Federal; e
4. Diretoria de Inteligência Penitenciária;

g) Polícia Federal:

1. Diretoria-Executiva;
2. Diretoria de Investigação e Combate ao Crime Organizado;
3. Corregedoria-Geral de Polícia Federal;
4. Diretoria de Inteligência Policial;
5. Diretoria Técnico-Científica;
6. Diretoria de Gestão de Pessoal;
7. Diretoria de Administração e Logística Policial; e
8. Diretoria de Tecnologia da Informação e Inovação;

h) Polícia Rodoviária Federal;

1. Diretoria-Executiva;

2. Diretoria de Administração; e

3. Diretoria de Operações; e

i) Arquivo Nacional;

III - órgãos colegiados:

a) Conselho Federal Gestor do Fundo de Defesa dos Direitos Difusos;

b) Conselho Nacional de Combate à Pirataria e Delitos contra a Propriedade Intelectual;

c) Conselho Nacional de Políticas sobre Drogas;

d) Conselho Nacional de Política Criminal e Penitenciária;

e) Conselho Nacional de Segurança Pública;

f) Conselho Gestor do Fundo Nacional de Segurança Pública;

g) Conselho de Controle de Atividades Financeiras;

h) Conselho Nacional de Imigração; e

i) Conselho Nacional de Arquivos; e

IV - entidade vinculada: Conselho Administrativo de Defesa Econômica.

CAPÍTULO III
DAS COMPETÊNCIAS DOS ÓRGÃOS

SEÇÃO I
DOS ÓRGÃOS DE ASSISTÊNCIA DIRETA E IMEDIATA AO MINISTRO DE ESTADO DA JUSTIÇA E SEGURANÇA PÚBLICA

ART. 3º À Assessoria Especial de Controle Interno compete:

I - assessorar o Ministro de Estado nas áreas de controle, risco, transparência e integridade da gestão;

II - assistir o Ministro de Estado no pronunciamento estabelecido no art. 52 da Lei n. 8.443, de 16 de julho de 1992;

III - prestar orientação técnica ao Secretário-Executivo, aos gestores do Ministério e aos representantes indicados pelo Ministro de Estado em conselhos e comitês, nas áreas de controle, risco, transparência e integridade da gestão;

IV - prestar orientação técnica e acompanhar os trabalhos das unidades do Ministério com vistas a subsidiar a elaboração da prestação de contas anual do Presidente da República e do relatório de gestão;

V - prestar orientação técnica na elaboração e na revisão de normas internas e de manuais;

VI - apoiar a supervisão ministerial da entidade vinculada, em articulação com as respectivas unidades de auditoria interna, inclusive quanto ao planejamento e aos resultados dos trabalhos;

VII - auxiliar na interlocução sobre assuntos relacionados com a ética, a ouvidoria e a correição entre as unidades responsáveis no Ministério e os órgãos de controle interno e externo e de defesa do Estado;

VIII - acompanhar processos de interesse do Ministério junto aos órgãos de controle interno e externo e de defesa do Estado;

IX - acompanhar a implementação das recomendações da Controladoria-Geral da União e das deliberações do Tribunal de Contas da União, relacionadas ao Ministério da Justiça e da Segurança Pública, e atender outras demandas provenientes dos órgãos de controle interno e externo e de defesa do Estado; e

X - apoiar as ações de capacitação nas áreas de controle, risco, transparência e integridade da gestão.

ART. 4º À Assessoria Especial de Assuntos Federativos e Parlamentares compete:

I - participar do processo de articulação com o Congresso Nacional nos assuntos de competência do Ministério, observadas as competências dos órgãos que integram a Presidência da República, providenciar o atendimento às consultas e aos requerimentos formulados, além de acompanhar a tramitação legislativa dos projetos de interesse do Ministério; e

II - participar do processo de interlocução com os Governos estaduais, distrital e municipais, com as assembleias legislativas estaduais, com a Câmara Legislativa do Distrito Federal e com as câmaras municipais nos assuntos de competência do Ministério, com o objetivo de assessorá-los em suas iniciativas e de providenciar o atendimento às consultas formuladas, observadas as competências dos órgãos que integram a Presidência da República.

ART. 5º À Assessoria Especial de Assuntos Legislativos compete:

I - assessorar o Ministro de Estado nos assuntos referentes à elaboração normativa de interesse do Ministério da Justiça e Segurança Pública nos temas não afetos a outros órgãos ou, por solicitação, de outros Ministérios ou da Presidência da República;

II - examinar projetos de atos normativos em trâmite no Congresso Nacional;

III - prestar apoio e participar de comissões de juristas, de pesquisas e de grupos de trabalho constituídos para elaboração de proposições legislativas e outros atos normativos;

IV - proceder ao levantamento de atos normativos conexos, nos temas relativos ao Ministério da Justiça e Segurança Publica e nos temas não afetos a outros órgãos, com vistas a consolidar os seus textos;

V - formular e examinar propostas de atos normativos, inclusive quanto ao mérito, nas matérias não afetas a outros Ministérios;

VI - promover a qualificação dos processos de elaboração normativa, inclusive por meio da organização de debates públicos; e

VII - articular os posicionamentos relativos à política legislativa em temas do interesse do Ministério com os órgãos da administração pública, o Congresso Nacional e a sociedade.

Parágrafo único. As competências da Assessoria Especial de Assuntos Legislativos serão exercidas em articulação com a Consultoria Jurídica.

ART. 6º À Assessoria Especial Internacional compete:

I - assessorar o Ministro de Estado e as demais unidades do Ministério da Justiça e Segurança Pública, no País e no exterior, nos temas, nas negociações e nos processos internacionais de interesse do Ministério, em articulação com o Ministério das Relações Exteriores;

II - preparar subsídios e informações para a elaboração de pronunciamentos, conferências, artigos e textos de apoio ao Ministro de Estado e aos Secretários do Ministério;

III - coordenar, em articulação com os órgãos específicos singulares e os órgãos colegiados, a posição do Ministério em temas internacionais e a sua participação em eventos e processos negociadores em foros internacionais;

IV - contribuir na preparação de eventos, reuniões e atividades internacionais com participação do Ministro de Estado, dos Diretores e dos Secretários do Ministério;

V - representar o Ministro de Estado em reuniões, eventos e negociações internacionais, além de presidir ou compor grupos de trabalho intergovernamentais, no País e no exterior, quando demandado;

VI - assessorar a implementação, em coordenação com os órgãos específicos singulares e os órgãos colegiados, das diretrizes da política externa na área de segurança pública;

VII - manter interlocução direta junto a embaixadores estrangeiros e representantes de organismos internacionais sediados no Distrito Federal;

VIII - atuar como interlocutor junto a embaixadores no Ministério das Relações Exteriores e nas embaixadas e representações brasileiras junto a organismos internacionais;

IX - planejar e organizar as viagens internacionais oficiais do Ministro de Estado e dos Diretores e Secretários do Ministério, além de preparar subsídios para a sua atuação em visitas oficiais, comitês, seminários, conferências, assembleias e outros eventos relacionados com a área de segurança pública; e

X - preparar e acompanhar audiências do Ministro de Estado e de Secretários do Ministério com autoridades estrangeiras em visitas oficiais ao País.

ART. 7º Ao Gabinete compete:

I - assistir o Ministro de Estado em sua representação política e social e ocupar-se das relações públicas e do preparo e do despacho de seu expediente pessoal;

II - coordenar e desenvolver atividades que auxiliem a atuação institucional do Ministério, no âmbito internacional, em articulação com o Ministério das Relações Exteriores e com outros órgãos da administração pública;

III - planejar, coordenar e executar a política de comunicação social e a publicidade institucional do Ministério, em consonância com as diretrizes de comunicação da Presidência da República;

IV - supervisionar as atividades de ouvidoria e aquelas relacionadas com os sistemas federais de transparência e de acesso a informações, no âmbito do Ministério;

V - providenciar a publicação oficial e a divulgação das matérias relacionadas com a área de atuação do Ministério;

VI - fomentar e articular o diálogo entre os diferentes segmentos da sociedade civil e os órgãos do Ministério, inclusive por meio da articulação com os órgãos colegiados;

VII - coordenar e articular as relações políticas do Ministério com os diferentes segmentos da sociedade civil; e

VIII - acompanhar as atividades dos conselhos e os demais órgãos colegiados do Ministério.

ART. 8º À Secretaria-Executiva compete:

I - assistir o Ministro de Estado na supervisão e na coordenação das atividades das Secretarias integrantes da estrutura do Ministério e da entidade a ele vinculada;

II - supervisionar e coordenar as atividades relacionadas com os sistemas federais de planejamento e de orçamento, de organização e inovação institucional, de contabilidade, de informação de custos, de administração financeira, de administração dos recursos de informação e informática, de recursos humanos, de serviços gerais e de gestão de documentos de arquivo, no âmbito do Ministério;

III - elaborar e orientar a política de pesquisa, desenvolvimento e inovação, no âmbito do Ministério e da entidade a ele vinculada; e

IV - auxiliar o Ministro de Estado na definição das diretrizes e na implementação das ações das áreas de competência do Ministério.

ART. 9º À Subsecretaria de Administração compete:

I - planejar, coordenar e supervisionar a execução das atividades relacionadas com os sistemas federais, de recursos humanos, de serviços gerais e de gestão de documentos de arquivo, no âmbito do Ministério;

II - promover a articulação com os órgãos centrais dos sistemas federais referidos no inciso I, além de informar e orientar os órgãos integrantes da estrutura do Ministério e da entidade a ele vinculada quanto ao cumprimento das normas estabelecidas;

III - elaborar e consolidar os planos e os programas das atividades de sua área de competência e submetê-los à decisão superior; e

IV - acompanhar e promover a avaliação de projetos e atividades, no âmbito de sua competência.

ART. 10. À Subsecretaria de Planejamento e Orçamento compete:

I - planejar, coordenar e supervisionar a execução das atividades relacionadas com os sistemas federais de planejamento e de orçamento, de organização e de inovação institucional, de contabilidade e de informação de custos e de administração financeira no âmbito do Ministério;

II - promover a articulação com os órgãos centrais dos sistemas federais referidos no inciso I do *caput* e informar e orientar os órgãos integrantes da estrutura do Ministério e da entidade a ele vinculada quanto ao cumprimento das normas estabelecidas;

III - elaborar e consolidar os planos e os programas das atividades de sua área de competência e submetê-los à decisão superior;

IV - acompanhar e promover a avaliação de projetos e atividades, no âmbito de sua competência; e

V - desenvolver as atividades de execução contábil no âmbito do Ministério.

ART. 11. À Diretoria de Tecnologia da Informação e Comunicações compete:

I - planejar, coordenar e supervisionar a execução das atividades relacionadas com o Sistema de Administração dos Recursos de Tecnologia da Informação no âmbito do Ministério;

II - promover a articulação com os órgãos centrais do sistema federal referido no inciso I e informar e orientar os órgãos integrantes da estrutura do Ministério e da entidade a ele vinculada quanto ao cumprimento das normas estabelecidas;

III - elaborar e consolidar os planos e os programas das atividades de sua área de competência e submetê-los à decisão superior; e

IV - acompanhar e promover a avaliação de projetos e atividades, no âmbito de sua competência.

ART. 12. À Consultoria Jurídica, órgão setorial da Advocacia-Geral da União, compete:

I - prestar assessoria e consultoria jurídica no âmbito do Ministério;

II - fixar a interpretação da Constituição, das leis, dos tratados e dos demais atos normativos a ser seguida uniformemente na área de atuação do Ministério, quando não houver orientação normativa do Advogado-Geral da União;

III - atuar, em conjunto com os órgãos técnicos do Ministério, na elaboração de propostas de atos normativos de interesse do Ministério;

IV - realizar revisão final da técnica legislativa e emitir parecer conclusivo sobre a constitucionalidade, a legalidade e a compatibilidade com o ordenamento jurídico das propostas de atos normativos de interesse do Ministério;

V - examinar a constitucionalidade, a legalidade, a compatibilidade com o ordenamento jurídico e a técnica legislativa dos atos normativos que serão remetidos pelo Ministro de Estado à consideração da Presidência da República;

VI - examinar a coerência com o ordenamento jurídico e a regularidade jurídica dos projetos de atos normativos em fase de sanção;

VII - assistir o Ministro de Estado no controle interno da legalidade administrativa dos atos do Ministério e da entidade a ele vinculada; e

VIII - examinar, prévia e conclusivamente, no âmbito do Ministério:

a) os textos de edital de licitação e de contratos ou instrumentos congêneres a serem publicados e celebrados; e

b) os atos pelos quais se reconheça a inexigibilidade ou se decida pela dispensa de licitação.

SEÇÃO II
DOS ÓRGÃOS ESPECÍFICOS SINGULARES

ART. 13. À Secretaria Nacional de Justiça compete:

I - promover a política de justiça, por intermédio da articulação com os demais órgãos do Poder Executivo, o Poder Judiciário, o Poder Legislativo, o Ministério Público, a Defensoria Pública, a Ordem dos Advogados do Brasil, os Governos estaduais e distrital, as agências internacionais e as organizações da sociedade civil;

II - coordenar, em parceria com os órgãos da administração pública, a Estratégia Nacional de Combate à Corrupção e à Lavagem de Dinheiro - Enccla e outras ações do Ministério relacionadas com o enfrentamento da corrupção, da lavagem de dinheiro e do crime organizado transnacional;

III - coordenar a negociação de acordos e a formulação de políticas de cooperação jurídica internacional, civil e penal, e a execução dos pedidos e das cartas rogatórias relacionadas com essas matérias;

IV - coordenar as ações relativas à recuperação de ativos;

V - coordenar, em parceria com os demais órgãos da administração pública, a formulação e a implementação das seguintes políticas:

a) política nacional de migrações, especialmente quanto à nacionalidade, à naturalização, ao regime jurídico e à migração;

b) política nacional sobre refugiados;

c) política nacional de enfrentamento ao tráfico de pessoas;

d) políticas públicas de classificação indicativa; e

e) políticas públicas de modernização, aperfeiçoamento e democratização do acesso à justiça e à cidadania;

VI - coordenar e desenvolver as atividades referentes à relação do Ministério com os atores do sistema de justiça;

VII - instruir e opinar sobre os processos de provimento e vacância de cargos de magistrados de competência do Presidente da República;

VIII - coordenar, articular, integrar e propor ações de governo e de participação social, inclusive em foros e redes internacionais, e promover a difusão de informações, estudos, pesquisas e capacitações, em sua área de competência;

IX - propor a adequação e o aperfeiçoamento da legislação relativa às matérias de sua competência;

X - coordenar as ações relativas ao registro sindical; e

XI - promover as ações sobre política imigratória laboral.

ART. 14. Ao Departamento de Recuperação de Ativos e Cooperação Jurídica Internacional compete:

I - articular, integrar e propor ações entre os órgãos dos Poderes Executivo e Judiciário e o Ministério Público para o enfrentamento da corrupção, da lavagem de dinheiro e do crime organizado transnacional, inclusive no âmbito da Enccla;

II - coordenar a Rede Nacional de Laboratórios de Tecnologia Contra Lavagem de Dinheiro - Rede-Lab;

III - estruturar, implementar e monitorar ações de governo, além de promover a articulação dos órgãos dos Poderes Executivo e Judiciário e do Ministério Público nas seguintes áreas:

a) cooperação jurídica internacional em matéria civil e penal, inclusive em assuntos de prestação internacional de alimentos, subtração internacional de crianças, adoção internacional, extradição, transferência de pessoas condenadas e transferência da execução da pena; e

b) recuperação de ativos;

IV - exercer a função de autoridade central, por meio da coordenação e da instrução de pedidos ativos e passivos de cooperação jurídica internacional nas áreas a que se refere o inciso III, por delegação do Ministro de Estado, exceto se houver designação específica que disponha de maneira diversa;

V - exercer a função de autoridade central federal em matéria de adoção internacional de crianças, nos termos do disposto na Lei n. 8.069, de 13 de julho de 1990;

VI - negociar acordos de cooperação jurídica internacional nas áreas a que se refere o inciso III e aqueles relacionados com as demais matérias de sua competência, além de exercer as funções de ponto de contato, enlace e similares nas redes de cooperação internacional e de recuperação de ativos; e

VII - atuar nos procedimentos relacionados com a ação de indisponibilidade de bens, de direitos ou de valores em decorrência de resolução do Conselho de Segurança das Nações Unidas, nos termos do disposto na Lei n. 13.170, de 16 de outubro de 2015.

ART. 15. Ao Departamento de Migrações compete:

I - estruturar, implementar e monitorar a Política Nacional de Migrações, Refúgio e Apatridia;

II - promover, em parceria com os órgãos da administração pública federal e com a sociedade civil, a disseminação e a consolidação de garantias e direitos dos migrantes e dos refugiados, nas áreas de sua competência;

III - atuar para a ampliação e a eficácia das políticas e dos serviços públicos destinados à prevenção da violação de garantias e à promoção dos direitos dos migrantes;

IV - apoiar o desenvolvimento de planos, diagnósticos, políticas e ações destinadas à inclusão social de migrantes junto aos órgãos federais, estaduais, distritais e municipais e às entidades da sociedade civil;

V - negociar termos de acordos e conduzir estudos e iniciativas para o aperfeiçoamento do regime jurídico dos migrantes;

VI - promover a articulação dos órgãos dos Poderes Executivo e Judiciário e do Ministério Público quanto à migração;

VII - instruir processos e opinar em matérias de nacionalidade e apatridia, naturalização, prorrogação do prazo de estada de migrante no País, transformação de vistos e residências e concessão de permanência;

VIII - instruir processos e opinar em tema de reconhecimento, cassação e perda da condição de refugiado, autorizar a saída e o reingresso no País e expedir o documento de viagem;

IX - fornecer apoio administrativo ao Comitê Nacional para os Refugiados;

X - estruturar, implementar e monitorar os planos nacionais de enfrentamento ao tráfico de pessoas e articular ações com organizações governamentais e não governamentais nessa matéria;

XI - receber, processar e encaminhar assuntos relacionados ao tráfico de migrantes;

XII - coordenar as ações da política imigratória laboral; e

XIII - supervisionar as atividades relacionadas com o Conselho Nacional de Imigração.

ART. 16. Ao Departamento de Promoção de Políticas de Justiça compete:

I - promover políticas públicas de modernização, aperfeiçoamento e democratização do acesso à justiça e à cidadania;

II - instruir os processos de provimento e vacância de cargos de magistrados de competência da Presidência da República;

III - promover ações para o aperfeiçoamento do sistema e da política de justiça, em articulação com os órgãos dos Poderes Executivo e Judiciário e com o Ministério Público, a Defensoria Pública, a Ordem dos Advogados do Brasil, os órgãos e as agências internacionais e as organizações da sociedade civil;

IV - processar e encaminhar aos órgãos competentes expedientes de interesse do Poder Judiciário, do Ministério Público, da Defensoria Pública e das advocacias pública e privada;

V - promover ações destinadas à disseminação de meios alternativos de solução de controvérsias, inclusive capacitações;

VI - instruir e opinar sobre assuntos relacionados com processos de declaração de utilidade pública de imóveis, para fins de desapropriação, com vistas à utilização por órgãos do Poder Judiciário da União;

VII - estruturar, implementar e monitorar a política pública de classificação indicativa;

VIII - instruir e analisar os procedimentos relacionados com a concessão, a manutenção, a fiscalização e a perda da:

a) qualificação de organização da sociedade civil de interesse público; e

b) autorização de abertura de filial, agência ou sucursal de organizações estrangeiras no País;

IX - registrar as entidades sindicais de acordo com as normas vigentes; e

X - manter e gerenciar o cadastro das centrais sindicais e aferir a sua representatividade.

ART. 17. À Secretaria Nacional do Consumidor compete:

I - formular, promover, supervisionar e coordenar a política nacional de proteção e defesa do consumidor;

II - integrar, articular e coordenar o Sistema Nacional de Defesa do Consumidor;

III - articular-se com órgãos da administração pública federal com atribuições relacionadas à proteção e à defesa do consumidor;

IV - orientar e coordenar ações para proteção e defesa do consumidor;

V - prevenir, apurar e reprimir infrações às normas de defesa do consumidor;

VI - promover, desenvolver, coordenar e supervisionar ações de divulgação dos direitos do consumidor, com vistas ao exercício efetivo da cidadania;

VII - promover ações para assegurar os direitos e os interesses do consumidor;

VIII - fiscalizar e aplicar as sanções administrativas previstas na Lei n. 8.078, de 11 de setembro de 1990, e em outras normas pertinentes à defesa do consumidor;

IX - adotar medidas para manutenção e expansão do sistema nacional de informações de defesa do consumidor e garantir o acesso às informações;

X - receber e encaminhar consultas, denúncias ou sugestões apresentadas por consumidores, entidades representativas ou pessoas jurídicas de direito público ou privado;

XI - firmar convênios com órgãos e entidades públicas e com instituições privadas para executar planos e programas, além de atuar em defesa do cumprimento de normas e de medidas federais;

XII - incentivar, inclusive com recursos financeiros e programas especiais, a criação de órgãos públicos estaduais, distritais e municipais de defesa do consumidor e a formação, pelos cidadãos, de entidades com esse objetivo;

XIII - celebrar compromissos de ajustamento de conduta, na forma prevista em lei;

XIV - exercer as competências estabelecidas na Lei n. 8.078, de 1990;

XV - elaborar e divulgar o elenco complementar de cláusulas contratuais e práticas abusivas, nos termos do disposto na Lei n. 8.078, de 1990;

XVI - dirigir, orientar e avaliar ações para capacitação em defesa do consumidor destinadas aos integrantes do Sistema Nacional de Defesa do Consumidor;

XVII - determinar ações de monitoramento de mercado de consumo para subsidiar políticas públicas de proteção e defesa do consumidor;

XVIII - solicitar a colaboração de órgãos e entidades de notória especialização técnico-científica para a consecução de seus objetivos;

XIX - acompanhar os processos regulatórios, com vistas à proteção efetiva dos direitos dos consumidores; e

XX - representar o Ministério na participação em organismos, fóruns, comissões e comitês nacionais e internacionais que tratem da proteção e da defesa do consumidor ou de assuntos de interesse dos consumidores, exceto se houver designação específica do Ministro de Estado que disponha de maneira diversa.

ART. 18. Ao Departamento de Proteção e Defesa do Consumidor compete:

I - assessorar a Secretaria Nacional do Consumidor na formulação, na promoção, na supervisão e na coordenação da política nacional de proteção e de defesa do consumidor;

II - assessorar a Secretaria Nacional do Consumidor na integração, na articulação e na coordenação do Sistema Nacional de Defesa do Consumidor;

III - analisar, avaliar e encaminhar consultas, denúncias ou sugestões apresentadas por consumidores, entidades representativas ou pessoas jurídicas de direito público ou privado;

IV - planejar, executar e acompanhar ações de prevenção e de repressão às práticas infringentes às normas de defesa do consumidor;

V - planejar, executar e acompanhar ações relacionadas com a saúde e a segurança do consumidor;

VI - prestar orientação aos consumidores sobre seus direitos e suas garantias;

VII - informar e conscientizar o consumidor, por intermédio dos diferentes meios de comunicação;

VIII - solicitar à polícia judiciária a instauração de inquérito para a apuração de delito contra os consumidores;

IX - representar ao Ministério Público, para fins de adoção das medidas necessárias ao cumprimento da legislação de defesa do consumidor, no âmbito de sua competência;

X - comunicar e propor aos órgãos competentes medidas de prevenção e de repressão às práticas contrárias aos direitos dos consumidores;

XI - fiscalizar demandas que envolvam relevante interesse geral e de âmbito nacional previstas nas normas de defesa do consumidor e instaurar averiguações preliminares e processos administrativos;

XII - planejar e coordenar as ações fiscalizatórias do cumprimento das normas de defesa do consumidor com o Sistema Nacional de Defesa do Consumidor;

XIII - propor a adequação e o aperfeiçoamento da legislação relativa aos direitos do consumidor;

XIV - acompanhar e avaliar propostas de atos normativos relacionadas com a defesa do consumidor;

XV - promover e manter a articulação com os órgãos da administração pública federal, com os órgãos afins dos Estados, do Distrito Federal e dos Municípios e com as entidades civis ligadas à proteção e à defesa do consumidor;

XVI - elaborar e promover programas educativos e informativos para consumidores e fornecedores quanto aos seus direitos e seus deveres, com vistas à melhoria das relações de consumo;

XVII - promover estudos sobre as relações de consumo e o mercado;

XVIII - propor à Secretaria Nacional do Consumidor a celebração de convênios, de acordos e de termos de cooperação técnica, com vistas à melhoria das relações de consumo;

XIX - elaborar o cadastro nacional de reclamações fundamentadas contra fornecedores de produtos e serviços;

XX - acompanhar os processos regulatórios, com vistas à proteção efetiva dos direitos dos consumidores;

XXI - acompanhar os processos de autorregulação dos setores econômicos, com vistas ao aprimoramento das relações de consumo;

XXII - promover a integração dos procedimentos, dos bancos de dados e de informações de defesa do consumidor; e

XXIII - promover ações para a proteção e a defesa do consumidor, com ênfase no acesso à informação.

ART. 19. Ao Departamento de Administração compete:

I - gerir os recursos do Fundo de Defesa dos Direitos Difusos e fiscalizar a aplicação dos recursos repassados pelo Fundo aos órgãos e às entidades conveniadas, exceto se transferidos a outros Ministérios, hipótese em que serão fiscalizados pela respectiva Pasta, que será a responsável pela prestação de contas junto aos órgãos de controle;

II - gerir as transferências voluntárias e os instrumentos congêneres oriundos do Fundo de Defesa dos Direitos Difusos e de outros recursos relativos à Secretaria Nacional do Consumidor;

III - fornecer suporte administrativo ao Conselho Federal Gestor do Fundo de Defesa dos Direitos Difusos; e

IV - exercer outras atividades que forem cometidas pelo Secretário Nacional do Consumidor.

ART. 20. À Secretaria Nacional de Políticas sobre Drogas compete:

I - assessorar e assistir o Ministro de Estado quanto às políticas sobre drogas relacionadas com a redução da oferta e a repressão da produção não autorizada e do tráfico ilícito de drogas;

II - supervisionar e articular as atividades de capacitação e treinamento no âmbito de suas competências;

III - subsidiar e supervisionar, de acordo com a Política Nacional sobre Drogas e no âmbito de suas competências, as atividades relativas à definição, à elaboração, ao planejamento, ao acompanhamento, à avaliação e à atualização das políticas públicas sobre drogas;

IV - gerir o Fundo Nacional Antidrogas e fiscalizar a aplicação dos recursos repassados pelo Fundo aos órgãos e às entidades conveniadas, exceto se transferidos a outros Ministérios, hipótese em que serão fiscalizados pela respectiva Pasta, que será a responsável pela prestação de contas junto aos órgãos de controle;

V - firmar contratos, convênios, acordos, ajustes e instrumentos congêneres com entes federativos, entidades, instituições e organismos nacionais e propor acordos internacionais, no âmbito de suas competências;

VI - indicar bens apreendidos e não alienados em caráter cautelar, a serem colocados sob custódia de autoridade ou de órgão competente para desenvolver ações de redução da demanda e da oferta de drogas, para uso em tais ações ou em apoio a elas;

VII - desempenhar as atividades de secretaria-executiva do Conselho Nacional de Políticas sobre Drogas;

VIII - analisar e propor atualização da legislação pertinente à sua área de atuação;

IX - executar ações relativas à gestão de ativos no âmbito da Política Nacional sobre Drogas e aos programas federais de políticas sobre drogas;

X - organizar informações, acompanhar fóruns internacionais e promover atividades de cooperação técnica, científica, tecnológica e financeira com outros países e organismos internacionais, mecanismos de integração regional e sub-regional que tratem de políticas sobre drogas na sua área de atuação; e

XI - promover a construção do conhecimento sobre drogas no País, estimulando estudos, pesquisas e avaliações sobre violência, aspectos socioeconômicos e culturais, e ações de redução de oferta.

ART. 21. À Diretoria de Gestão de Ativos compete:

I - administrar os recursos oriundos de apreensão e perdimento, em favor da União, de bens, de direitos e de valores objetos de tráfico ilícito de drogas e outros recursos destinados ao Fundo Nacional Antidrogas;

II - realizar e promover a regularização e a alienação de bens com perdimento decretado em favor da União e a apropriação de valores destinados à capitalização do Fundo Nacional Antidrogas;

III - acompanhar, analisar e executar procedimentos relativos à gestão do Fundo Nacional Antidrogas, além de definir como deverão ser aplicados os seus recursos;

IV - atuar, perante os órgãos do Poder Judiciário, o Ministério Público e as polícias, na obtenção de informações sobre processos que envolvam a apreensão, a constrição e a indisponibilidade de bens, direitos e valores, em decorrência de tráfico ilícito de drogas, além de realizar o controle do fluxo, a manutenção, a segurança e o sigilo das referidas informações, por meio de sistema informatizado de gestão;

V - planejar e coordenar a execução orçamentária e financeira da Secretaria Nacional de Políticas sobre Drogas e interagir com os órgãos do Ministério e da administração pública federal;

VI - acompanhar a execução de políticas públicas sobre drogas;

VII - propor ações, projetos, atividades e objetivos e contribuir para o detalhamento e a implementação do programa de gestão da Política Nacional sobre Drogas e dos planos de trabalho decorrentes no âmbito da Secretaria Nacional de Políticas sobre Drogas;

VIII - analisar e emitir manifestação técnica sobre projetos desenvolvidos com recursos do Fundo Nacional Antidrogas a serem executados no âmbito da Secretaria Nacional de Políticas sobre Drogas;

IX - coordenar, acompanhar e avaliar a execução orçamentária e financeira de projetos e as atividades constantes dos planos de trabalho do programa de gestão da Política Nacional sobre Drogas, além de atualizar as informações gerenciais decorrentes, exceto se os recursos do Fundo Nacional Antidrogas forem redistribuídos a outros Ministérios, hipótese em que a execução orçamentária e financeira ficará a cargo da respectiva Pasta, que será a responsável pela prestação de contas junto aos órgãos de controle; e

X - assessorar o Secretário Nacional de Políticas sobre Drogas nos assuntos referentes ao Sistema Nacional de Políticas Públicas sobre Drogas e apresentar propostas para sua implementação e seu fortalecimento, de forma a priorizar a descentralização de ações, a recuperação de ativos e a integração de políticas públicas, no âmbito de suas competências.

ART. 22. À Diretoria de Políticas Públicas e Articulação Institucional compete:

I - propor ações e projetos, coordenar, acompanhar, avaliar e articular, no âmbito das três esferas de governo, a execução da Política Nacional sobre Drogas e da Política Nacional sobre o Álcool no âmbito de atuação da Secretaria Nacional de Políticas sobre Drogas;

II - articular e coordenar, por meio de parceria com instituições de ensino superior e de pesquisa, projetos de capacitação de diversos profissionais e segmentos sociais para a implementação de atividades relacionadas com a redução da oferta de drogas no País;

III - difundir o conhecimento sobre crimes, delitos e infrações relacionados às drogas;

IV - analisar e emitir manifestação técnica sobre projetos desenvolvidos com recursos parciais ou totais do Fundo Nacional Antidrogas, no âmbito de sua competência;

V - promover, articular e orientar as ações relacionadas com a cooperação técnica, científica, tecnológica e financeira para produção de conhecimento e gestão de informações sobre drogas necessárias à condução das atividades da Secretaria Nacional de Políticas sobre Drogas;

VI - articular e coordenar o processo de coleta e de sistematização de informações sobre drogas entre os órgãos da administração pública federal e os organismos internacionais;

VII - acompanhar o Observatório Brasileiro de Informações sobre Drogas;

VIII - desenvolver e coordenar atividades relativas ao planejamento e à avaliação de planos, programas e projetos tendo em vista as metas propostas pela Política Nacional sobre Drogas e pela Política Nacional sobre o Álcool e que sejam de atribuição do Ministério da Justiça e Segurança Pública;

IX - acompanhar e monitorar as ações desenvolvidas no âmbito do Sistema Nacional de Políticas sobre Drogas;

X - acompanhar e avaliar a execução de ações, planos, programas e projetos desenvolvidos no âmbito da Secretaria Nacional de Políticas sobre Drogas, além de monitorar a consecução das metas estabelecidas e propor as modificações necessárias ao seu aperfeiçoamento; e

XI - assessorar o Secretário Nacional de Políticas sobre Drogas nos assuntos referentes ao Sistema Nacional de Políticas Públicas sobre Drogas e apresentar propostas para sua implementação e seu fortalecimento, de forma a priorizar a descentralização de ações e a integração de políticas públicas.

ART. 23. À Secretaria Nacional de Segurança Pública compete:

I - assessorar o Ministro de Estado na definição, na implementação e no acompanhamento de políticas, programas e projetos de segurança pública, prevenção social e controle da violência e da criminalidade;

II - coordenar e promover a integração da segurança pública no território nacional em cooperação com os demais entes federativos;

III - estimular, propor e efetivar a cooperação federativa no âmbito da segurança pública;

IV - estimular e propor aos órgãos federais, estaduais, distrital e municipais a elaboração de planos e programas integrados de segurança pública e de ações sociais de prevenção da violência e da criminalidade;

V - implementar, manter e modernizar redes de integração e de sistemas nacionais de informações de segurança pública, em conformidade com disposto na Lei n. 12.681, de 4 de julho de 2012;

VI - promover a articulação e a integração dos órgãos de segurança pública, incluídas as organizações governamentais e não governamentais;

VII - coordenar as atividades da Força Nacional de Segurança Pública;

VIII - promover e fomentar a modernização e o reaparelhamento dos órgãos de segurança pública;

IX - promover a valorização, o ensino e a capacitação dos profissionais de segurança pública;

X - representar o Ministério no Comitê Gestor do Fundo Nacional de Segurança Pública;

XI - participar da elaboração de propostas de legislação em assuntos de segurança pública;

XII - elaborar e fomentar estudos e pesquisas destinados à redução da violência e da criminalidade;

XIII - gerir os processos relativos aos eventos de segurança pública, no âmbito da Secretaria Nacional de Segurança Pública; e

XIV - gerir os riscos corporativos no âmbito da Secretaria Nacional de Segurança Pública.

ART. 24. À Diretoria de Políticas de Segurança Pública compete:

I - articular, propor, formular, implementar e avaliar políticas, programas e projetos de segurança pública, prevenção social e controle da violência e criminalidade;

II - fomentar a utilização de métodos de gestão e controle para melhoramento da eficiência e da efetividade dos órgãos de segurança pública;

III - fomentar a utilização de novas tecnologias na área de segurança pública com vistas ao fortalecimento e à modernização de suas instituições;

IV - estimular e promover o intercâmbio de informações e experiências entre órgãos governamentais, entidades não governamentais e organizações multilaterais, nacionais e internacionais;

V - assistir o Secretário Nacional de Segurança Pública na elaboração de propostas de atos normativos em assuntos relacionados à segurança pública;

VI - identificar e fomentar iniciativas destinadas à valorização dos profissionais de segurança pública;

VII - promover prospecção de tecnologias em segurança pública; e

VIII - promover estudos sobre normalização, certificação e acreditação inerentes aos órgãos de segurança pública.

ART. 25. À Diretoria de Gestão e Integração de Informações compete:

I - promover a interoperabilidade dos sistemas de segurança pública;

II - proceder à gestão e à integração de sistemas de informações dos órgãos de segurança pública; e

III - participar dos processos de integração e modernização das redes e dos sistemas de dados e informações sobre segurança pública, crimes, sistema prisional e drogas.

ART. 26. À Diretoria de Administração compete:

I - gerir os recursos do Fundo Nacional de Segurança Pública e outros relativos à Secretaria Nacional de Segurança Pública;

II - executar os processos de licitação e contratação de bens e serviços propostos pelas Diretorias da Secretaria Nacional de Segurança Pública;

III - gerir as transferências voluntárias e os instrumentos congêneres oriundos do Fundo Nacional de Segurança Pública e de outros recursos relativos à Secretaria Nacional de Segurança Pública;

IV - fornecer suporte administrativo ao Conselho Gestor do Fundo Nacional de Segurança Pública;

V - articular-se com as demais Diretorias com vistas ao planejamento e à gestão orçamentária e financeira da Secretaria Nacional de Segurança Pública;

VI - realizar a gestão do efetivo, respeitadas as competências da Força Nacional de Segurança Pública; e

VII - coordenar as ações de planejamento e execução logística da Secretaria Nacional de Segurança Pública relacionadas com os processos de aquisição, o recebimento e a distribuição de bens e serviços, a gestão do patrimônio, os contratos e os convênios, o transporte e as obrigações associadas.

ART. 27. À Diretoria de Ensino e Estatística compete:

I - promover e fomentar ações de ensino e capacitação em segurança pública;

II - promover pesquisas temáticas, estudos comparados, levantamentos estatísticos e diagnósticos destinados à capacitação, ao desenvolvimento, ao aperfeiçoamento e à inovação na área de segurança pública;

III - fomentar estudos e pesquisas para a identificação, o desenvolvimento e o aperfeiçoamento das competências técnicas e comportamentais dos profissionais de segurança pública;

IV - identificar, documentar e disseminar pesquisas e experiências inovadoras relacionadas com a segurança pública;

V - produzir material técnico com vistas à padronização e à sistematização de procedimentos na segurança pública;

VI - disponibilizar estudos, estatísticas, indicadores e outras informações para auxiliar na formulação, na implementação, na execução, no monitoramento e na avaliação de políticas de segurança pública; e

VII - proceder à coleta, à análise, à atualização, à sistematização, à integração e à interpretação de dados e informações relativos às políticas de segurança pública.

ART. 28. À Diretoria da Força Nacional de Segurança Pública compete:

I - atuar em atividades destinadas à preservação da ordem pública e da incolumidade das pessoas e do patrimônio, nas hipóteses previstas na legislação;

II - coordenar e planejar a seleção, o recrutamento, a mobilização e a desmobilização, o preparo e o emprego dos efetivos de polícia ostensiva e preventiva, de bombeiros, de defesa civil, de polícia judiciária e de perícia;

III - propor e desenvolver, em conjunto com a Diretoria de Ensino e Estatísticas, ações de capacitação, formação e nivelamento destinados aos efetivos de polícia ostensiva e preventiva, de bombeiros militares, de defesa civil, de polícia judiciária e de perícia, no âmbito da Força Nacional de Segurança Pública;

IV - realizar o planejamento operacional referente ao emprego dos efetivos;

V - instaurar procedimentos administrativos de apuração de conduta, averiguação preliminar de saúde e de inquérito técnico, no âmbito do pessoal da Diretoria;

VI - planejar, organizar, coordenar, controlar e fiscalizar a distribuição, a segurança e o uso dos armamentos, das munições, dos equipamentos, das viaturas e dos materiais da Força Nacional de Segurança Pública;

VII - elaborar estudos relativos às necessidades logísticas, administrativas e de emprego operacional relativas à atuação da Força Nacional de Segurança Pública; e

VIII - realizar ações de inteligência operacional destinadas à sua atuação quando demandadas pela Secretaria de Operações Integradas.

ART. 29. À Secretaria de Operações Integradas compete:

I - assessorar o Ministro de Estado nas atividades de inteligência e operações policiais, com foco na integração com os órgãos de segurança pública federais, estaduais, municipais e distrital;

II - implementar, manter e modernizar redes de integração e de sistemas nacionais de inteligência de segurança pública, em conformidade com disposto na Lei n. 13.675, de 11 junho de 2018;

III - promover a integração as atividades de inteligência de segurança pública, em consonância com os órgãos de inteligência federais, estaduais, municipais e distrital que compõem o Subsistema de Inteligência de Segurança Pública;

IV - coordenar o Centro Integrado de Comando e Controle Nacional e promover a integração dos centros integrados de comando e controle regionais; e

V - estimular e induzir a investigação de infrações penais, de maneira integrada e uniforme com as policias federal e civis.

ART. 30. À Diretoria de Operações compete:

I - promover a integração operacional entre os órgãos de segurança pública federais, estaduais e distrital nas atividades das quais a Secretaria de Operações Integradas participe;

II - participar do processo de integração das atividades da Secretaria de Operações Integradas e dessas com as atividades operacionais dos demais órgãos de segurança pública federais, estaduais e distritais;

III - coordenar o planejamento e a execução das operações integradas de segurança pública;

IV - estimular e propor aos órgãos federais, estaduais e distrital a implementação de programas e planos de operações integradas de segurança pública, com vistas à prevenção e à repressão da violência e da criminalidade;

V - coordenar as atividades do centro integrado de comando e controle nacional e fomentar a interoperabilidade entre os centros integrados de comando e controle dos Estados e do Distrito Federal;

VI - propor a mobilização de servidores e militares para coordenar e apoiar as operações integradas, no âmbito de suas competências; e

VII - propor a elaboração de projetos e políticas que subsidiem ou promovam ações integradas de segurança pública.

Parágrafo único. Consideram-se operações integradas de segurança pública aquelas planejadas e coordenadas a partir de ambiente comum, gerenciadas ou apoiadas pela Secretaria de Operações Integradas, que envolvam órgãos de segurança federais, estaduais e distritais.

ART. 31. À Diretoria de Inteligência compete:

I - assessorar o Secretário de Operações Integradas com informações estratégicas no processo decisório relativo a políticas de segurança pública;

II - planejar, coordenar, integrar, orientar e supervisionar, como agência central do Subsistema de Inteligência de Segurança Pública, as atividades de inteligência de segurança pública em âmbito nacional;

III - subsidiar o Secretário de Operações Integradas na definição da política nacional de inteligência de segurança pública, especialmente quanto à doutrina, à forma de gestão, ao uso dos recursos e às metas de trabalho;

IV - promover, com os órgãos componentes do Sistema Brasileiro de Inteligência, o intercâmbio de dados e conhecimentos, necessários à tomada de decisões administrativas e operacionais por parte da Secretaria de Operações Integradas;

V - propor ações de capacitação relacionadas com a atividade de inteligência de segurança pública, em parceria com a Diretoria de Ensino e Estatística da Secretaria Nacional de Segurança Pública e com outros órgãos e instituições, no País ou no exterior;

VI - desenvolver, acompanhar, avaliar e apoiar projetos relacionados com a atividade de inteligência de segurança pública;

VII - elaborar estudos e pesquisas para o aprimoramento das atividades de inteligência de segurança pública e de enfrentamento ao crime organizado;

VIII - planejar, supervisionar e executar ações relativas à obtenção e à análise de dados para a produção de conhecimento de inteligência de segurança pública destinados ao assessoramento da Secretaria de Operações Integradas; e

IX - acompanhar as atividades operacionais demandadas pela Diretoria e executadas por outros órgãos do Ministério da Justiça e

Segurança Pública que envolvam aplicação de instrumentos e mecanismos de inteligência policial.

ART. 32. Ao Departamento Penitenciário Nacional cabe exercer as competências estabelecidas nos art. 71 e art. 72 da Lei n. 7.210, de 11 de julho de 1984 - Lei de Execução Penal, e, especificamente:

I - planejar e coordenar a política nacional de serviços penais;

II - acompanhar a aplicação fiel das normas de execução penal no território nacional;

III - inspecionar e fiscalizar periodicamente os estabelecimentos e os serviços penais;

IV - prestar apoio técnico aos entes federativos quanto à implementação dos princípios e das regras da execução penal;

V - colaborar, técnica e financeiramente, com os entes federativos quanto:

a) à implantação de estabelecimentos e serviços penais;

b) à formação e à capacitação permanente dos trabalhadores dos serviços penais;

c) à implementação de políticas de educação, saúde, trabalho, assistência social, cultural, religiosa, jurídica e respeito à diversidade e às questões de gênero, para promoção de direitos das pessoas privadas de liberdade e dos egressos do sistema prisional; e

d) à implementação da Política Nacional de Alternativas Penais e ao fomento às alternativas ao encarceramento;

VI - coordenar e supervisionar os estabelecimentos penais e de internamento federais;

VII - processar, analisar e encaminhar, na forma prevista em lei, os pedidos de indultos individuais;

VIII - gerir os recursos do Fundo Penitenciário Nacional;

IX - apoiar administrativa e financeiramente o Conselho Nacional de Política Criminal e Penitenciária;

X - autorizar os planos de correição periódica e determinar a instauração de procedimentos disciplinares no âmbito do Departamento Penitenciário Nacional;

XI - apoiar e realizar ações destinadas à formação e à capacitação dos operadores da execução penal, por intermédio da Escola Nacional de Serviços Penais;

XII - elaborar estudos e pesquisas sobre a legislação penal; e

XIII - promover a gestão da informação penitenciária e consolidar, em banco de dados nacional, informações sobre os sistemas penitenciários federal e dos entes federativos.

ART. 33. À Diretoria-Executiva compete:

I - coordenar e supervisionar as atividades de planejamento, orçamento, administração financeira, gestão de pessoas, serviços gerais, serviços de engenharia, de informação e de informática, no âmbito do Departamento Penitenciário Nacional;

II - elaborar a proposta orçamentária anual e plurianual do Departamento Penitenciário Nacional e as propostas de programação financeira de desembolso e de abertura de créditos adicionais;

III - acompanhar e promover a avaliação de projetos e atividades, de maneira a considerar as diretrizes, os objetivos e as metas constantes do plano plurianual;

IV - realizar tomadas de contas dos ordenadores de despesa e demais responsáveis por bens e valores públicos e de todo aquele que der causa a perda, extravio ou outra irregularidade que resulte em dano ao erário;

V - propor estratégias para assegurar a participação e o controle social nos processos de formulação, implementação, monitoramento e avaliação das políticas de gestão do Departamento Penitenciário Nacional;

VI - praticar, em conjunto com o Diretor-Geral do Departamento Penitenciário Nacional, atos referentes aos procedimentos licitatórios e à gestão de contratos; e

VII - apoiar à implantação de estabelecimentos penais em consonância com as diretrizes de arquitetura definidas pelo Conselho Nacional de Política Criminal e Penitenciária e prestar apoio técnico às atividades de engenharia no âmbito do Departamento Penitenciário Nacional.

ART. 34. À Diretoria de Políticas Penitenciárias compete:

I - planejar, coordenar, dirigir, controlar e avaliar as atividades relativas à implantação de serviços penais, além de colaborar técnica e financeiramente com os entes federativos;

II - fomentar a política de alternativas penais nos entes federativos;

III - fomentar a criação e a atuação de conselhos da comunidade e associações de proteção e assistência aos condenados;

IV - fomentar planos e ações de integração e gestão de banco de dados nacional de informações e estatísticas sobre os sistemas prisionais da União e dos entes federativos;

V - articular políticas públicas de saúde, educação, cultura, esporte, assistência social, religiosa, jurídica e trabalho para a promoção de direitos da população presa, internada e egressa, respeitadas as diversidades;

VI - promover articulação com os órgãos e as instituições de execução penal;

VII - realizar inspeções periódicas nos entes federativos para verificar a utilização de recursos repassados pelo Fundo Penitenciário Nacional; e

VIII - manter programa de cooperação federativa de assistência técnica para o aperfeiçoamento e a especialização dos serviços penais estaduais.

ART. 35. À Diretoria do Sistema Penitenciário Federal compete:

I - realizar a execução penal em âmbito federal;

II - coordenar e fiscalizar os estabelecimentos penais federais;

III - custodiar presos, condenados ou provisórios, de alta periculosidade, submetidos a regime fechado, de forma a zelar pela aplicação correta e efetiva das disposições exaradas nas sentenças;

IV - promover a comunicação com órgãos e entidades ligados à execução penal e, em especial, com os juízos federais e as varas de execução penal;

V - elaborar normas sobre segurança das instalações, das diretrizes operacionais e das rotinas administrativas e de funcionamento com vistas à padronização das unidades penais federais;

VI - promover a articulação e a integração do sistema penitenciário federal com os órgãos e as entidades componentes do sistema nacional de segurança pública, inclusive com intercâmbio de informações e ações integradas;

VII - promover assistência material, jurídica, à saúde, educacional, cultural, laboral, ocupacional, social e religiosa aos presos condenados ou provisórios custodiados em estabelecimentos penais federais;

VIII - planejar e executar as atividades de inteligência do sistema penitenciário federal, em articulação com os órgãos de inteligência, em âmbito nacional e internacional;

IX - propor ao Diretor-Geral do Departamento Penitenciário Nacional normas que tratem de direitos e deveres dos presos do sistema penitenciário federal;

X - promover a realização de pesquisas criminológicas e de classificação dos presos custodiados no Sistema Penitenciário Federal;

XI - coordenar as operações da Força Tarefa de Intervenção Penitenciária; e

XII - coordenar as atividades de segurança e operações do Departamento Penitenciário Nacional.

ART. 36. À Diretoria de Inteligência Penitenciária compete:

I - dirigir, planejar, coordenar, controlar, avaliar e orientar as atividades de inteligência no âmbito do Departamento Penitenciário Nacional;

II - supervisionar as operações de inteligência e contrainteligência do Departamento Penitenciário Nacional;

III - planejar, coordenar, integrar, orientar e supervisionar, como agência central, a inteligência penitenciária em âmbito nacional;

IV - coordenar as atividades de atualização da Doutrina Nacional de Inteligência Penitenciária;

V - subsidiar a definição do plano nacional de inteligência penitenciária e da atualização da Doutrina Nacional de Inteligência Penitenciária e sua forma de gestão, o uso dos recursos e as metas de trabalho;

VI - promover, com os órgãos componentes do Sistema Brasileiro de Inteligência, o intercâmbio de dados e conhecimentos, necessários à tomada de decisões administrativas e operacionais por parte do Departamento Penitenciário Nacional;

VII - propor ações de capacitação relacionadas com a atividade de inteligência de penitenciária, em parceria com a Escola de Serviços Penais e com outros órgãos e instituições, no País ou no exterior;

VIII - desenvolver, acompanhar, avaliar e apoiar projetos relacionados com a atividade de inteligência penitenciária;

IX - elaborar estudos e pesquisas para o aprimoramento das atividades de inteligência penitenciária e de enfrentamento ao crime organizado;

X - planejar, supervisionar e executar ações relativas à obtenção e à análise de dados para a produção de conhecimentos de inteligência penitenciária destinados ao assessoramento do Departamento Penitenciário Nacional;

XI - acompanhar as atividades operacionais demandadas pela Diretoria e executadas por outros órgãos do Ministério e por unidades federativas que envolvam a aplicação de instrumentos e mecanismos de inteligência; e

XII - fomentar a integração e a cooperação entre os órgãos de inteligência penitenciária das unidades federativas, em articulação com os órgãos integrantes do sistema de inteligência, em âmbito nacional e internacional.

ART. 37. À Polícia Federal cabe exercer as competências estabelecidas no § 1º do art. 144 da Constituição, e, especificamente:

I - apurar infrações penais contra a ordem política e social ou em detrimento de bens, serviços e interesses da União ou de suas entidades autárquicas e empresas públicas, além de outras infrações cuja prática tenha repercussão interestadual ou internacional e exija repressão uniforme, conforme previsto em lei;

ANEXO

II - prevenir e reprimir o tráfico ilícito de entorpecentes e drogas e o contrabando e o descaminho de bens e de valores, sem prejuízo da ação fazendária e de outros órgãos públicos nas suas áreas de competência;

III - exercer as funções de polícia marítima, aeroportuária e de fronteiras;

IV - exercer, com exclusividade, as funções de polícia judiciária da União;

V - coibir a turbação e o esbulho possessório dos bens e dos próprios da União e das entidades integrantes da administração pública federal, sem prejuízo da manutenção da ordem pública pelas polícias militares dos Estados e do Distrito Federal; e

VI - acompanhar e instaurar inquéritos relacionados com os conflitos agrários ou fundiários e aqueles deles decorrentes, quando se tratar de crime de competência federal, além de prevenir e reprimir esses crimes.

ART. 38. À Diretoria-Executiva compete dirigir, planejar, coordenar, controlar e avaliar as atividades de:

I - polícia marítima, aeroportuária e de fronteiras, segurança privada, controle de produtos químicos, controle de armas, registro de estrangeiros, controle migratório e outras de polícia administrativa;

II - apoio operacional às atividades finalísticas;

III - segurança institucional e proteção à pessoa;

IV - segurança de dignitários estrangeiros em visita ao País, por solicitação do Ministério das Relações Exteriores;

V - identificação humana civil e criminal; e

VI - emissão de documentos de viagem.

ART. 39. À Diretoria de Investigação e Combate ao Crime Organizado compete dirigir, planejar, coordenar, controlar e avaliar a atividade de investigação criminal relativa a infrações penais:

I - praticadas por organizações criminosas;

II - contra os direitos humanos e as comunidades indígenas;

III - contra o meio ambiente e o patrimônio histórico;

IV - contra a ordem econômica e o sistema financeiro nacional;

V - contra a ordem política e social;

VI - de tráfico ilícito de drogas e armas;

VII - de contrabando e descaminho de bens;

VIII - de lavagem de ativos;

IX - de repercussão interestadual ou internacional e que exija repressão uniforme; e

X - em detrimento de bens, serviços e interesses da União ou de suas entidades autárquicas e empresas públicas.

ART. 40. À Corregedoria-Geral de Polícia Federal compete:

I - dirigir, planejar, coordenar, controlar e avaliar as atividades correicional e disciplinar, no âmbito da Polícia Federal;

II - orientar, no âmbito da Polícia Federal, na interpretação e no cumprimento da legislação pertinente às atividades de polícia judiciária e disciplinar; e

III - apurar as infrações cometidas por servidores da Polícia Federal.

ART. 41. À Diretoria de Inteligência Policial compete:

I - dirigir, planejar, coordenar, controlar, avaliar e orientar as atividades de inteligência no âmbito da Polícia Federal;

II - planejar e executar operações de contrainteligência, antiterrorismo e outras determinadas pelo Diretor-Geral da Polícia Federal; e

III - definir doutrina e promover ações de capacitação em inteligência policial, juntamente à Academia Nacional de Polícia.

ART. 42. À Diretoria Técnico-Científica compete:

I - dirigir, planejar, coordenar, orientar, executar, controlar e avaliar as atividades de perícia criminal e aquelas relacionadas com bancos de perfis genéticos; e

II - gerenciar e manter bancos de perfis genéticos.

ART. 43. À Diretoria de Gestão de Pessoal compete dirigir, planejar, coordenar, orientar, executar, controlar e avaliar as atividades de:

I - seleção, formação e capacitação de servidores;

II - pesquisa e difusão de estudos científicos relativos à segurança pública; e

III - gestão de pessoal.

ART. 44. À Diretoria de Administração e Logística Policial compete:

I - dirigir, planejar, coordenar, orientar, executar, controlar e avaliar as atividades de:

a) orçamento e finanças;

b) modernização da infraestrutura e da logística policial; e

c) gestão administrativa de bens e serviços; e

II - gerir as atividades de pesquisa e desenvolvimento da Polícia Federal.

ART. 45. À Diretoria de Tecnologia da Informação e Inovação compete:

I - dirigir, planejar, coordenar, controlar, executar e avaliar as atividades de tecnologia da informação e comunicações no âmbito da Polícia Federal; e

II - dirigir, planejar, coordenar, controlar, executar e avaliar as atividades de inovação tecnológica no âmbito da Polícia Federal.

ART. 46. Compete à Diretoria-Executiva, às Diretorias e à Corregedoria-Geral da Polícia Federal, no âmbito de suas competências, encaminhar ao Diretor-Geral propostas de atos normativos ou para estabelecimento de parcerias com outras instituições.

ART. 47. À Polícia Rodoviária Federal cabe exercer as competências estabelecidas no § 2º do art. 144 da Constituição, no art. 20 da Lei n. 9.503, de 23 de setembro de 1997 - Código Nacional de Trânsito, no Decreto n. 1.655, de 3 de outubro de 1995, e, especificamente:

I - planejar, coordenar e executar o policiamento, a prevenção e a repressão de crimes nas rodovias federais e nas áreas de interesse da União;

II - exercer os poderes de autoridade de trânsito nas rodovias e nas estradas federais;

III - executar o policiamento, a fiscalização e a inspeção do trânsito e do transporte de pessoas, cargas e bens;

IV - planejar e executar os serviços de prevenção de acidentes e salvamento de vítimas nas rodovias e nas estradas federais;

V - realizar perícias de trânsito, levantamentos de locais, boletins de ocorrências, investigações, testes de dosagem alcoólica e outros procedimentos estabelecidos em leis e regulamentos, imprescindíveis à elucidação dos acidentes de trânsito;

VI - assegurar a livre circulação das rodovias e das estradas federais, notadamente em casos de acidentes de trânsito, manifestações sociais e calamidades públicas;

VII - manter articulação com os órgãos de trânsito, transporte, segurança pública, inteligência e defesa civil, para promover o intercâmbio de informações;

VIII - executar, promover e participar das atividades de orientação e educação para a segurança no trânsito, além de desenvolver trabalho contínuo e permanente de prevenção de acidentes de trânsito;

IX - informar ao órgão de infraestrutura sobre as condições da via, da sinalização e do tráfego que possam comprometer a segurança do trânsito, além de solicitar e adotar medidas emergenciais à sua proteção;

X - credenciar, contratar, conveniar, fiscalizar e adotar medidas de segurança relativas aos serviços de recolhimento, remoção e guarda de veículos e animais e escolta de transporte de produtos perigosos, cargas superdimensionadas e indivisíveis; e

XI - planejar e executar medidas de segurança para a escolta dos deslocamentos do Presidente da República, do Vice-Presidente da República, dos Ministros de Estado, dos Chefes de Estado, dos diplomatas estrangeiros e de outras autoridades, nas rodovias e nas estradas federais, e em outras áreas, quando solicitado pela autoridade competente.

ART. 48. À Diretoria-Executiva compete dirigir, planejar, coordenar, controlar e avaliar as atividades de:

I - gestão de estruturas vinculadas ao Diretor-Geral da Polícia Rodoviária Federal e aquelas relacionadas com as Coordenações-Gerais, as Superintendências Regionais e as instâncias colegiadas da instituição;

II - elaboração, aprovação, atualização, implementação e avaliação do Plano Estratégico da Polícia Rodoviária Federal, com os objetivos, as diretrizes e as metas estratégicas para as ações de competência da Polícia Rodoviária Federal;

III - execução, acompanhamento e avaliação dos projetos estratégicos destinados ao cumprimento das metas constantes do plano plurianual e do plano estratégico do órgão;

IV - formação e qualificação profissional, ensino, pesquisa, desenvolvimento e inovação, no âmbito da Polícia Rodoviária Federal;

V - comunicação social, assuntos parlamentares, relações institucionais e internacionais, governança, gestão de risco e controle interno no âmbito da Polícia Rodoviária Federal; e

VI - padronização dos procedimentos internos, edição de atos normativos e estabelecimento de parcerias com outras instituições, de forma a subsidiar deliberação posterior da Direção-Geral da Polícia Rodoviária Federal.

ART. 49. À Diretoria de Administração compete dirigir, planejar, coordenar, controlar e avaliar as atividades de:

I - relacionamento com os sistemas federais de planejamento e de orçamento, de contabilidade, de informação de custos, de administração financeira, de administração dos recursos de informação e informática, de recursos humanos, de serviços gerais, de gestão de documentos de arquivo, de acesso à informação, de ouvidoria e da promoção de direitos humanos;

II - planejamento e consolidação da proposta plurianual, de diretrizes orçamentárias e do orçamento anual, inclusive quanto à descentralização de recursos às suas unidades gestoras;

III - gestão orçamentária, financeira, de logística, compras e de gestão documental, inclusive quanto ao planejamento anual das aquisições de materiais e serviços;

IV - execução descentralizada de convênios, acordos e instrumentos congêneres que tenham impactos financeiros e orçamentários, além de termos, acordos de cooperação técnica ou outros instrumentos congêneres para o aprimoramento das atividades de gestão administrativa;

V - tomadas de contas dos ordenadores de despesa e, no âmbito da sede nacional da Polícia Rodoviária Federal, dos demais responsáveis por bens e valores públicos e de todo aquele que der causa a perda, extravio ou irregularidade de que resulte dano ao erário;

VI - gestão de pessoas e legislação de pessoal, de forma a orientar o cumprimento e a aplicação das normas superiores relacionadas com a área de gestão de pessoas;

VII - definição do quadro de lotação de servidores nas unidades da Polícia Rodoviária Federal;

VIII - acompanhamento das ações judiciais para cumprimento das decisões relativas à gestão de pessoas;

IX - organização e realização de concurso público para o ingresso nos quadros da Polícia Rodoviária Federal;

X - tecnologia da informação e comunicações, com a propositura de metodologia de governança e de plano de inovação tecnológica; e

XI - elaboração e implementação das diretrizes nacionais de ações administrativas.

ART. 50. À Diretoria de Operações compete dirigir, planejar, coordenar, controlar e avaliar as atividades de:

I - gestão operacional, policiamento, inspeção, segurança e fiscalização de trânsito, atendimento, registro, investigação, perícia, prevenção e redução de acidentes de trânsito, levantamento de dados estatísticos e transitometria;

II - autoridade de trânsito nas unidades regionais, de forma exercer os poderes de autoridade de trânsito em âmbito nacional;

III - operações aéreas e terrestres, de forma a autorizar as operações que envolvam mais de uma unidade descentralizada;

IV - autuação e notificação de infrações e de procedimentos relativos à aplicação de penalidades de trânsito e controle de multas;

V - credenciamento de empresas de escoltas de transporte de produtos perigosos, cargas superdimensionadas e indivisíveis, e de recolhimento, remoção e guarda de veículos e animais;

VI - organização da circunscrição das Superintendências e Delegacias da Polícia Rodoviária Federal;

VII - instrução e formalização de convênios, termos, acordos de cooperação técnica ou outros ajustes para o aprimoramento das atividades de policiamento, fiscalização de trânsito, atendimento, prevenção e redução de acidentes; e

VIII - implementação das diretrizes nacionais de ações operacionais em consonância com o plano plurianual e o plano estratégico da Polícia Rodoviária Federal.

ART. 51. Ao Arquivo Nacional, órgão central do Sistema de Gestão de Documentos de Arquivo da administração pública federal, compete:

I - orientar os órgãos e as entidades do Poder Executivo federal na implementação de programas de gestão de documentos, em qualquer suporte;

II - fiscalizar a aplicação dos procedimentos e das operações técnicas referentes à produção, ao registro, à classificação, ao controle da tramitação, ao uso e à avaliação de documentos, com vistas à modernização dos serviços arquivísticos governamentais;

III - promover o recolhimento dos documentos de guarda permanente para tratamento técnico, preservação e divulgação, de forma a garantir acesso pleno à informação, em apoio às decisões governamentais de caráter político-administrativo e ao cidadão na defesa de seus direitos, com vistas a incentivar a produção de conhecimento científico e cultural;

IV - acompanhar e implementar a política nacional de arquivos, definida pelo Conselho Nacional de Arquivos; e

V - instruir e analisar as solicitações de registro de empresas que executem serviços de microfilmagem.

SEÇÃO III
DOS ÓRGÃOS COLEGIADOS

ART. 52. Ao Conselho Federal Gestor do Fundo de Defesa dos Direitos Difusos cabe exercer as competências estabelecidas no art. 3º da Lei n. 9.008, de 21 de março de 1995.

ART. 53. Ao Conselho Nacional de Combate à Pirataria e Delitos contra a Propriedade Intelectual cabe exercer as competências estabelecidas no Decreto n. 5.244, de 14 de outubro de 2004.

ART. 54. Ao Conselho Nacional de Políticas sobre Drogas cabe exercer as competências estabelecidas no art. 4º do Decreto n. 5.912, de 27 de setembro de 2006.

ART. 55. Ao Conselho Nacional de Arquivos cabe exercer as competências estabelecidas no Decreto n. 4.073, de 3 de janeiro de 2002.

ART. 56. Ao Conselho de Controle de Atividades Financeiras cabe exercer as competências estabelecidas no art. 14 da Lei n. 9.613, de 3 de março de 1998, e no Decreto n. 2.799, de 8 de outubro de 1998.

ART. 57. Ao Conselho Nacional de Política Criminal e Penitenciária compete:

I - propor diretrizes da política criminal quanto à prevenção do delito, à administração da justiça criminal e à execução das penas e das medidas de segurança;

II - contribuir para a elaboração de planos nacionais de desenvolvimento, além de sugerir as metas e as prioridades da política criminal e penitenciária;

III - promover a avaliação periódica do sistema criminal para a adequação às necessidades do País;

IV - estimular e promover a pesquisa no campo da criminologia;

V - elaborar programa nacional penitenciário de formação e de aperfeiçoamento do servidor;

VI - propor regras sobre a arquitetura e a construção de estabelecimentos penais e de casas de albergados;

VII - estabelecer os critérios para a elaboração da estatística criminal;

VIII - inspecionar e fiscalizar os estabelecimentos penais e informar-se, por meio de relatórios do Conselho Penitenciário, de requisições, de visitas ou por outros meios, acerca do desenvolvimento da execução penal nos Estados e no Distrito Federal e propor às autoridades dela incumbida as medidas necessárias ao seu aprimoramento;

IX - representar ao juiz da execução ou à autoridade administrativa para instauração de sindicância ou de procedimento administrativo, na hipótese de violação de normas referentes à execução penal; e

X - representar à autoridade competente para a interdição, no todo ou em parte, de estabelecimento penal.

ART. 58. Ao Conselho Nacional de Segurança Pública cabe exercer as competências estabelecidas no art. 35 do Decreto n. 9.489, de 30 de agosto de 2018.

ART. 59. Ao Conselho Gestor do Fundo Nacional de Segurança Pública cabe exercer as competências estabelecidas na Lei n. 10.201, de 14 de fevereiro de 2001.

ART. 60. Ao Conselho Nacional de Imigração cabe exercer as competências estabelecidas no Decreto n. 840, de 22 de junho de 1993.

CAPÍTULO IV
DAS ATRIBUIÇÕES DOS DIRIGENTES

SEÇÃO I
DO SECRETÁRIO-EXECUTIVO

ART. 61. Ao Secretário-Executivo incumbe:

I - coordenar, consolidar e submeter ao Ministro de Estado o plano de ação global do Ministério;

II - supervisionar e avaliar a execução dos projetos e das atividades do Ministério;

III - supervisionar e coordenar a articulação dos órgãos do Ministério com os órgãos centrais dos sistemas afetos à área de competência da Secretaria-Executiva; e

IV - exercer outras atribuições que lhe forem cometidas pelo Ministro de Estado.

SEÇÃO II
DOS SECRETÁRIOS

ART. 62. Aos Secretários incumbe planejar, dirigir, coordenar, orientar, acompanhar e avaliar a execução das atividades dos órgãos de suas Secretarias ou seus Departamentos, encaminhar à autoridade superior propostas de atos normativos e para estabelecimento de parcerias com outras instituições, na sua área de competência, e exercer outras atribuições que lhes forem cometidas no regimento interno.

SEÇÃO III
DOS DEMAIS DIRIGENTES

ART. 63. Ao Chefe de Gabinete, aos Chefes de Assessorias Especiais, ao Consultor Jurídico, aos Subsecretários, aos Diretores, aos Corregedores-Gerais, aos Presidentes dos Conselhos, aos Coordenadores-Gerais, aos Superintendentes e aos demais dirigentes incumbe planejar, dirigir, coordenar e orientar a execução das atividades de suas unidades e exercer outras atribuições que lhes forem cometidas em suas áreas de competência.

▸ Optamos, nesta edição, pela não publicação do Anexo II, relativo ao quadro demonstrativo dos cargos em comissão e das funções de confiança.

DECRETO N. 9.663, DE 1º DE JANEIRO DE 2019

Aprova o Estatuto do Conselho de Controle de Atividades Financeiras - Coaf

▸ *DOU*, 2.1.2019 - Edição extra.

O Presidente da República, no uso da atribuição que lhe confere o art. 84, *caput*, inciso VI, alínea "a", da Constituição,

Decreta:

ART. 1º Fica aprovado o Estatuto do Conselho de Controle de Atividades Financeiras - Coaf, criado pela Lei n. 9.613, de 3 de março de 1998, na forma do Anexo.

ART. 2º Fica revogado o Decreto n. 2.799, de 8 de outubro de 1998.

ART. 3º Este Decreto entra em vigor na data de sua publicação.

Brasília, 1º de janeiro de 2019; 198º da Independência e 131º da República

JAIR MESSIAS BOLSONARO

ANEXO

ESTATUTO DO CONSELHO DE CONTROLE DE ATIVIDADES FINANCEIRAS - COAF

CAPÍTULO I

DA NATUREZA E FINALIDADE

ART. 1º O Conselho de Controle de Atividades Financeiras - Coaf, órgão de deliberação coletiva com jurisdição no território nacional, criado pela Lei n. 9.613, de 3 de março de 1998, integrante da estrutura do Ministério da Justiça e Segurança Pública, com sede no Distrito Federal tem por finalidade disciplinar, aplicar penas administrativas, receber, examinar e identificar as ocorrências suspeitas de atividades ilícitas previstas na referida Lei, sem prejuízo da competência de outros órgãos e entidades públicos.

§ 1º O Coaf poderá manter núcleos descentralizados, com utilização da infraestrutura das unidades regionais dos órgãos a que pertencem os Conselheiros, com vistas à cobertura adequada do território nacional.

§ 2º O Coaf poderá celebrar acordos de cooperação técnica e convênios com entes públicos ou entidades privadas, com vistas à execução das atribuições previstas na Lei n. 9.613, de 1998.

CAPÍTULO II

DA ORGANIZAÇÃO

SEÇÃO I

DA ESTRUTURA ORGANIZACIONAL

ART. 2º O Conselho de Controle de Atividades Financeiras - Coaf tem a seguinte estrutura:

I - Plenário;

II - Presidente;

III - Gabinete;

IV - Secretaria-Executiva;

V - Diretoria de Inteligência Financeira; e

VI - Diretoria de Supervisão.

Parágrafo único. O Secretário-Executivo e os Diretores serão indicados pelo Presidente do Coaf e nomeados pelo Ministro de Estado da Justiça e Segurança Pública.

SEÇÃO II

DA COMPOSIÇÃO DO PLENÁRIO

ART. 3º O Plenário será presidido pelo Presidente do Coaf e integrado por servidores públicos com reputação ilibada e reconhecida competência na área, escolhidos dentre os integrantes do quadro de pessoal efetivo dos seguintes órgãos e entidades:

I - Banco Central do Brasil;

II - Comissão de Valores Mobiliários;

III - Superintendência de Seguros Privados;

IV - Procuradoria-Geral da Fazenda Nacional;

V - Secretaria Especial da Receita Federal do Brasil;

VI - Agência Brasileira de Inteligência;

VII - Ministério das Relações Exteriores;

VIII - Ministério da Justiça e Segurança Pública;

IX - Polícia Federal;

X - Superintendência Nacional de Previdência Complementar do Ministério da Economia; e

XI - Controladoria-Geral da União.

Parágrafo único. Os Conselheiros serão indicados pelos respectivos Ministros de Estado e designados pelo Ministro de Estado da Justiça e Segurança Pública.

ART. 4º O Plenário do Coaf contará com o apoio da Secretaria-Executiva, da Diretoria de Inteligência Financeira e da Diretoria de Supervisão.

SEÇÃO III

DO CARGO DE PRESIDENTE

ART. 5º O cargo de Presidente do Coaf é de dedicação exclusiva, não se admitindo qualquer acumulação, salvo as constitucionalmente permitidas.

§ 1º Aplica-se ao cargo de Presidente, no que couber, o disposto no § 1º e no § 2º do art. 6º, bem como no art. 7º.

§ 2º O Presidente do Coaf será nomeado pelo Presidente da República, mediante indicação do Ministro de Estado da Justiça e Segurança Pública.

SEÇÃO IV

DO MANDATO DE CONSELHEIRO

ART. 6º O mandato dos Conselheiros será de três anos, permitida uma recondução.

§ 1º A perda de mandato dos Conselheiros se dará nas seguintes hipóteses:

I - incapacidade civil absoluta;

II - condenação criminal em sentença transitada em julgado;

III - improbidade administrativa comprovada mediante processo disciplinar de conformidade com o disposto na Lei n. 8.112, de 11 de dezembro de 1990, e na Lei n. 8.429, de 2 de junho de 1992;

IV - perda do cargo efetivo no órgão de origem ou aposentadoria; ou

V - infração ao disposto no art. 7º.

§ 2º Perderá o mandato automaticamente o membro do Plenário que faltar injustificadamente a três reuniões ordinárias consecutivas ou a dez reuniões intercaladas.

§ 3º Na hipótese de perda de mandato ou renúncia de Conselheiro será designado substituto, que cumprirá mandato regular, observado o disposto no *caput*.

§ 4º A função de Conselheiro será exercida sem prejuízo das atribuições regulares nos órgãos de origem.

SEÇÃO V

DAS VEDAÇÕES

ART. 7º Ao Presidente, aos Conselheiros e aos servidores em exercício no Coaf é vedado:

I - participar, na forma de controlador, administrador, gerente preposto ou mandatário, de pessoas jurídicas com atividades relacionadas no *caput* e no parágrafo único do art. 9º da Lei n. 9.613, de 1998;

II - emitir parecer sobre matéria de sua especialização, fora de suas atribuições funcionais, ainda que em tese ou atuar como consultor das pessoas jurídicas a que se refere o inciso I do *caput*;

III - manifestar, em qualquer meio de comunicação, opinião sobre processo pendente de julgamento no Plenário; e

IV - fornecer ou divulgar as informações de caráter sigiloso, conhecidas ou obtidas em decorrência do exercício de suas funções, inclusive para os seus órgãos de origem.

CAPÍTULO III

DAS COMPETÊNCIAS E ATRIBUIÇÕES

SEÇÃO I

DA COMPETÊNCIA DO PLENÁRIO

ART. 8º Ao Plenário compete:

I - zelar pela observância da legislação pertinente, do Estatuto do Coaf e do Regimento Interno do Coaf;

II - disciplinar a matéria de sua competência, nos termos da Lei n. 9.613, de 1998;

III - decidir sobre infrações e aplicar as penalidades administrativas previstas no art. 12 da Lei n. 9.613, de 1998, às pessoas físicas e pessoas jurídicas de que trata o art. 9º da referida Lei, para as quais não exista órgão próprio fiscalizador ou regulador;

IV - expedir as instruções destinadas às pessoas físicas e jurídicas a que se refere o inciso III;

V - elaborar a relação de transações e operações suspeitas, nos termos do § 1º do art. 11 da Lei n. 9.613, de 1998;

VI - manifestar-se sobre propostas de acordos internacionais, em matéria de sua competência, ouvindo, quando for o caso, os demais órgãos ou entidades públicas envolvidas com a matéria;

VII - estabelecer parâmetros de aplicação das penas previstas no art. 12 da Lei n. 9.613, de 1998, para as infrações previstas nos art. 10 e art. 11 da Lei n. 9.613, de 1998;

VIII - regulamentar as situações em que se aplica o rito sumário definido no Regimento Interno do Coaf; e

IX - delegar ao Presidente do Coaf competência para julgar o mérito de processos administrativos sancionadores das infrações previstas no inciso IV do *caput* do art. 10 e no inciso III do *caput* do art. 11 da Lei n. 9.613, de 1998.

SEÇÃO II

DAS ATRIBUIÇÕES DO PRESIDENTE

ART. 9º Ao Presidente do Coaf compete:

I - presidir, com direito a voto, inclusive o de qualidade, as reuniões do Plenário do Coaf;

II - editar os atos normativos e regulamentares necessários ao aperfeiçoamento dos trabalhos do Coaf;

III - convocar reuniões e determinar a organização da pauta;

IV - assinar os atos oficiais do Coaf e as decisões do Plenário;

V - orientar as atividades administrativas do Coaf;

VI - oficiar as autoridades competentes;

VII - designar perito, para auxiliar nas atividades do Plenário, quando a matéria reclamar conhecimentos técnicos específicos;

VIII - convidar representante de órgãos ou entidades públicas ou privadas para participar das reuniões, sem direito a voto, observado pelo convidado a reserva das informações de caráter restrito e sigiloso.

IX - representar o Coaf perante os Poderes Públicos e as demais autoridades, inclusive internacionais;

X - executar e fazer executar as decisões do Plenário;

XI - promover intercâmbio de informações de inteligência financeira, articulação e cooperação institucional com autoridades pertinentes, inclusive de outros países e de organismos internacionais, na prevenção e combate à lavagem de dinheiro e ao financiamento do terrorismo;

XII - deliberar *ad referendum* do Plenário sobre as questões de competência do Plenário, nas hipóteses de urgência e de relevante interesse;

XIII - promover, em articulação com os demais dirigentes do Coaf, a integridade, o controle interno e a gestão dos riscos institucionais; e

XIV - zelar, em conjunto com os demais dirigentes e servidores, pela imagem institucional do Coaf.

SEÇÃO III
DA COMPETÊNCIA DA SECRETARIA-EXECUTIVA

ART. 10. À Secretaria-Executiva compete:

I - conduzir as atividades de gestão organizacional, desenvolvimento e inovação no âmbito do Coaf;

II - conduzir as atividades de suporte administrativo, de gestão de documentos e arquivo relacionadas às atividades do Coaf;

III - conduzir as atividades de gestão de tecnologia da informação do Coaf;

IV - coordenar a gestão da segurança institucional;

V - orientar, coordenar e supervisionar as atividades de atendimento ao público, aos supervisionados, aos reguladores e às autoridades competentes;

VI - coordenar e supervisionar as atividades administrativas do Coaf;

VII - auxiliar o Presidente na definição das diretrizes e na implementação das ações da área de competência do Coaf; e

VIII - exercer outras atribuições cometidas pelo Plenário ou pelo Presidente.

SEÇÃO IV
DA COMPETÊNCIA DA DIRETORIA DE INTELIGÊNCIA FINANCEIRA

ART. 11. À Diretoria de Inteligência Financeira compete:

I - receber, das pessoas de que trata o art. 9º da Lei n. 9.613, de 1998, comunicações de operações suspeitas ou em espécie, examinar e identificar as ocorrências suspeitas de atividades ilícitas previstas na referida Lei;

II - receber relatos, inclusive anônimos, referentes a operações consideradas suspeitas;

III - disseminar informações às autoridades competentes quando houver suspeita da existência de infrações penais ou indícios de sua prática;

IV - gerir dados e informações;

V - requerer informações mantidas nos bancos de dados de órgãos e entidades públicas e privadas;

VI - compartilhar informações com autoridades competentes de outros países e de organismos internacionais;

VII - coordenar e propor mecanismos de cooperação e de troca de informações, no País e no exterior, que viabilizem ações rápidas e eficientes na prevenção e no combate à lavagem de dinheiro e ao financiamento do terrorismo; e

VIII - requisitar informações e documentos às pessoas de que trata o art. 9º da Lei n. 9.613, de 1998.

SEÇÃO V
DA COMPETÊNCIA DA DIRETORIA DE SUPERVISÃO

ART. 12. À Diretoria de Supervisão compete:

I - fiscalizar o cumprimento das obrigações de prevenção e combate à lavagem de dinheiro e ao financiamento do terrorismo pelas pessoas de que trata o art. 9º da Lei n. 9.613, de 1998, para as quais não exista órgão próprio fiscalizador ou regulador;

II - propor ao Plenário a edição de normas aplicáveis às pessoas de que trata o art. 9º da Lei n. 9.613, de 1998, para as quais não exista órgão próprio fiscalizador ou regulador;

III - secretariar os trabalhos do Plenário, em caráter permanente, e atender a pedido de informações e documentos que interessem ao processo administrativo sancionador;

IV - decidir pelo arquivamento de averiguação preliminar ou pela instauração de processo administrativo sancionador;

V - assinar intimações nos processos administrativos sancionadores;

VI - decidir sobre a concessão de dilação de prazo no âmbito de processos administrativos sancionadores, exceto nas hipóteses de competência do Conselheiro Relator;

VII - determinar a publicação de ato e decisão no âmbito de processos administrativos sancionadores;

VIII - articular com os órgãos reguladores, com as instituições comunicantes e com as autoridades competentes, sobre medidas relacionadas à prevenção e ao combate à lavagem de dinheiro e ao financiamento do terrorismo; e

IX - requisitar informações e documentos às pessoas obrigadas relacionadas no art. 9º da Lei n. 9.613, de 1998.

SEÇÃO VI
DAS ATRIBUIÇÕES DOS CONSELHEIROS

ART. 13. Aos Conselheiros compete:

I - emitir votos nos processos e questões submetidas ao Plenário;

II - proferir despachos e lavrar decisões nos processos em que forem relatores;

III - requisitar à Diretoria de Supervisão informações e documentos que interessem ao processo administrativo sancionador de que seja relator, observado o sigilo legal, bem como determinar as diligências que se fizerem necessárias ao exercício de suas funções;

IV - cumprir as demais tarefas que lhes forem cometidas no Regimento Interno do Coaf; e

V - exercer outras atribuições cometidas pelo Plenário ou pelo Presidente.

SEÇÃO VII
DAS ATRIBUIÇÕES COMUNS DOS DIRIGENTES

ART. 14. São atribuições comuns do Secretário-Executivo, do Diretor de Inteligência Financeira e do Diretor de Supervisão:

I - assessorar o Presidente do Coaf nos assuntos relacionados às suas respectivas áreas de atuação;

II - acompanhar as sessões ordinárias e extraordinárias do Plenário;

III - definir, planejar e avaliar, em conjunto com o Presidente, as diretrizes gerais de atuação do Coaf e verificar, no âmbito das respectivas unidades subordinadas, o seu cumprimento;

IV - definir as prioridades de ação das respectivas áreas de atuação, de acordo com as diretrizes estratégicas, e monitorar o cumprimento do plano de metas pelas respectivas unidades subordinadas;

V - verificar o cumprimento das determinações do Presidente e da missão institucional do Coaf;

VI - editar normas operacionais relativas aos assuntos relacionados às suas respectivas atribuições; e

VII - zelar, em conjunto com o Presidente e os demais servidores, pela imagem institucional do Coaf.

CAPÍTULO IV
DO INTERCÂMBIO DE INFORMAÇÃO

ART. 15. O Banco Central do Brasil, a Comissão de Valores Mobiliários, a Superintendência de Seguros Privados, o Departamento de Polícia Federal, a Agência Brasileira de Inteligência e os demais órgãos e entidades públicas com atribuições de fiscalizar e regular as pessoas de que tratam os art. 10 e art. 11 da Lei n. 9.613, de 1998, prestarão as informações e a colaboração necessárias ao cumprimento das atribuições do Coaf.

§ 1º A troca de informações sigilosas entre o Coaf e os órgãos referidos no *caput* implica transferência de responsabilidade pela preservação do sigilo.

§ 2º Os órgãos referidos no *caput* estabelecerão mecanismos de compatibilização de seus sistemas de dados, a fim de facilitar a troca de informações eletrônicas.

ART. 16. O Coaf poderá compartilhar informações com autoridades pertinentes de outros países e de organismos internacionais, com base na reciprocidade ou em acordos.

ART. 17. Recebida a solicitação de informação referente às infrações penais previstas no art. 1º da Lei n. 9.613, de 1998, procedente de autoridade ou órgão competente de outro país, o Coaf atenderá a solicitação ou a encaminhará, caso necessário, aos órgãos competentes, a fim de que sejam tomadas as providências cabíveis para o atendimento da solicitação.

CAPÍTULO V
DO PROCESSO ADMINISTRATIVO SANCIONADOR

ART. 18. O processo administrativo sancionador constitui-se em instrumento de supervisão e será instaurado nas hipóteses em que forem verificados indícios da ocorrência das infrações administrativas previstas na Lei n. 9.613, de 1998, observados os princípios da legalidade, da finalidade, da motivação, da razoabilidade, da proporcionalidade, da moralidade, da ampla defesa, do contraditório, da segurança jurídica, do interesse público e da eficiência, entre outros.

Parágrafo único. O Banco Central do Brasil, a Comissão de Valores Mobiliários, a Superintendência de Seguros Privados e os demais órgãos ou entidades públicos responsáveis pela aplicação de penas administrativas previstas no art. 12 da Lei n. 9.613, de 1998, observarão seus procedimentos e, no que couber, o disposto neste Estatuto.

ART. 19. O Coaf poderá promover averiguações preliminares, em caráter reservado.

ART. 20. Concluídas as averiguações preliminares, o Coaf, por meio da Diretoria de Supervisão, proporá a instauração do processo administrativo sancionador ou determinará o seu arquivamento e, nesta hipótese, submeterá a decisão à revisão superior.

ART. 21. O processo administrativo sancionador será instaurado no prazo de trinta dias úteis, contado da data de conhecimento da infração, do recebimento das comunicações a que se refere o inciso II do *caput* do art. 11

da Lei n. 9.613, de 1998, ou do conhecimento das conclusões das averiguações preliminares, por ato fundamentado do Diretor de Supervisão do Coaf.

ART. 22. O acusado será intimado para apresentar defesa no prazo de quinze dias, contado da data de recebimento da intimação, e deverá apresentar as provas de seu interesse, facultada a apresentação de novos documentos a qualquer momento, antes do encerramento da instrução processual.

§ 1º A intimação conterá inteiro teor do ato de instauração do processo administrativo sancionador.

§ 2º A intimação do acusado será feita por via postal ou por outra forma eletrônica de comunicação, com aviso de recebimento, ou, não tendo êxito a intimação por estas formas, por edital publicado somente uma vez no Diário Oficial da União, contado o prazo de que trata o *caput* da data de recebimento da intimação ou da publicação do edital, conforme o caso.

§ 3º O acusado poderá acompanhar o processo administrativo presencialmente ou por via eletrônica, pessoalmente ou por seu representante legal, na hipótese de se tratar de pessoa jurídica, ou por advogado legalmente habilitado, assegurado amplo acesso ao processo.

ART. 23. Será considerado revel o acusado que, após intimação, não apresentar defesa no prazo a que se refere o art. 22, incorrendo em confissão quanto à matéria de fato, contra ele correndo os demais prazos, independentemente de nova intimação.

Parágrafo único. O revel poderá intervir no processo, em qualquer fase, sem direito à repetição de ato já praticado.

ART. 24. Encerrado o prazo de apresentação da defesa, a autoridade responsável pela condução do processo poderá determinar a realização de diligências e a produção de provas de interesse do processo, facultada a requisição de novas informações do acusado, esclarecimentos ou documentos, a serem apresentados no prazo fixado pela autoridade requisitante, mantendo-se o sigilo legal, quando for o caso.

ART. 25. A decisão será proferida no prazo de sessenta dias, contado da data do término da instrução.

ART. 26. O Coaf e os órgãos e entidades públicos responsáveis pela aplicação das penas administrativas previstas na Lei n. 9.613, de 1998 fiscalizarão o cumprimento de suas decisões.

§ 1º Na hipótese de descumprimento da decisão, no todo ou em parte, o fato será comunicado à autoridade competente, que determinará providências para a execução judicial.

§ 2º O Coaf será representada judicialmente por Advogado da União.

ART. 27. Das decisões do Plenário do Coaf caberá recurso para o Conselho de Recursos do Sistema Financeiro Nacional.

ART. 28 Ato do Ministro de Estado da Justiça e Segurança Pública disporá sobre as normas complementares para a regulamentação do processo administrativo sancionador no âmbito do Coaf, observadas as disposições da Lei n. 9.613, de 1998.

CAPÍTULO VI
DISPOSIÇÕES FINAIS E TRANSITÓRIAS

ART. 29. As despesas com o funcionamento do Coaf correrão às custas do Ministério da Justiça e Segurança Pública.

ART. 30. O Advogado-Geral da União designará membro da Advocacia-Geral da União, que atuará junto ao Coaf.

ART. 31. A organização e o funcionamento do Coaf, as competências das unidades e as atribuições dos dirigentes serão fixados em Regimento Interno, aprovado em ato do Ministro de Estado da Justiça e Segurança Pública.

MEDIDA PROVISÓRIA N. 870, DE 1º DE JANEIRO DE 2019

Estabelece a organização básica dos órgãos da Presidência da República e dos Ministérios.

‣ *DOU*, 1º.1.2019 - Edição especial.

O Presidente da República, no uso da atribuição que lhe confere o art. 62 da Constituição, adota a seguinte Medida Provisória, com força de lei:

Objeto e âmbito de aplicação

ART. 1º Esta Medida Provisória estabelece a organização básica dos órgãos da Presidência da República e dos Ministérios.

§ 1º O detalhamento da organização dos órgãos de que trata esta Medida Provisória será definido nos decretos de estrutura regimental.

§ 2º Ato do Poder Executivo federal estabelecerá a vinculação das entidades aos órgãos da administração pública federal.

Órgãos da Presidência da República

ART. 2º Integram a Presidência da República:

I - a Casa Civil;

II - a Secretaria de Governo;

III - a Secretaria-Geral;

IV - o Gabinete Pessoal do Presidente da República;

V - o Gabinete de Segurança Institucional; e

VI - a Autoridade Nacional de Proteção de Dados Pessoais.

§ 1º Integram a Presidência da República, como órgãos de assessoramento ao Presidente da República:

I - o Conselho de Governo;

II - o Conselho Nacional de Política Energética;

III - o Conselho do Programa de Parcerias de Investimentos da Presidência da República;

IV - o Advogado-Geral da União; e

V - a Assessoria Especial do Presidente da República.

§ 2º São órgãos de consulta do Presidente da República:

I - o Conselho da República; e

II - o Conselho de Defesa Nacional.

Casa Civil da Presidência da República

ART. 3º À Casa Civil da Presidência da República compete:

I - assistir diretamente o Presidente da República no desempenho de suas atribuições, especialmente:

a) na coordenação e na integração das ações governamentais;

b) na verificação prévia da constitucionalidade e da legalidade dos atos presidenciais;

c) na análise do mérito, da oportunidade e da compatibilidade das propostas, inclusive das matérias em tramitação no Congresso Nacional, com as diretrizes governamentais;

d) na avaliação e no monitoramento da ação governamental e da gestão dos órgãos e das entidades da administração pública federal;

e) na coordenação política do Governo federal; e

f) na condução do relacionamento do Governo federal com o Congresso Nacional e com os partidos políticos; e

II - publicar e preservar os atos oficiais.

ART. 4º A Casa Civil da Presidência da República tem como estrutura básica:

I - o Gabinete;

II - a Secretaria-Executiva;

III - a Assessoria Especial;

IV - até quatro Subchefias;

V - a Secretaria Especial de Relações Governamentais;

VI - a Secretaria Especial para a Câmara dos Deputados;

VII - a Secretaria Especial para o Senado Federal; e

VIII - a Imprensa Nacional.

Secretaria de Governo da Presidência da República

ART. 5º À Secretaria de Governo da Presidência da República compete:

I - assistir diretamente o Presidente da República no desempenho de suas atribuições, especialmente:

a) no relacionamento e na articulação com as entidades da sociedade e na criação e na implementação de instrumentos de consulta e de participação popular de interesse do Governo federal;

b) na realização de estudos de natureza político-institucional;

c) na coordenação política do Governo federal, em articulação com a Casa Civil da Presidência da República;

d) na interlocução com os Estados, o Distrito Federal e os Municípios;

e) na comunicação com a sociedade e no relacionamento com a imprensa nacional, regional e internacional;

f) na coordenação, no monitoramento, na avaliação e na supervisão das ações do Programa de Parcerias de Investimentos da Presidência da República e no apoio às ações setoriais necessárias à sua execução; e

g) na implementação de políticas e ações destinadas à ampliação das oportunidades de investimento e emprego e da infraestrutura pública;

II - supervisionar, coordenar, monitorar e acompanhar as atividades e as ações dos organismos internacionais e das organizações não governamentais no território nacional;

III - coordenar, articular e fomentar políticas públicas necessárias à retomada e à execução de obras de implantação dos empreendimentos de infraestrutura considerados estratégicos;

IV - formular e implementar a política de comunicação e de divulgação social do Governo federal;

V - organizar e desenvolver sistemas de informação e pesquisa de opinião pública;

VI - coordenar a comunicação interministerial e as ações de informação e de difusão das políticas de governo;

VII - coordenar, normatizar, supervisionar e realizar o controle da publicidade e dos patrocínios dos órgãos e das entidades da administração pública federal, direta e indireta, e de sociedades sob o controle da União;

VIII - convocar as redes obrigatórias de rádio e televisão;

IX - coordenar a implementação e a consolidação do sistema brasileiro de televisão pública; e

X - coordenar o credenciamento de profissionais de imprensa e o acesso e o fluxo em locais onde ocorram atividades das quais o Presidente da República participe.

ART. 6º A Secretaria de Governo da Presidência da República tem como estrutura básica:

I - o Gabinete;

II - a Secretaria-Executiva;

III - a Assessoria Especial;

IV - a Secretaria Especial de Articulação Social;

V - a Secretaria Especial de Comunicação Social, com até três Secretarias;

VI - a Secretaria Especial do Programa de Parcerias de Investimentos, com até quatro Secretarias;

VII - a Secretaria Especial de Relações Institucionais; e

VIII - a Secretaria Especial de Assuntos Federativos.

Secretaria-Geral da Presidência da República

ART. 7º À Secretaria-Geral da Presidência da República compete:

I - assistir diretamente o Presidente da República no desempenho de suas atribuições, especialmente:

a) na supervisão e na execução das atividades administrativas da Presidência da República e, supletivamente, da Vice-Presidência da República; e

b) no acompanhamento da ação governamental e do resultado da gestão dos administradores, no âmbito dos órgãos integrantes da Presidência da República e da Vice-Presidência da República, além de outros órgãos determinados em legislação específica, por intermédio da fiscalização contábil, financeira, orçamentária, operacional e patrimonial;

II - no planejamento nacional estratégico e de modernização do Estado;

III - na orientação das escolhas e das políticas públicas estratégicas de modernização do Estado, economicidade, simplificação, eficiência e excelência de gestão do País, consideradas a situação atual e as possibilidades para o futuro;

IV - na elaboração de subsídios para a preparação de ações de governo;

V - na definição, na coordenação, no monitoramento, na avaliação e na supervisão das ações dos programas de modernização do Estado necessárias à sua execução; e

VI - na implementação de políticas e ações destinadas à ampliação das oportunidades de investimento, cooperações, parcerias e outros instrumentos destinados à modernização do Estado.

ART. 8º A Secretaria-Geral da Presidência da República tem como estrutura básica:

I - o Gabinete;

II - a Secretaria-Executiva;

III - a Secretaria Especial de Modernização do Estado, com até três Secretarias;

IV - a Secretaria Especial de Assuntos Estratégicos, com até duas Secretarias;

V - até duas Secretarias; e

VI - o Conselho de Modernização do Estado.

Parágrafo único. Ato do Poder Executivo federal disporá sobre a competência, a composição e o funcionamento do Conselho de Modernização do Estado.

Gabinete Pessoal do Presidente da República

ART. 9º Ao Gabinete Pessoal do Presidente da República compete:

I - assessorar na elaboração da agenda futura do Presidente da República;

II - formular subsídios para os pronunciamentos do Presidente da República;

III - coordenar a agenda do Presidente da República;

IV - exercer as atividades de secretariado particular do Presidente da República;

V - exercer as atividades de Cerimonial da Presidência da República;

VI - desempenhar a ajudância de ordens do Presidente da República; e

VII - organizar o acervo documental privado do Presidente da República.

Gabinete de Segurança Institucional da Presidência da República

ART. 10. Ao Gabinete de Segurança Institucional da Presidência da República compete:

I - assistir diretamente o Presidente da República no desempenho de suas atribuições, especialmente quanto a assuntos militares e de segurança;

II - analisar e acompanhar assuntos com potencial de risco, prevenir a ocorrência de crises e articular seu gerenciamento, na hipótese de grave e iminente ameaça à estabilidade institucional;

III - coordenar as atividades de inteligência federal;

IV - coordenar as atividades de segurança da informação e das comunicações no âmbito da administração pública federal;

V - planejar, coordenar e supervisionar a atividade de segurança da informação no âmbito da administração pública federal, nela incluídos a segurança cibernética, a gestão de incidentes computacionais, a proteção de dados, o credenciamento de segurança e o tratamento de informações sigilosas;

VI - zelar, assegurado o exercício do poder de polícia, pela segurança:

a) pessoal do Presidente da República e do Vice-Presidente da República;

b) pessoal dos familiares do Presidente da República e do Vice-Presidente da República;

c) dos palácios presidenciais e das residências do Presidente da República e do Vice-Presidente da República; e

d) quando determinado pelo Presidente da República, zelar pela segurança pessoal dos titulares dos órgãos de que trata o *caput* do art. 2º e, excepcionalmente, de outras autoridades federais;

VII - coordenar as atividades do Sistema de Proteção ao Programa Nuclear Brasileiro como seu órgão central;

VIII - planejar e coordenar:

a) os eventos no País em que haja a presença do Presidente da República, em articulação com o Gabinete Pessoal do Presidente da República, e no exterior, em articulação com o Ministério das Relações Exteriores; e

b) os deslocamentos presidenciais no País e no exterior, nesta última hipótese, em articulação com o Ministério das Relações Exteriores;

IX - acompanhar questões referentes ao setor espacial brasileiro;

X - acompanhar assuntos relativos ao terrorismo e às ações destinadas à sua prevenção e à sua neutralização e intercambiar subsídios com outros órgãos para a avaliação de risco de ameaça terrorista; e

XI - acompanhar assuntos pertinentes às infraestruturas críticas, com prioridade aos que se referem à avaliação de riscos.

Parágrafo único. Os locais onde o Presidente da República e o Vice-Presidente da República trabalhem, residam, estejam ou haja a iminência de virem a estar, e adjacências, são áreas consideradas de segurança das referidas autoridades, e cabe ao Gabinete de Segurança Institucional da Presidência da República, para os fins do disposto neste artigo, adotar as medidas necessárias para a sua proteção e coordenar a participação de outros órgãos de segurança.

ART. 11. O Gabinete de Segurança Institucional da Presidência da República tem como estrutura básica:

I - o Gabinete;

II - a Secretaria-Executiva;

III - até três Secretarias; e

IV - a Agência Brasileira de Inteligência.

Autoridade Nacional de Proteção de Dados Pessoais

ART. 12. À Autoridade Nacional de Proteção de Dados Pessoais compete exercer as competências estabelecidas na Lei n. 13.709, de 14 de agosto de 2018.

Conselho de Governo

ART. 13. Ao Conselho de Governo compete assessorar o Presidente da República na formulação de diretrizes de ação governamental, com os seguintes níveis de atuação:

I - Conselho de Governo, presidido pelo Presidente da República ou, por sua determinação, pelo Vice-Presidente da República, integrado pelos Ministros de Estado e pelo titular do Gabinete Pessoal do Presidente da República; e

II - Câmaras do Conselho de Governo, criadas em ato do Poder Executivo federal, com a finalidade de formular políticas públicas setoriais cujas competências ultrapassem o escopo de apenas um Ministério.

§ 1º Para desenvolver as ações executivas das Câmaras mencionadas no inciso II do *caput*, serão constituídos comitês-executivos, cujos funcionamento, competência e composição serão definidos em ato do Poder Executivo federal.

§ 2º O Conselho de Governo será convocado pelo Presidente da República ou, por sua determinação, pelo Vice Presidente da República e secretariado pelo membro designado pelo Presidente do Conselho de Governo.

§ 3º A Câmara de Relações Exteriores e Defesa Nacional será presidida pelo Ministro de Estado Chefe do Gabinete de Segurança Institucional da Presidência da República.

Conselho Nacional de Política Energética

ART. 14. Ao Conselho Nacional de Política Energética compete assessorar o Presidente da República na formulação de políticas e diretrizes na área da energia, nos termos do disposto no art. 2º da Lei n. 9.478, de 6 de agosto de 1997.

Conselho do Programa de Parcerias de Investimentos da Presidência da República

ART. 15. Ao Conselho do Programa de Parcerias de Investimentos da Presidência da República compete assessorar o Presidente da República nas políticas de ampliação e fortalecimento da interação entre o Estado e a iniciativa privada para a execução de empreendimentos públicos de infraestrutura e de outras medidas de desestatização, nos termos do disposto no art. 7º da Lei n. 13.334, de 13 de setembro de 2016.

Advogado-Geral da União

ART. 16. Ao Advogado-Geral da União incumbe:

I - assessorar o Presidente da República nos assuntos de natureza jurídica, por meio da elaboração de pareceres e de estudos ou da proposição de normas, medidas e diretrizes;

II - assistir o Presidente da República no controle interno da legalidade dos atos da administração pública federal;

III - sugerir ao Presidente da República medidas de caráter jurídico de interesse público;

IV - apresentar ao Presidente da República as informações a serem prestadas ao Poder Judiciário quando impugnado ato ou omissão presidencial; e

V - exercer outras atribuições estabelecidas na Lei Complementar n. 73, de 10 de fevereiro de 1993.

Assessoria Especial do Presidente da República

ART. 17. À Assessoria Especial do Presidente da República compete assistir diretamente o Presidente da República no desempenho de suas atribuições e, especialmente:

I - realizar estudos e contatos que pelo Presidente da República lhe sejam determinados em assuntos que subsidiem a coordenação de ações em setores específicos do Governo federal;

II - articular-se com o Gabinete Pessoal do Presidente da República na preparação de material de informação e de apoio e de encontros e audiências do Presidente da República com autoridades e personalidades nacionais e estrangeiras;

III - preparar a correspondência do Presidente da República com autoridades e personalidades estrangeiras;

IV - administrar as contas pessoais de mídia social do Presidente da República;

V - participar, juntamente com os demais órgãos competentes, do planejamento, da preparação e da execução das viagens presidenciais no País e no exterior; e

VI - encaminhar e processar proposições e expedientes da área diplomática em tramitação na Presidência da República.

Conselho da República e Conselho de Defesa Nacional

ART. 18. O Conselho da República e o Conselho de Defesa Nacional, com a composição e as competências previstas na Constituição, têm a organização e o funcionamento regulados pela Lei n. 8.041, de 5 de junho de 1990, e pela Lei n. 8.183, de 11 de abril de 1991, respectivamente.

Parágrafo único. O Conselho da República e o Conselho de Defesa Nacional terão como Secretários-Executivos, respectivamente, o Ministro de Estado Chefe da Secretaria de Governo da Presidência da República e o Ministro de Estado Chefe do Gabinete de Segurança Institucional da Presidência da República.

Ministérios

ART. 19. Os Ministérios são os seguintes:

I - da Agricultura, Pecuária e Abastecimento;

II - da Cidadania;

III - da Ciência, Tecnologia, Inovações e Comunicações;

IV - da Defesa;

V - do Desenvolvimento Regional;

VI - da Economia;

VII - da Educação;

VIII - da Infraestrutura;

IX - da Justiça e Segurança Pública;

X - do Meio Ambiente;

XI - de Minas e Energia;

XII - da Mulher, da Família e dos Direitos Humanos;

XIII - das Relações Exteriores;

XIV - da Saúde;

XV - do Turismo; e

XVI - a Controladoria-Geral da União.

Ministros de Estado

ART. 20. São Ministros de Estado:

I - os titulares dos Ministérios;

II - o Chefe da Casa Civil da Presidência da República;

III - o Chefe da Secretaria de Governo da Presidência da República;

IV - o Chefe da Secretaria-Geral da Presidência da República;

V - o Chefe do Gabinete de Segurança Institucional da Presidência da República;

VI - o Advogado-Geral da União, até que seja aprovada emenda constitucional para incluí-lo no rol das alíneas "c" e "d" do inciso I do *caput* do art. 102 da Constituição; e

VII - o Presidente do Banco Central do Brasil, até que seja aprovada a autonomia da entidade.

Ministério da Agricultura, Pecuária e Abastecimento

ART. 21. Constitui área de competência do Ministério da Agricultura, Pecuária e Abastecimento:

I - política agrícola, abrangidas a produção, a comercialização, o seguro rural, o abastecimento, a armazenagem e a garantia de preços mínimos;

II - produção e fomento agropecuário, abrangidos a agricultura, a pecuária, a agroindústria, a agroenergia, as florestas plantadas, a heveicultura, a aquicultura e a pesca;

III - política nacional pesqueira e aquícola, inclusive a gestão do uso dos recursos e dos licenciamentos, das permissões e das autorizações para o exercício da aquicultura e da pesca;

IV - estoques reguladores e estratégicos de produtos agropecuários;

V - informação agropecuária;

VI - defesa agropecuária e segurança do alimento, abrangidos:

a) saúde animal e sanidade vegetal;

b) insumos agropecuários, inclusive a proteção de cultivares;

c) alimentos, produtos, derivados e subprodutos de origem animal e vegetal;

d) padronização e classificação de produtos e insumos agropecuários; e

e) controle de resíduos e contaminantes em alimentos;

VII - pesquisa em agricultura, pecuária, sistemas agroflorestais, aquicultura, pesca e agroindústria;

VIII - conservação e proteção de recursos genéticos de interesse para a agropecuária e a alimentação;

IX - assistência técnica e extensão rural;

X - irrigação e infraestrutura hídrica para produção agropecuária observadas as competências do Ministério do Desenvolvimento Regional;

XI - informação meteorológica e climatológica para uso na agropecuária;

XII - desenvolvimento rural sustentável;

XIII - políticas e fomento da agricultura familiar;

XIV - reforma agrária, regularização fundiária de áreas rurais, Amazônia Legal, terras indígenas e quilombolas;

XV - conservação e manejo do solo e da água, destinados ao processo produtivo agrícola, pecuário, sistemas agroflorestais e aquicultura;

XVI - boas práticas agropecuárias e bem-estar animal;

XVII - cooperativismo e associativismo na agricultura, pecuária, aquicultura e pesca;

XVIII - energização rural e agroenergia, incluída a eletrificação rural;

XIX - operacionalização da concessão da subvenção econômica ao preço do óleo diesel instituída pela Lei n. 9.445, de 14 de março de 1997;

XX - negociações internacionais relativas aos temas de interesse da agricultura, da pecuária, da aquicultura e da pesca; e

XXI - Registro Geral da Atividade Pesqueira.

§ 1º A competência de que trata o inciso XVIII do *caput* será exercida pelo Ministério da Agricultura, Pecuária e Abastecimento, quando utilizados recursos do orçamento geral da União, e pelo Ministério de Minas e Energia, quando utilizados recursos vinculados ao Sistema Elétrico Nacional.

§ 2º A competência de que trata o inciso XIV do *caput*, compreende:

I - a identificação, a delimitação, a demarcação e os registros das terras tradicionalmente ocupadas por indígenas; e

II - a identificação, o reconhecimento, a delimitação, a demarcação e a titulação das terras ocupadas pelos remanescentes das comunidades dos quilombos.

§ 3º Cabe ao Ministério da Agricultura, Pecuária e Abastecimento exercer, por meio do Serviço Florestal Brasileiro, a função de órgão gestor prevista no art. 53 da Lei n. 11.284, de 2 de março de 2006, em âmbito federal.

ART. 22. Integram a estrutura básica do Ministério da Agricultura, Pecuária e Abastecimento:

I - o Conselho Nacional de Política Agrícola;

II - o Conselho Deliberativo da Política do Café;

III - a Comissão Especial de Recursos;

IV - a Comissão-Executiva do Plano da Lavoura Cacaueira;

V - o Conselho Nacional de Aquicultura e Pesca;

VI - o Serviço Florestal Brasileiro;

VII - a Secretaria Especial de Assuntos Fundiários;

VIII - o Instituto Nacional de Meteorologia;

IX - o Conselho Nacional de Desenvolvimento Rural Sustentável; e

X - até seis Secretarias.

Parágrafo único. Ao Conselho Nacional de Aquicultura e Pesca, presidido pelo Ministro de Estado a Agricultura, Pecuária e Abastecimento e composto na forma estabelecida em ato do Poder Executivo federal, compete subsidiar a formulação da política nacional para a pesca e a aquicultura, propor diretrizes para o desenvolvimento e o fomento da produção pesqueira e aquícola, apreciar as diretrizes para o desenvolvimento do plano de ação da pesca e da aquicultura e propor medidas que visem a garantir a sustentabilidade da atividade pesqueira e aquícola.

Ministério da Cidadania

ART. 23. Constitui área de competência do Ministério da Cidadania:

I - política nacional de desenvolvimento social;

II - política nacional de segurança alimentar e nutricional;

III - política nacional de assistência social;

IV - política nacional de renda de cidadania;

V - políticas sobre drogas, quanto a:

a) educação, informação e capacitação para a ação efetiva para a redução do uso indevido de drogas lícitas e ilícitas;

b) realização de campanhas de prevenção do uso indevido de drogas lícitas e ilícitas;

c) implantação e implementação de rede integrada para pessoas com transtornos decorrentes do consumo de substâncias psicoativas;

d) avaliação e acompanhamento de tratamentos e iniciativas terapêuticas;

a) na garantia da lei e da ordem, com vistas à preservação da ordem pública e da incolumidade das pessoas e do patrimônio;

b) na garantia da votação e da apuração eleitoral; e

c) na cooperação com o desenvolvimento nacional e a defesa civil e no combate a delitos transfronteiriços e ambientais;

XVII - logística de defesa;

XVIII - serviço militar;

XIX - assistência à saúde, social e religiosa das Forças Armadas;

XX - constituição, organização, efetivos, adestramento e aprestamento das forças navais, terrestres e aéreas;

XXI - política marítima nacional;

XXII - segurança da navegação aérea e do tráfego aquaviário e salvaguarda da vida humana no mar;

XXIII - patrimônio imobiliário administrado pelas Forças Armadas, sem prejuízo das competências atribuídas ao Ministério da Economia;

XXIV - política militar aeronáutica e atuação na política aeroespacial nacional;

XXV - infraestrutura aeroespacial e aeronáutica; e

XXVI - operacionalização do Sistema de Proteção da Amazônia.

ART. 28. Integram a estrutura básica do Ministério da Defesa:

I - o Conselho Militar de Defesa;

II - o Comando da Marinha;

III - o Comando do Exército;

IV - o Comando da Aeronáutica;

V - o Estado-Maior Conjunto das Forças Armadas;

VI - a Secretaria-Geral;

VII - a Escola Superior de Guerra;

VIII - o Centro Gestor e Operacional do Sistema de Proteção da Amazônia;

IX - o Hospital das Forças Armadas;

X - a Representação do Brasil na Junta Interamericana de Defesa;

XI - o Conselho Deliberativo do Sistema de Proteção da Amazônia;

XII - até três Secretarias; e

XIII - um órgão de controle interno.

Ministério do Desenvolvimento Regional

ART. 29. Constitui área de competência do Ministério do Desenvolvimento Regional:

I - política nacional de desenvolvimento regional;

II - política nacional de desenvolvimento urbano;

III - política nacional de proteção e defesa civil;

IV - política nacional de recursos hídricos;

V - política nacional de segurança hídrica;

VI - política nacional de irrigação, observadas as competências do Ministério da Agricultura, Pecuária e Abastecimento;

VII - política nacional de habitação;

VIII - política nacional de saneamento;

IX - política nacional de mobilidade urbana;

X - formulação e gestão da política nacional de ordenamento territorial;

XI - estabelecimento de diretrizes e prioridades na aplicação dos recursos dos programas de financiamento de que trata a alínea "c" do inciso I do *caput* do art. 159 da Constituição;

XII - estabelecimento de normas para o cumprimento dos programas de financiamento relativos ao Fundo Constitucional de Financiamento do Norte - FNO, ao Fundo Constitucional de Financiamento do Nordeste - FNE e ao Fundo Constitucional de Financiamento do Centro-Oeste - FCO;

XIII - estabelecimento de normas para o cumprimento das programações orçamentárias do Fundo de Investimentos da Amazônia - Finam e do Fundo de Investimentos do Nordeste - Finor;

XIV - estabelecimento de diretrizes e prioridades na aplicação dos recursos do Fundo de Desenvolvimento da Amazônia - FDA, do Fundo de Desenvolvimento do Nordeste - FDNE e do Fundo de Desenvolvimento do Centro-Oeste - FDCO;

XV - estabelecimento de diretrizes e critérios de alocação dos recursos do Fundo Nacional de Habitação de Interesse Social - FNHIS;

XVI - estabelecimento de metas a serem alcançadas nos programas de habitação popular, saneamento básico e infraestrutura urbana realizados com aplicação de recursos do Fundo de Garantia do Tempo de Serviço - FGTS;

XVII - estabelecimento de diretrizes e normas relativas à política de subsídio à habitação popular, ao saneamento e à mobilidade urbana;

XVIII - planos, programas, projetos e ações de desenvolvimento regional, metropolitano e urbano;

XIX - planos, programas, projetos e ações de:

a) gestão de recursos hídricos; e

b) infraestrutura e garantia da segurança hídrica;

XX - planos, programas, projetos e ações de irrigação;

XXI - planos, programas, projetos e ações de proteção e defesa civil e gestão de riscos e de desastres; e

XXII - planos, programas, projetos e ações de habitação, de saneamento, de mobilidade e de serviços urbanos.

Parágrafo único. A competência de que trata o inciso X do *caput* será exercida em conjunto com o Ministério da Defesa.

ART. 30. Integram a estrutura básica do Ministério do Desenvolvimento Regional:

I - o Conselho Nacional de Proteção e Defesa Civil;

II - o Conselho Nacional de Desenvolvimento Urbano;

III - o Conselho Curador do Fundo de Desenvolvimento Social;

IV - o Conselho Nacional de Recursos Hídricos;

V - o Conselho Administrativo da Região Integrada de Desenvolvimento do Polo Petrolina e Juazeiro;

VI - o Conselho Administrativo da Região Integrada de Desenvolvimento da Grande Teresina;

VII - o Conselho Administrativo da Região Integrada de Desenvolvimento do Distrito Federal e Entorno;

VIII - o Conselho Nacional de Irrigação;

IX - a Câmara de Políticas de Integração Nacional e Desenvolvimento Regional; e

X - até sete Secretarias.

Ministério da Economia

ART. 31. Constitui área de competência do Ministério da Economia:

I - moeda, crédito, instituições financeiras, capitalização, poupança popular, seguros privados e previdência privada aberta;

II - política, administração, fiscalização e arrecadação tributária e aduaneira;

III - administração financeira e contabilidade públicas;

IV - administração das dívidas públicas interna e externa;

V - negociações econômicas e financeiras com governos, organismos multilaterais e agências governamentais;

VI - preços em geral e tarifas públicas e administradas;

VII - fiscalização e controle do comércio exterior;

VIII - elaboração de estudos e pesquisas para acompanhamento da conjuntura econômica;

IX - autorização, ressalvadas as competências do Conselho Monetário Nacional:

a) da distribuição gratuita de prêmios, a título de propaganda, quando efetuada por meio de sorteio, vale-brinde, concurso ou operação assemelhada;

b) das operações de consórcio, fundo mútuo e outras formas associativas assemelhadas, que objetivem a aquisição de bens de qualquer natureza;

c) da venda ou da promessa de venda de mercadorias a varejo, por meio de oferta pública e com recebimento antecipado, parcial ou total, do preço;

d) da venda ou da promessa de venda de direitos, inclusive cotas de propriedade de entidades civis, como hospital, motel, clube, hotel, centro de recreação, alojamento ou organização de serviços de qualquer natureza, com ou sem rateio de despesas de manutenção, por meio de oferta pública e com pagamento antecipado do preço;

e) da venda ou da promessa de venda de terrenos loteados a prestações por meio de sorteio; e

f) da exploração de loterias, inclusive sweepstakes e outras modalidades de loterias realizadas por entidades promotoras de corridas de cavalos;

X - previdência;

XI - previdência complementar;

XII - formulação do planejamento estratégico nacional e elaboração de subsídios para formulação de políticas públicas de longo prazo destinadas ao desenvolvimento nacional;

XIII - avaliação dos impactos socioeconômicos das políticas e dos programas do Governo federal e elaboração de estudos especiais para a reformulação de políticas;

XIV - elaboração de estudos e pesquisas para acompanhamento da conjuntura socioeconômica e gestão dos sistemas cartográficos e estatísticos nacionais;

XV - elaboração, acompanhamento e avaliação do plano plurianual de investimentos e dos orçamentos anuais;

XVI - viabilização de novas fontes de recursos para os planos de governo;

XVII - formulação de diretrizes, coordenação de negociações e acompanhamento e avaliação de financiamentos externos de projetos públicos com organismos multilaterais e agências governamentais;

XVIII - coordenação e gestão dos sistemas de planejamento e orçamento federal, de pessoal civil, de organização e modernização administrativa, de administração de recursos de informação e informática e de serviços gerais;

XIX - formulação de diretrizes, coordenação e definição de critérios de governança corporativa das empresas estatais federais;

XX - administração patrimonial;

XXI - políticas de desenvolvimento da indústria, do comércio e dos serviços;

XXII - propriedade intelectual e transferência de tecnologia;

XXIII - metrologia, normalização e qualidade industrial;

XXIV - políticas de comércio exterior;

XXV - regulamentação e execução dos programas e das atividades relativas ao comércio exterior;

XXVI - aplicação dos mecanismos de defesa comercial;

XXVII - participação em negociações internacionais relativas ao comércio exterior;

XXVIII - registro do comércio;

XXIX - formulação da política de apoio à microempresa, à empresa de pequeno porte e ao artesanato;

XXX - articulação e supervisão dos órgãos e das entidades envolvidos na integração para o registro e a legalização de empresas;

XXXI - política e diretrizes para a geração de emprego e renda e de apoio ao trabalhador;

XXXII - política e diretrizes para a modernização das relações de trabalho;

XXXIII - fiscalização do trabalho, inclusive do trabalho portuário, e aplicação das sanções previstas em normas legais ou coletivas;

XXXIV - política salarial;

XXXV - formação e desenvolvimento profissional;

XXXVI - segurança e saúde no trabalho; e

XXXVII - regulação profissional.

Parágrafo único. Nos conselhos de administração das empresas públicas, das sociedades de economia mista, de suas subsidiárias e controladas e das demais empresas em que a União, direta ou indiretamente, detenha a maioria do capital social com direito a voto, sempre haverá um membro indicado pelo Ministro de Estado da Economia.

ART. 32. Integram a estrutura básica do Ministério da Economia:

I - a Assessoria Especial de Assuntos Estratégicos;

II - a Procuradoria-Geral da Fazenda Nacional;

III - a Secretaria Especial de Fazenda, com até quatro Secretarias;

IV - a Secretaria Especial da Receita Federal do Brasil, com até uma Subsecretaria-Geral;

V - a Secretaria Especial de Previdência e Trabalho, com até duas Secretarias;

VI - a Secretaria Especial de Comércio Exterior e Assuntos Internacionais, com até três Secretarias;

VII - a Secretaria Especial de Desestatização e Desinvestimento, com até duas Secretarias;

VIII - a Secretaria Especial de Produtividade, Emprego e Competitividade, com até quatro Secretarias;

IX - a Secretaria Especial de Desburocratização, Gestão e Governo Digital, com até três Secretarias;

X - o Conselho Monetário Nacional;

XI - o Conselho Nacional de Política Fazendária;

XII - o Conselho de Recursos do Sistema Financeiro Nacional;

XIII - o Conselho Nacional de Seguros Privados;

XIV - o Conselho de Recursos do Sistema Nacional de Seguros Privados, de Previdência Privada Aberta e de Capitalização;

XV - o Conselho Administrativo de Recursos Fiscais;

XVI - o Comitê Brasileiro de Nomenclatura;

XVII - o Comitê de Avaliação e Renegociação de Créditos ao Exterior;

XVIII - o Conselho Nacional de Previdência Complementar;

XIX - a Câmara de Recursos da Previdência Complementar;

XX - o Conselho Nacional de Previdência;

XXI - a Comissão de Financiamentos Externos;

XXII - a Comissão Nacional de Cartografia;

XXIII - a Comissão Nacional de Classificação;

XXIV - o Conselho Nacional de Fomento e Colaboração;

XXV - o Conselho Nacional de Metrologia, Normalização e Qualidade Industrial;

XXVI - o Conselho Nacional das Zonas de Processamento de Exportação;

XXVII - a Secretaria-Executiva da Câmara de Comércio Exterior;

XXVIII - o Conselho Nacional do Trabalho;

XXIX - o Conselho Curador do Fundo de Garantia do Tempo de Serviço;

XXX - o Conselho Deliberativo do Fundo de Amparo ao Trabalhador;

XXXI - o Conselho de Recursos da Previdência Social;

XXXII - a Câmara de Comércio Exterior; e

XXXIII - até uma Secretaria.

Parágrafo único. Os Conselhos a que se referem os incisos XXVIII, XXIX e XXX do *caput* são órgãos colegiados de composição tripartite, observada a paridade entre representantes dos trabalhadores e dos empregadores, na forma estabelecida em ato do Poder Executivo federal.

Ministério da Educação

ART. 33. Constitui área de competência do Ministério da Educação:

I - política nacional de educação;

II - educação infantil;

III - educação em geral, compreendidos o ensino fundamental, o ensino médio, o ensino superior, a educação de jovens e adultos, a educação profissional, a educação especial e a educação a distância, exceto o ensino militar;

IV - avaliação, informação e pesquisa educacional;

V - pesquisa e extensão universitárias;

VI - magistério; e

VII - assistência financeira a famílias carentes para a escolarização de seus filhos ou dependentes.

Parágrafo único. Para o cumprimento de suas competências, o Ministério da Educação poderá estabelecer parcerias com instituições civis e militares que apresentam experiências exitosas em educação.

ART. 34. Integram a básica do Ministério da Educação:

I - o Conselho Nacional de Educação;

II - o Instituto Benjamin Constant;

III - o Instituto Nacional de Educação de Surdos; e

IV - até seis Secretarias.

Ministério da Infraestrutura

ART. 35. Constitui área de competência do Ministério da Infraestrutura:

I - política nacional de transportes ferroviário, rodoviário, aquaviário, aeroportuário e aeroviário;

II - política nacional de trânsito;

III - marinha mercante e vias navegáveis;

IV - formulação de políticas e diretrizes para o desenvolvimento e o fomento do setor de portos e instalações portuárias marítimos, fluviais e lacustres e execução e avaliação de medidas, programas e projetos de apoio ao desenvolvimento da infraestrutura e da superestrutura dos portos e das instalações portuárias marítimos, fluviais e lacustres;

V - formulação, coordenação e supervisão das políticas nacionais do setor de portos e instalações portuárias marítimos, fluviais e lacustres;

VI - participação no planejamento estratégico, no estabelecimento de diretrizes para sua implementação e na definição das prioridades dos programas de investimentos em transportes;

VII - elaboração ou aprovação dos planos de outorgas, na forma prevista em legislação específica;

VIII - estabelecimento de diretrizes para a representação do País em organismos internacionais e em convenções, acordos e tratados relativos às suas competências;

IX - desenvolvimento da infraestrutura e da superestrutura aquaviária dos portos e das instalações portuárias marítimos, fluviais e lacustres em seu âmbito de competência, com a finalidade de promover a segurança e a eficiência do transporte aquaviário de cargas e de passageiros; e

X - aviação civil e infraestruturas aeroportuária e de aeronáutica civil, em articulação, no que couber, com o Ministério da Defesa.

Parágrafo único. As competências atribuídas ao Ministério da Infraestrutura no *caput* compreendem:

I - a formulação, a coordenação e a supervisão das políticas nacionais;

II - a formulação e a supervisão da execução da política relativa ao Fundo da Marinha Mercante, destinado à renovação, à recuperação e à ampliação da frota mercante nacional, em articulação com o Ministério da Economia;

III - o estabelecimento de diretrizes para afretamento de embarcações estrangeiras por empresas brasileiras de navegação e para liberação do transporte de cargas prescritas;

IV - a elaboração de estudos e projeções relativos aos assuntos de aviação civil e de infraestruturas aeroportuária e aeronáutica civil e relativos à logística do transporte aéreo e do transporte intermodal e multimodal, ao longo de eixos e fluxos de produção, em articulação com os demais órgãos governamentais competentes, com atenção às exigências de mobilidade urbana e de acessibilidade;

V - declaração de utilidade pública, para fins de desapropriação, supressão vegetal ou instituição de servidão administrativa, dos bens necessários à construção, à manutenção e à expansão da infraestrutura em transportes, na forma prevista em legislação específica;

VI - a coordenação dos órgãos e das entidades do sistema de aviação civil, em articulação com o Ministério da Defesa, no que couber;

VII - a transferência para os Estados, o Distrito Federal ou os Municípios da implantação, da administração, da operação, da manutenção e da exploração da infraestrutura integrante do Sistema Federal de Viação, excluídos os órgãos, os serviços, as instalações e as demais estruturas necessárias à operação regular e segura da navegação aérea;

VIII - a atribuição da infraestrutura aeroportuária;

IX - a aprovação dos planos de zoneamento civil e militar dos aeródromos públicos de uso compartilhado, em conjunto com o Comando da Aeronáutica do Ministério da Defesa;

X - formulação de diretrizes para o desenvolvimento do setor de trânsito; e

XI - planejamento, regulação, normatização e gestão da aplicação de recursos em políticas de trânsito.

ART. 36. Integram a estrutura básica do Ministério da Infraestrutura:

I - o Conselho de Aviação Civil;

II - o Conselho Diretor do Fundo da Marinha Mercante;

III - a Comissão Nacional das Autoridades nos Portos;

IV - a Comissão Nacional de Autoridades Aeroportuárias;

V - o Conselho Nacional de Trânsito;

VI - o Instituto Nacional de Pesquisas Hidroviárias; e

VII - até quatro Secretarias.

Parágrafo único. Ao Conselho de Aviação Civil, presidido pelo Ministro de Estado da Infraestrutura, com composição e funcionamento estabelecidos em ato do Poder Executivo federal, compete estabelecer as diretrizes da política relativa ao setor de aviação civil.

Ministério da Justiça e Segurança Pública

ART. 37. Constitui área de competência do Ministério da Justiça e Segurança Pública:

I - defesa da ordem jurídica, dos direitos políticos e das garantias constitucionais;

II - política judiciária;

III - políticas sobre drogas, quanto a:

a) difusão de conhecimento sobre crimes, delitos e infrações relacionados às drogas lícitas e ilícitas; e

b) combate ao tráfico de drogas e crimes conexos, inclusive por meio da recuperação de ativos que financiem ou sejam resultado dessas atividades criminosas;

IV - defesa da ordem econômica nacional e dos direitos do consumidor;

V - nacionalidade, imigração e estrangeiros;

VI - registro sindical;

VII - ouvidoria-geral do consumidor e das polícias federais;

VIII - prevenção e combate à corrupção, à lavagem de dinheiro e ao financiamento ao terrorismo e cooperação jurídica internacional;

IX - coordenação de ações para combate a infrações penais em geral, com ênfase em corrupção, crime organizado e crimes violentos;

X - política nacional de arquivos;

XI - coordenação e promoção da integração da segurança pública no território nacional, em cooperação com os entes federativos;

XII - aquelas previstas no no § 1º do art. 144 da Constituição, por meio da Polícia Federal;

XIII - aquela prevista no § 2º do art. 144 da Constituição, por meio da Polícia Rodoviária Federal;

XIV - política de organização e manutenção da polícia civil, da polícia militar e do corpo de bombeiros militar do Distrito Federal, nos termos do disposto no inciso XIV do *caput* do art. 21 da Constituição;

XV - defesa dos bens e dos próprios da União e das entidades integrantes da administração pública federal indireta;

XVI - coordenação do Sistema Único de Segurança Pública;

XVII - planejamento, coordenação e administração da política penitenciária nacional;

XVIII - coordenação, em articulação com os órgãos e as entidades competentes da administração pública federal, a instituição de escola superior de altos estudos ou congêneres, ou de programas, enquanto não instalada a escola superior, em matérias de segurança pública, em instituição existente;

XIX - promoção da integração e da cooperação entre os órgãos federais, estaduais, distritais e municipais e articulação com os órgãos e as entidades de coordenação e supervisão das atividades de segurança pública;

XX - estímulo e propositura aos órgãos federais, estaduais, distritais e municipais de elaboração de planos e programas integrados de segurança pública, com o objetivo de prevenir e reprimir a violência e a criminalidade;

XXI - desenvolvimento de estratégia comum baseada em modelos de gestão e de tecnologia que permitam a integração e a interoperabilidade dos sistemas de tecnologia da informação dos entes federativos;

XXII - política de imigração laboral; e

XXIII - assistência ao Presidente da República em matérias não afetas a outro Ministério.

ART. 38. Integram a estrutura básica do Ministério da Justiça e Segurança Pública:

I - o Conselho Federal Gestor do Fundo de Defesa dos Direitos Difusos;

II - o Conselho Nacional de Combate à Pirataria e Delitos contra a Propriedade Intelectual;

III - o Conselho Nacional de Políticas sobre Drogas;

IV - o Conselho Nacional de Política Criminal e Penitenciária;

V - o Conselho Nacional de Segurança Pública;

VI - o Conselho Gestor do Fundo Nacional de Segurança Pública;

VII - o Conselho de Controle de Atividades Financeiras;

VIII - o Conselho Nacional de Imigração;

IX - o Conselho Nacional de Arquivos;

X - a Polícia Federal;

XI - a Polícia Rodoviária Federal;

XII - o Departamento Penitenciário Nacional;

XIII - o Arquivo Nacional; e

XIV - até seis Secretarias.

Ministério do Meio Ambiente

ART. 39. Constitui área de competência do Ministério do Meio Ambiente:

I - política nacional do meio ambiente;

II - política de preservação, conservação e utilização sustentável de ecossistemas, biodiversidade e florestas;

III - estratégias, mecanismos e instrumentos econômicos e sociais para a melhoria da qualidade ambiental e o uso sustentável dos recursos naturais;

IV - políticas para a integração do meio ambiente e a produção econômica;

V - políticas e programas ambientais para a Amazônia; e

VI - estratégias e instrumentos internacionais de promoção das políticas ambientais.

Parágrafo único. A competência do Ministério do Meio Ambiente sobre florestas públicas será exercida em articulação com o Ministério da Agricultura, Pecuária e Abastecimento.

ART. 40. Integram a estrutura básica do Ministério do Meio Ambiente:

I - o Conselho Nacional do Meio Ambiente;

II - o Conselho Nacional da Amazônia Legal;

III - o Conselho de Gestão do Patrimônio Genético;

IV - o Conselho Deliberativo do Fundo Nacional do Meio Ambiente;

V - a Comissão de Gestão de Florestas Públicas;

VI - a Comissão Nacional de Florestas; e

VII - até cinco Secretarias.

Ministério de Minas e Energia

ART. 41. Constitui área de competência do Ministério de Minas e Energia:

I - políticas nacionais de geologia, de exploração e de produção de recursos minerais e energéticos;

II - políticas nacionais de aproveitamento dos recursos hídricos, eólicos, fotovoltaicos e de demais fontes para fins de geração de energia elétrica;

III - política nacional de mineração e transformação mineral;

IV - diretrizes para o planejamento dos setores de minas e de energia;

V - política nacional do petróleo, do combustível, do biocombustível, do gás natural e de energia elétrica, inclusive nuclear;

VI - diretrizes para as políticas tarifárias;

VII - energização rural e agroenergia, inclusive eletrificação rural, quando custeada com recursos vinculados ao setor elétrico;

VIII - políticas nacionais de integração do sistema elétrico e de integração eletroenergética com outros países;

IX - políticas nacionais de sustentabilidade e de desenvolvimento econômico, social e ambiental dos recursos elétricos, energéticos e minerais;

X - elaboração e aprovação das outorgas relativas aos setores de minas e de energia;

XI - avaliação ambiental estratégica, quando couber, em conjunto com o Ministério do Meio Ambiente e com os demais órgãos relacionados;

XII - participação em negociações internacionais relativas aos setores de minas e de energia; e

XIII - fomento ao desenvolvimento e adoção de novas tecnologias relativas aos setores de minas e de energia.

Parágrafo único. Compete, ainda, ao Ministério de Minas e Energia zelar pelo equilíbrio conjuntural e estrutural entre a oferta e a demanda de energia elétrica no País.

ART. 42. Integram a estrutura básica do Ministério de Minas e Energia até cinco Secretarias.

Ministério da Mulher, da Família e dos Direitos Humanos

ART. 43. Constitui área de competência do Ministério da Mulher, da Família e dos Direitos Humanos:

I - políticas e diretrizes destinadas à promoção dos direitos humanos, incluídos:

a) direitos da mulher;

b) direitos da família;

c) direitos da criança e do adolescente;

d) direitos da juventude;

e) direitos do idoso;

f) direitos da pessoa com deficiência;

g) direitos da população negra;

h) direitos das minorias étnicas e sociais; e

i) direitos do índio, inclusive no acompanhamento das ações de saúde desenvolvidas em prol das comunidades indígenas, sem prejuízo das competências do Ministério da Agricultura, Pecuária e Abastecimento;

II - articulação de iniciativas e apoio a projetos destinados à proteção e à promoção dos direitos humanos, com respeitos aos fundamentos constitucionais do Estado de Direito;

III - exercício da função de ouvidoria nacional em assuntos relativos aos direitos humanos;

IV - políticas de promoção do reconhecimento e da valorização da dignidade da pessoa humana em sua integralidade; e

V - combate a todas as formas de violência, preconceito, discriminação e intolerância.

ART. 44. Integram a estrutura básica do Ministério da Mulher, da Família e dos Direitos Humanos:

I - Secretaria Nacional de Políticas para as Mulheres;

II - Secretaria Nacional da Família;

III - Secretaria Nacional dos Direitos da Criança e do Adolescente;

IV - Secretaria Nacional da Juventude;

V - Secretaria Nacional de Proteção Global;

VI - Secretaria Nacional de Políticas de Promoção da Igualdade Racial;

VII - Secretaria Nacional dos Direitos da Pessoa com Deficiência;

VIII - Secretaria Nacional de Promoção e Defesa dos Direitos da Pessoa Idosa;

IX - o Conselho Nacional de Promoção da Igualdade Racial;

X - o Conselho Nacional dos Direitos Humanos;

XI - o Conselho Nacional de Combate à Discriminação;

XII - o Conselho Nacional dos Direitos da Criança e do Adolescente;

XIII - o Conselho Nacional dos Direitos da Pessoa com Deficiência;

XIV - o Conselho Nacional dos Direitos da Pessoa Idosa;

XV - o Comitê Nacional de Prevenção e Combate à Tortura;

XVI - o Mecanismo Nacional de Prevenção e Combate à Tortura;

XVII - o Conselho Nacional dos Povos e Comunidades Tradicionais;

XVIII - o Conselho Nacional de Política Indigenista;

XIX - o Conselho Nacional dos Direitos da Mulher; e

XX - o Conselho Nacional da Juventude.

Ministério das Relações Exteriores

ART. 45. Constitui área de competência do Ministério das Relações Exteriores:

I - assistir direta e imediatamente o Presidente da República nas relações com Estados estrangeiros e organizações internacionais;

II - política internacional;

III - relações diplomáticas e serviços consulares;

IV - participação em negociações comerciais, econômicas, financeiras, técnicas e culturais com Estados estrangeiros e organizações internacionais, em articulação com os demais órgãos competentes;

V - programas de cooperação internacional;

VI - apoio a delegações, comitivas e representações brasileiras em agências e organismos internacionais e multilaterais;

VII - apoio ao Gabinete de Segurança Institucional da Presidência da República no planejamento e coordenação de deslocamentos presidenciais no exterior;

VIII - coordenação das atividades desenvolvidas pelas assessorias internacionais dos órgãos e das entidades da administração pública federal; e

IX - promoção do comércio exterior, de investimentos e da competitividade internacional do País, em coordenação com as políticas governamentais de comércio exterior, incluída a supervisão do Serviço Social Autônomo Agência de Promoção de Exportações do Brasil - Apex-Brasil e a presidência do Conselho Deliberativo da Apex-Brasil.

ART. 46. Integram a estrutura básica do Ministério das Relações Exteriores:

I - a Secretaria-Geral das Relações Exteriores, com até sete Secretarias;

II - o Instituto Rio Branco;

III - a Secretaria de Controle Interno;

IV - o Conselho de Política Externa;

V - as missões diplomáticas permanentes;

VI - as repartições consulares; e

VII - as unidades específicas no exterior.

§ 1º O Conselho de Política Externa será presidido pelo Ministro de Estado das Relações Exteriores e integrado pelo Secretário-Geral e pelos Secretários da Secretaria-Geral das Relações Exteriores e pelo Chefe de Gabinete do Ministro de Estado das Relações Exteriores.

§ 2º O Secretário-Geral das Relações Exteriores será nomeado pelo Presidente da República e deverá ser escolhido dentre os Ministros de Primeira Classe da Carreira de Diplomata.

§ 3º Os servidores do Ministério das Relações Exteriores, inclusive os integrantes do Serviço Exterior Brasileiro, poderão ser cedidos, com ônus para o cessionário, para ter exercício nos cargos de direção, gerência, assessoria e supervisão da Apex-Brasil.

§ 4º Na hipótese da cessão de que trata o § 3º:

I - será mantida a remuneração do cargo efetivo, acrescida de sessenta por cento do cargo ou função na Apex-Brasil, respeitado o teto remuneratório da administração pública federal, e o período será considerado como de efetivo exercício no órgão cedente; ou

II - não será mantida a remuneração do cargo efetivo e a remuneração não estará sujeita a teto remuneratório da administração pública federal, e o período não será considerado como de efetivo exercício no órgão cedente.

Ministério da Saúde

ART. 47. Constitui área de competência do Ministério da Saúde:

I - política nacional de saúde;

II - coordenação e fiscalização do Sistema Único de Saúde;

III - saúde ambiental e ações de promoção, proteção e recuperação da saúde individual e coletiva, inclusive a dos trabalhadores e a dos índios;

IV - informações de saúde;

V - insumos críticos para a saúde;

VI - ação preventiva em geral, vigilância e controle sanitário de fronteiras e de portos marítimos, fluviais, lacustres e aéreos;

VII - vigilância de saúde, especialmente quanto a drogas, medicamentos e alimentos; e

VIII - pesquisa científica e tecnologia na área de saúde.

ART. 48. Integram a estrutura básica do Ministério da Saúde:

I - o Conselho Nacional de Saúde;

II - a Comissão Nacional de Incorporação de Tecnologias no Sistema Único de Saúde;

III - o Conselho Nacional de Saúde Suplementar; e

IV - até seis Secretarias.

Ministério do Turismo

ART. 49. Constitui área de competência do Ministério do Turismo:

I - política nacional de desenvolvimento do turismo;

II - promoção e divulgação do turismo nacional, no País e no exterior;

III - estímulo às iniciativas públicas e privadas de incentivo às atividades turísticas;

IV - planejamento, coordenação, supervisão e avaliação dos planos e dos programas de incentivo ao turismo;

V - criação de diretrizes para a integração das ações e dos programas para o desenvolvimento do turismo nacional entre os Governos federal, estaduais, distrital e municipais;

VI - formulação, em coordenação com os demais Ministérios, de políticas e ações integradas destinadas à melhoria da infraestrutura e à geração de emprego e renda nos destinos turísticos;

VII - gestão do Fundo Geral de Turismo - Fungetur; e

VIII - regulação, fiscalização e estímulo à formalização, à certificação e à classificação das atividades, dos empreendimentos e dos equipamentos dos prestadores de serviços turísticos.

ART. 50. Integram a estrutura básica do Ministério do Turismo:

I - o Conselho Nacional de Turismo; e

II - até três Secretarias.

Controladoria-Geral da União

ART. 51. Constitui área de competência da Controladoria-Geral da União:

I - providências necessárias à defesa do patrimônio público, ao controle interno, à auditoria pública, à correição, à prevenção e ao combate à corrupção, às atividades de ouvidoria e ao incremento da transparência da gestão no âmbito da administração pública federal;

II - decisão preliminar acerca de representações ou denúncias fundamentadas que receber, com indicação das providências cabíveis;

III - instauração de procedimentos e processos administrativos a seu cargo, constituindo comissões, e requisição de instauração daqueles injustificadamente retardados pela autoridade responsável;

IV - acompanhamento de procedimentos e processos administrativos em curso em órgãos ou entidades da administração pública federal;

V - realização de inspeções e avocação de procedimentos e processos em curso na administração pública federal, para exame de sua regularidade, e proposição de providências ou correção de falhas;

VI - efetivação ou promoção da declaração da nulidade de procedimento ou processo administrativo, em curso ou já julgado por qualquer autoridade do Poder Executivo federal, e, se for o caso, da apuração imediata e regular dos fatos envolvidos nos autos e na nulidade declarada;

VII - requisição de dados, informações e documentos relativos a procedimentos e processos administrativos já arquivados por autoridade da administração pública federal;

VIII - requisição a órgão ou entidade da administração pública federal de informações e documentos necessários a seus trabalhos ou suas atividades;

IX - requisição a órgãos ou entidades da administração pública federal de servidores ou empregados necessários à constituição de comissões, incluídas as que são objeto do disposto no inciso III, e de qualquer servidor ou empregado indispensável à instrução de processo ou procedimento;

X - proposição de medidas legislativas ou administrativas e sugestão de ações para evitar a repetição de irregularidades constatadas;

XI - recebimento de reclamações relativas à prestação de serviços públicos em geral e à apuração do exercício negligente de cargo, emprego ou função na administração pública federal, quando não houver disposição legal que atribua competências específicas a outros órgãos;

XII - coordenação e gestão do Sistema de Controle Interno do Poder Executivo Federal; e

XIII - execução das atividades de controladoria no âmbito do administração pública federal.

§ 1º À Controladoria-Geral da União, no exercício de suas competências, compete dar andamento às representações ou às denúncias fundamentadas que receber, relativas a lesão ou ameaça de lesão ao patrimônio público e velar por seu integral deslinde.

§ 2º À Controladoria-Geral da União, sempre que constatar omissão da autoridade competente, cumpre requisitar a instauração de sindicância, procedimentos e processos administrativos e avocar aqueles já em curso perante órgão ou entidade da administração pública federal, com vistas à correção do andamento, inclusive por meio da aplicação da penalidade administrativa cabível.

§ 3º À Controladoria-Geral da União, na hipótese a que se refere o § 2º, compete instaurar sindicância ou processo administrativo ou, conforme o caso, representar à autoridade competente para apurar a omissão das autoridades responsáveis.

§ 4º A Controladoria-Geral da União encaminhará à Advocacia-Geral da União os casos que configurarem improbidade administrativa e aqueles que recomendarem a indisponibilidade de bens, o ressarcimento ao erário e outras providências a cargo da Advocacia-Geral da União e provocará, sempre que necessário, a atuação do Tribunal de Contas da União, da Secretaria Especial da Receita Federal do Brasil do Ministério da Economia, dos órgãos do Sistema de Controle Interno do Poder Executivo Federal e, quando houver indícios de responsabilidade penal, da Polícia Federal do Ministério da Justiça e Segurança Pública e do Ministério Público, inclusive quanto a representações ou denúncias manifestamente caluniosas.

§ 5º Os procedimentos e os processos administrativos de instauração e avocação facultados à Controladoria-Geral da União incluem aqueles de que tratam o Título V da Lei n. 8.112, de 11 de dezembro de 1990, o Capítulo V da Lei n. 8.429, de 2 de junho de 1992, e o Capítulo IV da Lei n. 12.846, de 1º de agosto de 2013, e outros a serem desenvolvidos ou já em curso em órgão ou entidade da administração pública federal, desde que relacionados à lesão ou à ameaça de lesão ao patrimônio público.

§ 6º Os titulares dos órgãos do Sistema de Controle Interno do Poder Executivo Federal cientificarão o Ministro de Estado da Controladoria-Geral da União acerca de irregularidades que, registradas em seus relatórios, tratem de atos ou fatos atribuíveis a agentes da administração pública federal e das quais haja resultado ou possa resultar prejuízo ao erário de valor superior ao limite fixado pelo Tribunal de Contas da União para efeito da tomada de contas especial elaborada de forma simplificada.

§ 7º Para fins do disposto no § 6º, os órgãos e as entidades da administração pública federal ficam obrigados a atender, no prazo indicado, às requisições e solicitações do Ministro de Estado da Controladoria-Geral da União e a comunicar-lhe a instauração de sindicância ou processo administrativo e o seu resultado.

§ 8º As Gratificações de Representação da Presidência da República alocadas na Controladoria-Geral da União em 3 de novembro de 2017 retornarão automaticamente à Presidência da República:

I - na data de publicação desta Medida Provisória, se desocupadas; ou

II - quando ocorrer o fim do exercício dos servidores e militares designados para ocupá-las.

§ 9º Compete à Secretaria de Controle Interno da Secretaria-Geral da Presidência da República atuar como órgão de controle interno da Controladoria-Geral da União no que diz respeito à sua auditoria.

ART. 52. Ao Ministro de Estado da Controladoria-Geral da União, no exercício da sua competência, incumbe, especialmente:

I - decidir, preliminarmente, sobre representações ou denúncias fundamentadas que receber, com indicação das providências cabíveis;

II - instaurar procedimentos e processos administrativos a seu cargo, constituir comissões, e requisitar a instauração daqueles que venham sendo injustificadamente retardados pela autoridade responsável;

III - acompanhar procedimentos e processos administrativos em curso em órgãos ou entidades da administração pública federal;

IV - realizar inspeções e avocar procedimentos e processos em curso na administração pública federal, para exame de sua regularidade, e propor a adoção de providências ou a correção de falhas;

V - efetivar ou promover a declaração da nulidade de procedimento ou processo administrativo e, se for o caso, a apuração imediata e regular dos fatos mencionados nos autos e na nulidade declarada;

VI - requisitar procedimentos e processos administrativos julgados há menos de cinco anos ou já arquivados, no âmbito da administração pública federal, para reexame e, se necessário, proferir nova decisão;

VII - requisitar a órgão ou entidade da administração pública federal ou, quando for o caso, propor ao Presidente da República, que sejam solicitados as informações e os documentos necessários às atividades da Controladoria-Geral da União;

VIII - requisitar aos órgãos e às entidades federais servidores e empregados necessários à constituição das comissões referidas no inciso II e de outras análogas e qualquer servidor ou empregado indispensável à instrução do processo;

IX - propor medidas legislativas ou administrativas e sugerir ações que visem a evitar a repetição de irregularidades constatadas; e

X - receber as reclamações relativas à prestação de serviços públicos em geral e promover a apuração de exercício negligente de cargo, emprego ou função na administração pública federal, quando não houver disposição legal que atribua a competência a outros órgãos.

ART. 53. Integram a estrutura básica da Controladoria-Geral da União:

I - o Conselho de Transparência Pública e Combate à Corrupção;

II - a Comissão de Coordenação de Controle Interno;

III - a Corregedoria-Geral da União;

IV - a Ouvidoria-Geral da União; e

V - a Secretaria Federal de Controle Interno; e

VI - uma Secretaria.

Parágrafo único. O Conselho de Transparência Pública e Combate à Corrupção será presidido pelo Ministro de Estado da Controladoria-Geral da União e composto, paritariamente, por representantes da sociedade civil organizada e representantes do Governo federal.

Da ação conjunta entre órgãos da administração pública

ART. 54. Nas hipóteses de calamidade pública ou de necessidade de especial atendimento à população, o Presidente da República poderá dispor sobre a ação articulada entre órgãos, inclusive de diferentes níveis da administração pública.

Unidades comuns à estrutura básica dos Ministérios

ART. 55. Haverá, na estrutura básica de cada Ministério:

I - Secretaria-Executiva, exceto nos Ministérios da Defesa e das Relações Exteriores;

II - Gabinete do Ministro; e

III - Consultoria Jurídica, exceto no Ministério da Economia.

§ 1º Caberá ao Secretário-Executivo, titular do órgão a que se refere o inciso I do *caput*, exercer a supervisão e a coordenação das Secretarias integrantes da estrutura do Ministério.

§ 2º Para a transferência das atribuições de consultoria e assessoramento das Consultorias Jurídicas do Ministério do Planejamento, Desenvolvimento e Gestão, do Ministério da Indústria, Comércio Exterior e Serviços e do Ministério do Trabalho para a Procuradoria-Geral da Fazenda Nacional, ato conjunto do Ministro de Estado da Economia e do Advogado-Geral da União poderá fixar o exercício provisório ou a prestação de colaboração temporária, independentemente da ocupação de cargo em comissão ou de função de confiança, de membros da Advocacia-Geral da União na Procuradoria-Geral da Fazenda Nacional, pelo prazo, prorrogável, de doze meses.

§ 3º Para a transferência gradativa das atividades consultivas à Procuradoria-Geral da Fazenda Nacional relacionadas a órgãos assessorados integrantes da estrutura do Ministério da Economia localizados nos Estados, o Procurador-Geral da Fazenda Nacional e o Consultor-Geral da União poderão disciplinar, em ato conjunto, a delegação temporária de atribuições aos órgãos de execução da Consultoria-Geral da União e a forma como se dará a transferência.

§ 4º Poderá haver, na estrutura básica de cada Ministério, vinculado à Secretaria-Executiva, órgão responsável pelas atividades de administração de pessoal, de material, patrimonial, de serviços gerais, de orçamento e finanças, de contabilidade e de tecnologia da informação e informática.

Transformação de cargos

ART. 56. Para fins da composição dos órgãos da Presidência da República e dos Ministérios de que trata esta Medida Provisória, a transformação dos cargos será realizada da seguinte forma:

I - os cargos que serão transformados são os seguintes:

a) Ministro de Estado das Cidades;

b) Ministro de Estado da Cultura;

c) Ministro de Estado do Desenvolvimento Social;

d) Ministro de Estado dos Direitos Humanos;

e) Ministro de Estado do Esporte;

f) Ministro de Estado da Fazenda;

g) Ministro de Estado da Indústria, Comércio Exterior e Serviços;

h) Ministro de Estado da Integração Nacional;

i) Ministro de Estado da Justiça;

j) Ministro de Estado do Planejamento, Desenvolvimento e Gestão;

k) Ministro de Estado do Trabalho;

l) Ministro de Estado dos Transportes, Portos e Aviação Civil;

m) Ministro de Estado da Transparência e Controladoria-Geral da União;

n) Ministro de Estado da Segurança Pública;

o) cargo de Natureza Especial de Secretário-Executivo do Ministério do Desenvolvimento Social;

p) cargo de Natureza Especial de Secretário-Executivo do Ministério dos Direitos Humanos;

q) cargo de Natureza Especial de Secretário-Executivo do Ministério da Fazenda;

r) cargo de Natureza Especial de Secretário-Executivo do Ministério da Integração Nacional;

s) cargo de Natureza Especial de Secretário-Executivo do Ministério dos Transportes, Portos e Aviação Civil;

t) cargo de Natureza Especial de Secretário-Executivo do Ministério da Transparência e Controladoria-Geral da União;

u) cargo de Natureza Especial de Secretário-Executivo do Ministério da Justiça;

v) cargo de Natureza Especial de Secretário Especial de Agricultura Familiar e do Desenvolvimento Agrário da Casa Civil da Presidência da República;

w) cargo de Natureza Especial de Secretário da Receita Federal do Brasil do Ministério da Fazenda;

x) cargo de Natureza Especial de Subchefe de Assuntos Parlamentares da Secretaria de Governo da Presidência da República;

y) cargo de Natureza Especial de Subchefe de Assuntos Federativos da Secretaria de Governo da Presidência da República;

z) cargo de Natureza Especial de Secretário Especial de Comunicação Social da Secretaria-Geral da Presidência da República;

aa) cargo de Natureza Especial de Secretário Especial do Programa de Parcerias de Investimentos da Secretaria-Geral da Presidência da República;

ab) cargo de Natureza Especial de Secretário-Executivo do Ministério do Esporte;

ac) cargo de Natureza Especial de Secretário-Executivo do Ministério da Cultura;

ad) cargo de Natureza Especial de Secretário-Executivo do Ministério da Segurança Pública;

ae) cargo de Natureza Especial de Secretário-Executivo do Ministério das Cidades;

af) cargo de Natureza Especial de Secretário-Executivo do Ministério da Indústria, Comércio Exterior e Serviços;

ag) cargo de Natureza Especial de Secretário Especial da Micro e Pequena Empresa do Ministério da Indústria, Comércio Exterior e Serviços;

ah) de Natureza Especial de Secretário-Executivo do Ministério do Planejamento, Desenvolvimento e Gestão;

ai) de Natureza Especial de Secretário-Executivo do Ministério do Trabalho; e

aj) cargo de Natureza Especial de Subchefe de Análise e Acompanhamento de Políticas Governamentais da Casa Civil da Presidência da República; e

II - os cargos criados em decorrência da transformação dos cargos a que se refere o inciso I são os seguintes:

a) Ministro de Estado da Cidadania;

b) Ministro de Estado do Desenvolvimento Regional;

c) Ministro de Estado da Economia;

d) Ministro de Estado da Infraestrutura;

e) Ministro de Estado da Justiça e Segurança Pública;

f) Ministro de Estado da Mulher, da Família e dos Direitos Humanos;

g) Ministro de Estado da Controladoria-Geral da União;

h) cargo de Natureza Especial de Chefe de Gabinete da Vice-Presidência da República;

i) cargo de Natureza Especial de Secretário-Executivo do Ministério da Cidadania;

j) cargo de Natureza Especial de Secretário Especial do Esporte do Ministério da Cidadania;

k) cargo de Natureza Especial de Secretário Especial da Cultura do Ministério da Cidadania;

l) cargo de Natureza Especial de Secretário Especial do Desenvolvimento Social do Ministério da Cidadania;

m) cargo de Natureza Especial de Secretário-Executivo do Ministério do Desenvolvimento Regional;

n) cargo de Natureza Especial de Secretário-Executivo do Ministério da Economia;

o) cargo de Natureza Especial de Chefe de Assessoria Especial da Assessoria Especial de Assuntos Estratégicos do Ministério da Economia;

p) cargo de Natureza Especial de Secretário Especial de Fazenda do Ministério da Economia;

q) de Natureza Especial de Secretário Especial de Desestatização e Desinvestimento do Ministério da Economia;

r) cargo de Natureza Especial de Secretário Especial de Comércio Exterior e Assuntos Internacionais do Ministério da Economia;

s) cargo de Natureza Especial de Secretário Especial de Produtividade, Emprego e Competitividade do Ministério da Economia;

t) cargo de Natureza Especial de Secretário Especial de Desburocratização, Gestão e Governo Digital do Ministério da Economia;

u) cargo de Natureza Especial de Secretário Especial de Previdência e Trabalho do Ministério da Economia;

v) cargo de Natureza Especial de Secretário Especial da Receita Federal do Brasil do Ministério da Economia;

w) cargo de Natureza Especial de Secretário-Executivo do Ministério da Infraestrutura;

x) cargo de Natureza Especial de Secretário-Executivo do Ministério da Justiça e Segurança Pública;

y) cargo de Natureza Especial de Secretário-Executivo do Ministério da Mulher, da Família e dos Direitos Humanos;

z) cargo de Natureza Especial de Secretário-Executivo da Controladoria-Geral da União;

aa) cargo de Natureza Especial de Subchefe de Assuntos Parlamentares da Casa Civil da Presidência da República;

ab) cargo de Natureza Especial de Secretário Especial de Relações Governamentais da Casa Civil da Presidência da República;

ac) cargo de Natureza Especial de Secretário Especial para o Senado Federal da Casa Civil da Presidência da República;

ad) cargo de Natureza Especial de Secretário Especial para a Câmara dos Deputados da Casa Civil da Presidência da República;

ae) cargo de Natureza Especial de Secretário Especial de Assuntos Federativos da Secretaria de Governo da Presidência da República;

af) cargo de Natureza Especial de Secretário Especial de Comunicação Social da Secretaria de Governo da Presidência da República;

ag) cargo de Natureza Especial de Secretário Especial do Programa de Parcerias de Investimentos da Secretaria de Governo da Presidência da República;

ah) cargo de Natureza Especial de Secretário Especial de Relações Institucionais da Secretaria de Governo da Presidência da República;

ai) cargo de Natureza Especial de Secretário Especial de Articulação Social da Secretaria de Governo da Presidência da República;

aj) cargo de Natureza Especial de Secretário Especial de Modernização do Estado da Secretaria-Geral da Presidência da República;

ak) cargo de Natureza Especial de Secretário Especial de Assuntos Fundiários do Ministério da Agricultura, Pecuária e Abastecimento; e

al) cargo de Natureza Especial de Subchefe de Ação Governamental da Casa Civil da Presidência da República.

Transformação de órgãos

ART. 57. Ficam transformados:

I - o Ministério da Fazenda, o Ministério do Planejamento, Desenvolvimento e Gestão, o Ministério da Indústria, Comércio Exterior e Serviços e o Ministério do Trabalho no Ministério da Economia;

II - o Ministério do Desenvolvimento Social, o Ministério da Cultura e o Ministério do Esporte no Ministério da Cidadania;

III - o Ministério dos Direitos Humanos no Ministério da Mulher, da Família e dos Direitos Humanos;

IV - o Ministério da Integração Nacional e o Ministério das Cidades no Ministério do Desenvolvimento Regional;

V - o Ministério da Justiça e o Ministério da Segurança Pública no Ministério da Justiça e Segurança Pública;

VI - o Ministério dos Transportes, Portos e Aviação Civil no Ministério da Infraestrutura;

VII - o Ministério da Transparência e Controladoria-Geral da União na Controladoria-Geral da União;

VIII - a Subchefia de Assuntos Parlamentares da Secretaria de Governo da Presidência da República na Subchefia de Assuntos Parlamentares da Casa Civil da Presidência da República;

IX - a Secretaria Especial de Comunicação Social da Secretaria-Geral da Presidência da República na Secretaria Especial de Comunicação Social da Secretaria de Governo da Presidência da República;

X - a Secretaria Especial do Programa de Parcerias de Investimentos da Secretaria-Geral da Presidência da República na Secretaria Especial do Programa de Parcerias de Investimentos da Secretaria de Governo da Presidência da República;

XI - a Secretaria da Receita Federal do Brasil do Ministério da Fazenda na Secretaria Especial da Receita Federal do Brasil do Ministério da Economia; e

XII - o Conselho das Cidades em Conselho Nacional de Desenvolvimento Urbano.

Extinção de órgãos

ART. 58. Ficam extintas:

I - a Secretaria Especial de Agricultura Familiar e do Desenvolvimento Agrário da Casa Civil da Presidência da República;

II - a Secretaria Especial da Aquicultura e da Pesca da Secretaria-Geral da Presidência da República; e

III - a Secretaria Especial da Micro e Pequena Empresa do Ministério da Indústria, Comércio Exterior e Serviços.

Criação de órgãos

ART. 59. Ficam criadas:

I - no âmbito da Casa Civil da Presidência da República:

a) a Secretaria Especial de Relações Governamentais;

b) a Secretaria Especial para a Câmara dos Deputados; e

c) a Secretaria Especial para o Senado Federal;

II - no âmbito da Secretaria-Geral da Presidência da República: a Secretaria Especial de Modernização do Estado;

III - no âmbito da Secretaria de Governo da Presidência da República:

a) a Secretaria Especial de Articulação Social;

b) a Secretaria Especial de Relações Institucionais; e

c) a Secretaria Especial de Assuntos Federativos;

IV - no âmbito do Ministério da Agricultura, Pecuária e Abastecimento: a Secretaria Especial de Assuntos Fundiários;

V - no âmbito do Ministério da Cidadania:

a) a Secretaria Especial do Desenvolvimento Social;

b) a Secretaria Especial do Esporte; e

c) a Secretaria Especial de Cultura; e

VI - no âmbito do Ministério da Economia:

a) a Assessoria Especial de Assuntos Estratégicos;

b) a Secretaria Especial de Fazenda;

c) a Secretaria Especial de Previdência e Trabalho;

d) a Secretaria Especial de Comércio Exterior e Assuntos Internacionais;

e) a Secretaria Especial de Desestatização e Desinvestimento;

f) a Secretaria Especial de Produtividade, Emprego e Competitividade; e

g) a Secretaria Especial de Desburocratização, Gestão e Governo Digital.

Requisições de servidores públicos

ART. 60. É aplicável o disposto no art. 2º da Lei n. 9.007, de 17 de março de 1995, aos servidores, aos militares e aos empregados requisitados:

I - para a Controladoria-Geral da União;

II - para o Conselho de Controle de Atividades Financeiras;

III - para o Instituto Nacional de Tecnologia da Informação até 1º de julho de 2019, sem prejuízo das requisições realizadas nos termos do disposto no § 1º e no § 2º do art. 16 da Medida Provisória n. 2.200-2, de 24 de agosto de 2001; e

IV - para o Ministério da Justiça e Segurança Pública e para o Ministério da Mulher, da Família e dos Direitos Humanos até 31 de dezembro de 2020.

§ 1º Os servidores, os militares e os empregados de que trata o *caput* designados para o exercício de Gratificações de Representação da Presidência da República e, no caso de militares, de Gratificação de Exercício em Cargo de Confiança destinada aos órgãos da Presidência da República, até a data de entrada em vigor desta Medida Provisória, poderão percebê-las enquanto permanecerem em exercício no Ministério da Mulher, da Família e dos Direitos Humanos.

§ 2º As Gratificações de Representação da Presidência da República e as Gratificações de Exercício em Cargo de Confiança destinada aos órgãos da Presidência da República de que trata o § 1º retornarão automaticamente à Presidência da República quando ocorrer o fim do exercício dos servidores e militares para elas designados.

Cessões para o serviço social autônomo

ART. 61. O servidores da administração pública federal, direta e indireta, poderão ser cedidos para o exercício de cargo em comissão em serviços sociais autônomos supervisionados pelo Poder Executivo federal por meio de contrato de gestão.

Parágrafo único. A cessão de que trata o *caput*:

I - será com ônus para o órgão cessionário;

II - não será considerada como tempo de efetivo exercício para fins de progressão e promoção;

III - não permitirá opção pela remuneração do cargo efetivo; e

IV - poderá ser realizada ainda que haja disposição em contrário em lei especial.

Alterações no Programa de Parcerias de Investimentos da Secretaria de Governo da Presidência da República

ART. 62. A Lei n. 13.334, de 2016, passa a vigorar com as seguintes alterações:

"Art. 7º [...]

§ 1º [...]

I - o Ministro de Estado Chefe da Secretaria de Governo da Presidência da República;

[...]

III - o Ministro de Estado da Economia;

IV - o Ministro de Estado da Infraestrutura;

[...]

§ 5º Compete ao Secretário Especial do Programa de Parcerias de Investimentos da Secretaria de Governo da Presidência da República atuar como Secretário-Executivo do Conselho do Programa de Parcerias de Investimentos da Presidência da República." (NR)

"Art. 8º Ao Secretário Especial do Programa de Parcerias de Investimentos da Secretaria de Governo da Presidência da República compete:

[...]" (NR)

Alterações no Conselho Monetário Nacional do Ministério da Economia

ART. 63. A Lei n. 9.069, de 29 de junho de 1995, passa a vigorar com as seguintes alterações:

› Alterações promovidas no texto da referida lei.

Cargos na Secretaria Especial da Receita Federal do Brasil do Ministério da Economia

ART. 64. A Lei n. 11.457, de 16 de março de 2007, passa a vigorar com as seguintes alterações:

"Art. 14. Fica o Poder Executivo federal autorizado a proceder à transformação, sem aumento de despesa, dos cargos em comissão e das funções de confiança existentes na Secretaria Especial da Receita Federal do Brasil do Ministério da Economia.

Parágrafo único. Sem prejuízo das situações em curso, os cargos em comissão e as funções de confiança a que se refere o *caput*, com exceção daqueles destinados ao assessoramento direto e ao gabinete do Secretário Especial da Receita Federal do Brasil, são privativos de servidores:

I - ocupantes de cargos efetivos da Secretaria Especial da Receita Federal do Brasil do Ministério da Economia ou que tenham obtido aposentadoria nessa condição, hipótese esta restrita à ocupação de cargo em comissão; e

[...]." (NR)

Alterações na Escola Nacional de Administração Pública

ART. 65. A Escola de Administração Fazendária do Ministério da Fazenda fica incorporada à Escola Nacional de Administração Pública - Enap do Ministério da Economia.

Alterações na Agência Nacional de Águas

ART. 66. A Lei n. 9.984, de 17 de julho de 2000, passa a vigorar com as seguintes alterações:

› Alterações promovidas no texto da referida lei.

Alterações no Conselho Nacional de Recursos Hídricos

ART. 67 A Lei n. 9.433, de 8 de janeiro de 1997, passa a vigorar com as seguintes alterações:

› Alterações promovidas no texto da referida lei.

Distribuição de compensação financeira

ART. 68. A Lei n. 8.001, de 13 de março de 1990, passa a vigorar com as seguintes alterações:

"Art. 1º [...]

III - três por cento ao Ministério do Desenvolvimento Regional;

[...]

§ 4º A cota destinada ao Ministério do Desenvolvimento Regional será empregada na implementação da Política Nacional de Recursos Hídricos e do Sistema Nacional de Gerenciamento de Recurso Hídricos e na gestão da rede hidrometereológica nacional.

[...]" (NR)

Competência do Instituto Nacional de Colonização e Reforma Agrária

ART. 69. A Lei n. 11.952, de 25 de junho de 2009, passa a vigorar com as seguintes alterações:

› Alterações promovidas no texto da referida lei.

Comissão de Anistia

ART. 70. A Lei n. 10.599, de 13 de novembro de 2002, passa a vigorar com as seguintes alterações:

"Art. 10. Caberá ao Ministro de Estado da Mulher, da Família e dos Direitos Humanos decidir a respeito dos requerimentos fundados no disposto nesta Lei." (NR)

"Art. 12. Fica criada, no âmbito do Ministério da Mulher, da Família e dos Direitos Humanos, a Comissão de Anistia, com a finalidade de examinar os requerimentos referidos no art. 10 e assessorar o Ministro de Estado em suas decisões.

§ 1º Os membros da Comissão de Anistia serão designados em Portaria do Ministro de Estado da Mulher, da Família e dos Direitos Humanos e dela participarão, entre outros, um representante do Ministério da Defesa, indicado pelo respectivo Ministro de Estado, e um representante dos anistiados.

§ 2º O representante dos anistiados será indicado pelas respectivas associações e designado conforme procedimento estabelecido pelo Ministro de Estado da Mulher, da Família e dos Direitos Humanos.

[...]

§ 4º As requisições e decisões proferidas pelo Ministro de Estado da Mulher, da Família e dos Direitos Humanos nos processos de anistia política serão obrigatoriamente cumpridas no prazo de sessenta dias, por todos os órgãos da administração pública e quaisquer outras entidades a que estejam dirigidas, ressalvada a disponibilidade orçamentária.

[...]" (NR)

Organização do Serviço Exterior Brasileiro

ART. 71. A Lei n. 11.440, de 29 de dezembro de 2006, passa a vigorar com as seguintes alterações:

"Art. 1º O Serviço Exterior Brasileiro, essencial à execução da política exterior da República Federativa do Brasil, constitui-se do corpo de servidores, ocupantes de cargos de provimento efetivo, capacitados profissionalmente como agentes do Ministério das Relações Exteriores, no País e no exterior, organizados em carreiras definidas e hierarquizadas, ressalvadas as nomeações para cargos em comissão e funções de chefia, incluídas as atribuições correspondentes, nos termos do disposto em ato do Poder Executivo.

[...]." (NR)

Alterações no Conselho de Controle de Atividades Financeiras do Ministério da Justiça e Segurança Pública

ART. 72. A Lei n. 9.613, de 3 de março de 1998, passa a vigorar com as seguintes alterações:

"Art. 14. Fica criado, no âmbito do Ministério da Justiça e Segurança Pública, o Conselho de Controle de Atividades Financeiras - COAF, com a finalidade de disciplinar, aplicar penas administrativas, receber, examinar e identificar as ocorrências suspeitas de atividades ilícitas previstas nesta Lei, sem prejuízo da competência de outros órgãos e entidades.

[...]." (NR)

"Art. 16. O COAF será composto por servidores públicos de reputação ilibada e reconhecida competência, designados em ato do Ministro de Estado da Justiça e Segurança Pública, dentre os integrantes do quadro de pessoal efetivo do Banco Central do Brasil, da Comissão de Valores Mobiliários, da Superintendência de Seguros Privados do Ministério da Economia, da Procuradoria-Geral da Fazenda Nacional do Ministério da Economia, da Secretaria Especial da Receita Federal do Brasil do Ministério da Economia, da Agência Brasileira de Inteligência do Gabinete de Segurança Institucional da Presidência da República, do Ministério das Relações Exteriores, do Ministério da Justiça e Segurança Pública, da Polícia Federal do Ministério da Justiça e Segurança Pública, da Superintendência Nacional de Previdência Complementar do Ministério da Economia e da Controladoria-Geral da União, indicados pelos respectivos Ministros de Estado.

§ 1º O Presidente do COAF será indicado pelo Ministro de Estado da Justiça e Segurança Pública e nomeado pelo Presidente da República.

[...]." (NR)

Alterações na cooperação federativa no âmbito da segurança pública

ART. 73. A Lei n. 11.473, de 10 de maio de 20017, passa a vigorar com as seguintes alterações:

▸ Alterações promovidas no texto da referida lei.

Funções Comissionadas do Poder Executivo - FCPE

ART. 74. A Lei n. 13.346, de 10 de outubro de 2016, passa a vigorar com as seguintes alterações:

"Art. 2º [...]

§ 3º O servidor designado para ocupar FCPE receberá a remuneração do cargo efetivo acrescida do valor da função para a qual foi designado.

[...]

§ 6º Poderão ser criadas FCPE de níveis 5 e 6 por meio de substituição de DAS de mesmo nível, sem aumento de despesa, na proporção de um para um." (NR)

"Art. 3º As FCPE equiparam-se, para todos os efeitos legais e regulamentares, aos cargos em comissão do Grupo-DAS de mesmo nível.

§ 1º O valor das FCPE será o correspondente a sessenta por cento do valor dos cargos em comissão do Grupo-DAS de mesmo nível.

§ 2º Para o ocupantes de FCPE de nível 4 ou superior, o valor mensal do auxílio-moradia a que se referem o inciso IV do *caput* do art. 51 e os art. 60-A ao art. 60-E da Lei n. 8.112, de 11 de dezembro de 1990, será calculado tomando por base a remuneração do cargo em comissão DAS de mesmo nível."(NR)

Gratificações de Exercício de Cargo de Confiança Devida a Militares

ART. 75. Ficam transformadas, sem aumento de despesa, Funções Comissionadas Técnicas - FCT, de que trata a Medida Provisória n. 2.229-43, de 6 de setembro de 2001, sendo vinte e nove de nível FCT - 15 e uma de nível FCT - 4, nas seguintes Gratificações de Exercício de Cargo de Confiança Devida a Militares - RMP:

I - quatro Gratificações do Grupo 0003 (c);

II - três Gratificações do Grupo 0004 (d); e

III - sete Gratificações do Grupo 0005 (e).

Transferência de competências

ART. 76. As competências e as atribuições estabelecidas em lei para os órgãos e a entidade extintos ou transformados por esta Medida Provisória, assim como para os seus agentes públicos, ficam transferidas para os órgãos, as entidades e os agentes públicos que receberem essas atribuições.

Transferência do acervo patrimonial

ART. 77. Ficam transferidos e incorporados aos órgãos e às entidades que absorverem as competências, os direitos, os créditos e as obrigações decorrentes de lei, os atos administrativos ou os contratos, inclusive as receitas e as despesas, e o acervo documental e patrimonial dos órgãos e da entidade extintos ou transformados por esta Medida Provisória.

Parágrafo único. O disposto no art. 54 da Lei n. 13.707, de 14 de agosto de 2018, aplica-se às dotações orçamentárias dos órgãos e das entidades de que trata o *caput*.

Redistribuição de pessoal

ART. 78. Os servidores e os militares em atividade nos órgãos e na entidade extintos ou transformados por esta Medida Provisória ficam transferidos aos órgãos e às entidades que absorveram as competências e as unidade administrativas.

§ 1º A transferência de pessoal a que se refere o *caput* não implicará alteração remuneratória e não poderá ser obstada a pretexto de limitação de exercício em outro órgão ou entidade por força de lei especial.

§ 2º Não haverá novo ato de cessão, requisição ou movimentação de pessoal por força das alterações realizadas por esta Medida Provisória.

§ 3º O disposto neste artigo aplica-se a:

I - servidores efetivos lotados no órgão ou na entidade;

II - servidores efetivos cedidos, requisitados, movimentados, em exercício temporário ou em exercício descentralizado;

III - pessoal temporário;

IV - empregados público; e

V - militares postos à disposição ou cedidos para a União.

§ 4º A gestão da folha de pagamento de pessoal, inclusive inativos e pensionistas, permanecerá com a unidade administrativa responsável até que haja disposição em contrário.

Titulares dos órgãos

ART. 79. As transformações de cargos públicos realizadas por esta Medida Provisória serão aplicadas de imediato.

Parágrafo único. Os titulares dos cargos públicos criados por transformação exercerão a direção e a chefia das unidades administrativas correspondentes à denominação e à natureza do cargo.

Estruturas regimentais em vigor

ART. 80. As estruturas regimentais e os estatutos dos órgãos e das entidades da administração pública federal direta, autárquica e fundacional em vigor na data de publicação desta Medida Provisória continuarão aplicáveis até a sua revogação expressa.

§ 1º O disposto no *caput* inclui, até a data de entrada em vigor das novas estruturas regimentais ou dos novos estatutos:

I - a manutenção dos cargos em comissão e das funções de confiança de nível hierárquico igual ao nível seis ou inferior do Grupo-Direção e Assessoramento Superiores - DAS previstos em estruturas regimentais ou estatutos; e

II - a possibilidade de os órgãos criados por fusão ou transformação:

a) utilizarem o número de inscrição no Cadastro Nacional da Pessoa Jurídica - CNPJ e os demais elementos identificadores de um dos órgãos fundidos que lhe criaram ou do órgão transformado; e

b) manterem os mesmos acessos a sistemas de informática utilizados pelos órgãos de origem.

§ 2º Na hipótese prevista na alínea "a" do inciso II do § 1º, ato do Ministro de Estado poderá autorizar a utilização definitiva do número de inscrição no CNPJ.

§ 3º Na hipótese de as estruturas regimentais de órgãos entre os quais tenha havido troca de competências ou unidades administrativas entrarem em vigor em datas distintas, exceto disposição em contrário no Decreto, continuará sendo aplicável a estrutura regimental anterior que trata da competência ou da unidade administrativa, até que a última estrutura regimental dos órgãos envolvidos entre em vigor.

Medidas transitórias por ato de Ministro de Estado

ART. 81. Os Ministros de Estado ficam autorizados, permitida a delegação e vedada a subdelegação, no âmbito dos respectivos órgãos, em caráter transitório e até a data de entrada em vigor da nova estrutura regimental, a dispor sobre:

I - os responsáveis pela coordenação ou pela execução das atividades de planejamento, orçamento e administração dos órgãos;

II - a subordinação de unidades administrativas aos titulares de cargos de Natureza Especial; e

III - a solução de conflitos de competência no âmbito do órgão.

Medidas transitórias por ato do Presidente da República

ART. 82. Ato do Poder Executivo federal poderá disciplinar sobre o disposto no art. 81, na hipótese de situações que envolvam órgãos ou unidades administrativas subordinadas a diferentes Ministros de Estado.

Medidas que envolvam o Ministério do Trabalho

ART. 83. As competências, a direção e a chefia das unidades do Ministério do Trabalho existentes na data de publicação desta Medida Provisória ficam transferidas, até a entrada em vigor das novas estruturas regimentais:

I - para o Ministério da Justiça e Segurança Pública:

a) a Coordenação-Geral de Imigração;

b) a Coordenação-Geral de Registro Sindical; e

c) o Conselho Nacional de Imigração;

II - para o Ministério da Cidadania:

a) a Subsecretaria de Economia Solidária; e

b) o Conselho Nacional de Economia Solidária; e

III - para o Ministério da Economia: as demais unidades administrativas e órgãos colegiados.

Parágrafo único. O Ministério da Economia prestará o apoio necessário às unidades administrativas previstas *caput* até que haja disposição em contrário em ato do Poder Executivo federal ou em ato conjunto dos Ministros de Estado envolvidos.

Aplicação para a administração pública federal indireta

ART. 84. As disposições desta Medida Provisória que gerem alteração de competência ou de estrutura de autarquias ou fundações públicas somente serão aplicadas após a entrada em vigor da alteração das respectivas estruturas regimentais ou de estatuto.

Revogações

ART. 85. Ficam revogados:

I - o inciso IV do *caput* do art. 9º da Lei 9.069, de 1995;

II - os seguintes dispositivos da Lei n. 10.233, de 2001:

a) o inciso I do *caput* do art. 1º;

b) os art. 5º, art. 6º e art. 7º-A; e

c) o parágrafo único do art. 88;

III - o inciso II do *caput* e os § 2º, § 3º e § 4º do art. 11 da Lei n. 11.346, de 15 de setembro de 2006;

IV - o inciso VI do § 1º do art. 7º da Lei n. 13.334, de 2016;

V - o parágrafo único do art. 3º e os Anexos II e IV à Lei n. 13.346, de 2016; e

VI - o § 1º do art. 3º da Lei n. 11.473, de 2007;

VII - a Lei n. 13.502, de 1º de novembro de 2017; e

VIII - os seguintes dispositivos da Medida Provisória n. 849, de 31 de agosto de 2018:

a) o art. 2º;

b) o art. 30; e

c) o Anexo LX.

Vigência

ART. 86. Esta Medida Provisória entra em vigor na data de sua publicação.

Brasília, 1º de janeiro de 2019; 198º da Independência e 131º da República.

JAIR MESSIAS BOLSONARO

e) redução das consequências sociais e de saúde decorrente do uso indevido de drogas lícitas e ilícitas; e

f) manutenção e atualização do Observatório Brasileiro de Informações sobre Drogas;

VI - articulação, coordenação, supervisão, integração e proposição das ações governamentais e do Sistema Nacional de Políticas Públicas sobre Drogas - Sisnad nos aspectos relacionados com o tratamento, a recuperação e a reinserção social de usuários e dependentes e ao Plano Integrado de Enfrentamento ao Crack e outras Drogas;

VII - atuação em favor da ressocialização e da proteção dos dependentes químicos, sem prejuízo das atribuições dos órgãos integrantes do Sisnad;

VIII - articulação entre os Governos federal, estaduais, distrital e municipais e a sociedade no estabelecimento de diretrizes e na execução de ações e programas nas áreas de desenvolvimento social, de segurança alimentar e nutricional, de renda, de cidadania e de assistência social;

IX - orientação, acompanhamento, avaliação e supervisão de planos, programas e projetos relativos às áreas de desenvolvimento social, de segurança alimentar e nutricional, de renda, de cidadania e de assistência social;

X - normatização, orientação, supervisão e avaliação da execução das políticas de desenvolvimento social, segurança alimentar e nutricional, de renda, de cidadania e de assistência social;

XI - gestão do Fundo Nacional de Assistência Social;

XII - coordenação, supervisão, controle e avaliação da operacionalização de programas de transferência de renda;

XIII - aprovação dos orçamentos gerais do Serviço Social da Indústria - Sesi, do Serviço Social do Comércio - Sesc e do Serviço Social do Transporte - Sest;

XIV - política nacional de cultura;

XV - proteção do patrimônio histórico e cultural;

XVI - regulação dos direitos autorais;

XVII - assistência ao Ministério da Agricultura, Pecuária e Abastecimento e ao Instituto Nacional de Colonização e Reforma Agrária nas ações de regularização fundiária, para garantir a preservação da identidade cultural dos remanescentes das comunidades dos quilombos;

XVIII - desenvolvimento e implementação de políticas e ações de acessibilidade cultural;

XIX - formulação e implementação de políticas, programas e ações para o desenvolvimento do setor museal;

XX - política nacional de desenvolvimento da prática dos esportes;

XXI - intercâmbio com organismos públicos e privados, nacionais, internacionais e estrangeiros, destinados à promoção do esporte;

XXII - estímulo às iniciativas públicas e privadas de incentivo às atividades esportivas;

XXIII - planejamento, coordenação, supervisão e avaliação dos planos e programas de incentivo aos esportes e de ações de democratização da prática esportiva e de inclusão social por intermédio do esporte; e

XXIV - cooperativismo e associativismo urbanos.

ART. 24. Integram a estrutura básica do Ministério da Cidadania:

I - a Secretaria Especial do Desenvolvimento Social;

II - a Secretaria Especial do Esporte;

III - a Secretaria Especial de Cultura;

IV - o Conselho Nacional de Assistência Social;

V - o Conselho Gestor Interministerial do Programa Bolsa Família;

VI - o Conselho de Articulação de Programas Sociais;

VII - o Conselho Consultivo e de Acompanhamento do Fundo de Combate e Erradicação da Pobreza;

VIII - o Conselho Nacional do Esporte;

IX - a Autoridade Pública de Governança do Futebol;

X - a Autoridade Brasileira de Controle de Dopagem;

XI - o Conselho Superior do Cinema;

XII - o Conselho Nacional de Política Cultural;

XIII - a Comissão Nacional de Incentivo à Cultura;

XIV - a Comissão do Fundo Nacional da Cultura;

XV - o Conselho Nacional de Economia Solidária; e

XVI - até dezenove Secretarias.

§ 1º Ao Conselho de Articulação de Programas Sociais, presidido pelo Ministro de Estado da Cidadania e composto na forma estabelecida em regulamento do Poder Executivo federal, compete propor mecanismos de articulação e integração de programas sociais e acompanhar a sua implementação.

§ 2º Ato do Poder Executivo federal disporá sobre a composição e o funcionamento do Conselho Superior do Cinema, garantida a participação de representantes da indústria cinematográfica e videofonográfica nacional.

§ 3º O Conselho Nacional de Economia Solidária é órgão colegiado de composição tripartite, observada a paridade entre representantes dos trabalhadores e dos empregadores, na forma estabelecida em ato do Poder Executivo federal.

Ministério da Ciência, Tecnologia, Inovações e Comunicações

ART. 25. Constitui área de competência do Ministério da Ciência, Tecnologia, Inovações e Comunicações:

I - política nacional de telecomunicações;

II - política nacional de radiodifusão;

III - serviços postais, telecomunicações e radiodifusão;

IV - políticas nacionais de pesquisa científica e tecnológica e de incentivo à inovação;

V - planejamento, coordenação, supervisão e controle das atividades de ciência, tecnologia e inovação;

VI - política de desenvolvimento de informática e automação;

VII - política nacional de biossegurança;

VIII - política espacial;

IX - política nuclear;

X - controle da exportação de bens e serviços sensíveis; e

XI - articulação com os Governos dos Estados, do Distrito Federal e dos Municípios, com a sociedade e com órgãos do Governo federal para estabelecimento de diretrizes para as políticas nacionais de ciência, tecnologia e inovação.

ART. 26. Integram a estrutura básica do Ministério da Ciência, Tecnologia, Inovações e Comunicações:

I - o Conselho Nacional de Ciência e Tecnologia;

II - o Conselho Nacional de Informática e Automação;

III - o Conselho Nacional de Controle de Experimentação Animal;

IV - o Instituto Nacional de Águas;

V - o Instituto Nacional da Mata Atlântica;

VI - o Instituto Nacional de Pesquisa do Pantanal;

VII - o Instituto Nacional do Semiárido;

VIII - o Instituto Nacional de Pesquisas Espaciais;

IX - o Instituto Nacional de Pesquisas da Amazônia;

X - o Instituto Nacional de Tecnologia;

XI - o Instituto Brasileiro de Informação em Ciência e Tecnologia;

XII - o Centro de Tecnologias Estratégicas do Nordeste;

XIII - o Centro de Tecnologia da Informação Renato Archer;

XIV - o Centro de Tecnologia Mineral;

XV - o Centro Brasileiro de Pesquisas Físicas;

XVI - o Centro Nacional de Monitoramento e Alertas de Desastres Naturais;

XVII - o Laboratório Nacional de Computação Científica;

XVIII - o Laboratório Nacional de Astrofísica;

XIX - o Museu Paraense Emílio Goeldi;

XX - o Museu de Astronomia e Ciências Afins;

XXI - o Observatório Nacional;

XXII - a Comissão de Coordenação das Atividades de Meteorologia, Climatologia e Hidrologia;

XXIII - a Comissão Técnica Nacional de Biossegurança; e

XXIV - até seis Secretarias.

Ministério da Defesa

ART. 27. Constitui área de competência do Ministério da Defesa:

I - política de defesa nacional, estratégia nacional de defesa e elaboração do Livro Branco de Defesa Nacional;

II - políticas e estratégias setoriais de defesa e militares;

III - doutrina, planejamento, organização, preparo e emprego conjunto e singular das Forças Armadas;

IV - projetos especiais de interesse da defesa nacional;

V - inteligência estratégica e operacional no interesse da defesa;

VI - operações militares das Forças Armadas;

VII - relacionamento internacional de defesa;

VIII - orçamento de defesa;

IX - legislação de defesa e militar;

X - política de mobilização nacional;

XI - política de ensino de defesa;

XII - política de ciência, tecnologia e inovação de defesa;

XIII - política de comunicação social de defesa;

XIV - política de remuneração dos militares e de seus pensionistas;

XV - política nacional:

a) de indústria de defesa, abrangida a produção;

b) de compra, contratação e desenvolvimento de produtos de defesa, abrangidas as atividades de compensação tecnológica, industrial e comercial;

c) de inteligência comercial de produtos de defesa; e

d) de controle da exportação e importação de produtos de defesa e em áreas de interesse da defesa;

XVI - atuação das Forças Armadas, quando couber:

Impressão e acabamento:

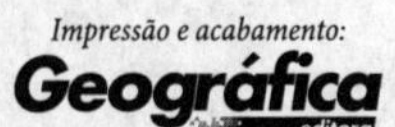

VADE MECU

de Le

Militar

- Lei 13.109/2015 (Licenças gestante, adotante e paternidade nas Forças Armadas)
- Lei 8.457/1992 (Justiça Militar da União - atualizada pela Lei 13.774/2018)
- Lei 7.524/1986 (Manifestação de pensamento e opinião de militar inativo)
- Lei 4.375/1964 (Serviço militar)

Penal

- Lei 13.756/2018 (FNSP)
- Res. CNJ 213/2015 (Apresentação de presos à autoridade judicial)
- Dec. 7.950/2013 (Perfis genéticos)
- Dec. 6.049/2007 (Regulamento Penitenciário Federal)
- Lei 8.257/1991 (Culturas ilegais de plantas psicotrópicas)
- Lei 7.437/1985 (Racismo)

Processual Penal

- Dec. 2.730/1998 (Representação fiscal para fins penais)
- Dec. 325/1991 (Comunicação ao MPF de ilícitos penais e crime contra a ordem tributária)
- Lei 5.974/1973 (Competência criminal para processo e julgamento dos membros do MPU)
- Dec.-Lei 552/1969 (Vista ao MP nos processos de *habeas corpus*)